DIZIONARIO DELLA LINGUA ITALIANA

INDICE

Fernando Palazzi
Gianfranco Folena

DIZIONARIO DELLA LINGUA ITALIANA

con la collaborazione di
Carla Marello
Diego Marconi
Michele A. Cortelazzo

e bello doppo il morire vivere anchora

LOESCHER EDITORE

Ristampe
N 1 2 3 4 1991 1992 1993 1994 1995

Edizioni e collaboratori

Il *Novissimo dizionario della lingua italiana* di Fernando Palazzi uscì nel 1939 per i tipi della Casa Editrice Ceschina; fu acquisito nel 1974 dal Gruppo Editoriale Fabbri, Bompiani, Sonzogno, Etas S.p.A.; nel 1986 da Loescher Editore. Due furono le edizioni successive al 1939, rispettivamente del 1957 e del 1973.

Alle precedenti edizioni hanno collaborato: Giampiero Brunetta, Enrico Calenda, Luigi Vanossi, Rosario Aloisi, Eduardo Antonini, Guglielmo Barblan, Alfonso Burgio, Giovanni Carosso, Arrigo Cellina, Ermanno Cunico, Quintino Fadda, Piero Gadda Conti, Nicola Gavoci, Franco Girardi, Eugenio Gnocchi, Angelo Maestri, Paolo Manzoni, Pippo Manzoni, Giuseppe Luigi Mele, Duccio Palazzi, Angelo Pavia, Amilcare Pizzi, Sergio Pugliese, Paola Romagnani, Luigi Santomauro, Ernesto Scazzoso, Giuseppe Sinatti, Camillo Vanelli, Carmelo Vinci, Alberto Zacco, Francesco Zagar.

Per l'iconografia: Ottavio Cencig, Marina Ceschina Tanturri, Luciano Corbella, Enzo Maio, Marina Paglieri.

Il piano editoriale di questa edizione integralmente riveduta aggiornata e ampliata per conto dell'Editore Loescher è stato elaborato da Gianfranco Folena con la collaborazione di Carla Marello, Diego Marconi, Michele A. Cortelazzo.

Hanno collaborato alla revisione delle voci preesistenti, alla stesura delle nuove voci, alla redazione dei quadri terminologici, alla nomenclatura delle tavole: Anna Cattana, Alessandra Corda, Daniela Corsaro, Guido Montegrandi, Maria Teresa Nesci, Davide Ricca, Lea Terracini, Dario Voltolini. Inoltre Silvia Dafarra, Annamaria Goy, Mirella Marengo.

Hanno curato l'etimologia, la datazione dei lemmi e la maggior parte delle voci nuove Michele A. Cortelazzo, Adriana Da Rin, Lidia Flöss, Carla Marcato.

Si devono a Maria Teresa Guasti e a Davide Ricca il *Compendio di grammatica*; a Davide Ricca, con la supervisione di Alberto Mioni, la *Trascrizione fonetica*; a Guido Montegrandi l'appendice *Sigle e abbreviazioni*.

Il coordinamento generale del lavoro è stato curato da Carla Marello e Diego Marconi con la collaborazione di Anna Cattana, Daniela Corsaro, Guido Montegrandi, Maria Teresa Nesci, Davide Ricca.

Si ringraziano per la collaborazione prestata nella stesura o nella revisione dei quadri terminologici: Bartolomeo Aimar (Architettura, Vela), Barbara Bertola (Psicanalisi), Francesco Bertola (Forze Armate), Anna Bondi (Tessitura), Daniele Bresciani (Motociclismo), Flavio Castelli (Automobile), Angelo Crapanzano (Aeronautica), Arturo Ceruti (Botanica), Pietro Crivellaro (Teatro), Claudio De Regibus (Mineralogia, Geologia), Giampaolo Dossena (Giochi), Vittorio Falletti (Economia e finanza, Statistica e probabilità), Giovanni Filoramo (Religione, Chiesa cattolica), Corrado Furno (Falegnameria), Mario Garavelli (Diritto), Marco Gioannini (Tennis), Giuseppe Lisa (Ferrovia), Giorgio Malacarne (Anfibi, Mammiferi, Pesci, Rettili, Uccelli, Zoologia), Ruggero Marconi (Anatomia, Chirurgia, Farmacia, Medicina), Silvia Negri (Danza), Marino Ravani (Fotografia), Cesare Rigo (Genetica e biologia molecolare), Dario Tarducci (Alpinismo).

L'iconografia è stata curata da Luciano Corbella, Claudio Cristiani, Alberto Gramaglia, Enzo Maio, Daniela Veluti.

Questo dizionario accoglie anche parole che sono o si pretende che siano marchi registrati senza che ciò implichi alcuna valutazione del loro reale stato giuridico. Nei casi obiettivamente noti all'editore, comunque, la voce è seguita dall'indicazione ®.

UN VOCABOLARIO DELL'USO VIVO

Un nuovo "Novissimo Dizionario della Lingua Italiana"

Il *Novissimo dizionario della lingua italiana* del Palazzi ha compiuto nell'89 mezzo secolo di vita. Per un vocabolario cinquant'anni e passa sono un'età rispettabile. È vero che ce ne sono di quelli che hanno avuto una durata anche di molti secoli, come quello della Crusca nelle sue successive edizioni; altri come il Calepino sono diventati nome comune, sinonimo, ormai antiquato e scherzoso, di vocabolario. Ma i dizionari dell'uso invecchiano presto, assai più di quelli fondati su autorità letterarie. E oggi l'invecchiamento è diventato più rapido, quanto più rapido e talora convulso è diventato negli ultimi decenni il movimento della lingua, e insieme il rinnovamento lessicografico a tutti i livelli, descrittivo, storico, etimologico, tecnico-specialistico. Pochi sono, fra i vocabolari dell'uso in circolazione, quelli che risalgono a prima dell'"ultima guerra". Il Palazzi apparve proprio alla vigilia di questa, nel 1939, e portò le impronte di quel momento fino alla metà circa del suo cammino. Fernando Palazzi, che era nato ad Arcevia nelle Marche nel 1884, aveva buona stoffa di lessicografo e si servì per il suo dizionario anche di eccellenti collaborazioni, al primo posto delle quali egli volle ricordare quella "lunga, amplissima, diligente, e valida" di Eugenio Treves. Una seconda edizione, "riveduta, aggiornata e corretta", uscì nel '57, ma la fisionomia del dizionario restò sostanzialmente immutata. Una revisione profonda, diretta dal sottoscritto e realizzata sostanzialmente col solo aiuto di tre giovani studiosi con numerosi apporti tecnici redazionali, mutò nel '73 alcuni caratteri del dizionario, anzitutto l'indirizzo puristico e normativo, che fra l'altro confinava in un'appendice la maggior parte dei forestierismi, poi l'inadeguatezza delle indicazioni etimologiche: vennero registrate circa diecimila parole nuove, e ancor più accezioni nuove di parole vecchie.

Ma quella che si compie oggi "non è una riforma, è una rivoluzione", al passo coi nostri tempi e con le esigenze mutate; è tuttavia una rivoluzione che ha cercato di mantenere e potenziare le caratteristiche più valide del vecchio Palazzi.

Il ritmo regolare, pressappoco equidistante di questi mutamenti della compagine primitiva, realizzati in progressione, 1939, 1957, 1973, 1992, ci dà il senso non solo della vita nel tempo di un vocabolario, ma di quella della nostra lingua. Si può dire che ogni generazione ha bisogno di un suo vocabolario diverso in larga misura da quello della precedente: e il tempo di una generazione, in senso culturale piuttosto che biologico, si riduce sempre più. Uno sguardo alle pagine della precedente edizione mette subito in evidenza la trasformazione radicale che si è compiuta nel tutto e in ogni minima parte; e che riguarda non solo la quantità delle voci e dei significati nuovi, che fanno crescere il dizionario di oltre un quarto, né la struttura stessa, ma direi l'intera concezione di esso.

Perché dunque sottolineare col nome del primo autore la permanenza di una tradizione e di una identità cinquantennale, perché non puntare direttamente su un'opera del tutto nuova, che non avrebbe forse comportato fatica e impegno molto maggiori? Questo richiamo alla tradizione, che è proprio del resto di altri vocabolari di origine ancor più remota, non è dovuto certo a fini pubblicitari, per l'autorità e familiarità di un'etichetta, di un nome proprio sul punto di diventare nome comune per virtù dell'antonomasia, ma a ragioni intrinseche.

Come ogni essere vivente (e non "cimitero di parole" com'è stato talora definito) un vocabolario che si rispetti porta impressi dalla sua origine alcuni caratteri genetici. I caratteri genetici peculiari del Palazzi furono, direi, soprattutto tre: 1. la ricchezza colloquiale e locuzionale, per cui la parola veniva presentata nei suoi plurimi valori d'uso dentro un contesto, e non nella pura classificazione semantica; 2. la vasta gamma relazionale, sinonimica e nomenclatoria per cui la parola era inserita nel quadro dei sinonimi, dei contrari o antonimi, degli iperonimi e iponimi, cioè delle parole di significato più generale che la includono e di quelle di significato più ristretto; 3. l'estensione del quadro terminologico che si manifestava sistematicamente nei "paradigmi" strettamente collegati alle "tavole": dove si poneva il rapporto referenziale fra cose e parole. Si realizzava così, in maniera semplice ed efficace, la funzionale immissione, nella struttura alfabetica del dizionario, di un vasto dizionario metodico; e insieme si rispondeva a quella che è l'istanza fondamentale della lessicografia odierna: un equilibrio fra la tendenza intrinsecamente linguistica, e tradizionale nella nostra lessicografia, per cui una parola si definisce e vive dentro una rete di parole, sinonimi e perifrasi (il che pedagogicamente corrisponde alla messa a fuoco ed espansione della competenza, sicurezza, ricchezza linguistica): e all'opposto l'esigenza referenziale, per cui la parola si definisce in rapporto al suo oggetto, alla "cosa" e alla sua immagine. È un'esigenza che lo sviluppo tecnologico rende sempre più pressante e che si manifesta in maniera via via crescente nelle successive edizioni di questo dizionario, naturalmente nei limiti che a un vocabolario della lingua d'uso comune sono prescritti nei confronti di enciclopedie e lessici speciali.

Credo che tali caratteri positivi del vecchio Palazzi siano presenti, anzi arricchiti e attualizzati, anche in questa edizione "rivoluzionata", tanto mutata dalla prima e anche da quella "riformata" del '73.

Le novità sono imponenti e innumerevoli, frutto del lavoro pluriennale di due *équipes* di specialisti, la più numerosa a Torino (guidata da una delle maggiori studiose di lessicografia, Carla Marello, e da un filosofo del linguaggio attentissimo ai problemi semantici come Diego Marconi) che ha compiuto il lavoro di fondo, l'altra a Padova che, con la guida di uno studioso di lingua contemporanea come Michele Cortelazzo, ha curato l'incremento neologistico e la parte etimologica. C'è anzitutto la ricchissima registrazione di voci nuove (neologismi, forestierismi, regionalismi e dialettalismi) e di significati o semplicemente di usi nuovi di parole già presenti, il che nel complesso porta ad estendere largamente l'inventario lessicale e semantico. Secondo le tendenze della lingua contemporanea e la politica linguistica della "porta aperta", che caratterizza un mondo sempre più interdipendente e in via di unificazione soprattutto nelle tecniche e nel linguaggio delle comunicazioni di massa, sono stati accolti, ma non passivamente né corrivamente, i forestierismi, specie anglo-americani, che si riversano in copia sempre crescente nella nostra lingua non più come in passato adattati ma nelle forme e grafie originali, con effetti spesso sconcertanti, pronunce babeliche e abitudini accentuative aberranti. Nel dizionario le parole straniere non adattate in italiano continuano ad essere messe in corsivo nel lemma, e ne viene indicata la pronuncia originaria corretta, talora anche quella italiana semplificata quand'è corrente. Questa non vuole essere certo una concessione a una forma pur tenue di purismo, ma vuole indicare alla coscienza linguistica degli Italiani un punto critico e una fonte di insicurezza per i parlanti; e quando ci sono termini italiani perfettamente equivalenti vuol sottolineare che l'uso della parola straniera è molto spesso esibizionistico, per lo più accompagnato da ignoranza delle lingue straniere e da malsicuro possesso della propria. Questo va detto anche per le parole adattate in italiano ma di evidente dipendenza da forestierismi e di natura parassitaria e semicoloniale come l'uso di recente diffusione dell'orribile e inutile verbo *supportare* "sostenere, appoggiare", che ripete l'inglese *to support* e il diffuso anglicismo *supporter*.

Allargato decisamente è anche il quadro grammaticale della parola; e ai fondamenti grammaticali è dedicata una serie di speciali quadri terminologici; rinnovata *ab imis*, alla luce dei progressi compiuti negli ultimi anni, è la essenziale indicazione etimologica.

Qui si colloca una delle innovazioni che giudico più importanti ed essenziali in un vocabolario dell'uso moderno: per la prima volta in un dizionario italiano dell'uso viene sistematicamente indicata accanto all'etimo la prima datazione di una parola o di un suo uso particolare: talora certificato di nascita, più spesso attestato di presenza o di vita. A prima vista una tale indicazione, costata ricerche lunghe e delicate (sulla linea tracciata da dizionari storici ed etimologici, fra i quali spicca il recentissimo Cortelazzo-Zolli) può apparire, almeno all'utente medio, superflua. Pure, nella sua scarna essenzialità, l'indicazione precisa o approssimata della data della prima attestazione scritta finora nota (successive edizioni potranno portare su questa base a precisazioni ulteriori) ci pare un elemento fondamentale non solo per la curiosità etimologica, ma per l'educazione e la sensibilità linguistica, offrendo un minimo di visione storica della lingua e servendo efficacemente a precisare e relativizzare la nozione di neologismo.

La dimensione diacronica è così introdotta in forma embrionale dentro un vocabolario dell'uso, allargato del resto all'uso letterario. Il lettore del vocabolario viene fornito di occhiali stereoscopici. Le parole hanno tutte un'età, ma parole della stessa famiglia possono appartenere ad età diversissime, dalle origini ad oggi; per le parole ereditarie, mantenutesi dal latino fino a noi per via orale, la data significa ovviamente solo attestazione di presenza scritta.

La definizione dei significati, secondo le esigenze del nostro tempo, è divenuta frequentemente più tecnica, pur cercando di rimanere trasparente e accessibile a tutti: questo aumento di "referenzialità" è compensato linguisticamente dal quadro nomenclatorio che accompagna la voce e contribuisce anch'esso in maniera diversa a circoscriverne e precisarne i diversi significati.

Radicalmente mutata è la struttura interna delle voci: si è affinata ed estesa la classificazione semantica, con l'introduzione di numeri d'ordine per i diversi significati e con una più accurata ripartizione fra polisemia all'interno di un lemma e distinzione di lemmi omofoni autonomi: una distinzione molto delicata che si vuol fondare, piuttosto che su motivazioni etimologiche, sulla "etimologia vivente" dei parlanti e sul senso comune della lingua. Si è rettificata così una caratteristica che al vecchio Palazzi dava, insieme con la sua bonaria cordialità ormai datata, un aspetto artigianale e spesso approssimativo.

Invece si è valorizzata al massimo quella che era una delle caratteristiche più positive del dizionario: la esemplificazione viva di locuzioni, modi di dire, costrutti attestati attraverso esempi dell'uso odierno e più raramente attraverso testimonianze letterarie dei nostri maggiori scrittori. Il campo delle locuzioni e reggenze sintattiche è forse il settore della lingua in cui si manifesta la crescente insicurezza linguistica degli Italiani a causa dell'unificazione sociale e culturale tanto in ritardo su quella letteraria, ciò che con un americanismo inutile ma fortunato in sociolinguistica si chiama "deprivazione", un impoverimento che investe non solo i livelli più bassi dell'italiano, ma anche quelli medi e medio-alti, come si può quotidianamente verificare nella lingua dei *mass-media*, parlata e scritta, radiotelevisione e stampa.

Più decisamente che nell'edizione del '73, che pure aveva registrato in questo senso progressi notevoli, si è migliorato e arricchito l'impianto metodico del dizionario, estendendo il quadro nomenclativo, rivedendo dai fondamenti, riordinando e accrescendo delle accessioni più recenti i quadri terminologici, collegandoli più funzionalmente alle Tavole nomenclatorie figurate. La rete sistematica è così diventata sempre più fitta e tenace, e il chiarimento del rapporto fra parole e cose, essenziale soprattutto nei domini scientifici e tecnici, trova risposte non decorative ma funzionali, e permette all'utente del dizionario di percorrere agevolmente il viaggio di andata e ritorno fra le parole e le cose.

Questo è dunque un dizionario che corrisponde alla crescita dell'italiano nell'ultimo cinquantennio, nel quale la nostra lingua, diventando da lingua elitaria una lingua di massa, ha attraversato la "crisi di crescenza" più impressionante della sua storia: crisi tutt'altro che risolta sul piano interno, socioculturale, e su quello della comunicazione internazionale che pone istanze sempre più urgenti.

È cambiato l'oggetto, la lingua, e non solo quantitativamente e qualitativamente, con l'afflusso sempre più copioso di regionalismi e forestierismi, per lo più ormai non adattati funzionalmente e quindi carichi per l'utente medio di interrogativi fono-morfologici e semantici. In molte aree sociali predomina una "lingua selvaggia", che non è più dialetto e non è ancora lingua colta. Sono mutati soprattutto i modelli formativi, con l'espandersi della composizione modulare, per mezzo di "prefissoidi" e "suffissoidi", qui più opportunamente definiti "primi elementi" o "elementi terminali" di composizione, che danno luogo a neoformazioni continue: sicché un vocabolario non può più contenere tutte le parole della lingua composte con questi elementi, ma offrirne come qui si fa una registrazione il più possibile chiara ed esaustiva. E insieme con l'oggetto sono mutati i soggetti, che a un dizionario pongono ormai domande più numerose, complesse ed esigenti e ad esso chiedono ragionate certezze o piuttosto conoscenze sicure.

A queste esigenze il nuovo Palazzi, che è ora un *Novissimo dizionario* veramente nuovo, mentre si avvicina la fine del secolo, pare in grado di rispondere pienamente e duttilmente, come *work in progress*, dizionario dell'uso vivo collaudato attraverso un'esperienza cinquantennale, per iniziare dopo questa realizzata rivoluzione lessicografica un nuovo cammino nel futuro: che per l'italiano sarà presto l'Europa.

Gianfranco Folena

AVVERTENZE

I. Vocaboli. – Le voci di questo dizionario sono in ordine strettamente alfabetico. I lemmi formati da più parole sono inseriti nell'ordine alfabetico là dove starebbero se fossero scritti come un'unica parola:

incattivire
in cauda venenum
incàuto

gónzo
good bye
gòra

Sono inseriti nell'ordine alfabetico anche prefissi e suffissi, elementi iniziali o finali comuni a più parole di origine dotta o di ambito scientifico:

gonnellino
gono-
-gono
gonocito

filo
filo-[1]
filo-[2]
filo-[3]
-filo

Il lemma è in neretto; eventuali varianti pressoché equivalenti vengono date nello stesso carattere del lemma, precedute da *o*:

malvìvo o **mal vivo**
scappottàre o **scapottàre**

Varianti di uso antico o meno frequente o raro vengono segnalate fra parentesi in corsivo:

abàte (ant. *abbàte*)
interpretàre (region. o lett. *interpetràre*)
macàco (raro *macàcco*)

Quando le varianti non sono adiacenti nell'ordine alfabetico sono registrate come lemmi autonomi con rimando alla forma più comune:

infocàre e der. v. INFUOCARE e der.

I termini delle classificazioni scientifiche relativi ad animali e vegetali sono contrassegnati dalle abbreviazioni in corsivo *T.zool.* e *T.bot.* e sono lemmatizzati al plurale con l'iniziale maiuscola:

Ombrellìfere
Radiolàri

Sono però lemmatizzati al singolare (con iniziale minuscola) quei termini zoologici e botanici che, pur avendo rilievo scientifico, sono frequenti nell'uso comune anche al singolare:

mammìfero
rèttile

I nomi commerciali e i marchi registrati sono debitamente segnalati:

aspirìna ®

Ogni lemma ha una voce autonoma o un rinvio, gli unici casi di lemma interno o sottolemma sono rappresentati dagli avverbi in **-ménte** (v. oltre § **Avverbi**) e dalle parole composte il cui significato è facilmente ricavabile a partire dai componenti. Tali composti non vengono definiti e sono registrati in neretto alla fine della voce riguardante il loro primo elemento o l'elemento terminale. I composti che nelle voci dedicate a elementi formativi sono scritti in corsivo fungono da esempi e figurano come lemmi accompagnati da definizione al loro posto nell'ordine alfabetico.

acetìl- [da *acetile*] ***primo elem.*** che, in parole composte della terminologia chimica, indica il radicale monovalente acetile: **acetilcellulósa**, **acetilcolìna**.

-trofìa [dal gr. *-trophía*, da *trophḗ*, nutrimento] ***elem. term.*** che, in parole composte della terminologia scientifica, vale "nutrizione", "stato di nutrizione" (per es. *atrofia, distrofia, eutrofia*).

Accenti e pronuncia. – Le parole italiane o straniere che richiedono un accento grafico (**caffè, beltà, *guêpière***) presentano tale accento in nero; un accento grave in chiaro su *a, i, u* è invece usato per suggerire immediatamente la pronuncia di tutti i lemmi italiani e dei loro alterati. L'accento grave indica anche la pronuncia aperta di *è* e *ò*, mentre l'acuto è stato utilizzato solo per la pronuncia chiusa delle stesse due vocali. Per indicare la pronuncia sonora di *s* e di *z* abbiamo distinto tali consonanti con un punto sottoscritto:

aẓòto
ròṣa

Queste convenzioni valgono per i lemmi e per le varianti grafiche: vengono tralasciate all'interno della voce, là dove la parola è riportata nella forma grafica normale, cioè soltanto con i segni eventualmente richiesti dalla grafia (es. *caffè, ca', po', piè, giù*) o dalla necessità di evitare confusioni (*princìpi*).

Si dà la trascrizione fonetica in Alfabeto Fonetico Internazionale per quelle parole italiane la cui grafia potrebbe dar adito a errori:

scentràto (pr. [stʃen'trato]; *pps.* di *scentrare*)
gestàltico (pr. [ge'staltiko])
glìfo (pr. ['glifo])

II. Trattamento delle parole di origine straniera. – Nel vocabolario una parte dei lemmi compare in ***grassetto corsivo*** anziché in grassetto. Si tratta di quelle parole di origine straniera che i parlanti in qualche misura percepiscono ancora come tali: parole che, pur essendo magari di uso molto frequente, non si possono dire integrate a pieno titolo (per particolarità fonetiche, ortografiche, o d'uso) nel patrimonio lessicale italiano. Prestiti stranieri ormai completamente integrati (come *sport, bar* ecc.) compaiono invece in tondo. È chiaro che una distinzione di questo tipo (che era già nelle precedenti edizioni del Palazzi e che si è deciso di mantenere) non può non avere un ampio margine di discrezionalità; in ogni caso non va in nessun modo intesa come una forma di discriminazione puristica verso le parole straniere più recenti o meno integrate.

I lemmi in grassetto corsivo sono sempre accompagnati almeno da due indicazioni: la lingua d'origine e la trascrizione fonetica della pronuncia in tale lingua. Queste indicazioni sono racchiuse in una parentesi tonda che segue immediatamente il lemma, prima dell'etimologia, secondo lo schema:

dumping (ingl., pr. ['dʌmpiŋ])

Le uniche eccezioni parziali a questo schema sono date dalle parole latine o greche (antiche). Dati i problemi che avrebbe posto l'individuazione di una "pronuncia originale" nel caso di lingue morte, per questi particolari lemmi stranieri si è preferito indicare direttamente la sola pronuncia corrente italiana (in sostanza, quella di tradizione scolastica), ad esempio:

a fortiori (lat., pr. it. [a for'tsjɔri])

In qualche raro caso, la parola può essere interpretata come proveniente da due diverse lingue d'origine; sono allora state indicate entrambe le lingue, ciascuna con la sua trascrizione fonetica:

escudo (port., pr. [iʃ'kuðu] e sp., pr. [es'kuðo])
stage (fr., pr. [sta:ʒ] e ingl., pr. [steɪdʒ])

Un punto importante riguarda l'indicazione del plurale di nomi o aggettivi stranieri. Normalmente le parole straniere sono trattate dalle grammatiche come invariabili; tuttavia esistono numerose eccezioni, in cui si può trovare in italiano la forma del plurale propria della lingua originaria, facoltativamente o più di rado anche obbligatoriamente. Nei casi in cui si è ritenuto di menzionare una forma di plurale diversa dal singolare, se ne sono date sia la forma scritta per intero, sia la pronuncia nella lingua originaria. Esempi:

fan (ingl., pr. [fæn]) [...] ***sm.*** *inv.* (anche pl. *fans*, pr. [fænz])
fiche (fr., pr. [fiʃ]) [...] ***sf.*** (pl. *fiches*, pr. [fiʃ])

L'**ortografia** dei lemmi in grassetto corsivo rispetta generalmente l'ortografia originaria, se la lingua è scritta nell'alfabeto latino. Pertanto, a questi lemmi non si applicano le indicazioni convenzionali di pronuncia utilizzate per i lemmi italiani (accenti grave e acuto, ș e ẓ): qualunque accento o segno diacritico va inteso come parte integrante della parola scritta nella lingua originaria. Non sempre, però, compaiono nel lemma tutti i segni diacritici della lingua originaria; in qualche caso la grafia è stata semplificata, se ciò rispecchia l'uso italiano corrente (ad es. ***zloty***, ***angstrom*** invece di *złoty*, *ångström*). Un problema analogo è posto dai nomi tedeschi. In questa lingua, come è noto, i sostantivi sono sempre scritti con l'iniziale maiuscola. L'uso italiano, però, non è costante, e tende a scrivere le parole di uso più frequente con l'iniziale minuscola, lasciando invece la maiuscola ai termini meno familiari. Questa variabilità è stata conservata: si troverà perciò *kitsch* con la minuscola, ma *Kronprinz* con la maiuscola.

Per le parole di lingue non scritte nell'alfabeto latino, ad es. ***bonsai***, ***demos***, ***gulag***, ***kolchoz***, ***ramadan***, si è riportata la traslitterazione più comune, che non è necessariamente quella scientifica o la più coerente, e può anche riflettere criteri diversi da una parola all'altra; di chiarire eventuali ambiguità di lettura si occupa in ogni caso la trascrizione fonetica.

Per l'indicazione della pronuncia si sono seguiti i criteri discussi nella parte TRASCRIZIONE FONETICA.

III. Omonimi. – Gli omonimi sono accompagnati da esponente numerico soltanto quando la loro forma lemmatizzata è assolutamente identica. Avremo quindi:

incollàre[1] **póppa**[1]
incollàre[2] **póppa**[2]

e

àncora **pèsca** **lògo-**
ancóra **pésca** **-logo**

I criteri in base ai quali si sono istituiti i lemmi omonimici sono: a) la lontananza dei sensi anche in presenza della stessa origine etimologica, come per **màcchia**[1], segno di sudiciume o di tinta e **màcchia**[2], selva; b) la diversa origine etimologica, come nel caso di **póppa**[1] e **póppa**[2]; c) l'appartenenza a parti del discorso diverse, quando le due forme abbiano una certa ricchezza e autonomia d'uso, anche in presenza di un nesso semantico e etimologico riconoscibile dal parlante, come per **dispositivo**[1] ***agg.*** e **dispositivo**[2] ***sm.***, **sapére**[1] ***tr.*** e **sapére**[2] ***sm.***.

L'ultimo criterio è il più debole e l'appartenenza a parti del discorso diverse solitamente non dà origine a un trattamento omonimico, ma a una suddivisione della voce in sezioni distinte da un numero romano in neretto:

parlàre **I** ***intr.***
II ***sm.***
romàno **I** ***agg.***
II ***sm.*** (f. *-a*)

dietro **I** ***prep.***
II ***avv.***
III ***sm.*** *inv.*
IV ***agg.*** *inv.*

IV. Etimologia e datazione. – Al lemma segue l'indicazione dell'etimologia e della data di prima attestazione scritta della parola. Per i criteri seguiti nel fornire queste indicazioni si veda la parte ETIMOLOGIA E DATAZIONE.

V. Morfologia e grammatica. – Le regole generali della grammatica e della sintassi sono ricordate nel *Compendio di grammatica* alle pagg. 1993-2015 ed anche alle voci *articolo, aggettivo, nome, plurale* ecc. Quando possono presentare difficoltà, i plurali dei nomi e degli aggettivi e le coniugazioni dei verbi sono dati nelle singole voci. In particolare l'ausiliare dei verbi intransitivi generalmente non è segnalato se è *essere*, mentre vengono segnalate le coniugazioni irregolari o difettive dei verbi, il modo del verbo richiesto dalle congiunzioni subordinanti, il femminile dei nomi, il comparativo o superlativo irregolare degli aggettivi, il plurale delle parole terminanti in *-oio*, *-io*, il plurale delle parole composte o l'invariabilità, quando non dipendano da regole generali.

L'abbreviazione ***s.*** indica i nomi di persona che hanno la forma singolare maschile e femminile uguale:

dipendènte, flautista

L'abbreviazione ***sm.*** o ***sf.*** indica invece quei rari nomi che ammettono i due generi senza variazioni di significato:

componènte, eco.

Alterati. – Gli alterati vengono elencati alla fine della voce prima della nomenclatura, e, nel caso di voci articolate in più parti del discorso, alla fine della sezione relativa all'aggettivo o al nome.

idèa.... ‖ *dim.* ideìna, ideùccia; *accr.* ideóna; *pegg.* ideàccia ‖ **N.** ....

Gli alterati che hanno assunto un significato autonomo ricevono una voce a parte: la loro derivazione viene sempre indicata e il significato di alterato viene indicato, per primo, solo se è un senso frequente:

bollétta (*dim.* di *bólla*[2]) ***sf.*** **1.**
pallina (*dim.* di *pàlla*) ***sf.*** **1.** piccola palla **2.**

Verbi. – Le voci relative a verbi sono fra le più articolate, perché, oltre ad essere suddivise nelle varie accezioni contrassegnate da numeri arabi, presentano anche, quando è il caso, una divisione in *transitivo, intransitivo, riflessivo, intransitivo pronominale,* ecc. L'ordine è generalmente quello della maggior frequenza d'uso; per ognuna di queste sezioni la numerazione delle accezioni ricomincia da **1.**

Si è dedicata molta attenzione a distinguere l'uso reciproco (***rec.***) di un verbo (*incontrarsi*) dall'uso riflessivo (***rifl.***: *lavarsi*), dal riflessivo reciproco (***rifl. rec.***: *separarsi* in *i coniugi si separarono*), dal riflessivo indiretto (***rifl. indir.***: *lavarsi* in *lavarsi le mani*), dal riflessivo intensivo (***rifl. intens.***: *mangiarsi* in *mangiarsi una mela*).

Mentre l'uso riflessivo, in linea di principio possibile per tutti i verbi transitivi, è stato segnalato solo quando aveva particolare rilievo nell'uso, la forma intransitiva pronominale (***intr. pron.***), ad es. *rattristarsi*, è sempre stata segnalata. Anzi, se il verbo non è usato che nella forma in **-si**, tale forma viene lemmatizzata; si veda ad es. **inerpicarsi**, **pentirsi**.

Gli usi copulativi dei verbi (*diventare grande, farsi bello*) vengono spiegati con una nota discorsiva, mentre l'uso come ausiliari di *essere, avere, andare, venire*, gli usi modali di *potere, volere, dovere*, gli usi causativi di *fare* e *lasciare* (*farsi, lasciarsi convincere*), l'uso come copula del verbo *essere* vengono introdotti da un numero romano, non potendosi considerare sullo stesso piano di ***intr.***, ***tr.***.

L'indicazione *impers.* per i verbi impersonali è stata usata soltanto per verbi come *piovere, nevicare*, ecc. e non per quei verbi che in taluni casi hanno come soggetto una frase soggettiva (es. *bisogna lavorare*).

La 1ª e 2ª persona sing. del presente viene indicata:

- per i verbi che terminano in **c**, **g**, **sc** + **-are**, **-ere**, **-ire**;
- per i verbi in **-ire** con presente in **-isco**, **-isci**;
- per i verbi in **vocale + -iare**.

Si dà la 1ª sing. del presente per:

- i verbi piani all'infinito, ma sdruccioli al presente, ad es. **agitàre** (pres. *àgito*);
- i verbi piani di tre o più sillabe, con penultima sillaba non chiusa, ad es. **abbinàre** (pres. *-ìno*);
- i verbi in **consonante + -iare**, ad es. **avviàre** (pres. *-ìo*), anche per quelli in cui la **i** è un puro segno grafico, ad es. **ragliàre** (pres. *ràglio*);
- i verbi in **-ire** che non rientrino nei casi già menzionati, ad es. **partire**[2] (pres. *pàrto*);
- i verbi che presentano nella terzultima sillaba dell'infinito una **e** oppure una **o** atona, poiché la 1ª sing. serve a segnalare se la vocale è aperta o chiusa, ad es. **prestàre** (pres. *prèsto*), **volàre** (pres. *vólo*).

Aggettivi. – Gli etnici morfologicamente prevedibili non sono registrati, come pure gli aggettivi derivati da cognomi, a meno che non abbiano assunto un significato autonomo: *veronese, pascoliano* non sono fra i lemmi registrati, **eporediese** e **dannunziano** sì.

Numerali. – Cardinali: sono state fatte voci per quelli da 1 a 10, per le decine, le centinaia, per **mille**, **duemila**, **diecimila**, **centomila**, **milione**, **miliardo**, **trilione** e per tutti quelli che hanno usi particolari: **diciòtto**, **trentatré**, ecc. Ordinali: hanno una voce tutti quelli da **primo** a **decimo** e quelli che hanno anche un uso diverso da "l'n-esimo elemento di una successione", ad es. **trentèsimo**, **centèsimo**, ecc.

Preposizioni. – Nelle voci dedicate alle preposizioni proprie si è usata la barra semplice | per separare un complemento dall'altro e la doppia barra ‖ per separare l'uso della preposizione nei complementi dall'uso con l'infinito o dall'uso in locuzioni.

Avverbi. – Ricevono una voce autonoma solo gli avverbi che non derivano da un aggettivo lemmatizzato: gli usi avverbiali degli aggettivi sono dati in sezioni aperte da numero romano:

forte **I** ***agg.***
II ***sm.***
III ***avv.***

veloce **I** ***agg.***
II ***avv.***

Gli avverbi in **-ménte** sono dati in neretto al fondo della voce relativa all'aggettivo e sono definiti soltanto quando hanno significati diversi dalla parafrasi "in modo, in maniera ..."

ingeneróso ***agg.*** non generoso || *fig. più com.* che manca di comprensione: .... || **ingenerosaménte** ***avv.***

probàbile ***agg.*** **1.** che è ragionevole supporre, anche se non è vero; verosimile: .... **2.** *lett.* degno di approvazione .... || **probabilménte** ***avv.*** (frasale) è probabile che, con molta probabilità: *se continua così probabilmente avrà un collasso* || **N.**

VI. Definizioni. – I sensi di ogni parola sono ordinati in base alla loro frequenza e rilievo nell'uso moderno e sono contrassegnati da numeri arabi in neretto. Spesso le definizioni sono precedute da abbreviazioni in corsivo che svolgono un'importante funzione esplicativa: tali abbreviazioni, tutte sciolte nell'elenco alle pagg. II-III, possono dare indicazioni

- di uso in ambito specialistico: *T.med.*, *T.fis.*, *T.tess.*, *T.mus.* ecc.;
- di derivazione di un senso dall'altro: *fig.*, *per estens.*, *per restr.*, *in part.*, *gen.*, *per meton.* ecc.;
- di uso legato ad un registro stilistico o limitato nello spazio o nel tempo: *lett.*, *fam.*, *volg.*, *tosc.*, *rom.*, *ant.*, *disus.* ecc.;
- di usi contestuali: *eufem.*, *iron.*, *scherz.*, *spreg.* ecc.

Arc(aico) è un'indicazione usata per lemmi o locuzioni molto antichi generalmente non più compresi dai parlanti, ad es. **acceffare**; un lemma arcaico può apparire in testi contemporanei, ma in tal caso la sua presenza è sentita come artificio stilistico e nel vocabolario è registrata come uso *lett(erario)* o *scherz(oso)*.

Per altri lemmi ancora compresi dai parlanti, ma percepiti come appartenenti ad uno stadio non più vivo della lingua, ad es. *eziandio, menomo,* si è usata l'indicazione *ant(iquato)*.

Disus(ato) è invece abbreviazione attribuita a lemmi e locuzioni usati dai parlanti anche fino a pochi anni fa, ma ormai sostituiti da un sinonimo il cui uso si è generalizzato, ad es.

ski *disus.* sci.
littorìna *disus.* automotrice.

Esempi e fraseologia. – Gli esempi sono stati dati sia con l'intento di mostrare la parola usata nei contesti che meglio ne fanno risaltare il senso, sia per illustrare i comportamenti sintattici possibili. Molto abbondante è inoltre la fraseologia con locuzioni particolari e proverbi: la fraseologia è in genere distribuita sotto l'accezione più opportuna e solo in voci molto lunghe e ricchissime di modi di dire questi sono stati raggruppati senza seguire criteri basati su affinità di significato.

Ulteriore funzione fraseologica, definitoria ed orientativa svolgono la sezione contenente la Nomenclatura e i rimandi alle Tavole illustrate e ai quadri terminologici.

VII. Nomenclatura, sinonimi, contrari. – Molte voci sono accompagnate da una sezione introdotta da **N.** in cui figurano i sinonimi (perlopiù sinonimi contestuali) e i contrari suddivisi in base alle accezioni in cui è articolata la voce.

Le suddivisioni in numeri arabi solitamente si articolano in parole precedute dall' abbreviazione *Sin(onimi)* e in parole introdotte da *Contr(ari)*; la Nomenclatura dei verbi è, se necessario, suddivisa in una parte dedicata a sinonimi, contrari ecc. del *tr.*, e in un'altra dedicata a sinonimi, contrari, ecc. dell'*intr.* o *rifl.* o *intr. pron.* ecc.

I sinonimi di ogni accezione sono in genere elencati alfabeticamente; sono suddivisi da punti e virgola quando si riferiscono ad usi circoscritti, figurati o contestuali, di un'accezione. I sinonimi usati per definire non vengono sempre ripresi nella Nomenclatura.

Una barra verticale delimita la sezione in cui sono dati vocaboli che possono figurare insieme alla parola-lemma: aggettivi e verbi se si tratta di un nome, avverbi o complementi molto frequenti se si tratta di un verbo. La dicitura PARTI: si trova nei casi in cui un oggetto sia complesso e formato di parti con nomi ben precisi.

Nella Nomenclatura si trova talvolta una parola in maiuscoletto: è un modo per rinviare alla Nomenclatura che segue la voce relativa alla parola in maiuscoletto.

Se un vocabolo nella Nomenclatura non è preceduto da abbreviazioni che lo indichino come sinonimo o contrario significa che ha una relazione semantica o enciclopedica con la parola, degna di essere riportata anche se non rientra nei rapporti di sinonimia o antonimia (strumenti, operazioni, operatori ecc.). Scopo della sezione Nomenclatura è infatti quello di aiutare a riallacciare i rapporti di significato spezzati dall'ordine alfabetico.

VIII. Quadri terminologici e tavole illustrative. – Quando una nomenclatura era tanto vasta e complessa da superare di molto l'estensione di una voce e poteva figurare bene di seguito a molte voci diverse, si è preferito creare un quadro terminologico, cioè una sezione apposita con un'organizzazione interna dettata dall'argomento specifico oltre che da convenzioni generali. I quadri terminologici non sono soltanto nomenclature giganti: sono più articolati ed organici delle nomenclature, cercano di venire incontro ad esigenze di informazione enciclopedica oltre che linguistica e molti sono stati redatti con l'aiuto di specialisti.

Nei quadri terminologici la barra obliqua / posta fra due parole ha la funzione di indicare che una è il contrario dell'altra; le parentesi tonde raggruppano al loro interno nomi di parti o tipi differenti dell'oggetto indicato dalla parola precedente la parentesi.

L'intento enciclopedico è ancor più marcato nelle tavole illustrative, che danno informazioni "visive" capaci di affiancare o sostituire con vantaggio definizioni e descrizioni verbali.

Sotto le voci possono apparire rimandi ai quadri terminologici (indicati da **Q.T.**) o alle tavole illustrative (indicate da **TAV.**). Questi rimandi consentono di passare immediatamente da una qualsiasi voce alla relativa tavola. Se ad uno stesso nome corrispondono oggetti differenti o utilizzati in modo differente, il rimando è multiplo, così da consentire utili confronti.

Le tavole in bianco e nero sono collocate nel dizionario in ordine alfabetico, mentre le tavole a colori sono raggruppate fra le pagine 641-672 e 1313-1344.

I rimandi alle tavole in bianco e nero sono costituiti dall'abbreviazione **TAV.** (in neretto) seguita dal titolo della tavola (in chiaro) e da eventuali puntatori numerici (in chiaro), che rinviano a parti specifiche della tavola.

I rimandi alle tavole a colori danno, dopo **TAV.**, anche l'indicazione del **titolo** e della **pagina** in neretto, seguita dai puntatori in chiaro.

IX. Compendio di grammatica. Sigle e abbreviazioni. – Questo dizionario è corredato da:

a) un compendio grammaticale volto ad illustrare le principali caratteristiche morfologiche e sintattiche dell'italiano;
b) un'appendice in cui sono state riunite le sigle ed abbreviazioni italiane ed internazionali di uso più frequente. Sono state privilegiate soprattutto quelle scientifiche (unità di misura, simboli chimici e fisici, ecc.) e quelle di largo interesse come le sigle delle targhe automobilistiche, delle associazioni politiche, ecc.

ETIMOLOGIA E DATAZIONE

Ogni lemma contenuto in questa nuova edizione viene corredato da una glossa etimologica, comprendente tanto l'etimologia quanto la datazione. Tale glossa è posta tra parentesi quadre e precede immediatamente le indicazioni grammaticali.

La base etimologica è in corsivo. Se si tratta di parola non italiana, l'etimo è preceduto, in tondo, dall'indicazione della lingua o del dialetto cui appartiene, ed è seguito, sempre in tondo, dal significato, se questo è diverso da quello del lemma italiano. Le parole di lingue che non usano caratteri latini sono state traslitterate. Quando una parola è preceduta dal segno * si intende che è voce supposta ma non documentata.

ducàle [da *duca* ...]
fòrmio [dal gr. *phormós*, stuola di giunco ...]
fornìre [dal francone **frumjan*, eseguire, attr. il fr. *fournir* ...]

Per le derivazioni da parole latine si sottolinea che, mentre *lat.* indica una trasmissione orale e ininterrotta, maturata nel passaggio dal latino all'italiano, *dal lat.* sta a significare che la parola è di tradizione interrotta, cioè è stata ripresa dai libri o dalla lingua dotta, per es. della chiesa, della scienza o dei letterati. La sigla *lat.* indica il latino in senso generale, e particolarmente il latino classico e postclassico (solo qualche volta, per opporre le forme classiche alle varianti tarde o volgari, si è usata l'etichetta *lat. class.*; *lat. volg.* è il latino cosiddetto volgare, cioè il latino parlato ma non scritto; *lat. tardo* il latino dei secoli tra il III e il VI; *lat. mediev.* quello dei secoli tra il VI e il XIV; *lat. scient.* quello usato, in epoca moderna, per coniare i termini della botanica, zoologia, anatomia ecc.

dùro [lat. *dūrus* ...]
dùttile [dal lat. *ductilis* ...]
pusìgno [lat. volg. **postcenium* ...]
fornàio [lat. tardo *furnārius* ...]
duodèno [dal lat. mediev. *duodēnum* (*digitorum*), di dodici dita, perché ritenuto lungo dodici pollici ...]

Negli etimi latini, si è indicata col segno della lunga (¯) la quantità lunga delle vocali toniche, mentre non sono contrassegnate quelle brevi e quelle atone (così nelle etimologie sopra riportate, si è segnalata la quantità lunga della *u* di *durus*, ma non la quantità breve della *u* di *ductilis*).

Di ogni lemma viene fornita anche la data di prima attestazione. Per data di prima attestazione si intende la data del testo nel quale la parola appare per la prima volta in uno dei sensi compresi nella glossa del nostro vocabolario. È necessario chiarire che la data di prima attestazione raramente coincide con la data in cui una parola è stata usata per la prima volta: essa è la data in cui si è finora riusciti a trovare traccia, in una fonte scritta, di quella determinata parola. Ciò vale sia per le parole più antiche, sia per le parole moderne. In particolare, se la parola appartiene al fondo ereditario della nostra lingua (se deriva, cioè, dal latino per via orale), la prima attestazione ha un valore poco più che convenzionale, dal momento che, per definizione, si tratta di parola che ha continuato ininterrottamente a vivere, nel parlato, durante l'intero periodo di trasformazione del latino in italiano. Inoltre, si tenga sempre presente che la data da noi proposta riflette (con sporadici ed occasionali miglioramenti) lo stato attuale delle conoscenze della lessicografia storica, quali sono rappresentate, principalmente, dal *Grande Dizionario della Lingua Italiana*, di Salvatore Battaglia (Torino, UTET, in corso di pubblicazione dal 1961 e giunto finora alla lettera *R*; integrato, per le lettere mancanti, con il *Dizionario della Lingua Italiana* di Nicolò Tommaseo e Bernardo Bellini, Torino, Unione Tipografico-Editrice, 1865-1879), dal grandioso *Lessico Etimologico Italiano* di Max Pfister (che si pubblica presso Reichert a Wiesbaden dal 1979 e che ha appena completato la lettera *A*), dal *Dizionario Etimologico della Lingua Italiana* di Manlio Cortelazzo e Paolo Zolli (Bologna, Zanichelli, 1979-1988; occasionalmente integrato, grazie alla liberalità degli autori, con il materiale raccolto durante la preparazione dell'opera e non utilizzato nella pubblicazione).

Ci siamo attenuti senza eccezioni al criterio di offrire la data più antica testimoniata direttamente in testi scritti, senza tener conto di testimonianze indirette non verificabili sui testi o di datazioni presunte, anche se altamente probabili. In qualche caso ciò ha portato ad anomalie (quando ad es. una base appare datata posteriormente ad un suo derivato, o quando parole dell'italiano contemporaneo presentano datazioni più tarde di quelle che ci offrirebbe la stessa nostra memoria di parlanti); ma, seguendo la metodologia più accreditata nel campo della lessicografia storica, ci siamo accontentati della data più tarda, ma certa, ben lieti se la sua incongruenza solleciterà gli utenti del dizionario ad offrirci miglioramenti, sempre che siano accompagnati dalla relativa documentazione.

Quando nella glossa i sensi sono separati da un numero e la datazione non è seguita da ulteriori precisazioni, questa si riferisce al senso contrassegnato con il numero 1.

pùre [...; fine sec. XII]
valère [...; 1308]

Se il senso contrassegnato con il numero 1. non è il più antico, precisiamo a quale senso va ricondotta la documentazione più antica.

dùbbio¹ [...; inizio sec. XIII nel senso 3]
universàle [...; 1308 nel senso 2]

In casi particolari si offre, oltre alla datazione del senso più antico, quella di altri sensi (se caratterizzati da un notevole scarto semantico e da una rilevante distanza cronologica rispetto al senso più antico).

vallétto¹ [...; sec. XIII-XIV nel senso 1; 1957 nel senso 3]

La data è seguita, in corsivo, dalla forma che il lemma ha nella sua attestazione più antica, se questa è diversa da quella da noi registrata (a meno che non si tratti di una variante puramente grafica).

duecentésco [...; 1926 *dugentesco*]

La data è quella di stesura dell'opera in cui la voce è attestata, se si tratta di opere manoscritte; quella di pubblicazione, se si tratta di opere a stampa; se la data di stesura non è determinabile o se l'opera è stata pubblicata postuma, si dà la data di morte dell'autore preceduta da *a.* (*ante*); se la stesura o la pubblicazione dell'opera è durata per più anni, si indica l'anno in cui stesura o pubblicazione si sono concluse. Si è preferito evitare, ogni volta che fosse possibile, di dare una datazione generica (consistente, cioè, nella sola indicazione del secolo); potendo scegliere fra una datazione costituita dalla sola indicazione del secolo e una costituita da un anno compreso in quello stesso secolo, si è sempre riportata quest'ultima.

TRASCRIZIONE FONETICA

Nell'affrontare il problema delle indicazioni di pronuncia, occorre individuare un equilibrio tra l'esigenza di un minimo di coerenza "scientifica" e la necessità di non superare i livelli di complessità accessibili all'utente medio del dizionario; altrimenti le indicazioni diventano di fatto inutili. Molti vocabolari recenti, forse anche per alleggerire al massimo l'apparato simbolico, hanno optato per una trascrizione sostanzialmente fonologica e non fonetica. Tuttavia, se questa scelta può essere opportuna per un vocabolario bilingue, dove si presume che gli utenti abbiano familiarità con il sistema fonologico della lingua straniera, lo è un po' meno nel nostro caso. Se, ad esempio, si dà la trascrizione fonologica di sp. *aguardiente*, cioè /aguar'diente/, un lettore che non conosca lo spagnolo ne trarrà l'impressione di una pronuncia sostanzialmente identica a quella italiana, mentre è noto che i fonemi /d/ e /g/ sono realizzati in quella posizione in modo acusticamente molto diverso, cioè come fricative (o approssimanti) [ð] e [ɣ]. Una trascrizione fonetica, in questo caso [aɣwar'ðjente], sottolinea invece immediatamente la differenza rispetto all'italiano, che la grafia non suggerisce.

La trascrizione adottata, racchiusa tra parentesi quadre, utilizza i noti simboli dell'I.P.A. (Alfabeto fonetico internazionale), secondo l'aggiornamento dell'agosto 1989, con qualche semplificazione. Diamo qui una lista dei simboli utilizzati, con brevi descrizioni fonetiche ed esempi tratti dal lemmario.

Vocali.

I due punti [:] che seguono una vocale indicano **vocale lunga**: ingl. *football* ['fʊtbɔ:ɫ], ted. *Lied* [li:t].

La tilde [˜] sopra un segno vocalico indica **vocale nasale**: fr. *flan* [flɑ̃].

1) Vocali anteriori (cioè articolate col dorso della lingua spostato verso la parte anteriore del palato):

[æ]: è la vocale anteriore non arrotondata di massima apertura: ingl. *smash* [smæʃ]; è la resa di *a* italiana a Bari.

[ɛ]: corrisponde alla *e* aperta italiana: fr. *maître* [mɛ:tr, ted. *becher* ['bɛçɐ].

[e]: corrisponde alla *e* chiusa italiana: ted. *lehm* [le:m], fr. *fané* [fa'ne]. Lo stesso simbolo è stato usato per vocali intermedie tra [e] ed [ɛ], se una lingua non le possiede entrambe: ingl. *net* [net].

[ɪ]: è una vocale anteriore di apertura intermedia tra [e] ed [i], articolata inoltre con il dorso della lingua in posizione un po' più arretrata: ingl. *big* [bɪg]. È il suono di certe *i* atone nella pronuncia siciliana dell'italiano.

[i]: è la vocale anteriore non arrotondata di minima apertura, come la *i* italiana: fr. *brie* [bri], ted. *Lied* [li:t].

[œ]: è una vocale anteriore di apertura analoga alla [ɛ], ma articolata con un contemporaneo arrotondamento delle labbra: fr. *voyeur* [vwa'jœ:r], ted. *röntgen* ['rœntgən].

[ø]: è l'analogo di [e] con arrotondamento delle labbra: fr. *chanteuse* [ʃɑ̃'tø:z]

[ʏ]: è una vocale anteriore arrotondata di apertura intermedia tra [ø] e [y], articolata inoltre con il dorso della lingua in posizione un po' più arretrata: ted. *Schützen* ['ʃʏtsən].

[y]: è la vocale anteriore arrotondata di minima apertura: fr. *nature* [na'ty:r], ted. *Führer* ['fy:rɐ].

2) Vocali centrali (articolate col dorso della lingua spostato verso la regione intermedia del palato):

[a]: è la vocale centrale di massima apertura, come la *a* italiana: fr. *cabaret* [kaba'rɛ], ted. *lager* ['la:gɐ].

[ɐ]: è una vocale centrale non arrotondata meno aperta di *a*, e articolata più debolmente: ted. *schnauzer* ['ʃnaʊtsɐ], port. *piranha* [pi'rɐɲɐ].

[ə]: è una vocale centrale di media apertura, non arrotondata: ingl. *burberry* ['bə:bərɪ], russo *vodka* ['vɔtkə], port. *saudade* [sɐu'ðaðə]. Corrisponde anche alla pronuncia napoletana della vocale finale in *bello* ['bɛllə]. Per semplicità tipografica abbiamo notato con lo stesso simbolo la cosiddetta *e* muta francese, che in realtà è arrotondata: fr. *demi-sec* [dəmi'sɛk]; così anche la vocale che nell'inglese britannico realizza il nesso *er* in fine di parola, tendente in realtà verso [ɐ]: ingl. *corner* ['kɔ:nə].

[ɨ]: è la vocale centrale non arrotondata di minima apertura: russo *bylina* [bɨ'lʲinə], polacco *zloty* ['zwɔtɨ].

[ʉ]: è la vocale centrale arrotondata di minima apertura. Assomiglia percettivamente a [y], che è articolata più avanti. In svedese le due vocali costituiscono due fonemi distinti: sved. *ombudsman* ['ɔmbʉdsmann].

3) Vocali posteriori (articolate col dorso della lingua spostato verso la regione posteriore del palato, cioè il palato molle):

– con arrotondamento delle labbra:

[ɒ]: è la vocale posteriore arrotondata di massima apertura: ingl. *shock* [ʃɒk], ung. *puszta* ['pustɒ]. È la pronuncia bolognese di *o* aperta, per esempio *porta* ['pɒrta].

[ɔ]: corrisponde grosso modo alla *o* aperta italiana: fr. *collage* [kɔ'la:ʒ], ingl. *lord* [lɔ:d].

[o]: corrisponde grosso modo alla *o* chiusa italiana: ted. *loden* ['lo:dən], fr. *argot* [ar'go].

[ʊ]: è una vocale posteriore di apertura intermedia tra [o] ed [u], articolata inoltre con il dorso della lingua in posizione un po' più avanzata: ingl. *full* [fʊɫ], ted. *schuss* [ʃʊs]. È il suono di certe *u* atone nella pronuncia siciliana dell'italiano.

[u]: è la vocale posteriore arrotondata di minima apertura, come la *u* italiana: ingl. *scoop* [sku:p], fr. *atout* [a'tu].

– senza arrotondamento delle labbra:

[ɑ]: è la vocale posteriore non arrotondata di massima apertura: ingl. *hard* [hɑ:d].

[ʌ]: è una vocale posteriore dal grado di apertura analogo alla [ɔ], ma non arrotondata: ingl. *rugby* ['rʌgbɪ], russo *samovar* [səmʌ'var].

Consonanti.

I simboli I.P.A. [b], [d], [f], [g], [k], [l], [m], [n], [p], [s], [t], [v] hanno grosso modo lo stesso valore che assumono i rispettivi grafemi in italiano, per cui non ci soffermeremo sulla loro descrizione fonetica, rimandando ai lemmi delle singole lettere per una descrizione dei suoni rispettivi. Ricordiamo solo che il valore I.P.A. di [g] corrisponde sempre alla pronuncia velare del grafema italiano *g*, cioè quella che si ha davanti ad *a*, *o*, *u*.

Il simbolo [r] dell'I.P.A. indica anch'esso la realizzazione italiana più comune di *r*. Tuttavia in questo vocabolario se ne è fatto un uso molto più esteso, che richiede qualche commento. Nelle lingue europee, al grafema *r* corrisponde solitamente un unico fonema /r/, le cui realizzazioni fonetiche sono però largamente differenziate. Per di più, in una stessa lingua spesso coesistono realizzazioni molto diverse, che variano da regione a regione o anche da individuo a individuo all'interno della stessa comunità. L'I.P.A. possiede numerosi simboli per i suoni "di tipo *r*". Oltre a [r] (vibrante alveolare), i principali sono: [ʀ] (vibrante uvulare), [ɾ] (monovibrante alveolare), [ɽ] (monovibrante retroflessa), [ɹ] (approssimante alveolare), [ɻ] (approssimante retroflessa) e [ʁ] (fricativa uvulare). Non ci è parso il caso di appesantire troppo la trascrizione con tutta questa molteplicità di simboli, anche perché la grande variabilità delle realizzazioni di /r/ all'interno di ciascuna lingua avrebbe comunque condotto a una rappresentazione molto parziale della situazione. Si è scelta quindi in questo caso la soluzione fonologica, utilizzando il simbolo più semplice [r] per tutte le diverse realizzazioni del fonema /r/. Con [rr] abbiamo trascritto la [r] lunga (con più vibrazioni) dell'italiano e dello spagnolo, scritta *rr*, ma anche la *rr* del portoghese, la cui realizzazione più frequente è oggi [ʁ], o addirittura [x].

Diamo qui di seguito una breve descrizione, con esempi, degli altri simboli consonantici usati nella trascrizione.

[ɱ]: nasale labiodentale. È la consonante nasale ottenuta appoggiando il labbro inferiore agli incisivi superiori, cioè con la stessa articolazione di [f] e [v]. Si trova in italiano standard solo davanti a [f] e [v]: ***conforto*** [koɱ'fɔrto].

[ŋ]: nasale velare. È la consonante nasale ottenuta accostando il dorso della lingua al velo pendulo, cioè con la stessa articolazione di [k] e [g]. Si trova in italiano standard solo davanti a [k] e [g]: ***anche*** ['aŋke]. In altre lingue è un fonema distinto da /n/: ingl. ***swing*** [swɪŋ], ted. *Singspiel* ['zɪŋʃpi:l].

[ɲ]: nasale palatale. È la normale pronuncia (lunga tra vocali) del grafema *gn* in italiano: ***ragno*** ['raɲɲo], fr. ***chignon*** [ʃi'ɲɔ̃], port. ***piranha*** [pi'rɐɲɐ].

[β]: fricativa bilabiale sonora. Si ottiene articolando le labbra come per pronunciare [b], ma senza sbarrare completamente il passaggio dell'aria, che uscendo produce il caratteristico rumore di sfregamento. Con lo stesso segno notiamo una variante articolata più rapidamente e con apertura maggiore del canale orale, senza sfregamento percettibile, detta *approssimante* anziché *fricativa*. La varietà approssimante è in realtà in varie lingue la più frequente nel parlato veloce; per es. in sp. *navaja* [na'βaxa], *barbudo* [bar'βuðo].

[ɣ]: fricativa velare sonora. È una fricativa come la precedente, articolata però, come la corrispondente occlusiva [g], nella regione del palato molle o velo pendulo. Anche qui, per semplicità, notiamo con lo stesso simbolo la varietà approssimante. Sp. ***aguardiente*** [aɣwar'ðjente].

[ð]: fricativa interdentale sonora. È una fricativa (vedi sopra) articolata con la punta della lingua tra gli incisivi superiori. La varietà fricativa è una delle due rese del *th* inglese; in spagnolo e portoghese è più frequente la varietà approssimante. Ingl. ***fathom*** ['fæðəm], sp. ***rodeo*** [rrɔ'ðeo], port. ***fado*** ['faðu].

[θ]: fricativa interdentale sorda. Ha lo stesso punto di articolazione di [ð], da cui differisce in quanto sorda. Sp. *lazo* ['laθo], ingl. ***thrilling*** ['θrɪlɪŋ].

[z]: fricativa alveolare sonora. È il suono della *s* sonora italiana in ***rosa*** ['rɔza]. Da non confondere col valore del grafema italiano *z*, che corrisponde alle due affricate (sorda e sonora) notate [ts] e [dz] in I.P.A.

[ʃ]: fricativa palatoalveolare sorda. È il suono del digramma it. *sc* in ***scena*** ['ʃɛna]; fr. ***affiche*** [a'fiʃ], ingl. ***optional*** ['ɒpʃənəɫ], ted. ***schuss*** [ʃus].

[ʒ]: fricativa palatoalveolare sonora. È la resa toscana del digramma *gi* in ***ciliegia***. Fr. ***garage*** [ga'ra:ʒ].

[ç]: fricativa palatale sorda. Assomiglia alla [ʃ], ma è articolata un po' più indietro, e soprattutto con la lingua piatta, non solcata al centro come avviene per [ʃ]. Ted. ***becher*** ['bɛçɐ].

[x]: fricativa velare sorda. È la corrispondente sorda di [ɣ], articolata con il dorso della lingua che si avvicina al velo pendulo. Ted. ***mach*** [max], sp. ***navaja*** [na'βaxa].

[h]: approssimante glottidale sorda. È un soffio che si ottiene atteggiando la glottide in posizione di bisbiglio, in cui le corde vocali non possono vibrare, e viene lasciata una piccola fessura per il passaggio dell'aria. È una delle possibili realizzazioni della *c* intervocalica in Toscana; ingl. ***hard*** [hɑ:d], ar. ***mahdi*** [mæh'di:].

[ɫ]: è una variante velarizzata di [l], cioè una [l] articolata spostando contemporaneamente il dorso della lingua all'indietro, verso il palato molle. Ingl. ***full*** [fʊɫ].

[ʎ]: approssimante laterale palatale. È il suono del trigramma italiano *gli*, per esempio in ***maglia*** ['maʎʎa], dove però è sempre lungo. Sp. ***paella*** [pa'eʎa].

[w]: approssimante labiovelare sonora. È l'approssimante corrispondente, come luogo di articolazione, alla vocale [u]. It. ***quanto*** ['kwanto], ingl. ***swing*** [swɪŋ].

[ɥ]: approssimante labiopalatale sonora. È l'approssimante corrispondente alla vocale [y]. Fr. ***suite*** [sɥit].

[j]: approssimante palatale sonora. È l'approssimante corrispondente alla vocale [i]. Una variante fricativa, presente in fr. e ted., è notata qui con lo stesso segno. It. ***piano*** ['pjano], fr. ***paillette*** [pa'jɛt], ted. ***jodel*** [jo:dəl].

[ts]: affricata dentale sorda. Le affricate sono un tipo di articolazione con una componente iniziale di tipo occlusivo e una finale di tipo fricativo; di qui la notazione doppia dell'I.P.A. In questo caso, si tratta del valore della *z* italiana in ***mazzo*** ['mattso]. Ted. ***panzer*** ['pantsɐ].

[dz]: affricata dentale sonora. Ha il valore della *z* italiana in ***rozzo*** ['roddzo].

[tʃ]: affricata palatoalveolare sorda. Ha il valore del grafema italiano *c* davanti ad *e, i*. Ingl. ***charter*** ['tʃɑ:tə], sp. ***macho*** ['matʃo].

[dʒ]: affricata palatoalveolare sonora. Ha il valore del grafema italiano *g* davanti ad *e, i*. Ingl. ***manager*** ['mænɪdʒə].

Di uso molto raro nel presente vocabolario sono inoltre:

[q]: occlusiva uvulare sorda. È un suono simile a [k], ma articolato ancora più indietro nel palato, all'altezza dell'ugola. Da non confondere con il valore italiano del grafema *q*, che al pari di *c* rappresenta l'occlusiva velare [k]. Ar. ***suq*** [su:q].

[ɢ]: occlusiva uvulare sonora. È la sonora corrispondente a [q]. Pers. ***kandahar*** [ɢændæ'hɒ:r].

[ʔ]: occlusiva glottidale: consiste in una brusca apertura delle corde vocali tenute in precedenza strette tra loro; l'effetto acustico è quello di una separazione netta tra i suoni che precedono e seguono. È l'"attacco duro" con cui viene pronunciata ogni vocale iniziale di parola o di morfema nel tedesco; in lingue come l'arabo è un fonema del tutto autonomo. In italiano può comparire all'inizio di parola in alcune parole (spec. interiezioni e sim.): ***eh!*** [ʔɛ:], ***eccolo!*** ['ʔɛkkolo]. Ar. ***fidayin*** [fidɑ:ʔij'ji:n].

[ħ]: fricativa faringale sorda. È un suono difficile da ottenere per un europeo, articolato molto in profondità nella gola, avvicinando la radice della lingua alla parete della faringe: ar. ***hascisc*** [ħæ'ʃi:ʃ].

[ʋ]: approssimante labiovelare sonora. È simile alla [v], ma articolata più rapidamente e senza sfregamento dell'aria. In italiano è una possibile realizzazione di *v* intervocalica nel parlato veloce. In neerlandese costituisce un fonema distinto da [v]. Neerl. ***waterloo*** ['ʋa:tərlo:].

[ɖ]: occlusiva retroflessa sonora. È un'occlusiva articolata rovesciando all'indietro la punta della lingua e mettendone la parte inferiore a contatto col palato e gli alveoli. Si trova in vari dialetti italiani, per es. nel siciliano ***beddu*** ['beɖɖu]. Hindi ***pandit*** ['paɳɖit].

[ɳ]: nasale retroflessa. È la consonante nasale corrispondente a [ɖ]. Hindi ***pandit*** ['paɳɖit].

[ʂ]: fricativa retroflessa sorda. È articolata nello stesso modo delle precedenti. Sanscrito ***Krisna*** ['kr̩ʂɳa].

[ɦ]: approssimante glottidale sonora. È un soffio d'aria prodotto tenendo la glottide nella posizione della voce mormorata, quindi con una vibrazione solo parziale delle corde vocali. Hindi ***mahatma*** [mɐ'ɦa:tma:].

Segni diacritici (di uso raro in questo dizionario):

Il segno I.P.A. [̩] sotto una consonante indica che la consonante in questione costituisce l'apice di una sillaba, cioè acquisisce una proprietà tipica delle vocali. Il fenomeno si presenta per le consonanti con articolazione più aperta, specialmente per [r] e [l], e per le nasali (dove è aperto il canale nasale). Realizzazioni sillabiche di [l], [n] ecc. sono molto comuni ad esempio nell'inglese e nel tedesco: ingl. ***bottle*** ['bɒtɫ̩], ted. ***reden*** ['re:dn̩]. Tuttavia, per queste lingue esiste nella pronuncia più lenta ed accurata una variante con [ə]: ['bɒtəɫ] e ['re:dən], che per semplicità è stata preferita ovunque possibile. Al segno [̩] si è fatto ricorso solo nei casi strettamente indispensabili: sanscrito ***Krisna*** ['kr̩ʂɳa], it. ***ehm*** [m̩:].

Una [ʰ] a destra di una consonante occlusiva indica che la consonante è *aspirata*, cioè che nella fase di esplosione della consonante si percepisce contemporaneamente un soffio simile ad [h], o, nel caso di consonanti sonore, un soffio mormorato. In ingl. e ted. le occlusive sorde all'inizio di parola sono generalmente aspirate; non lo si è trascritto per non appesantire troppo la notazione, tenuto conto che si tratta di un fatto automatico, e senza rilevanza fonologica. In altre lingue esistono invece consonanti aspirate che si oppongono ad altre non aspirate; in tal caso si è notata l'aspirazione: per es. sanscrito ***sandhi*** ['sandʱi].

Una [ʷ] a destra di una consonante indica che la consonante è *labializzata*, cioè articolata contemporaneamente a un arrotondamento delle labbra.

Una [ʲ] a destra di una consonante indica che la consonante è *palatalizzata*, cioè articolata contemporaneamente a un avanzamento del dorso della lingua verso il palato duro: russo *soviet*, pr. [sʌ'vʲɛt].

Come si è già visto, le consonanti lunghe (o doppie o geminate) sono notate con due segni uguali, analogamente all'ortografia italiana. Nel caso delle affricate, solo il primo elemento dell'articolazione, quello occlusivo, viene scritto due volte (ad es. in [tts]), in quanto nel pronunciare una affricata lunga è solo la fase di tenuta che viene allungata.

Accenti.

Sono stati utilizzati due segni d'accento intensivo: l'accento primario ['] e l'accento secondario [ˌ], di intensità minore, presente in parole lunghe e soprattutto nei composti e nelle locuzioni: ingl. *public relations* [ˌpʌblɪk rɪ'leɪʃənz]. Si noti che entrambi gli accenti sono scritti immediatamente prima della **sillaba** accentata, non della vocale.

Problemi particolari relativi a singole lingue.

1) Pronuncia inglese e pronuncia americana.

Il riportare sistematicamente le due pronunce avrebbe senz'altro richiesto troppo spazio. Tenendo conto che per l'inglese d'Inghilterra esiste una norma ben codificata (la famosa "Received Pronounciation", abbr. RP), certo astratta e un po' troppo "elevata", ma tuttora usata come riferimento standard nei dizionari monolingui, si è optato per tale pronuncia, alla quale pertanto corrisponde la dizione: ingl., pr. [...]. Solo in pochi casi si è indicata la pronuncia americana, con la dizione: pr. amer. [...], accanto a quella inglese o anche da sola. Lo si è fatto essenzialmente in due situazioni:

1) quando la parola o locuzione in questione è tipicamente americana (per es. *cult movie*);
2) quando la normale resa fonetica italiana del prestito riflette chiaramente la pronuncia americana, e non sarebbe comprensibile a partire da quella inglese (per es. *free-lance*, *bourbon*, *sandwich*).

Ci pare peraltro indispensabile dare almeno qui nell'introduzione le caratteristiche principali che differenziano dalla RP la pronuncia americana nella sua varietà più diffusa, in modo che, in teoria, il lettore interessato possa essere in grado di costruire una accettabile realizzazione fonetica "americana" delle parole inglesi. Tali caratteristiche sono:

1) l'articolazione di *r* in Inghilterra è alveolare (simbolo I.P.A. [ɹ]), mentre in America è retroflessa, cioè avviene con un veloce scatto della lingua la cui punta rivolta all'indietro viene a contatto col palato duro o gli si avvicina (simbolo I.P.A. [ɻ]). Inoltre, in America (e anche in varie regioni della Gran Bretagna), la *r* è pronunciata in questo modo in ogni posizione; nella RP, invece, la *r* ha una realizzazione consonantica solo se immediatamente seguita da una vocale; altrimenti al grafema *r* corrisponde soltanto un allungamento della vocale precedente, o una vocale [ə]. Esempi: *horse*, amer. [hɔɻs], ingl. [hɔ:s]; *leader*, amer. ['li:dəɻ], ingl. ['li:də];
2) in molti casi al fonema /ɑ:/ dell'ingl. corrisponde il fonema /æ/ dell'amer.: *dance*, ingl. [dɑ:ns], amer. [dæns];
3) al grafema *o* corrisponde in amer. una vocale posteriore aperta, ma non più arrotondata [ɑ]: *hot*, ingl. [hɒt], amer. [hɑt];
4) le vocali [ɑ:], [ɔ:] della RP non sono foneticamente lunghe, ma le brevi corrispondenti;
5) la vocale finale corrispondente ai grafemi *y* o *ie* (come in *city*, *movie*) non è di timbro [ɪ], ma di timbro [i];
6) il dittongo [oʊ] è realizzato più spesso come monottongo [o];
7) quando al grafema *u* preceduto da dentale corrisponde una pronuncia [ju:] in RP, la pronuncia americana di solito non presenta la palatale: *tune*, ingl. [tju:n], amer. [tu:n]; così anche ***nude***, ***duty***, ***assume***;
8) la consonante [t] in posizione intervocalica tende a sonorizzarsi in [d], o passa addirittura a [ɾ]: *city*, ingl. ['sɪtɪ], amer. ['sɪdi], ['sɪɾi]. Il nesso *nt* è spesso semplificato in [n]: *twenty*, ingl. ['twentɪ], amer. ['tweni].

2) Pronuncia spagnola e portoghese d'America.

Un problema analogo, sia pure di consistenza quantitativa molto minore, si è posto per la trascrizione fonetica delle parole spagnole e portoghesi. Anche in questo caso, le differenze tra le pronunce europee e quelle dell'America Latina possono essere molto rilevanti. Quando si è ritenuto necessario citare le pronunce brasiliane o spagnole d'America, esclusivamente o accanto a quelle europee, si è proceduto come sopra per l'inglese:

saudade (port., pr. [sɐu'ðaðə]; pr. bras. [sau'dadʒɪ])
estancia (sp., pr. [es'tanθja]; pr. amer. e it. [es'tansja]).

Precisiamo che, essendo le pronunce spagnole d'America a loro volta molto differenziate, abbiamo preso come unico tratto caratterizzante, che le oppone in blocco alla pronuncia spagnola standard, l'assenza di [θ], sostituito da [s]; con *pr. bras.* intendiamo invece una particolare possibile pronuncia brasiliana colta, quale quella descritta nella *Fonematica contrastiva* di A. Mioni (Bologna, Pàtron, 1973) o nell'*Ausspracheswörterbuch* del Duden, con numerose caratteristiche diverse dalla pronuncia portoghese d'Europa, di cui le principali sono:

– assenza della pronuncia [ð], [β], [ɣ] dei fonemi /d/, /b/, /g/ tra vocali;
– realizzazione palatale ([tʃ], [dʒ]) di /t/, /d/ davanti ad /i/;
– pronuncia [a] del grafema *a* anche atono (purché non finale o tra nasali), mentre in port. europeo si ha [ɐ];
– realizzazione [s] e [z] rispettivamente dei grafemi *s* e *z* finali di sillaba (in port. europeo e nella zona di Rio de Janeiro si hanno invece [ʃ] e [ʒ].

3) Pronuncia italiana delle parole straniere.

È evidente che una voce straniera pronunciata da un italiano subirà sempre un certo adattamento alle abitudini articolatorie proprie della nostra lingua. L'entità di questo adattamento, tuttavia, può variare considerevolmente secondo vari parametri: la distanza tra i sistemi fonetici delle due lingue, il livello culturale del parlante, la maggiore o minore formalità della situazione, la maggiore o minore frequenza d'uso del lessema in questione. Le diverse possibili realizzazioni "italiane" di una parola di origine straniera si dispongono dunque lungo un *continuum* che sarebbe del tutto vano tentare di riprodurre esaurientemente in un dizionario. Tuttavia, se i due estremi di tale *continuum* sono sufficientemente distanti, in altre parole, se esiste una realizzazione italiana bene accetta dalla comunità dei parlanti che si discosta molto sensibilmente dalla pronuncia originaria della parola, ha senz'altro senso riportare tale "pronuncia italiana" (qui abbreviata *pr. it.*) accanto alla pronuncia straniera, purché non le si dia alcun valore prescrittivo, ma la si intenda come estremo abbastanza stabilizzato di un *continuum* e non come unica alternativa alla "corretta" realizzazione straniera. Il lemma si presenterà allora così:

baseball (ingl., pr. ['beɪsbɔ:ɫ]; pr. it. ['bɛzbol])

Per un certo numero di lemmi, tale pronuncia italiana sarà di fatto praticamente la sola utilizzata, mentre una realizzazione più conforme alla pronuncia originale suonerebbe ridicola, anche in contesti formali. Si pensi a parole come *derby*, *corner*, ecc. Tuttavia, l'indicazione della pronuncia straniera è stata mantenuta anche in questi casi; a meno che, naturalmente, il lemma non compaia più in corsivo, ma in tondo, nel quale caso è stato trattato a tutti gli effetti come una parola italiana.

Non tutte le parole straniere, come si è detto, recano l'indicazione della pronuncia italiana. I due criteri fondamentali per la sua inclusione sono quelli della distanza fonetica dall'originale e della frequenza d'uso.

Il primo criterio può essere esemplificato con l'inglese. Quasi tutte le numerose vocali di questa lingua hanno realizzazioni molto diverse dalle vocali italiane; tuttavia, varianti minori di apertura (per es. ingl. [ɪ], [ɒ], [æ] rispetto ad it. [i], [ɔ], [ɛ]) o di lunghezza (ingl. [i:], [u:], [ɔ:] rispetto ad it. [i], [u], [ɔ] non sono state considerate sufficienti per riportare le due pronunce: si dà allora solo la pronuncia inglese: *big*, *shock*, *scoop* solo [bɪg], [ʃɒk], [sku:p]. Lo stesso vale per la [ɫ] velarizzata (*full*, solo [fʊɫ]). Viceversa, la distanza tra [eɪ] e la sua frequente resa italiana [ɛ] (*steak*, ingl. [steɪk], it. [stɛk]) è stata considerata sufficiente, così come quella, sistematica, tra ingl. [ə] e it. [er] (*leader*, ingl. ['li:də], it. ['lider]). Anche la pronuncia delle numerose [ə] e [ɪ] atone inglesi come [a], [o], [e] (cioè sulla base della grafia) è stata segnalata esplicitamente.

Altre ragioni per indicare una doppia pronuncia sono:

– il diverso accento: *fall-out*, ingl. ['fɔ:laʊt], it. [fo'laut];
– la presenza/assenza di un'assimilazione di sonorità (tipicamente [s]/[z]): *smash*, ingl. [smæʃ], it. [zmɛʃ];
– una consonante doppia nella grafia inglese, pronunciata come tale nell'adattamento italiano, e invece scempia in inglese (lo stesso accade in tedesco e in francese): *plotter*, ingl. ['plɒtə], it. ['plɔtter].

S'intende che ovunque le due pronunce si rendano necessarie, anche le differenze minori vengono trascritte, come si può vedere dagli esempi sopra riportati.

Il secondo criterio, quello della frequenza d'uso, può riassumersi così: se una parola straniera appare ristretta a un ambito prevalentemente specialistico, è più probabile che le sue realizzazioni tendano ad approssimare quanto possibile la pronuncia originale. Se invece la parola diventa di uso comune, una realizzazione "italiana" ha buona probabilità di affermarsi, e di essere infine accettata anche a livelli di parlato formale. Per questo motivo si troverà *aficionado* con la pronuncia italiana [afisjo'nado] accanto alla spagnola [afiθjo'naðo], mentre per una parola "tecnica" come *villancico* si troverà solo la pronuncia spagnola [biʎan'θiko].

Nel caso di lemmi in corsivo con plurale non invariabile, non sarà raro trovare il singolare con due pronunce, mentre il plurale presenta la sola pronuncia originale. Questo non soltanto per ragioni di spazio, ma anche perché spesso chi usa una forma flessa per il plurale sottolinea la natura straniera della parola e tende quindi a minimizzarne anche l'adattamento fonetico.

Un'ultima curiosità riguarda le parole "pseudostraniere", cioè quelle parole di aspetto straniero, che tuttavia nella supposta lingua originale hanno tutt'altro significato, o non esistono affatto. In questi casi (meno rari di quanto si pensi), si sono distinte due possibilità:

1) se la parola in questione esiste nella lingua di partenza, ma con un altro significato, si è in genere conservato il trattamento consueto, delegando eventualmente ulteriori informazioni alla sezione etimologica: è il caso di *body*, *dancing*, *camper*;
2) se invece la parola non esiste affatto (es. *recordman*), si è indicata la sola pronuncia italiana, mantenendo però il lemma in corsivo.

A

a[1] lettera dell'alfabeto italiano, di genere femminile o, più di rado, maschile: *un'a corsiva*, ma anche *un a corsivo*; *a come Ancona*, nella compitazione delle parole || *fig. dalla a alla zeta*, dal principio alla fine || rappresenta in tutti i contesti il suono della vocale centrale di massima apertura [a] || davanti a parola iniziante per *a*, si devono elidere l'articolo determinativo singolare maschile e femminile *lo*, *la* e i corrispondenti dimostrativi *quello*, *quella*: (*quel*) *l'artista*, (*quel*) *l'anima*; *lo* e *quello* vogliono al plurale le forme *gli*, *quegli*; l'articolo indeterminativo assume la forma troncata *un* al maschile e quella con elisione *un'* al femminile: *un artista*, ma *un'anima* || per le sigle e le abbreviazioni in cui compare, v. la lista relativa.

a[2] [lat. *ad*; sec. XII] ***prep.*** può assumere la forma eufonica *ad* soprattutto davanti a parole che iniziano con la vocale *a*: *vado ad Asti*, *ad eccezione* || con l'articolo determinativo forma le preposizioni articolate *al*, *allo*, *alla*, *ai* (poet. *a'*), *agli*, *alle* || quando è seguita da parola con consonante iniziale, dà luogo a rafforzamento fonetico, visibile ortograficamente nelle parole composte (per es. *addomesticare*, *appena*, *affatto*), altrimenti realizzato come raddoppiamento fonosintattico (per es. *a casa* si pronuncia [a 'kkasa]); la forma *a'* per *ai* non rafforza || introduce diversi complementi: — di termine: *lo diede a me*, *chiedere qualcosa a qualcuno* | — di stato in luogo: *abito a Torino*, *sono rimasto a casa* | anche nel senso di *presso*: *insegna all'università* | in toponimi nel senso di *vicino*, *nei pressi di*: *San Vito al Tagliamento* | nelle insegne: *Al leon d'oro* | talvolta indica anche distanza: *sta a cento metri dal fiume* | — di moto a luogo: *andare allo stadio*, *ritornare a casa* | anche nel senso di *verso*: *scende al fiume* | *fig. giungere al termine*, *andare a male*, *venire a patti* | *T.mat. tre alla terza*, abbreviazione per *tre elevato alla terza potenza* | — di tempo: *svegliarsi all'alba*, *arrivò alle sei*, *venne eletto senatore a vita* | — di età: *morì a ventotto anni*, *si è sposato a settant'anni* | — di modo o maniera: *imparare a memoria*, *parlare a bassa voce*, *a occhi chiusi* | nel senso di *al modo di*: *vestiva alla russa*, *pagare alla romana*, *gabinetto alla turca* | *T.cuc.* sull'esempio francese: *uova all'occhio di bue*, *bistecca al sangue* | — di mezzo o strumento: *andare a piedi*, *a cavallo*, *lavorato a mano*, *stufa a legna*, *a carbone* | — di causa: *a quella notizia cambiò umore*, *rise alla battuta* | — di fine: *è destinato a grande fortuna*, *andare a caccia*, *una barriera a protezione della marea* | — di vantaggio e svantaggio: *un alimento che fa male al fegato*, *la banca ha emesso un assegno a tuo favore* | — di limitazione: *coraggioso a parole*, *a nostro avviso* | — di qualità: *una casa a tre piani*, *una camicia a righe* | — di prezzo o misura: *vendeva le mele a mille lire*, *andava a cento all'ora*, *vendere a caro prezzo* | — di pena: *condanna a morte*, *ai lavori forzati* | — predicativo: *eleggere ad arbitro*, *fu scelto a giudice* | — distributivo: *a due a due* || seguita da un verbo all'infinito introduce varie proposizioni: — causale: *hai fatto bene ad andare via* | — condizionale: *a dire il vero le cose non stanno così* | — finale: *vado a lavorare*; *dare ad intendere*, far credere | — temporale: *ad osservarlo mi rassicura* | — limitativa: *è più facile a dirsi che a farsi* || contribuisce, con altre prep. ed avv., a varie *loc. prep.*: *fino a*, *vicino a*, *davanti a*, *dietro a*, *intorno a*, *in mezzo a*, *di fronte a*, *di fianco a*, *a favore di*, *al di là di*, *ad opera di*, *a seguito di* ecc. || compare in *loc. avv.* come *a stento*, *a caso*, *a tentoni*, *a precipizio*, *a poco a poco* ecc. || i pronomi *cui* e *loro* usati in funzione di complemento di termine non vanno di regola fatti precedere dalla preposizione *a*: *voi nascondete loro la verità*; tuttavia nell'uso quotidiano della lingua è piuttosto comune l'uso con la preposizione: *è la persona a cui mi ispiro*, *manda a loro i miei saluti*.

a-[1] o **an-** [dal gr. *a-*] ***pref.*** con valore privativo, indicante assenza, in parole composte di origine greca come *abulia*, *acefalo*, *apatico*, o moderne come *amorale*, *apolitico*, indifferente alla morale, alla politica (cfr. il diverso valore dei composti con *in-*, per es. *immorale*, *impolitico*, che esprimono avversione, contrasto, non semplice indifferenza) || davanti a vocale, come in greco, *an-*: *analcolico*, *anidride*.

a-[2] [lat. *ad*] ***pref.*** verbale; la *a-* raddoppia sempre la consonante iniziale della parola che modifica; se questa inizia per vocale, il prefisso assume la forma *ad-* (*adescare*, *adocchiare*) **1.** forma verbi a partire da altri verbi, talvolta senza variarne sostanzialmente il significato (*acconsentire*, *adornare*, *arrischiare*), più spesso col valore di "avvicinamento", "tendenza verso qualcosa" (*accorrere*, *affluire*, *apportare*) **2.** forma verbi parasintetici derivati da nomi, con valori molto diversi: tra i più com. quello locativo di "arrivare, portare a" (*atterrare*, *accasare*), quello di "trasformare in, diventare" (*affettare*, *appuntire*, *agghiacciare*), quello strumentale (*accoltellare*, *allacciare*) ecc. || forma verbi parasintetici a partire da aggettivi, gen. col valore di "rendere" o "diventare" (*allontanare*, *addolcire*, *ammattire*) || in qualche raro caso forma anche verbi derivati da avverbi (*addentrarsi*, *attardarsi*).

ab- [dall'ingl. *ab*(*solute*)] ***pref.*** usato in metrologia per indicare nel sistema CGS elettromagnetico le corrispondenti unità del sistema MKSA: **abampere**, **abcoulomb**, **abfarad**, **abhenry**, **abohm**, **abvolt**.

àbaca o **abacà** [attr. lo sp. *abacà*, da una voce della lingua tagal delle Filippine; 1699 come nome della pianta] ***sf.*** fibra vegetale tessile resistente all'acqua, originaria delle Filippine.

àbaco o **àbbaco** (pl. *-chi*) [dal lat. *abacus*; a. 1348 *abbaco* nel senso 3; a. 1452 nel senso 4] ***sm.*** **1.** strumento per l'esecuzione di calcoli elementari || *disus.* libretto nel quale si insegnano le prime regole aritmetiche **2.** *T.mat.* rappresentazione grafica di funzione a più variabili che permette il calcolo approssimativo dei suoi valori; *T.mil. abaco balistico*; *T.elettr. abaco delle reattanze* **3.** *arc.* arte di fare i conti **4.** *T.arch.* tavola quadrata che corona il capitello e regge l'architrave o facilita l'impostazione dell'arco || **N.** **1.** *Sin.* pallottoliere. **TAV. *architettura* p. 646** 2.1.

ab aeterno (lat., pr. it. [ab e'tɛrno]) [letter. dall'eternità] ***loc. avv.*** dall'eternità, dall'antichità, da sempre.

ab antiquo (lat., pr. it. [ab an'tikwo]) [letter. dall'antichità] ***loc. avv.*** dall'antichità, dai tempi antichi, originariamente.

abàrico (pl. *-ci*) [comp. di *a-*[1] e gr. *báros*, peso; 1971] ***agg.*** *T.geogr.* relativo al punto in cui cessa l'attrazione gravitazionale della Terra e inizia quella della Luna.

abaṣìa [da *a-*[1] e gr. *básis*, il camminare; 1899] ***sf.*** *T.psic.* e *T.med.* in neurologia, manifestazione isterica caratterizzata dall'incapacità di eseguire, in posizione supina, i movimenti degli arti e, in stazione eretta, di camminare, pur essendo perfettamente conservata la forza muscolare.

abàte (ant. *abbàte*) [lat. eccl. *abbas*, *-ātis*; 1278] ***sm.*** **1.** superiore di una abbazia o di un monastero **2.** in passato, titolo esteso a chiunque vestisse da prete o godesse di benefici ecclesiastici || *star come un padre abate*, con tutti i comodi; *parere un padre abate*, aver aspetto florido e gioviale || *dim.* abatìno, abatùccio; *spreg.* abatùcolo, abatónzolo, abatàccio || **N.** **1.** abate del campo, chierico, laico, regolare, secolare | abbaziale, priore, superiore | abbazia, badia. **Q.T.** ***religione***.

abatino (*dim.* di *abate*) [a. 1563; 1966 nel senso 2] ***sm.*** **1.** *spreg.* prete giovane, galante ed elegante: *fare l'abatino*, mettersi il collarino da prete, senza impegnarsi negli ordini sacri **2.** *fig. scherz.* persona che fa smancerie, ma non viene a capo di niente || nel calcio, detto iron. di giocatore dalla tecnica raffinata e dallo stile elegante, ma carente dal punto di vista atletico e agonistico.

abat-jour (fr., pr. [aba'ʒu:r]) [letter. abbatti luce; 1877 *abajour*] **sm.** *inv.* paralume o lampada provvista di paralume || *disus.* schermo.

àbato [dal gr. *ábaton*, sacrario; 1819] **sm.** *T.arch.* la parte più interna del tempio greco, accessibile ai soli sacerdoti || **N.** *Sin.* adito.

abazìa **sf.** *lett.* V. ABBAZIA.

abaziàle **agg.** *lett.* V. ABBAZIALE.

abbacàre (pres. *àbbaco, àbbachi*) [da *abbaco*; 1643 *abacare*] **intr.** (aus. *avere*) **1.** *ant.* far abbachi o conti **2.** *non com.* fantasticare, vaneggiar con la mente: *abbaca quanto vuoi.*

abbacchiaménto [da *abbacchiare*; 1865] **sm.** atto ed effetto dell'abbacchiare || **N.** *Sin.* abbattimento, avvilimento, costernazione, demoralizzazione.

abbacchiàre (pres. *-àcchio*) [lat. volg. **abbaclāre*, dal lat. *baculum*, bastone; 1612] **tr.** *raro* battere con bacchio olive, noci, castagne e altri frutti per farli cadere dall'albero e raccoglierli || *fig.* avvilire, deprimere: *quella sciagura l'ha abbacchiato* || vendere una cosa a vil prezzo || *più com.* **intr. pron.** avvilirsi.

abbacchiàro [da *abbacchio*; 1923] **sm.** (f. *-a*) venditore di abbacchio.

abbacchiàto (*pps.* di *abbacchiare*) [1612] **agg.** *fig.* abbattuto, umiliato, costernato || **N.** *Contr.* baldanzoso, sollevato.

abbacchiatùra [da *abbacchiare*; 1830] **sf.** l'atto e l'effetto dell'abbacchiare; periodo in cui si abbacchia.

abbàcchio (pl. *-chi*) [prob. lat. *ad baculum*, (agnello legato) ad un bastone; 1830] **sm.** *region.* spec. *rom. T.mac.* agnello di latte o appena slattato, macellato.

abbachìsta [da *abbaco*; 1342] **s.** *ant.* o *iron.* chi esercita l'arte di fare i conti, conteggiatore.

abbacinaménto [da *abbacinare*; 1692] **sm.** l'atto e l'effetto dell'abbacinare.

abbacinàre (pres. *-ìno* e *-àcino*) [da *bacino*; sec. XIII] **tr.** offendere la vista con luce eccessiva, abbagliare || *fig.*: *certe dottrine abbacinano le menti*, le offuscano, le sopraffanno con un falso splendore || *occhio abbacinato*, offuscato, abbarbagliato; *tosc.* anche illanguidito per malattia: *cent'occhi incantati, abbacinati* (Manzoni) || *propr.* accecare con un bacino rovente avvicinato agli occhi, antico supplizio || **N.** *Sin.* abbarbagliare, accecare | ingannare, offuscare.

abbacinatóre [da *abbacinare*; 1865] **I agg.** che abbacina **II sm.** (f. *-trìce*) *non com.* chi esegue il supplizio dell'abbacinare.

àbbaco V. ABACO.

abbacóne [da *abbaco*; 1887] **sm.** (f. *-a*) *disus.* chi abbaca molto col cervello, chi fantastica troppo.

abbadàre (pres. *-àdo*) [da *badare*; a. 1306] **intr.** (aus. *avere*) **1.** *ant.* e *lett.* badare **2.** *ant.* oziare, bighellonare.

abbadatóre [da *abbadare*; 1955] **sm.** (f. *-trìce*) nelle miniere di zolfo, operaio addetto alla sorveglianza della copertura dei calcaroni durante la fusione del materiale.

abbadéssa **sf.** *raro* V. BADESSA.

abbagliaménto [da *abbagliare*; a. 1400] **sm.** atto ed effetto dell'abbagliare.

abbagliànte (*ppr.* di *abbagliare*) [a. 1704 come agg.; 1949 come sm.] **I agg.** che produce luce di forte intensità: *luce, splendore abbagliante* **II sm.** *T.aut.* faro con fascio di luce proiettato orizzontalmente; *com. pl. gli abbaglianti* || **N.** *Contr.* anabbagliante, antiabbagliante.

abbagliàre (pres. *-àglio*) [etim. inc.; a. 1292] **tr.** offuscare la vista con luce troppo viva: *il sole abbaglia gli occhi* || *fig.* affascinare, stordire: *una bellezza che abbaglia* || **intr.** (aus. *avere*) splendere || **intr. pron.** restare abbagliato: *mi si abbagliano gli occhi* || **N. tr.** *Sin.* abbacinare, abbarbagliare, accecare; sfavillare | affascinare, ingannare | abbagliamento, abbaglio.

abbàglio (pl. *-gli*) [da *abbagliare*; a. 1367] **sm.** abbagliamento || *fig.* errore, sbaglio, svista: *essere* o *cadere in abbaglio, prendere un abbaglio* || **N.** *Sin.* ERRORE.

abbaglìo (pl. *-ìi*) [da *abbagliare*; 1863] **sm.** *lett.* abbagliamento continuo o frequente e intenso.

abbaiaménto [da *abbaiare*; a. 1333] **sm.** l'abbaiare; latrato.

abbaiàre (pres. *-àio, -ài*) [voce onomatopeica; a. 1321] **intr.** (aus. *avere*) verso tipico del cane per manifestare ira, minaccia, contentezza ecc. || *fig.* urlare, minacciare, strepitare a vuoto, insolentire: *lascialo abbaiare quanto vuole* || cantar male || *abbaiare al vento, alla luna*, gridare o affaticarsi invano contro chi non se ne cura || *prov. can che abbaia non morde*, chi molto minaccia fa poco danno || **tr.** *lett.* parlare urlando: *abbaiò alcune minacce* || **N. intr.** gagnolare, guaire, guattire, latrare, mugolare, ringhiare, uggiolare, ululare, ustolare.

abbaiàta [da *abbaiare*; 1819] **sf.** l'abbaiare prolungato fatto da più cani || *fig.* il gridare per scherzo contro qualcuno.

abbaiatóre [da *abbaiare*; 1353] **I sm.** (f. *-trìce*, disus. *-tóra*) chi abbaia || *fig.* persona maldicente **II agg.** che abbaia.

abbaiatùra [da *abbaiare*; a. 1698] **sf.** l'effetto, lo strepito dell'abbaiare || **N.** *Sin.* abbaiamento.

abbaìno [dal genov. *abbaèn*, abatino, per la forma che ricorda quella del cappuccio di un frate; 1681] **sm.** piccola finestra sopra il tetto per dar luce alla soffitta o per accedere al tetto stesso; è formata da due muri ricoperti da un tettuccio, che si innalzano dalla falda inclinata del tetto || *per estens.* mansarda, soffitta abitabile || **N.** lucernario, mansarda, piccionaia. **TAV.** *abitazione* 1.20, 3.11.

abbàio (pl. *-ài*) [da *abbaiare*; fine sec. XV] **sm.** la voce del cane quando abbaia || il modo particolare d'abbaiare: *il mio cane lo conosco dall'abbaio* || **N.** *Sin.* abbaiamento.

abbaìo (pl. *-ìi*) [da *abbaiare*; 1846] **sm.** l'abbaiare frequente e continuato di un cane o anche di più cani insieme.

abbaióne [da *abbaiare*; 1865] **sm.** (f. *-a*) chi abbaia molto || *fig.* chi parla molto e a vuoto.

abballàre[1] [comp. parasint. di *balla*[1]; 1664] **tr.** *disus.* imballare, far balle: *abballare merci.*

abballàre[2] [comp. parasint. di *balla*[2]; 1961] **tr.** *raro* dire delle frottole: *quante ne abballa!*

abballinàre (pres. *-ìno*) [comp. parasint. di *balla*[1]; a. 1587] **tr.** *tosc.* alzare i materassi e avvolgerli come una balla per rifare il letto o dargli aria.

abballottaménto [da *abballottare*; 1887] **sm.** l'abballottare || **N.** *Sin.* sballottamento.

abballottàre (pres. *-òtto*) [comp. parasint. di *ballotta*; 1865] **tr.** *raro* sballottare, maneggiare con poca grazia: *guarda come abballotta quel povero bimbo!* || **intr. pron.** *T.metal.* di metalli, rapprendersi in grumi durante la solidificazione.

abballottatùra [da *abballottare*; 1865] **sf.** *raro* **1.** sballottamento **2.** *T.metal.* massa di metallo rappreso.

abballottìo (pl. *-ìi*) [da *abballottare*; 1935 ca.] **sm.** sballottamento prolungato || *scherz.* ballo scomposto e disordinato.

abbambinàre (pres. *-ìno*) [comp. parasint. di *bambino*; 1865] **tr.** trasportare un peso senza alzarlo, facendolo muovere ora sopra uno e ora sopra un altro spigolo, quasi come si fa camminare un bambino che non si regga ancora bene.

abbambolàto [comp. parasint. di *bambola*; 1879] **agg.** *raro* imbambolato.

abbancàre (pres. *-ànco, -ànchi*) [comp. parasint. di *banco*; 1865 nel senso 2] **tr.** **1.** *T.conc.* stendere le pelli sopra tavole per ungerle **2.** *T.mar. raro* fornire un naviglio dei banchi adatti per i rematori.

abbandonàre (pres. *-óno*) [dal fr. *abandonner*; 1292] **tr.** **1.** lasciare con l'idea di non fare più ritorno alla cosa o persona lasciata: *abbandonare la famiglia, un'idea* || *ass. ha abbandonato*, rif. spec. a una competizione e sim. **2.** lasciare andare: *abbandonare le redini, il freno* || **rifl.** venir meno, accasciarsi: *abbandonarsi sulla poltrona; abbandonarsi alla corrente*, lasciarsi trascinare; anche *fig.* || *ass.* perdersi d'animo, avvilirsi: *se t'abbandoni, non potrai guarire* || *fig.* cedere senza ritegno a una passione, un sentimento, un vizio: *abbandonarsi all'ozio, al vizio, all'amore* || *abbandonarsi a qualcuno*, affidarglisi ciecamente || **N.** **1.** *Sin.* lasciare; trascurare; dimettersi, emigrare, esulare; abdicare, abiurare, apostatare, dar l'addio a qualcuno, defezionare, disertare, rinnegare, tradire; lasciar cuocere o bollire uno nel suo brodo, lasciarlo nelle peste, lasciar solo come un cane, piantar baracca e burattini, piantare in asso, voltar le spalle; cedere, desistere, ritirarsi **2.** *Sin.* mollare.

abbandonàto (*pps.* di *abbandonare*) [a. 1348] **agg.** trascurato, deserto, non più in uso: *orto abbandonato, casa abbandonata* || *malato abbandonato dai medici*, senza speranza ||

abbandonataménte **avv.** con abbandono, senza resistenza.

abbandònico (pl. *-ci*) [da *abbandono*; 1968] **I agg.** *T.psican.* affetto da nevrosi d'abbandono, caratterizzata da angoscia e bisogno di sicurezza **II sm.** (f. *-a*) *T.psican.* soggetto che presenta la nevrosi d'abbandono.

abbandonìsmo [da *abbandono*; 1980] **sm.** atteggiamento di chi si demoralizza, lasciandosi andare.

abbandóno [dal fr. *abandon*, a sua volta dalla loc. di orig. germ. *être à bandon*, essere alla mercé; a. 1294] **sm.** **1.** atto dell'abbandonare: *abbandono del tetto coniugale* || *T.mar.* il lasciare la nave pericolante; il capitano deve compiere questo atto per ultimo **2.** *T.giur.* atto di volontaria rinuncia: *abbandono di beni immobili* **3.** *T.sport.* rinuncia da parte di un concorrente a continuare la competizione **4.** lo stato di ciò che è stato abbandonato: *lasciare, porre in abbandono* || *casa in abbandono*, deserta, disabitata **5.** rilassamento, cedimento: *un attimo di abbandono* || **N.** **1.** *Sin.* rinuncia **2.** *Sin.* abdicazione, cessione **3.** *Sin.* defezione, ritiro.

abbarbagliaménto [da *abbarbagliare*; 1865] **sm.** atto ed effetto dell'abbarbagliare, subitanea riduzione della vista a causa di una luce improvvisa e violenta.

abbarbagliàre (pres. *-àglio*) [comp. parasint. di *barbàglio*; a. 1374] **tr.** abbagliare, ma con più forza || **intr. pron.** abbagliarsi: *mi si è abbarbagliata la vista* || **N.** *Sin.* abbacinare, abbagliare.

abbarbaglìo (pl. *-ìi*) [da *abbarbagliare*; 1875] **sm.** abbarbagliamento continuo o lungo e intenso.

abbarbàre [comp. parasint. di *barba*; a. 1527] **intr.** (aus. *avere*) e **intr. pron.** *raro* abbarbicare, attecchire; anche *fig.*

abbarbicaménto [da *abbarbicare*; a. 1936] **sm.** atto ed effetto dell'abbarbicare o dell'abbarbicarsi.

abbarbicàre (pres. *-àrbico, -àrbichi*) [da *barbicare*; 1312 ca.] **intr.** (aus. *avere*) e **intr. pron.** delle piante, gettar le barbe e attaccarsi con esse al terreno, al muro, ad altre piante || *fig.* attaccarsi con forza a un luogo, a un ufficio in modo da esserne difficilmente rimosso || detto anche di vizio, uso, opinione, errore ecc.: *bisognerebbe non lasciar abbarbicare nel popolo certi errori* || **N.** *Sin.* abbarbare, allignare, attaccare, barbicare | aggrapparsi, avvinghiarsi | *Contr.* sradicarsi.

abbarcàre[1] (pres. *-àrco, -àrchi*) [comp. parasint. di *barca*; 1726] **tr.** *raro* rif. spec. a covoni, fieno, legname e sim., ammassare, ammon-

tare.

abbarcàre² (pres. *-àrco, -àrchi*) [comp. parasint. di *barca*; 1937] ***tr.*** incurvare col calore una tavola per adattarla alla forma dello scafo di una barca in costruzione; rif. anche a piastre e lamiere.

abbarràre [comp. parasint. di *barra*; 1310 ca.] ***tr.*** *raro lett.* sbarrare: *allora Belisario tutto abbarrò con le catene il fiume* (D'Annunzio).

abbaruffaménto [da *abbaruffare*; 1865] ***sm.*** atto ed effetto dell'abbaruffare e dell'abbaruffarsi.

abbaruffàre [comp. parasint. di *baruffa*; a. 1484] ***tr.*** arruffare, sconvolgere, scomporre || ***rec.*** far baruffa, accapigliarsi, venir alle mani, litigare || **N.** ***rec.*** *Sin.* azzuffarsi.

abbaruffàta [da *abbaruffare*; 1834] ***sf.*** tumulto, abbaruffio || **N.** *Sin.* litigio, rissa, zuffa.

abbaruffìo (pl. *-ìi*) [da *abbaruffare*; 1855] ***sm.*** *raro* l'abbaruffarsi continuato di più persone; confusione, disordine, anche di cose: *in mezzo a quell'abbaruffio di libri, di scartoffie, di forsennati, di energumeni.*

abbassàbile [da *abbassare*; 1970] ***agg.*** che si può abbassare.

abbassalìngua [comp. di *abbassa(re)* e *lingua*, con prob. influsso del fr. *abaisse-langue*; 1950] ***sm.*** *inv.* *T.med.* strumento di materiale vario, che serve al medico per tenere la lingua del paziente ben aderente al pavimento boccale e poter così osservare meglio la gola.

abbassaménto [da *abbassare*; a. 1294] ***sm.*** atto ed effetto dell'abbassare e dell'abbassarsi || *fig.* depressione, avvilimento, umiliazione || **N.** *Sin.* riduzione | *Contr.* innalzamento.

abbassàre [comp. parasint. di *basso*; fine sec. XIII] ***tr.*** **1.** muovere e portare dall'alto in basso: *abbassa la tenda* || chinare, volgere in giù, rif. spec. a occhi, volto, capo || *fig. abbassare il capo, la fronte, le corna, la cresta,* rassegnarsi, sottomettersi, umiliarsi; umiliare: *Dio abbassa i superbi* || *abbassare le armi,* smettere di puntarle; *fig.* darsi vinto || *abbassare la bandiera, le vele,* ammainarle || *T.geom. abbassare una perpendicolare,* tirare una perpendicolare a una retta **2.** diminuire l'altezza, l'intensità, il valore di qualcosa: *questo tavolino va abbassato un poco; abbassa la voce, il volume della televisione, la luce; abbassare i prezzi,* vendere a minor prezzo || ***intr. pron.*** di nuvole, febbre, fiume, temperatura, scendere: *la febbre si è abbassata* || ***intr.*** (aus. *essere*) *disus.* scendere: *i prezzi abbassano* || ***rifl.*** scendere a basso, chinarsi || *fig.* umiliarsi: *non mi abbasso a discutere con te* || **N.** ***tr.*** **1.** *Sin.* abbattere, ammainare, atterrare, avvallare, calare, chinare, sbassare, tirar giù; degradare, deprimere, sminuire, svilire, umiliare | china, discesa | *Contr.* adergere, ergere, estollere, innalzare; risollevare, rivalutare | ***intr. pron.*** *Sin.* calare, decrescere, diminuire, scemare, scendere | *Contr.* aumentare, salire.

abbassatóre [da *abbassare*; a. 1758] ***agg.*** e ***sm.*** (f. *-trìce*) detto di ciò che o di chi porta in basso || *in part. T.anat.* detto dei muscoli che abbassano le parti cui si attacca la loro estremità molle.

abbàsso [comp. di *a* e *basso*; 1304 *a basso*] **I** ***avv.*** di sotto, in giù: *scendo abbasso* **II** ***escl.*** **1.** nelle intimazioni: *abbasso le mani, abbasso le armi* **2.** grido di rivolta, invettiva: *abbasso i tiranni!*; simbolo M **3.** *T.mar. abbasso da riva!,* comando per far scendere sul ponte di coperta i marinai che sono sull'alberatura **III** ***sm.*** *inv.* **1.** grido ostile, invettiva: *gli "abbasso" della folla* **2.** *T.mar.* voce con cui sulle navi si indicano genericamente tutti i luoghi sotto il ponte scoperto || **N.** II **2.** *Contr.* evviva.

abbastànza [comp. di *a* e *bastanza*; a. 1363 *a bastanza*] **I** ***avv.*** **1.** a sufficienza, bastantemente || *iron.* troppo, anche più del bisogno: *ne ho abbastanza di questi impicci* **2.** alquanto, piuttosto, spec. davanti ad agg.: *è abbastanza forte* **II** ***agg.*** *inv.* sufficiente: *c'è abbastanza pane per tutti* || **N.** I *Sin.* abbondantemente, a iosa, a sazietà, quanto basta, sufficientemente.

abbàte V. ABATE.

abbattàggio (pl. *-gi*) [dal fr. *abatage*; 1970] ***sm.*** *T.min.* parte laterale della sezione di scavo di galleria.

abbàttere [dal lat. tardo **abbattere*; fine sec. XIII] ***tr.*** **1.** gettar giù, atterrare || *fig.* vincere, sopraffare || *abbattere un governo,* rovesciarlo **2.** rif. ad animali, uccelli e sim., uccidere, colpire mortalmente **3.** di malattia, dolore, ridurre in stato d'abbattimento fisico o morale: *quella febbre, questa notizia l'ha molto abbattuto* **4.** *T.mar.* imprimere a una nave un movimento di abbattuta || *abbattere in carena o in chiglia,* far inclinare la nave con mezzi artificiali, su un fianco o sull'altro, per pulire la carena o farvi qualche riparazione **5.** *raro* rif. a finestra, uscio, persiana, tenda, socchiuderli || ***intr. pron.*** **1.** cadere: *un fulmine s'abbatté sulla quercia* || lasciarsi cadere || *fig.* sgomentarsi, avvilirsi **2.** *disus. abbattersi in uno,* imbattersi in qualcuno, incontrarlo per caso || **N.** ***tr.*** *Sin.* **1.** atterrare, demolire, diroccare, distruggere, radere al suolo, rompere, rovesciare, sfasciare, smantellare, spianare, stendere a terra, ROVINARE **3.** illanguidire, prostrare | ***intr. pron.*** accasciarsi, afflosciarsi, AVVILIRSI.

abbattifièno [comp. di *abbatt(ere)* e *fieno*, sul modello del fr. *abat-foire*; 1835] ***sm.*** *inv.* *T.agr.* botola per la quale si fa cadere il fieno dal fienile nella stalla sottostante.

abbattiménto [da *abbattere*; inizio sec. XIV] ***sm.*** **1.** *propr.* atto ed effetto dell'abbattere; detto spec. del taglio degli alberi e dell'uccisione di animali || *fig.* stato di chi è fisicamente o moralmente abbattuto **2.** la quota fissa di esenzione da un'imposta: *abbattimento alla base* **3.** *lett. raro* combattimento: *la fronte ancora grondante per la fatica dell'abbattimento* (D'Annunzio) || **N.** **1.** *Sin.* taglio, uccisione; fiacchezza, languore, prostrazione, sbigottimento, sgomento, spossamento, PAURA **2.** *Sin.* detrazione.

abbattitóre [da *abbattere*; 1552] **I** ***sm.*** **1.** (f. *-trìce*) *non com.* colui che abbatte: *gridi gutturali d'abbattitori si mescevano a quelle voci rudi* (D'Annunzio) **2.** (f. *-trìce*) *T.agr.* operaio specializzato nell'abbattere alberi **3.** *T.agr.* macchina per abbattere le piante **II** ***agg.*** che abbatte.

abbattùta [da *abbattere*; 1348 nel senso 4] ***sf.*** **1.** taglio di alberi in un'area di bosco **2.** *T.mil.* riparo contro il nemico allestito con alberi abbattuti **3.** *T.mar.* il movimento angolare di una nave intorno al proprio asse verticale, da un lato o dall'altro **4.** *ant.* strage. **TAV. *vela* p. 1342** 4.2.

abbattùto (*pps.* di *abbattere*) [a. 1367] ***agg.*** gettato giù, atterrato: *un albero abbattuto* || *fig.* afflitto, avvilito.

abbatuffolàre (pres. *-ùffolo*) [comp. parasint. di *batuffolo*; 1751 ca. come rifl.] ***tr.*** fare un batuffolo, avvolgere confusamente || ***rec.*** *raro* abbaruffarsi.

abbazìa [dal lat. tardo *abbātĭa*; a. 1556 nel senso 2] ***sf.*** **1.** casa religiosa costituita da un complesso di edifici con annessi terreni || *per estens.* comunità religiosa costituita da non meno di dodici monaci e retta da un abate **2.** dignità, beneficio dell'abate || **N.** *Sin.* badia.

abbazìale [da *abbazia*; 1611] ***agg.*** appartenente ad abbazia o ad abate: *chiesa, dignità abbaziale; diritti, privilegi abbaziali.*

abbecedàrio (pl. *-ri*) [dal lat. tardo *abecedārius*, dal nome delle prime quattro lettere dell'alfabeto; 1567 *abecedario*] **I** ***sm.*** abbicci, sillabario, libretto per imparare a leggere **II** ***agg.*** si dice di componimento poetico paleocristiano in cui le lettere iniziali dei versi si succedono in ordine alfabetico.

abbellàre (pres. *-èllo*) [comp. parasint. di *bello*; a. 1337] ***tr.*** *ant.* abbellire || ***intr.*** (aus. *essere*) *ant.* piacere.

abbelliménto [da *abbellire*; 1308 ca.] ***sm.*** **1.** l'atto dell'abbellire || cosa che abbellisce, ornamento anche solo apparente e fittizio: *con tanti abbellimenti par sempre più brutto* || *eufem.* di narrazione e sim., bugia, frangia **2.** *T.mus.* insieme di note eseguite di passaggio fra due suoni o sviluppate sulla base di un frammento melodico, richieste dalla notazione o improvvisate in modo virtuosistico dall'esecutore secondo un certo stile || **N.** **1.** *Sin.* frangia, fronzolo, ORNAMENTO | *Contr.* imbruttimento **2.** *Sin.* fioritura; diminuzione; cadenza; acciaccatura, appoggiatura, arpeggio, corona, gruppetto, notina, trillo. **Q.T.** *musica.*

abbellìre (pres. *-ìsco, -ìsci*) [comp. parasint. di *bello*; a. 1294 *abellire*] ***tr.*** far bello mediante l'uso di ornamenti || *eufem.* rif. a narrazione e sim., aggiungerci cose inventate, farci la frangia || ***rifl.*** adornarsi, rendersi bello || **N.** ***tr.*** *Sin.* adornare, agghindare, ORNARE | *Contr.* disabbellire, imbruttire.

abbellitóre [da *abbellire*; a. 1729] ***agg.*** e ***sm.*** (f. *-trìce*) *non com.* che o chi abbellisce.

abbellitùra [da *abbellire*; sec. XIV] ***sf.*** abbellimento.

abbenché [comp. di *a*, *ben(e)* e *che*; a. 1294] ***cong.*** *arc. pop.* benché.

abbendàre (pres. *-èndo*) [da *bendare*, prima metà sec. XIV] ***tr.*** *ant.* fasciare con bende.

abbeveràggio (pl. *-gi*) [da *abbeverare*; 1974] ***sm.*** **1.** l'operazione dell'abbeverare **2.** *T.giur.* la facoltà di abbeverare.

abbeveràre (pres. *-évero*) [lat. volg. *adbiberāre*; 1292] ***tr.*** **1.** far bere, dar da bere alle bestie || *fig. lett.* detto anche di persona: *tu m'abbeveri d'assenzio,* mi dai amarezza **2.** *T.mar.* riempire d'acqua un'imbarcazione per assicurarsi che lo scafo sia stagno || ***rifl.*** di bestie, bere, dissetarsi; anche *fig.*, rif. a bisogni spirituali: *abbeverarsi alle fonti della conoscenza* || **N.** ***tr.*** *Sin.* condurre a bere, dissetare, mescere.

abbeveràta [da *abbeverare*; 1928] ***sf.*** **1.** atto ed effetto dell'abbeverare e dell'abbeverarsi **2.** il luogo in cui gli animali selvatici si recano a bere || *T.cacc. caccia all'abbeverata,* il tendere i lacci lungo i fossati dove di solito gli uccelli si recano a bere.

abbeveratóio (pl. *-ói*) [da *abbeverare*; sec. XIV] ***sm.*** recipiente d'acqua dove si fanno bere gli animali || **N.** *Sin.* guazzatoio, pila, truogolo, vasca.

abbevilliàno [dal fr. *abbevillien*, di Abbeville, località francese da cui provengono i ritrovamenti più significativi; 1935] **I** ***sm.*** (con iniziale maiuscola) *T.geol.* prima fase del Paleolitico inferiore: *reperti dell'Abbevilliano* **II** ***agg.*** *T.geol.* proprio di tale fase o della cultura relativa: *amigdale abbevilliane.*

abbiadàre (pres. *-àdo*) [comp. parasint. di *biada*; a. 1311] ***tr.*** assuefare i cavalli tolti dalla pastura a mangiare la biada || **N.** biadare.

abbiàtico V. ABIATICO.

abbicàre (pres. *-ìco, -ìchi*) [comp. parasint. di *bica*; a. 1321] ***tr.*** rif. a covoni di grano o altre biade, disporre in biche, ammucchiare || ***rifl.*** *ant.* attaccarsi, abbarbicarsi: *fin ch'a la terra ciascuno s'abbica* (Dante) || **N.** ***tr.*** *Sin.* abbarcare, ammucchiare.

abbicatùra [da *abbicare*; 1955] ***sf.*** l'operazione di abbicare il grano.

abbiccì o **abbicì** [dal nome delle prime tre lettere dell'alfabeto; 1308 ca. *a b c*] ***sm.*** *inv.* **1.** alfabeto || *fig.* elementi basilari: *non sa neanche l'abbiccì della medicina; essere all'abbiccì,* ai primi princìpi **2.** abbecedario.

abbiènte [ppr. ant. di *avere*, rifatto sul cong. *abbia*; a. 1400] ***agg.*** e ***s.*** che o chi ha, possiede; benestante, possidente ‖ **N.** *Sin.* facoltoso, possidente, RICCO | *Contr.* nullatenente, proletario.

abbiètto e der. V. ABIETTO e der.

abbigliaménto [dal fr. *habillement*; a. 1527] ***sm.*** **1.** l'insieme delle vesti e degli ornamenti della persona ‖ *per estens.* settore dell'industria e dell'artigianato che produce abiti e accessori: *il settore dell'abbigliamento è in continua espansione* **2.** *non com.* modo di vestirsi: *abbigliamento alla spagnola, alla romana.* **Q.T.** *abbigliamento, moda...*

abbigliàre (pres. *-iglio*) [dal fr. *habiller*; a. 1529] ***tr.*** vestire con certa eleganza ‖ *per estens. raro* adornare ‖ ***rifl.***: *abbigliarsi per il ballo* ‖ **N.** *Sin.* agghindare.

abbigliatóio (pl. *-ói*) [da *abbigliare*; a. 1910] ***sm.*** *raro* stanza dove ci si veste, ci si abbiglia ‖ **N.** *Sin.* spogliatoio, *toilette.*

abbigliatùra [da *abbigliare*; 1865] ***sf.*** *raro* l'atto dell'abbigliare; il modo d'abbigliarsi: *si cambia abbigliatura ogni giorno.*

abbinaménto [da *abbinare*; 1890] ***sm.*** **1.** atto ed effetto dell'abbinare ‖ *in part.* accoppiamento di squadre o singoli atleti che si debbano affrontare in una competizione **2.** legame associativo tra una società sportiva e un'industria per scopi pubblicitari **3.** riunione in uno stesso ambito di proposte commerciali o giuridico-politiche tra loro strettamente connesse **4.** *T.comm.* baratto tramite banca tra operatori commerciali di paesi diversi ‖ **N.** *Sin.* accoppiamento, associazione.

abbinàre (pres. *-ìno*) [dal lat. *bīni*, a due a due; a. 1636] ***tr.*** appaiare, accoppiare, mettere insieme due cose affini tra loro.

abbinàta [da *abbinare*; 1955] ***sf.*** *T.ipp.* la puntata sui due cavalli che, nella stessa corsa, otterranno il primo e il secondo posto ‖ **N.** *Sin.* accoppiata.

abbinàto (*pps.* di *abbinare*) [1961] ***sm.*** *T.tess.* tipo di filato costituito da due fili intrecciati e infilati in una maglia del liccio.

abbinatrìce V. BINATRICE.

abbinatùra V. BINATURA.

abbindolaménto [da *abbindolare*; 1734] ***sm.*** *raro* inganno, imbroglio.

abbindolàre (pres. *-ìndolo*) [comp. parasint. di *bindolo*; 1691] ***tr.*** trarre in inganno, imbrogliare ‖ **N.** *Sin.* raggirare, INGANNARE.

abbindolatóre [da *abbindolare*; 1855] ***sm.*** (f. *-trìce*, disus. *-tóra*) e ***agg.*** *non com.* chi o che abbindola, imbroglione.

abbindolatùra [da *abbindolare*; a. 1742] ***sf.*** l'abbindolare o l'essere abbindolato ‖ **N.** *Sin.* abbindolamento, imbroglio, raggiro.

ABBIGLIAMENTO

Abiti, capi di abbigliamento, capi di vestiario, cenci, confezioni su misura, coprimiserie, corredo, guardaroba, indumenti, panni, stracci, *toilettes*, vesti (vestitino, vestituccio), vestiario, vestiti.

VARIE SPECIE DI VESTI.

COMUNI AI DUE SESSI: abito, accappatoio, bermuda, *blouson* o blusotto, *blue-jeans*, calzamaglia, calze, calzoncini, camicia, camiciotto, canottiera, cappa, cappotto, cardigan, casacca, completo, dolcevita, *eskimo*, felpa, gabbanella, giacca (alla cacciatora, a vento, doppiopetto), giacchetta, giaccone, *gilet* o gilè o bolero o panciotto, giubba, giubbotto, *golf*, impermeabile, maglia, maglietta, maglione, mantella, manto, *montgomery*, mutande, palandrana, *paletot* o paltò, *parka*, pelliccia, pigiama, polo, *pullover*, *shorts*, *slip*, soprabito o *pardessus* o *over-coat*, *spencer*, spolverino, *T-shirt*, vestaglia, veste, vestito, zimarra.

DA UOMO: abito (gessato, spigato), *boxer*, calzini, calzoni (alla scuderia, alla zuava, col risvolto, corti), coda di rondine, *dorsay*, farsetto, figaro, *frac* o marsina, gabbana, pipistrello, *redingote* o *stiffelius*, *smoking*, *tight*, *velada*.

DA DONNA: *baby-doll*, blusa, blusetta, bustino o *top*, busto (aghetti, buchi, molle, pettorina, spallacci, stecche, stringa), *body*, caffetano, camicetta, camicia da notte, camicione, canotta, *chemisier* o scamiciato, *collant*, corpetto, corsetto, *culottes*, *déshabillé*, *dolman*, fascetta, *fuseau*, giacchino, gonna (mini, midi, maxi; a portafoglio, a ruota, con *coulisse*, con spacchi, diritta, in sbieco, *kilt*, pieghettata o plissettata), gonna-pantalone o *jupe-culotte*, gonnellino, guaina, guarnello, *jumpsuit*, *kimono*, mantiglia, *matiné*, *negligé*, pareo, pre-maman, prendisole, *princesse*, *poncho*, reggiseno, *salopette*, sottana, sottoveste, *tailleur*, *twin-set*, tunica, tuta, zuava.

DA BAMBINO: camicino, coprifasce, cuffietta, grembiulino, mantellina, pagliaccetto, pedalini, tutina.

SPECIALI: assisa, cocolla, copriabito o sopravveste, costume da bagno (*bikini*, due pezzi, intero, tanga, *topless*), costume folkloristico, dalmatica, divisa, ferraiolo, gabbana, giornea, gramaglia, grembiule, livrea, montura, mozzetta, pallio, saio, tenuta, toga, tunica, tuta da ginnastica, uniforme.

ANTICHE O ESOTICHE: *andrienne*, barracano, bautta, bernia, brache, brachesse, *burnus*, caffetano, cappa, chitone, cioppa, clamide, copribusto, crinolina o guardinfante o faldiglia, dalmatica, *dolman*, ferraiolo, giornea, giustacuore, guarnacca, *kimono*, lacerna, laticlavio, lucco, mantiglia, palla, pallio, paludamento, pellanda, peplo, *poncho*, pretesto, robone, sanrocchino, schiavina, sciamma, sottovita, tabarro, *ulster*, *velada*, verdugale, zimarra.

ACCESSORI: bambù, bastone, boa, borsa, borsetta, bretelle, calzature (scarpe: ciabatte, *espadrilles*, mocassini, pantofole, pedule, sandali, scarpe da ginnastica, scarponi, zoccoli; stivali: alla scudiera, polacca, stivaletti), cintura, copricapo (basco, berretto, bombetta, cappello, cappuccio, cilindro, coccarda, coppola, cresta, cuffia, *foulard*, tricorno, veletta, velo), cravatta, fazzoletto, *fichu* o fisciù, fusciacca, ghette, giarrettiera, goletta, guanti, manicotto, manopole, ombrellino o parasole, piume di struzzo, scialle, sciarpa, stola, ventaglio.

QUALITÀ: abbondante, abbottonata, accollata, a crescenza, aderente, ampia, attillata, a vita, bizzarra, ciondolante, comoda, corta, decente, difettosa, discinta, elegante, frusciante, garbata, goffa, graziosa, grossolana, imbottita, indecente, larga, leggera, lunga, lussuosa, modesta, morbida, rammodernata, ricamata, ricca, rifinita, rivoltata, sbracciata, sciatta, scollacciata, scollata, signorile, solenne, stretta, striminzita, succinta, vistosa; da uomo, donna, bambino, neonato; da giorno, sera, notte; estiva, invernale, da mezza stagione; da camera, da casa, da carnevale, da cerimonia, da festa o buona, da lutto, da parata, da società, da sposa, di gala.

LINEE E MODELLI: a bustino, alla marinara, a tre quarti, *casual*, *prêt à porter*, *raglan*, scampanata, *unisex*.

segue

abbiosciaménto [da *abbiosciare*; 1955] ***sm.*** avvizzimento, spec. di un albero, dovuto a incisione o scalfittura del fusto.

abbiosciàrsi (pres. *-òscio*) [comp. parasint. di *bioscia*; a. 1600] ***intr. pron.*** abbandonarsi, accasciarsi per stanchezza o debolezza o paura: *come quei cani che s'abbiosciano sotto il castigo* (D'Annunzio) ‖ di piante, appassire ‖ **N.** *Sin.* AVVILIRSI.

abbisciàre (pres. *-ìscio*) [comp. parasint. di *biscia*; 1847] ***tr.*** *T.mar.* preparare su uno spazio libero una catena, o una gomena avvolta in ampie spire, in modo che possa svolgersi e scorrere rapida e senza impedimento.

abbiṣognàre (pres. *-ógno*) [comp. parasint. di *bisogno*; fine sec. XIII] ***intr.*** **1.** (aus. *avere*) aver bisogno **2.** (aus. *essere*) essere necessario ‖ **N.** *Sin.* bisognare.

abbittàre [comp. parasint. di *bitta*; 1889] ***tr.*** *T.mar.* legare una gomena o una catena a una bitta.

abbittatùra [da *abbittare*; 1889] ***sf.*** *T.mar.* atto dell'abbittare.

abboccaménto [da *abboccare*; sec. XIV] ***sm.*** **1.** l'atto dell'abboccarsi, colloquio: *chiedere, fissare un abboccamento* **2.** *T.chir.* istituzione di un collegamento tra due organi cavi (anse intestinali, stomaco e intestino ecc.) o tra uno di essi e la cute (gastrostomia, broncostomia ecc.) **3.** *disus.* di vasi, canali e sim., il combaciare delle loro bocche ‖ **N. 1.** *Sin.* appuntamento, convegno, COLLOQUIO.

abboccàre (pres. *-ócco*, *-ócchi*) [comp. parasint. di *bocca*; a. 1484] ***tr.*** **1.** prendere con la bocca: *il pesce abbocca l'amo* ‖ *fig. ass.* prestare ingenuamente fede senza ripensamenti, lasciarsi ingannare: *mentiva e io ho abboccato* **2.** *raro* di vasi, canali ecc., farli combaciare per le loro bocche ‖ riempire un vaso sino alla bocca ‖ ***intr.*** (aus. *avere*) prendere con la bocca: *abboccare all'amo* ‖ ***intr. pron.*** *T.mar.* si dice di un'imbarcazione quando nel navigare s'inclina su un fianco fino ad avere il bordo al pelo dell'acqua ‖ ***rec.*** avere un colloquio con qualcuno: *ci abboccammo con lui.*

abboccàto (*pps.* di *abboccare*) [a. 1313 nel senso 2; a. 1694 nel senso 1] ***agg.*** **1.** di vino, tendente al dolce, amabile **2.** di persona, che mangia ogni cibo.

abboccatóio (pl. *-ói*) [da *abboccare*; a. 1539] ***sm.*** bocca delle fornaci da fusione o calcinatura.

abboccatùra [da *abboccare*; a. 1712 nel senso 4] ***sf.*** **1.** atto ed effetto dell'abboccare **2.** di liquido o di farina, quel che sta alla bocca del fiasco o del sacco ‖ *per estens.* di pane, quello che, restando presso la bocca del forno, non ha ricevuto piena cottura **3.** d'imposte, sportelli ecc., le parti che combaciano tra loro o col loro appoggio fisso **4.** margine del bicchiere su cui si appoggiano le labbra per bere.

abbócco (pl. *-chi*) [da *abboccare*; 1983] ***sm.*** *T.pesc.* atto del pesce che cattura l'esca e rimane preso dall'amo.

abbocconàre (pres. *-óno*) [comp. parasint. di *boccone*; a. 1348] ***tr.*** *disus.* dividere in bocconi o in pezzi piccoli, minuti.

abboffàrsi (pres. *-òffo*) V. ABBUFFARSI.

abboffàta V. ABBUFFATA.

abbomìnio e der. V. ABOMINIO e der.

abbonacciaménto [da *abbonacciare*; a. 1306] ***sm.*** l'abbonacciarsi del mare o del tempo.

abbonacciàre (pres. *-àccio*) [comp. parasint. di *bonaccia*; sec. XIV] ***tr.*** ridurre in bonaccia, calmare ‖ anche *fig.* placare: *l'ho un po' abbonacciato* ‖ ***intr. pron.*** detto di mare, di vento, calmarsi: *il mare si abbonaccia* ‖ **N.** ***tr.*** *Sin.* CALMARE.

abbonaménto [dal fr. *abonnement*; 1812]

sm. pagamento di una somma anticipata e ridotta, per avere in continuazione un determinato servizio, ricevere una rivista ecc.: *si chiude, si fa, scade, si rinnova, si paga l'abbonamento* || *per estens.* tessera che comprova l'avvenuto abbonamento: *ho perso l'abbonamento* || cifra che si spende per l'abbonamento: *l'abbonamento alla televisione è aumentato* || **N.** canone, sottoscrizione, tessera.

abbonàre¹ V. ABBUONARE.

abbonàre² (pres. *-óno*) [dal fr. *abonner*; 1812] ***rifl.*** pagare una somma ridotta per avere in continuazione un determinato servizio: *abbonarsi a un giornale, a una rivista, alla radio* || ***tr.*** rendere beneficiario di abbonamento: *ho abbonato mio figlio al teatro* || **N.** ***rifl.*** *Sin.* associarsi, iscriversi.

abbonàto (*pps.* di *abbonare*²) [1811] ***sm.*** (f. *-a*) chi usufruisce dell'abbonamento. **Q.T.** *telefono...*

abbondànte (*ppr.* di *abbondare*) [1304] ***agg.*** copioso, presente o disponibile in grande quantità || *fam.* che supera la misura: *un litro abbondante di vino* || di abiti, largo || *eufem.* riferito alla corporatura, formoso, grasso || **abbondantemènte** ***avv.*** || **N.** a bizzeffe, a iosa, a piene mani, a profusione, a tutto spiano, largamente.

abbondànza [dal lat. *abundantia*; fine sec. XIII *abondanza*] ***sf.*** **1.** quantità grande di qualcosa; anche *fig.*: *abbondanza di idee, di senno* ecc. || *ass.* copia di viveri, ricchezza; *contr.* di carestia e indigenza; *vivere, nuotare, sguazzare, affogare nell'abbondanza* **2.** *T.stor.* annona || **N. 1.** *Sin.* copiosità, esorbitanza, esuberanza, profusione.

abbondanzière [da *abbondanza*; 1566] ***sm.*** *T.stor.* pubblico ufficiale addetto agli approvvigionamenti di una città, di una fortezza, di un castello e sim. || **N.** annona.

abbondàre (pres. *-óndo*) [dal lat. *abundāre*; a. 1272 *abondare*] ***intr.*** **1.** (aus. *avere*) avere in grande quantità: *questo paese ha sempre abbondato di vino* || *fig.* avere, usare in grande quantità: *abbondare in cautele, di cautele* **2.** (aus. *essere*) trovarsi in grande quantità: *il vino è sempre abbondato in questo paese* || **N. 1.** *Sin.* riboccare, traboccare **2.** *Sin.* diluviare, fioccare, piovere | *Contr.* mancare, scarseggiare.

abbondévole o **abondévole** [da *abbondare*; fine sec. XIII *abundevole*] ***agg.*** *lett.* abbondante, ricco, copioso: *regione abbondevole d'acqua e di messi* (Pascoli); *le cadenze delle sue frasi abondevoli* (D'Annunzio).

abboniménto [da *abbonire*; 1865] ***sm.*** *raro* atto ed effetto dell'abbonire.

abbonìre (pres. *-ìsco, -ìsci*) [comp. parasint. di *buono*, prob. sul modello del fr. *abonnir*; a. 1597] ***tr.*** **1.** placare, ammansire: *abbonire la folla, gli animi* **2.** rif. a terreno, coltivarlo, bonificarlo || ***intr. pron.*** quietarsi.

abbordàbile [dal fr. *abordable*; 1809] ***agg.*** **1.** nei rapporti umani e nelle relazioni d'affari, che si può abbordare, avvicinare con facilità: *quella ragazza mi sembra piuttosto abbordabile* **2.** di acquisti, che ci si può permettere: *mi sembra una spesa abbordabile* || **N. 1.** *Contr.* scontroso **2.** *Contr.* esorbitante.

abbordàggio (pl. *-gi*) [dal fr. *abordage*; 1797] ***sm.*** *T.mar.* nei combattimenti navali del passato, manovra che si faceva per investire o affiancare, con la propria, la nave nemica e mandarvi quindi gli uomini a combattere a corpo a corpo contro l'equipaggio avversario: *andare, correre all'abbordaggio* || *fig.* tentativo d'approccio spregiudicato e risoluto: *andare all'abbordaggio di un impiego, di una carica* || **N.** *Sin.* abbordo, arrembaggio.

abbordàre (pres. *-órdo*) [dal fr. *aborder*, urtare una nave per attaccarla; 1563] ***tr.*** *T.mar.* **1.** accostare una nave con intenti bellicosi || *fig.* andare all'abbordaggio **2.** fermare risolutamente una persona per parlare: *abbordare un tale* || affrontare risolutamente: *abbordare una questione, una difficoltà.*

abbordatóre [da *abbordare*; 1889] ***agg.*** e ***sm.*** (f. *-trice*) *T.mar.* che o chi compie la manovra di abbordaggio.

abbórdo [dal fr. *abord*; 1604] ***sm.*** l'abbordare || *all'abbordo*, all'abbordaggio || *fig.* *uomo di facile abbordo*, alla mano, affabile, accessibile, trattabile.

abborracciaménto [da *abborracciare*; a. 1573] ***sm.*** l'abborracciare; il fare in modo approssimativo.

abborracciàre (pres. *-àccio*) [etim. inc.; 1436 ca.] ***tr.*** fare qualcosa con fretta e senza cura: *abborracciare un lavoro* || **N.** *Sin.* acciarpare, affastellare, raffazzonare, tirar giù con l'ascia | FRETTA.

abborracciàto (*pps.* di *abborracciare*) [1846] ***agg.*** fatto in fretta e male || **abborracciatamènte** ***avv.*** alla peggio.

abborracciatùra [da *abborracciare*; 1861] ***sf.*** **1.** l'atto e spec. l'effetto dell'abborracciare **2.** *concr.* lavoro abborracciato.

abborràccio (pl. *-ìi*) [da *abborracciare*; 1887] ***sm.*** abborracciamento di più cose assieme: *abborraccio di studi, d'insegnamenti, di leggi.*

abborracciόne [da *abborracciare*; 1861] ***sm.*** (f. *-a*) chi fa le cose senza diligenza, alla peggio, come vien viene.

abborrìre e der. forme ant. di ABORRIRE e der.

abbottàre (pres. *-òtto*) [comp. parasint. di *botta*, rospo; a. 1566] ***tr.*** *raro* gonfiare || ***rifl.*** riempirsi di cibo, abbuffarsi.

abbottinàre (pres. *-ìno*) [comp. parasint. di *bottino*; a. 1786] ***tr.*** *ant.* far bottino.

abbottonàre (pres. *-óno*) [comp. parasint. di *bottone*; a. 1400] ***tr.*** infilare i bottoni negli occhielli per congiungere due parti d'un vestito || ***rifl. indir.*** fermarsi le vesti con bottoni: *abbottonarsi la giacca* || ***rifl.*** *fig. fam.* farsi riservato || **N.** ***tr.*** *Sin.* affibbiare, agganciare, allacciare | *Contr.* allentare, sbottonare, sfibbiare, sganciare | alamaro, asola, bottone, fermaglio, fibbia, gangheretto, occhiello.

abbottonàto (*pps.* di *abbottonare*) [inizio sec. XIV] ***agg.*** chiuso o che si può chiudere con dei bottoni || *fig.* cauto, riservato, di poche parole: *uomo abbottonato.*

abbottonatùra [da *abbottonare*; a. 1356 nel senso 2] ***sf.*** **1.** atto ed effetto dell'abbottonare e dell'abbottonarsi **2.** *concr.* parte del vestito ove sono i bottoni || **N. 2.** *Sin.* botto-

segue ABBIGLIAMENTO

STATO DI CONSERVAZIONE: cenciosa, consunta, frusta, grinzosa, lacera, lisa, logora, nuova, rappezzata, rattoppata, rotta, sbiadita, sbrindellata, sdrucita, sfilacciata, sgualcita, smessa, strappata, stropicciata, trascurata, usata; lercia, linda, macchiata, pulita / sporca, unta e bisunta.

PARTI DELLE VESTI: accollatura, balza, balzana, basta o sessitura o ritreppio, bavera, bavero, cannoncino, cannone, cintola, cinturino, coda, collare, collarino, colletto, collo, controfodera, corpo o vita, davanti / dietro, dritto / rovescio, falda, fascia, fianchi, finta, fodera, gherone, girocollo, giromanica, gorgiera, manica, martingala, mostra o mostrina o mostreggiatura, paramano o manopola, paramontura, passante, pellegrina, petto, piega, pistagna, polsina, risvolto, schienali, scollo, sgonfio, soppanno, sopraggirello, soprammaniche, spacco, spalla, spallina, sparato, sprone, staffa, strascico, tasca, taschino.

ORNAMENTI, GUARNIZIONI E RIFINITURE: aghetto, alamaro, animella, ardiglione, arricciatura, asola, automatico, battitacco, bigherino, blonda, borchia, bordatura, bottone, bottoniera, canutiglia, cerniera lampo, costura, *coulisse*, cucitura, falpalà, falsatura o *entre-deux*, fermaglio, fettuccia, fibbia, fibula, filettatura, fiocco, frangia, frappa, fronzolo, gala, gallone, gangherino, ghiandina, greca, grillotti, *gros-grain* o grogré, guancialetto, guarnizione, impuntura, lattuga, lustrino, merletto, nappa, nastro, nodo, occhiello, orlo, *paillettes*, passamaneria, pedana, pendone, pennacchietto, pennacchio, penero, perline, *pince*, pizzo, puf, rammendo, rattoppo, ricamo, rinforzo, ripiego, sbieco, smerlo, sopraggitto, *soutache* o spighetta, stringa, traforo, tramezzo, trina, vellutino, *volant*, zig-zag.

VESTIRSI E SVESTIRSI: abbigliarsi, abbottonarsi / sbottonarsi, acconciarsi, agghindarsi, allacciarsi / slacciarsi, alleggerirsi, ammantarsi, camuffarsi, conciarsi, coprirsi, denudarsi, incappottarsi, incappucciarsi, indossare, infagottarsi, infilarsi / sfilarsi, intabarrarsi, mascherarsi, mettersi in fronzoli, mettersi in ghingheri, mettersi in libertà, pararsi a festa, riassettarsi, rimboccarsi, rivestirsi, scamiciarsi, sfoggiare, spogliarsi, travestirsi.

AZIONI DELLE VESTI: attagliarsi alla vita, cadere bene, cadere a brandelli, calzare, coprire, far grinze, intignare, mostrare la corda, non fare una grinza, piangere addosso, ragnare, ritirarsi, sfilacciarsi, star a pennello.

AZIONI SULLE VESTI: abbottonare / sbottonare, accomodare, acconciare, accorciare / allungare, agganciare / sganciare, allargare / stringere, allentare, appuntare, confezionare, consumare, cucire / scucire, filettare, foderare, imbastire, imbottire, imbrattare, impuntare, impunturare, infangare, inzaccherare, lacerare, logorare, macchiare / smacchiare, misurare, montare, orlare, pulire / sporcare, provare, rammendare, rattoppare, rifinire, rimboccare, sciupare, sfilacciare, sgualcire, spazzolare, spolverare, stracciare, strapazzare, strappare, stirare, stropicciare, tagliare, tingere, usare, vestire.

PERSONE: calzolaio, camiciaio, cappellaio, ciabattino, crestaia, farsettaio, figurinista, guantaio, guardarobiere, magliaia, maglierista, *mannequin* o indossatrice, merciaio, modista, macchina orlatrice, pantalonaio, pellicciaio, sarto, tessitore, tintore; attillato, cencioso, damerino, elegantone, fagotto, fantoccio, figurino, frittellone, impettito, impiccato, infagottato, rinsaccato, sbracato, sbracciato, scamiciato, sciamannato, strizzato, togato.

VOCI ATTINENTI: appiombo, confezione o fattura, rotondità, stoffa (altezza, cimosa, sbieco / drittofilo, scampolo, trama), taglia; armadio, attaccapanni, canfora, guardaroba, gruccia, naftalina, portamantelli, specchiera, spogliatoio, *toilette*; alta moda, *atelier*, *boutique*, collezione, creazione, *fashion*, manichino, moda, sfilata.
(V. anche i quadri terminologici LAVORI FEMMINILI, MODA E SARTORIA, PELLICCIAIO, TESSITURA).

niera.

abbozzacchiàre (pres. *-àcchio*) [da *abbozzare*[1], con suff. pegg.; 1861] ***tr.*** abbozzare alla peggio; anche *fig.*

abbozzàre[1] (pres. *-òzzo*) [comp. parasint. di *bozza*; 1553] ***tr.*** **1.** far l'abbozzo d'un lavoro: *abbozzare un quadro, una statua* || rif. a uno scritto, farne la prima stesura: *abbozzare un racconto, un articolo* || *fig. abbozzare un gesto, un sorriso*, accennare || *T.pitt. abbozzare alla macchia*, disegnare o dipingere con facilità, schizzare **2.** *ass.* sopportare con pazienza, lasciar correre: *coi superiori bisogna abbozzare* || **N. 1.** *Sin.* digrossare, imbastire, modellare, ordire, sbozzare, schizzare, sgrossare, tracciare. **Q.T.** *pittura.*

abbozzàre[2] (pres. *-òzzo*) [comp. parasint. di *bozza*; seconda metà sec. XVI] ***tr.*** *T.mar.* trattenere con una legatura provvisoria (bozza) una corda o una catena che è stata tirata, per impedire che essa scorra e si allenti durante il tempo necessario per legarla definitivamente.

abbozzàta [da *abbozzare*[1]; a. 1665] ***sf.*** l'abbozzare || *dare un'abbozzata*, fare un rapido abbozzo || *dim.* abbozzatìna.

abbozzatìccio (pl. *-ci*) [da *abbozzare*[1]; 1585] **I *sm.*** lavoro finito, ma tanto malfatto che pare piuttosto un abbozzo **II *agg.*** (pl. f. *-ce*) di cosa, eseguita in fretta e malamente.

abbozzatóre [da *abbozzare*[1]; 1865] ***sm.*** (f. *-trice*) *non com.* chi fa un abbozzo.

abbozzatùra [da *abbozzare*[1]; 1605] ***sf.*** *raro* abbozzo.

abbòzzo [da *abbozzare*[1]; 1604] ***sm.*** **1.** forma prima e imperfetta che viene data a un lavoro **2.** *T.biol.* formazione embrionale indifferenziata **3.** *T.edil.* primo strato di intonaco ruvido || **N. 1.** *Sin.* bozzetto, idea, modello, prima stesura, sbozzatura, schizzo, studio, traccia.

abbozzolàrsi (pres. *-òzzolo*) [comp. parasint. di *bozzolo*; a. 1718] ***rifl.*** e ***intr. pron.*** **1.** fare il bozzolo, detto spec. di bachi **2.** assumere una forma a bozzolo, raggrumarsi, detto spec. di farina disciolta in acqua: *rimescola la farina, perché non si abbozzoli* || **N. 2.** *Sin.* aballottarsi, agglomerarsi, appallottarsi, rappigliarsi.

abbracciàbile [da *abbracciare*; 1855] ***agg.*** *non com.* che può essere abbracciato.

abbracciabòschi [comp. di *abbraccia(re)* e *bosco*; 1726] ***sm.*** *inv. pop.* caprifoglio o madreselva.

abbracciafùsto [comp. di *abbraccia(re)* e *fusto*; 1865] ***agg.*** *inv.* di foglia mancante di picciolo, che abbraccia con la parte inferiore la grossezza del fusto || **N.** *Sin.* sessile.

abbracciaménto [da *abbracciare*; 1336 ca.] ***sm.*** l'abbracciare prolungato.

abbracciànte (*ppr.* di *abbracciare*) [1955] ***agg.*** *T.bot.* che abbraccia il fusto, detto di quelle foglie che, mancando di picciolo, si attaccano direttamente al fusto con la parte inferiore: *foglia abbracciante* || **N.** *Sin.* abbracciafusto, amplessicaule, sessile.

abbracciàre (pres. *-àccio*) [comp. parasint. di *braccio*; inizio sec. XIII] ***tr.*** **1.** cingere con le braccia una cosa o una persona, questa perlopiù in segno d'affetto || *fig.* circondare, comprendere: *le Marche abbracciano quattro province*; contenere: *la storia di Livio abbraccia settecento anni*; raccogliere in uno sguardo tutta un'estensione: *di qui l'occhio abbraccia tutta Roma*; comprendere, capire: *la mente non può abbracciare più cose insieme*; bramare: *abbracciare col desiderio, con l'animo* **2.** scegliere, seguire: *abbracciare un consiglio, una professione, una religione, una causa* || ***rec.*** stringersi l'un l'altro: *abbracciamoci* || ***intr. pron.*** attaccarsi con le braccia a una persona o a una cosa, cingendola: *abbracciarsi a una colonna, a un albero* || **N. *tr.*** **1.** *Sin.* attorniare, avvinghiarsi, buttar le braccia al collo, buttarsi al collo, circondare, comprendere, contenere, stringere al seno o al cuore **2.** *Sin.* farsi promotore, professare, sostenere | ***intr. pron.*** *Sin.* aggrapparsi, avviticchiarsi.

abbracciàta [da *abbracciare*; a. 1306] ***sf.*** frettoloso abbraccio || *dim.* abbracciatìna.

abbràccio (pl. *-ci*) [da *abbracciare*; a. 1603] ***sm.*** atto ed effetto dell'abbracciare || *fig.* stretta.

abbraccióne [da *abbracciare*; 1961] ***sm.*** (f. *-a*) *raro* faccendone, ficcanaso, armeggione.

abbracciucchiàre (pres. *-ùcchio*) [da *abbracciare*; 1944] ***tr.*** abbracciare spesso e leziosamente || più com. ***rec.***: *si abbracciucchiano tra loro.*

abbrancàre[1] (pres. *-ànco, -ànchi*) [comp. parasint. di *branca*; a. 1290] ***tr.*** stringere con le branche || *per estens.* afferrare con forza: *abbrancò il ladro prima che fuggisse* || *fig.* rubare, afferrare senza troppi scrupoli || ***intr. pron.*** attaccarsi con forza a qualche cosa || **N. *tr.*** *Sin.* afferrare, artigliare, PRENDERE | ***intr. pron.*** *Sin.* ATTACCARSI.

abbrancàre[2] (pres. *-ànco, -ànchi*) [comp. parasint. di *branco*; 1691] ***tr.*** e ***rifl.*** mettere o mettersi in branco.

abbreviaménto [da *abbreviare*; a. 1292] ***sm.*** l'abbreviare || **N.** *Sin.* accorciamento, troncamento; compendio, riassunto.

abbreviàre (pres. *-èvio*) [lat. tardo *abbreviāre*; fine sec. XIII] ***tr.*** **1.** far breve o più breve, accorciare || *in part.* accorciare le parole, i nomi di persona, togliendone alcune lettere: *abbreviare Giuseppe in Beppe* **2.** *T.ling.* rendere brevi le sillabe lunghe || ***intr. pron.*** diventare più breve: *una vocale si abbrevia davanti a vocale* || **N. *tr.*** **1.** *Sin.* accorciare, ridurre, scorciare, tagliare; compendiare, riassumere | *Contr.* allungare, dilatare.

abbreviatìvo [da *abbreviare*; sec. XVII] ***agg.*** che abbrevia: *metodo abbreviativo* || **abbreviativaménte** ***avv.***

abbreviatóre [dal lat. eccl. *abbreviātor, -ōris*; sec. XIV] **I *sm.*** (f. *-trice*) **1.** chi abbrevia **2.** *T.stor.* segretario della curia incaricato della redazione di brevi o lettere papali **II *agg.*** che abbrevia.

abbreviatùra [da *abbreviare*; a. 1304] ***sf.*** **1.** accorciamento di parola **2.** *non com.* parola abbreviata nella scrittura, abbreviazione || *in part.* le parole o parti di parola sistematicamente abbreviate negli antichi manoscritti || **N. 1.** sigla; brachigrafia, note tironiane, paleografia, stenografia, tachigrafia.

abbreviazióne [dal lat. *abbreviātio, -ōnis*; sec. XIV] ***sf.*** **1.** l'abbreviare **2.** la parola abbreviata: *tavola delle abbreviazioni* **3.** *T.ling.* forma ridotta di una parola (per es. *cine* per *cinematografo*).

abbriccàgnolo [da *abbriccare*; 1865] ***sm.*** **1.** *tosc. ant.* nome popolare di uccelletto, detto anche *rampichino* **2.** cosa a cui ci si possa abbriccare || *fig.* cavillo || **N. 2.** *Sin.* PRETESTO.

abbriccàre (pres. *-ìcco, -ìcchi*) [comp. parasint. di *bricca*; a. 1484] ***tr.*** rif. a percossa e sim., menarla con forza: *abbriccare un colpo, una bastonata.*

abbriccàrsi (pres. *-ìcco, -ìcchi*) [comp. parasint. di *bricca*; a. 1470] ***intr. pron.*** attaccarsi, appigliarsi, arrampicarsi.

abbrivàre (pres. *-ìvo*) [dal provenz. *abrivar*, propr. staccarsi dalla riva, mettersi in moto; 1614 *abbrevare*] ***tr.*** **1.** *T.mar.* far prendere velocità a una nave, darle l'abbrivio **2.** far slittare massi in una cava || ***intr.*** (aus. *avere*) prender velocità || **N. *intr.*** muoversi; prendere l'avvio, la rincorsa.

abbrividìre (pres. *-ìsco, -ìsci*) [comp. parasint. di *brivido*; 1798 ca.] ***intr.*** (aus. *avere* ed *essere*) *lett.* rabbrividire: *entrai nel bosco abbrividendo* (Pascoli) || *fig.* raccapricciare.

abbrìvio o **abbrìvo** (pl. *-vi*) [da *abbrivare*; 1691] ***sm.*** **1.** *T.mar.* velocità iniziale di una nave, barca e sim., detta più com. *abbrivio iniziale*; *abbrivio residuo*, la velocità che in un galleggiante perdura dopo che è cessata la propulsione || *prendere l'abbrivio*, prendere la rincorsa; *fig.* iniziare con slancio: *Perpetua, preso l'abbrivo nel parlare di matrimonio, non la finiva più* (Manzoni) **2.** spinta che si dà ai massi nelle cave perché scivolino a valle.

abbronzaménto [da *abbronzare*; prima metà sec. XIV] ***sm.*** *non com.* l'atto e anche l'effetto dell'abbronzare.

abbronzànte (*ppr.* di *abbronzare*) [sec. XIV; 1970 come sm.] **I *agg.*** che favorisce l'abbronzatura della pelle: *crema abbronzante* **II *sm.*** prodotto usato per favorire l'abbronzatura della pelle.

abbronzàre (pres. *-ónzo*) [comp. parasint. di *bronza*[1], brace accesa; 1340 ca.] ***tr.*** far assumere a una cosa il colore del bronzo; si dice soprattutto degli effetti dei raggi solari sulla pelle umana || ***intr.*** (aus. *essere*) e ***intr. pron.*** assumere un aspetto bruno esponendosi ai raggi del sole: *ha una carnagione che abbronza facilmente*; *abbronzarsi sulla spiaggia* || **N. *tr.*** abbrunire, abbrustolire, annerire | tintarella.

abbronzàta [da *abbronzare*; 1961] ***sf.*** atto ed effetto dell'abbronzare e dell'abbronzarsi rapidamente e superficialmente: *dare un'abbronzata, prendersi un'abbronzata.*

abbronzatìccio (pl. m. *-ci*; pl. f. *-ce*) [da *abbronzare*; 1865] ***agg.*** abbronzato poco e in modo irregolare.

abbronzàto (*pps.* di *abbronzare*) [1924] ***agg.*** che ha assunto un colorito bruno per l'esposizione ai raggi del sole.

abbronzatùra [da *abbronzare*; 1767] ***sf.*** **1.** l'abbronzare **2.** il colore dell'oggetto o della pelle abbronzati.

abbruciacchiaménto [da *abbruciacchiare*; 1802] ***sm.*** *raro* l'abbruciacchiare.

abbruciacchiàre (pres. *-àcchio*) [da *bruciacchiare*; inizio sec. XVII] ***tr.*** **1.** bruciar leggermente, alla superficie || *in part.* rif. a uccelli, passarli sulla fiamma, dopo spennati, per bruciar la peluria che vi rimane **2.** rif. a piante, far inaridire || **N. 1.** *Sin.* abbrustolire, strinare.

abbruciaménto [da *abbruciare*; 1554 nel senso 2] ***sm.*** **1.** *T.agr.* il bruciare stoppie e sterpi per ingrassare il terreno **2.** *ant.* incendio, bruciatura, scottatura || **N. 1.** *Sin.* debbio.

abbruciàre e der. forme ant. o lett. di BRUCIARE e der.

abbrumàre (pres. *-ùmo*) [comp. parasint. di *bruma*; 1889] ***intr.*** (aus. *essere*) *T.mar.* il consumarsi delle carene di legno delle navi per opera di piante marine e di un mollusco detto *bruma* o *teredine* || **N.** corrodere, tarlare.

abbrunàre (pres. *-ùno*) [comp. parasint. di *bruno*; a. 1311] ***tr.*** mettere un segno di lutto: *abbrunar le bandiere, i tamburi* || ***rifl.*** *disus.* vestirsi a lutto.

abbrunàto (*pps.* di *abbrunare*) [a. 1311] ***agg.*** *bandiera abbrunata*, con un nastro nero in segno di lutto || *carta abbrunata*, che ha i margini listati di nero in segno di lutto || vestito a lutto.

abbrunìre (pres. *-ìsco, -ìsci*) [comp. parasint. di *bruno*; fine sec. XIV] ***tr.*** **1.** render bruno: *il sole abbrunisce la pelle* **2.** dare la brunitura ad oggetti metallici **3.** *ant.* abbuiare, rendere difficile a intendersi: *certe chiose abbruniscono il testo.*

abbruscàre (pres. *-ùsco, -ùschi*) [forse dal lat. *ūstŭlare*, abbrustolire; 1853] ***tr.*** bruciacchiare, abbrustolire || *in part. T.capp.* bruciare con fiamma di paglia i peli troppo lunghi rimasti in un cappello nel manipolarlo.

abbrustiàre (pres. *-ùstio*) [forse dal lat. volg. **brustulāre*; 1846] ***tr.*** *raro* **1.** bruciacchiare || *in part.* rif. a uccelli, passarli sulla fiamma per bruciar la peluria che rimane dopo averli spennati **2.** tostare.

abbrustiatùra [da *abbrustiare*; 1970] ***sf.*** *T.tess.* eliminazione della peluria superflua di una stoffa pettinata, per mezzo di una macchina bruciapelo.

abbrusticàre (pres. *-ùstico, -ùstichi*) [forse dal lat. volg. **brustulāre*; 1863] ***tr.*** *tosc.* e *lett.* abbrustiare: *nell'ardore che abbrustica il vello delle nude braccia* (D'Annunzio).

abbrustolàre (pres. *-ùstolo*) [prob. dal lat. volg. **brustulāre*; a. 1597] ***tr.*** *raro* abbrustolire.

abbrustoliménto [da *abbrustolire*; 1855] ***sm.*** *non com.* l'atto e l'effetto dell'abbrustolire; tostatura.

abbrustolìre (pres. *-ìsco, -ìsci*) [prob. dal lat. volg. **brustulāre*; a. 1698] ***tr.*** passare qualcosa al fuoco senza lasciarla bruciare, tostare: *abbrustolire le fette di pane* || ***intr. pron.*** *scherz.* esporsi prolungatamente ai raggi del sole || **N.** ***tr.*** *Sin.* ARROSTIRE.

abbrustolìta [da *abbrustolire*; 1779 ca.] ***sf.*** abbrustolimento veloce e superficiale.

abbrutiménto [da *abbrutire*; 1812] ***sm.*** atto ed effetto dell'abbrutire e dell'abbrutirsi.

abbrutìre (pres. *-ìsco, -ìsci*) [dal fr. *abrutir*; 1812] ***tr.*** render simile a bruto, degradare: *l'ubriachezza abbrutisce l'uomo* || ***intr.*** (aus. *essere*) e ***intr. pron.*** rendersi simile a bruto, ridursi come bestie || **N.** ***tr.*** *Sin.* imbestiare.

abbruttìre [comp. parasint. di *brutto*; sec. XIV come tr.; 1855 come intr.] ***tr.***, ***intr.*** e ***intr. pron.*** *non com.* imbruttire.

abbuffàrsi o **abboffàrsi** [prob. comp. parasint. del dial. *buffa*, rospo; 1950] ***intr. pron.*** *pop.* mangiare a crepapelle, con grande voracità.

abbuffàta o **abboffàta** [da *abboffarsi*; 1973] ***sf.*** lauto pasto consumato ingordamente.

abbuiaménto [da *abbuiare*; 1865] ***sm.*** atto ed effetto dell'abbuiare.

abbuiàre (pres. *-ùio, -ùi*) [comp. parasint. di *buio*; a. 1533] ***tr.*** render buio: *venne la sera ed abbuiò le strade* (Pascoli) || *fig.* mettere a tacere, far che una cosa non trapeli || ***intr. pron.*** di cielo, tempo, aria, rannuvolarsi, farsi scuro: *subito il cielo si abbuiò* || *fig.* rattristarsi || **N.** ***tr.*** *Sin.* OSCURARE | ***intr. pron.*** incupirsi, rabbuiarsi.

abbuonàre o **abbonàre**[1] (pres. *-uòno* o *-òno*) [comp. parasint. di *buono*; 1805 *abbonare*] ***tr.*** condonare, in tutto o in parte: *per finirla, le abbuono l'ultima rata* || **N.** defalcare, detrarre.

abbuòno [da *abbonare*[1]; 1841] ***sm.*** **1.** ribasso sul prezzo pattuito, riduzione di un debito **2.** *T.sport.* nelle gare ciclistiche a tappe, riduzione sul tempo di gara accordata agli effetti della classifica generale al primo e al secondo arrivati; nelle gare ippiche, compenso di spazio o di peso che si dà ai cavalli per equiparare le diverse possibilità dei vari corridori || **N. 1.** *Sin.* defalco, sconto **2.** *handicap.*

abburattaménto [da *abburattare*; 1584] ***sm.*** **1.** operazione dell'abburattare **2.** *T.med.* disturbo della parola frequente negli individui affetti da paralisi progressiva; consiste nel pronunciare le parole rapidamente e in modo confuso, quasi balbettando.

abburattàre [comp. parasint. di *buratto*; a. 1348] ***tr.*** **1.** separar la farina dalla crusca per mezzo del buratto || *fig. raro* usar discernimento **2.** *raro* malmenare, scuotere || ***intr.*** (aus. *avere*) *tosc.* parlare molto e noiosamente: *se non lo fermi, abburatta per ore ed ore* || ***intr. pron.*** dibattersi, smaniare || **N.** ***tr.*** **1.** *Sin.* cernere, setacciare, stacciare, vagliare, ventilare.

abburattàta [da *abburattare*; 1865] ***sf.*** **1.** abburattamento rapido e non accurato: *dare un'abburattata* **2.** la quantità di farina che si mette nella tramoggia del buratto, perché sia abburattata.

abburattatóre [da *abburattare*; 1865] ***sm.*** (f. *-trice*, disus. *-tóra*) chi abburatta || **N.** *Sin.* cernitore, cruschino.

abburattatùra [da *abburattare*; 1865] ***sf.*** **1.** l'azione dell'abburattare **2.** *concr.* la crusca che se ne ricava || **N.** *Sin.* abburattamento.

abdicànte (*ppr.* di *abdicare*) [1874] **I s.** chi abdica **II agg.** che abdica.

abdicàre (pres. *àbdico, àbdichi*) [dal lat. *abdicāre*; a. 1375] ***intr.*** (aus. *avere*) rinunciare solennemente alla dignità sovrana: *abdicare alla corona*; *com. ass.*: *il re ha abdicato* || *fig.* rinunciare a qualcosa: *abdicare ai propri diritti* || ***tr.*** *raro* respingere, abbandonare: *abdicare la libertà* || *arc.* ripudiare.

abdicatàrio (pl. *-ri*) [da *abdicare*; 1847] ***agg.*** che abdica o ha abdicato; abdicante, rinunciatario.

abdicazióne [da *abdicare*; 1663] ***sf.*** **1.** l'abdicare **2.** l'atto scritto con cui si abdica.

abduàno [dal lat. **Abduanus*, da **Abdua* per *Addua*; 1807] ***agg.*** *lett.* dell'Adda: *antri abduani* (Foscolo).

abducènte [dal lat. *abdūcens, -entis*, ppr. di *abdūcere*; sec. XIV *adducente*] ***agg.*** *T.anat. nervo abducente*, detto del sesto paio di nervi cranici che innervano i muscoli adibiti ai movimenti rotatori del bulbo oculare: *paralisi al nervo abducente.*

abdùrre (pres. *-ùco, -ùci* ecc., come ADDURRE) [dal lat. *abdūcere*; 1970] ***tr.*** **1.** *T.med.* allontanare un arto o un'altra parte mobile del corpo dall'asse mediano o dalla sua normale posizione di riposo **2.** *T.fil.* fare abduzioni.

abduttóre [dal lat. *abdūcere*; 1681] ***agg.*** *T.anat.* di muscolo, che presiede al movimento di abduzione || **N.** *Contr.* adduttore.

abduzióne [dal lat. *abductio, -ōnis*; 1771] ***sf.*** **1.** *T.fisiol.* il movimento di allontanamento degli arti dalla linea mediana del corpo **2.** *T.fil.* nella logica aristotelica, forma di sillogismo in cui la premessa maggiore è certa, la minore probabile così come la conclusione || ragionamento in cui, dall'analisi di uno o più casi, si desume un principio da cui essi seguono come conseguenza || **N. 1.** *Contr.* adduzione **2.** deduzione, induzione.

abèlia [dal n. proprio *Abel* Clarke; 1818] ***sf.*** *T.bot.* genere di piante arbustive e arboree delle Caprifogliacee.

abeliàno [dal n. proprio Niels Henrik *Abel*; 1955] ***agg.*** *T.mat. gruppo abeliano*, gruppo in cui l'operazione definita tra i suoi elementi gode della proprietà commutativa.

abelmósco (pl. *-schi*) [dall'ar. *habb al-misk*; 1829] ***sm.*** *T.bot.* pianta delle Malvacee che cresce spontanea in India e nelle zone tropicali; ha proprietà medicinali ed è usata come ortaggio e spezia.

abèna [dal lat. *habēna*; a. 1348] ***sf.*** *ant.* briglia.

abènto [lat. *adventus*, arrivo, attr. i dialetti merid.; a. 1250] ***sm.*** *ant.* riposo, quiete.

aberrànte (*ppr.* di *aberrare*) [1953] ***agg.*** che devia dalla norma, anormale, irregolare: *forma aberrante, caso, comportamento aberrante.*

aberràre (pres. *-èrro*) [dal lat. *aberrāre*; a. 1472] ***intr.*** (aus. *avere*) *raro* sviarsi, allontanarsi dalla norma || **N.** *Sin.* deviare, ERRARE.

aberrazióne [dal lat. *aberrātio, -ōnis*, distrazione; 1750 nel senso 2] ***sf.*** **1.** l'aberrare, spec. in senso morale; traviamento del giudizio, errore: *l'ho detto in un momento di aberrazione* **2.** *T.med.* anomalia, disfunzione: *aberrazione mentale* **3.** *T.astr.* movimento apparente degli astri che risulta dal moto della luce combinato col moto di rivoluzione terrestre; *aberrazione annua*, quella dovuta al movimento di rivoluzione della terra; *aberrazione diurna*, quella dovuta al moto di rotazione **4.** *T.fis.* distorsione o defocalizzazione o errore cromatico (*aberrazione cromatica*) nell'immagine ottenuta mediante rifrazione o riflessione attraverso sistemi di lenti o specchi || **N. 1.** *Sin.* errore, sbaglio, traviamento **2.** *Sin.* malattia **3.** *Sin.* moto apparente, spostamento apparente.

abetàia [da *abete*; a. 1606] ***sf.*** selva di abeti, piantagione di abeti || **N.** *Sin.* abetina.

abéte [dal lat. *abies, -etis*; 1280] ***sm.*** nome generico di varie piante appartenenti alla famiglia delle Pinacee, caratterizzate da alto fusto resinoso, con foglie aghiformi sempreverdi e chioma a piramide; produce frutti a strobilo detti pigne o coni || *per meton.* il legno che se ne ricava: *un tavolo d'abete.*

abetèlla [da *abete*; 1298] ***sf.*** fusto d'abete lungo e sottile, approssimativamente squadrato, che serve per puntellamenti, armature e sim. || **N.** *Sin.* stile, stollo.

abetìna [da *abete*; a. 1597] ***sf.*** bosco di abeti, piantagione di abeti || **N.** *Sin.* abetaia.

abiàtico (sett. *abbiàtico*; pl. *-ci*) [dal lat. mediev. *abiaticus*, dal lat. *avus*, avo; 1865] ***sm.*** *lomb.* nipote, figlio di un figlio o di una figlia.

abietìna [dal lat. *abies, -etis*, abete; 1829] ***sf.*** distillato dalla gomma di alcune specie di abeti, usato come insetticida.

abiettàre o **abbiettàre** (pres. *-ètto*) [da *abietto*; a. 1306] ***tr.*** *ant.* rendere abietto, avvilire || ***intr. pron.*** rendersi abietto, avvilirsi: *si è depravato e abiettato il sentimento* (Carducci).

abiettézza o **abbiettézza** [da *abietto*; 1673 *abbiettezza*] ***sf.*** *raro* bassezza d'animo, viltà.

abiètto o **abbiètto** [dal lat. *abiēctus*, gettato via; sec. XIV] ***agg.*** vile, spregevole, disprezzato: *è un essere abietto* || **abiettaménte** ***avv.*** || **N.** *Sin.* ignobile, sordido, VILE.

abiezióne o **abbiezióne** [dal lat. *abiectio, -ōnis*; a. 1342] ***sf.*** **1.** stato d'avvilimento, condizione vile e spregiata: *cadere nell'abiezione, sollevarsi da uno stato di abiezione* **2.** *T.rel.* nell'ascesi cristiana, volontario disprezzo di sé a imitazione e per amore di Cristo.

abigeàto [dal lat. *abigeātus*; 1673] ***sm.*** *T.giur.* furto di bestiame.

abigeo [dal lat. *abigeus*; 1723] ***sm.*** (f. *-a*) reo di abigeato.

àbile [dal lat. *habilis*; sec. XIV] ***agg.*** **1.** capace, esperto in un'arte o in un ufficio: *un abile artigiano, è abile nel mescolare le carte* || *per estens.* atto, in possesso dei requisiti richiesti: *abile all'esercizio della professione* || idoneo al servizio militare: *dichiarare abile* || *lett.* anche di cose: *i gambi del granoturco abili al fuoco* (Pascoli) **2.** scaltro, astuto: *è un uomo politico estremamente abile* || che dimostra scaltrezza: *una mossa abile* || **abilménte** ***avv.*** || **N.** *Sin.* accorto, bravo, capace, che sa il fatto suo, destro, esperto, in gamba, ingegnoso, provetto; un diavolo, un maestro, un politicone, un portento, un praticone, un tatticone | *Contr.* inesperto, inetto, INABILE.

abilità [dal lat. *habilitas, -ātis*; a. 1356] ***sf.*** **1.** capacità, attitudine a qualche cosa: *il suo mestiere richiede grande abilità nel trattare i clienti* **2.** astuzia, destrezza, accorgimento: *se la cavò con abilità* **3.** *ant.* facoltà, privilegio, licenza || **N.** *Sin.* accortezza, bravura, destrezza, idoneità, ingegno, maestria, perizia, sagacia, sufficienza, valentia, valore.

abilitàre (pres. *-ìlito*) [dal lat. tardo *habilitāre*; a. 1498] ***tr.*** **1.** rendere abile, adatto **2.** autorizzare legalmente all'esercizio di una professione o di un diritto: *abilitare all'esercizio di una professione, corsi abilitanti all'insegnamento* || ***intr. pron.*** rendersi idoneo a una professione, a un'arte e sim.

abilitazióne [da *abilitare*; 1673] ***sf.*** **1.** l'abilitare o l'essere abilitato all'esercizio di una professione **2.** riconoscimento ufficiale della idoneità a esercitare una determinata professione o attività e anche il documento che abilita: *esame di abilitazione.*

ab imis (lat., pr. it. [ab 'imis]) [letter. dalle più profonde (fondamenta)] **loc. avv.** dalle fondamenta più profonde, dalle basi: *sviscerare la questione ab imis.*

ab immemorabili (lat., pr. it. [ab immemo'rabili]) [letter. da (tempo) immemorabile] **loc. avv.** sin dal tempo più remoto.

ab intestato (lat., pr. it. [ab intes'tato]) [letter. da chi non ha fatto testamento] **loc. avv.** e **loc. agg.** *T.giur.* detto di beni ereditabili la cui successione deve avvenire a norma di legge per mancanza di disposizioni testamentarie: *successione ab intestato.*

àbio- [dal gr. *ábios,* senza vita] **primo elem.** che, in parole composte della terminologia scientifica, vale "mancanza di vita" (per es. *abiogenesi*).

abiogènesi [comp. di *abio-* e *genesi*; 1892] **sf.** *T.scient.* generazione spontanea di esseri animati da sostanze inorganiche.

abiòtico (pl. *-ci*) [dal gr. *ábios,* senza vita; 1972] **agg.** *T.biol.* inadatto a ospitare qualsiasi forma vivente.

ab irato (lat., pr. it. [ab i'rato]) [letter. dall'irato] **loc. avv.** per impeto d'ira.

abissàle [da *abisso*; 1892] **agg.** di abisso, che si riferisce agli abissi, spec. marini: *profondità, depositi abissali* || *fig.* profondo, incalcolabile, enorme, spec. in espr. *iperb.*: *ignoranza, stupidità abissale.*

abìsso [dal lat. *abyssus*; 1306] **sm. 1.** profondità immensa di acqua || *per estens.* cavità profondissima e oscura, baratro || *per estens. lett.* inferno || *fig.* perdizione morale, rovina: *essere sull'orlo dell'abisso* **2.** *iperb.* distanza enorme, divario incolmabile: *c'è di mezzo un abisso* || quantità enorme di fatti o azioni negative: *un abisso di colpe* || **N. 1.** *Sin.* precipizio, voragine | perdizione, rovina | inabissarsi, scomparire, sprofondare o precipitare in un abisso, sprofondarsi **2.** *Sin.* divario, lontananza; subisso.

abitàbile [dal lat. tardo *habitābilis*; inizio sec. XIV] **agg. 1.** che può essere abitato: *regione abitabile* **2.** in cui è permesso costruire abitazioni: *zona abitabile.*

abitabilità [da *abitabile*; 1881] **sf.** l'essere abitabile, insieme di condizioni che rendono possibile la vita in un dato luogo || *attestato di abitabilità* o *ass. abitabilità,* documento che certifica la rispondenza di un luogo ai requisiti previsti per legge e ne autorizza l'uso abitativo.

abitàcolo [dal lat. tardo *habitāculum*; a. 1294 *abitaculo*] **sm. 1.** su un automezzo, lo spazio riservato al guidatore e ai passeggeri || cabina di guida di un aereo **2.** *disus.* minuscola abitazione, angusta sede **3.** *T.mar.* lo stipetto dove i marinai tengono la bussola, detto anche *chiesuola.* **TAV.** *aeronautica* 8.2, 9.1.

abitànte (*ppr.* di *abitare*) [1353 ca.] **s.** chi abita in un luogo geograficamente determinato: *gli abitanti di Torino* || **N.** *Sin.* autoctono, domiciliato, indigeno, residente | anagrafe, censimento.

abitàre (pres. *àbito*) [dal lat. *habitāre*; 1287] **intr.** (aus. *avere*) avere residenza in un luogo, dimorarvi: *abitare in campagna, in un monolocale* || **tr.** avere come propria dimora: *abitare un appartamento, una casa* ecc. || **N. intr.** *Sin.* aver sede, dimorare, permanere, risiedere, soggiornare, stabilirsi, star di casa, vivere; albergare, alloggiare, fissar dimora, prender domicilio | *Contr.* sgombrare, sloggiare, traslocare. **Q.T.** *abitazione.*

ABITAZIONE

VARIE SPECIE DI ABITAZIONE: albergo, alloggio o appartamento, attico, badia, baita, baracca, baraccone, bicocca, capanna, casa, casa a schiera, casa cantoniera, casa colonica, casale, casamento, caserma, casolare, castello, casupola, catapecchia, *châlet*, collegio, convento, *cottage*, falansterio, grangia, fattoria, *igloo*, isba, maniero, mansarda, monocamera, nuraghe, ospizio, ostello, pensione, palazzina, palazzo, *residence*, reggia, ricetto, rustico, soffitta, stabile, stamberga, superattico, tenda, topaia, tugurio, villa, villino; allegra, angusta, antica / moderna, arieggiata, ariosa, buia / luminosa, inospitale / ospitale, lussuosa, malsana, massiccia, misera, modesta, multipiano, nuda, nuova / vecchia, padronale, piccola / grande, popolare, povera, pulita / sporca, raccolta, ristrutturata, sana / malandata, signorile, soleggiata, solida / cadente, spaziosa, splendida, stretta, sontuosa, trasandata, tetra, triste, umida, unifamiliare, vuota.

PARTI DELL'EDIFICIO: abbaino, ala o braccio, attico, avancorpo, balconata, balcone, ballatoio, comignolo, cortile, facciata, finestra, loggia, parete, pavimento, pianerottolo, piano (scantinato, interrato, pianterreno, piano rialzato, ammezzato o mezzanino, primo, secondo, ... piano, piano nobile, piccionaia), porta, portale, portico, portone, scala, solaio, soffitta, terrazza, terrazzino, terrazzo, tetto, tettoia, timpano, veranda (v. inoltre, nel quadro terminologico ARCHITETTURA, i paragrafi PARTI DI EDIFICI e ELEMENTI ARCHITETTONICI E COSTRUTTIVI).

LOCALI: androne, anticamera o ingresso, atrio, bagno, biblioteca, camera da letto, cantina, corridoio, cucina, dispensa, gabinetto, galleria, guardaroba, lavanderia, locale caldaia, mansarda, patio, portineria, rimessa, ripostiglio, sala, salone, salotto, scantinato, serra, sgabuzzino, soggiorno, soffitta, soppalco, sotterraneo, sottoscala, spogliatoio, stanza, studio, tinello, vano ascensore, vano scala, vestibolo.

IMPIANTI, INSTALLAZIONI E ACCESSORI: apparecchi sanitari (bidè, doccia, gabinetto o *water closet*, lavabo, lavandino, vasca da bagno), arredi (arazzi, mobili, parati, quadri, soprammobili, suppellettili, tappeti, tendaggi), caldaia, caminetto, elettrodomestici (v. quadro terminologico omonimo), impianto (di fognatura, di riscaldamento, elettrico, idraulico, telefonico), serramento (cerniera, montante, traversa; a una anta, a due ante, a bilico, a libro, a saliscendi, a vasistas, persiane, serrande, tapparelle), stufa, termosifone o radiatore.

AZIONI ATTINENTI ALL'ABITAZIONE: abitare, accasarsi, affittare o locare, alloggiare, ammobiliare, arredare, coabitare, dimorare, metter su casa, ricevere, rincasare, rintanarsi, sfrattare, sgomberare, sloggiare, soggiornare, stabilirsi, subaffittare, tapparsi in casa, traslocare.

VOCI ATTINENTI: casalingo, casereccio, domestico; affitto, canone d'affitto, disdetta, equo canone, ipoteca, locazione, mutuo, pensione, pigione, sfratto.

PERSONE: affittacamere, affittuario, casalinga, colf, condomino, conduttore, dirimpettaio, domestico, donna delle pulizie, inquilino, locatore, maggiordomo, massaia, pensionante, portinaio, proprietario.

(V. anche i quadri terminologici ARCHITETTURA, EDILIZIA, ELETTRODOMESTICI e ARREDAMENTO).

abitatìvo [da *abitare*; 1835] **agg.** concernente l'abitazione e l'abitare: *unità abitative urbane, edilizia abitativa.*

abitàto (*pps.* di *abitare*) [a. 1348] **I agg.** detto di luogo stabilmente occupato dall'uomo: *l'Italia è un paese densamente abitato* **II sm.** agglomerato di edifici, luogo in cui sono abitazioni: *il camposanto si fa fuori dell'abitato* || **N. I** *Sin.* popolato, popoloso | *Contr.* deserto, disabitato.

abitatóre [da *abitare*; fine sec. XIII] **sm.** (f. *-trice*) *non com.* abitante.

abitazióne [da *abitare*; fine sec. XIII] **sf. 1.** edificio o parte di esso dove si abita, casa, dimora **2.** atto dell'abitare: *diritto d'abitazione, casa d'abitazione* || **N. 1.** *Sin.* alloggio, appartamento, domicilio; sgombero, trasloco; affitto, locazione, pigione; vicinato. **Q.T.** *abitazione* **TAV.** *abitazione.*

abitìno (*dim.* di *abito*) [1618] **sm. 1.** piccolo abito **2.** *T.rel.* segno di devozione che si porta appeso al collo con un nastro, costituito da un'immagine sacra, posta fra due pezzetti di panno; lo usarono primi i terziari secolari || **N. 2.** *Sin.* scapolare.

àbito [dal lat. *habitus, -ūs,* pps. di *habēre,* comportarsi; 1294 ca.] **sm. 1.** vestito, vestimento: *abito da uomo, da donna, estivo, invernale; abito da caccia, da ballo, da cerimonia* || *taglio d'abito,* la stoffa occorrente per confezionare un vestito **2.** foggia di vestire in relazione a una professione ecc.: *abito militare, civile* || *ass.* abito religioso: *prendere, vestire, lasciare, spogliare l'abito,* abbracciare o abbandonare la vita religiosa || *abito talare,* la veste dei sacerdoti || *prov. l'abito non fa il monaco,* l'apparenza inganna **3.** *T.psic.* disposizione, inclinazione a un certo comportamento acquisita per frequente ripetizione di atti; consuetudine, abitudine: *l'abito mentale, l'abito diventa una seconda natura* **4.** *T.med.* costituzione fisica di una persona; complesso dei tratti tipologici che definiscono un individuo: *abito linfatico* **5.** *T.zool.* pelliccia o piumaggio degli animali che cambia col mutare della stagione: *abito invernale, estivo, primaverile, autunnale* || *dim.* abitìno; *spreg.* abitàccio; abitùccio; *accr.* abitóne || **N. 1.** *Sin.* veste. **Q.T.** *abbigliamento.*

abituàle [dal lat. mediev. *habituālis,* der. di *habitus*; 1308 ca.] **agg. 1.** conforme a un'abitudine, solito, usuale: *difetti, maniere abituali* **2.** *T.teol.* intrinseco, potenziale: *grazia abituale,* quella che è propria dell'animo che non ha peccato || **abitualménte** **avv.** *fras.* di solito, per abitudine || **N. 1.** *Sin.* comune, consueto, frequente, ordinario, solito, usuale | *Contr.* insolito.

abitualità [da *abituale*; 1955] **sf. 1.** condizione di ciò che è consueto, solito **2.** *T.giur.* particolare consuetudine di un soggetto a compiere determinati abusi: *abitualità criminosa, nel reato.*

abituàre (pres. *-ìtuo*) [dal lat. tardo *habituāre*; a. 1375] **tr.** far prendere un'abitudine, assuefare, avvezzare || **rifl.** contrarre un'abitudine || **N. tr.** *Sin.* acclimatare, accostumare, addestrare, addomesticare, esercitare, familiarizzare, formare | *Contr.* disabituare, divezzare, svezzare || **rifl.** *Sin.* accostumarsi, assuefarsi, essere schiavo di un'abitudine | *Contr.* disabituarsi, divezzarsi.

abituàto (*pps.* di *abituare*) [1308 ca.] **agg.** che ha preso l'abitudine a qualcosa: *abituato a mangiar bene; male, bene abituato* || **N.** *Sin.* avvezzo, educato, uso.

abitudinàrio (pl. *-ri*) [da *abitudine*; 1855] **agg.** e **sm.** (f. *-a*) che o chi è molto attaccato alle proprie abitudini, che o chi ha un ritmo di vita metodico e uniforme, gen. inteso in senso negativo: *è un uomo molto abitudinario, è un abitudinario* || **N.** *Sin.* meticoloso, metodico.

abitùdine [dal lat. *habitūdo, -inis*; 1294 ca.] ***sf.*** **1.** tendenza ad agire in un determinato modo acquisita con la costante ripetizione degli stessi atti; consuetudine, assuefazione, abito: *è diventata ormai un'abitudine* **2.** *disus.* disposizione naturale, inclinazione || **N. 1.** *Sin.* abito, andazzo, costume, mania, tran tran, usanza, uso, vezzo, vizio | cronica, inveterata, macchinale, meccanica, radicata | *Contr.* dissuetudine, disuso, divezzamento | contrarre, perdere; radicarsi.

abitùro [dal lat. mediev. *habiturium*, sul modello di *tugurium*; 1284 ca.] ***sm.*** abitazione piccola e miserabile.

abiùra [da *abiurare*; a. 1712] ***sf.*** l'atto dell'abiurare || documento con cui si abiura.

abiuràre (pres. *-ùro*) [dal lat. *abiurāre*; a. 1639] ***tr.*** ripudiare ufficialmente una religione ritenuta falsa per abbracciarne un'altra || *per estens.* ritrattare opinioni e dottrine che si riconoscono errate || **N.** rinnegare, rinunziare, tradire | apostasia.

ablaqueazióne [dal lat. *ablaqueātio, -ōnis*; 1955] ***sf.*** *T.bot.* rimozione di terra, erbe e sterpi ai piedi di una pianta, in modo da trattenere una maggiore quantità di acqua piovana o d'irrigazione.

ablatìvo [dal lat. *ablātus*, tolto; 1551] ***agg.*** e ***sm.*** *T.ling.* sesto e ultimo caso della declinazione latina; indica provenienza, separazione, mezzo, agente ecc.; *ablativo assoluto*, costruzione verbale (in caso ablativo) che non ha legami sintattici con il resto della frase.

ablatóre [dal lat. tardo *ablātor, -ōris*; 1965] ***agg.*** *T.geol. bacino ablatore*, la parte inferiore del ghiacciaio in cui avvengono i fenomeni di fusione; è formata dalla lingua e dalla fronte, e rifornita di ghiaccio dal bacino di alimentazione. **TAV. *geologia* p. 1313** 5.8; ***medicina...* p. 1320** 15.

ablazióne [dal lat. *ablātio, -ōnis*; 1827] ***sf.*** **1.** asportazione || *spec. T.med.* asportazione di parti malate **2.** *T.geol.* il processo di rimozione, proprio dei ghiacciai, di frammenti rocciosi disgregati **3.** il consumo della neve e del ghiaccio che costituiscono i ghiacciai, per fusione o per evaporazione.

ablefarìa [comp. di *a-*[1] e *-blefaria*; 1899] ***sf.*** *T.med.* difetto congenito consistente nella parziale o totale assenza delle palpebre.

ablegàto [ricomposizione dotta del lat. *ab* e *legātus*, sul modello di *delegātus*; 1865] ***sm.*** *T.eccl.* ecclesiastico incaricato dal papa a svolgere particolari missioni.

abluènte [dal lat. *abluens, -entis*; 1865] ***agg.*** e ***sm.*** *T.med.* detto di medicamento atto ad asportare le impurità esterne e interne al corpo: *è raccomandato l'uso degli abluenti.*

abluzióne [dal lat. *ablūtio, -ōnis*; 1622] ***sf.*** **1.** *T.med.* lavatura, aspersione del corpo o di una parte di esso a scopi igienici **2.** *T.rel.* il lavarsi le dita che, durante la messa, fa il sacerdote prima della consacrazione e dopo la comunione || lavacro rituale anche di altre religioni (per es. quella ebraica).

abnegàre (pres. *àbnego* o *abnègo* o *abnègo, -ghi*) [dal lat. *abnegāre*; a. 1306] ***tr.*** *raro* rinunziare ai propri desideri per il bene altrui o per voto religioso: *abnegare la propria volontà.*

abnegazióne [dal lat. *abnegātio, -ōnis*; sec. XIV *annegazione*] ***sf.*** rinunzia a fare la propria volontà, i propri interessi per ragioni di ordine superiore, spec. religiose o morali || **N.** *Sin.* dedizione, SACRIFICIO.

abnòrme [dal lat. *abnormis*; 1828] ***agg.*** che è fuori dalla norma, anormale || **N.** *Sin.* aberrante, mostruoso.

abolìre (pres. *-ìsco, -ìsci*) [dal lat. *abolēre*; a. 1540] ***tr.*** annullare: *abolire un culto, una legge* || **N.** *Sin.* abrogare, cancellare, distruggere, obliterare, sopprimere, ANNULLARE.

abolitìvo [da *abolire*; 1865] ***agg.*** mirante ad abolire: *legge abolitiva.*

abolitóre [da *abolire*; 1829] ***sm.*** (f. *-trìce*) *raro* chi abolisce, elimina.

abolizióne [dal lat. *abolitio, -ōnis*; a. 1540] ***sf.*** l'atto e il risultato dell'abolire.

abolizionìsmo [dall'ingl. *abolitionism*; 1875] ***sm.*** movimento tendente a rimuovere una consuetudine sociale o una legge, per es. la schiavitù, la pena di morte, l'uso degli alcolici || **N.** proibizionismo.

abolizionìsta [dall'ingl. *abolitionist*; 1830] ***s.*** seguace o fautore di un movimento abolizionistico.

abolizionìstico (pl. *-ci*) [da *abolizionista*; 1950] ***agg.*** ispirato all'abolizionismo.

abólla [dal lat. *abolla*; 1587] ***sf.*** *ant.* veste militare o da viaggio di lana grezza in uso presso gli antichi Romani.

abomàso [comp. mod. del lat. *ab* e *omāsum*, trippa di bue; 1794] ***sm.*** *T.zool.* la quarta cavità dello stomaco composto dei ruminanti || **N.** omaso, reticolo, rumine.

abominàbile o **abbominàbile** [dal lat. tardo *abominābilis*; sec. XIV] ***agg.*** *raro* degno d'essere abominato, abominevole || **N.** *Sin.* esecrabile.

abominàndo o **abbominàndo** (*gerundivo di abominare*) [1532] ***agg.*** *lett.* che deve essere abominato; abominevole.

abominàre o **abbominàre** (pres. *-òmino*) [dal lat. *abominārī*; 1308 ca.] ***tr.*** avere in orrore, detestare, esecrare.

abominazióne o **abbominazióne** [dal lat. tardo *abominātio, -ōnis*; 1308 ca.] ***sf.*** **1.** avversione, disprezzo: *l'ipocrisia suscita l'abominazione di tutti* **2.** *raro* cosa abominevole || **N. 1.** *Sin.* aborrimento, obbrobrio, odio, ORRORE.

abominévole o **abbominévole** [dal lat. tardo *abominābilis*; a. 1292] ***agg.*** degno d'essere abominato, obbrobrioso, detestabile.

abomìnio o **abbomìnio** (pl. *-ni*) [da *abominare*; 1310 ca. *abbominio*] ***sm.*** abominazione.

abondévole v. ABBONDEVOLE.

aboràle [dal lat. *ab* e *os, ōris*; 1955] ***agg.*** *T.anat.* e *T.zool.* che è collocato dalla parte opposta a quella in cui si apre la bocca: *polo, estremità aborale.*

aborìgeno (raro *aborìgene*) [dal lat. *Aborīgines*, nome dei primi abitanti dell'Italia centrale; 1546 *aborigini*] **I *sm.*** (f. *-a*) primo abitante di una terra, in confronto a chi è venuto più tardi **II *agg.*** originario del paese in cui vive || **N.** *Sin.* autoctono, indigeno, originario.

aborriménto [da *aborrire*; a. 1304] ***sm.*** l'aborrire, ripugnanza: *avere, sentire aborrimento di* (o *per*) *una cosa.*

aborrìre (pres. *abòrro* o *aborrìsco, -ìsci*) [dal lat. *abhorrēre*; a. 1321] ***tr.*** avere in odio, in orrore, condannare risolutamente: *aborrire il vizio* || sentir ripugnanza o avversione: *il malato aborre il cibo* || ***intr.*** (aus. *avere*) rifuggire con orrore da una cosa: *aborrire dal sangue.*

abortìre (pres. *-ìsco, -ìsci*) [dal lat. tardo *abortīre*, der. di *aborīri*; 1485 come rifl.] ***intr.*** **1.** (aus. *avere*) espellere il feto prima del tempo naturale **2.** (aus. *essere*) nascere immaturamente || *fig.* nascere incompiuto, fallire, andare a vuoto: *il tentativo di rivolta è abortito.*

abortìsta [da *aborto*; 1974 nel senso 2] ***s.*** e ***agg.*** **1.** chi o che è favorevole alla liberalizzazione dell'aborto **2.** chi o che pratica aborti: *medico abortista.*

abortìvo [dal lat. *abortīvus*; a. 1364] **I *agg.*** **1.** che riguarda l'aborto **2.** che cagiona l'aborto **II *sm.*** sostanza abortiva.

abòrto [dal lat. *abortus, -ūs*, der. di *aborīri*, perire, nascere anzitempo; 1570] ***sm.*** **1.** interruzione spontanea o provocata della gravidanza prima che il feto raggiunga lo stato vitale **2.** feto morto, prodotto dell'aborto || *fig.* persona mal conformata: *aborto di natura* || *fig.* opera imperfetta, malriuscita.

ab ovo (lat., pr. it. [ab 'ɔvo]) [letter. dall'uovo, cioè dall'antipasto, secondo l'abitudine alimentare romana] ***loc. avv.*** e ***agg.*** dai più remoti antefatti, dagli inizi, dalle origini.

abracadàbra [dal lat. tardo *abracadābra*; 1748] ***sm. inv.*** parola misteriosa alla quale i cabalisti attribuivano virtù magiche || *per estens.* gioco di parole.

abràdere (pres. *-àdo* ecc., come RADERE) [dal lat. *abrādere*; a. 1764] ***tr.*** toglier via radendo: *il chirurgo abrade le mucose, la frase è abrasa dal manoscritto* || **N.** *Sin.* radere, raschiare, CANCELLARE.

abràmide [lat. scient. *Abramis*, dal gr. *abramís*, con cui si designava un pesce del Nilo; 1950] ***sm.*** pesce d'acqua dolce (fam. Ciprinodonti) simile alla carpa, diffuso nell'Europa settentrionale e centrale.

abrasióne [dal lat. tardo *abrāsio, -ōnis*; a. 1553 nel senso 5] ***sf.*** **1.** l'azione dell'abradere **2.** *T.geol.* azione di demolizione delle rocce a opera delle acque marine **3.** *T.tecn.* asportazione di materiale ottenuta tramite attrito **4.** *T.paleogr.* la traccia che resta delle parole abrase in uno scritto, in una pergamena **5.** *T.med.* escoriazione superficiale, sbucciatura, spellatura **6.** *T.chir.* operazione chirurgica con cui si asportano prodotti patologici dalla superficie dei tessuti.

abrasìvo [dal fr. *abrasif* o ingl. *abrasive*; 1941] **I *agg.*** atto ad abradere **II *sm.*** sostanza a grana dura e sottile atta ad abradere.

abreazióne [comp. del lat. *ab* e dell'it. *reazione*; 1955] ***sf.*** *T.psican.* improvvisa scarica emotiva per mezzo della quale il paziente si libera di antichi traumi inconsci e repressi.

abrégé (fr., pr. [abre'ʒe]) [pps. di *abréger*, abbreviare; 1735] ***sm. inv.*** sunto, compendio.

àbro [dal gr. *abrós*, molle; 1829] ***sm.*** *T.bot.* pianta delle Papilionacee che cresce in ambiente tropicale, i cui fiori e semi sono usati per monili e rosari || **N.** *Sin.* albero del paternostro, albero del rosario.

abrogàbile [da *abrogare*; 1961] ***agg.*** che può essere abrogato: *disposizione, decreto abrogabile.*

abrogàre (pres. *àbrogo, àbroghi*) [dal lat. *abrogāre*; inizio sec. XIV] ***tr.*** annullare, revocare con un atto di autorità pubblica una legge || **N.** *Sin.* abolire.

abrogatìvo [da *abrogare*; 1969] ***agg.*** che abroga, abolisce, che serve ad abrogare: *referendum abrogativo.*

abrogatòrio (pl. *-ri*) [da *abrogare*; 1855] ***agg.*** di abrogazione, che serve ad abrogare: *disposizione abrogatoria.*

abrogazióne [dal lat. *abrogātio, -ōnis*; 1664] ***sf.*** atto ed effetto dell'abrogare.

abrogazionìsta [da *abrogazione*; 1970] ***s.*** e ***agg.*** chi o che propone e sostiene l'abrogazione di una legge.

abròstine [lat. (*vitis*) *labrusca*; 1313 ca. *abrostino*] ***sm.*** **1.** *disus.* vite selvatica **2.** specie di vite americana, usata come portainnesti.

abròtano [dal lat. *abrotonum*; 1485] ***sm.*** pianta medicinale della famiglia delle Composite con foglie ripetutamente divise che, sfregate, emanano un odore penetrante; ha fiori piccoli e raccolti a grappoli.

abscìto [dal lat. *apsyctos*, che non può essere raffreddato; inizio sec. XIV] ***sm.*** *T.min.* pietra preziosa silicea nera con venature rosse.

absidàle [da *abside*; 1965] ***agg.*** dell'abside: *catino absidale.*

absidàto [da *abside*; 1961] ***agg.*** *T.arch.* fornito di abside || a forma di abside: *basilica absidata, cella absidata, sala absidata.*

àbside[1] [dal lat. *absis, -īdis*; 1768] ***sf.*** *T.arch.* parte semicircolare o poligonale coperta da una volta a calotta (*catino*), collocata in fondo alle basiliche romane e nelle chiese dietro l'altar maggiore; chiude la navata e contiene l'altare e il coro (talvolta si trova anche a chiusu-

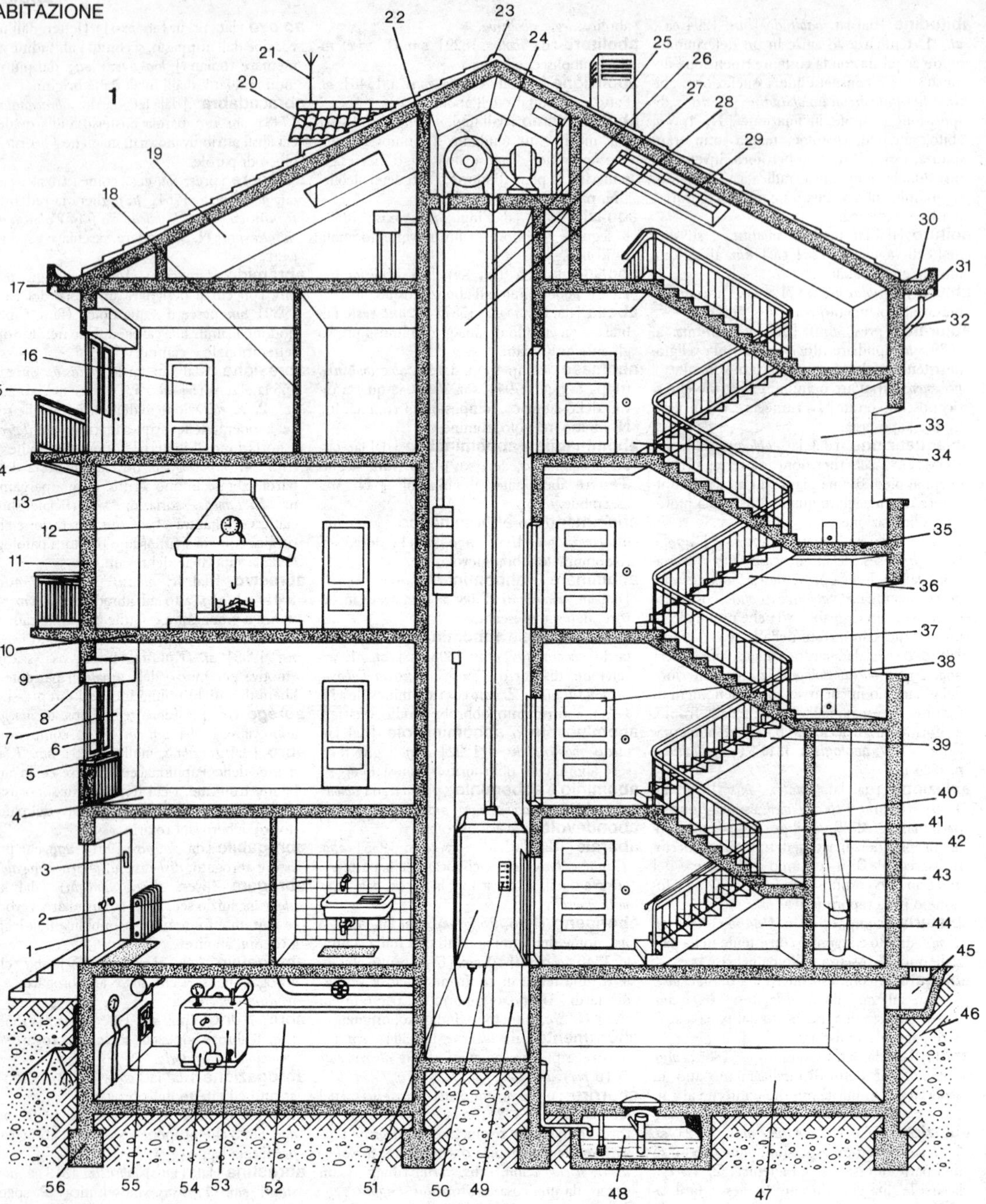

1. sezione di fabbricato d'abitazione
1.1. radiatore - 1.2. rivestimento in piastrelle - 1.3. citofono - 1.4. pavimento 1.5. davanzale - 1.6. finestra - 1.7. sguincio 1.8. cappello - 1.9. cassonetto della tapparella avvolgibile - 1.10. solaio - 1.11. muro perimetrale o d'ambito - 1.12. cappa 1.13. soffitto - 1.14. balcone - 1.15. portafinestra - 1.16. porta interna - 1.17. cornicione di gronda - 1.18. divisorio o tramezzo - 1.19. soffitta o sottotetto - 1.20. abbaino - 1.21. parafulmine - 1.22. muro di spina - 1.23. colmo - 1.24. locale macchine ascensore - 1.25. comignolo - 1.26. fune 1.27. guida - 1.28. vano corsa (ascensore) 1.29. lucernario - 1.30. canale di gronda 1.31. gocciolatoio - 1.32. pluviale o doccia 1.33. vano o tromba delle scale - 1.34. pianerottolo di arrivo - 1.35. pianerottolo di sosta - 1.36. rampa - 1.37. ringhiera 1.38. porta di ingresso - 1.39. gradino - 1.40. alzata - 1.41. pedata - 1.42. immondezzaio 1.43. corrimano - 1.44. sottoscala - 1.45. bocca di lupo - 1.46. drenaggio 1.47. cantina - 1.48. serbatoio gasolio - 1.49. extracorsa - 1.50. pulsantiera - 1.51. cabina ascensore - 1.52. centrale termica - 1.53. caldaia - 1.54. bruciatore - 1.55. quadro elettrico - 1.56. fondazione

2. villetta unifamiliare
2.1. inferriata - 2.2. piano seminterrato 2.3. zoccolo - 2.4. finestra - 2.5. parapetto - 2.6. portafinestra - 2.7. copertura piana - 2.8. marcapiano - 2.9. tapparella - 2.10. serramento - 2.11. cornicione - 2.12. veranda - 2.13. corrimano - 2.14. montante - 2.15. terrazza - 2.16. rimessa - 2.17. aiuola - 2.18. lastricato - 2.19. recinzione - 2.20. cancello - 2.21. cancellata

2

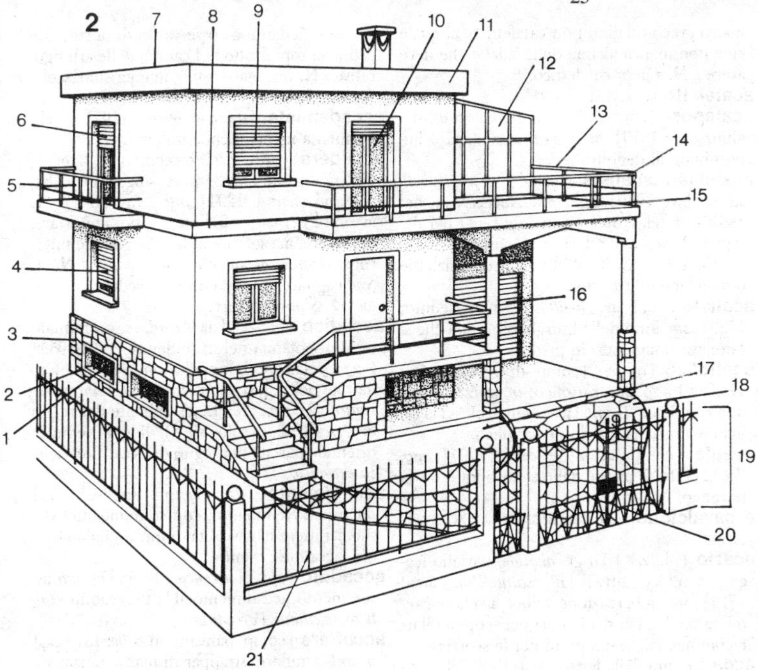

3

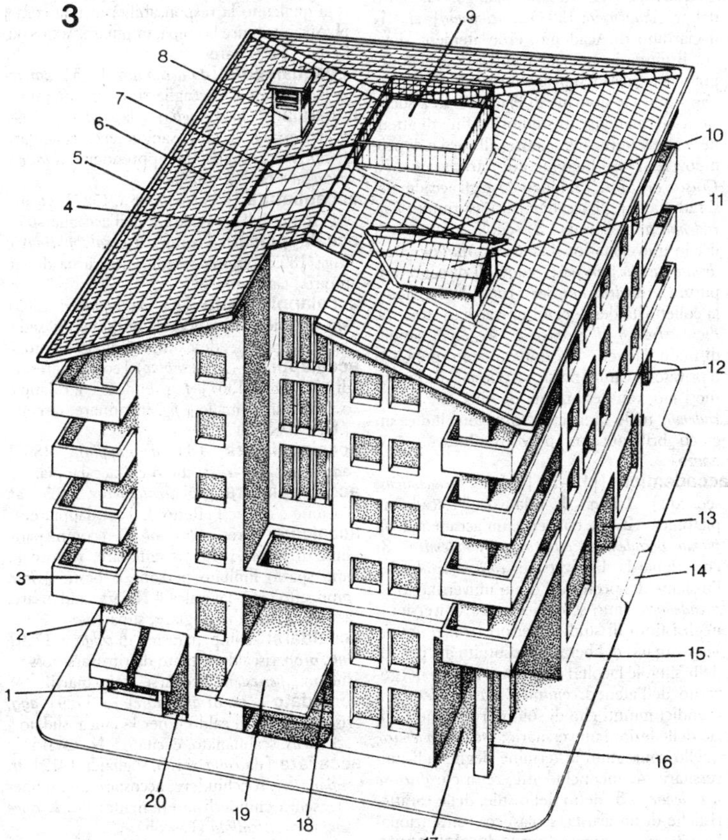

3. edificio multipiano

3.1. vetrina - 3.2. cantonata - 3.3. balcone - 3.4. colmo - 3.5. gronda - 3.6. falda - 3.7. lucernario - 3.8. comignolo - 3.9. altana - 3.10. conversa - 3.11. abbaino - 3.12. facciata - 3.13. androne - 3.14. passo carrabile - 3.15. marciapiede - 3.16. pilastro - 3.17. portico - 3.18. portone - 3.19. pensilina - 3.20. soglia

ra delle navate laterali). **TAV.** *chiesa* 1.5, 3.10.

àbside² V. APSIDE.

absidìola [da *abside*; 1913] ***sf.*** **1.** piccola abside **2.** abside minore, generalmente collocata in fondo alle navate laterali di una chiesa. **TAV.** *chiesa* 3.12.

absintina [dal lat. *absinthium*; 1875] ***sf.*** *T.scient.* nome dato al principio amaro dell'assenzio.

absintismo [dal lat. *absinthium*, assenzio; 1877 *absentismo*] ***sm.*** *T.med.* intossicazione cronica causata dall'abuso di liquori a base di assenzio.

abstract (ingl., pr. ['æbstrækt]; pr. it. ['abstrakt]) [letter. estratto; 1960] ***sm.*** *inv.* riassunto o sommario, soprattutto di articoli scientifici di riviste specializzate.

abulìa [dal gr. *aboulía*; 1841] ***sf.*** **1.** debolezza di volontà, inerzia **2.** *T.psic.* forma patologica di mancanza della volontà.

abùlico (pl. *-ci*) [da *abulia*; 1905] **I** ***agg.*** che è affetto da abulia, inerte **II** ***sm.*** (f. *-a*) chi è malato di abulia ‖ **N.** *Sin.* pigro, svogliato | *Contr.* volitivo.

abùna [dall'amarico *abun*, padre; 1892] ***sm.*** metropolita, capo della Chiesa abissina nominato dal patriarca copto d'Egitto.

abuṣàre (pres. *-ùṣo*) [da *abuso*; 1581] ***intr.*** (aus. *avere*) usare in modo indebito qualche cosa o farne un uso eccessivo: *abusare del vino, del potere* ‖ *abusare della pazienza altrui*, approfittarne ‖ *abusare di una donna*, farle subire violenza carnale ‖ **N.** *Sin.* eccedere, malusare, usar malamente.

abuṣàto (*pps.* di *abusare*) [a. 1619] ***agg.*** troppo usato: *espressione abusata.*

abuṣióne [dal lat. tardo *abūsio*, *-ōnis*; prima metà sec. XIV] ***sf.*** **1.** *T.ret.* *raro* catacresi; l'usare invece della parola propria, una parola di senso affine: *suole la Divina Scrittura, per abusione, porre i mali per le afflizioni* ‖ *per estens.* uso di una parola in un senso lontano da quello che etimologicamente le è proprio (come nelle espr.: *mettersi a cavallo di una scopa, ferrare con ferri d'argento, avere una brutta calligrafia*) **2.** *lett. disus.* abuso ‖ **N.** **1.** *Sin.* acirologia.

abuṣivìṣmo [comp. di *abuso* e *-ismo*; 1971] ***sm.*** tendenza a fare dell'abuso una norma di comportamento, specie in campo professionale o edilizio.

abuṣìvo [dal lat. tardo *abusīvus*; sec. XV] ***agg.*** detto, fatto o usato senza che se ne abbia il diritto: *pascolo abusivo, traffico abusivo* ‖ *per estens.* che esercita un'attività senza averne il diritto: *posteggiatore, tassista abusivo* ‖ **abuṣivaménte** ***avv.*** ‖ **N.** *Sin.* clandestino, illegale.

abùṣo [dal lat. *abūsus*; 1565 ca.] ***sm.*** l'abusare, uso eccessivo, indebito o arbitrario di una cosa: *abuso di fumo, di liquori*; *abuso di potere, di ufficio*; *far abuso di aggettivi, di voci straniere* ‖ *ass.* modo di operare contrario alle leggi, alle discipline ecc. ‖ **N.** *Sin.* stravizio, vizio, ECCESSO | proibire, sopprimere, sradicare; sopportare, subire, tollerare.

abutilon [dal fr. *abutilon*, der. dall'ar. attr. lo sp.; a. 1577 *abutilo*] ***sm.*** pianta ornamentale originaria dell'America centrale, con fiori penduli rossi e gialli, della famiglia delle Malvacee.

acàcia (pl. *-cie*) [dal lat. *acacia*; sec. XIV *acazia*] ***sf.*** pianta della famiglia delle Mimosacee, con foglie bipennate e fusto spinoso, fiori odorosissimi, disposti a grappolo, di vario colore; si coltiva per ornamento dei giardini o viali, viene inoltre utilizzata per la produzione di gomme varie, tannino, coloranti e profumi.

acadiàno [da *Acadia*, nome dato dai Francesi all'odierno Massachusetts, nel sec. XVII; 1929] **I** ***sm.*** (con iniziale maiuscola) *T.geol.* la seconda delle tre epoche in cui si divide il Cambriano **II** ***agg.*** *T.geol.* proprio di tale epoca o della cultura relativa: *reperti acadiani.*

acagiù [dal tupì *acaiu*, prob. attr. il port. *acajù*; 1587 *cagiù*] ***sm. inv.*** albero americano, detto anche *anacardio.*

acàico (pl. *-ci*) [dal lat. *achaicus*; 1865] ***agg.*** dell'Acaia, degli Achei.

acajou (fr., pr. [aka'ʒu]) ***sm. inv.*** V. ACAGIÙ.

Acalèfe [dal lat. scient. *acalēphae*, dal gr. *akalḗphē*, ortica; 1829] ***sf. pl.*** *T.zool.* grandi meduse ombrelliformi dal corpo gelatinoso, fornite di organi urticanti || **N.** *Sin.* ortiche di mare.

Acantàcee [da *acanto*; 1819] ***sf. pl.*** *T.bot.* famiglia di piante dicotiledoni dell'ordine Tubiflore comprendente circa duemila specie distribuite in Estremo Oriente, Africa e America centrale.

acànto [dal lat. *acanthus*; sec. XIII-XIV] ***sm.*** **1.** pianta erbacea della famiglia delle Acantacee, tipica della zona mediterranea, con grandi foglie frastagliate e robusti fiori a stelo che raggiungono a volte l'altezza di un metro **2.** *T.arch.* elemento decorativo del capitello corinzio e poi del capitello composito romano. **TAV. *architettura* p. 646** 4.3.

a cànto V. ACCANTO.

acànto- [dal gr. *ákantha*, spina] ***primo elem.*** che, in parole composte della terminologia scientifica, ha il valore di "spinoso", "munito di aculei" (per es. *Acantocefali*).

Acantocèfali [comp. di *acanto-* e *-cefalo*; 1819] ***sm. pl.*** *T.zool.* gruppo di vermi muniti di una proboscide retrattile uncinata, con la quale si fissano alla parete intestinale degli animali di cui sono parassiti.

acantòsi [dal lat. scient. *acanthōsis*, spina; 1899] ***sf.*** *T.med.* malattia della pelle caratterizzata da accrescimento dello strato più giovane dell'epidermide.

acapnìa [comp. di *a-*[1] e gr. *kápnos*, fumo; 1926] ***sf.*** polvere da sparo che non produce fumo, usata per la fabbricazione di cartucce per fucili da caccia.

a càpo V. ACCAPO.

Àcari [dal gr. *ákari*, attr. il lat. scient. *acarus*; 1729] ***sm. pl.*** *T.zool.* ordine degli Aracnidi comprendente numerose specie parassite di animali e piante || *sing. acaro*, ciascun parassita di tale ordine; *in part. acaro della scabbia*, parassita dell'uomo che, annidato sotto la pelle, produce scabbia o rogna.

acarìasi [da *acaro*; 1870] ***sf.*** *T.med.* malattia della cute dell'uomo e degli animali provocata da acari.

acaricìda [comp. di *acaro* e *-cida*; 1965] **I *sm.*** prodotto che distrugge gli acari, soprattutto quelli della scabbia **II *agg.*** proprio di tale prodotto.

acariòsi [da *acaro*; 1961] ***sf.*** *T.bot.* malattia delle piante provocata da acari.

acaròide [dal lat. scient. *Acarois, -idis*, altro nome del genere Xantorrea; 1955] ***sf.*** resina gialla e rossa estratta dal fusto di certe piante australiane del genere Xantorrea, usata per la preparazione di ceralacche, vernici a spirito e isolanti.

acatafasìa [comp. di *a-*[1] e gr. *katáphasis*, affermazione; 1833] ***sf.*** *T.med.* disturbo della parola in conseguenza di alterazione dell'apparato nervoso, consistente in alterazioni grammaticali e sintattiche del discorso.

acatalessìa [dal gr. *akatalēpsía*, incomprensibilità; 1819] ***sf.*** *T.fil.* termine usato dai filosofi scettici per indicare l'incomprensibilità assoluta del vero || **N.** *Contr.* catalessi.

acatalèttico[1] (pl. *-ci*) [da *acatalessia*; 1865] **I *agg.*** che professa l'acatalessia **II *sm.*** (f. *-a*) filosofo il quale pensa che l'uomo non può comprendere il vero, né coi sensi, né con la ragione.

acatalèttico[2] (pl. *-ci*) o **acatalètto** [dal lat. tardo *acatalectius*; a. 1603] ***agg.*** di verso o metro greco o latino non catalettico, al quale cioè non manca alcuna delle sillabe che deve avere || **N.** *Contr.* catalettico.

acatalètto V. ACATALETTICO[2].

acatàposi [comp. di *a-*[1] e gr. *katáposis*, deglutizione; 1819] ***sf.*** *T.med.* incapacità o impossibilità di deglutire.

acatesìa o **acatisìa** [da *a-*[1] e gr. *káthēmai*, sto seduto; 1950] ***sf.*** *T.psic.* voce creata nel 1891 da L. Haskovec (in fr. *acathésie*) per designare l'incapacità di stare in posizione seduta, tipica di individui affetti da alcune malattie o da forme di isterismo.

acatìsto [dal gr. *akáthistos*, non seduto; 1829] ***sm.*** inno della liturgia bizantina che si intonava rimanendo in piedi.

acattòlico (pl. *-ci*) [comp. di *a-*[1] e *cattolico*; 1824] **I *agg.*** non cattolico; *in part.* cristiano non cattolico **II *sm.*** (f. *-a*) chi professa la religione cristiana ma non è cattolico.

acàule [comp. di *a-*[1] e *caule*; 1797] ***agg.*** *T.bot.* detto di piante dallo stelo ridotto o sotterraneo.

a cavalcióne o **a cavalcióni** V. ACCAVALCIONE.

acàzio (pl. *-zi*) [dal gr. *akátion*, naviglio leggero e veloce, attr. il lat. *acatium, -ii*, barca; 1819] ***sm.*** imbarcazione veloce a vela o a remi, usata dagli antichi Greci per scopi militari e commerciali, e dai pirati per le scorrerie.

àcca [lettura della lettera *h*; a. 1300 nel senso 2] ***sf.*** (meno com. *sm.*) *inv.* **1.** nome della lettera *h* (v.) **2.** *fig. fam.* nulla: *non sapere un'acca.*

accadèmia [dal lat. *Academīa*, con l'accento del gr. *Akadḗmeia*; 1308 ca. *academia*] ***sf.*** **1.** il giardino di Academo, eroe ateniese, dove era il ginnasio nel quale insegnava Platone; poi si disse accademia la scuola di filosofi greci che seguiva le dottrine di Platone **2.** associazione permanente di studiosi al fine di attendere alle lettere, alle scienze, alle arti e di promuovere il loro incremento: *l'Accademia della Crusca, dei Lincei* || il luogo dove gli accademici si radunano || gli accademici stessi riuniti: *l'accademia ha deliberato* **3.** scuola superiore di livello universitario: *Accademia Militare, Accademia Navale* || *in part.* scuola di disegno o di pittura: *Accademia di Belle Arti* || l'Università, e la collettività dei docenti universitari: *uno studioso estraneo all'accademia* **4.** *T.pitt.* studio di nudo dal vero **5.** trattenimento pubblico o privato di canto, musica o poesia **6.** *fig.* virtuosismo, vana esibizione di stile: *fare dell'accademia*; nello sport tale espressione indica un gioco brillante ma poco produttivo. **Q.T.** *danza.*

accadèmico (pl. *-ci*) [dal lat. *academicus*; sec. XIII] **I *agg.*** **1.** relativo all'Accademia platonica **2.** che concerne un'accademia: *diploma accademico, adunanza accademica* **3.** che riguarda l'università: *corpo accademico*, l'insieme dei professori di un'università; *anno accademico*, anno scolastico nelle università o negli istituti di studi superiori; *senato accademico*, organo deliberativo costituito dai presidi delle singole facoltà; coadiuva il rettore nel governo dell'ateneo; *quarto d'ora accademico*, i quindici minuti che di solito precedono l'inizio delle lezioni universitarie; *titolo accademico*, quello conseguito al termine degli studi universitari **4.** inconcludente, retorico: *discorso accademico* **5.** detto dello stile, delle caratteristiche di un artista, scolastico, convenzionale: *pittura accademica* || **accademicaménte** ***avv.*** secondo il costume delle accademie || *spreg.* secondo i modi retorici e astratti tipici di ambienti accademici: *parlare, discutere accademicamente* **II *sm.*** (f. *-a*) **1.** socio di un'accademia **2.** *T.fil.* seguace delle dottrine platoniche.

accademìsmo [da *accademia*; 1905] ***sm.*** stretta e pedantesca osservanza di norme tradizionali soprattutto nel campo delle arti figurative || **N.** *Sin.* classicismo, manierismo, scolasticismo.

accademìsta [da *accademia*; 1797] ***s.*** chi frequenta un'accademia militare.

accadére (pres. *accàde* ecc., come CADERE; dif., usato solo alla 3ª pers. sing. e pl.) [lat. volg. *accadēre*; a. 1294] ***intr.*** (aus. *essere*) **1.** avvenire per caso **2.** *raro* e *disus.* importare, occorrere, ma sempre in frasi negative o interrogative: *non accade che vi scomodiate* || **N. 1.** *Sin.* capitare, sopravvenire, succedere, AVVENIRE **2.** *Sin.* occorrere.

accàdico (pl. *-ci*) [da *Accad*, regno fondato in Mesopotamia nel III millennio a.C.; 1955] **I *agg.*** relativo alla popolazione semitica fondatrice del regno di Accad: *civiltà, lingua accadica* **II *sm.*** **1.** (f. *-a*) abitante del regno di Accad **2.** (solo *sing.*) lingua semitica orientale parlata nel regno di Accad: *iscrizioni in accadico.*

accadiménto [da *accadere*; fine sec. XIV] ***sm.*** *raro* avvenimento, con sottolineatura del suo carattere di casualità, imprevedibilità || **N.** *Sin.* accaduto, evento.

accadùto (*pps.* di *accadere*) [a. 1537] ***sm.*** avvenimento, accadimento, il fatto accaduto: *tutti commentano l'accaduto.*

accaffàre [comp. parasint. di *caffo*; 1313 ca.] ***tr.*** *ant.* arraffare, strappar di mano, portar via per forza, ghermire, afferrare: *sì che se puoi nascosamente accaffi* (Dante).

accagionàre (pres. *-óno*) [comp. parasint. di *cagione*; sec. XIII] ***tr.*** *disus.* incolpare, attribuire a qualcuno la responsabilità di una cosa || **N.** *Sin.* attribuire la colpa, imputare, ACCUSARE | *Contr.* scagionare.

accagliaménto [da *accagliare*; 1865] ***sm.*** *raro* l'accagliare e l'accagliarsi; coagulamento.

accagliàre (pres. *-àglio*) [da *cagliare*; 1759] ***tr.*** detto spec. di latte, sangue ecc., coagulare || ***intr. pron.*** coagularsi, rapprendersi: *il latte si accaglia* || **N.** *Sin.* cagliare.

accagliatùra [da *accagliare*; a. 1527] ***sf.*** atto ed effetto dell'accagliare e dell'accagliarsi.

accalappiacàni [comp. di *accalappia(re)* e *cane*; 1895] ***s. inv.*** persona incaricata di catturare i cani randagi.

accalappiaménto [da *accalappiare*; 1865] ***sm.*** atto dell'accalappiare, cattura || *fig.* seduzione, inganno, adescamento, allettamento.

accalappiàre (pres. *-àppio*) [comp. parasint. di *calappio*; a. 1367] ***tr.*** prendere col calappio o laccio un animale || *fig.* ingannare, circuire || **N.** INGANNARE.

accalappiatóre [da *accalappiare*; 1865] ***agg.*** e ***sm.*** (f. *-trìce*) che o chi accalappia.

accalappiatùra [da *accalappiare*; 1865] ***sf.*** l'azione e anche l'effetto dell'accalappiare.

accalcàre (pres. *-àlco, -àlchi*) [comp. parasint. di *calca*; 1810] ***tr.*** affollare, riunire in uno spazio limitato persone o bestie || ***intr. pron.*** affollarsi, far calca || **N.** *Sin.* addensare, assiepare, infittire, pigiare, stipare.

accaldàrsi [comp. parasint. di *caldo*; a. 1729] ***intr. pron.*** riscaldarsi tanto da ritrovarsi rosso e sudato || *per estens.* eccitarsi, scalmanarsi.

accaldàto (*pps.* di *accaldare*) [a. 1729] ***agg.*** riscaldato per il caldo o per la fatica, sudato || *per estens.* scalmanato, eccitato || **N.** CALDO.

accallàre [da *calla*, varco, soglia; a. 1912] ***tr.*** *region. tosc.* socchiudere, accostare usci o finestre senza chiuderli interamente: *l'uscio come sempre era accallato* (Pascoli).

accalmìa [dal fr. *accalmie*, da *calme*, calma; a. 1939] ***sf.*** *T.mar.* calma, bonaccia.

accaloraménto [da *accalorare*; 1865] ***sm.*** l'accalorarsi; entusiasmo.

accaloràre (pres. *-óro*) [comp. parasint. di *calore*; a. 1694] ***intr. pron.*** animarsi, infervorarsi, appassionarsi: *nel discorrere si accalorò* || ***tr. fig.*** riscaldare, infervorare: *accalorare una di-*

scussione.

accaloràto (*pps.* di *accalorare*) [a. 1712] ***agg.*** infervorato.

accalorire (pres. *-isco, -ìsci*) [comp. parasint. di *calore*; 1669] ***tr.*** e ***intr. pron.*** *raro* accalorare e accalorarsi.

accampaménto [da *accampare*; a. 1680] ***sm.*** **1.** luogo dove si accampano o si attendano militari, alpinisti, cacciatori || *per estens.* il complesso delle tende e delle attrezzature per l'alloggiamento: *togliere l'accampamento* **2.** insieme di alloggiamenti di fortuna: *l'accampamento dei terremotati, dei profughi* || *fig.* ambiente disordinato: *il loro alloggio è ridotto a un accampamento* || **N. 1.** *Sin.* alloggiamento, attendamento, baraccamento, bivacco, campo, campo attendato.

accampanàre (pres. *-àno*) [comp. parasint. di *campana*; a. 1811] ***tr.*** *raro* disporre a forma di campana, detto spec. di un modo di disporre i tralci delle viti.

accampàre [comp. parasint. di *campo*; a. 1332 nel senso 2] ***tr.*** **1.** alloggiare, disporre in accampamento sotto tende o all'addiaccio **2.** *T.mil. ant.* rif. a truppe, mettere in campo, disporre ad affrontare il nemico || *fig. ant.* mettere in opera: *accampa ogni tuo ingegno, ogni tua forza* (Petrarca) || *fig.* affacciare, mettere avanti: *accampare ragioni, pretesti* || ***rifl.*** attendarsi || *per estens. scherz.* alloggiare provvisoriamente, piazzarsi || **N.** ***tr.*** **1.** bivaccare, mettere, piantar le tende, porre l'accampamento | *Contr.* levare, spiantare le tende, togliere l'accampamento **2.** *Sin.* disporre, schierare, spiegare | impegnare | ***rifl.*** accasermarsi, acquartierarsi, attendarsi.

accampionaménto [da *accampionare*; 1865] ***sm.*** atto ed effetto dell'accampionare.

accampionàre (pres. *-óno*) [comp. parasint. di *campione*; 1855] ***tr.*** registrare uno stabile, un terreno e sim. nel registro catastale, che è chiamato anche *campione.*

accanalàre (pres. *-àlo*) [comp. parasint. di *canale*; a. 1574 nel senso 2] ***tr.*** incavare a guisa di canale, scanalare || **N.** scannellare.

accanàre (pres. *-àno*) [comp. parasint. di *cane*; a. 1353] ***tr.*** *raro* far inseguire la selvaggina dal cane || *fig.* perseguitare vivamente || **N.** *Sin.* accaneggiare; accanirsi, molestare, ostinarsi | IRA.

accanàto (*pps.* di *accanare*) [a. 1363] ***agg.*** stretto dai cani || *fig.* perseguitato vivamente, molestato, accaneggiato.

accaneggiàre (pres. *-éggio*) [comp. parasint. di *cane*; sec. XIV] ***tr.*** *disus.* accanare || *fig.* perseguitare, vessare: *cotesto nuovo partito, cacciato e accaneggiato da prima, ora è cercato* (Carducci).

accaniménto [da *accanirsi*; 1838] ***sm.*** ira, stizza, rabbia, odio ostinati || *fig.* applicazione intensa e assidua a una cosa: *lavorare con accanimento* || **N.** *Sin.* ostinazione; assiduità, pertinacia, zelo; furore, rabbia, IRA.

accanirsi (pres. *-ìsco, -ìsci*) [comp. parasint. di *cane*; a. 1600] ***intr. pron.*** inferocire come un cane, imbestialirsi; inveire con rabbia || *fig.* applicarsi con ostinazione a qualcosa o a qualcuno: *accanirsi nello studio, nella lotta*; *accanirsi contro chi è più debole.*

accanìto (*pps.* di *accanire*) [1855] ***agg.*** tenace, caparbio, ostinato: *avversario accanito, lotta accanita.*

accannatóio (pl. *-ói*) [comp. parasint. di *canna*; 1865] ***sm.*** incannatoio.

accannellaménto [da *accannellare*; 1865] ***sm.*** *T.tess.* atto ed effetto dell'accannellare.

accannellàre (pres. *-èllo*) [comp. parasint. di *cannello*; a. 1574 nel senso 2] ***tr.*** **1.** *T.tess.* avvolgere il filo sopra i cannelli **2.** *T.arch.* scannellare, accanalare.

accànto (raro *a cànto*) [comp. di *a* e *canto*; a. 1527 *a canto*] **I** ***avv.*** vicino, presso: *mi sedette accanto* **II** nella ***loc. prep.*** *accanto a,* vicino a: *viveva accanto a me* **III** ***agg. inv.*** (sempre posposto) che si trova vicino: *la porta, la bottega accanto.*

accantonaménto[1] [da *accantonare*[1]; 1940] ***sm.*** *T.banc.* il mettere da parte una somma o degli utili come riserva o per usi particolari.

accantonaménto[2] [da *accantonare*[2]; 1802] ***sm.*** alloggiamento di truppe in case e luoghi coperti || *per estens.* il luogo in cui sono alloggiate le truppe.

accantonàre[1] (pres. *-óno*) [comp. parasint. di *cantone*; 1890] ***tr.*** *T.banc.* mettere o tenere da parte una somma come riserva o per usi particolari || *per estens.* mettere momentaneamente da parte, rinviare, evitare: *accantonare una pratica, accantonare la questione.*

accantonàre[2] (pres. *-óno*) [dal fr. *cantonner*; 1801] ***tr.*** alloggiare la truppa, anziché sotto le tende, in case e luoghi coperti, o distribuirla nelle retrovie perché ripari nell'attesa di entrare o di rientrare in azione || **N.** *Sin.* accampare, accasermare, acquartierare.

accantonàto[1] (*pps.* di *accantonare*[1]) [1848] ***agg.*** messo da parte, rinviato: *somma accantonata, problema accantonato.*

accantonàto[2] [da *canto*; 1550] ***agg.*** *T.arch.* di un'opera di fortificazione i cui lati siano disposti ad angolo: *torrione accantonato.*

accapacciaménto [da *accapacciare*; a. 1729] ***sm.*** *tosc. disus.* leggera accapacciatura.

accapacciàre (pres. *-àccio*) [comp. parasint. di *capaccio*; 1865] ***intr.*** (aus. *essere*) e ***intr. pron.*** *tosc. disus.* esser preso da pesantezza di testa.

accapacciatùra [da *accapacciare*; 1865] ***sf.*** *tosc. disus.* mal di testa, accapacciamento.

accaparraménto [da *accaparrare*; 1765] ***sm.*** incetta sul mercato di una determinata merce a scopo speculativo || acquisti di notevoli proporzioni a fini più o meno legittimi || **N.** *Sin.* bagarinaggio, incetta.

accaparràre [da *caparrare*; 1765] ***tr.*** **1.** acquistare merci in grande quantità per provocarne artificialmente il rincaro o comunque a fini speculativi || acquistare quantità di merci oltre la misura necessaria per costituire una scorta a fini più o meno legittimi **2.** *non com.* fissare l'acquisto o l'uso di una cosa dando la caparra: *accaparrare un appartamento* || ***rifl. intens.*** assicurarsi (in modo spregiudicato) un posto, un impiego: *accaparrarsi il posto, l'amicizia, il favore* || **N.** *Sin.* fare incetta, procacciarsi, procurarsi.

accaparratóre [da *accaparrare*; 1776] ***agg.*** e ***sm.*** (f. *-trìce*) che o chi accaparra, incettatore || *fig.* che o chi desidera tutto per sé.

accapezzàre[1] (pres. *-ézzo*) [dal lat. *capitium*; a. 1400] ***tr.*** ridurre col martello una pietra in forma regolare in modo che possa combaciare con altre || *fig.* rif. a opera, pratica o disegno, condurre a capo, concludere, finire: *tu non accapezzi mai nulla.*

accapezzàre[2] (pres. *-ézzo*) [comp. parasint. di *capezza*, cavezza; 1865] ***tr.*** *disus.* accavezzare, legare con la cavezza una bestia (spec. cavallo) per il capo.

accapigliaménto [da *accapigliarsi*; 1865] ***sm.*** l'accapigliarsi || **N.** *Sin.* rissa, zuffa.

accapigliàrsi (pres. *-ìglio*) [comp. parasint. di *capegli*, pl. ant. di *capello*; a. 1342 *accapigliare*] ***rifl. rec.*** *disus.* pigliarsi per i capelli || *per estens.* azzuffarsi, venire alle mani, discutere con modi violenti e volgari || *fig.* litigare vivacemente a parole: *i due filosofi finirono per accapigliarsi* || **N.** *Sin.* azzuffarsi | LITIGIO, RISSA.

accapigliatùra [da *accapigliarsi*; 1865] ***sf.*** *raro* accapigliamento; l'accapigliarsi.

accapitellàre (pres. *-èllo*) [comp. parasint. di *capitello*; 1865] ***tr.*** *disus. T.libr.* mettere alle due teste del libro rilegato quei cordoncini che vengono chiamati appunto capitelli.

accapitolàre (pres. *-ìtolo*) [comp. parasint. di *capitolo*; 1659] ***tr.*** *ant.* accapitellare.

accàpo o **a càpo** [comp. di *a* e *capo*; 1950] **I** ***avv.*** a capo; nella scrittura e nella composizione tipografica indica il passaggio al rigo successivo **II** ***sm.*** capoverso: *fare un accapo in uno scritto* || **N.** *Sin.* alinea.

accappatóio (pl. *-ói*) [da *cappa*; 1691] ***sm.*** **1.** cappa lunga gen. di spugna con la quale ci si copre uscendo dal bagno **2.** mantellina leggera usata in passato dalle donne per proteggersi i vestiti nel pettinarsi; oggi è usata solo da parrucchieri e barbieri.

accappiàre (pres. *-àppio*) [comp. parasint. di *cappio*; a. 1367] ***tr.*** fermare, stringere con cappio; allacciare || prendere al cappio || *fig. ant.* ingannare.

accappiatùra [da *accappiare*; 1539] ***sf.*** **1.** l'accappiare **2.** fune con cappio scorsoio || nodo in forma di cappio **3.** *T.libr.* legatura per tenere uniti i fogli || **N. 2.** *Sin.* cappio, fiocco, NODO.

accappiettàre (pres. *-étto*) [comp. parasint. di *cappietto*; 1865] ***tr.*** fermare qualche cosa con cappietti: *le lavandaie, per tenderla, accappiettano la biancheria.*

accapponàre (pres. *-óno*) [comp. parasint. di *cappone*; 1707 *accaponare*] ***tr.*** **1.** rif. alla pelle umana, far rabbrividire, far venire la pelle di cappone o d'oca **2.** castrare i galletti || ***intr. pron.*** della pelle, incresparsi per l'orrore, per il ribrezzo o per il freddo || **N.** ***tr.*** **1.** *Sin.* rabbrividire, venire la pelle d'oca | orripilazione **2.** *Sin.* castrare.

accappucciàre (pres. *-ùccio*) [comp. parasint. di *cappuccio*; 1745] ***tr.*** porre il cappuccio || ***rifl.*** coprirsi il capo col cappuccio || **N.** ***tr.*** *Sin.* incappucciare | ***rifl.*** *Sin.* imbacuccarsi.

accappucciàto (*pps.* di *accappucciare*) [1865] ***agg.*** incappucciato, imbacuccato.

accaprettàre (pres. *-étto*) [comp. parasint. di *capretto*; 1865] ***tr.*** legare un animale quadrupede per le quattro zampe come si fa comunemente coi capretti || **N.** LEGARE.

accapricciàre (pres. *-ìccio*) [comp. parasint. di *capriccio*; a. 1313] ***intr.*** (aus. *avere* ed *essere*) raccapricciare || ***intr. pron.*** *raro* incapricciarsi.

accarezzaménto [da *accarezzare*; a. 1558] ***sm.*** atto dell'accarezzare || *fig.* l'indugiare su un pensiero.

accarezzàre (pres. *-ézzo*) [comp. parasint. di *carezza*; 1532] ***tr.*** **1.** lisciare con la mano in segno d'affetto, far carezze, vezzeggiare || *per estens.* sfiorare appena, toccare leggermente: *accarezzato dalle onde* || *fig.* trattare con molta amorevolezza, lusingare **2.** *fig. lett.* di scrittore e artista, rifinire le opere con ogni più amorevole cura || guardare con tenerezza, desiderio o compiacimento: *accarezzare con lo sguardo* || rif. a idee, sogni, speranze, vagheggiare || *antifr. accarezzare le spalle di uno,* bastonarlo || ***rifl. indir.*** *accarezzarsi la barba,* lisciare con compiacimento || ***rec.*** scambiarsi carezze || **N. 1.** *Sin.* blandire, CAREZZARE.

accarezzévole ***agg.*** *non com.* v. CAREZZEVOLE.

accarnàre [comp. parasint. di *carne*; 1319 ca.] ***tr.*** *ant.* penetrare o far penetrare nella carne || *fig.* intendere o far intendere bene: *se ben lo 'ntendimento tuo accarno* (Dante) || anche ***intr.*** e ***intr. pron.*** penetrare nella carne.

accarpionàre (pres. *-óno*) [comp. parasint. di *carpione*; 1887] ***tr.*** cucinare i pesci al carpione || **N.** carpione.

accartocciaménto [da *accartocciare*; a. 1646 nel senso 3] ***sm.*** **1.** l'accartocciare e l'accartocciarsi **2.** *T.bot.* arrotolamento dei lembi delle foglie o dei petali su se stessi perlopiù in seguito all'azione di parassiti **3.** *T.arch.* fregio a somiglianza di cartoccio || **N. 1.** *Sin.* cartoccio, rotolo.

accartocciàre (pres. *-òccio*) [comp. parasint. di *cartoccio*; 1550] ***tr.*** avvolgere in forma di cartoccio || ***intr. pron.*** ripiegarsi in forma di cartoccio: *le foglie si accartocciano sui rami* || *per estens.* ripiegarsi su se stessi, raggomitolarsi || **N.** ***tr.*** *Sin.* arrotolare, AVVOLGERE.

accartocciatóre [da *accartocciare*; 1955] ***sm.*** *T.zool.* insetto che fa accartocciare le foglie per deporvi le uova.

accartocciatùra [da *accartocciare*; 1881] ***sf.*** l'atto o anche l'effetto dell'accartocciare o dell'accartocciarsi.

accasaménto [da *accasare*; a. 1566] ***sm.*** *non com.* l'accasare e l'accasarsi, matrimonio.

accasàre (pres. *-àso*) [comp. parasint. di *casa*; 1524 ca.] ***tr.*** maritare una figlia o un figlio: *l'ha accasata bene* || ***rifl. rec.*** unirsi in matrimonio || ***rifl.*** mettere su casa, prendendo moglie o marito || **N.** *Sin.* sposare | MATRIMONIO.

accasàto (*pps.* di *accasare*) [1723] ***agg.*** **1.** che ha messo su casa, sistemato, sposato **2.** *T.sport.* si dice di corridore ingaggiato da una determinata società.

accascàre (pres. *-àsco, -àschi*) [da *cascare*; 1541] ***intr.*** (aus. *essere*) *ant.* accadere.

accasciaménto [da *accasciare*; 1889] ***sm.*** **1.** l'accasciarsi **2.** improvvisa fiacchezza e cedimento di forze e d'animo || **N. 2.** *Sin.* abbattimento, affievolimento, avvilimento, prostrazione, DEBOLEZZA.

accasciàre (pres. *-àscio*) [lat. volg. *adquassiāre* per *quassāre*, scuotere; a. 1321] ***tr.*** infiacchire, abbattere, privare di forza fisica o morale: *gli anni e i dispiaceri accasciano l'uomo* || ***intr. pron.*** **1.** lasciarsi cadere, crollare al suolo per mancanza di forze || *fig.* infiacchirsi, avvilirsi **2.** *T.mar.* detto di nave, fermarsi in una secca || **N.** ***intr. pron.*** **1.** *Sin.* AVVILIRSI.

accasellàre (pres. *-èllo*) [comp. di *a-*[2] e *casella*; a. 1907] ***tr.*** disporre, collocare in caselle || *fig.* ordinare o classificare meccanicamente || **N.** *Sin.* incasellare.

accaṣermaménto [da *accasermare*; 1812] ***sm.*** *T.mil.* atto dell'accasermare || complesso di caserme occupate da truppe || **N.** *Sin.* acquartieramento.

accaṣermàre (pres. *-èrmo*) [comp. parasint. di *caserma*; 1812] ***tr.*** alloggiare la truppa nella caserma || **N.** *Sin.* accampare, accantonare, acquartierare. **Q.T.** *forze armate.*

accastellaménto [da *accastellare*; 1847] ***sm.*** **1.** l'insieme di più cose accastellate **2.** *T.mar.* insieme dei castelli di prua e di poppa di una nave || **N. 1.** *Sin.* MUCCHIO.

accastellàre (pres. *-èllo*) [comp. parasint. di *castello*; sec. XIV nel senso 2] ***tr.*** **1.** disporre oggetti uno sull'altro secondo la forma di un castello o piramide: *accastellare la frutta, i pacchi* **2.** *T.mil.* fortificare con castelli || **N. 1.** *Sin.* ammonticchiare, AMMUCCHIARE.

accastellàto (*pps.* di *accastellare*) [1937] ***agg.*** *T.mar.* di vascello che abbia castelli di prua e di poppa.

accastellinàre (pres. *-ìno*) [comp. parasint. di *castellino*; 1865] ***tr.*** accastellare, ammonticchiare || **N.** *Sin.* accastellare.

accatarraménto [da *accatarrare*; prima metà sec. XIV] ***sm.*** *raro* incatarramento.

accatarràre [comp. parasint. di *catarro*; sec. XIV] ***intr.*** (aus. *essere*) e ***intr. pron.*** *raro* divenir catarroso || **N.** CATARRO.

accatarràto (*pps.* di *accatarrare*) [1617 ca.] ***agg.*** incatarrato || **N.** catarroso, CATARRO.

accatarratùra [da *accatarrare*; 1779 ca.] ***sf.*** *raro* incatarratura.

accatastàbile [da *accatastare*; 1970] ***agg.*** che si può accatastare, rif. spec. a imballaggi.

accatastaménto [da *accatastare*[1]; a. 1704] ***sm.*** atto ed effetto dell'accatastare: *accatastamento di mobili, di libri.*

accatastàre[1] [comp. parasint. di *catasta*; a. 1524] ***tr.*** ammucchiare in forma di catasta || *fig.* metter più cose insieme le une sulle altre disordinatamente, affastellare: *accatastare parole, libri* || **N.** *Sin.* ammassare, ammonticchiare, ammucchiare | MUCCHIO.

accatastàre[2] [comp. parasint. di *catasto*; sec. XV] ***tr.*** registrare al catasto, accampionare.

accattabrighe [comp. di *accatta(re)* e *briga*; a. 1565] ***s. inv.*** chi va in cerca di brighe o di litigi; attaccabrighe || **N.** LITIGIO.

accattafièno [comp. di *accatta(re)* e *fieno*; 1875] ***sm. inv.*** macchina agricola a forma di rastrello con denti ricurvi che raccoglie il fieno già tagliato, rastrellandolo.

accattapàne [comp. di *accatta(re)* e *pane*; 1536] ***s. inv.*** accattone || **N.** *Sin.* mendico, pezzente | MENDICANTE.

accattàre [dal lat. volg. **accaptāre*; fine sec. XIII] ***tr.*** **1.** chiedere e prendere in prestito denari od oggetti con insistenza e in modo servile: *accattare soldi* || *fig.* cercare avidamente e a fatica, qualche volta con umiliazione come chiedendo la carità: *accattar lodi, pretesti* **2.** mendicare, elemosinare **3.** *dial.* comprare **4.** *ant.* ottenere || **N. 1.** *Sin.* MENDICARE.

accattatóre [da *accattare*; 1294] ***sm.*** (f. *-trìce*) che accatta; spec. *fig.* accaparratore: *accattatore di lodi.*

accattatòzzi [comp. di *accatta(re)* e *tozzo*; 1534] ***s. inv.*** *pop.* mendicante.

accattìno [da *accattare*; 1865] ***sm.*** (f. *-a*) chi nelle chiese o fuori raccoglie offerte per un fine religioso o caritativo.

accattivànte (*ppr.* di *accattivare*) [1976] ***agg.*** che conquista il favore, la simpatia, l'amicizia degli altri: *sorriso accattivante.*

accattivàrsi [da *cattivare*; 1853] ***tr. pron.*** ingraziarsi, cattivarsi: *accattivarsi il favore, l'amicizia di qualcuno.*

accàtto [da *accattare*; a. 1266] ***sm.*** **1.** l'atto di accattare **2.** ciò che si raccoglie accattando: *accatto scarso, abbondante* || *sapienza d'accatto,* cultura raffazzonata **3.** *T.ling. disus. parola d'accatto,* parola presa a prestito da un'altra lingua **4.** *ant.* balzello, imposta pubblica che il Comune di Firenze riscuoteva dai cittadini più facoltosi || **N. 1.** *Sin.* colletta, questua, ELEMOSINA.

accattonàggio (pl. *-gi*) [da *accattare*; 1846] ***sm.*** l'andar elemosinando; il praticare il mestiere dell'accattone: *è proibito l'accattonaggio* || **N.** MENDICARE.

accattóne [da *accattare*; a. 1696] ***sm.*** (f. *-a*) mendicante.

accattonerìa [da *accattone*; 1865] ***sf.*** *raro* accattonaggio.

accavalcàre (pres. *-àlco, -àlchi*) [da *cavalcare*; 1686] ***tr.*** passare una cosa sopra l'altra, accavallare: *accavalcare una maglia ai ferri* || *per estens.* scavalcare, passare al di sopra: *accavalcare un colle* || **N.** *Sin.* accavallare, scavalcare, sovrapporre.

accavalcatùra [da *accavalcare*; 1965] ***sf.*** *T.tip.* difettoso allineamento delle lettere di una riga, causato dalla sovrapposizione di due pezzi di interlinea.

accavalciàre (pres. *-àlcio*) [dal fr. ant. *achevalchier*, a. 1589] ***tr.*** *non com.* stare a cavalcioni sopra una cosa: *accavalciare una sedia, un muretto* || *per estens.* scavalcare, sovrastare: *il ponte accavalcia il fiume, la strada accavalcia la valle.*

accavalcióne o **accavalcióni** (più com. *a cavalcióne* e *a cavalcióni*) [comp. di *a* e *cavalcioni*; a. 1589] ***avv.*** con una gamba da una parte e l'altra dall'altra parte di qualche cosa: *stava sul muro a cavalcioni*; anche *fig.*: *porre gli occhiali accavalcioni o a cavalcioni sul naso.*

accavallaménto [da *accavallare*; 1829] ***sm.*** l'atto e l'effetto dell'accavallare e dell'accavallarsi.

accavallàre [comp. parasint. di *cavallo*; 1320 ca.] ***tr.*** **1.** mettere una cosa a cavallo, ossia a ridosso o a traverso di un'altra: *accavallare le gambe* **2.** rif. a tele e sim., lasciare uno o più fili senza tesserli || ***intr. pron.*** di più cose, addossarsi l'una all'altra, scavalcarsi, come le onde del mare || *fig.* ammassarsi e sovrapporsi in modo disordinato || *fam.* di nervo o muscolo, spostarsi per trazione improvvisa: *mi si è accavallato un nervo* || **N.** ***tr.*** **1.** *Sin.* sovrapporre.

accavallàto (*pps.* di *accavallare*) [1955] ***agg.*** **1.** *T.bot.* relativo alla posizione reciproca delle foglie di una gemma, quando una foglia, piegata longitudinalmente in due, abbraccia la foglia opposta **2.** di nervo che si sia spostato per trazione improvvisa.

accavallatùra [da *accavallare*; 1865] ***sf.*** atto ed effetto dell'accavallare e dell'accavallarsi.

accavezzàre (pres. *-ézzo*) [comp. parasint. di *cavezza*; 1961] ***tr.*** legare con la cavezza una bestia || **N.** ACCAPEZZARE.

accavigliàre (pres. *-ìglio*) [comp. parasint. di *caviglia*; 1865 nel senso 2] ***tr.*** **1.** *T.mar.* fissare i cavi alle caviglie durante le manovre **2.** *T.tess.* avvolgere o distendere seta o altri fili sulla caviglia dell'orditoio **3.** *raro* legare in fasci mediante la caviglia.

accavigliatóre [da *accavigliare*; 1808 ca.] ***sm.*** (f. *-trìce*) *T.mar.* e *T.tess.* chi accaviglia.

accavigliatùra [da *accavigliare*; 1955] ***sf.*** *T.mar.* e *T.tess.* atto ed effetto dell'accavigliare.

accecaménto [da *accecare*; a. 1363] ***sm.*** **1.** l'accecare e il suo effetto || *fig.* stato della mente offuscata da qualche passione || *per estens.* detto di condotti, fognature, finestre, intasamento, chiusura, ostruzione **2.** *T.bot.* asportazione di gemme da un albero fruttifero per agevolare lo sviluppo delle rimanenti || **N. 1.** CIECO.

accecànte (*ppr.* di *accecare*) [1728] ***agg.*** abbagliante, che priva della vista: *luce accecante,* molto intensa.

accecàre (pres. *accièco, accièchi*, e anche *accèco* ecc.; fuori d'accento sempre *-ce-*: *accechiàmo*) [comp. parasint. di *cieco*; a. 1294] ***tr.*** **1.** privare della vista, render cieco || *per estens.* abbagliare fortemente: *c'è un sole che acceca* || *fig. accecare la mente,* offuscare la ragione **2.** rif. a condotti, finestre, canali, murare, chiudere, oscurare, intasare || *accecare un punto,* ripiantare l'ago nello stesso buco dove era stato precedentemente piantato **3.** rif. a chiodi e sim., piantarli in modo che la testa non sporga **4.** *T.bot.* asportare le gemme da un albero fruttifero per impedirne l'eccessivo sviluppo || ***rifl.*** togliersi la vista || ***intr.*** (aus. *essere*) e ***intr. pron.*** divenire cieco || **N.** ***tr.*** **1.** *Sin.* abbacinare, abbarbagliare, offuscare, oscurare, ottenebrare | cecità, occhio | CIECO.

accecatóio (pl. *-ói*) [da *accecare*; 1797] ***sm.*** punta da trapano usata per allargare la cima d'un foro finché vi entri il capo di una vite o di un chiodo in modo che non sporga.

accecatóre [da *accecare*; a. 1375] ***agg.*** e ***sm.*** (f. *-trìce*) *non com.* che o chi acceca.

accecatùra [da *accecare*; 1865] ***sf.*** **1.** *non com.* l'atto e l'effetto dell'accecare **2.** incavatura fatta con l'accecatoio, cieca **3.** *T.tip.* difetto tipografico per cui gli occhi di alcune lettere risultano completamente neri.

accèdere (p.rem. *accedètti*, poet. *accèssi*) [dal lat. *accēdere*; a. 1321] ***intr.*** (aus. *essere*) **1.** accostarsi, appressarsi || *per estens.* entrare: *si può accedere al giardino* **2.** *fig.* (aus. *avere*) entrare a far parte di organi o uffici: *accedere al senato, alla magistratura* || *per estens.* raggiungere, riuscire a ottenere una carica: *accedere alla presidenza* **3.** *fig.* acconsentire, aderire: *accedette alla mia richiesta* || **N. 1.** *Sin.* accostarsi, AVVICINARSI **3.** *Sin.* CONSENTIRE.

acceffàre (pres. *-èffo*) [comp. parasint. di *ceffo*; 1313 ca.] ***tr.*** *arc.* detto di bestie, spec. del cane, prendere con la bocca: *il cane a quella lepre ch'egli acceffa* (Dante).

acceleraménto [da *accelerare*; 1667] ***sm.***

l'accelerare e l'accelerarsi; l'accrescimento della velocità di un corpo in moto.

accelerando (*ger.* di *accelerare*) [1940] **sm.** *T.mus.* graduale accelerazione del movimento musicale nell'esecuzione di un brano.

accelerare (pres. *-èlero*) [dal lat. *accelerāre*; a. 1492] **tr.** render celere o più celere, affrettare: *accelerare la marcia, accelera il passo* ‖ *T.mus.* eseguire più rapidamente una musica ‖ *ass.* aumentare di velocità ‖ *T.aut.* premere l'acceleratore ‖ **N.** VELOCITÀ.

accelerata [da *accelerare*; 1967] **sf.** colpo improvviso impresso all'acceleratore che provoca l'aumento repentino della velocità di un veicolo.

accelerativo [da *accelerato*; a. 1698] **agg.** che è atto a produrre accelerazione, acceleramento: *sistema accelerativo.*

accelerato (*pps.* di *accelerare*) [1354] **I agg.** affrettato, più veloce: *a ritmo accelerato, moto accelerato* **II sm.** *disus.* treno passeggeri che ferma a quasi tutte le stazioni (oggi denominato *treno locale*).

acceleratóre [da *accelerare*; a. 1937] **sm. 1.** *T.aut.* dispositivo nelle automobili che, schiacciato più o meno col piede, agisce sul carburatore o sull'iniettore facendo entrare maggiore o minore quantità di carburante nel motore e regola così la velocità del veicolo **2.** *T.fis. acceleratore di particelle,* dispositivo in grado di imprimere velocità prossime a quella della luce a particelle subatomiche cariche **3.** *T.fot.* agente chimico che affretta i processi del bagno di sviluppo **4.** *T.econ.* coefficiente di variazione della domanda di beni di consumo rispetto al volume degli investimenti o alla produzione complessiva. **TAV. *automobile* p. 658** 3.19.

accelerazióne [dal lat. *accelerātio, -ōnis*; sec. XIV] **sf. 1.** acceleramento **2.** *T.scient.* aumento della velocità nell'unità di tempo: *accelerazione positiva,* indica incremento di velocità; *accelerazione negativa,* indica decremento di velocità; *accelerazione di gravità,* causata dall'attrazione terrestre per la quale un grave non vincolato scende verticalmente verso il basso **3.** *T.cin.* tecnica di ripresa rallentata delle immagini che, proiettate a velocità normale, dànno alla sequenza un effetto di accelerazione rispetto alla realtà **4.** *T.econ.* fenomeno per cui un'accresciuta domanda di beni di consumo determina un aumento degli investimenti e della produzione superiore alle richieste future del mercato. **TAV. *automobile* p. 658** 4.10.

accelerògrafo [comp. di *acceler(are)* e *-grafo*; 1936] **sm.** apparecchio che registra graficamente l'accelerazione di un corpo in moto.

acceleròmetro [comp. di *acceler(are)* e *-metro*; 1910] **sm.** *T.tecn.* strumento per misurare l'accelerazione di un corpo in movimento.

accenciare (pres. *-éncio*) [comp. parasint. di *cencio*; 1829] **tr. 1.** *T.tess.* togliere con un cencio i residui del colore precedente da una caldaia che è destinata a nuova tintura **2.** uccidere un uccello in volo, in modo da farlo cadere inerte come un cencio.

accèndere (pres. *-éndo*; p.rem. *-ési, -endésti*; pps. *accéso*) [lat. *accendere*; 1284] **tr. 1.** dar fuoco a qualcosa, gen. per servirsene: *accendere la candela, la legna* **2.** immettere energia elettrica in un apparecchio: *accendere la luce, la radio, la televisione* ‖ mettere in moto: *accendere il motore* ‖ *fig.* dare calore o colore: *il tramonto accese il cielo* ‖ *fig.* eccitare, agitare, aizzare, fomentare: *gli accesi nell'animo il desiderio della gloria* ‖ rif. a guerra, disputa ecc., suscitarla, farla nascere **3.** *T.comm.* rif. a debito, partita ecc., registrarli nei libri dei conti ‖ rif. a ipoteca, costituirla ‖ ***intr. pron.*** prender fuoco ‖ *fig.* avvampare: *accendersi d'amore, d'ira* ‖ *ass.* adirarsi ‖ **N. *tr.* 1.** *Sin.* appicciare, dar fuoco, infiammare | *Contr.* spegnere | cerino, fiammifero, miccia, scintilla **2.** eccitare.

accendìbile [da *accendere*; 1625 ca.] **agg.** atto ad accendersi, che si può accendere.

accendigàs [comp. di *accend(ere)* e *gas*; 1961] **sm.** *inv.* strumento domestico, elettrico, piezoelettrico o a pietra focaia, per accendere fornelli a gas.

accendiménto [da *accendere*; a. 1292] **sm.** atto dell'accendere e dell'accendersi.

accendìno [da *accendere*; 1924] **sm.** *fam.* accendisigaro.

accendisìgaro o **accendisìgari** [comp. di *accend(ere)* e *sigaro*; 1923] **sm.** macchinetta tascabile o soprammobile a benzina o a gas che serve per accendere sigarette e sim. ‖ **N.** *Sin.* accendino.

accenditóio (pl. *-ói*) [da *accendere*; a. 1400] **sm.** canna con in cima uno stoppino per accender candele o lumi ‖ **N.** LUME.

accenditóre [da *accendere*; sec. XIV] **sm.** (f. *-trice*) **1.** chi accende **2.** dispositivo per accendere ‖ **N. 1.** *Sin.* lumaio.

accennare (pres. *-énno*) [comp. parasint. di *cenno*; a. 1306] **tr. 1.** fare un cenno con la mano o col capo; indicare col dito ‖ compiere il gesto di fare qualcosa, far capire attraverso un gesto o altro: *accennò un sorriso* **2.** rif. a disegno, narrazione, delineare in modo schematico, abbozzare **3.** *T.oref.* delineare su placche d'argento il disegno del cesello **4.** *T.mus.* eseguire le prime note di un pezzo ‖ cantare a voce non piena: *studiare un'aria accennandola* ‖ **rec.** farsi scambievolmente dei segni ‖ **intr.** (aus. *avere*) fare un cenno con la mano o col capo ‖ *per estens.* avvisare qualcuno a cenni: *accennagli che venga qua* ‖ *fig.* alludere a qualcosa ‖ dare indizio, far presagire: *il tempo accenna a peggiorare* ‖ **N. *tr.* 1.** *Sin.* additare **2.** *Sin.* abbozzare, schematizzare, schizzare | **intr.** *Sin.* ammiccare, occhieggiare.

accénno [da *accennare*; a. 1498] **sm.** avvertimento, cenno: *dare, fare un accenno* ‖ vago indizio, traccia: *questo vino ha un accenno di muffa* ‖ **N.** *Sin.* allusione, avvertimento, traccia, CENNO.

accensìbile [dal lat. *accensibilis*; 1592] **agg.** *raro* atto ad accendersi, accendibile; detto spec. di persona facile ad accendersi, ad adirarsi ‖ **N.** *Sin.* infiammabile.

accensióne [dal lat. *accēnsio, -ōnis*; sec. XIV] **sf. 1.** atto ed effetto dell'accendere e dell'accendersi: *l'accensione dei motori, dei fuochi d'artificio, della carica di esplosivo* **2.** *T.mecc.* l'insieme dei dispositivi che nelle automobili e negli aeroplani provocano l'accensione della miscela nei cilindri dei motori **3.** *T.econ.* messa in atto di un'operazione finanziaria: *accensione di un'ipoteca* ‖ **N.** *Sin.* accendimento | *Contr.* spegnimento. **Q.T.** *automobile, motocicletta* **TAV. *automobile* p. 658** 1.13, 5.12.

accènso [dal lat. *accēnsus*; 1563] **sm.** *ant.* gen. *pl.* soldato soprannumerario presso gli antichi Romani, appartenente a una centuria che era stata reclutata nel censo della quinta classe.

accentare (pres. *-ènto*) [da *accento*; 1598] **tr. 1.** *T.gram.* mettere in evidenza, oralmente o con segni grafici, l'accento di una parola o di una sillaba ‖ *per estens.* pronunciare scandendo gli accenti **2.** *T.mus.* rafforzare un suono, accentuare.

accentàto (*pps.* di *accentare*) [a. 1638] **agg.** che porta l'accento, tonico: *vocale, sillaba accentata.*

accentatùra [da *accentare*; 1853] **sf.** atto del segnare gli accenti; il segno grafico usato per accentare.

accentazióne [da *accentare*; 1941] **sf.** atto del segnare o pronunciare gli accenti tonici.

accènto [dal lat. *accentus,* intonazione; a. 1321 nel senso 3] **sm. 1.** *T.ling.* modo di evidenziare una sillaba rispetto alle altre di una stessa parola, per mezzo di una maggiore intensità di emissione, un innalzamento del tono, o un allungamento della vocale sillabica; *accento primario,* grado più marcato di accentazione che caratterizza una sillaba di una parola; *accento secondario,* grado intermedio di accentazione che può caratterizzare alcune sillabe spec. in parole di una certa lunghezza ‖ *per estens.* il segno che rappresenta questo rafforzamento (*accento grafico* o *segnaccènto*) che si colloca sopra una vocale per indicare la sede dell'accento tonico o che serve a distinguere i diversi gradi di apertura di certe vocali (in it. *e* e *o*): l'accento acuto (´) indica pronuncia chiusa, quello grave (`) pronuncia aperta ‖ di regola l'accento tonico in italiano non si scrive; fanno eccezione le parole tronche non monosillabe (*bontà, fiorì*); i monosillabi che debbono esser distinti da altri simili, come *ché* nel significato di *perché, poiché* per distinguerlo da *che* congiunzione, le voci *dà, dài* del verbo *dare* per distinguerlo da *da, dai* preposizione, gli avverbi di luogo *là, lì* per distinguerli dagli articoli e dai pronomi, l'avverbio di affermazione *sì* per distinguerlo dalla particella pronominale *si,* la congiunzione *né* per distinguerla da *ne* particella pronominale, il pronome *sé* per distinguerlo da *se* congiunzione; è possibile trovarlo indicato anche in alcune parole omografe che cambiano di significato col cambiar dell'accento o della sillaba tonica, come *bótte* o *bòtte, càpitano* e *capitàno, bàlia* e *balìa* ecc. ‖ *fig. porre l'accento su una questione, un problema* e sim., insistervi in modo particolare, sottolinearne l'importanza **2.** modo di pronunciare, pronuncia: *parla con un accento straniero, con uno spiccato accento sardo* ‖ *fig.* tono di voce esprimente diversi stati d'animo: *accento d'ira, di pietà* ‖ espressione appena accennata, vaga: *colse un accento di tristezza nei suoi occhi* **3.** *poet.* voce, parola **4.** recitativo liturgico del corale gregoriano **5.** *T.mus.* accrescimento d'intensità in un punto del discorso musicale ‖ **N. 1.** acuto, circonflesso, finale, grammaticale, grave, oratorio, ritmico, tonico | parole bisdrucciole, piane, sdrucciole, tronche | enclitica, proclitica, sillaba ossitona, parossitona, proparossitona, tonica | VOCE **2.** *Sin.* cadenza, intonazione; espressione, sentimento. **Q.T.** *linguistica.*

accentraménto [da *accentrare*; 1855] **sm. 1.** atto ed effetto dell'accentrare **2.** tendenza alla concentrazione del potere decisionale negli organi centrali dell'amministrazione statale con conseguente limitazione delle autonomie locali: *accentramento burocratico* ‖ **N. 2.** *Sin.* burocraticismo, centralismo | *Contr.* autonomismo, decentramento, pluralismo.

accentrare (pres. *-èntro*) [comp. parasint. di *centro*; a. 1547] **tr. 1.** raccogliere in un solo punto, concentrare: *accentrare gli uffici in un'unica sede* **2.** raccogliere nel governo centrale la maggior parte delle attribuzioni degli organi locali ‖ **N.** *Sin.* centralizzare, concentrare, coordinare | *Contr.* decentrare.

accentratóre [da *accentrare*; a. 1861] **agg.** e **sm.** (f. *-trice*) che o chi accentra, chi desidera per sé tutte le mansioni: *governo accentratore.*

accentuale [da *accento*; 1722] **agg.** *raro* che riguarda l'accento.

accentuare (pres. *-èntuo*) [dal lat. mediev. *accentuāre*, dal lat. *accentus*; 1357] **tr. 1.** rif. a una frase o a una sua parte, darle rilievo nella pronuncia, marcandone l'accento ‖ *fig.* rilevare, rendere più netto o incisivo: *accentuare gli aspetti negativi* **2.** *T.mus.* rafforzare le note di una frase musicale per aumentarne l'espressività ‖ ***intr. pron.*** diventare più evidente, aggravarsi ‖ **N. *tr.* 1.** *Sin.* calcare su, far rilevare, marcare, mettere in evidenza, sottolineare | *Contr.* attenuare.

accentuativo [da *accentuare*; 1974] **agg.** relativo all'accento: *ritmo accentuativo*, che si fonda sull'alternanza degli accenti.

accentuàto (*pps.* di *accentuare*) [1573] **agg.** rilevato, di notevole intensità: *accentuato ritmo produttivo* || **accentuataménte** **avv.**

accentuazióne [da *accentuare*; 1863] **sf.** **1.** atto ed effetto dell'accentuare || *fig.* messa in rilievo || *T.mus.* disposizione degli accenti in una frase musicale **2.** aumento consistente, incremento: *l'accentuazione del fenomeno desta preoccupazione.*

acceppàre (pres. *-éppo*) [comp. parasint. di *ceppo*; 1889] **tr.** *T.mar.* mettere il ceppo all'ancora.

accerchiaménto [da *accerchiare*; 1555] **sm.** **1.** atto ed anche effetto dell'accerchiare **2.** manovra tattica tendente a isolare da ogni lato l'avversario; anche *fig.*

accerchiàre (pres. *-érchio*) [comp. parasint. di *cerchio*; a. 1348] **tr.** circondare, fare cerchio intorno a qualche cosa o a qualcuno, spec. con intenzioni ostili: *accerchiarono il castello, il nemico fu accerchiato* || **N.** *Sin.* attorniare, CIRCONDARE.

accercinàre (pres. *-ércino*) [comp. parasint. di *cercine*; 1865] **tr.** avvolgere qualche cosa a forma di cercine.

accerìto [comp. parasint. di *cera*[2]; 1865] **agg.** *tosc. non com.* acceso in viso per la febbre, l'ira ecc.

accertàbile [da *accertare*; 1941] **agg.** che può essere accertato: *danni accertabili, fatto accertabile.*

accertabilità [da *accertabile*; 1961] **sf.** *T.bur.* grado in cui è possibile accertare: *accertabilità dei redditi.*

accertaménto [da *accertare*; fine sec. XIV] **sm.** **1.** atto ed effetto dell'accertare, l'accertarsi, verifica, ricognizione: *accertamento delle responsabilità* **2.** *T.fisc.* atto con cui il fisco stabilisce il reddito imponibile del contribuente.

accertàre (pres. *-èrto*) [comp. parasint. di *certo*; a. 1321] **tr.** **1.** fare, rendere certo qualcuno di qualche cosa, assicurare: *vi accerto che tutto andrà bene* || *per estens.* verificare mediante controlli, certificare: *accertare una notizia* **2.** *T.fisc.* determinare con esattezza, compiere un accertamento: *accertare un reddito* || **rifl.** rendersi conto, assicurarsi di una cosa, sincerarsi || **N.** **tr.** **1.** *Sin.* affermare, assicurare, certificare, chiarire, stabilire la verità | **intr. pron.** *Sin.* appurare, sincerarsi, togliersi ogni dubbio.

accertàto (*pps.* di *accertare*) [1353] **agg.** verificato: *un fatto accertato* || **accertataménte** **avv.**

accertatóre [da *accertare*; 1965] **sm.** (f. *-trìce*) **1.** chi accerta **2.** *T.fisc.* impiegato incaricato di compiere accertamenti.

accéso (*pps.* di *accendere*) [a. 1306] **agg.** **1.** soggetto a processo di combustione, che brucia, che illumina || *fig.* irato, sdegnato: *acceso in volto* || preso da forte passione: *acceso d'amore, di patriottismo* **2.** di colore, molto vivo, intenso: *un bel rosso acceso* **3.** di conto o debito, non ancora saldato || **N.** *Contr.* spento.

accessìbile [dal lat. *accessibilis*; a. 1406] **agg.** **1.** di luogo, a cui si può facilmente accedere || *fig.* di persona, cordiale, facile da avvicinare || *per estens.* di concetto e sim., facile a intendersi, comprensibile **2.** di prezzo, prodotto e sim., modico, non proibitivo, che è alla portata di tutti || **N.** **1.** *Sin.* affabile, alla mano, cordiale, familiare, raggiungibile | *Contr.* inaccessibile.

accessibilità [da *accessibile*; 1855] **sf.** possibilità di accedere; l'essere accessibile.

accessióne [dal lat. *accessio, -ōnis*; 1292 nel senso 4] **sf.** **1.** atto dell'accedere || *in part.* adesione a una convenzione o a un contratto stipulato da altri || *T.pol.* l'adesione di uno Stato a un trattato concluso da altri Stati, alle stesse condizioni degli altri contraenti **2.** nuove acquisizioni in biblioteche e raccolte: *catalogo delle nuove accessioni* **3.** *T.giur.* aumento naturale di proprietà, che si verifica quando le proprietà di due o più persone vengono a trovarsi unite in modo da formare una cosa sola; normalmente questa finisce per appartenere a chi prima aveva la proprietà di maggior valore **4.** *T.astr. disus.* della Luna, il novilunio; del Sole, il sorgere || **N.** **1.** *Sin.* accesso.

accessit (lat., pr. it. [at'tʃɛssit]) [letter. si avvicinò] **sm.** *inv.* distinzione (quasi *menzione onorevole*) che in un concorso si conferisce a chi ottiene il giudizio migliore dopo il vincitore: *dare, avere l'accessit.*

accèsso [dal lat. *accessus*; prima metà sec. XIII nel senso 4] **sm.** **1.** atto dell'accedere, modo per poter giungere a un luogo || *per estens.* la via per giungere al luogo stesso: *l'accesso alla villa* || *fig.* possibilità di accostarsi a una persona e di parlare: *uomo di facile accesso* **2.** *T.giur.* visita giudiziaria sul luogo del delitto o della controversia; *atto d'accesso*, il documento sul quale sono scritti i risultati della visita; sopralluogo, trasferta **3.** *T.giur.* *accesso al fondo*, diritto di una persona ad entrare nel fondo altrui **4.** *T.med.* il sopravvenire improvviso di qualche fenomeno morboso, attacco || *fig.* impulso violento e passionale: *accesso d'ira* **5.** *T.eccl.* l'adito all'acquisizione di benefici vacanti **6.** modo di votazione dei cardinali per l'elezione di un papa **7.** *T.inform.* *accesso di memoria*, operazione per estrarre o introdurre informazioni da un supporto di memoria: *tempo di accesso*, tempo intercorrente fra l'istante in cui l'unità centrale di elaborazione richiede un determinato dato e l'istante in cui tale dato è reso disponibile alla stessa unità centrale; *accesso parallelo*, nel quale tutti i *bit* sono trasferiti nello stesso tempo da connessioni parallele; *accesso sequenziale*, nel quale elementi dei dati sono disponibili in sequenza; *accesso casuale* o *diretto*, nel quale il tempo di accesso è indipendente dal punto della memoria in cui i dati sono collocati.

accessoriàre (pres. *-òrio, -òri*) [da *accessoriare*; 1965] **tr.** dotare di accessori, spec. un'auto.

accessoriàto (*pps.* di *accessoriare*) [1965] **agg.** fornito di accessori: *automobile ben accessoriata.*

accessorietà [da *accessorio* agg.; 1955] **sf.** *raro* **1.** condizione di ciò che è accessorio, complementare: *accessorietà di un elemento* **2.** *T.giur.* nel diritto processuale, la subordinazione di una causa rispetto a un'altra di maggiore importanza.

accessòrio (pl. *-ri*) [dal lat. mediev. *accessorius*; a. 1540] **I** **agg.** **1.** che si aggiunge al principale; secondario, non necessario **2.** *T.giur.* *bene accessorio*, di quanto pur possedendo una propria identità individuale è connesso ad altro (*bene principale*) allo scopo di completarne la funzione || **accessoriaménte** **avv.** **II** **sm.** **1.** elemento complementare che serve per ornamento o a svolgere funzioni secondarie: *la borsetta è uno degli accessori più importanti nell'abbigliamento femminile* **2.** *pl.* elementi non essenziali di un apparecchio, veicolo e sim.: *gli accessori dell'auto, del bagno* || **N.** **I** *Sin.* aggiunto, complementare, marginale, superfluo; eccedente, eccessivo | *Contr.* essenziale, principale. **Q.T.** *abbigliamento.*

accessorista [da *accessorio* sm.; 1955] **s.** addetto alla fabbricazione e alla vendita di accessori per automobili || operaio incaricato della messa in opera degli accessori o di lavori di finitura.

accessorìstica [da *accessorio* sm.; 1986] **sf.** settore industriale specializzato nella produzione di accessori, in part. per auto.

accestiménto [da *accestire*; 1865] **sm.** *T.bot.* moltiplicazione di foglie, fusti o rami sul ceppo o alla base dello stelo.

accestìre (pres. *-ìsco, -ìsci*) [comp. parasint. di *cesto*; 1767] **intr.** (aus. *avere*) far cesto, detto delle piante e delle erbe (spec. del grano) quando cominciano a moltiplicare foglie e fusti o rami sul ceppo o alla base dello stelo.

accétta [dal fr. *hachette*; inizio sec. XIV] **sf.** strumento di ferro, simile alla scure, ma più piccolo, costituito da un elemento metallico trapezoidale affilato solo da un lato e dall'altro fornito di un occhio per l'inserimento del manico || *fig.* *fatto con l'accetta*, grossolanamente || *darsi l'accetta sui piedi*, fare il proprio danno, darsi torto da sé || **N.** ascia, bipenne, mannaia, SCURE.

accettàbile [dal lat. *acceptabilis*; sec. XIV] **agg.** che può essere accettato, moderatamente gradito || **accettabilménte** **avv.** || **N.** *Sin.* accetto, ammissibile, attendibile, caro, gradito, passabile | *Contr.* inaccettabile.

accettabilità [da *accettabile*; 1865] **sf.** condizione e possibilità dell'accettare o di essere accettato o accettabile || *T.ling.* il grado in cui un enunciato è riconosciuto da un parlante nativo come possibile nella propria lingua.

accettànte (*ppr.* di *accettare*) [1723] **s.** *T.giur.* chi compie un atto di accettazione di un contratto, di una cambiale ecc.

accettàre (pres. *-ètto*) [dal lat. *acceptāre*; 1313 ca.] **tr.** **1.** ricevere di buon grado ciò che viene offerto: *accetto volentieri il regalo, accetto la carica di console* || *per estens.* accogliere, acconsentire a: *accettare una proposta, un invito* || *per estens.* ammettere a far parte: *accettare qualcuno in un circolo* || *per estens.* non rifiutare: *accettare battaglia*; raccogliere: *accettare una sfida, una scommessa* **2.** *T.giur.* dare il proprio consenso alla creazione, modificazione o estinzione di determinati rapporti giuridici: *accettare un'eredità, un contratto* **3.** *T.banc.* *accettare una cambiale*, ammetterla in pagamento || **N.** **1.** *Sin.* accogliere, aggradire, gradire, ricevere | *Contr.* respingere, ricusare, rifiutare.

accettàta [da *accetta*; 1865] **sf.** colpo dato con l'accetta.

accettatóre [dal lat. tardo *acceptātor, -ōris*; sec. XV] **sm.** (f. *-trìce*) *raro* chi accetta || *ant.* partigiano.

accettazióne [dal lat. tardo *acceptātio, -ōnis*; sec. XIV] **sf.** **1.** l'accettare || *fig.* serena sopportazione delle avversità **2.** ammissione (in un circolo, in una comunità) **3.** *T.comm.* l'atto col quale un debitore riconosce il proprio debito e la data alla quale il suo creditore potrà disporre dell'importo, mediante tratta o lettera di cambio || *per estens.* la cambiale, la tratta, la lettera di cambio **4.** *sala di accettazione* (*e per meton. accettazione*), in un ospedale, in una stazione ecc., locale in cui vengono inoltrate domande di prestazione di servizi vari. **Q.T.** *banca.*

accettévole [lat. tardo *acceptābilis*; fine sec. XIII *acetevole*] **agg.** *raro* che si può accettare, che si accetta volentieri || **accettevolménte** **avv.** di buon grado.

accettilazióne [dal lat. *acceptilātio, -ōnis*; 1748] **sf.** *T.giur.* nel diritto romano, atto col quale il creditore estingue formalmente un'obbligazione.

accètto [lat. (*bene*) *acceptus*; 1321] **agg.** caro, gradito.

accettóre [dall'ingl. *acceptor*, ricevente; 1955] **sm.** *T.chim.* sostanza o particella che tende ad unirsi preferenzialmente a un'altra: *accettore di protoni, di idrogeno.*

accezióne [dal lat. *acceptio, -ōnis*, accettazione; 1715] **sf.** senso nel quale un vocabolo è assunto; significato contestuale: *una voce può avere molte accezioni.*

acchetàre **tr.** e **intr. pron.** *lett.* V. ACQUIETARE.

acchiappacàni [comp. di *acchiappa(re)* e *cane*; 1895] **s. inv.** *raro* accalappiacani.

acchiappafarfàlle [comp. di *acchiappa(re)* e *farfalla*; 1919] **sm.** *inv.* reticella, attaccata a un'asta, con cui si acchiappano farfalle || anche *sf. fig.* acchiappanuvole.

acchiappamósche [comp. di *acchiappa(re)* e *mosca*; 1950] **sm.** *inv.* (anche *chiappamosche*) **1.** arnese per acchiappare mosche **2.** *T.zool.* passeraceo dal becco sottile, pigliamosche **3.** *T.bot.* pianta erbacea carnosa dalle foglie vischiose per mezzo delle quali cattura gli insetti; pigliamosche.

acchiappanùvole (meno com. *acchiappanùvoli*) [comp. di *acchiappa(re)* e *nuvola*; 1961] **s.** *inv.* persona vana e inconcludente.

acchiappàre [da *chiappare*; a. 1503 *achiappare*] **tr.** **1.** pigliare improvvisamente con forza o con destrezza, raggiungere correndo || *fig. fam.* prendere, buscarsi: *acchiappare un raffreddore* **2.** *fig. pop.* sorprendere sul fatto: *ti ho acchiappato, furfantello!* **3.** colpire: *acchiappare con un sasso* || **rec.** *fare ad acchiapparsi*, gioco di fanciulli nel quale essi si rincorrono, cercando di prendersi || **N. tr. 1.** *Sin.* PRENDERE.

acchiapparèllo [da *acchiappare*; 1887] **sm.** chiapparello (nel senso 3).

acchiappatóio (pl. *-òi*) [da *acchiappare*; 1865] **sm.** *non com.* arnese per acchiappare || *fig.* insidia.

acchiappìno [da *acchiappare*; 1945] **sm.** *tosc.* gioco infantile consistente nel rincorrersi per acchiapparsi || **N.** *Sin.* chiapparello.

-acchiàre [comp. del suffisso nominale lat. *-aculus*, -acchio e di *-are*] **suff.** verbale che modifica il senso del verbo di base attribuendogli un valore insieme diminutivo o attenuativo e frequentativo (*ridacchiare*) o peggiorativo (*scribacchiare*) || **N.** -icchiare.

-àcchio [dal lat. *-aculus*] **suff.** alterativo diminutivo-spregiativo di per sé raro (*lupacchio, volpacchio*) ma che contribuisce alla formazione di *-acchione* e *-acchiotto* (v.).

acchiocciàre (pres. *-òccio*) [comp. parasint. di *chioccia*; 1879] **intr.** rannicchiarsi per covare o coprire i pulcini, proprio della chioccia; anche *fig.*

acchiocciolaménto [da *acchiocciolare*; 1865] **sm.** atto di avvolgere, e l'avvolgimento a spirale, per es. di una molla.

acchiocciolàre (pres. *-òcciolo*) [comp. parasint. di *chiocciola*; 1729] **tr.** avvolgere a guisa del guscio di una chiocciola: *acchiocciolare le molle degli orologi* || **rifl.** avvolgersi in se stesso, rannicchiarsi, accoccolarsi, specialmente nel letto per scaldarsi meglio || **N. tr.** *Sin.* AVVOLGERE | **rifl.** *Sin.* accoccolarsi, aggomitolarsi, rannicchiarsi.

acchiocciolatùra [da *acchiocciolare*; a. 1712] **sf.** *non com.* ravvolgimento a chiocciola.

-acchióne [cumulo dei suff. *-acchio* e *-one*[1]] **suff.** (f. *-a*) altera in senso accrescitivo-ironico il nome o l'aggettivo di base: *furbacchione, fratacchione, mattacchiona, volpacchiona.*

-acchiòtto [cumulo dei suff. *-acchio* e *-otto*[1]] **suff.** (f. *-a*) altera in senso diminutivo-vezzeggiativo il nome o l'aggettivo di base: *fessacchiotto* || indica i piccoli di alcuni animali: *lupacchiotto, orsacchiotto, volpacchiotto.*

acchitàre (pres. *-ìto*) [dal fr. *acquitter*; 1771] **tr.** e **intr. pron.** nel gioco del biliardo, in inizio di partita, mandar la palla o il pallino in un punto il più possibile sfavorevole per l'avversario.

acchìto [dal fr. *acquit*; 1771 *acchitto*] **sm.** l'acchitare || *per estens.* la posizione della palla o pallino dopo la prima mossa: *ha fatto un bell'acchito* || *di primo acchito*, al primo colpo, subito.

acchiùdere (pres. *-ùdo* ecc., come CHIUDERE) [da *chiudere*; 1865] **tr.** *disus.* **1.** chiudere in mezzo **2.** rif. a lettera, metterla dentro un'altra || **N.** *Sin.* ACCLUDERE.

àccia[1] (pl. *-ce*) [dal lat. *acia*; 1300 ca.] **sf.** **1.** filo greggio e ammatassato, spec. di lino o canapa **2.** *raro* stoppa, capecchio.

àccia[2] (pl. *-ce*) [dal fr. *hache*; a. 1533] **sf.** *ant.* ascia, arma da taglio: *prende un'accia* (Ariosto) || **N.** *Sin.* bipenne, scure.

acciabattaménto [da *acciabattare*; a. 1694] **sm.** *raro* atto di acciabattare || *fig.* lavoro fatto con furia e trascuratezza, abborracciamento.

acciabattàre [comp. parasint. di *ciabatta*; a. 1406] **tr.** *non com.* far presto e male, rabberciare: *scrittore che acciabatta un lavoro* || **intr.** (aus. *avere*) camminare strisciando le ciabatte, ciabattare || **N. 1.** *Sin.* abborracciare, acciarpare, buttar giù, lavoracchiare, strafalciare.

acciabattatóre [da *acciabattare*; 1865] **agg.** e **sm.** (f. *-trìce*) *non com.* che o chi acciabatta.

acciabattatùra [da *acciabattare*; 1865] **sf.** *non com.* atto ed effetto dell'acciabattare; lavoro approssimativo.

acciabattìo (pl. *-ìi*) [da *acciabattare*; 1865] **sm.** *tosc.* rumore fatto strascicando le ciabatte.

acciabattóne [da *acciabattare*; 1865] **sm.** (f. *-a*) chi fa un lavoro in maniera approssimativa e disordinata, ciabattone, abborraccione.

acciaccaménto [da *acciaccare*; 1752] **sm.** atto ed effetto dell'acciaccare.

acciaccàre (pres. *-àcco, -àcchi*) [voce onomatopeica; 1449 ca.] **tr.** sformare una cosa comprimendola; pestare, ammaccare schiacciando || *fig.* di malattie, dolori e sim., infiacchire, abbattere || **N.** *Sin.* ammaccare, PESTARE.

acciaccàta [da *acciaccare*; a. 1712] **sf.** atto ed effetto dell'acciaccare || **N.** *Sin.* ammaccatura, colpo.

acciaccatùra [da *acciaccare*; 1780] **sf.** **1.** effetto dell'acciaccare, ammaccatura, deformazione **2.** *T.mus.* abbellimento, indicato da una notina tagliata, che va eseguito rapidamente prima di un'altra nota o di un accordo, sottraendo una piccola parte al valore della nota precedente || **N. 1.** *Sin.* ammaccatura **2.** appoggiatura, gruppetto. **TAV. *musica* p. 1324** 1.14.

acciàcco (pl. *-chi*) [dall'ar. *sciaka*, malattia, attr. lo sp. *achaque*; 1682] **sm.** incomodo fisico non grave ma continuato: *uomo pieno d'acciacchi, gli acciacchi della vecchiaia* || **N.** MALATTIA.

acciaccóso [da *acciacco*; a. 1712] **agg.** che ha molti acciacchi.

acciaiàre (pres. *-àio, -ài*) [da *acciaio*; 1680] **tr.** **1.** ricoprire mediante elettrolisi un oggetto metallico con uno strato di ferro per migliorarne la resistenza superficiale o a fini estetici **2.** ridurre il ferro ad acciaio **3.** rinforzare con acciaio **4.** *T.med. ant.* infondere in alcuni liquori limatura d'acciaio o anche di ferro a scopi medicinali.

acciaiàto (*pps.* di *acciaiare*) [prima metà sec. XIV] **agg.** trattato con acciaiatura; rinforzato con acciaio: *ferro acciaiato.*

acciaiatùra [da *acciaio*; 1770] **sf.** l'operazione e l'effetto dell'acciaiare.

acciaierìa [da *acciaio*; 1886] **sf.** fabbrica dove si fa o si lavora l'acciaio. **Q.T.** *metallurgia.*

acciaìno (*dim.* di *acciaio*) [1772] **sm.** **1.** strumento d'acciaio per affilare ferri, coltelli e sim., acciaiolo **2.** *raro* pallino d'acciaio forato che viene usato come ornamento nel ricamo.

acciàio (pl. *-ài*) [lat. tardo *aciarium*; a. 1348] **I sm.** lega metallica formata da ferro e da una bassa percentuale di carbonio; ottenuta dalla ghisa allo stato fuso, è dotata di particolare elasticità e durezza || *acciai speciali*, contenenti altri elementi oltre il ferro e il carbonio, quali nichel, cromo, vanadio ecc., atti a migliorarne le caratteristiche fisiche, chimiche e meccaniche || *acciaio inossidabile*, lega costituita da un'alta percentuale di cromo e nichel in grado di resistere alla corrosione || *acciaio temperato*, sottoposto a un procedimento di rapido raffreddamento mentre è ancora incandescente perché acquisti maggiore durezza e resistenza || *fig.* duro, forte come l'acciaio: *quell'uomo ha una tempra d'acciaio, uno sguardo d'acciaio* || *per meton.* spada, armatura **II agg.** *inv.* (sempre posposto) del colore dell'acciaio, cioè grigio intenso: *un maglione acciaio* || **N. I** brunire, damaschinare, temperare.

acciaiolìno (*dim.* di *acciaiolo*) [1863] **sm.** **1.** piccolo acciaiolo **2.** *ant.* ornamento muliebre fatto di dischetti d'acciaio **3.** acciaino.

acciaiòlo [da *acciaio*; sec. XIV *acciaiuolo*] **sm.** **1.** strumento d'acciaio per affilare coltelli e sim. **2.** *ant.* nelle armi da fuoco, acciarino.

acciaiuòla [da *acciaio*; 1755 nel senso 2] **sf.** *non com.* **1.** bullettina d'acciaio, usata dai calzolai per rinforzare le suole **2.** pennino per scrivere.

acciambellàre (pres. *-èllo*) [comp. parasint. di *ciambella*; 1855] **tr.** dar forma di ciambella || **rifl.** assumere forma di ciambella: *il gatto si è acciambellato sul tappeto.*

acciarìno (*dim.* di *acciaro*) [1726] **sm.** **1.** piccolo strumento di acciaio, col quale si batte la pietra focaia per accendere l'esca || *per restr.* nei fucili o nelle pistole antiche, dispositivo a molla incorporato alla cassa che serviva a dar fuoco alla carica || *per estens.* termine con il quale si indica qualsiasi dispositivo atto a provocare accensione **2.** *T.mar.* congegno sistemato nella testa del siluro e destinato a determinare lo scoppio della carica del siluro stesso all'urto contro la carena della nave bersaglio **3.** pezzo d'acciaio che s'infila nella sala o assale delle ruote perché non escano dal mozzo || **N. 1.** *Sin.* acciaiolo, battifuoco, focile | PARTI: cane, cresta, gambetto, martellina, mascelle o ganasce, molla, scatto, tacca di riposo | esca, pietra focaia o selce **3.** a paletta, a rondine, inginocchiato.

acciàro [lat. tardo *aciarium*; a. 1374 *aciar*] **sm.** *lett.* e *region.* acciaio || *per meton. poet.* spada, armatura, strumento di acciaio.

acciarpaménto [da *acciarpare*; 1865] **sm.** atto ed effetto dell'acciarpare.

acciarpàre [comp. parasint. di *ciarpa*; a. 1573] **tr.** **1.** abborracciare, lavorare alla peggio **2.** *ant.* raccogliere alla rinfusa || **N.** *Sin.* ACCIABATTARE.

acciarpatóre [da *acciarpare*; 1292 ca.] **sm.** (f. *-trìce*) *non com.* chi acciarpa.

acciarpìo (pl. *-ìi*) [da *acciarpare*; 1865] **sm.** acciarpamento continuato o frequente; abborraccio.

acciarpóne [da *acciarpare*; 1865] **sm.** (f. *-a*) chi suole acciarpare, ciabattone.

accidèmpoli [da *accidente*; 1908] **escl.** *fam. eufem.* accidenti.

accidentàle [dal lat. *accidentālis*; sec. XIII] **agg.** **1.** casuale, fortuito: *errore accidentale* **2.** accessorio, non essenziale **3.** *T.fil.* contingente: *qualità accidentali*, accidenti **4.** *T.mus.* *segni accidentali*, accidenti || **accidentalménte** **avv.**

accidentalità [da *accidentale*; 1663] **sf.** **1.** casualità **2.** *T.agr.* irregolarità, disuguaglianza del terreno.

accidentàto [da *accidente*; 1841 nel senso 2] **agg.** **1.** detto di terreno, vario, ineguale, irregolare, frastagliato, tormentato **2.** *disus.* colpito da paralisi || **N. 1.** *Sin.* frastagliato, irregolare **2.** *Sin.* paralitico.

accidènte [dal lat. *accidēns, -ēntis*; sec. XIII] **sm.** **1.** caso, avvenimento imprevisto, fortuito: *per accidente*, per caso **2.** evento spiacevole o doloroso, disgrazia **3.** *T.med.* repentina manifestazione morbosa che si verifica imprevedibilmente nel decorso di una malattia || *per* *estens. fam.* colpo apoplettico: *gli è venuto un accidente*; usato in loc. fam. d'ira e stupore: *ti venga un accidente, mi pigliasse un accidente* || *ass. pl. accidenti!*, interiezione di meraviglia, stizza ecc. **4.** *fig.* persona fastidiosa, irrequieta: *ha preso per moglie un accidente*; oppure persona vivace, instancabile: *è un accidente d'uomo: riesce in tutto* **5.** disuguaglianza, irregolarità nel terreno **6.** *T.fil.* qualità non inerente all'essenza di un essere, che cioè può mutare senza che si modifichi la cosa in sé || *fam. non capire, non valere, non importare, non vedere un accidente*, assolutamente niente **7.** *T.gram. raro* ogni modificazione morfologica delle parti variabili del discorso **8.** *T.mus.* segno convenzionale che indica l'alterazione di una nota di un semitono (se l'accidente è semplice) o di un tono (se l'accidente è doppio) oppure annulla un'alterazione precedente || **N. 1.** *Sin.* avvenimento, caso **2.** *Sin.* disastro, sciagura **3.** *Sin.* APOPLESSIA **4.** *Sin.* diavolo **8.** bemolle, bequadro, diesis. **Q.T.** *musica.*

accidèrba [var. eufem. di *accidenti*; 1908] ***escl.*** *non com.* accidenti.

accìdia [dal lat. *acēdia*; a. 1292] ***sf.*** **1.** rilassatezza inerte, svogliatezza, languore inattivo **2.** *T.rel.* uno dei sette peccati capitali, lentezza nell'operare il bene || *far venire l'accidia*, destar fastidio operando o parlando con lentezza || **N.** *Sin.* PIGRIZIA.

accidiosàggine [da *accidia*; 1865] ***sf.*** *raro* pigrizia ostinata e biasimevole || **N.** *Sin.* accidia, svogliatezza.

accidióso [da *accidia*; 1313 ca.] **I *agg.*** che è preso da accidia, pigro || **accidiosaménte** ***avv.*** **II *sm.*** (f. *-a*) chi pecca d'accidia.

accigliaménto [da *accigliare*; 1865] ***sm.*** atto ed effetto dell'accigliarsi.

accigliàre (pres. *-iglio*) [comp. parasint. di *ciglio*; 1660] ***intr. pron.*** aggrottare i sopraccigli per ira, severità o meditazione; accipigliarsi: *non t'accigliare così!* || *fig.* adirarsi || ***tr.*** *arc.* cucire insieme le ciglia degli uccelli da preda (falconi, sparvieri) per addomesticarli.

accigliàto (*pps.* di *accigliare*) [1314] ***agg.*** di viso, fronte, persona ecc., che nell'aggrottamento delle sopracciglia mostra ira o preoccupazione o severità || **accigliataménte** ***avv.*** con cipiglio, con severità o durezza.

accigliatùra [da *accigliare*; a. 1704] ***sf.*** **1.** *non com.* aggrottamento delle sopracciglia, aspetto accigliato, cipiglio **2.** *raro* spazio tra le sopracciglia, forma delle sopracciglia.

acciglionàre (pres. *-óno*) [comp. parasint. di *ciglione*; 1865] ***tr.*** *raro* munire di ciglioni, greppi o argini.

accileccàre (pres. *-écco, -écchi*) [comp. parasint. di *cilecca*; 1865] ***tr.*** *ant.* allettare con cilecche, fingere di dare qualcosa e non darla, lusingare, adescare.

accincignàre [da *incincignare*, con cambio di pref.; 1865] ***tr.*** *non com.* incincignare, spiegazzare || **N.** *Sin.* gualcire.

accìngere (pres. *-ingo* ecc., come CINGERE) [dal lat. *accingere*; sec. XIII-XIV] ***intr. pron.*** mettersi all'opera: *accingersi a un lavoro, a studiare* || ***tr.*** *lett.* cingere || **N.** *Sin.* esser sul punto di fare, incominciare, prepararsi a fare una cosa.

accintolàre (pres. *-ìntolo*) [comp. parasint. di *cintolo*; 1865] ***tr.*** *T.tint.* cucire un cintolo dove la pezza messa a tingere non deve prender colore.

àccio (pl. m. *-ci*; pl. f. *-ce*) [da *-accio*; a. 1566] ***agg.*** *tosc. fam.* cattivo: *questo libro non è poi tanto accio.*

acciò [comp. di *a* e *ciò*; 1294 ca.] ***cong.*** *lett.* con valore finale, acciocché, affinché.

-àccio (pl. m. *-ci*; pl. f. *-ce*) [lat. *-aceus*] ***suff.*** (f. *-a*) **1.** altera in senso peggiorativo sia nomi (*giornataccia, libraccio*), sia aggettivi (*avaraccio*) || talora il valore peggiorativo è molto attenuato e l'alterato segnala piuttosto l'informalità del contesto (*praticaccia, cattivaccio*) **2.** compare, ma non è più produttivo, in alcune parole senza valore alterativo: *calcinaccio, castagnaccio.*

acciocché [comp. di *a*, *ciò* e *che*; fine sec. XIII *acciò che*] ***cong.*** *lett.* con valore finale (ma originariamente correlativo), affinché (si costruisce col congiuntivo): *acciocché il mondo la conosca ed ami* (Petrarca); si scrive anche separatamente *acciò che* e tra le due particelle si può frapporre altra parola: *acciò dunque che tu possa.*

acciocchìre (pres. *-ìsco, -ìsci*) [comp. parasint. di *ciocco*; 1865] ***tr.*** rendere duro e immobile come un ciocco per il sonno, il freddo ecc.: *il vino lo acciocchì immediatamente* || ***intr. pron.*** assopirsi, addormentarsi || **N.** *Sin.* DORMIRE.

acciocchìto (*pps.* di *acciocchire*) [1865] ***agg.*** immerso nel sonno.

acciottolàre (pres. *-òttolo*) [comp. parasint. di *ciottolo*; 1664] ***tr.*** **1.** selciare con ciottoli **2.** urtare, far cozzare insieme piatti, scodelle, stoviglie, nel maneggiarli: *acciottolar piatti* || **N.** *Sin.* lastricare, selciare | acciottolio.

acciottolàto (*pps.* di *acciottolare*) [1750] ***sm.*** selciato fatto con ciottoli.

acciottolatùra [da *acciottolare*; 1865] ***sf.*** messa in atto dell'acciottolato.

acciottolìo (pl. *-ii*) [da *acciottolare*; 1855] ***sm.*** rumore continuo o frequente di stoviglie acciottolate.

accipìcchia [var. eufem. di *accidente*; 1935] ***escl.*** *fam. eufem.* accidenti.

accipigliàrsi (pres. *-iglio*) [comp. parasint. di *cipiglio*; 1865] ***intr. pron.*** increspar le sopracciglia, fare il cipiglio, adirarsi.

Accipìtridi (sing. *-e*) [dal lat. *accipiter, -tris*; 1865] ***sm. pl.*** *T.zool.* famiglia di uccelli rapaci diurni, dalla vista acutissima, con becco uncinato e artigli adunchi, cui appartengono le aquile, i falchi, gli avvoltoi.

accìṣa [dal fr. *accise*, letter. tagliata; 1678] ***sf.*** *disus.* imposta di fabbricazione o sui consumi, proporzionale alle unità prodotte o vendute.

accisṃàre [dal lat. volg. *accismāre*, attr. il fr. ant. *acesmer* o il provenz. *acesmar*, 1313 ca.] ***tr.*** *ant.* adornare || *iron. antifr.* conciare, servire per le feste: *un diavolo è qua dietro che ne accisma* (Dante).

acciucchìre (pres. *-ìsco, -ìsci*) [comp. parasint. del tosc. *ciucco*, sciocco; 1865] ***tr.*** *tosc.* sbalordire || ***intr.*** (aus. *essere*) rimaner sbalordito: *come lo seppe, restò lì acciucchito.*

acciuffàre [comp. parasint. di *ciuffo*; a. 1584] ***tr.*** prender per il ciuffo || *per estens.* afferrare con violenza e di sorpresa qualcuno che tenta di fuggire, arrestare: *vennero gli sbirri e li acciuffarono tutti e due* (Verga) || ***rec.*** accapigliarsi || **N.** ***tr.*** *Sin.* afferrare, agguantare, PRENDERE.

acciùga [dal lat. volg. **apiuva*, attr. il lig.; a. 1347] ***sf.*** **1.** pesce marino della famiglia degli Engraulidi dal corpo allungato e compresso di colore azzurrognolo lungo 15 cm ca.; si mangia fresco o conservato sott'olio; alice, pesce azzurro || *fig.* persona alta e magra || *stretti, pigiati come acciughe*, molto stretti come sono le acciughe nel barile **2.** *T.bot.* nome volgare di una pianta delle Labiate, aromatica, detta più com. *origano.*

acciugàio (pl. *-ài*) [da *acciuga*; 1887] ***sm.*** (f. *-a*) commerciante che vende acciughe.

acciugàta [da *acciuga*; 1846] ***sf.*** salsa d'acciughe.

acciughìna [da *acciuga*; 1855] ***sf.*** *T.zool.* insetto dei Tisanuri, di color grigio perlato, senza ali, roditore della carta, che si trova spec. tra i vecchi libri; lepisma.

accivettàre (pres. *-étto*) [comp. parasint. di *civetta*; 1865] ***tr.*** attirare uccelli nella rete con la civetta || *fig.* lusingare, adescare, civettare.

accivettàto (*pps.* di *accivettare*) [a. 1665] ***agg.*** smaliziato, scaltrito, cauto: *con me, ogni tranello è inutile, ormai sono accivettato* || *propr.* di uccello che, scampato una volta dalla rete, non si fa più attirare dal richiamo della civetta.

accivìre (pres. *-ìsco, -ìsci*) [dal fr. ant. *chevir*, venire a capo, portare a termine; prima metà sec. XIV] ***tr.*** *ant.* provvedere, conseguire, procacciare || compiere, condurre a termine.

acclamàre (pres. *-àmo*) [dal lat. *acclamāre*; 1589] ***intr.*** (aus. *avere*) levar grida di gioia, di applauso, di approvazione: *per le vie acclamavano alle truppe italiane* (Svevo) || ***tr.*** **1.** lodare ad alta voce, applaudire qualcosa o qualcuno: *acclamare una proposta, un artista* **2.** eleggere con grida unanimi di consenso e di plauso || **N.** ***tr.*** **1.** *Sin.* LODARE | APPLAUSO.

acclamatóre [da *acclamare*; 1680] ***agg.*** e ***sm.*** (f. *-trìce*) *non com.* che o chi acclama.

acclamazióne [dal lat. *acclamātio, -ōnis*; a. 1547] ***sf.*** **1.** manifestazione collettiva di clamorosa approvazione ed entusiasmo **2.** elezione, deliberazione unanime presa senza ricorrere a una votazione: *eletto per acclamazione.*

acclaràre (pres. *-àro*) [dallo sp. *aclarar*, chiarire; 1853] ***tr.*** *aul.* mettere in chiaro || **N.** *Sin.* accertare, appurare, chiarire.

acclimàre (pres. *-ìmo*) [comp. parasint. di *clima*; 1828 ca.] ***tr.*** e ***rifl.*** *non com.* assuefare e assuefarsi a un clima e a un ambiente diversi da quelli abituali || **N.** *Sin.* acclimatare | CLIMA.

acclimatàre (pres. *-ìmato*) [dal fr. *acclimater*, 1812] ***tr.*** e ***rifl.*** abituare e abituarsi a un clima e un ambiente diversi da quelli abituali || *fig.* assuefarsi, ambientarsi.

acclimatazióne [dal fr. *acclimatation*; 1867] ***sf.*** l'abituarsi di esseri viventi, animali e piante, a un clima e un ambiente diversi da quelli in cui sono nati, adattamento.

acclimazióne [da *acclimare*; 1875] ***sf.*** *non com.* acclimatazione.

acclìne [dal lat. *acclīnis*; a. 1321] ***agg.*** **1.** *lett.* in pendio, inclinato: *versate dal plaustro accline / manipoli come da cornucopia* (D'Annunzio) **2.** *lett.* incline, che ha tendenza, proclive: *nell'ordine ch'io dico sono accline tutte nature* (Dante).

acclìve [dal lat. *acclīvis*; a. 1565] ***agg.*** *lett.* che è in salita, ripido, erto: *fino alla ripa acclive che ti sovrasta* (Montale) || **N.** costa, erta, SALITA.

acclività [dal lat. *acclivitas, -ātis*; a. 1642] ***sf.*** l'essere acclive, in salita.

acclùdere (pres. *-ùdo*; p.rem. *-ùṣi, -udésti*; pps. *acclùṣo*) [dal lat. tardo *accludere*; 1742] ***tr.*** allegare, acchiudere, chiudere in una lettera o pacco un'altra lettera, un assegno, documenti ecc.

acclùṣa [da *accludere*; a. 1673] ***sf.*** lettera acclusa: *consegnerai l'acclusa a Giovanni.*

acclùṣo (*pps.* di *accludere*) [a. 1712] ***agg.*** allegato: *leggi il foglio accluso.*

accoccàre (pres. *-òcco, -òcchi* o *-òcco, -òcchi*) [comp. parasint. di *cocca*; a. 1321] ***tr.*** **1.** adattar la cocca della freccia alla corda dell'arco **2.** *fig. arc.* di percosse, vibrare, appioppare: *fa che gliele accocchi* (Dante) || *fig.* giocare un tiro, uno scherzo a qualcuno; *prov. tal ti ride in bocca, che dietro te l'accocca* **3.** annodare il filo alla cocca del fuso per iniziare la filatura: *e le donne si posero a filare... tiravano, prillavano, accoccavano* (Pascoli) **4.** rif. a fazzoletto e sim., riunire le quattro cocche || **N. 1.** scoccare.

accoccàto (*pps.* di *accoccare*) [1865] ***sm.*** *tosc.* scanalature fatte negli staggi del telaio per tenere il portacasse.

accoccolàrsi (pres. *-òccolo*) [prob. voce onom. che si riferisce al verso e all'atto della chioccia; a. 1370] ***intr. pron.*** piegarsi sulle ginocchia fino quasi a sedersi sui talloni || **N.**

Sin. accosciarsi, accovacciarsi, rannicchiarsi.

accodaménto [da *accodare*; 1865] **sm.** atto ed effetto dell'accodare e dell'accodarsi.

accodàre (pres. *-ódo*) [comp. parasint. di *coda*; a. 1665] **tr.** **1.** *propr.* rif. a bestie, metterle l'una a coda dell'altra || *per estens.* disporre più cose l'una dietro l'altra **2.** *T.cacc.* legare per la coda un uccello che deve servire da zimbello || **rifl.** **1.** mettersi in fila || mettersi dietro a qualcuno per seguirlo || *fig.* seguire più o meno passivamente qualcuno o qualcosa **2.** *T.sport.* spec. nel ciclismo, mettersi in coda a un gruppo per farsi tirare || **N.** **rifl.** *Sin.* SEGUIRE.

accodatùra [da *accodare*; 1865] **sf.** *non com.* atto ed effetto dell'accodare; accodamento.

accogliènte (*ppr.* di *accogliere*) [con influsso, per il significato, del fr. *accueillant*; 1753] **agg.** cordiale, ospitale, comodo: *un viso, una casa, un sofà, un letto accogliente.*

accogliènza [da *accogliere*; 1312 ca.] **sf.** atto e modo d'accogliere: *fare una buona* (o *brutta*) *accoglienza* || **N.** *Sin.* ospitalità, trattamento.

accògliere (pres. *-òlgo*, ecc., come COGLIERE) [lat. volg. *accolligere*; 1250] **tr.** **1.** ricevere qualcuno bene o male: *accogliere festosamente, freddamente* **2.** accettare con gradimento una cosa offerta || rif. a istanza, preghiera e sim., esaudirla, acconsentirvi: *la mia richiesta è stata accolta* || *fig.* approvare, seguire: *accogliere un'opinione* **3.** contenere, ospitare: *il nuovo teatro accoglie 1500 spettatori* **4.** *lett.* raccogliere, riunire || **rifl.** *ant.* raccogliersi, riunirsi || *arc.* *accogliersi a qualcuno,* farglisi vicino.

accogliménto [da *accogliere*; 1294] **sm.** *non com.* **1.** atto dell'accogliere, accoglienza || *per estens.* accettazione **2.** *ant.* riunione, adunamento.

accoglitìccio (pl. m. *-ci*; pl. f. *-ce*) [da *accogliere*; a. 1604] **agg.** *non com.* raccogliticcio.

accoglitóre [da *accogliere*; 1313 ca.] **sm.** (f. *-trìce*) colui che accoglie, raccoglie || *ant.* chi aduna, riunisce || compilatore: *e vidi il buon accoglitor del quale* ecc. (Dante).

accòlita v. ACCOLTA.

accolitàto [da *accolito*; a. 1342] **sm.** *T.eccl.* il quarto degli ordini minori che conferisce al chierico il compito di assistere il celebrante nella messa || **N.** esorcistato, letturato, ostiariato.

accòlito [dal lat. eccl. *acoluthus,* dal gr. *akólouthos,* accompagnatore; prima metà sec. XII] **sm.** (f. *-a*) chierico che ha ricevuto il quarto degli ordini minori || *per estens.* chierico che serve il sacerdote all'altare || *fig. iron.* e generalmente *spreg.* seguace; chi si mette al seguito di una persona autorevole, o aderisce a un gruppo, a un movimento di idee || **N.** cortigiano, fedele, scagnozzo, seguace.

accollacciàto [da *accollato*; a. 1786] **agg.** *raro* che porta vestiti accollati || *propr.* di veste, chiusa sino al collo || **N.** *Sin.* accollato | *Contr.* scollacciato, scollato.

accollaménto [da *accollare*; 1865] **sm.** l'accollare, l'accollarsi, cioè l'atto di scaricare addosso ad altri, o di prendere sopra di sé, impegni, lavori o responsabilità || *ant.* abbracciamento || **N.** *Sin.* accollo.

accollànte (*ppr.* di *accollare*) [1819] **s.** *T.giur.* chi si assume il debito altrui.

accollàre (pres. *-òllo*) [comp. parasint. di *collo*; 1535] **tr.** **1.** mettere al collo, sul collo, porre addosso || avvezzare i buoi al giogo || *disus.* mettere troppa roba sul collo della bestia da soma o sulla parte anteriore del barroccio sì che gravi sul collo della bestia || *fig. com.* addossare a qualcuno un impegno: *accollare un debito a qualcuno* **2.** *T.agr.* piegare la vite per legarla ai pali o alle spalliere **3.** *T.mar.* manovrare un veliero in modo che le vele quadre prendano il vento a prora rallentando la corsa || **rifl. indir.** addossarsi un impegno, una responsabilità: *accollarsi una spesa* || **intr.** (aus. *avere*) *raro* di veste, coprire sino al collo: *questo abito non accolla bene*; di scarpa, chiudere al collo del piede || *ant.* abbracciare || **N.** **tr.** **1.** *Sin.* addossare, aggravare, caricare.

accollàta [da *accollare*; a. 1912] **sf.** collata, colpo che si dava di piatto con la spada sul collo ai cavalieri novelli durante l'investitura.

accollatàrio (pl. *-ri*) [da *accollare*; 1855] **sm.** (f. *-a*) **1.** colui che si accolla o a cui è accollato un lavoro, un peso, un obbligo **2.** *T.giur.* creditore a vantaggio del quale venga operato un accollo || **N.** **1.** *Sin.* APPALTATORE.

accollàtico (pl. *-ci*) [da *accollare*; a. 1566] **sm.** *T.stor.* diritto che si pagava per l'uso di buoi aggiogati.

accollàto (*pps.* di *accollare*) [a. 1527] **agg.** **1.** di veste, chiusa bene al collo: *abito accollato*; di scarpa, chiusa al collo del piede **2.** *T.arald.* sovrapposto.

accollatóre [da *accollare*; 1865] **sm.** (f. *-trìce*) chi dà in accollo un lavoro o un appalto.

accollatùra [da *accollare*; 1865] **sf.** **1.** parte del vestito che sale a coprire fino al collo **2.** segno che il giogo lascia sul collo degli animali da tiro.

accòllo [da *accollare*; 1797 nel senso 4] **sm.** **1.** assunzione volontaria di un impegno, lavoro, responsabilità || *propr.* peso esercitato sul collo di un animale da tiro da quella parte di carico che è collocata sulla parte anteriore del carro || tale parte di carico **2.** *T.giur.* accordo secondo il quale un debitore trasferisce ad altri i propri obblighi nei confronti del creditore; contratto per l'assunzione di un debito **3.** *raro* appalto **4.** *T.arch.* parte di edificio sostenuta da mensole, che sporge dal vivo del muro principale, aggetto.

accòlta o **accòlita** [da *accolto,* pps. di *accogliere*; 1300 ca. nel senso 2] **sf.** **1.** adunata di gente, gruppo di persone **2.** *arc.* accoglienza || **N.** **1.** *Sin.* raduno, riunione, ADUNANZA.

accoltellaménto [da *accoltellare*; 1829] **sm.** atto ed effetto dell'accoltellare e dell'accoltellarsi.

accoltellàre (pres. *-èllo*) [comp. parasint. di *coltello*; inizio sec. XIV] **tr.** ferire a colpi di coltello || **rec.** darsi coltellate l'un l'altro, scambievolmente || **N.** *Sin.* pugnalare.

accoltellàto [da *accoltellare*; 1797] **sm.** *T.mur.* muro o pavimento di mattoni messi di coltello, cioè con la faccia maggiore disposta verticalmente.

accoltellatóre [da *accoltellare*; a. 1565] **sm.** (f. *-trìce*) persona che aggredisce col coltello, sicario.

accòlto (*pps.* di *accogliere*) [1321] **agg.** raccolto, riunito.

accomandànte [da *accomandare*; 1865] **s.** chi dà capitale in accomandita, socio che risponde delle obbligazioni societarie limitatamente alla quota versata e non può prendere parte alla gestione della società || **N.** accomandatario.

accomandàre [prob. dal provenz. *acomandar,* dal lat. *adcommendāre*; 1300 ca.] **tr.** **1.** *ant.* e *lett.* raccomandare: *accomandare a Dio* || *per estens.* affidare, consegnare, dare in custodia: *ed or, Melisenda, accomando a un bacio lo spirto che muore* (Carducci) **2.** fermare con un nodo: *accomandò a un palo il capo della corda* || *per estens.* assicurare: *accomanda il nervo alla cocca* (D'Annunzio) || **rifl.** *ant.* raccomandarsi.

accomandatàrio (pl. *-ri*) [da *accomandare*; sec. XIV] **sm.** (f. *-a*) chi riceve capitale in accomandita, socio che risponde illimitatamente delle obbligazioni societarie e gestisce la società.

accomandìgia (pl. *-gie* o *-ge*) [da *accomandare,* sul modello del fr. *commandise*; sec. XIV] **sf.** *ant.* **1.** *T.stor.* patto per cui un comune o un signore si ponevano sotto la protezione di un altro comune, della Chiesa o di altri signori **2.** *ant.* custodia, prestito || **N.** *Sin.* protettorato, protezione, tutela.

accomàndita [da *accomandare*; a. 1311] **sf.** *società in accomandita,* tipo di società commerciale nella quale le obbligazioni sociali sono garantite dalla responsabilità illimitata dei soci accomandatari e dalla responsabilità degli accomandanti solo per la somma che hanno versato; *società in accomandita semplice,* in cui le quote dei soci accomandanti non sono costituite da azioni || **N.** *Sin.* società.

accomandolàre (pres. *-àndolo*) [comp. parasint. di *comàndolo*; 1865] **tr.** *T.tess.* riannodare o rimettere i fili rotti dell'ordito utilizzando un filo nuovo detto comandolo o bandolo.

accomiatàre o **accommiatàre** (pres. *-iàto*) [comp. parasint. di *commiato*; a. 1342] **tr.** dar commiato, congedare, licenziare || **rifl.** prender congedo: *accomiatarsi dall'anziana parente* || **N.** licenza, COMMIATO.

accomodàbile [da *accomodare*; 1673] **agg.** che può essere accomodato; adattabile || **accomodabilménte** **avv.**

accomodaménto [da *accomodare*; 1543] **sm.** **1.** atto ed effetto dell'accomodare || *fig.* compromesso, accordo tra le parti contendenti: *giungere a un accomodamento, proporre un accomodamento* **2.** *T.mecc.* aggiustamento che si verifica in un materiale (perlopiù elastico) quando è sottoposto a ripetute sollecitazioni **3.** *T.ott.* messa a fuoco, regolazione di uno strumento ottico || **N.** **1.** *Sin.* rabberciamento, raggiustamento, rassettamento, riattamento; conciliazione, transazione, ACCORDO **2.** contrazione, dilatazione.

accomodànte (*ppr.* di *accomodare*) [1865] **agg.** conciliante, accondiscendente: *persona accomodante.*

accomodàre (pres. *-òmodo*) [dal lat. *accommodāre*; 1499] **tr.** **1.** rimettere in buono stato, aggiustare: *accomodare la strada, l'orologio* || *fig.* correggere: *accomodare una frase*; mettere in ordine: *accomodare lo studio, i capelli* || *fig.* comporre, conciliare: *accomodare una lite* || pagare, saldare un conto: *accomodò tutti i debiti* **2.** sistemare in modo funzionale in vista di un impiego specifico: *accomodare il campo per la semina* || *per estens.* rif. a abiti, adattare alla persona || *fig. ant.* rif. a persona, collocarla convenientemente; rif. a fanciulla, sposarla a qualcuno || *iron.* *accomodare qualcuno per le feste,* conciarlo male; anche *ass.*: *se lo incontro lo accomodo io* || **intr.** andar bene, far piacere, tornar comodo: *questa faccenda non gli accomoda* || **rifl.** **1.** adagiarsi, mettersi a sedere: *prego, s'accomodi* **2.** abbigliarsi || **rifl. rec.** adattarsi, accordarsi, venire a un accomodamento || **N.** **tr.** **1.** *Sin.* aggiustare, assestare; ordinare, rassettare, sistemare; accordare, comporre una lite, conciliare **2.** *Sin.* adattare, conformare, riattare, rimaneggiare; rabberciare, rammendare, rappezzare, rattoppare.

accomodatìccio (pl. *-ci*) [da *accomodare*; 1845] **I** **sm.** cosa accomodata alla peggio **II** **agg.** (pl. f. *-ce*) accomodato alla peggio.

accomodatìvo [da *accomodare*; 1543] **agg.** *raro* che si accomoda facilmente, facile ad acconciarsi, adattabile: *l'uomo è un animale accomodativo* (D'Annunzio) || **N.** arrendevole, deferente.

accomodàto (*pps.* di *accomodare*) [1472] **agg.** acconcio, opportuno || **accomodataménte** **avv.** *raro.*

accomodatóre [da *accomodare*; 1574] **sm.** (f. *-trìce*) chi accomoda || **N.** *Sin.* aggiustatore, riparatore.

accomodatùra [da *accomodare*; 1682] **sf.** atto ed effetto dell'accomodare; riparazione || **N.** *Sin.* rabberciatura, racconciatura, rappezzo, riparazione.

accomodazióne [dal lat. *accomodātio, -ōnis*; 1559 nel senso 2] ***sf.*** **1.** *T.fisiol.* facoltà dell'occhio di adattare la curvatura del cristallino, in modo da percepire gli oggetti secondo le diverse distanze **2.** *raro* accomodamento ‖ **N.** *Sin.* adattamento | VISTA.

accòmodo [da *accomodare*; 1563] ***sm.*** *ant.* accomodamento, conciliazione tra persone in lite, transazione: *meglio un tristo accomodo che una grassa sentenza* (Pascoli).

accompagnàbile [da *accompagnare*; 1865] ***agg.*** che si può accompagnare.

accompagnaménto [da *accompagnare*; a. 1294] ***sm.*** **1.** atto dell'accompagnare **2.** corteo, seguito di persone: *accompagnamento funebre* **3.** elemento accessorio o necessario per il completamento di qualcosa: *l'abito è bello, ma ci vorrebbe tutto il suo accompagnamento* **4.** *T.mus.* melodia secondaria, realizzata con voci o strumenti, che sostiene e completa armonicamente la parte principale **5.** *T.mil.* azione dell'artiglieria in appoggio a un attacco della fanteria o dei carri armati: *tiro d'accompagnamento* ‖ **N. 2.** *Sin.* corteggio, corteo, scorta, seguito **4.** basso continuo **5.** *Sin.* fuoco di copertura. **Q.T.** ***musica.***

accompagnàre [comp. parasint. di *compagno*; 1294 ca.] ***tr.*** **1.** andare insieme a qualcuno per tenergli compagnia, scortare, proteggere, onorare: *accompagnare il ragazzo a scuola, accompagnare il feretro*; *prov. meglio soli che male accompagnati* ‖ *fig.* seguire: *accompagnare con lo sguardo, col pensiero, col cuore* ‖ *per estens.* seguire con la mano per regolarne il movimento: *accompagnare la porta* **2.** appaiare, armonizzare: *accompagnare l'utile al dilettevole, Dio li fa poi li accompagna* ‖ *fig. non com.* sposare **3.** *T.mus.* effettuare un accompagnamento musicale **4.** *T.sport. accompagnare un pugno*, assecondare col corpo, a scopo difensivo o di attacco, il movimento del pugno ‖ ***rifl.*** **1.** accompagnare qualcuno, farsi compagno di qualcuno: *accompagnarsi a, con qualcuno* **2.** *T.mus.* sostenere il proprio canto con una parte musicale: *accompagnarsi con la chitarra* ‖ ***rifl. rec.*** appaiarsi: *si sono accompagnati bene* ‖ ***rec.*** armonizzarsi, intonarsi: *ci sono colori che non si accompagnano bene* ‖ **N.** ***tr.*** *Sin.* appaiare, congiungere, scortare, seguire | ***rifl.*** *Sin.* accozzarsi, imbrancarsi, unirsi | processione, seguito, sequenza, COMPAGNIA.

accompagnàto (*pps.* di *accompagnare*) [1940] ***agg.*** *T.arald.* rif. alla figura centrale dello scudo, cinta da altri emblemi minori.

accompagnatóre [da *accompagnare*; a. 1406] ***sm.*** (f. *-trìce*) **1.** chi accompagna ‖ *in part. accompagnatore turistico, sportivo*, chi accompagna un gruppo di turisti o di atleti con funzione di assistenza e pubbliche relazioni **2.** *T.mus.* chi esegue l'accompagnamento.

accompagnatòria [da *accompagnare*; 1857] ***sf.*** **1.** *T.bur.* lettera che accompagna la spedizione di atti, documenti e sim. ‖ foglio accluso a una merce, che ne illustra le qualità e le modalità d'uso **2.** lettera di accompagnamento di un dono.

accompagnatùra [da *accompagnare*; a. 1566] ***sf.*** *non com.* atto dell'accompagnare, accompagnamento ‖ il corrispondersi di due o più cose e anche le cose che si corrispondono, riscontro: *questo quadro serve di accompagnatura a quello.*

accompàgno [da *accompagnare*; 1860] ***sm.*** **1.** *T.bur.* accompagnamento **2.** *region.* onoranza funebre.

accomunàbile [da *accomunare*; 1865] ***agg.*** *non com.* che può essere più o meno bene accomunato.

accomunaménto [da *accomunare*; 1612] ***sm.*** l'atto e anche l'effetto dell'accomunare.

accomunàre (meno com. *accumunàre*) (pres. *-ùno*) [comp. parasint. di *comune*; 1312 ca.] ***tr.*** **1.** mettere in comune: *accomunare le forze* ‖ *per restr.* fare gli altri partecipi di qualche cosa: *accomunare alla propria felicità* **2.** mettere alla pari, uguagliare: *accomunare qualcuno con gli altri* ‖ *per estens.* avvicinare, unire in una comunità di intenti o passioni: *sono accomunati dagli stessi interessi* **3.** riunire, concentrare in sé: *accomuna in sé tutte le caratteristiche del perfetto gentiluomo* ‖ ***rifl. rec.*** rendersi uguali: *accomunarsi nella sventura* ‖ ***rifl.*** mettersi insieme, formare una comunità: *accomunarsi con altri.*

acconcézza [da *acconcio*; a. 1347] ***sf.*** *non com.* qualità d'essere acconcio; attitudine, proprietà.

acconciàbile [da *acconciare*; 1865] ***agg.*** *non com.* che si può acconciare più o meno bene.

acconciaménto [da *acconciare*; sec. XIII] ***sm.*** **1.** atto ed effetto dell'acconciare **2.** adattamento.

acconciàre (pres. *-óncio*) [da *conciare*; a. 1292] ***tr.*** **1.** disporre in buon ordine, accomodare: *acconciare il letto* ‖ *fig. raro* mettere in regola, definire: *acconciare un affare* ‖ *per estens.* di vivande, cuocerle, prepararle per la cottura ‖ *fig. ant.* disporre l'animo a qualcosa **2.** pettinare ‖ *per estens.* abbigliare, adornare ‖ *iron. acconciare per le feste*, ridurre a mal partito **3.** *ant.* far assumere al servizio di qualcuno come apprendista ‖ *fig.* accasare ‖ ***rifl.*** **1.** adattarsi, rassegnarsi: *acconciarsi a dormire per terra* **2.** pettinarsi; prepararsi: *O Nerina, ad adunanze, a feste, tu non ti acconci più, tu più non movi* (Leopardi) ‖ ***rifl. rec.*** *ant.* accordarsi ‖ **N.** ***tr.*** **1.** *Sin.* aggiustare, assettare, ordinare, preparare, ACCOMODARE **2.** *Sin.* abbellire, adornare, vestire.

acconciatóre [da *acconciare*; a. 1406] ***sm.*** (f. *-trìce*) chi acconcia (spec. i capelli).

acconciatùra [da *acconciare*; sec. XIV] ***sf.*** **1.** pettinatura, disposizione data ai capelli ‖ *per estens.* ornamento del capo: *acconciatura da sposa* ‖ *ant.* preparazione, allestimento **2.** atto ed effetto dell'acconciare ‖ **N.** CAPELLI. **Q.T.** ***barbiere...***

acconcìme [da *acconciare*; a. 1348] ***sm.*** *ant.* piccolo restauro di case o poderi.

accóncio (pl. *-ci*) (*pps. ant.* di *acconciare*) [a. 1294] **I** ***agg.*** (pl. f. *-ce*) **1.** atto, adatto, idoneo ‖ *in part.* di tempo, opportuno **2.** *ant.* abbigliato con cura, elegante ‖ **acconciaménte** ***avv.*** **II** ***sm.*** *ant.* **1.** utilità, occorrenza, convenienza **2.** ordine, sistemazione ‖ **N. I 1.** *Sin.* adeguato, confacente, ADATTO **2.** *Sin.* allestito, apparecchiato, disposto, preparato.

accondiscendènte (*ppr.* di *accondiscendere*) [1961] ***agg.*** che accondiscende, che lascia fare: *una ragazza accondiscendente*, *eufem.* ragazza facile.

accondiscéndere (pres. *-éndo* ecc., come SCENDERE) [da *condiscendere*; 1764 *accondescendere*] ***intr.*** (aus. *avere*) condiscendere, concedere, esaudire, dare il proprio assenso: *accondiscendere a sposarlo, alla richiesta.*

accóne [prob. dallo sp. *acón*; 1834] ***sm.*** *ant.* barca da carico, col fondo piatto e senza alberi ‖ **N.** *Sin.* chiatta, pontone.

acconigliàre (pres. *-iglio*) [comp. parasint. di *coniglia*; sec. XVII] ***tr.*** *T.mar. ant.* ritirare i remi dall'acqua e disporli in modo che non sporgano al di fuori di essa.

acconsentiménto [da *acconsentire*; inizio sec. XIV] ***sm.*** *non com.* atto di acconsentire, consenso ‖ **N.** *Sin.* assenso, consentimento.

acconsentìre (pres. *-ènto*) [da *consentire*; a. 1321] ***intr.*** (aus. *avere*) **1.** dare il consenso, approvare, essere d'accordo: *acconsento alle nozze*; *prov. chi tace acconsente* ‖ *per estens.* permettere, concedere: *acconsentì che partissero* **2.** detto di oggetti e materiali elastici, cedere gradatamente a una pressione: *le molle acconsentirono al peso* ‖ *fig.* cedere, lasciarsi convincere: *acconsentì ai suoi capricci* ‖ ***tr.*** **1.** *lett. raro* permettere: *il medico gli acconsentì il vino* **2.** *T.mar.* lasciar scorrere un cavo per impedirne la rottura ‖ **N.** ***intr.*** **1.** *Sin.* accordare, annuire, assentire, consentire | CONSENSO | *Contr.* dissentire **2.** *Sin.* cedere, comprimersi.

acconsenziènte (*ppr.* di *acconsentire*) [a. 1294] ***agg.*** che dà il consenso, consenziente.

accontaménto [da *accontare*; 1320 ca.] ***sm.*** *ant.* **1.** incontro, abboccamento **2.** notizia, informazione.

accontàre (pres. *-ónto*) [dal lat. volg. **adcognitāre*, attr. il provenz. *aco(i)ntar* o il fr. ant. *acointier*; seconda metà sec. XIII] ***rifl.*** *lett.* incontrarsi, accompagnarsi: *ci accontammo con una brigata di giovanotti* (Carducci) ‖ *per estens.* entrare in relazione d'amicizia con qualcuno ‖ ***tr.*** *ant.* narrare, ragguagliare, informare.

accontentàre (pres. *-ènto*) [da *contentare*; 1762] ***tr.*** rendere contento, soddisfare in modo temporaneo ‖ ***intr. pron.*** **1.** essere temporaneamente soddisfatto **2.** limitare le proprie aspettative e desideri; *prov. chi si accontenta, gode* ‖ **N.** ***tr.*** *Contr.* scontentare.

accónto[1] [dalla loc. *a conto*; sec. XVII] ***sm.*** parte del debito che si paga come anticipo sulla cifra totale o saldo: *dare, pagare, ricevere un acconto*, o anche *in acconto.*

accónto[2] [dal lat. *adcognitus*, attr. il fr. ant. *acoint*; a. 1348] ***sm.*** (f. *-a*) *ant.* conoscente, amico, familiare.

accoppàre[1] (pres. *-óppo* e *-òppo*) [comp. parasint. di *coppa*; 1663] ***tr.*** *pop.* uccidere con percosse ‖ *per estens.* uccidere in modo brutale: *così si scambiarono dei pugni che avrebbero accoppato un bue* (Verga) ‖ *iperb.* ridurre in cattive condizioni, massacrare ‖ ***intr. pron.*** *pop.* rimanere ucciso, soprattutto in incidenti ‖ **N.** *Sin.* ammazzare, UCCIDERE.

accoppàre[2] (pres. *-óppo* e *-òppo*) [comp. parasint. di *coppo*; 1865] ***tr.*** *raro* coprire di tegole.

accoppiàbile [da *accoppiare*; 1580] ***agg.*** che può essere accoppiato.

accoppiaménto [da *accoppiare*; a. 1580] ***sm.*** **1.** atto dell'accoppiare e dell'accoppiarsi **2.** atto carnale di unione tra maschio e femmina (spec. di animali), coito **3.** *T.mecc.* collegamento di elementi meccanici per renderli solidali tra loro, funzionamento coordinato. **TAV.** ***elettrotecnica*** **1.3;** ***ferrovie...*** **p. 669 1.14.**

accoppiàre (pres. *-òppio* e *-óppio*) [comp. parasint. di *coppia*; a. 1321] ***tr.*** **1.** mettere assieme due persone o cose, appaiare **2.** *T.zool.* effettuare un accoppiamento per scopi riproduttivi ‖ ***rifl. rec.*** **1.** unirsi a formare una coppia, sposarsi: *quei due si sono accoppiati bene* **2.** unirsi per la riproduzione ‖ **N.** ***tr.*** **1.** *Sin.* UNIRE; formare una coppia | ***rifl. rec.*** **2.** *Sin.* copulare, riprodursi.

accoppiàta [da *accoppiare*; 1942] ***sf.*** *T.ipp.* scommessa effettuata su due cavalli nella stessa corsa, pronosticando per uno la vittoria e per l'altro il piazzamento ‖ **N.** *Sin.* abbinata.

accoppiàto (*pps.* di *accoppiare*) [a. 1348] ***agg.*** appaiato, congiunto in coppia: *rima accoppiata*, baciata.

accoppiatóio (pl. *-ói*) [da *accoppiare*; 1688] ***sm.*** **1.** guinzaglio per tenere a coppia i cani da caccia **2.** gabbia o luogo in cui si mettono gli uccelli per farli accoppiare.

accoppiatóre [da *accoppiare*; a. 1498 nel senso 2] ***sm.*** (f. *-trìce*) **1.** chi accoppia **2.** *T.stor.* magistrati addetti agli scrutini elettorali nella Repubblica fiorentina al tempo di Savonarola **3.** *T.tecn.* qualsiasi dispositivo che serva a realizzare un accoppiamento ‖ *in part.* dispositivo per il collegamento elettrico, idraulico e pneumatico tra una motrice e un rimorchio o vagone || *in part.* dispositivo per il trasferimento di energia da un circuito elettrico a un altro per mezzo di accoppiamento.

accoppiatùra [da *accoppiare*; a. 1705] **sf.** accoppiamento.

accoraménto [da *accorare*; 1694] **sm.** l'accorarsi, stato di profonda afflizione || **N.** *Sin.* afflizione, ambascia, cordoglio, DOLORE.

accoràre (pres. *-òro*) [comp. parasint. di *c(u)ore*, prob. sul modello del provenz. *acorar*; 1300 ca.] **tr.** ferire nel cuore || *fig.* produrre un gran dolore, far soffrire || **intr. pron.** affliggersi gravemente || **N.** DOLORE.

accoratàggine [da *accorato*; 1556] **sf.** *ant.* tristezza.

accoratézza [da *accorare*; 1955] **sf.** *raro* accoramento.

accoràto (*pps.* di *accorare*) [a. 1306] **agg.** triste, oppresso dal dolore: *lasciar nelle sale del tetto natio / le donne accorate* (Manzoni) || **accoratamente** **avv.**

accoratóio (pl. *-òi*) [da *accorare*; 1855] **sm.** pugnale aguzzo per colpire nel cuore i maiali.

accorazióne [da *accorare*; a. 1698] **sf.** *ant.* accoramento, afflizione, dolore, cordoglio.

accorciàbile [da *accorciare*; 1865] **agg.** che può essere accorciato.

accorciaménto [da *accorciare*; 1519] **sm.** **1.** atto ed effetto dell'accorciare **2.** *in part.* *T.ling.* abbreviazione di una parola || **N.** *Contr.* allungamento.

accorciàre (pres. *-órcio*) [dal lat. volg. **accurtiāre*; a. 1321] **tr.** rendere corto o più corto, abbreviare: *accorcia questo discorso*; *accorciare le distanze*, ridurre i tempi di percorrenza tra luoghi diversi; *fig.* avvicinarsi a chi precede, in una competizione sportiva o nella scala sociale || **rifl. indir.**: *Laura si è accorciata i capelli* || **intr. pron.** farsi corto o più corto: *le giornate cominciano ad accorciarsi, lavandolo, questo vestito si è accorciato* || **intr.** (aus. *essere*) *raro*: *le giornate cominciano ad accorciare* || **N.** **tr.** *Sin.* abbreviare, contrarre, scorciare | corto | *Contr.* allungare.

accorciativo [da *accorciare*; 1726] **I agg.** atto ad accorciare, che accorcia **II sm.** *non com.* diminutivo, nome proprio accorciato: *Beppe e Pino sono accorciativi di Giuseppe.*

accorciàto (*pps.* di *accorciare*) [a. 1684] **agg.** abbreviato, scorciato, reso più corto || **accorciatamente** **avv.** *raro.*

accorciatóia [da *accorciare*; 1865] **sf.** *non com.* scorciatoia.

accorciatóre [da *accorciare*; a. 1698] **agg.** e **sm.** (f. *-trìce*) *non com.* che o chi accorcia.

accorciatùra [da *accorciare*; 1773] **sf.** atto ed effetto dell'accorciare, accorciamento.

accorcìre (pres. *-ìsco, -ìsci*) [var. di *accorciare*; 1879] **tr.** *tosc.* *fam.* abbreviare, accorciare.

accordàbile [da *accordare*; 1839] **agg.** che si può accordare || **accordabilménte** **avv.** *raro* in modo accordabile, compatibilmente.

accordaménto [da *accordare*; 1310 ca.] **sm.** *ant.* atto ed effetto dell'accordare; accordo, conciliazione.

accordànza [da *accordare*; sec. XII-XIII] **sf.** *ant.* accordo, consenso, consentimento.

accordàre (pres. *-òrdo*) [prob. lat. volg. **accordāre* dal lat. *cor, cordis* con influsso di *chorda*, corda di strumento musicale; a. 1292 nel senso 2] **tr.** **1.** mettere d'accordo, conciliare, pacificare: *accordare due avversari* **2.** tendere le corde di uno strumento musicale in modo da raggiungere la giusta intonazione || *per estens.* rif. a strumenti anche non a corda, regolarli secondo una certa intonazione: *accordare il pianoforte* || *per estens.* rif. a colori, unirli in modo che producano effetto gradevole **3.** *T.gram.* fare in modo che le parti variabili del discorso abbiano le convenienti desinenze **4.** rif. a grazia, favore ecc., concederlo **5.** acconsentire, concedere, quando vi sia già stata una richiesta: *accordare un prestito* || **rifl. rec.** mettersi d'accordo || **intr. pron.** andare d'accordo: *il bianco si accorda con tutti i colori* || **N.** **tr.** **1.** affiatare, far concordare, mediare | *Contr.* contrastare, far discordare **2.** *Contr.* scordare **4.** *Sin.* consentire | *Contr.* negare, ricusare | **rifl. rec.** *Sin.* intendersi | **intr. pron.** *Sin.* armonizzarsi, intonarsi | *Contr.* stonare.

accordàta [da *accordare*; 1865] **sf.** *T.mus.* accordatura veloce, fatta alla meglio.

accordàto (*pps.* di *accordare*) [1314] **I agg.** *strumento, pianoforte accordato*, regolato secondo la giusta intonazione, intonato || **accordataménte** **avv.** *raro* concordemente, in accordo, di comune accordo **II sm.** *raro* la cosa accordata per patto || l'accordo stesso, il patto.

accordatóre [da *accordare*; 1342 ca.] **sm.** (f. *-trìce*) chi accorda, spec. strumenti musicali.

accordatùra [da *accordare*; 1638 ca.] **sf.** l'operazione e l'effetto dell'accordare strumenti musicali: *pianoforte che non regge l'accordatura* || il tono in cui sono accordati: *un'accordatura a 440.*

accordellàre (pres. *-èllo*) [comp. parasint. di *cordella*; 1707] **tr.** attorcere insieme in forma di corda.

accordellàto [da *accordellare*, sec. XV come agg.] **I sm.** *ant.* sorta di panno ordinario tessuto a righe **II agg.** *ant.* allacciato con cordelle: *donna m'apparve accordellata istretta* (Cavalcanti).

accordévole [da *accordare*; 1292 ca.] **agg.** *ant.* accordabile, che si può accordare || **accordevolménte** **avv.** *non com.* in modo che vi sia accordo, armonicamente.

accòrdio (pl. *-di*) [dal fr. *accordéon*, dal n. proprio dell'inventore ted. *Akkordion*; 1865] **sm.** *T.mus.* organetto, fisarmonica.

accòrdo [da *accordare*; 1312 ca.] **sm.** **1.** concordia, conformità di voleri, accomodamento || patti convenuti: *non stare agli accordi* || *andare, essere, rimanere, trovarsi d'accordo*, accordarsi || *mettere d'accordo*, accordare || nelle *loc. avv. di buon accordo, di comune accordo*, con il consenso comune; *d'accordo ass.* vale come piena affermazione e conferma: *allora vieni? D'accordo* || *colloq. essere, andare d'amore e d'accordo*, essere, agire in piena armonia **2.** *T.giur.* incontro di consensi tra due parti, trattato, contratto pubblico o privato **3.** *T.mus.* l'assieme di tre o più suoni combinati secondo le regole dell'armonia **4.** corrispondenza delle parti tra loro e col tutto, unione armonica di tinte, colori, suoni e sim. **5.** *T.mus.* antico strumento musicale, simile a un violone a molte corde **6.** *T.ling.* concordanza in numero (e talvolta genere) fra parti del discorso variabili: *accordo di soggetto e predicato* || **N.** **1.** *Sin.* accomodamento, approvazione, armonia, concerto, concordanza, concordia, conformità, connivenza, consenso | comporre, concertare, concludere, fare, firmare, osservare, proporre, rinnovare, rispettare, rompere, stabilire | *Contr.* disaccordo, disarmonia, discordanza, discordia, zizzania **2.** *Sin.* contratto, convenzione, intesa, patto, trattato **3.** arpeggio, intervallo, triade | diretto, rovesciato; maggiore, minore **4.** *Sin.* consonanza, coordinazione, euritmia, parallelismo, simmetria. **Q.T.** *musica.*

accòrgersi (pres. *-òrgo, -òrgi*; p.rem. *-òrsi, -orgésti*; pps. *accòrto*) [dal lat. volg. **accorrigere*, dal lat. *corrigere*, correggere; 1292] **intr. pron.** scorgere per indizio o per riflessione o per caso un elemento o un fatto non osservato prima, avvedersi: *del qual né io né ei prima s'accorse* (Dante) || intendere, comprendere: *m'accorgo di non farcela più* || *senz'accorgersene*, inavvertitamente; con la massima facilità: *l'ho fatto senz'accorgermene* || *colloq. te ne accorgerai!, se ne accorgerà!*, espressioni di minaccia nei confronti di chi è ostinato o non segue gli avvertimenti || **N.** *Sin.* aver sentore, avvedersi, avvertire, capire, comprendere, intuire, notare, osservare, percepire, riconoscere, subodorare | accortezza, chiaroveggenza, perspicacia.

accorgiménto [da *accorgersi*; a. 1292] **sm.** **1.** la facoltà d'accorgersi, avvedutezza **2.** espediente, trovata ingegnosa, provvedimento accorto: *arredato con moderni accorgimenti* || **N.** **1.** *Sin.* accortezza, avvedutezza, sagacia **2.** *Sin.* astuzia, stratagemma.

accorpàre (pres. *-òrpo*) [comp. parasint. di *corpo*; 1976] **tr.** *T.bur.* unire in un unico organismo uffici, enti, servizi e categorie, per rendere più efficiente la loro attività || *per estens.* riunire insieme, unificare.

accòrre **tr.** *poet. sinc.* di *accogliere* (v.).

accórrere (pres. *-órro* ecc., come CORRERE) [lat. *accurrere*; 1276] **intr.** (aus. *essere*) correre verso un luogo richiamati da circostanze particolari o straordinarie: *accorsi a vedere lo spettacolo* || *in part.* correre in aiuto: *richiamati da quelle grida, accorsero in molti* || *ant.* occorrere || **N.** CORRERE.

accorruòmo [comp. di *accorrere* e *uomo*; 1598 *accorri huomo*] **escl.** *ant.* aiuto!

accorsàto [pps. del dial. *accorsare*, dar corso; 1942] **agg.** *T.comm.* di negozio o attività commerciale, ben avviato || molto frequentato.

accortézza [da *accorto*; a. 1347] **sf.** **1.** qualità di chi è accorto **2.** accorgimento, astuzia: *le accortezze della politica* || **N.** **1.** *Sin.* cautela, prudenza, FURBERIA **2.** *Sin.* espediente.

accortigianàrsi (pres. *-àno*) [comp. parasint. di *cortigiano*; a. 1595] **intr. pron.** *ant.* farsi cortigiano, prendere modi cortigianeschi, usanze da cortigiano.

accortinàre (pres. *-ìno*) [comp. parasint. di *cortina*; 1865] **tr.** *raro* *T.mil.* munire di cortine.

accòrto (*pps.* di *accorgere*) [a. 1257] **agg.** **1.** esperto, consapevole, avveduto, sagace || di parole e sim., dette con accortezza || *male accorto* (o *malaccorto*), incauto **2.** *ant.* svelto, spedito || **accortaménte** **avv.** || **N.** **1.** *Sin.* astuto, furbo, malizioso, perspicace, pronto, scaltrito, scaltro, sveglio | *Contr.* inesperto, ingenuo, sprovveduto, sventato.

accosciàrsi (pres. *-òscio*) [comp. parasint. di *coscia*; a. 1321] **rifl.** ripiegarsi sulle cosce || **N.** *Sin.* ACCOCCOLARSI.

accostàbile [da *accostare*; 1865] **agg.** a cui ci si può accostare facilmente || *fig.* alla mano, avvicinabile, affabile.

accostaménto [da *accostare*; inizio sec. XIV] **sm.** atto ed effetto dell'accostare e dell'accostarsi || *in part.* combinazione: *accostamento di due tinte.*

accostàre (pres. *-òsto*) [comp. parasint. di *costa*; fine sec. XIII] **tr.** avvicinare molto una cosa a un'altra, mettere accosto || di porte, finestre e sim., socchiuderle: *accosta l'uscio* || **rifl.** avvicinarsi molto || *fig. accostarsi a un partito, a un'opinione*, aderirvi || *fig. accostarsi a un autore, a un libro*, studiarlo || *accostarsi ai Sacramenti*, riceverli || rassomigliare: *questa stoffa si accosta molto all'altra* || **intr.** (aus. *essere*) **1.** essere, stare accosto: *il mobile non accosta bene al muro* **2.** *T.mar.* e *T.aer.* di nave e di aereo in moto, spostarsi per cambiare direzione: *accosta di 30°*; di imbarcazione, manovrare per avvicinare il fianco a quello di un'altra nave o alla banchina || **N.** **tr.** *Sin.* approssimare, avvicinare | *Contr.* allontanare, rimuovere, scostare | VICINO.

accostàta [da *accostare*; 1916] **sf.** *T.mar.* e *T.aer.* manovra di deviazione della rotta di una nave o di un aereo; avvicinamento ad altra nave o alla banchina.

accostàto (*pps.* di *accostare*) [1858 ca.] **agg.** vicino || di porta e sim., socchiusa || *T.mar.* *fasciame accostato*, in cui gli assi esterni non si sovrappongono tra loro.

accostatóre [da *accostare*; 1803 ca.] ***sm.*** (f. *-trice*) **1.** chi accosta **2.** *T.agr. disus.* chi accosta gli animali all'aia e ai covoni durante la trebbiatura.

accostatùra [da *accostare*; 1612] ***sf.*** **1.** atto ed effetto dell'accostare **2.** punto ove una cosa è accostata a un'altra; commettitura.

accostévole [da *accostare*; 1300 ca.] ***agg.*** *lett.* di persona, affabile, alla mano, di facile abbordo || **N.** *Sin.* ACCESSIBILE.

accòsto [da *accostare*; 1342] **I** ***avv.*** vicino, da presso, a lato: *gli è sempre accosto* || *accosto accosto*, vicinissimo **II** nella ***loc. prep.*** *accosto a*, accanto, vicino a: *accosto alla casa* **III** ***sm.*** *raro* accostamento: *gancio d'accosto* || *fig.* protezione, aiuto, appoggio: *ha dei buoni accosti* **IV** ***agg.*** *tosc.* accostato, vicino: *quella scala non è bene accosta al muro* || **N.** III alighiero, anghiere, gaffa.

accostolàre (pres. *-òstolo*) [comp. parasint. di *costola*; 1865] ***tr.*** **1.** lavorare a costola || far sì che un panno prenda una costola o piega falsa **2.** *disus. T.mar.* metter le costole a una nave.

accostolàto (*pps.* di *accostolare*) [1865] **I** ***agg.*** nei sensi del verbo **II** ***sm.*** *T. mar.* scheletro del bastimento nella sua integrità || **N.** II *Sin.* corbame, ossatura.

accostolatùra [da *accostolare*; 1865] ***sf.*** *T.tess.* falsa piega che il panno ha preso nel venir compresso dalla gualchiera.

accostumàbile [da *accostumare*; 1865] ***agg.*** che è atto o facile ad accostumarsi, docile, pieghevole.

accostumànza [da *accostumare*; prima metà sec. XIV] ***sf.*** *ant.* costume.

accostumàre (pres. *-ùmo*) [comp. parasint. di *costume*; a. 1292] ***tr.*** *non com.* abituare, avvezzare || ***rifl.*** assuefarsi || ***intr.*** (aus. *essere*) e ***intr. pron.*** *arc.* essere abituato, solito || **N.** ABITUDINE.

accostumatézza [da *accostumare*; a. 1584] ***sf.*** *raro* costumatezza.

accostumàto (*pps.* di *accostumare*) [a. 1321] ***agg.*** **1.** *non com.* costumato, educato; abituato, assuefatto, avvezzo **2.** *disus.* solito, solitamente usato.

accotonàre (pres. *-óno*) [comp. parasint. di *cotone*; fine sec. XV] ***tr.*** **1.** arricciare il pelo ai pannilani **2.** rif. a capelli, cotonare **3.** *raro* imbottire di cotone.

accotonatóre [da *accotonare*; 1559] ***sm.*** (f. *-trice*) *T.tess.* chi accotona; chi, per mestiere, accotona i panni.

accotonatùra [da *accotonare*; 1797] ***sf.*** **1.** *T.tess.* l'operazione e l'effetto dell'accotonare **2.** tipo di acconciatura femminile, cotonatura.

accottimàre (pres. *-òttimo*) [comp. parasint. di *cottimo*; 1865] ***tr.*** dare a cottimo || *raro* prendere a cottimo.

account-executive (ingl., pr. [ə'kaʊnt ɪg'zekjʊtɪv]) [letter. dirigente della resa dei conti; 1970] ***s. inv.*** in un'agenzia pubblicitaria, funzionario incaricato di gestire il budget del cliente.

accovacciàrsi (pres. *-àccio*) [comp. parasint. di un ant. *covaccio*, da *covo*; 1748 ca.] ***intr. pron.*** *propr.* di animali, porsi nel covo || *per estens.* di persone, mettersi a giacere rannicchiando le gambe; rannicchiarsi || **N.** *Sin.* accucciarsi, ACCOCCOLARSI.

accovonàre (pres. *-óno*) [comp. parasint. di *covone*; 1623] ***tr.*** *T.agr.* rif. a grano e sim., legare in covoni.

accovonatóre [da *accovonare*; 1961] ***sm.*** *T.agr.* **1.** (f. *-trice*) chi accovona **2.** parte della macchina mietitrebbia che lega gli steli in covoni.

accozzàglia (pl. *-glie*) [da *accozzare*; 1805] ***sf.*** *spreg.* disordinata riunione di persone o cose diverse: *un'accozzaglia di genti armate* || **N.** FOLLA.

accozzaménto [da *accozzare*; 1353] ***sm.*** atto ed effetto dell'accozzare, l'accozzarsi; insieme di cose accozzate.

accozzàre (pres. *-òzzo*) [prob. da *cozzare*; 1353] ***tr.*** **1.** unire, mettere insieme, ma sempre con l'idea di un'unione disarmonica: *nell'alloggio hanno accozzato mobili di stili diversi* || *tosc. fam. non accozzare il pranzo con la cena*, far vita magra || *tosc. accozzare i pentolini*, mangiare insieme, portando ognuno le proprie vivande **2.** *T.gioc. accozzare le carte*, mettere insieme quelle dello stesso segno || ***rifl. rec.*** incontrarsi, collegarsi || *ant.* cozzare, dar di cozzo || ordinarsi a battaglia || **N.** ***tr.*** *Sin.* UNIRE | *Contr.* separare.

accozzatóre [da *accozzare*; 1865] ***sm.*** (f. *-trìce*) chi mette insieme disordinatamente cose diverse.

accòzzo [da *accozzare*; 1819 ca.] ***sm.*** effetto dell'accozzare || *per estens.* insieme di cose accozzate.

accreditàbile [da *accreditare*; 1865] ***agg.*** che si può accreditare.

accreditaménto [da *accreditare*; 1852] ***sm.*** **1.** atto ed effetto dell'accreditare **2.** *T.banc.* l'operazione bancaria con la quale si segna una somma a credito di qualcuno **3.** riconoscimento mediante presentazione di credenziali di una rappresentanza diplomatica.

accreditànte (*ppr.* di *accreditare*) [1961] ***agg.*** e ***s.*** che o chi accredita.

accreditàre (pres. *-édito*) [comp. parasint. di *credito*; a. 1600] ***tr.*** **1.** dar credito, conferire prestigio: *la merce accredita la bottega* || *per estens.* rendere credibile, avvalorare: *accreditare una notizia, una teoria* **2.** *T.banc.* registrare a credito, compiere un'operazione di accreditamento **3.** in diplomazia, munire di lettere credenziali per il riconoscimento || ***rifl.*** procacciarsi credito || rendersi credibile || **N.** ***tr.*** **1.** *Contr.* screditare | STIMA **2.** *Contr.* addebitare.

accreditatàrio (pl. *-ri*) [da *accreditare*; 1955] ***sm.*** (f. *-a*) accreditato.

accreditàto (*pps.* di *accreditare*) [1661] **I** ***agg.*** che ha credito: *notizia accreditata* || *ambasciatore accreditato*, munito di credenziali || *giornalista accreditato*, autorizzato ad attingere a particolari fonti di informazione altrimenti riservate **II** ***sm.*** (f. *-a*) *T.banc.* persona a favore della quale si è aperto un credito bancario.

accréscere (pres. *-ésco* ecc., come CRESCERE) [lat. *accrescere*; 1250 *acrescere*] ***tr.*** aumentare, far maggiore di quantità o di numero; anche *fig.*: *accrescere le proprie conoscenze* || ***intr. pron.*** aumentare: *il tasso d'inquinamento s'accresce di molto* || **N.** ***intr. pron.*** *Sin.* CRESCERE | AUMENTO.

accresciménto [da *accrescere*; 1257 *acrescimento*] ***sm.*** **1.** atto ed effetto dell'accrescere e dell'accrescersi, ingrandimento: *l'accrescimento di un'azienda, del capitale sociale* **2.** crescita, sviluppo progressivo di un organismo vivente **3.** *T.giur.* aumento della quota di un coerede mediante l'acquisizione di una quota lasciata vacante da un altro cotitolare **4.** *T.min.* processo di crescita di un cristallo mediante sovrapposizione molecolare **5.** *T.ret.* amplificazione.

accrescitìvo [da *accrescere*; 1308] **I** ***agg.*** **1.** che è atto ad accrescere **2.** *T.gram.* si dice di suffissi (come *-one, -ona*) che indicano accrescimento dell'idea espressa dal positivo **II** ***sm.*** *T.gram.* aggettivo o sostantivo alterato per indicare accrescimento: *avarone è accrescitivo di avaro, abatone di abate* || *T.gioc. falso accrescitivo*, gioco enigmistico basato su due parole, di cui l'una sembra, ma non è per il senso, l'accrescitivo dell'altra (come *burro, burrone*).

accresciùto *pps.* di *accrescere* (v.).

accrespàre (pres. *-éspo*) [da *crespare*; a. 1406] ***tr.*** *raro* increspare, aggrinzire, aggrinzare.

accrespatùra [da *accrespare*; 1865] ***sf.*** **1.** *non com.* increspatura **2.** *T.tess.* grinza che si rivela nel panno all'atto della sodatura.

accreziòne [dal lat. *accrētio*, *-ōnis*; sec. XVII] ***sf.*** *T.giur. disus.* accessione di proprietà; unione di una cosa libera a un'altra già occupata o di cui si è già disposto o che ha trovato padrone || *propr. ant.* accrescimento || **N.** *Sin.* aumento.

accrochage (fr., pr. [akrɔ'ʃa:ʒ]) [1939] ***sm.*** *inv.* urto di due imbarcazioni nelle gare nautiche; abbordaggio.

accùbito [dal lat. *accŭbitum*, da *accŭbitus*, pps. di *accubāre*, giacere accanto; 1631] ***sm.*** **1.** posizione dei Greci e dei Latini a mensa, cioè con il corpo disteso su un fianco e appoggiato sul gomito **2.** letto conviviale **3.** *T.etn.* in alcune popolazioni, la posizione rituale del marito che incita la moglie partoriente.

accucciàrsi (pres. *-ùccio*) [comp. parasint. di *cuccia*; 1834] ***intr. pron.*** di cane, mettersi a cuccia || *fig.* di persona, raggomitolarsi, rannicchiarsi || **N.** *Sin.* acchiocciolarsi, accoccolarsi, accovacciarsi.

accucciolàrsi (pres. *-ùcciolo*) [da *accucciarsi*; 1865] ***intr. pron.*** *raro* accucciarsi.

accudìre (pres. *-ìsco*, *-ìsci*) [dallo sp. *acudir*; 1526] ***intr.*** (aus. *avere*) attendere con diligenza a qualche faccenda: *accudire alla bottega* || ***tr.*** assistere, curare: *accudire un malato* || **N.** ***intr.*** *Sin.* badare, dedicarsi, occuparsi.

accullaménto [da *accullare*; 1955] ***sm.*** l'accullare e l'accularsi degli animali.

acculàre (pres. *-ùlo*) [comp. parasint. di *culo*; a. 1527 nel senso 2] ***tr.*** *tosc.* rif. a cavalli, muli, quadrupedi in genere, veicoli, farli indietreggiare verso un dato punto: *acculare l'asino al muro* || rif. a persona, incalzarla in modo che sia costretta a rincantucciarsi in luogo da cui non possa fuggire || *acculare un baroccio, un carretto*, alzargli le stanghe in modo che vada all'ingiù nella parte posteriore || ***intr. pron.*** **1.** di quadrupedi, sedere con la parte anteriore del corpo che grava sulle zampe davanti **2.** *spreg.* stanziarsi.

acculattàre [comp. parasint. di *culatta*; a. 1665] ***tr.*** alzare qualcuno prendendolo per le braccia e per le gambe e fargli battere il sedere in terra || *fig. acculattar le panche*, starsene a sedere oziosamente, senza far nulla, in panciolle.

acculturaménto [da *acculturare*; 1955] ***sm.*** acculturazione.

acculturàre (pres. *-ùro*) [da *acculturazione*; 1974] ***intr. pron.*** **1.** *T.etn.* assorbire la cultura di un popolo tecnologicamente più avanzato, sostituendola alla propria, rif. spec. a gruppi etnici dai caratteri tribali **2.** acquisire una cultura, arricchirsi culturalmente || ***tr.*** *meno com.* attrarre un popolo nella propria cultura, ritenuta più avanzata.

acculturazióne [dall'ingl. *acculturation*; 1947] ***sf.*** processo per cui un popolo assorbe la cultura di un altro con cui sia venuto a contatto.

accumulàbile [da *accumulare*; 1865] ***agg.*** che si può accumulare.

accumulaménto [da *accumulare*; 1686] ***sm.*** atto ed effetto dell'accumulare.

accumulàre (pres. *-ùmulo*) [dal lat. *accumulāre*; 1313 ca.] ***tr.*** ammassare, raccogliere in cumulo; anche *fig.*: *accumulare meriti, demeriti, beni, obblighi*; rif. a denaro, anche *ass.*: *non fa che accumulare* || ***intr. pron.*** raccogliersi in mucchio, ammassarsi, aumentare: *le pratiche inevase si accumularono negli scantinati* || **N.** ***tr.*** *Sin.* abbarcare, accatastare, adunare, agglomerare, ammassare, ammontare, ammonticchiare, ammucchiare, assommare | MUCCHIO.

accumulatóre [da *accumulare*; 1549] ***sm.***

1. (f. *-trice*) chi accumula **2.** apparecchio che serve ad accumulare energia meccanica, termica, elettrica ecc. || *in part. accumulatore elettrico* e *ass. accumulatore*, apparecchio destinato ad accumulare in sé l'energia elettrica sotto forma di energia potenziale chimica, per metterla poi in azione quando occorra: *caricare, scaricare un accumulatore; vita di un accumulatore*, durata; *batteria di accumulatori*, insieme di due o più accumulatori || *accumulatore idrico, d'aria compressa*, recipiente a pareti robustissime in cui, mediante pompe, si comprimono liquidi o aria || *T.inform.* il registro più importante dell'unità logico-aritmetica al quale vengono passati tutti i risultati di operazioni aritmetiche || **N. 1.** *Sin.* ammassatore **2.** elettrolito, isolatori, piastre di piombo, recipiente. **Q.T.** *elettricità* **TAV.** *elettrotecnica* 1; *ferrovie...* **p. 669** 2.9.

accumulazióne [da *accumulare*; 1342 ca.] ***sf.*** **1.** atto ed effetto dell'accumulare e dell'accumularsi **2.** *T.econ.* nel marxismo, il processo di formazione del capitale in una società di tipo capitalistico **3.** *T.ret.* figura consistente nell'aggiungere gli uni agli altri membri di frase non ripetuti: *accumulazione coordinativa, subordinativa, caotica* **4.** *T.mat. punto di accumulazione di un insieme*, punto (appartenente o no all'insieme) tale che in ogni suo intorno si trovano infiniti punti dell'insieme.

accùmulo [da *accumulare*; a. 1936] ***sm.*** l'accumulare graduale e progressivo: *accumulo di ricchezze, di energie.*

accumunàre V. ACCOMUNARE.

accupàrsi (pres. *-ùpo*) [comp. parasint. di *cupo*; a. 1556] ***intr. pron.*** *raro* di cielo, oscurarsi || *fig.* di persona, farsi triste || **N.** *Sin.* incupire.

accuratézza [da *accurato*; 1597] ***sf.*** cura diligente e assidua posta nell'eseguire qualcosa || **N.** *Sin.* cura, DILIGENZA.

accuràto [dal lat. *accuratum*, pps. di *accurare*; 1550] ***agg.*** **1.** che è fatto con diligenza: *ricerca accurata* **2.** che opera con diligenza: *scrittore accurato* || **accurataménte** ***avv.***

accùṣa [da *accusare*; 1290] ***sf.*** **1.** l'atto con cui s'attribuisce a qualcuno una colpa o un delitto || *in part. T.giur. atto d'accusa*, l'atto con cui il magistrato formula l'accusa allegandone le ragioni; *capi d'accusa*, i reati per i quali qualcuno è sottoposto a giudizio; *testimoni d'accusa*, quelli chiamati a carico dell'imputato; *accusa*, il magistrato che sostiene le parti d'accusatore in giudizio; *pubblica accusa*, il pubblico ministero; *privata accusa*, gli avvocati di parte civile; *sezione d'accusa*, collegio di magistrati che decide in merito alle accuse dei reati più gravi, e risiede presso la Corte d'appello **2.** *T.gioc.* nei giochi di carte, la dichiarazione di una combinazione che dà diritto a determinati punti || **N. 1.** *Sin.* addebito, attacco, biasimo, calunnia, denigrazione, denuncia, diatriba, diffamazione, imputazione, incolpazione, incriminazione, insinuazione, maldicenza, querela, rimprovero, taccia, vilipendio | avventata, doverosa, falsa, fondata, giusta, ingiusta, insussistente, legittima, lieve, precipitata, ridicola, sensata, vana | comprovare, confermare, fare, formulare, intentare, lanciare, mettere in stato di accusa, muovere, presentare, provare, ribadire, sostenere | confutare, ribattere, ritorcere, smentire | assoluzione, condanna, processo, sentenza | *Contr.* difesa. **Q.T.** *diritto.*

accuṣàbile [da *accusare*; 1639] ***agg.*** che può essere accusato.

accuṣabilità [da *accusabile*; 1865] ***sf.*** *non com.* possibilità di accusare o di essere accusato.

accuṣàre (pres. *-ùṣo*) [lat. *accusāre*; 1080 ca.] ***tr.*** **1.** incolpare, ritenere colpevole: *accusare qualcuno di superficialità, di eccessivo zelo* **2.** *T.giur.* denunciare al magistrato; sostenere l'accusa in giudizio **3.** provare: *accusare un dolore* || *accusare il colpo*, spec. *fig.*, risentire palesemente di una botta ricevuta || *T.bur.* dichiarare di ricevere: *accusare ricevuta, una lettera* **4.** in alcuni giochi di carte, dichiarare i punti o certe combinazioni di carte **5.** *T.sport.* nella scherma, dichiarare di essere stato toccato dall'avversario || ***rifl.*** dichiarare la propria colpa, confessarsi colpevole || **N.** ***tr.*** **1.** *Sin.* addebitare, apporre o ascrivere a colpa | calunniare, denigrare, diffamare, infamare, rinfacciare, vilipendere **2.** citare, deferire alla giustizia, denunciare, far carico, imputare, incolpare, incriminare, processare, querelare.

accuṣàta [da *accusare*; 1845] ***sf.*** al gioco delle carte, la dichiarazione del punto che uno ha o di certe combinazioni di carte || **N.** *Sin.* accuso.

accuṣatìvo [dal lat. *accusatīvus*; 1300 ca.] ***agg.*** e ***sm.*** *T.gram.* caso della declinazione nominale nelle lingue indoeuropee che indica il complemento oggetto ma anche estensione nello spazio e nel tempo, durata e relazione: *questo nome va messo al caso accusativo.*

accuṣàto (*pps.* di *accusare*) [1280] ***sm.*** (f. *-a*) persona accusata, sottoposta a giudizio penale || **N.** *Sin.* detenuto, imputato | a piede libero, contumace.

accuṣatóre [da *accusare*; a. 1294] ***sm.*** (f. *-trice*) chi accusa || *in part. T.giur. il pubblico accusatore*, il pubblico ministero, il procuratore della Repubblica, cioè il magistrato cui lo Stato demanda l'incarico di svolgere l'azione penale o di rendere esecutiva la condanna || **N.** *Sin.* delatore, denunciatore, sicofante, spia | *Contr.* difensore.

accuṣatòrio (pl. *-ri*) [da *accusare*; 1688] ***agg.*** che contiene un'accusa, che accusa: *tono accusatorio.*

accùṣo [da *accusare*; 1688] ***sm.*** *T.gioc.* il possedere al gioco combinazioni che debbono essere dichiarate per aver diritto a punti, accusata: *ho dimenticato l'accuso.*

ace (ingl., pr. [eɪs]) [letter. asso; 1930] ***sm. inv.*** *T.sport.* nel tennis, punto ottenuto con il solo colpo di battuta, senza che l'avversario riesca a toccare la palla || *per estens.* servizio vincente, forte e/o angolato, impossibile da ribattere || *ace sporco*, servizio potente cui l'avversario risponde sfiorando la palla, senza riuscire a impostare una risposta vincente. **Q.T.** *tennis.*

-àcea [dal f. pl. del suff. lat. *-āceus*, -aceo] ***suff.*** in parole della terminologia botanica, viene aggiunto alla radice del nome di un genere per indicare l'appartenenza a una famiglia || al *pl.*, forma i nomi stessi delle famiglie botaniche: per es. *Aceracee, Euforbiacee, Fagacee, Urticacee.*

acedìa [dal lat. eccl. *acedia*, dal gr. *akēdía*, accidia; a. 1292] ***sf.*** *T.fil.* depressione malinconica, torpore dello spirito, che conduce all'inerzia e al distacco dalla passione || *T.psic.* anomalia generica della volontà || **N.** *Sin.* abulia, accidia, apatia, inerzia, pigrizia.

acefalìa [comp. di *a-*[1] e *-cefalia*; 1827] ***sf.*** **1.** *T.med.* mancanza congenita della testa in un feto **2.** *T.metr.* mancanza in un verso della sillaba iniziale.

acèfalo [dal gr. *aképhalos*, senza capo; sec. XIV] **I** ***agg.*** **1.** senza capo, senza principio: *manoscritto acefalo*, mancante di una o più pagine iniziali **2.** *T.metr.* di verso o di una serie metrica, che manca del primo piede **3.** *T.eccl.* di concilio, che non è presieduto dal pontefice o da un suo rappresentante; anche di insieme di monaci ai quali è morto l'abate || *per estens.* di gruppo, privo di capo o guida **4.** *T.mus.* di ritmo in cui manchi nella parte iniziale il tempo forte **II** ***sm.*** **1.** (f. *-a*) *T.stor.* nel Medioevo, eretico monofisita che ricusava di riconoscere certi capi o l'autorità di certi consigli **2.** (f. *-a*) *T.stor.* nome dei sudditi nullatenenti del Regno d'Inghilterra, liberi perciò da obblighi verso re, Chiesa e feudatari **3.** *pl. T.zool. Acefali*, molluschi che non hanno capo distinto dal tronco, per es. le ostriche; Lamellibranchi.

acellulàre [comp. di *a-*[1] e *cellula*; 1970] ***agg.*** *T.biol.* privo di struttura cellulare (per es. alcuni funghi).

-àceo [lat. *-āceu(m)*, ampliamento del suff. *-ace(m)*] ***suff.*** **1.** forma aggettivi denominali (anche sostantivati) che indicano relazione, somiglianza con quanto è indicato dalla base: *amidaceo, arbustaceo, madreperlaceo, saponaceo* **2.** V. -ACEA.

Aceràcee [comp. di *acero* e *-acee*; 1875] ***sf. pl.*** *T.bot.* famiglia di piante dicotiledoni cui appartiene l'acero.

aceràia [da *acero*; 1797] ***sf.*** *raro* luogo piantato ad aceri || bosco o aggregato di aceri || **N.** acereta, acereto.

aceratèrio o **acerotèrio** (pl. *-ri*) [comp. del gr. *ákeros*, senza corno e *thérion*, belva; 1955 *acerotèrio*] ***sm.*** rinoceronte fossile, privo di corno, vissuto nel Cenozoico.

acerbétto (*dim.* di *acerbo*) [1595] ***agg.*** **1.** un poco acerbo: *questo vino è acerbetto* **2.** *ant.* ritrosetto: *la quale era anzi acerbetta che no* (Boccaccio).

acerbézza [da *acerbo*; prima metà sec. XIV] ***sf.*** *raro* qualità di essere acerbo || *fig.* immaturità || **N.** *Sin.* acerbità, asprezza, immaturità.

acerbità [dal lat. *acerbitas, -ātis*; 1308 ca.] ***sf.*** qualità di chi o di ciò che è acerbo, spec. *fig.*: *acerbità di una fanciulla* || *fig.* severità, durezza || **N.** *Sin.* asprezza, crudeltà, rigore | *Contr.* maturità.

acèrbo [lat. *acĕrbus*; sec. XIII] **I** ***agg.*** **1.** non maturo: *aspro come l'uva acerba* || *fig.* avvenuto prima del tempo; non ancora pronto: *morte acerba; essere acerbo per certi studi* **2.** di sapore, aspro, brusco: *vino, liquore, gusto acerbo* **3.** *lett.* in senso morale, austero, severo, duro || di dolore o di avvenimento, angoscioso, straziante: *il caso acerbo commosse tutti* **II** ***sm.*** *non com.* immaturità, o asprezza di sapore, o severità: *le sue parole hanno sempre dell'acerbo* || *dim.* acerbétto, acerbòtto || **acerbaménte** ***avv.*** || **N. 1.** *Sin.* immaturo, imperfetto, non stagionato, prematuro | *Contr.* maturo **2.** *Sin.* acre, afro, agro, aspro, brusco | *Contr.* abboccato, amabile, dolce **3.** amaro, austero, crudele, doloroso, duro, fiero, ingrato, intrattabile, ostinato, rigido, ruvido, severo, spiacevole | disacerbare, esacerbare.

aceréta [da *acero*; 1863] ***sf.*** bosco di aceri, luogo piantato ad aceri || **N.** *Sin.* aceraia.

aceréto [da *acero*; 1829] ***sm.*** acereta.

àcero [lat. *acer, aceris*; a. 1333] ***sm.*** albero di alto fusto della famiglia delle Aceracee, con tronco diritto, corteccia liscia, foglie palmate, fiori verdognoli a grappoli, frutto con due parti alate dette *samare*, legno bianco a onde, compatto, utilizzato in ebanisteria || *acero americano*, V. NEGUNDO || **N.** acero bianco, acero campestre o loppio, acero riccio o platanaria, acero rosso, loppone.

aceróso [dal lat. tardo *acerōsus*, a forma di pula; 1845] ***agg.*** *T.bot.* aghiforme.

acerotèrio V. ACERATERIO.

acèrra [dal lat. *acerra*; sec. XVI] ***sf.*** *T.archeol.* **1.** specie di turibolo usato dai Romani nei sacrifici || *per meton.* cassetta che conteneva l'incenso per i sacrifici **2.** altare che i Romani alzavano presso il letto di un morto per ardervi incenso.

acèrrimo (*superl. irr.* di *acre*) [dal lat. *acerrimus*, superl. di *ācer*; a. 1499] ***agg.*** fierissimo, veementissimo: *odio acerrimo; fede, ostilità acerrima* || **acerrimaménte** ***avv.***

acèrvo [dal lat. *acervus*; 1524 ca.] ***sm.*** *lett.* cumulo, mucchio || **N.** *Sin.* coacervo, MUCCHIO.

acèrvulo [dal lat. scient. *acervulus*, dim. del lat. *acervus*, cumulo; 1955] **sm.** *T.bot.* corpo fruttifero a forma di cuscinetto costituito da conidi, che erompe alla superficie di piante soggette all'azione parassita di alcune specie di funghi.

acescènte [dal lat. *acēscere*; 1829] **agg.** *raro* che tende a inacidire: *vino acescente.*

acescènza [da *acescente*; a. 1783] **sf.** inizio di acidità prodotto da fermentazione.

acetàbolo o **acetàbulo** [dal lat. *acetābulum*; sec. XIV] **sm. 1.** *T.archeol.* vasetto o coppa per l'aceto usata da Greci e Romani ‖ *per estens.* antica misura di capacità **2.** *T.anat.* cavità ossea dell'iliaco che riceve la testa del femore ‖ **N. 2.** glene, glenoide.

acetabulària [dal lat. scient. *acetābulum*, ampolla per l'aceto; 1875 *acetabolaria*] **sf.** *T.bot.* alga verde delle Dasicladacee simile a un fungo con la sommità a forma di ombrello ricurvo verso l'alto.

acetàbulo V. ACETABOLO.

acetàle [da *acetico*, con cambio di suff.; 1833] **sm.** *T.chim.* etere alchilico ottenuto per ossidazione degli alcoli, usato come solvente e per materie plastiche.

acetàre (pres. *-éto*) [da *aceto*; 1561] **tr.** rendere acido mediante l'aceto, inacetire ‖ **N.** acetire.

acetàto [comp. di *aceto* e *-ato*; 1795] **sm. 1.** *T.chim.* sale o estere dell'acido acetico: *acetato di piombo* **2.** fibra tessile artificiale ottenuta da acetilcellulosa, simile alla seta **3.** disco di materia plastica a base di acetato usato nell'industria discografica per riprodurre, a titolo di prova, registrazioni effettuate su nastro.

acètico (pl. *-ci*) [comp. di *aceto* e *-ico*; 1795] **agg.** *T.chim.* di composto, che contiene il radicale acetile: *acido acetico*, liquido incolore che si trova in piccole percentuali soluto nell'aceto; si ricava dalla distillazione secca del legno (spec. quercia, faggio, carpino) e anche da cereali o dalla fermentazione acetica dell'alcol etilico; ha vari usi in farmacologia e in merceologia (per es. nell'industria delle fibre artificiali).

acetificàre (pres. *-ìfico, -ìfichi*) [comp. di *aceto* e *-ficare*; 1950] **tr.** *T.chim.* **1.** trasformare l'alcol in acido acetico **2.** stabilire il contenuto dell'acido acetico nei liquidi alcolici: *acetificare il vino.*

acetificatóre [da *acetificare*; 1955] **sm. 1.** strumento per produrre l'aceto **2.** (f. *-trìce*) addetto alla preparazione dell'aceto.

acetificazióne [da *acetificare*; 1775] **sf.** *T.chim.* l'operazione mediante la quale si trasforma in acido acetico l'alcol contenuto nei liquidi alcolici.

acetifìcio (pl. *-ci*) [comp. di *aceto* e *-ficio*; 1970] **sm.** fabbrica di aceto.

acetil- [da *acetile*] **primo elem.** che, in parole composte della terminologia chimica, indica il radicale monovalente acetile: **acetilcellulósa**, **acetilcolina**.

acetilàre (pres. *-ètilo*) [da *acetile*; 1913] **tr.** *T.chim.* inserire in una molecola uno o più radicali acetile.

acetilàto (*pps.* di *acetilare*) [1970] **I sm.** composto che ha subito il processo dell'acetilazione **II agg.** che ha subito il processo dell'acetilazione.

acetilazióne [da *acetilare*; 1955] **sf.** atto ed effetto dell'acetilare.

acetìle [comp. di *aceto* e *-ile*; 1913] **sm.** *T.chim.* radicale dell'acido acetico ottenuto mediante l'eliminazione del gruppo ossidrile, presente in numerosi composti.

acetilène [dal fr. *acétylène*; 1875] **sm.** *T.chim.* gas incolore prodotto dalla reazione chimica tra il carburo di calcio e l'acqua; serve per la saldatura autogena e per illuminazione.

acetilènico (pl. *-ci*) [da *acetilene*; 1950] **agg.** *T.chim.* relativo all'acetilene ‖ derivato dall'acetilene ‖ *idrocarburo acetilenico*, idrocarburo insaturo che presenta una molecola con uno o più tripli legami.

acetìlico (pl. *-ci*) [da *acetile*; 1970] **agg.** *T.chim.* che deriva dal radicale acetile o che lo contiene.

acetilsalicìlico (pl. *-ci*) [comp. di *acetil-* e *salicilico*; 1913] **agg.** *T.chim.* *acido acetilsalicilico*, derivato acetilico dell'acido salicilico, usato in farmacia come analgesico, antireumatico e antipiretico.

acetilùro [comp. di *acetile* e *-uro*; 1955] **sm.** *T.chim.* composto derivato dall'acetilene per sostituzione, totale o parziale, degli atomi di idrogeno con atomi di metallo; quello di rame e quello d'argento hanno proprietà esplosiva: *acetiluro di calcio*, carburo di calcio.

acetìmetro o **acetòmetro** [comp. di *aceto* e *-metro*; 1913] **sm.** strumento graduato per la determinazione della percentuale di acido acetico nell'aceto.

acetìno [da *aceto*, per la somiglianza del colore; 1845] **sm.** *raro* specie di granato rosso chiaro.

acetìre (pres. *-ìsco, -ìsci*) [da *aceto*; 1340 ca.] **intr.** (aus. *essere*) divenire aceto, infortire.

acéto [dal lat. *acētum*; sec. XIII] **sm. 1.** il prodotto della fermentazione acetica di vino o altri liquidi alcolici, dovuta a speciali microrganismi; di sapore aspro, viene usato per condimento di cibi o per altri usi alimentari ‖ *verdura sott'aceto*, conservata con l'aceto, sottaceto ‖ *aceto balsamico*, aceto con infusione di essenze odorose ‖ *aceto dei quattro* o *dei sette ladri*, preparato con erbe speciali per cure igieniche ‖ *pigliar d'aceto*, di vino, cominciare a diventar aceto ‖ *fig. lett.* mordacità, spirito acre e pungente **2.** nome di vari derivati dell'acido acetico: *aceto di legno* ‖ **N. 1.** fondigliolo dell'aceto, madre | acescente, acidulo, forte, inacetito, inacidito.

acetolièra [comp. di *aceto* e *oliera*; 1950] **sf.** *non com.* arnese da tavola costituito da un portampolle da tavola che regge insieme le ampolline dell'olio e dell'aceto ‖ **N.** ampolliera.

acetòmetro V. ACETIMETRO.

acetóne [dal fr. *acétone*; 1865 nel senso 2; 1875 nel senso 1] **sm. 1.** *T.chim.* liquido incolore, di odore etereo e sapore bruciante che si ricava dalla distillazione di molte sostanze e spec. del legno; è usato come solvente; si trova anche in soggetti, spec. bambini, affetti da acetonemia **2.** *com.* acetonemia: *avere l'acetone.*

acetonemìa [comp. di *acetone* e *-emia*; 1892] **sf.** *T.med.* **1.** accumulo patologico di acetone nel sangue **2.** sindrome infantile caratterizzata dal prodursi di acetone nei polmoni e nella vescica urinaria.

acetònico (pl. *-ci*) [da *acetone*; 1875] **agg.** relativo all'acetone: *acido acetonico, alito acetonico.*

acetonùria [comp. di *acetone* e *-uria*; 1889] **sf.** *T.med.* sintomo tipico dell'acetonemia caratterizzato dall'eliminazione di una quantità patologica di acetone e di altri corpi chetonici con le urine.

acetósa [da *acetoso*; sec. XIV] **sf.** erba di sapore acido, della famiglia delle Poligonacee, con foglie saettiformi, fiori verdi o rossastri raccolti in pannocchie, usata per salse.

acetosèlla [da *acetoso*; sec. XIV] **sf.** pianticella erbacea delle Ossalidacee che ha foglie a forma di trifoglio di sapore acidulo, usate spesso nelle insalate ‖ *sale di acetosella*, acido ossalico, solvente contenuto nell'acetosella, che serve per levare le macchie, specialmente di ruggine.

acetosità [da *acetoso*; 1300 ca.] **sf.** sapore di aceto, acidità ‖ **N.** *Sin.* acetume, acidità, fortore.

acetóso [dal lat. *acetōsus*; 1310 ca.] **agg.** che contiene aceto, che sa d'aceto; inacetito, inacidito ‖ **N.** *Sin.* acidulo.

acetùme [da *aceto*; 1758] **sm.** *raro* materia acetosa.

achènio (pl. *-ni*) [comp. di *a-*[1] e gr. *cháinein*, aprirsi; 1892] **sm.** frutto indeiscente, piccolo, secco, con pericarpo più o meno duro, non aderente al seme; talvolta alato (samara, per es. nell'olmo); talvolta anche aderente al guscio del seme (cariosside, per es. nel grano). **TAV. *fiori*... p. 671** 8.5.

achèo [dal lat. *Achāeus*, dell'Acaia; 1810] **I agg. 1.** dell'Acaia, degli Achei **2.** *per estens. lett.* greco: *armi, tribù achee* **II sm. 1.** (f. *-a*) *spec. pl.* abitante, nativo dell'Acaia ‖ *per estens. lett.* greco (con riferimento alla cultura omerica) **2.** (solo *sing.*) dialetto acheo, il più antico e più meridionale dialetto greco.

acherónte [dal lat. *Acheron, -ŏntis*, nome del fiume del Regno dei morti che, secondo il mito, tutte le ombre dovevano passare; a. 1321] **sm.** *poet.* il mondo sotterraneo, ultraterreno; l'inferno.

acherontèo [da *acheronte*; prima metà sec. XVIII] **agg.** infernale: *fra il compianto dei templi acherontei* (Foscolo).

acheròntico (pl. *-ci*) [da *acheronte*; 1756] **agg.** dell'oltretomba, funebre: *i riti acherontici.*

acherònzia [dal lat. tardo *Acherunthius*, dell'Acheronte; 1875] **sf.** *T.zool.* grossa farfalla notturna, il cui dorso porta una macchia a forma di teschio ‖ **N.** *Sin.* atropo, testa di morto.

acheropìta [dal gr. *acheiropóiētos*, non fatto a mano; 1905] **I agg.** di immagine sacra, soprattutto Gesù e la Madonna, che si ritiene realizzata da mano angelica o miracolosa, non umana **II sf.** immagine sacra di origine non umana, ma divina.

acheuleàno [dal n. geogr. *Saint-Acheul*, presso Amiens; 1935] **I sm.** (con iniziale maiuscola) *T.geol.* fase del Pleistocene nell'Era neozoica: *Acheuleano inferiore, superiore* **II agg.** *T.geol.* proprio di tale fase o della cultura relativa.

achilìa [comp. di *a-*[1] e gr. *chylós*, succo; 1955] **sf.** *T.med.* assenza di secrezione dei succhi gastrici, causata dall'atrofia della mucosa gastrica.

achillèa [dal lat. *achilleus*; a. 1498] **sf.** pianta erbacea delle Composite, con le foglie minutamente frastagliate e aromatiche, detta anche com. *millefoglie.*

achillèo [dal lat. *achilleus*; 1961] **agg. 1.** *lett.* che si riferisce ad Achille **2.** *T.anat.* pertinente al tendine di Achille.

achiràle [comp. di *a-*[1] e *chirale*; 1981] **agg.** *T.chim.* di molecola, sovrapponibile alla sua immagine speculare ‖ **N.** *Contr.* chirale.

achirìa [dal gr. *acheiría*, mancanza delle mani; 1899] **sf.** *T.med.* mancanza congenita di una o di entrambe le mani.

achìro [dal gr. *ácheiros*, senza mano; 1819] **sm.** *raro* essere umano privo delle mani o delle braccia.

achiurgìa [dal gr. *achís*, punta, sul modello di *chirurgia*; 1940] **sf.** *T.med.* *raro* parte della chirurgia che riguarda le operazioni cruente ‖ **N.** *Contr.* anematurgia.

achìvo [dal lat. *Achīvus*; 1810] **agg.** e **sm.** (f. *-a*) *lett.* relativo agli Achei, acheo ‖ *per estens.* greco.

acìclico (pl. *-ci*) [comp. di *a-*[1] e *ciclico*; 1932] **agg. 1.** di fenomeno, che non si verifica con carattere periodico **2.** *T.bot.* di fiore, che possiede gli elementi sterili (sepali e petali) e quelli fertili (stami e carpelli) disposti a spirale **3.** *T.chim.* di composto organico, privo di catene chiuse di atomi di carbonio: *idrocarburo aciclico.*

acicolàre [dal lat. *acicula*, spina; 1829 *aciculare* nel senso 2] **agg. 1.** *T.min.* di cristallo, allungato a forma di ago **2.** *T.bot.* di foglia, che ha forma d'ago, aghiforme.

acidàro (non propr. *acidàrio*; pl. *-ri*) [dal lat. tardo *cīdaris*, tiara di dignitari persiani e di alti sacerdoti ebrei; a. 1566] **sm.** berretto conico trapunto d'oro, portato nel sec. XVI dai dogi di Venezia.

acidézza [da *acido*; 1691] **sf.** *non com.* acidità.

acidificàre (pres. *-ìfico, -ìfichi*) [comp. di *acido* e *-ficare*; 1797] **tr.** render acida una sostanza.

acidificazióne [da *acidificare*; 1829] **sf.** atto ed effetto dell'acidificare.

acidimetrìa [comp. di *acido* e *-metria*; 1849] **sf.** *T.chim.* determinazione della quantità di acido contenuto in una soluzione.

acidìmetro [comp. di *acido* e *-metro*; 1950] **sm.** strumento adoperato per la misurazione dell'acidità.

acidità [dal lat. *aciditas, -ātis*; 1684] **sf.** **1.** qualità di ciò che è acido || *acidità di stomaco*, sensazione di bruciore causata da eccessiva secrezione di succhi gastrici || *fig.* asprezza, malignità, stizzosità **2.** *T.chim.* la presenza di ioni idrogeno in una soluzione acquosa e la loro concentrazione || **N.** **1.** *Sin.* acetosità, agrezza, asprezza; acredine; pirosi **2.** iperacidità, ipercloridria.

àcido [dal lat. *acidus*; 1340 ca.] **I agg.** **1.** di sapore acre simile a quello del limone o dell'aceto || *fig.* aspro, maligno, stizzoso: *una critica acida, una vecchia acida* **2.** *T.chim.* che presenta le caratteristiche degli acidi: *reazione acida* || **acidaménte avv.** **II sm.** **1.** *T.chim.* composto contenente ioni idrogeno, di sapore acre, in grado di colorare una cartina tornasole immersa in soluzione e che, in unione con sostanze basiche, forma i sali: *acido organico, inorganico, cloridrico, acetico*; *acidi forti* o *deboli*, caratterizzati da un numero maggiore o minore di ioni idrogeno a parità di concentrazione e temperatura della soluzione; *acido nucleico*, V. NUCLEICO **2.** acidità, sapore agro || *dim.* acidétto, acìdulo || **N.** **I** **1.** *Sin.* acetoso, acidulo, agro, aspro, brusco, forte, pungente | *Contr.* dolce; benevolo, bonario **2.** *Contr.* alcalino, basico. **Q.T.** *chimica.*

acidòfilo [comp. di *acido* e *-filo*; 1955] **agg.** **1.** *T.bot.* di vegetale che cresce preferibilmente in terreni acidi **2.** *T.chim.* di sostanza che, in presenza di coloranti acidi, muta colore.

acidòlịsi [comp. di *acido* e *-lisi*; 1970] **sf.** *T.chim.* scissione di una sostanza dovuta ad acidificazione.

acidòlo [comp. di *acido* e *-olo*[2]; 1955] **sm.** *T.chim.* sostanza cristallina incolore impiegata nelle terapie di disturbi gastrici o epatici || **N.** *Sin.* cloridato di betaina.

acidòsi [comp. di *acido* e *-osi*; 1906] **sf.** *T.med.* intossicazione dell'organismo caratterizzata da anormale riduzione di sostanze alcaline nel sangue e contemporaneo eccessivo aumento di sostanze acide.

acidulàre (pres. *-ìdulo*) [da *acidulo*; 1813] **tr.** rendere leggermente acido: *acidulare l'acqua col limone.*

acìdulo [dal lat. *acidulus*; 1729] **agg.** leggermente acido || **N.** *Sin.* acetoso.

acidùme [da *acido*; 1684] **sm.** **1.** sapore e odore acido sgradevole **2.** materia acida; insieme di sostanze acide || **N.** **1.** *Sin.* acetosità, acidità, agrezza **2.** *Sin.* acetume.

acìnace [dal lat. *acīnaces*; 1847] **sm.** pugnale piccolo con la lama ricurva, usato dai Medi e dai Persiani prima, e poi anche dai Romani.

acinellatùra [da *acinello*, dim. di *acino*; 1931] **sf.** *T.agr.* fenomeno per cui in un grappolo d'uva sono presenti chicchi sottosviluppati (piccoli o acidi) || **N.** *Sin.* impallinamento.

acinẹsìa [dal gr. *akinēsía*, mancanza di movimento; 1940] **sf.** *T.med.* incapacità motoria di un gruppo di muscoli non paralizzati || *acinesia gastrica*, assenza dei movimenti peristaltici.

Acinèti [dal lat. tardo *acinētus*, immobile; 1955] **sm. pl.** *T.zool.* classe di Protozoi acquatici che si fissano per mezzo di un peduncolo e sono dotati di tentacoli retrattili con cui si nutrono e da cui emettono una sostanza paralizzante.

acinètico (pl. *-ci*) [dal gr. *akínētos*, immobile; 1940] **agg.** *T.med.* **1.** di farmaco che impedisce i movimenti **2.** affetto da acinesia.

acinifórme [comp. di *acino* e *-forme*; 1829] **agg.** che ha forma di acino.

àcino [lat. *acinus*; 1340 ca.] **sm.** **1.** il chicco dell'uva || *impropr.* ciascuno dei semi che si trovano nel chicco d'uva e in frutti simili, vinacciolo **2.** *lett.* perla o grano di rosario, collana ecc. **3.** *T.anat.* formazione microscopica cava che costituisce un'entità ghiandolare elementare: *acino epatico* || **N.** **1.** grappolo, graspo, uva, vinaccia. **TAV.** *enologia* 2.4.

acinóso [da *acino*; a. 1597] **agg.** **1.** che ha acini, ricco di acini **2.** *T.anat.* che presenta una struttura ad acini: *ghiandola acinosa.*

acirologìa (pl. *-gìe*) [dal lat. *acyrologia*; a. 1375] **sf.** *T.ret.* figura consistente nell'uso di una locuzione impropria in luogo di una locuzione propria (per es. *muto* riferito a *luce* in: *io venni in luogo d'ogni luce muto* (Dante)) || **N.** catacresi, sinestesia.

acirològico (pl. *-ci*) [da *acirologia*; 1970] **agg.** *lett.* che è usato in modo improprio o traslato: *espressione acirologica.*

aclamidàto [comp. di *a-*[1] e *clamidato*; 1955] **agg.** *T.bot.* aclamide.

aclàmide [comp. di *a-*[1] e *clamide*; 1955] **agg.** *T.bot.* di fiore, sprovvisto di perianzio.

aclassịsmo [comp. di *a-*[1] e *classismo*; 1970] **sm.** teoria e prassi politica che prescinde dalla lotta di classe.

aclìsta [dalla sigla delle A(ssociazioni) C(ristiane) L(avoratori) I(taliani); 1963] **s.** *T.pol.* iscritto alle ACLI.

acloridrìa [comp. di *a-*[1] e un der. di *cloridrico*; 1899] **sf.** *T.med.* mancanza o carenza di secrezione di acido cloridrico nello stomaco || **N.** *Sin.* anacloridria | *Contr.* ipercloridria.

àcme [dal gr. *akmḗ*, culmine; 1780 nel senso 2] **sf.** **1.** il punto culminante **2.** *T.med.* la fase più acuta di un processo morboso.

acmeịsmo [dal gr. *akmḗ*, culmine; 1955] **sm.** movimento letterario russo che, tra il 1910 e la fine della seconda guerra mondiale, venne teorizzando, in opposizione al simbolismo, uno stile espressivo ispirato alla chiarezza rappresentativa, alla concretezza dei contenuti e allo studio dei valori formali del verso.

acmònital [da *ac(ciaio)*, *mon(etario)*, *ital(iano)*; 1938] **sm.** *inv.* lega metallica formata da acciaio, cromo, molibdeno, nichel e vanadio, usata per le monete in Italia dal 1939 al 1942.

àcne [dal gr. tardo *aknḗ*, punta, der. per errore di trascrizione dal gr. *akmḗ*; 1828] **sm.** *T.med.* alterazione delle ghiandole sebacee e dei follicoli dei peli, per cui si formano sulla pelle delle pustole || *acne giovanile*, caratteristica degli adolescenti.

acnèico (pl. *-ci*) [comp. di *acne* e *-ico*; 1970] **agg.** *T.med.* che si riferisce all'acne: *eruzione acneica* || che è affetto da acne.

acolìa [comp. di *a-*[1] e gr. *cholḗ*, bile; 1961] **sf.** *T.med.* arresto della secrezione biliare o mancato afflusso della bile nell'intestino.

acòlito e der. forme ant. di ACCOLITO e der.

acondroplaṣìa [dal gr. *achóndros*, senza cartilagine e *-plasia*; 1939] **sf.** *T.med.* distrofia congenita ed ereditaria dello scheletro, caratterizzata dall'arresto della crescita della cartilagine funzionale all'allungamento delle ossa, in seguito alla quale i soggetti colpiti restano nani con arti corti e tozzi.

acondroplàṣico (pl. *-ci*) [da *acondroplasia*; 1955] **I agg.** relativo all'acondroplasia || che è affetto da acondroplasia **II sm.** (f. *-a*) chi è affetto da acondroplasia.

aconfessionàle [comp. di *a-*[1] e *confessionale* agg.; 1950] **agg.** indipendente da confessioni, da fedi religiose: *partito aconfessionale.*

aconitìna [da *aconito*; 1828] **sf.** alcaloide che si estrae dall'aconito, estremamente tossico; in piccole dosi viene utilizzato nella preparazione di sedativi e antinevralgici.

acònito [dal lat. *aconītum*; 1485] **sm.** pianta della famiglia delle Ranuncolacee originaria dell'Asia sudorientale con fusto eretto, foglie pentapartite e fiori a grappolo di colore azzurro-viola; trova ampio uso in farmacologia per l'alcaloide contenuto nelle sue foglie e nelle radici || **N.** ACONITINA.

acontestuàle [comp. di *a-*[1] e *contestuale*; 1971] **agg.** *T.ling.* indipendente dal contesto: *grammatica acontestuale*, tipo di grammatica a struttura sintagmatica in cui le regole di riscrittura sono prive di restrizioni riguardo al contesto in cui possono essere applicate.

acònzia [dal lat. *acontias*; a. 1577] **sf.** serpe velenosa della famiglia dei Viperidi nota per lo scatto rapidissimo con il quale attacca la preda.

acònzio (pl. *-zi*) [dal gr. *akóntion*, giavellotto; 1955] **sm.** *T.zool.* filamento dotato di cellule urticanti, uscente dalla bocca di molti antozoi.

acorìa [dal gr. *akoría*, insaziabilità; 1955] **sf.** *T.med.* stato patologico di insaziabilità alimentare.

àcoro [dal lat. mediev. *acorus*; fine sec. XIV] **sm.** **1.** *T.bot.* erba aromatica, detta anche *calamo aromatico* **2.** *T.bot.* pianta erbacea palustre delle Iridacee con fiori grandi e gialli, detta anche *acoro falso* o *giglio giallo.*

acotilèdone [comp. di *a-*[1] e *cotiledone*; 1809] **agg.** e **sf.** *T.bot.* proprio delle piante, o pianta i cui semi mancano di cotiledoni.

àcqua [lat. *aqua*; 1224] **sf.** **1.** liquido trasparente, senza odore e sapore, costituito dalla combinazione di un terzo di volume d'ossigeno e due terzi d'idrogeno (formula chimica H_2O) || *acqua potabile*, che si può bere; *acqua piovana*, che viene dal cielo; *acqua termale*, calda naturalmente; *acqua minerale*, che contiene sali minerali; *acqua dolce*, dei laghi e fiumi; *acqua salata*, di mare; *acqua distillata*, chimicamente pura; *acqua salmastra*, alquanto salata; *acqua sorgiva*, di sorgente; *acqua nera*, di fogna; *acqua bianca*, piovana; *acqua benedetta, lustrale* o *santa*, benedetta dal sacerdote || *ad acqua*, di macchine, mosse dall'acqua: *mulino ad acqua, orologio ad acqua* || *giochi d'acqua*, zampilli d'una fontana diretti e rotati in varie direzioni, in modo da creare effetti spettacolari || *acqua cheta*, che scorre silenziosa; anche *fig.* chi simula quiete e cova malizia, gattamorta, santarellina || *andare in acqua*, liquefarsi; di sangue e latte, corrompersi || *il cervello gli è andato in acqua*, è impazzito || *il sangue non è acqua*, espr. usata per sottolineare la forza dei vincoli di parentela o per giustificare scatti d'ira || *fare acqua (da tutte le parti)*, di nave, quando vi penetra l'acqua da falle; anche *fig.* di un'impresa, quando sta per andare in rovina || *lavorar sott'acqua*, di soppiatto || *acqua in bocca!*, zitti, facciamo silenzio! || *aver l'acqua alla gola*, essere in grave pericolo || *essere un pesce fuor d'acqua*, essere impacciato perché fuori dal proprio ambiente || *un buco nell'acqua*, operazione che non riesce || *lasciar correre l'acqua per la sua china*, lasciar che le cose vadano come vanno || *metter, buttare acqua sul fuoco*, calmare gli ardori, l'ira ecc. || *pestar l'acqua nel mortaio*, affaticarsi senza profitto || *tirar l'acqua al proprio mulino*, cercare il proprio vantaggio || *prov. acqua passata non macina più*, è inutile ripensare al passato che non torna più || *l'acqua va al mare*, la roba va a chi ne ha già ||

facile come bere un bicchier d'acqua, facilissimo || *perdersi in un bicchier d'acqua*, scoraggiarsi alla minima difficoltà || *assomigliarsi come due gocce d'acqua*, essere identici || *scoprire l'acqua calda*, scoprire una cosa ovvia || *intorbidare le acque*, render confusa una situazione spesso con secondi fini || *acqua acqua, fuoco fuoco*, nei giochi infantili, formula con cui si indica la lontananza o vicinanza a un oggetto || *pl. ass. le acque*, acque termali; *passare le acque*, fare una cura idroterapica **2.** distesa, massa d'acqua || *corso d'acqua*, fiume, ruscello, canale ecc. || *acqua viva*, corrente; *acqua morta o ferma*, stagnante || *filo d'acqua*, sottile rigagnolo di acqua corrente || *contr'acqua*, contro corrente: *una barchetta di pescatore, che veniva adagio, contr'acqua* (Manzoni) || *a mezz'acqua*, sospeso in una massa d'acqua, né a fondo né a galla || *filo dell'acqua*, direzione della corrente || *pelo dell'acqua*, il livello dell'acqua || *a fior d'acqua*, in superficie || *le acque, specchio d'acqua*, tratto di mare: *la nave ancorò nelle acque di Genova* || *navigare in acque basse, fig.*, aver cattiva fortuna || *acque territoriali*, quelle sulle quali una nazione esercita la propria sovranità || *acqua alta*, a Venezia, eccezionale innalzamento del livello d'acqua che, nelle zone più basse della città, provoca allagamenti || *tra due acque*, tra due strati d'acqua, al centro d'una massa d'acqua; *fig. navigare, nuotare tra due acque*, cercare di non compromettersi **3.** pioggia: *veniva giù acqua a catinelle; rovescio, scossa d'acqua* || *mi sono preso un bel po' d'acqua*, la pioggia mi ha bagnato **4.** umori naturali o patologici del corpo umano o animale: *versamento d'acqua nel peritoneo* || *in part. pl.* liquido amniotico: *rottura delle acque* || *pop.* urina: *fare acqua* || linfa e sugo acquoso di alcune piante o frutti: *acqua del cetriolo, del cocomero* **5.** nome di alcune soluzioni acquose: *acqua pesante*, acqua in cui l'idrogeno è sostituito, in tutto o in parte, da deuterio; serve per far funzionare pile atomiche; *acquaforte*, acido nitrico; *acqua ragia*, olio essenziale di trementina; *acquaregia*, miscela di acido cloridrico e di acido nitrico, che intacca i metalli nobili; *acquavite*, alcol; *acqua tofana* o *di Perugia*, veleno a base di arsenico; *acqua lanfa* o *nanfa*, V. ACQUALANFA; *acqua di Seltz*, con anidride carbonica; *acqua di Colonia, di Felsina, di lavanda*, profumi a base di essenze ed alcol; *acqua di malva, di tiglio* ecc., decotto di tali erbe; *acqua vegetominerale*, soluzione medicamentosa di acetato di piombo; *acqua ossigenata*, biossido d'idrogeno, disinfettante e decolorante; *acqua madre*, la soluzione satura che residua dalla cristallizzazione del composto chimico presente nella soluzione stessa **6.** trasparenza delle pietre preziose: *diamante della più bell'acqua*; *fig. iron. un furfante della più bell'acqua*, un malfattore incallito **7.** *T.astrol. segni d'acqua*, Cancro, Scorpione e Pesci || *pegg.* acquàccia; *dim.* acquarèlla, acquerùgiola, acquettina, acquicèlla, acquolìna. **Q.T.** *acqua.*

ACQUA

FORME E METEORE: brina, bruma, galaverna, ghiaccio, ghiacciolo, grandine, guazza, nebbia, neve (fiocco, falda), nevischio, nuvola, pioggia (acquerugiola, acquazzone, rovescio), vapor acqueo; acquitrino, bulicame, fiume (affluente, tributario, emissario, immissario) fonte, lago, laguna, mare, oceano, palude, pelaghetto, pelago, rigagnolo, rivo, ruscello, stagno, scroscia; torrente; ampolla, bolla, bollicina, cascata, cavallone, getto, *geyser*, goccia, gorgo, maroso, mulinello, onda, polla, rapida, rocchio, scaturigine, schizzo, scroscio, sonaglio, sorgente, sprizzo, spruzzo, stillicidio, tofano, vena, vortice, zaffata, zampillo.

QUALITÀ: chiara, corrente, cristallina, depurata, fina, fresca, leggera, limpida, potabile, pura, salubre, trasparente, viva; corrotta, fangosa, ferma, fetida, impantanata, inquinata, morta, motosa, paludosa, salata, salmastra, salsa, stagnante, torbida; bollente, calda, fredda, gelata, ghiacciata, tiepida; acidula, alcalina, amara, aromatica, benedetta, cheta, cruda, densa, dolce, dura, effervescente, fluente, fremente, gassosa, grassa, greve, grommosa, irruente, lustrale, perenne, pericolosa, pesante, petrosa, scrudita, scussa, spumante, tempestosa, termale, tranquilla, vergine; artesiana, di cava, di cisterna, di fonte, di fusione, di pozzo, di sorgente, di vena, fossile, marina, palustre, pantanosa, piovana, sorgiva.

ACQUE SPECIALI: di Seltz, di *Vichy*, distillata, di calce, emostatica, ferruginosa, acquaforte, acquatinta, acqua madre, acqua minerale (gassata, naturale), acqua brillante, ossigenata, panata, acquaragia, saponata, solforosa o sulfurea, acqua tofana, acqua vegetominerale.

EDIFICI, STRUMENTI, MACCHINE, LUOGHI RELATIVI ALL'ACQUA: acquaio o lavello o lavandino, acquario, acquedotto, alveo, ansa, argine, bacino (di alimentazione, di colmata, di carenaggio), battente, battigia, bindolo, bocca, bottaccio, borro, calla, canale, canna, cannella, catadupa, cascata, cateratta, cavo, chiavica, chiusa, cicogna, cisterna, collettore, conca, condotto, corso, darsena, diga, doccia, doccione, falla, filone, fogna, fontana, fosso, gettata, golena, gora, greto, gronda, grondaia, guado, idranti, idrovora, incile, letto, maceratoio, meato, modulo, mulino, noria, palancola, palafitta, paratoia, pescaia, peschiera, pescina, piscina, pluviometro, pompa, ponte, pozza, pozzanghera, pozzo, presa, ripa, saracinesca, scaturigine, serbatoio, smaltitoio, spiaggia, tonfano, tromba, tubo, turbina, vasca, zana.

SPECIALI CONDIZIONI DELL'ACQUA: marea, acqua alta, risacca, piena, inondazione, rigurgito, rincollo, mulinello, ristagno, ingorgo, scolo, riflusso, scia, remolino; capo d'acqua, colonna d'acqua, corpo dell'acqua, filo d'acqua, fior d'acqua, pelo d'acqua, gioco o scherzo d'acqua.

AZIONI DELL'ACQUA: alluvione, avulsione, corrosione, erosione, effumazione, diversione, inalveazione, inondazione, livellazione, derivazione, velocitazione; affluire, agitarsi, ammulinare, bagnare, bollire, confluire, correre, defluire, decrescere, deviare, dilagare, dirompere, fioccare, fiottare, gemere, gocciare, gocciolare, grondare, gorgogliare, incresparsi, ingrossare, inondare, irrigare, lambire, lamicare, mormorare, mulinare, ondeggiare, piovere, piovigginare, pullulare, rampollare, rigurgitare, rugliare, sboccare, scaturire, sciaguattare, scolare, scorrere, scrosciare, sgorgare, sgrondare, spagliare, sparpagliarsi, spicciare, spiovere, spruzzare, sprizzare, spumeggiare, stagnare, stillare, strosciare, tracimare, zampillare.

AZIONI ATTINENTI ALL'ACQUA: annacquare, allacciare, annaffiare, asciugare, aspergere, attingere, avviare, bagnare, battezzare, bere, convogliare, deviare, diguazzare, essiccare, galleggiare, guadare, imbrigliare, immergere, incanalare, intorbidare, inumidire, irrigare, livellare, pescare, pompare, prosciugare, sciaguattare, spruzzare, sciacquare, tagliare, tuffare, voltare.

RECIPIENTI: anfora, bottiglia, barile, bacino, bacinella, bicchiere, bidone, brocca, catino, catinella, borraccia, caraffa, acquario, lavamano, tanica, mastello, tinozza, vasca.

VOCI ATTINENTI: idraulica, idrografia, idrologia, idrometria, idrostatica, idroterapia; spartiacque, arcobaleno, isola, portata, corrente, fluvitazione, sedimenti, mota, belletta, fango, fanghiglia, linfa, melma, gromma; porto, rada, seno, golfo, idroscali; nuoto, naufrago, affogare, annegare, navigare, vogare, nautica; acquaiuolo; a galla, tra due acque, a mezz'acqua, contr'acqua; **Ondine, Naiadi, Nereidi, Oceanine, Nettuno.**

àcqua-ària [formato da *acqua* e *aria*; 1983] ***loc. agg. inv.*** *T.mil.* si dice di un missile che viene lanciato da un sottomarino o da un sommergibile in immersione, per colpire un bersaglio aereo.

acquacedràta (pl. *acquecedràte*) [comp. di *acqua* e *cedrata*; a. 1684] ***sf.*** preparato d'acqua e sciroppo di cedro.

acquacoltùra o **acquacultùra** V. ACQUICOLTURA.

acquafòrte (pl. *acquefòrti*) [comp. di *acqua* e *forte*; a. 1519] ***sf.*** **1.** tecnica di incisione per cui una lastra di rame o acciaio, ricoperta di una particolare vernice antiacido, viene disegnata con una punta d'acciaio, e in seguito immersa in un bagno di acido nitrico che morde il metallo nei tratti scoperti || *per meton.* stampa eseguita inchiostrando una lastra incisa all'acquaforte **2.** antico nome dell'acido nitrico || **N. 1.** acquatinta, litografia, puntasecca.

acquafortìsta [da *acquaforte*; 1889] ***s.*** chi incide all'acquaforte.

acquàio (pl. *-ài*) [lat. *aquārium*; 1340 ca.] ***sm.*** **1.** vasca munita di un condotto di scarico, posta nella cucina, destinata in genere al lavaggio dei piatti e allo scolo della rigovernatura || *fig. essere un acquaio, gola d'acquaio*, persona ingorda **2.** *T.agr.* solco di scolo, fatto per ricevere le acque del campo e portarle al fossato || **N. 1.** *Sin.* lavandino, lavello | buco, gola, pila, retino.

acquaiòlo (lett. *acquaiuòlo*) [da *acqua*; sec. XIV] **I** *agg.* che vive nell'acqua, acquatico: *topo acquaiolo* || *ciliegia acquaiola*, acquosa **II** ***sm.*** (f. *-a*) **1.** chi vende l'acqua in luoghi sprovvisti di acquedotto || *in part. napol.* venditore di bibite **2.** *T.tess. ant.* operaio che dava l'acqua ai drappi.

acqualànfa o **àcqua lànfa** (arc. *àcqua nànfa*) [comp. di *acqua* e *lanfa*; 1353 *acqua nanfa*; 1532 *acqua lanfa*] ***sf.*** essenza odorosa distillata dai fiori d'arancio.

acquamanìle [dal lat. mediev. *aquamanile*; 1961] ***sm.*** vaso o ampolla usato nel Medioevo per l'abluzione delle mani a inizio e fine pasto e tuttora usato dai prelati nelle funzioni sacre.

acquamarìna (pl. *acquemarìne*) [comp. di *acqua* e *marino*; a. 1571] ***sf.*** pietra preziosa di colore verde-azzurro simile a quello dell'acqua di mare; varietà di berillio.

acquametrìa [comp. di *acqua* e *-metria*; 1978] ***sf.*** insieme dei metodi di misurazione dell'acqua nei diversi tipi di materiali.

acquanàuta [comp. di *acqua* e *nauta*; 1974] ***s.*** esploratore che, con particolari tipi di scafo, scende nei fondali sottomarini.

acquapendènte [comp. di *acqua* e *pendente*; 1779 ca.] ***sm.*** *ant.* pendio di un monte e sim. || *propr.* ciascuno dei versanti di un rilievo lungo il quale le acque, divise dalla linea spartiacque, scorrono.

acquaplanìsta [da *acquaplano*; 1945] ***s.*** chi pratica lo sport dell'acquaplano.

acquaplàno [comp. di *acqua* e *-plano*, sul modello dell'ingl. *waterplane*; 1931] ***sm.*** attrezzo sportivo per fare sci nautico costituito da una tavola di legno o plastica su cui una persona si tiene in equilibrio mentre un motoscafo la traina a una certa velocità.

acquaràgia [comp. di *acqua* e *ragia*; 1829 *acqua di ragia*] ***sf.*** liquido incolore, ottenuto per distillazione delle resine di certe conifere, o prodotto artificialmente, usato come solvente || **N.** *Sin.* essenza di trementina.

acquàre [da *acqua*; sec. XIV] ***tr.*** *ant.* annacquare, innaffiare || ***intr.*** (aus. *avere*) *non com.* far provvista d'acqua.

acquarellìsta V. ACQUERELLISTA.

acquarèllo V. ACQUERELLO.

acquàrio (pl. *-ri*) [dal lat. *aquārius*; 1282 nel senso 2] ***sm.*** **1.** vasca o serie di vasche nelle quali vengono artificialmente ricreate le condizioni per la vita di animali e piante acquatiche || *per estens.* l'edificio che contiene tali vasche al fine di esporle al pubblico o per scopi scientifici **2.** (perlopiù con iniz. maiuscola) *T.astr.* costellazione dello zodiaco che si trova fra quella del Capricorno e quella dei Pesci || *T.astrol.* undicesimo segno zodiacale comprendente il periodo che va dal 21 gennaio al 18 febbraio || *per meton.* persona nata in tale periodo. **TAV.** *astrologia* 1.11.

acquaròsa [comp. di *acqua* e *rosa*; a. 1347] ***sf.*** acqua profumata con infusione di essenza di rose; acqua di rosa.

acquartieraménto [da *acquartierare*; 1824] ***sm.*** l'alloggiamento dei militari nelle caserme: *spese di acquartieramento.*

acquartieràre (pres. *-èro*) [comp. parasint. di *quartiere*; a. 1639] ***tr.*** alloggiare l'esercito nei quartieri o caserme || ***rifl.*** prendere alloggio nei quartieri || *fig. scherz.* stabilirsi: *Paolo si è acquartierato in casa mia con moglie e figli* || **N.** *Sin.* accampare, accantonare.

acquarzènte [dallo sp. *aguardiente*; a. 1524 *acqua arzente*] ***sf.*** *non com.* acquavite.

acquasànta [da *acqua* e *santo*; 1353] ***sf.*** acqua benedetta dal sacerdote per uso liturgico || *fig. essere come il diavolo e l'acquasanta*, non andare d'accordo.

acquasantièra [da *acqua santa*; 1846] ***sf.*** pila o vaschetta per contenere l'acqua santa. **TAV.** *chiesa* 1.15.

acquastrìno [deformazione di *acquitrino*; a. 1577] **I** ***agg.*** *ant.* acquitrinoso **II** ***sm.*** *lett.* acquitrino: *nell'acquastrino prendi le ranelle* (Pascoli) || **N.** **II** *Sin.* palude.

acquàta [da *acqua*; 1780 nel senso 2] ***sf.*** **1.** pioggia improvvisa e abbondante che dura poco, acquazzone **2.** *T.mar.* provvista d'acqua dolce per bere, o per alimentare le caldaie: *fare l'acquata.*

àcqua-tèrra [formato da *acqua* e *terra*; 1974] ***loc. agg.*** *inv. T.mil.* si dice di un missile che viene lanciato da un sottomarino o da un sommergibile in immersione, per colpire un bersaglio in superficie.

acquaticità [da *acquatico*; 1976] ***sf.*** particolare attitudine che alcuni soggetti hanno a muoversi nell'acqua con una facilità maggiore di quella normalmente caratteristica dell'uomo: *acquaticità di un sommozzatore* || *per estens.* familiarità con l'acqua come mezzo in cui muoversi: *esercizi di acquaticità.*

acquàtico (pl. *-ci*) [dal lat. *aquaticus*; sec. XIV] ***agg.*** **1.** relativo all'acqua: *sport acquatici* **2.** che vive o può vivere nell'acqua: *animali acquatici, piante acquatiche* **3.** *raro* che porta umidità: *vento acquatico* || **N.** **2.** *Sin.* acquicolo.

acquàtile [dal lat. *aquātilis*; 1559] ***agg.*** *lett.* acquatico, acquoso: *una lontana primavera acquatile* (D'Annunzio).

acquatìnta (pl. *acquetinte*) [comp. di *acqua* e *tinto*; 1875] ***sf.*** *T.inc.* tecnica incisoria su metallo che consiste nell'applicazione di una resina granulare resistente all'acido che può agire quindi solo negli interstizi lasciati liberi; dona all'incisione un effetto di chiaroscuro || *per meton.* stampa ricavata da una lastra incisa all'acquatinta || **N.** acquaforte, INCISIONE.

acquàto [lat. (*vinum*) *aquātum*; a. 1547] ***agg.*** *disus.* annacquato || *vino acquato*, vinello.

acquattàre [comp. parasint. di *quatto*; a. 1321] ***tr.*** *raro* fare star quatto, nascondere || ***intr. pron.*** chinarsi a terra il più possibile per non farsi vedere: *si acquattò in un angolo* || di animali, accucciarsi.

acquavitàio (pl. *-ài*) [da *acquavite*; sec. XVIII] ***sm.*** (f. *-a*) *raro* colui che fabbrica o colui che vende l'acquavite.

acquavìte [dal lat. mediev. *aqua vitae*, acqua di vita; a. 1484] ***sf.*** liquore alcolico, che si ricava per distillazione dal vino (*brandy, cognac*), dalle vinacce (grappa), dalle ciliegie e da altri frutti (*kirsch, slivovitz*), o da cereali (*whisky, vodka*).

acquazzóne [lat. *aquātio, -ōnis*; sec. XIII] ***sm.*** pioggia breve e impetuosa, acquata || **N.** PIOGGIA. **TAV.** ***meteorologia*** **p. 1321** 10.2.

acquedótto [lat. *aquaedūctus*; a. 1498] ***sm.*** **1.** conduttura che serve per condurre l'acqua da un luogo all'altro **2.** complesso di opere architettoniche destinate al trasporto, approvvigionamento e distribuzione dell'acqua potabile in grandi quantitativi **3.** *T.anat. acquedotto di Silvio*, sottile canale che unisce il terzo al quarto ventricolo cerebrale || **N.** **1.** *Sin.* condotto, doccionata | sifone, tubo.

acquemòto [comp. mod. del lat. *aqua, aquae*, acqua e del lat. *motus*, movimento, sul modello di *terremoto*; 1955] ***sm.*** movimento consistente aperiodico della massa d'acqua di bacini marini o lacustri, dovuto a cause tettoniche, vulcaniche o sismiche || **N.** *Sin.* maremoto.

àcqueo [dal lat. tardo *aqueus*; 1282] ***agg.*** **1.** d'acqua, acquoso: *vapor acqueo* **2.** *T.anat. umor acqueo*, umore dell'occhio, compreso tra la cornea e l'iride. **TAV.** ***anatomia*** **p. 642** 16.4.

acqueréccia (pl. *-ce*) [dal lat. mediev. *aquaricium*; a. 1571] ***sf.*** *raro* vaso da acqua, grande, elegante, da tenere spec. sulle credenze per ornamento.

acqueréccio (pl. *-ci*) ***sm.*** V. ACQUERECCIA.

acquerellàre (pres. *-èllo*) [da *acquerello*; 1770] ***tr.*** *T.pitt.* dipingere all'acquerello; anche *ass.*: *passava il tempo in riva al mare ad acquerellare.*

acquerellìsta o **acquarellìsta** [da *acquerello*; a. 1886 *acquarellista*] ***s.*** *T.pitt.* pittore di acquerelli || **N.** PITTURA.

acquerèllo[1] o **acquarèllo** [dal lat. *acquārius*, relativo all'acqua; 1584] ***sm.*** *T.pitt.* tecnica di pittura gen. su carta con colori trattati con glicerina e gomma arabica e diluiti con acqua || *per meton.* il quadro così ottenuto. **Q.T.** *pittura.*

acquerèllo[2] [da *acqua*; a. 1320] ***sm.*** vinello ottenuto versando acqua sulle vinacce dopo che ne è già stato ricavato il vino.

acquerùgiola [da *acqua*; 1623] ***sf.*** pioggia minutissima; acquetta.

acquetàre (pres. *-èto*) [da *quetare*; fine sec. XIII] ***tr.*** *poet.* acquietare.

acquétta [da *acqua*; a. 1698] ***sf.*** **1.** piccola pioggia, spruzzaglia **2.** *fam.* liquore, caffè, bevanda troppo diluiti: *questo caffè è un'acquetta* **3.** veleno a base di arsenico, detto anche *acquetta di Perugia* o *acqua tofana* || *dare l'acquetta*, avvelenare **4.** *poet. ant.* ruscello, piccolo corso d'acqua.

acquìcolo [comp. di *acqua* e *-colo*; 1955] ***agg.*** *T.biol.* si dice di un organismo animale o vegetale che vive in ambiente acqueo || **N.** *Sin.* acquatico; aericolo.

acquicoltùra o **acquacoltùra** o **acquacultùra** [comp. di *acqua* e *coltura*; 1955] ***sf.*** sfruttamento di acque dolci o marine per allevamenti di pesci e molluschi.

àcquido [da *acqua*; a. 1912] ***agg.*** *lett. raro* che contiene in sé un po' d'acqua, acquoso: *ovine acquide, avanzi di covate* (Pascoli).

acquidóccio (pl. *-ci*) [dal lat. volg. **aquiducium*, dal lat. *aquiducus*, che assorbe l'acqua; 1348] ***sm.*** **1.** fosso di solito in muratura che serve a ricevere gli scoli dei campi **2.** *ant.* acquedotto.

acquidóso [da *acquido*; a. 1320] ***agg.*** *raro* acquoso: *terreno acquidoso.*

acquiescènte [dal lat. *acquiēscens, -entis*, ppr. di *acquiēscere*; 1863] ***agg.*** che consente in modo passivo, che non si oppone: *acquiescente alle decisioni della maggioranza* || **N.** *Sin.* arrendevole, docile, remissivo.

acquiescènza [da *acquiescere*; a. 1669] ***sf.*** **1.** passivo consenso a qualcosa, remissività: *acquiescenza agli abusi* **2.** *T.giur.* rinuncia al diritto di appello, spec. da parte di chi ha subito una sentenza sfavorevole || **N.** **1.** *Sin.* adattamento, condiscendenza, passività, rinuncia.

acquièscere (pres. *-ésco, -èsci*) [dal lat. *acquiēscere*; a. 1342] ***intr.*** *lett. raro* accondiscendere, acconsentire.

acquietàbile [da *acquietare*; 1865] ***agg.*** che può venir facilmente acquietato, placato.

acquietaménto [da *acquietare*; a. 1566] ***sm.*** atto ed effetto dell'acquietare e dell'acquietarsi.

acquietàre (pres. *-èto*) [da *quietare*; fine sec. XIII *acquetare*] ***tr.*** placare, calmare || rif. a lite, comporla || di creditore, soddisfarlo || ***intr. pron.*** placarsi, calmarsi, rassegnarsi || **N.** *Sin.* CALMARE.

acquìfero [comp. di *acqua* e *-fero*; 1913] ***agg.*** che conduce o lascia filtrare l'acqua || *falda acquifera*, freatica.

acquirènte [dal lat. *acquīrens, -entis*, ppr. di *acquīrere*; 1562] ***s.*** chi acquista, chi compra qualche cosa || **N.** cliente, compratore | COMPRARE.

acquisìre (pres. *-ìsco, -ìsci*) [dal lat. *acquīsītus*, pps. di *acquīrere*; 1812] ***tr.*** acquistare, divenire titolare di un diritto: *acquisire la cittadinanza italiana* || *fig.* apprendere: *acquisire nuove conoscenze* || *T.giur. acquisire agli atti*, allegare a un fascicolo processuale.

acquisitìvo [dal lat. *acquisitīvus*; 1585] ***agg.*** atto ad acquistare: *titolo acquisitivo della proprietà.*

acquisìto (*pps.* di *acquisire*) [a. 1306] ***agg.*** che non è naturale, innato, ma frutto di un processo di acquisizione: *diritti acquisiti, idee acquisite* || *parenti acquisiti*, non consanguinei || *T.med. malattia acquisita*, non ereditaria né congenita || **N.** *Contr.* congenito, ereditario, innato.

acquisitóre [da *acquisire*; 1539] ***sm.*** (f. *-trìce*) **1.** chi acquista o entra in possesso di qualcosa **2.** produttore, agente d'affari || **N.** **1.** *Sin.* acquirente, cliente, compratore.

acquisizióne [dal lat. *acquisītio, -ōnis*; 1300 ca.] ***sf.*** **1.** atto dell'acquisire: *acquisizione di un diritto, di una proprietà* || *concr.* ciò che si è comprato o di cui si è venuti in possesso: *catalogo delle nuove acquisizioni*, nelle biblioteche, il catalogo delle pubblicazioni ricevute di recente **2.** *T.psic.* processo di assimilazione di nuovi modi di essere.

acquistàbile [da *acquistare*; 1647] ***agg.*** che può essere acquistato.

acquistàre [lat. volg. **acquisitāre*; prima metà sec. XIII] ***tr.*** **1.** raggiungere il possesso di una cosa; *in part.* procurarsi qualcosa versando una somma di denaro, comprare || *T.sport.* detto di società, ingaggiare, assumere || *gen.* ottenere, procurarsi, aggiungere al proprio patrimonio di doti o possibilità: *acquistar credito, fama, esperienza* || *lett.* conquistare: *acquistare* *territori* || *acquistar tempo,* differire l'esecuzione di qualcosa per trarne vantaggio || *acquistar terreno,* prendere vantaggio, progredire; diffondersi (detto spec. di ideologia, fede ecc.) **2.** *ass.* migliorare, trarre vantaggio: *con i capelli lunghi acquista in bellezza* || *lett.* far progressi, avanzare: *sempre acquistando dal lato mancino* (Dante) **3.** con soggetto inanimato, procurare ad altri, far raggiungere: *quel quadro gli acquistò fama mondiale* || **N. 1.** *Sin.* ottenere, procacciarsi, COMPRARE; progredire | *Contr.* perdere, VENDERE **2.** *Sin.* guadagnarci.

acquisto [da *acquistare*; a. 1294] ***sm.*** **1.** atto, modo, effetto dell'acquistare: *sono uscito per far degli acquisti* || *T.sport.* ingaggio || *concr.* la cosa acquistata: *una borsa piena di acquisti* || *per estens.* persona entrata a far parte di un'organizzazione, un ufficio, un partito ecc.: *i nuovi acquisti dell'ufficio* **2.** *T.econ. potere d'acquisto della moneta,* valore reale in rapporto al costo delle merci **3.** *T.giur. incauto acquisto,* reato consistente nell'acquistare una cosa senza accertarne la provenienza **4.** *ant. lett.* conquista || **N. 1.** aumento, guadagno, vantaggio.

acquitrìno [lat. volg. **aquitrīnum*; 1550] ***sm.*** sottile strato d'acqua stagnante che ricopre un terreno rendendolo paludoso e spesso ricoperto d'erbe palustri || *per estens.* il terreno stesso dov'è l'acquitrino || **N.** *Sin.* PALUDE.

acquitrinóso [da *acquitrino*; 1803 ca.] ***agg.*** di terreno dove sono acquitrini; paludoso.

acquolìna (*dim.* di *acqua*) [a. 1665 nel senso 2] ***sf.*** **1.** pioggerella **2.** saliva secreta per il desiderio o alla vista di cibi gustosi: *far venire l'acquolina in bocca, sentirsi, avere l'acquolina*; anche *fig.*

acquosità [dal lat. tardo *aquōsitas, -ātis*; sec. XIV] ***sf.*** qualità di ciò che è acquoso || parte acquosa, umore.

acquóso [dal lat. *aquōsus*; 1313 ca.] ***agg.*** di acqua, che ha qualità di acqua, che contiene acqua o altro umore simile all'acqua: *nebbia acquosa, frutta acquosa* || di terreno, acquitrinoso || di tempo, piovoso || di sguardo, lacrimoso, languido, vacuo.

Acràni [comp. di *a-*[1] e gr. *kraníon*, cranio; 1955] ***sm. pl.*** *T.zool.* specie di Cordati, privi di cranio.

acrania [comp. di *a-*[1] e gr. *kraníon*; 1829] ***sf.*** *T.med.* mancanza congenita del cranio.

àcre [dal lat. *ācer, ācris*; 1319 ca. *acro*] ***agg.*** **1.** detto di sapore, piccante, aspro || *per estens.* anche di altre sensazioni: *suono acre,* stridente; *odore acre,* pungente sull'olfatto **2.** malevolo, aspro, duro, risentito: *parole acri, carattere acre* || *superl.* acèrrimo e *raro* acrìssimo || **acreménte** ***avv.*** || **N. 1.** *Sin.* acerbo, agro, aspro, ACIDO **2.** *Sin.* amaro, crudele.

acrèdine [dal lat. tardo *acrēdo, -īnis*; 1499 nel senso 2] ***sf.*** **1.** acrimonia, ostilità malevola: *l'acredine di un discorso, di un articolo* **2.** asprezza, acidità.

acrèdula [dal lat. scient. *acredula*; 1766] ***sf.*** piccolo uccello della famiglia dei Paridi con coda assai lunga.

acribìa [dal gr. *akríbeia*; 1841 *acribea*] ***sf.*** *lett.* esattezza, precisione, finezza: *acribia filologica.*

acridìna [comp. del lat. *ācer, ācris,* acre, e *-ina*; 1955] ***sf.*** *T.chim.* composto azotato, presente nel catrame del carbon fossile, da cui si ricavano coloranti e prodotti farmaceutici antisettici e disinfettanti.

acrìdio (pl. *-di*) [dal gr. *akrídion,* dim. di *akrís,* cavalletta; 1819] ***sm.*** *T.zool.* insetto degli Ortotteri, come la cavalletta, caratterizzato da antenne corte || *lett.* grillo: *udivo stridire gli acridi / su l'umida zolla* (Pascoli).

acrilàto [comp. di *acrile* e *-ato*; 1955] ***sm.*** *T.chim.* sale o estere dell'acido acrilico.

acrìle [dal fr. *acryle,* comp. di *acr(oléine)*, acroleina e *-yle,* -ile; 1955] ***sm.*** *T.chim.* radicale monovalente estratto dall'acido acrilico per perdita del gruppo ossidrile.

acrìlico (pl. *-ci*) [dal fr. *acrylique*; 1892] **I** ***agg.*** *T.chim.* si dice di un gruppo di composti organici derivati dall'acido acrilico usati nella produzione di resine, colori e fibre sintetiche: *acido acrilico, fibre acriliche* **II** ***sm.*** fibra sintetica derivata dall'acido acrilico.

acrimònia [dal lat. *ācrimōnia*; 1499] ***sf.*** **1.** *fig.* asprezza, acredine: *una risposta piena d'acrimonia* **2.** *raro* qualità di sapore o di suono acre || **N. 1.** *Sin.* astio **2.** *Sin.* acerbità, agrezza, asprezza.

acrimonióso [da *acrimonia*; 1643] ***agg.*** che ha dell'acrimonia, malevolo || **N.** *Sin.* astioso, ostile.

acrisìa [dal gr. *akrisía,* mancanza di giudizio; 1939] ***sf.*** **1.** *T.fil. raro* acriticità, mancanza di discernimento, di giudizio || rifiuto di assumere un atteggiamento critico nei confronti del reale **2.** *T.med.* nel decorso di una malattia, mancanza di crisi che talvolta complica la diagnosi || guarigione senza fenomeni critici.

acrìtico (pl. *-ci*) [comp. di *a-*[1] e *critico*; 1950] ***agg.*** privo di spirito critico, convenzionale, dogmatico, adialettico: *atteggiamento acritico, lettura acritica.*

àcro [dall'ingl. *acre*; 1498 *acro*] ***sm.*** misura agraria antica ancora in uso nei paesi anglosassoni corrispondente a 4046,87 m^2.

àcro- [dal gr. *ákros,* estremo, più alto] ***primo elem.*** che, in parole composte dotte, ha il valore di "punto estremo", "punto più alto" || in medicina, spec. in nomi di malattia, fa riferimento alle regioni estreme del corpo (arti, faccia, cranio): **acrocianòsi, acromegalìa.**

acroamàtico (pl. *-ci*) [dal lat. tardo *acroamaticus*; sec. XVI] ***agg.*** *T.fil.* detto delle lezioni fatte a viva voce da Aristotele a discepoli già eruditi || *per estens.* di insegnamento rivolto a una stretta cerchia di iniziati || **N.** *Sin.* esoterico | *Contr.* essoterico.

acròbata [dal gr. *akróbatos,* che cammina in punta di piedi, attr. il fr. *acrobate*; 1819] ***s.*** chi balla sulla corda o compie altri esercizi di destrezza al trapezio, agli anelli ecc., funambolo || *fig.* chi si barcamena abilmente in situazioni difficili.

acrobàtica [da *acrobata*; 1902] ***sf.*** **1.** arte di eseguire acrobazie **2.** *T.sport.* in ginnastica, il complesso degli esercizi acrobatici.

acrobàtico (pl. *-ci*) [da *acrobata*; 1865] ***agg.*** di acrobata, da acrobata: *salti acrobatici, sci acrobatico* || *pattuglia acrobatica,* pattuglia aeronautica specializzata in manovre particolarmente difficili e spettacolari || *fig.* abile e spericolato.

acrobatìsmo [da *acrobata*; 1875] ***sm.*** **1.** l'arte e lo spettacolo dell'acrobata **2.** *fig.* artificio di chi con salti e sforzi di logica cerca di mascherare le proprie debolezze || *in part.* di uomini politici, funambolismo, giochi di equilibrio per non dispiacere a nessuno || **N. 1.** *Sin.* funambolismo **2.** *Sin.* condotta equivoca.

acrobazìa [dal fr. *acrobatie*; 1928] ***sf.*** **1.** arte e spettacolo dell'acrobata, acrobatismo || *concr.* esercizio compiuto da acrobati: *alta acrobazia,* manovra molto rischiosa e difficile || *acrobazia aerea,* evoluzioni e manovre di alta spettacolarità e rischio eseguite dai piloti per collaudare un velivolo o durante un'esibizione **2.** *fig.* ingegnoso espediente per superare difficoltà concrete o astratte: *fa mille acrobazie per sbarcare il lunario.* **Q.T.** *aeronautica.*

acrocòro (meno com. *acròcoro*) [comp. di *acro-* e del gr. *chôros,* regione; 1852] ***sm.*** *T.geogr.* **1.** altipiano circondato da catene montuose: *l'acrocoro del Tibet* **2.** *lett. raro* sommità, vetta, luogo eccelso: *e sull'acrocoro dell'orbe eresse una stele* (Pascoli).

acrofobìa [comp. di *acro-* e *-fobia*; 1939] ***sf.*** *T.med.* paura di cadere nel vuoto, provata da chi si affaccia da un'altura || **N.** vertigine.

acroleìna [fr. *acroléine,* comp. del lat. *ācer, ācris,* aspro, del lat. *olēre,* odorare e *-ine,* -ina; 1955] ***sf.*** *T.chim.* aldeide liquida ottenuta per disidratazione della glicerina, usata per la preparazione di materie plastiche sintetiche || **N.** aldeide acrilica.

acròlito [dal lat. *acrolithus*; 1819] ***sm.*** *T.archeol.* tipo di statua, diffuso nella Grecia classica, con testa, mani e piedi in marmo, pietra o avorio e il resto del corpo in legno o altro materiale poco pregiato.

acromàtico (pl. *-ci*) [comp. di *a-*[1] e del gr. *chrôma, -atos*; 1771] ***agg.*** *T.ott.* di lente o di sistema di lenti corrette dall'aberrazione cromatica, che cioè non mostrano i colori dell'iride intorno agli oggetti.

acromatìsmo [da *acromatico*; 1865] ***sm.*** *T.ott.* l'assenza in certe lenti o in un sistema di lenti dell'aberrazione cromatica, cioè della scomposizione nei colori dell'iride.

acromatopsìa [dal fr. *achromatopsie*; 1940] ***sf.*** *T.med.* anomalia della vista, che consiste nell'impossibilità di percepire i colori, o nel confondere alcuni di essi, specie il rosso, il verde e il violetto || **N.** *Sin.* daltonismo.

acromìa [dal gr. *akromía,* mancanza di colore; 1899] ***sf.*** *T.med.* il decolorarsi progressivo della pelle, dovuto alla mancanza del pigmento cutaneo.

acròmio [dal gr. *akrómion*; 1745] ***sm.*** *T.anat.* sporgenza della scapola che si articola con la clavicola.

acrònico (pl. *-ci*) [comp. di *a-*[1] e del gr. *chrónos*; 1961] ***agg.*** senza tempo, che prescinde da una dimensione temporale; astorico: *sistema acronico.*

acrònimo [comp. del gr. *ákron,* estremità, qui nel senso di parte iniziale e *ónoma,* nome; 1961] ***sm.*** nome formato con le lettere iniziali di altre parole; sigla (per es. FIAT) || *per estens.* parola costituita dalla fusione della parte iniziale di una parola con la parte finale di un'altra (come ad es. *mo(to)* + *(ho)tel, motel*) || **N.** acrostico.

acròpoli [dal gr. *akrópolis,* l'alto della città; 1819] ***sf.*** cittadella sovrastante la città, eretta per scopi difensivi ma anche religiosi e civili: *l'acropoli di Atene, le tirrene acropoli* (Carducci) || *per estens.* sommità, roccia erta e formidabile: *il sole stava per toccare la gigantesca acropoli delle Dolomiti* (D'Annunzio) || **N.** *Sin.* cittadella, rocca.

acròstico (pl. *-ci*) [dal gr. tardo *akróstichon,* comp. di *ákros,* estremo e *stíchos,* verso; 1698] ***agg.*** e ***sm.*** **1.** di componimento poetico nel quale le prime lettere dei versi, unite assieme, formano nomi o altre parole determinate: *poesia acrostica, un acrostico; versi, sonetti acrostici* **2.** *T.gioc.* gioco enigmistico in cui si ricava una parola o una frase da iniziali di altre parole di cui si dànno le definizioni **3.** detto di sigla ottenuta dalle lettere iniziali delle parole che la compongono, quando queste formano una parola di senso compiuto (per es. *AIACE, Associazione italiana amici cinema d'essai*).

acrostòlio (pl. *-li*) [dal gr. *akrostólion,* comp. di *ákros,* estremo e *stólion,* rostro; 1940] ***sm.*** *T.arch.* parte prominente e ornata della prua delle navi antiche || **N.** *Sin.* polena.

acrotèrio (pl. *-ri*) [dal lat. *acrotērium,* sommità; a. 1502] ***sm.*** *T.arch.* elemento ornamentale sovrapposto al vertice e agli angoli dei frontoni. **TAV. *architettura* p. 646** 9.5.

acrotònico (pl. *-ci*) [comp. da *acro-* e *tonico*; 1955] ***agg.*** di parola accentata sulla prima sillaba || **N.** ossitono.

actèa [dal lat. *actǣa,* sambuco; 1340 ca.] ***sf.*** pianta erbacea delle Ranuncolacee, conosciuta anche con il nome di *barba di san Cristoforo.*

acting-out (ingl., pr. ['æktɪŋ aʊt]; pr. it. [ˈɛktiŋg 'aut]) [letter. traduzione in azione; 1968] ***sm.*** *inv. T.psican.* azioni auto- o etero--aggressive manifestate dal paziente e interpretate dall'analista come resistenze, ovvero un passaggio all'azione che ostacola il processo di ricordo di eventi passati rimossi.

actinìdia [dal gr. *axtís, -înos,* raggio, per la disposizione stellata degli steli floreali; 1950] ***sf.*** *T.bot.* nome dato da Lindley nel 1836 a un genere di piante delle Dilleniacee originarie dell'Asia, di cui si coltiva una specie ornamentale a foglie verdi striate di rosa e bianco e un'altra che fornisce i frutti commestibili conosciuti col nome di *kiwi.*

actìno- [dal gr. *aktís, aktînos,* raggio] ***primo elem.*** che, in parole composte della terminologia scientifica, soprattutto zoologica e botanica, vale "con struttura a raggio" || *var.* di *attìno-* (v.): **actinomòrfo**.

Actinomicèti o **Attinomicèti** (sing. *-e*) [comp. di *actino-* e *micete*; 1955] ***sm.*** *pl. T.biol.* ordine di batteri parassiti, che vivono nell'acqua e nelle piante, formando spesso colonie filamentose ramificate; causano diverse malattie nell'uomo e negli animali || **N.** *Sin.* micobatteri.

actinomicìna [da *actinomiceti*; 1974] ***sf.*** *T.med.* nome di alcuni antibiotici prodotti da specie diverse di actinomiceti; hanno un notevole grado di tossicità e sono utilizzati solo nel trattamento di alcune forme tumorali.

actinomicòṣi [da *actinomiceti*; 1955] ***sf.*** *T.med.* malattia infettiva del bestiame e dell'uomo, causata da batteri actinomiceti e caratterizzata da enfiagioni granulomatose suppurative e da formazione di ulcere e fistole.

actinostèle [comp. di *actino-* e *stele*; 1935] ***sf.*** *T.bot.* stele tipica di radici, caratterizzata da una corona di fasci semplici alternati (legnosi e cribrosi) che in sezione formano un profilo stellato || **N.** *Sin.* stele raggiata.

action painting (ingl., pr. ['ækʃən ˌpeɪntɪŋ]) [letter. pittura d'azione; 1974] ***loc. f.*** *inv.* teoria e prassi pittorica espressionista, sviluppatasi nell'ambito della pittura astratta americana, caratterizzata da violenza gestuale e cromatica e dall'esaltazione dell'atto pittorico come evento concreto, come azione || **N.** arte informale, tachismo.

acufène [comp. del gr. *akoúein,* ascoltare e gr. *pháinesthai,* manifestare; 1963] **I** ***sm.*** *T.med.* sensazione acustica, consistente in fischi e ronzii, avvertita da pazienti che presentano malattie dell'orecchio medio o interno **II** ***agg.*** *T.med. rumori acufeni,* acufene.

acuìre (pres. *-ìsco, -ìsci*) [dal lat. *acuere*; sec. XIV] ***tr.*** aguzzare, appuntire || *fig. com.* rendere penetrante: *acuire la vista, l'ingegno* || ***intr. pron.*** diventare più acuto: *nella notte il dolore si acuì.*

acuità [da *acuire*; 1320] ***sf.*** **1.** *lett.* acutezza, prontezza, finezza, perspicacia: *nel sorvegliarsi avevano acquistata una strana acuità* (D'Annunzio) **2.** *T.ling.* altezza di tono nella pronuncia di un suono o di una sillaba.

acuitìvo [da *acuire*; prima metà sec. XIV] ***agg.*** *raro* atto ad acuire.

aculeàto [dal lat. *aculeātus*; a. 1730] **I** ***agg.*** fornito di aculeo || *per estens.* appuntito **II** ***sm.*** *pl. T.zool.* sottordine degli Imenotteri, in cui la femmina è munita di aculeo velenoso (per es. le api).

acùleo [dal lat. *aculeus,* dim. di *acus,* ago; 1427 *aculio*] ***sm.*** **1.** *T.zool.* pungiglione, organo pungente di cui sono muniti taluni animali; nei mammiferi e negli echinodermi (riccio, riccio di mare ecc.) è costituito da peli modificati, negli insetti da trasformazioni del dotto ovopositore **2.** *T.bot.* appendice legnosa pungente delle piante a punta dritta o ricurva; *impropr.* spina **3.** *fig.* motto pungente || stimolo, incitamento, incentivo.

acùme [dal lat. *acūmen*; a. 1321] ***sm.*** **1.** acutezza di mente, perspicacia || *lett.* intensità di sensazioni o sentimenti **2.** *raro* l'essere acuto: *sentiva... l'acume degli unghielli* (D'Annunzio) || **N.** *Contr.* ottusità.

acumetrìa [comp. del gr. *akoúein,* ascoltare e *-metria*; 1940] ***sf.*** *T.scient.* misurazione dell'intensità dell'udito.

acùmetro [comp. del gr. *akoúein,* ascoltare e *-metro*; 1940] ***sm.*** *T.scient.* audiometro, strumento adoperato nelle ricerche mediche e fisiologiche per misurare l'intensità dell'udito.

acuminàre (pres. *-ùmino*) [dal lat. tardo *acumināre*; 1611] ***tr.*** *raro* aguzzare, appuntire.

acuminàto (*pps.* di *acuminare*) [1681] ***agg.*** aguzzo, a punta sottile e penetrante || *fig.* penetrante, acuto: *ha un ingegno acuminato.*

acùṣma [dal gr. *ákousma,* ciò che si ode; 1940] ***sm.*** *T.med.* disturbo periferico dell'organo uditivo che porta a percepire insistenti fischi o ronzii || **N.** acufene.

acùstica [da *acustico*; 1785] ***sf.*** *T.fis.* **1.** parte della fisica che studia le leggi del suono **2.** caratteristiche di un ambiente in rapporto alla propagazione del suono: *questo teatro ha una buona acustica* || **N.** SUONO, UDITO. **Q.T.** *fisica.*

acùstico (pl. *-ci*) [dal gr. *akustikós*; 1679] ***agg.*** **1.** relativo all'acustica **2.** relativo al suono o all'udito: *sensazione acustica* || *nervo acustico,* l'ottavo paio di nervi cranici || di strumento che serve per udire meglio: *apparecchio acustico, cornetto acustico* || **acusticaménte** ***avv.*** per quanto concerne l'acustica nel senso 2. **TAV. *anatomia* p. 642** 18.8.

acutàngolo [comp. di *acuto* e *angolo*; a. 1739] ***agg.*** *T.geom.* di triangolo che ha tutti gli angoli acuti.

acutézza [da *acuto*; a. 1571] ***sf.*** qualità di ciò che è acuto || *fig.* perspicacia, acume, acuità.

acutiẓẓàre [da *acuto*; 1908] ***tr.*** render acuto || ***intr. pron.*** diventare acuto, acuirsi: *acutizzarsi dei sintomi di una malattia* || *fig.* farsi più sensibile o più grave: *acutizzarsi della crisi, del conflitto.*

acutiẓẓazióne [da *acutizzare*; 1955] ***sf.*** atto ed effetto dell'acutizzare e dell'acutizzarsi.

acùto [lat. *acūtus,* pps. di *acuere,* aguzzare; a. 1294] **I** ***agg.*** **1.** molto appuntito, aguzzo || che fa sui sensi o sulla mente o sull'anima impressione pungente: *suono, freddo, desiderio acuto* || *T.geom. angolo acuto,* minore dell'angolo retto || *T.arch. arco acuto, o a sesto acuto,* composto da due curve di diverso centro che s'incontrano in un vertice; ogiva **2.** di malattia, di evento sociale, nella fase più pericolosa o intensa: *un'acuta crisi politica* **3.** di udito, vista, fine || di mente, ingegno, perspicace, sottile, penetrante **4.** *T.ling. accento acuto* (´), in it. indica talvolta la vocale chiusa (per *e* e *o* toniche) **5.** *T.fis.* suono corrispondente alla fascia di frequenze più elevata: *nota acuta,* assai alta || **acutaménte** ***avv.*** **II** ***sm.*** *T.mus.* suono di registro alto, emesso con la voce: *quel soprano fa degli acuti eccezionali* || *fig.* punto culminante di un evento o di una prestazione individuale: *con un acuto improvviso ha sbaragliato gli altri concorrenti* || **N.** I **1.** *Sin.* aguzzo, appuntito **2.** *Sin.* grave **3.** *Sin.* penetrante, perspicace | **1.** e **3.** *Contr.* ottuso **4.** *Contr.* grave **5.** *Contr.* basso | acuire, appuntire. **TAV. *geometria*** 3.1; ***architettura* p. 646** 6.2.

acùzie [dal lat. mediev. *acuties*; 1765] ***sf.*** *inv. lett. raro* acutezza || *T.med.* stato acuto di un processo morboso; acme || **N.** *Sin.* culmine.

ad ***prep.*** forma eufonica della prep. *a* (v.) davanti a parole inizianti per vocale, in part. la vocale *a*: *ad amare.*

ad- v. A[2].

adacquaménto [da *adacquare*; sec. XIV] ***sm.*** distribuzione di acqua per l'irrigamento dei terreni; irrigazione.

adacquàre [dal lat. *adaquāre*; sec. XIV] ***tr.*** dare acqua al terreno, alle piante, annaffiare, irrigare || **N.** *Sin.* IRRIGARE.

adacquatóre [da *adacquare*; 1879] ***sm.*** *T.agr.* canale che porta l'acqua d'irrigazione alle adacquatrici.

adacquatrìce [da *adacquare*; 1869] ***sf.*** *T.agr.* buca o fosso nel terreno che, traboccando grazie all'alimentazione di un adacquatore, sparge l'acqua sui terreni coltivati.

adacquatùra [da *adacquare*; 1755] ***sf.*** atto dell'adacquare, innaffiamento, adacquamento.

adagiàbile [da *adagiare*; 1865] ***agg.*** che può essere adagiato.

adagiaménto [da *adagiare*; sec. XV] ***sm.*** *non com.* atto dell'adagiare o dell'adagiarsi.

adagiàre (pres. *-àgio*) [comp. parasint. di *agio*; inizio sec. XIV] ***tr.*** posare con cura e riguardo: *adagiarono il ferito sul letto* || ***rifl.*** e ***intr. pron.*** collocarsi in modo da stare comodamente: *s'adagiò sul canapè* || *fig.* lasciarsi andare, abbandonarsi: *adagiarsi nell'ozio, nella ricchezza, nei risultati ottenuti, sugli allori* || *ant.* fare qualcosa lentamente, indugiare: *batte col remo chiunque s'adagia* (Dante).

adagiàto (*pps.* di *adagiare*) [a. 1347] ***agg.*** collocato disteso con cura, delicatamente.

adagìno (*dim.* e *vezz.* di *adagio*) [1698] ***avv.*** con molta calma, piano piano: *far adagino, parlar adagino.*

adàgio[1] [da *ad agio,* con comodità; 1348] **I** ***avv.*** **1.** lentamente: *parlare adagio* **2.** a voce bassa, piano: *dite adagio, che nessuno ci senta* **3.** con cautela: *adagio a pigliar impegni* || con riguardo, con delicatezza: *posare adagio* || *adagio adagio,* con gran lentezza; a poco a poco **II** ***sm.*** (pl. *-gi*) *T.mus.* tempo lento e sostenuto || *per estens.* canto o sonata composti in questo tempo: *un adagio di Beethoven, di Scarlatti.*

adàgio[2] (pl. *-gi*) [dal lat. *adagium*; 1598] ***sm.*** proverbio, massima, sentenza: *come dice un vecchio adagio...*

adamànte [dal lat. *adamas,* ferro durissimo, diamante; 1321] ***sm.*** *poet.* **1.** diamante **2.** *ant.* acciaio o qualunque metallo molto duro.

adamantìno [dal lat. *adamantinus*; 1358] ***agg.*** diamantino, che ha le proprietà del diamante || *fig.* splendente, puro, duro, saldo come diamante: *stile adamantino, coscienza, tempra adamantina.*

adamìta [da *Adamo*; 1748] ***s.*** *T.stor.* spec. *pl.* appartenente a una setta ereticale cristiana diffusa soprattutto nel Medioevo che proclamava la nudità completa e un ritorno allo stato adamitico di natura.

adamìtico (pl. *-ci*) [da *adamita*; 1829] ***agg.*** **1.** di Adamo || *vestito adamitico,* la nudità; *in costume adamitico,* nudo || *usanze adamitiche,* primitive, eccessivamente semplici **2.** della setta degli adamiti.

adattàbile [da *adattare*; a. 1673] ***agg.*** che può facilmente subire mutamenti a seconda delle esigenze || di persona, senza particolari esigenze.

adattabilità [da *adattabile*; a. 1712] ***sf.*** possibilità o capacità di adattarsi; adattamento.

adattaménto [da *adattare*; a. 1406] ***sm.*** **1.** atto ed effetto dell'adattare || *adattamento cinematografico, teatrale,* rielaborazione di un'opera letteraria in forma cinematografica o teatrale || *T.ling.* nel prestito linguistico, insieme di alterazioni fonetiche e grafiche che una parola straniera subisce come risultato dell'adeguamento al sistema fonetico e grafico della lingua che la riceve (per es. l'it. *sciampagna* dal fr. *champagne*) **2.** atto dell'adattarsi || *forza di adattamento,* capacità di adattarsi alle diverse circostanze della vita || *adattamento dell'occhio,* accomodazione, capacità dell'occhio di adattarsi rapidamente ai mutamenti improvvisi di luminosità || *adattamento climatico*, modificazioni che avvengono negli esseri viventi in seguito a cambiamenti dell'ambiente || *T.biol.* il processo mediante il quale in una specie vengono selezionati i caratteri che rendono gli individui che ne sono portatori più adatti a sopravvivere e riprodursi nell'ambiente in cui vivono. **Q.T.** *genetica..., sociologia.*

adattàre [dal lat. tardo *adaptāre*; sec. XIV] ***tr.*** **1.** adeguare qualcosa secondo esigenze di convenienza, proporzione, funzionalità: *adattare una stanza a biblioteca* **2.** applicare, disporre in modo adeguato: *adattare il chiodo alla fessura* || ***intr. pron.*** essere adatto, adeguato, confarsi: *questo vestito, questa parte ti si adatta perfettamente* || ***rifl.*** conformarsi a una situazione: *mi adatto alla vita in città* || *ass.* rassegnarsi, accontentarsi: *bisogna adattarsi* || **N.** ***tr.*** **1.** *Sin.* conformare, proporzionare **2.** *Sin.* acconciare | ***intr. pron.*** *Sin.* addirsi, attagliarsi, calzare, convenire | ***rifl.*** *Sin.* abituarsi, accomodarsi alla meglio, conformarsi | far di necessità virtù, lasciar correr l'acqua per la china, prendere il mondo come viene.

adattatìvo [da *adattare*; 1972] ***agg.*** di adattamento: *capacità adattative* || *in part. T.biol. valore adattativo di un carattere*, la misura in cui quel carattere rende idoneo un organismo all'ambiente in cui vive.

adattàto (*pps.* di *adattare*) [1306] ***agg.*** *disus.* che conviene, che fa al caso: *non è vestito adattato alla circostanza* || **N.** *Sin.* adatto, adeguato, consono.

adattatóre [dall'ingl. *adaptor* o *adapter*, riduttore; 1963] ***sm.*** dispositivo che permette di adattare parti di un apparecchio a determinati usi || *T.elettrot. adattatore d'impedenza*, componente o circuito che serve a ottimizzare l'inserimento di un altro dispositivo in una rete elettrica.

adattévole [da *adattare*; prima metà sec. XIV] ***agg.*** *raro* adattabile.

adattìvo [da *adattare* sul modello dell'ingl. *adaptive*, capace di adattamento; 1971 nel senso 2] ***agg.*** **1.** in psicologia e in etologia, che riguarda l'adattamento, o che favorisce il processo di adattamento: *facoltà, difficoltà adattive; comportamento adattivo* **2.** *controllo adattivo*, nella tecnica dei controlli automatici, tipo di controllo che interviene sul sistema controllato tenendo conto non solo dello stato del sistema, ma anche di tutti i parametri che caratterizzano l'efficacia del controllo.

adàtto [lat. mediev. *adaptus*; a. 1294] ***agg.*** in possesso dei requisiti necessari, idoneo: *non mi sembra adatto a fare il medico, non è lo strumento adatto* || conveniente: *adatto alle circostanze* || opportuno: *il momento adatto* || **N.** *Sin.* adeguato, conforme, consono, conveniente; *ad hoc*, congruo, fatto apposta, giusto | *Contr.* disadatto, inadeguato, inopportuno, sconveniente.

addàce V. ADDAX.

addàrsi (pres. *addò* ecc., come DARE) [da *dare*; a. 1306] ***intr. pron.*** *tosc. ant.* accorgersi, avvedersi: *ma di questo ei non s'addia* (D'Annunzio) || ***rifl.*** *lett. addarsi a qualche cosa*, dedicarsi, consacrarsi.

àddax o **addàce** [lat. *addax, addacis*, da una voce indigena africana; 1955] ***sm.*** *inv.* antilope africana di media grandezza dalle corna a spirale e leggermente divergenti.

addaziàre (pres. *-àzio*) [comp. parasint. di *dazio*; 1770] ***tr.*** *non com.* sottoporre a dazio || **N.** *Contr.* sdaziare.

addebbiàre (pres. *-èbbio*) [comp. parasint. di *debbio*; 1779 ca.] ***tr.*** *T.agr.* ingrassare il terreno col debbio; debbiare.

addebitaménto [da *addebitare*; 1852] ***sm.*** atto ed effetto dell'addebitare || **N.** *Contr.* accreditamento.

addebitàre (pres. *-ébito*) [comp. parasint. di *debito*; 1723] ***tr.*** **1.** porre a debito di qualcuno una data somma: *addebitare un lavoro a qualcuno* **2.** accollare, attribuire una colpa: *addebitare la responsabilità dell'errore a un altro.*

addébito [da *addebitare*; 1863] ***sm.*** **1.** attribuzione a debito **2.** imputazione, accusa.

addecimaménto [da *addecimare*; 1865] ***sm.*** *ant.* addecimazione; l'atto di addecimare.

addecimàre (pres. *-ècimo*) [comp. parasint. di *decima*; fine sec. XIV] ***tr.*** *ant.* registrare i beni sui libri del comune per imporvi la decima || *per estens.* sottoporre alla decima.

addecimatóre [da *addecimare*; 1861] ***sm.*** *ant.* chi è incaricato dell'addecimazione.

addecimazióne [da *addecimare*; sec. XVIII] ***sf.*** *ant.* operazione e risultato dell'addecimare.

addenda (lat., pr. it. [ad'dɛnda]) [letter. cose da aggiungere] ***sm.*** *pl. inv.* elenco di aggiunte e omissioni poste in appendice a un testo a stampa || *addenda et corrigenda*, aggiunte e correzioni.

addèndo [dal lat. *addendus*, da *addere*, aggiungere; 1931] ***sm.*** *T.mat.* ciascuno dei numeri da sommare nell'operazione aritmetica dell'addizione.

addensaménto [da *addensare*; 1611] ***sm.*** atto ed effetto dell'addensare e dell'addensarsi; *addensamento di folla, di automobili.*

addensànte (*ppr.* di *addensare*) [1961] ***sm.*** *T.chim.* composto chimico in grado di rendere più densi alcuni liquidi o masse poco adesive.

addensàre (pres. *-ènso*) [dal lat. *addensāre*; 1611] ***tr.*** conferire una certa densità, condensare || *fig.* mettere insieme, raccogliere in grande quantità: *addensare paroloni nella spiegazione* || ***intr. pron.*** infittirsi: *le nuvole s'addensano.*

addensatóre [da *addensare*; 1955] ***sm.*** **1.** *T.min.* apparecchio che, eliminando l'eccesso d'acqua da una torbida, permette il recupero dei materiali solidi in essa contenuti **2.** *T.cart.* tamburo rotatorio atto ad aumentare la densità della pasta cartaria.

addentàre (pres. *-ènto*) [comp. parasint. di *dente*; a. 1321] ***tr.*** **1.** afferrare e stringere coi denti, mordere || *per estens.* di strumenti, come tenaglie, morsa, lima ecc., afferrare || *fig.* serrare: *sentì come un'onda improvvisa d'amarezza e di voluttà che gli addentava il cuore* (Verga) || *fig. non com.* aggredire con malignità, criticare ferocemente **2.** *T.fal.* tagliare due pezzi di legno in modo che s'incastrino || ***rec.*** *T.mecc.* di due ingranaggi che incastrano i denti l'uno nell'altro || **N.** ***tr.*** **1.** *Sin.* afferrare, azzannare, mordere, pinzare; biasimare, criticare, vituperare.

addentatùra [da *addentare*; a. 1755] ***sf.*** **1.** atto ed effetto dell'addentare || *raro* il segno lasciato dai denti nella parte che è stata addentata **2.** l'incastrarsi di un pezzo di legno dentro l'intaccatura di un altro.

addentellàre (pres. *-èllo*) [comp. parasint. di *dentello*; 1664] ***tr.*** *T.arch.* fare l'addentellato nei muri per collegarvi un nuovo muro || fornire di dentelli, fare dei rilievi a somiglianza di denti.

addentellàto [da *addentellare*; 1513] **I** ***sm.*** *T.arch.* l'insieme di quei risalti che si lasciano in un lato di un muro, per collegarlo poi con un altro muro || *fig.* appiglio, aggancio con qualche cosa detta in precedenza: *un'offesa è un addentellato a nuove offese* **II** ***agg.*** *raro* dentellato, munito di dentelli || **N.** **I** *Sin.* ammorsatura; bornio, morsa, risega.

addentellatùra [da *addentellare*; 1865] ***sf.*** *raro* **1.** atto ed effetto dell'addentellare **2.** incastro, addentellato.

addentràre (pres. *-éntro*) [da *addentro*; a. 1597] ***tr.*** mandare o mettere dentro || ***intr. pron.*** penetrare, inoltrarsi: *addentrarsi nel bosco*; anche *fig.*: *addentrarsi in un segreto* || **N.** ***intr. pron.*** *Sin.* introdursi.

addéntro [comp. di *a* e *dentro*; 1306 *adentro*] **I** ***avv.*** molto dentro, a fondo **II** nelle ***loc. prep.*** *fig. addentro a, addentro in*: *essere addentro nei maneggi della politica*, essere informato || *scherz. essere addentro alle segrete cose*, saperla lunga su qualcosa.

addestràbile [da *addestrare*; 1865] ***agg.*** che si può addestrare.

addestraménto [da *addestrare*; seconda metà sec. XVI] ***sm.*** **1.** atto ed effetto dell'addestrare **2.** corso di istruzione atto a preparare per un certo compito o mestiere: *addestramento militare, professionale* || periodo di istruzione cui vengono sottoposti animali per renderli ubbidienti o atti allo svolgimento di certi compiti.

addestràre[1] (pres. *-èstro*) [comp. parasint. di *destro*; a. 1348] ***tr.*** rendere abile, esperto; ammaestrare, istruire: *addestrare le reclute a marciare in formazione, addestrare i cavalli nel salto degli ostacoli* || ***rifl.*** esercitarsi nella pratica di qualche attività, impratichirsi || **N.** ***tr.*** *Sin.* allenare, esercitare, insegnare, preparare.

addestràre[2] (pres. *-èstro*) [comp. parasint. di *destra*; 1336 ca.] ***tr.*** *ant.* stare alla destra di chi cavalca, servendolo; stare alla staffa.

addestratóre [da *addestrare*; 1863] ***sm.*** (f. *-trìce*) chi addestra.

addétto [lat. *addictus*, pps. di *addīcere*, assegnare; 1767] **I** ***agg.*** assegnato a un ufficio, a un compito particolare: *operaio addetto alle consegne, al trasporto merci* **II** ***sm.*** (f. *-a*) persona che svolge particolari funzioni o a cui sono attribuite mansioni specifiche: *addetto d'ambasciata, militare, culturale.*

addì [comp. di *a* e *dì*; a. 1348 *a dì*] ***avv.*** *ant.* nel giorno, il giorno; si usa solamente nelle date in documenti burocratici.

addiacciàre[1] (pres. *-àccio*) [da *diacciare*; a. 1527] ***tr.*** *tosc.* agghiacciare.

addiacciàre[2] (pres. *-àccio*) [da *addiaccio*; 1803 ca.] ***tr.*** far stare le greggi all'addiaccio: *comm'ebbi preso luogo d'addiacciare* (D'Annunzio).

addiàccio (pl. *-ci*) [dal lat. *adiacēre*, giacere accanto; a. 1543] ***sm.*** luogo dove i pecorai tengono il gregge la notte allo scoperto: *pecoraio, ti cercano all'addiaccio* (D'Annunzio) || *all'addiaccio*, senza un tetto, allo scoperto: *gli alpinisti hanno dormito all'addiaccio* || **N.** *Sin.* bivacco.

addiètro [comp. di *a* e *dietro*; fine sec. XIII *adietro*] ***avv.*** **1.** *disus.* in posizione, luogo, a tergo della persona o cosa di cui si parla || *fig. restare addietro*, progredire poco, essere in uno stato di arretratezza || *farsi addietro*, indietreggiare || *dare addietro*, far rinculare **2.** *più com.* con valore temporale, anteriormente al tempo dell'enunciazione o alla data da cui si conta: *un anno addietro*, un anno prima o un anno fa; *giorni addietro*, giorni fa || *per l'addietro*, nel passato.

addiettìvo [dal lat. *adiectīvum*; a. 1375 *adiettivo*] ***sm.*** *ant.* aggettivo.

addimandàre [da *dimandare*; a. 1294] ***tr.*** *ant.* e *lett.* **1.** domandare || chiedere di parlare con qualcuno **2.** denominare || ***intr. pron.*** *ant.* chiamarsi, avere nome.

addimesticàre ***tr.*** *ant.* e *lett.* V. ADDOMESTICARE.

addimostràre ***tr.*** *ant.* e *lett.* V. DIMOSTRARE.

addìo [da (*vi raccomando, vi affido*) *a Dio*; a. 1348] **I** ***escl.*** espressione di saluto nel lasciarsi usata spec. quando il distacco è definitivo: *è stato bello conoscerci, ma ora addio* || *region. impropr.* arrivederci: *addio a stasera* || *dire addio a qualcosa*, abbandonarla per sempre: *ho detto addio ai divertimenti* || si usa per esprimere disappunto per una perdita: *quando ci sono di mezzo gli interessi, addio amicizia* || anche *ass. addio*, è finita, l'affare è perduto || *e addio*, e basta: *ho preso una minestrina e addio* **II** ***sm.***

(pl. *-ii*) saluto: *le donne accorate tornanti all'addio* (Manzoni), *il giorno dell'addio, fare i propri addii* || *lezione, serata d'addio,* l'ultima || *l'ultimo addio,* il saluto a chi muore || *andarsene senza dire addio,* bruscamente.

addipanàre ***tr.*** *raro* V. DIPANARE.

addìre (pres. *-dìco* ecc., come DIRE) [dal lat. *addīcere,* assegnare; a. 1831] ***tr.*** *lett.* dedicare, destinare: *a' danni del vero addisse quella età migliore* (Carducci).

addirittùra [comp. di *a* e *dirittura;* a. 1431] ***avv.*** **1.** perfino: *sempre più sobrio nello spendere, divenne addirittura spilorcio* (Palazzeschi) || come risposta vale "nientemeno": *«Vuole diseredarlo» «Addirittura!»* **2.** *disus.* direttamente, senz'altro, immediatamente: *andò addirittura dal medico.*

addirizzàbile [da *addirizzare;* 1861] ***agg.*** che si può o anche che si deve addirizzare.

addirizzaménto [da *addirizzare;* a. 1348] ***sm.*** *non com.* atto ed effetto dell'addirizzare.

addirizzàre o **addrizzàre** [da *dirizzare;* a. 1294] ***tr.*** **1.** di ciò che è storto, raddrizzare, render diritto; aggiustare, accomodare || *fig.* correggere, volgere al bene || *addirizzar le gambe ai cani,* far opera vana **2.** *ant. lett.* rivolgere, dirigere || ***rifl.*** dirigersi verso qualche cosa, rivolgersi a qualcuno || *fig.* rimettersi al buono || **N.** ***tr.*** **1.** *Sin.* aggiustare, correggere, raddrizzare; avviare, indirizzare.

addirizzatóio (pl. *-ói*) [da *addirizzare;* a. 1729] ***sm.*** *raro* arnese per far l'addirizzatura dei capelli.

addirizzatùra [da *addirizzare;* 1759] ***sf.*** *non com.* **1.** atto ed effetto dell'addirizzare **2.** di capelli, spartizione, scriminatura.

addìrsi (dif., usato solo alla 3ª pers. sing. e pl.; pres. *addìce* ecc., come DIRE) [lat. *addīcere,* aggiudicare, con prob. influsso del lat. *decēre,* convenire; a. 1294] ***intr. pron.*** convenire, essere appropriato, confacente: *questo comportamento non si addice a una persona bene educata.*

addiṣoniàno o **addisoniàno** [dal n. proprio Th. *Addison;* 1955] **I** ***agg.*** *T.med.* **1.** relativo al morbo di Addison **2.** che è colpito dal morbo di Addison **II** ***sm.*** (f. *-a*) *T.med.* chi è affetto dal morbo di Addison.

additaménto[1] [da *additare;* a. 1642] ***sm.*** atto dell'additare.

additaménto[2] [dal lat. *additāmentum;* 1642] ***sm.*** *ant.* aggiunta, aumento.

additàre (pres. *-ìto*) [comp. parasint. di *dito;* a. 1300] ***tr.*** mostrar col dito, indicare: *additare un oggetto* || *fig.* esporre, mostrare: *additare al pubblico ludibrio, additar le ragioni di un fatto* || **N.** *Sin.* indicare, segnalare, MOSTRARE.

additìvo [dal lat. *additīvus,* attr. il fr. *additif;* 1927] **I** ***agg.*** che si riferisce all'addizione: *proprietà additiva* **II** ***sm.*** *T.chim.* composto chimico che si aggiunge a una sostanza per conservarne o modificarne le qualità: *additivi chimici.*

addivenìre (pres. *-èngo* ecc., come VENIRE) [da *divenire;* a. 1250 nel senso 2] ***intr.*** (aus. *essere*) **1.** giungere, pervenire, gen. nelle loc. *addivenire a una conclusione, a un accordo, a un risultato* **2.** *ant.* avvenire, accadere.

addizionàle [da *addizione;* 1723] **I** ***agg.*** aggiuntivo, aggiunto, accessorio: *centesimi addizionali, articolo addizionale* **II** ***sf.*** imposta straordinaria aggiuntiva in favore di enti locali || *sm.* apparecchio telefonico supplementare che si inserisce in un impianto a spina.

addizionàre (pres. *-óno*) [da *addizione;* 1848] ***tr.*** **1.** far l'addizione, sommare || *per estens.* aggiungere **2.** *T.chim.* spesso al passivo, per indicare che si è aggiunta una sostanza a un'altra dando origine a una miscela o a un composto || **N.** **1.** *Contr.* sottrarre.

addizionatrìce [da *addizionare;* 1913] ***sf.*** macchina che serve per operazioni di addizione e sottrazione.

addizióne [dal lat. *additio, -ōnis,* da *addere,* aggiungere; 1308 ca.] ***sf.*** **1.** *T.mat.* l'operazione aritmetica, per cui di più quantità omogenee (*addendi* o *termini*) si fa una quantità sola (*somma*); ha come simbolo il segno + **2.** *non com.* aggiunta **3.** *T.chim.* reazione per mezzo della quale due o più molecole si uniscono in una sola || **N.** **1.** *Contr.* sottrazione. **Q.T.** *matematica...*

addobbaménto [dal fr. *adoubement;* a. 1535] ***sm.*** *non com.* atto ed effetto dell'addobbare; ornamento.

addobbàre (pres. *-òbbo*) [dal fr. *adouber,* armare un cavaliere, da un germ. **dubban;* a. 1306 *adobare*] ***tr.*** **1.** parare a festa, adornare, perlopiù sfarzosamente: *addobbare una sala, una chiesa* || *per estens. scherz.* vestire in modo pomposo e ricercato: *addobbare un bambino per la cerimonia* || *ant.* guarnire le vivande **2.** vestire un cavaliere, armare || **N.** *Sin.* decorare, parare, ORNARE.

addobbatóre [da *addobbare;* 1763] ***sm.*** (f. *-trìce*) chi addobba, decora.

addòbbo [da *addobbare;* 1600] ***sm.*** la sistemazione di decorazioni e paramenti in un ambiente || *concr.* paramento, decorazione, arredo || *fig. scherz.* abbigliamento || *ant.* guarnizione di vivande || **N.** drappi, festoni, frange, galloni, grillotti, guarnizioni, pendagli, peneri. **Q.T.** *arredamento.*

addocciàre (pres. *-òccio*) [da *doccia;* 1865] ***tr.*** *T.tecn.* fare nel legno un incavo in forma di doccia || *sgorbia addocciata,* sgorbia di cui ci si serve per addocciare.

addocilìre (pres. *-ìsco, -ìsci*) [comp. parasint. di *docile;* 1865] ***tr.*** **1.** *raro* rendere morbido, conciare: *addocilire una pelle* **2.** *ant.* render docile, addolcire.

addogàre (pres. *-ògo, -òghi*) [da *dogare;* 1664] ***tr.*** **1.** *ant.* listare, cingere con doghe **2.** *lett.* e *T.arald.* rif. a vesti e insegne, listare a strisce verticali come le doghe di una botte: *si faccian casacche addogate di giallo e di vermiglio* (D'Annunzio).

addolcàre (pres. *-ólco, -ólchi*) [dal lat. tardo *addulcāre;* a. 1342] ***tr.*** *ant.* addolcire; allietare, mitigare || ***intr.*** (aus. *essere*) *raro* farsi mite: *il tempo addolca.*

addolciménto [da *addolcire;* 1552] ***sm.*** **1.** il rendere dolce facendo perdere la durezza, l'amaro o la crudezza || *fig.* lenimento, mitigamento: *l'addolcimento del suo carattere, le parole sono addolcimento al dolore* **2.** *T.arch.* il legame o l'accordo di due o più elementi architettonici **3.** *T.ling. addolcimento delle consonanti,* indebolimento, lenizione **4.** *T.metal.* ricottura del metallo per ovviare ai difetti di un raffreddamento troppo rapido.

addolcìre (pres. *-ìsco, -ìsci*) [comp. parasint. di *dolce;* a. 1292] ***tr.*** **1.** far dolce, privare dell'amaro || *fig.* mitigare, placare, ingentilire, render meno aspro: *la musica addolcisce i costumi* || alleviare: *addolcire le sofferenze* **2.** rif. a metalli, renderli meno duri, più malleabili **3.** *T.chim. addolcire l'acqua,* privarla dei sali che la induriscono **4.** *T.pitt.* ammorbidire i colori || ***intr. pron.*** farsi dolce, temperarsi: *il tempo si addolcisce;* anche *fig.*: *col tempo il suo carattere si è addolcito* || **N.** DOLCE.

addolcitìvo [da *addolcire;* a. 1698] ***agg.*** *raro* che serve ad addolcire.

addolcitóre [da *addolcire;* 1865] ***sm.*** *T.chim.* strumento per l'eliminazione dei sali contenuti nell'acqua e per la riduzione della sua durezza.

addoloràre (pres. *-óro*) [comp. parasint. di *dolore;* 1300 ca.] ***tr.*** dar dolore, affliggere l'animo || ***intr. pron.*** provar dolore, affliggersi || **N.** DOLORE.

addoloràto (*pps.* di *addolorare*) [inizio sec. XIV] **I** ***agg.*** **1.** triste, afflitto **2.** *non com.* indolenzito **II** ***sf.*** *l'Addolorata,* la Madonna dei dolori || *per estens.* l'immagine della stessa e la ricorrenza liturgica che la celebra.

addomandàre [da *domandare;* a. 1250 *adomandare*] ***tr.*** *ant.* domandare.

addòme [dal lat. *abdōmen;* 1567 *abdomine*] ***sm.*** **1.** *T.anat.* la porzione inferiore del tronco che, nell'uomo, contiene la maggior parte dell'apparato digerente e uro-genitale **2.** *T.zool.* corrispondente parte nel corpo degli animali. **Q.T.** *anatomia* **TAV.** *zootecnia* 2.8; *anatomia* **p. 641** 1.9, 1.12.

addomesticàbile [da *addomesticare;* 1832 ca.] ***agg.*** che può essere addomesticato.

addomesticabilità [da *addomesticare;* 1988] ***sf.*** carattere di chi o di ciò che può essere addomesticato.

addomesticaménto [da *addomesticare;* a. 1604] ***sm.*** atto ed effetto dell'addomesticare.

addomesticàre (pres. *-èstico, -èstichi*) [comp. parasint. di *domestico;* a. 1304 *addimesticare*] ***tr.*** render domestico, toglier la selvatichezza, ammansire: *addomesticare un leone, una tigre* || *in part.* ammaestrare || rif. a terreno, coltivarlo || *fig.* raggentilire, dirozzare, rendere mite || ***intr. pron.*** impratichirsi, prendere familiarità || **N.** ***tr.*** *Sin.* addestrare, ammaestrare, ammansire, domare, render docile | ***intr. pron.*** *Sin.* familiarizzarsi.

addomesticàto (*pps.* di *addomesticare*) [a. 1597] ***agg.*** ammaestrato, incivilito, sottomesso || *iron.* condizionato, preparato prima, a bella posta, per un determinato fine: *plebiscito addomesticato; dimostrazione, rivoluzione, elezione addomesticata.*

addomesticatóre [da *addomesticare;* 1728] ***sm.*** (f. *-trìce*) chi addomestica || **N.** *Sin.* domatore.

addomesticatùra [da *addomesticare;* 1600 ca. *addimesticatura*] ***sf.*** *non com.* addomesticamento.

addomestichévole [da *addomesticare;* 1861] ***agg.*** *raro* facile, atto ad addomesticarsi; spec. *fig.*

addomestichevolézza [da *addomestichevole;* 1861] ***sf.*** *non com.* addomesticabilità.

addominàle [da *addome;* 1816] ***agg.*** dell'addome; che è attinente all'addome.

addoppiaménto [da *addoppiare;* a. 1292] ***sm.*** *non com.* raddoppiamento.

addoppiàre (pres. *-óppio*) [comp. parasint. di *doppio;* 1300 ca.] ***tr.*** **1.** far doppio **2.** mettere insieme due fili o corde di diverso spessore in un unico filato **3.** *ant.* raddoppiare || **N.** **2.** *Sin.* accoppiare.

addoppiatóio (pl. *-ói*) [da *addoppiare;* 1865] ***sm.*** *T.set.* arnese per addoppiare i fili della seta.

addoppiatóre [da *addoppiare;* 1865] ***sm.*** (f. *-trìce*) chi addoppia la lana sul filatoio o la seta sull'arcolaio.

addoppiatùra [da *addoppiare;* 1600 ca.] ***sf.*** atto ed effetto dell'addoppiare.

addormentaménto [da *addormentare;* fine sec. XIV] ***sm.*** atto ed effetto dell'addormentare e dell'addormentarsi || *fig. addormentamento dei sensi* || **N.** *Sin.* assopimento, intorpidimento.

addormentàre (pres. *-énto*) [lat. volg. **addormentare,* dal lat. tardo *addormīre;* 1310 ca.] ***tr.*** far dormire: *addormentare un bambino* || *per estens.* narcotizzare, anestetizzare: *prima dell'operazione l'hanno addormentato, addormentare un dente* || *fig.* annoiare all'eccesso: *il programma del sabato sera addormenta* || *fig.* intorpidire, assopire: *gli eccessi addormentano i sensi* || ***intr. pron.*** prendere sonno, cominciare a dormire || *addormentarsi in piedi,* avere molto sonno || *fig.* diventare negligente e disattento || *addormentarsi su qualcosa,* farlo svogliatamente || *addormentarsi sugli allori,* rimanere fermo ai primi buoni risultati conseguiti || *addormentarsi nel Signore,* morire in pace || *per estens. pop.* intorpidirsi: *mi si è addormentata una gamba* ‖ **N.** ***tr.*** drogare; annoiare; assopire, intorpidire | *Contr.* destare, svegliare; acuire, sensibilizzare; interessare | ***intr. pron.*** *Sin.* assopirsi; adagiarsi, impigrirsi; intormentirsi | *Contr.* destarsi, svegliarsi.

addormentativo [da *addormentare*; fine sec. XIV] ***agg.*** *non com.* che serve ad addormentare.

addormentàto (*pps.* di *addormentare*) [1306 ca.] ***agg.*** assopito, che dorme ‖ *fig.* pigro, fiacco ‖ *fam.* stupido, tardo d'ingegno ‖ *far l'addormentato,* fare il balordo ‖ intorpidito ‖ **N.** *Contr.* sveglio.

addormentatóre [da *addormentare*; 1313 ca.] ***agg.*** e ***sm.*** (f. *-trìce*) che o chi addormenta.

addormìre (pres. *-òrmo*) [dal lat. tardo *addormīre*; a. 1294] ***tr.*** *poet.* addormentare ‖ ***intr. pron.*** *poet.* addormentarsi: *s'è addormito il mondo* (Pascoli) ‖ **N.** DORMIRE.

addossaménto [da *addosso*; 1797] ***sm.*** atto ed effetto dell'addossare e dell'addossarsi.

addossàre (pres. *-òsso*) [da *addosso*; a. 1321] ***tr.*** **1.** mettere addosso, sul dorso: *addossare un carico sulle spalle* ‖ *fig.* imporre: *gli addossò tutto il lavoro* ‖ rif. a mobili, soprammobili ecc., appoggiare con la parte posteriore a qualcosa: *addossare una credenza al muro* ‖ *T.sport.* nella scherma, far retrocedere l'avversario fino a metterlo con le spalle al muro ‖ *T.arald.* porre dorso contro dorso: *nello scudo vi sono due leoni addossati* **2.** *fig.* attribuire, imputare: *addossare una responsabilità, una colpa* ‖ ***rifl.*** appoggiarsi col dorso: *si addossò alla porta* ‖ ***rifl. rec.*** accalcarsi: *le persone si addossavano le une alle altre* ‖ ***rifl. indir.*** *fig.* prender sopra di sé: *addossarsi un lavoro, una spesa, una colpa* ‖ **N.** ***tr.*** **1.** *Sin.* accollare, caricare, gravare; attribuire | ***rifl. indir.*** *Sin.* accollarsi, assumersi.

addossàto (*pps.* di *addossare*) [1821] ***agg.*** appoggiato col dorso, collocato a ridosso. **TAV. *araldica* p. 645** 4.8.

addòsso [comp. di *a* e *dosso*; a. 1306] **I *avv.*** **1.** sul dorso, sulla persona: *si mise le bisacce addosso, aveva addosso una giacca* ‖ *star bene addosso,* detto di abito, essere della giusta misura ‖ *fig. avere molti anni addosso,* essere molto vecchio ‖ *tirarsi addosso le disgrazie,* attirarle ‖ *fam. farsela addosso,* essere preda di paura o emozione; *propr.* defecare o orinare nei propri panni ‖ *parlarsi addosso,* parlare senza freno e quasi solo per sé **2.** dentro di sé, nell'animo o nel corpo: *aveva addosso una grande malinconia* ‖ *avere il diavolo addosso,* essere irrequieto **II** nella ***loc. prep.*** *addosso a* **1.** contro, sopra: *cadde addosso a un passante, gli corsero addosso coi bastoni* ‖ *dare addosso a qualcuno,* assalirlo; *fig.* aggredirlo a parole ‖ *stare addosso a uno,* stimolarlo, fargli premura, inseguirlo ‖ *mettere gli occhi addosso a uno,* adocchiarlo ‖ *mettere le mani addosso a qualcuno,* picchiarlo ‖ *andare addosso,* investire, sbattere contro qualcosa o qualcuno **2.** molto vicino: *hanno costruito una fabbrica addosso allo stagno* **III *escl.*** incitamento ad avventarsi contro qualcuno: *addosso!*

addótto (*pps.* di *addurre*) [a. 1364] ***agg.*** **1.** allegato: *vedi documentazione addotta* **2.** *T.med.* di arto avvicinatosi alla parte mediana del corpo per adduzione o per cause patologiche.

addottoraménto [da *addottorare*; 1664] ***sm.*** atto ed effetto dell'addottorare ‖ *per estens.* cerimonia di laurea.

addottoràre (pres. *-óro*) [comp. parasint. di *dottore*; a. 1571] ***tr.*** dare il grado e il titolo di dottore ‖ ***intr. pron.*** prender la laurea.

addottrinàbile [da *addottrinare*; 1861] ***agg.*** *raro* che si può addottrinare.

addottrinaménto [da *addottrinare*; a. 1348] ***sm.*** atto ed effetto dell'addottrinare.

addottrinàre (pres. *-ìno*) [comp. parasint. di *dottrina*; 1282] ***tr.*** istruire in una dottrina, erudire; anche *spreg.*: *addottrinare le masse* ‖ ***rifl.*** istruirsi ‖ *scherz.* scaltrirsi ‖ **N.** *Sin.* indottrinare, ISTRUIRE.

addottrinatùra [da *addottrinare*; sec. XIV] ***sf.*** *raro* effetto dell'addottrinare; addottrinamento.

addrizzàre V. ADDIRIZZARE.

adducìbile [dal lat. *adducere,* addurre; a. 1704] ***agg.*** che può essere addotto: *ragione, scusa, pretesto adducibile.*

addugliàre (pres. *-ùglio*) [comp. parasint. di *duglia*; 1889] ***tr.*** *T.mar.* raccogliere una corda in duglie, cioè a spire.

addùrre (pres. *-ùco, -ùci*; p.rem. *-ùssi, -ucésti*; fut. *-urrò*; cond. pres. *-urrèi*; pps. *addótto*) [lat. *addūcere*; a. 1276] ***tr.*** **1.** portare a sostegno o giustificazione: *addurre argomenti, esempi* ‖ mettere innanzi: *addurre scuse, pretesti* **2.** *poet.* arrecare, apportare: *l'ira funesta che infiniti addusse lutti agli Achei* (Monti) **3.** *T.med.* accostare un arto o una parte del corpo alla linea mediana ‖ **N.** **1.** *Sin.* PORTARE; accampare scuse.

adduttìvo [dal lat. *adductus,* addotto; 1955] ***agg.*** relativo all'adduzione.

adduttóre [dal lat. tardo *adductor, -ōris*; 1681] **I *agg.*** **1.** (f. *-trìce*) che porta, conduce in una determinata direzione: *condotta adduttrice,* tubatura che conduce l'acqua dal luogo di prelievo a quello di utilizzo **2.** *T.anat.* di muscolo, che effettua il movimento di adduzione, cioè che tira verso la linea mediana del corpo la parte che esso è destinato a muovere **II *sm.*** **1.** *T.elettr.* cavo che convoglia la corrente in un dato apparecchio **2.** *T.anat.* muscolo adduttore ‖ **N.** II **2.** *Contr.* abduttore.

adduzióne [dal lat. *adductio, -ōnis*; 1771] ***sf.*** **1.** *T.anat.* movimento di un muscolo adduttore che avvicina una parte alla linea mediana del corpo **2.** passaggio di calore da un fluido a un solido o viceversa **3.** *raro* atto ed effetto dell'addurre ‖ **N.** **1.** *Contr.* abduzione.

adeguàbile [da *adeguare*; 1865] ***agg.*** che si può adeguare ‖ **N.** *Contr.* inadeguabile.

adeguaménto [da *adeguare*; 1673] ***sm.*** **1.** atto ed effetto dell'adeguare: *adeguamento dei salari al costo della vita* **2.** modificazione della norma interna di uno Stato per evitare contrasti con la normativa internazionale ‖ **N.** *Sin.* adattamento | uniformare.

adeguàre (pres. *-éguo*) [lat. *adaequāre*; 1306 *adequare*] ***tr.*** rendere proporzionalmente adatto, pareggiare: *adeguare il proprio comportamento allo scopo, adeguare i salari al costo della vita* ‖ *bur. eufem. adeguare le tariffe,* aumentarle ‖ ***rifl.*** adattarsi, conformarsi: *si è adeguato alla sua nuova posizione* ‖ **N.** ***tr.*** *Sin.* proporzionare.

adeguatézza [da *adeguare*; a. 1873] ***sf.*** **1.** qualità di ciò che è adeguato ‖ proporzione, convenienza **2.** *T.ling.* la capacità di una teoria grammaticale di spiegare i dati osservabili.

adeguàto (*pps.* di *adeguare*) [a. 1498 *adequato*] **I *agg.*** proporzionato, conveniente: *ricompensa adeguata ai meriti* ‖ **adeguataménte** ***avv.***; anche nella *loc. prep. adeguatamente a*: *adeguatamente a quanto era stato richiesto* **II *sm.*** **1.** *T.banc.* prestazione globalmente equivalente a un insieme di prestazioni diverse e che a esse si sostituisce **2.** *ant.* prezzo medio di una merce ‖ **N.** I *Sin.* ADATTO.

adeguazióne [lat. tardo *adaequatio*; a. 1498 *adequazione*] ***sf.*** **1.** atto ed effetto dell'adeguare **2.** *T.fil.* aderenza di un concetto alla realtà.

adelfìa [dal gr. *adelphía*; 1865] ***sf.*** *T.bot.* il riunirsi degli stami in uno o più fascetti.

adèlfo [dal gr. *adelphós,* fratello; 1940] ***agg.*** *T.bot.* di stami riuniti in fascetti.

adelomòrfo [comp. del gr. *ádēlos,* non chiaro, incerto e *-morfo*; 1955] ***agg.*** *T.biol.* di cellula il cui contorno non è ben definito ‖ **N.** *Contr.* delomorfo.

adempìbile [da *adempiere*; 1745] ***agg.*** che può essere adempiuto.

adémpiere (pres. *-émpio* ecc., come EMPIRE; pps. *adempiùto*) [lat. *adimplēre*; fine sec. XIII] ***tr.*** portare a compimento un dovere, un ordine, una missione, compiere: *adempiere il proprio compito* ‖ rif. a preghiera ecc., esaudirla, appagarla ‖ rif. a promessa, mantenerla ‖ ***intr.*** (aus. *avere*) con la prep. *a*: *adempiere ai propri doveri* ‖ ***intr. pron.*** di profezia, avverarsi ‖ **N.** ***tr.*** *Sin.* attuare, eseguire, obbedire, COMPIERE.

adempiménto [da *adempiere*; a. 1342] ***sm.*** **1.** compimento di ciò che era desiderato o ordinato: *l'adempimento di un compito, di una missione, di un dovere, di una preghiera* ‖ *T.giur.* esecuzione di una prestazione: *esatto adempimento* **2.** obbedienza, osservanza: *l'adempimento dei princìpi morali, dei precetti religiosi* ‖ **N.** **1.** *Sin.* esecuzione, svolgimento **2.** *Sin.* messa in pratica, osservanza.

adempìre (pres. *-ìsco, -ìsci*; pps. *adempìto*) ***tr.*** V. ADEMPIERE.

adempìto *pps.* di *adempire* (v.).

adempitóre [da *adempire*; 1308] ***agg.*** e ***sm.*** (f. *-trìce*) *non com.* che o chi adempie o compie.

adempiùto *pps.* di *adempiere* (v.).

ademprìvile [da *ademprivio*; 1923] ***agg.*** di ademprivio: *beni ademprivili, terreni ademprivili.*

ademprìvio (pl. *-vi*) [dallo sp. *ademprìbio,* terreno in comune; 1863] ***sm.*** uso sardo per cui la comunità sfrutta collettivamente per il pascolo, la raccolta di legna, ghiande ecc. terreni un tempo pubblici e diventati poi proprietà privata.

adenìa [dal gr. *adḗn, adénos,* ghiandola; 1899] ***sf.*** *T.med.* malattia che colpisce le ghiandole linfatiche.

adenìna [comp. del gr. *adḗn, adénos,* ghiandola e *-ina*; 1929] ***sf.*** *T.biol.* composto eterociclico che costituisce gli acidi nucleici e determina il codice genetico nelle cellule.

adenìte [dal gr. *adḗn, adénos,* ghiandola; 1828 *adenitide*] ***sf.*** *T.med.* infiammazione delle ghiandole linfatiche.

àdeno- [dal gr. *adḗn, adénos,* ghiandola] ***primo elem.*** che, in parole composte della terminologia medica, ha valore di "ghiandola" o "relativo alle ghiandole": **adenocarcinòma**, **adenologìa**, **adenopatìa**, **adenotomìa**.

adenòide [dal gr. *adenoeidḗs,* ghiandolare; 1771 *adenoideo*] **I *agg.*** *T.med.* relativo a ipertrofia della tonsilla faringea: *proliferazione adenoide* **II *sf.*** spec. *pl.* *T.anat.* proliferazione poliposa che restringe e ottura le cavità del naso e della faringe ‖ *operare di adenoidi,* asportare chirurgicamente le vegetazioni adenoidi.

adenoidèo [da *adenoide*; 1780] **I *agg.*** *T.med.* **1.** relativo alle adenoidi e all'adenoidismo **2.** che è affetto da vegetazioni adenoidi: *individuo adenoideo* **II *sm.*** (f. *-a*) *T.med.* chi è affetto da vegetazioni adenoidi.

adenoidìsmo [da *adenoide*; 1916] ***sm.*** *T.med.* insieme dei disturbi respiratori, auricolari e psichici causati dalla presenza di vegetazioni adenoidi in un individuo.

adenoidìte [comp. di *adenoide* e *-ite*; 1940] ***sf.*** *T.med.* infiammazione delle vegetazioni adenoidi e della tonsilla faringea.

adenoipòfiṣi [comp. di *adeno-* e *ipofisi*; 1955] ***sf.*** *T.anat.* parte anteriore, di struttura epiteliale, dell'ipofisi. **TAV. *anatomia* p. 641** 5.2a.

adenòma [comp. di *adeno-* e *-oma*; 1883] ***sm.*** *T.med.* tumore gen. benigno causato da proliferazione di epiteli ghiandolari.

adenòtomo [comp. di *adeno-* e *-tomo*; 1940] ***sm.*** *T.med.* strumento chirurgico che serve per recidere e asportare le vegetazioni adenoidi.

adèpto [dal lat. *adeptus*; 1739 *adetto*, nel significato di iniziato al segreto della pietra filosofale, da cui il senso odierno] ***sm.*** (f. *-a*) iniziato, affiliato, seguace di una setta religiosa, di una dottrina politica e sim.; anche *fig.*: *la nostra associazione sportiva ha ora nuovi adepti.*

adequàre ***tr.*** *raro* V. ADEGUARE.

aderbàre (pres. *-èrbo*) [comp. parasint. di *erba*; a. 1348] ***tr.*** **1.** mettere a pascolo, pascolare **2.** ricoprire d'erba un terreno che ne era privo.

aderènte (*ppr.* di *aderire*) [a. 1597] **I *agg.*** **1.** che aderisce, unito stabilmente a un'altra cosa || di abito, fasciante, stretto: *abito, maglione aderente* **2.** *T.mat. punto aderente*, punto di aderenza **II *s.*** chi dà la propria adesione a un partito, a un'iniziativa; fautore || **N.** II *Sin.* adepto, affiliato, appartenente, iscritto, membro, sostenitore.

aderènza [dal lat. tardo *adhaerentia*; 1521 ca. nel senso 4] ***sf.*** **1.** qualità e stato di ciò che è aderente || *T.fis.* attrito, forza che si oppone allo slittamento delle superfici di due corpi: *l'aderenza degli pneumatici al suolo* **2.** *T.med.* infiammazione della membrana cutanea sierosa e conseguente perdita della mobilità degli arti che riveste **3.** *fig.* totale corrispondenza: *l'aderenza della trascrizione fonetica al parlato* **4.** *fig. pl.* conoscenze, relazioni, appoggi: *ha molte aderenze* **5.** *T.mat. punto di aderenza*, punto di accumulazione di un insieme, che non appartiene all'insieme stesso.

adèrgere (pres. *-èrgo* ecc., come ERGERE) [da *ergere*; inizio sec. XIV] ***tr.*** *lett.* innalzare, ergere || ***intr. pron.*** sollevarsi in piedi, ergersi.

aderiménto [da *aderire*; 1686] ***sm.*** *non com.* l'aderire, adesione.

aderire (pres. *-isco, -isci*) [dal lat. *adhoerēre*; a. 1306 nel senso 2] ***intr.*** (aus. *avere*) **1.** star attaccato, unito: *una guaina che aderisce bene al corpo* **2.** iscriversi a un'associazione, a un partito || sostenere, partecipare a un'iniziativa: *aderire allo sciopero* **3.** acconsentire: *aderire ai desideri, alle voglie* || *per estens.* conformarsi: *aderire agli ordini, ai consigli* || accettare: *aderire a un invito* || **N. 1.** *Sin.* attaccarsi, incollarsi; combaciare **2.** tesserarsi **3.** *Sin.* accondiscendere, ACCONSENTIRE | *Contr.* opporsi.

aderizzàre [da *aderire*; 1955] ***tr.*** praticare piccoli tagli al battistrada di uno pneumatico, per garantirgli una maggiore aderenza al fondo stradale || **N.** *Sin.* ancorizzare.

aderizzatrice [da *aderizzare*; 1965] ***sf.*** macchina usata per aderizzare.

aderizzazióne [da *aderizzare*; 1955] ***sf.*** atto ed effetto dell'aderizzare.

adermìna [comp. di *a-*[1] e un der. del gr. *dérma*, pelle; 1955] ***sf.*** *T.chim.* vitamina del gruppo B presente in tutti gli alimenti vegetali e animali, spec. nel riso e nella pula del grano, con alta funzione protettiva dell'epitelio.

adescàbile [da *adescare*; 1865] ***agg.*** che può essere adescato.

adescaménto [da *adescare*; inizio sec. XIV *aescamento*] ***sm.*** **1.** atto ed effetto dell'adescare || *fig.* lusinga **2.** *T.giur.* invito al libertinaggio fatto in luogo pubblico **3.** *T.idr.* operazione di riempimento di un sifone o di una pompa aspirante per facilitarne il funzionamento **4.** *T.elettr.* innesco che dà inizio al passaggio di corrente tra due elettrodi.

adescàre (pres. *-ésco, -éschi*) [lat. tardo *adescāre*, comp. parasint. di *esca*; inizio sec. XIV] ***tr.*** **1.** attirare con l'esca: *adescare i pesci* || *fig.* attrarre a sé con lusinghe, allettamenti: *in questa via i travestiti adescano i clienti* **2.** *T.idr.* e *T.elettr.* attuare un'operazione di adescamento.

adescatóre [da *adescare*; 1681] ***agg.*** e ***sm.*** (f. *-trìce*) che o chi adesca.

adeṣióne [dal lat. *adhaesio, -ōnis*; 1730] ***sf.*** **1.** contatto stabile e permanente di due oggetti o superfici: *l'adesione del foglio incollato* **2.** *fig.* appoggio, sostegno: *dare la propria adesione a un'iniziativa, a una manifestazione*; *adesione spontanea, forzata* **3.** *T.fis.* l'attrazione reciproca a livello molecolare di corpi diversi messi tra loro in contatto || **N. 1.** *Sin.* aderenza, coesione **2.** *Sin.* consenso.

adeṣività [da *adesivo*; 1974] ***sf.*** proprietà di essere adesivo || *T.agr.* predisposizione di un terreno ad aderire agli strumenti di lavoro; è massima nei terreni argillosi.

adeṣìvo [dal lat. *adhaesus*, pps. di *adhaerēre*, aderire; 1829] **I *agg.*** atto ad attaccarsi, che serve ad attaccare: *nastro adesivo, sostanze adesive* **II *sm.*** **1.** sostanza che permette di unire tra loro in modo duraturo due o più corpi solidi, colla **2.** etichetta autoadesiva di carta o di materiale plastico recante varie illustrazioni, perlopiù pubblicitarie.

adèspoto [dal lat. tardo *adespotus*, dal gr. *adéspotos*, senza padrone; a. 1775] ***agg.*** **1.** *T.bibl.* di libro, codice ecc. che non porta nome d'autore, anonimo: *un sonetto adespoto* **2.** *T.ling.* di antroponimo cui, nel calendario, non corrisponde un santo protettore **3.** *propr.* senza padrone.

adèsso [etim. inc.; forse lat. *adipsum tempus*, allo stesso tempo; 1314 nel senso 3] **I *avv.*** *di tempo* **1.** ora, al presente, in questo momento: *arrivo, parto adesso* || *fam. di adesso*, attuale || *per adesso*, per ora, finché la situazione non cambia: *per adesso non c'è altro da fare* || *adesso adesso*, or ora || *da adesso in poi*, d'ora innanzi **2.** *per estens.* poco fa: *è arrivato adesso* **3.** tra poco, di qui a poco: *adesso vengo* **II** nella ***loc. cong.*** con valore temporale *adesso che*, non appena.

ad hoc (lat., pr. it. [ad 'ɔk]) [letter. a tale (scopo)] ***loc. agg.*** *inv.* e ***loc. avv.*** adatto, fatto appositamente per un particolare scopo: *ad hoc predisposto, è una soluzione ad hoc*; *parlare ad hoc* || *T.fil. ipotesi ad hoc*, incapace di spiegare altri fenomeni oltre a quello per spiegare il quale è stata introdotta.

ad hominem (lat., pr. it. [ad 'ɔminem]) [letter. per l'uomo] ***loc. agg.*** *inv.* e ***loc. avv.*** detto o fatto appositamente per una particolare persona || *argomento ad hominem*, fondato su quanto l'avversario che si vuole convincere ritiene vero, indipendentemente dalla sua possibile erroneità.

ad honorem (lat., pr. it. [ad o'nɔrem]) [letter. ad onore] ***loc. agg.*** *inv.* e ***loc. avv.*** detto di carica o riconoscimento accademico conferiti a titolo onorario, per meriti speciali: *laureare ad honorem, cittadino ad honorem* || **N.** *Sin. honoris causa.*

adiabàtico (pl. *-ci*) [dal gr. *adiábatos*, che non si può attraversare; 1892] ***agg.*** *T.fis.* in un sistema termodinamico, che avviene senza scambio di calore con l'esterno: *processo adiabatico.*

adiacènte [dal lat. tardo *adiacens*, ppr. di *adiacēre*; a. 1698] ***agg.*** **1.** che sta vicino, contiguo: *l'Italia e le isole adiacenti* **2.** *T.geom.* di angoli che hanno un lato comune e gli altri due posti sulla stessa retta; la loro somma è uguale a 180° || **N. 1.** *Sin.* limitrofo, prossimo, VICINO.

adiacènza [dal lat. *adiacentia*; sec. XIV] ***sf.*** vicinanza || *com. pl.* luogo adiacente, in prossimità: *nelle adiacenze della villa.*

adiaforìa [dal gr. *adiaphoría*, indifferenza; 1819] ***sf.*** *T.fil.* secondo i princìpi morali della filosofia stoica e cinica, il complesso di cose indifferenti al raggiungimento della virtù e la disposizione d'animo relativa.

adiàforo [dal gr. *adiáphoros*, indifferente; 1821] ***agg.*** **1.** *T.fil.* nella filosofia cinica e stoica, relativo all'adiaforia; indifferente **2.** *T.filol. variante adiafora*, in ecdotica, lezione equipollente, cioè godente di pari autorità rispetto a un'altra, e inutile per stabilire rapporti di dipendenza e parentela tra i vari testimoni di un'opera.

adiànto [dal gr. *adíantos*, non bagnato; a. 1577] ***sm.*** felce e genere di felci, di cui la specie più nota è il capelvenere.

adiaphora (lat., pr. it. [adi'afora]) [letter. cose indifferenti] ***sm. pl.*** **1.** *T.fil.* per i cinici e gli stoici, l'insieme delle cose indifferenti rispetto alla virtù **2.** *T.teol.* i punti della dottrina cattolica che non sono avvalorati da passi della Sacra Scrittura.

adiatermàno [comp. di *a-*[1] e *diatermano*; 1955] ***agg.*** *T.fis.* opaco alle radiazioni calorifiche.

adibìre (pres. *-ìsco, -ìsci*) [dal lat. *adhibēre*; 1853] ***tr.*** assegnare, destinare a un dato uso o ufficio, rif. spec. a luoghi ed edifici: *il pianterreno è stato adibito a magazzino.*

adiettìvo e der. forme ant. di AGGETTIVO e der. (v.).

adimàre (pres. *-ìmo*) [dalla loc. avv. *ad imo*; a. 1319] ***tr.*** *ant. raro* volgere al basso, abbassare || ***intr. pron.*** *ant.* abbassarsi, scendere: *in tra Siestri e Chiavari s'adima una fiumana bella* (Dante).

adimensionàle o **adimensionàto** [comp. di *a-*[1] e *dimensionale*; 1955] ***agg.*** *T.fis.* di grandezza puramente numerica, che risulta dal rapporto tra due grandezze omogenee ed è priva di una dimensione fisica, per es. il peso specifico relativo.

adinamìa [dal gr. *adynamía*, senza energia; 1819] ***sf.*** *T.med.* prostrazione generale delle forze causata da malattie croniche, esaurimento ecc.

adinato ***sm.*** adattamento it. di *adynaton* (v.).

àdipe [dal lat. *adeps, adipis*; sec. XIV] ***sm.*** accumulo di grassi nel corpo in dipendenza dell'alimentazione, dell'età ecc.; *lett.* grasso, pinguedine del corpo.

adìpico (pl. *-ci*) [dal lat. *adeps, adipis*, grasso; 1955] ***agg.*** *T.chim.* si dice di composto ottenuto da certe sostanze grasse || *acido adipico*, acido organico derivato dall'ossidazione di alcuni grassi, usato per la fabbricazione del nylon.

adipocèra [comp. di *adipe* e *cera*; 1833] ***sf.*** *T.chim.* sostanza grassa cerosa che si sviluppa nei cadaveri collocati in ambienti impermeabili all'aria.

adipòṣi [comp. di *adipe* e *-osi*; 1939] ***sf.*** accumulo eccessivo di adipe.

adipoṣità [da *adiposo*; 1865] ***sf.*** l'essere adiposo, pinguedine || accumulo eccessivo di grasso.

adipóṣo [da *adipe*; 1659] ***agg.*** grasso, ricco di adipe || *tessuto adiposo*, tessuto connettivo ricco di grasso che serve da riserva energetica e protezione dal freddo || **N.** *Sin.* grasso, pingue.

adipsìa [comp. di *a-*[1] e gr. *dípsa*, sete; 1819] ***sf.*** *T.med.* assenza patologica di sete.

adiraménto [da *adirare*; sec. XIV] ***sm.*** *raro* ira, collera.

adiràre (pres. *-ìro*) [comp. parasint. di *ira*; a. 1250] ***intr. pron.*** lasciarsi prendere dall'ira, sdegnarsi: *si è adirato con chi non aveva colpa* || ***tr.*** *non com.* irritare || **N. *intr. pron.*** *Sin.* incollerirsi | IRA.

adiràto (*pps.* di *adirare*) [a. 1257] ***agg.*** sdegnato, incollerito: *mostrarsi adirato, volto adirato* || *far l'adirato*, tenere il broncio, corrucciarsi || **adirataménte** ***avv.***

adìre (pres. *-isco, -isci*; pps. *adìto*) [dal lat. *adīre*; a. 1396] ***tr.*** *T.giur.* **1.** rivolgersi all'autorità giuridica, dar corso a un'azione legale: *adire le vie legali* **2.** *adire un'eredità*, accettarla nei modi prescritti dalla legge.

àdito¹ [dal lat. *aditus*; a. 1472 *addito*] **sm. 1.** entrata, ingresso **2.** facoltà d'entrare, accesso; anche *fig.*: *avere libero adito alla cassa, diploma che dà adito all'università* || *dar adito a critiche, illazioni, sospetti* ecc., provocarli, farli sorgere.

àdito² [dal lat. *adytum*; a. 1729] **sm.** *T.archeol.* la parte più riposta del tempio pagano, dove entravano i soli sacerdoti || **N.** *Sin.* abato.

adiutóre [dal lat. *adiūtor, -ōris*; prima metà sec. XIII] **sm.** (f. *-trìce*) *ant.* aiutante in certe funzioni; *propr.* magistrato che assiste un altro in determinate funzioni.

adiutòrio (pl. *-ri*) [dal lat. *adiutōrium*; fine sec. XIII] **sm.** *ant.* aiuto.

adiuvànte [dal lat. *adiuvāre*; fine sec. XIV] **I agg.** *lett. ant.* che aiuta, che assiste || *T.teol. grazia adiuvante*, quella che concede Dio all'uomo per aiutarlo a compiere una buona azione **II s.** nell'analisi del racconto, il personaggio che aiuta il protagonista; *più com.* aiutante.

a divinis (lat., pr. it. [a di'vinis]) [letter. dalle cose divine] **loc. agg.** *inv.* e **loc. avv.** *T.eccl. sospensione a divinis*, punizione inflitta al sacerdote consistente nella proibizione di celebrare la messa e amministrare i sacramenti.

adizióne [dal lat. *aditio, -ōnis*; 1539] **sf.** *T.giur.* atto dell'adire, dell'accettare un'eredità.

ad libitum (lat., pr. it. [ad 'libitum]) [letter. a piacere] **loc. avv.** a piacere, a volontà.

ad litteram (lat., pr. it. [ad 'litteram]) [letter. alla lettera] **loc. avv.** alla lettera, letteralmente.

adocchiaménto [da *adocchiare*; 1306] **sm.** atto dell'adocchiare || **N.** *Sin.* occhiata, SGUARDO.

adocchiàre (pres. *-òcchio*) [lat. volg. *adoculāre*; a. 1321] **tr. 1.** fissare con gli occhi, guardare || *in part.* guardare attentamente, con desiderio: *va a messa per adocchiare le ragazze* || *fig.* mettere gli occhi su qualche cosa; prendere in considerazione: *ho adocchiato un appartamento che fa per me* **2.** scorgere, ravvisare, scoprire: *l'adocchiai in mezzo alla folla* || **N. 1.** *Sin.* GUARDARE.

adolescènte [dal lat. *adolēscens, -entis*; 1308 ca.] **I agg.** dell'adolescenza, che è nell'età dell'adolescenza: *scolari adolescenti* || *fig.* immaturo: *uno stile adolescente* **II s.** chi è nell'adolescenza, giovinetto || **N. I** *Sin.* imberbe, minorenne, pubere **II** *Sin.* efebo, giovincello, ragazzo, sbarbatello.

adolescènza [dal lat. *adolescentia*; 1308 ca. *adolescenzia*] **sf. 1.** età intermedia tra la fanciullezza e l'età adulta, caratterizzata dalla pubertà, da cambiamenti fisici e psichici **2.** l'insieme degli adolescenti || **N. 1.** *Sin.* pubertà | infanzia, fanciullezza, virilità **2.** *Sin.* gioventù.

adolescenziàle [da *adolescenza*; 1964] **agg.** dell'adolescenza, degli adolescenti: *amore adolescenziale, crisi adolescenziale.*

adombràbile [da *adombrare*; 1712] **agg.** che può essere adombrato || *più com. fig.* che si adombra facilmente, suscettibile.

adombraménto [da *adombrare*; a. 1364] **sm.** atto ed effetto dell'adombrare e dell'adombrarsi || *fig.* indizio, cenno || **N.** *Sin.* ombra, parvenza.

adombràre (pres. *-ómbro*) [dal lat. *adumbrāre*; a. 1321 *aombrare*] **tr. 1.** coprir d'ombra; offuscare || *T.pitt.* ombreggiare i contorni: *adombrare un disegno* **2.** *fig.* nascondere, celare: *adombrare le malvage intenzioni* || esprimere una cosa, dandone un'idea non compiuta: *ho appena adombrato il mio concetto* **3.** simboleggiare || **intr. pron. 1.** coprirsi d'ombra: *innanzi a me nulla s'adombra* (Dante) **2.** *fig.* essere suscettibile: *è un uomo che s'adombra per un nonnulla* **3.** dei cavalli, spaventarsi operando un brusco scarto || **N. tr. 1.** aduggiare, oscurare, riparare; chiaroscurare | **intr. pron. 2.** *Sin.* risentirsi **3.** *Sin.* scartare.

adonàre (pres. *-óno*) [fr. ant. *s'adonner*; prima metà sec. XIII] **tr.** *ant.* e *lett.* abbattere, prostrare || **intr. pron.** piegarsi: *nostra virtù che di legger s'adona* (Dante).

adóne [dal n. proprio *Adone*, il bellissimo giovinetto amato da Venere; 1532] **sm.** giovane molto bello; *scherz. non è un adone*, è bruttino, è brutto || *far l'adone*, fare il bello, il galante || **N.** BELLO.

adonestàre (pres. *-èsto*) [da *onestare*; a. 1527] **tr.** *lett.* dare apparenza di onestà e di giustizia a qualche cosa che non è né giusta né onesta || **N.** *Sin.* coonestare; giustificare.

adònide [da *Adone*; a. 1557] **sf.** pianta delle Ranuncolacee; la varietà perenne ha fiori gialli e proprietà cardiotoniche e diuretiche; la varietà annuale ha più com. fiori rossi.

adònio (pl. *-ni*) [dal lat. *adōnius*; 1643] **sm.** verso greco o latino con il quale si chiude la strofa saffica; è composto di un dattilo e di uno spondeo.

adontaménto [da *adontare*; 1955] **sm.** *lett.* atto ed effetto dell'adontare e dell'adontarsi || **N.** *Sin.* offesa, sdegno.

adontàre (pres. *-ónto*) [comp. parasint. di *onta*; 1679] **tr.** *lett.* fare onta, offendere || **intr. pron.** offendersi, reputarsi offeso || **intr.** *arc.* sdegnarsi: *è chi per ingiuria par che adonti* (Dante).

adoperàbile [da *adoperare*; a. 1704] **agg.** che si può adoperare.

adoperàre (pres. *-òpero*) [da *operare*; a. 1294] **tr.** far uso, valersi di qualcosa o qualcuno per uno scopo: *adoperare uno strumento, un mezzo*; *adoperare la penna*, scrivere; *adoperare il telefono*, telefonare || *fig. adoperare la testa, il cervello*, comportarsi con intelligenza || *adoperare le mani*, picchiare || **intr. pron.** darsi da fare, impegnarsi per il raggiungimento di uno scopo: *si è adoperato per ottenere dei miglioramenti* || **intr.** (aus. *avere*) *arc.* operare, agire || **N. tr.** *Sin.* avvalersi, impiegare, usare, utilizzare; usufruire.

adopràre (pres. *-òpro*) [da *oprare*; a. 1347] **tr.** *ant.* adoperare.

adoràbile [dal lat. *adorābilis*; 1669] **agg.** degno di essere adorato || *iperb.* di persona o cosa particolarmente amabile: *una sposa adorabile* || **N.** *Contr.* detestabile.

adorabilità [da *adorabile*; 1704] **sf.** l'essere adorabile.

adorànte [dal lat. *adōrans, -āntis*, pps. di *adorāre*; sec. XIV] **I s.** chi sta in adorazione **II agg.** di chi sta in adorazione: *atteggiamento, angelo adorante.*

adoràre (pres. *-óro*) [dal lat. *adōrāre*; a. 1294] **tr. 1.** venerare la divinità, tributare atti di culto a tutto ciò che è considerato sacro: *adorare divinità pagane, le forze della natura* || nella religione cattolica solo riferito a Dio: *adorare Dio, venerare la Madonna e i santi* || *ass.* fare atti di adorazione: *adora e taci* **2.** *iperb.* onorare, avere in gran pregio, amare molto: *adorare i bambini* || provare grande passione per: *adora la danza* || essere ghiotti: *adora la panna* || **N. 1.** *Sin.* idolatrare, onorare, venerare | genuflettersi, inginocchiarsi, pregare, prostrarsi.

adoratóre [dal lat. *adorātor, -ōris*; 1347] **sm.** (f. *-trìce*) chi adora, devoto di un culto || *fig.* ammiratore, corteggiatore: *Ada ha molti adoratori.*

adorazióne [dal lat. *adorātio, -ōnis*; 1484] **sf. 1.** atto rituale che esprime amore, devozione, reverenza per la divinità e le cose sacre: *adorazione dei Penati* || nella religione cattolica, atto di culto rivolto a Dio, a Cristo, all'Eucarestia e alla Croce (della Vergine e dei santi si dice *venerazione*) || *T.eccl.* l'omaggio reso dai cardinali al papa neoeletto || *concr.* rappresentazione artistica dell'adorazione dei Magi o della Madonna **2.** *per estens.* ammirazione smisurata ed entusiasta: *è restato ore in adorazione della «Gioconda»* **3.** profondo sentimento, amore smisurato: *per i nonni ha una vera adorazione* || grande passione: *ha una vera adorazione per la musica romantica* || **N. 1.** *Sin.* culto, devozione, venerazione **2.** *Sin.* ossequio **3.** *Sin.* passione. **Q.T.** *religione.*

adòreo [dal lat. *adōreus*; 1903] **agg.** *lett. raro* fatto di farro: *mangiò per la fame le adoree mense* (D'Annunzio).

adorezzàre (pres. 3ª pers. sing. *-ézza*) [da *orezzare*; 1319] **intr. impers.** *arc.* esserci ombra: *e per essere in parte ove adorezza* (Dante) || **N.** a bacìo, all'ombra.

adornàbile [da *adornare*; a. 1588] **agg.** che si può adornare.

adornaménto [da *adornare*; prima metà sec. XIII] **sm.** *lett.* ornamento, abbellimento || *meno com.* l'atto dell'adornare.

adornàre (pres. *-órno*) [dal lat. *adornare*; a. 1294] **tr.** ornare, render più bello qualcuno con gioielli, vesti, fiori ecc. o qualcosa con arredi, festoni e sim.: *adornare la sposa, la sala del banchetto*; anche *fig.*: *le virtù che adornano l'animo* || **rifl.** abbellirsi.

adornatóre [da *adornare*; 1308 ca.] **agg.** e **sm.** (f. *-trìce*) che o chi adorna.

adórno [da *adornare*; 1250] **agg.** ornato: *una sala adorna, mensa adorna* || *per estens.* leggiadro, bello: *trovossi alfin in un boschetto adorno* (Ariosto) || **N.** *Sin.* addobbato | *Contr.* disadorno.

adottàbile [da *adottare*; 1855] **agg.** che si può adottare: *provvedimento adottabile.*

adottabilità [da *adottabile*; 1974] **sf.** possibilità di essere adottato: *condizione di adottabilità.*

adottaménto [da *adottare*; sec. XIII] **sm.** *raro* adozione.

adottàndo (*gerundivo* di *adottare*) [1961] **agg.** e **sm.** (f. *-a*) che o chi deve essere adottato.

adottànte (*ppr.* di *adottare*) [a. 1396] **agg.** e **s.** che o chi adotta.

adottàre (pres. *-òtto*) [dal lat. *adoptāre*; 1342] **tr. 1.** *T.giur.* prendere qualcuno per proprio figlio mediante un atto legale di adozione: *ha adottato un bambino orfano* **2.** *per estens.* far proprio, accettare: *adottare una proposta, una dottrina* || *adottare severi provvedimenti*, prendere serie misure || *adottare un'antologia, un manuale*, sceglierlo quale testo scolastico.

adottàto (*pps.* di *adottare*) [a. 1396] **I agg.** che è stato accettato, scelto **II sm.** (f. *-a*) chi è legalmente figlio di una persona diversa dal padre e dalla madre naturali.

adottìvo [dal lat. *adoptīvus*; 1292] **agg.** scelto per adozione: *figlio, padre adottivo, patria adottiva, nome adottivo.*

adòxa [dal gr. *ádoxos*, senza gloria; 1819] **sf.** *T.bot.* pianta erbacea delle Rubiacee dai piccoli fiori verdi con profumo di muschio || **N.** *Sin.* erba fumaria, ranuncolo muschiato.

adozianismo e der. V. ADOZIONISMO e der.

adozióne [dal lat. *adoptio, -ōnis*; 1347] **sf. 1.** atto legale con cui si riconosce come figlio chi è stato procreato da altri **2.** scelta: *l'adozione dei testi scolastici*; *patria d'adozione*, patria d'elezione.

adozionismo o **adozianismo** [da *adozione*; 1929] **sm.** dottrina eretica cristiana del sec. II e III secondo la quale il Padre avrebbe assunto il Cristo come figlio per i suoi speciali meriti.

adozionista o **adozianista** [da *adozionismo*; 1950] **s.** seguace dell'adozionismo. **Q.T.** *religione.*

ad personam (lat., pr. it. [ad per'sonam]) [letter. alla persona] **loc. agg.** *inv.* detto di cariche, privilegi e titoli propri di una determinata persona e non trasferibili ad altri || relativo a ciò che riguarda una sola persona: *trattamento ad personam.*

adragànte [lat. tardo *dragantum,* var. di *tracantum,* gomma adragante, dal gr. *tragácantha,* astragolo con gomma; 1310] ***agg.*** e ***sm.*** di gomma vegetale che stilla dalle fenditure dei rami di alcune specie di astragali; usata come emolliente nella concia e nell'apprettatura di tessuti || **N.** *Sin.* dragante.

ad rem (lat., pr. it. [ad'rɛm]) [letter. alla cosa, al fatto] **I** ***loc. agg.*** pertinente all'argomento considerato; adatto allo scopo: *un argomento ad rem* **II** ***loc. avv.*** in modo caratterizzato dall'attenzione per l'essenziale; senza digressioni: *è incapace di parlare ad rem.*

adrèma [nome commerciale di una macchina per indirizzi, abbr. dal ted. *Adre(ssier)-ma(schine)*; 1963] ***sf.*** **1.** macchina per la riproduzione automatica di indirizzi **2.** ufficio in cui è in funzione tale macchina.

adremàre (pres. *-èmo*) [da *adrema*; 1963] ***tr.*** registrare indirizzi su targhette, che vengono poi riprodotte per mezzo dell'adrematrice.

adrematrìce [da *adremare*; 1983] ***sf.*** macchina per la riproduzione di indirizzi.

adremìsta [da *adrema*; 1983] ***s.*** impiegato addetto all'adrematrice.

adrenàle [comp. di *ad* e *rene*; 1963] ***agg.*** *T.anat.* relativo a organi che si trovano in prossimità dei reni.

adrenalìna [dal lat. scient. *adrēnālis,* che sta presso i reni; 1902] ***sf.*** *T.med.* ormone secreto dalle ghiandole surrenali, ottenibile anche sinteticamente, che produce un aumento della pressione arteriosa e del metabolismo basale.

adriàtico (pl. *-ci*) [dal lat. *Hadriăticus,* di Adria; a. 1679] **I** ***agg.*** relativo alla parte del mare Mediterraneo compresa tra la penisola italiana e quella balcanica: *riviera adriatica, popolazioni adriatiche* **II** ***sm.*** *l'Adriatico,* sezione di mare Mediterraneo compresa tra la penisola italiana e quella balcanica: *le spiagge dell'Adriatico.*

adróne o **hadróne** [comp. del gr. *hadrós,* duro e *-one*[2]; 1978] ***sm.*** *T.fis.* particella elementare soggetta a interazione forte || **N.** barione, mesone.

adsorbènte (*ppr.* di *adsorbire*) [1961] **I** ***agg.*** *T.chim.* di sostanza la cui superficie ha la capacità di fissare molecole o particelle di una soluzione o di un gas **II** ***sm.*** *T.farm.* sostanza in polvere non assorbibile o digeribile.

adsorbiménto [da *adsorbire*; 1942] ***sm.*** **1.** atto ed effetto dell'adsorbire **2.** *T.min.* proprietà di alcuni cristalli di attrarre molecole estranee contenute in liquidi o gas con cui sono a contatto.

adsorbìre [dal lat. *sorbēre*; 1943] ***tr.*** *T.chim.* agire come sostanza adsorbente.

adstràto o **astràto** [dal lat. *ad,* presso e *strato,* sul modello di *substrato*; 1943] ***sm.*** *T.ling.* area linguistica confinante con quella di una data lingua || lo scambio di elementi linguistici e la reciproca influenza tra aree confinanti o comunque in contatto tra loro: *fenomeno di adstrato, l'adstrato greco del latino* || **N.** calco, influsso, prestito, sostrato, superstrato.

aduggiaménto [da *aduggiare*; prima metà sec. XIV] ***sm.*** *raro* ombra nociva || *fig.* fastidio, uggia.

aduggiàre (pres. *-ùggio*) [comp. parasint. di *uggia*; a. 1321 in senso fig.] ***tr.*** *ant.* nuocere con la troppa ombra: *l'ombra delle case aduggia l'orto* || *fig.* render triste, opprimere, irritare, inaridire || ***intr. pron.*** *lett.* inaridirsi; anche *fig.* || **N.** *Sin.* ADOMBRARE.

adugliàre ***tr.*** *raro* v. ADDUGLIARE.

adugnàre [comp. parasint. di *ugna*; a. 1533] ***tr.*** *arc.* adunghiare, afferrare.

adulàbile [dal lat. *adulābilis*; 1865] ***agg.*** che si lascia adulare.

adulàre (pres. *-ùlo*; meno corretto *àdulo*) [dal lat. *adūlări*; a. 1347] ***tr.*** lodare falsamente o oltre il merito per conseguire certi fini: *adulare i potenti, adulare la vanità di uno* || *fig. questo dipinto lo adula,* lo ritrae più bello di quello che è || ***rifl.*** considerarsi più di quanto si vale, sopravvalutarsi || **N.** ***tr.*** *Sin.* blandire, incensare, leccare, lisciare, lusingare, piaggiare, solleticare, ungere, vezzeggiare.

adulària [da *Adula,* nome di un gruppo delle Alpi Lepontine, ove fu rinvenuto il materiale; 1806] ***sf.*** *T.min.* varietà pura di ortoclasio in cristalli incolori o verdognoli || **N.** *Sin.* pietra di luna.

adulàto (*pps.* di *adulare*) [1673] ***agg.*** *lett.* che è fatto segno di adulazione || *nelle adulate regge* (Foscolo), colme di adulatori, dove regna l'adulazione.

adulatóre [dal lat. *adulātor, -ōris*; a. 1347] ***agg.*** e ***sm.*** (f. *-trice*) che o chi adula: *gli adulatori, la turba adulatrice* || *prov. l'adulatore ha il miele in bocca e il fiele in cuore* || **N.** *Sin.* incensatore, lecchino, lusingatore, panegirista, piaggiatore | cortigiano.

adulatòrio (pl. *-ri*) [dal lat. *adulatōrius*; sec. XIV] ***agg.*** che tende o serve ad adulare: *modi adulatori, parole adulatorie.*

adulazióne [dal lat. *adulātio, -ōnis*; a. 1347] ***sf.*** l'adulare, il lodare in modo eccessivo per ottenere certi scopi || *per estens.* gli atti, le parole con cui si adula || **N.** *Sin.* elogio sperticato, incensamento, incensata, lisciamento, lusinga, panegirico, piaggeria.

adulteràbile [da *adulterare*; 1891] ***agg.*** che può essere adulterato, ovvero alterato, falsificato.

adulteraménto [da *adulterare*; 1686] ***sm.*** *non com.* adulterazione.

adulterànte (*ppr.* di *adulterare*) [seconda metà sec. XIV] ***agg.*** e ***sm.*** di sostanza di minor pregio o valore, talvolta nociva, che si aggiunge a un'altra, genuina, abbassandone la qualità.

adulteràre (pres. *-ùltero*) [dal lat. *adulterāre*; a. 1535 nel senso 1; a. 1306 nel senso 2] ***tr.*** **1.** modificare la qualità di un prodotto spec. alimentare, o mediante l'aggiunta di sostanze estranee, allo scopo di migliorarne l'aspetto o il sapore, aumentarne il peso o la durata, oppure mediante la sottrazione di qualche componente fondamentale: *adulterare il vino, la marmellata* || *fig.* corrompere, alterare, snaturare: *Le allegorie vennero adulterate dall'orgoglio dei potenti, dall'ignoranza del Volgo* (Foscolo) **2.** *ant.* indurre all'adulterio || ***intr.*** (aus. *avere*) *ant.* commettere adulterio || **N. 1.** *Sin.* alterare, contraffare, sofisticare.

adulteràto (*pps.* di *adulterare*) [1400 ca.] ***agg.*** alterato, contraffatto; di alimenti, sofisticato.

adulteratóre [dal lat. *adulterātor, -ōris*; sec. XIV] ***agg.*** e ***sm.*** (f. *-trice*) *non com.* che o chi adultera: *adulteratore di vini*; anche *fig.*: *adulteratore della verità.*

adulterazióne [dal lat. *adulterātio, -ōnis*; 1406] ***sf.*** atto ed effetto dell'adulterare; falsificazione || **N.** *Sin.* contraffazione, sofisticazione.

adulterìno [dal lat. *adulterīnus*; seconda metà sec. XIV] ***agg.*** **1.** relativo all'adulterio: *figlio adulterino,* che è nato da un adulterio **2.** *fig. ant.* falso, spurio || **N. 1.** *Sin.* illegittimo.

adultèrio (pl. *-ri*) [dal lat. *adulterium*; fine sec. XIII] ***sm.*** **1.** violazione dell'obbligo di fedeltà coniugale: *il commettere adulterio non è un realto penale, ma può essere causa di separazione dei coniugi* **2.** *lett.* unione illecita, contaminazione.

adùltero [dal lat. *adulter*; a. 1294 *adultro*] ***agg.*** e ***sm.*** (f. *-a*) che o chi commette adulterio.

adùlto [dal lat. *adultus*; 1321] **I** ***agg.*** **1.** arrivato al compimento dello sviluppo fisico e psichico: *ragazza, età adulta* || *fig.* maturo, sviluppato: *impegno adulto* **2.** di vegetale e animale, giunto al massimo dello sviluppo e atto alla riproduzione **II** ***sm.*** (f. *-a*) chi è in età adulta: *film per adulti* || **N. I** *Sin.* cresciuto, maturo **II** *Sin.* maggiorenne, uomo fatto.

adunàbile [da *adunare*; a. 1588] ***agg.*** *non com.* che si può adunare.

adunaménto [da *adunare*; a. 1313] ***sm.*** *non com.* atto ed effetto dell'adunare; riunione, assembramento: *adunamento di folla* || **N.** *Sin.* ADUNANZA.

adunànza [da *adunare*; a. 1306] ***sf.*** riunione, assemblea di persone, di solito preordinata, per trattare questioni di comune interesse || *concr.* le persone riunite: *l'adunanza decise di votare per acclamazione* || *ant. raro* raccolta (di oggetti) || **N.** *Sin.* adunata, assembramento, raduno, riunione | ordinaria, ordinata, solenne, straordinaria, tranquilla, vivace | convocazione | aprire, indire, sciogliere | assise, capitolo, comizio, concilio, concistoro, consiglio, dieta, parlamento.

adunàre (pres. *-ùno*) [dal lat. tardo *adūnāre*; a. 1294] ***tr.*** riunire, raccogliere insieme più persone || *meno com.* rif. a cose, raccoglierle, metterle insieme: *adunar ricchezze* || *fig.* assommare, comprendere, possedere globalmente: *aduna in sé tutti i vizi immaginabili* || ***intr. pron.*** riunirsi, raccogliersi, ritrovarsi insieme: *sul luogo dell'incidente si stava adunando una piccola folla* || **N.** ***tr.*** *Sin.* convocare, radunare, riunire; accumulare, ammassare, ammonticchiare, ammucchiare | ***intr. pron.*** *Sin.* assembrarsi, convenire.

adunàta [da *adunare*; a. 1363] ***sf.*** riunione di massa convocata da una autorità, da un partito ecc.: *i regimi totalitari amano organizzare adunate oceaniche* || *propr. T.mil.* riunione di militari che compongono uno o più reparti: *suonare l'adunata* || *adunata!,* comando impartito per chiamare i soldati all'adunata.

adunatóre [da *adunare*; prima metà sec. XIV] ***sm.*** (f. *-trice*) e ***agg.*** *non com.* chi o che aduna, raduna.

adùnco (pl. *-chi*) [dal lat. *aduncus*; 1342] ***agg.*** piegato a uncino, ricurvo: *becco, naso adunco*; *artigli adunchi.*

adunghiàre (pres. *-ùnghio*) [comp. parasint. di *unghia*; 1598] ***tr.*** afferrare con le unghie, ghermire.

adùnque [comp. di *a* e *dunque*; a. 1249] ***cong.*** *disus.* e *lett.* dunque.

aduṣàre (pres. *-ùṣo*) [lat. volg. **adusare*; a. 1294] ***tr.*** *non com.* assuefare || ***rifl.*** assuefarsi || **N.** *Sin.* ABITUARE.

aduṣàto (*pps.* di *adusare*) [a. 1292] ***agg.*** abituato, avvezzo, consueto.

adùṣo [da *adusato,* sul modello di *uso* agg.; 1611 *aùso*] ***agg.*** *lett.* abituato, avvezzo.

adustióne [dal lat. *adustio, -ōnis*; sec. XIV] ***sf.*** *raro* ustione.

adùsto [dal lat. *adustus*; 1300 ca.] ***agg.*** *lett.* **1.** riarso dal sole o dal fuoco: *terreno adusto, dal seno della madre adusta... una poppante volgesi* (Carducci) **2.** di membra o di persona, secco, asciutto: *erano uomini membruti, adusti* (D'Annunzio) || **N. 1.** *Sin.* arso, bruciato; annerito **2.** *Sin.* magro; riarso.

ad usum Delphini (lat., pr. it. [ad 'uzum del'fini]) [letter. ad uso del Delfino] ***loc. agg.*** *inv.* detto di cose modificate e distorte secondo interessi di parte; *propr.* detto di edizioni espurgate dei classici edite durante il regno di Luigi XIV per servire all'educazione del Delfino, il principe ereditario di Francia.

ad valorem (lat., pr. it. [ad va'lɔrem]) [letter. al valore] ***loc. agg.*** *T.econ.* di tassa calcolata in base al valore del bene considerato: *dazio ad valorem.*

adynaton (gr., pr. it. [a'dynaton]) [letter.

cosa impossibile; 1955] ***sm.*** *inv. T.ret.* figura consistente nell'affermare che un evento non può verificarsi, poiché è subordinato a un altro, logicamente impossibile || *per estens.* il rimarcare con enfasi un fatto impossibile.

aèdo [dal gr. *aoidós*, cantore; 1892] ***sm.*** in Grecia, cantore delle imprese degli eroi || *per estens.* poeta: *qual canto ascolti, di qual dolce aedo?* (Pascoli) || **N.** *Sin.* rapsodo.

aeràggio (pl. *-gi*) [dal fr. *aérage*; 1881] ***sm.*** *non com.* aerazione.

aeraménto o **aereaménto** [da *aerare*; 1970] ***sm.*** aerazione del mosto per favorirne la fermentazione.

aerànte (*ppr.* di *aerare*) [1955] **I** ***agg.*** *T.ind.* detto di sostanza che, aggiunta al cemento da calcestruzzo, accresce la consistenza dell'impasto, provocando la formazione di piccole bollicine d'aria **II** ***sm.*** *T.ind.* sostanza aerante.

aeràre (pres. *àero*) [da *aere*; 1910] ***tr.*** **1.** dar aria, ventilare: *aerare un locale* **2.** impregnare d'aria o di altro gas || **N. 1.** *Sin.* arieggiare.

aeràto (*pps.* di *aerare*) [1855] ***agg.*** ventilato, arioso, arieggiato.

aeratóre [dal fr. *aérateur*; 1942 *aereatore*] ***sm.*** apparecchio che serve per favorire il ricambio d'aria in ambienti chiusi o all'interno di apparecchi.

aerazióne [dal fr. *aération*; 1884 *aereazione*] ***sf.*** immissione di aria in ambienti, apparecchi, sostanze || circolazione d'aria, ventilazione || **N.** aria condizionata.

àere [dal lat. *āer, āeris*; a. 1226] ***sm.*** **1.** *poet.* aria, atmosfera **2.** *sm.* e *sf. arc.* aspetto || indole.

aereàre e der. forme rare di AERARE e der. (v.).

aèreo [dal lat. *aērius*; fine sec. XIV] **I** ***agg.*** **1.** composto d'aria: *gli spazi aerei* || *fig.* lieve, inconsistente: *una danza aerea* **2.** che si leva o sta per aria: *la linea aerea del tram, animale aereo* || *in part. T.bot.* di organo che si sviluppa al di sopra del terreno: *radici aeree* (o *epigee*), che si sviluppano al di sopra del terreno o sospese nell'aria, come quelle delle orchidee epifite **3.** relativo alla navigazione aerea: *linea aerea, flotta aerea*; *fotografia aerea*, presa da un aeroplano in volo **II** ***sm.*** **1.** abbreviazione molto usata per *aeroplano* **2.** antenna esterna di qualsiasi apparecchio ricetrasmittente || **N.** I **1.** *Sin.* celeste, etereo, leggero II **1.** *Sin.* aeromobile, velivolo **2.** *Sin.* antenna. **Q.T.** *aeronautica.*

aèreo- v. AERO-^{2}.

àeri- v. AERO-^{1}.

aerìcolo [comp. di *aeri-* e *-colo*; 1955] ***agg.*** *T.biol.* detto di organismo animale o vegetale che vive in ambiente terrestre o aereo, e non nell'acqua || **N.** acquicolo, terricolo.

aerìfero [comp. di *aeri-* e *-fero*; 1829 nel senso 1] ***agg.*** **1.** che contiene o conduce aria **2.** *T.bot.* di organo cavo o di spazio intercellulare relativamente grande: *poro aerifero*, stoma.

aerificazióne [da *aerificare*; 1865] ***sf.*** *T.fis.* azione di convertire un corpo in gas.

aerifórme [comp. di *aeri-* e *-forme*; 1729] ***agg.*** di stato di aggregazione della materia simile a quello dell'aria, gassoso: *sostanze aeriformi* || *lett.* inconsistente come l'aria: *mostri aeriformi* (Nievo).

aerimànte v. AEROMANTE.

aerimanzìa v. AEROMANZIA.

àero-^{1} o **àeri-** [dal lat. *āer, āeris*, aria] ***primo elem.*** che, in parole composte della terminologia scientifica, vale "aria": **aerofìsica**, **aeròlogo**.

àero-^{2} o **aèreo-** [da *aeroplano*] ***primo elem.*** che, in parole composte dotte, vale "relativo ad aeroplani", "per aeroplani": **aeroelettrònica**, **aerofàro**, **aerofrèno**, **aeronavigazióne**, **aerorimèssa**, **aeroscàfo** || "effettuato per mezzo di aeroplani": **aerocartografìa**, **aerocinematografìa**, **aerorifornimènto**, **aerosoccórso**, **aeroturìsmo** || indica inoltre relazione con l'aviazione (spec. militare): **aerobrigàta** || viene infine usato nelle denominazioni di velivoli con particolari funzioni: **aerorimorchiatóre**. **Q.T.** *aeronautica.*

aeròbica [dall'ingl. *aerobics*; 1983] ***sf.*** ginnastica in cui gli esercizi vengono eseguiti a tempo di musica e coordinati con il ritmo respiratorio.

aeròbico (pl. *-ci*) [da *aerobio*; 1936 nel senso 1] ***agg.*** **1.** *T.biol.* relativo ad aerobiosi || di organismo, incapace di vivere senza ossigeno **2.** *ginnastica aerobica*, v. AEROBICA.

aeròbio (pl. *-bi*) [dal fr. *aérobie*; 1899] ***sm.*** *T.biol.* microrganismo che per vivere ha bisogno di aria || **N.** *Sin.* ossigenofilo.

aerobiòsi [comp. di *aero-*^{1} e gr. *bíōsis*, condotta di vita; 1955] ***sf.*** *T.biol.* vita in presenza di aria || **N.** *Contr.* anaerobiosi.

àerobus [comp. di *aero-*^{2} e *bus*; 1923] ***sm.*** aereo di grande capacità per trasporto passeggeri, generalmente usato su distanze brevi.

aerocistèrna [comp. di *aero-*^{2} e *cisterna*; 1967] ***sf.*** aeroplano impiegato per il trasporto di carburante o per il rifornimento in volo di altri aerei || **N.** *Sin.* aviocisterna.

aeroclùb (pr. [aero'klab]) [comp. di *aero-*^{2} e *club*; 1942] ***sm.*** associazione che si propone di incrementare le attività aeree, soprattutto private e a carattere sportivo.

aerodìna [dall'ingl. *aerodyne*; 1939 *aerodine*] ***sf.*** *T.tecn.* ogni aeromobile più pesante dell'aria, a sostentazione dinamica; si distinguono dagli aeromobili a sostentazione statica come palloni e dirigibili. **Q.T.** *aeronautica.*

aerodinàmica [comp. di *aero-*^{1} e *dinamica*; 1828] ***sf.*** *T.fis.* parte della meccanica che studia il moto dell'aria e dei corpi in essa immersi e in part. l'azione dell'aria sui corpi in moto relativo rispetto ad essa.

aerodinamicità [da *aerodinamico*; 1935] ***sf.*** *T.fis.* insieme delle qualità aerodinamiche di un corpo || l'essere aerodinamico.

aerodinàmico (pl. *-ci*) [da *aerodinamica*; 1935] ***agg.*** **1.** relativo all'aerodinamica **2.** di forma tale che offre poca resistenza all'aria: *un'automobile aerodinamica* || *per estens.* affusolato.

aeròdromo [comp. di *aero-*^{2} e *-dromo*, sul modello del fr. *aérodrome*; 1822] ***sm.*** *non com.* aeroporto || **N.** *Sin.* aeroscalo, campo d'aviazione, idroscalo.

aerofagìa (pl. *-gìe*) [comp. di *aero-*^{1} e *-fagia*; 1899] ***sf.*** *T.med.* deglutizione involontaria dell'aria; causa meteorismo gastrico.

aeròfilo [comp. di *aero-*^{1} e *-filo*; 1955] ***agg.*** *T.biol.* detto di organo o organismo che vive a contatto dell'aria.

aerofobìa [comp. di *aero-*^{1} e *-fobia*; 1819] ***sf.*** *T.med.* paura delle correnti e degli spostamenti d'aria; è uno dei sintomi precoci nei soggetti affetti da rabbia.

aeròfono [comp. di *aero-*^{1} e *-fono*; 1892] ***sm.*** **1.** apparecchio biauricolare che permette di determinare provenienza, direzione e distanza di un suono **2.** qualsiasi strumento musicale il cui corpo vibrante sia una colonna d'aria (trombone, flauto, corno ecc.).

aerofotografìa [comp. di *aero-*^{2} e *fotografia*; 1927] ***sf.*** tecnica di ripresa fotografica effettuata con apparecchi installati su aeromobili || *per meton.* la fotografia ottenuta con tale tecnica.

aerofotogràmma [comp. di *aero-*^{2} e *fotogramma*; 1936] ***sm.*** fotografia ripresa da un aeromobile in volo.

aerofotogrammetrìa [comp. di *aero-*^{2} e *fotogrammetria*; 1925] ***sf.*** **1.** rilevamento fotografico della superficie terrestre eseguito con l'ausilio di fotografie aeree **2.** parte della fotogrammetria che studia i rilevamenti topografici così eseguiti.

aerogètto [comp. di *aero-*^{1} e *getto*; 1970] ***sm.*** *T.aer.* aeroreattore.

aerogìro [comp. di *aero-*^{1} e *giro*; 1939] ***sm.*** aeromobile che è sostenuto da ali rotanti, come l'elicottero o l'elicoplano.

aerografìa [comp. di *aero-*^{1} e *-grafia*; 1819] ***sf.*** studio dell'aria atmosferica || parte della geofisica che si interessa delle funzioni che l'aria svolge nell'economia della natura.

aerògrafo [comp. di *aero-*^{1} e *-grafo*; 1941] ***sm.*** *T.tip.* apparecchio ad aria compressa per l'applicazione uniforme su varie superfici di vernici o inchiostri finemente polverizzati. **TAV.** *disegno* 16.

aerogràmma [comp. di *aero-*^{2} e *-gramma*; 1942] ***sm.*** biglietto postale predisposto per la posta aerea; non supera i 5 gr. ed ha l'affrancatura prestampata.

aerolìnea [comp. di *aero-*^{2} e *linea*; 1931] ***sf.*** aviolinea; servizio di trasporto aereo, esercitato costantemente lungo un dato percorso.

aeròlito [comp. di *aero-*^{1} e *-lito*; 1819 *aeroliti* pl.] ***sm.*** meteorite non metallica costituita essenzialmente da silicati || **N.** *Sin.* meteorite, pietra meteorica.

aerologìa [comp. di *aero-*^{1} e *-logia*; 1918] ***sf.*** quel ramo della meteorologia che si occupa degli strumenti e dei metodi per la misurazione dei fenomeni meteorologici nelle zone più alte dell'atmosfera. **Q.T.** *meteorologia.*

aerologìsta [da *aerologia*; 1942] ***s.*** chi studia aerologia.

aeromànte [dal lat. *āeromantis*; 1306 ca. *aerimante*] ***s.*** chi esercita l'arte di indovinare il futuro con l'aeromanzia.

aeromanzìa [dal lat. *āeromantia*; sec. XIV] ***sf.*** arte di indovinare o di predire il futuro per mezzo dei fenomeni meteorologici.

aeromarìttimo [comp. di *aero-*^{2} e *marittimo*; 1961] ***agg.*** di ogni attività aerea che si svolga sul mare: *operazione aeromarittima di soccorso a navi in avaria.*

aerometrìa [comp. di *aero-*^{1} e *-metria*; 1789] ***sf.*** scienza che studia la densità dell'aria e ne misura gli effetti statici.

aeròmetro [comp. di *aero-*^{1} e *-metro*; 1795] ***sm.*** strumento per misurare la densità dei gas.

aeromòbile [comp. di *aero-*^{1} e *mobile*; 1908] ***sm.*** ogni apparecchio che, utilizzando il sostentamento statico dell'aria (come i palloni e i dirigibili) o quello dinamico (come aeroplani e sim.) sia atto al volo e al trasporto aereo di merci o passeggeri.

aeromodellìsmo [comp. di *aero-*^{2} e *modellismo*; 1934] ***sm.*** attività che consiste nel progettare e costruire aeromodelli e nel partecipare a prove di volo e gare.

aeromodellìsta [comp. di *aero-*^{2} e *modellista*; 1961] ***s.*** chi costruisce e fa funzionare aeromodelli.

aeromodellìstica [comp. di *aero-*^{2} e *modellistica*; 1935] ***sf.*** tecnica della costruzione e progettazione di aeromodelli.

aeromodèllo [comp. di *aero-*^{2} e *modello*; 1936] ***sm.*** velivolo in miniatura, con o senza motore, in grado di compiere voli di breve durata, a scopo ricreativo o di sperimentazione aerodinamica.

aeromòto [comp. di *aero-*^{1} e *moto*; 1835 *aeremoto*] ***sm.*** violento spostamento d'aria causato da forti scosse sismiche o esplosioni vulcaniche.

aeromotóre [comp. di *aero-*^{1} e *motore*; 1955] ***sm.*** macchina motrice per la trasformazione dell'energia cinetica del vento in energia meccanica: *i mulini a vento olandesi sono aeromotori elicoidali* || **N.** *Sin.* motore a vento, motore eolico.

aeronàuta [comp. di *aero-*^{1} e *-nauta*; 1784 *aeronauta*] ***s.*** chi compie tragitti aerei in aerostato || *per estens.* pilota, chi presta servizio su mezzi di trasporto aereo || **N.** aerostiere, aviatore, aviere.

aeronàutica [comp. di *aero-*[1] e *nautica*; 1821] ***sf.*** **1.** scienza e tecnica della costruzione di aeromobili, della navigazione aerea e delle attività connesse **2.** gli enti e le persone che si occupano di navigazione aerea **3.** *in part.* (spesso con iniz. maiuscola) l'aviazione militare: *prestar servizio nell'aeronautica, ministero dell'Aeronautica.* **Q.T.** *aeronautica, forze armate* **TAV.** *aeronautica.*

aeronàutico (pl. *-ci*) [comp. di *aero-*[1] e *nautico*; 1789] ***agg.*** relativo all'aeronautica || *accademia aeronautica*, istituto militare superiore per l'istruzione degli ufficiali piloti.

aeronavàle [comp. di *aero-*[2] e *navale*; 1961] ***agg.*** detto di attività che impegna mezzi aerei e navali: *operazione aeronavale.*

aeronàve [comp. di *aero-*[1] e *nave*; 1838] ***sf.*** **1.** dirigibile di grandi dimensioni **2.** astronave. **Q.T.** *aeronautica.*

aeroplàno [dal fr. *aéroplane*; 1898] ***sm.*** velivolo a motore più pesante dell'aria dotato di una struttura tale da consentirgli di sollevarsi in volo da idonee superfici e di mantenersi e circolare nell'atmosfera; è più com. chiamato *aereo.* **Q.T.** *aeronautica.*

aeropònica [comp. di *aero-*[1] e *-ponica*; 1983] ***sf.*** sistema di coltivazione delle piante che consiste nell'inserire l'apparato radicale in tubi di vetro vuoti e nell'alimentarlo successivamente con soluzioni nutritive.

aeropòrto [comp. di *aero-*[2] e *porto*; 1921] ***sm.*** complesso formato da piste per il decollo e l'atterraggio degli aerei, impianti di segnalazione, rimesse per il parcheggio e la manutenzione dei velivoli, edifici per il transito dei passeggeri e il deposito delle merci || **N.** *Sin.* aerodromo, aeroscalo; eliporto, idroscalo. **TAV.** *aeronautica* 11.

aeroportuàle [da *aero-*[2] e *portuale*; 1970] **I** ***agg.*** relativo all'aeroporto: *organizzazione, servizio aeroportuale* **II** ***sm.*** spec. *pl.* il personale addetto al funzionamento di un aeroporto: *sciopero degli aeroportuali.* **Q.T.** *aeronautica.*

aeropòsta [comp. di *aero-*[2] e *posta*; 1970] ***sf.*** posta trasportata per mezzo di aerei || **N.** *Sin.* posta aerea.

aeropostàle [comp. di *aero-*[2] e *postale*; 1939] **I** ***agg.*** relativo alla posta aerea **II** ***sm.*** aereo addetto a servizio di posta aerea.

aeroràzzo [comp. di *aero-*[2] e *razzo*; 1955] ***sm.*** aereo dotato di motore a razzi || *gen.* qualsiasi razzo utilizzato per scopi aviatori o spaziali.

aeroreattóre [comp. di *aero-*[1] e *reattore*; 1955] ***sm.*** reattore che accelera le masse d'aria da cui è attraversato || **N.** *Sin.* aerogetto.

aeroscàlo [comp. di *aero-*[2] e *scalo*; 1910] ***sm.*** **1.** aeroporto; *in part.* stazione intermedia dove gli aerei possono sostare per necessità tecniche **2.** *propr.* aerodromo per dirigibili || **N.** *Sin.* aerodromo.

aeroscivolànte [comp. di *aero-*[1] e *scivolante*; 1983] **I** ***agg.*** *T.mar.* di veicolo che si muove su cuscinetti d'aria a distanza minima dalla superficie dell'acqua o del suolo e viene usato per collegamenti rapidi, spec. attraverso bracci di mare **II** ***sm.*** mezzo aeroscivolante || **N.** *Sin. hovercraft.*

aeroscòpio (pl. *-pi*) [comp. di *aero-*[1] e *scopio*; 1819] ***sm.*** **1.** strumento per lo studio dei fenomeni atmosferici **2.** strumento per la raccolta e lo studio del pulviscolo atmosferico.

aerosilurànte [comp. di *aero-*[1] e *silurante*; 1935] **I** ***agg.*** *T.mil.* adatto al trasporto e al lancio di siluri aerei **II** ***sm.*** aereo militare aerosilurante.

aeróso [da *aere*; a. 1529] ***agg.*** *lett. raro* arioso, aereo, dell'aria: *i legni dell'elica in una forza aerosa* (D'Annunzio) || *fig.* lieve, disinvolto: *con uno di quei suoi movimenti aerosi* (D'Annunzio).

aerosòl [comp. di *aero-*[1] e *sol(uzione)*; 1942] ***sm. inv.*** **1.** sospensione di un solido o di un liquido polverizzato in un mezzo gassoso; mantenuta sotto pressione in appositi contenitori è usata per introdurre farmaci direttamente nelle vie respiratorie e per spargere insetticidi o profumi **2.** *per estens.* apparecchio con cui si ottiene l'aerosol.

aerosòlico (pl. *-ci*) [da *aerosol*; 1986] ***agg.*** relativo all'aerosol, proprio dell'aerosol: *cura aerosolica.*

AERONAUTICA

VARI TIPI DI APPARECCHI VOLANTI.

AERONAVI: — più leggere dell'aria o aerostati: non dirigibili (ad aria calda, a gas leggeri; liberi, frenati con cavi), dirigibili (flosci, semirigidi, rigidi); — più pesanti dell'aria o aerodine: con ali fisse o velivoli (con motore: aeroplano, anfibio, deltaplano a motore, idrovolante, motoaliante, ultraleggero; senza motore: ala per il volo libero o deltaplano, aliante libratore, aliante veleggiatore; a propulsione umana), con ali rotanti o rotodine (autogiro, elicottero, convertiplano, vertiplano), con ali battenti (ornitotteri, ortotteri), senza ali (apparecchi a cuscino d'aria o *hovercraft*, apparecchi a effetto suolo).

APPARECCHI A SOSTENTAZIONE PER REAZIONE: razzi (v. anche quadro terminologico ASTRONAUTICA).

CLASSIFICAZIONE DEGLI AEROPLANI (o AEREI).

SECONDO LA VELATURA: monoplano, biplano, pluriplano; a delta, a freccia, a geometria variabile, *canard*, tutt'ala (ali volanti).

SECONDO IL GRUPPO MOTOPROPULSORE: monomotore, bimotore, trimotore, quadrimotore, plurimotore; a energia solare, a propulsione umana, a reazione o a getto o reattore o *jet* (monoreattore,... plurireattore), a turboelica, a turboventola, autoreattore, turbogetto, turboreattore.

SECONDO L'IMPIEGO: aerocisterna, aeropostale, aerosilurante, aerotaxi o aerotassì, *airbus* o aerobus, antisommergibile, bombardiere, caccia, caccia-bombardiere, civile / militare, da acrobazia, da record, da ricognizione o ricognitore, da scuola, da soccorso, da trasporto merci, da trasporto passeggeri, da turismo, intercettore, sanitario; *charter*, da noleggio, di linea, privato.

PARTI DI UN AEREO: abitacolo, ali (centine, correntini, longheroni, rivestimento; bordo d'entrata o d'attacco, bordo d'uscita), aletta di compensazione, alettone, aerofreno, bagagliaio, cabina (di prima classe, di classe turistica), cabina di pilotaggio (cruscotto o quadro degli strumenti, parabrezza, seggiolino del pilota), cambusa, carenatura, cucina, diruttore, dispositivo di atterraggio (carrello anteriore / posteriore; carrello fisso / retrattile; ammortizzatori, freni, pattini, ruote), elica, elevone, finestrini, *flap*, fusoliera, impennaggi (deriva, equilibratore, stabilizzatore, timone di direzione, timone di profondità), ipersostentatori, luci di posizione, motore (ausiliario, principale; a scoppio, a getto o a reazione, turboreattore ecc.), muso, pilota automatico, portelli, prese d'aria, scafo, scivolo d'emergenza, semiala, serbatoi, servizi igienici, stiva, unità di potenza ausiliaria.

INSTALLAZIONI E ACCESSORI PRINCIPALI: bombole d'ossigeno, cinture di sicurezza, estintori, giubbotti di salvataggio, impianto del carburante e del lubrificante, impianto di pressurizzazione, impianto elettrico, maschere per l'ossigeno, pacchi di sopravvivenza, paracadute, seggiolino eiettabile.

COMANDI PRINCIPALI: *cloche* o leva o barra di comando, comando dei diruttori, comando dei *flap*, comando del carrello di atterraggio, comando di alimentazione dei motori o manetta, pedaliera del timone di direzione, regolatore degli stabilizzatori, regolatori del beccheggio o *trim*.

STRUMENTAZIONE: accelerometro, altimetro, anemometro, bussola (girobussola, radiobussola), machmetro, orizzonte artificiale, radar, radiogoniometro, radioricetrasmittente, registratore dei dati di volo o scatola nera, variometro, virosbandometro.

OPERAZIONI VARIE: ammarare, atterrare, cabrare, cappottare, decollare, derapare, dirottare, far scalo, flottare, imbarcare (merci, passeggeri) / sbarcare, imbardare, impennare, librarsi, perdere quota / prendere quota, picchiare, pilotare, planare, precipitare, rientrare alla base, rollare, rullare, scivolare d'ala, sorvolare, trasvolare, virare, volare.

MANOVRE: ammaraggio, atterraggio, bomba, cabrata, candela, decollo, discesa in spirale, *looping* o gran volta o cerchio della morte, picchiata, planata, rullaggio, scivolata d'ala, *tonneau* o vite orizzontale, virata, vite, vite piatta.

LOCALITÀ PORTUALI: aeroporto, aeroscalo, aviosuperficie, base aerea, campo d'atterraggio, campo d'aviazione, campo di fortuna, eliporto, idroscalo.

INSTALLAZIONI AEROPORTUALI: aerofaro, aerostazione (*check-in* o banco di accettazione, *duty-free shop* o negozio a esenzione doganale, sala d'aspetto), aviorimessa o *hangar*, bretella di rullaggio, luci di delimitazione della pista, manica a vento, officina, piazzale di sosta, pista (di raccordo, di rullaggio, di volo), radiofaro, sentiero luminoso, stazione meteorologica, stazione radio, testata di pista, torre di controllo.

PERSONE: equipaggio, personale di terra, personale di volo; aerologo, aeronauta, aerostiere, assistente di volo, aviatore, aviere, comandante, commissario di bordo, controllore di volo, dirigibilista, *hostess*, istruttore di volo, marconista, motorista, osservatore, passeggero, pilota, radarista, *steward*.

VOCI ATTINENTI: aeromodellismo, aeronavigazione o navigazione aerea, aerosoccorso, aerotraino, aviolinea, brevetto (civile, militare), cartella di rotta, correnti a getto, formazione di volo (coppia, pattuglia, squadriglia, gruppo, stormo, aerobrigata), meteorologia aeronautica, muro del suono, onda d'urto, pilotaggio, ponte aereo, ricognizione, volo (a vela, cieco, radente, radiocomandato, strumentale; subsonico, supersonico, transonico).

1

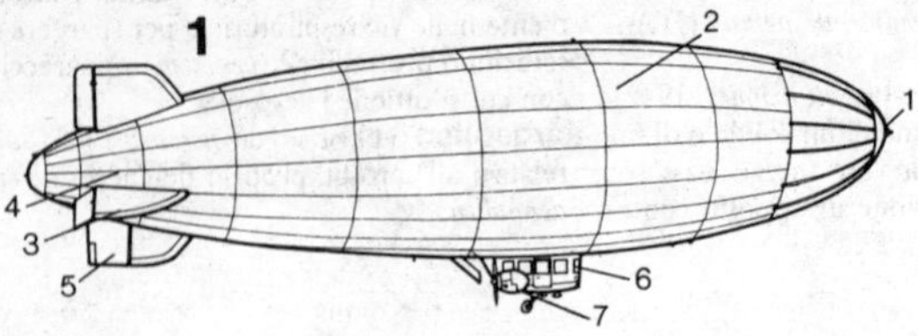

2

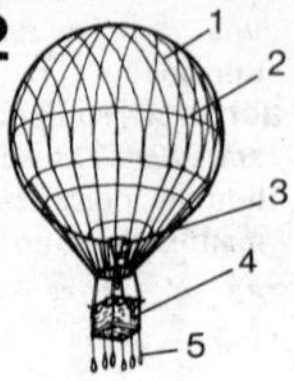

3

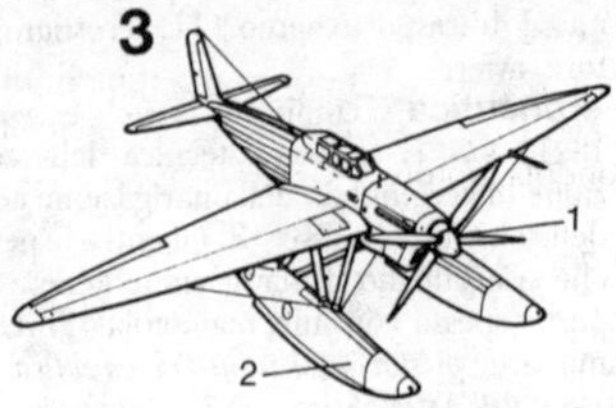

4

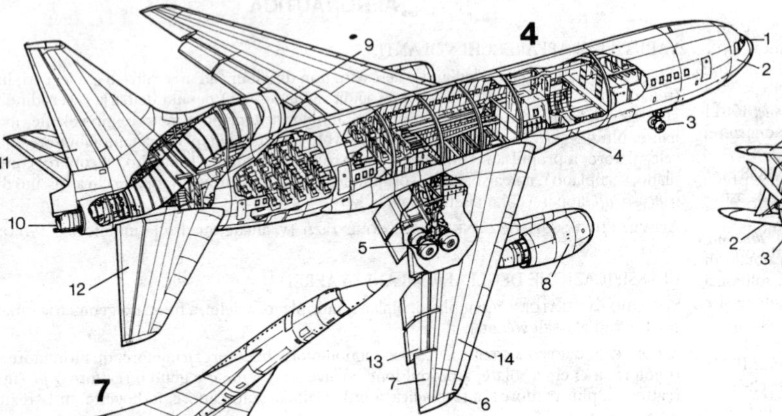

6

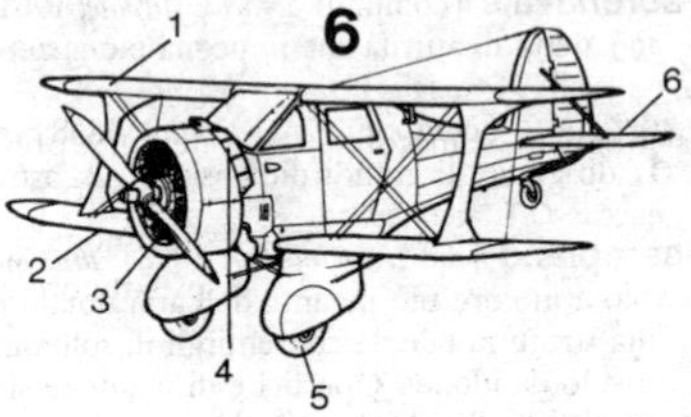

7

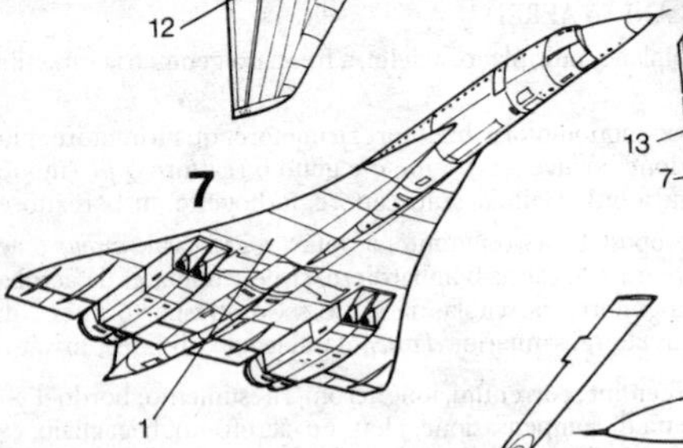

9

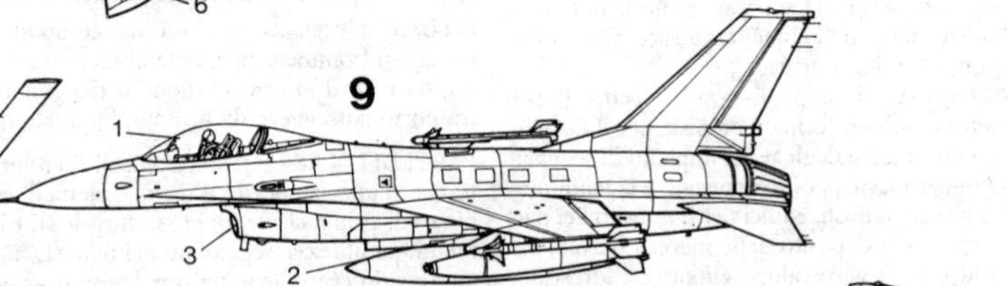

8

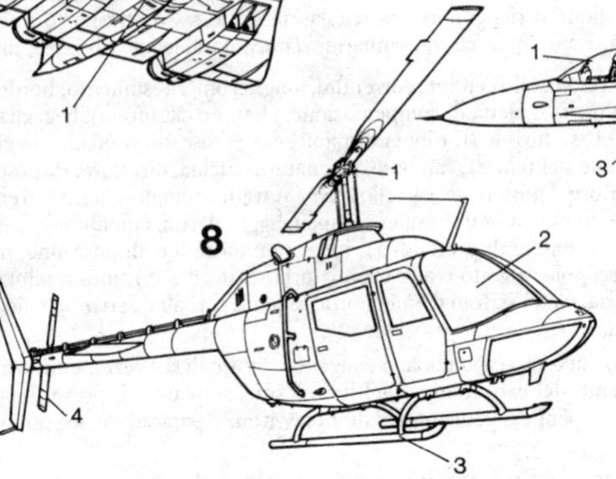

10

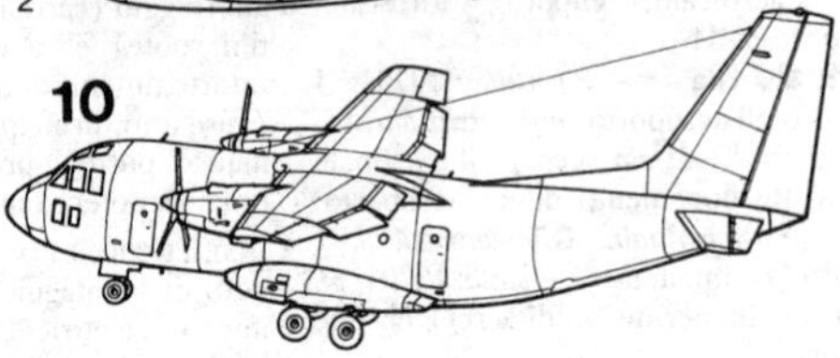

11

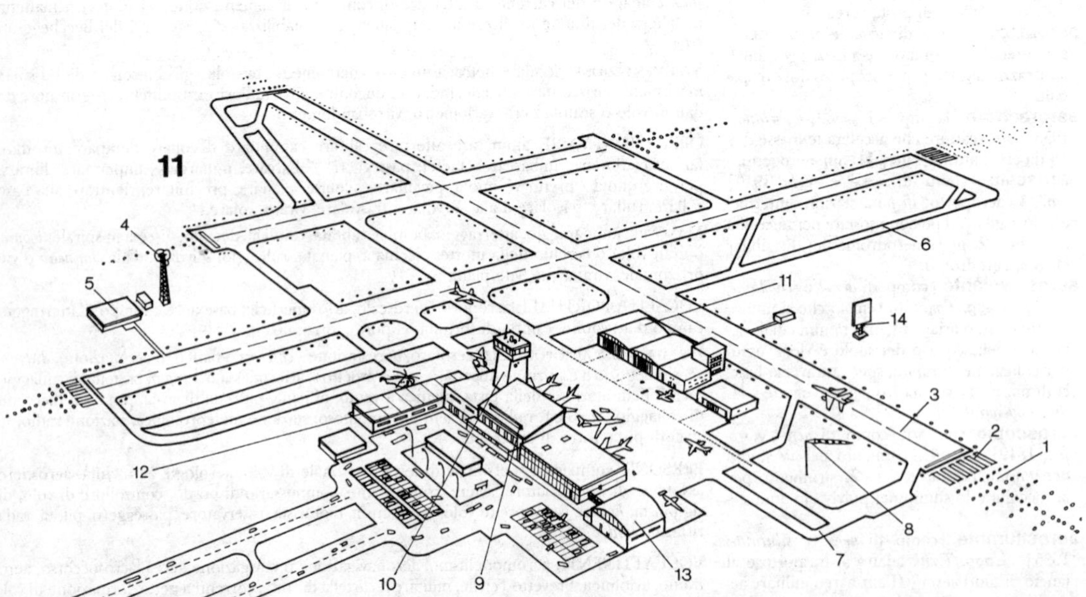

1. dirigibile
1.1. prua - 1.2. involucro - 1.3. timoni di profondità - 1.4. poppa - 1.5. timoni di direzione - 1.6. navicella - 1.7. navicella o gondola motore

2. aerostato
2.1. rete - 2.2. cintura - 2.3. valvola di regolazione - 2.4. navicella - 2.5. zavorra

3. idrovolante
3.1. eliche contro rotanti - 3.2. galleggianti

4. reattore civile
4.1. parabrezza - 4.2. cabina di pilotaggio - 4.3. carrello di direzione - 4.4. fusoliera - 4.5. carrello - 4.6. fanali di posizione - 4.7. alettone - 4.8. motore a reazione - 4.9. presa aria reattore - 4.10. scarico reattore - 4.11. timone di direzione - 4.12. timone di profondità - 4.13. *flap* o ipersostentatore - 4.14. ala

5. paracadute
5.1. cupola - 5.2. funi di sostegno - 5.3. bretelle

6. biplano
6.1. ala alta - 6.2. ala bassa - 6.3. motore stellare - 6.4. naca - 6.5. scarponi - 6.6. piani di coda

7. quadrigetto
7.1. ala a delta

8. elicottero
8.1. rotore (elica portante) - 8.2. abitacolo - 8.3. pattini di atterraggio - 8.4. elica stabilizzatrice

9. monoreattore
9.1. abitacolo - 9.2. ali a freccia - 9.3. presa d'aria

10. aereo cargo

11. aeroporto
11.1. sentiero luminoso - 11.2. testata - 11.3. pista - 11.4. impianti radio - 11.5. pronto intervento - 11.6. pista perimetrale - 11.7. pista (bretella) di rullaggio - 11.8. manica a vento - 11.9. aerostazione - 11.10. torre di comando o di controllo - 11.11. aviorimessa o hangar - 11.12. eliporto - 11.13. officina - 11.14. impianto radar

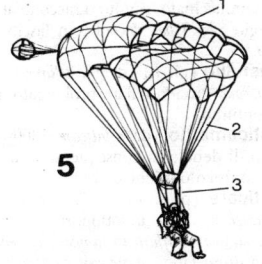

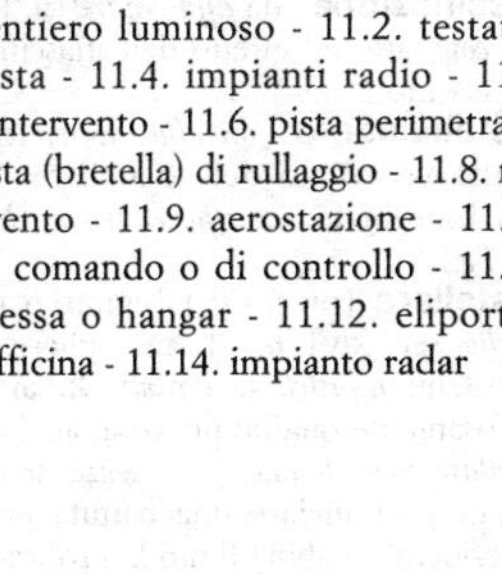

aerostàtica [fr. *aérostatique*; 1819] ***sf.*** **1.** parte della meccanica dei fluidi che studia il comportamento dei corpi in equilibrio in un gas **2.** ramo dell'aeronautica che studia il volo degli aerostati || **N. 1.** aerodinamica, statica.

aerostàtico (pl. *-ci*) [fr. *aérostatique*; 1783] ***agg.*** **1.** relativo agli aerostati e all'aerostatica: *leggi aerostatiche*; *spinta aerostatica*, la spinta di Archimede relativa agli aeriformi **2.** che si solleva, che si libra nell'aria: *pallone aerostatico* **3.** *non com. fig.* leggero, vano.

aeròstato [fr. *aérostat*; 1784] ***sm.*** mezzo aereo costituito da un involucro gonfiato con gas meno pesante dell'aria; l'involucro è abbracciato da una rete di corde, alla quale è sospesa una navicella per contenere persone od oggetti; se dotato di motore e in grado di manovrare direzionalmente viene detto *dirigibile*, altrimenti *pallone* || **N.** mongolfiera. **Q.T.** ***aeronautica*** **TAV.** ***aeronautica*** 2.

aerostazióne [comp. di *aero-*^{2} e *stazione*; 1961] ***sf.*** negli aeroporti civili, l'insieme degli edifici in cui si trovano i servizi per lo smistamento di passeggeri e merci. **Q.T.** ***aeronautica*** **TAV.** ***aeronautica*** 11.9.

aerostière [fr. *aérostier*; 1794] ***sm.*** (f. *-a*) persona addetta al servizio e alla manovra di aerostati || **N.** aviere.

aerotassì o **aerotàxi** [comp. di *aero-*^{2} e *tassì*; 1950] ***sm. inv.*** velivolo civile, di media potenza e autonomia, che può essere noleggiato, con l'equipaggio di volo, come un tassì.

aerotècnica [comp. di *aero-*^{1} e *tecnica*; 1925] ***sf.*** tecnica di costruzione, progettazione e manutenzione dei mezzi aerei in conformità ai princìpi dell'aerodinamica.

aeroterapìa [comp. di *aero-*^{1} e *terapia*; 1875] ***sf.*** *T.med.* cura di alcune malattie dell'apparato respiratorio mediante aria atmosferica talvolta rarefatta o compressa || *per estens.* cura climatica.

aerotèrmico (pl. *-ci*) [comp. di *aero-*^{1} e *termico*; 1967] ***agg.*** che riscalda per mezzo di aria calda.

aerotèrmo [comp. di *aero-*^{1} e *-termo*; 1955] ***sm.*** apparecchio per riscaldamento, ad aria calda, di luoghi pubblici e impianti industriali.

aeròtono [comp. di *aero-*^{1} e dal gr. *tónos*, tensione; 1950] ***sm.*** fucile ad aria compressa.

aerotopografìa [comp. di *aero-*^{2} e *topografia*; 1955] ***sf.*** preparazione di carte geografiche mediante fotogrammi aerei.

aerotrainàre (pres. *-àino*) [comp. di *aero-*^{2} e *trainare*; 1951] ***tr.*** trainare un aliante mediante aereo a motore.

aerotràino [comp. di *aero-*^{2} e *traino*; 1951] ***sm.*** traino di aliante mediante aeroplano a motore || *per estens.* l'aereo che effettua il traino.

aerotrasportàre (pres. *-òrto*) [comp. di *aero-*^{2} e *trasportare*; 1965] ***tr.*** trasportare per via aerea.

aerotrasportàto (*pps.* di *aerotrasportare*) [1950] ***agg.*** trasportato per via aerea || **N.** *Sin.* aviotrasportato.

aerotraspòrto [comp. di *aero-*^{2} e *trasporto*; 1955] ***sm.*** trasporto per via aerea.

aerotrèno^1 [da *aero-*^{1} e *treno*; 1983] ***sm.*** *T.ferr.* veicolo ferroviario a cuscino d'aria, che si muove a propulsione per mezzo di eliche o motori elettrici lineari o per mezzo di ruote pneumatiche a seconda dell'alta o bassa velocità.

aerotrèno^2 [comp. di *aero-*^{2} e *treno*; 1963] ***sm.*** *T.aer.* blocco costituito da un aerorimorchiatore e da uno o più aerorimorchi, con eventuali striscioni, bersagli e sim. || **N.** *Sin.* aerotraino.

aerotropismo [comp. di *aero-*^{1} e *tropismo*; 1955] ***sm.*** *T.bot.* curvatura osservabile nell'accrescimento di organi vegetali; è dovuta alla diversa concentrazione di ossigeno o di altri gas in parti diverse della pianta.

aeroturbìna [comp. di *aero-*^{1} e *turbina*; 1950] ***sf.*** aeromotore.

aerovìa [comp. di *aero-*^{2} e *via*; 1955] ***sf.*** corridoio aereo lungo il quale è fornita ai velivoli l'assistenza radio.

aes (lat., pr. it. [ɛs]) [letter. rame, bronzo] ***sm. inv.*** *T.num.* nell'antichità romana, il metallo e, successivamente, la moneta usati per scambi commerciali: *aes rude* (pr. it. ['ɛs 'rude]), pezzo quadrangolare di bronzo pesato di volta in volta; *aes signatum* (pr. it. ['ɛs siɲ'ɲatum]), pane rettangolare di bronzo, inciso con segni elementari; *aes grave* (pr. it. ['ɛs 'grave]), grossa moneta in bronzo fusa nel periodo della Repubblica.

àfa [etim. incerta; a. 1597] ***sf.*** aria calda e soffocante: *fa un'afa che non si respira* || *fig. tosc.* noia, tedio, fastidio || **N.** *Sin.* soffoco, vampa; NOIA | afoso, CALDO.

àfaca o **àffaca** o **àfaga** [dal gr. *aphákē*, veccia; a. 1564] ***sf.*** pianta delle Leguminose con foglie ridotte a viticci, stipole molto sviluppate e fiori semplici gialli || **N.** *Sin.* fiorgalletto, mullaghera.

afagìa (pl. *-gìe*) [comp. di *a-*^{1} e *-fagia*; 1828] ***sf.*** *T.med.* incapacità di inghiottire.

afanìte [dal gr. *aphanḗs*, oscuro; 1861] ***sf.*** roccia eruttiva a grana fine usata per saggiare l'oro; pietra di paragone.

Afanìtteri [comp. del gr. *aphanḗs*, invisibile e *-ttero*; 1955] ***sm. pl.*** *T.zool.* ordine di insetti piccoli, comprendente le pulci, con apparato boccale pungitore e succhiatore e zampe adatte al salto; sono parassiti di mammiferi e uccelli.

afasìa [dal gr. *aphasía*; 1870] ***sf.*** *T.med.* **1.** disturbo del linguaggio dovuto a lesioni o alterazioni dei centri nervosi superiori; *afasia motoria*, incapacità di esprimersi mediante la parola o la scrittura nonostante l'integrità degli apparati muscolari preposti a tale scopo; *afasia sensoriale*, perdita della capacità di comprendere le parole nonostante l'integrità degli organi sensori **2.** *T.fil.* per i filosofi scettici l'afasia è la sospensione di ogni giudizio, l'impossibilità di pronunciarsi sulla natura delle cose a causa della loro incomprensibilità || **N.** alalia.

afàsico (pl. *-ci*) [da *afasia*; 1966] **I** ***agg.*** *T.med.* relativo all'afasia: *disturbo afasico* || affetto da afasia: *malato afasico* **II** ***sm.*** (f. *-a*) *T.med.* chi è affetto da afasia.

afàto [da *afa*; 1618] ***agg.*** di frutti che per il troppo caldo appassiscono prima della maturazione: *fichi afati.*

afèlio (pl. *-li*) [dal lat. scient. *aphēlium* (voce coniata da Keplero e composta del gr. *apó*, lontano e *Hḗlios*, Sole); 1623] ***sm.*** *T.astr.* il punto più distante dal Sole nell'orbita di un pianeta || **N.** abside, apogeo | *Contr.* perielio. **TAV.** ***astronomia*** **p. 656** 6.5.

afemìa [comp. di *a-*^{1} e un der. del gr. *phemí*, parlare; 1899] ***sf.*** *T.psic.* termine introdotto nel 1861 per designare incapacità di parlare, non dovuta a disfunzione degli organi fonatori, accompagnata da difficoltà di comprensione dei messaggi altrui.

afèresi [dal lat. tardo *aphaeresis*, dal gr. *aphaíresis*, il togliere via; 1540] ***sf.*** **1.** *T.ling.* soppressione di una sillaba o vocale in inizio di parola **2.** *T.gioc.* gioco enigmistico consistente nell'indovinare da definizioni date due parole di significato diverso di cui una è ottenuta dall'altra per aferesi (per es. *alato - lato*) **3.** *T.med.* operazione chirurgica in cui si asporta una parte del corpo || **N. 1.** *Sin.* elisione; apocope, sincope **3.** *Sin.* amputazione.

aferètico (pl. *-ci*) [da *aferesi*; 1951] ***agg.*** *T.ling.* che ha subito un'aferesi || relativo all'aferesi.

affàbile [dal lat. *affābilis*; 1354] ***agg.*** che ascolta e parla con familiarità e cordialità: *modi affabili* || *per estens.* cortese, benigno || **affabilménte** ***avv.*** || **N.** *Sin.* alla mano, amichevole, cordiale, cortese, familiare, gentile | *Contr.* burbero, scontroso, sgarbato.

affabilità [dal lat. *affabilitās, -ātis*; 1308 ca.] ***sf.*** cortesia, cordialità.

affabulàre (pres. *-àbulo*) [comp. parasint. del lat. *fabula*; 1939] ***tr.*** *lett.* narrare sotto forma di favola, di rappresentazione scenica e sim. || *per estens.* narrare, rappresentare, raccontare, fingere.

affabulazióne [da *affabulare*; 1963] ***sf.*** *lett.* intreccio degli avvenimenti che costituiscono la trama di un racconto, di un romanzo e sim. || l'attività di affabulare.

àffaca V. AFACA.

affaccendaménto [da *affaccendare*; 1861] ***sm.*** l'affaccendarsi.

affaccendàre (pres. *-èndo*) [comp. parasint. di *faccenda*; a. 1673] ***tr.*** occupare, impegnare in faccende || *più com.* ***rifl.*** darsi molto da fare: *affaccendarsi a finire un lavoro* || **N.** ***rifl.*** affannarsi, occuparsi | FACCENDA.

affaccendàto (*pps.* di *affaccendarsi*) [1300 ca.] ***agg.*** che ha molte faccende, che è occupatissimo, che ha un gran da fare: *il suo cervel... in tutt'altre faccende affacendato* (Giusti) || **N.** *Sin.* impegnato, occupato | *Contr.* sfaccendato.

affaccettàre (pres. *-étto*) [comp. parasint. di *faccetta*; 1813] ***tr.*** *non com.* sfaccettare.

affacchinàre [comp. parasint. di *facchino*; a. 1558] ***tr.*** *non com.* far lavorare come un facchino || ***intr. pron.*** affaticarsi come un facchino.

affacciàre (pres. *-àccio*) [comp. parasint. di *faccia*; 1532] ***tr.*** mettere in vista, mostrare, spec. da balcone o finestra: *affacciarono il bambino al balcone* || *fig.* esporre, esprimere, prospettare: *affacciar dubbi, proposte* || ***rifl.*** accostarsi o sporgersi a un vano in modo da vedere o farsi vedere oltre: *si affacciò alla porta per salutarmi* || *fig.* presentarsi alla mente: *mi si affaccia un'idea, un sospetto* || ***intr. pron.*** di costruzioni, paesi ecc., essere prospiciente, trovarsi: *il palazzo s'affaccia sulla piazza* || **N.** ***tr.*** far vedere, mostrare; avanzare, prospettare.

affacciàto (*pps.* di *affacciare*) [a. 1519] ***agg.*** detto di cose messe a faccia a faccia: *due piatti affacciati.*

affagottàre (pres. *-òtto*) [comp. parasint. di *fagotto*; 1861] ***tr.*** avvolgere in fagotto o come in un fagotto || ***rifl.*** *fig.* vestirsi male, come un fagotto || **N.** *Sin.* AVVOLGERE.

affagottàto (*pps.* di *affagottare*) [a. 1936] ***agg.*** vestito male, come un fagotto: *guarda come è affagottata!*

affaire (fr., pr. [aˈfɛːr]) [letter. affare; 1905] ***sm.*** *inv.* vicenda intricata, spec. politica, di grande risonanza pubblica: *affaire Dreyfus.*

affaiterìa [dal fr. *affaiter*, conciare; 1971] ***sf.*** *T.conc.* reparto della conceria in cui le pelli vengono sottoposte ai vari trattamenti di preparazione alla concia.

affaldàre [comp. parasint. di *falda*; a. 1533] ***tr.*** *non com.* rif. a drappo, ripiegarlo falda su falda || ***intr. pron.*** raggrinzarsi.

affaldellàre (pres. *-èllo*) [comp. parasint. di *faldella*; 1865] ***tr.*** *T.set.* ridurre in faldelle, sfaldellare (la seta).

affamàre (pres. *-àmo*) [comp. parasint. di *fame*; a. 1321] ***tr.*** ridurre alla fame: *gli assedianti affamarono la città* || ***intr.*** (aus. *essere*) *ant. raro* aver fame || **N.** FAME.

affamàto (*pps.* di *affamare*) [a. 1294] ***agg.*** e ***sm.*** (*-a*) che o chi ha fame, che patisce la fame: *dar da mangiare agli affamati* || *fig.* assai bramoso, desideroso: *affamato di onori, di denaro* || **N.** *Sin.* allupato, famelico | *Contr.* satollo, sazio.

affamatóre [da *affamare*; 1832] ***sm.*** (f. *-trìce*) chi affama: *affamatori del popolo.*

affannaménto [da *affannare*; prima metà sec. XIV] ***sm.*** *non com.* affanno.

affannàre [dal provenz. *afanar*; a. 1294] ***tr.*** dare affanno, provocare difficoltà di respiro: *è una salita che mi affanna* || *fig.* inquietare, angustiare: *un pensiero mi affanna* || ***intr. pron.*** provare affanno, avere difficoltà di respiro, affaticarsi molto || *fig.* agitarsi, preoccuparsi, darsi pena per realizzare qualcosa: *si affanna dietro le ricchezze* || ***intr.*** (aus. *essere*) *arc.* agitarsi || **N.** ***intr. pron.*** *Sin.* ansimare, scaldarsi, scalmanarsi.

affannàto (*pps.* di *affannare*) [1313 ca.] ***agg.*** sofferente di affanno, ansante, ansimante: *respiro affannato* || *fig.* afflitto, tormentato, travagliato: *anima affannata* || **affannataménte** ***avv.***

affànno [da *affannare*; a. 1321] ***sm.*** difficoltà di respiro causata da eccessiva fatica, emozione o malattia || *fig.* dolore, angoscia, ansia || *darsi, prendersi affanno*, preoccuparsi per qualcosa || *concr.* ciò che è causa di preoccupazione: *i suoi affanni non lo lasciano dormire* || **N.** *Sin.* agitazione, ambascia, angoscia, ansia | ansimare.

affannóne [da *affanno*; 1690] ***sm.*** (f. *-a*) *fam.* chi si dà molta briga di ogni cosa, anche se non lo riguarda || **N.** *Sin.* armeggione, faccendone, intrigante.

affannóso [da *affanno*; a. 1294] ***agg.*** che soffre di affanno, ansante: *un respiro affannoso* || che provoca affanno, agitazione: *una scelta affannosa* || *fig.* angoscioso, doloroso || **affannosaménte** ***avv.***

affantocciàre (pres. *-òccio*) [comp. parasint. di *fantoccio*; 1789] ***tr.*** *poco com.* legare insieme i ramoscelli delle piante come fossero fantocci.

affardellaménto [da *affardellare*; 1955] ***sm.*** **1.** atto ed effetto dell'affardellare **2.** *T.mil.* insieme degli oggetti e degli indumenti presenti nello zaino di un soldato.

affardellàre (pres. *-èllo*) [comp. parasint. di *fardello*; a. 1573] ***tr.*** *non com.* **1.** riunire in fardello || *per estens. raro* mettere assieme più cose alla rinfusa **2.** *T.mil.* *affardellare lo zaino*, riporvi tutto il corredo in modo poco ingombrante e distribuendo bene il peso || **N.** fardello.

affàre [dalla loc. *a fare*, prob. sul modello del fr. *affaire*; a. 1294] ***sm.*** **1.** cosa di una certa importanza che si deve fare o si è fatta: *un affare urgente, importante* || *affare di Stato*, questione pubblica riguardante lo Stato e *iron.* cosa cui viene attribuito eccessivo interesse o importanza: *fa di tutto un affare di Stato* || *affari esteri*, relazioni tra stati || *fam.* faccenda, cosa, in senso generico: *è un affare complicato, un affare da nulla* || *un brutto affare, un affare serio*, questione complicata e problematica || *iron.* *bell'affare*, di cosa fastidiosa o poco vantaggiosa || *farsi gli affari propri* , badare solo al proprio interesse **2.** *in part.* operazione commerciale: *concludere un affare* || *per restr.* operazione economicamente vantaggiosa: *è un affare* || *pl.* attività commerciali: *è un uomo d'affari, ritirarsi dagli affari* **3.** *T.giur.* questione tratta in giudizio || *in part.* questione di risonanza giuridica e sociale: *l'affare Sindona* **4.** *non com.* condizione sociale: *essere d'alto, di basso affare* || *dim.* affarùccio, affarùcolo; *accr.* affaróne || **N.** **1.** *Sin.* briga, faccenda, impegno, incombenza, lavoro; cosa, storia | equivoco, grave, intricato, losco, misterioso, scombinato, serio, urgente | sbrigare; affaccendarsi, trafficare **2.** contratto, guadagno; commerci, traffici; acquisto, vendita | disastroso, garantito, magro, ottimo, proficuo, rovinoso, sballato, sicuro, sospetto, utile, vantaggioso | accudire, avviare, concludere, contrattare, discutere, negoziare, proporre, sviluppare, trattare | concorrenza, crisi, fallimento, giro, rovina, speculazione, tracollo; intermediario, mediatore, plenipotenziario, procuratore, sensale **3.** *Sin.* caso. Q.T. *banca, commercio...*

affarìo (pl. *-ìi*) [da *affare*; 1887] ***sm.*** *non com.* prolungato e confuso affaccendamento.

affarìsmo [da *affare*; 1866] ***sm.*** attività e attitudine di chi si dà senza scrupoli agli affari per guadagno.

affarìsta [da *affare*; 1866] ***s.*** chi si affaccenda senza scrupoli per ottenere guadagni e vantaggi.

affarìstico (pl. *-ci*) [da *affarista*; 1912] ***agg.*** relativo agli affari e al loro profitto || relativo all'affarista.

affàrsi (pres. *affà* ecc., come FARE; *dif.*, usato solo nella 3ª pers. sing. e pl.; non usati il pps. e i tempi composti) [da *fare*; seconda metà sec. XIII] ***intr. pron.*** *raro* confarsi, convenire: *l'abito non gli si affà* || **N.** *Sin.* addirsi.

affasciàre (pres. *-àscio*) [comp. parasint. di *fascio*; a. 1530] ***tr.*** *T.bot.* compiere l'affasciatura di una pianta || *ant.* riunire in fascio, affastellare.

affasciatùra [da *affasciare*; 1955] ***sf.*** *T.bot.* legatura dei rami senza frutto intorno al fusto eseguita per evitare che gettino ombra sui rami fruttiferi sottostanti || legatura in alto dei tralci fruttiferi delle viti, eseguita per evitare che i grappoli tocchino terra, guastandosi.

affascinaménto [da *affascinare*¹; sec. XIV] ***sm.*** atto ed effetto dell'affascinare || **N.** *Sin.* abbaglio, allettamento, ammaliamento, incantamento.

affascinànte (*ppr.* di *affascinare*¹) [a. 1729] ***agg.*** seducente, attraente; avvincente: *donna, uomo, persona affascinante.*

affascinàre¹ (pres. *-àscino*) [comp. parasint. di *fascino*; 1573] ***tr.*** attrarre in modo irresistibile, sedurre; suscitare interesse, ammirazione per qualità o capacità che si posseggono: *mi ha affascinato la sua calma, sguardo che affascina* || *propr.* ammaliare, attrarre con arti magiche: *Circe affascinò Ulisse* || **N.** *Sin.* ammaliare, incantare | FASCINO.

affascinàre² (pres. *-ìno*) [comp. parasint. di *fascina*; a. 1400] ***tr.*** raccogliere e legare in fascine || **N.** *Sin.* affastellare | LEGNA.

affascinatóre [da *affascinare*¹; 1861] ***agg.*** e ***sm.*** (f. *-trìce*) che o chi affascina, ammalia, seduce.

affascinazióne [da *affascinare*¹; a. 1530] ***sf.*** *non com.* atto ed effetto dell'affascinare || **N.** *Sin.* fascino.

affastellaménto [da *affastellare*; 1855] ***sm.*** **1.** atto ed effetto dell'affastellare **2.** mucchio disordinato: *un affastellamento di cose*; anche *fig.*

affastellàre (pres. *-èllo*) [comp. parasint. di *fastello*; sec. XIV] ***tr.*** **1.** raccogliere e legare in fastelli: *affastellare i rami* **2.** ammassare confusamente qualunque cosa; anche *fig.*: *affastellare idee, parole, frasi senza senso* || *ass.* *T.teatr.* pronunciare una battuta prima che l'interlocutore abbia finito la propria || **N.** **1.** *Sin.* affascinare **2.** abborracciare | MUCCHIO.

affastellàto (*pps.* di *affastellare*) [1671] ***agg.*** **1.** ammucchiato, riunito o raccolto alla meno peggio **2.** *T.bot.* raccolto in fascio, fascicolato.

affastellìo (pl. *-ìi*) [da *affastellare*; 1879] ***sm.*** *non com.* un affastellare prolungato, ripetuto o continuo.

affaticaménto [da *affaticare*; 1300 ca.] ***sm.*** stato di debolezza conseguente a un intenso sforzo fisico o psichico.

affaticàre (pres. *-ìco, -ìchi*) [comp. parasint. di *fatica*; a. 1292] ***tr.*** sottoporre a sforzo eccessivo, stancare: *affaticare la vista, la mente* || ***intr. pron.*** durar fatica, stancarsi: *mi affaticai tutto il* *giorno* || *fig.* adoperarsi intensamente per ottenere un fine: *affaticarsi per la laurea* || **N.** FATICA.

affaticàto (*pps.* di *affaticare*) [sec. XIV] **agg.** stanco per la fatica compiuta || **N.** *Sin.* affannato; esausto, stracco.

affàtto [comp. di *a* e *fatto*; a. 1348] **avv.** **1.** interamente, del tutto, in tutto e per tutto, assolutamente: *affatto rovinato* **2.** raff. di *neg.*, negazione decisa: *non mi piace affatto*; *niente affatto*, per nulla || anche *ass.*, come risposta negativa: *"hai paura?", "affatto"*.

affatucchiàre (pres. *-ùcchio*) [da *fattucchiere*; 1861] **tr.** *non com.* affatturare, fare malefici.

affatturaménto [da *affatturare*; sec. XIV] **sm.** *non com.* atto ed effetto dell'affatturare; malia.

affatturàre (pres. *-ùro*) [da *fatturare*; a. 1321] **tr.** **1.** ammaliare con fatture, stregare: *ipocrisia, lusinghe e chi affattura* (Dante) **2.** *non com.* sofisticare, adulterare cibi o bevande.

affatturatóre [da *affatturare*; sec. XIV] **sm.** (f. *-trìce*) *disus.* chi affattura, stregone, mago.

affatturazióne [da *affatturare*; a. 1406] **sf.** *disus.* **1.** l'affatturare, stregoneria **2.** alterazione.

affazzonaménto [da *affazzonare*; fine sec. XIII] **sm.** *raro* **1.** raffazzonamento **2.** *ant.* abbellimento, ornamento.

affazzonàre (pres. *-óno*) [dal lat. *factio*, il fare; a. 1294] **tr.** **1.** *raro* raffazzonare **2.** *ant.* abbellire, adornare.

affé [da *a fé*, in fede; a. 1470] **escl.** *ant.* in fede, in verità: *affé di Dio* (o *affeddiddio*), *affé mia, affé di Bacco*; oggi solo *scherz.*

afferènte [dal lat. *afferens, -ĕntis*, ppr. di *affĕrre*; 1877] **agg.** **1.** che porta, conduce in un luogo determinato || *T.anat.* di organo, che conduce ad altro organo: *vaso, nervo afferente* **2.** seguito da compl. oggetto o da prep. *a*, che si riferisce, relativo a: *le questioni afferenti la politica estera, le correzioni afferenti al testo* || *bur.* che fa parte di: *personale afferente al dipartimento.*

afferìre (pres. *-ìsco, -ìsci*) [dal lat. *affĕrre*, apportare; 1980 nel senso 2] **intr.** (aus. *avere*) *T.bur. raro* **1.** riguardare, concernere, attenere: *per ciò che afferisce a questa pratica* **2.** far capo a, far parte di: *a questo dipartimento afferiscono molti ricercatori.*

affermàbile [da *affermare*; 1865] **agg.** che si può affermare.

affermàre (pres. *-érmo*) [dal lat. *affirmāre*; a. 1294] **tr.** **1.** dichiarare con assoluta convinzione, dar per certo, asserire || *ass.* dir di sì, approvare **2.** sostenere, ribadire: *affermare i propri diritti* || **rifl.** **1.** avere successo, farsi un nome, ricevere consensi, approvazioni: *affermarsi nella professione*; anche riferito a cose: *il prodotto si è affermato all'estero* || *per estens.* vincere: *si è affermato in una gara* **2.** *ant.* fermarsi, fortificarsi || **N.** *Sin.* attestare, dichiarare, ASSERIRE.

affermatìva [dal lat. *affirmatīvus*; 1588] **sf.** **1.** *non com.* affermazione, asserzione **2.** *T.giur.* accettazione di una tesi.

affermatìvo [dal lat. *affirmatīvus*; 1304] **agg.** che afferma, che serve ad affermare: *"sì" è una particella affermativa* || **affermativaménte** **avv.** || **N.** *Contr.* negativo.

affermàto (*pps.* di *affermare*) [a. 1566] **agg.** che ha raggiunto il successo: *è un cantante molto affermato.*

affermatóre [dal lat. tardo *affirmātor, -ōris*; a. 1292] **agg.** e **sm.** (f. *-trìce*) *raro* che, chi afferma, assertore.

affermazióne [dal lat. *affirmātio, -ōnis*; 1300 ca.] **sf.** **1.** atto dell'affermare || proposizione che afferma, asserzione **2.** l'affermarsi, il raggiungimento del successo: *lo stilista ha ottenuto un'affermazione personale* || *per estens.* vittoria || **N.** **1.** *Contr.* negazione **2.** *Contr.* insuccesso.

afferràbile [da *afferrare*; 1905] **agg.** che si può afferrare, intendere.

afferràre (pres. *-èrro*) [comp. parasint. di *ferro*; a. 1321] **tr.** **1.** prendere e stringere con forza: *afferrare il coltello*; *afferrare qualcuno per i capelli, per una manica* || *fig.* approfittare di una circostanza favorevole: *afferrare l'occasione* **2.** *fig.* comprendere appieno: *afferrare un pensiero* || **intr. pron.** appigliarsi, aggrapparsi fortemente a qualcosa: *si afferrò al ramo per non cadere*; anche *fig.* || **N.** **tr.** **1.** *Sin.* ghermire, prendere.

affertilìre (pres. *-ìsco, -ìsci*) [comp. parasint. di *fertile*; a. 1729] **tr.** *raro* render fertile, fertilizzare.

affettàre[1] (pres. *-étto*) [comp. parasint. di *fetta*; fine sec. XIII] **tr.** tagliare a fette, fare a pezzi || **rifl.** *iperb.* tagliarsi, ferirsi || **N.** **tr.** *Sin.* TAGLIARE.

affettàre[2] (pres. *-ètto*) [dal lat. *affectāre*, ostentare; fine sec. XIV] **tr.** fare o dire qualcosa in modo innaturale, con maniere studiate; ostentare qualità e attitudini che non si possiedono: *affettare eleganza nello scrivere* || **N.** *Sin.* far mostra, ostentare, piccarsi, posare.

affettàto[1] (*pps.* di *affettare*[1]) [1726] **sm.** salame, prosciutto e sim. quando sono tagliati a fette: *fra gli antipasti c'era dell'affettato misto.*

affettàto[2] (*pps.* di *affettare*[2]) [a. 1396] **agg.** artificioso: *maniere affettate* || **affettataménte** **avv.** || **N.** *Sin.* lezioso, manierato, studiato | *Contr.* disinvolto, semplice, spigliato.

affettatóre [da *affettare*[1]; 1618] **sm.** (f. *-trìce*) *non com.* chi affetta.

affettatrìce [da *affettare*[1]; 1939] **sf.** macchina a mano o elettrica che serve per affettare salumi, pane, formaggi ecc. **TAV.** *elettrodomestici* 5.

affettatùra [da *affettare*[1]; 1865] **sf.** *non com.* azione del tagliare a fette.

affettazióne [da *affettare*[2]; a. 1529] **sf.** maniera di comportarsi che si allontana dalla naturalezza: *nella sua modestia c'è molta affettazione* || **N.** *Sin.* ostentazione, posa, ricercatezza; leziosaggine, sussiego.

affettività [da *affetto*[2]; 1855] **sf.** **1.** attitudine a provare e a promuovere affetti **2.** l'insieme dei sentimenti di un individuo.

affettìvo [da *affetto*[2]; a. 1365] **agg.** **1.** riguardante la sfera degli affetti: *vita affettiva* **2.** *T.psic.* riguardante il mondo dei sentimenti e delle emozioni di un individuo **3.** *non com.* incline agli affetti: *temperamento affettivo* **4.** *T.ling.* che esprime un valore emozionale oltre che un contenuto obiettivo: *linguaggio affettivo* || **affettivaménte** **avv.** per quanto riguarda gli affetti: *un bambino affettivamente deprivato.*

affètto[1] [dal lat. *affectus*, pps. di *afficere*; a. 1597] **agg.** **1.** infermo, colpito da malattia: *affetto da dolori reumatici* **2.** *T.giur.* di beni, gravati: *podere affetto da ipoteca* **3.** *T.mat.* accompagnato da indici o esponenti: *lettera affetta da indici.*

affètto[2] [dal lat. *affectus*; a. 1306] **sm.** **1.** inclinazione dell'animo verso qualcuno o qualcosa, meno profonda dell'amore e più moderata della passione: *buoni affetti, gli affetti umani, provare affetto* || *mozione degli affetti*, perorazione || *per estens.* l'oggetto dell'affetto: *la figlia era il suo unico affetto* || *gen.* qualsiasi tipo di sentimento umano: *quel troppo affetto alla roba che s'insignorisce di quasi tutti gli uomini quando cominciano ad invecchiare* (Baretti) **2.** *ant.* inclinazione, desiderio: *se a conoscer la prima radice del nostro amor tu hai cotanto affetto* (Dante) **3.** *T.mus.* tremolo **4.** *T.pitt.* rappresentazione dell'espressione psicologica della natura umana || **N.** **1.** *Sin.* affezione, amicizia, benevolenza, impulso, moto dell'animo, predilezione, sentimento, tenerezza, AMORE | ardente, caldo, cordiale, costante, debole, filiale, fraterno, gagliardo, intenso, sublime, sviscerato, tenero | accendere, concepire, destare, dimostrare, disciplinare, frenare, governare, ispirare, muovere, nutrire, provare, reprimere, sentire, serbare, sfogare, soffocare, suscitare. **Q.T.** *psicanalisi.*

affettuosità [da *affettuoso*; sec. XIV] **sf.** qualità di chi è affettuoso; amorevolezza || dimostrazione d'affetto: *lo colma di mille affettuosità.*

affettuóso [dal lat. tardo *affectuōsus*; a. 1321] **agg.** pieno d'affetto; che sente o dimostra affetto: *uomo affettuoso, poesia affettuosa* || *T.mus.* didascalia di espressione che prescrive un'esecuzione dolce di singoli passaggi o frasi || **affettuosaménte** **avv.** || **N.** *Sin.* amorevole, tenero.

affezionàbile [da *affezionare*; 1865] **agg.** che può affezionarsi: *indole affezionabile.*

affezionabilità [da *affezionabile*; 1865] **sf.** *raro* disposizione ad affezionarsi; l'essere affezionabile.

affezionaménto [da *affezionare*; 1829] **sm.** *non com.* atto dell'affezionare e dell'affezionarsi.

affezionàre (pres. *-óno*) [da *affezione*; 1598] **tr.** far provare dell'affetto o dell'interesse: *affezionare gli allievi allo studio* || **intr. pron.** provare affezione per qualcuno o qualcosa: *si è affezionata troppo a quel gatto* || **N.** **tr.** *Sin.* far amare | **intr. pron.** *Sin.* attaccarsi, infatuarsi.

affezionàto (*pps.* di *affezionare*) [sec. XIV] **agg.** che ha affezione, che mostra affetto: *è affezionato alla famiglia* || dedito, appassionato: *è affezionato al suo lavoro* || *superl.* affezionatìssimo; è usato al termine di una lettera prima della firma ed in genere abbreviato in *aff.mo, suo aff.mo.*

affezióne [dal lat. *affectio, -ōnis*, impressione, sentimento; a. 1294] **sf.** **1.** affetto, benevola disposizione dell'animo verso persona o cosa || *prezzo d'affezione*, che supera il valore reale della cosa || *propr. lett.* sensazione, impressione, stato d'animo **2.** *T.med.* disposizione o stato morboso: *affezione nervosa, bronchiale, cardiaca* **3.** *T.fil.* disposizione o cambiamento della coscienza dovuto ad agenti esterni, modificazione || *dim.* affezioncèlla || **N.** **1.** *Sin.* amorevolezza, attaccamento, benevolenza, culto, deferenza, devozione, simpatia, tenerezza, AFFETTO, AMORE.

affiancàre (pres. *-ànco, -ànchi*) [comp. parasint. di *fianco*; 1855] **tr.** mettere accanto, fianco a fianco: *affiancare due sedie*; anche *fig.*: *hanno affiancato al protagonista ottimi attori* || fiancheggiare, sostenere, aiutare || *T.mar.* *affiancare la nave*, disporla parallela a un'altra nave o alla banchina || *T.mil.* disporre reparti fianco a fianco anziché in colonna o in fila di fronte || **rifl.** e **rifl. rec.** mettersi accanto.

affiancàto [da *affiancare*; 1937] **agg.** di truppe, che manovrano allineate sul fianco || *per estens. fig.* fiancheggiato, sostenuto || **N.** aiutato, appoggiato, difeso, sorretto.

affiataménto [da *affiatare*; 1895] **sm.** accordo, comprensione reciproca, intesa || *in part.* perfetta fusione raggiunta da una compagnia teatrale, squadra sportiva e sim.

affiatàre (pres. *-àto*) [comp. parasint. di *fiato*; 1824] **tr.** rif. a più persone, abituare a stare insieme e a lavorare di comune accordo || **rifl. rec.** acquistare familiarità reciproca, accordarsi: *ci siamo subito affiatati* || **N.** **rifl. rec.** *Sin.* andare d'accordo, familiarizzare | FAMILIARITÀ.

affibbiàre (pres. *-ìbbio*) [lat. volg. *adfibulāre*; fine sec. XIII] **tr.** **1.** congiungere o fermare con fibbie o con stringhe, bottoni e sim., due parti di una veste e sim. **2.** rif. a percossa, assestare, vibrare: *gli affibbiai un pugno* || *per estens.* dare una cosa cattiva per buona, appioppare: *mi hanno affibbiato un biglietto falso*

|| **N.** **1.** *Sin.* abbottonare, agganciare, allacciare, LEGARE **2.** *Sin.* dare, rifilare.

affibbiatùra [da *affibbiare*; sec. XIV] ***sf.*** *non com.* **1.** atto ed effetto dell'affibbiare **2.** la parte della veste dove è la fibbia e la fibbia stessa || **N.** *Sin.* abbottonatura, agganciatura, allacciatura, FIBBIA.

affiche (fr., pr. [a'fiʃ]) [1905] ***sf.*** manifesto, cartellone pubblicitario.

affidàbile [da *affidare*; 1978] ***agg.*** **1.** di persona sulla quale si può fare affidamento: *è un professionista affidabile* || di macchina, sistema ecc., che dà garanzie di buona riuscita **2.** detto di minorenne, che può essere dato in affidamento.

affidabilità [da *affidabile*; 1970] ***sf.*** **1.** *T.tecn.* qualità di un impianto o di una macchina calcolatrice che fornisce risultati sicuri || *per estens.* grado di rispondenza di un meccanismo alla funzione per cui è stato prodotto: *affidabilità di un veicolo* || *fig.* grado di fiducia che si può riporre in qualcuno o in qualcosa: *affidabilità delle soluzioni proposte* **2.** *T.giur.* condizione di un minorenne in attesa di affidamento.

affidaménto [da *affidare*; 1877] ***sm.*** **1.** atto ed effetto dell'affidare **2.** garanzia, fiducia: *non mi dà affidamento,* non m'ispira fiducia **3.** *T.giur.* erronea valutazione o considerazione di una situazione di diritto o di fatto **4.** *T.giur.* assegnazione temporanea di un minore a un istituto o a un privato **5.** *T.banc.* concessione di un fido bancario.

affidànza [da *affidare*; a. 1716] ***sf.*** *ant.* confidenza eccessiva: *scusate l'affidanza che mi piglio.*

affidàre (pres. *-ìdo*) [da *fidare*; a. 1342] ***tr.*** **1.** dare in custodia, consegnare a qualcuno di cui si abbia fiducia: *affidare i figli a un maestro; affidare un segreto* || *per estens. affidare un incarico a qualcuno,* assegnarlo || *affidare un pensiero alla carta,* scriverlo || *affidar le cose alla memoria,* impararle a mente **2.** *raro* ispirar fiducia, assicurare: *il vostro buon cuore mi affida che mi farete la grazia* || ***rifl.*** aver fiducia, abbandonarsi alla protezione di qualcuno: *affidati a Dio* || **N.** *Sin.* confidare | FIDUCIA.

affidatàrio (pl. *-ri*) [da *affidare*; 1964] ***agg.*** e ***sm.*** (f. *-a*) *T.giur.* che o chi ha in affidamento qualcuno o qualcosa.

affidavit (lat., pr. it. [affi'davit]) [letter. affidò, diede fede] ***sm. inv.*** **1.** *T.giur.* nel diritto anglosassone, dichiarazione scritta giurata o affermazione solenne fatta davanti a un magistrato **2.** *T.banc.* dichiarazione giurata circa l'identità dell'effettivo titolare di diritti, spec. di titoli.

affido [da *affidare*; 1983] ***sm.*** *T.bur.* affidamento di minori.

affienàre (pres. *-èno*) [comp. parasint. di *fieno*; 1865] ***tr.*** *T.agr.* **1.** mettere a fieno, pascere di fieno: *affienare i cavalli, le pecore, i buoi* **2.** coltivare un terreno a fieno || ***intr.*** (aus. *essere*) diventare fieno: *l'erba già affiena.*

affienàta [da *affienare*; 1940] ***sf.*** *non com.* porzione di fieno o erba data in pasto a un animale.

affienatùra [da *affienare*; 1887] ***sf.*** *non com.* atto dell'affienare.

affienire (pres. *-ìsco, -ìsci*) [comp. parasint. di *fieno*; 1803 ca.] ***intr.*** (aus. *essere*) di biade, che non graniscono e diventano simili a fieno.

affievoliménto [da *affievolire*; 1832 ca.] ***sm.*** atto ed effetto dell'affievolire e dell'affievolirsi.

affievolire (pres. *-ìsco, -ìsci*) [comp. parasint. di *fievole*; a. 1348] ***tr.*** render fievole, indebolire || ***intr. pron.*** indebolirsi, diventar fievole: *le forze si affievoliscono* || **N.** DEBOLE.

affìggere (pres. *-ìggo* ecc., come FIGGERE) [dal lat. *affigere*; a. 1321] ***tr.*** attaccare, fissare cartelli, rif. spec. a manifesti, avvisi ecc., dar loro pubblicità esponendoli || *per estens.* rif. ad occhio, sguardo e sim., fissarlo: *affisse in lei lo sguardo* || ***rifl.*** guardar fissamente; anche *fig.* || **N.** ***tr.*** *Sin.* attaccare, infiggere.

affigliàre e der. forme rare di AFFILIARE e der. (v.).

affiguraménto [da *affigurare*; a. 1294] ***sm.*** *ant.* atto ed effetto dell'affigurare.

affiguràre (pres. *-ùro*) [dal lat. tardo *affigurāre*; a. 1250] ***tr.*** *ant.* **1.** raffigurare **2.** *lett.* ravvisare, riconoscere.

affigurazióne [da *affigurare*; a. 1306] ***sf.*** *ant.* raffigurazione.

affilacoltèlli [comp. di *affila(re)*[1] e *coltello*; 1970] ***sm. inv.*** asta d'acciaio corta e stretta fornita di manico, usata per affilare i coltelli.

affilaménto [da *affilare*; a. 1704] ***sm.*** atto ed effetto dell'affilare e dell'affilarsi.

affilarasóio [comp. di *affila(re)* e *rasoio*; 1970] ***sm.*** striscia di cuoio usata per affilare il rasoio a lame libere.

affilàre[1] (pres. *-ìlo*) [comp. parasint. di *filo*; a. 1300] ***tr.*** **1.** rendere tagliente, ridare il filo a una lama: *affilare il coltello; affilare le armi,* anche *fig.* prepararsi a combattere **2.** *fig.* rendere smunto, assottigliare: *la malattia gli ha affilato il viso* || ***intr. pron.*** dimagrire: *gli si è affilato il viso* || **N.** ***tr.*** *Sin.* aguzzare, appuntire | ARROTINO.

affilàre[2] (pres. *-ìlo*) [comp. parasint. di *fila*; a. 1363] ***tr.*** e ***rifl.*** *raro* mettere o mettersi in fila.

affilàta [da *affilare*[1]; 1865] ***sf.*** leggera affilatura: *dammi un'affilata a questo rasoio* || *dim.* affilatìna.

affilàto (*pps.* di *affilare*[1]) [a. 1311] ***agg.*** **1.** tagliente, assottigliato; anche *fig.*: *una lingua affilata,* persona mordace **2.** *fig.* scarno, magro: *un viso affilato.*

affilatóio (pl. *-ói*) [da *affilare*[1]; 1875] ***sm.*** strumento che serve ad affilare.

affilatóre [da *affilare*[1]; 1829] ***sm.*** (f. *-trìce*) e ***agg.*** chi o che affila.

affilatrice [da *affilare*[1]; 1955] ***sf.*** macchina munita di mola per affilare utensili da tornio, piallatrici e sim.

affilatùra [da *affilare*[1]; 1664] ***sf.*** l'operazione dell'affilare.

affilettàre (pres. *-étto*) [comp. parasint. di *filetto*; 1622] ***tr.*** **1.** legare i filetti delle reti da uccelli **2.** *T.mur.* passare il taglio della cazzuola o di altro arnese sulle commettiture dei mattoni per renderle meglio visibili.

affilettatùra [da *affilettare*; 1865] ***sf.*** l'operazione dell'affilettare.

affiliàndo (*gerundivo* di *affiliare*) [1970] ***sm.*** (f. *-a*) *T.giur.* minorenne oggetto di una pratica di affiliazione.

affiliànte (*ppr.* di *affiliare*) [1955] ***s.*** e ***agg.*** chi o che ottiene l'affiliazione di un minore.

affiliàre (pres. *-ìlio, -ìli*) [dal fr. *affilier*; 1786] ***tr.*** **1.** iscrivere, associare a una setta o associazione: *hanno affiliato anche lui a quel circolo esclusivo* **2.** *T.giur.* prendere per figlio secondo le modalità giuridiche dell'affiliazione || ***rifl.*** iscriversi a un'associazione o setta || **N.** ***tr.*** **1.** *Sin.* associare, iniziare | ASSOCIAZIONE.

affiliàto (*pps.* di *affiliare*) [1961] **I** ***agg.*** iscritto, associato || *azienda affiliata,* società che, pur giuridicamente autonoma, è finanziariamente controllata da un'altra **II** ***sm.*** (f. *-a*) **1.** *T.giur.* minore preso come figlio mediante l'istituto dell'affiliazione **2.** iscritto a una società o setta, adepto: *gli affiliati alla massoneria.*

affiliazióne [dal fr. *affiliation*; 1769] ***sf.*** **1.** atto ed effetto dell'affiliare e dell'affiliarsi **2.** *T.giur.* istituto giuridico per cui una persona prende sotto le sue cure un minorenne abbandonato, dandogli la posizione giuridica di proprio figlio ed esercitando su di lui la patria potestà.

affinàggio (pl. *-gi*) [da *affinare*; 1940] ***sm.*** **1.** affinazione, operazione di eliminazione delle impurità di una sostanza **2.** *in part.* *T.oref.* metodo per separare l'oro dall'argento.

affinaménto [da *affinare*; a. 1257] ***sm.*** perfezionamento, raffinamento.

affinàre (pres. *-ìno*) [comp. parasint. di *fine*; a. 1292] ***tr.*** **1.** rendere fine, sottile: *affinare la matita* || *fig.* aguzzare, rendere acuto: *affinare la vista, l'ingegno* **2.** rif. spec. a metalli, rendere puro, eliminare le scorie || *fig.* perfezionare: *affinare la propria tecnica* || ***intr. pron.*** **1.** assottigliarsi **2.** migliorarsi, perfezionarsi: *col tempo si è affinato* || **N.** raffinare.

affinatóre [da *affinare*; 1312 ca.] ***agg.*** e ***sm.*** (f. *-trìce*) *non com.* che o chi affina, specialmente i metalli.

affinatùra [da *affinare*; a. 1347 ca.] ***sf.*** *non com.* atto ed effetto dell'affinare; affinamento.

affinazióne [da *affinare*; 1857] ***sf.*** *T.metal.* operazione su metalli o leghe fuse o sulla pasta vetrosa, per eliminare bolle gassose e sostanze che alterano la purezza del prodotto.

affinché [comp. di *a*, *fine* e *che*; a. 1348] ***cong.*** al fine di, allo scopo di, acciocché; denota il fine o lo scopo dell'azione espressa da una frase e regge il congiuntivo: *te lo dico affinché tu possa provvedere.*

affìne [dal lat. *affīnis*; a. 1396 come sm.] **I** ***agg.*** che ha attinenza o somiglianza o analogia con qualcosa: *geografia e geologia sono scienze affini* **II** ***sm.*** **1.** *affini,* parenti acquisiti con il matrimonio **2.** spec. *pl.* cose strutturalmente e funzionalmente simili: *un negozio di carte e affini* **3.** *pl.* *T.mat.* corrispondenti in una affinità **III** ***cong.*** *raro* nella *loc. cong. affine di,* al fine di, affinché: *affine di evitare guai.*

affinità [dal lat. *affīnitas*; 1320] ***sf.*** **1.** conformità, somiglianza di tendenze, gusti e sentimenti || *affinità linguistica,* relazione che intercorre tra lingue che hanno la stessa origine o sono legate da contatti e relazioni culturali || *affinità elettive,* simpatia istintiva, attrazione che avvicina due persone di gusti simili **2.** il vincolo di parentela che unisce un coniuge ai consanguinei dell'altro coniuge **3.** *T.chim.* proprietà delle sostanze di reagire tra loro dando origine a nuovi composti **4.** *T.biol.* parentela strutturale fra individui che è alla base della loro classificazione sistematica **5.** *T.mat. affinità proiettiva,* omografia tra due piani in cui le rette improprie si corrispondono || **N.** **1.** *Sin.* analogia.

affiocaménto [da *affiocare*; prima metà sec. XIV] ***sm.*** affiochimento.

affiocàre (pres. *-òco*) [comp. parasint. di *fioco*; a. 1584] ***tr.*** e ***intr. pron.*** *raro* affiochire.

affiochiménto [da *affiochire*; 1892] ***sm.*** abbassamento, indebolimento di luce o suono.

affiochire (pres. *-ìsco, -ìsci*) [comp. parasint. di *fioco*; 1892] ***tr.*** rendere debole, fioco: *la vecchiaia gli affiochiva la voce* || ***intr.*** (aus. *essere*) e ***intr. pron.*** diventar debole, fioco: *la luce affiochì, gli si è affiochito l'udito.*

affiochìto (*pps.* di *affiochire*) [1829] ***agg.*** fioco, debole, spec. a causa della distanza: *suono affiochito.*

affioraménto [dal fr. *affleurement*; 1855] ***sm.*** **1.** atto ed effetto dell'affiorare: *sommergibile in affioramento,* che lascia affiorare il solo periscopio **2.** *T.min.* traccia superficiale più o meno estesa che indica la presenza di un giacimento || massa rocciosa che si manifesta in superficie.

affioràre[1] (pres. *-óro*) [dal fr. *affleurer*, da *à fleur de*, a fior di; 1892] ***intr.*** (aus. *essere*) venire alla superficie, emergere: *in bassa marea si vede affiorare la prua di una nave naufragata* || *fig.* apparire, trapelare: *gli affiorò un sorriso sulle labbra, cominciarono ad affiorare i primi indizi* || **N.** *Sin.* apparire.

affioràre[2] (pres. *-óro*) [comp. parasint. di *fio-*

re; 1909] **tr.** *raro* **1.** rif. a farina, ridurla a fiore **2.** rif. a tessuto, ricamarlo con fiori.

affioràto (*pps.* di *affiorare*[2]) [1865] **agg.** **1.** di pane, fatto col fior di farina: *c'è chi mangia solo pane affiorato* **2.** *T.tess.* di tessuto, lavorato a fiorami.

affiṣàre (pres. *-ìṣo*) [lat. tardo *affixāre*, forse con influsso di *avvisare*; 1320] **tr.** *poet.* fissare || **rifl.** *arc.*: *ond'è che s'io m'affiso nel bel guardo vivo ardente, voi repente disciogliete un bel sorriso?* (Chiabrera) || spesso con la prep. *a*: *al viso mio s'affisar quelle anime* (Dante) || **N.** *Sin.* guardare.

affissàre [lat. tardo *affixāre*; a. 1321] **tr.** **1.** *poet.* fissare, osservare intensamente: *affissai lo sguardo su quello sconosciuto* || *fig.* rif. alla mente, concentrarla: *affissare la mente su qualcosa* **2.** *non com.* fissare, affiggere || **rifl.** **1.** *lett.* guardare attentamente || *fig.* concentrarsi: *affissarsi sul proprio scopo* **2.** *raro* fermarsi.

affissióne [dal lat. tardo *affixio*, *-ōnis*; 1546] **sf.** **1.** atto dell'affiggere, il collocare un manifesto o un bando su muri, bacheche ecc. || *affissione all'albo*, di avvisi, documenti, notizie cui si voglia o si debba dare pubblicità **2.** *in part.* tipo di pubblicità effettuata mediante l'esposizione in luoghi pubblici di cartelloni o manifesti: *è proibita l'affissione, divieto di affissione*.

affìsso (*pps.* di *affiggere*) [a. 1374] **I agg.** attaccato || pubblicamente esposto || *lett.* intensamente rivolto **II sm.** **1.** avviso, annuncio: *pubblicare un affisso* **2.** *T.edil.* gli elementi che richiudono i vani: *porte e finestre sono affissi* **3.** *T.gram.* morfema: *gli affissi si distinguono in prefissi, infissi e suffissi.* **Q.T.** *linguistica.*

affittàbile [da *affittare*; 1808 ca.] **agg.** che si può affittare.

affittacàmere [comp. di *affitta*(*re*) e *camera*; 1829] **s.** *inv.* chi dà in affitto camere ammobiliate.

affittaiòlo [da *affittare*; 1554] **sm.** (f. *-a*) *non com.* affittuario.

affittànza [da *affittare*; a. 1755] **sf.** affitto || *affittanza collettiva*, contratto tra il padrone di un terreno e una collettività organizzata di coltivatori.

affittàre [comp. parasint. di *fitto*, affitto; inizio sec. XIV] **tr.** **1.** rif. in genere a beni immobili, dare in locazione || dare a nolo: *affittare una barca, una macchina* **2.** prendere in affitto: *affittare un appartamento* || **N.** *Sin.* locare, noleggiare; subaffittare, sublocare.

affittìre (pres. *-ìsco*, *-ìsci*) [comp. parasint. di *fitto*, folto; 1802] **tr.** *non com.* render fitto o più fitto || **intr. pron.** divenir fitto o più fitto || **N.** **tr.** *Sin.* affoltire, infittire | FITTO.

affìtto [da *affittare*; 1313] **sm.** **1.** locazione a tempo determinato di un podere o di una casa per un prezzo pattuito || rif. a beni mobili, noleggio: *ha preso un'auto in affitto* **2.** *per estens.* somma da pagare per la locazione: *pagare l'affitto* || **N.** **1.** *Sin.* locazione, noleggio, nolo, pigione | subaffitto **2.** *Sin.* canone, quota | affittuario, fittavolo, inquilino, locatario | disdetta, sfratto. **Q.T.** *abitazione.*

affittuàle [da *affittare*; prima metà sec. XIV] **s.** *raro* affittuario.

affittuàrio (pl. *-ri*) [da *affittare*; 1597] **sm.** (f. *-a*) chi prende in affitto || **N.** *Sin.* inquilino, locatario.

afflàto [dal lat. *afflātus*; a. 1540] **sm.** alito, soffio || *più com. fig.* ispirazione dei poeti || *arc.* esalazione.

afflìggere (pres. *-ìggo*, *-ìggi*; p.rem. *afflìssi*, *affliggésti*; pps. *afflitto*) [dal lat. *affligere*; fine sec. XIII] **tr.** deprimere, tormentare sia fisicamente che moralmente: *lo affligge il mal di testa, le preoccupazioni continue lo affliggono* || **intr. pron.** rattristarsi, tormentarsi || *ant.* mortificarsi: *si affliggeva coi digiuni* || **N.** **tr.** *Sin.* addolorare, rattristare, tormentare.

afflittìvo [da *affliggere*; a. 1306] **agg.** *raro* **1.** che dà afflizione **2.** *in part. T.giur. pena afflittiva*, che limita la libertà individuale, detenzione.

afflìtto (*pps.* di *affliggere*) [a. 1306] **I agg.** mesto, addolorato **II sm.** (f. *-a*) chi è addolorato, tormentato: *consolare gli afflitti è un'opera di misericordia* || **N.** DOLORE.

afflizióne [dal lat. *afflĭctio*, *-ōnis*; a. 1294] **sf.** **1.** stato di tristezza e tormento **2.** *per estens.* ciò che produce afflizione: *la guerra è una grande afflizione*; anche di persona: *tu sei proprio la mia afflizione* || **N.** *Sin.* affanno, angoscia, tormento, tristezza, DOLORE.

afflosciaménto [da *afflosciare*; 1983] **sm.** atto dell'afflosciare e dell'afflosciarsi.

afflosciàre (pres. *-òscio*) [comp. parasint. di *floscio*; 1542] **tr.** render floscio; anche *fig.*: *il caldo lo affloscia* || **intr.** (aus. *essere*) e **intr. pron.** diventare floscio: *il gonfalon s'affloscia* (D'Annunzio), *il sufflè è afflosciato* || *fig.* perdersi d'animo: *alle prime difficoltà si è afflosciato.*

affloscìre (pres. *-ìsco*, *-ìsci*) [var. di *afflosciare*; a. 1635] **tr.** e **intr.** (aus. *essere*) afflosciare.

affluènte (*ppr.* di *affluire*) [1865] **sm.** fiume secondario che sbocca in un altro principale: *affluenti di destra e di sinistra* || **N.** FIUME.

afflùenza [dal lat. *affluentia*; 1304 ca.] **sf.** atto ed effetto dell'affluire di un liquido: *affluenza d'acque* || *per estens.* si dice anche di merci, denari che vengono fatti giungere a mercati, banche ecc. || concorso di gente che si reca in un luogo per qualche fine: *affluenza di pubblico a teatro, affluenza alle urne* || *raro* abbondanza.

affluìre (pres. *-ìsco*, *-ìsci*) [dal lat. *affluere*; 1611] **intr.** (aus. *essere*) detto di fluidi, scorrere in qualche luogo: *i fiumi affluiscono al mare* || *per estens.* di cose, giungere, gen. in grande quantità e con continuità, in un luogo: *i soccorsi affluivano sulla zona del disastro* || di persona, convenire in gran numero: *un grande pubblico affluiva al comizio* || **N.** *Sin.* affluire, confluire, giungere | *Contr.* defluire.

afflùsso [da *affluire*; a. 1646] **sm.** l'affluire di un liquido verso un punto: *afflusso di sangue alla testa, alle mani* || *per estens.* l'affluenza di cose o persone verso un luogo: *l'afflusso di capitali nell'industria, di turisti alle spiagge* || **N.** *Sin.* affluenza | *Contr.* deflusso.

affocàre (pres. *affuòco*, *affuòchi* ecc.; *-o-* in tutte le forme in cui la *-o-* è atona) [comp. parasint. di *f*(*u*)*oco*; sec. XIII] **tr.** **1.** *non com.* far divenire come fuoco, arroventare, infuocare **2.** *ant.* appiccare il fuoco, incendiare || *fig.* eccitare: *affocò i presenti con le sue parole* || **intr. pron.** prender fuoco || *fig.* infiammarsi, infocarsi.

affocàto (*pps.* di *affocare*) [1363] **agg.** *lett.* arroventato, infiammato: *la stanza dal sole di luglio affocata* (Carducci) || *per estens.* color di fuoco, risplendente come fuoco: *parean ruggir nell'affocato cerchio i fiumi* (D'Annunzio) || *fig.* ardente, passionale: *anima affocata d'amore* (D'Annunzio).

affogaménto [da *affogare*; metà sec. XIV] **sm.** atto ed effetto dell'affogare e dell'affogarsi.

affogàre (pres. *-ógo*, *-óghi*) [lat. volg. *affōcāre*, soffocare, da *ob* e *fauces*, gola; 1353 ca.] **tr.** **1.** uccidere impedendo la respirazione mediante l'immersione nell'acqua o in altro liquido: *affogare qualcuno nel fiume* || *fig. affogare una delusione, un dispiacere nell'alcol*, bere per dimenticare || *fig. ant. affogare una ragazza*, maritarla male || *lett.* soffocare, spegnere **2.** far cuocere in acqua bollente: *affogare le uova* || **intr.** (aus. *essere*) morire per soffocamento immersi nell'acqua o in un altro liquido: *affogò nella cisterna di raccolta dell'acqua* || *fig. affogare in un bicchier d'acqua*, perdersi d'animo alla minima contrarietà || *fig. bere o affogare*, dover scegliere tra due cose ugualmente spiacevoli || *affogare nei debiti*, esserne sommerso, sopraffatto || *iperb. affogare nel cappello, negli abiti*, indossare indumenti troppo ampi, sguazzarci dentro || **rifl.** annegarsi || **N.** **tr.** **1.** *Sin.* annegare, soffocare.

affogàto (*pps.* di *affogare*) [a. 1292] **I agg.** morto per annegamento || *fig. stanza* o *casa affogata*, che ha poca aria || *uova affogate*, cotte senza il guscio nell'acqua bollente || *gelato affogato*, gelato con aggiunta di liquore, caffè o sciroppo **II sm.** **1.** (f. *-a*) persona affogata: *ho visto un affogato* **2.** gelato affogato: *un affogato al caffè.*

affogliaménto [comp. parasint. di *foglio*; 1955] **sm.** *T.banc.* operazione con la quale si rinnova il foglio di cedole dei titoli pubblici e privati che lo hanno esaurito.

affogliàre (pres. *-òglio*) [comp. parasint. di *foglia*; sec. XVIII] **tr.** *ant.* nutrire il bestiame con foglie.

affollaménto [da *affollare*; 1785] **sm.** **1.** atto ed effetto dell'affollare e dell'affollarsi **2.** ressa di persone: *c'era affollamento al supermercato.*

affollàre (pres. *-òllo*) [comp. parasint. di *folla*; 1686] **tr.** **1.** riempire di folla: *il pubblico affollava il teatro* **2.** *lett.* far ressa attorno a qualcuno: *gli ammiratori lo affollavano* || *fig.* molestare, importunare: *affollare qualcuno di preoccupazioni* || **intr. pron.** raccogliersi in folla, accalcarsi: *affollarsi davanti all'ingresso, pensieri diversi si affollano nella sua mente.*

affollàto (*pps.* di *affollare*) [1686] **agg.** molto frequentato: *luogo affollato* || ammassato, raccolto in folla: *gente affollata ai botteghini del teatro* || *fig.* sopraffatto: *affollato dagli affari* || **affollataménte** **avv.** *tosc.* in fretta e furia.

affoltàre (pres. *-ólto*) [comp. parasint. di *folto*; 1344 ca.] **tr.** *raro* riunire insieme in gran numero || **intr. pron.** farsi folto, infittirsi, accalcarsi.

affondaménto [da *affondare*; a. 1600] **sm.** atto ed effetto dell'affondare e dell'affondarsi.

affondamìne [comp. di *affonda*(*re*) e *mina*; 1955] **I sm.** *inv. T.mil.* nave da guerra attrezzata per portare e collocare mine subacquee **II agg.** *inv. T.mil.* relativo a tale tipo di nave || **N.** *Sin.* posamine; cacciamine, dragamine.

affondàre (pres. *-óndo*) [comp. parasint. di *fondo*; a. 1321] **tr.** **1.** mandare a fondo, sommergere: *affondare una nave* || *in part. T.mar. affondare l'ancora*, dar fondo all'ancora, farla cadere in mare per ormeggiarsi **2.** immergere, far penetrare: *affondare il pugnale nel petto* || *fig. affondare il coltello nella piaga*, insistere su un punto dolente || sprofondare, spingere a fondo: *affondare le mani nelle tasche, la testa nel cuscino* **3.** *non com.* rendere più profondo: *affondare un pozzo* || **intr.** (aus. *essere*) sommergersi, andare a fondo: *la nave affondò, affondare nella neve* || **N.** **tr.** *Sin.* far naufragare, sommergere, spingere | **intr.** *Sin.* andare a picco, colare a picco, inabissarsi, naufragare | *Contr.* galleggiare. **Q.T.** *nautica...*

affondàta (*pps.* di *affondare*) [1936] **sf.** acrobazia di un aereo che scende verticalmente, in picchiata veloce e prolungata || **N.** *Sin.* candela.

affondatóio (pl. *-ói*) [da *affondare*; 1889] **sm.** *T.mar.* apparecchio per liberare rapidamente le ancore a ceppo e farle affondare in mare.

affondatóre [da *affondare*; 1875] **sm.** (f. *-trice*) *non com.* chi affonda.

affondatùra [da *affondare*; sec. XIV] **sf.** *non com.* escavazione, il rendere più profonda una buca, un fosso ecc.

affóndo o **a fóndo** [comp. di *a* e *fondo*; a. 1320] **I loc. avv.** in profondità: *andare affondo nelle ricerche* **II sm.** *T.sport.* **1.** nella scherma, movimento effettuato partendo dalla posizione di guardia, portando contemporaneamente avanti il braccio armato e la gamba corrispondente **2.** azione di attacco condotta in profondità. **TAV.** *scherma* 6.

afforcàre (pres. *-òrco*) [comp. parasint. di *forca*; 1847] ***intr.*** (aus. *avere*) *T.mar.* ormeggiare una nave in afforco, affondando le due ancore di prora per evitare che la corrente sposti la nave || ***tr.*** *ant.* impiccare alla forca.

afforcatùra [da *afforcare*; 1940] ***sf.*** atto ed effetto dell'afforcare || **N.** *Sin.* afforco.

affórco [da *afforcare*; 1937] ***sm.*** *T.mar.* **1.** la seconda ancora che si getta per ormeggiare **2.** l'ormeggio su due ancore, detto anche *ormeggio afforcato* od *ormeggio a barba di gatto*; *mulinello di afforco*, accessorio di cui sono fornite le catene delle due ancore di una nave per impedire il loro avvolgimento e incrocio durante l'ormeggio.

afforzaménto [da *afforzare*; a. 1363] ***sm.*** *raro* rafforzamento, fortificazione.

afforzàre (pres. *-òrzo*) [da *forzare*; a. 1348] ***tr.*** *lett. disus.* rif. spec. a città, castello e sim., fortificare, render forte o più forte || **N.** *Sin.* rafforzare.

affoscàre (pres. *-ósco*) [comp. parasint. di *fosco*; seconda metà sec. XIII] ***tr.*** *raro* offuscare, oscurare.

affossaménto [da *affossare*; a. 1564] ***sm.*** atto ed effetto dell'affossare || fossa, avvallamento || *fig.* definitivo accantonamento: *l'affossamento della riforma.*

affossàre (pres. *-òsso*) [comp. parasint. di *fossa*; sec. XIV] ***tr.*** **1.** scavare fosse: *affossare i campi* **2.** *ant.* cingere con fossi: *affossare il castello* **3.** incavare, scavare: *il passaggio del bestiame affossa il sentiero* **4.** *fig.* mettere da parte in modo definitivo: *affossare un progetto* || ***intr. pron.*** incavarsi: *per la malattia gli si erano affossati gli occhi.*

affossatóre [da *affossare*; 1797] ***sm.*** **1.** (f. *-trìce*) chi scava fosse || *per estens.* becchino, seppellitore || *fig. affossatore di diritti, della libertà*, chi scavalca i diritti o la libertà altrui **2.** attrezzo agricolo per scavare fossi.

affossatùra [da *affossare*; 1773] ***sf.*** **1.** atto dell'affossare **2.** i fossi scavati in un terreno **3.** *non com.* incavatura.

affralàre [comp. parasint. di *frale*; a. 1370] ***tr.*** *ant.* affralire.

affralire (pres. *-isco, -isci*) [comp. parasint. di *frale*; sec. XIV] ***tr.*** *raro* rendere debole || ***intr.*** (aus. *essere*) divenir debole.

affrancàbile [da *affrancare*; 1779 ca.] ***agg.*** che può essere affrancato.

affrancaménto [da *affrancare*; 1848] ***sm.*** **1.** l'affrancare **2.** *T.bot.* fenomeno per cui in una pianta innestata e interrata troppo in profondità, l'innesto emette proprie radici rendendosi autonomo dal resto della pianta.

affrancàre (pres. *-ànco, -ànchi*) [comp. parasint. di *franco*, libero; a. 1304] ***tr.*** **1.** rendere franco, libero: *affrancare uno schiavo* **2.** *T.giur.* liberare un fondo da servitù legale, canone e sim. **3.** rif. a lettera, cartolina, pacco, mettervi il francobollo **4.** *raro* dare vigore || ***rifl.*** **1.** rendersi libero, liberarsi **2.** liberarsi da oneri finanziari o giuridici: *affrancarsi dai debiti* **3.** rinfrancarsi, prendere coraggio || **N.** ***tr.*** **1.**, **2.** *Sin.* LIBERARE.

affrancatóre [da *affrancare*; a. 1874] ***agg.*** e ***sm.*** (f. *-trìce*) che o chi affranca, rende libero || **N.** *Sin.* liberatore, riscattatore.

affrancatrìce [da *affrancare*; 1955] ***sf.*** macchina per l'affrancatura automatica, a stampa, delle lettere, dei plichi e sim.

affrancatùra [da *affrancare*; 1831] ***sf.*** l'operazione del mettere il francobollo e la spesa relativa || *per meton.* l'insieme dei francobolli || *affrancatura filatelica*, annullamento di francobolli a scopo di collezione || **N.** tariffa postale. **Q.T.** *filatelia, posta.*

affrancazióne [da *affrancare*; a. 1763] ***sf.*** **1.** atto ed effetto dell'affrancare e dell'affrancarsi **2.** *T.giur.* liberazione di un fondo da un canone o da altro obbligo o servitù legale che lo gravava || *affrancazione da enfiteusi*, possibilità di acquisire un fondo mediante il pagamento di una somma risultante dalla capitalizzazione del canone annuo **3.** sistema di esenzione dal servizio militare in uso nel secolo scorso e consistente nel procurarsi un sostituto o nel versare la somma corrispondente ai costi di arruolamento di un volontario.

affràngere (pres. *-àngo* ecc., come FRANGERE) [lat. *affrangere*; 1313 ca.] ***tr.*** *ant.* abbattere, spossare, frangere, fiaccare.

affrànto (*pps.* di *affrangere*) [a. 1306] ***agg.*** stremato, spossato, abbattuto per la fatica o per il dolore: *essere affranto per una cattiva notizia, per lor ripresi il mio coraggio affranto* (Pascoli) || **N.** *Sin.* distrutto; scoraggiato, STANCO.

affrappàre [comp. da *a-*[2] e *frappa*; a. 1533] ***tr.*** tagliuzzare, lacerare; anche *fig.*

affratellaménto [da *affratellare*; a. 1865] ***sm.*** **1.** atto ed effetto dell'affratellare e dell'affratellarsi **2.** *T.giur.* negozio avente lo scopo di far sorgere tra due o più persone un legame di tipo associativo.

affratellàre (pres. *-èllo*) [comp. parasint. di *fratello*; a. 1673] ***tr.*** stringere in un vincolo di fraternità; unire in fratellanza || ***rifl. rec.*** unirsi in un rapporto fraterno, fraternizzare.

affrenellàre (pres. *-èllo*) [comp. parasint. di *frenello*; 1889] ***tr.*** *T.mar.* legare col frenello il remo o il timone.

affrescàre (pres. *-ésco, -éschi*) [da *affresco*; 1905] ***tr.*** dipingere secondo la tecnica dell'affresco. **Q.T.** *pittura.*

affreschìsta [da *affresco*; 1892] ***s.*** chi dipinge secondo la tecnica dell'affresco.

affrésco (pl. *-schi*) [comp. di *a* e *fresco*; 1809] ***sm.*** **1.** tecnica di pittura murale eseguita sull'intonaco ancora fresco || *per meton.* dipinto eseguito secondo questa tecnica **2.** *fig.* composizione letteraria di vasto respiro che descrive la vita di un luogo o di un'epoca: *i «Miserabili» sono un grande affresco della Parigi ottocentesca.* **Q.T.** *pittura.*

affrettàre (pres. *-étto*) [comp. parasint. di *fretta*; a. 1363] ***tr.*** **1.** aumentare la velocità, il ritmo di svolgimento di qualcosa: *affrettare il passo* **2.** anticipare rendendo più sollecito il compimento di qualcosa: *affrettare le nozze, la conclusione* || *lett.* sollecitare l'avvento di qualcosa || ***intr. pron.*** far presto, sbrigarsi: *affrettatevi, se volete arrivare in tempo, affrettarsi a rispondere* || **N.** ***tr.*** *Sin.* incalzare, sollecitare, stimolare | FRETTA **2.** *Sin.* anticipare | *Contr.* dilazionare, posticipare, rimandare | ***intr. pron.*** *Sin.* spicciarsi.

affrettàto (*pps.* di *affrettare*) [a. 1347] ***agg.*** fatto in fretta e senza la dovuta cura: *lavoro affrettato* || sbrigativo: *saluto affrettato* || svelto: *passo affrettato* || **affrettataménte** ***avv.***

africàno e der. forme ant. di AFRICANO e der. (v.).

affricàto [dal lat. *affricatus*, sfregato; 1955] **I** ***agg.*** *T.ling.* di consonante che risulta dall'articolazione di una consonante occlusiva immediatamente seguita da una fricativa nello stesso luogo di articolazione; in italiano sono quattro: [ts] come in *marzo*, [dz] come in *zelo*, [tʃ] come in *celare*, [dʒ] come in *gelo* **II** ***sf.*** *T.ling. affricata*, consonante affricata.

africógno o **africógno** *dim.* di *afro*[1] (v.).

affrittellàre (pres. *-èllo*) [comp. parasint. di *frittella*; a. 1675] ***tr.*** friggere le uova in padella come frittelle || **N.** FRIGGERE.

affrontàbile [da *affrontare*; a. 1786] ***agg.*** che si può affrontare.

affrontaménto [da *affrontare*; prima metà sec. XIV] ***sm.*** *non com.* atto ed effetto dell'affrontare || *raro* scontro.

affrontàre (pres. *-ónto*) [lat. volg. **affrontare*; a. 1484 nel senso 2] ***tr.*** **1.** far fronte risolutamente ad una situazione: *affrontare la morte, i pericoli* **2.** andare incontro a qualcuno, in genere con intenzioni ostili: *affrontare il nemico* || *fig.* discutere, esaminare: *affrontare la questione, il problema* **3.** *T.mecc.* far combaciare due pezzi || ***rec.*** **1.** scontrarsi, misurarsi: *affrontarsi in battaglia* **2.** *non com.* imbattersi **3.** *ant. non com.* detto di cose inanimate, stare di fronte, corrispondersi: *i due quadri si affrontano* || ***intr. pron.*** *ant. affrontarsi di una cosa*, prenderla per un affronto, offendersi || **N.** ***tr.*** **1.** *Sin.* fronteggiare **2.** *Sin.* assalire, combattere.

affrontàto (*pps.* di *affrontare*) [sec. XIII] ***agg.*** *non com.* **1.** *gen. pl.* posto di fronte: *due balconi affrontati, due sedie affrontate* **2.** *T.arald.* e *T.num.* detto di figure poste una di fronte all'altra: *due leoni affrontati*, che rampano l'uno di fronte all'altro. **TAV.** ***araldica* p. 645** 4.6.

affrontatóre [da *affrontare*; a. 1584] ***sm.*** (f. *-trice*) *non com.* chi affronta.

affrontatùra [da *affrontare*; a. 1539] ***sf.*** *T.mecc.* in un meccanismo, disposizione di due pezzi meccanici tale che le teste si tocchino.

affrónto [da *affrontare*; a. 1566] ***sm.*** **1.** offesa, ingiuria, provocazione **2.** *arc.* scontro tra armati || *arc. al primo affronto*, sulle prime.

affumàre (pres. *-ùmo*) [da *fumare*; a. 1492] ***tr.*** *arc.* affumicare.

affumicaménto [da *affumicare*; a. 1311] ***sm.*** *non com.* atto ed effetto dell'affumicare.

affumicàre (pres. *-ùmico, -ùmichi*) [da *fumigare*; inizio sec. XIV] ***tr.*** **1.** riempire di fumo: *il camino affumica la cucina* || rif. alle api, immettere fumo nell'alveare perché queste ne escano **2.** esporre al fumo carni, pesci e sim. a scopo di conservazione e perché acquistino un particolare sapore: *affumicare prosciutti* **3.** annerire col fumo: *il focolare affumica le pareti della cucina* || rif. a vetri, lenti ecc., colorarli in bruno per osservare luci molto vive || **N.** FUMO.

affumicàta [da *affumicare*; a. 1324] ***sf.*** breve affumicamento.

affumicàto (*pps.* di *affumicare*) [1336 ca.] ***agg.*** **1.** annerito dal fumo o dal tempo **2.** di carni, esposte al fumo a scopo di conservazione: *prosciutti, salmoni affumicati* **3.** oscurato: *lenti affumicate* **4.** *T.ipp. morello affumicato*, v. MORELLO.

affumicatóio (pl. *-ói*) [da *affumicare*; 1875] ***sm.*** luogo dove si mettono le carni e altri alimenti ad affumicare.

affumicatóre [da *affumicare*; 1819] ***sm.*** **1.** (f. *-trìce*) nella lavorazione delle carni, chi è addetto all'affumicatura **2.** attrezzo usato in apicultura per gettare fumo sulle api in modo da allontanarle temporaneamente dagli alveari.

affumicatùra [da *affumicare*; 1865] ***sf.*** atto ed effetto dell'affumicare.

affusàre o **affuṣàre** (pres. *-ùso* o *-ùṣo*) [comp. parasint. di *fuso*; 1887] ***tr.*** *raro* affusolare || *mano affusata, colonna affusata*, assottigliata all'estremità.

affuṣióne [dal lat. *affusio, -ōnis*; a. 1758] ***sf.*** *raro T.farm.* azione di versare a poco a poco, o spruzzare un liquido sopra qualche cosa o su una parte del corpo.

affusolàre o **affuṣolàre** (pres. *-ùsolo* o *-ùṣolo*) [comp. parasint. di *fusolo*; inizio sec. XIV] ***tr.*** dare la forma di fuso; assottigliare, appuntire.

affusolàto o **affuṣolàto** (*pps.* di *affusolare*) [1344 ca.] ***agg.*** assottigliato all'estremità, ben tornito: *dita affusolate* || **N.** *Sin.* sottile.

affùsto [dal fr. *affût*, der. di *affûter*, appoggiarsi al fusto di un albero; a. 1680] ***sm.*** *T.mil.* il sostegno della bocca da fuoco nelle artiglierie, che permette il puntamento e il tiro || **N.** a carro con rotelle o con due o quattro ruote, a cassa, a cavalletto, a letto; a deformazione, a piattaforma, a piedistallo, controaerei, da campagna, da costa, da sbarco, fisso, mobile, rigido. **TAV. *armi* p. 649** 23.6, 26.4.

afgàno o **afghàno** [dall'etnico indigeno *Afghān*; 1860] **I** ***agg.*** dell'Afghanistan: *territorio afgano, levriero afgano* **II** ***sm.*** (f. *-a*) abitante o nativo dell'Afghanistan.

aficionado (sp., pr. [afiθjo'naðo]; pr. it. [afisjo'nado]) [1931] ***sm.*** (pl. *aficionados*, pr. [afiθjo'naðɔs]; pr. it. [afisjo'nados]) ammiratore ardente, appassionato, tifoso; frequentatore assiduo.

àfide [dal lat. mod. *aphis, aphidis*; 1819 *afidio*] ***sm.*** insetto degli Emitteri, di piccole dimensioni, parassita dei vegetali, detto comunemente *gorgoglione* o *pidocchio delle piante*.

afìllo [dal gr. *áphyllos*, senza foglie; 1809] ***agg.*** *T.bot.* detto di pianta naturalmente priva di foglie.

àfnio o **hàfnio** [da *Hafnia*, nome latinizzato di Copenaghen; 1929] ***sm.*** *T.chim.* elemento chimico, simbolo HF, usato nella produzione dei filamenti delle lampadine.

a fóndo V. AFFONDO.

afonìa [dal gr. *aphōnía*; a. 1712] ***sf.*** *T.med.* perdita totale o parziale della voce dovuta ad affezioni laringee || **N.** VOCE.

àfono [dal gr. *áphōnos*; a. 1730] ***agg.*** che è senza voce; affetto da afonia.

aforìșma o **aforìșmo** [dal lat. *aphorismus*; a. 1321] ***sm.*** massima che racchiude un concetto o una norma espressa con poche parole || **N.** *Sin.* adagio, apoftegma, detto, motto, precetto, sentenza.

aforìstico (pl. *-ci*) [da *aforisma*; 1699] ***agg.*** che ha forma di aforisma || **aforisticaménte** ***avv.*** in modo breve e sentenzioso.

a fortiori (lat., pr. it. [a for'tsjɔri]) [letter. a più forte (ragione)] **I** ***loc. avv.*** a maggior ragione, tanto più **II** ***loc. agg. inv.*** nella logica, detto di una dimostrazione che prova una tesi con ragioni più numerose e più valide di un'altra già ritenuta valida.

afóso [da *afa*; a. 1865] ***agg.*** che dà afa: *giornata afosa, caldo afoso* || **N.** *Sin.* opprimente, soffocante.

afrézza [da *afro*; a. 1320] ***sf.*** *raro* sapore aspro, asprezza: *l'afrezza delle mele cotogne.*

africànder V. AFRIKANDER.

africanìșmo [da *africano*; 1865 nel senso 3] ***sm.*** **1.** *T.stor.* espansionismo coloniale in Africa **2.** atteggiamento favorevole all'autonomia dei paesi africani **3.** *T.ling.* forma linguistica presente negli autori africani della tarda latinità: *gli africanismi di Tertulliano* || parola di una lingua africana entrata a far parte del lessico di un'altra lingua.

africanista [da *africano*; 1935] ***s.*** **1.** studioso delle civiltà d'Africa **2.** *T.stor.* fautore dell'espansione coloniale in Africa.

africanistica [da *africano*; 1941] ***sf.*** studio della lingua, letteratura, storia, antichità, politica e geografia delle civiltà africane: *istituto di africanistica, docente di africanistica.*

africàno [dal lat. *africānus*; 1336 ca.] **I** ***agg.*** proprio dell'Africa: *clima africano* **II** ***sm.*** **1.** (f. *-a*) abitante originario dell'Africa **2.** dolce ricoperto al cioccolato.

àfrico (pl. *-chi*) [dal lat. *āfricus*; fine sec. XIII *affrico*] **I** ***sm.*** vento di sud-ovest proveniente dall'Africa, libeccio **II** ***agg.*** *lett.* dell'Africa.

afrikaans (afrikaans, pr. [ɑfri'kɑ̃:s]; pr. it. [afri'kans]) [letter. africano; 1930] ***sm.*** lingua dei Boeri del Sudafrica, derivata dall'olandese.

afrikander o ***africander*** (ingl., pr. [ˌæfri'kændə]) [1935] ***s. inv.*** nativo del Sudafrica e delle regioni limitrofe, discendente da europei, spec. dagli antichi coloni olandesi || **N.** *Sin.* boero.

àfro[1] [etim. incerta: o dal lat. *āfer, afra, afrum*, africano o dal germ. **aifrs*, terribile; 1300 ca.] ***agg.*** *lett.* aspro e acre: *cotogne afre* || *dim.* afrétto, africógno.

àfro[2] [dal lat. *āfer, afra, afrum*; a. 1809] ***agg.*** *lett.* africano.

àfro- [dal lat. *afer, afri*, africano] ***primo elem.*** che, in parole composte dotte, vale "africano" (*afroasiatico*) oppure "originario dell'Africa": **afroamericàno, afrocubàno.**

afroașiàtico (pl. *-ci*) [comp. di *afro-* e *asiatico*; 1961] ***agg.*** **1.** dell'Africa e dell'Asia **2.** *T.ling.* di lingua appartenente al gruppo di lingue dette anche camito-semitiche (fra cui l'aramaico, l'arabo, l'ebraico e l'etiopico). **Q.T.** *lingue...*

afrodișiàco (pl. *-ci*) [dal gr. *aphrodisiakós*; 1752] **I** ***agg.*** che eccita sessualmente **II** ***sm.*** sostanza atta a favorire l'eccitazione sessuale.

afròfora [comp. del gr. *aphrós*, schiuma e dell'it. *-foro*; 1929] ***sf.*** altro termine per la sputacchina || **N.** *Sin.* cicodella.

afròmetro [dal gr. *afrós*, spuma e *-metro*, 1955] ***sm.*** *T.enol.* strumento per misurare la pressione dell'anidride carbonica, e quindi l'intensità della spuma, nelle bottiglie di spumante.

afróre [da *afro*[1]; 1863] ***sm.*** *lett.* odore forte e sgradevole, spec. di uva in fermentazione o di sudore umano || **N.** *Sin.* ODORE, PUZZO.

afroróso [da *afrore*; 1940] ***agg.*** *raro* afroso.

afrosità [dal gr. *aphrós*, schiuma; 1970] ***sf.*** *T.enol.* proprietà del vino di produrre schiuma.

afróso [da *afro*[1]; 1940] ***agg.*** di odore aspro e sgradevole.

àfta [dal lat. tardo *aphta*; 1574] ***sf.*** *T.med.* piccola ulcera biancastra che si forma nella mucosa della bocca || *afta epizootica*, grave malattia virale e contagiosa di bovini, suini e ovini; si manifesta con la presenza di ulcere biancastre soprattutto nel cavo orale.

after-shave (ingl., pr. ['ɑ:ftəʃeɪv]; pr. it. [after'ʃeiv]) [letter. dopo rasatura; 1964] ***sm. inv.*** lozione profumata che si applica sul viso dopo la rasatura || **N.** *Sin.* dopobarba.

aftóso [da *afta*; 1829] ***agg.*** relativo all'afta: *stomatite aftosa* || provocato dall'afta: *febbre aftosa* || colpito dall'afta: *animale aftoso.*

agà V. AGHÀ.

agalassìa [dal gr. *agalaxía*, mancanza di latte; 1829] ***sf.*** **1.** *T.med.* mancanza o scarsezza di secrezione di latte nella puerpera **2.** *T.vet.* *agalassia contagiosa* (o *cecarella*), malattia infettiva e contagiosa di pecore e capre che provoca la scomparsa del latte e l'infiammazione delle mammelle nelle femmine e l'orchite nei maschi.

àgami o **agamì** [da una voce caraibica, attr. lo sp. *agamì*; 1819] ***sm.*** *T.zool.* uccello dei Gruiformi dal piumaggio nero argentato e dorato, che vive nell'America latina || **N.** *Sin.* trombettiere.

agamìa [dal gr. *agamía*; 1925] ***sf.*** **1.** *T.biol.* processo di riproduzione che non prevede la fecondazione **2.** *T.etn.* mancanza dell'istituto sociale del matrimonio.

agàmico (pl. *-ci*) o **àgamo** [da *agamia*; 1949] ***agg.*** **1.** *T.biol.* relativo a riproduzione per agamia **2.** *T.etn.* relativo ad un popolo privo di istituzione matrimoniale || **N.** **1.** *Sin.* asessuato.

agapànto [dal gr. *agápē*, amore e *ánthos*, fiore; 1819] ***sm.*** *T.bot.* pianta erbacea ornamentale delle Liliacee dalle foglie nastriformi e dai fiori azzurri disposti a ombrella; il colore dei fiori era considerato simbolo dell'amore.

àgape [dal lat. tardo *ăgape*, dal gr. *agápē*; a. 1657] ***sf.*** banchetto comune dei primi cristiani in memoria dell'Ultima Cena || *per estens.* convito amichevole || **N.** *Sin.* BANCHETTO.

àgar-àgar [voc. malese pervenutaci attr. l'ingl.; 1875] ***sm. inv.*** **1.** alga delle Rodoficee diffusa nei mari asiatici e australi **2.** sostanza gelatinosa, contenente carbonio, idrogeno e ossigeno, estratta dall'alga medesima; è usata nell'industria alimentare, farmaceutica e tessile come appretto in terreni di coltura per microrganismi.

Agaricàcee [dal lat. scient. *Agaricaceae*; 1955] ***sf. pl.*** *T.bot.* famiglia di funghi dal caratteristico cappello con lamelle nella parte inferiore.

agaricìna [da *agarico*; 1935] ***sf.*** acido agarico.

agàrico (pl. *-ci*) [dal lat. *agaricum*; prima metà sec. XIV] ***sm.*** nome generico dato a vari tipi di funghi a lamelle della famiglia delle Agaricacee || **N.** bianco, campestre, da esca, mortifero, moscario.

àgata [lat. *achātēs*; a. 1327 *agate*] ***sf.*** pietra silicea, diafana, molto porosa, formata da sottili strati concentrici di calcedonio variamente colorati; usata come gemma || *agata bagnata*, tinta artificialmente || **N.** arborizzata, macchiata, muschiosa, occhiuta, punteggiata, screziata | corniola, diaspro, onice.

àgave [dal gr. *agauḗ*, meravigliosa; 1819] ***sf.*** pianta delle Amarillidacee, a grosse foglie lunghe, carnose, coi margini spinosi || *agave americana*, varietà ornamentale diffusa lungo il mare o i laghi || *agave sisalana*, varietà da cui si ricavano fibre tessili.

agazzìno [voce dial. tosc. dall'etim. incerta; sec. XV] ***sm.*** *T.bot.* arbusto sempreverde delle Rosacee con rametti spinosi, fiori bianchi e frutti rosso-scarlatto, che si coltiva nei giardini come pianta ornamentale.

agèmina [dall'ar. *agiami*, persiano; a. 1537] ***sf.*** *T.oref.* intarsio di fili o foglie d'oro o d'argento incastrati in solchi scavati nella superficie di oggetti metallici || **N.** damaschinatura.

ageminàre (pres. *-èmino*) [da *agemina*; a. 1939] ***tr.*** *T.oref.* fare lavori di agemina.

ageminatóre [da *ageminare*; 1961] ***sm.*** (f. *-trice*) artigiano che fa lavori di agemina.

ageminatùra [da *ageminare*; 1955] ***sf.*** l'atto e l'effetto dell'ageminare; agemina.

agènda [dal gerundivo lat. *agenda*, cose da farsi; 1857] ***sf.*** **1.** libro con calendario per annotare, giorno per giorno, appuntamenti, impegni ecc. || *fig.* programma di attività: *fissare la propria agenda; ho un'agenda troppo piena domani, incontriamoci un'altra volta* **2.** elenco di argomenti da discutere in una riunione **3.** *T.rel.* libro guida dei sacerdoti cattolici per recitar la messa || **N.** diario, rubrica, taccuino.

agènte (*ppr.* di *agire*) [1308 ca.] **I** ***agg.*** **1.** che agisce **2.** *T.fil.* che agisce, che ha in sé potenza di operare: *cause agenti* **II** ***s.*** **1.** chi o ciò che agisce || *agenti atmosferici*, fenomeni meteorologici che provocano mutamenti sulla superficie terrestre: *la pioggia è un agente atmosferico causa di erosione* || *T.gram. complemento d'agente*, indica l'essere animato che in una frase passiva compie l'azione che ricade sul soggetto; è introdotto dalla prep. *da* (per es. il sintagma *da Giovanni* nella frase *l'auto era guidata da Giovanni*) || *nome d'agente*, indica da parte di chi o di che cosa sia svolta una data azione (per es. *acceleratore* e *venditore*) **2.** chi è incaricato di svolgere determinate funzioni: *agente delle tasse, teatrale, marittimo*; *agente di borsa, di cambio*, chi tratta e vende titoli per conto terzi; *agente diplomatico*, rappresentante di un governo presso un altro governo || *agente segreto*, spia, informatore || *agente provocatore*, chi induce altri a compiere un reato per poterlo denunciare; chi sobilla la folla per provocare incidenti || *agente di polizia, di pubblica sicurezza* o *ass. agente*, poliziotto || *agente di custodia*, guardia carceraria **3.** *T.chim.* sostanza che provoca una reazione chimica in altre sostanze: *agente chimico, ossidante* **4.** *T.med.* *agente patogeno*, qualsiasi elemento in grado di produrre malattia: *i virus sono agenti patogeni.*

agenzia [da *agente*; 1857] ***sf.*** **1.** impresa che si occupa dello svolgimento di affari per conto terzi || *agenzia immobiliare*, che si occupa della compravendita di immobili || *agenzia di distribuzione*, che si occupa della diffusione di film, libri ecc. **2.** impresa che fornisce particolari servizi: *agenzia di viaggi, investigativa, pubblicitaria, di assicurazioni*; *agenzia di stampa, d'informazione* o *ass. agenzia*: *ai giornali arrivano continuamente dispacci d'agenzia* **3.** filiale di una sede centrale, spec. di una banca: *l'agenzia n. 6 della Cassa di Risparmio.* **Q.T.** *pubblicità.*

agèrato [dal lat. *ageraton*, millefoglie; 1499] ***sm.*** *T.bot.* pianta erbacea delle Composite, dai fiori azzurri raccolti all'apice, che si coltiva a scopo ornamentale.

ageușia [comp. di *a-*[1] e gr. *gêusis*, gusto; 1829 *ageustia*] ***sf.*** *T.med.* perdita della facoltà di sentire i sapori, in seguito alla lesione delle vie e dei centri gustativi.

agevolaménto [da *agevolare*; a. 1865] ***sm.*** *non com.* agevolazione.

agevolàre (pres. *-èvolo*) [da *agevole*; fine sec. XIII nel senso 2] ***tr.*** **1.** rendere agevole, facilitare: *il sentiero agevola il cammino* || aiutare, favorire: *mi ha agevolato il pagamento* **2.** *lett. ant.* alleviare || **N. 1.** *Sin.* appianare, aiutare, rimuovere gli ostacoli | *Contr.* ostacolare, osteggiare.

agevolàto (*pps.* di *agevolare*) [1831] ***agg.*** **1.** facilitato **2.** *T.banc. tasso, credito agevolato*, particolare forma di facilitazione finanziaria che una banca fa a un suo cliente.

agevolatóre [da *agevolare*; 1861] ***agg.*** e ***sm.*** (f. *-trice*) *raro* che o chi agevola, facilita.

agevolazióne [da *agevole*; 1355] ***sf.*** facilitazione, aiuto, trattamento di favore; *in part.* facilitazione nel prezzo o nei modi di pagamento: *agevolazione di credito.*

agévole [lat. mediev. *agibilis*; a. 1292] ***agg.*** **1.** che non presenta difficoltà, comodo, non faticoso: *strada agevole, manovra agevole da eseguire* **2.** *tosc. non com.* affabile, mansueto **3.** *poet.* favorevole || **agevolménte** ***avv.*** || **N.** *Sin.* FACILE | *Contr.* disagevole.

agevolézza [da *agevole*; a. 1306 *ageveleza*] ***sf.*** **1.** facilità, qualità di ciò che è agevole || *non com.* vantaggio economico **2.** *lett.* scioltezza, scorrevolezza, agilità: *agevolezza di movimenti, di parola.*

aggallàre [comp. parasint. di *galla*; a. 1930] ***intr.*** (aus. *essere*) detto di palombari, venire a galla.

aggallàto (*pps.* di *aggallare*) [1852] ***sm.*** terreno paludoso sul quale la vegetazione galleggia || **N.** *Sin.* cuora.

agganciaménto [da *agganciare*; 1925] ***sm.*** **1.** atto ed effetto dell'agganciare || *T.mil. manovra d'agganciamento*, il prendere contatto col nemico e attaccarlo **2.** meccanismo per l'unione temporanea di due oggetti, gen. veicoli; attacco, aggancio.

agganciàre (pres. *-àncio*) [comp. parasint. di *gancio*; 1863] ***tr.*** **1.** congiungere, unire con ganci; attaccare a un gancio || *in part. T.ferr.* unire un vagone alla locomotiva o al treno || *fig. fam.* entrare in contatto con una persona: *agganciare un cliente, una ragazza* || *fig.* mettere in relazione, far dipendere, ancorare: *i salari non sono agganciati al costo della vita* || sincronizzare macchine, sistemi ecc. **2.** *T.mil.* prendere contatto con il nemico per ingaggiare battaglia **3.** *T.sport.* nel calcio, entrare in possesso della palla a mezza altezza prima che tocchi terra || **N. 1.** *Sin.* affibbiare; appendere; abbordare, ATTACCARE | *Contr.* sganciare.

aggàncio (pl. *-ci*) [da *agganciare*; 1925] ***sm.*** **1.** strumento per agganciare due veicoli contigui: *aggancio semplice*, a mano; *aggancio automatico* **2.** dispositivo e azione di agganciamento: *aggancio della navicella spaziale* || *fig. avere degli agganci*, avere contatti con persone e organizzazioni influenti **3.** *raro* insieme di ganci **4.** *T.sport.* nel calcio, il bloccare il pallone a volo o a mezza altezza; lo sgambetto effettuato su un avversario per fermarlo: *aggancio della palla*; *aggancio del centravanti.*

agganghieràre (pres. *-ànghero*) [comp. parasint. di *ganghero*; a. 1742] ***tr.*** *non com.* fermare con gangheri || ***rifl.*** *raro* allacciarsi || *fig.* stare unito, tenersi stretto.

aggarbàre [da *garbare*; a. 1597] ***tr.*** *T.mar.* disegnare la sagoma delle parti di uno scafo || ***intr.*** (aus. *essere*) *raro* garbare, andare a genio.

aggattonàre (pres. *-óno*) [da *gattonare*; 1861] ***tr.*** accostarsi alla selvaggina con circospezione e col corpo quasi a terra, per sorprenderla come fanno i gatti.

aggavignàre [da *gavignare*; a. 1342] ***tr.*** *raro* afferrare sotto le ascelle, avvinghiare || ***rec.*** avvinghiarsi.

aggecchìrsi (pres. *-ìsco, -ìsci*) [da un arc. *gecchire*, abbattere; a. 1348] ***intr. pron.*** *ant.* avvilirsi, scoraggiarsi.

aggeggiàre (pres. *-éggio*) [da *aggeggio*; a. 1348] ***tr.*** *tosc. fam.* accomodare alla meglio || ***intr.*** (aus. *avere*) gingillarsi.

aggéggio (pl. *-gi*) [etim. incerta, forse dal fr. ant. *agiets*, ninnoli; 1875] ***sm.*** oggetto di poco conto; gingillo || *per estens.* cosa di cui non si comprende l'uso o non si conosce il nome; oggetto qualsiasi: *che cos'è quell'aggeggio che hai in mano?* || **N.** *Sin.* bazzecola, nonnulla, INEZIA | cosa.

aggeggióne [da *aggeggio*; 1887] ***sm.*** (f. *-a*) chi sistema alla meglio, pasticcione || *spreg.* imbroglione, intrigante, maneggione, trafficone.

aggelàre (pres. *-èlo*) [da *gelare*; 1308] ***tr.*** e ***intr.*** (aus. *essere*) gelare, agghiacciare || ***intr. pron.*** *lett.* raggelarsi; anche *fig.*

aggentilìre (pres. *-ìsco, -ìsci*) [comp. parasint. di *gentile*; prima metà sec. XIV] ***tr.*** *non com.* render gentile, ingentilire || ***intr. pron.*** farsi gentile || **N.** *Sin.* raffinare | GENTILE.

aggettànte (*ppr.* di *aggettare*) [1974] ***agg.*** *T.arch.* sporgente: *fregi, mensole aggettanti.*

aggettàre (pres. *-ètto*) [da *aggetto*; 1681] ***intr.*** (aus. *essere*) detto di elementi architettonici quali terrazzi, mensole, balconi ecc., sporgere in fuori, fare aggetto.

aggettivàle [da *aggettivo*; 1925] ***agg.*** **1.** *T.gram.* di aggettivo: *funzione aggettivale di un sostantivo* || con funzione di aggettivo: *locuzione aggettivale* **2.** *T.ling.* che forma aggettivi: *prefisso aggettivale.*

aggettivàre (pres. *-ìvo*) [da *aggettivo*; 1865] ***tr.*** **1.** *T.gram.* rendere aggettivo, dare a un vocabolo funzione di aggettivo: *in italiano i participi sono spesso aggettivati* **2.** usare aggettivi in un discorso, in un brano e sim.

aggettivazióne [da *aggettivare*; 1865] ***sf.*** **1.** modo di usare gli aggettivi: *l'eccessiva aggettivazione nuoce all'efficacia dello scritto* **2.** uso in funzione di aggettivo di altre parti del discorso.

aggettivo [dal lat. tardo *adiectīvum*; a. 1364] ***sm.*** *T.gram.* parte del discorso che si accompagna al nome, con il quale si accorda in genere e numero, per indicare una qualità (*aggettivo qualificativo*) o per specificare una determinazione (*aggettivo determinativo*) || *aggettivo sostantivato*, impiegato come sostantivo (per es. *il bello* per *la persona bella* o *la bellezza*, *i poveri* per *le persone povere*) || *aggettivo in funzione avverbiale*, come in *gridar forte, parlar chiaro* || **N.** attributo, espansione; aggettivi qualificativi: grado comparativo, positivo, superlativo (relativo, assoluto); aggettivi dimostrativi, indefiniti, indicativi o determinativi, interrogativi, numerali (cardinali, ordinali, distributivi), possessivi, qualificativi. **Q.T.** *linguistica.*

aggètto [dal lat. *adiectum*; a. 1452] ***sm.*** **1.** *T.arch.* elemento sporgente di un edificio: *l'aggetto della cornice*; *fare aggetto*, sporgere **2.** *T.alp.* sporgenza rocciosa di una parete **3.** *T.aer.* nei biplani, la differenza tra l'apertura alare superiore e quella inferiore.

agghermigliàre (pres. *-ìglio*) [da *ghermire*; a. 1395] ***tr.*** *raro* prendere con forza.

aggheronàto [comp. parasint. di *gherone*; a. 1348] ***agg.*** *ant.* fatto a gheroni || *T.arald.* dell'arma a più colori, a spicchi: *arma aggheronata.*

agghiacciaménto [da *agghiacciare*; 1680] ***sm.*** atto dell'agghiacciare e dell'agghiacciarsi; congelamento.

agghiacciànte (*ppr.* di *agghiacciare*) [1886] ***agg.*** che terrorizza, che fa inorridire: *una sciagura agghiacciante* || **N.** *Sin.* raccapricciante, tremendo.

agghiacciàre (pres. *-àccio*) [da *ghiacciare*; a. 1321] ***tr.*** far divenire come ghiaccio || *com. fig.* far inorridire, rattristare, spaventare: *la notizia mi agghiacciò il cuore* || ***intr.*** (aus. *essere*) divenir freddo, congelarsi, farsi di ghiaccio || *fig.* inorridire || ***intr. pron.*** spec. *fig.* sentirsi gelare per orrore o spavento || **N.** ***tr.*** *Sin.* congelare, gelare, ghiacciare, raggelare | ***intr.*** *Sin.* assiderare | GHIACCIO.

agghiàccio (pl. *-ci*) [dal biz. *oiákion*; 1861] ***sm.*** *T.mar.* congegno per la manovra del timone.

agghiadàre (pres. *-àdo*) [da *ghiado*; a. 1337] ***tr.*** *ant. raro* **1.** accoltellare, trafiggere con il pugnale: *quando l'un l'altro spessamente agghiada* (Cino da Pistoia) **2.** agghiacciare || ***intr.*** (aus. *essere*) e ***intr. pron.*** agghiacciarsi: *la misera per il grande sudore agghiadò* || *fig.* essere angustiato; inorridire: *si agghiadava dentro di sé.*

agghiaiàre (pres. *-àio, -ài*) [comp. parasint. di *ghiaia*; 1875] ***tr.*** *non com.* spargere, coprire di ghiaia: *hanno agghiaiato il cortile* || **N.** *Sin.* inghiaiare.

agghindaménto [da *agghindare*; 1952] ***sm.*** *non com.* atto ed effetto dell'agghindare e dell'agghindarsi.

agghindàre [dal fr. ant. *guinder*; 1865] ***tr.*** vestire od ornare con particolare studio ed eleganza || ***rifl.*** vestirsi con grande ricercatezza e leziosità: *s'agghinda per la festa* || **N.** ***tr.*** *Sin.* abbigliare, VESTIRE.

aggiaccàre (pres. *-àcco, -àcchi*) [lat. **iacicare*, da *iacere*; a. 1907] ***tr.*** *ant.* **1.** piegare verso terra: *il vento ha aggiaccato le messi* **2.** sgualcire un vestito, un indumento: *ha aggiaccato la gonna.*

aggiaccàto (*pps.* di *aggiaccare*) [a. 1912] ***agg.*** *ant.* sdraiato, disteso: *una vacca aggiaccata sopra un greppo* (Pascoli).

aggiardinàre (pres. *-ìno*) [comp. parasint. di *giardino*; 1861] ***tr.*** *raro* ridurre a giardino: *aggiardinare un terreno.*

-àggine [dal lat. *āgine(m)*, orig. suff. in nomi di piante, poi esteso ai nomi delle sostanze estratte] ***suff.*** forma sostantivi f. astratti e concreti con valore negativo-spregiativo a partire da aggettivi che già possiedono tale connotazione: *balordaggine, scempiaggine, testardaggine*; la connotazione negativa si mantiene solitamente anche quando viene applicato ad aggettivi dal significato non negativo: *lungaggine, dabbenaggine* || **N.** -eria.

aggio (pl. *-gi*) [etim. incerta, forse al biz. *allágion*, cambio; a. 1530] ***sm.*** **1.** *T.banc.* maggior valore assunto da una moneta, nel cambio, rispetto al valore nominale || *fare aggio*, godere di maggiore valore o prestigio **2.** percentuale trattenuta dalle esattorie quale compenso per il servizio prestato.

-àggio [dal lat. *-aticus*, attr. il fr. ant. *-age*]

suff. **1.** forma sostantivi m. deverbali che indicano attività in relazione con ciò che è indicato dalla base: *allunaggio, imballaggio, lavaggio, montaggio* **2.** forma sostantivi m. denominali con valori diversi (*bagarinaggio, brigantaggio, magazzinaggio, tendaggio*) spesso connessi a nomi di unità di misura (*amperaggio, metraggio, voltaggio*).

aggiogàbile [da *aggiogare*; 1879] **agg.** *non com.* che si può aggiogare.

aggiogaménto [da *aggiogare*; 1879] **sm.** *non com.* atto ed effetto dell'aggiogare; anche *fig.* assoggettamento.

aggiogàre (pres. *-ógo, -óghi*) [lat. tardo *adiugāre*; sec. XIV] **tr.** mettere il giogo; accoppiare sotto il giogo || *fig.* soggiogare; asservire, vincolare alla propria volontà.

aggiogatóre [da *aggiogare*; a. 1729] **agg.** e **sm.** (f. *-trice*) *non com.* che o chi aggioga.

aggiornaménto [dal fr. *ajournement*; 1778 nel senso 2] **sm.** **1.** atto ed effetto dell'aggiornare e dell'aggiornarsi: *aggiornamento degli insegnanti*, corsi per informarli dei nuovi sviluppi della didattica || *T.inform.* modifica delle informazioni di un *file* con dati attuali **2.** provvedimento per cui si differisce ad altra data la discussione di una causa, di un affare ecc. || **N.** **1.** *Sin.* adeguamento, ammodernamento, rinnovamento **2.** *Sin.* proroga, rinvio.

aggiornàre[1] (pres. *-órno*) [dal fr. *ajourner*; 1677] **tr.** **1.** adeguare a nuove necessità o situazioni || rivedere, mantenere rispondenti alle esigenze del presente, opere, cataloghi, archivi ecc.: *aggiornare una vocabolario, un catalogo, i conti, i registri, i mezzi di produzione* **2.** rinviare ad altra data: *aggiornare una seduta* || **rifl.** mantenersi al corrente; rinnovarsi || **N.** **tr.** **1.** *Sin.* rinnovare, svecchiare **2.** *Sin.* differire, dilazionare, procrastinare, prorogare, rimandare, rinviare | **rifl.** tenersi al corrente, al passo coi tempi.

aggiornàre[2] (pres. 3ª pers. sing. *-órna*) [comp. parasint. di *giorno*; a. 1374] **intr.** (aus. *essere*) *impers. poet. raro* far giorno, albeggiare || **tr.** rischiarare.

aggiornàto (*pps.* di *aggiornare*[1]) [1937] **agg.** che si tiene al corrente riguardo a fatti specifici: *tecnico aggiornato* || rielaborato in modo da contenere dati e informazioni recenti: *manuale, dizionario aggiornato* || *T.inform. versione aggiornata*, nuova versione di un programma o di un insieme integrato di programmi.

aggiotàggio (pl. *-gi*) [dal fr. *agiotage*; 1765 *agiotaggio*] **sm.** *T.econ.* speculazione illecita sul prezzo oscillante dei valori di borsa e delle merci, compiuta mediante la provocazione di variazioni artificiali dei prezzi.

aggiotatóre [dal fr. *agioteur*; 1801] **sm.** (f. *-trice*) chi compie aggiotaggio.

aggiraménto [da *aggirare*; a. 1406] **sm.** **1.** atto ed effetto dell'aggirare: *l'aggiramento di un ostacolo* || *T.mil.* manovra con la quale si impegna lo schieramento nemico sui fianchi o sul tergo **2.** *fig. disus.* raggiro, inganno.

aggiràre (pres. *-ìro*) [da *girare*; a. 1321] **tr.** **1.** girare intorno a un luogo: *aggirare le colline, la casa* || *T.mil.* circondare, accerchiare: *aggirare il nemico* || *fig.* evitare: *aggirare l'ostacolo* **2.** *fig. lett.* ingannare, raggirare || **intr. pron.** **1.** andare in giro, vagabondare: *uno spettro si aggira per l'Europa* (Marx-Engels) **2.** di quantità o cifra, approssimarsi, avvicinarsi: *i danni si aggirano intorno agli otto miliardi.*

aggiràta [da *aggirare*; 1308] **sf.** *ant. raro* aggiramento: *non senza prima far grande aggirata* (Dante) || giro.

aggiratóre [da *aggirare*; 1554] **sm.** (f. *-trice*) chi aggira; *fig.* impostore.

aggiudicànte (*ppr.* di *aggiudicare*) [1863] **agg.** e **s.** che o chi aggiudica: *la commissione aggiudicante.*

aggiudicàre (pres. *-ùdico, -ùdichi*) [dal lat. *adiudicāre*; a. 1363] **tr.** *T.giur.* assegnare per concorso, per asta o per deliberazione giudiziaria qualcosa a qualcuno: *i beni furono aggiudicati agli eredi, il quadro gli è stato aggiudicato* || **rifl. indir.** ottenere, conseguire: *si è aggiudicato il premio* || **N.** **tr.** *Sin.* assegnare, attribuire | **rifl.** *Sin.* vincere.

aggiudicatàrio (pl. *-ri*) [da *aggiudicare*; 1815] **sm.** (f. *-a*) *T.giur.* chi riceve per aggiudicazione.

aggiudicatìvo [da *aggiudicare*; 1865] **agg.** che serve ad aggiudicare: *sentenza aggiudicativa.*

aggiudicàto (*pps.* di *aggiudicare*) [1970] **agg.** formula con cui viene assegnato al miglior offerente l'oggetto messo all'asta: *aggiudicato!*

aggiudicazióne [da *aggiudicare*; fine sec. XIII] **sf.** atto ed effetto dell'aggiudicare.

aggiùgnere e der. forme arc. di AGGIUNGERE e der. (v.).

aggiùngere (pres. *-ùngo* ecc., come GIUNGERE) [lat. *adiungere*; a. 1294 *agiugnere*] **tr.** mettere qualcosa o qualcuno in più, unire una cosa all'altra: *aggiungere zucchero all'impasto* || dire qualcosa di più: *aggiungere poche parole, aggiunse che non era d'accordo* || negli incisi, soggiungere: *"vattene, aggiunse, non farti più vedere"* || **rifl.** congiungersi, unirsi || **intr.** (aus. *essere*) e **tr.** *ant.* raggiungere, arrivare: *quantunque il minore a diciotto anni non aggiungesse* || **intr. pron.** far seguito: *al danno s'aggiunse la beffa* || **N.** **tr.** *Sin.* accrescere, addizionare, aggregare, allegare, annettere, associare, assommare, aumentare, congiungere, conglobare, connettere, giuntare, mescolare, UNIRE.

aggiungiménto [da *aggiungere*; 1323 ca.] **sm.** *raro* atto ed effetto dell'aggiungere e dell'aggiungersi.

aggiùnta [lat. *adiuncta*; 1309 *agionta*] **sf.** giunta, accrescimento; ciò che è stato aggiunto: *nuova edizione con aggiunte* || atto dell'aggiungere || *in aggiunta a*, facendo seguito a || **N.** addizione, aggiungimento, appendice, complemento, corollario, sovrappiù, supplemento.

aggiuntàre (pres. *-ùnto*) [da *aggiunta*; 1306 nel senso 2] **tr.** **1.** congiungere insieme due o più pezzi della stessa cosa || *in part. T.calz.* cucire i diversi pezzi della tomaia di una calzatura **2.** *ant.* aggiungere: *ce lo aggiunterò io* || **N.** *Sin.* attaccare, connettere, UNIRE.

aggiuntatóre [da *aggiuntare*; 1934] **sm.** (f. *-trice*) *non com.* chi esegue lavori di aggiuntatura.

aggiuntatùra [da *aggiuntare*; 1865] **sf.** atto ed effetto dell'aggiuntare || il punto in cui i due pezzi sono congiunti || **N.** cucitura, giuntura.

aggiuntìvo [dal lat. tardo *adiunctīvus*; a. 1589] **agg.** che serve ad aggiungere || addizionale: *proposta aggiuntiva* || *congiunzioni aggiuntive*, coordinative che uniscono, mettendolo in risalto, un termine a un altro (per es. *anche* e *pure*).

aggiùnto (*pps.* di *aggiungere*) [1327 *adiuncto*] **I agg.** detto spec. di chi aiuta qualcuno in un compito o una funzione: *membro, segretario aggiunto* **II sm.** (f. *-a*) aiutante; sostituto, delegato: *l'aggiunto del sindaco*, chi lo rappresenta nelle frazioni o nei quartieri || *aggiunto giudiziario*, primo grado della magistratura giudiziaria italiana || **N.** I *Sin.* aggregato, supplementare.

aggiunzióne [dal lat. *adiunctio, -ōnis*; sec. XIV] **sf.** aggiungimento, aggiunta; accrescimento.

aggiustàbile [da *aggiustare*; 1723] **agg.** che può essere aggiustato.

aggiustàggio (pl. *-gi*) [dal fr. *ajustage*; 1922] **sm.** **1.** *T.mecc.* rifinitura a mano dei pezzi di una macchina prima di montarli **2.** *aggiustaggio alla vista*, regolazione di uno strumento ottico in rapporto alla capacità visiva dell'utente per ottenere una visione chiara: *aggiustaggio del telescopio.*

aggiustaménto [da *aggiustare*; inizio sec. XIII] **sm.** **1.** atto ed effetto dell'aggiustare e dell'aggiustarsi **2.** *fig.* accordo, accomodamento **3.** *T.mil.* serie di tiri di artiglieria che ha lo scopo di identificare con precisione il bersaglio || *fig. aggiustamento del tiro*, variazione di un programma politico, aziendale ecc. || *eufem. aggiustamento dei* (o *nei*) *prezzi*, ritocco e gen. aumento.

aggiustàre [comp. parasint. di *giusto*; a. 1363] **tr.** **1.** rimettere qualcosa in funzione, in ordine; accomodare: *aggiustare una macchina* || *fig.* regolare, mettere in ordine: *aggiustare i conti* || *fig. iron.* conciare in malo modo: *ti aggiusto io, l'ha aggiustato per le feste* || rif. a lite, diverbio, comporre, pacificare **2.** adattare: *aggiustare la musica alle parole, quando compro abiti confezionati debbo sempre farli aggiustare* || *T.mil.* regolare in base a tentativi, correggere: *aggiustare il tiro* || *per estens. aggiustare un calcio, uno schiaffo*, assestarli || **rifl.** *fam.* sistemarsi, accomodarsi alla meglio; arrangiarsi || **rifl. rec.** accordarsi || **N.** **tr.** **1.** *Sin.* riparare; pareggiare, saldare i conti; ACCOMODARE.

aggiustatézza [da *aggiustare*; a. 1694] **sf.** *non com.* esattezza, precisione; maniera giusta.

aggiustàto (*pps.* di *aggiustare*) [a. 1642] **agg.** *lett. raro* misurato nel parlare.

aggiustatóre [da *aggiustare*; 1588] **sm.** (f. *-trice*) *non com.* chi aggiusta || *in part.* operaio che esegue operazioni di aggiustaggio.

aggiustatùra [da *aggiustare*; 1626] **sf.** atto ed effetto dell'aggiustare || riparazione; traccia lasciata dall'operazione stessa || *raro* la spesa per la riparazione.

agglobàre (pres. *-òbo*) [comp. parasint. di *globo*; a. 1639] **tr.** e **intr. pron.** ridurre o ridursi a forma di globo: *la rugosa vecchia il lungo filo aggloba* (Tommaseo).

agglomerànte (*ppr.* di *agglomerare*) [1942] **I agg.** che agglomera **II sm.** sostanza che per azione fisica o chimica unisce, rendendole materiale consistente, particelle incoerenti || **N.** I *Sin.* agglutinante **II** cemento.

agglomeràre (pres. *-òmero*) [dal lat. *agglomerāre*; a. 1730] **tr.** **1.** ammassare, mettere insieme cose o persone di provenienza disparata **2.** amalgamare materiali incoerenti mediante opportuni trattamenti fino a ottenere un composto compatto: *agglomerare la calce* || **intr. pron.** ammassarsi, riunirsi, attaccarsi: *quando piove, la terra argillosa si agglomera alle scarpe* || **N.** FOLLA.

agglomeràto (*pps.* di *agglomerare*) [a. 1600] **I agg.** riunito, denso, ammassato **II sm.** **1.** insieme, massa di cose || *agglomerato urbano*, insieme di case, centro abitato **2.** prodotto ottenuto dall'amalgama di materiali polverulenti o da cascami di produzione che, mediante opportuni trattamenti, danno origine a un composto compatto: *agglomerato di legno* **3.** *T.geol.* accumulazione in stratificazioni di frammenti rocciosi o di minerali; conglomerato || **N.** I *Sin.* compatto, fitto | *Contr.* sparso.

agglomerazióne [da *agglomerare*; 1879] **sf.** atto ed effetto dell'agglomerare e dell'agglomerarsi.

agglutinaménto [da *agglutinare*; 1733] **sm.** *non com.* agglutinazione.

agglutinànte (*ppr.* di *agglutinare*) [1765] **agg.** **1.** che ha la proprietà di agglutinare **2.** *T.ling. lingue agglutinanti*, quelle in cui le parole sono tipicamente composte da sequenze di elementi linguistici giustapposti (per es. il turco) || **N.** **2.** *Sin.* amalgamante.

agglutinàre (pres. *-ùtino*) [dal lat. *agglutinā-*

re; a. 1714] ***tr.*** unire con glutine o altre sostanze adesive || ***intr. pron.*** far presa, conglomerarsi || **N.** *Sin.* incollare, UNIRE.

agglutinazióne [dal lat. tardo *agglutinātio, -ōnis*; 1797] ***sf.*** **1.** unione più o meno stabile di elementi eterogenei **2.** *T.ling.* formazione delle parole, caratteristica soprattutto delle lingue uralo-altaiche, consistente nel giustapporre a un tema invariato uno o più suffissi aventi ciascuno una sola funzione || riunione in una sola parola di più elementi lessicali distinti (come in *appieno* e *perlopiù*) **3.** *T.biol.* formazione di piccoli agglomerati di batteri o cellule, soggetti alla sedimentazione.

agglutinìna [detta così perché *agglutina* i batteri; 1929] ***sf.*** *T.biol.* anticorpo specifico che è in grado di provocare agglutinazione || una delle sostanze contenute nei sieri immunizzanti.

agglutinògeno [comp. di *agglutin(are)* e *-geno*; 1955] ***sm.*** sostanza che provoca la formazione di agglutinine nell'organismo.

aggobbìre (pres. *-ìsco, -ìsci*) [comp. parasint. di *gobbo*; a. 1742] ***tr.*** far divenire gobbo || ***intr.*** (aus. *essere*) e ***intr. pron.*** divenire gobbo o curvo, ingobbire || *aggobbire sui libri*, studiare molto, con fatica; sgobbare.

aggomitolàre (pres. *-ìtolo*) [comp. parasint. di *gomitolo*; sec. XIV] ***tr.*** avvolgere in gomitolo || ***rifl.*** ripiegarsi su se stesso, raggomitolarsi, rannicchiarsi || **N.** *Sin.* avviluppare, AVVOLGERE.

aggomitolatóre [da *aggomitolare*; 1940] ***sm.*** macchinetta che avvolge il filo a gomitoli.

aggomitolatùra [da *aggomitolare*; 1879] ***sf.*** atto ed effetto dell'aggomitolare e *meno com.* dell'aggomitolarsi.

aggottaménto [da *aggottare*; 1940] ***sm.*** atto ed effetto dell'aggottare.

aggottàre (pres. *-òtto*) [comp. parasint. di *gotta*, gottazza; a. 1483] ***tr.*** **1.** *T.mar.* estrarre l'acqua da un'imbarcazione con la sassola: *Aggotti, e già la barca si sbilancia / e il cristallo dell'acqua si smeriglia* (Montale) **2.** *T.mur.* togliere l'acqua da uno scavo per mantenerlo asciutto || **N. 1.** *Sin.* sgottare | gottazza, sassola **2.** *Sin.* drenare, prosciugare.

aggottatóio (pl. *-ói*) [da *aggottare*; 1829] ***sm.*** recipiente usato nelle saline per estrarre l'acqua salata || **N.** *Sin.* gottazza, sassola.

aggradàre (*dif.*, usato solo alla 3ª pers. sing. del pres.: *aggràda*) [dal provenz. *agradar*; a. 1250 *agratare*] ***intr.*** essere gradito, piacere: *questo mi aggrada.*

aggradévole [da *gradevole*; a. 1375] ***agg.*** *lett.* gradevole || **aggradevolménte** ***avv.*** *lett.*

aggradiménto [da *aggradire*; a. 1639] ***sm.*** *lett.* gradimento.

aggradìre (pres. *-ìsco, -ìsci*) [da *gradire*; a. 1257] ***tr.*** *lett.* gradire || ***intr.*** (aus. *essere*) piacere, soddisfare.

aggraffàggio (pl. *-gi*) [da *aggraffare*; 1965] ***sm.*** nella lavorazione del tabacco, la zigrinatura tracciata sulle sigarette.

aggraffàre [comp. parasint. di *graffa*; a. 1535] ***tr.*** **1.** afferrare con le graffe || *fig. poet. raro* ghermire: *come una fiera mordi et aggraffi chiunque si avvicina* (D'Annunzio) **2.** detto in part. di lamiere, unire mediante aggraffatura **3.** nella lavorazione del tabacco, zigrinare.

aggraffatóre [da *aggraffare*; 1955] ***sm.*** (f. *-trìce*) operaio addetto all'aggraffatura.

aggraffatrìce [da *aggraffare*; 1955] ***sf.*** macchina che esegue l'aggraffatura delle lamiere.

aggraffatùra [da *aggraffare*; 1941] ***sf.*** **1.** atto ed effetto dell'aggraffare **2.** unione di due lamiere realizzata con la sovrapposizione e il doppio ripiegamento dei loro bordi, molto usata nella fabbricazione di canne fumarie e di barattoli di latta || il punto in cui si uniscono le due lamiere.

aggraffiàre (pres. *-àffio*) [comp. parasint. di *graffio*; a. 1735] ***tr.*** *raro* afferrare con artigli o uncini || *fig.* arraffare, ghermire.

aggranchiàre (pres. *-ànchio*) [comp. parasint. di *granchio*; inizio sec. XIV] ***intr.*** (aus. *essere*) e ***intr. pron.*** rattrappire, intirizzire per il freddo.

aggranchìre (pres. *-ìsco, -ìsci*) [comp. parasint. di *granchio*; 1863] ***tr.*** e ***intr.*** (aus. *essere*) irrigidire, intirizzire per il freddo: *il freddo mi aggranchiva le mani* || **N.** *Sin.* aggricciare | FREDDO.

aggrandiménto [da *aggrandire*; 1575] ***sm.*** *non com.* ingrandimento, ampliamento || **N.** GRANDE.

aggrandìre (pres. *-ìsco, -ìsci*) [comp. parasint. di *grande*; a. 1292] ***tr.*** *non com.* far grande o più grande, accrescere, estendere; anche *fig.* || *aggrandire una cosa con parole*, magnificarla, esagerarla || ***intr.*** (aus. *essere*) e ***intr. pron.*** *lett.* ingrandire, farsi più grande: *così dicendo egli aggrandìa pian piano* (Pascoli) || divenir grande, o più grande; anche *fig.*: *ora che si è aggrandito non ci guarda più* || **N.** ***tr.*** *Sin.* accrescere, ampliare, ingrandire | GRANDE.

aggranfiàre (pres. *-ànfio*) [comp. parasint. di *granfia*; a. 1705] ***tr.*** *raro* afferrare con unghie o artigli || *fig.* rubare.

aggrappàre [comp. parasint. di *grappa*[1]; a. 1321] ***tr.*** *raro* afferrare con forza || detto di ancora, mordere il fondale || ***intr. pron.*** attaccarsi fortemente a qualche cosa con le mani; anche *fig.*: *aggrapparsi alla sporgenza*; *aggrapparsi all'ultima speranza* || **N.** ***intr. pron.*** *Sin.* afferrarsi, ATTACCARSI.

aggrappolàrsi [comp. parasint. di *grappolo*; 1852] ***intr. pron.*** *non com.* detto in part. delle api, raccogliersi in forma di grappolo.

aggraticciàre (pres. *-ìccio*) [comp. parasint. di *graticcio*; a. 1484] ***tr.*** *non com.* intrecciare in forma di graticcio || ***intr. pron.*** *non com.* avvolgersi, intrecciarsi attorno a qualche cosa, avviticchiarsi, attaccarsi tenacemente || di capelli o di matassa, far nodi, ingarbugliarsi.

aggravaménto [da *aggravare*; sec. XIV] ***sm.*** atto ed effetto dell'aggravare e dell'aggravarsi.

aggravànte (*ppr.* di *aggravare*) [fine sec. XIV] ***agg.*** e ***sf.*** *T.giur.* di circostanza che comporti un accrescimento della pena prevista per un reato: *circostanza aggravante* o ell. *aggravante* || **N.** *Contr.* attenuante.

aggravàre (pres. *-àvo*) [dal lat. *aggravāre*; 1305] ***tr.*** **1.** render più grave: *aggravare una situazione* || *aggravare la pena*, aumentarla **2.** rendere più pesante: *aggravare un carico, lo stomaco di cibi pesanti* || *disus. aggravar la mano*, premere troppo con la mano o con la matita sulla carta; anche *fig.* punire con molto rigore || *fig.* rendere opprimente: *il fumo aggrava l'aria* || ***intr. pron.*** detto spec. di malati e di malattie, diventare più grave, peggiorare: *il paziente, il quadro clinico si è aggravato* || **N.** *Sin.* caricare, gravare, peggiorare; GRAVARE | *Contr.* alleggerire, alleviare; migliorare.

aggravàto (*pps.* di *aggravare*) [1250 ca.] ***agg.*** di malato, che sta peggio.

aggràvio (pl. *-vi*) [da **aggraviare*; a. 1556 nel senso 2] ***sm.*** **1.** appesantimento, aumento, inasprimento: *aggravio fiscale* || *ant.* imposta, onere **2.** *lett.* incomodo, molestia: *essere d'aggravio a qualcuno*, recargli incomodo, noia **3.** *lett.* colpa, torto: *far un aggravio a qualcuno*, offenderlo, danneggiarlo || *fare aggravio di una cosa a qualcuno*, fargliene una colpa.

aggraziàre (pres. *-àzio*) [comp. parasint. di *grazia*; sec. XIV] ***tr.*** render gradito agli occhi o al gusto: *aggraziare un vestito con delle balze* || ***tr. pron.*** *aggraziarsi qualcuno*, ingraziarselo, accattivarsene la simpatia.

aggraziàto (*pps.* di *aggraziare*) [fine sec. XIV] ***agg.*** grazioso, garbato, di maniere piacevoli || **aggraziataménte** ***avv.***

aggredìre (pres. *-ìsco, -ìsci*) [dal lat. *aggredi*; 1778] ***tr.*** assalire inaspettatamente || *fig.* polemizzare con violenza || *aggredire verbalmente*, ingiuriare || *fig.* affrontare: *aggredire un problema* || *T.chir.* intervenire chirurgicamente su un organo.

aggregàbile [da *aggregare*; 1925] ***agg.*** che può essere aggregato.

aggregaménto [da *aggregare*; 1541] ***sm.*** *non com.* atto ed effetto dell'aggregare || riunione di più cose.

aggregàre (pres. *-ègo, -èghi*) [dal lat. *aggregāre*; 1342] ***tr.*** unire insieme, aggiungere || ammettere a far parte di una compagnia e sim.: *l'hanno aggregato al circolo, alla spedizione* || *T.stat.* sommare insieme dati parziali per ottenere una visione globale di particolari fenomeni: *aggregare redditi e investimenti per calcolare il bilancio* || ***rifl.*** e ***intr. pron.*** associarsi, unirsi: *si aggregarono a noi, le forze in gioco si aggregano e si disgregano* || **N.** ***tr.*** *Sin.* annettere, AGGIUNGERE, UNIRE | *Contr.* disgregare.

aggregàto (*pps.* di *aggregare*) [a. 1364] **I** ***agg.*** **1.** unito, annesso: *forze aggregate*; *socio aggregato*, in un'accademia **2.** nella pubblica amministrazione e nell'esercito, personale sostituto, supplente: *dottore aggregato* || *T.stat. domanda, offerta aggregata*, totale risultante dalla somma dei dati individuali relativi alle singole unità economiche **II** ***sm.*** **1.** unione di persone o cose: *la città è un aggregato di famiglie* **2.** (f. *-a*) impiegato temporaneamente destinato a un ufficio **3.** *T.min.* ammasso, insieme di cristalli.

aggregazióne [dal lat. tardo *aggregātio, -ōnis*; 1308] ***sf.*** **1.** atto ed effetto dell'aggregare e dell'aggregarsi; unione, riunione di cose o persone disparate: *il comitato di quartiere è un centro di aggregazione* **2.** *T.fis. stato di aggregazione*, lo stato (solido, liquido, gassoso) in cui si presenta la materia a seconda della forza di coesione delle molecole **3.** *T.stat.* processo di passaggio da grandezze singole a grandezze globali.

aggreggiàre (pres. *-éggio*) [comp. parasint. di *gregge*; a. 1348] ***tr.*** *lett.* far gregge, unire in gregge || ***rifl.*** imbrancarsi, aggrupparsi: *l'aggregarsi dei regni e dei popoli* (Carducci).

aggressìna [dal lat. *aggressus*, che ha aggredito; 1961] ***sf.*** *T.med.* sostanza tossica prodotta dai microbi, capace di paralizzare le difese dell'organismo.

aggressióne [dal lat. *aggressio, -ōnis*; 1680] ***sf.*** atto dell'aggredire: *aggressione a mano armata, notturna* || attacco armato improvviso di uno Stato a un altro; *patto di non aggressione*, accordo internazionale fra due o più Stati che si impegnano a non attaccarsi.

aggressività [da *aggressivo*; a. 1937] ***sf.*** l'essere aggressivo || *T.psic.* tendenza istintiva ipotizzata come causa di comportamenti aggressivi, perlopiù considerata come prodotta da situazioni conflittuali o frustranti. **Q.T.** *psicanalisi.*

aggressìvo [da *aggressione*; a. 1861] **I** ***agg.*** **1.** che è facile o pronto ad aggredire: *un uomo aggressivo* **2.** che si distingue per la voglia di combattere, di gareggiare: *un pugile aggressivo, una squadra aggressiva* **II** ***sm.*** **1.** *T.psic.* soggetto con forte aggressività **2.** *pl. aggressivi chimici*, sostanze chimiche tossiche usate in guerra come armi di offesa || **N. I** *Sin.* battagliero, bellicoso, combattivo, impetuoso, irruente **II 2.** gas asfissianti, irritanti, tossici, vescicanti. **Q.T.** *armi.*

aggressóre [dal lat. tardo *aggressor*; 1658] ***agg.*** e ***sm.*** (f. *aggreditrìce*) che o chi aggredisce.

aggrevàre (pres. *-èvo*) [comp. parasint. di *greve*; sec. XIV] ***tr.*** *lett. raro* far greve, aggravare, opprimere.

aggricciàre (pres. *-ìccio*) [prob. comp. parasint. di *griccio*; 1534] ***tr.*** *raro* aggrinzire, increspare: *aggricciare le labbra* || ***intr. pron.*** rabbrividire, irrigidirsi per freddo o spavento || **N.** ***intr. pron.*** intirizzire.

aggrinzàre [comp. parasint. di *grinza*; fine sec. XIV] ***tr.*** rendere grinzoso || ***intr.*** (aus. *essere*) e ***intr. pron.*** diventare grinzoso, incresparsi: *la pelle s'aggrinza* || **N.** grinza, RUGA.

aggrinzìre (pres. *-ìsco, -ìsci*) [comp. parasint. di *grinza*; 1750] ***tr.*** aggrinzare || ***intr.*** (aus. *essere*) e ***intr. pron.*** divenire grinzoso.

aggrommàre (pres. *-ómmo*) [comp. parasint. di *gromma*; 1680] ***intr.*** (aus. *essere*) e ***intr. pron.*** aggrumare, incrostarsi, coprirsi di gromma.

aggrondàre (pres. *-óndo*) [comp. parasint. di *gronda*; a. 1306] ***tr.*** corrugare, aggrottare le sopracciglia in segno di cruccio o di perplessità || ***intr.*** e ***intr. pron.*** incupirsi, corrucciarsi.

aggrondàto (*pps.* di *aggrondare*) [1927] ***agg.*** corrucciato, accigliato: *espressione aggrondata, viso aggrondato* || **N.** *Sin.* aggrottato, crucciato, cupo; malinconico, perplesso.

aggroppaménto [da *aggroppare*[1]; a. 1375] ***sm.*** *raro* avviluppamento, aggrovigliamento.

aggroppàre[1] (pres. *-óppo* e *-òppo*) [comp. parasint. di *groppo*; a. 1294] ***tr.*** *lett.* avvolgere in groppo, avviluppare || ***intr. pron.*** ammassarsi: *là dove la ricchezza si aggroppa* || **N.** *Sin.* AVVOLGERE.

aggroppàre[2] (pres. *-òppo*) [comp. parasint. di *groppa*; a. 1685] ***tr.*** *raro* curvare a forma di groppa.

aggroppatùra [da *aggroppare*[1]; 1861] ***sf.*** *non com.* l'effetto dell'avviluppare nodi; aggroppamento.

aggrottàre (pres. *-òtto*) [comp. parasint. di *grotta*; fine sec. XIII] ***tr.*** corrugare le sopracciglia in segno d'ira, minaccia o perplessità || *aggrottare la fronte*, corrugarla perlopiù per mostrare perplessità o ira || **N.** *Sin.* aggrondare, contrarre, increspare.

aggrottàto (*pps.* di *aggrottare*) [a. 1729] ***agg.*** di sopracciglia, corrugate || *per estens.* accigliato, crucciato, cupo, perplesso.

aggrovigliaménto [da *aggrovigliare*; 1865] ***sm.*** groviglio, intreccio inestricabile.

aggrovigliàre (pres. *-ìglio*) [comp. parasint. di *groviglio*; a. 1597] ***tr.*** avviluppare, intrecciare in modo confuso e inestricabile; anche *fig.*: *aggrovigliare una matassa*; *aggrovigliare il discorso* || ***intr. pron.*** intricarsi, formare un groviglio; anche *fig.*: *la matassa si è aggrovigliata*; *il problema si sta aggrovigliando* || **N.** ***tr.*** *Sin.* ingarbugliare | *Contr.* districare, sgarbugliare, sgrovigliare.

aggrovigliàto (*pps.* di *aggrovigliare*) [a. 1400] ***agg.*** avvolto, abbarbicato: *edera aggrovigliata* || *fig.* complicato, complesso, confuso, contorto, intricato: *vicenda aggrovigliata.*

aggrovigliolàre (pres. *-ìgliolo*) [comp. parasint. di *grovigliolo*; a. 1597] ***tr.*** *tosc.* *raro* aggrovigliare.

aggrumàre (pres. *-ùmo*) [comp. parasint. di *grumo*; a. 1698] ***intr.*** (aus. *essere*) rapprendere in grumi || ***intr. pron.*** coagularsi.

aggrumàrsi [comp. parasint. di *gruma*; a. 1887] ***intr. pron.*** ricoprirsi di gruma.

aggruppaménto [da *aggruppare*; a. 1519] ***sm.*** atto ed effetto dell'aggruppare e dell'aggrupparsi || riunione per fini specifici.

aggruppàre [comp. parasint. di *gruppo*; a. 1483] ***tr.*** *non com.* unire, raccogliere in un gruppo || ***intr. pron.*** raccogliersi in gruppo || **N.** *Sin.* raggruppare.

aggruzzolàre (pres. *-ùzzolo*) [comp. parasint. di *gruzzolo*; a. 1480] ***tr.*** *raro* far gruzzolo, raggranellare, spec. denaro.

agguagliàbile [da *agguagliare*; 1861] ***agg.*** *lett.* che si può agguagliare.

agguagliaménto [da *agguagliare*; a. 1292] ***sm.*** *lett.* *non com.* atto ed effetto dell'agguagliare e dell'agguagliarsi.

agguagliàre (pres. *-àglio*) [lat. volg. **aequaliare*; a. 1292 nel senso 2] ***tr.*** *raro* **1.** pareggiare, adeguare, uguagliare; anche *fig.*: *occupa Guelfo il campo a lor vicino, / uom ch'a l'alta fortuna agguaglia il merto* (Tasso) || ridurre più cose alla stessa grandezza: *agguagliare le piante con le cesoie* || spianare, ridurre alla stessa superficie: *agguagliare il campo* **2.** confrontare, paragonare **3.** *disus.* diventare uguale: *non solo agguagliò i migliori ma li superò* **4.** esprimere adeguatamente || ***rifl.*** **1.** farsi uguale **2.** paragonarsi || ***rifl. rec.*** pareggiarsi, essere di uguale valore.

agguagliatóio (pl. *-ói*) [da *agguagliare*; 1865 nel senso 2] ***sm.*** **1.** strumento con cui si agguaglia, si spiana e si liscia **2.** punta di trapano con cui si pareggia la filettatura interna delle armi da fuoco.

agguagliatóre [da *agguagliare*; a. 1292] ***agg.*** e ***sm.*** (f. *-trìce*, disus. *-tóra*) *raro* che o chi agguaglia.

agguàglio (pl. *-gli*) [da *agguagliare*; a. 1292] ***sm.*** *raro* paragone, confronto || **N.** *Sin.* PARAGONE.

agguantàre [comp. parasint. di *guanto*; 1614] ***tr.*** **1.** afferrare con forza e rapidità: *lo agguantò prima che cadesse* || *per estens.* *fam.* prendere: *agguantò un sasso e glielo tirò* || colpire: *l'agguantò in un occhio* || negli sport d'inseguimento, raggiungere l'avversario **2.** *T.mar.* afferrare un cavo che scorre e tenerlo saldamente || arrestare il moto di una barca immergendo i remi fermi nell'acqua || *agguantare al vento*, cercare di guadagnare cammino sopravvento || ***intr. pron.*** afferrarsi saldamente a qualcosa: *per non cadere si agguantò al ramo.*

agguatàre (pres. *-àto*) [dal fr. ant. *aguaitier*; fine sec. XIV] ***tr.*** e ***intr.*** (aus. *avere*) *ant.* **1.** tendere un agguato, stare in agguato; insidiare **2.** *non com.* osservare attentamente, spiare || ***intr. pron.*** appostarsi per tendere un agguato.

agguàto [dal fr. ant. *aguait*; fine sec. XIII] ***sm.*** imboscata che si tende al nemico per coglierlo alla sprovvista: *tendere un agguato* || *per estens.* il luogo in cui è posto l'agguato || **N.** *Sin.* tranello; INSIDIA.

aggueffàre (pres. *-èffo*) [comp. parasint. dell'ant. *gueffa*, matassa; 1308] ***tr.*** *ant.* ammatassare, aggomitolare || *per estens.* aggiungere.

agguerriménto [da *agguerrire*; 1865] ***sm.*** atto ed effetto dell'agguerrire, combattività.

agguerrìre (pres. *-ìsco, -ìsci*) [comp. parasint. di *guerra*; 1639] ***tr.*** preparare alle fatiche della guerra e in gen. a sostenere pericoli e difficoltà; anche *fig.*: *bisogna agguerrir l'animo alle perfidie del mondo* || ***rifl.*** prepararsi alla guerra, ai pericoli, temprarsi; anche *fig.*: *bisogna agguerrirsi contro la minaccia della droga* || **N.** ***tr.*** *Sin.* addestrare, allenare, avvezzare, fortificare, preparare | ABITUDINE.

agguerrìto (*pps.* di *agguerrire*) [a. 1644] ***agg.*** addestrato, munito, preparato, forte, resistente.

aghà o **agà** [dal turco *agà*, signore; 1829 *agà*] ***sm. inv.*** **1.** titolo nobiliare dei dignitari del sultano nella Turchia ottomana **2.** titolo nobiliare diffuso in Persia e in India || *agha khan*, titolo del capo del ramo indiano della setta musulmana degli Ismaeliti.

aghétto (*dim.* di *ago*) [1437] ***sm.*** **1.** piccolo ago **2.** *tosc.* cordoncino con puntale di metallo per allacciare fascette, stivaletti || il puntale stesso **3.** segno distintivo di grado o incarico nelle gerarchie militari costituito da fili d'argento o di cotone e appeso dalla spallina destra alla bottoniera della giubba || **N.** **2.** *Sin.* laccio, stringa **3.** cordellina, cordoncino.

aghifòglia (pl. *-glie*) [comp. di *ago* e *foglia*; 1929] ***sf.*** *T.bot.* pianta con foglie a forma di aghi (per es. abete, pino).

aghifórme [comp. di *ago* e *-forme*; 1797] ***agg.*** che ha forma di ago || **N.** *Sin.* aceroso. **TAV.** ***fiori...*** **p. 671** 4.1.

agiatézza [da *agiato*; fine sec. XIII] ***sf.*** **1.** stato di chi è agiato, prosperità, discreto benessere economico: *vivere, trovarsi, nuotare nell'agiatezza* **2.** comodità, agio || **N.** **1.** *Sin.* benessere, ricchezza | *Contr.* miseria | fare il signore, passarsela bene **2.** *Sin.* comfort | *Contr.* disagio, scomodità.

agiàto [da *agio*; a. 1294] ***agg.*** che vive nell'agiatezza, che dispone di una certa ricchezza || **agiataménte** ***avv.*** con agio, comodamente: *vivere agiatamente*, senza preoccupazioni economiche || **N.** *Sin.* benestante, signore, RICCO.

agìbile [dal lat. mediev. *agibilis*, dal lat. *agere*, fare; 1446 nel senso 2; 1926 nel senso 1] ***agg.*** **1.** detto di impianti o ambienti aperti al pubblico che rispondono ai necessari requisiti di sicurezza e sono dotati delle attrezzature necessarie: *aeroporto, teatro, stadio agibile* || *strada agibile*, percorribile **2.** *lett.* *ant.* che si può fare, fattibile.

agibilità [da *agibile*; 1884] ***sf.*** **1.** qualità di ciò che è agibile || rif. a stabile, capacità di assolvere a una funzione poiché dotato di tutte le misure di sicurezza: *agibilità di un teatro* **2.** *T.giur.* facoltà di sfruttare un elemento a proprio favore: *agibilità di un diritto*, possibilità di essere fatto valere in giudizio.

àgile [dal lat. *agilis*; 1438] ***agg.*** **1.** che si muove con grande facilità e scioltezza; svelto, pronto; anche *fig.*: *un ingegno agile* || *agile di mani*, svelto nel rubare || *agile di mente*, svelto nel capire **2.** *fig.* breve, conciso, chiaro: *ha tracciato un'agile sintesi della storia dell'azienda* || **agilménte** ***avv.*** || **N.** **1.** *Sin.* flessuoso, leggero, lesto, sciolto, spedito.

agilità [dal lat. *agilitas, -ātis*; a. 1406] ***sf.*** **1.** qualità di chi è agile; scioltezza di membra, grande facilità nel muoversi || *fig.* scioltezza, prontezza: *agilità di parola, agilità di pensiero* **2.** *T.mus.* *agilità di mano, di voce*, attitudine a eseguire passaggi musicali rapidi e complessi || **N.** *Sin.* destrezza, disinvoltura, flessuosità, prestezza, prontezza, sveltezza.

àgio (pl. *àgi*) [dal fr. ant. *aise*; inizio sec. XIII] ***sm.*** **1.** stato di comodità, situazione di benessere o vantaggio; comodo: *stare, trovarsi, sentirsi a proprio agio*, star bene; *a bell'agio*, con tutto comodo, senza fretta || tempo sufficiente per fare qualcosa: *lo farò appena avrò un po' di agio* || *dare agio di fare qualcosa*, dare l'opportunità, il tempo || *pl.* comodità, ricchezze: *vive negli agi* || *lett.* ozio, riposo **2.** *T.mecc.* interstizio che si lascia tra due pezzi perché abbiano gioco || **N.** **1.** *Contr.* disagio.

agiografìa [da *agiografo*; 1819] ***sf.*** il complesso degli scritti riguardanti la vita dei santi || *per estens.* scritti biografici celebrativi e adulatori: *l'agiografia napoleonica, risorgimentale.*

agiogràfico (pl. *-ci*) [da *agiografo*; 1865] ***agg.*** relativo alle vite dei santi: *leggende agiografiche* || *per estens.* celebrativo, adulatorio.

agiògrafo [dal lat. tardo *hagiographus*; 1743] ***sm.*** (f. *-a*) chi scrive le vite dei santi o altre cose sacre || *per estens.* studioso di agiografia || *per estens.* *spreg.* scrittore celebrativo e adulatorio || *gli Agiografi*, i libri del Vecchio Testamento non compresi tra quelli scritti da Mosè o dai Profeti.

agiologìa [dal gr. tardo *agiólogos*, che dice cose sante; 1881] ***sf.*** studio storico-critico dei documenti riguardanti la vita dei santi || **N.** agiografia.

agiòlogo (pl. *-gi*) [da *agiologia*; 1955] ***sm.*** (f. *-a*) studioso di cose sacre e di vite dei santi.

agìre (pres. *-ìsco, -ìsci*) [dal lat. *agere*, fare, attr. il fr. *agir*; a. 1639] **I** ***intr.*** (aus. *avere*) **1.** fare, operare, venire ai fatti: *ormai è tempo d'agi-*

re, agire di nascosto **2.** procedere, comportarsi: *questo non è modo d'agire* **3.** di muscoli, macchine ecc., funzionare: *la molla non agisce più* || avere un'azione su altri corpi o sostanze, influire sul loro stato: *il veleno agisce lentamente, una medicina che agisce da calmante sull'organismo* **4.** *T.giur.* muovere un'azione legale **5.** *T.teatr.* recitare, esercitare un'attività teatrale: *la loro compagnia agiva solo in Piemonte* **II** ***sm.*** **1.** comportamento: *il tuo non è affatto un bell'agire, un agire scorretto* **2.** *T.psican. acting-out* (v.) || **N.** **I** **1.** *Sin.* FARE **2.** *Sin.* comportarsi **3.** reagire; far effetto.

agitàbile [dal lat. *agitābilis*; 1639] ***agg.*** che può essere agitato || *fig.* di persona, emotiva, facilmente impressionabile.

agitaménto [da *agitare*; a. 1406] ***sm.*** atto ed effetto dell'agitare e dell'agitarsi.

agitàre (pres. *àgito*) [dal lat. *agitāre*; 1342] ***tr.*** **1.** muovere in qua e in là con forza, scuotere, sbattere: *il vento agita le foglie, agitare prima dell'uso* || *agitare il fazzoletto*, sventolarlo in segno di saluto || *fig.* commuovere fortemente, turbare: *questa notizia agitò gli animi* **2.** spingere alla protesta, alla lotta: *agitò la folla contro i provvedimenti del governo* **3.** *fig.* rif. a cause, questioni, discutere, dibattere || ***intr. pron.*** **1.** muoversi con forza, irrequietamente: *si agitava sul letto smaniando, le acque si agitavano nella tempesta*; anche *fig.*, spec. di idee e sentimenti: *un pensiero si agitava in lui* || *fig.* turbarsi, eccitarsi: *si agita per nulla* **2.** prendere posizione in appoggio a rivendicazioni politiche o sociali: *gli studenti si agitano contro il numero chiuso* || **N.** ***tr.*** **1.** *Sin.* dimenare, scrollare, scuotere, squassare **2.** *Sin.* incitare, sobillare, sollevare | ***intr. pron.*** **2.** *Sin.* dimostrare, manifestare, protestare; entrare in agitazione.

agitàto (*pps.* di *agitare*) [1342] **I** ***agg.*** **1.** detto di mare, mosso, tempestoso: *mare agitato*, a forza cinque; *molto agitato*, a forza sei || *fig.* turbato, inquieto: *l'ammalato ha passato una notte agitata* **2.** *T.mus.* indicazione dinamica che prevede un'esecuzione mossa e concitata **II** ***sm.*** (f. *-a*) chi è in preda a una forte eccitazione emotiva || malato di mente in preda a una grande agitazione || **N.** **I** **1.** *Sin.* concitato, sconvolto, smanioso.

agitatóre [dal lat. *agitator, -ōris*; a. 1642] **I** ***sm.*** (f. *-trìce*) **1.** che spinge la massa ad agire in appoggio delle proprie rivendicazioni **2.** strumento usato in chimica e in altre lavorazioni per agitare miscugli e sospensioni || *gen.* strumento per agitare **II** ***agg.*** che agita || **N.** **I** **1.** *Sin.* provocatore, sobillatore.

agitatòrio (pl. *-ri*) [da *agitare*; 1983] ***agg.*** *T.pol.* che spinge le masse all'agitazione politica per fini di parte: *propaganda agitatoria.*

agitazióne [dal lat. *agitātio, -ōnis*; a. 1600] ***sf.*** **1.** atto ed effetto dell'agitare e dell'agitarsi; stato di chi è agitato || *fig.* turbamento, inquietudine: *essere in grande agitazione, mettere in agitazione* **2.** azione politica e sindacale tendente al raggiungimento di determinati scopi: *l'agitazione dei metalmeccanici per il contratto*; *entrare in agitazione*, manifestare **3.** *T.fis. agitazione termica*, il movimento continuo di cui sono dotate molecole e atomi in tutti gli stati di aggregazione della materia || **N.** **1.** *Sin.* dimenamento, rimescolamento, scombussolamento, sconquasso, scossa, scossone, subbuglio, trambusto, tramenio, turbolenza; ansia, ansietà, concitazione, fermento, inquietudine, scompiglio, smania **2.** *Sin.* manifestazione, sciopero.

agitazionìsmo [da *agitazione*; 1965] ***sm.*** stato di agitazione perenne e programmatica, spec. nell'ambito sindacale e sociale.

àgit-pròp [dalle voci russe *agit(acija)* e *prop(aganda)*; 1945] ***sm. inv.*** *non com.* agitatore politico, spec. comunista.

aglaonèma [dal lat. scient. *aglaonema*, comp. del gr. *aglaós*, splendido e *nêma*, filamento; 1955] ***sm.*** *T.bot.* pianta arbustiva delle Aracee dalle foglie oblunghe e dalle infiorescenze a spadice, che cresce in India e in Malesia.

àgli ***prep.*** *art. m. pl.* v. prep. *a.*

-àglia [dal lat. *-ālia*, desinenza pl. neutra con valore collettivo] ***suff.*** forma sostantivi f. denominali (*brodaglia*) o, meno freq., deaggettivali (*anticaglia*); in entrambi i casi i derivati hanno valore collettivo cui si aggiunge perlopiù una connotazione spregiativa: *ferraglia, gentaglia, plebaglia, minutaglia* || in alcune voci la connotazione spregiativa si attenua fin quasi a scomparire: *boscaglia, sterpaglia* || **N.** -ame, -ume.

agliàceo [da *aglio*; 1925] ***agg.*** di odore o sapore, simile all'aglio: *condimento agliaceo.*

agliàio (pl. *-ài*) [da *aglio*; 1803] ***sm.*** terreno coltivato ad agli.

agliànico [dal nap. *aglianeca*, der. dal lat. *iulius*, luglio; 1907] ***sm.*** vitigno dell'Italia meridionale, spec. della Campania, dai cui grappoli, che maturano in luglio, si ricava il vino rosso omonimo dall'alta gradazione (12-13°).

agliàta [da *aglio*; sec. XIV-XV] ***sf.*** salsa fatta con aglio pestato, olio, aceto, tipica della cucina ligure.

agliétto (*dim.* di *aglio*) [sec. XV] ***sm.*** **1.** piccola testa d'aglio **2.** aglio ancora in erba, senza spicchi.

àglio (pl. *àgli*) [lat. *allium*; 1354] ***sm.*** pianta delle Liliacee con foglie lineari, fiori bianco-rossastri e bulbo commestibile dal caratteristico odore, diffusamente coltivato come ortaggio da condimento e come antisettico e vermifugo: *uno spicchio d'aglio, una testa d'aglio* || *mangiare, roder l'aglio*, rodersi dentro per dover sopportare in silenzio cose spiacevoli || *erba aglio*, scordio || **N.** barbe, bulbo, code o foglie, spicchi, spoglia o buccia | capo o testa, resta; filza, mazzo, treccia. **TAV.** *erboristeria* 3.

Agnàti [comp. di *a-*[1] e *-gnato*; 1819] ***sm. pl.*** *T.zool.* gruppo di Vertebrati privi di mandibola.

agnàtico (pl. *-ci*) [da *agnato*; 1881] ***agg.*** *T.giur.* relativo al rapporto di agnazione || *successione agnatica*, successione cui prendono parte soltanto i maschi.

agnatìzio (pl. *-zi*) [dal lat. tardo *agnatīcius*; 1673] ***agg.*** che riguarda l'agnazione, che ne deriva.

agnàto [dal lat. *agnātus*; a. 1744] ***sm.*** congiunto in linea maschile.

agnazióne [dal lat. tardo *agnatio, -ōnis*; 1618] ***sf.*** legame di parentela in linea maschile || *in part.* nel diritto romano il rapporto tra il capo famiglia e i sottoposti alla sua potestà || **N.** cognazione; PARENTELA.

agnellàio (pl. *-ài*) [da *agnello*; 1777] ***sm.*** (f. *-a*) *non com.* macellaio e venditore di carne di agnello.

agnellatùra [da *agnello*; 1797] ***sf.*** tempo della figliatura delle pecore || *per estens.* la filiazione stessa.

agnellìno (*dim.* di *agnello*) [sec. XIV] ***sm.*** **1.** piccolo agnello **2.** *fig.* persona docile, mansueta, o che vuole apparir tale: *sembra un agnellino* **3.** *agnellino di Persia*, pelliccia di valore che si ricava dalle pelli degli agnelli persiani estratti dal ventre della madre precedentemente abbattuta.

agnèllo [lat. *agnellus*, dim. di *agnus*; a. 1294] ***sm.*** **1.** nato della pecora, non ancora uscito dall'anno || la carne o la pelliccia che se ne ricava: *un cosciotto di agnello, un giaccone di agnello* **2.** *Agnello di Dio, Agnello immacolato*, simbolo di Gesù Cristo **3.** *fig.* persona mansueta o che mostra d'essere tale || *dim.* agnelletto, agnellino, agnellùccio || **N.** cordesco, vernereccio | belato. **TAV.** *alimentazione* 5.

agnellóne (*accr.* di *agnello*) [1955] ***sm.*** **1.** grosso agnello **2.** agnello slattato tra i sei mesi e l'anno **3.** pelliccia e pelle ricavata dall'agnello stesso.

agnellòtto v. AGNOLOTTO.

agnìno [dal lat. *agninus*; a. 1294] ***agg.*** *raro* d'agnello: *pelli agnine* (Pascoli).

agnizióne [dal lat. *agnitio, -ōnis*; 1576] ***sf.*** **1.** riconoscimento della vera identità di un personaggio di un dramma o di un romanzo che determina un mutamento nell'intreccio || *per estens.* riconoscimento dell'identità di qualcuno **2.** *raro* studio critico basato sul riconoscimento di affinità linguistiche e stilistiche fra autori tra loro lontani.

àgno [lat. *agnus*; a. 1321] ***sm.*** *ant.* **1.** agnello **2.** enfiagione, bubbone || *fig. tagliare l'agno a una lite*, risolverla.

agnocàsto [dal lat. *agnus castus*; sec. XIV] ***sm.*** *T.bot.* arbusto della famiglia delle Verbenacee, che vegeta in luoghi umidi e produce fiori violacei e bianchi raccolti in spighe; un tempo considerato afrodisiaco.

àgnolo [dal lat. *angelus*; a. 1416] ***sm.*** *ant.* angelo.

agnolòtto (raro *agnellòtto*) [forse dal torinese *agnulot*, da *agnello*; a. 1646] ***sm.*** specialità gastronomica costituita da due rettangoli sovrapposti di pasta all'uovo, ripieni di carne, verdura o ricotta; viene servita di solito condita con sughi o burro || **N.** *Sin.* raviolo | cappelletti, tortelli, tortellini. **TAV.** *alimentazione* 1.15.

agnosìa [dal gr. *agnōsía*; 1941] ***sf.*** **1.** *T.fil.* coscienza della propria ignoranza; atteggiamento di chi professa di non conoscere nulla **2.** *T.psic.* incapacità di riconoscere gli oggetti esterni o i suoni, pur percependoli.

agnosticìsmo [dall'ingl. *agnosticism*; 1905] ***sm.*** *T.fil.* posizione di chi ritiene che i grandi problemi filosofici non possano avere soluzione || *per restr.* la posizione di chi né afferma, né nega l'esistenza di Dio || *per estens. com.* noncuranza, disinteresse di fronte a una questione. **Q.T.** *religione.*

agnòstico (pl. *-ci*) [dall'ingl. *agnostic*; 1905 come sm.] **I** ***agg.*** relativo all'agnosticismo **II** ***sm.*** (f. *-a*) chi segue l'agnosticismo come corrente di pensiero || *com.* chi rifiuta di ammettere o negare l'esistenza di Dio.

agnus Dei (lat., pr. it. ['aɲɲus'dɛi]) [letter. agnello di Dio; a. 1319] ***loc. m. inv.*** **1.** immagine con cui Giovanni Battista indicò Gesù Cristo **2.** parte della messa in cui il sacerdote recita per tre volte la preghiera che inizia con le parole *agnus Dei*; *T.mus.* il canto liturgico corrispondente **3.** medaglia devozionale in cera raffigurante un agnello che rappresenta l'*agnus Dei.*

àgo (pl. *àghi*) [lat. *acus*; a. 1249] ***sm.*** **1.** piccolo utensile d'acciaio acuminato, fornito a un'estremità di un foro ovale (*cruna*) in cui si fa passare il filo: *ago da lana, da materassaio, da sellaio, da macchina da cucire* || *infilare l'ago*, passare il filo attraverso la cruna || *lavoro d'ago*, lavoro di cucito || *fig. cercare un ago in un pagliaio*, tentare un'impresa impossibile **2.** nome generico per strumenti di forma allungata e aguzzi || *ago magnetico*, sottile sbarretta di ferro magnetizzato che nella bussola indica il Nord || *ago da calza*, il ferro con cui si lavora a maglia || *ago torto*, uncinetto || *ago della bilancia*, lancetta che indica il peso; anche *fig.*: *il tasso di sconto è l'ago della bilancia della situazione economica* || *ago della toppa*, perno cilindrico di serrature per chiavi a cannello vuoto || *ago della siringa*, internamente cavo, usato per iniezioni || *ago dello scambio*, parte cuneiforme della rotaia che può essere spostata per deviare un convoglio || *ago della meridiana*, la sbarra di ferro che con la sua ombra segna le ore **3.** *aghi di pino*, le foglie aghiformi del pino e di altre conifere **4.** *T.zool.* pungiglione di api, vespe ecc. || *pesce ago*, nome comune dei pesci Signatidi || **N. 1.** agoraio, ditale | agucchiare, cucire, ricamare. **Q.T.** *maglia...* **TAV.** ***ferrovie...*** **p. 669** 5.20; ***maglia...*** **p. 1316** 10 e **p. 1317** 21.4, 8.

agògica [dal gr. *agogikós*, colui che dirige; 1940] ***sf.*** *T.mus.* insieme delle modificazioni apportabili a un brano musicale nel corso della sua esecuzione, che dimostra il talento interpretativo del musicista.

agognànte (*ppr.* di *agognare*) [1332] ***agg.*** che agogna || **N.** *Sin.* avido, cupido.

agognàre (pres. *-ógno*) [lat. volg. **agoniāre*; 1306] ***tr.*** bramare ansiosamente: *agognare la gloria* || ***intr.*** (aus. *avere*) ambire, desiderare ardentemente qualcosa: *agognare a un riconoscimento* || **N.** *Sin.* ambire, anelare, appetire, aspirare, struggersi.

agognàto (*pps.* di *agognare*) [1600] ***agg.*** bramato con avidità, desiderato: *dopo un lungo cammino, giunsero all'agognata meta.*

à gogo (fr., pr. [a go'go]) [letter. abbondantemente; 1963] ***loc. avv.*** a volontà, in abbondanza, senza limiti: *whisky à gogo, bere à gogo.*

agonàle [dal lat. *agonālis*; a. 1375] **I *agg.*** *lett.* che si riferisce all'agone: *feste agonali* **II *sm. pl.*** feste romane ripristinate in epoca fascista quali manifestazioni sportive e culturali: *gli agonali.*

agonàra [da *agone*[2]; 1937] ***sf.*** *T.pesc.* rete a strascico usata spec. in Liguria per la pesca delle aguglie || **N.** *Sin.* agugliara.

agóne[1] [dal lat. *agon, -ōnis*; a. 1306] ***sm.*** *lett.* competizione sportiva, gara solenne, presso gli antichi Greci e Romani, di forza, di agilità, d'ingegno: *gettarsi nell'agone,* cimentarsi in una gara; anche *fig.* || *poet.* gara, lotta, combattimento || il campo dove si svolgono tali gare: *scendere nell'agone.*

agóne[2] [dal lat. *acus*; 1797] ***sm.*** *T.zool.* pesce dei Clupeidi del genere alosa, comune nei laghi; ha forma allungata e colore argenteo.

agonìa [dal gr. *agōnía*, lotta; a. 1342] ***sf.*** periodo che precede la morte caratterizzato da una progressiva e continua perdita delle funzioni vitali || *fig.* stato di angoscia, di ansia || **N.** angoscia | MORIRE.

agònico[1] (pl. *-ci*) [da *agonia*; 1945] ***agg.*** relativo all'agonia; proprio dell'agonia: *tremore agonico, pianto agonico.*

agònico[2] (pl. *-ci*) [dal gr. *agōnios*, non angoloso; 1955] ***agg.*** privo di angoli || *linea agonica,* linea che unisce tutti i punti della superficie terrestre su cui si annulla la declinazione magnetica, dove cioè meridiano magnetico e meridiano geografico coincidono.

agonìsmo [da *agone*[1]; 1935] ***sm.*** impegno tenace, accanimento e spirito di emulazione di atleti e squadre in una competizione: *l'agonismo non deve mai degenerare in gioco violento.*

agonìsta [da *agone*[1]; a. 1499] ***s.*** *lett.* chi nella Grecia classica partecipava a un agone || **N.** *Sin.* atleta.

agonìstica [da *agone*[1]; 1797] ***sf.*** l'arte e l'esercizio degli atleti.

agonìstico (pl. *-ci*) [da *agone*[1]; 1609] ***agg.*** attinente all'agonismo e allo sport || *fig.* battagliero, combattivo: *spirito agonistico.*

agonizzànte (*ppr.* di *agonizzare*) [a. 1644] ***s.*** e ***agg.*** chi o che è in agonia: *preghiere per gli agonizzanti.*

agonizzàre [dal lat. tardo *agonizāre*, combattere; 1664] ***intr.*** (aus. *avere*) essere in agonia || *fig.* essere in uno stadio di declino: *il cinema italiano agonizza* || **N.** *Sin.* declinare, spegnersi; MORIRE.

agopuntóre [da *agopuntura*, con cambio di suff.; 1971] ***sm.*** e ***agg.*** chi o che pratica l'agopuntura.

agopuntùra [comp. di *ago* e *puntura*; 1805] ***sf.*** *T.med.* pratica terapeutica di origine cinese consistente nell'infissione di aghi in particolari aree del corpo umano.

àgora[1] o **agorà** [dal gr. *agorá*, piazza; 1860] ***sf.*** luogo in cui nell'antica Grecia si tenevano i mercati e le assemblee; piazza centrale || **N.** *Sin.* foro, mercato, piazza.

àgora[2] [dal lat. *acus*; 1354] ***sf. pl.*** *ant.* aghi.

agorafobìa [comp. di *agora*[1] e *-fobia*; 1892] ***sf.*** *T.med.* paura morbosa degli spazi aperti || **N.** *Contr.* claustrofobia.

agoràio (pl. *-ài*) [da *agora*[2]; a. 1492 nel senso 2] ***sm.*** **1.** piccolo astuccio cilindrico per custodire gli aghi **2.** (f. *-a*) *raro* chi fa o vende aghi.

agostaménto [da *agosto*; 1955] ***sm.*** *T.bot.* fase di lignificazione delle parti giovani dell'albero che si verifica in piena estate e che comporta la formazione del cerchio annuale del legno.

agostàna [f. sost. di *agostano*; 1970] ***sf.*** tipo di uva bianca che matura in agosto.

agostàno [da *agosto*; 1664] ***agg.*** relativo all'agosto || *com.* che matura o viene raccolto in agosto: *fieno agostano.*

agostàro [lat. *augustālis*; sec. XIII] ***sm.*** *T.num.* moneta d'oro coniata in Sicilia da Federico II.

agostiniàno [da sant'*Agostino*; 1628 come sm.] **I *agg.*** relativo a sant'Agostino e alla sua dottrina: *le teorie agostiniane* **II *sm.*** (f. *-a*) **1.** membro di uno degli ordini religiosi ispirati alla regola di sant'Agostino **2.** seguace delle teorie di sant'Agostino.

agostinìsmo [da sant'*Agostino*; 1955] ***sm.*** *T.fil.* corrente filosofica e teologica cristiana che si richiama al pensiero di sant'Agostino, spec. per i problemi della grazia e della predestinazione.

agostìno[1] [da *agosto*; a. 1524] ***agg.*** agostano.

agostìno[2] [da sant'*Agostino*; 1955] ***agg.*** e ***sm.*** detto del carattere tipografico simile a quello usato nel 1467 per la stampa del *De civitate Dei* di sant'Agostino || **N.** *Sin.* silvio.

agósto [lat. tardo *agustus*, dal n. dell'imperatore *Augusto*; a. 1238 *agusto*] ***sm.*** ottavo mese dell'anno del calendario giuliano e gregoriano, sesto dell'antico calendario romano || *la Madonna di mezzagosto,* festa dell'Assunzione || *prov. la prima acqua d'agosto, il caldo s'è riposto.*

àgra [da *agro*[2]; 1961] ***sf.*** siero del latte inacidito, usato per la preparazione della ricotta.

agrafe (fr., pr. [a'graf]) [1942] ***sf.*** *inv.* (anche pl. *agrafes*, pr. [a'graf]) fermaglio metallico di varia forma.

agrafìa [comp. di *a-*[1] e *-grafia*; a. 1938] ***sf.*** *T.med.* perdita della facoltà di scrivere causata da lesioni cerebrali || **N.** afasia.

agrammatìsmo [dal lat. tardo *agrammatus*; 1899] ***sm.*** *T.med.* incapacità patologica di esprimersi correttamente secondo le regole della sintassi || **N.** afasia.

agrària [da *agrario*; 1865] ***sf.*** lo studio scientifico delle tecniche relative alla lavorazione e coltivazione della terra.

agràrio (pl. *-ri*) [dal lat. *agrārius*; a. 1292] **I *agg.*** relativo all'agricoltura: *diritto, consorzio agrario, riforma agraria* || *contratto agrario,* che regola il rapporto tra il proprietario della terra e chi la lavora || *chimica agraria,* che studia le caratteristiche chimiche del terreno in relazione ai tipi di colture || *leggi agrarie,* nell'antica Roma, complesso di leggi che cercavano di limitare il latifondismo || *partito agrario,* organizzazione che ha come fine la tutela degli interessi dei proprietari terrieri **II *sm.*** (f. *-a*) proprietario terriero, latifondista. **Q.T.** *agricoltura.*

agreement (ingl., pr. [ə'gri:mənt]; pr. it. [a'griment]) [1941] ***sm.*** *inv.* patto, accordo, convenzione, intesa; usato nel linguaggio politico e scherzosamente, soprattutto nella loc. *gentlemen's agreement* (pr. [ˌdʒentəlmən ə'gri:mənt]), accordo fra gentiluomini.

agrèsta [lat. *agrestis*; 1564] ***sf.*** specie di uva che non matura mai perfettamente; agresto.

agrèste [dal lat. *agrestis*; fine sec. XIII] ***agg.*** relativo alla campagna, campagnolo || rozzo, selvatico.

agrestìno [da *agresto*; 1893] ***sm.*** grappolo d'uva non maturo che rimane sulla vite dopo la vendemmia.

agrèsto [lat. *agrestis*; 1347 ca.] **I *sm.*** agresta || *per estens.* succo di uva non matura dal sapore acerbo, talvolta usato al posto dell'aceto **II *agg.*** *ant.* acerbo, acre.

agrétto [da *agro*[1]; a. 1292] **I *agg.*** agro ma in modo non spiacevole: *sapore agretto* **II *sm.*** **1.** sapore acidulo: *l'agretto del limone* **2.** nome di alcune erbe dal sapore acidulo || **N. II 2.** acetosella, cappuccina, crescione, crescione inglese.

agrézza [da *agro*[1]; sec. XIV] ***sf.*** *lett.* qualità di ciò che è agro || *fig.* acredine || **N.** *Sin.* acerbità, asprezza.

agrìcola [dal lat. *agricola*; a. 1294] ***sm.*** *ant.* e *lett.* agricoltore, colono, contadino: *l'alba che affretta rosea al campo ancora grigio gli agricoli* (Carducci).

agrìcolo [dal fr. *agricole*; 1465] ***agg.*** relativo all'agricoltura: *strumenti agricoli* || agrario: *credito agricolo, mostra agricola.* **Q.T.** *agricoltura* **TAV.** ***carri...*** **p. 664** 2.

agricoltóre [dal lat. *agri cultor, -ōris*; sec. XIV] ***sm.*** **1.** chi coltiva la terra, contadino **2.** imprenditore agricolo, proprietario terriero || **N.** aratore, bifolco, camparo, colono, fattore, fittavolo, massaro, mezzadro, mietitore, servo della gleba, vignaiolo, zappatore | colonìa, enfiteusi, mezzadria, terra a terzo, terratico | onoranze o regalie, parte padronale, partitura | scorte vive e morte (bestiame, alberi da frutto, arnesi, concimi), servitù prediali. **Q.T.** *agricoltura.*

agricoltùra [dal lat. *agricultūra*; 1308] ***sf.*** tecnica e pratica della coltivazione della terra al fine di produrre alimenti per uomini e animali || in senso lato comprende anche l'allevamento del bestiame: *l'agricoltura, l'industria e il terziario sono alla base dell'economia di una nazione.* **Q.T.** *agricoltura.*

agrifòglio (pl. *-gli*) [lat. *acrifolium*; 1539] ***sm.*** arboscello sempreverde delle Aquifogliacee, con foglie coriacee, lucide, contornate di spine, fiori piccoli, bianchi o rosei, frutti del tipo drupa d'un color rosso vivo raccolti in piccole cime ascellari; è usato come decorazione natalizia.

agrìgno [da *agro*[1]; 1726] ***agg.*** *raro* di sapore piuttosto agro, asprigno.

agrimensóre [dal lat. *agri mensor, -ōris*, misuratore del campo; a. 1580] ***sm.*** chi esercita l'agrimensura || **N.** agronomo, geometra, ingegnere, perito.

agrimensòrio (pl. *-ri*) [da *agrimensura*; 1853] ***agg.*** *disus.* relativo all'agrimensura: *squadro agrimensorio.*

agrimensùra [da *agrimensore*; 1759] ***sf.*** ramo della topografia che ha per oggetto la misurazione dei campi e la loro rappresentazione cartografica || **N.** altimetria, livellazione, planimetria, stereometria, topografia; archipendolo, biffa, bussola, canna, filo a piombo, goniometro, livelletta o bolla, nastro, pantometro, pertica, rapportatore, squadra; mappa; estimo.

agrimònia [dal lat. scient. *agrimonia*, pop. *agremonia*, papavero selvatico; prima metà sec. XIII] ***sf.*** *T.bot.* pianta erbacea e perenne delle Rosacee dalle foglie alterne e aromatiche e dai fiori gialli in grappoli.

agriòtta [dal fr. *aigriotte*; 1745] ***sf.*** specie di ciliegia di sapore agretto; visciola.

agriòtto [dal fr. *aigriotte*; 1597] ***sm.*** varietà di visciolo, ciliegio con frutto rosso dal succo sanguigno.

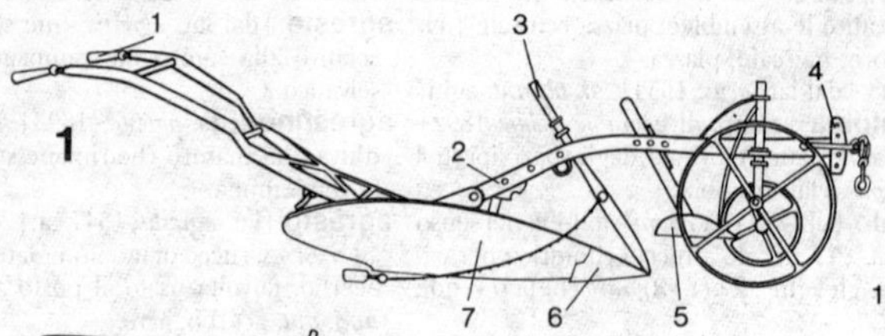

1

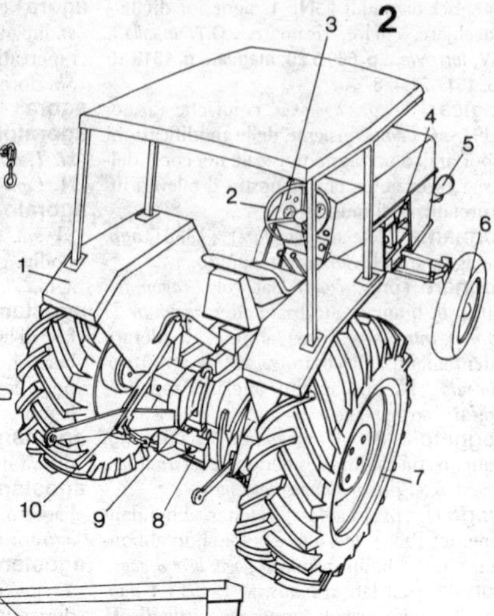

2

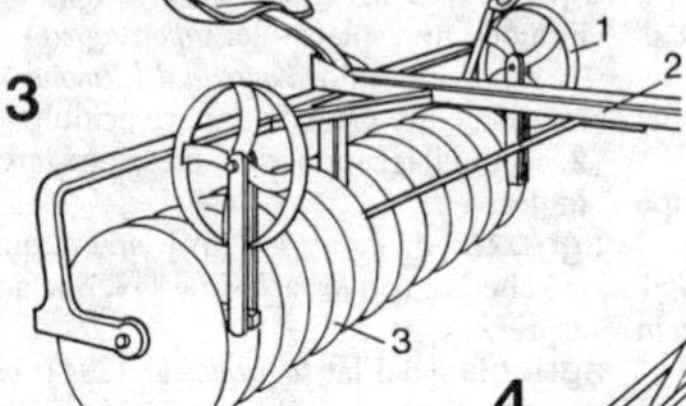

3

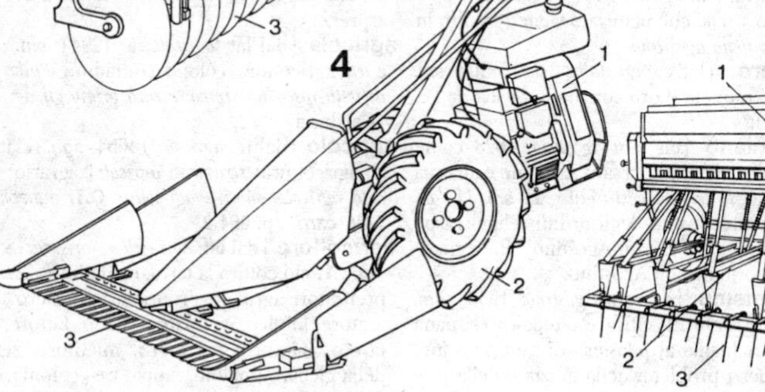

4

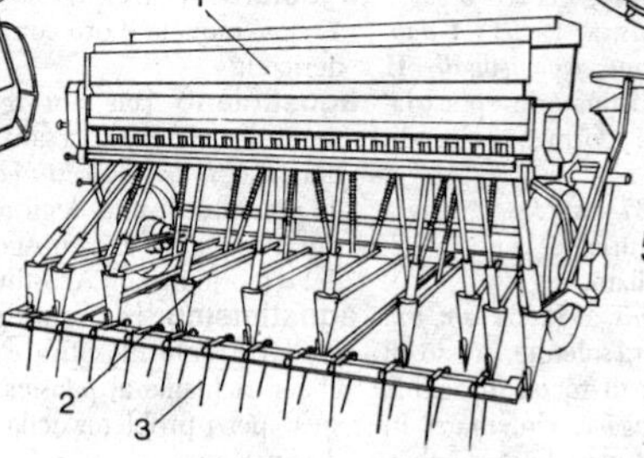

5

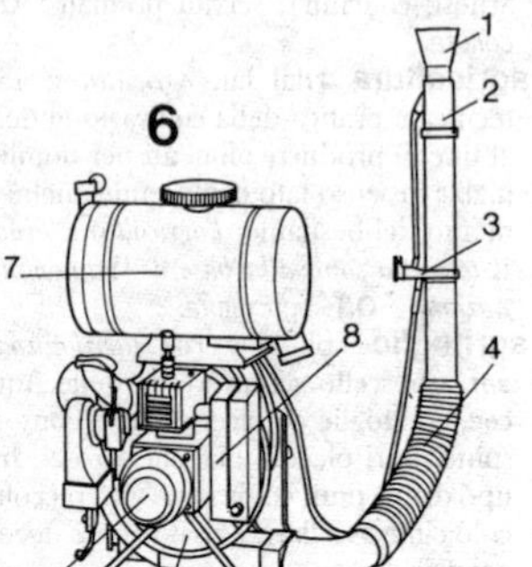

6

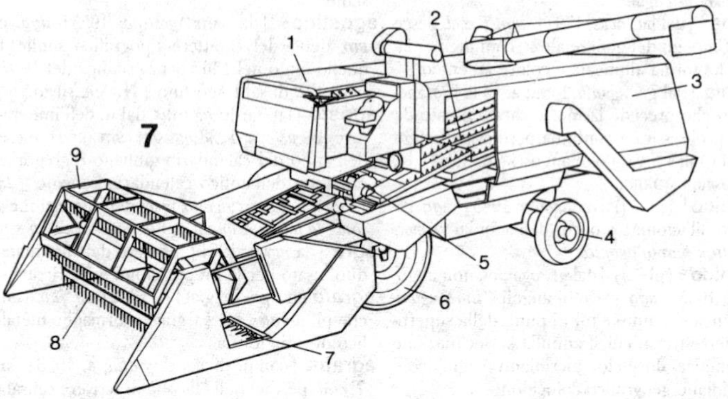

7

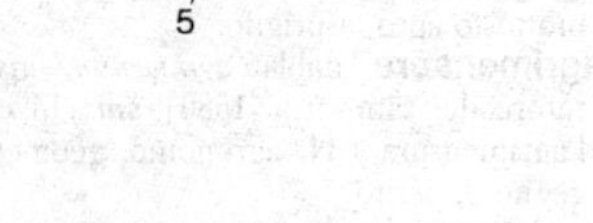

8

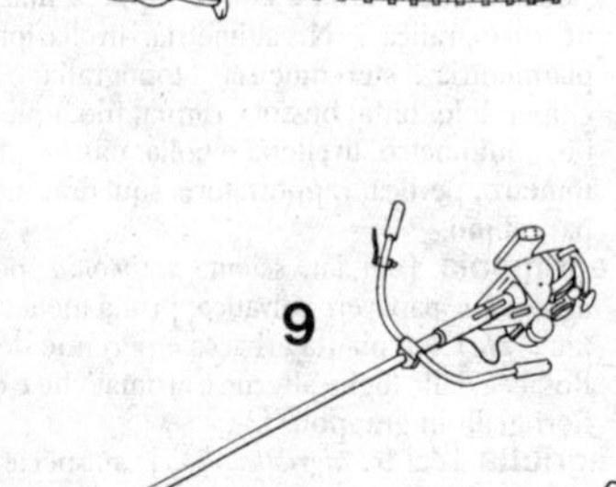

9

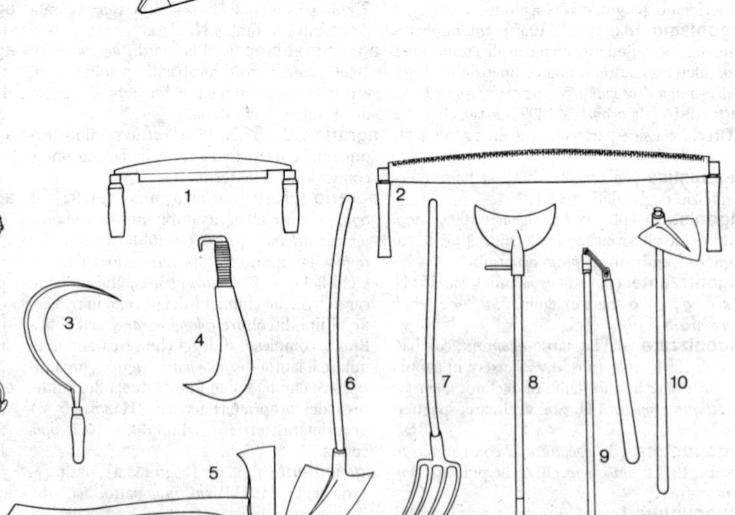

10

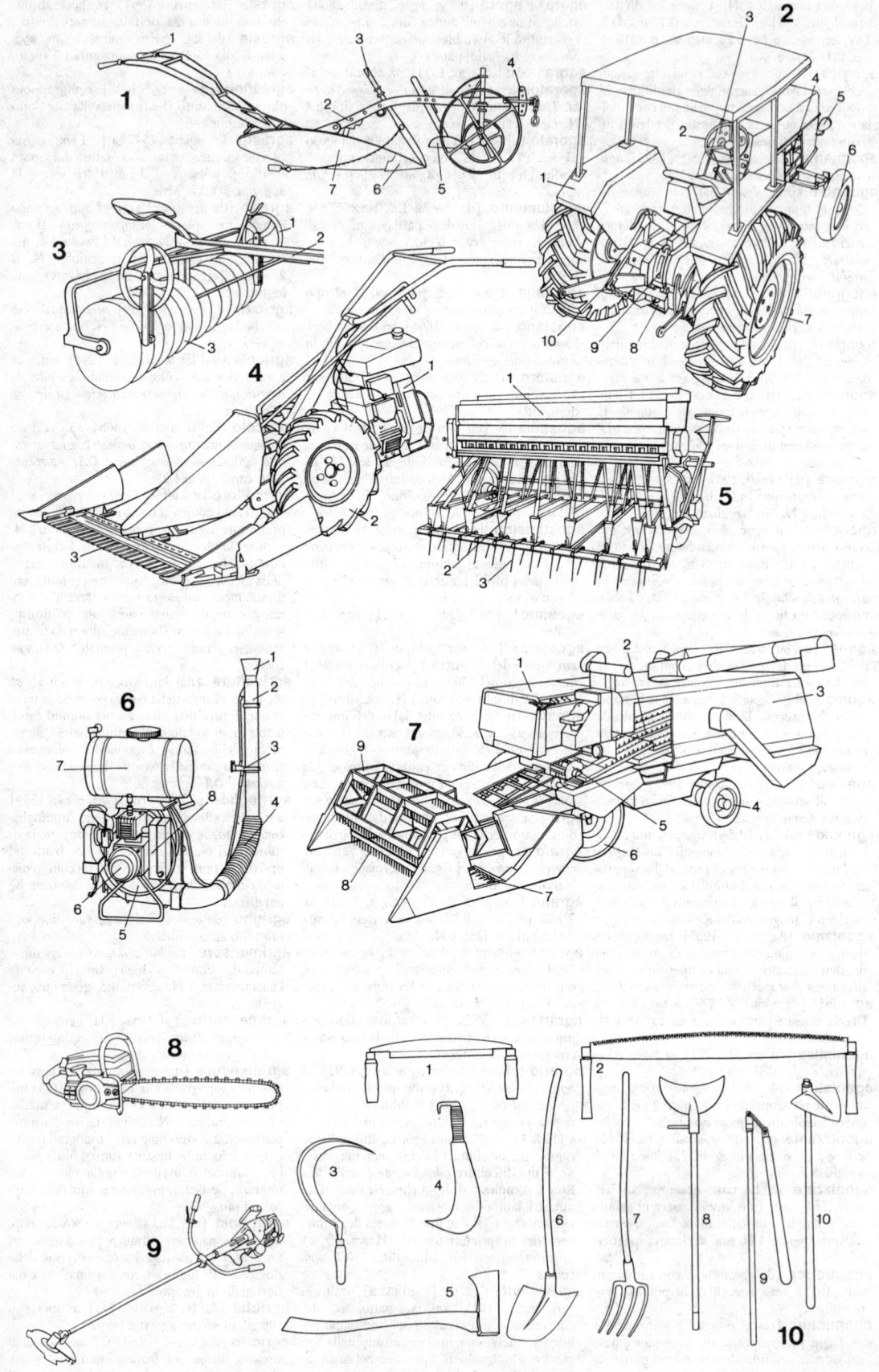

1. aratro
1.1. manico - 1.2. bure - 1.3. coltro - 1.4. timone - 1.5. scorticatore - 1.6. vomere - 1.7. versoio

2. trattore agricolo
2.1. parafango - 2.2. volante - 2.3. cruscotto - 2.4. motore - 2.5. faro - 2.6. ruota direttrice - 2.7. ruota motrice - 2.8. attacco a tre punti - 2.9. asse motore (presa di forza) - 2.10. rinvii comandi attrezzi

3. erpice a dischi
3.1. ruote per trasporto - 3.2. timone - 3.3. dischi

4. falciatrice
4.1. motore - 4.2. ruota motrice - 4.3. pettine falciante

5. seminatrice
5.1. tramoggia semi - 5.2. tubi adduttori - 5.3. solcatori

6. irroratrice
6.1. ugello - 6.2. spruzzatore - 6.3. valvola a mano - 6.4. tubo flessibile - 6.5. serbatoio aria compressa - 6.6. motore e compressore - 6.7. serbatoio insetticida - 6.8. serbatoio carburante

7. mietitrebbiatrice
7.1. motore - 7.2. raccolta paglia - 7.3. trincia paglia - 7.4. ruota direttrice - 7.5. raccolta grano - 7.6. ruota motrice - 7.7. falciatrice - 7.8. rebbio - 7.9. aspo

8. motosega

9. decespugliatore

10. attrezzi del contadino
10.1. scortecciatoio - 10.2. sega a due mani 10.3. falcetto - 10.4. roncola - 10.5. scure 10.6. badile - 10.7. forcone - 10.8. tagliafieno - 10.9. correggiato - 10.10. zappa - 10.11. falce fienaia - 10.12.salva lama - 10.13. cote - 10.14. portacote - 10.15. rastrello - 10.16. vanga

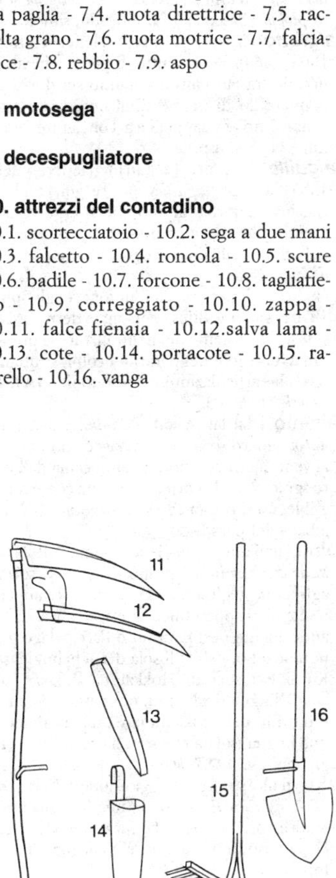

agrippìna [da una statua di Agrippina del Museo Capitolino; 1863] ***sf.*** divano con un solo bracciolo e con schienale ampio e inclinato ‖ **N.** CANAPÈ.

agriturìsmo [comp. di *agro-* e *turismo*; 1978] ***sm.*** tipo di turismo, spec. estivo, consistente nella permanenza per un determinato periodo di tempo in aziende agricole dove, pagando o partecipando a lavori stagionali, si ottiene vitto e alloggio.

agrituriста [da *agriturismo*; 1983] ***s.*** chi pratica l'agriturismo.

agrituristico (pl. *-ci*) [da *agriturista*; 1983] ***agg.*** relativo all'agriturismo: *vacanza agrituristica.*

àgro¹ [lat. tardo *acrus*; a. 1292] **I** ***agg.*** aspro, di sapore acre: *un'arancia agra* ‖ *fig.* brusco, pungente, aspro: *un agro rimprovero* ‖ *viso agro*, arcigno ‖ molesto, sgradito: *un canto agro di gallo* (Pascoli) ‖ **agraménte** ***avv.*** **II** ***sm.*** **1.** sugo che si spreme da limoni e altri agrumi **2.** asprezza, sapore acido: *questo vino ha già preso l'agro* ‖ *fig.* rancore: *fra quei due c'è dell'agro.*

àgro² [dal lat. *ager, agri*; a. 1698] ***sm.*** territorio, campagna attorno a una città, quasi esclusivamente nel nome di alcune regioni: *Agro Pontino, Agro Romano* ‖ *T.stor.* nell'antica Roma, il territorio di uno Stato politicamente riconosciuto.

AGRICOLTURA

TERRENO: boschivo, ortivo, pascolativo, prativo, seminativo; brullo, incolto, selvatico.

SUOLO: acido, acquitrinoso, alcalino, argilloso, bruno, compatto, dolce, fertile, grasso, impermeabile, irriguo, magro, rosso, sabbioso, sciolto, sterile, ubertoso, umido; argilla, calcare, feldspato, ferro, fosfati, gesso, silice; galestro, humus, marna, pancone, sabbione, terriccio, torba.

CAMPO: appezzamento, cascina, fattoria, fondo, latifondo, maso, orto, podere, tenuta; agrumeto, carciofaia, castagneto, faggeto, frutteto, gelseto, oliveto, pineta, pioppeto, risaia, vigneto; alberata, incolto, maggese, marcita, prato, semenzaio, terrazzamento; baraggia, brughiera, landa, steppa; gleba, piota, zolla.

PARTI: acquidoccio, adacquatrice, canale, capezzagna, capifosso, gronda, magolo, porca, proda, roggia, seccia, sodaglia, solco.

PERSONE: agrario, agricoltore, agrimensore, bifolco, bracciante, cantiniere, capoccia, colono, coltivatore (diretto), contadino, fattore, fittavolo, floricoltore, massaro, mezzadro, perito agrario, salariato, vignaiolo, vivaista.

FORME GIURIDICHE: affittanza, azienda agraria, conduzione diretta, cooperativa agricola, enfiteusi, mezzadria, partecipanza, soccida.

PODERE: aia, apiario, barchessa, cantina, capanna, casa colonica, cascina, caseificio, colombaia, concimaia, conigliera, fienile, forno, frantoio, granaio, letamaio, maceratoio, oleificio, ovile, pagliaio, pollaio, porcile, pozzo, seccatoio, silo, stalla, tettoia, tinaia, vivaio.

AZIONI: alberare, annaffiare, annoccare, appoderare, appratire, arare, attecchire, avvicendare, bacchiare, bonificare, brillare, calcinare, capitozzare, colmare, coltivare, costeggiare, debbiare, diserbare, dissodare, emendare, erpicare, estirpare, falciare, fertilizzare, ibridare, innestare, macerare, maggesare, marnare, mettere a dimora, mietere, mondare, piantare, potare, propagginare, rastrellare, rincalzare, sarchiare, scarificare, scassare, seminare, spigolare, trapiantare, trebbiare, vagliare, vangare, zappare; abbacchiatura, abbruciamento, alternanza o rotazione agraria, ammendamento, battitura, concimazione, decespugliamento, disboscamento, diradamento, drenaggio, fienagione, interramento, raccolta, ravagliatura, sfalcio, sovescio, sterramento, vendemmia.

IRRIGAZIONE: per sommersione, per scorrimento, per infiltrazione, a pioggia o per aspersione; subirrigazione, fertirrigazione.

COLTURA: estensiva, intensiva; arborea, erbacea, ortiva; consociata, isolata, promiscua; biologica.

PRODOTTI: agrumi, avena, barbabietola, canapa, civaie, cotone, foraggi, frutta, gelso, granoturco, lino, miglio, olive, orzo, patate, ricino, riso, segale, sorgo, tabacco, uva; covone, derrata, mannello, messe, primizie, raccolto, scorte.

STRUMENTI TRADIZIONALI: aratro (a bilanciere, a dischi, polivomero), bacchio, badile, barroccio, bidente, bindolo, cannicci, cariola, corbello, correggiato, erpice, estirpatore, falce, falcetto, falciola, forca, frullone, inzolfatoio, marra, pala, pennato, piccone, rastrello, roncola, ruspa, sgranatoio, staccio o crivello o vaglio, treggia, tridente, trivella, vanga, ventilabro, zappa.

MACCHINE: aratro meccanico, disinfestatrice, falciatrice, irroratrice, mietitrice, mietitrebbiatrice, motoaratrice, pompa, potatrice, pressaforaggi, rincalzatrice, rullo, sarchiatrice, scarificatore, seminatrice, sgranatrice, spandiconcime, spandiletame, spandiliquame, svecciatrice, trapiantatrice, trattore, trebbiatrice, trinciaforaggi, vangatrice, vendemmiatrice, voltafieno, zappatrice.

PIANTE E ANIMALI NOCIVI: carie del grano, carbone, cuscuta, mal bianco od oidio, muffe, peronospora, ruggine, segale cornuta, vischio; afide, cavalletta, cocciniglia, diaspide, elaterio, fillossera, grillotalpa, locusta, maggiolino, melofago, mosca olearia, processionaria, punteruolo, talpa, tignola (del grano, dell'uva).

PRODOTTI IMPIEGATI: anticrittogamici, antiparassitari, concimi (chimici, naturali), diserbanti, erbicidi, fertilizzanti, fertilizzanti biologici, fitofarmaci, fungicidi, guano, insetticidi, letame, nitrati, pesticidi, pollina, solfati.

VOCI ATTINENTI: agraria, agrimensura, agronomia, agrumicoltura, cerealicoltura, enologia, ezoognosia, floricoltura, frutticoltura, genetica agronomica, giardinaggio, olivicoltura, orticoltura, pedologia, risicoltura, selvicoltura, viticoltura; zootecnia; lettiera, paglia, stoppia, strame; fondiario, prediale, rurale, rustico (v. anche il quadro terminologico GIARDINAGGIO ED ORTICOLTURA).

àgro- e **àgri-** [dal lat. *ager, agri,* campo] ***primo elem.*** che, in parole composte dotte, ha valore di "relativo ai campi, all'agricoltura": **agrobiologìa, agrologìa.** **Q.T.** *agricoltura.*

agroalimentàre [comp. di *agro-* e *alimentare*; 1981] ***agg.*** relativo alla coltivazione e alla trasformazione di prodotti agricoli per uso alimentare.

agrocòtto [comp. di *agro-* e *cotto*; 1961] ***sm.*** succo concentrato di agrumi, usato per produrre acido citrico e citrato di calcio.

agrodólce [comp. di *agro* e *dolce*; a. 1636] **I** ***agg.*** che ha sapore agro e insieme dolce || *fig.* di viso, parola, contegno e sim., che sotto un aspetto mite celi una sostanza aspra || **II** ***sm.*** salsa speciale a base di zucchero o altro ingrediente dolce e limone o aceto: *cipolline in agrodolce.*

agrologìa [comp. di *agro-* e *-logia*; 1865] ***sf.*** il complesso delle varie scienze (chimica, fisica, biologia ecc.) applicate all'agricoltura || lo studio dei terreni adatti alla coltivazione.

agrònica [comp. di *agro-* e *-onica*; 1982] ***sf.*** disciplina che studia le applicazioni dell'elettronica e dell'informatica all'agricoltura e alla zootecnia, allo scopo di migliorare la produzione e di ridurre i costi.

agronomìa [comp. di *agro-* e *-nomia*; 1798] ***sf.*** scienza che riguarda l'amministrazione e la coltura razionale dei campi || **N.** *Sin.* agraria, agrologia, AGRICOLTURA | agronomo.

agronòmico (pl. *-ci*) [da *agronomo*; 1804] ***agg.*** che riguarda l'agronomia.

agrònomo [comp. di *agro-* e *-nomo,* sul modello del gr. *agronómos*; 1819] ***sm.*** (f. *-a*) studioso di agronomia || dottore in agraria che si occupa di agronomia.

agróre [da *agro*[1]; 1549] ***sm.*** *non com.* sapore agre.

agrostèmma [dal lat. scient. *agrostemma*; 1829] ***sm.*** *T.bot.* pianta erbacea delle Cariofillacee con gambo e foglie ricoperti di peluria bianca e fiori rossi a capsula || **N.** *Sin.* gettaione, mazzettone.

agròstide [dal gr. *agrōstis, agrōstidos,* gramigna; 1819] ***sm.*** *T.bot.* pianta erbacea delle Graminacee dai fiori a pannocchia, usata come foraggio per il bestiame.

agrumàrio (pl. *-ri*) [da *agrume*; 1927] ***agg.*** relativo agli agrumi.

agrùme [lat. volg. **acrūmen*; a. 1321 nel senso 2] ***sm.*** **1.** spec. *pl. gli agrumi,* nome generico di piante delle Rutacee con fiori bianchi e frutti succosi di sapore aspro || i frutti di tali piante, come arance, limoni, mandarini, cedri, pompelmi, bergamotti ecc. **2.** *ant.* sapore molto aspro e sgradevole; anche *fig.* severità || **N. 1.** esperidio, scorza, spicchio.

agruméto [da *agrume*; 1869] ***sm.*** luogo piantato ad agrumi, piantagione di agrumi.

agrumìcolo [comp. di *agrume* e *-colo*; 1939] ***agg.*** che riguarda la coltivazione e il commercio di agrumi: *mercato agrumicolo.*

agrumicoltóre [comp. di *agrume* e *-coltore*; 1961] ***sm.*** coltivatore di agrumi.

agrumicoltùra o **agrumicultùra** [comp. di *agrume* e *coltura*; 1929] ***sf.*** coltivazione degli agrumi.

aguardiente (sp., pr. [aɣwar'ðjente]; pr. it. [agwar'djente]) [letter. acqua ardente; 1950] ***sf.*** *inv.* acquavite originaria del Messico, ricavata dalla distillazione del succo d'agave.

agùcchia [lat. volg. *acucula*; a. 1348 *agocchia*] ***sf.*** **1.** ferro per lavori a maglia **2.** *region.* pesce di mare detto più com. *aguglia.*

agucchiàre (pres. *-ùcchio*) [da *agucchia*; 1618] ***intr.*** (aus. *avere*) lavorare con l'ago, cucire un poco senza impegno, stancamente: *hanno agucchiato sospirando insieme* (Pascoli) || **N.** *Sin.* cucicchiare, CUCIRE.

agucèlla o **agugèlla** [lat. volg. **acūcella,* forma secondaria di *acūcula,* dim. di *acus,* ago; inizi sec. XV] ***sf.*** *ant.* piccolo ago || punteruolo.

agùglia[1] (pl. *-glie*) [dal fr. *aguille*; sec. XIV] ***sf.*** *raro* **1.** punta, ago || ago magnetico || ago grosso e lungo, con punta acuta e triangolare per cucire vele || *fig.* guglia, pinnacolo, obelisco **2.** *T.zool.* nome comune di un pesce commestibile dei Teleostei di forma allungata, con mascella e mandibola acuminata a forma di ago.

agùglia[2] (pl. *-glie*) [etim. incerta; metà sec. XIII] ***sf.*** *ant.* aquila: *l'aguglia vidi scender giù nell'aria* (Dante).

agugliàra [da *aguglia*[1]; 1906] ***sf.*** *T.pesc.* rete a conca simile alla sciabica usata nella pesca delle aguglie || **N.** *Sin.* agonara.

agugliàta [da *agugliare*; 1861] ***sf.*** gugliata.

agugliàto [da *aguglia*[1]; 1983] ***sm.*** tipo di tessuto costituito da parecchi fili strettamente uniti, impiegato spec. per rivestire pavimenti || anche *agg.*: *pavimento agugliato,* ricoperto con agugliato.

agugliería [prob. collettivo da *aguglia*[1]; 1970] ***sf.*** complesso di filati utilizzati per la lavorazione delle maglie.

agugliòtto [dal fr. *aguillot*; 1861] ***sm.*** *T.mar.* il maschio dei cardini con cui il timone è collegato alla poppa e intorno a cui il timone gira.

agunàre (pres. *-ùno*) [dal lat. *adunāre*; inizio sec. XIV] ***tr.*** *ant.* adunare.

agùti [dal guaranì *aguti*; 1797] ***sm.*** *T.biol.* piccolo roditore commestibile simile alla cavia, diffuso nel Centro e nel Sud dell'America.

agùto [lat. *acutus*; a. 1249] **I** ***agg.*** *ant.* acuto **II** ***sm.*** *ant.* chiodo lungo e sottile.

agùtoli [dal lat. *acūtulus,* alquanto acuto; 1852] ***sm.*** *pl.* *T.bot.* arboscello spinoso delle Solanacee, con fiori violetti e bacche rosse || **N.** *Sin.* inchiodacristi, spina cristi, spino santo.

aguzzaménto [da *aguzzare*; sec. XIV] ***sm.*** atto ed effetto dell'aguzzare e dell'aguzzarsi.

aguzzàre [lat. volg. *acutiāre*; a. 1292] ***tr.*** rendere aguzzo, appuntare || *fig.* d'ingegno, renderlo più penetrante, stimolarlo || rif. a occhio, vista e sim., renderli più penetranti || *aguzzare l'appetito,* stimolarlo, stuzzicarlo || ***intr. pron.*** diventare più acuto; anche *fig.* || **N.** *Sin.* acuire, acuminare, affusolare, assottigliare; eccitare.

aguzzàta [da *aguzzare*; a. 1685] ***sf.*** aguzzatura fatta in fretta o comunque alla meglio.

aguzzatóre [da *aguzzare*; a. 1530] ***sm.*** (f. *-trice*) *non com.* chi o che aguzza.

aguzzatùra [da *aguzzare*; 1597] ***sf.*** atto ed effetto dell'aguzzare; punta.

aguzzino [dall'ar. *al-wazīr*; fine sec. XV] ***sm.*** (f. *-a*) sulle antiche galere, chi sorvegliava e puniva gli schiavi al remo || *com. fig.* chi si comporta in modo crudele; persecutore, tormentatore.

agùzzo [da *aguzzare*; a. 1321] ***agg.*** appuntito, che finisce a punta || *fig.* acuto, penetrante: *uno sguardo aguzzo.*

ah [a. 1294] ***escl.*** che serve a esprimere dolore, meraviglia, ribrezzo, sdegno, minaccia, riprensione ecc., ma anche, a seconda del tono di voce, allegrezza, sollievo, soddisfazione || *ah ah!* esprime riso, beffa, scherno, ironia, sarcasmo.

ahi [a. 1294] ***escl.*** espressione di rincrescimento vivo o di grande dolore: *ahi che male!, ahi che peccato!* || nella loc. fam. *non dire né ahi né bai,* non dir nulla.

ahimè [comp. di *ahi* e *me*; a. 1321] ***escl.*** espressione di dolore, di compassione o di rimpianto: *ahimè che sciagura.*

ahó [voce espressiva; 1879] ***escl.*** esprime intolleranza, insopportabilità, risentimento, ira e sim. ed è usato spec. per richiamare qualcuno in modo aggressivo: *aho, finiamola!, aho, dove credi di essere?*

ai ***prep.*** *art. m. pl.* v. prep. *a.*

àia [lat. *ārea*; 1340 ca.] ***sf.*** spazio di terreno spianato e rassodato o pavimentato, solitamente di fronte alla casa colonica, in cui si praticano la battitura, l'essiccamento dei cereali e altri lavori || *menare il can per l'aia,* condurre una cosa in lungo senza concludere.

-àia [lat. *-aria,* forma f. di *-arius*] ***suff.*** forma sostantivi f. denominali che indicano il luogo in cui si trova, stabilmente o abitualmente, ciò che il nome di base designa: *abetaia, carbonaia, colombaia, ghiacciaia, legnaia, piccionaia, pioppaia* || **N.** -aglia, -aio.

aiàta [da *aia*; a. 1406] ***sf.*** **1.** quantità di grano o sim. necessaria per riempire l'aia **2.** la battitura del grano sull'aia.

Aids (pr. ['aids], [aidi'ɛsse] o ['ɛids]) [acronimo ingl. di *A(cquired) i(mmuno) d(eficiency) s(yndrome),* sindrome di immunodeficienza acquisita; 1982] ***sm.*** *inv.* *T.med.* malattia virale che colpisce il sistema immunitario dell'organismo umano, togliendo al soggetto colpito le difese contro qualsiasi tipo di malattia e portandolo alla morte; si trasmette per via sessuale o attraverso il sangue.

aidùco o **aidùcco** (pl. *-chi*) [dall'ungh. *hajdúk,* pl. di *hajdú*; 1559 nel senso 3 *aiduco*] ***sm.*** *T.stor.* **1.** brigante di strada **2.** nel 1500, appartenente alle bande di ribelli balcani che combattevano contro la dominazione turca || *ant. per estens.* patriota, insorto **3.** nel 1700, soldato di uno speciale corpo di fanteria ungherese **4.** guardia speciale del Granduca di Toscana.

aierino [lat. *aerinus*; a. 1912] **I** ***agg.*** *lett.* aereo **II** ***sm.*** *lett.* spiritello dell'aria: *gli aierini del color dell'aria frullano via, dando una scossa ai pioppi* (Pascoli) || **N.** elfi, silfi, silfidi.

aigrette (fr., pr. [ɛ'grɛt]) [letter. ciuffetto; 1905] ***sf.*** *inv.* **1.** ciuffo di penne che alcuni uccelli, tra cui l'airone, hanno sul dorso **2.** pennacchio di penne di airone, usato come ornamento per cappelli e acconciature femminili || **N.** *Sin.* aspri.

aiguille (fr., pr. [e'gɥij]) [letter. guglia; 1955] ***sf.*** (pl. *aiguilles,* pr. [e'gɥij]) blocco roccioso naturale alpino che si erge verticalmente sulle rocce confinanti || guglia piramidale di difficilissimo accesso.

aikido (giap., pr. ['aiki,dɔ:]; pr. it. [ai'kido]) [letter. via dell'unione degli spiriti; 1970] ***sm.*** *inv.* difesa personale derivata dallo *jūjitsu,* consistente nel neutralizzare la presa di un avversario e nel pararne i colpi, sfruttando leve alle articolazioni e proiezioni. **TAV.** ***arti marziali*** **p. 653** 3.

ailànto [dal lat. scient. *ailanthus*; 1829] ***sm.*** *T.bot.* albero delle Simarubacee alto dai dieci ai venti metri con fiori a pannocchia dall'odore sgradevole; la corteccia è usata come tonico e il legno si presta ad essere lavorato || **N.** *Sin.* albero del paradiso.

àinu [dall'ainu *a-inu,* letter. uomini; 1929] **I** ***agg.*** *inv.* (sempre posposto) che è relativo agli ainu, degli ainu **II** ***s.*** *inv.* **1.** appartenente al gruppo etnico di razza caucasica che anticamente occupava tutto l'arcipelago giapponese ed ora abita l'isola di Sachalin, le isole Kurili e l'isola di Hokkaido **2.** ***sm.*** (solo *sing.*) lingua degli ainu, ora parlata da alcuni individui nell'Hokkaido; è apparentemente una lingua isolata che non ha relazione con il giapponese. **Q.T.** *lingue...*

àio [dallo sp. *ayo,* maggiordomo; 1538] ***sm.*** (f. *-àia*) *raro disus.* chi, in una famiglia aristocratica, provvedeva all'educazione dei figli || **N.** *Sin.* istitutore, mentore, pedagogo, precettore.

-àio [variante pop. di *-ario*] ***suff.*** **1.** (f. *-a*) forma sostantivi m. denominali che indicano chi svolge un mestiere connesso a ciò che la base designa: *corniciaio, fornaio, giornalaio, operaio, orologiaio* || quando tali sostantivi, pur riferendosi a persone, non indicano un mestiere, hanno valore spregiativo: *guerrafondaio, pantofolaio, parolaio* **2.** in alcuni casi ha valore collettivo-locativo, e i sostantivi in cui compare indicano il luogo in cui si trova, stabilmente o abitualmente, ciò che il nome di base designa: *bagagliaio, ghiacciaio, pagliaio, pollaio, vespaio* || **N.** -aia, -aiolo, -ario, -aro, -iere.

aiòla v. AIUOLA.

aiòlo v. AIUOLO.

-aiòlo (arc. *-aiuòlo*) [incrocio tra i suff. lat. *-arius*, -ario e *-olus*, -olo[1]] ***suff.*** **1.** (f. *-a*) come *-aio* (nel senso 1; v.), forma sostantivi m. denominali indicanti chi svolge un mestiere connesso a ciò che la base designa: *armaiolo, barcaiolo, cenciaiolo, lanaiolo* **2.** forma aggettivi denominali di relazione (anche sostantivati): *contradaiolo, donnaiolo, prataiolo* || **N. 1.** -aio, -ario, -aro, -iere.

aióne [accr. di *aia*; 1819] ***sm.*** nelle saline, lo spazio dove si stende il sale ad asciugare.

airbus (fr., pr. [ɛr'bys]; pr. it. [air'bus]) [1984] ***sm.*** *inv.* aereo adibito al trasporto di passeggeri per brevi percorsi || **N.** *Sin.* aerobus.

aìre [comp. di *a* e *ire*; 1863] ***sm.*** impulso; è usato soprattutto nelle espr. *dare, lasciare, prendere l'aire*, dare o prendere impulso, abbrivio, spinta || *fig.* indirizzo, piega: *gli studi oggi han preso l'aire verso le scienze.*

airedale (ingl., pr. ['eədeɪł]) [letter. della valle dell'Aire, in cui si ottenne tale razza; 1965] ***sm.*** *inv.* razza di cani di origine inglese, da caccia e da difesa, con corporatura media, pelo ispido e folto, cranio allungato e rettangolare nel profilo.

airóne [dall'ant. medio francone **haigiro*; fine sec. XIII] ***sm.*** uccello acquatico della famiglia degli Ardeidi, caratterizzato da gambe sottili, becco allungato e diritto, collo ad esse || **N.** airone cinerino, airone rosso, garza o airone maggiore, garzetta o airone minore.

air-terminal o ***airterminal*** (ingl., pr. ['eə-ˌtə:mɪnəł]) [letter. capolinea aereo; 1963] ***sm.*** *inv.* stazione aerea urbana, collegata all'aeroporto con opportuni mezzi di trasporto, dove si radunano e si smistano i passeggeri e le merci del transito aereo.

aìta [da *aitare*; inizio sec. XIII] ***sf.*** *poet.* aiuto: *è ciò forse per aita di mia vita* (Chiabrera).

aitànte [da *aitare*; fine sec. XIII] ***agg.*** robusto, prestante, forte: *un giovanotto aitante.*

aitàre (pres. *aìto*) [dal provenz. *aidar*, metà sec. XIII *âtare*] ***tr.*** *poet. raro* aiutare.

aiuòla o **aiòla** [lat. volg. **areola*; a. 1321] ***sf.*** area di terreno coltivata con fiori e piante, secondo un particolare disegno, a scopo ornamentale in giardini, piazze ecc. **Q.T.** *giardinaggio...*

aiuòlo o **aiòlo** [da *aia*; a. 1320] ***sm.*** rete per uccelli || **N.** RETE.

-aiuòlo v. -AIOLO.

aiutànte (*ppr.* di *aiutare*) [fine sec. XIV] ***s.*** **1.** chi assiste qualcuno in un lavoro **2.** *T.mil.* *aiutante di campo*, ufficiale addetto a un generale || *aiutante maggiore in prima*, ufficiale che assolve le mansioni di segretario di un colonnello comandante di reggimento; *aiutante maggiore in seconda*, ufficiale che assolve le mansioni di segretario di un ufficiale superiore comandante di battaglione || *aiutante di battaglia*, grado che fu conferito soltanto durante la prima guerra mondiale a sottufficiali particolarmente distintisi **3.** *T.mar.* sottufficiale incaricato di mantenere la disciplina a bordo e di svolgere compiti di polizia || *aiutante di bandiera*, il tenente o il sottotenente di vascello, addetto alla persona di un ammiraglio || **N. 1.** *Sin.* aiuto, assistente, collaboratore.

aiutàre (pres. *aiùto*) [lat. *adiutāre*, intens. di *adiuvāre*; a. 1292] ***tr.*** **1.** dare aiuto, prestare la propria opera in favore di qualcuno o qualcosa: *aiutare a risolvere un problema, aiutare qualcuno in un'impresa* || *per estens.* soccorrere: *aiutare qualcuno in difficoltà* **2.** favorire, agevolare: *la tecnica aiuta il progresso, un farmaco che aiuta la digestione* **3.** *arc.* difendere, proteggere: *aiutami da lei famoso saggio* (Dante) || ***rifl.*** impegnarsi con ogni mezzo e sforzo, ingegnarsi: *aiutarsi con le mani e coi piedi*, con ogni mezzo, in ogni modo || *prov. chi s'aiuta Dio l'aiuta; aiutati che il ciel t'aiuta* || **N. 1.** *Sin.* assistere, collaborare, cooperare, dare una mano, prestare aiuto, soccorso | salvare, soccorrere **2.** *Sin.* agevolare, favorire, secondare | appoggiare, dar man forte, fiancheggiare, sostenere, spalleggiare | *Contr.* danneggiare, ostacolare, sfavorire.

aiutatóre [da *aiutare*; 1312] ***sm.*** (f. *-trìce*) *lett.* chi aiuta || **N.** *Sin.* aiutante, aiuto, assistente.

aiùto [lat. tardo *adiūtus*; a. 1249] **I** ***sm.*** **1.** opera, servizio che si presta in favore di qualcuno || *per estens.* soccorso: *venire in aiuto* **2.** persona che collabora nell'esecuzione di un compito o di un lavoro || *T.teatr.* e *T.cin.* *aiuto regista, aiuto operatore, aiuto scenografo*, la persona che collabora, gen. come apprendista || nell'ambito universitario e ospedaliero, il primo collaboratore del primario o del docente: *aiuto cardiologo* **3.** *T.ipp.* spec. *pl.* *gli aiuti*, i mezzi di cui si serve il fantino per assecondare i movimenti del cavallo (tensione delle briglie, pressione delle gambe ecc.) **4.** nel linguaggio aeronautico, qualsiasi mezzo usato per l'assistenza di volo sia a bordo che a terra **II** ***escl.*** *aiuto!*, usato come richiesta di soccorso || **N.** I **1.** *Sin.* assistenza, ausilio, contributo, sostegno, sussidio; appoggio, favore, man forte, protezione, spinta | chiedere, gridare, implorare, invocare aiuto.

aiutòrio (pl. *-ri*) [dal lat. *adiutōrium*; fine sec. XIII] ***sm.*** *ant.* adiutorio.

Aizoàcee [dal lat. scient. *aizoaceae*, dal gr. *aeízoōs*, semprevivo; 1934] ***sf. pl.*** *T.bot.* piante dicotiledoni suffruticose o erbacee con foglie opposte spesso carnose e grossi fiori simili a margherite.

aizzaménto [da *aizzare*; a. 1363] ***sm.*** atto ed effetto dell'aizzare; provocazione.

aizzàre [comp. parasint. di *izza*; a. 1321] ***tr.*** incitare, provocare animali o persone all'offesa, alla violenza: *aizzare i cani, aizzare la folla* || **N.** *Sin.* incitare, istigare, provocare.

aizzatóre [da *aizzare*; 1842] ***sm.*** (f. *-trìce*) chi aizza || **N.** *Sin.* provocatore.

à jour o ***ajour*** (fr., pr. [a'ʒu:r]) [letter. a giorno; 1905] **I** ***loc. agg.*** *inv.* di ricamo o di punto o di orlo, a giorno; a traforo, traforato || *per estens.* *T.oref.* di castone lavorato in modo da consentire il passaggio della luce tra la pietra e la montatura **II** ***loc. m.*** *inv.* orlo a giorno: *quel lenzuolo ha un bellissimo à jour.*

ajouràto (pr. [aʒu'rato]) [dalla loc. fr. *à jour*; 1983] ***agg.*** detto di tutto ciò che viene lavorato *à jour*: *orlo ajourato.*

al ***prep.*** *art. m. sing.* v. prep. *a.*

àla (pl. *àli*) [lat. *āla*; 1282; 1895 nel senso 4] ***sf.*** **1.** organo di volo negli uccelli, nei pipistrelli e in alcuni insetti costituito da appendici mobili espanse corrispondenti agli arti anteriori dei vertebrati || *apertura d'ali*, la distanza tra le due estremità delle ali spiegate || *star sulle ali*, di uccello che si è levato in volo || in alcune espr. *fig.*: *abbassare le ali*, lasciare da parte l'orgoglio || *tarpare le ali*, frenare il libero sfogo; *avere le ali ai piedi*, correre velocemente; *in un batter d'ali*, all'istante, immediatamente; *sotto le ali*, sotto la protezione; *metaf.* slancio: *le ali della fantasia, del pensiero* **2.** *T.aer.* superficie portante; parti laterali dell'aeroplano (*destra* e *sinistra*) capaci di sviluppare una forza aerodinamica || *per estens.* ciò che per forma o funzioni ricorda le ali, come le pale dei mulini a vento, la tesa del cappello ecc. **3.** *per estens.* prolungamento laterale che sporge dal corpo centrale di un edificio: *l'ala di un castello, di una diga* || ciascuno dei gruppi di persone disposti simmetricamente ai lati di qualcosa: *le ali dell'esercito, dello schieramento; i vincitori furono accolti tra due ali di folla festante* || *far ala*, disporsi in fila da una parte e dall'altra per fare onore a chi passa o sempl. ritirarsi da parte per far largo a chi passa **4.** *T.gioc.* *ala di re* o *di donna*, nel gioco degli scacchi, le quattro colonne a destra o a sinistra del giocatore a partire da quella del re o della regina **5.** *T.sport.* nel calcio e in altri sport, i due giocatori estremi di destra o di sinistra della linea d'attacco dello schieramento: *ala destra, ala sinistra, mezz'ala, ala tornante* **6.** *T.bot.* espansione membranacea di vari organi delle piante || *in part.* ciascuno dei grappoletti che si dipartono dalla parte superiore dell'asse del raspo || **N. 1.** elitra; vanni; penne, remiganti, sommolo | aprire, chiudere; abbassare, alzare; raccogliere, ripiegare, spiegare; spuntare, tarpare; battere, frullare, remeggiare. **Q.T.** *aeronautica* **TAV.** *aeronautica* 4.14, 5; *zootecnia* 2.6; ***astronautica*** **p. 654** 1.9; ***uccelli*** **p. 1339** 1.

alabandìna [dal lat. *alabandinus*; 1913] ***sf.*** minerale; solfuro di manganese di colore nero, di origine idrotermale.

alabàrda [dal germ. *helmbarte*; 1520] ***sf.*** arma da punta e da taglio formata da un'asta con una punta lanceolata alla cui base è collocata una scure ordinaria o a mezza luna da un lato e dalla parte opposta una punta o lama a becco di rapace; ne erano armate le fanterie svizzere e tedesche, e ne sono armati anche oggi gli Svizzeri della Guardia pontificia || **N.** lancia, mezza picca, partigiana, zagaglia. **TAV.** ***armi*** **p. 648** 2.

alabardàta [da *alabarda*; 1881] ***sf.*** colpo d'alabarda.

alabardàto [da *alabarda*; 1940] **I** ***agg.*** **1.** armato di alabarda **2.** a forma di alabarda: *giglio alabardato*, stemma della città di Trieste, costituito da un'alabarda a forma di giglio; *foglia alabardata*, foglia a forma di freccia con gli angoli alla base lanceolati **3.** *T.sport.* che gioca nella squadra di calcio della Triestina **II** ***sm.*** *T.sport.* chi gioca nella squadra di calcio della Triestina.

alabardière [da *alabarda*; 1520] ***sm.*** soldato antico armato di alabarda.

alabàsso o **alabbàsso** [comp. di *ala(re)*[3] e *basso*, fr. *hale-bas*; 1870] ***sm.*** *T.mar.* cavo per ammainare bandiere, segnali e alcune vele || **N.** *Sin.* calabbasso, caricabbasso. **TAV.** *bandiere* 1.5.

alabastràio (pl. *-ài*) [da *alabastro*; 1813] ***sm.*** (f. *-a*) chi fa o vende lavori di alabastro.

alabastrìno [da *alabastro*; 1532] **I** ***agg.*** di alabastro || *fig.* trasparente, del colore dell'alabastro: *mani alabastrine* (D'Annunzio) **II** ***sm.*** il colore dell'alabastro.

alabastrìte [da *alabastro*; a. 1564] ***sf.*** falso alabastro.

alabàstro [dal lat. *alabastrum*, vaso da unguento; a. 1321] ***sm.*** **1.** roccia sedimentaria a struttura fibrosa raggiata, di aspetto lucido con zone variegate, usato per vasi, colonnine ecc.: *alabastro gessoso, alabastro calcareo* || *fig.* cosa trasparente come l'alabastro **2.** *ant.* vasetto da unguento || **N.** cipollato, occhiuto, venato | onice.

alabbàsso v. ALABASSO.

alàccia o **allàccia** (pl. *-ce*) [prob. da *alice*; 1951] ***sf.*** pesce grosso, verde-azzurro, commestibile, della famiglia dei Clupeidi del Mediterraneo || **N.** *Sin.* alosa, laccia.

alacciàra [da *alaccia*; 1937] ***sf.*** *T.pesc.* rete per la pesca delle sardelle || **N.** RETE.

alacre o **alàcre** [dal lat. *alacer*; 1860] **agg.** pronto, volenteroso nell'operare || *fig.* fervido, duttile: *un impegno alacre* || **alacreménte avv.** || **N.** *Sin.* attivo, industrioso, laborioso, operoso, solerte, sollecito, svelto.

alacrità [dal lat. *alacritas*; inizio sec. XIV] **sf.** solerzia, prontezza nell'operare || *fig.* vivacità || **N.** *Sin.* dinamismo, sollecitudine | *Contr.* indolenza.

alàggio (pl. *-gi*) [da *alare*[3]; 1813] **sm.** *T.mar.* **1.** manovra di traino di un'imbarcazione lungo l'argine di un corso d'acqua per mezzo di funi o cavi tirati da uomini, animali o macchine **2.** l'operazione di tirare in secco un'imbarcazione per eseguire operazioni di riparazione alla carena: *scalo, bacino di alaggio* || **N.** ALARE.

alalà [dal gr. *alalá*; 1904] **I sm.** grido perlopiù guerresco di esultanza: *ti gettò allora un alalà di guerra* (Pascoli) **II escl.** usata nella loc. *Eia eia eia alalà*, coniata da D'Annunzio e divenuta grido d'ovazione delle squadre fasciste.

alalìa [comp. di *a-*[1] e *-lalia*; 1899] **sf.** *T.med.* mutismo, impossibilità di trovare parole adatte per esprimersi || **N.** afasia, dislalia.

alalònga o **alalónga** o **alalùnga** [dal lat. scient. *Thymnus alalonga*, dal lat. *ala*, pinna e *longa*, lunga; 1906] **sf.** *T.zool.* pesce dei Tonnidi di colore azzurro argenteo che è simile al tonno e ha carne molto pregiata.

alamànna V. SALAMANNA.

alamànno V. ALEMANNO.

alamàro [dallo sp. *alamar*; 1658] **sm.** **1.** allacciatura per abiti con cordoncino a cappio da una parte e un bottone spesso a forma d'oliva dall'altra **2.** *pl.* le mostrine d'argento dei carabinieri, dei granatieri e degli alti ufficiali di stato maggiore || **N.** VESTE.

alambardàta [dal fr. *enbardée*; 1937] **sf.** *T.aer.* e *T.mar.* rotazione di un aereo o una nave intorno al proprio asse || **N.** *Sin.* imbardata.

alambìcco [dall'ar. *anbīq*; inizio sec. XIII *lambicco*] **sm.** apparecchio per distillazione composto da una caldaia dove si colloca il liquido, collegata mediante un tubo a un serpentino di raffreddamento al fondo del quale si raccoglie il distillato.

alàno [etim. inc.; a. 1363] **sm.** grande cane a pelo raso di razza tedesca, con la testa larga, il muso squadrato e le orecchie corte, atto alla caccia e alla guardia || **N.** arlecchino, fulvo, nero, tigrato | CANE. **TAV. cani p. 662.**

à la page (fr., pr. [a la 'pa:ʒ]) [letter. alla pagina; 1931] ***loc. agg. inv.*** all'ultima moda, bene informato, al corrente, aggiornato.

alàre[1] [lat. *lar, -is*, focolare; a. 1484] **sm.** **1.** ciascuno dei due arnesi, perlopiù di ferro, che servono per tener sospesa la legna nel focolare **2.** lo spiedo per l'arrosto.

alàre[2] [da *ala*; 1797] **agg.** **1.** che si riferisce all'ala, sia dell'uccello che dell'aereo **2.** *T.anat.* detto della parte mediale del muscolo nasale.

alàre[3] [dal fr. *haler*; 1577] **tr.** *T.mar.* tirare una corda, una gomena, una catena; compiere l'azione di alaggio.

alàta [da *ala*; 1863] **sf.** *raro* colpo d'ala.

a latere (lat., pr. it. [a 'latere]) [letter. a fianco] ***loc. agg. inv.*** **1.** *T.giur. giudice a latere*, magistrato che compone, assieme al presidente, un tribunale o una corte d'assise **2.** *T.rel. legato a latere*, cardinale inviato dal papa come suo rappresentante in missioni particolarmente delicate **3.** *per estens.* detto di persona che sia al seguito di un'altra o che ne faccia le veci.

alatèrno [dal lat. *alatĕrnus*, linterno; 1819] **sm.** *T.bot.* arbusto spontaneo delle Ramnacee coltivato a scopo ornamentale, il cui legno è usato anche nella fabbricazione dei mobili.

a làto V. ALLATO.

alàto [da *ala*; inizio sec. XIV] **agg.** **1.** fornito d'ali || *fig.* molto elevato, ispirato e sim.: *poesia alata* || *raro* fugace **2.** *T.bot.* fornito di espansioni laminari a forma d'ali: *seme alato* || *in part. grappolo alato*, in ampelografia, grappolo che presenta una o due ali, ovvero uno o due grappoletti a lato.

alàuda [dal lat. *alauda*; a. 1494] **sf.** *lett. latinismo* allodola.

Alàudidi (sing. *-e*) [dal lat. scient. *alaudidae*, dal lat. *alauda*, allodola; 1950] **sm.** *pl. T.zool.* famiglia di uccelli dell'ordine dei Passeriformi, costituita da individui di piccole dimensioni, comprendente l'allodola e la calandra.

àlba[1] [lat. *alba*, bianca; a. 1321] **sf.** **1.** il primo biancheggiare del cielo che appare tra il cessare della notte e il comparire dell'aurora || l'ora e il tempo dell'alba: *ci rivedremo all'alba* || *fig.* inizio: *l'alba del secolo* **2.** componimento poetico provenzale a tematica amorosa, incentrato sulla separazione degli amanti all'alba || **N.** **1.** albore, chiarore | antelucano | albeggiare, biancheggiare, spuntare.

àlba[2] [dal lat. *alba*; prima metà sec. XIV] **sf.** *non com. T.eccl.* camice sacerdotale bianco.

albagìa (pl. *-gìe*) [etim. inc., forse da *alba* nel senso di vento dell'alba; 1566] **sf.** **1.** *lett.* boria, vanità pomposa **2.** *ant.* fantasticheria || **N.** **1.** *Sin.* vanagloria, SUPERBIA.

albàgio (pl. *-gi*) [dal lat. mediev. *albasius*, di etim. inc.; fine sec. XIII *panno albagio*] **sm.** *ant.* rozzo panno, perlopiù bianco, usato nella confezione di tende e cappotti.

albagióso [da *albagia*; 1612] **agg.** *lett.* borioso, superbo.

albàna [dal lat. *albus*, bianco; sec. XIV] **sf.** varietà di vite coltivata in Emilia Romagna, con grappoli compatti e acini giallo-oro rotondi || il vino che se ne ricava.

albanèlla [dal lat. **albanus*; a. 1698] **sf.** uccello rapace dei Falconidi, simile al falco, con piumaggio bianco-grigiastro, che si trova solitamente nelle paludi || **N.** albanella col collare, albanella reale, falco cappuccino.

albanése [dal n. geogr. *Albania*; a. 1584] **I agg.** relativo all'Albania **II s.** **1.** abitante dell'Albania **2.** **sm.** (solo *sing.*) lingua indoeuropea suddivisa in due dialetti, tosco (parlato anche dalle minoranze albanesi dell'Italia meridionale), e ghego.

albarèllo o **alberèllo**[2] [etim. discussa; a. 1375] **sm.** vaso in ceramica per contenere spezie, di forma cilindrica con una strozzatura al centro || **N.** VASO.

àlbaro [dal lat. tardo *albarus*; 1802] **sm.** *region.* pioppo bianco || **N.** *Sin.* gattice.

albàsia [etim. incerta; 1861] **sf.** *T.mar. arc. raro* bonaccia.

albàsio [dal lat. volg. **albasius*, bianchiccio; 1955] **sm.** mattone più fragile e chiaro del normale perché non cotto a sufficienza.

albaspìna [dal lat. *alba spina*; 1904] **sf.** *lett.* biancospino.

albastrèllo [dal lat. volg. **albaster*, bianchiccio; 1852] **sm.** *T.zool.* uccello trampoliere dei Caradriformi, con becco lungo e diritto, zampe verdastre e piumaggio chiaro; vive prevalentemente nelle paludi.

albàta [da *alba*[1]; a. 1907] **sf.** *lett.* componimento amoroso poetico-musicale che ha per tema l'alba e la separazione degli amanti || **N.** *Sin.* mattinata.

àlbatra [dal lat. *arbutum*; a. 1729] **sf.** corbezzola, frutto del corbezzolo; *più com.* il dim. *albatrèlla.*

àlbatro[1] [lat. *arbutum*; a. 1577] **sm.** corbezzolo.

àlbatro[2] o **àlbatros** [dal fr. *albatros*; 1797] **sm.** nome comune di grandi uccelli marini dei Procelliformi con grande becco terminante a uncino, zampe corte, ali lunghe e strette atte al volo a vela su lunghe distanze, piumaggio bianco e nero.

albèdine [dal lat. tardo *albēdo, -inis*; a. 1537] **sf.** **1.** *lett.* color biancastro; bianchezza: *l'albedine è immota* (D'Annunzio) **2.** la superficie interna, bianca e spugnosa della buccia degli agrumi, detta anche *albedo* **3.** *T.ott.* misura del potere di riflessione di superfici non speculari || *T.astr.* rapporto tra la quantità di luce riflessa da un pianeta e l'intensità della luce solare incidente || *T.fis.* in fisica nucleare, rapporto tra il flusso di neutroni riflessi e il flusso di neutroni incidenti in una superficie di separazione di due mezzi diffondenti || **N.** **2.**, **3.** *Sin.* albedo.

albèdo [dal lat. tardo *albēdo*, bianchezza; 1892] **sf.** **1.** *T.fis.* rapporto tra il flusso luminoso riflesso e diffuso in tutte le direzioni da un corpo sferico non luminoso e quello convogliato su di esso da un fascio di raggi paralleli; in part. rif. alla Luna e ai pianeti illuminati dal Sole **2.** la parte più interna, bianca e spugnosa, della buccia degli agrumi || **N.** *Sin.* albedine.

albeggiaménto [da *albeggiare*; 1666] **sm.** *non com.* biancheggiamento del cielo al mattino, l'albeggiare; chiarore antelucano.

albeggiàre (pres. *-éggio*) [da *alba*; 1554] **intr.** (aus. *essere*) **1.** *impers.* spuntar l'alba: *quando partimmo albeggiava* **2.** *lett.* biancheggiare || *fig.* essere agli inizi, ai primordi: *la civiltà albeggiava appena* || **N.** **1.** *Sin.* appare, sorge, spunta l'alba, si fa giorno.

àlbera [lat. tardo *albarus*, dal lat. *albus*, bianco; 1530 ca.] **sf.** *T.bot.* pioppo bianco nostrano.

alberàggio (pl. *-gi*) [da *albero*; 1832] **sm.** *T.mar. disus.* tassa che si pagava in alcuni porti secondo la qualità e la quantità delle merci imbarcate o sbarcate dalle navi.

alberànte [da *alberare*; 1865] **sm.** *T.mar.* sulle navi a vela, gabbiere scelto che durante le manovre porge ai marinai le corde; prende nome dall'albero a cui è destinato: *alberante di maestra, di trinchetto, di mezzana* || **N.** *Sin.* capomanovra.

alberàre (pres. *àlbero*) [da *albero*; 1855] **tr.** **1.** piantare ad alberi un terreno **2.** *T.mar.* fornire una nave dell'alberatura **3.** *disus.* inalberare: *alberò una picca, una bandiera.*

alberàta [da *albero*; 1941] **sf.** **1.** fila di alberi lungo un viale o un fiume **2.** sistema di coltivazione della vite che consiste nell'appoggiarla ad olmi, pioppi o piante da frutto.

alberàto (*pps.* di *alberare*) [seconda metà sec. XIV] **agg.** **1.** ricoperto di alberi, piantato ad alberi: *viale alberato* **2.** coltivato con il sistema dell'alberata: *vite alberata* **3.** di nave, fornita di alberi.

alberatùra [da *albero*; 1612] **sf.** **1.** *T.mar.* l'insieme degli alberi di una nave con le relative attrezzature **2.** *raro* piantagione di alberi. **Q.T.** *vela.*

alberèlla [da *albero*; a. 1846] **sf.** alberello[1], nel senso 2.

alberèllo[1] (*dim.* di *albero*) [1865] **sm.** **1.** piccolo albero; *ad alberello*, a forma d'albero, spec. quando si potano siepi non arboree in forma d'albero per scopi ornamentali: *un bosso ad alberello* **2.** *region.* nome generico per le tre specie di pioppo: bianco, nero e tremolo **3.** fungo mangereccio delle Poliporacee detto anche *pioppino.*

alberèllo[2] V. ALBARELLO.

alberése [prob. dal lat. *albus*, incrociato con *albero*, perché il minerale presenta macchie a figura di alberi; 1550] **sm.** calcare marmoso di color bianchiccio e grana molto fine.

alberéta [da *albero*; 1669] **sf.** terreno piantato ad alberi.

alberéto [da *albero*; sec. XIV] **sm.** *raro* albereta.

alberétto (*dim.* di *albero*) [a. 1584] **sm.** **1.**

piccolo albero **2.** *T.mar.* tronco superiore degli alberi dei grandi velieri **3.** *T.num.* nome delle monete emesse dalle Repubbliche romane del 1798-99 e del 1849 (dal fascio repubblicano che nel diritto della moneta richiama l'idea di un albero).

albergagióne [lat. mediev. *albergatio, -ōnis*; prima metà sec. XIV] **sf.** *ant.* albergo.

albergàre (pres. *-èrgo, -èrghi*) [da *albergo*; inizio sec. XIII] **tr.** **1.** dare albergo, alloggiare, ospitare **2.** *fig. lett.* accogliere in sé, nutrire in sé qualcosa: *albergare rancore* || **intr.** (aus. *avere*) prendere alloggio: *alberga al Ritz* || *fig.* trovar luogo, abitare: *la viltà non alberga nel suo petto* || **N.** **tr.** *Sin.* alloggiare, ospitare, ricoverare | **intr.** *Sin.* dimorare, prendere alloggio, ABITARE.

albergatóre [da *albergo*; 1278] **sm.** (f. *-trìce*) *lett.* chi dà albergo || proprietario o gestore di un albergo || **N.** *Sin.* locandiere, oste.

albergherìa [da *albergo*; a. 1292] **sf.** **1.** *disus.* albergo **2.** *T.stor.* diritto, spettante a re e pubblici ufficiali, di ricevere alloggio gratuito in borghi e città.

alberghièro [da *albergo*; 1927] **agg.** pertinente agli alberghi: *industria alberghiera.*

albèrgo (pl. *-ghi*) [dal got. **haribergo*, alloggiamento militare; 1290 *albergo*] **sm.** **1.** edificio attrezzato per offrire alloggio, ed eventualmente vitto, a pagamento a chi è di passaggio o soggiorna temporaneamente in un luogo: *dormire, pernottare in albergo*; *trascorrere le vacanze in albergo* || *albergo diurno*, luogo adibito alle necessità dei viaggiatori, con bagni, gabinetti, servizio di stiratura di abiti, lucidatura di scarpe, parrucchiere ecc., e aperto solo di giorno || *albergo per la gioventù*, ostello che alloggia con poca spesa giovani che viaggiano **2.** *lett.* rifugio, ospitalità, ricovero per la notte: *chiedere albergo per la notte* || *fig. lett.* sede, ricetto: *il suo cuore è albergo di abominevoli sentimenti* || *arc.* dimora **3.** rifugio notturno di animali || *caccia all'albergo*, effettuata sul luogo di rifugio degli animali || *dim.* alberghétto; *spreg.* albergùccio || **N.** **1.** *Sin.* alloggio, *hôtel*, locanda, *meublé*, osteria, pensione | ascensore, bagni, camere, *hall*, *lift*, portineria, sala di conversazione, sala di lettura, sala per fumatori | cameriere, direttore, facchino, portiere | albergo di lusso, di prima, seconda ecc. categoria; a tre, quattro ecc. stelle.

àlbero [lat. *arbor, -ŏris*; a. 1249 *albore*] **sm.** **1.** nome generico dato a piante legnose d'alto fusto che nella parte superiore si ramificano: *albero da frutta, ornamentale, da legna* || *albero di Natale*, piccolo abete o pino che nel periodo natalizio si addobba con lumi e ornamenti e sotto il quale si pongono i doni || *albero della libertà*, albero che viene piantato nelle piazze francesi dalla Rivoluzione (1790) in poi per celebrare il trionfo della libertà || *albero della scienza del bene e del male*, albero del paradiso terrestre di cui Adamo ed Eva assaggiarono i frutti proibiti || *albero bottiglia*, diffuso in Australia, il cui tronco, ingrossato nella parte inferiore, funge da serbatoio d'acqua || *albero del burro*, pianta tropicale dai cui semi triturati e bolliti in acqua si ricava un burro vegetale || *albero del latte*, originario del Venezuela, dal cui fusto inciso si ricava un succo dolce simile al latte || *albero del pane*, produce un frutto carnoso, ricco di amido, che, cotto, può venire utilizzato al posto del pane || *albero di Giuda*, con corteccia nerastra, chioma allargata, foglie caduche, fiori sboccianti direttamente dai rami, diffuso nella zona mediterranea in ambienti calcarei e rocciosi || *prov. al primo colpo non cade l'albero*, per ogni cosa ci vuol tempo e fatica || *prov. dal frutto si riconosce l'albero*, l'uomo si conosce da ciò che fa **2.** rappresentazione grafica che indica rapporti di correlazione e derivazione suggerendo l'immagine dell'albero ramificato || *albero genealogico*, rappresentazione grafica della discendenza di una famiglia; in biologia, rappresentazione dell'evoluzione filogenetica a partire da uno o pochi gruppi viventi; in genetica umana, lo schema che comprende i discendenti di una coppia di genitori || *T.fil. albero di Porfirio*, schema che illustra la successiva subordinazione dei concetti dal genere generalissimo alle specie infime || *T.ling.* rappresentazione grafica della struttura in costituenti di una frase: *albero etichettato* || *T.filol.* stemma dei codici **3.** *per estens.* palo ricavato da un albero o fusto cilindrico di metallo o cemento: *albero della cuccagna*, palo saponato, innalzato nelle feste di paese; chi riesce a raggiungere la cima ha in premio i doni, di solito salami e prosciutti, collocati alla sua sommità || *T.mar.* fusto di legno o metallo atto a sostenere vele, pennoni e anche radar, antenne radio ecc.: *albero di maestra, di trinchetto, di bompresso* **4.** *T.anat.* struttura anatomica ricca di ramificazioni: *albero bronchiale, respiratorio* || *albero della vita*, sostanza bianca posta al centro del cervelletto || *albero vascolare*, l'insieme dei grossi vasi sanguigni e le loro diramazioni **5.** *T.mecc.* in macchine e motori, organo di forma allungata, gen. rotante, che mediante altri organi rotanti ad esso collegati trasmette coppie motrici in piani ortogonali all'asse di rotazione: *albero a camme, di distribuzione, a gomito, di trasmissione* **6.** *T.chim.* denominazione data a cristallizzazioni arborescenti || *non com.* l'insieme dei composti derivati da una stessa sostanza || **N.** **1.** *Sin.* arboscello, arbusto, pianta | bosco, foresta, macchia, selva | abete, acero, betulla, carpino, castagno, cipresso, frassino, larice, noce, olmo, ontano, pino, pioppo, platano, quercia, rovere, salice, tasso, tiglio | bacca, barbe, ceppaia, ceppo, chioma, cima, coccola, corteccia, fiore, foglia o fronda, forcella, frutto, fusto o tronco, galla, gemma, impalcatura, radice, ramo, resina, seme, vetta | crescere, fiorire, intristire, mettere, morire, seccare, svilupparsi | annoso, ceduo, corteccioso, d'alto fusto, diritto, domestico, esotico, frondoso, fronzuto, fruttifero, giovane, indigeno, innestato, mondato, nano, nodoso, ornamentale, potato, selvatico, sempreverde, vecchio | abbattere, innestare, piantare, potare, sbarbare, scalzare, scapezzare, scoronare, segare, svecchiare, svellere, tagliare; far legna | pergolato, siepe, spalliera, viale | arboreo, arborescente | amadriade, driade | dendro-. **Q.T.** *automobile, botanica, vela* **TAV.** *elettrotecnica* 10.4; *macchine utensili* 6.2; *motori*; ***automobile* p. 658** 3.29, 5; ***vela* p. 1342** 1.2 e **p. 1343** 6.

albertìno [dal n. proprio *Alberto*; 1955] **agg.** **1.** proprio di Carlo Alberto, re di Sardegna: *statuto albertino*, lo statuto concesso nel 1848 da tale re **2.** relativo al musicista Domenico Alberti; *basso albertino*, accompagnamento armonico costituito da una successione rapida di accordi arpeggiati.

albése [dal n. geogr. *Alba*; 1860] **I** **agg.** di Alba || *T.cuc. carne all'albese* (anche *sf. albese*), tagliata a fettine sottili e servita cruda con limone, olio e uno strato di tartufi o funghi **II** **s.** **1.** abitante, nativo di Alba **2.** **sm.** (solo *sing.*) dialetto parlato ad Alba || **N.** I carpaccio.

albicàre (pres. *àlbico, àlbichi*) [lat. *albicare*; sec. XVI] **intr.** (aus. *avere*) *lett.* biancheggiare: *albica il mar di cristalline strisce* (D'Annunzio).

albicàto (*pps.* di *albicare*) [1967] **agg.** *T.bot.* di foglia, che presenta albicatura.

albicatùra [da *albicare*; 1955] **sf.** *T.bot.* malattia spesso virale delle foglie delle piante, dovuta a mancanza di clorofilla, che si manifesta sotto forma di macchie bianche.

albicòcca [dall'ar. *al-barqūq*; a. 1636 *albecocca*] **I** **sf.** frutto dell'albicocco || **sm.** il colore dell'albicocca **II** **agg.** *inv.* (sempre posposto) di colore arancio rosato simile a quello dell'albicocca: *una sciarpa albicocca.*

albicocchéto [da *albicocco*; 1955] **sm.** terreno coltivato ad albicocchi.

albicòcco (pl. *-chi*) [dall'ar. *al-barqūq*; a. 1572] **sm.** albero delle Rosacee, con fiori bianchi o rosa pallido e frutto polposo e profumato di forma ovale e color giallo-arancio rosato.

albigése [lat. tardo *albigensis*; 1860] **I** **s.** **1.** abitante della città di Albi (in Francia) **2.** seguace dell'eresia catara diffusasi in Provenza nella zona di Albi intorno ai sec. XII e XIII **II** **agg.** della città di Albi. **Q.T.** *religione.*

albinàggio (pl. *-gi*) [dal lat. volg. **alibānus*, di etim. incerta; 1769] **sm.** *T.giur.* nel Medioevo, diritto del re, dei feudatari o dei comuni di incamerare i beni posseduti da uno straniero defunto quando questi fosse deceduto senza eredi legittimi o testamentari.

albinìsmo [da *albino*; 1830] **sm.** **1.** *T.biol.* assenza totale o parziale di pigmentazione della pelle, dei peli, dei capelli, dell'iride e della coroide dell'uomo o degli animali; provoca una colorazione molto chiara e scarsa tolleranza alla luce **2.** *T.bot.* mancanza di clorofilla nelle foglie e nel fusto.

albìno [dal port. e sp. *albino*, biancastro, dal lat. *albus*; 1797] **agg.** e **sm.** (f. *-a*) che o chi è affetto da albinismo.

àlbio (pl. *-bi*) [lat. *alveus*, tinozza; 1553] **sm.** *pop. sett.* vasca, tinozza, conca.

albiòlo [dal lat. tardo *albiolus*, piccolo abbeveratoio; a. 1565 *albolo*] **sm.** piccolo abbeveratoio per uccelli in gabbia.

albìte [dal lat. *albus*, bianco; 1855] **sf.** *T.min.* minerale del gruppo dei feldspati, costituito da alluminio e sodio, dai cristalli bianchi o grigi.

albìzzia [dal n. proprio Filippo degli *Albizzi*, che la introdusse in Toscana; 1829] **sf.** *T.bot.* pianta tropicale erbacea e arbustiva delle Mimosacee, dalle foglie composte e dai fiori a spighe piumose bianche, gialle o rosse.

àlbo[1] [dal lat. *albus*; a. 1519] **agg.** *lett. raro* bianco || *fico albo*, qualità di fico che ha la buccia bianchiccia || *T.anat. linea alba*, V. LINEA.

àlbo[2] [dal lat. *album*; 1621] **sm.** **1.** tavola o bacheca esposta al pubblico dove si affiggono gli avvisi e i documenti ufficiali: *l'albo del comune, dell'università* || *propr.* tavola su cui il pretore presso gli antichi Romani esponeva gli editti: *albo pretorio* **2.** pubblico registro sul quale vengono registrate le persone abilitate all'esercizio di una professione o appartenenti a un corpo accademico, a un'associazione ecc.: *iscritto all'albo, radiare dall'albo, l'albo dei medici, degli avvocati* || *per estens. fig.* elenco in cui figurano persone che si sono distinte per meriti particolari: *albo d'onore, albo dei caduti*; *albo d'oro di un atleta*, elenco delle vittorie conseguite nella carriera **3.** raccoglitore per fotografie, francobolli, dischi ecc. || *albo di famiglia*, quello in cui si conservano i ricordi famigliari || *albo da disegno*, fascicolo contenente fogli da disegno **4.** fascicolo di storie illustrate a fumetti: *gli albi di Mandrake, di Topolino.*

albogàtto (pl. *albigàtti*) [comp. di *albo*[1] e *gatto*; a. 1912] **sm.** *lett.* pioppo bianco, gattice: *tra colonne di pino e d'albogatto* (Pascoli) || **N.** alberello, pioppo.

albóre [dal lat. tardo *albor, -ōris*; a. 1249] **sm.** *lett.* chiarore del cielo sul far dell'alba: *ai primi albori* || *fig.* spec. *pl.* i primi inizi di un periodo storico: *gli albori dell'era cristiana* || **N.** *Sin.* alba, albeggiamento | antelucano | LUCE | preistoria.

alborèlla [voc. lomb. der. dal lat. *albula*, dim. del f. di *albus*, bianco; 1865] **sf.** *T.zool.* pesce d'acqua dolce con corpo piccolo e slanciato, dal colore verdastro nella parte superiore e argenteo in quella inferiore; è commestibile e dalle sue squame è ricavata una sostanza usata per la produzione di perle artificiali.

albùgine [dal lat. *albūgo, -inis*; 1400 ca.] ***sf.*** **1.** *T.med.* macchia bianca sulla cornea **2.** *T.bot.* malattia delle piante, detta com. *nebbia* o *mal bianco*, prodotta da un fungo parassita ‖ **N. 1.** *Sin.* leucoma.

albugìneo [da *albugine*; sec. XIV] ***agg.*** detto di tessuti o membrane, bianco ‖ *tunica albuginea*, involucro fibroso, resistente, spesso di colore bianco, che protegge esternamente alcuni organi dell'uomo e dei mammiferi come testicoli e ovaie.

àlbum [dal lat. *album*, tavoletta bianca, ripreso in epoca moderna dal ted. e fr.; a. 1861 nel senso 2; 1877 nel senso 1] ***sm. inv.*** **1.** quaderno o volume per la raccolta di fotografie, francobolli ecc.: *album da disegno, per dischi* **2.** fascicolo contenente storie illustrate con disegni, fumetti ecc. **3.** disco a 33 giri, *long playing.* **Q.T.** *filatelia* **TAV.** *filatelia* 8.4.

albùme [dal lat. tardo *albūmen*; a. 1292] ***sm.*** **1.** nell'uovo, la sostanza biancastra che avvolge con funzione nutritiva e protettiva la cellula **2.** *T.bot.* parte del seme che contiene sostanze nutritive di riserva per lo sviluppo dell'embrione ‖ **N. 1.** *Sin.* bianco, chiara; tuorlo.

albumìna [dal fr. *albumine*; 1829] ***sf.*** **1.** *T.chim.* proteina semplice formata da amminoacidi che coagula per riscaldamento, è solubile in acqua, ed è presente in molti organismi: *albumine del sangue, dell'uovo, del latte* **2.** *pop.* albuminuria.

albuminòide [comp. di *albumina* e *-oide*; 1865] **I** ***sm.*** spec. *pl. T.chim.* sostanza proteica con proprietà e composizione analoghe a quelle dell'albumina **II** ***agg.*** che ha aspetto o caratteristiche simili a quelle dell'albumina ‖ **N.** I collagene, osseina.

albuminóso [da *albumina*; 1819] ***agg.*** relativo all'albumina ‖ che contiene albumina ‖ che ha i caratteri dell'albumina.

albuminùria [comp. di *albumina* e *-uria*, sul modello del fr. *albuminurie*; 1875] ***sf.*** *T.med.* presenza anormale di albumina nelle urine che si verifica nelle malattie renali, ma anche durante la gravidanza.

albùrno[1] [dal lat. *alburnum*; 1663] ***sm.*** *T.bot.* strato di legno di colore biancastro che ogni anno si forma sotto la corteccia delle piante dicotiledoni e in cui si trovano i conduttori della linfa ‖ **N.** *Contr.* durame.

albùrno[2] [dal lat. *alburnus*, pesce bianco; 1611] ***sm.*** pesce d'acqua dolce diffuso in Europa settentrionale.

àlca [dallo sved. *alka*; 1797 nel senso 2] ***sf.*** **1.** uccello degli Alcidi con livrea scura e becco arancione, diffuso sulle coste dell'Atlantico e del Pacifico settentrionale: *e l'alche prima videro il suo volo* (Pascoli) **2.** uccello originario delle coste dell'Atlantico occidentale, estinto verso la fine del sec. XIX, simile al pinguino, col corpo nero nella parte superiore e bianco in quella inferiore.

alcàde v. ALCALDE.

alcàico (pl. *-ci*) [dal lat. *alcaicus*, dal gr. *alkaikós*; 1715] **I** ***agg.*** metro lirico dei Greci e dei Latini (spec. Orazio), così chiamato per essere stato usato da Alceo ‖ di strofe, composta di una quartina formata da due endecasillabi (⏓–́⏑–́⏓–́⏑⏑–́⏑⏓), un enneasillabo (⏓–́⏑–́⏓–́⏑–́⏓) e un decasillabo (–́⏑⏑–́⏑⏑–́⏑–́⏓) alcaici; la imitò il Carducci in molte delle sue *Odi barbare* **II** ***sf.*** *alcàica*, poesia composta in metro alcaico: *un'alcaica di Orazio.*

alcàlde o **alcàde** [dallo sp. *alcalde*, ar. *al-qâdi*, giudice; 1905 *alcade*] ***sm.*** funzionario comunale con mansioni direttive in Spagna e in America latina.

alcalescènte [da *alcali*; 1774] ***agg.*** *T.chim.* detto di sostanza debolmente alcalina.

alcalescènza [da *alcalescente*; a. 1758] ***sf.*** *T.chim.* qualità alcalina che si manifesta in certe sostanze.

àlcali [dall'ar. *al-qalī*; 1499] ***sm. inv.*** **1.** *T.chim.* base **2.** *T.chim.* nome dato agli idrossidi dei metalli alcalini (*alcali caustici*) e dei metalli alcalino-terrosi (*alcali terrosi*) **3.** *disus.* sale di iodio o di potassio.

alcàlico (pl. *-ci*) [da *alcali*; sec. XVII] ***agg.*** *raro* alcalino.

alcalimetrìa [comp. di *alcali* e *-metria*; 1955] ***sf.*** *T.chim.* analisi volumetrica per il calcolo della concentrazione di alcali in una soluzione.

alcalìmetro [comp. di *alcali* e *-metro*; 1819] ***sm.*** *T.chim.* strumento per misurare l'alcalinità di una soluzione.

alcalinità [da *alcalino*; 1829] ***sf.*** *T.chim.* **1.** qualità degli alcali **2.** concentrazione di ioni ossidrili in una soluzione acquosa ‖ **N.** *Sin.* basicità | *Contr.* acidità.

alcalinizzàre [da *alcalino*; 1881] ***tr.*** rendere alcalino un liquido determinando un pH superiore a 7.

alcalìno [da *alcali*; a. 1698] ***agg.*** **1.** *T.chim.* avente le proprietà degli alcali, relativo agli alcali ‖ *reazione alcalina* o *basica*, quella che trasforma il colore della cartina tornasole dal rosso al blu ‖ *metalli alcalini*, litio, sodio, potassio, rubidio, cesio **2.** *T.geol.* *rocce alcaline*, rocce eruttive ricche di componenti sodici e potassici ‖ *terreni alcalini*, ricchi di bicarbonato di calcio alcalino.

alcalizzàre [da *alcali*; 1865] ***tr.*** rendere alcalino.

alcalòide [comp. di *alcali* e *-oide*; 1861] ***sm.*** *T.chim.* base organica azotata, quasi sempre proveniente dal regno vegetale, che ha sull'organismo umano azione stupefacente; a seconda delle dosi può avere effetto terapeutico o risultare tossico ‖ **N.** caffeina, cocaina, codeina, eroina, morfina, stricnina, teobromina.

alcalòsi [da *alcali*; 1942] ***sf.*** *T.med.* presenza nel sangue di un eccesso di sostanze alcaline.

alcànna [dall'ar. *al-hinnā*; sec. XIV] ***sf.*** *T.bot.* pianta delle Alitracee, *henna* ‖ *Alcanna spuria*, arbusto delle Borraginacee dalle cui foglie si ricava una sostanza colorante detta *olio di alcanna* o *hennè* usata per la tintura di capelli e tessuti.

alcàno [comp. di *alc(ol)* e *-ano*[2]; 1933] ***sm.*** *T.chim.* gen. *pl.* idrocarburo saturo della serie paraffinica a catena lineare ‖ **N.** paraffina.

alcázar (sp., pr. [al'kaθar]) [dall'ar. *al-qaṣr*; 1892] ***sm. inv.*** cittadella o fortezza spagnola di origine araba: *l'alcazar di Cordova, di Siviglia, di Toledo.*

àlce [dal lat. *alces*; a. 1367] ***sm.*** grosso mammifero ruminante dei Cervidi con pelame bruno-nero, lunghe zampe, labbro superiore prominente e grosse corna palmate nel maschio; vive nelle regioni settentrionali dell'America e dell'Europa.

alcèa [dal lat. scient. *alcea*; prima metà sec. XIV] ***sf.*** *T.bot.* pianta perenne delle Malvacee ‖ **N.** *Sin.* altea.

alcèdine [dal lat. *alcēdo, -onis*; a. 1938] ***sf.*** *poet.* alcione: *ali d'alcedine* (D'Annunzio).

alcèlafo [comp. del gr. *álkē*, alce e *élaphos*, cervo; 1819] ***sm.*** antilope africana dal muso appuntito e corna lunghe ‖ **N.** *Sin.* bubalo.

alchechèngi [dall'ar. *al-kākang̃*, attr. lo sp. *alkakengi*; 1663 *alcachengio*] ***sm. inv.*** pianta delle Solanacee con foglie ovali, piccoli fiori e bacche commestibili di colore rosso e delle dimensioni di una ciliegia.

alchemilla v. ALCHIMILLA.

alchène [comp. di *alch(ile)* e *-ene*; 1933] ***sm.*** *T.chim.* idrocarburo alifatico della serie etilenica, a catena aperta ‖ **N.** *Sin.* olefina.

alchèrmes [dall'ar. *al-qirmiz*, cocciniglia, attr. lo sp. *alquermes*; 1567] ***sm. inv.*** **1.** liquore di colore rosso vivo a base di spezie, essenza di rosa e cocciniglia **2.** colorante rosso ricavato dalle cocciniglie essiccate ‖ **N.** ROSOLIO.

alchìle [da *alcano*, con cambio di suff.; 1950] ***sm.*** *T.chim.* radicale manovalente derivato da un idrocarburo paraffinico per caduta di un atomo di idrogeno.

alchìlico (pl. *-ci*) [da *alchile*; 1933] ***agg.*** relativo a un alchile ‖ derivato da un alchile ‖ che presenta un alchile.

alchimìa o **alchìmia** [dall'ar. *alkīmīya*; a. 1257 *alchima*] ***sf.*** antica scienza empirica di carattere magico che si proponeva, tra le altre cose, di trasformare i metalli meno pregiati in oro con l'ausilio della pietra filosofale e di preparare medicamenti atti a curare ogni malattia; a partire dal Rinascimento, è andata perdendo il carattere di magia, trasformandosi lentamente nell'odierna chimica ‖ *fig.* imbroglio, artificio, falsificazione, maneggio: *le alchimie della politica* ‖ **N.** *Sin.* chimica ermetica; argiropea, crisopea, spagiria; elisir di lunga vita, pietra filosofale, quintessenza; alambicchi, crogiuoli, fornelli, storte.

alchimìlla o **alchemilla** [dal lat. mediev. *alchimilla*, der. di *alchemia*, alchimia; 1745] ***sf.*** pianta erbacea delle Rosacee con fiori verdastri in infiorescenza, foglie pelose e seghettate, usata come astringente, tonico e sedativo.

alchimìsta [da *alchimia*; fine sec. XIII] ***s.*** chi esercitava l'alchimia.

alchimìstico (pl. *-ci*) [da *alchimia*; 1585] ***agg.*** di alchimista, che appartiene, che si riferisce all'alchimia ‖ *fig.* ingannevole, artificioso.

alchimizzàre [da *alchimia*; sec. XIV] ***intr.*** (aus. *avere*) *raro* esercitare l'alchimia ‖ ***tr.*** *fig.* falsificare ‖ trasmutare per alchimia.

alchìno [comp. di *alch(ile)* e *-ino*; 1933] ***sm.*** *T.chim.* idrocarburo insaturo della serie acetilenica, a catena aperta.

Alcionàri (sing. *-rio*) [da *alcionia*; 1955] ***sm.*** *pl. T.zool.* ordine di Antozoi con scheletro quasi sempre calcareo e otto tentacoli pennati attorno alla bocca.

alcióne [dal lat. *alcyon, -onis*; 1829] ***sm.*** *lett.* martin pescatore ‖ *impropr.* gabbiano.

alciònio (pl. *-ni*) [dal lat. *alcyoneus*; a. 1564] **I** ***agg.*** **1.** *lett.* dell'alcione **2.** *ant.* relativo al periodo del solstizio invernale caratterizzato da bonaccia che si credeva favorisse la cova degli alcioni ‖ *per estens.* con riferimento alla quiete e tranquillità dei giorni alcionii: *calma, quiete, serenità alcionia* **II** ***sm.*** celenterato degli Alcionidi, detto anche *mano di morto*, comune nel Mediterraneo.

alcmànio (pl. *-ni*) [dal lat. *alcmānius*; 1865] ***agg.*** e ***sm.*** metro lirico greco e latino così detto dal poeta Alcmane, formato da quattro dattili, acatalettico (–́⏑⏑–́⏑⏑–́⏑⏑–́⏑⏑) o catalettico; *strofa alcmania*, formata da quattro versi: due esametri (1° e 3°) e due tetrametri (2° e 4°) dattilici.

àlcol o **àlcool** [dall'ar. *Kuḥl*, attr. il fr.; 1732] ***sm. inv.*** *T.chim.* composto organico derivato da un idrocarburo per sostituzione di atomi di idrogeno dei gruppi alchilici con gruppi ossidrili ‖ *alcol etilico*, ottenuto per fermentazione o distillazione di sostanze zuccherine, usato nella fabbricazione di liquori ‖ *alcol denaturato*, alcol destinato ad usi farmaceutici o industriali cui sono state aggiunte sostanze coloranti e tossiche per impedirne l'uso nella fabbricazione di liquori ‖ *alcol assoluto*, alcol puro, privo d'acqua ‖ *per anton.* alcol etilico, o spirito di vino, inteso sia come prodotto farmaceutico che come base per la fabbricazione di bevande alcoliche ‖ *per estens.* bevande alcoliche: *un uomo rovinato dall'alcol.*

alcolàto o **alcoolàto** [comp. di *alcol* e *-ato*; 1829 nel senso 2] ***sm.*** **1.** *T.chim.* composto chimico ottenuto per reazione tra una base e un alcol **2.** *T.farm.* prodotto ottenuto per distillazione dell'alcol su una sostanza aromatica medicamentosa.

àlcole [dall'ar. *Kuḥl*, attr. il fr.; 1865] ***sm.*** *disus.* alcol.

alcolemìa [comp. di *alcol* e *-emia*; 1963] ***sf.*** *T.med.* percentuale di alcol etilico presente nel sangue.

alcolicità o **alcoolicità** [da *alcolico*; 1905 *alcoolicità*] ***sf.*** gradazione alcolica di un liquido.

alcòlico o **alcoòlico** (pl. *-ci*) [dal fr. *alcoolique*; 1829 *alcoolico*] **I *agg.*** relativo all'alcol: *grado alcolico* || che contiene alcol: *bevande alcoliche* || che porta alla formazione di alcol: *fermentazione alcolica* **II *sm.*** bevanda alcolica || **N.** II *Contr.* analcolico. **Q.T.** *alimentazione.*

alcolimetrìa o **alcoolimetrìa** (non com. *alcolometrìa*) [comp. di *alcol* e *-metria*; 1961] ***sf.*** misurazione, per mezzo di alcolimetro, della quantità di alcol presente in un liquido.

alcolìmetro o **alcoolìmetro** [comp. di *alcol* e *-metro*; 1942] ***sm.*** strumento per la misurazione della percentuale di alcol etilico in un liquido; può indicare la percentuale in volume o in peso.

alcoliṣmo o **alcooliṣmo** [da *alcol*; 1875 *alcoolismo*] ***sm.*** *T.med.* intossicazione prodotta dall'abuso di bevande alcoliche; l'abitudine ad abusare di bevande alcoliche: *la piaga dell'alcolismo* || **N.** *Sin.* etilismo.

alcolìsta [da *alcol*; 1955] ***s.*** *T.med.* paziente affetto da alcolismo cronico.

alcolìto [comp. di *alcol* e *-ito*; 1923] ***sm.*** *T.farm.* preparato liquido che si ottiene per infusione di sostanze medicamentose in alcol || **N.** *Sin.* tintura alcolica.

alcoliẓẓàre o **alcooliẓẓàre** [da *alcol*; 1732 *alcoolizzare*] ***tr.*** **1.** rendere alcolica una sostanza **2.** produrre in qualcuno lo stato di alcolismo **3.** *T.med.* infiltrare con alcol organi nervosi periferici || ***intr. pron.*** diventare alcolizzato.

alcoliẓẓàto o **alcooliẓẓàto** (*pps.* di *alcolizzare*) [1795] **I *agg.*** addizionato con alcol **II *sm.*** (f. *-a*) chi è affetto da alcolismo || **N.** II *Sin.* alcolista, etilista.

alcolometrìa V. ALCOLIMETRIA.

alcolòmetro o **alcoolòmetro** [comp. di *alcol* e *metro*; 1829 *alcoolometro*] ***sm.*** alcolimetro.

àlcool e der. V. ALCOL e der.

alcoràno [dall'ar. *al-qur'ān*; 1865] ***sm.*** *lett. ant.* corano.

alcòva [dall'ar. *al-qubba*, cupola, attr. lo sp. *alcoba*; 1658] ***sf.*** parte della stanza, separata da un arco e chiusa da cortine, dove si colloca il letto || *per estens.* camera da letto, come luogo dell'intimità erotica: *i piaceri dell'alcova.*

alcunché [comp. di *alcuno* e *che*; a. 1729] ***pron.*** *indef. lett.* qualche cosa: *se avviene alcunché di nuovo, avvisatemi* || in frasi *neg.* nulla: *non c'era alcunché di diverso.*

alcùno [lat. volg. **alicūnum*, da *aliqu(em) ūnum*; a. 1294] **I *agg.*** in tutti i casi in cui si userebbe la forma *un* dell'art. si usa la forma tronca *alcun* **1.** *pl.* quantità indeterminata di persone o cose: *alcuni uomini* **2.** *sing.* in frasi positive è raro e spesso sostituito da *qualche*: *per alcun tempo ristette*; è usato spesso in frasi neg. o preceduto da *senza*, con valore di nessuno: *non c'era alcun bisogno di preoccuparsi, senza alcun pudore* **II *pron.*** *indef.* com. *pl.* qualche persona: *alcuni sapevano ma non hanno parlato* || anche *correl.*: *alcuni leggevano, alcuni dormivano, altri ascoltavano la radio* || in frasi *neg.* nessuno: *non vi fu alcuno che l'aiutasse.*

aldàce [var. di *audace*; a. 1294] ***agg.*** *ant.* audace || **aldacemènte** ***avv.*** *ant.*

aldèide [dal n. scient. *Aldehyd*, tratto da *al(cool) dehyd(rogenatum)*; 1875] ***sf.*** *T.chim.* composto organico ottenuto per deidrogenazione di alcuni alcol primari o per riduzione di un acido da cui prende il nome: *aldeide etilica, aldeide formica*; viene usato per la produzione di profumi e materie plastiche.

aldeìdico o **aldeìdico** (pl. *-ci*) [da *aldeide*; 1955] ***agg.*** *T.chim.* relativo alle aldeidi || derivato dalle aldeidi.

aldilà [da *al di là*; 1908 *al di là*] ***sm.*** ciò che è al di là della vita, l'oltretomba, la vita ultraterrena.

aldìno [dal n. proprio *Aldo* Manuzio; 1736] **I *agg.*** *T.tip.* di carattere da stampa, usato da Aldo Manuzio il Vecchio nella sua tipografia veneziana alla fine del sec. XV e dai suoi discendenti || *per estens.* di edizione uscita dalle officine di Aldo Manuzio **II *sf.*** *aldina*, edizione aldina: *un'aldina originale.*

àldio (pl. *-di*) o **aldióne** [dal long. *ald*, servo; a. 1580] ***sm.*** *T.stor.* presso gli antichi Germani, servo semilibero destinato alla coltivazione della terra.

aldòṣo o **aldòṣio** (pl. *-ṣi*) [da *ald(eide)* e *-oso*^{2}; 1955] ***sm.*** *T.chim.* monosaccaride la cui molecola contiene la funzione aldeidica.

alé [dal fr. *allez*, andate; a. 1936] ***escl.*** grido di incitamento e incoraggiamento nel senso di "avanti", "coraggio": *alé Toro!*

-àle^{1} o **-iàle** o **-uàle** [dal lat. *-āle(m)*] ***suff.*** **1.** forma aggettivi denominali (anche sostantivati) che indicano una relazione di vario genere con la base: *annuale, generazionale, mortale, orbitale, provvidenziale* **2.** nella sistematica botanica contraddistingue gli ordini: *genzianali, geraniali, rosali* || **N.** **1.** -are^{2}.

-àle^{2} [da *al(deide)*] ***suff.*** che, in parole della terminologia chimica organica, indica la presenza in un composto del gruppo aldeidico: **etanàle**, **metanàle**, **propanàle**.

àlea [dal lat. *ālea*, gioco di dadi; 1673] ***sf.*** rischio, incertezza || *correr l'alea*, affrontare il rischio || *arc.* gioco d'azzardo || *in part.* *T.giur.* normale grado di incertezza insito nella stipulazione di un contratto giuridico || **N.** *Sin.* azzardo.

aleàtico (pl. *-ci*) [dall'emil. *aliädga*, (uva) lugliatica; a. 1635 *leatico*] ***sm.*** nome di numerosi vitigni italiani || *per meton.* il vino liquoroso che se ne ricava, pastoso, di color rosso-viola, gusto dolce e profumo intenso.

aleatóre [dal lat. *aleator, -ōris*; a. 1938] ***sm.*** *lett.* chi gioca d'azzardo, o sfida il rischio.

aleatorietà [da *aleatorio*; 1958] ***sf.*** l'essere aleatorio: *l'aleatorietà del progetto* || **N.** *Sin.* imprevedibilità, incertezza, rischio.

aleatòrio (pl. *-ri*) [dal lat. *aleatōrius*; 1587] ***agg.*** **1.** rischioso, azzardato, incerto: *impresa aleatoria* || *T.giur.* contratto in cui il vantaggio o lo svantaggio dipende da fattori casuali **2.** *T.mus.* *musica aleatoria*, ottenuta da una successione o simultaneità di suoni o rumori determinati da eventi casuali.

aleggiàre (pres. *-éggio*) [da *ala*; a. 1367] ***intr.*** (aus. *avere*) muover le ali leggermente || *fig.* spirare, alitare: *in questa casa aleggia ancora il ricordo di lui* || spandersi: *un odore strano aleggiava per la stanza* || **N.** *Sin.* aliare, VOLARE.

aléggio V. ALLEGGIO.

alemànna o **allemànda** [dal fr. *allemande*, letter. tedesca, perché proveniente dalla Germania; 1771] ***sf.*** **1.** danza di origine tedesca in 4/4, di movimento moderato, sviluppatasi intorno al sec. XVII || nel XVII e XVIII sec., una delle danze della suite strumentale **2.** danza popolare di origine tedesca in misura dispari e tempo allegro vivace.

alemànno o **alamànno** [dal germ. *Alamann*; a. 1294 *alamanno*] ***agg.*** e ***sm.*** (f. *-a*) appartenente all'antica popolazione germanica, stanziatasi nella Germania sud-occidentale intorno al sec. III d.C. || *lett.* tedesco || *dialetto alemanno*, dialetto della Svizzera tedesca.

aléna [lat. tardo *alena*; sec. XIII] ***sf.*** *ant.* alito, fiato.

alenàre (pres. *-éno*) ***intr.*** *lett.* V. ANELARE.

alerióne [dal fr. *alérion*, aquila; 1623] ***sm.*** *T.arald.* piccola aquila senza rostro e senza artigli disegnata negli stemmi araldici.

aleróne [dal fr. *alairon*; 1918] ***sm.*** *T.aer.* alettone, estremità mobile dell'ala nell'aeroplano, nell'idrovolante e sim.

aleṣàggio (pl. *-gi*) [dal fr. *alésage*; 1923] ***sm.*** *T.mecc.* **1.** il diametro interno dei cilindri del motore a scoppio e di altre macchine a stantuffo **2.** alesatura.

aleṣàre (pres. *-éṣo*) [dal fr. *aléser*; 1905] ***tr.*** tornire la superficie interna di un cilindro forato per ottenere l'esatto diametro voluto.

aleṣatóio (pl. *-ói*) [da *alesare*; 1955] ***sm.*** *T.mecc.* utensile cilindrico con vari spigoli di taglio, montato su trapano, tornio ecc.; viene utilizzato per allargare un foro praticato nel metallo e portarlo alle dimensioni volute.

aleṣatóre [da *alesare*; 1919 nel senso 2] ***sm.*** **1.** (f. *-trìce*) operaio addetto all'alesatura **2.** *T.mecc.* alesatoio.

aleṣatrìce [da *alesare*; 1922] ***sf.*** macchina per alesare.

aleṣatùra [da *alesare*; 1952] ***sf.*** operazione dell'alesare || rifinitura del cilindro di un motore || **N.** *Sin.* lamatura.

alessandriniṣmo [da *alessandrino*; 1883] ***sm.*** il modo della scuola poetica alessandrina caratterizzato da grande ricercatezza stilistica e formale || *per estens.* ogni forma d'arte raffinata e decadente || **N.** preziosismo.

alessandrìno^{1} [dal lat. *alexandrīnus*; a. 1597; 1865 nel senso 2] ***agg.*** **1.** di Alessandria **2.** che è proprio della cultura greca ellenistica: *poesia alessandrina, artista alessandrino* || *per estens.* raffinato, decadente; che ha i caratteri dell'alessandrinismo.

alessandrìno^{2} [dal fr. *alexandrin*, dal titolo del poema mediev. *Roman d'Aléxandre*; 1758] ***agg.*** e ***sm.*** di verso dodecasillabo composto da due emistichi esasillabi tipico della poesia classica francese; in Italia venne imitato da Pier Iacopo Martello con il settenario doppio o martelliano. **Q.T.** *metrica.*

alessìa [comp. di *a-*^{1} e *-lessia*; 1899] ***sf.*** *T.med.* perdita della facoltà di riconoscere i segni della scrittura, mentre si conserva la comprensione del parlato.

alessifàrmaco (pl. *-ci* o *-chi*) [dal lat. *alexipharmacon*; a. 1676] ***sm.*** *lett. disus. raro* contravveleno, antidoto.

alètico (pl. *-ci*) [dal gr. *alethḗs*, vero; 1981] ***agg.*** *T.fil.* che riguarda la verità o la falsità; *modalità aletiche*, possibilità, realtà e necessità.

alétta (*dim.* di *ala*) [a. 1595] ***sf.*** **1.** piccola ala **2.** ciuffo di penne dietro l'angolo delle ali degli uccelli **3.** di pesci, pinna **4.** *T.tecn.* espansione appiattita esterna che si aggiunge a una macchina o a un congegno con scopi diversi || *alette di raffreddamento*, per favorire la rapida dispersione del calore per es. da un motore || *alette di una bomba, di un siluro*, impennaggio || *T.aer.* *alette di compensazione*, piccole superfici mobili di velivoli per facilitare la manovra degli alettoni || *T.mar.* *alette di rollio*, pinne metalliche disposte longitudinalmente sui lati della carena per limitare le oscillazioni della nave **5.** risvolto, parte della sovraccoperta di un libro ripiegata nell'interno, nella quale si stampano notizie sull'autore e sul libro **6.** *T.arch.* mensola capovolta per ornare lateralmente i prospetti degli abbaini.

alettàre (pres. *-étto*) [da *aletta*; 1961] ***tr.*** *T.tecn.* fornire di alette un pezzo meccanico; lavorarlo ad alette.

alettatùra [da *aletta*; 1961] ***sf.*** **1.** *T.tecn.* operazione dell'alettare **2.** complesso di alette: *l'alettatura di un cilindro nel motore della motocicletta.* **TAV. *automobile* p. 658** 5.27; ***motocicletta...* p. 1323** 6.14.

alettóne [da *aletta*; 1925] ***sm.*** **1.** *T.aer.* parte mobile posteriore di semiala che serve a regolare l'equilibrio trasversale del velivolo **2.** piano stabilizzatore collocato su automobili e imbarcazioni destinato a migliorare il carico aerodinamico, l'assetto e la stabilità. **TAV.** ***aeronautica*** 4.7; ***astronautica*** **p. 655** 12.15.

aleuróne [dal gr. *áleuron*, farina; 1929] ***sm.*** **1.** sostanza proteica granulosa che costituisce il materiale di riserva per la nutrizione dell'embrione in molti semi, amilacei e oleosi **2.** prodotto secondario del glutine di frumento, ricco di sostanze albuminose, usato per il pane dei diabetici.

àlfa¹ [dal gr. *álpha*, lettura della lettera α; a. 1321] **I** ***sm.*** o ***sf.*** *inv.* nome della prima lettera dell'alfabeto greco ‖ *alfa privativo*, il pref. *a-* che, preposto alla parola, dà un senso negativo (ad es. "amorale" rispetto a "morale") ‖ *fig.* principio: *dall'alfa all'omega*, dall'a alla zeta, dal principio alla fine **II** ***agg.*** *inv. T.fis. particella alfa, raggi alfa*, particelle a carica positiva emessi dai nuclei di elementi radioattivi.

àlfa² [dall'ar. *halfā'*; 1876] ***sf.*** pianta delle Graminacee originaria dell'Africa settentrionale, con foglie allungate ‖ *per meton.* fibra tessile da essa ricavata ‖ **N.** sparto.

alfabèta [da *analfabeta*; 1931] ***agg.*** e ***s.*** *non com.* che o chi sa leggere e scrivere: *o tribù di lettori fino a un certo segno alfabeti* (Carducci) ‖ **N.** *Contr.* analfabeta.

alfabetàre (pres. *-èto*) [da *alfabeto*; a. 1765] ***tr.*** *raro* porre in ordine alfabetico.

alfabetàrio (pl. *-ri*) [da *alfabeto*; 1955] ***sm.*** tavoletta usata nelle scuole per insegnare a leggere, su cui sono riportate le lettere dell'alfabeto secondo determinati criteri didattici.

alfabètico (pl. *-ci*) [da *alfabeto*; 1664] ***agg.*** **1.** dell'alfabeto, che si serve di segni dell'alfabeto: *notazione musicale alfabetica* ‖ *scrittura alfabetica*, scrittura in cui segni rappresentano suoni isolati, non sillabe o concetti **2.** che è disposto secondo l'ordine dell'alfabeto ‖ **alfabeticaménte** ***avv.*** in ordine alfabetico.

alfabetière [da *alfabeto*; 1955] ***sm.*** alfabetario.

alfabetiṣmo [da *analfabetismo*, con soppressione di pref.; 1884] ***sm.*** *raro* **1.** il saper leggere e scrivere **2.** sistema di scrittura alfabetica ‖ **N. 1.** *Contr.* analfabetismo.

alfabetiẓẓàre [da *alfabeto*; 1976] ***tr.*** **1.** liberare dall'analfabetismo, insegnando a leggere e a scrivere **2.** mettere in ordine alfabetico.

alfabetiẓẓatóre [da *alfabetizzare*; 1976] ***sm.*** (f. *-trìce*) chi alfabetizza.

alfabetiẓẓazióne [da *alfabetizzare*; 1966] ***sf.*** **1.** atto ed effetto dell'alfabetizzare ‖ lotta contro l'analfabetismo **2.** *per estens.* insegnamento propedeutico, introduttivo, a una branca scientifica o tecnica: *corsi di alfabetizzazione informatica.*

alfabèto [dal lat. tardo *alphabētum*, dalle prime due lettere dell'alfabeto gr. *álpha* e *bêta*; a. 1348] ***sm.*** **1.** insieme ordinato di segni grafici per rappresentare il sistema di scrittura relativo ai suoni di una lingua: *alfabeto greco, cirillico, latino* ‖ *per estens.* sistema di scrittura: *alfabeto fonetico*, sistema convenzionale con precisa corrispondenza tra segno e suono; *alfabeto Morse*, codice telegrafico in cui ogni lettera è rappresentata da un insieme convenzionale di punti e linee **2.** *fig.* primi rudimenti, princìpi di una disciplina: *questo è solo l'alfabeto della medicina* ‖ **N.** abbecedario, abbiccì; sillabario | arabo, cirillico, cuneiforme, ebraico, etrusco, fenicio, gotico, greco, latino | consonanti, vocali; maiuscole, minuscole. **TAV.** *alfabeti.*

alfàna [dall'ar. *al-fāras*, attr. lo sp. *alfana*; a. 1484] ***sf.*** cavallo arabo di forme robuste ‖ *per estens.* bestia da sella: *le gualdrappate alfane* (Carducci) ‖ **N.** cavalcatura, CAVALLO.

alfanumèrico (pl. *-ci*) [comp. di *alfa(betico)* e *numerico*; 1967] ***agg.*** detto di informazione composta da lettere alfabetiche e numeri.

alfière¹ [dall'ar. *al-fāris*, cavaliere, attr. lo sp. *alferez*; 1527 *alferes*] ***sm.*** portabandiera ‖ *fig.* propugnatore, rappresentante part. in vista di un movimento o di un'idea: *Peirce è l'alfiere della semiotica moderna* ‖ nel giornalismo sportivo, rif. spec. al ciclismo, atleta più rappresentativo di una squadra ‖ **N.** *Sin.* antesignano, gonfaloniere, portainsegna, vessillifero.

alfière² [dall'ar. *al-fīl*, elefante, incontratosi con *alfiere¹*; 1551] ***sm.*** pezzo del gioco degli scacchi in numero di due per ogni giocatore; collocato accanto al re e alla regina, si muove in senso diagonale su caselle di un solo colore.

alfierìano [dal n. proprio *Alfieri*; a. 1866] ***agg.*** dell'Alfieri; che riguarda o imita l'opera e lo stile dell'Alfieri ‖ *per estens.* laconico ‖ orgoglioso, fiero.

alfìne (ant. *al fine*) [comp. di *al* e *fine*; 1319] ***avv.*** *lett.* finalmente, alla fine.

àlga [dal lat. *alga*; sec. XIV] ***sf.*** pianta inferiore uni- o pluricellulare di forma e dimensioni assai varie, che vive in ambiente acquatico; fornita di clorofilla, presenta a volte altri pigmenti che ne mutano la colorazione ‖ **N.** corallina, diatomea, fuco, laminaria, oscillaria, protococco, quercia marina, sargasso, ulva | alghe azzurre, brune, rosse, verdi | eutrofizzazione. **TAV.** ***botanica*** **p. 661** 2, 3.

àlgebra [dall'ar. *al-giabr*, ristabilimento; 1606] ***sf.*** parte della matematica che studia le operazioni e gli insiemi dotati di operazioni: *algebra classica*, che si occupa del calcolo letterale assumendo come base le operazioni aritmetiche; *algebra astratta*, che si occupa di operazioni circoscritte da particolari proprietà formali ‖ *fig.* cosa assurda, enigmatica, astrusa ‖ **N.** equazione, funzione, teorema. **Q.T.** *matematica...*

ALFABETI

1. arabo
2. latino
3. cirillico
4. greco
5. giapponese kata-kana
6. sanscrito devanagari
7. ebraico

algèbrico (pl. *-ci*) [da *algebra*; a. 1703] **agg.** **1.** relativo all'algebra, che impiega i metodi dell'algebra: *espressioni algebriche, topologia algebrica* **2.** *T.mat.* *numero algebrico*, numero che è radice di un'equazione algebrica a coefficienti interi || **algebricaménte** **avv.** || **N. 2.** *Contr.* trascendente.

algebrìsta [da *algebra*; 1711] **s.** studioso di algebra, dotto in algebra.

algènte [dal lat. *algens, -ĕntis*; a. 1321] **agg.** *lett.* algido, gelato, freddo: *nel gran silenzio algente* (D'Annunzio), *algente bruma* (Petrarca).

algerìno [dal n. geogr. *Algeri*; 1829] **I agg.** dell'Algeria **II sm.** (f. *-a*) abitante dell'Algeria.

algeșìa [dal lat. tardo *algēsis*, gr. *álgēsis*; 1939] **sf.** *T.med.* sensibilità al dolore.

algeșimetrìa [comp. del gr. *álgēsis* e *-metria*; 1918] **sf.** misurazione della sensibilità al dolore || **N.** *Sin.* algometria.

algeșìmetro [comp. del gr. *álgēsis* e *-metro*; 1899] **sm.** *T.chir.* strumento per misurare la sensibilità al dolore.

algìa (pl. *-gìe*) [dal gr. *álgos*; 1929] **sf.** *T.med.* dolore localizzato in una parte specifica del corpo.

-algìa [dal gr. *-algía*, da *álgos*, dolore] **elem. term.** che, in parole composte della terminologia medica, vale "dolore" (per es. *cardialgia, dermalgia, nevralgia*).

algidìșmo [dal lat. *algidus*, freddo; 1955] **sm.** *T.med.* forte abbassamento della temperatura superficiale del corpo che può non coinvolgere quella interna, tipico di malattie infettive come il tifo o il colera.

algidità [da *algido*; 1949] **sf.** *T.med.* raffreddamento del corpo e in part. delle estremità || **N.** *Sin.* algidismo, ipotermia.

àlgido [dal lat. *algidus*; 1821] **agg.** **1.** *poet.* freddo, gelato: *l'ombra de l'algide cure* (Carducci) **2.** *T.med.* *stato algido*, condizione di algidismo || **N.** *Sin.* FREDDO.

algìna [dal fr. *algine*; 1929] **sf.** gelatina vegetale ricavata da alcune alghe marine.

alginàto [da *alginico*, con cambio di suff.; 1955] **I sm.** **1.** *T.chim.* sale dell'acido alginico: *alginato di calcio* **2.** fibra tessile a base di alginato di calcio **II agg.** detto di filati artificiali trattati con sali dell'acido alginico: *raion alginato.*

algìnico (pl. *-ci*) [da *algina*; 1955] **agg.** *T.chim.* relativo all'acido poliuronico contenuto in alghe marine, impiegato come emulsionante e gelificante nell'industria dolciaria, farmaceutica, tessile.

àlgo- [dal gr. *álgos*, dolore] **primo elem.** che, in parole composte della terminologia medica, significa "dolore", "doloroso": **algofilìa, algofobìa**.

algolagnìa [comp. di *algo-* e dal gr. *lagnéia*, libidine; 1955] **sf.** *T.psic.* ricerca del soddisfacimento sessuale attraverso il dolore fisico ricevuto dalla persona che si ama.

algologìa [comp. di *alga* e *-logia*; 1835] **sf.** settore della botanica che studia le alghe.

algòlogo (pl. *-gi*) [comp. di *alga* e *-logo*; 1955] **sm.** (f. *-a*) studioso, esperto di algologia.

algometrìa [comp. di *algo-* e *-metria*; 1942] **sf.** determinazione della soglia di sensibilità al dolore || **N.** *Sin.* algesimetria.

algòmetro [comp. di *algo-* e *-metro*; 1918] **sm.** algesimetro.

algonchiàno [dagli *Algonchini*, tribù indiane del Canadà, nel cui territorio si trovano imponenti manifestazioni geologiche; 1929] **agg.** e **sm.** (con iniziale maiuscola) *T.geol.* il più recente dei due periodi dell'Era archeozoica.

algònchino o **algonchìno** [da una voce indigena di etim. inc.; 1829] **I agg.** **1.** che si riferisce o che appartiene agli Algonchini, popolazione formata da varie tribù indiane dell'America settentrionale **2.** che appartiene alla famiglia linguistica diffusa nell'America settentrionale **II sm.** **1.** (f. *-a*) individuo appartenente alla popolazione algonchina **2.** (solo *sing.*) famiglia linguistica diffusa largamente nell'America del Nord.

algóre [dal lat. *algor, -ōris*; a. 1525] **sm.** *poet.* freddo intenso || **N.** algente.

algorìtmico (pl. *-ci*) [da *algoritmo*; 1905] **agg.** relativo a un algoritmo; che fa uso di algoritmi: *procedura algoritmica.*

algorìtmo [dal n. proprio *al-Huwârizmī*, matematico ar., attr. il lat. mediev. *algorithmus*; fine sec. XIII *algorismo*] **sm.** *T.mat.* **1.** sistema o procedimento di calcolo, costituito da un complesso di operazioni algebriche o logiche: *questo nuovo algoritmo abbrevia notevolmente i tempi di calcolo elettronico* || *algoritmo euclideo*, procedimento per trovare il massimo comun divisore tra due numeri **2.** nel Medioevo, procedimento di calcolo basato sull'uso di cifre arabiche. **Q.T.** *matematica...*

algóso [dal lat. *algōsus*; 1611] **agg.** pieno o coperto di alghe: *un fondale algoso.*

aliànte [da *aliare*; 1931] **sm.** velivolo senza motore che viene fatto decollare mediante traino o catapulta ed è in grado di volare sfruttando la reazione dinamica delle correnti d'aria sulle ali.

aliantìsta [da *aliante*; 1963] **s.** pilota di aliante || chi si occupa, è esperto di alianti.

aliàre (pres. *àlio*) [da *ala*; a. 1543] **intr.** (aus. *avere*) *lett.* aleggiare, volare, muovere le ali || *per estens.* aggirarsi insistentemente intorno a qualcosa || **N.** *Sin.* aleggiare; VOLARE.

alias (lat., pr. it. ['aljas]) [letter. altrimenti; a. 1535] **avv.** altrimenti detto, chiamato o noto con altro nome: *Giovanni Mazzuoli, alias lo Stradino.*

àlibi [dal lat. *alibi*, altrove; 1723] **sm.** *inv.* *T.giur.* mezzo di difesa con il quale la persona sospettata di aver commesso un reato dimostra di essersi trovata altrove nel momento in cui il crimine aveva luogo: *procurarsi un alibi* || *fig.* scusante, giustificazione.

alicànte [dal n. geogr. *Alicante*; 1937] **sm.** vitigno di uva nera coltivato in Spagna, Italia meridionale e Francia, da cui si ricava il vino omonimo.

alìce [lat. (*h*)*allex, -ēcis*, salsa di pesce; sec. XIII *aleche*] **sf.** acciuga || *dim.* alicétta.

alicìclico (pl. *-ci*) [comp. di *ali*(*fatico*) e *ciclico*; 1955] **agg.** *T.chim.* di composto organico a struttura ciclica (come la canfora), che si comporta invece come un composto alifatico || **N.** naftenico.

alicòrno [da *unicorno*; sec. XIV] **sm.** **1.** liocorno **2.** moneta ferrarese con impressi l'unicorno e l'aquila estense.

alìcula [dal lat. *alicula*; 1829] **sf.** mantella corta usata dagli antichi Romani.

alidàda [dall'ar. *al-'iḍāda*; 1578] **sf.** asticciola mobile, imperniata nel centro del goniometro, recante due indici opposti che, scorrendo sul cerchio graduato, rendono possibile la lettura dello strumento.

alidìre (pres. *-ìsco, -ìsci*) [da *alido*; sec. XIV] **tr.** *lett.* *disus.* inaridire, disseccare || **intr.** (aus. *essere*) divenire alido, secco.

àlido [lat. *āridus*; a. 1363] **I agg.** *tosc.* e *lett.* arido, secco: *il legno per tutte le fibre alide* (D'Annunzio) || **alidaménte** **avv.** **II sm.** *tosc.* e *lett.* alidore || **N.** I *Sin.* asciutto, magro, secco, smunto.

alidóre [da *alido*; 1605] **sm.** *tosc.* e *lett.* siccità, secchezza, stagione secca: *il vento dell'alidore le scapigli il capo* (D'Annunzio).

alienàbile [da *alienare*; 1712] **agg.** che si può alienare || **N.** *Contr.* inalienabile.

alienabilità [da *alienabile*; 1865] **sf.** possibilità di essere alienato; l'essere alienabile: *alienabilità di un diritto.*

alienaménto [da *alienare*; 1865] **sm.** atto ed effetto dell'alienare, alienazione.

alienànte (*ppr.* di *alienare*) [sec. XIII-XIV] **I s.** *T.giur.* chi aliena i propri beni **II agg.** che aliena, che porta a estraniarsi, ad allontanarsi dalla realtà || *per estens.* che porta disagi psicologici: *lavoro alienante.*

alienàre (pres. *-èno*) [dal lat. *alienāre*; a. 1375] **tr.** **1.** trasferire ad altri i propri beni o diritti; vendere **2.** allontanare, rendere alieno, estraneo: *la sua condotta gli alienò tutti*, oppure *l'animo di tutti*; *egli alienò gli amici da quell'uomo* oppure *dalla stima, considerazione, affetto* e sim. *per quell'uomo* **3.** ridurre in uno stato di alienazione: *il lavoro aliena l'uomo* || **tr. pron.** distogliere da sé: *alienarsi la simpatia di tutti* || **rifl.** *lett.* *raro* astrarsi, allontanarsi: *si alienò in congetture astruse* || **intr. pron.** estraniarsi, perdere i contatti col proprio ambiente || impazzire: *si alienò* || **N.** **tr.** **1.** *Sin.* cedere | *Contr.* acquistare **2.** *Contr.* conquistare | **tr. pron.** *Sin.* giocarsi, perdere | *Contr.* conquistarsi | **rifl.** *Sin.* straniarsi.

alienatàrio (pl. *-ri*) [da *alienare*; 1845] **sm.** (f. *-a*) *T.giur.* persona a cui viene trasferito il diritto di un possesso.

alienàto (*pps.* di *alienare*) [a. 1306 come sm.] **I agg.** di bene, che è stato alienato **II sm.** (f. *-a*) persona affetta da malattia mentale || *fig.* chi si comporta in modo strano e assente.

alienatóre [dal lat. *alienātor, -ōris*; 1819] **agg.** e **sm.** (f. *-trìce*) che o chi aliena.

alienazióne [dal lat. *alienātio, -ōnis*; a. 1364] **sf.** **1.** trasferimento ad altri della titolarità dei propri beni **2.** l'essere fuori di sé: *alienazione mentale* **3.** *T.fil.* in Hegel, il diventare altro da sé, tipicamente l'estrinsecarsi dell'idea nella natura || nel marxismo, il realizzarsi in ciò che è altro da sé e fuori dal proprio controllo, come per l'operaio il prodotto del lavoro || *com.* la condizione di estraniazione dagli altri e dalle cose, che, in alcune teorie, sarebbe tipica dell'uomo nella società industriale || **N. 3.** capitalismo, lavoro, marxismo, produzione, sfruttamento. **Q.T.** *sociologia.*

alienìa [comp. di *a-*[1] e lat. *lien, liēnis*, milza; 1955] **sf.** *T.med.* mancanza congenita della milza.

alienìsta [dal fr. *aliéniste*; 1858] **s.** *disus.* studioso di malattie mentali || **N.** *Sin.* psicanalista, psichiatra.

alienità [da *alieno*; 1865] **sf.** **1.** la condizione di ciò che è alieno || *in part.* *T.giur.* stato di un bene appartenente ad altra persona **2.** *non com.* diversità, eterogeneità.

alièno [dal lat. *aliēnus*; fine sec. XIII] **I agg.** **1.** contrario, avverso, non disposto: *sono alieno dai sotterfugi* **2.** che appartiene ad altri; estraneo: *nessuna perversione gli fu aliena* **II sm.** (f. *-a*) nella fantascienza, extraterrestre, abitante di altri mondi || *per estens.* *fig.* emarginato, non inserito in un sistema sociale.

alièutica [dal gr. *halieutikḗ*; 1819] **sf.** *lett.* l'attività e la tecnica del pescare.

alifàtico (pl. *-ci*) [dal gr. *áleiphar*, unguento; 1929] **agg.** *T.chim.* di composto del carbonio, in cui gli atomi di carbonio formano una catena aperta || **N.** idrocarburi aciclici, alifatici, ciclici o aromatici.

àliga [var. di *alga*; sec. XIV] **sf.** *lett.* *ant.* alga.

alìgero [dal lat. *āliger*; 1532] **agg.** *poet.* alato || *fig.* veloce.

alighièro [etim. incerta; sec. XV *allighiero*] **sm.** *T.mar.* marinaio addetto alle manovre per accostare le imbarcazioni alla banchina || prodiere || **N.** *Sin.* anghiere.

aligùsta [var. di *aragosta*; a. 1492] **sf.** *arc.* aragosta.

alimentàre[1] (pres. *-ènto*) [dal lat. tardo *alimentāre*; a. 1400] **tr.** **1.** dare alimento, nutrire: *alimentare un uomo* **2.** fornire del necessario || *alimentare una vasca,* tenere costante il livello dell'acqua || aggiungere combustibile: *alimentare il fuoco, la stufa, il forno* || *fig.* mantener vivo, eccitare: *alimentare la passione, l'odio* || ***rifl.*** nutrirsi; anche *fig.* || **N.** ***tr.*** **1.** *Sin.* cibare, nutricare, nutrire, pascere, satollare, sfamare, sostenere, sostentare | *Contr.* affamare **2.** *Sin.* provvedere, rifornire; fomentare | *Contr.* lasciar mancare, sfornire; contenere, frenare, placare | ***rifl.*** *Sin.* cibarsi, sfamarsi | *Contr.* digiunare.

alimentàre² [da *alimento*; 1750] **I** ***agg.*** **1.** che serve al nutrimento, commestibile: *prodotti, piante alimentari* **2.** relativo agli alimenti: *frode alimentare* || causata da alimenti: *intossicazione alimentare* **II** ***sm.*** *pl.* prodotti alimentari: *negozio di alimentari.* **Q.T.** *alimentazione.*

alimentàrio (pl. *-ri*) [dal lat. tardo *alimentarius*; 1673] ***agg.*** *raro* **1.** che si riferisce, che riguarda gli alimenti || *T.anat. condotto alimentario,* esofago **2.** *T.giur.* che è destinato agli alimenti: *pensione alimentaria.*

alimentarìsta [da *alimentare²*; 1935] ***s.*** **1.** commerciante nel settore alimentare || chi lavora nell'industria alimentare **2.** chi studia scienze dell'alimentazione **3.** chi desidera mangiare secondo criteri igienici.

alimentatóre [da *alimentare¹*; 1550] ***sm.*** **1.** (f. *-trìce*) chi alimenta || tecnico addetto ad alimentare forni, caldaie ecc. **2.** *T.tecn.* dispositivo che fornisce l'alimentazione a una macchina || *in part. T.elettr.* apparecchio che genera la tensione e la corrente necessaria al funzionamento di strumenti elettrici ed elettronici.

alimentazióne [da *alimentare¹*; 1848] ***sf.*** **1.** atto ed effetto dell'alimentare e dell'alimentarsi, somministrazione di alimenti: *scienza dell'alimentazione* || *concr.* il complesso degli alimenti, dieta: *alimentazione vegetale, bilanciata* **2.** *T.tecn.* operazione con cui si rifornisce una macchina di energia o di materiali necessari alla produzione di energia || *camera di alimentazione,* parte delle locomotive a vapore in cui è conservata l'acqua necessaria al rifornimento della caldaia || *moto di alimentazione* o *ass. alimentazione,* nelle macchine utensili, il trasporto di un pezzo grezzo o semilavorato per la trasformazione in prodotto finito **3.** operazione di caricamento di un'arma da fuoco || **N.** **2.** a batteria, a caduta, ad accumulatori, a iniezione, a pressione | sovralimentazione. **Q.T.** *alimentazione, automobile, motocicletta* **TAV.** *alimentazione.*

aliménto [dal lat. *alimentum*; 1313] ***sm.*** **1.** sostanza contenente princìpi nutritivi che, introdotta in un organismo vivente, fornisce le energie necessarie alla vita; nutrimento, cibo: *alimenti ricchi di carboidrati* || *fig.* ciò che sostiene, dà vigore: *la musica è l'alimento dello Spirito* **2.** materia prima, energia per il funzionamento di una macchina **3.** *pl. T.giur.* mezzi di sussistenza dovuti per legge ai figli o al coniuge separato: *passare gli alimenti, aver diritto agli alimenti* || **N.** **1.** *Sin.* cibo, nutrimento, sostentamento | annona, derrate, provviste | vettovaglia, vivanda, viveri | adulterato, genuino, leggero, nutritivo, pesante, povero, scarso. **Q.T.** *alimentazione.*

àlimo [dal gr. *hálimos,* marino; a. 1577] ***sm.*** porcellana di mare, arbusto comune sui litorali del Mediterraneo.

alimònia [dal lat. *alimōnia*; a. 1500] ***sf.*** *T.giur. disus.* somma che spetta alla moglie separata, non per sua colpa, dal marito.

alìnea [dal fr. *alinéa*; 1832] ***sm.*** *inv.* capoverso, paragrafo, comma, a capo; di solito abbreviato in *al.*

alineàre [da *alinea*; 1942] ***agg.*** *T.filol.* detto di traduzione in prosa di un'opera poetica, nella quale a ogni verso dell'originale corrisponde una riga della traduzione.

aliòsso [comp. del lat. *ālea,* gioco d'azzardo, e *ossum,* osso; 1728] ***sm.*** dado ricavato dall'osso del tallone dell'agnello o di altro animale, usato anticamente come giocattolo; astragalo.

aliòtide [comp. del gr. *háls, halós,* mare e *oûs, otós,* orecchio; 1819] ***sf.*** *T.zool.* mollusco gasteropode dalla conchiglia a forma di orecchio, piatta e rugosa, dai cui fori marginali fuoriescono i tentacoli || **N.** *Sin.* orecchia di mare.

alìpede [dal lat. *ālipes, -pedis*; 1561] **I** ***agg.*** *poet.* che ha piedi alati || *fig.* veloce **II** ***sm.*** cavallo veloce: *sferza i focosi alipedi, bellissimo Titano* (Carducci) || **N.** I *Sin.* alivolo.

alìquota [lat. *aliquot,* alquanti; 1525] ***sf.*** **1.** una delle parti uguali in cui è stata divisa una quantità **2.** percentuale da applicare al reddito imponibile per determinare la tassa o l'imposta dovuta || *aliquota progressiva,* che varia col variare dell'imponibile || *aliquota costante,* che resta fissa anche se varia il reddito imponibile **3.** parte di un raggruppamento di soldati.

aliscàfo [comp. di *ala* e *scafo*; 1958] ***sm.*** battello veloce con propulsione ad elica e carena idroplana munita di alettoni che, con l'aumento della velocità, sollevano parzialmente lo scafo dalla superficie dell'acqua, riducendo la forza d'attrito || **N.** *Sin.* idroplano. **TAV.** ***nave*** **p. 1326** 2.

aliṣèo [dal fr. *alizé*; a. 1764] **I** ***sm.*** com. *pl.* vento regolare e sostenuto che spira dall'Equatore ai Tropici in direzione NE-SO nell'emisfero nord e in direzione SE-NO nell'emisfero sud **II** anche ***agg.***: *venti alisei* || **N.** controaliseo, VENTO.

Aliṣmatàcee [comp. del gr. *álisma, -atos,* alisma e *-acee*; 1938] ***sf.*** *pl. T.bot.* famiglia di piante monocotiledoni che crescono nelle terre umide dal clima caldo.

alìṣo [da *fiordaliso*; a. 1400 (*fior*) *alliso*] ***sm.*** *ant.* giglio.

alìsso [dal gr. *álysso̱s,* privo, immune da rabbia; 1726 ca.] ***sm.*** *T.bot.* pianta erbacea perenne delle Crocifere dalle piccole foglie oblunghe e dai fiori in grappoli di colore bianco, giallo o rosa; un tempo ritenuta efficace contro la rabbia.

alitàre (pres. *àlito*) [dal lat. tardo *halitāre*; inizio sec. XIV] ***intr.*** (aus. *avere*) mandar fuori l'alito || *per estens.* respirare || *lett.* di vento, soffiare leggermente, spirare: *alita una lieve brezza* || **N.** *Sin.* RESPIRARE.

àlite [dal gr. *álytos,* indissolubile; 1865 *alita*] ***sm.*** *T.zool.* piccolo rospo dei Discoglossidi, così detto per l'abitudine del maschio di portare attorcigliate attorno agli arti posteriori le uova unite in cordoni, finché si dischiudono || **N.** *Sin.* rospo ostetrico.

àlito [dal lat. *hālitus*; inizio sec. XIII] ***sm.*** **1.** fiato, respiro || *aver l'alito cattivo, pesante,* emanare un fiato dall'odore spiacevole **2.** *per estens.* lieve soffio: *non spira alito di vento* || **N.** RESPIRO.

alitòṣi [comp. di *alito* e *-osi*; 1970] ***sf.*** *T.med.* patologico cattivo odore dell'alito, dovuto a cause varie.

alìvolo [comp. di *ala* e *-volo*; a. 1907] ***agg.*** *lett.* che vola, che ha le ali: *alivolo corridore* (Carducci) || *fig.* veloce || **N.** *Sin.* alipede.

alizàri [dall'ar. *al-'asāra,* da *asara,* premere; 1845] ***sf.*** radice secca della robbia.

alizarìna [comp. di *alizari* e *-ina*; 1945] ***sf.*** sostanza colorante rossa, presente nelle radici della robbia; ricavata per sintesi dal carbon fossile, è impiegata nella produzione delle lacche.

àlla¹ ***prep.*** *art. f. sing.* v. prep. *a.*

àlla² [dal germ. *àlina*; a. 1308] ***sf.*** *ant.* antica misura lineare usata in vari paesi con misure diverse: *e venimmo ad Anteo, che ben cinque alle / senza la testa uscia fuor della grotta* (Dante) || **N.** *Sin.* auna.

allàccia V. ALACCIA.

allacciaménto [da *allacciare*; fine sec. XIV] ***sm.*** **1.** atto ed effetto dell'allacciare **2.** *T.tecn.* raccordo, collegamento alla rete dei servizi: *allacciamento telefonico, del gas, dell'acqua* || *allacciamento ferroviario,* breve tronco di via ferrata che unisce fra loro due tronchi principali o lo scalo di una fabbrica importante con la linea ferroviaria || **N.** **2.** *Sin.* collegamento, raccordo; allaccio.

allacciàre (pres. *-àccio*) [comp. parasint. di *laccio*; sec. XIII] ***tr.*** **1.** stringere con lacci: *allacciare le scarpe, un vestito* || *per estens.* legare, affibbiare, agganciare || *allacciare una vena,* stringerla per impedire un'emorragia || *allacciare le viti,* legare i tralci ai pali di sostegno **2.** realizzare un collegamento: *allacciare il telefono, la luce* || *allacciare le acque,* unire vari corsi d'acqua in un solo bacino || *allacciare una fune,* unirla con un'altra per allungarla **3.** *fig.* stringere relazione con qualcuno: *allacciare rapporti di amicizia, di lavoro* **4.** *ant. disus.* prendere al laccio; anche *fig.*: *quella donna lo allacciò* || **N.** *Sin.* abbottonare, affibbiare, agganciare | *Contr.* sbottonare, sciogliere, slacciare **2.** *Sin.* collegare, connettere | *Contr.* disgiungere, staccare **4.** *Sin.* accalappiare, sedurre.

allacciatùra [da *allacciare*; 1618] ***sf.*** **1.** atto ed effetto dell'allacciare **2.** chiusura d'abito o altro oggetto.

allàccio (pl. *-ci*) [da *allacciare*; 1980] ***sm.*** *T.bur.* allacciamento alla rete telefonica o elettrica o di altri servizi pubblici: *le spese di allaccio sono a carico dell'utente.*

allagaménto [da *allagare*; sec. XIV] ***sm.*** **1.** atto ed effetto dell'allagare, inondazione: *le piogge d'autunno hanno provocato disastrosi allagamenti* **2.** *T.mar.* maneggio delle prese d'acqua poste sotto la linea di galleggiamento per immettere acqua all'interno della nave || **N.** **1.** *Sin.* alluvione, inondazione, piena | *Contr.* prosciugamento.

allagàre (pres. *-àgo, -àghi*) [comp. parasint. di *lago*; 1321] ***tr.*** coprire d'acqua un luogo normalmente asciutto: *il fiume ha allagato la strada* || *per estens.* di qualsiasi liquido, spandersi fino a ricoprire una certa superficie: *perse tanto sangue da allagare il pavimento* || ***intr. pron.*** riempirsi d'acqua: *per la rottura di una tubatura la cantina si è allagata* || **N.** *Sin.* inondare, straripare, traboccare | *Contr.* prosciugare.

allalì adattamento it. di HALLALÌ (v.).

allampanàre [comp. parasint. di *lampana*; 1726] ***intr.*** (aus. *essere*) divenir secco e smunto || **N.** *Sin.* affilarsi, dimagrire | MAGRO.

allampanàto (*pps.* di *allampanare*) [a. 1675] ***agg.*** *secco allampanato,* di persona alta e magrissima.

allantìaṣi [dal gr. tardo *allântion,* dim. del gr. *allás, allântos,* salsiccia; 1955] ***sf.*** *T.med.* avvelenamento alimentare dovuto all'ingestione di carni in scatola o salumi avariati || **N.** *Sin.* botulismo.

allantòide [dal gr. *allantoidḗs,* a forma di salsiccia; a. 1698] ***sf.*** **1.** *T.biol.* annesso embrionale di rettili, uccelli e mammiferi atto alla respirazione e all'escrezione **2.** *T.anat.* una delle membrane che avvolgono l'embrione umano nell'utero.

allantoidèo [da *allantoide*; 1955] ***agg.*** *T.biol.* e *T.anat.* relativo all'allantoide: *canale allantoideo, vescicola allantoidea.*

allappànte (*ppr.* di *allappare*) [a. 1712] ***agg.*** che allappa, che lega i denti.

allappàre [comp. parasint. di *lappa*; a. 1712] ***tr.*** detto di frutti acerbi, vino ecc., legare la lingua al palato; allegare i denti || anche *ass.*: *un limone che allappa.*

allargaménto [da *allargare*; a. 1347] ***sm.*** at-

1

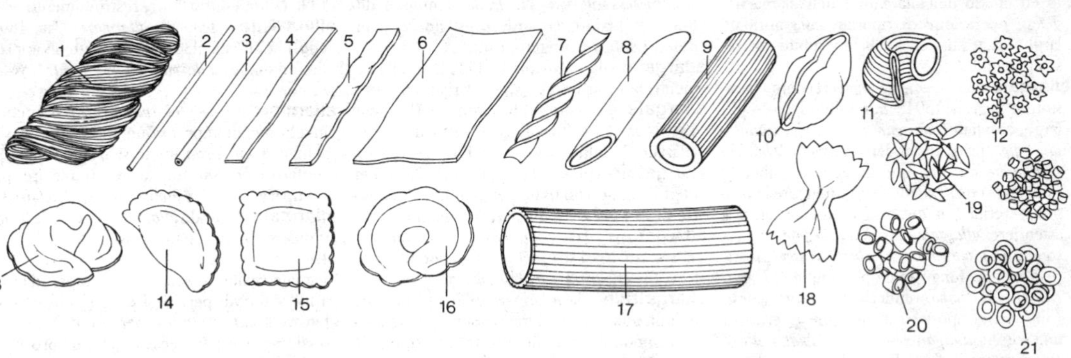

2

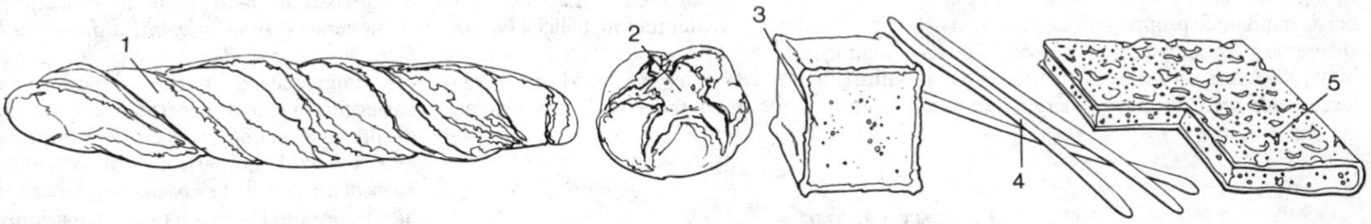

3

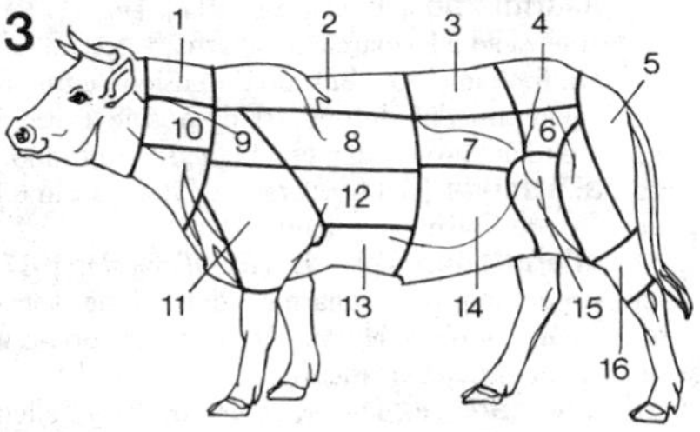

4

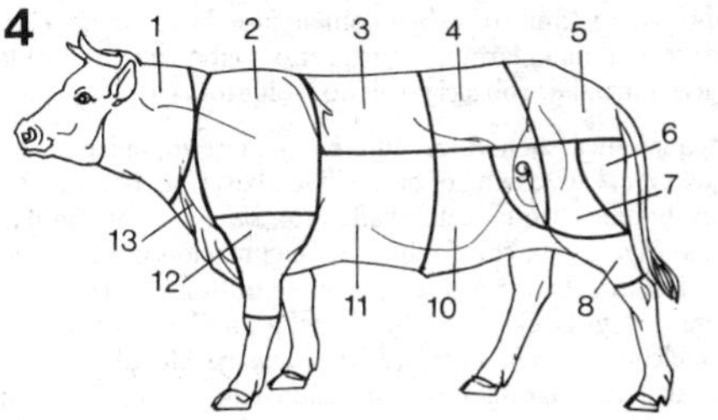

5

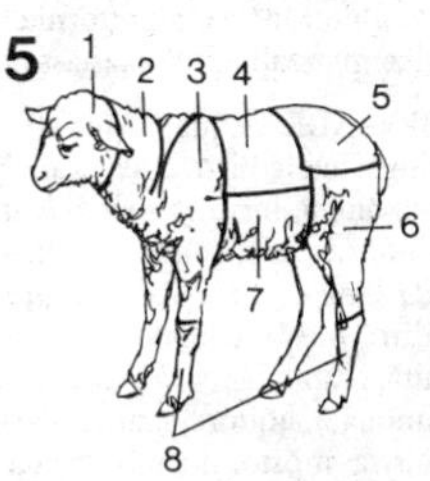

6

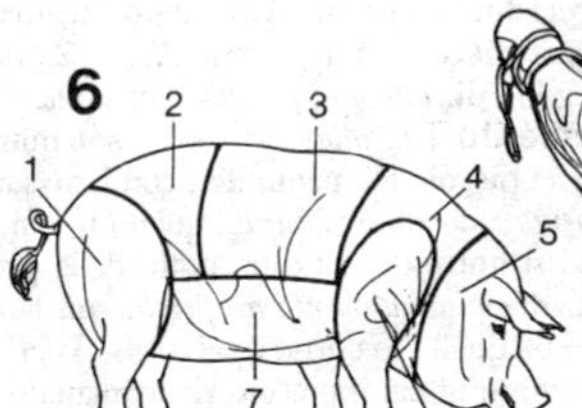

7

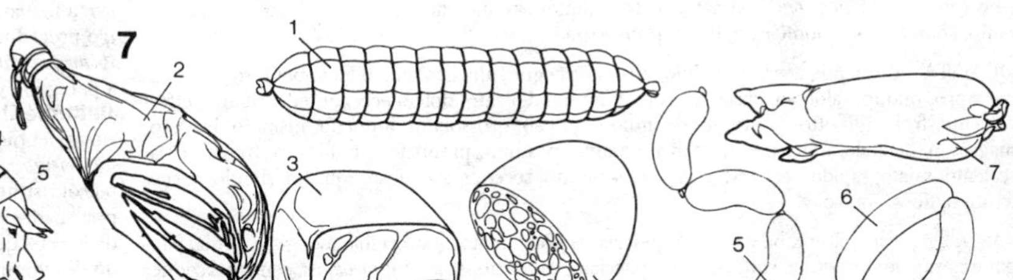

1. pasta alimentare

1.1. fidellini - 1.2. spaghetti - 1.3. bucatini - 1.4. fettuccine o tagliatelle - 1.5. ricciarelle - 1.6. lasagne - 1.7. fusilli - 1.8. penne - 1.9. rigatoni - 1.10. conchiglie - 1.11. lumache - 1.12. stelline - 1.13. cappelletti - 1.14. panzerotti - 1.15. agnolotti o ravioli - 1.16. tortellini - 1.17. cannelloni da ripieno - 1.18. farfalle - 1.19. semini - 1.20. ditalini - 1.21. anellini

2. pane

2.1. sfilatino - 2.2. michetta o rosetta - 2.3. pancarrè - 2.4. grissini - 2.5. focaccia

3. bue (tagli lombardi)

3.1. coppa o collo - 3.2. costata o lombata - 3.3. *roast - beef* o controfiletto - 3.4. scamone - 3.5. magatello - 3.6. fetta di mezzo - 3.7. filetto - 3.8. costole - 3.9. aletta di spalla - 3.10. reale - 3.11. muscolo della spalla - 3.12. biancostato - 3.13. punta di petto - 3.14. punta bassa - 3.15. noce - 3.16. muscolo

4. bue (tagli toscano – romani)

4.1. collo - 4.2. spalla - 4.3. costa e fracosta - 4.4. lombata - 4.5. pezza e fascia di pezza - 4.6. girello - 4.7. controgirello - 4.8. muscolo - 4.9. rosa - 4.10. pancetta - 4.11. petto - 4.12. muscolo - 4.13. goletta

5. agnello

5.1. testa - 5.2. collo - 5.3. spalla - 5.4. costolette - 5.5. sella - 5.6. cosciotto o quarto - 5.7. petto o pancia - 5.8. peducci

6. maiale

6.1. prosciutto o coscio - 6.2. arista - 6.3. lombata - 6.4. costole - 6.5. testa - 6.6. spalla o prosciutto di spalla - 6.7. pancetta - 6.8. piedini

7. insaccati

7.1. salame - 7.2. prosciutto crudo - 7.3. prosciutto cotto - 7.4. mortadella - 7.5. salsicce - 7.6. *würstel* - 7.7. zampone to ed effetto dell'allargare e dell'allargarsi ‖ *T.tess.* operazione di riportare alla normale larghezza tessuti che abbiano subito un restringimento.

allargàre (pres. *-àrgo, -àrghi*) [comp. parasint. di *largo*; a. 1304] **tr.** rendere largo o più largo, ampliare: *allargare una strada, i pantaloni* ‖ *fig.* aprire, distendere: *allargare le braccia* ‖ *allargare la mano,* aprirla; *fig.* essere liberale ‖ *allargare i freni,* allentare; *fig.* mitigare la propria severità ‖ *allargare il cuore,* consolare ‖ estendere: *allargare la cerchia delle proprie conoscenze, dei propri affari* ‖ *T.sport. allargare il gioco,* svolgerlo lungo linee più ampie ‖ *T.mus. allargare il tempo,* renderlo più lento ‖ **intr.** (aus. *avere*) spostarsi al margine esterno di una corsia: *allargare in curva* ‖ *T.sport.* nel calcio, spostare il gioco lungo direttrici laterali: *allargare alle ali, sulle fasce esterne* ‖ **rifl.** estendersi, ampliare le proprie attività: *allargarsi nel commercio* ‖ *fig.* andare oltre le proprie possibilità: *allargarsi nelle spese* ‖ *T.mar.* portarsi al largo ‖ **intr. pron.** diventar più largo: *dopo l'ansa il fiume si allarga* ‖ **N. tr.** *Sin.* ampliare, diffondere, dilatare, espandere, estendere, spandere | *Contr.* restringere, ridurre.

allargàta [da *allargare*; a. 1742] **sf.** allargamento fatto in fretta ‖ *dim.* allargatìna.

allargatése [comp. di *allarga(re)* e *tesa*; 1940] **sm. inv.** *T.capp.* strumento usato per allargare le falde di un cappello.

allargatóio (pl. *-ói*) [da *allargare*; 1797] **sm.** utensile in acciaio usato per allargare il diametro di fori già esistenti ‖ **N.** *Sin.* mandrino.

allargatóre [da *allargare*; 1961] **sm. 1.** *T.tecn.* qualsiasi strumento usato per allargare fori **2.** (f. *-trìce*) *raro* chi allarga.

allargatrice [da *allargare*; 1955] **sf.** macchina utilizzata per tendere i tessuti appena lavati, in modo da evitarne il restringimento.

allargatùbi [comp. di *allarga(re)* e *tubo*; 1955] **sm. inv.** *T.tecn.* utensile usato per allargare l'imboccatura dei tubi metallici ‖ **N.** *Sin.* mandrino.

allargatùra [da *allargare*; 1863] **sf.** allargamento; punto in cui una cosa è stata allargata ‖ **N.** *Contr.* contrazione, restringimento.

allarmànte (*ppr.* di *allarmare*) [a. 1808] **agg.** che suscita allarme, che mette in apprensione: *sintomi allarmanti* ‖ **N.** *Contr.* rassicurante.

allarmàre [dal fr. *alarmer*; 1669] **tr.** mettere in allarme, in apprensione, in agitazione, spaventare ‖ **intr. pron.** mettersi in agitazione, spaventarsi ‖ **N.** *Sin.* impaurire, inquietare, preoccupare | *Contr.* calmare, tranquillizzare.

allarmàto (*pps.* di *allarmare*) [a. 1712] **agg.** inquieto, preoccupato, spaventato.

allàrme [da *all'arme!*; 1723] **sm. 1.** grido o segnale rivolto ai soldati perché prendano le armi o ai civili perché si pongano in stato difensivo ‖ *stato d'allarme,* periodo di tempo nel quale permane la necessità che ha provocato l'allarme **2.** qualunque dispositivo in grado di segnalare un pericolo, un'anomalia di funzionamento e sim.: *azionare, disinnescare l'allarme* ‖ *segnale d'allarme,* dispositivo, per l'arresto immediato del treno, a disposizione dei passeggeri in caso di necessità **3.** condizione di preoccupazione, tensione, circospezione determinata da un pericolo reale o presunto: *essere in allarme, non c'è motivo di allarme* ‖ *falso allarme,* evento che suscita preoccupazione ingiustificata ‖ **N. 1.** *Sin.* chiamata, segnale di chiamata **2.** *Sin.* antifurto, sirena **3.** *Sin.* agitazione, apprensione, timore | *Contr.* calma, tranquillità.

allarmìsmo [da *allarme*; 1917] **sm. 1.** tendenza ad allarmare e ad allarmarsi spesso senza fondamento **2.** stato di tensione e timore generato dal diffondersi di notizie prive di fondamento certo ‖ **N. 1.** *Contr.* ottimismo.

allarmista [dal fr. *alarmiste*; 1796] **s.** chi diffonde notizie allarmanti.

allarmìstico (pl. *-ci*) [da *allarmista*; 1917] **agg.** che provoca allarme, apprensione: *notizie allarmistiche* ‖ **N.** *Sin.* inquietante, preoccupante | *Contr.* rassicurante.

allascàre [da *lascare*; 1885] **tr.** *T.mar.* allentare una corda o un cavo troppo tesi ‖ **N.** *Sin.* lascare.

allàto o **a làto** [da *a lato*; 1282 *alato*] **I avv.** *lett.* a fianco, accanto **II loc. prep.** seguita da *a* o preceduta da pron. **1.** accanto, vicino a: *il campo allato alla casa, gli corse allato* **2.** *ant.* a paragone di: *allato al fratello è un santo.*

allattaménto [da *allattare*; 1865] **sm.** nutrizione dei piccoli dei mammiferi con latte ‖ *allattamento materno* o *naturale,* quello in cui il piccolo si nutre del latte prodotto dalla propria madre ‖ *allattamento artificiale,* con latte diverso da quello materno ‖ *per estens.* il periodo di tempo in cui il piccolo viene allattato.

allattàre [lat. tardo *allactāre*; 1352] **tr.** nutrire un neonato col proprio latte o per allattamento artificiale: *la madre allatta il figlio, la gatta allatta i micini* ‖ **intr.** *ant.* prendere il latte, poppare ‖ **N. tr.** *Sin.* dare il latte, far poppare | *Contr.* divezzare, slattare, spoppare.

allattatrice [da *allattare*; a. 1604] **sf.** donna che allatta; balia.

allattatùra [da *allattare*; 1879] **sf.** *raro* allattamento.

àlle **prep.** *art. f. pl.* v. prep. *a.*

alleànza [dal fr. *alliance*; 1619 *alianza*] **sf. 1.** trattato tra due o più Stati per il raggiungimento di comuni scopi bellici, economici o politici: *concludere un'alleanza tra Stati confinanti* **2.** accordo, unione tra gruppi, partiti ecc.: *modificare le alleanze parlamentari* ‖ *per anton. T.rel.* patto tra Jahvè e il popolo d'Israele, spec. quello con Mosè, che richiedeva agli Ebrei l'osservanza della legge mosaica ‖ *arca dell'alleanza,* quella che conteneva le tavole della legge ‖ **N. 1.** e **2.** *Sin.* accordo, coalizione, confederazione, intesa, lega, patto | difensiva, offensiva.

alleàre (pres. *allèo*) [dal fr. *allier*; 1853] **tr.**

ALIMENTAZIONE

CIBO: alimentazione, alimento, annona, boccone, camangiare, cibaria, civanzo, commestibili, companatico, conservazione, dape, grascia, imbandigione, morso, nutrimento, nutrizione, pabulo, pappatoia, pasto, piatto, provvista, rifreddo, scorta, sostentamento, stranguglione, vettovaglia, viatico, vitto, vivanda; cibo buono (ambrosia, biancomangiare, bocconcino, cibreo, chicca, ghiottoneria, ghiottornia, leccornia, mangiarino, manicaretto), cibo cattivo (broda, brodaglia, guazzabuglio, guastastomaco, intruglio, robaccia, veleno, voltastomaco).

BEVANDE: acqua, acquavite, acquatonica, alchermes, amarena, amaretto, anice, anisetta, aperitivo, analcolico, arak, aranciata, *arquebuse,* assenzio, barbagliata, bavarese, beveraggio, beverone, bibita, birra, *bourbon, brandy,* braulio, brodo, caffè, caffelatte, *calvados,* camomilla, cappuccino, carcadè, centerbe, cerasella, *champagne,* china, chinotto, cicuta, cioccolata, coca-cola, *cocktail, cognac,* cordiale, *curaçao,* decotto, digestivo, *drink,* elisir, emulsione, fernet, ferrochina, filtro, *frappé,* frullato, gazzosa, genepì, ghiacciata, *gin,* giulebbe, gramolata, *grand marnier,* granita, grappa, *grog, highball,* idromele, infuso, *jarabe, kefir, kümmel, kumys,* latte, latte di mandorle, limonata, liquore, madera, mandarinetto, maraschino, marsala, martini, mate, menta, millefiori, mistrà, mosto, nocino, orzata, porto, pozione, *pulque, punch,* rabarbaro, rachi, ratafià, rosolio, *rum,* sakè, sambuca, sapa, sciroppo, semata, *sherry,* sidro, *slivovitz,* soda, sorbetto, spuma, spumante, succo di frutta, tamarindo, tè, *tequila,* tiglio, tintura, tisana, *triple-sec,* vermut, vinello, vino (aleatico, bianco, *brulé,* chinato, cortese, liquoroso, moscato, passito, resinato, rosé, rosso, santo, spumante), vinomèle, vodka, *whisky,* zozza.

QUALITÀ: accostante, acerbo, acidulo, afro, affricogno, alcolico, amabile, appetitoso, aromatico, aspro, buono, caloroso, coriaceo, corroborante, delicato, dolce, eccellente, eccitante, effervescente, frollo, ghiotto, giusto di sale, goloso, grasso, grossolano, innocuo, insipido, leggero, magro, medicinale, nutriente, nutritivo, pesante, pessimo, prelibato, ribollito, rinfrescante, riscaldato, salato, sapido, scellerato, sciocco, scondito, secco, sostanzioso, squisito, stantio, succulento, tiglioso, tonico.

PASTI: agape, asciolvere, banchetto, bisboccia, *buffet,* convito, gozzoviglia, mangiata, orgia, pappatoria, rancio, refezione, rinfresco, scorpacciata, spuntino, stravizio; *breakfast,* cena, colazione, desco molle, desinare, *fast food, lunch,* merenda, pic-nic, pranzo, simposio; frugale, lauto, luculliano, pantagruelico, parco, sontuoso; antipasto, coperto, *dessert,* mensa (prima e seconda), portate, porzione, razione, servito, tornagusto.

MODI DI PREPARAZIONE, COTTURA E CONSERVAZIONE: *à la sauté,* al cartoccio, al funghetto, all'arrabbiata, alla bolognese, alla boscaiola, alla creta, alla diavola, alla griglia, alla parmigiana, alla puttanesca, al mattone, al salto, arrosto (allo spiedo, alla brace, in forno), bollito, brasato, brodetto, budino, caciucco, calzone, caponata, carbonata, crocchetta, crostino, *cuscus,* farinata, finanziera, *flambé, flan,* fricandò, fricassea, fritto, frittura, guazzetto, *gulasch,* impanato, in carpione, in crosta, intingolo, involtino, in zimino, lesso, marinato, migliaccio, *paella,* passato, pasticcio, piccato, pizza, polpetta, polpettone, potacchio, *pot-pourri,* purè o purea, ragù, ripieno, *roast-beef,* salmì, saltimbocca, sanguinaccio, scaloppa, scaloppina, sformato, soffritto, *soufflé,* spezzatino, spiedino, stracotto, stufato, timballo, trifolato, umido; cristallizzato, disidratato, liofilizzato, sottoaceto, sottolio, sotto sale o in salamoia, surgelato.

LUOGHI DOVE SI MANGIA E BEVE: autogrill, bar, bettola, birreria, bottiglieria, caffè, cantina, cremeria, *drive-in, fast-food,* fiaschetteria, gargotta, gelateria, *grill-room,* mensa, mescita, osteria, paninoteca, piano-bar, pizzeria, *pub,* refettorio, ristorante, rosticceria, sala da pranzo, *saloon, snack-bar,* taverna, tavola calda, *tea-room,* tinello, trattoria.

VOCI ATTINENTI: anagnoste, anoressia, annona, appetito, assimilazione, astinenza, atrofia, avanzaticcio, bolo alimentare, brindisi, bulimìa, carestia, chilo, chimo, coperto, culinaria, dieta, dietetica, digestione, edule, esculento, eterotrofia, fame, frugalità, gastronomia, imboccare, inanizione, indigestione, inedia, intemperanza, ipertrofia, macrobiotica, malacia, mensa, menù o minuta, lista, distinta, nota, mercato nero, moscaiola, ospite, picacismo, *prosit,* regime, ricetta,

segue

unire con un patto di alleanza: *le polemiche fecero alleare socialisti e repubblicani* || ***rifl.*** e ***rifl. rec.*** unirsi in alleanza, stringere un patto di cooperazione: *i Cubani si allearono con i Russi per opporsi all'imperialismo statunitense* || **N.** ***tr.*** *Sin.* coalizzare | ***rifl.*** *Sin.* associarsi, unirsi | *Contr.* dividersi, separarsi.

alleàto (*pps.* di *alleare*) [sec. XIII] ***agg.*** e ***sm.*** (f. *-a*) che o chi ha stretto un patto di alleanza: *la vittoria arrise alle nazioni alleate, i nostri alleati* || **N.** *Sin.* cobelligerante, confederato | *Contr.* avversario, nemico.

allegàbile [da *allegare*[1]; 1673] ***agg.*** che si può allegare.

allegagióne [da *allegare*[2]; 1865] ***sf.*** *non com.* la trasformazione di un fiore in frutto || *per estens.* la stagione in cui ciò avviene.

allegaménto [da *allegare*[2]; sec. XIV nel senso 2] ***sm.*** *non com.* **1.** allegazione dei frutti **2.** l'allegare dei denti.

allegàre[1] (pres. *-égo, -éghi*) [dal lat. *allegāre*; a. 1294] ***tr.*** citare, produrre, addurre: *allegare prove, ragioni, testimonianze* ecc.

allegàre[2] (pres. *-égo, -éghi*) [lat. *alligāre*; a. 1292 nel senso 2] ***tr.*** **1.** accludere, mettere insieme: *allegare un documento alla domanda* **2.** produrre sui denti una spiacevole sensazione come se fossero legati, detto spec. di sapori agri o rumori stridenti: *questa mela allega i denti* || ***intr.*** (aus. *avere*) **1.** *T.bot.* passare dallo stadio di fiore a quello di frutto **2.** *T.metal.* formare una lega di metalli: *argento e oro allegano bene* || **N.** ***tr.*** **1.** *Sin.* includere | *Contr.* scorporare, togliere **2.** *Sin.* allappare.

allegàto (*pps.* di *allegare*[2]) [a. 1432] **I *agg.*** detto di documenti e sim., accluso **II *sm.*** documento accluso a una pratica, a uno scritto: *fare riferimento agli allegati di un testo.*

allegazióne [dal lat. *alligatio, -ōnis*; a. 1342] ***sf.*** atto ed effetto dell'allegare || *per estens.* ciò che si allega.

alleggeriménto [da *alleggerire*; a. 1342] ***sm.*** atto ed effetto dell'alleggerire e dell'alleggerirsi; *alleggerimento fiscale*, sgravio || *fig.* sollievo, conforto || **N.** *Sin.* alleviamento, attenuazione, sgravio | *Contr.* aggravio, inasprimento.

alleggerìre (pres. *-isco, -isci*) [comp. parasint. di *leggero*; a. 1347] ***tr.*** **1.** render leggero o più leggero || *fig.* rendere più lieve e sopportabile **2.** sgravare almeno parzialmente di un peso o una responsabilità: *alleggerire lo zaino, alleggerire qualcuno della sorveglianza* || *scherz. alleggerire qualcuno del portafoglio,* rubarglielo || ***rifl.*** **1.** sgravarsi di un peso; anche *fig.*: *mi sono alleggerito del carico, delle responsabilità* **2.** vestirsi con abiti più leggeri; *prov. d'aprile non t'alleggerire* || **N.** ***tr.*** **1.** *Sin.* alleviare, attenuare, diminuire, sgravare, sollevare | *Contr.* accrescere, appesantire, inasprire.

alleggiaménto [da *alleggiare*; a. 1272] ***sm.*** *lett.* alleggerimento: *i marinai, come sogliono per alleggiamento della lor fatica, cantavano* (D'Annunzio).

alleggiàre (pres. *-éggio*) [dal fr. *allevier*; 1250 ca.] ***tr.*** **1.** *poet.* alleggerire, dar sollievo: *ad alleggiar la pena* (Dante), *ad alleggiar la mia grave fatica* (D'Annunzio) **2.** *T.mar.* alleggerire una nave sbarcandone in tutto o in parte il carico.

alléggio (pl. *-gi*) [da *alleggiare*; 1797] ***sm.*** **1.** *T.mar.* manovra di alleggerimento parziale o totale del carico di una nave || *concr.* pontone o barcone per lo sbarco del carico di navi che devono essere alleggerite **2.** foro nello scafo delle imbarcazioni che serve a scaricare l'acqua quando la barca è tirata in secco.

allegorìa [dal lat. *allegoria*, dal gr. *allēgoría*; 1308] ***sf.*** **1.** *T.ret.* figura per la quale si attribuisce a parole e frasi un significato simbolico, allusivo, che si discosta da quello letterale **2.** raffigurazione plastica o pittorica di un concetto astratto: *l'allegoria della «Primavera» di Botticelli* || **N.** figura, metafora, paragone, simbolo.

allegòrico (pl. *-ci*) [dal lat. tardo *allegoricus*; 1308] ***agg.*** relativo all'allegoria, contenente un'allegoria: *un poema allegorico* || **allegoricaménte** ***avv.***

allegorìsmo [da *allegoria*; 1920] ***sm.*** **1.** sistema di allegorie **2.** uso abbondante di allegorie.

allegorìsta [dal lat. tardo *allegorista*; a. 1729] ***s.*** *raro* chi fa uso di allegorie o le commenta.

allegorizzàre [dal lat. tardo *allegorizāre*; a. 1375] ***intr.*** (aus. *avere*) esprimersi per mezzo di allegorie, farne uso: *è un poeta che allegorizza spesso* || ***tr.*** rappresentare, dare forma allegorica a un testo.

allegrànza [da *allegro*; a. 1250] ***sf.*** *ant.* allegrezza.

allegràre (pres. *-égro*) [da *allegro*; prima metà sec. XIII] ***tr.*** e ***intr. pron.*** *lett. raro* rallegrare; rallegrarsi.

allegrétto [da *allegro*; 1758] ***sm.*** *T.mus.* tempo musicale tra l'andante e l'allegro || *per estens.* movimento eseguito in tale tempo.

allegrézza [da *allegro*; a. 1294] ***sf.*** sentimento lieto dell'animo che nasce da qualche viva soddisfazione e si manifesta con atti o parole || *per estens. raro* motivo di tale sentimento: *la vostra venuta è per me una grande allegrezza* || *raro* vivacità, vivezza di suoni e colori || **N.** *Sin.* contentezza, gaiezza, ALLEGRIA.

allegrìa [da *allegro*; a. 1535] **I *sf.*** stato d'animo lieto e festoso, allegrezza || *per estens.* quel che produce allegria: *un'allegria di suoni* **II *escl.*** *allegria! allegria!*, per incitare al buonumore || **N.** *Sin.* brio, buonumore, contentezza, esultanza, gaiezza, gaudio, giocondità, gioia, giubilo, giulività, ilarità, letizia, lietezza, tripudio | *Contr.* abbattimento, malinconia, malumore, scontento, tristezza | allietarsi, divertirsi, esultare, far baldoria, gioire, godere, gongolare, rallegrarsi, sollazzarsi, spassarsela, svagarsi, tripudiare.

allégro [lat. volg. **alecris*, dal lat. *alacer*; 1274 ca.] **I *agg.*** **1.** che sente o dimostra allegria; di temperamento o disposizione allegra: *è un*

segue ALIMENTAZIONE

rigovernatura, rimasuglio, scaldavivande, tener tavola imbandita, vegetarianismo.

PERSONE: anfitrione, beccaio, bettoliere, birraio, caffettiere, cantiniere, coppiere, cuoco, droghiere, erbivendolo, formaggiaio, fornaio, friggitore, lattaio, locandiere, macellaio, ortolano, oste, ostricaio, panettiere, pasticciere, pescivendolo, pollaiolo, rivendugliolo, rosticcere, salumaio o salumiere, scalco, *sommelier*, tavernaio o taverniere, trattore, trecca, treccone, vivandiere; alticcio, antropofago, astemio, beone, bevitore, bibace, brillo, brodolone, buongustaio, cannibale, carnivoro, ciacco, cioncatore, commensale, convitato, crapulone, diluviatore, diluvione, divoratore, ebbro, epulone, erbivoro, gastronomo, ghiottone, golaccia, goloso, ingordo, ittiofago, leccapiatti, leccatore, lurco, mangiatore, mangiatutto, mangione, onnivoro, pappacchione, pappalardo, parassita, parco, sbornione, scannapagnotte, schifiltoso, scroccone, spugna, sobrio, trincatore, ubriaco, vegetariano, ventraccio, vorace.

AZIONI ATTINENTI ALL'ALIMENTAZIONE: addentare, asciolvere, assaggiare, assaporare, assimilare, assorbire, bagordare, banchettare, beccare, biascicare, brucare, cenare, cibarsi, consumare, crapulare, deglutire, desinare, diluviare, disordinare, divorare, gozzovigliare, grufolare, gustare, imbottare, imbuzzarsi, impinzarsi, impippiarsi, infornare, ingerire, inghiottire, ingollare, ingozzare, ingurgitare, insaccare, inzepparsi, leccare, macinare, maciullare, manducare, mangiare, manicare, masticare, merendare, mordere, nutrirsi, pacchiare, pappare, pascersi, pascolare, pasteggiare, pranzare, pusignare, riempirsi, rifocillarsi, ristorarsi, rodere, rosicchiare, ruminare, satollarsi, saziarsi, sbramarsi, scroccare, scuffiare, sdigiunarsi, sfamarsi, sgranocchiare, smaltire, sostentarsi, sparecchiare, straviziare, strippare, trangugiare; mangiare poco (a bocconcini, a miccino, a once, assaggiare, a stecchetto, boccheggiare, campare di spirito santo, come un canarino, come un uccellino, digiunare, ingannar la fame, mangiucchiare, piluccare, sbocconcellare, spiluccare, spizzicare, tenersi leggero), mangiare molto (a battiscarpa, a crepapancia, a crepapelle, all'affamata, a macca, a quattro ganasce, a quattro palmenti, a strippapelle, a ufo); arrotare i denti, aver il mal della lupa, caricarsi lo stomaco, cavarsi la fame, dar di becco, devastare la tavola, dipanare con le mascelle, empirsi il ventre o il buzzo, essere di bocca buona, essere sfondato, essere una buona forchetta, far ballare il dente, fare il chilo, far piazza pulita, fare una satolla, far ripulisti, far buon pro, leccarsi le dita, macinare a due palmenti, mangiar con l'imbuto, pancia mia fatti capanna, rifarsi la bocca, rompere il digiuno, sgranar pagnotte. Abbeverarsi, assaporare, avvinazzarsi, bere, bevucchiare, bombare, centellinare, cioncare, degustare, dissetarsi, inebriarsi, ingoiare, ingozzare, ingurgitare, lappare, libare, mescere, propinare, ribere, ricioncare, rinfrescarsi, sbevazzare, sbombettare, sorbire, sorseggiare, succhiare, succiare, tracannare, trangugiare, trincare, ubriacarsi, zinzinare; a fior di labbra, a garganella, alla bottiglia, a sciacquabudella, a sorsi, con la cannuccia, d'un fiato; alzare il gomito, attaccarsi al bicchiere, bagnarsi il becco, cavarsi la sete, fare una bevuta, inumidir le labbra, sciacquarsi lo stomaco; centellino, sorsata, sorsellino, sorso, zinzino.

ANTIPASTI: affettati, bagna cauda, bruschetta, canapè, carpaccio o albese, *crêpe*, crostini, di pesce (aringa affumicata, *cocktail* d'aragosta, di scampi, caviale, cozze, insalata di mare, ostriche, salmone affumicato), di verdura (avocado, crudità, insalata capricciosa, insalata russa, insalate, peperoni abbrustoliti, pinzimonio, pomodori ripieni, uova in gelatina), fonduta, galantina, involtini, *pâté*, sottaceti, sottoli, tartine, torte salate, vitello tonnato, *vol-au-vent.*

MINESTRE: asciutte (pastasciutta, pasta al forno, risotto), in brodo (*consommé*, consumato (occhi o scandelle), gelatina, panata, pancotto, pappa, *porridge*, ristretto, stracciatella), minestrone, passato, ribollita, zuppa (giardiniera); agnolotti, capelli d'angelo o capellini, cappelletti, castagnaccio, farinata, gnocchi, pan grattato, pan trito, pavese, polenta, puntine, riso (*paella*, risotto, supplì), semini, semolino, stelline, stracciatella; bigoli, bucatini, cannelloni, fettuccine, fusilli, lasagne, maccheroni, orecchiette, panzerotti, pappardelle, pizzoccheri, ravioli, spaghetti, tagliatelle, tagliolini, tortellini, vermicelli, ziti.

CARNI: bianche, rosse, alternative; caprina (capretto), d'anatra, di coniglio, di gallina, di tacchino, equina, ovina (agnello), suina, vaccina; coriacea, filacciosa, frolla, grassa, legnosa, magra, mucida, tenera; arista, bistecca, braciola, carré, collo, coscia, cosciotto, costata, cotoletta, fesa, filetto, *hamburger*, lombo, noce o controfiletto, ossobuco, pancia, piccata, punta di filetto, sca-

segue

tipo allegro || *eufem. donnina allegra*, prostituta **2.** brioso, che infonde allegria: *colore, spettacolo allegro, musica allegra* **3.** *fam. scherz.* ubriaco: *al terzo bicchiere cominciò a sentirsi allegro* **4.** *T.arald.* del cavallo posto sullo scudo, passante libero e privo di finimenti || **allegraménte** *avv.* **II** *sm.* tempo musicale intermedio fra il presto e l'andante || *per estens.* brano eseguito in tale tempo: *un allegro di Bach* || *dim.* allegrùccio, allegròccio; *accr.* allegróne || **N. I 1.** *Sin.* contento come una pasqua, esultante, festoso, gaio, giocondo, giocoso, gioioso, gioviale, giulivo, ilare, lieto, mattacchione, raggiante, spensierato, su di giri, vispo, vivace | *Contr.* abbattuto, afflitto, giù di corda, malinconico, mesto, pensieroso **2.** *Sin.* caldo, vivace | *Contr.* freddo, smorto, spento.

allegróne (*accr.* di *allegro*) [1865] *sm.* (f. *-a*) persona abitualmente allegra, e che rallegra.

allèle [dal fr. *allèle*, abbr. di *allèlomorphe*, allelomorfo; 1940] *sm. T.biol.* allelomorfo. **Q.T.** *genetica...*

allelìa [da *allele*; 1940] *sf. T.biol.* in genetica, presenza nel patrimonio genetico ereditario di coppie di geni allelici || *allelia multipla*, esistenza di una serie di tre o più alleli alternativi, più o meno diversi nei loro effetti fenotipici, per un particolare gene || **N.** *Sin.* allelomorfismo.

allèlico (pl. *-ci*) [da *allele*; 1961] *agg. T.biol.* allelomorfo.

allèlo- [dal gr. *allḗlon*, reciproco] *primo elem.* che, in parole composte della terminologia scientifica, indica antagonismo, reciprocità o alternanza (per es. *allelomorfo, allelopatia*).

allelomorfìsmo [da *allelomorfo*; 1940] *sm. T.biol.* allelia.

allelomòrfo [comp. di *allelo-* e *-morfo*; 1929] **I** *agg. T.biol.* che ha caratteri alterni o contrastanti: *geni allelomorfi* (o *allelici*), geni omologhi a diversa struttura molecolare che determinano manifestazioni opposte dello stesso carattere (per es. occhi chiari o scuri); *caratteri allelomorfi* (o *allelici*), le forme alternative di un carattere controllato da un gene e dai suoi alleli, e dei quali l'uno può essere dominante e l'altro recessivo **II** *sm. T.biol.* allele || **N. I** *Sin.* allelico.

allelopatìa [comp. di *allelo-* e *-patia*; 1983] *sf. T.biol.* effetto dannoso provocato alla vita di una pianta dalla presenza di un'altra pianta.

allelotropìa [da *allelotropo*; 1955] *sf.* equilibrio instabile di due forme di un composto.

allelòtropo [dal gr. *allēlótropos*, che muta forma; 1955] *agg.* di sostanza che si trova in equilibrio instabile e può passare da una forma all'altra.

allelùia [dal lat. eccl. *allelūia*, dal gr. *allēlúia*, dall'ebr. *'allelū Jāh*, lodate Dio; 1233] *sm. inv. T.rel.* esclamazione di lode alla divinità || *fig.* espressione di gioia: *cantar l'alleluia*, esprimere gioia || *fig. vecchio come l'alleluia*, vecchissimo.

alleluiàtico (pl. *-ci*) [dal lat. tardo *alleluiaticus*; sec. XIV] *agg.* che presenta il canto dell'alleluia: *salmi alleluiatici.*

allemànda V. ALEMANNA.

allenaménto [da *allenare*; 1865] *sm.* atto ed effetto dell'allenare e dell'allenarsi || l'esercitare con continuità una determinata attività o facoltà: *dipinge per tenersi in allenamento* || *in part. T.sport.* preparazione continuata e graduale che consente all'atleta di raggiungere e mantenere una forma ottimale: *se vuoi ottenere risultati migliori, hai bisogno di più allenamento.*

allenàre[1] (pres. *-éno*) [comp. parasint. di *lena*; 1581] *tr.* esercitare con continuità il corpo e la mente per lo svolgimento di un'attività: *allenare la mente allo studio, allenare gli atleti per la gara, allenare i cavalli al trotto* || *rifl.* esercitarsi con continuità in una attività: *allenarsi a studiare* || *in part. T.sport.* tenersi in costante esercizio: *si allena ogni giorno a calciare punizioni* || **N.** *tr. Sin.* addestrare, preparare; abituare.

allenàre[2] (pres. *-èno*) [comp. parasint. di *lene*; a. 1294] *intr.* (aus. *essere*) e *intr. pron. ant.* indebolirsi, scemare, cedere: *da poiché non allena né cessa suo calore* (Jacopone da Todi).

allenatóre [da *allenare*[1]; 1895] **I** *sm.* **1.** (f. *-trìce*) *T.sport.* tecnico che cura e dirige l'allenamento di una squadra, di un singolo atleta o di un animale **2.** *T.sport.* nelle gare ciclistiche, motociclista che precede il ciclista offrendogli una più agevole penetrazione aerodinamica e maggiore velocità **3.** qualsiasi apparecchiatura o strumento utilizzato per mantenere il corpo in esercizio o per praticare la ginnastica da camera con attrezzi **4.** complesso di strumenti per riprodurre le reali condizioni di svolgimento di una attività, simulatore: *allenatore di volo* **II** *agg.* che allena: *pugile allenatore*, lo stesso che *sparring partner* || **N. I 1.** *Sin.* istruttore, *trainer.* **Q.T.** *sport.*

allenìre (pres. *-ìsco, -ìsci*) [comp. di *a* e *lenire*; a. 1294] *tr. lett.* mitigare, raddolcire, lenire || *intr. pron. raro* indebolirsi, infiacchirsi.

allentaménto [da *allentare*; sec. XIII] *sm.* **1.** atto ed effetto dell'allentare e dell'allentarsi **2.** *T.mecc.* progressivo cedimento delle parti meccaniche che assicurano il collegamento fra i vari elementi: *le vibrazioni provocano l'allentamento dei bulloni.*

allentàre (pres. *-ènto*) [lat. volg. **allentare*; a. 1294] *tr.* **1.** far lento, diminuire di tensione: *allentare un bullone, una cima* || *fig.* rendere meno rigido: *allentare la disciplina, il controllo* || *allentare i cordoni della borsa*, essere generoso || attenuare, calmare: *allentare lo sdegno* **2.** rallentare: *allentare il passo* **3.** *fam.* affibbiare (con connotazione di "lasciarsi sfuggire"): *allentare un calcio* || *intr. pron.* diventare lento: *le corde si allentano* || *fig.* diminuire d'intensità: *col passare del tempo i legami si allentano* || **N.** *tr.* **1.** *Sin.* mollare, rilassare; attenuare, mitigare | *Contr.* stringere, tendere; aumentare

segue ALIMENTAZIONE

loppa, scannello, spalla; pollame (anatre, capponi, faraone, galletti, galline, oche, pollastri, tacchini), selvaggina (beccaccia, camoscio, capriolo, cervo, cinghiale, fagiano, lepre, pernice, quaglia), uccellame (piccioni, tordi).

FRATTAGLIE: animelle, busecca, cervella, coda di bue, coratella, cuore, fegatelli, fegatini, fegato, lingua, piedini, polmone, rognone, testina, trippa.

PESCI E AFFINI: d'acqua dolce, di mare; azzurro, fresco, marinato, salato, secco; crostacei, molluschi; acciuga, agone, alice, anguilla, aragosta, aringa, baccalà, bianchetti, branzino o spigola, bottarga, calamaretto, carpa, caviale, cefalo, cernia, coda di rospo, dentice, gambero, granchio, lavarello, luccio, merluzzo, moscardino, nasello, ombrina, orata, ostrica, palombo, peocio o cozza, pesce persico, pesce spada, polipo, razza, rombo, salmone, sampietro, sarago, sarda, sardina, scampo, seppia, sgombro, sogliola, stoccafisso, storione, tinca, tonno, totano, triglia, trota, vongola; lumache, rane.

GENERI DI SALUMERIA: biroldo, bondiola, bresaola, cervellata, ciccioli, coppa, cotechino, cotenna, galantina, migliaccio, mortadella, pancetta, prosciutto, salame, salsiccia (rocchi), sanguinaccio, soppressata, ventresca, zampone.

UOVA: (albume o chiara o bianco, alone, cicatricola, follicolo dell'aria, guscio, panno, poli, tuorlo o rosso); diguazzare, frullare, montare a neve la chiara, sbattere, schiacciare; affogate, affritellate, *à la coque*, all'ostrica, al piatto, al tegamino, bazzotte, *crêpe*, da bere, frittata (verde, ripiena, in zoccoli), fritte, in carrozza, in *cocotte*, sode, strapazzate, zabaione.

LATTE E LATTICINI: latte di capra, di mucca; condensato, evaporato, in polvere, intero, magro, parzialmente scremato, pastorizzato.

FORMAGGIO: duro, filante, forte, fresco, inverminato, molle, salato, tenero; asiago, belpaese, *brie*, burrino, burro, cacio, cacio-cavallo, caciotta, *camembert*, caprino, *cheddar*, crescenza, *edam*, *emmental*, fontina, formaggino, giuncata, gorgonzola, grana, groviera, lodigiano, mascarpone, mozzarella, olandese, padano, panna o fior di latte o crema, pannarone, parmigiano, pecorino, provatura, provola, provolone, quartirolo, raveggiolo, reggiano, ricotta, robiola, *roquefort*, *sbrinz*, scamorza, sottiletta, stracchino, taleggio, toma, tomino.

FRUTTA E VERDURA: v. il quadro terminologico GIARDINAGGIO ed ORTICOLTURA.

PANE: v. quadro terminologico PANE.

DOLCI E GELATI: amaretto, babà, bacio di dama, bavarese, berlingozzo, biscotto, bombolone, brigidino, *brioche*, buccellato, budino, cannoncino, cannolo, caramella, cassata, castagnaccio, *charlotte*, chiacchiere, *chou*, cialda, cialdone, ciambella, cioccolatino, colomba, confetto, confortino, cornetto, crema, *crème caramel*, crespella o *crêpe*, croccante, crocchetta, *croissant*, crostata, diplomatico, frittella, galletta, *krapfen*, lattaiolo, latte di gallina, macedonia, maritozzo, mandorlato, *marron glacé*, marzapane, meringa o spumiglia o spumone, millefoglie, montebianco, mostacciolo, *mousse*, pan di spagna, pandolce, pandoro, panettone, panforte, panfrutto, pangiallo, panpepato, pasticcino, pastiera, *petit-four*, pignoccata, pignolata, pistacchiata, *plum-cake*, *profiterole*, quaresimale, ricciarelli, *saint-honoré*, *savarin*, savoiardo, semifreddo, sfogliata, sfogliatella, sorbetto, spongata, *strüdel*, tirami su, torrone, torta, tortello, turchetto, veneziana, zabaione, zeppola, zuccotto, zuppa inglese.

CONDIMENTI, DROGHE ED ERBE AROMATICHE: burro, dado, lardo, margarina, olio, strutto; aceto, agliata, *curry*, *ketchup*, maionese, mostarda, panna, senape; abelmosco, anice, cannella, capperi, chiodi di garofano, coriandolo, cumino, ginepro, noce moscata, paprica, pepe, peperoncino, pinoli, pistacchi, soia, vaniglia, vanillina, zafferano, zenzero; abrotano, acetosella, aglio, alloro, aneto, basilico, borragine, cerfoglio, cren o rafano, crescione, dragoncello, erba cipollina, erba di San Pietro, finocchio, maggiorana, malva, menta, origano, prezzemolo, rafano, rosmarino, ruchetta, ruta, salvia, santoreggia, scalogno, sedano, timo; agrodolce, pinzimonio, salamoia.

2. *Sin.* ritardare | *Contr.* affrettare.

allentàto (*pps.* di *allentare*) [1618] ***agg.*** meno teso || *T.sport.* *terreno allentato*, reso molle dalla pioggia.

allentatùra [da *allentare*; a. 1698] ***sf.*** *raro* ernia.

allergène [da *allergia*; 1938] ***sm.*** *T.med.* ogni sostanza che provoca allergia.

allergìa (pl. *-gìe*) [dal ted. *Allergie*; 1923] ***sf.*** *T.med.* reazione spontanea di ipersensibilità dell'organismo in presenza di particolari sostanze || *per estens.* insofferenza nei confronti di qualcosa, avversione: *ho allergia per il lavoro* || **N.** *Sin.* anafilassi, reattività | *Contr.* immunità.

allèrgico (pl. *-ci*) [da *allergia*; 1923] **I *agg.*** di allergia, che concerne l'allergia **II *agg.*** e ***sm.*** (f. *-a*) predisposto all'allergia, che soffre d'allergia; anche *fig.* *scherz.*: *è allergico allo studio.*

allergizzànte (*ppr.* di *allergizzare*) [1961] ***agg.*** che rende allergico.

allergizzàre [da *allergia*; 1955] ***tr.*** rendere allergico.

allèrgo- [da *allergìa*] ***primo elem.*** che, in parole composte della terminologia medica, vale "allergia": **allergologìa**, **allergòlogo**, **allergopatìa**, **allergopàtico**.

allèrta o **all'èrta** [da *erta*; 1536] **I *avv.*** nella loc. *stare allerta*, vigilare, usare cautela **II *escl.*** grido che veniva scambiato dalle sentinelle come reciproco invito alla vigilanza: *sentinella allerta! allerta sto!* **III *sf.*** *inv.* allarme, segnale di pericolo: *mettere in stato di allerta.*

allertaménto [da *allertare*; 1983] ***sm.*** atto ed effetto dell'allertare.

allertàre (pres. *-èrto*) [da *all'erta*; 1963] ***tr.*** mettere in stato di allarme: *allertare i pompieri.*

allessàre (pres. *-ésso*) [da *alesso*; 1829] ***tr.*** *raro* lessare.

allessatùra [da *allessare*; 1955] ***sf.*** **1.** *raro* lessatura **2.** malattia dei tessuti erbacei delle piante, dovuta a freddo, eccessiva insolazione o parassiti, che si manifesta con l'imbrunimento e il successivo afflosciamento del tessuto vegetale.

allésso [comp. di *a* e *lesso*; fine sec. XIII come agg. *alesso*] **I *avv.*** a lesso: *cuocere allesso* || *chi la vuole allesso e chi arrosto*, chi in un modo e chi in un altro **II *agg.*** *non com.* lessato: *pollo allesso* **III *sm.*** *non com.* carne lessata: *ieri ho mangiato l'allesso.*

allestiménto [da *allestire*; sec. XVIII] ***sm.*** **1.** l'atto e l'effetto dell'allestire: *l'allestimento di uno spettacolo, di una mostra* **2.** *T.mar.* complesso di lavori di rifinitura e completamento che si fanno su una nave dopo il varo || **N. 1.** *Sin.* approntamento, messa a punto, montaggio, preparazione | *Contr.* smantellamento, smontaggio. **Q.T.** *teatro.*

allestìre (pres. *-ìsco, -ìsci*) [comp. parasint. di *lesto*; 1658] ***tr.*** **1.** preparare, organizzare, predisporre: *allestire un musical, una festa* **2.** *T.mar.* fornire delle attrezzature necessarie alla navigazione, armare: *allestire una nave* **3.** *ant.* *disus.* affrettare || ***rifl.*** *raro* prepararsi: *allestirsi per la bisogna* || **N. *tr.* 1.** *Sin.* apprestare, mettere a punto | *Contr.* smantellare, smontare **2.** *Contr.* disarmare.

allestitóre [da *allestire*; 1929] ***sm.*** (f. *-trìce*) chi allestisce o dirige l'allestimento.

allettaiòlo (disus. *allettaiuòlo*) [da *allettare*[1]; a. 1566 come sm.] **I *sm.*** uccello che serve da richiamo; zimbello **II *agg.*** *fig.* che fa da richiamo.

allettaménto [da *allettare*[1]; a. 1363] ***sm.*** lusinga, richiamo.

allettànte (*ppr.* di *allettare*[1]) [a. 1729] ***agg.*** che alletta, lusinghiero, attraente: *una proposta allettante* || **N.** *Sin.* invitante, seducente | *Contr.* disgustoso, repellente, ripugnante.

allettàre[1] (pres. *-ètto*) [lat. *allectāre*; fine sec. XIII] ***tr.*** **1.** invitare, attirare a sé con lusinghe e sim.: *lo allettarono con la prospettiva di un grande successo* || *ass.* attrarre: *la pace della campagna alletta* **2.** *poet.* accogliere: *perché tanta viltà nel cuore allette?* (Dante) || **N. 1.** *Sin.* attirare, sedurre, LUSINGARE | *Contr.* allontanare, disgustare.

allettàre[2] (pres. *-ètto*) [comp. parasint. di *letto*; sec. XIII] ***tr.*** *raro* **1.** abbattere, stendere a terra le messi: *il vento ha allettato il grano* **2.** costringere al letto: *la malattia l'ha allettato* || ***intr. pron.*** piegarsi a terra: *a causa della grandine il grano s'è allettato* || ***rifl.*** mettersi a letto: *per la gran debolezza si è allettato.*

allettatìvo [da *allettare*[1]; 1664] **I *agg.*** *raro* atto ad allettare: *parole allettative* **II *sm.*** *disus.* allettamento.

allettatóre [da *allettare*[1]; a. 1604] ***sm.*** (f. *-trìce*) e ***agg.*** chi o che alletta, lusingatore.

allettévole [da *allettare*[1]; 1505] ***agg.*** *non com.* allettante.

allevaménto [da *allevare*; a. 1406] ***sm.*** **1.** atto ed effetto dell'allevare **2.** l'insieme delle tecniche e dei mezzi volti a favorire la riproduzione, la crescita e il miglioramento delle razze animali utili all'uomo: *allevamento di lombrichi, di cavalli* ecc. || *per estens.* il luogo e le attrezzature in cui si allevano gli animali e l'insieme degli animali o delle piante che si allevano: *ho acquistato un allevamento di cani* || *allevamento in batteria*, realizzato tenendo gli animali in uno spazio circoscritto e limitato || *allevamento vegetale*, miglioramento di specie vegetali già note o creazione di nuove || *T.sport.* nell'ippica, l'insieme dei puledri indigeni: *quest'anno l'allevamento italiano ha dato buona prova di sé.* **TAV.** *zootecnia.*

allevàre (pres. *-èvo*) [lat. *allevāre*, tirar su; a. 1292] ***tr.*** **1.** provvedere alle esigenze dei piccoli durante la crescita: *la gatta alleva i suoi cuccioli*; *in part.* rif. a bambini, provvedere al loro sviluppo fisico e psichico: *è stato allevato dagli zii* || *allevare al petto*, allattare || *per estens.* educare: *è stato male allevato* || *allevare una serpe in seno*, dedicare attenzioni e affetti a chi poi si dimostra nemico **2.** mantenere, custodire animali, spesso a scopi di sfruttamento: *allevare mucche da macello*; rif. anche a vegetali: *allevare querce* || **N. 1.** *Sin.* far crescere, tirar su; educare, formare.

allevàta [da *allevare*; a. 1306] ***sf.*** atto dell'allevare animali || l'insieme dei cuccioli che si allevano: *ho fatto un'allevata di conigli.*

allevatóre [da *allevare*; a. 1604] ***sm.*** (f. *-trìce*) chi alleva animali: *un allevatore di cavalli.*

alleviaménto [da *alleviare*; a. 1292] ***sm.*** atto ed effetto dell'alleviare, alleggerimento.

alleviàre (pres. *-èvio*) [dal lat. *alleviāre*; 1308] ***tr.*** render lieve, alleggerire, liberare da pesi, affanni, dolori: *alleviare una sofferenza, una pena* || ***rifl.*** *ant.* detto di puerpera, sgravarsi || **N.** *Sin.* attenuare, ALLEGGERIRE; mitigare, temperare | *Contr.* aggravare, esacerbare, inasprire.

alleviatóre [da *alleviare*; 1704 ca.] ***sm.*** (f. *-trìce*) e ***agg.*** *lett.* chi o che allevia o attenua.

allezzàre (pres. *-ézzo*) [comp. parasint. di *lezzo*; a. 1665] ***intr.*** *ant.* mandar lezzo.

allibàre (pres. *-ìbo*) [lat. *alleviāre*; 1865] ***tr.*** *T.mar.* alleggerire parzialmente o totalmente una nave del carico, alleggiare.

allibìre (pres. *-ìsco, -ìsci*) [prob. lat. volg. **allivēre*; 1525] ***intr.*** (aus. *essere*) restare sbigottito: *lesse la notizia e allibì* || **N.** *Sin.* restare sbalordito; ammutolire.

allibo [da *allibare*; 1889 nel senso 2] ***sm.*** **1.** *T.mar.* alleggio **2.** chiatta.

allibraménto [da *allibrare*; a. 1292] ***sm.*** registrazione su libro contabile di una avvenuta operazione finanziaria.

allibràre [comp. parasint. di *lib(b)ra*, ant. imposizione sull'estimo; a. 1292] ***tr.*** registrare su libro contabile.

allibratóre [da *allibrare*; 1913 ca.] ***sm.*** (f. *-trìce*) chi sui campi di corse o di altre gare è autorizzato a tenere scommesse a quota fissa, che registra in un apposito libro controllato dalle autorità a ciò preposte || *allibratore clandestino*, chi svolge l'attività di tenere scommesse al di fuori dei controlli legali per eludere il pagamento delle tasse || **N.** *Sin.* *bookmaker.*

allicciàre (pres. *-ìccio*) [comp. parasint. di *liccio*; 1797] ***tr.*** **1.** *T.tess.* far passare l'ordito della tela attraverso i licci **2.** *T.fal.* dare ai denti della sega una leggera piegatura verso l'esterno per migliorarne il funzionamento.

allicciatùra [da *allicciare*; 1892] ***sf.*** *T.tess.* l'operazione dell'allicciare.

allìdere (*dif.*, usato solo nella 3ª pers. sing. del pres., del p.rem. e al pps.: *allìde, allisse, allìso*) [dal lat. *allidere*; a. 1306] ***tr.*** *ant.* percuotere: *e il volto colle man percosse e allisse* (Boccaccio) || ***intr.*** *ant.* urtare contro qualcosa: *allidere in uno scoglio.*

allietàre (pres. *-èto*) [comp. parasint. di *lieto*; a. 1492] ***tr.*** rendere contento, rallegrare: *la notizia della promozione lo allietò* || ***intr. pron.*** farsi lieto.

allièvo [da *allevare*; sec. XIV] ***sm.*** **1.** (f. *-a*) chi viene educato in qualche arte o disciplina, discepolo: *Bally fu allievo di De Saussure, gli allievi di una scuola professionale* **2.** *T.mil.* militare addestrato per conseguire una determinata specializzazione o grado nella gerarchia: *allievo ufficiale* **3.** (f. *-a*) giovane atleta che non ha ancora superato una certa età, gen. diciotto anni **4.** (f. *-a*) *raro* chi è allevato; *in part.* il bambino allattato dalla balia, o anche il nato di animali domestici, spec. bovini, redo **5.** *T.bot.* virgulto || **N. 1.** *Sin.* SCOLARO.

alligatóre [dall'ingl. *alligator*, 1771] ***sm.*** rettile degli Alligatoridi di colore scuro, con muso lungo e arrotondato, diffuso in America settentrionale e nelle zone tropicali dell'Asia || **N.** caimano, coccodrillo.

Alligatòridi (sing. *-e*) [da *alligatore*; 1967] ***sm. pl.*** *T.zool.* famiglia di rettili anfibi dell'America e dell'Asia tropicali.

alligazióne [dal lat. *alligatio, -ōnis*; 1941] ***sf.*** *T.metal.* miscuglio per la preparazione di una lega metallica.

allignaménto [da *allignare*; 1819] ***sm.*** atto ed effetto dell'allignare || **N.** *Sin.* attecchimento.

allignàre (pres. *-ìgno*) [comp. parasint. del lat. *lignum*; a. 1272] ***intr.*** (aus. *essere* e *avere*) metter radici, attecchire; crescere prosperosamente; anche *fig.*: *la libertà non alligna nei popoli corrotti* || **N.** *Sin.* prender piede, radicarsi.

allindàre [comp. parasint. di *lindo*; 1623] ***tr.*** *lett.* far lindo; anche *fig.*: *allindare i periodi* || *per estens.* rendere elegante || ***rifl.*** farsi lindo || **N.** VESTITO.

allineaménto [da *allineare*; 1690] ***sm.*** **1.** l'atto e l'effetto dell'allineare; schieramento su una stessa linea; anche *fig.*: *l'allineamento dei partiti alla linea di condotta proposta dal governo* || *T.econ.* *allineamento monetario*, metodo con cui uno stato regola il potere d'acquisto della propria valuta in relazione a quella di altri stati per mantenere un sostanziale equilibrio || *allineamento dei redditi, dei salari*, il rapportarli al costo della vita **2.** in topografia, linea d'intersezione della superficie del terreno con un piano verticale passante per due punti **3.** *T.tip.* disposizione delle lettere di uno stesso carattere tipografico in modo che l'occhio medio risulti parallelo a una linea immaginaria **4.** *T.mar.* rotta che le navi devono seguire mantenendosi sul prolungamento ideale della linea che congiunge due oggetti (gen. posti sulla terra ferma); serve per evitare scogli, bassifondi e sim. || **N. 1.** *Sin.* adeguamento, consenso | *Contr.* dissenso, opposizione.

allineàre (pres. *-ìneo*) [comp. parasint. di *li-*

nea; 1796] ***tr.*** **1.** disporre sulla stessa linea cose o persone: *allineare i concorrenti per la partenza* **2.** procedere a un allineamento; anche *fig.* ‖ ***rifl.*** mettersi in linea: *i soldati si allinearono per l'ispezione* ‖ *fig.* adeguarsi a determinate linee di condotta o idee: *tutti i partecipanti al congresso si allinearono col segretario.*

allineàto (*pps.* di *allineare*) [1690 ca.] ***agg.*** che è in fila, collocato sulla stessa linea: *sul tavolo c'erano alcuni libri e altri stavano allineati in uno scaffalino* (Moravia); anche *fig.*: *giornalisti perfettamente allineati*, conformisti, disciplinati ‖ *paesi non allineati*, quegli Stati che non aderiscono né al blocco occidentale né a quello orientale.

allineatóre [da *allineare*; 1964] ***sm.*** **1.** (f. *-trìce*) chi allinea **2.** *T.sport.* nel canottaggio, giudice di gara che controlla l'allineamento dei concorrenti prima della partenza **3.** strumento topografico che serve a verificare l'allineamento di un punto rispetto ad altri due.

allisciàre (pres. *-ìscio*) [comp. parasint. di *liscio*; a. 1639] ***tr.*** *raro* lisciare.

allisciatóio (pl. *-ói*) [da *allisciare*; 1955] ***sm.*** *T.tecn.* attrezzo usato in fonderia per la preparazione delle forme.

alliṣióne [dal lat. tardo *allisio, -ōnis*; 1823] ***sf.*** *ant.* collisione, urto.

allìṣo (*pps.* di *allidere*) [a. 1306] ***agg.*** *ant.* percosso.

allitterazióne [dal lat. umanistico *allitterātio, -ōnis*; formato sul lat. *ad* e *littera*, lettera; 1609] ***sf.*** *T.ret.* successione di parole che iniziano o terminano con gli stessi gruppi sillabici (come *amaro amore*) ‖ *per estens.* ripetizione ad effetto di suoni vocalici o consonantici, ad es. nel verso *il rauco suon della tartarea tromba* (Tasso) ‖ **N.** assonanza, bisticcio, consonanza. **Q.T.** *metrica.*

allivellàre (pres. *-èllo*) [comp. parasint. di *livello*; 1779] ***tr.*** *ant. T.giur.* dare a livello un terreno o una proprietà, ossia cederli in godimento dietro riscossione di un canone annuo: *allivellare un podere, una casa.*

allivellazióne [da *allivellare*; 1803 ca.] ***sf.*** *T.giur.* concessione di un terreno con contratto a livello.

allividìre (pres. *-ìsco, -ìsci*) [comp. parasint. di *livido*; 1686] ***intr.*** (aus. *essere*) *ant.* divenir livido per la paura, per il freddo ecc.

àllo ***prep.*** *art. m. sing.* v. prep. *a.*

allô! (fr., pr. [a'lo]) [dall'anglo-americano *hallo*; 1905] ***escl.*** usata nelle comunicazioni telefoniche invece di "pronto!".

àllo- [dal gr. *állos*, altro] ***primo elem.*** che, in parole composte dotte, ha valore di "diversità", "differenziazione", "alterazione" (per es. *alloglotto, allopatia*).

allobiologìa [comp. di *allo-* e *biologia*; 1983] ***sf.*** settore della biologia che si occupa dei fenomeni biologici che si manifestano o possono manifestarsi nello spazio extraterrestre.

allòbrogo (pl. *-gi* o ant. *-ghi*) [dal lat. *Allobrox, -ogis*; inizio sec. XIV] **I** ***agg.*** riferito a un'antica popolazione di origine celtica che abitava una zona oggi corrispondente al Piemonte e alla Savoia **II** ***sm.*** (f. *-a*) appartenente a tale popolo ‖ *poet. scherz.* piemontese ‖ *per anton. il fiero Allobrogo*, l'Alfieri.

allocàre (pres. *-òco*) [lat. tardo *adlocāre*; sec. XIII] ***tr.*** *ant.* allogare.

allocazióne [da *allocare*; a. 1347 *allogagione*] ***sf.*** **1.** *T.sport.* nell'ippica, premio assegnato in una corsa di cavalli **2.** assegnazione, distribuzione, in part. divisione di materie prime fra Stati legati da accordi politici ed economici ‖ *per estens.* il quantitativo spettante a ciascuno di essi.

allocchería [da *allocco*; 1585] ***sf.*** balordaggine.

allocchìre (pres. *-ìsco, -ìsci*) [da *allocco*; a. 1861] ***intr.*** (aus. *essere*) instupidire, restare sbalordito.

allocchìto (*pps.* di *allocchire*) [a. 1930] ***agg.*** intontito, istupidito, sbalordito.

allòcco (pl. *-chi*) [lat. tardo *ulluccus*; a. 1336] ***sm.*** **1.** uccello notturno degli Strigiformi, simile al gufo, ma privo di ciuffi sulla testa; ha occhi scuri e piumaggio grigio-bruno **2.** *fig.* persona stupida, goffa e balorda: *fare la figura di un allocco*; *rimanere come un allocco*, restare intontito, istupidito ‖ **N. 1.** barbagianni, strige **2.** *Sin.* SCIOCCO.

allocròico (pl. *-ci*) [dal gr. *allóchroos*, che prende altro colore; 1892] ***agg.*** che cambia colore a seconda del punto da cui si guarda ‖ **N.** *Sin.* cangiante.

allocromaṣìa [comp. di *allo-* e gr. *chrôma, chrṓmatos*, colore; 1845] ***sf.*** *T.med.* difetto dell'occhio per cui i colori appaiono diversi da come realmente sono ‖ **N.** acromatopsia, daltonismo.

allocromàtico (pl. *-ci*) [da *allocromasia*; 1931] ***agg.*** *T.min.* di minerale che si presenta colorato a causa della presenza di impurità nella sua massa.

allòctono [comp. di *allo-* e gr. *chtṓn, chtónos*, terra; 1930] ***agg.*** *T.geol.* di roccia o deposito minerario, trasportato lontano dal luogo di originaria formazione per l'azione di spinte tettoniche o per la stessa forza di gravità.

allocutìvo [dal lat. *allocutīvus*, che serve all'allocuzione; 1955] ***agg.*** *T.ling.* che si usa nel rivolgere la parola ad altri ‖ *pronomi allocutivi* o *di cortesia*, in it. i pronomi *lei* e *voi* ‖ *formule allocutive*, formule del tipo *Altezza, Eccellenza, Eminenza.*

allocutóre [dal lat. tardo *allocūtor, -ōris*; 1761] ***sm.*** (f. *-trìce*) *non com.* chi fa un'allocuzione.

allocuzióne [dal lat. *allocūtio, -ōnis*; 1574] ***sf.*** discorso solenne tenuto in pubblico ‖ *allocuzione pontificia*, discorso tenuto dal papa ai cardinali su argomenti di dottrina ‖ *T.stor.* esortazione che i generali romani facevano ai soldati prima della battaglia ‖ *dim.* allocuzioncèlla ‖ **N.** *Sin.* DISCORSO.

allodétta [lat. *alauda*; a. 1321] ***sf.*** *lett. ant.* allodoletta.

allodiàle [da *allodio*; 1618] ***agg.*** *T.stor. raro* di allodio, appartenente all'allodio ‖ *beni allodiali*, liberi da vincoli feudali.

allodialità [da *allodiale*; 1673] ***sf.*** *T.stor. raro* libertà dei beni dai vincoli feudali: *l'allodialità delle terre.*

allòdio (pl. *-di*) [dal francone *alōd*, proprietà intera; 1323 *alluodio*] ***sm.*** *T.stor.* nell'ordinamento giuridico medievale, il possesso di beni e terre libero da vincoli e oneri feudali.

allòdola [lat. *alăuda*; 1342] ***sf.*** uccello dei Passeriformi, di colore bruno-rossiccio, con becco appuntito e dito posteriore molto lungo; emette volando un caratteristico trillo ‖ *fig. richiamo per le allodole*, lusinga ‖ *specchietto per le allodole*, espediente per attirare gli ingenui.

allodossìa [dal gr. *allodoxía*, errore; 1940] ***sf.*** *T.eccl.* eterodossia ‖ **N.** *Contr.* ortodossia.

allòfono [comp. di *allo-* e *-fono*; 1967] ***sm.*** *T.ling.* variante di un fonema priva di valore distintivo, perché dipendente dal contesto in cui viene a trovarsi (per es. in it. la nasale dentale [n] di *banda* e quella velare [ŋ] di *banca* sono varianti, condizionate dal fonema che segue, dello stesso fonema /n/) o perché realizzazione fonetica individuale (per es. la realizzazione uvulare [ʀ] o [ʁ], come in francese, del fonema it. /r/ da parte di alcuni parlanti) ‖ **N.** fonema, fono, variante combinatoria, variante libera.

allogagióne [da *allogare*; a. 1363] ***sf.*** *arc.* allogazione.

allogaménto [da *allogare*; a. 1347] ***sm.*** atto ed effetto dell'allogare; allogazione.

allogàre (pres. *-ògo, -òghi*) [lat. tardo *adlocāre*; a. 1292 *alluogare*] ***tr.*** *ant.* e *dial.* **1.** mettere in luogo adatto, collocare; anche *fig.*: *allogare i libri negli scaffali*; *povere mie fatiche, le ho allogate bene!* ‖ *per estens.* ospitare: *venne allogato in casa d'amici* **2.** *disus.* porre a servizio, sistemare: *lo hanno allogato come apprendista* ‖ *allogare qualcuno*, maritare **3.** *raro* rif. a denaro, investirlo **4.** *non com.* dare in affitto: *allogare un podere* ‖ ***rifl.*** *ant.* **1.** sistemarsi in un luogo: *si è allogato in un albergo* **2.** mettersi al servizio di qualcuno: *si è allogata come cameriera presso quella famiglia* ‖ **N.** *Sin.* COLLOCARE.

allogatóre [da *allogare*; a. 1347] ***sm.*** (f. *-trìce*) *ant.* locatore, impresario, appaltatore.

allogazióne [da *allogare*; a. 1363 *allogagione*] ***sf.*** *ant.* e *tosc.* **1.** atto ed effetto dell'allogare **2.** commissione, ordinazione di un lavoro a un artigiano.

allògeno [dal gr. *allogenḗs*, d'altra razza; 1923] **I** ***agg.*** di altra razza, d'altra nazione **II** ***sm.*** (f. *-a*) in uno Stato o regione, individuo che appartiene a un gruppo etnico diverso da quello della massa dei cittadini, e conserva le proprie tradizioni e costumi: *gli allogeni del Piemonte* ‖ **N.** *Contr.* autoctono, indigeno, nativo.

alloggiaménto [da *alloggiare*; fine sec. XIV] ***sm.*** **1.** atto ed effetto dell'alloggiare ‖ luogo in cui stazionano le truppe in modo permanente o provvisorio: *gli alloggiamenti furono danneggiati dal bombardamento* **2.** spec. *pl. T.mil.* opere coperte di fortificazione **3.** sede predisposta per ospitare un organo meccanico: *gli alloggiamenti delle pastiglie dei freni.*

alloggiàre (pres. *-òggio*) [comp. parasint. di *loggia*; a. 1363] ***tr.*** **1.** dare alloggio, ospitare, spesso con un senso di provvisorietà: *ho alloggiato tre persone in casa* ‖ rif. a esercito, accamparlo ‖ *fig.* avere in sé, nutrire: *nel suo cuore alloggiavano cattivi pensieri* **2.** collocare un pezzo meccanico nella propria sede ‖ ***intr.*** (aus. *avere*) prendere alloggio; anche *fig.*: *la virtù non alloggia in animi vili* ‖ *prov. chi tardi arriva male alloggia*, chi arriva dopo gli altri si deve accontentare di quel che è avanzato ‖ **N.** *tr. Sin.* accogliere, albergare, ospitare | *Contr.* sfrattare, sloggiare | ***intr.*** *Sin.* abitare, star di casa, vivere. **Q.T.** *abitazione.*

alloggiatóre [da *alloggiare*; 1549] ***sm.*** (f. *-trìce*) *non com.* chi alloggia, albergatore.

allòggio (pl. *-gi*) [da *alloggiare*; 1556] ***sm.*** **1.** luogo nel quale si dimora: *cercare alloggio*; *dare alloggio*, offrire ospitalità ‖ *per estens.* appartamento: *alloggi popolari, alloggio signorile* **2.** *T.mar.* luogo destinato ad abitazione del personale di bordo ‖ *per estens.* locali destinati ai passeggeri: *alloggio di prima classe* **3.** *T.mil.* alloggiamento ‖ **N. 1.** *Sin.* abitazione; albergo, ricovero, rifugio, ostello | arioso, decoroso, lussuoso.

allogliàto [comp. parasint. di *loglio*; sec. XIV] ***agg.*** detto di grano, mescolato con loglio.

alloglòtto o **alloglòtta** [comp. di *allo-* e *-glotto*; 1893 ca. *alloglosso*] **I** ***agg.*** di lingua diversa da quella prevalente nella nazione: *minoranza alloglotta* **II** ***sm.*** (f. *-a*) membro di un gruppo d'individui che, pur compresi in una nazione, parlano lingua diversa da quella nazionale: *gli alloglotti francofoni della Louisiana.*

allògrafo [comp. di *allo-* e *-grafo*; 1970] ***sm.*** **1.** *T.ling.* variante di uno stesso grafema (per es. in it. esistono due allografi per rappresentare l'occlusiva velare sorda: *c* davanti a vocale velare, *ch* davanti a vocale palatale) **2.** *T.giur.* documento scritto da un'altra persona ‖ **N. 2.** *Contr.* autografo.

allombàto [da *lombo*; a. 1930] ***agg.*** di animale domestico che abbia buoni lombi, gagliardo ‖ **N.** *Sin.* robusto | *Contr.* slombato.

allomòrfo [comp. di *allo-* e *-morfo*; 1969] ***sm.***

T.ling. variante di un morfema || uno dei morfi che realizzano l'identico morfema (per es. *-i* e *-ini*, rispettivamente in *tomi* e *uomini*, realizzano entrambi il morfema del maschile plurale).

allontanàbile [da *allontanare*; 1934] ***agg.*** che può essere allontanato.

allontanaménto [da *allontanare*; 1624] ***sm.*** atto ed effetto dell'allontanare e dell'allontanarsi || **N.** *Sin.* distacco, rimozione, separazione; dimissione, licenziamento | *Contr.* avvicinamento; assunzione.

allontanàre (pres. *-àno*) [comp. parasint. di *lontano*; 1336 ca.] ***tr.*** **1.** mettere o mandare lontano o più lontano; anche *fig.*: *allontanare un pericolo* **2.** mandare via, cacciare: *lo hanno allontanato dal campo di gioco per proteste* || *eufem.* licenziare: *lo hanno allontanato per assenteismo* **3.** ispirare avversione: *ha un modo di fare che allontana* || ***rifl.*** e ***intr. pron.*** **1.** andare lontano; anche *fig.*: *allontanarsi dalla retta via* **2.** assentarsi: *si è allontanato da casa per alcuni giorni* || **N.** ***tr.*** **1.** *Sin.* discostare, rimuovere **2.** *Sin.* rimuovere **3.** *Sin.* respingere | ***intr. pron.*** *Sin.* appartarsi, discostarsi, partire, ritirarsi | *Contr.* accostarsi, avvicinarsi.

allopatìa [dal gr. *allopátheia*, influenza esterna; 1828] ***sf.*** *T.med.* metodo di cura corrente basato sulla somministrazione all'organismo malato di rimedi producenti effetti opposti a quelli causati dalla malattia || **N.** *Contr.* omeopatia.

allopàtico (pl. *-ci*) [da *allopatia*; 1865] ***agg.*** che si riferisce all'allopatia o ne segue i metodi: *cura allopatica* || **allopaticaménte** ***avv.*** || **N.** *Contr.* omeopatico.

allopatrìa [da *allo-* e (*sim*)*patria*] ***sf.*** *T.biol.* stanziamento di due o più popolazioni o specie in aree geograficamente diverse || **N.** simpatria.

allopàtrico (pl. *-ci*) [da *allo-* e (*sim*)*patrico*; 1960] ***agg.*** *T.biol.* di specie o popolazione che ha un'area di diffusione geografica diversa rispetto a un'altra specie simile || **N.** simpatrico.

alloplàstico (pl. *-ci*) [comp. di *allo-* e *plastico*; 1955] ***agg.*** *reazione alloplastica*, quella con cui un essere vivente cerca di modificare una situazione ambientale insoddisfacente.

alloppiaménto [da *alloppiare*; 1688] ***sm.*** *non com.* ebbrezza da oppio.

alloppiàre (pres. *-òppio*) [comp. parasint. di *oppio*, con concrezione dell'art.; a. 1543] ***tr.*** **1.** drogare una bevanda con oppio **2.** far addormentare somministrando bevande oppiate || *per estens.* sopire, calmare || ***intr. pron.*** addormentarsi pesantemente.

allòppio (pl. *-pi*) [da *alloppiare*; a. 1431] ***sm.*** *non com.* oppio.

allóra [lat. *ad illam hōram*; fine sec. XIII] **I** ***avv.*** in quell'istante, in quel momento: *allora, non prima, mi disse quello che pensava* || *allora allora*, pochissimo tempo prima, proprio in quel momento || *d'allora in poi, d'allora innanzi*, da quel momento in poi || *ora per allora*, di cosa che si fa in un tempo perché abbia effetto in un altro: *ve lo dico ora per allora* || *allora come allora, per allora*, in quella congiuntura: *allora come allora non si poteva far di più* || *per estens.* a quel tempo: *allora c'erano solo cavalli e carrozze* **II** ***cong.*** **1.** in tal caso: *se le cose stanno così, allora va bene* **2.** ebbene, dunque, usato per esprimere dubbi, sollecitare ecc.: *allora che fai?, questi sono i fatti: e allora?* **III** ***agg. inv.*** (sempre premesso): *l'allora presidente della società*, il presidente di quel tempo.

allorché [comp. di *allor*(*a*) e *che*; a. 1375] ***cong.*** quando; nel momento in cui; introduce una proposizione temporale: *allorché lo vidi, mi stupii.*

allòro [lat. *illa laurus*; 1321] ***sm.*** albero delle Lauracee, sempreverde, con foglie coriacee, fiori giallastri e frutto a bacca di colore nero; è una pianta ornamentale, ma le foglie sono utilizzate anche in cucina per dare aroma || *alloro spinoso*, agrifoglio || *corona d'alloro*, nell'antichità veniva offerta ai vincitori delle gare olimpiche, ai poeti; di qui l'uso fig.: *ha ottenuto molti allori nella sua carriera*, ha conseguito molti successi, vittorie || *alloro poetico*, la corona con cui si cingeva la fronte del poeta in Campidoglio: *il Tasso ebbe l'alloro* || *dormire sugli allori*, essere paghi dei risultati conseguiti || **N.** *Sin.* lauro | laurea.

allorquàndo [comp. di *allor*(*a*) e *quando*; fine sec. XIII] ***cong.*** *lett.* quando, nel momento in cui; introduce una preposizione temporale con l'indicativo: *stavo per tornare a casa allorquando lo vidi.*

allòtrio (pl. *-tri*) [dal gr. *allótrios*, estraneo; 1845] ***agg.*** *raro* *T.fil.* estraneo, diverso; *in part.* nell'estetica crociana si dice di elementi pratici o dottrinali presenti in un'opera d'arte ed estranei alla poesia.

allotropìa [da *allotropo*; 1865] ***sf.*** **1.** *T.chim.* la proprietà degli elementi allotropi di assumere forma diversa a seconda della diversa disposizione degli atomi **2.** *T.ling.* differenziazione di forma e di significato riscontrabile in vocaboli che hanno la stessa origine etimologica; così dal lat. *vitium* si hanno *vizio* e *vezzo* e dal lat. *hospitale*, *ospitale* e *ospedale.*

allotròpico (pl. *-ci*) [da *allotropo*; 1878] ***agg.*** che si riferisce all'allotropia.

allòtropo [dal gr. *allótropos*; 1865] ***sm.*** **1.** *T.chim.* elemento o composto chimico che assume forme e proprietà differenti a seconda dello schema di disposizione degli atomi che lo costituiscono **2.** *T.ling.* termine che indica parole riconducibili alla stessa etimologia eppure diverse tra loro per forma e talvolta per significato, quali ad es. *circolo* e *cerchio* || **N.** **2.** *Sin.* doppione.

allòtta [da *otta*, ora; a. 1294] ***avv.*** *ant.* allora.

allottàre¹ (pres. *-òtto*) [comp. parasint. di *lotto*¹; 1961] ***tr.*** *tosc.* dividere in lotti, lottizzare.

allottàre² (pres. *-òtto*) [comp. parasint. di *lotto*²; a. 1850] ***tr.*** *tosc.* mettere un oggetto a sorteggio come premio di una lotteria.

all right (ingl., pr. [ˌɔːlˈraɪt]); pr. it. [orˈrait] [letter. tutto bene; 1905] ***loc. avv.*** d'accordo, va bene, usato come espressione di approvazione.

allucchettàre (pres. *-étto*) [comp. parasint. di *lucchetto*; a. 1936] ***tr.*** fermare, assicurare con lucchetto.

allucciolàre (pres. *-ùcciolo*) [comp. parasint. di *lucciola*; a. 1931] ***intr.*** (aus. *avere*) *raro* brillare a intermittenza come le lucciole.

allucciolàto (*pps.* di *allucciolare*) [a. 1470] ***agg.*** detto spec. di tessuto, punteggiato d'oro o d'argento o, anche, cosparso di pagliuzze con riflessi luminosi.

àlluce [dal lat. tardo *hallux, -ucis*; 1892] ***sm.*** il primo e più grande dito del piede || **N.** pollice.

allucignolàre (pres. *-ìgnolo*) [comp. parasint. di *lucignolo*; 1829] ***tr.*** *tosc.* torcere a modo di lucignolo, avvolgere malamente, sgualcire || ***intr. pron.*** attorcigliarsi.

allucignolàto (*pps.* di *allucignolare*) [a. 1498] ***agg.*** attorcigliato || gualcito, sciupato.

allucinànte (*ppr.* di *allucinare*) [1865] ***agg.*** che provoca un forte senso di terrore o di raccapriccio: *uno spettacolo allucinante* || *propr. raro* abbagliante || **N.** *Sin.* impressionante, pauroso; abbacinante.

allucinàre (pres. *-ùcino*) [dal lat. *alucināri*, parlare senza senso, sognare; 1612] ***tr.*** abbagliare, confondere la vista || *fig.* destare viva impressione; provocare allucinazioni || ***intr. pron.*** *raro* ingannarsi || **N.** ***tr.*** *Sin.* abbagliare, accecare | ***intr. pron.*** *Sin.* illudersi.

allucinàto (*pps.* di *allucinare*) [1585] ***agg.*** e ***sm.*** (f. *-a*) che o chi soffre di allucinazioni || esaltato, visionario.

allucinatòrio (pl. *-ri*) [da *allucinare*; 1908] ***agg.*** proprio dell'allucinazione || che produce allucinazione: *funghi allucinatori* || che deriva da allucinazione: *effetti allucinatori.*

allucinazióne [dal lat. *alucinātio, -ōnis*; 1728] ***sf.*** stato mentale morboso in cui vengono percepite come reali sensazioni prive di stimolo: *allucinazione visiva, olfattiva, tattile* || *per estens.* errore, inganno, abbaglio; visione: *io ero ancora impigliato nell'allucinazione e ci credevo* (Moravia) || **N.** *Sin.* illusione, miraggio.

allucinògeno [comp. di *allucin*(*azione*) e *-geno*, sul modello dell'ingl. *hallucinogen*; 1968] **I** ***agg.*** detto di sostanza naturale o sintetica che provoca allucinazioni: *fungo allucinogeno* **II** ***sm.*** sostanza allucinogena.

allucinòṣi [comp. di *allucin*(*azione*) e *-osi*, sul modello dell'ingl. *hallucinosis*; 1955] ***sf.*** *T.med.* stato di allucinazione proprio di un soggetto cosciente: *allucinosi da droga.*

allùda [lat. *alūta*; 1618] ***sf.*** *T.conc.* procedimento di concia delle pelli con allume di rocca || *per estens.* la pelle così conciata.

allùdere (pres. *-ùdo*; p.rem. *-ùṣi, -udésti, -ùṣe, udémmo, -udéste, -ùṣero*; pps. *allùṣo*) [dal lat. *allūdere*; a. 1585] ***intr.*** (aus. *avere*) accennare indirettamente o in modo non esplicito a qualcosa che non si vuol nominare: *parlava gravemente... alludendo a parentele ed amicizie della massima importanza* (Palazzeschi) || **N.** *Sin.* accennare.

allumacàre (pres. *-àco, -àchi*) [comp. parasint. di *lumaca*; a. 1936] ***tr.*** *tosc.* **1.** far la striscia, come fa la lumaca con la propria bava || *per estens.* sporcare **2.** striare un tessuto, stirandolo contropelo o con il ferro troppo caldo.

allumacàto (*pps.* di *allumacare*) [1946] ***agg.*** spec. di tessuti o indumenti, sbavato, liso, segnato dal lucido del tempo e dell'uso.

allumacatùra [da *allumacare*; a. 1901] ***sf.*** *non com.* **1.** striscia di bava che la lumaca lascia dietro di sé **2.** striatura sul tessuto provocata dallo stirare contropelo o col ferro troppo caldo **3.** *raro* vuoto preziosismo di stile, rileccatura.

allumàre¹ (pres. *-ùmo*) [dal fr. *allumer*; 1319] ***tr.*** *ant.* illuminare, rischiarare, accendere; anche *fig.*: *cielo non c'è, se un lampo non l'alluma* (Pascoli) || ***intr. pron.*** *ant.* accendersi.

allumàre² (pres. *-ùmo*) [da *allume*; 1598 nel senso 2] ***tr.*** **1.** *T.conc.* conciare le pelli con l'allume **2.** *T.tint.* dare l'allume ai panni prima della tintura.

allumatùra [da *allumare*²; 1865] ***sf.*** **1.** *T.conc.* operazione che consiste nel conciar le pelli con l'allume **2.** *T.tint.* *ant.* bollitura del tessuto nell'allume prima della tintura.

allùme [lat. *alūmen*; a. 1292] ***sm.*** *T.chim.* solfato doppio di un metallo monovalente e di uno trivalente che cristallizza con dodici molecole d'acqua || *per estens.* *allume potassico*, solfato di alluminio e potassio usato in medicina e per usi industriali; *allume di rocca*, allume potassico quando assume l'aspetto di una massa vetrosa.

allumièra [da *allume*; a. 1347] ***sf.*** cava o miniera d'allume.

allumìna [dal fr. *alumine*; 1829] ***sf.*** *T.chim.* ossido d'alluminio, che si adopera nella fabbricazione delle porcellane come disidratante e catalizzante.

alluminàre¹ (pres. *-ùmino*) [lat. volg. **alluminare*; 1224 ca.] ***tr.*** *raro* **1.** rischiarare; illuminare: *al lume della luna... che alluminava nella stanza bruna il vecchio dipintore* (Pascoli) **2.** ridare la vista **3.** *fig.* rendere edotto, istruire || ***intr. pron.*** *raro* farsi luminoso.

alluminàre² (pres. *-ùmino*) [dal fr. *enluminer*; a. 1321] ***tr.*** *ant.* miniare: *l'arte che allumi-*

nare è chiamata in Parisi (Dante) || *propr.* rifinire con pennellate d'oro e argento una miniatura già terminata per farla brillare.

alluminàre[3] (pres. *-ùmino*) [da *allume*; 1463] *tr.* trattare con allume un tessuto per fissarne i colori || **N.** *Sin.* allumare.

alluminàre[4] o **alluminiàre** (pres. *-ìno* e *-ìnio*) [da *alluminio*; 1913] *tr.* rivestire di alluminio.

alluminatóre [da *alluminare*[2]; a. 1625] *sm.* (f. *-trìce*) *ant.* miniatore.

alluminatùra [da *alluminare*[4]; 1955] *sf.* copertura con uno strato di alluminio della superficie di un vetro per proteggerla o per ottenerne uno specchio || *per estens.* il rivestimento stesso.

alluminiàre V. ALLUMINARE[4].

allumìnio (pl. *-ni*) [dall'ingl. *aluminum*; 1829] *sm.* *T.chim.* metallo bianco-argenteo, duttile, malleabile, leggerissimo, presente in molti silicati; si estrae industrialmente dalla bauxite || *grigio alluminio*, grigio splendente.

alluminòṣi [comp. da *allumin(io)* e *-osi*; 1955] *sf.* *T.med.* malattia polmonare dovuta a prolungata inalazione di polvere d'alluminio.

allunàggio (pl. *-gi*) [da *allunare*[1]; 1959] *sm.* presa di contatto con la superficie lunare. **TAV. *astronautica* p. 654** 2.13.

allunaménto [da *allunare*[2]; 1829] *sm.* **1.** *T.mar.* la curva del bordo inferiore delle vele **2.** la curva del ponte delle navi da poppa a prua.

allunàre[1] (pres. *-ùno*) [dal fr. *alunir*; 1961] *intr.* (aus. *essere*) sbarcare sulla luna.

allunàre[2] [comp. parasint. di *luna*; a. 1600] *tr.* curvare o tagliare qualcosa a forma di mezzaluna.

allùnga [da *allungare*; 1897] *sf.* **1.** parte scanalata del cilindro del laminatoio che serve per collegarlo al rocchetto **2.** tubo di vetro che raffredda e condensa i vapori prodotti nella distillazione **3.** *T.banc.* parte che si aggiunge a un assegno o a una cambiale quando manca lo spazio per altre girate.

allungàbile [da *allungare*; 1961] *agg.* che si può allungare.

allungaménto [da *allungare*; a. 1292] *sm.* **1.** atto ed effetto dell'allungare e dell'allungarsi || *T.biol.* accrescimento della catena proteica durante la fase di sintesi **2.** *T.banc.* foglio che si aggiunge a un assegno o a una cambiale quando non vi sia più spazio per le girate **3.** *T.ling.* accrescimento nella durata dell'articolazione di un suono **4.** diluizione di un liquido con un altro liquido: *allungamento del vino con acqua* **5.** rapporto tra le dimensioni di un corpo aerodinamico: *allungamento di un'ala* || **N. 1.** *Sin.* estensione, prolungamento **2.** *Sin.* allunga **4.** *Sin.* miscela.

allungàre (pres. *-ùngo, -ùnghi*) [comp. parasint. di *lungo*; 1319 come intr. pron.] *tr.* **1.** accrescere la lunghezza o la durata di qualcosa: *allungare un vestito, un racconto* || *allungare la strada*, percorrere la via più lunga || *allungare il passo*, accelerare **2.** diluire: *allungare il vino con acqua* **3.** protendere, stendere, spesso in senso *fig.* || *allungare la mano*, protenderla per chiedere qualcosa || *allungare le mani*, rubare; picchiare; palpare || *allungare il collo*, attendere a lungo qualcosa di desiderato || *allungare le orecchie*, ascoltare attentamente **4.** *fam.* porgere, passare: *allungami il sale, per favore* || *fig.* appioppare: *gli ho allungato un ceffone* **5.** *T.ling.* rendere lunga una sillaba breve || *intr.* (aus. *avere*) *T.sport.* nel ciclismo e nel podismo, effettuare un allungo || *intr. pron.* farsi più lungo nello spazio e nel tempo: *in un anno si è allungato di un metro, le giornate si allungano* || *rifl.* distendersi: *si è allungato sul divano* || **N.** *tr.* **1.** *Sin.* aumentare, dilungare, prolungare, slungare; far crescere, ingrandire, ingrossare | *Contr.* accorciare **2.** *Sin.* annacquare, diluire | *intr. pron.* *Sin.* crescere.

allungatùra [da *allungare*; 1726] *sf.* **1.** *raro* allungamento **2.** ciò che serve o è servito ad allungare, giunta.

allùngo (pl. *-ghi*) [da *allungare*; 1915] *sm.* **1.** *T.sport.* nel ciclismo o nel podismo, aumento della velocità da parte di alcuni concorrenti || nel calcio, passaggio a un compagno || nel pugilato, distanza determinata dalla massima estensione del braccio; *per estens.* colpo portato direttamente distendendo il braccio || nella scherma, affondo **2.** *T.calz.* pezzo di cuoio che si aggiunge al calcagno o alla punta della scarpa per meglio adattarla al piede.

allupàre (pres. *-ùpo*) [comp. parasint. di *lupo*; a. 1449] *intr.* (aus. *essere*) *raro* diventare simile a un lupo || *in part.* avere un fame da lupo.

allupàto (*pps.* di *allupare*) [a. 1936] *agg.* affamato.

allure (fr., pr. [a'ly:r]) [da *aller*; 1930] *sf. inv.* *T.sport.* andatura di un ciclista, di un podista, di un cavallo || *fig.* portamento, modo di comportarsi || **N.** *Sin.* cadenza, ritmo; aria, posa, tono.

alluṣióne [dal lat. tardo *allusio, -ōnis*; 1576] *sf.* riferimento velato a qualcosa o qualcuno che non si vuole nominare: *fece allusioni alle connessioni tra potere politico e mafia* || *per estens.* riecheggiamento, eco, riferimento privo di esplicita citazione: *un romanzo fitto di allusioni joyciane* || **N.** *Sin.* accenno, cenno, riferimento.

alluṣività [da *allusivo*; 1955] *sf.* l'essere allusivo || valore, carattere dell'arte allusiva, evocativa, analogica, propugnata dai poeti ermetici.

alluṣìvo [da *alludere*; a. 1704] *agg.* che allude, contiene allusioni: *simbolo, discorso, linguaggio allusivo* || *raro* evocativo: *poesia allusiva*, secondo gli ermetici, la poesia che vuol trasmettere nel lettore l'aura misteriosa del momento creativo vissuto dal poeta.

alluviàle [dal lat. *allŭvies*, allagamento; 1889] *agg.* *T.geol.* alluvionale || *periodo alluviale*, periodo olocenico, successivo all'era glaciale.

alluviàre (pres. *-ùvio*) [dal lat. *allŭvies*; a. 1494] *tr.* *ant.* inondare.

alluvionàle [da *alluvione*; a. 1869] *agg.* detto di terreno formato da deposito di materie portate dai fiumi straripati.

alluvionaménto [da *alluvione*; 1955] *sm.* il processo formativo delle alluvioni.

alluvionàto [da *alluvione*; 1927] **I** *agg.* colpito da alluvione **II** *sm.* (f. *-a*) vittima di un'alluvione.

alluvióne [dal lat. *alluvio, -ōnis*; 1342] *sf.* **1.** allagamento prodotto da un fiume straripato, inondazione **2.** *T.geol.* deposito di materie terrose lasciato dalle acque di un fiume nel ritirarsi **3.** *T.giur.* porzione di terreno che si forma con i depositi alluvionali e appartiene ai proprietari delle zone rivierasche **4.** *iperb.* quantità enorme: *sul mercato si è riversata un'alluvione di jeans* || **N. 1.** *Sin.* inondazione, straripamento | *Contr.* prosciugamento **4.** *Sin.* diluvio, subisso | *Contr.* mancanza, penuria. **Q.T.** *acqua*.

àlma [lat. *anima*; a. 1249] *sf.* *lett. poet.* anima.

almagèsto [dall'ar. *almağistī*; a. 1367] *sm.* nome con cui è conosciuta l'opera astronomica di Tolomeo (II sec. d.C.), passato a indicare *per anton.* qualsiasi raccolta di osservazioni astronomiche.

almanaccàre (pres. *-àcco, -àcchi*) [da *almanacco*; a. 1705] *tr.* e *intr.* (aus. *avere*) lambiccarsi il cervello per risolvere un problema; fantasticare, fare castelli in aria: *almanaccare espedienti, intorno a un problema.*

almanaccatóre [da *almanaccare*; 1887] *sm.* (f. *-trìce*) chi almanacca.

almanacchìo (pl. *-ìi*) [da *almanaccare*; 1879] *sm.* l'almanaccare frequente e continuato.

almanacchìsta [da *almanacco*; 1829] *s.* chi compila almanacchi.

almanàcco (pl. *-chi*) [dall'ar. *al manāh*, calendario; a. 1348] *sm.* **1.** raccolta di osservazioni astronomiche, meteorologiche ecc. relative a un anno || *per estens.* calendario recante indicazioni di festività, fasi lunari e notizie varie **2.** periodico, pubblicazione annuale contenente varie notizie e informazioni: *l'almanacco letterario, l'almanacco di Topolino* || *almanacco di Gotha*, annuario genealogico, araldico riguardante l'aristocrazia europea || **N. 1.** *Sin.* annuario, calendario, effemeride, lunario; il Barbanera, il pescatore di Chiaravalle.

almanaccóne [da *almanaccare*; 1865] *sm.* (f. *-a*) chi è solito almanaccare || **N.** *Sin.* sognatore.

almànco [comp. di *al* e *manco*; a. 1320] *avv.* *dial.* almeno.

almandìno [deformazione del lat. tardo *alabandīnus*, di Alabanda, città della Caria; 1546] *sm.* *T.min.* granato molto diffuso, di colore rosso vivo, impiegato in gioielleria.

almèa [dall'ar. *'alima*, ammaestrata, attr. il fr. *almée*; 1875] *sf.* *raro* nel mondo arabo, danzatrice e cantante che si esibiva dietro compenso in case private.

alméno [comp. di *al* e *meno*; 1294] *avv.* **1.** se non altro, se non di più, a dir poco: *ci vorranno almeno quattro anni, non è venuto ma almeno ha telefonato* **2.** in senso attivo, seguito da congiuntivo: *almeno facesse bello, almeno stesse zitto.*

almirànte [dall'ar. *al amūr*, capo, attr. lo sp. *almirante*; 1597] *sm.* *ant.* ammiraglio: *l'insegna degli antichi almiranti* (D'Annunzio).

àlmo [dal lat. *almus*; 1313] *agg.* *poet.* che dà vita, che alimenta: *alma terra natia* (Leopardi) || *per estens.* nobile, glorioso: *l'alme leggi de l'umano consorzio* (Carducci).

almùzia [prob. dal persiano *muštā*, mantellina di pelliccia con maniche lunghe, attr. l'ar.; 1733] *sf.* cappa canonicale a forma di piccolo mantello di pelliccia con ampio cappuccio, usata nel Medioevo dai canonici delle cattedrali.

àlnico (pl. *-ci*) [comp. di *al(luminio)*, *ni(chelio)* e *co(balto)*; 1955] *sm.* lega costituita prevalentemente da alluminio, nichelio, cobalto e ferro, impiegata per fabbricare magneti permanenti.

àlno [dal lat. *alnus*; 1340] *sm.* **1.** *lett.* e *poet.* ontano **2.** *alno nero*, frangola.

alnoìte [comp. di *Alnö*, isola del golfo di Botnia, dove tale roccia fu segnalata per la prima volta, e *-ite*[2]; 1955] *sf.* *T.geol.* roccia eruttiva filoniana costituita da olivina, angite e ossidi di ferro.

àlo [dal lat. *halos*; 1321] *sm.* *ant.* alone: *forse cotanto quanto pare appresso alo cinger la luce che 'l dipigne* (Dante).

àlo- [dal gr. *háls, halós*, mare] *primo elem.* che, in parole composte della terminologia biologica e geografica, ha il valore di "relativo al mare o ad acque salmastre" (per es. *alofauna*) || in chimica vale "sale" (per es. *alogeno*).

alòbio (pl. *-bi*) [comp. di *alo-* e *-bio*; 1955] **I** *agg.* *T.biol.* di animale o vegetale, che vive in ambiente marino **II** *sm.* *T.biol.* l'insieme degli organismi viventi in uno spazio marino || l'ambiente vitale di un tratto di mare.

alocàṣia [dal lat. scient. *alocāsia*, prob. corruzione di *colocasia*; 1955] *sf.* pianta erbacea ornamentale delle Aracee molto simile alla colocasia, ma poco più grande.

àloe o **aloè** [dal lat. *aloe*, gr. *alóē*, a. 1294] *sm.* o *sf. inv.* **1.** *T.bot.* genere di piante grasse delle Gigliacee, con fusto corto, foglie carnose aculeate e fiori a pannocchia di vari colori || *aloe americana*, agave **2.** solo *sm.* succo medicinale purgativo ricavato dall'aloe di sapore amarissimo.

aloètico (pl. *-ci*) [da *aloe*; sec. XVII] ***agg.*** *raro* riguardante l'aloe o contenente aloe: *amaro aloetico.*

alofàuna [comp. di *alo-* e *fauna*; 1965] ***sf.*** fauna marina.

alòfita [comp. di *alo-* e *-fita*; 1892 *alofiti*] ***sf.*** e ***agg.*** (solo f.) pianta che cresce in ambiente fortemente salino o salmastro, per es. lungo le spiagge marine.

aloflòra [comp. di *alo-* e *flora*; 1961] ***sf.*** flora vivente in ambiente marino.

alògena [da *alogeno*; 1983] ***sf.*** tipo di lampadina contenente vapori di iodio che ha altissimo potere illuminante e capacità di economizzare energia.

alogenàre (pres. *-ògeno*) [da *alogeno*; 1970] ***tr.*** *T.chim.* introdurre in composti organici uno o più atomi di alogeno.

alogenàto [comp. di *alogeno* e *-ato*; 1965] ***agg.*** e ***sm.*** *T.chim.* di composto, che ha subito l'alogenazione.

alogenazióne [da *alogenare*; 1955] ***sf.*** *T.chim.* reazione che si ottiene introducendo alogeni in molecole organiche.

alògeno [comp. di *alo-* e *-geno*; 1828] **I** ***sm.*** *T.chim.* elemento (cloro, fluoro, bromo, iodio) che, combinandosi direttamente con metalli, dà origine a sali e con idrogeno, ad acidi forti **II** ***agg.*** *lampada alogena*, lampada in cui l'elemento di tungsteno è collocato in un'atmosfera di vapori di alogeni, perlopiù vapori di iodio.

alogenùro [comp. di *alogeno* e *-uro*[1]; 1955] ***sm.*** *T.chim.* sale formato dall'acido di un alogeno.

alogìa (pl. *-gìe*) [comp. di *a-*[1] e un der. del gr. *logikḗ*, logica; 1988] ***sf.*** **1.** mancanza, deficienza di logica **2.** *T.psic.* alterazione delle funzioni intellettive più elevate e di quelle simboliche, in conseguenza della quale il malato si riduce col tempo a una vita puramente vegetativa.

alògico (pl. *-ci*) [comp. di *a-*[1] e *logico*; 1905] ***agg.*** *T.fil.* estraneo, non contrario, alla logica.

alòide[1] [comp. di *alo-* e *-oide*; 1887] ***agg.*** di terreno, che contiene abbondante quantità di sali solubili.

alòide[2] [comp. di *alo*(*geno*) e *-oide*; 1865] ***sm.*** *T.chim.* sale prodotto dalla combinazione di alogeni con metalli.

alóne[1] [lat. volg. *halos*, *halōnis*; a. 1597] ***sm.*** **1.** cerchio di luce che si vede talvolta intorno al sole o alla luna quando si verificano particolari condizioni atmosferiche || *per estens.* area di luce sfumata che si crea attorno a una fonte luminosa || *fig.* aureola **2.** anormale luminosità nei contorni di un'immagine fotografica dovuta a difetti nello sviluppo del negativo, talora prodotta volutamente come effetto speciale **3.** cerchio biancastro che si forma attorno a una macchia su tessuto per effetto dell'uso di uno smacchiatore.

alóne[2] (*accr.* di *ala*) [a. 1576 nel senso 2; 1865 nel senso 1] ***sm.*** **1.** *T.mil.* parte laterale degli affusti dei cannoni **2.** ala, parte laterale di una fortificazione.

alopecìa o **alopècia** [dal lat. *alopecia*, gr. *alopekía*; inizio sec. XIV] ***sf.*** *T.med.* mancanza totale o parziale di peli o capelli || **N.** *Sin.* psilosi; tigna.

alòṣa [lat. tardo *alāusa*; 1310] ***sf.*** *T.zool.* genere di pesci dei Clupeidi, sia di mare che d'acqua dolce; è pregiata la sottospecie lacustre || **N.** agone; alaccia.

alpàca o **àlpaca** o **alpàga** [dallo sp. *alpaca*; 1875] ***sm.*** camelide diffuso nell'America meridionale, simile al lama, con pelo pregiato usato per la confezione di tessuti || *per estens.* la lana che se ne ricava e il tessuto.

alpàcca (pop. *alpàca*) [etim. inc.; 1892 *alpaca*] ***sf.*** lega di rame, zinco e nichelio, con cui si fanno utensili di uso domestico, specie posate || **N.** *Sin.* ARGENTONE.

alpàga V. ALPACA.

àlpe [lat. *alpis*; a. 1294] ***sf.*** **1.** montagna alta: *se mai ne l'alpe ti colse nebbia* (Dante) || *per anton. pl. le Alpi*, sistema montuoso che delimita il confine nord dell'Italia || *per estens. Alpi neozelandesi, australiane, albanesi*, complessi montuosi della Nuova Zelanda, dell'Australia, dell'Albania **2.** luogo di pascolo in montagna, alpeggio.

alpeggiàre (pres. *-éggio*) [da *alpeggio*; 1897] ***tr.*** portare il gregge all'alpeggio || ***intr.*** (aus. *avere*) stare all'alpeggio: *le mandrie alpeggiano d'estate.*

alpéggio (pl. *-gi*) [da *alpe*; 1892] ***sm.*** il pascolo estivo d'alta quota del bestiame in montagna.

alpenstock (ted., pr. ['ʔalpənʃtɔk]) [letter. bastone delle Alpi; 1864] ***sm. inv.*** bastone di legno duro con la punta ferrata usato nelle escursioni alpine.

alpèstre [da *alpe*; a. 1294] **I** ***agg.*** dell'alpe, della montagna: *paesaggio alpestre* || *per estens.* montuoso || *fig. lett.* selvatico, rozzo **II** ***sm.*** li-

ALPINISMO

PERSONE: alpinista, arrampicatore, capocordata, escursionista, esploratore, *free climber*, guida, portatore, ripetitore, rocciatore, sassista, scalatore, scialpinista, sestogradista, *trekker*.

MONTAGNA.

CARATTERISTICHE GENERALI DEL PAESAGGIO ALPINO: acrocoro, alpe, altipiano, amba, catena, colle, conca, convalle, corno, croda, ghiacciaio, giogaia, gruppo, massiccio, montagna, monte, nevaio, passo, picco, pizzo, poggio, serra, *sierra*, spartiacque, torrente, valico, valle, valletta, vallone.

COMPONENTI MINORI: abisso, anfratto, balma, balza, base, bastione, bocchetta, botro, breccia, burrone, calanco, calcare, camino, campanile, canalone, canalino o *couloir*, cassera, caverna, cengia, chiusa, ciglio, cima, cucuzzolo, colatoio, colletto, colmo, comba, conoide, cornice, corridoio, costa, costone, cresta, crestone, crinale, declivio, detrito, diedro, diramazione, dirupo, displuvio, dolomite, dorsale, dorso, dosso, erta, falda, fascia, fessura, finestra, forca, forcella, forra, ganda, gendarme, ghiaione, gola, gorgia, granito, greppo, grotta, guglia, lastrone, lizza, macereto, mulattiera, ometto, orrido, pala, parete, passaggio, pendice, pendio, pianoro, pietraia, pinnacolo, pioda, pista, placca (di ghiaccio, neve, roccia), precipizio, propaggine, punta, radice, ravaneto, ripiano, roccia, rovina, rupe, scaglione, scarpata, scheggia, scorciatoia, scoscendimento, sella, sentiero, sfasciume, spalla, sperone, spiazzo, spigolo, spuntone, strapiombo, stretta, terrazza, tetto, torre, torrione, traccia, varco, versante, vetta, voragine, zoccolo.

COSTITUENTI DEL GHIACCIAIO E FENOMENI LEGATI AD ESSO: bacino ablatore, bacino di alimentazione o bacino collettore, bocca o porta, circo, crepaccia terminale o terminale, crepaccio (longitudinale, trasversale), detrito, esarazione, fronte, fungo, glacionevato, lingua, marmitta dei giganti, masso erratico, morena (frontale, centrale, laterale), nevato, ponte di neve, roccia montonata, seraccata, serra morenica, seracco, torrente glaciale, valle sospesa, valle a u, vedretta.

ACCIDENTI DELLA MONTAGNA: caduta di pietre o scarica di pietre, frana, fulmine, intemperie o maltempo, nebbia, neve, nevischio, slavina o lavina, smottamento, tormenta, valanga, vetrato o *verglas*; caduta, scivolata, volo; assideramento, cancrena, congelamento, mal di montagna, sfinimento.

ATTREZZI E CORREDO: *alpenstock*, altimetro, amaca, ascia da ghiaccio, assorbitore di caduta, attacchi (da scialpinismo), borraccia, bussola, calzettoni, casco, chiodi (da roccia, da ghiaccio, ad espansione), corda, cordino, cuneo, discensore, *duvet*, fettuccia, fiaschetta, fornelletto (ad alcol, a gas, a meta), ghette, giacca a vento, *gore-tex*, guanti, imbracatura, martello da roccia, martello-piccozza, maschera da ghiaccio, moschettoni, occhiali da ghiacciaio, passamontagna, pedule da arrampicata, pelli di foca, piccozza (testa, becco, paletta, puntale), piumino, racchette, ramponi normali, ramponi da progressione frontale, reggipiccozza, sacco da montagna o zaino, sacco a pelo, scarpone vibram, scarpone da sci alpinismo, sci, staffa, torcia elettrica, tendina da bivacco, *thermos*

TERMINI VARI E OPERAZIONI DELL'ALPINISMO.

TERMINI VARI E OPERAZIONI: alpinismo (solitario, extraeuropeo, himalaiano, dolomitico), appiglio (artificiale, naturale), appoggio, arrampicata (libera o sportiva, artificiale, a forbice, solitaria, estrema, in opposizione, in trazione, su roccia, su ghiaccio, mista), ascensione, ascesa, assicurazione, auto-assicurazione, bivacco, cambio, campo, campo base, capo-corda, capo-cordata, chiodatura, cordata, diedro, discesa (in libera, a cordadoppia), esplorazione, esposizione, grado (primo, secondo, terzo, quarto, quinto, sesto, settimo e oltre (per arrampicata libera)), itinerario, manovre di corda, nodo (di bolina o *bulin*, inglese, barcaiolo, *prusik*, delle guide), passaggio esposto, pendolo, progressione frontale, prima ascensione o prima, recupero (della corda, dello zaino, di un ferito), ripetizione, sassismo, scalata (facile (F), poco difficile (PD), difficile (D), molto difficile (TD), estremamente difficile (ED)), schiodatura, sosta, spedizione, traversata, *trekking*, tiro di corda, variante, via (normale, chiodata, ferrata o attrezzata, nuova).

AZIONI CONNESSE: arrampicare, assicurare, bivaccare, cadere, campeggiare, chiodare, divallare, esplorare, fare una cordata, gradinare, issare, prender quota, perder quota, pernottare, precipitare, recuperare, salire, saltare, scalare, scendere, schiodare, sciare, scivolare, sfilare la corda, volare.

VOCI ATTINENTI.

GENERALI: alpestre, alpigiano, alpino, andino, dolomitico, himalaiano, montanaro, montanino, oltremontano, pedemontano, subalpino, transalpino, cane di San Bernardo, cane da valanga, cordiale, dislivello, isoipsa o curva di livello, orografia, quota.

MEZZI MECCANICI: cabinovia, elicottero, funicolare, funivia, ovovia, sciovia, seggiovia, teleferica, treno a cremagliera.

LUOGHI O EDIFICI PER LA SOSTA: accampamento, addiaccio, baita, baitello, bivacco, capanna, grangia, ospizio, ricovero, rifugio.

quore fatto con erbe alpine.

alpicoltùra [comp. di *alpe* e *coltura*; 1968] ***sf.*** settore della scienza agraria che studia le tecniche di sfruttamento dell'agricoltura di montagna, in part. dei pascoli.

alpigiàno [da *alpe*; inizio sec. XIV] **I** ***agg.*** proprio di chi abita in montagna ‖ *per estens.* rozzo **II** ***sm.*** (f. *-a*) chi abita in montagna, montanaro.

alpinișmo [da *alpino*; 1876] ***sm.*** pratica e tecnica dello scalare montagne, pareti rocciose e in gen. superfici verticali. **Q.T.** *alpinismo.*

alpinista [da *alpino*; 1875] ***s.*** chi pratica l'alpinismo. **Q.T.** *alpinismo.*

alpinìstico (pl. *-ci*) [da *alpinismo*; 1863] ***agg.*** relativo all'alpinismo: *attrezzatura alpinistica* ‖ *in part. sci alpinistico*, escursioni sciistiche fuori pista, eseguite con sci dotati di speciali attacchi che garantiscono al piede una certa mobilità.

alpìno [dal lat. *alpīnus*; 1532 nel senso 2] **I** ***agg.*** **1.** delle Alpi **2.** tipico dell'alta montagna: *paesaggio alpino, flora, fauna alpina* ‖ *truppe alpine*, corpi addestrati per il combattimento in montagna **II** ***sm.*** militare appartenente alle truppe alpine italiane: *un reggimento di alpini.* **Q.T.** *alpinismo.*

alquànto [lat. *aliquantus*; a. 1294] **I** ***agg.*** *indef.* indica quantità indeterminata non eccessivamente grande ma comunque sufficiente: *dopo aver dette alquante sciocchezze, tacque* **II** ***pron.*** *indef.* alcuni, un certo numero: *cercava dei collaboratori, ne trovò alquanti* **III** ***avv.*** in una certa misura, piuttosto, parecchio: *è alquanto cambiato.*

alsaziàno [dal n. geogr. *Alsazia*; 1955] **I** ***agg.*** dell'Alsazia ‖ *in part. pastore alsaziano*, pregiata razza di cane pastore tedesco **II** ***sm.*** **1.** (f. *-a*) abitante della regione dell'Alsazia **2.** (solo *sing.*) dialetto parlato in Alsazia.

alt [dal medio alto ted. *halt*, fermata; 1889] **I** *T.mil.* comando militare, si usa per sospendere o fermare un'azione: *squadra alt!* ‖ talvolta è usato nei telegrammi al posto del punto fermo **II** ***sm.*** *inv.* l'ordine stesso: *il sergente diede l'alt alla squadra* ‖ *per estens.* l'effetto di tale ordine, sospensione: *fecero un alt per recuperare le forze.*

altacàssa [comp. di *alto* e *cassa*; 1955] ***sf.*** *T.tip.* parte della cassa tipografica in cui sono posti gli elementi per la composizione (maiuscole, segni diacritici e sim.).

altàico (pl. *-ci*) [dal n. geogr. *Altai*; 1829] **I** ***agg.*** dei monti Altai: *lingue altaiche*, famiglia di lingue tra cui il turco, il mongolo, il manciù **II** ***sm.*** (f. *-a*) abitante della regione degli Altai. **Q.T.** *lingue...*

altaléna [prob. lat. *tollēno, -ōnis*, altaleno; fine sec. XIV] ***sf.*** gioco che si fa stando in piedi o seduti sopra una tavola che oscilla sospesa tra due funi pendenti dall'alto; oppure mettendosi alle due estremità di una tavola in bilico e facendola alzare e abbassare ora da una parte ora dall'altra ‖ *per estens.* l'asse o il sedile che si usa per fare l'altalena ‖ *fig.* l'alternarsi di cose ora buone ora cattive.

altalenàre (pres. *-éno*) [da *altalena*; fine sec. XIV] ***intr.*** (aus. *avere*) fare l'altalena ‖ *fig.* esitare, oscillare fra poli opposti.

altaléno [dal lat. *tollēno, -ōnis*; a. 1292] ***sm.*** **1.** antica macchina militare che serviva per sollevare i soldati assedianti all'altezza delle mura nemiche **2.** macchina per attingere acqua dai pozzi ‖ **N. 1.** *Sin.* mazzacavallo.

altàna [da *alto*[1]; 1554] ***sf.*** terrazza coperta o loggia sopra il tetto: *uno splendore di pannocchie gialle per tutto, alle finestre, nelle altane* (Pascoli). **TAV.** *abitazione* 3.9.

altàno [dal lat. *altānus*; a. 1564] ***sm.*** vento marino di levante.

altàre [lat. *altāre*; a. 1306] ***sm.*** ara sulla quale si celebrano i sacrifici agli dei ‖ nella Chiesa cattolica, tavola sulla quale il sacerdote celebra messa ‖ *altare maggiore*, quello principale di una chiesa posto in corrispondenza dell'abside ‖ *il sacrificio dell'altare*, la messa ‖ *altare privilegiato*, quello cui sono collegate particolari indulgenze per i defunti ‖ *andare all'altare*, sposarsi ‖ *condurre all'altare*, sposare ‖ *porre sugli altari*, valutare in modo esagerato, magnificare; *propr.* venerare come santo ‖ *Altare della Patria*, l'ara posta nel centro del monumento a Vittorio Emanuele II in Roma, nella quale è la tomba del milite ignoto ‖ *altare del forno*, v. ALTARINO nel senso 4 ‖ **N.** ara, mensa sacra o mistica | consacrare, dedicare, profanare, scoprire, spogliare un altare | corno dell'Epistola (sinistro), corno del Vangelo (destro), dossale, gradini, mensa, paliotto o pallio o frontale, pietra consacrata, predella; ampolle, ancona, baldacchino, calice, candeliere, cartagloria, cero, ciborio, lavabo, ostensorio, pala, patena, pisside. **Q.T.** *chiesa..., religione* **TAV.** *chiesa* 1.9, 1.16.

altarìno (*dim.* di *altare*) [a. 1563] ***sm.*** **1.** piccolo altare **2.** altare portatile usato per celebrare la messa al campo ‖ inginocchiatoio da camera ‖ *fig. scherz. scoprire gli altarini*, scoprire

ALPINISMO

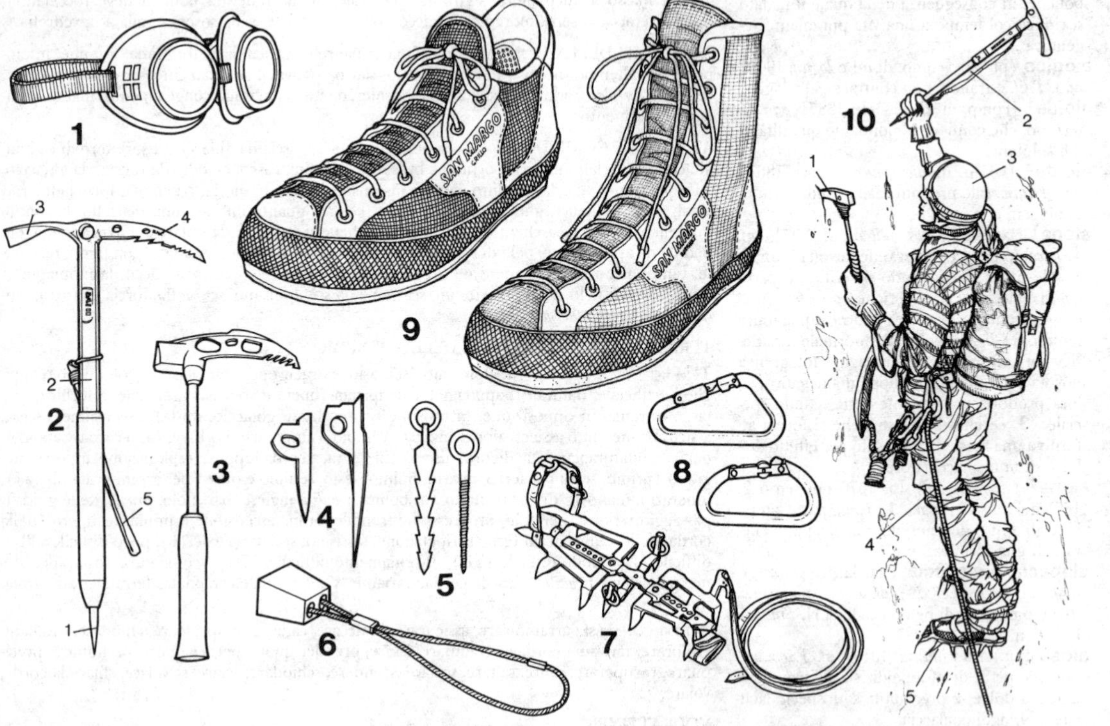

1. occhiali da ghiacciaio

2. piccozza
2.1. puntale - 2.2. manico - 2.3. paletta - 2.4. becco - 2.5. cinghiolo

3. martello-piccozza

4. chiodi da roccia

5. chiodi da ghiacciaio

6. cuneo da roccia

7. rampone

8. moschettoni

9. pedule da arrampicata libera

10. progressione frontale (*piolet-traction*)
10.1. martello-piccozza - 10.2. piccozza - 10.3. casco - 10.4. corde di assicurazione - 10.5. ramponi da progressione frontale

i segreti, gli intrighi o le debolezze di qualcuno.

altàẓimut [comp. di *alto* e *azimut*; 1930] ***sm.*** *T.astr.* strumento che permette di individuare la posizione di un astro, stabilendone azimut e altezza.

altaẓimutàle [da *altazimut*; 1930] **I *agg.*** *T.astr.* detto di un sistema di coordinate che ha come cerchi di riferimento il meridiano celeste e l'orizzonte **II *sm.*** **1.** *T.astr.* altazimut **2.** *T.astr.* montatura di un telescopio in cui gli assi di rotazione sono uno verticale e l'altro orizzontale.

altèa [lat. *althāea*, gr. *altháia*; 1340 ca.] ***sf.*** pianta erbacea delle Malvacee, perenne, con foglie ricoperte di peluria, fiori a grappolo di colore rosa chiaro; fiori e radici hanno proprietà medicinali || **N.** *Sin.* bismalva, malvaccione, malvone.

alteràbile [da *alterare*; sec. XIV] ***agg.*** che può essere alterato, che si altera con facilità: *cibo, colore alterabile* || **N.** *Contr.* inalterabile.

alterabilità [da *alterabile*; 1611] ***sf.*** facilità ad alterarsi.

alterànte (*ppr.* di *alterare*) [1308] ***agg.*** che altera.

alteràre (pres. *àltero*) [dal lat. tardo *alterāre*; a. 1294] ***tr.*** **1.** mutare la forma, la struttura, la sostanza di qualcosa spec. in senso peggiorativo: *la salsedine altera lo scafo delle barche* **2.** falsificare, contraffare; anche *fig.*: *alterare le prove, la verità* **3.** rendere nervoso, irritare: *le sue insinuazioni lo alterarono visibilmente* || ***intr. pron.*** trasformarsi, rovinarsi: *la pellicola esposta alla luce si altera* || *fig.* irritarsi, sdegnarsi: *s'altera per nulla* || **N. *tr.* 1.** *Sin.* guastare, peggiorare **2.** *Sin.* adulterare | ***intr. pron.*** crucciarsi, turbarsi.

alterativo [da *alterato*; inizio sec. XIV] ***agg.*** **1.** che produce alterazione **2.** *T.ling.* *suffissi alterativi*, suffissi impiegati per formare nomi e aggettivi alterati (per es. *-accio, -ino, -one*).

alteràto (*pps.* di *alterare*) [a. 1249] ***agg.*** adulterato, guasto: *vino alterato* || *fig.* irritato, sdegnato || *T.ling.* *sostantivo, aggettivo, verbo alterato*, derivato per mezzo di suffissi da altri nomi, aggettivi o verbi senza che ne consegua una sostanziale mutazione del significato, ma semplicemente una connotazione aggiuntiva (pr es. *gatto, gattone, gattino*; *dolce, dolciastro*; *mangiare, mangiucchiare*); gli alterati possono essere accrescitivi, diminutivi, vezzeggiativi, spregiativi, peggiorativi. **Q.T.** *linguistica.*

alterazióne [dal lat. tardo *alterātio, -ōnis*; a. 1292] ***sf.*** **1.** atto ed effetto dell'alterare e dell'alterarsi, anche *fig.*: *alterazione dell'ambiente, alterazione della personalità* || *T.med.* stato anormale dell'organismo; *fam.* leggera febbre: *aveva una leggera alterazione* || *alterazione dello stato civile*, falsa dichiarazione circa lo stato civile **2.** *T.chim.* mutamento strutturale di una sostanza operato da agenti esterni || *T.geol.* disgregazione delle rocce a causa di agenti fisici o chimici **3.** *T.ling.* derivazione di un vocabolo da un altro con l'aggiunta di un suffisso alterato **4.** *T.mus.* modificazione dell'altezza di una nota: *alterazione ascendente*, indicata col diesis; *alterazione discendente*, indicata col bemolle. **Q.T.** *linguistica, musica* **TAV. *musica* p. 1324** 1.11.

altercàre (pres. *-èrco, -èrchi*) [dal lat. *altercāre*; a. 1565] ***intr.*** (aus. *avere*) contrastare con parole, litigare || **N.** *Sin.* bisticciare, contendere, disputare, questionare.

altercatóre [da *altercare*; 1865] ***sm.*** (f. *-trice*) chi alterca, litiga facilmente.

altercazióne [dal lat. *altercātio, -ōnis*; a. 1472] ***sf.*** **1.** alterco, diverbio **2.** nel Medioevo e nel Rinascimento, componimento dialogico su tesi opposte.

altèrco (pl. *-chi*) [da *altercare*; 1848] ***sm.*** litigio, scambio di insulti || **N.** *Sin.* diverbio, RISSA.

alter ego (lat., pr. it. [ˌalter ˈɛgo]) [letter. un altro io, un altro me stesso] ***loc. m. inv.*** **1.** persona che ne sostituisce un'altra in ogni funzione, anche decisionale **2.** nel regno di Sicilia, titolo del luogotenente del re.

alterézza [da *altero*; a. 1250] ***sf.*** coscienza e ostentazione di superiorità che non sconfina nell'alterigia, ma si riferisce più al comportamento esteriore che alla fierezza di carattere || **N.** *Sin.* sussiego, ORGOGLIO; alterigia, presunzione, sicumera, superbia | altezzoso.

alterigia (pl. *-gie*) [da *altero*; a. 1363] ***sf.*** presunzione ostentata, superbia || **N.** altezzosità.

alterità [dal lat. tardo *alteritas, -ātis*; a. 1600] ***sf.*** l'essere altro, il porsi o costituirsi come altro || *alterità culturale*, in sociologia, diversità di tradizioni || **N.** ALTRO | *Contr.* identità.

alternànza [da *alternare*; 1892] ***sf.*** **1.** l'alternare e l'alternarsi, successione di elementi a coppie contrapposte o complementari: *alternanza di gioia e dolore, di luci e ombre* || nel linguaggio giornalistico e politico, l'avvicendamento al governo di partiti contrapposti || *T.ling.* *alternanza vocalica e consonantica*, la comparsa di vocali o consonanti diverse in uno stesso tema o radice (per es. la coppia *uo / o* in: *suonare, sonare*) || *T.biol.* *alternanza di generazione*, coesistenza delle forme di riproduzione sessuata e asessuata in individui di una stessa forma animale o vegetale **2.** *T.agr.* il succedersi di diverse colture su uno stesso terreno in un dato periodo di tempo || **N. 2.** *Sin.* avvicendamento, rotazione.

alternàre (pres. *-èrno*) [dal lat. *alternāre*; 1319] ***tr.*** avvicendare con regolarità: *alternare dovere e piacere* || ***rifl. rec.*** avvicendarsi, succedersi: *fratello e sorella si alternano alla cassa.*

alternatìva [da *alternare*; a. 1527 nel senso 2] ***sf.*** **1.** alternanza, avvicendamento: *alternativa di timori e di speranze* **2.** facoltà di scelta tra due cose: *mi ha messo nell'alternativa di sottomettermi o di andarmene*; *per estens.* scelta, possibilità di scelta: *è l'unica alternativa possibile, non ci sono alternative* **3.** *T.fil.* sistema di due enunciati in cui la verità dell'uno impone la falsità dell'altro || **N. 2.** *Sin.* opzione; possibilità; dilemma.

alternativo [da *alternare*; a. 1555] ***agg.*** **1.** che alterna o che provoca alternazione || *T.mecc.* detto di meccanismo che produce un moto rettilineo alternato || *moto alternativo*, quello che va alternativamente ora in un senso ora nell'altro **2.** *T.giur.* detto di obbligazione che lascia libero il debitore di scegliere una delle due opzioni in essa contenute (ad es. quella di pagare in natura o in denaro) **3.** detto di manifestazione artistica o culturale che si pone al di fuori delle correnti ufficiali della cultura: *teatro alternativo, musica, stampa alternativa* || **alternativaménte** ***avv.*** a vicenda, a turno; in modo alterno.

alternàto (*pps.* di *alternare*) [1908] ***agg.*** **1.** *T.elettr.* detto di corrente elettrica che inverte periodicamente la direzione di flusso con un'intensità che è funzione del periodo di tempo || *gen.* detto di fenomeni che hanno andamento periodico **2.** *T.metr.* *rima alternata*, struttura metrica in cui i versi pari rimano coi pari e i dispari coi dispari || **alternataménte** ***avv.***

alternatóre [da *alternare*; 1905] ***sm.*** *T.elettr.* macchina elettrica rotante che trasforma in energia elettrica a corrente alternata l'energia meccanica. **Q.T.** *elettricità* **TAV.** *elettrotecnica* 2.

alternazióne [dal lat. *alternātio, -ōnis*; a. 1640] ***sf.*** atto ed effetto dell'alternare e dell'alternarsi.

altèrno [dal lat. *alternus*; a. 1542] ***agg.*** **1.** che si ripete con regolarità nello spazio o nel tempo avvicendandosi ad altro: *moto, ritmo alterno* || *a giorni, a mesi alterni*, uno sì e uno no **2.** *per estens.* variabile: *le alterne vicende della vita* **3.** *T.bot.* di elementi che si susseguono lungo il fusto uno per nodo: *foglie alterne, rami alterni* **4.** *T.mat.* *angoli alterni*, i due angoli formati da una retta che taglia due parallele, e giacenti rispettivamente da parti opposte della retta secante, in modo che l'uno abbia come lato una delle parallele e l'altro l'altra; in tutto sono otto, di cui quattro sono *alterni interni*, posti nello spazio interno tra le due parallele, e gli altri *alterni esterni*, posti al difuori di tale spazio || **alternaménte** ***avv.***

altèro [da *alto*[1]; a. 1250] ***agg.*** **1.** che ha alterezza, orgoglioso, dignitoso || che denota alterezza: *contegno altero* || sdegnoso, non disposto a cedere **2.** *lett.* eccellente, nobile, eccelso, lodabile, alto: *altero valore, pino altero* || **alteraménte** ***avv.*** || **N.** *Sin.* contegnoso, sussiegoso, SUPERBO.

altézza [lat. tardo *altitia*; a. 1250] ***sf.*** **1.** dimensione di un corpo relativa all'asse verticale, dato un piano di riferimento: *l'altezza di un edificio, di un armadio*; *altezza di una persona*, la sua statura || *T.tip.* *altezza di un carattere*, distanza tra il piede e l'occhio || *altezza di una stoffa*, la distanza tra le due cimose, larghezza || detto di acqua, profondità || *T.geom.* segmento che unisce perpendicolarmente il vertice o il punto più elevato di una figura alla base: *l'altezza di un triangolo, di un cilindro* **2.** luogo, quota o livello elevato: *il rifugio è situato a grande altezza, l'aereo volava a una grande altezza*; *fig.* magnificenza: *il suo genio giunse ad altezze inimitabili* || *essere all'altezza*, comportarsi in modo adeguato; avere la capacità o le caratteristiche necessarie **3.** *T.astr.* angolo fra la direzione di un astro e la sua distanza dall'orizzonte: *la stella si trovava a un'altezza di 18 gradi* **4.** latitudine: *all'altezza di capo Horn si imbattè in una tempesta* || *per estens.* in prossimità: *all'altezza del bivio fermati* **5.** *T.mus.* acutezza, presenza di alte frequenze in un suono **6.** titolo onorifico attribuito ai membri di famiglia reale: *Sua Altezza il delfino* || **N. 2.** *Sin.* altitudine, elevatezza, eminenza, grandezza; eccellenza, generosità, grandiosità, nobiltà; altura, cima, culmine, sommità, vetta | alzare, elevare | salire. **TAV.** *geometria.*

altezzosità [da *altezzoso*; a. 1930] ***sf.*** superbia, alterigia.

altezzóso [da *altezza*; a. 1294 *altizzoso*] ***agg.*** altero, superbo, borioso || **altezzosaménte** ***avv.*** || **N.** tronfio, SUPERBO.

àltica [dal gr. *haltikós*, salvatore; 1819] ***sf.*** coleottero della famiglia dei Crisomelidi, fornito di arti posteriori atti al salto, parassita delle piante.

altìccio (pl. m. *-ci*; pl. f. *-ce*) [da *alto*[1]; 1691] ***agg.*** piuttosto ubriaco, brillo.

altièro e der. forme poet. di ALTERO e der. (v.).

altimetrìa [comp. di *alto*[1] e *-metria*; sec. XIV] ***sf.*** **1.** branca della topografia che studia gli strumenti e i mezzi di osservazione per determinare l'altezza dei vari punti della superficie terrestre **2.** rappresentazione grafica delle quote di livello di una regione: *l'altimetria delle Alpi* || *per estens.* altitudine media di una regione.

altimètrico (pl. *-ci*) [da *altimetria*; 1925] ***agg.*** che si riferisce all'altimetria o all'altimetro || *curva altimetrica*, linea che su una carta topografica unisce tutti i punti aventi uguale altezza, isoipsa.

altìmetro [da *alto*[1] e *-metro*; 1892] ***sm.*** strumento per misurare l'altezza di un punto sul livello del mare, formato da un barometro che col variare della pressione atmosferica sposta una lancetta su di un quadrante graduato || **N.** barografo, barometro. **TAV.** *geografia* 4.

altipiàno v. ALTOPIANO.

altisonànte o **altosonànte** [dal lat. tardo

alte sonans, -ăntis, che risuona profondamente; 1643] **agg.** *lett.* che risuona, rimbomba || *fig.* eccessivamente retorico e pomposo: *una prosa altisonante* || **N.** *Sin.* reboante.

altìssimo (*superl.* di *alto*) [1321] **I agg.** molto alto; *fig.* illustre, grandioso: *un altissimo ingegno* **II sm.** Dio: *per volontà dell'Altissimo.*

altitonànte [dal lat. *altitonans, -ăntis*; 1332 ca.] **agg.** *lett.* che tuona dall'alto: *Giove altitonante.*

altitùdine [dal lat. *altitūdo, -inis*; sec. XIV] **sf.** **1.** *T.geogr.* altezza sul livello del mare; luogo alto; *soffrire l'altitudine*, patire il mal di montagna **2.** *lett.* elevatezza.

altivolànte [dal lat. *altivolans, -ăntis*; 1562] **agg.** *poet.* che vola in alto.

àlto[1] [lat. *altus*; a. 1294] **I agg.** **1.** che si eleva verticalmente da un piano in misura più o meno rilevante: *un alto edificio, un uomo alto* || che si trova in posizione elevata rispetto a un punto di riferimento: *la marmellata è nello scaffale alto, i quartieri alti, il sole era già alto* || *alta montagna*, sopra i 3000 metri || eretto: *tenere la testa alta*; *andare a testa alta*, non avere alcun motivo di vergogna || *avere, tenere alto il morale*, essere ottimisti, cercare di infondere ottimismo **2.** profondo: *alto mare, un alto abisso* || *fig.* *essere in alto mare*, essere lontani dalla soluzione || *T.giur.* *alto mare*, la zona d'acque oltre i confini delle acque territoriali **3.** largo: *stoffa alta 120 cm*; spesso: *spezzò un asse alto tre dita* **4.** *T.fis.* e *T.mus.* acuto, caratterizzato da alte frequenze di vibrazioni: *note alte, toni alti* || intenso, forte: *parlare ad alta voce* **5.** settentrionale: *alta Italia* || detto di fiume, prossimo alla sorgente: *alto Nilo* || di valle o regione, detto della parte più lontana e in qualche modo isolata: *comunità montana dell'Alta Langa* || premesso a nomi di lingue può specificare idioma parlato nella parte montuosa di un paese (come in *alto tedesco*) o lingua parlata nella parte settentrionale (come in *dialetti alto italiani*) **6.** in senso temporale, avanzato, inoltrato: *notte alta*; *Pasqua alta*, che cade in ritardo rispetto al solito || di epoche storiche, la prima parte: *alto paleozoico* || *alta stagione*, il periodo dell'anno in cui c'è il maggior numero di turisti: *agosto è un mese d'alta stagione* **7.** elevato, superiore alla media: *prezzo alto, alta temperatura* || *per estens.* che occupa un posto elevato in una gerarchia: *alto funzionario, alto commissario* || *alta matematica, alta finanza* ecc., la parte che ne studia e sviluppa gli aspetti più complessi || *alta moda*, moda creata dalle grandi sartorie in serie limitate e talvolta in modelli unici || *alto patrocinio*, quello prestato da un'autorità importante || *alta uniforme*, uniforme da cerimonia || *di alto livello, ad alto livello*, importante || *fig.* eccelso, nobile: *nutro per lei i più alti sentimenti* || **altaménte** **avv.** profondamente, grandemente, molto: *sono altamente onorato della sua attenzione* **II sm.** la parte più elevata di qualcosa: *l'alto delle mura* || *avere alti e bassi*, subire le alterne vicende della sorte || *fare alto e basso*, farla da padrone || *guardare dall'alto in basso*, osservare con alterigia e disprezzo || *far cadere qualcosa dall'alto*, concederlo con degnazione **III avv.** verso l'alto; in luogo elevato; anche *fig.*: *volare alto, mirare alto* || nella *loc. avv.* *in alto*, in luogo alto, verso l'alto || *mani in alto*, intimazione di resa; *in alto i cuori*, coraggio; *salire in alto*, far carriera || **N.** **1.** *Sin.* prominente, rialzato | culmine, vetta | *Contr.* basso **5.** lontano **7.** *Sin.* sommo, sublime, supremo | apogeo, fastigio. **TAV.** ***atletica*** **p. 657** 1.13.

àlto[2] [dal mediev. alto ted. *halt*, fermata; 1504] **I sm.** *disus.* alt **II** nella **loc.** *alto là*, usata per intimare di fermarsi.

altoatesìno [da *Alto Adige*; 1904] **I agg.** dell'Alto Adige **II sm.** (f. *-a*) abitante dell'Alto Adige || **N.** **II** *Sin.* sudtirolese.

altòccio (pl. m. *-ci*, pl. f. *-ce*) [da *alto*[1]; a. 1584] **agg.** alquanto alto.

altocìnto (pl. *altocìnti*) [comp. di *alto*[1] e *cinto*; 1909] **agg.** *lett.* che porta alta la cintura, sotto il petto: *le donne altocinte* (Pascoli).

altocùmulo (pl. *alticùmuli*) [comp. di *alto*[1] e *cumulo*; 1956] **sm.** *T.meteor.* nube stratificata di colore chiaro e aspetto sfioccato e discontinuo che si forma attorno ai 3000-4000 metri; dà al cielo l'aspetto definito come *cielo a pecorelle* || **N.** cumulo, NUVOLA.

altofórno (pl. *altifórni*) [comp. di *alto*[1] e *forno*, prob. sul modello del fr. *haut fourneau*; 1889 *alto-forno*] **sm.** forno a funzionamento continuo costruito a forma di due tronchi di cono uniti per la base e alto sino a venti metri, utilizzato per la produzione di ghisa da minerale di ferro, fondente e carbone coke disposti a strati al suo interno || **N.** bocca, crogiolo, sacca, tino, ventre.

altolà [comp. di *alto*[2] e *là*; a. 1873] **I** ordine di fermarsi, impartito spec. da sentinelle nei confronti di chi supera i limiti consentiti: *altolà! Fermo o sparo* **II sm.** l'ordine stesso di fermarsi || *fam.* *dare l'altolà a qualcuno*, invitarlo a desistere da qualche proposito.

altolocàto (pl. *altolocàti*) [comp. di *alto*[1] e lat. *locātus*, collocato; a. 1875 *alto locato*] **agg.** che occupa un'importante e autorevole posizione sociale.

altoparlànte (pl. *altoparlànti*) [comp. di *alto*[1] e *parlante*, sul modello dell'ingl. *loud-speaker*; 1927] **sm.** apparecchio che amplifica i suoni convertendo impulsi elettrici modulati in energia acustica da irradiare nell'ambiente. **Q.T.** *audiovisivi* **TAV.** *audiovisivi.*

altopiàno o **altipiàno** [comp. di *alto* e *piano*; 1815 *altipiano*] **sm.** estesa regione pianeggiante posta ad almeno 300 metri sopra il livello del mare || **N.** *Sin.* acrocoro, pianoro.

altóre [dal lat. *altor, -ōris*; a. 1519] **sm.** (f. *-trìce*) *ant. lett.* chi alimenta, alimentatore: *lume, dator di vite, e infaticato altor* (Manzoni).

altorilièvo (pl. *altorilièvi*) [comp. di *alto*[1] e *rilievo*, sul modello di *bassorilievo*; 1797] **sm.** tecnica scultorea per la quale le figure sono legate a un fondo ma ne sporgono in modo rilevante || *per meton.* opera eseguita con tale tecnica || **N.** bassorilievo. **Q.T.** *scultura.*

altosonànte V. ALTISONANTE.

altostràto (pl. *altostràti*) [comp. di *alto*[1] e *strato*; 1956] **sm.** *T.meteor.* nube stratificata simile a un velo fibroso di colore grigio plumbeo che può ricoprire completamente il cielo; si forma intorno ai 4000 metri di altezza || **N.** strato | NUVOLA.

altresì (ant. *altressì*) [comp. di *altro* e *sì*; a. 1294] **avv.** **1.** inoltre, anche, ancora **2.** *ant.* similmente.

altrettàle [comp. di *altro* e *tale*; inizio sec. XIII] **I agg.** *non com.* simile, uguale, tale e quale **II avv.** *ant.* parimenti, altrettanto.

altrettànto [comp. di *altro* e *tanto*; a. 1294] **I agg.** *indef.* nella stessa misura, modo o quantità: *c'erano altrettanti spettatori che alla prima, non ha dimostrato altrettanta saggezza* **II pron.** *indef.* la stessa cosa, quantità o misura: *se lei se ne va io farò altrettanto, comprai tre libri e lei altrettanti* **III avv.** nella stessa maniera, misura o quantità: *Ernesto era stato onesto, ma tu sii altrettanto degno di fiducia.*

àltri [da *altro*, per analogia con *egli, questi*; a. 1294] **pron.** *indef. inv.* solo *sing.* **1.** un'altra persona: *non desiderare la donna d'altri* || *altri che*, nessuno altro che, fuor che: *non c'è altri che noi che sappia far questo* **2.** alcuno, qualcuno: *altri potrebbe dire che sei uno stupido.*

altrièri [comp. di *altro* e *ieri*; 1306] **I** nella **loc. avv.** *l'altrieri*, ieri l'altro, il giorno prima di ieri: *l'ho comprato l'altrieri* || *per estens.* recentemente nel passato, senza valore deittico: *cose dell'altrieri, fino all'altrieri lo vedevo spesso poi è scomparso* **II** anche **sm.**: *l'altrieri era il 25 dicembre.*

altriménti [comp. di *altra* e *mente*; a. 1294] **I avv.** **1.** in altro modo, diversamente, differentemente: *non si poteva fare altrimenti* **2.** *raro* con la negazione, non più: *non ne parlerò altrimenti*, non ne parlerò più || *disus.* come rinforzo di negativa, per nulla, affatto: *senza altrimenti udirlo* **II cong.** se no: *corri, altrimenti perdi il treno.*

àltro [lat. *alter, -erŭs*; a. 1294] **I agg.** *indef.* **1.** diverso, differente: *bisogna prendere un'altra strada, vestiti in un altro modo* || *l'altro mondo*, l'oltretomba; *cose dell'altro mondo*, cose incredibili || *è un altro paio di maniche*, è una cosa diversa || *d'altra parte*, del resto **2.** nuovo, ulteriore: *senz'altro avviso, verrò un'altra volta* || secondo, novello: *è un altro Attila* || posposto al sostantivo, diverso: *il folklore è cultura altra rispetto a quella ufficiale* **3.** rimanente, restante (preceduto da art. det.): *noi ce ne andammo, l'altra brigata restò* **4.** antecedente: *ciò fu detto nell'altro capitolo, l'altro giorno, l'altro anno* **5.** susseguente: *verrò quest'altra settimana* **6.** si aggiunge talvolta al pron. *noi* o *voi* con valore intensivo distintivo: *noi altri, voi altri* (ma anche *noialtri* e *voialtri*) **7.** in correlazione con *uno*: *nell'uno e nell'altro modo*, in tutti e due i modi || in correlazione con *questo* o *quello*: *quello non ti sta bene, mettiti l'altro vestito* **II pron.** *indef.* **1.** persona o cosa differente, anche in correlazione con *uno, alcuno* e sim.: *un altro nei miei panni farebbe così, l'uno e l'altro, chi vuole una cosa e chi un'altra*; *alcuni partono, altri restano* **2.** *pl.* *gli altri*, la gente, gli estranei: *gli altri possono giudicarlo male ma lui è onesto* **III sm.** (solo *sing.*) altra cosa: *c'è ben altro, è tutt'altro da quello che credi* || *tutt'altro*, si usa in risposte negative con valore rafforzativo: *faresti questo? Tutt'altro* || *altro che!*, senza dubbio, in risposte affermative: *ti senti di andarci? Altro che!* || per rinforzare un epiteto: *asino che non sei altro!* || *ci mancherebbe altro!* augurio che una cosa non avvenga || *farò questo e altro*, e peggio || *dell'altro*, ancora, di più: *ha patito molto, ma ha da patire dell'altro*; *non ho detto tutto, c'è dell'altro* || *per altro*, però, del resto || *se non altro, se non fosse altro*, almeno: *quest'opera, se non altro, servirà a qualcuno* || *tra l'altro*, meno com. *tra le altre*, tra le altre cose || *senz'altro*, certamente, senz'indugio: *stasera verrò da te senz'altro* || *più che altro*, soprattutto, prevalentemente.

altrónde [lat. *aliter unde*, letter. diversamente da dove; a. 1348] **avv.** **1.** *lett.* da altro luogo: *dalla quale solo ogni mia pace venir mi puote e non altronde* (Boccaccio) || *d'altronde*, d'altra parte, per altro, del resto, ad ogni modo **2.** *raro disus.* altrove, in altro luogo.

altróve [lat. *aliter ubi*, letter. diversamente dove; 1279] **avv.** in altro luogo: *andare altrove, trovarsi altrove* || *fig.* *avere la testa altrove*, pensare ad altro.

altrùi [lat. volg. **alterui*, dativo di *alter*, altro; a. 1250 come pron.] **I agg.** *poss. inv.* di altri, degli altri, del prossimo: *la roba altrui, impicciarsi degli affari altrui* **II sm.** la roba d'altri: *prov.* *chi dell'altrui prende, la sua libertà vende* **III pron.** *indef. inv.* di uso prevalentemente *lett.* sostituisce *altri* in tutti i casi, ma come soggetto non è più usato: *la roba d'altrui*; *piuttosto ad altrui la presterei* (Boccaccio); *lo monte che salendo altrui dismaga* (Dante); *in altrui figurando quel che di sé e di lui intendeva dire* (Boccaccio) || talvolta nel significato di *ad altri* senza la prep. *a*: *a te soavemente i lumi chiuse il gallo che li suole aprire altrui* (Parini).

altruìsmo [dal fr. *altruisme*; 1875] **sm.** amore per il prossimo || **N.** *Contr.* egoismo.

altruìsta [da *altruismo*; 1897] **s.** e **agg.** chi o che opera per il bene altrui, chi o che esercita l'altruismo.

altruìstico (pl. *-ci*) [da *altruismo*; 1884] ***agg.*** proprio dell'altruista: *un gesto altruistico.*

altùra [da *alto*[1]; a. 1257] ***sf.*** **1.** luogo alto, elevato, colle || altitudine, altezza **2.** *fig. ant.* o *lett.* alterigia, superbia: *parlare in altura* **3.** *T.mar.* alto mare: *navigazione d'altura.*

alturièro [da *altura*, sul modello del fr. *hauturier*; 1829] **I** ***agg.*** *T.mar.* di alto mare || *per estens.* di navigazione aerea d'alta quota **II** ***sm.*** pilota esperto nella navigazione d'alto mare || *per estens.* pilota che vola ad alta quota.

alùccia (pl. *-ce*) (*dim.* di *ala*) [1909] ***sf.*** **1.** piccola ala **2.** spec. *pl.* tipo di salvagente per bambini, formato da due anelli gonfiabili da applicare alle braccia.

àlula [dal lat. *alula*, aletta; 1955] ***sf.*** **1.** *T.zool.* squama di varia ampiezza posta in prossimità dell'attaccatura posteriore dell'ala in alcuni insetti ditteri **2.** *T.zool.* primo dito dell'ala degli uccelli fornito di penne separate dalle remiganti **3.** *T.aer.* piccola ala ipersostentatrice posta presso il bordo anteriore di un'ala || **N. 2.** *Sin.* ala spuria.

alunìte [fr. *alunite*, da *alun*, allume; 1845] ***sf.*** *T.min.* minerale incolore o bianco dalla lucentezza madreperlacea, del gruppo dei solfati, utilizzato per l'estrazione dell'allume.

alunnàto [da *alunno*; 1845] ***sm.*** condizione di alunno || tempo nel quale si è alunni.

alùnno [dal lat. *alumnus*; a. 1367 *alonno*] ***sm.*** **1.** allievo, scolaro, discepolo || *in part.* scolaro delle elementari **2.** *ant.* chi è allevato da persone che non siano i suoi genitori || nella Chiesa cristiana delle origini, trovatello **3.** *disus.* impiegato assunto in prova nella pubblica amministrazione || **N. 1.** studente.

alveàre [dal lat. *alveāre*; sec. XIV] ***sm.*** nido di api || arnia, cassetta ove si tengono le api || *fig.* caseggiato popolare di grandi dimensioni e sovrappopolato || **N.** APE.

àlveo [dal lat. *alveus*; a. 1492] ***sm.*** **1.** letto, naturale o artificiale, di un corso d'acqua || *per estens.* canale **2.** *lett.* cavità || *per estens. lett.* utero || *fig.* ambito: *nell'alveo della tradizione.*

alveolàre [da *alveolo*, sul modello del fr. *alvéolaire*; 1772] ***agg.*** **1.** che ha una struttura ad alveoli **2.** che si riferisce agli alveoli dentali e polmonari: *infiammazione alveolare* || *T.ling.* detto di suono la cui articolazione avviene appoggiando la lingua sugli alveoli degli incisivi superiori: *articolazione, consonante alveolare.*

alveolìna [dal lat. *alveolus*, alveolo; 1929] ***sf.*** *T.zool.* genere di Protozoi con guscio calcareo di aspetto simile a porcellana, a forma di fuso o di sfera, alcune specie dei quali vivono ora nei mari tropicali, ma che ebbero la massima diffusione nell'Eocene.

alveolìte [comp. di *alveolo* e *-ite*[1]; 1923] ***sf.*** *T.med.* infiammazione degli alveoli polmonari o dentali.

alvèolo [dal lat. *alveolus*, piccolo vaso; sec. XIV] ***sm.*** piccola cavità chiusa o aperta da un lato: *gli alveoli del filtro*; *gli alveoli del favo*, le cellette in cui le api depongono il miele || *T.anat. alveoli dentari*, cavità in cui sono infisse le radici dei denti || *T.anat. alveoli polmonari*, piccole cavità terminali delle ramificazioni bronchiali in cui avvengono gli scambi gassosi tra aria e sangue || *T.bot.* piccola cavità superficiale di alcuni organi vegetali. **TAV.** *fonetica...* 1.16.

alvìno [dal lat. *alvīnus*; a. 1698] ***agg.*** *T.anat.* dell'alvo, intestinale.

àlvo [dal lat. *alvus*; 1319] ***sm.*** *T.anat.* la cavità intestinale nel suo complesso: *alvo chiuso, alvo libero* || *lett.* ventre: *alvo materno* (Ariosto) || *lett. fig.* il mezzo, il centro, la parte intima di qualche cosa: *credi per certo che se dentro l'alvo / di questa fiamma stessi ben mille anni / non ti potrebbe far d'un capel calvo* (Dante).

alzabandièra [da *alza*(*re*) e *bandiera*; 1942 *alza-bandiera*] ***sm.*** *inv.* l'atto e la cerimonia dell'alzare la bandiera solennemente: *fare l'alzabandiera.*

alzàbile [da *alzare*; sec. XVIII] ***agg.*** che si può alzare || **N.** *Contr.* abbassabile.

alzacristàlli [comp. di *alza*(*re*) e *cristallo*; 1983] ***sm.*** *inv.* dispositivo manuale o elettrico per alzare i vetri dei finestrini delle automobili.

alzàgola V. ALZAVOLA.

alzàia [da *alzare*, con influsso del lat. tardo *helciarius*, tirante; 1688] ***sf.*** **1.** fune che serve a tirar dalla riva i battelli contro corrente lungo i fiumi o canali **2.** *strada alzaia*, o *ass. alzaia*, strada sull'argine o sentiero lungo la riva del fiume, dalla quale si effettua l'operazione di rimorchio.

alzaménto [da *alzare*; a. 1348] ***sm.*** atto ed effetto dell'alzare o dell'alzarsi || **N.** *Sin.* sollevamento | *Contr.* abbassamento.

alzàna [da *alzare*, con influsso del lat. tardo *helciarius*, tirante; a. 1571] ***sf.*** *T.mar.* **1.** alzaia **2.** corda da tonneggio.

alzàre [lat. volg. **altiāre*; a. 1294] ***tr.*** **1.** sollevare verso l'alto: *alzare un peso* || *alzare le mani*, segno convenzionale di resa || *alzare le mani* (*su qualcuno*), picchiare || *alzare gli occhi al cielo*, per manifestare sconforto, disapprovazione ecc. || *alzare le spalle*, mostrare disinteresse e disprezzo || *alzare i tacchi*, andarsene, fuggire || *fig. alzare il gomito*, ubriacarsi || *alzare i bicchieri*, brindare || *alzare le carte*, smazzare || *non alzare gli occhi dal piatto*, mangiare velocemente || *fig. non alzare un dito*, restare inerte, non far nulla, non intervenire || *fig. alzare la cresta*, insuperbirsi || *fig. alzare un polverone*, creare scandalo per una cosa da nulla || *alzare il tiro*, mirare più in alto; anche *fig.* || *alzare la vela*, issarla per la partenza || *fig.* celebrare, lodare eccessivamente: *lo hanno alzato al cielo per una cosa da nulla* **2.** aumentare: *alzare i prezzi, alzare il volume della radio*; *alzare la voce*, gridare **3.** costruire, edificare: *alzare un muro intorno alla casa* **4.** intonare, elevare: *alzare preghiere, grida* **5.** *T.cacc.* provocare un'alzata di uccelli: *il cane alzò le anatre selvatiche* || ***intr. pron.*** **1.** aumentare, crescere in altezza: *il livello delle acque si è alzato in modo preoccupante, gli si è alzata improvvisamente la febbre* || *per estens.* protendersi: *le fiamme si alzarono verso il granaio* **2.** sorgere, levarsi: *si è alzata una brezza di nord ovest, il sole si alza alle cinque* || ***rifl.*** **1.** tirarsi su: *si alzò in piedi sul tavolo e cominciò a cantare* || levarsi dal letto: *si è alzato alle dieci* **2.** levarsi in volo || **N.** ***tr.*** **1.** *Sin.* levare, rialzare, sollevare; inalberare, issare | *Contr.* abbassare, calare; ammainare **2.** *Contr.* diminuire **3.** *Sin.* erigere, far sorgere | *Contr.* abbattere, demolire | ***intr. pron.*** **1.** *Sin.* salire | *Contr.* calare, diminuire **2.** *Contr.* tramontare | ***rifl.*** *Sin.* sollevarsi; destarsi.

alzàta [da *alzare*; a. 1537] ***sf.*** **1.** atto dell'alzare e dell'alzarsi || *alzata di spalle*, segno di disinteresse, noncuranza e disprezzo || *fig. alzata di testa*, capriccio || *alzata d'ingegno*, trovata singolare, artifizio; spec. *iron.* || *alzata di scudi*, ribellione || *voto per alzata di mano*, votazione palese **2.** *T.sport.* nella pallavolo, passaggio che mette lo schiacciatore nelle condizioni di effettuare la schiacciata; nella pallacanestro, lancio in alto della palla da parte dell'arbitro tra due avversari entro gli appositi cerchi, in inizio di gioco o in situazioni di palla contesa; nel sollevamento pesi, estensione completa delle braccia che porta il bilanciere sopra il capo del concorrente **3.** di uccelli, il levarsi in volo **4.** *T.mil.* opera difensiva completa costituita da un terrapieno **5.** la parte verticale dello scalmo **6.** parte superiore di un mobile, un cassettone, una credenza ecc. **7.** piatto a vari piani per frutta e dolci munito di un piede di sostegno **8.** *T.mecc. alzata di una valvola*, massimo scostamento di una valvola dalla sua sede || **N. 1.** *Sin.* sollevamento | *Contr.* abbassamento **5.** *Sin.* frontalino; altezza **7.** *Sin.* fruttiera.

alzàto (*pps.* di *alzare*) [1319] **I** ***agg.*** sollevato, tirato su || *restare alzato*, non andare a dormire **II** ***sm.*** *T.arch.* prospetto verticale della facciata di un edificio.

alzatóre [da *alzare*; 1859] ***sm.*** (f. *-trice*) **1.** chi alza **2.** *T.sport.* nella pallavolo, il giocatore che ha il compito di alzare la palla per favorire la schiacciata.

alzatrìce [da *alzare*; 1955] ***sf.*** *T.tess.* macchina per la rifinitura dei tessuti.

alzàvola o **alzàgola** [etim. inc.; 1865] ***sf.*** uccello degli Anseriformi simile all'anatra, di piccole dimensioni, piumaggio grigio chiaro; i maschi sono caratterizzati da una macchia di color verde sul capo.

àlzo [da *alzare*; 1855] ***sm.*** **1.** *T.bal.* congegno di mira che serve a regolare l'elevazione e il puntamento delle armi da fuoco: *alzo a cannocchiale, alzo panoramico* || *dare l'alzo*, comunicare ai puntatori di un cannone e sim. l'angolo di elevazione perché possano eseguire il puntamento **2.** *raro* pezzo di cuoio o cartone usato dai calzolai per adattare una forma alle dimensioni volute || **N. 1.** mirino, traguardo. **TAV.** ***armi*** **p. 648** 18.3 **e p. 649** 20.4, 26.3.

amàbile [dal lat. *amābilis*; fine sec. XIII] ***agg.*** **1.** che ha qualità per essere amato, che sa farsi amare **2.** di vino, che tende al dolce: *un vinello amabile* || **amabilménte** ***avv.*** || **N. 1.** *Sin.* adorabile, affabile, garbato, piacevole, simpatico | *Contr.* antipatico, detestabile, scontroso, sgarbato **2.** *Sin.* abboccato | *Contr.* secco.

amabilità [dal lat. *amābilitas, -ātis*; 1549] ***sf.*** **1.** cortesia, gentilezza **2.** dolcezza, gradevolezza: *l'amabilità del luogo* || **N. 1.** *Sin.* affabilità, grazia | *Contr.* odiosità, scortesia.

amàca [dallo sp. *hamaca*; a. 1525] ***sf.*** sorta di letto pensile, generalmente costituito da una rete o da una stuoia che si sospende tra due alberi, pali e sim. || **N.** branda, letto.

amadrìade [dal lat. *Hamādryas, -dryadis*, gr. *Hamadryás, -ádos*; a. 1406] ***sf.*** **1.** *T.mit.* ninfa dei boschi la cui vita era legata a quella dell'albero che le era sacro **2.** *T.zool.* grossa scimmia dei Cercopitecidi con muso canino e, nei maschi, criniera di color grigio-argento; vive nell'Africa equatoriale || **N. 1.** driade, naiade.

amagnètico (pl. *-ci*) [comp. di *a-*[1] e *magnetico*; 1965] ***agg.*** *T.fis.* di corpo, che non si può magnetizzare.

amàlgama [dall'ar. *'amal al-gam'a*, letter. attuazione di una unione; 1612] ***sm.*** **1.** *T.chim.* la lega di un metallo col mercurio **2.** impasto, mescolanza di cose diverse, miscuglio: *un amalgama di ingredienti* || *fig.* coesione: *la squadra ha finalmente raggiunto il giusto amalgama.*

amalgamànte (*ppr.* di *amalgamare*) [1970] ***agg.*** *T.ling. lingue amalgamanti*, che esprimono i rapporti grammaticali per mezzo di elementi affissi alle radici || **N.** *Sin.* agglutinante.

amalgamàre (pres. *-àlgamo*) [da *amalgama*; 1612] ***tr.*** **1.** *T.chim.* fare una lega di uno o più metalli col mercurio **2.** impastare: *amalgamare burro e farina* || *per estens.* mescolare insieme elementi eterogenei; anche *fig.*: *amalgamare cattolici e protestanti* || ***rifl.*** e ***intr. pron.*** unirsi, fondersi: *non si sono mai completamente amalgamati.*

amalgamazióne [da *amalgamare*; 1829] ***sf.*** atto dell'amalgamare || processo con cui si estraggono metalli preziosi dai loro minerali, facendoli amalgamare col mercurio.

Amamelidàcee [comp. da *amamelide* e *-acee*; 1955] ***sf. pl.*** *T.bot.* famiglia di piante legnose dicotiledoni, arboree o arbustive, con foglie palmate, piccole infiorescenze e frutti a capsula.

amamèlide [dal gr. *hamamēlís, -ídos*, che fiorisce contemporaneamente ai meli; 1797 *amamellide*] ***sf.*** *T.bot.* pianta arbustiva del Nord America dalle foglie ovali aromatiche e fiori gialli, la cui corteccia, al pari delle foglie, ha proprietà astringenti ed emostatiche.

amanita [dal gr. *amanîtai*, funghi commestibili del monte Amanos; 1819 *amanite*] ***sf.*** *T.bot.* genere di funghi delle Agaricacee con cappello a lamelle libere e gambo con anello, comprendente alcune specie commestibili ed altre velenose || **N.** ovolo buono, ovolo malefico, tignosa verde. **TAV. *botanica* p. 661** 6.

amànte[1] (*ppr.* di *amare*) [sec. XIII] **I *agg.*** detto di chi ama qualcuno o qualcosa: *amante del vino* || *per estens.* chi è appassionato di qualcosa: *amante dello sci* **II *s.*** **1.** chi è legato da rapporti amorosi con un'altra persona, spec. al di fuori di vincoli matrimoniali: *ella aveva qui negli ultimi tempi un amante carabiniere* (G. Deledda) **2.** *ant.* innamorato || **N. I** *Sin.* amatore, appassionato **II** *Sin.* amico, ganzo, innamorato, spasimante; cicisbeo, ganimede, zerbino | appassionato, ardente, costante, fedele, geloso, generoso, incostante, infedele, onesto, perfido, sviscerato, tenero, traditore.

amànte[2] o **mànte** [dal gr. *himás, -ántos*, correggia; 1614] ***sm.*** *T.mar.* sistema di corregge usato per alzare e spostare pesi || *gassa d'amante*, particolare nodo con occhiello non scorrevole.

amantìglio (pl. *-gli*) [da *amante*[2]; 1889] ***sm.*** *T.mar.* ciascuna delle corde che sorreggono i pennoni e li tengono orizzontali. **TAV. *vela* p. 1343** 6.9.

amanuènse [dal lat. *amanuēnsis*; 1726] ***s.*** **1.** copista, scrivano **2.** chi trascriveva testi a mano prima dell'invenzione della stampa || **N.** scriba.

amànza [dal provenz. *amansa*, amore; prima metà sec. XIII] ***sf.*** *ant.* donna amata; amore: *non mi fa fallo s'io le puosi amanza* (Guinizelli).

amàraco [dal lat. *amāracus*; prima metà sec. XIV] ***sm.*** maggiorana: *l'odoroso cespuglio dell'amaraco* (Pascoli).

Amarantàcee [comp. di *amaranto* e *-acee*; 1830] ***sf. pl.*** *T.bot.* famiglia di piante erbacee e arbustive dicotiledoni delle Centrosperme con foglie alterne e fiori a spiga o a racemo, tra cui l'amaranto. **Q.T. *botanica*.**

amarantìno [da *amaranto*; 1829] ***agg.*** *lett.* del color dell'amaranto: *tulipano amarantino.*

amarànto [dal lat. *amarantus*, gr. *amárantos*, immarcescibile; 1485 ca.] **I *sm.*** **1.** pianta erbacea delle Amarantacee, con infiorescenze a spiga di color rosso cupo **2.** il colore di tali fiori **II *agg. inv.*** (sempre posposto) del colore dei fiori d'amaranto: *abito amaranto* || **N. I 1.** *Sin.* nappa di cardinale.

amaràsca e der. forme ant. di MARASCA e der. (v.).

amarascàto [da *amarasca*; a. 1676] ***agg.*** di vino o di rosolio che ha sapore di marasca.

amarcòrd [dal titolo, in dial. romagnolo, dell'omonimo film di F. Fellini, letter. io mi ricordo; 1974] ***sm. inv.*** rievocazione nostalgica del passato, ricordo.

amàre [lat. *amāre*; inizio sec. XIII] ***tr.*** **1.** portar affetto, voler bene a una persona: *amare la famiglia, il prossimo* || *per estens.* essere interessati a qualcuno o qualcosa, aver caro: *amare il cinema, lo sport, la giustizia* **2.** provare attrazione affettiva e sessuale per una persona: *Giovanni ama Maria* || *ass.* anche fare l'amore: *sa amare molto bene* **3.** desiderare fortemente: *amare il denaro, il potere* || volere, desiderare, spec. al condiz.: *amerei stare solo* **4.** detto di piante, richiedere, aver bisogno: *le piante grasse amano i terreni sabbiosi* || detto di animali, provare attaccamento: *il cane ama l'uomo* || ***rec.*** provare amore, affetto reciproco: *si amano da anni* || **N. 1.** *Sin.* adorare, essere attaccato, venerare; interessarsi, prediligere | *Contr.* aborrire, detestare, odiare; disprezzare | amicizia, amore, amorevolezza, benevolenza, benignità; adorazione, idolatria, venerazione; predilezione, preferenza **2.** *Sin.* essere innamorato, infatuato | amare con tutta l'anima, più dei propri occhi, più della vista; andare matto per **3.** *Sin.* bramare, essere avido | *Contr.* disdegnare.

amareggiamènto [da *amareggiare*; a. 1698] ***sm.*** motivo di afflizione; stato di angustia, l'essere amareggiato.

amareggiàre (pres. *-éggio*) [lat. tardo *amarizāre*; a. 1300] ***tr.*** rendere amaro || *fig.* rattristare, rendere penoso: *mi amareggia la vita* || ***intr. pron.*** affliggersi, rattristarsi: *non ti amareggiare per gli insuccessi* || **N.** *Sin.* addolorare, crucciare | *Contr.* addolcire, allietare, rallegrare.

amareggiàto (*pps.* di *amareggiare*) [a. 1712] ***agg.*** rattristato, afflitto.

amarèlla [dal lat. mediev. *amarella*; sec. XIV] ***sf.*** *pop.* nome dato a certe piante dal sapore amaro come l'artemisia e la camomilla || **N.** *Sin.* partenio.

amarèna [forse da *amaro*; a. 1320 *amarina*] ***sf.*** il frutto dell'amareno || *per meton.* sciroppo e bevanda ricavati dai frutti dell'amareno.

amarèno [forse da *amaro*; a. 1430] ***sm.*** varietà di ciliegio visciolo con frutti di sapore amarognolo.

amarétto (*dim.* di *amaro*) [1863 nel senso 1; 1961 nel senso 2] ***sm.*** **1.** pasticcino tondeggiante a base di pasta di mandorle amare **2.** liquore di sapore dolce-amaro simile a quello del pasticcino.

amarézza [lat. tardo *amaritia*; sec. XIV] ***sf.*** il sapore di ciò che è amaro || *fig.* dolore, delusione, tristezza: *sentirsi parlare così mi dà profonda amarezza* || rancore: *c'era molta amarezza nelle sue parole* || **N.** *Sin.* dispiacere, mestizia, rammarico; acredine, fiele; DOLORE | *Contr.* dolcezza.

amaricànte [dal lat. tardo *amaricāre*; 1779] **I *agg.*** *ant.* che ha dell'amaro **II *sm.*** nome generico di sostanza amara (genziana, quassia ecc.) usata per rendere più amaro il sapore di una bevanda || **N. I** *Sin.* amaro.

amàrico (pl. *-ci*) [dal n. geogr. *Amhara*; 1918] **I *agg.*** che si riferisce all'Amhara, regione etiopica **II *sm.*** **1.** (f. *-a*) nativo, abitante dell'Ahmara **2.** (solo *sing.*) lingua semitica derivata dall'antico etiope e oggi parlata nella maggior parte dell'Abissinia.

amarìlli o **amarìllide** [dal lat. *amaryllis, -idis*, gr. *amaryllís, -ídos*; n. proprio di ninfe della poesia bucolica; 1772] ***sf.*** pianta erbacea ornamentale della famiglia delle Amarillidacee con bulbo, foglie nastriformi e fiori a imbuto dai colori vivaci || **N.** agave, giunchiglia, narciso.

Amarillidàcee [comp. di *amarillide* e *-acee*; 1865] ***sf. pl.*** *T.bot.* famiglia di piante monocotiledoni con fusto molto breve, foglie nastriformi e fiore a imbuto comprendente il narciso, l'agave, il bucaneve.

amarìllide v. AMARILLI.

amaritùdine [dal lat. *amaritūdo, -inis*; a. 1292] ***sf.*** *lett.* amarezza: *a quali fonti d'amaritudine aveva ella abbeverato il suo libero genio?* (D'Annunzio) || *ant.* sapore amaro.

amàro [lat. *amārus*; a. 1294] **I *agg.*** **1.** di sapore contrario al dolce, proprio dell'assenzio, della china: *mandorle amare* || *amaro come il fiele, come il veleno*, amarissimo || *caffè amaro*, senza zucchero **2.** *fig.* che procura pena e dolore: *un'amara esperienza* || *per estens.* che palesa amarezza: *le sue affermazioni sono sempre amare* || *riso amaro*, allegria forzata || *avere la bocca amara*, sentire un sapore amaro, più com. *fig.* essere disillusi || *mandare giù un boccone amaro*, dover subire un'ingiusta offesa || **amaraménte *avv.*** con dolore o delusione: *me ne pento amaramente* **II *sm.*** **1.** sapore amaro **2.** alterazione del gusto del vino imbottigliato da lungo tempo **3.** aperitivo o digestivo preparato con erbe ed essenze amare **4.** *fig.* amarezza, rancore: *tra quei due c'è dell'amaro* || **N. I 1.** *Contr.* dolce **2.** *Sin.* crudele, doloroso, triste | *Contr.* allegro, piacevole.

amarógnolo o **amarògnolo** [da *amaro*; 1499] **I *agg.*** che ha sapore tendente all'amaro, ma non spiacevole **II *sm.*** sapore amarognolo.

amaróre [dal lat. *amāror, -ōris*; a. 1280] ***sm.*** *raro* sapore amaro; *in part.* sapore del vino invecchiato che ha l'amaro || *fig. lett.* asprezza, amarezza: *accecati dall'amarore delle lacrime esauste* (D'Annunzio).

amàrra [dal fr. *amarre*; 1824] ***sf.*** *T.mar.* corda di ormeggio.

amarràre o **ammaràre** [dall'ol. *aanmarren*, attr. il fr. *amarrer*; 1889] ***tr.*** *T.mar.* ormeggiare con l'amarra.

amarulènto [dal lat. *amarulentus*; 1643] ***agg.*** *raro* alquanto amaro.

amarùme [da *amaro*; 1865] ***sm.*** sapore amaro; quantità di cose amare || *fig. non com.* amarezza, malanimo.

amàṣio (pl. *-ṣi*) [dal lat. *amāsius*; prima metà sec. XIV *amasia*, sf.] ***sm.*** (f. *-a*) *ant. spreg.* amante.

amateur (fr., pr. [ama'tœ:r]) [1905] ***sm. inv.*** dilettante, amatore.

amàto (*pps.* di *amare*) [1304] **I *agg.*** che è oggetto d'amore **II *sm.*** (f. *-a*) l'oggetto d'amore: *rivide l'amato* || **N. I** *Sin.* adorato, benamato, benvoluto, caro, diletto, prediletto, venerato | *Contr.* esacrato, odioso.

amatóre [dal lat. *amātor, -ōris*; prob. sul modello del provenz. *amador*, inizio sec. XIII nel senso 1; sul modello del fr. *amateur*, 1758 nel senso 2] ***sm.*** (f. *-trìce*) **1.** chi ama || *ant.* innamorato; amante **2.** collezionista: *è un amatore di antiche miniature* || *prezzo da amatore*, dettato dall'interesse e non dal valore commerciale || dilettante: *come musicista è solo un amatore.*

amatoriàle [da *amatore*; 1983] ***agg.*** a livello dilettantistico: *interessi amatoriali, sport amatoriale.*

amatòrio (pl. *-ri*) [dal lat. *amatōrius*; inizio sec. XIV] ***agg.*** che si riferisce all'amare o all'amore: *poesia amatoria* || **N.** *Sin.* amoroso, erotico, galante.

amatriciàno [dal n. geogr. *Amatrice*; 1905 *alla matriciana*] ***agg.*** di Amatrice, cittadina della provincia di Rieti || *spaghetti all'amatriciana* (alterato in *alla matriciana*), conditi con sugo fatto con guanciale, pomodoro, cipolla e pecorino.

amauròṣi [dal lat. tardo *amaurōsis*, gr. *amáurōsis*, oscuramento; 1750] ***sf.*** *T.med.* permanente o temporanea perdita totale della vista.

amauròtico (pl. *-ci*) [da *amaurosi*; 1865] **I *agg.*** relativo ad amaurosi **II *sm.*** (f. *-a*) affetto da amaurosi.

amaẓònio v. AMAZZONIO.

amàẓẓone [dal lat. *Amāzon, -ŏnis*, gr. *Amazṓn*; 1340 *amazone*] ***sf.*** **1.** donna della tribù delle Amazzoni, antico popolo di donne guerriere e valorose || *per estens.* cavallerizza, donna che pratica l'equitazione: *cavalcare all'amazzone*, sedendo sulla sella con le due gambe dallo stesso lato || *fig.* donna che si comporta in modo mascolino **2.** *disus.* abito lungo e perlopiù nero da donna per andare a cavallo **3.** *formica amazzone*, formica che sfrutta il lavoro di formiche di altre specie dopo averle catturate.

amaẓẓònico (pl. *-ci*) [dal lat. *amazonicus*;

1955] **agg.** relativo al Rio delle Amazzoni e ai territori che attraversa: *bacino amazzonico, foresta amazzonica.*

amazzònio o **amazònio** (pl. *-ni*) [da *amazzone*; sec. XIV] **agg.** che è proprio delle amazzoni.

amazzonite [dal n. geogr. (*Rio delle*) *Amazzoni,* fiume del Sudamerica; 1875 *amazonite*] **sf.** *T.min.* varietà di microclino, in cristalli di colore verde-smeraldo, usato come pietra preziosa.

àmba [dall'abissino *amba,* altura; 1880] **sf.** rilievo a forma di tronco di cono caratteristico dell'altopiano etiopico.

ambàge (pl. *-gi*) [dal lat. *ambāges*; 1321] **sf.** *lett.* tortuosità: *come labirinti con una porta sola e mille ambagi* (D'Annunzio) || *fig.* giro di parole lungo e intricato e di senso oscuro: *né per ambage, in che la gente folle già s'inviscava* (Dante) || *senz'ambagi,* in modo chiaro.

ambarvàli [dal lat. *ambarvālis,* propr. attorno al campo; 1704] **sm.** *pl.* festa dell'antica Roma, celebrata a fine maggio in onore di Cerere per ottenere un felice raccolto.

ambascerìa [dal provenz. ant. *ambaisaria*; a. 1292] **sf.** gruppo di persone inviate presso uno Stato straniero con incarichi diplomatici || *per estens.* l'incarico stesso, missione diplomatica || **N.** *Sin.* deputazione, legazione, nunziatura.

ambàscia (pl. *-sce*) [etim. inc.; fine sec. XIII] **sf.** affanno, difficoltà respiratoria || *fig.* ansia, angoscia, travaglio.

ambasciàre (pres. *-àscio*) [da *ambascia*; sec. XIV] **tr.** *ant.* dare ambascia || **intr.** (aus. *essere*) e **intr. pron.** provare ambascia.

ambasciàta [dal provenz. ant. *ambaissada*; a. 1294] **sf.** **1.** rappresentanza diplomatica di uno stato presso un altro stato allo scopo di intrattenere relazioni || *concr.* il luogo in cui ha sede la rappresentanza: *l'indirizzo della ambasciata italiana* **2.** ciò che si manda a dire per il tramite di un altro; messaggio che si riferisce per incarico di terzi: *ho ricevuto la tua ambasciata, riferire un'ambasciata* || *per estens.* l'incarico: *gli ha affidato un'importante ambasciata* || **N. 1.** *Sin.* ambasceria, legazione **2.** *Sin.* avviso, commissione, missione.

ambasciàto (*pps.* di *ambasciare*) [sec. XIV] **agg.** *lett.* afflitto: *l'animo ambasciato.*

ambasciatóre [dal provenz. ant. *ambaisador*, a. 1243] **sm.** (f. *-trìce*) **1.** agente diplomatico che rappresenta uno stato presso un altro **2.** chi porta un'ambasciata, un messaggio || *prov. ambasciator non porta pena,* nessuno è da ritenersi responsabile per quanto, dietro ordini altrui, riferisce || **N. 1.** agente diplomatico, console | accreditare, richiamare o ritirare un ambasciatore **2.** *Sin.* delegato, inviato, messaggero, nunzio.

ambasciatòrio (pl. *-ri*) [da *ambasciatore*; 1592] **agg.** *lett.* che si riferisce ad ambasciatore.

ambàsso [dal fr. *ambesas,* comp. del fr. ant. *ambes,* due e *as,* asso; a. 1406] **sm.** *T.gioc.* nel gioco dei dadi, doppio uno.

ambàta [da *ambo*; 1942] **sf.** nel lotto, sistema consistente nel giocare una serie di ambi in cui un numero resta invariato.

ambedùe [lat. *ambo duo*; fine sec. XIII] **I agg.** *num. inv.* l'uno e l'altro, tutti e due (seguito dall'art. det.): *ambedue le donne, ambedue i cavalli* **II pron.** *inv.* entrambi: *ambedue vissero a Roma molti anni* || **N. I** *Sin.* ambo, entrambi | *Contr.* né l'uno né l'altro, nessuno dei due.

àmbi- [dal lat. *ambi-*] **primo elem.** che, in parole composte dotte derivate dal latino o formate modernamente, vale "l'uno e l'altro di due", "entrambi" (per es. *ambidestro, ambivalente*).

ambiàre (pres. *àmbio*) [lat. *ambulāre,* camminare; fine sec. XIII] **intr.** *lett.* andare col passo dell'ambio.

ambiatóre [da *ambiare*; 1967] **agg.** *T.ipp.* di cavallo, addestrato ad andare col passo dell'ambio.

ambiatùra [lat. *ambulātūra*; a. 1306 *ambiadura*] **sf.** andatura naturale nel cammello e nella giraffa, acquisita nel cavallo, che consiste nel muovere contemporaneamente le gambe da uno stesso lato || *fig. perdere il trotto per l'ambiatura,* cambiare in peggio || **N.** *Sin.* ambio.

ambidèstro [dal lat. tardo *ambidexter*; inizio sec. XIV] **agg.** che usa ugualmente bene tutte e due le mani || *per estens.* che è in grado di calciare indifferentemente con il piede destro o col sinistro: *calciatore ambidestro* || *fig.* astuto, furbo; dotato di qualità diverse.

ambientàle [da *ambiente*; 1942] **agg.** relativo all'ambiente: *condizioni ambientali caratteristiche* || *in part.* relativo all'ambiente biologico naturale: *questo diserbante altera l'equilibrio ambientale.* **Q.T.** *ecologia.*

ambientalismo [da *ambientale*; 1979] **sm.** *T.sociol.* teoria che sostiene l'influsso dell'ambiente sullo sviluppo della personalità umana.

ambientalista [da *ambientale*; 1984] **I agg.** relativo ai problemi dell'ambiente naturale: *tematiche ambientaliste* || che si occupa dei problemi ecologici: *associazioni ambientaliste* **II s.** chi si occupa dei problemi dell'ambiente || **N.** *Sin.* ecologista. **Q.T.** *ecologia.*

ambientalistico (pl. *-ci*) [da *ambientalista*; 1985] **agg.** relativo all'ambiente e ai suoi problemi: *proposte ambientalistiche.*

ambientaménto [da *ambientare*; 1924] **sm.** l'adattare e l'adattarsi all'ambiente.

ambientàre (pres. *-ènto*) [da *ambiente*; 1918] **tr.** **1.** adattare a un ambiente, a un luogo, intonare: *ambientare i mobili con le pareti* **2.** *fig.* collocare in un ambiente o in un tempo determinati: *ha ambientato il suo romanzo nella Parigi della Comune* || **rifl.** adattarsi, abituarsi: *non riusciva ad ambientarsi nel nuovo ufficio.*

ambientatóre [da *ambientare*; 1955] **sm.** (f. *-trice*) *non com.* chi si dedica all'arredamento e alla decorazione, spec. nelle scenografie cinematografiche e teatrali, arredatore.

ambientazióne [da *ambientare*; 1961] **sf.** il complesso delle opere decorative e di arredamento di una casa relative sia alla struttura muraria (impianti, tinteggiatura) che alla collocazione del mobilio e sim.: *un'ambientazione curata nei minimi dettagli* || nelle scenografie teatrali e cinematografiche, allestimento scenico per ricreare un determinato ambiente.

ambiènte [dal lat. *ambiens, -entis,* ppr. di *ambīre,* andare intorno; 1623] **sm.** **1.** il luogo e le condizioni esterne in cui si svolge la vita di un organismo animale o vegetale: *ambiente desertico, marino*; *salvaguardia dell'ambiente,* protezione della natura || *temperatura ambiente,* la temperatura normale in un luogo determinato || *per estens.* le condizioni sociali, culturali e materiali in cui vive un essere umano: *un ambiente deleterio, borghese*; *un ambiente favorevole al nascere di tensioni* **2.** insieme di persone che svolgono la stessa attività o hanno i medesimi interessi: *l'ambiente cinematografico*; *fu assai conosciuta nell'ambiente degli studi* (Moravia) **3.** locale inserito in una struttura abitativa, stanza: *un appartamento con ambienti spaziosi* || *ambiente di lavoro,* luogo in cui si svolge un'attività **4.** *T.inform. ambiente di programmazione,* insieme di linguaggi, programmi e altre risorse integrate fra loro. **Q.T.** *ecologia, genetica..., sociologia.*

ambientista [da *ambiente*; 1950] **s.** *non com.* pittore o fotografo di ambienti.

ambigènere [comp. di *ambi-* e *genere*; 1941] **agg.** *T.gram.* detto spec. di sostantivi che possono essere sia maschili che femminili (come per es. *il custode, la custode*).

ambiguità [dal lat. *ambiguitas, -ātis*; 1342] **sf.** caratteristica di prestarsi a due o più interpretazioni: *l'ambiguità dell'oracolo, di un passo dantesco* || *concr.* doppiezza, falsità: *l'ambiguità del suo comportamento mi insospettisce* || **N.** *Sin.* equivocità; anfibologia; ambivalenza, doppio senso; doppiezza, ipocrisia | *Contr.* chiarezza, univocità; franchezza.

ambìguo [dal lat. *ambiguus*; a. 1294] **agg.** **1.** non chiaro, che consente diverse interpretazioni: *una frase ambigua* **2.** che suscita perplessità, non chiaro: *un fare ambiguo* || *in part.* infido, falso; di dubbia moralità, equivoco: *frequentare locali di ambigua fama* **3.** *lett.* incerto, dubbioso || **N. 1.** *Sin.* dubbio, equivoco | *Contr.* certo, evidente, univoco **2.** *Sin.* doppio, indefinibile, sfuggente, sospetto | *Contr.* schietto, sincero.

àmbio (pl. *-bi*) [da *ambiare*; 1325 ca.] **sm.** ambiatura.

ambìre (pres. *-ìsco, -ìsci*) [dal lat. *ambīre,* andare intorno, brigare; a. 1547] **tr.** desiderare ardentemente qualcosa, bramare: *ambire un titolo* || **intr.** (aus. *avere*) aspirare a: *ha sempre ambito alla direzione* || **N.** **intr.** *Sin.* pretendere.

àmbito [dal lat. *ambitus,* l'andare intorno, circuito, orbita; inizio sec. XIV] **sm.** **1.** spazio circoscritto caratterizzato da particolari proprietà o dallo svolgimento di certe attività: *nell'ambito delle mura domestiche*; *nell'ambito delle sue funzioni*; *l'ambito ristretto delle sue conoscenze* **2.** *T.mus.* estensione tonale di una melodia o di uno strumento: *il flauto copre un ambito di tre ottave* **3.** *T.giur.* nel diritto romano, broglio, corruzione || **N. 1.** *Sin.* cerchia, giro; ambiente, campo **2.** *Sin.* registro.

ambivalènte [comp. di *ambi-* e *valere,* sul modello del ted. *ambivalent*; 1961] **agg.** che presenta ambivalenza || *fig.* che serve o può servire a due usi diversi.

ambivalènza [comp. di *ambi-* e *valenza,* sul modello del ted. *Ambivalenz*; 1935] **sf.** **1.** *T.psic.* coesistenza di due sentimenti opposti dell'animo: *in lui c'è ambivalenza di amore e odio* **2.** presenza di elementi con carattere o funzioni diverse anche se non contraddittorie: *l'ambivalenza della proposta mi attrae.*

ambizióne [dal lat. *ambitio, -ōnis*; a. 1292] **sf.** desiderio di ottenere successi e cariche: *aveva ambizioni di vittoria* || *ass.* desiderio di affermarsi, di primeggiare: *l'ambizione lo acceca* || *per estens.* l'oggetto dell'ambizione: *il denaro era la sua ambizione* || *dim.* ambizioncèlla || **N.** *Sin.* brama, mira; arrivismo, sete di gloria | eccessiva, ragionevole, sfrenata, smodata.

ambiziosàggine [da *ambizioso*; 1865] **sf.** *non com.* ambizione meschina e abituale.

ambizióso [dal lat. *ambitiōsus*; a. 1342] **agg.** **1.** dominato da ambizione e quindi spesso portato a sopravvalutarsi: *un politicante ambizioso e impreparato* **2.** che rivela intraprendenza: *un progetto ambizioso*; *sii ambizioso, non arrivista* || **ambiziosaménte** **avv.** || **N.** arrogante, presuntuoso, vanitoso | *Contr.* discreto, modesto.

ambliopìa [dal lat. tardo *amblyōpia,* gr. *amblyōpía,* forse attr. il fr. *amblyopie*; 1798] **sf.** diminuzione della acutezza visiva senza apparente diminuzione delle diottrie || **N.** *Sin.* disopia.

àmbo[1] [lat. *ambo*; 1308] **agg.** *inv.* (meno com. *pl. m. ambi, pl. f. ambe*) tutt'e due, entrambi: *ambo le mani, ambe le mani, ambo gli occhi, in ambi i casi.*

àmbo[2] [dal lat. *ambo*; a. 1735] **sm.** nel gioco del lotto, combinazione di due numeri giocati sulla stessa ruota || nel gioco della tombola, due numeri estratti sulla stessa fila di una cartella.

ambóne [dal gr. *ámbon, ámbonos,* margine rilevato di un piatto o di una coppa; a. 1602] **sm.** nelle prime chiese cristiane, tribuna, pulpito destinato alla predicazione.

ambosèssi (raro *ambosèsso*) [comp. da *ambo-* e il pl. di *sesso*; 1983] ***agg. inv.*** nel linguaggio degli annunci economici, di entrambi i sessi: *cercasi apprendisti ambosessi.*

àmbra [dall'ar. *'anbar, 'ambar*; 1300 ca.] **I** ***sf.*** **1.** sostanza resinosa fossile, trasparente o opaca, di color giallo, bruno o rossastro; fin dall'antichità è lavorata per farne collane e altri gioielli **2.** *ambra grigia*, secrezione intestinale del capodoglio impiegata per la fabbricazione di profumi || *per estens.* il profumo muschiato estratto dall'ambra grigia || ***sm.*** il colore dell'ambra **II** ***agg. inv.*** (sempre posposto) del colore dell'ambra || **N. I 1.** *Sin.* ambra gialla, elettra.

ambràre [da *ambra*; 1829] ***tr.*** *raro* profumare con l'ambra grigia.

ambràto (*pps.* di *ambrare*) [a. 1698] ***agg.*** che ha il colore giallo miele dell'ambra || odoroso di ambra: *i sorbetti, ancorché ambrati, e mille altre acque odorose son bevande da svogliati e da femmine leziose* (Redi).

ambrétta [da *ambra*; a. 1698] ***sf.*** pianta tropicale delle Malvacee che ha fiori rosei o violacei, dai cui semi odorosi si ricava un olio usato per la fabbricazione di profumi.

ambrogétta [etim. inc.; 1779] ***sf.*** mattonella di marmo di vari colori o di terracotta invetriata usata per pavimentazioni e rivestimento di pareti || **N.** mattonella, piastrella.

ambrogìno [da Sant'*Ambrogio*; 1834] ***sm.*** antica moneta milanese, con l'effige di S. Ambrogio coniata dal XIII al XIV secolo.

ambròṣia[1] [dal lat. *ambrŏsia*, gr. *ambrosía*; 1319] ***sf.*** cibo degli dei che dava a chi lo mangiava l'immortalità || *per estens.* cibo o bevanda squisita; anche *fig.*: *la mantuana ambrosia e 'l venosino miel gl'impetrò da le tiburti Muse Torquato* (Carducci) || nell'antichità, unguento per la medicazione delle ferite e per la conservazione dei cadaveri.

ambròṣia[2] [dal lat. *ambrŏsia*, gr. *ambrosía*; sec. XIV] ***sf.*** *T.bot.* genere di piante delle Composite, con foglie pennate partite e piccole infiorescenze raccolte in spighe; usata in medicina per curare lo stomaco e i disturbi nervosi.

ambroṣiàno [dal lat. tardo *ambrosiānus*; a. 1484] **I** ***agg.*** relativo a S. Ambrogio e alla riforma liturgica da lui introdotta: *rito ambrosiano* || *inno ambrosiano*, il Te Deum || *carnevale ambrosiano*, il carnevale milanese che dura sino al sabato successivo al mercoledì delle ceneri || *per estens.* milanese: *industriosità ambrosiana* **II** ***sm.*** (f. *-a*) abitante di Milano.

ambròṣio (pl. *-ṣi*) [dal gr. *ambrósios*; a. 1729] ***agg.*** *lett.* di ambrosia, che ha odore o sapore di ambrosia: *ambrosio licore* (D'Annunzio) || *fig.* soave, dolce: *la notte ambrosia* (Pascoli).

ambulacràle [da *ambulacro*; 1961] ***agg.*** *T.zool.* concernente il movimento: *apparato ambulacrale*, sistema di canalizzazioni comunicanti e ventose che permette agli Echinodermi di spostarsi.

ambulàcro [dal lat. *ambulācrum*; a. 1755] ***sm.*** **1.** *T.arch.* porticato o corridoio destinato al passeggio || *in part.* nelle chiese gotiche, corridoio posto attorno al coro, talvolta collegato a una serie di cappelle disposte a raggera **2.** *T.zool.* ciascuna delle cinque piastre calcaree da cui spargono i peduncoli con funzione deambulatoria degli Echinodermi || **N. 1.** *Sin.* deambulatorio; andito, portico, CORRIDOIO.

ambulantàto [da *ambulante*; 1942] ***sm.*** mestiere dei venditori ambulanti.

ambulànte [dal lat. *ambulans, -āntis*; 1787] **I** ***agg.*** che si sposta, girovago, privo di fissa dimora: *suonatore, venditore ambulante* || *fig. cadavere ambulante*, persona assai malridotta || *fig. ospedale ambulante*, persona piena di acciacchi || *biblioteca ambulante*, che si sposta da un luogo a un altro; *fig.* persona assai erudita **II** ***s.*** **1.** venditore ambulante che offre la propria merce per strada o nei mercati su bancarelle **2.** (solo *sm.*) *ambulante postale*, nei treni, vettura per il servizio postale.

ambulànza [dal fr. *ambulance*; 1812] ***sf.*** **1.** veicolo per il trasporto urgente dei malati e dei feriti: *chiamare l'ambulanza* **2.** *T.mil.* infermeria mobile per il pronto soccorso dei feriti **3.** *non com.* posto pubblico di cure e medicazioni, ambulatorio.

ambulàre (pres. *àmbulo*) [dal lat. *ambulāre*; a. 1470] ***intr.*** (aus. *avere*) *raro* camminare.

ambulatoriàle [da *ambulatorio*; 1970] ***agg.*** di ambulatorio: *visita ambulatoriale*, che si effettua in ambulatorio, senza che il paziente venga ricoverato.

ambulatòrio[1] (pl. *-ri*) [dal lat. tardo *ambulatōrius*; 1479] ***agg.*** **1.** relativo al camminare e alle sue funzioni: *apparato ambulatorio, muscoli ambulatori* **2.** *non com.* ambulatoriale: *visita ambulatoria* **3.** *T.giur. obbligazione ambulatoria*, quella in cui i soggetti possono mutare prima della sua estinzione.

ambulatòrio[2] (pl. *-ri*) [dal lat. *ambulatōrius*; 1886] ***sm.*** complesso di locali per esami clinici e cure a pazienti non ricoverati che può far parte della struttura ospedaliera o essere gestito da enti privati; pronto soccorso. **Q.T.** *medicina.*

-àme [dal lat. *-āme(n)*, suff. per sost. deverbali neutri di valore collettivo] ***suff.*** forma sostantivi m. denominali (*cordame*), deaggettivali (*rottame*) o, più raramente, deverbali (*cascame*); i derivati hanno sempre valore collettivo (*bestiame, fogliame, legname, pentolame, sartiame*), cui si aggiunge talvolta una connotazione spregiativa (*filosofame, ragazzame*) || **N.** *-aglia*, -ume.

amèba [dal gr. *amoibḗ*, mutazione; 1875] ***sf.*** **1.** *T.zool.* genere di protozoi unicellulari dei Sarcocidi la cui forma è mutevole a causa della continua emissione di prolungamenti irregolari o pseudopodi; prediligono gli ambienti umidi e alcune specie sono parassite dell'uomo o di altri animali **2.** *in part.* particolare specie di ameba parassita dell'intestino umano, che provoca l'amebiasi || *pop.* amebiasi.

amebèo [dal lat. tardo *amoebāeus*; 1726] ***agg.*** detto di componimento in versi di ambiente pastorale in cui i personaggi declamano i versi alternandosi: *canto amebeo* || *per estens.* vicendevole: *i letterati di consorteria e di critica e i loro amebei panegirici* (Carducci).

amebìaṣi [da *ameba*; 1929] ***sf. inv.*** *T.med.* malattia intestinale dovuta alla presenza nell'intestino dell'ameba; provoca ulcere, dissenteria ed emorragie.

amebòide [comp. di *ameba* e *-oide*; 1913] ***agg.*** relativo all'ameba || *movimenti ameboidi*, cambiamenti di forma e movimenti simili a quelli delle amebe.

amèllo [dal lat. *amellus*; a. 1320] ***sm.*** pianta erbacea delle Composite con foglie allungate e fiori a capolino gialli e rosseggianti.

àmen [lat. *āmen*, dall'ebr. *āmēn*, è vero; fine sec. XIII] **I** ***escl.*** **1.** formula conclusiva delle preghiere nella liturgia cristiana **2.** *fam.* è usata per esprimere accettazione più o meno rassegnata: *e allora amen!, è andata così e amen!* **II** ***sm.*** nella loc. *in un amen*, in un momento, in un attimo.

amendùe ***agg. num.*** *ant.* V. AMBEDUE.

amenità [dal lat. *amoenitas, -ātis*; a. 1342] ***sf.*** **1.** l'essere ameno, piacevole: *l'amenità d'un luogo* **2.** facezia: *un discorso ricco di amenità* || affermazione insensata, ridicola || **N. 1.** *Sin.* piacevolezza, vaghezza **2.** *Sin.* arguzia, sciocchezza.

amèno [dal lat. *amoenus*; 1478] ***agg.*** **1.** piacevole, ridente, gaio: *un'amena valletta, un'amena località turistica* **2.** divertente, allegro: *un'amena lettura* || bizzarro, strano: *accadde qualcosa di veramente ameno* || **amenaménte** ***avv.*** || **N. 1.** *Sin.* bello, dilettevole, giocondo, vago **2.** *Sin.* faceto, vivace; curioso.

amenorrèa [comp. di *a-*[1] e *menorrea*; 1819] ***sf.*** *T.med.* mancanza o interruzione del ciclo mestruale in epoca feconda.

amensaliṣmo [comp. di *a-* e (*com*)*mensalismo*; 1972] ***sm.*** *T.ecol.* e *T.biol.* azione dannosa di un organismo nei confronti di un altro, pur non essendovi fra di essi competizione specifica.

amentàto [da *amento*; a. 1938] ***agg.*** **1.** *lett.* fornito di amento: *e la destra scagliò l'asta amentata* (D'Annunzio) **2.** *T.bot.* detto di vegetale che presenti infiorescenze ad amento.

amènte [dal lat. *amens, -ĕntis*; 1308 ca. nel senso 2] ***agg.*** **1.** *T.med.* affetto da amenza **2.** *ant.* pazzo, privo di mente.

amènto [dal lat. *āmĕntum*, correggia da legare; a. 1597 nel senso 2] ***sm.*** **1.** correggia o laccio di cuoio legato ad arma da getto per rendere più agevole la presa e più facile il lancio **2.** *T.bot.* infiorescenza a spiga con asse lungo e pendulo, e fiori unisessuati || **N. 2.** *Sin.* gattino.

amènza [dal lat. *amentia*; 1899] ***sf.*** **1.** *T.med.* disturbo psichico caratterizzato da amnesie, allucinazioni, deliri **2.** *ant.* pazzia, demenza.

amenziàle [da *amenza*; 1935] ***agg.*** *T.med.* relativo all'amenza: *stato amenziale* || **N.** *Sin.* demenziale.

americàna [da *americano*; 1942] ***sf.*** **1.** *T.sport.* corsa ciclistica in pista a coppie, in cui i concorrenti gareggiano alternativamente per la conquista di traguardi a punti **2.** *T.teatr.* traliccio trasversale posto in prossimità del soffitto di un teatro per reggere fari, siparietti ecc.

americanàta [da *americano*; 1905] ***sf.*** *iron.* impresa ostentatamente grandiosa, eccentrica, ingenua e spesso di cattivo gusto: *la messa in scena di quell'opera era una vera americanata.*

americaniṣmo [da *americano*; 1890 nel senso 3] ***sm.*** **1.** parola o locuzione tipica di una lingua americana; solitamente dell'inglese statunitense, ma anche di uno degli spagnoli parlati in America latina || *per estens.* parola delle lingue indiane d'America entrata nell'uso comune nelle lingue europee: *tapioca è un americanismo* **2.** *non com.* uso e costume tipico dell'America, spec. degli Stati Uniti || *per estens.* imitazione di tali costumi **3.** *non com.* ammirazione per le istituzioni politiche americane: *certi nostri politici peccano di eccessivo americanismo in politica estera* || condotta politica che si ispira ai principi della costituzione degli Stati Uniti **4.** tendenza liberale e naturalistica manifestatasi verso la fine del XIX secolo tra i cattolici statunitensi.

americanista [da *americano*; 1892] ***s.*** **1.** studioso esperto di americanistica **2.** corridore ciclista che prende parte a un'americana.

americanistica [da *americano*; 1941] ***sf.*** disciplina che studia la storia, la civiltà e le culture americane || *per restr.* studio della cultura e dei problemi politici degli Stati Uniti d'America.

americaniẓẓàre [da *americano*; 1922] ***tr.*** e ***intr. pron.*** adattare e adattarsi alle idee e ai costumi americani, spec. statunitensi.

americàno [dal n. geogr. *America*; 1751] **I** ***agg.*** relativo alle Americhe: *civiltà americana* || *per anton.* degli o relativo agli Stati Uniti: *l'esercito americano fu sconfitto in Vietnam* || *all'americana*, secondo l'uso degli Stati Uniti || *cucina all'americana*, con mobili componibili || *T.sport. partenza all'americana*, nel ciclismo, partenza lanciata **II** ***sm.*** **1.** (f. *-a*) abitante delle Americhe || *per anton.* abitante degli Stati Uniti **2.** aperitivo a base di vermut, amaro, seltz e scorza di limone **3.** tipo di giornale mastro che riporta i singoli mastrini.

americio [da *America*; 1950] ***sm.*** *T.chim.* elemento chimico artificiale del gruppo degli attinidi, fortemente radioattivo, ottenuto dal plutonio.

amerindio (pl. *-di*) [dall'ingl. *Amerind(ian)*, comp. di *Amer(ican)* e *Ind(ian)*; 1955] **I** ***agg.*** degli Indiani d'America: *cultura amerindia, lingue amerindie* **II** ***sm.*** (f. *-a*) indiano d'America.

ametabolo [dal lat. tardo *ametabolus*, che non cambia; 1913] ***agg.*** e ***sm.*** *T.zool.* di insetto il cui sviluppo avviene senza metamorfosi.

ametista [dal lat. *amethystus*, gr. *améthystos*, non ubriaco; a. 1327 *ametista*] **I** ***sf.*** varietà di quarzo, di color violetto e trasparente; è la pietra dell'anello vescovile || ***sm.*** il colore dell'ametista **II** ***agg.*** *inv.* (sempre posposto) del colore dell'ametista, violaceo.

ametistino [dal lat. *amethystinus*, gr. *amethýstimos*; 1598] ***agg.*** *raro* del color dell'ametista.

ametrico (pl. *-ci*) [comp. di *a-* e un der. di *metro*] ***agg.*** *T.metr.* detto di verso privo di simmetria: *verso ametrico.*

ametropia [comp. di *a-*, *-metro* e *-opìa*; 1892] ***sf.*** *T.med.* qualsiasi difetto di rifrazione oculare || **N.** ipermetropia, miopia.

amettiera [da *amo*; 1978] ***sf.*** *T.pesc.* finale di lenza che porta più ami, ciascuno legato a un bracciolo.

amfetamina e der. V. ANFETAMINA e der.

amfibolo ***agg.*** *raro* V. ANFIBOLO.

àmia [dal gr. *amía*, specie di tonno; 1929] ***sf.*** *T.zool.* pesce dall'aspetto fusiforme diffuso nelle acque lente dell'America settentrionale.

amianto [dal lat. *amiantus*, gr. *amíantos*, incorruttibile; 1547] ***sm.*** *T.min.* minerale, silicato fibroso ricavato da serpentino o da anfiboli col quale si fabbricano tessuti e rivestimenti incombustibili || **N.** *Sin.* asbesto.

amicale [dal lat. *amicālis*; a. 1646] ***agg.*** *raro lett.* amichevole.

amicare (pres. *-ìco*, *-ìchi*) [dal lat. *amicāre*; 1506] ***tr.*** *raro* rendere amico: *amicare qualcuno* || ***rifl.*** e ***rec.*** farsi amico qualcuno: *amicarsi con, a qualcuno.*

amichevole [dal lat. tardo *amicābilis*; fine sec. XIII] ***agg.*** **1.** da amico, caratterizzato da simpatia e affetto: *accoglienza amichevole*; come tra amici: *in via amichevole*; *comporre una questione in via amichevole*, senza ricorrere all'autorità giudiziaria **2.** *T.sport.* detto di evento sportivo effettuato per allenamento o per fini esclusivi di spettacolo: *un incontro amichevole* || anche *sf.*: *un'amichevole di beneficenza* || **amichevolménte** ***avv.*** **Q.T.** *sport.*

amichevolézza [da *amichevole*; inizio sec. XIV] ***sf.*** **1.** atteggiamento amichevole **2.** *raro* dimostrazione di amicizia **3.** *pl. non com.* cure, attenzioni premurose.

amicizia [dal lat. *amicĭtia*; a. 1294] ***sf.*** **1.** sentimento affettuoso tra due persone, ispirato generalmente da stima e simpatia reciproca: *erano legati da profonda amicizia, fare, stringere amicizia con qualcuno* || *per amicizia*, disinteressatamente || *in amicizia*, in confidenza || *prov. patti chiari amicizia lunga*, è necessaria onestà e chiarezza per evitare dissapori || *amicizia interessata*, ispirata da secondi fini || *eufem. affettuosa amicizia*, relazione amorosa || *amicizie particolari*, relazioni omosessuali || *amicizia fra nazioni*, relazioni amichevoli **2.** *concr.* amico: *a Torino ha molte amicizie* | *per estens.* appoggio: *ha molte amicizie al ministero* || **N. 1.** *Sin.* affetto, confidenza, dimestichezza, familiarità, fraternità, intimità, simpatia | *Contr.* antipatia, avversione, inimicizia, odio, ostilità | cordiale, costante / incostante, profonda / superficiale, provata, salda, schietta, sincera / falsa, vecchia / nuova | coltivare / rompere, guastare un'amicizia, legarsi d'amicizia con qualcuno; amicarsi qualcuno | raffreddarsi, rompere con qualcuno.

amico (pl. *-ci*) [dal lat. *amīcus*; a. 1243] **I** ***sm.*** (f. *-a*) **1.** chi è legato da rapporti di amicizia con altra persona: *amico fraterno, amico di vecchia data* || *da amico*, amichevole: *un consiglio da amico* || *amico del cuore*, amico intimo || *essere amici per la pelle*, essere molto amici || *amico d'infanzia*, con cui si è in amicizia sin dall'infanzia || *amico di casa*, che frequenta la famiglia || *amico del giaguaro*, chi col suo comportamento appoggia involontariamente gli avversari del proprio amico || *l'amico dell'uomo*, il cane || *amici come prima*, per sottolineare la scarsa importanza di un diverbio || *fare l'amico*, fingersi tale || *prov. chi trova un amico trova un tesoro* **2.** chi è portato a sentimenti di simpatia o interesse verso qualcosa: *l'amico degli animali, amici della misura* || *per estens.* fautore **3.** *iron.* persona nota cui si fa riferimento senza nominarla: *l'amico crede che io fugga ma si sbaglia* **4.** *eufem.* amante: *farsi l'amichetto, l'amichetta*, trovare uno o una giovane amante **II** ***agg.*** **1.** favorevole, benevolo: *paese amico*; propizio: *la notte è amica dei ladri* **2.** *T.mat. numeri amici*, di due numeri ciascuno dei quali sia uguale alla somma dei divisori dell'altro || **N.** I **1.** *Sin.* compagno, compare; confidente | *Contr.* avversario, nemico, rivale | familiare, solidale **2.** *Sin.* sostenitore II **1.** *Sin.* affezionato, caro | *Contr.* avverso, contrario, ostile.

amicròbico (pl. *-ci*) [comp. da *a-*[1] e *microbico*; 1970] ***agg.*** privo di microbi e di microorganismi.

amidàceo o **amilàceo** [da *amido*; 1829] ***agg.*** che contiene amido; che ha natura di amido.

amidatóre [da *amido*; 1955] ***sm.*** (f. *-trice*) operaio tessile addetto all'amidatura.

amidatùra [da *amido*; 1929] ***sf.*** nell'industria tessile, l'impregnare i tessuti di cotone con sostanze amidacee e gommose per aumentarne la rigidità.

amide V. AMMIDE.

àmido [lat. *amylum*, gr. *ámylon*, (farina) non macinata; a. 1577] ***sm.*** idrato di carbonio, sostanza nutritiva di riserva prodotta da molti organismi vegetali e accumulata nei semi o in altre parti della pianta; trova ampio utilizzo nell'industria, spec. quella alimentare, farmaceutica, cosmetica || *salda d'amido*, la soluzione vischiosa e collante che si ottiene sciogliendo l'amido in acqua calda; serve per apprettare || **N.** appretto | inamidare.

amidollàto [comp. parasint. di *midollo*; 1988] ***agg.*** *T.anat.* caratterizzato dalla mancanza di mielina: *fibre nervose amidollate.*

amìgdala [dal lat. *amygdala*, mandorla; fine sec. XV] ***sf.*** **1.** *T.anat.* qualsiasi formazione di tessuto a forma di mandorla: *amigdala cerebrale*; *amigdala palatina* (anche *ass. amigdala*), tonsilla **2.** utensile preistorico di pietra scheggiata a forma di mandorla, utilizzato spec. come arma e come lama **3.** cavità ellissoide formatasi tra le rocce eruttive e riempita di altri minerali.

amigdaliàno [da *amigdala*; 1961] ***agg.*** e ***sm.*** (con iniziale maiuscola) *T.geol.* il periodo più antico dell'era paleolitica, così chiamato per l'enorme presenza di amigdale.

amigdalina [dal fr. *amigdaline*; 1865] ***sf.*** *T.chim.* glucoside tossico dell'acido cianidrico, contenuto nei semi di mandorle amare.

amigdalite [comp. di *amigdala* e *-ite*[1]; 1828] ***sf.*** *T.med.* infiammazione delle amigdale palatine o tonsille.

amigdalòide [dal gr. *amygdaloeidés*, simile a mandorla; 1819] **I** ***agg.*** **1.** a forma di mandorla: *freccia amigdaloide* **2.** detto di alcune rocce eruttive, ricche di amigdale **II** ***sm.*** in paleoetnologia, arma o strumento di pietra a forma di mandorla usati nel Paleolitico.

amilàceo V. AMIDACEO.

amilàsi [dal lat. *amylum*, amido; 1913] ***sf.*** enzima che consente la trasformazione dell'amido in maltosio || **N.** ptialina.

amilopsina [comp. del lat. *amylum*, amido e gr. *psíein*, disfare; 1913] ***sf.*** amilasi presente nel succo pancreatico.

amimìa [comp. di *a-*[1] e del tema del gr. *miméomai*, imitare; 1899] ***sf.*** *T.med.* incapacità di accompagnare a uno stato d'animo o a un'idea una determinata espressione del volto, dovuta a malattia del sistema nervoso.

amina V. AMMINA.

aminico V. AMMINICO.

amino- V. AMMINO-.

aminoacido V. AMMINOACIDO.

aminopirina [comp. di *amino-* e *pirina*; 1955] ***sf.*** farmaco ad azione antipiretica, antinevralgica e antianalgesica || **N.** *Sin.* piramidone.

amissìbile [dal lat. *amittere*; 1797] ***agg.*** *raro* che si può perdere: *grazia amissibile.*

amissióne [dal lat. *amissio, -ōnis*; 1306 ca.] ***sf.*** *raro* perdita.

amistà [dal provenz. *amistat*; a. 1243] ***sf.*** *poet.* amicizia: *il capro e la capretta son sempre in amistà* (Da Ponte).

amitòsi [comp. di *a-*[1] e *mitosi*; 1955] ***sf.*** *T.biol.* particolare modalità di divisione cellulare, in cui il nucleo si scinde senza regolare distribuzione dei cromosomi.

amitto o **ammitto** [dal lat. *amictus*; sec. XII *ammitto*] ***sm.*** *T.eccl.* nella liturgia cattolica, pezza quadrata di lino che copre le spalle del sacerdote e viene indossata sotto il camice nel rito romano e sopra in quello ambrosiano e maronita || **N.** paramenti; CHIESA.

amlètico (pl. *-ci*) [dal n. proprio *Amleto*; 1927] ***agg.*** **1.** proprio di Amleto, personaggio dell'omonima tragedia shakespeariana **2.** *per estens.* detto di persone e atteggiamenti, contraddittorio, irresoluto, ambiguo, misterioso || *dubbio amletico*, che tormenta e impedisce di prendere una decisione.

ammaccàbile [da *ammaccare*; 1887] ***agg.*** che può essere ammaccato.

ammaccaménto [da *ammaccare*; a. 1555] ***sm.*** **1.** atto dello schiacciare una superficie **2.** ammaccatura, ecchimosi.

ammaccàre (pres. *-àcco*, *-àcchi*) [comp. parasint. del lat. volg. **mac(c)a*, macchia; 1353] ***tr.*** produrre una deformazione superficiale meccanica su corpi duri: *ha ammaccato l'auto andando contro un pedone* || *per estens.* causare contusioni, pestare: *gli hanno ammaccato il naso* || ***intr. pron.*** subire una deformazione, schiacciarsi: *nel trasporto la frutta si è ammaccata* || **N.** acciaccare, pestare.

ammaccatùra [da *ammaccare*; 1550] ***sf.*** effetto dell'ammaccare e dell'ammaccarsi || *concr.* il punto dove la superficie d'un corpo resta ammaccata || *per estens.* contusione: *cadendo si è procurato diverse ammaccature.*

ammàcco (pl. *-chi*) [da *ammaccare*; 1955] ***sm.*** *raro* ammaccatura.

ammaestràbile [da *ammaestrare*; sec. XIV] ***agg.*** che può essere ammaestrato.

ammaestraménto [da *ammaestrare*; a. 1294] ***sm.*** **1.** atto ed anche effetto dell'ammaestrare: *l'ammaestramento delle bestie feroci* **2.** norma di comportamento, precetto || **N. 1.** addestramento, educazione, insegnamento.

ammaestràre (pres. *-èstro* e *-éstro*) [comp. parasint. di *maestro*; a. 1292] ***tr.*** istruire, educare: *ammaestrare un fanciullo sulle norme di comportamento* || *per estens.* rendere esperto: *ammaestrare all'uso del deltaplano*; anche *ass.*: *le sventure ammaestrano* || rif. ad animali, addestrare, rendere abile a compiere particolari esercizi || **N.** addestrare, addomesticare, allenare, insegnare.

ammaestrativo [da *ammaestrare*; 1588] **agg.** *non com.* che ammaestra.
ammaestràto (*pps.* di *ammaestrare*) [a. 1530] **agg.** di animali, addestrati a esercizi di abilità: *delfini ammaestrati* || *scherz.* anche di persona: *un ladro ben ammaestrato*, scaltro.
ammaestratóre [da *ammaestrare*; 1306] **sm.** (f. *-trice*) chi ammaestra, spec. animali || **N.** domatore; maestro.
ammagliàre[1] (pres. *-àglio*) [comp. parasint. di *maglia*; a. 1347] **tr.** **1.** legar balle, colli ecc. con funi incrociate in modo da formare quasi una rete **2.** cucire il bordo di un materasso **3.** unire tra loro due maglie con un ferro da calza, uncinetto ecc.
ammagliàre[2] (pres. *-àglio*) [comp. parasint. di *maglio*; 1865] **tr.** colpire con il maglio.
ammagliatóre [da *ammagliare*; 1955] **sm.** (f. *-trice*) **1.** operaio addetto ad ammagliare i carichi nei porti **2.** operaio agganciatore nell'industria siderurgica.
ammagliatùra [da *ammagliare*[1]; 1879] **sf.** atto ed effetto dell'ammagliare.
ammainabandièra [comp. da *ammaina*(*re*) e *bandiera*; 1942] **sm.** *inv.* atto ed effetto dell'ammainare la bandiera: *cerimonia dell'ammainabandiera* || *per estens.* *suonare l'ammainabandiera*, eseguire il motivo musicale che accompagna tale cerimonia.
ammainàre (pres. *-àino*; raro *-aìno*) [forse dal lat. volg. **invaginare*, inguainare; a. 1537] **tr.** *T.mar.* calare oggetti, vele, bandiere, antenne, scialuppe, balle di merce e sim., facendo scorrere le funi che li tengono sospesi || *ammainare le vele*, raccoglierle, ripiegarle; *fig.* ritirarsi da una impresa, desistere, rinunciare || *ammainare la bandiera*, calarla per riporla o in segno di resa al nemico || **N.** *Sin.* abbassare, calare | *Contr.* alzare, issare.
ammalàre (pres. *-àlo*) [da *ammalato*; sec. XIII] **intr.** (aus. *essere*) e **intr. pron.** cadere ammalato: *ammalò improvvisamente*; *a causa del freddo mi ammalai* || **tr.** *raro* provocare malattia, infettare: *una mela marcia ammala tutte le altre* || **N.** **intr. pron.** *Sin.* contrarre una malattia | *Contr.* guarire. **Q.T.** *matematica...*
ammalàto (*pps.* di *ammalare*) [a. 1294] **I agg.** infermo, affetto da malattia, malato || *dim.* ammalatìccio **II sm.** (f. *-a*) chi è affetto da malattia: *erano ammalati che venivano condotti al lazzaretto* (Manzoni).
ammalazzàre [da *ammalare*; 1947] **intr.** (aus. *essere*) e **intr. pron.** *raro* ammalarsi spesso, anche se non gravemente.
ammalazzàto (*pps.* di *ammalazzare*) [1842] **agg.** *raro* malaticcio, malato non gravemente: *visse ammalazzato tra il letto e il lettuccio.*
ammaliaménto [da *ammaliare*; sec. XIV] **sm.** atto ed effetto dell'ammaliare || **N.** *Sin.* malia, seduzione.
ammaliàre (pres. *-àlio*, *-àlii*) [comp. parasint. di *malia*; 1321] **tr.** sottomettere alla propria volontà per mezzo di malie, affatturare || *per estens.* *fig.* sedurre, affascinare: *è rimasto ammaliato dalla sua bellezza* || **N.** *Sin.* affatturare, incantare, stregare.
ammaliatóre [da *ammaliare*; sec. XIV] **agg.** e **sm.** (f. *-trice*) che o chi ammalia: *uno sguardo ammaliatore* || **N.** fascinatore, maliardo.
ammalinconìre (pres. *-ìsco*, *-ìsci*) [comp. parasint. di *malinconia*; 1865] **tr.** immalinconire, render malinconico; anche *ass.*: *i luoghi deserti ammalinconiscono* || **intr.** (aus. *essere*) e **intr. pron.** divenir malinconico.
ammaliziàre (pres. *-ìzio*) [comp. parasint. di *malizia*; 1829] **tr.** render malizioso, scaltrire || **intr. pron.** divenire malizioso.
ammalizzìre (pres. *-ìsco*, *-ìsci*) [comp. parasint. di *malizia*; 1865] **tr.** ammaliziare || **intr.** (aus. *essere*) divenir malizioso, scaltrirsi.
ammaloraménto [comp. parasint. di *malora*; 1968] **sm.** *T.tecn.* condizione di muri, ponti o strade deteriorati, ridotti in cattive condizioni.
ammaloràto [comp. parasint. di *malora*; 1968] **agg.** *T.tecn.* detto di muri, ponti o strade deteriorati, ridotti in cattive condizioni.
ammaltàre [comp. parasint. di *malta*; 1865] **tr.** **1.** impastare formando una malta **2.** *ant.* *raro* smaltare || **N.** **1.** *Sin.* impastare, maltare.
ammammolàrsi (pres. *-àmmolo*) [comp. parasint. di *mammolo*; 1865] **intr. pron.** *pop.* *tosc.* **1.** addormentarsi seduti, abbandonando la testa sul petto **2.** essere sul punto di piangere.
ammammolàto (*pps.* di *ammammolare*) [1865] **agg.** di occhio inumidito per la commozione oppure languido e socchiuso per sonno, ubriachezza, o malessere || **N.** *Sin.* imbambolato.
ammànco [comp. di *a-*[2] e *manco*; 1812] **sm.** disavanzo, mancanza di denaro dovuti a errore o a furto: *ammanco di cassa.*
ammandorlàto [comp. parasint. di *mandorla*; 1550 come sm.] **I agg.** **1.** che ha forma di mandorla **2.** *poco com.* mandorlato, che ha sapore o profumo di mandorla **II sm.** muro di mattoni disposti in modo da formare degli spazi vuoti romboidali; struttura a reticolo romboidale di ferro o legno.
ammandriàre (pres. *-àndrio*) [comp. parasint. di *mandria*; 1803] **tr.** raccogliere il bestiame in mandrie.
ammanettàre (pres. *-étto*) [comp. parasint. di *manetta*; 1669] **tr.** mettere le manette: *fu ammanettato* || *per estens.* arrestare.
ammanicàto [dal nap. *ammanecato*, comp. parasint. di *maneca*, prob. nel senso di gruppo di persone di discutibile serietà; 1963] **agg.** che è legato ad altri con rapporti di clientelismo, omertà e sim.; ammanigliato: *ammanicato con ambienti mafiosi.*
ammanieraménto [da *ammanierare*; 1726] **sm.** *raro* artificio, affettazione.
ammanieràre (pres. *-èro*) [comp. parasint. di *maniera*; a. 1729] **tr.** abbellire con affettazione, artificiosamente: *ammanierare il portamento, lo stile* || *raro* modificare.
ammanieràto (*pps.* di *ammanierare*) [1687] **agg.** lezioso, manierato.
ammanigliàre (pres. *-ìglio*) [comp. parasint. di *maniglia*; 1932] **tr.** *T.mar.* unire un pezzo di catena a un altro, oppure all'anello di sospensione di un'ancora mediante apposita maniglia a perno.
ammanigliàto (*pps.* di *ammanigliare*) [1950] **agg.** che dispone o che si serve di raccomandazioni e protezioni influenti.
ammannàre [comp. parasint. di *manna*[2]; a. 1729] **tr.** far manne o covoni di cereali.
ammannellàre (pres. *-èllo*) [comp. parasint. di *mannella*; 1920] **tr.** far mannelle o piccole matasse; ammatassare.
ammanniménto [da *ammannire*; a. 1524] **sm.** *raro* atto ed effetto dell'ammannire.
ammannìre (pres. *-ìsco*, *-ìsci*) [dal got. *manwjan*, preparare; sec. XIII-XIV] **tr.** **1.** preparare, allestire, spec. cibi; anche *iron.*: *ci ha ammannito un bel panegirico* **2.** in alcune attività artigiane, fare l'operazione preparatoria per un dato lavoro: *ammannire un muro* || **N.** **1.** *Sin.* apparecchiare.
ammannitùra [da *ammannire*; 1865] **sf.** operazione ed effetto dell'ammannire || *concr.* la materia stessa con cui si fa l'ammannitura.
ammansàre [comp. parasint. di *manso*[2]; a. 1304] **tr.** e **intr. pron.** ammansire, calmare: *si mise subito in cammino, verso il covile della fiera che voleva provarsi d'ammansare* (Manzoni).
ammansìre (pres. *-ìsco*, *-ìsci*) [comp. parasint. di *manso*[2]; a. 1600] **tr.** render mansueto, addomesticare || *fig.* placare, mitigare l'ira || **intr.** (aus. *essere*) e **intr. pron.** farsi mansueto, calmarsi: *alla vista della figlia si ammansì* || **N.** *Sin.* ammansare, calmare, rabbonire | *Contr.* aizzare, irritare.
ammantàre [comp. parasint. di *manto*[1]; a. 1306] **tr.** coprire con un manto || *per estens.* vestire || *fig.* ricoprire: *la neve ammanta la campagna di bianco* || **rifl.** *fig.* dissimulare, ostentare qualcosa che non si possiede: *ammantarsi di virtù* || **intr. pron.** coprirsi: *il cielo si ammanta di nubi.*
ammantatùra [da *ammantare*; a. 1306] **sf.** *raro* atto ed effetto dell'ammantare e dell'ammantarsi || *per estens.* *lett.* manto: *non poteva, in verità, avere una più ricca ammantatura* (D'Annunzio).
ammantellàre (pres. *-èllo*) [comp. parasint. di *mantello*; a. 1342] **tr.** coprir col mantello || *fig.* circondare, avvolgere: *Aosta di cesaree mura ammantellata* (Carducci) || *per estens.* nascondere, celare.
ammànto [da *ammantare*; 1313] **sm.** *lett.* manto, abito: *virtù non luce in disadorno ammanto* (Leopardi) || paramento proprio della dignità regale o papale || *per estens.* *fig.* la carica stessa: *il papale ammanto.*
ammàppalo o **ammàppelo** V. AMMAZZALO.
ammaràggio (pl. *-gi*) [da *ammarare*[1]; 1925] **sm.** il posarsi in acqua di idrovolanti, navicelle spaziali || **N.** *Sin.* *splashdown.* **TAV.** ***astronautica*** **p. 654** 2.22.
ammaraménto [da *ammarare*[1]; 1955] **sm.** *raro* ammaraggio.
ammaràre[1] (pres. *-àro*) [comp. parasint. di *mare*; 1918] **intr.** (aus. *avere*) discendere, posarsi sul mare, detto di idrovolanti e navicelle spaziali.
ammaràre[2] V. AMARRARE.
ammarezzàre (pres. *-ézzo*) [da *marezzare*; 1797 *amarezzare*] **tr.** *T.pitt.* dare il marezzo cioè un effetto d'onda nel colore; ombreggiare || **N.** amoerre.
ammarezzatùra [da *ammarezzare*; 1940] **sf.** marezzatura.
ammascàrsi [prob. dallo sp. *mascar*, masticare; a. 1742] **intr. pron.** *ant.* *pop.* *tosc.* accorgersi, subodorare.
ammassaménto [da *ammassare*; 1551] **sm.** **1.** atto ed effetto dell'ammassare e dell'ammassarsi; cumulo, mucchio **2.** concentramento di truppe.
ammassàre (pres. *-àsso*) [comp. parasint. di *massa*; a. 1294] **tr.** **1.** raccogliere in grande quantità e disordinatamente: *ammassare rottami* || *per estens.* mettere insieme, accumulare: *ammassare provviste per l'inverno* **2.** portare all'ammasso: *ammassare il grano* || **intr. pron.** riunirsi in massa, affollarsi: *il pubblico si ammassava davanti ai botteghini* || accumularsi: *l'oro si ammassa nei forzieri* || **N.** **tr.** **1.** *Sin.* affastellare, ammucchiare | **intr. pron.** *Sin.* accalcarsi | *Contr.* disperdersi, sfollare.
ammassatóre [da *ammassare*; a. 1606] **agg.** e **sm.** (f. *-trice*) **1.** che o chi ammassa || *spreg.* accaparratore **2.** che o chi gestisce un ammasso: *ente ammassatore* || **N.** *Sin.* accumulatore, ammucchiatore.
ammassellàre (pres. *-èllo*) [comp. parasint. di *massello*; 1865] **tr.** *raro* **1.** stipare in barili **2.** ammonticchiare: *un mucchio di case ammassellate l'una sull'altra* (Giusti).
ammassicciàre (pres. *-ìccio*) [comp. parasint. di *massiccio*; 1319] **tr.** **1.** ridurre in massa solida e compatta **2.** rif. a strada, massicciare || **intr. pron.** diventare massiccio, rassodarsi.
ammàsso [da *ammassare*; 1750] **sm.** **1.** mucchio, congerie: *un ammasso di rovine* || *fig.* *un ammasso di sciocchezze*, enorme quantità || *T.astr.* *ammasso stellare*, agglomerato di stelle con collocazione, movimento e alcune caratteristiche spettrali in comune || *T.geol.* deposito di rocce intrusive piuttosto esteso **2.** raccolta di generi alimentari in magazzini, volon-

taria o imposta dallo stato: *portare il grano all'ammasso* || *concr.* i magazzini che ospitano tali generi || *fig. portare il cervello all'ammasso*, seguire in modo acritico le idee dei più.

ammatassàre [comp. parasint. di *matassa*; sec. XVI] ***tr.*** avvolgere in matassa.

ammattàre [dal fr. *mâter*, alberare; a. 1470] ***tr.*** *T.mar. ant.* attrezzare una nave degli alberi || ***intr.*** (aus. *avere*) fare segnali di soccorso per mezzo di bandiere esposte sugli alberi || *ant.* far segni di richiamo.

ammattiménto [da *ammattire*; 1863] ***sm.*** atto ed effetto dell'ammattire || *per estens.* la causa di ciò; grattacapo, fastidio.

ammattìre (pres. *-ìsco, -ìsci*) [comp. parasint. di *matto*; fine sec. XIII] ***intr.*** (aus. *essere*) divenir matto || *fig.* scervellarsi: *è un'ora che ammattisco su questo problema* || *per estens.* perdere la calma: *è una classe che fa ammattire.*

ammattonaménto [da *ammattonare*; a. 1698] ***sm.*** atto ed effetto dell'ammattonare.

ammattonàre (pres. *-óno*) [comp. parasint. di *mattone*; a. 1348] ***tr.*** fare il pavimento di mattoni, lastricare di mattoni: *ammattonare una stanza* || **N.** acciottolare, lastricare, pavimentare, selciare | ammattonare a spiga, a spina di pesce, per coltello.

ammattonàto (*pps.* di *ammattonare*) [sec. XIV] **I** ***agg.*** pavimentato con mattoni: *stanza ammattonata* **II** ***sm.*** pavimento fatto di mattoni || **N.** **I** a giunti alternati, a scacchiera, a spina di pesce **II** *Sin.* mattonato; acciottolato, lastricato, lastrico, pavimentato, pavimento, selciato.

ammattonatùra [da *ammattonare*; 1865] ***sf.*** l'ammattonare; atto ed effetto dell'ammattonare.

ammazzacaffè [comp. di *ammazza(re)* e *caffè*; 1935] ***sm.*** *inv. fam.* bevanda alcolica da bersi dopo il caffè, spec. a conclusione di un pasto abbondante.

ammàzzalo (eufem. *ammàppalo, ammàppelo, ammàzzelo*) [da *ammazzare*; 1923] ***escl.*** *pop. rom.* più che come imprecazione è usato per esprimere un sentimento misto di stupore e di ammirazione.

ammazzaménto [da *ammazzare*; 1558] ***sm.*** uccisione, strage || *fig.* fatica estenuante.

ammazzàre [comp. parasint. di *mazza*; fine sec. XIII] ***tr.*** **1.** uccidere ricorrendo a mezzi violenti || *propr. ant.* uccidere a colpi di mazza || *T.mac.* macellare, usato anche *ass.*: *quel macellaio non si rifornisce al macello ma ammazza tutti i giovedì* || *per estens.* causare la morte: *quel malato l'ha ammazzato il medico*; *la fatica l'ha ammazzato* **2.** *iperb.* affaticare in modo eccessivo: *è un impegno che ammazza* || *per estens. fig.* mortificare, svilire: *le lezioni ripetitive ammazzano l'ingegno* || *ass.* deprimere, recare grave disturbo: *l'ozio ammazza, c'è un caldo che ammazza* **3.** *T.gioc.* nel gioco delle carte, detto di punto che supera e annulla quello dell'avversario: *l'asso ammazza il re* **4.** *ammazzare il tempo, la noia*, fare qualcosa per passare il tempo || ***intr. pron.*** morire in modo accidentale, trovare la morte: *si è ammazzato cadendo dal treno* || ***rifl.*** uccidersi || *iperb.* stancarsi in modo esagerato: *mi sono ammazzato di lavoro* || **N.** **1.** *Sin.* accoppare, UCCIDERE **2.** *Sin.* sfiancare, stancare | ***intr. pron.*** *Sin.* morire, perire | ***rifl.*** *Sin.* suicidarsi.

ammazzasètte [comp. di *ammazza(re)* e *sette*; a. 1665] ***sm.*** *inv.* bravaccio, millantatore.

ammazzàta [da *ammazzare*; 1955] ***sf.*** *fig. fam.* enorme fatica.

ammazzàto (*pps.* di *ammazzare*) [a. 1936] ***agg.*** ucciso, assassinato: *è morto ammazzato; va' a morire ammazzato!*

ammazzatóio (pl. *-ói*) [da *ammazzare*; a. 1742] ***sm.*** luogo dove si macellano le bestie, macello, mattatoio.

ammazzatóre [da *ammazzare*; a. 1527] ***sm.*** (f. *-trìce*) *non com.* chi ammazza le bestie || chi macella.

ammazzatùra [da *ammazzare*; a. 1704] ***sf.*** **1.** *raro* macellazione **2.** compenso spettante agli addetti alla macellazione.

ammàzzelo V. AMMAZZALO.

ammelmàre (pres. *-élmo*) [comp. parasint. di *melma*; a. 1620] ***intr.*** (aus. *essere*) e ***intr. pron.*** affondare nella melma, coprirsi di melma, infangarsi.

ammenàre (pres. *-éno*) [da *menare*; fine sec. XIII] ***tr.*** *raro* menare, agitare || affibbiare, detto di botte, schiaffi.

ammencìre (pres. *-ìsco, ìsci*) [comp. parasint. di *mencio*; 1841] ***tr.*** *tosc. lett.* rendere floscio, vizzo || ***intr.*** (aus. *essere*) divenir floscio, avvizzire: *la bellezza della donna ammencisce presto* (Tommaseo).

ammènda [da *ammendare*; a. 1294] ***sf.*** **1.** *T.giur.* pena pecuniaria per contravvenzioni **2.** ammissione, riparazione di un errore, di una colpa o di un danno recato ad altri **3.** *T.sport.* multa inflitta ad un atleta o ad una società sportiva in caso di mancato rispetto di un regolamento o di un ordine dell'arbitro o della giuria || **N.** **1.** *Sin.* multa, penale **2.** *Sin.* riparazione.

ammendàbile [da *ammendare*; sec. XIV] ***agg.*** *raro* emendabile.

ammendaménto [da *ammendare*; a. 1294] ***sm.*** **1.** *raro* emendamento **2.** *T.agr.* correzione della costituzione di un terreno agrario con l'aggiunta di sabbia o argilla || *concr.* il correttivo stesso.

ammendàre (pres. *-èndo*) [lat. *emendāre*; a. 1294 *amendare*] ***tr.*** **1.** *raro* correggere, emendare, risarcire **2.** *T.agr.* sottoporre un terreno a processo di ammendamento || ***rifl.*** *lett.* emendarsi, correggersi.

ammennicolàre (pres. *-ìcolo*) [dal lat. *adminiculare*, sostenere; prima metà sec. XIV *aminicolare*] ***tr.*** *non com.* sostenere un'opinione con cavilli || ***intr.*** (aus. *avere*) *pop. tosc.* gingillarsi, fantasticare.

ammennicolìo (pl. *-ìi*) [da *ammennicolare*; 1893] ***sm.*** *non com.* il continuo o frequente ammennicolare, l'usare con frequenza cavilli.

ammennìcolo [lat. *adminiculum*, sostegno; 1438] ***sm.*** **1.** sostegno, prora || *per estens.* artifizio, cavillo **2.** *com.* giunta accessoria, gingillo: *l'auto costa dieci milioni, dodici con tutti gli ammennicoli* || **N.** **2.** *Sin.* bazzecola, inezia.

ammennicolóne [da *ammennicolare*; 1865 *amminicolone*] ***sm.*** (f. *-a*) chi fa uso di ammennicoli, imbroglione; perditempo.

amméssо (*pps.* di *ammettere*) [a. 1444] **I** nella ***loc. cong.*** *ammesso che*, concesso, riconosciuto, supposto che **II** ***sm.*** (f. *-a*) chi è stato ammesso, ricevuto, accettato: *gli ammessi agli esami.*

ammestàre (pres. *-ésto*) [da *mestare*; 1865] ***tr.*** *raro* **1.** far da padrone, spadroneggiare **2.** agire disordinatamente creando confusione.

ammetàre (pres. *-éto*) [comp. parasint. di *meta*, mucchio di fieno; a. 1912] ***tr.*** *pop. tosc.* ammucchiare in covoni: *a suo tempo si sega, lega, ammeta* (Pascoli) || **N.** *Sin.* abbarcare.

ammettènza o **ammittànza** [da *ammettere*, sul modello di *impedenza*; 1965] ***sf.*** *T.elettron.* grandezza che è definita dal rapporto tra corrente e tensione; è l'inverso dell'impedenza.

amméttere (pres. *-étto* ecc., come METTERE) [dal lat. *admittere*; a. 1306] ***tr.*** **1.** introdurre, lasciar entrare: *ammettere alla presenza di qualcuno* || iscrivere, ricevere in una compagnia o associazione: *fu ammesso all'accademia, ammettere in collegio* || dichiarar abile, idoneo, capace: *fu ammesso agli esami* || accettare: *la sua domanda è ammessa* **2.** approvare, concedere, permettere: *non ammetto discussioni* || riconoscere come vero: *ammetto di aver avuto torto*; *è colpevole anche se non lo ammette* || supporre: *ammetti un po' che io abbia ragione* || **N.** **1.** accettare, ACCOGLIERE, APPROVARE **2.** *Sin.* consentire, permettere; riconoscere; immaginare, supporre.

ammezzaménto [da *ammezzare*; seconda metà sec. XIII] ***sm.*** *non com.* atto ed effetto dell'ammezzare.

ammezzàre (pres. *-èzzo*) [comp. parasint. di *mezzo*[1]; a. 1342] ***tr.*** *non com.* compiere fino a metà: *ammezzare un lavoro, un discorso* || riempire o vuotare sino a metà un recipiente contenente liquidi: *ammezzare la bottiglia* || dividere a metà, dimezzare: *ammezzare l'anguria.*

ammezzàto (*pps.* di *ammezzare*) [1875] ***sm.*** piano più basso che sta tra il piano terreno e il primo piano; mezzanino.

ammezziménto [da *ammezzire*; 1955] ***sm.*** imbrunimento della polpa di frutta già troppo matura.

ammezzìre (pres. *-ìsco, -ìsci*) [comp. parasint. di *mezzo*; 1618] ***intr.*** (aus. *essere*) e ***intr. pron.*** di frutto, diventar mezzo, marcire: *le banane ammezziscono in fretta.*

ammiccaménto [da *ammiccare*; 1892] ***sm.*** **1.** atto dell'ammiccare **2.** chiusura rapida ed istantanea di entrambe le palpebre, per proteggere gli occhi da stimoli di diversa natura.

ammiccàre (pres. *-ìcco, -ìcchi*) [etim. inc.; 1319] ***intr.*** (aus. *avere*) **1.** far cenni d'intesa perlopiù con gli occhi: *gli ammiccavo che tacesse* || *fig.* far segnali d'intesa, intendersela con qualcuno: *i sindacati ammiccano alla confindustria* **2.** in alcuni giochi di carte, fornire a cenni indicazioni al compagno || ***tr.*** *raro* indicare con gli occhi: *ammiccare l'asso.*

ammìcco (pl. *-chi*) [da *ammiccare*; 1865] ***sm.*** l'atto dell'ammiccare || **N.** *Sin.* segno, CENNO.

ammìde o **amìde** [comp. di *amm(oniaca)* e *-ide*; 1892] ***sf.*** *T.chim.* composto organico che deriva dall'ammoniaca per sostituzione di uno o più atomi di idrogeno con altrettanti radicali acidi: *ammide primaria, secondaria, terziaria*, a seconda del numero di atomi di idrogeno che vengono sostituiti || *ammide nicotinica*, vitamina PP.

ammìna o **amìna** [dal fr. *amine*; 1875 *amini* sm. pl.] ***sf.*** *T.chim.* composto organico derivato dall'ammoniaca per sostituzione di atomi di idrogeno con radicali alchilici o acrilici.

ammìnico o **amìnico** (pl. *-ci*) [comp. di *ammina* e *-ico*; 1929] ***agg.*** *T.chim.* relativo alle ammine, proprio delle ammine e dei loro derivati.

amminicolàre e der. forme lett. di AMMENNICOLARE e der. (V.).

amministràre [dal lat. *administrāre*; a. 1292] ***tr.*** **1.** reggere, governare, aver cura degli affari propri o altrui: *amministrare un'azienda, un condominio* || *amministrare la giustizia*, esercitare l'ufficio di giudice || *amministrare lo stato*, governarlo || *per estens.* regolare, dosare: *amministrare le proprie forze* **2.** porgere, somministrare: *amministrare i sacramenti* || *raro* dare: *amministrare una punizione, una medicina* || ***rifl.*** regolarsi, disciplinarsi: *è pieno di iniziative ma non sa amministrarsi.*

amministrativìsta [da *amministrativo*; 1950] ***s.*** studioso, esperto di diritto amministrativo.

amministratìvo [dal lat. *administratīvus*; 1531] ***agg.*** che concerne l'amministrazione: *elezioni amministrative, decreto amministrativo* || *diritto amministrativo*, ramo del diritto pubblico che regola i rapporti tra lo stato e gli enti locali || *anno amministrativo*, quello che s'inizia e chiude rispettivamente con l'apertura e la chiusura dei bilanci || *divisione amministrativa dello Stato*, la divisione in regioni, province, comuni || *decentramento amministrativo*, distribuzione agli enti locali di funzioni e prerogative prima riservate al governo centrale. **Q.T.** *diritto.*

amministràto (*pps.* di *amministrare*) [a. 1446] ***agg.*** **1.** che è soggetto all'amministrazione pubblica; anche *ass.*, in funzione di *sm.* (f.-*a*): *il Municipio ha molta cura degli amministrati* **2.** *T.econ. prezzo amministrato*, prezzo fissato da un ente pubblico, o da un'impresa in grado di imporsi sul mercato, per beni di prima necessità ‖ **amministrativaménte** ***avv.*** in ordine all'amministrazione, per ciò che concerne l'amministrazione.

amministratóre [dal lat. *administrātor, -ōris*; a. 1294] ***sm.*** (f. *-trìce*) chi ha la gestione degli affari pubblici e privati di una società, un ente, un'azienda e sim. ‖ *amministratore delegato*, in una società per azioni, quel componente del consiglio di amministrazione cui vengono delegati i compiti di gestione aziendale ‖ *amministratore unico*, in una società per azioni, quello cui è conferito il potere che di norma spetta al consiglio d'amministrazione ‖ *amministratore giudiziario*, incaricato dall'autorità giudiziaria della gestione temporanea di un patrimonio o di una azienda ‖ *amministratore apostolico*, temporaneo reggente di una diocesi per incarico della Santa Sede.

amministrazióne [dal lat. *admnistrātio, -ōnis*; a. 1396] ***sf.*** **1.** atto ed effetto dell'amministrare e dell'amministrarsi ‖ *amministrazione familiare*, il modo in cui viene amministrata una famiglia **2.** *in part.* attività svolta da un ente particolare, privato o statale per il raggiungimento del fine aziendale o per l'interesse pubblico: *l'amministrazione della società, della regione* ‖ *atti di ordinaria, straordinaria amministrazione*, fatti relativi alla gestione ordinaria o straordinaria di un'azienda o della pubblica amministrazione ‖ *per estens. fig. cose, questioni di ordinaria amministrazione*, cose di poca importanza ‖ *amministrazione controllata*, quella ordinata dal potere giudiziario per controllare temporaneamente un'azienda di cui si teme l'insolvenza ‖ *amministrazione fiduciaria internazionale*, sistema di governo predisposto dalla carta delle Nazioni Unite nel 1945, in cui l'amministrazione di un territorio reputato non in grado di reggersi da solo veniva affidata a un particolare stato **3.** l'esercizio del potere, spec. quando è caratterizzato da una linea di condotta riconoscibile e attribuibile a una singola persona: *durante l'amministrazione Reagan l'assistenza ai bisognosi è stata scarsissima* **4.** il complesso degli organi e dei funzionari che svolgono lavoro amministrativo: *amministrazione regionale delle FF.SS*; *pubblica amministrazione* ‖ *consiglio d'amministrazione*, in una società privata, l'insieme degli amministratori ‖ *per meton.* la sede materiale in cui viene svolto il lavoro amministrativo: *l'amministrazione è al sesto piano* ‖ **N. 1.**, **4.** direzione, governo **2.** gestione centrale, privata, pubblica | dirigenti, funzionari | burocrati. **Q.T.** *commercio...*

ammìno- o **amìno-** [da *ammina*] ***primo elem.*** che, in parole composte della terminologia chimica, indica la presenza in un composto di un radicale monovalente —NH_2, derivabile dall'ammoniaca per eliminazione di un atomo di idrogeno: **amminoàlcol**, **amminobenzène**, **amminoplàsto**.

amminoàcido o **aminoàcido** [comp. di *ammino-* e *acido*; 1913] ***sm.*** *T.chim.* composto organico delle proteine contenente gruppi amminici e carbossilici.

amminutàre (pres. *-ùto*) [comp. parasint. di *minuto*; prima metà sec. XIV] ***tr.*** **1.** *ant.* sminuzzare, tritare, far minuzzoli **2.** *T.agr.* rompere le zolle di un terreno arato per disporlo alla semina.

ammiràglia (pl. *-glie*) [da *ammiraglio*; 1664] ***sf.*** **1.** nave della flotta che batte le insegne dell'ammiraglio ‖ *per restr.* la nave più importante di una flotta turistica o mercantile **2.** *T.sport. cicl.* la macchina del direttore tecnico di una squadra.

ammiragliàto [da *ammiraglio*; 1629 nel senso 2] ***sm.*** **1.** la carica di ammiraglio **2.** lo stato maggiore della marina militare di una nazione ‖ *concr.* la sede di tale istituzione.

ammiràglio (pl. *-gli*) [dall'ar. *amīr*; a. 1294] ***sm.*** **1.** il titolo generico che, nello stato maggiore generale della marina militare, corrisponde a quello di generale nell'esercito; comprende i seguenti gradi: contrammiraglio, ammiraglio di divisione, ammiraglio di squadra, ammiraglio d'armata, ammiraglio, grande ammiraglio **2.** *T.stor.* capo supremo delle forze navali di uno Stato e talvolta amministratore pubblico di grado elevato: *fu grande ammiraglio alla corte aragonese.* **Q.T.** *nautica...*

ammiràndo (*gerundivo* di *ammirare*) [1340] ***agg.*** *lett. disus.* degno di ammirazione: *bellezze ammirande.*

ammiràre (pres. *-ìro*) [dal lat. *admīrāri*; fine sec. XIII] ***tr.*** **1.** guardare con attenzione e interesse uno spettacolo o un oggetto che per le sue qualità attragga la nostra ammirazione: *ammirare il panorama* **2.** esprimere la propria stima e approvazione: *ammiro la tua pazienza*; anche *iron.*: *ammiro la tua sfacciataggine* ‖ ***intr.*** (aus. *essere*) *raro* meravigliarsi, stupirsi: *ammira com'io trascenda questi corpi levi* (Dante) ‖ **N. 1.** *Sin.* contemplare, mirare **2.** *Sin.* lodare, stimare.

ammiratìvo [dal lat. tardo *admiratīvus*; fine sec. XIV] ***agg.*** che mostra ammirazione o meraviglia: *uno sguardo ammirativo* ‖ *poco com. punto ammirativo*, punto esclamativo ‖ **ammirativaménte** ***avv.***

ammiràto (*pps.* di *ammirare*) [a. 1476] ***agg.*** meravigliato, stupito ‖ compiaciuto: *rimanere ammirato.*

ammiratóre [dal lat. *admirātor, -ōris*; sec. XIV] ***sm.*** (f. *-trìce*) chi ammira ‖ *in part.* fan di un cantante, di un'attrice, di una personalità di successo ‖ *per estens.* corteggiatore: *a diciotto anni aveva già molti ammiratori.*

ammirazióne [dal lat. *admirātio, -ōnis*; 1306] ***sf.*** **1.** atto dell'ammirare: *stava in estatica ammirazione della Gioconda* **2.** sentimento che si prova verso persone o cose belle, eccellenti, straordinarie: *provare ammirazione per il coraggio, per i vincitori* **3.** *concr. raro* persona o oggetto ammirato: *quel bambino è l'ammirazione di tutti* **4.** *ant.* meraviglia ‖ **N. 1.** *Sin.* contemplazione **2.** *Sin.* considerazione, rispetto, stima | *Contr.* disprezzo.

ammirévole [lat. *admirabilis*; 1879] ***agg.*** che desta ammirazione; degno di ammirazione: *un comportamento ammirevole* ‖ **N.** ammirabile, meraviglioso, mirabile | *Contr.* biasimevole, orribile.

ammiṣerire (pres. *-ìsco, -ìsci*) [comp. parasint. di *misero*; 1801] ***tr.*** immiserire, rendere misero.

ammissìbile [da *ammettere*; 1588] ***agg.*** che si può ammettere, che può essere accettato, preso in considerazione: *un'ipotesi, un ricorso ammissibile* ‖ **N.** *Sin.* concepibile, plausibile, possibile | *Contr.* inammissibile, inconcepibile.

ammissibilità [da *ammissibile*; 1865] ***sf.*** l'essere ammissibile, possibilità di essere ammesso: *l'ammissibilità di un ricorso*; *l'ammissibilità agli esami.*

ammissióne [dal lat. *admissio, -ōnis*; 1635] ***sf.*** **1.** atto ed effetto dell'ammettere: *l'ammissione a una gara* ‖ *tassa d'ammissione*, quel tanto che si paga per essere ammesso a un determinato grado di studi ‖ *prova, esame d'ammissione*, quelli che occorre superare per essere ammesso a una scuola, a un impiego e sim. **2.** riconoscimento: *per comune ammissione è il migliore* **3.** *T.mecc.* immissione del fluido motore in una macchina termica: *valvola d'ammissione* ‖ **N. 1.** *Sin.* accettazione | *Contr.* esclusione, espulsione **2.** *Sin.* approvazione | *Contr.* rifiuto.

ammittànza V. AMMETTENZA.

ammìtto V. AMITTO.

àmmo- [dal gr. *ámmos*, sabbia] ***primo elem.*** che, in parole composte della terminologia botanica e di quella zoologica, vale "sabbia" (per es. *ammofila, ammotrago*).

ammobiliaménto [da *ammobiliare*; 1855] ***sm.*** *non com.* atto ed effetto dell'ammobiliare ‖ *per estens.* il complesso dei mobili di una casa.

ammobiliàre (pres. *-ìlio*) [comp. parasint. di *mobilia*; 1753] ***tr.*** arredare con mobili (una stanza, una casa ecc.).

ammobiliàto (*pps.* di *ammobiliare*) [a. 1879] ***agg.*** fornito di mobili, arredato: *si affittano camere ammobiliate.*

ammodernaménto [da *ammodernare*; 1865] ***sm.*** atto ed effetto dell'ammodernare.

ammodernàre (pres. *-èrno*) [comp. parasint. di *moderno*; 1576] ***tr.*** conferire un aspetto moderno, rinnovare, rimodernare: *ammodernare un abito, una casa.*

ammodernatùra [da *ammodernare*; 1865] ***sf.*** atto ed effetto dell'ammodernare.

ammòdite o **ammodìte** [dal lat. *ammodytes, -is*; 1367 ca.] **I** ***sm.*** *T.zool.* varietà di vipera caratterizzata da una protuberanza conica sull'apice del muso **II** ***sf.*** *T.zool.* piccolo pesce osseo dal corpo molto allungato, di color azzurro-verdastro, molto agile nello sprofondarsi nella sabbia.

ammòdo o **a mòdo** [comp. di a^2 e *modo*; 1841] ***avv.*** **1.** con garbo, per bene, con precauzione, con cura: *far le cose ammodo*; com. anche il dim. *ammodìno* **2.** di persona, prudente, savia, per bene: *è proprio una signora ammodo.*

ammòfila [comp. di *ammo-* e *-filo*; 1819] ***sf.*** **1.** *T.zool.* genere di insetti degli Imenotteri dalla forma slanciata, con lungo peduncolo tra torace e addome, così chiamati perché prediligono luoghi sabbiosi **2.** *T.bot.* genere di piante erbacee delle Graminacee dai lunghi rizomi striscianti, fiori cespugliosi e fiori in pannocchie.

ammòfilo [comp. di *ammo-* e *-filo*; 1955] ***agg.*** di organismo animale o vegetale, che vive nella sabbia: *flora, fauna ammofila.*

ammogliàre (pres. *-óglio*) [comp. parasint. di *moglie*; 1313] ***tr.*** dar moglie ‖ ***rifl.*** prender moglie ‖ **N.** *Sin.* maritare, sposare.

ammogliàto (*pps.* di *ammogliare*) [a. 1400] ***agg.*** e ***sm.*** che, chi ha moglie: *una partita fra scapoli e ammogliati.*

ammoinàre (pres. *-ìno*) [comp. parasint. di *moina*; a. 1705] ***tr.*** far moine, allettare con moine.

ammollaménto [da *ammollare*[1]; sec. XIV] ***sm.*** atto ed effetto dell'ammollare o dell'ammollarsi, inzuppamento.

ammollàre[1] (pres. *-òllo*) [comp. parasint. di *molle*; a. 1294] ***tr.*** render molle, bagnare con acqua o altro liquido: *ammollare le lenticchie* ‖ *ammollare il bucato*, metterlo a molle ‖ ***intr. pron.*** bagnarsi.

ammollàre[2] (pres. *-òllo*) [da *mollare*; 1750] ***tr.*** mollare, allentare: *ammollare un cavo* ‖ *fig.* affibbiare, appioppare, appiccicare: *il sarto m'ha ammollato un vestito tutto cotone* ‖ rif. a percosse, colpi e sim., vibrarli: *gli ammollò due schiaffi.*

ammolliènte (*ppr.* di *ammollire*) [a. 1698] ***agg.*** e ***sm.*** *raro* emolliente.

ammolliménto [da *ammollire*; a. 1604] ***sm.*** atto ed effetto dell'ammollire o dell'ammollirsi.

ammollìre (pres. *-ìsco, -ìsci*) [lat. tardo *admollīre*; 1336] ***tr.*** render molle, ammorbidire ‖ *fig.* lenire, mitigare ‖ *fig.* infiacchire: *le troppe comodità lo hanno ammollito* ‖ ***intr. pron.*** diventar molle || *fig.* intenerirsi || *fig.* rilassarsi, svigorirsi, effeminarsi: *l'esercito s'ammollì nell'ozio* || **N.** rammollire.

ammòllo [da *ammollare*[1]; 1970] ***sm.*** immersione prolungata, spec. della biancheria, nel liquido detergente per facilitare il lavaggio.

ammonìaca [dal fr. *ammoniaque*; 1795] ***sf.*** *T.chim.* gas incolore, di odore acuto, irritante, tossico, composto di azoto e d'idrogeno; si ottiene con vari processi: come sottoprodotto dalle acque di lavaggio del gas illuminante, per sintesi, per elettrolisi ecc.; ha importanti applicazioni nell'industria chimica, del freddo, dei fertilizzanti || *per estens.* soluzione acquosa dell'ammoniaca che si trova comunemente in commercio e agisce come una base.

ammoniacàle [dal fr. *ammoniacal*; 1795] ***agg.*** di ammoniaca, relativo all'ammoniaca || *per estens.* composto di ammoniaca: *acqua ammoniacale.*

ammoniacàto [da *ammoniaca*; sec. XIV] **I** ***agg.*** che contiene ammoniaca, che ne è composto **II** ***sm.*** nome generico di composti contenenti ammoniaca.

ammonìaco (pl. *-ci*) [dal lat. *ammoniacum* (*sāl*), gr. *ammōniakón*; a. 1564] ***agg.*** **1.** di ammoniaca **2.** di ammonio: *sale ammoniaco*, cloruro di ammonio.

ammònico (pl. *-ci*) [da *ammonio*; 1970] ***agg.*** *T.chim.* relativo ai composti dell'ammonio: *nitrato ammonico.*

ammoniménto [da *ammonire*; fine sec. XIII] ***sm.*** atto ed effetto dell'ammonire || rimprovero, ammonizione || avvertimento.

ammònio [da *ammoniaca*; 1829] ***sm.*** *T.chim.* ione basico che si forma in soluzione acquosa di ammoniaca: *cloruro di ammonio, solfato di ammonio.*

ammonìre (pres. *-ìsco, -ìsci*) [dal lat. *admonēre*; a. 1303 nel senso 2] ***tr.*** **1.** mettere in guardia, avvisare di pericoli morali e materiali: *li avevo ammoniti a non andare nel bosco; ti ammonisco a non ascoltarlo* || *per estens.* detto di cose, essere di ammaestramento: *i nostri sbagli vi ammoniscono a essere saggi* **2.** rimproverare, richiamare all'ordine: *era già stato ammonito per il suo modo di fare* **3.** *T.giur.* infliggere un'ammonizione da parte di un'autorità giudiziaria || *T.sport.* infliggere l'ammonizione: *l'arbitro ammonì i giocatori* **4.** *T.stor.* nella Repubblica Fiorentina, togliere il diritto di esercitare i pubblici uffizi || **N. 1.** *Sin.* avvertire, avvisare, consigliare **2.** *Sin.* riprendere, sgridare.

Ammonìti (sing. *-e*) [dal n. proprio *Ammone*, divinità dalle corna a spirale, per la forma a spirale della conchiglia; 1819] ***sf. pl.*** *T.zool.* sottoclasse di Molluschi Cefalopodi fossili diffusi nel Mesozoico, caratterizzati da conchiglia a spirale divisa in varie camere.

ammonitìvo [da *ammonire*; 1920] ***agg.*** che contiene un'ammonizione, diretto ad ammonire: *esortazione ammonitiva.*

ammonìto (*pps.* di *ammonire*) [a. 1294] ***sm.*** (f. *-a*) *T.giur.* chi ha ricevuto un'ammonizione.

ammonitóre [dal lat. *admonitor, -ōris*; sec. XIII-XIV] ***agg.*** e ***sm.*** (f. *-trìce*) che o chi ammonisce: *romba il cannone nel silenzio fiero di minuto in minuto ammonitore* (Carducci).

ammonitòrio (pl. *-ri*) [dal lat. tardo *admonitorius*; a. 1566] ***agg.*** *raro* diretto ad ammonire, che serve di ammonizione.

ammonizióne [dal lat. *admonitio, -ōnis*; a. 1347] ***sf.*** **1.** avvertimento, esortazione: *che i tuoi errori ti servano da ammonizione* **2.** rimprovero: *ha ricevuto una severa ammonizione* **3.** *T.giur.* monito che il magistrato fa ai testi perché dicano la verità || sanzione disciplinare inflitta a un lavoratore dipendente per mancanze non gravi || *T.sport.* richiamo dell'arbitro ad un giocatore scorretto **4.** *disus.* provvedimento di pubblica sicurezza in vigore fino al 1956, e ora sostituito con la sorveglianza speciale, che imponeva ai malviventi l'osservanza di particolari norme || **N. 1.** *Sin.* avviso **3.** *Sin.* monito.

ammonizzazióne [da *ammonio*; 1929] ***sf.*** *T.biol.* e *T.chim.* processo di trasformazione, a opera di microrganismi, delle sostanze organiche del terreno in azoto ammoniacale, nuovamente utilizzabile dalle piante.

ammontàre (pres. *-ónto*) [comp. parasint. di *monte*; 1427] **I** ***intr.*** (aus. *essere*) raggiungere una certa cifra totale: *il montepremi ammonta a cento milioni* || ***tr.*** ammassare confusamente oggetti uno sull'altro: *ammontare casse, patate* || ***rifl.*** *raro* accalcarsi **II** ***sm.*** somma totale: *l'ammontare della spesa.*

ammonticchiàre (pres. *-ìcchio*) [da *ammontare*; sec. XIV] ***tr.*** ammucchiare disordinatamente: *ammonticchiare i panni sporchi* || ***rifl.*** *raro* pigiarsi, ammassarsi.

ammorbaménto [da *ammorbare*; 1745] ***sm.*** l'atto e l'effetto dell'ammorbare e dell'ammorbarsi.

ammorbàre (pres. *-òrbo*) [comp. parasint. di *morbo*; a. 1374] ***tr.*** **1.** infettare, rendere malsano, contagiare: *la pestilenza ammorba tutta la regione; fasce marciose, strame ammorbato* (Manzoni) **2.** *per estens.* appestare, rendere l'aria irrespirabile: *lo smog ammorba la città* || *fig.* corrompere: *il vizio ammorba lo spirito* || ***intr.*** (aus. *essere*) *ant.* ammalarsi || **N.** ***tr.*** **1.** *Contr.* purificare.

ammorbatóre [da *ammorbare*; 1845] ***agg.*** (f. *-trìce*) che ammorba, inquinatore, corruttore: *fumo ammorbatore.*

ammorbidaménto [da *ammorbidare*; 1865] ***sm.*** *raro* atto ed anche effetto dell'ammorbidare.

ammorbidàre (pres. *-òrbido*) [comp. parasint. di *morbido*; sec. XIV] ***tr.*** *non com.* ammorbidire.

ammorbidènte (*ppr.* di *ammorbidire*) [1955] ***agg.*** e ***sm.*** **1.** *T.tess.* sostanza facente parte dell'appretto o della bozzima, che serve a rendere più morbido o più soffice un tessuto **2.** prodotto di uso domestico che si utilizza durante il risciacquo della biancheria per renderla più soffice.

ammorbidiménto [da *ammorbidire*; 1865] ***sm.*** atto ed effetto dell'ammorbidire e dell'ammorbidirsi.

ammorbidìre (pres. *-ìsco, -ìsci*) [comp. parasint. di *morbido*; 1353] ***tr.*** render morbido, malleabile: *ammorbidire la cera alla fiamma* || nel disegno, sfumare: *ammorbidire i colori, le linee* || *fig.* addolcire: *ammorbidire il carattere* || ***intr.*** (aus. *essere*) e ***intr. pron.*** diventare più morbido, malleabile: *col caldo la cera ammorbidisce, s'ammorbidisce*; anche *fig.*: *con gli anni gli si è ammorbidito il carattere.*

ammorsàre[1] (pres. *-òrso*) [comp. parasint. di *morsa*; 1927] ***tr.*** **1.** stringere con una morsa per eseguire una lavorazione **2.** *T.mur.* immorsare.

ammorsàre[2] (pres. *-òrso*) [lat. volg. **admorsāre*; a. 1380] ***tr.*** *ant.* mordere, addentare.

ammorsatùra [da *ammorsare*[1]; 1950] ***sf.*** *T.arch.* serie di pietre o mattoni che sporgono in fuori dai lati di un muro, per potervi collegare un nuovo muro || **N.** *Sin.* addentellato.

ammorsellàto [da *morsello*; 1325 ca.] ***sm.*** *raro* manicaretto di carne tritata e uova.

ammortaménto [da *ammortare*; sec. XIV] ***sm.*** **1.** rimborso rateale di un capitale ottenuto in prestito **2.** *ammortamento nei bilanci*, periodica riduzione di una quota nel valore di beni e oggetti la cui valutazione è destinata a calare nel corso del tempo **3.** *ant.* attenuazione.

ammortàre (pres. *-òrto*) [comp. parasint. di *morto*; a. 1294 nel senso 1; 1926 nel senso 2] ***tr.*** **1.** *ant.* smorzare, spegnere; anche *fig.*: *rio, che sovra sé tutte fiammelle ammorta* (Dante) **2.** estinguere gradatamente un debito o un mutuo: *ammortare le spese d'acquisto*, ripartirle in quote periodiche per un lasso di tempo determinato.

ammortiménto [da *ammortire*; a. 1257] ***sm.*** *raro* intorpidimento dei sensi.

ammortìre (pres. *-ìsco, -ìsci*) [lat. volg. **admortire*; 1310 *amortire*] ***tr.*** smorzare, svigorire: *questo freddo mi ha ammortito* || *per estens.* smorzare, toglier efficacia: *il colpo è stato ammortito dal cappello* || ***intr. pron.*** *raro* svenire.

ammortizzàbile [da *ammortizzare*; a. 1869] ***agg.*** detto spec. di un debito o di una spesa, che si può ammortizzare.

ammortizzaménto [da *ammortizzare*; 1886] ***sm.*** atto ed effetto dell'ammortizzare.

ammortizzàre [da *ammortare*; 1845] ***tr.*** **1.** ammortare nel senso 2 **2.** attutire, attenuare, assorbire urti e vibrazioni.

ammortizzatóre [da *ammortizzare*; 1919] ***sm.*** *T.mecc.* dispositivo per lo smorzamento di urti, vibrazioni e oscillazioni di un veicolo in moto o anche di una macchina immobile soggetta a vibrazioni: *ammortizzatore pneumatico, a gas.* **Q.T.** *motocicletta* **TAV.** ***automobile*** **p. 658** 3.54; ***ferrovie...*** **p. 669** 7.4.

ammortizzazióne [da *ammortizzare*; a. 1831] ***sf.*** *T.econ.* ammortamento: *ammortizzazione di un debito.*

ammorzaménto [da *ammorzare*; 1579] ***sm.*** *raro* atto ed effetto dell'ammorzare.

ammorzàre (pres. *-òrzo*) [lat. volg. **admortiāre*; fine sec. XIII] ***tr.*** *raro* diminuire il vigore, la luce, il calore; smorzare, spegnere; anche *fig.*: *ammorzar l'ira* || *ammorzare la voce*, abbassarla || ***intr. pron.*** *lett. raro* attutirsi, smorzarsi.

ammosciàre (pres. *-óscio*) [comp. parasint. di *moscio*; 1768] ***tr.*** rendere moscio, flaccido: *il calore ha ammosciato le foglie* || ***intr.*** (aus. *essere*) e ***intr. pron.*** diventare moscio, floscio: *gli si è ammosciato il cappello con la pioggia* || *fig.* diventar triste, languido: *non ammosciarti così.*

ammoscìre (pres. *-ìsco, -ìsci*) [comp. parasint. di *moscio*; 1614] ***intr.*** (aus. *essere*) ammosciare.

ammostaménto [da *ammostare*; 1955] ***sm.*** preparazione del mosto per la fermentazione.

ammostàre (pres. *-ósto*) [comp. parasint. di *mosto*; a. 1597] ***tr.*** pigiar l'uva o altri frutti succosi per ridurli a mosto || ***intr.*** (aus. *essere*) divenir mosto: *quest'anno l'uva ammosta bene.*

ammostatóio (pl. *-ói*) [da *ammostare*; 1789] ***sm.*** strumento di legno per ammostare e smuovere le vinacce.

ammostatóre [da *ammostare*; 1789] ***agg.*** e ***sm.*** (f. *-trìce*) *raro* che o chi ammosta.

ammostatùra [da *ammostare*; 1789] ***sf.*** l'operazione dell'ammostare.

ammòtrago (pl. *-ghi*) [comp. di *ammo-* e gr. *trágos*, capro; 1955] ***sm.*** pecora selvatica dell'Africa settentrionale, caratterizzata da folta criniera sotto il collo e sul petto || **N.** *Sin.* pecora crinita.

ammottaménto [da *ammottare*; a. 1730] ***sm.*** smottamento.

ammottàre (pres. *-òtto*) [comp. parasint. di *motta*; 1681] ***intr.*** (aus. *essere*) *ant.* smottare.

ammucchiaménto [da *ammucchiare*; 1777] ***sm.*** atto ed effetto dell'ammucchiare e dell'ammucchiarsi.

ammucchiàre (pres. *-ùcchio*) [comp. parasint. di *mucchio*; sec. XIV] ***tr.*** raccogliere in mucchio, alla rinfusa: *ammucchiare scatoloni, rifiuti* || *per estens.* accumulare: *ammucchiare ricchezze* || ***intr. pron.*** stiparsi, accalcarsi: *la folla degli ammiratori si ammucchiava davanti ai camerini* || **N.** ***tr.*** *Sin.* affastellare, ammassare | *Contr.* spargere | ***intr. pron.*** *Sin.* affollarsi, far ressa.

ammucchiàta (*pps. f.* di *ammucchiare*)

[1972] **sf.** **1.** attività erotica alla quale partecipano, con molteplici rapporti sessuali, numerose persone, di sesso diverso o dello stesso sesso **2.** *per estens.* unione confusa ed eterogenea di gruppi e movimenti diversi: *un'ammucchiata elettorale.*

ammucchiatóre [da *ammucchiare*; 1988] **I** **sm.** (f. *-trìce*) chi ammucchia, ammassa **II** **agg.** che ammucchia ‖ **N.** *Sin.* accumulatore, ammassatore.

ammucidìre (pres. *-ìsco, -ìsci*) [comp. parasint. di *mucido*; a. 1597] **intr.** (aus. *essere*) divenir mucido, ammuffire.

ammuffàre (pres. *-ùffo*) [comp. parasint. di *muffa*; 1811] **intr.** (aus. *essere*) e **intr. pron.** *raro* ammuffire, esser attaccato dalla muffa.

ammuffiménto [da *ammuffire*; 1970] **sm.** processo di formazione di muffe sugli alimenti, con conseguente loro alterazione.

ammuffìre (pres. *-ìsco, -ìsci*) [comp. parasint. di *muffa*; a. 1836] **intr.** (*aus. essere*) fare la muffa, coprirsi di muffa ‖ *fig.* restare inattivo: *sono settimane che ammuffisco in casa* ‖ *tenere qualcosa ad ammuffire,* lasciarla inutilizzata.

ammuffìto (*pps.* di *ammuffire*) [sec. XV] **agg.** che ha preso la muffa ‖ *fig.* vecchio, retrivo, sorpassato, superato.

ammulinàre (pres. *-ìno*) [comp. parasint. di *mulino*; 1481] **intr.** (aus. *essere*) di acqua, polvere, nevischio, far mulinello, girare vorticosamente per il vento; anche del grano quando si batte e si ventila ‖ **tr.** spingere in un giro vorticoso: *il vento ammulina la polvere.*

ammuṣàre (pres. *-ùṣo*) [comp. parasint. di *muso*; 1319] **intr.** (aus. *avere*) stare muso a muso: *a l'ombra stan ammusando i cavalli* (Carducci) ‖ **tr.** *raro* urtare o accarezzare col muso: *mio padre palpeggiò la sua cavalla che l'ammusò con cenno familiare* (Pascoli) ‖ **intr. pron.** *tosc.* imbronciarsi.

ammuṣìre (pres. *-ìsco, -ìsci*) [comp. parasint. di *muso*; 1865] **intr.** (aus. *essere*) e **intr. pron.** *non com.* fare il muso, imbronciarsi.

ammuṣonìto [comp. parasint. di *muso*; 1945] **agg.** *raro* immusonito, imbronciato.

ammutàre (pres. *-ùto*) [comp. parasint. di *muto*; 1319] **intr.** (aus. *essere*) *raro* ammutolire, diventar muto ‖ **tr.** *raro* zittire.

ammutinaménto [da *ammutinare*; a. 1527] **sm.** disobbedienza collettiva agli ordini superiori da parte di militari, carcerati, marinai ‖ *per estens.* il reato compiuto con tale atto e per il quale i diversi codici disciplinari prevedono sanzioni diverse ‖ **N.** *Sin.* sedizione, sollevazione, RIBELLIONE, RIVOLTA.

ammutinàre (pres. *-ùtino*) [dallo sp. *amotinar*; a. 1540] **tr.** *raro* indurre alla sollevazione, alla ribellione: *il secondo ufficiale ammutinò l'equipaggio* ‖ **intr. pron.** sollevarsi, detto propr. di soldati, marinai, carcerati e sim.; *per estens.* anche dei cittadini.

ammutinàto (*pps.* di *ammutinare*) [a. 1540] **agg.** e **sm.** (f. *-a*) che o chi attua o partecipa a un ammutinamento.

ammutìre (pres. *-ìsco, -ìsci*) [comp. parasint. di *muto*; sec. XIV] **intr.** (aus. *essere*) *raro* ammutolire ‖ **tr.** *raro* far tacere.

ammutolìre (pres. *-ìsco, -ìsci*) [comp. parasint. di *mutolo*; a. 1306] **intr.** (aus. *essere*) divenir muto, perder la parola ‖ *fig.* tacere improvvisamente per stupore, timore ecc.: *a quella vista ammutolì* ‖ **tr.** render muto, far tacere ‖ **N.** *Sin.* **intr.** ammutire, non fiatare, tacere, zittirsi.

amneṣìa [dal fr. *amnesie*; 1819] **sf.** *T.med.* perdita parziale o totale della memoria ‖ *com.* dimenticanza, incapacità momentanea di ricordare. **Q.T.** *psicologia.*

àmnio o **àmnios** [dal gr. *amníon,* vaso per raccogliere il sangue della vittime; 1683] **sm.** *inv. T.anat.* involucro membranaceo trasparente ripieno di liquido in cui è sospeso l'embrione dei vertebrati superiori.

amniocènteṣi o **amniocentèṣi** [comp. di *amnio* e del gr. *kéntēsis,* puntura; 1975] **sf.** *T.med.* in ginecologia, estrazione, per mezzo di una puntura del sacco amniotico, di un campione di liquido amniotico, per accertamenti clinici.

àmnios V. AMNIO.

Amniòti [da *amnio*; 1955] **sm.** *pl.* *T.zool.* gruppo di vertebrati, che comprende le classi dei mammiferi, rettili, uccelli, il cui embrione si sviluppa nell'amnio.

amniòtico (pl. *-ci*) [da *amnio*; 1819] **agg.** *T.anat.* relativo all'amnio: *membrana amniotica* ‖ *liquido amniotico,* liquido secreto nel corso della gravidanza dalla membrana amniotica e contenuto in essa.

amnistìa [dal gr. *amnēstía*; a. 1292 *amnestia*] **sf.** atto di clemenza generale che determina l'estinzione del reato: *concedere, decretare, applicare l'amnistia a un imputato, a un reato, per un reato*; *amnistia propria,* applicata quando il procedimento penale è ancora in corso; *amnistia impropria,* applicata dopo una sentenza definitiva di condanna, non estingue gli effetti penali di questa (di cui si tiene conto in caso di recidiva) ‖ *per estens.* perdono ‖ **N.** indulto.

amnistiàre (pres. *-ìo, -ìi*) [da *amnistia*; 1848] **tr.** concedere l'amnistia.

amnistiàto (*pps.* di *amnistiare*) [1829] **sm.** (f. *-a*) chi ha goduto dell'amnistia.

àmo [lat. *hāmus*; a. 1306] **sm.** piccolo strumento d'acciaio ricurvo, uncinato, fissato alla canna con la lenza; vi si assicura un'esca che serve per la cattura del pesce: *gettare l'amo* ‖ *per estens.* punta uncinata dell'ancora ‖ *fig.* lusinga, inganno: *abboccare all'amo,* cadere in un tranello; *gettare l'amo,* predisporre una trappola; *prendere all'amo,* ingannare ‖ **N.** braccio, gambo, punta | canna, esca, lenza. **Q.T.** *pesca* **TAV.** *pesca* 6.6, 7.

a mòdo V. AMMODO.

amoèrre o **amoèrro** [dall'ar. *muhajjar,* attr. il fr. *moire* e l'ingl. *mohair*; a. 1767] **sm.** tessuto di seta con riflessi cangianti che ricordano le onde marine: *le giarrettiere d'amoerro* (D'Annunzio).

amòmo [dal lat. *amōmum,* gr. *ámomon*; 1313] **sm.** pianta aromatica delle Zingiberacee, con foglie lanceolate, fiori di color bruno raccolti in spighe, fusto eretto ‖ **N.** *Sin.* cardamomo.

amoràle [comp. di *a-* e *morale*; 1908] **agg.** e **s.** *T.fil.* che o chi è indifferente a valutazioni morali o prescinde da giudizi sul bene e sul male ‖ *com. impropr.* immorale.

amoraliṣmo [da *amorale*; 1955] **sm.** teoria filosofica o regime di vita fondato sul rifiuto di qualsiasi valutazione di ordine morale.

amoralità [da *amorale*; 1950] **sf.** qualità di ciò o di chi è amorale.

amoràzzo (*pegg.* di *amore*) [1353] **sm.** amore passeggero o poco onesto, tresca.

amóre [lat. *amor, -ōris*; a. 1250] **sm.** **1.** profondo e disinteressato sentimento di affetto verso qualcuno o qualcosa: *amore paterno, materno, filiale, fraterno, patrio* ‖ *amore della giustizia, della verità,* aspirazione verso tali ideali ‖ *amor proprio,* orgoglio, considerazione di sé ‖ *amore di sé,* egoismo, narcisismo ‖ *d'amore e d'accordo,* senza contrasti ‖ *per amore o per forza,* in qualunque modo **2.** attrazione sessuale per un'altra persona: *amore folle, appassionato, sensuale, romantico, platonico* ‖ *libero amore,* al di fuori dei vincoli matrimoniali ‖ *fare l'amore o all'amore,* avere rapporti sessuali e *disus.* corteggiare; anche *fig.* stravedere: *sembra quasi che faccia all'amore con la sua macchina* ‖ *amore contro natura,* per la chiesa qualsiasi rapporto non inteso a fini procreativi; *per estens.* perversione **3.** il complesso dei comportamenti biologici degli animali in funzione della riproduzione: *il periodo degli amori, essere in amore* **4.** esperienza d'innamoramento, relazione amorosa; *prov. il primo amore non si scorda mai* ‖ *in part. pl.* avventura galante: *i giornali sono pieni di pettegolezzi sugli amori dei divi* **5.** argomento amoroso, nel senso di materiale per racconti e in gen. soggetto di espressione artistica: *poesia, film, romanzo d'amore* **6.** innamorato, la persona oggetto della passione amorosa: *il mio amore è lontano* ‖ oggetto di interesse, di forte attaccamento: *il lavoro è il suo vero amore* ‖ cosa o persona molto attraente: *questa casa è un amore*; *un amore di creatura* **7.** totale dedizione a qualcosa, passione: *amore per il denaro, per il rischio, per l'arte* ‖ *per estens.* zelo, solerzia: *dedicarsi con amore a qualcosa* **8.** elevazione mistica: *amore mistico* ‖ *amore divino,* amore della divinità per le creature ‖ *amore per il prossimo,* a imitazione di quello divino ‖ *per l'amor di Dio,* esclamazione di supplica o di disappunto **9.** *Amore,* dio dell'amore, Eros; Amorino **10.** una delle carte dei tarocchi **11.** *T.bot.* *amore nascosto,* aquilegia ‖ **N.** **1.** *Sin.* affetto, affezione, amorevolezza, attaccamento, bene, tenerezza | *Contr.* antipatia, odio **2.** *Sin.* attrazione fisica, desiderio, fregola, frenesia; lascivia, lussuria | appassionato, ardente, cieco, contrastato, corrisposto, eterno, frivolo, intenso, languido, onesto, platonico, puro, sviscerato, veemente | dichiarazione d'amore, ebbrezza, gelosia, intrigo, madrigale | amatorio, erotico | abbandonarsi, accendersi d'amore, amare, cedere, concedersi all'amore, incapricciarsi, infatuarsi, innamorarsi, languire d'amore, scaldarsi la testa, spasimare | affascinare, ammaliare, ferire il cuore, ispirare amore, rubare il cuore, sedurre, stregare | *Contr.* abbandonare, disamare, lasciarsi, tradire **4.** *Sin.* idillio, relazione, tresca **6.** *Sin.* innamorato; fiamma, passione **7.** brama, cupidigia **8.** carità, filantropia, generosità.

amoreggiaménto [da *amoreggiare*; a. 1294] **sm.** l'amoreggiare ‖ relazione amorosa superficiale.

amoreggiàre (pres. *-éggio*) [da *amore*; 1598] **intr.** (aus. *avere*) avere relazioni amorose frivole e superficiali: *chi amoreggia con tutte, non s'innamora di nessuna* ‖ **N.** *Sin.* flirtare; corteggiare; far l'occhio di triglia.

amorétto (*dim.* di *amore*) [1573 nel senso 2] **sm.** **1.** amore leggero **2.** *raro* amorino.

amorévole [da *amore*; a. 1294] **agg.** che sente, mostra benevolenza, affabilità: *uomo amorevole, sorriso amorevole* ‖ **amorevolménte** **avv.** ‖ **N.** *Sin.* affettuoso, benevolo.

amorevolézza [da *amore*; 1353] **sf.** benevolenza, tenero affetto ‖ manifestazione di un sentimento affettuoso e benevolo ‖ **N.** *Sin.* affetto, affettuosità, benignità, cordialità, fratellanza.

amòrfo [dal gr. *ámorphos,* informe; 1797] **agg.** **1.** informe, senza forma regolare e determinata ‖ *fig.* privo di personalità, di caratteristiche individuali: *un uomo amorfo* **2.** *T.fis.* di sostanza, con struttura non cristallina **3.** *fiammiferi amorfi,* che prendono fuoco solo se vengono sfregati su una superficie impregnata di fosforo rosso (varietà amorfa di fosforo).

amorìno (*dim.* di *amore*) [1541] **sm.** **1.** figura di bambino alato che rappresenta il dio dell'amore ‖ *fig.* bambino bello, grazioso **2.** *pop.* reseda **3.** *ant.* divano a forma di s, *vis à vis.*

amoróso [da *amore*; a. 1250 come sm.] **I** **agg.** **1.** che riguarda l'amore: *avventura amorosa* **2.** che dimostra amore: *sguardo amoroso, figlio amoroso* ‖ *per estens.* affettuoso, premuroso: *rimproveri amorosi* **3.** *T.mus.* indicazione didascalica per l'esecuzione di un brano con particolare affettuosità: *andantino amoroso* **4.** *ant.* innamorato: *l'amoroso Giacomino* ‖ **amorosaménte** **avv.** con amore **II** **sm.**

(f. *-a*) *disus.* innamorato || *per estens. T.teatr. disus.* l'attor giovane che recitava la parte dell'innamorato || **N. 1.** *Sin.* amorevole, benigno, galante **II** INNAMORATO.

amoscìno [lat. *damoscēnus*; sec. XVI] **agg.** e **sm.** varietà di susino || *per meton.* il frutto di tale pianta: *susine amoscine*; anche *sf.*: *le amoscine.*

amostànte [dall'ar. *al-mustahlaf*, giurato; a. 1431] **sm.** titolo di governatori arabi o saraceni: *l'amostante lo abbraccia* (Ariosto).

amovìbile [dal lat. *amovēre*; a. 1519] **agg.** che si può rimuovere || *in part.* detto di impiegato o funzionario che può essere trasferito dalla sua sede o dal suo ufficio || **N.** *Contr.* inamovibile.

amovibilità [da *amovibile*; 1863] **sf.** condizione di persona o cosa che può essere rimossa.

Ampelidàcee [comp. di *Ampelidea*, n. del genere, e *-ace*; 1819] **sf. pl.** *T.bot.* famiglia di piante, a cui appartiene anche la vite || **N.** vitacee.

àmpelo- [dal gr. *ámpelos*, vite] **primo elem.** che, in parole composte dotte o della terminologia scientifica, vale "vite" o "uva": **ampelologìa**, **ampeloterapìa**.

ampelodèṣma [comp. di *ampelo-* e gr. *désma*, legame; 1819 *ampelodesmo* sm.] **sf.** *T.bot.* pianta erbacea delle Graminacee, cespugliosa, con foglie lineari tenaci le cui fibre vengono utilizzate per fabbricare cordami || **N.** *Sin.* saracchio.

ampelografìa [comp. di *ampelo-* e *-grafia*] **sf.** disciplina agraria che descrive, dal punto di vista della morfologia esterna, i vari vitigni e li classifica secondo determinati criteri.

ampelotecnìa [comp. di *ampelo-* e *-tecnia*; 1955] **sf.** *T.bot.* complesso delle norme per la coltivazione della vite.

amperàggio (pl. *-gi*) [dal fr. *amperage*; 1935] **sm.** *T.fis.* valore dell'intensità della corrente elettrica espresso in ampere.

ampere forma semplificata di *ampère* (v.).

ampère (fr. pr. [ɑ̃'pɛ:r]; pr. it. [am'pɛr]) [dal n. proprio A.M. *Ampère*, fisico fr.; 1892] **sm. inv.** *T.elettr.* unità di misura dell'intensità di una corrente elettrica.

ampère-ora V. AMPERORA.

amperòmetro [comp. di *ampère* e *-metro*; 1892] **sm.** strumento che misura l'intensità d'una corrente elettrica in *ampère.* **TAV.** *elettrotecnica* 17.

amperóra o **ampère-ora** [comp. di *ampère* e *-ora*; 1913 *ampère-ora*] **sm. inv.** *T.elettrot.* unità di misura di carica elettrica corrispondente alla carica trasportata in un'ora dalla corrente di un *ampère.*

amperspìra [comp. di *ampère* e *spira*; 1941] **sf.** *T.fis.* unità di misura, oggi in disuso, della forza magnetomotrice corrispondente a quella generata da una spira percorsa da una corrente continua dell'intensità di un *ampère.*

àmpex ® [n. commerciale; 1963] **sm. inv.** *T.telecom.* sistema brevettato di registrazione su nastri delle riprese e dei programmi televisivi || *concr.* macchina che effettua registrazioni con tale sistema.

ampiézza [da *ampio*; a. 1294] **sf. 1.** estensione in larghezza e lunghezza: *non t'inganni l'ampiezza dell'entrare* (Dante) || *per estens.* qualità di ciò che è ampio || *fig.* ambito, portata, diffusione: *un fenomeno di ampiezza inusitata* **2.** *T.fis.* valore massimo di una grandezza periodica variabile: *ampiezza di una oscillazione* || *per estens.* differenza tra il livello minimo e massimo di una marea: *ampiezza delle maree* **3.** *T.mat.* estensione di un angolo misurata in gradi o di un arco calcolata in radianti **4.** *raro* liberalità.

àmpio (pl. *-pi*) [lat. *amplus*; a. 1294] **agg. 1.** esteso, spazioso, capiente: *un'ampia visuale, una stanza, una vasca ampia* || di vestito, comodo, largo: *ampi pantaloni* **2.** abbondante, esauriente, copioso: *un ampio resoconto, un'ampia schiera, un'ampia possibilità* || *fig.* magniloquente, ampolloso: *uno stile ampio* || *superl.* amplìssimo, *raro* ampìssimo || **ampiaménte** **avv.** largamente, diffusamente.

amplessicàule [dal fr. *amplexicaule*; 1829] **agg.** *T.bot.* abbracciante; detto di quelle foglie che, mancando di picciolo, si attaccano direttamente al fusto.

amplèsso [dal lat. *amplĕxus*; a. 1492] **sm.** *lett.* abbraccio || *eufem.* coito || **N.** ABBRACCIARE.

ampliaménto [da *ampliare*; 1563] **sm.** atto ed effetto dell'ampliare e dell'ampliarsi: *i lavori di ampliamento dell'ospedale*; *l'ampliamento delle facoltà extrasensoriali.*

ampliàre (pres. *àmplio, àmplii*) [dal lat. *ampliāre*; 1336 ca.] **tr.** render ampio o più ampio, ingrandire: *ampliare una strada* || *fig.* accrescere, aumentare, sviluppare quantitativamente e qualitativamente: *ampliare le proprie conoscenze* || **intr. pron.** crescere in ampiezza: *le città si sono ampliate a dismisura* || **N. tr.** *Contr.* diminuire, restringere.

ampliatìvo [da *ampliare*; a. 1642] **agg.** *non com.* amplificativo.

ampliàto (*pps.* di *ampliare*) [1342 ca.] **agg.** ingrandito, allargato: *edizione ampliata*, edizione accresciuta dall'aggiunta di nuovi saggi, racconti e sim.

amplidìna [comp. di *ampli(are)* e *dina(mo)*; 1955] **sf.** *T.elettr.* amplificatore di potenza, rotante, basato sul principio della dinamo.

amplidìnamo [comp. di *ampli(are)* e *dinamo*; 1955] **sf.** *T.elettr.* amplificatore fondato sul principio della dinamo, con alto coefficente di amplificazione.

amplificàre (pres. *-ìfico, -ìfichi*) [dal lat. *amplificāre*; sec. XIV] **tr. 1.** aumentare, rendere più ampio, accrescere: *amplificare un concetto* || *per estens.* presentare con amplificazione retorica; esagerare: *ha amplificato i propri meriti* **2.** *T.tecn.* moltiplicare il valore di una grandezza fisica per mezzo di adeguati dispositivi: *amplificare un segnale acustico.*

amplificatìvo [da *amplificare*; 1551] **agg.** che amplifica, atto ad amplificare || *stile amplificativo*, stile ampolloso, pomposo.

amplificatóre [dal lat. *amplificātor, -ōris*; sec. XIV] **I agg.** che amplifica **II sm. 1.** (f. *-trìce*) chi amplifica **2.** *T.tecn.* dispositivo che moltiplica secondo un dato rapporto il valore di una grandezza fisica: *amplificatore magnetico* || apparecchiatura per aumentare l'intensità di una grandezza elettrica (corrente, tensione, potenza) || *amplificatore operazionale*, amplificatore ad alto guadagno impiegato come elemento di base per moltissime applicazioni, spec. nei circuiti analogici || *per anton.* amplificatore che in un impianto ad alta fedeltà fornisce un segnale di intensità sufficiente a far muovere gli altoparlanti del diffusore acustico. **Q.T.** *audiovisivi, elettricità* **TAV.** *audiovisivi* 8.2.

amplificazióne [dal lat. *amplificātio, -ōnis*; sec. XIV] **sf. 1.** atto dell'amplificare **2.** *T.ret.* figura che consiste nell'arricchire esageratamente un'espressione o un'immagine per aumentarne il valore argomentativo **3.** *T.fis.* processo di moltiplicazione di un fattore costante per una data grandezza fisica.

àmplio (pl. *-pli*) [dal lat. *ampliare*; 1519] **agg.** ampio.

amplìssimo [dal lat. *amplissimus*; 1336 ca.] **agg.** *lett.* grande, eccellente.

amplitùdine [dal lat. *amplitūdo, -inis*; prima metà sec. XIV] **sf. 1.** *lett.* ampiezza **2.** *T.astr.* l'arco di orizzonte compreso fra il punto in cui un astro sorge o tramonta, e il punto cardinale est (od ovest); si misura in gradi **3.** *T.meteor.* differenza tra la temperatura massima e la minima.

ampólla [lat. *ampulla*; a. 1342] **sf. 1.** vasetto di vetro o altro materiale con imboccatura stretta e corpo simile a una sfera, perlopiù fornito di manico e beccuccio: *l'ampolla dell'olio* **2.** *T.tecn.* involucro in cui viene ottenuto il vuoto o si introducono gas inerti per consentire fenomeni che devono avvenire fuori del contatto atmosferico: *ampolla termoionica* **3.** nella liturgia cattolica, vasetto contenente l'acqua, il vino o l'olio santo **4.** *T.anat.* dilatazione di un condotto: *ampolla rettale* **5.** *raro* bolla che la pioggia fa cadendo nell'acqua || *dim.* ampollìna || **N. 1.** *Sin.* boccetta; fiala.

ampollétta (*dim.* di *ampolla*) [1351 ca.] **sf. 1.** piccola ampolla **2.** piccola clessidra usata sulle navi per calcolare la velocità di navigazione || **N. 2.** *Sin.* ampollina, orologio marino.

ampollièra [da *ampolla*; 1875] **sf.** sostegno per ampolle, portampolle; oliera.

ampollìna (*dim.* di *ampolla*) [sec. XIV] **sf. 1.** *T.eccl.* nella liturgia cattolica, recipienti che contengono il vino e l'acqua necessari per la celebrazione della messa **2.** *T.mar.* clessidra che dura da quindici a venti secondi e si usa per la misura della velocità di una nave || **N. 2.** *Sin.* AMPOLLETTA. **TAV.** *chiesa* 2.7.

ampollìno (*dim.* di *ampolla*) [1955] **sm. 1.** piccola ampolla **2.** piccolo contenitore metallico in cui il soldato porta l'olio per lubrificare le armi.

ampollosità [da *ampolloso*; 1761] **sf.** l'essere ampolloso; eccessiva magniloquenza nel parlare e nello scrivere: *l'asianesimo era caratterizzato dall'ampollosità della forma.*

ampollóso [da *ampolla*; a. 1517 *ampulloso*] **agg.** gonfio, ridondante, prolisso: *uno stile ampolloso* || **ampollosaménte** **avv.** || **N.** *Sin.* declamatorio, iperbolico, pomposo, retorico, ricercato, roboante, tronfio; asiano | *Contr.* conciso, sobrio.

amputàbile [da *amputare*; 1941] **agg.** che si può amputare.

amputàre (pres. *àmputo*) [dal lat. *amputāre*; 1832] **tr.** *T.chir.* asportare un organo o parte di esso: *amputare una gamba* || *fig.* eliminare parte del contenuto di uno scritto: *amputare un articolo* || **N.** *Sin.* resecare.

amputazióne [dal lat. *amputātio, -ōnis*; 1558] **sf. 1.** *T.chir.* asportazione totale chirurgica o traumatica di un arto o di parte di esso || *per estens.* si usa anche nei riguardi di altri organi: *amputazione della mammella* || *fig.* eliminazione di una parte di uno scritto o di un discorso **2.** *T.gioc.* enigma, in cui da una parola, togliendo l'ultima lettera o sillaba, si ottiene un'altra parola che bisogna indovinare (per es. *saline sali*) || **N.** *Sin.* mutilazione, troncamento.

àmu o **AMU** [abbr. di *a*tomic *m*ass *u*nit, unità di massa atomica; 1988] **sm. inv.** *T.mis.* unità di massa o di energia utilizzata in fisica nucleare, pari a un dodicesimo della massa a riposo dell'atomo di carbonio 12.

amuléto o **amulèto** [dal lat. *amulētum*; 1587] **sm.** oggetto, solitamente di piccole dimensioni e perciò portato addosso che si ritiene, per sue particolari proprietà, adatto a evitare mali, pericoli, malefici || **N.** *Sin.* pentacolo, portafortuna, talismano.

amuṣìa [dal lat. *amūsia*, gr. *amousía*; 1899] **sf.** *T.med.* perdita della capacità di distinguere i suoni musicali.

an- V. A-[1].

àna [dal gr. *aná*; 1493] **avv.** abbreviazione usata nelle ricette farmaceutiche per significare che delle cose ordinate si devono prendere parti uguali o fare uguale distribuzione.

Anabàntidi (sing. *-e*) [dal gr. *anabás*, che sale; 1933] **sm. pl.** *T.zool.* famiglia di pesci esotici d'acqua dolce dal corpo oblungo e dal muso piuttosto corto.

anàbaṣi [dal gr. *anábasis*, marcia dalle coste

verso l'interno di un paese; a. 1936] ***sf.*** **1.** *lett.* viaggio lungo e faticoso **2.** *T.mus.* presso i Greci, melodia ascendente || **N. 2.** *Contr.* catabasi.

anàbate [dal gr. *anabátēs*; 1965] ***sm.*** pesce che vive nelle acque tropicali e che, grazie a un organo respiratorio accessorio, può vivere e respirare fuori d'acqua.

anabàtico (pl. *-ci*) [dal gr. *anabatikós*, che sale; 1970] ***agg.*** di vento locale prodotto dal movimento ascendente di masse d'aria, che sale: *brezza anabatica* || **N.** *Contr.* catabatico.

anabattìsmo [dal lat. tardo *anabaptismus*, gr. *anabaptismós*; 1929] ***sm.*** la dottrina e il movimento degli anabattisti.

anabattìsta [dal gr. *anabaptistḗs*, ribattezzatore; 1657] **I *s.*** appartenente al movimento ereticale sorto in Germania verso il 1521 che negava la validità del battesimo dei neonati, sostenendo il battesimo impartito nell'età della ragione **II *agg.*** relativo a tale setta: *movimento anabattista.* **Q.T.** *religione.*

anabbagliànte [comp. di *an-* e *abbagliante*; 1961] **I *agg.*** che non abbaglia: *faro, luce anabbagliante* **II *sm.*** *T.aut.* spec. *pl.* tipo di proiettore che getta il fascio di luce verso il basso onde evitare l'abbagliamento dei veicoli provenienti in senso contrario || *propr.* il fascio di luce che tale fanale emette || **N.** antiabbagliante | *Contr.* abbagliante.

anabiòsi [dal gr. *anabíōsis*; 1892] ***sf.*** *T.biol.* capacità di vari organismi sia vegetali che animali di riacquistare le normali funzioni vitali dopo un periodo più o meno prolungato di morte apparente o vita latente spesso causato da particolari condizioni ambientali.

anabòlico (pl. *-ci*) [da *anabolismo*, con cambio di suff.; 1955] ***agg.*** *T.fisiol.* relativo all'anabolismo: *processo anabolico.*

anabolìsmo [dal gr. *anabolḗ*, dilazione; 1908] ***sm.*** *T.fisiol.* fase del metabolismo organico in cui le sostanze alimentari vengono convertite in energia o materiale di accumulo.

anabolizzànte [da *anabolismo*; 1970] ***sm.*** e ***agg.*** sostanza farmacologica che favorisce la formazione di nuovi tessuti nell'organismo, attraverso la biosintesi delle proteine.

Anacardiàcee [comp. di *anacardio* e *-acee*; 1892] ***sf. pl.*** *T.bot.* famiglia di piante dicotiledoni delle Terebintali, tra cui il pistacchio e l'anacardio, che danno frutti e legni pregiati.

anacàrdio (pl. *-di*) [dal lat. tardo *anacardis*; 1595] ***sm.*** albero delle Anacardiacee, con foglie coriacee, fiori a spiga bianco-rosati e frutti con guscio duro contenente un seme commestibile detto *noce di acagiù*; il seme è collegato all'albero per mezzo di un peduncolo che raggiunge le dimensioni di una pera, esso stesso commestibile, detto *pomo di acagiù.*

ànace ***sm.*** *raro* V. ANICE.

anacenòsi [dal lat. tardo *anacoenōsis*, comunicazione; 1829] ***sf.*** *T.ret.* figura consistente nel chiedere consiglio, in tono ironico o polemico, alle persone cui ci si rivolge.

anaciàto [da *anace*; a. 1936] ***agg.*** *raro* che ha odore o sapore d'anice: *acquavite anaciata.*

anacìclico (pl. *-ci*) [dal gr. *anakyklikós*, che si può volgere indietro; 1892] ***agg.*** detto di verso leggibile anche a ritroso, senza variazioni di significato || **N.** *Sin.* bifronte.

anacino V. ANICINO.

anàclasi o **anaclàsi** [dal gr. *anáklasis*, spezzatura; 1865 nel senso 2] ***sf. inv.*** **1.** nella metrica classica, sostituzione, all'interno di un piede, di una sillaba lunga con una breve (o viceversa), per ottenere una variazione ritmica **2.** *T.fis.* rifrazione della luce.

anaclàstica [dal gr. *anáklastos*, riflesso; 1819] ***sf.*** *T.fis.* in ottica, studio delle rifrazioni luminose || **N.** *Sin.* diottrica.

anaclàstico (pl. *-ci*) [da *anaclasi*; 1955] ***agg.*** *T.metr.* detto di verso della metrica classica che presenta anaclasi || **N.** *Sin.* anaclomeno.

anaclìtico (pl. *-ci*) [dal gr. *anáklisis*, l'adagiarsi; 1968] ***agg.*** *T.psican.* relativo al rapporto di dipendenza da un'altra persona da cui si riceve un appoggio emotivo: *depressione anaclitica* || *bambino anaclitico*, che ha indirizzato la propria libido verso la madre come oggetto d'amore.

anaclòmeno [dal gr. *anaklṓmenos*; 1929] ***agg.*** *T.metr.* detto di verso della metrica classica che presenta anaclasi.

anaclorìdria [comp. di *ana-* e un der. di *cloridrico*, sul modello del fr. *anachlorydrie*; 1899] ***sf.*** *T.med.* deficienza di acido cloridrico nel succo gastrico || **N.** *Sin.* aclorìdria.

anacolùto [dal lat. tardo *anacolūthon*, gr. *anakólouthos*, che non segue; 1819] ***sm.*** *T.ret.* figura sintattica che consiste nel cominciare la costruzione del periodo in un modo per poi terminarlo in un altro; frequentemente usata per rendere il parlato familiare o passionale; per es. *quelli che muoiono, bisogna pregare Iddio per loro* (Manzoni) || *T.gram.* costrutto sintattico privo dei necessari nessi logici.

anacònda [voc. della Guayana, letter. uccisore di elefante; 1827] ***sm.*** grosso serpente tropicale dei Boidi, lungo fino a 7-8 metri; vive in prossimità dei corsi d'acqua e si nutre particolarmente di uccelli e mammiferi.

anacorèsi [dal gr. *anakhṓrēsis*, il ritirarsi; 1955] ***sf.*** il ritirarsi in solitudine degli anacoreti, per darsi a vita ascetica e contemplativa.

anacorèta [dal lat. tardo *anachorēta*, gr. *anachōrētḗs*; inizio sec. XIV] ***s.*** chi vive in solitudine in un luogo desertico per raggiungere con la penitenza e la preghiera l'ascesi: *i padri del deserto erano degli anacoreti* || *per estens.* persona che conduce una vita appartata: *da quando è vedovo fa vita da anacoreta* || **N.** *Sin.* eremita; solitario.

anacorètico (pl. *-ci*) [dal lat. tardo *anachorēticus*, gr. *anachōrētikós*; 1680] ***agg.*** di o da anacoreta: *vita anacoretica* || **anacoreticaménte** ***avv.***

anacoretìsmo [da *anacoreta*; 1955] ***sm.*** vita da anacoreta, pratica dell'anacoresi.

anacreontèo [dal lat. *Anacreontius*, gr. *Anakreónteios*; 1829] **I *sm.*** verso della metrica greca di schema ⏑⏑–⏑–⏑–⏑ usato in particolare da Anacreonte **II *agg.*** anacreontico.

anacreòntica [dal lat. tardo *anacreonticus*; a. 1712] ***sf.*** ode d'intonazione amorosa, bacchica, a imitazione di quelle di Anacreonte, in uso fra i Greci dell'età alessandrina || nella poesia italiana, componimento a strofe di settenari od ottonari, breve, leggero, inneggiante all'amore, al vino, alla letizia del vivere.

anacreòntico (pl. *-ci*) [dal lat. tardo *anacreonticus*; a. 1642] **I *agg.*** tipico di Anacreonte o conforme al suo stile || *in part.* nello stile delle anacreontiche **II *agg.*** e ***sm.*** verso della metrica greca di schema ⏑⏑–⏑–⏑–⏑.

anacromatìsmo [comp. di *an-* e *acromatismo*; 1988] ***sm.*** *T.anat.* mancanza di correzione dell'aberrazione cromatica.

anacronìsmo [dal gr. *anachronismós*, spostamento di tempo; a. 1600] ***sm.*** errore di cronologia per il quale si descrivono usanze e fatti di una determinata epoca, discordanti dal quadro storico di essa, quale ad es. l'attribuzione da parte di Shakespeare dell'uso delle artiglierie alla corte di Amleto, re di Danimarca, vissuto nell'alto Medioevo || *per estens. fig.* cosa o persona non consona ai tempi: *è un anacronismo vivente.*

anacronìstico (pl. *-ci*) [da *anacronismo*; 1892] ***agg.*** di persona o cosa, non consona ai tempi, sorpassata, inattuale: *comportamento anacronistico, proposta anacronistica* || **anacronisticaménte** ***avv.***

anacrùsi [dal gr. *anákrousis*; 1829] ***sf. inv.*** **1.** *T.mus.* il movimento iniziale in levare di un periodo ritmico che precede il tempo forte o ictus **2.** *T.metr.* parte iniziale di un verso che precede il primo tempo forte || nel verso libero della poesia moderna, sillaba accentata che introduce la cadenza metrica del verso.

anadenìa [comp. di *an-* e di un der. del gr. *adḗn, -énos*; 1950] ***sf.*** mancanza o disfunzione di un tessuto ghiandolare.

anadesìvo [comp. di *an-* e *adesivo*; 1988] ***agg.*** detto di sostanza non atta ad attaccarsi: *carta anadesiva* || **N.** *Contr.* adesivo.

anadiomène [dal lat. *anadyomenē*; 1611] ***agg.*** che emerge: *la città anadiomene* (D'Annunzio), Venezia || attributo di Afrodite nata dalla spuma marina.

anadiplòsi [dal gr. *anadíplōsis*, reduplicazione; 1584] ***sf. inv.*** *T.ret.* figura retorica che consiste nella ripetizione della stessa parola per rafforzarne l'espressività (per es.: *passavam la selva tuttavia, la selva, dico, di spiriti spessi* (Dante)); nel parlato radiotelevisivo l'anadiplosi è molto usata perché assicura una più agevole comprensione da parte degli ascoltatori || **N.** anafora, ripetizione.

anaelèttrico (pl. *-ci*) [comp. di *ana-* ed *elettrico*; 1940] ***agg.*** *T.elettr.* di corpo non elettrizzabile per strofinamento || **N.** *Contr.* idioelettrico.

anaeròbico (pl. *-ci*) [da *anaerobio*; 1908] ***agg.*** *T.biol.* relativo all'anaerobiosi.

anaeròbio (pl. *-bi*) [comp. di *an-* e *aerobio*; 1892] ***sm.*** microrganismo che vive in completa assenza di ossigeno, libero || **N.** *Sin.* ossigenofobo | *Contr.* aerobio.

anaerobiòsi [comp. di *an-* e *aerobiosi*; 1929] ***sf.*** *T.biol.* ricambio energetico in assenza di ossigeno libero.

anafàse [comp. di *ana-* e *fase*; 1948] ***sf.*** *T.biol.* terza fase del processo di cariocinesi che consiste nell'allontanamento dei cromosomi originati dallo sdoppiamento dei cromosomi iniziali.

anafilàssi [comp. del gr. *aná* e *phýlaxis*, protezione; 1923] ***sf. inv.*** forma di ipersensibilità dell'organismo alla inoculazione di sostanze di natura proteica che gli erano state precedentemente somministrate; l'allergia è una forma particolare di anafilassi || **N.** *Contr.* immunità.

anafilàttico (pl. *-ci*) [da *anafilassi*; 1942] **I *agg.*** *T.med.* di anafilassi; che si riferisce ad anafilassi: *schock anafilattico*, paralisi respiratoria e collasso dovuti a iniezione endovenosa di sostanze a cui l'individuo è sensibilizzato **II *sm.*** (f. *-a*) chi ne soffre.

anafonèsi [dal lat. *anaphonēsis*; 1952] ***sf.*** *T.ling.* chiusura del timbro vocalico di una tonica, ad es. passaggio da *e*, *o* ad *i*, *u* nel fiorentino, quando sia seguita da particolari gruppi consonantici (*léngua* → *lingua*, *óngere* → *ùngere*).

anàfora [dal lat. *anaphora*; 1575] ***sf.*** **1.** *T.ret.* figura sintattica che consiste nella ripetizione di una parola o di un gruppo di parole all'inizio di un verso, di una frase o di parti di una frase; per es. in *per me si va nella città dolente / per me si va nell'eterno dolore / per me si va tra la perduta gente* (Dante) **2.** *T.ling.* relazione tra un'espressione e un'altra che la precede e ne determina il riferimento; l'espressione anaforica può essere costituita tra l'altro da ellissi, pronomi, ripetizioni, sinonimi o iperonimi: *onore e gloria, questo era ciò cui gli antichi aspiravano*, nell'esempio *questo* è anafora di *onore e gloria*; *quando Giuda si impiccò, nessuno rimpianse la morte di quel traditore*, in questo esempio *traditore* è anafora di *Giuda*; *Ugo dice che (egli) è scontento*, in questo caso (*egli*) ellittico è anafora di *Ugo* || spesso con anafora si indica anche la catafora **3.** *T.eccl.* nella liturgia cristiana orientale, fase corrispondente al canone della liturgia romana ||

propr. l'offerta del pane per la celebrazione eucaristica.

anaforèṣi [comp. di *an(odo)* e *-foresi*; 1932] ***sf.*** *T.fis.* migrazione verso l'anodo di particelle negative, provocata da un campo elettrico.

anafòrico¹ (pl. *-ci*) [dal lat. *anaphoricus*; 1865] ***agg.*** di anafora: *costrutto anaforico*.

anafòrico² (pl. *-ci*) [dal lat. *anaphoricus*; 1829] ***agg.*** *T.med. raro* emetico, che dà il vomito.

anagàllide [dal gr. *anagallís, -ídos*; prima metà sec. XIV] ***sf.*** pianta erbacea delle Primulacee con fiori solitari gen. rossi || **N.** *Sin.* mordigallina.

anaglìfico (pr. [ana'glifiko]) (pl. *-ci*) [da *anaglifo*; a. 1764] ***agg.*** *T.scult.* di anaglifo; di opere d'intaglio e di bassorilievo.

anàglifo (pr. [a'naglifo]) [dal lat. tardo *anaglyphus*; 1768] ***sm.*** **1.** oggetto lavorato a intaglio, bassorilievo, cammeo **2.** coppia di immagini monocromatiche stereoscopiche che viste contemporaneamente fondono i colori complementari che le compongono dando un'illusione di rilievo.

anaglìttica o **anaglìptica** (pr. [ana'gliptika]) [dal lat. tardo *anaglypticus*; 1819] ***sf.*** arte dell'intaglio su pietre dure, cammei e sim. || **N.** *Sin.* glittica.

anaglìttico o **anaglìptico** (pl. *-ci*) [dal lat. tardo *anaglypticus*; 1965] **I** ***agg.*** relativo all'anaglittica **II** ***sm.*** impressione a rilievo dei segni della scrittura per ciechi.

anagnòste [dal gr. *anagnṓstēs*; a. 1729] ***sm.*** **1.** *T.stor.* schiavo che presso gli antichi aveva il compito di leggere ad alta voce **2.** nella chiesa greca, uno degli ordini minori del sacerdozio.

anagogìa (pl. *-gìe*) [dal lat. *anagōge*, gr. *anagōgḗ*; sec. XV] ***sf.*** **1.** nell'esegesi medioevale, uno dei quattro procedimenti ermeneutici; consiste nello svelare oltre la lettera del testo un significato spirituale e divino **2.** *T.eccl.* elevazione dell'anima alla contemplazione delle cose celesti.

anagògico (pl. *-ci*) [dal lat. tardo *anagōgicus*, gr. *anagōgikós*; 1308] ***agg.*** che riguarda l'anagogia || *T.psican. interpretazione anagogica*, modo di interpretare formazioni simboliche, quali i miti e i sogni, che tende a ricondurle a ideali elevati, in opposizione all'interpretazione analitica che le riduce a contenuti specifici sessuali || **anagogicaménte** ***avv.*** || **N.** allegorico, tropologico.

anàgrafe [dal gr. *anagraphḗ*, iscrizione; 1764] ***sf.*** registro comunale in cui vengono riportati i mutamenti avvenuti nella popolazione per cause naturali (nascite, morti) o per cambiamenti di stato civile || *per estens.* l'edificio in cui tale ufficio ha sede.

anagràfico (pl. *-ci*) [da *anagrafe*; 1905] ***agg.*** relativo all'anagrafe, proprio dell'anagrafe: *dati anagrafici, registro anagrafico*.

anagràmma [dal gr. tardo *anágramma*; 1618] ***sm.*** *T.gioc.* gioco enigmistico consistente nella trasposizione delle lettere di una parola per ottenerne una di diverso significato (come in *amor roma*) || **N.** anagramma a frase, diviso, semplice.

anagrammàre [da *anagramma*; 1941] ***tr.*** rif. a parola o frase, riordinare le lettere per comporre un anagramma: *Salustri anagrammò il proprio nome in Trilussa*.

anagrammàtico (pl. *-ci*) [da *anagramma*; a. 1775] ***agg.*** relativo ad anagramma: *nome anagrammatico* || **anagrammaticaménte** ***avv.***

anagrammatiẓẓàre ***tr.*** *raro* V. ANAGRAMMARE.

anagrammìsta [da *anagramma*; 1941] ***s.*** chi compone o risolve anagrammi.

analcòlico (pl. *-ci*) [comp. di *an-* e *alcolico*; 1942] **I** ***agg.*** che non contiene alcol: *bibita analcolica* **II** ***sm.*** bevanda priva di alcol: *berrei un analcolico.* **Q.T.** *alimentazione.*

anàlda [da *Analdo*, n. ant. della contea di Hainaut; 1353] ***agg.*** *ant.* usato solo nella loc. *all'analda*, alla foggia dell'Hainaut, riferito a sopravveste maschile medioevale lunga e stretta con ampie maniche.

anàle [da *ano*; 1827] ***agg.*** **1.** dell'ano, relativo all'ano: *orifizio anale, infiammazione anale* **2.** *T.psican. fase anale*, fase dello sviluppo infantile fra i due e i quattro anni, in cui la zona anale diventa erogena. **TAV.** ***pesci*** **p. 1330** 1.11.

analecta (lat., pr. it. ana'lɛkta) [letter. cose raccolte] ***sm. pl.*** **1.** raccolta di opere di uno stesso autore o dello stesso genere: *gli analecta francescani* **2.** serie di pubblicazioni o di indicazioni bibliografiche di diversa provenienza riguardanti lo stesso argomento, spec. di carattere storico, scientifico o giuridico.

analèssi [dal gr. *análepsis*; 1819] ***sf.*** *inv.* *T.ret.* ripetizione di una singola parola.

analèttico (pl. *-ci*) [dal lat. *analēpticus*, gr. *analēptikós*; 1797] ***sm.*** e ***agg.*** *T.farm.* farmaco che riattiva rapidamente ma in modo transitorio le condizioni cardiocircolatorie e respiratorie.

analfabèta [dal gr. *analphábētos*; 1676] ***agg.*** e ***s.*** che, chi non sa né leggere né scrivere: *scuola per analfabeti* || *per estens.* illetterato, ignorante.

analfabètico (pl. *-ci*) [comp. di *an-* e *alfabetico*; 1911] ***agg.*** di sistema di trascrizione, che non si fonda sui segni dell'alfabeto, ma su simboli grafici: *scrittura analfabetica*.

analfabetiṣmo [da *analfabeta*; 1883] ***sm.*** **1.** lo stato di chi è analfabeta || *analfabetismo di ritorno*, perdita della capacità di leggere e scrivere causata da lunga desuetudine **2.** fenomeno sociale caratterizzato dall'incapacità, di una certa percentuale della popolazione, a leggere, scrivere e far di conto || *analfabetismo funzionale*, grave carenza nella formazione tecnico-professionale di un individuo in relazione all'uso di nuove tecnologie che ne rendono problematico l'inserimento nel mondo produttivo.

analgeṣìa [dal gr. *analgēsía*; 1819] ***sf.*** **1.** *T.med.* riduzione o abolizione della sensibilità al dolore **2.** *T.fil.* dottrina stoica secondo la quale non bisogna prestare attenzione al dolore.

analgèṣico (pl. *-ci*) [da *analgesia*; 1899] **I** ***agg.*** di analgesia; che produce analgesia: *farmaco analgesico* **II** ***sm.*** farmaco antidolorifico: *ho già preso due analgesici ma ho ancora mal di denti*.

anàliṣi [dal gr. *análysis*; 1711] ***sf.*** *inv.* **1.** metodo di studio o ricerca che prevede la scomposizione di un tutto (astratto o concreto) nelle sue parti costituenti || *per estens.* studio attento e particolareggiato: *ha eseguito una corretta analisi delle evoluzioni politiche dello stato liberale* || *in ultima analisi*, in definitiva || *analisi estetica*, esame di un'opera d'arte dal punto di vista estetico || in musica, esame di una composizione dal punto di vista dell'armonia, della melodia, dell'orchestrazione ecc. **2.** *T.gram. analisi grammaticale*, scomposizione di una frase mirante ad assegnare gli elementi componenti alle parti del discorso evidenziando le caratteristiche morfologiche || *analisi logica*, scomposizione del periodo in frasi e delle frasi nei loro componenti sintattici **3.** *T.chim.* insieme di procedure miranti a determinare natura, composizione e caratteristiche fondamentali di una sostanza: *analisi del sangue, delle urine*; *analisi quantitativa, qualitativa*; *analisi alla tocca*, V. TOCCA **4.** *T.fis. analisi armonica*, che determina le componenti sinusoidali di una grandezza variabile || *analisi spettrale*, analisi di un segnale nel dominio della frequenza **5.** *T.mat. analisi matematica*, complesso di teorie matematiche comprendenti, oltre all'analisi infinitesimale classica, la teoria delle funzioni di variabili reale e complessa, l'analisi funzionale e la teoria delle equazioni differenziali ordinarie e parziali || *analisi infinitesimale*, ramo della matematica che sulla base del concetto di limite permette di trattare con rigore problemi che richiedono il ricorso a quantità infinitamente grandi o infinitamente piccole; comprende il calcolo differenziale e il calcolo integrale || *analisi combinatoria*, branca che studia gli insiemi finiti e le loro proprietà **6.** *T.inform.* nei sistemi di elaborazione elettronica, studio degli algoritmi che verranno poi tradotti in programmi **7.** *T.econ. analisi dei prezzi*, operazione che consiste nel valutare i costi delle singole fasi di un processo produttivo || *analisi di mercato*, ricerca statistica tendente a verificare i problemi di distribuzione e smercio di un dato prodotto **8.** *T.psican.* trattamento psicoanalitico: *sono in analisi da due anni* || *analisi di controllo*, procedimento di psicanalisi condotta da un analista in formazione e sottoposto alla supervisione di un analista esperto; *analisi didattica*, psicoanalisi cui vengono sottoposte le persone che desiderano intraprendere l'esercizio professionale della psicoanalisi; *analisi diretta*, particolare tecnica terapeutica delle psicosi in cui lo psicoanalista diviene per il parlante figura di riferimento affettivo || **N.** **1.** *Sin.* scomposizione, separazione; esame, indagine, osservazione, studio | *Contr.* sintesi **8.** *Sin.* psicoanalisi. **Q.T.** *archeologia, chimica, economia..., matematica..., psicanalisi, statistica...*

analìsta [dal fr. *analyste*; 1711] ***s.*** chi esegue analisi, spec. analisi mediche, chimiche ecc. || *analista finanziario*, chi in un'azienda si occupa di analizzare la situazione finanziaria || *analista tempi e metodi*, chi si occupa di vagliare i migliori e più economici procedimenti di lavorazione || psicoanalista: *un analista freudiano* || *T.inform.* chi descrive un problema da risolvere mediante una struttura a blocchi o un algoritmo: *analista di sistemi*.

analìtica [da *analitico*; 1740] ***sf.*** *T.fil.* in Aristotele, la ricerca delle forme elementari del ragionamento e della dimostrazione; in Kant, lo studio dell'attività costitutiva dell'intelletto.

analìtico (pl. *-ci*) [dal fr. *analytique*; a. 1566] ***agg.*** **1.** proprio dell'analisi, che riguarda l'analisi: *metodo analitico* || atto, portato all'analisi: *ingegno analitico* || *per estens.* preciso, minuzioso, che non trascura nulla: *dopo aver svolto un esame analitico delle proprie capacità si decise ad agire* **2.** *indice analitico*, quello che riporta l'elenco alfabetico dei nomi e degli argomenti trattati in un libro con riferimento alle pagine relative **3.** *T.fil. giudizio analitico*, nella logica kantiana, quello in cui il predicato esprime un concetto che è già implicato nel soggetto **4.** *T.chim. chimica analitica*, branca della chimica che studia i rapporti quantitativi e qualitativi dei composti **5.** *T.mat. funzioni analitiche* (in un intervallo), funzioni di variabile reale esprimibili come somma di una serie di potenze della variabile (con esponente positivo e/o negativo) **6.** *T.ling. lingua analitica*, che esprime i rapporti sintattici mediante l'uso di particelle, verbi ausiliari ecc. (come le lingue neolatine) al posto di suffissi e desinenze, caratteristiche delle lingue sintetiche (quali il latino) || **analiticaménte** ***avv.*** per mezzo dell'analisi, facendo uso di un procedimento analitico || **N.** *Contr.* sintetico.

analiẓẓàbile [da *analizzare*; 1941] ***agg.*** che può essere sottoposto ad analisi.

analiẓẓàre [dal fr. *analyser*; 1764] ***tr.*** sottoporre ad analisi, studiare un tutto nelle sue parti componenti || *per estens.* esaminare attentamente: *analizzare un contratto*.

analiẓẓatóre [da *analizzare*; 1781] ***sm.*** **1.** (f. *-trice*) chi compie un'analisi spec. chimica, analista **2.** strumento per eseguire un'analisi || *analizzatore sintattico*, parser.

anallèrgico (pl. *-ci*) [comp. di *an-* e *allergico*; 1950] **agg.** che non provoca allergia: *prodotto anallergico*.

analogìa (pl. *-gìe*) [dal lat. *analogia*, gr. *analogía*; 1558] **sf. 1.** relazione di somiglianza o affinità tra cose distinte: *c'è analogia tra i loro modi di procedere* **2.** *T.ling.* influenza assimilatrice che una forma esercita sopra un'altra || nella grammatica antica, principio di regolarità morfologica e di derivazione **3.** *T.fil. propr.* eguaglianza di rapporti || il tipo di predicazione in cui un predicato è attribuito a soggetti diversi in senso solo parzialmente diverso: come l'essere che si predica di tutte le cose e anche di Dio ma in modo parzialmente diverso **4.** *T.lett.* procedimento stilistico tipico della poesia in cui un rapporto più propr. di similitudine viene espresso con identità (per es. *i tuoi occhi sono dardi infuocati*) **5.** *T.fis.* corrispondenza, basata sulla rappresentabilità mediante identiche equazioni di fenomeni fisici diversi **6.** *T.biol.* corrispondenza biologica di organi strutturalmente diversi || **N. 1.** *Sin.* comunanza, conformità, nesso, similitudine | *Contr.* contrasto, diversità, opposizione **2.** *Contr.* anomalia.

analògico (pl. *-ci*) [dal lat. *analogicus*, gr. *analogikós*; 1550] **agg. 1.** relativo all'analogia, che si fonda sull'analogia: *interpretazione analogica* || *lingue analogiche*, quelle in cui l'ordine delle parole è fisso || *propr. procedimento analogico*, quello mediante il quale, stabilita una similitudine tra due oggetti, le proprietà dell'uno vengono dedotte in base a quelle dell'altro **2.** *T.elettron.* detto di dispositivi, apparecchi e strumenti in cui la rappresentazione e l'elaborazione dei dati è associata a grandezze fisiche variabili con continuità entro un certo intervallo: *calcolatore analogico* || *orologio analogico*, quello tradizionale con presentazione dell'ora mediante lancette || **analogicaménte** **avv.** per analogia, in modo analogico || **N. 2.** *Contr.* digitale, numerico.

analogìṣmo [da *analogia*; 1748] **sm.** procedimento o argomentazione per analogia.

analogìsta [da *analogia*, come già il lat. mediev. *analogista*; 1929 nel senso 2] **agg.** e **s. 1.** che o chi usa procedimenti e metodi analogici **2.** *T.ling.* nell'età classica, di grammatico sostenitore del principio dell'analogia **3.** che o chi scrive servendosi dell'artificio retorico dell'analogia || **N. 2.** *Contr.* anomalista.

anàlogo (pl. *-ghi*) [dal lat. *analogus*, gr. *análogos*; a. 1565] **agg. 1.** che ha analogia: *forme analoghe* **2.** *T.biol.* di organi fisiologicamente simili ma strutturalmente diversi **3.** *non com.* appropriato, confacente: *un consiglio analogo* || **analogaménte** **avv.**; anche nella *loc. prep. analogamente a*: *analogamente a quanto è stato detto* || **N. 1.** *Sin.* affine, simile | *Contr.* differente, dissimile, diverso.

anamnèṣi o **anàmneṣi** [dal lat. tardo *anamnēsis*, gr. *anámnēsis*; 1819] **sf. inv. 1.** *T.med.* raccolta a scopo diagnostico dei dati riguardanti i precedenti fisiologici e patologici, personali ed ereditari di un paziente **2.** *T.fil.* teoria platonica secondo la quale tutte le nostre conoscenze sono ricordi di conoscenze acquisite dall'anima nell'iperuranio **3.** *T.eccl.* parte della messa che segue la consacrazione; ricorda la passione, resurrezione e ascensione di Cristo.

anamnèstico (pl. *-ci*) [dal gr. *anamnēstikós*; 1819] **agg.** *T.med.* relativo all'anamnesi: *dati anamnestici*.

anamòrfico (pl. *-ci*) [da *anamorfosi*; 1974] **agg.** relativo all'anamorfosi; *lente anamorfica*, lente fornita di speciali elementi cilindrici che danno luogo ad anamorfosi delle immagini.

anamorfòṣi o **anamòrfoṣi** [dal gr. *anamórphōsis*, ricreazione; 1819] **sf. 1.** *T.pitt.* tecnica consistente nell'inserire in una composizione delle immagini deformate, che risultano percepibili soltanto se osservate di scorcio o da un determinato punto di vista **2.** *T.cin.* deformazione dell'immagine per mezzo di un sistema ottico **3.** *T.biol.* sviluppo diretto, privo di metamorfosi, tipico di alcuni Artropodi.

ananàs o **ananàsso** (pl. *-i*) [dal guaranì *nana*, attr. il port. *ananaz*; a. 1764] **sm. inv. 1.** pianta delle Bromeliacee con foglie spinose disposte a corona e recanti al centro una spiga di fiori violacei || il frutto commestibile di tale pianta, dalla polpa gialla, profumata, ricca di vitamine **2.** tipo di bomba a mano offensiva, ad alto potenziale esplosivo, il cui aspetto ricorda quello del frutto.

anapèstico (pl. *-ci*) [dal lat. tardo *anapaesticus*, gr. *anapaistikós*; 1631] **agg.** di verso, formato con anapesti || conforme al ritmo dell'anapesto: *l'endecasillabo italiano ha andatura anapestica*.

anapèsto [dal lat. *anapāestus*, gr. *anápaistos*; sec. XIV] **sm.** piede del verso greco e latino, formato di due sillabe brevi e una lunga || verso composto di anapesti, o in cui questi predominano.

anaplàṣma [comp. del gr. *aná*, sopra e gr. *plásma*, plasma; 1955] **sm.** *T.zool.* protozoo parassita dei globuli rossi di vari mammiferi, spec. dei bovini.

anaplaṣmòṣi [comp. di *anaplasma* e *-osi*; 1955] **sf.** *T.vet.* malattia infettiva di bovini e suini causata dall'anaplasma marginale.

anaplastìa [dal gr. *anáplasis*, ricostituzione; 1988] **sf.** *T.chir.* operazione di chirurgia plastica finalizzata alla ricostruzione di parti del corpo andate distrutte, mediante il trapianto di tessuti o organi tolti allo stesso paziente o ad altri individui.

anapodìttico (pl. *-ci*) [dal gr. *anapódeiktos*, non provato; 1965] **agg.** *T.fil.* che è evidente e immediato e non necessita di dimostrazione: *argomentazione anapodittica* || *per anton.* delle argomentazioni caratteristiche della logica proposizionale storica (del tipo di: *se è giorno, c'è luce; ma è giorno; quindi c'è luce*).

anaptìssi [dal gr. *anáptyxis*; 1950] **sf.** *T.ling.* inserzione di una vocale tra due consonanti (come *umilemente* per *umilmente*) || **N.** *Sin.* epentesi vocalica.

anarchìa [dal gr. *anarchía*; 1631] **sf. 1.** mancanza di governo || situazione di disordine politico e di caos dovuto alla mancanza o alla debolezza di un governo: *la Bolivia vive un periodo di anarchia* || *fig.* disordine, confusione: *in questa casa regna l'anarchia* **2.** dottrina politica che intende abolire ogni autorità centrale e riunire i poteri amministrativi della società attorno a piccoli gruppi di lavoratori in modo da controllare direttamente i mezzi e i beni di produzione || **N. 1.** *Sin.* babilonia, caos, confusione, disordine | *Contr.* ordine, organizzazione **2.** nichilismo.

anàrchico (pl. *-ci*) [da *anarchia*, attr. il fr. *anarchique*; 1771] **I agg.** relativo all'anarchia e a chi ne sostiene i principi: *dottrina anarchica, cellula anarchica* || *fig.* disordinato, ribelle: *ha un temperamento anarchico* || **anarchicaménte** **avv.** **II sm.** (f. *-a*) seguace, fautore dell'anarchia || **N.** anarcoide, nichilista.

anarchìṣmo [da *anarchia*; 1895] **sm. 1.** dottrina e comportamento anarchico **2.** organizzazione sociale teorizzata dalla dottrina anarchica.

anarcòide [comp. di *anarc(hico)* e *-oide*; 1905] **s.** e **agg.** chi, che assume atteggiamenti anarchici; tendente all'anarchia || *fig.* ribelle, insofferente: *è un anarcoide, ha un atteggiamento anarcoide*.

anarìano [comp. di *an-* e *ariano*; 1950] **agg.** e **sm.** (f. *-a*) non ariano.

anarmònico (pl. *-ci*) [comp. di *an-* e *armonico*; 1961] **agg.** disarmonico || che non procede secondo ritmi armonici: *oscillazioni anarmoniche*.

anasàrca (pl. *-chi*) [dal gr. *anásarx*, *anásarkos*; a. 1577] **sm.** *T.med.* edema diffuso in tutto il corpo per infiltrazione generalizzata di siero nei tessuti, può essere accompagnato da versamenti di liquido nelle cavità sierose (pleura e peritoneo).

anastàtica [dal gr. *anástasis*, risurrezione; 1865] **sf.** *T.bot.* pianta erbacea delle Crocifere a forma di cespuglietto, con piccoli fiori bianchi e foglie ovali e pelose || **N.** *Sin.* rosa di Gerico.

anastàtico¹ (pl. *-ci*) [dall'ingl. *anastatic*; 1892] **agg.** *T.tip.* di riproduzione litografica che utilizza il trasporto diretto dalla stampa alla pietra per ottenere una nuova matrice || *per estens.* procedimento che conserva la stampa fedele di un originale: *una ristampa anastatica della prima edizione del vocabolario della Crusca*.

anastàtico² (pl. *-ci*) [comp. di *ana-* e *statico*; 1955] **agg.** *T.agr.* terreno in cui la concentrazione di sali solubili è variabile.

anastigmàtico (pl. *-ci*) [comp. di *an-* e *astigmatico*; 1913] **agg.** *T.ott.* di un sistema di lenti in cui sia eliminata l'aberrazione astigmatica.

anastigmatìṣmo [comp. di *an-* e *astigmatismo*; 1955] **sm.** proprietà di un sistema diottrico di essere esente dal difetto di astigmatismo.

anastilòṣi [comp. di *ana-* e *stilosi*; 1963] **sf.** *T.archeol.* ricostruzione di antichi edifici mediante la ricomposizione delle antiche strutture con parti originali.

anastomizzàre [da *anastomosi*; 1941] **tr.** *T.chir.* unire mediante anastomosi.

anastomòṣi [dal lat. tardo *anastomōsis*, gr. *anastómōsis*; 1574 *anastomosin*] **sf. inv. 1.** *T.anat.* comunicazione tra cavità o tra vasi sanguigni o linfatici **2.** *T.chir.* la comunicazione, chirurgicamente ottenuta, tra due organi cavi: *anastomosi gastroenterica* **3.** *T.bot.* fusione, incontro di fasci vascolari nelle foglie o nel fusto || **N. 2.** abboccamento, neostomia, stomia.

anàstrofe [dal lat. tardo *anastrophes*, gr. *anastrophḗ*; 1819] **sf.** *T.ret.* inversione dell'ordine sintattico normale o abituale di gruppi di parole in una lingua, come in *o belle agli occhi miei tende latine* (Tasso) || **N.** *Sin.* inversione.

anatèma [dal lat. tardo *anathema*, gr. *anáthema*; 1619] **sm. 1.** nella Chiesa cattolica, esclusione dalla comunità dei fedeli, rivolta soprattutto a eretici o a comunità scismatiche || *per estens.* maledizione: *lanciare, scagliare anatemi contro qualcuno* **2.** nelle religioni antiche classiche, offerta votiva agli dei || **N. 1.** scomunica.

anatematizzàre o **anatemizzàre** [dal lat. tardo *anathematizāre*; a. 1498] **tr.** *non com.* scomunicare, colpire con anatema || *fig.* maledire.

Anàtidi (sing. *-e*) [dal lat. scient. *Anatidae*, dal lat. *anas, anatis*, anitra; 1955] **sm. pl.** *T.zool.* famiglia di uccelli degli Anseriformi, in genere acquatici.

anatocìṣmo [dal lat. *anatocismus*; 1673] **sm.** *T.banc.* produzione di interessi da parte di interessi scaduti e non pagati (interesse composto).

anatomìa [dal lat. tardo *anatomia*; a. 1519 nel senso 2] **sf. 1.** scienza che studia la conformazione e la struttura degli organismi animali e vegetali e delle loro parti costituenti: *anatomia umana, vegetale* || *anatomia comparata*, quella che studia sia l'anatomia umana sia quella animale per ottenere notizie sulla morfologia e sull'evoluzione dei vari organi || *anatomia patologica*, quella che studia le alterazioni indotte nei tessuti viventi dai processi patologici || *anatomia topografica*, che studia il corpo umano suddividendolo in regioni e territori || *anatomia artistica*, che si occupa delle forme esterne del corpo, delle loro proporzioni e movimenti in relazione alla rappresentazione artistica **2.** dissezione: *fare l'anatomia di un cadavere* || *fig.* analisi minuziosa: *anatomia di un delitto* || *pezzo d'anatomia*, parte del corpo preparata per dimostrazioni anatomiche; *scherz.* persona magra e rinsecchita: *sembra un pezzo d'anatomia* **3.** *per estens.* struttura, forma: *anatomia di un congegno.* **Q.T.** *anatomia* **TAV.** ***anatomia* p. 641** sgg.

anatòmico (pl. *-ci*) [dal lat. tardo *anatomicus*, gr. *anatomikós*; 1664 come sm.] **I** ***agg.*** **1.** di anatomia, che riguarda l'anatomia: *sala anatomica, coltello anatomico, preparazioni anatomiche* || *teatro anatomico*, sala dove si dà lezione di anatomia || *fig. mettere una questione sul tavolo anatomico*, analizzarla in ogni dettaglio **2.** strutturato secondo la forma del corpo umano: *sedile anatomico* || **anatomicaménte** ***avv.*** **II** ***sm.*** (f. *-a*) *non com.* anatomista.

anatomìsta [da *anatomia*; 1585] ***s.*** chi esercita l'anatomia; studioso di anatomia.

anatomizzàre [da *anatomia*; a. 1639] ***tr.*** sezionare un organismo vivente per studiarlo || *fig.* analizzare minuziosamente.

anatossìna [comp. di *ana-* e *tossina*; 1930] ***sf.*** *T.farm.* tossina batterica resa artificialmente atossica e utilizzata per la produzione di anticorpi immunizzanti.

ànatra o **ànitra** [lat. volg. **anitra*; fine sec. XIII] ***sf.*** nome generico di vari uccelli della famiglia degli Anatidi con becco largo e piatto, zampe palmate e piumaggio variopinto || *anatre di superficie*, quelle che cercano il nutrimento immergendo solo la parte anteriore del corpo in acqua || *anatre tuffatrici*, che si immergono completamente || *dim.* anatrìna, anatròccolo, anatròtto, anatrèlla || **N.** alzavola, codone, fischione, germano reale, mazzaiola | anatrare, starnazzare. **TAV.** ***uccelli* p. 1339** 6.

anatràre (pres. *-ànatro*) [da *anatra*; 1831] ***intr.*** (aus. *avere*) *raro* schiamazzare, starnazzare.

anatrèlla (*dim.* di *anatra*) [1557] ***sf.*** piccola anatra.

anatrèptica [dal gr. *anatreptikós*; 1940] ***sf.*** *T.fil.* l'arte di rovesciare le proposizioni dialettiche dell'avversario, per confonderlo.

anatròccolo (*dim.* di *anatra*) [a. 1449 *anitroccolo*] ***sm.*** pulcino dell'anatra.

anatròtto (*dim.* di *anatra*) [1708] ***sm.*** anatra giovane.

ànca [dal germ. **hanka*; 1282] ***sf.*** **1.** *T.anat.* regione del corpo compresa tra la cresta iliaca e la coscia || nei quadrupedi, la parte più ampia della groppa || *com.* la parte superiore esterna della coscia || *muovere le anche*, ancheggiare || *avere l'anca buona*, essere un buon camminatore || *battersi l'anca*, gesto di dolore e disperazione **2.** *T.mar.* parte della fiancata di una nave in prossimità della zona poppiera || **N. 1.** *Sin.* fianco.

ancàre [da *anca*; a. 1636] ***intr.*** (aus. *avere*) *raro* muoversi con fatica a forza di colpi d'anca || di cavalli bolsi, respirare battendo il fianco.

ancàta [da *anca*; 1942 nel senso 2] ***sf.*** **1.** vistoso e vigoroso movimento dell'anca nell'uomo e negli animali **2.** *T.sport.* nella lotta, mossa per atterrare l'avversario, che si effettua facendo leva sull'anca || in atletica, scatto del discobolo al momento del lancio || **N. 1.** mossa.

ancèlla [lat. *ancilla*; a. 1294 *ancilla*] ***sf.*** *lett.* nell'antica Roma, schiava personale della matrona || *per estens.* donna addetta ai lavori domestici || *scherz.* cameriera || *per anton. l'Ancella del Signore*, la Madonna.

ancestràle [dall'ingl. *ancestral*; 1918] ***agg.*** **1.** che risale ai tempi più remoti, sentito quindi come inspiegabile: *paure ancestrali* **2.** *T.biol.* di caratteri psicosomatici che si suppongono presenti e maggiormente sviluppati nei remoti antenati || **N. 1.** *Sin.* atavico, avito.

ànche [etim. inc.; 1211] **I** ***avv.*** **1.** rafforza la coordinazione ed è parafrasabile con *per di più, inoltre*: *ha comprato la casa ed anche la macchina* || nelle risposte assume valore di conferma: *Giovanni viene, e Mario? Anche* **2.** perfino: *anche una belva si muoverebbe a pietà di fronte a tanto dolore* || mette in rilievo l'elemento che segue instaurando un legame tra tale elemento e qualcosa di precedentemente espresso o comunque noto: *anche noi vogliamo mangiare* (sottinteso: non solo voi o gli altri lo volete); *noi vogliamo anche mangiare* (sottinteso: non solo bere o dormire o altro) **3.** *ant. lett.* fino ad ora: *non anche hanno organizzato la difesa* **4.** *ant. lett.* di nuovo: *si che 'ninferno i' credea tornar anche* (Dante) **II** ***loc. cong.***: *anche se* (con il verbo all'indicativo), *quand'anche* (con il verbo al congiuntivo), *anche* (*a*) (in frasi implicite con verbo al gerundio o all'infinito) assume valore concessivo ipotetico: *anche se piove siamo contenti*; *quand'anche arrivasse sarebbe tardi*; *anche ad ammazzarlo non otterremo da lui una confessione.*

ancheggiàre (pres. *-éggio*) [da *anca*; 1940] ***intr.*** (aus. *avere*) camminare muovendo i fianchi: *Marilyn Monroe era famosa per come ancheggiava.*

ANATOMIA

PARTI: anatomia antropologica, applicata, comparata, descrittiva, embriologica, fisiologica, generale, microscopica, patologica, pittorica, radiologica, topografica o chirurgica; adenologia, angiologia, antropochimica, artrologia, citologia, condrologia, dermatologia, estesiologia, istologia, miologia, morfologia, osteologia, splancnologia.

STRUMENTI ANATOMICI: ago, angiotribo, bisturi, cefalotomo, coltello anatomico, forbici, martello, pinze, pinzette, rachiotomo, scalpello, sega, sonda, spatola, specillo.

TERMINI D'ANATOMIA: acino, anastomosi, aponeurosi, apofisi, apparato, apparecchio, articolazioni, borsa, cartilagine, canale, cavità, cellula, circonvoluzione, connettivo, corpuscolo, corda, cordone, condotto, diafisi, elemento, embrione, epifisi, fibra, fibrilla, funicolo, filamento, follicolo, ganglio, glomo, granulo, involucro, ligamento, lobo, lobulo, membro, membrana, meato, mucosa, nucleo, orifizio, organo, pannicolo, papilla, parete, pigmento, plesso, processo, protuberanza, protoplasma, sacco, segmento, seno, setto, sfintere, sistema, sutura, tendine, tessuto, tuberosità, tunica, umore, vaso.

VOCI ATTINENTI: anatomista, anfiteatro anatomico, dissezione, necroscopia o autopsia, preparatore, prosettore, vivisezione, museo anatomico, teatro anatomico.

REGIONI: testa (faccia, cranio), tronco (torace, addome, petto, dorso, ventre), arti superiori (spalla, braccio, gomito, avambraccio, mano), arti inferiori (anca, femore, ginocchio, gamba, piede).

CAVITÀ: cranica, toracica (spazio pleurico e pericardico), addominale (spazio peritoneale), celoma.

SISTEMA CUTANEO O TEGUMENTARIO: epidermide, corpo mucoso del Malpighi, strato germinativo, strato spinoso, strato lucido, strato granuloso (cheratoialina), strato corneo (cheratina), calli; derma (papille), ghiandole sudorifere, ghiandole sebacee, peli (follicolo, papilla, radice, bulbo, fusto o stelo), muscoli orripilanti (pelle d'oca), unghie (corpo, radice, vallo ungueale, letto dell'unghia, lunula), ghiandole lacrimali, ghiandole salivari, ghiandole mucose, papille tattili.

APPARATO ESCRETORE: reni (capsula adiposa, ilo, capsula fibrosa, pelvi, parenchima renale, sostanza corticale, sostanza midollare, calici e papille renali, tubuli e glomeruli renali), uretere, vescica, trigono vescicale.

SISTEMA OSSEO O SCHELETRO: tessuto osseo (cellule ossee, midollo, endostio, osso compatto, osso spugnoso, cavità midollare, periostio), ossa lunghe (epifisi o testa, diafisi), ossa piatte, ossa corte; processi o apofisi, tuberosità, creste, condili; articolazioni (cavità articolari, capsule articolari, membrana sinoviale, sinovia), sutura, foro, ossa soprannumerarie, sesamoidi.

CRANIO: (dolicocefalo, brachicefalo, macrocefalo, microcefalo), osso frontale (arcate sopracciliari, arcate orbitarie, bozze frontali), parietali, temporali (parte squamosa, parte timpanica, apofisi mastoidea, apofisi zigomatica, canale uditivo), occipitale, sfenoide, etmoide.

FACCIA: lacrimali, nasali, mascellari, superiori (apofisi palatina, cresta nasale, seno mascellare, alveoli, denti), palatini, zigomatici, vomere, mascellare inferiore o mandibola (coronoide, canale dentario).

TRONCO: gabbia toracica, colonna vertebrale o spina dorsale o rachide, vertebre (mobili, immobili, cervicali, dorsali, lombari, sacrali, coccigee), atlante, epistrofeo, osso sacro, coccige, apofisi spinosa, apofisi trasverse, canale centrale o rachideo, coste (vere, false, fluttuanti), sterno, pube, ischio, ileo.

ESTREMITÀ SUPERIORI: scapola, omoplata, clavicola, omero, radio, ulna, cubito, carpo (scafoide, semilunare, pisiforme, uncinato, grande osso, piramide, trapezio, trapezoide), metacarpo, dita (falange, falangina, falangetta).

ESTREMITÀ INFERIORI: acetabolo, femore (gran trocantere, piccolo trocantere, collo e testa femorale), rotula o patella, tibia, perone, tarso (astragalo, calcagno, scafoide, ossa cuneiformi, cuboide), metatarso, dita (falange, falangina, falangetta).

SISTEMA MUSCOLARE: fibra muscolare (sarcolemma, sarcoplasma, fibrille, fibre rosse, fibre pallide), tendini, aponeurosi, perimisio, endomisio, corpo o ventre del muscolo; muscoli abbassatori, abduttori, adduttori, antagonisti, anulari, costrittori, dilatatori, elevatori, estensori, flessori, orbicolari, pronatori, rotatori, supinatori; lunghi, larghi, corti; volontari o striati, invo-

segue

anchiloṣàre (pres. *-òṣo* o *-ìloṣo*) [da *anchilosi*; a. 1930] ***tr.*** irrigidire, paralizzare per anchilosi || ***intr. pron.*** *più com.* di un arto, irrigidirsi per anchilosi.

anchiloṣàto [da *anchilosi*; 1915] ***agg.*** colpito da anchilosi: *aveva un braccio anchilosato* || *per estens.* rigido, incapace di muoversi: *oggi mi sento tutto anchilosato.*

anchilòṣi [dal gr. *ankýlōsis*; 1574] ***sf.*** *T.med.* perdita o diminuzione dei movimenti di un'articolazione.

anchilòstoma [comp. del gr. *ankýlos*, curvo e *-stoma*; 1875 *ancilostoma*] ***sm.*** *T.zool.* genere di vermi Nematodi, parassita intestinale dell'uomo; si attacca con piccoli denti alle mucose dell'intestino tenue provocando emorragie.

anchilostomìaṣi [da *anchilostoma*; 1923] ***sf.*** *T.med.* malattia provocata dal verme anchilostoma e caratterizzata da grave anemia.

anchilòtico (pl. *-ci*) [da *anchilosi*; 1940] ***agg.*** e ***sm.*** (f. *-a*) che o chi soffre d'anchilosi.

anchìna [dal n. geogr. *Nanchino*; 1797] ***sf.*** tela di cotone, di color giallastro, originaria di Nanchino, nota città della Cina.

anchìno [lat. tardo *anquina*; 1607] ***sm.*** *T.mar.* fune infilata in sfere di legno duro (bertocci, paternostri) vicine tra loro, utilizzata per fissare i pennoni all'albero.

anchorman (ingl., pr. [ˈæŋkəmən]; pr. it. [ˈɛŋkormen]) [letter. uomo àncora; 1986] ***sm.*** *inv.* (anche pl. *anchormen*, pr. [ˈæŋkəmən]; f. *anchorwoman*, pr. [ˈæŋkəwumən]) nei telegiornali, giornalista che dallo studio assicura i collegamenti tra i vari inviati e corrispondenti e coordina la messa in onda dei servizi || nelle trasmissioni televisive costituite da un insieme di rubriche, collegamenti esterni, filmati e sim., presentatore che dallo studio conduce l'intero spettacolo, introducendo e coordinando le diverse parti del programma.

ància (pl. *-ce*) [dal fr. *anche*; 1829] ***sf.*** sottile linguetta di canna, legno, metallo, doppia o semplice che si adatta all'imboccatura di strumenti musicali a fiato; vibrando, per la pressione dell'aria, produce il suono.

ancìdere [var. di *uccidere*; a. 1276] ***tr.*** *ant.* uccidere.

ancìle [dal lat. *ancīle*; sec. XIV] ***sm.*** *T.stor.* piccolo scudo ovale che i Romani ritenevano mandato sulla terra dal dio Marte || *per estens.* qualsiasi scudo di forma ovale.

ancillàre [dal lat. *ancillaris*, attr. il fr. *ancileaire*; 1905] ***agg.*** **1.** che riguarda le ancelle, le serve || *amori ancillari*, rapporti amorosi con le domestiche **2.** subordinato: *è stanco di ricoprire un ruolo ancillare.*

ancilotomìa [comp. del gr. *ankýlos*, curvo e *-tomia*; 1819] ***sf.*** *T.chir.* taglio del frenulo linguale quando questo impedisce i movimenti della lingua necessari per l'articolazione delle parole.

ancìpite [dal lat. *anceps*, *-cipitis*; 1485] ***agg.*** **1.** *lett.* che ha doppia natura || *fig.* incerto, dubbio, ambiguo: *l'ancipite sfinge camusa* (D'Annunzio) **2.** detto di lama, a due tagli **3.** di sillaba o vocale che nella metrica classica può essere considerata lunga o breve **4.** *arc.* anfibio.

ancìṣo (*pps.* di *ancidere*) [a. 1321] ***agg.*** *ant.* reciso; ucciso.

ànco [var. di *anche*; 1308] ***cong.*** *raro* anche.

ancòi [dal lat. *hodie*, attr. il provenz. *ancoi*; a. 1348] ***avv.*** *ant.* oggi: *or ti rammenta / come bevesti di Letè ancoi* (Dante).

ancóna [dal gr. biz. *eikóna*; 1312] ***sf.*** tavola dipinta o scolpita in bassorilievo, posta sull'altare e raffigurante immagini sacre || *per estens.* nicchia in cui si conserva detta tavola.

ancóne [dal lat. tardo *ancon*, *-ōnis*, gr. *ankṓn*, gomito; a. 1406] ***sm.*** *arc.* articolazione del gomito, gomito || il grosso dell'anca.

anconèo [da *ancone*; 1681] ***agg.*** piccolo muscolo posteriore dell'avambraccio che esercita azione estensoria.

àncora [lat. *ancora*; sec. XIII] ***sf.*** **1.** strumento di ferro con due o più bracci ricurvi, che, calato con una gomena o una catena in fondo al mare, fa presa e ormeggia la nave || *dar fondo all'ancora*, gettarla || *salpare l'ancora*, partire, andarsene; anche *fig.* || *stare sull'ancora, essere all'ancora*, essere fermi, ormeggiati; anche *fig.* || *ancora di posta*, ciascuna delle due ancore sospese a destra e a sinistra della prua || *ancora galleggiante*, dispositivo che le navi in difficoltà nella tempesta gettano sopravvento per diminuire lo scarroccio || *ancora di salvezza, fig.* ultima speranza: *tu sei la mia ancora di salvezza* **2.** *T.fis.* sbarretta di ferro per aprire e chiudere un circuito elettromagnetico **3.** *T.orol.* pezzo d'orologeria, simile all'ancora, che si trova nello scappamento e lo collega al bilanciere o al pendolo || *dim.* ancorétta, ancorìna, ancoròtto || **N.** **1.** ancora ammiragliato, a ceppo fisso, a fungo, a mazze mobili | ceppo, cicala, diamante, fuso, mazza, patta, unghia. **Q.T.** ***vela*** **TAV.** ***vela*** **p. 1342** 3 e **p. 1343** 6.22.

ancóra [lat. *hanc horam*, a quest'ora; a. 1294 nel senso 3] **I *avv.*** **1.** indica continuità nella durata di un fatto o un'azione, anche ora, anche allora: *lavora da ieri e non ha ancora finito* || a quel tempo, allora: *nel 1830 non c'erano ancora aeroplani*; *non era ancora nato* || fino a quel momento: *non aveva ancora capito nulla*

segue ANATOMIA

lontari o lisci; placca neuromotrice, mioglobina.

TESTA: frontale (aponeurosi epicranica), occipitale, orbicolare delle palpebre, orbicolare delle labbra, buccinatorio, temporale, massetere, pterigoideo (esterno, interno), triangolare delle labbra, quadrato del mento, trasversale del naso, mimici.

COLLO: sternocleidomastoideo, scaleni, trapezio, stiloglosso, stiloioideo.

TRONCO: gran pettorale, piccolo pettorale, gran dentato, sottoscapolare, trapezio, gran dorsale, muscoli intercostali (esterni, interni), gran retto dell'addome (linea alba), diaframma, obliquo dell'addome, spinale.

ARTI SUPERIORI: deltoide, sopraspinoso, sottospinoso, bicipite, brachiale, brachiale anteriore, tricipite, anconèo, palmari, pronatore, flessori lunghi e brevi delle dita, estensori lunghi e brevi delle dita, radiali, supinatori.

ARTI INFERIORI: glutei, quadricipite femorale o crurale, sartorio, bicipite femorale o crurale, retto interno, adduttore della coscia, tibiale anteriore, tricipite, gemelli, tendine d'Achille, estensore comune delle dita, estensore dell'alluce, flessore comune delle dita, flessore dell'alluce.

SISTEMA NERVOSO.

CELLULE NERVOSE (sostanza grigia): unipolari, bipolari, con prolungamento a T, multipolari, neuriti, dendriti.

FIBRE NERVOSE (sostanza bianca): midollare, fibrille o neurofibrille, guaina midollare o mielinica, nevrilemma, fibre amidollate (senza mielina).

TESSUTO DI SOSTEGNO O GLIA: neuroglia, dendroglia, microglia.

SISTEMA NERVOSO CENTRALE: encefalo (meningi, cervello, cervelletto, bulbo o midollo allungato, ponte di Varolio, rombencefalo, mesencefalo, diencefalo, telencefalo), midollo spinale.

MENINGI: dura madre, aracnoide, pia madre.

CERVELLO: corteccia cerebrale, sostanza bianca, gangli, emisferi centrali (scissura intermisferica), circonvoluzioni cerebrali, scissure (di Rolando, di Silvio, parietoccipitale), lobi (frontale, parietale, occipitale, temporale), corpo calloso (ginocchio, splenio), ventricoli (laterali, terzo e quarto, acquedotto di Silvio), talamo ottico, setto pellucido, quinto ventricolo, fornice, tubercoli, lira o salterio, tela coroidea, corpo pineale, infundibolo, ipofisi o ghiandola pituitaria, chiasma dei nervi ottici, corpi quadrigemini, nuclei della base (corpo striato, nucleo caudato, nucleo lenticolare, nucleo amigdaloideo), capsula interna, corno d'Ammone, ippocampo.

CERVELLETTO: verme, emisferi cerebellari, lobuli, albero della vita, peduncoli cerebellari, nuclei cerebellari.

PONTE DI VAROLIO: piramidi anteriori, oliva bulbare, fossa romboidale, angolo ponto-cerebellare.

MIDOLLO ALLUNGATO o bulbo rachideo.

MIDOLLO SPINALE: rigonfiamento cervicale, rigonfiamento lombare, solco mediano anteriore, solco mediano posteriore, solchi laterali, cordoni (anteriori, laterali, posteriori), commessura grigia, corna anteriori, corna posteriori, canale midollare centrale, radici nervose anteriori e posteriori.

SISTEMA NERVOSO PERIFERICO: nervi cranici o encefalici, nervi spinali, plessi nervosi, gangli spinali.

NERVI CRANICI: olfattivi, ottici, oculomotori, patetici, trigemini, oculomotori esterni, facciali, uditivi o acustici, glossofaringei, vaghi o pneumogastrici, accessori, ipoglossi.

NERVI SPINALI: radice anteriore o ventrale o motoria, radice posteriore o dorsale o di senso, cervicali (plesso cervicale, plesso frenico, plesso brachiale), dorsali o toracici, lombari (plesso lombare, plesso crurale), sacrali, coccigei, coda equina.

SISTEMA AUTONOMO O DEL GRAN SIMPATICO: gangli, regione cervicale, dorsale, lombare, sacrale, plesso cardiaco, plesso solare, plesso mesenterico, plesso ipogastrico.

ORGANI DEI SENSI: stimolo, sensazione, impressione, percezione, sensibilità generale, organi specifici.

VISTA (occhio o bulbo oculare): sclerotica (cornea), coroide (iride, pupilla, sfintere della pupilla, muscolo dilatatore, muscolo ciliare), retina (macchia lutea, fovea centrale, punto cieco), camera anteriore e posteriore, umore acqueo, cristallino, umor vitreo, membrana ialoidea; sopracciglia, palpebre, ciglia, caruncola lacrimale, piega semilunare, ghiandola lacrimale, orifizio lacrimale, sacco lacrimale, canale nasale.

segue

|| fino ad ora, per ora: *ancora non è arrivato* **2.** un'altra volta, nuovamente: *se provi ancora forse riuscirai* **3.** un altro poco: *vorrei ancora del dolce* **4.** come rafforzativo spec. del comparativo: *è ancora più sfortunato di me; ancor meglio* **II** ***cong.*** *ant.* sebbene, quantunque: *da voi mi parto ancor mi sia pesanza* (Mazzeo di Ricco).

ancoraché v. ANCORCHÉ.

ancoràggio (pl. *-gi*) [da *àncora*; 1488] ***sm.*** **1.** *T.mar.* luogo dove i bastimenti possono gettar l'àncora || *per estens.* la manovra di gettare l'àncora || *tassa di ancoraggio,* tassa che si paga per ancorare una nave in un porto **2.** dispositivi per il fissaggio al suolo di una struttura: *l'ancoraggio del pilone non era sufficientemente saldo* **3.** *fig.* collegamento con un punto di riferimento stabile o che offre garanzie: *l'ancoraggio della lira al sistema monetario internazionale* **4.** nella tecnica alpinistica, assicurazione con corde nel caso di sosta prolungata. **Q.T.** *porto.*

ancoràio (pl. *-ài*) [da *àncora*; 1553] ***sm.*** (f. *-a*) chi fabbrica ancore.

ancoràre (pres. *àncoro*) [da *àncora*; 1512] ***tr.*** **1.** ormeggiare la nave, gettando l'àncora in mare **2.** *per estens.* assicurare saldamente, fissare; anche *fig.*: *ancorare l'antenna, ha ancorato il proprio ragionamento a presupposti falsi* **3.** *T.econ.* rapportare il valore di una moneta a quello dell'oro o di un'altra moneta: *ancorare la lira al marco* || nel linguaggio politico, vincolare una questione a un'altra: *ancorare il contratto alle nuove assunzioni* || ***rifl.*** **1.** gettare l'ancora: *la flotta si è ancorata nella baia* **2.** aggrapparsi; anche *fig.*: *si è ancorato a speranze assurde* **3.** *fig.* stabilirsi in un luogo: *si è ancorato in casa mia.* **Q.T.** *nautica...*

ancoràto (*pps.* di *ancorare*) [a. 1547] ***agg.*** **1.** a forma di ancora: *croce ancorata* **2.** aggrappato, fissato; *fig.* legato rigidamente a costumi, principi ecc.: *è sempre più ancorato al passato.*

ancorché (ant. *ancoraché*) [comp. di *ancóra* e *che*; 1276] ***cong.*** *lett.* benché, quantunque; regge il congiuntivo: *ancorché piovesse volle partire* || anche se: *ancorché inutilmente, almeno ha provato.*

ancoréssa [da *àncora*; 1889] ***sf.*** *T.mar.* ancora con una sola marra; si usa per l'ormeggio di boe, segnali galleggianti ecc.

ancorétta (*dim.* di *àncora*) [1769] ***sf.*** **1.** grappino **2.** particolare amo a più punte.

ancorizzàre [da *àncora*; 1942] ***tr.*** *T.aut.* trattare i pneumatici in modo da aumentarne l'aderenza al terreno || **N.** *Sin.* aderizzare.

ancoròtto (*dim.* di *àncora*) [1797] ***sm.*** *T.mar.* piccola ancora con due o più mazze fisse usata su imbarcazioni leggere.

ancròia [dal n. proprio *Ancroia,* personaggio dei romanzi cavallereschi; a. 1535] ***sf.*** *ant.* donna vecchia e brutta: *le più brutte ancroie.*

ancùde [da *(l)a, (i)ncudine*; a. 1306] ***sf.*** *poet.* incudine.

ancùdine [da *(l)a 'ncudine*; a. 1306] ***sf.*** *raro* incudine.

ànda [da *andare*; a. 1400] **I** ***sf.*** *arc.* avvio, movimento: *dar l'anda* **II** *pop. ant.* grido di incitamento per animali da tiro.

andabàta [dal lat. *andabata*; a. 1686] ***sm.*** *T.stor.* gladiatore che combatteva bendato.

andalusìte [dal n. geogr. *Andalusia,* regione spagnola; 1817] ***sf.*** *T.min.* minerale silicato di alluminio di color rosso o rosato, usato, se molto trasparente, come gemma, altrimenti impiegato nell'industria della porcellana e per ottenere l'alluminio.

andalùso [dal n. geogr. *Andalusia*; a. 1635 *andaluzzo*] **I** ***agg.*** dell'Andalusia **II** ***sm.*** (f. *-a*) abitante dell'Andalusia.

andamanése [dal n. geogr. *Andamane*; 1860] **I** ***s.*** **1.** abitante delle Andamane, isole del Golfo del Bengala **2.** *sm.* (solo *sing.*) gruppo di lingue agglutinanti delle isole Andamane le cui affiliazioni genetiche non sono chiare **II** ***agg.*** delle isole Andamane, relativo agli abitanti delle isole Andamane. **Q.T.** *lingue...*

andaménto [da *andare*; a. 1313] ***sm.*** **1.** il succedersi di varie fasi di un fenomeno; svolgimento, tendenza, decorso: *la borsa aveva un andamento irregolare; l'andamento della malattia* **2.** *andamento di una grandezza,* modi di variazione di una grandezza rispetto ad altre grandezze **3.** ritmo di una composizione poetica || più *gen.* tono, stile: *un discorso dall'andamento retorico* **4.** *T.mus.* progressione || *per estens.* divertimento (inteso come parte della fuga che procede per progressioni armoniche) || *com.* movimento, inteso nel senso di espressività di un brano: *andamento allegretto, maestoso* **5.** *ant.* il modo di camminare: *un andamento maestoso* **6.** *ant.* modo di agire, comportamento || *pl. ant.* maneggi, intrighi **7.** *ant.* viaggio || *concr.* sentiero, luogo per cui si passa.

andàna [etim. inc.; 1829] ***sf.*** **1.** zona di terreno compresa tra due filari d'alberi || *per estens.* passaggio tra due file di oggetti ammucchiati (casse, botti ecc.) || striscia di fieno appena tagliata; *region.* passaggio, banchina, marciapiede **2.** corridoio che i funaroli percorrono avanti e indietro per torcere la canapa **3.** *T.mar.* fila di navi ormeggiate fianco a

segue ANATOMIA

UDITO (orecchio): padiglione (conca, elice, antelice, trago, antitrago), condotto uditivo esterno (ghiandole ceruminose), membrana del timpano; cavità timpanica, tromba d'Eustachio, finestra ovale, finestra rotonda, martello, incudine, staffa; labirinto osseo, labirinto membranoso (vestibolo, coclea o chiocciola, utricolo, sacculo, otolite), perilinfa, endolinfa.

OLFATTO (naso): narici, coane, vestibolo (vibrisse), fossa nasale (pituitaria gialla o mucosa olfattiva, pituitaria rossa o mucosa respiratoria), cellule olfattive, filamento nervoso olfattivo, osso etmoide.

GUSTO: lingua, papille linguali, corpuscoli gustativi, nervo linguale, osso ioide o linguale.

TATTO: papille tattili, bulbi terminali; sensazioni tattili, termiche, dolorifiche, senso muscolare, senso dell'equilibrio.

VOCI ATTINENTI: brachimetropia, presbiopia o presbitismo, miopia, strabismo, daltonismo, anacromatismo, ipermetropia, ottica, occhiali, diottrie, scotoma, fosfeni; acumetria, iperacusia, sordità, acustica, cornetto acustico; olfattometro, olfattia.

APPARATO DIGERENTE: mucosa, epitelio, endotelio, tunica muscolare, peritoneo, mesentere, movimenti peristaltici.

BOCCA: labbra, lingua, palato (duro, molle), arcate dentarie, denti (incisivi, canini, molari), frenulo, ugola, istmo delle fauci, pilastri del palato, amigdala o tonsilla palatina, ghiandole salivari (parotidi, sottomascellari, sottolinguali).

FARINGE: glottide (epiglottide); ESOFAGO; DIAFRAMMA.

STOMACO: cardias, fondo, grande curvatura, piccola curvatura, antro pilorico, piloro, ghiandole gastriche (acido cloridrico, pepsina, chimosina); chimo.

INTESTINO: circonvoluzioni intestinali, anse, mucosa, villi, noduli linfatici, succo enterico (tripsina, invertina, maltasi, amilasi, lattasi, lipasi, enterochinasi); chilo.

INTESTINO TENUE: duodeno, digiuno, ileo (valvola ileocecale).

INTESTINO CRASSO: cieco (appendice cecale), colon (ascendente, trasverso, discendente), sigma, retto.

FEGATO: lobi, cistifellea (bile), coledoco, dotto cistico, dotto epatico, vena porta, vena sopraepatica, canalicolo biliare; glicogeno.

PANCREAS: condotti pancreatici, succo pancreatico (amilopsina, steapsina, tripsina), isole di Langerhans (insulina).

APPARATO RESPIRATORIO: inspirazione, espirazione, respirazione toracica, respirazione addominale, aria corrente, aria complementare, aria di riserva.

VIE RESPIRATORIE: naso, laringe, glottide, epiglottide, corde vocali, cartilagini (tiroidea, cricoidea, aritenoidea), trachea (anelli cartilaginosi, membrana fibrosa, ghiandole mucipare), bronchi (grossi bronchi, bronchi primari, secondari, terziari, bronchioli, albero bronchiale), polmoni (pleura, apici, basi, lobi, condotti alveolari, infundibuli, alveoli), zone polmonari.

SISTEMA CIRCOLATORIO: piccola e grande circolazione, circolazione arteriosa, circolazione venosa, circolazione capillare, circolazione linfatica, circolazione collaterale.

SANGUE: plasma (fibrina, albumina, siero), globuli rossi o emazie (emoglobina), globuli bianchi o leucociti (fagocitosi).

CUORE: sistole, diastole, pericardio, epicardio, miocardio, endocardio, orecchiette o atrii (destro, sinistro), ventricoli (destro, sinistro), valvole (d'Eustachio, di Tebesio, tricuspide, sigmoidee o semilunari, bicuspide o valvola mitrale), setto interventricolare, arterie coronarie, corde tendinee.

VASI SANGUIGNI:

ARTERIE: aorta (arco dell'aorta), coronarie, aorta discendente, tronco anonimo, succlavia destra (omerale, radiale, cubitale), carotide primitiva destra, carotide primitiva sinistra, succlavia sinistra, aorta toracica, arterie intercostali, bronchiali, esofagee, diaframmatiche, lombari, mesenteriche, renali, iliache, polmonari, tripode celiaco, poligono arterioso.

VENE: vena cava superiore, giugulari, succlavie, intercostali, bronchiali, tracheali, esofagee, grande vena azigos, vena cava inferiore, iliache, sacrale, renali, lombari, sovraepatica, coronaria, vena porta, polmonari, seni venosi.

CIRCOLAZIONE LINFATICA: linfa, spazi linfatici, tronchi linfatici, dotto linfatico, milza, timo, ghiandole linfatiche o gangli linfatici, ghiandole endocrine (tiroide, paratiroidi, timo, capsule surrenali, ipofisi, tessuto insulare del pancreas; ormoni).

fianco con gli scafi perpendicolari alla banchina: *ormeggiarsi in andana* || *per estens.* banchina dove ci si ormeggia in tale modo.

andànte (*ppr.* di *andare*) [1333] **I agg. 1.** ordinario, comune, fatto alla buona; scadente: *roba andante*; *lavoro andante* **2.** corrente: *mese, anno andante* **3.** detto di persona, alla mano, senza pretese **4.** di stile, semplice, scorrevole **5.** di muro, continuo, senza interruzioni || **andantemènte** *avv.* **1.** comunemente **2.** senza interruzioni **II sm.** *T.mus.* movimento di tempo moderato compreso tra l'adagio e l'allegro || *per estens.* brano musicale caratterizzato da tale tempo.

andantézza [da *andante*; 1863] **sf.** *non com.* affabilità, l'essere alla mano.

andantìno (*dim.* di *andante*) [1797] **sm.** *T.mus.* movimento musicale poco più veloce dell'andante || *per estens.* brano musicale caratterizzato da tale tempo.

andàre[1] (pres. *vado* o *vo, vai, va, andiàmo, andàte, vànno*; imp. *andàvo*; p.rem. *andài, andàsti*; fut. *andrò*; cong. pres. *vàda, andiàmo, andiàte, vàdano*; imp. *andàssi*; cond. *andrèi*) [etim. discussa: lat. *ambulare* o lat. volg. *ambitāre*; a. 1294] **I intr.** (aus. *essere*) **1.** spostarsi, anche di animali, veicoli, cose in generale: *andare in Svizzera, dal medico*; *Max va a cuccia, questo autobus va in piazza Vittorio, tutti i fiumi vanno a valle*; *andare al lavoro con la metropolitana*; *andare con qualcuno in qualche luogo*, recarcisi insieme a qualcuno (o, *ass.*, frequentarlo abitualmente, com. nel modo di dire *dimmi con chi vai e ti dirò chi sei*); *andare a fare una passeggiata, andare a* (o *per*) (sott. *cercare*) *funghi, andare a* (sott. *cercare*) *donne, uomini* || seguito dalla specificazione del mezzo con cui ci si sposta: *vado spesso in treno, ci è andato con la macchina*; *andare via mare, via terra* || seguito dalla specificazione del modo in cui ci si sposta, anche in molte loc. e in modi di dire (anche fig.): *andare di corsa, al galoppo, come il vento, a zig zag*; *andare alla spicciolata*, a piccoli gruppi, senza un ordine preciso; *andare a senso*, spec. traducendo da una lingua straniera; *andare a tentoni, a casaccio*; *andare a fiuto, a (lume di) naso, a intuito*; *andare a tempo*; *andare in giro scalzo, in maniche di camicia* || *prov. chi va piano va sano e va lontano* || seguito dalla specificazione del luogo in cui ci si sposta, anche in molte loc. e in modi di dire (anche fig.): *andare a Roma, altrove, là*; *andare addosso a qualcuno*, urtarlo; *fig. andare dritto allo scopo*, perseguirlo senza tergiversazioni, tentennamenti e sim.; *andare fuori*, uscire; *andare dentro*, entrare (usato *ass.*, entrare in casa o, anche, andare in prigione: *andiamo dentro, che comincia a piovere, è andato dentro per furto*); *andare su*, salire su: *siamo andati sul Cervino*; *andare giù*, scendere giù o, anche, cadere per terra: *è andato giù in cantina, il pugile è andato giù alla terza ripresa*; *andare avanti e indietro*, fare la spola tra due punti e, *fig.*, avere un andamento discontinuo; *andare via*, in un luogo diverso da quello in cui attualmente ci si trova; allontanarsi e, *fig.*, sparire rapidamente: *mi è andato via un milione senza che me ne accorgessi, mi è andata via la pancia*; *andare fino a*, raggiungere un certo punto: *vai fino al terzo semaforo e poi gira a destra*; *andare (fino) in fondo*, anche *fig.*, approfondire una questione, chiarire, far piena luce su una faccenda; *andare all'altare*, *fig.* sposarsi; *andare a zonzo*, passeggiare senza una meta precisa; *andare all'altro mondo, al Creatore*, morire; *vai al diavolo, all'inferno, a quel paese, a farti friggere, a farti benedire* e sim., *fig.* imprecazioni di rabbia rivolte contro qualcuno; *andare alle stelle*, *fig.* salire vertiginosamente, detto spec. di prezzi; *andare alla testa*, del vino, dell'alcol ecc., produrre stordimento; *andare a Canossa*, *fig.* pentirsi, riconoscere i propri errori; *fig.* di strada, portare, condurre: *quest'autostrada va a Torino*; *fig.* di sguardo, pensiero, frase ecc., essere rivolto, indirizzato, diretto: *i suoi sguardi andavano sempre alla finestra, il suo pensiero andava continuamente al passato* **2.** *in part.* lasciare un luogo, allontanarsi da un luogo, andar via, partire, muoversi, incamminarsi (anche *ass.*): *settembre, andiamo è tempo di migrare* (D'Annunzio); in alcune loc., anche *fig.*: *vai con Dio*, in pace o, *fam. iron.*, usato per congedare bruscamente qualcuno; *lasciar andare*, lasciar cadere, sfuggire ecc., cessare di trattenere: *non lasciar andare in terra quella stoffa, che si sporca!, ha lasciato andare la farfalla che aveva catturato*; *mi sono lasciato andare e gliene ho dette di tutti i colori*; e, anche, lasciar perdere, lasciar correre e sim.: *lascia andare, non vale la pena polemizzare con quello sciocco, per questa volta lascio andare e non ti punisco*; *fam. andare e venire*, andarsene e tornare subito: *ha detto che andava e veniva, ma non s'è più fatto vedere* || *in part.*, *eufem.*, morire; nel modo di dire fig. *essere andato*, essere partito, smettere di funzionare, rompersi, diventare inservibile: *queste scarpe ormai sono andate!* || *per estens.* dileguarsi, svanire, scomparire: *la salute, col passare degli anni, se ne va* || *in part.* del tempo, trascorrere, passare: *e un altro giorno è andato* || in tutti questi sensi, nella forma raff. *andarsene*: *se n'è andata in fretta e furia, il tempo dei giochi se n'è ormai andato* **3.** *per estens.* andare avanti, procedere, svolgersi con un certo andamento (anche fig.): *a che velocità va questa macchina?*; *come va il lavoro?*; *fam. come va (la vita)?*, come te la passi?, come stai?; *va bene!*, in risposta a *come va?* o, anche, come espr. di assenso, di consenso (con il senso di "mi sta bene"): *esco dieci minuti. Va bene!*; *andare a gonfie vele, andar liscio*, procedere bene, senza difficoltà; *andare avanti di questo passo*, modo di dire pessimistico detto di qualcosa che procede malamente o lentamente: *se vai avanti di questo passo non combinerai mai nulla di buono* || *in part.*, *ass.*, andare avanti, procedere bene: *come va?*; *va, non va*, va bene, non va bene || anche, *per estens.*, trasformarsi in qualcosa, evolversi fino a raggiungere una condizione diversa da quella iniziale, avere come esito: *se non ubbidisci, per te va a finire male* (alludendo, in tono minaccioso, a una qualche punizione); *andare a rotoli, a ramengo, a catafascio, in malora, in rovina*, rovinarsi, sfasciarsi e sim., anche in senso fig.: *con questo caldo la frutta va in malora, a forza di spendere è andato in rovina*; *andare in fumo*, svanire: *i risparmi di una vita andati in fumo in una notte al casinò*; *andare in brodo di giuggiole*, gongolare per il piacere; *è andata!*, è andata a finire bene **4.** di meccanismi e sim., funzionare (anche *ass.*): *la macchina da scrivere non va (più), un motore che va a gas*; *andar da sé*, funzionare, muoversi per conto proprio, senza bisogno di spinte e sim.: *una volta che l'hai avviato il meccanismo va da sé*; anche *fig.*, nella loc. *va da sé*, ne consegue, ne deriva || *per estens.*, anche *fig.*, funzionare, adattarsi, convenire, essere appropriato: *una tappezzeria di questo tipo non va con l'arredamento della stanza*, non ci sta bene insieme; *il testo, così come l'hai scritto, non va (bene)*, non risponde a determinate esigenze; *in part.* di indumenti, essere di misura appropriata: *questi pantaloni non mi vanno più*; di articoli posti in commercio, risultare appropriati, rispondere ai gusti del pubblico, essere richiesti, avere smercio: *è un articolo che non va*; anche essere di moda: *un modello di gonna che quest'anno non va più* **5.** *raro* e *impropr.* (è un francesismo), seguito dalla prep. *a* e dall'infinito del verbo, accingersi a, stare per, essere sul punto di: *il testo che vado a leggervi* **II** con valore di **aus. 1.** come copulativo, seguito da un aggettivo, con valore rafforzato rispetto a quello del semplice *essere*: *andar fiero delle proprie imprese, vai cauto a dar giudizi, vado pazza per la musica* **2.** seguito da un participio passato, dover essere: *la legge va rispettata, la cena va preparata per le otto* || in espr. ell. di verbi come *mettere, collocare, porre* e sim.: *il tavolo va in centro stanza* **3.** seguito da un gerundio, per dar l'idea della continuità dell'azione espressa dal verbo: *va dicendo cose false sul tuo conto, il malato va aggravandosi* || **N. I 1.** camminare; avanzare, avviarsi, partire, procedere; recarsi | *Contr.* restare, sostare, stare; arrestarsi, fermarsi **2.** dirigersi, trasferirsi **3.** diventare, trasformarsi **4.** marciare.

andàre[2] [etim. discussa: lat. *ambulare* o lat. volg. **ambitare*; a. 1292] **sm. 1.** atto dell'andare: *non impedir lo suo fatale andare* (Dante) **2.** modo dell'andare, andatura: *lo riconobbi all'andare* || nella *loc. prep. all'andare* o *sull'andare di*, alla maniera di **3.** *a lungo andare*, seguitando per molto tempo || *a tutto andare*, continuamente **4.** *ant.* modo di comportarsi || usanza, costume **5.** *ant.* sentiero.

andàta [da *andare*; a. 1294] **sf. 1.** l'andare, l'itinerario che si fa per recarsi in un luogo: *impiegarono tre ore all'andata e solo una al ritorno* || *biglietto di andata e ritorno*, biglietto ferroviario, aereo e sim. valido per il viaggio verso una località e per il ritorno alla località di partenza **2.** *T.sport.* *girone di andata*, la prima delle due fasi di un calendario agonistico (calcio, *basket*, *rugby* ecc.) nella quale le squadre si incontrano per la prima volta **3.** *disus.* viaggio || *pegg.* andatàccia || **N.** *Contr.* ritorno.

andàto (*pps.* di *andare*) [sec. XIII nel senso 2] **agg. 1.** trascorso: *il tempo andato* **2.** rovinato, perduto: *bello e andato* **3.** *fam.* avanzato, andato a male: *il pesce mi pare andato.*

andatóia [da *andare*; 1955] **sf.** *T.edil.* rampa inclinata che serve a collegare in un cantiere i diversi palchi dei ponti di fabbrica. **TAV. *edilizia* p. 666** 1.6.

andatùra [da *andare*; fine sec. XIII] **sf. 1.** il modo di andare, di procedere, di camminare: *andatura svelta, traballante, dinoccolata* || *lett.* portamento: *andatura fiera* **2.** *T.sport.* ritmo, velocità impressa alla gara da un concorrente: *procedere con andatura regolare*; *aumentare l'andatura* || *fare l'andatura*, precedere gli altri concorrenti in modo da regolarne la velocità || *rompere l'andatura*, di cavallo nelle gare di trotto, passare dal trotto al galoppo **3.** *T.mar.* nella navigazione a vela, il modo di navigare in dipendenza dell'angolo che la direzione del vento forma con la direzione della chiglia della nave: *andatura a fil di ruota* o *in poppa, a vento largo, di breccia, di bolina, al traverso, al gran lasco* || nella navigazione a propulsione meccanica, la velocità conseguente alla potenza sviluppata dalle macchine motrici: *andatura a tutta forza, a mezza forza, adagio* || **N. 1.** *Sin.* incedere, passo | altera, briosa, composta, dimessa, grave, maestosa, naturale, scomposta, semplice, seria, solenne, trascurata, umile. **Q.T.** *cavallo, vela* **TAV. *vela* p. 1342** 4.

andàzzo [da *andare*; a. 1400] **sm.** usanza di poca durata, moda; modo di procedere in gen. criticabile: *la festa ha preso un andazzo che non mi piace.*

andeṣìte [dal n. geogr. *Ande*, catena montuosa dell'America meridionale; 1905] **sf.** *T.geol.* roccia effusiva costituita da plagioclasi, anfiboli e pirosseni utilizzata per pavimentazioni stradali.

àndicap e der. adattamento it. di *handicap* e der. (v.).

andiniṣmo [da *andino*; 1970] **sm.** alpinismo sulle Ande.

andìno [dal n. geogr. *Ande*; 1829] **agg.** relativo alle Ande, delle Ande: *regione andina, popolazione andina, musica andina.*

andirivièni [comp. degli imper. ant. di *andare* e *rivenire*; a. 1742] **sm.** *inv.* l'andare e venire di gente o veicoli per il medesimo luogo || *per estens.* disposizione intricata di stanze o strade || *fig.* confuso giro di parole: *parla senza tanti andirivieni* || **N.** *Sin.* viavai.

àndito [da *andare*; 1342] **sm.** piccolo corridoio che serve di comunicazione fra varie stanze || ingresso, vestibolo || *per estens.* ripostiglio, bugigattolo.

-àndo [dal lat. *-ăndus*, desinenza del gerundivo] **suff.** (f. *-a*) forma aggettivi deverbali (spesso sostantivati) in cui è espressa l'idea del dovere, della necessità di qualcosa (*esecrando, venerando*) o dell'imminenza di qualcosa (*cresimando, esaminando, maturando, laureando*).

andrèna [dal gr. *anthrḗnē*, calabrone; a. 1912] **sf.** *T.zool.* genere di insetti degli Imenotteri che nidificano sotto terra.

-andrìa [dal gr. *anḗr, andrós*, uomo] **elem. term.** che, in parole composte dotte, vale "uomo" (per es. *poliandria*) || in botanica ha il valore di "elemento maschile", spec. "stame" (per es. *proterandria*).

andrienne (fr., pr. [ɑ̃dri'ɛn]) [dal n. dell'eroina di una commedia famosa, la quale indossava un abito simile; sec. XVIII] **sf.** *inv.* *T.abb.* ampia veste da camera femminile in uso nel sec. XVIII || *scherz.* qualunque abito da donna molto ampio e lungo.

àndro- [dal gr. *anḗr, andrós*, uomo] **primo elem.** che, in parole composte dotte o della terminologia scientifica, ha il valore di "uomo" o "relativo al genere maschile": **androfobìa** || in botanica ha il valore di "elemento maschile", spec. "stame" (per es. *androceo*).

-àndro [dal gr. *anḗr, andrós*, uomo] **elem. term.** che, in parole composte dotte, vale "relativo al genere maschile" (per es. *ginandro*).

androcèo [comp. di *andro-* e (*gine*)*ceo*; 1865] **sm.** **1.** *T.bot.* insieme degli stami del fiore **2.** *T.stor.* nella casa greca, la parte riservata agli uomini.

andrògeno [comp. di *andro-* e *-geno*; 1955] **sm.** e **agg.** *T.biol.* ormone sessuale ad azione virilizzante che regola lo sviluppo e le funzioni degli organi genitali maschili e determina i caratteri sessuali secondari: *sostanza androgena*.

androginìa [da *androgino*; 1865] **sf.** presenza contemporanea dei caratteri sessuali maschili e femminili in piante, animali ecc.; ermafroditismo.

andrògìnico (pl. *-ci*) [da *androgino*; a. 1938] **agg.** relativo ad androginia.

andrògino [dal lat. *androgynus*, gr. *andrógynos*; sec. XIV] **agg.** e **sm.** **1.** che o chi presenta i caratteri dell'androginia, ermofrodito **2.** *fig.* che o chi ha un aspetto ambiguo e partecipa delle caratteristiche di entrambi i sessi.

andròide [comp. di *andro-* e *-oide*; 1819] **sm.** **1.** automa di aspetto umano || *in part.* automa fatto di materia organica, a differenza del robot, costituito di materia inorganica **2.** manipolatore automatico || **N.** **1.** *Sin.* replicante.

andrologìa [comp. di *andro-* e *-logia*, sul modello di *ginecologia*; 1974] **sf.** ramo della medicina che studia le malattie dell'apparato genitale maschile.

andròlogo (pl. *-gi*) [da *andrologia*; 1980] **sm.** (f. *-a*) medico, specialista in andrologia.

andromanìa [comp. di *andro-* e *-mania*; 1829] **sf.** *T.med.* ninfomania.

andróne [lat. *andron, -ōnis*, gr. *andrṓn*; sec. XIV] **sm.** **1.** ambiente più o meno ampio, che conduce dal portone di un palazzo al cortile interno o alla scala **2.** sala adibita al ricevimento degli ospiti **3.** *T.stor.* vestibolo di chiese e basiliche || nelle antiche chiese greche, la parte riservata agli uomini **4.** *T.stor.* nella casa greca, la parte riservata agli uomini || nella casa romana, corridoio di disimpegno tra i quartieri maschili e quelli femminili. **TAV.** *abitazione* 3.13.

andropàusa [comp. di *andro-* e (*meno*)*pausa*; 1963] **sf.** climaterio maschile.

andròsace [dal lat. *androsaces, -is*; 1704] **sf.** *T.bot.* pianta erbacea delle Primulacee dai fiori disposti a ombrella, foglie strette e frutti a capsula.

androsteróne [comp. di *andro-*, *ster*(*olo*) e *-one*; 1970] **sm.** *T.biol.* uno degli ormoni sessuali maschili, contenuto nell'urina sia maschile che femminile.

anecòico (pl. *-ci*) [comp. di *an-*, *eco* e *-ico*, sul modello dell'ingl. *anechoic*; 1974] **agg.** *T.fis.* senza echi, che non dà luogo a echi; detto in part. di luogo chiuso le cui superfici assorbono totalmente le onde sonore senza rifletterle: *camera anecoica*, ambiente impiegato per le prove di apparecchiature sonore o per la misurazione della rumorosità di macchine.

anecumène [comp. di *an-* e *ecumene*; 1965] **sf.** *T.geogr.* parte delle terre emerse non abitabili dall'uomo per le condizioni climatiche ed ambientali sfavorevoli.

aneddòtica [da *aneddoto*; 1939] **sf.** **1.** raccolta di aneddoti relativi a un personaggio, a un'epoca ecc. **2.** arte di raccogliere e scrivere aneddoti.

aneddòtico (pl. *-ci*) [da *aneddoto*; a. 1866] **agg.** che contiene aneddoti; che si riferisce ad aneddoti: *articolo aneddotico*.

aneddotìsta [da *aneddoto*; 1796 *anectodista*] **s.** chi racconta, raccoglie o scrive aneddoti.

anèddoto [dal gr. *anékdotos*, attr. il fr. *anecdote*; a. 1729] **sm.** fatto particolare, marginale e poco noto della storia o della vita privata di qualcuno: *un articolo pieno di aneddoti*.

anelànte (*ppr.* di *anelare*) [1485] **agg.** affannoso, ansante: *di febbre anelante sta il prence di Blaia* (Carducci) || **anelanteménte** **avv.**

anelàre (pres. *-èlo*) [dal lat. *anhēlāre*, respirare con difficoltà; 1477] **intr.** (aus. *avere*) **1.** *fig.* desiderare ardentemente: *anelava a rivederlo, anelava al traguardo* **2.** *lett.* respirare affannosamente, ansare || **tr.** **1.** *fig.* desiderare, bramare: *anelava un poco di tranquillità* **2.** *poet.* emettere, esalare.

anelasticità [comp. di *an-* e *elasticità*; 1955] **sf.** *T.fis.* mancanza di elasticità || *fig.* rigidità, impossibilità a mutare.

anelàstico (pl. *-ci*) [comp. di *an-* e *elastico*; 1955] **agg.** **1.** *T.fis.* detto di corpi che presentano anelasticità || *urto anelastico*, in cui l'energia cinetica totale delle particelle che collidono è diversa prima e dopo l'urto **2.** *fig.* rigido, fisso, irremovibile: *posizione anelastica*.

anelèttrico (pl. *-ci*) [comp. di *an-* ed *elettrico*; 1819] **agg.** *T.fis.* *disus.* detto di corpo che non può essere elettrizzato per strofinio || **N.** *Contr.* idioelettrico.

anèlito [dal lat. *anhelitus*; sec. XIV] **sm.** **1.** *fig.* vivo desiderio, brama: *anelito di pace* **2.** *lett.* respiro affannoso, ansito || *l'estremo anelito*, l'ultimo respiro.

anellàto [da *anello*; a. 1541] **agg.** *non com.* che ha anelli; inanellato.

Anèllidi (sing. *-e*) [comp. di *anell*(*o*) e *-idi*; 1875] **sm.** *pl.* *T.zool.* tipo di animali invertebrati dal corpo molle, cilindrico e allungabile suddiviso in anelli detti *metameri*; com. *vermi*. **Q.T.** *zoologia* **TAV.** ***zoologia*** **p. 1344**.

anellièra [da *anello*; 1972] **sf.** *T.oref.* strumento costituito da una serie di anelli di ottone di diametro crescente, numerati progressivamente; viene usato in oreficeria per misurare la grandezza dell'anello adatto al dito del cliente. **Q.T.** *oreficeria*.

anellìno (*dim.* di *anello*) [1965] **sm.** **1.** piccolo anello **2.** spec. *pl.*, pastina da brodo avente la forma di piccoli anelli. **TAV.** *alimentazione* 1.21.

anèllo (pl. *-èlli* e arc. *-èlla*) [lat. *anellus*; fine sec. XIII] **sm.** **1.** cerchietto di metallo perlopiù prezioso che si porta al dito come ornamento o simbolo di uno stato: *anello d'oro, di fidanzamento, matrimoniale* || *dare, prendere l'anello*, sposarsi; *giorno dell'anello*, giorno nuziale; *compare d'anello*, il testimone di nozze incaricato di procurare e produrre gli anelli nuziali || *anello sigillo*, quello che reca incisi stemmi o altri segni di riconoscimento, utilizzato per sigillare lettere, autenticare documenti ecc. || *anello episcopale, pastorale*, quello portato dai vescovi || *anello del Pescatore* o *piscatorio*, quello portato dal papa **2.** *per estens.* qualsiasi oggetto a forma circolare: *anello delle chiavi, delle tende, di fumo* || *anelli delle forbici*, quelli in cui entrano le dita || *anello di catena*, ciascuno degli elementi costitutivi di una catena, gen. di forma ovale; anche *fig.*, elemento costitutivo di una serie: *non era che uno degli anelli della catena* || *fig.* *l'anello più debole della catena*, l'elemento, il componente in cui un'istituzione o un gruppo è più facilmente attaccabile || *T.mar.* *anelli d'ormeggio*, quelli infissi nelle banchine dei porti per legarvi le corde d'ormeggio || *anello stradale*, raccordo circolare tra strade || *T.bal.* occhio di ferro saldato nella parte inferiore della canna di un'arma da fuoco || *T.sport.* il tracciato ovale di una pista o di un velodromo dove si disputano gare || *pl.* *gli anelli*, attrezzi da palestra costituiti da due anelli paralleli fissati ai capi inferiori di due corde e utilizzati per esercizi di oscillazione, sospensione e volteggio || *T.astr.* *gli anelli di Saturno*, insieme di corpuscoli, meteoriti e pulviscolo disposti attorno al piano equatoriale del pianeta || *T.bot.* membrana che circonda il gambo di certi funghi || *T.bot.* cerchio annuale che si forma nelle piante dicotiledoni legnose || *T.zool.* ciascuno dei segmenti circolari di cui è costituito un anellide; metamero || *T.anat.* apertura tondeggiante: *anello inguinale* || *T.biol.* *anello di congiunzione*, elemento di collegamento tra due gerarchie sistematiche; *per estens.* qualsiasi elemento di raccordo; mediatore || *T.chim.* struttura chiusa in cui il primo e l'ultimo atomo sono direttamente uniti tra loro || *T.elettr.* *anello di Pacinotti*, elemento rotante fondamentale utilizzato nei primi tipi di dinamo per la trasformazione dell'energia meccanica in energia elettrica || *T.mat.* solido prodotto da una figura piana generatrice il cui baricentro descrive una linea piana chiusa o direttrice || *T.cin.* ciascuno dei brani che costituiscono la colonna sonora di un film || *dial. tosc.* ditale || *lett.* ricciolo || *dim.* anellétto, anellìno, anellùzzo, anellùccio; *pegg.* anellàccio; *accr.* anellóne || **N.** castone, fascia, gambo, rosetta | disanellare, inanellare, incastonare. **Q.T.** *oreficeria* **TAV.** ***atletica*** **p. 657** 2.5; ***maglia...*** **p. 1317** 13.1.

anèlo [dal lat. *anhēlus*; 1321] **agg.** **1.** *fig.* *lett.* angosciato, ansioso **2.** *poet.* ansante.

anemìa [dal gr. *anaimía*, attr. il fr. *anémie*; 1819] **sf.** *T.med.* diminuzione nel sangue del numero dei globuli rossi o dell'emoglobina o di entrambi || *fig.* fiacchezza, indebolimento.

anèmico (pl. *-ci*) [da *anemia*; 1841] **I agg.** affetto da anemia || *per estens.* *fig.* pallido, debole, stremato || *fig.* scialbo, privo di vitalità **II sm.** (f. *-a*) chi è affetto da anemia.

ànemo- [dal gr. *ánemos*, vento] **primo elem.** che, in parole composte della terminologia scientifica, vale "vento": **anemologìa**.

anemocorìa [comp. di *anemo-* e *-coria*; 1955] **sf.** *T.bot.* disseminazione per mezzo del vento || **N.** antropocoria, idrocoria, zoocoria.

anemocòro [comp. di *anemo-* e *-coro*; 1961] **agg.** *T.bot.* detto di pianta, che si serve del vento per il trasporto dei frutti o dei semi destinati all'impollinazione || *disseminazione anemocora*, spargimento dei semi per mezzo del ven-

to || **N.** idrocoro, zoocoro.
anemofilìa [comp. di *anemo-* e *-filia*; 1933] ***sf.*** *T.bot.* processo di impollinazione delle piante per mezzo del vento.
anemòfilo [comp. di *anemo-* e *-filo*; 1906] ***agg.*** e ***sf. pl.*** *T.bot.* detto di piante nelle quali l'impollinazione avviene per il tramite del vento.
anemofobìa [comp. di *anemo-* e *-fobia*; 1988] ***sf.*** *T.psic.* paura morbosa, ossessiva e angosciosa del vento e delle sue conseguenze distruttive.
anemografìa [comp. di *anemo-* e *-grafia*; 1745] ***sf.*** descrizione dei venti.
anemògrafo [comp. di *anemo-* e *-grafo*; 1875] ***sm.*** apparecchio che registra graficamente la direzione e la velocità del vento.
anemometrìa [comp. di *anemo-* e *-metria*; 1797] ***sf.*** parte della meteorologia che studia la direzione dei venti e ne misura la velocità.
anemòmetro [comp. di *anemo-* e *-metro*; 1771] ***sm.*** strumento che serve a indicare la direzione e l'intensità del vento. **TAV.** ***meteorologia*** **p. 1321 5.**
anèmone [dal lat. *anemōne*, gr. *anemṓnē*; a. 1498] ***sm.*** **1.** *T.bot.* genere di piante delle Ranuncolacee, tipiche della zona subalpina, dai fiori viola o rossi o bianchi o azzurri **2.** *T.zool.* *anemone di mare*, attinia.
anemoscòpio (pl. *-pi*) [comp. di *anemo-* e *-scopio*; prima metà sec. XVII] ***sm.*** strumento che serve a indicare la direzione del vento.
anencefalìa [da *anencefalo*; 1950] ***sf.*** *T.med.* anomalia fetale consistente nel mancato sviluppo dell'encefalo.
anencèfalo [comp. di *an-* e *encefalo*; 1819] ***agg.*** *T.med.* che presenta anencefalia.
anepìgrafo [dal gr. *anepígraphos*; 1819] ***agg.*** di monumento privo di iscrizione epigrafica; di manoscritto o componimento, senza titolo o indicazione dell'autore: *poesia anepigrafa.*
anerezióne [da *erezione*; 1988] ***sf.*** *T.psic.* mancanza o insufficienza dell'erezione del pene, gen. di origine psicologica.
anergìa (pl. *-gìe*) [dal gr. *anergía*; 1950] ***sf.*** *T.med.* incapacità dell'organismo di reagire ad infezioni o a sostanze dotate di potere antigene.
aneritropsìa [comp. di *an-*, *eritro-* e *-opsia*; 1940] ***sf.*** *T.med.* forma di daltonismo consistente nell'incapacità di distinguere il color rosso.
aneròbico forma scorretta di ANAEROBICO (v.).
aneròbio forma scorretta di ANAEROBIO (v.).
aneròide [comp. di *a-*[1] e del gr. *nērós* umido; 1871] ***agg.*** di barometro metallico senza liquido || **N.** barometro.
anestesìa [dal gr. *anaisthēsía*; 1819] ***sf.*** **1.** *T.med.* privazione della sensibilità, causata da malattia, o procurata da agenti chimici, spec. a scopo chirurgico: *anestesia locale, generale* **2.** somministrazione di farmaci o altri mezzi atti ad indurre insensibilità: *praticare l'anestesia.* **Q.T.** *chirurgia* **TAV.** ***medicina...*** **p. 1320 10.**
anestesiologìa [comp. di *anestesia* e *-logia*; 1955] ***sf.*** *T.med.* il ramo della scienza medica che studia i metodi e le condizioni dell'anestesia.
anestesiòlogo (pl. *-gi*) [da *anestesiologia*; 1974] ***sm.*** (f. *-a*) anestesista.
anestesìsta [da *anestesia*; 1950] ***s.*** medico specializzato in anestesia.
anestètico (pl. *-ci*) [da *anestesia*; 1865] **I** ***agg.*** **1.** relativo ad anestesia **2.** che produce anestesia **II** ***sm.*** **1.** sostanza che ha capacità di eliminare la sensibilità dolorifica producendo anestesia **2.** *fig.* ciò che lenisce un dolore o procura tranquillità.
anestetizzàre [da *anestesia*; 1908] ***tr.*** sottoporre ad anestesia.
anéto [lat. *anēthum*; 1340 ca.] ***sm.*** *T.bot.* pianta delle Ombrellifere simile al finocchio, con fusto eretto, fiori giallastri e semi aromatici.
aneuplòide [da *aneuploidia*; 1986] ***agg.*** *T.biol.* in genetica, detto di cellula o di individuo che presenta aneuploidia: *cellula aneuploide.*
aneuploidìa [da *euploidia*; 1955] ***sf.*** *T.biol.* in genetica, fenomeno biologico caratterizzante le cellule che possiedono qualche cromosoma in più o in meno rispetto al numero normale tipico della specie.
aneurìna [comp. di *a-*[1], gr. *néuron*, nervo e *-ina*; 1955] ***sf.*** vitamina B_1.
aneurìsma [dal lat. tardo *aneurysma*, gr. *anéurysma*; a. 1730] ***sm.*** *T.med.* dilatazione patologica di un'arteria.
aneurismàtico (pl. *-ci*) [da *aneurisma*; 1750] ***agg.*** *T.med.* di o dell'aneurisma.
anfanaménto [da *anfanare*; 1605] ***sm.*** *lett.* il modo e l'atto dell'anfanare.
anfanàre (pres. *ànfano* o *anfàno*) [etim. inc.; 1364] ***intr.*** (aus. *avere*) *lett.* andar qua e là senza saper dove, affannarsi a vuoto: *vedemmo molti uomini che discutevano ad alte voci anfanando* (Beltramelli); *procede bolso e anfanato nelle sue odi* (Carducci) || *fig.* farneticare, vaneggiare.
anfesìbena o **anfisbèna** [dal lat. *amphisbaena*; 1313 *anfisibena*] ***sf.*** **1.** serpente favoloso a due teste collocate alle due estremità del corpo, capace di muoversi in due direzioni **2.** *T.zool.* denominazione comune di rettili squamati dei Sauri, comuni in America Latina.
anfetamìna o **anfetammìna** o **amfetamìna** [dall'ingl. *amphetamine*, comp. di *a*(*lpha*), alfa, *m*(*ethyl*), metile, *phe*(*ne*) *t*(*hyl*), fenetil- e *amine*, ammina; 1955] ***sf.*** **1.** benzedrina **2.** spec. *pl.* farmaco sintetico stimolante il sistema nervoso centrale, usato anche per aumentare il rendimento muscolare e psichico.
anfetamìnico o **anfetammìnico** o **amfetamìnico** (pl. *-ci*) [da *anfetamina*; 1984] ***agg.*** relativo all'anfetamina, proprio dell'anfetamina.
ànfi- [dal gr. *amphí*, intorno] ***primo elem.*** che, in parole composte della terminologia scientifica, vale "intorno" oppure "da due parti", "doppio" (per es. *anfiartrosi, anfibraco*).
anfiartròsi [comp. di *anfi-* e gr. *árthrōsis*, articolazione; 1771] ***sf.*** *T.anat.* sinfisi.
anfìbio (pl. *-bi*) [dal lat. *amphibius*, gr. *amphíbios*; a. 1606] **I** ***agg.*** di organismo animale o vegetale che può vivere sia in terra che in acqua || *fig.* ingannevole, doppio: *una persona anfibia* **II** ***sm.*** **1.** organismo animale o vegetale che può vivere sia in terra che in acqua || *pl.* *T.zool.* *Anfibi*, classe di Vertebrati con la pelle nuda, larve acquatiche dotate di branchie e gen. adulti polmonati **2.** veicolo in grado di muoversi sia sulla terraferma che nell'acqua; detto anche di aeroplano in grado di atterrare sia sulla terra che sull'acqua **3.** *T.mil.* il complesso delle operazioni aeree, marittime e terrestri necessarie per condurre la guerra in territori d'oltremare. **Q.T.** *animali, zoologia.*
anfibolìa [dal lat. *anphibolia*; 1955] ***sf.*** anfibologia.
anfìbolo [dal lat. tardo *amphibolus*, gr. *amphíbolos*; 1817 *anfibola*] **I** ***agg.*** che ha due sensi, ambiguo **II** ***sm.*** *T.min.* gruppo di minerali costituiti da miscela isomorfa di silicati, ferro, magnesio, calcio, sodio, alluminio, che presentano una struttura chimica particolarmente complessa.
anfibologìa (pl. *-gìe*) [comp. di *anfibo*(*lia*) e *-logia*; 1865] ***sf.*** ambiguità, interpretazione erronea di un contesto causata dalla presenza di parole omofone o da ambiguità sintattiche e semantiche (per es. *di amanti ne ha tanti - diamanti ne ha tanti*; *una vecchia porta la sbarra*).
anfibològico (pl. *-ci*) [da *anfibolia*; a. 1588] ***agg.*** che ha doppio senso, ambiguo || **anfibologicaménte** ***avv.***
anfìbraco (pl. *-chi*) [dal lat. *amphibrachys*; 1598 *amphibraco*] ***sm.*** *T.metr.* piede della metrica latina e greca composto da una sillaba lunga tra due brevi.
anfìdromo [dal gr. *anphídromos*, che corre in due sensi; 1955] ***agg.*** di imbarcazione, che può navigare sia da prora che da poppa.
anfigonìa [comp. di *anfi-* e *-gonia*; 1955] ***sf.*** *T.biol.* tipo di riproduzione sessuale in cui viene originato un nuovo individuo dall'unione di due gameti, di solito diversi morfologicamente.
anfiòsso [comp. di *anfi-* e del gr. *oxýs*, aguzzo; 1903] ***sm.*** piccolo animale marino degli

ANFIBI

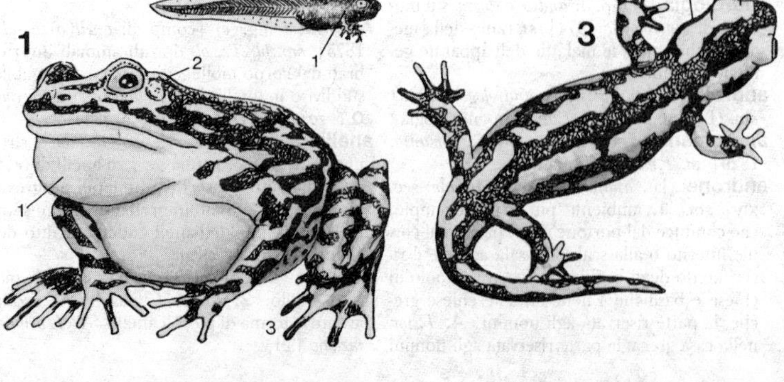

1. rana
1.1. sacco vocale - 1.2. membrana timpanica - 1.3. arto palmato

2. girino
2.1. branchie

3. salamandra pezzata o gialla e nera
3.1. ghiandola parotide

Arcani, a forma di pesce e privo di arti.

Anfìpodi (sing. *-e*) [comp. di *anfi-* e *-pode*; 1819] ***sm. pl.*** *T.zool.* ordine di piccoli crostacei, spec. marini, agilissimi nel salto || **N.** *Sin.* pulci di mare.

anfipròstilo [dal gr. *amphipróstylos*; 1819] ***sm.*** *T.arch.* tempio con colonnato sia sul lato anteriore che su quello posteriore.

anfisbèna V. ANFESIBENA.

anfiteatràle [da *anfiteatro*; a. 1755] ***agg.*** di anfiteatro.

anfiteàtro [dal lat. *amphitheātrum*, gr. *amphithéatron*; 1565] ***sm.*** **1.** *T.arch.* costruzione perlopiù scoperta con pianta ovale o circolare costituita da vari ordini di gradinate e uno spazio centrale detto arena, destinato ai combattimenti dei gladiatori, delle bestie feroci ecc. || *per estens.* locale, edificio di forma circolare destinato a spettacoli di vario genere || *loc. agg.* e *avv. ad anfiteatro*, riferito a spazi e luoghi che riproducono le caratteristiche strutturali dell'anfiteatro: *palazzina ad anfiteatro, sedie disposte ad anfiteatro* **2.** aula, spec. universitaria, di pianta ellittica con gradinate: *anfiteatro anatomico* || in teatro, loggione con gradinate curvilinee **3.** *T.geol.* deposito di materiali morenici in serie concentrica digradante, depositati da un ghiacciaio lungo la sua fronte. **Q.T.** *teatro.*

anfitrióne [dal lat. *Amphitryon*, n. del personaggio di una commedia di Plauto (e poi di una di Molière), attr. il fr. *amphitryon*; 1876] ***sm.*** padrone di casa ospitale e generoso.

anfizióni [dal lat. e gr. *amphiktýones*; a. 1604] ***sm. pl.*** *T.stor.* membri di una anfizionia che si radunavano a Delfo in primavera e ad Antela in autunno, per celebrare feste religiose comuni e trattare intanto negozi di pubblica utilità.

anfizionìa [dal gr. *amphiktyonía*; 1846] ***sf.*** *T.stor.* nell'antica Grecia, lega di città e popolazioni vicine, unite dal culto della stessa divinità.

anfiziònico (pl. *-ci*) [da *anfizioni*; 1756] ***agg.*** *T.stor.* relativo agli anfizioni: *lega anfizionica.*

ànfora [dal lat. *amphora*, gr. *amphoreýs*; sec. XIV] ***sf.*** grande vaso con due anse, di forma allungata e stretta alla base e al collo, usato part. nell'antichità per il trasporto e la conservazione di liquidi: *ricciute donzelle che recano le colme anfore sulle spalle* (Montale) || **N.** VASO.

anfòtero [dal gr. *amphóteros*; 1892] ***agg.*** *T.chim.* di composto, che può presentare proprietà sia acide che basiche.

anfràtto [dal lat. *anfractus*; 1623] ***sm.*** avvallamento stretto e tortuoso: *negli anfratti del monte.*

anfrattuosità [da *anfrattuoso*; a. 1758] ***sf.*** **1.** sinuosità, ineguaglianza del terreno **2.** *concr.* anfratto.

anfrattuóso [dal lat. tardo *anfractuōsus*; 1632] ***agg.*** pieno di anfratti, tortuoso.

àngamo [dal gr. *gángamon*; 1937] ***sm.*** *T.mar.* piccola e robusta rete a strascico con la quale si rastrella il fondo per catturare piccoli pesci, crostacei, frutti di mare.

angarìa [lat. tardo *angaria*; a. 1364] ***sf.*** *ant.* angheria.

angariàre (pres. *-àrio*) [lat. tardo *angariāre*; a. 1342] ***tr.*** fare angherie.

angariatóre [da *angariare*; 1618] ***agg.*** e ***sm.*** (f. *-trice*) *raro* che o chi usa angherie; prepotente.

àngela[1] [da *angelo*; 1294 *angiola*] ***sf.*** femminile di angelo || donna che per la sua bellezza e bontà può essere paragonata a un angelo.

àngela[2] [da *angelo*; 1400 (*uve*) *angiole*] ***sf.*** qualità d'uva bianca da tavola.

angèlica [da *angelico*, per le sue capacità medicamentose; a. 1577] ***sf.*** **1.** *T.bot.* pianta erbacea perenne delle Ombrellifere dai fiori verdognoli riuniti in grandi ombrelle composte; da alcune sue specie si ricava l'olio essenziale di angelica, usato in profumeria e liquoreria **2.** *T.mus.* strumento musicale simile al liuto.

angelicàle [da *angelico*; a. 1294] ***agg.*** *lett.* angelico: *come fiori di un orto angelicale* (D'Annunzio).

angelicàto [da *angelico*; a. 1300] ***agg.*** simile agli angeli, angelico: *la donna angelicata dei poeti del dolce stil novo.*

angèlico (pl. *-ci*) [dal lat. *angelicus*; a. 1294] ***agg.*** di angelo, relativo agli angeli || *salutazione angelica*, l'Ave Maria || *fig. per estens. il dottore angelico*, San Tommaso d'Aquino || *fig.* degno di un angelo per forme e natura: *un viso angelico, carattere angelico* || **angelicaménte** ***avv.***

àngelo [lat. tardo *angelus*; a. 1294] ***sm.*** **1.** nell'Antico Testamento e nel Cristianesimo, essere di natura sovraumana con funzioni di intermediario tra Dio e l'uomo, spesso rappresentato sotto forma di bellissimo giovane alato, circonfuso di raggi luminosi || *angelo custode*, nella tradizione cristiana, quello alle cui cure Dio affida la singola anima; *fig.* chi veglia o accompagna costantemente una persona; anche *iron.*: *è diventato il suo angelo custode*; *pl. iron.* poliziotti, spec. quelli che accompagnano detenuti o imputati: *uscì accompagnato da due angeli custodi* || *angelo caduto, infernale, delle tenebre*, diavolo, in part. Lucifero || *pane degli angeli*, l'Eucarestia || *lunedì dell'angelo*, quello che segue la Pasqua || *eufem. salire tra gli angeli*, morire || *eufem. fabbrica di angeli*, clinica dove si praticano aborti clandestini **2.** *fig.* persona dotata di particolare bontà: *quella donna è un angelo* || *cantare, danzare, suonare come un angelo*, con eccezionale grazia e bravura || *angelo mio*, modo di rivolgersi a qualcuno per cui si prova affetto, tenerezza ecc. **3.** *T.sport.* figura del pattinaggio artistico || *volo d'angelo, tuffo ad angelo*, tuffo dal trampolino eseguito aprendo le braccia al momento dell'elevazione **4.** *T.stor.* palla di cannone costituita da due sfere collegate con una catena, usata in marina per danneggiare l'alberatura delle navi avversarie || *dim.* angiolétto, angelìno, angelétto, angelùccio || **N.** **1.** corte celeste, intelligenza, messaggero celeste, milizia celeste, spirito celeste | GERARCHIE O CORI: angeli, arcangeli, cherubini, dominazioni, potestà, principati, serafini, troni, virtù | buono, ribelle, sterminatore, tutelare. **Q.T.** *religione.*

angelologìa (pl. *-gìe*) [comp. di *angelo* e *-logia*; 1955] ***sf.*** insieme delle credenze e delle dottrine relative agli angeli. **Q.T.** *religione.*

angelus (lat., pr. it. ['andʒelus]) (meno com. *angelus domini*, pr. ['andʒelus 'dɔmini]) [letter. angelo (del Signore), dall'inizio della preghiera latina *Angelus Domini nuntiavit Mariae*; a. 1876] ***sm. inv.*** preghiera alla Madonna, composta con le parole dell'Annunciazione, che si recita al mattino, a mezzogiorno e alla sera || *per estens.* il suono della campana che invita alla preghiera: *si alzava sempre prima dell'Angelus.*

àngere (dif., usato spec. alla terza pers. sing. dell'ind. pres., *ànge*) [lat. *angere*; a. 1374] ***tr.*** *ant.* angustiare, angosciare, addolorare.

angherìa [lat. tardo *angaria*; a. 1498] ***sf.*** **1.** *fig.* sopruso, violenza, prepotenza, maltrattamento: *e cominciai a pensare a tutte le angherie che mi erano state fatte* (Moravia); *per estens.* da: **2.** *T.stor.* nel Medioevo, prestazione di varia natura imposta ai sudditi **3.** *T.giur. diritti di angheria*, facoltà di uno stato belligerante di requisire per necessità qualsiasi mezzo di trasporto appartenente a stati neutrali purché situato nel territorio soggetto alla propria sovranità **4.** *non com.* tassa esosa || **N.** **1.** PREPOTENZA | angariare.

anghière [dall'ant. alto ted. **ango*, uncino; 1865] ***sm.*** *T.mar.* alighiero, gancio d'accosto, gaffa.

angìna [dal lat. *angina*; a. 1729] ***sf.*** *T.med.* infiammazione delle tonsille e della faringe.

angina pectoris (lat., pr. it. [an'dʒina 'pɛktoris]) [letter. angina del petto] ***loc. f. inv.*** *T.med.* stenocardia, complesso sintomatico che insorge in certe malattie di cuore e che consiste spec. in accessi di un dolore spasmodico di costrizione allo sterno, con senso di angoscia e sudorazione fredda.

anginóso [da *angina*; 1757] **I** ***agg.*** relativo ad *angina pectoris* || che soffre di *angina pectoris* **II** ***sm.*** (f. *-a*) chi soffre di *angina pectoris.*

àngio- [dal gr. *angêion*, vaso] ***primo elem.*** che, in parole composte della terminologia medica, vale "vaso sanguigno" e "vaso linfatico": **angiologìa**, **angiòlogo**, **angiopatìa**, **angiosarcòma** || in botanica vale "ricettacolo di semi, spore ecc." (per es. *Angiosperme*).

-àngio [dal gr. *angêion*, vaso] ***elem. term.*** che, in parole composte della terminologia botanica, vale "ricettacolo di semi, spore ecc." (per es. *sporangio*).

angiocolìte [comp. di *angio-* e *colite*; 1940] ***sf.*** *T.med.* infiammazione dei vasi biliari.

angioìte [comp. di *angio-* e *-ite*; 1829] ***sf.*** *T.med.* infiammazione dei vasi sanguigni del corpo umano.

àngiolo e der. forme tosc. di ANGELO e der.

angiòma [dal gr. *angêion*, attr. il fr. *angiome*; 1879] ***sm.*** *T.med.* tumore benigno gen. in forma di chiazza cutanea di colore rosso violaceo; *pop.* voglia di vino.

angiospàsmo [comp. di *angio-* e *spasmo*; 1942] ***sm.*** contrazione spasmodica di uno o più vasi sanguigni.

Angiospèrme [comp. di *angio-* e *-sperma*, dal gr. *spérma*, seme; 1797] ***sf. pl.*** *T.bot.* divisione del regno vegetale comprendente tutte le Fanerogame con apparato fiorale fornito di ovario contenente uno o più ovuli che dopo la fecondazione si trasformano in semi; comprendono tutte le monocotiledoni e dicotiledoni || **N.** *Contr.* Gimnosperme. **Q.T.** *botanica* **TAV.** ***botanica*** **p. 661** 8.2, 8.3.

angipòrto [dal lat. *angiportus*; a. 1533] ***sm.*** vicolo cieco, strada angusta; *pl. gli angioporti*, *per meton.* la parte più povera e malfamata di una città.

angìte [etim. inc.; 1950] ***sf.*** costituente di roccia eruttiva (alnoite).

anglesìte [comp. del n. geogr. *Anglesey*, isola ricca di questo minerale e *-ite*[2]; 1950] ***sf.*** *T.min.* solfato di piombo formato per ossidazione della galena.

anglicanésimo o **anglicanìsmo** [dall'ingl. *anglicanism*; 1849] ***sm.*** la dottrina e le istituzioni della Chiesa nazionale inglese originata dallo scisma di Enrico VIII. **Q.T.** *religione.*

anglicàno [dall'ingl. *anglican*; a. 1606] ***agg.*** della Chiesa nazionale inglese e dei suoi istituti religiosi || ***sm.*** (f. *-a*) membro della Chiesa anglicana.

anglicìsmo [dal fr. *anglicism*; 1892] ***sm.*** parola della lingua inglese entrata nel lessico di un'altra lingua, o nella forma originaria (*hostess, sport, killer*) o con adattamento fonico e morfologico (*bistecca, tramvai*) o come calco (*grattacielo* da *skyscraper*).

anglicizzàre [dall'ingl. *to anglicize*; 1902] ***tr.*** e ***rifl.*** adeguare, adeguarsi alla moda, ai costumi, alle idee degli Inglesi.

ànglico (pl. *-ci*) [dal lat. *Anglus*, appartenente alla tribù degli Angli; 1619] ***agg.*** *raro* inglese, dell'Inghilterra.

anglìsmo [da *anglo*; 1970] ***sm.*** *T.ling. raro* anglicismo.

anglìsta [da *anglo*; 1965] ***s.*** chi studia lingua, letteratura e civiltà inglese e nordamericana.

anglìstica [da *anglo*; 1974] ***sf.*** studio della lingua, della letteratura, della cultura e della storia dei popoli di lingua inglese.

ànglo [dal lat. tardo *Anglus*; 1532 nel senso 2] ***agg.*** e ***sm.*** (f. *-a*) **1.** appartenente alla popolazione degli antichi Angli **2.** *lett.* inglese.

ànglo- [dal lat. tardo *Anglus*] ***primo elem.*** che, in parole composte della terminologia scientifica, vale "relativo agli antichi Angli" o, più spesso, "inglese": **anglofilìa**, **anglòfilo**, **anglofobìa**, **anglòfobo**, **anglòfono**, **anglòmane**.

anglomanìa [dal fr. *anglomane*; 1763] ***sf.*** mania d'imitare gli inglesi; passione esagerata per gli usi, i costumi e le idee inglesi.

anglosàssone [comp. di *anglo-* e *sassone*; 1893 nel senso 2] **I** ***agg.*** **1.** relativo alle comunità germaniche degli Angli e dei Sassoni, che si stanziarono in Britannia dal sec. IV d.C.: *invasione anglosassone* **2.** relativo ai popoli di lingua e cultura inglesi: *letteratura anglosassone* **II** ***s.*** (spec. *pl.*) **1.** appartenente all'antica comunità germanica degli Angli e dei Sassoni **2.** appartenente ai popoli di lingua inglese.

angolàre[1] [dal lat. *angularis*; a. 1342] **I** ***agg.*** **1.** a forma di angolo, dotato di angoli: *pilastro angolare* **2.** collocato su un angolo o uno spigolo: *pietra angolare*, ciascuna di quelle costituenti gli spigoli di una costruzione, con preminente funzione portante; *fig.* elemento fondamentale, sostegno principale **3.** *T.fis.* *momento angolare di una particella rispetto a un punto*, vettore uguale al prodotto dello spostamento della particella per la quantità di moto della particella || *T.fis.* *velocità angolare di un punto*, variazione dell'angolo descritto dal vettore del punto dell'unità di tempo || *T.fis.* *accelerazione angolare*, derivata dalla velocità angolare rispetto al tempo || **angolarménte** ***avv.*** || **II** ***sm.*** elemento metallico utilizzato come rinforzo.

angolàre[2] (pres. *àngolo*) [da *angolo*; 1939] ***tr.*** **1.** disporre ad angolo **2.** riprendere un soggetto, una scena, secondo una certa angolazione **3.** *T.sport.* nel calcio e nel tennis, lanciare diagonalmente la palla.

angolarità [da *angolare*[1]; 1623] ***sf.*** l'essere angolare.

angolàto [dal lat. *angulātus*; 1519] ***agg.*** fatto ad angoli, che ha angoli || **N.** *Sin.* angoloso.

angolatùra [da *angolare*[2]; 1984] ***sf.*** **1.** prospettiva da cui si considera un fatto, un problema e sim. **2.** *T.med.* il ripiegarsi ad angolo di un organo, o di una parte anatomica, per cause patologiche: *angolatura di un'ansa intestinale* || **N.** **1.** *Sin.* angolazione.

angolazióne [da *angolo*; 1942] ***sf.*** **1.** *T.fot.* e *T.cin.* angolo visuale o punto di vista da cui si riprende una scena o una figura || *per estens.* angolo o punto di vista da cui si osserva un paesaggio, un oggetto e sim. **2.** *fig.* prospettiva da cui si considera un fatto, un problema e sim. **3.** *T.sport.* nel calcio, traiettoria diagonale impressa al pallone per indirizzarlo in un angolo della porta avversaria: *ha fatto un tiro da un'angolazione incredibile* || nella scherma, azione diretta al braccio dell'avversario, che si effettua con una flessione del polso || **N.** **2.** *Sin.* angolatura.

angolièra [da *angolo*; 1970] ***sf.*** mobile d'angolo a ripiani, cantoniera. **TAV.** ***arredamento*** **p. 650** 2.1.

àngolo [dal lat. *angulus*; a. 1348] ***sm.*** **1.** *T.geom.* parte di piano compresa tra due semirette (*lati*) uscenti dallo stesso punto (*vertice*) || *angolo piatto*, quello i cui lati sono il prolungamento l'uno dell'altro; *angolo retto*, i cui lati sono perpendicolari tra loro; *angolo acuto*, minore di un retto; *angolo ottuso*, maggiore di un retto; *angolo giro*, quello costituito dall'intero piano; *angolo diedro*, quello formato da due piani che s'incontrano **2.** canto, cantone: *l'angolo della strada, una stanza d'angolo* || *fare angolo*, di due strade, incontrarsi || spigolo: *l'angolo del mobile* || estremità laterale, lembo: *gli angoli della barca, gli angoli del fazzoletto* **3.** luogo isolato, appartato: *un angolo di terra* || *in ogni angolo*, dappertutto **4.** *T.sport.* nel pugilato, ciascuno dei quattro punti dove si incontrano i lati del ring || *calcio d'angolo*, nel calcio, rimessa in gioco della palla da ciascuno dei quattro angoli del campo contrassegnati da una bandierina **5.** *T.mil.* *angolo morto*, luogo riparato dai colpi. **Q.T.** *matematica...*, *pugilato* **TAV.** *geometria* 3.

angolòide [comp. di *angolo* e *-oide*; 1941] ***sm.*** *T.geom.* porzione di spazio compresa tra due o più piani passanti per uno stesso punto.

angolosità [da *angolo*; a. 1832] ***sf.*** l'essere angoloso || *fig.* scontrosità, asprezza di carattere.

angolóso [dal lat. *angulōsus*; 1581] ***agg.*** **1.** che ha molti angoli o spigoli; *per estens.* dotato di molte asperità: *costa angolosa, viso angoloso* || *fig.* scontroso, intrattabile **2.** *T.mat.* *punto angoloso di una funzione*, punto in cui la derivata destra e sinistra della funzione differiscono pur essendo la funzione continua in quel punto.

àngora [dal n. geogr. *Angora*, Ankara, città dell'Asia minore; 1846 *angola*] ***agg.*** usato solo nella loc. *d'angora*, che contraddistingue alcune razze di gatti, conigli, capre e cavie con il pelo lungo, morbido e setoso || *per meton.* il filato prodotto con tale pelo: *un gomitolo di lana d'angora*. **TAV.** ***gatti*** **p. 672**.

angòscia (pl. *-sce*) [lat. *angustia*, strettezza; a. 1294] ***sf.*** **1.** stato di profonda ansia e tormento, preoccupazione assillante e ossessiva: *essere in preda all'angoscia, vivere in uno stato d'angoscia, procurare l'angoscia* || *propr.* difficoltà di respiro accompagnata da senso di oppressione generato da cause fisiche o psichiche **2.** *T.fil.* nella filosofia esistenzialistica, stato dell'uomo che acquista consapevolezza del proprio essere nel mondo e della tensione irrisolta tra essere e nulla nella quale si colloca **3.** *T.psican.* nome di vari stati emotivi legati a traumi reali (come la nascita) o immaginari (angoscia di castrazione) || *angoscia automatica*, reazione di un soggetto che si trova in una situazione traumatica che non riesce a dominare || **N.** affanno, sofferenza, DOLORE.

angosciàre (pres. *-òscio, -òsci*) [lat. tardo *angustiāre*; a. 1337] ***tr.*** dare angoscia: *la sua situazione familiare la angoscia* || ***intr. pron.*** preoccuparsi, essere in stato di angoscia: *si angoscia per l'esame*.

angosciàto (*pps.* di *angosciare*) [1319] ***agg.*** pieno d'angoscia, afflitto.

angoscióso [lat. tardo *angustiōsus*; sec. XIII] ***agg.*** che dà angoscia: *un paesaggio angoscioso* || che esprime angoscia: *uno sguardo angoscioso* || che è pieno d'angoscia: *una vita angosciosa* || **angosciosaménte** ***avv.***

angostùra o **angustùra** [dal n. geogr. *Angostura*, città del Venezuela; 1829] ***sf.*** *T.bot.* albero dell'America del Sud della famiglia delle Rutacee, dalla cui corteccia viene estratto un olio essenziale usato nella preparazione di liquori e amari.

angstrom (sved., pr. ['ɔŋstrœm]; pr. it. ['angstrom]) [dal n. proprio A.J. *Ångström*, fisico svedese; 1929] ***sm.*** *T.fis.* unità di misura pari a un milionesimo di mm, usata in spettroscopia e in fisica atomica.

àngue [dal lat. *anguis*; 1313] ***sm.*** *raro lett.* serpente.

anguichiomàto [comp. di *angue* e *chiomato*; 1865] ***agg.*** *poet.* anguicrinito.

anguicrinìto [comp. di *angue* e *crinito*; a. 1704] ***agg.*** *poet.* che ha la chioma formata da serpenti, riferito alla Medusa || **N.** *Sin.* anguichiomato.

Ànguidi (sing. *-e*) [comp. di *angue* e *-idi*; 1929] ***sm. pl.*** *T.zool.* famiglia di rettili degli Squamati, con corpo serpentiforme e arti molto ridotti o mancanti.

anguìlla [lat. *anguilla*; fine sec. XIII] ***sf.*** **1.** pesce degli Anguilliformi di aspetto serpentiforme, a pelle praticamente nuda, con il corpo tondeggiante e schiacciato lateralmente verso l'estremità posteriore, particolarmente viscido; vive sia in acque dolci che di mare || *fig.* persona subdola e sfuggente: *messo alle strette è sgusciato come un'anguilla* **2.** *T.mar.* trave posta di rinforzo tra un baglio e il seguente nel senso longitudinale della nave || **N.** **1.** capitone | carella, mazzàcchera, rocchio | contorcersi, divincolarsi. **TAV.** ***pesci*** **p. 1331** 5.

anguillàia [da *anguilla*; 1681] ***sf.*** luogo dove si allevano le anguille.

anguillésco (pl. *-schi*) [da *anguilla*; 1913] ***agg.*** ambiguo, sfuggente, equivoco: *atteggiamento, fare anguillesco* || **N.** *Sin.* incerto, subdolo, viscido.

anguillifórme [comp. di *anguilla* e *-forme*; 1730] **I** ***agg.*** che ha forma di anguilla **II** ***sm. pl.*** ordine di pesci Aptinopterigiformi con corpo allungato serpentiforme, caratterizzati dalla quasi totale assenza di squame, pinne dorsali, caudali e anali fuse in un'unica pinna, pinna verticale assente e pinne pettorali talvolta presenti e talvolta no. **TAV.** ***pesci*** **p. 1330**.

anguìllula (*dim.* di *anguilla*) [1892] ***sf.*** *T.zool.* genere di piccoli vermi, parassiti di piante e animali; una sua specie, l'*anguillula dell'aceto*, vive nei fondi dell'aceto.

anguillulòsi [comp. di *anguillula* e *-osi*; 1955] ***sf.*** *T.med.* infestazione parassitaria dell'intestino umano, dovuta all'*anguillula intestinalis*.

anguinàia [lat. *inguinālia*; 1313] ***sf.*** *raro* inguine.

anguìneo [dal lat. *anguīneus*, di serpente; 1490 ca.] ***agg.*** *lett.* che ha forma o aspetto di serpente.

anguìpede [dal lat. *anguipes, -idis*, dai piedi di serpente; a. 1828] ***sm.*** e ***agg.*** *poet.* *raro* detto di gigante della mitologia classica, che ha i piedi formati da serpenti.

anguistàra [dal provenz. *engrestara*; fine sec. XIV] ***sf.*** *arc.* caraffa, vaso.

angùria [dal gr. tardo *angóuria*; 1485] ***sf.*** *region. sett.* cocomero.

angùstia [dal lat. *angustia*; a. 1294 nel senso 2] ***sf.*** **1.** ristrettezza materiale o morale: *vivere nelle angustie, angustia d'animo, di mente* **2.** *fig.* angoscia, pena: *essere in angustie per i fratelli*.

angustiàre (pres. *-ùstio*) [dal lat. tardo *angustiāre*; a. 1294 *angostiare*] ***tr.*** affliggere, angosciare || ***intr. pron.*** angosciarsi, preoccuparsi: *non serve a nulla angustiarsi*.

angusticlàvio (pl. *-vi*) [dal lat. *angusticlāvius*; 1797 nel senso 2] ***sm.*** **1.** striscia stretta di porpora che i tribuni militari plebei romani avevano sulla tunica **2.** tunica ornata da tale striscia di porpora.

angustióso [dal lat. tardo *angustiosus*, che dà angustia; a. 1306] ***agg.*** *lett.* che dà angoscia, tormentoso, preoccupante: *pensieri angustiosi* || pieno di angosce: *una vita angustiosa* || *per estens.* gretto, meschino, misero: *animo angustioso*.

angùsto [dal lat. *angustus*; 1321] ***agg.*** stretto, poco spazioso e perciò disagevole: *un locale angusto* || *fig.* gretto, meschino: *è un uomo di idee anguste* || **angustaménte** ***avv.***

angustùra V. ANGOSTURA.

ànice [dal gr. *ánison*; sec. XIV] ***sm.*** pianta delle Ombrellifere con foglie diffuse su tutto il fusto, fiori bianco-giallicci e frutti verde pallido usati nell'alimentazione e in farmacologia || *per anton.* liquore ottenuto dalla distillazione del frutto || *anice stellato*, piccolo albero delle Magnogliacee i cui fiori disposti in stelle hanno proprietà e usi analoghi a quelli dell'anice vera e propria; badiana.

anicino o **anacino** (*dim.* di *anice*) [1712] ***sm.*** **1.** piccolo biscotto all'anice **2.** confetto molto piccolo all'anice.

anicióne (*accr.* di *anice*) [1955] ***sm.*** liquore italiano dal forte gusto di anice.

anidride [da *anidro*; 1870] ***sf.*** *T.chim.* composto chimico ottenuto per combinazione di un metalloide e di ossigeno che combinato con acqua dà origine a un acido || *anidride carbonica*, gas incolore, inodore, più pesante dell'aria, soffocante, che si sviluppa nelle fermentazioni organiche e nella combustione; allo stato solido sviluppa freddo intenso e viene utilizzato nell'industria frigorifera.

anidrite [da *anidro*; 1829] ***sf.*** *T.min.* solfato di calcio anidro.

ànidro [dal gr. *ánydros*, senz'acqua; 1829] ***agg.*** *T.chim.* di composto chimico, privo d'acqua.

anidròsi [dal gr. *anidrôsis*; 1939] ***sf.*** *T.med.* mancanza o scarsezza di sudorazione.

anile [dall'ar. *nīl*, attr. lo sp. *añil*; 1578] ***sm.*** pianta delle Papilionacee con piccoli fiori rossastri, dalla cui fermentazione si ottiene l'indaco.

anilina [dal fr. *aniline*; 1875] ***sf.*** composto organico azotato, liquido, incolore, di odore aromatico, tossico, ricavato dal carbon fossile e oggi con procedimento industriale di riduzione del nitrobenzolo; è utilizzato per la preparazione di profumi, colori, farmaceutici ecc. || *stampa all'anilina*, flessografia.

ànima [dal lat. *anima*; a. 1294] ***sf.*** **1.** principio vitale immateriale degli esseri viventi, part. dell'uomo || *esalare l'anima*, morire || *reggere l'anima coi denti*, avere salute molto precaria || *darsi anima e corpo a qualcosa o qualcuno*, dedicarsi completamente || *dare l'anima per qualcuno o qualcosa*, impegnarsi senza riserve || *fare qualcosa con tutta l'anima*, farla appassionatamente || *toccare l'anima*, commuovere || *sudare l'anima*, faticare || *rompere l'anima*, seccare || in loc. enf., tutto: *si berrebbe, si giocherebbe l'anima* || essenza, fulcro: *la pubblicità è l'anima del commercio* **2.** *per restr.* parte spirituale e immortale dell'uomo: *salvarsi l'anima, dannarsi l'anima, anime beate*; *T.fil.* *anima bella*, quella di chi è spontaneamente buono || *morte dell'anima*, nella teologia cristiana, lo stato dell'anima in peccato mortale || *fig.* *anima dannata*, persona malvagia || *raccomandarsi l'anima a Dio*, essere prossimi alla morte || *vendere l'anima al diavolo*, accettare qualsiasi compromesso pur di ottenere uno scopo || *buon'anima*, termine di affettuoso rispetto con cui si indicano le persone scomparse: *la buon'anima dello zio Piero* || *essere un'anima in pena*, non avere requie || *escl. pop. all'anima!*, accidenti || *anima mia*, invocazione affettuosa || coscienza: *avere un peso sull'anima, essere senz'anima* **3.** persona, individuo: *un paese di mille anime*; *povera anima*, poveretto **4.** parte interna, nucleo: *l'anima del legno, di un dente* || *anima di un frutto*, il seme contenuto nel nocciolo || *anima di un bottone*, dischetto che si ricopre di pelle o di stoffa || *anima di una matita*, il canaletto che contiene la mina || *anima di uno strumento*, sottile cilindro di legno posto tra il coperchio e il fondo della cassa armonica per sostenere la pressione esercitata dalle corde sul ponticello || *anima di un modello di fonderia*, parte dello stampo che occupa un volume destinato a rimanere vuoto nel getto || *anima della cravatta*, striscia di stoffa interna alla cravatta per renderla più consistente || *anima di una corda*, canapo attorno al quale sono intrecciati i legnoli || *T.elettr.* conduttore rivestito di materiale isolante che costituisce l'elemento di formazione dei cavi elettrici multipolari || *T.bal.* cavità interna di un'arma da fuoco tra l'otturatore e la bocca.

animàbile [dal lat. *animābilis*; a. 1600] ***agg.*** che può essere animato: *materia, corpo animabile*.

animadversióne o **animavversióne** [dal lat. *animadversio, -ōnis*; a. 1547] ***sf.*** *ant.* **1.** punizione, castigo **2.** nota, osservazione, attenzione.

animàle[1] [lat. *animal, -ālis*; a. 1294] ***sm.*** **1.** *gen.* ogni organismo vivente dotato di moto e sensibilità || *animale ragionevole*, l'uomo || *animale bruto*, bestia || *fig.* persona descritta come portatrice di una caratteristica peculiare: *Petrolini era un animale da palcoscenico* **2.** *in part.* bestia: *animale selvatico, domestico* || *fig.* uomo incivile, incolto, rozzo, abbrutito: *è un vero animale*; con rif. alla stupidità: *taci, animale!* || *dim.* animalétto, animalìno, animalùccio, animalùncolo; *accr.* animalóne; *pegg.* animalàccio || **N.** da cortile, domestico, feroce, selvatico; docile, domato, indocile, indomito, mansueto; antidiluviano, fossile | acquario, alveare, canile, caprareccia, caprile, covile, covo, cuccia, gabbia, giardino zoologico, nido, ovile, piccionaia, pollaio, porcile, serraglio, stalla, tana, vivaio. **Q.T.** *animali, ecologia.*

animàle[2] [lat. *animālis*; a. 1294 nel senso 3] ***agg.*** **1.** *gen.* proprio degli esseri animati || *in part.* che si riferisce agli animali e all'uomo in quanto animale: *istinti animali*; *il regno animale*, l'insieme degli animali che popolano la Terra **2.** che proviene da animali: *grasso animale* **3.** *lett.* che si riferisce all'animale.

animalerìa [da *animale*[1]; a. 1704 nel senso 2] ***sf.*** *disus.* **1.** azione degna di un animale **2.** insieme di animali.

animalésco (pl. *-schi*) [da *animale*[1]; 1673] ***agg.*** proprio o degno di animale: *istinti animaleschi dell'uomo* || **animalescaménte** ***avv.*** || **N.** *Sin.* bestiale.

animalista [da *animale*[1]; 1955] ***s.*** e ***agg.*** **1.** chi o che dipinge o scolpisce immagini e figure animali **2.** chi o che ama e protegge gli animali.

animalità [da *animale*[1]; sec. XIV] ***sf.*** complesso dei caratteri distintivi degli animali || *spreg.* bestialità.

animàre (pres. *ànimo*) [dal lat. *animāre*; a. 1363 nel senso 2] ***tr.*** **1.** dar l'anima, infondere il principio della vita || *fig.* rendere vivace, movimentato: *animare una conversazione, animare i traffici* **2.** esortare, spingere, infondere coraggio: *è animato dalle migliori intenzioni, animò i soldati alla battaglia* || ***intr. pron.*** prendere coraggio; vivacizzarsi, accalorarsi spec. nel parlare: *si animava sempre più*.

animàto (*pps.* di *animare*) [1294] **I** ***agg.*** nei sensi del verbo; inoltre: *bastone animato*, che nasconde una lama che può fuoriuscire, azionata da una molla; *cartone animato*, film realizzato fotografando a uno a uno disegni che rappresentano le fasi successive del movimento di figure || **animataménte** ***avv.*** **II** ***sm.*** *T.mus.* didascalia di espressione, che prescrive un'esecuzione briosa e vivace.

animatóre [dal lat. *animātor, -ōris*; 1745] **I** ***agg.*** che anima: *idea animatrice*; *le Muse del mortale pensiero animatrici* (Foscolo) **II** ***sm.*** (f. *-trice*) **1.** chi anima, incita, ravvisa: *era l'animatore della festa, del movimento* || *animatore*

ANIMALI

VOCI VERBALI RELATIVE AI VERSI

I - VOLATILI:

allodola: cantare, fischiare, trillare.
anatra: gridare, schiamazzare, starnazzare.
aquila: gridare.
assiolo: chiurlare, fischiare.
beccaccino: fischiare.
canarino: cantare, gorgheggiare, trillare.
capinera: cinguettare.
chioccia: chiocciare.
chiurlo: chiurlare.
cicogna: schiamazzare.
cigno: sibilare.
cinciallegra: cinguettare.
civetta: squittire, stridere.
colombo: gemere, tubare.
cornacchia e corvo: gracchiare.
falco: squittire, stridere.
fringuello: chioccolare.
gallina: cantare, crocchiare, schiamazzare, stridere.
gallo: cantare.
gazza e ghiandaia: gracchiare, stridere.
gru: gracchiare.
gufo: soffiare.
merlo: chioccolare, cantare, fischiare, zirlare.
oca: schiamazzare, starnazzare, stridere.
pappagallo: garrire, squittire.
passero: cinguettare.
pavone: gridare, stridere.
pernice: stridere, schiamazzare.
pettirosso: chioccolare.
pipistrello: stridere.
pulcino: pigolare.
quaglia: stridere.
rondine: garrire, squittire.
tordo: fischiare, zirlare.
tortora: gemere, tubare.

segue

culturale, persona incaricata di promuovere le attività culturali all'interno di un gruppo || *animatore turistico*, chi nei villaggi turistici ha il compito di organizzare gare e promuovere attività sociali **2.** chi nella tecnica del disegno animato è addetto alla riproduzione grafica delle singole fasi del movimento.

animavversióne V. ANIMADVERSIONE.

animazióne [dal lat. *animātio, -ōnis*; sec. XIV] **sf. 1.** atto ed effetto dell'animare **2.** *fig.* vivacità, affollamento: *la sua animazione rendeva allegri, regnava un'insolita animazione per la strada* || eccitazione: *i suoi gesti tradivano una grande animazione* **3.** tecnica cinematografica consistente nella ripresa in singoli fotogrammi di disegni od oggetti inanimati in posizioni successive di lieve spostamento così che al momento della proiezione in sequenza rendano l'idea del movimento.

animèlla [da *anima*; a. 1492] **sf. 1.** *T.cuc.* (spec. *pl.*) il timo e il pancreas del vitello o dell'agnello **2.** *T.mecc.* parte mobile di una valvola che ne costituisce l'otturatore **3.** bottone semilavorato.

animétta [da *anima*; 1829] **sf.** armatura a piastre o a pezzo unico in uso nel XVII secolo.

animismo [da *anima*; 1829] **sm. 1.** credenza religiosa secondo la quale tutte le cose sono animate da spiriti **2.** teoria medica del XVII secolo, secondo cui il decorso delle malattie dipenderebbe da una lotta tra l'anima e gli agenti morbosi. **Q.T.** *religione*.

animista [da *animismo*; 1829] **s. 1.** seguace dell'animismo **2.** in fonderia, operaio metallurgico addetto alla fabbricazione di anime.

animistico (pl. *-ci*) [da *animismo*; 1943] **agg.** relativo all'animismo.

ànimo [dal lat. *animus*; fine sec. XIII] **sm. 1.** l'anima umana come principio attivo della volontà e degli affetti **2.** coraggio, ardire: *non ho animo a far ciò, non mi regge l'animo, non mi basta l'animo* || *perdersi d'animo*, scoraggiarsi **3.** mente, pensiero: *ho in animo di andare a Roma, mi nasce nell'animo un sospetto, gli aprì l'animo, leggo nell'animo tuo* **4.** inclinazione, disposizione: *alienar l'animo di uno*; *mal animo*, variante rara di *malanimo* (v.) || *star di buon animo*, stare tranquillo || *ad animo riposato*, posatamente || *lett. ad un animo*, concordemente || *di buon animo*, sinceramente || *animo!*, esortazione di coraggio || **N. 1.** *Sin.* carattere, indole, spirito | agitato / calmo, avaro / generoso, benevolo / malevolo, benigno / crudele, commosso, costante / volubile, debole / forte, delicato, gentile, indulgente / severo, mite, prudente / temerario, raffinato / rozzo, sereno / turbato, suberbo / umile, turbolento, volgare **2.** *Sin.* energia **3.** *Sin.* intenzione, proposito.

animosità [dal lat. tardo *animōsitas, -ātis*; a. 1290 nel senso 2] **sf. 1.** malanimo, ostilità, antipatia: *nutriva grande animosità nei suoi confronti* **2.** *raro lett.* coraggio, ardimento.

animóso [dal lat. *animosus*; 1313] **agg.** coraggioso || *lett.* di animali, focoso: *cavallo animoso* || **animosaménte avv. 1.** coraggiosamente **2.** *disus.* con ostilità.

anìmula [dal lat. *animula*; 1886] **sf. 1.** *lett. dim. vezz.* di *anima*, piccola anima: *voi udite ora cantare su le chitarre l'animula di Venezia* (D'Annunzio) || *fig.* persona dal carattere incerto e fragile **2.** *T.archeol.* rappresentazione pittorica dell'anima di un defunto.

aninga [da una voce tupi, attr. il port. *anhinga*; 1929] **sf.** *T.zool.* uccello acquatico dell'America meridionale dal collo assai lungo e flessibile, appartenente all'ordine dei Pelecaniformi.

anióne [dal gr. *aniṓn, aniónto*s; 1892] **sm.** *T.elettr.* ione negativo che nell'elettrolisi va all'anodo o elettrodo positivo || **N.** elettroni, ioni | *Contr.* catione.

aniridìa [comp. di *an-* e un der. di *iride*; 1950] **sf.** *T.med.* mancanza congenita dell'iride.

anisétta [dal fr. *anisette*; 1856 *anicetta*] **sf.** liquore dolce all'anice || **N.** mistrà.

aniso- [dal gr. *ánisos*, diseguale] **primo elem.** che, in parole composte della terminologia scientifica, vale "diseguale", "diverso", "dissimile" (per es. *anisosillabismo, anisotropia*) || **N.** *Contr.* iso-.

anisociclo [dal gr. biz. *anisókylon*, 1955] **sm.** strumento da guerra bizantino, che sfruttava la forza di una molla per lanciare dardi.

anisocorìa [comp. di *aniso-* e gr. *kórē*, pupilla; 1940] **sf.** *T.med.* disuguale ampiezza o disuguale dilatazione delle due pupille degli occhi.

anisofillìa [comp. di *aniso-* e *-fillia*; 1906] **sf.** *T.bot.* presenza di foglie dalle forme diverse, sul medesimo tratto di fusto.

anisogamète [comp. di *aniso-* e *gamete*; 1955] **sm.** *T.biol.* denominazione dei gameti, sia maschili che femminili, quando sono diversi per dimensioni, forma o struttura.

anisogamìa [comp. di *aniso-* e *-gamia*; 1929] **sf.** *T.biol.* riproduzione per fusione di due anisogameti.

anisomorfismo [da *isomorfismo*; 1973 nel senso 2] **sm. 1.** *T.chim.* fenomeno per cui due sostanze simili non cristallizzano nella stessa forma **2.** *T.ling.* differenza nel modo in cui le lingue organizzano le proprie strutture fonologiche, sintattiche e semantiche: *anisomorfismo semantico*, il fenomeno per cui non è possibile sovrapporre i significati di una parola in una lingua ai significati di una parola in un'altra lingua (per es. il fr. *bois* corrisponde in it. a *legna* e *bosco*; l'it. *fiume* corrisponde in fr. a *fleuve* e *rivière*) || **N. 1.** *Contr.* isomorfismo.

anisosillabismo [comp. di *aniso-* e un der. di *sillaba*; 1974] **sm.** *T.metr.* caratteristica di taluni versi che hanno al proprio interno un numero variabile di sillabe.

anisotropìa [comp. di *aniso-* e *-tropia*; 1906] **sf.** *T.fis.* la proprietà che hanno certi corpi di presentare un comportamento fisico (elasticità, indice di rifrazione, assorbimento) differente nelle diverse direzioni || **N.** *Contr.* isotropia.

anisòtropo [comp. di *aniso-* e *-tropo*; 1892] **agg.** *T.fis.* di corpo che presenti anisotropia.

ànitra V. ANATRA.

anitròccolo **sm.** *non com.* V. ANATROCCOLO.

annacquaménto [da *annacquare*; a. 1698] **sm.** atto dell'annacquare; anche *fig.* || *T.fin.* sopravvalutazione del capitale effettivo di un'azienda per farne sembrare la situazione più florida: *annacquamento di capitali*.

annacquàre (pres. *-àcquo*) [comp. parasint. di *acqua*; 1477] **tr. 1.** diluire un liquido con acqua: *annacquare il vino* || *fig.* temperare, mitigare, moderare: *annacquare le critiche* **2.** *T.fin. annacquare un capitale*, eseguire un'operazione di annacquamento || **N. 1.** *Sin.* allungare, tagliare.

annacquàta [da *annacquare*; 1875] **sf.** annacquamento leggero || pioggerella.

annacquàto (*pps.* di *annacquare*) [a. 1563] **agg.** diluito con acqua || *fig.* debole, sbiadito.

annaffiaménto [da *annaffiare*; sec. XIV] **sm.** atto ed effetto dell'annaffiare.

annaffiàre o **innaffiàre** (pres. *-àffio*) [prob. lat. volg. **inafflāre*; sec. XIV] **tr.** bagnare con acqua versata a pioggia || **N.** adacquare, asper-

segue ANIMALI

usignolo: cantare, gorgheggiare, trillare.

II - MAMMIFERI, ANFIBI, RETTILI:
asino: ragliare.
bue: muggire, mugghiare.
bufalo: sbuffare, soffiare, mugghiare.
cane: abbaiare, guaiolare, guaire, latrare, mugolare, ringhiare, squittire (*cane da caccia*), uggiolare, ululare, urlare, ustolare.
capra: belare.
cavallo: nitrire, sbruffare, soffiare.
cervo: bramire.
cinghiale: grugnire, ringhiare, ragliare.
coniglio: squittire, zigare.
elefante: barrire.
faina: stridere.
gatto: far le fusa, gnaulare, miagolare, ronfare, soffiare, ustolare.
iena: ululare.
leone: ruggire.
lupo: abbaiare, mugolare, rugliare, ululare, urlare.
maiale: grugnire.
mulo: ragliare.
orso: bramire, grugnire, ringhiare, rugliare.
pecora: belare.
rana e rospo: cantare, gracidare.
sciacallo: urlare.
scimmia: gridare, urlare.
serpente: fischiare, sibilare, soffiare, zufolare.
tigre: ruggire.
topo: squittire, stridere, zirlare.
volpe: abbaiare, guaiolare, guaire, squittire.

III - INSETTI:
ape: ronzare.
calabrone: ronzare.
cavalletta: stridere.
cicala: cantare, frinire, stridere.
grillo: cantare, stridere.
mosca e moscone: ronzare.
vespa: ronzare.
zanzara: ronzare, zufolare.

gere, irrigare, spruzzare, INNAFFIARE | annaffiatoio, bindolo, idrante.
annaffiàta [da *annaffiare*; 1842] ***sf.*** annaffiamento || *per estens.* breve pioggia || *dim.* annaffiatìna.
annaffiatóio o **innaffiatóio** (pl. *-ói*) [da *annaffiare*; a. 1604] ***sm.*** recipiente di materiale vario dotato di manico e di beccuccio perlopiù a doccia per la distribuzione di acqua alle piante.
annaffiatóre [da *annaffiare*; 1603] ***agg.*** e ***sm.*** (f. *-trìce*) che o chi annaffia: *botte annaffiatrice, le annaffiatrici* || **N.** annaffiatoio.
annaffiatùra [da *annaffiare*; a. 1704] ***sf.*** atto ed effetto dell'annaffiare; annaffiamento.
annàli [dal lat. *annāles*; 1353] ***sm. pl.*** **1.** resoconto storico degli eventi diviso per anni **2.** *gen.* memoria storica: *un fatto destinato a restare negli annali* **3.** (spesso con iniz. maiuscola) pubblicazione periodica gen. a carattere scientifico: *gli Annali della Normale di Pisa.* **Q.T.** *storiografia.*
annalìsta [da *annali*; a. 1600] ***s.*** scrittore di annali. **Q.T.** *storiografia.*
annalìstica [da *annali*; 1955] ***sf.*** genere storiografico, tipico della cultura letteraria greca e romana, in cui gli avvenimenti sono ordinati ed esposti in ordine cronologico, anno per anno.
annalìstico (pl. *-ci*) [da *annali*; 1955] ***agg.*** relativo agli annalisti e all'annalistica.
annasàre (pres. *-àso*) [comp. parasint. di *naso*; a. 1294] ***tr.*** *region.* fiutare, annusare.
annaspàre (pres. *-àspo*) [da *innaspare*, con cambio di pref.; a. 1543] ***intr.*** (aus. *avere*) **1.** agitare le braccia alla cieca come per cercare di afferrare qualcosa: *annaspare nella neve senza riuscire a muoversi*; gesticolare confusamente **2.** armeggiare, affaticarsi intorno a una cosa senza giungere ad alcuna conclusione || confondersi || ***tr.*** avvolgere il filo sull'aspo per formar la matassa.
annaspicàre (pres. *-àspico, -àspichi*) [da *annaspare*; 1865] ***intr.*** (aus. *avere*) *raro* imbrogliarsi nel parlare; annaspare.
annaspìo (pl. *-ìi*) [da *annaspare*; 1879] ***sm.*** annaspare confuso, continuo o prolungato.
annàspo [da *annaspare*; 1865] ***sm.*** *non com.* aspo.
annaspóne [da *annaspare*; 1865] ***sm.*** (f. *-a*) chi s'affaccenda confusamente e con poco risultato.
annàta [da *anno*; 1525 nel senso 3] ***sf.*** **1.** il corso d'un anno intero || *in part.* in riferimento al tempo e alla produzione agricola: *una buona annata, un'annata piovosa* **2.** i risultati della attività di un anno: *l'annata turistica è stata positiva* **3.** l'importo di denaro dovuto in un anno: *un'annata di affitto, di stipendio* **4.** il complesso dei numeri di un periodico usciti in un anno || **N. 1.** *Sin.* ANNO | asciutta, avversa, buona, calda, cattiva, favorevole, fredda, magra, piovosa, propizia.
annàtto [voce di orig. caraibica; 1955] ***sm.*** *T.chim.* sostanza oleosa colorante usata per rendere più intensa la tinta del burro e del formaggio || *per estens.* oriana.
annebbiaménto [da *annebbiare*; a. 1673] ***sm.*** atto ed effetto dell'annebbiare e dell'annebbiarsi || offuscamento di vista.
annebbiàre (pres. *-ébbio*) [comp. parasint. di *nebbia*; a. 1342] ***tr.*** offuscare con nebbia, oscurare || anche *fig.* appannare, indebolire: *i vizi annebbiano l'intelletto* || ***intr.*** (aus. *essere*) calar la nebbia: *quando ci andai, annebbiava* || ***intr. pron.*** offuscarsi, velarsi di nebbia: *all'imbrunire la montagna si annebbiò* || *fig.* perdere la lucidità, appannarsi: *la malattia gli annebbia l'intelletto.*
annegaménto [da *annegare*; sec. XIV] ***sm.*** atto ed effetto dell'annegare e dell'annegarsi.
annegàre (pres. *-égo, -éghi*) [lat. volg. **adnecāre*; a. 1306] ***tr.*** uccidere affogando || *fig. annegare i dispiaceri nel vino*, dimenticarli bevendo || ***intr.*** (aus. *essere*) morire affogato || *fig. annegare nei debiti*, averne molti || ***rifl.*** togliersi la vita mediante annegamento.
anneghittìre (pres. *-ìsco, -ìsci*) [comp. parasint. di *neghittoso*; 1300 ca.] ***tr.*** *ant.* rendere neghittoso, inerte || ***intr.*** (aus. *essere*) e ***intr. pron.*** *ant.* divenir neghittoso, impigrire.
anneràre (pres. *-éro*) [comp. parasint. di *nero*; a. 1348] ***tr.*** annerire, oscurare || ***intr.*** (aus. *essere*) farsi buio, annottare.
anneriménto [da *annerire*; a. 1698] ***sm.*** atto ed effetto dell'annerire e dell'annerirsi.
annerìre (pres. *-ìsco, -ìsci*) [comp. parasint. di *nero*; a. 1292] ***tr.*** rendere nero || ***intr.*** (aus. *essere*) e ***intr. pron.*** divenir nero.
anneritùra [da *annerire*; a. 1698] ***sf.*** annerimento.
annessiectomìa [comp. di *annesso* ed *-ectomia*; 1955] ***sf.*** *T.chir.* asportazione degli annessi uterini.
annessióne [dal fr. *annexion*; 1660] ***sf.*** atto ed effetto dell'annettere || *in part. T.pol.* incorporazione di un territorio in uno stato: *l'annessione dell'Austria alla Germania.*
annessionìsmo [dal fr. *annexionism*; 1950] ***sm.*** tendenza politica di uno stato ad ampliare il proprio territorio mediante annessioni.
annessionìsta [da *annessione*; 1860] **I** ***s.*** *T.pol.* chi sostiene l'annessionismo o l'annessione **II** ***agg.*** *T.pol.* annessionistico: *politica annessionista.*
annessionìstico (pl. *-ci*) [da *annessione*; 1921] ***agg.*** *T.pol.* relativo all'annessionismo || che sostiene l'annessionismo.
annessìte [comp. di *annesso* e *-ite*; 1898] ***sf.*** *T.med.* infiammazione degli annessi uterini.
annèsso o **annésso** (*pps.* di *annettere*) [a. 1375] **I** ***agg.*** congiunto, connesso, unito **II** ***sm.*** **1.** dipendenza, appartenenza, cosa unita ad altra cosa principale: *il giardino è un annesso al palazzo* || *T.giur. annessi e connessi*, il complesso delle cose che la legge considera necessariamente unite a una possessione; *per estens.* le altre cose che vanno insieme: *è venuto con la famiglia e annessi e connessi* **2.** *T.med. annessi uterini* e *per anton. annessi*, gli organi strutturalmente e funzionalmente connessi all'utero.
annestàre e der. forme arc. di INNESTARE e der. (v.).
annèttere (pres. *-ètto* o *-étto*; imp. *-ettévo*; p.rem. *-ettéi* o *-èssi*, *-ettésti*, *-etté* o *-èsse*, *-ettémmo*, *-ettérono* o *-èssero*; pps. *annèsso* o *annésso*) [dal lat. *adnectere*; a. 1642] ***tr.*** **1.** unire, allegare; anche *fig.*: *non annetteva nessuna importanza alla questione* **2.** compiere un'annessione, incorporare.
annichilaménto o **annichiliménto** [da *annichilare*; 1673] ***sm.*** atto ed effetto dell'annichilare.
annichilàre (pres. *-ìchilo*) o **annichilìre** (pres. *-ìsco, -ìsci*) [lat. tardo *adnihilare*; a. 1306] ***tr.*** ridurre al nulla, distruggere, annientare || *fig.* avvilire, confondere, umiliare || ***rifl.*** annullarsi, distruggersi || *T.fis.* subire un processo di annichilazione || umiliarsi, abbassarsi || **N.** *Sin.* DISTRUGGERE.
annichilazióne [lat. tardo *adnihilātio, -ōnis*; a. 1406] ***sf.*** **1.** annichilimento **2.** *T.fis.* ogni processo in cui una massa si muti integralmente in energia.
annichiliménto [da *annichilire*; a. 1909] ***sm.*** annichilamento.
annichilìre (pres. *-ìsco, -ìsci*) [var. di *annichilare*; a. 1306] ***tr.*** e ***rifl.*** annichilare e annichilarsi.
annidaménto [da *annidare*; 1929] ***sm.*** **1.** atto ed effetto dell'annidare e dell'annidarsi **2.** *T.biol.* installazione dell'uovo fecondato nella mucosa uterina **3.** *fig.* posizione, condizione di ciò che è compreso o incluso in un'altra struttura || *T.inform.* rapporto che sussiste fra due o più parti di un medesimo programma, quando la più interna deve essere svolta o aver completato il ciclo prima di passare a quella più esterna.
annidàre (pres. *-ìdo*) [comp. parasint. di *nido*; a. 1306] ***rifl.*** farsi il nido || *per estens.* occultarsi, nascondersi: *si è annidato in soffitta per sfuggire alla polizia* || *fig.* trovare dimora: *in lui si annida il rancore* || ***tr.*** porre il nido || *fig.* accogliere, tener riposto: *nel suo cuore annida un sentimento d'odio.*
annientaménto [da *annientare*; a. 1712] ***sm.*** atto ed effetto dell'annientare; distruzione totale.
annientàre (pres. *-ènto*) [comp. parasint. di *niente*; a. 1294 *aneentare*] ***tr.*** ridurre al niente, distruggere: *con una sortita annientò l'esercito nemico* || *fig.* abbattere, privare di forza fisica o morale: *tutte quelle disgrazie lo hanno annientato* || ***rifl.*** umiliarsi, ridursi al nulla || **N.** *Sin.* annichilare.
annitrìre (pres. *-ìsco, -ìsci*) [lat. **hinnitrire*; a. 1292] ***intr.*** (aus. *avere*) *lett. ant.* nitrire.
anniversàrio (pl. *-ri*) [dal lat. *anniversarius*; 1308 come sm.] **I** ***sm.*** ricorrenza e commemorazione annuale di un avvenimento di particolare rilevanza: *l'anniversario della conquista della luna, l'anniversario di matrimonio* || *ass.* compleanno, genetliaco **II** ***agg.*** *non com.* che ricorre ogni anno a scadenza fissa: *giorno anniversario.*
ànno [lat. *annus*; 960] ***sm.*** **1.** unità di misura temporale che corrisponde al periodo di rivoluzione solare della Terra || *anno astrale* o *siderale*, intervallo che intercorre tra due posizioni successive identiche del Sole rispetto ad una stella, dura 365 giorni 6 ore 9 minuti e 9 secondi || *anno tropico*, compreso tra due passaggi successivi del Sole all'equinozio, ha una durata di 365 giorni 5 ore 48 minuti e 47 secondi || *anno civile* o *comune*, dura 365 giorni e va dal 1° gennaio al 31 dicembre || *anno bisestile*, dura 366 giorni e ricorre ogni quattro anni per compensare il divario tra anno civile e anno astrale || *anno lunare*, periodo compreso tra dodici passaggi successivi della Luna attraverso la stessa fase || *anno luce*, unità di misura astronomica che rappresenta lo spazio percorso dalla luce in un anno, cioè circa 9461 miliardi di chilometri **2.** periodo di 12 mesi che costituisce l'anno civile || *anno nuovo*, anno che sta per cominciare o è cominciato da poco || *anno corrente*, quello in cui siamo || *l'anno scorso, passato*, quello che precede quello attuale || *l'altr'anno*, precedente a quello passato || *l'anno prossimo, quest'altr'anno*, seguente a quello in cui siamo || *l'anno precedente, avanti* ecc., quello prima di quello di cui si parla || *l'anno dopo*, quello seguente a quello di cui si parla || *anno del Signore* o *di Grazia*, in quanto computato dalla nascita di Cristo: *nell'anno di Grazia 1265* || *capo d'anno, dell'anno*, il 1° gennaio || *l'ultimo dell'anno*, il 31 dicembre || *in capo all'anno*, alla fine dell'anno || *in capo a un anno*, entro un anno || *di qui a un anno*, tra un anno || *per anni e anni*, per lungo tempo **3.** periodo di tempo di durata anche inferiore ai 12 mesi, caratterizzato dallo svolgersi di particolari attività o dalla celebrazione di particolari ricorrenze || *anno scolastico, anno accademico*, periodo di tempo compreso tra l'inizio delle lezioni nella scuola o all'università e l'inizio dell'anno successivo || *anno giudiziario, commerciale, amministrativo*, coincidenti con l'anno solare, scandiscono l'esercizio periodico annuale delle attività giuridiche, commerciali e amministrative || *anno liturgico*, il ciclo annuale di svolgimento delle celebrazioni liturgiche || *anno santo*, nel quale la chiesa celebra il giubileo, ogni 25 o 30 anni **4.** periodo di

12 mesi con inizio indeterminato: *un contratto per tre anni, rinviare di anno in anno, da un anno all'altro* || serie indeterminata di anni caratterizzata da particolari eventi: *gli anni della guerra, ha trascorso anni difficili* || annata: *un anno piovoso, caldo* **5.** spec. *pl.* per indicare l'età: *ha vent'anni* || *anni verdi,* giovinezza || *essere avanti con gli anni, carico d'anni,* essere vecchio || *compiere gli anni,* avere il proprio compleanno: *compie gli anni il 16 giugno* || *togliersi gli anni,* dire di essere più giovani di ciò che si è || *portare bene, male gli anni,* dimostrare con il proprio aspetto fisico meno o più anni di quelli che si hanno || vita: *ricordare con la memoria i propri anni* || *dim.* annétto, annùccio; *spreg.* annàccio || **N.** biennio, triennio, quadriennio, quinquennio o lustro, sessennio, settennio, decennio, ventennio, centennio o secolo, millennio | annuale, biennale, triennale ecc.; lustrale, bilustre, trilustre ecc.; decennale, ventennale, trentennale ecc.; centenario o secolare, bicentenario ecc.; millenario o millenne | annata, anniversario, annualità, compleanno; almanacco, annuario, calendario, lunario, strenna.

annobilìre (pres. *-ìsco, -ìsci*) [comp. parasint. di *nobile*; a. 1530] **tr.** *lett.* far nobile, nobilitare || *fig.* abbellire, ornare || **intr.** (aus. *essere*) divenire nobile || **N.** nobilitare, NOBILTÀ.

annoccàre (pres. *-òcco, -òcchi*) [comp. parasint. di *nocca*; 1803] **tr.** *T.agr.* piegare tralci o rami per ottenere una maggior produzione o predisporli al trapianto || **intr. pron.** fendersi intorno ai nodi: *durante il trapianto un ramo si è annoccato.*

annodaménto [da *annodare*; seconda metà sec. XIII] **sm.** atto ed effetto dell'annodare e dell'annodarsi.

annodàre (pres. *-òdo*) [comp. parasint. di *nodo*; 1313] **tr.** unire con un nodo: *annodare due pezzi di spago; annodare un filo,* fargli un nodo || *fig.* stringere, allacciare: *annodare relazioni amichevoli* || **intr. pron.** aggrovigliarsi: *i fili si sono annodati in modo inestricabile* || *fig.* complicarsi, imbrogliarsi || **rifl. indir.** farsi il nodo: *annodarsi la cravatta, le scarpe.*

annodatrìce [da *annodare*; 1986] **sf.** *T.tess.* macchina che esegue l'annodatura dei fili dell'ordito.

annodatùra [da *annodare*; 1664] **sf.** **1.** atto ed effetto dell'annodare || punto ove una cosa è annodata **2.** nella lavorazione al telaio dei tappeti, collegamento mediante nodi tra i fili di catena e quelli di trama.

annoiàre (pres. *-òio, -òi*) [lat. tardo *inodiāre*; a. 1374] **tr.** provocare noia: *i suoi discorsi mi annoiavano a morte* || **intr. pron.** sentir noia || **N.** *Sin.* importunare, infastidire, molestare, tediare | NOIA.

annoiatóre [da *annoiare*; 1829] **agg.** e **sm.** (f. *-trìce*) che o chi annoia || **N.** *Sin.* fastidioso, importuno, molesto, noioso, seccatore.

annominazióne [dal lat. *adnominātio, -ōnis,* denominazione; 1545] **sf.** *T.ret.* figura consistente nell'accostamento di parole dal suono simile, ma di significato diverso || **N.** *Sin.* bisticcio, paronomasia.

annòna [dal lat. *annōna*; fine sec. XIII] **sf.** **1.** *T.stor.* nell'antica Roma, le rendite annuali dello stato; anche le derrate agricole prodotte in un anno da un territorio **2.** insieme delle norme e delle attività per le quali un governo provvede al fabbisogno alimentare di una nazione e anche i funzionari preposti a tale compito **3.** *ant.* la quantità di generi alimentari necessari a una circoscrizione amministrativa e *per estens.* il magazzino dove venivano conservati.

annonàrio (pl. *-ri*) [da *annona*; a. 1580] **agg.** **1.** che concerne l'annona: *leggi annonarie* || *tessera annonaria,* documento personale utilizzabile per l'acquisto di generi razionati durante calamità o conflitti **2.** *T.stor.* nell'antica Roma, relativo all'annona.

annosità [da *annoso*; 1865] **sf.** l'essere annoso.

annóso [lat. *annōsus*; 1438] **agg.** **1.** che dura, che si trascina da molti anni: *una questione annosa* **2.** meno *com.,* che ha molti anni: *quercia annosa.*

annotàre (pres. *-òto*) [dal lat. *adnotāre*; a. 1484] **tr.** **1.** segnare, registrare, prender nota: *l'ho annotato nel taccuino* **2.** corredare di note, commentare: *annotare un classico.*

annotatóre [da *annotare*; 1627] **sm.** (f. *-trìce*) **1.** chi correda di note un testo, chiosatore, commentatore || **2.** *raro* chi prende nota.

annotazióne [dal lat. *annotātio, -ōnis*; 1587] **sf.** **1.** nota, appunto **2.** osservazione, chiosa **3.** *T.giur.* forma di pubblicità per rendere note modificazioni relative a situazioni giuridiche già rese pubbliche: *un'annotazione sul contratto.*

annottàre (pres. 3ª pers. sing. *-òtta*) [lat. volg. **adnoctāre*; 1313] **intr.** (aus. *essere*) *impers.* farsi notte || **intr. pron.** *raro* abbuiarsi, oscurarsi.

annoveràre (pres. *-òvero*) [lat. *adnumerāre*; 1211] **tr.** **1.** comprendere nel novero, mettere nel numero: *annovera tra le sue file molti campioni* **2.** enumerare, esporre uno per uno: *sarebbe difficile annoverare tutte le sue manchevolezze* || *lett.* contare, numerare.

annuàle [dal lat. tardo *annuālis*; 1321] **I** **agg.** **1.** che ricorre ogni anno: *festività annuale* **2.** che dura un anno: *contratto annuale* || relativo a un anno: *reddito annuale* || **annualménte** **avv.** **II** **sm.** *lett.* *raro* anniversario.

annualità [da *annuale*; a. 1683] **sf.** rata annuale, somma che si paga annualmente part. per estinguere un debito.

annualizzàre [da *annuale*; 1984] **tr.** dare periodicità annuale a una scadenza, spec. di carattere finanziario.

annualizzazióne [da *annualizzare*; 1985] **sf.** l'atto di annualizzare una scadenza || *in part.* *annualizzazione della scala mobile,* passaggio a una determinazione annuale (invece che semestrale o trimestrale) dell'aumento del salario dei lavoratori dipendenti, per adeguarlo al costo della vita.

annuàrio (pl. *-ri*) [dal fr. *annuaire*; 1809] **sm.** pubblicazione periodica annuale || *in part.* quella contenente dati e statistiche relativi a una determinata attività: *annuario notarile, scolastico, sportivo.*

annubilàre (pres. *-ùbilo*) [dal lat. *adnubilāre*; seconda metà sec. XIV] **tr.** *ant.* annuvolare, offuscare.

annuènza [dal lat. *adnuentia*; 1865] **sf.** *lett.* *raro* consenso, approvazione.

annuìre (pres. *-ìsco, -ìsci*) [dal lat. *adnuere*; 1810] **intr.** (aus. *avere*) acconsentire con un cenno del capo: *annuì alla sua richiesta.*

annullàbile [da *annullare*; 1892] **agg.** che può essere annullato: *contratto annullabile.*

annullabilità [da *annullabile*; 1932] **sf.** possibilità di essere annullato.

annullaménto [da *annullare*; a. 1604] **sm.** **1.** atto ed effetto dell'annullare e dell'annullarsi **2.** *T.giur.* eliminazione degli effetti di un contratto giuridico per vizio di qualche natura || *per anton.* dichiarazione di nullità del matrimonio, spec. religioso **3.** *T.mat.* riduzione a zero di un polinomio.

annullàre [dal lat. tardo *adnullāre*; a. 1342] **tr.** **1.** rendere nullo, privo di effetti: *annullare un concorso* || *annullare un francobollo,* timbrarlo **2.** *T.giur.* eliminare gli effetti di un negozio giuridico: *annullare un contratto, un testamento* || *annullare una legge,* abrogarla || *per estens.* privare di efficacia: *il vento ha annullato gli sforzi degli scalatori* **3.** distruggere: *la morte annulla ogni speranza* **4.** *T.mat.* ridurre allo zero: *annullare un polinomio* || **intr. pron.** svanire: *il gesto indi s'annulla, tace ogni voce* (Montale) || **rifl.** negarsi, annichilirsi: *l'asceta s'annulla in Dio* || **rec.** eliminarsi vicendevolmente: *spinte uguali e contrapposte si annullano* || **N.** **1.** *Sin.* abrogare, revocare **2.** *Sin.* cassare, infirmare, invalidare **3.** *Sin.* annientare **4.** *Sin.* azzerare.

annullatìvo [da *annullare*; a. 1683] **agg.** che ha capacità e forza di annullare.

annullatóre [da *annullare*; 1342 ca.] **agg.** e **sm.** (f. *-trìce*) che o chi annulla: *bollo annullatore,* usato negli uffici postali per annullare i francobolli di lettere, plichi e sim.

annullazióne [dal lat. tardo *adnullātio, -ōnis*; a. 1698] **sf.** *raro* annullamento.

annùllo [da *annullare*; 1930] **sm.** *T.bur.* annullamento dei francobolli sulla corrispondenza, effettuato per mezzo di un timbro indelebile; e anche *concr.* la stampigliatura che ne risulta. **Q.T.** *filatelia.*

annumeràre (pres. *-ùmero*) [dal lat. tardo *adnumerāre*; 1308] **tr.** *ant.* annoverare.

annunciàre o **annunziàre** (pres. *-ùncio*) [dal lat. tardo *adnuntiāre*; a. 1306] **tr.** **1.** dare notizia di qualcosa che è avvenuto o avverrà: *il governo annuncia provvedimenti anti-inflazione* || informare, comunicare: *ha annunciato la sua intenzione di partire* || predire: *i profeti annunciarono la venuta di Cristo* **2.** fornire segni o indizi rivelatori: *il fumo annuncia la presenza del fuoco* **3.** informare qualcuno, spec. persona autorevole, della presenza di visitatori: *annunciarono al direttore l'arrivo del presidente, fu annunciato dall'usciere.*

annunciatóre [dal lat. tardo *adnuntiātor, -ōris*; a. 1292] **agg.** e **sm.** (f. *-trìce*) che o chi annuncia || chi, per professione, legge alla radio o alla televisione l'elenco dei programmi, notiziari, testi, comunicati ecc.

annunciazióne [dal lat. tardo *adnuntiātio, -ōnis*; a. 1348] **sf.** **1.** annuncio dell'incarnazione del Verbo fatta dall'arcangelo Gabriele a Maria Vergine || *concr.* la scena dell'annuncio a Maria Vergine in quanto soggetto di pitture, sculture e sim.; *per estens.* il quadro o la scultura stessa: *un'Annunciazione di Filippo Lippi* **2.** festa che nella liturgia romana si festeggia il 25 marzo.

annùncio (pl. *-ci*) [dal lat. tardo *adnuntium*; 1313] **sm.** **1.** atto ed effetto dell'annunciare: *dare un annuncio, l'annuncio della tua partenza lo sconvolse* **2.** scritto in cui si comunica lo svolgersi di un evento: *annuncio di matrimonio* || *annuncio economico,* inserzione gen. a pagamento pubblicata su quotidiani e periodici riguardante richieste od offerte di lavoro, acquisto o vendita o affitto di immobili ecc. || *annuncio legale,* comunicazione legale o amministrativa inserita in appositi periodici ufficiali || *annuncio pubblicitario,* breve testo pubblicitario diffuso per via audiovisiva o su carta stampata allo scopo di reclamizzare un prodotto o un servizio **3.** indizio, presagio: *le nuvole sono annuncio di pioggia* **4.** breve presentazione di un programma radiofonico o televisivo che sta per essere trasmesso || **N.** **1.** *Sin.* avviso, cenno **2.** *Sin.* informazione, partecipazione **3.** *Sin.* profezia, segno premonitore. **Q.T.** *pubblicità.*

Annunziàta [dal lat. *adnuntiāta*; 1400 ca.] **sf.** **1.** titolo della Vergine Maria cui fu annunciata dall'angelo l'incarnazione di Cristo **2.** la festività liturgica dell'Annunciazione **3.** ordine cavalleresco istituito da Amedeo di Savoia nel sec. XIV.

ànnuo [dal lat. *annus*; a. 1540] **agg.** **1.** della durata di un anno: *abbonamento annuo* **2.** che ricorre ogni anno: *festività annue* **3.** *T.bot.* di piante il cui ciclo vitale si svolge nello spazio di un anno.

annùrca [dal nap. *annurca*, forse dal lat. parlato **indulcare*, addolcire; 1955] **I sf.** varietà di mela da tavola, abbastanza piccola, con buccia rosso-violacea e gusto dolce-acidulo **II agg.** (solo *f.*): *mela annurca*.
annusàre (pres. *-ùso*) [da un ant. *annasare*, con influsso di *muso*; a. 1527] **tr.** e *ass.* fiutare, aspirare col naso per cogliere un'odore: *annusare un profumo* || *annusare tabacco*, aspirarlo col naso || *fig.* intuire, indovinare: *annusare l'imbroglio*.
annusàta [da *annusare*; 1887] **sf.** atto dell'annusare.
annùso [da *annusare*; 1887] **sm.** *raro* atto dell'annusare, fiuto.
annuvolaménto [da *annuvolare*; 1865] **sm.** atto ed effetto dell'annuvolarsi (anche *fig.*).
annuvolàre (pres. *-ùvolo*) [comp. parasint. di *nuvola*; a. 1347] **tr.** coprire di nuvole il sereno || *fig.* turbare: *lo choc gli annuvolò la mente* || **intr. pron.** offuscarsi, coprirsi: *il cielo si annuvolò* || *fig.* turbarsi: *alla notizia si annuvolò* || **N.** *Sin.* rannuvolare | rannuvolarsi.
àno [dal lat. *ānus*; a. 1536] **sm.** tratto terminale dell'intestino retto da cui vengono espulse le feci.
-àno[1] [dal suff. lat. *-ānus*, con cui si formavano agg. di relazione ed etnici] **suff. 1.** forma aggettivi denominali di relazione (anche sostantivati): *diocesano, mondano, repubblicano* **2.** freq. forma, a partire da toponimi, aggettivi (anche sostantivati) che indicano lingue o l'appartenenza a popoli o paesi, città, nazioni e altre entità geografiche: *ascolano, siciliano, africano, isolano, montano* || **N. 2.** -ense, -ese[1], -iano, -igiano, -ita.
-àno[2] [dal suff. lat. *-ānus*] **suff.** che, in parole della terminologia chimica organica, serve per formare le denominazioni di idrocarburi saturi o di altri composti saturi (per es. *metano, propano*).
anòa [da una voce indigena; 1955] **sm.** *inv.* il più piccolo bovino selvatico vivente, scuro di pelame con le corna rivolte all'indietro; vive esclusivamente nell'isola di Celebes || **N.** *Sin.* bufalo indiano.
anòbio (pl. *-bi*) [etim. inc.; 1819] **sm.** *T.zool.* coleottero della famiglia degli Anobidi, lungo pochi millimetri, di forma allungata, con zampe retrattili, si ciba di sostanze vegetali; alcune specie possono danneggiare libri e legno scavandovi lunghe gallerie; com. *tarlo*.
anòdico (pl. *-ci*) [da *anodo*; 1941] **agg.** relativo all'anodo || *effetto anodico*, forte aumento della resistenza elettrica nella cella elettrolitica, dovuto all'interposizione di una pellicola gassosa tra l'anodo e l'elettrolito.
anodìno o **anòdino** (la prima pronuncia è più comune, la seconda più corretta) [dal lat. tardo *anōdynus*, gr. *anṓdynos*; a. 1698] **agg. 1.** *T.med.* calmante, lenitivo **2.** scarsamente efficace, mite, non energico || *fig.* senza energia, senza carattere, incolore, insignificante: *mi tenne un discorso anodino*.
anodizzàre [da *anodo*; 1970] **tr.** sottoporre ad ossidazione anodica una sostanza, spec. metallica, per ottenere una superficie molto dura e resistente alla corrosione.
anodizzazióne [da *anodo*; 1963] **sf.** *T.elettr.* processo elettrolitico volto ad aumentare l'ossidazione delle superfici di prodotti di alluminio, per prevenire, con uno strato protettivo, la corrosione.
ànodo [dal gr. *ánodos*; 1865] **sm.** *T.elettr.* l'elettrodo positivo di apparecchi elettrici destinati a far passare la corrente attraverso un conduttore || **N.** *Contr.* catodo. **TAV.** *elettrotecnica* 1.4, 4.1, 18.1.
anodónta [comp. di *an-* e *-odonto*; 1829] **sf.** *T.zool.* genere di molluschi bivalvi dei Lamellibranchi; vivono in acqua dolce e talvolta producono perle.
anodontìa [comp. di *an-* e di un der. del gr. *odoús, -óntos*; 1955] **sf.** *T.med.* anomalia congenita caratterizzata da mancanza di denti.
anoètico (pl. *-ci*) [comp. di *a-*[1] e gr. *noētikós*, intellettivo; 1955] **agg.** *T.psic.* che non riguarda la conoscenza e il pensiero || che è recepito passivamente, senza essere organizzato in modo razionale.
anòfele [dal gr. *anōphelḗs*, inutile; 1829] **sm.** *T.zool.* genere di insetti Ditteri caratterizzati dal fatto che in posizione di riposo tengono il corpo inclinato rispetto al piano di appoggio; le femmine adulte si nutrono di umori vegetali, succhiano il sangue dei Mammiferi e sono portatrici di numerose malattie tra cui la malaria.
anoftalmìa [gr. *anophthalmós*; 1934] **sf.** *T.med.* mancanza congenita degli occhi.
anoftàlmo [comp. di *an-* e *-oftalmo*; 1950] **agg.** *T.med.* che presenta anoftalmia.
anomalìa [dal lat. *anomalia*; 1587] **sf. 1.** difformità strutturale o funzionale rispetto ad una norma: *un'anomalia nel funzionamento del cambio, un'anomalia congenita del fegato* || *in part. T.ling.* irregolarità lessicale o sintattica di una forma || *teoria dell'anomalia*, presso i grammatici greci della scuola di Pergamo, quella che sosteneva l'irregolarità come base dei rapporti tra elementi linguistici **2.** *T.astr.* l'angolo variabile tra la direzione di un campo celeste orbitante, il centro della sua orbita ellittica e l'asse maggiore di questa **3.** *T.mat. non com.* angolo || *anomalia eccentrica*, nella teoria delle coniche, la misura dell'eccentricità di un'ellissi. **TAV.** *geometria* 24.3.
anomalìsta [da *anomalia*; 1908] **agg.** e **s.** *T.ling.* nell'età classica, detto di grammatico sostenitore del principio dell'anomalia || **N.** *Contr.* analogista.
anomalìstico (pl. *-ci*) [da *anomalia*; 1819 nel senso 2] **agg. 1.** *T.ling.* relativo agli anomalisti o alla teoria dell'anomalia **2.** *T.astr.* detto di periodi di rivoluzione che vengono misurati rispetto ai passaggi a una delle absidi: *anno anomalistico*.
anòmalo [dal lat. *anomalus*; 1673] **agg.** che presenta anomalie; anormale; non conforme alla norma || *verbo anomalo*, quello il cui paradigma risulta composto da più temi verbali differenti (per es. *andare, vado*).
anomìa [dal gr. *anomía*, mancanza di legge; 1929] **sf.** *raro* mancanza di leggi e norme sociali, anarchia.
anòna [dallo sp. *anona*, voce delle Antille; 1708] **sf.** *T.bot.* piccolo albero dalle foglie ovali e dai fiori solitari bianchi all'interno e verdi all'esterno.
Anonàcee [comp. di *anona* e *-acee*; 1845] **sf.** *pl. T.bot.* famiglia di piante arboree e arbustive con legno e foglie aromatiche.
anonimàto [da *anonimo*; 1919] **sm. 1.** l'essere anonimo || il mantenere nascosti il proprio nome e la propria identità: *rimanere nell'anonimato* **2.** *T.giur.* il regime delle società anonime.
anonimìa [dal gr. *anōnymía*; 1941] **sf. 1.** l'essere senza nome **2.** *T.fil.* nell'esistenzialismo di Heidegger, condizione dell'uomo disperso nel mondo tra le cose e gli altri.
anònimo [dal lat. tardo *anōnymus*; 1726] **I agg.** senza nome, di autore ignoto: *libro anonimo* || *lettera anonima*, non firmata || *T.comm. società anonima*, società di commercio senza ragione sociale personale, e nella quale ciascun socio è obbligato solo per la sua quota o azione; oggi sostituita dalla società a responsabilità limitata (s.r.l.) e dalla società per azioni (s.p.a.) **II sm.** (f. *-a*) autore sconosciuto || *per estens.* opera di un autore ignoto || *conservare l'anonimo*, evitare di farsi riconoscere || *l'anonima*, ellittico per "società anonima omicidi", associazione a delinquere di stampo mafioso.
anonimografìa [comp. di *anonimo* e *-grafia*; 1988] **sf.** *T.psic.* redazione e diffusione di lettere non firmate, scritte con uno scopo diffamatorio, perlopiù da donne sessualmente respinte e invidiose.
Anoplùri [comp. del gr. *ánoplos*, inerme e *-uro*; 1950] **sm.** *pl. T.biol.* ordine di insetti parassiti esterni dei Mammiferi cui succhiano il sangue; com. *pidocchi*.
anoressìa [dal lat. tardo *anorexia*, gr. *anorexía*; 1819] **sf.** *T.med.* inappetenza || *T.psic. anoressia mentale* o *nervosa*, grave psiconevrosi che comporta il rifiuto del cibo; può portare alla morte per inedia. **Q.T.** *psicologia*.
anorèssico o **anorèttico** (pl. *-ci*) [da *anoressia*; 1976] **I agg.** relativo all'anoressia **II sm.** (f. *-a*) chi soffre di anoressia.
anorgànico (pl. *-ci*) [comp. di *an-* e *organico*; 1845] **agg. 1.** *raro* privo di organi **2.** *T.med.* di fenomeno o sintomo, che non dipende da alterazioni organiche: *soffio anorganico*, caratteristico del cuore **3.** *T.ling. vocale, consonante, sillaba anorganica*, vocale, consonante, sillaba non etimologica, che si aggiunge alla parola.
anormàle [dal fr. *anormal*; 1841] **I agg.** difforme dalla norma: *sviluppo anormale dell'encefalo, un interesse anormale per il calcio* **II s.** deviante, spec. pervertito sessuale.
anormalità [dal fr. *anormalité*; 1841] **sf.** qualità di ciò che non è conforme alla norma.
anortìte [dal ted. *Anorthit*, sul modello del gr. *ánorthos*, inclinato e *-it(e)*[2]; 1855] **sf.** *T.min.* silicato di alluminio e calcio.
anoșmìa [comp. di *an-* e gr. *osmḗ*, odore; 1819] **sf.** *T.med.* diminuzione o perdita della capacità olfattiva.
anossìa [comp. di *an-* e *ossi(geno)*; 1970] **sf.** *T.med.* carenza di ossigeno nei tessuti o nel sangue.
anossiemìa [comp. di *an-*, *ossi(geno)* e *-emia*; 1939] **sf.** *T.med.* diminuzione di ossigeno nel sangue.
ànsa [dal lat. *ansa*; 1503 nel senso 2] **sf. 1.** manico ricurvo di anfora o altro vaso **2.** *fig. lett.* appiglio, pretesto, occasione: *dare ansa* **3.** rientranza o sporgenza ricurva || *in part.* sinuosità fluviale, insenatura marina di medie dimensioni **4.** *T.med.* formazione anatomica ripiegata su se stessa: *ansa intestinale*.
ansaménto [da *ansare*; sec. XIV] **sm.** *ant.* affanno.
ansàre [lat. tardo *anxiāre*; 1313] **intr.** (aus. *avere*) respirare con affanno, come dopo una corsa o una fatica || **N.** *Sin.* ansimare, boccheggiare, RESPIRARE.
ansàto [dal lat. *ansātus*; a. 1764] **agg.** è provvisto di anse: *ansati tripodi* (Pascoli).
Anschluss (ted., pr. ['ʔanʃlus]) [letter. annessione; 1927] **sm.** *inv. T.stor.* annessione, *in part.* l'annessione da parte di Hitler dell'Austria alla Germania.
anseàtico (pl. *-ci*) [dal germ. *hanse*, confederazione; a. 1764] **agg.** delle sette città marinare tedesche che nei secoli XII-XVII si unirono per proteggere i propri interessi economici e commerciali: *lega anseatica*.
Anserifórmi (sing. *-e*) [comp. del lat. *anser, anseris*, oca e *-forme*; 1935] **sm.** *pl. T.zool.* ordine di uccelli acquatici con zampe palmate e becco a spatola cui appartengono anatre, oche, cigni ecc. **Q.T.** *zoologia* **TAV. uccelli p. 1338.**
anserìno [dal lat. tardo *anserīnus*; 1865] **agg.** dell'oca, simile all'oca: *passo anserino* || *cute anserina*, pelle d'oca.
ànsia [dal lat. tardo *anxia*; a. 1304] **sf. 1.** agitazione dell'animo causata da desiderio, preoccupazione, incertezza: *sono in ansia per il mio futuro, l'ansia di scoprire chi si nasconde dietro la maschera* || *T.psican.* sensazione di pe-

ricolo di cui non si riesce ad individuare la causa **2.** *raro* affanno.

ansietà [dal lat. tardo *anxietas, -ātis*; a. 1306] ***sf.*** **1.** ansia, apprensione **2.** *ant.* affanno.

ànsima [da *ansia*, con influsso di *asma*; a. 1587] ***sf.*** *lett.* difficoltà di respiro; affanno || **N.** *Sin.* ansimo.

ansimàre (pres. *ànsimo*) [da *ansima*; sec. XVII] ***intr.*** (aus. *avere*) respirare affannosamente, ansare.

ànsimo [var. di *ansima*; a. 1587] ***sm.*** *lett.* ansima.

ànsio (pl. *-si*) [dal lat. *anxĭus*; prima metà sec. XIV] ***agg.*** *poet.* ansimante || *fig. lett.* ansioso: *sgombra, o gentil, dall'ansia mente i terrestri ardori* (Manzoni).

ansiògeno [comp. di *ansia* e *-geno*; 1970] ***agg.*** che provoca ansia, angoscia: *bevanda ansiogena.*

ansiolìtico (pl. *-ci*) [comp. di *ansia* e *-litico*; 1970] **I *sm.*** farmaco che è in grado di attenuare o di far cessare stati d'ansia o di angoscia **II *agg.*** che produce l'effetto di tale tipo di farmaco: *sostanza ansiolitica, effetto ansiolitico.*

ansióso [dal lat. tardo *anxiōsus*; a. 1416] ***agg.*** **1.** di ansia: *stato ansioso* **2.** che è o tende ad essere in ansia: *uomo ansioso* **3.** bramoso, desideroso: *era ansioso di tornare a casa* || **ansiosaménte** ***avv.***

ànsito [da *ansare*; 1359] ***sm.*** *lett.* respiro affannoso: *è l'ansito del popolo che passa* (Pascoli).

ànta[1] [dal lat. *antae* pl.; 1477 nel senso 3] ***sf.*** **1.** *T.pitt.* tavola dipinta di un dittico o tavola laterale di un trittico e di un polittico **2.** *T.arch.* pilastro quadrangolare che costituisce la testata di un muro **3.** *sett.* battente di finestra che apre internamente: *picchia ogni anta su l'anta* (Pascoli) || imposta interna || sportello di un mobile || *dim.* antìna.

ànta[2] [da (*quar*)*anta*, (*cinqu*)*anta* ecc.; a. 1566] ***sm. pl.*** *fam. scherz.* gli anni dai quaranta ai novanta: *è entrato negli anta, ha passato gli anta.*

antagonișmo [dal gr. *antagṓnisma*, attr. il fr. *antagonisme*; 1771] ***sm.*** contrasto di persone o di forze opposte || **N.** *Sin.* rivalità.

antagonista [dal lat. tardo *antagonista*; 1611] ***s.*** e ***agg.*** avversario, rivale || in un'azione drammatica, chi o che contrasta l'eroe || ***sm.*** e ***agg.*** **1.** *T.anat.* di muscoli che esercitano azioni opposte sullo stesso segmento osseo || *denti antagonisti*, quelli contrapposti dell'arcata superiore e inferiore **2.** *T.mecc.* di dispositivo atto a contrastare ed equilibrare particolari funzioni meccaniche: *molle antagoniste* **3.** *T.farm.* di farmaci che esercitano azioni biologicamente opposte.

antagonìstico (pl. *-ci*) [da *antagonismo*; 1797] ***agg.*** **1.** di antagonismo, relativo all'antagonismo || che è in antagonismo: *forze antagonistiche* **2.** *T.med.* relativo a muscolo antagonista, proprio di muscolo antagonista.

antàlgico (pl. *-ci*) [comp. di *anti-*[2] e di un der. del gr. *álgos*, dolore; 1819] ***agg.*** e ***sm.*** *T.farm.* di farmaco atto a lenire il dolore, analgesico: *medicamento antalgico, fare uso di antalgici.*

antanàclași [dal gr. *antanáklasis*, ripetizione, attr. il lat. tardo; 1829] ***sf.*** *T.ret.* ripetizione della stessa parola, usata però con significato diverso da quello precedente: *il cuore ha le sue ragioni, che la ragione non conosce* (Pascal).

antanèlla [etim. inc.; 1930] ***sf.*** *T.cacc.* rete verticale da caccia per la cattura di uccelli nei luoghi di passo.

antàrtico (pl. *-ci*) [dal lat. tardo *antarcticus, antarktikós*; a. 1375] **I *agg.*** proprio del polo meridionale, opposto a quello settentrionale o artico || *per estens.* delle regioni limitrofe al polo antartico: *continente antartico, fauna antartica* **II *sm.*** il polo sud e il continente ad esso circostante: *l'antartico è una regione di ghiacci eterni.*

ànte [dal lat. *ante*; a. 1294] ***avv.*** *ant.* avanti, prima.

ànte- [dal lat. *ante*, prima] ***pref.*** forma parole nelle quali indica precedenza nel tempo o nello spazio: **antedétto**, **antenatàle**, **anteneonatàle**, **antenotàto**, **anteprandiàle**.

-ànte [dal lat. *-ante*(*m*), suff. con cui si formavano i ppr. della I coniugazione] ***suff.*** **1.** deriva da verbi in *-are* aggettivi (*abbondante, affascinante, incoraggiante*) spesso sostantivati (*tornante, variante*); di frequente il sostantivo indica la persona che compie l'azione espressa dal verbo di base: *cantante, insegnante* **2.** forma anche alcuni sostantivi denominali ambigeneri: *bracciante, lattante, politicante, teatrante* || **N.** -ente.

antebèllico (pl. *-ci*) [dal lat. *ante bellum*, prima della guerra; 1918] ***agg.*** precedente a una guerra || **N.** *Sin.* prebellico | *Contr.* postbellico.

antecedènte (*ppr.* di *antecedere*) [a. 1406 come sm.] **I *agg.*** che viene prima, che precede || **antecedentemente** ***avv.***; anche nella *loc. prep. antecedentemente a, bur.*, prima di: *antecedentemente alla scadenza dei termini* **II *sm.*** **1.** fatto o fenomeno che ne precede un altro o ne è la causa || comportamento passato, precedente: *ha dei pessimi antecedenti* **2.** *T.gram.* il termine a cui corrisponde la proforma anaforica **3.** *T.fil.* in un condizionale della forma "se *p* allora *q*", l'enunciato *p* **4.** *T.mat.* in una proporzione, ciascuno dei primi termini di un rapporto.

antecedènza [da *antecedente*; a. 1604] ***sf.*** precedenza, priorità.

antecèdere (pres. *-èdo*) [dal lat. *antecedere*; 1340 ca.] ***tr.*** e, *non com.*, ***intr.*** (aus. *avere*) precedere, precorrere || *raro fig.* essere superiore.

antecessóre [dal lat. *antecessor, -ōris*; fine sec. XIII] ***sm.*** (raro f. *-a*) **1.** chi ha occupato in precedenza una carica o un ufficio, predecessore **2.** *T.mil.* (spec. *pl.*) soldati che precedono il grosso delle truppe per predisporre la sistemazione logistica **3.** *ant.* antenato.

antefàtto [comp. del lat. *ante* e *factum*; a. 1729] ***sm.*** **1.** fatto accaduto precedentemente, che spiega gli eventi successivi: *gli antefatti della caduta degli Asburgo* **2.** l'insieme dei fatti precedenti all'azione rappresentata in un dramma o raccontata in un'opera narrativa.

antefissa [dal lat. *antefīxus*; 1865] ***sf.*** *T.arch.* ornamento di marmo o di terracotta scolpito o dipinto, posto sulla linea di gronda o sulla sommità delle travi del tetto negli edifici etruschi, greci e romani.

anteguèrra [comp. di *ante-* e *guerra*; 1931] ***sm.*** periodo precedente a una guerra: *i prezzi d'anteguerra.*

antèla [dal gr. *anthḗlē*; 1865] ***sf.*** *T.bot.* infiorescenza a pannocchia i cui rami secondari sono più lunghi dell'asse centrale: *il sambuco odorava dalle ampie antèle candide* (D'Annunzio).

antèlice [dal gr. *anthélix, -ikos*; 1819] ***sm.*** *T.anat.* eminenza della metà superiore del padiglione dell'orecchio.

antèlio (pl. *-li*) [dal gr. *anthḗlios*; 1865] ***sm.*** macchia biancastra che nell'alone solare appare in direzione opposta al Sole e alla sua stessa altezza, ed è l'immagine riflessa dell'astro.

ante litteram (lat., pr. it. ['ante 'litteram]) [letter. prima della lettera] ***loc. agg. inv.*** (sempre posposta) che può essere qualificato da un'esperienza appartenente a un periodo successivo, in quanto ne anticipa i caratteri: *Arcimboldo era un surrealista ante litteram.*

antelmìntico V. ANTIELMINTICO.

antelucàno [dal lat. *antelucanus*; 1319] ***agg.*** che precede la luce del giorno: *ore antelucane.*

antelunàre [comp. di *ante-* e *lunare*; a. 1524] ***agg.*** **1.** che precede il primo quarto di luna || *giorni antelunari*, quelli di novilunio **2.** più antico della Luna.

antemàrcia [comp. di *ante-* e *marcia*; 1939] **I *agg. inv.*** precedente la marcia fascista su Roma del 1922, detto spec. a proposito dell'iscrizione al partito fascista **II *s. inv.*** **1.** iscritto al partito fascista prima della marcia su Roma **2.** *fig.* antesignano, sostenitore di un'idea da tempo antico.

antèmide [dal lat. *anthemis, -idis*; fine sec. XV] ***sf.*** *T.bot.* pianta perenne delle Composite, dai fiori o dalle infiorescenze bianche.

antèmio (pl. *-mi*) [dal gr. *anthémion*, fiorellino; 1955] ***sm.*** *T.arch.* decorazione a forma di fiore, spesso stilizzato, per fregi architettonici.

antemuràle [dal lat. tardo *antemurāle*; a. 1540] ***sm.*** **1.** *T.edil.* muro di difesa || qualunque opera che serva di riparo a un'altra **2.** *T.mar.* il molo esterno, separato dalle altre opere portuali, posto all'imboccatura del porto. **TAV.** *porto* 3.1.

antenàto [dal lat. tardo *antenātus*; a. 1405] ***sm.*** (f. *-a*) lontano ascendente di una famiglia, progenitore, avo.

anténna [lat. *antĕnna*; a. 1348] ***sf.*** **1.** *T.rad.* dispositivo di irradiazione o ricezione di onde elettromagnetiche: *antenne riceventi, trasmittenti; antenna direzionale* (o *direttiva* o *ad alta direzionalità*), tale che la potenza irradiata viene quasi esclusivamente inviata in una direzione (in contrapposizione a *antenna omnidirezionale* o *a bassa direzionalità*); *antenna a cortina*, antenna ad alta direzionalità e ad alto guadagno, costituita da una cortina di dipoli **2.** *T.zool.* appendice mobile e articolata dotata di organi sensori, collocata nella parte anteriore del capo di alcuni Artropodi: *le antenne delle farfalle* || *fig.* orecchie, più gen. organi di senso: *drizzare le antenne, stare con le antenne dritte* **3.** *T.mar.* lunga asta di legno o metallo che sui bastimenti a vela o sulle imbarcazioni pescherecce attraversa l'albero della nave e porta allacciate le vele triangolari o latine **4.** palo diritto con funzioni di sostegno **5.** *T.edil.* elemento verticale in legno o in metallo usato come sostegno provvisorio di ponteggi o incastellature **6.** *poet.* lo stilo della lancia || *per meton.* la lancia stessa. **Q.T.** *audiovisivi, vela* **TAV.** *audiovisivi* 5.4, 6.6; *zootecnia* 2.2; ***astronautica* p. 654** 4; ***astronautica* p. 655** 6 e **p. 656** 11.1.

antennàle [da *antenna*; inizio sec. XVII] ***sm.*** *T.mar.* parte della vela che si allaccia all'antenna || **N.** inferitura, testa, testata.

antennària [dal lat. scient. *antennaria*, per la somiglianza del pappo con le *antenne* degli insetti; 1845] ***sf.*** *T.bot.* pianta erbacea delle Composite, dalle foglie alterne pelose nel lato inferiore, e dai fiori in capolini avvolti da brattee bianche e rosate.

antennàto [da *antenna*; 1772] ***agg.*** detto in part. di insetto, provvisto di antenne.

antennista [da *antenna*; 1963] ***s.*** operaio che installa o ripara antenne televisive.

antènnula (*dim.* di *antenna*) [1955] ***sf.*** *T.zool.* nei Crostacei, ciascuna delle due antenne costituenti il primo paio.

antepenùltimo V. ANTIPENULTIMO.

antepórre (pres. *-óngo* ecc., come PORRE) [lat. *antepōnere*; a. 1342] ***tr.*** porre innanzi, collocare prima || *fig.* preferire, stimare di più: *anteporre il piacere al dovere* || **N.** *Sin.* premettere.

anteposizióne [da *anteporre*; a. 1698] ***sf.*** atto ed effetto dell'anteporre, il far precedere: *anteposizione del complemento oggetto*, anticipazione rispetto alla posizione normale, per ragioni di messa in rilievo o di enfasi || **N.** *Contr.* posposizione.

antepríma [comp. di *ante-* e *prima*, sul modello del fr. *avant- première*; a. 1936] ***sf.*** proiezione cinematografica o rappresentazione teatrale riservata a un pubblico particolare, in anticipo sulla prima visione o esecuzione. **Q.T.** *teatro.*

antèra [dal gr. *anthērós*, fiorito; 1765] ***sf.*** parte superiore dello stame, costituita gen. da due logge contenenti il polline. **TAV.** ***fiori...*** **p. 671** 1.4.

anterìdio (pl. *-di*) [da *antera*; 1865] ***sm.*** *T.bot.* apparato riproduttore maschile di alcuni vegetali inferiori, che produce antozoi.

anterióre [dal lat. tardo *anterior, -ōris*; 1313] ***agg.*** **1.** che viene prima nel tempo: *la scalata del Monte Bianco è anteriore alla conquista del Polo* **2.** che viene prima nello spazio, che sta davanti: *trazione anteriore* || *T.ling. articolazione anteriore*, quella effettuata nella prima metà della cavità orale: *é ed è sono vocali anteriori* || **anteriorménte** ***avv.***; anche nella *loc. prep. anteriormente a*, prima di: *anteriormente agli eventi menzionati.*

anteriorità [da *anteriore*; 1570] ***sf.*** qualità di ciò che è anteriore nel tempo || preminenza, priorità.

àntero- [da *anteriore*] ***primo elem.*** che, in parole composte, spec. della terminologia anatomica, vale "anteriore", "che sta nella parte anteriore" (per es. *anterogrado, anterolaterale*).

anterògrado [comp. di *antero-* e *-grado*, sul modello di *retrogrado*; 1955] ***agg.*** **1.** *T.biol.* caratterizzato da movimento in avanti **2.** *T.med.* e *T.psic.* relativo a fatti posteriori a un fatto preso come punto di riferimento: *amnesia anterograda*, perdita della memoria dei fatti posteriori al trauma che è causa del disturbo; *memoria anterograda*, capacità di ricordare fatti del passato prossimo, ma non quelli del passato remoto, o di ricordare avvenimenti posteriori al trauma || **N.** *Contr.* retrogrado.

anterolateràle [comp. di *antero-* e *laterale*; 1970] ***agg.*** *T.anat.* che ha direzione dall'avanti verso un lato del corpo.

anteromediàle [comp. di *antero-* e *mediale*; 1970] ***agg.*** *T.anat.* che ha direzione dall'avanti verso la linea mediana del corpo.

anteroposterióre [comp. di *antero-* e *posteriore*; 1970] ***agg.*** *T.anat.* che ha direzione dall'avanti verso la parte posteriore del corpo.

anterozòide o **anterozòo** [comp. di *antera* e *-oide* (o *-zoo*); 1892] ***sm.*** *T.bot.* gamete maschile di parecchie piante crittogame, prodotto dagli anteridi, fornito di ciglia o di flagelli per la locomozione.

antèsi [dal gr. *ánthēsis*, fioritura; 1829] ***sf.*** *T.bot.* apertura del fiore, fioritura || condizione della pianta con i fiori aperti.

antesignàno [dal lat. *antesignānus*; 1547] ***sm.*** **1.** (f. *-a*) *fig.* precursore, chi promuove idee o dottrine in anticipo rispetto all'epoca della loro affermazione: *gli antesignani del futurismo*; *per estens.* da: **2.** *T.stor.* legionario che stava a guardia delle insegne || **N. 1.** *Sin.* pioniere, precorritore.

anthem (ingl., pr. ['ænθəm]) [letter. inno; 1826] ***sm.*** *inv. T.mus.* componimento corale su testo sacro in lingua inglese, a cappella o con accompagnamento strumentale, presente nel rito anglicano dopo la riforma protestante || **N.** mottetto.

ànti-¹ [dal lat. *ante*, prima] ***pref.*** forma parole nelle quali indica precedenza nel tempo e nello spazio: **antibàgno, anticucìna**.

ànti-² [dal gr. *antí*, contro] ***pref.*** **1.** forma parole nelle quali indica opposizione, avversione, antagonismo, spec. in rif. a movimenti ideologici o politici: **antiabortìsta, antiblasfèmo, antibolscevìco, antiborghése** (o **antiborghése**), **anticattòlico, anticlassìsmo, anticlassìsta, anticonfessionàle, anticristianésimo, anticristiàno, antidivorzìsta, antidogmàtico, antidogmatìsmo, antifemminìsmo, antifemminìsta, antimperialìsmo, antimperialìsta, antireligióso, antirivoluzionàrio, antischiavìsmo, antisovietìsmo** || indica, inoltre, contraddizione o contrasto (per es. *antiestetico, antigiuridico, antistorico*) **2.** in altre parole indica capacità di evitare o impedire eventi o processi dannosi; in part. in denominazioni di prodotti chimici o di dispositivi tecnici indica la capacità di combattere, prevenire o mitigare un processo, la formazione di una sostanza o il verificarsi di un effetto indesiderato: **antiappannànte, anticongelànte, antiderapànte, antidetonànte, antidistùrbo, antiossidànte, antirùghe, antirumóre, antischiùma, antismòg, antitàrlo** || premesso ad agg. derivanti da nomi di malattia forma le denominazioni di farmaci, vaccini e altri rimedi terapeutici in grado di combattere o prevenire la malattia: **antiallèrgico, antianèmico, antiartrìtico, antiastènico, anticanceróso, anticatarràle, anticellulìte, antidepressìvo, antidiabètico, antidiarròico, antidiftotetànico, antidiurètico, antiemofìlico, antiemorràgico, antiemorroidàle, antiepilèttico, antiluètico, antimalàrico, antinefrìtico, antinfettìvo, antinfluenzàle, antipellagróso, antipoliomielìtico, antiràbbico, antireumàtico, antiscorbùto, antiscorbùtico, antispasmòdico, antistèrico, antitubercolàre, antitumoràle, antivaiolóso** || nella terminologia militare indica un'arma o un mezzo bellico in grado di distruggere o contrastare una determinata arma o mezzo bellico: **antimìne, antisilurànte** || forma gli agg. inv. che, posposti a *squadra*, entrano nelle denominazioni di gruppi o sezioni della polizia specializzate nella lotta contro determinati reati: **antiborséggio, antiracket, antirapìna, antisequèstri, antistupefacènti** **3.** nella terminologia scientifica può valere "posizione opposta", "movimento in senso contrario" (per es. *anticiclone, antipodi*) **4.** in fisica nucleare, premesso a nomi di particelle e di elementi chimici, indica i corrispondenti elementi dell'antimateria, che hanno in comune con le particelle ordinarie alcune grandezze caratteristiche, tra cui la massa, ma sono dotati di carica elettrica e momento magnetico di segno opposto: **antielettróne, antinùcleo.**

antiabbagliànte [comp. di *anti-²* e *abbagliante*; 1947] ***agg.*** che impedisce l'abbagliamento: *schermo antiabbagliante* || **N.** anabbagliante.

antiàcido [comp. di *anti-²* e *acido*; 1700] ***sm.*** e ***agg.*** *inv. T.med.* detto di rimedio contro l'acidità di stomaco.

antiàcne [comp. di *anti-²* e *acne*; 1970] ***sm.*** e ***agg.*** *inv. T.farm.* detto di prodotto farmaceutico o cosmetico per la cura dell'acne: *crema antiacne.*

antiaèreo [comp. di *anti-²* e *aereo*; 1915] **I** ***agg.*** che serve da difesa contro gli attacchi aerei: *cannoni antiaerei, rifugio antiaereo* **II** ***sf.*** *l'antiaerea*, l'insieme delle armi impiegate contro un attacco aereo.

antialcòlico o **antialcoòlico** (pl. *-ci*) [comp. di *anti-* e *alcolico*; 1955] ***agg.*** che si batte contro l'alcolismo, detto spec. di associazioni o movimenti d'opinione: *lega antialcolica.*

antialisèo [comp. di *anti-²* e *aliseo*; 1892] ***sm.*** vento di quota che soffia in direzione contraria all'aliseo, nelle regioni tropicali dei due emisferi.

antialóne V. ANTIALONICO.

antialonicità [comp. di *anti-²* e un der. di *alone*; 1940] ***sf.*** *T.fot.* caratteristica di una emulsione fotografica di eliminare l'alone.

antialònico (pl. *-ci*) o **antialóne** [comp. di *anti-²* e *alone*, con suff. agg.; 1961] ***agg.*** e ***sm.*** *T.fot.* detto di composto, preparato o trattamento impiegato per evitare la formazione dell'alone attorno all'immagine.

antiàrco [comp. di *anti-²* e *arco*; 1955] ***agg.*** che si oppone alla formazione dell'arco elettrico.

antiatòmico (pl. *-ci*) [comp. di *anti-²* e *atomico*; 1949] ***agg.*** che serve da difesa contro le armi atomiche: *rifugio antiatomico.*

antibacchèo [dal gr. *antibáccheios*; 1955] ***sm.*** *T.metr.* piede della metrica classica greca e latina formato da due sillabe lunghe e una breve, esattamente l'inverso del baccheo (una sillaba breve e due lunghe).

antibattèrico (pl. *-ci*) [comp. di *anti-²* e *batterico*; 1961] ***agg.*** sostanza che impedisce lo sviluppo dei batteri.

antibécco (pl. *-chi*) [comp. di *anti-¹* e *becco*, sul modello del fr. *avant-bec*; 1865] ***sm.*** *T.arch.* prolungamento a sezione poligonale della pila di un ponte, destinato a rompere l'impeto delle acque.

antibiogràmma [comp. di *antibio(tico)* e *-gramma*; 1983] ***sm.*** *T.med.* prova di sensibilità dei batteri ai farmaci antibiotici || *per estens.* modulo predisposto, su cui vengono segnati i risultati di tale prova.

antibiòsi [comp. di *anti-²* e del gr. *bíōsis*, condotta di vita; 1936] ***sf.*** *inv.* antagonismo vitale tra due specie viventi nello stesso ambiente.

antibiòtico (pl. *-ci*) [da *antibiosi*; 1948] **I** ***agg.*** **1.** che si riferisce all'antibiosi **2.** battericida: *farmaco antibiotico* **II** ***sm.*** sostanza a struttura chimica molto complessa isolata da colture di muffe o bacilli in grado di inibire la crescita o la sopravvivenza di microorganismi portatori di malattie infettive || **N.** actinomicina, aureomicina, coloromicetina, eritromicina, neomicina, penicillina, streptomicina, terramicina.

antiblàstico (pl. *-ci*) [comp. di *anti-²* e *blastico*; 1974] ***agg.*** *T.farm.* detto di sostanza che inibisce la crescita di tumori; antitumorale: *farmaci antiblastici.*

antibràccio (pl. *-ci*) [comp. di *anti-¹* e *braccio*; a. 1866] ***sm.*** *disus.* avambraccio.

anticàglia (pl. *-glie*) [da *antico*; a. 1348] ***sf.*** cosa vecchia e priva di valore: *ha la casa piena di anticaglie* || *fig.* cosa, parola, usanza antiquata.

anticàmera [comp. di *anti-¹* e *camera*; inizio sec. XIV] ***sf.*** **1.** ambiente di ingresso di un appartamento, usato (spec. negli uffici) come locale d'attesa || *fare anticamera*, aspettare d'esser ricevuto || *fig. fam. non mi passa neanche per l'anticamera del cervello*, non ci penso assolutamente **2.** *T.stor.* nelle dimore gentilizie, i servitori che prestavano servizio all'ingresso.

anticàrie [comp. di *anti-²* e *carie*; 1963] ***sm.*** e ***agg.*** *inv.* (sempre posposto) detto di prodotto farmacologico che previene la carie dentaria o la combatte: *dentifricio anticarie.*

anticàrro [comp. di *anti-* e *carro* (*armato*); 1937] ***agg.*** e ***s.*** *inv.* si dice dei vari mezzi di difesa, attiva e passiva, contro i carri armati o le autoblinde: *mine, proiettili anticarro.*

anticàtodo [comp. di *anti-²* e *catodo*; 1961] ***sm.*** *T.fis.* elettrodo opposto al catodo nei tubi per la produzione di raggi x.

anticheggiàre (pres. *-éggio*) [da *antico*; a. 1642] ***intr.*** (aus. *avere*) *iron.* assumere ostentatamente le maniere antiche.

antichità [dal lat. *antiquitas, -ātis*; fine sec. XIII] ***sf.*** **1.** qualità di ciò che è antico: *l'antichità delle mura* **2.** epoca antica, part. classica: *fu il più grande poeta dell'antichità* **3.** oggetto antico: *museo di antichità* || l'insieme delle istituzioni e delle produzioni culturali dell'epoca classica, e il loro studio inteso come disciplina sussidiaria della storia antica || **N. 1.** *Sin.* vecchiezza, vetustà **3.** *Sin.* antiquaria, archeologia, paleografia; cimeli; antiquario, archeologo, paleografo; museo, scavo.

anticìclico (pl. *-ci*) [comp. di *anti-*² e *ciclico*; 1979] **agg.** *T.econ.* che tende a contenere o correggere le oscillazioni del ciclo economico; stabilizzante.

anticiclóne [comp. di *anti-*² e *ciclone*; 1892] **sm.** *T.meteor.* area di alta pressione atmosferica delimitata da isobare chiuse con valori decrescenti dal centro alla periferia, caratterizzata gen. da tempo bello stabile con debole circolazione di venti e temperatura stazionaria.

anticiclònico (pl. *-ci*) [da *anticiclone*; 1955] **agg.** relativo all'anticiclone || *in part. zona anticiclonica*, che presenta pressione atmosferica più alta rispetto alle zone circostanti.

anticìma [comp. di *anti-*¹ e *cima*; 1955] **sf.** cima secondaria di un monte; si erge su una delle dorsali che portano alla cima principale.

anticipàre (pres. *-ìcipo*) [dal lat. *anticipāre*; sec. XVII] **tr.** **1.** compiere un'azione prima del tempo stabilito: *anticipare la partenza* || *anticipare i tempi*, rendere più sollecita l'esecuzione di qualcosa || *ass.* venire prima del tempo stabilito: *la primavera anticipa* **2.** pagare una somma di denaro prima del tempo dovuto: *gli hanno anticipato mezzo stipendio* **3.** dar notizie o informazioni prima della loro ufficiale diffusione: *fonti attendibili anticipano le prese di posizione del governo* || pubblicare parte di un lavoro ancora inedito o incompiuto: *anticipare un capitolo del romanzo* **4.** *ant.* prevedere **5.** preannunciare: *i tuoni anticipano il temperale* || precorrere: *le sue affermazioni anticipano i tempi* **6.** *T.sport.* difendersi prevedendo le intenzioni dell'avversario: *il terzino ha anticipato con successo l'intervento dell'ala.*

anticipàto (*pps.* di *anticipare*) [a. 1600] **agg.** dato o fatto prima del tempo || **anticipataménte** **avv.**

anticipatóre [da *anticipare*; 1955] **sm.** (f. *-trìce*) e **agg.** chi o che anticipa precorrendo i tempi, antesignano.

anticipazióne [dal lat. *anticipātio, -ōnis*; a. 1406] **sf.** **1.** l'anticipare **2.** informazione, notizia non ancora ufficialmente confermata: *ha fornito anticipazioni sull'esito della trattativa* || pubblicazione parziale di un lavoro ancora inedito **3.** previsione **4.** premessa, ciò che si verifica prima di qualcos'altro costituendone un dato preliminare **5.** *T.mus.* combinazione armonica che prevede l'esecuzione di accordi o note mentre l'accordo precedente dura ancora **6.** *T.ret.* prolessi **7.** *T.banc.* somma prestata da una banca a un portatore di titoli, contro deposito degli stessi a garanzia **8.** *T.ling.* anteposizione.

antìcipo [da *anticipare*; 1861] **sm.** **1.** anticipazione (nel senso 1) || *loc. avv. in anticipo*, prima del tempo fissato **2.** pagamento parziale di una somma di denaro prima del tempo in cui è dovuta: *ha chiesto un anticipo sullo stipendio* **3.** *T.mecc.* dispositivo dei motori a scoppio che produce la scintilla di accensione prima del termine della fase di compressione: *regolare l'anticipo* **4.** capacità di un giocatore a prevedere e precedere l'azione dell'avversario: *giocare d'anticipo.* **Q.T. *motocicletta.***

anticlericàle [comp. di *anti-*² e *clericale*; 1883] **agg.** e **s.** detto di ciò che o di chi è contrario all'azione e all'influenza del clero.

anticlericalìsmo [da *anticlericale*; 1888] **sm.** ostilità nei confronti del clero e in part. della sua influenza culturale e politica.

anticlìmax [comp. di *anti-*² e *climax*; 1955] **sm.** *inv.* *T.ret.* figura retorica che consiste nel disporre una serie di concetti in ordine di intensità decrescente || *per estens.* effetto di brusca sdrammatizzazione, caduta della tensione emotiva.

anticlinàle [comp. di *anti-*² e un der. del gr. *klínein*, piegare; 1892] **agg.** e **sf.** *T.geol.* di piega della crosta terrestre gen. convessa verso l'alto, il cui nucleo contiene gli strati di roccia più antichi. **TAV. *geologia* p. 1313** 2.2.

antìco (pl. *-chi*) [lat. *antiquus*; 1294] **I agg.** **1.** che risale a un'epoca remota: *le antiche leggende nordiche, le antiche civiltà incaiche* || *storia antica*, che riguarda il periodo dalle origini delle civiltà mediterranee al 476 d.C. || *Antico Testamento*, v. TESTAMENTO || di un'epoca relativamente lontana nel passato: *un candelabro antico, mobili antichi, le antiche virtù* || *loc. agg.* e *avv. all'antica*, alla maniera di un tempo ormai lontano: *un gentiluomo all'antica, inchinarsi all'antica* || *loc. avv. in antico*, anticamente **2.** che dura da molto tempo: *un antico rancore* **3.** *lett.* anziano: *la mia antica genitrice* || **anticaménte** **avv.** **II sm.** **1.** l'antichità, ciò che appartiene o si ispira ai tempi antichi: *il culto dell'antico, mescolare l'antico e il moderno* **2.** *pl.* gli uomini vissuti nel tempo antico: *la cultura degli antichi* || avi, antenati || **N.** **I** **1.** arcaico, avito; prisco, trapassato, vecchio, vetusto, vieto | *Contr.* moderno **2.** *Sin.* annoso | *Contr.* recente **3.** *Sin.* attempato, venerando.

anticoagulànte [comp. di *anti-*² e del ppr. di *coagulare*; 1956] **sm.** e **agg.** detto di farmaco che impedisce o rallenta il processo di coagulazione del sangue.

anticomunìsmo [comp. di *anti-*² e *comunismo*; 1946] **sm.** ostilità al comunismo.

anticomunìsta [comp. di *anti-*² e *comunista*; 1941] **agg.** e **s.** che o chi si oppone al comunismo.

anticoncezionàle [comp. di *anti-*² e *concezionale*, 1942] **agg.** e **sm.** antifecondativo || **N.** *Sin.* contraccettivo.

anticonformìsmo [comp. di *anti-*² e *conformismo*; 1956] **sm.** atteggiamento di polemico rifiuto nei confronti delle idee, dei costumi e delle abitudini prevalenti in un determinato periodo storico o ambiente sociale.

anticonformìsta [comp. di *anti-*² e *conformista*; 1961] **s.** chi si oppone deliberatamente ai costumi e alle idee dominanti di un'epoca o di una cultura.

anticonformìstico (pl. *-ci*) [da *anticonformista*; 1965] **agg.** proprio di chi è anticonformista.

anticongiunturàle [comp. di *anti-*² e *congiunturale*; 1965] **agg.** *T.econ.* di provvedimento economico, che è inteso a modificare o a scongiurare gli effetti di una congiuntura economica negativa.

anticòrpo [comp. di *anti-*² e *corpo*; 1904] **sm.** *T.med.* sostanza prodotta dall'organismo in reazione alla introduzione di antigeni, allo scopo di neutralizzarli || *fig.* capacità di reazione indotta dall'esperienza: *la democrazia ha molti anticorpi contro il fascismo.*

anticostituzionàle [comp. di *anti-*² e *costituzionale*, sul modello del fr. *anticonstitutionnel*; 1778] **agg.** che è contrario alla costituzione dello Stato o allo spirito di essa: *decreto anticostituzionale.*

anticostituzionalità [da *anticostituzionale*; 1970] **sf.** il fatto di essere anticostituzionale: *l'opposizione ha denunciato l'anticostituzionalità del provvedimento del governo.*

anticrèsi [dal gr. *antíchrēsis*, attr. il fr. *antichrèse*; 1746] **sf.** *T.giur.* convenzione giuridica per cui il creditore acquista il diritto di godere dei frutti degli immobili del creditore fino a saldo del debito.

anticrìmine [comp. di *anti-*² e *crimine*; 1980] **agg.** *inv.* (sempre posposto) detto di persone o strutture che difendono dai criminali e che prevengono atti criminosi: *squadra anticrimine, apparato anticrimine.*

anticrìsto [dal lat. tardo *Antichristus*; a. 1306 *Antecristo*] **sm.** personificazione diabolica che secondo l'Apocalisse si batterà alla fine dei secoli contro Cristo e la sua chiesa || *per estens.* persecutore della Chiesa: *Nerone era un anticristo* || *fig.* persona malvagia e viziosa.

anticrittogàmico (pl. *-ci*) [comp. di *anti-*² e *crittogamico*; 1886] **sm.** e **agg.** detto di preparato chimico a base di rame e zolfo, atto a combattere le crittogame parassite delle piante.

anticròllo [comp. di *anti-*² e *crollo*; 1955] **agg.** *inv.* (sempre posposto) di edificio o struttura capaci di rimanere integri anche dopo il crollo di edifici soprastanti o circostanti: *rifugio anticrollo.*

anticùme [da *antico*; 1955] **sm.** *spreg.* oggetto o complesso di oggetti o di idee antiquati; anticaglia.

antidàta [comp. di *anti-*¹ e *data*; 1673] **sf.** in un negozio giuridico, data fittizia anteriore a quella di effettiva stipula dell'accordo.

antidatàre (pres. *-dàto*) [comp. di *anti-*² e *datare*; 1723] **tr.** datare atti, documenti e sim. con una data precedente a quella reale || **N.** *Sin.* retrodatare | *Contr.* postdatare.

antidemocràtico (pl. *-ci*) [comp. di *anti-*² e *democratico*, sul modello del fr. *antidemocratique*; 1790] **agg.** e **sm.** (f. *-a*) che o chi è contrario ai principi della democrazia || che o chi è contrario agli interessi o alla volontà dei più, in part. delle masse popolari; antipopolare.

antidiftèrico (pl. *-ci*) [comp. di *anti-*² e *difterico*; 1894] **I agg.** di rimedio contro la difterite: *siero antidifterico* **II sf.** *l'antidifterica, ell.* per "vaccinazione antidifterica".

antidiluviàno [comp. di *anti-*¹ e un der. di *diluvio*, sul modello dell'ingl. *antediluvian*; a. 1730 *antediluviano*] **agg.** che risale a prima del diluvio universale: *fossile antidiluviano* || *fig.* vetusto, sorpassato: *idee antidiluviane.*

antidìvo [comp. di *anti-*² e *divo*; 1980] **sm.** (f. *-a*) personaggio del mondo dello spettacolo, dello sport e sim. che, pur godendo di largo successo, è totalmente estraneo alle eccentricità e alle stravaganze dei divi.

antidolorìfico (pl. *-ci*) [comp. di *anti-*² e *dolorifico*; 1970] **agg.** e **sm.** *T.med.* detto di farmaco che attenua o elimina il dolore: *far uso di antidolorifici.*

ànti-dòping o **antidòping** [comp. di *anti-*² e *doping*; 1970] **sm.** *inv.* *T.sport.* controllo effettuato su atleti o animali al termine di una gara per accertare la presenza di eventuali sostanze eccitanti illecite || anche in funzione di *agg. inv.*: *controllo antidoping.*

antidotàrio (pl. *-ri*) [da *antidoto*; 1499] **sm.** ricettario di antidoti; indice dei contravveleni.

antìdoto [dal lat. *antidotum*; a. 1492] **sm.** sostanza destinata a neutralizzare l'azione di un tossico; contravveleno || *fig.* rimedio, conforto: *la sua gioia è un antidoto alla malinconia.*

antidròga [comp. di *anti-*² e *droga*; 1968] **agg.** *inv.* (sempre posposto) che combatte l'uso, la diffusione e il commercio illegale di stupefacenti: *provvedimenti, squadra, cani antidroga.*

antieconòmico (pl. *-ci*) [comp. di *anti-*² e *economico*; 1892] **agg.** contrario alle esigenze e ai principi economici, non redditizio.

antielmìntico o **antelmìntico** (pl. *-ci*) [comp. di *anti-*² e un der. di *elminti*; a. 1730 *antelmintico*] **agg.** e **sm.** *T.farm.* detto di rimedio per liberare l'intestino da parassiti e vermi, vermifugo.

antiemètico (pl. *-ci*) [comp. di *anti-*² ed *emetico*; 1819] **agg.** e **sm.** detto di medicamento contro il vomito.

antieròe [comp. di *anti-*² e *eroe*; 1983] **sm.** (f. *antieroina*) protagonista di un'opera letteraria o cinematografica, privo dei valori positivi tipici dell'eroe tradizionale, e fornito invece dei vizi opposti.

antiestètico (pl. *-ci*) [comp. di *anti-*² ed *estetico*; 1903] **agg.** che è contrario al senso estetico, di cattivo gusto, brutto.

antifading (ingl., pr. [ˌæntɪˈfeɪdɪŋ]) [comp. di *anti-*[2] e *fading*; 1940] **sm.** *inv. T.rad.* dispositivo negli apparecchi radioriceventi che serve per ridurre l'effetto di evanescenza o *fading*.
antifascismo [comp. di *anti-*[2] e *fascismo*; 1921] **sm.** atteggiamento politico di chi si oppone al fascismo e alla sua dottrina ‖ *propr. T.stor.* il movimento di opposizione al fascismo ‖ **N.** *Contr.* fascismo.
antifascista [comp. di *anti-*[2] e *fascista*; 1920 *anti-fascista*] **agg.** e **s.** che, chi si oppone al fascismo.
antifato [comp. di *anti-*[2] e *fato*; a. 1565] **sm.** *ant.* controdote.
antifebbrile [comp. di *anti-*[2] e *febbrile*; 1761] **agg.** e **sm.** detto di rimedio efficace contro la febbre, antipiretico.
antifecondativo [comp. di *anti-*[2] e *fecondativo*; 1906] **agg.** e **sm.** detto di sostanze, mezzi o procedimenti che servono a impedire la fecondazione: *pillole antifecondative*.
antifermentativo [comp. di *anti-*[2] e *fermentativo*; 1965] **agg.** e **sm.** detto di sostanza chimica atta a evitare la fermentazione, part. di elementi e prodotti farmaceutici.
antifiscale [comp. di *anti-*[2] e *fiscale*; 1986] **agg.** che è opposto a un comportamento o a un atteggiamento fiscale severo o rigoroso.
antiflogistico (pl. *-ci*) [comp. di *anti-*[2] e *flogistico*; 1819] **agg.** e **sm.** *T.med.* detto di rimedio che agisce contro le infiammazioni, antinfiammatorio.
antiflogosi [comp. di *anti-*[2] e *flogosi*; 1940] **sf.** *inv. T.med.* cura dei processi infiammatori.
antifona [dal lat. tardo *antiphōna*, gr. *antíphonos*; a. 1342] **sf.** **1.** nella musica greca e romana, canto a due voci distanziate di un'ottava tra loro **2.** *T.rel.* nella liturgia cattolica, versetto cantato che precede il salmo **3.** *fig.* discorso ripetuto fino alla noia: *sempre la solita antifona* ‖ *capire l'antifona*, comprendere il vero significato di un atteggiamento o di un discorso non esplicito.
antifonale [da *antifona*; 1865 come sm.] **I** **agg.** relativo all'antifona **II** **sm.** antifonario.
antifonario (pl. *-ri*) [da *antifona*; a. 1419] **sm.** **1.** *T.eccl.* libro corale, che contiene le antifone da cantare per tutto l'anno ‖ *per estens.* libro che contiene le parti cantate della liturgia della messa **2.** *ant.* corista che intona le antifone.
antifonia [dal gr. tardo *antiphōnía*, controcanto; 1829] **sf.** **1.** *T.mus.* nel canto, l'alternarsi di due voci, di due semicori o di una voce e del coro **2.** *T.eccl.* nella liturgia cristiana, esecuzione vocale a cori alterni.
antifrasi [dal lat. tardo *antĭphrăsis*, gr. *antíphrasis*; a. 1553] **sf.** *T.ret.* figura che consiste nell'usare un'espressione con un senso opposto a quello consueto e proprio (come in *quel benedetto figliolo mi farà impazzire, ora viene il bello*).
antifrastico (pl. *-ci*) [da *antifrasi*; 1875] **agg.** che ha valore di antifrasi ‖ relativo ad antifrasi ‖ **antifrasticamente** **avv.**
antifurto [comp. di *anti-*[2] e *furto*; 1942] **agg.** *inv.* e **sm.** *inv.* detto di dispositivo atto a impedire il furto.
antigas [comp. di *anti-*[2] e *gas*; 1929] **I** **agg.** *inv.* (sempre posposto) che impedisce l'azione dei gas tossici: *maschera antigas* **II** **sm.** *inv.* composto chimico atto a neutralizzare o limitare l'azione dei gas tossici.
antigelo [comp. di *anti-*[2] e *gelo*; 1970] **agg.** *inv.* (sempre posposto) e **sm.** *inv.* detto di preparato che impedisce il congelamento di liquidi e semiliquidi ‖ **N.** *Sin.* anticongelante.
antigene [comp. di *anti-*[2] e *gene*; 1925] **sm.** sostanza che, introdotta nell'organismo, determina la formazione di anticorpi: *antigene Australia* (AgAu), antigene dell'epatite B.
antigenico (pl. *-ci*) [da *antigene*; 1955] **agg.** pertinente, relativo ad antigene.
antigienico (pl. *-ci*) [comp. di *anti-*[2] e *igienico*; 1861] **agg.** contrario alle norme dell'igiene; dannoso per la salute: *alimentazione antigienica*.
antigiuridico (pl. *-ci*) [comp. di *anti-*[2] e *giuridico*; 1955] **agg.** contrario al diritto o a una norma giuridica: *atto antigiuridico*.
antigrafo [dal lat. tardo *antĭgraphu(m)* e gr. *antígraphon*; 1779] **agg.** e **sm.** detto di copia di manoscritto da cui viene tratta un'altra copia.
antigrandine [comp. di *anti-*[2] e *grandine*; 1950] **agg.** *inv.* di mezzi usati per proteggere i raccolti dalla grandine: *razzi antigrandine*.
antigravità [comp. di *anti-*[2] e *gravità*; 1965] **agg.** che protegge gli esseri viventi dagli effetti nocivi provocati dalle variazioni della forza di gravità ‖ *tuta antigravità*, la tuta indossata dagli astronauti.
antiinquinamento V. ANTINQUINAMENTO.
antilettera adattamento it. di *ante litteram* (v.).
antilocapra [comp. di *antilo(pe)* e *capra*; 1955] **sf.** *T.zool.* mammifero ruminante americano, simile all'antilope, fornito di lunghe corna biforcate.
antilogaritmo [comp. di *anti-*[2] e *logaritmo*; 1829] **sm.** *T.mat.* numero di cui viene calcolato il logaritmo.
antilogia (pl. *-gìe*) [dal gr. *antilogía*; sec. XVIII] **sf.** *non com.* **1.** *T.fil.* contraddizione ‖ contrapposizione di due argomenti che dimostrano tesi opposte: *le antilogie scettiche* **2.** *T.psic.* azione illogica compiuta seguendo un impulso irrazionale.
antilogica [dal gr. *antilogikḗ* (*tékhnē*), arte del contraddire; 1955] **sf.** *T.fil.* la capacità propria dei sofisti, di saper contrapporre a qualunque opinione l'opinione contraria, dimostrandola valida.
antilogico[1] (pl. *-ci*) [da *antilogia*; 1945] **agg.** *T.fil.* relativo all'antilogia ‖ che contiene antilogia: *ragionamento antilogico*.
antilogico[2] (pl. *-ci*) [da *antilogica*; a. 1873] **agg.** *T.fil.* contrario ai princìpi della logica.
antilope [dal fr. *antilope*; 1772 *antilopa*] **sf.** mammifero ruminante degli Artiodattili particolarmente diffuso nelle savane, di corporatura snella, color bruno o fulvo rossastro, bianco nella parte inferiore; è velocissima nella corsa e ottima saltatrice; i maschi hanno lunghe corna a spirale ‖ *per meton.* la pelle conciata di tale animale: *una giacca di antilope*.
antimafia [comp. di *anti-*[2] e *mafia*; 1973] **agg.** *inv.* detto di ogni organizzazione o atteggiamento che si propone di combattere il potere della mafia: *commissione antimafia*.
antimagnetico (pl. *-ci*) [comp. di *anti-*[2] e *magnetico*; 1967] **agg.** detto di materiali o strumenti che non risentono dell'influsso della forza magnetica.
antimateria [comp. di *anti-*[2] e *materia*; 1963] **sf.** *T.fis.* insieme di atomi, molecole e corpi costituiti solo da antiparticelle (antineutroni, antiprotoni, positroni).
antimeridiano[1] [dal lat. *antemeridianus*; 1598 *antemeridiano*] **agg.** che precede il mezzogiorno.
antimeridiano[2] [comp. di *anti-*[2] e *meridiano*; 1965] **sm.** *antimeridiano terrestre*, la metà del meridiano terrestre opposta all'osservatore, determinata dal piano parallelo d'orizzonte passante per il centro della Terra e contenente l'antipodo dell'osservatore ‖ *antimeridiano celeste*, la metà del meridiano celeste delimitata dall'orizzonte dell'osservatore e contenente il nadir.
antimero [comp. di *anti-*[2] e *-mero*; 1955] **sm.** *T.anat.* ognuna delle parti simmetriche e contrapposte del corpo degli animali a simmetria raggiata.
antimetabole [dal gr. *antimetabolḗ*, attr. il lat. tardo *antimetabole*, inversione; a. 1636] **sf.** figura retorica consistente nel costruire due frasi consecutive, servendosi delle stesse parole, disposte però in ordine invertito: *si deve mangiare per vivere, non vivere per mangiare*.
antimicotico (pl. *-ci*) [comp. di *anti-*[2] e *micotico*; 1967] **sm.** e **agg.** *T.med.* detto di farmaco impiegato nella terapia contro le infezioni prodotte da funghi parassiti.
antimilitarismo [comp. di *anti-*[2] e *militarismo*; 1905] **sm.** atteggiamento di ostilità alla guerra, agli ordinamenti militari e all'influenza sociale e politica delle forze armate ‖ **N.** *Sin.* pacifismo.
antimilitarista [comp. di *anti-*[2] e *militarista*; 1904] **s.** chi professa l'antimilitarismo.
antimilitaristico (pl. *-ci*) [comp. di *anti-*[2] e *militaristico*; 1942] **agg.** che si riferisce ad antimilitarismo.
antimissile [comp. di *anti-*[2] e *missile*; 1963] **agg.** *inv.* (sempre posposto) *T.mil.* detto di arma in grado di deviare un missile dalla sua traiettoria, o di distruggerlo prima che raggiunga l'obiettivo.
antimonarchico (pl. *-ci*) [comp. di *anti-*[2] e *monarchico*; a. 1886] **agg.** e **sm.** (f. *-a*) che o chi è contrario alle istituzioni monarchiche.
antimoniale [da *antimonio*; a. 1698] **agg.** *T.chim.* di antimonio, che contiene antimonio: *tintura antimoniale*.
antimonio [dall'ar. *itmid*, attr. il lat. mediev. *antimonium*; sec. XIV] **sm.** *T.chim.* elemento chimico, semimetallo; si presenta in masse compatte di cristalli triangolari color grigio chiaro e di lucentezza metallica; viene usato nella formazione di leghe metalliche impiegate nella costruzione di accumulatori, metalli antifrizione ecc.; in medicina trova impiego per le sue proprietà antielmintiche.
antimonite [comp. di *antimon(io)* e *-ite*[2]; 1886] **sf.** *T.min.* solfuro di antimonio in cristalli di colore grigio-piombo, usato per l'estrazione dell'antimonio.
antimonopolistico (pl. *-ci*) [comp. di *anti-*[2] e *monopolistico*; 1956] **agg.** di ciò che si oppone ai monopoli economici o alla loro influenza: *legislazione antimonipolistica*.
antimuro [comp. di *anti-*[2] e *muro*; seconda metà sec. XIV] **sm.** **1.** muro eretto davanti a un altro, come sostegno e difesa, parapetto, baluardo **2.** *fig. raro* difesa, rifugio, riparo, protezione.
antinazionale [comp. di *anti-*[2] e *nazionale*; 1819] **agg.** contrario agli ordinamenti e interessi della nazione.
antincendio (pl. *-di*) [comp. di *anti-*[2] e *incendio*; 1950] **I** **agg.** *inv.* (sempre posposto) detto di ogni dispositivo che serve a prevenire e combattere gli incendi: *mezzi antincendio* ‖ che protegge dalle fiamme: *tuta antincendio* **II** **sm.** ogni sostanza chimica capace di spegnere il fuoco e perciò contenuta negli estintitori.
antinebbia [comp. di *anti-*[2] e *nebbia*; 1946] **sm.** e **agg.** *inv.* (sempre posposto) detto di fanale fendinebbia applicato ad autoveicoli.
antineutrino [comp. di *anti-* e *neutrino*; 1955] **sm.** *T.fis.* antiparticella del neutrino con lo *spin* orientato nella direzione del moto.
antineutrone [comp. di *anti-* e *neutrone*; 1955] **sm.** *T.fis.* antiparticella del neutrone, di momento magnetico o *spin* opposto.
antineve [comp. di *anti-*[2] e *neve*; 1970] **agg.** *inv.* (sempre posposto) che annulla o riduce gli effetti dannosi della neve: *occhiali, pneumatici antineve*.
antinfiammatorio (pl. *-ri*) [comp. di *anti-* e *infiammatorio*; 1983 come agg.] **I** **sm.** *T.farm.* farmaco capace di combattere le alterazioni che, a livello dei vari tessuti dell'organismo, caratterizzano il fenomeno dell'infiam-

mazione **II** ***agg.*** *T.farm.* detto di rimedio che cura l'infiammazione: *lozione antinfiammatoria.*

antinomìa [dal lat. *antinomia*, gr. *antinomía*; 1663] ***sf.*** *T.fil.* contraddizione tra due proposizioni; *antinomia della ragion pura*, nella filosofia kantiana, l'insieme delle contraddizioni generate dall'idea di mondo || *per estens.* contraddizione inevitabile.

antinòmico (pl. *-ci*) [dal gr. *antinomikós*; 1955] ***agg.*** che presenta antinomia, che è in contraddizione, contraddittorio.

antinquinaménto o **antiinquinaménto** [comp. di *anti-*^{2} e *inquinamento*; 1983] ***agg.*** *inv.* (sempre posposto) che mira a proteggere l'ambiente, prevenendo o combattendo l'inquinamento atmosferico, delle acque, del suolo e sim.: *provvedimenti antinquinamento.*

antinucleàre [comp. di *anti-*^{2} e *nucleare*; 1983] ***agg.*** (sempre posposto) **1.** che si oppone all'uso dell'energia nucleare per scopi bellici **2.** che si oppone all'installazione e all'impiego di centrali elettriche nucleari: *manifestazione antinucleare.*

antiofìdico (pl. *-ci*) [comp. di *anti-*^{2} e *ofidi*; 1940] ***agg.*** e ***sm.*** detto di rimedio o antidoto contro il veleno dei serpenti: *siero antiofidico.*

antìopa [dal lat. *Antiopa*, n. di un personaggio mitologico; 1965] ***sf.*** grande farfalla dei Ninfalidi con le ali castane bordate di giallo.

antioràrio (pl. *-ri*) [comp. di *anti-*^{2} e *orario*; 1965] ***agg.*** detto di movimento che avviene nel verso opposto a quello in cui si muovono le lancette dell'orologio: *direzione antioraria.*

antiormóne [comp. di *anti-*^{2} e *ormone*; 1955] ***sm.*** *T.fisiol.* denominazione di sostanze che si sviluppano nel sangue per annullare l'effetto degli ormoni iniettati in quantità eccessiva.

antipalchétto [comp. di *anti-*^{1} e *palchetto*; 1955] ***sm.*** piccola anticamera del palco in alcuni teatri dei sec. XVIII e XIX.

antipàpa [comp. di *anti-*^{2} e *papa*; a. 1348] ***sm.*** papa illegittimamente eletto contro il papa legittimo.

antiparassitàrio (pl. *-ri*) [comp. di *anti-*^{2} e *parassitario*; 1941] ***sm.*** e ***agg.*** detto di sostanza impiegata per distruggere parassiti di piante o di animali.

antiparticèlla [comp. di *anti-*^{2} e *particella*; 1965] ***sf.*** *T.fis.* particella corrispondente a una particella ordinaria per massa, vita media e spin, ma con carica elettrica e momento magnetico di segno opposto.

antipartìto [comp. di *anti-*^{2} e *partito*; 1967] ***agg.*** *inv.* (sempre posposto) *T.pol.* che si pone contro la linea della maggioranza di un partito politico, in modo tale da comprometterne l'esistenza o l'efficacia.

antipastièra [da *antipasto*; 1955] ***sf.*** vassoio fornito di diversi scomparti, usato per servire gli antipasti.

antipàsto [comp. di *anti-*^{1} e *pasto*; a. 1543] ***sm.*** piatto di cibi stuzzicanti che si serve come prima portata di un pranzo.

antipatìa [dal lat. *antipathia*, gr. *antipátheia*; 1618] ***sf.*** avversione spontanea verso cosa o persona || **N.** aborrimento, contraggenio, incompatibilità, inimicizia, odio, orrore, ostilità, ribrezzo, ripugnanza, uggia | *Contr.* simpatia.

antipàtico (pl. *-ci*) [da *antipatia*; a. 1686] **I** ***agg.*** che desta antipatia: *una persona antipatica* || *fig.* difficile, malagevole: *un lavoro antipatico* **II** ***sm.*** (f. *-a*) chi desta antipatia || **antipaticaménte** ***avv.*** || **N. I** fastidioso, insopportabile, odioso, spiacevole.

antipatizzànte [da *antipatia*, sul modello di *simpatizzante*; 1863] ***s.*** e ***agg.*** *non com.* chi o che dimostra antipatia o discordanza di vedute nei confronti di un'organizzazione o di un movimento, spec. politico || **N.** *Contr.* simpatizzante.

antipatriòttico (pl. *-ci*) [comp. di *anti-*^{2} e *patriottico*, prob. attr. il fr. *antipatriotique*; 1955] ***agg.*** contrario o indifferente agli interessi e agli ideali della patria: *discorso antipatriottico.*

antipatriottìsmo [comp. di *anti-*^{2} e *patriottismo*; 1955] ***sm.*** avversione o indifferenza per gli ideali della patria e per la propaganda patriottica.

antipenùltimo o **antepenùltimo** [comp. di *anti-*^{1} e *penultimo*; 1525 *antepenultimo*] ***agg.*** *raro* terzultimo.

antiperìodo [comp. di *anti-*^{1} e *periodo*; 1942] ***sm.*** *T.mat.* nei numeri decimali periodici misti, gruppo di cifre che precede il primo periodo.

antiperistàltico (pl. *-ci*) [comp. di *anti-*^{2} e *peristaltico*; 1819] ***agg.*** *T.med.* di movimento degli intestini, contrario al normale movimento peristaltico, per cui i cibi sono spinti verso la bocca.

antipièga [comp. di *anti-*^{2} e *piega*; 1942] ***agg.*** *inv.* (sempre posposto) detto di tessuto trattato in modo da impedire la formazione di pieghe; ingualcibile.

antipirètico (pl. *-ci*) [comp. di *anti-*^{2} e *piretico*; 1797] ***agg.*** e ***sm.*** detto di rimedio atto a ridurre la febbre.

antìpode [dal gr. *antípodes*; fine sec. XIV] ***sm.*** chi abita in una parte della Terra diametralmente opposta al luogo considerato: *i neozelandesi sono gli antipodi degli italiani* || più com. *pl. gli antipodi*, sulla sfera terrestre, il punto diametralmente opposto a quello considerato; *propr. antipodi*, due punti diametralmente opposti sulla Terra || *fig. essere agli antipodi di qualcuno*, avere opinioni opposte alle sue.

antìpodo [dal lat. *antipodes*; 1955] ***sm.*** gioco enigmistico consistente nel trovare una parola che possa essere letta anche a rovescio, se si porta alla fine la prima lettera o in principio l'ultima: *madama, a-madam* || **N.** palindromo.

antipoètico (pl. *-ci*) [comp. di *anti-*^{2} e *poetico*; a. 1827] ***agg.*** prosaico, non adatto come soggetto poetico.

antipòlio [comp. di *anti-*^{2} e *polio(mielite)*; 1963] **I** ***agg.*** *inv.* (sempre posposto) *T.med.* di farmaco e relativo trattamento che immunizza dalla poliomielite: *siero antipolio*, vaccino antipolio **II** ***sf.*** *T.med.* ell. per "vaccinazione antipolio".

antipolìtico (pl. *-ci*) [comp. di *anti-*^{2} e *politico*; 1865] ***agg.*** **1.** contrario alla politica **2.** inopportuno da un punto di vista politico: *è un provvedimento non solo pericoloso, ma anche antipolitico.*

antipólvere [comp. di *anti-* e *polvere*; 1955] ***agg.*** *inv.* (sempre posposto) atto a evitare la formazione di polvere; si dice in particolare degli accessori utilizzati per la manutenzione di audiovisivi: *braccetto, panno antipolvere.*

antipòrta [comp. di *anti-*^{1} e *porta*; sec. XIII nel senso 2] ***sf.*** **1.** spazio che è tra una porta e l'altra; androne, andito **2.** porta che sta innanzi ad altra **3.** *T.mil.* opera di fortificazione a difesa della porta di una città **4.** *T.tip.* foglio che precede il frontespizio del libro.

antipòrto [comp. di *anti-*^{1} e *porto*; a. 1416] ***sm.*** *raro* la parte che precede il bacino interiore del porto.

antiproièttile [comp. di *anti-* e *proiettile*; 1983] ***agg.*** *inv.* (sempre posposto) si dice di materiali, indumenti ecc. che hanno la proprietà di proteggere dai proiettili di arma da fuoco: *vetro, giubbotto, scudo antiproiettile.*

antiprotóne [comp. di *anti-*^{2} e *protone*; 1955] ***sm.*** *T.fis.* antiparticella del protone; ha carica opposta e negativa.

antipsichiatrìa [comp. di *anti-*^{2} e *psichiatria*; 1972] ***sf.*** corrente di pensiero che, privilegiando la considerazione degli aspetti sociali della malattia mentale rispetto a quelli patologici, sostituisce ai tradizionali metodi di cura interventi di carattere psicoterapico e sociale || **N.** psichiatria alternativa.

antipsòrico (pl. *-ci*) [comp. di *anti-*^{2} e *psorico*; 1829] ***agg.*** e ***sm.*** detto di farmaco contro la scabbia.

antipurgatòrio (pl. *-ri*) [comp. di *anti-*^{1} e *purgatorio*; a. 1907] ***sm.*** nella *Divina Commedia*, la parte bassa della montagna del purgatorio, nella quale soggiornano le anime dei negligenti, dei pigri, degli scomunicati.

antiquària [dal lat. tardo *antiquaria* (*ars*); 1750] ***sf.*** **1.** scienza che studia le istituzioni e i prodotti culturali dell'antichità classica **2.** *raro* commercio di oggetti d'antiquariato || **N.** *Sin.* antichità.

antiquariàto [da *antiquario*; 1941] ***sm.*** commercio di oggetti antichi, spec. mobili, ma anche libri, quadri, tappeti e sim.: *pezzo d'antiquariato*, oggetto antico e prezioso.

antiquàrio (pl. *-ri*) [dal lat. *antiquarius*; a. 1758 come agg.] **I** ***sm.*** (f. *-a*) **1.** commerciante di oggetti d'antiquariato **2.** collezionista di oggetti antichi **II** ***agg.*** che riguarda le antichità.

antiquàto [dal lat. *antiquatus*; a. 1348 *anticato*] ***agg.*** **1.** andato in disuso: *costumi, abiti antiquati* **2.** *lett.* antico, tradizionale.

antiràdar [comp. di *anti-*^{2} e *radar*; 1963] ***sm.*** *inv.* (sempre posposto) dispositivo in grado di disturbare o di annullare l'azione dei radar || anche in funzione di *agg. inv.*: *dispositivo antiradar.*

antirazzista [comp. di *anti-*^{2} e *razzista*; 1974] ***agg.*** e ***s.*** che o chi si oppone al razzismo e alle discriminazioni razziali.

antireferendàrio (pl. *-ri*) [comp. di *anti-*^{2} e *referendario*; 1983] ***agg.*** contrario all'effettuazione di un referendum: *campagna antireferendaria.*

antiriflèsso [comp. di *anti-* e *riflesso*; 1988] ***agg.*** *inv.* (sempre posposto) che elimina o diminuisce il fenomeno della riflessione luminosa: *lenti, trattamento antiriflesso.*

antirollìo [comp. di *anti-* e *rollio*; 1970] ***agg.*** *inv.* (sempre posposto) di dispositivo o congegno atto a diminuire l'ampiezza delle oscillazioni di rollio di una nave o di un mezzo di trasporto terrestre: *barra antirollio*, nelle sospensioni di un'automobile. **TAV. *automobile* p. 658** 3.35.

antiromànzo [comp. di *anti-*^{2} e *romanzo*; 1983] ***sm.*** opera letteraria che, programmaticamente e talvolta polemicamente, evita le caratteristiche strutturali tipiche del romanzo, come la trama, la descrizione dei personaggi e sim.

antirùggine [comp. di *anti-*^{2} e *ruggine*; 1950] ***sm.*** e ***agg.*** *inv.* (sempre posposto) detto di sostanza o procedimento che serve a proteggere il metallo dalla ruggine: *vernice antiruggine.*

antisàla [comp. di *anti-*^{1} e *sala*; 1809] ***sf.*** anticamera.

antiscàlo [comp. di *anti-*^{1} e *scalo*; 1889] ***sm.*** *T.mar.* la parte immersa dello scalo di costruzione; serve a guidar la nave durante il varo.

antisciòpero [comp. di *anti-*^{2} e *sciopero*; 1955] ***agg.*** *inv.* (sempre posposto) volto a reprimere o vietare uno sciopero: *leggi antisciopero.*

antiscìppo [comp. di *anti-*^{2} e *scippo*; 1983] ***agg.*** *inv.* (sempre posposto) dotato di dispositivi di sicurezza capaci di vanificare ogni tentativo di scippo: *borsa, valigia antiscippo.*

antisemìta [comp. di *anti-*^{2} e *semita*; 1881] ***agg.*** e ***s.*** che o chi è ostile agli Ebrei.

antisemitìsmo [dal ted. *Antisemitismus*; 1881] ***sm.*** atteggiamento politico e ideologico di ostilità contro gli Ebrei.

antisèpsi [comp. di *anti-*^{2} e gr. *sêpsis*, putrefazione; 1905] ***sf.*** *inv.* procedimento di distruzione degli agenti infettivi con mezzi chimici.

antisèttico (pl. *-ci*) [dall'ingl. *antiseptic*; 1757

antiseptico] **I** ***agg.*** **1.** relativo all'antisepsi **2.** *T.med.* disinfettante, che impedisce l'infezione **II** ***sm.*** sostanza chimica che esercita azione distruttiva sui germi.

antisièro [comp. di *anti-*^{2} e *siero*; 1955] ***sm.*** siero che contiene anticorpi specifici, ottenuto dal sangue di un animale in cui siano stati iniettati gli antigeni.

antisimmètrico (pl. *-ci*) [comp. di *anti-*^{2} e *simmetrico*; 1955] ***agg.*** **1.** *T.mat.* di relazione R per cui vale che se aRb e bRa, allora a = b **2.** *T.fis.* in meccanica quantistica: *stato antisimmetrico*, in un sistema a più particelle, stato in cui la funzione che lo rappresenta cambia di segno se si scambiano tra di loro due particelle.

antisìsmico (pl. *-ci*) [comp. di *anti-*^{2} e *sismico*; 1909] ***agg.*** atto a resistere senza danno alle scosse di terremoto: *edificio antisismico*.

antisociàle [comp. di *anti-*^{2} e *sociale*; 1914] ***agg.*** e ***s.*** che o chi è ostile alla società e alle sue istituzioni: *atteggiamento antisociale* || *T.psic. reazione antisociale*, disturbo della personalità che porta l'individuo in contrasto con la società in cui vive.

antisommergìbile [comp. di *anti-* e *sommergibile*; 1923] **I** ***agg.*** *T.aer.* e *T.mil.* detto di tutto ciò che ha funzione di difesa e di offesa contro i sommergibili: *lotta, bomba, elicottero antisommergibile* **II** ***sm.*** *T.aer.* e *T.mil.* mezzo aereo o navale usato per la difesa o offesa antisommergibile: *gli antisommergibili a disposizione degli alleati sono sufficienti per la difesa delle acque territoriali*.

antispàlto [comp. di *anti-*^{1} e *spalto*; 1940] ***sm.*** *T.mil.* secondo spalto, che circonda lo spalto ordinario.

antispàstico (pl. *-ci*) [dal gr. *antispastikós*, revulsivo; 1819] ***agg.*** e ***sm.*** spasmolitico.

antistamìnico (pl. *-ci*) [comp. di *anti-*^{2} e *istaminico*; 1961] ***sm.*** e ***agg.*** detto di farmaco che ostacola l'azione tossica dell'istamina.

antistànte [dal lat. *antistans, -āntis*; 1918] ***agg.*** che sta dinnanzi, prospiciente: *una casa antistante la collina*.

antistàtico (pl. *-ci*) [comp. di *anti-* e *statico*; 1974] **I** ***agg.*** *T.fis.* di prodotto o procedimento che ostacola o impedisce l'accumularsi di elettricità statica su materiali isolanti: *preparati antistatici*, per la manutenzione di dischi e giradischi **II** ***sm.*** *T.fis.* prodotto dotato di caratteristiche antistatiche.

antìstite o **antiste** [dal lat. *antistes*, capo; a. 1390 *antiste*] ***sm.*** *non com.* vescovo, capo di una comunità religiosa addetto al rito sacro || *per estens.* prelato.

antistoricìsmo [comp. di *anti-*^{2} e *storicismo*; 1931] ***sm.*** atteggiamento di opposizione allo storicismo: *l'antistoricismo di Nietzsche*.

antistòrico (pl. *-ci*) [comp. di *anti-*^{2} e *storico*; 1822] ***agg.*** che non tiene conto dei fatti storici, dell'evoluzione storica: *una posizione antistorica*.

antìstrofe [dal lat. tardo *antistrophē*, gr. *antistrophḗ*; 1587] ***sf.*** *lett.* **1.** parte del coro greco che ripeteva ritmicamente e metodicamente le strofe, e nelle danze ne riproduceva gli schemi in modo inverso || seconda parte della triade lirica **2.** *T.ret.* figura consistente nel terminare più membri successivi di uno stesso periodo con la stessa parola || **N. 1.** CORO | epodo, strofe.

antiterrorìsmo [comp. di *anti-*^{2} e *terrorismo*; 1980] **I** ***sm.*** **1.** insieme dei provvedimenti e delle azioni di polizia dirette a prevenire o sconfiggere il terrorismo **2.** corpo di polizia impiegato nella lotta al terrorismo **II** ***agg.*** *inv.* (sempre posposto) relativo ai provvedimenti impiegati contro il terrorismo: *misure antiterrorismo*.

antìtesi [dal lat. tardo *antĭthesi(m)* e gr. *antíthesis*; 1673 nel senso 3] ***sf.*** *inv.* **1.** *T.ret.* figura retorica consistente nell'accostamento di immagini fra loro opposte per meglio farle risaltare: *non fronde verdi, ma di color fosco, non rami schietti, ma nodosi e incolti, non pomi v'eran, ma stecchi con tosco* (Dante) **2.** *T.fil.* proposizione negativa che si oppone alla tesi || in Hegel, secondo termine della triade dialettica **3.** *per estens.* contrapposizione irriducibile: *le nostre idee sono in antitesi* || **N. 2.** sintesi, tesi.

antitètico (pl. *-ci*) [dal lat. tardo *antitheticus*, gr. *antithetikós*; 1875] ***agg.*** che è in opposizione con altra cosa o persona: *posizioni antitetiche* || **antiteticaménte** ***avv.***

antìteto [dal lat. *anthiteton*, contrapposto; seconda metà sec. XIV] ***sm.*** *T.gram.* membro dell'antitesi retorica.

antitossìna [comp. di *anti-*^{2} e *tossina*; 1896] ***sf.*** *T.med.* anticorpo prodotto dall'organismo per combattere una determinata tossina.

antitrust (ingl., pr. [ˌæntɪˈtrʌst]; pr. it. [antiˈtrast]) [comp. di *anti-*^{2} e *trust*; 1950] ***sm.*** *inv.* e ***agg.*** *inv.* si dice di ogni provvedimento mirante a contrastare le concentrazioni monopolistiche: *legge antitrust*.

antiuòmo [comp. di *anti-*^{2} e *uomo*; 1949] ***agg.*** *inv.* detto di ogni mezzo atto a contrastare o impedire l'azione della fanteria: *mine antiuomo*.

antivedére (pres. *-édo* o ant. *-éggo* ecc., come VEDERE) [comp. di *anti-*^{1} e *vedere*; 1321] ***tr.*** *lett.* prevedere.

antiveggènza [comp. di *anti-*^{1} e *veggenza*; a. 1873] ***sf.*** facoltà di prevedere il futuro, prescienza.

antivenìre (pres. *-èngo* ecc., come VENIRE) [dal lat. *antevenīre*; a. 1347] ***tr.*** *ant.* prevenire.

antivigìlia [comp. di *anti-*^{1} e *vigilia*; a. 1712] ***sf.*** il giorno che precede la vigilia gen. di una festa: *l'antivigilia di Pasqua*.

ànto- [dal gr. *ánthos*, fiore] ***primo elem.*** che, in parole composte della terminologia scientifica, vale "fiore" (per es. *antofillo, antografia*).

antocianìna [da *antociano*; 1961] ***sf.*** *T.bot.* pigmento vegetale che colora, dal rosso al violetto, frutti, fiori e piante.

antociàno [comp. del gr. *ánthos*, fiore e *kýanos*, lapislazzuli; 1955] ***sm.*** *T.bot.* pigmento di colore azzurro, rosso o violetto, che si trova in alcuni frutti o fiori, spec. nella parte esposta alla luce, sciolto nel succo cellulare.

antofìllo [comp. di *anto-* e *-fillo*, sul modello del lat. scient. *anthophyllum*; 1955] ***sm.*** *T.bot.* foglia modificata che forma il calice e la corolla dei fiori.

antòfita [comp. di *anto-* e *-fita*; 1955] ***sf.*** *T.bot.* fanerogama.

antografìa [comp. di *anto-* e *-grafia*; 1865] ***sf.*** scrittura, linguaggio o arte simbolica, tipica dell'Oriente, che si esprime per mezzo della disposizione dei fiori.

antologìa (pl. *-gìe*) [dal gr. *anthología*; a. 1698] ***sf.*** raccolta di scritti di vari autori o anche di un solo autore secondo criteri specifici: *un'antologia di Montale, scolastica* || titolo di varie raccolte poetiche antiche e moderne: *Antologia Palatina* || **N.** *Sin.* centone, crestomazia, florilegio, spicilegio, zibaldone.

antològico (pl. *-ci*) [da *antologia*; 1865] ***agg.*** di antologia: *libro di carattere antologico*.

antologiẓẓàre [da *antologia*; 1983] ***tr.*** scegliere le pagine più significative di autori e opere letterarie e pubblicarle in forma antologica: *antologizzare i poeti contemporanei*.

antoniàno [dal n. proprio *sant'Antonio*; 1955] **I** ***agg.*** relativo alle chiese, alla spiritualità e alla predicazione di sant'Antonio da Padova **II** ***sm.*** monaco appartenente a una congregazione cattolica orientale che si ispira alle regole di sant'Antonio abate.

antonimìa [dal fr. *antonymie*; 1845] ***sf.*** **1.** *T.ret.* figura consistente nell'accostare due termini antitetici **2.** *T.ling.* relazione di opposizione tra due lessemi (bello/brutto, marito/moglie) || **N. 2.** iperonimia, omonimia, sinonimia. **Q.T.** *linguistica.*

antonìmico (pl. *-ci*) [da *antonimia*; 1955] ***agg.*** relativo all'antonimia.

antònimo [comp. di *anti-*^{2} e *-onimo*, sul modello del fr. *antonyme*; 1950] ***sm.*** e ***agg.*** *T.ling.* detto di parola che ha significato opposto ad un'altra.

antoninìàno [dal n. proprio *Antonino*; 1929] **I** ***sm.*** *T.num.* moneta in argento introdotta nel 215 d.C. da M. Aurelio Antonino **II** ***agg.*** relativo agli imperatori Antonini e poi a Caracalla.

antonomàṣia [dal lat. *antonomasia*, gr. *antonomasía*; sec. XIV] ***sf.*** *T.ret.* figura per cui in luogo del nome proprio viene usato l'attributo o l'apposizione più nota o viceversa: *il Poeta*, per Dante; *l'Urbinate*, per Raffaello; *un Michelangelo, un Fidia*, per indicare un grande scultore || *per antonomasia*, per eccellenza: *Fellini è il regista per antonomasia*.

antonomàstico (pl. *-ci*) [da *antonomasia*; sec. XVII] ***agg.*** che si riferisce ad antonomasia || **antonomasticaménte** ***avv.***

antònomo [comp. di *anto-* e della radice del gr. *némein*, pascolare; 1845] ***sm.*** *T.zool.* insetto dei Coleotteri, parassita di alberi da frutta, spec. del melo e del pero.

Antoẓòi [comp. di *anto-* e *-zoo*; 1955] ***sm. pl.*** *T.zool.* classe di Celenterati marini a forma di polipo o di fiore, che vivono sul fondo del mare isolati o in colonie sostenute da uno scheletro.

antràce [dal lat. tardo *anthrax, -ăcis*, gr. *ánthrax*, carbone; 1327] ***sm.*** *T.med.* infiammazione estesa delle ghiandole sebacee, costituita da un aggregato di foruncoli; vespaio || *antrace maligno*, carbonchio.

antracène [dal fr. *anthracène*; 1892] ***sm.*** *T.chim.* idrocarburo aromatico ricavato dal catrame del carbon fossile, usato spec. nell'industria dei coloranti, e anche per insetticidi e concianti.

antrachinóne [comp. di *antra(cene)* e *chinone*, sul modello di *benzochinone*; 1950] ***sm.*** *T.chim.* composto organico, ottenuto dall'ossidazione dell'antracene, usato spec. per la produzione di coloranti.

antracìte [dal lat. *anthracītis*; 1797] **I** ***sf.*** carbone fossile, ricco di carbonio, ad alto potere calorifico, duro, fragile, lucente, con riflessi metallici || ***sm.*** il colore dell'antracite: *un antracite scuro* **II** ***agg.*** *inv.* (sempre posposto) del colore dell'antracite: *un cardigan antracite* || **N.** CARBONE.

àntraco- [dal gr. *ánthrax, -akos*, carbone] ***primo elem.*** che, in parole composte della terminologia scientifica, vale "carbone" (per es. *antracosi*).

antracòṣi [dal gr. *antrákōsis*; 1865] ***sf.*** *T.med.* malattia polmonare, dovuta all'inalazione prolungata di grosse quantità di polvere di carbone; è tipica spec. di minatori e fuochisti.

àntro [dal lat. *antrum*; a. 1374] ***sm.*** **1.** caverna, profonda cavità nel fianco di un monte: *l'antro di Polifemo* || *per estens.* luogo buio e tetro: *vive in un antro* **2.** *T.anat.* cavità: *antro pilorico, mastoideo* || **N. 1.** *Sin.* grotta, spelonca.

antròpico (pl. *-ci*) [dal gr. *ánthrōpos*; 1932] ***agg.*** relativo all'uomo: *geografia antropica* || *T.scient. principio antropico*, secondo cui l'ordine del mondo fisico sarebbe determinato dall'uomo.

antropiẓẓàre [da *antropo-*; 1986] ***tr.*** alterare e trasformare l'ambiente naturale per adattarlo agli interessi umani (abitativi, agricoli, industriali).

antropiẓẓazióne [da *antropizzare*; 1982] ***sf.*** intervento dell'uomo sull'ambiente naturale per adattarlo, spesso alterandolo, agli interessi umani.

àntropo- [dal gr. *ánthrōpos*, uomo] **primo elem.** che, in parole composte spec. della terminologia scientifica, vale "uomo", "essere umano" (per es. *antropofagia, antropologia*). **Q.T.** *antropologia*.

-àntropo [dal gr. *ánthrōpos*, uomo] **elem. term.** che, in parole composte dotte, vale "uomo", "essere umano" (per es. *filantropo, misantropo*).

antropocèntrico (pl. *-ci*) [comp. di *antropo-* e *centrico*; 1940] **agg.** *T.fil.* che assegna all'uomo una posizione centrale rispetto a un sistema di riferimento (il cosmo, la storia ecc.).

antropocentrismo [comp. di *antropo-* e *centrismo*; 1935] **sm.** *T.fil.* ogni posizione che assegna all'uomo un ruolo privilegiato nell'universo.

antropocorìa [comp. di *antropo-* e *-coria*; 1955] **sf.** *T.bot.* disseminazione involontaria dei semi delle piante compiuta dall'uomo || **N.** anemocoria, idrocoria, zoocoria.

antropofagia (pl. *-gìe*) [dal lat. tardo *anthropophagia*; gr. *anthrōpophagía*; 1749] **sf.** cannibalismo, il cibarsi di carne umana per scopi rituali, magici o per esigenze di alimentazione.

antropòfago (pl. *-gi* e *-ghi*) [dal lat. *anthropophagus*, gr. *anthrōpophágos*; a. 1367] **sm.** (f. *-a*) e **agg.** detto di mangiatore di carne umana, cannibale.

antropogènesi o **antropogenìa** [comp. di *antropo-* e *genesi* o *-genia*; 1819 *antropogenia*] **sf.** **1.** processo di discendenza dell'uomo da antichi antenati animali **2.** studio dell'origine e dello sviluppo delle razze animali più arcaiche.

antropògeno [comp. di *antropo-* e *-geno*; 1988] **agg.** relativo all'insieme dei processi evolutivi che hanno portato alla comparsa dell'uomo sulla Terra.

antropogeografìa [comp. di *antropo-* e *geografia*; 1905] **sf.** parte della geografia che studia l'uomo nella sua distribuzione geografica in relazione all'ambiente || **N.** *Sin.* geografia antropica, geografia umana. **Q.T.** *geografia*.

antropogonìa [dal gr. *anthrōpogonía*; 1829] **sf.** in mitologia e teologia, studio dell'origine del genere umano.

antropòide [dal gr. *anthropoeidḗs*; 1819] **I agg.** somigliante all'uomo, di aspetto umano: *scimmia antropoide* **II s.** essere affine all'uomo; usato spec. per le scimmie antropomorfe e gli ominidi primitivi.

antropologìa [comp. di *antropo-* e *-logia*; 1533] **sf.** *T.scient.* lo studio dell'uomo e delle comunità umane || *antropologia criminale*, scienza che studia il comportamento criminale dell'uomo || *antropologia culturale*, quella che studia le varie espressioni culturali dei diversi gruppi umani || *antropologia fisica*, studio dell'evoluzione genetica e somatica dell'uomo in relazione alle capacità di adattamento. **Q.T.** *antropologia*.

antropològico (pl. *-ci*) [da *antropologia*; 1865] **agg.** attinente all'antropologia, di antropologia: *gabinetto antropologico*.

antropologismo [da *antropologia*; 1955] **sm.** corrente filosofica che considera l'uomo al centro della realtà.

antropòlogo (pl. *-gi* e *-ghi*) [da *antropologia*; a. 1861] **sm.** (f. *-a*) studioso di antropologia.

antropomanzìa [comp. di *antropo-* e *-manzia*; 1819] **sf.** tipo di divinazione fondata sull'esame delle viscere umane.

antropometrìa [comp. di *antropo-* e *-metria*; 1778] **sf.** parte dell'antropologia che studia i caratteri fisici misurabili del corpo umano || **N.** *Sin.* somatometria.

antropomètrico (pl. *-ci*) [da *antropometria*; 1876] **agg.** relativo all'antropometria: *ufficio, esame antropometrico*.

antropòmetro [comp. di *antropo-* e *-metro*; 1955] **sm.** strumento con cui si compiono delle misurazioni in lunghezza sul corpo umano.

antropomòrfico (pl. *-ci*) [comp. di *antropo-* e *-morfico*; 1905] **agg.** relativo all'antropomorfismo: *religione antropomorfica*.

antropomorfismo [da *antropomorfo*; a. 1855] **sm.** attribuzione alla divinità di forme e passioni umane || *per estens.* estensione ad animali o cose di qualità specificamente umane.

antropomòrfo [dal gr. *anthrōpómorphos*; 1819] **I agg.** **1.** che ha forma umana **2.** di scimmie come gorilla e oranghi che hanno un aspetto simile a quello dell'uomo **II sm.** (f. *-a*) individuo con caratteri intermedi tra uomo e scimmia.

antroponimìa [da *antroponimo*; 1955] **sf.** settore dell'onomastica che studia i nomi di persona.

antroponìmico (pl. *-ci*) [da *antroponimia*; 1955] **agg.** relativo ai nomi propri di persona.

antropònimo [comp. di *antropo-* e *-onimo*; 1955] **sm.** nome di persona.

antroposofìa [comp. di *antropo-* e *-sofia*; 1921] **sf.** dottrina diffusa dal filosofo austriaco R. Steiner, secondo il quale lo spirito umano attraversa un ciclo di rinascite destinato a concludersi con l'universale ritorno allo spirito puro.

antropozòico (pl. *-ci*) [comp. di *antropo-* e *-zoico*; 1940] **agg.** e **sm.** detto della più recente delle ere geologiche, o quaternario, nella quale fece la sua comparsa l'uomo.

antrustióne [dal lat. mediev. *antrustiones*, dal francone *trust*, protezione; 1845] **sm.** nel diritto franco, appartenente al consiglio e alla corte del re e della regina.

antùrio (pl. *-ri*) [comp. di *anto-* e *-urio*; 1961] **sm.** *T.bot.* genere di piante Aracee, vivente in America tropicale, dal fusto a simpodio, grande spata di vivaci colori e foglie rigide.

anulàre [dal lat. tardo *anulāris*; sec. XIV come sm.] **I agg.** a forma di anello || *raccordo anulare*, circonvallazione periferica che collega tra loro varie strade che convergono verso un centro urbano || *eclisse anulare*, quella in cui la Luna si sovrappone completamente al Sole, di cui appare solo un anello luminoso **II sm.** il quarto dito della mano, nel quale si porta di solito l'anello. **TAV.** ***astronomia*** **p. 656** 1.8.

anurèsi [comp. di *an-* e gr. *oúresis*, l'urinare; 1875] **sf.** *inv.* *T.med.* cessazione temporanea o permanente della secrezione delle urine.

Anùri [comp. di *an-* e *-uro*, attr. il fr. *anoures*; 1940] **sm.** *pl.* *T.zool.* ordine di Anfibi che allo stato adulto perdono la coda e hanno zampe

ANTROPOLOGIA

Archeologica, biologica, criminale, culturale, economica, filosofica, fisica, fisiologica, giuridica, linguistica, preistorica, religiosa, sociale.

DISCIPLINE ATTINENTI E AUSILIARIE: anatomia (comparata, umana), antropogenesi, antropometria, antroponimia, archeologia, biochimica umana, biologia, citologia, demografia, embriologia, etnografia, etnolinguistica, etnologia, etnosemantica, etnostoria, fisiologia umana, genetica, geografia antropica, istologia, mitologia, paleoantropologia, paleontologia umana, patologia razziale, primatologia, psicologia (culturale, sociale), sociologia, statistica, storia (delle istituzioni, delle religioni ecc.).

SCUOLE, TENDENZE E CORRENTI METODOLOGICHE: comparativismo, cultura e personalità, diffusionismo, evoluzionismo, formalismo, funzionalismo, funzionalismo strutturale, iperdiffusionismo, materialismo culturale o ecologia culturale, neocomparativismo, neoevoluzionismo, nuova etnografia, relativismo culturale, strutturalismo.

CONCETTI FONDAMENTALI DELL'ANTROPOLOGIA SOCIO-CULTURALE.

ATTINENTI ALLA SFERA CULTURALE: acculturazione, alternanza culturale, animismo, antropofagia, antropomorfismo, area culturale, arretratezza culturale, barbarie / civiltà, cannibalismo, ciclo culturale, civilizzazione, cerimonia (di iniziazione, di purificazione, di sepoltura ecc.), comportamento (linguistico, sessuale, sociale ecc.), contatto culturale, controcultura, cosmologia, costume, credenze, culto (degli antenati, dei morti ecc.), cultura (evoluta, marginale, preletterata, primitiva ecc.), determinismo culturale, evoluzione / involuzione culturale, feticismo, fiaba, filosofia, fluttuazione culturale, folclore, ideologia, inculturazione, industria, influenza culturale, leggenda, magia, mito, mentalità, modello culturale, mutamento culturale, modernizzazione culturale, omogeneizzazione culturale, patrimonio tradizionale, piani culturali, prelogismo, religiosità, ritardo culturale, rito (di incremento, di passaggio, propiziatorio ecc.), rituale, ritualità, rivoluzione culturale, scambio culturale, sciamanismo, scienza, sistema (di credenze, di scrittura, di valori, religioso, rituale, simbolico ecc.), stabilità culturale, stregoneria, subcultura, superstizione, tabù, tecnica, totemismo, trasmissione culturale, universali (culturali, linguistici), usanza, valore (culturale, etico, religioso ecc.), variante culturale, visione del mondo.

ATTINENTI AI LEGAMI DI PARENTELA: albero genealogico, antenato, avo, capostipite, discendenza (bilaterale, doppia, unilaterale, matrilineare / patrilineare), parente (acquisito o affine / di sangue o consanguineo, di parte materna / di parte paterna, lineare / collaterale), stirpe.
Criteri per l'applicazione delle etichette di parentela: affinità, biforcazione, decesso, età relativa, generazione, sesso.

ATTINENTI AL MATRIMONIO: endogamia / esogamia, ipergamia, matrimonio preferenziale (con madre e figlie, levirato, sororato, tra cugini incrociati, tra cugini paralleli), monogamia, poligamia (poliandria, poliandria fraterna, poliginia, poliginia sororale), unione culturale.

VARI: adattamento, bisogni umani, ereditarietà, gruppo (di parentela: casato, clan, famiglia, fratria, lignaggio, metà, parentado; di pari; etnico; razziale; religioso; residenziale: comunità locale, gruppo domestico; sociale: casta, classe; societario), intelligenza, istinto, matriarcato, patriarcato, progresso / regresso, ruolo (di età, di leadership, occupazionale, parentale, personale, sessuale, sociale, societario), selezione (culturale, naturale), sistema (economico, giuridico, sociale ecc.), sopravvivenza, sviluppo, uomo (primitivo, selvaggio); v. inoltre i quadri terminologici POLITICA e SOCIOLOGIA.

VOCI ATTINENTI: ceppo razziale, gruppo razziale, razza, tipo razziale (metamorfico, principale; antropocentrismo, colonialismo, etnocentrismo, razzismo, schiavismo).

posteriori particolarmente sviluppate e atte al salto; comprende, tra l'altro, la rana e il rospo. **Q.T.** *zoologia.*

anùria [comp. di *an-* e *-uria*; 1875] ***sf.*** *T.med.* anuresi.

-ànza [dal lat. *-antia*, suff. tratto dal tema del participio] ***suff.*** forma sostantivi f. ottenuti a partire da verbi in *-are* (*alleanza, ordinanza, tolleranza*) o, meno freq., da aggettivi (*baldanza, vicinanza*) o da nomi (*fratellanza, padronanza, vedovanza*) || **N.** -enza.

ànzi [lat. *antea*; a. 1294] **I *cong.*** **1.** o piuttosto, o meglio, con valore di correzione: *ti farò chiamare, anzi ti avviserò io stesso* **2.** al contrario, con valore avversativo: *non ha sbagliato, anzi si doveva fare proprio così*; anche *ass.*: *non mi dispiace, anzi* || *anzi che* o *anziché*, piuttosto che: *anzi che piangere cerca di reagire* || *anzi che no*, alquanto: *è goloso anzi che no* **3.** con valore rafforzativo: *è cattivo, anzi cattivissimo* **II *prep.*** *lett.* **1.** prima di: *anzi sera* **2.** *ant. lett.* davanti, alla presenza di: *anzi casa, anzi il re* **III *avv.*** *lett.* prima || com. nella *loc. avv. poc'anzi*, poco prima, poco fa: *l'ho visto poc'anzi.*

anzianàto [da *anziano*; sec. XIV] ***sm.*** **1.** *T.stor.* nei comuni medioevali, ufficio e dignità di anziano **2.** condizione di chi, nello svolgimento di una attività, ha maturato una certa anzianità.

anzianità [da *anziano*; 1590 nel senso 2] ***sf.*** **1.** età avanzata **2.** periodo trascorso nello svolgimento di una attività, che dà diritto all'applicazione di vari istituti giuridici: *anzianità di servizio* || *scatto di anzianità*, adeguamento della retribuzione mensile in relazione all'anzianità di servizio.

anziàno [lat. volg. **antiānus*; a. 1294 nel senso 4] **I *agg.*** **1.** che è avanti con gli anni: *un signore anziano* **2.** che ha maturato una certa anzianità nello svolgimento di un'attività: *un magistrato anziano* **3.** *raro* antico **II *sm.*** **1.** (f. *-a*) persona avanti negli anni, vecchio **2.** (f. *-a*) chi svolge una certa attività da parecchi anni || *per estens.* pensionato **3.** in alcune chiese protestanti, chi ha un ufficio ecclesiastico **4.** *T.stor.* magistrato dei comuni medioevali **5.** (f. *-a*) *gerg.* studente universitario dal terzo anno in poi || *dim.* anzianòtto.

anziché v. ANZI.

anzidétto [comp. di *anzi* e *detto*; a. 1744] ***agg.*** *lett.* detto prima, predetto || *T.bur.* già citato: *in riferimento agli anzidetti documenti...*

anzitèmpo [comp. di *anzi* e *tempo*; a. 1374] ***avv.*** prima del tempo || immaturamente: *morì anzitempo.*

anzitùtto [comp. di *anzi* e *tutto*; a. 1887] ***avv.*** prima di ogni altra cosa, prima di tutto, innanzi tutto.

aocchiàre ***tr.*** *arc.* v. ADOCCHIARE.

aombràre ***tr.*** e ***intr. pron.*** *arc.* v. ADOMBRARE.

aònio (pl. *-ni*) [dal lat. *aonius*, gr. *aónios*; a. 1648 nel senso 2] ***agg.*** **1.** dei monti Aoni || *sorelle aonie*, le muse **2.** *per estens.* delle Muse: *il cor si spazia come in un canto aonio* (D'Annunzio).

aorìstico (pl. *-ci*) [da *aoristo*; 1887] ***agg.*** *T.gram.* dell'aoristo: *forma aoristica*; *aspetto aoristico*, aspetto momentaneo del verbo.

aorìsto [dal lat. tardo *aoristus*, gr. *aóristos*; a. 1565] ***sm.*** *T.gram.* categoria verbale che in varie lingue indoeuropee e part. nel greco indica l'azione momentanea e puntuale priva di determinazioni temporali.

aòrta [dal gr. *aortḗ*; sec. XV] ***sf.*** *T.anat.* arteria principale del corpo umano che ha origine nel ventricolo sinistro del cuore e da cui si diramano le altre arterie || **N.** ascendente, discendente | ARTERIA. **TAV. *anatomia* p. 642** 8.5, 15.1.

aòrtico (pl. *-ci*) [da *aorta*; 1829] ***agg.*** *T.med.* dell'aorta, relativo all'aorta: *insufficienza aortica.*

aortìte [da *aorta*; 1908] ***sf.*** *T.med.* infiammazione dell'aorta.

aortocoronàrico (pl. *-ci*) [comp. di *aorta* e (arteria) *coronaria*, con suff. agg.; 1983] ***agg.*** *T.med.* relativo all'aorta e alle coronarie.

aortografìa [comp. di *aorta* e *-grafia*; 1955] ***sf.*** *T.med.* tecnica radiologica che consiste nell'introdurre sostanze radioopache nell'aorta, in modo da visualizzarla.

apache (fr., pr. [a'paʃ]) [1789 *apacci*] ***agg.*** e ***s. inv.*** **1.** appartenente a una tribù indiana originaria del Texas e del Nuovo Messico **2.** teppista parigino || *per estens.* malvivente, vagabondo.

apagòge o **apagogìa** [dal gr. *apagogé*, deviazione, dirottamento; 1797] ***sf.*** *T.fil.* **1.** abduzione **2.** metodo di dimostrazione indiretta, consistente nel provare la falsità di una proposizione dimostrando la falsità delle sue conseguenze necessarie.

apagògico (pl. *-ci*) [da *apagoge*; 1819] ***agg.*** relativo all'apagoge, fondato sull'apagoge.

àpale [dal lat. scient. *hapale*, dal gr. *hapalós*, soffice, molle; 1955] ***sm.*** *T.zool.* piccola scimmia dell'America meridionale, dal pelo folto e morbido, caratterizzata da due ciuffi di pelo bianco sulle orecchie.

apàllage [dal gr. *apallagḗ*, separazione; 1829] ***sf.*** *T.ret.* figura consistente nello sconvolgere il normale costrutto grammaticale, mutando l'ordine degli elementi o inserendo una proposizione || **N.** ipallage.

apareunìa [comp. di *a-*[1] e gr. *páreunos*, compagno di letto; 1955] ***sf.*** *T.med.* impossibilità totale di accoppiarsi per malformazioni degli organi genitali femminili.

a pàrte v. PARTE.

apartheid (afrikaans, pr. [ɑ'pɑrtɦəit]) [1963] ***sf. inv.*** politica di segregazione razziale, tipica del Sud Africa || *per estens.* segregazione razziale.

apartìtico (pl. *-ci*) [comp. di *a-*[1] e *partitico*; 1944] ***agg.*** indipendente dai partiti politici.

apatìa [dal lat. *apathīa*, gr. *apátheia*; fine sec. XIV] ***sf.*** **1.** *T.fil.* nello stoicismo e nel cinismo, lo stato di imperturbabilità del saggio di fronte alle passioni e ai desideri **2.** *per estens.* insensibilità, mancanza di volontà, stato di abituale indifferenza nei confronti della vita || **N.** **2.** *Sin.* accidia, pigrizia.

apàtico (pl. *-ci*) [da *apatia*; 1611] ***agg.*** e ***sm.*** (f. *-a*) che o chi è in stato d'apatia, indifferente || **N.** *Sin.* freddo, impassibile, indolente, insensibile, pigro, sonnacchioso.

apatista [da *apatia*; a. 1642] ***agg.*** e ***s.*** apatico || **apatisticaménte** ***avv.***

apatite [dal gr. *apátē*, inganno; 1817] ***sf.*** *T.min.* fluorofosfato di calcio, di colore giallo, verde o violetto, talvolta incolore, utilizzato nella fabbricazione di fertilizzanti.

àpax adattamento it. di HAPAX (v.).

àpe [lat. *apis*; a. 1294] ***sf.*** insetto degli Imenotteri, con corpo bruno rivestito di peli giallo-bruni, e nelle femmine fornito di pungiglione; produce il miele e la cera || **N.** *Sin.* pecchia | fuco o pecchione, nutrice, operaia, regina | sciame; PARTI: ali, antenne, cestelli, mandibole, pungiglione, scudo, spazzole, stigmi; alveare o arnia o bugno, alveolo o cella, favo, melario; apicoltura, cera, miele | pinzare, ronzare, sciamare. **TAV.** *zootecnia* 2, 3, 4.

apèlla [dal gr. *apélla*; 1955] ***sf.*** *T.stor.* assemblea popolare spartana a cui partecipavano con pieni diritti tutti i cittadini che avevano compiuto i 30 anni.

aperiòdico (pl. *-ci*) [comp. di *a-*[1] e *periodico*; 1955] ***agg.*** **1.** fenomeno che non si ripete ad intervalli regolari di tempo **2.** *T.mat.* non periodico: *numero aperiodico*, numero irrazionale.

aperitìvo [dal lat. tardo *aperitivus*, che apre; sec. XIV *apertivo* come agg.] **I *sm.*** bevanda gen. alcolica che si beve prima dei pasti e stimola l'appetito **II *agg.*** *ant. disus.* che apre, lassativo. **Q.T.** *alimentazione.*

apèrta [da *aperto*; 1319] ***sf.*** *ant.* apertura: *maggiore aperta molte volte impruna... l'uom de la villa* (Dante) || *all'aperta*, con lealtà, con franchezza, apertamente.

apèrto (*pps.* di *aprire*) [a. 1306 *aprito*] ***agg.*** **1.** che consente il passaggio, non chiuso: *porta aperta* || *mano aperta*, con le dita distese || *rimanere a bocca aperta*, stupirsi || *tenere gli occhi aperti*, vigilare || *accogliere a braccia aperte*, con gioia, calore || *sognare a occhi aperti*, fantasticare || *lettera aperta*, comunicazione di comune interesse rivolta a una persona o ente e diffusa a mezzo stampa || *T.ling. vocale aperta*, vocale articolata con maggiore distanza della lingua dal palato || *sillaba aperta*, che termina con vocale **2.** ampio, libero, spazioso: *mare aperto, aperta campagna* **3.** non definito, non risolto: *una questione aperta* **4.** sincero, schietto: *un carattere aperto* || *a viso aperto, a cuore aperto*, con sincerità || *per estens.* palese: *una aperta manifestazione di ostilità* || *mente aperta*, disponibile alle novità, a cambiare idea || *aperto a*, disponibile a: *sono aperto a tutte le soluzioni* **5.** *T.mat. intervallo, insieme aperto*, tale che per ogni punto dell'insieme esiste un intorno del punto interamente contenuto nell'insieme stesso **6.** *T.arald.* di scudi o stemmi raffiguranti porte o finestre attraverso cui si vede lo smalto del campo **7.** nella *loc. avv. all'aperto*, all'aria aperta || **apertaménte** ***avv.*** || **N.** **1.** *Sin.* accessibile, schiuso, spalancato **2.** *Sin.* largo **4.** *Sin.* manifesto.

apertùra [lat. *apertūra*; a. 1342] ***sf.*** **1.** atto ed effetto dell'aprire e dell'aprirsi: *l'apertura di un fiore* **2.** spaccatura, fenditura: *un'apertura nel muro, nella parete* **3.** distanza tra due estremità: *l'apertura alare del grifone può raggiungere i tre metri, l'apertura del compasso* || *fig. apertura mentale*, disponibilità nei confronti di idee nuove o diverse dalle proprie || *apertura visiva*, ampiezza del campo visivo **4.** l'iniziare qualcosa, inaugurazione: *apertura dell'anno scolastico, della caccia* || *apertura di credito*, contratto con cui la banca si impegna a mettere a disposizione del cliente una somma di denaro per un tempo illimitato || *apertura di gioco*, fase iniziale di una partita, part. negli scacchi: *apertura siciliana* **5.** *fig.* disponibilità a collaborare con avversari politici: *il governo ha fatto un'apertura a sinistra invitando i comunisti a collaborare* **6.** *T.ott.* diametro utile di un obbiettivo regolato in base all'intensità luminosa **7.** *T.sport.* spostamento del gioco verso le ali, part. nel calcio e nel *rugby* || nel tennis, movimento all'indietro del braccio effettuato prima di colpire la palla || **N.** **2.** *Sin.* breccia, crepa, fessura, passaggio, spiraglio **3.** *Sin.* larghezza.

aperturìsmo [da *apertura*; 1962] ***sm.*** *T.pol.* tendenza all'intesa e alla collaborazione con organizzazioni politiche di posizione e ideologia tradizionalmente divergenti dalle proprie.

aperturìsta [da *aperturismo*; 1963] ***s.*** e ***agg.*** *T.pol.* chi o che sostiene e dà prova di aperturismo: *governo aperturista.*

Apètale [dal fr. *apétale*; 1931] ***sf. pl.*** *T.bot.* gruppo di piante dai fiori con perianzio nullo o semplice.

apètalo [dal fr. *apétale*; a. 1730] ***agg.*** *T.bot.* di fiore, che manca di petali.

apiàio (pl. *-ài*) [dal lat. *apiārius*; a. 1811] ***sm.*** (f. *-a*) *lett. non com.* chi ha cura delle api; apicoltore.

apiària [dal lat. *apiārius*; 1865] ***sf.*** apicoltura.

apiàrio (pl. *-ri*) [dal lat. *apiārius*; a. 1481] ***sm.*** luogo dove sono gli alveari || **N.** arnia, arniaio | APE.

apiàto [da *ape*; 1955] ***agg.*** *T.bot.* di pianta o

frutto che presenta apiatura.
apiatùra [da *ape*, per la credenza pop. che fossero le api a portare il polline meno pregiato e a determinare tale fenomeno; 1955] **sf.** produzione da parte di una pianta, spec. di agrumi, di frutti di qualità diversa e meno pregiata rispetto a quella della pianta stessa.
apicàle [da *apice*; 1950] **agg.** **1.** che è posto alla sommità di un organo: *zona apicale* || *T.bot. accrescimento apicale, gemma apicale*, che sta sull'apice **2.** *T.ling.* detto di consonante articolata dalla punta della lingua poggiata contro i denti (per es., in inglese, [θ] in *nothing*), contro gli alveoli dell'arcata superiore (per es., in italiano, [l], [r], [n]) o contro il palato duro (per es., le realizzazioni di *t* e *r* nella pronuncia siciliana di *quattro*).
àpice [dal lat. *apex, apicis*; 1513] **sm.** **1.** punta estrema, vertice: *apice del monte* || *fig.* il sommo grado: *era all'apice della gloria* **2.** parte di un organo di pianta, animale ecc. che presenti una punta opposta alla base: *l'apice di una radice* || *apice polmonare*, la parte superiore del polmone **3.** segno diacritico di numeri e lettere (') usato in algebra, nell'ortografia di varie lingue e nelle trascrizioni fonetiche **4.** *T.astr.* punto della sfera celeste verso il quale si muove una corrente stellare **5.** *T.stor.* ornamento del capo dei sacerdoti flamini nella Roma antica || *per meton.* il copricapo stesso **6.** *T.stor.* diploma regio di immunità.
apicìte [da *apice*; 1940] **sf.** **1.** *T.med.* tubercolosi dell'apice polmonare **2.** infiammazione cronica dell'apice dentario.
apicoltóre o **apicultóre** [comp. di *ape* e *-coltore*; 1868] **sm.** (f. *-trìce*) chi si dedica all'allevamento delle api.
apicoltùra o **apicultùra** [comp. di *ape* e *-coltura*; 1875] **sf.** l'allevamento razionale delle api che ha per scopo la produzione della cera e del miele. **TAV.** *zootecnia.*
Àpidi (sing. *-e*) [comp. di *ape* e *-idi*; 1955] **sm. pl.** *T.zool.* famiglia di insetti Imenotteri dal corpo tozzo, dotati di una prominenza ben sviluppata per succhiare il nettare dai fiori; tra le specie più diffuse, le api e i bombi.
a piè v. APPIÈ.
apìna [da *ape*; 1970] **sf.** veleno secreto dalle api.
àpio (pl. *-ii*) [lat. *apium*; sec. XIV] **sm.** variante di *appio*, sedano: *il verde apio ne l'orto langue* (D'Annunzio).
apióne [dal lat. scient. *apion*, dal gr. *ápios*, pera, per la forma del corpo; 1829] **sm.** *T.zool.* insetto coleottero dei Curculionidi, dannoso a ortaggi e piante da frutto, poiché si nutre di gemme e di foglie.
apirèno [dal lat. *apyrēnus*, senza nocciolo; 1819] **I agg.** *T.bot.* di frutto che non ha semi **II sm.** *T.bot.* frutto senza semi.
apiressìa [dal gr. *apyrexía*; 1819] **sf.** *T.med.* assenza di febbre nel decorso di una malattia.
apirètico (pl. *-ci*) [dal gr. *apýretos*; 1828] **agg.** privo di febbre.
apiscàmpo [comp. di *ape* e *scampo*; 1955] **sm.** *T.agr.* attrezzo usato dagli apicoltori per impedire alle api di uscire dalla camera di covata e accedere al melario, durante la smielatura || **N.** *Sin.* fugapi.
apìstico (pl. *-ci*) [da *ape*; 1940] **agg.** relativo all'allevamento delle api.
apiterapìa [comp. di *api(na)* e *terapia*; 1970] **sf.** *T.med.* cura di alcune malattie per mezzo di inalazione di apina.
aplacentàto [comp. di *a-*[1] e *placentato*; 1955] **agg.** *T.zool.* di mammifero, privo di placenta.
aplanàtico (pl. *-ci*) [dal gr. *aplánētos*, non errante; 1865] **agg.** *T.ott.* di un sistema ottico in grado di correggere le aberrazioni.
aplaṣìa [comp. di *a-*[1] e *-plasia*; 1950] **sf.** *T.biol.* mancanza o arresto della crescita di un organo o di un tessuto.
aplìṣia [dal gr. *aplysía*, sudiciume; a. 1564] **sf.** *T.zool.* mollusco gasteropode marino, viscido e olivastro, munito di conchiglia interna || **N.** *Sin.* lepre di mare.
àplo- [dal gr. *haploûs*, semplice] **primo elem.** che, in parole composte dotte e della terminologia scientifica, vale "singolo", "semplice" (per es. *aplografia, aplologia*).
aplobiónte [comp. di *aplo-* e gr. *biôn, -óntos*, vivente; 1955] **I agg.** *T.biol.* di organismo, come certe alghe o protozoi, che presenta la riduzione del numero dei cromosomi all'inizio del ciclo individuale oppure si mantiene aploide durante tutto il ciclo vitale **II sm.** *T.biol.* individuo aplobionte.
aplografìa [comp. di *aplo-* e *-grafia*; 1955] **sf.** *T.filol.* errore di copiatura, consistente nell'omettere lettere identiche e consecutive, tipico spec. degli amanuensi (per es. *filogia* per *filologia* o *enormente* per *enormemente*) || **N.** *Contr.* dittografia.
aplòide [comp. di *aplo-* e *-oide*; 1929] **agg.** *T.bot.* che presenta aploidia.
aploidìa [da *aploide*; 1952] **sf.** *T.biol.* condizione nella quale le cellule sessuali mature contengono un numero di cromosomi equivalente alla metà di quello caratteristico della specie.
aplologìa (pl. *-gìe*) [comp. di *aplo-* e *-logia*; 1955] **sf.** *T.ling.* caduta di una sillaba nel corpo di una parola, dovuta alla contiguità di un'altra sillaba uguale o simile (per es.: *cavalleggeri*, per *cavalli leggeri*).
aplomb (fr., pr. [a'plɔ̃]) [letter. a piombo; 1900] **sm. inv.** **1.** sicurezza, disinvoltura, faccia tosta **2.** perfetta piega di un abito.
aplùstre o **aplùstro** [dal lat. *aplustra*; a. 1828] **sm.** ornamento a forma di ali o creste ricurve, che si poneva nelle antiche navi, a poppa.
apnèa [dal gr. *ápnoia*, mancanza di respiro; 1819] **sf.** *T.med.* interruzione patologica o volontaria della funzione respiratoria || *immersione in apnea*, trattenendo il respiro, senza l'ausilio di apparecchio respiratore.
apneìsta [da *apnea*; 1983] **s.** nuotatore che si immerge in apnea.
apnòico (pl. *-ci*) [da *apnea*; 1955] **agg.** *T.med.* relativo all'apnea: *crisi apnoica.*
apo- [dal gr. *apò*, lontano da] **pref.** che in composti perlopiù dotti indica "separazione", "allontanamento", "perdita", "differenziazione" (per es. *apostasia, apofonia, apogeo*).
apocalisse [dal lat. tardo *apocalypsis*, gr. *apokálypsis*; 1354 *apocalissi*] **sf.** **1.** nella tradizione giudeo-cristiana, libro contenente rivelazioni sulla fine dei tempi || *per anton.* l'ultimo dei libri del Nuovo Testamento **2.** *per estens.* catastrofe, distruzione totale.
apocalittico (pl. *-ci*) [dal gr. *apokalyptikós*; 1619 *apocaliptico*] **agg.** che riguarda un'apocalisse, e in part. l'Apocalisse || *per estens.* terribile, catastrofico: *un presagio apocalittico* || *numero apocalittico*, il misterioso numero 666, che nell'Apocalisse viene attribuito alla bestia della terra.
apocàrpico (pl. *-ci*) [comp. di *apo-*, *-carpo* e suff. agg.; 1955] **agg.** *T.bot.* di gineceo formato da parecchie foglie indipendenti, che danno ciascuna origine a un singolo ovario separato.
apocatàstaṣi [dal gr. *apokatástasis*, ristabilimento; 1829] **sf.** *T.fil.* nel pensiero di Origene e di alcuni suoi seguaci, la rigenerazione del mondo, dopo la sua totale distruzione.
Apocinàcee [comp. del gr. *apókynon* e *-acee*; 1865] **sf. pl.** *T.bot.* famiglia di piante erbacee perenni oppure legnose proprie delle regioni a clima caldo, spesso dotate di latice velenoso, dai frutti a capsula o a bacca. **Q.T.** *botanica.*
apocìno [dal gr. *apókynon*; a. 1498] **sm.** *T.bot.* **1.** pianta erbacea delle Apocinacee con stelo eretto da cui si traggono fibre tessili di robusta consistenza **2.** *per estens.* le fibre stesse, impiegate per cordami e funi da imballaggio.
apocìzio (pl. *-zi*) [comp. di *apo-* e un der. del gr. *kýtos*, cellula; 1955] **sm.** *T.bot.* cellula polinucleata, per scissione del nulceo primitivo, propria di alcune alghe e del micelio di certi funghi.
apocopàre (pres. *-òcopo*) [da *apocope*; 1664] **tr.** troncare una parola con apocope.
apòcope [dal gr. *apokopḗ*, a. 1565] **sf.** *T.gram.* fenomeno morfologico consistente nella caduta della vocale in fine di parola e talvolta anche della consonante: *frà* per *frate* || **N.** aferesi, elisione, sincope, troncamento.
apòcrifo [dal lat. tardo *apocryphus*, gr. *apókryphos*; a. 1565] **I agg.** **1.** di scritto non autentico, falso: *documento apocrifo* **2.** *vangeli apocrifi, libri apocrifi*, libri con caratteristiche simili ai libri sacri ma che la chiesa non considera canonici **II sm.** libro apocrifo: *gli apocrifi del Petrarca.*
apocromàtico (pl. *-ci*) [comp. di *apo-* e *cromatico*; 1950] **agg.** *T.ott.* di sistema ottico libero da aberrazione cromatica.
Àpodi (sing. *-e*) [da *apodo*; 1819] **sm. pl.** *T.zool.* ordine di anfibi vermiformi, di lunghezza massima attorno ai trenta centimetri, praticamente ciechi; vivono sottoterra dove scavano lunghe gallerie con l'ausilio dell'osso cranico che si presenta solido e compatto. **Q.T.** *zoologia.*
Apodifórmi (sing. *-e*) [comp. di *apodo* e *-forme*; 1965] **sm. pl.** *T.zool.* ordine di uccelli carenati, generalmente piccoli e con gambe cortissime, come il rondone e il colibrì. **Q.T.** *zoologia* **TAV.** ***uccelli* p. 1339**.
apodìssi [dal gr. *apódeixis*, dimostrazione, attr. il lat. tardo *apodixis*; 1829] **sf.** *T.fil.* dimostrazione logica che parte da premesse vere.
apoditèrio (pl. *-ri*) [dal lat. *apodytērium*, spogliatoio; 1865] **sm.** **1.** nelle antiche terme e palestre, spogliatoio **2.** *T.eccl.* nelle chiese di rito orientale, sagrestia.
apodìttico (pl. *-ci*) [dal lat. tardo *apodīcticus*, gr. *apodeiktikós*; 1585] **agg.** **1.** *T.fil.* dimostrativo, che ha efficacia dimostrativa: *ragionamenti apodittici* **2.** *com.* perentorio, che presume autorità e non ammette repliche: *esprimersi in modo apodittico.*
àpodo o **àpode** [comp. di *a-*[1] e *-podo*; a. 1498] **agg.** privo di piedi o con piedi inservibili: *larve apode.*
apòdoṣi [dal gr. *apódosis*, esposizione; 1819] **sf. inv.** in una frase della forma "se p allora q" (per es. *se dici questo, hai torto*), l'enunciato "q" (*hai torto*) detto in logica "conseguente" (di un condizionale).
apofàntico (pl. *-ci*) [dal gr. *apophantikós*, enunciativo, assertivo; 1955] **agg.** *T.fil.* termine usato da Aristotele per designare il discorso enunciativo, affermativo o negativo, che gode della proprietà di essere vero o falso.
apofàtico (pl. *-ci*) [dal gr. *apophatikós*, negativo; 1961] **agg.** *T.teol.* relativo a una delle due vie (l'altra è la via catafatica) per la conoscenza di Dio: *la teologia apofatica o negativa ritiene che l'uomo possa conoscere Dio nel modo meno inadeguato, dicendo ciò che Dio non è* || **N.** catafatico.
apòfige [dal gr. *apophygḗ*, 1819] **sf.** *T.arch.* raccordo tra il fusto della colonna e gli elementi della base o quelli del capitello. **TAV.** ***architettura* p. 646** 3.12.
apòfiṣi [dal gr. *apóphysis*; a. 1673] **sf.** **1.** *T.anat.* protuberanza ossea **2.** *T.geol.* propaggine minore di un corpo roccioso di maggiori dimensioni.
apofonìa [comp. di *apo-* e *-fonia*; 1894] **sf.**

T.ling. in molte lingue indoeuropee, alternanza vocalica in una stessa radice, quantitativa (*fŏdio - fōdi*) o qualitativa (*tĕgo - tŏga*).

apoforèti [dal lat. *apophorēta*, cose che si possono portare via; a. 1580] ***sm. pl.*** *T.stor.* **1.** doni che l'ospite offriva ai commensali nella Grecia e nella Roma antiche **2.** *per estens.* componimenti in distici di tipo epigrammatico, che accompagnavano tali doni || *per anton.* i componimenti poetici che costituiscono il XIV libro degli *Epigrammi* di Marziale.

apoftègma [dal gr. *apóphtegma*; a. 1604] ***sm.*** sentenza, detto memorabile, motto breve e arguto, massima || **N.** MOTTO.

apogèo [dal gr. *apógeion*, che parte dalla Terra; 1623] **I *sm.*** **1.** *T.astr.* il punto più lontano dalla Terra a cui possa trovarsi un corpo celeste che vi ruota attorno **2.** *fig.* momento culminante: *ha raggiunto l'apogeo della sua carriera* **II *agg.*** relativo al punto orbitale più lontano dalla Terra.

apògrafo [dal lat. *apographon*, gr. *apógraphos*; 1753] ***agg.*** e ***sm.*** detto di manoscritto, che è una copia dell'originale || **N.** *Contr.* autografo.

apòlide [dal gr. *ápolis, apólidos*; 1819] ***agg.*** e ***s.*** che o chi non è cittadino di alcuna nazione.

apoliticità [da *apolitico*; a. 1926] ***sf.*** disinteresse per la politica.

apolìtico (pl. *-ci*) [comp. di *a-*[1] e *politico*; 1908] ***agg.*** e ***sm.*** (f. *-a*) che o chi è estraneo alla politica o non è condizionato dalla politica.

apollìneo [dal lat. *apollineus*; 1532] **I *agg.*** **1.** di Apollo || *fig.* bellissimo, di forme perfette: *giovane di forme apollinee* **2.** *danza apollinea* (o *danza dell'Ethos*), una delle prime forme di danza documentate in Europa (insieme a quella dionisiaca); nata in Grecia alla fine del II millennio a. C., raccolse e sviluppò tutte le forme della danza antica (egiziana, indiana, cinese) **II *sm.*** *T.fil.* nella filosofia di Nietzsche, la componente serena, radiosa, equilibrata dello spirito greco || **N.** dionisiaco.

apòllo [dal lat. *Apollo*; a. 1499 nel senso 2] ***sm.*** **1.** uomo di eccezionale bellezza: *sembra un apollo* **2.** *poet.* il sole **3.** *T.zool.* farfalla dei Papilionidi con ali bianche maculate di nero e rosso, comune nelle Alpi.

apologèta [da *apologetico*; 1929] ***s.*** difensore, con la predicazione o gli scritti, di un'ideologia o di una fede, spec. religiosa || nei primi secoli del cristianesimo, scrittore di apologie della fede cristiana contro i pagani || **N.** *Sin.* apologista.

apologètica [dal lat. tardo *apologeticon*, gr. *apologētikós*; 1865] ***sf.*** **1.** *T.eccl.* parte della teologia che ha per scopo la difesa della religione **2.** insieme di scritti di apologisti: *apologetica greca, medioevale* **3.** *raro* lo studio dell'opera degli apologisti.

apologètico (pl. *-ci*) [dal lat. tardo *apologeticon*, gr. *apologētikós*; a. 1498] ***agg.*** che difende, che giustifica o tenta di giustificare: *atteggiamento apologetico* || *libri, scrittori apologetici*, libri o scrittori cristiani dei primi secoli che difesero la religione cristiana.

apologìa (pl. *-gìe*) [dal lat. tardo *apologia*, gr. *apología*; sec. XIV] ***sf.*** **1.** discorso o scritto in difesa di qualcuno o di qualche cosa: *l'apologia di Socrate* **2.** giustificazione che vale promozione o encomio, spec. di un male: *apologia di reato, apologia del fascismo* || **N. 1.** *Sin.* difesa **2.** *Sin.* elogio, lode, panegirico.

apologìsta [dal gr. *apologistḗs*; 1638] ***s.*** chi fa un'apologia || autore di scritti in difesa della religione cristiana: *gli apologisti del VI secolo.*

apologìstico (pl. *-ci*) [da *apologista*; 1955] ***agg.*** *raro* atto a difendere, apologetico.

apologizzàre [dal gr. *apologízesthai*; a. 1712] ***intr.*** (aus. *avere*) parlare o scrivere in difesa o esaltazione di qualcuno o qualcosa || ***tr.*** fare l'apologia.

apòlogo (pl. *-ghi*) [dal lat. *apologus*, gr. *apólogos*; 1559] ***sm.*** racconto allegorico con fini educativi || **N.** parabola, FAVOLA.

aponeuròṣi [dal gr. *aponéurōsis*; a. 1758] ***sf.*** *inv.* *T.anat.* *aponeurosi di contenzione*, membrana fibrosa che riveste i muscoli; *aponeurosi d'inserzione*, formazione membranosa laminare che serve all'attacco di alcuni muscoli.

aponeuròtico (pl. *-ci*) [da *aponeurosi*; a. 1758] ***agg.*** *T.anat.* di aponeurosi.

aponìa [dal gr. *aponía*; 1829] ***sf.*** *T.fil.* condizione di serenità dello spirito e di assenza di dolore, raggiunta contemplando il mondo, secondo la dottrina epicurea.

apoplessìa [dal lat. tardo *apoplēxia*, gr. *apoplēxía*; a. 1292] ***sf.*** *T.med.* sindrome tipica dell'emorragia cerebrale che si manifesta con uno stato di coma || *gen.* emorragia a carico di organi interni || *T.bot.* *apoplessia della vite*, malattia causata da funghi parassiti per cui al colmo dell'estate le foglie della vite rapidamente avvizziscono || **N.** colpo apoplettico, emiplegia, insulto, paralisi, paraplegia.

apoplèttico (pl. *-ci*) [dal lat. tardo *apoplecticus*, gr. *apoplēktikós*; 1474 *apoplitico*] **I *agg.*** *T.med.* relativo ad apoplessia **II *sm.*** (f. *-a*) chi è colpito da apoplessia || **N.** cataptosi.

aporèma [dal gr. *apórēma*; 1940] ***sm.*** *T.fil.* ragionamento che mostra l'ugual valore di due tesi opposte.

aporètica [da *aporetico*; 1955] ***sf.*** *T.fil.* scetticismo.

aporètico (pl. *-ci*) [dal gr. *aporētikós*, dubitativo; 1955] **I *agg.*** *T.fil.* che ha natura di aporia; senza via d'uscita: *situazione aporetica* **II *sm.*** (f. *-a*) *T.fil.* scettico.

aporìa [dal gr. *aporía*, dubbio; a. 1910] ***sf.*** *T.fil.* difficoltà logica senza possibilità di soluzione.

aposiopèṣi [dal gr. *aposiṓpēsis*, il cessare di parlare, silenzio; 1865] ***sf.*** *T.ret.* reticenza, pausa.

a pòsta V. APPOSTA.

apostaṣìa [dal gr. tardo *apostasía*; a. 1396] ***sf.*** *non com.* **1.** *T.rel.* rinnegamento della propria religione || rinuncia di un sacerdote al proprio ministero || *per estens.* rinnegamento di una dottrina o di un partito **2.** *T.stor.* nell'epoca bizantina, il reato di tradimento verso l'impero.

apòstata [dal lat. tardo *apostata*, gr. *apostátēs*; a. 1342] ***agg.*** e ***s.*** che o chi ha fatto apostasia: *Giuliano l'apostata.*

apostatàre (pres. *-òstato*) [da *apostata*; 1354] ***intr.*** (aus. *avere*) *non com.* fare apostasia, rinnegare pubblicamente la propria fede; abiurare.

apostèma [dal lat. *apostema*, gr. *apóstēma*; a. 1306] ***sm.*** *ant. raro* postema.

a posteriori (lat., pr. it. [a poste'rjɔri]) [letter. posteriormente] ***loc. agg.*** e ***avv.*** **1.** *T.fil.* che dipende dall'esperienza: *conoscenza, giudizio a posteriori* || *per estens.* avendo già conoscenza dei fatti: *ha fatto la sua scelta a posteriori* **2.** *T.fil.* di argomentazione che procede dagli effetti alle cause.

apostilb [comp. di *apo-* e *stilb*; 1955] ***sm.*** *inv.* *T.mis.* unità di misura fotometrica della luminanza di una superficie bianca perfettamente riflettente illuminata con un lux.

apostolàto [dal lat. tardo *apostolātus*; a. 1342] ***sm.*** **1.** missione di evangelizzazione di ciascuno dei dodici apostoli || *per estens.* l'impegno e l'opera di diffusione della fede di ciascun cristiano attraverso la dottrina e la testimonianza di vita **2.** attività di diffusione di idee o dottrine || assoluta dedizione al proprio lavoro: *per lui l'insegnamento era un apostolato.*

apostolicità [da *apostolico*; 1955] ***sf.*** **1.** qualità dell'essere apostolico: *un ordine di austera apostolicità* **2.** qualità propria della Chiesa cattolica che ne definisce la derivazione dalla predicazione degli apostoli.

apostòlico (pl. *-ci*) [dal lat. tardo *apostolicus*, gr. *apostolikós*; 1321] ***agg.*** **1.** relativo agli apostoli: *credo apostolico* || *Padri apostolici*, gruppo di scrittori cristiani a cui si attribuiscono rapporti diretti con gli apostoli **2.** papale || *Chiesa apostolica*, la chiesa cristiana che riconosce l'autorità del pontefice || *legato apostolico*, ambasciatore con autorità delegata dal papa || *benedizione apostolica*, data dal papa o in nome del papa **3.** *per estens.* degno di un apostolo: *nello svolgere quell'incarico metteva un fervore apostolico* || **apostolicaménte** ***avv.***

apòstolo [dal lat. tardo *apostolus*, gr. *apóstolos*; a. 1294] ***sm.*** **1.** ciascuno dei dodici discepoli che Cristo scelse come continuatori della sua opera e divulgatori del suo insegnamento || *principe degli apostoli*, San Pietro || *l'apostolo delle genti*, San Paolo **2.** (f. *-a* e iron. *-éssa*) *per estens.* chiunque con la parola o gli scritti cerca di diffondere una verità morale o civile **3.** nelle navi in legno, gli scalmi laterali alla ruota di prora sui quali si innesta il tronco maggiore del bompresso || **N. 2.** *Sin.* missionario, predicatore, promotore; fautore. **Q.T.** *religione.*

apostrofàre[1] (pres. *-òstrofo*) [da *apostrofo*; a. 1729] ***tr.*** mettere l'apostrofo.

apostrofàre[2] (pres. *-òstrofo*) [da *apostrofe*; a. 1375] ***tr.*** rivolgersi improvvisamente e con veemenza a qualcuno: *lo apostrofò in malo modo* || ***intr.*** (aus. *avere*) *lett.* rivolgere un'apostrofe a qualcuno || **N.** *Sin.* inveire, rimbeccare.

apòstrofe [dal lat. tardo *apostrophe*, gr. *apostrophḗ*; 1360 ca.] ***sf.*** *T.ret.* figura consistente nel rivolgere improvvisamente e direttamente il discorso a persone lontane o assenti || *per estens.* invocazione, invettiva.

apòstrofo [dal lat. tardo *apostrophus*, gr. *apóstrophos*; a. 1589] ***sm.*** segno grafico (') usato nella grafia dell'italiano per indicare elisione e talvolta troncamento (*dell'Austria, po'*).

apotèca [dal lat. *apothēca*, gr. *apothḗkē*; 1521] ***sf.*** *raro* **1.** fondaco, magazzino: *sorsero i templi, le stoe, le esedre, i granai, le apoteche* (D'Annunzio) **2.** *T.archeol.* nella casa romana, ripostiglio, dispensa.

apotècio (pl. *-ci*) [dal gr. *apothḗkion*, piccolo ripostiglio, come il lat. scient. *apothecium*; 1829] ***sm.*** *T.bot.* ricettacolo a forma di coppetta, contenente gli sporangi, in alcuni funghi e licheni.

apotègma [dal lat. **apothtegma*, gr. *apóphtegma*; 1664 *apotemma*] ***sm.*** *raro* apoftegma.

apotèma [dal gr. tardo *apóthema*; 1819] ***sm.*** *T.geom.* in un poligono regolare, il segmento di perpendicolare compreso tra il centro del cerchio inscritto e un lato; in una piramide regolare, l'altezza di una delle facce triangolari; in un cono circolare retto, la distanza tra il vertice e un punto della circonferenza di base. **TAV.** *geometria* 18.5, 19.3.

apoteòṣi [dal lat. tardo *apotheōsis*, gr. *apothéōsis*; a. 1680] ***sf.*** *inv.* **1.** *T.stor.* solenne cerimonia con cui si assumevano tra gli dei eroi e monarchi defunti || *per estens.* glorificazione, esaltazione di una persona; grandissimo successo **2.** *T.teatr.* nel XIX secolo, scena finale in cui l'intera compagnia andava in scena sorretta da una coreografia particolarmente sfarzosa || **N. 1.** *Sin.* deificazione, divinizzazione.

apotropàico (pl. *-ci*) [dal gr. *apotrópaios*; 1929] ***agg.*** *raro* che serve ad annullare o ad allontanare le influenze maligne: *formule apotropaiche.*

apoẓèugma [comp. di *apo-* e gr. *zêugma*, unione; 1829] ***sm.*** *T.ret.* figura consistente nel far dipendere da più verbi parole o incisi che sintatticamente richiederebbero un solo verbo || **N.** *Contr.* zeugma.

appaccàre (pres. *-àcco, -àcchi*) [comp. parasint. di *pacco*; 1865] **tr.** *non com.* far pacchi.

appacchettàre (pres. *-étto*) [comp. parasint. di *pacchetto*; 1865] **tr.** *non com.* far pacchetti, impacchettare.

appaciaménto [da *appaciare*; 1940] **sm.** *raro* pacificazione.

appaciàre (pres. *-àcio*) [comp. parasint. di *pace*; a. 1348] **tr.** *non com.* pacificare, metter d'accordo || **rifl.** far la pace || **N.** placare, riconciliare.

appacificàre (pres. *-ìfico, -ìfichi*) [da *pacificare*; a. 1348] **tr.** *non com.* pacificare, riappacificare || **rifl.** *non com.* riconciliarsi.

appagaménto [da *appagare*; a. 1292] **sm.** atto ed effetto dell'appagare e dell'appagarsi; soddisfacimento.

appagàre (pres. *-àgo, -àghi*) [da *pagare*; a. 1294] **tr.** render pago, contentare, soddisfare: *appagare un desiderio* || acquietare, placare: *appagare l'animo* || **rifl.** contentarsi, soddisfarsi: *appagarsi del poco* || **N.** accontentare, compiacere || CONTENTO.

appagatóre [da *appagare*; 1865] **agg.** e **sm.** (f. *-trìce*) che o chi appaga, soddisfa.

appaiaménto [da *appaiare*; a. 1704] **sm.** atto ed effetto dell'appaiare e dell'appaiarsi.

appaiàre (pres. *-àio, -ài*) [comp. parasint. di *paio*; 1321] **tr.** **1.** mettere insieme a due a due, accoppiare **2.** *ant.* uguagliare || **rifl. rec.** accoppiarsi, unirsi.

appaiatùra [da *appaiare*; a. 1704] **sf.** *lett. raro* appaiamento.

appaleṣàre (pres. *-éṣo*) [da *palesare*; a. 1388] **tr.** *raro* palesare.

appallàre [comp. parasint. di *palla*; 1829] **tr.** *ant.* ridurre in forma di palla || **intr. pron.** conglomerarsi || **N.** abballottare, appallottare, appallottolare.

appallottàre (pres. *-òtto*) [comp. parasint. di un ant. *pallotta*; 1865] **tr.** *non com.* ridurre in pallottole || **rifl.** rannicchiarsi.

appallottolàre (pres. *-òttolo*) [comp. parasint. di *pallottola*; a. 1565] **tr.** ridurre in pallottole || **intr. pron.** ridursi in pallottole, conglomerarsi: *la farina nell'acqua tende ad appallottolarsi* || **rifl.** avvolgersi su se stesso: *nelle situazioni di pericolo l'armadillo si appallottola.*

appalmàto [da *palma*¹; 1829] **agg.** *T.arald.* di una mano che ha la palma aperta.

appaltàre [da *appalto*; a. 1565] **tr.** dare in appalto || *non com.* prendere in appalto.

appaltatóre [da *appaltare*; a. 1566] **sm.** (f. *-trìce*) e **agg.** chi o che dà in appalto: *ditta appaltatrice* || **N.** *Sin.* accollatario, impresario.

appàlto [etim. inc.; 1549] **sm.** **1.** contratto col quale un'impresa si assume l'obbligo di eseguire un lavoro o fornire una determinata prestazione in cambio di una somma di denaro: *ha ottenuto l'appalto per una diga in Sudan* || *gara, concorso d'appalto,* pubblico concorso in cui un ente pubblico presenta un progetto generico lasciando alle ditte in concorso il compito di dettagliarlo; la scelta viene poi fatta sulla base del valore tecnico ed economico delle varie offerte: *vincere un appalto* **2.** *tosc.* rivendita di sali e tabacchi || **N.** **1.** subappalto | avere, ottenere, prendere **2.** *Sin.* privativa.

appanàre (pres. *-àno*) [comp. parasint. di *pane*; sec. XVIII] **tr.** *ant.* trasformare in pani.

appannàggio (pl. *-gi*) [dal fr. *apanage*; 1578] **sm.** **1.** compenso spettante a capi di stato o personalità di pubblico rilievo **2.** *T.stor.* assegnazione beneficiaria a favore dei cadetti delle famiglie nobili || *per estens.* compenso fisso, rendita: *alla morte dello zio godette di un ricco appannaggio* **3.** *fig.* prerogativa, caratteristica: *poter cacciare in quei terreni è suo appannaggio* || premio per la vittoria: *anche quest'anno la Coppa Davis è appannaggio degli Stati Uniti.*

appannaménto [da *appannare*; 1667] **sm.** atto ed effetto dell'appannare e dell'appannarsi: *un improvviso appannamento dei riflessi.*

appannàre [comp. parasint. di *panno*; a. 1374] **tr.** velare, privare di lucentezza o trasparenza: *col freddo l'alito ha appannato i vetri* || *fig.* offuscare: *la stanchezza appanna i riflessi* || **intr. pron.** velarsi: *i finestrini si appannano col fumo* || *fig.* offuscarsi: *mi si appanna la vista, la sua fama non è ancora appannata* || di voce, farsi fioca: *si chiude la casa e s'appanna d'un tratto il vocerio che c'è* (Pascoli) || **N.** **tr.** *Sin.* annebbiare | *Contr.* schiarire.

appannàto (*pps.* di *appannare*) [a. 1406] **agg.** **1.** velato, fioco: *vista appannata* **2.** *fam. tosc.* di persona, grassa, massiccia.

appannatóio (pl. *-òi*) [da *appannare*; a. 1712] **sm.** *non com.* panno con cui si coprono gli occhi ai cavalli bizzarri, per bardarli.

appannatùra [da *appannare*; a. 1698] **sf.** atto ed effetto dell'appannare e dell'appannarsi; offuscamento.

apparàre¹ (pres. *-àro*) [lat. *apparāre*; metà sec. XIV] **tr.** *ant.* preparare, apparecchiare || **rifl.** abbigliarsi.

apparàre² (pres. *-àro*) [da *imparare*, con cambio di pref.; prima metà sec. XIII] **tr.** *ant. lett.* imparare.

apparàto [dal lat. tardo *apparātus*; a. 1306 nel senso 5] **sm.** **1.** insieme di strumenti e mezzi per il conseguimento di un dato fine: *apparato bellico* || *apparato motore,* l'insieme degli elementi motori di una nave, un aereo ecc. || *apparato scenico,* la scenografia, i costumi ecc. occorrenti per la messa in scena di uno spettacolo **2.** *T.anat.* insieme degli organi necessari a svolgere una determinata funzione: *apparato genitale, digerente* **3.** insieme di dati, di nozioni concernenti opere o discipline particolari: *apparato culturale* || *apparato critico,* nelle edizioni critiche, la segnalazione delle varianti che il curatore pone in nota per giustificare le proprie scelte interpretative: *apparato positivo* (contrapposto a *negativo*), che registra la lezione messa nel testo e dopo anche quelle rifiutate, indicando con sigle i rispettivi testimoni; *apparato critico sincronico,* che presenta varianti ed errori della tradizione; *apparato critico diacronico,* che presenta le varianti d'autore e che si può distinguere in *genetico* (varianti anteriori al testo base) ed *evolutivo* (varianti apportate dall'autore in seguito) **4.** l'insieme dei quadri dirigenti di un'organizzazione: *l'apparato burocratico del partito* **5.** insieme di addobbi, di preparativi particolarmente sfarzosi e appariscenti per feste, cerimonie ecc. || **N.** **1.** allestimento teatrale **2.** *Sin.* organi **5.** paramenti, preparativi; pompa, sfoggio. **Q.T.** *sociologia* **TAV.** ***anatomia*** **p. 642** 12, 13, 14.

apparatóre [lat. tardo *apparātor, -ōris*; fine sec. XIII] **sm.** (f. *-trìce*) **1.** *disus.* chi predispone le scene e lo svolgimento dello spettacolo teatrale **2.** *raro* tappezziere.

apparecchiaménto [da *apparecchiare*; a. 1294] **sm.** allestimento, apparato || *concr. disus.* arredo.

apparecchiàre (pres. *-écchio*) [lat. volg. _*appariculāre_; a. 1294] **tr.** **1.** allestire, preparare || *ass.* preparar la tavola, stendendovi la tovaglia e ponendovi i piatti, le posate ecc.: *apparecchiare per quattro* **2.** *T.tess.* sottoporre i tessuti all'apparecchiatura || **rifl.** prepararsi || **N.** **1.** *Sin.* ammannire, apprestare, approntare, disporre, ordinare, PREPARARE.

apparecchiàto (*pps.* di *apparecchiare*) [sec. XIII] **agg.** preparato, pronto || di tavola, imbandita.

apparecchiatóre [da *apparecchiare*; 1306] **sm.** (f. *-trìce*) **1.** *raro* chi apparecchia **2.** addetto all'apparecchiatura.

apparecchiatùra [da *apparecchiare*; a. 1698] **sf.** **1.** *T.tess.* e *T.cart.* l'insieme di operazioni di rifinitura cui viene sottoposta una pezza di stoffa o di carta **2.** *T.pitt.* preparazione di una tela o di un muro per dipingervi sopra **3.** *T.tecn.* insieme di impianti e strumenti con cui si controlla o si esegue un dato lavoro: *sofisticate apparecchiature di controllo* **4.** nella costruzione di muri, volte ecc., taglio e disposizione dei conci di pietra. **Q.T.** *energia.*

apparécchio (pl. *-chi*) [da *apparecchiare*; a. 1348] **sm.** **1.** *T.tecn.* e *T.scient.* dispositivo per scopi specifici, congegno, macchina: *apparecchio radiofonico, televisivo* **2.** *per anton.* aeroplano **3.** *T.med.* nome generico di varie applicazioni che hanno lo scopo di immobilizzare un arto o correggere una malformazione: *apparecchio ortopedico*; *apparecchio protesico,* protesi dentaria; anche *ass.*: *quando sorride si vede l'apparecchio* || *apparecchio gessato,* bendaggio gessato per la composizione di fratture o per il sostegno di malformazioni ossee **4.** *T.tess.* reparto in cui si compie l'apparecchiatura **5.** *ant.* strumento o insieme di strumenti e preparativi predisposti per un dato scopo, apparato: *apparecchio bellico* || **N.** **1.** *Sin.* apparato, attrezzo, congegno, dispositivo.

apparentaménto [da *apparentare*; 1951] **sm.** *raro* l'apparentarsi.

apparentàre (pres. *-ènto*) [comp. parasint. di *parente*; sec. XIII] **tr.** **1.** imparentare **2.** *fig.* accostare a, confrontare con: *quel critico apparenta l'ultima produzione dello scrittore a quella dannunziana* || **rifl.** **1.** imparentarsi **2.** stringere alleanze politiche, part. per fini elettorali.

apparènte (*ppr.* di *apparire*) [1308] **agg.** **1.** che pare ma non è, illusorio, simulato: *la sua tranquillità è solo apparente* || *frazione apparente,* V. FRAZIONE || *contorno apparente,* V. CONTORNO **2.** visibile: *non c'è legame apparente tra i due* || *lett.* vistoso, appariscente || **apparenteménte** **avv.** in apparenza || **N.** **1.** *Sin.* falso, finto, specioso | *Contr.* reale, vero.

apparènza [lat. tardo *apparentia*; fine sec. XIII] **sf.** **1.** ciò che appare, che si mostra all'occhio e potrebbe anche non essere: *è una realtà e non una apparenza* || *per estens.* aspetto, sembianza: *uomo di bella apparenza* || manifestazione esteriore priva di reale consistenza: *la sua bontà è tutta apparenza* || *salvare le apparenze,* agire rispettando formalmente le convenzioni || *in apparenza,* da ciò che appare || *prov. l'apparenza inganna* **2.** *T.fil.* fenomeno || **N.** **1.** *Sin.* aria, aspetto, esteriorità, figura, forma, parvenza | *Contr.* realtà, sostanza, verità.

apparigliàre (pres. *-ìglio*) [da *pariglia*; 1863] **tr.** **1.** unire due animali da tiro, part. cavalli **2.** *T.gioc.* nello scopone, ripristinare il numero pari delle carte rimaste in gioco || **N.** **1.** *Sin.* accoppiare, appaiare | coppia, pariglia.

appariménto [da *apparire*; 1294] **sm.** *ant.* apparizione.

apparìre (pres. *apparìsco* o *appàio, apparìsci* o *appàri* ecc.; p.rem. *appàrvi* o *appàrsi* o *apparìi, apparìsti, appàrve, apparìmmo, apparìste, apparìrono* o *appàrvero*; pps. *appàrso*) [lat. *apparēre*; a. 1294] **intr.** (aus. *essere*) **1.** presentarsi improvvisamente allo sguardo causando stupore, sorpresa o meraviglia: *dopo la curva ci apparve finalmente il rifugio, apparve dietro l'angolo un topo* || di cosa soprannaturale o fantastica, mostrarsi, rendersi visibile: *dopo due giorni finalmente il mostro del lago apparve* || manifestarsi chiaramente: *alla fine apparirà chi ha ragione* **2.** sorgere, spuntare: *Venere apparve nel cielo* **3.** sembrare, mostrarsi: *appare provato, felice, triste*; *gli piace apparire ciò che non è* || **N.** **1.** *Sin.* comparire, diventar visibile, mostrarsi, palesarsi; trapelare **2.** *Sin.* levarsi.

appariscènte [lat. tardo *apparēscens, -entis*; 1300 ca.] **agg.** che dà nell'occhio: *per ciò che troppo giovane era e appariscente* (Boccaccio) || **N.** *Sin.* vistoso; sgargiante.

appariscènza [lat. tardo *apparescentia*; fine

sec. XIII] ***sf.*** *raro* vistosità, caratteristica di ciò che è appariscente.

apparita [da *apparire*; a. 1348] ***sf.*** *ant.* apparizione: *all'apparita del giorno, della campagna, del mare.*

apparitóre [dal lat. *apparitor, -ōris*, cursore di un magistrato; a. 1569] ***sm.*** **1.** *T.stor.* nella Roma antica, persona addetta al servizio di magistrati, di sacerdoti o dell'imperatore **2.** *T.stor.* inserviente di vari magistrati, nel Medioevo **3.** *T.stor.* chi, durante le epidemie di peste e sim., precedeva il carro dei cadaveri, suonando la campanella **4.** *T.eccl.* ufficiale giudiziario dei tribunali ecclesiastici.

apparizióne [lat. *apparitio, -ōnis*; 1336 ca.] ***sf.*** **1.** spec. di cose fantastiche o soprannaturali, l'apparire: *l'apparizione del fantasma, della Madonna, l'apparizione dell'attore fu salutata da un grande applauso* || *per estens.* la cosa che appare, fantasma: *una casa infestata da orrende apparizioni* **2.** *T.astr.* il comparire all'orizzonte di un astro prima nascosto || **N. 1.** *Sin.* comparsa, manifestazione, spettro.

appàrso (*pps.* di *apparire*) [1351 ca.] ***agg.*** comparso, divenuto visibile.

appartaménto [dallo sp. ant. *apartamiento*; 1538 *apartamento*] ***sm.*** **1.** insieme di stanze che formano un'abitazione libera e separata dal rimanente della casa: *affittasi, vendesi appartamento libero, ammobiliato* **2.** *T.mar.* la somma degli spostamenti in miglia verso levante o verso ponente subìti da una nave nel suo cammino su di una rotta comunque inclinata rispetto ai meridiani || **N. 1.** *Sin.* abitazione, alloggio. **Q.T.** *abitazione.*

appartàre [comp. parasint. di *parte*; a. 1304] ***tr.*** *non com.* metter da parte, separare || ***rifl.*** porsi in disparte: *si appartarono per discutere* || **N.** ***tr.*** *Sin.* allontanare, isolare, segregare, SEPARARE.

appartàto (*pps.* di *appartare*) [a. 1571] ***agg.*** fuori mano, solitario, remoto: *luogo appartato* || di persona, ritirata, isolata: *vive appartato in campagna* || || **appartataménte** ***avv.*** || **N.** *Sin.* lontano, recondito, remoto, riposto, separato.

appartenènte (*ppr.* di *appartenere*) [sec. XIV] ***s.*** che fa parte di qualcosa: *gli appartenenti alla massoneria.*

appartenènza [da *appartenere*; a. 1363] ***sf.*** **1.** l'appartenere, il fare parte di qualcosa: *l'appartenenza a un partito politico* **2.** proprietà: *prese ciò che era di sua appartenenza* || *pl. concr.* annessi: *la villa con le sue appartenenze* || *per estens.* pertinenza, spettanza: *questo caso è di appartenenza della Pretura di Torino* **3.** *T.mat.* in logica e nella teoria degli insiemi, si dice che un elemento *e* appartiene a un insieme *S* se *e* è un elemento di *S*.

appartenére (pres. *-èngo* ecc., come TENERE) [lat. volg. **appartenēre*; a. 1294] ***intr.*** (aus. *avere* ed *essere*) **1.** essere proprietà legittima di qualcuno: *questi castelli mi appartengono* **2.** essere parte di un gruppo, un'associazione ecc.: *appartenere all'aristocrazia* **3.** spettare: *la possibilità di rifiutare mi appartiene di diritto* || essere di competenza di **4.** *raro* essere parente **5.** *T.mat.* *e appartiene ad un insieme S, e* è un elemento di tale insieme.

appassiménto [da *appassire*; a. 1832] ***sm.*** atto ed effetto dell'appassire.

appassionaménto [da *appassionare*; 1579] ***sm.*** *raro* l'atto e l'effetto dell'appassionare e dell'appassionarsi.

appassionànte (*ppr.* di *appassionare*) [1967] ***agg.*** interessante, coinvolgente, avvincente: *una partita davvero appassionante.*

appassionàre (pres. *-óno*) [comp. parasint. di *passione*; a. 1673] ***tr.*** destare, infondere, suscitar passione: *è un oratore che appassiona* || commuovere, colpire: *una vicenda che ha appassionato la città* || ***intr. pron.*** **1.** avere grande interesse, passione: *appassionarsi alla letteratura* **2.** *non com.* commuoversi, addolorarsi: *appassionarsi alle tribolazioni altrui* || **N.** ***tr.*** *Sin.* entusiasmare; addolorare, turbare | ***intr. pron.*** **1.** *Sin.* interessarsi di **2.** *Sin.* affliggersi.

appassionàto (*pps.* di *appassionare*) [fine sec. XIV] **I** ***agg.*** **1.** che esprime passione: *parole appassionate* **2.** che ha passione per una cosa: *è appassionato per la caccia* || *non com.* parziale, non obbiettivo: *un giudizio appassionato* **II** ***sm.*** (f. *-a*) chi si dedica con passione a qualche attività: *gli appassionati di sci, di musica lirica.*

appassìre (pres. *-ìsco, -ìsci*) [comp. parasint. di *passo*^{3}; a. 1499] ***intr.*** (aus. *essere*) e ***intr. pron.*** divenir vizzo, perder la freschezza, languire: *i fiori sono appassiti*; anche *fig.*: *bellezza appassita* || ***tr.*** *disus.* far diventare vizzo: *appassire l'uva* || **N.** *Sin.* avvizzire, illanguidire, seccare, venir meno.

appastàre [comp. parasint. di *pasta*; 1313] ***tr.*** *non com.* impastare || ***intr. pron.*** aggrumarsi, impastarsi.

appastellàrsi (pres. *-èllo*) [comp. parasint. di *pastello*; 1865] ***intr. pron.*** detto spec. di creme e vernici, aggrumarsi, formare pallottoline.

appeasement (ingl., pr. [ə'pi:zmənt]) [letter. pacificazione; 1950] ***sm.*** *inv.* *T.pol.* pacificazione con uno stato rivale ottenuta a prezzo di gravi concessioni || **N.** *Sin.* acquiescenza.

appellàbile [da *appellare*; 1673] ***agg.*** che ammette appello: *sentenza appellabile.*

appellabilità [da *appellabile*; 1673] ***sf.*** l'essere appellabile.

appellànte (*ppr.* di *appellare*) [1549] ***agg.*** e ***s.*** *T.giur.* che o chi adisce in giudizio di appello.

appellàre (pres. *-èllo*) [lat. *appellāre*; inizio sec. XIII] ***tr.*** *lett.* nominare, denominare: *un nobile uomo il quale appellato fu Nicostrato* (Boccaccio) || ***intr.*** (aus. *avere*) e ***intr. pron.*** **1.** *T.giur.* invocare un nuovo giudizio da un giudice superiore contro la sentenza di uno inferiore: *appellarsi contro una sentenza* **2.** fare appello, rivolgersi a qualcuno per ottenere giustizia o aiuto: *mi appello alla tua saggezza* **3.** *ant.* chiamarsi, avere nome.

appellatìvo [lat. tardo *appellatīvus*; a. 1565] **I** ***agg.*** **1.** denominativo **2.** *T.giur.* relativo all'appello **II** ***sm.*** **1.** soprannome, epiteto: *appellativo ingiurioso* **2.** titolo onorifico: *meritava l'appellativo di cavaliere* **3.** *T.ling.* nome comune.

appellatòrio (pl. *-ri*) [dal lat. tardo *appellatōrius*; sec. XVIII] ***agg.*** relativo all'appello, proprio dell'appello: *sentenza appellatoria.*

appellazióne [dal lat. *appellātio, -ōnis*; 1292] ***sf.*** **1.** *ant.* atto dell'appellare **2.** *non com.* nome, appellativo.

appèllo [da *appellare*; a. 1306] ***sm.*** **1.** chiamata di persone per nome e cognome secondo un ordine stabilito al fine di accertarne la presenza in un luogo: *ogni mattina l'insegnante fa l'appello* **2.** nell'università, il periodo in cui si svolge una determinata sessione di esami: *è stato rinviato l'appello di marzo* **3.** invocazione, istanza, richiamo: *un appello ai familiari delle vittime* || *fare appello*, invocare || *fare appello alle proprie forze, risorse* ecc., raccoglierle per uno sforzo particolare **4.** *T.giur.* istituto giuridico che consente di impugnare la sentenza di un tribunale inferiore presso uno superiore: *corte d'appello*; *giudizio d'appello*, di secondo grado || *T.sport.* ricorso contro una sentenza del tribunale sportivo: *la società ha presentato appello contro la squalifica del giocatore* || **N. 1.** rispondere all'appello **3.** *Sin.* implorazione; ricorso **4.** fare, interporre, presentare; ricorrere in seconda istanza; chiedere un nuovo giudizio, impugnare. **Q.T.** *diritto.*

appéna [comp. di *a* e *pena*; fine sec. XIII nel senso 2] ***avv.*** **1.** a stento, a fatica: *appena mi reggo in piedi* **2.** con valore limitativo, solamente, soltanto, non di più: *ne voglio appena un goccio, mi ha fatto appena un sorriso* || pochissimo: *ci si vede appena* **3.** con valore temporale, da poco, or ora: *sono appena arrivato*; spesso in correlazione con *quando* o *che*: *ero appena arrivato quando suonarono alla porta, si era appena seduto che già doveva ripartire.*

appenàre (pres. *-éno*) [da *penare*; a. 1364] ***tr.*** *raro* mettere in pena || ***intr. pron.*** darsi pena, travaglio: *non ti appenare* (D'Annunzio) || **N.** ***intr. pron.*** *Sin.* penare, rattristarsi.

appèndere (pres. *-èndo*; p.rem. *-ési, -endésti, -ése, -ésero*; pps. *appéso*) [lat. *appĕndere*; a. 1306] ***tr.*** **1.** fissare, attaccare una cosa affinché vi stia sospesa: *appendi l'abito all'attaccapanni* || *fig.* *T.sport.* *appendere la bicicletta, i guantoni al chiodo*, cessare l'attività agonistica **2.** impiccare || ***rifl.*** attaccarsi: *appendersi al ramo*; *appendersi al collo di qualcuno*, abbracciarlo con passione || **N.** *Sin.* **1.** agganciare, appiccare, fissare, impiccare, penzolare, sospendere, ATTACCARE.

appendiàbiti [comp. di *append(ere)* e *abito*; 1970] ***sm.*** attaccapanni.

appendice [dal lat. *appendix, -ĭcis*; fine sec. XIV] ***sf.*** **1.** aggiunta, cosa accessoria che s'aggiunge a un'altra e da cui dipende || supplemento posto alla fine di un'opera || parte di un giornale dove si pubblicano romanzi o critiche letterarie: *romanzo d'appendice*, pubblicato a puntate e anche, come nome di genere, romanzo popolare con una trama ricca di peripezie, scarsa cura dei personaggi, stile poco curato || parte separabile di un francobollo, priva di valore fiscale, recante scritte o disegni illustrativi **2.** *T.anat.* breve porzione cilindrica dell'intestino cieco: *appendice cecale* || *gen.* *T.biol.* in animali e vegetali, organo che costituisce il prolungamento di un altro organo. **TAV.** *filatelia* 5.

appendicectomìa [comp. di *appendice* e *-ectomia*; 1906] ***sf.*** *T.chir.* asportazione dell'appendice cecale.

appendicìte [dall'ingl. *appendicitis*; 1892] ***sf.*** *T.med.* infiammazione dell'appendice vermiforme dell'intestino cieco o cecale: *appendicite acuta, cronica.*

appendicolàre [dal lat. *appendĭcula*, piccola appendice; 1943] ***agg.*** detto di organo che ha forma di appendice || *in part.* dell'appendice cecale: *dolore appendicolare.*

Appendicolàrie [dal lat. scient. *appendicularia*; 1955] ***sf. pl.*** *T.zool.* classe di Cordati marini, lunghi pochi millimetri, dal corpo trasparente, con coda pinnata e corda dorsale che persiste nell'adulto.

appendigònna o **appendigónna** [comp. di *appende(re)* e *gonna*; 1963] ***sm.*** *inv.* tipo speciale di attaccapanni per le gonne.

appendìzie [dal lat. *appendicium*; 1625] ***sf. pl.*** regalie in natura o prestazioni in lavoro che l'affittuario o il mezzadro dava al proprietario del fondo per contratto o per convenzione.

appennecchiàre (pres. *ècchio*) [comp. parasint. di *pennecchio*; sec. XVIII] ***tr.*** rif. a lana, lino, canapa e sim., ridurre in pennecchi.

appennellàre (pres. *-èllo*) [comp. parasint. di *pennello*; 1889] ***tr.*** *T.mar.* legare a un'ancora un ancorotto supplementare o *pennello* per mezzo di una corda (*grippia*) e affondarlo perché tenga la nave ormeggiata più saldamente.

appenninico (pl. *-ci*) [dal n. geogr. *Appennino*; 1929] ***agg.*** dell'Appennino: *flora appenninica, catena appenninica.*

appercettìvo [da *appercezione*; 1955] ***agg.*** *T.fil.* e *T.psic.* relativo all'appercezione, che interessa l'appercezione.

appercezióne [da *percezione*; 1865] **sf.** **1.** *T.fil.* atto di consapevolezza della propria capacità percettiva **2.** *T.psic.* fase terminale dell'attenzione percettiva nella quale l'oggetto viene compreso con chiarezza ed acquista preminenza nella coscienza **3.** *T.pedag.* capacità di comprendere nuovi concetti correlandoli ad altri già noti.

appertizzazióne [dal fr. *appertisation*, dal n. proprio N. *Appert*, cuoco inventore del procedimento; 1970] **sf.** conservazione dei cibi mediante sterilizzazione col vapore, in recipienti ermetici, impermeabili all'acqua.

appesantiménto [da *appesantire*; 1961] **sm.** atto ed effetto dell'appesantire e dell'appesantirsi.

appesantìre (pres. *-ìsco, -ìsci*) [dal fr. *appesantir*; 1845] **tr.** rendere pesante, opprimente, greve: *appensantire uno zaino con la corda, appesantire l'aria di fumo, appesantire lo stomaco con il cibo* || **intr. pron.** diventare più pesante: *la valigia si è appesantita*; anche *fig.*: *il lavoro si è appesantito* || ingrassare: *continuando a mangiare così ti appesantirai* || intorpidirsi: *gli si sono appesantiti i riflessi.*

appestàre (pres. *-èsto*) [comp. parasint. di *peste*; 1618 nel senso 2] **tr.** **1.** infettare con la peste o gen. con malattia infettiva, impestare **2.** spargere odore nauseabondo, ammorbare: *quel sigaro appesta la casa* || *fig.* corrompere: *il vizio appesta la società* || **intr.** (aus. *essere*) e **intr. pron.** infettarsi con malattia contagiosa || **N.** *Sin.* **1.** infettare **2.** puzzare, tanfare.

appestàto (*pps.* di *appestare*) [1634] **agg.** e **sm.** (f. *-a*) che o chi è affetto da peste o altra malattia contagiosa.

appestatóre [da *appestare*; 1835] **agg.** e **sm.** (f. *-trice*) che o chi appesta.

appetènte (*ppr.* di *appetire*) [1865] **agg.** **1.** che ha appetito **2.** che desta appetito, appetitoso || **N.** **1.** *Contr.* inappetente.

appetènza [lat. *appetentia*; a. 1705] **sf.** voglia di mangiare, appetito || **N.** *Contr.* inappetenza.

appetìbile [lat. *appetibilis*; 1319] **I agg.** da appetirsi, desiderabile: *beni appetibili* **II sm.** *T.fil.* nella filosofia scolastica, ciò che suscita desiderio.

appetibilità [da *appetibile*; 1612] **sf.** qualità di ciò che è appetibile, desiderabile.

appetìre (pres. *-ìsco, -ìsci*) [lat. *appetere*; fine sec. XIII] **tr.** desiderare vivamente una cosa: *appetire gli onori, un cibo* || **intr.** (aus. *essere* e *avere*) di cibo, destare l'appetito, piacere: *quel cibo non mi è* (o *non mi ha*) *mai appetito* || **N.** *Sin.* bramare, DESIDERARE.

appetitìvo [dal lat. *appetitīvus*; a. 1357] **agg.** **1.** che tende ad appetire, a desiderare: *gli impulsi appetitivi del bambino* **2.** *raro* appetitoso.

appetito [dal lat. *appetitus*; 1294 nel senso 2] **sm.** **1.** desiderio di cibo, fame moderata: *mi è venuto appetito* || *buon appetito!*, augurio a chi mangia || *aguzzare, stuzzicare l'appetito*, di cosa che suscita il desiderio di mangiare || *l'appetito vien mangiando*, una voglia tanto più cresce quanto più la si asseconda **2.** inclinazione naturale a raggiungere il soddisfacimento di certi bisogni || *per estens.* desiderio, brama: *appetito di gloria, appetiti sessuali* **3.** *T.fil.* nella filosofia aristotelica e in quella scolastica, tendenza verso un bene: *appetito concupiscibile*, tendenza verso un bene sensibile; *appetito razionale*, la volontà in quanto volta al bene in sé || **N.** **1.** *Sin.* appetenza, fame | *Contr.* inappetenza **2.** *Sin.* cupidigia, voglia.

appetitóso [da *appetito*; a. 1527] **agg.** che desta l'appetito, gustoso || *fig.* di cosa che alletta, piace, invoglia: *pure la moglie la cercava ogni volta giovane e appetitosa* (Verga) || **appetitosaménte** **avv.** || **N.** *Sin.* pruriginoso, solleticante, stimolante, stuzzicante.

appetizióne [dal lat. *appetitio, -ōnis*; prima metà sec. XIV] **sf.** *T.fil.* tendenza della volontà al raggiungimento di determinati fini, o alla soddisfazione di particolari bisogni.

appettàre (pres. *-ètto*) [comp. parasint. di *petto*; a. 1698] **intr.** (aus. *avere*) *ant.* delle bestie da tiro, far forza col petto: *questa volta nella salita il mulo ha appettato bene* || **tr.** *ant.* affibbiare || presentare.

appètto [comp. di *a* e *petto*; a. 1337] **avv.** e più com. **loc. prep.** *lett.* *appetto a*, di fronte, di contro, dirimpetto: *fu posto appetto ai nemici* || *fig.* in confronto, rispetto, a paragone: *appetto a lui che è così grasso, lei sembrava magrissima.*

appezzaménto [da *appezzare*; 1817] **sm.** pezzo o porzione di terreno, perlopiù separati dal podere principale e di forma allungata e regolare.

appezzàre (pres. *-èzzo*) [comp. parasint. di *pezzo*; 1797] **tr.** **1.** *non com.* congiungere insieme pezzo con pezzo: *appezzare un lenzuolo* **2.** *ant.* fare a pezzi.

appezzatùra [da *appezzare*; 1865] **sf.** **1.** azione ed effetto dell'appezzare **2.** il punto dove le pezze sono congiunte.

appiacevolìre (pres. *-ìsco, -ìsci*) [comp. parasint. di *piacevole*; a. 1673] **tr.** *raro* render piacevole o meno sgradito.

appianàbile [da *appianare*; 1819] **agg.** che si può appianare: *divergenze appianabili.*

appianaménto [da *appianare*; 1745] **sm.** atto ed effetto dell'appianare (anche *fig.*).

appianàre (pres. *-àno*) [lat. tardo *adplanāre*; 1319] **tr.** **1.** render piano, liscio, spianare: *appianare una strada, un muro* || *fig.* rif. a difficoltà, ostacoli e sim., rendere agevole il superarli || comporre, risolvere: *appianare una lite* **2.** abbattere || **intr. pron.** risolversi, chiarirsi || **N.** **1.** *Sin.* livellare, pareggiare; rimuovere | *Contr.* rendere accidentato; creare intralcio; fomentare.

appianatóia [da *appianare*; 1565] **sf.** attrezzo dei muratori per rendere lisci gli intonachi.

appianatóio (pl. *-ói*) [da *appianare*; 1865] **sm.** macchina per appianare il terreno || **N.** *Sin.* rullo compressore, spianatoio.

appianatùra [da *appianare*; 1865] **sf.** atto ed effetto dell'appianare: *appianatura di un sentiero* || punto o tratto in cui una superficie è stata appianata.

appiastràre (pres. *-àstro*) [comp. parasint. di *piastra*; a. 1320] **tr.** *raro* **1.** di unguenti, stendere come un impiastro **2.** mettere, incollare insieme || **rifl.** appiccicarsi, incollarsi.

appiastricciàre (pres. *-ìccio*) [comp. parasint. di *piastriccio*; 1618] **tr.** *raro* appiastrare, appiccicare, impiastrare, impiastricciare || **intr. pron.** diventare appiccicoso.

appiàstro [dal lat. *apiastrum*; sec. XIV] **sm.** *T.bot.* melissa.

appiattaménto [da *appiattare*; 1304 ca.] **sm.** l'azione e l'effetto dell'appiattare e dell'appiattarsi.

appiattàre [comp. parasint. di *piatto*; inizio sec. XIII] **tr.** *raro* nascondere, rimpiattare || **rifl.** nascondersi alla vista ponendosi dietro qualche riparo: *s'appiattò dietro un masso* || **N.** *Sin.* celare, occultare.

appiattiménto [da *appiattire*; 1906] **sm.** **1.** atto ed effetto dell'appiattire e dell'appiattirsi || *appiattimento dei salari*, riduzione della differenza tra i minimi e i massimi || *appiattimento spirituale*, immeschinimento, indebolimento della personalità **2.** *T.astr.* schiacciamento: *appiattimento polare.*

appiattìre (pres. *-ìsco, -ìsci*) [comp. parasint. di *piatto*; a. 1920] **tr.** render piatto, schiacciato || *fig.* livellare, ridurre le differenze || **rifl.** schiacciarsi: *sentendo un rumore non scappò, ma s'appiattì per terra* (Calvino) || **intr. pron.** diventare piatto: *gli si è appiattito il cappello* || *fig.* diventare monotono: *la mia vita s'appiattisce sempre più.*

appiccàgnolo [da *appiccare*; inizio sec. XIV] **sm.** *non com.* qualunque cosa a cui si possa attaccare un'altra cosa || *fig.* pretesto, cavillo.

appiccaménto [da *appiccare*; a. 1320] **sm.** *disus.* l'atto e l'effetto dell'appiccare e dell'appiccarsi || **N.** *Sin.* appiccatura, impiccagione.

appiccàre (pres. *-ìcco, -ìcchi*) [etim. inc.; 1300 ca.] **tr.** **1.** unire una cosa a un'altra, attaccare || *appiccare il fuoco*, dar fuoco **2.** appendere, sospendere: *appiccare un quadro al muro* || impiccare || *raro gen.* cominciare: *appiccare lite, battaglia* **3.** contagiare || **rifl.** attaccarsi, anche *fig.*: *mi si è appiccato ai panni* || impiccarsi || **intr. pron.** **1.** di malattie contagiose, comunicarsi ad altri **2.** di piante o radici, attecchire.

appiccatóio (pl. *-ói*) [da *appiccare*; 1853] **sm.** **1.** appiglio, cavillo **2.** *raro* parte del picciolo che tiene appeso il frutto al ramo.

appiccatùra [da *appiccare*; a. 1519] **sf.** *non com.* **1.** atto ed effetto dell'appiccare **2.** il punto di congiunzione tra due o più elementi.

appicciàre (pres. *-ìccio*) [etim. inc.; a. 1306] **tr.** *region.* **1.** rif. a fuoco, lume e sim., accendere **2.** far picce o coppie di cose che restino insieme attaccate: *appicciare i fichi secchi* || **rifl.** attaccarsi.

appicciatùra [da *appicciare*; 1865] **sf.** atto ed effetto dell'appicciare.

appiccicàre (pres. *-ìccico, -ìccichi*) [voce onom.; 1304] **tr.** **1.** unire una cosa con l'altra, con la colla || *appiccicata con lo sputo*, detto di cosa attaccata male **2.** *fig.* dare per inganno o per forza, appioppare, accollare: *mi hanno appiccicato un quadro che non vale nulla* || attribuire: *gli hanno appiccicato quel soprannome* **3.** *ass.* essere colloso, vischioso: *la gomma da masticare appiccica* || **intr. pron.** attaccarsi: *la colla si appiccica alle mani* || di persona, imporre continuamente la propria presenza: *mi si è appiccicato addosso per due giorni interi* || **N.** **1.** *Sin.* attaccare, incollare | *Contr.* scollare, staccare.

appiccicatìccio (pl. *-ci*) [da *appiccicare*; 1400 ca.] **I agg.** (pl. f. *-ce*) sgradevolmente colloso: *un coltello appiccicaticcio* || *fig.* importuno, fastidioso **II sm.** insieme non omogeneo di cose unite alla meglio tra loro: *quel libro è un appiccicaticcio di citazioni.*

appiccicatùra [da *appiccicare*; a. 1722] **sf.** atto ed effetto dell'appiccicare || aggiunta ingiustificata e inopportuna a un'opera artistica || **N.** *Sin.* incollatura; accozzamento.

appiccicóso [da *appiccicare*; a. 1722] **agg.** che appiccica, o si appiccica; viscoso || *fig.* di persona, fastidiosa, inopportuna.

appìcco[1] (pl. *-chi*) [da *appiccare*; sec. XIV-XV] **sm.** *raro* appiglio || *fig.*, pretesto, addentellato || **N.** *Sin.* attaccatura; cavillo, occasione.

appìcco[2] (pl. *-chi*) [comp. di *a* e *picco*; 1940] **sm.** *T.alp.* parete di roccia o di ghiaccio perfettamente verticale.

appiccolìre (pres. *-ìsco, -ìsci*) [comp. parasint. di *piccolo*; metà sec. XIII] **tr.** *raro* rimpicciolire.

appiè o **a piè** [comp. di *a* e *piè*; inizio sec. XIV] **avv.** *disus.* in basso, in fondo, in fine || nella **loc. prep.** *disus.* *appiè di*, ai piedi di, nella parte più bassa: *appiè del monte c'è una sorgente.*

appiedaménto [da *appiedare*; 1955] **sm.** **1.** atto ed effetto dell'appiedare **2.** *T.mil.* *appiedamento di un reparto di cavalleria*, impiego dei soldati di cavalleria come fanti **3.** *T.sport.* penalità assegnata a fantini, ciclisti e guidatori che hanno commesso infrazioni nel corso della gara, con conseguente sospensione dell'attività per un certo periodo di tempo: *appiedamento di un ciclista.*

appiedàre (pres. *-èdo*) [comp. parasint. di *piede*; a. 1803] **tr.** far scendere da cavallo o dai veicoli i soldati perché manovrino a piedi: *ca-*

valleria appiedata || *per estens.* costringere qualcuno a scendere da un veicolo: *lo scoppio di un pneumatico mi ha appiedato.*

appiedàto (*pps.* di *appiedare*) [a. 1946] **agg.** **1.** costretto ad andare a piedi **2.** *T.sport.* detto di fantino, ciclista o guidatore colpito dalla sanzione dell'appiedamento.

appièno [comp. di *a* e *pieno*; 1308 *a pieno*] **avv.** pienamente, del tutto: *le sue spiegazioni non mi avevano convinto appieno.*

appigionaménto [da *appigionare*; 1829] **sm.** atto ed effetto dell'appigionare.

appigionàre (pres. *-óno*) [comp. parasint. di *pigione*; 1375] **tr.** dare a pigione, affittare || *appigionasi*, usato un tempo in cartelli e annunci pubblicitari.

appigliàrsi (pres. *-ìglio*) [da *pigliare*; a. 1250] **rifl.** e **intr. pron.** **1.** aggrapparsi, tenersi a qualcosa per non cadere: *all'ultimo istante è riuscito ad appigliarsi a un ramo* **2.** detto di fuoco, estendersi, diffondersi: *l'incendio si appigliò in tutta la macchia* || di piante, attecchire: *scorse un pino che s'era appigliato sul pendio ventoso* **3.** ricorrere a, far uso di: *appigliarsi a una scusa* || **N.** **1.** *Sin.* agguantare, attaccarsi **2.** *Sin.* appiccarsi.

appìglio (pl. *-gli*) [da *appigliarsi*; 1824] **sm.** punto di sostegno || *fig.* cavillo, scusa, pretesto: *trovare un appiglio* || *T.alp.* irregolarità nella roccia che viene utilizzata per esercitare una trazione durante la progressione di salita || *T.mil.* *appiglio tattico*, elemento del terreno utilizzabile come copertura per la manovra di piccoli reparti || **N.** *Sin.* addentellato, occasione.

appinzàre [da *pinzare*; 1726] **tr.** *raro* spec. d'insetti, pungere; pinzare.

àppio[1] (pl. *-pi*) [lat. *apium*; 1282 ca.] **sm.** *raro T.bot.* nome di varie piante delle Ombrellifere, tra cui il sedano e il prezzemolo.

àppio[2] (pl. *-pi*) [dal lat. *melapium*, gr. *mēlápion*; a. 1639] **agg.** *T.agr.* appiolo.

appiòla [da *appiolo*; 1806 *appiuola*] **sf.** varietà di mele di colore rossastro che maturano in inverno.

appiòlo [da *appio*[2]; a. 1566] **agg.** indica una varietà di melo: *melo appiolo* || *mela appiola*, appiola.

appiómbo [comp. di *a* e *piombo*; a. 1363 *a piombo*] **I avv.** perpendicolarmente **II sm.** **1.** direzione perfettamente verticale quale indicata dal filo a piombo || caduta a piombo del tessuto di un abito || *fig. perdere l'appiombo*, perdere la flemma **2.** direzione degli arti di un quadrupede.

appioppàre (pres. *-òppo*) [comp. parasint. di *pioppo*; a. 1597] **tr.** **1.** legare la vite a un pioppo per sostenere i tralci **2.** coltivare un terreno a pioppi **3.** *fig. fam.* affibbiare, dare (con una connotazione negativa): *appioppare una bastonata, una multa*; addossare: *gli appiopparono ogni colpa.*

appiorìso [dal lat. tardo *apium rīsum*; sec. XIV] **sm.** *T.bot.* ranuncolo palustre molto velenoso.

appisolàrsi (pres. *-ìsolo*) [da *pisolare*; 1634] **intr. pron.** addormentarsi di un sonno leggero || **N.** assopirsi, DORMIRE.

applaudire (pres. *applàudo* o *applaudisco, applaùdi* o *applaudìsci, applaùde* o *applaudisce*) [dal lat. *applaudere*; a. 1416] **tr.** e **intr.** (aus. *avere*) far segno di approvazione ed entusiasmo battendo fra loro le palme delle mani || *per estens.* lodare, celebrare, approvare: *tutti applaudirono all'idea* || **N.** *Sin.* acclamare, battere le mani, consentire, encomiare, lodare, mostrarsi favorevole, osannare, plaudire.

applauditóre [da *applaudire*; 1638] **agg.** e **sm.** (f. *-trìce*) che o chi applaude.

applàuso [dal lat. *applausus*; a. 1406] **sm.** calorosa manifestazione di consenso ed entusiasmo espressa battendo le mani: *uno scroscio di applausi, un applauso fragoroso* || *applauso a scena aperta*, rivolto a un artista durante lo svolgersi di una scena || *per estens. lett.* plauso, approvazione, lode || **N.** *Sin.* acclamazione, battimano, ovazione | clamoroso, contrastato, debole, fragoroso, freddo, scrosciante | scoppio, scroscio, subisso, tempesta, tumulto di applausi.

applausòmetro [comp. di *applauso* e *-metro*; a. 1956] **sm.** apparecchio che misura la durata e l'intensità degli applausi del pubblico durante gli spettacoli, spec. radiofonici e televisivi.

applicàbile [da *applicare*; 1585] **agg.** che si può applicare; che si deve applicare.

applicabilità [da *applicabile*; 1819] **sf.** l'essere applicabile.

applicàre (pres. *àpplico, àpplichi*) [dal lat. *applicāre*; 1312 nel senso 2] **tr.** **1.** portare a contatto due cose in modo che una aderisca o si attacchi all'altra per tutta la sua superficie: *applicare un cerotto, una pomata sulla ferita, applicare un adesivo al parabrezza* || accostare: *applicare l'occhio al buco della serratura* **2.** dare, attribuire: *applicare un soprannome, un titolo* || infliggere, imporre: *il giudice applicò la pena con severità* || adottare, riferire: *applicare a casi generali i principi della ricerca scientifica* **3.** impiegare, assegnare: *applicare qualcuno all'amministrazione* || dedicarsi intensamente a qualcosa: *ha applicato tutte le sue capacità per la riuscita del progetto* || *applicare una messa a qualcuno*, celebrarla in suo suffragio **4.** attuare, rendere operativo, mettere in atto: *applicare una disposizione di legge* || utilizzare: *applicare il teorema di Euclide per la risoluzione di un problema* **5.** *T.fis.* far agire forze o campi su corpi o sistemi: *applicare tensione a una resistenza* **6.** *T.mat.* sottoporre una grandezza a operazioni e trasformazioni: *applicare una trasformazione a un polinomio* || **rifl.** dedicarsi diligentemente a qualcosa: *applicarsi allo studio*; anche *ass.*: *è uno scolaro che si applica* || **N.** **1.** *Sin.* apporre **4.** *Sin.* eseguire, mettere in opera, mettere in pratica | **rifl.** *Sin.* consacrarsi, impegnarsi.

applicatìvo [da *applicare*; 1955] **agg.** che concerne l'applicazione: *norme applicative di una legge* || *T.inform.* idoneo, predisposto per un'applicazione pratica od orientato ad essa: *programma, software applicativo.*

applicàto (*pps.* di *applicare*) [a. 1647] **I agg.** *scienza applicata*, i cui principi sono adottati per la risoluzione di problemi pratici: *chimica applicata* || *arte applicata*, relativa all'abbellimento di oggetti di uso comune: *oreficeria, ceramica e decorazione sono arti applicate* **II sm.** (f. *-a*) impiegato di grado inferiore nelle pubbliche amministrazioni o in banca con mansioni di segreteria: *applicato ferroviario, applicato a un ministero* || **N.** **I** *Contr.* puro, teorico.

applicatóre [da *applicare*; 1618] **agg.** e **sm.** (f. *-trìce*) che o chi applica.

applicazióne [dal lat. *applicātio, -ōnis*; 1308 nel senso 3] **sf.** **1.** atto ed effetto dell'applicare nei vari sensi del verbo: *applicazione di un cerotto, di una teoria, di una legge* || *T.mil. scuola d'applicazione*, istituto militare di perfezionamento per gli ufficiali usciti dall'accademia **2.** elemento decorativo applicato su abiti, mobili e sim.: *ha cucito bellissime applicazioni in pizzo sulla camicetta* **3.** impegno costante e attento, concentrazione: *mostrò molta applicazione allo studio* **4.** *T.mat.* funzione, relazione tra insiemi tale che a ogni elemento del primo sia associato uno e un solo elemento del secondo. **Q.T.** *matematica...*

applique (fr., pr. [a'plik]) [da *appliquer*; 1933] **sf. inv.** piccolo lampadario a uno o più bracci, che si applica alla parete.

àppo [etim. inc.; a. 1292] **prep.** *ant. lett.* **1.** presso **2.** in confronto **3.** dopo, dietro.

appoderaménto [da *appoderare*; 1817] **sm.** l'appoderare e l'appoderarsi.

appoderàre (pres. *-éro*) [comp. parasint. di *podere*; 1817] **tr.** **1.** ridurre a podere un terreno **2.** frazionare un terreno in poderi || **rifl.** *non com.* collocarsi in un podere per coltivarlo.

appoggiacàpo [comp. di *appoggia(re)* e *capo*; 1865] **sm. inv.** **1.** striscia di stoffa che si pone sulla spalliera delle poltrone là dove poggia il capo **2.** arnese adoperato dai barbieri e dai dentisti per tener ferma la testa dei clienti **3.** *disus.* poggiatesta.

appoggiafèrro [comp. di *appoggia(re)* e *ferro*; 1945] **sm.** *inv.* piastra su cui viene appoggiato il ferro da stiro, mentre lo si usa.

appoggiamàno [comp. di *appoggia(re)* e *mano*; 1935] **sm.** **1.** *T.pitt.* bacchetta su cui il pittore appoggia la mano o il braccio nel dipingere **2.** assicella usata dai litografi per appoggiarvi la mano durante il lavoro **3.** *raro* corrimano.

appoggiapièdi [comp. di *appoggia(re)* e *piede*; 1967] **sm. inv.** **1.** sgabello su cui si appoggiano i piedi **2.** sbarra di legno o di metallo applicata a vari tipi di sedili, su cui si appoggiano i piedi.

appoggiàre (pres. *-òggio*) [lat. volg. **appodiāre*; fine sec. XIII] **tr.** **1.** accostare una cosa a un'altra che serva da sostegno: *appoggiare una scala al muro* **2.** posare, deporre: *appoggia i bicchieri sul tavolo* || *appoggiare uno schiaffo*, affibbiarlo **3.** *fig.* aiutare, sostenere, favorire: *appoggiare una proposta, è stato appoggiato da qualcuno altrimenti non avrebbe avuto il posto* || *appoggiare una nota, la voce*, darle maggiore enfasi || *fig. non com.* affidare: *appoggiare un incarico a qualcuno* **4.** *T.banc. appoggiare un effetto per l'incasso*, metterlo in pagamento **5.** *T.sport. appoggiare la palla*, nel calcio, passarla a un compagno vicino || *appoggiare un colpo*, nel pugilato, darlo con scarsa potenza || **intr.** (aus. *essere*) e **intr. pron.** reggersi, poggiarsi: *il tetto appoggia su quattro pilastri* || aver fondamento, basarsi: *le sue accuse si appoggiano su supposizioni non provate* || **rifl.** sostenersi: *cammina appoggiandosi al bastone* || *fig.* contare su, fare affidamento: *appoggiarsi a un partito.*

appoggiatèsta [comp. di *appoggia(re)* e *testa*; a. 1939] **sm.** *inv.* appoggiacapo, poggiatesta.

appoggiatóio (pl. *-ói*) [da *appoggiare*; a. 1565] **sm.** cosa che serve di appoggio || ringhiera, parapetto || **N.** corrimano, guardamano | SOSTEGNO.

appoggiatùra [da *appoggiare*; 1720] **sf.** **1.** *T.mus.* abbellimento composto di una notina di valore variabile che si detrae da quella susseguente **2.** *T.teatr.* l'evidenziare nella dizione una parola di una battuta cui si vuol dare particolare rilievo per scopi scenici.

appòggio (pl. *-gi*) [da *appoggiare*; 1319] **I sm.** **1.** ciò che serve di sostegno: *per camminare ho bisogno dell'appoggio di una stampella* || *fig.* aiuto, protezione, favore: *ha ottenuto il posto solo grazie all'appoggio del ministro, senza il suo appoggio sarei crollato* || *appoggio esterno*, voto espresso a favore del governo da parte di un partito che non ne fa parte: *la legge sull'ordine pubblico è passata grazie all'appoggio esterno delle destre* || persona che in virtù della sua posizione è in grado di favorire qualcuno: *può contare su diversi appoggi nella pubblica amministrazione* **2.** *T.mil.* azione di fuoco d'artiglieria a preparazione e protezione di un attacco: *durante l'azione è venuto a mancare l'appoggio dell'artiglieria* || *punto d'appoggio*, asperità del terreno usata come riparo dalle truppe durante un assalto || *per estens.* qualsiasi luogo in cui sia possibile rifornirsi o sostare: *durante la spedizione stabilì un punto d'appoggio a quota*

5000 **3.** *T.sport.* attrezzo ginnico di forma rettangolare con impugnatura utilizzato per flessioni a terra || fase della bracciata nel nuoto || *T.alp.* sporgenza nella parete utilizzabile come punto di progressione **4.** *T.giur. diritto d'appoggio,* diritto del comproprietario di un muro divisorio di appoggiarvi una propria costruzione; anche il diritto di appoggiare o infiggere qualcosa a un bene immobiliare d'altri **5.** *T.mecc. punto d'appoggio,* quello su cui una leva esercita la propria azione di sollevamento: *datemi un punto d'appoggio e solleverò la terra* (Archimede) **6.** *T.ling. vocale d'appoggio,* aggiunta in una parola per ragioni di eufonia (*pisicologia* per *psicologia*) **7.** *T.mus.* nella tecnica vocale, impegno dei muscoli diaframmatici necessario per l'emissione di suoni impostati **II** **agg. inv.** (sempre posposto) nella loc. *nave appoggio,* nave addetta al rifornimento e all'assistenza tecnica di piccole unità di marina || **N. 1.** *Sin.* addentellato, sostegno **2.** *Sin.* copertura **6.** *Sin.* anaptissi, epentesi vocalica.

appollaiàre (pres. *-àio*) [comp. parasint. di *pollaio*; a. 1571] **rifl.** di polli o altri uccelli, accovacciarsi su pioli o rami || *fig.* rannicchiarsi, part. in un luogo elevato: *il bambino si era appollaiato sullo sgabello, spesso lo si vedeva con un gufo appollaiato sulla spalla* || anche al pps. per costruzioni o gruppi di abitazioni: *nella Val Roja vi sono borgate appollaiate sugli scoscesi versanti rocciosi* || *per estens. iron.* stabilirsi in qualche luogo: *è appollaiato a casa mia e non accenna a muoversi.*

appónere [lat. *adpōnere*; sec. XV] **tr.** *ant.* apporre.

apponìbile [da *apponere*; 1845] **agg.** che si può apporre.

appontàggio (pl. *-gi*) [dal fr. *appontage*; 1961] **sm.** atterraggio di un aeromobile sul ponte di volo, spec. di una portaerei.

appontàre (pres. *-ónto*) [comp. parasint. di *ponte*; 1965] **intr.** (aus. *essere*) di elicottero o aereo, atterrare sul ponte di una portaerei.

appoppaménto [da *appoppare*; 1955] **sm.** abbassamento anormale della poppa di una nave o di un aeromobile.

appoppàre (pres. *-óppo*) [comp. parasint. di *poppa*; prima metà sec. XVI] **I** **tr.** collocare a poppa di una nave o di un aereo un carico maggiore che a prua **II** **intr.** (aus. *essere*) e **intr. pron.** detto di nave o aereo, presentare la poppa più abbassata per carico squilibrato, per avaria o manovra.

appoppàto [comp. parasint. di *poppa*; 1612] **agg.** di bastimento o aereo che, per cattiva disposizione del carico, ha un peso maggiore a poppa che a prua || di aereo in assetto cabrato con la prua elevata rispetto alla poppa.

appórre (pres. *-óngo* ecc., come PORRE) [lat. *adpōnere*; a. 1294] **tr.** **1.** porre una cosa sopra, o vicino, o sotto un'altra: *apporre la data, il visto, la firma, il sigillo* || aggiungere: *apporre una nota in calce al testo* **2.** *fig. lett.* imputare ad altri una colpa **3.** *raro* trovar da ridire in una cosa: *ha sempre qualcosa da apporre* || **rifl.** *raro* indovinare: *se mal non mi appongo* || **N. 2.** *Sin.* attribuire, imputare.

apportàre (pres. *-òrto*) [lat. *apportāre*; a. 1294] **tr.** *lett.* **1.** portare, trasferire una cosa da un luogo all'altro **2.** causare, produrre: *il sole apporta la luce, è un fenomeno che apporta notevoli benefici* **3.** citare, allegare || addurre: *apportare prove a carico.*

apportatóre [da *apportare*; sec. XIV] **sm.** (f. *-trìce*) e **agg.** chi o che apporta: *apportatore di pace.*

appòrto [dal fr. *apport*; 1931] **sm.** **1.** il contribuire e il contributo: *il suo intervento è stato un valido apporto alla ricerca* || *metallo d'apporto,* nell'operazione di saldatura, sostanza colata nella zona d'unione dei pezzi e che costituisce, dopo il raffreddamento, il cordone della saldatura **2.** *T.comm.* quota versata da un socio per entrare a far parte della società **3.** fenomeno paranormale per il quale un oggetto si muove attraversando anche la materia solida || *per estens.* il corpo stesso.

appositìvo [dal lat. *appositīvus*; 1618] **agg.** **1.** complementare, aggiuntivo **2.** *T.ling.* che si riferisce o costituisce apposizione: *termine appositivo* **3.** *disus.* fittizio.

appòsito [dal lat. *appositus*; 1308] **agg.** **1.** adatto, acconcio, fatto apposta: *inserire la moneta nell'apposita fessura, i valori vanno chiusi nelle apposite cassette di sicurezza* **2.** *disus.* apposto || **appositaménte** **avv.** || **N. 1.** *Sin.* appropriato | *Contr.* inadatto, inappropriato.

apposizióne [dal lat. *appositĭo, -ōnis*; 1531 nel senso 2] **sf.** **1.** atto ed effetto dell'apporre: *apposizione dei sigilli, apposizione della data* **2.** *T.gram.* aggiunta di un sostantivo a un altro per determinarlo meglio e specificarne un particolare attributo (per es. *l'imperatore Caligola*); talvolta viene espressa anche mediante una frase o un sintagma (per es. *quell'angelo di tuo figlio, il mese di febbraio*). **Q.T.** *linguistica.*

appòsta o **a pòsta** [comp. di *a* e *posta*; sec. XIV] **I** **avv.** **1.** a bella posta, con intenzione corrispondente all'effetto, deliberatamente: *l'ha detto apposta per farmi dispetto* **2.** appositamente, per un fine specifico: *funziona così bene che sembra fatto apposta* **II** **agg. inv.** su misura, per un fine specifico: *per l'occasione ci vorrebbe un vestito apposta.*

appostaménto [da *appostare*; a. 1364] **sm.** **1.** atto ed effetto dell'appostare || luogo ove si predispone l'agguato **2.** *T.mil.* fortificazione campale per tiratori isolati **3.** *T.cacc.* luogo dove il cacciatore attende il passaggio della selvaggina || **N. 3.** *Sin.* posta.

appostàre (pres. *-òsto*) [lat. volg. **appositāre*; a. 1292] **tr.** **1.** tenere d'occhio qualcuno o qualcosa restando nascosti: *la polizia l'aveva appostato* **2.** collocare un appostamento: *appostarono tre tiratori alla forcella* || **rifl.** nascondersi per tendere un agguato o per spiare || di truppe, attestarsi su una posizione: *la compagnia si appostò nella boscaglia.*

appozzàre[1] (pres. *-ózzo*) [comp. parasint. di *pozza*; a. 1597] **tr.** ridurre a pozze; scavare pozze: *queste piogge hanno appozzato tutto il giardino.*

appozzàre[2] (pres. *-ózzo*) [comp. parasint. di *pozzo*; a. 1936] **tr.** **1.** immergere in un pozzo **2.** *T.sport.* nella pallanuoto, spingere sott'acqua un avversario in modo irregolare.

appratìre (pres. *-ìsco, -ìsci*) [comp. parasint. di *prato*; 1779] **tr.** *raro* ridurre a prato un terreno || **intr.** (aus. *essere*) divenir prato || di grano, spuntare dal terreno.

apprèndere (pres. *-èndo* ecc., come PRENDERE) [lat. *apprehendere*; inizio sec. XIII nel senso 2] **tr.** **1.** imparare: *apprendere una lingua, un concetto, un mestiere* || venir a sapere: *appresе la notizia dalla radio* **2.** *disus.* insegnare || **intr. pron.** *raro* propagarsi, diffondersi: *amor che a cor gentil ratto s'apprende* (Dante) || *disus.* aggrapparsi, appigliarsi.

apprendìbile [da *apprendere*; 1775] **agg.** che si può apprendere.

apprendiménto [da *apprendere*; a. 1294] **sm.** l'apprendere: *l'apprendimento dei principi della meccanica quantistica* || *T.psic.* acquisizione di un nuovo comportamento indotto sulla base dell'esperienza ai fini di un miglior adattamento ambientale.

apprendìsta [da *apprendere*; a. 1758] **s.** chi per imparare un lavoro si sottopone ad un certo periodo di tirocinio: *apprendista falegname* || *fig. apprendista stregone,* chi provoca situazioni di cui non sa controllare le conseguenze || **N.** *Sin.* allievo, garzone, novizio, praticante, principiante.

apprendistàto [da *apprendista*; 1933] **sm.** **1.** il periodo di tempo necessario per acquisire competenza in un'attività o disciplina || *T.giur.* rapporto di lavoro subordinato: *vi sono leggi che regolano l'apprendistato* **2.** la categoria degli apprendisti || **N. 1.** *Sin.* noviziato, pratica, tirocinio.

apprensióne [dal lat. *apprehensio, -ōnis*; 1638] **sf.** **1.** inquietudine, stato d'animo ansioso provocato dal timore di pericoli, eventi dolorosi ecc.: *vive in un perenne stato di apprensione; essere, tenere, mettere in apprensione* **2.** *non com.* apprendimento, comprensione: *un concetto di difficile apprensione* || *per estens.* percezione || **N. 1.** *Sin.* agitazione, ansia, paura, pena.

apprensìva [da *apprendere*; 1319] **sf.** *ant.* facoltà, capacità di apprendere || **N.** apprensione, IMPARARE.

apprensìvo [da *apprendere*; 1353 nel senso 2; a. 1696 nel senso 1] **agg.** **1.** ansioso: *ha un carattere apprensivo* || che mostra ansietà: *sguardo apprensivo* **2.** *non com.* che serve ad apprendere: *capacità apprensive* || che può essere appreso.

appresentàre (pres. *-ènto*) [da *presentare*; a. 1292] **tr.** *ant.* presentare, offrire: *ma non t'appresentò natura o arte piacere quanto le belle membra in ch'io rinchiusa fui* (Dante) || dimostrare, mettere innanzi.

appressaménto [da *appressare*; sec. XIV] **sm.** *non com.* l'appressare e l'appressarsi.

appressàre (pres. *-èsso*) [da *appresso*; a. 1294] **tr.** avvicinare || **intr.** (aus. *essere*) **1.** avvicinarsi **2.** *raro* assomigliarsi || **intr. pron.** avvicinarsi, in part. di tempo: *s'appressa la primavera, s'appressa alla vecchiaia* || **N.** VICINO.

apprèsso [lat. tardo *ad pressum*; a. 1294 nel senso 2] **I** **avv.** **1.** vicino, accanto: *tiene sempre il bimbo appresso* **2.** dietro: *quelli che venivano appresso* **3.** dopo: *su questo argomento riferiremo appresso* **II** **prep.** **1.** accanto, vicino: *portati appresso l'impermeabile* **2.** dietro: *sono arrivati uno appresso all'altro* **3.** *disus. lett.* dopo: *appresso il diluvio* **4.** *raro lett.* presso **5.** *loc. prep. appresso a*: *andare appresso a qualcuno,* seguirlo || *fig. andare, stare appresso a qualcosa,* desiderarla **III** come **agg. inv.** seguente, successivo: *il giorno appresso, il mese appresso.*

apprestaménto [da *apprestare*; 1366 ca.] **sm.** **1.** *lett.* atto ed effetto dell'apprestare, preparazione **2.** *T.mil.* opera di fortificazione campale o permanente.

apprestàre (pres. *-èsto*) [lat. volg. **adpraestāre*; a. 1294] **tr.** *lett.* **1.** allestire, preparare: *apprestare una spedizione* **2.** offrire, somministrare: *apprestare i primi soccorsi* || **rifl.** prepararsi: *apprestarsi a partire.*

apprettaménto [da *apprettare*; 1945] **sm.** *T.tess.* operazione dell'apprettare, apprettatura.

apprettànte (*ppr.* di *apprettare*) [1967] **agg.** *T.tess.* atto a dare l'appretto: *sostanze apprettanti.*

apprettàre (pres. *-ètto*) [dal fr. *apprêter*, preparare; 1955] **tr.** dare l'appretto.

apprettatóre [da *apprettare*; 1955] **sm.** (f. *-trìce*) addetto all'apprettatura.

apprettatrìce [da *apprettare*; 1961] **sf.** *T.tess.* macchina usata per dare l'appretto ai vestiti.

apprettatùra [da *apprettare*; 1950] **sf.** la tecnica e l'operazione dell'apprettare.

apprètto [dal fr. *apprêt*; 1877] **sm.** *T.tess.* miscuglio di varie sostanze per conferire ai tessuti consistenza, irrestringibilità, impermeabilità ecc. || sostanza chimica con cui si trattano le pelli per renderle opache o lucenti || *per estens.* l'operazione di applicazione di tali sostanze, apprettatura || **N.** *Sin.* salda | addensante, impermeabilizzante, incollante; antimacchia, antipiega, antitarmico.

apprezzàbile [da *apprezzare*; sec. XVI] **agg.** **1.** pregevole, degno di nota: *risultati apprezzabili, qualità apprezzabile* **2.** valutabile, misurabile: *solo con uno strumento di precisione la differenza è apprezzabile* || **apprezzabilménte** **avv.**

apprezzaménto [da *apprezzare*; sec. XVI] **sm.** **1.** atto ed effetto dell'apprezzare || giudizio, stima, valutazione: *ha fatto buoni apprezzamenti sul tuo conto* **2.** aumento di prezzo || **N. 2.** *Sin.* rivalutazione | *Contr.* deprezzamento.

apprezzàre (pres. *-èzzo*) [lat. tardo **appretiāre*; 1304] **tr.** **1.** stimare, valutare positivamente: *hanno apprezzato la sua chiarezza, il suo progetto è stato apprezzato* || gradire: *apprezza i complimenti, i buoni vini* **2.** *raro* valutare, fissare un prezzo || **N. 1.** *Sin.* aver caro, pregiare | *Contr.* disprezzare.

apprezzativo [da *apprezzare*; a. 1694] **agg.** *raro* che esprime un apprezzamento.

apprezzatóre [da *apprezzare*; a. 1694] **agg.** e **sm.** (f. *-trice*) *raro* che o chi apprezza.

approcciàre (pres. *-òccio*) [dal lat. tardo *appropiāre*, attr. il fr. *approcher*; 1313] **intr.** (aus. *essere*) e **intr. pron.** **1.** *raro* avvicinarsi **2.** *T.mil. disus.* accostarsi per mezzo di camminamenti e postazioni coperte alle fortificazioni nemiche.

appròccio (pl. *-ci*) [dal fr. *approche*; a. 1600 nel senso 4] **sm.** **1.** avvicinamento, contatto con qualcuno per qualche scopo, incontro: *tentare un approccio informativo*; *fare degli approcci, tentare un approccio*, cercare l'amicizia o l'amore di una persona **2.** metodo usato per avvicinarsi ad una questione: *un approccio storicistico alla letteratura* **3.** *T.alp.* avvicinamento al punto di attacco della parete **4.** *T.mil. disus.* l'insieme dei metodi usati per avvicinarsi alle fortificazioni nemiche || **N. 4.** *Sin.* camminamento, trincea.

approdàre[1] (pres. *-òdo*) [comp. parasint. dell'ant. *prode*, utile; 1304] **intr.** (aus. *essere* e *avere*) *ant.* e *lett.* giovare, esser utile: *i pianti non approdano a nulla.*

approdàre[2] (pres. *-òdo*) [comp. parasint. di *proda*; 1319] **intr.** (aus. *essere* o *avere*) giungere, accostarsi a riva con la nave per sbarcare || *fig.* conseguire un risultato: *i suoi sforzi non sono approdati a nulla.* **Q.T.** nautica...

approdàre[3] (pres. *-òdo*) [comp. parasint. di *proda*; 1451] **tr.** *ant.* far prode o ciglioni in un campo || *approdare le viti*, disporle lungo le prode.

appròdo [da *approdare*[2]; a. 1786] **sm.** *T.mar.* l'approdare, il giungere a riva: *durante l'approdo ha urtato uno scoglio* || *concr.* il luogo dove si approda o si può approdare: *potrai trovarlo all'approdo* || *fig.* punto d'arrivo: *dopo tanti sforzi è giunto all'approdo* || **N.** *Sin.* porto, scalo.

approfittàre [da *profittare*; 1664] **intr.** (aus. *avere*) trarre profitto da una cosa o situazione, volgerla a proprio vantaggio: *ha saputo approfittare dei propri errori, approfittò dell'occasione* || *approfittare di una donna*, abusarne, sedurla || **intr. pron.** giovarsi indebitamente di qualcosa per proprio utile: *approfittarsi della credulità altrui* || **N.** *Sin.* profittare | avvantaggiarsi, avvalersi, valersi | vantaggio.

approfittatóre [da *approfittare*; 1975] **sm.** (f. *-trice*) e **agg.** *spreg.* chi o che trae profitto da situazioni vantaggiose: *è un volgare approfittatore* || **N.** *Sin.* parassita, profittatore, scroccone.

approfondàre (pres. *-óndo*) [comp. parasint. di *profondo*; a. 1680] **tr.** *non com.* approfondire.

approfondiménto [da *approfondire*; a. 1926] **sm.** atto ed effetto dell'approfondire e dell'approfondirsi; anche *fig.* || **N.** PROFONDO.

approfondìre (pres. *-ìsco, -ìsci*) [dal fr. *approfondir*; 1726] **tr.** rendere profondo o più profondo: *se non approfondisci lo scavo le fondamenta resteranno insicure* || *fig.* esaminare con attenzione, in profondità: *è necessario approfondire la questione* || *fig.* rendere più rilevante, accrescere: *la sua cocciutaggine approfondiva le loro incomprensioni* || **intr. pron.** diventare più profondo, anche *fig.*: *la loro intesa s'approfondiva* || acquistare competenza in un campo specifico: *desidero approfondirmi nella matematica.*

approntaménto [da *approntare*; 1955] **sm.** **1.** atto ed effetto dell'approntare **2.** *T.mil.* complesso delle attività addestrative e delle operazioni militari di mobilitazione, necessarie per portare un'unità all'efficienza operativa desiderata || **N. 1.** *Sin.* allestimento, preparativo, preparazione.

approntàre (pres. *-ónto*) [comp. parasint. di *pronto*; 1647] **tr.** *non com.* preparare, apprestare: *approntare un piano d'intervento.*

appropinquàre [dal lat. *appropinquāre*; 1294] **tr.** *ant.* avvicinare || **intr.** (aus. *essere*) e **intr. pron.** avvicinarsi.

appropriàbile [da *appropriare*; 1865] **agg.** *non com.* che può essere reso proprio, di cui ci si può appropriare.

appropriaménto [da *appropriare*; a. 1642] **sm.** **1.** atto ed effetto dell'appropriare e dell'appropriarsi; spec. *fig.*: *appropriamento della terminologia scientifica* **2.** *lett.* adattamento, convenienza.

appropriàre (pres. *-òprio*) [dal lat. tardo *appropriāre*; 1306] **intr. pron.** **1.** entrare in possesso di qualcosa, render proprio, spesso indebitamente: *appropriarsi del denaro altrui* **2.** *raro* addirsi: *quest'abito non gli si appropria* || **tr.** **1.** *ant.* rendere proprietario, dare in proprietà qualcosa a qualcuno: *grazie ad un'eredità è stato appropriato di un castello* **2.** *lett.* adattare, applicare in modo conveniente: *appropriare le azioni agli scopi* || **tr. pron.** attribuirsi, arrogarsi: *appropriarsi un diritto, un titolo* || **N. intr. pron. 1.** *Sin.* impadronirsi.

appropriàto (*pps.* di *appropriare*) [1354] **agg.** adatto, conveniente: *quest'abito non è appropriato per l'occasione, all'occasione*; *ass.* preciso, calzante: *ha descritto la situazione in termini appropriati* || **appropriataménte** **avv.** || **N.** PROPRIO.

appropriazióne [dal lat. *appropriatio, -ōnis*; 1686] **sf.** atto dell'appropriare e dell'appropriarsi || *T.giur. appropriazione indebita*, reato contro il patrimonio consistente nell'utilizzare arbitrariamente e a proprio profitto un bene mobile altrui di cui si sia a qualunque titolo in possesso.

approssimànte (*ppr.* di *approssimare*) [1979] **sf.** *T.fon.* consonante prodotta con un'articolazione più rapida e un restringimento del canale orale minore che nel caso delle fricative, per cui, a differenza di queste, l'aria in uscita non produce alcun sensibile rumore di sfregamento; ne sono esempi in italiano la [j], la [w] e le laterali [l], [ʎ].

approssimàre (pres. *-òssimo*) [dal lat. tardo *approximāre*; a. 1294] **tr.** **1.** rendere prossimo, avvicinare, accostare **2.** *T.mat.* sostituire un ente con un altro meno complesso che non si discosti di molto dal primo: *approssimare una circonferenza con un poligono* || **intr. pron.** avvicinarsi: *la primavera si sta approssimando* || **N.** VICINO | *Contr.* allontanare.

approssimativo [da *approssimare*; 1812] **agg.** che è prossimo alla misura esatta, al vero: *calcolo approssimativo* || impreciso: *il tuo è un metodo un po' approssimativo* || **approssimativaménte** **avv.**

approssimàto (*pps.* di *approssimare*) [1300 ca.] **agg.** vicino, accostato || *T.mat.* e *T.fis.* che si avvicina al valore esatto: *risultato approssimato per difetto o per eccesso.*

approssimazióne [da *approssimare*; sec. XIV] **sf.** **1.** l'approssimare e l'approssimarsi, avvicinamento **2.** *T.mat.* avvicinamento a un dato non determinabile con precisione: *approssimazione per eccesso, per difetto* || *procedere per approssimazioni successive*, costruendo delle successioni di valori che sempre più si avvicinano al valore effettivo **3.** imprecisione, mancanza di esattezza: *ha presentato l'argomento con approssimazione* || *loc. avv. per approssimazione*, a un di presso, quasi.

approvàbile [dal lat. *approbabilis*; a. 1646] **agg.** che può essere approvato.

approvàre (pres. *-òvo*) [lat. *approbāre*; a. 1292 nel senso 2] **tr.** **1.** riconoscere per buono, per giusto, o per vero: *approvo il tuo atteggiamento* || *per estens.* lodare: *approvare con calore l'operato di qualcuno* **2.** riconoscere idoneo, promuovere: *non fu approvato agli esami* **3.** confermare, ratificare: *la legge fu approvata, approvare il bilancio* || **N. 1.** *Sin.* accettare, acclamare, acconsentire, ammettere, assentire | *Contr.* biasimare, criticare, disapprovare **3.** *Sin.* convalidare, omologare, ratificare.

approvativo [dal lat. *approbatīvus*; a. 1551] **agg.** che approva o serve ad approvare.

approvatóre [lat. *approbātor, -ōris*; fine sec. XIII] **sm.** (f. *-trice*) e **agg.** chi o che approva.

approvazióne [dal lat. *approbātio, -ōnis*; sec. XIII nel senso 2] **sf.** **1.** consenso: *ha avuto l'approvazione del consiglio* || *per estens.* lode, plauso: *ha riscosso l'unanime approvazione della folla* **2.** *T.giur.* parere favorevole di ratifica di una proposta che ne autorizza la messa in atto: *il decreto ha ottenuto l'approvazione del parlamento* || **N. 1.** *Sin.* assenso, beneplacito, benestare; applauso, apprezzamento **2.** *Sin.* omologazione, ratifica.

approvvigionaménto [dal fr. *approvisionnement*; a. 1794 *approvvisionamento*] **sm.** **1.** atto ed effetto dell'approvvigionare e dell'approvvigionarsi **2.** rifornimento di generi di prima necessità per il mantenimento di una comunità o lo svolgersi di una attività: *un nuovo approvvigionamento di carbone si rese necessario a metà dell'inverno* || *pl.* provviste **3.** *T.mil.* l'insieme dei mezzi e dei materiali necessari alla sussistenza di un esercito || **N. 2.** *Sin.* vettovaglie.

approvvigionàre (pres. *-óno*) [dal fr. *approvisionner*; 1812 *approvigionare*] **tr.** **1.** fornire di vettovaglie, di viveri e altre provviste: *approvvigionare una città* **2.** *T.mil.* fornire un esercito dei mezzi e dei materiali necessari alla sussistenza **3.** *T.mar.* fornire una nave dei mezzi e degli strumenti necessari alla navigazione || **rifl.** fornirsi di provviste || **N. 1.** *Sin.* rifornire.

appruaménto [da *appruare*; 1950] **sm.** *T.mar.* la maggior immersione della prua di una nave rispetto alla poppa || *T.aer.* l'assetto di un aeroplano in picchiata.

appruàre (pres. *-ùo*) [comp. parasint. di *prua*; 1889] **tr.** *T.mar.* dirigere, spostare verso la prua: *appruare i passeggeri* || **intr.** (aus. *essere*) e **intr. pron.** **1.** *T.mar.* detto di nave o aereo, presentare la prua più abbassata, per carico squilibrato, per avaria o manovra **2.** *T.aer.* detto di aeromobile, mettersi in posizione di picchiata.

appruàto (*pps.* di *appruare*) [1612] **agg.** *T.mar.* si dice di nave che, per cattiva disposizione del carico, ha la prua più immersa del normale || **N.** *Contr.* appoppato.

appulcràre [comp. parasint. del lat. *pulcher*, bello; 1313] **tr.** *ant.* abbellire, aggiungere per abbellire: *parole non ci appulcro* (Dante).

appùlso [dal lat. *appulsus*; a. 1600] **sm.** *ant.* **1.** spinta, impulso **2.** *T.astr.* congiunzione.

appuntàbile [da *appuntare*[2]; 1865] **agg.** che si può ritenere colpevole, manchevole; rimproverabile || **N.** *Contr.* inappuntabile.

appuntaménto [dal fr. *appointement*; 1502

nel senso 2; 1743 nel senso 1] *sm.* **1.** intesa di ritrovarsi insieme in un luogo a una data ora: *appuntamento di lavoro, sentimentale; darsi, fissare un appuntamento* || *per estens.* il luogo stesso || *eufem. casa d'appuntamenti,* nella quale hanno luogo incontri amorosi clandestini || *appuntamento spaziale,* incontro predeterminato tra due navicelle in orbita **2.** *ant. lett.* patto, convenzione || **N. 1.** *Sin.* abboccamento, colloquio, convegno, *rendez-vous,* ritrovo.

appuntàre[1] [comp. parasint. di *punta;* fine sec. XIII nel senso 2] *tr.* **1.** aguzzare, far la punta a una cosa: *appuntare una matita* **2.** congiungere o fermare una cosa a un'altra con un oggetto appuntito: *appuntare una foto con uno spillo, le appuntò un nastro sulla veste* **3.** *non com.* dirigere verso qualcuno o qualcosa, puntare: *appuntare la spada al petto, appuntare il dito al petto* || *fig. appuntare lo sguardo,* guardare fissamente || *appuntare le orecchie,* drizzarle, ascoltare con attenzione **4.** *non com.* poggiare con forza: *appuntare i piedi in terra* || *intr. pron.* essere puntato, rivolgersi; anche *fig.: il suo interesse si appunta sulla microbiologia, s'appuntino i vostri desiri dove per compagnia parte si scema* (Dante) || far capo a un punto, aver termine: *or qui alla question prima s'appunta la mia risposta* (Dante).

appuntàre[2] [comp. parasint. di *punto;* a. 1342 nel senso 2] *tr.* **1.** prendere appunti, annotare: *appuntare un numero di telefono su un pacchetto di sigarette* **2.** *lett.* biasimare, muovere appunto, rimproverare: *lo appuntarono di avarizia.*

appuntàta [da *appuntare*[1]; 1940] *sf.* **1.** cucitura provvisoria **2.** *T.sport.* nella scherma, colpo di rimessa che si vibra all'avversario dalla posizione di affondo.

appuntàto[1] (*pps.* di *appuntare*[1]) [metà sec. XIII nel senso 2] *agg.* **1.** *T.arald.* detto di figure che si toccano per la punta: *sullo scudo recava due lance appuntate* **2.** fatto a punta || *fig. lett.* pungente **3.** *disus.* affettato, ricercato: *si esprime in modo appuntato.*

appuntàto[2] [dal fr. *appointé;* 1877] *sm.* *T.mil.* primo grado delle armi a cavallo; nei carabinieri, guardia di finanza e altri corpi corrisponde al caporal maggiore.

appuntatùra [da *appuntare*[2]; 1865] *sf.* **1.** *ant. bur.* rilevazione di assenza o ritardo di un dipendente; censura, biasimo **2.** revisione dei conti di un'impresa.

appuntellàre (pres. *-èllo*) [da *puntellare;* a. 1539] *tr.* mettere un puntello a una cosa perché non cada: *appuntellare un muro* || *appuntellare coi polsi le ganasce o la testa,* starsene seduto in ozio || *fig.* sostenere: *appuntella una teoria assurda* || *rifl.* sostenersi: *per reggersi doveva appuntellarsi con le mani agli arcioni* (Manzoni).

appuntellatùra [da *appuntellare;* 1865] *sf.* atto ed effetto dell'appuntellare || *concr.* l'insieme delle impalcature che sostengono qualcosa.

appuntìno o **a puntìno** [da *appunto*[2]; a. 1492] *avv.* con precisione e cura, meticolosamente: *fa sempre le cose appuntino* || a dovere: *il pesce è cotto a puntino.*

appuntìre (pres. *-ìsco, -ìsci*) [comp. parasint. di *punta;* 1955] *tr.* far la punta, aguzzare.

appuntìto (*pps.* di *appuntire*) [1865] *agg.* aguzzo, fatto a punta: *armi appuntite, mento appuntito.*

appùnto[1] [da *appuntare*[2]; 1779] *sm.* **1.** annotazione, nota che si prende per aiutar la memoria: *come fai a ricordare tutto senza prendere appunti?* **2.** biasimo, critica, accusa: *ho da far molti appunti alla vostra poesia* || **N. 1.** *Sin.* abbozzo, nota.

appùnto[2] [comp. di *a* e *punto;* fine sec. XIII] *avv.* esattamente, precisamente: *è appunto a quel modo* || di cosa che càpita nel momento opportuno: *oh, appunto lei, senta un po'; iron.: ci mancava appunto quest'incendio* || *raff. per l'appunto* || *ass.* nelle risposte, come energica affermazione: *hai risposto tu al telefono? Appunto!*

appuraménto [da *appurare;* 1832 ca.] *sm.* *raro* atto ed effetto dell'appurare; accertamento, verifica, controllo.

appuràre (pres. *-ùro*) [dallo sp. *apurar;* 1641 *apurar*] *tr.* determinare, stabilire come vero o come sussistente: *appurare la verità, la sincerità* || mettere in chiaro, verificare: *appurare una notizia, ho appurato che mentiva* || **N.** VERIFICARE.

appuzzàre [comp. parasint. di *puzzo;* a. 1292] *tr.* rendere puzzolente || *fig.* infettare, ammorbare: *ecco colei che tutto il mondo appuzza* (Dante) || **N.** appestare | PUZZO.

aprassìa [dal gr. *apraxía,* inerzia; 1929] *sf.* *T.med.* incapacità di compiere movimenti elementari e coordinati pur senza essere colti da paralisi.

aprattofagìa [comp. del gr. *ápraktos,* inefficace e *-fagia;* 1988] *sf.* *T.med.* aprassia alimentare, disfagia del primo tempo della deglutizione, nonostante l'integrità delle funzioni motorie e della sensibilità.

apribile [da *aprire;* 1843] *agg.* che può essere aperto: *cassetto apribile.*

apribócca [comp. di *apri(re)* e *bocca;* 1912] *sm. inv.* *T.med.* strumento che serve a tener divaricate le mascelle durante gli interventi chirurgici.

apribottiglie [comp. di *apri(re)* e *bottiglia;* 1965] *sm. inv.* arnese per aprire le bottiglie col tappo a corona.

apricàre (pres. *-ico, -ìchi*) [dal lat. *apricāri;* a. 1492] *intr.* (aus. *essere*) *ant.* stare all'aria aperta.

apricàsse [comp. di *apri(re)* e *cassa;* 1955] *sm. inv.* strumento di ferro o acciaio, simile allo scalpello, usato per schiodare o sollevare il coperchio delle casse.

aprìco (pl. *-chi*) [dal lat. *aprīcus;* a. 1374] *agg. lett.* aperto, esposto al sole, solatio: *il guardo steso nell'aria aprica mi fece il sole* (Leopardi).

aprilànte [da *aprile;* 1602] *agg.* di aprile; solo nel prov. *terzo aprilante, quaranta dì durante,* cioè come è il terzo giorno d'aprile, così sarà il tempo per quaranta giorni consecutivi.

aprile [lat. *Aprīlis;* 1353] *sm.* quarto mese dell'anno del calendario gregoriano e giuliano || *fig. lett. disus.* fiore dell'età: *nell'aprile degli anni, della vita* || *pesce d'aprile,* v. PESCE || *prov. aprile dolce dormire, aprile d'ogni goccia un barile.*

a priori (lat., pr. it. [a pri'ɔri]) [letter. ciò che è prima] **I** *loc. agg.* e *avv.* *T.fil.* di giudizio, che è vero indipendentemente dall'esperienza: *giudizio a priori, conoscenze a priori* || *per estens.* detto di giudizi espressi in modo dogmatico, senza l'ausilio dell'esperienza: *lo hanno condannato a priori senza nemmeno lasciarlo parlare* **II** *loc. m.* *T.fil.* presupposto indiscusso: *la passività della mente è un a priori dell'empirismo* || **N.** *Contr.* a posteriori.

apriorìsmo [da *a priori;* 1892] *sm.* *T.fil.* metodo di ricerca che prescinde dai dati concreti dell'esperienza || *per estens.* rigida e dogmatica presa di posizione: *su certi argomenti il suo apriorismo è inamovibile.*

aprioristico (pl. *-ci*) [da *a priori;* 1905] *agg.* *T.fil.* di giudizio stabilito a priori || dogmatico: *atteggiamenti, giudizi aprioristici.*

apriorità [da *a priori;* 1955] *sf.* *T.fil.* carattere, condizione di ciò che prescinde dall'esperienza.

apripista [comp. di *apri(re)* e *pista;* 1961 nel senso 2] *s. inv.* **1.** *T.sport.* chi in una gara di sci alpino apre ufficialmente la gara prima dei concorrenti veri e propri **2.** *sm.* *T.mecc.* trattore cingolato munito di lama anteriore per sgomberare gli ostacoli da una pista e livellare le difficoltà del terreno, *bulldozer.*

apripòrta [comp. di *apri(re)* e *porta;* 1974] *sm. inv.* dispositivo, elettronico o meccanico, per comandare a distanza l'apertura di porte, cancelli e sim.

aprìre (pres. *àpro;* imp. *-ìvo;* p.rem. *aprìi* e disus. *apèrsi, aprìsti, aprì* e disus. *apèrse, aprimmo, aprìste, aprìrono* e disus. *apèrsero;* fut. *-irò;* pps. *apèrto*) [lat. *aperīre;* a. 1294] *tr.* **1.** disserrare, dischiudere ciò che è chiuso: *apro la finestra, la bocca* || rif. a stanza, casa ecc., aprirne la porta || *aprire a qualcuno,* aprirgli la porta perché possa entrare o uscire || rif. a luogo chiuso o vietato, permettervi l'accesso: *aprire una strada al traffico* || dilatare, allargare, distendere: *aprir le braccia* || sezionare un corpo umano: *gli apersero la pancia* || fare un'apertura, scavarla: *aprii un uscio in quella parete; aprire una breccia, un passaggio* || fendere: *aprire il mare con la prora, aprire un solco con l'aratro* || dissigillare: *aprire una lettera, un pacchetto* || *aprire una scatola,* sollevare il coperchio || *aprire una bottiglia,* stapparla || *fig.* palesare, rivelare, confidare: *aprire il cuore a un amico* || *aprire le braccia,* in segno di affetto, di saluto || *fig.* *T.pol. aprire a destra, a sinistra,* orientare la propria politica a destra o a sinistra: *la dc ha aperto a sinistra dopo l'ultimo congresso* **2.** distendere, allargare: *aprire un compasso* || *aprire le vele,* spiegarle al vento || *T.sport. aprire la guardia,* offrire dei bersagli all'avversario || *aprire il gioco,* sviluppare azioni di ampio respiro **3.** dare inizio, incominciare: *aprire le danze, l'anno accademico* || *aprire la processione, il corteo,* essere ai primi posti || *aprire il fuoco,* iniziare a sparare || *T.banc. aprire un conto corrente,* eseguire la prima operazione di credito presso una banca divenendone clienti || *T.alp. aprire una via,* percorrere per la prima volta un itinerario di scalata || *T.gioc.* nel poker, dichiarazione di inizio del gioco dopo aver visto le carte; *aprire al buio,* senza aver visto le carte || *ass.* funzionare, essere aperto al pubblico: *la biblioteca apre per 4 ore ogni mattina* || avviare il funzionamento di un meccanismo: *aprire il rubinetto; aprire la luce,* accenderla || *fig.* fondare, istituire: *aprire una scuola di danza* **4.** svolgere, spiegare: *aprire un giornale, un libro* **5.** rif. a parti del corpo: *aprire gli occhi,* svegliarsi; anche *fig.* osservare con attenzione, riconoscere la verità: *finalmente ha aperto gli occhi* || *aprire gli occhi a qualcuno,* metterlo in guardia || *aprire la mente, il cervello* ecc., aumentare le proprie capacità di apprendimento, di riflessione || *aprire le orecchie,* ascoltare con attenzione || *non aprir bocca,* restare in silenzio || *intr.* (aus. *essere*) e *intr. pron.* **1.** fendersi, squarciarsi: *dopo l'urto l'aereo si è aperto vicino alle ali* || di spacco, scollatura, schiudersi: *quest'abito si apre troppo davanti* || di tempo, rasserenarsi: *il cielo si apre ad occidente* **2.** allargarsi, distendersi: *dopo la gola il sentiero si apre, un magnifico panorama si apriva sotto i nostri occhi* **3.** iniziare: *la caccia si apre in settembre* || *rifl.* **1.** confidarsi: *aprirsi con qualcuno* **2.** sbocciare: *questa mattina tutti i gigli si sono aperti* **3.** squarciarsi, fendersi: *ahi dura terra perché non t'apristi* (Dante) || **N.** *tr.* **1.** *Sin.* bucare, disgiungere, dividere, spaccare, tagliare; rompere, scassinare, schiodare, squarciare, sturare | apertura | *Contr.* chiudere **2.** *Sin.* dilatare, spalancare **3.** *Sin.* inaugurare.

apriscàtole [comp. di *apri(re)* e *scatola;* 1941] *sm. inv.* arnese usato per aprire scatole metalliche chiuse ermeticamente.

apritóio (pl. *-ói*) [da *aprire;* 1961] *sm.* *T.tess.* macchina usata per lo sgroviglimento delle fibre tessili e per liberarle dalle impurità.

apritóre [da *aprire;* 1351 ca.] *agg.* e *sm.* (f. *-trice*) **1.** che o chi apre **2.** operaio dell'industria vetraia semiautomatica, che dà la forma precisa a un oggetto ottenuto per pressatura o soffiatura del vetro in stampi.

apritùra [da *aprire*; a. 1306] **sf.** *ant.* apertura || *T.tess.* processo di apertura e pulitura da impurità delle fibre tessili.

aprochèilo [comp. di *a-*[1] e *procheilo*; 1955] **agg.** *T.ling.* detto di suono che nell'articolazione non presenta arrotondamento delle labbra (per es. in it. le vocali *i, é, è, a*).

àpside o **àbside** [dal lat. *apsis, -idis*; a. 1755] **sm.** *T.astr.* ciascuno dei punti estremi di un'orbita planetaria || **N.** afelio, perielio; apogeo, perigeo.

Apterigifórmi (sing. *-e*) [comp. di *a-*[1], gr. *ptéryx, ptérygos*, ala e *-forme*; 1965] **sm.** *pl.* *T.zool.* ordine di uccelli viventi in Nuova Zelanda, dal corpo tarchiato, ali ridotte e becco lungo.

Apterigòti o **Atterigòti** [dal lat. scient. *apterigota*, privo d'ali; 1955] **sm.** *pl.* *T.zool.* sottoclasse di insetti privi d'ali. **Q.T.** *zoologia.*

àptero o **àttero** [dal gr. *ápteros*; 1819] **agg.** **1.** *T.zool.* privo di ali: *insetti apteri* **2.** *T.scult.* detto di figura tradizionalmente alata, rappresentata senz'ali: *vittoria aptera* **3.** *T.arch.* si dice del tempio che non ha colonne ai lati, ma solo anteriormente e posteriormente.

apuàno [dal lat. *Apuani*, di stirpe ligure; a. 1907] **I agg.** della regione delle Alpi Apuane comprese tra Toscana, Emilia e Liguria: *i culmini apuani* (Pascoli) **II sm.** (f. *-a*) abitante, nativo della regione delle Alpi Apuane.

àpulo [dal lat. *apulus*; 1860] **I agg.** *T.stor.* dell'Apulia, l'attuale Puglia: *sciolsi la vela dall'apula riva* (D'Annunzio) **II sm.** (f. *-a*) nativo o abitante dell'Apulia.

a puntìno v. APPUNTINO.

aquaplaning (ingl., pr. [ˈækwəˌpleɪnɪŋ]) [letter. sport dell'acquaplano; 1983] **sm.** *inv.* fenomeno di slittamento, accompagnato spesso da sbandata, di un autoveicolo, in seguito alla perdita di aderenza dei pneumatici su strade bagnate.

aquàrio **sm.** *raro* v. ACQUARIO.

aquàtico **agg.** *ant.* v. ACQUATICO.

Aquifogliàcee o **Aquifoliàcee** [comp. del lat. scient. *aquifolium* e *-acee*; 1845] **sf.** *pl.* *T.bot.* famiglia di piante legnose dicotiledoni, con foglie sempreverdi e fiori giallo-verdognoli, di cui vengono utilizzati il legname e, in farmaceutica, gli estratti; tra esse l'agrifoglio.

àquila [lat. *aquila*; inizio sec. XIII] **sf.** **1.** *T.zool.* uccello rapace dei Falconiformi, di grandi dimensioni, piumaggio bruno, becco adunco, robusti artigli e vista acuta, diffuso in ambiente montano: *aquila reale* || *fig. occhio, sguardo d'aquila*, vista acutissima || *nido d'aquila*, luogo solitario sulla cima di un monte, eremo **2.** effigie a forma d'aquila: *aquila romana*, insegna principale della legione romana **3.** *fig.* persona d'ingegno superiore alla media || *iron. non essere un'aquila*, essere di mediocre ingegno **4.** moneta d'oro con effigie d'aquila; *in part.* dollaro d'oro statunitense **5.** *aquila di mare*, pesce dei Batoidei a corpo largo e coda sottile simile alla manta || *dim.* aquilìno, aquilòtto, aquilétta || **N.** aquila imperiale, aquila leonata, aquila reale | aquila bicipite. **TAV.** ***araldica*** **p. 645** 4.3, 4.7; ***uccelli*** **p. 1339** 9.

aquilàno [dal n. geogr. (*L'*)*Aquila*, capoluogo dell'Abruzzo; 1860] **I agg.** dell'Aquila, capoluogo degli Abruzzi **II sm.** (f. *-a*) abitante dell'Aquila.

aquilàstro [da *aquila*; 1598] **sm.** falco pescatore.

aquilègia (pl. *-gie*) [dal lat. *aquileia*; 1415] **sf.** pianta delle Ranuncolacee con fiori di vario colore a forma d'imbuto.

aquilìfero [dal lat. *aquilifer*; a. 1704] **sm.** *T.stor.* portinsegna della legione romana.

aquilìno [da *aquila*; a. 1327] **agg.** proprio dell'aquila || *naso, profilo aquilino*, alquanto adunco, come il rostro dell'aquila || *sguardo aquilino*, penetrante.

aquilonàre [da *aquilone*[1]; a. 1320] **agg.** *lett.* **1.** di vento, che spira dalla parte di aquilone **2.** di luogo, vòlto verso settentrione.

aquilóne[1] [dal lat. *aquilo, -ōnis*; 1308] **sm.** *lett.* **1.** settentrione **2.** vento di tramontana.

aquilóne[2] [da *aquila*; a. 1786] **sm.** **1.** aerodina, assicurata ad un cavo, di forma e materiale variabile costituita da un telaio, rivestito da una velatura; può essere utilizzato per eseguire misurazioni meteorologiche o per svago **2.** *T.mar.* apparecchio a forma di diedro trainato da un cavo ed usato per mantenere a profondità costante uno scandaglio **3.** deltaplano || **N.** **1.** *Sin.* cervo volante, drago volante | briglia, coda, controvenatura, longherone, pinna montante, traversa, vela **2.** sentinella sottomarina.

aquilonìsta [da *aquilone*; 1981] **s.** chi pratica lo sport del deltaplano.

aquilonìstico (pl. *-ci*) [da *aquilonista*; 1984] **agg.** **1.** relativo allo sport del deltaplano e a chi lo pratica **2.** relativo agli aquiloni.

aquilòtto (*dim.* di *aquila*) [1612] **sm.** **1.** aquila giovane **2.** allievo pilota di una scuola di volo.

aquimanìle **sm.** *ant.* v. ACQUAMANILE.

aquinàte [dal n. geogr. *Aquino*; 1829] **I agg.** di Aquino **II s.** abitante o nativo di Aquino || *per anton. l'Aquinate*, S. Tommaso.

àra[1] [dal lat. *āra*; 1340] **sf.** *T.stor.* altare presso il quale i Romani offrivano sacrifici; focolare sacro alla divinità || *per estens. lett.* altare.

àra[2] [dal fr. *are*; 1851] **sf.** unità di misura agraria di superficie, corrispondente a cento metri quadrati.

àra[3] [dal guaranì *arara*, attr. il fr. *arat*; 1797 *arara*] **sf.** grosso pappagallo dell'America Meridionale con coda lunga e piumaggio dai colori vivacissimi.

arabésca [da *arabesco*; 1965] **sf.** *T.mus.* componimento musicale dall'andamento capriccioso e bizzarro, detto anche *arabesco.*

arabescàre (pres. *-ésco, -éschi*) [da *arabesco*; a. 1589] **tr.** ornare con arabeschi || *per estens.* ornare con ghirigori o disegni bizzarri.

arabescàto (*pps.* di *arabescare*) [1589] **agg.** ornato di arabeschi: *una stoffa arabescata* || *per estens.* decorato a disegni stravaganti e ghirigori.

arabésco (pl. *-schi*) [da *arabo*; a. 1566] **I sm.** **1.** decorazione tipica della tradizione araba costituita da un intreccio di motivi geometrici o floreali stilizzati || *per estens.* ghirigoro, disegno bizzarro e intricato || *scherz.* grafia sofisticata e illeggibile **2.** *T.mus.* arabesca **II agg.** di stile arabo, moresco: *architettura arabesca.*

arabesque (fr., pr. [araˈbɛsk]) [letter. arabesco; 1977] **sf.** *inv.* **1.** figura del balletto classico nella quale il corpo, in equilibrio su una sola gamba e con l'altra sollevata e tesa all'indietro, si allunga orizzontalmente mentre il braccio ne continua la linea **2.** *T.mus.* breve composizione in forma libera, di carattere elegante, mosso e capriccioso.

aràbico (pl. *-ci*) [dal lat. *arabicus*; a. 1350] **agg.** arabo, degli arabi: *deserto arabico, civiltà arabica* || *numeri arabici*, numeri arabi || *gomma arabica*, resina ricavata da alcune specie di acacie; è usata come appretto, adesivo ecc. || *fig.* strano, bizzarro; incomprensibile: *un racconto arabico, una scrittura arabica.*

aràbile [dal lat. *arābilis*; 1320] **agg.** che può essere arato.

arabìsmo [da *arabo*; 1797] **sm.** **1.** *T.ling.* parola o espressione propria della lingua araba entrata in uso in un'altra lingua **2.** l'insieme dei popoli arabi e le loro tradizioni culturali.

arabìsta [da *arabo*; 1865] **s.** studioso della lingua, della letteratura e della civiltà araba.

àrabo [dal lat. *arabus*; 1321 ca. come sm.] **I agg.** dell'Arabia, arabico: *cavallo arabo, alfabeto arabo*; degli Arabi: *arte araba* || *numeri arabi*, quelli in uso nel nostro sistema di calcolo **II sm.** **1.** (f. *-a*) abitante dell'Arabia **2.** (solo *sing.*) lingua semitica parlata dagli Arabi || *fig. parlare arabo*, parlare in modo incomprensibile. **Q.T.** *cavallo* **TAV.** *alfabeti* 1.

àrac v. ARAK.

Aràcee [comp. del lat. *arum*, gigaro e *-acee*, come il lat. scient. *araceae*; 1865] **sf.** *pl.* *T.bot.* famiglia di piante monocotiledoni a tubero delle Spadaciflore, con fiori raccolti in spighe avvolte in una grande brattea e frutti carnosi a bacca; tra esse il gigaro e la calla.

aràchide [dal gr. *árachos*; 1828] **sf.** pianta delle Papilionacee con fusto eretto, foglie composte alterne, fiori gialli e frutti sotterranei che si mangiano tostati e dai quali si ricava un olio commestibile || **N.** *Sin.* nocciolina americana, spagnoletta.

aracnèo [dal lat. tardo *arachnēus*, del ragno; 1829] **agg.** *lett.* di ragno, simile al ragno.

Aràcnidi (sing. *-e*) [comp. del gr. *aráchnē* e *-idi*; 1819] **sm.** *pl.* *T.zool.* classe di Artropodi cui appartengono ragni e scorpioni; sono privi di ali e antenne, hanno il corpo diviso in due parti (*cefalotorace, addome*) e sei paia di arti di cui le prime due modificate per la prensione e manipolazione del cibo. **Q.T.** *zoologia.*

aracnofobìa [comp. del gr. *aráchnē*, ragno e *-fobia*; 1988] **sf.** *T.psic.* avversione ossessiva per la presenza e spesso per l'idea stessa della presenza di ragni.

aracnòide [dal lat. tardo *arachnoīdēs*, gr. *arachnoeidḗs*; 1664] **sf.** *T.anat.* una delle tre membrane che avvolgono il cervello e il midollo spinale; sottilissima, è posta tra la dura madre e la pia madre.

aracnoidìte [comp. di *aracnoide* e *-ite*[1]; 1829] **sf.** *T.med.* infiammazione dell'aracnoide.

aràgna [lat. *arānea*; a. 1558] **sf.** *ant.* **1.** ragno **2.** ragnatela.

aragonése [dal n. geogr. *Aragona*, regione della Spagna; a. 1478 *ragonexe*] **I agg.** d'Aragona: *dialetto aragonese* || del regno, della dinastia Aragonese: *corte aragonese* **II s.** **1.** abitante, nativo dell'Aragona **2.** *T.stor. pl. gli Aragonesi*, membri della dinastia Aragonese.

aragonìte [dal n. geogr. *Aragona*, regione della Spagna; 1955] **sf.** *T.min.* minerale di carbonato di calcio, incolore, cristallizzato in forme rombiche.

aragósta [lat. *locusta*; 1863] **I sf.** grosso crostaceo marino dei Decapodi privo di chele, con lunghe antenne e corpo allungato protetto da una corazza rosso-arancio; ha cinque paia di zampe e pinna caudale larga, vive sulle coste rocciose del Mediterraneo ed è molto apprezzato per le carni saporite || **sm.** il colore rosso-arancio simile a quello dell'aragosta **II agg.** *inv.* (sempre posposto) del colore dell'aragosta: *una poltrona aragosta.*

àrak o **àrac** o **àrrak** [dall'ar. *araq*; 1829] **sm.** bevanda alcolica orientale ottenuta da riso germinato e fermentato con sugo di palma o melassa di canna.

aràldica [dal fr. *héraldique*; 1680] **sf.** scienza che studia gli stemmi e le insegne nobiliari || **N.** blasone | arme, divisa, insegna, rotella, scudo, stemma, targa | PARTI DELLO SCUDO: banda, campo, emblema, figura (massacro, mazza, animale, rocco, testa di moro ecc.), gherone, impresa, motto, quarto, sbarra | ACCESSORI: cimiero, corona, elmo, mantello, padiglione, sostegno o supposto | balzano, inquartato, interzato, partito, pieno, sbarrato, spaccato, tagliato, trinciato | animali, contrarrampanti, correnti, passanti, rampanti, sedenti ecc. **TAV.**

araldica p. 644 sg.

aràldico (pl. *-ci*) [da *araldo*; 1868] *agg.* che riguarda l'araldica, i titoli nobiliari e la loro trasmissione || *Consulta araldica*, consiglio, oggi abolito, presso il Ministero degli Interni, al quale spettava la tenuta dei registri araldici.

araldista [da *araldico*; 1961] *s.* studioso, esperto di araldica.

aràldo [dal fr. *héraut*; a. 1348] *sm.* nel Medioevo, pubblico ufficiale che nelle corti o nei comuni aveva il compito di rendere pubbliche le decisioni e le leggi dell'autorità, e svolgere ambascerie || *per estens.* messaggero, banditore; anche *fig.*: *si è fatto araldo di una nuova concezione dell'arte.*

aràlia [voce di etim. inc., forse di origine olandese; 1797] *sf. T.bot.* genere di piante delle Araliacee, di cui molte specie sono coltivate in giardino.

Araliàcee [comp. di *aralia* e *-acee*; 1865] *sf. pl. T.bot.* famiglia di piante legnose dicotiledoni perlopiù tropicali, dalle grandi foglie pennate, fiori a ombrella, a capolino o a spiga, frutti a drupa o a bacca.

aramàico (pl. *-ci*) [dal n. geogr. *Aram*, n. biblico della Siria; 1862] **I** *agg. T.stor.* degli Aramei **II** *sm.* (solo *sing.*) lingua semitica diffusa in Mesopotamia, Siria e Palestina fino alle invasioni arabe e oggi parlata da piccole comunità.

arancéto [da *arancio*; 1875] *sm.* terreno piantato ad aranci || **N.** aranciera.

arància (pl. *-ce*) [da *arancio*; 1664] *sf.* il frutto dell'arancio di forma sferica con polpa succosa e buccia a essa aderente di colore perlopiù arancione || **N.** *Sin.* arancio, melarancia, pomarancio, portogallo | buccia, granello, polpa, spicchio | aranceto, aranciata, aranciera.

aranciàta [da *arancia*; 1726] *sf.* bevanda rinfrescante fatta con acqua, zucchero e sugo d'arancia || in commercio, bevanda prodotta con estratti e sciroppi, aromatizzata con essenza d'arancio addizionata con anidride carbonica.

aranciàto [da *arancio*; 1565] *agg. non com.* di color d'arancia, arancione.

arancièra [da *arancio*; 1829] *sf.* luogo dove si custodiscono durante l'inverno le piante di arancio || **N.** serra.

arancino [da *arancio*; 1618 nel senso 3] **I** *sm.* **1.** frutto dell'arancio che cade a terra non ancora maturo e viene fatto seccare e utilizzato nella preparazione di bevande e confetture **2.** *T.cuc.* crocchetta di riso impanata a forma di arancia ripiena di rigaglie, formaggio e sugo di carne **3.** *arancino della Cina*, specie di arancio con frutti piccoli **II** *agg. non com.* **1.** proprio dell'arancio: *sapore arancino* **2.** che assomiglia ad un arancio: *pera arancina* || *lett.* che ha il colore dell'arancio: *una stoffa arancina.*

aràncio (pl. *-ci*) [dall'ar.-persiano *nāranǧ*; a. 1348] **I** *sm.* **1.** albero delle Rutacee con foglie ovali, fiori bianchi e profumati, frutti sferici e succosi dal caratteristico colore || *arancio dolce*, varietà coltivata con frutti dalla polpa agrodolce || *arancio amaro*, varietà coltivata con frutti dalla polpa amara utilizzati per la preparazione di confetture, bibite ed essenze || *fiori d'arancio*, quelli tradizionalmente recati dalla sposa all'altare come simbolo di purezza **2.** *pop.* frutto dell'arancio, arancia: *mangiare un arancio* **3.** colore caratteristico del frutto dell'arancio, intermedio tra il rosso e il giallo: *accostare verde e arancio* **II** *agg. inv.* (sempre posposto) del colore del frutto dell'arancio: *un abito arancio* || **N.** agrume | lanfa | zagara.

arancióne [da *arancio*; 1829] **I** *sm.* il colore arancio molto acceso **II** *agg.* (sempre posposto) del colore dell'arancia molto acceso.

Aranèidi (sing. *-e*) [comp. del lat. *arānea*, ragno e *-idi*; 1845] *sm. pl. T.zool.* ordine di Aracnidi, tra cui i ragni.

arapàima [da una voce di origine tupi, attr. il port. *arapaima*; 1955] *sm. inv.* grosso pesce osseo commestibile, dell'ordine dei Clupeiformi, che vive nei fiumi d'America.

aràre [lat. *arāre*; 1300 ca.] *tr.* **1.** lavorare la terra con l'aratro per predisporla alla semina: *arare i campi*, anche *ass.*: *i contadini arano all'alba* || *fig.* *arare in su e in giù*, andare avanti e indietro senza approdare a nulla || *fig.* *arare diritto*, comportarsi bene **2.** *fig. lett.* solcare: *arare il mare*, navigare e *iron.* compiere un lavoro inutile **3.** *T.mar.* di ancora, strisciare sul fondo del mare senza far presa || **N.** **1.** *Sin.* assolcare, dissodare, rivoltare la terra.

aratìvo [da *arare*; a. 1562] *agg.* atto ad essere arato, coltivato: *terreno arativo.*

aràto (*pps.* di *arare*) [a. 1348] *agg.* coltivato: *terreno arato* || *per estens.* scavato, sofferto: *volto arato.*

aratóre [lat. *arātor*, *-ōris*; inizio sec. XIV] *agg.* e *sm.* (f. *-trice*) che o chi ara; e si dice anche dei buoi.

aratòrio (pl. *-ri*) [dal lat. *aratōrius*; a. 1638] *agg.* che serve ad arare, che concerne l'aratura.

aratrìce [da *arare*; a. 1940] *sf. non com.* macchina agricola per arare.

aràtro [lat. *aratrum*; a. 1333] *sm.* strumento agricolo per rompere, dissodare, frammentare il terreno e disporlo in solchi diritti e paralleli per la semina; composto da un elemento di sostegno e da varie lame || **N.** avanvomere, bure, coltro, gancio di trazione o attacco, maniglia di sganciamento, regolatore di profondità, ruota di campo, ruota di solco, stregole, svola, tallone, versoio, vomere. **Q.T.** *agricoltura* **TAV.** *agricoltura* 1.

aratùra [lat. tardo *aratūra*; sec. XIV] *sf.* **1.** atto ed effetto dell'arare **2.** la stagione in cui si ara **3.** *non com.* campo arato.

araucàno [dal n. geogr. *Arauco*, provincia del Cile; 1860 come sm.] **I** *agg.* appartenente alla popolazione amerindia cilena degli araucani **II** *sm.* **1.** (f. *-a*) ogni individuo di tale popolazione **2.** (solo *sing.*) lingua formata dall'insieme dei dialetti indigeni parlati dagli araucani.

araucària [dal n. geogr. *Araucania*, regione del Cile; 1865] *sf. T.bot.* genere di piante conifere delle Araucariacee, originarie dell'America meridionale e dell'Oceania; molto ramificate, hanno foglie squamiformi.

arazzerìa [da *arazzo*; 1539] *sf.* **1.** insieme d'arazzi **2.** luogo dove si tessono o si custodiscono arazzi **3.** l'arte di far gli arazzi.

arazzière [da *arazzo*; 1663] *sm.* (f. *-a*) fabbricante o venditore d'arazzi || **N.** tappezziere.

aràzzo [dal n. geogr. *Arras*, città fr. da cui è originario; fine sec. XV] *sm.* panno tessuto a mano con soggetto figurato ottenuto mediante l'inserzione nell'ordito di fili di lana, di seta, d'argento e d'oro, destinato alla decorazione di pareti: *arazzi fiamminghi.*

arbitràggio (pl. *-gi*) [dal fr. *arbitrage*; 1539 nel senso 3] *sm.* **1.** *T.sport.* direzione da parte di un arbitro di una competizione sportiva: *arbitraggio irregolare* **2.** *T.giur.* arbitrato, istituto giuridico mediante il quale la risoluzione di parti lasciate in sospeso in un negozio giuridico è delegata per comune accordo delle parti a un terzo di comune fiducia **3.** *T.econ.* ricerca del metodo più conveniente per condurre operazioni di compravendita, speculando sulle diverse quotazioni che si stabiliscono in diverse piazze commerciali.

arbitràle [dal lat. tardo *arbitrālis*; 1487] *agg.* relativo ad arbitro: *funzione arbitrale, giudizio arbitrale* || *collegio arbitrale*, composto da arbitri || *T.giur.* *clausola arbitrale*, quella in cui le parti coinvolte in un negozio giuridico si impegnano ad affidare a un arbitro la composizione di eventuali controversie.

arbitràre (pres. *àrbitro*) [dal lat. *arbitrāre*; a. 1250] *tr.* **1.** dirimere una sentenza in qualità di arbitro **2.** dirigere come arbitro una competizione sportiva, giudicarne il risultato: *arbitrare un incontro*; anche *ass.*: *arbitra il Signor X* || *intr.* (aus. *avere*) *ant.* **1.** decidere di agire secondo il proprio arbitrio **2.** *disus.* congetturare, fare ipotesi || *intr. pron.* *raro* prendersi la libertà di agire secondo il proprio volere || **N.** *Sin.* **1.** giudicare.

arbitrarietà [da *arbitrario*; 1967] *sf.* **1.** l'essere arbitrario **2.** *T.ling.* principio fondamentale della linguistica moderna, con cui si indica la convenzionalità nel rapporto tra significato e significante.

arbitràrio (pl. *-ri*) [dal lat. *arbitrārius*; a. 1348] *agg.* fatto ad arbitrio; *più com.* irregolare, abusivo: *arresto arbitrario, decisione arbitraria* || **arbitrariaménte** *avv.*

arbitràto [dal lat. *arbitrātus*; 1354] *sm.* **1.** arbitraggio, funzione e giudizio dell'arbitro **2.** *T.giur.* istituto giuridico col quale si demanda a un giudice privato la risoluzione di una controversia || *arbitrato internazionale*, risoluzione pacifica di controversie tra stati.

arbitratóre [dal lat. *arbitrātor*, *-ōris*; 1356 ca.] *sm.* (f. *-trice*) *T.giur.* arbitro a cui le parti di un contratto hanno affidato la determinazione del contenuto di un negozio giuridico.

arbìtrio (pl. *-ii*) [dal lat. *arbitrium*; fine sec. XIII] *sm.* **1.** facoltà di operare secondo la propria volontà: *nonostante gli avvertimenti ha voluto agire secondo il proprio arbitrio* || *rimettersi all'arbitrio di qualcuno*, affidarsi al suo giudizio || *a proprio arbitrio*, a proprio piacimento || *T.fil.* e *T.rel.* *libero arbitrio*, libertà di giudicare e agire che l'uomo ha, indipendentemente da condizionamenti esterni ed essendo pienamente responsabile dei suoi atti: *conciliare disegno divino e libero arbitrio* **2.** autorità, potestà assoluta: *lo stato è abbandonato all'arbitrio del despota* || *per estens.* abuso di poteri, sopruso, prepotenza, capriccio: *commettere un arbitrio* || **N.** **1.** *Sin.* giudizio, talento, volontà **2.** *Sin.* dispotismo, signoria.

àrbitro [dal lat. *arbiter*; 1298] *sm.* (f. non com. *-a*) **1.** privato cittadino a cui le parti contendenti rimettono la decisione d'una controversia, senza ricorrere al magistrato || *per estens.* giudice di una contesa o disputa **2.** chi è padrone delle proprie azioni e può disporre a voler suo in qualche cosa, anche *fig.*: *ciascuno è arbitro del proprio destino, l'uso è arbitro della lingua* || *per estens.* signore e padrone assoluto: *Napoleone fu arbitro dei destini d'Europa* **3.** *T.sport.* giudice di gara incaricato di far rispettare i regolamenti e decretare il risultato finale: *arbitro imparziale, venduto* || **N.** **1.** *Sin.* giudice, regolatore **3.** fischietto, giacchetta nera.

arboràto [da *arbore*; seconda metà sec. XIV] *agg. raro lett.* alberato.

àrbore [lat. *arbor*, *-is*; a. 1257] *sm. ant.* albero.

arbòreo [dal lat. *arboreus*; 1485] *agg.* che ha forma o qualità d'albero: *l'alto cervo d'arboree corna* (Pascoli).

arborescènte [dal lat. *arborescens*, *-entis*; a. 1597] *agg.* **1.** di arbusto o felce o pianta in genere che prende la forma d'albero **2.** che ha aspetto d'albero, ramificato; *in part.* *T.min.* *cristallizzazioni arborescenti*, cristallizzazioni che assumono forma d'albero.

arborescènza [da *arborescente*; 1865 nel senso 2] *sf.* **1.** *T.bot.* lo sviluppo completo dell'albero **2.** configurazione ramificata; *in part.* *T.min.* cristallizzazione in forma arborea.

arboréto [dal lat. tardo *arborētum*; a. 1406] *sm.* **1.** terreno piantato ad alberi da frutto **2.** collezione di alberi o piante rare a scopi ornamentali o di studio.

arborìcolo [comp. del lat. *arbor*, *-is* e *-colo*;

1965] **agg.** di animale o pianta che vive sugli alberi: *insetti arboricoli.*

arboricoltóre [comp. di *arbore* e *-coltore*; 1955] **sm.** (f. *-trice*) chi si interessa o si dedica all'arboricoltura.

arboricoltùra [comp. di *arbore* e *-coltura*; 1852] **sf.** disciplina che si interessa della coltura di piante arboree ‖ **N.** agrumicoltura, frutticoltura, viticoltura.

arboriẓẓàto [da *arbore*; 1817] **agg.** *T.min.* di minerale che ha venature di altro minerale in forma di rami d'albero: *agata arborizzata.*

arboriẓẓazióne [dal lat. *arbor, -oris,* albero; 1819 nel senso 2] **sf.** **1.** *T.anat.* disposizione degli elementi anatomici, come nervi, vene, arterie e sim., in forme simili ai rami di un albero **2.** *T.min.* disposizione dei minerali in forma di rami d'albero **3.** *T.zool.* macchia di peli bianchi, dalla forma ramificata, a volte presente sul manto dei cavalli.

arboscèllo [lat. volg. **arbuscellum*; 1319] **sm.** albero piccolo o giovane ‖ **N.** alberello, arbusto, frutice | cespuglio | boschetto, macchia, macchione, selvetta.

arbustàceo [da *arbusto*; 1955] **agg.** relativo ad arbusto ‖ formato di arbusti: *vegetazione arbustacea.*

arbustìvo [da *arbusto*; 1955] **agg.** che ha forma e caratteri di arbusto.

arbùsto [dal lat. *arbustum*; 1340 ca.] **sm.** *T.bot.* pianta legnosa non molto alta, ramificata sin dalla base, cespuglio; frutice.

àrca [lat. *arca*; 1296 nel senso 2] **sf.** **1.** sarcofago di pietra o marmo, decorato, monumentale **2.** cassa in legno decorato con coperchio ribaltabile, destinata un tempo alla conservazione di abiti e oggetti di valore: *conservano i gioielli di famiglia nell'arca* ‖ *per estens.* scrigno: *molto oro nell'arca* (Pascoli) ‖ *Arca dell'alleanza,* presso gli antichi ebrei, quella che conteneva le tavole della legge e simboleggiava l'alleanza tra Dio e il suo popolo ‖ *arca di scienza,* persona dottissima **3.** *Arca di Noè,* imbarcazione con la quale, secondo la Bibbia, Noè si salvò dal diluvio insieme a una coppia di ciascuna delle razze di animali viventi ‖ *fig.* casa in cui vi siano molti animali: *vive in un'arca di Noè* ‖ *vecchio quanto l'arca di Noè,* vecchissimo **4.** mollusco marino con conchiglia spessa e rugosa ‖ **N. 1.** *Sin.* sepolcro, tomba **2.** cassapanca, cassettone; forziere.

-àrca [dal gr. *-árchēs,* da *árchein,* essere a capo] **elem. term.** che, in parole composte dotte, vale "chi comanda", "capo" (per es. *monarca, patriarca*) ‖ può anche valere "inizio" (per es. *menarca*).

arcàccia (pl. *-ce*) [dal fr. *arcasse*; 1769] **sf.** *T.mar.* l'ossatura della poppa quadra di una nave in legno.

àrcade [dal lat. *arcas, arcadis*; 1583] **I agg.** dell'Arcadia: *pastore arcade, poeta arcade* **II s. 1.** abitante dell'Arcadia **2.** membro dell'accademia letteraria dell'arcadia ‖ *per estens. fig.* scrittore vuoto, retorico, svenevole, dolciastro, sentimentale.

arcàdia [dal n. geogr. *Arcadia,* regione della Grecia, mitica patria della poesia bucolica; a. 1698 nel senso 2] **sf.** **1.** *Accademia dell'Arcadia,* accademia fondata in Roma nel 1690 che proponeva un ideale di poesia semplice e di ispirazione bucolica ‖ corrente letteraria ispirata all'omonima accademia ‖ *per estens. fig.* adunanza dove si trattino cose frivole e inconcludenti **2.** luogo del paesaggio idillico.

arcàdico (pl. *-ci*) [dal lat. *arcadicus*; 1513] **I agg.** **1.** dell'Arcadia ‖ *per estens.* agreste, bucolico: *paesaggio arcadico, regione arcadica* **2.** dell'Accademia dell'Arcadia ‖ *per estens. spreg.* lezioso, svenevole: *un componimento arcadico* ‖ **arcadicaménte** **avv.** in modo semplice, alla maniera degli arcadi **II sm.** (solo *sing.*) dialetto greco parlato nell'antica Arcadia.

arcadóre [da *arco*; sec. XIV] **sm.** *ant.* (f. *-óra*) **1.** tiratore d'arco, arciere **2.** ingannatore.

arcaicità [da *arcaico*; 1925] **sf.** qualità di ciò che è arcaico o imita una fase arcaica d'arte e letteratura ‖ **N.** *Sin.* antichità, vetustà.

arcaiciẓẓàre [da *arcaico*; 1950] **intr.** (aus. *avere*) arcaizzare.

arcàico (pl. *-ci*) [dal lat. tardo *archaicus,* gr. *archaikós*; 1865] **agg.** che appartiene o fa riferimento alla fase più remota di un periodo o di un processo: *greco arcaico, scrittore arcaico* ‖ *per estens.* antico; antiquato, sorpassato: *affettava modi arcaici* ‖ *T.geol. disus. era arcaica,* era archeozoica, la più antica delle ere geologiche ‖ **arcaicaménte** **avv.** ‖ **N.** primitivo, vecchio, vetusto.

arcaịsmo [dal lat. tardo *archaismus,* gr. *archaismós*; a. 1676] **sm.** **1.** *T.ling.* espressione linguistica o struttura sintattica antiquata e disusata, conservata in un contesto espressivo contemporaneo per tradizione o per fini stilistici **2.** in letteratura, tendenza a rifarsi a forme primitive.

arcaịstico (pl. *-ci*) [da *arcaismo*; 1961] **agg.** di modi artistici che si rifanno volutamente a modelli arcaici.

arcaiẓẓànte (*ppr.* di *arcaizzare*) [1931] **agg.** che riecheggia toni e forme arcaiche: *stile, artista arcaizzante.*

arcaiẓẓàre (usato quasi solo al ppr.) [da *arcaico*; 1950] **intr.** (aus. *avere*) riprendere consapevolmente modi arcaici.

arcàle [da *arco*; a. 1292] **sm.** **1.** *T.arch.* centina o parte di essa a forma di arco **2.** parte superiore curvilinea in muratura di un arco.

arcàme [da *arca*; 1483] **sm.** *ant.* carcame, scheletro scarnificato.

arcàngelo [dal lat. tardo *archangelus,* gr. *archángelos*; a. 1306] **sm.** spirito celeste, d'ordine superiore a quello degli angeli: *gli arcangeli Michele, Gabriele e Raffaele* ‖ **N.** angelo.

arcàno [dal lat. *arcanum*; 1321 come sm.] **I agg.** misterioso, segreto, occulto: *senso, giudizio arcano* ‖ **arcanaménte** **avv.** **II sm.** *lett.* enigma, mistero: *orrido arcano è ormai svelato* (Foscolo) ‖ **N. I** nascosto.

arcàre (pres. *àrco, àrchi*) [da *arco*; a. 1294] **tr.** *ant.* **1.** curvare ad arco, inarcare, arcuare **2.** tirare con l'arco **3.** *fig.* ingannare, gabbare: *certi Genovesi che andavano arcando con certi lor giuochi* (Sacchetti) ‖ **N. 3.** *Sin.* imbrogliare.

arcaréccio (pl. *-ci*) [da *arco*; 1913] **sm.** *T.arch.* ciascuna delle travi parallele alla gronda che nelle orditure dei tetti servono di sostegno alle parti minute della copertura del tetto ‖ **N.** contraffisso.

arcàta [da *arco*; a. 1363] **sf.** **1.** *T.arch.* struttura di sostegno a forma d'arco o a volta cilindrica: *un ponte a tre arcate, l'arcata di una chiesa* **2.** *T.anat.* parte anatomica a forma d'arco: *arcata dentale* **3.** *T.mil.* parabola di un proiettile ‖ *tirare in arcata,* sparare un proiettile con un elevato angolo di inclinazione per superare ostacoli o aumentare la gittata ‖ *ant.* tiro d'arco e distanza equivalente **4.** *T.mus.* toccata d'arco sopra la corda di uno strumento per farla vibrare ‖ **N. 1.** *Sin.* arco.

arcatèlla [da *arcata*; 1923] **sf.** *T.arch.* arcata di piccole dimensioni, spesso parte di una serie inserita in part. nell'architettura romanica come motivo ornamentale ‖ **N.** *Sin.* archetto pensile.

arcàto [da *arcare*; a. 1327] **agg.** piegato in forma d'arco: *sottili arcati e neri erano i cigli* (Machiavelli).

arcàvolo [comp. di *archi-* e *avolo*; a. 1535] **sm.** (f. *-a*) padre o madre del bisavolo ‖ *per estens.* lontano antenato.

àrce [dal lat. *arx, arcis*; 1340 ca.] **sf.** rocca d'una città, acropoli, sommità.

arcèlla [dal lat. tardo *arcella*; 1905] **sf.** **1.** cassone nuziale **2.** *T.arch.* nell'edificio paleocristiano, il vano sotto l'altare che contiene le reliquie.

archè [dal gr. *archḗ,* principio; 1955] **sf.** *T.fil.* primo principio, origine di tutte le cose.

archeàno [comp. del gr. *archḗ,* principio e *-ano*[1]; 1955] **agg.** e **sm.** *T.geol.* detto del più antico periodo dell'era archeozoica.

archebulèo [dal lat. *archebuleum,* gr. *archeboúleion*; 1955] **sm.** *T.metr.* verso della metrica classica costituito da un dimetro anapestico e da un metro giambico catalettico.

archeggiaménto [da *archeggiare*; a. 1796] **sm.** **1.** *T.mus.* l'archeggiare **2.** il curvare i rami di un albero da frutta o di una vite perché fruttifichino di più.

archeggiàre (pres. *-éggio*) [da *arco*; 1758 nel senso 2] **intr.** (aus. *avere*) scorrere l'arco sulle corde dello strumento ‖ **tr.** *raro* piegare ad arco: *archeggia la schiena.*

archeggiàto (*pps.* di *archeggiare*) [a. 1444] **agg.** *raro* piegato in arco: *le ciglia archeggiate* ‖ *T.arch. non com.* a più ordini d'archi.

archeggiatùra [da *archeggiare*; a. 1946] **sf.** *T.arch.* sequenza in serie di archi o di arcate, utilizzati spec. nel rivestimento di facciate, con funzione ornamentale.

archéggio (pl. *-gi*) [da *archeggiare*; 1892] **sm.** atto, effetto e tecnica dell'archeggiare.

archeggìo (pl. *-ii*) [da *archeggiare*; 1862] **sm.** un archeggiare continuato o frequente.

Archegoniàte [da *archegonio*; 1955] **sf. pl.** *T.bot.* gruppo di piante che presentano archegoni della stessa struttura.

archegònio (pl. *-ii*) [comp. di *archi-* e *-gonio*; 1955] **sm.** *T.bot.* organo riproduttore femminile delle Pteridofite, delle Briofite e della maggior parte delle Gimnosperme, che contiene l'oosfera.

archèo- [dal gr. *archâios,* antico] **primo elem.** che, in parole composte della terminologia scientifica, vale "antico", "primitivo" (per es. *archeologia, archeozoico*).

archeografìa [comp. di *archeo-* e *-grafia*; 1828] **sf.** scienza che descrive i monumenti antichi.

archeògrafo [comp. di *archeo-* e *-grafo*; 1829] **sm.** studioso, esperto di archeografia.

archeologìa (pl. *-gìe*) [dal gr. *archailogía*; a. 1810] **sf.** scienza che studia le civiltà antiche sotto il profilo storico, culturale attraverso reperti di varia natura venuti alla luce part. per mezzo di scavi ‖ *archeologia industriale,* disciplina che studia i resti fisici di metodi e procedimenti industriali del passato. **Q.T.** *archeologia.*

archeològico (pl. *-ci*) [dal gr. *archailogikós*; 1819] **agg.** di archeologia, attinente all'archeologia: *museo archeologico, reperti archeologici* ‖ **archeologicaménte** **avv.** dal punto di vista archeologico.

archeòlogo (pl. *-gi* e *-ghi*) [dal gr. *archailógos*; 1817] **sm.** (f. *-a*) studioso di archeologia ‖ docente di archeologia.

archeottèrige [dal lat. scient. *Archeopteryx, -igos*; 1961 *Archeopterigi*] **sm.** *T.zool.* uccello fossile del Giurassico, con coda ben sviluppata e mascelle dentate.

archeoẓòico (pl. *-ci*) [comp. di *archeo-* e *-zoico*; 1929] **agg.** e **sm.** detto della prima era geologica, caratterizzata dalla comparsa delle prime elementari forme di vita.

archetìpico (pl. *-ci*) [da *archetipo*; 1983] **agg.** *lett.* relativo ad archetipo ‖ che costituisce un archetipo: *modelli archetipici.*

archètipo [dal lat. *archĕtўpum,* gr. *archétypon*; a. 1292] **I sm.** **1.** prima forma, modello: *archetipo di perfezione* **2.** *T.filol.* originale di manoscritto o codice, non sopravvissuto ma ricostruibile, come ipotesi, tramite recensione dai manoscritti superstiti **3.** *T.fil.* in Platone, l'idea come modello ideale delle cose sensibili

4. *T.psic.* nella psicologia junghiana, rappresentazione nell'inconscio individuale di una esperienza comune a tutti gli uomini **II** ***agg.***: *i modelli archetipi delle cose.* **Q.T.** *psicanalisi.*

archétto (*dim.* di *arco*) [1340 ca.] ***sm.*** **1.** piccolo arco **2.** arco per suonare gli strumenti a corda: *archetto di violino* **3.** guardamano per sciabola o spadino **4.** sostegno ad arco per una lama di sega: *archetto del traforo,* o per un filo che avvolgendosi attorno all'asse di un trapano fa girare la punta avanti e indietro: *trapano ad archetto* **5.** ciascuna di quelle stecche metalliche, oblique e curve, che formano il guardamano della sciabola **6.** *T.elettr.* organo delle automotrici elettriche che serve da presa di corrente con la linea aerea **7.** bacchetta piegata ad arco con un laccio e un'esca per catturare gli uccelli. **TAV.** *scherma* 1.7; ***musica*** **p. 1325** 14.14.

àrchi- [dal gr. *archi-*, da *archêin*, essere a capo] ***primo elem.*** che, in parole composte dotte, vale "primo", "capo" (per es. *archiatra, archimandrita*).

-archia [dal gr. *-archia*, da *archêin*, essere a capo] ***elem. term.*** che, in parole composte dotte, vale "governo" (per es. *monarchia, oligarchia*), o raramente "inizio" (per es. *omeoarchia*). **Q.T.** *politica.*

archiacùto [comp. di *arco* e *acuto*; 1856] ***agg.*** che ha forma di arco acuto: *portone archiacuto* || *per estens.* che è costituito da archi acuti: *portico archiacuto* || **N.** gotico, ogivale.

Archianellidi (sing. *-e*) [dal lat. scient. *Archianellidae*; 1955] ***sm. pl.*** *T.zool.* classe di animali vermiformi degli Anellidi, perlopiù marini, ritenuti forme primitive.

archiàtra o **archiàtro** [dal lat. tardo *archiater*, gr. *archiátros*; 1711 *archiatro*] ***sm.*** protomedico, medico principale di una clinica o di una Corte: *l'archiatra pontificio.*

archibugiàre (pres. *-ùgio*) [da *archibugio*; 1543] ***tr.*** *ant.* uccidere a colpi d'archibugio: *Un signore... fu archibugiato dopo aver visto il suocero* (Manzoni).

archibugiàta [da *archibugio*; a. 1565 *archibusata*] ***sf.*** colpo d'archibugio || *per estens.* ferita d'archibugio.

archibugière [da *archibugio*; a. 1519] ***sm.*** *T.stor.* soldato armato di archibugio.

archibùgio (pl. *-gi*) [dal ted. *Hakenbüchse*; sec. XIV *archibuso*] ***sm.*** antica arma da fuoco portatile a canna lunga e ad avancarica || **N.** a corda, a focile, a forcella, a miccia, a percussione | da campo, da muro, da posta.

archibusièra o **archibugièra** [da *archibugio*; a. 1565] ***sf.*** feritoia nelle muraglie delle fortezze, per poter tirare con l'archibugio.

archibùso e der. forme ant. di ARCHIBUGIO e der. (v.).

archicèmbalo [comp. di *archi-* e *cembalo*; 1862] ***sm.*** *T.mus.* grande cembalo, a sei tastiere e corde e tasti separati, inventato da Nicola Vicentino (sec. XVI) || **N.** cembalo, clavicembalo.

archidiòcesi o **arcidiòcesi** [comp. di *archi-* e *diocesi*; 1823] ***sf.*** diocesi controllata da un arcivescovo || *archidiocesi metropolitana,* centro di una provincia ecclesiastica.

ARCHEOLOGIA

FASI DEL LAVORO ARCHEOLOGICO.
RICERCA DEL SITO: esplorazione del terreno, prospezione aerea (a vista, cinematografica, fotografica), prospezione magnetica, ricerca subacquea, sondaggio sotterraneo; RECINZIONE DEL SITO; SCAVO STRATIGRAFICO; OSSERVAZIONE E DESCRIZIONE DEI RESTI IN SITO; STERRO (O SCOPERTURA) ED EVENTUALE RIMOZIONE DEI RESTI (insabbiati, interrati, ricoperti di vegetazione, sommersi ecc.); PRELIEVO DI CAMPIONI DA ANALIZZARE (frammenti, mattoni, organismi vegetali, ossa, terra ecc.); CATALOGAZIONE DEI RESTI: descrizione, numerazione; IMBALLAGGIO DEI RESTI AMOVIBILI; VALUTAZIONE SCIENTIFICA DEI RESTI: analisi di laboratorio (fisica, meccanica ecc.), datazione (assoluta, relativa), giudizio critico, inquadramento storico; RESTAURO (di consolidamento, di reintegrazione, di ricomposizione); TRATTAMENTO CONSERVATIVO; ORDINAMENTO IN MUSEI, GALLERIE e sim.

STRUMENTI PER LA MISSIONE ARCHEOLOGICA: alidada, argano, bacchetta rabdomantica, barramine, boccalino scavafango, bussola a ecclimetro, carta (archeologica, geofisica, ipsometrica, militare, stereoscopica, topografica), cazzuola, cesto per detriti, cinepresa, geofono, gradiometro, livella, macchina fotografica, magnetometro (al cesio, al rubidio, a protoni, differenziale o *bleeper*), maglio, mappa (di diffusione, di distribuzione), microscopio, microsonda, oscillografo a raggi catodici, pala, pennello, piccone, pinza, pompa, raschietto, setaccio, sismografo, sonar (di profondità o verticale, laterale), sonda (fotografica, periscopica), sorbona, spatola, stadia, tacheometro, tavoletta pretoriana, teodolite, treppiedi; documentazione (cinematografica, epigrafica, fotografica, grafica), giornale o diario di scavo, schede di inventario.

DISCIPLINE E SCIENZE AUSILIARIE: antropologia, araldica, archeografia, architettura, biogeografia, biologia, botanica, ceramologia, chimica, criptografia, cronologia, dendrocronologia, ecologia, epigrafia, etnologia, fisica nucleare, genealogia, geocronologia, geofisica, geologia, linguistica, metallurgia, numismatica, onomastica, paleobotanica, paleografia, paleomagnetismo, paleontologia, paletnologia, palinologia, papirologia, pedologia, petrografia, restauro, sigillografia, storia, storia dell'arte, topografia, toponomastica.

METODI E TECNICHE VARIE:
DI RICERCA SUPERFICIALE: aerofotogrammetria, geofotogrammetria, elettromagnetometria, fotografia (aerea o aerofotografia, sotterranea, sottomarina, terrestre; ai raggi infrarossi, ai raggi ultravioletti, ai raggi X), geofotogrammetria, stereofotogrammetria, topografia.
DI SCAVO: a graticola, a quadrante, a reticolo, con trincee di saggio.
DI DATAZIONE: analisi stratigrafica, analisi del carbonio 14 o radiocarbonio, analisi del contenuto di collagene, analisi del polline, *cross-dating,* datazione con l'ossidiana, datazione in sequenza, esame delle alterazioni, metodo della termoluminescenza, metodo istologico, prova al fluoro, prova radiometrica, ricerca di impurità, studio delle varve glaciali.
DI ANALISI DI LABORATORIO VARIE: analisi al microscopio (elettronico, ottico), analisi scheletrica, granulometria, misurazione della radioattività, misurazione della resistività, misurazione del paleomagnetismo, radiografia.

segue

archiepiscopàle [da *archiepiscopo*; 1597] ***agg.*** arcivescovile.

archiepìscopo [dal lat. tardo *archiepiscopus*, gr. *archiepískopos*; 1200 ca.] ***sm.*** *non com.* arcivescovo.

archiginnàsio (pl. *-si*) [comp. di *archi-* e *ginnasio*; a. 1758] ***sm.*** *ant.* denominazione delle Università di Bologna e di Roma.

archilochèo o **archilòchio** [dal lat. *archilochīus*; 1748 *archilōchio*] **I** ***agg.*** di Archiloco: *poesia, verso archilocheo* || *sistemi archilochei,* sistemi metrici oraziani formati da due distici di varia natura **II** ***sm.*** verso della metrica classica greca e latina, perfezionato da Archiloco, composto da un alcmanio e un itifallico.

archimandrita [dal lat. tardo *archimandrita*, gr. *archimandrítēs*; 1321] ***sm.*** superiore di un monastero o d'un ordine religioso presso i cristiani di rito greco || *fig.* capo, antesignano: *la santa voglia d'esto archimandrita* (Dante).

archimia [dall'ar. *alkīmīya*; sec. XIV] ***sf.*** *ant.* alchimia.

Archimicèti (sing. *-e*) [dal lat. scient. *Archimychetes*; 1955] ***sm. pl.*** *T.bot.* classe di funghi unicellulari dei Ficomiceti, parassiti di alghe e di piante terrestri.

archipèndolo (raro *archipènzolo*) [comp. di *arco* e *pendolo* o *penzolo*; 1550 *archipenzolo*] ***sm.*** strumento per verificare l'orizzontalità di una retta, costituito da una squadra rigida composta da due bracci uguali collegati alla base da un'asta graduata e con filo a piombo attaccato al vertice, il cui discostarsi dal punto medio dell'asta misura il discostarsi della retta dalla direzione orizzontale || **N.** perpendicolo, piombino, piombo.

archisinagògo (pl. *-ghi*) [dal lat. tardo *archisynagogus*; a. 1306] ***sm.*** capo della sinagoga.

architettàre (pres. *-étto*) [dal lat. *architectāri*; a. 1571] ***tr.*** **1.** concepire il disegno d'un edificio, progettarlo **2.** *più com. fig.* immaginare, progettare con la fantasia: *e io andavo già architettando certi romanzi* (Svevo) || *in part.* rif. a frodi, inganni: *la congiura fu architettata da lui.*

architétto [dal lat. *architectus*, gr. *architéktōn*; a. 1374] ***s.*** chi esercita l'architettura, chi trasforma l'ambiente naturale e/o urbano attraverso la progettazione di opere architettoniche: *un architetto gli ha arredato la casa, l'architetto Maria Rossi*; laureato presso una facoltà di architettura: *studia per diventare architetto* || *fig.* ideatore, costruttore: *architetto dell'universo,* Dio. **Q.T.** *architettura.*

architettònico (pl. *-ci*) [dal lat. *architectonicus*, gr. *architektonikós*; 1550] ***agg.*** che appartiene, relativo all'architettura: *stili, valori architettonici* || *fig.* organicamente strutturato: *poema, romanzo architettonico* || **architettonicaménte** ***avv.*** in maniera architettonica o secondo i valori formali dell'architettura.

architettóre [dal lat. tardo *architector*; 1498] ***agg.*** e ***sm.*** (f. *-trice*) *ant.* architetto.

architettùra [dal lat. *architectūra*; 1532] ***sf.*** **1.** scienza e arte del costruire, legata a regole di statica, proporzione, percezione e igiene; ha come scopo la trasformazione dell'ambiente naturale e/o urbano per adattarlo alle esigenze dell'uomo: *architettura civile, militare, navale* **2.** l'insieme degli elementi che costituiscono un'opera architettonica e l'opera stessa: *l'architettura del colosseo* || *per estens.* struttura: *l'architettura di un poema, meravigliosa è l'architettura dell'universo* || *T.inform. architettura di sistema,* la struttura di un sistema di elaborazione dati **3.** complesso di manifestazioni architettoniche di un luogo o di un'epoca: *architettura romanica, gotica, fiorentina.* **Q.T.** *architettura* **TAV.** ***architettura*** **p. 646** sg.

Architeùtidi (sing. *-e*) [comp. di *archi-* e gr. *teuthís, -ídos,* specie di seppia; 1986] ***sm. pl.***

T.zool. famiglia di molluschi decapodi di dimensioni gigantesche che vivono in genere a grandi profondità e i cui tentacoli, provvisti di ventose, possono raggiungere i 12 metri di lunghezza.

architravàta [da *architrave*; 1550] **sf.** disposizione degli architravi.

architravàto [da *architrave*; a. 1755] **agg.** che ha architrave: *cornice architravata.*

architravatùra [da *architrave*; a. 1764] **sf.** complesso di architravi e la loro collocazione in un edificio || **N.** architravata.

architràve [comp. di *archi-* e *trave*; 1436] **sm.** elemento di trabeazione orizzontale di un edificio posto a chiusura superiore di una apertura e destinato a reggere il peso delle strutture sovrastanti e a scaricarlo sui piedritti (colonne, pilastri, stipiti): *architrave della porta* || **N.** *Sin.* epistilio, sopraccolonnio, soprassoglio.

architriclìno [dal lat. *architriclinus*, gr. *architríklinos*; sec. XIV] **sm.** *T.stor.* soprintendente al triclinio, cioè alle mense romane.

archiveconomìa [comp. di *archiv(io)* e *economia*; 1955] **sf.** *raro* archivistica.

archiviàre (pres. *-ìvio*) [da *archivio*; 1588] **tr.** **1.** mettere documenti e sim. in archivio || *per estens.* accantonare, mettere da parte: *archiviare un documento, una pratica, una questione* **2.** *T.giur.* procedere all'archiviazione: *archiviare gli atti di un procedimento.*

archiviazióne [da *archiviare*; 1588] **sf.** **1.** collocazione, sistemazione in archivio; anche *fig.* accantonamento: *l'archiviazione di un documento, di una questione* **2.** *T.giur.* trasmissione all'archivio da parte di un giudice istruttore, degli atti relativi a un procedimento giudiziario che risulti infondato: *archiviazione di una denuncia.*

archìvio (pl. *-vi*) [dal lat. tardo *archīvum*, gr. *archeîon*; 1483 *archivio*] **sm.** **1.** raccolta ordinata e sistematica di documenti la cui conservazione abbia interesse privato o pubblico: *archivio comunale, familiare* || *archivio storico*, insieme di documenti non più suscettibili di accrescimento in quanto relativi a un'amministrazione cessata || *concr.* luogo in cui si conservano tali documenti: *archivio notarile, di stato* || in un giornale, ufficio destinato alla raccolta e all'aggiornamento della documentazione relativa alle notizie **2.** titolo di periodici scientifici: *Archivio Storico Italiano, Archivio Glottologico Italiano* **3.** *T.inform.* *archivio elettronico*, insieme di dati su schede, nastri o altri supporti, organizzati e periodicamente aggiornati, da cui un sistema di elaborazione o consultazione può ricavare informazioni. **Q.T.** *storiografia.*

archivìsta [da *archivio*; 1664] **s.** chi è addetto o ha in custodia un archivio: *è stato nominato archivista capo.*

archivìstica [da *archivio*; 1874 ca.] **sf.** **1.** insieme di nozioni e regole riguardanti la sistemazione, la conservazione e il funzionamento degli archivi **2.** la disciplina relativa: *docente di archivistica.* **Q.T.** *storiografia.*

archivìstico (pl. *-ci*) [da *archivista*; 1888] **agg.** che riguarda gli archivi o si fonda principalmente su documenti d'archivio: *ricerca archivistica* || *fig.* di studio, ricerca e sim., che non supera la fase di raccolta del materiale documentario.

archivòlto [prob. comp. di *arco* e *volto*; sec. XIV] **sm.** larga fascia o cornice decorativa che segue la curva di un arco.

àrci- [dal lat. *archi-*, dal gr. *archi-*] **pref.** **1.** in parole composte dotte, vale "primo", "capo" (per es. *arcidiacono, arcivescovo*) **2.** *fam.* premesso ad agg. ne forma il superlativo: **arcicontènto, arcinòto, arcistùfo.**

arcibaṣìlica [comp. di *arci-* e *basilica*; 1955] **sf.** basilica maggiore: *l'arcibasilica lateranense.*

arciconfratèrnita [comp. di *arci-* e *confraternita*; 1865] **sf.** confraternita maggiore che ha la facoltà, per concessione pontificia, di aggregarsi ad altre confraternite affini estendendo loro le indulgenze e i privilegi che le sono propri: *l'arciconfraternita della misericordia* || **N.** *Sin.* arcisodalizio, congregazione primaria.

arciconsolàto [comp. di *arci-* e *consolato*; a. 1676] **sm.** grado e ufficio d'arciconsolo.

arcicònsolo [comp. di *arci-* e *consolo*; seconda metà sec. XVI] **sm.** titolo attribuito dal 1558 al 1915 al presidente dell'Accademia della Crusca.

arcidiaconàto [da *arcidiacono*; sec. XIV] **sm.** *T.eccl.* dignità e ufficio dell'arcidiacono.

arcidiàcono [dal lat. tardo *archidiăconus*, gr. *archidiákonos*; a. 1348] **sm.** capo dei diaconi || titolo di dignità nel collegio dei cardinali e nei capitoli dei canonici.

arcidiàvolo [comp. di *arci-* e *diavolo*; inizio sec. XIV] **sm.** **1.** capo dei diavoli **2.** *pop.* bagolaro.

arcidiòceṣi v. ARCHIDIOCESI.

arcidùca (pl. *-chi*) [comp. di *arci-* e *duca*; a. 1527] **sm.** **1.** duca di maggior prestigio **2.** titolo conferito ai principi della casa Asburgo-Austria e Asburgo-Lorena.

arciducàle [da *arciduca*; a. 1566] **agg.** di arciduca: *palazzo arciducale.*

arciducàto [da *arciduca*; 1575] **sm.** dignità di arciduca || sovranità territoriale dell'arciduca.

arciduchéssa [da *arciduca*; a. 1698] **sf.** **1.** moglie di arciduca **2.** principessa della casa di Asburgo.

arcièra [da *arciere*; 1847] **sf.** feritoia delle antiche fortificazioni da cui si scagliavano le frecce.

arcière [dal fr. *archier*; a. 1294] **sm.** **1.** tiratore d'arco || *lett.* *l'immortale arciere*, Cupido **2.** soldato armato d'arco **3.** *ant.* truffatore: *per certo costui dee essere qualche arciere che va cercando il mondo* (Novellino).

arcifànfano [comp. di *arci-* e *fanfano*; a. 1566] **sm.** *ant.* millantatore, fanfarone, spaccone.

arcifonèma [comp. di *arci-* e *fonema*; 1969] **sm.** *T.ling.* fonema risultante dalla neutralizzazione dell'opposizione di due fonemi, caratterizzato dall'insieme dei tratti pertinenti comuni ai due fonemi stessi; per es. in it. l'opposizione tra [o] ed [ɔ], presente in posizione tonica, si annulla in posizione atona, dove si ha solo [o].

arcigno [etim. inc.; a. 1388] **agg.** **1.** severo, accigliato in volto || burbero, scostante: *un arcigno professore* **2.** *ant.* di sapore aspro.

arcile [lat. volg. **arcile*; prima metà sec. XIII] **sm.** *region.* cassa in forma di madia con coperchio ribaltabile per riporre la farina || **N.** *Sin.* arca, madia.

arciliùto [comp. di *arci-* e *liuto*; a. 1647] **sm.** *T.mus.* liuto fornito di due manici e di doppia cordatura, dalle dimensioni più grandi del normale, simile alla tiorba.

arcionàto [da *arcione*; 1520] **agg.** di sella, fornita di arcioni: *con la sella bene arcionata* (D'Annunzio) || **N.** arcione.

segue ARCHEOLOGIA

RESTI ARCHEOLOGICI.
MANUFATTI INDUSTRIALI: armi (da caccia, da combattimento): alabarda, amigdala, fiocina, fionda, lancia, scudo, spada ecc.), matrici di fusione, oggettistica (in avorio, ceramica, cuoio, fibre intrecciate, legno, metallo, pietra, vetro), tessuti, utensili (litici, metallici: accetta, ascia, bulino, falce, glossopetra, punteruolo, raschiatoio, zappa).
TESTIMONIANZE SOCIOLOGICHE: affresco, amuleto, calendario, cartiglio, corredo funebre (offerte votive, oggetti personali, oggetti rituali), dipinto, disegno, epigrafe, gioiello, graffito, incisione rupestre, mezzo di trasporto, moneta, mosaico, palinsesto, papiro, pergamena, petroglifo, resto di scrittura (v. paragrafo VOCI ATTINENTI), scultura, sigillo, testi di interesse sociologico.
UNITÀ ABITATIVE: v. quadro terminologico ABITAZIONE.
OPERE MONUMENTALI: v. quadro terminologico ARCHITETTURA.
LUOGHI DI SEPOLTURA: campo di urne, catacomba, cimitero, cripta, *dolmen*, fossa, ipogeo, *kurgan*, mastaba, necropoli, ossario, piramide, recinto funerario, sarcofago, tomba (collettiva, individuale; a camera, a corridoio, a entrata, a clava, a fossa, a galleria, a tumulo), tumulo (a campana, a coppa, a disco, a effige, a laghetto, a piattino); cenotafio, cippo, lapide, pietra tombale.
INDUSTRIE: cava, fonderia, fornace, forno, macina, miniera, officina.
LAVORI PUBBLICI: acquedotto, canale, cisterna, diga, fontana, guado, mura, ponte, sbarramento, strada.
OPERE DI DIFESA: v. quadro terminologico FORTIFICAZIONI.
IMPRONTE: (animali, umane, vegetali).
RESTI BIOLOGICI: mummia, osso, scheletro; polline, vegetale; coprolite, cumulo di rifiuti.
ALTRO: allineamento, betilo, ciottolo scheggiato, coccio, *cromlech*, cumulo di pietre, frammento (carbonizzato, litico ecc.), *khirbet* o basso cumulo, microlito, scheggia, sfinge, *tell* o collina.

INDUSTRIE, CULTURE E CIVILTÀ SCOMPARSE: ateriano, campignano, capsiano, gravettiano o graveziano, micocchiano, oldowayano, perigordiano, sauveterriano, solutreano, tardenoisiano; abbevilliano, acheuleano, aurignaciano, aziliano, calcolitico o eneolitico, chelleano, hoabinhiano, levalloisiano, magdaleniano, musteriano o mousteriano, soaniano o soano; assira, azteca, babilonese, cartaginese, celtica, cinese, egiziana, etrusca, greca, ittica, maya, medioevale, micenea, minoica, palestinese, rinascimentale, romana; classiche, mediorientali, mediterranee, precolombiane, tardo-antiche.

TERMINI TECNICI VARI: avanzo monumentale, fossile-guida, oggetto di scavo, reperto, ritrovamento; giacimento, scavo, sito, stanziamento, stazione, strato (archeologico, geologico, paleontologico, peltnologico, sterile); esplorazione (aerea, geofisica, subacquea), perforazione (a clessidra, a V), ricognizione, scavo, sondaggio, sterro; missione archeologica, spedizione archeologica, viaggio di esplorazione.

VOCI ATTINENTI.
TIPI DI TERRENO: *cernozëm* o *cernoziom*, *lehm*, *löss*, marna, *parabraunerde*, *paracernoziom*, *pegur*, *plastosol*, *podsol* o terra grigia, terra bruna, terra fusca, terra rossa.
TIPI DI CERAMICHE: biscotto, *biscuit*, bucchero, faenza, *grès*, *mazapan*, monocottura, terraglia, terracotta.
TIPI DI SCRITTURA: bustrofedica, cuneiforme, ideografica, geroglifica; demotico, ieratico, lineare A, lineare B, runa, sanscrito, tocario o tocarico ecc.

arcióne [lat. volg. **arcio, -ōnis*; sec. XIII] **sm.** **1.** la parte della sella fatta a forma d'arco || *per estens.* la sella: *montare in arcione, tenersi in arcione, trarre d'arcione* **2.** *T.arch.* costolone **3.** sostegni ricurvi di legno sui quali posa la culla e che consentono il movimento ondulatorio.

arcipèlago (pl. *-ghi*) [dal gr. *Aigaîos pélagos*, mare Egeo; 1817] **sm.** **1.** insieme di isole vicine tra loro morfologicamente affini: *l'arcipelago delle Filippine* **2.** *fig.* aggregato irregolare: *lingue di nebbia si andavano intanto formando nella pianura, pallido arcipelago sopra oceano nero* (Buzzati) || *T.giorn.* gruppi o comunità isolate tra loro ma affini per orientamento ideologico o caratteristiche socio-politiche: *l'arcipelago della cultura giovanile.*

arciprèsso [da *cipresso*; sec. XIV] **sm.** *ant.* cipresso.

arciprète [lat. tardo *archipresbyter*, a. 1342] **sm.** *T.eccl.* titolo attribuito al parroco o rettore di una chiesa || titolo onorifico attribuito al membro più anziano o più degno del collegio canonico di una cattedrale.

arcipretùra [da *arciprete*; a. 1779] **sf.** ufficio, beneficio e dignità di arciprete; la chiesa cui è preposto l'arciprete.

arcispedàle [comp. di *arci-* e (*o*)*spedale*; 1733] **sm.** *ant.* ospedale maggiore.

arcivescovàdo [da *arcivescovo*; 1312] **sm.** luogo di residenza dell'arcivescovo.

arcivescovàto [da *arcivescovo*; 1570 nel senso 2] **sm.** **1.** ufficio e titolo d'arcivescovo **2.** luogo di residenza dell'arcivescovo.

arcivescovile [da *arcivescovo*; 1745] **agg.** relativo ad arcivescovo, di arcivescovo: *scuola, chiesa, curia arcivescovile.*

arcivéscovo [lat. tardo *archiepiscopus*; sec. XIII] **sm.** vescovo di diocesi metropolitana, con giurisdizione sui vescovi vicini, le cui diocesi formano una provincia ecclesiastica || *arcivescovo titolare*, titolo onorifico accordato dal papa che prevede la dignità di arcivescovo ma non la giurisdizione di una diocesi.

àrco (pl. *-chi*) [lat. *arcus*; a. 1306] **sm.** **1.** arma di antichissima origine, da caccia e da guerra, costituita da un'asta di materiale flessibile alla cui estremità viene fissata una corda; tendendo e poi liberando di scatto la corda si lancia la freccia incoccata: *tirare con l'arco, scagliare la freccia con l'arco* || *fig. avere molte frecce al proprio arco*, avere molte possibilità || *star con l'arco teso*, stare in guardia **2.** struttura architettonica curvilinea con funzione portante o decorativa sostenuta gen. da colonne o pilastri || *arco a tutto sesto*, in cui l'altezza è uguale al raggio || *arco a sesto acuto*, in cui l'altezza è maggiore del raggio || *arco a sesto ribassato*, in cui l'altezza è minore del raggio || *arco rampante*, con gli appoggi sui piedritti ad altezze differenti || *arco cieco*, con luce murata || *arco di trionfo*, monumento ad arco, che, part. in epoca romana, veniva edificato per celebrare imperatori e generali: *l'arco di Tito, di Costantino* || *arco trionfale*, nelle basiliche cristiane, quello che separa presbiterio e navata centrale **3.** *gen.* struttura curvilinea, arcuata: *l'arco del cielo, delle sopracciglia* || *T.anat. arco dell'aorta*, tratto curvilineo dell'aorta toracica || *T.geol. arco morenico*, struttura costituita dai detriti depositati dalla lingua terminale di un ghiacciaio || *T.geogr. arco di meridiano, di parallelo*, sezione determinata di meridiano o parallelo || *T.astr. arco diurno*, traiettoria apparente descritta da una stella sopra la linea d'orizzonte; *T.astr. arco notturno*, traiettoria apparente descritta da una stella sotto la linea d'orizzonte **4.** *T.mat.* parte di una circonferenza compresa tra due punti: *tracciare un arco col compasso* **5.** *T.fis. arco voltaico*, arco luminoso che si crea col passaggio di corrente tra due elettrodi collegati a una sorgente elettrica in atmosfera fortemente ionizzata; trova frequenti impieghi industriali per la luminosità e l'alta temperatura che sviluppa: *lampada ad arco voltaico, saldatura ad arco voltaico* **6.** *T.mil.* ciascuno dei due segmenti in cui è suddivisa la traiettoria di un proiettile **7.** *T.mus.* archetto, bacchetta di legno alle cui estremità è assicurato un fascio di crini di cavallo, utilizzata per mettere in vibrazione le corde di vari strumenti || *pl. per anton. gli archi*, in un'orchestra, gli strumenti che si suonano con l'archetto (viola, violino, violoncello, contrabbasso) **8.** periodo di tempo: *nell'arco della sua vita ha visto morire papi e re, nell'arco di tre anni si sono succeduti dodici governi* **9.** *T.pol.* schieramento || *arco costituzionale*, l'insieme dei partiti che, in Italia, hanno collaborato alla stesura della carta costituzionale **10.** *T.fisiol. arco riflesso*, v. RIFLESSO || **N.** **1.** contrappesi, corda, corno; bracciale, faretra, freccia **2.** a quattro centri, dritto, fiorentino o a ferro di cavallo, parabolico, trilobato | chiave, estradosso, freccia, imposta, intradosso, luce, monta, piedritto. **Q.T.** *architettura, copricapi* **TAV.** *elettrotecnica* 4; ***architettura*** **p. 646** 5.1, 6; ***armi*** **p. 648** 12, 14.2.

arcobaléno (pl. *arcobaléni*) [comp. di *arco* e *baleno*; 1483] **sm.** fenomeno ottico prodotto dalla rifrazione e riflessione dei raggi solari o di altra intensa sorgente luminosa sulle gocce di acqua sospese nell'atmosfera dopo la pioggia e in prossimità di cascate d'acqua; consiste in un arco pluricolorato: *colori dell'arcobaleno o dell'iride* || *fig. diventar di tutti i colori dell'arcobaleno*, arrossire vistosamente || *arcobaleno secondario*, arcobaleno che a volte si scorge all'esterno dell'arcobaleno primario e che presenta i colori in senso inverso || **N.** *Sin.* arco celeste, iride | violetto, indaco, azzurro, verde, giallo, arancione, rosso | infrarosso, ultravioletto.

arcocoséno [comp. di *arco* e *coseno*; 1959] **sm.** *T.mat.* funzione trigonometrica inversa che associa a ogni numero reale compreso tra -1 e 1 l'angolo del quale il numero dato è il coseno.

arcolàio (pl. *-ài*) [da *arcora*, ant. pl. di *arco*; 1353] **sm.** strumento fatto di bacchette di legno, intorno a cui si colloca la matassa, e che, girando su un perno, la dipana || **N.** *Sin.* aspo, bindolo, guindolo, incannatoio, naspo | costole, croce, naso, stile. **Q.T.** *tessitura* **TAV.** ***maglia...*** **p. 1316** 2.

arcontàto [da *arconte*; a. 1823] **sm.** *T.stor.* carica, dignità e ufficio di arconte; durata di tale carica: *l'arcontato di Solone.*

arcónte [dal lat. tardo *archon, -ŏntis*; gr. *árchōn*; 1587] **sm.** *T.stor.* supremo magistrato della repubblica ateniese.

arcoscènico (pl. *-ci*) [comp. di *arco* e *scenico*; 1942] **sm.** *T.teatr.* parte superiore della cornice che inquadra la scena di un teatro, generalmente a forma di arco molto ribassato.

arcoséno [comp. di *arco* e *seno*; 1955] **sm.** *T.mat.* funzione trigonometrica indicante l'angolo il cui seno è x.

arcosòlio (pl. *-li*) [comp. del lat. *arcus*, arco e lat. *solium*, sepolcro; 1892] **sm.** *T.arch.* tipo di sepoltura, usata specie nelle catacombe; consiste in una nicchia a forma d'arco in cui veniva collocato il sarcofago.

arcotangènte [comp. di *arco* e *tangente*; 1959] **sf.** *T.mat.* funzione trigonometrica inversa che associa a ogni numero reale l'angolo del quale il numero dato è la tangente.

àrcto- o **àrto-** [dal gr. *árktos*, orso] ***primo elem.*** che, in parole composte della terminologia scientifica, vale "orso" (per es. *arctocefalo*).

arctocèbo o **artocèbo** [dal lat. scient. *Arctocebus*; 1955] **sm.** *T.zool.* genere di proscim-

ARCHITETTURA

Paesistica o del paesaggio, urbanistica; abitativa, civile / militare, funeraria, idraulica, industriale, navale, religiosa.

Araba, assirobabilonese, barocca, bizantina, classica (greca, romana), egizia, etrusca, gotica, *liberty*, micenea, minoica, moderna, moresca, neoclassica, novecento, organica, paleocristiana, precolombiana (atzeca, inca, maya ecc.), postmoderna, razionale, rinascimentale, rococò, romanica, toscana.

ORDINI ARCHITETTONICI CLASSICI: dorico, ionico, corinzio, toscano o tuscanico, composito.

TIPI E COMPLESSI DI EDIFICI: abbazia, acropoli, agorà, anfiteatro, arena, baita, basilica, battistero, *bungalow*, casa, casale, cascina, caserma, castello, catacomba, cattedrale, cavalcavia, certosa, *châlet*, chiesa, chiosco, cittadella, convento, *cottage*, fattoria, fontana, *gazebo*, grattacielo, insula, isba, lanterna, maniero, mausoleo, megalite (*dolmen, menhir*, monolito, trilite), minareto, monumento, moschea, ninfeo, nuraghe, obelisco, padiglione, pagoda, palafitta, palazzo, piramide, ponte, rocca, sinagoga, stadio, teatro, tempio (prostilo, anfiprostilo, tetrastilo, esastilo, ottastilo, decastilo, dodecastilo; aptero, monoptero, dittero, periptero), terme, torre, trullo.

PARTI DI EDIFICI: ala, arcosolio, avancorpo, capitolare, capocroce, cavedio, cella, chiostro, colonnato, cortile, cubicolo, facciata, fiancata o fianco, galleria, loculo, loggia, naos, nartece, nicchia, patio, pontile, portico, protiro, rivellino, rotonda, sacello, tablino, triforio, veranda.
V. inoltre: per la chiesa cattolica, quadro terminologico e tavola omonime; per il ponte, tavola ARCH.; per i vari tipi di unità abitative, quadro terminologico e tavola ABITAZIONE; per le terme, la N. della voce *terma*.

ELEMENTI ARCHITETTONICI E COSTRUTTIVI: aggetto, aletta, altana, antemurale, antiporta, arcale, arcata, arciera, arco (a centro ribassato o scemo, acuto, a pieno centro o a tutto sesto, a sesto invertito, ellittico, moresco, policentrico, rampante, Tudor; archivolto, chiave, estradosso, imposte, intradosso o sott'arco, spalla; corda, luce, monta, saetta o freccia), architrave, astragalo, atlante o telamone, avancorpo, balaustra o balaustrata, balconata, balcone, baldacchino, basamento o zoccolo, bastone o toro, camino (cappa, comignolo o rocca, focolare, gola, spiazzo, tromba), canefora, capriata, cariatide, cassettoni, centina, cimasa, collarino, colmareccio o *columen*, colmo, colonna (a tortiglione, composita, corinzia, dorica, ionica, rudentata, tuscanica; base o basamento, capitello, fusto o scapo), compluvio, contrafforte, contromuro, conversa, copetura, cornice, cornicione, crepidoma, cupola, cuspide, davanzale, displuvio, doccia o grondaia, doccione, ecfora, echino, entasi, faldale, finestra (guelfa, inginocchiata, serliana; monofora, bifora, trifora), fondamenta, frontone, frontespizio, gocciolatoio, gradone, gronda, guglia, impiantito, impluvio, listello, lobo, lucernario, lunetta, marcapiano, mensola, merlo (ghibellino,

segue

mie della famiglia Nitticebi, di taglia media, viventi in Africa occidentale.

arctocèfalo [dal lat. scient. *Arctocephalus*; 1955] **sm.** *T.zool.* genere di mammiferi pinnipedi dal muso allungato e dalla pelliccia pregiata.

Arctòidi (sing. *-e*) [dal lat. scient. *Arctoidea*; 1955] **sm.** *pl. T.zool.* orsiformi.

arcuàre (pres. *àrcuo*) [lat. *arcuāre*; 1865] **tr.** piegare ad arco: *arcuare un legno, il braccio* || **N.** archeggiare.

arcuàto (*pps.* di *arcuare*) [1282] **agg.** piegato ad arco: *gambe arcuate.*

arcuatùra [da *arcuare*; 1970] **sf.** incurvamento delle tavole di legno fresco nel corso dell'essiccazione || **N.** *Sin.* imbarcamento.

arcùccio (pl. *-ci*) (*dim.* di *arco*) [1923] **sm.** strumento composto da stecche piegate ad arco, per tener sollevate le coperte del letto sopra i bambini dormienti, o sopra una parte del corpo malata; trespolo.

ardèa [dal lat. *ārdea*; a. 1484] **sf.** *ant.* airone, arzagola.

Ardèidi (sing. *-e*) [dal lat. scient. *ardeidae*; 1955] **sm.** *pl. T.zool.* famiglia di uccelli dei Ciconiformi, tra cui gli aironi e i tarabusi.

ardènte (*ppr.* di *ardere*) [a. 1292] **agg. 1.** che arde, infuocato: *ceppo ardente* || *per estens. sole ardente*, cocente, molto caldo; *sabbia ardente*, infuocata; *febbre ardente*, molto alta || *camera ardente*, locale parato a lutto dove la salma viene esposta circondata da ceri e fiori prima della sepoltura **2.** *fig.* intenso, impetuoso, focoso, desideroso: *una passione ardente, parole ardenti, ardente sostenitore* || **ardentemènte** **avv.** || **N. 1.** *Sin.* affocato, cocente, infiammato **2.** *Sin.* appassionato, fervente, fervido, impaziente, veemente, violento.

ardénza [da *ardere*; 1611] **sf.** *ant.* e *lett.* ardore, arsura, veemenza: *l'ardenza già troppo forte di quel maggio morente* (D'Annunzio).

àrdere (imp. *ardévo*; p.rem. *àrsi, ardésti, àrse, ardémmo, ardéste, àrsero*; fut. *arderò*; pps. *àrso*) [lat. *ardēre*; a. 1294] **tr.** bruciare: *ardere la legna nel caminetto, ardere le streghe sul rogo* || *per estens.* seccare, inaridire: *il sole arde i germogli* || *fig.* infiammare di desiderio, di passione: *è rimasta nel pensier la luce / che m'arde e strugge dentro a parte a parte* (Petrarca) || **intr.** (aus. *essere*) essere in fiamme: *il fuoco arde nella stufa* || risplendere: *i suoi occhi ardono di desiderio* || *fig.* essere preda di un sentimento molto intenso: *ardere di sdegno* || *per estens.* avvampare per eccessivo calore: *la campagna ardeva sotto il solleone* || *fig. lett.* imperversare, infuriare: *dove arde la lotta là mi troverai* || **N. tr.** *Sin.* dar fuoco, incendiare, infiammare | **intr.** *Sin.* divampare, spandere calore; brillare, risplendere; ribollire.

ardèṣia [dal fr. *ardoise*; 1741] **I sf.** roccia argillosa facilmente divisibile in lastre sottili, di color grigio nerastro, che serve per coprire i tetti delle case o per farne lavagne || **sm.** il colore della roccia omonima: *l'ardesia è un colore simile all'antracite* **II agg.** *inv.* (sempre posposto) del colore della roccia omonima: *cielo, maglione ardesia* || **N.** *Sin.* lavagna.

àrdica [dal gr. biz. *nárthēka*, nartece; 1955] **sf.** *T.arch. raro* portico delle basiliche paleocristiane ravennati || **N.** *Sin.* nartece.

ardiglióne [dal fr. ant. *hardillon*; a. 1367] **sm.** *non com.* **1.** puntale per la chiusura della fibbia **2.** punta ritorta dell'amo per impedire lo sganciamento del pesce || **N. 1.** *Sin.* fermaglio. **TAV.** *pesca* 7.3.

ardiménto [da *ardire*; sec. XIII] **sm. 1.** coraggio, ardire, sprezzo del pericolo: *affrontò con ardimento l'impari lotta* **2.** *concr.* gesto coraggioso, impresa ardita: *scalare in inverno la nord dell'Eiger fu un ardimento* || *fig. non com.* arditezza, audacia stilistica o di pensiero: *gli ardimenti di Marinetti* || **N. 1.** *Sin.* audacia, baldanza, cuore, intrepidezza **2.** *Sin.* arditezza.

ardimentóso [da *ardimento*; 1300 ca.] **agg. 1.** pieno di ardimento: *un animo ardimentoso* **2.** rischioso, che richiede coraggio: *imprese ardimentose* || **ardimentosaménte** **avv.** || **N. 1.** *Sin.* ardito, coraggioso | *Contr.* timoroso, vigliacco **2.** *Sin.* pericoloso, temerario | *Contr.* prudente.

ardire (pres. *-ìsco, -ìsci*) [dal francone **hardjan*, attr. il fr. ant. *hardir*; fine sec. XIII] **I intr.** (aus. *avere*) e **intr. pron.** aver coraggio di fare una cosa, osare (di solito seguito da un infinito o più raramente da *di* più infinito, *a* più infinito): *nonostante le impari forze ardì attaccare in campo aperto, non ardiva di contraddirlo* || **tr.** *lett.* osare: *chi nulla ardisce nulla fa* **II sm.** (solo anticamente al *pl.*) coraggio, audacia, temerarietà: *una missione che richiedeva grande ardire* || *per estens.* baldanza, impudenza: *ha avuto l'ardire di contraddirmi* || **N. I** *Sin.* arrischiarsi, avere animo **II** ardimento, temerità | faccia tosta.

arditézza [da *ardito*; a. 1257] **sf.** qualità di chi o di ciò che è ardito, coraggio || stravaganza: *arditezza di stile.*

arditiṣmo [da *ardito*; 1945] **sm. 1.** arditezza **2.** atteggiamento tipico degli Arditi, durante e dopo la prima guerra mondiale, caratterizzato da disprezzo per il pericolo, esaltazione della lotta armata e violenza nei confronti degli istituti civili.

ardito (*pps.* di *ardire*) [a. 1294] **I agg. 1.** coraggioso: *un ardito alpinista* || spavaldo, impudente: *l'ardito scolaro sbeffeggiò l'insegnante* || *farsi ardito*, prender coraggio: *i recenti successi lo hanno fatto ardito* **2.** *fig.* nuovo, originale: *un'ardita teoria* **3.** rischioso, arrischiato: *la direttissima del Cerro Torre è una delle vie più ardite* **II sm.** nella guerra del '15-'18, soldato di reparti scelti addestrato a compiere rischiose azioni d'assalto; oltre al normale equipaggiamento aveva a disposizione un pugnale || **N. I 1.** *Sin.* animoso, baldanzoso; sfacciato, temerario | *Contr.* cauto, prudente; vigliacco.

arditóre [da *ardere*; 1819] **sm.** operaio addetto all'accensione dei forni e al controllo della fusione del materiale, nelle fonderie.

ardóre [dal lat. *ārdor, -ōris*; a. 1290] **sm.** calore intenso: *l'ardore del fuoco* || *fig.* passione, brama, affetto smodato: *Amore è uno spirito d'ardore* (Guido delle Colonne) || fervore, zelo: *studiar con ardore* || **N.** *Sin.* ardenza, forza, impeto, intensità, veemenza | *Contr.* apatia, indolenza; freddezza.

arduità [dal lat. *arduitas, -ātis*; sec. XIV] **sf.** *raro* caratteristica di ciò che è arduo, l'essere arduo, difficile: *l'arduità del risolvere la crisi* || **N.** *Sin.* difficoltà, malagevolezza.

àrduo [dal lat. *arduus*; a. 1306] **agg.** difficile, faticoso: *un compito, un concetto arduo* || erto, difficile a salire: *l'ardue scale* (Pascoli) || *lett.* posto in alto: *nel castello arduo* (Pascoli) || **arduaménte** **avv.** *non com.* || **N.** *Sin.* erto, impervio, malagevole, ripido, DIFFICILE.

-àre [lat. *-āre(m)*, variante di *-āle(m)* (v. *-ale*[1])] **suff.** variante di *-ale*[1] (v.) usata con basi che contengono un suono [l] o [ʎ]: *disciplinare, lagunare, fogliare, polare, veicolare* || **N.** -ale[1].

àrea [dal lat. *ārea*; 1340] **sf. 1.** superficie circoscritta di terreno: *gli impianti di depurazione occupano una vasta area alla periferia urbana, recintare un'area* || *area fabbricabile*, destinata alla costruzione di edifici || *area di servizio*, destinata al rifornimento e alla riparazione dei veicoli || *T.sport.* zona del campo opportunamente delimitata; *area di rigore*, nel calcio, quella in cui i falli dei difensori vengono puniti col calcio di rigore; *area dei tre secondi*, nel basket, quella in cui l'attaccante privo di palla

segue ARCHITETTURA

guelfo), modanatura (apofisi o apofige, gola, guscio, ovulo, scozia, sguscio), modiglione, muro (di gabbia scala, divisorio, maestro, perimetrale, portante; longitudinale, trasversale; v. quadro terminologico EDILIZIA), nervatura, pannello, parasta, parapetto, parete, pavimento (acciottolato, ammattonato, battuto, intarsiato, intavolato, lastricato, piastrellato), pennacchio, piedritto, pilastro, pinnacolo, plinto o dado, podio, porta, portale, portico, portone, rastrematura, rinfianco, riquadro, risega, ritana, rosta, scala (a chiocciola, a rampe; alzato o frontalino, gradino o scalino, pedata, pianerottolo, ramo, rampa), scalea, scarico, scomparto, sima, soffitto (a cassettoni, a stuoia, lacunare, scompartito; canniccio o arella, cornice, correnti, rosone, stucchi), soppalco, soprapporta, sottocornice, spalla, spalletta, spalto, sperone, spiovente, sporto, stele, stilobate, stiloforo, stipite, strombatura, tamburo, tavolato, terrazza, terrazzino, terrazzo, tetto (a due, tre, quattro acque, a capanna, a cupola, a spiovente, a terrazza, a padiglione, a volta), tettoia, timpano, toro, trabeazione, transenna, travatura (arcarecci, cavalletto, corda o tirante, correnti, puntoni, trave di colmo), trave, volta (a bacino, a botte, a botte con teste di padiglione, a crociera, a cupola, a vela; chiave di volta, costolone, imposta, vela), zoccolo.

DECORAZIONI: accartocciamento, antefissa, arabesco, baccello, becco di civetta, bisante, bozza, bucranio, bugna, candelabra, cartiglio, caulicolo, conchiglia, cordonatura, corridietro o cane corrente, dentellatura, encarpo, festone, fiorame, fiorone, foglia, formella, fusarola, fregio (metopa, triglifo), glifo (diglifo, triglifo), girale, greca, lemnisco, lesena, medaglione, membratura, modanatura, palmetta, pentalobo, pigna, rosone, scanalatura, scartoccio, trilobo, viticcio, voluta.

MATERIALI: v. il quadro terminologico EDILIZIA.

STRUMENTI DELL'ARCHITETTO: balaustrino, CAD o *Computer Aided Design*, compasso, curvilinee (rigido, flessibile), gomma, goniometro, inchiostro, matita (di grafite o lapis, a mina continua o a pulsante o portamine), mascherine per figure geometriche (cerchi, ellissi ecc.), normografo, pantografo, paralleligrafo, pastelli colorati, penna a inchiostro, pennarelli, regolo calcolatore, riga, scalimetro, sfumino, squadra, tecnigrafo, tiralinee, trasferibili; v. tavola DISEGNO.

PERSONE: v. il quadro terminologico EDILIZIA.

VOCI ATTINENTI: eliocopia, lucido, modello tridimensionale in scala o plastico.

AZIONI: disegnare (in pianta, in prospettiva, in scala; abbozzo, bozzetto, *layout*, planimetria, prospetto o alzato o fronte, disegno esecutivo, schizzo, scorcio, sezione, spaccato), ideare, progettare, quotare; v. inoltre OPERAZIONI nel quadro terminologico EDILIZIA.

TEORIA COSTRUTTIVA: v. tra le VOCI ATTINENTI del quadro terminologico EDILIZIA.
(V. inoltre i quadri terminologici ABITAZIONE, CHIESA CATTOLICA, EDILIZIA, le tavole omonime e la tavola TEMPIO).

non può sostare più di tre secondi **2.** *T.mat.* misura di una superficie piana: *l'area del rettangolo si ottiene moltiplicando base per altezza* **3.** regione interessata dal verificarsi di particolari fenomeni: *area sismica, area anticiclonica* || *area linguistica,* caratterizzata dalla presenza di particolari fatti linguistici || *area depressa, sottosviluppata,* caratterizzata da una situazione socio-economica di povertà e arretratezza || *area del dollaro,* in cui le contrattazioni internazionali avvengono sulla base di quella unità monetaria **4.** *fig.* raggruppamento, settore, schieramento: *area laica, di centro sinistra* || *area democratica,* costituita da coloro che accettano i principi sanciti dalla costituzione **5.** *fig.* insieme, complesso di fenomeni: *area culturale.* **TAV. *automobile* p. 658** 4.14.

area Celsi (lat., pr. it. [ˈarea ˈtʃɛlsi]) [letter. area di Celso, scrittore rom. che per primo la descrisse] ***loc. f. inv.*** *T.med.* zona glabra del cuoio capelluto.

areàle [dal lat. *arealis*; 1950] **I *agg.*** relativo a un'area: *descrizione areale di un fenomeno* || *linguistica areale,* meno *com.* per geografia linguistica, analisi dei fenomeni linguistici in base alla loro collocazione territoriale || **arealménte** ***avv.*** sotto l'aspetto areale **II *sm.*** area di diffusione: *l'areale della cicogna va restringendosi.*

area manager (ingl., pr. [ˌeərɪə ˈmænɪdʒə]; pr. it. [ˈarea ˈmanadʒer]) [letter. dirigente di zona; 1979] ***loc. s. inv.*** nell'organizzazione aziendale, direttore o responsabile principale delle vendite di una zona || **N.** *Sin.* capo area, capo zona.

areàre forma scorretta di AERARE (v.).

areàto[1] forma scorretta di AERATO (v.).

areàto[2] [dal fr. *aréé*; 1967] ***agg.*** *T.med.* circoscritto, delimitato, usato solo nella loc. *alopecia areata.*

arèca [dal port. *areca,* di derivazione indiana; 1525] ***sf.*** *T.bot.* genere di palme tropicali diffuse in India e in Malesia; l'Areca Catechu, alta fino a trenta metri, con foglie pennate, produce un frutto edule detto *noce di areca* o *noce di betel;* tali noci masticate con foglie di *Piper Betle* danno ebrezza.

arèico[1] (pl. *-ci*) [comp. di *a-*[1] e un der. del gr. *rhêin,* scorrere; 1955] ***agg.*** *T.geogr.* privo di corsi d'acqua per scarsa piovosità o eccesso di evaporazione: *regione areica.*

arèico[2] (pl. *-ci*) [comp. di *area* e *-ico*; 1983] ***agg.*** *T.fis.* di grandezza fisica, relativo all'area: *carica, massa areica.*

areligióso [comp. di *a-*[1] e *religioso*; 1908] ***agg.*** che prescinde da principi religiosi.

arèlla [voce veneta, dim. del lat. *hara,* porcile; 1803] ***sf.*** graticcio di canna palustre utilizzato per l'essiccazione di frutti e l'allevamento di bachi da seta.

-arellàre v. -ERELLARE.

-arèllo v. -ERELLO.

àrem adattamento it. di HAREM (v.).

aréna [dal lat. *arēna*; a. 1313] ***sf.*** sabbia, rena: *arena fluviale, marina* || *per estens.* arenile, spiaggia || *poet.* suolo, terreno.

arèna [dal lat. *arēna,* anfiteatro (sparso di sabbia); inizio sec. XIV] ***sf.*** **1.** *T.stor.* spazio pianeggiante al centro dell'anfiteatro in cui combattevano i gladiatori || *fig. scender nell'arena,* entrare nella lotta || *l'arena del circo,* la pista || resti di anfiteatro classico: *l'arena di Verona, di Nîmes* **2.** *per estens.* luogo in cui si svolgono competizioni sportive, stadio || luogo in cui si svolge la corrida || luogo predisposto per lo svolgimento di spettacoli all'aperto. **Q.T.** *teatro.*

arenàceo [dal lat. *arenaceus*; a. 1599] ***agg.*** composto di arena: *costa arenacea.*

arenaménto [da *arenare*; a. 1794] ***sm.*** **1.** l'arenare e l'arenarsi || *fig.* fallimento, arresto: *il progetto ha subito un progressivo arenamento* **2.** deposito di sabbia presso l'alveo del fiume.

arenàre [da *aréna*; a. 1348] ***intr.*** (aus. *essere*) e ***intr. pron.*** *T.mar.* restare in secco, detto d'imbarcazione che si incagli contro un banco di sabbia || *fig.* di persona, affare, lavoro ecc., rimanere sospeso, non saper più procedere: *sul più bello del discorso s'è arenato.*

arenària [dal lat. *arenarius*; 1714] ***sf.*** **1.** roccia sedimentaria costituita da sabbia cementata in una matrice argillosa, calcarea o silicea, usata come materiale da costruzione **2.** *T.bot.* pianta delle Carofillacee con fiori piccoli, solitari, di colore bianco, foglie opposte.

arenàrio (pl. *-ri*) [dal lat. *arenarius*; prima metà sec. XIV] ***agg.*** relativo ad arena || *cimiteri arenari,* catacombe.

arengàrio (pl. *-ri*) [da *arengo*; 1935] ***sm.*** *T.stor.* palazzo municipale medioevale dell'Italia settentrionale fornito di pulpito esterno per arringare la folla || durante il fascismo, struttura avente le stesse funzioni || **N.** *Sin.* broletto.

aréngo o **arèngo** (pl. *-ghi*) [dal germ. **hrings,* cerchio; 1342] ***sm.*** **1.** assemblea popolare dei Comuni italiani nel Medioevo || luogo dove si adunava tale assemblea **2.** variante di *aringo* nella loc. *entrare nell'arengo,* entrare in competizione.

arenìcola [comp. di *aréna* e *-cola*; 1829] ***sm.*** *T.zool.* animale vermiforme dei Policheti, con numerose paia di branchie ramificate; vive nella sabbia e viene utilizzato come esca dai pescatori.

arenìcolo [comp. di *aréna* e *-colo*; 1875] ***agg.*** di organismo animale o vegetale che vive nella sabbia.

arenìle [da *aréna*; 1490] ***sm.*** tratto sabbioso sulla riva del mare ma anche di fiumi e laghi: *l'arenile di Cesenatico.*

arenosità [da *arenoso*; 1320] ***sf.*** l'essere arenoso.

arenóso [dal lat. *arenosus*; a. 1347] ***agg.*** sabbioso: *terreno arenoso.*

arènte [dal lat. *arens, -ĕntis*; 1450 ca.] ***agg.*** *ant.* arido, secco.

àreo- v. AERO-[1] e AERO-[2].

arèola [dal lat. *areola*; a. 1730] ***sf.*** **1.** *raro* piccola area **2.** *T.anat. areola mammaria,* zona circostante il capezzolo.

areolàre [da *areola*; 1955] ***agg.*** relativo a un'areola; *in part.* relativo all'areola del capezzolo: *ghiandole areolari.*

areolàto [da *areola*; 1955] ***agg.*** **1.** dotato di areola **2.** caratterizzato da più areole || *T.bot. punteggiatura areolata,* tratti meno spessi delle pareti cellulari che servono allo scambio di materiali tra cellule.

areolìto forma scorretta di AEROLITO (v.).

areometrìa [comp. del gr. *araiós,* poco denso e *-metria*; 1955] ***sf.*** **1.** *T.fis.* determinazione del peso specifico di liquidi e solidi, eseguita con l'areometro **2.** in geotermica, esame granulometrico della parte di un terreno costituita da argilla e limo.

areòmetro [comp. del gr. *araiós,* poco denso e *-metro*; 1771] ***sm.*** *T.fis.* strumento utilizzato per misurare il peso specifico di liquidi e solidi || *areometro a peso costante,* densimetro || *areometro a volume costante,* usato per la misurazione della densità di solidi e liquidi.

areonàuta e der. forme ant. di AERONAUTA e der. (v.).

areopagìta [dal lat. *areopagīta,* gr. *areopagítēs*; sec. XIV *areopagito*] ***sm.*** *T.stor.* giudice dell'Areopago.

areopàgo o **areòpago** (pl. *-ghi*) [dal lat. *Areopagus,* gr. *Áreios págos,* monte di Marte; fine sec. XIV] ***sm.*** tribunale supremo di Atene, che sorgeva su un colle sacro a Marte || *fig.* consesso autorevole, tribunale supremo.

areoplàno forma scorretta di AEROPLANO (v.).

areopòrto forma scorretta di AEROPORTO (v.).

areostàtico forma scorretta di AEROSTATICO (v.).

areòstato forma scorretta di AEROSTATO (v.).

areòstilo [dal lat. *araeostylos,* gr. *araióstylos*; a. 1758] **I *sm.*** *T.arch.* intercolunnio superiore a tre diametri di colonna e perciò con colonne molto distanziate **II *agg.*** di tempio che presenti un porticato con tali caratteristiche: *molti templi etrusco-italici erano areostili* || **N.** I *Sin.* modulo.

aretìno [dal lat. *arretīnus,* da *Arrētium,* Arezzo; a. 1294] **I *agg.*** di Arezzo **II *sm.*** **1.** (f. *-a*) abitante di Arezzo **2.** territorio di Arezzo.

arfasàtto [dal n. proprio *Arfassad,* re dei Medi; a. 1587] ***sm.*** *ant.* uomo dappoco, meschino e triviale, volgare raggiratore.

argalì [dal persiano *ärgālī,* pecora; 1955] ***sm.*** grossa pecora selvatica dell'Asia.

arganétto o **arganèllo** (*dim.* di *argano*) [a. 1574] ***sm.*** **1.** piccolo argano **2.** *T.idr. arganetto idraulico,* apparecchio impiegato per provare l'esistenza della pressione di un liquido sulle pareti di un contenitore; mulinello idraulico **3.** *T.elettr. arganetto elettrico,* strumento usato per dimostrare la reazione all'elettrizzazione dell'aria di una serie di punte disposte a stella; mulinello elettrico.

arganìsta [da *argano*; 1961] ***s.*** chi è addetto alla manovra di un argano.

àrgano [lat. volg. **arganum,* gr. *tà órgana*; 1314 *argana*] ***sm.*** strumento meccanico per il sollevamento di pesi costituito da un cilindro rotante azionato manualmente o a motore, attorno al quale si avvolge il cavo portante || *a forza d'argani, con gli argani,* a stento, con grande sforzo e difficoltà; anche *fig.*: *per muoverlo ci vogliono gli argani, tanto è pigro* || **N.** burbera, cabestano, molinello, verricello | cilindro o fuso o anima, leva, manubrio, perni. **TAV. *ferrovie...* p. 669** 7.10, 9.2; ***vela* p. 1343** 6.24.

argànte [da *argano,* con influsso del n. proprio *Argante,* personaggio della *Gerusalemme Liberata* di T. Tasso; 1923] ***sm.*** **1.** *T.teatr. disus.* operaio addetto alla manovra degli scenari o, nelle antiche tecniche teatrali, di un argano che calava sulla scena un lampadario **2.** palo posto dietro le quinte, recante affisso l'elenco degli attori secondo l'ordine di entrata in scena || luogo nel quale erano collocati gli oggetti che gli attori dovevano portare in scena **3.** reggilume mobile a tre piedi da palcoscenico.

argentàna [da *argento*; 1892] ***sf.*** argentone.

argentàre (pres. *-ènto*) [lat. tardo *argentāre*; a. 1541] ***tr.*** rivestire d'argento, inargentare: *argentare a foglia, ad amalgama.*

argentària [dal lat. *argentarius*; 1845] ***sf.*** *T.bot.* pianta perenne delle Composite con foglie bianco-grigie e fiori gialli.

argentàrio (pl. *-ri*) [dal lat. *argentārius*; a. 1342 come sm.] **I *agg.*** **1.** che ha le qualità dell'argento || che contiene argento **2.** di argentiere: *arte argentaria* **II *sm.*** (f. *-a*) **1.** *lett. non com.* argentiere **2.** *T.stor.* nell'antica Roma, banchiere.

argentàto (*pps.* di *argentare*) [a. 1294] ***agg.*** rivestito d'argento || *per estens.* del colore dell'argento: *volpe argentata.*

argentatóre [da *argentare*; inizio sec. XIV] ***sm.*** (f. *-trìce*) chi argenta.

argentatùra [da *argentare*; 1829] ***sf.*** **1.** operazione dell'argentare **2.** strato d'argento che ricopre un oggetto: *col sudore, l'argentatura del collier se n'è andata.*

argènteo [dal lat. *argenteus*; 1336] **I *agg.*** **1.** di argento, fatto d'argento: *medaglia argentea* || *per estens.* che ha il colore o l'aspetto dell'argento: *il chiarore argenteo della luna* **2.** *periodo argenteo,* nella letteratura latina, l'arco di tempo fra il 14 e il 117 d.C., considerato qualitativamente inferiore al precedente periodo aureo **II** ***sm.*** moneta d'argento della monetazione romana imperiale || *in part.* moneta d'argento di buona lega del periodo di Diocleziano.

argenterìa [da *argento*; a. 1400] ***sf.*** insieme di oggetti di argento lavorati, come vasellami, posate ecc.: *vendere l'argenteria di casa* || **N.** *Sin.* argenti. **Q.T.** *arredamento.*

argentièra [da *argento*; prima metà sec. XIV] ***sf.*** *non com.* miniera d'argento.

argentière [dal lat. *argentarius*, attr. il fr. *argentier*; 1367] ***sm.*** (f. *-a*) **1.** chi lavora l'argento **2.** chi vende oggetti d'argento **3.** *disus.* banchiere || **N. 2.** *Sin.* argentario, orefice | STRUMENTI: brunitoio, coppella, crogiuolo, forma, mordente, muffola, raspino | bianchire, caratare, damaschinare.

argentìfero [comp. di *argento* e *-fero*; 1664] ***agg.*** che contiene argento: *piombo argentifero, terreno argentifero, miniera argentifera.*

argentìna[1] [dal n. geogr. *Argentina*, dove si diffuse; 1953] ***sf.*** maglietta a giro collo con maniche lunghe ad attaccatura larga.

argentìna[2] [da *argento*; 1550] ***sf.*** **1.** pianta delle Rosacee con stelo breve, fiori isolati, foglie argentee nella parte inferiore **2.** pesce dei Clupeiformi dalle squame di un caratteristico color argenteo.

argentìno[1] [da *argento*; 1438] ***agg.*** **1.** di colore simile a quello dell'argento **2.** di suono squillante che richiama quello dell'argento percosso: *voce argentina.*

argentìno[2] [dal n. geogr. *Argentina*, stato del Sud-America; 1889 come sm.] **I** ***agg.*** dell'Argentina: *pampas argentine, tango argentino* **II** ***sm.*** (f. *-a*) nativo, abitante dell'Argentina.

argentìte [comp. di *argento* e *-ite*[2]; 1955] ***sf.*** minerale di colore grigo-piombo scuro, malleabile, costituito di solfuro di argento.

argènto [lat. *argentum*; inizio sec. XIII] **I** ***sm.*** **1.** elemento chimico, metallo prezioso, bianco, lucente, malleabile, ottimo conduttore di elettricità e calore, trova numerosi impieghi industriali nella composizione di leghe, nella fabbricazione di oggetti di lusso; viene anche usato per gelatine fotografiche, per conduttori elettrici e come catalizzatore || *pl.* insieme di oggetti d'argento, argenteria: *gli argenti di casa* || *pop. argento vivo*, mercurio || *fig. aver l'argento vivo addosso*, non stare mai fermi, essere irrequieti o attivissimi || *fig. nozze d'argento*, il venticinquesimo anniversario di matrimonio || *età dell'argento*, epoca mitologica successiva a quella dell'oro **2.** colore metallico chiaro simile a quello dell'argento: *i riflessi d'argento del mare di notte, una luna d'argento* **3.** medaglia d'argento: *ha guadagnato l'argento alle Olimpiadi* **4.** moneta d'argento: *pagare in argento sonante* **II** ***agg. inv.*** (sempre posposto) del colore dell'argento: *sfumature argento* || **N.** granelloso, informe o amorfo, in verghe, lavorato, nativo, puro, solido | appannato, ossidato | lega, titolo | argirismo. **Q.T.** *oreficeria.*

argentóne [da *argento*; 1865] ***sm.*** lega metallica di rame, zinco e nichelio: *posate d'argentone* || **N.** alpacca, argentana, *christofle, pacfong.* **Q.T.** *oreficeria.*

argìlla [lat. *argilla*; 1340 ca. *argiglia*] ***sf.*** roccia sedimentaria di aspetto terroso costituita da silicati idrati di alluminio; porosa e facilmente malleabile, è ampiamente utilizzata nella fabbricazione di laterizi, materiali refrattari e ceramiche: *argilla espansa*, utilizzata per isolanti termici e acustici || *fig. essere un vaso d'argilla*, essere debole e indifeso || *poet. mortale argilla*, il corpo umano || **N.** *Sin.* caolino, creta, galestro, marna, mota | attivata, bianca, giallastra, grassa, grigia, magra, minerale, refrattaria | ceramica, cotto, embrice, mattone, porcellana, stoviglie, terracotta | mattonaio, vasellaio.

argillàceo [dal lat. *argillāceus*; 1779] ***agg.*** che ha qualità e natura di argilla: *terreno argillaceo.*

argillóso [lat. *argillōsus*; 1340 ca.] ***agg.*** che contiene argilla: *terreno argilloso* || simile all'argilla: *conglomerato argilloso.*

arginàle [da *argine*; 1963] ***agg.*** relativo ad argine || *strada arginale*, che segue il corso di un argine.

arginaménto [da *arginare*; 1688] ***sm.*** atto ed effetto dell'arginare; anche *fig.*: *l'arginamento di un torrente, l'arginamento dell'inflazione.*

arginàre (pres. *àrgino*) [da *argine*; a. 1530] ***tr.*** munire di argini: *arginare un canale* || *fig.* porre un freno, contenere: *arginare la corruzione, il deflusso di moneta pregiata.*

arginatùra [da *arginare*; a. 1644] ***sf.*** **1.** l'insieme di opere atte a contenere la piena di un corso d'acqua: *l'arginatura nel Polesine non ha retto* **2.** allestimento di argini: *bisogna procedere a una nuova arginatura.*

àrgine [lat. tardo *arger, -is*; 1313] ***sm.*** **1.** barriera naturale o artificiale atta a sostenere la piena di un corso d'acqua: *il fiume in piena ha rotto gli argini* || *argine maestro*, argine principale che segue il corso del fiume o torrente; *argine circondario*, che circonda un tratto di terreno per impedirvi l'accesso o l'uscita delle acque; *argine traverso*, che difende dalle inondazioni superiori i terreni inferiori; *argine di riparo* o *di rinforzo*, contrargine **2.** terrapieno: *gli argini della ferrovia* || *T.mil.* struttura difensiva di un accampamento: *costruire argini protettivi attorno al quartier generale* || *fig.* freno, barriera, riparo: *porre un argine al vizio, alle spese* || **N. 1.** *Sin.* diga, gettata, molo, ripa, scogliera, spalletta; banchina, pescaia **2.** *Sin.* caprata, ciglione, cordonata, gettata, parata, scarpata; palizzata, vallo; riparo; impedimento, ostacolo.

argìnnide [dal lat. scient. *Argynnus*, dal gr. *Argymnís*, epiteto di Venere; a. 1916] ***sf.*** farfalla diurna dalle ali posteriori scure e ornate di macchie argentee.

argirìa [dal gr. *árgyros*, argento; 1955] ***sf.*** *T.med.* argiriasi.

argirìaṣi [dal gr. *árgyros*, argento; 1970] ***sf.*** *T.med.* colorazione grigio-nerastra della congiuntiva e della pelle del viso, provocata dall'argirismo.

argirìṣmo [dal gr. *árgyros*, argento, come il fr. *argyrisme*; 1950] ***sm.*** *T.med.* intossicazione cronica provocata dai sali d'argento, che colpisce chi lavora tale metallo.

argirìte [comp. di *argiro-* e *-ite*; a. 1498] ***sf.*** *T.min.* argentite.

àrgiro- [dal gr. *árgyros*, argento] ***primo elem.*** che, in parole composte della terminologia scientifica, ha il valore di "argento" (per es. *argirite, argironeta*).

argironèta [comp. del gr. *árgyros*, argento e gr. *nḗthein*, filare; 1819] ***sm.*** *T.zool.* ragno acquatico di color verde rossiccio che vive, caccia e respira sott'acqua grazie alla speciale tela argentea che tesse e che è in grado di trattenere le bolle d'aria.

argiropèa [dal gr. *argyropoiía*; 1819] ***sf.*** nella terminologia alchimistica, l'arte di trasmutare in argento i metalli imperfetti || **N.** crisopea, ALCHIMIA.

argiròṣi [comp. di *argiro-* e *-osi*; 1929] ***sf.*** *T.med.* argiriasi.

argìvo [dal lat. *Argīvus*, gr. *Argeîos*; 1336 come sm.] **I** ***agg.*** di Argo o dell'Argolide: *le argive schiere* || *per estens. lett.* greco: *orride forme intruse a le memorie di scalpelli argivi* (Carducci) **II** ***sm.*** (f. *-a*) abitante o nativo di Argo o dell'Argolide || *per estens. lett.* greco.

àrgo[1] [dal lat. *Argus*, gr. *Árgos*, nome del personaggio mitologico di cui si diceva che avesse cento occhi; a. 1374] ***sm.*** **1.** *lett. fig.* persona attenta cui nulla sfugge: *avere gli occhi d'argo*, far buona sorveglianza **2.** grosso uccello dei Galliformi, originario della Malesia, simile a un pavone con coda molto lunga e piumaggio bruno maculato sulle ali da numerose chiazze simili ad occhi.

àrgo[2] o **àrgon** [dal gr. *argós*, inerte; 1905] ***sm.*** *T.chim.* elemento chimico, gas nobile incolore, inodore, componente dell'aria; viene utilizzato per creare un ambiente inerte in lampadine a incandescenza, tubi elettronici, termometri a gas ecc.

argòlico (pl. *-ci*) [dal lat. *Argolicus*, dell'Argolide; a. 1828] ***agg.*** dell'Argolide || *per estens. lett.* della Grecia, greco.

argomentàbile [da *argomentare*; 1865] ***agg.*** *non com.* che si può argomentare.

argomentàre (pres. *-énto*) [dal lat. *argūmentāri*; a. 1294] ***tr.*** *non com.* dedurre in base a prove o congetture, arguire: *lo argomento da certe sue parole, è difficile argomentare la validità di un sistema non assiomatico* || ***intr.*** (aus. *avere*) addurre argomenti: *argomentare con sottigliezza* || ***intr. pron.*** *ant.* ingegnarsi: *mercé del popol tuo che s'argomenta* (Dante) || **N.** *Sin.* congetturare, presumere, riferire, rilevare, supporre | addurre, dedurre, discutere, disputare, provare, ragionare, sostenere, spiegare.

argomentatìvo [dal lat. *argumentatīvus*; sec. XVI] ***agg.*** *raro* che serve a esporre l'argomento, che concerne l'argomentazione.

argomentatóre [dal lat. *argumentātor, -ōris*; a. 1600] ***agg.*** e ***sm.*** (f. *-trìce*) che o chi argomenta, conversatore.

argomentazióne [dal lat. *argumentātio, -ōnis*; 1481] ***sf.*** l'atto dell'argomentare: *fece una lunga argomentazione a favore delle sue opinioni* || insieme di argomenti addotti per convalidare una tesi: *un'argomentazione convincente, cavillosa, che regge* || *propr.* nella logica, insieme ordinato di proposizioni delle quali una è inferita o dedotta dalle altre || *T.ret.* la parte dell'orazione in cui si producono prove delle proprie affermazioni || **N.** dissertazione, esposizione, ragionamento | cavillosa, chiara, confusa, contorta, evidente, stiracchiata | *ab assurdo, a posteriori, a priori* | deduzione, dilemma, ipotesi, paralogismo, ritorsione, sillogismo, sofisma, sorite, supposizione | dialettica, logica. **Q.T.** *religione.*

arguménto [dal lat. *argūmentum*; 1274 ca.] ***sm.*** **1.** ragionamento, prova che si adduce in favore di un'affermazione: *i suoi argomenti non furono convincenti* || *propr.* nella logica, argomentazione || *argomento cornuto*, dilemma **2.** occasione, motivo, pretesto: *prendere argomento da una cosa per farne un'altra* **3.** materia, soggetto: *un romanzo di argomento cavalleresco, cercare comuni argomenti di conversazione, ha nuovamente cambiato l'argomento della tesi di laurea* || *entrare in argomento*, affrontarlo || *per estens.* riassunto del soggetto di un'opera, sommario: *precede ogni capitolo un breve argomento esplicativo* **4.** *T.log.* e *T.mat.* ciò a cui una funzione si applica || *per estens. T.ling.* in molte teorie moderne, ciascuno dei complementi di un verbo, e anche il suo soggetto: *predicato ad uno, due, tre argomenti* **5.** *raro* indizio, segno: *il silenzio è argomento di colpa* **6.** *ant. disus.* cura, rimedio, medicamento || **N. 1.** *Sin.* fondamento, prova, ragione | asserto, assioma, assunto **2.** *Sin.* intenzione, proposito | apodittico, attendibile, concludente, decisivo, probante, stringente.

àrgon V. ARGO[2].

argonàuta [dal lat. *Argonauta*, gr. *Argonáutēs*; 1745] ***sm.*** **1.** *T.mit.* ciascuno di coloro che accompagnarono Giasone, navigando sulla nave Argo, alla conquista del vello d'oro || *fig. raro* ardito navigatore **2.** *T.zool.* genere di molluschi marini dei Cefalopodi, le cui femmine sono provviste di una vistosa conchiglia bianca, calcarea, che ricorda la forma di una nave.

argot (fr., pr. [ar'go]) [etim. inc.; 1892] **sm.** *inv.* gergo, part. gergo della malavita parigina.

arguire (pres. *-ìsco, -ìsci*; dif., manca della prima persona plurale del presente indicativo, e della prima e seconda persona plurale del congiuntivo presente: non si può dire *arguiamo, arguiate*; in caso di necessità si userà: *noi si arguisce, che noi si arguisca, che voi possiate* o *sappiate arguire* e sim.) [dal lat. *arguere*; 1353] **tr.** **1.** dedurre da certi segni o indizi: *arguisco dal tuo comportamento che sei incerto* **2.** *ant.* denotare, rivelare, tradire || **N.** **1.** *Sin.* dedurre, inferire, ARGOMENTARE.

argutézza [da *arguto*; 1627] **sf.** *non com.* l'essere arguto || *concr.* arguzia, facezia.

argùto [dal lat. *argūtus*; a. 1292] **I** **agg.** **1.** che mostra vivacità e acutezza d'ingegno, brillante e spiritoso: *risposta arguta, scrittore arguto; uomo arguto,* di spirito; di sguardo, con espressione penetrante: *un viso arguto* **2.** *lett.* di suono, canoro, armonioso, acuto, argentino, squillante: *l'arguta rima, il tetto arguto di nidi* (D'Annunzio) || *ant.* di sapore o gusto, piccante, aspro || **argutaménte** **avv.** **II** con funzione di **sm.** (f. *-a*): *egli fa l'arguto* || **N.** **1.** *Sin.* acuto, brioso, faceto, frizzante, lepido, pronto, sagace, sottile, spiritoso, vivace.

argùzia [dal lat. *argūtia*; a. 1508] **sf.** prontezza, vivacità di spirito: *i suoi commenti non mancano mai di arguzia* || *concr.* concetto, motto o detto arguto, pungente; gioco di parole: *tutti risero alle sue arguzie, il suo modo di scrivere è pieno di arguzie* || **N.** *Sin.* acutezza, sottigliezza, vivacità | battuta, facezia, frizzo, motto.

ària [lat. *āera*; 1312] **I** **sf.** **1.** miscela gassosa con prevalenza di azoto e di ossigeno e percentuali minori di anidride carbonica e altri gas, inodore, insapore, comburente che forma l'atmosfera terrestre necessaria alla vita animale e vegetale: *aria fresca, calda, pura, inquinata* || *qui manca l'aria,* non si riesce a respirare || *aria aperta,* libera, non impedita e anche *T.pitt. plen-air* (v.) || *aria viziata, chiusa,* che si forma in ambienti chiusi privi di ricambio || *aria fritta,* greve, pesante; *fig.* discorso inconcludente fatto di luoghi comuni || *fig. raro aria colata,* pesante, stagnante || *aria condizionata,* mantenuta in ambienti chiusi, grazie a particolari apparecchi, su valori costanti di umidità e temperatura || *aria liquida,* miscela di ossigeno e di azoto liquidi nelle percentuali che costituiscono l'aria utilizzata per il congelamento e la conservazione di sostanze deperibili || *aria compressa,* la cui pressione è superiore a quella atmosferica || *dare aria a qualcosa,* esporla all'aria || *dare aria a un ambiente, cambiare l'aria,* aerare || *prendere aria, prendere una boccata d'aria,* uscire all'aperto, far due passi || *fig. campare d'aria,* mangiare pochissimo || *fig. aver paura dell'aria,* temere ogni cosa || *corrente d'aria,* spostamento d'aria tra due aperture || *filo d'aria,* leggero venticello || *colpo d'aria,* costipazione, infreddatura causata da corrente d'aria || *tirar aria,* far vento || *aria, ora d'aria,* per i detenuti, ora d'uscita all'aperto nel cortile del carcere **2.** spazio libero verso il cielo: *l'elicottero si solleva in aria in uno spazio ridottissimo* || *all'aria, in aria,* all'insù, verso il cielo || *col naso all'aria, con la testa per aria,* distrattamente || *a pancia all'aria,* supino || *fig. stare a pancia all'aria,* oziare || *finire, andare a gambe all'aria,* cadere || *fig. andare, mandare all'aria,* mandare a monte || *buttare in aria* (o *all'aria*), mettere a soqquadro || *per aria, in aria,* sospeso nel vuoto || *fig. campato in aria,* privo di fondamento, difficilmente realizzabile || *essere per aria, nell'aria,* stare per accadere || *fig. fare castelli in aria,* fantasticare || *sparare in aria,* verso l'alto a scopo intimidatorio o comunque senza l'intenzione di colpire || *saltare in aria,* esplodere || *a mezz'aria,* sospeso || *fig. discorso a mezz'aria,* ambiguo, non concluso || *le forze dell'aria,* l'aeronautica **3.** clima: *aria di montagna, di mare, salubre* || *fig.* ambiente, situazione: *non tira una buona aria,* non c'è l'ambiente favorevole || *cambiare aria,* andare altrove, fuggire || *non è aria,* non è il momento adatto **4.** aspetto, modo di fare: *ha l'aria di una persona per bene, ha un'aria piuttosto scostante, ha l'aria stanca, divertita* || *darsi delle arie,* comportarsi in modo altezzoso e superbo **5.** *T.mus.* melodia, motivo, ritmo di un brano musicale: *da cantarsi sull'aria dello Stabat Mater, quest'aria non mi giunge nuova,* anche *fig.*, questo l'ho già sentito || composizione melodica di tre strofe di cui l'ultima ripete la prima || componimento a versi brevi caratteristico del melodramma e della poesia in musica del XVIII sec.; *aria di baule,* v. BAULE; *aria di sorbetto,* v. SORBETTO **6.** *T.teatr.* elemento scenografico rappresentante soffitti o volte **7.** *T.sport.* nell'equitazione d'alta scuola o nei circhi, esercizi di abilità eseguiti dai cavalli **8.** *T.astrol. segni d'aria,* Gemelli, Bilancia e Acquario **9.** *ant. disus.* qualsiasi sostanza allo stato aeriforme **II** **escl.** *aria!*, via di qua, esortazione ad andarsene; anche *fig.*: *aria! basta coi vocabolari, scriverò un romanzo* || *dim.* ariétta, ariettìna; *spreg.* ariàccia || **N.** **1.** *Sin.* aere, aura, atmosfera, etere, vento | COMPOSIZIONE: acido carbonico, argon, azoto, corpuscoli o limo atmosferico, neon, ossigeno, vapor acqueo | aereo, aeriforme, atmosferico, etereo | compressa, liquida, solidificata | afosa, agitata, asciutta, caliginosa, calma, corrotta, fosca, fresca, frizzante, greve, inquinata, irrespirabile, limpida, malsana, marina, montana, rarefatta, rovente, salubre, sana, secca, umida, viziata **3.** circolazione, pressione atmosferica, temperatura | alito, bava, boccata, brezza, ciclone, corrente, filo d'aria, folata, soffio, uragano | cambiare, rinnovare, ventilare. **Q.T.** *meteorologia, musica* **TAV.** *meteorologia* **p. 1321** 10.9, 10.10.

ària-àcqua [formato da *aria* e *acqua*; 1985] **loc. agg. inv.** *T.mil.* detto di missile che viene lanciato da un aereo in volo contro bersagli posti sulla superficie del mare o sotto di essa.

ària-ària [da *aria*; 1970] **loc. agg. inv.** *T.mil.* detto di missile che viene lanciato contro bersagli aerei da un aeroplano in volo.

arianéṣimo o **arianiṣmo** [da *ariano*[1]; 1690 *arrianismo*] **sm.** eresia diffusa da Ario nel IV secolo, che negava la consustanzialità del Figlio al Padre, cioè negava la piena divinità di Cristo.

arianiẓẓàre [da *ariano*; 1961] **tr.** rif. agli ebrei cui, nel periodo nazista, veniva concessa la cittadinanza tedesca, rendere ariano.

ariàno[1] [lat. tardo *Arianus*; a. 1292] **I** **agg.** relativo ad Ario e all'arianesimo: *eresia ariana* **II** **sm.** (f. *-a*) seguace di Ario o dell'arianesimo. **Q.T.** *religione.*

ariàno[2] [dal sanscrito *ārya,* nobile; 1885] **agg.** e **sm.** (f. *-a*) discendente del mitico popolo ario che si supponeva portatore delle lingue indoeuropee; indoeuropeo: *razza ariana, tipo ariano, lingua ariana* || *mito ariano,* nell'ideologia nazi-fascista, asserzione della superiorità della razza ariana nei confronti di altre ritenute inferiori.

ària-spàzio [formato da *aria* e *spazio*; 1983] **loc. agg. inv.** *T.mil.* detto di missile che viene lanciato da un aereo in volo per colpire bersagli spaziali.

ària-superfìcie [formato da *aria* e *superficie*; 1983] **loc. agg. inv.** *T.mil.* detto di missile che viene lanciato da un aereo in volo per colpire bersagli posti sulla superficie terrestre o marina || **N.** *Sin.* aria-terra.

ària-tèrra [formato da *aria* e *terra*; 1967] **loc. agg. inv.** *T.mil.* detto di missile che viene lanciato da un aereo in volo per colpire bersagli al suolo.

aribàllo [dal gr. *arýballos*; 1929] **sm.** *T.archeol.* **1.** vaso fabbricato nell'antica Grecia, dal corpo panciuto e dal collo stretto, con una sola ansa, usato come contenitore di profumi e oli **2.** vaso ovoidale a due anse, caratteristico dell'ultimo periodo archeologico degli Incas.

aridézza [da *arido*; sec. XIV] **sf.** *raro* aridità.

aridità [dal lat. *ariditas, -ātis*; sec. XIV] **sf.** siccità, secchezza: *l'aridità dei campi* || *fig.* insensibilità, pochezza di sentimenti: *l'aridità del suo cuore è proverbiale.*

àrido [dal lat. *āridus*; 1313] **agg.** **1.** privo di umidità, secco, riarso: *clima, terreno arido* || *per estens.* sterile: *il prodotto degli aridi campi non bastava alla popolazione* **2.** *fig.* privo di calore, di vivacità: *uno stile arido, un arido elenco di cifre* || insensibile: *una persona arida* || *dim.* aridétto, aridùccio || **aridaménte** **avv.** || **N.** **1.** *Sin.* adusto, asciutto, riarso, riseccato, risecchito, secco, stecchito, sterile **2.** *Sin.* disadorno, privo di idee.

aridocoltùra o **aridocultùra** [comp. di *arido* e *cultura*; 1917] **sf.** *T.agr.* tecnica di coltivazione delle piante in assenza di irrigazione, in clima arido e semiarido.

aridóre [da *arido*; a. 1294] **sm.** *ant.* aridità.

arieggiaménto [da *arieggiare*; a. 1942] **sm.** **1.** atto ed effetto dell'arieggiare un ambiente **2.** aggiunta di aria a un liquido per arricchirlo di ossigeno.

arieggiàre (pres. *-éggio*) [da *aria*; a. 1587 nel senso 2] **tr.** **1.** dare aria, aerare: *arieggia questa stanza, la casa è stata bene arieggiata* **2.** somigliare, imitare esteriormente: *il suo stile arieggia i preraffaelliti* || **intr.** (aus. *avere*) somigliare, atteggiarsi a: *questo pittore arieggia a Raffaello* || **N.** **1.** *Sin.* cambiare l'aria, ventilare.

arieggiàto (*pps.* di *arieggiare*) [1832 ca.] **agg.** aerato, arioso, esposto all'aria, ventilato.

ariènto [lat. *argentum*; 1292 ca.] **sm.** *arc.* argento.

arietàre (pres. *-èto*) [dal lat. *arietāre*; 1618] **tr.** *raro* percuotere a colpi d'ariete || *per estens.* percuotere, colpire con violenza.

arïète [dal lat. *aries, arietis*; 1308 nel senso 2] **sm.** **1.** maschio della pecora, montone **2.** (perlopiù con iniz. maiuscola) *T.astr.* costellazione dello zodiaco tra Toro e Pesci || in astrologia, il primo segno dello zodiaco, dal 21 marzo al 20 aprile || *per meton.* persona nata in tale periodo: *è un ariete* **3.** *T.stor.* antica macchina guerresca per abbattere le mura o le porte di città o fortezze assediate e aprirvi una breccia, costituita da una trave con testa di ferro in forma di ariete **4.** nave da guerra munita di sperone in uso nel XIX secolo || **N.** **1.** PECORA. **TAV.** *astrologia* 1.1; *armi* **p. 648** 13.

ariétta (*dim.* di *aria*) [1618 nel senso 2] **sf.** **1.** venticello frizzante **2.** *T.mus.* brano melodico breve tipico del melodramma settecentesco: *un'arietta mozartiana* || i versi relativi: *le ariette del Metastasio.*

arile [comp. di *ar*(*omatico*) e *-ile*; 1955] **sm.** *T.chim.* radicale monovalente derivato dagli idrocarburi aromatici per sottrazione di un atomo di idrogeno.

arìlico (pl. *-ci*) [da *arile*; 1955] **agg.** *T.chim.* relativo a un radicale arile || derivato da un radicale arile || che contiene uno o più radicali arili.

arillo [dal lat. tardo **arillus*; 1829] **sm.** *T.bot.* involucro quasi sempre vivacemente colorato e carnoso, che avvolge i semi di alcune piante, simulando un frutto.

arimannia [da *arimanno*; a. 1750] **sf.** *T.stor.* nel Medioevo, feudo concesso in godimento a uomini liberi o a gruppi di soldati, tenuti a pagare un'imposta e a prestare servizio militare a cavallo.

arimànno [dal longob. *hari-mann*; a. 1750]

sm. *T.stor.* presso gli antichi popoli germanici, guerriero possessore di terre ereditarie non alienabili, obbligato al servizio miliare in una guarnigione stabile.

arìnga [dal germ. *haring*; a. 1347] **sf.** pesce dei Clupeidi, tipico dei mari settentrionali, di colore azzurro argenteo; è conservato fresco o più spesso marinato || *fig. stretti, stipati, pigiati come aringhe*, strettissimi, accalcati come aringhe stivate in barile.

arìngo o **arrìngo** (pl. *-ghi*) [dal germ. **hrings*, cerchio; 1321 nel senso 2] **sm. 1.** nel Medioevo, luogo in cui i cittadini in lotta contro feudatari ed ecclesiastici si riunivano per deliberare || *per estens.* l'assemblea stessa **2.** campo anticamente usato per tornei, giostre o corse di cavalli || *per estens.* la competizione stessa || **N. 1.** *Sin.* arengo.

arinìa [comp. di *a-*[1] e *-rinia*; 1955] **sf.** *T.med.* mancanza congenita del naso.

àrio (pl. *-ii*) [dal sanscrito *ārya*, ario, un appartenente al popolo ario; 1935] **agg.** e **sm.** (f. *-a*) degli Arii, ariano, appartenente alla famiglia dei popoli ariani: *lingue arie, il popolo ario* || **N.** ariano, indoeuropeo.

-àrio [lat. *-arius*, suff. di agg. anche sostantivati] **suff.** (f. *-a*) **1.** forma aggettivi denominali di relazione: *ferroviario, finanziario, giudiziario, immaginario, letterario, velleitario* **2.** forma aggettivi denominali (perlopiù sostantivati) che possono, tra l'altro, indicare: chi svolge un mestiere connesso a ciò che il sostantivo di base designa (*bancario, bibliotecario, pubblicitario*), chi è titolare di un certo diritto o ruolo (*donatario, destinatario*) **3.** forma sostantivi denominali m. con valore di "insieme, collezione di": *casellario, glossario, notiziario, ossario, rimario, stradario, vestiario, vocabolario* || **N. 2.** -aio, -aiolo, -aro, -iere.

arioeuropèo [comp. di *ario* e *europeo*; 1955] **agg.** *raro* indoeuropeo.

arióso [da *aria*; 1437] **I agg. 1.** pieno d'aria e di luce: *una casa ariosa*; aperto, spazioso: *una valle ariosa, un panorama arioso* **2.** *fig.* di largo respiro: *uno stile arioso* || *T.mus.* espressivo e sostenuto: *un brano arioso* **3.** *disus.* ardito, capriccioso, bizzarro **4.** *non com.* lungo e faticoso: *un cammino arioso* || *non com. prenderla ariosa*, trattare un argomento partendo da lontano **II sm.** brano musicale tra l'aria e il recitativo || **N. I 1.** *Sin.* aerato, arieggiato, ventilato.

ariostèo [dal n. proprio L. *Ariosto*; a. 1907] **agg.** ariostesco.

ariostésco (pl. *-schi*) [dal n. proprio Ludovico *Ariosto*; a. 1789] **agg.** che è proprio dell'Ariosto, che concerne l'Ariosto: *stile, poema ariostesco, critica ariostesca* || *per estens.* fantastico, inverosimile, meraviglioso.

àrista [etim. sconosciuta; 1304] **sf.** schiena di maiale arrostita in forno, specialità culinaria toscana. **TAV.** *alimentazione* 6.2.

arìsta [dal lat. *arista*; a. 1547] **sf.** filamento rigido e sottile, che si protende dalle glume delle Graminacee || *lett.* spiga || **N.** *Sin.* resta.

aristàto [da *arìsta*; 1819] **agg.** *T.bot.* fornito di una resta o arista: *grano aristato*.

aristocraticità [da *aristocratico*; 1986] **sf.** l'essere aristocratico; signorilità, raffinatezza ricercata: *aristocraticità di comportamento*.

aristocràtico (pl. *-ci*) [dal gr. *aristokratikós*; a. 1633] **I agg. 1.** appartenente all'aristocrazia, proprio dell'aristocrazia: *un vecchio aristocratico* || *per estens.* elegante, raffinato, affettato: *quartieri, modi, gusti aristocratici* **2.** retto dall'aristocrazia: *governo, potere aristocratico* || sostenitore dell'aristocrazia: *partito aristocratico* **II sm.** (f. *-a*) chi appartiene all'aristocrazia: *una riunione di aristocratici*.

aristocrazìa [dal gr. *aristokratía*; a. 1565] **sf. 1.** forma di governo in cui il potere è detenuto dalla nobiltà **2.** l'insieme dei nobili che detengono il potere; *gen.* il ceto nobiliare: *l'aristocrazia romana era debole e corrotta* || *fig.* la parte eccellente di qualsiasi gruppo: *è entrato a far parte dell'aristocrazia scientifica* **3.** *fig.* raffinatezza, distinzione: *palesava un'aristocrazia di modi* || **N. 2.** *Sin.* nobiltà, oligarchia, ottimati. **Q.T.** *politica*.

aristofanèo V. ARISTOFANIO.

aristofanésco (pl. *-schi*) [dal n. proprio *Aristofane*, commediografo greco; a. 1915] **agg.** proprio di Aristofane; conforme all'arte di Aristofane || *per estens.* satirico, audace, arguto e mordace.

aristofànio (pl. *-ni* o *-nii*) o **aristofanèo** [dal n. proprio *Aristofane*, commediografo greco; 1862] **sm.** *T.metr.* verso nella metrica latina e greca usato con frequenza da Aristofane, formato da un dattilo più due trochei.

aristolòchia [dal lat. *aristolochia*, dal gr. *aristolochía*, comp. di *áristos*, ottimo e *lóchos*, parto, perché la pianta era usata per curare le infezioni da parto; sec. XIV *aristologia*] **sf.** *T.bot.* pianta erbacea delle Aristolochiacee, dalle proprietà medicamentose || **N.** *Sin.* stallogi.

Aristolochiàcee [comp. di *aristolochia* e *-acee*; 1887] **sf. pl.** *T.bot.* famiglia di piante dicotiledoni erbacee o arbustive con foglie semplici alternate e fiori di forme bizzarre, viventi nelle regioni temperate e tropicali.

aristotèlico (pl. *-ci*) [dal lat. tardo *aristotelicus*; a. 1498] **I agg.** di Aristotele; conforme alle dottrine di Aristotele **II sm.** (f. *-a*) seguace delle dottrine aristoteliche: *dovette sostenere una polemica con gli aristotelici*.

aristotelismo [da *aristotelico*; 1799] **sm.** *T.fil.* scuola di pensiero ispirata alla filosofia di Aristotele || **N.** averroismo, scolastica, tomismo.

aritenòide [dal gr. *arytainoidḗs*; 1747] **agg.** e **sf.** *T.anat.* due delle cinque cartilagini tiroidee di forma piramidale || **N.** cartilagine cricoide, cartilagine tiroidea, cartilagini antenoidi, epiglottide.

aritenoidèo [dal gr. *arytainoidḗs*; 1986] **agg.** *T.anat.* relativo all'aritenoide: *cartilagine aritenoidea*.

aritmètica [dal lat. *arithmetica*, gr. *arithmētikḗ*; a. 1294 *arismetrica*] **sf.** parte della matematica che studia le proprietà dei numeri naturali e le regole di calcolo || *aritmetica politica*, metodo quantitativo di indagine economica creato verso il XVII secolo, da cui derivano l'economia e la statistica. **Q.T.** *matematica...*

aritmètico (pl. *-ci*) [dal lat. *arithmēticus*, gr. *arithmētikós*; 1579] **I agg.** relativo all'aritmetica: *principi aritmetici* || *fig.* chiaro, preciso: *ordine, ragionamento aritmetico* || *T.inform. unità aritmetico-logica*, la parte del CPU che esegue operazioni logiche e aritmetiche (abbreviata in ALU) || **aritmeticaménte** **avv.** con i procedimenti dell'aritmetica; rigorosamente **II sm.** studioso di aritmetica || **N. II** *Sin.* matematico.

aritmìa [comp. di *a-*[1] e un der. di *ritmo*; 1892] **sf. 1.** mancanza o irregolarità ritmica **2.** *T.med.* irregolarità, modificazione di qualsiasi fenomeno ritmico dell'organismo: *aritmia cardiaca, respiratoria*.

arìtmico (pl. *-ci*) [comp. di *a-*[1] e *ritmico*; a. 1642] **agg. 1.** privo di ritmo: *espressione aritmica* || non vincolato a un ritmo: *telescrivente aritmica* **2.** che è affetto da aritmia: *polso aritmico*.

aritmomanìa [comp. del gr. *arithmós*, numero e *-mania*; 1929] **sf.** *T.psic.* sintomo nevrotico consistente nel bisogno ossessivo di contare tutto ciò con cui si viene a contatto, ad es. oggetti, lettere costituenti parole lette o pronunciate, gesti ecc.

aritmomanzìa [comp. del gr. *arithmós*, numero, e *-manzia*; 1829] **sf.** arte di predire o di indovinare il futuro per mezzo dei numeri.

a rìva V. RIVA.

a rivedérci V. ARRIVEDERCI.

arizotònico (pl. *-ci*) [comp. di *a-*[1], *rizo-* e gr. *tonikós*; 1965] **agg.** *T.ling.* detto di parola non accentata sulla parte radicale (per es. *comandamento, tendenza, teniamo*) || **N.** *Sin.* rizoatono | *Contr.* rizotonico.

arlecchinàta [da *arlecchino*; 1863] **sf.** maniera, gesto o azione da Arlecchino; buffonata, scempiaggine.

arlecchinésco (pl. *-schi*) [da *arlecchino*; 1767] **agg.** di o da Arlecchino; buffonesco, ridicolo: *un costume arlecchinesco*.

arlecchìno [dal n. proprio *Arlecchino*, maschera tipica di Bergamo; a. 1665] **I sm. 1.** maschera della commedia dell'Arte, con vestito a toppe di più colori che rappresenta un servo bergamasco furbo, semplice e pauroso, ma non senza arguzia e bontà || persona mascherata da arlecchino: *per le strade di Venezia giravano numerosi arlecchini* **2.** *fig.* uomo senza dignità, buffone, mancatore di parola || *far l'arlecchino*, fare il buffone || *vestir la giubba di arlecchino*, essere uno spregevole opportunista **II agg.** *inv.* dai colori vivaci e variopinti: *una stoffa arlecchino* || **N. 2.** *Sin.* buffone, burattino, voltagabbana.

arlòtto [dal fr. ant. *arlot*; inizio sec. XIV] **sm.** pezzente, sudicione; mangione, ingordo.

àrma (lett. *àrme*) (pl. *àrmi*, ant. *àrme*) [lat. *arma*; a. 1294] **sf. 1.** qualsiasi arnese o strumento che serva all'uomo come mezzo materiale di offesa o di difesa || *armi bianche*, quelle da punta (pugnale, spada ecc.) e da taglio (ascia, coltello, sciabola ecc.) || *armi da fuoco*, quelle basate sul potere conflagrante della polvere pirica: *armi automatiche, semi automatiche, portatili, leggere, pesanti* || *armi da tiro, da lancio*, giavellotto, fionda, lancia ecc. || *T.stor. armi da botta*, mazza ferrata, clava || *armi non convenzionali*, quelle chimiche, batteriologiche, atomiche || *armi tattiche*, che sono rilevanti per l'esito di un singolo combattimento || *armi strategiche*, che per particolari caratteristiche di potenza possono influire sull'esito globale di un conflitto || *T.giur. arma impropria*, qualsiasi oggetto che possa occasionalmente essere usato come arma || *presentare le armi*, rendere gli onori militari || *concedere l'onore delle armi*, rendere onori militari agli assedianti sconfitti dopo strenua resistenza || *passare per le armi*, giustiziare, fucilare || *prendere le armi*, prepararsi alla guerra || *affilare le armi*, renderle più taglienti; anche *fig.* prepararsi a una prova || *porto d'armi*, licenza di portarle concessa dall'autorità || *arma a doppio taglio*, affilata da entrambe le parti; *fig.* argomento che può ritorcersi contro chi lo usa || *armi e bagagli*, equipaggiamento completo di un soldato e *per estens.* tutto ciò che si possiede: *prendere armi e bagagli e partire* || *fig.* qualsiasi strumento di lotta o affermazione: *l'ironia è la sua arma preferita, contro la stupidità le armi della ragione sono inutili* **2.** *in part. pl.* esercizio delle armi, combattimento: *uomo d'armi*, soldato di professione || *fatto d'armi*, combattimento || *piazza d'armi*, area in cui si svolgono le operazioni militari; *fig.* luogo molto ampio: *abita in una casa che sembra una piazza d'armi* || *prendere le armi*, iniziare le ostilità || *deporre le armi*, cessare le ostilità || *venire alle armi*, scontrarsi || *fig. essere alle prime armi*, essere all'inizio dell'attività militare e *per estens.* di qualsiasi altra attività || *andare sotto le armi*, prestare servizio militare || *compagno d'armi*, commilitone || *all'armi!*, esclamazione di pericolo con cui si invitano i soldati a prendere le armi || *lett. pl. arme*, combattimenti **3.** corpo dell'esercito: *l'arma della fanteria, della cavalleria* || *l'arma benemerita* o sempl. *la benemerita*, i carabinieri || *l'arma azzurra*, l'aeronautica || *le armi dotte*, il genio e l'artiglieria || *per anton. l'arma*, i carabinieri ||

ant. gruppi di armati: *delle armi mercenarie antiche in exemplo sono e' cartaginesi* (Machiavelli). **Q.T.** *armi, forze armate, scherma* **TAV.** ***araldica* p. 645** 5; ***armi* p. 648** sg.

armacòllo [comp. di *arma, a, collo*; a. 1525] ***sm.*** **1.** nella *loc. avv. ad armacollo*, di fucile, sciarpa e sim. portati in modo che, attraversando il petto e la schiena, scendano dalla spalla al fianco opposto **2.** *ant. disus.* gorgiera; qualsiasi cosa posta ad armacollo || **N. 1.** *Sin.* a bandoliera, a tracolla | avere, mettersi, tenere.

armadiétto (*dim.* di *armadio*) [1881] ***sm.*** **1.** piccolo armadio **2.** *armadietto farmaceutico*, cassetta che contiene medicinali e l'occorrente per il pronto soccorso || *armadietto da bagno pensile*, spesso con ante a specchio, collocato sopra il lavabo. **TAV. *arredamento* p. 650** 1.3, 1.6, 1.9.

armadillo [dallo sp. *armadillo*, animaletto munito di corazza; 1586] ***sm.*** mammifero degli Sdentati di media grandezza che vive nelle Americhe; ha il corpo rivestito di una corazza costituita da piccole placche ossee che gli consentono di avvolgersi a palla in caso di pericolo.

armàdio (pl. *-di*) [lat. *armārium*; a. 1332] ***sm.*** mobile perlopiù di legno con ripiani e cassetti, chiuso anteriormente da uno o più battenti o ante per riporvi vesti, biancheria ecc. || *armadio a muro*, incassato nel muro || *armadio a specchio*, che ha per imposta uno specchio || *armadio a due, tre luci*, con due, tre imposte o specchi || *armadio d'angolo*, di forma triangolare per poterlo inserire negli angoli delle pareti || *armadio quattro stagioni*, costituito da due corpi sovrapposti || *armadio farmaceutico*, contenente materiale sanitario per interventi di pronto soccorso || **N.** bacheca, cantoniera, casellario, cassettone, cofano, credenza, dispensa, guardaroba, pensile, scaffale, scansia, stipo | assicelle o grucce, cassetti, coperchio, fiancate, fondi, palchetti o piani o scompartimenti, sportelli o imposte o ante. **Q.T.** *arredamento.*

ARMI

ARMI DA PUNTA: baionetta, bastone animato, coltello pistola, costoliere, fioretto, forca, forcone, fucile picca, gaffa, *kriss*, pugnale, sfondagiaco, spiedo, stilo.

ARMI DA TAGLIO: bipenna, coltellaccio, coltello da caccia, coltello a serramanico, daga o gladio, gorbia, *katana*, *koukiri*, lingua di bue, mannaia, penna, ronca, schiavona, sciabola, sciabola a baionetta, scimitarra, scure d'arme, spada, spadino, spadone a due mani, *yatagan*.

ARMI D'ASTA: alabarda, arpa, arpagone, falce, falcastro, lancia, lanciotto, lanzichenecca, mezza picca, partigiana, picca, striscia, zagaglia.

ARMI DA BOTTA: clava, flagello, mano di ferro, mazza d'arme, mazzafrusto, pugno di ferro, *tomahawk*.

PARTI: fodero o guaina, lama, elsa, guardia; astile, gorbia, calcio, punta, manico, resta.

ARMI DA GETTO: *boomerang*, falarica, fionda, *bolas*: arco, balestra; cerbottana.

PROIETTILI: dardo, freccia, strale, saetta, verretta, verrettone.

ARMI DA FUOCO ANTICHE: ammazzacani, archibugio, aspide, arma del monaco, barile fulminante, basilisco, bombarda, colubrina, fucile ad acciarino, moschetto, pistola ad acciarino, trombone, spingarda, spazzacampagna.

PARTI: acciarino, cacciapalle, catenella, cavapalle, cavastracci, fiasca da polvere, tromba, esca, miccia, pietra focaia, stoppaccio.

ARMI DA FUOCO E PNEUMATICHE MODERNE.

CANNONE: *armstrong*, atomico, da campagna, a canna conica, a canna ovale, cannone obice, senza rinculo; contraereo, controcarro; lanciabombe; mortaio, obice; *bazooka*, lanciarazzi o lanciamissili; lanciamine; lanciatorpedini; lanciafiamme.

FUCILE: ad ago, anticarro, ad aria, d'assalto, automatico, ad avancarica, da caccia, a canna curva, con canna lunga, a canne mozze, a cannocchiale, elettrico, a gas, a getto, lanciagranate, fucile mitragliatore, fucile a pompa, da tiro; carabina; doppietta; mitra, mitragliatrice, mitragliatrice a forza centrifuga, mitragliera.

PISTOLA: a gas, ad aria, pistola-baionetta, elettrica, lanciarazzi, pistola mitragliatrice, da palmo; a percussione, a rotazione; a ruota, da segnalazione, a spillo, a tamburo o *revolver*.

PARTI: ago, alzo, anello, anima, bocca, calcio, calciolo, calotta, camera, cane, canna, caricatore, cassa, castello, corpo della canna, culatta, dente di scatto, espulsore, estrattore, fondello, guardia del grilletto, impiombatura delle canne, linea di mira, mirino, nottolino, percussore, scodellino, sicura, silenziatore, sopracane, sottocalcio, sottocane, strozzatura, tacca di mira, tamburo, traguardo, tromboncino, tromboncino lanciabombe, vitone di culatta, volata; scopetta, scovolo.

CARTUCCE: esplodente, tubolare, per fucile da caccia; bossolo, carica di lancio, carica di scoppio, cariche cave, cariche sovrapposte, cartuccia.

BOMBA: autoguidata, bomba-carta, da fucile, a mano, bottiglia molotov, planante, perforante, penetrante, a gas, incendiaria, al napalm, di profondità, sminante.

GRANATA: dirompente, perforante, *shrapnel*, torpedine.

MINA: aerea, mina bambola, mina a bustina di tea, mina ragno, al fosforo; anticarro, antiuomo; cercamine.

MISSILE: missile antimissile, balistico, bersaglio, civetta, da ricognizione, strategico, tattico, intelligente.

PROIETTILE: autoguidato, dum-dum, a grappolo d'uva, a mitraglia, oblungo, perforante, a siringa, deformabile, esplodente, illuminante, a punta molle, tracciante.

SPOLETTA: barometrica, idrostatica, ottica, di sicurezza, a tempo variabile o radiospoletta, a vicinanza.

MACCHINE DA GUERRA ANTICHE: altaleno, anisociclo, ariete, balista, catapulta, mazzacavallo, montone, muscolo, torre mobile, trabucco.

MEZZI TERRESTRI MODERNI: autobatteria, autoblindo, batteria, cacciacarri, carro armato, carro d'assalto, *Katiuscia* o organo di Stalin.

ARMI NON CONVENZIONALI: armi chimiche (permanenti, semipermanenti); aggressivi chimici, asfissianti, defolianti, irritanti, penetranti, soffocanti, tossici, vescicanti; armi batteriologiche, armi geofisiche, armi luce, armi soniche; armi atomiche, bomba A, bomba H o termonucleare, bomba al neutrone o N, testata nucleare; bombe orbitali.

armagnac (fr., pr. [arma'ɲak]) [dal n. della regione fr. dove viene prodotto; 1929] ***sm. inv.*** acquavite ricavata dalle uve dell'omonima regione francese.

armaiòlo [da *arma*; a. 1419] ***sm.*** **1.** (f. *-a*) chi fabbrica o vende armi **2.** *T.mil.* sottufficiale incaricato della conservazione e manutenzione delle armi **3.** in marina, addetto alla manutenzione delle armi su una nave da guerra || **N. 1.** coltellinaio, spadaio.

armamentàrio (pl. *-ri*) [dal lat. *armāmentārium*, armeria, arsenale; inizio sec. XIV] ***sm.*** insieme di strumenti necessari all'esercizio di una certa professione; anche *per estens.* il luogo in cui vengono conservati: *armamentario da imbianchino, chirurgico* || *iron.* complesso di oggetti e strumenti considerati non indispensabili: *si è portata dietro tutto il suo armamentario per il trucco* || *fig.* insieme di nozioni, idee, conoscenze: *armamentario filosofico, artistico* || *propr. ant.* armeria.

armaménto [lat. *armamentum*; a. 1342 nel senso 4] ***sm.*** **1.** atto, effetto dell'armare e dell'armarsi **2.** insieme di ciò che occorre per armare un singolo militare o una formazione strutturata: *armamento individuale, l'armamento di una compagnia* || *per estens.* il potenziale bellico a disposizione di una singola nazione: *corsa agli armamenti* **3.** l'insieme dei congegni e dei dispositivi necessari per il funzionamento di una macchina, di uno strumento: *armamento termoelettrico* || *armamento ferroviario*, gli attrezzi, le traversine, i binari, tutto ciò che rende una ferrovia atta al transito dei treni **4.** *T.mar.* situazione di completa efficienza di una nave pronta a intraprendere l'attività alla quale è destinata || *società d'armamento*, quella costituita dagli armatori, dai comproprietari di un'imbarcazione per la gestione commerciale del mezzo **5.** *armamento di regata*, l'insieme dei vogatori di un'imbarcazione || *armamento di un pezzo*, il gruppo di uomini destinato a servire un pezzo d'artiglieria **6.** *T.edil.* la struttura in ferro del cemento armato || **N. 3.** *Sin.* apparato, arnesi, attrezzi, corredo, strumenti **5.** *Sin.* armo. **TAV. *ferrovie...* p. 669** 5.

armàre [lat. *armāre*; 1312 come rifl.] ***tr.*** **1.** provvedere di armi: *armare l'esercito, i cittadini, armare di fucile, con armi non convenzionali* || *per estens.* fortificare: *armare una cittadella, una testa di ponte* || costituire nuove unità di combattimento: *in vista dell'offensiva di primavera sono state armate tre divisioni* || *ass.* di nazioni che seguano una politica di armamento: *il Giappone stava armando* || *armare un'arma*, predisporla al fuoco || *T.stor. armare cavaliere*, nel Medioevo, dare l'investitura di cavaliere || *armare la mano di qualcuno*, dargli l'arma per un delitto; anche *fig.* || *per estens.* chiamare alle armi: *armare i riservisti* **2.** *T.mar.* fornire una nave del necessario alla navigazione: *armare una goletta, un incrociatore* || *armare i remi*, porli negli scalmi pronti alla voga || nel canottaggio, *armare un armo*, dotarlo degli uomini necessari **3.** *T.arch.* fornire di strutture di sostegno provvisorie o stabili, scavi, gallerie ecc.: *armare la volta, una struttura in cemento* **4.** *T.fer.* fornire una ferrovia del necessario al suo funzionamento **5.** *T.teatr.* rinforzare con una struttura in legno uno scenario dipinto **6.** *T.mus. armare la chiave,* porre dopo di essa gli accidenti richiesti dal tono del pezzo || ***rifl.*** prendere le armi: *il popolo si armò contro l'oppressore* || *per estens.* fornirsi di strumenti utili alla difesa: *si era armato fino ai denti* || dotarsi di qualche oggetto: *armatosi di occhiali iniziò la lettura* || *fig.* farsi forti di una qualità morale: *armarsi di pazienza; così m'armava io d'ogni ragione, mentre ch'ella dicea, per esser presto* (Dante) || **N. 1.** *Sin.* dotare, fornire, guarnire, munire | *Contr.* disarmare **2.** *Sin.* attrezzare, corredare **3.** *Sin.* puntellare. **Q.T.** ***nautica...***

armàrio (pl. *-ri*) [lat. *armarium;* 1312] ***sm.*** *raro arc.* armadio.

armàta [da *arma;* a. 1348] ***sf.*** **1.** unità operativa navale da guerra composta da due squadre a loro volta frazionate in divisioni, riunite sotto un unico comando || *per estens.* flotta: *l'invincibile armata* **2.** unità militare terrestre composta da due corpi d'armata, logisticamente autonoma e posta sotto il comando di un generale d'armata || *per estens.* part. *pl.* esercito: *le armate sovietiche invasero l'Afganistan* || *Armata Brancaleone,* accozzaglia di persone di varia provenienza **3.** la maggiore unità operativa da guerra dell'aviazione || *per estens.* flotta aerea.

armàto (*pps.* di *armare*) [1313] **I *agg.* 1.** fornito d'armi: *armato di tutto punto* || *fig.* fornito di qualcosa: *armato di fede, di coraggio* || *a mano armata* (o, *lett.*, *armata mano*), con le armi in pugno || *neutralità armata, pace armata,* quando, pur volendo mantenere la neutralità o la pace, si sta in armi pronti a ogni evento **2.** *T.tecn. cemento armato,* munito di strutture portanti || *cavo armato,* protetto esternamente **3.** *T.zool.* di animale che ha il corpo rivestito di strutture protettive (corazze, aculei e sim.) **II *sm.*** spec. *pl. gli armati,* individui in assetto di guerra, soldati || **N.** I **1.** *Contr.* disarmato, imbelle, indifeso, inerme **3.** *Sin.* loricato. **TAV. *armi* p. 649** 27.

armatóre [lat. tardo *armātor, -ōris;* fine sec. XV *armadore*] ***sm.*** (f. *-trice*) **1.** la persona o la società che gestisce commercialmente una nave o ne provvede l'allestimento: *armatore navale* || anche come *agg.*: *società armatrice* **2.** operaio addetto ad opere d'armatura in lavori sotterranei (miniere, gallerie ecc.) || *T.fer.* operaio che cura la posa dei binari. **Q.T.** ***nautica...***

armatoriàle [da *armatore;* a. 1956] ***agg.*** che concerne gli armatori, la navigazione: *impresa, compagnia armatoriale.*

armatùra [lat. *armatura;* fine sec. XIII] ***sf.*** **1.** complesso di armi difensive (elmo, corazza ecc.) usato dai guerrieri antichi e dai cavalieri medievali per proteggersi il corpo senza essere troppo impediti nei movimenti || macchina da guerra mobile per la protezione di vari soldati durante l'assalto a postazioni difensive **2.** *per estens.* l'insieme di organi e strutture che proteggono piante, animali ecc.: *l'armatura della tartaruga* **3.** struttura di sostegno e rinforzo: *l'armatura di un ponte* **4.** *T.edil.* intelaiatura metallica interna al conglomerato di calcestruzzo usata come rinforzo **5.** *T.elettr.* in un condensatore elettrico, ciascuna delle due parti separate da un dielettrico **6.** *T.tess.* la particolare disposizione dei fili dell'ordito sul canovaccio della trama || panno che si usa come rinforzo in alcune parti del vestito: *armatura del bavero* **7.** *T.mus.* la disposizione degli accidenti sul rigo che indica la tonalità di un pezzo || **N. 1.** arnese, bardatura, corazza, cotta, giaco, lorica, usbergo | a maglia gazzerina, a maglie, a piastre, a scaglie, di fine tempra, ferrea, forbita, lucida, magliata, tersa | barbuta, bracciali, brocchiere, casco, celata (coppo, baviera, visiera, ventaglia, frontale, pennacchiera, cimiero), clipeo, corsaletto, cosciali, difesa, egida, elmo, falda, fiancali, ginocchiera, gorgiera o goletta, manopola, morione, panziera, pavese, resta, rotella, schiniere, scudo, spallacci, targa. **TAV. *armi* p. 648** 6, 15.6.

àrme (pl. *àrmi*) [dal lat. *arma;* a. 1294] ***sf.*** **1.** *ant.* arma **2.** *T.arald.* insegna, stemma.

armeggiaménto [da *armeggiare;* a. 1431] ***sm.*** un agitarsi inutile e inconcludente, armeggio || *propr. ant.* gioco d'armi.

armeggiàre (pres. *-éggio*) [da *arma;* sec. XIII] ***intr.*** (aus. *avere*) **1.** *fig.* affaccendarsi, operare in modo affannato e confuso: *ha armeggiato per ore intorno al motore e ora l'auto non funziona* || farneticare, fantasticare: *che cosa vai armeggiando?* || tramare, intrigare: *armeggiavano per ottenere favori* **2.** *propr. ant.* maneggiare armi; partecipare a giostre e tornei; combattere || **N. 1.** *Sin.* aggirarsi, annaspare, arrabattarsi, dimenarsi | armeggione, faccendone **2.** *Sin.* giostrare.

armeggiatóre [da *armeggiare;* a. 1324] ***sm.*** (f. *-trice*) *ant.* chi partecipa a giochi d'arme, giostre o tornei.

armeggìo (pl. *-ìi*) [da *armeggiare;* 1715] ***sm.*** **1.** un affaccendarsi disordinato; armeggiamento **2.** il tramare; intrigo.

armeggióne [da *armeggiare;* a. 1492] ***sm.*** (f. *-a*) **1.** chi si agita senza costrutto **2.** imbroglione || **N. 2.** *Sin.* faccendiere.

armellìna [da *armellino,* voce veneta per albicocca, da **armenino,* dell'Armenia; 1955] ***sf.*** nome commerciale dei semi di pesca e albicocca impiegati nell'industria dolciaria.

armellinàto V. ERMELLINATO.

armellìno [dal lat. tardo (*mus*) *armenius;* sec. XIV] ***sm.*** **1.** *ant.* ermellino **2.** *T.arald.* campo bianco o argenteo chiazzato di fiocchetti neri a trifoglio con gambo tripartito.

armèno [lat. *armenium;* a. 1628] **I *agg.*** dell'Armenia: *abiti armeni* || *Chiesa Armena,* chiesa cristiana monofisita sorta nel IV secolo **II *sm.*** **1.** (f. *-a*) abitante, nativo dell'Armenia **2.** (solo *sing.*) lingua indoeuropea parlata in Armenia.

armentàrio (pl. *-ri*) [dal lat. *armentarius;* a. 1375] **I *agg.*** che si riferisce all'armento **II *sm.*** (f. *-a*) pastore di armenti || **N.** II *Sin.* boaro, capraio, mandriano, pecoraio, porcaio, PASTORE.

arménto [dal lat. *armentum;* 1313] ***sm.*** branco di buoi e *per estens.* anche di altri quadrupedi domestici (cavalli, pecore ecc.) || **N.** branco, gregge, mandria, torma; bestiame.

armerìa [da *arma;* a. 1565 nel senso 2] ***sf.*** **1.** luogo dove si conservano le armi: *armeria di battaglione* **2.** collezione di armi **3.** negozio in cui si vendono armi: *in quella via ci sono due armerie.*

armerìsta [da *arma;* 1955] ***sm.*** *T.arald.* libro che riporta le armi o gli stemmi delle famiglie, delle città, delle corporazioni e sim. || **N.** *Sin.* armoriale.

armière [da *arma;* a. 1566] ***sm.*** **1.** fabbricante di armi, armaiolo **2.** *T.mil.* soldato specializzato, di artiglieria o aviazione, addetto alla custodia e manutenzione di armi || **N. 2.** ARTIFICIERE.

armìgero [dal lat. *armigerus;* 1342] **I *agg.*** *lett.* che porta e maneggia armi || *fig.* bellicoso, animoso **II *sm.*** guerriero, soldato, uomo d'armi, spesso *iron.*: *lo scortavano sempre due armigeri;* scudiero.

armìlla [dal lat. *armilla;* sec. XIV] ***sf.*** **1.** *T.stor.* braccialetto d'oro che i Romani davano ai guerrieri in premio di qualche atto di valore || *per estens.* cerchietto d'oro, braccialetto **2.** *T.astr.* anello costituente una sfera armillare (V. ARMILLARE) **3.** *ant.* collare per cani || **N. 1.** *Sin.* braccialetto.

armillàre [da *armilla;* 1578] ***agg.*** **1.** di armilla, a forma d'armilla **2.** *T.astr. sfera armillare,* antico strumento formato da anelli concentrici rappresentante il sistema solare.

armillària [dal lat. scient. *armillaria,* da *armilla,* braccialetto; 1829] ***sf.*** *T.bot.* fungo delle Agaricacee caratterizzato dal cappello giallo mielato, spore bianche, gambo allungato provvisto di anello || **N.** *Sin.* chiodino, famigliola.

armillàto [dal lat. *armillātus;* 1475 ca.] ***agg.*** **1.** ornato o cinto di armilla: *corona armillata* **2.** *poet.* cinto di collare: *il veltro armillato* (D'Annunzio).

armipotènte [dal lat. *armipotens, -entis;* prima metà sec. XIV] ***agg.*** *poet.* potente in armi, bellicoso.

armistiziàle [da *armistizio;* 1955] ***agg.*** relativo all'armistizio, proprio dell'armistizio: *clausole, condizioni armistiziali.*

armistìzio (pl. *-zi*) [dal fr. *armistice;* a. 1708] ***sm.*** sospensione totale o parziale, per un tempo determinato o indeterminato, delle ostilità tra gli eserciti belligeranti: *stipulare, concedere, violare l'armistizio* || *fig.* tregua, pausa: *i loro litigi non conoscevano armistizi* || **N.** PACE, TREGUA.

àrmo [da *armare;* 1812 nel senso 2] ***sm.*** *T.mar.* **1.** armamento **2.** nella vela e nel canottaggio, equipaggio di un'imbarcazione.

armoire (fr., pr. [ar'mwa:r]) [letter. armadio; 1883] ***sm. inv.*** armadio a specchio.

armonìa [dal lat. *harmonia,* gr. *harmonía;* 1294] ***sf.*** **1.** consonanza di suoni, voci o strumenti || *per estens.* insieme gradevole di voci e suoni: *si udiva nel bosco un'armonia di richiami* || *T.mus.* la scienza degli accordi musicali: *studiare l'armonia* || suoni che hanno un numero di vibrazioni multiplo rispetto a un suono fondamentale **2.** *T.ret.* disposizione delle parole e gen. delle parti di uno scritto in modo che rendano un suono gradevole: *l'armonia del verso montaliano, l'armonia del periodo sveviano* || *armonia imitativa,* onomatopea, disposizione di voci tale da imitare il suono e l'aspetto delle cose **3.** combinazione, accordo piacevole di cose tra loro disparate: *nei quadri di Klee traspare un'armonia di forme e colori* || rispondenza, proporzione: *l'armonia del creato, un'armonia di forme architettoniche* || *fig.* concordia, accordo di idee e sentimenti: *tra loro c'era una buona armonia* || *in armonia,* in modo concorde: *vivere in armonia* || *in armonia con le direttive, le leggi,* in conformità || **N. 1.** *Sin.* concertamento, concerto, consonanza | angelica, celeste, dolce, flebile, gentile, gioconda, molle, soave, strepitosa **2.** *Sin.* euritmia, proporzione **4.** *Sin.* intesa, CONCORDIA. **Q.T.** ***musica.***

armònica [dall'ingl. *harmonica,* attr. il fr. *harmonica;* 1769] ***sf.*** **1.** *T.mus.* strumento musicale, diffuso nel XVIII sec., composto di lamelle di vetro o di metallo di diversa lunghezza; si suona con una bacchetta che ha in cima una pallina di sughero: *come perle rimbalzanti su per i vetri di un'armonica* (D'Annunzio) || *armonica a bocca,* piccolo strumento musicale ad ance allineate in una piccola scatola forata che si suona facendone scorrere i fori contro le labbra e soffiandovi dentro **2.** *T.fis.* ogni singola oscillazione sinusoidale con frequenza multipla di quella fondamentale in cui può essere scomposta una qualunque oscillazione non sinusoidale come un suono, un'onda luminosa ecc. **3.** *T.mat. armoniche sferiche,* particolare classe di funzioni armoniche utilizzate come base di sviluppi in serie nella risoluzione di problemi di elettrostatica.

armonicìsta [da *armonica;* 1955] ***s.*** **1.** chi suona l'armonica **2.** operaio specializzato nella costruzione di strumenti musicali a più voci.

armònico (pl. *-ci*) [dal lat. *harmonicus*, gr. *harmonikós*; a. 1492] ***agg.*** **1.** che ha o produce armonia, conforme alle leggi dell'armonia: *principi armonici, voce armonica* || *per estens.* dotato di buona acustica: *sala armonica* || *cassa armonica*, in certi strumenti ha la funzione di amplificare e armonizzare il suono || *piano armonico*, tavola sottile d'abete che si mette sul pianoforte per renderlo più sonoro || *suoni armonici*, insieme di suoni secondari prodotti accanto al suono fondamentale da un corpo in vibrazione, ottenuti, negli strumenti ad arco, sfiorando una corda in determinati punti della sua lunghezza **2.** *fig.* proporzionato, armonioso: *un corpo armonico, una struttura armonica* **3.** *T.mat.* *funzione armonica*, funzione a più variabili tale che il suo laplaciano (n) è uguale a zero **4.** *T.fis.* moto in cui la distanza s da una certa origine o, varia nel tempo secondo una costanza sinusoidale **5.** detto di vino in cui le varie caratteristiche siano piacevolmente fuse: *è un barolo armonico* || **armonicaménte** ***avv.*** || **N. 1.** *Contr.* disarmonico **4.** *Contr.* anarmonico. **TAV. *musica* p. 1325** 15.4.

armònio (pl. *-ni*) [dal fr. *harmonium*; 1865 *armonio*] ***sm.*** *non com.* armonium.

armonióso [da *armonia*; sec. XIV] ***agg.*** **1.** che produce armonia, armonico: *voce armoniosa* || *fig.* proporzionato: *città armoniosa, struttura armoniosa* || *dim.* armoniosétto || **armoniosaménte** ***avv.***

armonista [da *armonia*; a. 1938] ***s.*** maestro, studioso di armonia || *per estens.* musicista che attribuisce all'armonia una fondamentale importanza.

armonistico (pl. *-ci*) [da *armonia*; 1955] ***agg.*** relativo all'armonia, proprio dell'armonia.

armònium o **harmònium** [dal fr. *harmonium*; 1883 *harmonium*] ***sm.*** *inv.* strumento musicale a tasti e pedali, fornito di mantice, simile all'organo.

armonizzaménto [da *armonizzare*; seconda metà sec. XVI] ***sm.*** *non com.* armonizzazione, spec. *fig.*

armonizzàre [da *armonia*; 1319] ***tr.*** *T.mus.* fornire di struttura armonica: *armonizzare un brano, una composizione* || *fig.* mettere in armonia, rendere armonico, metter d'accordo: *sapeva scegliere le stoffe armonizzandone i colori* (Palazzeschi) || ***intr.*** (aus. *avere*) intonarsi, essere in armonia: *questa carta da parati armonizza coi mobili* || **N.** ***intr.*** *Contr.* contrastare, discordare, stonare.

armonizzàto (*pps.* di *armonizzare*) [1308 ca.] ***agg.*** messo in armonia, armonioso || *lett.* *fig.* proporzionato in modo perfetto.

armonizzatóre [da *armonizzare*; 1955] ***sm.*** (f. *-trice*) chi armonizza.

armonizzazióne [da *armonizzare*; 1955] ***sm.*** atto ed effetto dell'armonizzare.

armoràccio (pl. *-ci*) [dal lat. *armoracium*; 1819] ***sm.*** *T.bot.* pianta erbacea delle Crocifere, usata nei condimenti per il suo sapore aspro || **N.** *Sin.* barbaforte, rafano rusticano.

armoriàle [dal fr. *armorial*; 1983] ***sm.*** *T.arald.* armerista.

armoricàno [dall'ingl. *armorican*, dal lat. tardo *Armoricānus*, dell'Armorica; 1955] ***agg.*** relativo agli Armorici, antico popolo di origine celtica, stanziatosi in Gallia presso la costa dell'oceano.

arnése [dal germ. **hernest*, attr. il fr. *herneis*; fine sec. XIII nel senso 4] ***sm.*** **1.** nome generico per indicare attrezzi da lavoro: *gli arnesi da muratore, la pialla è un arnese da falegname* || *per estens.* qualsiasi oggetto di cui non si conosca il nome: *fammi un po' vedere quell'arnese* **2.** abito, vestito, quasi solo nelle loc.: *essere bene, male in arnese*, essere bene, mal vestito ma anche *fig.* essere in buone o cattive condizioni finanziarie **3.** *fig. spreg.* persona poco raccomandabile o bizzarra: *intorno al porto circolavano certi arnesi...*; *cattivo arnese*, uomo tristo **4.** *ant.* armatura, fortezza: *siede Peschiera bello e forte arnese* (Dante) || **N. 1.** *Sin.* attrezzo, ferro del mestiere, strumento, utensile; aggeggio, cosa **3.** *Sin.* figuro, tipo. **Q.T.** *edilizia, giardinaggio...*

àrnia [etim. inc.; a. 1294] ***sf.*** alveare sia naturale, in tronchi cavi o cavità rocciose, che artificiale, costruito dall'uomo in forma di casetta per l'allevamento delle api. **TAV.** *zootecnia* 8.

àrnica [forse dal gr. *ptarmikḗ*; a. 1558] ***sf.*** *T.bot.* genere di piante delle Composite con foglie opposte, fiori giallo oro; dai rizomi e dai fiori della specie detta *montana* si ricavano sostanze medicinali.

arnióne [lat. volg. *reniō, -ōnis*; fine sec. XIII] ***sm.*** *dial.* rene, rognone.

àro[1] [dal gr. *áron*; a. 1498] ***sm.*** pianta velenosa delle Aracee, con rizoma tuberoso e fiore giallo; in Italia è diffusa la specie detta *gichero* o *pan di serpe*.

àro[2] [dal fr. *are*; 1838] ***sm.*** *non com.* *T.agr.* ara, misura di superficie agraria.

-àro [variante non toscana, e spec. centro-meridionale, di *-aio*] ***suff.*** (f. *-a*) come *-aio* (nel senso 1; v.), forma sostantivi m. denominali che indicano chi svolge un mestiere connesso a ciò che la base designa: *caldarrostaro, campanaro, carbonaro, madonnaro, porcaro, zampognaro* || *region.* compare anche in sostantivi che, pur essendo sempre riferiti a persone, non indicano mestieri (*borgataro, gruppettaro, paninaro*) e sono talora connotati spregiativamente: *palazzinaro* || **N.** -aio, -aiolo, -ario, -iere.

aròma [dal lat. *arōma*; a. 1342 *aromato*] ***sm.*** **1.** nome generico di sostanza odorosa, naturale o artificiale, dal sapore spesso gradevole, usata per la preparazione di profumi o come condimento: *questo profumo contiene aroma di loto, rosmarino e salvia sono aromi* || *propr.* sostanza chimica che determina tali caratteristiche aromatiche **2.** odore proveniente da tali sostanze: *l'aroma dei limoni, del caffè tostato* || *per estens.* odore, profumo caratteristico: *la folata che alzò l'amaro aroma del mare* (Montale) || **N.** essenze, gomme, oli essenziali, spezie, PROFUMO | ambra, camomilla, canfora, cannella, catrame, creosoto, garofano, ginepro, incenso, lavanda, mace, muschio, naftalina, noce moscata, pepe, sandalo, timo, trementina, zibetto.

aromatàrio (pl. *-ri*) [dal lat. tardo *aromatārius*; 1585] ***sm.*** *lett.* chi vende aromi, droghiere || **N.** *Sin.* unguentario.

aromaticità [da *aromatico*; sec. XIV] ***sf.*** qualità di ciò che è aromatico.

aromàtico (pl. *-ci*) [dal lat. tardo *aromaticus*; sec. XIV] ***agg.*** **1.** che ha profumo o sapore di aroma: *erbe aromatiche, vino aromatico* **2.** *T.chim.* di composto organico con disposizione atomica ad anello chiuso caratterizzato dalla presenza di almeno un anello benzenico: *composto aromatico, serie aromatica* || **N. 1.** *Sin.* fragrante, odoroso **2.** *Contr.* alifatico, grasso. **Q.T.** *alimentazione, giardinaggio...*

aromatizzànte (*ppr.* di *aromatizzare*) [1829] ***agg.*** e ***sm.*** detto di sostanza naturale che viene aggiunta ai cibi per insaporirli.

aromatizzàre [dal lat. tardo *aromatizāre*; inizio sec. XIV] ***tr.*** **1.** rendere odoroso, profumare con l'uso di aromi: *aromatizzare un arrosto* **2.** *T.chim.* nell'industria dei carburanti, trasformare idrocarburi naftenici in idrocarburi aromatici per produrre benzine ad alto numero di ottani.

aromatizzazióne [da *aromatizzare*; 1955] ***sf.*** **1.** atto ed effetto dell'aromatizzare **2.** processo industriale diretto a idrogenare idrocarburi naftenici nella produzione di idrocarburi aromatici e benzine ad alto numero di ottani.

àrpa[1] [dal lat. tardo *harpa*; 1321] ***sf.*** **1.** strumento musicale a corde, di forma triangolare, con corde di lunghezza diversa tese verticalmente tra il lato di sostegno e la cassa di risonanza, che si suona pizzicando le corde: *arpa a pedali, da concerto* || *arpa eolia*, quella le cui corde sono messe in vibrazione da una corrente d'aria || *arpa bretone*, arpa portatile con un numero minore di corde, tipica della tradizione celtica **2.** *per estens.* reticolato su cui si pongono a sfarfallare i bachi da seta || **N.** arpa a pedali, arpa doppia, arpa semplice, trigonio | PARTI: arco, base, bottoni, colonna, corde, corpo, pedali | arpeggiare, arpeggiatore. **TAV. *musica* p. 1324** 2.20.

àrpa[2] V. ARPE.

arpacòrdo V. ARPICORDO.

arpagóne[1] [dal lat. *harpago, -ōnis*; a. 1292] ***sm.*** rostro uncinato per accostare le navi nemiche durante l'arrembaggio o per agganciarsi ai merli di una fortezza durante l'assedio.

arpagóne[2] [dal fr. *harpagon*; 1892] ***sm.*** *lett.* uomo molto avaro.

àrpe o **àrpa**[2] [dal lat. *harpe*, gr. *hárpē*; a. 1367] ***sf.*** *T.archeol.* spada falcata con uncino affilato posto al di sotto della punta: *Medusa tronca fu dall'arpe* (D'Annunzio).

arpeggiaménto [da *arpeggiare*; 1829] ***sm.*** *non com.* arpeggio.

arpeggiàre (pres. *-éggio*) [da *arpa*; a. 1638] ***intr.*** (aus. *avere*) **1.** suonare l'arpa, la lira, la cetra; fare arpeggi **2.** *T.vet.* essere affetto da arpeggio || ***tr.*** eseguire un arpeggio: *arpeggiare un accordo, note arpeggiate.*

arpeggiàto (*pps.* di *arpeggiare*) [1829] **I** ***agg.*** *T.mus.* eseguito ad arpeggio: *brano arpeggiato* **II** ***sm.*** *T.mus.* esecuzione ad arpeggio di uno o più accordi || didascalia o segno con cui si prescrive tale esecuzione.

arpeggiatóre [da *arpeggiare*; a. 1907] ***sm.*** (f. *-trice*) *non com.* arpista, chi esegue arpeggi.

arpéggio (pl. *-gi*) [da *arpa*; 1708] ***sm.*** **1.** l'arpeggiare **2.** *T.mus.* esecuzione sequenziale anziché simultanea delle note costituenti un accordo **3.** *T.vet.* difetto dovuto a lesioni nervose, riscontrabile nei quadrupedi, consistente nella flessione improvvisa e brusca di un arto in movimento. **TAV. *musica* p. 1324** 1.15.

arpeggióne [da *arpeggiare*; 1940] ***sm.*** *T.mus.* strumento ad arco con sei corde, dalle dimensioni di un violoncello, ma simile alla chitarra.

arpènto [dal fr. *arpent*; 1829] ***sm.*** antica misura agraria di superficie in uso in Francia e in Germania.

arpése [dal gr. *hárpagos*; 1570] ***sm.*** *T.arch.* ferro per tener unite tra loro pietre o parti di muratura, grappa.

arpìa [dal lat. *harpȳia*; 1313] ***sf.*** **1.** *T.mit.* mostro alato con volto di donna e corpo di rapace || *fig.* persona malevola, rapace: *è un'arpia con i subalterni* || donna brutta e cattiva: *ha sposato un'arpia* **2.** *T.zool.* uccello rapace dei Falconiformi diffuso in America Latina con piumaggio grigio-nero, ciuffo di penne sulla testa e apertura alare di circa un metro **3.** nome di alcune farfalle notturne fra cui l'*arpia bifida* con addome biforcuto.

arpicòrdo (non com. *arpacòrdo*) [comp. di *arpa* e *corda*; 1542] ***sm.*** *T.mus.* spinetta, clavicembalo.

arpinàte [dal lat. *Arpinas, -ātis*; 1829] **I** ***agg.*** di Arpino **II** ***s.*** chi è nativo o abitante di Arpino || *per anton.* *l'Arpinate*, Cicerone.

arpionàre (pres. *-óno*) [da *arpione*; 1952] ***tr.*** colpire con l'arpione: *arpionare uno squalo, una balena.*

arpióne [lat. volg. **harpigo, -ōnis*; 1353] ***sm.*** **1.** ferro uncinato che si fissa nel muro, e in cui entrano le bandelle delle finestre e delle porte || ferro a squadra che si conficca nel muro per appendervi oggetti || elemento che fissa la rotaia alle traverse **2.** parte di meccanismo che serve ad arrestare o a impedire il moto in una direzione di un elemento rotante, nottolino **3.** *T.pesc.* asta uncinata utilizzata come arma da lancio nella cattura di grossi pesci o mammiferi acquatici, arpone **4.** *T.alp.* particolare tipo di chiodo da ghiaccio || **N.** appiccatoio, cardine, caviglia, ganghero | ago o perno, bandella, piano.

arpionismo [da *arpione*; 1892] **sm.** *T.mecc.* meccanismo composto da una ruota dentata e da un arpione d'arresto che agisce secondo la direzione del moto, consentendolo o impedendolo.

arpista [da *arpa*; 1862] **s.** suonatore d'arpa.

arpóne [dal fr. *harpon*; a. 1698] **sm.** *T.pesc.* arpione, fiocina. **TAV.** *pesca* 12.3.

arquebuse (fr., pr. [arkə'by:z]) [letter. archibugio, perché impiegato per curare le ferite provocate da armi da fuoco; 1942] **sm.** *inv.* liquore prodotto per distillazione di erbe aromatiche.

àrra [dal lat. *arra*; a. 1306] **sf.** caparra || *fig.* pegno, testimonianza di promessa: *arra di pace, d'amicizia* || **N.** pegno, segnale, segno.

arrabattàrsi [dallo sp. *arrebatarse*; a. 1527] **intr. pron.** darsi da fare, affaccendarsi, armeggiare con scarsi risultati: *ogni mese si arrabatta a quadrare il bilancio* || **N.** affaticarsi, dimenarsi, fare, ingegnarsi, sforzarsi.

arrabbiaménto [da *arrabbiare*; a. 1698] **sm.** il contrarre la rabbia: *l'arrabbiamento del cane* || *non com.* arrabbiatura, accesso di rabbia || **N.** idrofobia | collera, escandescenza, iracondia, rovello, stizza, IRA.

arrabbiàre (pres. *-àbbio*) [comp. parasint. di *rabbia*; sec. XIV] **intr. pron.** **1.** stizzirsi, andare in collera: *io non mi arrabbio mai* **2.** di terreni o piante, soffrire per il caldo eccessivo, insterilirsi **3.** *fam.* accanirsi, impegnarsi a fondo in qualcosa: *si arrabbia ad accumulare ricchezza* || **intr.** (aus. *essere*) prendere la rabbia, diventare idrofobo: *in seguito al morso di una volpe il cane arrabbiò* || *fig.* soffrire ossessivamente: *arrabbiare di invidia* || **N. intr. pron. 1.** *Sin.* adirarsi, incollerirsi, rodersi, sdegnarsi, stizzirsi **2.** *Sin.* intristirsi.

arrabbiàta V. ARRABBIATURA.

arrabbiatìccio (pl. *-ci*) [da *arrabbiato*; 1862] **sm.** terreno isterilito per essere stato lavorato intempestivamente e con acqua insufficiente.

arrabbiàto (*pps.* di *arrabbiare*) [a. 1306] **I agg. 1.** affetto da rabbia, idrofobo: *cane arrabbiato* **2.** *fig.* incollerito, rabbioso: *sono arrabbiato con te* || *all'arrabbiata*, in gran fretta || accanito: *giocatore arrabbiato* || insopportabile: *una fame arrabbiata, un rumore arrabbiato* || usato talvolta con valore genericamente rafforzativo: *è un locale caro arrabbiato*, molto caro; *una minestra salata arrabbiata*, molto salata **3.** *T.cuc.* di cibo cotto a fuoco vivo: *pollo arrabbiato* || *penne all'arrabbiata*, cotte con spezie piccanti, a fuoco vivo **II sm.** (f. *-a*) **1.** appartenente al movimento dei giovani arrabbiati (*hungry young men*), corrente letteraria anglosassone del secondo dopoguerra, caratterizzata da forte impegno sociale e sfiducia nelle istituzioni e nel conformismo sia politico che artistico **2.** *T.stor.* *gli Arrabbiati*, fazione fiorentina del sec. XV ostile ai Medici e al Savonarola || *dim.* arrabbiatèllo || **N. I 2.** *Sin.* adirato, arrovellato, fremente, infuriato, invelenito, iroso, rabbioso.

arrabbiatùra o **arrabbiàta** [da *arrabbiare*; a. 1865] **sf.** accesso di collera: *mi sono preso un'arrabbiatura per niente.*

arracàcia (pl. *-cie*) [voce di origine quechua, attr. lo sp. *arracacha*; 1955] **sf.** pianta dell'America centromeridionale, la cui radice costituisce uno degli alimenti fondamentali dei popoli andini.

arraffàre [dal long. *(h)raffen*; a. 1400] **tr.** afferrare, pigliare o togliere con violenza, strappare di mano || *fig.* carpire: *la lotta continua per arraffare il potere* (Levi) || **N.** PRENDERE.

arraffatóre [da *arraffare*; 1983] **sm.** (f. *-trìce*) chi arraffa, strappa di mano; arraffone.

arraffóne [da *arraffare*; 1983] **sm.** (f. *-a*) chi arraffa.

àrrak V. ARAK.

arrampicaménto [da *arrampicare*; 1865] **sm.** azione dell'arrampicarsi.

arrampicàre (pres. *-àmpico, -àmpichi*) [da *rampicare*; a. 1577] **intr.** (aus. *avere*) *T.alp.* procedere in progressione verticale aiutandosi con mani e piedi: *ha arrampicato sulla nord dell'Eiger* || nel ciclismo, superare una salita: *i concorrenti arrampicavano verso il passo dello Stelvio* || **intr. pron.** salire aggrappandosi a qualcosa: *arrampicarsi su un albero* || *per estens.* di piante, crescere verticalmente poggiando a un sostegno: *l'edera si arrampica sui muri* || *fig.* salire con fatica per un luogo scosceso: *la corriera si arrampica verso il colle; a fianco degli ulivi si arrampicava una straducola* (Neri) || *arrampicarsi sugli specchi*, cercare a tutti i costi di addurre giustificazioni insostenibili o di tentare imprese assurde || **N.** salire.

arrampicàta [da *arrampicare*; 1925] **sf. 1.** atto dell'arrampicare **2.** *T.alp.* progressione verticale su roccia o ghiaccio || *arrampicata libera*, in cui i soli mezzi di progressione sono appigli naturali e i chiodi hanno solo funzione di assicurare o non vengono usati || *arrampicata artificiale*, in cui chiodi, staffe, corde ecc. vengono usati come mezzi di progressione || nel ciclismo, superamento di ripide salite; nella ginnastica, salita di funi, pertiche e altri attrezzi verticali || *dim.* arrampicatìna. **Q.T.** *alpinismo.*

arrampicatóre [da *arrampicare*; 1937] **sm.** (f. *-trìce*) **1.** chi arrampica || *fig.* *arrampicatore sociale*, arrivista, persona che cerca con ogni mezzo di raggiungere una posizione sociale più elevata **2.** *T.alp.* chi compie ascensioni, arrampicate || nel ciclismo, corridore particolarmente abile in salita || **N. 2.** alpinista, *climber, grimpeur.* **Q.T.** *alpinismo.*

arrancàre (pres. *-ànco, -ànchi*) [comp. parasint. dell'ant. *ranco*, zoppo; 1483] **intr.** (aus. *avere*) **1.** camminare zoppicando: *l'animale ferito arrancava per sfuggire al cacciatore* || *per estens.* procedere a fatica cercando di mantenere un'andatura sostenuta: *la vecchia auto arrancava su per la salita* **2.** *T.mar.* vogare con forza: *i vogatori arrancavano sulla dirittura d'arrivo.*

arrancàta [da *arrancare*; 1614] **sf. 1.** atto dell'arrancare **2.** colpo vigoroso di remi.

arrandellàre (pres. *-èllo*) [comp. parasint. di *randello*; 1427] **tr. 1.** colpire con un randello **2.** gettare via, scagliare || *fig. tosc.* gettar via, vendere a prezzo vilissimo: *ha arrandellato la sua villa per poco o nulla* **3.** *ant.* stringere, legar stretto: *arrandellarsi in cintura*, detto di donne che si stringono molto la vita.

arrangiaménto [dal fr. *arrangement*; 1881] **sm. 1.** *T.mus.* adattamento di un brano musicale part. di musica leggera per strumenti diversi da quelli per i quali era stato scritto || *concr.* il brano così modificato: *gli arrangiamenti di Glen Miller* **2.** accordo, compromesso: *venire ad un arrangiamento.*

arrangiàre (pres. *-àngio*) [dal fr. *arranger*; 1845] **tr. 1.** aggiustare, sistemare in qualche modo, accomodare: *arrangiare un abito, una stanza* || *fam. iron.* conciare per le feste: *ti arrangio io!* **2.** *fig.* mettere insieme, fare: *sono riuscito ad arrangiare del denaro* || *gerg.* rubare || *T.mus.* curare l'arrangiamento di un brano musicale || **intr. pron.** destreggiarsi, riuscire a cavarsela: *ci si arrangia come si può* || **rifl. rec.** *non com.* venire a un arrangiamento, accordarsi: *ci siamo arrangiati per dividere le spese.*

arrangiatóre [da *arrangiare*; 1962] **sm.** (f. *-trìce*) chi esegue arrangiamenti musicali.

arrangolàre (pres. *-àngolo*) [comp. parasint. di *rangola*; a. 1565] **intr.** (aus. *avere*) *disus.* parlare con voce affannata, rantolare || **intr. pron.** *disus.* affannarsi, arrabbiarsi.

arrantolàto [da *rantolare*; a. 1565] **agg.** *non com.* che rantola, rotto da rantoli: *voce arrantolata, urlo arrantolato.*

arrapàre [dal nap. *arrapà*, forse da *rapa*, metaf. membro virile; 1959] **tr.** *pop.* eccitare sessualmente || **rifl.** eccitarsi.

arrapàto (*pps.* di *arrapare*) [1953] **agg.** *pop.* eccitato sessualmente.

arrapinàre (pres. *-ìno*) [comp. parasint. di *rapina*, a. 1698] **tr.** *disus.* far arrabbiare || **intr. pron.** *raro* **1.** arrabbiarsi **2.** arrovellarsi, tribolare.

arrappàre [dal prov. *arrapar*; prima metà sec. XIV] **tr.** *ant.* arraffare, rubare, togliere con violenza e ingordigia || **intr. pron.** *raro* arrampicarsi || **N.** PRENDERE, RUBARE.

array (ingl., pr. [ə'reɪ]; pr. it. [ar'rei]) [letter. raggruppamento ordinato; 1985] **sm.** *inv.* *T.inform.* **1.** serie di osservazioni o dati statistici che posseggono tutti le stesse caratteristiche, sistemati in classi per ordine di grandezza; distribuzione statistica **2.** insieme di elementi matematici disposti in file e colonne || **N. 2.** *Sin.* matrice.

arrecàre (pres. *-èco, -èchi*) [da *recare*; a. 1294] **tr.** recare, portare || *fig.* cagionare: *la notizia gli arrecò un gran dolore* || **N.** *Sin.* apportare, causare, produrre, PORTARE.

arredaménto [da *arredare*; 1915] **sm. 1.** lo studio e il modo di arredare un'abitazione o un luogo pubblico: *l'arredamento dell'ufficio è stato curato da un architetto* **2.** *concr.* insieme di mobili e oggetti con i quali si arreda una stanza: *un arredamento moderno* || *T.teatr.* e *T.cin.* attrezzature che vengono impiegate per arredare la scena. **Q.T.** *arredamento* **TAV.** *arredamento* p. 650 sg.

arredàre (pres. *-èdo*) [dal germ. *(ga-)rēdan*, aver cura; fine sec. XIII] **tr.** fornire un luogo di mobili e oggetti d'arredo; ammobiliare || **N.** *Sin.* addobbare, allestire.

arredatóre [da *arredare*; 1950] **sm.** (f. *-trìce*) **1.** chi progetta e realizza l'arredo di un ambiente **2.** chi esegue i lavori di arredamento **3.** chi allestisce l'arredamento teatrale o cinematografico.

arrèdo [da *arredare*; 1313] **sm.** oggetto o insieme di oggetti che servono ad ammobiliare e decorare un ambiente: *ha in casa solo arredi del 600* || *arredi sacri*, oggetti usati per celebrare funzioni religiose || *arredi urbani*, insieme di attrezzature che completano la funzionalità dei centri urbani come lampioni, panchine, fontanelle, paline segnaletiche, chioschi || *T.sport.* *arredi permanenti*, nel tennis, tutto ciò che fisso o mobile circonda un campo da tennis || **N.** mobili, suppellettili || ampolline, argenti, calice, paramenti. **Q.T.** *abitazione, arredamento, chiesa...* **TAV.** *chiesa* 2.

arrembàggio (pl. *-gi*) [da *arrembare*[1]; 1772] **sm.** *T.mar.* l'azione di assalire col proprio equipaggio una nave nemica dopo averla abbordata: *andare all'arrembaggio*, assalire una nave; *fig.* gettarsi avidamente su qualcosa.

arrembàre[1] (pres. *-émbo*) [etim. inc.; 1772] **tr. 1.** *raro* andare all'arrembaggio di una nave **2.** *raro* attaccare || **N.** *Sin.* abbordare, assaltare.

arrembàre[2] (pres. *-émbo*) [etim. inc.; 1865] **intr.** (aus. *essere*) e **intr. pron.** *T.vet.* di cavallo, procedere a fatica perché affetto da arrembatura || *per estens.* camminare a fatica.

arrembàto (*pps.* di *arrembare*[2]) [1865] **agg.**

T.vet. detto di cavallo che abbia il difetto dell'arrembatura || *per estens.* che si muove a fatica.

arrembatùra [da *arrembare*²; 1865] ***sf.*** *T.vet.* anomalia ossea dell'arto del cavallo consistente nello spostamento in avanti del nodello; causa un'andatura strascicata e zoppicante.

arrémbo [da *arrembare*¹; a. 1938] ***sm.*** *raro lett.* arrembaggio.

arrenaménto ***sm.*** *lett.* V. ARENAMENTO.

arrenàre (pres. *-éno*) [comp. parasint. di *rena*; a. 1571] ***tr.*** *non com.* **1.** pulire, lucidare usando la sabbia come detergente: *arrenare le pentole* **2.** *tosc.* insabbiare, riempire di sabbia || ***intr. pron.*** arenarsi.

arrendaménto [dallo sp. *arrendamiento*; 1645] ***sm.*** *T.stor.* nel Regno di Napoli, gabella che veniva riscossa da appaltatori privati.

arrendatóre [dallo sp. *arrendator*, da *arrendar*, appaltare; a. 1569] ***sm.*** *T.stor.* riscossore privato di gabelle.

arrèndere (pres. *-èndo* ecc., come RENDERE) [da *rendere*; prima metà sec. XIII] ***rifl.*** darsi per vinto, consegnarsi al nemico: *dopo lunga resistenza gli assediati si arresero* || *arrendersi a discrezione*, senza condizioni || *fig.* cedere, darsi per vinto, desistere: *arrendersi all'evidenza dei fatti* || *lett.* piegarsi: *i rami s'arresero alla neve* || ***tr.*** *ant.* consegnare al nemico || **N.** ***rifl.*** *Sin.* abbassare le armi, alzare bandiera bianca, cedere, dichiararsi vinto, domandare la resa, ridursi alla mercé del nemico | *Contr.* opporre resistenza, resistere.

arrendévole [da *arrendere*; a. 1292] ***agg.*** che si arrende facilmente, che non oppone resistenza: *uomo, carattere arrendevole* || condiscendente, sensibile: *è arrendevole alle preghiere* || che si piega facilmente: *superficie, stoffa arrendevole* || che si lavora agevolmente: *il bronzo è un materiale arrendevole* || **N.** benigno, bonario, conciliante, condiscendente, deferente, docile, trattabile | *Contr.* inflessibile | cedevole, elastico, pieghevole | *Contr.* resistente, rigido.

arrendevolézza [da *arrendevole*; a. 1589] ***sf.*** di persona, l'essere arrendevole, condiscendente, docile: *l'arrendevolezza dei deboli* || di cose, duttilità, morbidezza, pieghevolezza, elasticità: *l'arrendevolezza della cera.*

arrèsta-bànda [comp. di *arresta(re)* e *banda*; 1988] ***sm.*** in elettrotecnica, radiotecnica, acustica ecc., dispositivo a due porte atto a modificare lo spettro di frequenza di un segnale, attenuandone i contenuti all'interno di un intervallo di frequenza e trasmettendo il più possibile inalterati quelli all'esterno || **N.** passa-banda.

arrestaménto [da *arrestare*; sec. XIV-XVI] ***sm.*** *non com.* l'arresto spec. di cosa inanimata: *arrestamento delle acque, del sangue.*

arrestàre¹ (pres. *-èsto*) [lat. volg. **arrestāre*; 1313] ***tr.*** **1.** fermare, interrompere un movimento o un processo, impedire: *arrestare l'auto, l'avanzata nemica, un'emorragia, un'epidemia* **2.** porre in stato d'arresto, trattenere qualcuno su mandato dell'autorità giudiziaria: *l'assassino venne arrestato all'alba* || ***rifl.*** e ***intr. pron.*** cessare di funzionare, fermarsi: *il motore si arrestò in aperta campagna, udì un rumore e si arrestò di colpo* || interrompersi, smettere: *l'emorragia si è arrestata* || **N. 1.** *Sin.* arginare, bloccare, impedire **2.** *Sin.* ammanettare, carcerare, catturare, fermare, imprigionare, portare in gattabuia, trattenere | *Contr.* liberare, scarcerare.

arrestàre² (pres. *-èsto*) [comp. parasint. di *resta*; a. 1431] ***tr.*** *ant.* mettere la lancia in resta.

arrestàto (*pps.* di *arrestare*¹) [a. 1375] **I** ***agg.*** **1.** che è in stato d'arresto **2.** *T.aral.* di animali raffigurati fermi sulle quattro zampe e di navi prive di alberatura **II** ***sm.*** (f. *-a*) chi è stato arrestato dalla forza pubblica || **N. II** *Sin.* ammanettato, carcerato, detenuto, fermato, prigioniero.

arrestatóio (pl. *-ói*) [da *arrestare*; 1889] ***sm.*** *raro T.mar.* congegno a leva per bloccare la catena dell'àncora.

arrèsto [da *arrestare*; a. 1348] ***sm.*** **1.** interruzione, fermata, sospensione: *la corsa del treno subì un arresto, il freddo gli causò un arresto della digestione* || *T.fot. bagno d'arresto*, operazione, precedente il fissaggio, che blocca l'azione del bagno di sviluppo sul materiale fotografico || ritardo, indugio: *le consegne subirono parecchi arresti* || *battuta d'arresto*, interruzione **2.** *T.mecc.* dispositivo per bloccare o limitare il funzionamento di una macchina: *dente d'arresto, arresto di una suoneria* **3.** *T.sport.* sospensione del gioco decretata dall'arbitro || *arresto di combattimento*, nel pugilato, sospensione decretata dall'arbitro per manifesta inferiorità di uno dei pugili, per scorrettezze ecc. || nel calcio, fermo della palla a seguito di un passaggio: *arresto al volo* || nella scherma, il colpo di botta diritta con cui si tocca l'avversario mentre sta sviluppando un'azione offensiva **4.** *T.giur.* limitazione della libertà individuale operata dalla forza pubblica a seguito di un provvedimento dell'autorità giudiziaria,

ARREDAMENTO

CAMERA.

SINONIMI E VARIE SPECIE: alcova, camerata, cameretta, camerone, camerotto, cella, cubicolo, dormitorio, sgabuzzino, stambugio, stamberga, stanza da letto; adorna, disadorna, fastosa, modesta, semplice, luminosa, buia, ariosa, soffocata, imbiancata, tappezzata, ammobiliata, vuota, matrimoniale, libera.

LETTO: amaca, branda, canapè, canile, covile, covo, cuccetta, culla, cuna, *dormeuse*, giaciglio, nido, ottomana, talamo, tavolaccio; buono, cattivo, comodo, incomodo, morbido, molle, soffice, duro, sfatto, rifatto, spianato, fornito, pieghevole, geniale, nuziale, ortopedico, terapeutico, gemelli, a padiglione, a molle, a ruote, a una piazza, a una piazza e mezzo, a due piazze o matrimoniale, a castello, a canguro, ribaltabile, separato; di bambù, di legno, di ferro, di ottone, da campo, di pirata; baldacchino, capezzale, cielo, colonne, coltrice, coltrone, coltroncino, copriletto, coperta, copripiedi, cortine, cortinaggio, drappelloni, elastico, federe, fusto, gambe, guanciali, imbottita, lenzuola, lettiera, materasso, molle, pagliericcio, pendagli, piedi, pomo, rete, ruota, saccone, spalletta, sponda, stramazzo, testata, trapunta, piumino, traverse.

MOBILI E ARREDI: acquasantiera o piletta dell'acquasanta, archetto, armadio (guardaroba, stipo, cantoniera; a specchio, a muro, quattro stagioni; palchetti o piani, fondo, fiancate, scompartimento, coperchio, piedi, sportelli o ante o imposte), asciugamano, bidè, bottiglia da notte, buttalà, campanello (a cordone, a mano, elettrico), capoletto, cassettone o comò (cassetti, fiancate, guide, fondo, contraffondo, maniglie, marmo, piano), comodino, giroletto, gruccia, inginocchiatoio, lavabo, lavamano (catinella, brocchetto), lavandino, pappagallo, padella, *toilette*, paravento, pettiniera, pitale, poltrona, predellino, prete, scaldaletto, scendiletto, sedia, seggetta, scrittoio, sveglia, tappeto, tenda, tendine, *veilleuse*, zanzariera.

AZIONI RELATIVE: abballinare, disfare, rifare, preparare, ravviare, rimboccare, rincalzare, scaldare, scompannare, scrudire, spianare, sprimacciare, allettarsi, buttarsi sul letto, cacciarsi sotto le lenzuola, coccolarsi, crogiolarsi, voltarsi, rivoltarsi, rannicchiarsi, rotolarsi, giacere, dormire, russare, coricarsi, andare a nanna, stare al calduccio, levarsi, alzarsi, balzare o saltare dal letto.

SALA: salotto, salottino, aula, parlatorio, *hall*, *fumoir*, *boudoir*, stanza di soggiorno o soggiorno; da ballo, da concerto, da visite, del trono, d'armi, di lettura, d'aspetto.

ARREDI E MOBILI: addobbo, agrippina, album, amorino, arazzi, *bibelot*, borchie, braciere, camino, canapè (testata, schienale, fusto, molle, tombolo o rullo), cassaforte, cattedra, ceramiche, cielo o palco o soffitto, controsoffitto (a cassettoni, di stucco), ciscranna, cofano, *consolle*, cristalli, cristalliera, cuscini, dirimpettaio, divano, drappo, *étagère*, forziere, fregio, giardiniera, gingilli, lampadario (lumiera, ventola, candelabro, doppiere, torcia, torciera, plafoniera, spot; *abat-jour* o paralume, diffusore), medagliere, mensola, ninnoli, orologio (a cucu, a campana, a pendolo, pensile, a pesi, a ripetizione, a torre; analogico, digitale, elettronico), ottomana, pannello, paracamino, parafuoco, paramento, passatoia, pendola, pianoforte, poltrona (di stoffa, di pelle, di vimini, a dondolo, a sdraio, con le rotelle, alla Raffaello, alla Savonarola), poltroncina, porcellane, portiera, quadro (telaio, cornice, *passepartout*), scaffale, scansia, scranna, scrigno, scrivania, seggiola, seggiolone, servitore, sgabello, sofà, soprammobile, specchio (spera, specchiera, caminiera, riverbero, psiche, a bilico), statua, statuina, tappeto (arabo, persiano, turco, cinese, orientale, di lana, di seta, di cocco), tavola, tavoliere, tavolino (a ribalta, a treppiedi, intarsiato, impiallacciato, quadro, tondo), tende, vasellame (ampolla, anfora, bucchero, caraffa, coppa, fiala, giara, guantiera, vaso), zoccolo; radio, televisione, giradischi, impianto stereo o *HiFi*, mobile bar, portariviste.

VOCI ATTINENTI: visita, visitina, visita di digestione, cerimonia, conversazione, ricevimento, tè, trattenimento, ballo, veglia, serata; annunziare, aprir le sale, tener circolo; crocchio, società, bel mondo, rinfreschi, *buffet*, invitati, salottiere.

BIBLIOTECA: libreria, sala di lettura, studio, studiolo.

LIBRI: atlante, calepino, cimelio, codice, dizionario, doppione, enciclopedia, estratto, fascicolo, filza, giornali, libro, miscellanea, opera, opuscolo, palinsesto, riviste, tomo, trattato, volume; tagliato, intonso, rilegato, slegato, sciolto, interfoliato, raro, comune, esaurito, numerato, nuovo, usato, smarginato, lacerato, completo, incompleto.

MOBILI E ARREDI: calamaio, carta, catalogo, ceralacca, leggio, matita, penna, quaderno, raccoglitore, raschiatoio, riga, scaffale (palchi), scaletta, scansia, scheda, schedario, scrivania, *secrétaire*, sigillo, suggello, tagliacarte; visore, registratore, macchina da scrivere.

VOCI ATTINENTI: bibliotecario, bibliomane, bibliofilo, collezionista, distributore, antiquario, edizioni, scaffalatura.

segue

in conseguenza o in attesa di un procedimento giudiziario; cattura, incarcerazione: *eseguire un arresto, procedere ad un arresto* || *arresto preventivo*, v. PREVENTIVO || *arresto domiciliare*, v. DOMICILIARE **5.** *T.mil.* spec. *pl.* provvedimento disciplinare punitivo per ufficiali e sottufficiali: *arresti di rigore, mettere agli arresti* **6.** *T.med.* cessazione, sospensione di una funzione organica: *arresto respiratorio, cardiaco* || mancato sviluppo: *arresto emotivo, psichico* || **N. 1.** *Sin.* pausa **4.** fermo, mandato d'arresto, mandato di cattura. **Q.T.** *diritto.*

arretraménto [da *arretrare*; a. 1738] ***sm.*** atto di arretrare o arretrarsi: *l'arretramento delle linee di confine, delle truppe.*

arretràre (pres. *-ètro*) [comp. parasint. di *retro*; 1321] ***tr.*** tirare indietro: *i comandanti arretrarono i reparti sulle colline* || ***intr.*** (aus. *essere*) e ***intr. pron.*** indietreggiare, retrocedere, tirarsi indietro: *i pavidi arretrano di fronte al pericolo, è un uomo che non arretra di fronte a nulla* || **N.** *Sin.* retrocedere, rinculare, ritirarsi.

arretratézza [da *arretrato*; 1949] ***sf.*** condizione di ciò o di chi è arretrato, in senso sociale, economico, culturale: *arretratezza mentale, l'arretratezza dei paesi sottosviluppati.* **Q.T.** *sociologia.*

arretràto (*pps.* di *arretrare*) [1742] ***agg.*** e ***sm.*** **1.** che è indietro o più indietro nello spazio o nel tempo: *dopo un'ora di gara è arretrato rispetto al gruppo di testa* || *giocare arretrato*, nel calcio, occupare una posizione più vicina alla propria porta rispetto a quella tradizionalmente occupata dal proprio ruolo: *un mediano arretrato* || *i numeri arretrati di un giornale*, usciti prima dell'ultimo numero || *lavoro arretrato*, non eseguito; *conto arretrato*, non pagato || nella *loc. agg. in arretrato*, indietro **2.** superato, che è rimasto indietro sotto il profilo sociale, culturale, economico: *società arretrate, metodi, paesi arretrati, economie arretrate*; che non ha avuto normale sviluppo: *un individuo psichicamente arretrato* **3.** *T.ling.* di suono, articolato nella parte posteriore della cavità orale || solo come *sm.* (spec. *pl.*) reddito di un bene o capitale non pagato alla scadenza: *pagare, riscuotere gli arretrati.*

àrri [voce onom.; 1360 ca.] modo di incitare le bestie per farle andare più speditamente.

arriba (sp., pr. [a'rriβa]) [letter. di sopra; 1942] ***escl. inv.*** esclamazione di gioia corrisponente al nostro *evviva.*

arricchiménto [da *arricchire*; sec. XIV] ***sm.*** **1.** atto ed effetto dell'arricchire e dell'arricchirsi; anche *fig.*: *arricchimento spirituale, arricchimento del lessico di una lingua* **2.** *T.min.* processo consistente nell'aumento percentuale di una sostanza utile per mezzo di procedimenti fisici o chimici: *l'arricchimento dell'uranio.*

arricchìre (pres. *-isco, -isci*) [comp. parasint. di *ricco*; a. 1294] ***tr.*** **1.** far diventar ricco: *il lavoro arricchisce l'uomo* || *per estens.* render più copioso, abbondante o accrescere di cose pregevoli: *arricchì il piatto di carne con squisiti contorni, arricchire una stanza di quadri*; anche *fig.*: *arricchire la mente di utili cognizioni* **2.** *T.min.* sottoporre a un processo di arricchimento: *arricchire l'uranio* || ***intr.*** (aus. *essere*) e ***intr. pron.*** diventar ricco: *arricchirono col petrolio, si è arricchito alle spalle dei poveri*; anche *fig.*: *ogni giorno la lingua si arricchisce di nuove espressioni* || **N.** ***intr.*** *Sin.* guadagnare | *Contr.* impoverire.

arricchìto (*pps.* di *arricchire*) [sec. XIII] **I** ***agg.*** **1.** divenuto ricco **2.** *T.min.* detto di minerale grezzo e sim. che ha subito un processo di arricchimento || *uranio arricchito*, uranio in cui è stata aumentata la percentuale dell'isotopo U^{235} **II** ***sm.*** (f. *-a*) *spreg.* individuo diventato ricco in breve tempo, ma di modi rozzi e villani; nuovo ricco || **N.** **II** *Sin. parvenu.*

arricciabàffi [comp. di *arriccia(re)* e *baffo*; 1931] ***sm. inv.*** strumento per arricciare i baffi, usato spec. nel sec. XIX.

arricciabùrro [comp. di *arriccia(re)* e *burro*; 1961] ***sm. inv.*** utensile di cucina che serve per ridurre il burro in ricci.

arricciacapélli [comp. di *arriccia(re)* e *capelli*; 1961] ***sm. inv.*** arnese di ferro che serve per arricciare e ondulare i capelli || *Sin.* calmistro.

arricciaménto [da *arricciare*; a. 1406] ***sm.*** **1.** atto ed effetto dell'arricciare e dell'arricciarsi **2.** *T.bot.* deformazione di lembi delle foglie che si accartocciano su se stessi a causa di parassiti **3.** *T.mur. poco com.* arricciatura.

arricciàre (pres. *-iccio*) [comp. parasint. di *riccio*[2]; 1313] ***tr.*** **1.** avvolgere in forma di riccio: *arricciare i baffi, i capelli* || rendere ondulato: *il sole ha arricciato la pagina del libro* || *arricciare il naso, le labbra, il muso*, corrugarli in segno di stizza o fastidio; *arricciare il pelo*, di animali che si mettono sulla difensiva **2.** *T.mur.* rivestire un muro di calcina prima dell'intonaco definitivo || ***intr. pron.*** piegarsi a forma di riccio, accartocciarsi: *le foglie si son tutte*

segue ARREDAMENTO

SALA DA PRANZO.

SINONIMI E VARIE SPECIE: stanza da pranzo, tinello, stanza da soggiorno, refettorio, *buffet.*

TAVOLA: mensa, desco, tagliere, imbandigione, *table d'hôte* o tavola rotonda, tavola d'onore; a ferro di cavallo, a ribalta, allungabile (assi); fornita, imbandita, sontuosa, grassa, lauta, ricca, frugale, parca, povera, magra, semplice; apparecchio, cristallerie, finimento, batteria da tavola, posate, biancheria, stoviglie, terraglie, porcellane, vasellame, servito, servizio; tovaglia o mantile, tovagliolo, salvietta, bavaglino.

APPARECCHIATURA:

POSATE: coltello, cucchiaio, cucchiaino, cucchiaione, forchetta, forchettone, trinciante, reggiposate, mestolo, ramaiuolo, tagliapesce, apribottiglie, cavatappi, cavaturaccioli, schiaccianoci; d'oro, d'argento, d'acciaio, d'alpacca, di legno, di bosso, d'argentone, di stagno, cromate; astuccio, busta, custodia, forzierino, coltelliera, cucchiaiera, forchettiera.

VASELLAME: piattello, piatto, piattino, tondino, scodella, fiamminga, guantiera, vassoio, pesciaiola, sottocoppa, fruttiera, insalatiera, compostiera, formaggiera, portauova, salsiera, mostardiera, ciotola, portadolci, caffettiera, teiera, tazze, chicchere, zuccheriera, zuppiera, saliera, pepaiola, portastecchi, trionfo.

CRISTALLERIE: bottiglia (collo, orlo, bocca, pancia, fondo, tappo, turacciolo, etichetta), fiasco, boccale, caraffa, boccia; acetoliera, ampolliera, oliera, portampolle, reggifiasco; bicchiere (orlo, fondo, parete, piede), bicchierino, calice, coppa, tonfano, bombé, a costole, arrotondato, colorato, martellato, liscio, infrangibile, col manico, col piede, da birra, da *champagne* o *flûte*, da rosolio, da vino del Reno, da vermut; di vetro, di cristallo, di baccarà.

MOBILI: credenza (palchetti, cassetti, scompartimenti, sportelli, alzate, specchi, cristalli), *buffet, controbuffet*, carrello, calapranzi, montavivande, scaldavivande, servitore, quadri, tappeti, tende, lampadario, doppieri, moscaiuola, campanello.

VOCI ATTINENTI: scalco, coppiere, credenziere, maggiordomo, anfitrione, capotavola, commensale, convitato, camerieri; brindisi, coperto, dispensa; ammannire, apparecchiare, sparecchiare, imbandire, ministrare, far girare una portata, scalcare, trinciare, mettere in tavola, dare in tavola; oggettistica.

ANTICAMERA: atrio, andito, ingresso, vestibolo.

MOBILI, ARREDI, ecc.: attaccapanni, bussola, campanello, cassapanca, cassettone, specchi, *consolle*, cavicchio, gancio, panca, passatoia, portaombrelli, portiera, puliscipiedi, raschino, pattini, stoino, tappetino, uncino, uscio (girevole, segreto, a cateratta, a colpo, a sdrucciolo, a un battente, a due battenti, a vetri, di scala), zerbino.

VOCI ATTINENTI: portiere, annunziare, far anticamera.

CUCINA: grande, piccola, comoda, componibile, pulita, sudicia; acquaio, camino, carbonaia, dispensa, focolare, fornello, ghiacciaia, tubazioni (del gas, dell'acqua), vano passavivande.

MOBILI: armadietto, ceppo, credenza, elemento base, elettrodomestici, madia, mestoliera, rastrelliera (fondo, regolo, traverse, modiglioni), componibili, pensili, sedia, tavola, cucina elettrica, (piastra), a gas (tubo, chiavetta, dischi, forno), cucina economica (a legna, a coke, ad antracite), scolapiatti, *office*, cassettiera, stireria, aspiratore; secchio della spazzatura; frigorifero, lavastoviglie, congelatore.

UTENSILI: accendigas, apriscatole, arricciaburro, asciugamano, bacinella, bandinella, bastardella, batticarne, bilancia, bossolo del sale, bricco, brocca, caffettiera, canovaccio, casseruola, cuccuma, caldaio, calderone, calderotto, catino, ciotola, colatoio, colabrodo, coltella, coltello, conca, coppo, coprivivande, filtro, forchettone, forma, frullatore o frullino, frusta o montachiare, ghiotta, girarrosto o grill (a peso, a molla, a orologio), gramola, gratella (spranghette, piedini, manico, telaio), gratella a rete, graticola, grattugia, imbuto, leccarda, lunetta, macinacaffè, macinino, mannaia, marmitta, matterello o spianatoio, mestola, mestolone, mezzaluna, mezzina, mortaio, moscaiola, orcio, padella, paiolo, paletta, passatoio, pentola, pentola a pressione, friggitrice, bistecchiera, pestello, pevera, pignatta, polverizzatore, rami, sbuzzatoio, schiacce, schidione, schiumarola, schiumatoio, scopa, secchia, setaccio, siringa, soffietto, sorbettiera, spianatoia, spiedo, sporta, spremitoio, spremiagrumi, spremiaglio, staccio, stagnata, stampo, strofinaccio, stufaiola, tafferia, tagliere, tamburlano o tostino, tegame, tegghia, teglia, testo, treppiede, tritacarne, tritatartufo, tritatutto, ventola.

BAGNO: vasca da bagno (a grembiale, diagonale, a sedere), doccia, piatto doccia, specchio, mensola, lavabo, bidè, tazza o water (a sedile, alla turca) rubinetteria, sanitari, lavatrice, scalda acqua o *boiler*; porta sapone, porta asciugamani, porta carta; accappatoio, asciugamano, detersivo, vestaglia; carta igienica.
(V. anche quadro terminologico ABITAZIONE).

arricciate || **rifl. indir.** farsi i capelli, i baffi a riccio: *arricciarsi i capelli* || **N. 1.** *Sin.* arricciolare, ondulare.

arricciàto (*pps.* di *arricciare*) [1351 ca.] **I agg.** avvolto a forma di riccio, raggrinzito: *capelli arricciati* || *naso arricciato*, naso increspato in segno di disgusto o fastidio **II sm.** *T.edil.* strato grezzo di calcina dato al muro prima dell'intonaco || *in part.* intonacatura di preparazione per l'affresco, su cui si traccia la sinopia || **N.** II *Sin.* arricciatura, arriccio.

arricciatùra [da *arricciare*; 1664 nel senso 3] **sf. 1.** atto ed effetto dell'arricciare e dell'arricciarsi **2.** ondulazione delle fibre tessili naturali **3.** *T.mur.* primo strato di intonaco ruvido che si dà come preparazione per quelli successivi.

arriccio (pl. *-ci*) [da *arricciare*; 1829] **sm.** *T.mur.* arricciatura.

arricciolaménto [da *arricciolare*; 1865] **sm.** atto ed effetto dell'arricciolare e dell'arricciolarsi.

arricciolàre (pres. *-icciolo*) [comp. parasint. di *ricciolo*; 1863] **tr.** *non com.* avvolgere a forma di ricciolo: *arricciolare il burro* || **intr. pron.** *raro* prendere forma di ricciolo: *con l'umidità i capelli mi si sono arricciolati.*

arridàre (pres. *-ìdo*) [dal fr. *rider*, 1829] **tr.** dare la tensione necessaria alle manovre fisse o dormienti, cioè ai cavi che tengono fermi gli alberi di una nave || **N.** tesare.

arridatóio (pl. *-ói*) [da *arridare*; 1889] **sm.** *T.mar.* congegno a vite per dar tensione alle manovre dormienti || **N.** NAUTICA.

arrìdere (pres. *-ìdo* ecc., come RIDERE) [lat. *arridēre*; 1321] **intr.** (aus. *avere*) sorridere, esser propizio, favorevole: *la fortuna mi arride* || *lett.* essere gradito: *mi arride esservi d'aiuto* || **tr.** *poet.* rendere piacevole: *arride i fortunati clivi perenne aprile* (Carducci) || **N.** FAVOREVOLE.

arrière-goût (fr., pr. [arjɛr'gu]) [letter. retro-sapore; 1908] **sm.** *inv.* retrogusto, gusto che qualche cibo o bevanda lascia in bocca.

arrière-pensée (fr., pr. [arjɛrpɑ̃'se]) [letter. retro-pensiero; 1905] **sm.** *inv.* sottinteso, pensiero riposto, secondo fine.

arriffàre [comp. parasint. di *riffa*; a. 1584] **tr.** *raro* giocare un oggetto alla riffa || *fig.* arrischiare.

arrìnga [dal germ. **hrings*, cerchio; a. 1294 *aringa*] **sf. 1.** *T.giur.* perorazione fatta dalla difesa a conclusione di un processo penale: *l'efficacia dell'arringa turbò i giurati* **2.** *gen.* discorso solenne pronunciato dinnanzi a un'assemblea, un esercito, un popolo ecc.: *l'arringa del governatore incitò i cittadini alla difesa* || **N.** *Sin.* discorso.

arringàre (pres. *-ingo, -inghi*) [dal germ. **hrings*; a. 1292] **tr.** pronunciare un'arringa: *arringare i giurati* || parlare in pubblico: *arringare l'assemblea* || *per estens.* incitare, ammonire, apostrofare: *arringa tutti quelli che gli capitano a tiro.*

arringatóre [da *arringare*; metà sec. XIII] **sm.** (f. *-trice*) chi tiene un'arringa.

arrìngo V. ARINGO.

arripàre [comp. parasint. di *ripa*; a. 1367] **intr.** (aus. *essere*) e **intr. pron.** *ant.* accostarsi alla riva, approdare.

arrischiàre (pres. *-ìschio*) [comp. parasint. di *rischio*; a. 1294] **tr. 1.** mettere a rischio, in pericolo: *arrischiare la vita* || anche *ass.* correre rischi: *è un uomo che arrischia troppo* **2.** avanzare con esitazione una proposta, un'idea, un intervento, osare: *ha arrischiato un giudizio troppo estremistico* || **rifl.** esporsi a un rischio, osare: *non so se devo arrischiarmi a parlare* || **N. tr. 1.** *Sin.* mettere a repentaglio o a rischio **2.** avventurare, provare, tentare | **rifl.** *Sin.* attentarsi, avventurarsi, cimentarsi.

arrischiàto (*pps.* di *arrischiare*) [a. 1529] **agg. 1.** pieno di rischi, pericoloso **2.** imprudente: *è un giudizio arrischiato* || **arrischiataménte** **avv.** || **N. 2.** *Sin.* audace, avventuroso, temerario.

arrìschio (pl. *-schi*) [da *arrischiare*; 1552] **sm.** *lett.* rischio.

arrișicàre **tr.** e **rifl.** *ant.* V. ARRISCHIARE.

arrìva [dallo sp. *arriba*; 1829] **avv.** *T.mar.* in alto, sull'alberatura: *andare arriva*, salire su un albero della nave; *ass. arriva!*, comando ai marinai di salire sull'albero.

arrivàbile [da *arrivare*; a. 1835] **agg.** *raro* raggiungibile || *fig.* comprensibile.

arrivàre (pres. *-ìvo*) [lat. volg. **adripāre*, portare a riva; 1300 ca.] **intr.** (aus. *essere*) **1.** giungere a un luogo, a una meta stabilita, a destinazione: *arriverò a Roma domani, è arrivata a casa*; anche *ass.*: *arrivare in orario, in ritardo* || in competizioni, classificarsi: *è arrivato terzo* || di pacchi, lettere ecc., venir recapitati: *mi è arrivato un pacco dalla Cina* || recarsi: *arrivo fino dal tabaccaio e torno* || *fig.* giungere improvvisamente: *gli è arrivato un ceffone* **2.** raggiungere un certo punto nello spazio, nel tempo o in una scala di valori: *l'acqua arriva all'argine superiore, la neve arriva fino ai mille metri, è arrivato a novant'anni*; *se continua così i prezzi arriveranno alle stelle*, aumenteranno spropositatamente || essere in grado: *è arrivato a tradurre simultaneamente, non arrivo a vedere fin lì*; riuscire a toccare, a prendere: *non arrivo all'ultimo scaffale* || *fig.* raggiungere pari livello: *nessuno arriva alla sua arguzia* || giungere a un limite estremo: *è arrivato a umiliarsi per ottenere un lavoro* || *fam. non ci arriva*, non capisce || durare, resistere: *è moribondo, non arriverà a domani* || *per estens.* di abiti, essere della misura giusta: *i pantaloni dello scorso anno non gli arrivano più* || *ass.* raggiungere il successo: *ora che è arrivato non riconosce più gli amici* **3.** sopraggiungere, accadere: *tutto andava per il meglio quando arrivò lui, stavano per partire quando arrivò un incidente* **4.** *ant.* giungere a riva || **tr.** *ant.* **1.** raggiungere: *l'ho arrivato all'angolo della strada*; anche *fig.*: *a forza di impegnarsi ha arrivato quelli migliori di lui* **2.** toccare, raggiungere: *arrivare una cosa* || **N. intr. 1.** *Sin.* capitare, giungere, pervenire **3.** *Sin.* sopravvenire **4.** *Sin.* approdare | **tr. 1.** *Sin.* acchiappare, prendere.

arrivàto (*pps.* di *arrivare*) [sec. XIV] **I agg.** e **sm.** (f. *-a*) **1.** che o chi è giunto, pervenuto: *i concorrenti arrivati erano pochissimi, i nuovi arrivati non coprivano il fabbisogno dell'azienda* || *dare il ben arrivato*, salutare, accogliere qualcuno all'arrivo **2.** che o chi ha raggiunto una solida posizione sociale: *è un uomo arrivato* **3.** *fam.* rovinato, inservibile, fuori uso: *il motore della mia auto è arrivato*; anche di persone: *dopo due bicchieri è già arrivato* || di pietanza, bruciaticcia: *una bistecca arrivata*; gen. di alimenti, andato a male: *frutta arrivata* **II sm.** (f. *-a*) (perlopiù *spreg.*) *un arrivato, gli arrivati*, persona che ha fatto fortuna, spec. rapidamente.

arrivatùra [da *arrivare*; 1829] **sf.** *T.tip.* punto di un manoscritto o di uno stampato in cui termina il lavoro di un compositore e inizia quello di un altro.

arrivedérci (meno com. *a rivedérci*) [comp. di *a*, *rivedere* e *ci*; 1776 *a rivederci*] **I 1.** formula di commiato temporaneo, amichevole: *arrivederci a domani, a presto* **2.** *fam.* espressione che interrompe un discorso, una richiesta, esprimendo rifiuto o diniego: *"dovresti fare questo lavoro per domani" "sì, arrivederci"* **II sm.** saluto: *si scambiarono un cordiale arrivederci.*

arrivedérla [comp. di *a*, *rivedere* e *la*; 1846 *arrivedello*] come arrivederci, ma in forma più ossequiosa (rivolta a un interlocutore cui si dà del lei).

arrivìșmo [dal fr. *arrivisme*; 1905] **sm.** smania di raggiungere a ogni costo, anche senza scrupoli, il successo economico e sociale.

arrivìsta [dal fr. *arriviste*; 1908] **s.** *spreg.* chi non pensa che a far fortuna e a raggiungere con qualsiasi mezzo lo scopo.

arrivìstico (pl. *-ci*) [da *arrivista*; 1983] **agg.** concernente l'arrivismo: *smania arrivistica.*

arrìvo [da *arrivare*; 1566] **sm.** l'arrivare e il momento in cui si arriva: *essere in arrivo, l'ora di arrivo è stata spostata, era ad attendermi al mio arrivo* || *pl.* le cose, le merci arrivate e, meno *com.*, anche le persone: *gli ultimi arrivi* || luogo in cui si arriva: *stazione d'arrivo* || *T.sport.* traguardo: *l'arrivo della tappa è in salita* || modo in cui gli atleti varcano il traguardo: *arrivo in volata, in gruppo* || nella ginnastica, presa di contatto con il terreno dell'atleta e modo in cui questo avviene: *dopo il volteggio eseguì un arrivo a piedi uniti* || **N.** *Sin.* comparsa, venuta | *Contr.* partenza.

arroccaménto [da *arroccare*²; 1918] **sm. 1.** *T.gioc.* negli scacchi, arrocco **2.** *T.mil.* *linea d'arroccamento*, linea di comunicazione parallela al fronte che consente rapidi e sicuri spostamenti di truppe.

arroccàre¹ (pres. *-òcco, -òcchi*) [comp. parasint. di *rocca*; a. 1406] **tr.** *T.tess.* porre sulla rocca il materiale da filare.

arroccàre² (pres. *-òcco, -òcchi*) [comp. parasint. di *rocco*, torre degli scacchi; 1771] **tr. 1.** *T.gioc.* nel gioco degli scacchi, far compiere al Re e alla Torre la mossa d'arrocco **2.** *T.mil.* spostare le truppe secondo direttrici interne || *per estens.* mettere al riparo || **rifl. 1.** *T.gioc.* compiere la mossa dell'arrocco **2.** collocarsi in posizione protetta, mettersi al riparo: *i difensori si arroccarono sulla collina* || *per estens.* *T.sport.* chiudersi in difesa: *nel secondo tempo la squadra si arroccò nella propria area.*

arrocchettàto [comp. parasint. di *rocchetto*; 1950] **agg. 1.** *fam.* magro, macilento, che sta in piedi a mala pena **2.** fatto alla bene e meglio.

arrocchiàre (pres. *-òcchio*) [comp. parasint. di *rocchio*; 1400 ca.] **tr.** *arc.* **1.** ridurre in rocchi; arrotolare **2.** *fig.* abborracciare, acciarpare, fare alla peggio.

arrocciàrsi (pres. *-òccio*) [comp. parasint. di *roccia*; 1940] **intr. pron.** *T.alp.* durante una scalata, non riuscire più né a salire né a scendere || **N.** *Sin.* incrodarsi.

arròcco [da *arroccare*²; 1930] **sm.** *T.gioc.* nel gioco degli scacchi, mossa che consiste nello spostamento simultaneo del Re e di una Torre: *arrocco corto, lungo.*

arrochiménto [da *arrochire*; 1865] **sm.** atto ed effetto dell'arrochire; raucedine.

arrochìre (pres. *-ìsco, -ìsci*) [comp. parasint. di *roco*; 1803] **tr.** *non com.* far diventar roco || **intr.** (aus. *essere*) e **intr. pron.** divenir roco, farsi roco: *le si arrochiva la voce* (Pascoli).

arrochìto (*pps.* di *arrochire*) [a. 1742] **agg.** roco: *voce arrochita.*

arrogànte (*ppr.* di *arrogare*) [1308] **agg.** e **s.** che o chi dimostra presunzione e superbia: *è un uomo arrogante, tua sorella è un'arrogante, lo apostrofò con parole arroganti* || **arroganteménte** **avv.** || **N.** *Sin.* altezzoso, impudente, insolente, prepotente, presuntuoso, protervo, sfacciato, sfrontato, superbo, tracotante.

arrogànza [dal lat. *arrogāntia*; a. 1276] **sf.** atteggiamento borioso e superbo di chi si sente superiore ad altri: *la sua arroganza è insopportabile* || **N.** *Sin.* albagia, alterigia, boria, iattanza, presunzione, sicumera, tracotanza.

arrogàre (pres. *-ògo, -òghi*) [dal lat. *arrogāre*, 1532] **tr. 1.** attribuirsi indebitamente qualcosa: *arroga a sé il merito della scoperta* **2.** *T.giur.* compiere un'arrogazione || **N. 1.** *Sin.* appropriarsi, prendersi, pretendere, usurpare.

arrogazióne [dal lat. *adrogātio, -ōnis*; 1865] **sf.** *T.giur.* nel diritto romano, aggregazione a una famiglia di un altro capofamiglia che passava coi propri figli e il proprio patrimonio sotto la patria potestà del *pater familias* adottante.

arrògere (*dif.*, usate spec. le forme: *arrògi*, seconda pers. imper. pres. sing.; *arròge*, terza persona indic. pres. sing.; pps. disus. *arròso* o *arròto*) [lat. *arrogāre*; 1298 *arogere*] **tr.** *ant. lett.* aggiungere; oggi il solo imperativo è vivo nell'uso notarile: *arroge*, si aggiunga, per di più, inoltre.

arrolàre e der. forme rare di ARRUOLARE e der. (v.).

arroncàre (pres. *-ónco, -ónchi*) [lat. volg. **adroncāre*, class. *eruncāre*, sarchiare; a. 1320] **tr.** *raro* tagliar con la ronca, sarchiare, potare.

arronciglìare (pres. *-ìglio*) [comp. parasint. di *ronciglio*; 1313] **tr.** *ant.* prender col ronciglio o con altro strumento ricurvo: *gli arronci-gliò le impegolate chiome* (Dante) || torcere, attorcigliare || contrarre, aggrinzare: *attorcigliare le labbra, la fronte* || **rifl.** *raro* attorcigliarsi, avvolgersi su se stesso || **N.** **tr.** roncigliare, uncinare, PRENDERE | **rifl.** contorcersi.

arronẓàrsi (pres. *-ónẓo*) [da *ronzare*; 1865] **intr. pron.** *raro tosc.* arrabattarsi, affannarsi.

arroṣàre (pres. *-òṣo*) [dal lat. tardo *arrosāre*; a. 1250] **tr.** *raro* irrorare, annaffiare spruzzando.

arrossaménto [da *arrossare*; a. 1547] **sm.** atto ed effetto dell'arrossare e dell'arrossarsi: *un arrossamento della pelle dovuto alla prolungata esposizione al sole.*

arrossàre (pres. *-ósso*) [comp. parasint. di *rosso*; a. 1348] **intr.** (aus. *essere*) e **intr. pron.** diventar rosso: *col forte riverbero gli si sono arrossati gli occhi* || **tr.** *non com.* far divenir rosso, tingere in rosso: *il sangue dei caduti arrossava le acque del lago.*

arrossàto (*pps.* di *arrossare*) [1865] **agg.** **1.** colorato di rosso **2.** irritato: *pelle arrossata dal vento.*

arrossiménto [da *arrossire*; a. 1547] **sm.** rossore, atto ed effetto dell'arrossire.

arrossìre (pres. *-ìsco, -ìsci*) [comp. parasint. di *rosso*; fine sec. XIII] **intr.** (aus. *essere*) *gen.* diventare rosso; *in part.* diventare rosso in volto a causa di una improvvisa emozione: *arrossire di piacere, di vergogna, di rabbia* || **N.** vergognarsi | *Contr.* impallidire, sbiancarsi.

arrostàre (pres. *-òsto*) [comp. parasint. di *rosta*; a. 1311] **tr.** *ant. raro* agitare, dimenare || scacciare: *arrostare le zanzare* || **rifl.** *ant.* schermirsi, difendersi.

arrostiménto [da *arrostire*; a. 1597] **sm.** **1.** atto ed effetto dell'arrostire, arrostitura **2.** riscaldamento di un minerale al di sotto del punto di fusione e in corrente d'aria per eliminare le parti volatili e facilitare l'estrazione dei metalli.

arrostìre (pres. *-ìsco, -ìsci*) [da un germ. **raustjan*; 1353] **tr.** **1.** cuocere a fuoco vivo sulla griglia, allo spiedo, alla brace, in forno o in casseruola con il minimo dei condimenti necessari: *arrostire la carne, le castagne* || rif. a pane, abbrustolirlo **2.** sottoporre un minerale ad arrostimento || **intr.** (aus. *essere*) e **intr. pron.** cuocersi arrosto: *il coniglio arrostiva sullo spiedo* || *fig.* abbronzarsi, esporsi in modo esagerato ai raggi del sole: *i primi giorni di vacanza li passa ad arrostirsi* || **N.** **tr.** rosolare, tostare.

arrostìta (*pps.* di *arrostire*) [1879] **sf.** caldarrosta.

arrostìto (*pps.* di *arrostire*) [a. 1698] **agg.** fatto arrostire: *castagne arrostite.*

arrostitùra [da *arrostire*; 1499] **sf.** *raro* arrostimento.

arròsto [da *arrostire*; a. 1348] **I sm.** carne arrostita: *un arrosto di maiale, per secondo c'è l'arrosto* || *arrosto morto*, carne cotta in casseruola con pochissimo umido || *fig. molto fumo e poco arrosto*, grande apparenza e poca sostanza || *fig. fare un arrosto*, fare confusione **II agg.** *inv.* detto di qualsiasi cibo, arrostito: *funghi, melanzane arrosto* || *raro* non *inv.* *castagne arroste, carne arrosta* **III avv.** a mo' di arrosto: *mi piace di più arrosto che in salmì* || *fig. chi lo vuole lesso e chi arrosto*, chi lo vuole in un modo e chi in un altro || *dim.* arrostino.

arrotàbile [da *arrotare*; a. 1704] **agg.** che si può arrotare.

arrotaménto [da *arrotare*; sec. XIV] **sm.** l'arrotare.

arrotàre (pres. *arròto*, ant. *arruòto* ecc.) [comp. parasint. di *ruota*, mola; 1312] **tr.** **1.** rendere nuovamente tagliente una lama utilizzando una mola: *arrotare una roncola, una falce* **2.** levigare con macchine o sostanze abrasive: *arrotare un pavimento, un vaso* **3.** sfregare insieme || di animali, *arrotare le unghie, il becco*, sfregarli su una superficie ruvida per renderli taglienti || *arrotare i denti*, digrignarli || *fig. arrotare la lingua*, parlar male di qualcuno || *arrotare la erre*, avere la erre moscia **4.** urtare con le ruote di un veicolo, investire: *per poco il camion non mi arrotava* **5.** *T.stor.* sottoporre al supplizio della ruota || **rec.** urtarsi con le ruote, detto di veicoli: *in curva i due piloti si sono arrotati* || **intr. pron.** *ant. lett.* essere inquieto, agitarsi || **N.** **1.** *Sin.* acuminare, affilare, aguzzare, ridare il filo **2.** *Sin.* lisciare **4.** mettere sotto.

arrotatóre [da *arrotare*; 1585] **sm.** (f. *-trìce*) *non com.* arrotino.

arrotatrìce [da *arrotare*; 1965] **sf.** macchina con motore elettrico per lucidare superfici di marmo o pietra mediante l'utilizzo di piastre rotanti abrasive.

arrotatùra [da *arrotare*; a. 1704] **sf.** atto ed effetto dell'arrotare: *pàgagli l'arrotatura.*

arrotìno [da *arrotare*; a. 1698] **sm.** (f. *-a*) chi per mestiere arrota strumenti da taglio || **N.** arrotatore | acciaiolo, botticello, brunitoio, carriola, castello, cote, frullone, girelletto, raffilatoio, ruota o mola, striscia.

arròto (*pps.* di *arrogere*) [a. 1324 come sm.] **I agg.** *ant.* aggiunto **II sm.** *T.stor.* nei comuni, ciascuno dei cittadini eletti a fianco di un magistrato || a Firenze *arroti* o *aggiunti* erano 80 cittadini che intervenivano col voto nella elezione dei priori.

arrotolaménto [da *arrotolare*; 1955] **sm.** atto ed effetto dell'arrotolare: *l'arrotolamento del tappeto.*

arrotolàre (pres. *-òtolo*) [comp. parasint. di *rotolo*; 1550] **tr.** avvolgere in forma di rotolo: *arrotolare un nastro, una stoffa* || *arrotolare una sigaretta*, farsela a mano avvolgendo il tabacco trinciato in una cartina || **N.** AVVOLGERE | *Contr.* srotolare.

arrotolàto (*pps.* di *arrotolare*) [a. 1698] **I agg.** avvolto in forma di rotolo: *manifesto arrotolato* **II sm.** *T.cuc.* **1.** pezzo di carne avvolto in forma di rotolo, contenente un ripieno, da preparare arrosto: *un arrotolato di maiale* **2.** dolce avvolto a rotolo e ripieno di crema o marmellata.

arrotolatrìce [da *arrotolare*; 1955] **sf.** macchina che serve per arrotolare lamiere e sim.

arrotondaménto [da *arrotondare*; 1937] **sm.** **1.** atto ed effetto dell'arrotondare **2.** in un calcolo, sostituzione di un numero con un altro che non alteri in modo rilevante il calcolo e semplifichi le operazioni di conteggio: *arrotondamento per eccesso*, aumento all'unità superiore; *arrotondamento per difetto*, diminuzione all'unità inferiore **3.** aumento non eccessivo: *chiedere, ottenere un arrotondamento dello stipendio.*

arrotondàre (pres. *-óndo*) [da *rotondare*; 1865] **tr.** **1.** dar forma rotonda a qualcosa || *fig. arrotondare un periodo*, renderlo più armonioso e tornito: *il vento arrotonda le dune, arrotondare un foro, per pronunciare la u francese devi arrotondare le labbra* **2.** eseguire un arrotondamento: *il totale è arrotondato ai decimali*, si arresta nel computo ai decimali || *fig. arrotondare lo stipendio*, integrarlo con altre fonti di reddito || **intr. pron.** diventar tondo: *per effetto dell'erosione i rilievi tendono ad arrotondarsi* || *per estens. fig.* ingrassare: *a forza di mangiare si è arrotondato.*

arrotondàto (*pps.* di *arrotondare*) [a. 1858 ca.] **agg.** **1.** reso rotondo, smussato: *coltello con la punta arrotondata* **2.** *T.ling.* detto di suono (spec. vocalico) pronunciato con le labbra arrotondate (per es. in it. le vocali [ɔ], [o], [u]) || **N.** **2.** *Sin.* procheilo | *Contr.* aprocheilo.

arrovellaménto [da *arrovellare*; a. 1945] **sm.** l'arrovellarsi.

arrovellàre (pres. *-éllo*) [dal lat. *rebellāre*, rinnovare la guerra; a. 1558] **tr.** *ant.* tormentare, usato oggi solo nella loc. fig. *arrovellarsi il cervello*, ostinarsi alla ricerca di una soluzione || **intr. pron.** tormentarsi, stizzirsi, arrabbiarsi: *perché t'arrovelli per così poco?* || affannarsi, darsi disperatamente da fare: *si arrovella per sbarcare il lunario.*

arroventaménto [da *arroventare*; 1829] **sm.** atto ed effetto dell'arroventare e dell'arroventarsi.

arroventàre (pres. *-ènto*) [comp. parasint. di *rovente*; a. 1333] **tr.** render rovente: *arroventare un ferro* || **intr. pron.** diventare rovente; anche *fig.*: *in pochi istanti la discussione si arroventò* || **N.** infuocare.

arroventàto (*pps.* di *arroventare*) [1728] **agg.** rovente, infuocato, anche *fig.*: *un ferro arroventato, una situazione arroventata.*

arroventatùra [da *arroventare*; 1863] **sf.** l'effetto dell'arroventare || **N.** arroventamento.

arrovesciaménto [da *arrovesciare*; sec. XIV] **sm.** atto ed effetto dell'arrovesciare e dell'arrovesciarsi.

arrovesciàre (pres. *-èscio, -èsci*) [da *rovesciare*; fine sec. XIV] **tr.** **1.** rovesciare, rivoltare: *arrovesciare le maniche, le tasche, l'abito* **2.** volgere, piegare all'indietro: *arrovesciare la testa, il corpo, gli occhi* || **rifl.** lasciarsi cadere, abbandonarsi pesantemente: *per la spossatezza si arrovesciò sul letto* || **N.** **1.** *Sin.* rovesciare, voltare.

arrovesciatùra [da *arrovesciare*; 1666] **sf.** l'atto e l'effetto dell'arrovesciare.

arrubinàre (pres. *-ìno*) [comp. parasint. di *rubino*; 1353] **tr.** *raro* rendere vermiglio, color del rubino || riempire di vino vermiglio: *vi piaccia d'arrubinargli questo fiasco del vostro buon vino vermiglio* (Boccaccio).

arruffamatàsse [comp. di *arruffa(re)* e *matassa*; a. 1767] **s.** *inv. non com.* imbroglione, mestatore.

arruffaménto [da *arruffare*; 1879] **sm.** atto ed effetto dell'arruffare e dell'arruffarsi.

arruffapòpoli [comp. di *arruffa(re)* e *popolo*; 1849] **s.** *inv. non com.* chi sobilla e agita le masse con fini poco chiari e disonesti; mestatore, demagogo.

arruffàre [dal long. *rauffen*; a. 1342] **tr.** scompigliare, mettere in disordine: *il vento mi arruffa i capelli* || *arruffare la matassa*, intrigarla in modo che sia difficile trovare il bandolo; anche *fig.* imbrogliare, complicare: *il suo intervento non ha fatto che arruffare la questione* || *arruffare il pelo*, di animali, drizzarlo per ira o spavento || **intr. pron.** scompigliarsi, divenire arruffato: *col vento mi si arruffano i capelli*; anche *fig.*: *la faccenda si arruffa sempre più* || **N.** *Sin.* confondere, scapigliare | disordine.

arruffàto (*pps.* di *arruffare*) [a. 1333] **agg.** disordinato, scomposto || *fig.* imbrogliato, confuso: *discorsi arruffati* || *all'arruffata*, disordinatamente || **arruffataménte** **avv.**

arruffianaménto [da *arruffianare*; 1976] **sm.** atto ed effetto dell'arruffianare e dell'arruffianarsi.

arruffianàre [comp. parasint. di *ruffiano*; a. 1388] ***tr.*** **1.** *pop.* sedurre per conto d'altri, fare da ruffiano: *arruffianarsi qualcuno*, renderselo amico con qualsiasi mezzo per proprio tornaconto **2.** abbellire in modo posticcio qualcosa per farla apparire meglio di ciò che è || ***rifl. rec.*** *arruffianarsi con qualcuno*, mettersi d'accordo con fini poco onesti.

arruffìo (pl. *-ìi*) [da *arruffare*; 1845] ***sm.*** scompiglio, disordine continuato.

arruffóne [da *arruffare*; 1863] ***sm.*** (f. *-a*) pasticcione, confusionario || imbroglione.

arrugginiménto [da *arrugginire*; 1965] ***sm.*** atto ed effetto dell'arrugginire e dell'arrugginirsi; anche *fig.*: *l'arrugginimento della memoria.*

arrugginìre (pres. *-ìsco, -ìsci*) [comp. parasint. di *ruggine*; 1354] ***tr.*** rendere rugginoso: *le piogge hanno arrugginito la grondaia* || *fig.* indebolire: *il poco moto arrugginisce l'organismo* || ***intr.*** (aus. *essere*) e ***intr. pron.*** coprirsi di ruggine: *se non la ridipingi, la cancellata (si) arrugginirà* || *fig.* perdere la forza fisica e mentale, indebolirsi: *col passare degli anni si è arrugginito* || di vegetali, prendere la ruggine.

arrugginìto (*pps.* di *arrugginire*) [1336 ca.] ***agg.*** pieno di ruggine: *una lama arrugginita* || *fig.* intorpidito nel corpo e nella mente: *una mente arrugginita.*

arrugiadàre (pres. *-àdo*) [comp. parasint. di *rugiada*; seconda metà sec. XIII] ***tr.*** *raro ant.* cospargere di rugiada; irrugiadare.

arruolaménto [dal fr. *enrôlement*; 1761 *arrolamento*] ***sm.*** atto ed effetto dell'arruolare e dell'arruolarsi: *l'arruolamento dei volontari, dell'equipaggio di una nave mercantile* || **N.** coscrizione, leva, reclutamento. **Q.T.** *forze armate.*

arruolàre (pres. *-uòlo*) [dal fr. *enrôler*; a. 1604 *arrolare*] ***tr.*** reclutare, chiamare alle armi: *lo hanno arruolato negli alpini* || *per estens.* assoldare: *ha arruolato dei manigoldi per sostenerlo* || ***rifl.*** entrare volontariamente nell'esercito o in formazioni paramilitari: *si è arruolato a diciotto anni.* **Q.T.** *forze armate.*

arruvidiménto [da *arruvidire*; 1865] ***sm.*** *non com.* atto ed effetto dell'arruvidire e dell'arruvidirsi.

arruvidìre (pres. *-ìsco, -ìsci*) [comp. parasint. di *ruvido*; 1664] ***tr.*** render ruvido || ***intr.*** (aus. *essere*) e ***intr. pron.*** divenir ruvido: *mi si sono arruvidite le mani* || **N.** RUVIDO.

ars antiqua (lat., pr. it. ['ars an'tikwa]) [letter. arte antica] ***loc. f. inv.*** prima fase della polifonia; si componeva di un canto fermo e di un altro canto, sovrapposto al primo e concludentesi all'unisono.

ars dictandi (lat., pr. it. ['ars dik'tandi]) o ***ars dictaminis*** (lat., pr. it. ['ars dik'taminis]) [letter. arte di comporre] ***loc. f. inv.*** nel Medioevo, insieme di regole e di esempi per scrivere in un latino corretto ed elegante.

arsèlla [dal lat. tardo *arcĕlla*, attr. il genov. *arsèla*; 1684] ***sf.*** *region.* mollusco bivalve, mangereccio || **N.** calcinello, mìtilo, tellina, vongola.

arsenàle [dall'ar. *dār as-sinā*; 1313 *arzanà*] ***sm.*** **1.** luogo dove si costruiscono, riparano e armano le navi da guerra **2.** fabbrica e deposito di armi e attrezzi militari d'ogni genere **3.** *per estens. fam.* stanza dove siano ammassati oggetti alla rinfusa: *la sua casa è un arsenale di rottami* || *per estens.* gli oggetti stessi: *tutte le volte che si muove si porta dietro un arsenale* || **N. 1.** *Sin.* cantiere, darsena | bacini (di carenaggio, galleggiante), magazzini, officine, scalo, squero | corderia, pegoliera, pontone | calafatare, raddobbo | arsenalotto. **Q.T.** *armi, porto* **TAV.** *porto* 3.25.

arsenalòtto [da *arsenale*; 1678 *arsenalóti*] ***sm.*** operaio che lavora in un arsenale marittimo.

arseniàto [dal fr. *arséniate*; 1795] ***sm.*** *T.chim.* sale dell'acido arsenico.

arsenicàle [da *arsenico*; sec. XVII] ***agg.*** di arsenico, che contiene arsenico: *sali arsenicali, preparati arsenicali.*

arsenicàto [da *arsenico*; 1865] ***agg.*** e ***sm.*** detto di sostanza trattata con arsenico o contenente arsenico: *pelli arsenicate.*

arsenicìsmo [da *arsenico*; 1939] ***sm.*** *T.med.* avvelenamento cronico da arsenico.

arsènico [dal lat. tardo *arsenicum*, gr. *arsenikón*; 1483] **I** ***sm.*** *T.chim.* elemento chimico, metalloide, fragile, di colore bianco-grigio, molto velenoso, presente in natura in vari minerali; viene utilizzato in farmacia per la preparazione di prodotti per la cura di anemie e della leucemia; trova anche impieghi industriali nella concia, nella fabbricazione di insetticidi e in zootecnia || *per anton.* veleno: *gli ha messo l'arsenico nel cibo*, l'ha avvelenato || *arsenico bianco*, anidride arseniosa || *acido arsenico*, acido inorganico solubile in acqua derivato dall'anidride arseniosa **II** ***agg.*** (pl. *-ci*) *T.chim.* detto di composti dell'arsenico base o pentavalente: *acido arsenico, anidride arsenica.*

arsenióso [da *arsenico*; 1865] ***agg.*** detto di composti contenenti arsenico trivalente: *acido arsenioso*; *anidride arseniosa*, utilizzata in tintoria e nell'industria del vetro.

arseniùro [comp. di *arseni(co)* e *-uro*; 1829] ***sm.*** *T.chim.* composto chimico binario dell'arsenico con un metallo.

arsèno- [da *arsenico*] ***primo elem.*** che, in parole composte della terminologia chimica, indica la presenza in un composto di uno o più atomi di arsenico: **arsenobenzòlo**.

arsenopirìte [comp. di *arseno-* e *pirite*; 1929] ***sf.*** *T.min.* minerale di arsenico di colore bianco, a volte aurifero, molto diffuso e variamente usato nell'industria.

àrsi [dal lat. *arsis*, gr. *ársis*; 1780] ***sf.*** **1.** *T.metr.* nella metrica classica, il tempo forte del piede, sul quale nella metrica moderna cade l'accento **2.** *T.mus.* il levare della battuta || **N. 1.** *Contr.* tesi.

arsicciàre (pres. *-ìccio*) [da *arsiccio*; a. 1405] ***tr.*** *non com.* abbruciacchiare || **N.** BRUCIARE.

arsìccio (pl. m. *-ci*; pl. f. *-ce*) [da *arso*; 1319] **I** ***agg.*** *non com.* alquanto arso, abbrustolito || *per estens.* arso, arido: *una pianura arsiccia* **II** in funzione di ***sm.*** *sapere d'arsiccio*, di cibo che ha sapore di bruciato.

arsìna [dal fr. *arsine*; 1913] ***sf.*** *T.chim.* composto gassoso di arsenico e idrogeno, molto velenoso, dall'odore di aglio; usato nella preparazione di aggressivi chimici || **N.** *Sin.* idrogeno arsenicale.

arsióne [da *arso*; 1300 ca.] ***sf.*** **1.** sensazione di calore e di secchezza della gola causata da calura, febbre alta, sete **2.** *ant.* calore eccessivo, incendio || **N. 1.** *Sin.* abbruciamento, aridità, arsura.

arsìre (pres. *-ìsco, -ìsci*) [da *arso*; a. 1912] ***intr.*** (aus. *essere*) *raro lett.* inaridirsi, seccarsi, appassire: *arsivano i piselli* (Pascoli).

arsìto (*pps.* di *arsire*) [a. 1912] ***agg.*** *ant.* inaridito, secco, arsiccio, appassito.

ars nova (lat., pr. it. [ars 'nɔva]) [letter. arte nuova; 1929] ***loc. f. inv.*** polifonia profana, iniziata nel secondo decennio del sec. XIV, caratterizzata dal superamento dei temi liturgici per una musica popolare; forme principali furono il mottetto, la ballata, il madrigale, la caccia e il canone.

àrso (*pps.* di *ardere*) [1313] ***agg.*** bruciato.

arsùra [lat. tardo *arsūra*; a. 1257] ***sf.*** **1.** calore eccessivo: *l'arsura di mezza estate* || *per estens.* aridità, siccità **2.** aridità, secchezza di gola, sete causata da malattia: *la febbre provoca arsura* **3.** *ant.* arsione, incendio || **N. 1.** *Sin.* calura, siccità, solleone.

artàre [lat. *artāre*; 1497 *arctare*] ***tr.*** *ant.* costringere.

artàto (*pps.* di *artare*) [a. 1388] ***agg.*** forzato, costretto || *interpretazione artata*, fatta sforzando il senso delle parole || **artataménte** ***avv.*** furbescamente, ingannevolmente.

art brut (fr., pr. [ar 'bryt]) [letter. arte bruta; 1973] ***loc. f. inv.*** *T.art.* manifestazione espressiva spontanea e immediata, priva di intenzioni culturali e di sovrastrutture estetiche.

art director (ingl., pr. ['ɑ:t dɪ'rektə]) [letter. direttore artistico; 1967] ***loc. s. inv.*** responsabile dell'indirizzo artistico di un'azienda, di una società pubblicitaria e sim.

àrte [lat. *ars, artis*; a. 1294] ***sf.*** **1.** attività umana che si svolge con l'applicazione di una tecnica e richiede apprendimento, esperienza e attitudini personali: *l'arte del falegname, del vetraio, del cantante* || *per estens.* quanto, essendo frutto di opera umana, si contrappone alla natura; *prov. dove manca natura, arte provvede* || *per estens.* di animali, capacità, abilità determinata dall'istinto: *l'arte delle api nel costruire alveari* || *iron. l'arte di Michelaccio (mangiare, bere e andare a spasso)*, l'arte dei fannulloni **2.** complesso delle tecniche, delle regole e delle nozioni necessarie all'applicazione di una disciplina: *arte oratoria, arte delle costruzioni, l'arte del ricamo* || *a regola d'arte*, seguendo scrupolosamente le normative che regolamentano un'attività, un mestiere: *un impianto elettrico eseguito a regola d'arte*; *com.* perfettamente || *ant. arti meccaniche*, attività manuali || *arti liberali*, attività intellettuali divise in *arti del trivio* (dialettica, retorica, grammatica) e *arti del quadrivio* (aritmetica, astronomia, geometria e musica) || *arti maggiori*, architettura, pittura, scultura || *arti minori*, ceramica, miniatura, oreficeria, glittica e sim. || *arte militare*, l'esercizio delle tecniche e dei metodi di impiego delle forze armate, sia in pace che in guerra || *arti marziali*, varie discipline e tecniche di difesa individuali o più gen. lotte di origine orientale quali judo, kendo, karate, ju-jitsu, aikido, kung-fu || *arti grafiche*, relative alle varie tecniche di stampa || *prov. impara l'arte e mettila da parte*, fa tesoro delle possibilità di apprendere che ti vengono offerte **3.** attività creativa culturale di produzione di oggetti estetici: *arte popolare, opera d'arte, l'arte per l'arte* || *arti figurative* o *belle arti*, pittura, scultura, architettura || *storia dell'arte*, studio critico delle arti figurative || *arte sacra*, quella di soggetto religioso || *arte applicata* o *decorativa*, che conferisce dignità artistica a oggetti di uso comune || *per estens.* l'insieme delle caratteristiche peculiari di un artista: *l'arte di Ariosto, di Picasso* || *concr.* l'insieme di opere d'arte prodotte in un'epoca o da un popolo: *museo d'arte moderna, galleria d'arte*; *l'arte greca, precolombiana, barocca, post-moderna* **4.** attività e tecnica dell'attore o del cantante d'opera || *nome d'arte*, pseudonimo che l'artista usa nell'esercizio della sua attività professionale || *in arte*, secondo il nome d'arte: *Norma Jean, in arte Marylin Monroe* || *figlio d'arte*, figlio di attori che a sua volta intraprende la carriera artistica **5.** abilità, capacità: *ha l'arte di farsi benvolere dovunque*; anche *iron.*: *ha l'arte di capitare sempre al momento sbagliato* || *ad arte*, studiatamente, a bella posta || spec. *pl.*, *concr.* astuzia, artificio: *male arti, arti diaboliche*, raggiri, inganni || *senza arte né parte*, incapace **6.** *T.stor.* nel Medioevo, corporazioni dirette a tutelare gli interessi economici, politici e sociali di mercanti, artigiani o lavoratori di una medesima categoria: *l'arte degli ebanisti, dei gioiellieri* **7.** *ant.* alchimia, incantesimo, magia || *fare l'arte*, gettare un incantesimo **8.** *T.edil. opera d'arte*, denominazione complessiva di ponti, viadotti, gallerie, dighe ecc. || **N.** architettura, cinema, musica, pittura, poesia, scultura; ceramica, ebanisteria, incisione, intaglio, intarsio, mimica, mosaico, oreficeria | astratta, barocca, bizantina, classica, cubista, dadaista, decadente, espressionista, futurista, gotica, impressionista, minimalista, moderna, neoclassica, post-moderna, povera, realista, rococò, romantica, surrealista, verista | buon gusto, espressione, estro, freddezza, genio, icastica, invenzione, maniera, metodo, naturalezza, nobiltà, originalità, raffinamento, tecnica | allievo, apprendista, discepolo, esordiente, novizio; artiere, artigiano, caposcuola, maestro, mastro; critico, dilettante, mecenate, profano, virtuoso. **TAV. *arti marziali* p. 652** sg.

artefàre (pres. *-àccio* ecc., come FARE) [comp. del lat. *arte*, con arte e di *fare*; 1862] ***tr.*** falsare, contraffare, produrre artificiosamente.

artefàtto (*pps.* di *artefare*) [1708] **I *agg.*** fatto con artificio: *stile, discorso artefatto* || non genuino, adulterato: *cibi artefatti* || *fig.* falso, insincero: *i suoi giudizi sono sempre artefatti* **II *sm.*** *non com.* prodotto di un'arte, una tecnica: *furono rinvenuti numerosi artefatti.*

artéfice [lat. *artifex, artificis*; a. 1294] ***s.*** **1.** chi realizza qualcosa esprimendo nella creazione intelligenza e abilità: *Klee fu artefice di grandi opere e ponderose riflessioni teoriche* || *in part. per anton. il Sommo Artefice,* Dio || *per estens.* artista, artigiano **2.** *com.* autore, causa, responsabile: *sei l'artefice della mia rovina.*

artemìṣia [dal lat. *artemisia*; inizio sec. XIV] ***sf.*** **1.** *T.bot.* genere di piante erbacee perenni delle Composite, fra cui l'assenzio e il genepì, usate per la preparazione di liquori e medicine **2.** *Artemisia vulgaris,* erba con foglie lanose e fiori gialli raccolti in capolini.

artèria [dal lat. tardo *arteria*; a. 1519] ***sf.*** *T.anat.* vaso sanguigno tubolare, elastico, che porta il sangue dal cuore alla periferia del corpo || *fig.* importante via di comunicazione e di traffico: *arteria stradale, fluviale; le principali arterie della zona sono chiuse al traffico* || **N.** aorta addominale, aorta toracica, ascellare, brachiale, carotide, celiaca, eliache comuni, eliache interne, femorale, mesenterica, politea, polmonare, radiale, renale, succlavia, ulnare | plessi nervosi, tuniche, valvole arteriose | circolazione, diastole, pulsazione, sistole, tensione arteriosa | aneurisma, arteriosclerosi, embolismo, trombosi | SANGUE. **Q.T.** *anatomia* **TAV. *anatomia* p. 642** 8, 14.6, 15.2.

arteriàle [da *arteria*; a. 1597] ***agg.*** *disus.* relativo ad arteria: *ventricolo arteriale.*

arterializẓazióne [da *arteriale*; 1955] ***sf.*** *T.med.* trasformazione di sangue venoso in sangue arterioso.

arteriografìa [comp. di *arteria* e *-grafia*; 1961] ***sf.*** *T.med.* esame delle arterie mediante introduzione di un liquido opaco che le rende visibili ai raggi x.

arteriogràmma [comp. di *arteria* e *-gramma*; 1961] ***sm.*** immagine in radiografia di un'arteria.

arterìola [da *arteria*; 1819] ***sf.*** arteria di piccolo calibro; parte terminale di arteria che continua poi nei capillari.

arteriologìa [comp. di *arteria* e *-logia*; 1819] ***sf.*** parte dell'anatomia che tratta lo studio sistematico delle arterie.

arteriopatìa [comp. di *arteria* e *-patia*; 1955] ***sf.*** *T.med.* qualsiasi tipo di malattia delle arterie.

arteriosclerò̀ṣi o **arteriosclèroṣi** [comp. di *arteria* e *sclerosi*; 1875] ***sf.*** *T.med.* processo di degenerazione delle arterie causato da ispessimento e perdita di elasticità del tessuto parietale con conseguenti disturbi circolatori, disordini mentali ecc.

arterioscleròtico (pl. *-ci*) [da *arteriosclerosi*; 1918] **I *agg.*** *T.med.* relativo all'arteriosclerosi: *sintomi arteriosclerotici* || affetto da arteriosclerosi: *un soggetto arteriosclerotico* || *per estens. colloq.* rimbambito **II *sm.*** (f. *-a*) *T.med.* chi è affetto da arteriosclerosi.

arterióso [dal lat. tardo *arteriōsus*; 1659] ***agg.*** relativo alle arterie || *sistema arterioso,* l'insieme delle arterie || *vasi arteriosi,* arterie || *pressione arteriosa,* pressione del sangue nelle arterie || *sangue arterioso,* quello che scorre nelle arterie, ricco di ossigeno.

arterìte [comp. di *arteria* e *-ite*[1]; 1828 *arteritide*] ***sf.*** *T.med.* infiammazione del tessuto delle arterie.

arteṣiàno [dal fr. *artésien,* dell'Artois, dove furono dapprima realizzati; 1835] ***agg.*** di pozzo, che si fa perforando il suolo fino a raggiungere una falda acquifera sottoposta a pressione e da cui l'acqua può naturalmente zampillare all'esterno || *falda artesiana,* falda acquifera sotterranea sottoposta a pressione naturale che ne permette lo sfogo verso l'alto quando si scava un pozzo || **N.** acqua, trivella, POZZO.

àrtico (pl. *-ci*) [dal lat. *arcticus*; 1336 ca.] ***agg.*** relativo al Polo Nord: *circolo polare artico* || *calotta artica,* zona geografica delimitata dal circolo polare artico e avente al suo centro il Polo Nord; *popolazioni artiche,* popoli che vivono nelle regioni eurasiatiche e americane a nord del circolo polare artico || *per estens.* boreale, settentrionale: *l'emisfero artico* || *fig.* freddissimo: *l'84 è stato un inverno artico.*

articolàre[1] (pres. *-ìcolo*) [dal lat. *articulāre*; 1319] ***tr.*** **1.** muovere parti del corpo in corrispondenza a giunture: *da quando ha avuto quell'incidente articola con difficoltà la caviglia* **2.** pronunciare distintamente suoni e parole: *nel dettato l'insegnante articola le parole per facilitarne la comprensione* || *in part. T.fon.* produrre foni o gruppi di foni: *non articola bene le labiodentali* **3.** suddividere, ordinare: *articolò il suo intervento in tempi successivi* **4.** *T.mus.* staccare le note nell'esecuzione || ***intr. pron.*** **1.** di membra, essere congiunte in corrispondenza di una articolazione: *la mano si articola col polso* || *T.geogr.* estendersi, avere sviluppo: *le Ande si articolano lungo la direttrice nord-sud* **2.** suddividersi in parti tra loro ordinate: *«Alla Ricerca del Tempo Perduto» si articola in sette volumi.*

articolàre[2] [dal lat. *articulāris*; a. 1698] ***agg.*** relativo ad articolazione del corpo: *dolori articolari,* dolori alle articolazioni. **TAV. *anatomia* p. 642** 11.1.

articolàre[3] [da *articolo*; 1988] ***agg.*** *T.ling.* detto di lingua che presenta articoli: *il russo è una lingua non articolare.*

articolàto[1] [da *articolo*; a. 1664] ***agg.*** *T.gram.* di preposizione formata con l'aggiunta dell'articolo: *col, del, sono preposizioni articolate*; le preposizioni che si possono articolare con tutti gli articoli sono *di, a, da, su, in*; mentre le prep. *con* e *per* si articolano solo con gli articoli *il* e *i.*

articolàto[2] (*pps.* di *articolare*[1]) [1340] **I *agg.*** **1.** di arto, che ha possibilità di articolazione, di movimento || *T.bot.* e *T.zool.* di organo o elemento suddiviso in elementi collegati fra loro da giunture: *gli antropoidi sono animali articolati, il bambù ha una struttura articolata* **2.** *T.mecc.* snodato, collegato in modo da consentire il movimento: *vari elementi sono collegati da una serie di cerniere* || *fig.* ben congegnato, regolato da un rapporto organico e funzionale tra i vari elementi: *scrive con uno stile articolato, struttura urbana articolata* **3.** *T.ling.* linguaggio *articolato,* che fa uso di suoni significativi e discreti **4.** *T.geogr.* frastagliato, composto da più elementi: *coste, catene montuose articolate* || **articolataménte** ***avv.*** **II *sm.*** mezzo di trasporto pesante costituito da una motrice e un rimorchio ad essa collegato || **N.** I *Contr.* inarticolato, rigido II *Sin.* autosnodato.

articolatòrio (pl. *-ri*) [da *articolare*[1]; 1970] ***agg.*** *T.ling.* relativo all'articolazione: *fonetica articolatoria.*

articolazióne [dal lat. *articulātio, -ōnis*; a. 1519] ***sf.*** **1.** *T.anat.* atto ed effetto dell'articolare e dell'articolarsi: *articolazione di un suono, di un movimento*; anche *fig.*: *l'articolazione di un discorso, di un concetto* **2.** *T.anat.* giuntura, punto di collegamento fisso o mobile tra strutture ossee: *l'articolazione del menisco* **3.** *T.bot.* elemento di connessione tra le varie parti di un vegetale **4.** *T.fon.* disposizione delle varie parti dell'apparato fonatorio per la realizzazione di un fono || *concr.* la realizzazione di tale fono || *luogo* (o *punto*) *di articolazione,* luogo in cui avviene la chiusura o il restringimento del canale di fonazione || *modo di articolazione,* tipo di disposizione degli organi fonatori caratterizzante una particolare classe di foni, spec. rispetto al grado di restringimento del canale orale **5.** *T.ling. doppia articolazione,* proprietà delle lingue naturali, che sono costituite da parole formate dalla combinazione di un numero finito di fonemi, cioè unità distintive non dotate di significato **6.** *T.mecc.* collegamento di due elementi che ne consenta la rotazione interdipendente || **N. 2.** *Sin.* connessione, giuntura, nodo | cartilagine, condilo, glenoide, legamento, nodello, pericondrio, sinòvia, snodatura | anchilosi, artrite, artrosi, contusioni, distorsioni o storte, fratture, gotta, lussazioni, sinovite. **Q.T.** *anatomia, linguistica* **TAV. *fonetica*...** 2.

articolèssa [da *articolo*; 1956] ***sf.*** *spreg.* lungo e noioso articolo di giornale.

articolìsta [da *articolo*; a. 1861] ***s.*** scrittore di articoli di giornale.

artìcolo [dal lat. *articulus*; a. 1306 nel senso 2] ***sm.*** **1.** *T.gram.* parte variabile del discorso che precede un sostantivo o un elemento sostantivato al fine di determinare in modo definito (*articolo determinativo, il, lo la, il, gli le* (v.)) o generico (*articolo indeterminativo, un, uno, una* (v.)); l'articolo determinativo serve anche come ripresa anaforica (v.) di referenti testuali già noti e può svolgere la funzione di quantificatore universale: *l'uomo è mortale,* tutti gli uomini sono mortali **2.** parte, elemento definito di una struttura articolata in forma di elenco: *il trattato è diviso in nove articoli* || *T.giur.* ognuna delle parti in cui si divide una legge, un accordo, un contratto: *il primo articolo della costituzione* || *T.econ.* ciascuna delle voci in cui è diviso un bilancio, una fattura o qualsiasi documento commerciale || *T.rel. articolo di fede,* parte essenziale di una dottrina, dogma; *per estens. fig.* cosa ritenuta assolutamente vera: *l'inviolabilità dei diritti dell'uomo è articolo di fede per ogni società democratica* **3.** scritto di varia ampiezza e argomento determinato che compare in giornali o riviste: *un articolo scientifico, di cronaca nera* || *articolo di fondo,* commento a fatti e avvenimenti prodotto dal direttore del giornale o da fonte autorevole che nei giornali italiani viene pubblicato in apertura di prima pagina || *articolo di taglio,* pubblicato a mezza pagina su più colonne || *articolo di colore,* pezzo descrittivo e di varietà || *articolo di spalla,* pubblicato in prima pagina in alto a destra **4.** voce enciclopedica o di dizionario: *gli sono stati commissionati tre articoli per una nuova enciclopedia* **5.** oggetto che fa parte di un tipo definito di mercanzia: *un negozio di articoli casalinghi, sportivi* || *fig. iron.* di persona, tipo strano o buffo: *ti sei sposata un bell'articolo* **6.** *T.bot.* e *T.zool.* ogni parte di organo congiunta mediante articolazione, strozzatura o nodo **7.** *ant.* istante, momento: *in articolo di morte,* anche in *lat. eccl. in articulo mortis* || *accr.* articolóne; *dim.* articolétto, articolìno, articolùccio; *pegg.* articolàccio. **Q.T.** *diritto, giornale, linguistica* **TAV. *tipografia* p. 1337** 12.1, 12.5.

artière [da *arte*; a. 1294] ***sm.*** **1.** *ant.* e *lett.* chi esercita un'arte meccanica, artigiano || *per* *estens.* artista, poeta **2.** *T.mil.* soldato di una specialità del Genio, incaricato di lavori stradali e sim. **3.** *T.ipp.* persona addetta alla cura di cavalli da corsa.

artificiàle [dal lat. tardo *artificialis*; a. 1294] ***agg.*** **1.** ottenuto con intervento umano e con procedimenti tecnici, non naturale: *illuminazione artificiale, innevamento artificiale, perle artificiali, lago artificiale, fecondazione artificiale* || *fuochi artificiali*, fuochi pirotecnici || *T.alp. progressione artificiale*, eseguita con ausili meccanici quali chiodi e staffe **2.** *fig.* artificioso, privo di autenticità: *versi, immagini artificiali, sorriso artificiale* || **artificialménte** ***avv.*** || **N.** **2.** *Sin.* adulterato, artefatto, contraffatto, falsificato, finto, fittizio | *Contr.* genuino, naturale, schietto.

artificiàre (pres. *-ìcio, -ìci*) [da *artificio*; sec. XIV] ***tr.*** ***ant.*** fare con artificio, falsificare, alterare.

artificiàto [da *artificiare*; a. 1375] ***agg.*** *non com.* ottenuto con artificio, artificioso: *bellezza artificiata, maniere artificiate* || adulterato, falsificato: *alimenti artificiati.*

artificière [dal fr. *artificier*; 1829 *artifiziere*] ***sm.*** **1.** operaio addetto alla preparazione di fuochi d'artificio e sostanze esplodenti in gen. **2.** *T.mil.* qualifica di soldato esperto nel maneggio di esplosivi; cannoniere addetto al maneggio delle munizioni durante il tiro || *per estens.* militare addetto alla custodia delle armi e degli esplosivi.

artificio (pl. *-ci*) (ant. *artifizio*, pl. *-zi*) [dal lat. *artificium*; 1319] ***sm.*** **1.** uso di espedienti per il raggiungimento di un dato fine; anche *fig.* astuzia, accorgimento, malizia: *usa qualsiasi artificio pur di raggiungere il successo* || *artificio di calcolo*, procedimento che consente di giungere a una semplificazione dei calcoli || *artifici scenici*, nel cinema e nel teatro, mezzi scenici per rendere più verisimile la scenografia || *ant.* magia, incantesimo **2.** eccessiva ricerca di effetti, innaturalezza: *ricorre a troppi artifici nel suo stile* **3.** nome generico di dispositivi e congegni esplosivi usati come inneschi || *fuochi d'artificio*, fuochi pirotecnici || **N.** **1.** *Sin.* arte, frode, inganno, invenzione, stratagemma | *Contr.* naturalezza, schiettezza **2.** *Sin.* manierismo, preziosismo, ricercatezza **3.** cannelli, inneschi; spolette; razzi di segnalazione; girandole, razzi.

artificiosità [da *artificioso*; a. 1332] ***sf.*** l'essere artificioso, artificio: *artificiosità di stile* || **N.** *Sin.* affettazione | *Contr.* naturalezza.

artificióso [lat. *artificiosus*; a. 1294] ***agg.*** non naturale, non schietto: *stile artificioso, maniere artificiose* || **artificiosaménte** ***avv.*** || **N.** *Sin.* affettato, artefatto, convenzionale, manierato | *Contr.* nativo, naturale, spontaneo.

artifizio V. ARTIFICIO.

artifizióso ***agg.*** *ant.* V. ARTIFICIOSO.

artigianàle [da *artigiano*; 1931] ***agg.*** **1.** di artigiano, relativo agli artigiani: *attività, categoria, lavoro artigianale* **2.** *per estens.* fatto in casa, alla buona, talvolta in senso *spreg.*: *una confezione artigianale, il suo modo di procedere è un po' troppo artigianale* || di opera d'arte, scarsamente originale.

artigianàto [da *artigiano*; 1907] ***sm.*** **1.** attività produttiva svolta dagli artigiani e i prodotti di tale attività: *l'artigianato valdostano è noto in tutta Europa, lavori d'artigianato, mostra d'artigianato* **2.** categoria sociale e condizione economica degli artigiani: *nelle società a capitalismo avanzato l'artigianato tende a scomparire.*

artigianèllo (*dim.* di *artigiano*) [1957] ***sm.*** **1.** piccolo artigiano **2.** allievo di una scuola di attività artigiane, retta da religiosi.

artigianésco (pl. *-schi*) [da *artigiano*; a. 1644] ***agg.*** *raro spreg.* di o da artigiano, artigianale.

artigiàno [da *arte*; a. 1484] **I** ***sm.*** (f. *-a*) chi esercita in proprio o con la collaborazione di un numero ridotto di operai un'attività non seriale che copre l'intero ciclo produttivo, dall'ideazione all'esecuzione, utilizzando macchinari di sua proprietà e spesso utilizzando tecniche e procedimenti tradizionali **II** ***agg.*** artigianale: *fiera artigiana* || *dim.* artigianèllo, artigianùccio || **N.** **I** artefice, artiere; maestro.

artigliàre (pres. *-ìglio*) [da *artiglio*; 1313] ***tr.*** afferrare violentemente con artigli || ferire con artigli: *la poiana artigliò il coniglio* || *fig.* tormentare, angosciare.

artigliàto (*pps.* di *artigliare*) [a. 1375] ***agg.*** munito di artigli || fatto ad artiglio.

artiglière [dal fr. *artilleur*; 1619] ***sm.*** militare che presta servizio nell'artiglieria || **N.** capopezzo, puntatore, servente.

artiglieria [dal fr. *artillerie*; sec. XIV] ***sf.*** **1.** il complesso di armi da fuoco pesanti, a lunga gittata, montate su affusto in dotazione di un dato territorio o corpo d'armata || *per estens. non com.* macchine belliche usate prima dell'invenzione della polvere da sparo || *pezzo d'artiglieria*, cannone; *pl.* il complesso dei pezzi da fuoco operanti insieme in un dato luogo: *l'attacco si svolse sotto il fuoco delle artiglierie nemiche* **2.** la tecnica di impiego di tali armi: *scuola d'artiglieria* **3.** specialità dell'esercito destinata all'impiego di tali armi: *un battaglione d'artiglieria* **4.** *scherz.* arma da fuoco di qualsiasi genere: *imbracciata l'artiglieria i cacciatori spararono alla lepre* || **N.** armi servite, bocche da fuoco | a cavallo, alpina, contraerea, da assedio o pesante, da campagna, da costa, da fortezza | bombarda, cannone, colubrina, mitragliatrice, mortaio, obice, serpentina, spingarda; alzo, anima, bocca, cassero, collare, culatta, focone, gola, mira, orecchioni, volata; affusto, affusto a deformazione, batteria, carro, cassone, culla o slitta, orecchioniere, pezzo, scudo, sezione, treno; bomba, carica, granata, mitraglia, munizioni, palla, proiettili, *shrapnel* | battere, bersagliare, bombardare, concentrare il fuoco, fulminare, grandinare, incrociare, infilare, rinculare, smontare, sparare, spazzare, spianare, tirare | balipedio, breccia, calibro, casamatta, detonazione, fuoco, manovra, miccia, parabola, piattaforma, portata, quadrante, rombo, salva, spoletta, tiro, tiro a tempo. **Q.T.** *armi, forze armate.*

artìglio (pl. *-gli*) [dal prov. *artelh*; a. 1294] ***sm.*** unghia adunca di animali rapaci, felini, tartarughe ecc. || *fig.* mano di uomo rapace, violento o avido: *gli artigli degli strozzini, cerca di non cadere nei suoi artigli* || **N.** branca, graffa, granfia, rampa, sgrinfia, unghione | adunco, forte.

artimóne [lat. *artemon, -ōnis*, gr. *artémōn*; 1313] ***sm.*** ***ant.*** *T.mar.* vela di gabbia o di mezzana: *fatto l'arbor tagliar dell'artimone* (Ariosto).

àrtio- [dal gr. *ártios*, pari] ***primo elem.*** che, in parole composte della terminologia zoologica, vale "che ha un numero pari (della parte del corpo indicata dal secondo elem.)" o "che presenta simmetria bilaterale" (per es. *Artiodattili, Artiozoi*).

Artiodàttili [comp. del gr. *ártios*, pari e *-dattilo*; 1892] ***sm. pl.*** *T.zool.* ordine di Mammiferi ungulati i cui piedi hanno numero pari di dita (2 o 4) atte a sostenere il peso del corpo e munite di zoccolo. **TAV. *mammiferi* p. 1318.**

Artiozòi [comp. di *artio-* e *-zoo*; 1955] ***sm. pl.*** *T.zool.* *raro* animali a simmetria bilaterale (contrapposti a quelli a simmetria raggiata) || **N.** Anellidi, Artropodi, Cordati, Molluschi, Nematelminti, Platelminti.

artìsta [da *arte*; 1321] ***s.*** **1.** chi è impegnato nel campo dell'arte come creatore o come interprete: *Andy Warhol era un artista controverso, è un artista del varietà* || *disus. artista di canto*, cantante; *artista drammatico*, attore || *artista di cartello*, artista il cui nome spicca sui cartelloni; *per estens.* artista famoso || *per estens.* chi svolge la propria attività in modo eccellente: *quel barista è un artista del cocktail* **2.** persona dotata di particolare sensibilità e raffinatezza: *un animo da artista* || *per estens.* persona bizzarra, stravagante: *si comporta proprio da artista* **3.** *ant.* artigiano || *spreg.* artistùcolo || **N.** **1.** *Sin.* artefice, esteta, maestro, virtuoso | architetto, ceramista, decoratore, disegnatore, incisore, letterato, musicista, orafo, pittore, poeta, scultore | arte, estro, ispirazione, tecnica, vocazione.

artìstico (pl. *-ci*) [da *arte*; 1848] ***agg.*** **1.** che riguarda l'arte e gli artisti: *è conosciuto nell'ambiente artistico della città* **2.** che è fatto secondo canoni artistici; fine, di buon gusto: *forme artistiche* || **artisticaménte** ***avv.***

art nouveau (fr., pr. [ar nu'vo]) [letter. arte nuova; 1955] ***loc. m. inv.*** stile liberty.

àrto¹ [dal lat. *artus*; 1313] **I** ***agg.*** ***ant.*** stretto: *fuor se dell'erte vie, fuor se dell'arte* (Michelangelo) **II** ***sm.*** ***ant.*** settentrione.

àrto² [dal lat. *artus*, arto; 1774] ***sm.*** appendice del corpo umano e animale destinata alla locomozione e alla prensione; congiunta al tronco, è costituita solitamente di varie parti mobili tra loro e rispetto al tronco stesso || nell'uomo, *gli arti superiori*, le braccia; *gli arti inferiori*, le gambe || *T.med. arto fantasma*, sensazione dolorosa causata dalla presenza ossessiva di un arto precedentemente amputato. **Q.T.** *anatomia* **TAV. *mammiferi* p. 1318** 1.5, 1.13.

àrto- V. ARCTO-.

artocàrpo [comp. del gr. *ártos*, pane e *karpós*, frutto; 1819] ***sm.*** *T.bot.* albero delle Moracee, con grosse infruttescenze commestibili || **N.** *Sin.* albero del pane.

artocèbo V. ARCTOCEBO.

artrìte [dal lat. tardo *arthrītis, -ĭdis*, gr. *arthrîtis*; a. 1698 *artritide*] ***sf.*** *T.med.* infiammazione delle articolazioni || **N.** chiragra, gotta, podagra | acuta, cronica, deformante, ipertrofica, reumatica, traumatica.

artrìtico (pl. *-ci*) [dal lat. *arthrīticus*; a. 1698] **I** ***agg.*** *T.med.* di artrite, relativo all'artrite: *dolori artritici* **II** ***sm.*** (f. *-a*) malato di artrite.

àrtro- [dal gr. *árthron*, giuntura, articolazione] ***primo elem.*** che, in parole composte della terminologia medica e di quella zoologica, vale "articolazione" o "relativo alle articolazioni": **artropatìa**, **artrotomìa**.

artrologìa [comp. di *artro-* e *-logia*; 1887] ***sf.*** *T.anat.* la parte dell'anatomia che studia le varie articolazioni del corpo.

artroplàstica [comp. di *artro-* e *plastica*; 1939] ***sf.*** *T.med.* operazione chirurgica che ha lo scopo di ricostruire un'articolazione lesa.

Artròpodi (sing. *-e*) [comp. di *artro-* e *-podi*; 1875] ***sm. pl.*** *T.zool.* tipo di animali invertebrati, il cui corpo, rivestito di una cuticola di chitina, è suddiviso in segmenti detti *metameri* ciascuno provvisto di un paio di appendici articolate con funzione motoria, prensile, tattile || **N.** Aracnidi, Chilopodi, Crostacei, Esapodi o Insetti, Merostomi, Miriapodi, Pantopodi. **Q.T.** *zoologia* **TAV. *zoologia* p. 1344.**

artròsi [comp. di *artro-* e *-osi*; 1892 *artrosia*] ***sf.*** *T.med.* affezione cronica degenerativa delle articolazioni.

arturiàno [dal n. proprio *Artù*, sul modello del fr. *arthurien*; 1965] ***agg.*** di Artù, leggendario re di Britannia protagonista del ciclo dei romanzi cavallereschi bretoni || relativo alla leggenda e alla letteratura sorta intorno a Re Artù: *romanzo, eroe, ciclo arturiano.*

aruàco (pl. *-chi*) [da una voce indigena; 1929] **I** ***agg.*** relativo a una popolazione indigena stanziata nell'America centro-meridionale e alla sua cultura: *genti aruache, idioma* *aruaco* **II** ***sm.*** **1.** (f. *-a*) spec. *pl.*, appartenente alle tribù aruache **2.** (solo *sing.*) gruppo linguistico dell'America meridionale, dal quale le lingue europee hanno tratto numerosi prestiti (per es. *canoa, mais, tabacco, uragano*).

arùndine [dal lat. *arundo, -ĭnis*; 1913] ***sf.*** *non com. T.eccl.* asta che ha sulla sua sommità tre ceri coi quali, nella funzione del Sabato Santo, si accendevano il Cero pasquale e tutte le candele e lampade della chiesa.

aruspicàre (pres. *-ùspico, -ùspichi*) [da *aruspice*; a. 1527] ***intr.*** (aus. *avere*) *raro* esercitare l'aruspicina.

arùspice [dal lat. *harūspex, -ĭcis*; 1521] ***sm.*** *T.stor.* sacerdote indovino che presso i Romani prediceva il futuro osservando i visceri degli animali sacrificati.

aruspicìna [dal lat. *haruspicina* (*ars*); 1587] ***sf.*** *T.stor.* scienza divinatoria relativa all'interpretazione dei visceri degli animali e dei fenomeni naturali.

arvàli [dal lat. *arvāles*; 1919] ***sm. pl.*** *T.stor.* collegio sacerdotale dell'antica Roma composto da dodici sacerdoti dediti al culto di Cerere sotto il nome di Dia; benedicevano i campi prima del raccolto.

arvènse [dal lat. *arvum*, campo; 1809] ***agg.*** *T.bot.* si dice di pianta che cresce nei campi coltivati.

arvìcola [comp. del lat. *arvum* e *-cola*; 1875] ***sf.*** topo campagnolo; piccolo roditore che si nutre di vegetali ed è particolarmente dannoso per le coltivazioni.

arzàgola o **arzàvola** [etim. inc.; a. 1650] ***sf.*** *ant.* alzavola.

arẓènte [lat. *ardens, -ēntis*; a. 1250] **I** ***agg.*** *ant.* ardente || *acqua arzente*, acquavite, grappa **II** ***sm.*** *raro disus.* brandy.

arẓigogolàre (pres. *-ògolo*) [da *arzigogolo*; a. 1565] ***tr.*** fantasticare, elaborare idee e ragionamenti strani e complessi: *ha arzigogolato una nuova teoria* || architettare: *ogni volta arzigogola qualcosa di diverso* || ***intr.*** (aus. *avere*) cavillare, sottilizzare in argomenti vari e bizzarri, almanaccare: *è sempre intento ad arzigogolare sul sesso degli angeli.*

arẓigogolàto (*pps.* di *arzigogolare*) [1865] ***agg.*** complicato, artificioso, lezioso: *frase arzigogolata, scritto arzigogolato.*

arẓigògolo [etim. inc.; 1536] ***sm.*** ghiribizzo; cavillo, giro di parole contorto e confuso || invenzione sottile || ornamento bizzarro, ghirigoro.

arẓigogolóne [da *arzigogolo*; 1838] ***agg.*** e ***sm.*** (f. *-a*) che o chi arzigogola molto e spesso.

arẓìllo [etim. inc.; a. 1767] ***agg.*** vispo: *un vecchietto arzillo* || *scherz.* allegro a causa del vino bevuto || *tosc. vino arzillo*, generoso, frizzante || **N.** agile, allegro, gaio, giulivo, pronto, ringalluzzito, snello, spiritoso, vivace.

arzìnca o **arzìnga** [dal medio alto ted. **arz--zinke*, tenaglia appuntita; 1829] ***sf.*** *T.tecn.* tenaglia con lunghi manici e becco appuntito per reggere il ferro incandescente nella lavorazione del ferro battuto e per levare i crogioli dal fuoco.

asa (pr. ['aza]) [da *A*(*merican*) *S*(*tandards*) *A*(*ssociation*); 1955] ***sm.*** *inv.* simbolo di una scala per la misura della sensibilità delle emulsioni fotografiche.

àṣaro [dal lat. *asarum*, dal gr. *ásaron*; prima metà sec. XIV] ***sm.*** *T.bot.* genere di piante erbacee perenni delle Aristolochiacee, con rizoma strisciante e fiori privi di corolla, di vario colore || **N.** *Sin.* renella.

aṣbèsto [dal lat. *asbestos*, gr. *ásbestos*; a. 1327] ***sm.*** *non com.* amianto.

aṣbestòṣi [comp. di *asbesto* e *-osi*; 1933] ***sf.*** *T.med.* malattia causata dall'inalazione di polveri d'amianto, tipica dei minatori che estraggono tale materiale.

aṣbùrgico (pl. *-ci*) [da *Asburgo*; 1970] ***agg.*** *T.stor.* relativo agli Asburgo, proprio degli Asburgo: *Impero asburgico.*

ascàride [dal lat. tardo *ascarida*, gr. *askarís*; a. 1698] ***sm.*** verme dei Nematodi, parassita intestinale dell'uomo e in genere dei mammiferi.

ascaridìaṣi [comp. di *ascaride* e *-iasi*; 1929] ***sf.*** *T.med.* malattia prodotta dall'infestazione di ascaridi nell'intestino di uomini e animali.

àscaro [dall'ar. *'askarī*, soldato; 1891] ***sm.*** soldato indigeno delle ex colonie italiane in Africa, aggregato alle truppe coloniali.

ascèlla [lat. *axilla*; 1313] ***sf.*** **1.** cavità sotto il braccio nel punto in cui questo si articola con il torace: *patire il solletico alle ascelle* || *star con le mani sotto le ascelle*, stare in ozio **2.** *T.bot.* l'angolo che è fra la foglia e il ramo a cui essa si attacca.

ascellàre [da *ascella*; 1474 *ascelare*] ***agg.*** **1.** dell'ascella: *cavo ascellare* **2.** *T.bot.* di organo collocato all'ascella di una pianta: *fiori, gemme ascellari.*

ascendentàle [da *ascendente*; a. 1742] ***agg.*** **1.** ascensionale, che si sviluppa dal basso verso l'alto: *moto ascendentale* **2.** *T.giur.* che riguarda gli antenati.

ascendènte (*ppr.* di *ascendere*) [a. 1348 come sm.] **I** ***agg.*** **1.** che tende o è diretto verso l'alto: *moto, parabola ascendente* || *T.mus. scala ascendente*, che procede dai suoni più bassi a quelli più acuti || *ritmo ascendente*, di serie metrica che inizia con la posizione non accentata || *dittongo ascendente*, quello costituito da semivocale e vocale: *cuòco, tièni* || *rami ascendenti*, che salgono verso l'alto || *linfa ascendente*, che procede dai rami alle foglie || *T.giur. linea ascendente*, la serie degli antenati diretti **2.** *T.astr.* riferito alla posizione di un corpo celeste che si muove verso nord **II** ***sm.*** **1.** *T.astrol.* punto dell'ellittica di un pianeta o di una costellazione che si trova all'orizzonte orientale al momento della nascita di un individuo e ne influenza il carattere: *è bilancia con ascendente capricorno* **2.** *fig.* influenza, potere, autorità: *le sue parole hanno un grande ascendente sui figli* **3.** genitore, antenato in linea diretta.

ascendènza [dal lat. *ascendentia*; 1761] ***sf.*** **1.** gli antenati per linea diretta: *è di nobile ascendenza* **2.** influsso, riferimento culturale: *le ascendenze leopardiane nella poesia novecentesca* **3.** *ant.* moto ascendente || **N.** **1.** *Sin.* antenati, avi, genealogia.

ascéndere (pres. *-éndo* ecc., come SCENDERE) [dal lat. *ascendere*; a. 1306] ***intr.*** (aus. *essere* o *avere*; v. CORRERE) **1.** andare verso l'alto, salire: *ascendere al cielo, ascendere per l'erta* || *fig. ascendere al trono*, diventare re || *fig.* innalzarsi: *ascese agli onori e agli oneri del comando* **2.** ammontare, raggiungere una data somma: *il debito pubblico ascende a oltre mille miliardi* || ***tr.*** *raro* salire: *ascendere un ripido pendio* || **N.** **1.** *Sin.* inerpicarsi, salire | *Contr.* discendere.

ascènsa [dal lat. tardo *ascensa*; a. 1561] ***sf.*** *ant.* ascensione.

ascensionàle [dal fr. *ascensionnel*; a. 1572] ***agg.*** che tende a salire: *corrente ascensionale*; diretto verso l'alto: *spinta ascensionale, forza ascensionale* || **N.** *Contr.* discensionale.

ascensióne [dal lat. *ascensio, -ōnis*; sec. XIV] ***sf.*** **1.** l'ascendere || *T.alp.* salita in vetta, scalata: *l'ascensione del* (o *al*) *Fitz Roy, ascensione invernale, diurna* || *fig.* elevazione spirituale || *T.astr.* la distanza di un astro dall'equatore celeste: *ascensione retta*, una delle coordinate equatoriali di un astro **2.** *per anton. l'Ascensione*, nella religione cristiana, la salita di Cristo al Cielo dopo la Resurrezione; festa cattolica che celebra tale evento || *per meton.* riproduzione pittorica dell'Ascensione || **N.** **1.** *Sin.* ascesa, salita. **Q.T.** *alpinismo.*

ascensóre [dal lat. tardo *ascēnsor, -ōris*, attr. il fr. *ascenseur*, 1890] ***sm.*** apparecchio per il trasporto di persone o cose in senso verticale solitamente da un piano all'altro di un edificio o fra livelli di una miniera: *prendere l'ascensore*; *chiamare l'ascensore*, premere il pulsante per portare al piano la cabina || **N.** automatico, elettrico, idraulico | *lift*, montacarichi. **TAV.** *abitazione* 1; ***astronautica*** **p. 654** 5.3.

ascensorìsta [da *ascensore*; 1942] ***s.*** addetto alla manovra di un ascensore || **N.** *Sin. lift.*

ascésa [da *ascendere*; a. 1494] ***sf.*** *lett.* salita; spec. *fig.*: *ascesa al trono* || progresso, successo: *l'ascesa della borghesia*; *popoli, classi in ascesa* || **N.** *Contr.* discesa.

ascèṣi [dal lat. tardo *ascēsis*, gr. *áskēsis*, esercizio; 1914] ***sf.*** *inv. T.rel.* pratica spirituale tendente a ottenere il distacco dalla sfera mondana per mezzo di digiuni, meditazione e preghiera: *la via dell'ascesi è ben descritta nella vita di Milarepa.*

ascéso *pps.* di *ascendere* (v.).

ascèsso [dal lat. *abscessus*; a. 1638] ***sm.*** raccolta di materie purulente in una parte circoscritta del corpo: *ascesso dentario* || **N.** empiema, enfiatura, postema.

ascessuàle [da *ascesso*; 1955] ***agg.*** relativo all'ascesso.

ascèta [dal lat. tardo *ascēta*, gr. *askētḗs*; 1743] ***s.*** chi pratica l'ascesi || *per estens.* chi conduce una vita austera e dedita ad attività speculative: *per scrivere quel saggio è vissuta un anno da asceta* || **N.** *Sin.* anacoreta, eremita, mistico, monaco.

ascètica [da *asceta*; 1862] ***sf.*** parte della teologia che tratta della perfezione spirituale || educazione all'ascesi: *ascetica buddista.*

ascètico (pl. *-ci*) [dal gr. *askētikós*; a. 1729] ***agg.*** di asceta, da asceta, attinente all'ascetismo: *vita ascetica* || *per estens.* mistico, contemplativo || **asceticaménte** ***avv.***

ascetìṣmo [da *asceta*; 1761] ***sm.*** regola di vita tendente al raggiungimento della perfezione spirituale: *l'ascetismo zen* || *per estens.* il complesso delle pratiche e delle tecniche (meditazione, digiuno, veglia, preghiera) per conseguire tale scopo: *le vie dell'ascetismo tibetano* || *per estens.* stile di vita austero: *se vorrai ottenere dei risultati dovrai attenerti al più rigido ascetismo.* **Q.T.** *religione.*

àscia (pl. *àsce*) [lat. *ascia*; 1304] ***sf.*** **1.** strumento da taglio utilizzato per sbozzare il legno, costituito da una lama ricurva perpendicolare al manico su cui si innesta per mezzo di un anello di fissaggio || *mastro d'ascia*, carpentiere addetto alle riparazioni navali; falegname che costruisce barche || *fatto con l'ascia*, fatto, lavorato grossolanamente **2.** *com.* scure || *ascia di guerra*, nel Medioevo, scure da combattimento; presso i Pellerossa del Nord America, *tomahawh*: *disotterrare l'ascia di guerra*, avere intenzioni aggressive; spesso in senso *iron.*: *dopo quell'affronto dissotterrò l'ascia di guerra* **3.** *ascia d'argento*, piccolo pesce abissale dei Clupeiformi la cui forma richiama quella dell'ascia || **N.** **2.** accetta, bipenne, gradina.

ascïàle [lat. volg. **axālis*; 1862] ***sm.*** ognuno dei due pezzi di legno che fiancheggiano la stanga dell'erpice.

ascialìa v. ASIALIA.

ascialóne [da *asciale*; 1829] ***sm.*** specie di mensola che s'inchioda alle antenne per posarvi sopra le assi dei ponti per le costruzioni edilizie || **N.** beccatello, gattello, mensola | abetella, stilo.

asciànti v. ASHANTI.

asciàre (pres. *àscio*) [da *ascia*; a. 1665] ***tr.*** digrossare tronchi o legni con l'ascia.

asciàta [da *ascia*; 1865] ***sf.*** colpo dato con l'ascia.

asciàtico (pl. *-ci*) [comp. di a-[1] e di un der.

del gr. *skiá*, ombra; 1955] ***agg.*** che non proietta ombra, scialitico: *lampada asciatica*, utilizzata nei tavoli operatori.

ascìdia [dal gr. *askídion*, piccolo otre; 1819] ***sf.*** animale marino dei Tunicati a forma di sacco appartenente alla classe degli Ascidiacei; vive da solo o in colonia attaccato a corpi sommersi, frequente nel Mediterraneo.

Ascidiàcei [da *ascidia*; 1965] ***sm. pl.*** *T.bot.* classe di Tunicati dal corpo a forma di sacco che aderisce al fondo marino con un'estremità e presenta due aperture all'estremità opposta.

ascìdio (pl. *-di*) [dal gr. *askídion*, piccolo otre; 1809] ***sm.*** *T.bot.* foglia trasformata, imbutiforme, propria di alcune piante insettivore, nella quale sono catturati e digeriti gli animali di cui esse si nutrono.

ascidiòṣi [da *ascidio*; 1955] ***sf.*** *T.bot.* fenomeno per il quale la foglia si trasforma in ascidio.

asciòlvere (pres. *-òlvo*; imp. *-olvévo*; p.rem. *-òlsi*) [lat. tardo *absolvere* (*ieiūnia*); a. 1370] **I** ***intr.*** (aus. *avere*) *ant. raro* far colazione, merenda || ***tr.*** *ant. raro* mangiare **II** ***sm.*** *disus.* colazione, merenda.

ascìsc adattamento it. di HASCISC (v.).

ascìssa [dal lat. *abscissa*, tagliata; 1739] ***sf.*** *T.mat.* in un piano cartesiano, il numero che indica la distanza dall'asse verticale; è indicata con la lettera x: *asse delle ascisse*, l'asse orizzontale || **N.** ordinata. **TAV.** *geometria* 23.2.

ascìte [dal lat. tardo *ascītes*; a. 1698] ***sf.*** *T.med.* versamento di liquido nella cavità peritoneale.

ascìtico (pl. *-ci*) [da *ascite*; a. 1698] **I** ***agg.*** *T.med.* relativo ad ascite **II** ***sm.*** (f. *-a*) chi è ammalato, affetto da ascite.

ascitìzio (pl. *-zi*) [dal lat. *adscīre*, adottare; a. 1642] ***agg.*** *lett.* accessorio, aggiunto, posticcio.

asciugabiancherìa [comp. di *asciuga*(*re*) e *biancheria*; 1961] **I** ***sm.*** *inv.* apparecchio elettrodomestico usato per asciugare la biancheria dopo la lavatura, costituito da un contenitore, nel quale un termoventilatore immette aria calda **II** ***agg.*** *inv.* (sempre posposto): armadio asciugabiancheria.

asciugacapélli [comp. di *asciuga*(*re*) e *capello*; 1965] **I** ***sm.*** *inv.* apparecchio elettrico che serve ad asciugare i capelli con un getto di aria calda o fredda **II** anche in funzione di ***agg.*** *inv.* (sempre posposto): *casco asciugacapelli* || **N.** **I** *Sin.* fon. **TAV.** *elettrodomestici* 9.

asciugàggine [da *asciugare*; 1353] ***sf.*** *ant.* siccità, aridità.

asciugamàno [comp. di *asciuga*(*re*) e *mano*; 1836] ***sm.*** pezzo di tela, liscia o spugnosa, per asciugarsi il viso e le mani || *asciugamani di carta*, quelli che si usano nei servizi igienici di locali pubblici, treni e sim. || **N.** asciugatoio, canovaccio, salvietta; accappatoio.

asciugaménto [da *asciugare*; sec. XIV] ***sm.*** *non com.* atto ed effetto dell'asciugare e dell'asciugarsi.

asciugànte (*ppr.* di *asciugare*) [1829] ***agg.*** che asciuga: *carta asciugante*, carta assorbente.

asciugàre (pres. *-ùgo*) [lat. tardo *exsucāre*, trarre il succo; a. 1321] ***tr.*** **1.** eliminare acqua o umidità, rendere asciutto: *il vento ha asciugato la strada* || *per estens.* prosciugare || seccare: *il solleone asciuga la campagna* || *scherz.* *asciugare una bottiglia, un bicchiere*, bere fino all'ultima goccia || *fig.* privare di ogni energia vitale: *lo sforzo prolungato lo aveva completamente asciugato* || *fig.* *asciugare le tasche a qualcuno*, fargli spendere tutto il denaro **2.** tergere con un panno o altro: *asciugare le lacrime col fazzoletto, asciugare le posate* || *fig.* *asciugare le lacrime*, consolare: *a volte un sorriso asciuga le lacrime più amare* || ***intr.*** (aus. *essere*) e ***intr. pron.*** diventare asciutto: *è un tessuto che asciuga in pochi minuti, il bucato si sta asciugando* || ***rifl.*** e ***rifl. indir.*** tergersi: *appena esci dall'acqua asciugati, con un gesto nervoso si asciugò il sudore* || **N.** ***tr.*** **1.** *Sin.* asciuttare, astergere, disseccare, essiccare, forbire, rasciugare.

asciugatóio (pl. *-ói*) [da *asciugare*; 1353] ***sm.*** **1.** panno per asciugare o per asciugarsi **2.** essiccatoio || **N.** **1.** *Sin.* asciugamano, salvietta, strofinaccio.

asciugatóre [da *asciugare*; 1829] ***sm.*** **1.** (f. *-trice*) chi asciuga **2.** apparecchio elettrico che emette aria calda, usato per asciugarsi le mani, spec. nei locali pubblici.

asciugatrìce [da *asciugare*; 1961] ***sf.*** macchina per asciugare i panni.

asciugatùra [da *asciugare*; 1865] ***sf.*** atto ed effetto dell'asciugare e dell'asciugarsi || **N.** asciugamento, astersione.

asciùtta [da *asciutto*; 1955 nei sensi 2 e 3] ***sf.*** **1.** *region.* siccità **2.** nella coltivazione del riso, periodo in cui si toglie l'acqua alle risaie **3.** *T.vet.* nelle mucche, periodo antecedente al parto in cui l'animale non produce più latte; intervallo tra due successive lattazioni.

asciuttàre [da *asciutto*; 1865] ***tr.*** *region.* asciugare.

asciuttézza [da *asciutto*; 1684] ***sf.*** secchezza, aridità || *fig.* concisione, secchezza: *l'asciuttezza del suo stile è proverbiale, un'asciuttezza di modi che rasenta la maleducazione.*

asciùtto [lat. *exsūctus*; 1313] **I** ***agg.*** **1.** privo d'acqua o di umidità: *un luogo, un terreno asciutto* || di clima, secco, privo di umidità: *clima, vento asciutto* || *fig.* *pasta asciutta* o *pastasciutta*, senza brodo, condita con burro o sugo || *fig.* *pane asciutto*, senza companatico || *fig.* *balia asciutta*, che ha in custodia un bambino ma non lo allatta || *fig.* *vino asciutto*, secco, non dolce || *ad occhi asciutti*, senza commuoversi, impassibilmente || *a piedi asciutti*, senza bagnarsi || *a bocca asciutta*, senza mangiare né bere; *fig.* *rimanere a bocca asciutta*, rimanere deluso **2.** *per estens.* arido, riarso: *il caldo e la siccità lasciarono i campi asciutti* || *fig.* di persona, magro, senza grasso superfluo: *con i continui allenamenti aveva acquistato un fisico asciutto* **3.** *fig.* laconico, conciso: *uno stile asciutto* || perentorio; privo di cordialità, non affabile: *mi congedò con un asciutto saluto* **4.** privo di denaro: *dopo il matrimonio sono rimasto a tasche asciutte* || **asciuttaménte** ***avv.*** **II** ***sm.*** luogo, terreno asciutto: *camminare sull'asciutto* || *fig.* *rimanere all'asciutto*, rimanere senza soldi || **N.** **1.** *Sin.* adusto, alido, arso, bruciato | macilento.

Asclepiadàcee [comp. di *asclepiade* e *-acee*; 1887] ***sf. pl.*** *T.bot.* famiglia di piante dicotiledoni erbacee o legnose, dal fusto carnoso, contenente un lattice.

asclepìade [dal lat. *asclēpias*, *asclepiadis*, gr. *asklēpiás*; a. 1498] ***sf.*** pianta erbacea delle Genzianacee con foglie opposte e fiori azzurri; le radici, un tempo usate in farmacia, sono ora impiegate in profumeria.

asclepiadèo [dal lat. *asclepiadēus*, gr. *asklēpiádeion*; 1587] **I** ***sm.*** verso della metrica classica usato da Orazio e imitato da Carducci: *asclepiadeo maggiore* (⏓⏓–⏑⏑––⏑⏑––⏑⏑–⏑⏓), *asclepiadeo minore* (⏓⏓–⏑⏑––⏑⏑–⏑⏓) **II** ***agg.*** relativo al poeta Asclepiade che usò con frequenza tale verso.

asclepiadìna [da *asclepiade*; 1955] ***sf.*** sostanza amara con proprietà depurative e purgative, che si estrae dal rizoma di una specie di asclepiade.

àsco (pl. *àschi*) [dal gr. *askós*, otre; 1906] ***sm.*** **1.** tipo di vaso a forma di animale o comunque di forma panciuta diffuso in Grecia e in Italia fino al periodo ellenistico **2.** *T.bot.* organo a forma sferica, caratteristico di funghi e licheni, contenente le spore || **N.** **2.** *Sin.* sporangio. **TAV.** ***botanica* p. 661** 5.2, 5.3.

àsco- [dal gr. *askós*, sacco, otre] ***primo elem.*** che, in parole composte della terminologia scientifica, vale "sacco" o "a forma di sacco" (per es. *ascocarpo, ascogonio, ascomiceti*).

ascocàrpo [comp. di *asco-* e *-carpo*; 1970] ***sm.*** *T.bot.* ricettacolo degli aschi.

ascogònio (pl. *-ni*) [comp. di *asco-* e *-gonio*; 1955] ***sm.*** *T.bot.* organo di riproduzione femminile degli Ascomiceti.

ascolàno [dal n. geogr. *Ascoli*; 1829] **I** ***agg.*** **1.** di Ascoli Piceno **2.** *olivo ascolano*, olivo di grandi dimensioni che produce frutti molto sviluppati e ricchi di polpa **II** ***sm.*** (f. *-a*) abitante, nativo di Ascoli.

ascoliàṣmo [dal gr. *askōliasmós*, da *askōliázein*, saltare sull'otre; 1829] ***sm.*** gioco degli antichi Greci e Romani, consistente nel tenersi in equilibrio su un otre gonfiato.

Ascolichèni (sing. *-e*) [comp. di *asco*(*miceti*) e *lichene*; 1929] ***sm. pl.*** *T.bot.* classe di Licheni che vive nelle zone temperate e fredde, comprendente licheni nei quali le alghe vivono in simbiosi con ascomiceti.

ascólta [da *ascoltare*; a. 1431] ***sf.*** *raro* scolta, sentinella.

ascoltàbile [da *ascoltare*; a. 1928] ***agg.*** che si può ascoltare.

ascoltàre (pres. *-ólto*) [lat. volg. **ascultāre*; a. 1306] ***tr.*** **1.** stare a udire con attenzione o per diletto: *ascolta la spiegazione che poi dovrai fare da solo, ascoltare la musica, la radio, un disco* || prestare orecchio: *ascolta i rumori del bosco*; anche *ass.*: *ascoltate! cos'è questo fragore?* || *ascoltare a bocca aperta*, con grandissima attenzione e stupore **2.** dar retta, ubbidire: *ascolta chi ha più esperienza di te, ascolta i genitori* || accogliere: *vi prego ascoltate le mie suppliche* **3.** *T.med.* auscultare || **N.** **1.** *Sin.* bere le sue parole, esser tutt'orecchi, non perdere sillaba, orecchiare, origliare, pender dal labbro di uno, porgere o prestare orecchio, por mente, spiare, star a sentire, star attento, tender gli orecchi **2.** *Sin.* dare udienza, seguire; esaudire, intendere.

ascoltatóre [da *ascoltare*; 1336] ***sm.*** (f. *-trice*) chi ascolta; uditore, spettatore: *il quiz del giovedì ha milioni di ascoltatori.*

ascoltazióne [da *ascoltare*; 1715] ***sf.*** **1.** azione dell'ascoltare **2.** *T.med.* auscultazione.

ascólto [da *ascoltare*; a. 1400] ***sm.*** **1.** atto di ascoltare || *essere, mettersi in ascolto*, disporsi ad ascoltare || *dare, prestare, porgere ascolto a*, dar retta || *gruppo d'ascolto*, percentuale di ascoltatori in base ai quali viene calcolato il gradimento dei programmi radio-televisivi **2.** *ass.* per *indice d'ascolto*, percentuale di ascoltatori di un programma radiotelevisivo in relazione a quella di altri programmi trasmessi contemporaneamente: *l'ascolto del programma è salito.*

Ascomicèti (sing. *-e*) [comp. di *asco-* e *micete*; 1892] ***sm. pl.*** *T.bot.* classe di funghi le cui spore sono contenute in aschi. **Q.T.** *botanica.*

ascóndere (pres. *-óndo* ecc., come NASCONDERE) [lat. *abscondere*; inizio sec. XIII] ***tr.*** *raro* nascondere.

ascòrbico (pl. *-ci*) [comp. di *a-*[1], *scorb*(*uto*) e *-ico*; 1950] ***agg.*** *T.chim.* *acido ascorbico*, acido presente nei succhi della frutta, spec. degli agrumi e delle verdure, meglio noto come vitamina C; è usato nella cura dello scorbuto, delle astenie e degli stati emorragici.

ascorbìna [comp. di *a-*[1], *scorb*(*uto*) e *-ina*; 1970] ***sf.*** *T.chim.* vitamina C.

ascóso (*pps.* di *ascondere*) [inizio sec. XIII *ascuso*] ***agg.*** *lett. poet.* nascosto, celato.

ascospòra [comp. di *asco-* e *spora*; 1929] ***sf.*** *T.bot.* spora che si forma all'interno degli aschi. **TAV.** ***botanica* p. 661** 5.2, 5.3.

ascrèo [dal lat. *Ascraēus*, gr. *Askrâios*; a. 1836] ***agg.*** **1.** della città di Ascra, nella Beozia, patria di Esiodo **2.** *per estens.* si dice di poesia bucolica o didascalica.

ascrìtto (*pps.* di *ascrivere*) [1561] ***agg.*** **1.** scritto vicino: *iota ascritto* **2.** *raro* iscritto: *è ascritto a una società filologica.*

ascrìvere (pres. *-ìvo* ecc., come SCRIVERE) [dal lat. *adscrībere*; a. 1375] ***tr.*** **1.** metter nel numero, annoverare: *la nostra associazione ascrive tra i soci anche due premi Nobel* **2.** attribuire, imputare: *ascrivere a biasimo, a lode, a difetto, a pregio.*

aseità [dal lat. mediev. *aseitas, -ātis*, dal lat. *ā sē*, da sé, attr. il ted. *Aseität*; 1832] ***sf.*** *T.fil.* qualità dell'essere che ha in se stesso il principio della propria esistenza.

asèllo [lat. *asĕllus*, asinello; a. 1698] ***sm.*** *T.zool.* piccolo crostaceo isopodo dal corpo ovale e appiattito che vive nelle acque dolci.

asemàntico (pl. *-ci*) [comp. di *a-*[1] e *semantico*; 1974] ***agg.*** *T.ling.* che non rispetta le regole semantiche di una lingua.

asèpsi [comp. di *a-*[1] e del gr. *sêpsis*, putrefazione; 1891] ***sf.*** *T.med.* assenza di infezioni e germi patogeni nelle ferite e negli strumenti chirurgici || *concr.* insieme delle procedure (sterilizzazione, ebollizione ecc.) per ottenere tale disinfezione.

asessuàle [comp. di *a-*[1] e *sessuale*; 1892] ***agg.*** *T.biol.* detto di riproduzione che avviene senza l'intervento degli organi di sesso || **asessualménte** ***avv.*** || **N.** *Sin.* agamico.

asessuàto [comp. di *a-*[1] e *sessuato*; 1949] ***agg.*** *T.biol.* privo di organi sessuali differenziati || asessuale || *fig.* neutro, indifferenziato.

asèttico (pl. *-ci*) [comp. di *a-*[1] e del gr. *sēptikós*, putrefattivo; 1886] ***agg.*** relativo ad asepsi: *procedure asettiche* || privo di germi patogeni, sterilizzato: *bisturi asettico* || *fig.* privo di passionalità, freddo, distaccato: *gli ambasciatori ricevettero un'accoglienza asettica.*

asfaltàre [da *asfalto*; 1941] ***tr.*** coprire con asfalto una superficie per impermeabilizzarla e pavimentarla: *asfaltare una strada, un tetto piano.*

asfaltatóre [da *asfaltare*; 1913] ***sm.*** (f. *-trìce*) chi è addetto all'asfaltatura di strade e sim.

asfaltatùra [da *asfalto*; 1913] ***sf.*** **1.** operazione dell'asfaltare **2.** pavimentazione stradale eseguita con asfalto.

asfàltico (pl. *-ci*) [da *asfalto*; a. 1828] ***agg.*** che contiene asfalto.

asfaltista [da *asfalto*; 1925] ***s.*** addetto alla asfaltatura delle strade; asfaltatore.

asfàlto [dal lat. tardo *asphaltus*; 1550 *asphalto*] ***sm.*** **1.** conglomerato di rocce calcaree e bitume utilizzato per la pavimentazione delle strade e l'impermeabilizzazione di superfici edili scoperte: *hanno ricoperto d'asfalto la terrazza del condominio* **2.** *per estens.* superficie asfaltata della strada.

asfissìa [dal gr. *asphyxía*, attr. il fr. *asphyxie*; 1773] ***sf.*** impedimento alla respirazione per alterazione della composizione dell'aria, per accumulo di gas irrespirabili nel sangue o per cause meccaniche (strangolamento, compressione dei polmoni ecc.) || *fig.* impossibilità ad agire o pensare liberamente: *le dittature causano l'asfissia della cultura.*

asfissiànte [da *asfissiare*; 1922] ***agg.*** che provoca soffocamento: *gas asfissiante* || soffocante, maleodorante: *da quella stanza proveniva un lezzo asfissiante* || *fig.* fastidioso, opprimente: *una festa, un ambiente asfissiante*; *sei asfissiante* || *T.sport.* negli sport di squadra, difesa strettissima: *il centravanti fu sottoposto a una marcatura asfissiante.*

asfissiàre (pres. *-ìssio*) [dal fr. *axphysier*; 1829] ***tr.*** produrre asfissia: *l'ha asfissiato chiudendolo in auto e tappando il tubo di scappamento* || *fig.* opprimere, tormentare, togliere il respiro: *lo asfissia con continue richieste* || ***intr.*** (aus. *essere*) e ***intr. pron.*** soffocare: *mi sento asfissiare* || *per estens.* mancare il respiro: *per poco non sono asfissiato in mezzo a quel tanfo, fa un caldo che si asfissia* || ***rifl.*** soffocarsi; morire o uccidersi per mezzo di asfissia: *tentò di asfissiarsi aprendo il rubinetto del gas.*

asfìttico (pl. *-ci*) [da *asfissia*; 1773] ***agg.*** **1.** *T.med.* relativo ad asfissia: *stato asfittico* **2.** asfissiato, colpito da asfissia || *fig.* privo di vitalità ed energia: *l'asfittica e corrotta civiltà occidentale.*

asfodèlo [dal lat. *asphodelus*, gr. *asphódelos*; sec. XIV *asfodillo*] **I** ***sm.*** pianta delle Liliacee con foglie lunghe e fiori bianchi; nella mitologia classica era il fiore del regno dei morti **II** ***agg.*** *lett. non com.* fiorito di asfodeli: *Omero ritornerebbe con Virgilio... negli asfodeli campi* (Pascoli) || **N.** **I** *Sin.* porraccio.

ashànti o **asciànti** (pr. [aʃ'ʃanti]) [da una voce indigena; 1929] ***sm.*** e ***agg.*** chi o che appartiene alla comunità degli Ashanti, stanziata in Africa occidentale.

-àṣi [da (*diast*)*asi*] ***suff.*** aggiunto al nome di sostanze chimiche, forma la denominazione dell'enzima che agisce su tale sostanza (per es. *lipasi, maltasi, saccarasi*).

aṣìaco (pl. *-ci*) [dal lat. tardo *asiacus*; a. 1907] ***agg.*** *lett.* asiatico: *pel verde asiaco pian* (Carducci).

aṣiàgo [dal n. della cittadina omonima; 1973] ***sm.*** tipo di formaggio semicotto a maturazione media, prodotto nell'altopiano di Asiago.

asialìa (meno corretto *ascialìa*) [comp. di *a-*[1] e del gr. *síalon*, saliva; 1955] ***sf.*** *T.med.* mancanza patologica di secrezione salivare.

aṣianéṣimo [da *asiano*; 1965] ***sm.*** *T.ret.* nell'oratoria classica indicava lo stile più ricco e lussureggiante, passionale, frondoso, in antitesi alla sobrietà dello stile attico; fu introdotto a Roma dai retori dell'Asia Minore.

aṣiàno [dal lat. *asiānus*; sec. XV] **I** ***agg.*** **1.** *lett.* dell'Asia: *in vista a la spiaggia asiana* (Carducci) **2.** che segue i canoni estetici dell'asianesimo: *un'orazione asiana* **II** ***sm.*** seguace dell'asianesimo.

aṣiàtico (pl. *-ci*) [dal lat. *asiaticus*, gr. *asiatikós*; 1554] **I** ***agg.*** dell'Asia, asiano: *regioni asiatiche, clima asiatico* || *stile, lusso asiatico*, pomposo, sfarzoso || *morbo asiatico*, colera || *febbre asiatica*, febbre influenzale a decorso benigno provocata da un virus originario dell'Asia; anche *sf.*: *l'asiatica* **II** ***sm.*** (f. *-a*) abitante, nativo dell'Asia.

asigmàtico (pl. *-ci*) [comp. di *a-*[1] e *sigmatico*; 1965] ***agg.*** *T.ling.* nella morfologia greca, privo di sigma: *aoristo asigmatico, futuro asigmatico.*

asillàbico (pl. *-ci*) [comp. di *a-*[1] e *sillabico*; 1974] ***agg.*** **1.** *T.fon.* non sillabico, di fonema che non sia centro di sillaba **2.** *T.metr.* di verso il cui ritmo non sia legato alla successione di un numero fisso di sillabe.

aṣìlo [dal lat. *asȳlum*, gr. *ásylon*; 1505] ***sm.*** **1.** ricovero, luogo protetto, rifugio: *dare, trovare, ricevere asilo* || *T.stor. diritto d'asilo*, istituto giuridico che garantiva l'impunità a qualsiasi ricercato che avesse trovato rifugio in chiese, conventi e sim. || *asilo politico*, garanzia di inviolabilità concessa da uno stato a stranieri rifugiati per motivi politici: *è espatriato clandestinamente e ha chiesto asilo politico, a Mosca un polacco è entrato nell'ambasciata degli Stati Uniti e ha chiesto asilo politico* **2.** istituto di assistenza e aiuto || *asilo notturno*, che offre ricovero per la notte a chi non ha fissa dimora || *asilo di mendicità*, che offre ospitalità completa alle persone indigenti || *asilo per minorenni*, che tutela e assiste i giovani privi di mezzi || *concr.* l'edificio che ospita tali istituzioni: *l'asilo notturno è pericolante* **3.** istituto per l'educazione pre-scolastica riservato ai bambini di età non superiore ai 6 anni: *asilo infantile* || *asilo nido*, riservato ai bambini di età non superiore ai tre anni **4.** luogo di dimora e rifugio della selvaggina || **N.** **1.** *Sin.* franchigia, nascondiglio, ricetto, ricovero, ritiro **2.** *Sin.* ospizio **3.** giardino d'infanzia, scuola materna.

asimbolìa [comp. di *a-* e un der. del gr. *sýmbolon*, segno; 1929] ***sf.*** *T.psic.* incapacità di comprendere il significato dei simboli, in part. quelli verbali, e di utilizzare segni o parole per esprimere le idee e i sentimenti.

asimmetrìa [dal gr. *asymmetría*; 1748] ***sf.*** mancanza di proporzione e di simmetria tra le parti di un oggetto o una struttura || **N.** *Contr.* SIMMETRIA.

asimmetricità [da *asimmetrico*; 1965] ***sf.*** l'essere asimmetrico.

asimmètrico (pl. *-ci*) [da *asimmetria*; 1885] ***agg.*** **1.** privo di simmetria **2.** *T.chim.* di derivato sostituito i cui gruppi costituenti non siano distribuiti in modo simmetrico || di atomo le cui valenze siano saturate da atomi diversi || **asimmetricaménte** ***avv.***

asinàggine [da *asino*; a. 1566] ***sf.*** asineria, grande ignoranza || fatto o detto che dimostri ignoranza || **N.** *Sin.* asinità, balordaggine, caparbietà, ignoranza, rustichezza, stolidità.

asinàia [da *asino*; 1558] ***sf.*** *raro* luogo in cui si tengono gli asini, stalla di asini || **N.** STALLA.

asinàio (pl. *-ài*) [lat. *asinarius*; a. 1400] ***sm.*** (f. *-a*) guidatore, allevatore o negoziante d'asini.

asinartèto o **asinartéto** [dal gr. *asynártētos*, privo di connessioni, attr. il lat. *asynartetum*; 1929] ***agg.*** *T.metr.* di verso della metrica greco-latina, composto di due membri di andamento ritmico contrario.

asinàta [da *asino*; 1865] ***sf.*** azione o discorso che mostri un'ignoranza goffa e grossolana || **N.** *Sin.* asinaggine, asineria, stolidità, SCIOCCHEZZA.

asincronìa [comp. di *a-*[1] e *sincronia*; 1970] ***sf.*** mancanza di sincronia.

asincronìṣmo [comp. di *a-*[1] e *sincronismo*; 1942] ***sm.*** mancanza di sincronismo tra eventi che dovrebbero svolgersi contemporaneamente || *T.cin.* mancanza di sincronismo tra immagine e suono.

asìncrono [comp. di *a-*[1] e *sincrono*; 1950] ***agg.*** non sincrono; che non ha sincronismo || *motore asincrono*, macchina dinamoelettrica la cui velocità angolare non è in rapporto costante con la frequenza della corrente che la percorre.

asindètico (pl. *-ci*) [da *asindeto*; a. 1642] ***agg.*** *T.gram.* privo di congiunzione fra membri coordinati: *nesso, collegamento, periodo asindetico* || **N.** *Contr.* sindetico.

asìndeto [dal lat. *asўndeton*, gr. *asýndeton*; a. 1604] ***sm.*** *T.gram.* figura sintattica consistente nell'omissione della congiunzione e nella semplice giustapposizione di due o più termini tra loro strettamente coordinati: *di qua, di là, di su, di giù li mena* (Dante) || **N.** *Contr.* polisindeto.

asinerìa [da *asino*; a. 1462] ***sf.*** comportamento, azione, discorso da persona ignorante, sciocca, balorda.

asinésco (pl. *-schi*) [da *asino*; a. 1478] ***agg.*** da persona ignorante o villana che si comporta come un asino: *modi asineschi*; *fare, detto asinesco* || **asinescaménte** ***avv.***

asinìno [lat. *asinīnus*; 1308] ***agg.*** di asino, da asino, anche *fig.*: *orecchie asinine, comportamento asinino* || *tosse asinina*, pertosse.

asinità [da *asino*; 1525] ***sf.*** asineria.

àsino [lat. *asinus*; fine sec. XIII] ***sm.*** **1.** quadrupede perissodattilo degli Equidi con lunghe orecchie, zoccoli stretti, criniera corta e pelame grigiastro; per le sue caratteristiche di robustezza è impiegato come animale da soma o da basto; *asino selvatico*, diffuso nelle località desertiche di Africa e Asia || *fig.* *a schiena d'a-*

sino, detto di superficie convessa || *la bellezza dell'asino,* quella che si possiede in gioventù e per la quale non si ha alcun merito || *lavare la testa all'asino,* fare una cosa inutile || *legar l'asino dove vuole il padrone,* obbedire ciecamente || *lavorare come un asino,* lavorare moltissimo **2.** *fig.* simbolo dell'ignoranza, della cocciutaggine: *è un asino calzato e vestito* || come titolo ingiurioso: *pezzo d'asino, quell'asino del tuo compagno di banco* || *avere le orecchie d'asino,* essere ignorante || *asino risalito,* ignorante divenuto ricco || *fare l'asino,* fare il tonto; fare il cascamorto || *qui casca l'asino,* qui è la difficoltà || *credere che un asino voli,* credere le cose più strane del mondo || *fare come l'asino del pentolaio,* di chi si ferma a chiacchierare con tutti || *prov. meglio un asino vivo che un dottore morto,* si dice di chi si rovina la salute studiando || *i ragli dell'asino non arrivano in cielo,* le maldicenze o le imprecazioni degli sciocchi non sono ascoltate || *l'asino di Buridano,* apologo attribuito al filosofo francese Buridano (XIV sec.) in cui un asino irresoluto tra due misure d'avena morì di fame per non aver saputo quale scegliere || *dim.* asinèllo, asinìno, asinùccio; *accr.* asinóne; *pegg.* asinàccio || **N.** buricco, ciuccio, ciuco, giumento, onagro, somaro; mulo | basto, guidalesco, raglio, soma, zigrino | assomare, imbastare.

asintàttico (pl. *-ci*) [comp. di *a-*[1] e *sintattico*; 1983] ***agg.*** *T.ling.* che non rispetta le regole sintattiche di una lingua.

asintomàtico (pl. *-ci*) [comp. di *a-*[1] e *sintomatico*; 1983] ***agg.*** *T.med.* che non manifesta sintomi.

asintòtico (pl. *-ci*) [da *asintoto*; a. 1742] ***agg.*** *T.mat.* che si riferisce ad asintoto; che tende ad avvicinarsi a qualcosa senza mai raggiungerla o coincidere con essa: *convergenza asintotica, comportamento asintotico di una funzione* || **asintoticaménte** ***avv.***, anche nella *loc. prep. asintoticamente a,* avendo come asintoto.

asìntoto o **asìntote** [dal gr. *asýmptōtos*; a. 1673 *asintota*] ***sm.*** *T.mat.* retta a cui una curva si avvicina all'infinito; *in part.* la tangente alla curva in un punto all'infinito. **TAV.** *geometria* 13.4.

asìsmico (pl. *-ci*) [comp. di *a-*[1] e *sismico*; 1923] ***agg.*** **1.** non soggetto a terremoti: *zona asismica* **2.** di costruzione atta a resistere ai sismi: *le case di Tokio sono asismiche* || **N. 2.** *Sin.* antisismico.

àsma [dal lat. *ăsthma*, gr. *ásthma*; a. 1306 *asmo*] ***sf.*** e meno com. ***sm.*** (non usato al *pl.*) difficoltà grave di respiro, che può dipendere da cause diverse: *asma bronchiale, cardiaca, allergica, isterica* || **N.** affanno, dispnea | spasmo.

asmàtico (pl. *-ci*) [dal lat. *asthmaticus*, gr. *asthmatikós*; sec. XIV come sm.] **I** ***agg.*** relativo all'asma: *attacco asmatico* || sofferente d'asma: *un soggetto asmatico* || *fig.* affannoso, che procede a singhiozzi: *il suo periodare ha un ritmo asmatico* **II** ***sm.*** (f. *-a*) chi soffre d'asma.

asociàle [comp. di *a-*[1] e *sociale*; 1942] ***agg.*** e ***s.*** che o chi è privo di coscienza sociale, che o chi non mostra interesse per i problemi sociali: *comportamento asociale* || *per estens.* schivo, introverso, che evita i contatti umani.

asocialità [comp. di *a-*[1] e *socialità*; 1970] ***sf.*** estraneità, avversione, insensibilità alla vita sociale: *asocialità di una persona, di un comportamento.* **Q.T.** *psicologia.*

àsola [lat. *ănsula*; 1663] ***sf.*** orlatura di filo che si fa all'occhiello di un indumento o di un capo del corredo: *per fare le asole ci vuole filo robusto* || l'occhiello stesso destinato ad accogliere il bottone: *queste asole sono così strette che non riesco ad abbottonarmi.*

asolàia [da *asola*; 1942] ***sf.*** lavorante che fa asole od occhielli.

asolàre (pres. *àsolo*) [etim. inc.; a. 1712] ***intr.*** (aus. *avere*) **1.** *lett.* alitare, soffiar leggermente; anche detto di venticello: *il vento asolava* (D'Annunzio) **2.** *non com.* prender aria **3.** *raro disus.* aggirarsi frequentemente intorno a un luogo || **N.** *Sin.* alitare, soffiare, spirare, ventilare.

àsolo [da *asolare*; 1865] ***sm.*** *lett.* leggero soffio di vento || **N.** *Sin.* alito, respiro, soffio.

a sólo v. ASSOLO.

àspa [da *aspo*; a. 1566] ***sf.*** aspo.

Asparagàcee [comp. di *asparago* e *-acee*; 1862] ***sf. pl.*** sottofamiglia delle Liliacee che comprende piante con frutti a bacca.

asparagéto [da *asparago*; a. 1597] ***sm.*** luogo coltivato ad asparagi.

asparagiàia [da *asparago*; 1941; 1865 *sparagiaia*] ***sf.*** asparageto.

asparagìna [da *asparago*; 1819] ***sf.*** **1.** amminoacido ad azione diuretica che si trova part. negli asparagi **2.** asparago selvatico, coltivato per ornare i mazzi di fiori.

aspàrago (pl. *-gi*) [lat. *asparagus*, gr. *aspáragos*; fine sec. XV] ***sm.*** pianta delle Liliacee i cui germogli di colore verde sono commestibili || *per estens.* il germoglio stesso: *ho mangiato un piatto di asparagi* || *asparago selvatico,* con lunghe spine e germogli commestibili.

aspàta [da *aspo*; 1829] ***sf.*** quantità di filato che rimane avvolto all'aspo.

aspatóio (pl. *-ói*) [da *aspo*; 1955] ***sm.*** macchina per l'aspatura dei tessuti.

aspatóre [da *aspatura*; 1955] ***sm.*** (f. *-trìce*) *T.tess.* chi è addetto all'aspatura.

aspatùra [da *aspo*; 1955] ***sf.*** *T.tess.* operazione di avvolgimento del filo in matasse.

àspe [dal lat. *aspis*; a. 1374] ***sm.*** *lett.* aspide, serpente.

aspecìfico (pl. *-ci*) [comp. di *a-*[1] e *specifico*; 1942] ***agg.*** non specifico, generico || *T.med.* di stato patologico causato da germi non patogeni.

asperèlla o **asprèlla** o **sperèlla** o **sprèlla** [lat. volg. **asperella*; 1598] ***sf.*** nome volgare di varie piante erbacee caratterizzate da frutti spinosi e foglie e rami ruvidi al tatto.

aspèrge v. ASPERGES.

aspèrgere (pres. *-èrgo, -èrgi, -ergiàmo, -ergéte, -èrgono*; imp. *-ergévo*; p.rem. *-èrsi, -ergésti, -ergémmo, -èrsero*; pps. *aspèrso*) [dal lat. *aspergere*; a. 1342] ***tr.*** spruzzare, bagnare leggermente con acqua o altro liquido || *per estens. lett.* cospargere, spargere: *asperse le ceneri dell'amico al vento* || *T.eccl.* spruzzare con acqua benedetta: *il sacerdote asperse i fedeli* || **N.** *Sin.* annaffiare, irrorare, irrugiadare.

aspèrges (ant. *aspèrge*) [dalla prima parola del versetto latino che il sacerdote pronunzia aspergendo con l'acqua benedetta; 1611 *asperge*] ***sm. inv. disus.*** aspersorio, nel senso 1: *con l'asperges d'oro in pugno* (Carducci) || *dare l'asperges,* dare la benedizione con l'acqua benedetta.

Aspergillàcee [comp. di *aspergillo* e *-acee*, come il lat. scient. *Aspergillaceae*; 1929] ***sf. pl.*** *T.bot.* famiglia di funghi ascomiceti che formano muffe verdi sulle sostanze in decomposizione.

aspergìllo [dal lat. scient. *Aspergillus*; 1829] ***sm.*** *T.bot.* genere di funghi delle Aspergillacee, a forma di aspersorio; alcune specie costituiscono agenti patogeni per l'uomo.

aspergillòma [comp. di *aspergillo* e *-oma*; 1965] ***sm.*** *T.med.* granuloma localizzato nei polmoni.

aspergillòsi [comp. di *aspergillo* e *-osi*; 1939] ***sf.*** *T.med.* malattia di uomini e animali, provocata da alcune varietà di aspergillo e localizzata spec. nei polmoni.

aspèrgine [dal lat. *aspergo, -ĭnis*; a. 1625] ***sf.*** *ant.* e *lett.* l'aspergere || **N.** *Sin.* aspersione, spruzzo.

asperità [dal lat. *asperitas, -ātis*; 1274 ca.] ***sf.*** asprezza, ruvidità, scabrosità di una superficie, di un terreno: *dovette superare numerose asperità prima di giungere in vetta* || *fig.* rigidezza, durezza di modi: *le asperità del suo carattere sono insopportabili* || difficoltà: *le asperità della logica modale sono numerose.*

aspèrrimo *superl.* di *aspro* (v.).

aspersióne [dal lat. *aspersio, -ōnis*; 1319] ***sf.*** **1.** atto ed effetto dell'aspergere **2.** rito di purificazione compiuto con l'acqua benedetta.

aspersòrio (pl. *-ri*) [da *aspergere*; 1556] **I** ***sm.*** **1.** strumento per aspergere con l'acqua benedetta; è a forma di pennello, o a forma di pomo traforato **2.** antico pugnale dotato, oltre che della lama fissa al pugnale, di altre due lame che, aprendosi per mezzo di una molla, allargavano la ferita **II** ***agg.*** *polvere aspersoria,* medicinale o sim. in polvere, da aspergere. **TAV.** *chiesa* 2.8.

aspèrula [dal lat. *asper*, attr. il lat. scient. *asperula*; 1793] ***sf.*** *T.bot.* pianta aromatica delle Rubiacee con foglie lanceolate e fiori bianchi disposti in corimbi.

aspettànza [da *aspettare*; sec. XIII] ***sf.*** *ant.* attesa, speranza: *tra liete aspettanze* (Carducci).

aspettàre (pres. *-ètto*) [lat. *expectāre*; inizio sec. XIV] ***tr.*** **1.** attendere, prepararsi all'arrivo di qualcuno o qualcosa: *aspettare gli ospiti, una telefonata, la fine dello spettacolo, aspetto di conoscere i risultati, che scriva* || *aspettare un bambino,* anche *ass. aspettare,* essere in stato di gravidanza || *aspettare la Provvidenza,* non far nulla per reagire a una situazione || *aspettare qualcuno a braccia aperte,* attenderlo con vivo desiderio || *aspettare la palla al balzo,* cogliere l'occasione propizia || *aspettare qualcuno al varco,* attendere il momento cruciale in cui apparirà la vera consistenza di una persona || *qui t'aspettavo!,* ecco il momento in cui ti si può cogliere in fallo! || *aspettare il Messia,* attendere qualcosa di improbabile || *farsi aspettare,* essere in ritardo || *prov. chi ha tempo non aspetti tempo,* non rimandare a domani quello che potresti fare oggi; *chi la fa l'aspetti,* chi fa male ad altri aspetti di riceverne altrettanto **2.** indugiare: *se aspetti ancora un po' non partirai prima di notte* || *che cosa aspetti!,* brusco invito a prendere una decisione || ***rifl. intens.*** prevedere, predire un comportamento o un evento: *da lui puoi aspettarti questo ed altro, ci si aspetta molto dal nuovo direttore* || *c'era da aspettarselo,* si poteva prevedere || ***intr.*** (aus. *essere*) *ant.* o *dial.* spettare: *mi aspetta di diritto* || **N.** ***tr.*** **2.** *Sin.* procrastinare | ***rifl. intens.*** *Sin.* ripromettersi, sperare.

aspettatìva [da *aspettare*; 1565] ***sf.*** **1.** attesa, speranza: *le nostre aspettative di guadagno sono andate deluse* **2.** sospensione volontaria e temporanea del servizio di un impiegato pubblico o privato: *chiedere, ottenere l'aspettativa, mettersi in aspettativa* || **N. 1.** *Sin.* aspettazione, attesa **2.** *Sin.* congedo temporaneo.

aspettazióne [dal lat. *expectatio, -ōnis*; a. 1342] ***sf.*** *lett.* l'aspettare con speranza e con desiderio: *c'era dovunque grande aspettazione* || *per estens.* speranza.

aspètto[1] [da *aspettare*; a. 1363] ***sm.*** *non com.* l'aspettare, indugio, attesa || *sala d'aspetto,* nelle stazioni ferroviarie e marittime, negli aeroporti, la sala dove i viaggiatori attendono la partenza; *meno com.* anticamera, sala d'attesa di studi medici, legali e sim. || *T.mus.* pausa || *T.cacc. caccia all'aspetto,* effettuata in appostamento presso i luoghi di pascolo, di beveraggio o di transito.

aspètto[2] [dal lat. *aspectus*, viso; a. 1306] ***sm.*** **1.** il modo in cui qualcosa appare alla vista: *questa casa ha un aspetto fatiscente* || di persona, sembianza, fisionomia: *dall'aspetto sembra un galantuomo, ha un aspetto triste, un uomo di bell'aspetto* **2.** punto di vista, prospettiva: *vista da questo aspetto la questione cambia parecchio,* *sotto l'aspetto economico si sono fatti dei progressi* **3.** *T.ling.* modo in cui si configura l'azione espressa dal verbo riguardo alla durata, allo svolgimento ecc.; in alcune lingue (ad es. le slave) è una categoria grammaticale autonoma, inoltre è espressa da alcuni tempi o da forme perifrastiche come *stare* + gerundio, *essere sul punto di* ecc.: *i verbi russi hanno l'aspetto imperfettivo e perfettivo, in italiano l'imperfetto ha aspetto durativo o iterativo* **4.** *T.astrol.* posizione reciproca delle coppie di pianeti che intervengono nella formulazione di un oroscopo: *l'aspetto di Giove non è del tutto favorevole ai nati nel mese di maggio* **5.** *ant. lett.* sguardo, vista || **N. 1.** *Sin.* apparenza, aria, facciata, foggia, forma, veduta, vista; atteggiamento, ceffo, cera, contegno, faccia, fisico, muso, piglio, portamento, profilo, sembiante, viso. **Q.T.** *linguistica* **TAV.** *astrologia* 3.

aspettuàle [da *aspetto*², come nel fr. *aspectuel*; 1979] **I** *agg.* *T.ling.* relativo all'aspetto verbale: *valore aspettuale del verbo* **II** *sm.* *T.ling.* ausiliare di tempo o di modo che descrive il processo di un'azione nel suo svolgersi, relativamente a un momento espresso nell'enunciato.

aspic (fr., pr. [as'pik]) [letter. serpente, per la forma degli stampi in cui si fa solidificare, o per il colore; 1912] *sm. inv.* cibo, spec. a base di carne o pesce, servito in gelatina e modellato in piccoli stampi.

àspide o **àspido** [dal lat. *aspis, -ĭdis*; inizio sec. XIII] *sm.* **1.** serpente velenoso dei Colubridi, cobra egiziano || *per estens. gen. lett.* serpente velenoso || *fig. raro* persona malvagia **2.** *ant.* colubrina || **N. 1.** *Sin.* aspide di Cleopatra.

aspidistra [comp. del gr. *aspís, -ídos*, scudo e *-istra*; 1865] *sf.* *T.bot.* pianta ornamentale delle Liliacee con larghe foglie coriacee lanceolate, molto resistente alla siccità, alla polvere e all'assenza di luce.

àspido V. ASPIDE.

aspirànte (*ppr.* di *aspirare*) [1579] **I** *agg.* **1.** che aspira: *pompa aspirante* **2.** che desidera ottenere qualcosa: *i concorrenti aspiranti al premio* **II** *s.* **1.** chi aspira a ottenere qualcosa: *aspirante a un incarico, a un titolo, a una nomina* || *aspirante alla mano di una donna*, chi intende sposarla || *aspirante attore*, chi desidera diventare attore || *T.sport.* *aspirante al titolo*, nel pugilato, chi viene riconosciuto come sfidante ufficiale del campione **2.** *T.mil.* *aspirante ufficiale*, nell'accademia navale e aeronautica, grado intermedio tra aiutante di battaglia e sottotenente, ora abolito.

aspirapólvere [comp. di *aspira(re)* e *polvere*; 1942] *sm. inv.* elettrodomestico per la pulizia di ambienti che agisce risucchiando la polvere e altri rifiuti di piccole dimensioni in un contenitore; aspiratore. **Q.T.** *elettrodomestici* **TAV.** *elettrodomestici* 2.

aspiràre (pres. *-iro*) [dal lat. *aspirāre*; 1319 come intr.] *tr.* **1.** inspirare, inalare: *aspirare il fumo di una sigaretta* || di macchina, trarre a sé, risucchiare: *per mezzo delle pompe l'acqua della stiva è stata aspirata* **2.** *T.fon.* pronunciare con aspirazione || *intr.* (aus. *avere*) desiderare, agognare: *aspirare al premio Nobel, aspirare alla libertà* || **N.** *intr.* *Sin.* anelare, mirare, pretendere, struggersi, CERCARE, DESIDERARE.

aspiràto (*pps.* di *aspirare*) [a. 1565] *agg.* **1.** *T.fon.* di consonante occlusiva pronunciata con aspirazione nello stacco: ϑ, φ, χ *sono le occlusive sorde aspirate del greco antico* || è impropriamente detta aspirata anche la pronuncia fiorentina di *c* in *amico*, che è invece normalmente una fricativa ([x] o [h]) **2.** *h aspirata*, la fricativa laringale del tedesco || la lettera *h* iniziale francese che indica iato tra l'ultima vocale della parola precedente e la vocale che segue la *h* **3.** *T.mecc.* detto di motore a scoppio dotato di carburatore per mezzo del quale la miscela esplosiva viene separata nella camera di scoppio.

aspiratóre [dal fr. *aspirateur*, 1875] *sm.* (f. *-trice*) apparecchio che ha la funzione di ventilare un ambiente eliminando fumi, esalazioni ecc. || *gen.* apparecchio per l'aspirazione di fluidi || *T.med.* strumento per l'aspirazione di sangue o altri liquidi da una ferita || strumento per l'estrazione di corpi estranei dalla trachea. **Q.T.** *elettrodomestici*.

aspirazióne [dal lat. *aspirātio, -ōnis*; a. 1565 nel senso 3] *sf.* **1.** atto dell'aspirare || estrazione da un ambiente di liquido o gas attraverso apposite macchine **2.** *fig.* desiderio, brama di conseguire scopi nobili o almeno positivi: *la mia unica aspirazione è diventare famoso, l'aspirazione alla perfezione, al benessere* **3.** *T.fon.* soffio espiratorio articolato nella laringe che accompagna la pronuncia di alcuni foni, seguendo un suono consonantico o anche precedendo l'attacco di una vocale; in molte lingue costituisce un fonema autonomo, l'approssimante glottidale [h]; nell'alfabeto latino è generalmente reso con *h*, in quello greco con lo spirito aspro **4.** *T.mecc.* nel motore a scoppio, fase in cui lo stantuffo, discendendo nel cilindro, aspira la miscela combustibile || insieme di condutture attraverso le quali l'aria o la miscela combustibile è aspirata in un motore a combustione interna || *T.idr.* nelle pompe idrauliche, depressione che provoca l'ascesa dell'acqua dal serbatoio inferiore al corpo di pompa. **TAV.** *motori*; ***automobile*** **p. 658** 5.2, 5.4, 5.6.

aspirìna ® [dal ted. *Aspirin*; 1900] *sf.* nome commerciale di un prodotto farmaceutico composto da acido acetilsalicilico, usato come analgesico, antireumatico, antipiretico contro raffreddori, influenze e sim.

asplènio (pl. *-ni*) (ant. *asplèno*) [dal lat. e gr. *ásplēnos*, contro il mal di milza; a. 1498] *sm.* *T.bot.* genere di felci delle Polipodiacee, perlopiù tropicali, dalle foglie lunghe di color verde chiaro.

àspo [dal germ. **haspa*; 1312] *sm.* **1.** strumento per avvolgere il filo in matasse **2.** attrezzo su cui si avvolge il filo utilizzato per tracciare linee sulla pavimentazione stradale o nei giardini **3.** elemento della mietitrebbia che deposita gli steli sul nastro trasportatore. **Q.T.** *tessitura* **TAV.** *agricoltura* 7.9.

asportàbile [da *asportare*; a. 1729] *agg.* che si può asportare.

asportàre (pres. *-òrto*) [dal lat. *asportare*; inizio sec. XIV] *tr.* **1.** portare via da un luogo: *tutti i quadri sono stati asportati dalla villa* **2.** *T.chim.* estirpare per mezzo di intervento chirurgico: *asportare un tumore* || **N.** *Sin.* detrarre, TOGLIERE.

asportazióne [dal lat. *asportatio, -ōnis*; a. 1603] *sf.* atto ed effetto dell'asportare || *in part.* *T.chir.* estirpazione.

aspòrto [da *asportare*; 1829] *sm.* asportazione: *asporto dei rifiuti*.

aspreggiàre (pres. *-éggio*) [da *aspro*; a. 1342] *tr.* **1.** *fig.* trattare con asprezza **2.** *ant. lett.* allegare, produrre sul palato l'effetto delle cose aspre.

asprèlla V. ASPERELLA.

asprézza [da *aspro*; a. 1292] *sf.* **1.** caratteristica di ciò che è aspro, l'essere aspro: *l'asprezza del limone, di un suono* **2.** inegualità della superficie d'un corpo, scabrosità, ruvidezza || difficoltà: *l'asprezza del cammino ci costrinse a tornare indietro* || di clima, rigidità: *l'asprezza del clima artico* **3.** *fig.* severità, durezza di modi, rigore: *dovresti controllare l'asprezza dei tuoi modi* || *per estens.* violenza, crudeltà: *l'asprezza del combattimento* || **N. 1.** *Sin.* agrezza **3.** *Sin.* acredine, crudezza, ruvidezza.

asprì [dal fr. *esprit*; 1908] *sm.* pennacchio di vaporosa piuma di *aigrette* utilizzato come ornamento di cappelli femminili e militari.

asprìgno [da *aspro*; a. 1606] *agg.* piuttosto aspro: *uva asprigna* || *fig.* aspro, ostile.

asprìno [da *aspro*; a. 1600] *sm.* vino di uva bianca, dal sapore acidulo, prodotto in Campania e Calabria.

àspro [lat. *asper*; 1276 nel senso 4] *agg.* **1.** acre, che ha sapore agro e un po' irritante: *la frutta acerba è aspra* **2.** di odore, sgradevole, pungente: *questo vino ha un odore aspro* **3.** di suono, stridulo, sgradevole: *l'aspro cozzare del metallo* || *T.fon. disus.* *s, z aspra*, sorda || *spirito aspro*, segno che, in greco antico, rappresenta l'approssimante glottidale [h] **4.** ruvido: *roccia aspra* || *per estens.* difficile, disagevole: *numerosi aspri passaggi annunciano che la vetta è finalmente vicina* || di terreno o regione geografica, brullo, incolto: *l'aspro paesaggio tibetano* **5.** *fig.* duro, severo: *modi aspri, carattere aspro* || crudele, violento: *dopo gli insulti seguì un aspro duello* || di clima, rigido: *un inverno assai aspro* || *superl.* aspèrrimo; *dim.* asprìno, asprìgno, asprùccio, asprétto || **aspraménte** *avv.* || **N. 1.** *Sin.* acerbo, agresto, brusco, fortigno **4.** *Sin.* pungente, ruvido, scabroso | faticoso, rigido **5.** *Sin.* arcigno, austero, mordace, ostico, rozzo, scortese, sgarbato.

assaettàre (pres. *-étto*) [comp. parasint. di *saetta*; 1865] *tr.* *tosc.* colpire con saetta || *ass.* *fig. fam. iperb.* molestare, dar fastidio fisico: *puzzo che assaetta, caldo che assaetta* || *intr.* (aus. *essere*) essere colpito da saetta: *ch'io assaetti se non è vero* || *intr. pron.* *fig.* arrabbiarsi, affaccendarsi, affaticarsi molto, travagliarsi: *mi tocca assaettarmi dalla mattina alla sera*.

assaettàto (*pps.* di *assaettare*) [a. 1729] *agg.* *tosc.* rafforza il significato di altro agg. a cui si unisce: *caro, magro assaettato*, carissimo, magrissimo.

assafètida [comp. del lat. mediev. *asa* e it. *fetida*, puzzolente; sec. XIV] *sf.* pianta delle Ombrellifere con foglie pelose e fiori giallastri che produce una resina dall'odore agliaceo usata un tempo come carminativo, antispastico e sedativo || *per meton.* la rèsina medesima.

assaggiàre (pres. *-àggio*) [da *saggiare*; fine sec. XIII] *tr.* gustare una cosa per distinguerne il sapore: *assaggiò la minestra perché non ricordava se l'aveva già salata* || *per estens.* mangiare o bere una cosa in piccola quantità: *ha assaggiato solo un po' di brodo* || *non assaggiare nulla*, non mangiare || *fig. fam.* provare, ricevere: *assaggiare la frusta, il bastone, dei pugni* || *ant.* saggiare: *assaggiare la consistenza del terreno*; anche *fig.* || **N.** *Sin.* assaporare, degustare, gustare, pregustare, sbocconcellare, spilluzzicare; provare, sperimentare.

assaggiatóre [da *assaggiare*; inizio sec. XIV] *sm.* (f. *-trice*) chi assaggia cibi o bevande per darne un giudizio; saggiatore || **N.** *Sin.* degustatore, pregustatore, *sommeiller*.

assaggiatùra [da *assaggiare*; 1400 ca.] *sf.* atto dell'assaggiare.

assàggio (pl. *-gi*) [da *assaggiare*; inizio sec. XIV] *sm.* **1.** l'assaggiare: *dare in assaggio* || *concr.* piccola quantità: *me ne ha dato appena un assaggio* **2.** mostra, prova: *dette un assaggio della sua abilità* || *T.tecn.* operazione di saggio compiuta su certi campioni di una data sostanza o su un terreno per valutarne la natura || **N. 1.** *Sin.* campione **2.** *Sin.* saggio.

assài [lat. volg. *ad satis*; fine sec. XIII] **I** *avv.* quanto basta, a sufficienza: *veder la terra gli era assai* (Pascoli) || *averne assai di una cosa*, esserne sazio || molto: *è assai bello* || *antifr.* nulla: *so assai!, m'importa assai!* || *loc. avv.* *d'assai*, di molto: *era d'assai più abile* || *superl.* assaìssimo **II** in funzione di *agg.* molto: *possiede assai ricchezze* **III** in funzione di *sm.* grande quantità: *molti pochi fanno un assai* || **N. I** *Sin.* abbastanza, a sufficienza, parecchio, MOLTO.

assàle [lat. **axālis*; 1664] ***sm.*** parte del veicolo che trasferisce il carico del telaio alla ruota mediante un collegamento elastico. **TAV. *carri...* p. 664** 2.7.

assaliménto [da *assalire*; a. 1292] ***sm.*** assalto, attacco.

assalire (pres. *-àlgo, -àli, -àle,* raro *-ìsco, -ìsci, -ìsce*; p.rem. *-alìi, -alìsti, -alì,* arc. *-àlse, -alìrono,* arc. *-àlsero*) [lat. volg. **assalīre*; a. 1276] ***tr.*** investire con impeto qualcuno o qualche cosa, per nuocere, aggredire, sorprendere: *assalire la diligenza, il nemico, una piazzaforte* || *fig.* apostrofare, farsi incontro a qualcuno con animo risoluto a offenderlo: *mi assalì nella pubblica via* || *fig.* di malattia, sopravvenire: *una febbra maligna lo assalì* || di passioni, invadere, afferrare con impeto: *amorosa paura il cor m'assalse* (Petrarca) || **N.** *Sin.* affrontare, aggredire, assaltare, avventarsi, caricare, investire, prendere alle spalle, saltare agli occhi, scagliarsi contro, stringersi addosso.

assalitóre [da *assalire*; inizio sec. XIV] ***sm.*** (f. *-trìce*) chi assale, aggressore.

assaltàre [lat. volg. **assaltāre*; sec. XIII] ***tr.*** assalire, ma con più impeto e in genere in gruppo per rapinare, ferire; dare l'assalto in operazioni di guerra: *assaltare le postazioni nemiche, la diligenza, l'ufficio postale* || *ant.* *assaltare alla strada,* rapinare per strada || **N.** *Sin.* attaccare.

assaltatóre [da *assaltare*; a. 1540] ***agg.*** e ***sm.*** (f. *-trìce*) che o chi assalta || *fucilieri assaltatori,* truppe d'assalto dell'esercito italiano.

assàlto [da *assaltare*; fine sec. XIII] ***sm.*** **1.** atto di attaccare con armi in azioni di guerra o in atti banditeschi: *i fanti andarono all'assalto della trincea, l'assalto alla banca ha fruttato ai rapinatori duecento milioni* || *d'assalto,* nel linguaggio giornalistico, detto di chi svolge la propria professione con eccessiva decisione e intraprendenza: *pretore, giornalista d'assalto* || *T.mil.* *reparti d'assalto,* truppe particolarmente addestrate per azioni d'attacco contro postazioni nemiche || *T.mar.* *mezzi d'assalto,* mezzi navali per l'attacco di unità nemiche all'attracco || *prendere d'assalto,* cercare di conquistare; *fig.* rif. a mezzi di trasporto, far ressa per salirvi: *le poche carrozze disponibili furono prese d'assalto*; *fig.* affrontare con decisione: *prese d'assalto il problema* || *fig.* *assalto alla diligenza,* tentativo di impadronirsi di qualcosa a qualsiasi costo **2.** *T.sport.* nella scherma, l'attacco portato da uno dei concorrenti all'altro **3.** *fig.* manifestazione improvvisa di sentimenti, malattie e sim.: *l'assalto dei ricordi lo colse impreparato* || **N. 1.** *Sin.* affronto, attacco, carica, colpo di mano, investimento | muovere all'assalto, prender d'assalto | impetuoso, inaspettato, rabbioso, repentino. **Q.T.** ***scherma.***

assaporaménto [da *assaporare*; a. 1698] ***sm.*** l'assaporare.

assaporàre (pres. *-óro*) [comp. parasint. di *sapore*; inizio sec. XIV] ***tr.*** assaggiare con attenzione e con gusto, trattenendo in bocca il cibo o la bevanda per prolungarne o renderne più viva la sensazione: *assaporare il vino con assoluta concentrazione* || *fig.* ascoltare con attenzione, gustare intensamente fino in fondo una sensazione, anche sgradevole: *ella disse queste parole lentamente, come assaporandone l'amarezza* (Moravia) || **N.** *Sin.* assaggiare, gustare, pregustare, saporare.

assaporire (pres. *-ìsco, -ìsci*) [comp. parasint. di *sapore*; a. 1499] ***tr.*** *non com.* dar sapore, insaporire.

assassinaménto [da *assassinare*; a. 1519] ***sm.*** *non com.* assassinio || *fig. iperb.* danno morale; esecuzione sciatta, priva di qualità: *ho assistito con orrore all'assassinamento delle suite inglesi di Bach.*

assassinàre (pres. *-ìno*) [da *assassino*; 1312] ***tr.*** ammazzare per odio o a scopo di rapina, spec. a tradimento: *è stato assassinato mentre dormiva* || *fig. iperb.* danneggiare gravemente, maltrattare, rovinare: *il lavoro l'ha assassinato, tasse che assassinano, quel birbante mi ha assassinato*; guastare, eseguire malamente, rovinare: *quel dramma, gli attori me l'hanno assassinato,* l'hanno recitato male || **N.** *Sin.* uccidere; ROVINARE.

assassinatóre [da *assassinare*; a. 1694] ***sm.*** (f. *-trìce*) *ant.* assassino.

assassinio (pl. *-ii*) [da *assassinare*; a. 1600] ***sm.*** atto dell'assassinare, uccisione violenta di un essere umano: *un assassinio efferato* || *fig. iperb.* atto crudele, violento o ingiusto: *licenziarlo è stato un vero assassinio* || **N.** *Sin.* omicidio, uccisione | grassazione, ingiustizia, soperchieria.

assassino [dall'ar. *hašīšīya,* fumatore di *hascisc*; a. 1290 nel senso 2] **I *sm.*** (f. *-a*) **1.** chi commette assassinio: *l'assassino ritorna sempre sul luogo del delitto* **2.** *T.stor.* affiliato alla setta degli Assassini, diffusi in Siria attorno al XII sec., che praticavano l'omicidio rituale per fini religiosi sotto l'influsso dell'*hascisc* || *per estens. ant.* sicario **3.** *fig. iperb.* chi danneggia gravemente qualcosa: *i critici sono assassini di opere d'arte* **II *agg.*** da assassino; malvagio, perversamente crudele: *un comportamento assassino* || *antifr.* seducente, provocante: *fascino assassino* || *mosca assassina,* seducente neo sul volto || **N. 1.** *Sin.* omicida, uccisore **2.** *Sin. per estens.* bandito, brigante, masnadiero, scherano **II** *Sin.* micidiale, sanguinario.

assatanàto [comp. parasint. di *Satana*; 1982] ***agg.*** *rom.* indemoniato: *sguardo assatanato* || *per estens.* eccitato sessualmente.

àsse[1] [lat. *assis*; 1312] ***sf.*** sezione longitudinale di un tronco d'albero di poco spessore, stretta e lunga; tavola di legno: *le assi erano accatastate in fondo al magazzino* || *T.sport.* *asse d'equilibrio,* sbarra di legno sollevata dal suolo per mezzo di supporti che serve per esercizi ginnici || *asse da stiro,* tavola per stirare || *fig.* *fra quattro assi,* nella cassa da morto || *dim.* assicèlla, assicìna; *pegg.* assàccia || **N.** assito, pancone, tavola, tavolato, tavolone. **TAV. *atletica* p. 657** 2.8; ***automobile* p. 658** 1.12; ***geologia* p. 1313** 2.1.

àsse[2] [lat. *axis*; 1313 nel senso 2] ***sm.*** **1.** *T.mecc.* organo di forma cilindrica che sostiene con funzione portante gli elementi in esso inseriti: *un camion a tre assi* || *asse fisso,* se è un perno immobile su cui gli elementi ruotano liberamente || *asse rotante,* se ruota con gli elementi ad esso collegati **2.** *T.mat.* retta che costituisce l'elemento di riferimento di un sistema || *asse di rotazione,* retta attorno alla quale ruota una figura o una linea generando un solido o un piano || *asse di simmetria,* in un qualsiasi sistema geometrico, la retta tale che con una rotazione di 180° intorno ad essa il sistema mantiene l'aspetto iniziale || *assi cartesiane,* rette orientate su un piano in base alle quali si misurano le coordinate di un punto || *T.geom.* *asse di un segmento,* il luogo dei punti sul piano equidistanti dagli estremi del segmento **3.** retta dotata di particolari proprietà rispetto al sistema di riferimento || *T.geogr.* *asse terrestre,* linea immaginaria che unisce i poli passando per il centro della Terra e attorno alla quale la Terra compie il movimento di rotazione || *T.geogr.* *asse celeste,* l'asse di rotazione apparente della sfera celeste ottenuto prolungando all'infinito l'asse terrestre || *T.ott.* *asse ottico,* in un sistema di lenti e specchi, la retta congiungente i centri di curvatura || *T.geol.* *assi cristallografici,* ciascuno degli assi non complanari che corrispondono agli spigoli presenti o possibili di un cristallo || *T.mar.* *asse della nave,* linee nautiche di equilibrio attorno a cui la nave compie i suoi movimenti || *assi aerodinamici,* le coordinate spaziali usate per l'identificazione di un aeromobile || *asse stradale,* linea mediana di una carreggiata || *fig.* alleanza politica tra due stati: *l'asse Berlino-Roma.* **Q.T.** ***mineralogia*** **TAV.** ***geometria*; *astronomia* p. 656** 7.4, 7.5, 11.3.

àsse[3] [dal lat. *as, assis*; a. 1600] ***sm.*** **1.** *T.stor.* moneta bronzea in uso presso i popoli dell'Italia centrale, divisibile in 12 once **2.** *T.giur.* *asse patrimoniale,* l'intero patrimonio di una persona || *asse ereditario,* il patrimonio che è oggetto di eredità || *asse ecclesiastico,* complesso dei beni della Chiesa || *asse demaniale,* complesso dei beni immobili dello Stato. **Q.T.** ***numismatica.***

assécco (pl. *-chi*) [comp. di *a* e *secco*; 1889] ***sm.*** *T.mar.* parte del fondo della barca in cui si trova la valvola, detta *alleggio,* per fare uscire l'acqua eventualmente penetrata.

assecondàre (pres. *-óndo*) [da *secondare*; a. 1348] ***tr.*** secondare, favorire, compiacere, esaudire: *assecondare i desideri di qualcuno* || **N.** *Sin.* acconsentire a, secondare.

assedérsi [dal lat. *assidēre*; 1313] ***intr. pron.*** *ant.* sedersi.

assediànte (*ppr.* di *assediare*) [sec. XV] ***agg.*** e ***s.*** che o chi assedia.

assediàre (pres. *-èdio*) [da *assedio*; a. 1306] ***tr.*** cingere d'assedio, circondare un luogo fortificato con truppe per isolarlo, privarlo dei rifornimenti e costringere i difensori alla resa: *i nemici assediavano da mesi la fortezza* || *per estens.* isolare, bloccare: *l'estuario del fiume era assediato dai ghiacci* || attorniare: *la folla assediava i botteghini dello stadio* || importunare, seccare: *era assediato dai creditori* || **N.** *Sin.* affamare, stringere d'assedio; circondare; investire; sollecitare | *Contr.* abbandonare l'assedio, levare l'assedio; arrendersi, arrendersi a discrezione, capitolare.

assediàto (*pps.* di *assediare*) [1336 ca.] ***agg.*** e ***sm.*** (f. *-a*) che o chi è assediato: *la città assediata, gli assediati si arresero.*

assediatóre [da *assediare*; sec. XV] ***sm.*** (f. *-trìce*) chi assedia.

assèdio (pl. *-di*) [lat. volg. **adsēdium*; fine sec. XIII] ***sm.*** l'insieme delle azioni militari che un esercito mette in atto attorno a un luogo fortificato per determinarne la resa: *stringere, cingere d'assedio, assedio navale* || *rompere l'assedio,* farlo cessare per mezzo di incursioni e sortite || *stringere l'assedio,* intensificare le azioni militari d'assedio || *T.giur.* *stato d'assedio,* provvedimento straordinario motivato da gravi disordini e turbamento dell'ordine pubblico con il quale vengono temporaneamente sospese le garanzie costituzionali e il potere viene affidato ai militari; l'attuale ordinamento giuridico italiano non lo prevede: *il presidente invoca lo stato di assedio* || *assedio economico,* blocco, isolamento commerciale nei confronti di uno stato per impedirne gli approvvigionamenti e le vendite all'estero: *l'assedio economico al Sud Africa esiste solo sulla carta* || *per estens. fig.* ressa: *dopo l'incidente iniziò l'assedio dei giornalisti*; molestia, assiduità insistente: *per anni dovette sfuggire all'assedio degli ammiratori* || **N.** blocco, cerchio, cinta di ferro, stretta | abbandonare l'assedio, cingere d'assedio, levare l'assedio, mettere o piantare l'assedio, sostenere l'assedio | approccio, breccia, linea di circonvallazione, scalata, trincea. **Q.T.** ***fortificazioni.***

assegnàbile [da *assegnare*; a. 1712] ***agg.*** che si può assegnare.

assegnaménto [da *assegnare*; a. 1348] ***sm.*** **1.** attribuzione, assegnazione **2.** rendita, somma in denaro assegnata **3.** *fig.* speranza, aspettativa, disegno, conto: *fare assegnamento sopra una persona* o *un avvenimento.*

assegnàre (pres. *-égno*) [dal lat. *assignāre*; a. 1294] ***tr.*** **1.** fissare, disporre una somma, una rendita: *gli hanno assegnato una rendita annua di venti milioni* **2.** concedere, attribuire: *il premio non venne assegnato, per lo svolgimento del tema sono state assegnate sei ore* **3.** affidare: *gli fu assegnato un incarico assai gravoso* **4.** destinare: *fu assegnato al reparto verniciatura* **5.** *lett. non com.* addurre: *assegnare prove contrarie alla tesi dell'accusa.*

assegnatàrio (pl. *-ri*) [da *assegnare*; 1607 *assignatario*] **sm.** (f. *-a*) **1.** persona cui viene attribuito qualcosa: *gli assegnatari degli alloggi popolari protestano per i ritardi* **2.** *T.stor.* creditore dello Stato.

assegnàto¹ (*pps.* di *assegnare*) [1548] **agg.** **1.** stabilito, fissato: *termine assegnato* **2.** nella loc. *porto assegnato*, spedito contro assegno **3.** *ant.* di persona, moderato, regolato nello spendere || **assegnatamènte** **avv.** particolarmente.

assegnàto² [dal fr. *assignat*; 1791] **sm.** *T.stor.* nome dei biglietti di carta moneta emessi dall'Assemblea Costituente francese durante la Rivoluzione, e il cui valore era garantito sui beni nazionali.

assegnatóre [da *assegnare*; a. 1755] **sm.** (f. *-trìce*) chi assegna.

assegnazióne [dal lat. *assignātio, -ōnis*; inizio sec. XIV] **sf.** atto dell'assegnare, attribuzione: *l'assegnazione di un premio, della borsa di studio, di un posto* || *T.giur. assegnazione attiva*, atto con cui un creditore delega qualcun altro a riscuotere il credito; *assegnazione passiva*, atto con cui il debitore delega qualcun altro a pagare il debito || *T.inform.* attribuzione di un valore a una variabile.

asségno [da *assegnare*; 1588] **sm.** **1.** assegnazione, somma di denaro attribuita a compenso di una prestazione o per fini particolari: *assegno mensile* || *assegni familiari*, somma corrisposta dal datore di lavoro al dipendente in rapporto al numero dei componenti la famiglia || *assegno alimentare*, somma pagata per alimenti da un coniuge divorziato all'altro || *assegno di studio*, sussidio versato dallo stato o da un ente privato a studenti meritevoli ed economicamente bisognosi || *per estens.* rendita: *assegno vitalizio* **2.** *T.banc.* titolo di credito, ordine di pagamento mediante il quale il cliente di una banca autorizza la banca al pagamento della somma indicata all'intestatario dell'assegno || *assegno a vuoto*, emesso senza copertura bancaria || *assegno circolare*, obbligazione a pagare a vista una somma già disponibile presso la banca stessa || *assegno non trasferibile*, che può essere incassato solo dal destinatario o da una banca per lui || *assegno sbarrato*, segnato sulla faccia anteriore da due sbarre e che può essere pagato soltanto da una banca || *assegno in bianco*, senza l'indicazione della cifra; *fig. firmare un assegno in bianco*, fidarsi completamente di qualcuno || *assegno a copertura garantita*, del cui pagamento la banca si rende garante || *assegno postdatato*, che viene rilasciato prima del giorno indicato sul titolo come data di pagamento || *assegno turistico* o *travellers' cheque*, pagabile da una filiale estera della banca che lo ha rilasciato solo mediante doppia firma conforme, al momento dell'emissione e al momento dell'incasso, da parte della persona intestataria **3.** somma che si deve pagare all'atto del ritiro di una merce: *spedizione contr'assegno.* **Q.T.** *banca.*

assegùire (pres. *-éguo*) [dal lat. *assequi*; a. 1348 nel senso 2] **tr.** *ant.* **1.** conseguire **2.** eseguire, mandare ad effetto.

assembiàre **tr.** *arc.* v. ASSEMBLARE.

assemblàggio (pl. *-gi*) [dal fr. *assemblage*; 1963] **sm.** **1.** nell'industria meccanica, fase produttiva in cui le varie parti del macchinario vengono unite, in modo da ottenere un prodotto finito **2.** *T.inform.* traduzione, per mezzo di programmi compilatori o interpreti, di istruzioni in linguaggio simbolico nelle corrispondenti istruzioni in linguaggio macchina **3.** *T.art.* opera d'arte realizzata con l'accostamento di materiali eterogenei **4.** *spreg.* il porre assieme, senza ordine, più cose analoghe o coordinate: *questo articolo è un puro assemblaggio di frasi.*

assemblàre (pres. *-émblo*) [dal fr. *assembler*; 1970] **tr.** sottoporre a operazioni di assemblaggio.

assemblatóre [da *assemblare*; 1967] **I** **sm.** (f. *-trìce*) **1.** chi è addetto alle operazioni di assemblaggio **2.** *T.sport.* nell'automobilismo, costruttore di auto da corsa, che modifica i motori prodotti da grandi industrie, adattandoli a telai di ideazione propria **II** **agg.** *T.inform. linguaggio assemblatore*, linguaggio che traduce le frasi del linguaggio simbolico nelle corrispondenti istruzioni in linguaggio macchina.

assemblèa [dal fr. *assemblée*; a. 1348] **sf.** **1.** riunione di persone appartenenti a una collettività o a una categoria per discutere questioni di comune interesse: *indire, sciogliere, organizzare un'assemblea, assemblea cittadina, studentesca, assemblea di quartiere, di reparto* || *assemblea aperta*, cui può partecipare anche chi non appartiene alla categoria delle persone direttamente interessate || *T.rel. assemblea liturgica*, l'insieme dei fedeli che partecipano a una funzione **2.** collettività organizzata cui sono affidate mansioni deliberative || *assemblea legislativa*, l'insieme di camera dei deputati e senato || *assemblea costituente*, incaricata di promuovere o rivedere la costituzione di uno stato || *assemblea regionale*, organo legislativo regionale || *assemblea di società*, riunione degli azionisti di una società **3.** *T.mar.* nella marina militare, riunione giornaliera mattutina per l'appello e la distribuzione degli incarichi || **N.** **1.** *Sin.* adunanza, adunata **2.** consiglio, dieta, duma, parlamento | generale, ordinaria, pubblica, segreta, straordinaria | convocazione, disamina, maggioranza, ordine del giorno, seduta, sessione, votazione | convocare, disperdere, radunare, sciogliere, tenere.

assembleàre [da *assemblea*; 1950] **agg.** proprio di un'assemblea || che viene effettuato da un'assemblea: *decisione assembleare.*

assemblearìsmo [da *assembleare*; 1971] **sm.** **1.** attribuzione alle assemblee di base dei poteri decisionali degli organi rappresentativi **2.** *spreg.* tendenza a eccedere nella durata e nel numero delle assemblee **3.** *per estens.* tendenza a strumentalizzare un'assemblea, vanificando il ruolo dell'opposizione per mezzo della ricerca ad ogni costo di una vasta maggioranza precostituita.

assembler (ingl., pr. [əˈsemblə]; pr. it. [asˈsembler]) [da *to assemble*, mettere insieme; 1984] **sm.** *inv.* *T.inform.* linguaggio di programmazione di basso livello, vicino al linguaggio macchina.

assembraménto [dal fr. *assemblement*; inizio sec. XIV] **sm.** riunione di persone all'aperto: *fare, sciogliere, disperdere un assembramento* || *ant.* schieramento di combattenti, adunanza || **N.** folla.

assembràre¹ (pres. *-émbro*) [dal fr. *assembler*; a. 1250] **tr.** *lett.* raccogliere, unire; adunare: *mi piaceva d'assembrar le imagini di quelle cose* (D'Annunzio) || **intr. pron.** affollarsi, adunarsi, riunirsi: *intorno al luogo dell'incidente si assembravano i curiosi, si assembrò co' vincitori* (Carducci) || **N.** *Sin.* congregare, convocare, radunare, riunire | folla.

assembràre² (pres. *-émbro*) [dal lat. *assimulāre*, attr. il fr. *assembler*; a. 1250] **tr.** *ant.* paragonare || **intr.** (aus. *essere*) *ant.* sembrare, parere, somigliare.

assèmpio e der. forme arc. di ESEMPIO e der. (v.).

assennàre (pres. *-énno*) [comp. parasint. di *senno*; a. 1294] **tr.** *ant.* dare senno, istruire, avvertire.

assennatézza [da *assennato*; a. 1729] **sf.** caratteristica di chi o di ciò che è assennato, l'essere assennato || **N.** *Sin.* avvedutezza, buon senso, giudizio, SENNO | *Contr.* dissennatezza.

assennàto [da *assennare*; 1300 ca.] **agg.** che ha senno, che dimostra senno; prudente || **assennatamènte** **avv.** || **N.** *Sin.* giudizioso, saggio | *Contr.* dissennato.

assènsa [lat. tardo *ascēnsa*, class. *ascēnsio, -ōnis*; 1887] **sf.** *dial.* ascensione.

assènso [dal lat. *assensus*; 1321] **sm.** **1.** approvazione: *un cenno d'assenso*; *dare, negare il proprio assenso* **2.** *T.giur.* autorizzazione formale necessaria per consentire o dare validità a un atto compiuto da altre persone: *per l'espatrio dei minori è necessario l'assenso dei genitori* || **N.** **1.** *Sin.* adesione, beneplacito, benestare, consenso | *Contr.* disapprovazione, dissenso.

assentàre¹ (pres. *-ènto*) [dal lat. tardo *absentāre*; 1312] **intr. pron.** allontanarsi, restare assente per un breve periodo: *si è assentato dal posto di lavoro senza autorizzazione* || **tr.** *ant.* allontanare, tenere lontano.

assentàre² (pres. *-ènto*) [dal lat. *assentāri*; a. 1294] **tr.** *arc. lett.* adulare, lusingare || **intr.** (aus. *avere*) *arc.* consentire.

assènte [dal lat. *absens, -ĕntis*; a. 1347] **I** **agg.** **1.** che non è presente nel luogo dove dovrebbe essere, mancante: *essere assente da casa, dal lavoro*; *il buonsenso è assente dalle sue decisioni, era assente alle lezioni* || *per estens.* lontano: *preferiva non parlare del marito assente* **2.** *fig.* disattento, svagato: *alla notizia assunse un'espressione assente* **3.** *T.giur.* che è scomparso dall'ultimo domicilio conosciuto e non dà più notizia di sé **II** **s.** persona assente: *gli assenti hanno sempre torto* || *assente giustificato*, chi non partecipa a una riunione ma giustifica per iscritto la propria assenza || *eufem.* morto: *commemorarono l'assente con un minuto di silenzio* || **N.** **1.** *Sin.* distante, mancante | *Contr.* presente.

assenteìsmo [dall'ingl. *absenteeism*; 1905 nel senso 2] **sm.** **1.** l'essere frequentemente assente dal posto di lavoro perlopiù senza validi motivi: *durante il ponte di Pasqua l'assenteismo ha raggiunto il 60%* **2.** disinteresse, indifferenza di fronte ai problemi politici e sociali: *l'assenteismo delle masse apre la strada alla dittatura* || **N.** **1.** *Sin.* assenza **2.** *Sin.* astensionismo, disimpegno, qualunquismo.

assenteìsta [dal fr. *absentéiste*; a. 1926] **s.** **1.** chi per consuetudine sta lontano dal proprio posto di lavoro **2.** chi è sistematicamente indifferente agli interessi sociali e politici della comunità || **N.** **2.** *Sin.* astensionista.

assenteìstico (pl. *-ci*) [da *assenteismo*; 1983] **agg.** proprio dell'assenteismo o degli assenteisti.

assentiménto [da *assentire*; a. 1306] **sm.** *non com.* assenso; consenso.

assentìre (pres. *-ènto*; ppr. *assenziente*) [dal lat. *assentīre*; a. 1306] **intr.** (aus. *avere*) acconsentire, approvare, manifestare consenso: *tutti assentirono a quella proposta, assentire con un cenno* || **tr.** *lett.* accordare, concedere || **N.** **intr.** *Sin.* annuire, consentire | *Contr.* dissentire.

assentìto (*pps.* di *assentire*) [seconda metà sec. XIV] **agg.** *raro ant.* giudizioso, cauto || *andare assentito*, procedere cautamente || **assentitaménte** **avv.**

assènza [dal lat. *absentia*; 1308] **sf.** **1.** il non essere in un luogo in cui abitualmente ci si dovrebbe trovare: *assenza ingiustificata, la sua assenza mi rende triste, in sua assenza risponde la segreteria telefonica* || tempo o volta in cui qualcuno è assente da un luogo: *dopo una lunga assenza ha fatto ritorno a casa, la scorsa set-*

timana ha fatto tre assenze da scuola || mancanza: *effettuarono l'esperimento in assenza di gravità, in assenza di meglio beviamo acqua* **2.** *T.giur.* prolungata scomparsa di una persona dall'ultimo domicilio senza che se ne abbiano più notizie: *dichiarazione d'assenza,* emessa da un tribunale dopo oltre due anni di assenza presunta di una persona, costituisce dichiarazione di incerta esistenza in vita **3.** *T.med. assenza epilettica,* stato di sospensione della coscienza, seguita da amnesia, caratteristica delle crisi epilettiche || *in gen.* stato, perlopiù temporaneo, di sospensione della coscienza del mondo esterno || **N. 1.** *Sin.* lontananza; penuria, scarsezza | *Contr.* presenza.

assenziènte (*ppr.* di *assentire*) [1834] ***agg.*** che si dimostra d'accordo, consenziente || **N.** *Sin.* favorevole | *Contr.* contrario, dissenziente.

assènzio [lat. *absinthium,* gr. *apsínthion*; a. 1311 nel senso 2] ***sm.*** **1.** pianta erbacea delle Composite, con fiori gialli raccolti in capolini; dai fiori e dalle foglie si ricava un'essenza, l'*absintina,* molto aromatica, amarissima, usata come vomico e febbrifugo **2.** liquore amaro ottenuto dalla macerazione in acquavite dei fiori e delle foglie di assenzio **3.** *fig.* amarezza, disgusto, dolore: *quanto assenzio mi ha fatto ingoiare quel ragazzo!*

àssere o **àssero** [lat. *asser, -is*; 1340 ca.] ***sm.*** **1.** *T.stor.* sorta di ariete navale; macchina da guerra composta essenzialmente di una trave ferrata munita di lame di falce o ganci che veniva scagliata contro le navi o le fortificazioni nemiche **2.** *ant. T.mar.* stanga; parte del timone: *sollevato sopra l'assero del timone* (D'Annunzio).

asserenàre (pres. *-éno*) [comp. parasint. di *sereno*; a. 1492] ***tr.*** *ant. lett.* rasserenare || ***intr.*** (aus. *essere*) e ***intr. pron.*** *ant.* rassegnarsi.

asserìre (pres. *-ìsco, -ìsci*) [dal lat. *asserere*; a. 1540] ***tr.*** affermare, dichiarare, dare una cosa per certa: *l'imputato asserì di essere innocente, non esito ad asserirlo, l'esperto asserisce che il valore del diamante non corrisponde al prezzo chiesto* || **N.** *Sin.* affermare, assicurare, attestare, certificare, confermare, dichiarare, sostenere.

àssero V. ASSERE.

asserpolàrsi (pres. *-èrpolo*) [comp. parasint. del lat. *serpula,* piccola serpe; 1865] ***rifl.*** avvolgersi come una serpe: *dormire asserpolato,* acciambellato.

asserragliaménto [da *asserragliare*; a. 1907] ***sm.*** atto ed effetto dell'asserragliare e dell'asserragliarsi || *concr.* sbarramento, barricata: *gli asserragliamenti di Milano* (Carducci).

asserragliàre (pres. *-àglio*) [comp. parasint. di *serraglio*; 1312] ***tr.*** chiudere le vie, gli usci ecc. con serragli o con altra cosa che possa impedire il passaggio || *per estens.* barricare, fortificare || *fig.* opporre una resistenza ostinata: *nonostante le prove è rimasto asserragliato sulle sue posizioni* || ***rifl.*** fortificarsi con barricate e impedire agli altri di entrare: *i difensori si sono asserragliati nella torre, gli operai si sono asserragliati nella fabbrica* || **N.** ***tr.*** *Sin.* abbarrare, barricare, sbarrare, serrare, CHIUDERE.

asserràre (pres. *-èrro*) [da *serrare*; 1865] ***tr.*** *ant.* serrare insieme, stivare: *i peccatori abbrucia, attuffa, asserra* (D'Annunzio) || **N.** PIGIARE.

assertìvo [da *asserire*; 1576] ***agg.*** *lett.* che asserisce, affermativo || *proposizione assertiva,* enunciativa || **assertivaménte** ***avv.*** || **N.** *Sin.* accertativo, asseverativo, assicurativo.

assèrto [dal lat. tardo *assertum*; a. 1642] ***sm.*** asserzione: *stando al suo asserto questo concetto non è valido* || **N.** *Sin.* affermazione.

assertóre [dal lat. *assertor, -ōris*; a. 1375] ***sm.*** (f. *-trice*) chi asserisce, sostiene con vigore una fede, un'opinione: *è un convinto assertore dell'innatismo* || **N.** *Sin.* difensore, propugnatore, sostenitore | *Contr.* oppositore.

assertòrio (pl. *-ri*) [dal lat. tardo *assertorius*; 1865] ***agg.*** *T.giur.* che convalida un'affermazione: *giuramento assertorio* || *T.fil.* nella logica kantiana, giudizio che asserisce incondizionatamente un fatto.

asserviménto [da *asservire*; 1936] ***sm.*** **1.** sottomissione, assoggettamento: *asservimento dei popoli alla dittatura, al colonialismo* **2.** *T.mecc.* collegamento tra elementi di una macchina per cui l'elemento asservito compie i movimenti comandati dal moto dell'altro || **N. 1.** *Contr.* affrancamento, liberazione.

asservìre (pres. *-ìsco, -ìsci*) [comp. parasint. di *servo,* attr. il fr. *asservir*; a. 1294] ***tr.*** rendere servo, assoggettare: *asservire un popolo, le genti* || *T.tecn.* collegare mediante rapporto di asservimento || ***rifl.*** rendersi schiavo: *si è asservito alla propria lussuria* || **N.** *Contr.* affrancare, liberare.

asserzióne [dal lat. *assertio, -ōnis*; 1585] ***sf.*** atto dell'asserire: *l'asserzione della verità* || quanto si asserisce, affermazione: *asserzione gratuita,* priva di fondamento || **N.** *Sin.* asserto, assunto, attestazione, dichiarazione.

assessoràto [da *assessore*; a. 1569] ***sm.*** carica di assessore || la durata della carica stessa || la totalità degli uffici che dipendono dall'assessore; *concr.* l'edificio che li ospita.

assessóre [dal lat. *assessor, -ōris*; a. 1292] ***sm.*** (f. *-a*) **1.** membro di giunta amministrativa comunale, provinciale o regionale: *assessore comunale, assessore all'edilizia* **2.** *ant.* funzionario coadiutore di un altro funzionario di grado superiore **3.** *ant.* giudice popolare, giudice non togato della Corte d'Assise. **Q.T.** *politica.*

assessoriàle [da *assessore*; 1963] ***agg.*** *T.bur. raro* dell'assessore o dell'assessorato: *decreto, commissione assessoriale.*

assestacovóni [comp. di *assesta(re)* e *covoni*; 1955] ***sm.*** *inv.* organo della mietitrice-legatrice che allinea le spighe del frumento preparandole per la legatura || **N.** *Sin.* eguagliatore, pareggiatore.

assestaménto [da *assestare*; 1627] ***sm.*** **1.** atto ed effetto dell'assestare e dell'assestarsi || momento di relativa stabilità dopo un movimento; anche *fig.*: *dopo le continue fluttuazioni del dollaro si deve prevedere un periodo di assestamento monetario* || *assestamento forestale,* piano per la conservazione e lo sfruttamento delle risorse forestali || *T.geol. moti di assestamento,* movimenti del suolo o di strati rocciosi profondi tendenti a stabilire un equilibrio part. dopo un movimento tellurico || *T.fin.* rettifica del saldo di un conto, per far corrispondere al valore effettivo di un bene il valore con cui esso è iscritto **2.** *T.edil.* lievi cedimenti e abbassamenti di un edificio causati da un cedimento del terreno o dei materiali o dovuti a un aumento del peso durante la costruzione || **N. 1.** *Sin.* aggiustamento.

assestàre (pres. *-èsto*) [comp. parasint. di *sesto*[2]; sec. XIV] ***tr.*** **1.** mettere in ordine, sistemare: *assestare una stanza*; anche *fig.*: *assestare il bilancio, le finanze, gli affari di un'azienda* **2.** regolare con cura: *assestare il tiro* || *assestare un colpo,* cogliere appunto dove si mira || *per estens.* dare un colpo: *gli assestò un pugno tra capo e collo* || ***rifl.*** mettersi in ordine, sistemarsi: *assestarsi in un nuovo appartamento* || ***intr. pron.*** di terreni, rassodarsi, recuperare condizioni di equilibrio || **N. 1.** *Sin.* aggiustare, assettare; adattare.

assestatézza [da *assestare*; 1849] ***sf.*** *non com.* caratteristica di ciò che è assestato, l'essere assestato || **N.** ORDINE.

assestàto (*pps.* di *assestare*) [1754] ***agg.*** assennato, giudizioso, ordinato || **assestataménte** ***avv.***

assèsto [da *assestare*; a. 1530] ***sm.*** sistemazione ordinata e regolata || **N.** *Sin.* assestamento.

assetàre (pres. *-éto*) [comp. parasint. di *sete*; 1319] ***tr.*** far venir sete, rendere assetato: *la siccità assetava il paese* || *fig.* eccitare il desiderio || ***intr.*** (aus. *essere*) *raro* aver sete || **N.** *Contr.* dissetare.

assetàto (*pps.* di *assetare*) [1336 ca.] **I** ***agg.*** che ha sete || *fig.* avido, bramoso: *ti comporti come una belva assetata di sangue* || di terreno, riarso **II** ***sm.*** (f. *-a*) chi ha sete: *dar da bere agli assetati* || **N.** SETE.

assettaménto [da *assettare*; prima metà sec. XIV] ***sm.*** **1.** atto ed effetto dell'assettare o dell'assettarsi **2.** *T.edil.* assestamento.

assettàre (pres. *-ètto*) [lat. volg. **assedĭtāre*; a. 1294] ***tr.*** mettere in assetto, in ordine: *assettare un'auto, una stanza* || *per estens.* acconciare, accomodare: *assettare un vestito, una pettinatura* || ***rifl.*** **1.** mettersi in ordine, vestirsi in modo presentabile: *prima di uscire devi assettarti* **2.** disporsi a fare qualcosa **3.** *ant.* e *region.* accomodarsi, sedersi || **N. 1.** *Sin.* assestare, raffazzonare, rassettare.

assettàto (*pps.* di *assettare*) [a. 1348] ***agg.*** ordinato, corretto; attillato || **assettataménte** ***avv.***

assettatùra [da *assettare*; a. 1729] ***sf.*** l'assettare, aggiustatezza, ordine.

assètto [da *assettare*; 1299 ca.] ***sm.*** **1.** disposizione, preparazione di oggetti in relazione allo svolgimento di un'operazione o come conseguenza della stessa: *essere, mettere in assetto* || *per estens.* ordine; ordinamento: *il nuovo assetto della facoltà di medicina* **2.** tenuta: *le truppe attendevano in assetto di guerra* || *essere bene, male in assetto,* essere in buone, cattive condizioni **3.** *T.mar.* la posizione longitudinale della nave in relazione alla disposizione del carico: *la nave ha un assetto appropriato* || *per estens. T.aut.* disposizione dei carichi aerodinamici di un'automobile: *è difficile trovare il giusto assetto sul circuito di Montecarlo* || *per estens. T.aer.* equilibrio di un aeromobile in relazione alle forze aerodinamiche che su di esso agiscono || **N. 1.** *Sin.* apparato, sistemazione **2.** *Sin.* equipaggiamento **3.** *Sin.* carico aerodinamico. **TAV. *astronautica* p. 655** 12.3.

asseveraménto [da *asseverare*; a. 1694] ***sm.*** atto ed effetto dell'asseverare.

asseveràre (pres. *-èvero*) [dal lat. *adseverāre*; sec. XIV] ***tr.*** *non com.* asserire con certezza || *T.bur. far asseverare una traduzione,* farla vistare o farla fare da un traduttore riconosciuto dall'autorità pubblica || **N.** *Sin.* asserire, assicurare.

asseveratìvo [da *asseverare*; 1612] ***agg.*** affermativo: *particella asseverativa, procedimento asseverativo* || **asseverantemente, asseverataménte** ***avv.***

asseveratóre [da *asseverare*; 1967] ***sm.*** (f. *-trice*) assertore, accanito sostenitore.

asseverazióne [dal lat. *adseverātio, -ōnis*; a. 1540] ***sf.*** **1.** *raro* energica affermazione **2.** *T.bur.* l'operazione svolta su un documento in lingua straniera da parte di un traduttore riconosciuto dall'autorità pubblica.

assiàle [da *asse*[2]; 1940] ***agg.*** relativo all'asse, per disposizione o direzionalità: *moto assiale* || *piano assiale,* che interseca l'asse.

assibilàre (pres. *-ìbilo*) [da *sibilare*; a. 1530 nel senso 2] ***tr.*** **1.** *T.ling.* rendere assibilata una consonante occlusiva o affricata **2.** *ant.* fischiare || ***intr. pron.*** *T.ling.* subire l'assibilazione.

assibilazióne [da *assibilare*; 1938] ***sf.*** *T.ling.* mutamento di una consonante occlusiva o affricata in sibilante.

assicèlla (*dim.* di *asse*) [sec. XIV] ***sf.*** piccola asse; lista di legno di piccole dimensioni.

assicellàto [da *assicella*; 1940] ***sm.*** *T.arald.* scudo ripartito in rettangoli alternati di due smalti diversi || *assicellato innestato,* partizione costituita da file di rettangoli a due smalti che si contrappongono solo per la metà del lato lungo.

assicuràbile [da *assicurare*; 1865] ***agg.*** che si può assicurare: *rischio assicurabile.*

assicurànte (*ppr.* di *assicurare*) [1865 come sm.] **I** ***agg.*** che assicura **II** ***s.*** **1.** *T.giur.* chi conclude un contratto di assicurazione con un'impresa assicuratrice **2.** in un rapporto di lavoro dipendente, chi si fa carico del pagamento degli oneri assicurativi sociali.

assicuràre (pres. *-ùro*) [lat. volg. **assecurare*; inizio sec. XIII] ***tr.*** **1.** rendere sicuro, mettere al riparo da rischi: *assicurare il proprio avvenire, assicurare i risultati della ricerca* **2.** affermare con certezza, tranquillizzare: *ti assicuro che non c'è nulla da temere* **3.** legare saldamente, fermare in modo stabile: *assicurare l'imbarcazione al molo* ‖ *T.alp. assicurare il secondo di cordata,* fare un'assicurazione, disporre la corda in modo da sostenere eventuali strappi ‖ *fig. assicurare alla giustizia qualcuno,* arrestarlo **4.** concludere un contratto di assicurazione: *assicurare l'auto, la casa contro i furti* ‖ *per estens.* rif. a lettera o plico postale, spedirli pagando una soprattassa per tutelarsi contro smarrimenti o manomissioni **5.** *T.mar.* sulle navi, alzare la bandiera sul pennone sparando contemporaneamente un colpo di cannone ‖ ***rifl.*** **1.** acquistare certezza, verificare: *prima assicurati di aver capito bene* ‖ *per estens. lett.* tranquillizzarsi **2.** mettersi al sicuro da pericoli e rischi **3.** garantirsi mediante stipulazione di un contratto di assicurazione: *assicurarsi contro gli incendi* ‖ **N.** ***tr.*** **1.** *Sin.* cautelare, porre in salvo, salvare, scampare **2.** *Sin.* accertare, asserire, asseverare, far certo, rassicurare **3.** *Sin.* ancorare.

assicuràta [da *assicurare*; 1918] ***sf.*** lettera o plico sottoposto ad assicurazione che ne garantisce il rimborso in caso di manomissione o smarrimento.

assicuratìvo [da *assicurare*; 1829] ***agg.*** di assicurazione, relativo ad assicurazione: *contratto assicurativo.*

assicuràto (*pps.* di *assicurare*) [1336 ca.] **I** ***agg.*** tutelato da assicurazione: *casa, lettera assicurata* ‖ **assicurataménte** ***avv.*** **II** ***sm.*** (f. *-a*) chi ha fatto un'assicurazione a proprio vantaggio.

assicuratóre [da *assicurare*; 1397] ***agg.*** e ***sm.*** (f. *-trìce*) che o chi si impegna al risarcimento di eventuali danni subiti: *società assicuratrice, agente assicuratore.*

assicurazióne [da *assicurare*; 1618] ***sf.*** **1.** atto ed effetto dell'assicurare e dell'assicurarsi; garanzia: *dammi l'assicurazione di venire domani* **2.** *T.giur.* contratto per il quale un assicuratore, dietro pagamento di un premio, garantisce all'assicurato il risarcimento dei danni in caso di sinistro: *assicurazione contro il furto, l'incendio* ‖ *assicurazione obbligatoria,* quella che ogni possessore di autoveicolo è tenuto a stipulare ‖ *assicurazione sociale,* quella che il datore di lavoro è obbligato a stipulare per tutelare l'infortunio o la malattia del dipendente ‖ *assicurazione per la responsabilità civile,* che fa fronte agli eventuali danni a terzi coinvolti in un sinistro **3.** *T.alp.* insieme di procedure che vengono attuate durante l'ascensione per tutelarsi da eventuali cadute: *assicurazione a spalla,* in cui il secondo di cordata è assicurato da una corda che passa dietro la schiena e sulla spalla del capo cordata; *assicurazione diretta,* effettuata col solo uso della corda; *assicurazione indiretta,* effettuata con l'ausilio di chiodi, sporgenze rocciose o altri elementi ‖ **N.** **2.** assicurato, assicuratore, compagnia di assicurazione, franchigia, indennità, polizza, premio, sinistro.

assideraménto [da *assiderare*; a. 1597] ***sm.*** l'insieme dei disturbi causati da prolungata esposizione a basse temperature: *principio di assideramento, morte per assideramento.*

assideràre (pres. *-ìdero*) [lat. volg. **adsiderāre*; 1353] ***intr.*** (aus. *essere*) e ***intr. pron.*** intorpidire per il freddo: *si sono quasi assiderati a forza di aspettare* ‖ *T.med.* venire colpito da assideramento ‖ ***tr.*** esporre a basse temperature, gelare: *le gelate tardive hanno assiderato le coltivazioni, la bufera ha assiderato gli alpinisti.*

assideràto (*pps.* di *assiderare*) [1353] ***agg.*** *T.med.* colpito da assideramento: *è morto assiderato* ‖ *fam. iperb.* infreddolito.

assìdere (pres. *-ìdo*; imp. *-idévo*; p.rem. *-ìși, -idésti, ìșe, -idémmo, -idéste, -ìșero*; pps. *assìșo*) [lat. *assīdere*; 1313] ***tr.*** *ant.* **1.** far sedere **2.** assediare ‖ ***intr. pron.*** *lett.* mettersi a sedere con una certa solennità: *i senatori si assisero sugli scanni* ‖ **N.** SEDERE.

assiduità [dal lat. *assiduitas, -ātis*; 1300 ca.] ***sf.*** continuità ininterrotta nel fare qualcosa: *la sua assiduità in quel bar gli rovinerà la reputazione, l'assiduità della cura materna lo ha guarito* ‖ diligenza, applicazione costante nel fare qualche cosa: *assiduità negli studi* ‖ **N.** *Sin.* diligenza, frequenza, zelo, COSTANZA.

assìduo [dal lat. *assiduus*; a. 1347] ***agg.*** costante, continuo, diligente: *uno studente assiduo nello studio, un atleta assiduo agli allenamenti, un assiduo lavoratore* ‖ che frequenta con continuità un luogo o una persona: *un assiduo visitatore di mostre, un assiduo corteggiatore* ‖ **assiduaménte** ***avv.*** ‖ **N.** zelante; abituale; frequente, ininterrotto.

assiemàggio (pl. *-gi*) [da *assiemare*; 1966] ***sm.*** **1.** *T.tecn.* assemblaggio **2.** *spreg.* in politica, unione contingente di forze di orientamento diverso.

assiemàre (pres. *-ièmo*) [da *assieme*; 1983] ***tr.*** mettere, tenere assieme.

assième [da *insieme,* con cambio di pref.; a. 1556] **I** ***avv.*** insieme: *mettere assieme i pezzi di un vaso rotto, quei due da qualche giorno vanno sempre assieme* **II** nella ***loc. prep.*** *assieme a*: *è uscito assieme a lui; raro assieme con*: *non riesco a stare assieme con lui* **III** ***sm.*** unione coordinata e organica di più elementi: *gioco d'assieme, il libro va visto nell'assieme dell'attività del suo autore.*

assiepaménto [da *assiepare*; 1865] ***sm.*** **1.** atto ed effetto dell'assiepare e dell'assieparsi; assembramento, calca, folla **2.** *ant.* cinta di siepi.

assiepàre (pres. *-ièpo*) [comp. parasint. di *siepe*; 1313] ***tr.*** *lett.* chiudere con siepe ‖ *per estens.* circondare ‖ ***intr. pron.*** affollarsi intorno: *la folla si assiepava lungo la strada* ‖ **N.** ***tr.*** chiudere, circondare | ***intr. pron.*** *Sin.* accalcarsi.

assiepàto (*pps.* di *assiepare*) [sec. XIV] ***agg.*** riunito, raccolto in gran numero attorno a qualcuno o qualcosa: *folla assiepata attorno al vincitore.*

àssile [da *asse*^{2}; 1967] ***agg.*** disposto lungo l'asse longitudinale, detto in part. di organo animale o vegetale.

assillabazióne [comp. parasint. di *sillaba*; 1865] ***sf.*** *T.ret.* successione di più parole che cominciano con la stessa sillaba ‖ **N.** allitterazione.

assillànte (*ppr.* di *assillare*) [1934] ***agg.*** molesto, fastidioso, che dà assillo: *dubbio assillante.*

assillàre [da *assillo*; sec. XIV] ***tr.*** molestare, tormentare, infastidire con continue richieste ‖ ***intr.*** (aus. *avere*) smaniare, soffrire, agitarsi: *assillare dalla sete* ‖ *propr. ant.* smaniare a causa di puntura d'assillo.

assìllo [lat. *asilus,* tafano; 1342] ***sm.*** **1.** *non com.* nome volgare di un insetto dei Ditteri, munito di proboscide, che punge gli animali domestici **2.** *fig.* pensiero o desiderio tormentoso e insistente: *ha l'assillo degli esami* ‖ persona assillante: *con la sua insistenza è l'assillo della mia vita* ‖ **N.** **1.** *Sin.* estro, tafano **2.** *Sin.* tormento.

assimilàbile [da *assimilare*; 1865] ***agg.*** che può essere assimilato.

assimilàre (pres. *-ìmilo*) [dal lat. tardo *assimilāre*; a. 1342] ***tr.*** **1.** *T.biol.* convertire sostanze nutritizie in parte integrante dell'organismo ‖ *fig.* far proprio, accettare: *è difficile assimilare posizioni così radicali* **2.** paragonare, rendere simile: *non si possono assimilare posizioni opposte* **3.** *T.fon.* causare un processo di assimilazione ‖ ***intr. pron.*** **1.** diventare simile: *elementi contigui tendono ad assimilarsi* **2.** *T.fon.* subire un processo di assimilazione ‖ **N.** ***tr.*** **1.** *Sin.* digerire; appropriarsi **2.** far simile.

assimilatìvo [da *assimilare*; 1865] ***agg.*** che ha facoltà di assimilare o assimilarsi: *funzioni, virtù, facoltà, capacità assimilative.*

assimilatóre [da *assimilare*; 1865] ***agg.*** (f. *-trìce*) che ha facoltà di assimilare: *tessuto assimilatore.*

assimilazióne [dal lat. tardo *assimilātio, -ōnis*; sec. XIV nel senso 2] ***sf.*** **1.** *T.biol.* conversione di sostanze nutritizie in parte integrante dell'organismo ‖ *fig.* processo di apprendimento, acquisizione: *l'assimilazione di una nuova procedura richiede tempo* **2.** atto ed effetto dell'assimilare; accostamento per similitudine **3.** *T.fon.* modificazione di un fono che tende ad assumere tratti articolatori identici o affini a quelli dei foni vicini, come il passaggio da [d] a [p] in *apporre* (da *ad* + *porre*) o da [n] a [m] in *comporre* (da *con* + *porre*).

assiòlo (disus. *assiuòlo*) [comp. del lat. *axio,* assiolo e *-olo*^{1}; 1354] ***sm.*** rapace notturno degli Strigiformi, con livrea grigio-nera e ciuffi di penne in corrispondenza delle orecchie ‖ **N.** *Sin.* chiù.

assiologìa o **axiologìa** (pl. *-gìe*) [comp. del gr. *axios,* degno e *-logia*; 1950] ***sf.*** **1.** *T.fil.* teoria dei valori **2.** scienza che studia l'origine e la storia dei gradi nobiliari e dignitari.

assiològico o **axiològico** (pl. *-ci*) [da *assiologia*; 1965] ***agg.*** **1.** relativo all'assiologia **2.** fondato su un giudizio di valore: *classificazione assiologica.*

assiòma [dal gr. *axíōma*; a. 1565] ***sm.*** *T.fil.* principio di per sé evidente, indimostrabile e universale che costituisce premessa di ragionamenti scientifici e teorie ‖ *per estens.* verità evidente, che non ha bisogno di dimostrazione ‖ nell'epistemologia moderna, proposizione assunta senza dimostrazione ‖ **N.** *Sin.* aforisma, asserto, dogma, massima, postulato, principio, proposizione.

assiomàtica [da *assiomatico*; 1930] ***sf.*** *T.fil.* **1.** insieme dei principi che stanno alla base di una scienza o di una dottrina **2.** studio dei metodi mediante i quali una teoria viene presentata come sistema assiomatico.

assiomàtico (pl. *-ci*) [dal gr. *axiomatikós*; 1639] ***agg.*** che si basa su assiomi: *teoria assiomatica del significato* ‖ *per estens.* evidente, che si dimostra da sé: *verità assiomatica.*

assiomatizzàre [da *assioma*; 1955] ***tr.*** *T.scient.* esporre una teoria scientifica per mezzo di assiomi espressi in un linguaggio simbolico: *assiomatizzare la geometria.*

assiomatizzazióne [da *assiomatizzare*; 1955] ***sf.*** atto ed effetto dell'assiomatizzare.

assiòmetro [comp. del gr. *axía,* valore e *-metro*; 1847] ***sm.*** *T.mar.* strumento posto presso la ruota di maneggio del timone che indica costantemente al timoniere l'angolo assunto dal timone per effetto delle varie manovre.

assiriologìa [comp. del gr. *assýrios,* assiro e di *-logia*; 1930] ***sf.*** scienza che studia la storia, la lingua e la civiltà degli Assiri ‖ **N.** *Sin.* assirologia.

assiriòlogo (pl. *-gi*) [comp. del gr. *assýrios,* assiro e di *-logo*; 1955] ***sm.*** (f. *-a*) studioso o esperto di assiriologia.

assìro [dal lat. *Assyr(i) us*, gr. *Assýrios*; prima metà sec. XIV] **I** *agg.* dell'Assiria **II** *sm.* **1.** (f. *-a*) abitante o nativo dell'Assiria **2.** (solo *sing.*) lingua degli Assiri.

assiro-babilonése [comp. di *assiro* e *babilonese*; 1955] *agg.* degli Assiri e Babilonesi valutati come unità etnico-culturale: *civiltà assiro-babilonese.*

assirologìa [comp. di *assiro* e *-logia*; 1955] *sf.* scienza che studia la lingua e la cultura assira ‖ **N.** *Sin.* assiriologia.

assìsa [dal fr. ant. *assise*, cosa fissata; a. 1348] *sf.* **1.** divisa, uniforme, livrea; foggia d'abito caratteristica di un ordine **2.** *T.geol.* *assisa geologica*, insieme di strati rocciosi depositati nel corso di un'era geologica **3.** *T.biol.* strato di cellule **4.** *ant.* imposta, balzello.

assìse [dal fr. *assise*, giudizio definitivo; a. 1310] *sf.* **1.** nel Medioevo, assemblea giudiziale: *l'assise del regno di Napoli* ‖ compilazione di consuetudini legislative: *le assisi di Gerusalemme*, il testo delle leggi dei Crociati **2.** *T.giur.* *Corte d'Assise*, tribunale penale che giudica i reati più gravi (omicidio, rapina a mano armata ecc.) ‖ solo *sing.*, *l'Assise*, *ell.* per "Corte d'Assise" e indica una singola corte: *l'Assise di Torino* ‖ *per estens.* riunione, assemblea generale: *l'assise del partito.* Q.T. diritto.

assìso (*pps.* di *assidersi*) [fine sec. XIII] *agg.* seduto ‖ di animale, sdraiato ‖ di luogo o cosa, collocato, posto.

assist (ingl., pr. ['æsɪst]; pr. it. ['assist]) [letter. appoggio, aiuto; 1983] *sm. inv.* *T.sport.* nella pallacanestro, nel calcio e in altri giochi di palla a squadre, ultimo passaggio che offre, a chi lo riceve, la possibilità di segnare.

assistentàto [da *assistente*; 1942] *sm.* la carica e l'ufficio di assistente universitario o ospedaliero ‖ la durata di tale carica.

assistènte (*ppr.* di *assistere*) [1304] *s.* **1.** chi collabora col responsabile di qualche attività aiutandolo nell'esercizio delle sue funzioni: *assistente edile, alla regia* ‖ *assistente universitario*, nell'ordinamento universitario non più in vigore dal 1980, chi aiutava il titolare di cattedra nello svolgimento della attività di ricerca e nella didattica ‖ *assistente ospedaliero*, medico che coadiuva il primario e l'aiuto in tutte le loro attività: *assistente chirurgo, assistente anestesista* ‖ *assistente di volo*, persona addetta ad assistere, servire cibi e bevande ai passeggeri e all'equipaggio sui voli di linea; *hostess* o *steward* **2.** chi svolge un'attività assistenziale nel campo religioso, sociale o culturale ‖ *assistente sociale*, persona esperta di sociologia e di legislazione sociale che svolge opera di assistenza nel campo sindacale, scolastico, aziendale ecc. ‖ *T.eccl.* il prete che nella Messa assiste il celebrante ‖ *assistente al soglio pontificio*, titolo di dignità ecclesiastica attribuita a un laico o un ecclesiastico che ha funzioni organizzative relativamente al cerimoniale **3.** nella polizia italiana, qualifica corrispondente a quella di appuntato ‖ *assistente di polizia femminile*, donna arruolata nella polizia con qualifica corrispondente a quella di ispettore; *per estens.* la qualifica stessa.

assistènza [da *assistere*; 1619] *sf.* **1.** atto dell'assistere, l'essere presente: *per questo corso è necessaria l'assistenza alle lezioni* **2.** *T.giur.* intervento attivo o passivo nello svolgimento di un'attività altrui: *il contratto fu rogato con l'assistenza dei testimoni* **3.** complesso di attività svolte a sostegno materiale o morale di qualcuno: *assistenza sociale*, fornita dallo stato per mezzo di appositi enti per sopperire a particolari bisogni della cittadinanza ‖ *assistenza sanitaria*, fornita ai lavoratori dalle assicurazioni sociali ‖ *assistenza tecnica*, servizio di consulenza e intervento in caso di guasto fornito agli utenti di determinati prodotti (macchinari, mezzi tecnici ecc.) dai rivenditori e dalle ditte produttrici **4.** aiuto, soccorso: *assistenza ai feriti* ‖ cura, continua attenzione, vigilanza: *ha bisogno dell'assistenza del maestro* ‖ **N. 3.** consulenza, pubblico intervento, sovvenzione.

assistenziàle [da *assistenza*; 1935] *agg.* che riguarda la pubblica assistenza, *in part.* quella sociale: *ente assistenziale* ‖ *stato assistenziale*, che assicura ai cittadini privi di mezzi un minimo livello di istruzione, assistenza sanitaria, alloggi e sim.; oggi *gen. spreg.*, che pecca di assistenzialismo.

assistenzialìsmo [da *assistenziale*; 1983] *sm.* degenerazione del sistema di assistenza pubblica o sociale esercitata dallo Stato a favore di categorie di cittadini o di enti.

assistenzialìsta [da *assistenzialismo*; 1983] *agg.* relativo all'assistenzialismo: *politica assistenzialista.*

assistenzialìstico (pl. *-ci*) [da *assistenzialismo*; 1967] *agg.* proprio dell'assistenzialismo: *soluzioni assistenzialistiche.*

assistenziàrio (pl. *-ri*) [da *assistenza*; 1942] *sm.* istituto che cura il reinserimento nella società di ex carcerati.

assìstere (pres. *-ìsto*; imp. *-istévo*; p.rem. *-istéi* o *-istètti*, *-istésti*, *-isté* o *-istètte*, *-istémmo*, *-istéste*, *-istérono* o *-istèttero*) [dal lat. *adsistere*; a. 1342] *intr.* (aus. *avere*) **1.** esser presente: *assistere a una lezione, a uno spettacolo, a un episodio* **2.** *raro* star vicino: *assistere al soglio pontificio* ‖ *tr.* **1.** stare vicino per aiutare materialmente o moralmente: *assistere i malati, i bisognosi* ‖ *fig.* aiutare, favorire, proteggere: *la fortuna lo assiste* **2.** forma di assistenza tecnica o collaborazione specializzata: *il primario è assistito da valenti collaboratori* ‖ **N.** *intr.* **1.** *Sin.* intervenire | *tr.* custodire, soccorrere, sovvenire, vigilare.

assistìbile [da *assistere*; 1983] *agg.* che può essere assistito, che è nelle condizioni per essere assistito.

assistìto (*pps.* di *assistere*) [a. 1704] *sm.* (f. *-a*) chi è assistito, *in part.* da un ente pubblico.

assitàre (pres. *-ìto*) [comp. parasint. di *sito*, puzzo; 1863] *tr. ant.* **1.** detto in part. del cane, fiutare, sentir col fiuto **2.** impuzzolentire.

assìto [da *asse*[1]; a. 1400] *sm.* **1.** tramezzo costituito da un tavolato di assi **2.** pavimento di assi.

assiuòlo V. ASSIOLO.

àsso [lat. *as*, *assis*, l'unità; sec. XIV] *sm.* **1.** carta da gioco con un solo punto ‖ nei dadi, faccia contrassegnata con un solo punto ‖ nel domino, tavoletta con un solo punto ‖ *lasciare, piantare in asso, rimanere in asso*, lasciare o rimanere solo, sul più bello o quando meno lo si aspetta ‖ *avere l'asso nella manica*, avere probabilità sicure di riuscire **2.** chiunque eccelle in qualche cosa, *in part.* negli sport: *è un asso del volante* ‖ **N. 1.** di cuori, di fiori, di picche, di quadri; di bastoni, di coppe, di denari, di spade.

associàbile [da *associare*; sec. XIV] *agg.* che si può associare.

associabilità [da *associare*; 1863] *sf.* *non com.* l'essere associabile.

associaménto [da *associare*; a. 1698] *sm.* atto ed effetto dell'associare e dell'associarsi.

associànte (*ppr.* di *associare*) [1965] *s.* chi, in un contratto di associazione, ammette un'altra persona come socio nella sua impresa.

associàre (pres. *-òcio*) [dal lat. tardo *associāre*; 1532 nel senso 2] *tr.* **1.** ammettere qualcuno come socio in un'attività o impresa: *lo associai all'impresa* **2.** mettere insieme: *associammo i nostri capitali* ‖ unire, accostare: *associare più idee* o *concetti* **3.** trasferire da un luogo a un altro: *associare un detenuto al carcere* ‖ *rifl. rec.* unirsi in società, partecipare agli utili di un'impresa ‖ *rifl.* **1.** iscriversi ad una associazione: *associarsi a un circolo, si è associato all'ACI* **2.** condividere, prendere parte: *associarsi al dolore, all'opinione di qualcuno* ‖ **N.** *tr.* **2.** *Sin.* accomunare, accoppiare, accostare, appaiare, collegare, fondere, far lega | *rifl.* **2.** *Contr.* dissociarsi.

associatìvo [da *associare*; 1941] *agg.* **1.** di associazione; che si riferisce alle associazioni: *diritto associativo* ‖ *T.mat.* *proprietà associativa*, proprietà di cui gode un'operazione definita in un insieme se presi a, b, c, tre elementi qualunque dell'insieme, si ha sempre (a · b) · c = a · (b · c) **2.** atto ad associare ‖ *T.psic.* *facoltà associativa*, capacità della mente umana di eseguire associazioni ‖ *segno associativo*, nell'alfabeto ideografico, disegno facilmente riconducibile alla parola per la quale viene usato ‖ **N.** *Contr.* dissociativo.

associàto (*pps.* di *associare*) [a. 1833] *sm.* (f. *-a*) membro di associazione ‖ *professore associato*, nell'università italiana, ruolo cui accedono, previo giudizio di idoneità, professori incaricati e, a seguito di concorso, altri studiosi.

associazióne [da *associare*; 1735 nel senso 2] *sf.* **1.** atto ed effetto dell'associare e dell'associarsi ‖ *associazione in partecipazione*, forma di contratto che prevede partecipazione agli utili ‖ *associazione molecolare*, aggregazione di più molecole semplici ‖ *associazione stellare*, insieme di stelle che presentano caratteristiche comuni **2.** unione di più persone per fini comuni: *associazione ricreativa, politica* ‖ *associazione a delinquere*, riunione di più persone a scopo criminoso ‖ *associazioni d'arma*, corrispondenti alle varie armi e specialità presenti nelle forze armate italiane: *associazione nazionale alpini* **3.** concatenamento, collegamento: *per associazione di idee penso a casa mia* ‖ *T.psic.* relazione tra eventi psicologici tale che il presentarsi dell'uno ne evochi altri: *libera associazione di idee* **4.** trasporto, trasferimento: *associazione di un imputato alle carceri* ‖ **N. 2.** *Sin.* alleanza, circolo, club, compagnia, confederazione, confraternita, congregazione, corporazione, lega, setta, sindacato, società, sodalizio | commerciale, di mutuo soccorso, di studio, operaia, politica, professionale, ricreativa, segreta | adunanza, affiliazione, assemblea, iniziazione, patto, statuto.

associazionìsmo [dall'ingl. *associationism*, attr. il fr. *associationisme*; 1931] *sm.* **1.** *T.psic.* teoria dell'apprendimento secondo la quale i processi superiori consistono nella combinazione di elementi mentali semplici non ulteriormente analizzabili come sensazioni e impressioni **2.** *T.pol.* il fenomeno della aggregazione in associazioni: *le masse operaie mostrano una spiccata tendenza all'associazionismo* ‖ l'insieme delle associazioni con tendenze comuni: *l'associazionismo cattolico.*

associazionìsta [da *associazionismo*; 1955] *s.* seguace dell'associazionismo.

associazionìstico (pl. *-ci*) [da *associazionismo*; a. 1952] *agg.* relativo all'associazionismo.

assodaménto [da *assodare*; sec. XIV] *sm.* atto ed effetto dell'assodare e dell'assodarsi.

assodàre (pres. *-òdo*) [comp. parasint. di *sodo*; a. 1306] *tr.* **1.** render sodo o duro: *assodare la strada, il terreno; assodare le uova* ‖ *fig.* dar fermezza, vigore: *l'esercizio assoda le membra; assodare l'ingegno, la preparazione* **2.** accertare un fatto, una notizia e sim.: *gli inquirenti dovranno assodare la verità delle affermazioni del teste* ‖ *intr. pron.* divenir sodo: *il terreno si è assodato* ‖ *fig.* rinvigorirsi, rafforzarsi: *con la pratica le capacità si assodano* ‖ **N.** *tr.* **1.** *Sin.* consolidare, indurire **2.** *Sin.* stabilire, verificare.

assoggettàbile [da *assoggettare*; 1863] *agg.*

che si può assoggettare: *i redditi assoggettabili a imposta.*

assoggettaménto [da *assoggettare*; 1745] **sm.** atto ed effetto dell'assoggettare: *lo spietato assoggettamento dei vinti, l'assoggettamento alla regola monastica* || **N.** *Sin.* adattamento, conquista, sottomissione | *Contr.* affrancamento, emancipazione.

assoggettàre (pres. *-ètto*) [comp. parasint. di *soggetto*; 1619 *assoggettire*] **tr.** render soggetto; sottomettere: *assoggettare i nemici*; anche *fig.*: *assoggettare le passioni alla ragione* || **rifl.** sottomettersi, adattarsi: *assoggettarsi agli ordini di qualcuno* || **N.** *Sin.* asservire, soggiogare, sottoporre | *Contr.* affrancare, liberare.

assoggettatóre [da *assoggettare*; 1965] **sm.** (f. *-trice*) e **agg.** *raro* chi o che assoggetta.

assolàre[1] (pres. *-ólo*) [comp. parasint. di *solo*; 1723] **tr.** *raro* render solo || **rifl. intens.** *T.gioc.* nel tresette, tenere in mano una carta sola d'un dato seme: *assolarsi il re di fiori.*

assolàre[2] (meno com. *assuolàre*) (pres. *-òlo*) [comp. parasint. di *suolo*; 1863] **tr.** disporre a suoli, a strati.

assolàre[3] (pres. *-ólo*) [comp. parasint. di *sole*; 1829] **tr.** *raro* soleggiare, esporre al sole || **intr.** (aus. *essere*) far giorno.

assolàto [da *assolare*[3]; a. 1597] **agg.** solatio, esposto al sole: *le assolate pianure della Puglia.*

assolcàre (pres. *-ólco, -ólchi*) [da *solcare*; a. 1306] **tr.** far solchi, lavorare a solchi || **N.** SOLCARE.

assolcatóre [da *assolcare*; 1955] **I agg.** che effettua l'assolcatura: *aratro assolcatore*, aratro a lame disposte ad angolo **II sm.** organo della macchina seminatrice a righe, che apre i solchetti in cui è posto il seme.

assolcatùra [da *assolcare*; 1955] **sf.** operazione dell'assolcare eseguita su campi arati.

assoldaménto [da *assoldare*; 1745] **sm.** atto ed effetto dell'assoldare.

assoldàre (pres. *-òldo*) [comp. parasint. di *soldo*; a. 1363] **tr.** arruolare dietro pagamento di un compenso in denaro: *assoldare una compagnia di mercenari* || *per estens.* prendere al proprio servizio: *assoldare un sicario* || **N.** *Sin.* prezzolare.

assólo o **a sólo** [dal lat. *ā sōlo*, da solo; 1706 *a solo*] **sm. inv.** **1.** *T.mus.* pezzo musicale eseguito da una sola voce o da uno strumento solo, mentre tutti gli altri tacciono o servono soltanto di accompagnamento || pezzo musicale affidato a un numero prescritto di più strumenti, ma tutti della stessa natura: *l'assolo degli archi* **2.** *fig.* azione individuale isolata o di particolare pregio: *con un assolo ha staccato gli altri concorrenti.*

assolòtto V. AXOLOTL.

assolutézza [da *assoluto*; 1865] **sf.** la qualità di ciò che è assoluto: *assolutezza di un giudizio* || **N.** *Contr.* relatività.

assolutìsmo [dall'ingl. *absolutism*; 1849] **sm.** forma di governo in cui il sovrano ha un potere illimitato || **N.** *Sin.* autocrazia, dispotismo, tirannia. **Q.T.** *politica.*

assolutìsta [dall'ingl. *absolutist*; 1849] **s.** e **agg.** fautore o seguace dell'assolutismo: *sovrano assolutista* || *per estens.* chi vuole imporre ad ogni costo la propria volontà ad altri.

assolutìstico (pl. *-ci*) [da *assolutismo*; 1939] **agg.** proprio dell'assolutismo; caratterizzato dall'assolutismo; fondato sui principi dell'assolutismo: *regime assolutistico* || **assolutisticaménte avv.**

assolutizzàre [da *assoluto*; 1979 *assolutizzarsi*] **tr.** rendere o considerare come assoluto || **N.** *Contr.* relativizzare.

assolutizzazióne [da *assolutizzare*; 1983] **sf.** atto ed effetto dell'assolutizzare.

assolùto [dal lat. *absolūtus*; a. 1294] **I agg.** **1.** libero da restrizioni o limiti: *verità assoluta* || non limitato da alcun controllo di legge, dispotico, autoritario: *potere, sovrano assoluto* **2.** imperioso, altero, drastico: *una valutazione assoluta* **3.** generale, universale: *tranquillità assoluta* || *in assoluto*, universalmente **4.** completo, totale: *in ogni circostanza ha assoluta padronanza di sé* || *necessità assoluta*, improrogabile || *fede assoluta*, che non ammette dubbi, cieca || *maggioranza assoluta*, quella costituita dalla metà più uno dei votanti || *T.mat. valore assoluto di un numero*, grandezza che prescinde dal segno || *T.fis. densità assoluta, peso assoluto*, considerati indipendentemente dal volume del corpo || *temperatura assoluta*, quella misurata a partire dallo zero assoluto (– 273°) **5.** *T.gram.* di costruzione sintattica isolata all'interno del periodo: *ablativo assoluto* || *superlativo assoluto*, grado dell'aggettivo che esprime superiorità al di là di ogni paragone || *uso assoluto del verbo*, quando è privo del complemento che solitamente lo accompagna **6.** *T.teatr. prima assoluta*, rappresentazione esclusiva data in un teatro o in un cinema, prima della rappresentazione o distribuzione in altri luoghi o in altre nazioni || **assolutaménte avv.** **1.** in modo assoluto, senza alcuna limitazione: *governare assolutamente* **2.** a ogni costo, in qualsiasi modo: *devo assolutamente terminare il lavoro per domani, assolutamente non intendo cambiare idea* **3.** in unione con aggettivi, del tutto: *è assolutamente impossibile* **4.** *T.gram. verbo usato assolutamente*, senza il complemento che usualmente richiede: *è ora di andare* **II sm.** *T.fil.* ciò che ha in se stesso il proprio fondamento e costituisce il fondamento di tutte le cose || **N.** I **1.** *Sin.* esclusivo, illimitato, indipendente, perfetto, puro, sciolto | *Contr.* condizionato, relativo **3.** *Sin.* intero.

assolutóre [dal lat. tardo *absolūtor, -ōris*; 1865] **sm.** (f. *-trice*) chi assolve.

assolutòrio (pl. *-ri*) [dal lat. tardo *absolutorius*; 1618] **agg.** che assolve: *sentenza assolutoria* o *sf. assolutoria*, sentenza di assoluzione.

assoluzióne [dal lat. *absolūtio, -ōnis*; a. 1348 nel senso 3] **sf.** **1.** atto con cui si assolve **2.** dichiarazione di non colpevolezza di un imputato sancita da un organo giudiziario: *ottenere l'assoluzione, assoluzione per insufficienza di prove* **3.** nella liturgia cattolica, remissione dei peccati che il sacerdote concede al penitente che si confessa || *assoluzione in articulo mortis*, quella che il prete dà al moribondo che non può confessarsi || **N.** assolutoria, formula, proscioglimento.

assòlvere (pres. *-òlvo*; imp. *-olvévo*; p.rem. *-òlsi* o *-olvètti* o *-olvéi*; pps. *assòlto* o ant. *assolùto*) [dal lat. *absolvere*; 1312 nel senso 2] **tr.** **1.** liberare da un obbligo, da un impegno e sim.: *ti assolvo dal giuramento* **2.** dichiarare la non colpevolezza di un imputato: *è stato assolto con formula piena* **3.** condurre a termine: *assolvere un incarico* **4.** nella liturgia cattolica, rimettere i peccati a un penitente || **N.** **1.** *Sin.* disobbligare, liberare, slegare **2.** *Sin.* prosciogliere, sciogliere **3.** *Sin.* adempiere, compiere, espletare.

assolviménto [da *assolvere*; a. 1250] **sm.** compimento: *assolvimento del dovere.*

assomigliànza [da *assomigliare*; a. 1698] **sf.** *non com.* somiglianza.

assomigliàre (pres. *-iglio*) [lat. volg. **assimiliāre*; a. 1257 *asimigliare*] **intr.** (aus. *avere*) essere somigliante; si costruisce con la prep. *a*: *assomiglia al babbo* || **rec.** somigliare uno all'altro: *padre e figlio si assomigliano* || **tr.** **1.** paragonare: *assomigliare la morte al sonno* **2.** *lett.* rendere simile: *la massa di capelli incolti lo assomiglia a un selvaggio* || **N.** **tr.** **1.** *Sin.* agguagliare, comparare, confrontare | SOMIGLIANZA.

assommàre[1] (pres. *-ómmo*) [lat. tardo *assummāre*; a. 1294] **tr.** sommare, riunire, spec. *fig.*: *assomma in sé ogni vizio* || **intr.** (aus. *essere*) ammontare, ascendere: *il debito assomma a tre milioni* || **intr. pron.** *fig.* sommarsi: *la cattiveria si assomma alla stupidità.*

assommàre[2] (pres. *-ómmo*) [comp. parasint. di *sommo*; a. 1313] **tr.** **1.** *lett.* concludere: *se tanto labore in bene si assommi* (Dante) **2.** *T.mar.* portare le reti a galla || **intr.** (aus. *essere*) salire in coperta.

assonànte (*ppr.* di *assonare*) [1728] **agg.** che fa assonanza.

assonànza [da *assonare*; a. 1729] **sf.** **1.** specie di rima imperfetta con la rispondenza dei soli suoni vocalici della sillaba accentata sino alla fine della parola (per es. *marne, marte*) || corrispondenza delle sillabe finali successive alla vocale accentata (per es. *morte, carte*) **2.** *lett.* armoniosa corrispondenza, consonanza, accordo. **Q.T.** *metrica.*

assonanzàto [da *assonanza*; 1955] **agg.** in metrica, si dice di verso collegato con altri dall'assonanza.

assonàre (pres. *-uòno*) [dal lat. *adsonāre*; a. 1729] **intr.** (aus. *essere* e *avere*) di suoni, corrispondere armoniosamente: *il tuo lene respiro... lo sento assonare al ronzìo delle andrene* (Pascoli) || di parole, essere in assonanza.

assóne [dal gr. *áxōn, áxonos*, asse; 1955] **sm.** *T.anat.* cilindrasse.

assonèma [comp. di *asso(ne)* e gr. *nêma*, filamento; 1983] **sm.** *T.zool.* il filamento assile, elastico, del flagello dei Flagellati.

assonnacchiàto [da *assonnare*; 1863] **agg.** mezz'addormentato, sonnacchioso.

assonnaménto [da *assonnare*; a. 1694] **sm.** *raro* il sopraggiungere progressivo del sonno || intorpidimento mentale.

assonnàre (pres. *-ónno*) [comp. parasint. di *sonno*; 1321] **tr.** addormentare || **intr.** (aus. *essere*) e **intr. pron.** addormentarsi || *fig.* essere svogliato, pigro.

assonnàto (*pps.* di *assonnare*) [1723] **agg.** preso dal sonno, sonnacchioso, assonnacchiato: *avere gli occhi assonnati, essere tutto assonnato* || *fig. lett.* inattivo, pigro.

assonometrìa [comp. del gr. *áxōn, -onos*, asse e *-metria*; 1955] **sf.** procedimento di geometria descrittiva per la rappresentazione prospettica di un oggetto secondo le tre dimensioni.

assonomètrico (pl. *-ci*) [da *assonometria*; 1955] **agg.** relativo all'assonometria.

assopiménto [da *assopire*; 1767] **sm.** atto ed effetto dell'assopire e dell'assopirsi: *dopo pranzo sono colta da assopimento, l'assopimento delle passioni.*

assopìre (pres. *-ìsco, -ìsci*) [lat. volg. **assopīre*; 1812] **tr.** indurre sopore, addormentare dolcemente: *una musica, un caldo che assopisce* || *fig.* calmare, addolcire: *assopire il dolore* || **intr. pron.** esser preso da sopore || *fig.* calmarsi, placarsi: *con l'odio che lentamente si andava assopendo* (Pratolini) || **N.** *Sin.* addormentare, calmare, placare | SONNO.

assorbènte (*ppr.* di *assorbire*) [1728] **I agg.** che assorbe: *carta assorbente, potere assorbente di un corpo* **II sm.** **1.** sostanza che ha la proprietà di assorbire: *assorbente acustico*, materiale che ha la capacità di smorzare suoni e rumori: *lana di vetro e gomma piuma sono assorbenti acustici* **2.** *assorbente igienico*, tampone di materiale assorbente usato per l'igiene intima durante il ciclo mestruale.

assorbiménto [da *assorbire*; a. 1406] **sm.** **1.** atto ed effetto dell'assorbire **2.** *T.biol.* processo di assimilazione in cui i prodotti ultimi della digestione vengono assorbiti dalle cellule || *assorbimento radicale*, nelle piante, processo mediante il quale le sostanze nutritizie disciolte nel terreno vengono assorbite dai vasi legnosi **3.** *T.chim.* processo per cui una sostanza si lega alla superficie di un'altra: *l'assorbimento di gas dei liquidi, l'assorbimento di li-*

quidi dei solidi **4.** *T.fis.* fenomeno per cui l'energia di una radiazione, attraversando un corpo, non viene trasmessa ma viene trattenuta sotto altre forme di energia (ad es. calore) **5.** *T.econ.* fusione di varie società in un solo organismo aziendale: *l'assorbimento della Alfa Romeo da parte della Fiat* **6.** *T.sport.* nello sci, il movimento di piegamento e distensione delle gambe effettuato sulle gobbe per ammortizzare gli urti e compensare le asperità del terreno.

assorbìmetro [comp. di *assorbi(re)* e *-metro*; 1955] **sm.** strumento che misura la capacità di assorbimento di gas nei liquidi.

assorbìre (pres. *-òrbo, -òrbi* o anche *-ìsco, -ìsci*; ppr. *assorbènte*; pps. *assorbìto* o ant. *assòrto*) [dal lat. *adsorbēre*; a. 1306] **tr. 1.** attrarre a sé un liquido o fluido attraverso pori o interstizi, imbeversi: *la spugna assorbe l'acqua*; *fig.* inghiottire, ingoiare, detto in part. di acqua: *i gorghi del fiume assorbirono l'incauto nuotatore* || *fig.* neutralizzare l'effetto di qualcosa: *l'atleta ha assorbito bene la fatica, assorbire un colpo* **2.** *fig.* occupare, esaurire; consumare: *un'occupazione che assorbe il tempo, è tutto assorbito dallo studio*; *la manodopera non è assorbita dal mercato,* non è totalmente impiegata; *la grande domanda ha assorbito le scorte di magazzino* **3.** assimilare, far proprio: *assorbire la cultura, l'insegnamento di qualcuno* || *T.econ.* accorpare delle aziende || **N. 1.** *Sin.* bere, impregnare, sorbire, succhiare **2.** *Sin.* impegnare, occupare, prendere.

assorbitóre [da *assorbire*; a. 1836] **sm. 1.** sostanza o apparecchio che ha la funzione di assorbire una determinata sostanza o determinate radiazioni; *in part.* in fisica nucleare, sostanza ad alto coefficiente di assorbimento per neutroni **2.** *T.alp.* strumento che consente il bloccaggio delle corde in caso di caduta.

assordaménto [da *assordare*; 1669] **sm. 1.** *non com.* atto ed effetto dell'assordare **2.** *T.fis.* in acustica, fenomeno per cui un suono di intensità anche notevolmente superiore alla soglia di udibilità cessa di essere udito se coperto da uno di intensità superiore || **N. 1.** *Sin.* rintronamento, stordimento.

assordànte (*ppr.* di *assordare*) [1765] **agg.** eccessivamente rumoroso; che stordisce, frastornante: *una musica assordante.*

assordàre (pres. *-órdo*) [comp. parasint. di *sordo*; a. 1364 come intr.] **tr. 1.** render sordo: *i concerti rock a tutto volume assordano anzitempo i giovani* || *iperb.* stordire con un gran rumore **2.** *fig.* infastidire con chiacchiere inutili **3.** rif. a rumore, suono, attutirlo || *T.mar.* fasciare remo e scalmo perché non facciano rumore durante la voga || **intr.** (aus. *essere*) diventar sordo || **intr. pron.** di rumore, smorzarsi, attutirsi || **N. tr. 1.** *Sin.* assordire, rintronare.

assordiménto [da *assordire*; 1879] **sm. 1.** *non com.* assordamento **2.** *T.fon.* mutamento da sonora in sorda di una consonante (per es. *fatigare - faticare*).

assordìre (pres. *-ìsco, -ìsci*) [comp. parasint. di *sordo*; a. 1600] **tr.** *raro* assordare || **intr.** (aus. *essere*) divenir sordo || **intr. pron. 1.** di strumento musicale, perdere sonorità: *sente d'improvviso lo strumento assordirsi sotto le sue mani* (D'Annunzio) **2.** *T.ling.* di una consonante sonora, passare alla sorda corrispondente || **N.** SORDO.

assórgere (pres. *-órgo* ecc., come SORGERE) [dal lat. *adsurgere*; 1532] **intr.** (aus. *essere*) *ant.* e *lett.* assurgere.

assortativo [dall'ingl. *assortative*, da *to assort*, classificare, mettere nello stesso gruppo con altri; 1983] **agg.** *T.biol.* detto di accoppiamento tra individui che si somigliano in uno o più caratteri fenotipici.

assortiménto [da *assortire*[1]; 1566] **sm. 1.** quantità di oggetti dello stesso genere ma fra loro diversi: *un bell'assortimento di cravatte, di vestiti, un assortimento di mercanzia* || disponibilità di tali oggetti: *il supermercato offre un vasto assortimento di merci* **2.** *T.tess.* la classificazione delle fibre tessili naturali **3.** *T.mecc.* compatibilità reciproca di ingranaggi e ruote dentate || **N. 1.** *Sin.* raccolta, scelta, selezione, serie.

assortìre[1] (pres. *-ìsco, -ìsci*) [comp. parasint. di *sorta*; 1383] **tr. 1.** disporre, collocare organicamente secondo determinati principi: *assortire le cravatte secondo il disegno, le scarpe secondo il colore* || *per estens.* disporre armonicamente tra loro cose diverse: *assortire le scarpe con l'abito* **2.** *non com.* rif. a negozi, rifornire di merci || **N. 1.** *Sin.* distinguere, ordinare, scompartire; scegliere.

assortìre[2] (pres. *-ìsco, -ìsci*) [comp. parasint. di *sorte*; a. 1348] **tr.** *ant.* sorteggiare.

assortìto (*pps.* di *assortire*[1]) [a. 1597] **agg.** d'ogni qualità: *cravatte assortite, aghi assortiti* || ben scelto, armonico: *colori assortiti* || *una coppia ben, mal assortita,* di coniugi che vanno o non vanno d'accordo || *bottega bene assortita,* ben fornita.

assortitóre [da *assortire*; a. 1712] **sm.** (f. *-trìce*) chi esegue l'assortimento; *in part.* nell'industria laniera, chi è addetto all'assortitura.

assortitùra [da *assortire*; 1955] **sf.** nell'industria laniera, divisione, classificazione e accostamento di velli e pezzami di lana sucida || **N.** *Sin.* assortimento.

assòrto (*pps. ant.* di *assorbire*) [a. 1342] **agg.** profondamente immerso in qualche pensiero o attività: *essere assorto in una lettura* || **N.** *Sin.* assorbito, immerso, intento | *Contr.* svagato.

assórto *pps.* di *assorgere* (v.).

assottigliaménto [da *assottigliare*; a. 1347] **sm.** atto ed effetto dell'assottigliare e dell'assottigliarsi; diminuzione: *l'assottigliamento dello strato di ozono.*

assottigliàre (pres. *-iglio*) [da un ant. *sottigliare*, rendere sottile; a. 1306 nel senso 3] **tr. 1.** rendere sottile o più sottile: *assottigliare un'asse con la pialla* || affilare: *assottigliare una lama* **2.** *fig.* ridurre, diminuire: *in pochi anni ha assottigliato il patrimonio familiare* **3.** *fig.* rendere perspicace, aguzzare: *la necessità assottiglia l'ingegno* || **intr. pron. 1.** smagrire: *dopo la malattia s'è assottigliato* **2.** ridursi di numero: *le file dei suoi sostenitori si assottigliano* || **N. tr. 3.** *Sin.* acuire, affinare | **intr. pron. 1.** *Sin.* dimagrire **2.** *Sin.* scemare.

assuccàre (pres. *-ùcco, -ùcchi*) [del genovese *assuccâ*, acciuffare; 1932] **tr.** *T.mar.* stringere una legatura che si è allentata.

assuefàre (pres. *-fò* o *-fàccio, -fài, -fà* ecc., come FARE) [dal lat. *adsuefacere*; 1353] **tr.** avvezzare, abituare || **rifl.** avvezzarsi, abituarsi: *assuefarsi alle privazioni, al dolore, alla droga, al fumo, a un farmaco.*

assuefàtto (*pps.* di *assuefare*) [1342 ca.] **agg.** abituato, avvezzo || che è colpito da assuefazione a medicinali, stupefacenti ecc.

assuefazióne [da *assuefare*; a. 1519] **sf. 1.** atto ed effetto dell'assuefare e dell'essere assuefatto **2.** *T.med.* abitudine dell'organismo a farmaci o sostanze tossiche; porta all'annullamento dell'efficacia dei farmaci e in genere a dipendenza fisica o psichica: *assuefazione al veleno, alla droga.*

assuèto [dal lat. *adsuetus*; a. 1498] **agg.** *ant.* abituato.

assùmere (pres. *-ùmo*; imp. *-umévo*; p.rem. *-ùnsi, -umésti, -ùnse, -umémmo, -uméste, -ùnsero*; pps. *assùnto*) [dal lat. *adsumere*; 1321] **tr. 1.** prendere su di sé, addossarsi: *assumere un incarico, la direzione di un'azienda* || *assumere il pontificato,* diventare papa **2.** prendere, presentare: *dopo la nomina ha assunto un'aria di superiorità, esposte al sole le lenti fotocromatiche assumono una colorazione più scura* **3.** prendere alle proprie dipendenze: *ha assunto una nuova segretaria* **4.** innalzare a una dignità (quasi esclusivamente nell'uso passivo): *è assunto al cardinalato, al grado di colonello* || *la Vergine fu assunta al cielo,* ascese al cielo col corpo **5.** considerare, ammettere come ipotesi: *assumiamo che l'universo sia infinito* **6.** *T.giur.* acquisire elementi probanti di giudizio: *assunte le prove del caso il giudice deliberò* || *assumere informazioni,* raccoglierle || **rifl. indir.** addossarsi un impiego, un incarico: *assumersi le proprie responsabilità, assumersi l'onere* || **N. 1.** *Sin.* addossarsi, attribuirsi, impegnarsi, intraprendere | *Contr.* rifiutare, scansare **3.** *Contr.* licenziare **4.** *Sin.* esaltare | *Contr.* deporre.

assumìbile [da *assumere*; 1865] **agg.** *raro* che si può assumere.

assùnta [da *assunto*; 1550] **sf.** (perlopiù con iniz. maiuscola) nella liturgia cattolica, attributo relativo alla Madonna accolta in cielo col corpo || *per estens.* la festa della liturgia cattolica che celebra tale evento (15 agosto) || *concr.* opera pittorica raffigurante l'assunzione.

assuntìvo [dal lat. *adsumptīvus*; a. 1294] **agg. 1.** che si assume || *giudizio assuntivo, tesi assuntiva,* che si adduce a sostegno dell'assunto **2.** *T.arald. armi assuntive,* che si assumono o si danno a ricordo di un'impresa notevole.

assùnto (*pps.* di *assumere*) [1319] **sm. 1.** ciò che uno si propone di fare o di provare, parlando o scrivendo, tesi: *dimostrare un assunto, è questo il mio assunto* **2.** (f. *-a*) operaio o impiegato che occupa un posto di lavoro, soprattutto nell'espressione: *i nuovi assunti* **3.** incarico, incombenza: *Bradamante pregò molto Ruggiero che le lasciasse in cortesia l'assunto di gittar della sella il cavaliero* (Ariosto) || **N. 1.** *Sin.* argomento, asserzione, proposizione **3.** *Sin.* carico, cura, impiego, incarico.

assuntóre [da *assumere*; 1747] **agg.** e **sm.** (f. *-trìce*) che o chi assume in appalto un lavoro, un servizio pubblico: *ditta assuntrice* || *assuntore di stazione,* chi ha in appalto un'assuntoria.

assuntorìa [da *assuntore*; 1955] **sf.** *raro* piccola stazione ferroviaria gestita, per concessione d'appalto, da assuntori.

assunzióne [dal lat. *adsumptio, -ōnis*; a. 1342] **sf. 1.** atto ed effetto dell'assumere: *assunzione di un compito* || *assunzione a tempo determinato,* contratto di lavoro per un periodo di tempo limitato **2.** elevazione a dignità: *l'assunzione al trono* **3.** *T.fil. disus.* il termine medio del sillogismo || *com.* ammissione, a titolo d'ipotesi, della verità di un enunciato **4.** (spesso con iniziale maiuscola) nella liturgia cattolica, la salita in cielo della Madonna || festa dell'Assunta || *concr.* opera pittorica raffigurante l'assunzione || **N. 1.** *Sin.* accettazione; chiamata **4.** dormizione; Ferragosto. **Q.T.** *farmacia.*

assunzionìsta [da *assunzione*; 1942] **s.** religioso dell'ordine dell'Assunzione.

assuolàre V. ASSOLARE[2].

assurdità [dal lat. tardo *absurditas, -ātis*; a. 1573] **sf.** qualità di cosa contraria all'evidenza, al buonsenso: *l'assurdità di un'ipotesi, di un'affermazione* || *per estens.* giudizio, affermazione, azione irragionevole e incongruente: *non dice che assurdità* || **N.** *Sin.* controsenso, incongruenza, paradosso.

assùrdo [dal lat. *absurdus*; inizio sec. XIV *assordo*] **I agg.** contraddittorio, contrario all'evidenza dei fatti o dei ragionamenti, fuori dalla normalità: *situazione assurda, comportamento assurdo* || *pretese assurde,* esagerate, smodate || *persona assurda,* strana, impossibile **II sm. 1.** *com.* assurdità, cosa che è contraria al senso comune: *teatro dell'assurdo,* corrente teatrale del Novecento caratterizzata da tematiche esistenziali, situazioni surreali e linguaggio disarticolato || *dimostrazione per assurdo*, che prova una verità mostrando che il non ammetterla conduce a una manifesta contraddizione **2.** *T.fil.* contrario alle leggi di un sistema dato di inferenze || *filosofia dell'assurdo*, l'esistenzialismo, part. l'esistenzialismo francese || **N.** I *Sin.* falso, impossibile, incompatibile, paradossale.

assùrgere (pres. *-ùrgo, -ùrgi*; p.rem. *-ùrsi, -urgésti*; pps. *assùrto*) [dal lat. *adsurgere*; 1801] ***intr.*** (aus. *essere*) *lett.* innalzarsi, levarsi in alto: *assurgere alla gloria, alle più alte dignità.*

assùrto *pps.* di *assurgere* (v.).

àsta [lat. *hasta*; fine sec. XIII nel senso 4] ***sf.*** **1.** bastone sottile, lungo, liscio e diritto, per diversi usi, e spec. a sostegno di bandiere, tende ecc.: *il vento faceva garrire la bandiera sull'asta* || *bandiera a mezz'asta*, appesa al centro dell'asta in segno di lutto || *per estens.* manico: *l'asta della scopa* || *asta di presa*, nelle linee tramviarie, elemento che consente il passaggio della corrente dal filo elettrico sospeso alla motrice || *asta del compasso*, ciascuna delle due metà di cui è costituito || *asta degli occhiali*, ognuna delle due stanghette che poggiano sull'attaccatura delle orecchie || *asta della stadera*, braccio graduato su cui scorre il contrappeso **2.** *T.mar.* parte del bompresso: *asta di fiocco, di controfiocco* **3.** *T.sport.* nell'atletica, attrezzo che l'atleta usa come leva per innalzarsi ed effettuare un particolare tipo di salto: *salto con l'asta* **4.** lancia, arma di legno allungata con punta metallica, picca **5.** trattino verticale che compare in molte lettere dell'alfabeto: *la b ha l'asta ascendente, la p discendente* || *fare le aste*, eseguire i primi esercizi di scrittura **6.** pubblico incanto, vendita al migliore offerente: *vendita all'asta, asta fallimentare, asta pubblica*, procedura per mezzo della quale lo stato o un ente pubblico dà in appalto la realizzazione di un'opera o l'espletamento di un servizio **7.** pene **8.** *T.tecn.* *asta dentata*, sbarra dentata che, accoppiata a un ingranaggio, trasforma il moto rotatorio in moto rettilineo || **N. 6.** appalto, incanto, licitazione | banditore, offerente **8.** *Sin.* cremagliera. **Q.T.** *armi* **TAV.** *bandiere* 1.4; ***atletica*** **p. 657** 1.14; ***ferrovie...*** **p. 669** 4.3.

astàbile [comp. di *a-*[1] e *stabile*; 1974] ***agg.*** *T.elettron.* detto di circuito elettrico caratterizzato da un periodico passaggio da uno stato di funzionamento a un altro || **N.** multistabile.

àstaco (pl. *-ci*) [dal lat. *astacus*, gr. *astakós*; a. 1577] ***sm.*** *T.zool.* genere di Crostacei che comprende il gambero d'acqua dolce.

astànte [dal lat. *adstans, -āntis*; a. 1306] ***s.*** **1.** (spec. *pl.*) chi è presente in qualche luogo: *gli astanti furono invitati a uscire* **2.** *disus.* medico di guardia in ospedale || **N. 1.** *Sin.* presente.

astanterìa [da *astante*; 1920] ***sf.*** quella parte di un istituto ospedaliero dove si ricoverano provvisoriamente i malati, in attesa di assegnarli a un reparto.

astaṣìa [dal gr. *astasía*, instabilità; 1930] ***sf.*** *T.med.* disturbo psichico per cui non si riesce a mantenere il corpo in posizione eretta.

astàta [da *asta*; 1829] ***sf.*** *raro* colpo d'asta.

astàtico (pl. *-ci*) [comp. di *a-*[1] e *statico*; 1887 nel senso 2] ***agg.*** **1.** detto di uno speciale stato di equilibrio dei solidi, che permane in qualsiasi posizione **2.** *T.elettr.* detto di un campo magnetico, insensibile all'azione del campo terrestre **3.** *T.mecc.* detto di regolatore, che mantiene costante la velocità, a prescindere dal valore del carico.

astàto[1] [dal lat. *hastātus*; a. 1292 come sm.] **I** ***agg.*** **1.** armato d'asta: *l'astato velite* (Carducci); *croce astata*, collocata in cima a un'asta || *poet. raro* dritto come un'asta **2.** *T.bot.* si dice di foglie a forma di lancia, munite di due lobi accanto alla base **II** ***sm.*** *T.stor.* soldato della legione romana collocato tra principi e triari.

astàto[2] [dal gr. *ástatos*, instabile; 1959] ***sm.*** *T.chim.* elemento non metallico appartenente al gruppo degli alogeni, ottenuto bombardando con particelle alfa il bismuto.

asteggiàre (pres. *-éggio*) [da *asta*; 1863] ***intr.*** (aus. *avere*) fare aste come primo esercizio preparatorio alla scrittura.

asteggiatùra [da *asteggiare*; 1863] ***sf.*** *non com.* esercizio dell'asteggiare.

astéggio (pl. *-gi*) [da *asteggiare*; 1863] ***sm.*** *non com.* asteggiatura.

astèmio (pl. *-mi*) [dal lat. *abstēmius*; 1631] ***sm.*** (f. *-a*) e ***agg.*** chi o che non beve vino o liquori.

astenére (pres. *-èngo* ecc., come TENERE) [dal lat. *abstinēre*; a. 1292] ***rifl.*** **1.** tenersi lontano, rinunciare, evitare di fare: *astenersi dal giudicare, dal bere* **2.** non esercitare il diritto di voto: *la Democrazia Cristiana si è astenuta nella votazione di fiducia al governo* || ***tr.*** *ant.* tener lontano || **N.** ***rifl.*** **1.** *Sin.* contenersi, desistere, disinteressarsi, evitare, privarsi, temperarsi | *Contr.* cedere **2.** *Contr.* partecipare, votare.

astenìa [dal gr. *asthéneia*; 1819] ***sf.*** *T.med.* debolezza o indebolimento dell'organismo o di un suo organo o sistema || stanchezza.

astènico (pl. *-ci*) [da *astenia*; 1829] **I** ***agg.*** relativo all'astenia; che è affetto da astenia **II** ***sm.*** (f. *-a*) chi è affetto da astenia.

astenopìa [comp. del gr. *asthenḗs*, debole e *-opìa*; 1940] ***sf.*** *T.med.* stanchezza agli occhi in seguito ad affaticamento dei muscoli oculari o per eccessivo sforzo di accomodamento || **N.** vista.

astenosfèra [comp. del gr. *asthenḗs*, debole e *sfera*; 1933] ***sf.*** *T.geol.* sottile strato del mantello terrestre, sul quale poggia la litosfera e nel quale possono verificarsi movimenti orizzontali.

astensióne [dal fr. *abstention*; 1865] ***sf.*** atto ed effetto dell'astenersi; *in part.* rinuncia ad esercitare il diritto di voto: *l'astensione del tuo partito ha provocato una crisi nella maggioranza* || *astensione del giudice*, istituto per cui in determinati casi il giudice deve astenersi dalle sue funzioni. **Q.T.** *politica.*

astensioniṣmo [dal fr. *abstentionnisme*; 1905] ***sm.*** deliberato proposito di non partecipare, per indifferenza o per protesta, alla vita politica o alle votazioni. **Q.T.** *politica.*

astensionìsta [dal fr. *abstentionniste*; 1893] ***s.*** chi deliberatamente si tiene lontano dalla vita politica, e in part. dal voto.

astensionìstico (pl. *-ci*) [da *astensionismo*; 1983] ***agg.*** relativo all'astensionismo.

astenùto (*pps.* di *astenere*) [1946] ***agg.*** e ***sm.*** (f. *-a*) che o chi si astiene dal votare: *pochi gli astenuti in queste elezioni.*

àster [dal gr. *astḗr*, stella; fine sec. XV] ***sm.*** pianta ornamentale con fiori stellati || **N.** *Sin.* amello, astro della Cina.

Asteràcee [comp. di *aster* e *-acee*; 1955] ***sf. pl.*** *T.bot.* Composite.

astereognosìa [comp. di *a-*[1], gr. *stereós*, solido e *-gnosìa*; 1930] ***sf.*** *T.psic.* e *T.med.* perdita, soprattutto in occasione di lesioni cerebrali, della facoltà di riconoscere al tatto la forma degli oggetti e altre loro proprietà fisiche, quali consistenza, temperatura, peso ecc.

astèrgere (pres. *-èrgo* ecc., come TERGERE) [dal lat. *abstergēre*; 1524] ***tr.*** *lett.* disinfettare pulendo: *astergere una ferita*; asciugare delicatamente: *il sacerdote asterge il calice* || *fig.* cancellare || **N.** *Sin.* detergere, lavare, nettare, PULIRE.

astèria [dal gr. *asterías*, stellato; a. 1564 nel senso 2] ***sf.*** **1.** stella di mare **2.** *T.min.* varietà di corindone che, illuminata, presenta un'opalescenza stellata.

asterìsco (pl. *-schi*) [dal lat. tardo *asteriscus*; fine sec. XIV] ***sm.*** **1.** segno diacritico a forma di stella a cinque o più punte (*) che serve da richiamo a note a pié di pagina o indica lacune od omissioni volontarie nel testo || in linguistica storica, premesso a parola o forma indica che questa non è storicamente attestata ma ricostruita; in linguistica teorica, indica forma o espressione non grammaticale **2.** breve trafiletto di giornale, stelloncino **3.** nei libri di salmi, segno della pausa da farsi nel cantarli a metà del versetto || **N. 1.** *Sin.* nota, richiamo. **TAV.** ***tipografia*** **p. 1337** 12.12.

asteriṣmo [dal gr. *asterismós*; a. 1625] ***sm.*** **1.** costellazione **2.** *T.min.* nelle gemme e part. negli zaffiri, luminosità stellare che si osserva nelle pietre tagliate in modo opportuno se queste vengono esposte a una fonte luminosa.

asteroidàle [da *asteroide*; 1983] ***agg.*** *T.astr.* di asteroide.

asteròide [dall'ingl. *asteroid*; 1829] ***sm.*** *T.astr.* piccolo pianeta orbitante attorno al sole part. nella zona compresa tra Marte e Giove || **N.** *Sin.* pianetino, planetoide. **Q.T.** *astronomia.*

Asteroidèi [dal gr. *asteroidḗs*, simile a stella; 1940] ***sm. pl.*** *T.zool.* classe di Echinodermi dal corpo a forma di stella, alla quale appartiene anche la stella di mare.

astersióne [lat. tardo *abstersio, -ōnis*; sec. XIV] ***sf.*** *ant.* atto ed effetto dell'astergere || *fig.* purificazione.

astersìvo [da *astergere*; prima metà sec. XIV] ***agg.*** *ant.* che ha proprietà di astergere.

astèrso *pps.* di *astergere* (v.).

asticciòla (*dim.* di *asta*) [1313] ***sf.*** **1.** piccola asta; *in part.* stecca di freccia **2.** cannetta in cui si inserisce il pennino per la scrittura.

àstice [dal venez. *astase*; a. 1730] ***sm.*** grosso gambero di mare fornito di chele con corpo turchino a macchie gialle || **N.** *Sin.* lupicante, omaro.

asticèlla (*dim.* di *asta*) [a. 1685] ***sf.*** **1.** piccola asta **2.** *T.sport.* regolo di metallo o di legno, collocato sui ritti, che dev'essere superato, senza farlo cadere, nel salto in alto o con l'asta.

astigiàno [dal n. geogr. *Asti*, città del Piemonte; a. 1803] **I** ***agg.*** di Asti o delle regioni vicine: *colline astigiane, spumanti astigiani* **II** ***sm.*** (f. *-a*) nativo o abitante di Asti || *per anton.* *l'Astigiano*, l'Alfieri.

astigmàtico (pl. *-ci*) [comp. di *a-*[1] e del gr. *stígma, -atos*, punto; 1909] ***agg.*** e ***sm.*** (f. *-a*) *T.med.* che o chi è affetto da astigmatismo || *lenti astigmatiche*, atte a correggere l'astigmatismo.

astigmatiṣmo [comp. di *a-*[1] e del gr. *stígma, -atos*, punto; 1875] ***sm.*** **1.** *T.med.* difetto della vista dovuto a ineguale curvatura della cornea per cui un'immagine puntiforme viene percepita come allungata **2.** *T.ott.* aberrazione di un sistema di lenti per cui i raggi di una sorgente luminosa puntiforme si distribuiscono su due linee perpendicolari e distanziate.

astigmòmetro [comp. di *astigm(atismo)* e *-metro*; 1955] ***sm.*** strumento ottico che serve per misurare il grado di astigmatismo.

astìle [dal lat. *hastile*; prima metà sec. XIV nel senso 2] **I** ***sm.*** *ant.* **1.** legno della lancia || *per meton.* lancia **2.** *disus.* virgulto **II** ***agg.*** *ant.* detto di oggetto posto in cima a un'asta: *croce astile.*

àstilo [comp. di *a-*[1] e del gr. *stŷlos*, colonna; 1961] ***agg.*** *T.arch.* privo di colonne: *un tempio astilo.*

astinènte [dal lat. *abstinēns, -ĕntis*; fine sec. XIII] ***agg.*** che si astiene da qualche cosa, part. dai piaceri della carne: *astinente nel cibo, nel bere, nei piaceri sessuali.*

astinènza [dal lat. *abstinentia*; a. 1292] **sf.** **1.** rinuncia ai piaceri della carne: *pratica l'astinenza dal bere alcolici* ‖ *in part.* castità ‖ austerità di costumi: *conduce una vita di astinenza* ‖ *T.rel.* proibizione al consumo di particolari tipi di cibo (soprattutto carne), continuata o limitata a determinati periodi: *fare astinenza il venerdì santo, giorno di astinenza* **2.** *T.med. sindrome da astinenza,* stato di insofferenza e malessere che insorge quando l'abuso di droghe o farmaci viene bruscamente interrotto e che tende a scomparire con la somministrazione di una nuova dose di droga o sostanza a essa affine.

àstio (pl. *àsti*) [dal got. *haifsts,* lotta; 1104] **sm.** odio causato da invidia o rancore per torti subiti: *provare astio per qualcuno* ‖ **N.** *Sin.* antipatia, avversione, gelosia, inimicizia, livore, malevolenza, malignità, odio, ostilità, rancore.

astiosità [da *astioso*; 1865] **sf.** l'essere astioso.

astióso [da *astio*; 1294] **agg.** che sente astio, che rivela astio: *parole astiose, carattere astioso* ‖ *dim.* astiosìno, astiosétto, astiosèllo; *pegg.* astiosàccio.

astìsta [da *asta*; 1965] **s.** *T.sport.* chi pratica il salto con l'asta.

astóre [dal lat. *acceptor, -ōris,* attr. il provenz. *astor*; a. 1294] **sm.** uccello rapace dei Falconiformi, più grande del falco, con piumaggio grigio sul dorso e bianco sul ventre, ali corte e rotonde, utilizzato nella falconeria di basso volo ‖ *fig.* persona avida e scaltra.

astracàn V. ASTRAKAN.

astràere **tr.**, **intr.** e **rifl.** *arc.* V. ASTRARRE.

astràgalo [dal lat. *astragalus,* gr. *astrágalos*; a. 1452 nel senso 3] **sm.** **1.** *T.anat.* osso del tarso che si articola con la tibia e il perone, il calcagno e lo scafoide ‖ *ant.* dado da gioco ricavato dall'osso omonimo di pecore e montoni **2.** *T.bot.* pianta leguminosa delle Papilionacee con foglie ovali oblunghe, fiori giallo-verdastri raccolti in spighe e semi usati come surrogato del caffè **3.** *T.arch.* modanatura di separazione tra il fusto della colonna e il capitello, consistente di un tondino e di un listello sovrapposti. **TAV. *anatomia* p. 642** 10.10.

astragalomanzìa [comp. di *astragalo* e *-manzia*; 1829] **sf.** arte di indovinare o predire il futuro per mezzo dei dadi.

astràggere **tr.**, **intr.** e **rifl.** *arc.* V. ASTRARRE.

astrakàn o **astracàn** [dal n. geogr. *Astrakan,* città russa, attr. il fr. *astrakan*; 1889] **sm.** **1.** pelliccia pregiata, nera, lucida, ricciuta, ricavata dagli agnellini di razza karakul uccisi poco dopo la nascita: *portava una giacca di panno azzurro cupo guarnita di astracan* (D'Annunzio) **2.** tessuto di lana a imitazione di tale pelliccia.

astràle [dal lat. *astralis*; 1585] **agg.** in astrologia, degli astri: *influsso astrale* ‖ *corpo astrale,* in alcune filosofie occultistiche, alone che circonda ogni vivente e costituisce il principio della sensazione ‖ *divinità astrali,* il Sole, la Luna e i principali pianeti, adorati come dei presso i popoli antichi.

astrànzia [etim. inc.; 1829] **sf.** *T.bot.* pianta erbacea delle Ombrellifere con infiorescenze cinte da un involucro colorato.

astràrre (pres. *-àggo* ecc., come TRARRE) [dal lat. *abstrahere*; 1308] **tr.** **1.** *T.fil.* separare con la mente: *astrarre l'universale dal particolare* **2.** *lett.* allontanare, separare, staccare ‖ **intr.** (aus. *avere*) non considerare, prescindere: *astrarre dalle circostanze* ‖ **rifl.** isolarsi, concentrarsi intensamente su qualcosa dimenticando tutto il resto: *quando studia si astrae da tutto ciò che ha intorno.*

astràto V. ADSTRATO.

astrattézza [da *astratto*; a. 1566] **sf.** qualità di ciò che è astratto: *l'astrattezza di un concetto, di un ragionamento* ‖ inconsistenza, indeterminatezza: *una eccessiva astrattezza di principi rallenta la ricerca* ‖ *raro* sbadataggine ‖ **N.** *Sin.* astrazione; distrazione | *Contr.* concretezza.

astrattìsmo [da *astratto*; 1942] **sm.** nell'arte moderna, corrente artistica che teorizza la rinuncia agli aspetti figurativi e realistici della rappresentazione e privilegia il colore e le forme geometriche ‖ **N.** *Contr.* figurativismo.

astrattìsta [da *astratto*; 1950] **agg.** e **s.** *T.art.* seguace dell'astrattismo ‖ **N.** *Contr.* figurativista.

astrattìvo [da *astratto*; 1549] **agg.** che tende all'astratto: *procedimento astrattivo, conoscenza astrattiva.*

astràtto (*pps.* di *astrarre*) [1308] **I agg.** **1.** *T.fil.* formato per via d'astrazione ‖ *com.* che non ha rapporto diretto con la realtà: *idea astratta, ragionamento astratto* ‖ *T.gram. nome astratto,* che indica un concetto, un'idea o una qualità ‖ *in astratto,* in teoria: *in astratto può funzionare ma non nella realtà* **2.** *lett. disus.* distratto, svagato **3.** che si rifà all'astrattismo: *quadro astratto* ‖ **astrattaménte** **avv.** **II sm.** risultato di un processo di astrazione: *contrapporre l'astratto al concreto* ‖ **N.** **1.** campato in aria, fantastico; generico, indefinito, senza contorni, vago | *Contr.* concreto.

astrazióne [dal lat. tardo *abstractio, -ōnis*; a. 1484] **sf.** **1.** facoltà della mente di distinguere l'una dall'altra le singole qualità di un oggetto sensibile, pensando ciascuna indipendentemente dalle altre, e dando a ognuna un'esistenza a sé **2.** capacità di prescindere dagli elementi accidentali di un oggetto o di un processo, per coglierne il nucleo essenziale ‖ *fare astrazione da una cosa,* prescinderne **3.** concetto astratto: *la sua mente è incapace di concepire astrazioni* ‖ ente immaginario, che non esiste in realtà: *lo stato perfetto è un'astrazione.*

astrétto (*pps.* di *astringere*) [a. 1347] **agg.** *lett.* legato, avvinto ‖ costretto: *ben repugnante, ma dal Fato astretto, alla superba recherai le linfe* (Monti).

astrìgnere **tr.** *ant.* V. ASTRINGERE.

astringènte (*ppr.* di *astringere*) [1657] **agg.** e **sm.** *T.farm.* detto di sostanza capace di ridurre o impedire una secrezione: *lozione astringente per pelli grasse* ‖ *com.* detto di farmaco che causa stitichezza ‖ **N.** *Contr.* lassativo.

astringere (pres. *-ingo* ecc., come STRINGERE) [dal lat. *astringere*; a. 1348] **tr.** **1.** *raro lett.* costringere, obbligare ‖ legare, serrare **2.** *T.med.* esercitare azione astringente.

àstro[1] [dal lat. *astrum,* gr. *ástron*; 1321] **sm.** **1.** *T.astr.* corpo celeste **2.** *fig.* chi eccelle, chi è al centro dell'attenzione in un dato momento: *gli astri del cinema, della canzone.* **Q.T.** *astronomia.*

àstro[2] [del gr. *astḗr,* stella, con influsso di *astro*; a. 1725] **sm.** nome di piante delle Composite con fiori di vari colori raccolti in capolini, fra cui l'*astro della Cina* o *aster.*

àstro- [dal gr. *ástron,* stella] **primo elem.** **1.** in parole composte della terminologia scientifica, vale "corpo celeste": **astrofotometrìa**, **astrofotòmetro**, **astrospettrògrafo**, **astrospettroscopìa**, **astrospettroscòpio** ‖ in biologia ha valore di "a forma di astro": **astrocìto** **2.** come abbreviazione di *astronautica* vale "relativo alla navigazione spaziale": **astrobùssola**. **Q.T.** *astronomia.*

-àstro [dal lat. *-ăstru(m)*] **suff.** (f. *-a*) **1.** altera in senso peggiorativo il nome di base: *medicastro, poetastro* **2.** aggiunto a un aggettivo ha semplicemente valore attenuativo: *grigiastro, sordastro.*

astrobiologìa [comp. di *astro-* e *biologia*; 1983] **sf.** parte della biologia che cerca nello spazio l'origine della vita.

astrochìmica [comp. di *astro-* e *chimica*; 1940] **sf.** branca dell'astronomia che studia la composizione chimica degli astri.

astrodinàmica [comp. di *astro-* e *dinamica*; 1892] **sf.** **1.** parte dell'astronomia che studia il movimento dei corpi celesti **2.** il complesso delle questioni di meccanica relative al moto dei veicoli spaziali.

astròfico (pl. *-ci*) [comp. di *a-*[1] e *strofico*; 1955] **agg.** si dice di componimento poetico che non presenti una ripartizione in strofe ‖ nella lirica classica, di componimento dove manchi l'alternanza strofe-antistrofe.

astròfilo [comp. di *astro-* e *-filo*; 1955] **sm.** astronomo dilettante.

astrofìsica [comp. di *astro-* e *fisica*; 1892] **sf.** branca dell'astronomia che studia la natura fisica degli astri.

astrofìsico (pl. *-ci*) [da *astrofisica*; 1955] **I agg.** relativo all'astrofisica **II sm.** (f. *-a*) studioso, esperto di astrofisica.

astrografìa [comp. di *astro-* e *-grafia*; a. 1936] **sf.** fotografia di corpi celesti.

astrògrafo [comp. di *astro-* e *-grafo*; 1892] **sm.** strumento astronomico che serve per fotografare la superficie di corpi celesti.

astrolàbio (pl. *-bi*) [dal gr. *astrolábon,* attr. il lat. mediev. *astrolabium*; a. 1405] **sm.** antico strumento portatile col quale si misurava l'altezza apparente degli astri sull'orizzonte; è il progenitore del sestante ‖ **N.** sfera armillare, teodolite. **TAV. *astronomia* p. 656** 8.

astròlago V. ASTROLOGO.

astrolatrìa [comp. di *astro-* e *-latria*; 1819] **sf.** culto degli astri, part. diffuso nell'antichità in Medio Oriente e Sud America.

astrologàre (pres. *-òlogo, -òloghi*) [da *astrologo*; sec. XIV] **intr.** (aus. *avere*) esercitare l'astrologia ‖ *per estens.* almanaccare, far congetture, fantasticare ‖ **tr.** giudicare e predire dopo osservazioni astrologiche: *astrologare il tempo, il futuro.*

astrologìa [dal lat. *astrologia,* gr. *astrología*; a. 1292] **sf.** arte di origine mediorientale, che si propone di studiare l'influsso degli astri sul mondo e sugli esseri umani e di predire il futuro ‖ *ant. astrologia sferica,* astronomia ‖ *astrologia giudiziaria,* che prediceva gli avvenimenti storici riguardanti l'uomo ‖ **N.** ascendente, zodiaco; augurio, oroscopo, pronostico. **Q.T.** *astronomia* **TAV. *astrologia.***

astrològico (pl. *-ci*) [dal lat. tardo *astrologicus,* gr. *astrologikós*; sec. XIV nel senso 2] **agg.** **1.** relativo all'astrologia **2.** *ant.* astronomico.

astròlogo (ant. *astròlago* o *stròlago*) (pl. *-gi* e *-ghi*) [dal lat. *astrologus,* gr. *astrológos*; fine sec. XIII] **sm.** (f. *-a*) **1.** chi pratica l'astrologia ‖ *per estens.* indovino **2.** *ant.* astronomo.

astrometrìa [comp. di *astro-* e *-metria*; 1955] **sf.** parte dell'astronomia che studia la posizione dei corpi celesti e le loro variazioni.

astronàuta [comp. di *astro-* e *-nauta*; 1937] **s.** pilota di astronave; più in gen. chi compie voli spaziali. **Q.T.** *astronautica* **TAV. *astronautica* p. 655** 7.2.

astronàutica [dal fr. *astronautique*; 1931 *astronautica*] **sf.** scienza e tecnica della costruzione e dell'impiego di veicoli per la navigazione al di fuori dell'atmosfera terrestre ‖ **N.** *Sin.* cosmonautica, navigazione spaziale. **Q.T.** *astronautica* **TAV. *astronautica* p. 654** sg.

astronàutico (pl. *-ci*) [da *astronautica*; 1955] **agg.** relativo alla navigazione spaziale.

astronàve [comp. di *astro-* e *nave*; 1961] **sf.** veicolo per voli interplanetari; termine usato part. nei racconti di fantascienza.

astronomìa [dal lat. *astronomia,* gr. *astronomía*; a. 1310] **sf.** scienza che studia gli astri e i fenomeni celesti. **Q.T.** *astronomia* **TAV. *astronomia* p. 656.**

astronòmico (pl. *-ci*) [dal lat. tardo *astronomicus,* gr. *astronomikós*; a. 1536] **agg.** **1.** relativo all'astronomia: *osservatorio astronomico* ‖ *tavole astronomiche,* che indicano la posizione degli astri in un dato momento **2.** *fig.* iperbolico, inarrivabile: *prezzi astronomici, cifre astronomiche* || **astronomicaménte** ***avv.*** **1.** in modo astronomico, secondo l'astronomia **2.** *fig.* esageratamente. **Q.T.** ***astronomia*** **TAV.** ***astronomia*** **p. 656** 7.

astrònomo [dal lat. tardo *astronomus*, gr. *astronómos*; a. 1642] ***sm.*** (f. *-a*) chi studia l'astronomia. **Q.T.** ***astronomia.***

astruṣàggine [da *astruso*; 1869] ***sf.*** complicatezza, astrusità.

astruṣerìa [da *astruso*; 1848] ***sf.*** l'essere astruso: *l'astruseria di un discorso, di un trattato* || *concr.* idea, discorso astruso: *smettila di dire astruserie.*

astruṣità [da *astruso*; 1863] ***sf.*** astruseria.

astrùṣo [dal lat. *abstrūsus*, pps. di *abstrūdere*, nascondere; 1623] ***agg.*** difficile a intendersi, oscuro e complicato; troppo sottile: *discorso, ragionamento astruso* || **astruṣaménte** ***avv.*** || *dim.* astrusétto || **N.** *Sin.* difficile, enigmatico, imperscrutabile, incomprensibile, inconcepibile, misterioso, recondito, sibillino, sottile | rebus.

astucciàio (pl. *-ài*) [da *astuccio*; 1865] ***sm.*** (f. *-a*) *raro* chi fabbrica o vende astucci.

astùccio (pl. *-ci*) [dal provenz. **estug*; 1618] ***sm.*** **1.** scatola di vario materiale foderata e sagomata internamente secondo la forma dell'oggetto che deve contenere: *l'astuccio del violino, degli occhiali* **2.** fodero per armi || **N. 1.** busta, cassetta, contenitore, custodia, scrigno, teca **2.** *Sin.* guaina.

astutézza [da *astuto*; a. 1565] ***sf.*** *non com.* astuzia.

astùto [dal lat. *astūtus*; a. 1306] ***agg.*** che ha astuzia: *uomo astuto* || detto o fatto con astuzia: *parole astute* || *dim. spreg.* astutèllo; *spreg.* astutàccio || **N.** *Sin.* accorto, avveduto, calcolatore, callido, destro, dritto, fino, furbacchione, furbacchiotto, furbo, malizioso, perspicace, sagace, scaltro, sottile, volpone.

astùzia [dal lat. *astūtia*; a. 1292] ***sf.*** **1.** capacità di comportarsi, senza troppi scrupoli, nel modo più opportuno per il raggiungimento dei propri interessi: *la volpe è simbolo di astuzia* **2.** comportamento, idea che dimostra astuzia: *le mille astuzie di Ulisse* || *dim.* astuziétta, astuziòla || **N. 1.** *Sin.* abilità, accortezza, cautela, destrezza, finezza, furberia, malizia, perspicacia, sagacia, sagacità, scaltrezza, sottigliezza **2.** *Sin.* accorgimento, espediente, imbroglio, raggiro, stratagemma, trovata.

-àta[1] [dal lat. *-āta*, terminazione del pps. f. dei verbi della I coniugazione] ***suff.*** forma sostantivi f. denominali e deaggettivali nei quali può, tra l'altro, indicare: **1.** l'atto che è proprio del nome di base: *fiammata, occhiata, ondata*, e anche *buffonata, cretinata, mascalzonata, vigliaccata* **2.** la quantità approssimativamente contenuta in un recipiente (anche improprio): *carrettata, cucchiaiata, forchettata, grembiulata, palata* **3.** il colpo inferto con ciò che è indicato dal nome di base: *badilata, bastonata, coltellata, martellata, palata* || se si tratta di parte del corpo, il colpo può essere non solo inferto con quella parte ma anche ricevuto su quella parte: *nasata, panciata, pedata, spallata, testata, unghiata, zuccata* **4.** l'insieme di elementi indicati dal nome di base: *figliata, scalinata* **5.** l'intera durata del periodo di tempo indicato dal nome di base: *annata, invernata, giornata, mattinata, serata, nottata.*

-àta[2] o **-ìta** o **-ùta** [dalla terminazione dei pps. italiani] ***suff.*** forma sostantivi f. deverbali (a partire, rispettivamente, da verbi in *-are, -ire* e *-ere*) che indicano l'azione descritta dal verbo di base o il suo risultato: *arrampicata, camminata, dormita, bevuta, venuta* || in qualche caso tale azione si intende compiuta in modo frettoloso o sommario: *contata, lavata, pulita* (rispetto a *conteggio, lavaggio* o *lavatura, pulitura*).

atabàgico (pl. *-ci*) [comp. di *a-*[1] e *tabag(ismo)*; 1955] ***sm.*** *T.farm.* prodotto farmaceutico per distogliere dal vizio del fumo.

atalànta [dal n. proprio mitologico greco; 1829] ***sf.*** farfalla diurna con ali grandi, di colore marrone, con macchie rosse e bianche, del genere Vanessa.

atamàno [dal russo *ataman*; 1843] ***sm.*** comandante militare di armate cosacche.

atarassìa [dal gr. *ataraxía*; a. 1729] ***sf.*** *T.fil.* termine usato da epicurei e stoici per indicare l'ideale di imperturbabilità e di serenità d'animo derivante dal dominio e dall'estirpazione delle passioni || **N.** nirvana.

ataràssico (pl. *-ci*) [da *atarassia*; 1931] **I** ***agg.*** relativo all'atarassia || *fig.* imperturbabile: *atteggiamento atarassico* **II** ***sm.*** *raro T.farm.* tranquillante.

atàre [lat. *adiutāre*; prima metà sec. XIII] ***tr.*** *ant. tosc.* aiutare.

atassìa [dal gr. *ataxía*; 1819] ***sf.*** *T.med.* mancanza di coordinazione nei movimenti dei muscoli volontari dovuta a lesioni del sistema nervoso.

atàssico (pl. *-ci*) [da *atassia*; 1939] **I** ***agg.*** *T.med.* relativo ad atassia; affetto da atassia **II** ***sm.*** (f. *-a*) paziente affetto da atassia.

atassostèle [comp. di *a-*[1], gr. *táxis*, ordine e *stele*; 1988] ***sf.*** *T.bot.* stele tipica delle Monocotiledoni, formata da molti fasci vascolari che dimostrano una distribuzione apparentemente disordinata, senza che si possa riconoscere una zona midollare.

atàvico (pl. *-ci*) [dal fr. *atavique*; 1882] ***agg.*** **1.** che risale agli antenati o deriva da essi, che ha ascendenza remotissima: *paura, credenza atavica* **2.** *T.med.* che riguarda l'atavismo || **atavicaménte** ***avv.*** per atavismo, per eredità atavica.

atavìṣmo [dal fr. *atavisme*; 1875] ***sm.*** *T.biol.* comparsa in un individuo di caratteri somatici o psichici non riscontrati negli ascendenti prossimi e perciò attribuiti in passato a caratteristiche presenti negli antenati e oggi considerati conseguenza della manifestazione di geni recessivi || **N.** ereditarietà.

atavìstico (pl. *-ci*) [dal fr. *atavistique*; a. 1907] ***agg.*** *non com.* relativo ad atavismo.

àtavo [dal lat. *atavus*; a. 1543] ***sm.*** (f. *-a*) *lett.* padre o madre del trisnonno o della trisnonna || *per estens. pl.* avi, antenati: *posan gli atavi re dentro gli avelli* (Carducci) || **N.** *Sin.* antenato, arcavolo, avo.

ateìṣmo [dal lat. *atheus*, gr. *átheos*, ateo; 1584] ***sm.*** dottrina che nega l'esistenza di Dio o di ogni altra realtà trascendente l'uomo || **N.** *Sin.* incredulità, irreligiosità | *Contr.* teismo.

ateìsta [dal lat. *atheus*, gr. *átheos*, ateo; fine sec. XVI] ***s.*** ateo, chi professa l'ateismo.

ateìstico (pl. *-ci*) [da *ateismo*; 1639] ***agg.*** dell'ateo, dell'ateismo.

ASTROLOGIA

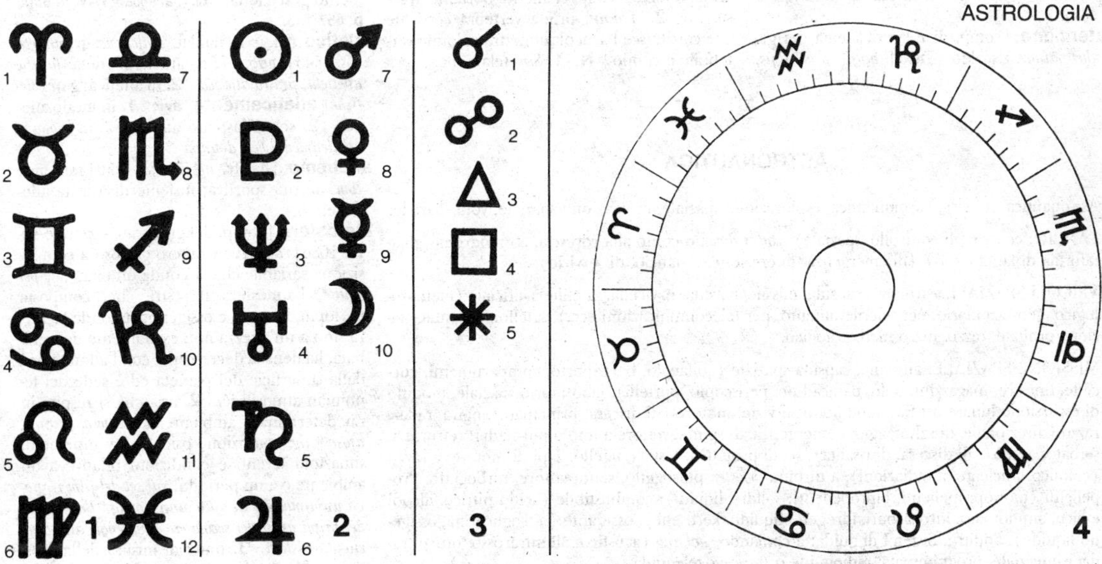

1. segni dello zodiaco
1.1. ariete - 1.2. toro - 1.3. gemelli - 1.4. cancro - 1.5. leone - 1.6. vergine - 1.7. bilancia - 1.8. scorpione - 1.9. sagittario - 1.10. capricorno - 1.11. acquario - 1.12. pesci

2. simboli dei pianeti
2.1. Sole - 2.2. Plutone - 2.3. Nettuno - 2.4. Urano - 2.5. Saturno - 2.6. Giove - 2.7. Marte - 2.8. Venere - 2.9. Mercurio - 2.10. Luna

3. simboli degli aspetti
3.1. congiunzione - 3.2. opposizione - 3.3. trigono - 3.4. quadrato - 3.5. sestile

4. carta del cielo

àtele [dal gr. *atelḗs*, imperfetto; 1829] ***sm.*** *T.zool.* scimmia platirrina americana dagli arti molto lunghi, coda prensile, corpo sottile ed esile.

atelettaṣia o **atelectaṣia** [comp. del gr. *atelḗs*, imperfetto e gr. *éktasis*, dilatazione; 1930] ***sf.*** *T.med.* incompleta distensione di un organo: *atelettasia polmonare*, collasso degli alveoli polmonari.

atelettàṣico (pl. *-ci*) [da *atelettasia*; 1983] ***agg.*** *T.med.* relativo all'atelettasia.

atelier (fr., pr. [atə'lje]) [letter. luogo ove un artigiano lavora il legno; 1758] ***sm.*** *inv.* laboratorio artigiano; *in part.* studio di artista: *l'atelier del pittore, del fotografo* ‖ sartoria d'alta moda: *l'atelier di Capucci.*

atellàna [dal lat. (*fābula*) *atellāna*, da *Atella*, n. di una città della Campania; 1554] ***sf.*** nome di antiche farse popolari romane di origine osca con personaggi fissi.

atemàtico (pl. *-ci*) [comp. di *a-*[1] e *tematico*; 1955] ***agg.*** *T.ling.* detto di forme in cui le terminazioni vengono aggiunte alla radice o tema senza interposizione di vocale o sillaba tematica (per es. *lat. fer - t*).

atemporàle [comp. di *a-*[1] e *temporale*; 1963] ***agg.*** che trascende il tempo, che è fuori dal tempo.

atemporalità [da *atemporale*; 1983] ***sf.*** proprietà di ciò che è atemporale.

atenèo [dal lat. *Athenāeum*, gr. *Athḗnaion*; a. 1696] ***sm.*** istituto di studi superiori; università, accademia.

ateniése [dal n. geogr. *Atene*, città della Grecia; 1829] **I** ***agg.*** di Atene **II** ***s.*** nativo o abitante di Atene.

àteo [dal lat. tardo *atheus*, gr. *átheos*; 1650] ***sm.*** e ***agg.*** chi o che nega l'esistenza di Dio ‖ **N.** materialista, scettico.

aterìano [dal n. geogr. Bir-el-*Ater*, città dell'Africa sett.; 1934] ***agg.*** detto della cultura preistorica del Musteriano finale tipica dell'Africa settentrionale, caratterizzata dalla produzione di punte di selce con peduncolo: *industria ateriana.*

aterìna [dal lat. *Atherina*, gr. *atherínē*, piccolo pesce di mare; 1819] ***sf.*** *T.zool.* genere di piccoli pesci Teleostei, tra cui il latterino, viventi nei mari temperati e tropicali, spec. lungo le coste.

atermàno [comp. di *a-*[1] e del tema del gr. *thermaínо*, riscaldo; 1875] ***agg.*** *raro T.fis.* adiatermano, opaco alle radiazioni calorifiche ‖ **N.** *Contr.* diatermano.

atèrmico (pl. *-ci*) [comp. di *a-*[1] e *termico*; 1970] ***agg.*** che assorbe radiazioni infrarosse e non trasmette calore: *cristalli atermici* ‖ *gen.* insensibile a variazioni di calore.

aterogenètico (pl. *-ci*) [comp. di *atero(ma)* e *genetico*; 1955] ***agg.*** e ***sm.*** *T.med.* detto di sostanza che favorisce l'aterosclerosi (per es. il colesterolo).

ateròma [dal lat. tardo *atherōma*; a. 1698] ***sm.*** **1.** *T.med.* processo degenerativo delle arterie che si manifesta con la comparsa di placche giallastre nella parete interna; si associa ai processi di sclerosi e calcificazione **2.** *T.med.* cisti contenente grasso che si sviluppa nel cuoio capelluto.

ateromaṣia [da *ateroma*; 1942] ***sf.*** *T.med.* aterosclerosi.

ateroscleròṣi o **aterosclèroṣi** [comp. di *atero(ma)* e *sclerosi*; 1955] ***sf.*** *T.med.* processo degenerativo delle arterie con placche e ulcere dovute ai depositi di grasso che danno luogo ad ateromi.

ateroscleròtico (pl. *-ci*) [da *aterosclerosi*; 1983] ***agg.*** *T.med.* relativo all'aterosclerosi: *focolai aterosclerotici.*

ateṣino [dal lat. *Athesis*, Adige; 1923] **I** ***agg.*** dell'Adige, della valle dell'Adige **II** ***sm.*** (f. *-a*) nativo o abitante della valle dell'Adige.

atetèṣi [dal gr. *athétesis*, abolizione; 1961] ***sf.*** nell'edizione critica di un testo, segnalazione, tramite parentesi quadra, di un passo ritenuto spurio o interpolato.

atetòṣi [dal gr. *áthetos*, sconnesso, disordinato; 1930] ***sf.*** *T.med.* malattia, spec. infantile, caratterizzata da movimenti involontari delle mani, delle braccia e della testa.

atipicità [da *atipico*; 1961] ***sf.*** caratteristica di ciò che è atipico: *atipicità di un fatto sociale, del decorso di una malattia.*

atìpico (pl. *-ci*) [comp. di *a-*[1] e *tipico*; 1845] ***agg.*** non tipico, che non rientra nella norma: *comportamento atipico* ‖ **atipicaménte** ***avv.*** ‖ **N.** *Sin.* anormale, inconsueto | *Contr.* tipico.

-atìvo v. -IVO (nel senso 2).

atlànte[1] [dal lat. *Atlas*, *Atlantis*, gr. *Átlas*; a. 1673 nel senso 2] ***sm.*** **1.** *T.arch.* figura maschile utilizzata come elemento portante di sostegno **2.** *T.anat.* prima vertebra cervicale che costituisce l'articolazione tra colonna vertebrale e cranio ‖ **N.** **1.** *Sin.* telamone.

atlànte[2] [dal n. proprio *Atlante*, titano che nella mitologia classica sosteneva il mondo e che fu rappresentato sul frontespizio dei primi atlanti; a. 1703] ***sm.*** raccolta sistematica di carte geografiche rilegate in un volume: *atlante geografico, storico* ‖ *atlante astronomico*, che rappresenta la sfera celeste ‖ *atlante linguistico*, che rappresenta su carte la diffusione geografica di fenomeni linguistici ‖ *per estens.* qualunque raccolta sistematica di tavole illustrate relative a una disciplina: *atlante anatomico, botanico.* **Q.T.** *geografia, linguistica.*

atlàntico[1] (pl. *-ci*) [dal lat. *atlanticus*, gr. *atlantikós*; a. 1642] ***agg.*** **1.** *lett.* di Atlante, e quindi gigantesco, titanico: *fatica atlantica* **2.** *T.bibl.* che ha il formato degli atlanti, cioè il massimo formato a foglio disteso: *codice atlantico, bibbie atlantiche.*

atlàntico[2] (pl. *-ci*) [dal lat. *Atlanticus*, gr. *Atlantikós*; a. 1745] ***agg.*** **1.** dell'Oceano Atlantico: *fauna atlantica* ‖ *dorsale atlantica*, catena montuosa sottomarina che solca longitudinalmente l'Oceano Atlantico ‖ *Patto Atlantico*, alleanza politico-economico-militare ventennale tra gli Stati Uniti e i paesi dell'Europa occidentale stipulato nel 1949 **2.** che riguarda il Patto Atlantico: *solidarietà atlantica.*

atlantiṣmo [da *atlantico*[2]; 1963] ***sm.*** dottrina e prassi politica che si ispira al Patto Atlantico.

atlantista [da *atlantismo*; 1976] ***s.*** sostenitore dell'atlantismo e dell'alleanza fra i paesi dell'Europa occidentale e gli Stati Uniti d'America.

atlèta [dal lat. *āthlētā*, gr. *athlētḗs*; 1321 nel senso 3] ***s.*** **1.** chi pratica uno sport con assiduità e per fini agonistici: *alla manifestazione sportiva partecipavano atleti di dodici nazioni* ‖ *in part.* chi pratica uno sport dell'atletica leggera **2.** *per estens.* persona prestante e robusta: *nonostante la sua età è ancora un atleta* **3.** *fig. lett.* strenuo difensore, campione: *è un atleta della fede* ‖ **N.** **1.** *Sin.* sportivo. **Q.T.** *sport.*

atlètica [dal lat. *athlētica* (*ars*); 1797] ***sf.*** complesso di prove sportive ispirate al modello degli esercizi praticati nell'antichità ‖ *atletica leggera*, comprendente corsa, marcia, salti e lanci ‖ *atletica pesante*, comprendente sollevamento pesi e lotta. **Q.T.** *atletica* **TAV. *atletica* p. 657** 1, 3.

atlètico (pl. *-ci*) [dal lat. *athlēticus*, gr. *athlētikós*; 1543] ***agg.*** **1.** da atleta, di atleta: *fatiche atletiche, figura atletica* **2.** di atletica: *gare atletiche* ‖ **atleticaménte** ***avv.*** **1.** in modo atletico **2.** sotto l'aspetto atletico: *è un giovane atleticamente ben dotato.*

atletiṣmo [dal fr. *athlétisme*; 1950] ***sm.*** *non com.* attività sportiva; insieme di attività atletiche.

atmosfèra [comp. del gr. *atmós*, vapore e *sfera*; 1680] ***sf.*** **1.** involucro gassoso a composizione variabile che circonda un pianeta ‖ *per anton.* l'atmosfera terrestre che, composta perlopiù da azoto e ossigeno, circonda la Terra sino a un'altezza non esattamente determinata, ha densità decrescente con l'allontanarsi dalla superficie del pianeta ed è sede dei fenomeni atmosferici **2.** aria che si respira in un determinato ambiente: *atmosfera pesante, afosa* ‖ *fig.* condizione psicologica, insieme di situazioni, eventi e condizioni relative a un ambiente o a un periodo: *sul set del film regnava un'atmosfera di allucinante orrore, l'atmosfera dei primi anni del secolo era favorevole alla creazione artistica* **3.** unità di misura della pressione ‖ **N.** **1.** *Sin.* aria **2.** ambiente, situazione. **Q.T.** *meteorologia* **TAV. *meteorologia* p. 1321** 1.

atmosfèrico (pl. *-ci*) [da *atmosfera*; 1789] ***agg.*** dell'atmosfera, relativo all'atmosfera: *fenomeni atmosferici* ‖ *disturbi atmosferici*, causati alle ricezioni radiotelevisive da scariche elettri-

ASTRONAUTICA

Astronautica militare, cosmonautica, esplorazione spaziale, navigazione spaziale, volo spaziale.

LANCIO: centro (di controllo, spaziale), *count down* o conto alla rovescia, cosmòdromo, piattaforma di lancio, torre (di emergenza, di erezione, di lancio, di servizio).

VEICOLI SPAZIALI: astronave, capsula, missile, navetta, navicella, satellite artificiale (meteorologico, geostazionario, per telerilevamento, per telecomunicazioni ecc.), satelloide, sonda, stazione orbitale, razzo, razzo meteorologico.

MISSIONE SPAZIALE: antenne, capsula spaziale (abitacolo, boccaporto, compartimenti, cuccette, finestre, magazzini, oblò, paracadute, periscopio, portelli), laboratorio spaziale, modulo di escursione lunare o LEM, modulo di servizio, motore (di discesa, principale), ogiva, radar, razzo (direzionale, di salvataggio o emergenza, di spinta, vettore a uno o più stadi), retrorazzi, serbatoi, stadio (di discesa, di risalita), scudi protettivi, testata, ugello. Tipi di motore: a razzo (chimico, nucleare, a radiazioni), a turbina, *booster*, pulsogetto, statoreattore, turbogetto. Propellenti (monopropellenti, bipropellenti; solidi / liquidi): combustibile (acido nitrico, alcool etilico, ammoniaca, idrocarburi, idrogeno liquido, kerosene), ossidante (nitroglicerina, ossigeno liquido), additivi. Sistemi di guida: a comando, *homing* (acustico, all'infrarosso, ottico, radar), inerziale, programmata, radioguida o *tracking*, teleguida.

OPERAZIONI: aggancio, allunaggio, ammaraggio, ascesa / discesa, atterraggio, caduta, distacco, entrata in orbita, recupero, *rendez-vous*, rientro.

TERMINI VARI: astronauta, cosmonauta, equipaggio; cordone ombelicale, tuta spaziale; *burn-out* o *Brennschluss* o fine della combustione, cadenza di lancio, impatto, missione, orbita, spinta, traiettoria, velocità (di eiezione, di scarico, di fuga o di liberazione, orbitale).

che nell'atmosfera || *precipitazioni atmosferiche, meteoriche.*

-àto[1] [dal lat. *-ātus*, terminazione del pps. dei verbi della I coniugazione] ***suff.*** **1.** forma aggettivi denominali nei quali può assumere, tra l'altro, il valore di "che evoca ciò che è espresso dalla base" (*vellutato, flautato, frullato*) e, più spesso, di "munito di, pieno di ciò che è espresso dalla base" (*alato, chiodato, fortunato, garbato, salato, stellato, trafficato*) **2.** con quest'ultimo valore può intervenire anche nella formazione di sostantivi denominali: *loggiato, pergolato, porticato.*

-àto[2] [dal lat. *-ātus, -us*, desinenza dei sost. della IV declinazione] ***suff.*** forma sostantivi m. denominali nei quali può, tra l'altro, indicare: la carica (e anche l'ambito o il territorio in cui la carica vige) dell'autorità designata dal nome di base: *ducato, rettorato, vescovato* || la condizione di chi è designato dal nome di base: *celibato, laicato, noviziato* || l'insieme delle persone designate dal nome di base: *bracciantato, proletariato, senato, vicinato.*

-àto[3] [dal suff. lat. *-ātus*] ***suff.*** in parole della terminologia chimica, serve per formare le denominazioni di sali ed esteri (per es. *solfato, nitrato, acetato*) derivati da un acido la cui denominazione termini in *-ico*, ad eccezione di quelli non contenenti ossigeno e derivati dagli alogeni; oppure dei sali degli acidi aromatici: **benzoàto**; oppure degli alcolati: **etilàto, metilàto**.

atòllo [dal maldivo *atolu*, attr. l'ingl. *atoll*; 1872] ***sm.*** *T.geogr.* isola corallina a forma di anello; si eleva sul livello del mare circoscrivendo una laguna comunicante col mare per mezzo di canali.

atòmico (pl. *-ci*) [da *atomo*; 1865] ***agg.*** **1.** relativo all'atomo: *energia, fisica atomica* || *numero atomico*, numero di elettroni o protoni che costituiscono l'atomo di un elemento || *peso atomico*, peso di un atomo riferito all'unità di misura (dodicesima parte del peso di un atomo di carbonio 12) **2.** nucleare: *sottomarino a propulsione atomica, pila atomica* || *bomba atomica*, ordigno basato sugli effetti della scissione nucleare dell'atomo; anche *sf.*: *l'atomica* || *era atomica*, periodo che si fa iniziare verso la metà del XX sec., caratterizzato dall'impiego dell'energia nucleare **3.** *T.fil.* in alcune correnti di pensiero contemporaneo, elementare, non ulteriormente scomponibile || in logica matematica, *enunciato atomico*, enunciato affermativo dichiarativo che non può essere ricondotto a enunciati più semplici (per es. *la neve è bianca*) **4.** *fig. non com.* straordinario, eccezionale: *bellezza atomica.*

atomìsmo [da *atomo*; 1797] ***sm.*** **1.** *T.fil.* dottrina filosofica greca secondo cui la realtà è costituita dall'aggregarsi e disgregarsi spontaneo e casuale di atomi **2.** *fig.* tendenza a un'eccessiva dispersione o frammentazione: *l'atomismo partitico italiano* **3.** *per estens.* in varie scienze umane, teoria che sostiene la riducibilità di una realtà complessa ai suoi elementi componenti.

atomìsta [da *atomo*; a. 1635] ***s.*** e ***agg.*** *T.fil.* chi o che segue la teoria atomistica.

atomìstica [da *atomista*; 1819] ***sf.*** *raro* fisica atomica.

atomìstico (pl. *-ci*) [da *atomismo*; 1865] ***agg.*** *T.fil.* relativo all'atomismo, che è improntato a concezioni atomistiche || **atomisticaménte** ***avv.*** secondo concezioni atomistiche.

atomizzàre [dall'ingl. *to atomize*; 1939] ***tr.*** **1.** nebulizzare, ridurre un liquido in goccioline piccolissime: *atomizzare un profumo* **2.** *non com.* sottoporre a bombardamento con bombe atomiche: *Bikini è stata atomizzata.*

atomizzatóre [da *atomizzare*; 1942] ***sm.*** apparecchio che serve ad atomizzare un liquido, nebulizzatore, spray.

atomizzazióne [da *atomizzare*; 1955] ***sf.*** **1.** nebulizzazione **2.** *non com.* il sottoporre a bombardamento atomico e gli effetti che ne derivano.

àtomo [dal lat. *atomus*, gr. *átomos*; fine sec. XIV] ***sm.*** **1.** *T.chim.* e *T.fis.* la più piccola parte di materia che può entrare in reazioni chimiche, costituita da un nucleo di particelle a carica positiva (*protoni*) e particelle neutre (*neutroni*) intorno al quale ruotano particelle a carica negativa (*elettroni*) **2.** *T.fil.* parte minima, indivisibile **3.** *T.mat.* in un sistema parzialmente ordinato, elemento che non è preceduto da un altro elemento se non dall'elemento che precede ogni altro elemento || in linguaggi formali, espressione elementare non ulteriormente scomponibile **4.** *T.sociol.* unità individuale considerata come membro relativamente indipendente di un gruppo: *ogni uomo è un atomo sociale.* **Q.T.** *chimica.*

atonàle [comp. di *a-*[1] e *tonale*; 1930] ***agg.*** di musica che non segue i canoni della tonalità classica: *la dodecafonia è musica atonale.*

atonalità [comp. di *a-*[1] e *tonalità*; 1950] ***sf.*** sistema musicale che prescinde dal principio tonale di relazione tra suoni.

ASTRONOMIA

Astronomia (nautica, planetaria, sferica, siderale, solare); astrobiologia, astrochimica, astrodinamica, astrofisica, astrofotometria, astrometria, astronautica, cosmogonia, cosmologia, cosmografia, meccanica celeste, radioastronomia.

CORPI CELESTI O ASTRI: asteroide, bolide o meteorite, buco bianco, buco nero, cometa (nucleo, chioma, coda), pianeta, pianetino, *QSO* od oggetto quasi stellare, *quasar* o radiosorgente quasi stellare, satellite o luna, stella (di I, II, III popolazione; bianca, blu, nera, rossa ecc.; supergigante, gigante, subgigante, nana; di prima, seconda, ... grandezza; binaria o doppia, — doppia, fotometrica o a eclisse, ottica, spettroscopica, visuale —, di neutroni, exnova, fissa, multipla, nova, protostella, *pulsar*, supernova, variabile — cefeide, esplosiva, nebulare, semiregolare —), stella cadente o meteora.

GRUPPI DI ASTRI: ammasso (di galassie, nebulare, stellare — aperto, globulare —), costellazione, galassia (ellittica, lenticolare, spirale; nucleo, bracci), nebulosa (lucida, oscura; anulare, planetaria), sciame meteorico, sistema (solare, stellare); materia interplanetaria, materia interstellare.

SISTEMA SOLARE: Sole (nucleo, fotosfera, eliosfera, cromosfera, corona solare, luce zodiacale, cerchi parèlii; attività solare: brillamenti o *flares*, eruzioni, facole, filamenti, getti o pennacchi o *surges*, macchie, protuberanze, radiazioni corpuscolari e radioelettriche — *bursts, outbursts* —, spicole, tempeste magnetiche e radioelettriche, turbolenze, vento solare), Mercurio, Venere, Terra (omosfera, eterosfera, ionosfera, fasce di Van Allen, magnetosfera; Luna: mari, continenti, catene, circhi, coni, crateri, domi, luce cinerea, paraselene; evezione, librazione, quadratura, quarti, sigizie — novilunio / plenilunio —), Marte, asteroidi (Eros, Cerere, Icaro, Vesta ecc.), Giove, Saturno (anelli), Urano, Nettuno, Plutone, comete (Halley, Enke, Whipple, Biela ecc.).

STRUMENTI: annuario astronomico, atlante stellare, carta o mappa celeste, catalogo stellare, globo celeste, planetario; astrografo, astrolabio, bolometro, celostata, cerchio meridiano, collimatore, coronografo, eliomagnetografo, eliometro, elioscopio, fotometro, interferometro, micrometro, montatura (altazimutale, equatoriale), nonio, orologio astronomico, quadrante, radar, radiotelescopio, riflettore, rifrattore, sestante, spettroeliografo, spettrografo (prismatico, a reticolo), spettrometro, spettroscopio, strumento dei passaggi, telescopio (ottico, elettronico, zenitale, fotografico o *PTZ*), teodolite, torre solare.

ANTICHI O DISUSATI: almagesto; astrolabio o sfera armillare, clessidra, circolo murale o quadrante, cosmolabio, gnomone, meridiana, ottante, triquerto parallattico.

TERMINI VARI: cielo, cosmo, firmamento, sfera celeste, spazio, universo, volta stellata; aberrazione, accelerazione (di gravità, di repulsione, secolare), afelio / perielio, alba / tramonto, altezza, apice, apside (apogeo / perigeo), aurora polare (australe, boreale), attrazione universale, azimut, *big bang*, cerchio massimo, ciclo, circolo orario, collasso gravitazionale, collisione, coluro, configurazione, congiunzione, correzione bolometrica, costante gravitazionale, culminazione, disintegrazione, dispersione, eclittica, eclisse (anulare, centrale; parziale / totale), effetto Doppler, elongazione, emisfero, energia, equatore (terrestre, celeste, galattico), equinozio / solstizio, espansione, evezione, fase (crescente / calante), flusso, forza (elettromagnetica, gravitazionale, nucleare), giorno / notte, meridiano / parallelo, nadir, nodo, nutazione, occultazione, opposizione, orbita, orizzonte (apparente, sensibile, visibile), perturbazione (secolare, periodica), poli celesti (australe, boreale), precessione, processione, punto vernale, radiazione di fondo, raggi cosmici, recessione delle galassie, retrogradazione, scintillazione, stagione, tempo (inerziale, locale, medio, siderale, sidereo, solare, universale), traiettoria, transito, traslazione, zenit.

DESCRIZIONE DEI CORPI CELESTI: albedo, amplitudine, campo magnetico, composizione, composizione e pressione atmosferica, coordinate astronomiche (ascensione retta o longitudine / declinazione o latitudine), densità, distanza, inclinazione assiale, eccentricità dell'orbita, età, evoluzione, forma, gravità, luminosità, magnitudine (apparente o visuale, assoluta, bolometrica), massa, moto, periodo (siderale, sinodico), radiazioni, temperatura, tipo spettrale, velocità (orbitale, radiale, tangenziale), volume.

UNITÀ DI MISURA: Angström (A), annoluce, ascensione retta (AR), declinazione (decl.), Gauss (G), gradi, minuti e secondi d'arco (°, ′, ″), magnitudine (magn.), parsec (pc), unità astronomica (Ua), velocità della luce (c).

VOCI ATTINENTI: astrale, astronomo, osservatorio astronomico, stazione astronomico-meteorologica; calendario, fuso orario, punti cardinali; teoria eliocentrica, geocentrica, del punto equante, degli epicicli.

ASTROLOGIA (genetliaca, oraria): ascendente (AS), aspetti o figure (congiunzioni, opposizioni, quadrature, quinconce, sestili, trigoni), casa, fondo del cielo (FC), longitudine del centro del cielo (MC), oroscopo, pianeti, segno dello Zodiaco.

atonìa [dal lat. tardo *atŏnia*, gr. *atonía*; a. 1758] ***sf.*** **1.** *T.med.* perdita o mancanza del tono muscolare: *atonia gastrica* || *per estens.* debolezza, fiacchezza **2.** *T.fon.* mancanza di accento tonico || **N. 1.** *Sin.* languore, rilassamento.

atonicità [comp. di *a-*[1] e *tonicità*; 1955] ***sf.*** l'essere atono: *atonicità di una sillaba.*

atònico (pl. *-ci*) [da *atono*; 1955] ***agg.*** *T.med.* affetto da atonia: *tessuti, organi atonici.*

àtono [dal gr. *átonos*; 1925] ***agg.*** **1.** *T.fon.* che è privo di accento tonico: *una sillaba atona* **2.** *non com.* privo di tono: *muscolatura atona* || *per estens.* fiacco, debole, privo di espressione: *sguardo atono* || **N. 1.** *Contr.* accentato, tonico | accento, enclitica, proclitica.

a tórno V. ATTORNO.

atòssico (pl. *-ci*) [comp. di *a-*[1] e *tossico*; 1892] ***agg.*** che non ha effetti tossici: *farmaco atossico.*

atout (fr., pr. [a'tu]) [da *à tout*, letter. a tutto; 1905] ***sm. inv.*** nel bridge e in altri giochi di carte indica il seme che si è dichiarato di giocare e che ha diritto di presa sugli altri || *fig. avere degli atout*, avere buoni appoggi, aver forti argomenti, possibilità di successo.

atrabìle [dal lat. *atra bile*, bile nera; a. 1698] ***sf.*** nella medicina ippocratea, umore secreto dal fegato, bile nera, che causava malinconia || *per estens. ant.* cattivo umore || **N.** ipocondria, malinconia, malumore.

atrabiliàre [da *atrabile*; a. 1698] ***agg.*** che soffre d'atrabile || *fig.* malinconico, bilioso: *carattere atrabiliare.*

a travèrso V. ATTRAVERSO.

atrazìna [da *-azina*; 1976] ***sf.*** *T.chim.* molecola di sintesi usata nei diserbanti chimici; entra in formulati che inibiscono la crescita di vegetali indesiderati, quali ad es. le Graminacee, nelle colture.

atrèplice o **atrìplice** [lat. *atriplex, -icis*; 1313] ***sf.*** pianta erbacea delle Chenopodiacee con foglie commestibili rossicce, bietolone.

atrepsìa [dal fr. *athrepsie*; a. 1925] ***sf.*** *T.med.* nei neonati, deperimento organico causato da denutrizione || **N.** *Sin.* marasma infantile.

atreṣìa [dal fr. *atrésie*; 1908] ***sf.*** *T.med.* incompleto sviluppo, occlusione naturale di un orifizio organico: *atresia anale.*

atriàle o **atrìale** [da *atrio*; 1955] ***agg.*** *T.med.* dell'atrio cardiaco: *affezione atriale.*

atrichìa [comp. di *a-*[1] e del gr. *thrix, trichós*, capello; 1940] ***sf.*** *T.med.* mancanza congenita dei capelli e dei peli || **N.** alopecia.

atriènse [dal lat. *atriensis*; 1865] ***sm.*** *T.stor.* nelle case romane, guardiano dell'atrio, portiere, guardaportone.

àtrio (pl. *àtri*) [dal lat. *ātrium*; 1342] ***sm.*** **1.** locale d'ingresso di un edificio pubblico o privato, di solito di grandi dimensioni: *l'atrio della stazione, dell'albergo* **2.** *T.stor.* nella casa greca e romana, vestibolo, cortile, gen. coperto su cui si affacciavano il soggiorno e i locali destinati al riposo **3.** *T.anat.* ciascuna delle due cavità superiori del cuore, orecchietta **4.** zona intermedia tra un cono vulcanico di nuova formazione e l'orlo del vecchio cratere entro il quale il primo si è formato || **N. 1.** *Sin.* andito, androne, entrata, ingresso, *hall* **2.** *Sin.* peristilio, pronao, vestibolo. **TAV.** ***anatomia*** **p. 642** 15.4, 15.10.

atrìplice V. ATREPLICE.

àtro [dal lat. *āter*; 1313] ***agg.*** *lett.* nero, oscuro || *fig.* orrido, crudele, atroce || **N.** *Sin.* cupo, fosco, funesto, tenebroso, tetro, OSCURO.

atróce [dal lat. *atrox, atrōcis*; 1353] ***agg.*** **1.** che suscita orrore e raccapriccio: *uno spettacolo atroce* || terribile, crudele, feroce: *il grave Umbro ne' duelli atroce* (Carducci) **2.** *per estens.* molto intenso: *delusione, dolore atroce* || **atroceménte** ***avv.*** || **N. 1.** *Sin.* raccapricciante; efferato; orribile, tremendo.

atrocità [dal lat. *atrocitas, -ātis*; 1525] ***sf.*** l'essere atroce: *l'atrocità della pena* || *concr.* evento atroce: *le atrocità della guerra* || **N.** *Sin.* crudeltà, efferatezza, orrore.

atrofìa [dal lat. tardo *atrophia*, gr. *atrophía*; a. 1600] ***sf.*** *T.med.* diminuzione di volume e funzionalità di organi e tessuti per cause patologiche o per invecchiamento: *atrofia muscolare* || *T.bot.* sviluppo incompleto di un organo vegetale || *fig. iron.* insufficienza, mancanza, deperimento: *atrofia del cervello, atrofia del tessuto urbano* || **N.** *Contr.* ipertrofia.

atròfico (pl. *-ci*) [da *atrofia*; 1750] ***agg.*** affetto da atrofia: *muscolatura atrofica* || *fig.* inconsistente, insufficiente, inetto: *cervello, servizio atrofico* || **N.** *Contr.* ipertrofico.

atrofiẓẓàre [da *atrofia*; 1875] ***tr.*** rendere atrofico; anche *fig.*: *l'ozio atrofizza la mente* || ***intr. pron.*** diventare atrofico, deperire; anche *fig.*: *un organo non utilizzato tende ad atrofizzarsi.*

atrofiẓẓàto (*pps.* di *atrofizzare*) [1862] ***agg.*** atrofico: *gamba atrofizzata.*

àtropa [prob. da *Átropos*, nome di una delle Parche; 1819] ***sf.*** *T.bot.* genere di piante delle Solanacee dal fusto eretto e dal fiore violaceo.

atropìna [da *atropa*; 1825] ***sf.*** alcaloide tossico ricavato dalle radici di belladonna, dai semi dello stramonio e da altri vegetali; svolge un'azione paralizzante sul sistema nervoso parasimpatico; ha vari impieghi in campo farmacologico, ad es. funge da dilatatore della pupilla.

àtropo [dal n. proprio *Átropos*, Parca che tronca il filo della vita; 1829] ***sm.*** grossa farfalla notturna delle Sfingidi, detta anche *testa di morto* || **N.** *Sin.* acheronzia.

attaccàbile [da *attaccare*; a. 1704] ***agg.*** che può essere attaccato.

attaccabottóni [comp. di *attacca(re)* e *bottone*; 1923] ***s. inv.*** *fam.* chi fa perdere tempo agli altri con chiacchiere fastidiose, seccatore.

attaccabrìghe [comp. di *attacca(re)* e *briga*; a. 1900] ***s. inv.*** *fam.* persona litigiosa, chi cerca lite.

attaccafìli [comp. di *attacca(re)* e *filo*; 1986] ***s.*** *T.tess.* operaio che ha il compito di riattaccare i fili rotti in filatura || ***sm. inv.*** *T.tess.* dispositivo automatico che ha la stessa funzione.

attaccàgnolo [da *attaccare*; a. 1704] ***sm.*** *tosc.* cosa a cui si può attaccare qualcosa || *fig.* cavillo.

attaccalìte [comp. di *attacca(re)* e *lite*; 1865] ***s. inv.*** *raro* chi per futili motivi litiga o promuove delle liti || **N.** *Sin.* attaccabrighe.

attaccamàni [comp. di *attacca(re)* e *mano*; 1829] ***sm. inv.*** pianta erbacea delle Rubiacee dal fusto e dalle foglie fornite di aculei e dai frutti spinosi che si attaccano agli abiti e al pelo degli animali || **N.** *Sin.* asperella, attaccavesti.

attaccaménto [da *attaccare*; a. 1597] ***sm.*** *non com.* l'attaccare e l'attaccarsi || *com. fig.* legame affettivo verso qualcuno o qualche cosa: *attaccamento alla vita, il suo attaccamento alla madre è eccessivo per la sua età* || **N.** *Sin. fig.* aderenza, devozione, AFFETTO | *Contr.* distacco.

attaccànte (*ppr.* di *attaccare*) [1819] ***s.*** e ***agg.*** **1.** chi o che attacca: *gli attaccanti furono respinti* **2.** *T.sport.* nei giochi di squadra, ognuno dei giocatori che occupano una posizione avanzata nello schieramento e hanno il compito di condurre azioni offensive e di segnare punti: *gli attaccanti della nazionale non segnano da molte partite.*

attaccapànni [comp. di *attacca(re)* e *panno*; 1846] ***sm. inv.*** arnese di varia forma e materiale per attaccarvi cappotti, cappelli e sim. || **N.** *Sin.* appendiabiti, portamantello.

attaccàre (pres. *-àcco, -àcchi*) [etim. inc.; a. 1294] ***tr.*** **1.** unire insieme due cose mediante colla, cuciture, legami ecc.: *attaccare un manifesto*, incollarlo; *attaccare un bottone*, cucirlo || appendere: *attaccare un quadro, attaccare il cappello all'attaccapanni* || *attaccare un cerotto*, applicarlo || *attaccare i cavalli, i buoi*, assicurarli per mezzo dei finimenti al veicolo che devono trainare || *fig. attaccare i manifesti*, diffondere cosa riservata || *fig. T.sport. attaccare i guantoni, la bicicletta, le scarpe* ecc. *al chiodo*, ritirarsi dall'attività agonistica **2.** trasmettere per contagio o in altro modo: *mi ha attaccato l'influenza, mi ha attaccato il vizio del fumo* **3.** iniziare: *attaccare discorso, briga* || *fig. attaccare un bottone*, tediare con interminabili chiacchiere || *ass.* iniziare il lavoro: *attacca alle cinque* || *attaccare a* + inf., cominciare a: *quando attacca a piovere non la smette più* || *T.teatr.* iniziare a dire la propria battuta || *T.mus.* iniziare l'esecuzione di un brano **4.** assalire: *attaccare la piazzaforte nemica*; anche *ass.*: *il nemico attaccò all'alba* || *fig.* osteggiare: *i democristiani attaccano la politica del governo* || *T.sport.* svolgere azioni offensive: *nonostante abbia attaccato per tutto l'incontro, la squadra di casa è stata sconfitta* || intaccare, danneggiare: *il fumo attacca i polmoni* ||

ATLETICA

ATLETICA LEGGERA: corsa di velocità, con ostacoli, con siepi o *steeplechase*, gare di mezzo fondo e fondo, staffetta, maratona, marcia, corsa campestre o *cross-country*, lancio (del disco, del giavellotto, del martello, del peso), salto (in lungo, in alto, triplo, con l'asta); pentathlon, eptathlon, decathlon.

ATTREZZATURE: asta, asticella, barriera, blocchi di partenza, disco, fossa, giavellotto, martello, ostacoli, pedana, peso, ritti, siepe, testimone.

TERMINI VARI: andatura, arrivo, attacco, battuta, corsia, falcata, falsa partenza, fotofinish, passaggio del testimone, primato, partenza, record, resistenza, salto, spinta, sprint, tentativo, traiettoria, vantaggio.

ATLETICA PESANTE: sollevamento pesi, lotta libera, lotta grecoromana, judo.

ATTREZZATURE: bilanciere, pesi, pedana.

TERMINI VARI: categorie di peso (gallo; piuma, leggeri, medi, mediomassimi, massimi), alzata, cintura, cravatta, *hammerlock*, ponte, sforbiciata.

GINNASTICA: anelli, asse d'equilibrio, cavallo con maniglie, corpo libero, parallele, parallele asimmetriche, sbarra orizzontale, volteggio al cavallo.

ATTREZZATURE: anelli, barre, cavallo, clava, corda, manubrii, nastro, palla, ritti, tappeto, trave.

ESERCIZI: appoggio, avvitamento, battuta, capovolta verticale, caricamento, dietrofront, estensione, perno, rotazione, rovesciata, salto, salto mortale, slancio, staccata, torsione, verticale; culturismo o *body building*, educazione fisica, ginnastica acrobatica, aerobica, artistica, a corpo libero, con attrezzi, da camera, ritmica; svedese, *yoga*.

T.chim. corrodere: *gli acidi attaccano i metalli* || **intr.** (aus. *avere*) **1.** aderire, appiccicarsi: *il nastro adesivo non attacca sul bagnato* **2.** attecchire: *con questo clima arido gli innesti non hanno attaccato* || *fig.* diffondersi: *è una moda che non attacca* || *non attacca*, non c'è nulla da fare || **rifl.** e **intr. pron. 1.** diventare aderente: *con l'umidità i fogli si sono attaccati* || di vivanda che, rimasta senza umido, aderisce al fondo del recipiente di cottura: *la torta si è attaccata* **2.** trasmettersi per contagio: *il raffreddore si attacca rapidamente* **3.** aggrapparsi, far presa su qualcosa: *se non ti attacchi cadrai* || *attaccarsi alla bottiglia*, bere con avidità || *attaccarsi al telefono*, telefonare || *fam. attaccati al tram!*, arrangiati **4.** affezionarsi: *si è attaccato a lui come a un padre* || **rec.** assalirsi a vicenda, azzuffarsi: *i pugili si sono attaccati con veemenza* || **rifl. rec.** affezionarsi: *si sono attaccati l'un l'altro come fratelli* || **N. tr. 1.** *Sin.* affiggere; appiccare; congiungere, fermare, fissare, incollare, saldare, unire; agganciare, appendere **2.** *Sin.* contagiare, diffondere **3.** *Sin.* cominciare, intraprendere **4.** *Sin.* assaltare || **intr. 2.** *Sin.* abbarbicare, attecchire || **rifl.** e **intr. pron. 1.** *Sin.* aderire, appiccicarsi **3.** *Sin.* abbrancarsi, afferrarsi, appigliarsi, avvinghiarsi.

attaccatìccio (pl. *-ci*) [da *attaccare*; a. 1673 nel senso 3] **I agg.** (pl. f. *-ce*) **1.** che attacca o si attacca facilmente, appiccicoso: *una caramella attaccaticcia* **2.** contagioso **3.** di persona, fastidioso, importuno, difficile da congedare: *ha un modo di fare attaccaticcio* **II sm.** sapore di vivanda che per mancanza di umido si è attaccata al recipiente di cottura: *l'arrosto sa di attaccaticcio* || **N. I** *Sin.* appiccicaticcio, appiccicoso, colloso **II** *Sin.* bruciato.

attaccatùra [da *attaccare*; a. 1566] **sf. 1.** *non com.* atto ed effetto dell'attaccare **2.** *com.* punto dove una cosa si attacca a un'altra, giuntura: *l'attaccatura della manica, dei capelli.*

attaccavèsti [comp. di *attaccare* e *veste*; 1829] **sm. inv.** *T.bot.* attaccamani.

attacchìno [da *attaccare*; 1865 nel senso 2] **sm.** (f. *-a*) **1.** chi per mestiere attacca avvisi e manifesti per la città **2.** *tosc.* petulante, che cerca sempre d'attaccar lite.

attàcco (pl. *-chi*) [da *attaccare*; a. 1535] **sm. 1.** punto di congiunzione tra due cose: *l'attacco delle maniche* **2.** dispositivo per congiungere e tenere uniti elementi separati: *attacco degli sci*, per il fissaggio dello sci allo scarpone || *attacco della luce*, presa di corrente || *fig.* appiglio, pretesto: *non ha attacchi giustificabili* **3.** servizio da tiro formato da cavalli e carrozza: *un attacco da sei* **4.** azione offensiva: *l'attacco della fanteria comincerà alle cinque, gli attacchi della squadra ospite restarono senza esito* || azione disgregatrice di agenti atmosferici e sim. su metalli, minerali: *l'arenaria patisce notevolmente l'attacco delle piogge acide* || *fig.* critica violenta: *gli attacchi della stampa contro il ministro dimissionario* **5.** inizio, avvio: *l'attacco dei Carmina Burana è maestoso, dare l'attacco all'orchestra* || *T.alp.* punto in cui si inizia una via: *l'attacco di questa via è collocato sotto un'evidente fenditura* **6.** *T.med.* accesso: *ha avuto un attacco isterico, di tosse, di epilessia* **7.** *T.sport.* negli sport di squadra, l'insieme dei giocatori cui è affidato il compito di condurre azioni e realizzare punti: *l'attacco della nazionale olimpica deve essere rinforzato.* **Q.T.** *scherma* **TAV.** ***arti marziali*** **p. 653** 1.1, 1.2, 5.2; ***sci*** **p. 1332** 8, 9, 10, 11, 12.

attaché (fr., pr. [ataˈʃe]) [letter. *attaccato*; a. 1866] **sm. inv.** addetto militare o diplomatico.

Attàcidi (sing. *-e*) [dal lat. scient. *Attacus*, nome del genere, dal gr. *áttakos*, locusta; 1983] **sf. pl.** *T.zool.* famiglia di farfalle notturne, spec. tropicali, perlopiù di enormi dimensioni, con ali caudate.

attagliàrsi (pres. *-àglio*) [comp. parasint. di *taglio*; a. 1444] **intr. pron.** confarsi, esser adatto: *questo vestito si attaglia assai bene alla sua figura.*

attalentàre [comp. parasint. di *talento*; a. 1250] **intr.** (aus. *essere*) *raro* talentare.

attanagliaménto [da *attanagliare*; 1955] **sm. 1.** atto ed effetto dell'attanagliare **2.** *T.stor.* nel Medioevo, pena aggiuntiva inflitta ai condannati a morte che consisteva nello strappar loro le carni con pinze arroventate.

attanagliàre (pres. *-àglio*) [comp. parasint. di *tanaglia*; a. 1342] **tr. 1.** afferrare e stringere con le tenaglie || *T.stor.* sottoporre al supplizio dell'attanagliamento **2.** *per estens.* afferrare, stringere con forza: *con le due zampe attanagliava il dorso* (D'Annunzio) **3.** *com. fig.* tormentare, assillare: *il rimorso lo attanagliava* || **N. 2.** *Sin.* abbrancare **3.** *Sin.* travagliare.

attànte [dal fr. *actant*; 1979] **sm.** *T.ling.* soggetto che compie l'azione espressa dal verbo || nell'analisi strutturale del racconto, protagonista di un episodio o di una narrazione.

attapinàrsi (pres. *-ìno*) [comp. parasint. di *tapino*; prima metà sec. XIV] **intr. pron.** *raro tosc.* arrangiarsi, arrabattarsi || *propr. ant.* condurre vita miserevole || **rifl.** *ant.* umiliarsi.

attarantàto [comp. parasint. del merid. *taranta*, tarantola; a. 1529] **agg.** e **sm.** (f. *-a*) *ant.* che o chi è morso dalla tarantola, attarantolato.

attardàre [comp. parasint. di *tardi*; 1612] **tr.** frenare, rallentare: *il maltempo attarda gli alpinisti* || **intr. pron.** trattenersi, indugiare, far tardi: *Cappuccetto Rosso si è attardata nel bosco* || **N. tr.** *Sin.* ritardare | **intr. pron.** *Contr.* affrettarsi, sbrigarsi, spicciarsi.

attardàto (*pps.* di *attardare*) [1878] **agg.** che ha fatto tardi, ritardatario || arretrato, anacronistico: *un romantico attardato.*

attàre [dal lat. *aptāre*; prima metà sec. XIV] **tr.** *ant.* adattare.

attastàre [da *tastare*; a. 1494] **tr.** *disus.* e *dial.* tastare: *alzò la mano per attastarsi il collo* (Giusti) || *per estens.* assaggiare; colpire.

attecchiménto [da *attecchire*; 1865] **sm.** atto ed effetto dell'attecchire: *queste piante sono di difficile attecchimento.*

attecchìre (pres. *-ìsco, -ìsci*) [dal got. **thikjan*, prosperare; sec. XIV nel senso 2] **intr.** (aus. *avere*) **1.** mettere radici, crescere, detto di piante trapiantate o innesti riusciti: *la rosa ha attecchito* **2.** *per estens.* diffondersi, far presa: *questa moda ha attecchito subito* || **N. 1.** *Sin.* allignare, attaccare, far presa, prosperare, radicare, riuscire bene | *Contr.* intristire, morire, seccare **2.** *Sin.* propagarsi.

attediàre (pres. *-èdio*) [dal lat. mediev. *attediare*; a. 1342] **tr.** *ant. lett.* tediare || **intr. pron.** tediarsi.

atteggiaménto [da *atteggiare*; a. 1600] **sm. 1.** modo di disporre il corpo o parte di esso in modo espressivo: *atteggiamento indecente, minaccioso* **2.** *per estens.* comportamento: *ha sempre avuto un atteggiamento aggressivo* **3.** presa di posizione: *l'atteggiamento del governo verso i problemi più urgenti lascia perplessi* || **N. 1.** *Sin.* abito, abitudine, aria, attitudine, atto, contegno, gesto, movenza, portamento, positura.

atteggiàre (pres. *-éggio*) [da *atto*; a. 1492] **tr.** disporre il corpo o parti di esso in maniera da esprimere qualche sentimento o interesse particolare: *atteggiare la bocca a una smorfia sdegnosa* (Pavese) || *per estens.* conformare un comportamento espressivo a particolari esigenze: *atteggiare la voce al dolore* || **rifl.** assumere in modo ostentato un comportamento o una condizione non corrispondente al vero: *si atteggiava a vittima, a profeta incompreso* || *ass.* darsi delle arie || **intr. pron.** disporsi: *il suo viso si atteggiò a disprezzo* || **N. rifl.** posare, voler sembrare.

attempàrsi (pres. *-èmpo*) [comp. parasint. di *tempo*; 1313] **intr. pron.** *raro* invecchiare: *che più mi graverà com' più m'attempo* (Dante) || indugiare.

attempàto (*pps.* di *attemparsi*) [a. 1348] **agg.** che è piuttosto in là con gli anni: *un attempato signore* || *dim.* attempatino, attempatèllo, attempatùccio || **N.** *Sin.* anziano, anzianotto, vecchio, vecchiotto.

attendaménto [da *attendarsi*; a. 1803] **sm.** parte dell'accampamento in cui sono piantate le tende || *gen.* luogo in cui sono piantate delle tende: *alla periferia c'era un attendamento di profughi* || accampamento, tendopoli.

attendàrsi (pres. *-èndo*) [comp. parasint. di *tenda*; a. 1306] **intr. pron.** accamparsi, piantare le tende || *scherz.* insediarsi in casa d'altri: *il tuo amico si è attendato qui e non sembra intenzionato ad andarsene.*

attendènte (*ppr.* di *attendere*) [prima metà sec. XIV] **I agg.** *non com.* che si occupa di qualcosa, che attende a: *donna attendente alla casa* **II sm.** *T.mil.* in passato, soldato addetto al servizio di un ufficiale.

attèndere (pres. *-èndo* ecc., come TENDERE) [dal lat. *attendere*; a. 1257] **tr. 1.** aspettare, restare in attesa: *attendo una sua lettera, attendo che arrivi mia moglie* **2.** *ant.* mantenere una promessa || **rifl. intens.** aspettarsi qualcosa: *Luigi non si attendeva una simile sorpresa* || **intr.** (aus. *avere*) volgere l'attenzione a qualcosa, applicarsi, dedicarsi: *attendere agli studi, alla casa* || **N. intr.** *Sin.* applicare la mente, badare, interessarsi, occuparsi.

attendìbile [da *attendere*; 1751] **agg.** che merita fede, credibile: *notizia, teste attendibile* || **N.** *Contr.* inattendibile.

attendibilità [da *attendibile*; 1853] **sf.** l'essere attendibile: *verificare l'attendibilità di una notizia* || **N.** *Sin.* credibilità.

attendìsmo [dal fr. *attentisme*; 1942] **sm.** tattica di differire la trattazione di un problema in attesa di favorevoli sviluppi della situazione.

attendìsta [dal fr. *attentiste*; 1942] **s.** e **agg.** chi o che dà prova di attendismo: *politica attendista* || **N.** *Sin.* opportunismo.

attenènte (*ppr.* di *attenere*) [a. 1540] **I agg.** attinente **II s.** *ant.* parente affine.

attenènza [da *attenere*; a. 1347] **sf.** *ant.* attinenza.

attenére (pres. *-èngo* ecc., come TENERE) [lat. volg. **attenēre*; 1297] **intr.** (aus. *essere*) concernere, avere relazione: *questa pratica attiene a un altro ufficio* || **rifl.** *fig.* conformarsi, aderire, rispettare: *attieniti alle istruzioni* || *non com.* reggersi a un appoggio, aggrapparsi: *attieniti al mio braccio* || **tr.** *lett.* mantenere || **N. intr.** appartenere, spettare, toccare.

attentàre (pres. *-ènto*) [dal lat. *attentāre*; a. 1292] **intr.** (aus. *avere*) cercare di arrecare danno a cose o persone: *attentare alla vita di qualcuno, attentare al patrimonio faunistico* || *ellitt.* cercare di uccidere: *hanno attentato al presidente* || **intr. pron.** arrischiarsi, osare: *non mi sono attentato a (di) dire il vero* || **N. intr. pron.** *Sin.* aver il coraggio, aver l'ardire.

attentàto (*pps.* di *attentare*) [1673] **sm.** atto diretto ad arrecare danno a cose o persone: *è stato vittima di un attentato, hanno fatto un attentato alla compagnia di bandiera israeliana* || *fig.* grave offesa: *questo è un attentato alla pace familiare* || **N.** crimine, sabotaggio.

attentatóre [da *attentare*; 1865] **agg.** e **sm.** (f. *-trìce*) che o chi compie attentati.

attènti [da (stare) *attenti*; 1865] **I** *T.mil.* e *T.sport.* comando impartito per far assumere la posizione eretta del corpo, con le braccia tese lungo i fianchi, i talloni uniti e le punte dei piedi divaricate, conservando l'immobilità e il silenzio **II** ***sm.*** **1.** il segnale di tromba o il comando con cui si ordina di porsi in tale posizione: *dare l'attenti* **2.** la posizione assunta dal militare cui sia stato impartito l'ordine "attenti": *stare sull'attenti, scattare sull'attenti* || *fig. mettere qualcuno sull'attenti,* far rigare dritto.

attènto (*pps.* di *attendere*) [1308] ***agg.*** **1.** che presta attenzione, agisce con cura e concentrazione, evitando di compiere errori: *l'allievo era attento alle spiegazioni del maestro, è un passaggio in cui bisogna essere particolarmente attenti* || usato in *escl.* come avvertimento di pericolo: *attento che ti scotti!; attenti al cane!* **2.** che mostra attenzione: *espressione attenta* || premuroso, sollecito: *prodigava ai malati attente cure* **3.** scrupoloso, eseguito con attenzione: *dopo un'attenta analisi pronunciò il suo giudizio* || **attentaménte** ***avv.*** || **N. 1.** *Sin.* vigile | *Contr.* disattento, svagato **3.** *Sin.* accurato.

attenuaménto [da *attenuare*; 1750] ***sm.*** diminuzione progressiva, assottigliamento.

attenuànte (*ppr.* di *attenuare*) [1733] ***agg.*** e ***sf.*** *T.giur.* detto di ciò che rende meno grave una colpa e contribuisce a una diminuzione della pena: *circostanze attenuanti, l'attenuante dell'età* || **N.** *Sin.* scusa, scusante | *Contr.* aggravante.

attenuàre (pres. *-ènuo*) [dal lat. *attenuāre*; inizio sec. XIV] ***tr.*** **1.** rendere tenue: *attenuare un colore, un suono* **2.** alleviare: *attenuare la sofferenza, la tristezza* **3.** diminuire di gravità, ridurre: *attenuare la gravità d'un delitto, la responsabilità di qualcuno* || ***intr. pron.*** affievolirsi, diminuire d'intensità: *il dolore si attenua* || **N. *tr.* 1.** *Sin.* abbassare, schiarire | *Contr.* alzare, aumentare, caricare **2.** *Sin.* calmare, lenire **3.** *Sin.* diminuire, moderare, scemare | ***intr. pron.*** *Sin.* indebolirsi, scemare | *Contr.* acuirsi, esacerbarsi.

attenuatóre [da *attenuare*; 1955] ***sm.*** **1.** (f. *-trice*) chi attenua, mitiga **2.** *T.elettron.* in radiotecnica, insieme di resistenze collegate in maniera da diminuire l'intensità di un segnale di frequenza senza causare una forte distorsione.

attenuazióne [dal lat. tardo *attenuātio, -ōnis*; 1657] ***sf.*** **1.** atto ed effetto dell'attenuare e dell'attenuarsi **2.** *T.fis.* e *T.elettron.* diminuzione dell'ampiezza o della potenza di un segnale durante la propagazione attraverso un dispositivo **3.** *T.med.* diminuzione dell'attività o della virulenza di organismi patogeni || **N. 2.** *Contr.* amplificazione.

attenzionàle [da *attenzione*; 1979] ***agg.*** detto di campagna pubblicitaria che mira a colpire l'attenzione del pubblico.

attenzióne [dal lat. *attentio, -ōnis*; a. 1406] ***sf.*** applicazione e concentrazione della mente e dei sensi su un determinato oggetto: *concentrare la propria attenzione, richiamare, distogliere, sviare l'attenzione* || usato in *escl.* come avvertimento di pericolo o per richiamare l'uditorio: *attenzione alla curva, signore e signori attenzione* || *fare attenzione,* essere attento || *prestare attenzione,* badare || *per estens.* cura, applicazione diligente: *fare i compiti con attenzione* || *pl.* atto premuroso e sollecito: *lo colma di attenzioni* || **N.** applicazione, avvertenza, considerazione, diligenza, oculatezza, osservazione, riflessione, solerzia, studio, vigilanza | *Contr.* disattenzione, distrazione, sbadataggine.

attergàre (pres. *-èrgo, -èrghi*) [comp. parasint. di *tergo*; a. 1595] ***tr.*** *T.bur.* scrivere a tergo di un documento, di una lettera || ***rifl.*** *ant.* porsi a tergo.

attergàto (*pps.* di *attergare*) [1949] **I *agg.*** posto a tergo, messo dietro **II *sm.*** *T.bur.* notazione scritta sul retro di una pratica o di un documento.

attèrige [dal gr. *aptérygos,* senza ali; 1845] ***sm.*** *T.zool.* genere di uccelli, viventi in Nuova Zelanda, della grandezza di un pollo, con zampe robuste, ali inette al volo, piumaggio lungo e ruvido, becco lungo e provvisto di narici || **N.** *Sin.* kivi.

Atterigòti V. APTERIGOTI.

àttero V. APTERO.

atterràggio (pl. *-gi*) [dal fr. *atterrage*; 1824 nel senso 2] ***sm.*** **1.** *T.aer.* manovra mediante la quale un aereo o altro veicolo volante prende contatto col terreno: *era segnata la giacitura degli atterraggi utili* (D'Annunzio) || *atterraggio di fortuna, forzato,* quando per qualche guasto o altro incidente di volo un aereo è costretto ad atterrare improvvisamente in un luogo non predisposto allo scopo || *atterraggio strumentale o guidato,* eseguito con strumenti elettronici a causa di scarsa visibilità **2.** *T.mar.* punto della costa facilmente identificabile che permette di determinare la posizione di una nave rispetto alla terraferma **3.** *T.sport.* fase conclusiva di una prova di salto o di un'altra specialità che prevede il distacco da terra: *l'atterraggio con gli sci è una delle fasi importanti del salto dal trampolino.* **Q.T.** *aeronautica.*

atterraménto [da *atterrare*; a. 1364] ***sm.*** atto ed effetto dell'atterrare e dell'atterrarsi || *T.sport.* nella lotta, azione con cui si costringe l'avversario a toccare il tappeto con entrambe le spalle, ottenendo la vittoria.

atterràre (pres. *-èrro*) [comp. parasint. di *terra*; a. 1290 nel senso 2] ***tr.*** **1.** gettare a terra, abbattere, demolire: *atterrare un muro, un albero, una casa* || *T.sport.* nel pugilato e nella lotta, costringere a terra un avversario: *è stato atterrato al terzo round* **2.** *fig.* prostrare, umiliare **3.** *ant.* volgere a terra, abbassare, part. rif. a viso, sguardo ecc. || ***intr.*** (aus. *essere*) **1.** *T.aer.* di velivolo, prendere contatto con la terra: *l'aereo è atterrato con un'ora di ritardo* **2.** *T.mar.* approdare, accostarsi alla terraferma **3.** prender terra dopo un salto o un volo: *i paracadutisti sono atterrati in piazza, il ginnasta è atterrato con i piedi giunti* || ***rifl.*** *non com.* inginocchiarsi, prostrarsi: *al passaggio del santo i fedeli si atterrarono* || **N. *tr.* 1.** *Sin.* distruggere, rovinare; annientare, piegare, superare, vincere.

atterriménto [da *atterrire*; a. 1698] ***sm.*** atto ed effetto dell'atterrire e dell'atterrirsi.

atterrìre (pres. *-ìsco, -ìsci*) [dal lat. *terrēre*; a. 1600] ***tr.*** incutere terrore, spaventare: *lo atterrirono con minacce di morte* || ***intr. pron.*** spaventarsi || **N.** *Sin.* impaurire, terrorizzare | *Contr.* animare, incoraggiare, rincuorare.

atterrìto (*pps.* di *atterrire*) [a. 1698] ***agg.*** spaventato, terrorizzato.

atterzàre (pres. *-èrzo*) [comp. parasint. di *terzo*; a. 1321] ***tr.*** *ant.* ridurre a una terza parte || ***intr.*** (aus. *essere*) giungere alla terza parte: *già eran quasi che atterzate l'ore del tempo che ogni stella n'è lucente* (Dante).

attésa [da *atteso*; sec. XIII] ***sf.*** atto dell'attendere || *eufem. essere in attesa, in dolce attesa,* essere in gravidanza, aspettare un bambino || il tempo che si aspetta: *l'attesa fu breve, lunga, snervante* || *sala d'attesa,* nelle stazioni ferroviarie, marittime e negli aeroporti, luogo nel quale si attende l'arrivo o la partenza del mezzo di trasporto || *lista d'attesa,* elenco di persone che sono in attesa di imbarcarsi, di essere ricevute ecc. || stato d'animo di chi aspetta: *c'era grande attesa* || *pl.* aspettative: *contrariamente alle attese di tutti fu bocciato* || *in attesa,* aspettando || **N.** ansia, aspettativa, aspettazione, aspetto, curiosità.

attesìsmo e der. forme meno com. di ATTENDISMO e der. (v.).

attéso (*pps.* di *attendere*) [a. 1292 nel senso 3] ***agg.*** **1.** aspettato, desiderato: *finalmente giunsero gli attesi rinforzi* **2.** *T.bur.* considerato: *attesa la sua pratica, è stato deliberato quanto segue...* || *atteso che,* considerato che **3.** *ant.* attento || **N. 1.** *Contr.* inatteso.

attestàbile [da *attestare*[1]; 1863] ***agg.*** che può essere attestato, provabile.

attestaménto [da *attestare*[2]; 1939] ***sm.*** *T.mil.* operazione di attestare le truppe.

attestàre[1] (pres. *-èsto*) [dal lat. *attestāri*; a. 1566] ***tr.*** affermare una cosa come testimone: *attesto che non era presente ai fatti* || *per estens.* asserire con certezza || *fig.* rivelare, dimostrare: *non seppe frenare un sorriso ingenuo che attestava la profonda purezza del suo cuore* (Palazzeschi) || *essere attestato,* trovarsi in documenti: *questa parola non è attestata nei testi anteriori al Trecento* || **N.** *Sin.* accertare, affermare, asserire, asseverare, assicurare, certificare.

attestàre[2] (pres. *-èsto*) [comp. parasint. di *testa*; inizio sec. XIV] ***tr.*** **1.** disporre due oggetti testa a testa: *attestare mattoni* || *attestare un ponte a riva,* fermare le due testate alle rive opposte **2.** *T.mil.* disporre le truppe in posizione adatta all'attacco o alla difesa || ***rifl.*** *T.mil.* schierarsi: *il grosso dell'esercito si è attestato sul confine* || *fig. attestarsi su posizioni antiquate,* essere arretrato, passatista.

attestàto (*pps.* di *attestare*[1]) [a. 1729] ***sm.*** dichiarazione scritta, certificato: *attestato di lode, di buona condotta* || *fig.* prova, dimostrazione: *accetta il dono in attestato della mia gratitudine* || **N.** attestazione, dichiarazione, diploma.

attestatóre [da *attestare*[1]; 1664] ***sm.*** (f. *-trìce*) *raro* chi attesta, testimonia; garante, mallevadore.

attestatùra [da *attestare*[2]; 1879] ***sf.*** collocazione testa a testa di due oggetti, e *concr.* luogo di congiunzione || in viticoltura, allacciamento orizzontale dei tralci di piante vicine.

attestazióne [dal lat. tardo *attestātio, -ōnis*; 1634] ***sf.*** affermazione, dichiarazione: *attestazione giurata* || dimostrazione, segno: *attestazione di stima, di affetto* || *concr.* certificato, attestato: *richiedere un'attestazione* || documentazione, traccia: *numerosi manoscritti recano attestazioni del fatto* || comparsa, occorrenza: *la prima attestazione del vocabolo.*

atticciàto [etim. inc.; 1353] ***agg.*** tarchiato || *dim.* atticciatèllo || **N.** corpulento, grosso, massiccio, tarchiato, tozzo | *Contr.* smilzo, snello.

atticìsmo [dal lat. tardo *atticismus,* gr. *attikismós*; 1600] ***sm.*** **1.** vocabolo o espressione propria del dialetto attico **2.** corrente letteraria greca e latina caratterizzata dall'imitazione dei prosatori attici || in retorica, stile sobrio ed elegante ispirato a quello dei retori dell'Attica || *per estens.* sobrietà, eleganza formale || **N. 2.** *Contr.* asianesimo.

atticìsta [dal gr. *attikistḗs*; a. 1729] ***s.*** scrittore che imita l'eleganza dello stile attico || *per estens.* prosatore sobrio ed elegante.

atticizzàre [dal gr. *attikízein*; seconda metà sec. XVI] ***intr.*** (aus. *avere*) esprimersi secondo i moduli dello stile attico.

àttico[1] (pl. *-ci*) [dal lat. *atticus,* gr. *attikós*; 1559] ***agg.*** **1.** dell'Attica **2.** che riguarda l'atticismo: *stile attico* || *per estens.* elegante, raffinato, sobrio || *sale attico,* arguzia || *periodo attico,* nella divisione tradizionale della letteratura greca, periodo compreso tra il 500 a.C. e la morte di Alessandro Magno (323 a.C.) || **atticaménte** ***avv.*** alla maniera attica.

àttico[2] (pl. *-ci*) [da *attico*[1]; a. 1696] ***sm.*** **1.** *T.arch.* struttura decorativa sovrapposta al cornicione **2.** ultimo piano abitabile di un edificio costruito sopra il cornicione e gen. arretrato rispetto a questo: *vive in un lussuoso attico* **3.** *T.anat.* parte dell'orecchio medio.

attidògrafo [comp. del gr. *Atthís* (*historía*), (storia) di Atene e *-gráphos,* -grafo; 1930] ***sm.*** *T.stor.* antico scrittore greco di cronache ateniesi.

attiepidìre ***tr.***, ***intr.*** e ***intr. pron.*** *non com.* V. INTIEPIDIRE.

attiguità [da *attiguo*; 1865] ***sf.*** l'essere attiguo || **N.** *Sin.* adiacenza, prossimità.

attìguo [dal lat. *attiguus*; a. 1729] ***agg.*** che è a contatto, vicino: *abita nel palazzo attiguo alla stazione* || *fig.* simile, concordante: *essere su posizioni attigue* || **N.** *Sin.* adiacente, prossimo.

attillàre [etim. inc.; a. 1734 nel senso 2] ***tr.*** *raro* **1.** vestire con eccessiva ricercatezza ed eleganza **2.** rendere aderente al corpo || ***rifl.*** agghindarsi, vestirsi con ricercatezza: *attillarsi per la cerimonia.*

attillatézza [da *attillare*; 1855] ***sf.*** l'essere attillato.

attillàto (*pps.* di *attillare*) [a. 1529] ***agg.*** **1.** di abito ecc., che s'adatta bene alla persona e ne fa risaltare le forme, aderente: *calzoni attillati* **2.** vestito con eleganza, con cura, con ricercatezza: *Lucia usciva in quel momento tutta attillata dalle mani della madre* (Manzoni) || *dim.* attillatìno; *dim. spreg.* attillatùzzo || **attillataménte** ***avv.*** || **N. 2.** *Sin.* agghindato, lindo, tirato.

attillatùra [da *attillare*; a. 1529] ***sf.*** **1.** raffinata eleganza nel vestire, nell'acconciarsi **2.** parte del vestito che aderisce al corpo: *un vestito con una vistosa attillatura sui fianchi.*

àttimo [dal lat. tardo *in atomo*, gr. *en atómō*, in un istante; a. 1364] ***sm.*** minimo spazio di tempo, istante: *un attimo che mi vesto, un attimo dopo era già partito* || *di attimo in attimo*, da un momento all'altro || *in un attimo*, in un baleno, rapidamente || *cogliere l'attimo fuggente*, saper approfittare delle gioie della vita quando ci si offrono.

attinènte [dal lat. *attinens, -ēntis*; 1597] ***agg.*** che ha attinenza: *ciò che dici non è attinente ai nostri scopi.*

attinènza [dal lat. *attinentia*; a. 1347 *attegnenza*] ***sf.*** **1.** relazione, rapporto **2.** relazione di amicizia o parentela **3.** *pl.* annessi, parti accessorie: *ha acquistato una cascina con tutte le attinenze.*

attìngere (pres. *-ìngo* ecc., come TINGERE) [dal lat. *attingere*; 1313] ***tr.*** **1.** tirar su l'acqua: *attingere acqua al ruscello, dalla cisterna, dal pozzo* || *per estens.* spillare: *attingere il vino dalla botte* || *fig.* trarre, ricavare: *attinge le sue informazioni da fonte sicura, attinge il denaro dalla famiglia* **2.** *lett.* raggiungere: *e con la rocca attinge alta i pianeti* (Carducci) || *attingere con lo sguardo*, vedere, scorgere || ***intr.*** (aus. *avere*) pervenire, arrivare: *ha attinto alle più alte vette della saggezza.*

attingiménto [da *attingere*; XIV sec.] ***sm.*** *raro* atto ed effetto dell'attingere.

attingitóio (pl. *-ói*) [da *attingere*; a. 1342] ***sm.*** *raro* recipiente con il manico per attingere.

attìnia [dal gr. *aktís, aktînos*, raggio; 1819] ***sf.*** *T.zool.* genere di animali marini che vivono attaccati a scogli, pietre, conchiglie e hanno tentacoli che li rendono simili a fiori; anemone di mare: *vivente fioritura d'attinie* (D'Annunzio).

Attiniàri (sing. *-rio*) [dal lat. scient. *actiniaria*; 1930] ***sm. pl.*** *T.zool.* ordine di animali marini molto diffusi nel Mediterraneo, dalla forma e dai colori simili a quelli dei fiori.

attinicità [da *attino-*; 1940] ***sf.*** *T.chim.* proprietà di produrre reazioni chimiche caratteristica delle radiazioni elettromagnetiche.

attìnico (pl. *-ci*) [dal fr. *actinique*; 1892] ***agg.*** di radiazione elettromagnetica in grado di produrre reazioni chimiche || *raggi attinici*, raggi ultravioletti || *luce attinica*, in grado di impressionare un'emulsione fotografica || **N.** *Contr.* inattinico.

attìnidi (sing. *-e*) [da *attinio*; 1961] ***sm. pl.*** *T.chim.* denominazione di quindici elementi chimici radioattivi, compresi, nella tavola periodica degli elementi, tra l'attinio e il lawrenzio, simili tra loro, in parte presenti in natura come l'uranio, in parte prodotti artificialmente.

Attìnidi (sing. *-e*) [dal lat. scient. *actinidae*, e questo da *actinia*; 1986] ***sm. pl.*** *T.zool.* famiglia di animali marini dell'ordine degli Attiniari, dalla forma e dai colori simili a quelli dei fiori || **N.** *Sin.* anemoni di mare, rose di mare.

attìnio [dall'ingl. *actinium*; 1913] ***sm.*** *T.chim.* elemento radioattivo riscontrabile in natura nei minerali uraniferi.

attìno- [dal gr. *aktís, aktînos*, raggio] ***primo elem.*** che, in parole composte della terminologia scientifica, vale "raggio", "a forma di raggio", "con struttura a raggio" || *in part.* può indicare radiazione solare (per es. *attinologia*):

attinoterapìa.

attinografìa [comp. di *attino-* e *-grafia*; 1940] ***sf.*** *T.fot.* fotografia ottenuta per mezzo dei raggi.

attinologìa [comp. di *attino-* e *-logia*; 1983] ***sf.*** studio dei raggi luminosi, spec. in relazione all'azione che esercitano a livello medico e biologico.

attinometrìa [comp. di *attino-* e *-metria*; 1940] ***sf.*** *T.meteor.* ramo della meteorologia che studia e misura l'intensità delle radiazioni solari e i loro effetti chimici. **Q.T.** ***meteorologia.***

attinomètrico (pl. *-ci*) [da *attinometria*; 1983] ***agg.*** *T.meteor.* relativo all'attinometria || che si fonda sull'attinometria: *metodo, processo attinometrico.*

attinòmetro [comp. di *attino-* e *-metro*; 1955] ***sm.*** **1.** *T.meteor.* strumento che misura l'intensità della radiazione solare diretta **2.** *T.fot.* apparecchio per determinare l'attinicità di radiazioni.

Attinomicèti V. ACTINOMICETI.

attìnon [dal gr. *aktín, aktinós*, raggio; 1955] ***sm.*** *T.chim.* isotopo radioattivo del radon, generato dalla disintegrazione dell'attinio.

Attinottèrigi o **Attinoptèrigi** (sing. *-gio*) [comp. di *attino-* e *-pterigi*, dal gr. *ptéryx, -ygos*, ala; 1955] ***sm. pl.*** sottoclasse di pesci Osteitti con scheletro più o meno ossificato e corpo fusiforme. **TAV. *pesci* p. 1330.**

attintùra [da *attingere*; 1863] ***sf.*** *T.vet.* lesione traumatica nelle regioni inferiori degli arti dei cavalli e dei buoi, causata da difetto di ferratura o di andatura.

attiràre [da *tirare*; 1726] ***tr.*** tirare a sé, attrarre, anche *fig.*: *la calamita attira il ferro, il suo abbigliamento attira gli sguardi* || richiamare: *è uno spettacolo che attira molto pubblico* || ***rifl. indir.*** concentrare su di sé: *si è attirato le antipatie di tutti* || **N. *rifl. indir.*** *Sin.* accattivarsi, cattivarsi, guadagnare, ottenere, procurarsi, tirarsi addosso.

attitude (fr., pr. [ati'tyd]) [letter. atteggiamento; 1977] ***sf. inv.*** figura della danza classica, nella quale il corpo è in equilibrio su una gamba tesa, mentre l'altra è sollevata indietro ad angolo retto.

attitudinàle [da *attitudine*[1]; 1745] ***agg.*** che riguarda le attitudini: *prove attitudinali*, prove effettuate per accertare l'esistenza di particolari attitudini.

attitùdine[1] [dal lat. tardo *aptitūdo, -īnis*; a. 1347] ***sf.*** disposizione naturale per qualcosa: *attitudine al disegno* || **N.** *Sin.* abilità, bernoccolo, capacità, destrezza, disposizione, dono di natura, facoltà, inclinazione, proclività, propensione, tendenza, vocazione | *Contr.* incapacità, inettitudine.

attitùdine[2] [lat. volg. **actitūdo, -īnis*; a. 1519] ***sf.*** *raro* atteggiamento, posizione del corpo || **N.** *Sin.* posa, positura, ATTEGGIAMENTO.

attivànte (*ppr.* di *attivare*) [1965] ***agg.*** e ***sm.*** *T.chim.* detto di ciò che accresce la capacità reattiva dei componenti di una reazione chimica; attivatore.

attivàre (pres. *-ìvo*) [dal fr. *activer*; 1798] ***tr.*** **1.** mettere in azione, in funzione: *attivare un dispositivo* || aumentare la funzionalità: *un programma per attivare la ricerca industriale* **2.** *T.chim.* aumentare la reattività molecolare di un sistema chimico **3.** *T.bur.* sveltire l'iter di una pratica.

attivàto (*pps.* di *attivare*) [a. 1869] ***agg.*** **1.** avviato, messo in funzione: *meccanismo attivato* **2.** *T.chim.* detto di sostanza chimica portata allo stato attivo, messa in condizione di reagire.

attivatóre [da *attivare*; 1955] ***sm.*** e ***agg.*** **1.** (f. *-trìce*) chi o che attiva, mette in funzione **2.** *T.chim.* sostanza che intensifica l'attività di un catalizzatore; attivante.

attivazionàle [da *attivazione*; 1967] ***agg.*** **1.** relativo all'attivazione **2.** *T.econ.* detto di ricerca di mercato finalizzata a misurare l'effetto della pubblicità nella promozione degli acquisti.

attivazióne [dal fr. *activation*; 1798] ***sf.*** **1.** l'atto e l'effetto dell'attivare **2.** *T.chim.* processo mediante il quale una sostanza acquista energia di reazione: *attivazione di un catalizzatore* || in biochimica, condizioni ottimali di un sistema metabolico che consentono l'azione degli enzimi **3.** aggiornamento delle registrazioni catastali.

attivìsmo [dal fr. *activisme*; 1909] ***sm.*** **1.** tendenza a intensificare il lato attivo della vita umana: *lo sfrenato attivismo la porterà verso l'esaurimento nervoso* **2.** attività propagandistica svolta a favore di un partito o di una organizzazione: *attivismo sindacale* **3.** *T.fil.* insieme di teorie che mirano a promuovere la partecipazione attiva dei giovani al processo di apprendimento || *attivismo pedagogico*, teoria che considera la spontanea attività del fanciullo come punto di partenza del processo educativo. **Q.T. *politica.***

attivìsta [dal fr. *activiste*; 1942 nel senso 1] ***s.*** **1.** militante che si adopera attivamente nella propaganda per un partito o un'organizzazione: *è un attivista sindacale* **2.** *T.fil.* seguace dell'attivismo.

attivìstico (pl. *-ci*) [da *attivismo*; 1931] ***agg.*** **1.** relativo all'attivismo **2.** *per estens.* dinamico.

attività [dal lat. tardo *activitas, -ātis*; a. 1406] ***sf.*** **1.** qualità di chi o di ciò che è attivo: *un'attività instancabile* || *mettere in attività*, attivare || *essere in attività*, funzionare **2.** lavoro, occupazione: *svolge attività commerciali* || *T.bur. essere in attività*, svolgere servizio attivo presso un'azienda: *è da tre anni in attività all'Olivetti* || *gen.* insieme di operazioni e di azioni tese alla realizzazione di uno scopo: *le attività produttive* || *attività primarie*, agricoltura; *attività secondarie*, industria; *attività terziarie*, servizi **3.** *T.fin.* situazione finanziaria di attivo in un bilancio di un'azienda: *il 1986 si è chiuso con un incremento del 6% dell'attività* **4.** *T.geol.* fase attiva di un vulcano caratterizzata da fenomeni eruttivi: *l'Etna ha ripreso la sua attività* **5.** *T.fis.* proprietà di un elemento di emettere radiazioni **6.** *T.biol.* azione di sostanze, corpi o organismi: *studia le attività dei batteri* || **N. 1.** *Sin.* azione, dinamismo, vivacità | *Contr.* accidia, indolenza, inerzia, neghittosità, ozio, pigrizia **3.** *Contr.* passività **4.** *Contr.* estinzione **5.** *Sin.* radioattività.

attivizzàre [da *attivo*; 1963] ***tr.*** rendere più attivo, meglio operante: *attivizzare un settore dell'economia.*

attìvo [dal lat. *actīvus*; fine sec. XIII] **I *agg.*** **1.** che agisce, che ha capacità di agire, operoso: *è una persona molto attiva* || che è in attività, funzionante: *il nuovo impianto è attivo da pochi giorni* **2.** caratterizzato dall'azione: *un intelletto attivo, un'attiva partecipazione* || *vita attiva*, che richiede un impegno fisico || *T.eccl. vita* *attiva*, vita religiosa che si concretizza nell'azione (contrapposta alla *vita contemplativa*) || *T.bur. servizio attivo*, attività svolta presso un'azienda **3.** che determina l'azione: *le componenti attive del processo di trasformazione* || *avere parte attiva in qualcosa*, fornire un contributo determinante || *T.chim. sostanza attiva*, che possiede una reattività diversa e superiore alla norma || *T.chim. princìpi attivi*, in una sostanza, quelli che causano una determinata reazione || *T.gram. diatesi attiva*, quella in cui l'azione passa dal soggetto all'oggetto nei verbi transitivi e ad altri sintagmi nel caso di verbi intransitivi **4.** *T.econ.* che registra un profitto: *bilancio attivo, gestione attiva* **5.** *T.geol. vulcano attivo*, che può esser caratterizzato da fenomeni eruttivi **6.** di metodo pedagogico basato sull'attivismo || **attivaménte** *avv.* **II** *sm.* **1.** l'insieme delle forme verbali attive: *la coniugazione all'attivo dei verbi transitivi* **2.** *T.econ.* insieme dei profitti ottenuti da un'azienda: *l'amministrazione 1986 si è chiusa con un attivo di 1000 miliardi* || *gen.* credito, disponibilità: *la cooperativa ha al suo attivo alcune iniziative di successo* **3.** organo decisionale dei membri di un'organizzazione: *l'attivo provinciale dell'Arci* || **N. 1.** *Sin.* alacre, pronto, risoluto, solerte, sollecito, spedito | *Contr.* inattivo **2.** *Contr.* passivo.

attizzaménto [da *attizzare*; a. 1363] *sm.* atto ed effetto dell'attizzare || *fig.* incitamento, aizzamento.

attizzàre [lat. volg. **attitiāre*; a. 1342] *tr.* **1.** ravvivare il fuoco smuovendo la legna e le braci perché brucino meglio || *fig.* provocare, eccitare, accrescere: *attizzare l'odio, il rancore* **2.** *ant.* aizzare || **N. 1.** *Sin.* accendere, ravvivare, rinfocolare; incitare, istigare, stimolare, suscitare.

attizzatóio (pl. *-ói*) [da *attizzare*; a. 1537] *sm.* strumento costituito da un'asta o da un tondino di metallo con punta di forma diversa, adatto ad attizzare il fuoco.

attizzatóre [da *attizzare*; a. 1342] *agg.* e *sm.* (f. *-trice*) che o chi attizza; spec. *fig.* istigatore.

àtto¹ [lat. *actus*; fine sec. XIII] *sm.* **1.** manifestazione dell'azione in rapporto a una determinazione della volontà: *atto di volontà, di creazione* || azione per la quale si manifesta una qualità dell'animo e che implica in genere un giudizio morale: *atto di superbia, di stima, di giustizia, atto onesto, di coraggio* || *per estens.* manifestazione di un sentimento: *un atto di amore, di gentilezza* || *gen.* azione, gesto, movimento: *atti inconsulti* || atteggiamento, piglio: *presso la culla in dolce atto d'amore* (Giusti) || *fare atto di...*, accennare il movimento o l'intenzione di fare qualcosa || *fare atto di presenza*, restare solo per poco tempo in un luogo || *mettere, porre, tradurre in atto*, fare || *nell'atto di...*, proprio nel momento di... || *all'atto pratico*, al momento di passare all'azione **2.** *T.fil.* in Aristotele, forma piena e finale dell'essere in quanto contrapposta a ciò che è solo possibile o potenziale **3.** *T.giur.* azione compiuta da una persona, consapevolmente e volontariamente, e suscitatrice di effetti legali: *atto lecito, illecito* || *atti osceni*, quelli che offendono il comune senso del pudore || *atto amministrativo*, decisione presa da un'autorità amministrativa nell'esercizio delle sue funzioni **4.** *T.giur.* documento avente valore giuridico: *atto notarile, di nascita* || *atto legislativo*, legge || *atto giudiziario*, emesso da un ufficiale giudiziario || *atto di accusa*, documento che notifica a un imputato i fatti a lui attribuiti in base ai risultati dell'inchiesta giudiziaria || *atto autentico*, scrittura redatta secondo particolari formule giuridiche tali da rendere certezza del suo contenuto || *prendere atto di qualcosa*, tenerne conto **5.** dichiarazione, manifestazione orale: *atto di fede, di contrizione* || *atto di dolore*, preghiera che i cattolici recitano al termine della confessione **6.** ciascuna delle parti in cui viene suddiviso un lavoro teatrale: *una commedia in tre atti* || *atto unico*, opera teatrale in un solo atto **7.** *pl.* raccolta di documenti che costituisce un archivio: *il documento è stato messo agli atti*, è stato archiviato; anche *fig.*: *è meglio mettere agli atti episodi come questi* || raccolta di documenti, relazioni, comunicazioni relative all'attività di un'assemblea, un convegno, un'associazione: *gli atti del congresso della SLI, dell'assemblea dei delegati* || pubblicazione periodica di tali organismi: *gli atti della Scuola Normale di Pisa, atti parlamentari* **8.** *T.rel.* cronaca della vita e delle opere di personaggi esemplari: *gli atti dei martiri* || *gli atti degli apostoli* o *ass. gli atti*, quinto libro del nuovo testamento in cui sono narrati i primi episodi della predicazione apostolica dopo la morte di Cristo **9.** *T.fil.* e *T.ling. atto linguistico*, azione (promessa, interrogazione, ordine ecc.) compiuta mediante il proferimento di un'espressione di una lingua || **N. 1.** *Sin.* azione, opera, operazione; esercizio, moto, movimento; cenno, costume, gesto; maniera **4.** *Sin.* documento **7.** *Sin.* raccolta **9.** locutorio, illocutorio, perlocutorio; performativo.

àtto² [lat. *aptus*; a. 1306] *agg.* **1.** che ha attitudine, disposizione: *atto agli studi*; abile, idoneo, conveniente, adatto, capace, acconcio: *atto alle armi, alla guerra* **2.** *ant.* svelto, agile.

attòllere (pres. *-òllo*) [dal lat. *attollere*; a. 1595] *tr. ant.* innalzare, sollevare.

attoniménto [da *attonito*; 1939] *sm.* stupore, sorpresa, sbigottimento.

attònito [dal lat. *attonitus*, stordito dal tuono; 1336] *agg.* **1.** immobile e muto per meraviglia: *la sua partenza ci lasciò tutti attoniti* || *per estens.* che palesa stupore e sbigottimento: *espressione attonita* **2.** *lett.* immobile, sospeso || **attonitaménte** *avv.* || **N. 1.** *Sin.* incantato, meravigliato, sorpreso, stupefatto, stupito, tonto.

attòrcere (pres. *-òrco* ecc., come TORCERE) [da *torcere*; 1313] *tr.* torcere avvolgendo una cosa intorno a se stessa o più cose una all'altra: *attorcere una fune, una lana* || *rifl.* contorcersi || **N.** *Sin.* attorcigliare, avviticchiare, avvolgere, TORCERE.

attorcigliaménto [da *attorcigliare*; 1681] *sm.* atto ed effetto dell'attorcigliare e dell'attorcigliarsi.

attorcigliàre (pres. *-ìglio*) [da *attortigliare*, con influsso di *attorcere*; 1525] *tr.* attorcere ripetutamente, avvolgere più volte intorno a qualcosa: *attorcigliò la corda al palo* || *rifl.* e *intr. pron.* avvolgersi: *la serpe si attorcigliò intorno all'albero, il filo si è tutto attorcigliato* || *rifl. indir.*: *si attorcigliò le trecce intorno alla testa, attorcigliarsi i baffi.*

attorcigliatùra [da *attorcigliare*; 1961] *sf.* atto ed effetto dell'attorcigliare e dell'attorcigliarsi || disposizione a spirale o a treccia: *l'attorcigliatura dei fili di una fune.*

attorcitùra [da *attorcere*; 1955] *sf.* **1.** atto ed effetto dell'attorcere **2.** *T.agr.* attralciatura.

attóre [dal lat. *actor, -ōris*; inizio sec. XIV] *sm.* (f. *-trice*) **1.** chi recita un ruolo in uno spettacolo: *attore drammatico, cinematografico* || *attor giovane*, ruolo del teatro italiano dell'800 e *per estens.* attore in grado di interpretare ruoli giovanili || *primo attore, prima attrice*, coloro ai quali sono affidati i ruoli principali maschile e femminile della vicenda rappresentata || *per estens. fig.* chi dissimula i propri sentimenti dietro un'apparenza menzognera: *non prestarle attenzione, è una consumata attrice* **2.** *fig.* chi svolge una parte attiva in un avvenimento: *è stato il principale attore della recente crisi politica* **3.** *T.giur.* la parte che promuove un giudizio civile || *dim.* attorìno; *dim.* e *spreg.* attorùccio, attorùcolo || **N. 1.** *Sin.* commediante, divo, *star*, stella. **Q.T.** *cinematografia, teatro.*

attorniàre (pres. *-órnio*) [dal provenz. *torneiar*; a. 1277 *attornare*] *tr.* **1.** circondare: *fu in breve attorniato dai giornalisti* || accerchiare: *con un'audace manovra attorniarono i nemici* **2.** *fig.* circuire: *lo hanno attorniato con false promesse* || *rifl.* circondarsi: *si è attorniato di tipi poco raccomandabili.*

attórno (raro lett. *a tórno*) [comp. di *a* e *torno*, giro; 1282] **I** *avv.* intorno, in giro || *andare attorno*, andare in giro; *fig.* circolare, divulgarsi: *andavano attorno certe notizie oltraggiose su di lui* || *fig. mandare attorno*, spargere una voce, una diceria || *guardarsi attorno*, essere prudenti, agire con cautela || *levarsi qualcuno d'attorno*, liberarsene || *darsi d'attorno*, darsi da fare **II** nella *loc. prep. attorno a*, intorno: *i bambini correvano attorno alla casa* || *stare attorno a qualcuno*, frequentarlo con assiduità, importunarlo || *stare attorno a qualcosa*, attendervi con assiduità.

attortigliaménto [da *attortigliare*; prima metà sec. XVIII] *sm.* atto ed effetto dell'attortigliare e dell'attortigliarsi.

attortigliàre (pres. *-ìglio*) [lat. volg. **tortiliāre*; a. 1370] *tr. raro* attorcigliare || *rifl.* e *intr. pron.* attorcigliarsi.

attoscàre (pres. *-ósco, -óschi*) [comp. parasint. di *tosco*; 1313] *tr. ant.* avvelenare, attossicare || *fig.* amareggiare, tormentare: *se il ciel gli addolcia o lo inferno gli attosca* (Dante).

attossicàre (pres. *-òssico, -òssichi*) [comp. parasint. di *tossico*; 1300 ca.] *tr.* avvelenare || di odori forti e spiacevoli, ammorbare, appestare: *i fumi dell'inceneritore comunale attossicano la zona* || *fig.* amareggiare, tormentare: *ne ho la vita attossicata.*

attraccàggio (pl. *-gi*) [da *attraccare*; 1932] *sm. T.mar.* la manovra che si fa per attraccare.

attraccàre (pres. *-àcco, -àcchi*) [dallo sp. *atracar*; a. 1883] *tr. T.mar.* accostare un'imbarcazione a un'altra e *com.* la nave alla banchina per effettuarvi operazioni di sbarco e imbarco: *attraccare il rimorchiatore al transatlantico* || *intr.* (aus. *avere*) accostare: *attraccammo al molo.* **Q.T.** *nautica...*

attràcco (pl. *-chi*) [da *attraccare*; 1863] *sm. T.mar.* l'atto e l'effetto dell'attraccare || *concr.* il punto in cui si attracca, ormeggio.

attraènte (*ppr.* di *attrarre*) [1721] *agg.* seducente: *modi attraenti, casa attraente* || **N.** affascinante, allettante, amabile, desiderabile, grazioso, incantevole, lusinghevole, piacevole, simpatico | *Contr.* repellente, ripugnante.

attraènza [da *attraente*; 1945] *sf. raro* l'essere attraente.

attralciatùra [comp. parasint. di *tralcio*; 1955] *sf. T.agr.* legatura dei tralci fruttiferi della vite ai loro sostegni.

attrappàre [dal fr. *attraper*, prima metà sec. XIV] *tr. ant.* afferrare, sottrarre || *intr. pron.* rattrappirsi.

attrappìre *tr.* e *intr. pron. ant.* v. RATTRAPPIRE.

attràrre (pres. *-àggo* ecc., come TRARRE) [lat. *adtrahere*; sec. XIV] *tr.* tirare a sé: *la calamita attrae il ferro* || *fig.* allettare, sedurre: *l'idea di partire non mi attrae per nulla* || *raro* cattivarsi: *attrae l'antipatia di tutti* || *rec.* attrarsi l'un l'altro: *gli opposti si attraggono* || **N.** *tr. Sin. fig.* avvincere, lusingare | *Contr.* respingere.

attrattiva [da *attrattivo*; 1614] *sf.* capacità di attrarre; usato gen. in senso *fig.*: *esercitare una forte attrattiva sull'animo, sulla fantasia di qualcuno* || *pl.* allettamenti, qualità che attraggono: *una proposta che presenta numerose attrattive* || **N.** *Sin.* allettamento, richiamo, seduzione, FASCINO.

attrattivo [lat. tardo *attractīvus*; sec. XIV] *agg.* **1.** che ha capacità di attrarre: *la forza attrattiva della terra* **2.** *non com.* attraente, piacevole: *uno spettacolo attrattivo* || **attrattivaménte** ***avv.***

attràtto (*pps.* di *attrarre*) [a. 1642] ***agg.*** interessato, allettato, attirato || *ant.* storpio.

attraversaménto [da *attraversare*; a. 1555] ***sm.*** atto ed effetto dell'attraversare || *concr.* il luogo dove si attraversa: *attraversamento pedonale.*

attraversàre (pres. *-èrso*) [da *attraverso*; 1313] ***tr.*** **1.** passare attraverso, varcare, percorrere in tutta la lunghezza, da un lato all'altro: *attraversare una piazza, attraversare la Manica, attraversare l'Italia in autostop*; anche *fig.* vivere, trascorrere: *ha attraversato dei momenti difficili* || *attraversare la strada a qualcuno,* tagliare trasversalmente la strada a qualcuno che sta sopraggiungendo; *fig.* ostacolare || *ass.* percorrere da un lato all'altro una strada o una piazza: *stai attento ad attraversare* **2.** *T.mar.* incrociare la propria rotta con quella di un'altra nave molto prossima || *attraversare l'ancora,* disporla in posizione orizzontale dopo averla salpata || ***rifl.*** *raro* mettersi di traverso: *attraversato e nudo è per la via* (Dante) || *fig.* opporsi, essere contrario || **N.** **1.** *Sin.* fendere, guadare, passare, percorrere, traversare, valicare; impedire, intralciare, ostacolare, osteggiare.

attravèrso (raro lett. *a travèrso*) [comp. di *a* e *traverso*; fine sec. XIII come prep.] **I** ***avv.*** obliquamente, trasversalmente, di traverso, per traverso || *fig. raro* non rettamente: *m'intendi sempre attraverso* || *andare attraverso,* di cibo o bevanda che rimane in gola; *fig.* di cosa che non va bene, che riesce male: *tutto quel che faccio mi va attraverso* || *guardare attraverso,* di sbieco, torvamente || *pigliare una cosa a traverso,* malamente **II** ***prep.*** o nella ***loc. prep.*** *attraverso a* **1.** da una parte all'altra, da parte a parte: *attraverso ai campi, guardare attraverso il buco della serratura, guardare attraverso le lenti* **2.** *fig.* per mezzo di: *solo attraverso i sacrifici puoi ottenere qualche risultato, lo abbiamo contattato attraverso un intermediario* || **N.** **1.** *Sin.* da parte a parte, diagonalmente, di sghembo, di sghimbescio, di traverso, in tralice.

attrazionàle [da *attrazione*; 1974] ***agg.*** *T.fis.* relativo all'attrazione, di attrazione: *l'azione attrazionale di un magnete*; *campo attrazionale terrestre,* campo gravitazionale della terra.

attrazióne [dal lat. tardo *attractio, -ōnis*; sec. XIV] ***sf.*** **1.** atto ed effetto dell'attrarre: *l'attrazione di due corpi, esercitare attrazione su qualcuno, provare attrazione per qualcuno o qualcosa*; anche *fig.* interesse: *l'avventura aveva una grande attrazione su di lui; attrazione fisica,* richiamo sessuale tra due persone || *T.ling.* processo di assimilazione sintattica per cui la concordanza richiesta da una particolare costruzione viene sostituita da un'altra per influenza di elementi rilevanti vicini nel contesto (ad es. la costruzione a senso); *attrazione modale,* uso del congiuntivo in una proposizione dipendente da una subordinata al congiuntivo quando normalmente sarebbe richiesto l'indicativo || *T.fis.* forza che un corpo esercita su di un altro: *attrazione magnetica* **2.** intrattenimenti spettacolari che richiamano il pubblico: *una città povera di attrazioni* || numero sensazionale di uno spettacolo || *per estens.* chi esegue tale numero sensazionale: *uno spettacolo con molte attrazioni, con il suo show era diventato un'attrazione* || **N.** **1.** *Sin.* attrattiva, fascino | *Contr.* avversione, repulsione **2.** *Sin.* numero, richiamo.

attràzzo [dal fr. ant. *atrait,* attratto; 1688] ***sm.*** *ant.* spec. *pl.* **1.** cianfrusaglia, insieme di arnesi o mobili di poco conto: *mettiamo da parte questi attrazzi* **2.** varie attrezzature navali.

attrezzàggio (pl. *-gi*) [da *attrezzare*; 1983] ***sm.*** **1.** attrezzatura **2.** *T.mecc.* preparazione di una macchina utensile per una determinata lavorazione.

attrezzaménto [da *attrezzare*; 1929] ***sm.*** atto ed effetto dell'attrezzare || complesso degli attrezzi.

attrezzàre (pres. *-èzzo*) [da *attrezzo*; 1772 *attrazzare*] ***tr.*** fornire di attrezzi, arredare, corredare, rifornire del necessario: *attrezzare una palestra* || *in part.* fornire una nave dell'attrezzatura || *per estens.*: *attrezzare una spedizione* || *T.alp. attrezzare una via,* predisporre lungo l'itinerario di salita chiodi, corde fisse per facilitarne la ripetizione || ***rifl.*** fornirsi del necessario: *attrezzarsi per un'escursione* || **N.** *Sin.* corredare, equipaggiare.

attrezzàto (*pps.* di *attrezzare*) [1910] ***agg.*** corredato, fornito del necessario: *area pubblica attrezzata,* fornita di attrezzature sportive e ricreative.

attrezzatùra [da *attrezzare*; 1824 *attrazzatura*] ***sf.*** **1.** atto ed effetto dell'attrezzare **2.** più com. *concr.*, complesso degli attrezzi, degli strumenti e di ogni altra cosa necessaria allo svolgimento di un'attività: *attrezzatura da falegname, teatrale* || *attrezzatura meccanica,* l'insieme dei macchinari necessari alla lavorazione seriale di un pezzo || *attrezzature turistiche, alberghiere,* edifici e servizi per il turismo || *T.mar. attrezzatura di una nave,* il complesso di vele, cordami, alberatura; anche velatura caratteristica di un particolare tipo di imbarcazione: *attrezzatura a brigantino, a goletta* **3.** *T.mar.* operazione di messa a punto delle vele e anche la manovra relativa. **Q.T.** *vela.*

attrezzerìa [da *attrezzo*; 1940] ***sf.*** **1.** *T.teatr.* insieme degli oggetti e degli attrezzi mobili necessari ad allestire le scene **2.** nell'industria, reparto sussidiario per la messa a punto e manutenzione di varie attrezzature. **Q.T.** *teatro.*

attrezzìsta [da *attrezzo*; 1875] ***s.*** **1.** *T.teatr.* chi provvede tutto ciò che è necessario per arredare il palcoscenico di un teatro; trovarobe **2.** operaio specializzato addetto all'attrezzatura meccanica **3.** atleta che compie esercizi ginnici con gli attrezzi.

attrezzìstica [da *attrezzo*; 1961] ***sf.*** *T.sport.* ginnastica con gli attrezzi cioè cavallo, anelli, sbarre, parallele, asse d'equilibrio.

attrezzìstico (pl. *-ci*) [da *attrezzo*; 1955] ***agg.*** che è fatto con attrezzi: *ginnastica attrezzistica* || relativo ad attrezzi: *complesso attrezzistico di una palestra.*

attrézzo [dal fr. ant. *atrait,* attratto; 1669] ***sm.*** **1.** strumento necessario per l'esecuzione di un lavoro o di una attività: *gli attrezzi del falegname* || *gli attrezzi del mestiere,* il necessario per lo svolgimento di una attività || *attrezzi navali,* ciò che è necessario ad armare una nave **2.** *T.sport.* strumento necessario allo svolgimento di una pratica sportiva: *giavellotto, asta, peso e martello sono attrezzi* || nella ginnastica, strumenti di varia forma per l'esecuzione di particolari esercizi: *grandi attrezzi,* cavallo, parallele, asse d'equilibrio, anelli; *piccoli attrezzi,* appoggi, clave, palla, cerchio ecc. || **N.** **1.** *Sin.* arnese, utensile; arredo. **Q.T.** *atletica, edilizia, enologia, fabbro, falegnameria* **TAV.** *agricoltura* 10.

attribuìbile [da *attribuire*; 1751] ***agg.*** che si può attribuire: *un affresco attribuibile a Giotto.*

attribuìre (pres. *-ìsco, -ìsci*) [dal lat. *attribuere*; a. 1292] ***tr.*** **1.** assegnare, riconoscere come appartenente o spettante a qualcuno: *la responsabilità del furto è stata attribuita a un pregiudicato, non gli hanno attribuito i dovuti riconoscimenti* || *per estens.* meno com., concedere: *gli hanno attribuito la possibilità di replicare* **2.** ascrivere, imputare, riconoscere un nesso causale: *ciò che è accaduto è da attribuire alla negligenza dell'amministrazione* || *per estens.* riconoscere a qualcuno la paternità di un'opera: *un quadro attribuito a Goya, un romanzo attribuito ad Apollinaire* || ***rifl. indir.*** arrogarsi: *si è attribuito tutto il merito* || **N.** **1.** *Sin.* addossare, affibbiare, appioppare, apporre, caricare.

attributìvo [da *attributo*; 1865] ***agg.*** **1.** *T.gram.* che ha funzione di attributo: *funzione attributiva e non predicativa dell'aggettivo come in "la mia terra" rispetto a "la terra è mia"*; *proposizione attributiva, complementi attributivi* **2.** *T.giur. negozio giuridico attributivo,* che determina uno spostamento dei diritti patrimoniali da un soggetto a un altro.

attribùto [dal lat. *attribūtum*; a. 1294 *atrebuto* nel senso 2] ***sm.*** **1.** determinazione qualitativa propria ed essenziale a un dato soggetto: *gli attributi di Dio* || elemento distintivo in una rappresentazione simbolica: *il tridente è attributo di Nettuno* || *per estens.* proprietà caratteristica di una cosa o di una persona: *la bontà non è fra i suoi pur molti attributi* || *eufem. gli attributi maschili,* i genitali **2.** *T.gram.* aggettivo che specifica una qualità del sostantivo a cui si riferisce (per es. in *"l'auto nuova"* e *"la gonna verde"*, "nuova" e "verde" sono attributi) **3.** *T.arald.* aggettivo indicante la posizione e le caratteristiche delle figure e delle pezze in uno stemma || **N.** **1.** *Sin.* condizione, qualità, titolo. **Q.T.** *linguistica.*

attribuzióne [dal lat. *attribūtio, -ōnis*; a. 1498] ***sf.*** **1.** atto ed effetto dell'attribuire; assegnazione: *l'attribuzione delle cattedre è stata sospesa, l'attribuzione del quadro è incerta* **2.** *pl.* mansioni, poteri, facoltà propri di un incarico: *le attribuzioni del prefetto* || *conflitto di attribuzioni,* quello che si verifica tra due diverse autorità investite dello stesso incarico || **N.** **1.** *Sin.* conferimento, paternità **2.** *Sin.* obblighi.

attribuzionìsmo [da *attribuzione*; 1950] ***sm.*** termine polemico per indicare una eccessiva tendenza ad attribuire opere d'arte ad autori importanti, o a crearne di ipotetici (*il Maestro della pala di...*) soltanto sulla base di affinità stilistiche.

attristaménto [da *attristare*; sec. XIV] ***sm.*** *non com.* afflizione, malinconia.

attristàre (pres. *-ìsto*) [comp. parasint. di *tristo*; fine sec. XIII] ***tr.*** **1.** *lett.* render triste, rattristare **2.** *ant.* rendere malvagio, tristo || ***intr. pron.*** *lett.* rattristarsi || **N.** **1.** *Sin.* contristare, intristire.

attristàto [da *attristare*; a. 1590] ***agg.*** *lett.* rattristato.

attristìre (pres. *-ìsco, -ìsci*) [comp. parasint. di *tristo*; fine sec. XIII] ***tr.*** **1.** *lett.* rattristare **2.** *raro* rendere sterile, improduttivo: *la siccità ha attristito gli orti* || ***intr.*** (aus. *essere*) perdere energia, insterilire: *le piante attristavano per l'afa* || ***intr. pron.*** *lett.* intristirsi.

attrito[1] [dal lat. *attrītus,* sfregamento; 1785] ***sm.*** **1.** *T.mecc.* resistenza passiva che incontra un corpo in movimento relativo rispetto a un altro || *per estens.* logorio causato da strofinamento: *l'attrito contro la roccia ha sfilacciato la corda* **2.** *fig.* discordia, contrasto: *gli attriti che nascono tra suocere* (Pirandello) || **N.** **1.** contrasto, logorio, sfregamento, strofinio, urto | radente, volvente | tribometro.

attrito[2] [dal lat. *attrītus,* sfregamento; a. 1342] ***agg.*** **1.** *T.teol.* che prova attrizione: *attrito e contrito* **2.** *lett.* logoro per l'attrito, consumato: *su l'aratro ancor dal solco attrito* (Carducci).

attrizióne [dal lat. tardo *attrītio, -ōnis*; 1354] ***sf.*** **1.** *T.teol.* dolore imperfetto del peccato, che nasce dal timore delle pene più che dal pentimento per aver offeso Dio **2.** *ant. disus.* attrito || **N.** **1.** *Sin.* contrizione imperfetta.

attroncàre (pres. *-ónco, -ónchi*) [comp. parasint. di *tronco*; 1955] ***tr.*** tagliare il tronco degli alberi alla base.

attroncatùra [da *attroncare*; 1955] ***sf.*** l'operazione dell'attroncare.

attruppaménto [da *attruppare*; a. 1831] ***sm.*** l'attrupparsi; assembramento || **N.** *Sin.* folla, raduno, ressa.

attruppàre [dal fr. *attrouper*; 1669] ***tr.*** *non com.* ammassare, radunare senza un ordine preciso || ***intr. pron.*** ammassarsi, riunirsi in modo caotico || *Contr.* disperdere, sciogliere.

attuàbile [da *attuare*; 1863] ***agg.*** che si può attuare.

attuabilità [da *attuabile*; 1865] ***sf.*** possibilità di venire attuato.

attuàle [dal lat. tardo *actuālis*; 1308 nel senso 2] ***agg.*** **1.** che si riferisce al momento presente: *l'epoca attuale, l'attuale governo* || di ciò che, pur appartenendo al passato, è ancora valido: *il pensiero di Aristotele è attuale* || *era attuale*, il Quaternario **2.** *T.fil.* che è passato dalla potenza all'atto: *esistenza attuale* || effettivo: *valore attuale* || *T.geol.* nella religione cattolica, che concerne gli atti umani in quanto apportatori di meriti o demeriti: *grazia attuale*, propria di ciascun atto meritorio; *peccato attuale*, ciascun atto peccaminoso liberamente compiuto dall'uomo **3.** *T.fis.* valore di una grandezza relativo all'istante in cui essa viene considerata || **attualménte** ***avv.*** al presente, al momento || **N. 1.** *Sin.* odierno, presente **2.** *Contr.* potenziale, virtuale **3.** finale, iniziale.

attualișmo [da *attuale*; a. 1926] ***sm.*** **1.** dottrina filosofica elaborata da G. Gentile, in cui l'intera realtà è ricondotta alla creatività dell'atto del pensiero pensante **2.** *T.geol.* teoria che postula una sostanziale identità tra i fenomeni geologici avvenuti nelle ere passate e quelli in atto ora.

attualista [da *attuale*; 1961] ***s.*** chi segue e professa la dottrina dell'attualismo.

attualìstico (pl. *-ci*) [da *attualista*; 1961] ***agg.*** che si riferisce all'attualismo.

attualità [dal lat. mediev. *actualitas, -ātis*; 1308 nel senso 3] ***sf.*** **1.** qualità di ciò che è attuale, l'essere attuale: *la questione razziale è un problema di grande attualità, l'attualità dell'interpretazione stoica del significato* || *essere di attualità*, rivestire interesse al momento presente || *tornare d'attualità*, riacquistare interesse per il momento presente **2.** spec. *pl.* avvenimento recente: *nel giornale leggo solo le pagine di attualità* **3.** *T.fil.* l'essere in atto.

attualiȥȥàre [dal fr. *actualiser*; 1965] ***tr.*** rendere attuale, moderno || ***intr. pron.*** *T.fil.* divenire attuale.

attuaménto [da *attuare*; 1865] ***sm.*** atto ed effetto dell'attuare.

attuàre (pres. *àttuo*) [dal lat. mediev. *actuāre*; a. 1420] ***tr.*** mettere in atto, realizzare, concretare: *ha attuato una feroce vendetta* || ***intr. pron.*** realizzarsi, venire in atto: *la profezia si è attuata* || **N.** *Sin.* compiere, effettuare, praticare.

attuariàle [dall'ingl. *actuarial*, dal lat. *actuārius*, scrivano; 1912] ***agg.*** di quella branca della matematica che studia la valutazione attuale degli impegni futuri relativi alle assicurazioni sulla vita.

attuàrio[1] (pl. *-ri*) [dal lat. *actuārius*; a. 1580] ***sm.*** **1.** *T.stor.* nel Medioevo, pubblico ufficiale deputato a ricevere e custodire gli atti pubblici **2.** *T.stor.* nella Roma imperiale, scrivano incaricato della trascrizione dei discorsi tenuti in Senato || ufficiale addetto all'approvvigionamento **3.** specialista di matematica attuariale || **N. 1.** *Sin.* cancelliere.

attuàrio[2] (pl. *-ri*) [dal lat. *actuārius*; 1614] ***agg.*** da trasporto || *T.stor. navi attuarie*, navi romane con funzioni logistiche.

attuatìvo [da *attuare*; 1983] ***agg.*** che permette di effettuare, di realizzare o di rendere operante qualcosa.

attuatóre [da *attuare*; 1961] ***agg.*** e ***sm.*** **1.** (f. *-trice*) *raro* che o chi attua **2.** *T.ing.* dispositivo meccanico, elettrico o sim., che, in un sistema di controllo, svolge funzioni di regolazione.

attuazióne [da *attuare*; a. 1673] ***sf.*** realizzazione, concretizzazione.

attufàto [comp. parasint. di *tufo*; 1885 ca.] ***agg.*** *non com.* angusto, soffocante, opprimente: *un ripostiglio attufato.*

attuffàre [da *tuffare*; a. 1292] ***tr.*** *raro* immergere, tuffare || ***rifl.*** *raro* tuffarsi.

attuóso [dal lat. *actuōsus*; 1664] ***agg.*** *raro* attivo, laborioso.

attutàre (pres. *-ùto*) [dal lat. *tutāri*, difendere; a. 1294] ***tr.*** *ant. non com.* attutire: *l'ire superbe attuta* (Manzoni) || ***intr. pron.*** *ant.* calmarsi, smorzarsi.

attutiménto [da *attutire*; a. 1901] ***sm.*** atto ed effetto dell'attutire.

attutìre (pres. *-ìsco, -ìsci*) [metaplasmo di *attutare*; a. 1555] ***tr.*** calmare, mitigare: *attutire un dolore* || smorzare: *attutire un suono* || ***intr. pron.*** smorzarsi, diminuire di intensità: *il frastuono della valanga si era attutito* || **N.** *Sin.* acquietare, attutare, calmare, quietare, raffrenare, rintuzzare, smorzare.

aucùba [dal giap. *aoki*; 1829] ***sf.*** arbusto ornamentale sempreverde delle Cornacee con foglie macchiate di bianco e fiori purpurei.

aucùpio (pl. *-pi*) [dal lat. *aucupium*; sec. XVIII] ***sm.*** caccia agli uccelli, spec. con la pania e con le reti || **N.** *Sin.* uccellagione.

audàce [dal lat. *audax, -ācis*; a. 1367] **I** ***agg.*** **1.** coraggioso, intrepido, che non teme i rischi: *un audace navigatore* **2.** che richiede audacia: *un'impresa audace* || sfrontato, provocatorio: *parole audaci, comportamento audace* || provocante: *uno spacco audace* || spinto: *proposta, spettacolo audace* **3.** innovatore, avanzato rispetto alla norma: *una prosa audace* **II** ***s.*** persona coraggiosa || *prov. la fortuna aiuta gli audaci* || **audaceménte** ***avv.*** || **N. 1.** *Sin.* ardimentoso, ardito, temerario | *Contr.* pauroso, timoroso **2.** *Sin.* sfacciato; *osé* | *Contr.* pudico, timido; serio.

audàcia (pl. *-cie*) [dal lat. *audacia*; 1308] ***sf.*** **1.** comportamento coraggioso e sprezzante del rischio: *la sua audacia rasenta l'incoscienza* || *per estens.* azione audace: *forzare il blocco navale è stato un'audacia* **2.** sfacciataggine, insolenza: *l'audacia delle sue parole supera ogni limite*; *aver l'audacia di*, osare **3.** arditezza, genialità: *l'audacia delle scenografie di Depero* || **N. 1.** *Sin.* ardire, coraggio, temerarietà.

audience (ingl., pr. ['ɔ:dɪəns]; pr. it. ['ɔdjens]) [letter. uditorio, pubblico in ascolto; 1971] ***sf. inv.*** numero di spettatori che seguono uno spettacolo radiofonico o televisivo || *per estens.* pubblico fedele a un'emittente o a una trasmissione televisiva || **N.** indice d'ascolto, *meter.*

àudio [dall'ingl. *audio*; 1953] **I** ***sm.*** *inv.* *T.rad.* e *T.elettron.* l'insieme dei dispositivi che concernono la generazione, la registrazione e la riproduzione del suono **II** in funzione di ***agg.*** *inv.*, del suono: *amplificatore audio, segnale audio, tecnico audio.*

àudio- [dal lat. *audīre*, udire] ***primo elem.*** **1.** in parole composte spec. della terminologia medica, vale "relativo all'udito o alla percezione acustica": **audiopatìa**, **audiopròteși** **2.** in elettronica e nel campo delle telecomunicazioni indica relazione con le audiofrequenze: **audioamplificatóre**, **audiosegnàle** || **N. 2.** audio. **Q.T.** ***audiovisivi.***

audiocassétta [comp. di *audio-* e *cassetta*; 1979] ***sf.*** nastro magnetico avvolto su bobine all'interno di una cassetta che viene inserita in un registratore per la registrazione di suoni o per l'ascolto di suoni registrati in precedenza; più com. *cassetta.* **TAV.** *audiovisivi* 8.10.

audiòfilo [comp. di *audio-* e *-filo*; 1983] ***sm.*** (f. *-a*) e ***agg.*** chi o che è appassionato della registrazione e dell'ascolto del suono, per mezzo di impianti stereofonici.

audiofrequènza [dall'ingl. *audio-frequency*; 1961] ***sf.*** *T.fis.* e *T.elettron.* qualunque frequenza che rientri nelle oscillazioni acustiche percepibili dall'orecchio umano.

audiogràmma [comp. di *audio-* e *-gramma*; 1955] ***sm.*** curva che rappresenta un segnale audio nel dominio della frequenza.

audiolèșo [comp. di *audio-* e *-leso*; 1983] ***agg.*** e ***sm.*** (f. *-a*) che o chi è menomato nell'udito.

audiologìa [comp. di *audio-* e *-logia*; 1955] ***sf.*** settore della medicina che studia l'orecchio e la funzione uditiva.

audiològico (pl. *-ci*) [da *audiologia*; 1983] ***agg.*** relativo all'audiologia: *semeiotica audiologica.*

audiòlogo (pl. *-gi*, pop. *-ghi*) [da *audiologia*; 1983] ***sm.*** (f. *-a*) studioso o esperto in audiologia.

audiometrìa [comp. di *audio-* e *-metria*; 1969] ***sf.*** misurazione della sensibilità degli organi dell'udito.

audiometrìsta [da *audiometria*; 1969] ***s.*** specialista in audiometria.

audiòmetro [dall'ingl. *audiometer*, 1892] ***sm.*** strumento per la misurazione della sensibilità degli organi dell'udito.

audiovișióne [comp. di *audio-* e *visione*; 1983] ***sf.*** insieme dei sistemi audiovisivi.

audiovișìvo [comp. di *audio-* e *visivo*; 1955] ***agg.*** **1.** che permette insieme di udire e di vedere: *la televisione è un mezzo audiovisivo* **2.** spec. *pl.* detto di qualsiasi mezzo (film, videocassetta, televisore, diapositive con commento sonoro) che riproduce suoni e immagini o si basi sul rapporto tra suono e immagine, gen. usato come supporto didattico: *supporti audiovisivi*; anche *sm.*: *nell'insegnamento delle lingue si fa largo uso di audiovisivi.* **Q.T.** ***audiovisivi.***

auditing (ingl., pr. ['ɔ:dɪtɪŋ]) [dall'ingl. *to audit*, rivedere, verificare i conti, dal lat. *audītus*, ascoltato; 1979] ***sm.*** *inv.* revisione del bilancio di un'azienda, per verificarne la corrispondenza con le scritture contabili.

auditìvo [dal lat. mediev. *auditivus*, uditivo; a. 1498] ***agg.*** che riguarda l'udito || **N.** *Sin.* uditivo. **TAV.** ***anatomia*** **p. 642** 18.2.

auditor (ingl., pr. it. ['ɔ:dɪtə]) [voce ingl. dal lat. *audītor*, uditore; 1979] ***s.*** *inv.* chi svolge operazioni di *auditing.*

auditóre [dal lat. *audītor*; a. 1292] ***sm.*** *ant.* uditore.

auditòrio (pl. *-ri*) [dal lat. *audītōrium*; 1940; 1865 nel senso 2] ***sm.*** **1.** sala per audizioni e registrazioni di concerti **2.** *ant.* uditorio.

auditorium V. AUDITORIO nel senso 1.

audizióne [dal lat. *audītio, -ōnis*; sec. XIV] ***sf.*** **1.** ascolto tecnico e critico; prova preliminare di ascolto: *l'audizione musicale è prevista per le cinque* **2.** provino: *l'audizione del cantante è stata rinviata* **3.** *T.giur. audizione di testi*, ascolto delle testimonianze.

àuge [dall'ar. *'auǧ*, culmine; 1336 ca.] ***sm.*** *T.astr.* *raro* apogeo || *com. fig.* sommità, il punto più elevato: *nel supremo auge della gloria* (Magalotti) || *essere, rimanere, tornare in auge*, nel momento di maggiore successo.

augèllo [lat. tardo *aucellus*; a. 1257] ***sm.*** *poet.* uccello || *dim.* augellétto, augellìno.

auggiàre (pres. *aùggio*) [comp. parasint. di *uggia*; a. 1580] ***tr.*** *non com.* aduggiare.

augìte [comp. del gr. *augḗ*, splendore e *-ite*[2]; 1817] ***sf.*** *T.min.* minerale di colore verde scuro composto principalmente da silicato di calcio, ferro e magnesio, appartenente al gruppo dei pirosseni.

augnàre (pres. *aùgno*) [da *ugnare*; 1550 nel senso 2] ***tr.*** *non com.* **1.** adunghiare **2.** tagliare legno o altro materiale obliquamente.

augnatùra [da *augnare*; 1550] ***sf.*** taglio obliquo praticato su due elementi contigui per facilitarne la giunzione || punto d'innesto di tali elementi.

augumentàre [dal lat. tardo *augmentāre*; a.

1444] *tr. arc.* aumentare.

auguménto [dal lat. *augmentum*; 1500] **sm.** *arc.* aumento.

auguràbile [da *augurare*; a. 1950] **agg.** che si può augurare || che è da augurarsi; auspicabile, sperabile: *un successo augurabile.*

auguràle [dal lat. *augurālis*; a. 1566 nel senso 2] **agg. 1.** che esprime augurio, di buon augurio: *discorso augurale* **2.** *T.stor.* degli auguri: *le insegne, i libri augurali.*

auguràre (pres. *àuguro*) [dal lat. *augurāre*; a. 1292 *agurare*] **tr.** esprimere il desiderio che accada qualcosa, gen. di positivo: *ti auguro ogni bene*; anche *antifr.*: *augurare la morte a qualcuno* || **rifl. indir.** sperare, ripromettersi: *mi auguro di rivederti presto* || **intr.** (aus. *avere*) predire secondo la tecnica divinatoria degli àuguri || *per estens.* fare auspici, vaticinare || **N. tr.** *Sin.* auspicare, desiderare, far voti.

auguràto [dal lat. *augurātus*; a. 1764] **sm.** *T.stor.* ufficio dell'augure e il tempo che esso durava.

auguratóre [da *augurare*; a. 1406] **agg.** e **sm.** (f. *-trìce*) *raro* che o chi augura; augurante.

àugure [dal lat. *augur, -is*; 1313] **sm.** *T.stor.* presso Romani ed Etruschi, sacerdote che esercitava funzioni divinatorie osservando il volo degli uccelli o altri fenomeni naturali || *per estens. lett.* profeta, indovino.

augùrio (pl. *-ri*) [dal lat. *augurium*, presagio; a. 1306, nel senso 2] **sm. 1.** segno o indizio di avvenimenti futuri: *questi fatti non costituiscono un buon augurio per il futuro* || *lett.* presentimento || *propr.* responso divinatorio proferito dall'augure; rito relativo **2.** *com.* desiderio che accada qualcosa di bene, voto di felicità, benessere: *un sincero augurio di pronta guarigione* || *in part. pl.* formula di cortesia pronunciata in particolari occasioni: *fare gli auguri, auguri di buon Natale, buona Pasqua, buon compleanno, biglietto, lettera di auguri* || **N. 1.** *Sin.* annuncio, auspicio, presagio, pronostico **2.** *Sin.* felicitazione.

auguróso [da *augurio*; sec. XIV] **agg.** *lett.* che porta buona o cattiva fortuna: *bene auguroso, male auguroso.*

augùsta [da *augusto*; 1321] **sf.** titolo che si dava all'imperatrice romana.

augustàle [dal lat. *augustālis*; sec. XIV] **I agg.** di Augusto || *per estens.* imperiale **II sm. 1.** *T.stor.* sacerdote addetto al culto di Augusto e altri imperatori divinizzati **2.** moneta d'oro coniata dall'imperatore Federico II di Svevia.

augustèo [dal lat. *augustēus*; 1585] **agg.** di Augusto: *secolo augusteo* || *per estens.* imperiale: *la primiera cerchia augustea* (D'Annunzio).

augùsto [dal lat. *augustus*, consacrato dagli auguri; a. 1292 come sm.] **I agg. 1.** che merita venerazione, sacro, maestoso: *l'augusta figura del poeta fece il suo ingresso* **2.** *per estens.* attributo di principi e supreme autorità civili o religiose: *fu ammesso all'augusta presenza del pontefice, le auguste parole del sovrano* **II sm.** titolo dato agl'imperatori romani || *per estens. lett.* imperatore.

àula [dal lat. *aula*; 1321] **sf. 1.** locale adibito allo svolgimento di lezioni scolastiche: *l'aula di disegno, l'aula n° 5* || *aula magna*, V. AULA MAGNA || *per estens.* in vari edifici, locale destinato a riunioni: *l'aula di Montecitorio, l'aula del tribunale* **2.** sala di reggia e *per estens.* la reggia stessa || *abbandonare l'aula*, da parte di parlamentari in segno di protesta.

àula màgna o **aulamàgna** [dal lat. *āula*, cortile e *magna*, grande; a. 1931] **loc. f.** la sala di maggiore ampiezza di una scuola, o di un'università, destinata alle riunioni accademiche o a conferenze.

aulèdo, aulèta o **aulète** [dal gr. *aulētés*; a. 1565] **sm.** *lett.* suonatore di tibia o di flauto: *l'auleta querulo* (Pascoli).

aulènte (*ppr.* di *aulire*) [a. 1237] **agg.** *lett.* profumato, odoroso: *l'aulente fieno.*

aulètica [dal gr. *auletiké*, da *aulós*, flauto; 1829] **sf.** nella Grecia classica, l'arte di suonare l'*aulos.*

aulètico (pl. *-ci*) [da *auletica*; 1887] **agg.** relativo all'auletica e all'*aulos.*

aulètride [dal gr. *aulētrís, aulētrídos*; a. 1912] **sf.** *lett.* suonatrice di flauto o di tibia: *voci alte destò l'auletride col flauto* (Pascoli).

aulicìsmo [da *aulico*; 1988] **sm.** *T.ling.* parola di uso aulico: *nelle spiegazioni scientifiche raramente vengono usati aulicismi.*

àulico (pl. *-ci*) [dal lat. *aulicus*; a. 1550] **agg. 1.** di corte: *consigliere aulico* **2.** elevato, nobile, illustre: *stile aulico, lingua aulica* || **aulicaménte** **avv.** || **N. 2.** *Sin.* ricercato, solenne, sostenuto | *Contr.* comune, umile, volgare.

auliménto (arc. *uliménto*) [da *aulire*; fine sec. XII] **sm.** *poet.* e *arc.* profumo, olezzo, odore.

aulìre (arc. *ulìre*) (dif., usato solo al pres. ind., *-ìsco, -ìsci*, all'imp. ind. e al ppr.) [dal lat. *olēre*; a. 1288] **intr.** *lett.* odorare: *i gigli presero ad aulire* (D'Annunzio).

aulós (gr., pr. it. [au'lɔs]) [1829 *aulo*] **sm.** (pl. *aulói*) strumento a fiato della Grecia classica, a doppia ancia.

aumentàbile [da *aumentare*; 1842] **agg.** che si può aumentare || **N.** *Contr.* diminuibile.

aumentàre (pres. *-ènto*) [dal lat. tardo *augmentāre*; 1336 ca.] **tr. 1.** rendere maggiore: *è necessario aumentare le spese per la ricerca* **2.** nel lavoro a maglia, aggiungere punti: *per la manica bisogna aumentare due punti ogni giro*; anche *ass.*: *al terzo giro devi aumentare* || **intr.** (aus. *essere*) crescere, diventare quantitativamente più grande o più costoso: *i prezzi sono aumentati del 3%, le spese aumentano, dopo le piogge il livello delle acque è ancora aumentato* || **N. 1.** *Sin.* accrescere, aggrandire, allargare, allungare, ampliare, dilatare, gonfiare, incrementare, ingrandire, ingrossare, moltiplicare, raddoppiare, triplicare.

aumentàto (*pps.* di *aumentare*) [1336 ca.] **agg. 1.** cresciuto, diventato più alto: *i prezzi sono così aumentati!* **2.** *T.mus.* *canone aumentato, fuga aumentata*, in cui la seconda voce esegue lo stesso motivo della prima, ma con valori di durata maggiori || **N.** *Contr.* diminuito.

aumentazióne [lat. tardo *aug(u)mentatiō, -ōnis*; a. 1444 nel senso 2] **sf. 1.** *T.mus.* il ripresentarsi di un tema musicale con la durata delle note raddoppiata o comunque accresciuta **2.** *disus.* aumento, accrescimento.

aumentìsta [da *aumento*; 1881] **s.** chi, in borsa, gioca al rialzo || **N.** *Sin.* rialzista.

auménto [dal lat. *augmentum*; 1336 ca.] **sm. 1.** accrescimento, incremento: *si nota un preoccupante aumento della criminalità* || *per estens.* rincaro: *il mese di gennaio ha registrato un aumento dei prezzi al consumo del 2%* **2.** *T.gram.* in alcune lingue indoeuropee, prefisso che si

AUDIOVISIVI

APPARECCHIATURE (a moduli separati / assemblate; fisse, portatili, per auto): alimentatore, antenna (semplice / composta; a cortina, a pannelli; omnidirezionale / direttiva, a direttività orizzontale / verticale), altoparlante o *speaker* (elettrodinamico, elettrostatico o a condensatore, piezoelettrico; per alte, basse, medie frequenze ovvero *tweeter, woofer, midrange*), amplificatore (amplificatore di potenza o finale di potenza, *booster*, preamplificatore), cinepresa (v. quadri terminologici CINEMATOGRAFIA e FOTOGRAFIA), cuffia o *headphone* (aperta / chiusa; elettrodinamica, elettrostatica), *cross-over* o filtro miscelatore, diffusori o casse acustiche (a una o più vie; a sospensione pneumatica, *bass reflex* / cassa chiusa, omnidirezionale), equalizzatore, generatore d'eco, giradischi (automatico, semiautomatico, manuale; a cinghia, a controtelaio sospeso o flottante, a puleggia; asincrono / sincrono, monofonico, stereofonico, quadrifonico), impianto d'antenna centralizzato o collettivo (per uno o più canali o bande; con uscita in derivazione, in serie, in serie-derivazione), lettore CD o *compact disc player*, microfono (*lavalier* o collarino, fisso / mobile; elettrodinamico, elettrostatico o a condensatore, omnidirezionale / direzionale cardioide, supercardioide, ipercardioide), *mixer* (audio, video), proiettore (di diapositive, di pellicole: v. quadri terminologici CINEMATOGRAFIA e FOTOGRAFIA), radioricevitore, registratore audio (a bobina, cassetta, microcassetta; monofonico / stereofonico), sintonizzatore o *tuner* (per modulazione d'ampiezza, per modulazione di frequenza; monofonico / stereofonico), radiotelefono, filtri per frequenze acustiche (basse, medie, alte), televisore (in bianco e nero, a colori; per sistemi CCIR B, G ecc.; monostandard / multistandard), telecamera (da studio, fissa per controllo, portatile; a colori, in bianco e nero), videoregistratore o VTR — *Video Tape Recorder* (a bobina, a cassetta; Betamax ®, Video 2000 ®, VHS — Video Home System ®, U-matic ®, Video 8 mm ®), registratore video e audio.

TERMINI TECNICI VARI RELATIVI ALLE APPARECCHIATURE.

CARATTERISTICHE QUALITATIVE: altezza efficace, cedevolezza o *compliance*, direttività, efficienza, fattore di smorzamento, fedeltà di riproduzione, frequenza di taglio, potenza utile indistorta, rapporto segnale-rumore, reiezione d'immagine, rendimento acustico, resistenza di radiazione, risposta (d'ampiezza, in frequenza), selettività, sensibilità.

DIFETTI INTERNI: deformazione del quadro, diafonia, distorsione (armonica o di frequenza, d'ampiezza), innesco o reazione elettrica, intermodulazione, mancanza di definizione, perdita e instabilità dei sincronismi verticali o scorrimento del quadro, perdita e instabilità dei sincronismi orizzontali o sganciamento di riga, risonanza, rombo, ronzio o *hum*, rumore di fondo o soffio o fruscio, tremolio dell'immagine, *wow & flutter.*

STRUMENTI DI MANUTENZIONE: frequenzimetro, milliamperometro, millivoltmetro, microvoltmetro, misuratore d'impedenza, misuratore d'uscita, ohmetro, oscillatore o generatore, oscillografo, oscilloscopio, *tester* o prova ricevitore (voltmetro, amperometro, wattmetro).

ACCESSORI.

NASTRO MAGNETICO (vergine / preregistrato; pista, rivestimento magnetico, supporto): bobina, cartuccia (a 8, 16, 24, 32 piste), cassetta (cassetta compact, microcassetta; C 15, C 30, C 45, C 60 ecc.; *Super Dynamic, Low Noise, Low noise & High output* ecc.; all'ossido di ferro, al ferro-cromo, al biossido di cromo), *master*, videocassetta (v. sopra, alla voce Videoregistratore, i vari standard di videoregistrazione).

segue

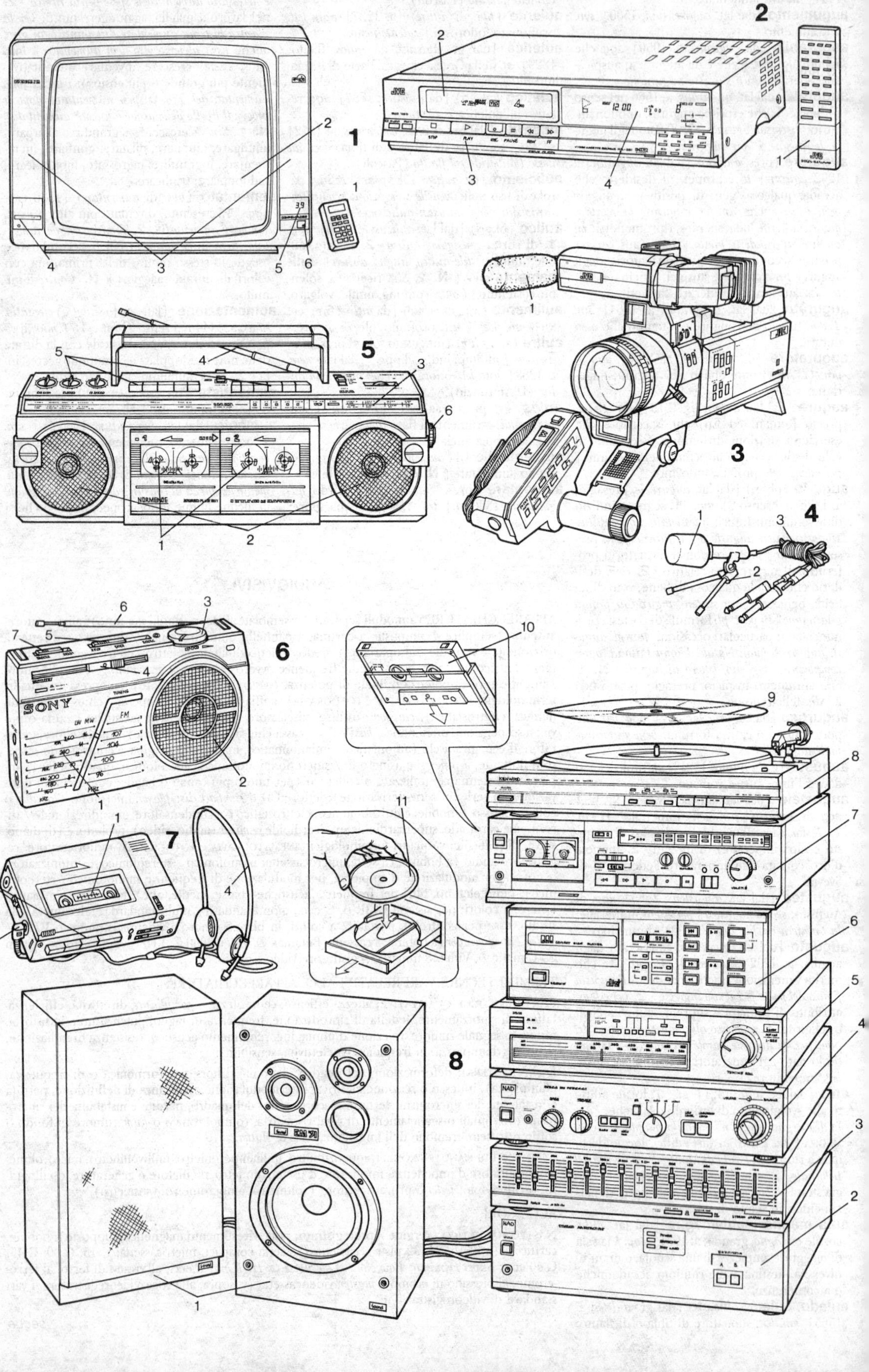
1
2
3
4
5
6
7
8
JVC
PLAY
STOP
REC
PAUSE
REW
FF
NORMENDE
SONY
FM
KENWOOD
NAD

1. televisore
1.1. telecomando - 1.2. cinescopio - 1.3. altoparlanti - 1.4. presa per cuffia - 1.5. *display* con numero del canale selezionato - 1..6. pulsante di accensione

2. videoregistratore
2.1. telecomando - 2.2. vano vidiocassetta - 2.3. tastiera dei comandi - 2.4. *display* con orologio, datario, *timer* , numero del canale sintonizzato e funzione in corso

3. camcorder (cinepresa a cassette)
3.1. microfono con cuffia antivento

4. microfono stereofonico
4.1. cuffia antivento - 4.2. supporto da tavolo - 4.3. cavo con prese *jack*

5. radioregistratore stereofonico a doppia piastra portatile
5.1. vano cassetta - 5.2. altoparlanti - 5.3. scala parlante - 5.4. antenna telescopica - 5.5. comandi e selettori vari - 5.6. manopola della sintonia

6. radioricevitore monofonico
6.1. scala parlante - 6.2. altoparlante - 6.3. manopola della sintonia - 6.4. comando dell'accensione e del volume - 6.5. selettore AM / FM / LW - 6.6. antenna telescopica - 6.7. comando dei toni

7. riproduttore stereofonico con cuffietta
7.1. vano cassetta - 7.2. comandi e selettori vari - 7.3. spinotto della cuffietta - 7.4. cuffietta stereofonica

8. impianto stereofonico domestico
8.1. diffusori acustici - 8.2. amplificatore di potenza - 8.3. equalizzatore - 8.4. preamplificatore di potenza - 8.5. sintonizzatore AM / FM / LW - 8.6. lettore di *compact disc* - 8.7. piastra di registrazione a cassetta - 8.8. giradischi - 8.9. disco in vinile - 8.10. audiocassetta - 8.11. *compact disc*

9. cuffia stereofonica
9.1. altoparlanti - 9.2. cavo con presa *jack*

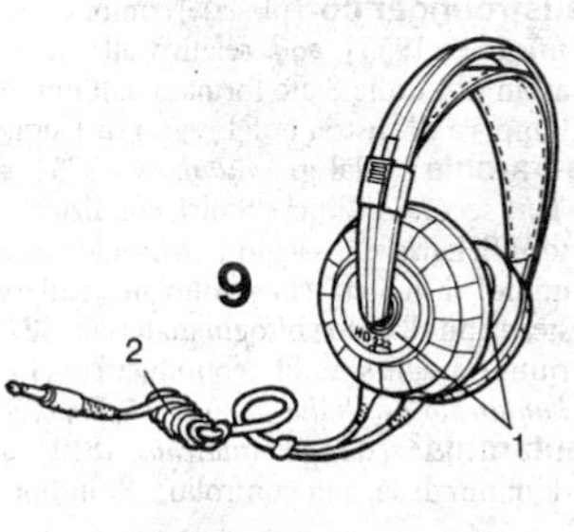

aggiunge al verbo nella formazione di tempi storici ‖ **N.** **1.** *Sin.* ampliamento, dilazione, incremento, ingrossamento, moltiplicazione | *Contr.* calo, decremento, diminuzione.

aumonière (fr., pr. [omo'njɛ:r]) [letter. borsa in cui si teneva il denaro per le elemosine, da *aumône*, elemosina; 1965] **I** ***sf. inv.*** sacchetto di cuoio o di stoffa, usato per mettervi il denaro, che si portava legato alla cintura **II** ***agg.*** (sempre posposto) *scollatura aumonière*, a drappeggio.

àuna [dal fr. *aune*; 1879] ***sf.*** antica misura lineare usata in Francia (1,19 m) e in Belgio (0,695 m) prima dell'adozione del sistema metrico decimale.

au pair (fr., pr. [o 'pɛ:r]) [letter. alla pari; 1950] ***loc. agg.*** e ***avv.*** alla pari, detto di una persona che svolge un lavoro manuale o intellettuale presso una famiglia, in cambio di vitto e alloggio: *è una ragazza au pair, stare au pair* ‖ relativo al trattamento di persona che svolge tale lavoro.

àura [dal lat. *aura*; 1313] ***sf.*** **1.** *lett.* venticello leggero e piacevole, brezza: *la dolce aura d'aprile* ‖ *per estens.* l'aria che si respira, anche il respiro stesso **2.** *fig.* atmosfera, ambiente; sentore: *lo circondava un'aura di mistero* ‖ *aura poetica*, suggestione lirica ‖ *aura popolare*, favor di popolo ‖ *T.fil.* la percezione dell'eccezionalità e quasi sacralità dell'opera d'arte, considerata come un'atmosfera da cui essa è circondata **3.** *T.med.* in neuropsichiatria, insieme di sintomi premonitori di un attacco epilettico **4.** in parapsicologia, emanazione del corpo umano percepibile dai chiaroveggenti.

auràto[1] [dal lat. *aurātus*, prima metà sec. XIV] ***agg.*** *poet.* dorato, aureo ‖ *fig.* splendente.

auràto[2] [comp. di *aur(ico)* e *-ato*; 1955] ***sm.*** e ***agg.*** *T.chim.* detto di sale di acido aurico.

aurèlia [dal lat. scient. *aurelia*; basato sul lat. *aurum*, oro; 1684] ***sf.*** **1.** crisalide, ninfa; insetto chiuso nel suo bozzolo prima che diventi farfalla **2.** *T.zool.* genere di meduse.

àureo [dal lat. *aureus*; a. 1374] **I** ***agg.*** **1.** d'oro: *lingotto aureo* ‖ *riserva aurea*, l'oro che uno stato possiede come garanzia e copertura della cartamoneta emessa ‖ *sistema aureo*, sistema economico basato sull'oro; *parità aurea*, v. PARITÀ ‖ *valuta aurea*, moneta d'oro o cartavaluta convertibile in oro **2.** del colore dell'oro: *un aureo tramonto* ‖ *per estens.* splendente, luminoso **3.** prezioso, nobile: *aurei precetti* ‖ *periodo aureo*, periodo di massimo splendore ‖ *età aurea*, nella mitologia classica, il primo periodo dell'esistenza dell'umanità, caratterizzato da un'assoluta felicità ‖ *aurea mediocrità*, atteggiamento caratterizzato da equidistanza verso gli estremi **4.** *T.mat. sezione aurea*, parte media proporzionale fra l'intero segmento e la porzione restante ‖ *T.astr. numero aureo*, quello che serve per ritrovare l'epatta **II** ***sm.*** moneta d'oro romana coniata a partire dal 49 a.C.

aurèola [dal lat. *aureola*; a. 1342] ***sf.*** **1.** co-

segue AUDIOVISIVI

DISCO (mono, stereo, quadrifonico; a 33, 45, 78 giri; singolo, *mix, long playing*).

COMPACT DISC.

ACCESSORI PER MANUTENZIONE: braccetto antipolvere, cassetta (di pulizia, smagnetizzatrice), preparati antistatici.

ALTRI: accumulatore, asta microfonica, cavetti di collegamento (coassiali, schermati / non schermati), comando a distanza, giraffa o *boom*, pile, *dolly*, telecomando ecc.

TECNICA DELLE RADIOCOMUNICAZIONI: audio, codificazione / decodificazione, conversione di frequenza, crominanza, definizione, enfasi / deenfasi, luminanza, modulazione (di ampiezza, di frequenza) / demodulazione, onda portante, polarizzazione, premagnetizzazione, quadro, righe di analisi, sincronizzazione (orizzontale / verticale), sopportante (audio TV, di colore, stereo), video.

TEORIA E FENOMENOLOGIA DELLE RADIOCOMUNICAZIONI: banda di frequenza, campo elettromagnetico, canale radio, ciclo / sec o Hertz (chilohertz, megahertz, gigahertz), disturbi (atmosferici, industriali), evanescenza o *fading*, frequenza (alta, media, bassa), interferenza, lunghezza d'onda (lunga, media, corta, cortissima, ultracorta o microonda), onde elettromagnetiche o hertziane, propagazione (ionosferica, per onda superficiale, per percorsi multipli, troposferica), riflessione.

VOCI ATTINENTI ALLE RADIOCOMUNICAZIONI: ponte radio, rete o *network*, ricevitore, ripetitore, stazione (ricevente, trasmittente), trasmettitore; radiocomunicazioni, radiodiffusione circolare (radiodiffusione sonora, televisione), radiofonia, radiotelefonia, radiotelegrafia, radiotrasmissioni, telecomunicazioni, televisione a circuito chiuso, televisione via cavo o CATV, televideo, trasmissione (radiofonica, televisiva; in eurovisione, in mondovisione; in diretta o dal vivo / in differita o registrata; *pay-tv*), videotel, videotext.

PROGRAMMI (radiofonici, televisivi): puntata, replica, serie; annuncio, bollettino, concerto, cortometraggio, documentario, film, giornale radio, inchiesta, intermezzo, intervallo, intervista, lungometraggio, notiziario, originale, quiz, radiocronaca, radiodramma, rassegna, *reportage*, rubrica, sceneggiato, segnale orario, *serial*, servizio, *sketch, soap opera, spot*, telecronaca, telefilm, telegiornale, *telenovela*, teleromanzo, varietà.

PERSONE: aiuto regista, annunciatore o *speaker*, arredatore, assistente alla regia, assistente di studio, *cameraman*, commentatore, direttore di programma, giornalista, operatore, presentatore, radiocronista, redattore, regista, rumorista, segretario di produzione, tecnico (alla *console*, del suono, delle luci ecc.), telecronista; abbonato, ascoltatore, pubblico, radioascoltatore, radioutente, spettatore, teleabbonato, telespettatore, teleutente, utente.

ALTRE: canone di abbonamento, indice (di ascolto, di gradimento).

TERMINI VARI: acustica ambientale, audizione, suono, impianto di alta fedeltà, *master* o originale o prima generazione / copia o seconda, terza, ... generazione, visione.

OPERAZIONI E PROCEDIMENTI D'USO DELLE APPARECCHIATURE AUDIOVISIVE: cancellazione, duplicazione, equalizzazione, incisione, messa in fase, missaggio, montaggio o *editing*, registrazione, ripresa riproduzione o lettura.

rona di luce che nell'iconografia religiosa cristiana circonda il capo di angeli e santi, della Madonna e di Cristo; in altre tradizioni religiose, alone luminoso che emana dai santi || *fig.* splendore di gloria: *l'aureola del martirio* **2.** alone luminoso che si distingue per particolare luminescenza o colorazione: *l'aureola della fiamma* || alone luminescente bianco azzurro che appare talvolta intorno alla Luna o al Sole || **N. 1.** *Sin.* nimbo, raggera.

aureolàre (pres. *-èolo*) [da *aureola*; a. 1930] ***tr.*** *lett.* cingere con un'aureola, anche *fig.*

aureolìna [da *aureola*; 1988] ***sf.*** *T.pitt.* pigmento utilizzato per la composizione dei colori in pittura; giallo cobalto.

aureomicìna ® [comp. del nome del fungo (*Strepto*) *myces aureo*(*faciens*), dal quale si ricava una muffa di colore dorato, e *-micina*; 1950] ***sf.*** nome commerciale di un antibiotico del gruppo delle tetracicline utilizzato nella cura di varie infezioni.

àuri-[1] [dal lat. *āurum*, oro] ***primo elem.*** che, in parole composte dotte o scientifiche, vale "oro" (per es. *aurifero*).

àuri-[2] [dal lat. *āuris*, orecchio] ***primo elem.*** che, in parole composte della terminologia medica, vale "orecchio": **auriplàstica**, **auripuntùra**, **auriscòpio** || **N.** *Sin.* oto-.

àurica [dal fr. *aurique*, e questo forse dall'ol. *oorig*; 1813] **I *agg.*** solo ***f.*** *T.mar.* *vela aurica*, vela trapezoidale inserita su uno o due poli **II *sf.*** vela aurica. **Q.T.** *vela*.

àurico (pl. *-ci*) [dal lat. *āurum*, oro; 1865] ***agg.*** di composti contenenti oro trivalente: *ossido aurico*, polvere usata per dorature.

aurìcola [dal lat. *auricula*, piccola orecchia; a. 1698] ***sf.*** **1.** *T.anat.* orecchietta del cuore **2.** *T.bot.* pianta erbacea delle Primulacee dalle foglie carnose e fiori gialli a ombrella **3.** *T.zool.* doppio ciuffo di penne che certi uccelli (per es. il gufo) presentano dietro e sopra gli occhi.

auricolàre [dal lat. tardo *auricolāris*; sec. XIV *auriculare*] **I *agg.*** relativo all'orecchio e all'udito: *padiglione auricolare* || *T.giur.* *testimone auricolare*, chi può riferire ciò che ha sentito coi propri orecchi || *T.rel.* *confessione auricolare*, quella fatta al confessore || *per estens.* che ha forma di orecchio: *cavità auricolare* **II *sm.*** elemento di una cuffia o di un microtelefono che trasforma le oscillazioni elettriche in vibrazioni acustiche || elemento di protesi acustica, che applicato in corrispondenza dell'orecchio consente agli audiolesi di udire || dispositivo che si inserisce nell'orecchio, permettendo l'ascolto individuale di radio, televisori e sim. **TAV.** ***anatomia*** **p. 642** 18.1.

aurìfero [dal lat. *aurifer*, *-is*; a. 1729] ***agg.*** che contiene oro: *terreno aurifero, ganga aurifera, minerale aurifero.*

aurìga (pl. *-ghi*) [dal lat. *aurīga*; a. 1406] ***sm.*** presso gli antichi, guidatore di cocchi, bighe, carri da guerra || *lett.* cocchiere || **N.** *Sin.* automedonte.

Aurignaciàno o **Aurignaziàno** [dal n. della località di *Aurignac*, in Francia, dalla quale provengono i primi ritrovamenti; 1930] **I *sm.*** in paletnologia, fase del Paleolitico superiore caratterizzata da abbondantissima produzione litica: *reperti dell'Aurignaciano, Aurignaciano inferiore, medio, superiore* **II *agg.*** *T.paleont.* relativo a tale fase e alla corrispondente cultura.

aurìno [dal lat. *aurinus*; a. 1320] ***agg.*** *raro* d'oro, aureo: *immerse nel sole come in un tepido bagno aurino* (D'Annunzio).

aurìto [dal lat. *aurītus*; a. 1600] ***agg.*** *ant.* orecchiuto || *vaso aurito*, ad anse || attento, intento.

àuro [dal lat. *aurum*; prima metà sec. XIII] ***sm.*** *ant.* oro, ricchezza.

àuro- [dal lat. *āurum*, oro] ***primo elem.*** che, in parole composte dotte e della terminologia scientifica, vale "oro" || *in part.* in chimica serve a formare le denominazioni di composti contenenti oro monovalente: **aurocianùro**.

auròra [dal lat. *aurōra*; a. 1292] ***sf.*** chiarore dalla parte d'oriente che precede lo spuntare del Sole e che segue l'alba || *fig.* primo inizio: *aurora della vita* || *aurora polare* (*australe* e *boreale*), fenomeno luminoso di origine elettromagnetica, che appare nell'atmosfera, nelle zone polari || **N.** alba, splendore antelucano. **TAV.** ***meteorologia*** **p. 1321** 1.4.

auroràle [da *aurora*; 1865] ***agg.*** dell'aurora || *fig.* iniziale.

auşàre (pres. *aùşo*) [variante di *adusare*; 1400 ca.] ***tr.*** *ant. disus.* assuefare.

auscultàre [dal lat. *auscultāre*; 1905] ***tr.*** *T.med.* ascoltare a orecchio o con particolari strumenti i rumori interni normali e anormali del corpo umano: *auscultare i polmoni, il cuore* || **N.** stetoscopio.

auscultazióne [dal lat. *auscultātio, -ōnis*; 1865] ***sf.*** *T.med.* l'auscultare.

auşiliàre [dal lat. *auxiliāris*; 1521] **I *agg.*** che aiuta, che può aiutare: *gli insetti ausiliari dell'agricoltura* || di milizie, che vengono in aiuto di altre, sussidiarie: *nel culmine della battaglia vennero inserite anche le truppe ausiliarie* || *T.gram.* *verbi ausiliari*, in varie lingue, quelli che uniti ai pps. degli altri verbi servono a formarne i tempi composti e il passivo **II *s.*** ausiliario, coadiutore, aiutante || ***sm.*** verbo ausiliare: *anche il verbo venire può essere un ausiliare.*

auşiliàrio (pl. *-ri*) [dal lat. *auxiliarius*; 1513] **I *agg.*** ausiliare || *T.mil.* *posizione di servizio ausiliario*, la condizione degli ufficiali che non sono più in servizio, ma possono essere adibiti a compiti logistici di appoggio || *forze ausiliarie*, reparti adibiti a servizi assistenziali e amministrativi || *velatura ausiliaria, motore ausiliario*, usati in un'imbarcazione in caso di emergenza || *naviglio ausiliario*, navi mercantili che in tempo di guerra vengono requisite e adibite a usi bellici **II *sm.*** **1.** aiutante, collaboratore || *T.mil.* ufficiale richiamato in servizio **2.** part. *pl.* *T.stor.* legioni straniere combattenti come appoggio alle legioni romane || ***sf.*** donna che nell'esercito presta servizi di assistenza o amministrativi.

auşiliatóre [dal lat. *auxiliātor, -ōris*; a. 1342] ***agg.*** e ***sm.*** (f. *-trìce*) che o chi aiuta; *com.* solo se riferito alla Madonna: *Maria Ausiliatrice, l'Ausiliatrice.*

auşìlio (pl. *-li*) [dal lat. *auxilium*; a. 1444] ***sm.*** *lett.* aiuto, difesa || *con l'ausilio di*, per mezzo di.

àuşo [dal lat. *ausus*; 1321] ***agg.*** *ant.* ardito, audace, temerario.

auşònio (pl. *-ni*) [dal lat. *ausŏnius*; a. 1533] **I *agg.*** *T.stor.* relativo agli Ausoni, antica popolazione che risiedeva nell'Italia centro-meridionale || *per estens. lett.* italico, dell'Italia non greca: *primavera ausonia* **II *sm.*** **1.** civiltà preistorica dell'Italia centro-meridionale **2.** *T.chim. raro* nettunio.

auspicàbile [da *auspicare*; 1863] ***agg.*** che si può o si deve auspicare.

auspicàle [dal lat. *auspicālis*; 1934] ***agg.*** **1.** relativo all'auspice: *arte auspicale* **2.** *lett.* di buon augurio || *pietra auspicale*, prima pietra di un edificio.

auspicàre (pres. *àuspico, àuspichi*) [dal lat. *auspicāri*; a. 1527] ***tr.*** *T.stor.* pronosticare, predire || *per estens.* augurare: *i negoziatori auspicano una rapida fine del conflitto* || **N.** *Sin.* augurare, presagire, sperare | *Contr.* deprecare.

àuspice [dal lat. *auspex, -ĭcis*; 1521] ***s.*** **1.** augure **2.** *fig.* colui sotto il cui patrocinio avviene un'impresa: *auspice il presidente del Consiglio, il festival può iniziare* || **N. 2.** *Sin.* patrono, promotore.

auspìcio (pl. *-ci*) [dal lat. *auspĭcium*; inizio sec. XIV] ***sm.*** **1.** *T.stor.* predizione mediante l'osservazione del volo degli uccelli || *per estens.* presagio, pronostico: *un'impresa cominciata sotto buoni auspici; è di cattivo auspicio*, non porta bene, è di malaugurio **2.** augurio: *è mio auspicio che tu ottenga ciò che desideri* **3.** patrocinio: *una manifestazione organizzata sotto gli auspici della regione.*

austerità [dal lat. *austērĭtas, -ātis*; 1306] ***sf.*** **1.** l'essere austero: *l'austerità delle decorazioni*; anche *fig.*: *l'austerità dell'asceta* **2.** *T.econ.* l'insieme delle restrizioni imposte dal governo ai consumi per far fronte a particolari periodi di crisi: *la svalutazione della lira imporrà nuove misure di austerità.*

austerity (ingl., pr. [ɔː'sterɪtɪ]; pr. it. [aus'teriti]) [letter. austerità; 1951] ***sf.*** ***inv.*** *T.econ.* insieme delle limitazioni imposte dal governo alle spese pubbliche o ai consumi dei privati, per ottenere un risanamento economico.

austèro [dal lat. *austērus*; inizio sec. XIII] ***agg.*** **1.** rigido, severo, intransigente: *un austero censore* || *clima austero*, rigido || di aspetto solenne, che incute soggezione: *un austero palazzo* **2.** *non com.* di sapore aspro, secco: *un vino austero.*

austòrio (pl. *-ri*) [dal lat. scient. *haustōrium*; 1892] ***sm.*** **1.** *T.stor.* vaso per sacrifici **2.** *T.bot.* apparato con cui alcune piante parassite assorbono il nutrimento.

australe [dal lat. *austrālis*; a. 1342] ***agg.*** relativo all'emisfero terrestre a sud dell'equatore: *polo australe*; e al corrispondente emisfero celeste: *la Croce del Sud è visibile solo nel cielo australe.*

australiàna [da *australiano*; 1940] ***sf.*** *T.sport.* corsa ciclistica su pista che si corre a inseguimento tra più corridori partenti a una eguale distanza tra loro.

australiàno [dal n. geogr. *Australia*; 1860] **I *agg.*** dell'Australia **II *sm.*** (f. *-a*) abitante o nativo dell'Australia. **Q.T.** *lingue...*

australòide [comp. di *Austral*(*ia*) e *-oide*; 1955] ***agg.*** detto di tipo umano caratterizzato da capelli ricci, naso largo e pelle scura, diffuso nelle regioni australi.

australopitèco (pl. *-chi* o *-ci*) [comp. di *australe* e *-piteco*; 1955] ***sm.*** *T.paleont.* tipo umano fossile dalle caratteristiche intermedie tra le grandi scimmie antropomorfe e l'uomo, rinvenuto nell'Africa meridionale.

austriacànte [da *austriaco*; 1881] ***agg.*** e ***s.*** *T.stor. spreg.* durante il Risorgimento, fautore della dominazione austriaca in Italia.

austrìaco (pl. *-ci*) [dal n. geogr. *Austria*; a. 1679] **I *agg.*** dell'Austria **II *sm.*** (f. *-a*) abitante o nativo dell'Austria.

àustro [dal lat. *auster*; 1319] ***sm.*** **1.** vento che soffia da sud **2.** *lett.* sud.

àustro-[1] [dal lat. *auster, austri*, austro] ***primo elem.*** che, in parole composte dotte, vale "australe": **austroafricàno**, **austroaşiàtico**, **austronesiano**.

àustro-[2] [dal n. geogr. *Austria*] ***primo elem.*** che, in parole composte dotte, vale "austriaco" (per es. *austroungarico*).

austroungàrico (pl. *-ci*) [comp. di *austro-* e *ungarico*; 1955] ***agg.*** relativo alla monarchia asburgica e allo Stato formato dall'unione dell'impero d'Austria e del regno di Ungheria.

autarchìa[1] [dal gr. *autárkeia*; 1873] ***sf.*** **1.** *T.fil.* secondo Cinici e Stoici, condizione di autosufficienza del saggio per il quale la virtù e quindi la felicità consistono nel badare a se stessi annullando i bisogni materiali **2.** *T.pol.* rinuncia agli scambi economici con l'estero: *l'autarchia dell'Italia fascista.* **Q.T.** *politica*.

autarchìa[2] [dal gr. *autarchía*; 1819] ***sf.*** **1.** dominio di sé, autocontrollo **2.** indipendenza amministrativa di alcuni enti pubblici nei confronti dell'amministrazione centrale dello stato.

autàrchico[1] (pl. *-ci*) [da *autarchia*[1]; 1923] ***agg.*** che si riferisce ad autarchia economica: *economia autarchica, prodotti autarchici* || *per estens. spreg.* o *scherz.* di prodotto fatto con materiali scadenti o surrogati: *è un caffè autarchico.*

autàrchico[2] (pl. *-ci*) [da *autarchia*[2]; 1923] ***agg.*** che gode di autonomia amministrativa: *enti autarchici.*

autarchiẓẓàre [da *autarchia*[1]; 1942] ***tr.*** rendere autarchico.

aut aut (lat., pr. it. ['aut 'aut]) [letter. o o] ***sm.*** dilemma, alternativa drastica e obbligata: *gli pose un aut aut.*

autèntica [da *autentico*; a. 1673] ***sf.*** *T.bur.* autenticazione, dichiarazione scritta atta a comprovare l'autenticità di un documento.

autenticàbile [da *autenticare*; 1887] ***agg.*** che si può o si deve autenticare.

autenticàre (pres. *-èntico, -èntichi*) [dal lat. mediev. *authenticāre*; a. 1400] ***tr.*** **1.** *T.bur.* riconoscere come autentico: *autenticare una firma, un documento, il passaporto* || *far autenticare*, far dichiarare autentico da un pubblico ufficiale; *autenticare un'opera d'arte*, testimoniare che l'opera appartiene all'artista cui è ascritta **2.** *per estens.* confermare, dichiarare degno di fede: *le dichiarazioni del teste sono state autenticate dai testimoni.*

autenticazióne [dal lat. mediev. *authenticātio, -ōnis*; 1570] ***sf.*** atto ed effetto dell'autenticare; autentica.

autenticità [da *autentico*; 1727] ***sf.*** **1.** qualità di cosa autentica: *l'autenticità del documento* **2.** schiettezza, genuinità: *autenticità di affetti.*

autèntico (pl. *-ci*) [dal lat. tardo *authenticus*, gr. *authentikós*; 1308] ***agg.*** **1.** che risponde al vero: *l'autentica versione dei fatti* **2.** che effettivamente è stato fatto da chi ne è indicato come autore: *un quadro autentico di Segantini* || *copia autentica*, conforme all'originale **3.** vero, genuino: *un autentico erbaluce di Caluso*; anche *iron.*: *un'autentica schifezza* || *T.fil. esistenza autentica*, quella consapevole della finitezza e della mortalità || **autenticaménte** ***avv.*** veramente || **N. 1.** *Sin.* veritiero | *Contr.* falso **2.** *Sin.* originale | *Contr.* apocrifo, copiato, falsificato, imitato.

autentificàre (pres. *-ifico, -ifichi*) [comp. di *autentico* e *-ficare*; 1965] ***tr.*** *raro* autenticare.

autière [da *auto*; 1931] ***sm.*** *T.mil.* soldato addetto ai servizi automobilistici.

autiṣmo [dal ted. *Autismus*; 1935] ***sm.*** *T.psic.* perdita di contatto con la realtà e costruzione di una propria vita interiore che viene anteposta alla realtà oggettiva; manifestazione tipica della schizofrenia. **Q.T.** *psicologia.*

autista[1] [da *autismo*; 1955] ***s.*** *T.psic.* affetto da autismo.

autista[2] [da *auto*; 1932] ***s.*** conducente di autoveicoli || *in part.* chi per mestiere guida per conto di privati o su mezzi pubblici || **N.** *Sin. chauffeur*, guidatore. **Q.T.** *automobile.*

autìstico (pl. *-ci*) [da *autismo*; 1967] ***agg.*** *T.psic.* di individuo o stato emotivo, caratterizzato da autismo.

àuto [dal fr. *auto*; 1898] ***sf.*** *inv.* automobile || *auto civetta*, mezzo privo di segni distintivi, utilizzato dalle forze dell'ordine per agire in incognito.

àuto-[1] [dal gr. *autós*, da se stesso, per se stesso] ***primo elem.*** che, in parole composte dotte, ha il valore di "di se stesso", "da sé": **autocitàrsi**, **autocitazióne**, **autocommiṣerazióne**, **autocompiaciménto**, **autoeducazióne**, **autoincensaménto**, **autosuggestionàbile**, **autosuggestionàrsi**, **autosuggestióne**.

àuto-[2] [da *automobile*] ***primo elem.*** che, in parole composte, ha il valore di "relativo all'automobile", "di automobili", "per automobili": **autoaccessòrio**, **autoconcessionàrio**, **autolavàggio**, **autoparchéggio**, **autorimèssa**; può anche valere "formato di automobili": **autocolónna**, **autoconvòglio** || viene utilizzato nelle denominazioni di autoveicoli con particolari funzioni: **autoaratrìce**, **autobetonièra**, **autobótte**, **autocistèrna**, **autoemotèca**, **autofurgóne**, **autoinnaffiatrìce**, **autolettìga**. **Q.T.** *automobile.*

autoabbronẓànte [comp. di *auto-*[1] e *abbronzante*; 1970] ***agg.*** e ***sm.*** detto di prodotto che abbronza la pelle, senza che la si esponga ai raggi del sole: *olio, crema autoabbronzante.*

autoaccensióne [comp. di *auto-*[1] e *accensione*; 1925 *auto-accensione*] ***sf.*** **1.** accensione spontanea di fieno, foglie secche o altre sostanze combustibili a causa di elevata temperatura **2.** *T.aut.* nei motori a scoppio surriscaldati, accensione della miscela non causata dalla scintilla || **N.** *Sin.* autocombustione.

autoaccùṣa [comp. di *auto-* e *accusa*; 1974] ***sf.*** *T.psic.* varietà di delirio che consiste non nel credersi colpevole, ma nel dirsi colpevole e nell'accusarsi; si osserva soprattutto nei malinconici: *delirio di autoaccusa.*

autoadeṣìvo [comp. di *auto-*[1] e *adesivo*; 1973] ***agg.*** e ***sm.*** detto di prodotto di plastica o di carta trattato con sostanze che permettono l'adesione a una superficie per semplice pressione, senza l'aggiunta di collanti: *figurine autoadesive.*

autoaffondaménto [comp. di *auto-*[1] e *affondamento*; 1961] ***sm.*** affondamento volontario di una nave per evitare la cattura.

autoaggiornaménto [comp. di *auto-*[1] e *aggiornamento*; 1985] ***sm.*** capacità di una persona di tenersi aggiornata su quanto riguarda la propria professione || *corso di autoaggiornamento*, corso di aggiornamento tenuto dal gruppo che intende aggiornare la propria preparazione professionale, senza l'intervento di docenti o esperti esterni al gruppo.

autoallergìa (pl. *-gìe*) [comp. di *auto-*[1] e *allergia*; 1974] ***sf.*** *T.med.* condizione di allergia nei confronti di sostanze cellulari ormoniche o di metaboliti del nostro organismo.

autoambulànza [comp. di *auto-*[2] e *ambulanza*; 1931] ***sf.*** veicolo a motore attrezzato per trasportare ammalati o feriti e prestare loro i primi soccorsi.

autoanàliṣi [comp. di *auto-* e *analisi*; 1955] ***sf.*** *T.psican.* trattamento psicanalitico compiuto dal soggetto su se stesso.

autoarticolàto [comp. di *auto-*[2] e *articolato*; 1963] ***sm.*** automezzo formato da una motrice e da un semirimorchio.

autoassicurazióne [comp. di *auto-*[1] e *assicurazione*; 1955] ***sf.*** **1.** forma di assicurazione di un'azienda che cerca al proprio interno i mezzi finanziari con cui far fronte a eventi sfavorevoli **2.** *T.alp.* assicurazione speciale, mediante imbracatura e funi, propria dell'alpinismo solitario.

autobiografìa [comp. di *auto-*[1] e *biografia*; 1828] ***sf.*** narrazione della propria vita; opera letteraria in cui l'autore narra la propria vita || **N.** *Sin.* confessioni, memorie, ricordi.

autobiogràfico (pl. *-ci*) [da *autobiografia*; 1865] ***agg.*** detto di ciò che si riferisce all'autore stesso o alla sua esistenza: *un romanzo autobiografico* || **autobiograficaménte** ***avv.***

autobiografiṣmo [da *autobiografia*; 1941] ***sm.*** tendenza a usare come elementi dell'opera d'arte esperienze autobiografiche.

autobiògrafo [comp. di *auto-*[1] e *biografo*; 1910] ***sm.*** (f. *-a*) chi scrive la propria biografia.

autoblìnda [comp. di *auto-*[2] e *blinda*; 1938 *autoblindo*] ***sf.*** autoblindata.

autoblindàta [comp. di *auto-*[2] e *blindata*; 1935] ***sf.*** automezzo con protezione antiproiettile e dotato di varie armi.

autoblindàto [comp. di *auto-*[2] e *blindato*; 1939] ***agg.*** di veicolo blindato e dotato di armi da fuoco.

autobrùco (pl. *-chi*) [comp. di *auto-*[2] e *bruco*; 1927] ***sm.*** veicolo con cingoli al posto delle ruote, in grado di muoversi su qualsiasi terreno || **N.** carro armato.

àutobus [dal fr. *autobus*; 1913] ***sm.*** *inv.* autoveicolo pubblico di grandi dimensioni, adibito al trasporto urbano e interurbano di passeggeri || *fig. perdere l'autobus*, perdere un'occasione.

autocalùnnia [comp. di *auto-*[1] e *calunnia*; 1949] ***sf.*** *T.giur.* reato consistente nel denunciarsi colpevoli di un reato che non si è commesso.

autocamionàle [comp. di *auto-*[2] e *camionale*; 1955] ***agg.*** autostrada particolarmente adatta al transito di veicoli pesanti da trasporto.

autocampéggio (pl. *-gi*) [comp. di *auto-*[2] e *campeggio*; 1939] ***sm.*** campeggio compiuto con automezzi, in part. *roulotte* e *camper.*

autocarràto [da *autocarro*; 1942] ***agg.*** *T.mil.* detto di uomini e mezzi trasportati con autocarri.

autocàrro [comp. di *auto-*[2] e *carro*; 1919] ***sm.*** automezzo pesante adibito al trasporto di merci || **N.** *Sin.* camion.

autocefalìa [dal lat. mediev. *autocephalia*; 1845] ***sf.*** *T.eccl.* qualità delle chiese che non dipendono da autorità superiori: *l'autocefalia della chiesa cipriota.*

autocèfalo [dal lat. *autocephalus*, gr. *autoképhalos*; 1865] **I** ***agg.*** *T.eccl.* detto di chiesa ortodossa che non dipende da autorità superiori, che si autogoverna **II** ***sm.*** *T.eccl.* vescovo di chiesa che non dipende da un patriarca.

autocensùra [comp. di *auto-*[1] e *censura*; 1983] ***sf.*** censura operata spontaneamente dall'autore sulla propria opera letteraria o teatrale, in modo da anticipare la probabile censura dell'autorità politica competente.

autocentrànte [comp. di *auto-*[1] e il ppr. di *centrare*; 1955] ***sm.*** e ***agg.*** *T.tecn.* detto di dispositivo che centra automaticamente il pezzo da lavorare e lo sorregge sul tornio o su altri strumenti durante la lavorazione.

autocèntro [comp. di *auto-*[2] e *centro*; 1939] ***sm.*** **1.** *T.mil.* unità che fino alla seconda guerra mondiale provvedeva ai servizi logistici inerenti la motorizzazione **2.** centro per la vendita e la riparazione di automezzi.

autocercànte [comp. di *auto-*[1] e il ppr. di *cercare*; 1974] ***agg.*** *T.mil.* detto di missile o siluro dotato di apparecchi per la ricerca automatica del bersaglio.

autocìnema [comp. di *auto-*[2] e *cinema*; 1970] ***sm.*** *inv.* cinematografo all'aperto per spettatori in automobile || **N.** *Sin. drive in.*

autoclàve [dal fr. *autoclave*; 1865] ***sf.*** **1.** chiusura ermetica per recipienti o ambienti pressurizzati **2.** *com.* recipiente a chiusura ermetica per portare l'acqua a temperature di ebollizione superiori ai 100°, utilizzato per la sterilizzazione e la produzione di gelatine. **TAV.** ***medicina...*** **p. 1320** 1.

autocombustióne [comp. di *auto-*[1] e *combustione*; 1933] ***sf.*** combustione spontanea || **N.** *Sin.* autoaccensione.

autocommutatóre [comp. di *auto-*[1] e *commutatore*; 1940] ***sm.*** *T.elettron.* commutatore automatico.

autocompattatóre [comp. di *auto-*[2] e *compattatore*; 1987] ***sm.*** autoveicolo adibito alla raccolta dei rifiuti urbani contenuti nei cassonetti.

autoconservazióne [comp. di *auto-* e *conservazione*; 1986] **sf.** *T.psican.* insieme dei comportamenti che tendono ad evitare la distruzione del proprio organismo: *istinto di autoconservazione*; *pulsione di autoconservazione.*
autoconsùmo [comp. di *auto-*^{1} e *consumo*; 1965] **sm.** *T.econ.* utilizzazione che l'agricoltore fa di parte della sua produzione per soddisfare le necessità personali.
autocontràtto [comp. di *auto-*^{1} e *contratto*; 1955] **sm.** *T.comm.* contratto che il rappresentante stipula con se stesso in proprio o per altri.
autocontròllo [comp. di *auto-*^{1} e *controllo*; 1942] **sm.** dominio di se stessi, delle proprie reazioni emotive: *in ogni situazione dimostra grande autocontrollo, perdere l'autocontrollo.*
autocopiànte [comp. di *auto-*^{1} e del ppr. di *copiare*; 1986] **agg.** si dice di carta speciale, capace di riprodurre sul foglio sottostante, senza l'inserimento di carta carbone, gli stessi segni che vengono impressi su di essa: *fogli autocopianti, carta autocopiante.*
autocorìa [da *autocoro*; 1955] **sf.** *T.bot.* spargimento dei semi di una pianta senza intervento di agenti esterni || **N.** *Sin.* autodisseminazione | anemocoria, idrocoria, zoocoria.
autocòro [comp. di *auto-*^{1} e *-coro*; 1955] **agg.** *T.bot.* di pianta che dissemina senza l'aiuto di agenti esterni || **N.** anemocoro, idrocoro, zoocoro.
autocorrelàre (pres. *-èlo*) [da *autocorrelazione*; 1985] **tr.** nella tecnica delle telecomunicazioni e nella tecnica radar, applicare ai segnali il principio dell'autocorrelazione.
autocorrelazióne [comp. di *auto-* e *correlazione*; 1966 nel senso 2] **sf.** **1.** nella tecnica delle telecomunicazioni e nella tecnica radar, procedimento per rilevare segnali debolissimi in presenza di un forte disturbo **2.** in statistica, correlazione interna tra i termini di una serie temporale.
autocorrièra [comp. di *auto-*^{2} e *corriera*; 1939] **sf.** autobus adibito al trasporto interurbano di passeggeri. **TAV. *automobile* p. 659 15.**
autocórsa [comp. di *auto-*^{2} e *corsa*; 1986] **sf.** percorso effettuato su autobus o altri autoveicoli adibiti al trasporto pubblico di passeggeri: *in occasione dello sciopero dei macchinisti verranno effettuate autocorse sostitutive.*
autocosciènte [comp. di *auto-*^{1} e *cosciente*; 1936] **agg.** *T.fil.* consapevole di sé.
autocosciènza [comp. di *auto-*^{1} e *coscienza*; 1920] **sf.** **1.** *T.fil.* consapevolezza di sé **2.** *T.psic.* forma di analisi collettiva in cui varie persone si riuniscono per discutere e analizzare le proprie esperienze.
autòcrate (raro *autòcrata*) [dal gr. *autokratés*, attr. il fr. *autocrate*; 1819] **sm.** sovrano assoluto, despota; anche *fig.*
autocràtico (pl. *-ci*) [dal fr. *autocratique*; a. 1807] **agg.** di o da autocrate: *governo autocratico*, assoluto || **autocraticaménte** *avv.*
autocrazìa [dal gr. *autokráteia*, attr. il fr. *autocratie*; 1819] **sf.** governo assoluto, tirannide. **Q.T.** *politica.*
autocrìtica [comp. di *auto-*^{1} e *critica*; 1892] **sf.** **1.** capacità di giudicare se stessi e le proprie azioni: *non ha il senso dell'autocritica* **2.** *T.pol.* part. nei paesi socialisti, ammissione pubblica dei propri errori: *ha fatto autocritica per il mancato raggiungimento degli obbiettivi del piano quinquennale.*
autocrìtico (pl. *-ci*) [comp. di *auto-*^{1} e *critico*; 1963] **agg.** basato sull'autocritica: *dichiarazione autocritica* || **autocriticaménte** *avv.*
autocromìa [comp. di *auto-*^{1} e *-cromia*; 1940] **sf.** *T.fot.* processo di fotografia a colori inventato dai fratelli Lumière e ora in disuso.
autocròss [comp. di *auto-*^{2} e dell'ingl. (*to*) *cross*, attraversare, sul modello di *motocross*; 1983] **sm.** *inv.* *T.sport.* automobilismo su percorsi accidentati o privi di strade, praticato su vecchie automobili riadattate o su nuovi veicoli costruiti appositamente.
autòctiṣi [comp. di *auto-*^{1} e del gr. *ktísis*, creazione; 1930] **sf.** *T.fil.* nella filosofia di G. Gentile, lo spirito come autoproduzione.
autoctonìa [da *autoctono*; 1941] **sf.** l'essere autoctono.
autòctono [dal lat. tardo *autochton, -is*, gr. *autóchthōn*; 1891] **agg.** e **sm.** **1.** (f. *-a*) che o chi è nativo del luogo in cui vive, aborigeno **2.** *T.geol.* detto di elemento formatosi nel luogo in cui si trova senza spostamenti tettonici.
autodafé [dal port. *auto da fé*, atto di fede; 1786] **sm.** *inv.* **1.** *T.stor.* solenne proclamazione di una sentenza dell'Inquisizione || supplizio degli eretici al rogo e relativo cerimoniale **2.** *per estens.* rogo, falò di protesta: *i dimostranti hanno inscenato un autodafé bruciando immagini del primo ministro.*
autodeciṣióne [comp. di *auto-*^{1} e *decisione*; 1918] **sf.** **1.** decisione spontanea, senza costrizioni, circa la propria sorte **2.** *T.giur.* possibilità concessa, in teoria, ai popoli di decidere dei propri destini: *i paesi africani hanno diritto all'autodecisione.*
autodemolitóre [comp. di *auto-*^{2} e *demolitore*; 1986] **sm.** (f. *-trìce*) lavoratore addetto alla demolizione di automobili e di altri veicoli || **N.** *Sin.* demolitore.
autodenùncia (pl. *-ce* o *-cie*) [comp. di *auto-*^{1} e *denuncia*; 1955] **sf.** **1.** spontanea dichiarazione delle proprie colpe ed errori **2.** *T.giur.* denuncia alle autorità competenti di un reato da parte dell'autore.
autodeterminazióne [comp. di *auto-*^{1} e *determinazione*; 1930] **sf.** **1.** autodecisione **2.** *T.fil.* atto con cui l'uomo si determina secondo le sue leggi, senza influenza dall'esterno **3.** *T.top.* determinazione sulla carta geografica del punto in cui ci si trova.
autodidàtta [dal fr. *autodidacte*; 1905] **s.** e **agg.** chi o che si è formato da sé, senza aiuto di maestri: *è una pianista autodidatta.*
autodidàttico (pl. *-ci*) [dal fr. *autodidactique*; 1844] **agg.** dell'autodidatta: *esercizio, metodo autodidattico*, che si basa sull'autoapprendimento.
autodifésa [comp. di *auto-*^{1} e *difesa*; 1906] **sf.** **1.** difesa di se stesso **2.** *T.giur.* difesa sostenuta da un imputato senza l'intervento di un avvocato.
autodirezionàle [comp. di *auto-*^{1} e *direzionale*; 1955] **agg.** e **sm.** detto di pilota automatico per mezzi aerei che ne controlla solo la direzione.
autodisciplìna [comp. di *auto-*^{1} e *disciplina*; 1955] **sf.** **1.** controllo, padronanza delle proprie reazioni istintive ed emotive che un individuo si impone in osservanza a regole da lui stesso stabilite **2.** normativa che gruppi od organizzazioni si autoimpongono in osservanza a particolari principi, per contenere entro certi limiti alcune azioni: *regolamento di autodisciplina sindacale* || **N.** **2.** *Sin.* autoregolamentazione.
autodiṣmorfofobìa [comp. di *auto-*^{1} e *dismorfofobia*; 1988] **sf.** *T.psic.* paura patologica delle proprie presunte deformità; a volte si tratta di un'idea delirante che può preludere a schizofrenia.
autodisseminazióne [comp. di *auto-*^{1} e *disseminazione*; 1955] **sf.** *T.bot.* spargimento dei semi di una pianta, senza intervento di agenti esterni || **N.** *Sin.* autocoria.
autodistrùggersi (pres. *-ùggo*) [comp. di *auto-*^{1} e *distruggere*; 1983] **rifl.** di persona, provocare, più o meno coscientemente, la propria rovina fisica e psichica || di ordigni, missili ecc., distruggersi perché predisposti alla disintegrazione automatica.
autodistruttìvo [comp. di *auto-*^{1} e *distruttivo*; 1966] **agg.** che tende a provocare la rovina fisica o morale di se stesso: *da tempo aveva propositi autodistruttivi.*
autodistruzióne [comp. di *auto-*^{1} e *distruzione*; a. 1926] **sf.** atto ed effetto dell'autodistruggersi.
autòdromo [dal fr. *autodrome*; 1908] **sm.** pista per gare automobilistiche e motociclistiche: *l'autodromo di Monza.*
autoeccitazióne [comp. di *auto-*^{1} e *eccitazione*; 1955] **sf.** *T.elettr.* fenomeno per cui l'eccitazione di campi magnetici necessaria per il funzionamento di una dinamo è causata dalla dinamo stessa.
autoecologìa [comp. di *auto-*^{1} e *ecologia*; 1959] **sf.** *T.ecol.* branca dell'ecologia che studia le relazioni tra l'ambiente e una singola specie animale o vegetale, o tra l'ambiente e il singolo individuo.
autoemoterapìa [comp. di *auto-*^{1}, *emo-* e *terapia*; 1930] **sf.** *T.med.* cura di malattie mediante introduzione nel tessuto sottocutaneo o nei muscoli di sangue, prelevato dallo stesso paziente.
autoerotìṣmo [comp. di *auto-*^{1} e *erotismo*; 1955] **sm.** ricerca del soddisfacimento sessuale ricorrendo unicamente al proprio corpo || masturbazione.
autofattùra [comp. di *auto-*^{1} e *fattura*; 1979] **sf.** fattura emessa a proprio carico dall'acquirente di merci o servizi, anziché dal fornitore, a fini fiscali.
autofecondazióne [comp. di *auto-*^{1} e *fecondazione*; 1930] **sf.** unione di gameti, maschile e femminile, provenienti dallo stesso individuo ermafrodito; si ha per es. in certi vermi e alghe || **N.** *Sin.* autogamia.
autoferrotranviàrio [comp. di *auto*(*mobilistico*), *ferro*(*viario*) e *tranviario*; 1950] **agg.** che riguarda le tre categorie di trasporti pubblici (autobus, treni e tram).
autoferrotranvière [comp. di *auto-*^{2}, *ferro*(*viere*) e *tranviere*; 1961] **s.** spec. *pl.* chi lavora nel settore dei trasporti automobilistici, ferroviari, tranviari.
autofficìna [comp. di *auto-*^{2} e *officina*; 1955] **sf.** **1.** officina in cui si riparano automobili **2.** officina meccanica mobile montata su un autocarro.
autofilotranviàrio (pl. *-ri*) [comp. di *auto*(*mobilistico*), *filo*(*viario*) e *tranviario*; 1950] **agg.** che riguarda i servizi pubblici di autobus, filobus e tram.
autofinanziaménto [comp. di *auto-*^{1} e *finanziamento*; 1956] **sm.** *T.comm.* finanziamento di un'impresa mediante gli utili conseguiti dall'impresa stessa.
autofinanziàrsi [comp. di *auto-*^{1} e *finanziare*; 1961] **rifl.** provvedere mediante il reimpiego dei profitti di un'azienda al finanziamento dell'azienda stessa.
autofòcus [comp. di *auto-*^{1} e *focus*, come l'ingl. *autofocus*; 1984] **sm.** *inv.* *T.fot.* dispositivo per la regolazione automatica della messa a fuoco applicato a obiettivi di macchine fotografiche, proiettori per diapositive e sim. || anche in posizione attributiva, usato come **agg.** *inv.* (sempre posposto): *obbiettivo autofocus.*
autogamìa [comp. di *auto-*^{1} e *-gamia*; 1913] **sf.** *T.bot.* autofecondazione.
autogèneṣi [comp. di *auto-*^{1} e *genesi*; 1940] **sf.** generazione spontanea di esseri viventi da materia organica.
autògeno [dal gr. *autogenés*; 1875 nel senso 2] **agg.** **1.** che si produce da sé || *T.psic.* *training autogeno*, tecnica psicoterapeutica basata sullo spontaneo rilassamento del soggetto che si concentra su se stesso cercando di instaurare una sensazione di calma e benessere **2.** *T.tecn.* *saldatura autogena*, ottenuta mediante la fusione del metallo dalle parti da sal-

dare senza l'uso di metallo d'apporto.

autogestióne [comp. di *auto-*[1] e *gestione*, prob. sul modello del russo *samoupravlenie*, attr. il fr. *autogestion*; 1971] **sf.** gestione autonoma di un'azienda, una scuola, un ente, da parte dei lavoratori o degli studenti che vi operano.

autogestìre (pres. *-ìsco* ecc., come GESTIRE) [comp. di *auto-*[1] e *gestire*; 1983] **tr.** gestire autonomamente, adottare il sistema dell'autogestione.

autogìro [dallo sp. *autogiro*; 1929] **sm.** *T.aer.* aeromobile in cui l'equilibrio longitudinale è garantito da pale che girano in folle a causa del moto di avanzamento dovuto a un motore a elica.

autogòl [comp. di *auto-*[1] e *gol*; 1908 *autogoal*] **sm.** *inv.* *T.sport.* nel calcio, nell'*hockey* o nella pallanuoto, autorete.

autogonìa [comp. di *auto-*[1] e *-gonia*; 1955] **sf.** autogenesi.

autogovèrno [comp. di *auto-*[1] e *governo*; 1890] **sm.** facoltà data a un gruppo sociale o un'organizzazione di amministrarsi da solo || *per estens.* facoltà di amministrarsi concessa a popoli ex-coloniali in vista dell'indipendenza totale.

autografàre (pres. *-ògrafo*) [da *autografo*; 1887] **tr.** produrre manoscritti o disegni secondo il procedimento dell'autografia.

autografìa [da *autografo*, attr. il fr. *autographie*; 1849] **sf.** **1.** qualità d'una scrittura autografa **2.** procedimento di riproduzione per cui un originale scritto a mano con inchiostro grasso su carta appositamente preparata viene trasformato su pietra litografica o lastra.

autogràfico (pl. *-ci*) [da *autografo*; 1887] **agg.** **1.** relativo ad autografo **2.** relativo ad autografia.

autògrafo [dal lat. *autographus*, gr. *autógraphos*, attr. il fr. *autographe*; 1745 come sm.] **I agg.** fatto di proprio pugno dall'autore: *codice autografo* **II sm.** **1.** manoscritto di opera letteraria prodotto dall'autore stesso: *l'autografo di "Ossi di Seppia"* || *per estens.* qualunque scritto prodotto di pugno da una persona: *un autografo di Napoleone* **2.** firma, gen. di personaggio famoso: *colleziona autografi*.

autogrill [comp. di *auto-*[2] e dell'ingl. *grill(room)*, rosticceria; 1963] **sm.** *inv.* caffè-ristorante situato nelle aree di servizio delle autostrade.

autogrù [comp. di *auto-*[2] e *gru*; 1939] **sf.** *inv.* autocarro munito di gru, usato normalmente per rimuovere veicoli e sgombrare la sede stradale.

autoguìda [comp. di *auto-*[1] e *guida*; 1970] **sf.** *T.mil.* guida automatica di siluri o missili verso un obiettivo, mediante un comando a distanza || **N.** *Sin.* *homing*.

autoguidàto [comp. di *auto-*[1] e il pps. di *guidare*; 1974] **agg.** dotato di guida automatica: *siluro autoguidato*.

autoimmunità [comp. di *auto-*[1] e *immunità*; 1983] **sf.** *T.med.* stato patologico per cui un organismo produce anticorpi contro i suoi stessi costituenti.

autoincèndio (pl. *-di*) [comp. di *auto-*[2] e *incendio*; 1973] **sm.** autoveicolo fornito di speciali attrezzature per spegnere gli incendi.

autoinduzióne [comp. di *auto-*[1] e *induzione*, sul modello dell'ingl. *self-induction*; 1897] **sf.** *T.fis.* e *T.elettr.* produzione di forza elettromagnetica in un circuito elettrico dovuta alla variazione di flusso di corrente nel circuito stesso.

autoingànno [comp. di *auto-*[1] e *inganno*; 1988] **sm.** *T.psic.* ricorso a misure difensive mentali attraverso cui il soggetto mira inconsciamente a preservare la propria autostima, i propri interessi egoistici e i propri bisogni istintivi inaccettati, aggirando la censura dell'Io mediante false giustificazioni.

autointossicazióne [comp. di *auto-*[1] e *intossicazione*, sul modello del fr. *autointoxication*; 1900] **sf.** *T.med.* fenomeno di intossicazione dovuta a veleni prodotti dall'organismo stesso.

autoipnòṣi [comp. di *auto-*[1] e *ipnosi*; 1908] **sf.** autosuggestione, stato di ipnosi che il soggetto provoca su se stesso utilizzando particolari tecniche.

autolàtra [da *autolatria*; 1955] **s.** adoratore di se stesso, narcisista.

autolatrìa [comp. di *auto-*[1] e *-latria*; 1905] **sf.** culto di se stesso, eccessiva stima dei propri meriti; narcisismo.

autoleṣióne [comp. di *auto-*[1] e *lesione*; 1918] **sf.** lesione deliberatamente prodotta sul proprio corpo.

autoleṣioniṣmo [da *autolesione*; 1934] **sm.** comportamento diretto a procurarsi volontariamente delle lesioni || *per estens. fig.* atteggiamento, più o meno consapevole, che danneggia chi lo assume: *le sue affermazioni confermano il suo autolesionismo*.

autoleṣionista [da *autolesione*; 1918] **s.** chi, più o meno deliberatamente, si procura lesioni o danni morali e materiali || **N.** masochista.

autoleṣionìstico (pl. *-ci*) [da *autolesionista*; 1955] **agg.** relativo all'autolesionismo o all'autolesionista: *mania autolesionistica*.

autolìbro [comp. di *auto-*[2] e *libro*; 1939] **sm.** automezzo che fa servizio di biblioteca o di libreria || **N.** *Sin.* bibliobus.

autolìnea [comp. di *auto-*[2] e *linea*; 1950] **sf.** linea interurbana regolarmente percorsa da automezzi di trasporto pubblico.

autoliquidazióne [comp. di *auto-*[1] e *liquidazione*; 1979] **sf.** *T.banc.* *autoliquidazione dell'imposta*, versamento dell'imposta sui redditi non tassati definitivamente all'origine, calcolata dal contribuente stesso || **N.** *Sin.* autotassazione.

autolìṣi [comp. di *auto-*[1] e *-lisi*; 1955] **sf.** *T.biol.* distruzione spontanea di cellule o di tessuti, per azione di agenti da essi stessi prodotti.

autològico (pl. *-ci*) [comp. di *auto-*[1] e *-logico*; 1961] **agg.** *T.fil.* in logica, detto di un'espressione linguistica che esprime una proprietà che essa stessa possiede (per es. *comune*, *italiano*) || **N.** *Contr.* eterologico.

autòma [dal lat. tardo *automatum*, congegno automatico; 1589 *automati*] **sm.** meccanismo che riproduce i movimenti e l'aspetto dell'uomo o di qualche animale || *fig.* individuo che agisce in modo meccanico senza manifestare una volontà propria: *si comporta come un automa* || in cibernetica, sistema caratterizzato da un insieme di segnali di entrata, stati interni e segnali d'uscita tali che dato un segnale d'entrata il segnale d'uscita è funzione dello stato interno relativo del sistema || **N.** *Sin.* robot.

automaticità [da *automatico*; 1943] **sf.** l'essere automatico, il verificarsi automaticamente: *automaticità di un gesto*.

automaticizzàre [da *automatico*; 1963] **tr.** automatizzare.

automaticizzazióne [da *automaticizzare*; 1965] **sf.** automazione.

automàtico (pl. *-ci*) [dal fr. *automatique*; 1819] **I agg.** **1.** detto di meccanismo che opportunamente regolato è in grado di fornire determinate prestazioni senza l'intervento di un operatore: *distributore automatico* || *bottone automatico, poussoir*, bottone metallico in cui le due parti, premendole, si incastrano una nell'altra || *arma automatica*, arma da fuoco a ripetizione in cui particolari meccanismi assicurano l'estrazione del bossolo sparato e il ricaricamento **2.** *fig.* compiuto senza un preciso intervento della volontà, meccanicamente: *movimento automatico, reazione automatica* || *per estens.* legato da una relazione di causa-effetto: *lo scarseggiare del petrolio porta a un automatico aumento dei prezzi* || **automaticaménte** **avv.** **II sm.** bottone automatico.

automatiṣmo [dal fr. *automatisme*; 1819] **sm.** **1.** l'essere automatico: *l'automatismo di un lavoro* || *T.psic.* qualità di certe azioni compiute senza l'intervento della coscienza; (come num.) azione compiuta automaticamente || *T.econ.* attitudine di un organismo economico all'autoregolazione in presenza di fenomeni di disturbo **2.** *T.tecn.* dispositivo a funzionamento automatico.

automatizzàre [dal fr. *automatiser*; 1943] **tr.** rendere automatico: *automatizzare la timbratura dei biglietti*.

automatizzazióne [dall'ingl. *automatization*; 1943] **sf.** automazione.

automazióne [dall'ingl. *automation*; 1955] **sf.** processo di riduzione dell'intervento umano nei procedimenti produttivi mediante l'uso di dispositivi meccanici, elettrici ed elettronici: *automazione della produzione*.

automedónte [dal n. proprio *Automedonte*, cocchiere di Achille; a. 1875] **sm.** *raro* cocchiere.

automèzzo [comp. di *auto-*[2] e *mezzo* (di trasporto); 1935] **sm.** autoveicolo a motore.

automobilàstro [da *automobilista*, con cambio di suff.; 1950] **sm.** (f. *-a*) *spreg.* automobilista scorretto o che non sa guidare bene.

automòbile [dal fr. *automobile*; 1892] **sf.** e *disus.* **agg.** veicolo gen. a quattro ruote e con motore a combustione interna adibito al trasporto di un massimo di nove persone: *automobile fuori serie, da gran turismo, utilitaria*; *automobile da corsa*, per le competizioni sportive. **Q.T.** *automobile* **TAV.** ***automobile*** **p. 658** sg.

automobilina (*dim.* di *automobile*) [1943] **sf.** **1.** piccola automobile || modellino di automobile, da collezione o da gioco **2.** piccola vettura elettrica o a pedali usata dai bambini per correre su apposite piste nei parchi di divertimento.

automobiliṣmo [dal fr. *automobilisme*; 1898] **sm.** tutto ciò che riguarda le automobili || *per anton.* lo sport delle corse automobilistiche.

automobilista [dal fr. *automobiliste*; 1899] **s.** chi conduce o possiede un'automobile.

automobilìstico (pl. *-ci*) [da *automobile*; 1905] **agg.** che concerne l'automobilismo e gli automobilisti: *corse automobilistiche, pratica automobilistica*.

automontàto [comp. di *auto-*[2] e *montato*, pps. di *montare*; 1942] **agg.** montato su autoveicoli: *reparti automontati*.

automóstra [comp. di *auto-*[2] e *mostra*; 1973] **sf.** *inv.* autoveicolo attrezzato per mettere in mostra della merce, spec. libri.

automotóre [dal fr. *automoteur*; 1940] **sm.** e **agg.** detto di veicolo o impianto dotato di una propria fonte di energia: *treno automotore*, convoglio ferroviario dotato di motore e di riserva di combustibile.

automotrice [comp. di *auto-*[1] e *motrice*; 1892] **sf.** vettura ferroviaria, tranviaria o filoviaria, a trazione autonoma per il trasporto di passeggeri, adibita anche al trasporto di rimorchi || **N.** *Sin.* littorina.

automutilazióne [comp. di *auto-*[1] e *mutilazione*; 1892] **sf.** il procurarsi una mutilazione, spec. per evitare il servizio militare.

autonoleggiatóre [da *autonoleggio*; 1965] **sm.** (f. *-trice*) proprietario o gestore di un autonoleggio.

autonolèggio (pl. *-gi*) [comp. di *auto-*[2] e *noleggio*; 1941] **sm.** noleggio di automobili e azienda che gestisce tale noleggio.

autonomìa [dal gr. *autonomía*; a. 1739] **sf.** **1.** facoltà di governarsi secondo le proprie leggi: *autonomia amministrativa, politica, legislati-*

va || *per estens.* indipendenza: *l'autonomia dei sindacati dai partiti politici* **2.** *fig.* capacità dell'individuo di pensare e di agire libero da condizionamenti esterni: *autonomia di pensiero* **3.** di macchina, capacità di operare per un certo tempo senza rifornimenti di energia: *con il serbatoio maggiorato ha un'autonomia di 500 km* || *T.mil. autonomia logistica*, possibilità di un reparto di mantenersi e operare anche in caso di interruzione dei rifornimenti **4.** *T.pol. Autonomia Operaia*, movimento politico extraparlamentare di sinistra nato verso la fine degli anni '70 in Italia, tendente a manifestare con intransigenza la propria opposizione al sistema socio-politico occidentale || movimento spontaneo al di fuori di organizzazioni politiche e sindacali || **N. 1.** *Sin.* indipendenza, libertà; autarchia.

AUTOMOBILE

FORME: berlina, berlinetta, *spider, cabriolet, coupé*, monovolume, a due volumi, a tre volumi, giardinetta, targa.

MOTORE: testata, basamento (supporto di banco, coppa dell'olio, cilindro), pistone (fascia elastica, raschiaolio, spinotto), biella, bronzina, prigioniero, albero motore o a gomiti; distribuzione (albero a camme, bocciolo o camma, asta, bilanciere, bicchierino, valvola d'aspirazione e scarico); gruppo volano - frizione (volano motore, corona, disco d'attrito, molla spingidisco, cuscinetto reggispinta), cuscinetto a sfere, cuscinetto a rulli; alesaggio, corsa, cilindrata, alzata delle valvole, angolo apertura, chiusura delle valvole, fasi del motore (aspirazione, compressione, scoppio, scarico).

STERZO: piantone, scatola guida (cremagliera, braccetto, pignone); angolo di sterzo.

CAMBIO: campana, scatola, albero primario, albero secondario, anello sincronizzatore, ingranaggio, forcella, leveraggio; rapporto (lungo, corto), velocità d'innesto delle marce.

ALIMENTAZIONE: serbatoio del carburante, pompa della benzina, turbocompressore o turbo (turbina, girante, paletta), compressore volumetrico o a lobi, *intercooler*, valvola regolatrice della pressione o *waste gate*, carburatore (getto, vaschetta, galleggiante, farfalla, *cut-off*); carburazione (grassa, magra), pressione di sovralimentazione.

DIFFERENZIALE: corona, satellite, planetario, giunto a crociere, semiasse, cuffia del semiasse; rapporto al ponte, percentuale di bloccaggio.

IMPIANTO DI RAFFREDDAMENTO: radiatore, vaso di espansione, condotto, pompa dell'acqua, termostato, ventola termostatica.

IMPIANTO DI LUBRIFICAZIONE: pompa dell'olio, filtro dell'olio, coppa dell'olio, termostato, radiatore, sfiato per recupero vapori.

IMPIANTO ELETTRICO: batteria, lampadina, alternatore, parabola, ponte raddrizzatore, intermittenza, deviatore, commutatore, luce di posizione, luce anabbagliante-abbagliante, tergilunotto, lavavetri, luce d'arresto, luce di retromarcia, luce retronebbia, *clacson* o segnalatore acustico, lunotto termico, tergicristallo (motore, spazzola, braccio), accensione (bobina, distributore d'accensione o spinterogeno, spazzola del distributore, puntine platinate, calotta del distributore, candela d'accensione); angolo di anticipo d'accensione, grado termico della candela.

CARROZZERIA - SCOCCA: telaio tubolare o a gabbia, pianale, brancale, parafango, telaio ausiliario, staffa, supporto (motore e cambio), tetto o padiglione, cofano, portiera, portellone, montante, *roll-bar, spoiler*, tunnel centrale, pannello, guarnizione, serratura, duomo, cerniera, pannello fonoassorbente, parabrezza, lunotto, cristallo laterale, deflettore, specchio retrovisore, paraurti a scudo o a lama, interni (*moquette*, sedile reclinabile o fisso, divano posteriore, cruscotto, cappelliera).

SOSPENSIONI: braccio, barra antirollio, ammortizzatore, molla, balestra, barra di torsione, bilanciere, snodo a sfera o *uniball, silent block*, tampone d'arresto, sospensione indipendente, a ponte rigido, a puntone o *push rod*, a tirante o *pull rod*; angolo di campanatura o *camber*, angolo di incidenza, braccio a terra (positivo, negativo), angolo di convergenza, assetto (sottosterzo, sovrasterzo).

RUOTA: cerchio in lamiera o lega leggera, camera d'aria, valvola, pneumatico (carcassa, fianco, tallone, cerchio metallico), senza camera d'aria o *tubeless*, radiale, a tele incrociate, ribassato, chiodato, da neve; freno a disco (disco, pistoncino, pastiglia), freno a tamburo (tamburo, piatto, ganasce, pistoncino); larghezza del canale del cerchio, diametro del cerchio, rapporto percentuale, larghezza altezza del pneumatico, pressione di gonfiaggio, angolo di deriva, coefficiente di aderenza o *grip*.

CRUSCOTTO: contachilometri totalizzatore e parziale, tachimetro, contagiri, indicatore livello del carburante, termometro olio, amperometro, voltmetro, pannello di controllo o *check pannel*, calcolatore di bordo o *trip computer*, orologio, spia luminosa di segnalazione o allarme; plancia, bocchetta di climatizzazione, leve di regolazione climatizzazione, sede autoradio, pulsante, posacenere, cassetto o vano portaoggetti, alzacristalli (elettrico, manuale).

ORGANI DI COMANDO: volante, pedaliera (frizione, freno, acceleratore), leva del cambio, leva comando del freno di stazionamento o freno a mano.

Azioni del guidare: avviare il motore, ingranare le marce, scalare le marce, sterzare, accelerare, frenare, posteggiare, sbandare, correggere la sbandata o controsterzare, fare testacoda, uscire di strada, sorpassare, dare o avere la precedenza.

VOCI ATTINENTI L'AUTOMOBILE: regolazioni (carburazione, minimo, anticipo d'accensione, frizione), spurgare i freni, forare uno pneumatico, sostituire una ruota, cambiare le candele, fare il pieno (di carburante), sostituire l'olio.

VOCI ATTINENTI: autorimessa o garage, box auto, stazione di servizio, bollo di circolazione, assicurazione R.C., libretto di circolazione, targa (anteriore, posteriore); carrozziere, elettrauto, gommista, lavavetri, meccanico, autista, automobilista, guidatore, pilota, collaudatore; immatricolazione, revisione, A.C.I. (automobile club italiano); autostrada; patente di guida, foglio rosa, scuola guida; codice della strada, segnali stradali.

autonomìsmo [da *autonomia*; 1941] ***sm.*** movimento tendente all'autonomia politica o amministrativa: *l'autonomismo altoatesino.*

autonomìsta [da *autonomia*; 1882] **I *s.*** sostenitore dell'autonomia **II *agg.*** autonomistico.

autonomìstico (pl. *-ci*) [da *autonomia*; 1955] ***agg.*** che riguarda l'autonomia; che mira all'autonomia: *tendenze autonomistiche di una regione.*

autònomo [dal gr. *autónomos*; a. 1755] **I *agg.*** che ha autonomia: *regione autonoma* || *lavoro autonomo*, senza il vincolo della subordinazione || *fig.* autosufficiente, indipendente: *conduce una vita autonoma, è un anziano autonomo* **II *sm.*** (f. *-a*) **1.** aderente ai principi dell'Autonomia Operaia: *una manifestazione di autonomi in piazza Venezia* **2.** aderente a un'organizzazione sindacale non collegata con la federazione unitaria CGIL CISL UIL.

autopàrco (pl. *-chi*) [comp. di *auto-*[2] e *parco*; 1939] ***sm.*** **1.** parcheggio automobilistico **2.** l'insieme degli automezzi messi a disposizione di un servizio.

autopattùglia (pl. *-glie*) [comp. di *auto-*[2] e *pattuglia*; 1983] ***sf.*** pattuglia di poliziotti che svolge il servizio di vigilanza a bordo di un'automobile.

autopensionamènto [comp. di *auto-*[1] e *pensionamento*; 1985] ***sm.*** **1.** il provvedere da sé alla propria pensione, stipulando assicurazioni volontarie e private **2.** ritiro volontario dall'attività lavorativa o da altre forme di impiego, anticipato rispetto ai limiti d'età stabiliti dalla legge.

autopensionàrsi (pres. *-óno*) [comp. di *auto-*[1] e *pensionare*; 1985] ***rifl.*** provvedere da sé alla propria pensione, stipulando assicurazioni volontarie e private.

autopiàno [comp. di *auto-*[1] e *piano*[4]; 1926] ***sm.*** *T.mus.* pianoforte la cui tastiera è azionata da un meccanismo elettrico o a pedali || **N.** pianola.

autopilòta [comp. di *auto-*[1] e *pilota*; 1934] ***sm.*** pilota automatico; complesso di strumenti in grado di mantenere la rotta di un aereo o di una nave senza l'intervento del pilota.

autopìsta [comp. di *auto-*[2] e *pista*; 1935] ***sf.*** **1.** in terreni desertici, pista percorribile con automezzi **2.** pista per vetture a motore elettrico nei parchi di divertimento **3.** giocattolo che riproduce un circuito automobilistico.

autoplastìa V. AUTOPLASTICA.

autoplàstica o **autoplastìa** [comp. di *auto-*[1] e *plastica*; 1863] ***sf.*** *T.chir.* metodo di plastica chirurgica che utilizza il tessuto fornito dal paziente stesso.

autopómpa [comp. di *auto-*[2] e *pompa*; 1933] ***sf.*** autocarro dotato di una pompa per attingere e diffondere liquidi, usato part. per lo spegnimento di incendi; può talvolta essere fornito di cisterna.

autoportànte [comp. di *auto-*[1] e il ppr. di *portare*; 1974] ***agg.*** *T.ing.* detto di struttura che è in grado di sostenersi da sé e permette l'eliminazione di parte dei normali supporti.

autoportàto [comp. di *auto-*[2] e *portato*, pps. di *portare*; 1926] ***agg.*** *T.mil.* di cose o persone trasportate con automezzi, autotrasportato.

autopòrto [comp. di *auto-*[2] e *porto*; 1974] ***sm.*** ampio parcheggio per autoveicoli e autotreni, situato nei pressi di un posto di frontiera o alla periferia di grosse città, allo scopo di agevolare le operazioni di smistamento e sdoganamento delle merci, e di evitare ingorghi nel traffico stradale.

autopsìa [dal gr. *autopsía*, l'osservare coi propri occhi; 1828] ***sf.*** *T.med.* sezione ed esame di un cadavere, per scoprire la ragione della morte || **N.** *Sin.* dissezione, necroscopia.

autopùllman [comp. di *auto-*[2] e *pullman*; 1942] ***sm.*** *inv.* torpedone di linea o per escursioni, pullman.

autopunizióne [comp. di *auto-* e *punizione*; 1955] **sf.** *T.psic.* condotta di alcuni soggetti nevrotici che, provando un sentimento ingiustificato di colpa, si infliggono un trattamento doloroso che può giungere fino al suicidio.

autoràdio [comp. di *auto-*² e *radio*; 1942 nel senso 2] **sf.** *inv.* **1.** apparecchio radioricevente atto ad essere installato a bordo di autoveicoli **2.** *disus.* radiomobile.

autoradùno [comp. di *auto-*² e *raduno*; 1942] **sm.** raduno automobilistico.

autóre [dal lat. *auctor, -ōris*; a. 1292 nel senso 2] **sm.** (f. *-trìce*) **1.** chi è origine, causa di qualcosa; promotore di un'impresa; *autore d'una buona azione* || *scherz. gli autori dei nostri giorni*, i genitori || *il sommo autore*, Dio **2.** scrittore di un'opera letteraria o scientifica o artistica || *un quadro d'autore*, di un artista noto || *diritti d'autore*, diritti di proprietà che la legge riconosce all'autore di un'opera letteraria o scientifica o artistica e il compenso che ne deriva: *riscuotere i diritti d'autore* **3.** *T.giur.* il soggetto da cui ha origine un diritto; dante causa || *dim. spreg.* autorèllo, autorùccio, autorùcolo, autorùzzo; *accr. scherz.* autoróne || **N.** **1.** *Sin.* artefice, inventore, istigatore, maestro, promotore **2.** artista, compositore, pittore, scrittore. **Q.T.** *letteratura...*

autoreattóre [comp. di *auto-* e *reattore*; 1955] **sm.** *T.aer.* propulsore aeronautico a getto il cui funzionamento è reso possibile dalla velocità stessa del mezzo, che genera la compressione dell'aria.

autoreggènte [comp. di *auto-*¹ e *reggente*, ppr. di *reggere*; 1987] **I agg.** detto di calza fornita di una fascia elastica che la regge, senza bisogno di altri sostegni **II sf.** calza autoreggente.

autoregolamentazióne [comp. di *auto-*¹ e *regolamentazione*; 1979] **sf.** fissazione di norme atte a regolamentare la propria condotta: *autoregolamentazione del diritto di sciopero*, fissazione da parte delle organizzazioni sindacali di un codice di comportamento per disciplinare lo sciopero, spec. nei servizi pubblici essenziali || **N.** *Sin.* autodisciplina.

autoregolazióne [comp. di *auto-*¹ e *regolazione*; 1943] **sf.** regolazione automatica di impianti e sim.

autorepàrto [comp. di *auto-*² e *reparto*; 1965] **sm.** *T.mil.* reparto dotato di automezzi || anche l'insieme di uomini e mezzi addetti alla manutenzione di autoveicoli dell'esercito o di un'organizzazione.

autorespiratóre [comp. di *auto-*¹ e *respiratore*; 1956] **sm.** apparecchio costituito da una maschera e da una bombola di ossigeno per la respirazione in ambienti subacquei, privi di ossigeno o tossici. **Q.T.** *pesca.*

autoresponsabilità [comp. di *auto-*¹ e *responsabilità*; 1985] **sf.** *T.giur.* responsabilità nei propri confronti; accettazione da parte di un individuo delle conseguenze di un atto da lui stesso compiuto e dannoso nei suoi confronti.

autoréte [comp. di *auto-*¹ e *rete*; 1942] **sf.** *T.sport.* nel calcio, nell'*hockey* e nella pallanuoto, rete segnata erroneamente da un giocatore a svantaggio della propria squadra || **N.** *Sin.* autogol.

autorévole [dal lat. tardo *auctorābilis*, con cambio del pref.; 1353] **agg.** che ha autorità, che è tenuto in gran conto: *una personalità autorevole* || che rivela autorità o proviene da persona che gode di autorità: *un giudizio, un tono autorevole* || **autorevolménte** **avv.** || **N.** *Sin.* accreditato, influente, prestigioso | *Contr.* irrilevante, trascurabile.

autorevolézza [da *autorevole*; a. 1676] **sf.** qualità di chi, di ciò che è autorevole; l'essere autorevole || **N.** *Sin.* influenza, prestigio, rilevanza.

autoridùrre (pres. *-ùco* ecc., come RIDURRE) [comp. di *auto-*¹ e *ridurre*; 1971] **tr.** praticare l'autoriduzione.

autoriduttóre [da *autoridurre*; 1977] **sm.** (f. *-trice*) chi pratica, appoggia o promuove l'autoriduzione.

autoriduzióne [comp. di *auto-*¹ e *riduzione*; 1971] **sf.** forma di protesta sociale consistente nel rifiuto di pagare integralmente le tariffe (trasporti, telefono ecc.), che subiscono aumenti ritenuti eccessivi o non giustificati.

autoriparazióne [comp. di *auto-*² e *riparazione*; 1970] **sf.** luogo in cui si riparano autoveicoli, officina meccanica || perlopiù *pl.*, *autoriparazioni*, come insegna di officina meccanica.

autorità [dal lat. *auctōritas, -ātis*; a. 1306] **sf.** **1.** potere, facoltà di emanare disposizioni vincolanti, tutelata dalla legge e dal riconoscimento ufficiale di tale potestà: *l'autorità dello stato* || *d'autorità*, in base al potere di cui si è investiti: *il ministro ha precettato d'autorità gli scioperanti* || *l'autorità costituita*, quella legalmente riconosciuta dallo stato || *per estens.* facoltà decisionale di chi presiede all'educazione e al comportamento di un individuo: *l'autorità del maestro, del padre* **2.** l'insieme delle persone o degli organi preposti allo svolgimento di determinate funzioni: *l'autorità giudiziaria* || *pl.* gli individui preposti a cariche pubbliche: *il palco delle autorità* || *autorità competente*, funzionario o ente preposto all'espletamento di una particolare funzione: *il magistrato di Bari è l'autorità competente del caso* **3.** influsso esercitato su qualcuno: *non si deve abusare della propria autorità* || *principio d'autorità*, per cui una teoria non viene accettata per i suoi caratteri di scientificità ma per l'autorevolezza e il prestigio di chi la sostiene || testimonianza, affermazione autorevole: *basarsi sull'autorità di uno scrittore* || *per estens.* stima; prestigio, credito: *le sue idee hanno grande autorità presso il ministero* **4.** persona che gode di grande credito in un campo determinato: *nel campo della fissione nucleare è un'autorità* **5.** *non com. lett.* contegno grave e maestoso: *con grande autorità fece il suo ingresso nel salone* || **N.** **1.** *Sin.* carica, dignità, diritto, facoltà, forza, potestà, supremazia; competenza, giurisdizione, sede | comando, decreto, editto, ordine, prescrizione **3.** *Sin.* autorevolezza, influenza **4.** *Sin.* caposcuola, luminare, maestro.

autoritàrio (pl. *-ri*) [dal fr. *autoritaire*; 1873] **agg.** chi fa valere la propria autorità spesso abusandone: *un padre autoritario* || *per estens.* prepotente: *ha un carattere autoritario* || *governo autoritario*, dispotico || *stato, regime autoritario*, quello in cui l'organo esecutivo accentra in sé i poteri lasciando alla cittadinanza limitate possibilità di intervento e partecipazione.

autoritarismo [dal fr. *autoritarisme*; 1884] **sm.** qualità di chi o di ciò che è autoritario; *in part.* tendenza a governare in modo autoritario, dispotismo.

autoritativo [da *autorità*; 1666] **agg.** *raro* autoritario, determinato dalle autorità.

autoritràtto [comp. di *auto-*¹ e *ritratto*; 1913] **sm.** ritratto di se stesso eseguito da un artista || *gen.* descrizione di se stessi, delle proprie caratteristiche e della propria personalità.

autorizzàre [dal fr. *autoriser*; 1623] **tr.** **1.** permettere, consentire: *i vigili del fuoco non hanno autorizzato l'apertura del nuovo locale* **2.** legittimare, giustificare: *la tua carica non autorizza questo comportamento.*

autorizzativo [da *autorizzare*; 1982] **agg.** *T.bur.* che contiene un'autorizzazione, che ha come risultato un'autorizzazione: *atto, iter autorizzativo.*

autorizzazióne [dal fr. *autorisation*; 1802] **sf.** **1.** atto ed effetto dell'autorizzare **2.** atto giuridico con cui si conferisce a qualcuno la facoltà di esercitare un diritto || *concr.* documento comprovante il permesso ricevuto dall'autorità competente || *T.giur. autorizzazione a procedere*, atto con cui la competente autorità dà inizio a un procedimento penale nei confronti di qualcuno o relativamente a un certo reato || **N.** **2.** *Sin.* concessione, licenza, nulla osta, permesso, permissione.

autorotazióne [comp. di *auto-*¹ e *rotazione*; 1955] **sf.** *T.aer.* rotazione libera attorno a un asse di un corpo investito da una corrente fluida.

autoroulotte (pr. [autoru'lɔt]) [comp. di *auto-*² e *roulotte*; 1979] **sf.** *inv.* grande furgone la cui parte posteriore ha forma di roulotte || **N.** *camper.*

autosalóne [comp. di *auto-*² e *salone*; 1970] **sm.** locale in cui vengono esposte le vetture in vendita.

autoscàfo [comp. di *auto-*² e *scafo*, sul modello del fr. *autoscaphe*; 1908] **sm.** *raro* motoscafo.

autoscàla [comp. di *auto-*² e *scala*; 1933] **sf.** scala meccanica estensibile montata su un automezzo || *per estens.* autoveicolo fornito di scala estensibile, usato spec. dai vigili del fuoco.

autoscàtto [comp. di *auto-*¹ e *scatto*; 1935] **sm.** *T.fot.* dispositivo per ottenere automaticamente l'apertura e la chiusura dell'obiettivo nella macchina fotografica dopo un certo tempo, gen. usato per autoritratti.

autoscóntro [comp. di *auto-*² e *scontro*; 1965] **sm.** pista nei parchi di divertimento per piccole vetture azionate elettricamente e provviste di respingenti di gomma per attutire gli scontri.

autoscuòla [comp. di *auto-*² e *scuola*; 1950] **sf.** **1.** scuola in cui si impartiscono lezioni teorico-pratiche di guida per il conseguimento della patente su autoveicoli appositamente attrezzati con doppi comandi **2.** auto attrezzata a tale scopo || **N.** **1.** *Sin.* scuola guida.

autoservizio (pl. *-zi*) [comp. di *auto-*² e *servizio*; 1952] **sm.** servizio autorizzato di autocorriere per il trasporto pubblico.

autosilo [comp. di *auto-*² e *silo*; 1967] **sm.** edificio a più piani, anche sotterranei, adibito al parcheggio urbano degli autoveicoli.

autosnodàto [comp. di *auto-*² e *snodato*; 1963] **sm.** automezzo per il trasporto di passeggeri o merci costituito di due o più elementi rigidi, uno dei quali a motore, collegati tra loro da elementi non rigidi || **N.** mantice, motrice, rimorchio. **TAV.** ***automobile*** **p. 659** 14.

autosoccórso [comp. di *auto-*² e *soccorso*; 1983] **sm.** **1.** autoveicolo fornito delle attrezzature necessarie per la rimozione e il traino di autovetture che hanno subito guasti o incidenti **2.** servizio effettuato da tale autoveicolo.

autosòma [comp. di *auto-* e (*cromo*)*soma*; 1932] **sm.** *T.biol.* in genetica, ogni cromosoma presente in entrambi i sessi a coppie identiche come morfologia e uguali come numero.

autospazzatrice [comp. di *auto-*² e *spazzatrice*; 1941] **sf.** autoveicolo attrezzato per la pulizia delle strade.

autospeaker (semiingl., pr. [auto'spiker]) [comp. di *auto-*² e *speaker*; 1983] **sf.** *inv.* autovettura fornita di altoparlante per diffondere annunci pubblicitari, politici e sim.

autossidazióne [comp. di *auto-*¹ e *ossidazione*; 1955] **sf.** *T.chim.* ossidazione di una sostanza operata da un composto che, decomponendosi, cede l'ossigeno di cui era precedentemente arricchito in modo non stabile.

autostàrter [comp. di *auto-*² e *starter*; 1965] **sm.** *inv.* nelle gare di trotto, automobile munita di due transenne pieghevoli laterali che chiudono la pista in tutta la sua lunghezza e servono a verificare l'allineamento dei cavalli in partenza.

autostàto [comp. di *auto-*[1] e *stato*; 1972] **sm.** *T.fis.* nella fisica quantistica, ente astratto che rappresenta simbolicamente la situazione fisica o stato di un campo, per il quale l'operazione di un dato operatore porta ad una moltiplicazione dello stato stesso per una costante.

autostaziòne [comp. di *auto-*[2] e *stazione*; 1961] **sf. 1.** stazione di servizio, rifornimento carburante, manutenzione ecc. per autoveicoli **2.** stazione per le linee automobilistiche di servizio pubblico.

autostèllo [comp. di *auto-*[2] e *ostello*; 1957] **sm.** *non com.* albergo per automobilisti ‖ **N.** *Sin.* motel.

autostòp [comp. di *auto-*[2] e dell'ingl. (*to*) *stop*, fermare; 1951] **sm.** *inv.* il fermare autoveicoli in transito per ottenere il trasporto gratuito verso qualche località: *fare l'autostop, ha girato l'Europa in autostop.*

autostoppista [da *autostop*; 1963] **s.** chi pratica l'autostop.

autostràda [comp. di *auto-*[2] e *strada*; 1924] **sf.** strada riservata ad autoveicoli e motoveicoli dotati di pneumatici e di cilindrata superiore a un minimo stabilito, priva di attraversamenti, con carreggiate a due o più corsie per senso di marcia, curve a largo raggio e scarse pendenze per consentire lo scorrimento veloce del traffico: *autostrada a pedaggio,* in cui si paga per accedervi; *autostrada libera,* gratuita ‖ **N.** casello, svincolo, uscita; autogrill. **TAV. *automobile* p. 658** 4.

autostradàle [da *autostrada*; 1941] **agg.** che riguarda le autostrade: *rete autostradale.*

autosufficiènte [comp. di *auto-*[1] e *sufficiente*; 1965] **agg.** che basta a se stesso; che ha energie e risorse sufficienti per essere autonomo: *con il nuovo lavoro è finalmente autosufficiente, è un anziano autosufficiente.*

autosufficiènza [comp. di *auto-*[1] e *sufficienza*; 1935] **sf.** capacità di badare a se stessi: *autosufficienza finanziaria* ‖ **N.** *Sin.* autonomia, indipendenza.

autotassaziòne [comp. di *auto-*[1] e *tassazione*; 1978] **sf.** sistema di pagamento dell'imposta sui redditi non tassati definitivamente all'origine, che il contribuente calcola da sé e versa attraverso una banca o la posta ‖ **N.** autoliquidazione.

autotelàio (pl. *-ài*) [comp. di *auto-*[2] e *telaio*; 1961] **sm.** *T.aut.* il telaio dell'autovettura, esclusa la carrozzeria.

autotomìa [comp. di *auto-*[1] e *-tomia*; 1913] **sf.** *T.biol.* amputazione spontanea di una parte del proprio corpo operata da alcuni animali a scopo di difesa.

autotrainàto [comp. di *auto-*[2] e *trainato,* pps. di *trainare*; 1970] **agg.** trainato da automezzi: *cannone autotrainato.*

autotrasformatóre [comp. di *auto-*[1] e *trasformatore*; 1961] **sm.** *T.elettr.* trasformatore in cui l'avvolgimento primario è collegato in serie con quello secondario.

autotrasfusióne [comp. di *auto-*[1] e *trasfusione*; 1986] **sf. 1.** *T.med.* intensificazione dell'irrorazione sanguigna del miocardio e del cervello, ottenuta mediante la riduzione di quella degli arti, spec. inferiori, che vengono fasciati strettamente **2.** *T.med.* trasfusione nella quale viene utilizzato sangue prelevato in precedenza dallo stesso paziente.

autotrasportàre (pres. *-òrto*) [comp. di *auto-*[2] e *trasportare*; 1965] **tr.** trasportare persone o cose per mezzo di autoveicoli.

autotrasportatóre [comp. di *auto-*[2] e *trasportatore*; 1956] **sm.** (f. *-trice*) chi effettua autotrasporti ‖ *in part.* chi possiede o gestisce un'impresa di trasporti.

autotraspòrto [comp. di *auto-*[2] e *trasporto*; 1934] **sm.** trasporto di cose o persone effettuato mediante automezzi.

autotrenista [da *autotreno*; 1939] **s.** *non com.* chi guida autotreni, camionista.

autotrèno [comp. di *auto-*[2] e *treno*; 1932] **sm. 1.** autocarro o motrice stradale con rimorchio per il trasporto di merci **2.** automotrice ferroviaria collegata con una o più vetture. **TAV. *automobile* p. 659** 12.

autotrofìa [comp. di *auto-*[1] e *-trofia*; 1955] **sf.** *T.bot.* capacità di batteri e di vegetali con clorofilla di trasformare sostanze inorganiche in sostanze organiche necessarie al loro nutrimento.

autotròfico v. AUTOTROFO.

autotrofismo [comp. di *auto-*[1] e *trofismo*; 1961] **sm.** *T.bot.* autotrofia.

autòtrofo (meno com. *autotròfico,* pl. *-ci*) [da *autotrofia*; 1955] **agg.** *T.biol.* che presenta autotrofia ‖ **N.** *Contr.* eterotrofo.

autotutèla [comp. di *auto-*[1] e *tutela*; 1955] **sf.** *T.giur.* diritto concesso agli enti pubblici, e solo in casi particolari ai privati cittadini, di difendere i propri diritti senza fare ricorso all'autorità giudiziaria ‖ *autotutela dei lavoratori,* difesa dei loro diritti attuata per mezzo delle organizzazioni sindacali.

autovaccìno [comp. di *auto-*[1] e *vaccino*; 1955] **sm.** *T.med.* vaccino preparato da colture di germi tratte dal paziente stesso.

autovalóre [comp. di *auto-*[1] e *valore*; 1932] **sm.** *T.mat.* in uno spazio vettoriale su cui è definita un'applicazione lineare, si dice *autovalore* di tale applicazione un numero (reale o complesso) che, moltiplicato scalarmente per un vettore (detto *autovettore*) dello spazio, coincide con l'immagine di tale vettore mediante l'applicazione.

autoveìcolo [comp. di *auto-*[2] e *veicolo*; 1917] **sm.** veicolo stradale dotato di motore a combustione interna con quattro o più ruote destinato al trasporto di cose o persone ‖ **N.** *Sin.* automezzo.

autovélo [comp. di *auto-*[1] e *velo*; 1974] **sm.** *T.sport.* nel *basket,* azione con cui un giocatore si libera dell'avversario che lo marca, avvicinandolo a un compagno di squadra che lo marchi a sua volta.

autovettóre [comp. di *auto-*[1] e *vettore*; 1959] **sm.** *T.mat.* in uno spazio vettoriale su cui è definita un'applicazione lineare, si dice *autovettore* di tale applicazione un elemento dello spazio che rimane invariato se moltiplicato scalarmente per un certo numero reale o complesso, detto *autovalore* dell'applicazione.

autovettùra [comp. di *auto-*[2] e *vettura*; 1930] **sf.** autoveicolo destinato al trasporto di non più di nove persone ‖ **N.** *Sin.* auto, automobile. **TAV. *automobile* p. 658** 3.

autrònica [da *au*(*to-*[2]) e (*elet*)*tronica,* sul modello del fr. *autronique*; 1989] **sf.** elettronica applicata ai componenti automobilistici ‖ insieme dei dispositivi elettronici in dotazione ad un'automobile.

autunìte [dal n. geogr. di *Autun,* città della Francia centrale; 1881] **sf.** *T.min.* minerale di fosfato di calcio e uranio dal colore giallo-verdognolo.

autunnàle [dal lat. *autumnālis*; a. 1363] **agg.** relativo all'autunno: *piogge autunnali* ‖ che si svolge in autunno: *esami autunnali.*

autùnno [dal lat. *autumnus*; 1313] **sm.** terza stagione dell'anno, che va dall'equinozio d'autunno (23 settembre) al solstizio d'inverno (22 dicembre) ‖ *fig. autunno della vita,* età matura, che precede la vecchiaia ‖ *fig.* periodo di decadenza: *l'autunno del Medioevo* ‖ *autunno caldo,* quello del 1969 caratterizzato in Italia da lotte sindacali particolarmente aspre ‖ **N.** caduta delle foglie, estate di San Martino, vendemmia.

auxìna [comp. di *aux*(*o*)- e *-ina*; 1950] **sf.** *T.bot.* ormone vegetale che provoca la crescita delle piante.

àuxo- [dal gr. *auxánein,* aumentare] ***primo elem.*** che, in parole composte della terminologia medica, vale "accrescimento": **auxopatìa.**

auxologìa [comp. di *auxo-* e *-logia*; 1950] **sf.** *T.biol.* scienza che studia lo sviluppo e l'accrescimento degli organismi, part. di quello umano.

auxometrìa [comp. di *auxo-* e *-metria*; 1983] **sf.** studio quantitativo dei fenomeni che riguardano lo sviluppo dell'organismo.

auxòtrofo [comp. di *auxo-* e *-trofo*; 1986] **agg.** *T.biol.* in genetica, si dice di organismo le cui cellule, per mutazione genetica, non sono capaci di svilupparsi su terreni di coltura a condizione minima di nutrizione, ma richiedono l'aggiunta di qualche sostanza, ad es. amminoacidi o vitamine ‖ **N.** *Contr.* prototrofo.

auzióne [dal lat. *auctio, -ōnis,* aumento; 1945] **sf.** *lett.* pubblica vendita all'incanto.

auzzàre [lat. **acutiāre*; sec. XIV] **tr.** *raro tosc.* aguzzare.

avacciàre (pres. *-àccio*) [da *avaccio*; seconda metà sec. XIII] **tr.** *ant. tosc.* affrettare ‖ **intr. pron.** *non com.* affrettarsi.

avàccio [lat. *vivācius,* più vivace; a. 1294] **avv.** *ant.* presto: *o tardi o avaccio.*

avallànte (*ppr.* di *avallare*) [1908] **s.** chi avalla, mallevadore ‖ **N.** *Sin.* fideiussore, garante.

avallàre [da *avallo*; 1865 *avvallare*] **tr.** garantire con avallo: *avallare una cambiale* ‖ *fig.* garantire, confermare: *il suo comportamento avalla i nostri sospetti.*

avallàto (*pps.* di *avallare*) [a. 1907] **I agg.** *cambiale avallata,* che porta la firma di un garante **II sm.** (f. *-a*) *T.giur.* chi gode di avallo.

avàllo [dal fr. *aval*; 1804] **sm.** *T.banc.* garanzia che una terza persona dà ai creditori, firmando una dichiarazione sul titolo per garantirne il pagamento ‖ *per estens.* garanzia, conferma: *con le sue dichiarazioni ha dato l'avallo ai peggiori soprusi.*

avambécco (pl. *-chi*) [comp. di *avan-* e *becco*; 1955] **sm.** *T.arch.* rostro anteriore di una pila di ponte che serve a regolare il deflusso delle acque sotto le arcate.

avambràccio (pl. *-ci*) [dal fr. *avant-bras*; 1771 *avan-braccio*] **sm.** *T.anat.* parte del braccio, che va dalla mano al gomito.

avampiède [dal fr. *avant-pied*; 1975] **sm.** *T.anat.* parte del piede umano e di alcuni animali, comprendente il metatarso e le dita.

avampòrto [dal fr. *avant-port*; 1932] **sm.** porto che si trova in posizione avanzata rispetto al retroterra o che costituisce la parte più avanzata di un porto più grande.

avampósto [dal fr. *avant-poste*; 1848 *avvamposto*] **sm.** in uno schieramento, posto avanzato di truppe presidiato da un reparto con compiti di sorveglianza e intercettazione delle truppe nemiche.

avàn- o **avàm-** (davanti a *b* e *p*) [da *avanti*] ***primo elem.*** che, in parole composte, indica precedenza nello spazio o nel tempo (per es. *avanguardia, avanspettacolo, avantreno*).

avàna [dal n. geogr. *Avana,* capitale dell'isola di Cuba; 1876 nel senso 2] **I sm.** *inv.* **1.** qualità di tabacco coltivata in America Centrale, spec. a Cuba ‖ *per meton.* sigaro fatto con tale tabacco **2.** colore nocciola scuro simile a quello dei sigari **II agg.** *inv.* (sempre posposto) di colore nocciola scuro: *una giacca avana.*

avancàrica [comp. di *avan-* e *carica*; 1889] **sf.** nella *loc. avv. ad avancarica,* detto di arma da fuoco che si carica per la bocca della canna ‖ **N.** *Contr.* a retrocarica.

avance (fr., pr. [a'vɑ̃:s]) [1905] **sf.** *inv.* (anche pl. *avances,* pr. [a'vɑ̃:s]) approccio, proposta: *far delle avances,* far delle proposte, spec. proposte amorose.

avancòrpo [dal fr. *avant-corps*; 1863 *avan--corpo*] **sm.** parte di un edificio che sporga dalla facciata.

avanèra adattamento it. di HABANERA (v.).

avanguàrdia (ant. *vanguàrdia*) [dal fr. *avant-garde*; a. 1540] **sf.** **1.** *T.mil.* reparto che nelle marce precede il corpo principale di un esercito; la posizione dei reparti stessi: *essere, mettersi in avanguardia* || *T.pol.* spec. nel leninismo, il ruolo di guida delle masse svolto dal partito operaio, e il partito stesso che svolge quel ruolo **2.** *per estens.* movimento artistico o letterario che assume posizioni avanzate e innovatrici rispetto alla tradizione: *le avanguardie artistiche del '900* || *fig. essere all'avanguardia*, assumere posizioni innovative.

avanguardismo [da *avanguardia*; 1939] **sm.** **1.** tendenza ad essere all'avanguardia, in arte e in letteratura **2.** durante il Fascismo, organizzazione paramilitare per i giovani dai 14 ai 18 anni.

avanguardista [da *avanguardia*; 1918] **s.** **1.** chi in arte e in letteratura sostiene idee innovatrici o se ne fa promotore **2.** membro delle organizzazioni giovanili fasciste || **N.** **1.** *Sin.* pioniere, promotore.

avanìa [etim. inc.; a. 1347] **sf.** **1.** onerosa imposta che i Turchi imponevano ai cristiani d'oriente **2.** *per estens. non com.* sopruso, soverchieria.

avannòtto [dalla forma dial. *avanno*, di quest'anno; a. 1488] **sm.** **1.** nome generico di ogni sorta di pesce nato di recente, spec. se d'acqua dolce **2.** *fig. ant.* sempliciotto, che non ha esperienza, facile a ingannare.

avanscèna [comp. di *avan-* e *scena*, sul modello del fr. *avant-scène*; 1970] **sf.** parte anteriore del palcoscenico || **N.** *Sin.* proscenio.

avanscopèrta [comp. di *avan-* e *scoperta*; 1892] **sf.** *T.mil.* ricognizione in profondità condotta allo scopo di conoscere il terreno e l'ubicazione delle forze nemiche: *andare in avanscoperta.*

avanspettàcolo [comp. di *avan-* e *spettacolo*; 1934] **sm.** spettacolo di varietà, teatrale o musicale, che precede una rappresentazione cinematografica.

avantèsto [comp. di *avan-* e *testo*; 1988] **sm.** *T.lett.* fase della creazione letteraria in cui si genera il processo inventivo e hanno luogo alcuni orientamenti tematici e formali da parte dello scrittore, soprattutto del narratore; il termine indica anche le brutte copie, gli schizzi e i progetti che testimoniano tale fase.

avànti [lat. tardo *abante*; a. 1250 *avante*] **I** **avv.** **1.** indica la direzione o il luogo che si trova innanzi, di fronte a chi parla, gen. usato con verbi di moto: *andare avanti, farsi avanti* || talvolta preceduto da *in*: *fare due passi in avanti e due indietro* || *avanti e indietro*, da un punto all'altro di uno stesso luogo || *fig. andare avanti*, procedere, fare progressi || *tirare avanti*, procedere alla meno peggio || *farsi avanti*, prendere l'iniziativa || *mandare avanti*, far funzionare, provvedere || *mettere avanti delle scuse*, accamparle || *mettere le mani avanti*, cautelarsi || *essere avanti in qualche attività*, essere a buon punto || *essere avanti negli anni*, esser vecchio || *essere avanti nella tecnica*, essere progrediti; *fare un salto in avanti*, progredire || *tanto avanti*, tanto oltre, a tal punto: *si è spinto tanto avanti da rimanere isolato* **2.** *disus.* prima: *tutto ciò doveva avvenire avanti* || più com. l'uso temporale di *in avanti* come *in poi*: *d'ora in avanti* **II** *disus.* nella **loc. cong.** *avanti di, avanti che*, prima di, prima che **III** **escl.** **1.** usato come invito ad entrare per chi bussa a una porta e comando a muoversi: *avanti! si accomodi*; *avanti march*, comando militare di inizio marcia || *T.mar. avanti (a) tutta!*, ordine di far avanzare la nave con la massima potenza disponibile || *T.mar. macchine avanti!*, ordine di marcia secondo la normale direzione **2.** con valore di esortazione o incitamento: *avanti, non fare così* **IV** **prep.** **1.** *disus.* davanti, di fronte: *avevano appuntamento avanti la fontana* || più com. la *loc. prep. avanti a*: *avanti a tutti sfilava il presidente* **2.** prima di: *avanti Cristo* **V** **agg.** *inv.* (sempre posposto) prima, precedente: *il mese avanti non era stato pagato* **VI** **sm.** *inv.* **1.** *T.sport.* giocatore d'attacco: *gli avanti della squadra di casa non hanno avuto una stagione felice* **2.** *T.mar.* la parte a proravia di una nave || **N.** I **1.** *Sin.* innanzi | *Contr.* dietro, indietro **2.** *Sin.* antecedentemente | *Contr.* dopo.

avantielènco [comp. di *avanti* e *elenco*; 1978] **sm.** *inv.* parte iniziale dell'elenco telefonico, contenente informazioni utili per la sua consultazione e per l'uso dei servizi telefonici.

avantièri [comp. di *avanti* e *ieri*, sul modello del fr. *avant-hier*; 1518] **avv.** il giorno prima di ieri, ieri l'altro, l'altrieri.

avantilèttera o **avànti lèttera** [comp. di *avanti* e *lettera*, sul modello del fr. *avant la lettre*; 1930] **I** **sf.** *inv.* prova tipografica di incisione tirata prima che vi sia apposta l'iscrizione (detta *littera* o *lettera*) e per questo di maggior pregio **II** **avv.** e **agg.** *inv. fig.* prima del tempo, anzitempo || **N.** II *Sin. ante litteram*, antilettera.

avantrèno [dal fr. *avant-train*; 1824] **sm.** **1.** parte anteriore di un veicolo costituita da ruote, freni, sospensioni e organi di sterzo **2.** *T.mil.* parte anteriore di un carro militare, che comprende il timone e le ruote davanti, e si unisce con una chiavarda all'affusto di un cannone per trasportarlo.

avanvòmere [comp. di *avan-* e *vomere*; 1929] **sm.** *T.mecc.* piccolo corpo dell'aratro che si applica sulla bure davanti al coltello per tagliare e rivoltare il terreno in superficie.

avanzaménto [da *avanzare*[1]; fine sec. XIII] **sm.** **1.** atto ed effetto dell'avanzare: *stato di avanzamento dei lavori*, entità dei lavori effettuati in un dato arco di tempo; *in part. fig.* progresso: *l'avanzamento della scienza dipende dall'avanzamento della tecnica* **2.** *T.bur.* promozione: *ha ottenuto un avanzamento di categoria* **3.** nelle macchine utensili, il movimento dell'utensile o del pezzo lavorato mentre la lavorazione procede.

avanzàre[1] [lat. volg. **abantiāre*; a. 1250] **intr.** (aus. *essere*) **1.** procedere, andare avanti: *avanzava con passo fermo* || *fig. avanzare alla cieca, a tentoni*, in modo incerto || *fig. avanzare negli anni*, invecchiare || *fig.* progredire: *avanza con difficoltà negli studi* || *T.bur. avanzare di grado*, ricevere una promozione **2.** *T.mil.* avvicinarsi al nemico o addentrarsi vittoriosamente in territorio nemico: *l'esercito avanzava speditamente sul fronte orientale* || *per estens. T.sport.* portarsi nella metà campo avversaria con un'azione d'attacco: *le ali avanzano sulle fasce laterali* **3.** sporgere in fuori || **tr.** **1.** portare in avanti: *avanza la sedia se non riesci a vedere* || *per estens. fig.* addurre: *avanza pretese assurde* || *T.bur.* presentare: *avanzare ricorso* **2.** superare, sopravanzare: *dopo pochi chilometri aveva già avanzato gli altri concorrenti* || *per estens. non com.* vincere **3.** promuovere, aumentare di grado: *è stato avanzato capoufficio* || **intr. pron.** farsi avanti: *s'avanzò con autorità tra i presenti* || *fig.* osare troppo || in senso temporale, approssimarsi: *già s'avanza l'inverno* || **N.** **intr.** **1.** *Sin.* aumentare, crescere, giungere, proseguire | *Contr.* arretrare, indietreggiare, regredire, retrocedere **2.** *Sin.* attaccare | *Contr.* ritirarsi | **tr.** **1.** *Contr.* arretrare.

avanzàre[2] [da *avanzo*; 1353 nel senso 2] **tr.** **1.** essere creditore verso qualcuno: *avanzare dei soldi da qualcuno, la banca mi avanza gli interessi di due anni* **2.** risparmiare, mettere da parte: *ogni mese avanza qualche soldo per le ferie*; anche *fig.*: *se lo eviti avanzi tempo e fatica* || **intr.** (aus. *essere*) **1.** rimanere: *di tutto ciò che avevi solo questo ormai avanza* || essercene in abbondanza: *alla sua tavola il cibo avanza sempre* || *T.mat.* nelle operazioni algebriche, restare come resto: *9 : 2 = 4 e avanza 1* **2.** *raro* scampare, sopravvivere.

avanzàta [da *avanzare*[1]; 1824] **sf.** **1.** atto dell'avanzare; progresso || *fig.* successo: *l'avanzata dei partiti reazionari* **2.** *T.mil.* azione bellica offensiva diretta a conquistare terreno al nemico || **N.** **2.** *Sin.* offensiva | *Contr.* ritirata.

avanzatìccio (pl. *-ci*) [da *avanzato*, pps. di *avanzare*[2]; 1551] **sm.** *spreg.* rimasuglio.

avanzàto (*pps.* di *avanzare*[1]) [a. 1698 nel senso 2] **agg.** **1.** spostato in avanti, che si trova in avanti: *postazioni difensive avanzate* **2.** inoltrato, avanti nel tempo: *primavera avanzata*; *essere in età avanzata*, essere vecchi **3.** *fig.* innovativo rispetto ai tempi, audace: *nella critica letteraria sostiene posizioni avanzate* **4.** *T.fon.* di suono articolato nella parte anteriore del palato || **N.** **1.** *Contr.* arretrato **3.** *Sin.* innovatore, progredito **4.** *Contr.* arretrato.

avànzo [da *avanzare*[1]; 1293 nel senso 2] **sm.** **1.** ciò che rimane di qualcosa, residuo, resto: *gli avanzi del cenone* || *non com. pl.* rovine, ruderi d'una città: *gli avanzi di Atene*; vestigia: *gli avanzi di un'antica civiltà* || *avanzo di galera*, delinquente || *gli avanzi mortali*, le spoglie || *d'avanzo*, in abbondanza **2.** *T.comm.* eccedenza delle entrate sulle spese **3.** *T.mat.* resto di sottrazione o divisione **4.** *raro* risparmio **5.** *T.mar. avanzo dell'elica*, percorso di un giro d'elica nella direzione del moto dell'imbarcazione, in condizioni di acqua calma || **N.** **1.** *Sin.* eccedenza, rimanente, rimanenza, rimasuglio, ritaglio, scampolo; vestigia.

avarìa [etim. inc.; 1300] **sf.** **1.** *T.mar.* danno sofferto durante il viaggio da una nave o dal suo carico || *per estens.* indennizzo che si deve per tale danno **2.** danno subito da una merce durante il trasporto || *per estens.* deterioramento di una merce **3.** danno subito da una macchina che ne impedisce il regolare funzionamento; panne: *un'avaria al motore* || **N.** **3.** *Sin.* guasto, rottura.

avariàre (pres. *-àrio*) [da *avaria*; 1865] **intr.** (aus. *essere*) e **intr. pron.** deteriorarsi: *con il caldo il burro si è avariato* || **tr.** guastare, deteriorare: *le troppe soste al sole hanno avariato il carico.*

avariàto (*pps.* di *avariare*) [1844] **agg.** che ha sofferto avaria || di derrate, alterate, deteriorate || *fig.* di persona, corrotta; indebolita.

avarìzia [dal lat. *avaritia*; a. 1294] **sf.** desiderio smodato di denaro ed eccessivo ritegno nello spenderlo, uno dei sette peccati capitali nella dottrina cattolica || *fam. scherz. crepi l'avarizia!*, quando ci si concede qualche spesa fuori dell'ordinario || *fig.* parsimonia || *ant.* avidità, bramosia di denaro || **N.** *Sin.* cupidigia, grettezza, pidocchieria, pitoccheria, sordidezza, spilorceria, taccagneria; parsimonia | *Contr.* generosità, liberalità, prodigalità.

avàro [dal lat. *avārus*; a. 1294] **I** **agg.** **1.** che ha il vizio dell'avarizia: *più diventa ricco e più diventa avaro* **2.** *fig.* parsimonioso: *è avaro di complimenti* || di terreno, sterile, improduttivo: *una terra avara* **3.** *lett.* distribuito con parsimonia: *un avaro compenso* **4.** *ant.* avido di ricchezze: *una mano avara* || *accr.* aróne, avaràccio || **avaraménte** **avv.** **II** **sm.** (pl. *-a*) chi pecca di avarizia: *gli avari saranno puniti* || **N.** I **1.** *Sin.* avido, gretto, pitocco, spilorcio, taccagno | *Contr.* generoso, liberale, prodigo **2.** *Sin.* scarso; magro | II *Sin.* arpia, cacastecchi, pittima.

avatàra [dal sanscrito *avatāra*, discesa, poi incarnazione, sul modello del fr. *avatar*; 1843] *sm.* nel brahmanesimo e nell'induismo, ciascuna delle 10 incarnazioni di Visnù || *per estens. lett.* reincarnazione, ritorno.

ave (lat., pr. it. ['ave]) [letter. stai bene] **I** formula augurale di saluto usata in italiano in preghiere e in poesia oppure in senso ironico **II** *sf.* avemaria: *recitate un'ave per me* || *in men di un'ave*, in un momento || **N.** I SALUTO.

avèlia v. AVERLA.

avellàna [lat. (*nux*) *abellāna*, cioè noce di Abella, che è una città della Campania; sec. XIV *avillana*] *sf.* **1.** nocciola **2.** *T.arald.* croce composta da quattro nocciole racchiuse nei gusci e unite al centro per le loro estremità rotonde.

avellàno [da *avellana*; 1306 *avillano*] *sm.* **1.** nocciolo **2.** *T.arald.* che si riferisce a croce avellana.

avèllere (pres. *-èllo*; sono usati quasi esclusivamente: p.rem. *avùlsi, avùlse, avùlsero* e pps. *avùlso*) [dal lat. *avellere*; 1319] *tr. lett.* svellere, strappare: *ogni vile pensiero dal cor m'avulse* (D'Annunzio).

avèllo [lat. *labellum*, tinozza; 1313] *sm. lett.* sepolcro, tomba: *scendere nell'avello*, morire.

avemarìa o **avemmarìa** [comp. di *ave* e *Maria*; 1353] *sf.* **1.** preghiera alla Madonna che inizia con la salutazione angelica *Ave Maria*, rivolta secondo le scritture dall'arcangelo Gabriele alla Madonna: *recitare un'avemaria* || *fig. sapere qualcosa come l'avemaria*, a memoria || *fig. in meno di un'avemaria*, in un attimo **2.** rintocchi di campana con cui all'alba, a mezzogiorno e al tramonto si invitano i fedeli alla preghiera || *per estens.* l'ora in cui ciò avviene **3.** ciascuno dei grani piccoli che compongono il rosario || **N. 2.** *Sin.* angelus.

avéna [lat. *avena*; sec. XIV *vena*] *sf.* **1.** pianta delle Graminacee con fusto alto, vuoto e nodoso, foglie lineari, fiori disposti a coppie in spighette pendenti; viene coltivata come foraggio per il bestiame e con i semi si fa una farina per pappe, minestre e fiocchi d'avena **2.** strumento pastorale a fiato, zampogna || **N. 1.** *Sin.* biada.

a venìre v. AVVENIRE[2].

avènte (*ppr.* di *avere*) [sec. XIV] **I** *agg. raro* che possiede **II** in *loc. sost. T.giur.* **1.** *avente causa*, la persona che subentra a un'altra, per atto tra vivi o a causa di morte, come soggetto di un rapporto giuridico **2.** *avente diritto*, la persona alla quale è riconosciuto un determinato diritto, in base a una valutazione giuridica, burocratica o sim.

aventinìàno [dal n. geogr. *Aventino*, uno dei colli di Roma; 1942] **I** *agg.* **1.** dell'Aventino **2.** *T.stor. secessione aventiniana*, astensione dai lavori parlamentari attuata per protesta contro il Fascismo dai deputati dell'opposizione nel 1924/25, in seguito al delitto Matteotti **3.** *per estens. T.pol.* detto di protesta politica o di opposizione pregiudiziale, spec. se motivata da intransigenza morale **II** *sm.* **1.** *T.stor.* deputato che, dopo il delitto Matteotti, partecipò alla secessione aventiniana **2.** *T.pol.* oppositore pregiudiziale, spec. per motivi morali.

aventinìșmo [dal n. geogr. *Aventino*, uno dei colli di Roma, dove si sarebbe ritirata la plebe romana per protesta contro i patrizi; 1942] *sm. T.pol.* astensione dai lavori di un'assemblea parlamentare, attuata per motivi di opposizione spec. morale; metodo degli aventinisti.

aventinista [da *Aventino*; 1942] *agg.* e *s.* parlamentare aventiniano.

avére (pres. *ho, hai, ha, abbiàmo, avéte, hànno*; imp. *avévo*; p.rem. *èbbi, avésti, èbbe, avémmo, avéste, èbbero*; fut. *avrò, avrài, avrà, avrémo, avréte, avrànno*; imperat. *àbbi, àbbia, abbiàmo, abbiàte, àbbiano*; cong. pres. *àbbia*; cong. imp. *avéssi*; cond. pres. *avrèi, avrésti, avrèbbe, avrémmo*; ger. *avèndo*; pps. *avùto*) [lat. *habēre*; 1211 *avire*] **I** *tr.* **1.** possedere, rif. a oggetti materiali: *ha una villa sulla costa azzurra, ha molti soldi*; rif. a oggetti non materiali: *ha molte conoscenze nell'ambiente cinematografico*; rif. a doti fisiche, morali o intellettuali: *ha una bella voce, una grande dignità, poca intelligenza* || seguito da indicazione temporale, specifica l'età di una cosa o di una persona, il periodo di tempo per fare qualcosa, la durata della pena cui si è stati condannati: *ha tre mesi per saldare il conto, ha trent'anni, ha avuto otto anni di carcere* || seguito da parole come *moglie, figli, amici, servitori, padroni* ecc. indica che il soggetto del verbo si trova nelle relazioni espresse dalla parola: *ha più nemici che amici, ha due cameriere e la bambinaia* || *avere molte donne, molti uomini*, avere numerose relazioni amorose contemporaneamente **2.** tenere: *aveva un pappagallo in sala da pranzo, ha le mani in tasca* || indossare: *aveva un abito molto scollato* **3.** contenere, essere composto da: *ogni scatola ha cinque cioccolatini* || estendersi: *ha un'area di due kmq* **4.** ottenere: *ho avuto quel che cercavo, quest'idea ha successo* || acquistare: *ha avuto quelle azioni a un prezzo irrisorio* || ricevere: *ha avuto la pensione, non ha più avuto sue notizie* || *dover avere*, essere creditore **5.** sentire, provare: *ho molto caldo, ha per noi un odio profondo* || soffrire, essere affetto da: *ha la rosolia, l'AIDS, la febbre* **6.** seguito dalle prep. *a* o *da* e da verbo all'infinito indica dovere: *ha da finire un lavoro prima di sera* || *avere altro da fare*, avere cose più importanti cui attendere || *avere a che fare con qualcuno o qualcosa*, avere rapporti || *lett.* seguito dalla prep. *a* e da un altro verbo all'infinito trasferisce le sue caratteristiche morfologiche al verbo che lo segue: *ebbe a soffrire*, soffrì; *non avrai a pentirtene*, non te ne pentirai **7.** con gli avv. *sopra, sotto, accanto, vicino* ecc. indica un rapporto spaziale: *aveva accanto due cani da guardia* **8.** seguito da un sostantivo o un agg. talvolta con la prep. *a* o *in* non ha significato proprio ma trasferisce il valore verbale sull'elemento che segue o da esso acquista il significato: *aver bisogno*, abbisognare; *aver coraggio*, essere coraggioso; *aver fortuna*, essere fortunato; *aver caro*, gradire; *aver luogo*, avvenire; *aver cura*, curare; *avere a mente*, ricordare; *avere a cuore*, occuparsi; *avere in odio*, odiare; *avere in orrore*, provare orrore; *aver parte*, partecipare || *avere per*, considerare, ritenere: *abbi per certo che giungeremo* || *avere del*, somigliare: *questo vino ha del barolo, ha molto del padre* **9.** compare in numerose loc. con significati particolari: *avere per la testa*, essere preoccupato || *avere un diavolo per capello*, essere molto arrabbiato || *avere le mani in pasta*, essere coinvolto in qualcosa || *avere in vista*, progettare || *avere qualcuno o qualcosa in mano*, esserne padrone || *avere la luna storta, di traverso*, essere di cattivo umore || *avere qualcuno o qualcosa sullo stomaco*, non sopportarlo || *eufem. averne le tasche, le scatole piene*, essere al limite della sopportazione || *averne fin sopra la testa, i capelli, fin qui*, non poterne più || *averne per un pezzo*, essere impegnati per molto tempo || *avere le mani bucate*, spendere con prodigalità || *avercela con qualcuno o qualcosa*, essere arrabbiati || *intr.* (aus. *avere*) *non com. averci, avervi*, esservi: *non v'hanno dubbi in proposito* **II** come *aus.* unito al *pps.* dei verbi serve a formare i tempi composti dei verbi transitivi e di gran parte degli intransitivi; col pres. si forma il passato prossimo: *ho mangiato*, con l'imp. il trapassato prossimo: *avevo mangiato*, col p.rem. il trapassato remoto: *ebbi visto*, col fut. il futuro anteriore: *avrò detto* **III** *sm.* **1.** part. *pl.* patrimonio, ricchezze: *gli averi di famiglia* **2.** in ragioneria, sezione del conto in cui si registrano i crediti **3.** credito: *esigere il pagamento del proprio avere.*

avèrla o **avèlia** [forse lat. volg. **averula*; 1483 *avelia*] *sf.* uccello dei Passeriformi detto anche *velia* o *verla*, di medie dimensioni, con becco uncinato, lunghe zampe, ali arrotondate e coda a ventaglio; si nutre di insetti e uccelletti che fa morire infilzandoli sulle spine o su piccoli rami || **N.** capirone, cinerina, maggiore, piccola.

avernàle [da *averno*; 1686] *agg.* dell'Averno, infernale: *l'avernale asfodelo* (D'Annunzio).

avèrno [dal lat. (*lăcus*) *Avernus*; prima metà sec. XIV] **I** *sm. lett.* inferno, oltretomba || *fig. lett.* luogo impestato di miasmi e vapori mefitici **II** *agg. lett.* dell'Averno, dell'inferno: *le valli averne* (D'Annunzio).

averroìșmo [dal n. proprio *Averroè*, filosofo ar.; 1955] *sm. T.fil.* corrente della scolastica tardo-medievale che si fonda sull'interpretazione di Aristotele data dall'arabo Averroè (XII sec.).

averroìsta [dal n. proprio *Averroè*, filosofo ar.; 1565] *s. T.fil.* sostenitore dell'averroismo.

averroìstico (pl. *-ci*) [dal n. proprio *Averroè*; 1955] *agg.* conforme alla dottrina filosofica di Averroè, proprio dell'averroismo: *scuola averroistica, interpretazione averroistica del pensiero aristotelico.*

avèrtere (pres. *-èrto*) [dal lat. *avertere*; a. 1600] *tr. ant.* allontanare.

avèsta [dal persiano mediev. *apastāk*, prob. testo fondamentale; 1829] *sm. inv.* complesso dei libri sacri della religione zoroastriana || *per estens.* lingua usata in tali testi, avestico.

avèstico (pl. *-ci*) [da *avesta*; 1955] **I** *agg.* relativo all'Avesta e alla lingua in esso usata: *religione avestica, liturgia avestica* **II** *sm.* (solo *sing.*) antica lingua iranica usata nell'Avesta.

àvi- [dal lat. *avis*, uccello] *primo elem.* che, in parole composte dotte, vale "uccello" || *in part.* indica relazione con l'allevamento commerciale del pollame (per es. *avicoltura*).

aviàrio (pl. *-ri*) [dal lat. *aviarium*; 1892] **I** *sm.* grande uccelliera, voliera **II** *agg.* che si riferisce a uccello: *allevamento aviario, peste aviaria.*

aviatóre [dal fr. *aviateur*; 1910] *sm.* (f. *-trice*) chi pilota un aeroplano o fa parte dell'equipaggio: *aviatore motorista* || **N.** *Sin.* aeronauta, aviere, pilota.

aviatòrio (pl. *-ri*) [da *aviazione*; 1915] *agg.* che si riferisce all'aviazione.

aviazióne [dal fr. *aviation*; 1909] *sf.* **1.** parte dell'aeronautica relativa allo studio, la costruzione e l'impiego degli aeromobili più pesanti dell'aria: *aviazione militare, civile* **2.** *per estens.* l'insieme degli uomini e dei mezzi destinati al volo: *l'aviazione cubana* || l'arma dell'aeronautica: *si è arruolato in aviazione.*

avìcolo [comp. di *avi-* e *-colo*; 1902] *agg.* che concerne l'avicoltura: *mostra, associazione avicola.*

avicoltóre [comp. di *avi-* e *-coltore*; 1914 *avicultore*] *agg.* e *sm.* (f. *-trice*) che o chi fa allevamento di uccelli e spec. di pollame.

avicoltùra [comp. di *avi-* e *-coltura*; 1891] *sf.* tecnica e pratica dell'allevamento degli uccelli e spec. del pollame || pollicoltura.

avicunìcolo [comp. di *avi-* e del lat. *cunīculus*, coniglio; 1950] *agg.* che concerne l'avicunicoltura o gli avicunicoltori.

avicunicoltóre [comp. di *avicuni(colo)* e *-coltore*; 1965] *sm.* allevatore di polli e conigli.

avicunicoltùra [comp. di *avicuni(colo)* e *-coltura*; 1965] *sf.* tecnica e pratica dell'allevamento di polli e conigli.

avidità [dal lat. *aviditas, -ātis*; a. 1406] *sf.* desiderio incontrollabile e smodato: *bere con avidità, avidità di ricchezze* || **N.** *Sin.* brama, cupidigia, cupidità, desiderio, voglia.

àvido [dal lat. *avidus*; a. 1348] *agg.* che manifesta desiderio incontrollabile e smodato di qualcosa: *avido di guadagno, le piante avide di luce* || talvolta anche in senso positivo, desideroso: *avido di conoscenza, di sapere* ‖ *dim.* avidétto, avidùccio ‖ **N.** *Sin.* assetato, bramoso, cupido, famelico, ingordo, voglioso | *Contr.* appagato, indifferente, sazio.

avière [comp. di *avio-* e *-iere*, suff. di *artigliere, bersagliere* e sim.; 1925] **sm.** *T.mil.* militare di truppa dell'aeronautica ‖ *aviere scelto*, grado corrispondente a quello di caporale nell'esercito; *primo aviere*, caporalmaggiore.

avifàuna [comp. di *avi-* e *fauna*; 1875] **sf.** il complesso degli uccelli che abitano una data regione: *l'avifauna delle Alpi.*

avifaunìstico (pl. *-ci*) [da *avifauna*; 1984] **agg.** relativo all'avifauna, formato dall'avifauna: *censimento del patrimonio avifaunistico di una regione.*

àvio[1] (pl. *-ii*) [dal lat. *avius*; a. 1938] **agg.** *lett.* impervio, inaccessibile, che è fuor di strada: *avio e rimoto Sagro* (D'Annunzio).

àvio[2] [da *aviazione*; 1983] **agg. inv.** **1.** adatto agli aerei, impiegato per gli aerei: *benzina avio* **2.** (sempre posposto) nella moda, di una tonalità di azzurro: *tute disponibili nei colori avio, fuchsia, grigio.*

àvio- [da *aviazione*] **primo elem.** che, in parole composte dotte, vale "aeromobile" o indica relazione con la navigazione aerea: **aviocistèrna**, **avioradùno**, **aviotrùppa**, **avioturìsmo** ‖ **N.** *Sin.* aero-[2].

aviogètto [comp. di *avio-* e *getto*; 1952] **sm.** aereo con motore a reazione.

avioimbàrco (pl. *-chi*) [comp. di *avio-* e *imbarco*; 1950] **sm.** assegnazione dei posti e imbarco dei passeggeri su un aereo di linea.

aviolanciàre (pres. *-àncio*) [comp. di *avio-* e *lanciare*; 1965] **tr.** lanciare da un aeroplano con paracadute, paracadutare.

aviolàncio (pl. *-ci*) [comp. di *avio-* e *lancio*; 1950] **sm.** il lancio di persone o cose da un aereo con paracadute.

aviolìnea [comp. di *avio-* e *linea*; 1931] **sf.** servizio regolare di trasporto passeggeri, linea aerea percorsa da aeroplani in servizio civile.

aviònica [comp. di *avi(o)-* e *-onica*, sul modello dell'ingl. *avionics*; 1978] **sf.** disciplina che si occupa delle applicazioni dell'elettronica e dell'informatica alla navigazione aerea e in part. alla realizzazione di apparecchi e sistemi in grado di fornire costantemente al pilota le informazioni utili nelle diverse fasi del volo.

aviònico (pl. *-ci*) [da *avionica*; 1983] **agg.** relativo all'avionica: *apparati avionici.*

aviorimèssa [comp. di *avio-* e *rimessa*; 1935] **sf.** edificio coperto a forma di capannone per il ricovero di mezzi aerei ‖ **N.** *Sin. hangar.* **TAV.** *aeronautica* 11.11.

aviosbàrco (pl. *-chi*) [comp. di *avio-* e *sbarco*; 1961] **sm.** *T.mil.* operazione condotta da reparti di paracadutisti per compiere incursioni in territorio nemico o per costituirvi una testa di sbarco per truppe aviotrasportate.

aviotrasportàre (pres. *-òrto*) [comp. di *avio-* e *trasportare*; 1942] **tr.** trasportare con mezzi aerei.

aviotrasportàto (*pps.* di *aviotrasportare*) [1965] **agg.** trasportato con mezzi aerei.

aviotraspòrto [comp. di *avio-* e *trasporto*; 1942] **sm.** trasporto, spec. di truppe militari, effettuato con mezzi aerei.

avitaminòsi [comp. di *a-*[1], *vitamina*, e *-osi*; 1930] **sf.** *T.med.* stato patologico dovuto a insufficienza o assenza di vitamine: *lo scorbuto e la pellagra comportano avitaminosi* ‖ **N.** *Sin.* disvitaminosi.

avìto [dal lat. *avītus*; a. 1527] **agg.** dell'avo o degli avi ‖ *per estens.* che proviene dagli avi: *eredità avita, castello avito.*

àvo [dal lat. *avus*; a. 1374] **sm.** (f. *-a*) padre o madre del padre o della madre; nonno, nonna ‖ *per estens. pl.* antenati ‖ **N.** avolo, bisavolo, trisavolo.

avocàdo [dallo sp. *avocado*, da una voce indigena del Messico; 1955] **sm. inv.** **1.** albero delle Lauracee, molto alto, sempreverde, originario del Messico e coltivato nelle regioni tropicali e subtropicali; ha foglie coriacee e frutti commestibili a forma di pera **2.** frutto di tale albero, dalla buccia coriacea di colore verdastro e polpa di sapore gradevole di alto valore nutritivo ‖ anche in funzione di *agg.* nella *loc. f. pera avocado*, frutto dell'avocado.

avocàre (pres. *àvoco, àvochi*) [dal lat. *avocāre*; a. 1540] **tr.** **1.** *T.giur.* assumere su di sé un incarico o una competenza prima attribuita a un ente inferiore: *la Corte Costituzionale ha avocato al magistrato una pratica* **2.** *T.bur.* confiscare: *in caso di mancata riscossione lo stato avoca a sé i premi della lotteria.*

avocatòrio (pl. *-ri*) [da *avocare*; 1955] **agg.** *T.bur.* che riguarda l'avocazione.

avocazióne [dal lat. *avocātio, -ōnis*; a. 1566] **sf.** azione dell'avocare, dell'assumere per sé: *l'avocazione di un procedimento.*

avocétta [etim. inc.; 1863] **sf.** uccello di palude dei Caradriformi con becco lungo rivolto all'insù, zampe lunghe, dita palmate, piumaggio bianco e nero ‖ **N.** *Sin.* monachina.

avogadóre o **avvogadóre** [dal lat. tardo *advocator, -ōris*; 1547 ca. *avvocator*] **sm.** *T.stor.* ciascuno dei tre patrizi, magistrati della Repubblica Veneta, incaricati di vigilare gli interessi del fisco nei processi civili e penali e in seguito divenuti giudici d'appello.

àvolo [dal lat. *avulus*; seconda metà sec. XIII] **sm.** (f. *-a*) *ant.* e *poet.* avo; *per estens. pl.* gli antenati: *gl'infami avoli tuoi* (Carducci).

avolteràre (pres. *-òltero*) [lat. *adulterāre*; a. 1294 *avoltrare*] **tr.** *ant.* adulterare.

avoltóio V. AVVOLTOIO.

avòrio (pl. *-ri*) [lat. tardo *eboreus*; a. 1292] **I** **sm.** **1.** sostanza ossea, bianca, dura e compatta che costituisce le zanne di elefanti, ippopotami, trichechi e narvali; viene utilizzata nella realizzazione di oggetti preziosi, intarsi, palle da biliardo ‖ *nero d'avorio*, carbone d'avorio polverizzato che serve come colorante e in oreficeria come levigante ‖ *avorio vegetale*, quello fornito dai semi di alcune piante, che convenientemente lavorato presenta l'aspetto dell'avorio vero ‖ *avorio artificiale*, imitazione dell'avorio ottenuta con l'impasto di celluloide, acetilcellulosa, ossa, residui d'avorio ecc. e cementata con la colla **2.** spec. *pl.* oggetto artistico d'avorio: *gli avori cinesi* **3.** tonalità di bianco tendente al giallo caratteristica di tale sostanza: *ha tinteggiato le pareti di avorio* ‖ *per estens. lett.* candore: *l'avorio del seno* **II** **agg. inv.** (sempre posposto) del colore dell'avorio: *bianco avorio.*

avornèllo o **avornièllo** (*dim.* di *avornio*) [prima metà sec. XIV nel senso 4] **sm.** **1.** *T.bot.* pianta delle Oleacee, simile al frassino, dai fiori odorosi; il tronco secerne la manna **2.** *T.bot.* pianta delle Leguminose dai fiori gialli odorosi riuniti in grappoli **3.** legno fornito dall'ornello e dal maggiociondolo, usato da ebanisti, tornitori e intagliatori **4.** *ant.* frassino ‖ **N.** **1.** *Sin.* laburno, ornello **2.** *Sin.* citiso, maggiociondolo.

avòrnio (pl. *-ni*) o **avòrno** [lat. *laburnum*; a. 1320] **sm.** **1.** frassino **2.** maggiociondolo, ornello: *squadra un erpice d'avorno* (Pascoli).

avulsióne [dal lat. *avulsio, -ōnis*; 1955] **sf.** **1.** *T.med.* asportazione: *avulsione di un dente* **2.** *T.giur.* accessione, distacco per cause naturali di parte di un fondo rivierasco e sua incorporazione in uno o più fondi contigui o posti di fronte.

avulsìvo [da *avulso*; 1930] **agg.** **1.** che si può staccare **2.** *T.fon.* detto di articolazione ottenuta risucchiando aria dall'esterno della bocca e staccando bruscamente la lingua dal palato, in modo da produrre un caratteristico schiocco; suoni di questo tipo sono utilizzati anche in Italia come richiamo o imitazione di animali, ma costituiscono fonemi solo in poche lingue dell'Africa meridionale.

avùlso (*pps.* di *avellere*) [a. 1566] **agg.** *fig.* staccato: *una frase avulsa dal contesto.*

avuncolàto [dal lat. *avunculus*, zio da parte di madre; 1955] **sm.** in antropologia, rapporto di autorità instaurato, nelle società matrilineari, tra un individuo e il figlio della sorella; è il corrispondente del rapporto padre-figlio nelle società patrilineari.

avvalérsi (pres. *-àlgo* ecc., come VALERE) [da *valere*; a. 1556] **intr. pron.** valersi, servirsi: *avvalersi dei propri diritti.*

avvallaménto [da *avvallare*; sec. XVIII] **sm.** depressione circoscritta del terreno rispetto alle zone circostanti ‖ *per estens.* cedimento, abbassamento del terreno per varie cause: *una strada piena di avvallamenti* ‖ **N.** *Contr.* prominenza.

avvallàre [comp. parasint. di *valle*; 1319] **tr.** **1.** *ant.* far scendere a valle ‖ *per estens.* abbassare, volgere a terra: *avvallare gli occhi* **2.** *fig. ant.* umiliare ‖ **intr.** (aus. *essere*) *raro* scendere a valle ‖ **intr. pron.** **1.** detto di terreno, abbassarsi, limitatamente a uno spazio circoscritto: *la strada si è avvallata in più punti* **2.** *fig. ant.* umiliarsi: *cima di giudizio non s'avvalla* (Dante).

avvallàto (*pps.* di *avvallare*) [a. 1566] **agg.** **1.** che presenta avvallamento: *pavimento, suolo avvallato* **2.** che si trova a valle.

avvallatùra [da *avvallare*; 1779] **sf.** *non com.* avvallamento.

avvaloraménto [da *avvalorare*; sec. XIV] **sm.** *non com.* atto ed effetto dell'avvalorare e dell'avvalorarsi.

avvaloràre (pres. *-óro*) [comp. parasint. di *valore*; a. 1321] **tr.** **1.** dare valore, accrescere in valore, confermare, convalidare: *avvalorare una tesi, un sospetto* ‖ *T.banc.* *avvalorare un assegno*, garantirne l'autenticità mediante l'apposizione di un visto o di una firma **2.** *raro* rafforzare, dar vigore ‖ **intr. pron.** *non com.* acquistare vigore ‖ *fig.* acquistar credito: *è un'ipotesi che si avvalora sempre di più* ‖ **N.** **1.** appoggiare, asserire, comprovare **2.** infervorare, rincuorare, rinfrancare.

avvampaménto [da *avvampare*; 1865] **sm.** *non com.* l'avvampare.

avvampàre [comp. parasint. di *vampa*; 1319] **intr.** (aus. *essere*) **1.** infiammarsi, ardere: *la legna secca avvampa con facilità* ‖ *fig.* rif. a passioni e affetti, accendersi, farsi trascinare: *avvampare di sdegno* **2.** diventare rosso e luminoso come la fiamma: *il cielo al tramonto avvampa* ‖ *per estens.* arrossire: *una violenta emozione lo fece avvampare* ‖ **tr.** **1.** bruciare, accendere; anche *fig.* infiammare: *avvampare gli animi* **2.** bruciacchiare la biancheria nella stiratura ‖ **N.** **intr.** **1.** *Sin.* abbruciare, bruciare, divampare, infuocare; accendersi | **tr.** **2.** *Sin.* strinare.

avvantaggiaménto [da *avvantaggiare*; a. 1698] **sm.** *non com.* atto ed effetto dell'avvantaggiare e dell'avvantaggiarsi.

avvantaggiàre (pres. *-àggio*) [dal fr. *avantager*; 1494 *avantagiare*] **tr.** **1.** dare vantaggio, favorire: *è un provvedimento che avvantaggia solo i ricchi* ‖ *per estens.* migliorare: *avvantaggiare l'agricoltura* **2.** *raro* superare ‖ **rifl.** **1.** trarre profitto: *l'industria si avvantaggia delle nuove tecnologie* **2.** guadagnare tempo o spazio: *avvantaggiarsi nella ricerca, nella competizione* ‖ *per estens.* approfittare di qualcosa: *avvantaggiarsi di conoscenze influenti.*

avvantaggiàto (*pps.* di *avvantaggiare*) [1363] **agg.** **1.** *non com.* di misura, di peso, un po' maggiore del giusto, sovrabbondante **2.** in vantaggio: *essere avvantaggiato, partire avvantaggiato*, anche *fig.* partire da una posizione più favorevole || **N.** **2.** *Sin.* favorito | *Contr.* svantaggiato.

avvantàggio (pl. *-gi*) [dal fr. ant. *avantage*; sec. XIII *avantaggio*] ***sm.*** *ant.* vantaggio.

avvedérsi (pres. *-édo* ecc., come VEDERE) [da *vedere*; a. 1292] ***intr. pron.*** **1.** accorgersi, rendersi conto: *avvedersi del proprio torto* || *senza avvedersene,* senza malizia: *m'è scappato detto senza avvedermene* **2.** *ant.* ravvedersi || **N.** **1.** *Sin.* avvertire, capire, comprendere, riconoscere.

avvediménto [da *avvedersi*; metà sec. XIII] ***sm.*** prudenza, intendimento, giudizio, sagacia || **N.** ASTUZIA.

avvedutézza [da *avveduto*; prima metà sec. XIII] ***sf.*** accortezza, sagacia.

avvedùto (*pps.* di *avvedere*) [a. 1294] ***agg.*** accorto, cauto, sagace, giudizioso, scaltro || *lett.* *fare qualcuno avveduto di qualcosa,* informarlo, avvertirlo || **avvedutaménte** ***avv.***

avvegnaché o **avvègna che** o **avvengaché** [comp. di *avvenga* e *che*; a. 1294] ***cong.*** *ant.* (costruita col congiuntivo) benché || (con l'indicativo) perché.

avvelenaménto [da *avvelenare*; 1692] ***sm.*** atto ed effetto dell'avvelenare e dell'avvelenarsi: *morire per avvelenamento da funghi* || *T.med.* intossicazione dell'organismo causata da sostanze tossiche.

avvelenàre (pres. *-éno*) [comp. parasint. di *veleno*; a. 1294 *avvenenare* nel senso 3] ***tr.*** **1.** rendere velenoso, mettere sostanze velenose in cibi o bevande: *avvelenare la minestra* || *per estens.* inquinare: *i gas di scarico avvelenano l'aria* **2.** uccidere con il veleno: *ha avvelenato la moglie* **3.** *fig.* corrompere: *il lusso avvelena la civiltà occidentale* || amareggiare, rovinare: *mi avvelena l'esistenza* || ***rifl.*** uccidersi col veleno: *ha tentato varie volte di avvelenarsi* || **N.** **1.** *Sin.* intossicare | mitridizzarsi.

avvelenàto (*pps.* di *avvelenare*) [sec. XIII] ***agg.*** ucciso dal veleno || velenoso: *sostanze avvelenate* || *fig.* *avere il dente avvelenato contro qualcuno,* nutrire del risentimento per lui || *palla avvelenata,* gioco infantile a squadre.

avvelenatóre [da *avvelenare*; a. 1565] ***agg.*** e ***sm.*** (f. *-trìce*) che o chi avvelena.

avvelenìre (pres. *-ìsco, -ìsci*) [comp. parasint. di *veleno*; a. 1320] ***tr.*** *raro* avvelenare.

avvenènte [dal provenz. *avinen*; sec. XIII *avenente*] ***agg.*** **1.** di grande bellezza fisica, accompagnata da grazia nel portamento: *è una donna molto avvenente* **2.** *ant.* gentile, grazioso.

avvenènza [da *avvenente*; a. 1685] ***sf.*** **1.** bellezza fisica notevole non disgiunta da gentilezza e grazia **2.** *ant.* *avvenenza di stile,* leggiadria, gentilezza di modi.

avvenévole [da *avvenente,* con cambio di suff.; a. 1292] ***agg.*** *ant.* avvenente, affabile, di belle maniere.

avvènga che o **avvengaché** V. AVVEGNACHÉ.

avveniménto [da *avvenire*[1]; 1308] ***sm.*** **1.** evento di una qualche importanza, fatto degno di nota: *tutti questi avvenimenti lo hanno sconvolto, è un avvenimento sensazionale* **2.** *ant.* venuta **3.** *ant.* esito || **N.** **1.** *Sin.* accadimento, circostanza, congiuntura, contingenza, episodio, incidente, novità, occasione, occorrenza, peripezia, vicenda, vicissitudine | curioso, fausto, infausto, insolito, normale, singolare, straordinario.

avvenire[1] (pres. *-èngo* ecc., come VENIRE) [lat. *advenire*; a. 1250 *avenire*] ***intr.*** (aus. *essere*) accadere, succedere: *avvenne per caso che lo incontrai* || ***intr. pron.*** **1.** *tosc.* convenire, addirsi: *fare il grazioso gli si avviene* **2.** *ant.* imbattersi, incontrarsi con uno: *avvenirsi in qualcuno.*

avvenire[2] (ant. *a venire*) [comp. di *a* e *venire*; 1353] **I** ***sm.*** (solo *sing.*) futuro, sorte, condizione futura: *ho assicurato l'avvenire* || *in avvenire, per l'avvenire,* in futuro **II** ***agg.*** *inv.* *non com.* futuro: *gli anni avvenire.*

avvenirìsmo [da *avvenire*[2]; 1908] ***sm.*** fiducia e ottimismo nella realizzazione di progetti futuri, part. nel campo dell'arte e in quello politico-sociale.

avvenirìsta [da *avvenire*[2]; 1908] **I** ***s.*** chi manifesta fiducia in idee e concezioni avveniristiche **II** ***agg.*** avveniristico.

avvenirìstico (pl. *-ci*) [da *avvenire*[2]; 1931] ***agg.*** **1.** che precorre i tempi: *tecnologie avveniristiche* **2.** fiducioso nelle possibilità che il futuro potrà offrire.

avveniticcio (pl. m. *-ci,* pl. f. *-ce*) [dal lat. *adventicius*; a. 1292] ***agg.*** *raro* avventizio: *gente avveniticcia e girovaga.*

avventàre (pres. *-ènto*) [comp. parasint. di *vento*; 1313 come rifl.] ***tr.*** **1.** lanciare, scagliare qualcosa con violenza contro qualcuno o qualcosa: *avventò un sasso contro la finestra* || *per restr.* aizzare contro qualcuno animali o persone: *gli avventò contro i cani* **2.** *fig.* esprimere in modo azzardato e incauto: *avventò parole sconsiderate* || ***rifl.*** scagliarsi contro: *si avventò contro di lui con furia* || ***intr.*** (aus. *avere*) *raro* essere appariscente: *il rosso è un colore che avventa* || **N.** ***tr.*** **1.** *Sin.* gettare || ***rifl.*** *Sin.* assalire.

avventatàggine [da *avventare*; a. 1621] ***sf.*** *non com.* avventatezza; imprudenza.

avventatézza [da *avventare*; a. 1698] ***sf.*** leggerezza, sconsideratezza nell'agire o nel parlare: *si è comportato con avventatezza* || **N.** *Sin.* avventataggine, precipitazione, sventataggine, temerità.

avventàto (*pps.* di *avventare*) [a. 1587] ***agg.*** sconsiderato, imprudente: *giudizio avventato* || *all'avventata,* in modo sconsiderato || *dim.* avventatèllo || **avventataménte** ***avv.***

avventìsta [dall'ingl. *adventist*; 1927] ***s.*** e ***agg.*** chi o che è seguace di una delle sette protestanti di origine statunitense che credono nel ritorno del Cristo trionfante: *un gruppo di avventisti, sette avventiste.* **Q.T.** *religione.*

avventiziàto [da *avventizio*; 1928] ***sm.*** **1.** condizione dell'impiegato avventizio **2.** periodo di permanenza in questa condizione **3.** l'insieme degli avventizi.

avventìzio (pl. *-zi*) [dal lat. *adventīcius*; 1342 *aventizio*] **I** ***agg.*** **1.** che viene di fuori: *gente avventizia* || *per estens.* straniero; nomade || *piante avventizie,* non originarie del luogo in cui sono, cresciute per caso **2.** provvisorio, temporaneo, occasionale: *lavoro, guadagno, impiegato avventizio* **3.** *T.biol.* di organo che svolge nell'organismo una funzione secondaria || *tunica avventizia,* guaina che riveste esternamente le arterie **4.** *T.bot.* di organo che si sviluppa su una parte già adulta della pianta: *radici avventizie* **5.** *T.fil.* *idee avventizie,* in Cartesio, idee che hanno origine dai sensi **II** ***sm.*** (f. *-a*) lavoratore assunto provvisoriamente con contratto a termine.

avvènto [dal lat. *adventus,* arrivo; a. 1294] ***sm.*** **1.** arrivo, venuta: *col flauto verde annunziò l'avvento dei fiori* (Pascoli) || *per estens.* assunzione: *l'avvento al trono* **2.** *T.rel.* venuta di Cristo nel mondo || *per estens.* periodo liturgico di quattro settimane che alcune chiese cristiane dedicano alla preparazione del Natale: *domenica d'avvento.*

avventóre [dal lat. *adventor, -ōris*; a. 1543] ***sm.*** (f. *-trice,* ant. *-tóra*) cliente abituale od occasionale di un negozio o di un locale pubblico.

avventùra [lat. volg. **adventūra,* attr. il fr. *aventure*; fine sec. XIII] ***sf.*** **1.** caso, avvenimento singolare o straordinario: *dovunque vada gli capitano sempre delle avventure, romanzo, film d'avventura*; impresa affascinante e rischiosa: *gli esploratori amano l'avventura* || anche *fig.*: *le avventure del pensiero* **2.** relazione amorosa breve e poco impegnativa: *da giovane ebbe molte avventure* **3.** *ant.* sorte, fortuna || *loc. avv.* *per avventura,* per caso.

avventuràre (pres. *-ùro*) [da *avventura*; sec. XV] ***tr.*** **1.** esporre al rischio || *fig.* arrischiare: *avventurare un'ipotesi azzardata* **2.** *ant.* rendere prospero || ***rifl.*** esporsi al pericolo, al rischio: *avventurarsi in mare aperto* || *fig.* arrischiarsi || **N.** **1.** *Sin.* arrischiare, cimentare, esporre.

avventuràto (*pps.* di *avventurare*) [1274 ca. *aventurato*] ***agg.*** *lett.* fortunato || **avventurataménte** ***avv.*** || **N.** *Contr.* sventurato.

avventurièro o **avventurière** [dal fr. *aventurier*; 1575] **I** ***sm.*** **1.** (f. *-a*) chi, girando il mondo, cerca con ogni mezzo di far fortuna || *per estens.* persona senza scrupoli: *un posto frequentato solo da avventurieri e furfanti* **2.** *ant.* soldato di ventura **II** ***agg.*** *non com.* che va incontro ad avventure.

avventurìna [dal fr. *aventurine*; a. 1712 *venturina*] ***sf.*** varietà di quarzo con inclusioni lamellari irregolari di mica od ossido ferrico che producono luccichii luminosi di vari colori: *l'aria brillava di un folto pulviscolo d'oro come le avventurine* (D'Annunzio) || *avventurina di Venezia,* vetro di Murano contenente inserzioni di rame.

avventurìsmo [da *avventura*; 1969] ***sm.*** *T.pol.* atteggiamento di chi propone o attua soluzioni e scelte avventate, di cui non è possibile prevedere le conseguenze.

avventurìsta [da *avventurismo*; 1975] ***s.*** e ***agg.*** *T.pol.* chi o che sostiene o dà prova di avventurismo.

avventurìstico (pl. *-ci*) [da *avventurista*; 1972] ***agg.*** caratterizzato da avventurismo: *politica avventuristica.*

avventuróso [da *avventura*; a. 1349] ***agg.*** **1.** pieno d'avventure: *vita avventurosa, viaggio avventuroso* **2.** rischioso, azzardato: *una politica estera avventurosa* **3.** amante dell'avventura: *temperamento avventuroso* **4.** *ant.* fortunato, fausto || **avventurosaménte** ***avv.***

avvenùto (*pps.* di *avvenire*) [1348 ca.] ***agg.*** accaduto, successo, capitato.

avveràbile [da *avverare*; 1956] ***agg.*** che può avverarsi: *un desiderio avverabile* || **N.** *Sin.* effettuabile, realizzabile, verificabile.

avveraménto [da *avverare*; sec. XIV] ***sm.*** *lett.* atto ed effetto dell'avverare e dell'avverarsi.

avveràre (pres. *-éro*) [comp. parasint. di *vero*; a. 1347] ***tr.*** **1.** render vero: *il genio della lampada ha avverato ogni suo desiderio* **2.** *raro* asseverare; confermare, affermare per vero: *ha avverato ogni sua affermazione* || ***intr. pron.*** divenir vero, effettivo; verificarsi, succedere ciò che s'era preveduto: *talvolta i sogni si avverano!* || **N.** ***intr. pron.*** *Sin.* adempiersi, effettuarsi.

avverbiàle [dal lat. tardo *adverbiālis*; 1551] ***agg.*** di avverbio; con funzione di avverbio: *locuzione avverbiale* || **avverbialménte** ***avv.*** come avverbio: *aggettivo usato avverbialmente.*

avvèrbio (pl. *-bi*) [dal lat. *adverbium,* posto accanto al verbo; a. 1589] ***sm.*** parte invariabile del discorso che serve a determinare un verbo, un aggettivo o un altro avverbio, in rapporto a tempo, luogo, quantità, qualità, modo, causa ecc. || alcuni avverbi, come *certo, naturalmente,* possono fungere da legami discorsivi tra frasi e altri come *forse, chiaramente, probabilmente, purtroppo* ecc. possono determinare un'intera frase; quando l'avverbio è espresso con più parole si chiama *locuzione avverbiale* || **N.** affermativo, aggiuntivo, avversativo, di luogo, di maniera, dimostrativo, di qualità, di tempo, dubitativo, interrogativo, negativo, ordinativo, relativo | modo avverbiale. **Q.T.** *linguistica.*

avversàre (pres. *-èrso*) [dal lat. *adversāri*;

1340] **tr.** opporsi a qualche cosa o a qualcuno: *lo hanno avversato con ogni mezzo* || **N.** *Sin.* contrariare, contrastare, osteggiare, perseguire.

avversàrio (pl. *-ri*) [dal lat. *adversārius*; a. 1294] **I sm.** (f. *-a*) chi si pone di fronte a un altro contrastandolo in una lotta, gioco, gara: *gli avversari politici* || *per estens.* nemico: *aveva molti avversari* || *fare il gioco dell'avversario,* favorirlo involontariamente || *avversario di comodo,* facile a battersi || *T.giur.* in un processo, la parte opposta || *T.rel.* nella liturgia cattolica, il demonio **II agg.** contrario, avverso: *la fazione avversaria* || *T.giur.* dell'avversario: *la difesa avversaria* || **N. I** *Sin.* antagonista, contendente, rivale **II** *Sin.* contrario, ostile.

avversatìvo [dal lat. tardo *adversatīvus*; 1623] **agg.** *T.gram.* di congiunzioni coordinate che introducono un enunciato di senso contrario o comunque restrittivo rispetto a un altro: *particella avversativa*; anche *sf. avversativa*: *la congiunzione "ma" è un'avversativa.*

avversatóre [dal lat. *adversātor, -ōris*; metà sec. XIV *avversatrice*] **agg.** e **sm.** (f. *-trìce*) *non com.* che o chi avversa.

avversióne [da *avverso*; a. 1348] **sf.** malanimo, ostilità, antipatia verso qualcuno o qualcosa: *nutriva una grande avversione per gli imbecilli* || ripugnanza verso una cosa: *avversione al cibo* || **N.** *Sin.* disgusto, odio, ostilità, repulsione, riluttanza, ripugnanza | avere, nutrire, provare | *Contr.* inclinazione, propensione.

avversità [dal lat. *adversitas, -ātis*; a. 1294] **sf.** l'essere avverso: *l'avversità dei venti* || *in part. pl.* evento o serie di eventi sfavorevoli: *si è temprato nelle avversità* || **N.** *Sin.* accidente, calamità, disastro, disdetta, disgrazia, iettatura, infelicità, infortunio, maledizione, sciagura, sfortuna, sventura.

avvèrso [dal lat. *adversus*; sec. XIII *averso*] **I agg.** contrario, sfavorevole: *sorte avversa*; ostile: *la fazione avversa alle riforme* || *parte avversa,* avversaria || *per estens.* sfortunato, infelice: *conduce una vita avversa* || *lett.* di fronte **II prep.** *T.bur.* contro || **N. I** *Sin.* contrapposto, malevolo, nemico.

avvertènza [da *avvertire*; 1520] **sf. 1.** cautela, attenzione: *è una procedura che richiede molte avvertenze* **2.** ammonimento, consiglio: *ascoltalo, ti fornirà utili avvertenze* **3.** premessa a uno scritto che chiarisce intenzioni e procedimenti dell'autore: *l'uso delle abbreviazioni è spiegato nell'avvertenza* **4.** *pl.* istruzioni scritte da seguire per usare apparecchi, somministrare medicine ecc.: *seguire attentamente le avvertenze* || **N. 1.** *Sin.* accorgimento, cura, precauzione **2.** avvertimento, precauzione.

avvertìbile [da *avvertire*; 1865] **agg.** che può essere avvertito: *questi suoni non sono avvertibili dall'orecchio umano* || **N.** *Sin.* osservabile, percepibile | *Contr.* inavvertibile.

avvertiménto [da *avvertire*; 1525] **sm.** l'avvertire, l'informare o il richiamare l'attenzione su qualcosa: *questo incendio è un avvertimento mafioso* || consiglio, ammonimento || **N.** *Sin.* ammonizione, avvertenza, consiglio, istruzione, raccomandazione, richiamo.

avvertire (pres. *-èrto*) [lat. *advertere*; sec. XIV] **tr. 1.** percepire, sentire un fenomeno: *avvertì un dolore al fianco* || *per estens.* notare: *giunto alla svolta avvertì l'incombere delle rocce* **2.** richiamare l'attenzione: *vi avverto che sta per arrivare* || ammonire: *vi avverto che non sono disposto a tollerare oltre questo comportamento* || **N. 1.** *Sin.* osservare **2.** *Sin.* accennare, ammiccare, avvisare, consigliare, correggere, esortare, indirizzare, raccomandare, suggerire.

avvertito (*pps.* di *avvertire*) [1527] **agg.** avveduto, accorto: *stare avvertito,* stare sull'avviso || **avvertitaménte avv.** || **N.** *Sin.* attento, avvisato, cauto, sagace, vigilante.

avvezióne [dal lat. *advectio, -ōnis,* trasporto; 1970] **sf.** *T.meteor.* movimento, spostamento orizzontale di aria: *avvezione di aria calda, fredda.*

avvezzaménto [da *avvezzare*; a. 1698] **sm.** *raro* atto ed effetto dell'avvezzare e dell'avvezzarsi || **N.** *Sin.* abitudine, consuetudine.

avvezzàre (pres. *-ézzo*) [lat. volg. **advitiāre*; a. 1294] **tr.** far prendere un'abitudine, assuefare: *avvezzare alle fatiche* || *avvezzare un figlio,* educarlo || **rifl.** abituarsi: *non riesco ad avvezzarmi al clima tropicale* || **N.** *Sin.* ABITUARE | *Contr.* disavvezzare, divezzare.

avvézzo [da *avvezzare*; inizio sec. XIV] **agg.** abituato, assuefatto: *sono avvezzo a questo genere di cose.*

avviaménto [da *avviare*; a. 1347] **sm. 1.** atto ed effetto dell'iniziare, del dare inizio a qualcosa e del mettersi in moto: *l'avviamento di un'opera* || *codice di avviamento postale,* numero assegnato a un comune o a una frazione di comune, che viene indicato sulla corrispondenza per rendere più veloce lo smistamento || apprendistato, preparazione, primi passi in un'arte o lavoro: *avviamento alla filosofia, al lavoro* || anche come titolo di manuali propedeutici: *avviamento al comporre* || *scuola di avviamento,* nell'ordinamento scolastico precedente alla scuola media unica, completava l'istruzione elementare preparando all'esercizio di un mestiere **2.** *T.comm.* il valore di un'azienda commerciale valutato sulla base della sua notorietà, della clientela, del prestigio ecc. **3.** *T.mecc.* fase di messa in moto di un motore o di una macchina: *motorino d'avviamento* **4.** *T.tip.* insieme di operazioni necessarie per mettere in grado una macchina da stampa di produrre copie perfette || **N. 1.** *Sin.* avvio, inizio, principio, propedeutica. **TAV. *automobile* p. 658** 1.13.

avviàre (pres. *-ìo*) [comp. parasint. di *via*; a. 1306 come intr. pron.] **tr. 1.** mettere sulla via da percorrere per giungere a un luogo: *lo avviarono verso casa perché si era smarrito* || *fig.* indirizzare qualcuno verso una professione o un'attività: *suo padre lo avviò alla carriera diplomatica* **2.** dare inizio, intraprendere: *il partito ha avviato un profondo processo di revisione, avviare un'attività* || *avviare il fuoco,* accenderlo **3.** mettere in moto: *avviare l'auto* || **intr. pron.** incamminarsi verso un luogo: *mentre lo aspetti io m'avvio verso casa* || essere sul punto di: *s'avvia a piovere* || *fig.* essere prossimi al conseguimento di uno scopo: *si avvia a diventare dottore* || **N. 1.** *Sin.* instradare **2.** *Sin.* cominciare, iniziare, principiare.

avviàto (*pps.* di *avviare*) [a. 1374] **agg.** preceduto da *bene* o *male,* che procede bene o male: *un lavoro male avviato* || *un negozio bene avviato,* che ha acquistato una buona clientela.

avviatóre [da *avviare*; 1865] **sm.** congegno meccanico impiegato per avviare un motore, una macchina o un impianto.

avviatùra [da *avviare*; a. 1865] **sf.** *raro* **1.** inizio **2.** il primo giro di un lavoro a maglia **3.** brace utilizzata per accendere il fuoco.

avvicendaménto [da *avvicendare*; a. 1406] **sm. 1.** alternanza regolare e prevedibile: *l'avvicendamento delle stagioni, l'avvicendamento delle truppe al fronte* || *eufem.* sostituzione di personale **2.** *T.agr.* ordinata successione di varie colture in un terreno per migliorarne la produzione.

avvicendàre (pres. *-èndo*) [comp. parasint. di *vicenda*; a. 1348] **tr.** alternare periodicamente || **rec.** succedersi: *le stagioni si avvicendano* || **N.** *Sin.* dare il cambio, CAMBIARE.

avvicinàbile [da *avvicinare*; 1961] **agg.** che può essere avvicinato || *fig.* detto di persona con cui è facile avere contatti.

avvicinaménto [da *avvicinare*; 1637] **sm.** atto ed effetto dell'avvicinare e dell'avvicinarsi || *T.mil. marcia di avvicinamento,* movimento tattico di truppe per portarsi in zona d'attacco; *T.alp.* il percorso che si deve compiere per giungere all'attacco di una via || *T.tip.* distanza fra le facce laterali contigue di due caratteri vicini tra loro || **N.** *Sin.* accostamento, approssimazione | *Contr.* allontanamento.

avvicinàre (pres. *-ìno*) [comp. parasint. di *vicino*; 1319] **tr. 1.** accostare, porre vicino: *avvicinare il tavolo alla finestra* **2.** entrare in rapporto con una persona, farne la conoscenza: *ha avvicinato il primo ministro* || **rifl.** e **intr. pron.** farsi vicino, approssimarsi: *ci avviciniamo, si avvicina il giorno del giudizio* || *fig.* essere simile: *un rifacimento che si avvicina molto all'originale* || **N. 1.** *Sin.* appressare | *Contr.* allontanare **2.** *Sin.* abbordare, contattare || **intr. pron.** *Sin.* accostarsi, somigliare | *Contr.* allontanarsi, differire.

avvignàre (pres. *-ìgno*) [comp. parasint. di *vigna*; a. 1320] **tr.** *non com.* coltivare a vigna un terreno.

avvilènte (*ppr.* di *avvilire*) [1905 *avviliente*] **agg.** mortificante, scoraggiante: *un avvilente risultato.*

avviliménto [da *avvilire*; 1657] **sm. 1.** stato di depressione, prostrazione: *la notizia della sua morte causò uno stato di generale avvilimento* **2.** umiliazione, degradazione spirituale e morale: *la mafia mira all'avvilimento delle istituzioni pubbliche* || **N. 1.** *Sin.* abbattimento, accasciamento, scoraggiamento, scoramento, smarrimento **2.** *Sin.* abiezione, degradamento, degrado.

avvilire (pres. *-ìsco, -ìsci*) [comp. parasint. di *vile*; a. 1348] **tr. 1.** far perdere dignità e prestigio: *azioni che avviliscono l'umanità* **2.** far perdere d'animo, scoraggiare: *la mancanza di risultati lo avvilì* **3.** *ant. disus.* far calare il prezzo di una merce || **intr. pron.** perdersi d'animo, scoraggiarsi: *per un nonnulla si avvilisce* || **rifl.** ledere il proprio prestigio, svilirsi: *con le recenti prese di posizione si è avvilito agli occhi di tutti* || **N. 1.** *Sin.* abbassare, menomare, svilire, togliere importanza **2.** *Sin.* demoralizzare, prosternare, sgomentare, umiliare || **intr. pron.** *Sin.* abbandonarsi, abbattersi, accasciarsi, prostrarsi, smarrirsi.

avvilitìvo [da *avvilire*; a. 1832] **agg.** *raro* avvilente.

avvilito (*pps.* di *avvilire*) [a. 1556] **agg.** abbattuto, scoraggiato, umiliato.

avviluppaménto [da *avviluppare*; a. 1363] **sm.** *non com.* viluppo, garbuglio || *fig.* imbroglio, raggiro.

avviluppàre [comp. parasint. di *viluppo*; 1314 *aviloppare*] **tr. 1.** avvolgere in modo disordinato formando un viluppo: *avviluppare una matassa* || *fig.* imbrogliare: *avviluppare qualcuno con promesse e lusinghe* **2.** avvolgere: *avviluppò il pacco con carta di giornale* || **intr. pron.** ingarbugliarsi: *la corda si è avviluppata* || **rifl.** avvolgersi: *si avviluppò nella coperta* || *fig. non com.* sperdersi, confondersi: *si avviluppa in astruse elucubrazioni.*

avviluppàto (*pps.* di *avviluppare*) [1336 ca.] **agg. 1.** avvolto **2.** *raro* confuso, disordinato **3.** *raro* dubbioso, incerto || **avviluppataménte avv.**

avvinàre (pres. *-ìno*) [comp. parasint. di *vino*; 1829] **tr. 1.** far perdere alle botti nuove l'odore del legno lavandole col vino || *per estens.* sciacquare col vino il bicchiere e sim.: *i bicchieri avvinò* (Pascoli) **2.** *raro* mescolare col vino.

avvinazzàre [comp. parasint. di *vino*; seconda metà sec. XIV] **tr.** *raro* ubriacare qualcuno || **rifl.** *raro* ubriacarsi.

avvinazzàto (*pps.* di *avvinazzare*) [a. 1333] **I agg.** che ha bevuto troppo || *per estens. voce avvinazzata,* roca, impastata, da ubriaco **II sm.** (f. *-a*) ubriaco: *un coro di avvinazzati.*

avvincènte (*ppr.* di *avvincere*) [1896] **agg.**

che avvince, che affascina: *libro, lettura, film avvincente.*
avvincere (pres. *-inco* ecc., come VINCERE) [dal lat. *vincire*; a. 1292] **tr.** *lett.* legare, stringere: *gli avvinse il collo con le braccia* || *fig.* affascinare, attrarre: *mi avvinse con i suoi racconti* || **N.** *Sin.* avvinghiare, cingere, LEGARE.
avvincigliàre (pres. *-ìglio*) [comp. parasint. di *vinciglio*; a. 1565] **tr.** *ant.* legare con vinciglio || *per estens.* legare, stringere.
avvinghiàre (pres. *-ìnghio*) [dal lat. tardo *vinculāre*; 1313] **tr.** cingere strettamente, afferrare con forza: *con una presa fulminea gli avvinghiò le gambe* || **rifl.** e **rec.** stringersi attorno: *l'edera s'avvinghia all'albero* || stringersi con forza: *si avvinghiarono nella lotta* || **N.** *Sin.* avvincere, avvincigliare, avviticchiare.
avvìo (pl. *-ìi*) [da *avviare*; a. 1865] **sm.** avviamento, inizio: *l'avvio delle trattative* || *dare l'avvio,* dar inizio || *prender l'avvio,* iniziare || *scarpe d'avvio,* le prime scarpine che si mettono ai bambini quando muovono i primi passi || **N.** *Contr.* conclusione, fine.
avvisàglia (pl. *-glie*) [da *avviso*[1]; a. 1348] **sf.** **1.** *T.mil. disus.* breve scontro tra piccoli reparti **2.** *in part. pl.* indizio, sintomo premonitore: *le avvisaglie del crollo della civiltà occidentale* || **N. 1.** *Sin.* scaramuccia, schermaglia.
avvisàre[1] (pres. *-ìso*) [da *avviso*[1]; 1319 come intr.] **tr.** **1.** dare avviso, informare: *non è stato avvisato dell'arrivo degli ospiti* **2.** ammonire, mettere in guardia: *lo avvisammo del pericolo che correva* || *prov.* *uomo avvisato mezzo salvato* || **intr.** (aus. *avere*) *ant. lett.* supporre, credere || **intr. pron.** *ant. lett.* **1.** deliberare **2.** prestare attenzione || **N.** **tr.** **1.** *Sin.* annunciare, avvertire, ragguagliare, riferire, riportare **2.** *Sin.* mettere sull'avviso.
avvisàre[2] (pres. *-ìso*) [dal fr. ant. *aviser*; 1313] **tr.** *ant.* adocchiare, osservare || **intr. pron.** rendersi conto, accorgersi.
avvisàto (*pps.* di *avvisare*[1]) [a. 1363] **agg.** accorto, prudente, giudizioso || **avvisataménte** **avv.** *raro.*
avvisatóre [da *avvisare*[1]; a. 1250] **sm.** **1.** (f. *-trice*) chi avvisa **2.** dispositivo che emette segnali d'avvertimento: *avvisatore d'incendio, avvisatore acustico,* clacson. **TAV. automobile p. 658** 3.26.
avvìso[1] [dal fr. ant. *avis*; 1321 nel senso 4] **sm.** **1.** annuncio, comunicazione gen. a carattere ufficiale: *avvisi ai naviganti* || *T.giur.* comunicazione, gen. scritta, di atti o intenzioni che riguardano il destinatario: *avviso di garanzia* (già *di reato*); *concr.* lo scritto che reca tale comunicazione: *redigere un avviso di sfratto* **2.** notizia || *in part.* inserzione pubblicitaria pubblicata su quotidiani e periodici: *avvisi economici, commerciali* || *per estens.* cartellone pubblicitario **3.** consiglio, avvertimento: *se avessi ascoltato i miei avvisi ora non saresti nei guai* || *stare sull'avviso,* stare in guardia **4.** parere, opinione: *a mio avviso* || *essere dell'avviso che,* credere || *essere dello stesso avviso,* avere la stessa opinione **5.** *raro* piano, programma; trovata || **N. 1.** *Sin.* accenno, avvertenza, cenno, novella, nuova; diffida, notificazione, partecipazione; affisso, bando, bollettino, pubblicazione **2.** *Sin.* cartello, manifesto.
avvìso[2] [dallo sp. (*barca de*) *aviso*; 1829] **sm.** nave da guerra leggera e veloce per servizi di collegamento, vigilanza ed esplorazione.
avvistaménto [da *avvistare*; 1932] **sm.** atto ed effetto dell'avvistare: *l'avvistamento della costa, del nemico.*
avvistàre (pres. *-ìsto*) [comp. parasint. di *vista*; a. 1337 nel senso 2] **tr.** **1.** scorgere da lontano: *avvistare una terra* **2.** *ant.* giudicare con la semplice vista: *l'ho avvistato subito che era un poco di buono.*
avvistàto (*pps.* di *avvistare*) [a. 1306] **agg.** *ant.* vistoso.
avvitaménto [da *avvitare*; 1961] **sm.** **1.** atto ed effetto dell'avvitare **2.** *T.sport.* nella ginnastica e nei tuffi, rotazione che l'atleta compie su se stesso attorno all'asse longitudinale del proprio corpo || *T.aer.* acrobazia aerea eseguita da un aeroplano in picchiata che ruota su se stesso.
avvitàre (pres. *-ìto*) [comp. parasint. di *vite*; 1863] **tr.** **1.** stringere una vite o un bullone || *per estens.* fissare mediante viti: *avvitare un pezzo, avvitare insieme due assi* **2.** inserire un oggetto dotato di filetto in un'apposita cavità di supporto: *avvitare una lampadina* || **rifl.** di aeroplano, compiere una manovra di avvitamento || **N.** *Contr.* svitare.
avvitàta [da *avvitare*; 1918 nel senso 2] **sf.** **1.** lo stringere con un giro di vite **2.** *T.aer.* evoluzione in vite di un aereo, avvitamento.
avvitàto (*pps.* di *avvitare*) [1955] **agg.** *T.sport.* detto di tuffo o salto eseguito con avvitamento attorno al proprio asse longitudinale.
avvitatóre [da *avvitare*; 1970] **sm.** apparecchio elettrico o ad aria compressa che serve per avvitare rapidamente viti o dadi.
avvitatrìce [da *avvitare*; 1970] **sf.** avvitatore.
avvitatùra [da *avvitare*; 1955] **sf.** l'operazione dell'avvitare: *procedere all'avvitatura dei bulloni* || l'unione o il collegamento di due elementi per mezzo di una o più viti: *verificare l'avvitatura delle assicelle.*
avviticchiaménto [da *avviticchiare*; a. 1696] **sm.** *lett.* l'avviticchiare e l'avviticchiarsi.
avviticchiàre (pres. *-ìcchio*) [comp. parasint. di *viticchio*; 1313] **tr.** cingere intorno, avvolgere strettamente come fanno i viticchi || **rifl.** e **intr. pron.** attaccarsi o avvolgersi, avvinghiarsi || **N.** *Sin.* abbracciare, avvincere, avvinghiare, STRINGERE.
avvitìre (pres. *-ìsco, -ìsci*) [comp. parasint. di *vite*; a. 1803] **tr.** *raro* coltivare a viti un terreno || **N.** *Sin.* avvignare.
avvivaménto [da *avvivàre*; a. 1729] **sm.** l'avvivare e l'avvivarsi.
avvivàre (pres. *-ìvo*) [comp. parasint. di *vivo*; 1319] **tr.** **1.** vivificare, dar vita: *l'acqua avviva le piante* || *fig.* infonder vigore, vivacità: *avvivare le energie* || *avvivare il fuoco,* riattizzarlo **2.** animare, render vivace: *il suo intervento avvivò la riunione* **3.** *T.art.* rendere tersa e lucente una superficie prima di eseguire il lavoro || **intr. pron.** prender vita, rianimarsi || **N. 1.** *Sin.* animare, ravvivare | VIVACE.
avvizziménto [da *avvizzire*; 1955] **sm.** atto ed effetto dell'avvizzire e dell'avvizzirsi.
avvizzìre (pres. *-ìsco, -ìsci*) [comp. parasint. di *vizzo*; 1738] **tr.** far diventare vizzo, appassito: *il solleone avvizzisce le piante* || **intr.** (aus. *essere*) e **intr. pron.** diventare vizzo, appassito: *i fiori sono avvizziti*; anche *fig.*: *la sua bellezza si è ormai avvizzita* || **N.** *Sin.* seccare, APPASSIRE.
avvizzìto (*pps.* di *avvizzire*) [a. 1735] **agg.** appassito, sfiorito: *un volto avvizzito, una bellezza, una pianta avvizzita* || **N.** *Contr.* fiorito, fresco.
avvocàta [da *avvocato*; a. 1306] **sf.** patrona, protettrice; si dice spec. della Madonna || *scherz.* donna ciarliera.
avvocaterìa [da *avvocato*; 1865] **sf.** **1.** *raro* cavillo, artificio da avvocato **2.** *spreg.* gruppo di avvocati.
avvocatésco (pl. *-schi*) [da *avvocato*; 1854] **agg.** di avvocato (perlopiù *spreg.*) || **N.** *Sin.* cavilloso, curiale, curialesco, forense.
avvocatéssa [da *avvocato*; a. 1767] **sf.** *non com.* donna avvocato || *scherz.* moglie di avvocato || *scherz.* donna ciarliera.
avvocatìcchio (pl. *-chi*) [da *avvocato*; 1983] **sm.** **1.** *region. merid.* avvocato di scarso valore **2.** *spreg.* legale cavilloso.
avvocàto [dal lat. *advocātus,* chiamato in giudizio; a. 1292] **sm.** (f. *-éssa*) **1.** dottore in diritto, abilitato ad assistere una parte nelle cause civili e penali || *avvocato generale,* magistrato della corte d'appello della cassazione || *avvocato della chiesa,* chi assiste le parti in un tribunale ecclesiastico || *avvocato del diavolo,* nei processi di canonizzazione, ecclesiastico incaricato di sollevare ogni possibile obiezione al fine di risolverle tutte in modo non controverso; *fig.* chi in una discussione sostiene tesi opposte a quelle enunciate e pressoché accettate allo scopo di verificarne la coerenza || *avvocato d'ufficio,* difensore nominato dalla corte per difendere chi non ha o ricusa il proprio legale di fiducia || *parlare come un avvocato,* avere la parlantina sciolta **2.** *per estens.* difensore, patrocinatore || *fam.* *avvocato delle cause perse,* chi di solito sostiene posizioni insostenibili || *dim.* avvocatìno, avvocatùccio, avvocatùzzo; *spreg.* avvocatùcolo; *accr.* avvocatóne || **N. 1.** *Sin.* azzeccagarbugli, cavalocchio, consulente, leguleio, patrono, procuratore | civilista, di difesa, di fiducia, di parte civile, d'ufficio, erariale, fiscale, penalista | difendere, dissertare, perorare, sostenere una causa, trattare | arringa, cliente, collegio, difesa, onorario, ordine, parcella, patrocinio, tocco, toga | collusione. **Q.T.** *diritto.*
avvocatùra [da *avvocato*; 1771] **sf.** **1.** professione dell'avvocato: *esercitare l'avvocatura* **2.** insieme degli avvocati di un luogo o con una determinata funzione: *l'avvocatura di Torino*; *avvocatura erariale o dello stato,* insieme di avvocati che difendono gli interessi dello stato in giudizio.
avvogadóre V. AVOGADORE.
avvolgènte (*ppr.* di *avvolgere*) [1546] **agg.** *fig.* che circonda: *una manovra avvolgente* || che circonda come abbracciando: *una poltrona avvolgente.*
avvòlgere (pres. *-òlgo* ecc., come VOLGERE) [lat. *advolvere*; 1314] **tr.** **1.** arrotolare, volgere una cosa attorno a un'altra o su se stessa: *avvolgere il filo sul rocchetto, avvolgere le posate in un panno* **2.** ricoprire, rivestire: *conserva la carta stagnola che avvolge i cioccolatini, la nebbia avvolge la città*; anche *fig.*: *un'anima avvolta dalle tenebre* || *fig. non com.* coinvolgere, circuire: *avvolgere uno in un'impresa* || **rifl.** avviluppàrsi: *avvolgersi in un caldo mantello* || **intr. pron.** arrotolarsi: *questa tapparella è rotta, non si avvolge più*; aggrovigliarsi: *il gomitolo si è avvolto inestricabilmente* || **N. 1.** *Sin.* affagottare, aggomitolare, ammatassare, arrotolare, avviluppare, avvolticchiare, avvoltolare, coinvolgere, fasciare, imballare, implicare, incartare, involgere, ravviluppare, ravvolgere | *Contr.* svolgere.
avvolgìbile [da *avvolgere*; 1939 ca.] **I agg.** che si può avvolgere **II sm.** serranda formata da listelli di legno o di plastica uniti trasversalmente, che si avvolgono su un rullo solitamente incassato nel muro || **N. II** *Sin.* persiana, tapparella.
avvolgiménto [da *avvolgere*; 1353] **sm.** **1.** atto ed effetto dell'avvolgere e dell'avvolgersi **2.** *fig.* inganno, raggiro **3.** *T.elettrot.* complesso di conduttori isolati, gen. composti da bobine formate da un conduttore avvolto attorno a un nucleo ferro-magnetico **4.** *T.mil.* manovra di aggiramento di un'ala dello schieramento nemico per coglierlo alle spalle || **N. 1.** *Sin.* arrotolamento, avviluppamento | *Contr.* scioglimento. **TAV.** *elettrotecnica* 3.1, 3.2, 10.2.
avvolgitóre [da *avvolgere*; a. 1543] **agg.** e **sm.** **1.** (f. *-trice*) che o chi avvolge || *fig. non com.* raggiratore, intrigante **2.** (f. *-trice*) chi è addetto all'avvolgitrice **3.** *T.cin.* dispositivo per l'avvolgimento delle pellicole cinematografiche attorno alla bobina.
avvolgitrìce [da *avvolgere*; 1955] **sf.** macchina per avvolgere; *in part.* *T.mecc.* macchina per la preparazione di avvolgimenti elettrici ||

N. *Sin.* bobinatrice.

avvoltàre (pres. *-òlto*) [intensivo di *avvolgere*; sec. XIV] ***tr.*** *disus.* avvolgere: *avvoltami questa roba* || **N.** AVVOLGERE.

avvolticchiàre (pres. *-icchio*) [da *avvoltare*; a. 1597] ***tr.*** *raro* avvolgere attorno più volte || rif. a filo e sim., ingarbugliare: *badate di non avvolticchiare il filo* || ***intr. pron.*** attorcigliarsi || **N.** AVVOLGERE.

avvoltóio (disus. *avoltóio*) (pl. *-ói*) [lat. *vulturius*; fine sec. XIII *avoltoio*] ***sm.*** **1.** grosso uccello rapace dei Falconiformi con testa piccola, collo gen. sprovvisto di piume, becco adunco e apertura alare spesso superiore ai due metri; si nutre prevalentemente di carogne || *avvoltoio americano*, urubù **2.** *fig.* uomo avido, strozzino; chi profitta delle disgrazie altrui.

avvoltolàre (pres. *-òltolo*) [da *avvoltare*; a. 1861] ***tr.*** avvolgere alla peggio, in maniera disordinata: *avvoltolò le sue cose e partì in fretta* || ***rifl.*** **1.** avvilupparsi: *si avvoltolò nel mantello* **2.** rotolarsi: *i maiali si avvoltolano nel fango.*

axeroftòlo [comp. di *a-*[1], *xeroft(almica)* e *-olo*; 1949] ***sm.*** *T.chim.* e *T.biol.* vitamina A.

axiologìa e der. V. ASSIOLOGIA e der.

axolòtl o **assolòtto** [voce azteca, letter. servo dell'acqua; 1918] ***sm. inv.*** *T.zool.* grossa salamandra dell'America Centrale, in grado di riprodursi anche allo stato di larva branchiata.

axonèma V. ASSONEMA.

ayatollah (arabo-persiano, pr. [ʔɑ:ˌjætoɫ-ˈɫɑ:(h)]; pr. it. [ajatolˈla]) [dall'ar. *'ayyatallah*, letter. segno, miracolo di Dio; 1978] ***sm.*** *inv.* nell'Islam sciita, capo religioso cui si riconoscono particolari doti di saggezza, di sapienza teologica e di dirittura morale, ritenuto tramite tra l'uomo e il profeta.

àye àye [da una voce malgascia di orig. onom.; 1930] ***sm. inv.*** proscimmia, dotata di una lunga coda terminante a pennacchio e di alluce privo di artiglio, che vive nel Madagascar.

azalèa [dal gr. *azaléa*, arida; 1819] ***sf.*** *T.bot.* genere di piante delle Ericacee, con fusto molto ramificato, foglie piccole e fiori grandi di vari colori.

aziènda [dallo sp. *hacienda*; 1602] ***sf.*** **1.** complesso di beni e di persone organizzato ai fini di una produzione commerciale, agricola, industriale || *azienda familiare*, quella i cui beni provengono in massima parte da una sola famiglia **2.** *azienda autonoma*, ufficio creato dallo stato o da un altro ente pubblico e dotato di particolare indipendenza finanziaria e amministrativa || **N. 1.** *Sin.* ditta, impresa **2.** *Sin.* ente. **Q.T.** *commercio...*

aziendàle [da *azienda*; 1931] ***agg.*** di o da azienda: *il lavoro aziendale* || *contratto collettivo aziendale*, quello stipulato tra il datore di lavoro e i rappresentanti dei lavoratori || *economia aziendale*, branca dell'economia che studia la conduzione razionale delle aziende.

aziendalìsmo [da *azienda*; 1959] ***sm.*** atteggiamento di soddisfazione per i risultati del proprio lavoro e per il successo dell'azienda in cui si esercita la propria attività.

aziendalìsta [da *aziendale*; 1985] ***s.*** esperto in economia aziendale.

aziendalìstico (pl. *-ci*) [da *aziendale*; 1959] ***agg.*** relativo a un'azienda || che tiene conto esclusivamente degli interessi di un'azienda o dei suoi lavoratori: *rivendicazioni condotte in un'ottica aziendalistica.*

àzigos [dal gr. *ázygos*, impari; 1983] **I** ***sm.*** *inv. T.anat.* vena che si origina nella cavità addominale, scorre nel torace lateralmente alla colonna vertebrale, raccogliendo il sangue nelle vene intercostali e sbocca nella cava superiore **II** ***agg.*** *inv.* relativo a tale vena: *flusso azigos*; *lobo azigos*, porzione superiore del polmone destro separata dalla parte restante dalla vena azigos.

aziliàno [dal n. geogr. Mas d'*Azil*, nei Pirenei; 1930] ***agg.*** *T.paleont.* detto di cultura preistorica che ha lasciato testimonianze artistiche sotto forma di ciottoli incisi e dipinti a lineette o punti.

àzima V. AZZIMA.

àzimo V. AZZIMO.

àzimut [dall'ar. *as-sumūt*, attr. lo sp. *acimut*; 1578] ***sm.*** *T.astr.* angolo compreso tra il circolo verticale che passa per il centro di un astro e il meridiano astronomico del luogo di osservazione.

azimutàle [da *azimut*; a. 1739] ***agg.*** *T.astr.* di azimut || *goniometro azimutale*, munito di un cerchio graduato orizzontale per la misurazione dell'azimut. **TAV.** *geografia* 2.8.

azionàbile [da *azionare*; 1983] ***agg.*** **1.** che si può azionare, mettere in moto **2.** *T.giur.* detto di un diritto che si può far valere in giudizio.

azionaménto [da *azionare*; 1967] ***sm.*** l'azionare, la messa in funzione.

azionàre (pres. *-óno*) [dal fr. *actionner*; 1905] ***tr.*** mettere in azione, muovere, avviare, far funzionare: *azionare una leva.*

azionariàto [da *azionario*; 1944] ***sm.*** **1.** *T.fin.* possesso di una quota di azioni di una società **2.** l'insieme degli azionisti di una società.

azionàrio (pl. *-ri*) [dal fr. *actionnaire*; 1918] ***agg.*** *T.fin.* di azione, nel senso di titolo di proprietà industriale o commerciale: *capitale, pacchetto azionario.*

azionatóre [da *azionare*; 1983] ***sm.*** (f. *-trice*) e ***agg.*** chi o che aziona.

azióne[1] [dal lat. *actio, -ōnis*; a. 1306] ***sf.*** **1.** l'agire, l'atto del modificare concretamente uno stato: *passare all'azione, l'azione del correre* || *uomo d'azione*, persona risoluta che opera con prontezza || *filosofia dell'azione*, ogni teoria che consideri l'azione come il momento di accesso alla verità; *per estens.* pragmatismo || *entrare in azione*, cominciare a operare || *T.gram. verbi d'azione*, quelli che esprimono il concetto dell'agire || compare in nomi di partiti e movimenti politici: *partito d'azione, azione cattolica* **2.** di agenti chimici, fisici ecc. o forze spirituali, capacità di produrre un effetto: *l'azione erosiva delle acque, l'azione vivificatrice della volontà* **3.** atto, comportamento individuale suscettibile di valutazione morale: *ha fatto la sua buona azione quotidiana, la sua è stata un'azione indegna* **4.** funzionamento, movimento: *l'azione della ruspa era resa difficoltosa dal fondo roccioso* || *mettere in azione*, far funzionare **5.** soggetto di un'opera artistica, trama: *l'azione del film si svolge in un arco di dieci anni* || *unità d'azione*, una delle tre regole pseudo-aristoteliche cui doveva attenersi la tragedia classica || *per estens.* ritmo incalzante della trama: *film, romanzo d'azione* **6.** *T.sport.* fase di una gara: *azione d'attacco* || nelle gare di corsa e nello sci, cadenza: *procedere con un'azione potente e sicura* || *azione di rimessa*, nel calcio, contropiede **7.** *T.mil.* combattimento, scontro: *è morto in azione, azione navale* || insieme di movimenti tattici volti al conseguimento di uno scopo: *azione tattica di aggiramento* **8.** *T.giur.* richiesta, rivolta alla competente autorità, del riconoscimento di un proprio diritto violato: *intentare un'azione legale di risarcimento* **9.** *T.fis.* forza che un sistema fisico esercita su un altro || grandezza fisica risultante dal prodotto di energia per tempo **10.** comportamento o atto compiuto a fini rivendicativi: *azione sindacale, azione dimostrativa, di protesta* **11.** *ant.* negozio || **N. 1.** *Sin.* attività, lavoro, operato **3.** *Sin.* gesto, impresa; manifestazione **4.** *Sin.* funzione, moto **5.** *Sin.* intreccio, svolgimento **7.** *Sin.* fatto d'armi, manovra, operazione **8.** *Sin.* causa, processo. **Q.T.** *calcio.*

azióne[2] [dal fr. *action*; 1750] ***sf.*** *T.econ.* quota del capitale azionario di un'azienda || *concr.* documento che certifica la proprietà di una o più quote || *azione privilegiata*, che consente al possessore il diritto di prelazione nella distribuzione degli utili.

azionìsta[1] [dal fr. *actioniste*; 1829] ***s.*** chi possiede azioni di una data società commerciale, industriale, finanziaria ecc.

azionìsta[2] [da *azione*[1]; 1945 come s.] **I** ***s.*** membro del Partito d'Azione, fondato nel 1942 e sciolto nel 1947 **II** ***agg.*** del Partito d'Azione, che segue la linea del Partito d'Azione || **N. II** *Sin.* azionistico.

azionìstico[1] (pl. *-ci*) [da *azionista*[1]; 1983] ***agg.*** azionario.

azionìstico[2] (pl. *-ci*) [da *azionista*[2]; 1973] ***agg.*** del Partito d'Azione || **N.** *Sin.* azionista.

àzo- [da *azo(to)*] ***primo elem.*** che, in parole composte della terminologia chimica organica, viene utilizzato per formare le denominazioni di composti contenenti il gruppo –N=N–, cioè il radicale azoico: **azobenzène, azocolorànte, azocompósto, azoderivàto.**

Azòico [comp. di *a-*[1] e *-zoico*; 1829] ***agg.*** e ***sm.*** *disus. T.geol.* detto della più antica delle ere geologiche (detta oggi *Precambriano*) in cui non erano ancora comparse forme di vita.

azòico [comp. di *azo-* e *-ico*; 1955] ***sm.*** *T.chim.* composto organico contenente due atomi di azoto fra loro collegati.

azòlla [dal lat. scient. *azolla*, prob. basato sul gr. *áz(ein)*, seccare e *óll(ynai)*, perdere; 1930] ***sf.*** *T.bot.* felce d'acqua dolce delle Salviniacee, galleggiante, dal fusto ramificato e dalle piccole foglie alterne.

azòlo [comp. di *azo-* e *-olo*[2]; 1932] ***sm.*** *T.chim.* composto eterociclico costituito da cinque atomi, il cui anello è caratterizzato da due doppi legami e dalla presenza di azoto.

azònio [comp. di *azo(to)* e *-onio*; 1955] ***sm.*** *T.chim.* composto chimico che contiene il radicale azo- assieme a un atomo di alogeno e a un radicale idrocarburico aromatico o alifatico.

azoospermìa [comp. di *a-*[1] e un der. di *zoospermio*; 1936] ***sf.*** *T.biol.* assenza di spermatozoi nel liquido spermatico.

azotàre (pres. *-òto*) [da *azoto*; 1986] ***tr.*** **1.** *T.agr.* concimare un terreno con fertilizzanti azotati **2.** *T.chim.* combinare una o più sostanze con l'azoto.

azotàto [da *azoto*; 1875] **I** ***agg.*** che contiene azoto: *composto azotato* **II** ***sm.*** *disus.* nitrato.

azotatùra [da *azoto*; 1955] ***sf.*** *T.agr.* concimazione con fertilizzanti azotati.

azotemìa [comp. di *azot(o)* e *-emia*; 1937] ***sf.*** *T.med.* ritenzione patologica nel sangue dei composti azotati non proteici, spec. urea, dovuta a un difettoso funzionamento dei reni.

azòtico (pl. *-ci*) [da *azoto*; 1726] ***agg.*** solo nella *loc. m. disus. acido azotico*, acido nitrico.

azòto [dal fr. *azote*; 1795] ***sm.*** *T.chim.* elemento chimico non metallico, gassoso, inodore, incolore, insapore; componente principale dell'aria, è presente anche in numerosi composti organici e costituisce uno dei fattori indispensabili agli organismi viventi; può essere ottenuto in laboratorio per liquefazione dell'aria; viene usato per produrre ammoniaca e fertilizzanti.

Azotobatteriàcee [comp. di *azotobatterio* e *-acee*; 1955] ***sf. pl.*** *T.biol.* famiglia di batteri Schizomiceti in grado di organicare l'azoto atmosferico.

azotobattèrio (pl. *-ri*) [comp. di *azoto* e *batterio*; 1955] ***sm.*** *T.biol.* azotofissatore.

azotofissatóre [comp. di *azoto* e *fissatore*; 1955] ***sm.*** *T.biol.* ogni batterio fissatore di azoto.

azotoiprite [comp. di *azoto* e *iprite*; 1955] ***sf.***

liquido incolore oleoso, usato in medicina, in biologia e in chimica come aggressivo, per il suo forte potere vescicante.

aẓotùria [comp. di *azoto* e *-uria*; 1955] ***sf.*** *T.med.* quantità di azoto non proteico presente nelle urine.

aẓotùro [comp. di *azoto* e *-uro*; 1955] ***sm.*** *T.chim.* composto ottenuto per combinazione di azoto con un elemento metallico.

aztèco (pr. [as'tɛko]) (pl. *-chi*) [dallo sp. *azteco*; 1938] **I** ***sm.*** **1.** (f. *-a*) membro di un'antica popolazione precolombiana stanziata nell'attuale Messico **2.** (solo *sing.*) lingua parlata da tale popolo **II** ***agg.*** relativo agli Aztechi: *civiltà azteca.*

azulejo (sp., pr. [aθu'lɛxo]) [dall'ar. *az-zulaig*; 1930] ***sm.*** (*com. pl.*, *azulejos*, pr. [aθu'lɛxɔs]) piastrella di terracotta, rivestita in maiolica o verniciata, impiegata nella pavimentazione e nel rivestimento di pareti.

aẓulène [comp. dello sp. *azul*, azzurro e *-ene*; 1955] ***sm.*** *T.chim.* idrocarburo liquido oleoso, di colore azzurro, ricavato da molti olî essenziali, impiegato in cosmesi: *dentifricio all'azulene.*

àzza [dal fr. *hache*; sec. XIV *accia*] ***sf.*** arma simile alla scure, tagliente da una parte e a forma di martello dall'altra, montata su un'asta o su un manico di legno.

azzannàre [comp. parasint. di *zanna*; 1312] ***tr.*** pigliare o stringere con le zanne o con i denti: *i lupi azzannarono la preda* || di persona, mordere con forza: *nella lotta gli ha azzannato un braccio* || *per estens.* anche *scherz.* addentare con avidità: *azzannò la braciola* || *fig.* criticare.

azzannàta [da *azzannare*; 1887] ***sf.*** morso inferto con le zanne.

azzannatùra [da *azzannare*; 1887] ***sf.*** punto in cui avviene l'azzannata.

aẓẓardàre [dal fr. *hasarder*; 1553] ***tr.*** arrischiare, mettere a repentaglio: *azzardò tutti i suoi soldi in quell'impresa* || prendere l'ardire di fare qualcosa, esporre con esitazione un'idea: *azzardare una mossa, una domanda, un'ipotesi* || *ass.* esporsi al rischio, rischiare: *è nella sua natura azzardare* || ***intr. pron.*** arrischiarsi: *non si azzarda più a uscire di casa* || **N.** *Sin.* avventurare, osare, rischiare; cimentarsi.

aẓẓardàto (*pps.* di *azzardare*) [1770] ***agg.*** arrischiato, audace, imprudente, temerario: *un gesto azzardato* || privo di fondamento: *la sua è un'ipotesi azzardata.*

aẓẓàrdo [dal fr. *hasard*; 1669] ***sm.*** **1.** rischio, pericolo, cimento che si affronta senza poter fare alcun ragionevole pronostico circa l'esito || *giochi d'azzardo*, in cui la vincita non dipende dall'abilità ma dalla fortuna e sono perciò vietati dalla legge nei locali pubblici o nei locali aperti al pubblico **2.** imprudenza: *percorrere un canalone sovrastato da rocce instabili è un azzardo* **3.** *non com.* caso. **Q.T.** *giochi.*

aẓẓardóso [dal fr. *hasardeux*; 1662] ***agg.*** rischioso: *un comportamento azzardoso* || *per estens.* dubbio, incerto: *un investimento azzardoso* || di persona, che facilmente si espone al pericolo: *uno sciatore azzardoso* || **N.** incauto, temerario; avventato, sconsiderato; ardito, audace.

aẓẓaròlo V. AZZERUOLO.

azzeccagarbùgli [comp. di *azzeccare* e *garbuglio*, in orig. n. di un personaggio dei *Promessi Sposi*; 1865] ***sm.*** *inv.* avvocato imbroglione e di poco valore, intrigante.

azzeccàre (pres. *-écco, -écchi*) [dal medio alto ted. *zecken*, menare un colpo; a. 1704] ***tr.*** **1.** colpire nel segno: *ha azzeccato il bersaglio da trenta metri* || *fig.* indovinare, imbroccare: *ha azzeccato tutte le risposte*; anche *ass.*: *ci azzecca sempre* || *fam. non ne azzecca una*, sbaglia continuamente **2.** affibbiare, appioppare: *gli hanno azzeccato un falso Modigliani.*

azzeccàto (*pps.* di *azzeccare*) [1829] ***agg.*** ben riuscito, indovinato: *un azzeccato accostamento cromatico.*

aẓẓeraménto [da *azzerare*; 1939] ***sm.*** atto ed effetto dell'azzerare || *fig.* annullamento: *azzeramento dei profitti.*

aẓẓeràre (pres. *-èro*) [comp. parasint. di *zero*; 1942] ***tr.*** rif. a strumenti di misurazione, portare a zero: *azzerare il contachilometri* || rif. a elaboratori elettronici, cancellare in parte o totalmente una memoria || *per estens.* annullare, riportare al punto di partenza: *le dichiarazioni del ministro hanno azzerato le possibilità di dialogo.*

aẓẓeruòlo o **aẓẓaròlo** V. LAZZERUOLO.

àẓẓima o **àẓima** [dal gr. *ázyma*; a. 1396] ***sf.*** pane non lievitato || **N.** *Sin.* azzimo.

aẓẓimàre (pres. *àzzimo*) [forse dal provenz. *azesmar*; 1308] ***tr.*** adornare, vestire con ricercatezza || rif. a capelli, acconciare con ricercatezza || ***rifl.*** più *com.* agghindarsi, vestirsi con ricercatezza: *si azzima tutto ogni volta che esce.*

aẓẓimàto (*pps.* di *azzimare*) [fine sec. XIII] ***agg.*** elegante, ricercato: *vai a un matrimonio? Sei tutto azzimato!*

àẓẓimo o **àẓimo** [dal lat. tardo *azymus*, gr. *ázymos*, senza lievito; a. 1306 *azemo*] ***agg.*** e ***sm.*** non fermentato, non lievitato, detto part. di pane || *pane azimo*, pane non lievitato che gli ebrei mangiano durante la settimana pasquale e i cattolici durante la messa || *pl. gli azzimi*, la Pasqua ebraica.

azzittàre [comp. parasint. di *zitto*; 1735] ***tr.***, ***intr.*** e ***intr. pron.*** *non com.* azzittire.

azzittìre (pres. *-ìsco, -ìsci*) [comp. parasint. di *zitto*; a. 1850] ***tr.*** fare star zitto || ***intr.*** (aus. *essere*) e ***intr. pron.*** mettersi a tacere: *quando il giudice apparve, tutti si azzittirono* || **N.** TACERE.

-àzzo [variante non toscana di *-accio*] ***suff.*** (f. *-a*) di valore identico a quello di *-accio*: *codazzo, amorazzo.*

aẓẓonaménto [comp. parasint. di *zona*, sul modello dell'ingl. *zoning*; 1963] ***sm.*** in urbanistica, suddivisione in zone di un territorio, per pianificarne e controllarne le trasformazioni urbanistiche || **N.** *Sin.* zonizzazione.

azzoppaménto [da *azzoppare*; 1961] ***sm.*** atto ed effetto dell'azzoppare || ferimento alle gambe con arma da fuoco, per intimidazione o vendetta.

azzoppàre (pres. *-òppo*) [comp. parasint. di *zoppo*; 1525] ***tr.*** far diventare zoppo || ***intr.*** (aus. *essere*) e ***intr. pron.*** diventare zoppo: *il cavallo si è azzoppato.*

azzoppiménto [da *azzoppire*; 1863] ***sm.*** *non com.* atto ed effetto dell'azzoppire.

azzoppìre (pres. *-ìsco, -ìsci*) [comp. parasint. di *zoppo*; 1553] ***intr.*** (aus. *essere*) e ***intr. pron.*** diventare zoppo || ***tr.*** *non com.* rendere zoppo.

azzuffaménto [da *azzuffare*; sec. XIV] ***sm.*** *raro* atto dell'azzuffarsi.

azzuffàre [comp. parasint. di *zuffa*; 1312] ***tr.*** *raro* provocare una zuffa || ***rifl. rec.*** venire alle mani, accapigliarsi || *fig.* polemizzare senza costrutto: *i due partiti si azzuffano da anni* || **N.** ***rifl. rec.*** *Sin.* abbaruffarsi, litigare.

aẓẓurràbile [da *azzurro*, n. dei componenti delle squadre sportive nazionali (dal colore della maglia); 1942] ***agg.*** e ***s.*** *T.sport.* detto di atleta che ha la possibilità di fare parte della nazionale italiana.

aẓẓurràggio (pl. *-gi*) [da *azzurrare*; 1955] ***sm.*** *T.chim.* operazione chimica consistente nell'aggiunta di un prodotto azzurro a sostanze giallicce, per renderle bianche || effetto di tale operazione.

aẓẓurraménto [da *azzurrare*; 1955] ***sm.*** *T.fis.* procedimento con cui si deposita sulla lente di un sistema ottico uno strato sottile di sostanza trasparente, per eliminare le riflessioni parassite della luce e aumentare la trasparenza della lente; i riflessi che permangono hanno colore azzurro.

aẓẓurràre [da *azzurro*; 1863] ***tr.*** colorare di azzurro || ***intr. pron.*** tingersi di azzurro.

aẓẓurràto (*pps.* di *azzurrare*) [1356] ***agg.*** di colore azzurro || *lenti azzurrate*, sfumate di azzurro.

aẓẓurreggiàre (pres. *-éggio*) [da *azzurro*; a. 1519] ***intr.*** (aus. *avere*) *non com.* tendere al colore azzurro.

aẓẓurrìccio (pl. m. *-ci*; pl. f. *-ce*) [da *azzurro*; 1551] ***agg.*** *raro* che tende, si avvicina all'azzurro.

aẓẓurrìgno [da *azzurro*; sec. XIV] ***agg.*** di color azzurro chiaro, quasi grigio.

aẓẓurrìno [da *azzurro*; 1353] **I** ***agg.*** di color azzurro delicato, pallido: *nuvola azzurrina* **II** ***sm.*** **1.** color azzurrino **2.** (f. *-a*) *T.sport.* atleta che fa parte di una rappresentativa nazionale italiana giovanile.

aẓẓurrità [da *azzurro*; 1882] ***sf.*** *lett.* qualità di ciò che è azzurro: *immense azzurrità adriatiche* (D'Annunzio).

aẓẓurrìte [comp. di *azzurro* e *-ite*; 1875] ***sf.*** *T.min.* carbonato idrato di rame in forma di cristalli o concrezioni di colore azzurro intenso; in pittura viene usato come pigmento.

aẓẓùrro [dal persiano *lāžward*; 1313] **I** ***agg.*** del colore simile a quello del cielo terso, variabile tra il celeste e il turchino: *mare, cielo azzurro* || *principe azzurro*, quello che nelle fiabe sposa la protagonista; *per estens.* lo sposo ideale || *pesce azzurro*, acciughe, sarde, sardine, sgombri || *arma azzurra*, l'aviazione || *T.sport. atleta azzurro*, membro di una squadra nazionale italiana, così detto dal colore della maglia; *per estens.* italiano: *il calcio azzurro, le affermazioni azzurre nello sport* **II** ***sm.*** **1.** colore azzurro: *l'azzurro del mare* || *azzurro oltremarino*, blu oltremare **2.** *T.chim.* sostanza di colore azzurro o in grado di produrre una colorazione azzurra: *azzurro di rame* **3.** (f. *-a*) atleta membro di una squadra nazionale italiana o che rappresenta l'Italia in una competizione internazionale: *deludente prestazione degli azzurri alle Olimpiadi* **4.** *T.sport.* calciatore del Napoli || *dim.* azzurrétto, azzurrìccio, azzurricìno, azzurrìgno, azzurrìno || **N.** blu, celeste, ceruleo, indaco, turchino, zaffiro.

aẓẓurrògnolo o **aẓẓurrógnolo** [da *azzurro*; sec. XIV] ***agg.*** di colore azzurro sbiadito: *luce azzurrognola.*

B

b lettera dell'alfabeto italiano. Nome per esteso *bi*, di genere femminile o, più di rado, maschile: *una bi minuscola*, ma anche *un bi minuscolo*; *bi come Bologna*, nella compitazione delle parole ‖ rappresenta in tutti i contesti il suono della consonante occlusiva bilabiale sonora [b]; in posizione intervocalica, o compresa tra vocale e [r], [l], [j], [w], può essere semplice (*rubare, abrasione, labiale*) o geminata (*gobba, lebbra, rabbia*) ‖ non può mai essere preceduta da *n*, ma soltanto dalla nasale bilabiale *m*: *imbucare, imbevuto* ‖ per le sigle e le abbreviazioni in cui compare, v. la lista relativa.

ba v. BAH.

bàba o **babà** [dal polacco *baba*, attr. il fr. *baba*; 1891] ***sm. inv.*** dolce fatto con farina bianca, lievito di birra, uova, zucchero, uva passa, e imbevuto di rum.

babàu [voce onom.; 1879] ***sm. inv.*** mostro immaginario per impaurire i bambini: *se non dormi arriva il babau* ‖ *per estens.* persona terribile, spauracchio: *Stalin era il babau dei clericali.*

babbaccióne [da un disus. *babbaccio*; a. 1453] ***agg.*** e ***sm.*** (f. *-a*) *tosc.* uomo semplice e bonario.

babbagìgi [dall'ar. *habb'azīz*, mandorla, bacca buona; a. 1783] ***sm. inv.*** nome comune di una pianta simile al giunco i cui tuberi mangerecci dolci e oleosi come le mandorle vengono impiegati per la preparazione di bibite.

babbalèo [da *babbeo*; a. 1716] ***agg.*** e ***sm.*** *tosc.* babbeo, balordo.

babbalòcco (pl. *-chi*) [da *babbaleo*, forse con influsso di *allocco*; 1879] ***agg.*** e ***sm.*** (f. *-a*) *non com.* sciocco.

babbàno [da *babbeo*; a. 1793] ***agg.*** e ***sm.*** (f. *-a*) *tosc.* babbeo.

babbèo [da una base onom. *bab*; a. 1742] ***agg.*** e ***sm.*** (f. *-a*) balordo, semplicione, sciocco.

babbióne [dalla voce disus. *babbio*; a. 1449] ***sm.*** (f. *-a*) *tosc.* uomo assai sciocco, semplicione, credulone.

bàbbo [lat. volg. **babbus*; 1310] ***sm.*** *fam. tosc.* padre: *il mio babbo* ‖ *a babbo morto*, di debito che si salda con i soldi dell'eredità paterna ‖ *Babbo Natale*, personaggio fantastico dall'aspetto di un vecchio con la barba bianca; ai bambini viene fatto credere che porti i doni la notte di Natale ‖ *cose che non hanno né babbo né mamma*, senza né capo né coda, prive di fondamento ‖ *dim.* babbìno, babbùccio ‖ **N.** papà.

babborivéggioli o **babborivéggoli** [comp. di *babbo* e un der. scherz. di *rivedere*; 1566] ***sm.*** *tosc.* nella sola loc.: *andare a babborivéggioli*, morire, andare all'altro mondo.

babbuàsso [da *babbuino*, con cambio di suff.; a. 1449] ***agg.*** e ***sm.*** (f. *-a*) sciocco, scimunito, che non capisce nulla.

babbùccia (pl. *-ce*) [dall'ar. *bābūš*; 1863] ***sf.*** **1.** calzatura con la punta all'insù di provenienza orientale **2.** pantofola, calzatura da riposo ‖ scarpetta di maglia per neonati.

babbuìno [dal fr. *babouin*; a. 1367] ***sm.*** **1.** grossa scimmia africana dei Cinocefali con muso allungato simile a quello del cane, pelliccia liscia di color giallo bruno **2.** (f. *-a*) *fig.* uomo stupido, sciocco.

babèle [dal lat. *Babele*, ebr. *Bābēl*, n. della capitale assira, resa celebre dal racconto biblico della torre incompiuta e della confusione delle lingue; 1597] ***sf.*** luogo di confusione e disordine: *questa stanza è una babele, una babele di lingue.*

babèlico (pl. *-ci*) [da *babele*; 1689] ***agg.*** *lett.* di Babele ‖ *fig.* disordinato, confuso: *organizzazione babelica.*

babilonése [da *Babilonia*; 1829] **I** ***agg.*** dell'antica Babilonia: *civiltà, cultura babilonese* **II** ***s.*** abitante della Babilonia.

babilònia [dal n. lat. della città di *Babylōnia*; sec. XIV] ***sf.*** confusione, disordine: *che babilonia in quella casa!*

babilònico (pl. *-ci*) [da *babilonia*; a. 1375] ***agg.*** di Babilonia ‖ *fig.* disordinato, confuso.

babirùssa [dal malese *bābirūsa*, letter. porco-cerco; 1802] ***sm. inv.*** *T.zool.* mammifero artiodattilo dei Suidi, diffuso in Indonesia; ha pelle dura, coperta di setole corte, testa piccola a grugno, arti alti e robusti; nel maschio i due canini superiori, privi di smalto, a crescita continua, perforano la pelle del muso e fuoriescono verso l'alto.

babórdo [dall'ol. *bakboord*, attr. il fr. *bâbord*; 1520] ***sm.*** fianco sinistro della nave per chi guarda verso la prua ‖ **N.** tribordo.

baby (ingl., pr. [ˈbeɪbɪ]; pr. it. [ˈbebi]) [dim. di *babe*, bambino; 1877] **I** ***s. inv.*** neonato, bimbo ‖ ***sf.*** *non com.* ragazza ‖ ***sm.*** *fig.* piccola dose di whisky **II** ***agg.*** *raro* infantile: *moda baby.*

baby-doll (ingl., pr. [ˈbeɪbɪ ˌdɒl]) [letter. piccola bambola, dal nome della protagonista del film omonimo; 1963] ***sm. inv.*** indumento femminile da notte costituito da camicia corta e mutandine.

baby-sitter (ingl., pr. [ˈbeɪbɪ ˌsɪtə]; pr. it. [bebi ˈsitter]) [letter. assistente di bambino; 1950] ***s. inv.*** persona che si incarica della assistenza ai bambini durante la temporanea assenza dei genitori.

baby-talk (ingl., pr. [ˈbeɪbɪ tɔːk]) [letter. discorso per bambini; 1987] ***sm. inv.*** **1.** linguaggio sintatticamente imperfetto o foneticamente modificato usato dai bambini che imparano a parlare o dagli adulti che si rivolgono loro **2.** *per estens.* forma di linguaggio o spiegazione volutamente semplificata e ingenua.

bacàio (pl. *-ài*) [da *baco*^{1}; 1868] ***sm.*** (f. *-a*) *raro* chi alleva bachi da seta.

bacalàre v. BACCALARE^1.

bacalàro v. BACCALARE^1.

bacaménto [da *bacare*; a. 1698] ***sm.*** il bacare, il bacarsi, l'essere bacato.

bacàre (pres. *bàco, bàchi*) [da *baco*^{1}; a. 1600] ***intr.*** (aus. *essere*) e ***intr. pron.*** guastarsi a causa dei bachi: *la frutta si è tutta bacata, quest'anno le mele bacano tutte* ‖ ***tr.*** corrompere, guastare: *il caldo baca gli ortaggi*; anche *fig.*: *le cattive letture bacano la mente.*

bacaròzzo v. BACHEROZZOLO.

bacàto (*pps.* di *bacare*) [a. 1585] ***agg.*** guasto dai bachi: *una pera bacata* ‖ *fig.* corrotto: *un cervello bacato* ‖ *fig.* di persona, guasta fisicamente o moralmente: *un uomo bacato dal vizio*; *quel ragazzo è una mela bacata*, è corrotto ‖ *dim.* bacatìccio, bacatìno, bacatùccio ‖ **N.** malato, infermiccio, disonesto.

bacatùra [da *bacare*; a. 1907] ***sf.*** atto, modo o effetto del bacare o del bacarsi.

bàcca^1 [dal lat. *Baccha*, gr. *Bákchē*, sacerdotessa di Bacco; sec. XIV] ***sf.*** *lett.* baccante: *satiri e bacche* (Poliziano) ‖ **N.** *Sin.* menade.

bàcca^2 [dal lat. *băcca*, var. di *băca*; a. 1333] ***sf.*** *T.bot.* frutto carnoso con uno strato esterno membranoso, privo dello strato interno legnoso: *l'acino d'uva e il pomodoro sono bacche* ‖ *per estens.* qualunque frutto piccolo e rotondo spec. di pianta selvatica: *le bacche di ginepro.* **TAV.** ***fiori...*** **p. 671** 8.2.

baccagliàre (pres. *-àglio*) [prob. dal lat. **bacchālia*, class. *bacchanalia*; 1940] ***intr.*** (aus. *avere*) gridare, fare un gran frastuono; altercare.

baccalà [dallo sp. *bacalao*; 1650 ca.] ***sm. inv.*** merluzzo seccato e salato ‖ *fig.* persona molto secca, allampanata ‖ *fig.* persona goffa, stupida: *muoviti, non fare il baccalà.*

baccalàre^1 o **bacalàre** o **bacalàro** [dal provenz. *bacalar*, giovane; a. 1336] ***sm.*** *arc.* baccelliere ‖ *iron.* sapientone: *mostrava di essere un gran baccalare* (Boccaccio).

baccalàre^2 [etim. inc.; 1607] ***sm.*** *ant.* **1.** *T.mar.* elemento sporgente dalle fiancate delle galere, utilizzato come sostegno del legno in cui si inseriscono gli scalmi **2.** mensola di sostegno per lucerne.

baccalaureàto [lat. tardo *baccalaureātus*; 1908] ***sm.*** **1.** *ant.* baccellierato **2.** nell'ordinamento scolastico francese, titolo corrispondente al diploma di scuola media superiore; nei paesi anglosassoni, diploma universitario intermedio || (f. *-a*) chi ha conseguito il baccalaureato.

baccanàle [dal lat. *Bacchanāle*, ablativo sing. tratto dal pl. *Bacchanālia*, feste in onore di Bacco; 1547] ***sm.*** **1.** *T.stor.* nell'antica Roma, festa orgiastica del culto dionisiaco || *per estens.* baldoria, festa licenziosa e sfrenata **2.** *T.mus.* composizione corale simile al canto carnascialesco toscano diffusa nei sec. XVI e XVII || **N. 1.** *Sin.* bagordo, gozzoviglia, orgia.

baccàno [lat. *Bacchānal*, baccanale; a. 1600] ***sm.*** rumore assordante fatto da molte persone che parlano ad alta voce: *non fate baccano!* || *fig. fare baccano intorno a qualcosa*, discuterne molto || **N.** *Sin.* bailamme, cancan, chiasso, fracasso, frastuono, rumore, strepito, subbuglio.

baccànte [dal lat. *bacchantes*, pl., dal part. di *bacchāri*, baccare; sec. XIV] **I *sf.*** *T.stor.* donna iniziata ai misteri dionisiaci e che prendeva parte ai sacrifici orgiastici celebrati in onore di Dioniso || *per estens.* donna sensuale e appassionata || donna scarmigliata **II *agg.*** *lett.* in preda a una furiosa agitazione || *per estens.* scomposto nei movimenti || **N. I** *Sin.* bassaride, menade.

baccarà¹ [dal fr. *baccara*; 1892 *baccarat*] ***sm.*** gioco d'azzardo tra una persona che tiene banco e un numero variabile e libero di giocatori, giocato con due o tre mazzi di carte || *baccarà all'italiana*, macao.

baccarà² adattamento di BACCARAT (v.).

baccarat [dal n. della città fr. *Baccarat*, famosa per le sue vetrerie; 1908] ***sm.*** e ***agg. inv.*** cristallo finissimo e pregiato: *un servizio di baccarat, un vaso baccarat.*

baccàre (pres. *bàcco, bàcchi*) [dal lat. *bacchāri*; 1575] ***intr.*** (aus. *avere*) *ant.* tripudiare come le baccanti.

baccellàio (pl. *-ài*) [da *baccello*; a. 1850] ***sm.*** **1.** *tosc.* campo di baccelli || *fig. padrone del baccellaio*, padrone assoluto **2.** (f. *-a*) *tosc.* venditore di baccelli.

baccellàto [da *baccello*; 1967] ***agg.*** *T.arch.* decorato a baccelli stilizzati.

baccellatùra [da *baccello*; 1939] ***sf.*** elemento decorativo caratteristico della architettura classica costituito da baccelli in rilievo.

baccellétto (*dim.* di *baccello*) [1565] ***sm.*** **1.** piccolo baccello **2.** *T.arch.* baccellatura: *baccelletto a fascia, a raggiera* **3.** persona sciocca, sprovveduta; baccello, baccellone.

baccellieràto [da *baccelliere*; a. 1907] ***sm.*** grado accademico che si conferiva nelle università medievali e si conferisce oggi nelle università anglosassoni dopo il secondo anno di studi.

baccellière [dal fr. ant. *bacheler*, giovane cavaliere; sec. XII *batzileri*] ***sm.*** **1.** nelle università medievali, chi aveva conseguito il baccellierato || *fig.* sapientone **2.** traduzione del titolo universitario anglo-americano *bachelor* **3.** *non com.* in Francia, chi ha conseguito il baccalaureato **4.** *T.stor.* giovane che compiva il noviziato per poter diventare cancelliere.

baccèllo [lat. tardo *baccillum*, class. *bacillum*; a. 1492] ***sm.*** **1.** frutto delle piante leguminose in forma allungata, a due valve, sui margini delle quali sono disposti i semi, come nei fagioli, nei piselli ecc. || *tosc.* il frutto della fava verde **2.** *fig. tosc.* uomo ignorante, sciocco, buono a nulla **3.** *T.arch.* motivo ornamentale a forma di baccello || *accr.* baccellóne.

baccellóne (*accr.* di *baccello*) [1534] **I *sm.*** (f. *-a*) persona sciocca, sprovveduta, scioccone **II *agg.*** *tosc. cacio baccellone*, formaggio pecorino che va mangiato con le fave; *piselli baccelloni*, piselli di grosse dimensioni, dal gusto simile a quello delle fave.

baccheggiàre (pres. *-éggio*) [da *Bacco*; a. 1861] ***intr.*** (aus. *avere*) *lett. raro* comportarsi da baccante, cioè in modo scomposto e chiassoso || *scherz.* far baldoria e sim.: *la Pisana baccheggiava come una vivandiera* (Nievo).

bacchèo (pl. *-èi*) o **bacchio** (pl. *-ii*) [dal lat. *bacchīus*, gr. *bakchêios*, di Bacco; 1819] ***sm.*** piede della metrica classica greca e latina costituito da una breve e due lunghe (⏑ – –) con l'ictus sulla prima delle lunghe || verso formato da bacchei.

bacchétta [dim. del lat. volg. **baccum*, da **bacculum*, var. di *baculum*, bastone; 1353] ***sf.*** **1.** bastoncino diritto e sottile di legno o d'altro materiale || *bacchetta magica*, delle fate e dei prestigiatori || *bacchetta divinatoria*, quella dei rabdomanti, a forma di Y, usata per la ricerca dell'acqua || *T.mus. bacchetta del direttore*, per dirigere l'orchestra; asticciola terminante a sfera per suonare alcuni strumenti a percussione; parte superiore dell'archetto || *T.pitt.* bastoncino per appoggiare la mano mentre si dipinge || *T.arm.* stecca metallica munita di cavastracci e battipalle per caricare le armi da fuoco ad avancarica; asticciola per la pulizia dell'anima della canna **2.** *fig.* usata in passato per infliggere pene corporali è diventata simbolo di autorità nelle espressioni: *rendere, restituire la bacchetta*, rimettere il comando; *comandare a bacchetta*, con autorità dispotica || **N.** caduco, mazza, scettro, tirso, verga.

bacchettàre (pres. *-étto*) [da *bacchetta*; a. 1742] ***tr.*** percuotere con una bacchetta: *si bacchettano i panni impolverati* || *fig. tosc.* vendere a poco prezzo, svendere.

bacchettàta [da *bacchetta*; 1483] ***sf.*** colpo di bacchetta; anche *fig. scherz.*: *ha voluto dire la sua e si è preso una bacchettata sulle dita*, è stato ripreso (con allusione alla punizione corporale in uso un tempo nelle scuole).

bacchétto [dim. del lat. volg. **baccum*, da **bacculum*, class. *baculum*, bastone; 1859] ***sm.*** bastoncino un po' più grosso della bacchetta: *bacchetto della frusta.*

bacchettóne [etim. inc.; 1617] ***sm.*** (f. *-a*) chi è dedito alle pratiche religiose con eccessiva e ostentata devozione, bigotto || *per estens.* puritano, spec. in materia sessuale || **N.** *Sin.* baciapile, beghina, collotorto, ipocrita, tartufo.

bacchettonerìa [da *bacchettone*; a. 1698] ***sf.*** comportamento, atto da bacchettone.

bacchiàre (pres. *bàcchio*) [da *bacchio*; sec. XV] ***tr.*** battere col bacchio gli alberi di noce, ulivo ecc. per farne cadere i frutti maturi: *bacchian gli uomini le rame* (Carducci) || *fam. tosc.* svendere a poco prezzo || **N.** *Sin.* abbacchiare, percuotere.

bacchiàta [da *bacchiare*; a. 1484] ***sf.*** colpo di bacchio || *fig.* batosta: *quand'io darò qualche bacchiata soda* (Pulci).

bacchiatóre [da *bacchiare*; seconda metà sec. XV] ***sm.*** (f. *-trice*) chi esegue la bacchiatura.

bacchiatùra [da *bacchiare*; 1952] ***sf.*** operazione del bacchiare || stagione in cui si bacchiano i frutti.

bàcchico (pl. *-ci*) [dal lat. *Bacchicus*, pertinente a Bacco; 1549] ***agg.*** che si riferisce a Bacco e ai suoi riti: *feste bacchiche, cori bacchici* || **N.** *Sin.* dionisiaco.

bàcchio (pl. *-chi*) [lat. *baculum*; a. 1484] ***sm.*** bastone grosso e lungo per raggiungere e percuotere i rami degli alberi e far cadere i frutti || **N.** *Sin.* bastone, pertica.

bacchìo v. BACCHEO.

baccìfero [dal lat. *baciferus*; a. 1577] ***agg.*** che produce bacche.

bacciórme [comp. di *bacca²* e *-forme*; 1829] ***agg.*** a forma di bacca.

bàcco [dal lat. *Bacchus*, dio del vino; 1321] ***sm.*** *fig. scherz.* vino: *devoto a Bacco, gli effetti di Bacco* || in alcune *escl.*: *per Bacco!* o *perbacco, corpo di Bacco!* e *scherz. per Bacco Bacchissimo!, per Bacco Baccone!* || *prov. Bacco, Tabacco e Venere riducon l'uomo in cenere.*

bachèca [etim. inc.; 1618] ***sf.*** **1.** mobile a forma di tavolo con il piano costituito da una vetrina in cui si mettono in mostra cose preziose: *la bacheca del gioielliere, del museo* **2.** riquadro appeso al muro in cui si espongono documenti, avvisi ecc.: *l'orario di visita è esposto in bacheca* || **N. 1.** *Sin.* vetrina.

bachelìte o **bakelìte** [dal n. proprio L.H. *Baekeland*, chimico belga che l'inventò; 1931 *bakelite*] ***sf.*** nome commerciale dato alle prime resine sintetiche, insolubili, isolanti, usate per la fabbricazione di interruttori, spine elettriche, manici atermici ecc.

bacheròzzo v. BACHEROZZOLO.

bacheròzzolo o **bacaròzzo** o **bagheròzzo** (region. *bacheròzzo*) [da *baco¹*, attr. *bachero* con prob. influsso di *bozzolo*; 1306] ***sm.*** **1.** nome comune di vari insetti dei Tenebrionidi che vivono nelle farine o in altre sostanze vegetali conservate || *per estens.* qualsiasi insetto scuro **2.** *roman.* scarafaggio || *roman. iron.* prete || **N. 1.** *Sin.* baco, insetto, verme **2.** *Sin.* blatta.

bachicoltóre o **bachicultóre** [comp. di *baco¹* e *-coltore*; 1876] ***sm.*** (f. *-trice*) allevatore di bachi da seta.

bachicoltùra o **bachicultùra** [comp. di *baco¹* e *coltura*; 1865] ***sf.*** allevamento razionale dei bachi da seta. **TAV.** *zootecnia.*

bachicultóre e der. v. BACHICOLTORE e der.

baciamàno (pl. *baciamàni*) [comp. di *bacia(re)* e *mano*; a. 1554] ***sm.*** atto del baciare la mano per riverenza o per galanteria: *fare il baciamano ad una signora.*

baciapìle [comp. di *bacia(re)* e *pila*, dalla usanza di baciare le pile dell'acquasanta; a. 1675] ***s. inv.*** bacchettone, bigotto.

baciàre (pres. *bàcio*) [lat. *basiāre*; sec. XIII *basciare, basare*] **I *tr.*** **1.** toccare qualcuno o qualche cosa con le labbra (spec. producendo il caratteristico lieve schiocco) in segno d'affetto o di riverenza, di amore, di devozione, di umiltà: *baciare la mano, baciare qualcuno sulle labbra, sulla fronte*; *bacio le mani*, formula di ossequio || *fig. baciare la polvere*, cadere in basso, umiliarsi || *essere baciato dalla sorte, dalla fortuna*, essere fortunato || *fig. baciare la terra dove qualcuno passa*, mostrare enorme gratitudine **2.** *fig.* lambire, sfiorare: *la luce bacia le finestre all'alba* || *rima baciata*, tra due versi consecutivi || ***rec.*** scambiarsi baci: *dopo la lunga separazione si baciarono appassionatamente* **II *sm.*** *ant.* il baciare, il bacio, spec. *pl.*: *amorosi baciari.*

baciasànti [comp. di *bacia(re)* e *santo*; a. 1920] ***s. inv.*** bacchettone, baciapile.

baciàtico (pl. *-ci*) [da *baciare*; 1955] ***sm.*** *T.stor.* nel Medioevo, donazione nuziale promessa o assegnata dal fidanzato alla futura sposa mediante un bacio.

baciàto (*pps.* di *baciare*) [1951] ***agg.*** **1.** che ha ricevuto un bacio || *per estens.* carezzato, lambito, sfiorato: *il volto tuo reclino, baciato dalla sera* (Govoni) **2.** *T.metr. rima baciata* (o *accoppiata*), rima fra due versi consecutivi.

bacìcci [etim. inc.; 1820] ***sm.*** nome dato a diverse piante, tra cui il finocchio marino, il cipresso dolce, il riscolo.

bacìccia [forma genov. di *Battista*; 1887 nel senso 2] ***sm. inv.*** **1.** appellativo che si dà ai Genovesi **2.** uomo grasso, spesso pigro.

bacìle [forse da *bacino*, con cambio di suff.; 1473] ***sm.*** **1.** largo recipiente destinato a contenere acqua o altri liquidi per uso domestico o liturgico: *il chierico presentò il bacile* (D'Annunzio) **2.** *T.arch.* nel capitello dorico, l'echino.

bacillàre [da *bacillo*; 1874 come sf.] ***agg.*** relativo a bacilli, causato da bacilli: *infezione bacillare.*

bacìllo [dal lat. *bacillum*, bastoncino; 1888]

sm. *T.biol.* microorganismo unicellulare a forma di bastoncino, agente di fermentazione o agente patogeno: *bacillo di Koch* || *com.* batterio, qualsiasi tipo di agente patogeno || *per estens. fig.* ciò che provoca un male: *il bacillo della corruzione.* **TAV. *botanica* p. 661** 1.3, 1.5, 1.6.

bacillòṣi [comp. di *bacillo* e *-osi*; 1955] **sf.** *T.med.* qualsiasi infezione originata da bacilli.

bacinèlla [da *bacino*; a. 1571] **sf.** piccolo recipiente con pareti incavate e svasate, di vario materiale per usi diversi: *si lavò le mani nella bacinella, bacinelle per lo sviluppo fotografico* || **N.** *Sin.* bacile, catino.

bacinèllo o **bacinétto** [dal fr. ant. *bacinet*; sec. XIV] **sm.** **1.** *T.arm.* cuffia di acciaio che i guerrieri medievali portavano sotto l'elmo: *hai gittato pur anche il bacinetto?* (D'Annunzio) **2.** *T.arm.* nelle armi da fuoco antiche, cavità in cui era collocata la polvere dell'innesco **3.** *T.anat. bacinetto renale*, cavità imbutiforme che raccoglie l'urina convogliandola dal rene all'uretra. **TAV. *anatomia* p. 642** 14.8.

bacìno [lat. volg. **baccīnum*; a. 1348] **sm.** **1.** recipiente tondo, basso e con bordi rovesciati, di materiale vario, per contenere acqua o altri liquidi **2.** *per estens. T.arch.* parte della fontana in cui si raccoglie l'acqua **3.** *T.anat.* parte del corpo tra l'addome e gli arti formata da uno scheletro osseo a forma di imbuto e dalle parti molli circostanti || *bacino osseo*, cavità ossea formata dalle anche, dall'osso sacro e dal coccige **4.** regione concava, naturale o artificiale, della superficie terrestre: *bacino idroelettrico*; *in part. T.geol.* depressione della superficie terrestre in cui si accumulano i sedimenti; *com.* zona ricca di giacimenti minerali: *bacino petrolifero* || *bacino idrografico, imbrifero*, regione nella quale scorrono acque che affluiscono in un fiume, un lago, un mare || *bacino montano*, regione che ha un unico sistema idrografico || *bacino orografico*, zona gen. a fondo alluvionale compresa fra rilievi montuosi || *bacino collettore*, zona di ghiacciaio sopra il limite delle nevi perenni in cui la neve accumulandosi si trasforma in ghiaccio **5.** specchio d'acqua protetto naturalmente o artificialmente || *bacino di carenaggio* o *di riaddobbo*, lunga e profonda fossa semiellittica, scavata sotto il livello del mare, rivestita da muratura a gradini dove si mettono in secco le navi per eseguire riparazioni || *bacino galleggiante*, sistema di cassoni zavorrati sui quali viene carenata la nave; eliminando la zavorra, i cassoni spingono la nave verso l'alto consentendo riparazioni sopra la linea di galleggiamento || *bacino di ricovero*, darsena || **N.** **1.** *Sin.* bacinella, catino **2.** *Sin.* pelvi. **Q.T.** *acqua, porto* **TAV.** *porto* 3.27; ***geologia* p. 1313** 5.3, 5.8.

bàcio (pl. *-ci*) [lat. *bāsium*; sec. XIII *bascio, basio*] **sm.** atto del baciare, l'applicare le labbra talvolta facendole schioccare su parti del corpo di una persona o su una cosa: *ricoprire, mangiare, divorare di baci*, manifestare grande affetto || *bacio della pace*, segno di riconciliazione || *morire* o *addormentarsi nel bacio del Signore*, morire in pace || *bacio di Giuda*, bacio o lusinga che cela tradimento || *essere al bacio*, detto di cosa o prodotto di eccellente fattura, senza difetti || *malattia del bacio*, mononucleosi || *dim.* bacìno, bacétto; *accr.* bacióne, baciòzzo || **N.** baciare, sbaciucchiare; imprimere, mandare, schioccare, stampare, tirare un bacio | affettuoso, appassionato, distratto, fraterno, leggero, tenero.

bacìo (pl. *-ìi*) [lat. volg. **opacīvus*, da *opacus*, ombroso; sec. XIV] **agg.** e **sm.** *raro* di luogo volto a tramontana, dove non batte il sole: *questo è bacio e quello è solatio* (D'Annunzio) || *a bacio*, volto a Nord: *un campo a bacio* || **N.** *Contr.* solatio.

baciucchiaménto [da *baciucchiare*; 1545] **sm.** *raro* sbaciucchiamento.

baciucchiàre (pres. *-ùcchio*) [da *baciare*; sec. XV] **tr.** *raro* sbaciucchiare.

backgammon (ingl., pr. [ˈbækgæmən]) [comp. di *back*, indietro e ingl. mediev. *gammon*, gioco; 1955] **sm.** *inv.* *T.gioc.* nome inglese del gioco del tric-trac o tavola reale.

background (ingl., pr. [ˈbækgraʊnd]; pr. it. [begˈgraund]) [letter. retrofondo; 1967] **sm.** *inv.* usato spec. per indicare gli antecedenti di un movimento culturale, la formazione di uno scienziato, un artista ecc.: *il background aristotelico del neopositivismo logico.*

back-up (ingl., pr. [ˈbækʌp]) [letter. sostegno] **sm.** *inv.* copia di riserva di un file e l'operazione relativa.

bàco[1] (pl. *-chi*) [prob. da *baco*, essere pauroso; 1541] **sm.** **1.** insetto dei Lepidotteri il cui sviluppo è caratterizzato dalle fasi di bruco, crisalide, farfalla || *baco da seta*, lepidottero dei Bombicidi, la cui larva pelosa, di colore giallo bruno, al termine delle sue mutazioni, secerne il filo di seta con cui tesse il bozzolo; da questo esce la crisalide || *fare i bachi*, allevarli per ottenere la seta **2.** *gen.* verme di frutta e farina || *pl.* parassiti intestinali, spec. del bambino **3.** *fig.* cruccio, pensiero fisso: *ha il baco dell'invidia* **4.** *T.inform.* *bug* (v.) || *dim.* bacolìno, bacherèllo || **N.** **1.** bacherozzo, bruco, verme; crisalide, farfalla, filugello, ninfa | bava o bavello, bozzolo, metamorfosi o muta. **TAV.** *zootecnia* 7.1.

bàco[2] [di orig. espressiva; 1353] **sm.** *inv.* *tosc.* soltanto nella loc. *far baco*, spaventare qualcuno comparendogli dinnanzi all'improvviso.

bàcolo [dal lat. *băculum*, bastone; 1682] **sm.** *disus.* *T.eccl.* bastone pastorale.

bacologìa [comp. di *baco*[1] e *-logia*; 1865] **sf.** studio dell'allevamento dei bachi da seta.

bacològico (pl. *-ci*) [da *bacologia*; 1887] **agg.** relativo alla bacologia; di trattato, congresso ecc. || *campagna bacologica*, il periodo in cui si allevano i bachi da seta.

bacòlogo (pl. *-gi*) [comp. di *baco*[1] e *-logo*; 1865] **sm.** (f. *-a*) chi si occupa di bacologia.

bacon (ingl., pr. [ˈbeɪkən]) [dall'ant. fr. *bacon*; 1942] **sm.** *inv.* pancetta di maiale affumicata.

bactèrio V. BATTERIO.

bacùcco[1] (pl. *-chi*) [etim. inc.; a. 1589] **sm.** *ant.* cappuccio che copriva il volto.

bacùcco[2] (pl. *-chi*) [dal n. del profeta (*H*)*abacuc*; 1909] **agg.** e **sm.** (f. *-a*) rimbambito, rimbecillito: *vecchio bacucco.*

bàda [da *badare*; 1525] **sf.** *ant.* attesa, indugio || oggi usato solo nella loc. *tenere a bada qualcuno*, trattenerlo per impedirgli di agire, per tenerlo tranquillo.

badalóne[1] [da *badiale*; 1483] **sm.** (f. *-a*) *disus.* **1.** uomo grande e grosso, semplicione **2.** ozioso, vagabondo.

badalóne[2] [da *badiale*; 1939] **sm.** *ant.* grande leggio che nelle chiese stava in mezzo al coro.

badaluccàre (pres. *-ùcco, -ùcchi*) [da *badalucco*; a. 1348] **intr.** (aus. *avere*) *ant.* **1.** fare un badalucco; assalire **2.** *per estens.* trastullarsi.

badalùcco (pl. *-chi*) [da *badare*, con sovrapposizione di altra parola; metà sec. XIII] **sm.** *ant.* **1.** *T.stor.* scaramuccia, scontro fatto per tener a bada il nemico **2.** *per estens.* trastullo.

badàre [lat. *batāre*, spalancare la bocca; a. 1294] **intr.** (aus. *avere*) **1.** fare attenzione: *bada a ciò che fai, bada di non farti male, di non cadere* **2.** prendersi cura: *badare alla casa, ai figlioli* || occuparsi attivamente ed esclusivamente di qualcosa: *bada solo al suo lavoro, bada ai fatti suoi* || **tr.** vigilare su qualcuno o qualcosa, tener d'occhio: *badare le pecore* || **N.** **1.** *Sin.* por mente, stare all'erta **2.** *Sin.* curare, custodire, pensare a.

badèrna [dal provenz. *baderno*, attr. il fr. *baderne*; 1813] **sf.** **1.** *T.mar.* treccia di filacce per fasciare e proteggere i cavi dallo sfregamento **2.** guarnizione di stoppa impregnata di grasso, usata per garantire la tenuta stagna di recipienti, porte e portelli nelle navi.

badéssa [da (*ab*)*badessa*; fine sec. XIII] **sf.** **1.** superiora d'un convento di monache: *la madre badessa* **2.** *iron.* donna che assume un atteggiamento di superiorità: *fare la badessa* || donna grassa e prosperosa || *dim. vezz.* badessìna; *accr. scherz.* badessóna.

badge (ingl., pr. [bædʒ]) [letter. emblema; 1981 nel senso 2] **sm.** *inv.* **1.** targhetta, applicabile all'abito per mezzo di una spilla, con il nome, la qualifica e, a volte, la fotografia di chi la porta, che consente di riconoscere i partecipanti a un convegno o ad altre manifestazioni o di dare libero accesso a luoghi sorvegliati || *badge magnetico*, tesserino in plastica rigida con una banda di materiale magnetizzabile su cui sono registrati dati che consentono di effettuare operazioni varie quando il tesserino è infilato nell'apposito lettore **2.** distintivo con la fotografia di un cantante o di un uomo politico o con un'immagine umoristica o uno slogan.

badìa [dal lat. tardo *abbatīa*; fine sec. XIII] **sf.** **1.** abbazia **2.** *per estens.* luogo comodo e provvisto di ogni cosa || *prov. casa mia, casa mia, per piccina che tu sia, tu mi sembri una badia* || *dim.* badiuòla, badiùccia || **N.** **1.** convento, monastero.

badiàle [da *badia*; 1553] **agg.** *lett.* di badia, degno di una badia || *per estens.* prosperoso, grande, spazioso: *pancia badiale* || **N.** GRANDE.

badiàna [dal persiano *bād(i)yān*, attr. il fr. *badiane*; 1797] **sf.** *T.bot.* piccolo albero sempreverde delle Magnoliacee che produce frutti impiegati nella fabbricazione di liquori || **N.** *Sin.* anice stellato.

badilànte [da *badile*; 1902] **sm.** manovale addetto ai lavori col badile || **N.** *Sin.* spalatore, sterratore.

badilàta [da *badile*; a. 1519] **sf.** colpo dato con un badile || *concr.* quantità di materiale che si raccoglie in una sola volta con il badile.

badìle [lat. volg. **batīlis*, class. *batillum*, pala; sec. XIV] **sm.** pala di ferro di forma varia, leggermente concava, con manico di legno, che si adopera nei lavori agricoli o di sterro per spianare, svuotare o rassodare il terreno || **N.** PALA. **TAV.** *agricoltura* 10.6.

badinage (fr., pr. [badiˈnaːʒ]) [propr. scherzo; 1950] **sm.** *inv.* (anche pl. *badinages*, pr. [badiˈnaːʒ]) composizione musicale giocosa in uso nel XVII secolo.

badiòtto [dal n. geogr. da (*Val*) *Badia*; 1860 *badioto*] **I agg.** proprio della Val Badia, relativo alla Val Badia **II sm.** **1.** (f. *-a*) abitante, nativo della Val Badia **2.** (solo *sing.*) varietà ladina parlata in Val Badia.

badminton (ingl., pr. [ˈbædmɪntən]) [dal n. geogr. *Badminton*, residenza del duca di Beaufort; 1965] **sm.** *inv.* gioco simile al tennis in cui, al posto della pallina, si usa un volano || **N.** *Sin.* volano.

bàffo [etim. inc.; a. 1704] **sm.** **1.** gen. *pl.* i peli del labbro superiore dell'uomo || *per estens.* peli setolosi che crescono sul muso di alcuni animali: *i baffi del gatto* || in vari modi di dire *fig.*: *un uomo coi baffi*, di gran conto, di gran valore; *ridere sotto i baffi*, senza darlo a vedere; *arricciare i baffi*, dare segno di disgusto o di collera; *cosa da leccarsi i baffi*, squisita; *farsene un baffo*, infischiarsene **2.** macchia, segno allungato: *un baffo di fuliggine, d'inchiostro* **3.** *T.mar.* le due onde spumose che un natante in moto solleva ai due lati della prora || *dim.* baffétto, baffettìno; *accr.* baffóne; *pegg.* baffàccio, baffonàccio || **N.** arricciati, bianchi, biondi, brizzolati, bruni, corti, folti, grigi, irti, lunghi, radi, spioventi; a manubrio, alla mongola, a punta | barbigli, basette, mustacchi | arricciare, arroncigliare, tirare, torcere.

baffóne (*accr.* di *baffo*) [1841] **sm.** *scherz.* persona che porta baffi lunghi e folti || *per anton. scherz.* nomignolo assegnato a Stalin, spec. all'inizio del secondo dopoguerra.

baffùto [da *baffo*; 1520 ca.] **agg.** che ha i baffi.

bagagliàio (pl. *-ài*) [da *bagaglio*; 1855] **sm.** **1.** veicolo ferroviario destinato al trasporto di merci || *per estens. T.aut.* vano per il trasporto bagagli || *per estens.* sugli aerei, vano per il trasporto di merci, posta ecc. **2.** deposito bagagli delle stazioni || **N. 1.** *T.aut.* baule, vano bagagli. **TAV. *automobile* p. 658** 3.40.

bagaglièra [da *bagaglio*; 1970] **sf.** *non com.* bagagliaio, porta bagagli; il vano per il bagaglio nei veicoli.

bagàglio (pl. *-gli*) [dal fr. *bagage*; 1612] **sm.** **1.** tutto ciò che per uso personale porta con sé chi viaggia || *T.ferr. bagaglio appresso,* insieme di colli che viaggia sullo stesso treno del proprietario ma in altro vagone || *bagaglio a mano,* pacco, valigia o borsa di piccole dimensioni che il passeggero di aerei o bus può portare con sé all'interno del mezzo **2.** *fig.* insieme di cognizioni possedute: *un vasto bagaglio di esperienze, bagaglio culturale* **3.** *ant. T.mil.* tutto ciò che viene trasportato al seguito di una truppa in marcia, salmeria || com. nei modi di dire *fig. andarsene, partire con armi e bagagli,* con tutto ciò che si possiede. **TAV. *automobile* p. 658** 3.40.

bagaglióne [da *bagaglio*; 1600] **sm.** *T.stor.* schiavo o soldato addetto, negli eserciti antichi, al trasporto di bagagli || **N.** *Sin.* saccardo.

bagarinàggio (pl. *-gi*) [da *bagarino*; 1874] **sm.** attività del bagarino || **N.** *Sin.* accaparramento, incetta.

bagarìno [dall'ar. volg. *baqqālīn, baggālīn,* mercante, rivenditore al dettaglio e di seconda mano; 1800] **sm.** incettatore di merci, spec. di biglietti di spettacoli per rivenderli a prezzo maggiorato: *i biglietti per la partita si trovano solo dai bagarini.*

bagaròzzo **sm.** *region. non com.* v. BACHEROZZOLO.

bagarre (fr., pr. [ba'ga:r]) [dal basco *batzarre,* riunione, attr. il prov. *bagarro*; 1962] **sf.** *inv.* **1.** controversia, dibattito acceso || tumulto, trambusto: *l'incontro si concluse con una bagarre memorabile* **2.** *T.sport.* nel ciclismo, fase della gara che precede l'arrivo al traguardo, caratterizzata da frequenti scatti e tentativi di fuga dal gruppo.

bagàscia (pl. *-sce*) [etim. inc.; a. 1363] **sf.** *spreg.* donna di malaffare, prostituta.

bagàscio (pl. *-sci*) o **bagascióne** [da *bagascia*; a. 1375] **sm.** **1.** chi frequenta bagasce **2.** omosessuale che si prostituisce.

bagàssa [dallo sp. *bagazo,* attr. il fr. *bagasse*; 1937] **sf.** residuo fibroso della lavorazione della canna da zucchero.

bagatèlla o **bagattèlla** [etim. inc.; a. 1476] **sf.** **1.** cosa di poco conto, frivola, vana: *attentati, assassini, sfregi e voi le chiamate bagatelle?* (Bacchelli) **2.** *T.mus.* breve composizione con struttura molto semplice **3.** gioco simile al biliardo.

bagattìno [voce affine a *bagattella*; a. 1313] **sm.** *T.num.* moneta di rame coniata in Veneto tra il sec. XIII e il XVI || *fig.* uomo da nulla.

bagàtto [etim. inc.; a. 1911] **sm.** nel gioco dei tarocchi, carta col numero due che raffigura un villano.

baggèo [da *babbeo,* con influsso di *baggiano*; a. 1789] **agg.** e **sm.** (f. *-a*) *non com.* babbeo.

baggiàna [lat. (*faba*) *bajana,* fava proveniente dalla città da *Baia,* presso Napoli; sec. XV] **sf.** **1.** varietà di fave con semi molto grossi **2.** *pl. ant. fig.* bugie, menzogne.

baggianàta [da *baggiano*; a. 1789] **sf.** sciocchezza, stupidaggine.

baggiàno [da *baggiana*; a. 1650] **agg.** e **sm.** (f. *-a*) grullo, semplicione, ingenuo, credulone || **N.** *Sin.* SCIOCCO.

bàghero [dal ted. *Wagerl(e),* forma dial. e dim. per *Wagen,* vettura; 1882 *bagherre*] **sm.** *ant.* carrozzino a quattro ruote senza cassetta || *dim.* bagherìno.

bagheròzzo v. BACHEROZZOLO.

baghétta [dal fr. *baguette*; 1933] **sf.** nelle calze da donna, ricamo laterale esterno che sale dalla caviglia al polpaccio || guarnizione laterale nei guanti.

bagìgi [per (*bab*) *bagigi*; 1858] **sm.** *pl. ven.* arachidi, noccioline americane.

bàglio (pl. *-gli*) [dal fr. ant. *bail,* trave, sostegno; 1772] **sm.** *T.mar.* ciascuno di quei pezzi di travi ricurvi, con la convessità in alto, che servono a collegare i fianchi della nave e a sostenere i ponti. **TAV. *vela* p. 1342** 2.2.

baglionàto [dal fr. *bâillonné,* da *bâiller,* propr. sbadigliare; 1955] **agg.** *T.arald.* di un animale che tenga in bocca un osso o un bastone.

baglióre [etim. inc.; a. 1400] **sm.** **1.** splendore o luce improvvisa, che abbaglia: *il bagliore dei lampi, dei razzi di segnalazione* || luminosità diffusa, chiarore: *il bagliore delle nevi* **2.** *fig.* part. *pl.,* prima manifestazione di qualcosa: *i bagliori di una nuova civiltà* || **N. 1.** *Sin.* fulgore, lampo **2.** *Sin.* albori, barlume.

bàgna [dal dial. *bagnè,* bagnare; 1943] **sf.** **1.** *piem.* sugo, intingolo || *bagna càuda,* intingolo servito bollente tipico della cucina piemontese a base di olio, aglio, acciughe **2.** *region.* liquore a bassa gradazione alcolica usato in pasticceria || *fig. lasciare nella bagna,* lasciare negli impicci.

bagnànte (*ppr.* di *bagnare*) [1353] **s.** chi fa bagni, *in part.* chi frequenta d'estate le località balneari.

bagnàre (pres. *bàgno, bagniàmo*) [lat. tardo *balneāre*; a. 1300] **tr.** **1.** cospargere d'acqua o d'altro liquido, irrorare: *ricordati di bagnare i fiori, la pioggia ci ha bagnati completamente* || immergere: *bagnare i panni in acqua fredda, bagnare i biscotti nel liquore* **2.** detto di fiumi, mari e sim. in riferimento a un territorio, toccare, attraversare: *il Po bagna la pianura padana* **3.** *fig. per estens.* lambire: *la luce dell'alba bagna i tetti delle case* **4.** *scherz.* festeggiare con una bevuta: *bagnare la laurea* || **rifl.** fare il bagno: *non si sono bagnati nonostante il caldo* || **intr. pron.** inzupparsi: *ci siamo bagnati fino all'osso* || *eufem.* detto spec. di neonati, farsi la pipì addosso || **N. 1.** *Sin.* adacquare, ammollare, aspergere, imbevere, infradiciare, innaffiare, inumidire, inzuppare, irrigare, irrorare, macerare, spruzzare | *Contr.* asciugare. **Q.T.** *acqua.*

bagnaròla [da *bagnare*; 1890] **sf.** **1.** *region.* tinozza per il bagno **2.** *scherz.* imbarcazione, automobile o altro mezzo di trasporto in cattive condizioni: *non ti metterai mica in viaggio con quella bagnarola!*

bagnasciùga [comp. di *bagna(re)* e *asciuga(re)*; 1797] **sm.** *inv.* **1.** *T.mar.* zona dello scafo di un'imbarcazione compresa tra i livelli di immersione massimo e minimo **2.** zona di spiaggia dove si rompono le onde; battigia. **TAV. *vela* p. 1342** 2.18.

bagnàta [da *bagnare*; 1875] **sf.** il bagnare o il bagnarsi: *dare una bagnata ai fiori, con quel tempo mi sono preso una bella bagnata* || **N.** *Sin.* annaffiata, bagno.

bagnàto (*pps.* di *bagnare*) [a. 1348] **I agg.** inumidito, ammollato, fradicio || *bagnato fradicio, bagnato come un pulcino,* completamente zuppo || *se non è zuppa è pan bagnato,* è la stessa cosa **II sm.** (solo *sing.*) terreno bagnato: *aderenza delle ruote sul bagnato* || *fig. piovere sul bagnato,* di ricchezza o altra fortuna che capita a chi già è fortunato || **N. I** *Sin.* intriso, inzuppato, mollo, umido | *Contr.* asciutto.

bagnatùra [da *bagnare*; 1750] **sf.** **1.** atto ed effetto del bagnare e del bagnarsi **2.** spec. *pl. tosc.* la stagione dei bagni || **N. 1.** *Sin.* adacquamento, annaffiata **2.** *Sin.* bagni.

bagnìno [da *bagno*; 1875] **sm.** (f. *-a*) chi presta assistenza ai bagnanti negli stabilimenti balneari.

bàgno [lat. volg. *baneum,* class. *balneum*; fine sec. XIII] **sm.** **1.** l'immersione di un corpo in acqua o in altro liquido: *fare il bagno in mare, in un fiume, in piscina, nella vasca da bagno, bagno di fango; la stagione dei bagni,* la stagione balneare, estiva; *essere in un bagno di sudore,* essere tutto sudato || *fig. bagno di sangue,* massacro || *per estens.* esposizione del corpo ad agenti fisici diversi: *fare un bagno di sole; bagno turco,* bagno caldo di vapore **2.** l'acqua o il liquido in cui ci si immerge per lavarsi: *preparare il bagno, sali da bagno* || *per restr.* soluzione chimica per vari usi: *bagno galvanico, elettrolitico,* per la galvanizzazione dei metalli || *bagno fotografico,* soluzione chimica per lo sviluppo e il fissaggio della pellicola impressionata **3.** vasca per fare il bagno: *un bagno di ferro smaltato* || *per meton.* locale in cui sono collocati i servizi igienici: *andare al bagno,* soddisfare i propri bisogni fisiologici || *bagno pubblico,* locale a pagamento in cui si può provvedere alla pulizia personale || *pl.* stabilimento balneare o termale: *i bagni di Lucca, di Acqui* **4.** *non com. bagno penale,* luogo in cui i condannati ai lavori forzati scontano la pena || *dim.* bagnétto, bagnettìno, bagnolìno; *spreg.* bagnàccio || **N. 1.** *Sin.* abluzione, aspersione, doccia, lavacro | aromatico, caldo, eccitante, emolliente, freddo, fresco, fortificante, ghiacciato, tiepido; alcalino, arsenicale, iodato, mercuriale, solforoso | arenazione, elioterapia, idroterapia, sabbiatura **3.** *Sin.* lavabo, tinozza, vasca. **Q.T.** *abitazione.*

bagnòlo (meno com. *bagnuòlo*) [lat. volg. **baneōlum,* class. *balneolum*; 1353] **sm.** **1.** *non com.* impacco **2.** vasca trapezoidale in cui viene fatta spegnere la calce viva.

bagnomarìa [comp. di *bagno* e *Maria* l'Ebrea, n. della leggendaria alchimista sorella di Aronne; 1539 *bagno marie*] **sm.** *inv.* nella *loc. avv. a bagnomaria*: *riscaldare, cuocere, mettere a bagnomaria,* modo di riscaldare cibi evitando il contatto diretto col fuoco, ossia immergendo il recipiente contenente il cibo in un altro più grande contenente acqua che viene riscaldata.

bagnoschiùma [comp. di *bagno* e *schiuma*; 1983] **sm.** *inv.* sapone liquido che, sciolto nella vasca da bagno, produce una schiuma profumata.

bagnuòlo v. BAGNOLO.

bàgola [dal lat. *bacula,* piccola bacca; 1965 nel senso 2] **sf.** **1.** *dial.* bacca **2.** *sett.* chiacchiera, ciancia, fandonia.

bagolàre (pres. *bàgolo*) [da *bagola*; 1970] **intr.** (aus. *avere*) *sett.* chiacchierare.

bagolàro [dal lat. *bacula,* piccola bacca; 1550] **sm.** *T.bot.* albero delle Ulmacee dal legno molto duro e flessibile e fiori verdi riuniti in grappolo || **N.** *Sin.* arcidiavolo.

bagolóne [da *bagola*; a. 1885] **sm.** (f. *-a*) *sett.* chiacchierone, fanfarone.

bagordàre (pres. *-órdo*) [dal francone **bihurdan,* recingere lo spiazzo per il torneo, attr. il provenz. ant. *bahordar*; sec. XIII nel senso 2; 1686 nel senso 1] **intr.** (aus. *avere*) **1.** far bagordi, gozzovigliare **2.** *ant.* giostrare in torneo col bagordo.

bagórdo [dal provenz. ant. *beort*; a. 1313 nel senso 2; 1598 nel senso 1] **sm.** **1.** gozzoviglia, divertimento sfrenato: *darsi ai bagordi* **2.** *ant.* lancia da torneo || *per estens.* gioco d'armi, giostra.

baguette (fr., pr. [ba'gɛt]) [letter. bacchetta; 1933] ***sf. inv.*** **1.** filone di pane di forma allungata tipico della Francia **2.** *T.oref.* brillante tagliato a rettangolo sottile e allungato **3.** baghetta.

bah (meno com. *ba*) [voce di orig. espressiva; 1875] ***escl.*** usata in genere per esprimere perplessità, dubbio: *bah, sarà così.*

bahaìsmo [dal n. proprio *Bahā' Ullah*, letter. la bellezza data da Dio, soprannome del fondatore del movimento; 1930] ***sm.*** *T.rel.* movimento religioso che, sorto nel secolo scorso in seno all'islamismo, afferma l'assoluta trascendenza di Dio, l'unità delle religioni e la relatività della verità religiosa. **Q.T.** *religione.*

bahaìsta [da *bahaismo*; 1955] **I *agg.*** relativo al bahaismo **II *s.*** seguace del bahaismo.

baht [etim. inc.; 1938] ***sm.*** *inv.* unità monetaria della Thailandia.

bài [voce onom.; a. 1400] ***escl.*** usata solo nella loc.: *non dire né ai né bai,* non dire nulla: *uscì senza dir né ai né bai.*

bàia[1] [dal disus. *baiare*, abbaiare; a. 1449] ***sf.*** cosa da nulla; beffa, burla || *dare la baia a uno,* dileggiarlo, schernirlo.

bàia[2] [dallo sp. *bahía*; 1504] ***sf.*** *T.geogr.* piccola insenatura che può essere utilizzata come porto naturale: *la baia di Pozzuoli* || per influenza dell'ingl. *bay*, tratto di mare di ampie dimensioni: *la baia di Hudson, di Baffin.*

baiadèra o **bajadèra** [dal port. *bailadeira*, attr. il fr. *bayadère*; 1858] ***sf.*** **1.** danzatrice indiana || *per estens. spreg.* ballerina d'avanspettacolo **2.** tessuto vivacemente colorato a strisce orizzontali.

baiàta [dal disus. *baiare*, abbaiare; a. 1543] ***sf.*** schiamazzo rivolto a qualcuno per beffa o scherno.

baìcolo [dal veneziano *baicolo*, piccolo cefalo; 1905] ***sm.*** *region.* biscottino veneto secco e sottile a forma di pesce.

bailàmme [dal turco *bairām*, n. di due grandi feste maomettane; 1845] ***sm.*** *inv.* confusione di gente e di voci || **N.** *Sin.* BACCANO.

bàilo [dal lat. *baiulus*, attr. l'ant. provenz. *baile*; a. 1306] ***sm.*** *ant.* baiulo; ambasciatore, console nelle colonie veneziane e fiorentine e nelle corti orientali.

bàio (pl. *bài*) [dal lat. *baius, badius*, attr. il fr. o provenz. *bai*; a. 1294] ***agg.*** di cavallo dal mantello rosso scuro, con la criniera e la coda nere; anche *sm.*: *ho comprato un bel baio* || colore simile a quello del mantello di un cavallo baio || **N.** baio, acceso, chiaro, bruciato, castagno, dorato, falbo, focato, lavato, scuro. **Q.T.** *cavallo.*

baiòcco (pl. *-chi*) [forse da *baia*[1]; a. 1502] ***sm.*** moneta di rame dello Stato pontificio in uso fino al secolo XIX || *fig. non valere un baiocco,* non valere nulla.

baióne [da *baia*[1]; a. 1556] ***sm.*** **1.** (f. *-a*) burlone, canzonatore **2.** schiamazzo, scherno, canzonatura.

baionétta [dal fr. *baïonnette*, dal n. della città di *Bayonne*, dove queste armi erano fabbricate; 1690 ca.] ***sf.*** **1.** arma corta da punta e da taglio che si innesta sul fucile o sul moschetto per utilizzarlo come arma da asta: *assalto alla baionetta,* all'arma bianca || *baionetta in canna,* la baionetta inastata || *T.tecn. innesto a baionetta,* consistente in due pezzi che si infilano uno nell'altro e vengono fissati mediante una leggera rotazione **2.** *per meton.* part. *pl.*, soldati: *otto milioni di baionette.*

baionettàta [da *baionetta*; 1865] ***sf.*** colpo di baionetta: *gli diede una baionettata.*

bairàm [dal turco *bayram*, festa; 1829] ***sm.*** *inv.* *T.rel. piccolo bairam,* festa religiosa musulmana della durata di tre giorni, che si celebra immediatamente dopo il Ramadan; *grande bairam,* festa religiosa musulmana della durata di quattro giorni, che viene a cadere quaranta giorni dopo il piccolo bairam.

bàita [voce di area alpina, forse dall'ant. alto ted. *Wahta*, guardia; 1873] ***sf.*** costruzione in pietra e legno usata come riparo stagionale nelle zone alpine.

bàiulo [dal lat. *bāiulus*; 1308] ***sm.*** *ant.* **1.** portatore: *di quel che fe' col baiulo seguente* (Dante) **2.** balivo, balio || *T.stor.* in Sicilia, sotto gli Angioini, giudice.

bajadèra V. BAIADERA.

bakelìte V. BACHELITE.

balalaika (russo, pr. [bəɫʌ'ɫajkə]; pr. it. [bala'laika]) [voce russa; 1892] ***sf.*** *T.mus.* strumento a corde, tipico della tradizione russa, con tre corde e cassa armonica triangolare a sezione trapezoidale.

balànico (pl. *-ci*) [da *balano*; 1958] ***agg.*** *T.anat.* relativo al glande.

balanìno [da *balano*; 1887] ***sm.*** **1.** *T.zool.* piccolo insetto coleottero dei Curculionidi che depone le uova in nocciole, castagne, ghiande o sim. **2.** olio ricavato anticamente dalla ghianda del balano.

balanìte[1] [comp. di *balano* e *-ite*[1]; 1829] ***sf.*** *T.med.* infiammazione della mucosa del glande.

balanìte[2] [dal gr. *bálanos*, ghianda; 1967] ***sf.*** *T.bot.* genere di alberi tropicali che forniscono legno da lavoro, foglie e frutti commestibili, semi ricchi d'olio.

bàlano [dal lat. *balanus*, gr. *bálanos*; a. 1564] ***sm.*** *T.zool.* piccolo crostaceo univalve a forma di ghianda che vive attaccato agli scogli.

bàlano- [dal gr. *bálanos*, ghianda] ***primo elem.*** che, in parole composte della terminologia zoologica, vale "ghianda", "a forma di ghianda": **balanoglòsso** || nella terminologia medica vale "glande": **balanòlito**.

balàscio (pl. *-sci*) [dall'ar. *balaḫš*; 1306] ***sm.*** pietra preziosa, varietà di rubino di color rosso carico; anche *rubino balascio* || **N.** GEMMA.

balàta [da una voce caraibica *bálata* nelle isole, *paláta* in terraferma; 1950] ***sf.*** *T.chim.* resina gommosa, ricavata dal lattice di alcune piante sudamericane, usata come isolante e per impermeabilizzare i tessuti.

balaùsto [dal lat. *balaustium*, gr. *balaústion*; sec. XIV] ***sm.*** *T.bot.* fiore e frutto del melograno.

balaùstra o **balaustràta** [da *balaustro*; a. 1764] ***sf.*** *T.arch.* parapetto costituito da una serie di balaustri uniti tra loro da un basamento e da una cimasa: *la balaustrata dello scalone d'onore, dell'altare maggiore.* **TAV.** *chiesa* 1.7.

balaustràto [da *balaustrata*; 1631] ***agg.*** provvisto o circondato da una balaustrata.

balaustrìno [da *balaustro*; 1961] ***sm.*** compasso di precisione per tracciare circonferenze di piccolo diametro. **TAV.** *disegno* 7.

balaùstro [da *balausto*, var. di *balausto*, frutto del melograno; 1550] ***sm.*** piccola colonna dal fusto sagomato che, disposta in serie regolari collegate da basamento e cimasa, si adopera per ornamento di parapetti, ballatoi ecc.

balbettaménto [da *balbettare*; 1858] ***sm.*** atto del balbettare || parola o frase pronunciata in modo incerto e confuso; anche *fig.*: *alle sue obiezioni oppose solo un confuso balbettamento.*

balbettàre (pres. *-étto*) [dal lat. tardo *balbāre*; sec. XIII] ***intr.*** (aus. *avere*) **1.** parlare male e con incertezza ripetendo le sillabe o arrestandosi continuamente per impedimento fisiologico o psicologico: *balbettava per l'emozione* **2.** di bambino che inizia a parlare: *a nove mesi già cominciava a balbettare* || ***tr.*** parlare, dire in modo confuso e quasi incomprensibile: *balbettò le sue scuse* || conoscere in modo imperfetto: *balbetta un po' di francese* || **N. *intr.*** **1.** *Sin.* biascicare, ciancicare, farfugliare, impappinarsi, tartagliare **2.** *Sin.* ciangottare.

balbettìo (pl. *-ìi*) [da *balbettare*; a. 1908] ***sm.*** balbettare continuato o frequente.

balbettóne [da *balbettare*; a. 1873] ***sm.*** (f. *-a*) *raro* balbuziente.

bàlbo [dal lat. *balbus*; 1319] ***agg.*** *lett.* balbuziente: *mi venne in sogno una femina balba* (Dante).

balboa (sp., pr. [bal'βoa]; pr. it. [bal'bɔa]) [dal n. proprio Vasco Núñez de *Balboa*, esploratore sp.; 1949] ***sm.*** *inv.* unità monetaria del Panama.

balbutìre (pres. *-ìsco, -ìsci*) [dal lat. *balbutīre*; a. 1321] ***intr.*** (aus. *avere*) *raro* balbettare, barbugliare.

balbùzie [da *balbuziente*; a. 1698] ***sf.*** *inv.* il difetto di chi balbetta, causato da uno spasmo intermittente dell'apparato fonatorio.

balbuziènte (*ppr.* di *balbutire*) [a. 1375] ***agg.*** e ***s.*** che o chi balbetta.

balcànico (pl. *-ci*) [dal turco *balcan*, monte; 1886] ***agg.*** **1.** che riguarda la regione dei Balcani: *penisola balcanica* **2.** *non com.* di situazione politica, caratterizzata da arretratezza, confusione, ingovernabilità.

balcanizzàre [dall'ingl. (to) *balkanize*; 1931] ***tr.*** ridurre un paese, un popolo al disordine politico tipico un tempo dei paesi balcanici || smembrare uno stato in staterelli più piccoli.

balcanizzazióne [da *balcanizzare*; 1970] ***sf.*** atto o effetto del balcanizzare.

bàlco [dal long. **balk*, trave; a. 1313] ***sm.*** *poet.* balcone.

balconàggio (pl. *-gi*) [da *balcone*; 1984] ***sm.*** arte o tenica di arredare i balconi con fiori e piante.

balconàta [da *balcone*; 1624] ***sf.*** **1.** balcone piuttosto lungo su cui si aprono varie finestre **2.** in cinema, teatri e sale di riunione, galleria con ordini di posti digradanti che sovrasta la platea **3.** *T.geogr. balconata glaciale,* largo terrazzo che circonda un circo glaciale o si trova in testa a una valle glaciale.

balconcìno (*dim.* di *balcone*) [a. 1900] ***sm.*** **1.** piccolo balcone **2.** *balconcino portauova, portabottiglie* e sim., nei frigoriferi, piccoli ripiani fissati all'interno della porta e dotati di sponda rialzata per evitare la caduta, durante il movimento della porta stessa, degli oggetti su di essi appoggiati **3.** *reggiseno, busto a balconcino,* reggiseno o busto senza spalline, gen. sostenuto da stecche rigide.

balcóne [dal long. **balk*, trave; 1312] ***sm.*** struttura sporgente dalla facciata esterna di un edificio cui si accede da una porta finestra e delimitata da una ringhiera: *stare, affacciarsi al balcone* || *dim.* balconcino || **N.** ballatoio, finestra, poggiuolo, terrazzino, terrazzo. **Q.T.** *abitazione* **TAV.** *abitazione* 1.14, 3.3.

balconière [da *balcone*; 1984] ***sm.***(f. *-a*) esperto in balconaggio.

balconnet (fr., pr. [balkɔ'nɛ]) [propr. balconcino; 1950] ***sm.*** *inv.* reggiseno a balconcino.

baldacchìno [dall'ar. *bagdādī*, agg. di *Bagdad*; a. 1363] ***sm.*** **1.** drappo frangiato sostenuto da una struttura lignea posto a coronamento di troni, letti, altari ecc.: *baldacchino del Sacramento,* quello sotto cui viene portata in processione l'ostia consacrata **2.** *T.arch.* coronamento in marmo o pietra a copertura di nicchie, edicole, tombe || **N.** **1.** *Sin.* sopracciélo. **TAV.** *chiesa* 1.12.

baldànza [da *baldo*; sec. XIII] ***sf.*** disinvolta sicurezza e fiducia in se stessi; arroganza: *baldanza giovanile, naturale baldanza.*

baldanzeggiàre (pres. *-éggio*) [da *baldanza*; a. 1311] ***intr.*** (aus. *avere*) *raro* dimostrare baldanza.

baldanzóso [da *baldanza*; sec. XIII] ***agg.*** che mostra baldanza nelle parole e negli atti || **baldanzosaménte** ***avv.*** || **N.** *Sin.* animoso, ardito, arrogante, baldo, coraggioso, esuberante, fiero, gaio, sicuro di sé, spavaldo.

baldézza [dal provenz. ant. *baudeza*; a. 1294] **sf.** *ant.* baldanza: *voi mi date a parlar tutta baldezza* (Dante).

bàldo [dal fr. ant. *bald, baud*, provenz. ant. *baut*, fiero, ardente; fine sec. XIII] **agg.** *lett.* sicuro di sé; audace, fiero, spavaldo: *un baldo giovane* ‖ **baldaménte** **avv.**

baldòria [dal fr. ant. e provenz. ant. *baudoire*; a. 1449] **sf.** **1.** allegria chiassosa tra amici con feste e cene; *far baldoria*, divertirsi mangiando, bevendo, giocando, scherzando **2.** *tosc.* falò che si accende in occasione di determinate feste ‖ **N.** *Sin.* bisboccia, FESTA, GOZZOVIGLIA.

baldósa [dal provenz. *baudosa*; 1483] **sf.** *T.mus.* antico strumento musicale a corde.

baldràcca [dal n. malfamato della città di *Bagdad*, attr. il fiorentino *Baldacca, Baldracca*; 1534] **sf.** prostituta.

baléna [lat. *ballāena, ballēna*; sec. XIII] **sf.** **1.** mammifero marino dei Cetacei, di grandi dimensioni, diffuso nell'Atlantico e nel Pacifico; di color grigio scuro con testa enorme, ha uno sfiatatoio posto nella parte superiore del capo e al posto dei denti lamine cornee lunghe e strette dette *fanoni* ‖ *olio di balena*, estratto dal grasso di balena ‖ *stecca di balena*, lamina ricavata dai fanoni, flessibile, resistente, usata nella confezione di busti e corsetti ‖ *per estens.* qualsiasi cetaceo di grandi dimensioni **2.** *fig.* donna molto grassa ‖ **N.** **1.** balenottera, balenotto, capodoglio | fanoni, sfiatatoio; ambra grigia, spermaceti | baleniere, fiocina, rampone **2.** *Sin.* donnone, omone. **TAV.** ***mammiferi*** **p. 1318** 12.

balenaménto [da *balenare*; sec. XIV] **sm.** *raro* il balenare, lampo, lampeggiamento.

balenàre (pres. *-éno*) [da *baleno*; a. 1311] **intr.** (aus. *essere*) **1.** *impers.* lampeggiare in lontananza: *poco prima del temporale balenò sulle colline* **2.** *più com. per estens.* luccicare, mandare guizzi di luce riflessa: *l'acciaio della lama balenò nella notte, ti balenano gli occhi* ‖ *fig.* di pensiero, idea, venire, sorgere improvvisamente: *mi è balenata un'idea* **3.** *raro* barcollare ‖ **tr.** *raro lett.* emanare luce: *vento che balenò una luce vermiglia* (Dante) ‖ **N.** **1.** *Sin.* lampeggiare **2.** *Sin.* scintillare, Sfolgorare, splendere.

baléngo (pl. *-ghi*) [etim. inc.; a. 1916] **agg.** e **sm.** (f. *-a*) *region.* bizzarro, strano, matto: *un tipo un po' balengo.*

balenièra [da *balena*; a. 1470] **sf.** **1.** nave attrezzata per la pesca delle balene **2.** *ant.* imbarcazione stretta e veloce a remi per uso esclusivo di ammiragli e comandanti.

balenière [da *baleniera*; 1865] **sm.** marinaio di baleniera ‖ cacciatore di balene.

balenìo (pl. *-ii*) [da *balenare*; 1858] **sm.** balenare continuo ed intenso: *il balenio degli occhi.*

baléno [forse da *balena*, per l'equivalenza tra il guizzare del lampo ed il guizzare dell'animale; fine sec. XIII] **sm.** brevissima emissione luminosa che accompagna il fulmine ‖ *per estens.* guizzo di luce ‖ *in un baleno*, in un istante, in un attimo ‖ **N.** *Sin.* LAMPO.

balenòttera [comp. di *balena* e *-ttero*; 1819] **sf.** cetaceo simile alla balena, più snello e dotato di pinna dorsale: *balenottera azzurra, boreale, minore.*

balenòtto [da *balena*; a. 1698] **sm.** balena giovane.

balèra [dal sett. *balo*, ballo; 1949] **sf.** *sett.* locale popolare con pista da ballo ‖ pista da ballo all'aperto.

balèstra [lat. *ballista*, proiettile, gr. *ballistḗs*; 1285] **sf.** **1.** arma costituita da un arco fissato a croce su un fusto dotato di fermo per bloccare la corda quando è tesa e farla scattare al momento del tiro **2.** *T.mecc.* molla di sospensione per veicoli formata da sbarre di acciaio sovrapposte a semiellissi **3.** *T.tip.* tipo di vantaggio con piano di sostegno estraibile, usato per la composizione e l'impaginazione. **TAV.** ***armi*** **p. 648** 14; ***carri...*** **p. 664** 7.6.

balestràio (pl. *-ài*) [da *balestra*; sec. XVIII] **sm.** fabbricatore o venditore di balestre.

balestràre (pres. *-èstro*) [da *balestra*; a. 1292] **tr.** e **intr.** (aus. *avere*) scagliare, tirare con la balestra: *balestrare un dardo, balestrare dall'alto delle mura* ‖ *fig.* scaraventare da un posto all'altro, mandar lontano (ma più com. *sbalestrare*): *l'hanno balestrato in capo al mondo* ‖ **N.** gettare, sbalestrare, scagliare, scaraventare.

balestràta [da *balestra*; 1353] **sf.** colpo di balestra ‖ distanza pari a un tiro di balestra.

balestrerìa [da *balestra*; 1820] **sf.** **1.** nei castelli o nelle fortezze, deposito per le balestre **2.** compagnia, reparto di balestrieri ‖ *per estens.* azione collettiva eseguita da balestrieri.

balestrièra [da *balestra*; a. 1406] **sf.** *T.mil.* feritoia per il tiro con la balestra.

balestrière [da *balestra*; sec. XIII] **sm.** soldato armato di balestra ‖ tiratore di balestra.

balestrìglia o **ballestrìglia** (pl. *-glie*) [dallo sp. *ballestrilla*, dim. di *ballestra*, balestra; a. 1642] **sf.** antico strumento usato dai navigatori per misurare l'altezza degli astri e la loro angolazione.

balèstro **sm.** *ant.* V. BALESTRA.

balestróne (*accr.* di *balestro*) [a. 1642] **I** **sm.** *T.mar.* pertica che viene puntata diagonalmente come sostegno delle punte di alcune vele **II** **agg.** *dial.* *pan balestrone*, pane a base di miele, noci e fichi secchi ‖ **N.** **I** *Sin.* livarda, struzza.

balestrùccio (pl. *-ci*) [da *balestra*, per la rapidità del volo, o per la forma della coda quando vola; a. 1484] **sm.** **1.** uccello dei Passeriformi simile alla rondine ma di dimensioni minori e con la coda meno forcuta **2.** *T.tess.* archetto usato dai setaioli per incannare la seta.

balì [dal fr. *bailli*; 1772] **sm.** *inv.* **1.** grado superiore di certi ordini cavallereschi: *il balì dei Cavalieri di Malta* **2.** nell'ordinamento feudale, funzionario di nomina regia.

bàlia [lat. volg. **bālia*, class. *bāiula* portatrice; sec. XIII] **sf.** donna che allatta i figli altrui per compenso: *dare, prendere, mandare un bambino a balia* ‖ *balia asciutta*, che ha cura del bambino, ma non lo allatta ‖ in modi di dire *fig.*: *far da balia a qualcuno*, accudirlo, proteggerlo; *aver bisogno della balia*, essere incapace di sbrigarsela; *tenere a balia*, ritardare la realizzazione di qualcosa ‖ *accr.* balióna; *dim.* baliùccia; *pegg.* baliàccia; *vezz.* baliòtta ‖ **N.** *baby-sitter*, bambinaia, *nurse*, nutrice; fratello o sorella di latte, lattante.

balìa [dal fr. ant. *baillie*, provenz. ant. *bailia*, da *bail(e)*, governatore; a. 1294] **sf.** **1.** *ant.* potestà, autorità, signoria piena e assoluta, oggi usato solo nelle loc.: *essere in balia di qualcuno*, essere in suo potere; *avere in balia*, avere in potere; *in balia di se stesso*, senza controllo o freno **2.** *T.stor.* nel comune medievale, magistratura straordinaria dotata di eccezionali poteri che veniva creata in situazioni d'emergenza e per un lasso limitato di tempo.

baliàggio (pl. *-gi*) [dal fr. *bailliage*; 1673] **sm.** grado, ufficio del balivo ‖ tribunale presieduto dal balivo ‖ territorio governato dal balivo.

baliàtico (pl. *-ci*) [da *bàlia*; 1612] **sm.** **1.** la funzione della balia e la durata di tale funzione ‖ *concr.* il compenso che le viene attribuito **2.** il bambino preso a balia: *non son tutti miei questi figlioli, questo è un baliatico* ‖ **N.** BALIA.

balilla [dal nomignolo del ragazzo genovese Battista Perasso, che nel 1746, lanciando un sasso contro gli Austriaci, provocò la loro cacciata da Genova; 1926] **sm.** *inv.* **1.** *T.stor.* giovane appartenente a un'istituzione paramilitare creata dal regime fascista per inquadrare i ragazzi da 8 a 14 anni **2.** autovettura popolare italiana prodotta a partire dal 1932.

bàlio[1] (pl. *-li*) [da *balia*; sec. XIV] **sm.** *non com.* il marito della balia: *è venuto il balio* ‖ *iron.* uomo che accudisce bambini piccoli.

bàlio[2] (pl. *-li*) [var. di *balivo*; 1312] **sm.** *ant.* ambasciatore, balivo.

balióso [dallo sp. *valioso*, da *valer*, aver prezzo, valere; a. 1543] **agg.** *raro* che ha forza: *nella ricca e baliosa eleganza delle forme* (Carducci) ‖ **N.** *Sin.* aitante, florido, vigoroso, FORTE, ROBUSTO.

balipèdio (pl. *-di*) [comp. di *bali-*, tratto da *balistica*, e gr. *pedíon*, pianura, campo; 1892] **sm.** poligono in cui vengono sperimentate e collaudate le armi da fuoco.

balista [dal lat. *balista*, (macchina per il lancio di) proiettile; a. 1527] **sf.** *T.mil.* antica macchina da guerra greca e romana simile a una grossa balestra; scagliava grosse pietre, dardi e sim. contro le mura nemiche.

balistica [f. sost. di *balistico*; a. 1764] **sf.** scienza che tratta del moto e della direzione dei proietti ‖ *balistica interna*, studia il moto dei proietti nell'interno della bocca da fuoco ‖ *balistica esterna*, studia il comportamento del proietto uscito dal vivo di volata ‖ **N.** ARMI.

balistico (pl. *-ci*) [da *balista*; a. 1786] **agg.** che si riferisce al lancio dei proiettili, alla balistica ‖ *perizia balistica*, procedura per mezzo della quale si accerta il calibro e la direzione del proiettile di un'arma da fuoco.

balistite [comp. di *balista* e *-ite*[2]; 1892] **sf.** polvere esplosiva da lancio composta da nitroglicerina e nitrocellulosa.

balivo [dal fr. ant. *baillif*; sec. XIII] **sm.** *T.stor.* nel Medioevo e nel Rinascimento, funzionario investito di poteri amministrativi e giudiziari.

bàlla[1] [dal fr. ant. *balle*; 1341] **sf.** quantità di merce avvolta in un telo o solo legata, gen. a forma di parallelepipedo per la spedizione e il trasporto: *balle di cotone, di paglia* ‖ *essere una balla di cenci*, detto di persona vestita male e rinfagottata ‖ *fig.* mucchio, abbondanza: *una balla di bugie, di spropositi* ‖ **N.** *Sin.* collo, fagotto, fardello, involto, pacco.

bàlla[2] [forse dal sett. *balla*, palla; 1845] **sf.** **1.** fandonia, bugia: *non credere a questa notizia, è una balla*; (*tutte*) *balle*, espr. volg. di dissenso o smentita ‖ *essere di balla*, intendersi, essere d'accordo, spec. per combinare affari poco onesti: *erano di balla a imbrogliarlo* **2.** *pop. sett. pl.* testicoli **3.** *region.* ubriacatura ‖ *avere la balla*, esser ubriaco ‖ **N.** **1.** *Sin.* menzogna **2.** *Sin.* sbronza.

ballàbile [da *ballare*; a. 1797] **agg.** *T.mus.* di musica adatta al ballo: *questo pezzo è ballabile*; anche **sm.**: *suona un ballabile.*

ballaménto [da *ballare*; a. 1698] **sm.** *iron.* l'atto del ballare.

ballàre [lat. tardo *ballāre*; 1313] **intr.** (aus. *avere*) **1.** muovere i piedi e il corpo secondo il ritmo della musica o del canto: *balla bene, male*; *ballare come un orso*, goffamente ‖ *far ballare qualcuno*, farlo agire secondo la propria volontà ‖ *prov. quando non c'è il gatto i topi ballano*, se non c'è controllo, tutti possono fare quello che vogliono **2.** *per estens.* muoversi scompostamente, agitarsi manifestando gioia o disappunto: *ballare dalla gioia, per l'impazienza* **3.** *per estens.* oscillare, traballare, vibrare: *i vetri non sono ben fissati, ballano nell'intelaiatura* ‖ di nave, rollare, beccheggiare: *la nave ha ballato tutta la notte* ‖ sobbalzare: *è una strada piena di buche: abbiamo ballato tutto il viaggio* ‖ *fig. ora si balla*, adesso arrivano le difficoltà **4.** di vestiti, essere largo: *dopo l'operazione i vestiti gli ballano addosso* ‖ **tr.** eseguire una danza: *ballare il valzer, il tango, la quadriglia* ‖ **N.** **1.** *Sin.* danzare, fare quattro salti **2.**

Sin. ballonzolare, riddare, saltellare | a cadenza, alla buona, a strattoni, a tempo, come vien viene, fuori tempo, senza garbo; guancia a guancia, stretti stretti. **Q.T.** *danza.*

ballast (ingl., pr. [ˈbæləst]) [propr. zavorra; 1874] **sm.** *inv. T.ferr.* il letto di ghiaia che serve per colmare e trattenere le traversine ferroviarie su cui posano le rotaie || **N.** *Sin.* massicciata.

ballàta [dal provenz. *balada*; 1294] **sf. 1.** *T.lett.* componimento poetico di origine popolare, originariamente accompagnato da musica, composto di varie stanze o strofe intercalate da un ritornello o ripresa || *ballata romantica,* componimento narrativo in versi a sfondo epico o fantastico originario del mondo anglosassone; in origine canto narrativo popolare in versi: *le ballate scozzesi* **2.** *T.mus.* componimento strumentale o vocale monodico tipico del periodo romantico: *le ballate di Chopin* || canzone di argomento sentimentale o narrativo di ritmo lento o moderato **3.** *non com.* giro di ballo || *dim.* ballatèlla, ballatétta, ballatina, ballatùzza. **Q.T.** *metrica.*

ballatóio (pl. *-ói*) [lat. *bellatōrius,* che concerne la guerra, poi galleria di combattimento (nelle grandi navi); a. 1400] **sm. 1.** balconata che gira attorno a un edificio esternamente o internamente || pianerottolo, terrazzino di disimpegno **2.** *T.mil. ant.* corridoio interno di una struttura fortificata **3.** sugli antichi velieri, passaggio sporgente attorno alla poppa e ai castelli **4.** *T.alp.* cengia sporgente **5.** *T.teatr.* passaggio sporgente attorno ai muri perimetrali del vano scenico.

ballerìna [da *ballerino*; a. 1492] **sf. 1.** colei che esercita l'arte della danza per professione: *prima ballerina* || *ballerina di fila,* nei corpi di ballo, artista che non ha parti da solista || *ballerina classica,* che esegue il balletto classico || *per estens.* donna che balla molto bene **2.** scarpetta bassa da donna simile a quelle usate dalle ballerine **3.** *T.zool.* cutrettola || *dim.* ballerinétta || **N. 1.** *Sin.* danzatrice | baiadera, corifea **2.** *Sin.* paperina. **Q.T.** *danza.*

ballerìno [da *ballare*; a. 1342] **I sm. 1.** chi balla per professione || *per estens.* chi balla molto bene: *nonostante gli anni è sempre un ottimo ballerino* || maestro di ballo || *ballerino da corda,* funambolo **2.** orchidea diffusa nella zona mediterranea, con foglie lanceolate, piccoli fiori gialli disposti a spiga e parte del calice simile a una figura umana **II agg.** che balla || *terra ballerina,* quella in cui sono frequenti i terremoti || *bomba ballerina,* ordigno usato nella prima guerra mondiale con impennaggio in tela || *asso ballerino,* nel poker, quello che in un gioco di coppie non viene scartato per puntare alla doppia coppia o per trarre in inganno gli altri giocatori || **N. 1.** *Sin.* danzatore. **Q.T.** *danza.*

ballestrìglia v. BALESTRIGLIA.

ballettàre (pres. *-étto*) [da *balletto*; 1919] **intr.** (aus. *avere*) *non com.* camminare saltellando nervosamente.

ballettìstico (pl. *-ci*) [da *balletto*; 1965] **agg.** relativo al balletto, proprio del balletto.

ballétto [da *ballo*; a. 1543] **sm. 1.** *T.mus.* composizione musicale adatta ad essere ballata: *i balletti di Stravinsky* **2.** azione scenica espressa per mezzo della danza o del mimo: *il balletto dello Schiaccianoci* **3.** *fig. iron. balletti rosa, verdi,* riunioni equivoche di adulti con giovinette o giovinetti **4.** corpo di ballo: *il balletto del XX secolo.*

ballìsta [da *balla*²; 1942] **s.** *pop.* chi racconta fandonie, bugie: *non credergli, è un ballista.*

bàllo [da *ballare*; 1312] **sm. 1.** movimento armonico dei piedi e del corpo secondo il ritmo della musica o del canto: *maestro di ballo, lezione di ballo* || *corpo di ballo,* insieme di ballerini che costituiscono una compagnia || *canzone a ballo,* ballata || in modi di dire *fig.*: *essere in ballo,* essere coinvolto; *mettere, tirare in ballo,* coinvolgere **2.** giro di danza: *parleremo durante il prossimo ballo* || tipo di danza: *ballo liscio, il samba è un ballo brasiliano* **3.** festa danzante: *il ballo delle debuttanti* **4.** balletto, azione scenica espressa per mezzo della danza o del mimo **5.** *fig.* serie di sobbalzi: *viaggiare su quella strada è un ballo ininterrotto* **6.** *T.med. ballo di San Vito,* malattia del sistema nervoso caratterizzata da contrazioni involontarie dei muscoli || *fig. avere il ballo di San Vito,* essere in continua agitazione. **Q.T.** *danza.*

ballon d'essai (fr., pr. [balɔ̃ deˈsɛ]) [letter. pallone di prova; 1916] **loc. m.** usata in it. come *sm.* **1.** palloncino che veniva lanciato in aria, prima dell'ascensione di un pallone aerostatico, per saggiare la direzione del vento **2.** *fig.* nel linguaggio politico e giornalistico, notizia di un fatto ancora in discussione o solo possibile, comunicata come certa per saggiare le reazioni dell'opinione pubblica.

ballonzàre (pres. *-ónzo*) [da *ballonzolare*; 1676] **intr.** (aus. *avere*) *raro* ballonzolare: *prèdica, ballonza e canta* (Carducci).

ballonzolàre (pres. *-ónzolo*) [da *ballonzolo*; a. 1665] **intr.** (aus. *avere*) **1.** ballare sgraziatamente **2.** *più com.* saltellare, muoversi saltellando; agitarsi: *nell'attesa ballonzolava senza scopo per la casa, le canne ballonzolavano al vento.*

ballonzolìo (pl. *-ii*) [da *ballonzolare*; 1953] **sm.** il ballonzolare continuo e ripetuto.

ballónzolo [da *ballo*; 1865] **sm.** balletto rustico e alla buona.

ballòtta¹ [forse da *balla*²; 1618] **sf.** castagna lessa, non sbucciata.

ballòtta² [da *balla*²; 1474 *ballocta*] **sf.** piccola palla usata nelle assemblee medievali per le votazioni.

ballottàggio (pl. *-gi*) [dal fr. *ballottage*; 1877] **sm. 1.** seconda votazione in cui il voto deve andare a uno dei due candidati che nella prima hanno ottenuto il maggior numero di voti **2.** *T.sport.* gara di spareggio per l'assegnazione di un titolo fra concorrenti giunti a pari merito. **Q.T.** *politica.*

ballottàre (pres. *-òtto*) [da *ballotta*; 1477] **tr.** mettere ai voti; sorteggiare || *lett.* agitare, sballottare: *ballottata dal rullio* (D'Annunzio).

ballottàta [da *ballottare*; 1879] **sf.** *T.sport.* figura di salto dell'equitazione d'alta scuola in cui le zampe anteriori del cavallo sono librate in aria e le posteriori hanno gli stinchi perpendicolari al terreno.

bàlma [voce di prob. orig. prelatina; 1919] **sf.** *region.* roccia sporgente || *per estens.* grotta, rifugio.

balneàbile [da *balneare*; 1974] **agg.** *T.bur.* adatto alla balneazione: *acque, spiagge balneabili.*

balneàre [dal lat. *balneārius*; a. 1931] **agg.** che riguarda i bagni: *stabilimento, stagione balneare* || *fig. T.pol. governo balneare,* governo provvisorio creato per risolvere una crisi ministeriale estiva e perciò destinato a sciogliersi alla normale ripresa delle attività parlamentari.

balneàrio (pl. *-ri*) [dal lat. *balneārius*; 1750] **agg.** *non com.* balneare.

balneazióne [da *balneare*; 1936 nel senso 2] **sf. 1.** *T.bur.* il fare il bagno in mare: *divieto di balneazione* **2.** effettuazione della balneoterapia.

bàlneo [dal lat. *balneus,* bagno; 1965] **sm.** nell'antichità greca e romana, edificio destinato al bagno.

bàlneo- [dal lat. *balneum,* bagno] **primo elem.** che, in parole composte dotte, vale "bagno".

balneoterapìa [comp. di *balneo-* e *terapia*; 1875] **sf.** *T.med.* idroterapia praticata mediante bagni in vasca, impacchi o docce || **N.** talassoterapia.

balneoteràpico (pl. *-ci*) [da *balneoterapia*; 1955] **agg.** proprio della balneoterapia, relativo alla balneoterapia: *cure balneoterapiche.*

baloccàre (pres. *-òcco, -òcchi*) [etim. inc.; a. 1712] **tr.** divertire con giochi e balocchi || **intr. pron.** divertirsi con balocchi || *per estens.* perdere il tempo, gingillarsi: *lavora, non baloccarti!, mi balocco con questo progetto da anni* || **N.** divertire, intrattenere, TRASTULLARE.

balòcco (pl. *-chi*) [da *baloccare*; a. 1665] **sm. 1.** giocattolo, trastullo per bambini: *un balocco meccanico* || *paese dei balocchi,* luogo immaginario in cui i bambini trascorrono il tempo giocando || *per estens.* passatempo **2.** *fig. non com.* persona sciocca, perdigiorno || *dim.* balocchìno, baloccùccio; *spreg.* baloccàccio || **N.** GIOCATTOLO.

baloccóne [da *balocco*; 1344] **sm.** (f. *-a*) *fam. tosc.* chi perde il tempo baloccandosi.

balògio (pl. *-gi*) [etim. inc.; 1618] **agg.** *tosc. non com.* fiacco, stordito || *fig. tempo balogio,* incerto, quando si dispone a piovere.

balordàggine [da *balordo*; 1559] **sf.** storditaggine || *concr.* detto o atto di balordo.

balórdo [dal fr. *balourd*; a. 1400] **I agg. 1.** sciocco, stordito: *un tipo balordo* || senza senso, assurdo: *idee balorde* **2.** che non promette nulla di buono: *affare, tempo balordo* || **balordaménte** **avv.** **II sm.** (f. *-a*) **1.** persona sciocca, stordita **2.** *gerg.* malvivente || **N. I 1.** *Sin.* allocco, babaccione, babbeo, grullo, intontito, intronato, sciocco, stordito.

balordóne [da *balordo*; 1865 nel senso 2] **sm. 1.** *T.vet.* sindrome frequente negli equini caratterizzata da manifestazioni nervose cerebro-spinali e da grave ittero **2.** *region.* colpo apoplettico || giramento di testa.

bàlsa [da una voce indigena, attr. lo sp. *balsa*; 1955] **sf.** albero delle Bombacee, diffuso nell'America centro-meridionale, che fornisce un legno, più leggero del sughero, usato per la costruzione di galleggianti e nel modellismo.

balsamèlla v. BESCIAMELLA.

balsàmico (pl. *-ci*) [da *balsamo*; a. 1715] **I agg.** che si riferisce a un balsamo, che ha le qualità d'un balsamo || *per estens.* aromatico, odoroso, profumato: *aceto balsamico* || *aria balsamica,* purissima **II sm.** prodotto che ha le stesse proprietà curative del balsamo || **N. I** *Sin.* aromatico, profumato, salubre, salutare.

balsamìna [dal gr. *balsaminē*; 1550] **sf.** *T.bot.* **1.** pianta erbacea delle Balsaminacee con fiori doppi di vari colori e frutto che raggiunta la maturità si apre scagliando lontano i semi **2.** nome generico di diversi vitigni.

Balsaminàcee [comp. di *balsamina* e *-acee*; 1930] **sf. pl.** *T.bot.* famiglia di piante dicotiledoni, tra cui la balsamina.

balsamìno [da *balsamina*; 1820] **sm.** varietà di vite diffusa nelle Marche e nell'Emilia, che dà uva nera e dolce.

bàlsamo [dal lat. *balsamum,* gr. *bálsamon*; a. 1294 *balsimo*] **sm. 1.** sostanza resinosa secreta da alcune piante, che viene utilizzata come medicinale || *balsamo artificiale,* estratto di acidi aromatici, impiegato in farmacologia **2.** *per estens.* qualsiasi olio o sostanza aromatica dotata di capacità lenitive || *fig. non com.* cibo o bevanda profumata e di squisito sapore: *questo vino è un balsamo* **3.** *fig.* conforto, lenimento, sollievo: *quelle parole furono per lui un vero balsamo* || **N. 1.** *Sin.* resina; unguento.

bàlta [etim. inc.; a. 1588] **sf.** *tosc.* usato solo nelle loc. *dar balta, dar la balta,* rovesciarsi, ribaltare || in modi di dire *fig.*: *ti dà balta il cervello!,* sei ammattito; *dar la balta ai denari,* sperperarli.

bal tabarin (fr., pr. [bal tabaˈrɛ̃]) [comp. di *bal,* ballo e *tabarin*; 1942] **sm.** *inv. disus.* locale notturno da ballo; tabarin || **N.** *Sin.* night-

-club.

bàlteo [dal lat. *balteum*; 1340] **sm.** **1.** *T.mil.* cintura che i soldati romani portavano a tracolla per appendervi la daga || *per estens.* qualsiasi fascia portata allo stesso modo **2.** *T.teatr.* negli anfiteatri romani, gradino che separava i sedili dell'ordine equestre da quelli dei semplici cittadini **3.** *T.arch.* nei capitelli ionici, fasciatura che cinge il mezzo della voluta || **N. 1.** *Sin.* armacollo, bandoliera, tracolla.

bàltico (pl. *-ci*) [dal n. geogr. Mar *Baltico*; 1950] **agg.** che si riferisce ai paesi ed alle popolazioni che si affacciano sul mar Baltico: *paesi baltici* || *lingue baltiche*, gruppo di lingue autonomo della famiglia indoeuropea cui appartengono il lituano e il lettone.

baltoslàvo [comp. di *balt(ic)* o e *slavo*; 1955] **agg.** *T.ling.* relativo al gruppo linguistico costituito dalle lingue baltiche e dalle lingue slave.

baluàrdo [dal fr. ant. *baloart*; a. 1535] **sm.** bastione, in part. quello che è costituito da ognuno dei quattro angoli della fortezza || *fig.* riparo, difesa: *la ragione è l'ultimo baluardo dell'uomo*; ostacolo || **N.** *Sin.* bastia; sostegno; impedimento.

balùba [n. bantu della tribù (*luba*) con il pref. del pl. (*ba*); 1930] **I agg. inv.** di una popolazione di lingua bantu dislocata nel Congo meridionale e nel Katanga **II s. inv.** appartenente al popolo baluba.

baluginaménto [da *baluginare*; 1909] **sm.** il baluginare.

baluginàre (pres. *-ùgino*) [etim. inc.; a. 1756] **intr.** (aus. *essere*) apparire e sparire velocemente, come un baleno: *la sagoma del falco baluginò sulla parete rocciosa e scomparve* || vedere o apparire incertamente: *tra le nebbie baluginò la sagoma del mostro* || *fig.* affacciarsi alla mente: *mi baluginò una idea improvvisa* || **N.** *Sin.* balenare.

baluginìo (pl. *-ìi*) [da *baluginare*; a. 1887] **sm.** chiarore tenue e intermittente || *fig.* barlume.

balùmina [dal lat. *volūmen, -inis*, attr. lo sp. *baluma*; 1937] **sf.** *T.mar.* l'ultimo telo verso poppa della vela latina. **TAV.** ***vela* p. 1342** 1.20.

bàlza [lat. *baltea*, pl. di *balteum*, cintura; 1325 ca.] **sf.** **1.** luogo scosceso e dirupato || tratto pianeggiante che si interrompe con un dirupo roccioso **2.** orlo, fascia di tessuto posta come ornamento e rinforzo di abiti, tende, tappeti ecc. **3.** zoccolo inferiore delle pareti **4.** balzana.

balzàna [dal fr. ant. *baucen(t)*; sec. XV] **sf.** **1.** striscia di peli bianchi posta sopra lo zoccolo di certi cavalli **2.** orlo di abiti, balza **3.** *T.arald.* arma col campo tagliato per traverso, d'un colore sopra e un altro sotto.

balzàno [da *balzana*; 1153] **agg.** di cavallo, che ha le balzane || *fig.* bizzarro, strambo: *cervello balzano*.

balzàre [lat. volg. **balteāre*, da *baltea*, balza, dirupo; 1481] **intr.** (aus. *essere* e *avere*) **1.** fare un balzo, saltare: *è balzato in sella, la palla non ha balzato bene* || muoversi velocemente e repentinamente: *balzai in piedi, sull'autobus in corsa* || sussultare: *dallo spavento il cuore mi balzò in petto* **2.** risaltare con evidenza: *dalle deposizioni dei testimoni balza chiara la verità, mi balzò in mente un'idea nettissima* || **tr.** *non com.* scagliare: *il cavallo lo balzò di sella* || **N. intr. 1.** *Sin.* palpitare, rimbalzare | **tr.** *Sin.* sbalzare.

balzellàre (pres. *-èllo*) [da *balzello*; sec. XV] **intr.** (aus. *essere* e *avere*) procedere a piccoli balzi: *la lepre veniva balzellando* || **tr.** *tosc.* cacciare la selvaggina al balzello || *fig.* rif. a persona: *balzellare uno*, appostarlo || **N.** ballottare, balzare, SALTELLARE.

balzèllo[1] (*dim.* di *balzo*) [1688] **sm.** **1.** saltello **2.** appostamento per cacciare la selvaggina: *pigliare, cogliere a balzello*; anche *fig.* rif. a persona: *lo hanno colto a balzello*.

balzèllo[2] [prob. dim. di *balzo*, salto, forse nel senso di imposta che colpisce a balzi imprevedibili; a. 1449] **sm.** tributo eccessivo e arbitrario || **N.** *Sin.* IMPOSTA, TASSA.

balzellóni [da *balzello*[1]; a. 1665] **avv.** a balzi e saltelli: *camminare balzelloni* || nella *loc. avv. a balzelloni*, a sbalzi.

bàlzo[1] [da *balzare*; 1508] **sm.** **1.** salto che un corpo elastico fa dopo aver colpito una superficie: *la pallina balzò in modo imprevedibile e uscì dalla finestra* || *fig. aspettare, cogliere la palla al balzo*, attendere, approfittare dell'occasione propizia **2.** guizzo repentino: *con un balzo sfuggì agli inseguitori* || sussulto: *ebbe un balzo al cuore* **3.** *fig.* rapido progresso: *la tecnica ha fatto balzi da gigante negli ultimi 50 anni* || *dim.* balzèllo.

bàlzo[2] [lat. *balteum*; 1313] **sm.** **1.** balza, gradino che interrompe uno scoscendimento **2.** *T.mar.* ponticello pensile per lavori di manutenzione fuoribordo **3.** *ant.* orlo, fascia, guarnizione.

bambàgia (pl. *-gie*) [lat. *bambăgium*, gr. *bámbaks, bambákion*; sec. XIV] **sf.** **1.** cascame della filatura del cotone || cotone in fiocchi non filato || nei modi di dire *fig.*: *stare nella bambagia*, protetto ed accudito; *allevare nella bambagia*, con troppo riguardo **2.** *T.bot.* pianta delle Composite con foglie con il rovescio cotonoso e fiori grigio-bianchi || **N.** cotone, OVATTA.

bambagìna [da *bambagia*; 1549 *bambasina*] **sf.** tela di bambagia.

bambagìno [da *bambagia*; a. 1348] **agg.** di bambagia, fatto di bambagia: *tela bambagina*.

bambagióna [da *bambagia*; 1881] **sf.** *T.bot.* erba delle Graminacee dalle foglie cotonose e fiori in pannocchia || **N.** *Sin.* bozzolina, fieno bianco.

bambagióso [da *bambagia*; a. 1597] **agg.** morbido come bambagia.

bambàra [dallo sp. *bambarria*, caso, fortuna (al gioco); 1734] **sf.** *tosc.* *T.gioc.* gioco di carte molto simile alla primiera.

bamberòttolo [da *bambo*; a. 1400] **sm.** (f. *-a*) *non com.* bambino non tanto piccolo e grassoccio || persona che si comporta in modo infantile || **N.** *Sin.* bamboccio, BAMBINO.

bambinàggine [da *bambino*; 1817] **sf.** azione o comportamento da bambino, ingenuità, sciocchezza || **N.** *Sin.* bambinata, bambineria, bambocciata, fanciullaggine, puerilità, ragazzata.

bambinàia [da *bambino*; 1855] **sf.** donna stipendiata addetta alla cura ed al servizio di bambini || **N.** *baby sitter*, balia, balia asciutta, governante, *nurse*; istitutrice.

bambinàio (pl. *-ài*) [da *bambino*; 1865] **sm.** uomo che si prende cura dei bambini, che vuole assai bene ai bambini e che gioca volentieri con loro.

bambinàta [da *bambino*; a. 1704] **sf.** azione, comportamento ingenuo da bambini || **N.** *Sin.* bambinaggine.

bambineggiàre (pres. *-éggio*) [da *bambino*; 1922] **intr.** (aus. *avere*) dire o far cose da bambini; comportarsi come si comporterebbe un bambino || **N.** *Sin.* pargoleggiare.

bambinèllo (*dim.* di *bambino*) [a. 1694] **sm.** **1.** (f. *-a*) bambino piccolo **2.** *per anton.* Gesù Bambino.

bambinerìa [da *bambino*; a. 1694] **sf.** cosa o comportamento da bambini.

bambinésco (pl. *-schi*) [da *bambino*; 1858] **agg.** ingenuo, puerile, gen. in senso spreg.: *ragionamenti bambineschi*.

bambìno [da *bambo*; a. 1527] **I sm.** (f. *-a*) **1.** essere umano in un'età compresa tra la nascita e gli otto/dieci anni: *educare, allevare, accudire un bambino* || *per anton. il Bambino, il Bambinello*, Gesù Bambino, e la statua che lo rappresenta nel presepe || *bambino prodigio*, quello che dà prova di una particolare attitudine in attività di solito riservate a persone di età più matura || *gioco da bambini*, cosa estremamente facile, banale **2.** *per estens.* ragazzo || *iron.* adulto che si comporta come un bambino: *hai trent'anni e sei un bambino* **3.** figlio: *ha due bambini* || *aspettare un bambino*, essere incinta || *avere un bambino, fare un bambino*, partorire **II agg.** (sempre posposto) molto giovane: *sposa bambina* || *per estens.* ingenuo, immaturo: *un comportamento bambino* || in embrione: *una cultura bambina* || *vezz.* bambinèllo, bambinùccio, bambinétto, bambinettìno; *accr.* bambinóne; *spreg.* bambinàccio || **N.** bimbo, creatura, fanciullo, fantolino, frugolino, infante, innocente, lattante, marmocchio, neonato, pargoletto, piccino, ragazzo | chiacchierino, delicatino, grassoccio, minutino, paffuto, vispo | allattamento, dentizione, educazione, sviluppo, vaccinazione | cinguettare, fare capricci, fare le bizze, frignare, piangere, ruzzare, sgambettare, strillare, vagire, zampettare, | balocco, bavaglino, *biberon*, box, carrozzina, corredino, culla, girello, ninnananna, pannolino, passeggino, seggiolone, tettarella, vestitino | asilo d'infanzia, asilo nido | fanciullezza, infanzia, puerizia | allattare, cullare, darla vinta, divezzare, fasciare, ninnare, portare in braccio, portare in collo, sfasciare, svezzare | atrepsia, difterite, eclampsia, lattime, morbillo, mughetto, rachitismo, rosolia, scarlattina, scrofola, varicella | pedagogia, pediatria; pediatra, puericultrice.

bambinóne (*accr.* di *bambino*) [1865] **sm.** (f. *-a*) **1.** bambino robusto e grassoccio **2.** *fig.* persona adulta che si comporta come un bambino; persona molto ingenua.

bàmbo [di orig. onom.; sec. XIII] **I agg.** *lett. ant.* bambinesco, puerile; sciocco **II sm.** (f. *-a*) **1.** *ant.* bambino **2.** persona sciocca.

bambocceria [da *bamboccio*; a. 1566] **sf.** *raro* bambocciata.

bambocciànte [da *Bamboccio*, soprannome del pittore fiammingo Peter van Leer; 1962] **sm.** pittore seguace della maniera e della tematica del Bamboccio.

bambocciàta [da *bamboccio*; a. 1696 nel senso 2; 1750 nel senso 1] **sf.** **1.** cosa, azione sciocca, da bamboccio **2.** stile di pittura seicentesco di impianto realistico e di ambiente popolaresco ispirato allo stile del pittore olandese Peter van Leer, detto il Bamboccio || **N. 1.** *Sin.* bambinaggine, bamboccio.

bambòccio (pl. *-ci*) [da *bambo*; 1545 nel senso 3; a. 1609 nel senso 1] **sm.** (f. *-a*, pl. *-ce*) **1.** bambino grassoccio e vispo **2.** uomo goffo, semplicione, sciocco **3.** fantoccio fatto di cenci o altro || *dim.* bamboccìno; *accr.* bambocciόne; *vezz.* bamboccióttο.

bàmbola [dal tosc. *bamba*, fantoccio di stracci; 1618] **sf.** **1.** giocattolo di vario materiale a forma di bambina o di donna: *bambola di pezza, vestire la bambola* **2.** donna bella ma inespressiva: *è bella, ma pare una bambola* || donna di una bellezza vistosa: *che bambola!* **3.** *T.sport.* intontimento dovuto a stanchezza e sforzo eccessivo: *avere la bambola, andare in bambola* || *dim.* bambolìna; *accr.* bambolóne || **N. 1.** *Sin.* bamboccio, fantoccio, pupazzo **2.** *Sin.* pupa **3.** *Sin.* cotta.

bamboleggiaménto [da *bamboleggiare*; 1910] **sm.** atto ed effetto del bamboleggiare.

bamboleggiàre (pres. *-éggio*) [da *bambola*; fine sec. XIII] **intr.** (aus. *avere*) **1.** comportarsi in modo infantile: *invece di assumersi le sue responsabilità, bamboleggia* **2.** comportarsi in modo lezioso || **N. 1.** *Sin.* bambineggiare, pargoleggiare, trastullarsi.

bambolifìcio (pl. *-ci*) [comp. di *bambola* e *-fi-*

cio; 1955] **sm.** fabbrica, laboratorio in cui si costruiscono bambole.

bambolìna (*dim.* di *bambola*) [a. 1556 nel senso 2] **sf.** **1.** piccola bambola **2.** bambina o ragazza che sembra una bambola.

bambolòtto [da un disus. *bambolo*; 1952] **sm.** **1.** giocattolo a forma di bambino **2.** bambino grassoccio.

bambù [prob. da una lingua indiana, attr. il port. *mambu*; 1585] **sm.** *inv.* **1.** nome generico di varie piante delle Graminacee con fusto legnoso, nodoso e spesso cavo, foglie lineari e infiorescenze a pannocchia: *un boschetto di bambù* **2.** il fusto nodoso di tali piante che per le sue caratteristiche di elasticità e robustezza viene usato come materiale per la fabbricazione di oggetti disparati: *mobili di bambù*.

bambuṣàia [dal disus. *bambusa*, bambù; 1942] **sf.** campo di bambù.

banàle [dal fr. *banal*, 1877] **agg.** **1.** comune, privo di originalità e interesse, convenzionale || di poco conto: *un banale incidente* **2.** *in part.* *T.mat.* *soluzione banale di un'equazione* (o *di un sistema di equazioni algebriche o differenziali*), soluzione di immediata evidenza, o priva di significato o di interesse, o immediata in base a quanto già noto in precedenza || *T.mat.* *sistema, teoria banale*, in cui ogni proposizione formulabile è vera || **banalménte** **avv.** || **N.** *Sin.* **1.** ovvio, trito, triviale | *Contr.* originale.

banalità [dal fr. *banalité*; 1886] **sf.** trivialità, insulsaggine: *la banalità delle sue affermazioni è sconcertante* || *concr.* cosa banale: *è capace di scrivere solo banalità*.

banaliẓẓàre [da *banale*; 1966] **tr.** **1.** rendere banale, togliere il significato peculiare; svilire: *banalizzare un problema* **2.** *T.ferr.* attrezzare una linea ferroviaria a più binari in modo che su ogni binario sia possibile la circolazione nei due sensi di marcia.

banaliẓẓazióne [da *banalizzare*; 1970] **sf.** atto o effetto del banalizzare || *T.filol.* trivializzazione.

banàna [da una voce indigena della Guinea, attr. il port. *banana*; 1591] **sf.** **1.** frutto del banano: *un casco di banane*; *sbucciare una banana* || *pettinatura a banana*, modo di acconciare i capelli in un rotolo allungato **2.** *T.elettr.* tipo di spina unipolare per collegamenti provvisori.

banana split (ingl., pr. [bə'nɑːnə ˌsplɪt]) [comp. di *banana*, banana e *split*, divisione, spaccatura; 1983] **sf.** *inv.* dolce freddo realizzato con una banana tagliata a metà per il senso della lunghezza, ricoperta di gelato, liquore, panna montata e nocciole tritate.

bananéto [da *banana*; 1942] **sm.** terreno coltivato a banani; piantagione di banani.

bananicoltóre [comp. di *banana* e *-coltore*; 1955] **sm.** (f. *-trice*) coltivatore di banane.

bananicoltùra [comp. di *banana* e *coltura*; 1942] **sf.** la coltivazione delle banane.

bananièra [da *banana*; 1937] **sf.** nave adibita al trasporto delle banane.

bananièro [da *banana*; 1802 come sm.] **I** **agg.** che riguarda la coltivazione ed il commercio delle banane **II** **sm.** (f. *-a*) coltivatore, commerciante di banane.

banàno [da *banana*; 1865] **sm.** pianta tropicale delle Musacee alta fino a cinque/sei metri con falso tronco costituito dalle basi delle foglie inguainate una sull'altra e terminate con un ciuffo frondoso in mezzo al quale si producono prima i fiori poi i frutti mangerecci, oblunghi, gialli, raccolti in caschi.

banàto [da *bano*; 1905] **sm.** dignità di governatore militare (bano), in certe province dell'Ungheria e presso certi popoli slavi || *concr.* le province governate da tale funzionario.

banàuṣico (pl. *-ci*) [attr. il ted. *banausisch*, dal gr. *banausikós*, di artigiano; 1955] **agg.** *lett.* detto di arte esclusivamente meccanica || *per estens.* detto di cosa che miri esclusivamente all'utile.

bànca [da *banco*; a. 1665] **sf.** **1.** istituto di credito dove si compiono le operazioni di deposito, prestito e trasferimento di denaro: *funzionario di banca* || *biglietto di banca*, banconota emessa da una banca autorizzata a stampare carta moneta || *banca popolare*, istituto di credito che sostiene le attività artigianali: *la banca popolare di Novara* || *concr.* l'edificio che ospita un istituto di credito: *dopo il semaforo c'è una banca* **2.** *per estens.* istituto per la conservazione di tessuti e organi del corpo umano da impiegare per trapianti, trasfusioni e sim.: *banca del sangue, degli occhi* **3.** *T.inform.* *banca (di) dati*, archivio di informazioni omogenee, relative a un dato campo concettuale, classificate in modo da rendere facile la consultazione da parte degli utenti **4.** *T.stor.* suprema magistratura medievale in varie città italiane **5.** *ant.* panca, banco || *in part.* tavola e registro per l'arruolamento dei soldati **6.** terrapieno a gradinate per il sostegno di argini. **Q.T.** *banca.*

bancàbile [da *banca*; 1905] **agg.** di cambiale che può essere scontata presso una banca.

bancabilità [da *bancabile*; 1955] **sf.** l'essere bancabile.

bancàle [dal lat. mediev. *bancālis*; sec. XIII-XV] **sm.** *non com.* **1.** sedile in legno lungo e stretto **2.** drappo riccamente lavorato usato per ricoprire i banchi delle chiese nelle occasioni solenni **3.** telaio, gen. in ghisa, su cui si fissano tutti gli elementi mobili di una macchina utensile.

bancarèlla o **bancherèlla** [da *banca*; 1918] **sf.** banco o carretto di venditori ambulanti: *una bancarella di libri*.

bancarellìsta [da *bancarella*; 1935] **s.** chi vende libri sulle bancarelle.

bancàrio (pl. *-ri*) [da *banca*; a. 1566] **I** **agg.** che riguarda la banca: *credito, sconto bancario* **II** **sm.** (f. *-a*) impiegato di banca: *il contratto di lavoro dei bancari*. **Q.T.** *banca.*

bancarótta [comp. di *banca* e il pps. di *rompere*; 1598] **sf.** fallimento, insolvenza colposa o dolosa di un imprenditore nei confronti dei creditori || *bancarotta fraudolenta*, che compor-

BANCA

VARIE SPECIE: istituto di credito (agrario, commerciale, fondiario, immobiliare, industriale, mobiliare), istituto di emissione, banca (agricola, cooperativa, fondiaria, mista, popolare, nazionale, internazionale, di sconto), banco, cassa di risparmio, monte, monte dei pegni, monte di pietà, cassa depositi e prestiti; sede centrale, filiali o succursali, agenzie.

OPERAZIONI BANCARIE: anticipazioni su documenti o su merci o su preziosi, cambio (alla pari, a pronti, a termine, diretto, indiretto, sopra o sotto la pari), cassetta di sicurezza, compravendita di titoli e valori, conto corrente (correntista, tenutario; accendere, aprire, chiudere, saldare), corso dei cambi (favorevole, sfavorevole, sopra la pari, sotto la pari), depositi (a conto corrente, al portatore, amministrativi, aperti, a risparmio, chiusi, fruttiferi, infruttiferi, liberi, nominativi, vincolati), deposito e custodia dei titoli, emissione di lettera di credito, emissione di vaglia cambiari e assegni (bancario, circolare, non trasferibile, sbarrato, *traveller's cheque*), fideiussione, finanziamento, incasso (di effetti cambiari, di fatture, di mandati, di quietanze), operazioni di Borsa, prestito, quotazione (di chiusura, di apertura), sconto (di buoni del Tesoro, di cambiali, di cedole, di note di pegno o *warrant*), sovvenzione, tramutamento dei titoli, tratte sull'estero; bancomat, cassa continua.

UFFICI BANCARI: contabilità centrale, contenzioso, direzione centrale, segreteria, ufficio borsa, ufficio cassa, ufficio conti correnti, ufficio controllo sedi, ufficio corrispondenza, ufficio di credito fondiario, ufficio elaborazione dati, ufficio immagine e pubblicità, ufficio ispezioni, ufficio personale, ufficio portafoglio, ufficio spedizioni, ufficio sviluppo, ufficio tecnico, ufficio titoli.

PERSONE: agente di cambio, banchiere, bancario, cambiavalute, cassiere, computista, contabile, direttore, dirigente, funzionario, impiegato, presidente, procuratore, ragioniere, scontista; comitato di sconto, sindacato bancari; cedente, cessionario, cliente, correntista, corrispondente, depositante, facilitato.

TERMINI BANCARI E DEL MONDO DEGLI AFFARI: abbuono, accettazione (domiciliata, documentaria), accreditamento, accumulazione, addebitamento, *affidavit*, aggio, aggiotaggio, ammortamento, apporto, arbitraggio, azione, bancabile (cambiale), bancogiro, banconota, biglietto di banca (corso legale, corso forzoso, riserva metallica), bilancio, *blue chips*, bollati-fissati, bonifico, borderò, brevità collaterale, buoni del Tesoro, caratura, cartella di rendita (cedola), cassetta di sicurezza, castelletto, cessione del quinto, *chèque*, circolazione, clausola-oro, *clearing*, compensazione, conto di ritorno, conversione, convertibilità, copertura, corrispondenti (attivi, passivi), credito, debito pubblico (consolidato, fluttuante, redimibile), decurtazione, deficit, del credere, deporto, deputazione di Borsa, disaggio, disponibilità, dividendo, divisa estera, divisionale, *dossier*, effetto, emissione (pubblica, privata), esigibilità, *export-import*, estratto (di) conto, fabbisogno di cassa, facilitazione, fido, fissato bollato, fluttuazione, frutti, giacenza, girata, impiego, incasso, interesse (*a forfait*, composto, netto, semplice; convenzionale, legale), intervento, investimento, lettera di credito, levata, libretto di assegni (*carnet*), libretto di risparmio (nominativo, vincolato), liquidazione, liquidità, listino dei prezzi, livellamento dei cambi, massimale, mediatore, moneta (bimetallismo, monometallismo; diritto di conio, taglio monetario, titolo, valore commerciale, valore legale, valore reale o intrinseco; perdita, premio), mora, mutuo, ordini di banca, oscillazione del cambio, pagherò, pareggio, parità, portafoglio, prelevamento, premio d'emissione, prima nota di cassa, profitti e perdite, protesto, realizzo, rialzista, rialzo, ribassista, ribasso, rimessa, rinnovo, riporto, risconto, riscontrata, rivalsa, saggio, saldo, scadenza, scadenziario, sconto (scontante, scontatario), scoperto, settorista, sindacato di Borsa, sofferenza, spezzati, stanza di compensazione, tagliando, taglio spezzato, tasso di sconto (libero, normale, ridotto, ufficiale), termine, titoli (privati, pubblici; all'ordine, al portatore, fiduciari, negoziabili, nominativi), tratta (traente, trassato), utilizzo, vaglia bancario, vaglia cambiario, valori, valuta, verifica di cassa, versamento, *warrant* o nota di pegno.
(V. anche quadro terminologico COMMERCIO E CONTABILITÀ).

ta dolo || *fig.* insuccesso, fallimento di un'iniziativa o un progetto.

bancarottière [da *bancarotta*; 1723] **sm.** (f. *-a*) chi fa bancarotta.

bancherèlla v. BANCARELLA.

banchettànte (*ppr.* di *banchettare*) [1723] **s.** chi siede a banchetto: *i banchettanti* || **N.** *Sin.* commensale, convitato, conviviale.

banchettàre (pres. *-étto*) [da *banchetto*; a. 1529] **intr.** (aus. *avere*) far banchetto, intrattenersi a banchetto || *per estens.* mangiare lautamente || **N.** *Sin.* convitare, pranzare, tener corte bandita, tener tavola.

banchettatóre [da *banchettare*; a. 1803] **sm.** (f. *-trìce*) persona che banchetta.

banchétto [da *banco*; 1542 nel senso 2] **sm.** **1.** pranzo solenne cui prendono parte numerose persone: *banchetto di nozze* **2.** bancarella || **N.** **1.** *Sin.* agape, bisboccia, convito, convivio, epula, simposio | lauto, nuziale, politico, principesco | anfitrione, convitato, simposiarca.

banchière [da *banca*; 1211] **sm.** (f. *-a*) **1.** chi è compartecipe nella proprietà o nella gestione di un istituto di credito **2.** chi in vari giochi tiene il banco || **N.** **1.** banca. **Q.T.** *banca.*

banchiglia (pl. *-glie*) [da *banchisa*, con cambio di suff.; 1905] **sf.** banchisa.

banchina [da *banca*; 1889] **sf.** **1.** massicciata attrezzata per l'attracco di imbarcazioni; fiancheggia il molo e rende possibile le operazioni di carico e scarico **2.** marciapiede rialzato delle stazioni ferroviarie || sentiero che fiancheggia i binari, utilizzato per operazioni di manutenzione e sorveglianza **3.** *per estens.* parte marginale di una strada destinata alla circolazione di biciclette e pedoni: *banchina non transitabile* **4.** *ant.* terrapieno posto dietro il parapetto di una fortificazione da cui i soldati facevano fuoco **5.** *T.edil.* struttura di rinforzo di un muro || **N.** **1.** argine, molo, piano caricatore. **Q.T.** *porto* **TAV.** *porto* 3.18.

banchinàggio (pl. *-gi*) [da *banchina*; 1955] **sm.** *T.edil.* insieme di banchine di un'armatura provvisoria.

banchinaménto [da *banchina*; 1955] **sm.** sistemazione a gradoni di un terreno posto in pendio || **N.** *Sin.* gradonamento, terrazzamento.

banchiṣa [dal fr. *banquise*; a. 1917] **sf.** superficie di ghiaccio galleggiante che copre il mare nelle regioni polari.

banchista [da *banca*; 1962] **s.** chi serve i clienti al banco di vendita || **N.** *Sin.* banconiere, banconista.

bànco (pl. *-chi*) [dal francone **bank*; 1321] **sm.** **1.** sedile di forma allungata con o senza schienale: *banco degli imputati* || *banco di scuola*, fornito di scrittoio || *banco di chiesa*, con inginocchiatoio || seggio di un'assemblea: *i banchi di Montecitorio* **2.** tavolo di lavoro: *il banco del falegname* || *banco di prova*, insieme di attrezzature che permettono il collaudo di apparecchiature; anche *fig.*: *l'applicabilità sarà il banco di prova delle tue teorie* || *banco di manovra*, il piano dei comandi per la regolazione e il funzionamento di una macchina, un impianto e sim. **3.** tavolo di vendita: *esporre la merce al banco*, *prendere il caffè al banco*, senza sedersi || *vendere sotto banco*, di nascosto, nonostante eventuali proibizioni o razionamenti **4.** istituto di credito, banca: *banco di Napoli* **5.** locale dove vengono prestati particolari servizi: *banco dei pegni*, dove si presta danaro sulla garanzia di un deposito di oggetti vari; *banco del lotto*, botteghino dove è possibile giocare al lotto **6.** in diversi giochi d'azzardo, il giocatore che distribuisce le carte, paga le vincite e riscuote le somme perdute: *il banco vince*, *far saltare il banco* || *tener banco*, monopolizzare l'attenzione, condurre il gioco: *tiene banco in tutte le dispute* **7.** *T.geol.* stratificazione rocciosa con particolari caratteristiche distintive: *un banco di carbon fossile* **8.** ammasso di vari elementi con grande estensione orizzontale: *banco di nebbia*, strato nebbioso all'altezza del suolo; *banco di sabbia*, bassofondo sabbioso; *banco di ghiaccio*, banchisa; *banco corallino*, colonia di coralli tipica dei mari tropicali; *banco di pesci*, grande quantità di pesci che nuotano insieme || **N.** **1.** *Sin.* cassapanca, panchetto, pancone, scanno, sedia, sedile **3.** *Sin.* bancone. **TAV.** *chiesa* 1.11.

bancogiro [comp. di *banco* e *giro*; 1630] **sm.** *T.banc.* trasferimento di una somma da un conto a un altro senza spostamento materiale di denaro.

bàncomat ® [prob. comp. di *banc(a aut)omat(ica)*; 1983] **sm. inv.** *T.banc.* servizio continuo di sportelli automatici che consente alla clientela delle banche aderenti al sistema di prelevare contanti e compiere altre operazioni in qualsiasi ora della giornata, mediante una tessera magnetica personalizzata || la tessera magnetica stessa.

bancóne [da *banco*; a. 1306] **sm.** **1.** tavolo da lavoro: *bancone da falegname* **2.** banco di composizione tipografica **3.** lungo banco chiuso fino a terra che in certi esercizi pubblici separa il pubblico dagli impiegati **4.** *ant.* scrittoio.

banconière [da *banca*; 1942] **sm.** (f. *-a*) *non com.* banchista.

banconista [da *banco*; 1942] **s.** chi serve i clienti al banco di vendita.

banconòta [dall'ingl. *bank-nota*, nota di banco; 1849] **sf.** biglietto di banca. **Q.T.** *banca.*

bancopòsta [comp. di *banco* e *posta*; 1983] **s. inv.** deposito o trasferimento di denaro effettuato dagli uffici postali.

band (ingl., pr. [bænd]) [letter. banda (musicale); 1950] **sf. inv.** orchestra jazz o da ballo costituita prevalentemente da strumenti a fiato e a percussione.

bànda¹ [dal provenz. ant. *banda*, lato; 1313] **sf.** **1.** *lett.* parte, lato: *dalla banda di fuori*, *accorse gente da tutte le bande*, *lasciar da banda*, *passar da banda a banda* || *scherz.* *che fai da queste bande?*, che fai da queste parti? **2.** *T.mar.* ciascuno dei due lati di una nave || *timone alla banda*, alla massima inclinazione **3.** battente: *uscio a due bande* **4.** ala di una rete da pesca.

bànda² [dal fr. ant. *bende*, *bande*; a. 1348] **sf.** **1.** striscia di colore contrastante con quella del fondo: *una casacca a bande gialle su sfondo nero* || striscia di tessuto applicata a un abito: *calzoni con le bande rosse* **2.** *T.arald.* striscia di colore diverso da quello del campo, che attraversa diagonalmente lo scudo **3.** drappo ornato di disegni ed emblemi che attaccato ad un'asta viene portato in processione **4.** fascia a tracolla **5.** *T.fis.* lo spettro a fascia di un gas || *banda di frequenza*, serie di onde elettromagnetiche comprese tra un minimo e un massimo || *banda di valenza*, campo di energia dello spettro di un cristallo solido costituito dall'energia degli elettroni che intervengono nei legami atomici del cristallo stesso **6.** *T.inform.* *banda perforata*, nastro su cui i dati sono registrati per perforazione **7.** *T.cin.* *banda sonora*, la colonna sonora di un film **8.** *T.biol.* in citologia, ciascuna delle strisce di colore contrastante messe in evidenza sul cromosoma mediante la tecnica del bandeggio, corrispondenti a diversa distribuzione di DNA e proteine. **Q.T.** *cinematografia, fisica* **TAV.** *bandiere* 2.2; ***araldica*** **p. 645** 3.15.

bànda³ [dal fr. *bande*, stendardo; a. 1555] **sf.** **1.** *ant.* striscia di drappo che distingueva le milizie di uno stato da quelle di un altro **2.** compagnia di soldati || reparto militare costituito da volontari: *bande partigiane* || masnada di briganti, gruppo organizzato di malviventi || *banda armata*, gruppo di persone armate e organizzate allo scopo di commettere delitti contro lo stato || *scherz.* gruppo di ragazzi, allegra compagnia di amici **3.** *banda musicale*, compagnia di suonatori di strumenti a fiato e a percussione: *banda militare* || **N.** **1.** *Sin.* bandiera, stendardo, vessillo **2.** *Sin.* gang, gruppo, squadra **3.** *Sin.* complesso, fanfara.

bànda⁴ [dal ted. medio *band*, grappa, attr. il ven.; 1528] **sf.** lamiera.

bandàto [da *banda*; 1585] **agg.** e **sm.** *T.arald.* di scudo attraversato diagonalmente da una o più bande di colore diverso.

bandeau (fr., pr. [bɑ̃'do]) [da *bande*, benda; 1905] **sm. inv.** ciascuna delle due strisce di capelli che nell'acconciatura *à bandeau* scendono lungo il viso ricongiungendosi dietro la nuca.

bandéggio (pl. *-gi*) [da *banda*, sul modello dell'ingl. *banding (techniques)*, (tecniche) per ottenere bande; 1978] **sm.** *T.biol.* insieme di tecniche di colorazione differenziale dei cromosomi che consentono di evidenziare la caratteristica struttura a bande dei cromosomi stessi.

bandelétta [da *bandella*, sul modello del fr. *bandelette*] **sf.** *T.filat.* in alcuni francobolli, parte separabile, priva di valore agli effetti fiscali, recante illustrazioni o scritti di vario tipo (commemorativi, pubblicitari ecc.) || **N.** *Sin.* appendice.

bandèlla [da *banda⁴*, nel senso ant. di piastra; sec. XIV] **sf.** **1.** striscia di lamiera di dimensioni limitate **2.** parte della cerniera che si fissa in usci e finestre, dotata di anello che va ad infilarsi nel perno dell'altra mezza cerniera fissata sul telaio **3.** parte ribaltabile del piano di un tavolo **4.** in un libro, risvolto della sovracoperta.

banderàio (pl. *-ài*) [da *bandiera*; a. 1400] **sm.** **1.** (f. *-a*) bandieraio (nel senso 2) **2.** *ant.* soldato che porta la bandiera, alfiere.

banderése [da *bandiera*; a. 1348] **sm.** *T.stor.* signore feudale che aveva il diritto di condurre in campo i suoi vassalli sotto un'insegna e di comandarli.

banderilla (sp., pr. [bande'riʎa]) [dim. di *bandera*, bandiera; 1892] **sf. inv.** (anche pl. *banderillas*, pr. [bande'riʎas]) piccola asta acuminata ornata di ciuffi variopinti che il torero conficca, durante la corrida, nel collo del toro per farlo infuriare.

banderillero (sp., pr. [banderi'ʎero]) [da *banderilla*; 1892] **sm. inv.** (anche pl. *banderilleros*, pr. [banderi'ʎerɔs]) torero che durante la corrida conficca le *banderillas* nel dorso del toro.

banderuòla (non com. *bandieruòla*) (*dim.* di *bandiera*) [1598] **sf.** **1.** bandiera metallica ruotante attorno a un'asta verticale che, posta in cima a un edificio, indica la direzione del vento **2.** *fig.* persona volubile, che muta opinione con facilità: *sei una banderuola* **3.** nel Medioevo, drappo posto a ornamento delle lance dei cavalieri || **N.** **1.** *Sin.* anemoscopio, pennoncello, ventaruola. **TAV.** ***meteorologia*** **p. 1321** 5.1.

bandièra [dal provenz. *ban(d)iera*; sec. XIII] **sf.** **1.** drappo di stoffa di forma rettangolare fissato per uno dei lati corti ad un'asta; può essere di uno o più colori e simboleggia uno stato, una città, un'organizzazione: *alzare*, *ammainare*, *esporre la bandiera*, *rendere onore alla bandiera* || *bandiera abbrunata*, listata a lutto || *a mezz'asta*, abbassata fino a metà dell'asta in segno di lutto || *bandiera rossa*, simbolo del movimento operaio; simbolo di pericolo per mare grosso, carichi sporgenti e sim. || *bandiera bianca*, indica la resa; *fig.* *sventolare*, *alzare bandiera bianca*, arrendersi, desistere da un'impresa || *bandiera gialla*, indica la presenza di malattie contagiose || *bandiera nazionale*, quella di uno stato || *battere bandiera*, di nave, aereo, esporre la bandiera del paese in cui sono registrati: *uno yacht che batte bandiera panamense* || *compagnia di bandiera*, società di trasporti aerei o marittimi considerata di interesse nazionale || *bandiera ombra* o *bandiera di comodo*, solitamente, la bandiera panamense o quella liberiana, usate dai proprietari di navi, *yacht* ecc. che vogliono evitare le imposizioni fiscali dei propri stati || *bandiera da segnalazioni*, di varie forme e colori, utilizzata per le segnalazioni tra navi || *aiutante di bandiera*, ufficiale d'ordinanza di un ammiraglio || *abbandonare la bandiera*, disertare || *tenere alta la bandiera*, far onore al proprio paese o (*per estens.*) gruppo di appartenenza || *entrare in un luogo a bandiere spiegate*, entrarvi trionfalmente || *piantare la bandiera in un luogo*, espugnarlo || *fig. mutar bandiera*, cambiare opinione || *T.sport. punto della bandiera*, quello segnato da una squadra che ha subito una pesante sconfitta **2.** *fig.* simbolo, insegna, motivo ideale: *l'antinuclearismo è la bandiera degli ecologisti* **3.** gioco in cui due squadre di ragazzi si contendono una bandiera **4.** riquadro di stoffa o cartone usato in teatro o in studi fotografici per interrompere una luce **5.** *ant. T.mil.* reparto di soldati raccolti sotto la stessa bandiera || soldato portabandiera, vessillifero **6.** nella loc. *a bandiera*, disposto, attaccato perpendicolarmente ad una superficie: *insegne a bandiera*, che sporgono perpendicolarmente rispetto alla facciata dell'edificio || *prov. bandiera vecchia, onor di capitano*, *iron.* per indicare oggetti consunti dall'uso || *dim.* bandierìna; *accr.* bandieróna, bandieróne (*sm.*); *spreg.* bandieràccia || **N.** *Sin.* drappella, drappo, fiamma, gagliardetto, gonfalone, guida, insegna, labaro, orifiamma, padiglione, pennello, pennone, stendardo, vessillo | asta o lancia o bastone, cantone, fiocco o nastro o cravatta, pomo, sagola | abbassare, agitare, ammainare, calare, imbandierare, inastare, issare, sbandierare, sventolare | alfiere, antesignano, gonfaloniere, portabandiera, portainsegna, signifero, vessillifero. **TAV.** *bandiere* 1; ***araldica* p. 645** 5.7.

bandieràio (pl. *-ài*) [da *bandiera*; a. 1400 *banderàio* nel senso 1; 1925 *bandieraio*] ***sm.*** (f. *-a*) **1.** portabandiera **2.** chi fabbrica o vende bandiere.

bandierìna (*dim.* di *bandiera*) [1865] ***sf.*** **1.** piccola bandiera; in part. quella per compiere segnalazioni **2.** *T.sport.* nel calcio, una delle bandiere poste agli angoli del campo da gioco: *tiro dalla bandierina*, calcio d'angolo, *corner*.

bandieruòla v. BANDERUOLA.

bandinèlla [da *banda*[2]; sec. XIV] ***sf.*** **1.** nei bagni di luoghi pubblici, asciugamano lungo, unito alle estremità, che scorre su un rullo fissato al muro **2.** drappo per coprire il leggio in chiesa || *per estens.* tenda, cortina **3.** *T.arch.* decorazione in forma di nastro tipica dell'architettura rinascimentale **4.** protezione di canne e frasche usata nei vivai **5.** tessuto rado e apprettato usato per imballaggi di tessuti e abiti.

bandire (pres. *-ìsco, -ìsci*) [dal got. *bandwjan*, fare un segno; a. 1306 *bannire*] ***tr.*** **1.** annunziar pubblicamente per mezzo di un bando: *il concorso pubblico bandito dal Comune* || *bandire una cosa ai quattro venti*, manifestarla a tutti **2.** mettere al bando, scacciare: *bandire una persona dalla patria, un libro* **3.** *fig.* abolire, eliminare: *bandire i complimenti, le cerimonie* || **N. 1.** *Sin.* annunziare, dichiarare, indire, intimare, notificare, palesare, proclamare, promulgare, rendere di pubblico dominio **2.** *Sin.* cacciare, esiliare, interdire, mettere al bando, proscrivere, scacciare, sfrattare.

bandìsta [da *banda*; 1853] ***s.*** *non com.* chi suona in una banda musicale; com. *musicante*.

bandìstico (pl. *-ci*) [da *banda*; 1901] ***agg.*** di banda musicale: *concerto bandistico*.

bandita [da *bandire*; a. 1587] ***sf.*** zona di ripopolamento in cui sono proibiti la caccia, la pesca e talvolta il pascolo: *bandita di caccia* || **N.** *Sin.* riserva.

banditìsmo [da *bandito*; 1866] ***sm.*** **1.** attività criminosa: *atto di banditismo* **2.** fenomeno di ribellione sociale caratterizzato dalla presenza di banditi in determinati periodi storici o in determinate regioni.

bandìto (*pps.* di *bandire*) [a. 1294] **I** ***agg.*** *T.stor. corte bandita*, grande festa organizzata da un feudatario || *fig. tener corte bandita*, organizzare spesso banchetti in casa propria **II** ***sm.*** fuorilegge, criminale che agisce da solo o più spesso in una banda organizzata || *propr.* chi è stato posto al bando, esiliato || *fig.* brutto ceffo || **N. II** *Sin.* brigante, *gangster*, malandrino, malvivente.

banditóre [da *bandire*; a. 1342] ***sm.*** (f. *-trìce*) **1.** chi nelle pubbliche aste bandisce gli oggetti che si vendono, il prezzo e le offerte **2.** *T.stor.* chi, nelle piazze o per le vie, annunziava gli atti della pubblica autorità || *fig.* promotore, divulgatore: *egli si è fatto banditore di questa idea*.

bàndo [dal got. *bandwô*, segno; a. 1294] ***sm.*** **1.** ordine dell'autorità: *bando di reclutamento* || *propr.* annunzio pubblico gridato un tempo dal banditore, che oggi si notifica con avvisi stampati: *bando di concorso* **2.** *bando militare*, ordine emanato da un'autorità militare in tempo di guerra e avente valore di legge **3.** proscrizione, esilio: *porre, mettere al bando* || *fig. lett.*: *mandare in bando certi scrupoli*, allontanarli da sé; e più com.: *bando agli scrupoli!, bando alle cerimonie!* || **N. 1.** *Sin.* editto, grida, notificazione, ordine, proclama.

bandòla [dallo sp. *bandola*; 1887] ***sf.*** *T.mus.* strumento musicale a corde con cassa ovale a fondo piatto e manico corto, di origine orientale || **N.** *Sin.* bandura.

bandolièra [dal fr. *bandoulière*; a. 1611] ***sf.*** tracolla, fascia di cuoio o stoffa con tasche e giberne per le munizioni portata ad armacollo, cioè da una spalla al fianco opposto || *a bandoliera*, a tracolla || **N.** *Sin.* armacollo, balteo.

bàndolo [da *banda*[2]; a. 1492] ***sm.*** capo della matassa || *fig. perdere* o *trovare il bandolo*, confondersi nel trattare una cosa o trovare il modo per venirne a capo.

bandóne [da *banda*[4]; 1797] ***sm.*** **1.** grossa lamiera **2.** saracinesca per negozi e magazzini.

bandùra [dal lat. *bandūra*, gr. *pandûra*, strumento musicale a tre corde; 1949] ***sf.*** bandola.

bang (ingl., pr. [bæŋ]; pr. it. [bɛŋg]) [voce onom.; 1952] **I** espressione che nei fumetti indica un rumore secco e improvviso di scoppio **II** ***sm.*** il rumore stesso || *bang sonico*, scoppio prodotto da un aereo quando supera la barriera del suono || *big bang*, v.

banjo (ingl., pr. ['bændʒoʊ]; pr. it. ['bɛndʒo]) [dalla pronuncia degli schiavi negri dell'ingl. *bandore*, strumento musicale simile a un liuto; 1908] ***sm.*** *inv.* strumento a quattro o cinque corde con manico lungo e cassa armonica a tamburo, usato nella musica folklorica nordamericana e nel jazz.

bannalità [dal disus. *banno*, bando; 1881] ***sf.*** *T.stor.* diritto del signore feudale di imporre

BANDIERE

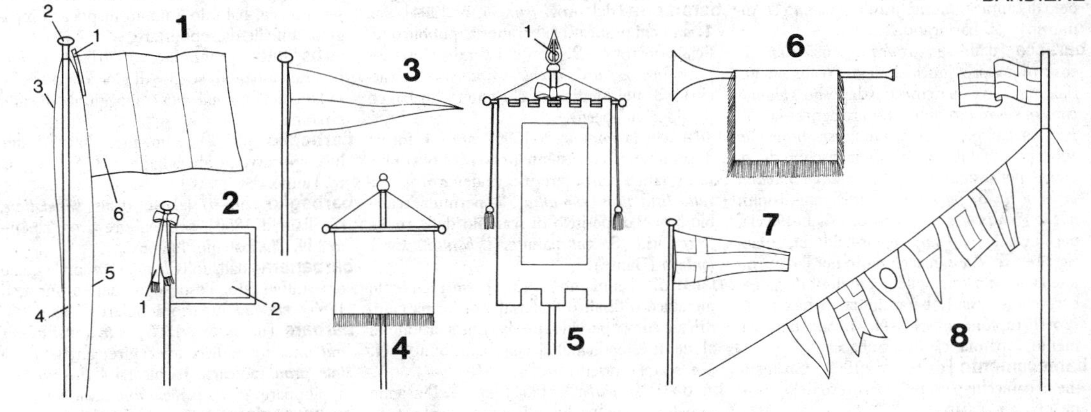

1. bandiera
1.1. astolina - 1.2. pomo - 1.3. drizza - 1.4. asta - 1.5. alabbasso - 1.6. cantone

2. stendardo
2.1. nastro o cravatta - 2.2. banda

3. fiamma o guidone

4. labaro

5. gonfalone
5.1. lancia

6. drappella

7. pennello

8. pavese

ai sudditi l'uso esclusivo di impianti di sua proprietà come macine, frantoi, mulini esigendo in cambio una tassa o prestazioni in lavoro.

bànno [var. di *bando*; a. 1306] **sm.** bando.

bàno [dal serbo-croato *ban*; 1919] **sm.** *T.stor.* governatore provinciale in Ungheria ed in altri paesi slavi.

bàntam [dall'ingl. *bantam*, piccolo gallo da combattimento; 1955] **sm.** *inv.* *T.sport.* nel pugilato, peso gallo.

bànteng [voce di origine malese; 1955] **sm.** *inv.* bue selvatico dal pelame bruno, con zampe bianche e corna ricurve, che vive nelle foreste dell'Indonesia.

bàntu (meno com. *bantù*) [dal bantu *ba-ntu*, uomini; 1882] **I agg.** appartenente al gruppo linguistico bantu, preponderante nell'africa australe: *lingue bantu* **II s.** membro di una comunità bantu: *i bantu si individuano su basi linguistiche e non antropologiche.*

bào V. BAU.

baobàb [dall'ar. *bū ḥibab* o *bu hubūb*, frutto dai numerosi grani, attr. il fr. *baobab*; 1875] **sm.** *inv.* *T.bot.* albero tropicale delle Bombacee di gigantesche dimensioni (può raggiungere i 40 m); i frutti, a forma di zucca, hanno un tegumento legnoso e polpa farinacea commestibile.

bar¹ [dall'ingl. *bar*, orig. *sbarra*; 1926] **sm.** *inv.* **1.** esercizio pubblico in cui si consumano caffè, liquori e bevande, paste e panini solitamente al banco, in piedi o seduti al tavolino o su sgabelli || *snack bar* (v.) **2.** mobile per riporvi liquori e bevande in generale: *nella biblioteca aveva un bar ben fornito* || *dim.* barétto, barùccio. **Q.T.** *alimentazione.*

bar² [voce tratta dal gr. *barýs*, pesante; 1930] **sm.** *T.fis.* unità di misura della pressione.

bàra [dal long. **bāra*; 1321] **sf.** **1.** cassa perlopiù di legno in cui si collocano i cadaveri, cassa da morto || *fig.* *avere un piede nella bara*, esser sul punto di morire **2.** *propr. ant.* lettiga, barella, telaio di legno per portare a spalla feriti, cadaveri o casse da morto **3.** carro sacro per il trasporto in processione delle reliquie di un santo || **N. 1.** *Sin.* cassa, feretro, sarcofago **2.** *Sin.* cataletto.

barabàsso V. BARBASSO.

baràbba [dal n. proprio *Barabba*, il malfattore liberato al posto di Cristo; 1866] **sm.** *inv.* briccone, malfattore.

barabùffa [da *baruffa* con influsso di altra parola; 1618] **sf.** *ant.* baruffa.

baracàne o **baracàno** [dall'ar. *barrakān*; a. 1348 *baracame*] **sm.** **1.** panno o tessuto di pelo di capra: *baracani, frustani, zetani* (D'Annunzio) **2.** barracano.

baràcca [dallo sp. *barraca*; a. 1665] **sf.** **1.** costruzione provvisoria, in legno o altro materiale, che serve da ricovero o deposito || *piantar baracca e burattini*, abbandonare ogni cosa **2.** *fig.* casa, famiglia, scuola, amministrazione che abbia poca stabilità o che abbia bisogno di appoggio per sostenersi: *stentare a mandar avanti la baracca* **3.** *fig.* cosa in cattive condizioni: *questo giradischi è una baracca* **4.** bisboccia, part. nella loc. *far baracca*, far baldoria, gozzovigliare **5.** *T.tess.* macchinario per il controllo e la misurazione delle pezze di stoffa || *dim.* baracchìno (*sm.*), baracchétta, baraccùccia; *accr.* baraccóne (*sm.*) || **N. 1.** *Sin.* baraccamento, capanna, casotto, trabacca.

baraccaménto [da *baracca*; 1909] **sm.** insieme di baracche part. per il ricovero delle truppe || **N.** *Sin.* CAMPO.

baraccàre (pres. *-àcco, -àcchi*) [da *baracca*; 1905] **intr.** (aus. *avere*) **1.** *raro* costruire baracche **2.** *fig. ant. dial.* gozzovigliare || **tr.** *non com.* sistemare, alloggiare in baracche: *baraccare gli sfollati.*

baraccàto (*pps.* di *baraccare*) [1955] **agg.** e **sm.** (f. *-a*) che, chi abita in una baracca: *i baraccati del Belice.*

baracchìno (*dim.* di *baracca*) [1918] **sm.** **1.** piccolo rifugio alpino **2.** *region.* chiosco **3.** apparecchio ricetrasmittente per radioamatori **4.** *region.* portavivande, gavetta.

baraccóne [da *baracca*; 1865] **sm.** **1.** costruzione smontabile di grandi dimensioni per spettacoli popolari, circhi o fiere: *i baracconi del circo* || *fenomeno da baraccone*, individuo fisicamente o mentalmente fuori dal comune, che desta curiosità **2.** *fig.* impresa, comunità male organizzata: *la sua azienda è un baraccone.*

baraccòpoli [comp. di *baracca* e *-poli*; 1970] **sf.** l'insieme delle baracche costruite ai margini di alcune grandi città || in caso di calamità (alluvioni, terremoti e sim.), gruppo di baracche nelle quali vengono alloggiati provvisoriamente i senzatetto.

baràggia o **barràggia** (pl. *-ge*) [da una radice **barr*, sterile, attr. i dialetti sett.; 1930 *barraggia*] **sf.** terreno alluvionale, argilloso, inadatto alla coltivazione || **N.** brughiera, landa, steppa.

baraónda [dallo sp. *barahunda*; a. 1850] **sf.** insieme di persone che vanno e vengono vociando e provocando confusione e frastuono || *per estens.* confusione, frastuono: *non far baraonda.*

baràre [da *baro*; 1544] **intr.** (aus. *avere*) truffare al gioco, spec. delle carte || *per estens.* fare imbrogli, comportarsi in modo disonesto: *bara anche con i propri sentimenti.* **Q.T.** *giochi.*

bàratro [dal gr. *bárathron*; 1313] **sm.** *lett.* luogo molto profondo e oscuro: *precipitò nel baratro*; anche *fig.*: *baratro di miseria, di dolori, di delitti, di vizi* || inferno || **N.** *Sin.* voragine, ABISSO.

barattaménto [da *barattare*; prima metà sec. XIV] **sm.** *raro* baratto.

barattàre [etim. inc.; 1354] **tr.** **1.** scambiare una cosa con un'altra senza fare uso di denaro: *barattare cibo, un libro con un altro* || *fig.* *barattar parola*, chiacchierare con qualcuno || *barattar le carte in mano a qualcuno*, deformare i termini di una questione **2.** *non com.* far baratteria, truffare || **N. 1.** *Sin.* permutare, scambiare, sostituire.

barattatóre [da *barattare*; 1726] **sm.** (f. *-trìce*) *raro* chi baratta.

baratterìa [dal prov. *baratarie*; a. 1294] **sf.** *ant.* **1.** *T.giur.* reato di abuso del potere pubblico per interesse personale; peculato, frode **2.** nel Medioevo, attività di chi teneva un banco da gioco all'aperto.

barattière [dal prov. *baratier*, a. 1294] **sm.** **1.** *ant.* chi praticava la baratteria, pubblico ufficiale corrotto **2.** *ant.* chi vende merce di poco prezzo: *un saccente barattiere* (Boccaccio) **3.** nel Medioevo, chi teneva un banco da gioco all'aperto.

baràtto [da *barattare*; a. 1306] **sm.** **1.** forma di commercio consistente nello scambio di beni in natura senza fare uso di denaro: *far baratto di una cosa con altra* **2.** permuta, scambio || *tosc.* dispositivo di scambio della rotaia ferroviaria **3.** *ant.* baratteria: *baratti e simile lordura* (Dante).

baràttolo [etim. inc.; a. 1566] **sm.** recipiente metallico o di altro materiale, di forma cilindrica e con coperchio, per la conservazione di alimenti e medicinali || *dim.* barattolìno || **N.** *Sin.* scatola, vasetto.

bàrba¹ [lat. *barba*; a. 1294] **sf.** **1.** l'insieme di peli che l'uomo ha sulle guance, sul mento e su parte della gola: *barba folta, ispida, rada* || *farsi la barba*, radersi || *far la barba a qualcuno*, raderlo || nei modi di dire *fig.*: *servire di barba e capelli*, conciare per le feste; *fare la barba e il contropelo a qualcuno*, criticarlo severamente; *far crescere la barba a qualcuno*, annoiarlo; *che barba!*, che noia!; *alla barba di qualcuno*, a dispetto; *fare la barba a qualcuno*, ingannarlo; *barba d'uomo*, uomo di pregio; *di prima barba*, inesperto **2.** *per estens.* l'insieme dei peli del muso di alcuni animali: *la barba del camoscio* || lanugine di alcune piante: *la barba del grano turco* **3.** *T.bot.* radici sottili che si originano dai rami della radice principale || *per estens.* radici: *mettere le barbe* **4.** nome popolare di varie piante, funghi e licheni: *barba di becco, barba di bosco, barba di cappuccino* (V. MINUTINA), *barba di capra* **5.** *T.zool.* ciascuno degli elementi che si distaccano a spina di pesce dall'asse principale delle penne degli uccelli **6.** *T.inc.* rialzi che si formano nel metallo dopo l'uso di una punta secca o di un bulino **7.** frangia nel bordo non rifilato di un libro **8.** *T.mar.* piccola fune || *dim.* barbìno, barbétta, barbettìna; barbìcola, barbùcola; *accr.* barbóne; *pegg.* barbàccia || **N. 1.** accarezzare, accomodare, arruffare, lisciare, radere, sbarbare, sbarbificare, spuntare, tagliare, tirare | imberbe, menno; sbarbatello; barbuto, irsuto, lanoso | contropelo, filo di barba, pelo, setola. **Q.T.** *barbiere...* **TAV. uccelli p. 1339** 2.6.

bàrba² [di orig. sett., prob. da *barba*¹; 1321] **sm.** *inv.* *ant.* e *dial.* **1.** zio || uomo anziano e saggio **2.** pastore valdese.

barbabiètola (pl. *barbabiètole*) [lat. *herba bēta*, con influsso di *barba*; 1759] **sf.** pianta erbacea delle Chenopodiacee, con fusto abbastanza alto, fiori verdi disposti in spighe, radice carnosa: *barbabietola da zucchero, da distilleria, da foraggio, da orto.*

barbablù [dal n. proprio *Barbe-bleu*, personaggio di un racconto di C. Perrault; 1875] **sm.** *inv.* marito geloso e crudele || *per estens.* uomo terribile, che spaventa.

barbacàne [prob. dall'arabo *barbahhane*, canale attraverso il quale fluisce l'acqua; sec. XIII] **sm.** **1.** *T.arch.* qualsiasi struttura di rinforzo in una costruzione, e in part. opera protettiva supplementare di una fortificazione **2.** feritoia praticata nello spessore di un muro di sostegno per consentire lo scolo delle acque.

barbacàrlo [comp. di *barba*¹ e del n. proprio Carlo; 1950] **sm.** vino rosso di gusto amabile prodotto nelle zone dell'Oltrepò pavese.

barbafórte [comp. di *barba* e *forte*; 1804] **sm.** pianta erbacea delle Crocifere con radice commestibile di sapore piccante || **N.** *Sin.* armoraccio, cren, rafano.

barbagiànni [da *barba Gianni*, zio Giovanni; 1354] **sm.** *inv.* **1.** uccello rapace, notturno degli Strigidi, bianco con macchie brune **2.** *fig.* sciocco, balordo || uomo di poca compagnia, difficile da sopportare.

barbagliàta [etim. inc.; 1970] **sf.** *T.alim.* bevanda a base di scaglie di cioccolato sciolte in latte bollente, talvolta con aggiunta di caffè e panna.

barbàglio (pl. *-gli*) [etim. inc.; 1360 ca.] **sm.** luce improvvisa e abbagliante || **N.** *Sin.* bagliore, lampo.

barbaglio (pl. *-ii*) [da un disus. *barbagliare*, sfavillare; a. 1850] **sm.** bagliore vivo e ripetuto || **N.** *Sin.* balenio, folgorio.

barbanéra [dalla folta *barba nera* con la quale era raffigurato l'astrologo dei pronostici; 1885] **sm.** *inv.* lunario popolare.

barbàre [da *barba*¹; 1306] **intr.** (aus. *avere*) *ant.* mettere radice, attecchire; anche *fig.* || **intr. pron.** radicarsi, barbicarsi || **tr.** *raro tosc.* appioppare: *gli ha barbato uno schiaffo.*

barbareggiàre (pres. *-éggio*) [da *barbaro*; 1718] **intr.** (aus. *avere*) *lett.* usare barbarismi scrivendo o parlando.

barbarésco¹ o **barberésco** (pl. *-schi*) [dal n. geogr. *Barbaria*, Barberia; 1299 ca.] **I agg.** di Barberia: *predone barbaresco* **II sm.** **1.** (f. *-a*) abitante della Barbaria, cioè dell'Africa settentrionale, saraceno **2.** cavallo della Barbaria.

barbarésco[2] [dal n. geogr. *Barbaresco* (Cuneo); 1896] ***sm.*** vino rosso piemontese di sapore asciutto prodotto da uve nebiolo nella zona di Barbaresco.

barbaricìno [dal lat. tardo *Barbaricīnus*; a. 1936] **I *agg.*** proprio della Barbagia, regione della Sardegna **II *sm.*** (f. *-a*) abitante, nativo della Barbagia.

barbàrico (pl. *-ci*) [dal lat. *barbaricus*; a. 1374] ***agg.*** dei barbari: *invasione barbarica* || *per estens.* incivile: *un comportamento barbarico* || **barbaricaménte** ***avv.***

barbàrie [dal lat. *barbaries*; a. 1527] ***sf. inv.*** **1.** condizione di popolo barbaro || stato di primitiva arretratezza **2.** crudeltà, ferocia, atto da barbaro: *la barbarie della dittatura* || **N. 1.** *Sin.* crudeltà, inciviltà, rozzezza, vandalismo | *Contr.* civiltà, cultura **2.** *Sin.* atrocità, efferatezza.

barbarismo [dal lat. *barbarĭsmus*; a. 1294] ***sm.*** **1.** *T.ling.* parola o locuzione mutuata da un'altra lingua senza un preciso motivo funzionale; a differenza di *esotismo, prestito, forestierismo* ha valore spreg. **2.** nelle arti, ciò che non è di buon gusto **3.** *raro* barbarie.

bàrbaro [dal lat. *barbarus*, gr. *bárbaros*; a. 1292] **I *sm.*** **1.** (f. *-a*) per gli antichi Greci e poi per i Romani, chiunque non appartenesse alla loro civiltà, straniero || *per estens.* persona rozza, incivile ed arretrata **2.** gen. *pl.* popolazioni che invasero l'Impero Romano d'occidente **II *agg.*** **1.** straniero, relativo, proprio di una popolazione straniera: *lingua barbara, costumi barbari* || *latino barbaro*, della decadenza || *Odi barbare*, così chiamò il Carducci le poesie ch'egli compose imitando le forme metriche latine e greche, perché, egli disse, suonerebbero barbaramente all'orecchio degli antichi **2.** barbarico || *fig.* rozzo, incivile, crudele: *una barbara repressione* || **barbaraménte** ***avv.*** || **N. I 1.** *Sin.* selvaggio **II 1.** forestiero **2.** primitivo | crudele, disumano, feroce, spietato.

barbàsso o **barabàsso** [dal lat. *verbascum*; 1829 barbasco] ***sm.*** *T.bot.* verbasco, tassobarbasso.

barbassòro o **barbassóre** [da *valvassore*, con influsso di *barba*; 1353] ***sm.*** **1.** *iron.* persona che si dà grande importanza, sapientone: *voi che siete sì gran barbassoro* (Carducci) **2.** *ant.* valvassore || **N. 1.** *Sin.* baccalare, saccente, sputasentenze.

barbastèllo [dal lat. *vespertilio*, pipistrello, con influsso di *barba*[1]; 1930] ***sm.*** pipistrello dal pelo bruno sul dorso e grigio sul ventre, con orecchie corte e larghe unite alla base.

barbàta [da *barba*[1]; a. 1597] ***sf.*** **1.** germoglio di vite o di altra pianta che ha messo radici ed è pronto per il trapianto **2.** l'insieme delle barbe di una pianta; barbicaia || *dim.* barbatèlla.

barbatellàio [da *barbatella*; 1937] ***sm.*** la parte del vivaio dove vengono prodotte le barbatelle.

barbàto [da *barba*[1]; a. 1294] ***agg.*** **1.** di organo vegetale che abbia le barbe **2.** *lett.* barbuto || **N. 2.** *Contr.* glabro, imberbe, sbarbato.

barbazzàle [da *barbozza*, con influsso di *barba*; a. 1483] ***sm.*** **1.** catenella che si mette dietro la barbozza del cavallo, e si fissa per i capi ai due lati del morso **2.** *per estens. fig. raro* freno, ritegno: *non portare, non avere barbazzale per alcuno* **3.** appendice cutanea che in alcune razze di capre pende dai due lati del collo; lacinie, tettole. **TAV.** *finimenti* 2.4.

barbecue (ingl., pr. ['bɑ:bɪkju:]; pr. it. [barbe'ky]) [dallo sp. *barbacoa*; 1962] ***sm. inv.*** fornello con griglia per la cottura dei cibi sulla brace || la cottura di carni all'aperto con tale fornello || carni o altro cibo cotto con tale fornello.

barbèra [etim. inc.; 1857] ***sm.*** e ***sf.*** vitigno di uva nera piemontese da cui si produce un vino rosso corposo, ad alta gradazione alcolica: *un buon barbera da tavola.*

barberésco v. BARBARESCO[1].

bàrbero [dal n. geogr. *Barberia*, regione africana; 1329 *barbaro*] **I *agg.*** di Barberia **II *sm.*** cavallo da corsa berbero || *per estens.* qualunque cavallo da corsa veloce.

barbétta[1] (*dim.* di *barba*[1]) [sec. XIV] **I *sf.*** **1.** barba corta, pizzo || *barbetta a mosca*, solo sotto il labbro inferiore **2.** ciuffo di peli che si trova sul muso di vari animali: *la barbetta delle capre*; o sullo stinco dei cavalli, fiocchetto **3.** parte triangolare in punta al ferro di cavallo che si ribatte nello zoccolo **4.** *T.mil.* spiazzo sporgente collocato sul terrapieno di una fortificazione protetto da un muretto su cui venivano collocate le artiglierie: *mettere un pezzo in barbetta* || *barbetta corazzata*, installazione semiinterrata per artiglieria, protetta da una cupola corazzata, bunker || *T.mar.* piattaforma nelle corazzate di fine '800 su cui venivano collocati i cannoni **5.** *T.mar.* cima leggera da traino e ormeggio **II *sm.*** **1.** *fam.* uomo con la barba **2.** *pl. tosc.* religioso della congregazione di S. Vincenzo de' Paoli.

barbétta[2] o **barbétto** [forse da *barba*[1]; a. 1789] ***sm. region.*** valdese.

barbicàia [da *barbicare*; 1768] ***sf.*** gruppo di radici a fior di terra.

barbicaménto [da *barbicare*; 1745] ***sm.*** *raro* attecchimento, il barbicare.

barbicàre (pres. *bàrbico, bàrbichi*) [da *barba*[1], con influsso di (*rad*)*icare*; a. 1367] ***intr.*** (aus. *avere*) e ***intr. pron.*** metter le radici || **N.** abbarbicare, allignare, attecchire, barbare, barbificare.

barbière [da *barba*[1]; 1273] ***sm.*** (raro f. *-a*) chi per mestiere taglia barba e capelli agli uomini || *dim.* e *spreg.* barbierùccio; *vezz.* barbierìno; *spreg.* barbieràccio. **Q.T.** *barbiere...*

barbierìa [da *barbiere*; 1483] ***sf.*** *ant.* bottega di barbiere.

barbificàre (pres. *-ìfico, -ìfichi*) [da *barba*[1]; a. 1367] ***intr.*** (aus. *avere*) moltiplicare ed estendere le radici nel terreno.

barbigio (pl. *-gi*) [lat. *barbitium*; a. 1735] ***sm.*** *scherz.* spec. *pl.*, basette || baffi.

barbiglio (pl. *-gli*) [da *barba*[1]; 1918] ***sm.*** **1.** appendice cutanea sensoriale situata agli angoli della bocca o sotto la mandibola in alcune specie di pesci e in larve di anfibi **2.** prolungamento laterale della punta della freccia per impedirne l'estrazione **3.** il dente uncinato dell'amo.

barbìno [da *barba*[1]; 1623] **I *agg. fam.*** **1.** di cosa fatta male **2.** duro da tollerare: *un lavoro barbino* **3.** gretto, meschino: *ha fatto una figura barbina* **II *sm.*** *tosc.* pezzo di tela sul quale si pulisce il rasoio nel far la barba.

bàrbio v. BARBO.

bàrbito [dal lat. e gr. *bárbitos*; a. 1604] ***sm.*** strumento musicale della Grecia antica, simile alla lira.

barbitonsóre [comp. di *barba*[1] e dal lat. *tōnsor, -ōris*, tagliatore; a. 1546] ***sm.*** *scherz.* barbiere.

barbitùrico (pl. *-ci*) [basato sul lat. scient. *Usnea barbata*, n. di un lichene e *urea*, dai qua-

BARBIERE E PARRUCCHIERE

PERSONE: barbiere, barbitonsore, tosatore, tonsore, figaro, conciateste, parrucchiere, pettinatrice, profumiere, *coiffeur, manicure*, garzone, estetista, *visagiste.*

ARNESI E MATERIALI: accappatoio, acqua ossigenata, allume, asciugacapelli o *Föhn* o fon, asciugatoio, bacino, barbino, belletto, bricco, brillantina, calamistro, casco, ceretta, cerone, cesoie, cipria, coietto o coramella o striscia, *cold-cream*, crema, depilatore, diavoletto o bigodino, dirizzatoio, discriminale, dopobarba, ferro per arricciare, fissatore, forcina, *henné*, lacca, lozione, magnesio, pennello da barba, pettine (lungo, fitto, rado, da donna, risegato, di corno, di osso, di tartaruga; costola, làmina, denti, mascelle), pettiniera, pettinino, pinze, piumino, polverizzatore, pomata, posticcio, profumi, rasoio, rasoio di sicurezza, rasoio elettrico, reticella, sapone, schiacce, scriminatoio, spazzola, spillone, spruzzatore o *spray*, testiera, unguento.

OPERAZIONI: aggiustare, acconciare, arricciare, arruffare, dare il contropelo, dicioccare, districare, impomatare, inanellare, incipriare, increspare, infarinare, insaponare, intrecciare, intricare, lisciare, ossigenare, pareggiare, pettinare, rabbuffare, raccogliere, radere, rasare, rassettare, ravviare, sbarbare, sbarbificare, scarmigliare, scolpire, scorciare, spettinare, strappare, strigare, tagliare, tingere, tondere, tosare; acconciatura, arricciatura, colpo di sole, frizione, impacco, *méche*, messa in piega, permanente, piega a *föhn*, scolpitura, *shampoo*, stiratura, taglio, tinta.

BARBA: allucignolata, attorta, liscia, crespa, riccioluta, lunga, corta, spiovente, biforcuta, neguetta, rada, dura, morbida, incolta, ispida, intignata, spelacchiata, delicata, rabbuffata, folta, densa; a spazzola, a punta, a due punte, a capra, alla cappuccina, a collana, piena; bionda, bruna, rossiccia, castana, nera, grigia, brizzolata, pepe e sale, bianca, canuta; baffi, mustacchi, favoriti, basette, fedine, barbigi, mosca, pappafico, pizzo, lanuggine, piuma, grilloni, onor del mento; cade, cresce, imbianca, spunta.

CAPELLI: capellatura, capelliera, capigliatura, cernecchi, cesarie, chioma, crine, criniera, fili d'oro, zazzera; anello, banana, bioccolo, boccolo, carrè, cascata, caschetto, chierica, *chignon*, ciocca, cirro, ciuffo, coda, divisa, fintino, frangetta, fratina, giretto, massa, parrucca, parrucchino, *pouf*, riccio, ricciolo, rocchio, scriminatura, treccia, tuppè, volume, voluta; a pina, a cupola, a spazzola, alla Bruto, a corona, alla nazarena, alla paggetto o alla paggio, alla raffaella, all'umberta, a scala, a panierina, alla maschietta; bianchi, biondi, brizzolati, bruni, castani, canuti, cenere, corvini, d'ebano, d'oro, fulvi, grigi, neri, rossi, rossastri, rossicci, sale e pepe, tizianeschi; arruffati, crespi, di capecchio, di seta, dimessi, distesi, docili, duri, folti, forforosi, forti, inanellati, incolti, intignati, intonsi, intrigati, irsuti, irti, ispidi, lanosi, lisci, morbidi, ondulati, radi, ricciuti, ritrosi, ritti, ruvidi, scarmigliati, sciolti, scomposti, spioventi, trascurati; pelo, setola, papilla, bulbo, radice, cuoio capelluto, follicolo, stelo, pigmento; cadere, crescere, piovere, rimbiondire, rimettere, spiovere, spuntare, svilupparsi, svolazzare; canizie, calvizie, alopecia, area Celsi, atricomia, ofiasi, tonsura, tigna.

VOCI ATTINENTI: barbieria, capellone, imberbe, menno, sbarbatello, orripilazione; fiocchi, nastri, fiori.

li sono tratti i componenti dell'acido; 1948 come sm.] **I** ***agg.*** di acido ricavato chimicamente dall'acido malonico e dall'urea: *acido barbiturico* **II** ***sm.*** prodotto farmaceutico derivato dall'acido barbiturico con azione ipnotica e sedativa, tossico se usato in dosi eccessive: *avvelenamento da barbiturici* || **N.** II *Sin.* calmante, sedativo, sonnifero.

barbiturịsmo [da *barbiturico*; 1930] ***sm.*** **1.** intossicazione da barbiturici: *barbiturismo acuto, cronico* **2.** farmacodipendenza da barbiturici.

bàrbo (meno com. *bàrbio*) [dal lat. *barbus*; a. 1484 *barbio*] ***sm.*** pesce d'acqua dolce dei Cipriniformi con quattro barbigli agli angoli della bocca, piuttosto comune in Italia.

barbògio (pl. *-gi*) [da *barba*^{1} con influsso di altra parola; sec. XIV] ***agg.*** e ***sm.*** (f. *-a*, pl. *-gie* o *-ge*) **1.** che, chi è anziano e brontolone **2.** mezzo rimbecillito per la vecchiaia || **N. 2.** *Sin.* carampano, decrepito, imbarbogito, rimbambito, vecchione.

barboncìno (*dim.* di *barbone*) [1802] ***sm.*** (f. *-a*) cane barbone di taglia piccola.

barbóne (*accr.* di *barba*) [a. 1535 nel senso 2] ***sm.*** **1.** chi porta una lunga barba **2.** (f. *-a*) mendicante, vagabondo senza fissa dimora **3.** razza di cani col muso lungo, orecchie pendenti e pelo ricciuto e lanoso **4.** nome comune di varie specie di piante erbacee **5.** *T.vet.* malattia dei bufali che causa una tumefazione del mento **6.** *T.stor.* moneta lucchese d'argento con l'effigie del Volto Santo || *dim.* barboncìno || **N. 3.** CANE.

barbóso [da *barba*^{1}; 1942] ***agg.*** *fam.* noioso, seccante: *una trasmissione barbosa* || **barbosaménte** ***avv.***

barbotin (fr. pr. [barbɔ'tɛ̃]) [dal n. proprio *Barbotin*, comandante fr. che l'inventò; 1929] ***sm.*** *inv.* ruota dentata che aggancia la catena dell'ancora al tamburo del verricello.

barbòtta [etim. inc.; 1540] ***sf.*** **1.** *T.stor.* nave veneziana, da guerra, a fianchi rotondi, col ponte coperto di tavole e cuoio **2.** barca armata di spingarda per la caccia nelle paludi.

barbottàre V. BORBOTTARE.

barbòzza [da *barba*^{1}; 1865] ***sf.*** **1.** la parte del labbro inferiore del cavallo, intorno a cui gira il barbazzale **2.** *T.arm. ant.* la parte della celata che riparava la gola e il mento.

barbòzzo o **borbòtto** ***sm.*** *non com.* V. BARBOZZA (nel senso 2).

barbudo (sp., pr. [bar'βuðo]; pr. it. [bar'budo]) [letter. barbuto; 1963] ***sm.*** *inv.* (anche pl. *barbudos*, pr. [bar'βuðɔs]; pr. it. [bar'budos]) partigiano seguace di Fidel Castro || *per estens.* simpatizzante del castrismo.

barbugliaménto [da *barbugliare*; a. 1698] ***sm.*** *raro* atto ed effetto del barbugliare.

barbugliàre (pres. *-ùglio*) [di orig. onom.; a. 1420] ***intr.*** (aus. *avere*) **1.** parlare in modo interrotto, confuso, senza articolare bene le parole **2.** di liquidi, gorgogliare || ***tr.*** articolare in modo sconnesso: *barbugliare parole sconosciute* || **N. 1.** *Sin.* farfugliare.

barbuglióne [da *barbugliare*; 1879] ***sm.*** (f. *-a*) *raro* chi barbuglia molto o di frequente.

bàrbula [dal lat. *barbula*, piccola barba; 1935] ***sf.*** **1.** elemento della penna degli uccelli, che tiene unite le barbe per mezzo di microscopici uncini **2.** escrescenza carnosa posta sotto la lingua del cavallo. **TAV. *uccelli* p. 1339** 2.4.

barbùta [da *barba*^{1}; a. 1348] ***sf.*** *T.arm.* specie di celata fornita di visiera o di una linguetta per proteggere il naso || *per estens.* soldato che indossava tale elmo.

barbùto [da *barba*^{1}; 1308] ***agg.*** che porta la barba: *donna barbuta*, fenomeno da baraccone || **N.** *Contr.* glabro, sbarbato.

bàrca^1 [lat. tardo *barca*; 1313] ***sf.*** **1.** imbarcazione di piccole dimensioni per il trasporto di persone o merci: *barca a remi, a vela, a motore* || in modi di dire *fig.*: *andare, essere in barca*, essere in uno stato di confusione mentale; *tirare i remi in barca*, ritirarsi da un'impresa, una azione; *la barca di Pietro*, la chiesa cattolica; *tirare, mandare avanti la barca*, mandare avanti la famiglia, l'azienda; *essere tutti nella stessa barca*, essere nella medesima condizione || *per estens.* panfilo: *ha la barca a Montecarlo* **2.** *per estens.* oggetti a forma di barca: *cappello a barca, collo a barchetta* **3.** *fam.* scarpa larga **4.** vasca per la tintura delle stoffe || *dim.* barchétta, barchettìna, barchétto; *accr.* barcóne; *pegg.* barcàccia || **N. 1.** *Sin.* battello, beccaccino, bilancella, bissona, bragozzo, brulotto, burchiello, canotto, chiatta, feluca, *finn, flying dutchman*, giunca, gondola, iole, imbarcazione, lancia, legno, motoscafo, navicella, palischermo, paranza, peota, piroga, sambuco, sandolino, scialuppa, schifo, *star*, vaporetto, zattera | barcaiolo, battelliere, gondoliere, rematore, traghettatore | mettere in mare, tirare in secco. **Q.T.** *canottaggio, nautica...* **TAV. *vela* p. 1342** sg.

bàrca^2 [di orig. prelatina; a. 1320] ***sf.*** mucchio di covoni || *per estens.* mucchio disordinato || *fig.* gran quantità: *una barca di soldi.*

barcàccia (pl. *-ce*) (*spreg.* di *barca*^{1}) [a. 1535] ***sf.*** **1.** imbarcazione di servizio per il trasporto di merci e uomini in uso sui velieri **2.** *T.teatr.* palco di notevoli dimensioni prospiciente il proscenio.

barcaiòlo (disus. *barcaiuòlo*) [da *barca*^{1}; a. 1348] ***sm.*** **1.** (f. *-a*) chi per mestiere conduce barche || traghettatore || chi affitta barche **2.** nodo inglese o del pescatore.

barcamenàrsi (pres. *-éno*) [comp. di *barca*^{1} e *menarsi*; a. 1850] ***intr. pron.*** destreggiarsi in un affare con molto accorgimento, senza compromettersi.

barcàna [da una voce indigena turco-orientale; 1955] ***sf.*** specie di duna a forma di mezzaluna con la convessità rivolta nella direzione in cui spira il vento.

barcaréccio o **barcheréccio** (pl. *-ci*) [da *barca*^{1}; a. 1527] ***sm.*** *T.mar.* l'insieme delle imbarcazioni che in una località sono destinate a un medesimo impiego: *barcareccio portuale, da pesca* || || **N.** *Sin.* flottiglia.

barcarizzo [da *barca*^{1}; 1865] ***sm.*** *T.mar.* apertura sul fianco della nave all'altezza del ponte che consente l'installazione della scaletta.

barcaròla [da *barca*^{1}; 1865] ***sf.*** canzonetta dei gondolieri veneziani || *per estens.* composizione vocale o strumentale ispirata a tali canzoni.

barcaròlo ***sm.*** *region.* V. BARCAIOLO.

barcàta [da *barca*^{1}; 1598] ***sf.*** carico massimo di una barca || *per estens. fig.* grande quantità: *una barcata di libri.*

barcheggiàre (pres. *-éggio*) [da *barca*^{1}; a. 1597] ***intr.*** (aus. *avere*) *raro* andar qua e là con la barca senza una meta precisa, per diporto || ***intr. pron.*** *non com.* barcamenarsi.

barchéggio (pl. *-gi*) [da *barcheggiare*; 1761] ***sm.*** gita in barca senza una meta precisa || va e vieni di barche: *nel porticciolo c'era un intenso barcheggio.*

barcheréccio V. BARCARECCIO.

barchéssa [da *barca*^{2}; 1947] ***sf.*** in una casa colonica, tettoia, generalmente chiusa ai lati, per il deposito di fieno o grano.

barchétta (*dim.* di *barca*^{1}) [1340] ***sf.*** **1.** recipiente a forma di barca: *una barchetta di frutta* || *scollatura a barchetta*, non profonda, che lascia scoperta parte delle spalle vicino al collo **2.** *region.* rete per la pesca delle trote **3.** contenitore per la zavorra situato sotto la chiglia dei sottomarini.

barchettàta [da *barca*^{1}; 1920] ***sf.*** barcata.

barchétto (*dim.* di *barca*^{1}) [a. 1342] ***sm.*** **1.** barca a fondo piatto utilizzata nelle paludi **2.** grossa barca a due alberi per la pesca d'altura.

barchìno (*dim.* di *barca*^{1}) [1827 nel senso 2] ***sm.*** **1.** piccola imbarcazione da guerra usata in operazioni di sabotaggio **2.** barca a fondo piatto utilizzata nelle paludi.

barcollaménto [da *barcollare*; a. 1698] ***sm.*** il barcollare.

barcollànte (*ppr.* di *barcollare*) [1600] ***agg.*** che barcolla: *andatura barcollante*; anche *fig.*: *una legislatura barcollante.*

barcollàre (pres. *-òllo*) [da *barca*^{1}; a. 1535] ***intr.*** (aus. *avere*) **1.** non reggersi bene in piedi, camminare vacillando: *barcollare come un ubriaco*; ondeggiare: *l'aereo barcollava nel temporale* **2.** *fig.* essere instabile: *il governo barcolla* || **N. 1.** *Sin.* essere malfermo sui piedi, traballare.

barcollìo (pl. *-ìi*) [da *barcollare*; 1925] ***sm.*** barcollare continuato.

barcollóni [da *barcollare*; 1541] ***avv.*** in modo traballante: *arrivò barcolloni sul palcoscenico* || anche iterato, nella *loc. avv. barcollon barcolloni.*

barcóne^1 (*accr.* di *barca*^{1}) [1589] ***sm.*** grossa imbarcazione a fondo piatto usata per il trasporto di merci o per formare ponti: *un ponte di barconi.*

barcóne^2 (*accr.* di *barca*^{2}) [1803] ***sm.*** catasta di covoni.

bàrda [dall'ar. *bárda'a*; a. 1363] ***sf.*** **1.** *T.stor.* armatura di cuoio o di ferro, con cui si copriva la groppa, il collo, la testa, i fianchi e il petto dei cavalli da battaglia **2.** specie di sella senza arcioni || **N. 1.** ARMATURA.

bardàglio (pl. *-gli*) [da *barda*; seconda metà sec. XIV] ***sm.*** *raro* sacco imbottito che si mette sul cavallo al posto della sella o del basto.

bardaménto [da *bardare*; a. 1698] ***sm.*** *non com.* atto ed effetto del bardare.

bardàna [etim. inc.; 1547] ***sf.*** *T.bot.* pianta erbacea delle Composite dai frutti rossi, muniti di brattee uncinate che si attaccano alle vesti o al vello degli animali, attuando così la disseminazione || **N.** *Sin.* lappa.

bardàre [da *barda*; a. 1566] ***tr.*** *ant.* metter la barda || *com. per estens.* mettere la sella e i finimenti a un cavallo || *com. iron.* rif. a persona, agghindare, vestire solennemente: *lo hanno bardato per la festa* || ***rifl.*** *iron.* vestirsi con cura e ricercatezza insolite: *per l'occasione mi sono bardato di tutto punto* || **N.** imbrigliare, sellare.

bardàssa [dall'ar. *bardağ*, schiava; 1340 ca.] ***s.*** **1.** prostituito, cinedo **2.** *region.* ragazzaccio, discolo.

bardatùra [da *bardare*; a. 1661] ***sf.*** **1.** l'insieme dei finimenti del cavallo e in gen. di animali da soma: *la bardatura del mulo* **2.** *raro* l'atto del bardare **3.** *fig. scherz.* vestito, abbigliamento: *mi son messo la bardatura di gala* || **N. 1.** CAVALLO, FINIMENTO.

bardèlla [da *barda*; a. 1348] ***sf.*** **1.** sella larga e pesante, gen. in legno con l'arcione davanti rilevato usata nella Maremma e nella campagna romana **2.** imbottitura del sottosella.

bardellàre (pres. *-èllo*) [da *bardella*; 1820] ***tr.*** mettere la bardella a un cavallo.

bardìglio (pl. *-gli*) [dallo sp. *pardillo*; 1681 *bargiglio*] ***sm.*** varietà di marmo di colore grigio-azzurro || **N.** marmo.

bardìto [dal lat. *barditus*; 1829 come sm.] **I** ***agg.*** *lett.* proprio dei bardi o dei loro canti **II** ***sm.*** *lett.* canto di guerra degli antichi popoli germanici.

bàrdo [dal lat. *bardus*; 1763] ***sm.*** presso i popoli celtici, poeta epico, cantore delle gesta degli eroi || *per estens.* poeta, part. poeta patriottico.

bardolìno [dal n. geogr. *Bardolino*, località presso il lago di Garda; 1905] ***sm.*** vino rosso di sapore asciutto, aromatico, color rubino prodotto nella zona del Garda.

bardòsso [da *bisdosso*, con cambio di prefisso; a. 1527] solo nella *loc. avv. a bardosso*, sul cavallo nudo, senza sella: *cavalcare a bardosso* || *fig.* in modo disordinato, trascuratamente: *è fatto a bardosso* || **N.** *Sin.* bisdosso.

bardòtto [dal fr. *bardot*; a. 1686] *sm.* **1.** ibrido infecondo nato dall'incrocio tra un'asina e un cavallo **2.** *per estens.* chi traina con una corda un'imbarcazione lungo gli argini di un corso d'acqua **3.** (f. *-a*) *fig.* apprendista **4.** la bestia che il mulattiere monta seguendo il branco.

barèlla [da *bara*; 1342 nel senso 2] *sf.* **1.** lettuccio per il trasporto di malati o di feriti **2.** tavola con stanghe per il trasporto di materiale || *in part.* sostegno per portare in processione immagini sacre || **N. 1.** *Sin.* lettiga, portantina.

barellàre (pres. *-èllo*) [da *barella*; a. 1873] *tr.* trasportar con la barella || *intr.* (aus. *avere*) barcollare || **N.** *intr. Sin.* VACILLARE.

barellàta [da *barella*; 1865] *sf.* quantità di materiale che si può trasportare con una barella.

barellière [da *barella*; 1965] *sm.* (f. *-a*) **1.** persona addetta al trasporto di feriti e malati in barella || infermiere volontario nei treni ospedale **2.** manovale addetto al trasporto di materiali, quali sassi o terra, con la barella.

baréna [voce veneziana, dal gall. **barros*, cespuglio erboso; a. 1869] *sf.* tratto di terra che emerge nelle lagune durante la bassa marea.

barèna *sf.* v. BARENO.

barenatóre [dal disus. *barenare*, trapanare; 1955] *sm.* (f. *-trìce*) operaio addetto alle operazioni di barenatura.

barenatrìce [da un ant. *barenare*, trapanare; 1955] *sf.* alesatrice per la barenatura.

barenatùra [da un ant. *barenare*, trapanare; 1955] *sf.* foratura di un cilindro metallico di notevole lunghezza eseguita prima dell'alesatura.

barèno [dallo sp. *barrena*; 1962] *sm.* alesatrice.

bareṣàna [da *barese*; 1958] *sf.* uva bianca da tavola tipica della Puglia.

barése [dal n. geogr. *Bari*; 1829] **I** *agg.* di Bari **II** *s.* **1.** abitante di Bari **2.** *sm.* (solo *sing.*) dialetto di Bari.

barestesìa [comp. di *bar(i)-* ed *-estesia*; 1936] *sf. T.med.* sensibilità del corpo umano alla pressione esercitata sulle sue varie parti.

barestesiòmetro [comp. di *barestesia* e *-metro*; 1940] *sm.* strumento per misurare la barestesia.

bargèllo [lat. mediev. *barigildus*; a. 1342] *sm.* **1.** *T.stor.* nel comune medievale, funzionario incaricato del mantenimento dell'ordine pubblico || *per estens.* capo delle guardie, sbirro **2.** il palazzo di residenza del bargello, sede delle carceri.

bargigliàto v. BARGIGLIUTO.

bargìglio (pl. *-gli*) [etim. inc.; 1605] *sm.* com. *pl.*, ciascuna delle appendici carnose che pendono sotto il becco di vari uccelli, part. galli e tacchini || **N.** *Sin.* barbiglio | caruncola, cresta. **TAV. *pesci* p. 1330** 1.7.

bargiglióne [da *bargiglio*; a. 1494] *sm. raro* bargiglio.

bargigliùto o **bargigliàto** [da *bargiglio*; a. 1470] *agg.* che ha bargigli.

bàri- [dal gr. *barýs*, pesante] *primo elem.* che, in parole composte della terminologia scientifica (per es. *baricentro*), vale "pesante", "grave" o indica relazione con la gravità.

barìa [dal gr. *barýs*, pesante; 1955] *sf. T.fis.* unità di pressione corrispondente a una dina per cm^2.

bàribal [voce messicana; 1905] *sm. inv.* orso nero americano.

baricentràle [da *baricentro*; 1955] *agg.* baricentrico: *asse baricentrale*.

baricèntrico (pl. *-ci*) [da *baricentro*; 1967] *agg.* relativo al baricentro, proprio del baricentro.

baricèntro [comp. di *bari-* e *centro*; 1892] *sm. T.fis.* il punto di applicazione della risultante di tutte le forze gravitazionali agenti su un corpo o su un qualunque sistema di punti materiali || *per estens.* in geometria, si può parlare di baricentro di una figura piana o solida considerandola idealmente costituita di materia a densità costante: *il baricentro di un triangolo è dato dal punto d'incontro delle mediane*.

bàrico[1] (pl. *-ci*) [voce tratta dal gr. *báros*, peso; 1955] *agg.* **1.** *T.fis.* della pressione atmosferica: *gradiente barico* **2.** relativo al peso: *indice barico*, rapporto tra peso e statura dell'uomo.

bàrico[2] (pl. *-ci*) [da *bario*; 1950] *agg.* relativo al bario.

bariglióne [dal fr. *barillon*; a. 1375] *sm.* **1.** *ant.* barile usato per la conservazione di polvere da sparo o di alimenti **2.** *tosc.* barile lungo e tondo per la conservazione del pesce in salamoia.

barilàio (pl. *-ài*) [da *barile*; sec. XVI] *sm.* (f. *-a*) chi fabbrica o vende barili || portatore di barili || **N.** *Sin.* bottaio.

barile [etim. inc.; sec. XII *barril*] *sm.* **1.** *propr.* recipiente di legno, di forma cilindrica, costituito di doghe tenute assieme da cerchi, destinato a contenere liquidi, polveri o generi alimentari: *un barile di acciughe, di vino, di polvere pirica* || *gen.* recipiente di metallo o altro materiale a forma di barile || *barile ardente* o *fulminante*, pieno di sostanze esplosive che veniva gettato sugli assedianti dalle mura delle città || *grasso come un barile*, molto grasso || *fare il pesce nel barile*, far finta di nulla **2.** quantità contenuta in un barile: *si è bevuto un barile di vino* **3.** unità di misura dei liquidi variabile a seconda dei luoghi e dei tempi da 30 a 60 litri || *per anton. barile di petrolio*, unità di misura pari a 1,5 hl **4.** *distorsione a barile*, quella per cui un oggetto cilindrico appare come una figura con i lati convessi **5.** *T.stor.* moneta fiorentina d'argento in uso nel XVI secolo **6.** *T.mar.* parrocchetto fisso || *dim.* bariletto, barilòzzo; *accr.* barilóne || **N. 1.** *Sin.* bidone, botte, botticella, custo, vaso. **TAV. *enologia*** 6.

barilétto (*dim.* di *barile*) [1427 *barletto*] *sm.* **1.** piccolo barile **2.** *ant.* fiaschetta da viaggio **3.** in un orologio, scatoletta metallica che contiene la molla **4.** *bariletto dell'obiettivo*, negli apparecchi ottici, armatura cilindrica degli obiettivi contenente il dispositivo di messa a fuoco e la ghiera del diaframma.

barilòtto [da *barile*; a. 1431] *sm.* **1.** barile piccolo e panciuto || *fig.* persona piccola e grassa **2.** nel tiro a segno, il centro del bersaglio || *far barilotto*, far centro **3.** parte del clarinetto inserita tra il becco e il resto dello strumento.

barimetrìa [comp. di *bari-* e *-metria*; 1950] *sf.* metodo per determinare indirettamente il peso degli animali mediante misurazione delle dimensioni di parti del corpo.

bàrio [dall'ingl. *barium*; 1819] *sm. T.chim.* elemento chimico, metallo alcalino terroso, di colore argento, presente in natura solo in composti, viene ricavato per elettrolisi ed impiegato nella costruzione di leghe.

barióne [dall'ingl. *baryon*; 1965] *sm. T.fis.* ciascuna delle particelle pesanti che costituiscono il nucleo atomico || **N.** iperoni, nucleoni.

barisfèra [comp. di *bari-* e *sfera*; 1931] *sf.* il nucleo centrale della Terra, costituito soprattutto da nichelio e ferro ad alta densità e temperatura || **N.** *Sin.* nife.

barìsta [da *bar*; 1940] *s.* chi serve in un bar || proprietario o gestore di un bar.

barìte [da *barýs*; 1795] *sf. T.chim.* ossido di bario.

baritìna [da *barite*; 1865] *sf. T.chim.* solfato di bario.

baritonàle [da *baritono*; 1865] *agg.* di o da baritono: *note baritonali, voce baritonale*.

baritoneggiàre (pres. *-éggio*) [da *baritono*; a. 1936] *intr.* (aus. *avere*) fare una voce da baritono: *quel tenore baritoneggia*.

baritonèṣi [dal gr. *barytónēsis*; 1950] *sf. T.fon.* assenza dell'accento tonico sulla sillaba finale, caratteristica ad es. di certi dialetti greci e del polacco || fenomeno di ritrazione dell'accento verso l'inizio della parola.

barìtono [dal gr. *barýtonos*; a. 1565] **I** *sm.* *T.mus.* voce maschile intermedia tra tenore e basso || *chiave di baritono*, chiave di fa che colloca il fa sulla terza linea del pentagramma || *per meton.* cantante dotato di voce da baritono; *baritono lirico*, v. LIRICO; *baritono drammatico*, v. DRAMMATICO **II** *agg. T.fon.* di vocale o sillaba terminale non accentata || *in part.* nella grammatica greca, detto di sillaba atona. **Q.T.** *musica*.

barlàccio (pl. m. *-ci*, pl. f. *-ce*) [etim. inc.; a. 1527] *agg. tosc.* di uovo, marcio, andato a male || *fig.* di persona, malaticcia.

barlétto [etim. inc.; 1681] *sm.* specie di morsa usata da falegnami e intagliatori, con la quale si tiene fermo sul bancone il legno da lavorare.

barlòtta [dal fr. *varlope*; 1820] *sf.* pialla da falegname.

barlùme [prob. da *lume* con il pref. *bar-*; 1353] *sm.* luce debole e incerta che non lascia distinguere gli oggetti || *fig.* idea debole e confusa; vago indizio: *barlume di ragione, di speranza* || **N.** *Sin.* penombra, LUCE.

barman (ingl., pr. ['bɑːmən]; pr. it. ['barman]) [comp. di *bar*, bar e *man*, uomo; 1908] *sm. inv.* (anche pl. *barmen*, pr. ['bɑːmən]) barista.

barn [dall'ingl. *barn*, granaio, rimessa; 1955] *sm. T.mis.* unità di misura non decimale di superficie usata in fisica nucleare per le sezioni d'urto.

barnabìta [da S. *Barnaba*, cui era intitolata la chiesa prima sede dell'ordine; 1684] *sm.* chierico regolare appartenente alla Congregazione di S. Paolo, fondata nel 1530.

bàro [etim. inc.; a. 1449] *sm.* chi truffa al gioco || *per estens.* imbroglione, truffatore.

bàro- [dal gr. *báros*, peso] *primo elem.* che, in parole composte della terminologia scientifica (per es. *barometro, baroscopio*), vale "peso", "gravità" o "pressione".

-bàro [dal gr. *báros*, peso] *elem. term.* che, in parole composte della terminologia scientifica (per es. *isobaro*), vale "peso" o "pressione".

baroccheggiànte [da *barocco*; a. 1946] *agg.* che si ispira allo stile barocco; tendente allo stile barocco.

barocchétto [da *barocco*; 1927] *sm.* **1.** *T.arch.* stile tardo-barocco che si distingue per l'alleggerimento della struttura e l'aumento dei motivi decorativi; prelude al rococò **2.** mobili di stile intermedio tra il barocco e il rococò.

barocchìṣmo [da *barocco*; 1848] *sm.* stile eccessivamente elaborato e complesso che anticipa o riecheggia gli stilemi del barocco storico: *il barocchismo di Gadda*.

baròccio e der. forme meno com. di BARROCCIO e der. (v.).

baròcco (pl. *-chi*) [etim. inc.; 1797] **I** *sm.* stile artistico diffuso in Europa nel XVII secolo: in letteratura mirava a stupire con metafore ricercate, nelle arti figurative era caratterizzato da grande ricchezza decorativa e complessità formale: *barocco piemontese, romano* **II** *agg.* relativo al barocco come corrente artistica: *pittura, arte barocca* || *per estens.* che fa riferimento al barocco: *vive in un ambiente barocco* || *fig.* arzigogolato, eccessivamente complesso: *un'argomentazione barocca.*

baroccùme [da *barocco*; 1865] **sm.** *spreg.* **1.** eccessiva quantità di motivi ornamentali barocchi || *concr.* opera caratterizzata da tale eccessiva presenza **2.** *per estens.* oggetto di cattivo gusto.

barocettóre [comp. di *baro-* e (*re*)*cettore*; 1983] **sm.** *T.med.* recettore sensibile alle variazioni di pressione.

barogràfico (pl. *-ci*) [da *barografo*; 1955] **agg.** proprio del barografo, relativo al barografo; misurato col barografo: *diagramma barografico,* barogramma.

barògrafo [comp. di *baro-* e *-grafo*; 1892] **sm.** *T.meteor.* barometro che registra i mutamenti nel tempo della pressione atmosferica tracciando un barogramma su un tamburo rotante.

barogràmma [comp. di *baro-* e *-gramma*; 1955] **sm.** *T.meteor.* diagramma della pressione atmosferica tracciato dal barografo.

baròlo [dal n. geogr. *Barolo*; 1897] **sm.** famoso vino rosso piemontese da tavola di sapore asciutto e amarognolo, ad alta gradazione alcolica, prodotto da uve nebbiolo nella zona di Barolo presso Alba.

barometrìa [comp. di *baro-* e *-metria*; 1970] **sf.** la misurazione della pressione atmosferica mediante il barometro. **TAV. *meteorologia* p. 1321** 10.1.

baromètrico (pl. *-ci*) [da *barometro*; 1649] **agg.** relativo al barometro o alla barometria.

baròmetro [dall'ingl. *barometer*; a. 1729] **sm.** **1.** strumento per la misurazione della pressione atmosferica || *barometro a mercurio,* in cui la misura della pressione atmosferica viene data dall'altezza di una colonna di mercurio contenuta in una cannella di vetro || *barometro aneroide,* in cui le variazioni di pressione vengono misurate a partire dal deformarsi di una o più capsule metalliche in cui sia stato fatto il vuoto || *barometro registratore,* barografo **2.** *fig.* ciò che è particolarmente sensibile nel cogliere variazioni: *il tasso di sconto è il barometro della politica bancaria.* **Q.T.** *meteorologia* **TAV. *meteorologia* p. 1321** 3.

baronàggio (pl. *-gi*) [dal fr. ant. *barnage*; a. 1294 *barnagio*] **sm.** baronia, titolo e dignità di un barone || *fig.* nobiltà di abitudini.

baronàle [da *barone*[1]; a. 1735] **agg.** relativo a un barone o a una baronia: *corona, dignità baronale* || *per estens. spreg.* da barone, da uomo di potere: *atteggiamenti baronali.*

baronàta [da *barone*[2]; a. 1742] **sf.** azione da briccone.

baronàto [da *barone*[1]; 1865] **sm.** baronia.

baróne[1] [dal germ. **baro,* uomo libero, adatto per la lotta; a. 1294] **sm.** (f. *-éssa*) **1.** *T.stor.* titolo rappresentante il massimo grado nella gerarchia feudale **2.** titolo nobiliare che nella gerarchia araldica segue quello di visconte **3.** *ant.* nobile, signore, potente: *ecco il barone per cui là giù si visita Galizia* (Dante) **4.** chi detiene un grande potere nell'ambito in cui opera e tende a farne un uso dispotico: *baroni della finanza, nella università stanno ritornando i baroni.*

baróne[2] [prob. da *barone*[1]; 1623] **sm.** *fam.* briccone: *ah porci, ah baroni* (Manzoni).

baronésco (pl. *-schi*) [da *barone*; 1550 nel senso 2] **agg.** **1.** relativo ad un barone **2.** furfantesco.

baronéssa [da *barone*[1]; a. 1342] **sf.** **1.** dama investita della dignità di barone **2.** la moglie del barone.

baronétto [dall'ingl. *baronet*; 1667] **sm.** **1.** in Gran Bretagna, titolo nobiliare ereditario di grado inferiore a quello di barone **2.** titolo nobiliare britannico conferito dal sovrano per particolari meriti nei confronti dello stato.

baronìa [da *barone*[1]; a. 1294] **sf.** **1.** titolo, dominio e giurisdizione del barone **2.** *ant.* classe sociale dei baroni || *per estens.* classe nobiliare **3.** gruppo di potere esteso e dispotico: *una baronia politica.*

baropatìa [comp. di *baro-* e *-patia*; 1955] **sf.** *T.med.* reazione patologica dell'organismo causata da sbalzi violenti di pressione.

baroscòpio (pl. *-pi*) [comp. di *baro-* e *-scopio*; 1749] **sm.** *T.fis.* **1.** apparecchio per mettere in evidenza la pressione atmosferica **2.** strumento che serve per dimostrare il principio di Archimede nei gas.

bàrra [etim. inc.; a. 1348] **sf.** **1.** asta di legno, metallo o altro materiale: *barra di traino,* l'asse che aggancia il rimorchio alla motrice; *le barre del passaggio a livello* || *barra di controllo,* nei reattori nucleari, sbarra solitamente di cadmio in grado di assorbire i neutroni e di assicurare il regolare svolgimento della reazione || lingotto: *una barra di platino* **2.** leva di regolazione di vari congegni: *la barra del timone* || *barra spaziatrice,* quella che nella macchina per scrivere produce la spaziatura tra un carattere e l'altro **3.** verghetta che fissa il morso del cavallo || lo spazio privo di dentatura nella bocca del cavallo su cui essa poggia **4.** sbarramento || nei tribunali, tramezzo che divide lo spazio riservato al pubblico da quello riservato a giudici ed avvocati: *stare, andare alla barra,* difendere in giudizio **5.** banco di detriti e depositi erosivi che si forma alla foce dei fiumi, all'imboccatura dei porti e sim. **6.** lineetta verticale od obliqua che viene usata nella scrittura come segno di separazione "/" || in matematica, linea orizzontale di frazione **7.** *T.mar.* piccola trave orizzontale con funzioni di sostegno dell'alberatura || **N. 1.** *Sin.* sbarra; palo; stanga **2.** *Sin.* leva. **TAV. *automobile* p. 658** 3.35; ***vela* p. 1342** 1.15.

barracàno [dall'ar. *barrakān,* grosso cammellotto, mantello fatto con la stessa stoffa; a. 1347 *barraccano*] **sm.** **1.** pezza di lana o tela pesante che le popolazioni del Nord Africa indossano drappeggiandola intorno al capo **2.** baracano.

barracellàre [da *barracello*; 1970] **agg.** relativo al barracello, proprio del barracello: *controllo baracellare.*

barracèllo [dallo sp. *barrachel,* capo delle guardie; 1886] **sm.** in Sardegna, guardia privata addetta alla sorveglianza dei campi e alla repressione o prevenzione della delinquenza rurale.

barracùda [prob. da una voce indigena dell'America Latina attr. lo sp. o il port.; 1950] **sm.** *inv.* pesce voracissimo dei Perciformi con corpo allungato e denti acuminati, diffuso nei mari tropicali.

barrage (fr., pr. [ba'ra:ʒ]) [letter. barriera; 1940] **sm.** *inv.* *T.sport.* spareggio; il termine è usato soprattutto nelle gare ippiche.

barràggia V. BARAGGIA.

barramìna [comp. di *barra* e *mina*; a. 1930] **sf.** pesante sbarra di acciaio con punta tagliente, usata per praticare fori da mina nelle rocce || **N.** *Sin.* basamina.

barrànco (pl. *-chi*) [dallo sp. *barranco*; 1955] **sm.** solco profondo che si forma nel cono dei crateri vulcanici.

barràre [da *barra*; a. 1348] **tr.** **1.** segnare, delimitare con una barra: *barrare un assegno,* renderlo non trasferibile, segnandovi due barre trasversali **2.** *raro* barricare, sbarrare.

barratùra [da *barrare*; 1970] **sf.** atto o effetto del barrare.

barrel (ingl., pr. ['bærəl]) [letter. barile; 1955] **sm.** *T.mis.* unità di misura non decimale di volume, per liquidi, per grano, sabbia ecc., usata nei paesi anglosassoni.

barricadièro [dal fr. *barricadier*; 1915] **agg.** estremista; rivoluzionario.

barricaménto [da *barricare*; 1967] **sm.** **1.** il barricare o il barricarsi **2.** materiale che costituisce una barricata.

barricàre (pres. *bàrrico, bàrrichi*) [dal fr. *barriquer*; 1598] **tr.** **1.** ostruire con una barricata: *barricare una strada* || *per estens.* chiudere a scopo difensivo qualsiasi apertura verso l'esterno: *barricare porte e finestre* **2.** *fig.* rifiutare di discutere le proprie idee, assumere un atteggiamento di difesa || **rifl.** asserragliarsi, rinchiudersi in un luogo ben protetto: *si è barricato in casa.*

barricàta [dal fr. *barricade*; 1598] **sf.** sbarramento fatto con materiali vari per impedire il passaggio attraverso vie di centri abitati e per offrire un riparo dietro cui combattere: *le barricate della Comune* || *fare le barricate,* far la rivoluzione || *fig. essere dall'altra parte della barricata,* essere su posizioni opposte.

barrièra [dal fr. *barrière*; a. 1680] **sf.** **1.** sbarramento di vario genere che segnala un limite o un confine || *barriera doganale,* posta sulla linea di confine tra due stati; *fig.* provvedimento fiscale atto a limitare le importazioni || *barriera stradale,* struttura che impedisce l'uscita di strada dei veicoli, *guardrail* || *barriera autostradale,* casello || nell'equitazione, ostacolo costituito da due sbarre orizzontali || struttura che chiude un passaggio a livello **2.** *fig.* ostacolo, impedimento: *col suo ingegno superò ogni barriera* || *T.econ. barriera all'entrata,* fattori che ostacolano o impediscono l'ingresso di una nuova impresa sul mercato **3.** ostacolo naturale: *barriera corallina,* struttura corallina posta a poca distanza dalla costa nei mari tropicali **4.** *T.aer. barriera* o *muro del suono,* l'ostacolo costituito dall'aumento repentino della resistenza aerodinamica incontrata da velivoli che superano la velocità del suono: *quando un jet militare supera la barriera del suono si sente come un'esplosione* **5.** *T.sport.* nel calcio, schieramento difensivo costituito da un numero variabile di giocatori posti uno accanto all'altro che viene utilizzato sui calci piazzati **6.** *fig.* riparo: *la sua onestà è una barriera alla maldicenza.* **TAV. *automobile* p. 658** 4.6.

barrique (fr., pr. [ba'rik]) [letter. barile, botte; 1930] **sf.** botte da circa 250 litri.

barrìre (pres. *-ìsco, -ìsci*) [dal lat. *barrīre*; 1585] **intr.** (aus. *avere*) mandar barriti.

barrìto [dal lat. *barrītus*; a. 1292] **sm.** il verso acuto e sonoro dell'elefante || *per estens.* grido sgraziato e rumoroso: *gli acuti del soprano parevano barriti.*

barrocciàio (pl. *-ài*) [da *barroccio*; 1842] **sm.** chi fa il mestiere di trasportare merce col barroccio; *parlare, comportarsi come un barrocciaio,* in modo rude, a volte sconveniente || **N.** carrettiere, vetturale.

barrocciàta [da *barroccio*; a. 1921] **sf.** quantità di materiale che si trasporta con il barroccio || nella *loc. avv. a barrocciate,* in gran quantità.

barroccìno (*dim.* di *barroccio*) [da *barroccio*; 1865] **sm.** veicolo leggero scoperto a due ruote per il trasporto di persone || **N.** *Sin.* barocino, birocino, calessino, *tilbury.*

barròccio (meno com. *baròccio*) (pl. *-ci*) [lat. **birotium*; a. 1764] **sm.** carro a due ruote, per il trasporto di merci || *per estens.* barrocciata: *mi hanno detto un barroccio di bugie* || **N.** birocio. **TAV. *carri...* p. 664** 9.

barròtto [dal fr. *barrot*; 1937] **sm.** *T.mar.* sul ponte di una nave, baglio interrotto da un boccaporto.

barùffa [dal germ. **raup-,* attr. una forma che ha subito la seconda rotazione consonantica; a. 1400] **sf.** alterco e zuffa violenta: *far baruffa,* litigare e picchiarsi || *per estens.* violento litigio senza venire alle mani || **N.** *Sin.* rissa, scontro, tafferuglio.

baruffàre [da *baruffa*; 1955] **intr.** (aus. *ave-*

re) far baruffa.

barùlla [da un disus. *barullare*; 1879] **sf.** struttura portante di opere in muratura.

barzamìno o **barzemìno** o **berzamìno** o **berzemìno** [forse da una var. di *balsamo*, per il suo sapore; 1955] **sm.** tipo di vitigno della Lombardia che produce un'uva molto dolce e aromatica || il vino che con tale uva viene prodotto.

barzellétta [etim. inc.; 1504 *balzerette*] **sf.** **1.** storiella spiritosa: *raccontare barzellette* || *prendere qualcosa in barzelletta*, non seriamente **2.** *T.stor.* breve componimento musicale cantato popolare, in uso nel XV secolo || **N.** **1.** *Sin.* facezia, freddura **2.** *Sin.* frottola.

barzellettàre (pres. *-étto*) [da *barzelletta*; 1688] **intr.** (aus. *avere*) *non com.* dir barzellette; parlare scherzando.

barzòtto V. BAZZOTTO.

basàle [da *base*; 1950] **agg.** **1.** che è relativo alla base **2.** *T.med.* relativo alle condizioni iniziali di uno stato fisiologico o ai valori standard riscontrabili in un esame clinico || *metabolismo basale*, la quantità di energia consumata da un organismo vivente in condizioni di riposo assoluto || *temperatura basale*, temperatura normale interna in un individuo **3.** *fig. raro* fondamentale, basilare.

basalìschio, basalìsco V. BASILISCO.

basàlite o **basàlte** V. BASALTO.

basàltico (pl. *-ci*) [da *basalto*; 1754] **agg.** di basalto: *rocce balsaltiche* || **N.** *Sin.* basaltino.

basaltìno [da *basalto*; 1779] **agg.** *non com.* basaltico: *roccia basaltina.*

basàlto (ant. *basàlte* o *basalite*) [dal lat. *basaltes*; 1561 *basalte*] **sm.** roccia dura e compatta di origine vulcanica, nera o grigio-scura; *basalti colonnari*, basalto suddiviso in colonne e prismi, caratteristica configurazione delle rocce effusive per contrazione da raffreddamento.

basaménto [da *base*; 1570] **sm.** **1.** *T.arch.* la parte inferiore di un monumento o di un edificio che assolve a funzioni portanti e di elemento decorativo **2.** zoccolo, posizione terminale bassa delle pareti interne di un locale **3.** struttura di appoggio per macchinari: *il basamento della gru* || parte del motore di un autoveicolo che poggia sul telaio **4.** *T.geol.* substrato di rocce metamorfiche e cristalline su cui poggiano i terreni sedimentari. **TAV. *architettura*** p. 646 1.20.

basamìna [comp. di *basa*(*re*) e *mina*; 1941] **sf.** pesante asta d'acciaio con punta tagliente, usata per forare il terreno dove va posta la mina || **N.** *Sin.* barramina.

basàre [da *base*; 1812] **tr.** **1.** collocare, poggiare su una base: *basare l'impalcatura* **2.** *fig.* fondare: *basa le proprie ipotesi su pure illazioni* || **rifl.** far conto, appoggiarsi: *la difesa si basa su prove indiziarie.*

bàsco (pl. *-schi*) [dallo sp. *vasco*; 1352] **I agg.** relativo ai baschi o alla Biscaglia, regione da essi abitata, situata fra Francia e Spagna nei Pirenei occidentali || *separatismo basco*, movimento che rivendica l'autonomia delle province basche dal resto della Spagna || *palla basca*, pelota **II sm.** **1.** (f. *-a*) individuo appartenente al popolo basco **2.** (solo *sing.*) lingua non indoeuropea parlata dai Baschi **3.** berretto di panno tondo senza falde || berretto militare in dotazione all'esercito italiano; *per meton. basco rosso*, paracadutista || *basco blu*, soldato delle Nazioni Unite. **Q.T.** *lingue...*

bàscula o **bascùlla** [dal fr. *bascule*; 1890] **sf.** **1.** bilancia a più leve con piano di carico per oggetti di grandi dimensioni; equilibra con piccoli pesi carichi anche cento volte superiori **2.** nei fucili da caccia, blocco metallico cui sono fissate la canna e il calcio.

basculàggio (pl. *-gi*) [dal fr. *basculage*; 1986] **sm.** movimento di oscillazione intorno a un asse || *T.fot.* nelle macchine fotografiche professionali, l'inclinare rispetto ad un asse verticale od orizzontale la piastra portaobiettivo oppure il piano su cui giace la pellicola.

basculànte o **basculllànte** [da *bascula*; 1983] **agg.** di sbarra, meccanismo o congegno, che può oscillare intorno a un'asse.

bascùlla V. BASCULA.

bàse [dal lat. e gr. *básis*; a. 1446 *basa*] **I sf.** **1.** parte inferiore di una struttura con funzione di sostegno: *la base di un edificio, di una torre, di una bottiglia* || *base di una colonna*, elemento di raccordo fra la colonna stessa e la superficie d'appoggio **2.** fondamento, principio costitutivo: *le teorie di Einstein sono la base della fisica moderna* || *gettare le basi di qualcosa*, specificarne i principi || *avere buone basi*, avere una preparazione adeguata || *mancare di basi*, essere impreparato || *in base a, sulla base di*, sul fondamento di **3.** elemento costitutivo essenziale: *il carbonio è la base della vita, l'abilità è la base del successo* **4.** zona appositamente attrezzata per lo stazionamento di truppe: *base navale, aerea* || *base operativa*, struttura logistica di supporto ad unità impiegate in un'azione || *base spaziale*, luogo attrezzato per lo svolgimento di attività connesse con i lanci spaziali || *per estens.* luogo di partenza e sede dei supporti logistici di qualsiasi tipo di impresa: *il campo base dell'Everest* || *fig. rientrare alla base*, far ritorno al luogo di partenza || *eufem. non rientrare alla base*, detto di reparti militari, aerei, navi che non fanno ritorno alla base operativa e *per estens.* di persone che non fanno ritorno e di oggetti che si smarriscono **5.** gli iscritti a un partito o a un'organizzazione considerati nel loro insieme, in contrapposizione alla dirigenza o *vertice*: *la base del PCI è favorevole alla linea della segreteria* **6.** *T.mat. base di una potenza*, la quantità da elevare a potenza; *base di un logaritmo*, numero positivo che ha per logaritmo l'unità e che elevato ad una potenza indicata dai logaritmi riproduce la serie dei numeri reali positivi: *il logaritmo in base dieci di 100 è due, infatti* $10^2 = 100$ || *base di uno spazio vettoriale*, insieme di vettori lineari indipendenti tale che ogni vettore dello spazio possa essere espresso per mezzo di una loro combinazione lineare || lato di una figura piana o poligono di un solido, scelto arbitrariamente e in base al quale si calcola l'altezza **7.** *base topografica o geodetica*, tratto che unisce due punti sul terreno e serve di base per una triangolazione **8.** *T.chim.* composto chimico che rende azzurra la cartina tornasole e che, combinato con un acido, dà origine a un sale **9.** *T.ling.* radice || *base apofonica*, gruppo radicale o suffisso che presenta alternanza vocalica **10.** *T.elettr.* ciascuno degli elettrodi di un transistor **11.** *T.sport.* nel baseball, ciascuno dei vertici del diamante **12.** *T.inform. base di dati, data base* **II agg.** *inv.* essenziale, fondamentale: *il problema base* || **N.** **1.** *Sin.* basamento, fondamento, piedistallo, sostegno **2.** *Sin.* caposaldo, cardine, perno, principio fondamentale **4.** *Sin.* quartiere, stazione **5.** *Sin.* militante **8.** *Sin.* alcale | *Contr.* acido. **Q.T.** *chimica* **TAV.** ***geometria***; ***architettura*** p. 646 1.2.

baseball o ***base-ball*** (ingl., pr. ['beɪsbɔ:ɫ]; pr. it. ['bezbol]) [comp. di *base*, posizione in ciascuno dei quattro angoli del quadrato e *ball*, palla; 1892] **sm.** *inv.* gioco con la palla part. diffuso negli USA fra due squadre di nove giocatori che si pratica su un campo di forma romboidale, detto *diamante*, ai cui vertici sono situate le basi che gli attaccanti devono cercare di occupare in successione.

basedowiàno (pr. [bazedo'vjano]) [dal n. proprio K. v. *Basedow*, medico ted. che descrisse la malattia; 1930] **I agg.** *T.med.* proprio del morbo di Basedow, relativo al morbo di Basedow **II sm.** (f. *-a*) *T.med.* persona affetta dal morbo di Basedow.

basedowìsmo (pr. [bazedo'vizmo]) [dal n. di K. v. *Basedow*, medico ted. che lo descrisse; 1970] **sm.** *T.med.* malattia della tiroide, caratterizzata da aumento del metabolismo basale, tremori, eccitabilità, tachicardia, aumento della pressione arteriosa || **N.** *Sin.* morbo di Basedow.

basèno V. BASINO.

basétta [forse dal sett. *ba*(*rbi*)*set*, baffetto; a. 1543] **sf.** *pl. ant.* baffi || *com.* (anche *sing.*) striscia di capelli che scende lungo le guance fino a congiungersi con la barba.

basettìno [da *basetta*; 1829] **sm.** piccolo uccello dei Passeriformi che presenta due ciuffetti neri, simili a basette, ai lati del becco || **N.** *Sin.* mustacchino.

basettóne (*accr.* di *basetta*) [a. 1698] **sm.** **1.** grande basetta **2.** *scherz.* uomo che porta basette lunghe e folte.

basic (ingl., pr. ['beɪsɪk]; pr. it. ['bezik]) [acronimo dell'ingl. *b*(*eginners*) *a*(*llpurpose*) *s*(*ymbolic*) *i*(*nstruction*) *c*(*ode*); 1972] **sm.** *inv. T.inform.* linguaggio di programmazione di facile apprendimento, particolarmente adatto per problemi matematici elementari.

basicità [da *basico*; 1962] **sf.** *T.chim.* proprietà di una sostanza di reagire con una base alcalinica || capacità di un acido di essere saturato, valenza di un acido.

bàsico (pl. *-ci*) [da *base*; 1865] **agg.** **1.** *T.chim.* relativo ad una base, che ne ha le caratteristiche chimiche **2.** *T.min. roccia basica*, roccia eruttiva povera di silicio.

basìdio (pl. *-di*) [dal lat. *basidium*; 1950] **sm.** *T.bot.* organo a forma di clava che nei Basidiomiceti reca le spore.

Basidiomicèti (sing. *-e*) [comp. di *basidio* e *micete*; 1950] **sm.** *pl. T.bot.* classe di funghi il cui organo principale di riproduzione è il basidio. **Q.T.** *botanica.*

basidiospòra [comp. di *basidio* e *spora*; 1950] **sf.** *T.bot.* spora dei Basidiomiceti.

basificàre (pres. *-ìfico, -ìfichi*) [da *base*; 1970] **tr.** *T.chim.* neutralizzare l'acidità di una soluzione aggiungendovi una base.

basìfilo [comp. di *base* e *-filo*; 1955] **agg.** *T.bot.* di pianta, che predilige i terreni basici.

basilàre [dal lat. tardo *basilāris*; sec. XV] **agg.** **1.** *fig.* fondamentale: *scoperta basilare* **2.** *non com.* che serve da base: *pilastro basilare.*

basilïàno [da S. *Basilio*; 1829] **I agg.** che si riferisce a S. Basilio e all'ordine monastico da lui fondato || *per estens.* relativo a correnti monastiche di rito bizantino **II sm.** monaco che segue la regola di S. Basilio.

basìlica [dal lat. *basilica*, gr. (*stoà*) *basilikḗ*, (portico) regio; a. 1363 nel senso 3] **sf.** **1.** *T.stor.* nella Roma antica, spazioso edificio pubblico con grandi sale e corridoi, per le sedute dei tribunali, per le adunanze del Senato e lo svolgimento di affari **2.** antico tempio cristiano derivato dalla basilica romana **3.** chiesa con particolari privilegi liturgici consuetudinari o dispensati per concessione papale: *la basilica di S. Pietro* || *per estens.* la chiesa più importante di una città || **N.** CHIESA.

basilicàle [da *basilica*; 1875] **agg.** *T.archeol.* di basilica, a modo di basilica || proprio di una basilica o che vi fa riferimento: *privilegio basilicale, struttura basilicale.*

basìlico[1] (pl. *-chi*) [lat. *basilicus*, gr. *basilikós* (*ṓkimon*), (pianta) regia; 1353] **sm.** pianta erbacea delle Labiate con foglie ovali e fiori raccolti in spighe, che viene usata come aroma nella preparazione di vari piatti: *spaghetti al basilico.*

basìlico[2] (pl. *-ci*) [dal lat. *basilicus*, gr. *basilikós*, regio; sec. XIV] **agg.** *raro* del re || *per estens.* principale || *vena basilica*, vena superficiale che scorre per tutta la lunghezza del braccio interno || *libri basilici*, raccolta di leggi romane effettuata nel X sec. per ordine di Basilio I.

basilìsco o **basalìsco** (ant. *basalìschio*) (pl. *-schi*) [dal lat. *basiliscus*, gr. *basilískos*, letter. piccolo re; sec. XII] **sm.** **1.** rettile dei Sauri diffuso nelle zone tropicali del continente americano, di colore verdastro, con cresta a lamine erettili disposta sul dorso e dietro la testa **2.** *T.mit.* animale fantastico che era in grado di uccidere con lo sguardo; *fig. occhi, sguardo di basilisco*, occhi, sguardo terribile **3.** *T.stor.* colubrina montata a prua delle galee nel XV secolo.

basilìssa [dal gr. *basílissa*; 1905] **sf.** regina o imperatrice bizantina: *la basilissa Teodora.*

basìno o **basèno** [dal fr. *basin*; 1829] **sm.** tessuto in cotone usato spec. come fodera.

basìre (pres. *-ìsco, -ìsci*) [dal gallico **basire*; sec. XV] **intr.** (aus. *essere*) *raro* sentirsi venir meno le forze: *basir dalla fame, dal freddo, dalla paura* || *arc.* morire || **N.** *Sin.* svenire.

basìsta [da *base*; 1923] **s.** **1.** chi in un partito politico sostiene e segue le indicazioni della base anche in opposizione alle indicazioni della dirigenza **2.** chi organizza una azione criminosa o fornisce indicazioni che ne consentano l'effettuazione: *il basista sfuggì alla cattura.*

basket (ingl., pr. ['bɑ:skɪt]; pr. it. ['basket]) V. BASKET-BALL.

basket-ball (ingl., pr. ['bɑ:skɪtbɔ:ɫ]) [propr. palla (*ball*) a cesto (*basket*); 1935] **sm. inv.** pallacanestro.

basofobìa [comp. di *base* e *-fobia*; 1930] **sf.** paura morbosa di cadere mentre si sta in piedi o si cammina.

bàsola **sf.** *ant.* V. BASOLO (nel senso 1).

basolàio (pl. *-ài*) [da *basolo*; 1965] **sm.** (f. *-a*) operaio pavimentatore di basolati.

basolàto [da *basolo*; 1955] **sm.** pavimentazione di una strada a basoli.

basolatóre [da *basolo*; 1955] **sm.** (f. *-trice*) basolaio.

basolatùra [da *basolo*; 1965] **sf.** pavimentazione di una strada a basoli.

bàsolo [da *base*; 1336 ca. nel senso 2] **sm.** **1.** lastra di pietra usata per le pavimentazioni stradali **2.** *raro* basamento, base, appoggio.

bàssa¹ [da *basso*; 1747] **sf.** **1.** zona pianeggiante e depressa: *la bassa padana* **2.** *T.meteor.* zona di pressione atmosferica inferiore ai valori normali.

bàssa² [in orig. un tagliando da staccare e far vistare, la parte "bassa" del documento; 1942] **sf.** *T.mil.* documento relativo al trasferimento di un militare: *bassa di accompagnamento, di entrata, di uscita.*

bàssa³ V. BASSADANZA.

bassacórte [dal fr. *basse-court*, cortile basso; 1905] **sf.** in una fattoria, spazio in cui si allevano il pollame e altri animali domestici.

bassadànza o **bàssa³** [dallo sp. *baja danza*; a. 1530 *bassa*] **sf.** danza a passi lenti tipica del cerimoniale di corte dei sec. XV e XVI.

bassanèllo [forse dal n. proprio G. *Bassano*, che ne è il presunto inventore; 1931] **sm.** strumento musicale simile al fagotto, diffuso nei sec. XVI e XVII.

bassàrico (pl. *-ci*) [dal lat. *Bassaricus*, di Bacco, gr. *bassarikós*, (pelle) propria della volpe; a. 1938] **agg.** *lett.* bacchico: *la furia bassarica* (D'Annunzio).

bassàride [dal lat. *Bassaris, -idis*, baccante, gr. *bassarís*, baccante, e volpe; a. 1625] **sf.** *T.lett.* baccante.

bassarìsco (pl. *-schi*) [dal lat. scient. *bassariscus*, gr. *bassára*, volpe; 1950] **sm.** piccolo mammifero dei Procionidi simile alla volpe, con una caratteristica coda ad anelli bianchi e neri.

basset (ingl., pr. ['bæsɪt]; pr. it. ['baset]) [letter. bassotto; 1980] **sm.** gruppo di razze di cani da caccia di origine francese, dal corpo lungo e basso e arti corti e possenti.

bassétta [prob. da *basso*, perché basato sulle carte basse; sec. XV] **sf.** gioco d'azzardo simile al faraone molto in uso nel XVIII secolo.

bassétto [da *basso*; 1829] **sm.** *T.mus.* strumento musicale antico a quattro corde, tra la viola e il violoncello || *corno di bassetto*, clarinetto in fa usato nella musica barocca e oggi sostituito dal clarinetto basso.

bassézza [da *basso*; sec. XIII] **sf.** **1.** *non com.* l'essere basso: *la bassezza delle volte delle catacombe provoca un senso di claustrofobia* **2.** *com. fig.* viltà, meschinità: *bassezza d'animo* || *concr.* azione abietta: *andare avanti a forza di bassezze* || **N.** **1.** *Contr.* altezza **2.** *Sin.* grettezza | *Contr.* coraggio, nobiltà.

bassìlico **sm.** *tosc.* V. BASILICO¹.

bassìna [etim. inc.; 1931] **sf.** bassa bacinella in rame che viene fatta ruotare intorno al suo asse ed è usata per la preparazione dei confetti.

bàsso [lat. tardo *bassus*; a. 1276] **I agg.** **1.** poco sviluppato in altezza, poco rilevato rispetto a un piano di riferimento: *un albero basso, una duna bassa* || *scarpe basse*, con poco tacco || *statura bassa*, inferiore alla media || *fig. fare man bassa*, saccheggiare, prendere più che si può || *fig. avere il morale basso*, essere triste || *T.sport. colpo basso*, nel pugilato, colpo irregolare dato sotto la cintura; *fig.* attacco inaspettato e sleale: *accusarlo davanti a tutti è stato un vero colpo basso* **2.** vicino al suolo: *soffitto basso* || *volare a bassa quota*, a poca distanza da terra || *sole basso*, poco sollevato sulla linea dell'orizzonte **3.** poco profondo: *acqua bassa, bassa marea* **4.** di voce o suono, grave, profondo: *la sua voce ha un timbro basso* **5.** stretto: *una pezza di stoffa bassa* **6.** rivolto verso il basso: *teneva gli occhi bassi, per stanare la selvaggina devi tenere il tiro basso* **7.** *T.geogr.* di regione meridionale o tratto terminale di un corso d'acqua: *bassa Renania, basso Nilo* || *per estens.* la zona attraversata dal tratto terminale di un fiume: *il basso Egitto* **8.** relativo al periodo più recente di un'epoca storica: *bassa latinità, basso Medioevo* || *Pasqua bassa*, che cade in un periodo relativamente prossimo all'inizio dell'anno **9.** *T.ling.* di dialetto parlato nella parte pianeggiante di un territorio: *basso tedesco* **10.** che occupa un posto non elevato in una graduatoria, in una gerarchia: *basso clero*, i preti; *bassa forza*, i militari di truppa **11.** *fig.* plebeo, meschino: *quartieri bassi, bassi istinti* || *per estens.* di cosa che non ha pregio: *carni di bassa macelleria* || *di bassa lega*, di scarso valore **12.** scarso, esiguo: *paga bassa*; soprattutto relativo a grandezze misurabili: *pressione arteriosa, pressione atmosferica bassa* || *voto basso*, insufficienza || *parlare a bassa voce*, in modo appena udibile || compar. *inferiore*, superl. *bassissimo, infimo* || **bassaménte** **avv.** *fig.* in modo basso: *agire bassamente* **II sm.** **1.** parte inferiore di qualcosa: *il basso della scala* || *scendere da basso*, al pian terreno || *gli alti e bassi della vita*, le alterne vicende dell'esistenza || *fig. cadere in basso*, trovarsi in una condizione misera e meschina || *guardare dall'alto in basso*, con un senso di superiorità **2.** *T.mus.* parte strumentale che costituisce la linea armonica più bassa di una melodia || *basso continuo*, parte strumentale di accompagnamento a un brano cantato eseguita solitamente dall'organo o dal clavicembalo || *basso numerato, cifrato* o *figurato*, sistema di notazione abbreviata, diffuso nel periodo barocco, consistente nel riportare sul rigo soltanto le note della parte di basso corredate di numeri e segni di alterazione che indicano all'esecutore l'accordo da realizzare estemporaneamente || *chiave di basso*, chiave di fa che colloca il fa sulla quarta linea del pentagramma a partire dal basso **3.** voce maschile di registro più greve || *per meton.* cantante dotato di tale voce: *un basso russo*; *basso profondo*, V. PROFONDO; *basso comico* o *buffo*, adatto a ruoli comici; *basso cantante*, a cui è affidato un repertorio cantabile **4.** strumento che esegue la parte più grave di una partitura || *pl.* nell'orchestra sinfonica, la sezione di violoncelli e contrabbassi || *per anton.* strumento derivato dal contrabbasso, di cui conserva le quattro corde e l'estensione timbrica, e dalla chitarra, di cui mantiene la cassa armonica e la tastiera, usato in part. nel jazz e nella musica leggera **5.** a Napoli, misera abitazione civile con la porta d'accesso sulla via **III avv.:** *volar basso*, a bassa quota, *guardar basso*, in giù; *mirare basso* || **N.** **I** **1.** *Sin.* corto, piccolo; piatto | *Contr.* alto | abbassare, appiattire, atterrare, comprimere **5.** *Sin.* sottile | *Contr.* largo **7.** *Sin.* inferiore **10.** *Sin.* inferiore **11.** *Sin.* misero, triviale; vile | *Contr.* alto, elevato, nobile | avvilire, umiliare; scadere. **Q.T.** *musica.*

bassofóndo (pl. *bassifóndi*) [dal fr. *bas-fond*; 1846] **sm.** **1.** zona d'acqua poco profonda che rende pericolosa la navigazione: *la chiatta si è arenata in un bassofondo* **2.** *fig.* part. *pl.* gli strati sociali più poveri di una città || *per estens.* quartieri malfamati dove predominano miseria, crimine e vizio: *i bassifondi di San Francisco.*

bassoparlànte [comp. di *basso* e *parlante*; 1965] **sm.** dispositivo per la riproduzione dei suoni a basso volume || **N.** *Contr.* altoparlante.

bassopiàno (pl. *bassipiàni*) [comp. di *basso* e *piano*; 1661] **sm.** estesa regione pianeggiante poco elevata sul livello del mare || **N.** *Contr.* altopiano.

bassorilièvo (pl. *bassorilièvi*) [comp. di *basso* e *rilievo*; a. 1519] **sm.** lavoro scultoreo in cui le figure rappresentante sono scarsamente rilevate dal fondo: *figure in bassorilievo, scolpire in bassorilievo* || **N.** altorilievo, mezzorilievo, tuttotondo. **Q.T.** *scultura.*

bassòtto [da *basso*; 1913] **sm.** cane da tana con zampe corte, corpo allungato, pelo raso e orecchie pendenti. **TAV. *cani* p. 662.**

bassotùba [comp. di *basso* e *tuba*; 1970] **sm.** strumento a fiato dal suono grave che funge da base agli strumenti metallici.

bassovèntre o **bàsso vèntre** [comp. di *basso* e *ventre*; 1955] **sm.** parte inferiore dell'addome || *eufem.* gli organi genitali.

bass reflex (ingl., pr. [bæs'ri:fleks]; pr. it. ['bas'refleks]) [letter. riflettore dei (suoni) bassi; 1974] **loc. m. inv.** dispositivo costituito da uno o più altoparlanti, part. atti alla fedele riproduzione dei suoni bassi, montati in una cassa acustica.

bassùra [da *basso*; sec. XIV] **sf.** *non com.* depressione, avvallamento del terreno || *fig.* bassezza || *Contr.* altura.

bàsta¹ (meno com. *bàstia*) [da *bastire*; a. 1756] **sf.** **1.** cucitura a punti larghi, imbastitura **2.** larga piega che si cuce all'orlo delle vesti per poterle allungare, disfacendola.

bàsta² [da *bastare*; 1598] **I escl.** usata per interrompere attività, per richiamare all'ordine o al silenzio, per esprimere fastidio: *adesso basta!, smettetela!* || *punto e basta*, per esprimere in modo perentorio la conclusione di qualcosa || è usato in funzione di *sm.* nell'espressione *far basta*, smettere **II loc. cong.** *basta che*, purché: *qualsiasi cosa basta che tu la smetta.*

bastàgio (pl. *-gi*) [dal gr. **bastásios*; a. 1312] **sm.** *ant.* facchino.

bastàio (pl. *-ài*) [da *basto*; 1853] **sm.** fabbricante, venditore di basti || **N.** sellaio.

bastànte (*ppr.* di *bastare*) [a. 1471] **agg.** sufficiente, bastevole, soprattutto in frasi negative: *forze non bastanti a sconfiggere il nemico, non ho denaro bastante per pagare* || **bastanteménte** **avv.** *non com.* abbastanza.

bastànza [da *bastare*; 1308] **sf.** *ant.* sufficienza; usato nella loc. avv. *a bastanza*, assai, a sufficienza (più com. scritta *abbastanza*) || **N.** AB-

BASTANZA.

bastardàggine [da *bastardo*; 1673] ***sf.*** *spreg.* l'essere bastardo.

bastardèlla [da *bastardo*; 1738] ***sf.*** tegame basso di terracotta o di metallo a due manici per la cottura delle carni.

bastardèllo [da *bastardo*; sec. XV] ***sm.*** *ant.* registro dei notai e dei pubblici uffici in cui gli atti pubblici vengono registrati in ordine cronologico senza tener conto della loro natura disparata.

bastàrdo [dal fr. ant. *bastard*; a. 1306] **I *agg.*** **1.** di nascita non legittima **2.** di animali o vegetali, ibrido, nato dall'incrocio di razze o varietà diverse **3.** *fig.* non autentico, spurio, corrotto: *argomentazione bastarda* || *per estens.* che si discosta dalla norma: *arma bastarda*, con la canna molto corta; *T.tip. caratteri bastardi*, che si discostano dalle varietà classiche; *salsa bastarda*, con rosso d'uovo, burro, farina, acqua calda e limone, usata per condire gli asparagi; *lima bastarda*, con le rigature più rade della norma; *T.mar. vela bastarda*, grande vela latina in uso nelle galere; *galea bastarda*, di dimensioni maggiori del normale (anche *sf. bastarda*) **II *sm.*** (f. *-a*) **1.** *spreg.* figlio illegittimo || *per estens. spreg.* briccone, mascalzone: *quel bastardo mi ha derubato* **2.** cane bastardo: *al canile ho trovato un bel bastardino* || *dim.* bastardìno, bastardèllo || **N. II 1.** *Sin.* esposto, figlio adulterino, figlio illegittimo, figlio naturale, trovatello.

bastardùme [da *bastardo*; a. 1320] ***sm.*** *spreg.* **1.** accozzaglia di persone o cose eterogenee **2.** gente abbietta e spregevole.

bastàre [prob. lat. volg. **bastāre*; 1253] ***intr.*** (aus. *essere*) **1.** essere sufficiente, abbastanza: *questa tela non basta per una camicia, per oggi credo che basti* || *quanto basta*, abbreviato *q.b.* nelle ricette, quando vengono indicati gli ingredienti senza specificarne l'esatto quantitativo || *bastare a se stesso*, non aver bisogno d'altri || *mi basta l'animo, il cuore di dire, di fare una cosa*, ho ardire, coraggio, forza di dire, fare, sostenere qualcosa, espressione oggi usata soprattutto in forma negativa || usato come *escl.* (v. BASTA[2]) e in costruzioni in cui il soggetto è una frase: *basti dire che..., non venite: basta telefonare* **2.** durare: *questi soldi devono bastare sino alla fine del mese.*

bastèrna [dal lat. tardo *basterna*; 1321] ***sf.*** *T.stor.* specie di lettiga trainata da buoi in uso presso i Romani: *la divina basterna* (Dante) || *per estens.* carro.

bastétto (*dim.* di *basto*) [1933] ***sm.*** *T.mar.* sul ponte di alcune navi, regolo di legno posto vicino alla muratura.

bastévole [da *bastare*; sec. XIII-XIV] ***agg.*** *non com.* sufficiente, bastante: *bastevole a lui e ai suoi* || **bastevolménte** ***avv.***

bàstia V. BASTA[1].

bastìa [var. sett. di *bastita*; sec. XIII] ***sf.*** fortificazione di forma quadrata, spesso provvisoria, intorno a città o accampamenti || **N.** bastione, bastita, riparo, steccato, FORTIFICAZIONE.

bastiàn contràrio [da (*Se*) *bastiano*; 1819] ***sm.*** chi si oppone a qualcosa per partito preso o per il semplice desiderio di distinguersi.

bastière [da *basto*; 1937] ***sm.*** *T.mar.* barra che fissa le estremità inferiori delle sartie alla distanza voluta.

bastiménto [da *bastire*; a. 1712] ***sm.*** nave da carico || *per meton.* la quantità di merce che può trasportare: *un bastimento di carbone, di banane* || **N.** NAVE. **Q.T.** *nautica*....

bastingàggio (pl. *-gi*) [dal fr. *bastingage*; 1847] ***sm.*** *T.mar.* impavesata, parapetto di fasciame continuo posato sul ponte di coperta. **Q.T.** *nautica*...

bastionàre (pres. *-óno*) [da *bastione*; a. 1565] ***tr.*** *ant.* fortificare con bastioni.

bastionàta [da *bastione*; a. 1642] ***sf.*** riparo di bastioni || *per estens.* muraglia rocciosa di grandi dimensioni.

bastióne [forse dal fr. *bastillon*; 1532] ***sm.*** *T.mil.* fortificazione sporgente verso la campagna, costituita da un terrapieno contenuto entro un perimetro di mura difensive di sostegno; era spesso munito di batterie e posto agli angoli delle opere di fortificazione || *per estens. fig.* difesa, riparo: *abbattere gli ultimi bastioni dell'assolutismo* || **N.** *Sin.* baluardo, bastìa, forte, FORTIFICAZIONE.

bastìre (pres. *-ìsco, -ìsci*) [dal germ. **bastjan*, attr. il prov. e fr. ant. *bastir*; sec. XIV] ***tr.*** *ant.* rappezzare, fabbricare, costruire.

bastìta [da *bastire*; sec. XIV] ***sf.*** *T.mil.* bastìa.

bàsto [lat. *bastum*; a. 1320] ***sm.*** **1.** rozza sella di legno per le bestie da soma, ai cui lati si lega il carico: *mettere il basto all'asino* **2.** carico, incombenza eccessiva e sgradita: *per tutta la vita ha dovuto portare il basto* || *mettere il basto a qualcuno*, soggiogarlo **3.** *basto rovescio*, sezione concava delle strade lastricate per lo scolo delle acque **4.** *T.mar. ant.* trave ricurvo posto a sostegno della ruota di prua.

bastonàbile [da *bastonare*; 1827] ***agg.*** *raro* che può essere preso a bastonate; che merita una bastonata.

bastonàre (pres. *-óno*) [da *bastone*; 1353] ***tr.*** percuotere col bastone || *per estens.* battere, picchiare: *lo hanno bastonato come si deve* || *fig. sentirsi bastonato*, con i muscoli e le ossa doloranti || *fig. sembrare un cane bastonato*, sembrare avvilito || *fig.* criticare violentemente, stroncare: *la critica ha bastonato il suo ultimo lavoro* || *bastonare uno strumento*, suonarlo malamente || ***rec.*** darsi bastonare a vicenda: *si sono bastonati di santa ragione* || **N.** *Sin.* accarezzar le spalle, batacchiare, battere, caricar di botte, conciar per le feste, legnare, malmenare, maltrattare, percuotere, randellare, scudisciare, spianar le costole.

bastonàta [da *bastonare*; 1353] ***sf.*** colpo o percossa data col bastone o con altro arnese simile || *bastonate da orbi*, bastonate furiose e scambievoli || *a suon di bastonate*, a colpi di bastone || *fig.* batosta || **N.** *Sin.* bussa, legnata, mazzata, randellata, PERCOSSA.

bastonatóre [da *bastonare*; a. 1704] ***sm.*** (f. *-trìce*) e ***agg.*** chi o che bastona.

bastonatùra [da *bastonare*; 1738] ***sf.*** l'atto e l'effetto del bastonare o del bastonarsi.

bastoncèllo (*dim.* di *bastone*) [a. 1320] ***sm.*** **1.** piccolo bastone || ramoscello **2.** formato di pane sottile e allungato **3.** *T.tip.* carattere più piccolo del bastone **4.** *T.anat.* uno dei due tipi di prolungamenti delle cellule visive della retina || **N. 4.** coni. **Q.T.** *sci*.

bastoncìno (*dim.* di *bastone*) [1550] ***sm.*** **1.** bastone sottile e leggero; *in part.* quello da passeggio **2.** nelle gare di staffetta, testimone **3.** nello sci, racchetta **4.** *T.arch.* elemento decorativo di forma allungata, tondino, astragalo **5.** *T.anat.* bastoncello. **Q.T.** *sci* **TAV.** ***sci*** **p. 1332** 5, 6, 7.

bastóne [lat. volg. **basto, -ōnis*; a. 1306] ***sm.*** **1.** ramo d'albero, pulito e arrotondato, che serve come appoggio e come arma: *bastone da montagna, da passeggio*; *bastone animato*, cavo e contenente una lama || *fig.* sostegno, appoggio: *sarai il bastone della mia vecchiaia* || *fig. ricorrere al bastone*, utilizzare metodi violenti || *fig. usare il bastone e la carota*, usare alternativamente i metodi forti e la dolcezza || *mettere i bastoni tra le ruote*, creare impedimenti **2.** simbolo del comando e dell'autorità: *bastone di maresciallo* || *bastone pastorale*, del vescovo **3.** attrezzo con cui in vari sport si colpisce la palla, mazza: *bastone da baseball, da golf* || *bastone da sci*, racchetta || in ginnastica, asta di ferro con cui si compiono vari esercizi **4.** nelle carte da gioco italiane e nei tarocchi, uno dei quattro semi || *fig. accennare a coppe e dare in bastoni*, dire una cosa e farne un'altra **5.** tipo di pane di forma allungata, sfilatino **6.** *T.arald.* banda diminuita di un terzo della sua altezza **7.** decorazione a profilo convesso che separa il capitello dalla base e dal fusto della colonna **8.** carattere tipografico dai tratti uniformi || *dim.* bastoncìno; bastoncèllo || **N. 1.** *Sin. alpenstock*, asta, bacchetta, bacchio, bordone, canna, clava, giannetta, gruccia, legno, lituo, manganello, matterello, mazza, mazzafrusto, mazzapicchio, mazzeranga, nerbo, pertica, posatoio, pungolo, randello, scudiscio, staffile, staggio, stampella, stecca, *stick*, stile, stocco, stollo, tortore, verga, vincastro; gruccia, stampella | animato, ferrato, ghierato, impiombato, nocchiuto, puntuto | capocchia, cordone, ghiera o gorbia o puntale, manico, pomo **2.** *Sin.* caduceo, ferula, pastorale, scettro, tirso. **TAV.** ***arti marziali*** **p. 653** 5.3.

batacchiàre (pres. *-àcchio*) [da *batacchio*; a. 1400] ***tr.*** *non com.* percuotere con batacchio || *per estens.* bastonare || **N.** bacchiare, randellare.

batacchiàta [da *batacchio*; a. 1400] ***sf.*** *raro* colpo di batacchio || *per estens.* bastonata.

batàcchio (pl. *-chi*) [lat. volg. *batt(u)ăculum*; a. 1484] ***sm.*** *raro* **1.** bastone di grosse dimensioni; pertica per bacchiare **2.** battaglio delle campane. **TAV.** *chiesa* 7.9.

batàta [var. di *patata*; 1559] ***sf.*** pianta della famiglia delle Convolvulacee con fusto lungo e rampicante e foglie a cuore; viene coltivata per i suoi tuberi dolci e commestibili; patata americana o patata dolce.

batàvo o **bàtavo** [dal lat. *Batāvus*; a. 1768] **I *agg.*** dei Batavi, antico popolo di origine germanica stanziatosi nell'attuale Olanda || *per estens. lett.* olandese **II *sm.*** (f. *-a*) appartenente alla popolazione batava.

batch (ingl., pr. [bætʃ]; pr. it. [betʃ]) [abbr. di *batch (processing)*, elaborazione a blocchi; 1972] ***agg. inv.*** (sempre posposto) *T.inform.* si dice di un'elaborazione sequenziale di uno o più programmi considerati come un insieme unico o blocco (*batch*): *elaborazione batch.* **Q.T.** *informatica*....

batch processing (ingl., pr. [ˌbætʃ-ˈprousesiŋ]) [letter. lavorazione a blocchi; 1983] ***loc. m. inv.*** *T.inform.* in un computer, memorizzazione di sequenze di comandi che vengono eseguiti come se venissero impostati uno a uno dalla tastiera.

bàti- [dal gr. *batýs*, profondo] ***primo elem.*** che, in parole composte della terminologia scientifica, vale "profondo", "profondità" (per es. *batigrafia*).

batigrafìa [comp. di *bati-* e *-grafia*; 1962] ***sf.*** scienza che studia le profondità marine e lacustri.

batigràfico (pl. *-ci*) [da *batigrafia*; 1955] ***agg.*** relativo alla batigrafia.

batik [dal giavanese *batik*, disegno; 1927 *batyk*] ***sm. inv.*** metodo indonesiano per la tintura delle stoffe, consistente nell'immergere il tessuto nel colore, dopo aver ricoperto con cera liquida le parti da non colorare || *concr.* il tessuto ottenuto con tale tecnica || ciascun dipinto realizzato con tale metodo.

batimetrìa o **batometrìa** [comp. di *bati-* e *-metria*; 1913] ***sf.*** branca della oceanografia che si occupa dei rilevamenti delle profondità marine e lacustri.

batimètrico o **batomètrico** (pl. *-ci*) [da *batimetria*; 1934] ***agg.*** relativo alla batimetria, proprio della batimetria.

batiscàfo [comp. di *bati-* e *scafo*; 1948] ***sm.*** piccolo sommergibile per l'esplorazione delle profondità marine.

batisfèra o **batosfèra** [dall'ingl. *bathysphere*; 1934 *batisferio*] ***sf.*** sfera metallica dotata di abitacolo; in grado di resistere ad elevate pressioni, viene calata sui fondali marini per scopi esplorativi.

batìsta (non com. *battista*) [dal fr. *batiste*; a. 1704] **agg.** e **sf.** tela di lino finissima e trasparente usata per biancheria ‖ **N.** TELA.

bàto- [dal gr. *báthos*, profondità] ***primo elem.*** che, in parole composte della terminologia scientifica, vale "profondità": **batofobìa**.

-bàto [al gr. *báthos*, profondità] ***elem. term.*** che, in parole composte della terminologia scientifica, vale "profondità" (per es. *isobato*).

batòcchio (pl. *-chi*) [da *batacchio*, con cambio di suff.; a. 1589] **sm.** **1.** grosso bastone ‖ *in part.* bastone per ciechi **2.** batacchio.

batofobìa [comp. di *bato-* e *-fobia*; 1988] **sf.** *T.psic.* paura morbosa degli abissi e di guardare dall'alto di un luogo elevato.

Batoidèi [dal lat. scient. *batoidei*, gr. *bátos*, specie di razza; 1950] **sm. pl.** *T.zool.* ordine di pesci cartilaginei di forma appiattita, cui appartengono le mante e le razze. **TAV.** ***pesci*** **p. 1330**.

batolìte [comp. di *bato-* e *-lite*; 1913] **sf.** *T.geol.* massa rocciosa molto estesa la cui base è collocata negli strati profondi della crosta terrestre.

bàtolo [prob. da *battere*; 1353] **sm.** *tosc.* drappo o mantelletta che copre le spalle; un tempo portata sulla toga come simbolo del dottorato, è tuttora usata come segno di certe dignità ecclesiastiche ‖ in età comunale, falda del cappuccio.

batometrìa e der. V. BATIMETRIA e der.

batoscòpico (pl. *-ci*) [comp. di *bato-* e *-scopico*; 1950] **agg.** che serve ad esplorare le profondità marine: *sfera batoscopica*, batisfera.

batosfèra V. BATISFERA.

batòsta [da *battere*; 1340] **sf.** **1.** percossa **2.** *fig.* disgrazia, grave danno negli interessi: *con la chiusura del mercato americano le esportazioni hanno subito una batosta* **3.** *ant.* zuffa.

batràce [dal gr. *bátrachos*, rana; 1819] **sm.** *raro* anfibio ‖ *in part. lett.* rana, rospo.

Batracoidifórmi (sing. *-e*) [comp. del gr. *bátrachos*, rana, *-oide* e *-forme*; 1965] **sm. pl.** *T.zool.* ordine di pesci ossei con la parte anteriore del corpo più pronunciata di quella inferiore; sono privi di scaglie, viscidi.

batracomiomachìa [dal gr. *Batrachomyomachía*, titolo di un poemetto comico, lett. lotta (*máchē*) fra i topi (sing. *mŷs*) e le rane (sing. *bátrachos*); 1723] **sf.** contesa, lite o polemica futile e ridicola.

battàcchio **sm.** ***non com.*** V. BATACCHIO.

battage (fr., pr. [ba'ta:ʒ]) [da *battre*, battere; 1935] **sm.** ***inv.*** campagna pubblicitaria di un prodotto o di una manifestazione condotta attraverso ogni mezzo di informazione ‖ *per estens.* esagerata e chiassosa pubblicità fatta a qualcosa o a qualcuno: *intorno a quello scandalo si è fatto troppo battage.*

battàglia (pl. *-glie*) [lat. tardo *batt(u)ālia*; sec. XIII] **sf.** **1.** scontro fra eserciti o grosse unità militari ostili articolato in una serie di combattimenti e volto a conseguire un esito risolutivo: *la battaglia delle Midway, abbiamo perso una battaglia non la guerra, battaglia terrestre, aerea, navale*; *battaglia navale*, gioco in cui si deve individuare la posizione delle navi dell'avversario segnate su una tabella quadrettata ‖ *battaglia campale*, in campo aperto; *per estens.* impresa, azione che richiede grande impegno ‖ *campo di battaglia*, quello in cui si combatte; *fig.* luogo disordinato e caotico: *la sua scrivania è un campo di battaglia* ‖ *fig. combattere una battaglia di retroguardia*, stare sulla difensiva attendendo le iniziative altrui **2.** *fig.* acceso contrasto di opinioni: *la battaglia per la formazione del nuovo governo è appena iniziata* ‖ conflitto di sentimenti: *le battaglie della passione* **3.** campagna propagandistica per il raggiungimento di uno scopo: *la battaglia contro il cancro* **4.** *fig. cavallo di battaglia*, brano con cui un artista dimostra nel modo più efficace le proprie capacità; *per estens.* terreno d'impegno preferito ‖ *fig. nome di battaglia*, pseudonimo assunto da chi combatte clandestinamente **5.** *T.mus.* composizione polifonica su testi di argomento guerresco **6.** *T.pitt.* quadro raffigurante una battaglia: *una battaglia di Paolo Uccello* **7.** *ant.* duello **8.** *ant.* schieramento di soldati; battaglione **9.** nella loc. *da battaglia*, in riferimento ad oggetti d'uso comune, part. capi d'abbigliamento robusti, destinati a un uso in condizioni disagevoli o logoranti: *un paio di scarpe, un giaccone da battaglia* ‖ **N.** **1.** *Sin.* combattimento, conflitto, fatto d'armi, scontro | pugna, scaramuccia, zuffa | invitare a battaglia, provocare, schierarsi a battaglia, sfidare; entrare in battaglia, venire a battaglia; attaccare, dare, fare, impegnare, ingaggiar battaglia; aprire il fuoco, assalire, azzuffarsi, battere, bombardare, caricare, combattere; perdere, sbaragliare, sconfiggere, vincere | assalto, attacco, caccia, carica, contrattacco, conversione.

battagliàre (pres. *-àglio*) [da *battaglia*; metà sec. XIV] **intr.** (aus. *avere*) combattere in battaglia ‖ *fig.* lottare, disputare: *hanno battagliato a suon di miliardi per ottenere una concessione infruttuosa.*

battaglière [da *battaglia*; a. 1347] **sm.** *ant.* combattente: *uno dei migliori battaglieri di Francia* (Villani).

battaglierésco (pl. *-schi*) [da *battaglia*; a. 1290] **agg.** *ant.* relativo alla battaglia; bellicoso.

battaglièro [da *battaglia*; a. 1320] **agg.** bellicoso, valente in battaglia: *un popolo battagliero* ‖ *fig.* che si impegna a fondo e con ardore: *un temperamento battagliero.*

battàglio (pl. *-gli*) [dal provenz. *batalh*; a. 1400] **sm.** **1.** lungo e grosso ferro sospeso dentro la campana, che percuotendola la fa suonare **2.** il martello che, fissato all'uscio delle case, serviva per bussare ‖ **N.** **1.** *Sin.* batacchio **2.** *Sin.* battente, picchiotto. **TAV.** ***chiesa*** 7.9.

battagliòla [forse da *battaglia*; 1602] **sf.** *T.mar.* ringhiera mobile di protezione sul bordo del ponte scoperto di un'imbarcazione.

battaglióne [da *battaglia*; 1520] **sm.** *T.mil.* unità costitutiva della brigata, comandata da un tenente colonnello e comprendente compagnie di una identica specialità d'arma: *un battaglione del genio* ‖ un tempo, unità tattica della fanteria composta da tre compagnie.

battaglista [da *battaglia*; a. 1764] **s.** *raro* pittore di battaglie ‖ **N.** PITTURA.

battàna [dal disus. *batto*, imbarcazione a remi; 1908] **sf.** piccolo battello a fondo piatto, che si muove con un solo remo, usato nella laguna veneta.

battellàta [da *battello*; 1829] **sf.** il carico di un battello.

battellière [da *battello*; 1598] **sm.** (f. *-a*) conduttore di un battello ‖ **N.** *Sin.* barcaiolo. **Q.T.** ***nautica...***

battèllo [dal fr. ant. *batel*; sec. XIV] **sm.** piccola imbarcazione per il trasporto di cose o persone: *battello a motore, a vapore* ‖ barca di servizio di imbarcazioni più grandi ‖ *battello pneumatico*, canotto ‖ *battello porta*, cassone che chiude il bacino di carenaggio ‖ *battello a vapore*, nave passeggeri usata su fiumi e laghi ‖ *battello sottomarino*, sommergibile ‖ **N.** *Sin.* burchiello, palischermo, scialuppa, BARCA | da pesca, da rimorchio, di salvataggio, di soccorso.

battement (fr., pr. [bat'mɑ̃]) [letter. battito; 1988] **sm.** ***inv.*** movimento della danza accademica che vede una gamba in azione slanciata da una posizione chiusa ad una aperta.

battentatùra [da *battente*; 1955] **sf.** lista sporgente su cui va a battere il bordo inferiore delle porte e delle finestre; assicura la chiusura e al tempo stesso impedisce all'acqua di entrare.

battènte (*ppr.* di *battere*) [a. 1396] **I agg.** che cade con violenza: *pioggia battente* **II sm.** **1.** parte dell'imposta di un uscio o di una finestra che combacia con lo stipite, l'architrave e la soglia o con l'altra imposta quando viene chiusa **2.** la parte della cornice d'un quadro, d'uno specchio ecc. in cui s'incastra il cristallo, il quadro ecc. **3.** martello fissato agli usci delle case, che serviva per bussare **4.** *T.tess.* parte del telaio atta a sostenere la navetta e a serrare i fili della trama dopo il suo passaggio **5.** *T.orol.* martello che batte le ore negli orologi a soneria **6.** parte della campana contro la quale picchia il battaglio **7.** bordo esterno di una tasca tagliata **8.** *T.idr.* distanza fra il centro di una bocca di scarico e il pelo dell'acqua cui la bocca attinge **9.** *T.mar.* struttura in materiale vario che impedisce all'acqua di penetrare sul ponte o in un boccaporto ‖ **N.** **3.** *Sin.* battaglio, mazzapicchio, picchiotto **7.** *Sin.* patta, pattina.

battentìno (*dim.* di *battente*) [1935] **sm.** passamano con cui vengono orlati i cuscini dei sedili ferroviari o delle automobili.

bàttere (pres. *bàtto*; imp. *battévo*; p.rem. *battéi*, *battésti*, *batté*, *battémmo*, *battéste*, *battérono*; pps. *battùto*) [lat. volg. *battere*, class. *battuere*; fine sec. XIII] **I tr.** **1.** dar colpi, percuotere: *battere la pietra con la mazza* ‖ *battere i tappeti*, spolverarli ‖ *battere i frutti*, bacchiarli ‖ *battere il grano*, trebbiarlo ‖ *battere un bosco*, percuotere le frasche per stanare con il rumore la selvaggina ‖ *battere la carne*, pestarla ‖ *battere le ore*, scandirle: *l'orologio del campanile batte le sei* ‖ *battere moneta*, coniarla ‖ *battere a macchina*, dattilografare ‖ *battere le mani*, applaudire ‖ *battere il passo*, segnarlo ritmicamente sul posto ‖ negli sport con la palla, *battere un rigore, una punizione*, calciarli, eseguirli ‖ *battere in breccia*, colpire con l'artiglieria sempre nel medesimo posto per aprire un passaggio, e *fig.* sconfiggere nettamente, o anche superare all'ultimo momento ‖ *battere i denti*, per freddo o paura ‖ *fig. battere* (ma più com. *pestare*) l'acqua nel mortaio, fare una fatica inutile ‖ *fig. battere la grancassa*, fare pubblicità in modo esagerato ‖ *fig. battere cassa*, chiedere soldi ‖ *fig. battere banco*, tenere il banco in giochi d'azzardo ‖ *fig. battere la fiacca*, evitare le fatiche ‖ *fig. battere* (o *sbattere*) *il naso in qualcosa o in qualcuno*, trovarselo improvvisamente di fronte; anche, scontrarsi con un ostacolo inatteso ‖ *fig. non sapere dove battere il capo*, di chi si trova in una situazione senza via di uscita ‖ *fig. battere il chiodo*, tornare insistentemente su un argomento ‖ *battere il ferro*, modellarlo, lavorarlo caldo, martellarlo; *fig. battere il ferro finché è caldo*, insistere su qualcosa approfittando del momento favorevole ‖ *fig. non battere ciglio*, restare imperturbabili ‖ *fig. battere i piedi*, protestare, fare capricci ‖ *battere bandiera*, di nave, inalberarla ‖ *in un batter d'occhio*, in un istante ‖ *battere le sillabe*, pronunciarle in modo particolarmente marcato ‖ *fig. battere i tacchi*, svignarsela ‖ *prov. la lingua batte dove il dente duole*, ritornare con insistenza su un argomento che preoccupa **2.** percorrere, frequentare: *battere una strada, un territorio* ‖ *battere il marciapiede* o *ass. battere*, esercitare la prostituzione per la strada ‖ *battere una zona*, esplorarla, percorrerla in lungo e in largo **3.** vincere: *battere gli avversari* ‖ superare: *battere un primato* **4.** *ant. lett.* lambire, bagnare, detto di acque ‖ ***rifl. indir.*** percotersi: *battersi il petto*; anche *fig.* pentirsi ‖ **intr.** (aus. *avere*) **1.** cadere con violenza: *il sole batteva sul cortile* ‖ *battere alla porta*, bussare **2.** pulsare: *gli batteva forte il cuore* **3.** sbattere, urtare contro qualcosa: *ho battuto contro lo* *spigolo del tavolo* || *batter in testa,* rumore prodotto dai motori a scoppio con combustione irregolare **4.** insistere: *battere sempre sullo stesso tasto,* ritornare con insistenza su una questione || di ragionamenti, discussioni, tendere, andare a parare: *dove andrà a battere questa solfa?* || *batti e ribatti,* a forza di insistere **5.** *battere in ritirata, battersela,* fuggire || **intr. pron.** lottare, combattere: *battersi per i propri ideali* || **rifl. rec.** duellare: *ci batteremo all'alba* || *battersi all'ultimo sangue,* fino alla morte **II sm.** *T.mus.* la frazione forte di una battuta: *movimento, tempo in battere; entrare dopo il battere* || **N. tr. 1.** *Sin.* colpire, picchiare **2.** *Sin.* scorrere, girare; setacciare, pattugliare | *Contr.* abbandonare, disertare un luogo **3.** *Sin.* sbaragliare, sconfiggere; frantumare, migliorare, ritoccare un record | *Contr.* cedere, perdere | **intr. pron. 1.** *Sin.* gareggiare, lottare, scendere in lizza | *Contr.* restar neutrale, rinunciare **II** *Contr.* levare.

battería [dal fr. *batterie;* 1520] **sf. 1.** unità tattica d'artiglieria, composta normalmente da due o quattro pezzi e dagli uomini e dai mezzi necessari a spostarla e a garantirne l'operatività: *batteria da campagna, batteria contraerea* || *piantar la batteria,* piazzarla e fissarla in modo da far fuoco || *ant.* parapetto delle fortezze, da cui spuntano le bocche dei cannoni || *fig. scoprire le proprie batterie,* rivelare i propri piani **2.** *T.sport.* gare eliminatorie per le qualificazioni alle finali **3.** *T.mar.* l'artiglieria in dotazione a una nave || ponte sottocoperta sul quale, nei velieri, erano situate le artiglierie **4.** insieme di elementi predisposti per una medesima funzione: *batteria elettrica* e *ass. batteria,* insieme di accumulatori e pile che riuniti in serie forniscono un determinato potenziale elettrico: *devo far ricaricare la batteria dell'auto* || *batteria da cucina,* l'insieme degli attrezzi di cucina || serie, quantità di oggetti analoghi: *batteria di esercizi grammaticali* **5.** gabbia a vari comparti utilizzata nell'allevamento industriale del pollame: *polli allevati in batteria* **6.** *T.orol.* il meccanismo dell'orologio che suona le ore **7.** *T.mus.* part. nel jazz e nella musica leggere, il complesso degli strumenti ritmici: *alla batteria c'è un esecutore formidabile* **8.** muta di cani da caccia **9.** serie di fuochi d'artificio || **N. 1.** da campagna, da costa, da montagna, d'assedio; di fianco, di rimbalzo, incrociata. **TAV.** *elettrotecnica* 1; ***automobile*** **p. 658** 3.2; ***ferrovie...*** **p. 669** 2.9; ***musica*** **p. 1325** 16.

battericída [comp. di *batteri(o)* e *-cida;* 1908] **agg.** e **sm.** *T.med.* detto di ogni sostanza che distrugge i batteri.

battèrico (pl. *-ci*) [da *batterio;* 1913 *bacterico*] **agg.** di batterio: *colture batteriche, affezione batterica.*

battèrio (pl. *-ri*) [dal gr. *baktérion,* bastoncino; 1888 *bacterii*] **sm.** microrganismo vegetale che si riproduce per scissione || *batterio patogeno,* che può provocare malattie || **N.** *Sin.* schizomiceto | aerobio, anaerobio | bacillo, cocco, microbo, spirillo, tossina. **Q.T.** *genetica...* **TAV.** ***botanica*** **p. 661** 1; ***zoologia*** **p. 1344**.

batteriòfago (pl. *-gi*) [comp. di *batterio* e *-fago;* 1950] **sm.** *T.biol.* virus in grado di distruggere alcuni tipi di batteri.

batteriolìṣi [comp. di *batterio* e *-lisi;* 1948] **sf.** dissolvimento dei batteri ad opera di agenti chimici o fisici.

batteriolìṣina [comp. di *batterio* e *lisina;* 1940] **sf.** anticorpo che serve a combattere i batteri.

batteriolìtico (pl. *-ci*) [da *batteriolisi;* 1983] **agg.** relativo alla batteriolisi, proprio della batteriolisi: *processi batteriolitici;* che provocano batteriolisi: *agente batteriolitico.*

batteriología [comp. di *batterio* e *-logia;* 1886 *bacteriologia*] **sf.** *T.med.* branca della biologia che ha per oggetto lo studio dei batteri.

batteriològico (pl. *-ci*) [da *batteriologia;* 1890] **agg.** che si riferisce alla batteriologia o ai batteri: *esame batteriologico* || *guerra batteriologica:* in cui vengono usati come armi batteri patogeni || **batteriologicaménte avv.** per quanto concerne i batteri: *acqua batteriologicamente pura.*

batteriòlogo (pl. *-gi*) [comp. di *batterio* e *-logo;* 1894] **sm.** (f. *-a*) studioso di batteriologia || **N.** *Sin.* microbiologo.

batteriostàtico (pl. *-ci*) [comp. di *batterio* e *-statico;* 1948] **agg.** che rallenta o arresta lo sviluppo dei batteri: *processo batteriostatico, sostanza batteriostatica.*

batterioterapía [comp. di *batterio* e *terapia;* 1888 *bacterioterapia*] **sf.** terapia consistente nell'inoculazione di batteri.

batterioteràpico (pl. *-ci*) [da *batterioterapia;* 1965] **agg.** che si riferisce a batterioterapia: *cura batterioterapica.*

batterísta [da *batteria;* 1950] **s.** *T.mus.* chi suona la batteria.

batteṣimàle [da *battesimo;* 1354] **agg.** che si riferisce al battesimo: *cerimonia battesimale* || *fonte battesimale,* vasca contenente l'acqua con cui si battezza.

battéṣimo [lat. eccl. *baptismus,* gr. *baptismós;* a. 1089 *baptismo, battismu*] **sm. 1.** in molte chiese cristiane, sacramento che si amministra versando acqua sul capo del ricevente: *battesimo per infusione* || *battesimo per immersione,* in cui chi riceve il sacramento viene immerso totalmente o parzialmente nella fonte battesimale || *tenere qualcuno a battesimo,* esserne il padrino o la madrina || *nome di battesimo,* quello attribuito al neonato all'atto del battesimo **2.** in varie religioni, cerimonia di iniziazione mediante immersione in acqua **3.** *per estens.* cerimonia di inaugurazione: *il battesimo di una nave* || *battesimo dell'aria,* quello che si riceve quando si vola per la prima volta || *battesimo del fuoco,* quello di chi partecipa per la prima volta a un combattimento; *per estens.* il sottoporsi a una prova molto impegnativa || *battesimo dell'equatore,* cerimonia burlesca in cui si festeggiano quei marinai che per la prima volta attraversano la linea dell'Equatore || *tenere a battesimo un progetto, un'iniziativa,* promuoverla fin dagli inizi || **N.** per immersione, per infusione | PERSONE: comare o madrina, compare o padrino, figlioccio; anabattista, battezzando, battezzante, catecumeno, neofita | esorcizzare | battisterio, comparatico, fonte battesimale.

battezzàndo (*gerundivo* di *battezzare*) [sec. XVII] **agg.** e **sm.** (f. *-a*) che, chi deve ricevere il battesimo: *il battezzando è qui* || **N.** catecumeno.

battezzànte (*ppr.* di *battezzare*) [a. 1396] **sm.** chi amministra il battesimo.

battezzàre (pres. *-ézzo*) [dal lat. eccl. *baptizāre,* gr. *baptízein;* immergere; 1300 ca. *batteggiare*] **tr. 1.** dare il battesimo **2.** portare al battesimo: *quando battezzerai il piccolo?* **3.** *fig.* dare il nome, chiamare: *lo hanno battezzato Ernesto, coloro che la storia battezza col nome di eroi* (Panzini) **4.** bagnare || *scherz.* di vino, metterci l'acqua: *l'oste battezza il vino* || **intr. pron.** ricevere il battesimo || **rifl.** *fig.* darsi il nome, dichiararsi: *s'è battezzato da sé un grand'uomo e tutti ci credono.*

battezzàto (*pps.* di *battezzare*) [1472 *batisato*] **agg.** e **sm.** (f. *-a*) che, chi ha ricevuto il battesimo.

battezzatóio v. BATTEZZATORIO.

battezzatóre [dal lat. eccl. *baptizātor, -ōris;* sec. XIII *batizatore*] **sm.** (f. *-trìce*) *raro* chi battezza || **N.** *Sin.* battezzante.

battezzatòrio (pl. *-ri*) o **battezzatóio** (pl. *-ói*) [da *battezzare;* sec. XIV] **sm.** fonte battesimale || vasca dove si battezza per immersione || **N.** battistero.

battezzière [da *battezzare;* a. 1729] **sm.** (f. *-a*) *raro* battezzante.

battibaléno [comp. di *batt(ere)* e *baleno;* 1863] **sm.** baleno, istante, solo nella *loc. avv. in un battibaleno,* in un attimo.

battibécco (pl. *-chi*) [comp. di *batt(ere)* e *becco;* 1848] **sm.** diverbio, scontro verbale per cosa di poco conto || **N.** *Sin.* alterco, disputa, litigio.

batticàrne [comp. di *batt(ere)* e *carne;* 1941] **sm.** *inv.* utensile da cucina costituito da un manico ed una spessa lastra solitamente circolare in metallo o legno; serve a pestare la carne per ammorbidirla prima della cottura.

batticóda [comp. di *batt(ere)* e *coda;* 1962] **sf.** cutrettola.

batticòffa [comp. di *batt(ere)* e *coffa;* 1829] **sm.** *T.mar.* rinforzo di tela messo in basso alle vele di gabbia per evitare che si logorino sbattendo contro le coffe.

batticòre v. BATTICUORE.

batticùlo [comp. di *batt(ere)* e *culo;* a. 1665] **sm. 1.** *ant.* la parte dell'armatura che difendeva le natiche **2.** le falde della marsina **3.** *T.mar.* mezzo di spinta iniziale nel varo di un'imbarcazione **4.** gioco infantile consistente nel prender uno per le braccia e per le gambe facendogli sbattere il sedere per terra.

batticuòre (meno com. *batticòre*) [comp. di *batt(ere)* e *cuore;* a. 1556] **sm.** palpitazione causata da spavento, commozione, ansia, fatica ecc. || *per estens.* spavento, ansia: *avere il batticuore,* essere spaventati; *far venire il batticuore,* di cosa o persona che provoca spavento.

battifàlce [comp. di *batt(ere)* e *falce;* 1965] **sm.** *inv.* piccola incudine su cui si batte la lama della falce per affilarla.

battifèrro [comp. di *batt(ere)* e *ferro;* 1970] **sm.** *inv.* grosso martello da fabbro su cui si batte il metallo a caldo.

battifiàcca [comp. di *batt(ere)* e *fiacca;* 1950] **s.** *inv. fam.* scansafatiche, perdigiorno, fannullone.

battifiànco (pl. *battifiànchi*) [comp. di *batt(ere)* e *fianco;* 1865] **sm.** *T.ipp.* stanga o asse che si pone nelle stalle, per separare i cavalli.

battifòlle (pl. *battifòlli*) [etim. inc. sec. XIII] **sm.** *T.mil. ant.* bastione, spesso a forma di torre, costituito di grossi legnami.

battifóndo [comp. di *batt(ere)* e *fondo;* 1908] **sm. 1.** gioco d'azzardo a biliardo **2.** partita a carte in cui un giocatore sfida uno dopo l'altro tutti gli altri giocatori.

battifrédo [dal fr. ant. *berfroi,* con influsso di *battere;* fine sec. XIII] **sm.** *T.stor.* **1.** torre di guardia da cui la sentinella segnalava l'arrivo dei nemici per mezzo di una campana: *suonano qua e là da' battifredi... tutte le campane* (Pascoli) **2.** macchina da guerra usata negli assedi.

battifuòco (pl. *-chi*) [comp. di *batt(ere)* e *fuoco;* a. 1704] **sm.** *ant.* acciarino con cui si accendeva il fuoco.

battigia (pl. *-gie* o *-ge*) [dal *battere* dell'acqua sulla riva; 1839] **sf.** linea della spiaggia battuta dalle onde || **N.** *Sin.* arenile, bagnasciuga. **Q.T.** *nautica...*

battilàno o **battilàna** [comp. di *batt(ere)* e *lana;* 1470] **sm.** operaio che prepara la lana per le imbottiture di cuscini e materassi; materassaio.

battilàrdo [comp. di *batt(ere)* e *lardo;* 1923] **sm.** *inv.* tagliere di legno.

battilàstra [comp. di *batt(ere)* e *lastra;* 1970] **sm.** *inv.* operaio che raddrizza la lamiera col martello.

battilòcchio (pl. *-chi*) [dal fr. *battant-l'oeil,* comp. di *battant,* che batte e *oeil,* occhio; 1881] **sm.** *ant.* antica cuffia da donna che cadeva sugli occhi.

battilòro [comp. di *batt(ere)* e *oro;* 1400 ca.] **sm.** *inv.* operaio che lavora i metalli preziosi riducendoli in lamina o in foglia.

bàttima [da *battere*; 1922] ***sf.*** *non com.* battigia.

battimàno o **battimàni** [comp. di *batt(ere)* e *mano*; 1802] ***sm.*** (spec. *pl.*) applauso fatto battendo le mani || **N.** *Sin.* APPLAUSO.

battimàre [propr. dove *batte il mare*; 1813] ***sm.*** *T.mar.* il riparo dalle onde che si pone a poppa.

battimàzza [comp. di *batt(ere)* e *mazza*; 1853] ***s.*** *inv.* operaio che aiuta il fabbro ferraio battendo il ferro.

battiménto [da *battere*; 1342] ***sm.*** **1.** *T.fis.* effetto dovuto alla sovrapposizione di due armonici di frequenza leggermente differente; *in part. al pl. battimenti T.mus.* effetto di oscillazione periodica dell'intensità sonora dovuta a suoni con intonazione leggermente diversa prodotti contemporaneamente **2.** nel motore a scoppio, detonazione causata da uno sfasamento dell'accensione **3.** *raro* atto ed effetto del battere || palpitazione.

battimùro [comp. di *batt(ere)* e *muro*; 1920] ***sm.*** *T.gioc.* gioco che consiste nel lanciare una moneta contro il muro facendola rimbalzare.

battìo (pl. *-ìi*) [da *battere*; 1865] ***sm.*** *lett.* un battere frequente e ripetuto, spec. delle mani.

battipàlle [comp. di *batt(ere)* e *palla*; 1853] ***sm.*** *inv.* l'estremità della bacchetta del fucile; serviva a calcare la carica nei fucili ad avancarica.

battipàlo [comp. di *batt(ere)* e *palo*; 1570] ***sm.*** macchina per piantare pali nel terreno || operaio addetto alla manovra di tale macchina || **N.** *Sin.* berta, gatto, mazzacavallo. **TAV.** ***edilizia*** **p. 666** 11.

battipànni [comp. di *batt(ere)* e *panno*; 1929] ***sm.*** *inv.* arnese di vario materiale a forma di spatola con cui si battono panni, tappeti, materassi ecc. per farne uscire la polvere.

battipètto [comp. di *batt(ere)* e *petto*; a. 1729] ***sm.*** *inv.* **1.** *raro* il battersi il petto per dolore o per devozione **2.** *fig.* bacchettone, bigotto.

battipìsta [comp. di *batt(ere)* e *pista*; 1970] **I *sm.*** *inv.* **1.** nello sci, chi prepara una pista, battendo la neve con gli sci **2.** mezzo cingolato usato per lo stesso scopo **II *agg.*** *inv.* (sempre posposto): *mezzi battipista.*

battipòrta [comp. di *batt(ere)* e *porta*; 1582 nel senso 1; a. 1958 nel senso 2] ***sm.*** *inv.* **1.** batacchio **2.** porta che fa da rinforzo ad un'altra.

battiràme [comp. di *batt(ere)* e *rame*; 1947] ***sm.*** *inv.* **1.** artigiano che lavora il rame **2.** officina in cui si lavora il rame.

battiscàrpa [comp. di *batt(ere)* e *scarpa*; 1865] ***sm.*** *tosc.* solo nella *loc. avv. a battiscarpa*, in fretta: *mangiare a battiscarpa*, mangiare in fretta e in piedi.

battiscópa [comp. di *batt(ere)* e *scopa*; 1967] ***sm.*** *inv.* zoccolo basso di legno, marmo o altro materiale, applicato alla base delle pareti di ambienti interni per protezione || **N.** *Sin.* salvamuro.

battisóffia [comp. di *batt(ere)* e *soffia(re)*; a. 1400] ***sf.*** *non com.* paura che dà le palpitazioni || **N.** *Sin.* batticuore, spavento, PAURA.

battispólvero [comp. di *batt(ere)* e *spolvero*; 1853] ***sm.*** *T.pitt.* sacchetto di tessuto rado contenente polvere di carbone o di gesso; serve al disegnatore per spolverizzare.

battìsta[1] [dal lat. eccl. *baptista*, gr. *baptistḗs*, battezzatore, solitamente apposizione di S. Giovanni; 1913] **I *sm.*** **1.** *raro* battezzatore: *il Battista*, S. Giovanni **2.** appartenente a una delle confessioni cristiane sorte dopo la Riforma, asserenti la validità del battesimo solo se impartito in età adulta **II *agg.*** che si riferisce a una di tali confessioni religiose: *setta battista.* **Q.T.** *religione.*

battìsta[2] V. BATISTA.

battistèrio V. BATTISTERO.

battistèro (meno com. *battistèrio*, pl. *-ri*) [dal lat. eccl. *baptistērium*, fonte battesimale; sec. XIII *batasteo*] ***sm.*** edificio a pianta centrale, perlopiù attiguo alla chiesa, in cui è la fonte battesimale || *per estens.* cappella di una chiesa in cui è collocata la fonte battesimale || *ant.* fonte battesimale. **TAV.** *chiesa* 8.

battistràda [comp. di *batt(ere)* e *strada*; 1842] ***s.*** *inv.* **1.** *ant.* servitore che precedeva a cavallo la carrozza padronale || chi apre la strada a cortei, parate e sim. **2.** *iron.* chi precede, anticipa la venuta di qualcun altro || chi agevola o favorisce qualcuno in qualcosa: *il fratello gli fece da battistrada nell'ufficio* **3.** *T.sport.* il concorrente che precede gli altri e stabilisce l'andatura || ***sm.*** *inv.* fascia esterna dello pneumatico, di solito in rilievo e sagomata per aumentare l'aderenza e la tenuta del mezzo: *la brusca frenata aveva danneggiato il battistrada.* **TAV.** ***automobile*** **p. 658** 2.1.

battitàcco (pl. *-chi*) [comp. di *batt(ere)* e *tacco*; 1962] ***sm.*** fettuccia che si applica all'interno della parte inferiore dei calzoni per impedirne il logorio.

battitappéto o **battitappéti** [comp. di *batte(re)* e *tappeto*; 1963] ***sm.*** *inv.* macchina simile all'aspirapolvere, che serve per pulire tappeti, *moquettes* e sim. **Q.T.** *elettrodomestici.*

battitìccio (pl. *-ci*) [da *battere*; 1865 come agg.] **I *sm.*** residuo di grano che resta sull'aia dopo la battitura **II *agg.*** (pl. f. *-ce*) che costituisce il residuo della battitura: *paglia battiticcia.*

bàttito [da *battere*; sec. XIV] ***sm.*** **1.** il battere; pulsazione, palpitazione: *il battito del cuore* **2.** serie di colpi più o meno ritmici e continui: *i battiti dell'orologio, delle ali, delle ciglia, il battito della grandine* **3.** *ant. il battito della morte*, tremito.

battitóia [da *battere*; 1829] ***sf.*** legno quadro di cui si servono gli stampatori per pareggiare i caratteri prima della stampa.

battitóio (pl. *-ói*) [da *battere*; 1313] ***sm.*** **1.** battente di un'imposta o di un uscio **2.** lista di cornice di un quadro o di uno specchio **3.** macchina utilizzata per la battitura del cotone **4.** *ant.* macchina da guerra simile all'ariete.

battitóre [da *battere*; a. 1264] ***sm.*** (f. *-trìce*) **1.** chi batte: *i battitori del grano* **2.** il banditore che guida un'asta e aggiudica gli oggetti battendo tre volte il martelletto **3.** *T.sport.* nei giochi con la palla, chi effettua una battuta || *in part.* nel baseball, giocatore della squadra che attacca, il quale da casa-base rimanda con la mazza la palla || *battitore libero*, V. LIBERO **4.** chi stana la selvaggina battendo boschi, siepi e sim. **5.** organo rotante della trebbiatrice **6.** *non com.* battente **7.** *ant.* *T.mil.* esploratore. **Q.T.** *tennis.*

battitrìce [da *battere*; 1913] ***sf.*** trebbiatrice.

battitùra [da *battere*; a. 1306] ***sf.*** **1.** atto ed effetto del battere: *la battitura dei tappeti* || *la battitura del grano*, trebbiatura; *per estens.* la stagione in cui si trebbia || *T.tess.* operazione condotta sui fiocchi di alcune fibre tessili per pulirli || *battitura a macchina*, scrittura con la macchina da scrivere **2.** percossa, colpo **3.** *fig. non com.* danno: *le battiture della malasorte* **4.** impronta lasciata nel metallo dai colpi di martello.

battòcchio (pl. *-chi*) [da *batacchio*; 1829] ***sm.*** *raro* batacchio.

bàttola [da *battere*; 1841] ***sf.*** **1.** tavoletta di legno su cui è infissa una lunga maniglia mobile di ferro, che serve per annunziare le funzioni di chiesa durante la settimana santa, quando è proibito il suono delle campane || *per estens.* arnese simile utilizzato per stanare la selvaggina || arnese di legno nel mulino che, alzandosi e abbassandosi, batte continuamente con gran rumore **2.** utensile usato per spianare una gettata di cemento o appianare la sabbia nelle forme di fusione **3.** falda bianca inamidata che i magistrati indossano sul davanti della toga **4.** *raro* fastidiosa loquacità || **N.** **1.** *Sin.* crepitacolo, raganella **2.** *Sin.* spianatoio.

battologìa (pl. *-gìe*) [dal lat. *battologia*, gr. *battología*; 1745] ***sf.*** *lett.* ripetizione inutile e fastidiosa di parole e di frasi.

battóna [da *battere*; 1959] ***sf.*** *rom.* prostituta.

battùra [da *battere*; 1820] ***sf.*** *T.mar.* incavo sui due lati esterni della chiglia, in cui si incassano le tavole del fasciame.

battùta [da *battere*; a. 1566] ***sf.*** **1.** l'atto e l'effetto del battere **2.** colpo, percossa: *ha ricevuto una battuta sul capo* || *per estens.* segno lasciato da una percossa **3.** colpo o serie di colpi dati su un oggetto o una superficie: *la battuta del remo*, ogni volta che entra in acqua || in dattilografia, abbassamento di un tasto o della barra spaziatrice: *fa 100 battute al minuto* || *per estens.* spazio occupato da un carattere o intervallo tra due caratteri: *una cartella di 2000 battute* **4.** accento della metrica classica **5.** unità del tempo musicale graficamente rappresentata sul rigo dallo spazio compreso tra due stanghette verticali || *battuta d'arresto*, quella in cui una voce o uno strumento tace; *fig.* pausa momentanea, temporeggiamento || *fig. alle prime battute*, all'inizio **6.** nella recitazione, parte di copione pronunciata dal singolo attore: *sbagliare la battuta* || *fig. non perdere una battuta*, prestare molta attenzione || *fig. avere la battuta pronta*, parlare con prontezza ed appropriatamente **7.** partita di caccia effettuata con battitori: *una battuta alla tigre* || operazione di polizia di vaste proporzioni **8.** *T.sport.* colpo con cui si mette in gioco la palla: *essere alla battuta*, di giocatore che sta per battere la palla || nel salto, passo di stacco della rincorsa **9.** luogo su cui qualcosa batte: *la battuta di un fiume* || *in part.* parte dello stipite su cui batte la porta || **N.** **1.** *Sin.* botta, livido **7.** partita di caccia; perlustrazione, rastrellamento **8.** *Sin.* messa in gioco, servizio. **Q.T.** *tennis.*

battùto (*pps.* di *battere*) [a. 1294] **I *agg.*** **1.** *ferro, rame battuto*, lavorato col martello || *denaro battuto*, coniato **2.** *strada battuta*, molto frequentata **3.** *a spron battuto*, con urgenza, senza porre indugi **II *sm.*** **1.** trito di carni o verdura || ripieno per farcire vivande **2.** pavimentazione in calcestruzzo o in terra battuta.

batùffolo (raro *batùfolo*) [da un disus. *batuffo*, di etim. inc.; a. 1698] ***sm.*** piccola massa di lana, cotone, bambagia ecc. || *fig.* bambino grassottello.

bàu o **bào** [voce infantile; 1865] voce onom. imitante la voce del cane || *far bau bau*, far paura ai bambini || *essere il bau bau*, V. BABAU || (spec. iterato) come *sm.*, l'abbaiare del cane: *un minaccioso bau bau.*

bàud [dal n. proprio J.-M. E. *Baud(ot)*, inventore fr.; 1937] ***sm.*** *inv.* *T.mis.* unità di misura non decimale della velocità di trasmissione degli elementi in codice su linee telegrafiche, equivalente a un bit al secondo.

baulàre [da *baule*; 1950] ***tr.*** *T.agr.* arare un terreno in modo che la superficie risulti fortemente convessa per favorire lo scolo delle acque.

baulatùra [da *baulare*; 1955] ***sf.*** *raro* atto ed effetto del baulare.

baùle [dallo sp. *ba(h)úl*; 1618] ***sm.*** **1.** cassa rettangolare da viaggio con rinforzi, maniglie laterali e coperchio perlopiù convesso, per trasportare biancheria, abiti ecc. || *fare i bauli*, prepararsi a partire; anche *fig.* far le valige, andarsene **2.** nelle automobili, vano portabagagli **3.** *ant.* zaino **4.** *T.mus. aria di baule*, nel teatro settecentesco, il pezzo forte di un cantante, eseguito anche durante opere del tutto estranee ad esso **5.** *scherz.* gobba || *dim.* baulétto, baulìno; *accr.* baulóne || **N. 1.** *Sin.* cofano, forziere, valigia, CASSA | cinghie, coperchio, fondo, interno o vano, linguetta, maniglie | aprire, chiudere, disfare, fare, inzeppare.

baulétto (*dim.* di *baule*) [a. 1698] ***sm.*** **1.** piccolo baule **2.** piccola borsetta a forma di baule per portare in viaggio cosmetici e gioielli; cofanetto || **N. 2.** *Sin. beauty case.*

baulièra [da *baule*; 1966] ***sf.*** *raro* bagagliera dell'automobile || **N.** *Sin.* portabagaglio.

baùscia (pr. lomb. [ba'yʃa]) [voce lomb., letter. bava; 1965] ***sm.*** *inv.* **1.** *milan.* spaccone, fanfarone **2.** *scherz.* milanese.

baussite V. BAUXITE.

baùtta [dal veneziano *bauta*; 1721] ***sf.*** **1.** mantellina nera con cappuccio e maschera in uso a Venezia nel '700 durante il carnevale **2.** mascherina che copre la parte superiore del viso lasciando libera la bocca.

bauxite (meno com. *baussite*) [dal fr. *bauxite*; 1892] ***sf.*** *T.min.* miscuglio di minerali (ossidi, idrati di alluminio, quarzo, carburati ecc.) dal quale si ricava l'alluminio.

bàva [da **baba*, voce espressiva del linguaggio infantile; 1313] ***sf.*** **1.** saliva viscosa che cola part. dalla bocca di vecchi e bambini e di animali: *asciuga la bava al tuo fratellino, la bava dei cani idrofobi* || *aver la bava alla bocca*, essere fuori di sé; *fig. sett. aver la bava alla bocca*, provare grande desiderio di qualcosa **2.** sostanza secreta dalle lumache || filamento prodotto dal baco da seta || *T.set.* seta fiacca che non si può filare e si straccia **3.** sbavatura di colore || sbavatura prodotta nella fusione in corrispondenza delle giunture dello stampo **4.** *fig. bava di vento*, leggero soffio di vento intermittente sul mare calmo || *dim.* bavétta || **N.** schiuma, SALIVA | sbavare, scombavare | bavaglino.

bavaglino (*dim.* di *bavaglio*) [1865] ***sm.*** piccolo bavaglio || *più com.* piccolo tovagliolo che si lega al collo dei bambini perché sbavando o mangiando non si sporchino.

bavàglio (pl. *-gli*) [da *bava*; a. 1311] ***sm.*** pezzo di tela, fazzoletto o altro con cui si impedisce a qualcuno di parlare o gridare || *fig. mettere il bavaglio a qualcuno*, impedirgli di manifestare le proprie opinioni || *dim.* bavagliòlo, bavagliolino, bavaglino.

bavagliòlo (disus. *bavagliuòlo*) [da *bava*; 1400 ca. *bavaglioro*] ***sm.*** bavaglino.

bavarése [dal n. geogr. *Baviera*, forse attr. il fr. *bavaroise*; 1850 come sm. nel senso 2] **I *agg.*** della Baviera: *il formaggio bavarese* **II *s.*** abitante della Baviera **III *sf.*** **1.** dolce con crema a base di uova, latte e panna **2.** bevanda a base di latte caldo, cioccolata, uova e liquore **3.** salsa a base di aceto, uova, burro per condire il pesce.

bavàrico (pl. *-ci*) [dal n. geogr. *Baviera*; a. 1374] ***agg.*** della baviera, bavarese || *per estens.* germanico, tedesco.

bavatùra [da *bava*; 1970] ***sf.*** *T.tecn.* sbavatura.

bavèlla [da *bava*; 1376] ***sf.*** filo che si trae dallo strato esterno dei bozzoli come cascame prima della seta vera e propria || *per estens.* tessuto che si ricava da questo filo || **N.** SETA.

bàvera [da *bavero*; 1848] ***sf.*** mantellino corto da donna a foggia di bavero, che copre le spalle e il petto, senza coprire le braccia || **N.** *Sin.* goletta, pellegrina.

baverina (*dim.* di *bavera*) [1838] ***sf.*** colletto ricamato o merlettato.

bàvero [forse da *bava*; 1554] ***sm.*** colletto di giacca, soprabito, cappotto || *fig. prendere qualcuno per il bavero*, aggredirlo, insultarlo o, anche, prenderlo in giro.

bavétta [da *bava*; 1568] ***sf.*** **1.** *T.metal.* sbavatura nella fusione dei metalli **2.** *pl.* pasta piatta e allungata.

bavièra [dal fr. *bavière*; a. 1431] ***sf.*** **1.** *ant.* parte dell'elmo che copriva la bocca e le guance, gorgiera **2.** striscia di lana, un tempo cucita ai cappelli per riparare la bocca dal freddo.

bavósa [da *bava*; 1930] ***sf.*** nome comune di molti pesci ossei marini dei Blennidi, caratterizzati da un corpo cosparso di liquido viscoso.

bavóso [da *bava*; a. 1332] ***agg.*** pieno di bava; che cola bava: *vecchio bavoso.*

bazar (persiano, pr. [bɒ:'zɒ:r]; pr. it. [bad'dzar]) [dal pers. *bāzār*, mercato; a. 1340 *bazarra*] ***sm.*** *inv.* emporio di merci d'ogni genere || *propr.* mercato dei paesi africani e orientali.

bazooka (ingl., pr. [bə'zu:kə]; pr. it. [bad'dzuka]) [in orig. strumento musicale tubolare; 1943] ***sm.*** *inv.* **1.** arma portatile, lanciarazzi, anticarro **2.** cavalletto ad un solo piede per sostenere la cinepresa in luoghi stretti.

bazùca ***sm.*** *inv.* adattamento di *bazooka* (v.).

bàzza[1] [etim. inc.; 1863] ***sf.*** mento allungato e sporgente || *per estens.* mento.

bàzza[2] [forse dallo sp. *baza*; a. 1535] ***sf.*** *T.gioc.* le carte che il vincitore va ammucchiando davanti a sé, sino alla fine della partita || *fig.* colpo di fortuna: *è una bazza!*

bazzàna [dall'ar. volg. *baṭāna*, fodera; 1582] ***sf.*** *raro* pelle di pecora conciata usata per rilegare libri.

bazzècola o **bazzécola** [da *bazza*[2]; a. 1565] ***sf.*** cosa insignificante, bagattella || **N.** *Sin.* quisquiglia, INEZIA.

bàzzica [etim. incerta; 1532] ***sf.*** *T.gioc.* **1.** gioco di carte simile alla briscola **2.** gioco di biliardo con pallino e birilli.

bazzicàre (pres. *bàzzico, bàzzichi*) [etim. sconosciuta; 1353] ***tr.*** praticare frequentemente, rif. spec. ad ambienti poco raccomandabili: *bazzica spesso brutta gente* || ***intr.*** (aus. *avere*) frequentare, intrattenersi: *un tempo bazzicavo in quel quartiere.*

bazzicòtto [da *bazzica*; a. 1793] ***sm.*** nel gioco della bazzica, combinazione di tre carte uguali || a biliardo, colpo che provoca la caduta di tutti i birilli meno quello centrale.

bazzòffia [etim. inc.; 1612] ***sf.*** *tosc.* minestrone abbondante o cibo grossolano || *fig.* insieme di cose disordinate || *fig.* componimento o discorso lungo e confuso.

bazzòtto o **barzòtto** [lat. *badius*, (di color) baio, cioè intermedio, detto del cavallo; 1605] ***agg.*** **1.** di uovo, non completamente assodato (cotto 6 minuti) || di carni e verdure, non molto cotto **2.** *fig.* rimasto incompiuto, in uno stato di incertezza non ben definito || *fig.* di persona, malaticcio.

bazzùto [da *bazza*[1]; 1955] ***agg.*** individuo con un mento molto prominente.

bè[1] o **bèe** [di orig. onom.; 1344 ca.] voce onom. che indica il belato di una pecora || verso fatto per prendere in giro chi piange o dimostra paura senza motivo.

bè[2] o **beh** [abbr. di *bene*; a. 1400] ***escl.*** ebbene, dunque: *bè, venga pure.*

be' [a. 1306] *tosc.* troncamento di *bei*, *pl.* di *bello.*

beagle (ingl., pr. ['bi:gəɫ]) [etim. inc.; 1980] ***sm.*** *inv.* piccolo cane da caccia di origine inglese, dal mantello generalmente tricolore a tinte vivaci || **N.** *Sin.* bracchetto.

beànte [dal fr. ant. *béant*, ppr. di *béer*, stare aperto; 1908] ***agg.*** **1.** *T.med.* che resta aperto: *vena beante* **2.** *T.geol.* nei terreni carsici, detto di aperture le cui pareti non sono a contatto: *faglia, inghiottitoio beante.*

beàre (pres. *bèo*) [dal lat. *beāre*; fine sec. XIII] ***tr.*** *lett.* rendere beato, felice || ***intr. pron.*** compiacersi, deliziarsi: *si bea a guardarlo, alla vista del denaro* || **N.** appagare.

beat[1] (ingl., pr. [bi:t]) [propr. colpo, battito, sequenza di colpi; 1965] ***sm.*** *inv.* nel jazz, ritmo.

beat[2] (ingl., pr. [bi:t]) [da *beat generation*, letter. generazione battuta; 1963] **I *agg.*** **1.** relativo a un fenomeno culturale ed artistico nato negli USA nei primi anni '50 e caratterizzato da una contestazione dei valori correnti: *la generazione beat* **2.** relativo a un movimento musicale sviluppatosi in Inghilterra nei primi anni '60 **II *s.*** *inv.* appartenente al movimento beat || *per estens.* contestatore || ***sm.*** *inv.* musica beat.

beatificàbile [da *beatificare*; 1745] ***agg.*** che può essere beatificato.

beatificàre (pres. *-ìfico, -ìfichi*) [dal lat. eccl. *beatificāre*; a. 1306] ***tr.*** **1.** *T.eccl.* dichiarar beato per autorità ecclesiastica **2.** *non com.* rendere beato, felice || **N. 1.** *Sin.* elevare alla gloria degli altari, santificare **2.** *Sin.* beare, far felice, riempire di contentezza.

beatificazióne [dal lat. eccl. *beatificātio, -ōnis*; a. 1406] ***sf.*** atto con cui la chiesa cattolica consente che qualcuno morto in fama di santità venga onorato con culto pubblico || cerimonia che dichiara qualcuno beato || *processo di beatificazione*, procedimento con cui un tribunale ecclesiastico accerta le condizioni per la beatificazione.

beatìfico (pl. *-ci*) [dal lat. eccl. *beatificus*; a. 1406] ***agg.*** *lett.* che rende beato.

beatitùdine [dal lat. eccl. *beatitudo, -inis*; a. 1294] ***sf.*** **1.** condizione di perfetta felicità || *in part.* nella teologia cattolica, stato di benessere che le anime elette del paradiso provano al cospetto di Dio **2.** nella liturgia cattolica, ciascuno degli otto principi di perfezione evangelica enunciati da Cristo nel Discorso della montagna **3.** titolo riservato al Papa: *vostra Beatitudine* || **N. 1.** *Sin.* contentezza, letizia, FELICITÀ.

beatnik (ingl., pr. ['bi:tnɪk]) [da *beat*[2]; 1963] ***s.*** *inv.* appartenente al movimento beat.

beàto (*pps.* di *beare*) [a. 1292] **I *agg.*** **1.** felice, soddisfatto: *vita beata* || che dà gioia: *ozi beati* || *scherz. beato fra le donne*, di uomo circondato da molte donne || *beato lui*, escl. di leggera invidia per la felicità di colui a cui ci si riferisce oppure *iron.* di dileggio per la sua incoscienza o noncuranza: *beato lui che non si rende conto di nulla* **2.** attributo che la liturgia cattolica riserva alla Madonna ed ai Beati || *superl. Beatissimo Padre*, il Papa || **beataménte** ***avv.*** **II *sm.*** (f. *-a*) **1.** nella liturgia cattolica, chi in paradiso gode della visione di Dio || *il regno dei beati*, il paradiso **2.** titolo che la Chiesa cattolica attribuisce a chi dopo la morte è ritenuto degno di culto pubblico **3.** *fig. raro* bigotto || **N. I 1.** *Sin.* giocondo, lieto, sereno, tranquillo, FELICE.

beatóre [da *beato*; 1561] ***agg.*** e ***sm.*** (f. *-trice*) *raro* che o chi rende beato; beatifico.

beaujolais (fr., pr. [boʒɔ'lɛ]) [dal n. geogr. *Beaujolais*, regione della Francia centrale; 1907] ***sm.*** *inv.* *T.enol.* vino francese prodotto nell'omonima regione francese, nella Borgogna meridionale.

beauty-case (pseudoingl., pr. [ˌbju:ti'keis]) [comp. di *beauty*, bellezza e *case*, cassetta; 1960] ***sm.*** *inv.* valigetta a forma di baule che contiene oggetti di toeletta, il necessario per il trucco, gioielli (anche abbr. *beauty*).

bebè [dal fr. *bebé*; 1887] ***sm.*** bimbo, bambino || nella loc. prep. *alla bebè*, che presenta caratteristiche dell'abbigliamento infantile: *scarpe alla bebè* || *capelli alla bebè*, molto corti sulla nuca.

be-bop (ingl., pr. ['bi:bɒp]) [di orig. onom.; 1950] ***sm.*** *inv.* stile jazzistico costruito in prevalenza su accordi dissonanti e scale irregolari tendenti alla politonia.

bécca¹ [dallo sp. *beca*; seconda metà sec. XV] **sf.** *raro* **1.** sciarpa di seta portata a tracolla da magistrati, ecclesiastici, universitari **2.** *ant.* bandoliera **3.** fascia di seta usata come giarrettiera.

bécca² [da *becco*; 1865 nel senso 2] **sf. 1.** cocca di fazzoletto **2.** piega di una pagina di libro usata come segnalibro **3.** *region.* cima di montagna **4.** cappello a due punte usato dai dogi veneziani.

beccàccia (pl. *-ce*) [da *becco*; 1598] **sf.** uccello dei Caradriformi con zampe corte, becco lungo e diritto, sottile piumaggio bruno giallastro con macchie scure || *beccaccia di mare*, poco più grossa, col becco rosso e zampe dello stesso colore, più lunghe di quelle della beccaccia.

beccaccìno [da *beccaccia*; 1598] **sm. 1.** uccello dei Caradriformi simile alla beccaccia, più piccolo, con zampe più lunghe **2.** piccola imbarcazione a vela da regata con deriva, randa e fiocco.

beccafìco (pl. *-chi*) [comp. di *becca(re)* e *fico*, perché ghiotto di fichi; a. 1484] **sm.** uccello dei Passeriformi di color grigio nella parte superiore e bianco in quella inferiore.

beccàio (pl. *-ài*) [da *becco*, capretto; 1312] **sm.** *ant.* chi vendeva corna di caprone || *per estens.* macellaio.

beccalàglio (pl. *-gli*) [comp. di *becca(re)* e *aglio*; 1676] **sm.** gioco da fanciulli, simile alla mosca cieca.

beccamòrti o **beccamòrto** [comp. di *becca(re)* e *morto*; 1353] **sm. 1.** becchino, necroforo **2.** spasimante, corteggiatore, part. nell'espr.: *fare il beccamorto dietro le ragazze.*

beccamoschìno [comp. di *becca(re)* e *moschino*; 1930] **sm.** piccolo uccello palustre dei Passeriformi dal piumaggio rossiccio a strisce nere, che si nutre di insetti.

beccapésci [comp. di *becca(re)* e *pesce*; 1827] **sm.** *inv.* nome di molti uccelli acquatici e in part. della *Sterna sandwicensis*, uccello marino dei Lariformi con coda molto lunga e piedi palmati.

beccàre (pres. *bécco, bécchi*) [da *becco*; a. 1348] **tr. 1.** prendere con il becco: *i passeri beccavano le spighe di grano* || colpire con il becco: *quel pappagallo becca chiunque gli si accosti* || *scherz.* mangiucchiare: *ho beccato qualcosa per colazione* **2.** *fam.* prender qualcuno: *lo hanno beccato mentre tentava di fuggire* || *fig. fam.* guadagnare: *ha beccato mezzo milione per quel disegno* || *fam. beccarle*, subire una sconfitta **3.** *fig.* manifestare con espressioni pungenti la propria disapprovazione: *il pubblico ha beccato il soprano per tutto lo spettacolo* || **rifl. intens.** *fam.* prendere: *si è beccato il primo premio, una ramanzina* || **rec. 1.** colpirsi con il becco **2.** *fig.* litigare in continuazione: *quei due non fanno che beccarsi.*

beccastrìno [da *becco*; sec. XV] **sm.** zappa lunga e stretta per cavar sassi || **N.** ZAPPA.

beccàta [da *becco*; a. 1306] **sf. 1.** colpo di becco **2.** quantità di cibo preso col becco in una volta sola **3.** *fig.* commento ironico, punzecchiatura; part. nel gergo teatrale, vivace disapprovazione espressa dagli spettatori.

beccatèllo [da *becco*; a. 1348] **sm. 1.** mensoletta, specie di legno che nelle costruzioni sosteneva le parti aggettate di una trave, terrazzini ecc. **2.** piolo dell'attaccapanni.

beccatóio (pl. *-ói*) [da *beccare*; a. 1494] **sm.** recipiente dove si mette il becchime nelle gabbie degli uccelli.

beccatùra [da *beccare*; 1598] **sf. 1.** atto ed effetto del beccare **2.** segno lasciato da una beccata: *i frutti erano tutti pieni di beccature.*

beccheggiàre (pres. *-éggio*) [da *beccheggio*; 1797] **intr.** (aus. *avere*) il muoversi di una nave o di un aereo in senso longitudinale per effetto del moto ondoso o delle correnti d'aria || *per estens.* di automobile, ondeggiare a causa di errata regolazione delle sospensioni || **N.** beccheggiata, beccheggio, rollata, rollìo | rollare. **Q.T.** *nautica...*

beccheggiàta [da *beccheggiare*; 1941] **sf.** movimento di beccheggio.

becchéggio (pl. *-gi*) [da *beccare*; 1813] **sm. 1.** serie di oscillazioni longitudinali di una nave o di un aereo **2.** *per estens.* oscillazioni ripetute del corpo di un nuotatore dallo stile non perfetto || moto anormale, alternativo, di una locomotiva intorno al suo asse baricentrico orizzontale, ortogonale all'asse del binario.

beccherìa [da *beccaio*; 1342] **sf.** macelleria.

becchettàre (pres. *-étto*) [da *beccare*; a. 1861] **tr.** beccare con rapidità e insistenza || **rec.** beccarsi || *fig.* bisticciare.

becchettìo (pl. *-ìi*) [da *becchettare*; a. 1912] **sm.** rumore che fanno gli uccelli quando beccano fitto fitto: *rimase un trito becchettìo sonoro* (Pascoli) || *fig.* concitato bisticcio.

becchétto (*dim.* di *becco*) [a. 1566] **sm. 1.** *T.calz.* ciascuno dei due finimenti laterali delle scarpe, dove sono i buchi per passarvi i lacci **2.** *ant.* punta di cappuccio.

becchìme [da *beccare*; 1779] **sm.** cibo per volatili, part. domestici: *dare il becchime ai polli.*

becchincróce [da *becco in croce*; 1955 *becco in croce*] **sm.** uccello dei Passeracei dal tipico becco a punte incrociate || **N.** *Sin.* crociere.

becchìno [da *beccare*; 1353] **sm.** (raro il f. *-a*) chi trasporta e seppellisce i morti || **N.** beccamorti, necroforo.

bécco¹ (pl. *-chi*) [lat. *beccus*; 1319] **sm. 1.** rivestimento corneo della mascella e della mandibola di uccelli, Cheloni e Monotremi, di forma variabile a seconda del tipo di alimentazione dell'animale: *becco adunco, a punta* || *ecco fatto il becco all'oca*, ecco terminato tutto || *fig. non avere il becco di un quattrino*, essere senza soldi **2.** *per estens. scherz.* bocca: *aprire il becco*, parlare; *tenere il becco chiuso*, tacere || *mettere il becco in qualcosa*, impicciarsene || *dare di becco*, criticare || *bagnarsi il becco*, bere poco || *restare a becco asciutto*, restare senza nulla, restare escluso da qualcosa **3.** *per estens.* sporgenza, parte terminale di un oggetto che per la forma richiama il becco di un uccello: *il becco della caffettiera, della picozza* || *T.mus.* bocchino di strumenti a fiato || bruciatore a gas dotato di un regolatore di intensità della fiamma: *becco di Bunsen* **4.** estremità a punta di un cappello, di un fazzoletto e sim. **5.** *T.arch. becco di civetta*, modanatura costituita dall'intersezione ad angolo aggettante di una curva concava ed una convessa || *T.edil.* piastrella a spigolo arrotondato usata nella parte terminale di un rivestimento **6.** *becco d'oca*, pinzetta, molletta per fermare i capelli **7.** picco con la cima aguzza e i fianchi scoscesi **8.** *becco di stagno*, cassiterite **9.** *ant.* punta a rostro di una nave. **TAV.** *alpinismo* 2.4.

bécco² (pl. *-chi*) [etim. inc.; 1308] **sm. 1.** il maschio della capra **2.** *fig. pop.* marito tradito || *esser becco e bastonato*, avere il danno e le beffe || **N. 1.** *Sin.* capro, caprone, irco **2.** *Sin.* cornuto.

beccofrusóne [comp. di *becco*¹ e *frusone*; 1905] **sm.** uccello dei Passeriformi con becco corto e diritto, ciuffo erettile sul capo, piumaggio grigio.

beccolàre (pres. *béccolo*) [da *beccare*; 1865] **tr.** e **intr.** (aus. *avere*) beccare lentamente || *per estens.* mangiare piano piano.

beccùccio (pl. *-ci*) (*dim.* di *becco*) [1550] **sm. 1.** canaletto adunco che hanno le ampolle, i bricchi, le cuccume ed altri recipienti, attraverso il quale si versa il liquido **2.** pinzetta usata per arricciare i capelli.

beccùto [da *becco*; 1863] **agg.** *non com.* fornito di becco.

beceràta [da *becero*; 1968] **sf.** *tosc.* azione da becero.

beceréscο (pl. *-schi*) [da *becero*; a. 1941] **agg.** *tosc.* volgare, triviale, becero.

bécero [etim. inc.; a. 1492] **I sm.** (f. *-a*) *tosc.* persona volgare, triviale, insolente **II agg.** volgare, insolente: *una donna becera.*

becerùme [da *becero*; 1863] **sm.** *tosc.* marmaglia, feccia.

béchamel (fr., pr. [beʃa'mɛl]) [da (*sauce*) *à la Béchamel*, (salsa) alla Béchamel, dal n. di un maggiordomo di Luigi XIV, Louis de *Béchamel*; 1892] **sf.** *inv.* besciamella, salsa bianca a base di farina, burro e panna.

becher (ted., pr. ['bɛçɐ]; pr. it. ['beker]) [letter. bicchiere; 1905] **sm.** *inv.* recipiente cilindrico di vetro resistente al fuoco, usato in laboratorio per le reazioni chimiche.

bèchico (pl. *-ci*) [dal lat. tardo *bechicus*, gr. *bēchikós*, buono per la tosse; 1567] **agg.** *T.med.* di medicamento usato contro la tosse: *sciroppo bechico.*

béco (pl. *-chi*) [da *Beco*, dim. di *Domenico*; a. 1588] **sm.** *tosc.* contadino || *per estens.* persona rozza, zotica.

becquerel (fr., pr. [bɛ'krɛl]) [dal n. proprio H. *Becquerel*, fisico fr.; 1972] **sm.** *inv.* unità di misura dell'attività delle sostanze radioattive, corrispondente all'attività di una sostanza radioattiva che subisce un decadimento al secondo.

bedanatrìce [dal fr. *bédâne*; 1955] **sf.** macchina per traforare il legno.

bèdeker [dal n. proprio *Baedeker*, famiglia di tipografi e librai tedeschi; 1905 *baedeker*] **sm.** *inv.* guida turistica tascabile.

beduìna [da *beduino*; 1879] **sf.** mantello da sera con cappuccio, simile ai mantelli dei Beduini, che le signore usavano nell'Ottocento.

beduìno [dall'ar. *bedawī*, abitante del deserto; 1510] **I sm.** (f. *-a*) **1.** nomade arabo dell'Africa settentrionale e del Medio Oriente che vive in tribù dedite alla pastorizia **2.** *fig.* persona trasandata o vestita in modo bizzarro **II agg.** relativo ai beduini: *carovana beduina.*

bèe v. BÈ¹.

befàna [lat. *epiphania*, gr. *tà epiphán(e)ia*, la manifestazione della divinità; a. 1543] **sf. 1.** *fam.* la festa dell'Epifania: *quest'anno la Befana cadeva di martedì* **2.** nella tradizione folklorica, vecchia che la notte dell'Epifania porta doni ai bambini: *la Befana scende dai camini e riempie le calze di doni* || *per estens.* i regali dell'Epifania: *ha avuto una befana ricchissima* **3.** *fig.* donna vecchia o brutta e trasandata: *con quei capelli sembra proprio una befana.*

bèffa [di orig. onom.; inizio sec. XIII] **sf.** burla, inganno architettati ai danni di qualcuno: *escogitare una beffa* || *per estens.* scherno, canzonatura: *farsi beffe di uno*, prendersene gioco, dileggiarlo || *restare col danno e con le beffe*, restare schernito e danneggiato || **N.** celia, corbellatura, irrisione, tiro, BURLA.

beffàrdo [da *beffa*; 1313] **agg. 1.** che ha abitudine di beffare: *uomo beffardo* **2.** che palesa sarcasmo, derisore: *riso beffardo* || **beffardaménte** **avv.** || **N. 1.** *Sin.* beffatore, burlone **2.** *Sin.* canzonatorio, derisorio, ironico.

beffàre (pres. *bèffo*) [da *beffa*; sec. XIII] **tr.** ingannare, schernire, dileggiare: *beffare gli stupidi* || **intr. pron.** prendersi gioco, deridere: *beffarsi delle forze dell'ordine* || **N. tr.** *Sin.* beffeggiare, dileggiare, sbeffare, schernire, uccellare, BURLARSI.

beffatóre [da *beffare*; 1313] **sm.** (f. *-trice*) e **agg.** chi o che beffa || **N.** beffardo, beffeggiatore.

beffeggiàre (pres. *-éggio*) [da *beffare*; a. 1332] **tr.** beffare con malignità e accanimento.

beffeggiatóre [da *beffeggiare*; 1598] **sm.** (f. *-trice*) e **agg.** chi, che beffeggia; beffatore.

bèga [dal got. *bēga*; a. 1705] **sf. 1.** lite, contrasto **2.** contesa, affare intricato e noioso: *non voglio impicciarmi in queste beghe!* ‖ **N. 1.** *Sin.* litigio **2.** *Sin.* briga, grana, grattacapo, seccatura.

begàrdo [dal fr. ant. *bégard*, da *béguin*, beghino; 1829] ***sm.*** *T.stor.* appartenenente a un movimento pauperistico sorto in Fiandra nel XIII sec. che proponeva la riforma della Chiesa e fu per questo dichiarato eretico.

beghìna [dal fr. *béguine*; sec. XIV] ***sf.*** **1.** bigotta, donna che ostenta devozione e assiduità nelle pratiche religiose **2.** *T.stor.* religiosa cattolica dei Paesi Bassi, che apparteneva a un ordine che si fuse poi con le Terziarie francescane **3.** donna che vive in una comunità religiosa pronunciando voti temporanei di castità e povertà.

beghinàggio (pl. *-gi*) [da *beghina*; 1828] ***sm.*** *T.stor.* **1.** comunità delle beghine **2.** il complesso degli edifici in cui le beghine risiedevano, nelle Fiandre.

beghìno [dal fr. *beguin*; sec. XIII] ***sm.*** **1.** bacchettone, bigotto **2.** *T.stor.* nel Medioevo, chi militava in comunità religiose che professavano il voto di povertà e castità.

begliuòmini [comp. di *bello* e *uomo*; 1802 *begliomini*] ***sm. pl.*** *T.bot.* balsamina.

begolàrdo [dal disus. *begolare*, ciarlare; 1313] ***sm.*** *ant.* contafrottole, ciarlatano.

begònia [dal fr. *bégonia*, nome dato dal botanico C. Plumier in onore di Michel *Bégon*, intendente generale delle Antille; 1815] ***sf.*** *T.bot.* genere di piante ornamentali delle Begoniacee comprendente numerose specie, con foglie e fiori variamente colorati.

Begoniàcee [comp. di *begonia* e *-acee*; 1865] ***sf. pl.*** *T.bot.* famiglia di piante erbacee dalle foglie succose e variegate, coltivate per scopi ornamentali.

béguine (fr., pr. [beˈgin]) [dalla voce creola delle Antille *biguine*; 1965] ***sf. inv.*** ballo di origine caraibica lento e cadenzato ripreso, con qualche variante, dalla musica leggera moderna.

begum (ingl., pr. [ˈbeɪgəm]; pr. it. [beˈgum]) [dall'urdu *begam*, attr. l'ingl.; 1825] ***sf. inv.*** principessa mussulmana d'alto rango; presso gli ismailiti, moglie dello Agha Khan.

beh V. BÈ[2].

behaviorismo (pr. [beavjoˈrizmo]) [dall'ingl. *behaviorism*; 1942] ***sm.*** *T.psic.* comportamentismo.

behavioristico (pr. [beavjoˈristiko]) (pl. *-ci*) [da *behaviorismo*; 1949] ***agg.*** *T.psic.* comportamentistico.

beì V. BEY.

beige (fr., pr. [bɛːʒ]) [etim. inc.; 1905] **I** ***agg. inv.*** color nocciola chiaro **II** ***sm. inv.*** il colore beige ‖ **N.** falbo, lionato, marrone chiaro, sauro.

beignet (fr., pr. [bɛˈɲɛ]) [dal fr. ant. *b(u)igne*, bugna, gonfio alla testa per un colpo; 1940] ***sm. inv.*** bignè.

beilicàle [dal fr. *beylical*; 1894] ***agg.*** relativo al bey ed al suo ufficio.

beilicàto [dal turco *beylik*, attr. l'ingl.; 1939] ***sm.*** il grado e l'ufficio del bey ‖ il territorio su cui egli ha giurisdizione.

bèl [dal n. proprio A.G. *Bell*, fisiologo ingl.; 1955] ***sm inv.*** *T.elettr.* unità di misura dell'intensità di un'oscillazione acustica o della sensazione uditiva, pari al logaritmo decimale del rapporto fra il segnale da misurare e un segnale fissato come riferimento; nella pratica è più usato il sottomultiplo *decibel*.

belànte (*ppr.* di *belare*) [a. 1714] **I** ***agg.*** che emette belati ‖ *fig.* lamentoso, lagnoso, noioso: *canto, pianto belante* **II** ***s.*** *lett.* animale che bela: *un branco di candide belanti* (Monti).

belàre (pres. *bèlo*) [lat. *belāre*; sec. XIII] ***intr.*** (aus. *avere*) emetter belati: *le pecore e le capre belano* ‖ *fig.* piagnucolare, lamentarsi: *i bambini hanno belato tutto il giorno* ‖ *fig.* chiacchierare in modo fastidioso ‖ ***tr.*** declamare, cantare in modo stucchevole e lamentoso: *invece di recitare belava il suo monologo*.

belàto [da *belare*; a. 1492] ***sm.*** il verso delle pecore e delle capre ‖ *per estens.* piagnisteo: *non sopporto i suoi belati di autocommiserazione* ‖ *fig.* recitazione, canto lamentoso e stentato: *i belati del tenore*.

belemnìta o **belemnìte** [dal gr. *belemnítēs* (*líthos*), (*pietra*) a forma di freccia; a. 1730] ***sm.*** mollusco estinto, simile alla seppia attuale, rinvenibile nei sedimenti del Mesozoico.

bèlga (pl. m. *bèlgi*, f. *bèlghe*) [dal lat. *Belga*; a. 1707] **I** ***agg.*** del Belgio ‖ *razza belga*, razza di cavalli di piccole dimensioni particolarmente resistenti alla fatica ‖ *franco belga*, unità monetaria del Belgio ‖ *insalata belga*, con cespi compatti a foglie chiare e allungate **II** ***s.*** abitante, nativo del Belgio.

belgioìno V. BENZOINO.

belìo (pl. *-ìi*) [da *belare*; a. 1910] ***sm.*** *raro* il belare continuato ‖ *fig.* piagnucolio di bimbi.

bèlla [f. sost. di *bello*; a. 1300] ***sf.*** **1.** donna bella: *la bella del quartiere*, la più bella **2.** donna amata: *andava a passeggiare con la sua bella* ‖ *eufem.* *bella di notte*, prostituta **3.** stesura definitiva di uno scritto, bella copia: *queste pagine vanno ricopiate in bella* **4.** *T.gioc.* e *T.sport.* la partita decisiva tra due avversari alla pari **5.** *T.bot.* *bella di giorno*, pianta delle Convolvulacee con fusto eretto, fiori ad imbuto rosa o violetti; *bella di notte*, pianta i cui fiori, di color giallo o rosso e a volte bianchi, si schiudono nelle ore notturne ‖ *bella vedova*, pianta delle Iridiacee con fiori giallo verdastri.

belladònna [comp. di *bello* e *donna*; a. 1577] ***sf.*** *T.bot.* pianta delle Solanacee con fusto ramificato, foglie ovali, fiori di color rossoscuro e bacche dello stesso colore; le foglie e le radici, ricche di alcaloidi, trovano impiego in farmacologia ‖ *per estens.* estratto ottenuto da tale pianta.

bellavìsta o **bèlla vìsta** (pl. *belleviste*) [comp. di *bello* e *vista*; 1970] ***sf.*** **1.** belvedere, panorama **2.** *T.cuc.* nella loc. *in bellavista*, detto di vivande servite sotto gelatina e guarnite tutt'attorno con verdure, sottaceti e sim.: *salmone, torta in bellavista*.

belle époque (fr., pr. [bɛl eˈpɔk]) [letter. bel periodo; 1963] ***loc. f. inv.*** periodo compreso fra la fine dell'Ottocento ed i primi del Novecento che rappresentò per la borghesia un periodo di benessere economico e di spensieratezza.

bellétta [forse var. di *melletta*, affine a *melma*, *melmetta*; a. 1292] ***sf.*** *ant.* e *lett.* fanghiglia, melma: *or ci attristiam nella belletta negra* (Dante).

bellétto [prob. da *bello*, per la sua funzione; a. 1502] ***sm.*** *disus.* nome generico per indicare i cosmetici: *colorirsi le guance col belletto* ‖ *fig.* ornamento artificioso ‖ **N.** cipria, cosmetico, crema, *fard*, fondotinta, rossetto | imbellettarsi, truccarsi | *maquillage*, trucco.

bellézza [da *bello*; sec. XIII] ***sf.*** **1.** qualità di ciò che è bello: *la bellezza non è che fatua apparenza, la bellezza di un quadro* ‖ *bellezza fisica*, quella del corpo ‖ *bellezza greca*, adeguata ai canoni della bellezza classica ‖ *la bellezza dell'asino*, quella della prima giovinezza ‖ *prodotti di bellezza*, cosmetici ‖ *istituto di bellezza*, per la cura dell'aspetto fisico ‖ *concorso di bellezza*, gara in cui si premia la donna più bella ‖ *per bellezza*, come ornamento: *portava per bellezza un fiocco tra i capelli* ‖ *escl.* *che bellezza!*, che gioia ‖ *chiudere in bellezza*, terminare qualcosa in modo positivo ‖ *vincere in bellezza*, nettamente e con facilità **2.** *concr.* persona o cosa bella: *questo panorama è una bellezza* ‖ spesso *iron.*: *ciao, bellezza!* **3.** in alcune *loc.* ha valore intensificativo di una qualità: *gli è costato la bellezza di un milione, è durato la bellezza di trent'anni* ‖ **N.** *Sin.* armonia, avvenenza, beltà, eleganza, formosità, grazia, leggiadria, magnificenza, vaghezza, venustà | angelica, delicata, divina, eletta, florida, ideale, incantevole, irresistibile, naturale, schietta, semplice; austera, fiera, maschia, severa; artistica, procace, smagliante, soave, splendente, straordinaria, stupenda; appassita, artificiosa, corporea, insipida, patita, plastica, sbiadita, sfiorita, spirituale | affascina, allieta, appassisce, attrae, avvizzisce, cresce, entusiasma, fiorisce, impallidisce, piace, prospera, scema, seduce | fascino, incanto, magia, meraviglia, prestigio | Ganimede, Narciso, Venere | *Contr.* bruttezza.

bellicìsmo [dal fr. *bellicisme*; 1942] ***sm.*** tendenza a risolvere le questioni internazionali ricorrendo alla guerra.

bellicìsta [dal fr. *belliciste*; 1942] ***agg.*** e ***s.*** che o chi tende o è favorevole all'intervento bellico come metodo risolutivo di ogni controversia.

bèllico (pl. *-ci*) [dal lat. *bellicus*; 1353] ***agg.*** che fa riferimento alla guerra: *imprese belliche* ‖ *apparato bellico*, l'insieme degli armamenti ‖ *sforzo bellico*, l'impegno profuso da una nazione per armarsi e combattere ‖ *occupazione bellica*, si verifica quando, in guerra, un territorio è occupato dalle forze nemiche.

bellìco (pl. *-chi*) [lat. *umbilīcus*; sec. XIII] ***sm.*** **1.** *pop.* ombelico **2.** il punto in cui il picciolo è attaccato al frutto.

bellicóne [dal medio alto ted. *willekommen*, benvenuto; a. 1698] ***sm.*** *ant.* grosso bicchiere: *questo vasto bellicone* (Redi).

bellicosità [da *bellicoso*; 1954] ***sf.*** l'essere bellicoso ‖ *per estens.* temperamento audace, battagliero.

bellicóso [dal lat. *bellicōsus*; a. 1363] ***agg.*** incline alla guerra: *popolo, discorso bellicoso* ‖ *fig.* aggressivo: *carattere bellicoso* ‖ **bellicosaménte** ***avv.*** ‖ **N.** battagliero, guerriero; combattivo, pugnace.

bèllide [dal lat. *bellis, bellidis*; 1733] ***sf.*** *T.bot.* margheritina di prato, pratolina.

belligerànte [dal lat. *belligerans, -antis*, ppr. di *belligerāre*; 1480] ***agg.*** e ***s.*** che, chi è in guerra, che combatte: *le potenze belligeranti, i belligeranti giunsero ad un accordo* ‖ **N.** *Contr.* neutrale; non belligerante.

belligerànza [da *belligerante*; 1941] ***sf.*** condizione giuridica di uno stato che sia in guerra con altri stati ‖ *non belligeranza*, condizione intermedia tra la neutralità e la belligeranza.

belligero [dal lat. *belliger*; a. 1375] ***agg.*** *lett.* guerresco; bellicoso.

bellimbùsto [comp. di *bello*, *in* e *busto*; a. 1665] ***sm.*** uomo fatuo e di ricercata eleganza ‖ **N.** *Sin.* cascamorto, elegantone, ganimede, zerbinotto.

bellìno (*dim.* di *bello*) [a. 1547] ***agg.*** affettato ‖ *con le belle belline*, con maniere lusinghevoli, con moine e carezze.

bèllo (davanti a consonante seguita da vocale e davanti a *f, p, t, c, u, b, d, q* seguite da *l* o *r* si usano le forme *bel* al *sing.* e *bei* al *pl.*; in tutti gli altri casi *bello, begli*; il *pl.* *belli* è usato solo quando è posposto ad un *sm.*, il femminile è regolare) [lat. *bellus*; a. 1224 ca.] **I** ***agg.*** **1.** di tutto ciò che suscita un'impressione gradevole per le sue qualità estetiche: *un bello spettacolo, un bel viaggio, un bel viso* ‖ *belle arti*, arti figurative ‖ *le belle lettere*, la letteratura ‖ *bel canto*, V. CANTO ‖ *il bel mondo*, la società elegante ‖ *il bel sesso*, le donne ‖ *belle maniere*, modi formalmente corretti ‖ *bello scrivere*, stile letterario considerato esemplare per forma e contenuto ‖ *bell'ingegno*, persona intelligente ed arguta ‖ *bella copia*, copia definitiva ‖ *bel colpo*, colpo riuscito ‖ *bella stagione*, primavera ed estate ‖ *bel tempo, bella giornata*, sereno ‖ *bel mare*, mare calmo ‖ *bella vita*, vita mondana, scioperata || *darsi al bel tempo*, godersela || *farsi bello*, agghindarsi; *fig.* vantarsi di qualcosa senza merito **2.** cospicuo, considerevole: *una bella ricompensa, una bella fatica* **3.** buono, apprezzabile, nobile: *una bella azione, non è bello da parte tua comportarti così* || *una bella morte*, una morte serena || *di belle speranze*, che promette bene || *un bel lavoro*, ben fatto || *fare una bella riuscita*, riuscire bene **4.** può, in varie espressioni, avere valore rafforzativo: *un bel niente*; *nel bel mezzo*, proprio in mezzo; *a bella posta*, appositamente || per esprimere un concetto definitivo: *bell'e morto, bell'e fatto, bell'e detto* || con valore pleonastico: *un bel giorno vedremo ciò che accadrà, un bel mattino si alzò e partì* || con valore antifrastico: *hai fatto proprio una bella figura, bello stupido che sei*; *farla bella*, combinare un pasticcio; *dirne delle belle*, dire delle assurdità || **bellaménte** *avv.* tranquillamente, con comodo: *se ne stava bellamente sdraiato e noi a cercarlo dappertutto* **II** *sm.* **1.** solo *sing.* ciò che suscita sensazioni estetiche piacevoli: *quel pittore ha il gusto del bello* || nell'escl. *che bello!*, che bellezza! **2.** uomo di aspetto gradevole: *ecco il bello della scuola* **3.** tempo sereno: *ripartiremo con il bello, tendente al bello* **4.** in varie *loc.* con valore neutro o rafforzativo: *che c'è di bello?*, ci sono novità?; *adesso viene il bello*, il momento culminante ma anche il momento più difficile; *ci vuole del bello e del buono*, è necessaria molta fatica; *sul più bello*, nel momento culminante; *ha di bello che, c'è di bello che...*, il suo lato positivo è che... || *dim.* bellìno, bellùccio, bellòccio; *accr.* bellóne || **N. 1.** *Sin.* aggraziato, aitante, appariscente, armonioso, attraente, avvenente, ben fatto, carino, formoso, garbato, gentile, grazioso, leggiadro, magnifico, meraviglioso, piacevole, pittoresco, pulito, sontuoso, splendido, stupendo, superbo, vago, venusto, vezzoso, vistoso.

bellòcchio (pl. *-chi*) [lat. tardo *beloculus*; a. 1696] *sm. T.min.* gemma detta anche *occhio di gatto.*

bellòccio (pl. m. *-ci*, pl. f. *-ce*) [da *bello*; 1524] *agg.* alquanto bello, ma d'una bellezza grossolana e non raffinata: *ragazza belloccia.*

bellóna (*accr.* di *bella*) [1820] *agg.* e *sf.* di donna dalla bellezza appariscente ma poco raffinata.

bellospìrito (pl. *bègli spìriti*) [comp. di *bello* e *spirito*; a. 1556] *sm.* persona d'ingegno vivace, arguta e faceta || chi fa dello spirito fuori luogo || **N.** grazioso, lepido, spiritoso, MOTTEGGIATORE.

belluino [dal lat. *belluīnus*, proprio della belva; a. 1730] *agg.* di bestia feroce, di belva || *per estens.* disumano, feroce.

bellumóre (pl. *bègli umóri*) [comp. di *bello* e *umore*; a. 1609] *sm. raro* bellospirito.

bellùria [da *bello*; 1840] *sf.* **1.** *tosc. fam.* bellezza più apparente che sostanziosa **2.** *pl.* artificiosa eleganza nello scrivere.

bèlo [da *belare*; a. 1492] *sm. ant. lett.* belato: *brucava, e poi stradava con un belo* (Pascoli).

belodónte [comp. del gr. *bélos*, dardo e *-odonte*; 1940] *sm.* rettile fossile del Triassico superiore.

Beloniformi (sing. *-e*) [comp. del gr. *belónē*, ago e *-forme*; 1965] *sm. pl. T.zool.* ordine di pesci Teleostei marini dal corpo affusolato e pinne a raggi molli, tra cui l'agugliа.

belorùsso V. BIELORUSSO.

belpaése o **bel paése** [comp. di *bel(lo)* e *paese*; 1374] *sm. inv.* **1.** *per anton.* l'Italia: *nel bel paese è meglio nascere col bernoccolo del ladro che con quello dello scrittore* (Carducci) **2.** nome commerciale di un formaggio dolce, fabbricato in Brianza || **N. 2.** FORMAGGIO.

beltà [dal provenz. *beltat*; sec. XII] *sf. lett.* bellezza || *per estens.* donna di grande bellezza.

beltrésca [var. di *bertesca*; a. 1494] *sf. ant.* bertesca.

belùga [dal russo *belucha*; 1955] *sm. inv.* grosso cetaceo di colore bianco, munito di denti, diffuso nei mari polari, che viene cacciato per le carni e il grasso || **N.** *Sin.* delfino bianco.

bélva [lat. *bēl(l)ua*; 1319] *sf.* bestia feroce || *fig.* persona violenta e crudele: *il vecchio diventò una belva* (Brancati) || **N.** *Sin.* fiera, BESTIA | belluino.

belvedére (pl. *-re* o *-ri*) [comp. di *bel(lo)* e *vedere*; 1598] **I** *sm.* **1.** luogo elevato, dal quale si gode una bella vista: *la strada sul lago aveva vari belvederi* **2.** *T.mar.* vela quadra nell'albero di mezzana **3.** vettura ferroviaria o stradale con grandi vetrate per ammirare il paesaggio durante il viaggio **4.** *T.bot.* pianta delle Chenopodiacee con foglie verde chiaro che in autunno diventano rosse **II** *agg.* (sempre posposto) di luogo o vettura da cui si può godere il panorama: *carrozza belvedere* || **N. 1.** *Sin.* bella vista, osservatorio, punto panoramico, terrazzo.

belzebù [dal lat. eccl. *Beelzebul*, gr. *Beelzebóul*, nome di una divinità fenicia; 1313] *sm. inv.* nome con cui nel Nuovo Testamento è indicato il principe degli spiriti infernali || *scherz.* *andare da Belzebù*, andare all'inferno || **N.** DIAVOLO.

belzoino V. BENZOINO.

bèma [dal gr. *bêma*, tribuna; 1930 nel senso 2] *sm.* **1.** nell'antica Grecia, tribuna di pietra o di legno da cui parlavano i magistrati o gli oratori nelle rappresentazioni pubbliche **2.** *T.arch.* gradino rialzato che gira intorno all'abside della basilica cristiana; *per estens.* zona absidale sopraelevata riservata al clero officiante **3.** *T.mis.* presso i Greci antichi, unità di misura di lunghezza pari a m 0,74.

bemberg ® [dal n. della ditta ted. che per prima l'ha prodotta; 1955] *sm. inv. T.tess.* fibra tessile artificiale ottenuta dalla cellulosa e impiegata nella produzione di stoffe leggere: *calze di bemberg*; *ombrelli di bemberg.*

bemòlle [da *be*, ant. n. della nota musicale "si", e *molle* perché abbassa la nota; a. 1449] *sm. T.mus.* alterazione musicale che abbassa di un semitono la nota cui si riferisce || **N.** bequadro, diesis. **TAV. *musica* p. 1324 1.11c, 1.11d.**

bemollizzàre [da *bemolle*; 1826] *tr. T.mus.* abbassare una nota di un semitono; applicare un bemolle.

bemparlànte *s.* e *agg. raro* V. BENPARLANTE.

bempensànte *s. raro* V. BENPENSANTE.

bemportànte *agg. raro* V. BENPORTANTE.

benaccètto o **beneaccètto** [comp. di *ben(e)* e *accetto*; 1865] *agg.* gradito: *la tua presenza è benaccetta.*

benaffètto [comp. di *ben(e)* e *affetto*; a. 1613] *agg. raro* amato: *essere benaffetto a uno*, essere benvoluto || affezionato.

benallevàto [comp. di *ben(e)* e *allevato*; 1745] *sm.* (f. *-a*) *lett.* educato bene, cresciuto bene || **N.** *Sin.* compito, EDUCATO.

benalzàto [comp. di *ben(e)* e *alzato*; 1865] **I** saluto a chi si è da poco levato dal letto **II** *sm.*: *dare il benalzato.*

benamàto V. BENEAMATO.

benànche [comp. di *ben(e)* e *anche*; a. 1630] **I** *avv. raro* pure, persino **II** *cong. raro* anche se, ancorché.

benarrivàto [comp. di *ben(e)* e *arrivato*; a. 1628] **I** saluto a chi arriva: *oh, benarrivati, si accomodino!* || **II** *sm.* *dare il benarrivato*, salutare chi arriva || *essere il benarrivato*, essere gradito || **N.** bentornato, benvenuto, SALUTO.

benauguràto [comp. di *ben(e)* e *augurato*; 1688] *agg. lett.* di buon augurio, lieto, felice: *le benaugurate nozze, il benaugurato giorno della fine della scuola* || **N.** desiderato.

benavére o **ben avére** o **beneavére** [comp. di *bene* e *avere*; 1712] *intr.* (aus. *avere*) *raro* stare in pace, godere un po' di tranquillità, spec. nella loc. *non lasciare benavere qualcuno*, non lasciarlo in pace.

benché [comp. di *ben(e)* e *che*; 1321] *cong.* con valore avversativo e concessivo **1.** sebbene, quantunque (seguita da un congiuntivo): *benché fosse in ritardo riuscì a prendere il treno, benché stanco arrivò al rifugio prima di sera* **2.** *ant.* ma, tuttavia (seguita da indicativo): *aveva dodici anni o più / benché ell'era grande* (F. D'Ambra) **3.** talora con valore rafforzativo: *senza il benché minimo errore*, senza errori; *non manifestò la benché minima pietà*, nessuna pietà.

bencreàto [comp. di *bene* e *creato*; a. 1729] *agg. raro lett.* ben educato.

bènda [dal germ. *binda*; 1243] *sf.* **1.** fascia di garza o di stoffa per la fasciatura di ferite o fratture: *le sue bende erano rosse di sangue* || *benda elastica*, di tessuto elastico || *benda gessata*, utilizzata per le ingessature **2.** striscia di tela con cui si coprono gli occhi a qualcuno per impedirgli di vedere: *il condannato a morte rifiutò la benda* || *fig.* *aver la benda sugli occhi*, non accorgersi di ciò che accade || *fig.* *far cadere la benda dagli occhi*, accorgersi del vero aspetto delle cose **3.** *T.mar.* striscia di tela posta trasversalmente sulle vele per rinforzo nei punti di attacco **4.** *ant.* striscia di tessuto portata attorno al capo come simbolo di un ufficio o di una dignità: *bende sacerdotali* || *le sacre bende*, quelle portate dagli antichi sacerdoti e dalle monache || drappo, velo portato nel Medioevo dalle donne, di varia foggia e colore a seconda della condizione e della dignità: *bende vedovili* || *per estens.* striscia, banda di capelli: *due bende di capelli le cingevano la nuca.*

bendàggio (pl. *-gi*) [da *bendare*; 1905] *sm.* **1.** *T.med.* atto ed effetto del bendare || *concr.* bendatura, l'insieme delle bende **2.** *T.sport.* fasciatura protettiva delle mani dei pugili.

bendàre (pres. *bèndo*) [da *benda*; 1583] *tr.* **1.** coprire con bende, fasciare: *bendare una ferita* **2.** coprire gli occhi con una benda per impedire la vista: *bendarono i condannati* || *fig.* *bendare gli occhi a qualcuno*, confondergli le idee, impedirgli di capire || *rifl. indir. fig.* *bendarsi gli occhi*, non voler capire.

bendatùra [da *bendare*; a. 1342] *sf.* atto ed effetto del bendare || *concr.* fasciatura.

bendispósto o **ben dispósto** [comp. di *ben(e)* e *disposto*; 1829] *agg.* favorevole: *mi trovi bendisposto ad appoggiare la tua iniziativa.*

bendóne [da *benda*; a. 1400] *sm. T.eccl.* striscia che pende dalla mitria del vescovo.

bène[1] [da *bene*[2]; a. 1294] *sm.* **1.** principio ispiratore e normativo dell'etica: *perseguire il bene* || *il ben dell'intelletto*, il senno || *il sommo Bene*, Dio **2.** buona azione: *fare del bene*; *opera di bene*, azione caritatevole || *far bene a qualcosa o a qualcuno*, giovare || *a fin di bene*, con l'intenzione di essere d'aiuto **3.** utilità, vantaggio: *cerca solo il proprio bene, il bene pubblico* || *per il tuo bene*, nel tuo interesse || *non com.* *condurre a bene*, a buon fine **4.** affetto, amore: *volersi bene* || *volere un bene dell'anima*, amare molto || *l'amato bene*, la persona amata **5.** tranquillità, quiete: *non ho più un'ora di bene* **6.** *T.giur.* qualsiasi oggetto di proprietà: *beni immobili*, terreni e fabbricati; *beni mobili*, qualsiasi altro genere di proprietà; *beni demaniali*, di proprietà dello stato; *beni pubblici*, che appartengono all'intera comunità **7.** *in part. pl.* ricchezze, proprietà: *si è giocato tutti i suoi beni* || *ben di Dio*, abbondanza di cose o mezzi || *beni mondani*, piaceri terreni || *beni spirituali*, le doti interiori **8.** *T.econ.* ciò che soddisfa un bisogno: *beni di prima necessità*, indispensabili; *beni di consumo*, destinati all'utilizzo immediato (in contrapposizione a *beni capitali*); *beni complementari*, quelli che soddisfano nel modo migliore un dato bisogno solo se impiegati insieme (per es. caffè e zucchero, automobile e benzina ecc.) ‖ *beni (di) rifugio*, in periodi di inflazione elevata, quelli che conservano in modo durevole il loro valore ‖ **N. 1.** *Sin.* bontà, onestà, virtù **2.** *Sin.* aiuto, opera meritoria **3.** *Sin.* beneficio, utile **6.**, **7.** possedimento, proprietà. **Q.T.** *commercio..., diritto, economia...*

bène² [lat. *bene*; fine sec. XII] **I avv.** (in posizione proclitica si tronca in *ben*) **1.** in modo giusto, corretto: *comportarsi bene* **2.** in modo opportuno, soddisfacente: *gli affari vanno bene, questo vestito non mi va bene: è stretto* ‖ *far qualcosa bene*, con accuratezza **3.** compare in varie loc.: *star bene*, essere in buona salute; *non star troppo bene*, essere malato; *ben gli sta!, gli sta bene*, se lo merita; *va bene*, d'accordo; *questo non mi sta bene*, non sono d'accordo; *ben fatto, ben detto*, detto di cosa detta o fatta a proposito; *sentirci, vederci bene*, chiaramente; *trattar bene*, con cura; *passarsela bene*, vivere con agio; *guadagnar bene*, molto; *star bene a quattrini*, essere ricco; *vestir bene*, con eleganza; *parlar bene*, con proprietà di linguaggio; *mangiar bene*, cose gustose e piacevoli; *bene o male*, comunque vada; *pensarci bene*, riflettere con attenzione; *di bene in meglio*, sempre meglio **4.** usato come rafforzativo con il valore di *molto*: *sei ben stupido, lo hai pagato ben caro* **5.** antifrastico per *male*: *sei proprio ben messo* **II agg. inv.** che appartiene ai ceti sociali più elevati: *i salotti bene di Milano, la Torino bene* **III escl. 1.** per esprimere consenso ed approvazione: *bene, bravo!* **2.** usato per iniziare o concludere un discorso: *bene, oggi parleremo di..., bene, ci rivedremo domani* ‖ *dim.* benìno; *accr.* benóne; *compar.* meglio; *superl.* benìssimo, ottimaménte ‖ **N. I 1.** *Sin.* acconciamente, compiutamente, divinamente, magnificamente, meravigliosamente, perfettamente.

beneaccètto V. BENACCETTO.

beneamàto (meno com. *benamàto*) [comp. di *bene* e *amato*; 1612] **agg.** che è assai amato.

beneavére V. BENAVERE.

benedettìno [dal n. di San. *Benedetto*; 1706] **I agg.** di S. Benedetto o dell'ordine monastico da questi fondato: *convento benedettino* **II sm. 1.** monaco dell'ordine di S. Benedetto **2.** liquore d'erbe fabbricato in origine dai benedettini francesi ‖ **N. 1.** certosino.

benedétto [da *benedire*; 1233] **agg. 1.** di tutto ciò che ha ricevuto la benedizione ecclesiastica: *acqua benedetta, ulivo benedetto* ‖ *fig.* colmo di ogni bene, prospero, felice: *terra, clima benedetto* ‖ *aver le mani benedette*, essere molto abili nel fare qualcosa ‖ *antifr.* maledetto: *benedetti soldi! quando ti servono non li hai* **2.** consacrato, santo ‖ *fig. memoria benedetta*, di persona cara defunta **3.** desiderato, fausto: *il benedetto giorno del vostro ritorno* **4.** *fam.* per esprimere benevolo e indulgente rimprovero: *benedetto ragazzo, cosa hai combinato* ‖ **N.** *Contr.* maledetto.

benedicite (lat., pr. it. [bene'ditʃite]) [letter. benedite] **sm. inv.** benedizione che nei conventi si fa prima di mettersi a tavola ‖ formula di saluto tra monaci.

benedire (pres. *-ìco* ecc., come DIRE) [dal lat. *benedīcere*; fine sec. XIII] **tr. 1.** *T.eccl.* invocare da Dio protezione o bene per persone o cose: *benedire la folla, il cibo* ‖ *per estens.* consacrare con cerimonie religiose: *benedir la chiesa, una casa* ‖ proteggere, assistere: *Dio benedica le vostre fatiche* **2.** esaltare, lodare: *benedirò sempre il giorno che ti conobbi* ‖ esprimere gratitudine: *Dio ti benedica!, che tu sia benedetto!* ‖ *antifr. andare* o *mandare a farsi benedire*, andare o mandare alla malora, all'inferno ‖ **N. 1.** *Sin.* consacrare, dar la benedizione, lodare | *Contr.* maledire **2.** *Sin.* lodare | *Contr.* esecrare.

benedizionàle [da *benedizione*; 1913] **sm.** libro liturgico che raccoglie le formule rituali di benedizione.

benedizióne [dal lat. eccl. *benedictio, -ōnis*; 1224 ca. *benedictione*] **sf. 1.** in varie religioni, gesto rituale che persone investite di potere sacerdotale compiono per invocare il favore o la protezione divina: *la benedizione del raccolto* ‖ nella liturgia cattolica, sacramento compiuto facendo il segno della croce che procura santità e grazia: *impartire la benedizione* ‖ *benedizione apostolica*, quella del papa ‖ *per anton.* rito cattolico in cui i fratelli vengono benedetti con il S.S. Sacramento **2.** augurio, grazia, favore: *vi dò la mia benedizione* ‖ *concr.* ciò che procura gioia, che è fonte di bene: *i soldi sono la benedizione della vita* ‖ *antifr.* improperio: *mi ha coperto di benedizioni* ‖ **N.** dare, domandare, impartire, invocare, mandare, prendere | papale, paterna, santa, *urbi et orbi*. **Q.T.** *religione.*

beneducàto [comp. di *ben(e)* e *educato*; 1865] **agg.** che ha ricevuto una buona educazione ‖ *per estens.* di maniere garbate ‖ **N.** *Sin.* compito, educato, urbano.

benefattóre [dal lat. *benefactor, -ōris*; a. 1294] **sm.** (f. *-trìce*) chi fa del bene, chi esercita la beneficenza ‖ **N.** *Sin.* filantropo, patrono.

beneficàre (pres. *-èfico, -èfichi*) [dal lat. *beneficāre*; a. 1527] **tr.** fare del bene ad altri, aiutare: *chi benefica senza vantarsene ha il vero merito* ‖ **N.** far la carità, favorire, giovare.

beneficàto (*pps.* di *beneficare*) [a. 1405] **agg.** e **sm.** (f. *-a*) che, chi ha ricevuto benefici: *i beneficati dalla fortuna sono pochi.*

beneficatóre [da *beneficare*; a. 1294] **sm.** (f. *-trìce*) e **agg.** *lett.* chi, che benefica; chi, che fa un beneficio.

beneficènte [da *beneficenza*; a. 1565] **agg.** *raro* benefico.

beneficènza (non com. *beneficiènza*) [dal lat. *beneficentia*; 1300 ca.] **sf.** attività di aiuto e assistenza ai bisognosi: *fare della beneficenza, opera di beneficenza* ‖ *spettacolo di beneficenza*, i cui incassi vengono devoluti in opere di assistenza ‖ *fig. qui non si fa della beneficenza*, qui non si regala nulla ‖ *fig. non volere, non aspettarsi della beneficenza*, contare solo sulle proprie forze ‖ **N.** *Sin.* carità, elemosina, filantropia, oblazione, pubblica assistenza, soccorso, sussidio | colletta, raccolta | opera assistenziale, opera pia, pia istituzione.

beneficiàle [dal lat. tardo *beneficiālis*; 1540] **agg.** che riguarda un beneficio ecclesiastico.

beneficiàre (pres. *-ìcio*) [dal lat. tardo *beneficiāre*; a. 1292] **intr.** (aus. *avere*) trarre vantaggio: *l'imputato ha beneficiato dell'amnistia* ‖ **tr.** *raro ant.* beneficare: *beneficiare qualcuno di un lascito.*

beneficiàrio (pl. *-ri*) [dal lat. *beneficiārius*, che concerne un favore; 1598] **I agg. 1.** beneficiale **2.** di chi gode gli effetti di un negozio giuridico: *persona beneficiaria* **II sm.** (f. *-a*) **1.** chi è investito d'un beneficio ecclesiastico **2.** persona a favore della quale è emesso un titolo o effettuato un atto testamentario o assicurativo ‖ titolare di un beneficio ‖ *per estens. ant.* feudatario.

beneficiàta [da *beneficiare*; 1618] **sf.** *raro* **1.** spettacolo i cui incassi vanno ad uno degli artisti che vi partecipano **2.** *fig.* periodo particolarmente fortunato per una persona: *ha avuto un'incredibile beneficiata* **3.** nel gioco del lotto, polizza delle vincite possibili.

beneficiàto [da *beneficiare*; a. 1396] **I agg.** che ha ricevuto un beneficio **II sm.** (f. *-a*) **1.** *T.giur.* chi riceve un'eredità con beneficio d'inventario **2.** chi è investito di un beneficio ecclesiastico.

beneficiènza V. BENEFICENZA.

beneficio (pl. *-ci*) [dal lat. *beneficium*; a. 1294] **sm. 1.** qualsiasi atto in favore di altri: *ricevere dei benefici, concedere dei benefici* **2.** *per estens.* vantaggio, utilità, conforto: *da questo periodo di riposo ho tratto un grande beneficio* ‖ *beneficio di legge*, vantaggio, agevolazione prevista dalla legge ‖ *beneficio d'inventario*, possibilità che l'erede ha di accettare un'eredità a condizione che l'ammontare dei debiti non sia superiore all'ammontare dei beni; nel modo di dire *fig. con beneficio d'inventario*, con riserva **3.** *beneficio ecclesiastico*, insieme dei beni destinati al mantenimento del titolare di un ufficio sacro ‖ **N. 1.** *Sin.* aiuto, beneficenza, favore | *Contr.* danno **2.** *Sin.* giovamento, utile **3.** canonicato, cardinalato, commenda, prebenda, sinecura.

benèfico (pl. *-ci*) [dal lat. *beneficus*; a. 1550] **agg. 1.** che fa della beneficenza: *ente benefico* **2.** che reca beneficio: *pioggia benefica* ‖ *superl.* beneficentìssimo ‖ **N.** *Sin.* benefattore, beneficente, benemerito, caritatevole, filantropo, misericordioso, soccorrevole.

benefizio e der. forme disus. di BENEFICIO e der. (V.).

beneinformàto V. BENINFORMATO.

beneintenzionàto V. BENINTENZIONATO.

beneintéso V. BENINTESO.

benemerènte [dal lat. *benemerens, -entis*; sec. XVI] **agg.** *lett.* benemerito.

benemerènza [da *benemerente*; 1618] **sf.** merito acquisito in qualche campo o a favore di enti o comunità ‖ *attestato di benemerenza*, riconoscimento ufficiale di tale merito.

benemèrito [dal lat. *benemeritus*; a. 1484] **I agg.** che s'è acquistato merito col far del bene ad altri: *uomo benemerito della sua città* ‖ *l'arma benemerita* e ass. *sf. la Benemerita*, l'arma dei Carabinieri **II sm. 1.** (f. *-a*) chi ha delle benemerenze **2.** *ant.* benemerenza.

beneplàcito [dal lat. *beneplacitum*; 1308] **sm. 1.** consenso, approvazione: *col vostro beneplacito* **2.** volontà, arbitrio: *credi tu di poter agire a tuo beneplacito?* ‖ **N. 1.** *Sin.* assenso, benestare.

benèssere [comp. di *ben(e)* e *essere*; a. 1420] **sm. 1.** stato di buona salute, sia fisica che spirituale: *l'attività fisica procura benessere* **2.** agiatezza: *la diffusione del benessere negli anni '60* ‖ *società del benessere*, quella il cui scopo è una crescita costante del reddito nazionale, una equa distribuzione delle ricchezze, un aumento dei consumi ecc. ‖ **N. 1.** *Sin.* felicità, fortuna **2.** *Sin.* prosperità.

benestànte [comp. di *bene* e *stante*; a. 1547] **s.** e **agg.** chi o che ha un tenore di vita agiato: *è un benestante* ‖ **N.** *Sin.* facoltoso, AGIATO, RICCO.

benestàre [comp. di *bene* e *stare*; a. 1588] **sm. inv. 1.** autorizzazione ufficiale a compiere determinati atti: *ha ricevuto il benestare del ministero* **2.** *non com.* vita comoda e agiata: *gli è venuto a noia il benestare* ‖ **N. 1.** *Sin.* assenso, beneplacito, consenso, APPROVAZIONE.

benevolènte (ant. *benevogliènte*) [dal lat. *benevolens, -entis*; a. 1294] **agg.** *non com.* benevolo, ben disposto.

benevolènza (ant. *benevogliènza*) [dal lat. *benevolentia*; sec. XIII] **sf.** disposizione d'animo favorevole nei confronti di qualcuno: *dimostrare benevolenza con tutti, con i bambini* ‖ indulgenza, favore: *mi appello alla vostra benevolenza* ‖ **N.** *Sin.* affetto, amorevolezza, benignità, disponibilità | degnazione; paternalismo | *Contr.* malevolenza, ostilità.

benèvolo [dal lat. *benevolus*; a. 1294] **agg.** ben disposto, favorevole; indulgente: *critico benevolo, parole benevole* ‖ superl. *benevolentissimo* (come per *benevolente*) ‖ **benevolménte** **avv.** ‖ **N.** affabile, affettuoso, amorevole, bendisposto, benigno, indulgente, umano | *Contr.* malevolo.

benfàre [comp. di *ben(e)* e *fare*; 1427] **sm.** *raro lett.* l'operar bene; la rettitudine dell'animo e delle azioni ‖ **N.** *Contr.* malfare.

benfàtto o **ben fàtto** [comp. di *ben(e)* e *fat-*

to; a. 1444] **I** ***agg.*** **1.** fisicamente ben proporzionato: *quella ragazza è proprio ben fatta* **2.** realizzato bene, con cura: *un lavoro benfatto* **II** ***escl.*** usata per esprimere approvazione: *bravo, benfatto!* || **N. 1.** *Contr.* brutto, malfatto.

beng V. BANG.

bengàla (pl. *-i*, o *-a*) [dal n. geogr. *Bengala*, regione dell'India, dove s'impiegano fuochi colorati per segnale nella caccia della tigre; 1932] ***sm.*** **1.** fuoco d'artificio variamente colorato **2.** razzo per segnalazioni || candelotto luminoso munito di paracadute che ne rallenta la caduta, utilizzato per rendere visibile un'area di notte.

bengalése [dal n. geogr. *Bengala*; 1860 come sm.] **I** ***agg.*** proprio del, relativo al Bengala **II** ***s.*** **1.** abitante, nativo del Bengala **2.** *sm.* (solo *sing.*) lingua parlata nel Bengala.

bengàli [dal n. geogr. *Bengala*; 1905] ***sm.*** (solo *sing.*) lingua del Bengala derivata dal sanscrito, parlata nella regione del Bengala; anche *agg. inv.*: *lingua bengali*.

bengalìna [dal n. geogr. *Bengala*; 1927] ***sf.*** stoffa di seta o di lana, con trama cordonata, originaria del Bengala.

bengalìno [dal n. geogr. *Bengala*; 1797] ***sm.*** uccello dei Passeriformi con piumaggio variopinto e voce canora originario delle regioni tropicali africane, apprezzato in Europa come uccello da gabbia.

bengòdi [comp. di *ben(e)* e *god(ere)*; 1353] ***sm. inv.*** il paese di cuccagna, luogo immaginario in cui vi è abbondanza di ogni cosa || *per estens.* luogo in cui si mangia e si beve a sbafo.

beniamìno [dal n. proprio *Beniamino*, figlio prediletto di Giacobbe; 1751] ***sm.*** (f. *-a*) il figlio prediletto || *per estens.* chi gode di particolari privilegi rispetto ad altri di pari condizione || **N.** *Sin.* cocco, favorito, preferito.

benignàrsi (pres. *-ìgno*) [da *benigno*; 1812] ***intr. pron.*** *ant.* compiacersi || **N.** *Sin.* DEGNARSI.

benignità [dal lat. *benignitas, -ātis*; a. 1292] ***sf.*** disposizione alla benevolenza, all'indulgenza: *la benignità del sovrano* || *fig.* mitezza: *la benignità del cielo, del clima* || **N.** *Sin.* affabilità, amorevolezza, bontà, clemenza, cortesia, dolcezza, indulgenza, liberalità, mitezza, umanità, BENEVOLENZA | degnazione | *Contr.* malanimo, malignità.

benigno [dal lat. *benignus*; 1250] ***agg.*** **1.** ben disposto, cortese, affabile: *uno sguardo benigno* **2.** clemente, indulgente: *un giudice benigno* || favorevole: *sorte benigna* || detto di malattia, non grave: *febbre benigna* || *tumore benigno*, che non produce metastasi || **benignaménte** ***avv.*** || **N. 1.** *Sin.* affettuoso, amorevole **2.** *Sin.* benevolo, liberale | *Contr.* mal disposto, maligno.

beninformàto o **beneinformàto** [comp. di *bene* e *informato*; 1983] ***agg.*** e ***sm.*** (f. *-a*) che, chi ha informazioni attendibili e di prima mano: *fonte solitamente beninformata*.

benintenzionàto o **ben intenzionàto** (meno com. *beneintenzionàto*) [comp. di *ben(e)* e *intenzionato*; 1889] ***agg.*** che ha buone intenzioni || che è favorevolmente disposto: *il giudice pare benintenzionato nei nostri confronti* || **N.** *Contr.* malintenzionato.

benintéso (meno com. *beneintéso*) [comp. di *ben(e)* e *inteso*, sul modello del fr. *bien entendu*; 1681] **I** ***avv.*** certamente, naturalmente, con uso rafforzativo: *passerai da me domani, beninteso* **II** ***loc. cong.*** *beninteso che*, purché: *partiremo, beninteso che tutti siano d'accordo* **III** ***agg.*** *raro* opportuno, adeguato: *un beninteso senso di fierezza*.

bènna [lat. tardo *benna*, carretta gallica a quattro ruote; 1930] ***sf.*** **1.** presa meccanica applicata a una gru per il sollevamento, il trasporto e la rimozione di materiali quali ghiaia, sabbia, terriccio **2.** tenaglia di grandi dimensioni usata dai palombari per il recupero di oggetti sul fondo marino **3.** *tosc.* carretta di vimini usata in alcune zone montuose della Toscana || **N. 3.** *Sin.* treggia. **TAV. *edilizia* p. 666** 2.3, 3.

bennàto [comp. di *ben(e)* e *nato*; 1313] ***agg.*** *lett.* nato da buona famiglia || *per estens.* civile, educato: *animo bennato, persona bennata* || **N.** *Sin.* educato, urbano | *Contr.* malnato.

benparlànte [comp. di *ben(e)* e *parlante*; 1952] ***s.*** e *raro* ***agg.*** chi, che parla correttamente la propria lingua || *per estens.* *raro* chi, che parla con facondia e scioltezza.

benpensànte [comp. di *ben(e)* e *pensante*, sul modello del fr. *bien pensant*; 1865] ***s.*** chi si adegua al comportamento sociale, morale e politico della maggioranza || spesso con senso negativo, conservatore, tradizionalista.

benpensantìṣmo [da *benpensante*; 1984] ***sm.*** atteggiamento conservatore e tradizionalista proprio dei benpensanti.

benportànte [comp. di *ben(e)* e *portante*, sul modello del fr. *bien portant*; a. 1698] ***agg.*** florido, che è in buona salute; che porta bene i suoi anni.

benservìto [comp. di *ben(e)* e *servito*; a. 1600] ***sm.*** attestato che si rilascia ad un dipendente nel momento della cessazione del rapporto di lavoro per certificarne il lodevole servizio || *eufem.* *dare il benservito a uno*, licenziarlo, trattarlo come si merita.

bensì [comp. di *ben(e)* e *sì*; 1667] **I** ***cong.*** **1.** contrapposto ad una frase negativa precedente assume valore avversativo, anzi, invece: *non bisogna rinunciare, bensì insistere* || unito a *ma* assume valore rafforzativo: *non devi solo affrettarti ma bensì correre* **2.** *raro* tuttavia, sebbene: *partirò bensì a malincuore* **II** ***avv.*** *lett.* sì certo, certamente: *l'odio non cape in cor di padre, il credi; / ma il sospetto bensì* (Monti).

bènthos o **bèntos** [dal gr. *bénthos*, abisso (del mare); 1930] ***sm.*** *T.biol.* complesso delle alghe e dei microrganismi marini che vivono sul fondo, a grandi profondità.

bentònico (pl. *-ci*) [da *bentos*; 1930] ***agg.*** *T.biol.* che fa parte del bentos: *organismi bentonici*.

bentonìte [dall'ingl. *bentonite*, dal n. geogr. *Fort Benton* dove esistono vari giacimenti di questa roccia; 1942] ***sf.*** *T.min.* argilla di origine vulcanica largamente usata nell'industria per le sue proprietà adsorbenti ed assorbenti.

bentornàto o **ben tornàto** [comp. di *ben(e)* e *tornato*; a. 1604] **I** saluto a chi torna dopo una lunga assenza: *bentornato amico mio!* **II** ***sm.*** (f. *-a*) **1.** chi ritornando in un luogo è ospite gradito: *siate i bentornati in casa mia* **2.** saluto augurale: *dare il bentornato* || **N.** *Sin.* benarrivato, benvenuto.

bèntos V. BENTHOS.

bentòsto o **ben tòsto** [comp. di *ben(e)* e *tosto*, subito; 1581] ***avv.*** *lett.* subito, ben presto.

bentrovàto [comp. di *bene* e *trovato*; 1865] **I** *raro* saluto rivolto a chi si rivede dopo lungo tempo, usato spec. come risposta a *bentornato* e a *benvenuto*: *bentornato dalle vacanze! Grazie, bentrovato* **II** ***sm.*** *raro*: *dare il bentrovato*.

benvedùto [comp. di *ben(e)* e *veduto*; 1613] ***agg.*** *non com.* veduto di buon occhio, amato: *è tanto buono ch'è benveduto da tutti* || **N.** accetto, benvisto, simpatico | *Contr.* inviso, malvisto.

benvenùto [comp. di *ben(e)* e *venuto*; 1353] **I** saluto a chi arriva: *benvenuto a casa mia* **II** ***sm.*** (f. *-a*) persona che viene ben accolta: *siate i benvenuti* || saluto augurale: *dare il benvenuto a qualcuno*.

benvìsto o **ben visto** [comp. di *bene* e *visto*; 1772] ***agg.*** visto di buon occhio, che gode del rispetto e della stima di altri: *è benvisto da tutti!*

benvolére (*dif.*, usato solo all'inf. e al pps. *benvolùto*) [comp. di *ben(e)* e *volere*; 1438] **I** ***tr.*** provare affetto, simpatia || *farsi benvolere da qualcuno*, conquistarne la stima || *prendere a benvolere qualcuno*, affezionarsi **II** ***sm.*** (solo *sing.*) *raro* affetto, stima.

benẓaldèide [comp. di *benz(o)-* e *aldeide*; 1950] ***sf.*** *T.chim.* aldeide benzoica, composto organico che si presenta come un liquido oleoso, incolore, fortemente aromatico; trova applicazioni in profumeria, nella preparazione di resine sintetiche e derivati.

benẓedrìna [etim. inc.; 1967] ***sf.*** *T.med.* composto organico che agisce sul sistema nervoso centrale come stimolante ed eccitante || **N.** *Sin.* anfetamina.

benẓène [comp. di *benz(o)-* e *-ene*; 1907] ***sm.*** *T.chim.* benzolo.

benẓènico (pl. *-ci*) [da *benzene*; 1930] ***agg.*** *T.chim.* relativo al benzene, proprio del benzene; ricavato dal benzene: *anello benzenico, serie benzenica* || detto di composto aromatico che presenta un anello benzenico.

benẓìna [comp. di *benz(o)-* e *-ina*; 1865] ***sf.*** liquido incolore, d'odore acuto, volatile, infiammabile, costituito da una miscela d'idrocarburi, ottenuto per distillazione dal petrolio grezzo e impiegato come carburante nei motori a scoppio e come solvente o smacchiatore || *benzina super*, ad alto numero di ottani || *benzina verde*, senza piombo || *benzina avio*, per motori di aerei || *pompa della benzina*, macchina per la distribuzione della benzina || *fare benzina*, rifornire l'auto || *fig. fam.* *rimanere senza benzina*, essere privo di energia. **TAV. *automobile* p. 658** 5.

benẓinàio (pl. *-ài*) [da *benzina*; 1955] ***sm.*** (f. *-a*) chi lavora in un distributore di benzina.

benẓinàro [da *benzina*; 1959] ***sm.*** (f. *-a*) *rom.* benzinaio.

benẓoè [dal lat. mediev. *benzoe*, della stessa orig. di *benzoino*; 1905] ***sm.*** benzoino.

benẓòico (pl. *-ci*) [comp. di *benz(o)-* e *-oico*; 1795] ***agg.*** di composto contenente il radicale benzoile o da questo derivato || *acido benzoico*, acido organico cristallino utilizzato nella fabbricazione di profumi, conservanti ecc.

benẓoilazióne [da *benzoile*; 1955] ***sf.*** *T.chim.* reazione chimica mediante la quale si introduce il radicale benzoile nella molecola di un composto organico.

benẓoìle [comp. di *benzo(ico)* e *-ile*; 1913] ***sm.*** *T.chim.* radicale aromatico monovalente derivato dall'acido benzoico.

benẓoìno (ant. *belgioìno* o *belzoìno*) [dall'ar. *lubān Giāwī*, letter. incenso di Giava; 1550 *belgioino, belzoino*] ***sm.*** **1.** pianta indonesiana delle Lauracee con foglie ovali, fiori a grappoli di colore gialloverde || balsamo che si ricava dalla resina di tale pianta usato in profumeria e in medicina **2.** *T.chim.* composto aromatico ottenuto per condensazione della benzaldeide.

benẓolìṣmo [da *benzolo*; 1950] ***sm.*** *T.med.* intossicazione causata da vapori di benzolo.

benẓòlo [comp. di *benz(o)-* e *-olo*[3]; 1865] ***sm.*** idrocarburo liquido aromatico ottenuto dal carbon fossile e dal petrolio, utilizzato come solvente e nella preparazione di vari prodotti chimici.

benẓopirène [comp. di *benzo-* e *pirene*; 1965] ***sm.*** *T.chim.* idrocarburo aromatico contenuto nel catrame di carbon fossile, con potente azione cancerogena.

bèola [dal n. geogr. *Beola*, in Val d'Ossola; 1905] ***sf.*** *T.min.* varietà di gneiss molto resistente agli agenti atmosferici, facilmente riducibile in lastre e utilizzata nell'edilizia per scalini, tetti e pavimentazioni.

beóne (non com. *bevóne*) [da *bevone*, da *bevere*, bere; 1535 ca.] ***sm.*** (f. *-a*) chi ha il vizio di bere, ubriacone || **N.** *Contr.* astemio.

beòta [dal lat. *Boeotus*, gr. *Boiōtós*; 1723] **I** ***s.*** abitante della Beozia || *fig.* persona stupida, tarda d'ingegno **II** ***agg.*** stupido, idiota:

sguardo beota.

bequàdro [da *be*, ant. n. della nota mus. si e *quadro*, perché rappresentato con la parte destra quadrata; a. 1573] **sm.** *T.mus.* segno musicale che posto davanti ad una nota ne annulla l'alterazione in diesis o in bemolle. **TAV.** ***musica* p. 1324** 1.11e, 1.11f.

Berberidàcee o **Berberidèe** [dal lat. scient. *Berberidaceae*; 1865] **sf. pl.** *T.bot.* famiglia di piante dicotiledoni, legnose, con fiori disposti a grappoli e frutti a bacca.

bèrbero[1] [dal gr. *bàrbaros*, barbaro, attr. l'ar. *al-Barbar*; 1860] **I agg.** **1.** relativo alla Barberia, regione storica dell'Africa settentrionale **2.** relativo a una popolazione dell'Africa settentrionale di pelle bianco-bruna, di origine camitica, islamizzata dalla conquista araba nel Medioevo **3.** di cavallo purosangue arabo da corsa **4.** *raro* barbaresco: *i pirati berberi* **II sm.** **1.** (f. *-a*) abitante, nativo della Barberia **2.** (f. *-a*) chi appartiene alla popolazione berbera **3.** cavallo berbero **4.** (solo *sing.*) lingua del gruppo camitico parlata dai Berberi.

bèrbero[2] [dall'ar. *barbāris*, attr. lo sp. *berberis*; a. 1320] **sm.** *T.bot.* arbusto delle Berberidacee con fiori a grappoli gialli e bacche rosse ‖ **N.** *Sin.* crespino.

bèrbice [dal lat. tardo *berbīx, -īcis*; metà sec. XIII] **sf.** *ant.* pecora, agnello.

berceau (fr., pr. [bɛr'so]) [in orig. culla; 1850] **sm.** *inv.* pergolato.

berceuse (fr., pr. [bɛr'søːz]) [letter. cullatrice; 1905] **sf.** *inv. T.mus.* composizione musicale ispirata alla ninnananna.

berchèlio V. BERKELIO.

berciàre (pres. *bèrcio*) [etim. inc.; 1863] **intr.** (aus. *avere*) *tosc.* urlare sguaiatamente: *senti come bercia* ‖ **N.** *Sin.* urlare, GRIDARE.

bèrcio (pl. *-ci*) [da *berciare*; 1865] **sm.** *tosc.* urlo sgarbato: *i berci dei funamboli* (D'Annunzio) ‖ **N.** GRIDO, SGUAIATAGGINE.

berciόne [da *berciare*; 1939] **sm.** (f. *-a*) *tosc.* chi bercia spesso.

bére (pres. *bévo, bévi, béve*; imp. *bevévo*; p.rem. *bévvi* o *bevètti, bevésti, bévve* o *bevètte, bevémmo, bevéste, bévvero* o *bevèttero*; fut. *berrò* o ant. *beverò, berrài* o ant. *beverài, berrà* o ant. *beverà, berrémo* o ant. *beverémo, berréte* o ant. *beveréte, berrànno* o ant. *beverànno*; pps. *bevùto*) [forma sincopata di *bevere*; 1282] **I tr.** **1.** ingerire un liquido: *bere acqua, birra, vino* ‖ *bere alla bottiglia, a collo, a fiasco*, senza il bicchiere ‖ *bere a garganella*, facendo cadere il liquido in bocca senza toccare con le labbra il recipiente ‖ *bere a centellini*, a piccoli sorsi ‖ *bere un uovo*, sorbirlo da un buco praticato nel guscio ‖ *fig. bere il sangue di qualcuno*, sfruttarlo ‖ *o bere o affogare*, detto in situazione senza vie d'uscita ‖ *fig. bere il calice sino alla feccia*, sopportare fino in fondo con rassegnazione **2.** *fig.* credere ingenuamente: *ha bevuto tutto ciò che gli ho raccontato* ‖ *darla a bere*, ingannare ‖ *lett. fig.* osservare, ascoltare con grande attenzione: *beveva avidamente le sue parole, se la beveva con gli occhi* **3.** *fam.* nel gioco del biliardo, perdere punti: *ha bevuto 6 punti* **4.** *ass.* ingerire sostanze alcoliche: *bevo per dimenticare* ‖ *bere come una spugna*, moltissimo ‖ *bere un bicchiere di troppo*, ubriacarsi ‖ *bere alla salute, berci sopra*, brindare **5.** *ass.* assorbire: *è un terreno che beve moltissimo* **6.** *fam.* consumare benzina in modo eccessivo: *la mia auto beve troppo* ‖ **rifl. intens.**: *bersi una bibita*, consumarla ‖ *fig. bersi il cervello*, comportarsi in modo irrazionale ‖ *fig. bersi lo stipendio*, spenderlo tutto in alcolici ‖ *fig. pop. bersi un avversario*, batterlo con facilità **II sm.** (solo *sing.*) abitudine a consumare alcolici: *ha il vizio del bere* ‖ ciò che si beve: *spende molto per il bere e il mangiare* ‖ **N.** **1.** *Sin.* inghiottire, mandare giù, sorbire, sorseggiare, tracannare, trincare; degustare **4.** *Sin.* alzare il gomito, avvinazzarsi, sborniarsi **6.** *Sin.* consumare. **Q.T.** *alimentazione, enologia.*

berecìnzio (pl. *-zi*) [dal lat. *Berecynthius*; a. 1804] **agg.** *lett.* dei Berecinti, frigio.

berettìno V. BERRETTINO[1].

bergamàsca [dal n. geogr. *Bergamo*; 1618] **sf.** *T.mus.* antica canzone a ballo popolare originaria della città di Bergamo ‖ *per estens.* qualsiasi brano musicale che ad essa si ispiri.

bergamàsco (pl. *-schi*) [dal n. geogr. *Bergamo*; 1313] **I agg.** di Bergamo **II sm.** **1.** (f. *-a*) abitante, nativo di Bergamo **2.** (solo *sing.*) dialetto parlato a Bergamo.

bergamìna [dal n. delle Prealpi di *Bergamo*, da dove le vacche scendevano stagionalmente in pianura; a. 1861] **sf.** **1.** mucca da latte allevata spec. in Lombardia **2.** allevamento di bovini da latte.

bergamìno [da *bergamina*; 1955] **sm.** (f. *-a*) imprenditore zootecnico della pianura lombarda che alleva bovini da latte.

bergamòtta [da *bergamotto*; 1554 ca.] **agg.** e **sf.** detto di varietà di pera dal profumo di cedro, morbida e sugosa, che matura in ottobre.

bergamòtto [dal turco *beg-armūdî*, il pero (*armūdî*) del signore (*beg*); a. 1565] **sm.** **1.** varietà di pero che produce frutti dal profumo di cedro **2.** albero delle Rutacee, con fiori bianchi profumati e frutto simile ad una piccola arancia, dalla cui buccia si estrae un'essenza usata in profumeria e nella fabbricazione di liquori ‖ il frutto non commestibile di tale albero e l'essenza che se ne ricava.

bergère (fr., pr. [bɛr'ʒɛːr]) [propr. f. di pastore; 1931] **sf.** *inv.* poltrona larga, profonda e comodamente imbottita.

bèrgolo[1] [da un disus. *bergolare*, chiacchierare; 1353] **sm.** *non com. ant.* chiacchierone, sciocco.

bèrgolo[2] [da un disus. *berga*, argine; a. 1320] **sm.** *non com.* cesta di vimini; gabbione di vimini riempito di sassi, usato come rinforzo di argini fluviali.

beribèri o **bèri-bèri** [da *biri-biri*, voce indigena malese; 1828] **sm.** *inv.* malattia causata da carenza di vitamina B e derivante da un'alimentazione quasi esclusivamente a base di riso brillato.

Bericifórmi (sing. *-e*) [comp. del lat. scient. *beryx, berycis*, n. del genere e *-forme*; 1965] **sm.** *pl. T.zool.* ordine di pesci ossei diffusi presso le coste tropicali, caratterizzati da occhi grandi e colori vivaci.

berìllio [da *berillo*; 1919] **sm.** *T.chim.* metallo raro, leggero, di color grigio chiaro, estratto per elettrolisi dai sali di berillio; ha proprietà simili a quelle dell'alluminio e viene impiegato nella tecnologia nucleare come moderatore di neutroni ‖ elemento chimico bivalente detto anche *glucinio*, per il sapore dolciastro dei suoi sali.

berìllo [dal lat. *beryllus*, gr. *bḗryllos*; sec. XIV] **sm.** minerale silicato di berillio e alluminio, le cui varietà verde (*smeraldo*) o azzurrognola (*acquamarina*) sono pietre preziose.

beriòlo [dal sett. *beveròlo*; 1865 *beriuolo*] **sm.** abbeveratoio nelle gabbie di uccelli, beverino.

berkèlio o **berchèlio** [dall'ingl. *berkelium*, dal n. della città americana di *Berkeley* dove l'elemento fu isolato; 1963] **sm.** *T.chim.* minerale ottenuto artificialmente bombardando con particelle alfa l'americio.

berlèffe [dal fr. ant. *belefre*; a. 1708] **sm.** *ant.* sberleffo.

berlìcche o **berlòcche** [voce espressiva; a. 1850] **sm.** *inv. ant. scherz.* il diavolo ‖ *loc. tosc.*: *far berlicche e berlocche*, cambiar le parole, non mantenere la promessa; *rimanere come berlicche*, scornato.

berlìna[1] [etim. inc.; a. 1484] **sf.** **1.** antica pena consistente nell'esporre il condannato in un luogo pubblico, di solito su un palco, con un cartello indicante il delitto commesso **2.** *fig.* scherno, derisione ‖ *mettere in* (o *alla*) *berlina*, esporre al pubblico ludibrio **3.** gioco di società in cui un giocatore deve indovinare chi tra gli altri giocatori è l'autore dei giudizi sul suo conto che gli vengono via via presentati.

berlìna[2] [dal fr. *berline*, perché costruita a Berlino; a. 1735] **sf.** **1.** carrozza di gala a quattro posti **2.** forma della carrozzeria di automobili, chiusa, a due o quattro porte ‖ *per meton.* automobile del tipo descritto **3.** piccolo vagone usato nelle miniere per il trasporto del carbone ‖ *dim.* berlinétta. **TAV.** ***automobile* p. 659** 7; ***carri...* p. 664** 6.

berlìnga [dal fr. *brelingue*, in orig. moneta per giocare; 1842] **sf.** antica moneta d'argento milanese coniata nel XVI e XVII secolo.

berlingàccio (pl. *-ci*) [dal disus. *berlengo*, tavola per mangiare; sec. XIV] **sm.** *tosc.* ultimo giovedì di carnevale, giovedì grasso.

berlingàre (pres. *-ìngo, -ìnghi*) [dal disus. *berlengo*, tavola per mangiare; a. 1375] **intr.** (aus. *avere*) *ant.* cianciare, spettegolare.

berlingòzzo [forse in rapporto con *berlingaccio*; a. 1484] **sm.** *tosc.* specie di ciambella di farina, uova, zucchero croccante fuori, morbida dentro.

berlòc **sm.** *raro* V. BERLOCCHE.

berlòcca [dal fr. *berloque, breloque*, rullo di tamburo che segnala l'ora del rancio; 1955] **sf.** ora del pranzo e del riposo di mezzogiorno per gli operai e i marinai dei cantieri navali.

berlòcche V. BERLICCHE.

bèrma [dall'olandese *berm*, argine, attr. il fr. *berme*; 1955] **sf.** *T.edil.* gradino in calcestruzzo costruito ai piedi di una muratura per evitare l'erosione del terreno e il conseguente slittamento.

bermùda [dall'ingl. *bermudas*, per *Bermuda shorts*, dal n. delle isole Bermude, dove l'indumento è abitualmente indossato; 1952] **sm.** *pl.* calzoni maschili e femminili di tela, lunghi fino al ginocchio.

bermudiàna[1] [dall'ingl. *bermudian*, proprio delle isole Bermude; 1955] **sf.** *T.mar.* tipo di attrezzatura velica costituita da una vela triangolare per imbarcazioni da diporto.

bermudiàna[2] [dall'ingl. *bermudian*, proprio delle isole Bermude; 1813] **sf.** *T.bot.* albero delle Cupressacee simile al ginepro con fiori azzurri e legno bianco.

bernardìno [dal n. proprio *Bernardo* di Chiaravalle; 1955] **I agg.** relativo all'ordine religioso fondato da Bernardo di Chiaravalle **II sm.** monaco che fa capo a tale ordine.

bernàrdo l'eremìta [dal fr. *bernard-l'ermite*, perché aderisce ad una conchiglia vuota; 1779] **sm.** paguro.

bernècche [di orig. onom.; 1865] voce espressiva usata solo nelle loc. *tosc.* *essere in bernecche*, essere ubriaco; *andare in bernecche*, ubriacarsi.

berneggiàre (pres. *-éggio*) [dal n. del poeta Francesco *Berni*; a. 1565 *bernieggiare*] **intr.** (aus. *avere*) *lett. non com.* scrivere alla maniera burlesca del Berni.

bernésco (pl. *-schi*) [dal n. del poeta Francesco *Berni*; 1627] **agg.** alla maniera del Berni, poeta burlesco del sec. XVI ‖ *per estens.* scherzoso, giocoso.

bèrnia [dallo sp. *bernia*; a. 1543] **sf.** *ant.* sorta di mantello da donna particolarmente sontuoso in uso nel Rinascimento.

bernòccolo [etim. inc.; 1573] **sm.** piccola protuberanza sulla testa, naturale o prodotta da un colpo ‖ *per estens.* piccola sporgenza su qualunque superficie ‖ *avere il bernoccolo della fisica, dell'esploratore* ecc., avere naturale disposizione per qualcosa ‖ **N.** *Sin.* bozza, gonfiore, BITORZOLO; attitudine, inclinazione.

bernoccolùto [da *bernoccolo*; 1605] **agg.** che ha bernoccoli; che è pieno di bernoccoli.

berrétta [lat. *birrus*, mantello con cappuccio, attr. il provenz. ant. *berret*; 1288] **sf.** **1.** copricapo di varia forma e materiale || *berretta da prete*, a croce, a tre spicchi || *berretta da notte*, berrettino di tela o di maglia ben aderente al capo || *far di berretta, cavarsi la berretta*, salutare scoprendosi il capo **2.** *T.bot.* *berretta del prete*, pianta delle Celastracee con fiori di colore giallo e frutti rossi quadrangolari simili alla berretta da prete || **N.** **1.** basco, berretto, calotta, camauro, cappuccio, colbacco, corno ducale, cuffia, fez, galero, papalina, pileo, reticella, scuffiotto, tocco, zucchetto. **TAV.** *chiesa* 2.23.

berrettàio (pl. *-ài*) [da *berretta*; seconda metà sec. XV] **sm.** (f. *-a*) *raro* chi fa o vende berretti || **N.** *Sin.* CAPPELLAIO.

berretteria [da *berretta*; 1865] **sf.** *raro* negozio dove si vendono berretti.

berrettificio (pl. *-ci*) [comp. di *berretto* e *-ficio*; 1942] **sm.** fabbrica di berretti.

berrettinàio (pl. *-ài*) [da *berretta*; 1865] **sm.** (f. *-a*) *raro* berrettaio.

berrettino[1] (raro *berettìno*) [prob. dall'ar. *bāruti*, dal n. della polvere da sparo *bārūd*; 1340 ca.] **agg.** **1.** *ant.* grigio, cinereo || del colore azzurro cinereo tipico delle maioliche rinascimentali di Faenza **2.** *raro fig.* malizioso, perfido.

berrettino[2] (*dim.* di *berretto*) [a. 1494] **sm.** piccolo berretto, spec. da bambino.

berrétto [lat. *birrus*, mantello con cappuccio, attr. il provenz. ant. *berret*; a. 1571] **sm.** copricapo di varia forma e materiale gen. privo di falde: *berretto da baseball* || *berretto goliardico*, usato dagli studenti universitari, di vario colore a seconda delle facoltà || *berretto frigio*, a corno ritorto, simbolo della libertà durante la Rivoluzione Francese || *levarsi il berretto*, salutare con rispetto. **Q.T.** *copricapi*.

berrovière [dal fr. ant. *berruier*; 1312] **sm.** *ant.* sbirro, sgherro.

bersagliàre (pres. *-àglio*) [da *bersaglio*; 1598] **tr.** **1.** colpire un bersaglio: *le artiglierie bersagliavano il nemico* **2.** colpire ripetutamente: *lo hanno bersagliato di palle di neve* || *fig.* perseguitare: *è bersagliato dalla sfortuna* || **N.** **2.** *Sin.* colpire, molestare, prender di mira, TORMENTARE.

bersaglière [da *bersaglio*; 1863] **sm.** soldato di un corpo speciale di fanteria, istituito nel 1836, molto agile, impiegato per gli spostamenti celeri e per le azioni d'impeto || *fig.* (anche f. *-a*) persona energica e vitale: *da come cammina pare un bersagliere* || *loc. avv.* o *agg. fig.* *alla bersagliera*, al modo dei bersaglieri, con coraggio e spavalderia; con disinvoltura, senza andare troppo per il sottile: *è un'organizzazione un po' alla bersagliera* || *passo alla bersagliera*, di corsa, agile || *cappello alla bersagliera*, con piume di gallo nere svolazzanti.

bersaglierésco (pl. *-schi*) [da *bersagliere*; 1941] **agg.** da bersagliere: *passo bersaglieresco* || *per estens.* impetuoso, gagliardo, spavaldo, disinvolto: *piglio bersaglieresco* || **bersaglierescaménte** **avv.** spavaldamente.

bersàglio (pl. *-gli*) [dal fr. ant. *bersail*; 1321] **sm.** **1.** luogo, oggetto o segno che si intende colpire e verso cui si dirige il tiro: *bersaglio mobile, facile, difficile; colpire, mancare il bersaglio* || nel pugilato, *bersaglio grosso*, il torace **2.** *per estens.* obiettivo, meta prefissata: *colpire il bersaglio*, raggiungere i propri scopi || *fig.* persona ripetutamente colpita da critiche, scherzi e sim.: *essere il bersaglio della sfortuna*, essere molto sfortunato; *prendere qualcuno a bersaglio, fare qualcuno bersaglio delle proprie critiche* **3.** *T.elettron.* superficie colpita dagli elettroni emessi da un tubo a raggi X **4.** *T.fis.* in una reazione atomica o nucleare, l'elemento che è inizialmente immobile **5.** *ant.* zuffa || **N.** **1.** barilozzo, campo di tiro, disco, *stand*, tiro a segno **2.** *Sin.* mira, scopo.

bersò [dal fr. *berceau*; 1850] **sm.** *inv.* pergolato a cupola.

bèrta[1] [dal n. proprio *Berta*; 1521] **sf.** *ant.* burla, beffa || *dar la berta a qualcuno*, sbeffeggiarlo.

bèrta[2] [etim. inc.; 1688] **sf.** maglio, macchina battipali.

bèrta[3] [dal n. proprio *Berta*; 1829] **sf.** **1.** nome comune di vari uccelli dei Procellariformi **2.** *region.* gazza.

bèrta[4] [dal fr. *berthe*; 1913] **sf.** pettorina di merletto o piccolo scialle.

bèrta[5] [dal n. delle officine tedesche di *Bertha* Krupp; 1918] **sf.** cannone a lunghissima gittata usato nella prima guerra mondiale dai tedeschi || *gerg.* rivoltella.

bertabèllo V. BERTOVELLO.

berteggiàre (pres. *-éggio*) [da *berta*[1]; 1525] **tr.** *lett.* burlare, beffare.

berteggiatóre [da *berteggiare*; a. 1311] **sm.** (f. *-trice*) *raro* chi berteggia.

bertésca (o T.mil. ant. *bertrésca* o *beltrésca*) [lat. mediev. *brittisca*; 1312] **sf.** **1.** *T.mil.* riparo mobile posto tra le merlature di una fortificazione || torretta di legno munita di feritoie, collocata in cima alle fortificazioni **2.** *ant.* impalcatura **3.** *T.cacc.* osservatorio con feritoie per osservare il volo degli uccelli.

bertibèllo V. BERTOVELLO.

bertòccio (pl. *-ci*) [da *vertecchio*, con cambio di suff.; 1820] **sm.** *T.mar.* sfera di legno duro, forata lungo il diametro, utilizzata per facilitare la legatura dei pennoni.

bertòldo [dal n. proprio *Bertoldo*, noto personaggio di un racconto di G.C. Croce; a. 1827] **sm.** uomo rozzo ma astuto.

bertóne [etim. inc.; a. 1533] **sm.** *ant.* **1.** cavallo con le orecchie mozze **2.** magnaccia.

bertovèllo o **bertuèllo** o **bertabèllo** o **bertibèllo** [lat. volg. **vertibellum*, class. *vertibulum*, giuntura; 1451 *martavelli*] **sm.** **1.** nassa a vari scomparti **2.** rete a imbuto per catturare gli uccelli **3.** *fig. tosc.* imbroglio, impiccio.

bertùccia (pl. *-ce*) [dal n. proprio *Berta*; a. 1313] **sf.** **1.** scimmia dei Catarrini diffusa in Africa settentrionale priva di coda, con pelame folto grigio scuro **2.** *fig.* persona brutta, petulante e dispettosa.

bertuccióne (*accr.* di *bertuccia*) [a. 1400] **sm.** **1.** scimmione **2.** *fig.* uomo brutto.

bertuèllo V. BERTOVELLO.

bèrza [forse dal medio alto ted. *Versen*, tallone; 1313] **sf.** *ant.* calcagno: *ahi, come facean lor levar le berze!* (Dante).

berzamìno o **berzemìno** V. BARZEMINO.

bes [dal lat. *bēs*, due terzi; 1961] **sm.** *T.fis.* unità di misura del chilogrammo-massa.

besciamèlla (pop. *balsamèlla*) [dal fr. (*sauce à la*) *Béchamel*, dal n. proprio L. de *Béchamel*, buongustaio fr.; 1790] **sf.** salsa cotta, a base di farina, latte e burro, usata spec. come guarnizione di piatti cucinati al forno.

bèsso [etim. inc.; 1353] **agg.** *ant. tosc.* sciocco, balordo; i fiorentini lo dicevano per ingiuria ai senesi.

bestémmia [dal lat. eccl. *blasphēmia*, gr. *blasphēmía*; a. 1292] **sf.** **1.** parola o espressione ingiuriosa rivolta alla divinità, ai suoi simboli e a tutto ciò che in una religione è oggetto di culto: *lanciare, proferire bestemmie* **2.** *per estens.* espressione gravemente ingiuriosa nei confronti di cose o persone degne di rispetto: *parlar male dei genitori è una bestemmia* || imprecazione, maledizione: *quel lavoro gli fa tirare tante bestemmie* **3.** *per estens.* assurdità, sproposito: *esporre in questo modo i principi della relatività è una bestemmia* || **N.** **2.** *Sin.* imprecazione, maledizione, moccolo, sagrato | abominevole, da far oscurare il sole, ereticale, orrenda, sacrilega.

bestemmiàre (pres. *-émmio*) [dal lat. eccl. *blasphemāre*, gr. *blasphēmêin*; sec. XIII *biastemare*] **tr.** **1.** offendere la divinità e tutto ciò che è oggetto di culto con espressioni ingiuriose: *bestemmiare Dio e la Madonna* **2.** imprecare, maledire: *bestemmiare la sorte* **3.** *bestemmiare una lingua*, parlarla molto male **4.** *ass.* dir bestemmie: *bestemmiare come un turco, un facchino, un ossesso, uno scaricatore*, spesso || **N.** **1.** *Sin.* sagrare, tirar bestemmie, tirar moccoli, vomitar eresie **2.** *Sin.* imprecare, maledire.

bestemmiatóre [da *bestemmiare*; a. 1342] **agg.** e **sm.** (f. *-trice*) che o chi bestemmia || **N.** *Sin.* bestemmione, blasfemo, bocca sacrilega.

bestemmióne [da *bestemmia*; 1865] **sm.** (f. *-a*) *pop.* bestemmiatore.

béstia [lat. *bestia*; 1282 *besti* f. pl.] **sf.** **1.** nome generico degli animali, eccettuato l'uomo || *bestie da soma, da tiro*, che servono a portar carichi, a tirar carri || *bestie da lavoro*, che servono a lavorare la terra || *bestie da macello*, che si mantengono per essere macellate || in modi di dire *fig.*: *lavorare, sudare, faticare come una bestia*, moltissimo; *vivere come una bestia*, in modo animalesco; *andare in bestia*, adirarsi; *essere la bestia nera di qualcuno*, essere temuto, essere lo spauracchio di qualcuno || col significato di *cosa*, compare in loc. del tipo: *brutta bestia l'invidia, che bestia è?* **2.** *fig.* persona rozza, brutale e ignorante: *sei una bestia!, quando si arrabbia diventa una bestia* || *bestia rara*, persona fuori dal comune **3.** *fam. scherz.* stola di pelliccia: *per uscire oggi mi metto le bestie* **4.** *T.gioc.* gioco di carte d'azzardo || *dim.* bestiòla, bestiolìna, bestiùccia; *accr.* bestióne; *spreg.* bestiàccia || **N.** **1.** *Sin.* animale, bruto; belva, fiera, selvaggina.

bestiàio (pl. *-ài*) [dal lat. *bestiarius*; a. 1779] **sm.** (f. *-a*) *raro* chi ha cura del bestiame: *un bestiaio della Maremma* (D'Annunzio) || **N.** mandriano.

bestiàle [dal lat. eccl. *bestialis*; a. 1294] **agg.** **1.** proprio delle bestie, da bestie: *istinti bestiali, comportamento bestiale* **2.** *fig.* crudele, brutale: *violenza bestiale* **3.** *fam.* enorme, spropositato: *caldo bestiale* || **bestialménte** **avv.**

bestialità [da *bestiale*; 1321 *bestialitade*] **sf.** **1.** l'essere bestiale, qualità di chi o di ciò che è bestiale **2.** *fig.* sproposito, sciocchezza: *non dire bestialità*.

bestiàme [da *bestia*; sec. XIV] **sm.** l'insieme degli animali domestici allevati per i lavori agricoli, per la lana, per le carni ecc. || *bestiame grosso*, buoi, vacche || *bestiame minuto*, pecore, capre || **N.** *Sin.* branco, gregge, mandria, ARMENTO | abbeverare, allevare, ammassare, governare, ingrassare, pascere, pascolare, pasturare.

bestiàrio[1] (pl. *-ri*) [dal lat. *bestiārius*; a. 1729] **sm.** *T.stor.* nell'antica Roma, gladiatore che lottava con le fiere || *per estens.* guardiano di bestie feroci.

bestiàrio[2] (pl. *-ri*) [dal lat. *bestiarius*; 1914] **sm.** **1.** opera didascalica medievale in cui vengono descritte, spesso con intenti allegorizzanti, le qualità di bestie reali o fantastiche **2.** decorazione architettonica in uso nel Medioevo raffigurante animali || **N.** **1.** erbario, lapidario.

bestióne (*accr.* di *bestia*) [1353] **sm.** (f. *-a*) *fig.* persona robusta, rozza e ignorante.

best-seller (ingl., pr. [ˌbestˈselə]; pr. it. [best ˈseller]) [letter. il migliore che si vende; 1950] **sm.** *inv.* (anche pl. *bestsellers*, pr. [ˌbestˈseləz]) libro, disco o film che per un certo periodo risulta il più venduto: *i best-seller della settimana* || **s.** *per meton.* autore o autrice di un libro fra i più venduti.

bestsellerista [da *best seller*; 1973] **s.** *non com.* autore di *best-seller*.

bèta [dal gr. *bêta*, lettura della lettera β; 1913] **I** **s.** *inv.* **1.** nome della seconda lettera dell'alfabeto greco **2.** *T.astr.* stella che in una costellazione è seconda nella scala di luminosità: *beta Centauri* **II** ***agg.*** *inv. T.fis. raggi beta* o *particelle beta*, elettroni emessi dal nucleo durante la disintegrazione degli elementi radioattivi.

betaìna [dal lat. *bēta*, bietola; 1930] ***sf.*** *T.chim.* sostanza basica isolata nel 1866 da Scheibler dalle melasse della barbabietola.

Bètamax ® [nome commerciale] **I** ***sm.*** sistema particolare di registrazione e di lettura di videocassette, oggi quasi in disuso **II** ***agg.*** relativo a tale sistema: *sistema, videocassetta Betamax.*

betatróne [dall'ingl. *betatron*; 1948] ***sm.*** *T.fis.* acceleratore per elettroni che sfrutta l'induzione elettromagnetica.

bètel [dal port. *bét(e)le*; 1508 *betella*] ***sm.*** *inv.* **1.** pianta rampicante aromatica delle Piperacee, originaria dell'India **2.** bolo da masticare con effetti stupefacenti in uso nel continente indiano costituito da noce di areca, calce viva, aromi vari ed avvolto in una foglia di betel.

bètilo [dal lat. *bǣtulus*, gr. *báitylos*; 1930] ***sm.*** *T.archeol.* pietra sacra in uso presso le religioni del Vicino Oriente, spec. Siria e Asia Minore, come oggetto di venerazione o come contrassegno della sacralità di certi luoghi.

béton (fr., pr. [be'tɔ̃]) [orig. fango, poi bitume; 1905] ***sm.*** *inv.* calcestruzzo.

betonàggio (pl. *-gi*) [dal fr. *betonnage*; 1962] ***sm.*** insieme di operazioni necessarie alla preparazione dei conglomerati di cemento. **TAV. *edilizia* p. 666** 7.

betònica V. BETTONICA.

betonièra [dal fr. *bétonnière*; 1927] ***sf.*** macchina per impastare il calcestruzzo. **TAV. *edilizia* p. 666** 7.5.

betonìsta [da *beton*; 1969] ***s.*** *T.edil.* addetto alla preparazione del calcestruzzo.

bétta [forse dal lat. volg. **vēcta*; 1602] ***sf.*** *T.mar.* piccola nave ausiliaria adibita al trasporto di materiale.

bètta [forse dal giavanese *bettah*, guerriero; 1930] ***sf.*** pesce d'acqua dolce dei Perciformi di piccole dimensioni vivacemente colorato, il cui maschio è noto per la sua aggressività || **N.** *Sin.* combattente del Siam, pesce combattente.

béttola [etim. inc.; 1478 *betula*] ***sf.*** osteria malfamata e sordida || *discorsi, costumi da bettole*, indecenti, triviali || *dim.* bettolétta, bettolìno || **N.** taverna, OSTERIA.

bettolànte [da *bettola*; 1598] ***s.*** *non com.* chi frequenta le bettole || bettoliere, oste.

bettolière [da *bettola*; 1585] ***sm.*** (f. *-a*) chi gestisce una bettola || **N.** *Sin.* taverniere, OSTE.

bettolìna [da *betta*, attr. *bettola*; 1937] ***sf.*** *T.mar.* grossa chiatta con cui nei porti si trasportano materiali e munizioni per il rifornimento delle navi || **N.** chiatta.

bettolìno (*dim.* di *bettola*) [1923] ***sm.*** *non com.* spaccio di bevande in caserma, carceri e stazioni ferroviarie.

bettònica o **betònica** [lat. *vettonica*; sec. XIV *bethonega*] ***sf.*** pianta delle Labiate assai diffusa con fiori rosa riuniti in spighe cui venivano attribuite numerose proprietà medicinali || nei modi di dire *fig.*: *avere più virtù della bettonica*, avere molte qualità; *essere come la bettonica*, essere dappertutto; *esser più noto e famoso della bettonica*, di persona conosciuta da tutti.

Betulàcee [comp. del lat. *betula*, betulla e *-acee*; 1910] ***sf. pl.*** *T.bot.* famiglia di piante dicotiledoni con foglie alterne, fiori disposti in amenti e frutto a noce.

betùlla [lat. *betula*; 1561] ***sf.*** pianta delle Betulacee alta 10-15 metri, con corteccia bianco-argentea, liscia, sfogliantesi, rami rossobruni sottili e pendenti; foglie ovate aguzze e seghettate, diffusa in montagna e nel nord dell'Europa.

bèuta [etim. oscura; 1935] ***sf.*** *T.chim.* recipiente di vetro a forma di tronco di cono, resistente al calore.

béva [da *bevere*; 1625] ***sf.*** *lett.* **1.** gusto di un vino: *questo grignolino ha una beva deliziosa* || momento in cui il vino è buono da bere **2.** *spreg. raro* bevanda.

bevàce [lat. *bibax, -ācis*; a. 1893] ***agg.*** *raro lett.* che assorbe con facilità: *la bevace creta* (D'Annunzio).

bevacità [da *bevace*; 1599] ***sf.*** *raro lett.* qualità di ciò che è bevace.

bevànda [lat. *bibenda*; sec. XIV] ***sf.*** qualunque liquido da bere: *bevanda alcolica, gassata* ecc. **Q.T.** *alimentazione, enologia.*

bevatróne [dall'ingl. *bevatron*; 1950] ***sm.*** *T.fis.* sincrotrone capace di accelerare i protoni sino a dieci miliardi di elettronvolt.

bevazzàre [da *bevere*; 1881] ***intr.*** (aus. *avere*) *raro* sbevazzare.

beveràggio (pl. *-gi*) [dal fr. ant. *bevrage*; 1306] ***sm.*** **1.** beverone che si dà alle bestie || *per estens.* pozione velenosa || *fam. scherz.* bevanda: *ecco i beveraggi* **2.** *raro* mancia.

beveràre (pres. *bévero*) [da *bevere*; a. 1494] ***tr.*** *raro* abbeverare: *Brescia leonessa d'Italia, beverata del sangue nemico* (Carducci).

beveratóio (pl. *-ói*) [da *beverare*; a. 1647] ***sm.*** *raro* abbeveratoio.

bévere (pres. *bévo* ecc., come BERE, ma al fut. *beverò*) [lat. *bibere*; sec. X] ***tr.*** *ant. raro* bere.

beveréccio (pl. m. *-ci*, pl. f. *-ce*) [da *bevere*; a. 1604] ***agg.*** *non com.* gradevole a bere || **N.** *Sin.* bevibile, potabile.

beverèllo [da *bevere*; 1951] ***sm.*** beverino.

beverìa [dal provenz. ant. *beveria*; a. 1294] ***sf.*** *ant.* sbevazzamento, ubriacamento.

beverìno [da *bevere*; 1803] ***sm.*** abbeveratoio che si tiene nelle gabbie per far bere gli uccelli || **N.** *Sin.* beriolo.

bévero o **bìvero** [lat. *bibrum*; 1313] ***sm.*** *ant.* castoro: *fra li Tedeschi lurchi / lo bivero s'assetta a far sua guerra* (Dante).

beveróne [da *bevere*; sec. XIV nel senso 3] ***sm.*** **1.** bevanda composta di acqua, farina e crusca che si dà alle bestie **2.** bevanda abbondante ed insipida **3.** pozione medicamentosa **4.** *fig.* discorso, scritto prolisso e inconcludente || **N.** **1.** *Sin.* beveraggio.

bevìbile [da *bevere*; 1750] ***agg.*** che si può bere || **N.** *Sin.* bevereccio, potabile.

bevicchiàre (pres. *-ìcchio, -ìcchi*) [da *bevere*; 1598 *bevacchiare*] ***tr.*** *non com.* bere a piccoli sorsi e ad intervalli || ***intr.*** (aus. *avere*) bere spesso.

bevitóre [lat. tardo *bibitor, -ōris*; sec. XIII *bevatore*] ***sm.*** (f. *-trìce*, e ant. *-tóra*) chi beve e più com. chi beve abitualmente alcolici: *è un buon bevitore* || *non essere un gran bevitore*, non bere molto o non sopportare bene gli alcolici. **Q.T.** *alimentazione.*

bevóne V. BEONE.

bevucchiàre (pres. *-ùcchio, -ùcchi*) [da *bevere*; 1881] ***tr.*** e ***intr.*** (aus. *avere*) bevicchiare.

bevùta [da *bevere*; 1639] ***sf.*** **1.** atto del bere || ciò che si beve in una volta **2.** riunione di amici accompagnata da abbondanti libagioni: *vediamoci per una bevuta* **3.** nel gioco del biliardo, *fare una bevuta*, perdere punti per un tiro malriuscito.

bevùto [da *bevere*; 1919] ***agg.*** *fam.* ubriaco, alticcio, sbronzo.

bey (turco, pr. [bɛi]) [dal turco *bey*, capo; 1765] ***sm.*** *inv. T.stor.* governatore di una provincia dell'impero ottomano || *gen.* nel mondo islamico, persona che riveste un incarico politico-amministrativo.

bezzicàre (pres. *bézzico, bézzichi*) [da *beccare*, con influsso di *pizzicare*; a. 1400] ***tr.*** *raro* beccare con rapidità || *fig.* offendere con parole pungenti || ***rec.*** bisticciare || **N.** *Sin.* BECCARE; OFFENDERE.

bezzicàta [da *bezzicare*; 1325] ***sf.*** colpo di becco || *fig.* motto, parola pungente || **N.** *Sin.* beccata.

bezzicatùra [da *bezzicare*; 1829] ***sf.*** *raro* l'atto e l'effetto del bezzicare || segno prodotto dal bezzicare; *fig.* offesa.

bèzzo [dallo svizzero-ted. *Bätze*; 1545] ***sm.*** nome di una antica moneta veneziana || *pl. region. ven.* denaro: *è un uomo che ha molti bezzi.*

bi [lettura della lettera *b*] ***sf.*** (meno com. *sm.*) *inv.* nome della lettera *b* (v.).

bi- [dal lat. *bi-*, da *bis*, due volte] ***primo elem.*** **1.** in parole composte dotte, vale "due", "due volte", "doppio", "composto di due" (per es. *bicamerale, bisettimanale*) **2.** nella terminologia chimica è usato nelle denominazioni di composti che presentano due atomi, due molecole o due radicali uguali (per es. *bifenile*) || in chimica è usato anche nelle denominazioni di sali inorganici, dove caratterizza i sali acidi (per es. *bicarbonato, bisolfato*) || **N.** **1.** *Sin.* bis- **2.** *Sin.* bis-, di-.

biàcca [dal long. *blaich*, pallido; a. 1313] ***sf.*** **1.** carbonato di piombo o di zinco, colorante bianco, usato come base per le vernici **2.** *ant.* belletto.

biàcco (pl. *-chi*) [forse dal long. *blaich*; a. 1525] ***sm.*** serpente dei Colubridi, di color giallastro scuro, non velenoso, diffuso in Europa e nell'Asia occidentale: *irto di cardi e stridulo di biacchi* (Pascoli) || *fig. tosc.* uomo senza coraggio: *fugge come un biacco.*

biàda [lat. mediev. *blāda*; 1282] ***sf.*** **1.** nome generico di tutti i cereali usati come foraggio per le bestie || *in part.* avena coltivata **2.** *lett. pl.* messi || **N.** **1.** avena, fava, orzo, grano, saggina, veccia; cereali, foraggio, legumi | abbiadare.

biadaiòlo [da *biada*; 1285] ***sm.*** (f. *-a*) *raro* chi vende le biade.

biadàre (pres. *-àdo*) [da *biada*; 1779] ***tr.*** *tosc.* dar la biada alle bestie.

biadétto [da *biado*; a. 1406] **I** ***agg.*** *raro* azzurrognolo **II** ***sm.*** pigmento azzurrognolo usato nella pittura a olio o ad acquarello.

biàdo [dal fr. ant. *blau*; 1940] ***sm.*** *ant.* biavo.

biànca [da *bianco*; 1829 nel senso 2] ***sf.*** **1.** il primo sonno dei bachi da seta: *dormono la bianca* (o *la bianchina*) **2.** *T.tip.* faccia del foglio che viene stampata per prima || **N.** **2.** *Contr.* VOLTA.

biancàna [da *bianco*; 1779] ***sf.*** formazione argillosa tondeggiante di color biancastro diffusa nelle zone di Siena e Volterra: *quelle morte biancane* (D'Annunzio) || **N.** *Sin.* creta.

biancàre [da *bianco*; 1539] ***tr.*** *ant.* imbiancare.

biancàstro [da *bianco*; a. 1698] ***agg.*** che tende al bianco, bianchiccio.

biancheggiaménto [da *biancheggiare*; a. 1934] ***sm.*** l'atto e l'effetto del biancheggiare.

biancheggiàre (pres. *-éggio*) [da *bianco*; 1313] ***intr.*** (aus. *avere*) **1.** apparir bianco: *il cielo biancheggia* **2.** esser canuto: *gli cominciano a biancheggiare i capelli* || ***tr.*** dipingere di bianco: *biancheggiare le pareti* || lumeggiare un dipinto || **N.** **1.** *Sin.* bianchire, imbianchire, sbiancare, spumeggiare.

biancherìa [da *bianco*; sec. XIV *biancherie*] ***sf.*** denominazione di tutti i panni e gli indumenti, bianchi o colorati, che servono per gli usi personali e della casa: *biancheria intima, da tavola, da letto, da cucina, per uomo, per signora* || **N.** lingeria, telerie | asciugamano, camicia, fazzoletto, federa, lenzuoli, mutande, pagliaccetto, pigiama, sottana, strofinaccio, tovaglia, tovaglioli | di bucato, pulita, sporca o sudicia | inamidare, lavare, piegare, sciorinare, sgualcire, stendere, stirare | cucitrice, guardarobiera, lavandaia, stiratrice | corredo, BUCATO. **Q.T.**

abbigliamento.

biancherìsta [da *biancheria*; 1962] **sf.** operaia specializzata nella confezione o nel ricamo di biancheria.

bianchétto [da *bianco*; sec. XV] **sm.** **1.** sostanza colorante bianca, coprente, usata per colorare o sbiancare: *dare il bianchetto alle scarpe, al bucato, rifinire col bianchetto una parete* **2.** liquido per la correzione di dattiloscritti o manoscritti, di color bianco, coprente: *a causa dei ripensamenti consumavo moltissimo bianchetto per le correzioni* **3.** *ant.* belletto **4.** *pl.* avannotti di acciughe e sardine, che, incolori e trasparenti, una volta cotti assumono un colore biancastro **5.** bicchiere di vino bianco ‖ **N.** 4. *Sin.* biancomangiare, gianchetti; minutaglia.

bianchézza [da *bianco*; 1308] **sf.** l'esser bianco, qualità di ciò che è bianco ‖ **N.** *Sin.* biancore, candidezza, candore | albore, canizie, pallore.

bianchìccio (pl. m. *-ci*, pl. f. *-ce*) [da *bianco*; 1436] **agg.** che tende al bianco ‖ **N.** albicante, biancastro, biancume.

bianchiménto [da *bianchire*; a. 1571 nel senso 2] **sm.** **1.** atto ed effetto del bianchire **2.** *T.oref.* procedimento di pulizia dei metalli preziosi per mezzo di una soluzione di acido solforico e acqua.

bianchìno (*dim.* di *bianco*) [1970] **sm.** bicchiere di vino bianco: *andiamo al bar a berci un bianchino?*.

bianchìre (pres. *-ìsco, -ìsci*) [da *bianco*; a. 1321] **tr.** **1.** far diventar bianco, spec. rif. al sale e allo zucchero **2.** pulire i metalli preziosi con una soluzione di acqua e acido solforico **3.** *tosc.* bollire rapidamente, scottare: *bianchire il pesce* ‖ **intr.** (aus. *essere*) *raro* divenire o sembrare bianco.

biancicàre (pres. *biàncico, biàncichi*) [da *bianco*; sec. XIV] **intr.** (aus. *avere*) *ant. lett.* biancheggiare ‖ albeggiare.

biancicóre [da *biancicare*; a. 1913] **sm.** *lett.* biancore.

biànco (pl. *-chi*) [dal germ. *blank*; sec. XII *blancho*] **I agg.** **1.** del colore che risulta dalla sintesi dei sette colori dell'iride e che appare all'occhio del colore del latte o della neve: *una parete bianca, un muro bianco* ‖ *per estens.* detto di qualsiasi oggetto di colore chiaro in opposizione a uno scuro: *razza bianca, pane, vino bianco, capelli bianchi* ‖ *fig. far venire i capelli bianchi*, procurare dispiaceri e seccature ‖ *fig. diventar bianco*, impallidire vistosamente **2.** pulito, candido: *lenzuola bianche, camice bianco* ‖ non marcato da segni di scrittura: *foglio bianco* ‖ *scheda bianca*, in una votazione, scheda senza preferenza ‖ *avere, dare, concedere carta bianca*, piena libertà di azione **3.** controrivoluzionario, legittimista: *russo bianco* ‖ *terrore bianco*, rappresaglie monarchiche compiute in Francia nei primi tempi della Restaurazione ‖ detto di associazione o gruppo di ispirazione cristiana: *lega bianca* **4.** *T.stor.* nell'epoca comunale, nome di varie fazioni cittadine: *guelfi bianchi* **5.** in numerose loc. assume significati diversi: *arma bianca*, da punta e da taglio; *carbone bianco*, energia idroelettrica; *mosca bianca*, cosa o persona rarissima; *globuli bianchi*, leucociti; *notte bianca*, insonne; *pl. notti bianche*, nell'Europa settentrionale, quelle in cui solo per poco tempo il sole scompare sotto la linea dell'orizzonte; *bandiera bianca*, in segno di resa; *calor bianco*, temperatura elevatissima; *matrimonio bianco*, non consumato; *libro bianco*, raccolta pubblicata di documenti riservati; *voce bianca*, di bambino o di cantore evirato; *arte bianca*, quella del fornaio; *vedove bianche*, le mogli degli immigrati rimaste nei paesi d'origine; *omicidio bianco*, morte sul lavoro causata da mancanza di adeguate misure di sicurezza; *sciopero bianco*, forma di agitazione in cui ci si reca sul posto di lavoro ma ci si astiene da qualsiasi prestazione ‖ relativo alla neve e agli sport invernali: *il circo bianco; lo sport bianco*, lo sci; *settimana bianca*, periodo di ferie trascorso in montagna dedicandosi agli sport della neve **II sm.** **1.** il color bianco: *il bianco accecante della neve* ‖ in espr. *fig.*: *non distinguere il bianco dal nero*, non capire nulla; *prendere il bianco per il nero*, fare confusione; *far vedere il bianco per il nero*, dare ad intendere una cosa per l'altra; *di punto in bianco*, all'improvviso ‖ *in bianco e nero*, in pittura e nella tecnica televisiva e cinematografica, di immagini riprodotte non a colori **2.** parte bianca di qualcosa: *il bianco dell'occhio, dell'uovo* **3.** sostanza o composto che colora di bianco: *bianco di zinco* ‖ *dare il bianco*, pitturare un ambiente, una parete **4.** persona di pelle chiara appartenente alla razza caucasoide: *la tratta delle bianche* **5.** russo controrivoluzionario **6.** *T.stor.* nell'epoca comunale, appartenente ad una fazione bianca: *i bianchi di Firenze* **7.** vino bianco: *un bicchiere di bianco* **8.** nel gioco degli scacchi, giocatore che muove i pezzi bianchi: *il bianco muove e vince in tre mosse* **9.** *T.num.* moneta argentata **10.** in varie loc. indica un foglio di carta non scritto o comunque in parte non marcato da disegni: *mettere nero su bianco*, mettere per iscritto o, *fig.*, chiarire; *consegnare un compito in bianco*, senza averlo eseguito; *firmare in bianco*, apporre la propria firma su qualcosa di cui non si conosce il contenuto; *bianco tipografico*, parte della composizione di stampa priva di caratteri **11.** assume significati diversi nelle seguenti loc.: *notte in bianco*, insonne; *andare in bianco*, mancare la realizzazione di un obiettivo spec. riferito ad un'avventura galante; *T.cuc. carne in bianco*, lessata; *mangiare in bianco*, senza spezie o condimenti elaborati ‖ **N.** I **1.** alabastrino, albicante, argenteo, biancastro, bianchiccio, bigio, candido, canuto, eburneo, incandescente, latteo, lattescente, marmoreo, nitido, niveo, pallido, pulito | avorio, biacca, giglio, latte, neve | canizie, pallore | imbiancare, imbianchire, sbiancare, scialbare.

biancoazzùrro [comp. di *bianco* e *azzurro*; 1950] **agg.** di colore bianco con sfumature o con strisce azzurre; *in part.* detto della maglia di squadre sportive.

biancocelèste [comp. di *bianco* e *celeste*, i colori della maglia; 1940] **I agg.** e **sm.** *T.sport.* che, chi gioca nella squadra di calcio della Lazio **II agg.** tifoso o simpatizzante di tale squadra di calcio.

biancomangiàre [dal fr. *blanc-manger*, comp. di *blanc*, bianco e *manger*, mangiare; a. 1546] **sm.** **1.** dolce a base di mandorle e latte **2.** nell'antica cucina italiana, budino di pollo e latte **3.** *merid.* pietanza a base di bianchetti fritti.

bianconàto [da *bianco*; 1955] **agg.** *grano bianconato*, grano duro colpito da bianconatura.

bianconatùra [da *bianco*; 1955] **sf.** malattia del grano duro che provoca delle macchie bianche sui chicchi ‖ **N.** *Sin.* cintatura.

biancóne [da *bianco*; 1827] **sm.** rapace diurno dei Falconiformi di colore bruno sul dorso, bianco sul petto, con lunghe ali, testa grossa ed appiattita, che si nutre in prevalenza di serpenti.

bianconéro [comp. di *bianco* e *nero*, colori della maglia della squadra; 1940] **I agg.** e **sm.** (f. *-a*) che, chi gioca nella squadra di calcio torinese della Juventus **II agg.** di tifoso o simpatizzante di tale squadra di calcio.

biancóre [da *bianco*; 1340 ca.] **sm.** bianchezza, candore: *il biancore del guanciale* (D'Annunzio) ‖ *per estens.* luce diffusa: *il candore dell'alba.*

biancorùsso [comp. di *bianco* e *russo*; 1955] **agg.** e **sm.** (f. *-a*) bielorusso.

biancoségno [comp. di *bianco* e *segno*, sul modello del fr. *blanc-seign*; 1863] **sm.** *T.giur.* scrittura privata firmata in bianco e riempita in seguito da una persona di fiducia delle parti, secondo la bisogna o secondo accordi preventivamente presi.

biancospìno (pl. *biancospìni*) [comp. di *bianco* e *spino*; sec. XIV] **sm.** pianta spinosa delle Rosacee, comune nei boschi e nelle siepi, che fa fiori bianchi e piccoli, molto odorosi, raccolti in corimbi ‖ **N.** *Sin.* ossiacanta.

biancostàto [comp. di *bian(co)* e *costato*; 1965] **sm.** *T.mac. region. lomb.* spuntatura di maiale e di bue. **TAV.** *alimentazione* 3.12.

biancovestito [comp. di *bianco* e *vestito*; 1319 ca.] **agg.** *lett.* vestito di bianco.

biancùme [da *bianco*; fine sec. XIV] **sm.** *raro* complesso di cose bianche, gen. usato in senso *spreg.*

biàscia (pl. *-sce*) [da *biasciare*; a. 1887] **sf.** *tosc.* bava, saliva.

biasciaménto [da *biascicare*; 1965] **sm.** *non com.* biascicamento.

biasciàre (pres. *biàscio*) [lat. volg. *blassiāre*; sec. XIII *biassiar*] **tr.** biascicare.

biascicaménto [da *biascicare*; sec. XIV] **sm.** il biascicare.

biascicapaternòstri [comp. di *biascica(re)* e *paternostro*; 1887] **s.** *raro* persona bigotta, bacchettone.

biascicàre (pres. *-àscico, -àscichi*) [da *biasciare*; a. 1400] **tr.** **1.** masticare a lungo e lentamente, come chi mangia svogliatamente o non ha denti ‖ *per estens.* mangiar svogliatamente **2.** più com. *fig.* pronunciare male le parole storpiandole: *biascicar le parole, le preghiere* ‖ *biascicare un po' di inglese*, parlarlo alla meglio.

biascicatùra [da *biascicare*; 1920] **sf.** il biascicare e ciò che si biascica.

biascicóne [da *biascicare*; 1865] **sm.** (f. *-a*) chi biascica molto.

biascicòtto o **biasciòtto** [da *biascicare*; 1887] **sm.** *tosc. non com.* boccone biascicato e sputato.

biașimàbile [da *biasimare*; sec. XIV] **agg.** biasimevole.

biașimàre (pres. *-àșimo*) [dal lat. volg. **blastimare*, attr. il provenz. *blasmar* e il fr. ant. *blesmer*; a. 1272] **tr.** disapprovare, condannare ‖ **intr. pron.** *ant.* lamentarsi ‖ **N. tr.** *Sin.* censurare, condannare, criticare, deplorare, dir male, disapprovare, rimproverare, riprendere, riprovare, stigmatizzare.

biașimatóre [da *biasimare*; a. 1292] **agg.** e **sm.** (f. *-trice*) *raro* che o chi biasima.

biașimévole [da *biasimare*; a. 1292] **agg.** che merita di essere biasimato ‖ **biașimevolménte** **avv.** ‖ **N.** *Sin.* biasimabile, censurabile, condannabile, criticabile, deplorevole, indegno, reprensibile, riprovevole | *Contr.* lodevole.

biàșimo [da *biasimare*; sec. XIII *blasmo*] **sm.** critica severa, disapprovazione: *le sue proposte hanno incontrato il biasimo di tutti* ‖ *nota di biasimo*, lieve sanzione disciplinare in cui possono incorrere studenti, impiegati ecc. ‖ **N.** *Sin.* accusa, censura, critica, detrazione, disapprovazione, reprensione, rimprovero, riprovazione, staffilata | *Contr.* lode.

biastèma e der. forme arc. di BESTEMMIA e der. (v.).

biathlon [comp. di *bi-* e del gr. *âthlon*, gara, lotta; 1983] **sm.** *T.sport.* gara degli sport invernali comprendente un percorso di sci di fondo e tiri con carabina.

biatòmico (pl. *-ci*) [comp. di *bi* e di un der. di *atomo*; 1962] **agg.** *T.chim.* di molecola costituita da due atomi.

biauricolàre [comp. di *bi-* e *auricolare*; 1935]

agg. riguardante entrambe le orecchie: *audizione biauricolare.*

biàvo [dal fr. ant. *blau*; prima metà sec. xv] *agg.* e *sm. ant.* colore azzurro chiaro, quasi celeste || **N.** *Sin.* biado | sbiadito.

bibàce [dal lat. *bibax, -ācis*; a. 1600] *agg.* che tira a sé l'umore; che beve: *l'arena bibace.*

bibàgno o **bibàgni** [comp. di *bi-* e *bagno*; 1983] *agg.* negli annunci economici, fornito di due bagni: *affittasi appartamento bibagno.*

bibàsico (pl. *-ci*) [comp. di *bi-* e *basico*; 1865] *agg. T.chim.* di composto in cui due atomi di idrogeno sono sostituibili da due atomi metallici.

bibbia [lat. ecclesiastico *biblia*, gr. *biblía*, libri; a. 1292] *sf.* **1.** com. con l'iniziale maiuscola, tutti i libri della Sacra Scrittura, del Vecchio e del Nuovo Testamento || *Bibbia Vulgata*, la traduzione latina di S. Girolamo || *per estens.* libro o manoscritto del testo della Bibbia **2.** *fig.* libro, testo in genere che viene considerato fondamentale fonte di ispirazione || **N.** Apocalisse, Atti, Epistole, Sacra Scrittura, storia sacra, Vangelo | anagogia, apocrifi, biblico, esegesi, salterio.

bìbbio o **bibbióne** [dal lat. *vipio, -ōnis*; a. 1564 *bibione*] *sm. tosc.* anatra marina dai colori vivaci || **N.** *Sin.* fischione, piccola gru.

bibelot (fr., pr. [bib'lo]) [prob. di orig. onom.; 1889] *sm. inv.* ninnolo, soprammobile, gingillo.

biberon (fr., pr. [bibəʀɔ̃]; pr. it. [bibe'rɔn]) [orig. collo (di bottiglia); 1861 *biberoni* pl.] *sm. inv.* poppatoio || *fig. non ha più bisogno del biberon*, è grande, sa fare da sé.

bìbita [dal lat. tardo *bibita*, da *bibere*; 1618] *sf.* nome generico di ogni bevanda rinfrescante e gen. analcolica. **Q.T.** *alimentazione.*

bìblico (pl. *-ci*) [dal lat. tardo *biblia*; a. 1694] *agg.* **1.** della Bibbia: *esegesi biblica* || *epoca biblica*, quella relativa agli eventi narrati nell'Antico Testamento || *stile biblico*, che si ispira a quello della Bibbia || *società biblica*, che si prefigge la diffusione della conoscenza della Bibbia **2.** *fig.* solenne, straordinario: *una figura biblica, una maledizione biblica.*

bìblio- [dal gr. *biblíon*, libro] *primo elem.* che, in parole composte dotte, vale "libro" (per es. *bibliografia, biblioteca*).

bìbliobus [comp. di *biblio-* e *bus*; 1931] *sm.* autobus o furgone che fa servizio di biblioteca o libreria ambulante.

bibliofilìa [comp. di *biblio-* e *-filia*; 1892] *sf.* la passione per i libri, part. per quelli belli e rari.

bibliòfilo [comp. di *biblio-* e *-filo*; 1797] *sm.* (f. *-a*) amatore e ricercatore di libri, part. belli e rari.

bibliografìa [comp. di *biblio-* e *-grafia*; sec. xviii] *sf.* **1.** disciplina che studia i vari sistemi di catalogazione sistematica dei libri **2.** elenco sistematico di opere relative ad un particolare argomento || elenco di libri utilizzati per la stesura di un'opera scientifica || *bibliografia essenziale*, riguardante solo le opere più importanti su un dato argomento **3.** l'insieme delle opere pubblicate in un dato periodo.

bibliogràfico (pl. *-ci*) [da *bibliografia*; 1802] *agg.* di bibliografia, relativo alla bibliografia: *dizionario, repertorio bibliografico.*

bibliògrafo [comp. di *biblio-* e *-grafo*; 1768] *sm.* (f. *-a*) studioso, esperto di bibliografia || chi scrive una bibliografia.

bibliolatrìa [comp. di *biblio-* e *-latria*; 1908] *sf.* esagerato amore dei libri.

bibliologìa [comp. di *biblio-* e *-logia*; 1879] *sf.* scienza che studia la storia del libro e di tutto ciò che ad esso attiene. **Q.T.** *filologia...*

bibliòmane [comp. di *biblio-* e *-mane*; 1771] *s.* che ha la mania di comperare e accumulare libri.

bibliomanìa [comp. di *biblio-* e *mania*; 1771] *sf.* mania di comprare e raccogliere libri antichi e rari, spec. senza avere la competenza necessaria.

bibliomanzìa [comp. di *biblio-* e *-manzia*; 1865] *sf.* arte divinatoria per predire il futuro dalle prime parole lette aprendo a caso un libro ed in part. la Bibbia.

bibliopòla o **bibliòpola** [dal lat. *bibliopōla*, gr. *bibliopṓles*; 1881] *s. scherz. lett.* libraio.

bibliotèca [dal lat. *bibliothēca*, gr. *bibliothḗkē*; a. 1292] *sf.* **1.** luogo in cui sono ordinati e custoditi libri || *per estens.* edificio, sala in cui grandi raccolte di libri sono a disposizione per la pubblica consultazione: *biblioteca comunale, universitaria* || *per meton.* i libri in essa contenuti || *biblioteca capitolare*, quella annessa ad una cattedrale || *biblioteca circolante*, che dà in prestito libri dietro pagamento di una somma in denaro || *iron. biblioteca ambulante*, persona di grande erudizione **2.** collezione di opere dello stesso formato, dello stesso genere, dello stesso editore, collana: *biblioteca dei classici latini* || titolo di varie riviste scientifiche o culturali **3.** mobile o scaffalatura su cui si dispongono i libri || *dim.* bibliotechìna, bibliotechétta, bibliotecùccia || **N.** **1.** libreria | circolante, comunale, nazionale, popolare, privata, pubblica, universitaria | catalogo, sala di consultazione, sala di lettura, scaffale o scansia, schedario; bibliotecario, custode, distributore, sorvegliante; mallevadoria, prestito. **Q.T.** *arredamento.*

bibliotecàrio (pl. *-ri*) [dal lat. *bibliothecarius*; 1613] *sm.* (f. *-a*) chi ha l'incarico di custodire e di sopraintendere a una biblioteca || **N.** BIBLIOTECA.

biblioteconomìa [dal ted. *Bibliothekonomie*; 1892] *sf.* scienza che studia la costituzione e l'ordinamento delle biblioteche.

biblioteconomìsta [da *biblioteconomia*; 1965] *s.* esperto di biblioteconomia.

biblìsta [dal lat. *biblia*, bibbia; 1929] *s.* studioso di problemi biblici.

biblìstica [da *biblista*; 1887] *sf.* insieme delle discipline che hanno per oggetto lo studio della Bibbia.

bìbulo [dal lat. *bibulus*; 1727] *agg. lett. raro* bevace.

bica [dal long. *bīgā*, mucchio; 1313] *sf.* mucchio di covoni del grano segato || *per estens.* mucchio di altre cose || **N.** barca | abbicare.

bicàmera o **bicàmere** [comp. di *bi-* e *camera*; 1983] *agg.* negli annunci economici, fornito di due camere da letto: *affittasi appartamento bicamere.*

bicameràle [dall'ingl. *bicameral*; 1950] *agg. T.pol.* di ordinamento politico che prevede due Camere di rappresentanti.

bicameralìsmo [da *bicamerale*; 1950] *sm.* ordinamento politico parlamentare fondato sull'esistenza di due Camere.

bicàmere V. BICAMERA.

bicarbonàto [comp. di *bi-* e *carbonato*; 1865] *sm. T.chim.* sale dell'acido carbonico || *per anton. bicarbonato di sodio*, usato per la preparazione di digestivi e acque minerali effervescenti e sim.

bicarbossìlico (pl. *-ci*) [comp. di *bi-* e *carbossilico*; 1955] *agg. T.chim.* di acido organico la cui molecola presenta due gruppi carbossilici.

bicchèrna [etim. sconosciuta; 1936] *sf. T.stor.* il nome dell'Esattoria e della Gabella nell'antico Comune di Siena; poi ciascuno dei libri di contabilità di tali Enti || tavoletta dipinta usata come copertina dei registri annuali dell'erario comunale di Siena.

bicchieràio (pl. *-ài*) [da *bicchiere*; 1325] *sm.* (f. *-a*) *raro* chi fa o vende bicchieri || **N.** vetraio.

bicchieràta [da *bicchiere*; 1865 nel senso 2] *sf.* **1.** bevuta fatta in compagnia, spesso per festeggiare qualcuno o qualcosa **2.** *per meton. non com.* quantità di liquido che un bicchiere contiene **3.** *raro* colpo di bicchiere.

bicchière [prob. dal lat. volg. **bicarium*; a. 1306 *bechieri*] *sm.* **1.** piccolo recipiente di forma e materiale vario, gen. di vetro o cristallo e di forma cilindrica, che si usa per bere: *un bicchiere di vetro, un bicchiere incrinato* || *levare il bicchiere*, brindare || *fig. affondare in un bicchier d'acqua*, sgomentarsi per cose da nulla || *fondo, culo di bicchiere*, diamante falso **2.** *per meton.* quantità di liquido contenuta in un bicchiere: *bere un bicchiere di troppo*, ubriacarsi || *il bicchiere della staffa*, l'ultimo prima di congedarsi **3.** *ant.* misura per liquidi || *dim.* bicchierìno, bicchierùccio; *accr.* bicchieròtto, bicchieróne; *spreg.* bicchieràccio || **N.** **1.** bicchiere da cognac, bicchiere da punch, bicchiere da vodka, boccale, calice, calice da cocktail, calice napoleone, calice tondo, coppa, *flute*, stivale da birra, *tubler* | fondo, orlo, parete. **Q.T.** *arredamento.*

bicchierìno (*dim.* di *bicchiere*) [prima metà sec. xiv] *sm.* **1.** piccolo bicchiere da liquore || *per meton.* dose di liquore o altra bevanda contenuta in tale bicchiere: *dopo cena beve sempre un bicchierino* **2.** vasetto di vetro per luminarie.

bicciacùto [dal lat. *bisacūtus*, attr. il provenz. *bezagut*; 1342 ca.] *sm. raro* scure a due tagli.

bicèfalo [comp. di *bi-* e *-cefalo*; 1798] *agg. raro* che ha due teste: *parto bicefalo* || **N.** *Sin.* bicipite | bifronte.

bicentenàrio (pl. *-ri*) [comp. di *bi-* e *centenario*; a. 1910] **I** *agg.* che ha due secoli di esistenza **II** *sm.* secondo centenario di una ricorrenza, un avvenimento importante o sim.

bichìni V. BIKINI.

bìci (*abbr.* di *bicicletta*) [1941] *sf. inv. fam.* bicicletta.

biciàncola [comp. di *bi-* e del lat. *exanclāre*, pompare; 1863] *sf. ant.* gen. *pl. tosc.* altalena.

biciclétta [dal fr. *bicyclette*; 1898] *sf.* veicolo a due ruote gommate poste una dietro l'altra, in grado di trasportare una persona seduta a cavalcioni di un sellino; lo si fa muovere azionando con la forza muscolare delle gambe i pedali: *bicicletta da corsa, da turismo* || *bicicletta da camera*, attrezzo per fare esercizio fisico che consente di fare gli stessi movimenti della bicicletta, *cyclette* || *appendere la bicicletta al chiodo*, di corridore che cessa l'attività agonistica || **N.** *richshaw*, tandem, triciclo. **TAV.** ***motocicletta... p. 1322***.

biciclettàta [da *bicicletta*; 1942] *sf. raro* giro in bicicletta.

bicìclo [dall'ingl. *bicycle*; 1892] *sm.* antico velocipede con la ruota anteriore sterzante grandissima e con pedali innestati sull'asse e ruota posteriore più piccola.

bicifestazióne [comp. di *bici* e (*mani*)*festazione*; 1984] *sf. non com.* manifestazione di protesta, gen. su temi di ecologia, effettuata da dimostranti che sfilano in bicicletta.

bicilìndrico (pl. *-ci*) [comp. di *bi-* e di un der. di *cilindro*; 1962] *agg. T.mecc.* a due cilindri: *motore bicilindrico.*

bicipattìno [comp. di *bici-* e *pattino*; 1962] *sm.* pattino acquatico a pedali || **N.** *Sin.* pedalò.

bicìpite [dal lat. *biceps, bicipitis*; a. 1673 come sm.] **I** *agg.* **1.** a due teste: *aquila bicipite* **2.** *T.anat.* di muscolo composto da due parti che confluiscono in un'unica massa **II** *sm.* ogni muscolo a due capi confluenti in un'unica massa: *bicipite brachiale, bicipite femorale* || *per anton. pl. i bicipiti*, i bicipiti brachiali. **TAV.** ***anatomia* p. 641** 1.8, 3.6; ***araldica* p. 645** 4.7.

biclorùro [comp. di *bi-* e *cloruro*; 1865] *sm.* sale contenente due atomi di cloro: *bicloruro di mercurio.*

bicòcca [etim. inc.; a. 1457] *sf.* **1.** piccola

rocca o castello in cima a un monte ‖ piazza fortificata malridotta, poco adatta alla difesa **2.** *com.* casupola, catapecchia.

bicòllo o **bigòllo** [comp. di *bi-* e *collo*; 1863] ***sm.*** *region.* lunga asta munita di uncini alle estremità per il trasporto di pesi ‖ **N.** *Sin.* bilanciere.

bicolóre [dal lat. *bicolor, -is*; 1340] **I *agg.*** **1.** di due colori: *carta, bandiera bicolore* **2.** *T.pol.* formato da due partiti: *governo, giunta bicolore* **II *sm.*** governo bicolore ‖ ***sf.*** macchina da stampa che permette l'impressione in due colori.

bicomàndo [comp. di *bi-* e *comando*; 1970] ***agg.*** *inv.* (sempre posposto) di autoveicoli, dispositivi e sim., dotato di doppi comandi o di due posti di comando: *le automobili bicomando delle scuole guida.*

bicòncavo [comp. di *bi-* e *concavo*; 1892] ***agg.*** di lente e sim., con due facce concave. **TAV. *ottica* p. 1329** 1.4.

bicondizionàle [comp. di *bi-* e *condizionale*; 1988] ***agg.*** e ***sm.*** *T.fil.* e *T.mat.* enunciato complesso della forma "*p* se e solo se *q*"; *segno di bicondizionale,* in un linguaggio simbolico, il connettivo enunciativo usato per formare un bicondizionale (indicato perlopiù da una doppia freccia o da tre barre sovrapposte).

bicònico (pl. *-ci*) [comp. di *bi-* e *conico*; 1970] **I *agg.*** di oggetto a forma di due coni contrapposti **II *sm.*** *T.archeol.* urna funeraria a forma di due coni contrapposti.

biconvèsso [comp. di *bi-* e *convesso*; 1892] ***agg.*** di lente e sim., con due facce convesse. **TAV. *ottica* p. 1329** 1.1.

bicòppia [comp. di *bi-* e *coppia*; 1955] ***sf.*** *T.tel.* sistema costituito da due coppie di fili telefonici o telegrafici intrecciati tra di loro, che consente tre comunicazioni contemporanee.

bicòrdo [comp. di *bi-* e *corda*; 1865] ***sm.*** *T.mus.* suono simultaneo di due note eseguito su uno strumento a corda.

bicòrne [dal lat. *bicornis*; 1342] ***agg.*** che ha due corna o punte ‖ **N.** bicuspide | biforcuto.

bicòrnia [da *bicorne*; 1681] ***sf.*** *non com.* piccola incudine d'acciaio con due corni, l'uno tondo e l'altro quadro, adoperata spec. dagli orefici ‖ **N.** INCUDINE.

bicòrno [comp. di *bi-* e *corno*; 1709] **I *agg.*** bicorne **II *sm.*** cappello a due punte usato dalle classi popolari nel XVIII secolo ‖ feluca, cappello militare da alta uniforme ‖ cappello medievale femminile a due punte ornate da veli.

bicornùto [comp. di *bi-* e *cornuto*; a. 1406] ***agg.*** biforcuto, bicorne ‖ *argomento bicornuto,* dilemma.

bicromàto [comp. di *bi-* e *cromato*; 1955] ***sm.*** *T.chim.* sale ottenuto da acidi contenenti due atomi di cromo.

bicromìa [dal fr. *bichromie*; 1962] ***sf.*** procedimento grafico di stampa a due colori che si ottiene mediante la sovrapposizione di due matrici a colori composti ‖ *concr.* la stampa così effettuata.

bicuspidàle [da *bicuspide*; 1940] ***agg.*** che ha due cuspidi: *valvola bicuspidale,* valvola del cuore detta anche *valvola mitrale,* che mette in comunicazione l'atrio sinistro con il ventricolo sinistro.

bicuspidàto [comp. di *bi-* e *cuspidato*; 1829] ***agg.*** bicuspide; formato da due punte ‖ *dente bicuspidato,* dente premolare.

bicùspide [comp. di *bi-* e *cuspide*; a. 1810] ***agg.*** *lett.* che ha due cuspidi o punte: *facciata bicuspide.*

bidè [dal fr. *bidet,* letter. cavallino; 1850] ***sm.*** *inv.* vaschetta bassa di forma allungata per l'igiene intima su cui ci si siede a cavalcioni; può essere mobile o far parte degli impianti fissi della stanza da bagno.

bidèllo [dal fr. *bedeau*; sec. XV] ***sm.*** (f. *-a*) impiegato con mansioni di custodia, assistenza e pulizia in una scuola ‖ *per estens.* chi svolge la stessa mansione presso un ufficio.

bidentàle [dal lat. *bidental, -is*; 1828] ***sm.*** *T.stor.* presso gli antichi Romani, luogo colpito dal fulmine che veniva purificato col sacrificio di una pecora di due anni.

bidènte [dal lat. *bidens, -ēntis*; 1340 ca.] **I *sm.*** **1.** strumento agricolo con un lungo manico di legno e due rebbi di ferro **2.** zappa a due denti per rompere la terra **3.** *ant.* presso i Romani, animale adatto al sacrificio, solitamente una pecora, giunto alla seconda dentizione e perciò di due anni: *pecora bidente* **II *agg.*** *lett.* di animale, che è alla seconda dentizione e, quindi, che ha due anni: *pecora bidente.* **TAV. *giardinaggio* p. 1315** 23.

bidet (fr., pr. [bi'dɛ]) [letter. cavallino; 1905] ***sm.*** *inv.* bidè.

bidètto [dal fr. *bidet*; 1887] ***sm.*** *arc.* piccolo cavallo normanno da sella, ronzino.

bidimensionàle [comp. di *bi-* e di un der. di *dimensione*; 1962] ***agg.*** a due dimensioni: *l'immagine cinematografica è bidimensionale.*

bidimensionalità [da *bidimensionale*; 1962] ***sf.*** l'essere bidimensionale.

bidistillàto [comp. di *bi-* e del pps. di *distillare*; 1965] ***agg.*** *T.chim.* di sostanza sottoposta a un doppio processo di distillazione.

bidonàre (pres. *-óno*) [da *bidone*; 1962] ***tr.*** *pop.* imbrogliare, truffare.

bidonàta [da *bidonare*; 1950] ***sf.*** **1.** *pop.* imbroglio, raggiro, truffa **2.** *pop.* spettacolo o libro scadente.

bidóne [dal fr. *bidon*; 1853] ***sm.*** **1.** recipiente cilindrico metallico o di plastica, di media capacità, utilizzato per il trasporto di liquidi: *un bidone di latte* ‖ recipiente di vario materiale in cui si gettano i rifiuti **2.** *fig.* macchina, apparecchiatura che funziona male: *quest'auto è un bidone* **3.** *pop.* imbroglio, truffa **4.** *T.sport.* atleta di scarse capacità **5.** *T.metal.* semilavorato in acciaio a sezione rettangolare da cui si ricavano lamiere sottili ‖ *dim.* bidoncino.

bidonìsta [da *bidone*; 1946] ***s.*** *pop.* chi compie imbrogli, truffatore.

bidonvìa [comp. di *bidone* e *-via*; 1970] ***sf.*** *disus.* o *scherz.* cabinovia.

bidonville (fr., pr. [bidɔ̃'vil]) [letter. città di bidoni; 1963] ***sf.*** *inv.* quartiere di baracche costituite da materiali occasionali, lamiere, cartoni e sim. ai margini di alcune grandi città: *le bidonville di Rio.*

bièco (pl. *-chi*) [lat. *obliquus*; 1313] **I *agg.*** storto, obliquo: *uno sguardo bieco* ‖ *fig.* minaccioso, torvo, sinistro: *un bieco individuo* ‖ **biecaménte *avv.*** **II *avv.***: *guardar bieco,* di traverso, con malanimo.

bièlica [comp. di *bi-* e *elica*; 1970] ***agg.*** *inv.* (sempre posposto) con due eliche: *motore bielica.*

bièlla [dal fr. *bielle*; 1853] ***sf.*** elemento che in un apparato motore ha la funzione di convertire il moto rettilineo alternato del pistone nel moto rotatorio dell'albero di trasmissione ‖ **N.** fusto, piede, testa. **Q.T. *motocicletta*** **TAV. *motori*** 3.14; ***automobile* p. 658** 5.15, 5.17; ***ferrovie...* p. 669** 1.13, 1.14.

bielorùsso (meno com. *belorùsso*) [dal russo *belorús,* russo bianco; 1955] **I *agg.*** della Russia bianca **II *sm.*** **1.** (f. *-a*) abitante, nativo della Russia bianca **2.** (solo *sing.*) lingua slava parlata nella Russia bianca.

biennàle [dal lat. *biennālis*; a. 1600] **I *agg.*** **1.** che dura due anni: *corso biennale di studi* **2.** che ricorre, avviene ogni due anni: *scatto biennale dello stipendio, esposizione biennale* **II *sf.*** manifestazione che si organizza ogni due anni: *la Biennale di Venezia.*

biènne [dal lat. *biennis*; 1855] ***agg.*** *raro* di due anni ‖ di pianta, che completa il suo sviluppo in due anni.

biènnio (pl. *-ni*) [dal lat. *biennium*; 1855] ***sm.*** spazio di due anni ‖ corso di studi articolato in due anni.

bièrre [dalla lettura della sigla *B(rigate) R(osse)*; 1978] **I *sf. pl.*** Brigate Rosse, organizzazione eversiva di sinistra, attiva in Italia negli anni Settanta ‖ ***s.*** *inv.* appartenente a tale organizzazione **II *agg.*** relativo alle Brigate Rosse: *un volantino bierre.*

bierrìsta [da *bierre*; 1978] ***s.*** *non com.* brigatista rosso.

bièta V. BIETOLA.

bietìcolo [comp. di *bieta* e *-colo*; 1955] ***agg.*** che concerne la bieticoltura.

bieticoltóre o **bieticultóre** [comp. di *bieta* e *-coltore*; 1941] ***sm.*** (f. *-trìce*) chi coltiva barbabietole.

bieticoltùra o **bieticultùra** [comp. di *bieta* e *-coltura*; 1941] ***sf.*** coltivazione delle barbabietole.

biètola (region. *biètà*) [dal lat. *bēta*; 1310] ***sf.*** barbabietola ‖ *in part.* barbabietola da orto.

bietolàggine [da *bietola*; sec. XVIII] ***sf.*** *raro* l'esser bietolone, sciocco, sprovveduto | insulsaggine.

bietolóne [da *bietola*; a. 1565 nel senso 2] ***sm.*** **1.** pianta delle Chenopodiacee con stelo ramoso rossastro e con foglie triangolari commestibili **2.** (f. *-a*) *fig.* sciocco, credulone.

biètta [etim. inc.; a. 1320] ***sf.*** **1.** cuneo che si inserisce tra due pezzi per impedirne lo scorrimento o la rotazione ‖ cuneo usato per fendere il legno **2.** pezzo di legno che si mette sotto il piede di un mobile perché non traballi **3.** elemento dell'archetto di strumenti a corda che tiene fissi e tesi i crini ‖ **N.** **1.** *Sin.* chiavetta **2.** *Sin.* zeppa.

bifàṣe [comp. di *bi-* e *fase*; 1930] ***agg.*** che ha due fasi ‖ *sistema bifase,* sistema di due correnti alternate sfasate tra loro di 90°; *motore bifase,* che funziona con tale sistema.

bifenìle [comp. di *bi-* e *fenile*; 1956] ***sm.*** *T.chim.* idrocarburo aromatico risultante dall'unione di due gruppi benzoici ‖ **N.** *Sin.* difenile.

bìffa [dal long. *wiffa,* segno di confine; 1586] ***sf.*** **1.** asta per rilevamenti topografici **2.** dispositivo a forma di X in gesso o vetro che si applica a una lesione in un muro per seguirne l'andamento.

biffàre¹ [da *biffa*; 1863] ***tr.*** **1.** segnare con le biffe un terreno per effettuarvi rilevamenti topografici; traguardare, livellare **2.** applicare biffe a un muro.

biffàre² [dal fr. *biffer*, 1940] ***tr.*** **1.** segnare, cancellare con un segno a X parte di uno scritto ‖ *in part.* segnare una lastra di incisione in modo che non vengano tirate più copie del dovuto ‖ *per estens.* cancellare, depennare: *biffare un capitolo dal bilancio* **2.** *non com. fig.* rubare, carpire, sgraffignare.

bìfido [dal lat. *bifidus*; 1561] ***agg.*** *lett.* diviso in due ‖ *lingua bifida,* la lingua dei rettili; anche *fig.,* persona menzognera, falsa ‖ **N.** *Sin.* biforcuto.

bifilàre [comp. di *bi-* e di un der. di *filo*; 1962] ***agg.*** **1.** composto da due fili: *circuito bifilare, antenna bifilare* (o *sf. bifilare*), costituita da due conduttori, usata negli apparecchi radioriceventi **2.** disposto su due file: *caricatore bifilare,* in cui le cartucce sono disposte su due file parallele.

bifocàle [comp. di *bi-* e di un der. di *f(u)oco*; 1963] ***agg.*** *T.fis.* di sistema ottico con due fuochi ‖ *lenti bifocali,* lenti per presbiti dotate di doppia curvatura, nella parte centrale quella per una corretta visione a distanza e nella parte inferiore per vedere da vicino ‖ **N.** multifocale.

bifólco (pl. *-chi*) [lat. volg. **bufulcus*; a. 1306]

sm. chi ara e lavora la terra coi buoi || guardiano di bestiame || *fig.* uomo rozzo ed ignorante || **N.** *Sin.* villano, CONTADINO.

bifònico (pl. *-ci*) [comp. di *bi-* e *fonico*; 1955] ***agg.*** *T.rad.* sistema di riproduzione, nel quale la banda acustica è suddivisa in due canali, ciascuno destinato a frequenze diverse.

bìfora [dal lat. *biforis*; 1881 *bifori* pl.] ***agg.*** e ***sf.*** finestra con due aperture divise da una colonnetta, da un pilastro e sim.: *una balconata con bifore* || **N.** monofora, trifora, quadrifora.

biforcaménto [da *biforcare*; a. 1320] ***sm.*** atto ed effetto del biforcare e del biforcarsi || il punto dove qualcosa si biforca || **N.** *Sin.* biforcazione, BIVIO.

biforcàre (pres. *-órco, -órchi*) [da un ant. *biforco*, legno biforcuto; a. 1519] ***intr. pron.*** dividersi in due: *la strada si biforca* || ***tr.*** dividere in due come una forca || **N.** ***intr. pron.*** *Sin.* diramarsi, ramificarsi | *Contr.* confluire, congiungersi, unirsi.

biforcatùra [da *biforcare*; 1831] ***sf.*** punto dove avviene la separazione in due di un albero, di una strada, di un fiume ecc. || **N.** biforcazione, bivio, diramazione, separazione, DIVISIONE.

biforcazióne [da *biforcare*; a. 1519] ***sf.*** il punto dove qualcosa si biforca, si divide in due.

biforcùto [comp. di *bi-* e *forcuto*; 1340 ca.] ***agg.*** diviso in due, a due punte: *ramo biforcuto* || *fig. lingua biforcuta*, persona falsa e bugiarda || **N.** bifido. **TAV.** *rettili* 1.6.

bifórme [dal lat. *biformis*; 1319] ***agg.*** *lett.* che ha due forme; in cui sono riunite due forme diverse: *i centauri erano animali biformi.*

bifrónte [dal lat. *bifrons, -ōntis*; sec. XIV] ***agg.*** **1.** che ha due facce: *Giano bifronte* || che ha due facciate: *edificio bifronte* **2.** *fig.* che muta atteggiamento secondo le circostanze: *un atteggiamento bifronte* || che presenta aspetti contrastanti: *una politica bifronte* **3.** *T.gioc.* di parola o frase che letta a rovescio rimane uguale o diventa un'altra: *anilina, enoteca/acetone*; anche *sm.*: *una pagina di bifronti* || **N.** **2.** *Sin.* ambiguo, doppio **3.** *Sin.* palindromo.

big (ingl., pr. [bɪg]) [letter. grande; 1949] ***sm.*** *inv.* personaggio importante: *i big della canzone, dell'industria petrolifera.*

bìga [dal lat. *bīga*; 1321] ***sf.*** **1.** cocchio a due ruote, tirato da due cavalli, usato dagli antichi Romani e dai Greci **2.** calesse a due ruote, scoperto, a due posti **3.** *T.mar.* gru costituita da due antenne divaricate, unite in alto, usata un tempo nei cantieri navali || *pontone a biga*, zatterone su cui è collocata una biga e che viene utilizzato per lavori sulle navi alla fonda.

bigamìa [da *bigamo*; a. 1396] ***sf.*** condizione di chi, essendo già sposato, contrae un secondo matrimonio o di chi, non essendo coniugato, si sposa con chi è già legato da un matrimonio.

bìgamo [lat. tardo *bigamus*; a. 1342] ***agg.*** e ***sm.*** (f. *-a*) reo di bigamia || *com.* chi ha due mogli o due mariti.

bìgaro V. BIGHERO.

bigàto [dal lat. *bigātus*; 1561 ca.] ***sm.*** nell'antica Roma, moneta d'argento dell'età repubblicana che reca nel verso l'immagine di una biga.

bigattièra [da *bigatto*; 1853] ***sf.*** luogo appositamente attrezzato per l'allevamento dei bachi da seta.

bigattière [da *bigatto*; 1853] ***sm.*** (f. *-a*) chi alleva bachi da seta.

bigàtto [dal sett. *bigàt*, baco da seta; 1340 *bigattolo*] ***sm.*** *sett.* baco da seta || bruco delle farfalle, verme della frutta || **N.** *Sin.* bombice del gelso, filugello.

big bang (ingl., pr. [ˈbɪg ˈbæŋ]; pr. it. [bigˈbɛng]) [letter. grande esplosione; 1978] ***loc. m. inv.*** *T.astr.* in alcune teorie cosmologiche, esplosione primordiale che avrebbe dato origine all'universo.

bigèllo [da *bigio*; 1325 ca.] ***sm.*** panno grossolano perlopiù di color bigio: *era scalzo e vestito di bigello* (Pascoli).

bigeminàto [comp. di *bi-* e *geminato*; 1863] ***agg.*** *T.bot.* di foglia doppia con picciolo comune.

bigeminìsmo [da *bigemino*; 1939] ***sm.*** *T.med.* anomalia del ritmo cardiaco.

bigèmino [dal lat. *bigeminus*; 1892] ***agg.*** **1.** gemellare: *parto bigemino* **2.** *polso bigemino*, che rivela bigeminismo.

bighellàre (pres. *-èllo*) [etim. sconosciuta; 1953] ***intr.*** (aus. *avere*) *non com.* bighellonare.

bighellonàre (pres. *-óno*) [da *bighellone*; 1863] ***intr.*** (aus. *avere*) andare in giro senza scopo, oziando || **N.** *Sin.* ciondolare, girellare, oziare, vagabondare.

bighellóne [etim. sconosciuta; 1566] ***sm.*** (f. *-a*) fannullone, chi perde il tempo gironzolando qua e là || **N.** *Sin.* ozioso, vagabondo.

bighellóni [da *bighellonare*; 1887] ***avv.*** senza meta precisa, bighellonando: *andare bighelloni.*

bigherìno [dal sett. *bigo, da *(bom)bico per (*bom*)*bice*; 1829] ***sm.*** *ant.* *T.abb.* guarnizione di trina che si metteva agli orli dei vestiti da donna || **N.** *Sin.* pizzo, trina, MERLETTO.

bìghero o **bìgaro** [etim. inc.; a. 1799] ***sm.*** pizzo, merletto.

bìgia (pl. *-gie*) [da *bigio*; 1956] ***sf.*** uccello di piccole dimensioni dei Passeriformi con il capo nero e piumaggio grigio; nidifica in val Padana e ha carni saporite.

bigiàre (pres. *bìgio*) [etim. inc.; 1918] ***tr.*** *lomb. bigiare la scuola*, marinare la scuola.

bigiarèlla [da *bigio*, per il colore; 1887] ***sf.*** *T.zool.* piccolo uccello canoro dei Passeracei dal piumaggio di colore grigio.

bigìno [dal milan. *bigin*; 1905] ***sm.*** *lomb.* libretto con la traduzione letterale ed interlineare dei classici greci e latini || *per estens.* manualetto riassuntivo.

bìgio (pl. m. *-gi* e f. *-gie* o *-ge*) [etim. inc.; 1306 *bicio*] **I** ***agg.*** **1.** di color grigio spento simile a quello della cenere o del piombo: *asino bigio* || *cielo bigio*, nuvoloso, cupo || *tempo bigio*, nuvoloso **2.** *fig.* incerto, detto spec. di persona politicamente incerta e confusa **II** ***sm.*** **1.** il color bigio: *il bigio di quella stoffa non ti si addice* **2.** bigello **3.** (f. *-a*) *ant.* nella Firenze quattrocentesca, partigiano dei Medici che manteneva una posizione ambigua tra i fautori dichiarati dell'oligarchia e i seguaci del Savonarola.

bigiògnolo o **bigiógnolo** [da *bigio*; a. 1813] ***agg.*** che tende al colore bigio; grigio, grigiolato.

bigiotterìa [dal fr. *bijouterie*; 1798 *bigioterie*] ***sf.*** insieme di gioielli, ornamenti, soprammobili eseguiti con materiali non preziosi || *per estens.* negozio in cui si vendono tali oggetti || **N.** bazar, minuteria.

bigiù ***sm.*** *inv.* adattamento di *bijou* (v.).

biglia V. BILIA.

bigliàrdo V. BILIARDO.

bigliettàio (pl. *-ài*) (non com. *bigliettàrio*, pl. *-ri*) [da *biglietto*; 1929] ***sm.*** (f. *-a*) chi vende biglietti per treni, autobus e sim. oppure per l'ingresso a spettacoli, manifestazioni ecc.

bigliettazióne [da *biglietto*; 1974] ***sf.*** nel linguaggio burocratico, distribuzione di biglietti, spec. su mezzi pubblici di trasporto: *autobus con bigliettazione automatica.*

bigliettèria [da *biglietto*; 1952] ***sf.*** locale dove si vendono i biglietti: *biglietteria della stazione*; *biglietteria del teatro*, botteghino.

bigliétto [dal fr. *billet*; a. 1600] ***sm.*** **1.** cartoncino, breve lettera, foglietto per brevi comunicazioni, saluti e sim.: *biglietto d'invito* || *biglietto da visita*, cartoncino stampato con nome, cognome, titolo ed eventualmente indirizzo e numero di telefono || *biglietto di condoglianze, di lutto*, listato in nero **2.** rettangolo di carta che attestando l'avvenuto pagamento del prezzo di ingresso dà diritto ad accedere a spettacoli, manifestazioni ecc. oppure ad usufruire di mezzi di trasporto: *un biglietto per il concerto, biglietto ferroviario* **3.** *biglietto di lotteria*, cedola numerata che dà diritto a partecipare all'estrazione **4.** *biglietto di banca*, banconota **5.** *biglietto postale*, foglio già affrancato e piegato posto in vendita dall'amministrazione postale || *dim.* bigliettìno, bigliettùccio; *accr.* bigliettóne. **Q.T.** *ferrovia.*

bigliettóne (*accr.* di *biglietto*) [1958] ***sm.*** banconota di grosso taglio.

bignàmi o **bignamìno** [dal n. proprio E. *Bignami*, autore ed editore; 1967] ***sm.*** manualetto che espone in forma sintetica ed essenziale le nozioni fondamentali delle materie di studio scolastiche.

bignè [dal fr. *beignet*; 1747] ***sm.*** **1.** pasta dolce, piccola, rotonda, farcita con vari tipi di crema **2.** *region.* panino di forma rotonda, rosetta.

bignònia [dal n. proprio J. *Bignon*, abate fr.; 1829] ***sf.*** *T.bot.* nome di vari arbusti rampicanti delle Bignoniacee originari dell'America meridionale.

Bignoniàcee [comp. di *bignonia* e *-acee*; 1887] ***sf. pl.*** *T.bot.* famiglia di piante arbustive rampicanti, con fiori a campanula e frutti a capsula.

bìgo (pl. *-ghi*) [da *biga*, macchina per sollevare pesi; 1932] ***sm.*** *T.mar.* albero di carico d'una nave.

bigodìno [dal fr. *bigoudi*; 1927] ***sm.*** cilindretto di vario materiale per avvolgere le ciocche di capelli e metterle in piega || **N.** *Sin.* diavoletto, diavolino.

bìgoli [etim. inc.; 1908] ***sm. pl.*** *ven.* pasta alimentare di farina integrale simile ai vermicelli.

bigòllo V. BICOLLO.

bigóncia (pl. *-ce*) [da *bigoncio*; 1321] ***sf.*** **1.** recipiente di legno, a doghe, senza coperchio, ovale, più largo in cima che nel fondo, senza manici, usato nella vendemmia per il trasporto delle uve || *a bigonce*, in grande quantità **2.** *ant.* unità di misura corrispondente a circa 150 l. **3.** *ant.* cattedra, pulpito, oggi *scherz. lett.*: *salire, montare in bigoncia*, sdottoreggiare || **N.** **1.** *Sin.* bigoncio, MASTELLO.

bigóncio (pl. *-ci*) [lat. volg. **bicongius*, misura pari a due congi; sec. XIV] ***sm.*** **1.** recipiente in legno un po' più largo della bigoncia, ma più basso, con due doghe più alte e forate, una per parte, nelle quali s'infila una pertica che ne agevola il trasporto **2.** recipiente con il manico per il trasporto dell'acqua **3.** urna nella quale l'addetto depone parte del biglietto d'ingresso consegnato dallo spettatore all'ingresso di cinema, teatri e sim. || *dim.* bigonciòlo, bigonciolétto, bigonciolìno; *accr.* bigoncióne.

bigordàre (pres. *-órdo*) [var. di *bagordare*; a. 1348] ***intr.*** (aus. *avere*) *ant.* bagordare.

bigórdo [var. di *bagordo*; a. 1348] ***sm.*** *ant.* **1.** asta per tornei **2.** bagordo.

bigòtta [da *biga*; 1847] ***sf.*** *T.mar.* specie di bozzello sferico, schiacciato, senza puleggia, ma con buchi, attraverso i quali si fa scorrere una cima per mantenere in tensione le manovre dormienti di un'imbarcazione a vela || **N.** imbigottare.

bigotterìa [da *bigotto*; 1714] ***sf.*** l'essere bigotto || azione da bigotto || **N.** *Sin.* bacchettoneria, bigottismo, chietineria, santimonia, santocchieria.

bigottìsmo [da *bigotto*; 1767] ***sm.*** l'essere bigotto.

bigòtto [dal fr. *bigot*; a. 1698] **agg.** e **sm.** (f. *-a*) che o chi si mostra eccessivamente scrupoloso nelle cose di religione, mostrando una esagerata attenzione agli aspetti normativi ed esteriori ‖ *per estens.* ipocrita ‖ **N.** *Sin.* bacchettone, baciapile, beghina, collotorto, frataiolo, gabbasanti, picchiapetto, pinzochero, santarellina, tartufo | madonnina infilzata.

bigudino **sm.** *region.* v. BIGODINO.

biiettivo [da *biiezione*; 1970] **agg.** *T.mat.* che soddisfa alle condizioni della biiezione: *applicazione, mappa biiettiva.*

biiezióne [comp. di *bi-* e *-iezione*; 1965] **sf.** *T.mat.* operatore tra due insiemi che gode della proprietà per cui a ogni elemento del primo è associato uno e un solo elemento del secondo, e ogni elemento del secondo è il corrispondente di un elemento del primo ‖ **N.** *Sin.* corrispondenza biunivoca.

bijou (fr., pr. [bi'ʒu]) [letter. anello; 1688 *bigiù*] **sm.** *inv.* gioiello ‖ *per estens.* cosa o persona graziosa e raffinata: *questo abito è un vero bijou.*

bikini o **bichini** [dal n. geogr. *Bikini*, atollo del Pacifico; 1949] **sm.** *inv.* costume da bagno in due pezzi ‖ **N.** monochini, tanga, *topless.*

bilabiàle [comp. di *bi-* e *labiale*; 1938] **I agg.** di suono che si articola per mezzo dell'azione di entrambe le labbra **II sf.** *T.fon.* consonante bilabiale; in italiano sono [p], [b], [m].

bilabiàto [comp. di *bi-* e *labiato*; 1829] **agg.** *T.bot.* di organo vegetale diviso in due parti o labbra.

bilàma [comp. di *bi-* e *lama*; 1974] **agg.** *inv.* (sempre posposto) *rasoio bilama*, rasoio con due lame sovrapposte.

bilancèlla [da *bilancia*; 1905] **sf.** piccola barca a vela latina da pesca; solitamente è accompagnata da un'altra barca e tra di esse è distesa, a bilancia, la rete per pescare ‖ **N.** paranza, BARCA.

bilància (pl. *-ce*) [lat. volg. **bilancia*; sec. XIII] **sf.** **1.** strumento a due bracci di uguali dimensioni, munito ciascuno di un piatto usato per stimare la differenza di peso tra due oggetti posti sui piatti ‖ *bilancia di precisione*, che raggiunge un'approssimazione di 0,1-0,2 mg nella pesata ‖ *bilancia romana*, stadera ‖ *bilancia a bilico*, bascula ‖ *bilancia automatica*, a un solo piatto in cui il peso viene indicato da una lancetta su un quadrante graduato ‖ *bilancia elettronica*, quella che su un quadrante a cristalli liquidi indica contemporaneamente il peso della merce, il costo unitario del prodotto e il prezzo da pagare ‖ *bilancia a molla*, dinamometrica ‖ *dare il tratto, il tracollo alla bilancia*, farla traboccare da una parte mettendovi un peso maggiore ‖ nei modi di dire *fig.*: *mettere, porre sulla bilancia*, valutare, tener conto; *porre sulla bilancia dell'orafo, del farmacista*, valutare nei minimi dettagli **2.** *T.econ. bilancia commerciale*, valutazione dello sviluppo delle esportazioni e delle importazioni di uno Stato in un determinato periodo ‖ *bilancia dei pagamenti*, valutazione delle uscite e delle entrate valutarie di uno Stato in un periodo determinato **3.** simbolo della giustizia **4.** (perlopiù con iniziale maiuscola) *T.astr.* costellazione dello zodiaco tra Vergine e Scorpione ‖ *T.astrol.* settimo segno dello zodiaco tra il 24 settembre ed il 23 ottobre ‖ *per anton.* persona nata in tale periodo **5.** *T.pesc.* rete di forma quadrata tenuta aperta da aste diagonali e sollevata per mezzo di un palo o di un argano **6.** *T.edil.* ponteggio mobile provvisorio **7.** *T.teatr.* asta orizzontale cui sono appesi fari e lampade utilizzate in palcoscenico per fornire l'illuminazione dall'alto **8.** *T.min.* elevatore a saliscendi **9.** *T.orol.* bilanciere di orologi a pendolo **10.** *T.ferr.* valvola di sicurezza per caldaie a vapore ‖ **N.** **1.** *Sin.* libra, pesapersone, peso | PARTI: coltello, fulcro, giogo, piatto; gancio, romano, stilo; ago, coltelli delle staffe, indice, scala graduata, viti di regolazione; regolatore di tara **4.** *Sin.* Libra. **Q.T.** *economia...* **TAV.** *astrologia* 1.7; *pesca* 5.

bilanciàio (pl. *-ài*) [da *bilancia*; sec. XIV] **sm.** (f. *-a*) *raro* costruttore o venditore di bilance.

bilanciaménto [da *bilanciare*; a. 1808] **sm.** **1.** atto ed effetto del bilanciare e del bilanciarsi **2.** *T.tecn.* insieme degli accorgimenti e delle tecniche per ridurre le vibrazioni di una macchina **3.** *T.mar.* spostamento dei carichi per raddrizzare una nave inclinata a causa di una falla.

bilanciàre (pres. *-àncio*) [da *bilancia*; sec. XIII] **tr.** **1.** pesare con la bilancia; più com. *fig.*, esaminare attentamente, ponderare: *bilanciare le parole* **2.** pareggiare, eguagliare: *le nuove entrate bilanciano le spese fatte* **3.** equilibrare, mantenere in equilibrio: *bilanciare un carro, il fucile* ‖ **rec.** equilibrarsi, pareggiarsi: *forze opposte si bilanciano* ‖ **rifl.** *fig.* barcamenarsi: *si bilancia tra opinioni opposte per non scontentare nessuno* ‖ **N.** **1.** *Sin.* confrontare, considerare, valutare **2.** *Sin.* adeguare, far corrispondere **3.** *Sin.* librare, porre in bilico | **rec.** tenersi in equilibrio.

bilanciàto¹ (*pps.* di *bilanciare*) [a. 1572] **agg.** che sta in equilibrio, equilibrato ‖ anche *fig.*: *dieta bilanciata.*

bilanciàto² [da *bilancio*; 1970] **agg.** messo in bilancio.

bilanciatóre [da *bilanciare*; a. 1604] **agg.** e **sm.** (f. *-trice*) che o chi bilancia.

bilancière [dal fr. *bilancier*; 1588] **sm.** **1.** *T.mecc.* dispositivo costituito da un'asta oscillante utilizzato per trasformare il moto alternato in moto rotatorio ‖ elemento oscillante che negli orologi meccanici regola il moto delle lancette **2.** tipo di pressa a vite dotata di braccio trasversale munito di contrappesi che si ruota a mano ‖ macchina per il conio di monete e medaglie **3.** pertica munita alle estremità di ganci per il trasporto di pesi ‖ asta di cui si servono i funamboli per mantenere l'equilibrio ‖ *T.sport.* nella pesistica, sbarra di acciaio alle cui estremità vengono assicurati pesi di varie misure **4.** galleggiante in legno, posto fuoribordo e collegato all'imbarcazione per mezzo di pertiche, che serve per aumentarne la stabilità **5.** *T.zool.* part. *pl.* ali posteriori negli insetti Ditteri, trasformate in organi a forma di clava. **Q.T.** *orologeria* **TAV.** *motori* 3.1.

bilancino [da *bilancia*; 1734 nel senso 3] **sm.** **1.** bilancia di precisione: *il bilancino del farmacista* ‖ *fig. pesare col bilancino*, valutare con attenzione **2.** parte del calesse sporgente dalle stanghe cui si attaccano le tirelle del cavallo **3.** cavallo da tiro ausiliario che si attacca a quello trainante ‖ *fig.* chi aiuta in qualcosa un'altra persona **4.** impugnatura di legno a X con cui si muovono le marionette **5.** *T.sport.* nello sci nautico, assicella collegata con due funi al cavo trainante cui si regge lo sciatore. **TAV.** ***carri...* p. 664** 1.5.

bilàncio (pl. *-ci*) [da *bilanciare*; a. 1530] **sm.** **1.** il conteggio delle entrate e delle uscite relative a un dato periodo della gestione amministrativa di una azienda, di un ente o dei guadagni e delle spese di una famiglia o di una persona: *bilancio di una società, familiare, trimestrale* ‖ pareggiamento nella gestione aziendale delle entrate e delle uscite ‖ *bilancio preventivo*, stilato in anticipo come previsione di un periodo di futura attività ‖ *bilancio consuntivo*, stilato al termine di un esercizio ‖ *bilancio di chiusura*, in cui vengono elencate le voci componenti il capitale di fine esercizio ‖ *bilancio consolidato*, quello risultante dall'unificazione dei bilanci delle singole aziende di un unico gruppo industriale ‖ *bilancio ministeriale*, relativo ad un singolo ministero ‖ *bilancio statale*, composto dall'insieme dei bilanci ministeriali **2.** *fig.* valutazione, consuntivo: *a trent'anni bisogna fare il bilancio della propria vita* ‖ **N.** **1.** *Sin. budget*, conteggio, conto | articolo o voce, attivo/passivo, avanzo/disavanzo, capitolo, entrata o avere/uscita o dare, pareggio. **Q.T.** *commercio...*

bilancióne [da *bilancia*; 1988] **sm.** *T.teatr.* uno degli apparecchi usati per illuminare dall'alto il palcoscenico con luce diffusa, consistente in una batteria di parabole (*bilance*) montate in serie su un'americana.

bilancista [da *bilancia*; 1965] **s.** bilanciaio.

bilateràle [comp. del lat. *bis* e *lateralis*, proprio del lato; 1841 nel senso 2] **agg.** **1.** che riguarda due lati: *escrescenza bilaterale* **2.** che riguarda due parti: *accordo bilaterale*, in cui le parti sono reciprocamente impegnate ‖ *T.giur. contratto bilaterale*, per la cui conclusione la legge prevede l'intervento di entrambe le parti ‖ *T.banc. conto bilaterale*, con due ordini di quantità **3.** *T.biol. simmetria bilaterale*, relativa a un organo composto da due parti simmetriche **4.** *T.ling. opposizione bilaterale*, relativa a due fonemi che differiscono per un solo elemento ‖ **bilateralménte** **avv.** ‖ **N.** *Contr.* unilaterale.

bilateralismo [da *bilaterale*; 1955] **sm.** *T.econ.* tendenza a regolare i rapporti commerciali internazionali mediante accordi bilaterali, cioè riguardanti due soli paesi.

bilateralità [da *bilaterale*; 1925] **sf.** l'essere bilaterale.

bilàtero [comp. di *bi-* e un der. del lat. *latus, lateris*; 1965] **agg.** **1.** *T.geom.* che presenta due lati o facce: *superficie bilatera* **2.** *T.zool.* di animale, che ha il corpo a simmetria bilaterale.

bilbocchétto [dal fr. *bilboquet*; 1930] **sm.** *T.gioc.* **1.** gioco di destrezza che consiste nel cercare d'infilare su di un piolo munito di manico una pallina forata nel mezzo e legata al piolo da una funicella, imprimendole un impulso con bruschi movimenti del polso **2.** giocattolo per tale gioco.

bile [lat. *bilis*; a. 1686 nel senso 2] **sf.** **1.** *T.anat.* liquido verde-giallastro, viscoso, secreto dal fegato e raccolto nella cistifellea che volge una funzione coadiuvante nei processi digestivi **2.** *fig.* collera, rabbia: *sentirsi rodere dalla bile* ‖ *crepare dalla bile*, essere invidioso ‖ **N.** **1.** *Sin.* fiele | cistifelia, condotto epatico, fegato | atrabile, calcoli biliari, itterizia, travaso di bile.

-bile [dal lat. *-abile(m)*] **suff.** forma aggettivi deverbali e indica possibilità e sim., normalmente con senso passivo (come in *accettabile, prevedibile*, che può essere accettato, previsto), molto più raramente con senso attivo (come in *deperibile, variabile*, che può deperire, variare) ‖ in qualche caso può, mantenendo lo stesso valore, derivare aggettivi anche da sostantivi: *papabile, carrozzabile, tascabile.*

bilénco (pl. *-chi*) [dal fr. ant. *bellinc*; 1438] **agg.** sbilenco.

bilhàrzia [dal n. del medico tedesco T. *Bilharz* (1825-1862), che identificò questo genere di trematodi parassiti; 1859] **sf.** schistosoma.

bilharziòsi [da *bilharzia*; 1934 *bilarziosi*] **sf.** *T.med.* schistosomiasi.

bilia o **biglia** (pl. *-glie*) [dal fr. *bille*, pezzo di legno; sec. XVII] **sf.** **1.** ciascuna delle sei buche del biliardo ‖ *far bilia*, mandare nella buca la palla dell'avversario **2.** *per estens.* palla d'avorio del biliardo **3.** pallina di materiale vario con cui giocano i ragazzi: *giocare a biglie.*

biliardàio (pl. *-ài*) [da *biliardo*; 1865] **sm.** (f. *-a*) *non com.* chi fabbrica o chi vende biliardi.

biliardière [da *biliardo*; 1865] **sm.** (f. *-a*) *non com.* gestore, custode di una sala da biliardo.

biliardino (*dim.* di *biliardo*) [1940] **sm.** biliardo di dimensioni ridotte e con le buche poste diversamente || *biliardino elettronico, flipper.*

biliàrdo o **bigliàrdo** [dal fr. *billard*; a. 1813] **sm.** tavola rettangolare, perfettamente piana, con sponde rilevate e imbottite, coperta di panno verde ben teso, dotata di sei buche, quattro agli angoli e due a metà dei lati più lunghi, con birilli posti al centro, sulla quale si gioca con palle d'avorio spinte a mano o da stecche || *fig. liscio come un biliardo,* detto di superficie priva di asperità || il gioco stesso che si fa sul biliardo || *per estens.* la stanza o il locale dove tale gioco è praticato || *palla da biliardo,* bilia di avorio con cui si gioca a biliardo || *iron. essere pelato come una palla da biliardo,* essere totalmente calvo || **N.** bilia, birilli, borsa, corda, cuoio, fascia, fianchi, filone, gesso per il cuoio, mattonelle o sponde, mazza, palle, pallino, panno, piano o prato, stecca, steccone, testate, trucco | battifondo, bazzica, birilli, carambola, carolina, parigina, *poule* | acchito, angolo, blocco, calcio, colpo, giro, raddoppio, rientro, rimpallo, rinterzo o di terza sponda, striscio, taglio | acchitare, battere, carambolare, dar l'effetto, fare il ponte, perdersi, prender la palla o mezza palla o palla piena, rimpallare, saltare i birilli.

biliàre [da *bile*; 1865] **agg.** *T.med.* relativo alla bile, prodotto dalla bile: *vie biliari, calcoli biliari.*

bilicàre (pres. *bìlico, bìlichi*) [forse da un lat. volg. **umbilicāre*; a. 1484] **tr.** *raro* mettere in bilico || **rifl.** e **intr. pron.** stare in bilico || **N.** *Sin.* bilanciare, equilibrare.

bìlico (pl. *-chi*) [da *bilicare*; a. 1348] **sm.** **1.** posizione di un corpo in equilibrio precario: *mettere, porre, restare in bilico* || *fig.* incertezza, dubbio: *era in bilico tra due posizioni contrastanti* **2.** tipo di cardine costituito da due piastre di acciaio di cui una munita di perno cilindrico e l'altra di un apposito foro in cui tale perno si inserisce **3.** *bilico della campana,* ciascuno dei perni su cui posa e si muove una campana **4.** *bilico della bilancia,* punto nel quale è attaccato il ferro da cui pendono i piatti **5.** *T.ferr.* carro con piattaforma girevole per il trasporto di elementi di notevole lunghezza || *carro a bilico,* montato su rotaie con cassone ribaltabile utilizzato in miniere e cantieri || *ponte a bilico,* per pesare i carri. **TAV.** *chiesa* 7.7.

bilìna o ***bylina*** [dal russo *bylina*; 1913] **sf.** canto popolare in versi non rimati e disuguali, diffuso in Russia e nell'intera area slava in epoca medievale.

bilineàre [comp. di *bi-* e *lineare*; 1692] **agg.** **1.** formato da due linee **2.** *T.mat.* in algebra lineare, dicesi di operatore a due variabili che è lineare relativamente a ciascuno dei due argomenti: *forma bilineare,* operatore bilineare che ha come dominio uno spazio vettoriale e come immagine il campo reale o complesso.

bilìneo [comp. di *bi-* e *linea*; 1674] **agg.** *T.mat.* che ha due linee.

bilìngue [dal lat. *bilinguis*; 1490 come s.] **I agg.** scritto in due lingue: *testo bilingue* || che parla perfettamente ed indifferentemente due lingue: *persona bilingue* || *zona, regione bilingue,* in cui sono riconosciute ufficialmente due lingue || scritto in due lingue: *testo bilingue* || *dizionario bilingue,* che traduce i vocaboli e le espressioni di una lingua in un'altra || *fig. lett.* doppio, mendace **II s.** persona bilingue || **N.** monolingue, multilingue.

bilinguìşmo [da *bilingue*; 1941] **sm.** **1.** capacità di un individuo di usare abitualmente due lingue diverse **2.** fenomeno di coesistenza in uno stato di due gruppi linguistici diversi: *il bilinguismo fiammingo-vallone del Belgio* || **N.** diglossia.

biliòne [dal fr. *billion*; 1797] **sm.** nella numerazione inglese, tedesca e anticamente italiana, un milione di milioni; nella numerazione italiana, francese, statunitense, mille milioni, miliardo.

biliόso [lat. *biliōsus*; a. 1589] **agg.** collerico: *temperamento bilioso* || *raro* biliare || **N.** *Sin.* irascibile, irritabile, rabbioso, stizzoso, IRACONDO.

biliottàto [da *bilia*; a. 1348] **agg.** *T.arald.* tempestato di macchie in forma di gocce.

bilirubìna [dal fr. *bilirubine*; 1916] **sf.** *T.med.* il pigmento fondamentale della bile, di color giallo-rosso.

bilirubinemìa [comp. di *bilirubina* ed *-emia*; 1933] **sf.** *T.med.* concentrazione di bilirubina nel sangue.

bilirubinùria [comp. di *bilirubina* e *-uria*; 1933] **sf.** *T.med.* presenza patologica di bilirubina nell'orina.

biliverdìna [comp. del lat. *bīlis*, bile e un der. di *verde*; 1865] **sf.** *T.biol.* pigmento biliare verde, prodotto per trasformazione dell'emoglobina.

billétta [dal fr. *billette*; 1955] **sf.** *T.metal.* laminato metallico di sezione quadrata, da cui si ricavano barre e profilati.

bilobàto [comp. di *bi-* e un der. di *lobo*; 1829] **agg.** di cosa, che ha due lobi: *foglia, finestra bilobata.*

bilobo o **bilòbo** [comp. di *bi-* e *lobo*; 1863] **agg.** **1.** *T.bot.* di organo vegetale, dotato di due lobi **2.** *T.arch.* di una struttura che termina in un arco a due lobi o in due cerchi d'arco che si intersecano reciprocamente.

bilocazióne [comp. di *bi-* e del lat. *locātio, -ōnis*; 1955] **sf.** nell'agiografia cristiana e mussulmana e in parapsicologia, fenomeno per cui un corpo si trova contemporaneamente in due luoghi diversi || **N.** ubiquità.

bilùce [comp. di *bi-* e *luce*; 1962] **agg. inv.** di lampadina (in part. di faro di autoveicolo) in grado di emettere due differenti tipi di luce.

bilùstre [dal lat. *bilūstris*; a. 1707] **agg.** *lett.* di due lustri, di dieci anni.

bìmano [dal fr. *bimane*; 1773] **agg.** che ha due mani, part. riferito all'uomo in quanto contrapposto ai quadrumani.

bimàre [dal lat. *bimaris*; a. 1878] **agg.** *raro lett.* che sta tra due mari: *il bimare Corinto.*

bìmbo [voce onom.; sec. XVI] **sm.** (f. *-a*) bambino || *dim.* bimbétto, bimbìno.

bimèmbre [dal lat. *bimembris*; 1559] **agg.** che ha membra di due diverse nature, biforme: *il centauro bimembre* || che ha doppia natura || composto di due parti, duplice.

bimensìle [comp. di *bi-* e *mensile*; 1941] **agg.** che avviene o scade o esce due volte in un mese: *rivista bimensile* || **N.** *Sin.* quindicinale.

bimestràle [da *bimestre*; 1848] **agg.** che dura due mesi || che ricorre, che esce ogni due mesi: *rata, periodico bimestrale.*

bimèstre [dal lat. *bimestris*; 1729] **sm.** periodo di due mesi || *per estens.* somma che si paga o si riceve ogni due mesi: *ho pagato il bimestre al padrone di casa.*

bimetàllico (pl. *-ci*) [comp. di *bi-* e *metallico*; 1956] **agg.** composto da due metalli diversi || *làmina bimetallica,* elemento formato da due fogli di metallo con diverso coefficiente di dilatazione, impiegato negli indicatori di temperatura.

bimetallìşmo [dal fr. *bimetallisme*; 1908] **sm.** sistema monetario in cui hanno corso legale monete coniate in due metalli diversi, gen. oro e argento.

bimetàllo [comp. di *bi-* e *metallo*; 1955] **sm.** lamiera costituita da due fogli di metalli diversi, perfettamente uniti tra di loro, usata come elemento sensibile nei termoregolatori.

bimìcron [comp. di *bi-* e *micron*] **sm. inv.** millimicron.

bimillenàrio (pl. *-ri*) [comp. di *bi-* e *millenario*; 1956] **I agg.** che dura duemila anni || che si verifica ogni duemila anni **II sm.** commemorazione di un avvenimento avvenuto duemila anni prima.

bimòlle **sm.** *non com.* v. BEMOLLE.

bimotóre [comp. di *bi-* e *motore*; 1931 come sm.] **I agg.** munito di due motori **II sm.** velivolo dotato di due motori.

binàre [lat. volg. **bināre*; a. 1525] **tr.** *raro* ripetere due volte, raddoppiare || accoppiare due cose || *T.eccl. binare la messa,* celebrarla due volte nello stesso giorno previa autorizzazione vescovile || *binare una consonante,* raddoppiarla || *T.tess.* abbinare || **intr.** (aus. *avere*) *ant.* partorire due gemelli.

binàrio[1] (pl. *-ri*) [lat. *binārius*; 1837] **sm.** le due rotaie parallele delle strade ferrate su cui scorrono treni, tramvai e sim. || *per estens.* l'intera sede ferroviaria comprensiva di binari, traversine, massicciata: *attraversare i binari di un passaggio a livello* || *binario unico,* in cui il traffico si svolge alternativamente nei due sensi || *binario banalizzato,* in una linea ferroviaria a più binari, binario percorribile indifferentemente nei due sensi || *binario morto,* tronco ferroviario allacciato solo da un lato e che non prosegue || nei modi di dire *fig.*: *essere su un binario morto,* in una situazione senza vie d'uscita; *uscire dai binari,* abbandonare la retta via; *fig. rientrare nei giusti binari,* riprendere la retta via. **Q.T.** *ferrovia* **TAV.** ***edilizia*** **p. 666** 2.7; ***ferrovie...*** **p. 669** 5.14, 5.17, 5.18.

binàrio[2] (pl. *-ri*) [lat. *binārius*; a. 1498] **agg.** **1.** costituito da due elementi: *versi binari,* formati di due versi brevi **2.** *T.chim.* di composto formato da due elementi **3.** *T.mat.* di sistema di numerazione in base due, cioè che utilizza solo i segni 0 e 1, impiegato part. nei calcolatori digitali **4.** *T.biol. divisione binaria,* tipo di riproduzione asessuata dei Protozoi per cui la cellula si divide in due **5.** *T.astr. stelle binarie,* che ruotano una intorno all'altra **6.** *T.mus. ritmo binario,* costituito da un tempo in battere e uno in levare **7.** *T.ling. opposizione binaria,* ciascuna delle coppie oppositive che consentono di distinguere un elemento da un altro, part. in fonetica: *l'opposizione binaria sorda/sonora.*

binarìşmo [da *binario*; 1978] **sm.** *T.ling.* teoria secondo cui i sistemi fonologici di ogni lingua sono riducibili a poche opposizioni binarie.

binàto [dal lat. **bināti*, gemelli; 1319] **agg.** **1.** duplicato, accoppiato: *finestre binate* || *torre binata,* su navi da guerra, torretta munita di due cannoni **2.** *ant.* gemello.

binatrìce o **abbinatrìce** [da *binare*; 1955] **sf.** *T.tess.* macchina tessile per l'accoppiamento di due o più fili sulle bobine || *per estens.* operaia addetta alle operazioni di binatura.

binatùra o **abbinatùra** [da *binare*; 1965] **sf.** *T.tess.* operazione di accoppiamento e attorcigliamento di due o più fili.

binazióne [da *binare*; 1955] **sf.** *T.eccl.* facoltà concessa ai sacerdoti di celebrare due volte la messa nello stesso giorno.

bìnda [dal ted. ant. *winde*, argano; 1863] **sf.** strumento che, per mezzo di una vite e di un'asta dentata, serve a sollevare pesi ad un'altezza modesta || **N.** *Sin.* cric, martinetto.

bindèlla [da un ant. *binda*, nastro; a. 1485] **sf.** **1.** striscia di stoffa, fettuccia **2.** striscia di acciaio che unisce le due canne di una doppietta e nella cui parte terminale è inserito il mirino. **TAV.** *caccia* 1.9.

bindellàre (pres. *-èllo*) [da *bindello*; 1965] **tr.** applicare il bindello alle scatole metalliche.

bindellatùra [da *bindellare*; 1962] **sf.** atto ed effetto del bindellare.

bindellìna (*dim.* di *bindella*) [1935] **sf.** passamano in metallo ricoperto di seta, presente in alcuni paramenti ecclesiastici.

bindèllo [dim. dell'ant. *binda*, benda, striscia; 1962] ***sm.*** striscetta metallica con cui si chiudono ermeticamente le scatole contenenti generi alimentari.

bindolàre ***tr.*** *non com.* v. ABBINDOLARE.

bindolerìa [da *bindolo*; 1734] ***sf.*** *raro* imbroglio, inganno, raggiro.

bìndolo [dal ted. ant. *windel*; 1663 nel senso 2] ***sm.*** **1.** pompa usata per prosciugare terreni o attingere acqua da pozzi, spesso azionata da animali **2.** arcolaio **3.** *fig.* pretesto, cavillo: *quanti bindoli trova per non pagare!* || *per estens.* imbroglione, uomo abile nei raggiri.

bingo (ingl., pr. ['bɪŋgoʊ]; pr. it. ['biŋgo]) [voce onom.; 1965] ***sm.*** *inv.* gioco simile alla tombola proveniente dagli Stati Uniti e dalla Gran Bretagna, oggi diffuso anche in Italia soprattutto come concorso a premi promosso da quotidiani.

biniòne [dal lat. *binio, -ōnis*; 1988] ***sm.*** *T.num.* moneta d'oro della Roma repubblicana detta anche *doppio aureo.*

bìno [dal lat. *bīni*, a due a due; 1340 ca.] ***agg.*** *ant.* doppio, gemello || **N.** trino.

binòcolo [comp. del lat. *bīni*, a due a due e del lat. *oculus*, occhio; a. 1754 *binoccolo*] ***sm.*** strumento costituito da due cannocchiali accoppiati con regolazione comune per vedere con entrambi gli occhi oggetti lontani ingranditi || *binocolo prismatico*, provvisto di quattro prismi a riflessione che aumentando la distanza tra gli assi degli oculari migliorano la profondità della visione || *fig. fam. neppure col binocolo*, molto difficilmente || **N.** cannocchiale. **TAV. *ottica* p. 1329 5.**

binoculàre [comp. del lat. *bīni*, a due a due e un der. del lat. *oculus*, occhio; 1940] ***agg.*** di visione, ottenuta contemporaneamente dai due occhi || di strumento ottico, che richiede l'uso di entrambi gli occhi: *microscopio binoculare.*

binomiàle [da *binomio*; 1930] ***agg.*** *T.mat.* relativo al binomio: *costante, distribuzione binomiale.*

binòmio (pl. *-mi*) [lat. mediev. *binōmium*; 1543] **I** ***sm.*** **1.** *T.mat.* somma algebrica di due quantità, in part. di due monomi **2.** *per estens.* coppia di cose o persone unite da un forte legame, *il binomio giustizia e libertà, Fruttero e Lucentini sono un affermato binomio* **II** ***agg.*** che risulta composto da due termini: *denominazione binomia*, in botanica e zoologia, quella ideata da Linneo || *T.mat. equazione binomia*, tipo particolare di equazione reciproca.

bìnubo [dal lat. *binubus*; 1963] ***agg.*** e ***sm.*** (f. *-a*) che, chi si è sposato per la seconda volta.

bio- [dal gr. *bíos*, vita] ***primo elem.*** che, in parole composte dotte o della terminologia scientifica, vale "vita" o "essere vivente" || nelle denominazioni di alcune discipline (per es. *biosociologia*) è abbreviazione di *biologia*. **Q.T.** *genetica...*

-bio [dal gr. *bíos*, vita] ***elem. term.*** che, in parole composte della terminologia scientifica (per es. *aerobio, microbio*), vale "essere vivente".

bioagricoltùra [comp. di *bio-* e *agricoltura*; 1985] ***sf.*** metodo di coltivazione dei campi che si serve delle proprietà fertilizzanti di prodotti naturali e della azione di insetti o di altri animali per distruggere organismi nocivi, evitando così l'uso di prodotti chimici || **N.** *Sin.* agricoltura biologica.

biobibliogràfico (pl. *-ci*) [comp. di *bio-* e *bibliografico*; 1967] ***agg.*** relativo ai dati biografici e bibliografici di uno scrittore: *repertorio, schedario biobibliografico.*

biocatalizzatóre [comp. di *bio-* e *catalizzatore*; 1965] ***sm.*** *T.med.* enzima o vitamina in grado di attivare o favorire reazioni biochimiche.

biòccolo [incrocio del lat. tardo *buccula*, ricciolo e *fiocco*; 1525] ***sm.*** **1.** falda, fiocco di lana o di cotone non ancora filati **2.** *per estens.* batuffolo di qualsiasi materiale soffice: *un bioccolo di zucchero filato* **3.** *raro* grumo, escrescenza nodosa.

bioccolùto [da *bioccolo*; a. 1893] ***agg.*** fatto a bioccoli, pieno di bioccoli: *lana bioccoluta.*

biocenologìa [comp. di *bio-*, *ceno-* e *-logia*; 1988] ***sf.*** branca della biologia che studia le comunità di organismi animali e vegetali in natura e le interazioni fra i membri di tali comunità.

biocenòṣi [comp. di *bio-* e del gr. *koinōsis*, unione; 1955] ***sf.*** *T.biol.* coabitazione in uno stesso ambiente di varie specie animali e vegetali: *la fauna delle scogliere sottomarine è un esempio di biocenosi.*

biochìmica [comp. di *bio-* e *chimica*; 1875] ***sf.*** *T.chim.* lo studio della composizione e dei fenomeni chimici della materia vivente.

biochìmico (pl. *-ci*) [comp. di *bio-* e *chimico*; 1941] **I** ***agg.*** **1.** che riguarda la biochimica **2.** *T.min.* riferito a sedimento minerale prodotto sia dall'azione diretta di organismi viventi sia dalle condizioni ambientali da questi determinate **II** ***sm.*** (f. *-a*) studioso di biochimica.

bioclimatologìa [comp. di *bio-* e *climatologia*; 1963] ***sf.*** la scienza che studia i rapporti tra gli esseri viventi e il clima.

bioculàre [comp. di *bi-* e *oculare*; 1955] ***agg.*** *microscopio bioculare*, microscopio con un obiettivo a due oculari || **N.** *Sin.* binoculare.

biodegradàbile [comp. di *bio-* e *degradabile*; 1978] ***agg.*** di sostanza o prodotto che può essere decomposto ad opera di agenti naturali (batteri, altri microrganismi, luce solare ecc.).

biodegradabilità [comp. di *bio-* e *degradabilità*; 1979] ***sf.*** proprietà delle sostanze o dei prodotti in grado di essere decomposti a opera di agenti naturali.

biodegradazióne [comp. di *bio-* e *degradazione*; 1974] ***sf.*** scomposizione di una sostanza organica in composti chimici semplici a opera di agenti naturali.

biodeterminiṣmo [comp. di *bio-* e *determinismo*; 1983] ***sm.*** ideologia che identifica la causa delle diseguaglianze sociali in differenze biologiche.

biodinàmica [comp. di *bio-* e *dinamica*; 1932] ***sf.*** settore della fisiologia che studia i processi vitali da un punto di vista energetico, sulla base delle leggi della dinamica.

biòdo [lat. volg. **bluda*; 1727] ***sm.*** **1.** pianta acquatica alta fino a un metro con fiori rosa disposti in ombrelle, foglie strette e acute **2.** pianta delle Ciperacee con rizoma strisciante, frutto ad achenio, fiori a spiga; vive nelle acque stagnanti ed è usata per confezionare stuoie e sporte.

bioelettricità [comp. di *bio-* e *elettricità*; 1965] ***sf.*** elettricità all'interno di organi e tessuti animali || **N.** *Sin.* elettricità animale.

bioelèttrico (pl. *-ci*) [da *bioelettricità*; 1965] ***agg.*** che riguarda la bioelettricità.

bioelettrònica [comp. di *bio-* e *elettronica*; 1983] ***sf.*** applicazione delle tecniche elettroniche alla biologia.

bioenergètica [comp. di *bio-* e *energetica*; 1978] ***sf.*** **1.** settore della biologia che studia le trasformazioni di energia negli organismi viventi **2.** biodinamica.

bioenergètico (pl. *-ci*) [comp. di *bio-* e *energetico*; 1983] ***agg.*** relativo alla bioenergetica, proprio della bioenergetica.

bioenergìa (pl. *-gìe*) [comp. di *bio-* ed *energia*; 1986] ***sf.*** energia prodotta per via biologica, cioè attraverso fermentazione di materiale organico || **N.** biogas.

bioèrma v. BIOHERMA.

bioètica [comp. di *bio-* ed *etica*, sul modello dell'inglese *bioethics*; 1986] ***sf.*** lo studio dei problemi etici derivati dai recenti sviluppi della biologia e della medicina (in part. nel campo della ingegneria genetica, della fecondazione in vitro, della neurobiologia).

biòfago (pl. *-gi*) [comp. di *bio-* e *-fago*; 1980] ***agg.*** che si alimenta di organismi viventi.

biofarmacèutica [comp. di *bio-* e *farmaceutica*; 1983] ***sf.*** branca della farmaceutica che si occupa della produzione di farmaci in cui i principi attivi offrano la massima disponibilità biologica.

biofilìa [comp. di *bio-* e *-filia*; 1940] ***sf.*** *T.fil. raro* istinto di conservazione.

biofìṣica [comp. di *bio-* e *fisica*; 1942] ***sf.*** scienza che si occupa degli aspetti fisici in campo biologico.

biofìṣico (pl. *-ci*) [da *biofisica*; 1962] **I** ***agg.*** che riguarda la biofisica **II** ***sm.*** (f. *-a*) studioso di biofisica.

bioflavonòide [comp. di *bio-*, *flavone* e *-oide*; 1974] ***sm.*** *T.chim.* composto organico di origine vegetale che esercita nell'organismo azione protettiva sull'integrità anatomica e funzionale dei capillari sanguigni.

biogàs [comp. di *bio-* e *gas*; 1981] ***sm.*** *inv.* gas naturale ottenuto per fermentazione di materiale organico ad opera di batteri anaerobi.

biogèneṣi [comp. di *bio-* e *genesi*; 1908] ***sf.*** *T.fisiol.* **1.** teoria secondo cui ogni essere vivente deriva da un altro essere vivente **2.** dottrina per cui lo sviluppo del singolo non è se non una breve e rapida ricapitolazione dello sviluppo della specie || **N.** **1.** *Contr.* abiogenesi **2.** filogenesi, ontogenesi.

biogenètica [comp. di *bio-* e *genetica*; 1899] ***sf.*** scienza che studia l'origine della vita e la generazione e lo sviluppo degli esseri viventi.

biogenètico (pl. *-ci*) [da *biogenesi*; 1899] ***agg.*** che si riferisce alla biogenesi, allo sviluppo o alla generazione degli esseri viventi: *legge biogenetica.*

biogenìa [comp. di *bio-* e *-genia*; 1908] ***sf.*** studio dell'origine e dello sviluppo degli esseri viventi.

biògeno [comp. di *bio-* e *-geno*; 1942] **I** ***agg.*** *T.biol.* costituito da organismi viventi **II** ***sm.*** *T.chim.* elemento chimico costitutivo della materia vivente.

biogeografìa [comp. di *bio-* e *geografia*; 1913] ***sf.*** scienza che studia il rapporto tra la distribuzione degli organismi viventi sulla terra e le condizioni ambientali.

biografàre (pres. *biògrafo*) [da *biografia*; 1955] ***tr.*** scrivere la biografia di un personaggio.

biografìa [dal fr. *biographie*; 1771] ***sf.*** ricostruzione degli eventi della vita di una persona, spec. famosa: *biografia spirituale, romanzata* || opera letteraria che narra tali eventi: *hanno appena pubblicato l'ennesima biografia di Cesare* || **N.** autobiografia, carattere, medaglione, memorie, profilo, ritratto, vita.

biogràfico (pl. *-ci*) [dal fr. *biographique*; 1753] ***agg.*** che riguarda la biografia: *saggio, profilo biografico, fonti biografiche* || *dizionario biografico*, che contiene biografie.

biògrafo [dal fr. *biographe*; 1756] ***sm.*** (f. *-a*) autore di biografie: *un biografo di Napoleone.*

biohèrma o **bioèrma** [dall'ingl. *bioherm*; 1970] ***sm.*** *T.geol.* formazione rocciosa costituita da sedimenti di natura organica (scheletri di coralli, alghe), che si presenta come una scogliera sagomata a forma di cupola elevantesi sul fondo marino.

bioingegnére [comp. di *bio-* e *ingegnere*; 1981] ***sm.*** studioso, esperto di bioingegneria.

bioingegnerìa [comp. di *bio-* e *ingegneria*; 1971] ***sf.*** disciplina che applica nozioni e tecniche dell'ingegneria alla biologia e alla medicina, spec. al fine di realizzare organi artificiali.

biólca [da *biolco*; 1892] ***sf.*** antica misura agraria di superficie, usata tuttora in Emilia e in Veneto.

biologìa (pl. *-gìe*) [comp. di *bio-* e *-logia*; 1828] ***sf.*** scienza che studia gli organismi viventi e i processi che sono alla base della vita || *biologia animale*, zoologia || *biologia vegetale*, botanica || *biologia umana*, antropologia || *biologia generale*, che studia i fenomeni comuni a tutti gli esseri viventi || **N.** embriologia, fisiologia, morfologia | apparato, cellula, funzione, organismo, protoplasma, simbiosi | darwinismo, evoluzione, metamorfosi, ontogenesi, palingenesi, reversione, trasformismo. **Q.T.** *genetica...*

biològico (pl. *-ci*) [da *biologia*; 1865] ***agg.*** che si riferisce alla biologia o agli esseri viventi || *guerra biologica*, V. BATTERIOLOGICO || *fossa biologica*, impianto che, in assenza di fognature, assicura l'eliminazione dei liquami; pozzo nero || *T.agr. coltura biologica*, che impiega mezzi naturali (animali competitivi, parassiti, veleni ecc.) per combattere organismi nocivi alle piante.

biòlogo (pl. *-gi*) [comp. di *bio-* e *-logo*; 1865] ***sm.*** (f. *-a*) studioso di biologia.

bioluminescènza [comp. di *bio-* e *luminiscenza*; 1920] ***sf.*** energia luminosa prodotta da organismi animali: *la bioluminescenza dei pesci abissali.*

biòma [dal gr. *bíos*, ambiente di vita; 1955] ***sm.*** *T.biol.* insieme di comunità animali e vegetali aventi caratteristiche generali comuni.

biomàssa [comp. di *bio-* e *massa*; 1963] ***sf.*** la massa totale degli organismi viventi presenti in un determinato volume d'acqua o di terreno in un determinato periodo di tempo.

biomeccànica [comp. di *bio-* e *meccanica*; 1955] ***sf.*** disciplina che studia le leggi meccaniche che regolano gli organismi viventi e si occupa dell'applicazione delle leggi meccaniche alla biologia e alla medicina.

biometeorologìa [comp. di *bio-* e *meteorologia*; 1942] ***sf.*** *T.meteor.* la parte della meteorologia che studia i rapporti della vita animale e vegetale coi fenomeni meteorologici.

biometrìa [comp. di *bio-* e *-metria*; 1930] ***sf.*** branca della biologia che studia gli organismi viventi mediante l'applicazione di metodi statistici.

biomètrico (pl. *-ci*) [da *biometria*; 1955] ***agg.*** che riguarda la biometria.

biometrìsta [da *biometria*; 1983] ***s.*** studioso, esperto di biometria.

biomicroscopìa [comp. di *bio-* e *microscopia*; 1955] ***sf.*** *T.med.* esame microscopico di tessuti viventi; in part. in oculistica, esame microscopico dell'occhio umano.

biónda[1] [da *biondo*, forse per il colore del tabacco; 1970] ***sf.*** *pop.* sigaretta fatta con tabacco chiaro.

biónda[2] V. BLONDA.

biondàstro [da *biondo*; 1886] ***agg.*** di colore tendente al biondo: *una barba biondastra.*

biondeggiàre (pres. *-éggio*) [da *biondo*; sec. XIII] ***intr.*** (aus. *avere*) tendere al biondo, cominciare a esser biondo: *i campi biondeggiano di spighe* || **N.** *Sin.* imbiondire, rimbiondire.

biondèlla [da *biondo*; prima metà sec. XIV] ***sf.*** *pop.* Centaurea minore, pianta delle Genzianacee, ramosa, con foglie basilari a rosetta e fiori rosa, di sapore amaro; ha proprietà febbrifughe e digestive || **N.** *Sin.* cacciafebbre.

biondézza [da *biondo*; 1342] ***sf.*** qualità di ciò che è biondo: *la biondezza delle messi.*

biondiccio (pl. m. *-ci*, pl. f. *-ce*) [da *biondo*; 1551] ***agg.*** che tende al biondo: *capelli biondicci*, biondo slavati.

biondìno (*dim.* di *biondo*) [1808 come sf.; 1882 come sm.] ***sm.*** bambino, ragazzino o giovane con i capelli biondi, di aspetto perlopiù fragile, affettato o effeminato || ***sf.*** *biondina*, bambina o giovane donna bionda di aspetto grazioso o, anche, di una bellezza un po' fragile e spenta.

bióndo [forse dal germ. **blund*; a. 1250 *blonda*] **I** ***agg.*** **1.** di colore intermedio tra il giallo dorato ed il castano chiaro, proprio delle messi mature, part. usato per indicare il colore di capelli, barba e peli || *fig. il biondo metallo*, l'oro || *fig. il biondo Tevere*, dal colore delle acque spesso torbide di fango || *fig. il biondo dio*, Apollo **2.** di persona bionda di capelli: *un bambino biondo* **II** ***sm.*** **1.** il color biondo: *il biondo del grano* **2.** (f. *-a*) persona con i capelli biondi: *una bionda esplosiva* || *dim.* biondìno; *accr.* biondóna, biondóne || **N.** aureo, castano, cenere, cupreo, dorato, fulvo, platino, rossiccio | biondeggiare, imbiondire.

biònica [comp. di *bio-* e *-onica*; 1903] ***sf.*** scienza che studia l'applicazione di funzioni e strutture biologiche degli esseri umani a dispositivi e apparecchiature elettroniche.

biònico (pl. *-ci*) [da *bionica*; 1967] ***agg.*** relativo alla bionica, proprio della bionica: *studi bionici* || prodotto dalla bionica: *organo bionico.*

biopsìa [dal fr. *biopsie*; 1915] ***sf.*** *T.med.* esame istologico di un frammento di tessuto vivente asportato chirurgicamente a fini diagnostici || *com.* l'operazione del prelievo: *oggi il paziente sarà sottoposto a biopsia.*

biòptico (pl. *-ci*) [da *biopsia*; 1955] ***agg.*** *T.med.* relativo a biopsia: *accertamento bioptico.*

bioritmica [da *bioritmico*; 1981] ***sf.*** teoria dei bioritmi.

bioritmico (pl. *-ci*) [da *bioritmo*; 1976] ***agg.*** relativo al bioritmo: *test bioritmico.*

biorìtmo [comp. di *bio-* e *ritmo*; 1970] ***sm.*** **1.** manifestazione ciclica di un fenomeno vitale **2.** diagramma delle condizioni psicofisiche di un individuo, spec. di un atleta, calcolato secondo apposite tabelle per un determinato periodo di tempo.

biorizzazióne [etim. inc.; 1955] ***sf.*** sterilizzazione del latte ottenuta mediante nebulizzazione in un recipiente riscaldato a ultrasuoni.

biòscia (pl. *-sce*) [da un ant. *bioscio*, sbieco; 1802] ***sf.*** **1.** *raro tosc.* neve caduta di fresco che si scioglie quasi subito **2.** *fig.* minestra insipida e brodosa || **N.** abbiosciarsi.

bioscòpio (pl. *-pi*) [comp. di *bio-* e *scopio*; 1955] ***sm.*** antico apparecchio di proiezione oggi sostituito dal proiettore.

biosfèra [comp. di *bio-* e *sfera*; 1950] ***sf.*** insieme delle parti dell'atmosfera, della idrosfera e della geosfera in cui sono presenti organismi viventi || *per estens.* gli organismi viventi nella biosfera.

biosìntesi [comp. di *bio-* e *sintesi*; 1962] ***sf.*** *T.biol.* sintesi di sostanze chimiche operata dagli organismi viventi. **Q.T.** *genetica...*

biosistèma [comp. di *bio-* e *sistema*; 1983] ***sm.*** sistema costituito dall'interazione reciproca tra un ambiente e gli organismi che vivono in esso; i fattori chimico-fisici che lo caratterizzano || **N.** *Sin.* ecosistema.

biosociologìa [comp. di *bio-* e *sociologia*; 1970] ***sf.*** settore della sociologia che studia i rapporti tra i fenomeni biologici e i fenomeni sociali.

biòssido [comp. di *bi-* e *ossido*; 1865] ***sm.*** *T.chim.* composto in cui ogni molecola contiene un atomo di metallo (o metalloide) e due atomi di ossigeno: *biossido di manganese.*

biostatìstica [comp. di *bio-* e *statistica*; 1987] ***sf.*** statistica applicata ai fenomeni biologici.

biostratigrafìa [comp. di *bio-* e *stratigrafia*; 1965] ***sf.*** *T.geol.* branca della geologia che studia la cronologia delle rocce sedimentarie mediante indagine sui loro resti fossili.

biòt [dal n. del fisico fr. J.B. *Biot* (1774-1826); 1971] ***sm.*** *inv.* *T.mis.* unità di misura dell'intensità di corrente nel sistema C.G.S. elettromagnetico, pari a 10 *ampere.*

biòta [dal gr. *biotḗ*, vita; 1980] ***sm.*** la flora e la fauna di una regione.

biotecnologìa [comp. di *bio-* e *tecnologia*; 1981] ***sf.*** applicazione della tecnologia ai processi biologici.

biotecnòlogo (pl. *-gi*) [comp. di *bio-* e *tecnologo*; 1986] ***sm.*** (f. *-a*) esperto di biotecnologia.

bioterapìa [comp. di *bio-* e *terapia*; 1962] ***sf.*** *T.med.* terapia basata su sieri e vaccini o lieviti.

biòtico (pl. *-ci*) [dal gr. *biotikós*, della vita; 1955] ***agg.*** *T.ecol.* che si riferisce alla vita o agli organismi viventi: *fattori biotici*, azioni provocate da organismi; *complesso biotico*, l'insieme di animali e piante di un determinato ambiente.

biotìna [dal gr. *bioti*(*kós*), proprio della vita e *-ina*; 1965] ***sf.*** vitamina H.

biotìpo [comp. di *bio-* e *tipo*; 1930] ***sm.*** **1.** gruppo di individui che nella loro discendenza mantengono costanza di caratteri genetici ereditari **2.** *T.med.* tipo costituzionale, insieme delle caratteristiche fisiologiche, morfologiche, intellettive e psichiche di un individuo.

biotipologìa [comp. di *biotipo* e *-logia*; 1922] ***sf.*** branca della medicina che studia i tipi costituzionali.

biotìte [dal n. proprio J.B. *Biot*, fisico fr.; 1892] ***sf.*** *T.min.* varietà di mica ferromagnesiaca di colore scuro.

biòtopo [comp. di *bio-* e *topo*; 1962] ***sm.*** *T.biol.* unità ambientale caratterizzata dalla presenza di forme particolari di organismi viventi.

biòtto [dal germ. *blants*, nudo; 1925] ***agg.*** *sett.* nudo, spogliato || *fig.* meschino, tapino.

biòva [etim. inc.; 1965] ***sf.*** *sett.* forma di pane tondeggiante e soffice || *dim.* biovétta.

biovulàre [comp. di *bi-* e *ovula*; 1932] ***agg.*** *T.biol. gemello biovulare*, ciascun dei due gemelli nato dalla fecondazione e dallo sviluppo di due uova distinte da parte di due distinti spermatozoi || **N.** *Sin.* dizigotico.

bipàla [comp. di *bi-* e *pala*; 1970] ***agg.*** *inv.* *T.aer.* di elica, che ha due pale: *rotore bipala.*

bipartìbile [da *bipartire*; 1829] ***agg.*** che si può bipartire; divisibile.

bipartìre (pres. *-ìsco*, *-ìsci*) [dal lat. tardo *bipartīre*; a. 1508] ***tr.*** dividere in due parti || ***intr. pron.*** dividersi in due parti || **N.** *Sin.* biforcare, dimezzare, sdoppiare, DIVIDERE.

bipartìtico (pl. *-ci*) [da *bipartito*[2]; 1950] ***agg.*** composto o realizzato da due partiti: *il sistema bipartitico inglese.*

bipartitìșmo [da *bipartito*[2]; 1955] ***sm.*** *T.pol.* sistema politico fondato sull'alternanza al governo e all'opposizione di due soli partiti.

bipartìto[1] (*pps.* di *bipartire*) [a. 1406] ***agg.*** diviso in due; *in part. T.bot.* di organo vegetale, diviso in due parti.

bipartìto[2] [comp. di *bi-* e *partito*; 1955] **I** ***agg.*** bipartitico **II** ***sm.*** governo di due partiti.

bipartizióne [dal lat. tardo *bipartītio*, *-ōnis*; 1797] ***sf.*** divisione in due parti || il punto dove una cosa è bipartita || **N.** *Sin.* biforcamento, biforcazione, DIVISIONE.

bipàsso[1] [comp. di *bi-* e *passo*; 1980] ***agg.*** *inv.* di proiettore cinematografico che può proiettare pellicole di passo diverso.

bipàsso[2] V. BY-PASS.

bip bip [voce onom.; 1977] **I** voce onom. che riproduce il segnale uguale e intermittente emesso da un apparecchio elettronico (ad es. una sveglia, un rivelatore di metalli, un videogioco) **II** ***loc. m. inv.*** piccolo apparecchio radio portatile che, emettendo un segnale acustico, avverte una persona di mettersi in contatto con un apposito centralino telefonico || **N.** II *Sin.* cercapersone.

bìpede [dal lat. *bipes*, *-pedis*; 1612] **I** ***agg.*** che ha due piedi: *animali bipedi* **II** ***sm.*** **1.**

animale bipede: *l'anatra è un bipede* || *per anton.* l'uomo **2.** in un quadrupede, coppia di arti coordinati nell'andatura: *bipede anteriore, destro, sinistro.*

bipennàto [comp. di *bi-* e *pennato*; 1809] ***agg.*** di foglia composta di foglioline disposte come le barbe di una penna su peduncoli secondari attaccati a un peduncolo comune.

bipénne o **bipènne** [dal lat. *bipennis*; a. 1292] ***sf.*** *lett.* scure a due tagli || **N.** ascia, SCURE.

bipiàno [comp. di *bi-* e *piano*; 1985] ***agg.*** *inv.* (sempre posposto) a due piani: *autobus bipiano.*

bipiràmide [comp. di *bi-* e *piramide*; 1930] ***sf.*** *T.geom.* figura solida composta da due piramidi aventi la base in comune ed i vertici opposti.

biplanarità [da *biplanare*; 1973] ***sf.*** *T.ling.* termine con cui Hjelmslev, rifacendosi a Saussure, indicò l'associazione tra piano dell'espressione e piano del contenuto necessaria perché si possa avere un linguaggio, un sistema di segni.

biplàno [dal fr. *biplan*; 1918] **I *agg.*** con due piani aerodinamici sovrapposti: *alettone biplano* **II *sm.*** aeroplano con due piani alari sovrapposti. **TAV.** ***aeronautica*** **5.**

bipolàre [comp. di *bi-* e *polare*; 1925] ***agg.*** **1.** *T.elettr.* di macchina o sistema a due poli: *dinamo, motore bipolare* || di elemento di circuito elettrico costituito da due conduttori: *spina bipolare* **2.** *per estens.* che è caratterizzato da due elementi o caratteri salienti: *struttura bipolare* || *fig.* part. in politica, che si basa su due poli d'influenza.

bipolarismo [da *bipolare*; 1929] ***sm.*** **1.** tendenza alla bipolarità **2.** *T.pol.* in uno stato pluripartitico, tendenza alla polarizzazione delle forze politiche in due soli blocchi contrapposti **3.** *T.pol.* in politica internazionale, egemonia di due sole grandi potenze.

bipolarità [da *bipolare*; 1950] ***sf.*** *T.fis.* proprietà di ciò che è bipolare.

bipolarizzazióne [comp. di *bi-* e *polarizzazione*; 1979] ***sf.*** *T.pol.* in uno stato pluripartitico, tendenza dell'elettorato a concentrare i voti su due soli partiti.

bipòlide [comp. di *bi-* e del gr. *pólis*, città, sul modello di *apolide*; 1965] ***agg.*** e ***s.*** che o chi ha la cittadinanza in due diversi stati.

bipòlo [comp. di *bi-* e *polo*; 1965] ***sm.*** *T.elettrot.* elemento di un circuito elettrico che presenta due poli.

bipósto [comp. di *bi-* e *posto*; 1955] **I *agg.*** *inv.* che ha due posti: *cabina biposto, auto biposto* **II *sm.*** velivolo a due posti: *con un biposto hanno attraversato l'Atlantico.*

biràcchio (pl. *-chi*) [etim. inc. a. 1665] ***sm.*** *raro* cencio, brandello || **N.** brano, sbrendolo, STRACCIO.

bìrba[1] [dal fr. *bribe*, tozzo di pane dato per elemosina; a. 1686] ***sf.*** persona astuta e disonesta || *com. scherz.* ragazzo furbo e molto vivace || *dim.* birbarèllo, birbacchiòlo, birbìno; *accr.* birbóne, birbacciόne; *pegg.* birbàccia || **N.** *Sin.* briccone, BIRBONE.

bìrba[2] [etim. inc.; a. 1742] ***sf.*** *T.carr.* carrozza scoperta, a due posti e quattro ruote.

birbantàggine [da *birbante*; a. 1865] ***sf.*** azione da birbante.

birbànte [da *birba*[1]; 1686] ***sm.*** uomo disonesto e scaltro || *com. scherz.* furbacchione: *birbante, me l'hai fatta!* || *dim.* birbantèllo; *pegg.* birbantàccio || **N.** BIRBONE.

birbanteggiàre (pres. *-éggio*) [da *birbante*; 1879] ***intr.*** (aus. *avere*) fare il birbante || **N.** *Sin.* darsi al furfante, furfanteggiare, imbricconire, incanagliare, sbirbare.

birbanterìa [da *birbante*; a. 1712] ***sf.*** l'esser birbante || azione da birbante, tiro mancino.

birbantésco (pl. *-schi*) [da *birbante*; a. 1749] ***agg.*** di o da birbante: *atti, modi birbanteschi.*

birbàta [da *birba*[1]; 1863] ***sf.*** *raro* azione da birba || **N.** *Sin.* BIRBONATA.

birberìa [da *birba*[1]; a. 1873] ***sf.*** *raro* birbanteria.

birbésco (pl. *-schi*) [da *birba*[1]; 1865] ***agg.*** *raro* birbantesco.

bìrbo [da *birba*[1]; a. 1704] ***sm.*** *raro* birba.

birbonàggine [da *birbone*; 1865] ***sf.*** *raro* birbanteria.

birbonàta [da *birbone*; 1729] ***sf.*** azione da birbone || monelleria, birichinata || *per estens.* opera malfatta: *quel quadro è una birbonata* || **N.** *Sin.* azionaccia, birbanteria, birbata, birberia, bricconata, bricconeria, canagliata, enormità, furfanteria, gherminella, malefatta, malvagità, marioleria, nequizia, ribaldaggine, ribalderia, scelleraggine, scelleratezza, sciaguratàggine, tristizia, turpitudine.

birbóne [da *birba*; 1508] **I *sm.*** (f. *-a*) **1.** uomo astuto e malvagio || *com. scherz.* discolo: *quel ragazzo è proprio un birbone* **2.** *ant.* vagabondo **II *agg.*** **1.** cattivo, malvagio: *uno scherzo, un tiro birbone* **2.** *scherz.* intenso, insopportabile: *un freddo birbone* || **N.** I **1.** *Sin.* animaccia, anima nera, arnesaccio, avanzo di galera, birba, birbaccione, birbo, briccone, brutto arnese, canaglia, delinquente, farabutto, figuro, furfante, malandrino, manigoldo, mascalzone, ribaldo, scapestrato, scellerato | di tre cotte, losco, matricolato.

birboneggiàre (pres. *-éggio*) [da *birbone*; a. 1793] ***intr.*** (aus. *avere*) fare il birbone.

birbonerìa [da *birbone*; 1729] ***sf.*** birbanteria.

birbonésco (pl. *-schi*) [da *birbone*; 1865] ***agg.*** birbantesco || **birbonescaménte** ***avv.***

bìrcio (pl. m. *-ci*, pl. f. *-ce*) [etim. inc.; sec. XVI] ***agg.*** *raro tosc.* di vista corta, guercio, strabico.

bird watcher (ingl., pr. ['bəːd ˌwɒtʃə]) [letter. osservatore di uccelli; 1984] ***loc. s.*** *inv.* chi pratica il *bird watching.*

bird watching (ingl., pr. ['bəːd ˌwɒtʃɪŋ]) [letter. osservazione di uccelli; 1982] ***loc. m.*** *inv.* osservazione degli uccelli nel loro ambiente naturale, effettuata gen. con binocoli, a fini di ricerca o per hobby.

bireattóre [comp. di *bi-* e *reattore*; 1955 come sm.] **I *agg.*** che ha due reattori **II *sm.*** velivolo azionato da due reattori.

birème [dal lat. *birēmis*; 1547] ***sf.*** *T.stor.* nave a due ordini di remi || **N.** quadrireme, trireme, NAVE.

biribìssi [etim. inc.; a. 1708] ***sm.*** *inv.* **1.** *T.gioc.* gioco d'azzardo simile alla lotteria che si fa puntando su un numero o una combinazione scelta tra settanta numeri possibili || *per estens.* rischio, alea **2.** piccola trottola costituita da uno stecchino infilato nell'anima di un bottone.

birichinàta [da *birichino*; 1863] ***sf.*** azione da birichino, scappatella: *tutti i giorni combina qualche birichinata.*

birichinerìa [da *birichino*; 1929] ***sf.*** comportamento da birichino, azione da birichino.

birichìno [etim. discussa, forse un dim. di *bricco, buricco*, asinello; 1808] **I *sm.*** (f. *-a*) **1.** ragazzo astuto e impertinente **2.** *T.stor.* nel XVII secolo a Bologna, membro di una associazione criminosa cittadina **II *agg.*** vivace, irrequieto: *scolaro birichino* || **N. 1.** *Sin.* birba, bricconcello, monello, ragazzaccio.

birifrangènte [dal fr. *biréfringent*; 1962] ***agg.*** di corpo dotato di birifrangenza.

birifrangènza [dal fr. *biréfringence*; 1902] ***sf.*** *T.fis.* proprietà di alcuni corpi cristallini di sdoppiare un raggio di luce incidente in due raggi rifratti diversamente polarizzati.

birifrazióne [comp. di *bi-* e *rifrazione*; 1955] ***sf.*** fenomeno determinato dalle sostanze birifrangenti.

birignào [voce onom.; 1923] ***sm.*** *T.teatr.* dizione enfatica e artificiosa con pronuncia nasale e vocali finali prolungate.

birìllo [etim. inc.; 1797] ***sm.*** **1.** cilindro tornito e sagomato di vario materiale che deve essere abbattuto con bilie o palle in vari giochi come biliardo, *bowling* e sim. || *pl.* gioco per ragazzi che consiste nell'abbattere i birilli con una boccia **2.** gamba di mobile simile a un birillo capovolto.

birmàno [dal n. geogr. *Birmania*; 1828 *birmanni*] **I *agg.*** della Birmania **II *sm.*** **1.** (f. *-a*) nativo, abitante della Birmania **2.** (solo *sing.*) lingua del gruppo tibetano-birmano parlata in Birmania. **TAV.** ***gatti*** **p. 672.**

bìro [dal n. proprio L. *Biró*, suo inventore; 1948] ***sf.*** *inv.* penna a sfera.

biròccio (pl. *-ci*) [lat. volg. **birotium*; 1846] ***sm.*** *raro* barroccio.

biróldo [etim. inc.; a. 1449] ***sm.*** *ant.* sanguinaccio || **N.** *Sin.* mallegato.

birotóre [comp. di *bi-* e *rotore*; 1970] ***agg.*** e ***sm.*** provvisto di due rotori: *elicottero birotore.*

bìrra [dal ted. *Bier*; 1521 *bira*] ***sf.*** bevanda alcolica ottenuta dalla fermentazione dell'orzo, del malto e di altri cereali, aromatizzata con luppolo o altre sostanze ed addizionata con anidride carbonica: *birra scura, chiara, rossa* || *birra alla spina*, spillata direttamente dal barile || *loc. avv. fig. a tutta birra*, a gran velocità || *fig. dare la birra a qualcuno*, nel gergo sportivo, distanziare qualcuno in modo notevole || *fig. pop. farci la birra*, non sapere come utilizzare qualcosa.

birràglia (pl. *-glie*) [da *birro*[1]; a. 1694] ***sf.*** *raro* sbirraglia.

birràio (pl. *-ài*) [da *birra*; 1797] ***sm.*** (f. *-a*) chi produce o vende birra.

birràrio (pl. *-ri*) [da *birra*; 1955] ***agg.*** relativo alla produzione e al consumo di birra: *industria birraria, mercato birrario.*

birrerìa [da *birra*; 1837] ***sf.*** locale pubblico dove si vende e si beve birra || *non com.* fabbrica di birra.

birrésco (pl. *-schi*) [da *birro*[1]; 1545] ***agg.*** *raro spreg.* di o da birro: *modi birreschi.*

bìrro[1] [forse dal lat. tardo *birrus*, mantello rosso a cappuccio; a. 1336] ***sm.*** **1.** sgherro, sbirro **2.** la mozzetta dei vescovi cattolici.

bìrro[2] v. SBIRRO[2].

birròccio e der. forme meno com. di BARROCCIO e der. (v.).

bìs [dal lat. *bis*, due volte; a. 1835 come sm.] **I *escl.*** segno di approvazione e di plauso al termine di uno spettacolo per ottenere la ripetizione di un brano o di una esecuzione: *bravo! bis!* **II *sm.*** richiesta del pubblico di una ripetizione immediata di un brano o di una esecuzione: *chiedere il bis* || *per estens.* replica, ripetizione: *fare il bis di gelato* **III *agg.*** supplementare, aggiuntivo: *treno bis, sportello bis.*

bis-[1] [dal lat. *bis*, due volte] ***primo elem.*** **1.** in parole composte, ha il valore di "due volte", "doppio" (per es. *biscotto, bisarca*) || indica anche grado successivo (per es. *biscroma, bisdrucciolo*) e, nei nomi di parentela, grado più remoto (per es. *bisnonno, biscugino*) **2.** nella terminologia chimica forma le denominazioni di composti caratterizzati dalla presenza di un gruppo ripetuto due volte || **N. 1.** *Sin.* bi- **2.** *Sin.* bi-, di-.

bis-[2] [prob. dal lat. *bis*, due volte] ***primo elem.*** *raro* che, in parole composte, ha valore genericamente peggiorativo (per es. *bisdosso, bistondo, bistorto*).

bisaccàride [comp. di *bi-* e *saccaride*; 1965] ***sm.*** *T.chim.* disaccaride.

bisàccia (pl. *-ce*) [lat. *bisaccia*; 1290] ***sf.*** **1.** sacca o borsa a due tasche da appendere alla sella o da portare a tracolla, usata in part. dai frati questuanti || *per estens.* ciascuna delle tasche che la compongono **2.** *ant.* misura agraria siciliana.

bisànte (ant. *bisànto*) [dal gr. *byzantís*; sec. XIII] **sm.** **1.** *T.stor.* moneta d'oro dell'impero bizantino || nome di varie monete antiche coniate in oriente **2.** dischetto d'oro o di argento usato un tempo come ornamento di abiti **3.** *T.arald.* figura rappresentante una moneta senza conio posta sullo scudo. **TAV. *araldica* p. 645** 4.9.

bisàrca [comb. di *bis-* e *arca*; 1974] **sf.** autocarro a due piani sovrapposti per il trasporto di automobili.

bisarcàvolo [comp. di *bis-* e *arcavolo*; a. 1606] **sm.** (f. *-a*) *raro* genitore di un arcavolo, arcibisnonno || *per estens.* antenato.

bisàvo [dal lat. mediev. *bisavus*; 1321] **sm.** (f. *-a*) *lett.* bisavolo.

bisàvolo [da *bisavo*; 1321] **sm.** (f. *-a*) bisnonno || *gen. pl.* gli antenati.

bisbètico (pl. *-ci*) [forse dal gr. *amphisbētikós*, litigioso; a. 1629] **agg.** e **sm.** (f. *-a*) che, chi è lunatico, litigioso, incontentabile: *ha un umore bisbetico* || *fam. non com.* strano, incomprensibile: *parola bisbetica* || **bisbeticaménte** **avv.**

bisbigliaménto [da *bisbigliare*; a. 1698] **sm.** *raro* bisbiglio.

bisbigliàre (pres. *-ìglio*) [voc. onom.; a. 1494] **intr.** (aus. *avere*) **1.** parlare sommessamente, sottovoce: *bisbigliarono tra loro tutta la sera* **2.** far pettegolezzi, sparlare di qualcuno: *bisbigliarono sul capufficio* || **tr.** **1.** dire qualcosa a qualcuno sottovoce: *gli bisbigliò il risultato del problema* **2.** mormorare, dir male di qualcuno: *bisbigliano molte cose sul suo conto* || insinuare: *si bisbiglia che la trasferiranno* || **N.** **intr.** mormorare, sussurrare.

bisbigliatóre [da *bisbigliare*; a. 1565] **agg.** e **sm.** (f. *-trìce*) che, chi parla male, pettegolo.

bisbìglio (pl. *-gli*) [da *bisbigliare*; sec. XIV] **sm.** **1.** il bisbigliare **2.** pettegolezzo, diceria: *circolano molti bisbigli su di lui* **3.** *lett.* sussurro, mormorio: *il bisbiglio sommesso delle fronde.*

bisbiglìo (pl. *-ìi*) [da *bisbigliare*; a. 1565] **sm.** il bisbigliare intenso, prolungato o frequente.

bisbiglióne [da *bisbigliare*; a. 1565] **sm.** (f. *-a*) chi ha l'abitudine di bisbigliare.

bisbòccia (pl. *-ce*) [dal fr. *débauche*; 1863] **sf.** allegra mangiata, riunione tra amici per bere e mangiare abbondantemente || *fare bisboccia*, gozzovigliare in allegria.

bisbocciàre (pres. *-òccio*) [da *bisboccia*; 1863] **intr.** (aus. *avere*) fare bisboccia.

bisboccióne [da *bisboccia*; 1863] **sm.** (f. *-a*) chi fa bisbocce frequenti.

bisca [forse da *biscazza*; a. 1565] **sf.** luogo dove si gioca d'azzardo: *bisca clandestina* || **N.** casa da gioco, *casino.*

biscaglìna [dal n. geogr. *Biscaglia*; 1510 *biscaina* nel senso 2] **sf.** **1.** *T.mar.* scaletta formata da due canapi tra i quali sono inseriti gradini di legno **2.** *ant.* nave spagnola a vele quadre.

biscaglìno [dal n. geogr. *Biscaglia*; a. 1561] **I agg.** della Biscaglia **II sm.** **1.** (f. *-a*) abitante, nativo della Biscaglia **2.** *ant.* *T.arm.* moschetto di grosso calibro usato come arma fissa da spalto.

biscaiòlo [da *bisca*; a. 1665] **sm.** (f. *-a*) *non com.* chi frequenta le bische.

biscànto [comp. di *bis-* e *canto*, cantone; a. 1527] **sm.** doppio cantone, uno sporgente e l'altro rientrante che si forma tra edifici non allineati || *per estens.* cantonata, angolo di strada.

biscazzàre [da *biscazza*, pegg. di *bisca*; 1313] **intr.** (aus. *avere*) *raro* frequentare le bische || **tr.** *raro* giocare qualcosa d'azzardo || *fig.* dissipare: *fonde e biscazza la sua facultade* (Dante).

biscazzière [da *biscazza*, pegg. di *bisca*; 1300 ca.] **sm.** (f. *-a*) **1.** chi gestisce una bisca **2.** chi segna i punti al gioco del biliardo.

bischerèllo (*dim.* di *bischero*) [1820] **sm.** asticella di legno con cui si chiude un otre.

bìschero [etim. sconosciuta; 1521 nel senso 2; a. 1647 nel senso 1] **sm.** **1.** elemento a chiavetta girevole che negli strumenti a corde serve a regolare e a mantenere costante la tensione delle corde **2.** *pop. tosc.* membro virile || *fig.* stupido, imbecille || **N.** **1.** *Sin.* cavicchio, collabo, pirolo. **TAV. *musica* p. 1325** 14.2.

bischétto [forse incrocio di *deschetto* con *banchetto* o *bisca*; 1797] **sm.** tavolinetto basso da lavoro per i calzolai || **N.** *Sin.* deschetto.

bischizzàre [forse dal germ. *biskizzan*, ingannare; 1623] **intr.** (aus. *avere*) **1.** *ant.* fantasticare, lambiccarsi il cervello **2.** far giochi di parole.

bischìzzo [da *bischizzare*; a. 1529] **sm.** *ant.* bisticcio.

bìscia (pl. *-sce*) [lat. *bestia*; 1313] **sf.** nome generico dei serpenti innocui || *biscia d'acqua*, rettile dei Colubridi, lungo circa un metro, con due macchie gialle sulla testa; vive nei pressi di stagni e corsi d'acqua || *loc. avv.* e *agg.* *a biscia*, a zig zag || nelle navi in legno, intaglio praticato nei madieri per far scorrere l'acqua verso i pozzetti di pompaggio || *accr.* bisciòna, bisciòne.

bìsciola **sf.** *ant.* v. VISCIOLA.

bìsciolo [voc. onom.; 1863] **agg.** e **sm.** (f. *-a*) *tosc.* bleso, chi non pronuncia bene i suoni resi in italiano con la lettera *s, sc.*

biscióne (*accr.* di *biscia*) [a. 1535] **sm.** **1.** grossa biscia || *T.arald.* serpe raffigurata nello stemma dei Visconti di Milano; *per meton.* lo stemma stesso **2.** dolce emiliano a forma di biscia fatto di pasta di mandorle.

biscottàre (pres. *-òtto*) [da *biscotto*; a. 1597] **tr.** cuocere due volte oppure a lungo come si fa per i biscotti al fine di eliminare ogni residuo di umidità: *biscottare il pane.*

biscottàto (*pps.* di *biscottare*) [a. 1636] **agg.** cotto in modo da essere croccante come un biscotto: *fette biscottate.*

biscotterìa [da *biscotto*; 1802] **sf.** fabbrica di biscotti, negozio in cui si vendono i biscotti || assortimento di biscotti || **N.** *Sin.* biscottificio, pasticceria.

biscottièra [da *biscotto*; 1887] **sf.** scatola per contenere i biscotti.

biscottière [da *biscotto*; 1965] **sm.** (f. *-a*) fabbricante di biscotti.

biscottièro [da *biscotto*; 1970] **agg.** relativo alla produzione e all'industria dei biscotti: *industria biscottiera.*

biscottifìcio (pl. *-ci*) [da *biscotto*; 1942] **sm.** fabbrica di biscotti.

biscottìno (*dim.* di *biscotto*) [1875] **sm.** **1.** piccolo biscotto (nel senso 1) **2.** *tosc.* buffetto leggero, colpo che si dà a qualcuno sulla faccia facendo scattare l'indice col pollice **3.** *T.mecc.* biellétta usata nei veicoli per collegare l'estremità della balestra col telaio. **TAV. *motori*** 7.2a.

biscòtto [lat. *biscoctum*; a. 1342 nel senso 2] **I sm.** **1.** dolce a pasta secca preparato con farina, zucchero, grassi e vari altri ingredienti cotto a lungo per renderlo croccante: *biscotti alle mandorle* **2.** pane cotto due volte per privarlo dell'umidità e favorirne la conservazione; veniva usato in part. sulle navi come scorta alimentare || *fig.* *andar per mare senza biscotto*, intraprendere qualcosa senza adeguata preparazione **3.** terraglia che ancora deve ricevere il rivestimento vetroso **II agg.** sottoposto a biscottatura: *pane biscotto* || *dim.* biscottìno. **Q.T.** *alimentazione.*

biscròma [comp. di *bis-* e (*semi*)*croma*; 1659] **sf.** *T.mus.* nota che vale metà di una semicroma ed un trentaduesimo di semibreve. **TAV. *musica* p. 1324** 1.5g.

biscugìno [comp. di *bis-* e *cugino*; 1863] **sm.** (f. *-a*) cugino in secondo grado || *gen.* cugino alla lontana.

biscuit (fr., pr. [bis'kɥi]) [letter. *biscotto*; 1890] **sm.** *inv.* **1.** porcellana bianca non smaltata di aspetto marmoreo, usata per fabbricare ninnoli e soprammobili: *una statuetta di biscuit* || *per estens.* oggetto fabbricato con tale materiale **2.** gelato semifreddo.

bisdòsso [comp. di *bis-* e *dosso*; a. 1449] nella **loc. avv.** *a bisdosso*, a dorso nudo, senza sella: *cavalcava a bisdosso* || **N.** *Sin.* bardosso.

bisdrùcciolo [comp. di *bis-* e *sdrucciolo*; a. 1869] **agg.** di parola che ha l'accento sulla quartultima sillaba.

bisecànte (*ppr.* di *bisecare*) [1925] **agg.** *T.geom.* di retta che divide un angolo in due parti uguali; anche *sm.*: *tracciare le bisecanti di un triangolo* || **N.** *Sin.* bisettrice.

bisecàre (pres. *-éco*, *-échi*) [comp. di *bi-* e lat. *secāre*, tagliare; 1905] **tr.** *T.geom.* dividere un angolo in due angoli eguali.

bisecolàre [comp. di *bi-* e *secolare*; a. 1941] **agg.** che dura da due secoli; che ricorre ogni due secoli.

biségolo [etim. inc.; 1863] **sm.** *T.calz.* strumento di legno duro o metallo col quale il calzolaio liscia le suole e i tacchi || **N.** *Sin.* bussetto, lisciatoio.

bisellàre (pres. *-èllo*) [da *bisello*; 1970] **tr.** smussare il bordo di lamiere, lenti e sim.

bisellatrìce [da *bisellare*; 1970] **sf.** *T.mecc.* macchina con cui si esegue il bisello.

bisellatùra [da *bisellare*; 1965] **sf.** *T.mecc.* smussatura degli spigoli vivi delle lamiere.

bisèllo [dal fr. *biseau*; 1967] **sm.** **1.** *T.mecc.* smusso, taglio obliquo degli spigoli di una lamiera, lente ecc. || smusso ottenuto dalla fucinatura **2.** profilo acuminato del bordo di una lente da occhiali **3.** *T.arch.* modanatura formata da un piano inclinato che unisce due superfici parallele.

bisèmico (pl. *-ci*) [comp. di *bi-* e *semico*, come il fr. *bisémique*; 1983] **agg.** *T.ling.* di parola che può acquistare due significati diversi a seconda dei contesti in cui si viene a trovare.

bisènso [comp. di *bi-* e *senso*; 1923] **sm.** **1.** parola che ha due significati **2.** *T.gioc.* gioco enigmistico nel quale, a partire da una definizione, bisogna individuare una parola con due significati.

bisessuàle [comp. di *bi-* e *sessuale*; 1863] **I agg.** che presenta i caratteri di entrambi i sessi; in botanica, fiore provvisto sia di stami che di pistilli **II s.** chi prova attrazione sessuale per persone di entrambi i sessi.

bisessualità [da *bisessuale*; 1962] **sf.** qualità di chi o di ciò che è bisessuale || il possedere insieme caratteri maschili e femminili; *T.psican.* disposizioni sessuali sia maschili che femminili che compaiono nei conflitti che il soggetto prova per assumere il proprio sesso.

bisessuàto [da *bisessuale*, con cambio di suff.; 1962] **agg.** bisessuale.

bisestàre (pres. *-èsto*) [da *bisesto*; sec. XIV] **intr.** (aus. *avere*) *raro* esser bisestile.

bisestìle [da *bisesto*; sec. XIV] **agg.** di anno composto da 366 giorni e in cui il mese di febbraio ha 29 giorni.

bisèsto [lat. *bisextus*; 1282] **I sm.** il giorno che ogni quattro anni si aggiunge al mese di febbraio per regolare l'anno legale con quello solare || *per estens.* *raro* periodo di quattro anni **II agg.** *raro* bisestile; *com.* nel modo di dire: *anno bisesto, anno funesto.*

bisettimanàle [comp. di *bi-* e *settimanale*; 1965] **agg.** che ha luogo due volte la settimana: *pubblicazione bisettimanale.*

bisettóre [comp. di *bi-* e *settore*; 1955] **agg.** *T.geom.* che divide in due metà || *piano bisettore*, piano che divide un angolo diedro in due parti uguali.

bisettrìce [comp. di *bi-* e lat. *sectrix*, *-īcis*; 1892] **agg.** *T.geom.* bisecante. **TAV.** *geome-*

tria 10.2.

bisèx [da *bisessuale*, per influsso dell'ingl. *sex*, sesso; 1973] ***agg.*** e ***s.*** *inv.* bisessuale.

bisezióne [comp. di *bi-* e lat. *sectio*, *-ōnis*, sezione; 1875] ***sf.*** *T.geom.* divisione di un angolo piano o di un diedro in due parti uguali.

bisfenòide [comp. di *bi-* e *sfenoide*; 1955] ***sm.*** solido geometrico che ha per facce quattro isosceli o scaleni.

bisillabo [dal lat. *bisyllabus*; a. 1530] **I *agg.*** formato da due sillabe **II *sm.*** parola composta da due sillabe ‖ verso di due sillabe in cui l'accento cade sulla prima.

bislaccheria [da *bislacco*; a. 1789] ***sf.*** *raro* azione stravagante, bizzarria.

bislàcco (pl. *-chi*) [etim. inc.; a. 1609] ***agg.*** stravagante, strambo: *cervello bislacco* ‖ **N.** BIZZARRO.

bislìngua [comp. di *bis-* e *lingua*; prima metà sec. XIV] ***sf.*** *T.bot.* piantina sempreverde delle Liliacee simile al pungitopo, dai fiori a forma di piccole ombrelle.

bislùngo (pl. *-ghi*) [lat. mediev. *bislongus*; sec. XIV] ***agg.*** di forma allungata: *un piatto bislungo* ‖ di forma oblunga e fuori della norma: *un orecchio bislungo.*

bismàlva [forse dal lat. (*hi*)*bis*(*cus*) *malva*; a. 1320] ***sf.*** *T.bot.* altea.

bismùto [etim. inc.; a. 1625 *bisemuto*] ***sm.*** elemento chimico, metallo fragile, bianco-rossiccio, fusibile a bassa temperatura; viene utilizzato nella composizione di leghe metalliche e per usi farmaceutici.

bisnipóte [comp. di *bis-* e *nipote*; 1306 *bisnepoti*] ***s.*** figlio o figlia di un nipote, pronipote.

bisnònno [comp. di *bis-* e *nonno*; 1698] ***sm.*** (f. *-a*) padre del nonno o della nonna.

bisógna [da *bisogno*; a. 1294] ***sf.*** *lett.* negozio, faccenda: *dedicarsi alla bisogna* ‖ necessità: *è necessario essere preparati alla bisogna.*

bisognàre (pres. *-ógna*; *dif.*, usato solo alla 3ª pers. sing. e pl.) [lat. mediev. *bisoniāre*; a. 1294] ***intr.*** (aus. *essere*) **1.** essere necessario, conveniente, utile: *bisogna lavorare* **2.** occorrere, essere necessario: *bisogna vedere quanta gente c'è in piazza!*, *mi bisogna il tuo aiuto*, *mi bisognano mille lire* ‖ **N. 1.** *Sin.* abbisognare, aver necessità **2.** *Sin.* occorrere, volerci.

bisognatàrio (pl. *-ri*) [dalla formula *al bisogno*, scritta sulla cambiale; 1941] ***sm.*** (f. *-a*) *T.giur.* persona, il cui nome è scritto sulla cambiale, tenuto al pagamento al posto del debitore se costui è inadempiente.

bisognévole [da *bisogno*; a. 1294 *bisognevile*] **I *agg.*** **1.** utile, necessario **2.** *non com.* di persona, che ha bisogno, bisognoso: *famiglia bisognevole* **II *sm.*** *raro* ciò che occorre: *manca del bisognevole* ‖ **N. I 1.** *Sin.* occorrente.

bisognino (*dim.* di *bisogno*) [1970] ***sm.*** *eufem. fam.* bisogno fisiologico.

bisógno [lat. mediev. *bisōnium*; a. 1294] ***sm.*** **1.** mancare di qualcosa che occorre, che si ritiene necessario: *ho bisogno di denaro*, *ho bisogno di lavorare* ‖ *gen.* necessità: *quando c'è bisogno di lui non c'è mai* ‖ part. *pl.* necessità, desiderio che dà impulso alla produzione di beni di consumo: *i bisogni della civiltà occidentale sono spesso futili* ‖ *aver bisogno*, necessitare di ‖ *esserci* (*far*) *bisogno di*, essere necessario, occorrere **2.** *per estens.* povertà, ristrettezza economica, miseria: *quell'uomo si trova in bisogno* **3.** impulso fisico o psicologico a compiere un'azione: *sento il bisogno di dargli uno schiaffo* ‖ *eufem.* part. *pl.* defecazione, minzione: *vai a fare i tuoi bisogni dietro un cespuglio* ‖ **N. 1.** *Sin.* esigenza, occorrenza, opportunità, urgenza, utilità **2.** *Sin.* indigenza, ristrettezza, stento.

bisognóso [da *bisogno*; a. 1294] ***agg.*** e ***sm.*** (f. *-a*) **1.** che, chi ha bisogno: *è bisognoso di aiuto* **2.** che, chi si trova in ristrettezze economiche: *è un uomo bisognoso*, *aiutare i bisognosi* ‖ **bisognosaménte** ***avv.*** ‖ **N. 1.** *Sin.* bisognevole **2.** *Sin.* disagiato, indigente, povero.

bisolfàto [comp. di *bi-* e *solfato*; 1863] ***sm.*** *T.chim.* sale dell'acido solforico.

bisolfito [comp. di *bi-* e *solfito*; 1852] ***sm.*** *T.chim.* sale dell'acido solforoso ‖ **N.** *Sin.* solfito acido.

bisolfùro [comp. di *bi-* e *solfuro*; 1863] ***sm.*** *T.chim.* sale dell'acido solforico la cui molecola contiene due atomi di zolfo ‖ composto organico contenente due molecole di zolfo.

bisònico (pl. *-ci*) [comp. di *bi-* e un der. di *s*(*u*)*ono*; 1970] ***agg.*** che viaggia o può viaggiare a velocità doppia di quella del suono: *aereo bisonico.*

bisónte [dal lat. *bison*, *-ōntis*; 1476] ***sm.*** mammifero selvatico degli Artiodattili, di grosse dimensioni; ha fronte convessa, una gibbosità frontale, corna corte e la parte anteriore del corpo è più sviluppata della posteriore; è dotato di folto vello ‖ *fig. bisonte della strada*, autotreno o autoarticolato di grandi dimensioni.

bissàre [da *bis*; 1877] ***tr.*** fare il bis, ripetere un pezzo, un'esecuzione ‖ *per estens.* ripetere, replicare: *bissare il dessert.*

bisso [dal lat. *byssus*; 1306] ***sm.*** *lett.* **1.** tela di lino finissimo usata dagli antichi per confezionare vestiti di lusso: *ritenne i lunghi bissi* (Carducci) ‖ *per estens.* tessuto di lino usato per confezionare biancheria ricamata **2.** *T.zool.* sostanza filamentosa secreta da molluschi lamellibranchi per mezzo della quale l'animale si ancora ad un sostegno ‖ fibra tessile ottenuta dalla lavorazione di tale sostanza ‖ *per estens.* pezza di tale tessuto.

bissòlo [dall'it. *bissa*, biscia; 1930] ***sm.*** moneta milanese in lega scadente del tempo dei Visconti, recante l'immagine di una piccola biscia.

bissóna [dal venez. *bissa*, biscia; per la forma snella; 1892] ***sf.*** **1.** grande barca a otto remi usata a Venezia per feste e regate **2.** *T.stor.* moneta coniata da Bernabò Visconti, recante impressa sul diritto una biscia ‖ moneta d'argento coniata dalla zecca di Milano nel XVI secolo.

bistàbile [comp. di *bi-* e *stabile*; 1966] ***agg.*** *T.elettron.* si dice di un sistema con due stati stabili, nel quale il passaggio da uno stato all'altro non avviene spontaneamente, ma deve essere provocato da un opportuno impulso di scatto: *multivibratore bistabile.*

bistécca [dall'ingl. *beef-steak*; 1844 *bistecche*] ***sf.*** fetta di carne di manzo o di vitello tagliata nelle parti pregiate della schiena, cotta a fuoco vivace: *bistecca alla fiorentina*, V. FIORENTINA; *bistecca alla Bismarck*, dissosata e cotta alla graticola con sopra un uovo; *bistecca al sangue*, cotta solo in superficie; *bistecca ai ferri*, cotta alla graticola.

bistecchièra [da *bistecca*; 1963] ***sf.*** piastra o graticola su cui si cuociono le bistecche.

bistènto [da un ant. *bistentare*, indugiare; a. 1348] ***sm.*** *ant.* pena, indugio.

bisticciaménto [da *bisticciare*; a. 1698] ***sm.*** *non com.* bisticcio.

bisticciàre (pres. *iccio*) [dal germ. **biskizzan*, lodare; sec. XV] ***intr.*** (aus. *avere*) altercare, litigare animatamente, spesso scambiandosi insulti: *bisticciano sempre su tutto* ‖ ***rec.*** litigare: *stanno sempre a bisticciarsi* ‖ **N.** ***rec.*** *Sin.* accapigliarsi | *Contr.* andare d'accordo.

bisticcio (pl. *-ci*) [da *bisticciare*; 1400 nel senso 2] ***sm.*** **1.** litigio non grave, scaramuccia verbale: *è un bisticcio tra innamorati* **2.** gioco di parole consistente nell'accostamento di parole simili per suono ma diverse di significato o nel suddividere il corpo di una parola così da farne scaturire un significato scherzoso: *a Ceresole cera sole*, *c'era sole* ‖ **N. 1.** *Sin.* alterco, lite **2.** allitterazione, anfibologia, *calembour.*

bisticcìo (pl. *-ìi*) [da *bisticciare*; 1887] ***sm.*** *raro* un bisticciare continuato o frequente.

bistondàre (pres. *-óndo*) [da *bistondo*; 1863] ***tr.*** *ant.* rendere bistondo, sgrossare in forma tonda.

bistóndo [comp. di *bis-* e *tondo*; a. 1597] ***agg.*** *raro* che ha forma irregolarmente tonda: *un masso bistondo.*

bistòrta [per la forma *bistorta* della sua radice; a. 1320] ***sf.*** *T.bot.* pianta erbacea delle Poligonacee con rizoma ritorto e foglie che ricoprono quasi totalmente lo scapo.

bistòrto [da *distorto*, con cambio; a. 1348] ***agg.*** torto malamente, in vari modi: *un tronco bistorto dalle intemperie* ‖ *fig.* bislacco, bizzarro: *una mente bistorta.*

bistràto [da *bistro*; a. 1911] ***agg.*** tinto di bistro: *una donna con gli occhi bistrati.*

bistrattàre [comp. di *bis-* e *trattare*; a. 1525] ***tr.*** trattar male, spec. a parole: *non dovevi bistrattarlo così* ‖ **N.** *Sin.* strapazzare, tartassare, MALTRATTARE.

bistro [dal fr. *bistre*; a. 1773] ***sm.*** **1.** idrato di manganese in polvere usato per la preparazione di colori **2.** composto di fuliggine di faggio e idrato di manganese di color nero-blu usato nella pittura ad acquerello ed in cosmetica per scurire i contorni degli occhi e le ciglia.

bistrò [dal fr. *bistrot*; 1931] ***sm.*** in Francia, caffè dove si consumano anche pasti leggeri.

bìsturi [dal fr. *bistouri*; 1771 *bistorì*] ***sm.*** *inv.* coltello anatomico, da chirurgo, gen. a lama corta, usato per incidere tessuti molli ‖ **N.** convesso, falcato, lineare, ottuso | elettrico, laser. **Q.T.** *chirurgia* **TAV.** ***medicina...*** **p. 1320** 7.

bisùlco (pl. *-chi*) [dal lat. *bisulcus*; a. 1530] ***agg.*** *raro lett.* diviso in due, detto spec. del piede dei ruminanti.

bisùnto [comp. di *bis-* e *unto*; sec. XIV] ***agg.*** molto unto e sporco: *unto e bisunto.*

bit (ingl., pr. [bɪt]) [da *bi*(*nary*) (*digi*)*t*, cifra binaria; 1963] ***sm.*** *inv.* *T.inform.* unità di misura del contenuto di informazione di un messaggio o di un segnale in codice binario, equivalente alla scelta di una delle due possibilità offerte dal sistema. **Q.T.** *informatica.*

bitagliènte [comp. di *bi-* e *tagliente*; 1955] ***agg.*** che taglia da due parti, a doppio taglio.

bitemàtico (pl. *-ci*) [comp. di *bi-* e *tematico*; 1970] ***agg.*** *T.mus.* di composizione musicale che si modula su due temi principali.

bitematismo [da *bitematico*; 1962] ***sm.*** *T.mus.* carattere bitematico di una composizione musicale, spec. una sonata.

bitonàle [comp. di *bi-* e un der. di *tono*; 1955] ***agg.*** **1.** *T.mus.* di brano musicale che presenta bitonalità **2.** *per estens.* che ha due toni: *voce bitonale*, *clacson bitonale.*

bitonalità [da *bitonale*, 1955] ***sf.*** *T.mus.* la compresenza di due scale tonali in uno stesso brano musicale.

bitórzolo [etim. inc.; a. 1304] ***sm.*** prominenza irregolare di piccole dimensioni che si forma sulla pelle o su qualunque altra superficie ‖ **N.** bernoccolo, bottoncino, bozza, gibbosità, prominenza, protuberanza.

bitorzolùto [da *bitorzolo*; a. 1484] ***agg.*** pieno di bitorzoli.

bitta [dal fr. *bitte*; 1771] ***sf.*** *T.mar.* ciascuna di quelle colonnette, di legno o di ferro, alla prua della nave o sulla banchina dei porti, per avvolgervi gomene o catene ‖ gallone ad anello che indica i gradi degli ufficiali di marina. **TAV.** *porto* 3.16; ***vela*** **p. 1342** 1.6.

bitter [dall'ol. *bitter*, amaro, attr. il fr.; 1887] ***sm.*** *inv.* aperitivo amaro.

bittóne [da *bitta*; 1853] ***sm.*** *T.mar.* ogni colonnina di legno situata alla base degli alberi delle navi per allacciarvi cavi e cime ‖ *bittone d'ormeggio*, sulle banchine dei porti, colonnina che serve per ormeggiare le navi.

bitumàre (pres. *-ùmo*) [da *bitume*; sec. XIV] ***tr.*** rivestire con bitume.

bitumatóre [da *bitumare*; 1955] ***sm.*** (f. *-trì-ce*) operaio che esegue la bitumatura.

bitumatrice [da *bitumare*; 1955] ***sf.*** macchina impiegata per spargere il bitume nelle pavimentazioni stradali.

bitumatùra [da *bitumare*; 1952] ***sf.*** **1.** lo spargere di bitume il fondo stradale **2.** lo strato di bitume che ricopre una strada.

bitùme [lat. *bitūmen, -inis*; a. 1292 *bitumine*] ***sm.*** **1.** miscela di idrocarburi nera, combustibile, usata per il rivestimento di strade **2.** miscela di zolfo, sego e olio di pesce impiegata come impermeabilizzante e isolante per barche e condutture || **N.** **1.** asfalto, catrame, pece.

bituminàre (pres. *-ùmino*) [da *bitume*; sec. XIV] ***tr.*** bitumare: *bituminare la strada.*

bituminóso [da *bitume*; 1367] ***agg.*** che contiene bitume: *terreno bituminoso.*

bitumiẓẓazióne [da *bitume*; 1955] ***sf.*** **1.** insieme dei fenomeni di natura biochimica che provocano la trasformazione del sapropel in petrolio **2.** il trattare con bitume a scopo protettivo oggetti in legno o in altro materiale facilmente deperibile.

biunivocità [da *biunivoco*; 1965] ***sf.*** *T.mat.* corrispondenza in base alla quale a ogni elemento di un insieme corrisponde uno e un solo elemento di un altro insieme e viceversa.

biunìvoco (pl. *-ci*) [comp. di *bi-* e *univoco*; 1941] ***agg.*** *T.mat.* che risponde al principio di biunivocità: *rapporto biunivoco; corrispondenza biunivoca,* applicazione iniettiva e suriettiva tra due insiemi, biiezione.

biùta [lat. volg. **ablūta*; 1340] ***sf.*** **1.** composto di materie grasse usato per turare buchi sui tronchi delle piante **2.** belletto **3.** *dial.* glassa.

bivaccàre (pres. *-àcco, -àcchi*) [dal fr. *bivouaquer*, 1812] ***intr.*** (aus. *avere*) stare a bivacco, detto part. di militari, alpinisti e sim.: *bivaccare in parete* || *per estens.* sistemarsi alla meglio in modo provvisorio.

bivàcco (pl. *-chi*) [dal fr. *bivouac*; 1667] ***sm.*** **1.** sosta di truppe all'aperto || *per estens.* qualsiasi sistemazione provvisoria, in part. notturna: *un bivacco di pastori* || *bivacco in parete*, sosta notturna su una cengia nel corso di una scalata **2.** luogo del bivacco || *T.alp. bivacco fisso*, piccolo rifugio non custodito gen. costituito da una capanna di lamiera. **Q.T.** ***alpinismo.***

bivalènte [comp. di *bi-* e *-valente*; 1942] ***agg.*** **1.** *T.chim.* di atomo o radicale, a due valenze **2.** che ammette due possibilità di soluzione, di applicazione; che ha due valori: *teoria bivalente.*

bivalènza [da *bivalente*; 1942] ***sf.*** **1.** *T.chim.* proprietà di atomi o radicali bivalenti **2.** qualità di ciò che è bivalente.

bivàlve [comp. di *bi-* e *valva*; 1561] ***agg.*** **1.** di mollusco la cui conchiglia ha due valve **2.** di frutto che può essere diviso in due parti.

Bivàlvi (sing. *-e*) [da *bivalve*; a. 1725] ***sm. pl.*** *T.zool.* Lamellibranchi.

bivariànza [comp. di *bi-* e *varianza*; 1986] ***sf.*** *T.chim.* proprietà di un sistema eterogeneo che possiede due gradi di libertà, o di varianza: *superfici di bivarianza.*

bìvero V. BEVERO.

bìvio (pl. *-vi*) [lat. *bivium*; sec. XIV] ***sm.*** punto in cui una strada si biforca || *bivio ferroviario*, meccanismo che consente la deviazione da una linea ferroviaria a un'altra || *fig.* momento in cui si impone una scelta tra varie alternative possibili e apparentemente equivalenti: *trovarsi a un bivio* || *iron. Ercole al bivio*, di persona indecisa tra due alternative || **N.** *Sin.* biforcamento, crocicchio, diramazione; dubbio | quadrivio, trivio.

biẓantìna [da *bizantino*; 1955 nel senso 2] ***sf.*** **1.** moneta d'oro coniata a Bisanzio dagli ultimi imperatori cristiani **2.** corta sopravveste ornata di gemme, indossata dalle donne bizantine d'alto rango.

biẓantineggiàre (pres. *-éggio*) [da *bizantino*; 1905] ***intr.*** (aus. *avere*) **1.** imitare lo stile bizantino **2.** *fig.* badare a eccessive minuzie, perdersi in vane sottigliezze || **N.** bizantinismo.

biẓantinerìa [da *bizantino*; 1942] ***sf.*** *raro* bizantinismo.

biẓantinìṣmo [da *bizantino*; 1882 nel senso 2] ***sm.*** **1.** tendenza artistica estetizzante e raffinata **2.** *fig.* sottigliezza eccessiva e pedanteria vana.

biẓantinìsta [da *bizantino*; 1954] ***s.*** studioso della storia, della civiltà, dell'arte bizantina.

biẓantìno [dal lat. tardo *Btzantīnus*; 1843 *bisantino*] ***agg.*** e ***sm.*** (f. *-a*) di Bisanzio; dell'impero romano d'oriente: *civiltà bizantina* || *fig.* raffinato, estetizzante: *stile bizantino* || *fig.* minuzioso, sottile, pedantesco: *questioni bizantine.* **TAV.** ***architettura*** **p. 646** 5.

bìẓẓa [etim. inc.; a. 1729] ***sf.*** ira subitanea e immotivata, capriccio || *fare le bizze*, fare i capricci, detto spec. di bambini.

biẓẓarrìa [da *bizzarro*; a. 1313 nel senso 3] ***sf.*** **1.** qualità di chi o di ciò che è bizzarro **2.** *concr.* atto o detto bizzarro: *quello scritto contiene molte bizzarrie* **3.** *ant.* ira || **N.** **1.** *Sin.* eccentricità, estrosità, stravaganza **2.** *Sin.* fantasticheria, ghiribizzo.

biẓẓàrro [etim. inc.; 1313 nel senso 3] ***agg.*** **1.** che si discosta da ciò che è normale o abituale, stravagante: *un comportamento bizzarro* **2.** di cavallo, focoso, vivace **3.** *ant.* iracondo: *il fiorentino spirito bizzarro* (Dante) || **biẓẓarraménte** ***avv.*** || **N.** **1.** *Sin.* balzano, bisbetico, bislacco, capriccioso, cervellotico, curioso, eccentrico, estroso, ghiribizzoso, lunatico, maniaco, originale, paradossale, pazzerello, pazzoide, singolare, strambo, strampalato, stravagante, STRANO.

biẓẓèffe [dall'ar. *biz-zāf*; a. 1494] solo nella ***loc. avv.*** *a bizzeffe*, molto, in gran quantità: *possiede denaro a bizzeffe.*

biẓẓòcco o **biẓẓòco** (pl. *-chi*) o **biẓẓòchero** [etim. sconosciuta; 1211] ***agg.*** e ***sm.*** (f. *-a*) appartenente alla setta eretica dei Fraticelli diffusa nel XIV secolo, che rifiutava l'autorità del papa e predicava la povertà assoluta || *fig. spreg.* bacchettone, bigotto.

biẓẓóso [da *bizza*; a. 1597 *bizzioso*] ***agg.*** facile a fare le bizze, i capricci || di cavallo, ombroso || **N.** *Sin.* capriccioso, irritabile.

blablà o **blablablà** [voce onom.; 1973] ***sm.*** *inv.* chiacchiericcio insistente; discorso superficiale e inconcludente.

black-bottom (ingl., pr. [ˌblæk'bɒtəm]) [letter. fondo nero; 1940] ***sm.*** *inv.* danza in tempo 2/2, di tipo *rag-time*, di moda negli anni '30 negli Stati Uniti.

black jack (ingl., pr. ['blæk'dʒæk]) [letter. fante nero] ***loc. m.*** *inv. T.gioc.* gioco d'azzardo per due o più giocatori, che si gioca con due mazzi di carte ed è simile al sette e mezzo.

black-out (ingl., pr. ['blækaut]; pr. it. [ble-'kaut]) [comp. di *black*, nero e *out*, totale; 1949] ***sm.*** *inv.* **1.** interruzione dell'erogazione di energia elettrica, dovuta a guasto tecnico o ad altre cause, che tiene al buio un'intera zona **2.** *per estens.* interruzione di un servizio pubblico: *black-out telefonico* || *fig.* mancata diffusione di notizie riguardanti un determinato argomento: *black-out giornalistico.*

blagueur (fr., pr. [bla'gœ:r]) [da *blague*, vanteria; 1905] ***sm.*** *inv.* fanfarone, chiacchierone, rodomonte, gradasso.

blandiménto [dal lat. *blandimentum*; 1321] ***sm.*** *lett.* lusinga.

blandìre (pres. *-ìsco, -ìsci*) [dal lat. *blandīri*; 1342] ***tr.*** **1.** *lett.* lusingare, adulare: *non lo blandirai con tutti i tuoi complimenti* **2.** *fig.* lenire: *blandire le pene.*

blanditìvo [da *blandire*; 1863] ***agg.*** *raro* atto a blandire.

blandìzia [dal lat. *blanditia*; sec. XIV] ***sf.*** part. *pl.*, allettamento, lusinga, moina: *si abbandonò alle blandizie del vizio.*

blàndo [dal lat. *blandus*; 1321] ***agg.*** mite, carezzevole: *luce blanda*; non drastico: *una blanda punizione* || **blandaménte** ***avv.*** || **N.** *Sin.* delicato, dolce, temperato.

blasé (fr., pr. [bla'ze]) [1905] ***agg.*** *inv.* scettico, disgustato, indifferente, insensibile || **N.** *Sin.* vissuto.

blasfèma [dal gr. *blasphēmía*, attr. il lat. ecclesiastico *blasphēmia*; a. 1306] ***sf.*** *lett.* bestemmia.

blasfemàre (pres. *-èmo*) [dal lat. *blasphemāre*; a. 1306] ***intr.*** (aus. *avere*) e ***tr.*** *raro lett.* bestemmiare.

blasfemìa o **blasfèmia** [dal gr. *blasphēmía*; a. 1306] ***sf.*** *ant.* o *lett.* bestemmia, linguaggio blasfemo.

blasfèmo [dal lat. tardo *blasphēmus*; 1342 come sm.] **I** ***agg.*** offensivo nei confronti della divinità, empio: *parole blasfeme* || *per estens.* irriverente **II** ***sm.*** (f. *-a*) *non com.* bestemmiatore.

blaṣonàre (pres. *-ṣóno*) [da *blasone*; 1709] ***tr.*** descrivere un blasone secondo la terminologia araldica.

blaṣonàrio (pl. *-ri*) [da *blasone*; 1962] ***sm.*** raccolta di blasoni.

blaṣonàto [dal fr. *blasonné*; 1844] **I** ***agg.*** fornito di blasone, nobile || *per estens.* che si distingue per titoli e vittorie: *squadra blasonata* **II** ***sm.*** (f. *-a*) *non com.* chi appartiene all'aristocrazia: *un convegno di blasonati.*

blaṣóne [dal fr. *blason*; 1709 nel senso 3] ***sm.*** **1.** arma gentilizia, stemma araldico || nobiltà di nascita: *molti nobili spiantati si consolano col blasone* **2.** *fig.* motto, insegna: *ha fatto dell'imbecillità il suo blasone, il blasone dell'accademia* **3.** *T.arald.* l'insieme delle norme e dei principi che regolano l'araldica.

blaṣònico (pl. *-ci*) [da *blasone*; a. 1841] ***agg.*** *raro* relativo al blasone.

blaṣonìsta [da *blasone*; 1865] ***s.*** studioso di araldica, di blasoni.

blastèma [dal gr. *blástēma*, attr. il fr. *blastème*; 1865] ***sf.*** *T.biol.* tessuto embrionale da cui si formano gli organi sia vegetali che animali.

blàstico (pl. *-ci*) [da *blast(oma)*; 1955] ***agg.*** **1.** *T.med.* che provoca la formazione di un tumore: *attività blastica* || tumorale: *tessuto blastico* **2.** *T.biol.* relativo a cellula o a tessuto embrionale immaturi.

blàsto- [dal gr. *blastós*, germe] ***primo elem.*** che, in parole composte della terminologia scientifica, vale "germe", "embrione", "cellula".

-blàsto [dal gr. *blastós*, germe] ***elem. term.*** che, in parole composte della terminologia scientifica, vale "cellula" (per es. *eritroblasto*).

blastocèle [comp. di *blasto-* e *-cele*; 1929] ***sf.*** *T.biol.* cavità che si forma nell'uovo allo stadio di blastula.

blastòcero [comp. di *blasto-* e *-cero*; 1931] ***sm.*** *T.zool.* mammifero dei Cervidi diffuso in Argentina e Patagonia, che conduce vita notturna di branco presso i corsi d'acqua; i maschi possiedono corna che si biforcano alla radice || **N.** *Sin.* cervo della pampa.

blastodèrma [comp. di *blasto-* e *derma*; 1929] ***sm.*** *T.biol.* nella segmentazione dell'uovo fecondato di uccelli, rettili e pesci, strato di cellule cilindriche dal quale si origina l'embrione.

blastòfaga [comp. di *blasto-* e *fago*; 1955] ***sf.*** *T.zool.* insetto degli Imenotteri che compie l'impollinazione del fico passando da una pianta all'altra.

blastòma [comp. di *blasto-* e *-oma*; 1914] ***sm.*** *T.med.* tumore maligno, cancro.

blastòmero [comp. di *blasto-* e *-mero*; 1931] ***sm.*** *T.biol.* ciascuna delle cellule che derivano dalla segmentazione dell'uovo fecondato.

blastomicète [comp. di *blasto-* e *-micete*; 1894] ***sm.*** fungo unicellulare che produce la fermentazione dei liquidi zuccherini; saccaromicete.

blastomicòṣi [comp. di *blasto-* e *micosi*; 1930] ***sf.*** varietà di micosi, causata da blastospore.

blastòporo [comp. di *blasto-* e *-poro*; 1932] ***sm.*** *T.biol.* foro di comunicazione tra la cavità interna della gastrula e l'esterno.

blastospòra [comp. di *blasto-* e *spora*; 1955] ***sf.*** *T.bot.* conidio che non ha un'origine sessuale, ma si produce per gemmazione sul micelio e può a sua volta moltiplicarsi per gemmazione.

blàstula [dal gr. *blástē*, germe; 1934] ***sf.*** *T.biol.* stadio dello sviluppo embrionale in cui i blastomeri si dispongono a forma di sfera cava.

blateraménto [da *blaterare*; 1887] ***sm.*** il blaterare, e ciò che viene blaterato.

blateràre (pres. *blàtero*) [dal lat. *blaterāre*; 1842] ***intr.*** (aus. *avere*) chiacchierare a vanvera e rumorosamente || ***tr.*** dire con insistenza cose assurde e fastidiose: *non fa che blaterare sciocchezze.*

blateróne [dal lat. *blatero, -ōnis*; 1865] ***agg.*** e ***sm.*** (f. *-a*) *raro* chiacchierone, ciarlone.

blàtta [dal lat. *blatta*; sec. XV] ***sf.*** nome generico di vari insetti dei Blattoidei, con abitudini notturne, corpo piatto di colore scuro, lunghe zampe ed antenne filiformi; *com.* scarafaggio, piattola.

Blattoidèi [comp. di *blatta* e *-oidei*; 1955] ***sm. pl.*** *T.zool.* ordine di insetti alati o sprovvisti di ali, di colore uniforme più o meno scuro, dal corpo generalmente appiattito e dalle antenne lunghe e sottili || **N.** blatta, scarafaggio. **Q.T.** *zoologia.*

blazer (ingl., pr. ['bleɪzə]) [letter. che fiammeggia; 1942] ***sm. inv.*** giacca sportiva originalmente caratteristica dei collegi e dei club inglesi, con uno stemma ricamato sul taschino.

blé V. BLU.

-blefaria [dal gr. *blépharon*, palpebra] ***elem. term.*** che, in parole composte della terminologia medica, spec. denominazioni di malformazioni o disturbi dell'occhio, vale "palpebra" (per es. *ablefaria, macroblefaria*).

blefarìte [comp. di *blefaro-* e *-ite*[1]; 1865] ***sf.*** *T.med.* infiammazione del margine delle palpebre.

blèfaro- [dal gr. *blépharon*, palpebra] ***primo elem.*** che, in parole composte della terminologia medica, vale "palpebra": **blefarofimòṣi, blefaroplegìa, blefaroptòṣi, blefarospàṣmo, blefarotomìa.**

blefaròstato [comp. di *blefaro-* e gr. *statós*, fisso; 1940] ***sm.*** *T.chir.* strumento che serve a tenere divaricate le palpebre durante un'operazione all'occhio.

blènda [dal ted. *Blende*; 1797] ***sf.*** solfuro di zinco; minerale in cristalli lucenti di varie tonalità di bruno da cui si estrae lo zinco.

Blènnidi (sing. *-e*) [comp. del gr. *blénna*, muco e *-idi*; 1955] ***sm. pl.*** *T.zool.* famiglia di pesci dalle dimensioni ridotte e dal corpo allungato ricoperto di una sostanza mucosa, che vivono per la maggior parte in acque marine calde e temperate.

blèno- [dal gr. *blénna*, muco, pus] ***primo elem.*** che, in parole composte della terminologia medica (per es. *blenorrea*), vale "muco", "pus".

blenorragìa (pl. *-gìe*) o **blenorrèa** [dal fr. *blennorrhagie*; 1819 *blennorragia*] ***sf.*** *T.med.* malattia venerea contagiosa causata dal gonococco che provoca un'infezione purulenta della mucosa uretrale || **N.** *Sin.* gonorrea, scolo.

blenorràgico (pl. *-ci*) [da *blenorragia*; 1905] **I** ***agg.*** *T.med.* **1.** relativo alla blenorragia || derivato da blenorragia **2.** malato di blenorragia **II** ***sm.*** (f. *-a*) soggetto colpito da blenorragia.

blenorrèa V. BLENORRAGIA.

blenorròico (pl. *-ci*) [da *blenorrea*; 1962] ***agg.*** e ***sm.*** (f. *-a*) *T.med.* blenorragico.

bleṣità [dal fr. *blésité*; 1908] ***sf.*** difetto nella pronuncia di alcune consonanti (gen. in italiano rese con le grafie *s, sc, l, r*) causato da disturbi dell'apparato fonatorio.

blèṣo [dal lat. *blaesus*; 1598] ***agg.*** e ***sm.*** (f. *-a*) che, chi è affetto da blesità.

bleu (fr., pr. [blø]; pr. it. [blɛ]) [1771] ***agg.*** e ***sm. inv.*** blu.

blimp (ingl., pr. ['blɪmp]) [etim. inc.; 1966] ***sm. inv.*** *T.cin.* involucro isolante in cui viene messa la macchina da presa durante le riprese sonore, per evitare che venga registrato il rumore del suo funzionamento.

blìnda [dal ted. *Blinde*, attr. il fr. *blinde*; 1663] ***sf.*** copertura gen. metallica per difendere una struttura da esplosioni e colpi d'arma da fuoco: *le blinde coprivano le finestre* (D'Annunzio).

blindàggio (pl. *-gi*) [dal fr. *blindage*; 1853] ***sm.*** rinforzo di una struttura o di un veicolo per renderli resistenti alle esplosioni.

blindaménto [da *blindare*; 1940] ***sm.*** blindaggio.

blindàre [dal fr. *blinder*; 1853] ***tr.*** corazzare; coprire, difendere con blinde: *blindare un'auto.*

blindàto (*pps.* di *blindare*) [1905] ***agg.*** coperto, protetto da blinde: *treno blindato.*

blindatùra [da *blindare*; 1918] ***sf.*** **1.** l'azione del blindare **2.** corazza o altro che serva a blindare; blinda.

blìndo [abbr. di *autoblindo*; 1955] ***sm. inv.*** autoblinda.

blinker (ingl., pr. ['blɪŋkə]; pr. it. ['bliŋker]) [letter. lampeggiatore; 1987] ***sm. inv.*** *T.aut.* dispositivo che aziona contemporaneamente tutte le luci direzionali di un autoveicolo; viene usato per segnalare la sosta d'emergenza in posizione non regolare.

blister (ingl., pr. ['blɪstə]; pr. it. ['blister]) [letter. vescica, bolla; 1983] ***sm. inv.*** particolare tipo di confezione usato soprattutto in farmacia, a forma di placchetta, per contenere capsule, compresse ecc. trattenute da minuscoli involucri.

blitz (ingl., pr. [blɪts]) [dal ted. *Blitzkrieg*, guerra lampo; 1963] ***sm. inv.*** fulminea azione militare o di polizia effettuata di sorpresa: *blitz antimafia a Palermo.*

blizzard (ingl., pr. ['blɪzəd]) [voce angloamericana; 1929] ***sm. inv.*** violenta bufera di neve che si verifica d'inverno nell'America Settentrionale || *per estens.* tormenta di neve accompagnata da un forte vento gelido.

bloccàggio (pl. *-gi*) [dal fr. *blocage*; 1942] ***sm.*** l'azione del bloccare e del bloccarsi.

bloccàre (pres. *blòcco, blòcchi*) [dal fr. *bloquer*; 1669] ***tr.*** **1.** impedire l'accesso, il transito o l'uscita da un luogo, isolare: *fummo bloccati dalla neve* || isolare una postazione, un territorio nemico, controllandone tutti gli accessi ed impedendo comunicazioni e rifornimenti: *l'esercito tedesco bloccò Stalingrado* **2.** arrestare il movimento di qualcosa, fissare in una posizione voluta, part. di elementi meccanici: *bloccare un cavallo in corsa, bloccare il termostato* || *bloccare il movimento di qualcosa*, fermarlo || *bloccare un'epidemia*, impedirne la diffusione || *fig.* inibire, rendere incapaci di parlare ed agire: *la figura paterna lo blocca* **3.** *T.sport.* impedire l'azione di un avversario: *l'ala venne bloccata sulla fascia laterale* || *bloccare la palla*, fermarla **4.** *fig.* impedire per legge che qualcosa cambi o si verifichi: *bloccare i prezzi, i licenziamenti* || *bloccare gli affitti*, impedire l'aumento del canone d'affitto || *bloccare un assegno*, impedirne la riscossione **5.** *T.tecn.* riferito a tubi termoionici, interdire || ***intr. pron.*** **1.** fermarsi: *il convoglio si è bloccato* **2.** avere un blocco emotivo: *dopo quel fatto si è bloccato e non parla più.*

bloccastèrzo [comp. di *blocca(re)* e *sterzo*; 1963] ***sm.*** antifurto per automobili e motociclette, costituito da un dispositivo che blocca il movimento dello sterzo.

bloccàto (*pps.* di *bloccare*) [a. 1680] ***agg.*** fermato, arrestato || *fig.* impedito, ostacolato psicologicamente, inibito.

bloccatùra [da *bloccare*; a. 1684] ***sf.*** atto ed effetto del bloccare e del bloccarsi.

blocchièra [da *blocco*[2]; 1955] ***sf.*** macchina con cui si formano blocchi di calcestruzzo per muratura.

blocchìsta [da *blocco*[2]; 1946 nel senso 2] ***s.*** **1.** commerciante all'ingrosso, grossista **2.** *T.pol.* chi sostiene un gruppo di partiti o ne fa parte **3.** persona addetta al controllo dei posti di blocco ferroviari.

blòcco[1] (pl. *-chi*) [dal fr. *blocus*; a. 1680] ***sm.*** **1.** atto ed effetto del bloccare **2.** controllo, sbarramento effettuato da forze militari allo scopo di chiudere le vie d'accesso a un luogo e impedire le comunicazioni e i rifornimenti: *blocco navale, stradale* || *posto di blocco*, sbarramento effettuato da militari o forze di polizia lungo una via di comunicazione per controllare chi passa **3.** regolazione legislativa di un fenomeno economico: *il blocco dei prezzi* **4.** *T.med.* arresto di una funzione organica: *blocco renale, cardiaco* **5.** *T.psic.* inibizione causata da forti emozioni **6.** *T.ferr.* *sistema di blocco*, insieme delle apparecchiature che consentono la regolazione del traffico ferroviario in una linea || **N.** **1.** *Sin.* arresto, fermo | *Contr.* sblocco **2.** *Sin.* accerchiamento, assedio **4.** *Sin.* arresto, interruzione.

blòcco[2] (pl. *-chi*) [dal fr. *bloc*; 1833] ***sm.*** **1.** massa compatta di notevoli dimensioni: *un blocco di marmo* || rilevante quantità di merce: *un blocco di tessuti* || *in blocco*, in massa, globalmente || *comprare, vendere in blocco*, un'intera partita di merce **2.** insieme di fogli facilmente staccabili riuniti in un quaderno **3.** *fig.* alleanza politica: *il blocco d'oltrecortina, il blocco della sinistra* || *far blocco*, allearsi **4.** *T.elettron.* insieme di dati memorizzato che costituisce un'unità indipendente e trasferibile di memoria **5.** *T.filat.* insieme di quattro o più francobolli uniti tra loro **6.** *blocco motore*, elemento fuso in ghisa o lega leggera in cui nei motori a combustione interna sono ricavati i cilindri **7.** *blocchi di partenza*, in atletica e nel nuoto, elementi su cui l'atleta si appoggia con i piedi per dare maggiore slancio alla partenza || **N.** **1.** *Sin.* partita, stock **2.** *Sin.* *bloc-notes*, taccuino **3.** *Sin.* coalizione.

block-notes (pseudoingl., pr. [blok'nɔtes]) V. BLOC-NOTES.

bloc-notes (fr., pr. [blɔk'nɔt]; pr. it. [blok'nɔtes]) [letter. blocco per annotazioni; 1905] ***sm. inv.*** taccuino con fogli facilmente staccabili per appunti.

blónda o **biónda**[2] [dal fr. *blonde*; 1860] ***sf.*** trina di seta.

blouse (fr., pr. [blu:z]) [etim. inc.; a. 1861] ***sf. inv.*** blusa da donna.

blouson (fr., pr. [blu'zɔ̃]) [accr. di *blouse*; 1965] ***sm. inv.*** giacca o giubbotto piuttosto corto dalla linea cadente e morbida.

blow-up (ingl., pr. ['blouʌp]) [letter. esplosione; 1974] ***sm. inv.*** ingrandimento fotografico di notevoli dimensioni; gigantografia.

blu [dal fr. *bleu*; 1863 come sm.] **I** ***agg. inv.***

(sempre posposto) di color azzurro scuro in varie sfumature, simile a quello del cielo notturno || *fig. essere di sangue blu,* essere nobili || *fam. avere una fifa blu,* essere spaventati a morte **II** ***sm.*** *inv.* il colore blu || **N.** cobalto, di Prussia, elettrico, madonna, oltremare, reale | azzurro, turchino.

bluàstro [dal fr. *bleuâtre;* 1881] ***agg.*** di colore tendente al blu: *un livido bluastro.*

blucerchiàto [comp. di *blu* e *cerchiato,* dal colore e disegno della maglia; 1950] **I** ***agg.*** *T.sport.* che gioca nella squadra di calcio genovese della Sampdoria || *per estens.* tifoso o simpatizzante della Sampdoria **II** ***sm.*** *T.sport.* giocatore della Sampdoria.

blue chips (ingl., pr. [ˌbluː ˈtʃɪps]) [letter. fiches (cioè quattrini) di prim'ordine, voce gergale; 1979] ***loc. m.*** o ***f. pl.*** in borsa, azioni raccomandate per la solidità delle società da cui sono emesse.

blue-jeans (ingl., pr. [ˈbluːdʒiːnz]; pr. it. [bluˈdʒins]) [letter. tela azzurra; 1956] ***sm.*** *inv.* calzoni di tela ruvida e resistente, gen. di colore blu, con cuciture impunturate e cinque tasche || **N.** *Sin.* jeans.

blues (ingl., pr. [bluːz]) [letter. melanconia e, poi, canto popolare negro; 1966] ***sm.*** *inv.* stile musicale tipico dei neri d'America, di ritmo lento in 4/4 e dodici battute, con testi di argomento vario ma gen. melanconici.

bluette (fr., pr. [blyˈɛt]) [dal fr. *bleu,* blu; 1930] **I** ***agg.*** *inv.* (sempre posposto) di colore celeste intenso, più chiaro del blu **II** ***sm.*** *inv.* colore *bluette.*

bluff (ingl., pr. [blʌf] e fr., pr. [blœf]; pr. it. [bluf], [blœf], [blɛf]) [letter. azione per ingannare a poker; 1908] ***sm.*** *inv.* **1.** in vari giochi di carte, part. nel poker, finzione tendente a ingannare l'avversario facendogli credere di essere in possesso di carte superiori a quelle possedute realmente **2.** *per estens.* montatura, finzione messa in scena allo scopo di intimorire avversari e concorrenti || **N. 2.** *Sin.* smargiassata, vanteria.

bluffàre (pr. [blufˈfare], [blefˈfare] o [blœfˈfare]) [da *bluff;* 1918] ***intr.*** (aus. *avere*) **1.** in vari giochi di carte, attuare un bluff **2.** *per estens.* fingere di possedere capacità o possibilità inesistenti per disorientare avversari e concorrenti || **N. 2.** *Sin.* dare ad intendere, imbrogliare, ingannare; vantarsi.

bluffatóre (pr. [bluffaˈtore], [bleffaˈtore] o [blœffaˈtore]) [da *bluffare;* 1918] ***sm.*** (f. *-trìce*) chi bluffa.

blùmo [dall'ingl. *bloom,* letter. fiore; 1955] ***sm.*** *T.metal.* prodotto metallico di sezione quadrata di lato non inferiore a 120 mm, ottenuto normalmente per laminazione a caldo.

blùṣa [dal fr. *blouse;* 1846 nel senso 2] ***sf.*** **1.** camicetta piuttosto ampia da donna **2.** camiciotto da lavoro || *dim.* bluṣétta.

bluṣànte [da *blusa;* 1959] ***agg.*** di indumento dalla linea morbida, gonfio e sbuffante in vita.

bluṣòtto [da *blusa;* 1941] ***sm.*** camiciotto corto da uomo con mezze maniche.

bo V. BOH.

bòa[1] [dal lat. *boa;* a. 1342 *boas*] ***sm.*** *inv.* **1.** serpente dei Boidi di colore scuro con ventre giallo chiazzato di nero; gli esemplari più grandi misurano circa tre metri **2.** *fig.* specie di lunga sciarpa di piume di struzzo portata intorno al collo dalle donne.

bòa[2] [dal longobardo **bauga,* anello, attr. il genovese *boa;* 1813] ***sf.*** **1.** galleggiante di vario materiale, gen. ferro, legno o plastica, saldamente ormeggiato al fondo del mare, usato per legare imbarcazioni o per segnalare secche e sim.: *boa luminosa, acustica, elettromagnetica* **2.** *boa aerea,* aerostato colorato usato per segnalazioni e in gare aeree come pilone di virata.

boarìa [da un ant. *boaro,* bovaio; 1908 nel senso 2] ***sf.*** **1.** azienda agricola gen. situata in zone di trasformazione fondiaria, affidata a salariati fissi **2.** contratto di lavoro per aziende zootecniche stipulato tra il proprietario del fondo e i coloni che lavorano come salariati.

boarìna o **bovarìna** [da *bo(v)aro,* perché segue i buoi al lavoro; 1622] ***sf.*** *dial.* piccolo uccello dei Passeracei dalla coda molto lunga; cutrettola.

boàrio (pl. *-ri*) [dal lat. *boārius;* 1863] ***agg.*** relativo ai bovini: *foro boario,* luogo in cui si tiene il mercato bovino.

boàro ***sm.*** *non com.* V. BOVARO.

boàto [dal lat. *boātus;* a. 1342] ***sm.*** rumore cupo, rimbombo prolungato: *i boati del vulcano in eruzione.*

boattière [dall'it. sett. *bo,* bue; 1400] ***sm.*** (f. *-a*) **1.** *ant.* mercante o custode di buoi **2.** in Italia centromeridionale, piccolo proprietario che lavorava con i propri buoi terreni altrui.

bob (pr. [bɔb]) [dall'ingl. *bobsleigh;* 1930] ***sm.*** *inv.* *T.sport.* slitta carenata da competizione, montata su quattro pattini, di cui gli anteriori girevoli: *bob a due,* montato da due persone; *bob a quattro,* montato da quattro persone || *per estens.* sport competitivo fatto con tali slitte e su particolari piste ghiacciate: *campionati del mondo di bob.*

bòba o **bòbbia** [voce onom.; 1723] ***sf.*** *raro* sbobba.

bobbìsta [da *bob;* 1935 *boblista*] ***s.*** *T.sport.* chi pratica lo sport del bob.

bobìna [dal fr. *bobine;* 1833] ***sf.*** **1.** conduttore elettrico avvolto in spire e isolato attorno a un nucleo di ferro per realizzare induttanza || *bobina di accensione,* quella che negli autoveicoli trasforma la bassa tensione prodotta dalla batteria nell'alta tensione necessaria per il funzionamento delle candele **2.** *T.tip.* rotolo di carta usato nelle macchine rotative per la stampa **3.** *T.cin.* supporto sul quale si avvolge la pellicola cinematografica o fotografica **4.** *T.tess.* il cilindro attorno al quale si avvolgono le fibre nelle varie fasi della filatura **5.** *T.pesc.* rocchetto (fisso o estraibile) del mulinello attorno al quale si avvolge la lenza. **TAV.** *cinematografia...* 4.1, 10.1; *elettrotecnica; tessitura* 3.3.

bobinàre (pres. *-ìno*) [da *bobina;* 1970] ***tr.*** avvolgere in bobine.

bobinatóre [da *bobinare;* 1955] ***sm.*** (f. *-trìce*) addetto all'avvolgimento su bobine.

bobinatrìce [da *bobina;* 1942] ***sf.*** macchina per avvolgere in bobine.

bobinatùra [da *bobinare;* 1931] ***sf.*** preparazione di bobine con bobinatrici o a mano || *T.tess.* l'avvolgere su bobine le trame di cotone greggio.

bobólco (pl. *-chi*) [dal lat. *bubulcus;* 1321] ***sm.*** *ant.* bifolco.

bócca [lat. *bucca,* guancia, poi bocca; fine sec. XIII] ***sf.*** **1.** cavità iniziale dell'apparato digerente collocata nella parte inferiore del capo, limitata dalle labbra; è sede del senso del gusto e nei vertebrati costituisce assieme alle fosse nasali la parte iniziale dell'apparato respiratorio; nell'uomo costituisce anche l'organo della parola: *le malattie della bocca, una bocca enorme, piccola, sdentata* || *per bocca,* per via orale || *bocca fatta,* di animali che hanno raggiunto lo stadio definitivo della dentizione || *duro, tenero di bocca,* di cavallo poco o molto sensibile al morso || *avere la bocca amara, cattiva,* avere la digestione difficile; *fig.* avere dei dispiaceri, delle delusioni || *fig. storcere la bocca,* mostrare disapprovazione per qualcosa || *fig. restare a bocca asciutta,* deluso || *fig. fare la bocca a qualcosa,* abituarsi || *restare a bocca aperta,* meravigliarsi || *essere di bocca buona,* mangiare di tutto; *fig.* accontentarsi facilmente || *essere di bocca dolce,* di gusti alimentari difficili: *fig.* essere incontentabile || *rifarsi la bocca,* togliersi un cattivo sapore; *fig.* dimenticare qualcosa di spiacevole || *pendere dalla bocca di qualcuno,* seguire con attenzione le sue parole || *far venire l'acquolina in bocca,* far nascere un desiderio || *togliersi il pane di bocca,* sacrificarsi fino all'estremo per qualcuno || *togliere il pane di bocca a qualcuno,* privarlo anche delle cose più necessarie || *avere molte bocche da sfamare,* avere molte persone a carico || *in bocca al lupo,* formula di augurio rivolta a chi deve affrontare una prova difficile, impegnativa o pericolosa **2.** con riferimento alla funzione verbale: *non aprir bocca,* tacere || *tenere la bocca chiusa, cucita,* tacere ostinatamente || *chiudere, cucire, tappare la bocca,* impedire di parlare, mettere a tacere || *strappare, cavare di bocca,* riuscire faticosamente a far dire || *mettere in bocca a qualcuno,* suggerire || *avere qualcosa, qualcuno sulla bocca,* parlarne con frequenza || *metter bocca,* intromettersi || *togliere le parole di bocca a qualcuno,* prevenirlo in ciò che stava per dire || *essere sulla bocca di tutti,* essere noto a tutti || *acqua in bocca!,* silenzio **3.** la sola parte esterna, le labbra: *baciare, colpire sulla bocca* **4.** apertura: *la bocca del forno, di un recipiente* || *bocca dello stomaco,* parte superiore dello stomaco || parte anteriore di un'arma da fuoco; *per meton. bocca da fuoco,* pezzo d'artiglieria **5.** *bocca di un fiume,* la foce || *bocca del ghiacciaio,* apertura frontale del ghiacciaio da cui esce il fiume glaciale || *bocca vulcanica,* apertura da cui fuoriescono i materiali eruttivi || *pl.* stretto di mare tra due terre: *bocche di Bonifacio* **6.** *T.bot. bocca di leone,* antirrino **7.** *bocca di dama,* dolce di uova, pasta di mandorle e zucchero costituito da due piccole semisfere sovrapposte e farcite con crema di cioccolato **8.** *T.mar. bocca di lupo,* nodo scorsoio; anche *T.mil.* anticamente, ciascuna delle buche scavate in serie in prossimità di opere fortificate, per maggior difesa, sul cui fondo erano conficcati pali aguzzi || *bocca di rancio,* piastra metallica sagomata in cui scorrono i cavi d'ormeggio **9.** *bocca del martello,* parte convessa con cui si batte **10.** trappola un tempo usata per catturare belve, costituita da una buca a tronco di cono con piantati sul fondo pali aguzzi || *dim.* bocchìno, boccùccia; *accr.* boccóna; *spreg.* boccàccia || **N.** denti, faringe, gengiva, glandole salivari, gola, labbro, laringe, lingua, mascelle, palato, tonsille, ugola | aprire, chiudere, forbire, serrare, socchiudere, spalancare; imbavagliare, imboccare, rimboccare | baciare, bere, boccheggiare, cantare, fischiare, fumare, mangiare, masticare, mordere, parlare, piangere, respirare, ridere, sbadigliare, sbranare, sbuffare, sorbire, sospirare, sputare, succhiare, tossire, vomitare | bava, boccacce, boccone, brincio, broncio, deglutizione, fiato, masticazione, salivazione, sbadiglio, scorci, smorfie; gusto; voce; afta, faringite, gengivite, laringite, stomatite, trisma. **Q.T.** *anatomia* **TAV.** *chiesa* 7.1; ***anatomia*** **p. 642** 21; ***armi*** **p. 649** 23.1, 26.1; ***geologia*** **p. 1313** 5.7.

boccaccésco (pl. *-schi*) [dal n. proprio G. *Boccaccio;* 1865 nel senso 2] ***agg.*** **1.** licenzioso, salace: *situazione boccaccesca* **2.** boccacciano, di stile che imita quello del Boccaccio || **boccaccescaménte** ***avv.***

boccaccévole [dal n. proprio G. *Boccaccio;* a. 1595] ***agg.*** *spreg.* boccaccesco, detto spec. di chi imita lo stile del Boccaccio.

boccàccia (pl. *-ce*) (*pegg.* di *bocca*) [a. 1584 nel senso 2] ***sf.*** **1.** smorfia fatta con la bocca per burla o disgusto: *prima di prender le medicine fa sempre le boccacce* **2.** bocca resa amara da una cattiva digestione **3.** *fig.* persona maldicente e pettegola oppure sboccata || **N. 1.** *Sin.* sberleffo, smorfia, versaccio.

boccacciàno [dal n. proprio G. *Boccaccio;* a. 1789] ***agg.*** proprio dello scrittore G. Boccaccio, della sua opera o del suo stile.

boccadòpera (pl. *bocchedòpera*) [comp. di *bocca*, *d(i)* e *opera*; 1879] **sf.** *T.teatr.* l'apertura del palcoscenico; boccascena || **N.** proscenio.

boccadòro (pl. *bocchedòro*) [comp. di *bocca*, *d(i)* e *oro*; 1887] **s.** persona eccessivamente loquace, sputasentenze.

boccàglio (pl. *-gli*) [da *bocca*; 1824] **sm.** **1.** imboccatura di diversi apparecchi e strumenti: *il boccaglio del megafono*, la parte in cui si parla; *boccaglio del respiratore*, estremità sagomata del tubo di respirazione per il nuoto subacqueo che si introduce nella bocca **2.** apparecchio a forma di imbuto, per la misurazione della portata di una corrente fluida sotto pressione.

boccalàio (pl. *-ài*) [da *boccale*; a. 1609] **sm.** (f. *-a*) *raro* chi fabbrica o vende boccali || **N.** VASAIO.

boccàle^{1} [lat. tardo *baucālis*; 1390] **sm.** **1.** recipiente per liquidi di materiale vario, di forma panciuta con manico e talvolta beccuccio: *usa un boccale come portafiori* || *loc. avv. a boccali*, in abbondanza **2.** quantità di liquido contenuta in un boccale: *ha tracannato tre boccali di birra* **3.** misura di quantità per liquidi che a seconda delle regioni varia tra uno e due litri.

boccàle^{2} o **buccàle** [da *bocca*; 1941] **agg.** *T.anat.* che riguarda la bocca, che si riferisce alla bocca: *struttura boccale*.

boccalerìa [da *boccale*; 1934] **sf.** arte della maiolica || a Venezia, corporazione dei vasai.

boccalìno (*dim.* di *boccale*) [a. 1311] **sm.** *T.mar.* tubo di forma conica con cui terminano le manichette in tela; serve per dirigere con precisione il getto d'acqua || **N.** *Sin.* bocchetta.

boccalóne (*accr.* di *boccale*) [1936] **sm.** **1.** (f. *-a*) chi ha la bocca larga; chi sta spesso a bocca aperta || *per estens.* detto spec. di bambino, che piange spesso **2.** (f. *-a*) persona sguaiata e volgare || persona maldicente e pettegola **3.** *region.* persico-trota.

boccàme [da *bocca*; 1853] **sm.** materiale che viene recuperato nelle fonderie dopo l'esecuzione di una colata.

boccapòrto (pl. *boccapòrti*) [comp. di *bocca* e *porto*; 1612 *boccaporta*] **sm.** **1.** *T.mar.* apertura quadrangolare sul ponte delle navi per accedere ai locali interni **2.** *T.ferr.* apertura nella parete delle caldaie delle locomotive a vapore per introdurvi il combustibile. **TAV. *nave* p. 1327** 5.20.

boccaròla [da *bocca*; 1942] **sf.** *pop.* eruzione o lesione cutanea agli angoli della bocca; herpes boccale.

boccascèna [comp. di *bocca* e *scena*; 1865 *bocca di scena*] **sf.** *inv.* l'apertura del palcoscenico verso la platea e in cui si svolge l'azione scenica, boccadopera.

boccàta [lat. volg. **buccata*; sec. XIV] **sf.** quantità che può esser contenuta in bocca in una sola volta: *una boccata di vino, di cibo* || *una boccata di fumo*, quanto se ne aspira in una volta da una sigaretta, un sigaro, una pipa || *prendere una boccata d'aria*, fare una breve passeggiata || **N.** bocconata, boccone, morso, sorso.

boccétta (*dim.* di *boccia*) [a. 1571] **sf.** **1.** bottiglietta: *una boccetta di profumo* **2.** piccola palla d'avorio del gioco del biliardo|| *gioco delle boccette*, gioco analogo alle bocce che si fa sul tavolo del biliardo senza stecca.

boccheggiaménto [da *boccheggiare*; 1666] **sm.** *non com.* modo ed atto del boccheggiare.

boccheggiànte (*ppr.* di *boccheggiare*) [a. 1600] **agg.** agonizzante, moribondo.

boccheggiàre (pres. *-éggio*) [da *bocca*; a. 1484] **intr.** (aus. *avere*) respirare aprendo e chiudendo la bocca affannosamente, come fanno i pesci fuori dell'acqua || **N.** RESPIRARE.

bocchèllo [da *bocca*; a. 1519] **sm.** nei canali di irrigazione, piccola apertura sull'argine per consentire il deflusso delle acque.

bocchétta (*dim.* di *bocca*) [a. 1537] **sf.** **1.** piccola imboccatura di vasi, canali, strumenti a fiato, tubi e sim.: *la bocchetta del serbatoio, la bocchetta del sax* || *bocchetta stradale*, coperchio traforato dei pozzetti di scolo dell'acqua piovana posti lungo le strade **2.** piastrina metallica che funge da ornamento e copertura della toppa di una serratura **3.** striscia di pelle che, partendo dalla tomaia, fascia il collo del piede **4.** valico, forcella che consente il transito su una cresta montagnosa mettendo in comunicazione due opposti versanti. **TAV. *automobile* p. 658** 1.6.

bocchettóne [da *bocchetta*; 1962] **sm.** **1.** *T.mecc.* imboccatura di un tubo o serbatoio munita di chiusura ermetica **2.** giunto filettato fra tubi.

bocchinàro [da *bocchino*; 1977] **sm.** (f. *-a*) *volg.* fellatore.

bocchìno (*dim.* di *bocca*) [a. 1561] **sm.** **1.** smorfia fatta stringendo le labbra **2.** cannellino di forma e materiale vario dotato di filtro, in cui si introducono le sigarette o i sigari per fumarli || parte della sigaretta che si pone tra le labbra || imboccatura della pipa **3.** imboccatura di vari strumenti musicali: *questo clarinetto ha bisogno di un bocchino nuovo* **4.** *ant.* nelle armi da fuoco portatili, fascetta metallica che fissa anteriormente la canna alla cassa e porta l'attacco per la baionetta **5.** *volg. fellatio*. **TAV. *musica* p. 1325** 3.2, 7.1, 8.1, 9.

bòccia (pl. *-ce*) [etim. inc.; 1499 nel senso 2] **sf.** **1.** palla di legno o di altro materiale usata per vari giochi: *boccia da bowling* || *pl.* gioco tra due o più persone o tra due squadre che consiste nel mandare le proprie bocce il più possibile vicino al boccino || *fig. ragionare a bocce ferme*, con calma, quando la situazione è stabilizzata **2.** recipiente di vario materiale, gen. di vetro, di forma panciuta, con collo lungo e stretto con cui si mesce il vino o l'acqua **3.** *lett.* il calice del fiore non ancora dischiuso **4.** *scherz.* testa **5.** *raro* pustola || *dim.* boccétta, boccettìna; *accr.* boccióne || **N.** **2.** *Sin.* ampolla, bottiglia, fiala, guastada | bocca, collo, fondo, labbro, pancia, tappo **3.** *Sin.* boccio, bocciolo.

bocciàrda [dal fr. *boucharde*; 1955] **sf.** **1.** *T.mur.* pestello per rendere zigrinata la superficie dei battuti in cemento **2.** martello con piccole punte piramidali usato per rendere ruvida la superficie di pietre da selciato od ornamentali. **TAV. *edilizia* p. 666** 12.9.

bocciàre (pres. *bòccio*) [da *boccia*; 1863] **tr.** **1.** *T.gioc.* nel gioco delle bocce, colpire al lancio con la propria boccia quella dell'avversario per far posto alle proprie **2.** *fig.* respingere: *bocciare un provvedimento* || *fam.* respingere a un esame o dopo uno scrutinio: *lo hanno bocciato anche in terza* || **intr.** (aus. *avere*) **1.** urtare con l'auto contro un'altra auto o contro un ostacolo: *quest'anno ha bocciato tre volte* **2.** *T.gioc.* eseguire una bocciata.

bocciàta [da *bocciare*; 1941] **sf.** *T.gioc.* nel gioco delle bocce, colpo con cui si mira direttamente alla boccia dell'avversario per allontanarla dal boccino.

bocciatóre [da *bocciare*; 1930] **sm.** (f. *-trìce*) **1.** nel gioco delle bocce, chi fa una bocciata **2.** esaminatore che boccia con facilità.

bocciatùra [da *bocciare*; 1926] **sf.** atto ed effetto del bocciare e dell'essere bocciato nei concorsi e negli esami: *questa bocciatura non te la saresti meritata*.

boccìno (*dim.* di *boccio*) [1863] **sm.** **1.** *T.gioc.* nel gioco delle bocce e delle boccette, la boccia più piccola cui le altre devono avvicinarsi **2.** *iron.* testa: *gli gira spesso il boccino*, spesso gli monta la stizza.

bòccio (pl. *-ci*) [etim. inc.; a. 1722] **sm.** calice di fiore non aperto: *fiori in boccio*; *in boccio*, anche *fig.*, di persona o qualità che deve ancora maturare: *bellezza in boccio* || *dim.* bocciuòlo, boccìno || **N.** *Sin.* bocciolo, bottone, calice.

bocciòdromo [comp. di *boccia* e *-dromo*^{1}; 1942] **sm.** luogo in cui si trovano diversi campi di bocce.

bocciòfilo [comp. di *boccia* e *-filo*; 1930] **I** **agg.** che riguarda il gioco delle bocce: *società bocciofila* **II** **sm.** (f. *-a*) appassionato giocatore di bocce.

bocciòlo (disus. *bocciuòlo*) [da *boccio*; a. 1320 nel senso 2] **sm.** **1.** fiore non ancora aperto || *fig. bocciolo di rosa*, ragazza giovane e graziosa **2.** parte della canna compresa tra due nodi **3.** parte del candeliere in cui si inserisce la candela **4.** *T.anat. bocciolo gustativo*, formazione di dimensioni macroscopiche, situata nell'epitelio delle papille gustative con funzioni di ricettore del gusto **5.** *T.mecc.* camma, eccentrico.

boccióne (*accr.* di *boccia*^{1}) [1863] **sm.** boccia assai grande, di vetro ordinario || **N.** damigiana, fiasco.

bocciuòlo V. BOCCIOLO.

bòccola [lat. *buccula*; sec. XIII] **sf.** **1.** borchia, fibbia ornamentale **2.** cilindro metallico cavo usato come guida, protezione, supporto di perni ed elementi snodati in genere **3.** *T.ferr.* elemento rotante a cuscinetti lubrificati per trasmettere il carico ai fusi e proteggerli **4.** *T.elettr.* presa a un solo polo per collegamenti provvisori **5.** anello di ferro che fascia la parte terminale di un palo di legno soggetto a pressione **6.** *T.sport.* figura del pattinaggio artistico costituita da due cerchi concentrici. **TAV. *utensili* p. 1341** 28.2.

boccolàre [lat. *buccula*; a. 1539] **sm.** apertura della fucina o delle fornaci, in cui entra la canna del mantice.

bòccolo [da *boccola*; 1845] **sm.** ricciolo di capelli.

bocconàta [da *boccone*; a. 1625] **sf.** *raro* boccone.

bocconcìno (*dim.* di *boccone*) [a. 1556] **sm.** **1.** cibo squisito: *assaggerai un bocconcino!* || *loc. avv. a bocconcini*, a piccolissimi pezzi; *fig.* a più riprese: *è un lavoro fatto a bocconcini* **2.** *fig.* cosa o persona desiderabile: *è un bel bocconcino* **3.** pallina di ricotta impastata e fritta tipica della cucina romana **4.** *pl.* spezzatini.

boccóne [da *bocca*; a. 1306] **sm.** **1.** quantità di cibo che si mette in bocca in una sola volta: *un boccone di pane, di carne* || *mangiare, mandar giù un boccone*, mangiare poco e in fretta || *fig. togliersi, cavarsi il boccone di bocca*, privarsi del necessario per darlo ad altri || *fig. guadagnare un boccone di pane*, appena il necessario per vivere || *contare i bocconi*, mangiare poco || *fig. boccone amaro*, umiliazione || *col boccone in gola*, subito dopo mangiato || *fig. mangiarsi qualcuno in un boccone*, annientarlo facilmente **2.** cibo squisito: *un boccone da re, da prete* || *per estens.* oggetto di desiderio: *è un boccone che invoglierebbe chiunque* **3.** piccola quantità || *loc. avv. a pezzi e bocconi*, poco alla volta **4.** esca avvelenata per animali || *fig. prendere il boccone*, lasciarsi abbindolare || *dim.* bocconcìno, bocconcèllo.

boccóni [da *bocca*; sec. XIV] **avv.** disteso sul ventre, con la bocca in giù verso terra || **N.** *Sin.* prono | *Contr.* supino.

boccùccia (pl. *-ce*) (*dim.* di *bocca*) [1353] **sf.** **1.** bocca piccola e graziosa || *far boccuccia*, torcer la bocca in segno di noia o schifo o disdegno **2.** *fig.* persona schifiltosa.

bòcia [da *boccia*; 1919] **sm.** *inv.* *sett.* ragazzo, apprendista in lavori manuali || *T.mil. scherz.* recluta negli alpini.

bodìno V. BUDINO.

bodóni [dal n. proprio G. *Bodoni*, tipografo ed editore; 1965] **sm.** *inv.* *T.tip.* carattere tipografico dall'occhio rotondo e marcato.

bodoniàno [dal n. proprio G. *Bodoni*, tipografo e editore; 1796] ***agg.*** proprio dello stampatore e tipografo Bodoni: *edizione bodoniana*; che ne imita la maniera: *caratteri bodoniani* || *rilegato alla bodoniana*, con semplice cartoncino.

body (ingl., pr. ['bɒdɪ]; pr. it. ['bɔdi]) [letter. corpo; 1966] ***sm.*** *inv.* indumento intimo femminile, o per la danza e la ginnastica, molto aderente, costituito da un corpino e da mutandine in un unico pezzo || **N.** *Sin.* pagliaccetto.

body art (ingl., pr. ['bɒdɪ 'ɑ:t]) [letter. arte del corpo; 1975] ***loc. f.*** *inv.* movimento artistico degli anni sessanta e settanta, che usa il corpo umano dell'artista come mezzo e strumento di comunicazione estetica.

body building (ingl., pr. ['bɒdɪ ˌbɪldɪŋ]) [letter. costruzione del corpo; 1983] ***loc. m.*** *inv.* pratica di esercizi ginnici che stimolano lo sviluppo muscolare || **N.** *Sin.* culturismo.

body painting (ingl., pr. ['bɒdɪ ˌpeɪntɪŋ]) [letter. pittura del corpo; 1983] ***loc. m.*** *inv.* particolare tecnica pittorica praticata sul corpo di modelli, per creare, attraverso i colori e la loro commistione con le forme corporee, immagini e illusioni visuali.

boèmo [dal n. geogr. *Boemia*; a. 1533] **I** ***agg.*** della Boemia **II** ***sm.*** (f. *-a*) abitante, nativo della Boemia.

boèro [dall'olandese *boer*, contadino; a. 1912] **I** ***agg.*** che si riferisce ai coloni olandesi trasferitisi in Sud Africa nel XVII secolo: *guerra boera* **II** ***sm.*** **1.** (f. *-a*) appartenente alla popolazione boera **2.** cioccolatino contenente una ciliegia sotto spirito || **N.** II **1.** *Sin.* afrikander.

bòffice [forse da *soffice*, con influsso di un onom. *boff*; a. 1660] ***agg.*** *raro* soffice, morbido || di persona, grassa e paffuta || *accr.* bofficióne.

bofonchiàre (pres. *-ónchio*) [da *bofonchio*; 1300 ca.] ***intr.*** (aus. *avere*) *lett.* brontolare a bassa voce sbuffando: *non si riesce a capire quello che bofonchia* || ***tr.*** dire a bassa voce, con impaccio, di mala voglia: *bofonchiò le sue scuse.*

bofónchio (pl. *-chi*) [lat. volg. **bufunculus*; 1726] ***sm.*** *tosc.* calabrone (per il forte ronzio che emette volando) || sordo e incomprensibile brontolio.

bòga [lat. *bōca*; 1797] ***sf.*** pesce di mare degli Sparidi, di forma allungata, ricoperto di piccole squame a fasce longitudinali dorate e ventre bianco.

bogàra [da *boga*; 1797] ***sf.*** *T.pesc.* rete lunga a maglie strette per la pesca delle boghe alla foce dei fiumi.

bogliènte (*ppr.* ant. di *bollire*) [1313] ***agg.*** *arc.* bollente: *in un bogliente vetro* (Dante).

bogomili [voce bulgara, letter. cari a Dio; 1930] ***sm.*** *pl.* seguaci del bogomilismo.

bogomilìsmo [da *bogomili*; 1986] ***sm.*** movimento eretico diffusosi nel XII sec. in Europa, che proponeva una condotta di vita ascetica e povera, il totale distacco dall'attività pratica e il rifiuto di ogni forma di potere terreno.

boh o **bo** (pr. [bɔ:]) [voce onom.; 1970] ***escl.*** esprime dubbio, incertezza, incredulità.

bohème (fr., pr. [bo'ɛm]) [letter. vita da zingaro; 1905] ***sf.*** *inv.* **1.** vita libera, disordinata e anticonformista tipica degli artisti giovani e poveri della seconda metà del XIX secolo || insieme di persone che conducono tale vita **2.** scapigliatura.

bohémien (fr., pr. [boe'mjɛ̃]) [da *bohème*; 1883] ***sm.*** *inv.* (f. *bohémienne*, pr. [boe'mjɛn]) chi conduce una vita da *bohème*.

bohémienne (fr., pr. [boe'mjɛn]) [letter. zingara; 1905] ***sf.*** *inv.* ballo popolare simile alla mazurca.

bòia [lat. *boia*; a. 1484] **I** ***sm.*** *inv.* **1.** giustiziere, carnefice **2.** *per estens.* delinquente: *ha una faccia da boia* || usato in varie escl. per esprimere disappunto: *boia d'un mondo, boia d'una miseria* **II** ***agg.*** *inv.* cattivo: *mondo boia* || *iperb.* pessimo, esagerato: *caldo, freddo boia.*

boiàrdo o **boiàro** [dal russo *boiarin*; a. 1764] ***sm.*** antico titolo nobiliare russo e balcanico: *la congiura dei boiardi.*

boiàta [da *boia*; a. 1915] ***sf.*** azione da boia, cattiveria: *da lui non mi sarei mai aspettato questa boiata* || *per estens. fig.* opera mal fatta: *questo quadro è una boiata* || *fam.* sciocchezza: *non dire boiate.*

boicottàggio (pl. *-gi*) [dal fr. *boycottage*; 1888] ***sm.*** atto ed effetto del boicottare: *hanno attuato un boicottaggio sistematico del suo lavoro* || *esercitare il boicottaggio*, boicottare qualcuno o qualcosa.

boicottàre (pres. *-òtto*) [dal n. proprio J. *Boycott*, amministratore dei beni di un lord in Irlanda, prima vittima di questa forma di ostruzionismo; 1881] ***tr.*** **1.** organizzare azioni di ostruzionismo verso una persona, un'organizzazione, uno stato e sim. allo scopo di rendere impossibile lo svolgimento delle normali attività spec. in campo economico e politico: *boicottare le merci provenienti dall'estero* **2.** *per estens.* ostacolare, impedire lo svolgimento: *hanno boicottato la relazione della minoranza.*

boicottatóre [da *boicottare*; 1965] ***sm.*** (f. *-trice*) e ***agg.*** chi, che boicotta.

Bòidi (sing. *-e*) [comp. di *bo(a)* e *-idi*; 1930] ***sm.*** *pl.* *T.zool.* famiglia di serpenti non velenosi di grossa mole, dotati di grande forza muscolare di cui si servono per uccidere le loro vittime.

boiler (ingl. pr. ['bɔɪlə]; pr. it. ['boiler]) [letter. bollitore; 1960] ***sm.*** *inv.* scaldaacqua.

boiserie (fr., pr. [bwaz'ri]) [da *bois*, legno; 1962] ***sf.*** *inv.* rivestimento in legno delle pareti.

boîte (fr., pr. [bwat]) [letter. scatola; 1905] ***sf.*** *inv.* piccolo locale notturno.

bolarmènico (pl. *-ci*) o **bolarmèno** [comp. di *bolo* e *armenico*, armeno; a. 1320] ***sm.*** bolo (nel senso 3).

bolas (sp., pr. ['bɔlas]) [letter. palle; 1929] ***sf.*** *pl.* arma da getto tipica dell'America meridionale costituita da una striscia di pelle o da una cordicella di fibre vegetali con due piccole sfere di pietra alle due estremità.

bòldo [dallo sp. *boldo*; 1950] ***sm.*** albero sempreverde con fiori biancastri, foglie ovali, coriacee, aromatiche da cui si estraggono sostanze usate in farmacia.

bolentìno [dal genov. *bolentín*, letter. volantino, cioè oggetto che vola; fine sec. XII *bolentin*] ***sm.*** lenza a mano dotata di più ami e di un piombo all'estremità, usata per la pesca sul fondo.

bolèro [dallo sp. *bolero*; 1829] ***sm.*** **1.** danza e musica popolare spagnola di derivazione araba con ritmo ternario **2.** giacca corta che si arresta al girovita, aperta sul davanti, con o senza maniche **3.** cappello di feltro a tesa diritta.

bolèto o **bolèto** [lat. *bolētus*; a. 1498] ***sm.*** nome generico di vari funghi delle Poliporacee con tuboli facilmente separabili dal cappello, rivestiti internamente dall'imenio || **N.** boleto satana o malefico, porcinello, porcino.

bolgétta [da *bolgia*; a. 1536] ***sf.*** **1.** borsa o valigetta portadocumenti chiusa e gen. in pelle: *vide una bolgetta... e vi scorse... dentro due talenti* (Pascoli) **2.** *per estens.* la borsa dei postini.

bòlgia (pl. *-ge*) [dal fr. ant. *bolge*; 1313] ***sf.*** **1.** *ant.* borsa, bisaccia **2.** *per anton.* ciascuna delle dieci fosse concentriche, separate da alti argini, dell'ottavo cerchio dell'inferno dantesco **3.** *fig.* luogo dove regna una gran confusione: *quella casa è una bolgia!*

bòlide [dal lat. *bolis, -idis*; gr. *bolís, bolídos*; 1819] ***sm.*** **1.** meteora luminosa e talvolta esplodente **2.** oggetto che si muove a grandissima velocità: *ci è passato davanti come un bolide* **3.** *fig.* macchina da corsa: *i bolidi della formula uno* **4.** *scherz.* di persona corpulenta e massiccia || **N.** **1.** *Sin.* aerolito, stella cadente, stella filante.

bolìna [dal fr. ant. *bouline*; a. 1470] ***sf.*** *T.mar.* cavo che tira verso prora il lato verticale sopravvento delle vele quadre in modo che prendano meglio il vento || *andar di bolina*, andar con le vele tirate, stringendo il vento || *nodo di bolina*, tipo di nodo per assicurare i cavi in tensione usato anche nell'alpinismo. **TAV.** ***vela*** **p. 1342** 4.4, 4.5.

bolinàre (pres. *-ino*) [da *bolina*; 1829] ***tr.*** e ***intr.*** (aus. *avere*) tesare, manovrare i cavi della bolina.

bolivar (sp., pr. [bo'liβar]; pr. it. [bo'livar]) [dal n. dell'eroe sudamericano Simon *Bolívar*; 1937] ***sm.*** unità monetaria del Venezuela.

bólla[1] [lat. *bulla*; 1313] ***sf.*** **1.** rigonfiamento di forma sferica o semisferica che si forma in un liquido portato a ebollizione o sottoposto a pressione: *bolla di sapone*, ottenuta soffiando in un cannello intinto in una soluzione d'acqua saponata || *fig. risolversi in una bolla di sapone*, risolversi in nulla || *in bolla*, perfettamente orizzontale, con riferimento alla livella a bolla **2.** cavità sferoidale dovuta a difetti di fusione che rimane nel vetro, nel metallo e sim. **3.** in alcuni strumenti chimici, rigonfiamento vitreo sferoidale: *bolla di raffreddamento* || attrezzatura usata negli zuccherifici per concentrare nel vuoto sciroppi, conserve e sim. **4.** *T.tess.* difetto di tessitura per cui il tessuto presenta dei rigonfiamenti **5.** *T.med.* raccolta di siero limpido nella parte superficiale dell'epidermide dovuta a ustioni, punture di insetti, processi patologici **6.** *T.bot.* malattia delle piante causata da un fungo parassita che si manifesta sotto forma di rigonfiamenti e ispessimenti cutanei || *dim.* bollicìna. **TAV.** *geografia* 2.2, 3.2.

bólla[2] [lat. *bulla*; a. 1304] ***sf.*** **1.** sigillo apposto su documenti ufficiali per autenticarli || *per estens.* marchio prodotto da tale sigillo **2.** *T.stor.* documento pontificio o imperiale autenticato dalla bolla || *bolla papale*, lettera su questioni temporali o spirituali scritta e contrassegnata dal papa **3.** documento fiscale che certifica la consegna di una merce o l'avvenuto pagamento di diritti commerciali: *bolla di accompagnamento* **4.** *ant.* borchia; ciondolo ornamentale.

bollandista [dal n. proprio J. *Bolland*; a. 1837] ***sm.*** gesuita appartenente alla società dei gesuiti belgi che pubblicano gli *Acta sanctorum* continuando l'opera di padre Bolland.

bollàre (pres. *bóllo*) [lat. mediev. *bullāre*; sec. XIII] ***tr.*** **1.** contrassegnare con bollo; apporre il bollo: *bollare le lettere, far bollare una ricevuta* **2.** colpire qualcuno lasciandogli un segno: *gli ha dato un pizzicotto che lo ha bollato* **3.** *fig.* segnare con un marchio infamante, colpire moralmente: *i traditori sono bollati d'eterna infamia* **4.** *fig. raro* ingannare || **N.** **1.** *Sin.* contrassegnare, suggellare, timbrare **3.** *Sin.* marcare, tacciare.

bollàrio (pl. *-ri*) [da *bolla*[2]; 1664] ***sm.*** *T.eccl.* raccolta delle bolle pontificie.

bollatóre [da *bollare*; 1863] ***sm.*** (f. *-trice*) chi è incaricato di bollare lettere, documenti e sim.

bollatùra [da *bollare*; 1337] ***sf.*** atto ed effetto del bollare.

bollènte (*ppr.* di *bollire*) [sec. XIV] ***agg.*** caldissimo, rovente: *caffè bollente* || *fig.* appassionato: *temperamento bollente.*

bollétta (*dim.* di *bolla*[2]) [1325] ***sf.*** **1.** documento comprovante l'avvenuto pagamento di una somma o la consegna di una merce: *bol-*

letta di spedizione || *bolletta della luce, del gas, del telefono,* recante l'importo da pagare in relazione al consumo || *fig. fam. trovarsi in bolletta,* essere sprovvisto di denaro, essere al verde **2.** *region.* bulletta, piccolo chiodo con cappello largo e rotondo || **N. 1.** *Sin.* cedola, certificato, ricevuta.

bollettàrio (pl. *-ri*) [da *bolletta*; 1626] ***sm.*** blocco a madre e figlia, da cui si staccano le bollette di ricevuta o di spedizione.

bollettìno [da *bolletta*; a. 1502] ***sm.*** **1.** ricevuta: *bollettino di spedizione* || *bollettino di versamento,* modulo per l'effettuazione di versamenti in conto corrente postale **2.** foglio periodico o semplice comunicato (a mezzo stampa, per radio o per televisione) contenente notizie di argomento specifico: *bollettino di informazione* || *bollettino meteorologico,* contenente informazioni sul tempo || *bollettino bibliografico,* contenente annunci di nuove pubblicazioni, recensioni e sim. || *bollettino ufficiale,* recante gli atti amministrativi relativi a un singolo ministero || *bollettino di guerra,* comunicazione periodica emessa dal comando supremo di una nazione belligerante circa l'andamento delle operazioni di guerra **3.** titolo di vari periodici di informazione specializzata: *Bollettino della Società Dantesca.* **Q.T.** *meteorologia.*

bollichìo (pl. *-ii*) [da un ant. *bollicare,* bollire; a. 1375] ***sm.*** *ant.* brulichìo.

bollilàtte [comp. di *bolli(re)* e *latte*; 1965] ***sm.*** *inv.* recipiente per il latte dotato di un coperchio bucato che impedisce la fuoriuscita della schiuma durante l'ebollizione.

bolliménto [da *bollire*; 1666] ***sm.*** *raro* bollore.

bollìno (*dim.* di *bollo*) [1952] ***sm.*** **1.** contrassegno apposto su una tessera o un documento per comprovare l'avvenuto pagamento di una tassa periodica: *i bollini della tessera del tram* **2.** ciascuno dei tagliandi della tessera annonaria **3.** *gen.* pezzetto di carta adesivo che si incolla su tessere, cartelle di concorsi a premi ecc.

bollìre (pres. *bóllo*) [lat. *bullīre*; a. 1292 nel senso 4] ***intr.*** (aus. *avere*) **1.** detto di liquidi che raggiunta una certa temperatura passano dallo stato liquido a quello gassoso formando bolle di vapore, essere o entrare in uno stato di ebollizione: *l'acqua bolle a cento gradi* || *fig. avere il sangue che bolle,* avere un temperamento passionale **2.** cuocere in un liquido bollente: *i ceci bollono da dieci minuti* || *per meton.* riferito a recipiente: *la pentola bolle* || *fig. qualcosa bolle in pentola,* si sta preparando qualcosa in segreto || *lasciare qualcuno bollire nel suo brodo,* non intervenire, non curarsene **3.** far bolle: *il minestrone bolle, la fanghiglia bolliva* **4.** soffrire per il caldo eccessivo: *oggi si bolle* || *fig.* essere molto arrabbiato o agitato: *bolliva d'ira, per lo sdegno* || ***tr.*** cuocere in acqua bollente, lessare: *bollire la carne* || far bollire: *per evitare infezioni le autorità consigliano di bollire l'acqua* || **N. 1.** *Sin.* ribollire; borbottare, gorgogliare | *Contr.* sbollire **3.** *Sin.* fermentare, gervere, gorgogliare.

bollìta [da *bollire*; 1887] ***sf.*** breve bollitura || *dim.* bollitìna.

bollìto (*pps.* di *bollire*) [a. 1601] ***sm.*** pietanza di carne lessata: *bollito di vitello* || taglio di carne adatto a essere cucinato lesso: *il macellaio aveva un bel pezzo di bollito.*

bollitóre [da *bollire*; 1941] ***sm.*** **1.** qualunque strumento o recipiente per portare un liquido a ebollizione || autoclave usata per reazioni chimiche, in grado di resistere a temperature e pressioni non troppo elevate **2.** (f. *-trìce*) operaio addetto ad operazioni di bollitura.

bollitùra [da *bollire*; 1709] ***sf.*** **1.** atto ed effetto del bollire || durata di tale processo: *necessita di dieci minuti di bollitura* || liquido in cui qualcosa sia stato messo a bollire **2.** saldatura effettuata battendo o premendo uno sull'altro due pezzi metallici riscaldati.

bollizióne [dal lat. tardo *bullītio, -ōnis*; a. 1320] ***sf.*** *ant.* bollitura.

bóllo¹ [da *bollare*; 1562 nel senso 2; 1797 nel senso 1] ***sm.*** **1.** impronta, marchio, sigillo impresso su qualcosa come contrassegno di proprietà, provenienza o autenticità || *bollo postale,* annullo per francobolli || *bollo a secco,* a rilievo || *bollo a umido,* a inchiostro || *imposta di bollo,* tassa che grava su alcune scritture legali || *carta da bollo,* carta legale munita di bollo || *marca da bollo,* che certifica l'avvenuto pagamento di una tassa || *bollo di circolazione,* contrassegno di carta che viene esposto sul parabrezza dei veicoli per comprovare l'avvenuto pagamento della tassa di circolazione **2.** *concr.* strumento che serve per bollare **3.** *region.* francobollo **4.** *ant.* marchio d'infamia **5.** *fam.* livido: *aveva le ginocchia piene di bolli* || **N. 1.** *Sin.* contrassegno, stampigliatura, suggello, timbro.

bóllo² [da *bollire*; 1588] ***sm.*** *dial.* bollore.

bollóne (*accr.* di *bolla²*) [a. 1306] ***sm.*** *ant.* grosso chiodo: *la man gli è presa e... con un bollon gli è fesa* (Jacopone da Todi) || bullone.

bollóre [da *bollire*; 1313] ***sm.*** **1.** il bollire di un liquido || *dare un bollore,* portare a ebollizione per qualche istante || *levare, alzare il bollore,* cominciare a bollire || *essere a bollore,* a temperatura di ebollizione **2.** *fig.* calore eccessivo: *il bollore del mezzogiorno* || eccitamento dell'animo prodotto dalla passione, smania: *il bollore dei sensi* || **N. 1.** *Sin.* bollimento, bollitura, ebollizione, ribollimento, sobbollimento **2.** ardore, rimescolamento.

bollóso [da *bolla¹*; 1920] ***agg.*** ricoperto di bolle.

bòlo [lat. *bolus,* bolo, boccone, gr. *bôlos,* zolla; 1314] ***sm.*** **1.** boccone di cibo masticato e insalivato pronto da inghiottire || *T.zool.* massa sferica compatta di materiali non digeriti che si accumulano nello stomaco dei rapaci e vengono successivamente rigurgitati || *T.med. bolo isterico,* senso di costrizione, occlusione alla gola causato da isteria **2.** *T.med.* pillola di grandi dimensioni, morbida e facilmente inghiottibile, usata oggi solo in veterinaria per somministrare farmaci di sapore disgustoso **3.** terreno argilloso contenente ossido di ferro; di colore rossastro, serve per un impasto appiccicaticcio usato come adesivo per la doratura di oggetti non metallici || **N. 3.** *Sin.* bolarmenico.

-bolo [dal gr. *bólos,* lancio, getto] ***elem. term.*** che, in parole composte dotte (per es. *discobolo*), vale "che lancia", "che getta".

bolognése [lat. *Bononiēnsis*; 1313] **I *agg.*** di Bologna: *la campagna bolognese* || *T.cuc. alla bolognese,* detto di pietanza con un condimento a base di pomodoro, carne tritata e aromi, tipico della cucina bolognese: *tagliatelle alla bolognese* **II *s.*** **1.** abitante, nativo di Bologna **2.** *sm.* (solo *sing.*) dialetto parlato nella zona di Bologna.

bolognìno [dal n. geogr. *Bologna*; 1211] ***sm.*** *T.num.* moneta bolognese coniata tra i secoli XII e XVII.

bolomètrico (pl. *-ci*) [da *bolometro*; 1986] ***agg.*** *T.astr.* relativo al, proprio del bolometro: *magnitudine bolometrica,* grandezza di una stella misurata con un bolometro; *correzione bolometrica,* differenza tra la magnitudine bolometrica e quella visuale.

bolòmetro [comp. del gr. *bolḗ,* raggio e *-metro*; 1929] ***sm.*** strumento per la misurazione delle temperature, basato sulla variazione della resistenza elettrica di un filo in dipendenza della temperatura; viene usato principalmente per misurare l'intensità di una radiazione (ad es. quella emessa da un astro).

bolsàggine [da *bolso*; 1772] ***sf.*** **1.** *T.vet.* malattia polmonare tipica dei cavalli che si manifesta tramite gravi difficoltà respiratorie **2.** fiacchezza, spossatezza.

bolscevìco (pl. *-chi*) [dal russo *bol'ševik,* massimalista; 1917] ***agg.*** e ***sm.*** (f. *-a*) relativo all'ala sinistra rivoluzionaria del partito socialdemocratico russo || *per estens.* comunista rivoluzionario || **N.** *Contr.* menscevico.

bolscevìsmo [dal russo *bol'ševizn,* massimalismo; 1919] ***sm.*** corrente rivoluzionaria e intransigente del partito socialdemocratico russo da cui ebbe origine il partito bolscevico || teoria e prassi che caratterizza tale corrente || *per estens.* comunismo rivoluzionario.

bolscevizzàre [da *bolscevico*; 1921] ***tr.*** far diventare comunista, comunistizzare || *in part.* dare a un partito comunista la struttura del partito comunista sovietico.

bólso [lat. *vulsus,* letter. schiantato; sec. XIV] ***agg.*** **1.** detto di animale, part. cavallo, affetto da bolsaggine **2.** di persona, asmatico, che ha difficoltà respiratorie || *fig.* fiacco, sfinito **3.** *fig.* di stile letterario, debole, stentato.

bolzonàre (pres. *-óno*) [da *bolzone*; a. 1347 *bolcionare*] ***tr.*** *ant.* ferire, percuotere con un bolzone; anche figurato.

bolzonàta [da *bolzone*; a. 1566] ***sf.*** *ant.* colpo di bolzone.

bolzonàto (*pps.* di *bolzonare*) [a. 1606] ***agg.*** colpito col bolzone || *moneta bolzonata,* moneta punzonata per essere messa fuori corso legale.

bolzóne [dal long. **bultjo*; a. 1292 *bolcione*] ***sm.*** **1.** *T.stor.* testa d'ariete || grossa freccia da balestra con la punta smussata **2.** punzone per la segnatura di monete, medaglie e simili **3.** punzone azionato da un meccanismo a molla usato per macellare i maiali colpendoli sulla fronte **4.** *T.arch.* trave a bilanciere usata nella manovra dei ponti levatoi || paletto passante metallico che si inserisce nella testa di chiavi da muro o da volta per tenerle in tensione **5.** convessità trasversale conferita ai ponti delle navi per facilitare il deflusso dell'acqua verso le murate.

bòma [dall'olandese *boon,* albero, attr. il fr. *bôme*; 1813] ***sf.*** o ***sm.*** *inv. T.mar.* pennone orizzontale fissato a un albero poppiero su cui si assicura il lato basso delle rande o di vele triangolari. **TAV.** ***vela*** **p. 1342** 1.18.

bómba [voce onom.; a. 1484 nel senso 9; 1686 nel senso 1] **I *sf.*** **1.** involucro chiuso, gen. metallico, cavo, contenente esplosivo e munito di detonatore o altro congegno atto a farlo esplodere || *in part.* proietto da mortaio di forma aerodinamica dotato di impennaggi e gen. azionato da una spoletta a percussione || *bomba a mano,* ordigno lanciato a mano con raggio di azione limitato, che costituisce parte dell'equipaggiamento individuale del soldato || *bomba Molotov,* bottiglia Molotov || *bomba a tempo* o *a orologeria,* la cui esplosione è prefissata per mezzo di un congegno a tempo || *bomba da aereo,* lanciata da un aeroplano || *bomba controcarro, anticarro,* studiata in modo da essere efficace contro i carri armati || *bomba nucleare,* il cui potenziale distruttivo si basa sull'energia sprigionata da una reazione nucleare a catena || *bomba all'idrogeno* o *termonucleare,* che sfrutta l'energia liberata dalla fusione degli atomi di idrogeno || *a prova di bomba,* riferito a riparo o costruzione in grado di resistere a un attacco armato, e *per estens.* resistentissimo: *un'onestà a prova di bomba* **2.** *bomba vulcanica,* frammento di lava proiettato durante un'eruzione **3.** *T.fis. bomba manometrica,* strumento per la misurazione della pressione dei gas prodotti da un'esplosione **4.** *T.chim. bomba calorimetrica,* strumento per la misurazione del potere calorifico delle sostanze combustibili **5.** *T.med. bomba al cobalto, al cesio,* apparecchiatura di forma sferica usata in radiologia **6.** *fig.* part. nel linguaggio giornalistico, notizia sensazionale, scandalo: *è scoppiata la bomba del calcio scommesse* || *tosc.* menzogna **7.** *fig. pop.* sostanza eccitante usata nelle competizioni per accrescere il rendimento degli atleti **8.** pasta dolce, soffice, di forma sferica ripiena di crema o marmellata **9.** in vari giochi infantili, luogo cui si deve arrivare prima di essere raggiunti o scoperti dall'avversario || *fig. tornare a bomba,* ritornare all'argomento principale dopo una divagazione **10.** *raro* bombetta **II** *agg. inv.* (sempre posposto) sensazionale, straordinario: *notizia, idea bomba* || **N.** I **1.** al napalm, dirompente, fumogena, incendiaria, lacrimogena; difensiva, offensiva; ananas, granata, *shrapnel* **7.** *Sin. doping* **8.** *Sin.* bombolone, *krapfen.* **Q.T.** *armi* **TAV.** *armi* **p. 649** 19, 24.

Bombacàcee [comp. del lat. mediev. *bombax, -acis,* var. di *bambax, -acis,* bambagia e *-acee*; 1930] *sf. pl. T.bot.* famiglia di piante arboree tropicali dai fiori grandi e frutti polposi, tra cui il baobab.

bómba càrta o **bómba-càrta** (pl. *bómbe càrta* o *bómbe-càrta*) [comp. di *bomba* e *carta*; 1970] *sf. T.arm.* bomba costituita da un involucro esterno di materiale leggero (carta, cartone, alluminio) contenente esplosivo di modesta potenza, utilizzata perlopiù a scopo dimostrativo.

bombànza [dal provenz. *bobance*; a. 1294] *sf. ant.* ostentazione, baldanza.

bombàrda [voce onom.; a. 1348] *sf.* **1.** nome generico per indicare antiche bocche da fuoco del periodo medievale e rinascimentale || mortaio usato durante la prima guerra mondiale per la distruzione dei reticolati nemici **2.** *T.mar.* veliero con due alberi verticali (trinchetto e mezzana) e bompresso **3.** *T.mus.* un registro dell'organo, di suono grave e profondo **4.** strumento musicale a fiato ad ancia doppia ancora oggi diffuso nell'area celtica.

bombardaménto [da *bombardare*; 1853] *sm.* **1.** atto ed effetto del bombardare: *bombardamento a tappeto, notturno, in picchiata* || *fig.* susseguirsi incalzante: *un bombardamento di messaggi pubblicitari, di domande* **2.** *T.fis.* lancio di particelle fortemente accelerate contro un bersaglio allo scopo gen. di studiare le reazioni di quest'ultimo.

bombardàre [da *bombarda*; a. 1519] *tr.* **1.** sottoporre un obbiettivo a un tiro o lancio ripetuto di bombe: *prima dello sbarco le navi bombardarono la costa* || *fig.* sottoporre a un'azione intensa e incalzante: *bombardare il centralino di telefonate* **2.** *T.fis.* lanciare particelle contro un bersaglio || **N. 1.** *Sin.* cannoneggiare, sganciar bombe.

bombardàta [da *bombarda*; 1564] *sf.* colpo di bombarda.

bombardièra [da *bombarda*; a. 1527] *sf.* feritoia nelle muraglie d'una fortezza, da cui si tirava con la bombarda.

bombardière [da *bombarda*; a. 1492 nel senso 2] *sm.* **1.** aeroplano da bombardamento || *per estens.* membro dell'equipaggio di tali aerei **2.** *ant.* militare addetto all'uso della bombarda **3.** coleottero di color rosso mattone che se disturbato emette dalle ghiandole anali una scarica di sostanza irritante.

bombardino [da *bombarda*; 1863] *sm. T.mus.* strumento musicale usato part. nella musica bandistica, flicorno baritono.

bombardóne [da *bombarda*; 1863] *sm. T.mus.* strumento musicale a fiato usato part. nella musica bandistica, di suono grave.

bombàre[1] (pres. *bómbo*) [dal fr. *bomber*, 1970] *tr.* rendere convessa una superficie modellabile battendola dal rovescio.

bombàre[2] (pres. *bómbo*) [da *bomba*; 1863] *intr.* (aus. *avere*) *ant. tosc.* bere vino avidamente.

bombaròlo [da *bomba*, sul modello di *tombarolo*; 1973] *sm.* (f. *-a*) autore di attentati terroristici che si serve di bombe, bottiglie Molotov e sim.

bombàto (*pps.* di *bombare*) [1954] *agg.* convesso, a forma di cupola, tondeggiante, rigonfio: *un vaso bombato.*

bombatùra [da *bombare*; 1970] *sf.* convessità, rigonfiamento.

bombé (fr., pr. [bõ'be]) [1846] *agg. inv.* convesso, bombato.

bomber (ingl., pr. ['bɒmə]; pr. it. ['bɔmber]) [letter. bombardiere; 1983] *sm. inv.* **1.** *T.sport.* nel calcio, attaccante che segna molti goal, cannoniere || nel pugilato, chi sferra colpi molto violenti ed efficaci, bombardiere **2.** *T.abb.* giubbotto di pelle imbottito, simile a quello dei piloti americani della seconda guerra mondiale.

bombétta [da *bomba*; 1908] *sf.* cappello maschile a cupola tonda con falde strette e ripiegate verso l'alto.

bómbice [dal lat. *bombyx, -ȳcis*; 1585] *sm.* baco da seta.

bombìre (pres. *-ìsco, -ìsci*) [dal lat. tardo *bombīre*; 1572] *intr.* (aus. *avere*) *raro ant.* e *lett.* rimbombare || detto part. di api, ronzare || rumoreggiare, rimbombare.

bómbito [da *bombire*; a. 1907] *sm. lett.* rimbombo.

bómbo [dal lat. *bombus*; 1581] *sm.* **1.** *lett.* rimbombo, ronzio **2.** insetto degli Imenotteri con il corpo tondo a strisce di color giallo e nero.

bómbola [voce onom.; 1618 nel senso 2] *sf.* **1.** recipiente metallico cilindrico in grado di resistere a pressioni altissime usato per il trasporto e la conservazione di fluidi compressi: *bombola d'ossigeno* || *bombola spray*, recipiente di piccole dimensioni dotato di erogatore per la nebulizzazione di prodotti di uso quotidiano come insetticidi, lacche, prodotti per la pulizia ecc. **2.** la palla di vetro di alcuni lumi a olio. **Q.T.** *pesca.*

bombolàio (pl. *-ài*) [da *bombola*; 1974] *agg.* di autoveicoli, o veicoli ferroviari, adibiti al trasporto di bombole.

bómbolo [da *bombola*; 1941] *sm. scherz.* persona piccola e grassoccia.

bombolóne [da *bombola*; 1908] *sm. tosc.* dolce a pasta morbida di forma sferica, ripieno di crema o di marmellata || **N.** *Sin.* bomba, *krapfen.*

bombòn V. BONBON.

bombonièra [dal fr. *boubonnière*; 1877] *sf.* confettiera || *com.* contenitore di forma e materiale diverso che si regala insieme ai confetti racchiusi nel tulle in occasione di matrimoni, battesimi, comunioni ecc.

bomprèsso [dal fr. *beaupré*; 1598 *buonpresso*] *sm. T.mar.* albero collocato obliquamente sulla prua dei velieri e su cui si inseriscono i fiocchi || **N.** asta di controfiocco, asta di fiocco.

bonàccia (pl. *-ce*) [lat. volg. **bonacia*; sec. XIV] *sf.* calma di vento e di mare || *fig.* calma, tranquillità, stasi: *dopo un periodo di bonaccia non ebbe più nemmeno un istante libero.*

bonàccio (pl. m. *-ci*, pl. f. *-ce*) [da *buono*; a. 1602] *agg. raro* di persona, semplice, alla mano.

bonaccióne [da *bonaccio*; 1865] *agg.* e *sm.* (f. *-a*) detto di persona semplice, bonaria e indulgente: *è un bonaccione che non farebbe male ad una mosca.*

bonagràzia V. BUONAGRAZIA.

bonalàna V. BUONALANA.

bonamàno V. BUONAMANO.

bonamòrte V. BUONAMORTE.

bonànima V. BUONANIMA.

bonanòtte V. BUONANOTTE.

bonapartìsmo [dal n. proprio Napoleone *Bonaparte*; 1866] *sm.* **1.** movimento politico francese del XIX secolo che vagheggiava la restaurazione dell'Impero, con a capo un discendente di Napoleone Bonaparte **2.** *fig.* regime politico dittatoriale basato sul plebiscito popolare.

bonapartista [dal n. proprio Napoleone *Bonaparte*; 1895] *agg.* e *s.* che, chi è fautore del bonapartismo.

bonàrda [etim. inc.; 1896] *sf. T.enol.* vino rosso da pasto prodotto dal vitigno omonimo in diverse zone piemontesi e spec. nella zona di Novara.

bonarietà [da *bonario*; sec. XIII *bonaritade*] *sf.* naturale disposizione di simpatia verso gli altri; affabilità || **N.** *Sin.* amorevolezza, benevolenza, benignità, bonomia, docilità, dolcezza, indulgenza, mansuetudine, mitezza, semplicità, soavità.

bonàrio (pl. *-ri*) [dal fr. ant. *de bon aire*, di buon aspetto; a. 1584] *agg.* naturalmente ben disposto verso gli altri || **bonariaménte** *avv.* || **N.** *Sin.* affabile, benigno, bonaccione, docile, mansueto, mite; buona pasta.

bonasèra V. BUONASERA.

bonavòglia V. BUONAVOGLIA.

bonbon (fr., pr. [bõ'bõ]) [letter. buono-buono; 1803 *bomboni* pl.] *sm. inv.* confetto, dolcetto.

boncinèllo [da *bolzone*; a. 1470] *sm. raro* ferro a staffa che nelle serrature riceve il chiavistello.

bondiòla [etim. inc.; 1718 *bondiole*] *sf.* salume da cucinarsi bollito, simile al cotechino ma di forma sferica.

bonétto [dal fr. *bonnet*; 1545] *sm.* **1.** *non com.* berretto di panno a foggia militare **2.** *T.mil.* piccolo terrapieno posto sul parapetto di varie opere di fortificazione per proteggere la testa dei tiratori.

bongiórno V. BUONGIORNO.

bòngo (pl. *-ghi*) [voce africana; 1930] *sm. T.zool.* ruminante africano caratterizzato da corna a spirale e pelo fulvo a strisce bianche trasversali.

bóngo V. BONGÓS.

bongós (sp., pr. [bɔŋ'gɔs]) [voce africana; 1963] *sm. pl.* (in it. spesso adattato in *bongo*, pl. *bongos* o *bonghi*) strumento a percussione di origine afro-cubana che consiste in due tamburi che si battono con le dita.

bongovèrno V. BUONGOVERNO.

bongustàio V. BUONGUSTAIO.

bongùsto *sm. raro* V. BUONGUSTO.

bonìfica [da *bonificare*; 1846] *sf.* **1.** complesso di lavori necessari a rendere coltivabile o edificabile un terreno paludoso || *bonifica integrale*, operazione di completa mutazione della struttura di un territorio in cui, oltre a opere agrarie ed idrauliche, vengono eseguiti lavori di costruzione a fini abitativi, di viabilità ecc. || *per estens.* operazione di risanamento: *è necessaria una bonifica dei bassifondi* || *concr.* l'area di terreno bonificata **2.** *T.mil.* rimozione da un terreno di mine, bombe inesplose e rottami **3.** *T.metal.* trattamento termico cui vengono sottoposti alcuni acciai allo scopo di migliorarne le caratteristiche meccaniche.

bonificàbile [da *bonificare*; 1941] *agg.* che può essere sottoposto a bonifica.

bonificaménto [da *bonificare*; 1598] *sm.* atto ed effetto del bonificare || **N.** *Sin.* bonifica, bonificazione, prosciugamento, risanamento || colmate, idrovore, irrigazioni.

bonificàre (pres. *-ìfico, -ìfichi*) [lat. mediev. *bonificāre*; 1550] *tr.* **1.** sottoporre un terreno a lavori di bonifica per renderlo coltivabile o edificabile || *fig.* risanare moralmente **2.** *T.mil.* rimuovere mine o bombe inesplose da un terreno **3.** operare una riduzione nel prezzo, concedere un abbuono **4.** eseguire un bonifico || **N. 1.** *Sin.* prosciugare, risanare, sanare.

bonificatóre [da *bonificare*; 1957] ***sm.*** **1.** (f. *-trìce*) chi compie opere di bonifica **2.** *T.mil.* militare addetto al disinnesco delle bombe nei campi minati.

bonificazióne [da *bonificare*; 1688] ***sf.*** bonificamento.

bonìfico (pl. *-ci*) [da *bonificare*; 1942] ***sm.*** **1.** riduzione di prezzo, abbuono **2.** *T.banc.* accredito operato dalla banca, su richiesta di un cliente, a favore di terzi.

bon mot (fr., pr. [bɔ̃'mo]) [letter. buona parola; 1942] ***loc. m.*** *inv.* motto arguto, battuta di spirito.

bonne (fr., pr. [bɔn]) [letter. buona; 1818] ***sf.*** *inv.* bambinaia; governante || *com.* cameriera, donna di servizio || **N.** *Sin.* colf.

bòno ***agg.*** *pop.* V. BUONO[1].

bonomìa [dal fr. *bonhomie*; a. 1835] ***sf.*** grande bonarietà, mitezza, semplicità, naturale disposizione verso gli altri.

bonòmo V. BUONUOMO.

bonsai (giap., pr. [bɔn'sai]) [letter. piantato in vaso piatto; 1974] ***sm.*** *inv.* tecnica di coltivazione di alcune specie di piante mantenute nane, mediante particolari potature di radici e polloni, a scopo ornamentale || *per estens.* la pianta così coltivata.

bonsènso ***sm.*** *non com.* V. BUONSENSO.

bontà [lat. *bonitas, -ātis*; sec. XII *bontade*] ***sf.*** **1.** naturale disposizione a compiere il bene: *la sua bontà rasenta il ridicolo* || *per estens.* benevolenza, compiacenza: *ha avuto la bontà di ascoltare le nostre richieste* || *concr.* atto di compiacenza: *fatemi la bontà di ritelefonare domani* **2.** qualità di ciò che è buono di per se stesso o in relazione alla sua funzione: *la bontà del clima mediterraneo, la bontà della cucina italiana* **3.** *T.num.* qualità della lega d'oro o d'argento con cui sono coniate le monete || **N. 1.** *Sin.* benevolenza, benignità, bonarietà, bonomia, dolcezza, mansuetudine, soavità, umanità; carità, clemenza, generosità, indulgenza | *Contr.* cattiveria, malevolenza, malvagità; crudeltà **2.** *Sin.* validità, valore; buon sapore, mitezza.

bontempóne V. BUONTEMPONE.

bon-ton (fr. pr. [bɔ̃'tɔ̃]) [letter. buon tono; 1940] ***sm.*** *inv.* buone maniere, signorilità.

bonuòmo V. BUONUOMO.

bonus (lat., pr. it. ['bɔnus]) [dal lat. *bonus*, buono, attr. l'ingl. *bonus*, premio; 1983] ***sm.*** *inv.* gratifica corrisposta da un'azienda a un dirigente, come incentivo.

bonuscita ***sf.*** *non com.* V. BUONUSCITA.

bonus-malus (lat., pr. it. ['bɔnus 'malus]) [letter. buono-cattivo; 1983] ***sm.*** *inv.* polizza assicurativa per autoveicoli che prevede la diminuzione o l'aumento del premio annuale a seconda che l'assicurato nel periodo precedente non abbia o abbia provocato incidenti.

bónza [voce lomb. di etim. inc.; 1918] ***sf.*** **1.** macchina per lavori stradali adibita al trasporto e alla conservazione del bitume **2.** botte ovale di grandi dimensioni, adibita al trasporto di liquidi.

bónẓo [dal giapp. *bôzu*; 1549] ***sm.*** **1.** monaco buddista **2.** *fig. iron.* persona che si attribuisce grandi doti e meriti.

boogie-woogie (ingl., pr. [ˌbu:gɪ 'wu:gɪ]) [prob. voce onom.; 1949 *bughi-vugi*] ***sm.*** *inv.* **1.** stile musicale del jazz caratterizzato da ritmo veloce e ripetizione di gruppi di note **2.** ballo ritmato da tale musica.

book-maker (ingl., pr. ['bʊkˌmeɪkə]; pr. it. [buk'meker]) [letter. colui che fa il libro; 1887] ***s.*** *inv.* allibratore.

booleàno (pr. [bule'ano]) [dal n. proprio G. *Boole*, matematico ingl.; 1955] ***agg.*** *T.mat.* che si riferisce al matematico inglese G. Boole e più com. ai processi usati nell'algebra da lui formulata: *algebra booleana; logica booleana*, il calcolo proporzionale classico.

boom (ingl., pr. [bu:m]) [voce onom.; 1931] ***sm.*** *inv.* **1.** *T.econ.* fenomeno di rapido incremento economico produttivo: *il boom tanto atteso in questi anni non si è verificato* || *fig.* periodo di massima popolarità e diffusione di un personaggio, di un luogo, di un prodotto e sim.: *il boom delle videocassette, il boom delle Maldive* **2.** *T.aer.* *boom sonico*, boato prodotto da un aereo quando supera il muro del suono, *bang*.

boomerang (ingl., pr. ['bu:məræŋ]; pr. it. ['bumeraŋg]) [da una voce di una lingua indigena australiana *wo-mur-răng*; 1863] **I** ***sm.*** *inv.* arma da lancio degli aborigeni australiani di forma piatta e piegata a gomito che ha la proprietà di ritornare indietro al lanciatore se non colpisce il bersaglio || *fig.* azione i cui effetti si ritorcono su chi l'ha compiuta **II** ***agg.*** *inv.* (sempre posposto): *effetto, domanda boomerang*, che si ritorce sul suo autore.

booster (ingl., pr. ['bu:stə]) [da to *boost*, spingere; 1949] ***sm.*** *inv.* apparecchio, macchinario o sim. che svolge funzione ausiliaria || *T.mus.* amplificatore di suoni usato part. negli impianti stereo su automobili.

bootstrap (ingl., pr. ['bu:tstræp]) [letter. calzastivali; 1985] ***sm.*** *inv.* *T.inform.* metodo per introdurre in un sistema di elaborazione le istruzioni fondamentali, eseguendo le quali si avvia il processo di elaborazione; caricamento del sistema, caricatore iniziale.

bop V. BE-BOP.

boppìstico (pl. *-ci*) [da (*be*)*-bop*; 1983] ***agg.*** relativo allo stile jazzistico *be-bop*.

bòra [lat. *borea*, gr. *boréas*; 1858] ***sf.*** vento di Est-Nord-Est (detto perciò anche Greco-Levante) che, scendendo dall'altipiano carsico, soffia nell'Alto Adriatico, part. nei golfi di Trieste e del Quarnaro, a raffiche, talora molto violente.

boràce [dall'ar. *būraq*; a. 1484] ***sm.*** *T.min.* sale formato dall'acido borico e dal sodio; serve nella saldatura di metalli, ed è utilizzato nelle smaltature di porcellane ecc.

boracìfero [comp. di *borace* e *-fero*; 1838] ***agg.*** che contiene o produce borace || *soffioni boraciferi*, getti di vapor acqueo misto ad anidride carbonica, idrogeno solforato e acido borico, di natura vulcanica.

boràgine V. BORRAGGINE.

boràto [comp. di *bor*(*ico*) e *-ato*; 1795] ***sm.*** sale, estere dell'acido borico.

borbogliaménto [da *borbogliare*; sec. XIII] ***sm.*** *raro* atto del borbogliare || **N.** *Sin.* borboglìo, borborigmo, borbottamento, brontolìo, RUMORE.

borbogliàre (pres. *-òglio*) [voce onom.; a. 1400] ***intr.*** (aus. *avere*) *raro lett.* gorgogliare, borbottare || *in part.* gorgogliare degli intestini || **N.** borbottare, rumoreggiare.

borboglìo (pl. *-ii*) [da *borbogliare*; a. 1363] ***sm.*** **1.** borbogliamento continuato **2.** rumore cupo e sordo || **N.** brontolìo.

borbònico (pl. *-ci*) [dal n. proprio della famiglia dei *Borboni*; a. 1831] **I** ***agg.*** **1.** relativo ai borboni: *il regno borbonico* **2.** *fig.* conservatore, retrivo: *una politica borbonica* **II** ***sm.*** (f. *-a*) fautore dei Borboni.

borborìgmo o **borborìṣmo** [dal gr. *borborygmós*; 1797] ***sm.*** *T.med.* gorgoglio dell'addome provocato dallo spostamento dei liquidi o dei gas contenuti nell'intestino || **N.** *Sin.* borbottamento, borbottìo, gorgoglìo.

borbottaménto [da *borbottare*; a. 1565] ***sm.*** atto ed effetto del borbottare.

borbottàre (meno com. *barbottàre*) (pres. *-òtto*) [voce onom.; a. 1306] ***intr.*** (aus. *avere*) **1.** parlare fra sé sottovoce e in modo confuso || brontolare, lamentandosi fra sé **2.** *per estens.* produrre rumori sordi e confusi: *la pentola borbottava sul fuoco* || ***tr.*** parlare in modo incomprensibile: *borbottare preghiere, scuse*.

borbottatóre [da *borbottare*; sec. XIII] ***sm.*** (f. *-trìce*) *raro* chi borbotta || **N.** *Sin.* brontolone.

borbottìno [da *borbottare*; a. 1698] ***sm.*** **1.** vaso di vetro dal collo lungo e ritorto **2.** *tosc. lett.* manicaretto in umido || intruglio.

borbottìo (pl. *-ii*) [da *borbottare*; sec. XIV] ***sm.*** un borbottare insistente e continuato || **N.** *Sin.* BRONTOLIO.

borbòtto V. BARBOZZO.

borbottóne [da *borbottare*; a. 1600] ***sm.*** (f. *-a*) chi ha l'abitudine di borbottare || **N.** *Sin.* brontolone.

bòrchia [etim. inc.; a. 1543] ***sf.*** elemento ornamentale solitamente metallico, circolare e convesso, usato per la rifinitura o l'ornamento di oggetti di arredamento, pelletteria, abbigliamento e sim.: *uno sgabello d'auree borchie ornato* (Pascoli) || *dim.* borchiétta, borchiettìna.

borchiàto [da *borchia*; a. 1861] ***agg.*** decorato con borchie.

borchiettàto [da *borchia*; 1822] ***agg.*** decorato di piccole borchie.

bórda [da *bordare*; a. 1590] ***sf.*** *T.mar.* la vela latina più grande delle galee.

bordàglia (pl. *-glie*) [da *bordo*; a. 1363] ***sf.*** *raro* marmaglia.

bordàme [da *bordo*; 1937] ***sm.*** *T.mar.* il lato inferiore della vela || **N.** *Sin.* linea di scotta | cazzame.

bordàre (pres. *bórdo*) [da *bordo*; 1598] ***tr.*** **1.** fare il bordo a qualcosa: *bordare una veste, bordare la lamiera di un'auto* || *per estens.* segnare con un bordo: *le pagine degli esercizi sono bordate in grigio* || delimitare: *i Pirenei bordano la Spagna ad est* **2.** *T.mar.* spiegare una vela.

bordàta [da *bordo*; 1772 nel senso 2] ***sf.*** **1.** *T.mar.* ogni tratto percorso a zig-zag da un'imbarcazione a vela, durante il quale essa riceve il vento da uno stesso lato **2.** *T.mil.* sparo di tutti i cannoni d'un fianco di una nave || *fig.* raffica, rapida successione, serie: *una bordata di applausi accolse l'arrivo dei concorrenti* **3.** *T.sport.* nel calcio, tiro violento: *il portiere parò tutte le bordate degli attaccanti avversari.*

bordatìno [da *bordo*; 1865] ***sm.*** tessuto resistente a righe usato per confezionare grembiulini e vestiti da bambini || **N.** *Sin.* rigatino.

bordàto [da *bordare*; 1618] ***sm.*** bordatino: *la sua gonna di bordato bianco* (D'Annunzio).

bordatóre [da *bordare*; 1940 nel senso 2] ***sm.*** **1.** (f. *-trìce*) nell'industria tessile, addetto alla fattura e rifinitura dei bordi **2.** dispositivo della macchina da cucire, per orlare un tessuto.

bordatrice [da *bordare*; 1933 nel senso 2] ***sf.*** macchina che esegue bordature e modanature su lamiere di spessore sottile.

bordatùra [da *bordare*; 1376] ***sf.*** **1.** l'operazione di bordare qualcosa, in part. lamiere **2.** orlatura, elemento di finitura che si applica a un tessuto, passamaneria.

bordeaux (fr., pr. [bɔr'do]) [dal n. geogr. *Bordeaux*; 1905] **I** ***sm.*** *inv.* **1.** vino prodotto nella regione di Bordeaux **2.** color rosso scuro tipico del vino bordeaux **II** ***agg.*** *inv.* (sempre posposto) di colore bordeaux: *una stoffa bordeaux.*

bordeggiàre (pres. *-éggio*) [da *bordo*; 1612] ***intr.*** (aus. *avere*) veleggiare contro vento con andatura a zig-zag prendendo il vento alternativamente dai due lati || *fig.* destreggiarsi tra le varie difficoltà.

bordéggio (pl. *-gi*) [da *bordo*; 1865] ***sm.*** il bordeggiare. **TAV. *vela* p. 1342** 4.3.

bordèllo [dal fr. ant. *bordel*; a. 1294] ***sm.*** luogo dove si esercita la prostituzione || *fig.* ambiente corrotto e malfamato: *ahi serva Italia, ... non donna di province ma bordello* (Dante) || *fig.* luogo in cui regna la confusione || *fare bordello*, fare confusione || **N.** *Sin.* casa di tolleranza, casino, postribolo.

borderò [dal fr. *bordereau*; 1802] **sm. 1.** listino, distinta, elenco di documenti che si producono, o di monete che si versano in pagamento **2.** *T.teatr.* nota degli incassi e delle spese compilata ogni sera dall'amministratore di un cinema o teatro **3.** *T.giorn.* nota dei compensi dovuti ai collaboratori di un periodico o di un giornale.

bordiglióne [etim. inc.; 1829] **sm.** *T.tess.* ingrossamento che si incontra talvolta nella seta sciolta e che rende il filo irregolare.

bordino (*dim.* di *bordo*) [1925 nel senso 2] **sm. 1.** piccolo orlo **2.** *T.ferr.* il risalto delle ruote, dei veicoli ferroviari o tranviari, che trattiene le ruote stesse nei binari.

bórdo [dal fr. **bord*, bordo della nave; sec. XIII] **sm. 1.** *T.mar.* ciascuno dei fianchi della nave; part. la parte di essi che emerge dall'acqua || *virare di bordo*, mutare direzione nella navigazione, e *fig.* cambiare opinione, argomento || *salire a bordo*, imbarcarsi || *fuori bordo*, la parte esterna dello scafo || *nave d'alto bordo*, con i fianchi particolarmente rialzati rispetto alla linea di galleggiamento; *fig. persona d'alto bordo*, di elevata posizione sociale || *bordo libero*, distanza fra la tolda di una nave e il pelo dell'acqua **2.** *per estens.* la parte interna di qualunque mezzo di trasporto: *giunsero a bordo di una fuoriserie, i passeggeri del volo 732 sono pregati di salire a bordo* **3.** margine, parte terminale di qualcosa: *trascorse la giornata seduto sul bordo del lago, bordo del letto* **4.** guarnizione, rinforzo applicato al margine di qualcosa: *applicò all'asciugamano un bordo di pizzo* || **N. 1.** *Sin.* fiancata, fianco **3.** *Sin.* estremità, margine **4.** *Sin.* bordatura, orlo.

bordò **sm.** e **agg.** *inv.* adattamento di *bordeaux* (V.).

bordolése [dal fr. *bordelais*, di Bordeaux; 1860 *burdelese*] **I agg.** di Bordeaux, città francese, o della regione di Bordeaux || *poltiglia bordolese*, miscuglio di latte di calce e solfato di rame usato contro varie malattie crittogamiche || *tazza bordolese*, solitamente in argento, usata per l'esame organolettico dei vini || *bottiglia bordolese*, bottiglia da vino di forma cilindrica, di color verde scuro o rosso brunito della capacità di 75 cc || *fusto bordolese*, botte in legno per il trasporto di vino della capacità di 225 litri **II s.** abitante, nativo di Bordeaux || **sm.** *ellitt.* fusto bordolese. **TAV.** *enologia* 11.4.

bordóne¹ [dal fr. ant. *bourdon*; 1319] **sm.** lungo bastone, con manico ricurvo, usato dai pellegrini || *piantare il bordone*, fermarsi.

bordóne² [dal fr. ant. *bourdon*; a. 1535] **sm.** *T.mus.* basso continuo costituito da una sola nota o gruppo di note || *per estens.* canna o corda che esegue tale accompagnamento || *falso bordone*, forma semplice di accompagnamento tipica della musica medievale, consistente nella ripetizione di una medesima melodia a intervalli tonali fissi; forma antica di contrappunto || *fig. fare, tenere bordone a qualcuno*, aiutarlo, spalleggiarlo. **TAV.** *musica* **p. 1325** 5.3.

bordóne³ [forse da *bordone¹*; 1612] **sm.** penna di uccello appena spuntata || *far venire i bordoni*, far rabbrividire.

bordùra [dal fr. *bordure*; 1855] **sf. 1.** orlo, bordatura: *cucire la bordura al vestito* **2.** parte marginale, gen. decorata, di un'aiola **3.** decorazione gen. a motivi geometrici che circonda il motivo principale di un arazzo **4.** *T.arald.* pezza che gira intorno a uno scudo **5.** *non com.* contorno, guarnizione di una pietanza. **TAV.** *araldica* **p. 645** 3.20.

bòrea [dal lat. *borea*, gr. *boréas*; 1321 nel senso 2] **sm. 1.** *lett.* settentrione **2.** vento che spira da settentrione, tramontana || **N.** VENTO.

boreàle [dal lat. *boreālis*; a. 1304] **agg.** relativo all'emisfero nord, settentrionale: *flora, zona boreale; aurora boreale*, V. AURORA || *clima boreale*, freddissimo. **TAV.** *meteorologia* **p. 1321** 1.4.

borgàta [da *borgo*; sec. XIII] **sf. 1.** raggruppamento di poche case in campagna, vicino a una strada maestra **2.** *rom.* quartiere periferico di una grande città: *ragazzi di borgata.*

borgatàro [da *borgata*; 1977] **agg.** e **sm.** (f. *-a*) *region.* a Roma, che, chi abita in borgata.

borghése o **borghése** [dal lat. mediev. *burgensis*; fine sec. XIII *burgese* nel senso 4; 1889 nel senso 1] **s.** e **agg. 1.** appartenente alla borghesia intesa come classe sociale, politica ed economica; chi ne accetta le convenzioni e le consuetudini **2.** amante del quieto vivere, della tranquillità, dell'ordine costituito || *per estens.* retrivo, conservatore: *un modo di pensare borghese, partito borghese* **3.** civile, in quanto opposto a militare ed ecclesiastico || *uscire in borghese*, senza divisa **4.** *ant.* abitante di un borgo.

borghesia o **borghesia** [da *borghese*; a. 1712 *borgesia*] **sf.** il ceto medio rispetto ad aristocrazia e proletariato, che nell'età comunale era composto da imprenditori e artigiani e nell'età moderna risulta essere la classe sociale composta da coloro che posseggono i mezzi di produzione e da coloro che ne condividono la cultura e i modi di vita: *alta borghesia*, lo strato elevato comprendente i proprietari dei mezzi di produzione; *media borghesia*, lo strato intermedio comprendente liberi professionisti, commercianti, dirigenti e sim.; *piccola borghesia*, lo strato basso comprendente impiegati e artigiani || **N.** *Sin.* ceto medio, classe benestante.

borghesismo o **borghesismo** [da *borghese*; 1946] **sm.** *spreg.* comportamento, mentalità borghese.

borghigiàno [da *borgo*; 1547] **I sm.** (f. *-a*) chi abita in un borgo **II agg. 1.** che abita in un borgo **2.** relativo a un borgo: *le dispute borghigiane durante il palio.*

borgiòtto V. BROGIOTTO.

bórgo (pl. *-ghi*) [lat. tardo *burgus*; sec. XIII *borgora* pl. nel senso 2] **sm. 1.** piccolo centro abitato: *trascorse la giovinezza in un borgo montano* **2.** sobborgo cittadino originariamente collocato fuori della cerchia delle mura **3.** quartiere del centro storico di una città di origine comunale || **N. 1.** *Sin.* borgata, paesetto, villaggio; frazione **2.** *Sin.* borgata, quartiere periferico.

borgógna [dal fr. *bourgogne*; 1907] **sm.** vino bianco o rosso prodotto nell'omonima regione francese.

borgognóne [dal fr. *bourguignon*; a. 1348] **I agg.** relativo alla Borgogna, regione francese || *poltiglia borgognona*, liquido anticrittogamico simile alla poltiglia bordolese (V. BORDOLESE) || *bottiglia borgognona*, bottiglia simile a quella per lo champagne con collo più corto, di color verde oliva e di 75 cc. di capienza || *fusto borgognone*, botte per il trasporto del vino della capacità di 225 litri **II sm.** (f. *-a*) **1.** abitante, nativo della Borgogna **2.** burgundo **3.** *pl.* durante la guerra dei Cento Anni, il partito fedele al duca di Borgogna (in contrapposizione agli *armagnacchi*, fedeli alla corona di Francia). **TAV.** *enologia* 11.2.

borgognòtta [dallo sp. *borgoñota*; 1566] **sf.** *ant.* copricapo delle antiche armature simile alla celata ma con visiera e guanciali mobili.

borgomàstro [dal ted. ant. *burg-meister*, maestro del borgo; a. 1527] **sm.** *comp.* **1.** in Germania e in altri paesi dell'area germanica, capo dell'amministrazione locale, sindaco **2.** *T.stor.* nelle antiche città tedesche, capo del consiglio cittadino, podestà.

bòria [prob. dal lat. *boreas*, vento di tramontana; a. 1400] **sf.** ostentazione vana di se stesso e dei propri meriti || *metter su boria*, boriarsi || **N.** *Sin.* albagia, alterigia, burbanza, prosopopea, spocchia, vanagloria, SUPERBIA.

boriàrsi (pres. *bòrio*) [da *boria*; fine sec. XIV] **intr. pron.** essere borioso || **N.** *Sin.* gloriarsi, gonfiarsi, insuperbire.

bòrico (pl. *-ci*) [da *boro*; 1829] **agg. 1.** *T.chim.* che contiene boro trivalente || *acido borico*, presente in natura nei soffioni boraciferi; viene usato come leggero antisettico **2.** *per estens.* che contiene acido borico: *acqua borica.*

borìna **sf.** *non com.* V. BOLINA.

borióne [da *boria*; 1863] **sm.** (f. *-a*) *raro* borioso.

boriosità [da *borioso*; 1508] **sf.** *raro* l'essere borioso come caratteristica abituale.

borióso [da *boria*; 1340] **agg.** pieno di boria, vanaglorioso || **boriosaménte** **avv.**

borlànda V. BURLANDA.

borlonatùra [da *borlone*; 1955] **sf.** *T.ind.* operazione di sgusciatura e pulitura dei semi utilizzati nell'industria del bottone.

borlóne [dal lomb. *borlar*, cadere; 1955] **sm.** macchina con cui si effettua la borlonatura.

borlòtto [dal milanese *borlòt*; 1931] **sm.** varietà di fagiolo di grosse dimensioni, tondo e di colore rosso striato.

bòrnio¹ (pl. *-ni*) [dal fr. *borne*; 1313] **sm. 1.** *T.arch.* concio o mattone sporgente che costituisce un elemento dell'addentellato **2.** *ant.* pietra sporgente: *le scalee che n'avean fatto i borni* (Dante).

bòrnio² (pl. *-ni*) [dal fr. ant. *borgne*; sec. XIV] **agg.** *ant.* cieco da un occhio, guercio.

bornitóre [var. di *burnitore*, da *brunire*; 1988] **sm.** *T.oref.* arnese utilizzato in oreficeria per il trattamento della brunitura.

bornitùra **sf.** *raro* V. BRUNITURA.

bòro [dal fr. *bore*; 1863] **sm.** *T.chim.* elemento chimico, semimetallo di colore rosso-bruno, duro; non esistente libero in natura, viene usato in metallurgia come disossidante e indurente.

borósa [dal venez. *borosa*; 1863] **sf.** *T.mar.* cavo sottile che serve per legare le vele alle guide dei pennoni o i terzaroli alle estremità dei pennoni o dell'antenna.

borotàlco (pl. *-chi*) [comp. di *boro* e *talco*; 1941] **sm.** nome commerciale di un composto di acido borico e talco in polvere, che si sparge sulla pelle con funzione protettiva e asciugante.

bórra [lat. tardo *burra*; 1306 nel senso 2] **sf. 1.** insieme dei fili con cui il baco sostiene il bozzolo ai rami **2.** miscuglio di cimature di pannilani, peli, crini di animali usato per imbottiture e feltrature di qualità scadente || *per estens.* materiale di scarto || *fig.* parole vane, inutili **3.** stoppaccio di feltro che nelle cartucce da caccia separa la polvere dai piombini **4.** peluria soffice e morbida che in alcuni animali costituisce lo strato più interno della pelliccia con funzione impermeabilizzante e protettiva. **TAV.** *caccia* 3.1c.

borràccia (pl. *-ce*) [dallo sp. *borracha*; 1555] **sf.** fiaschetta, recipiente appiattito in materiale vario usato da soldati, escursionisti e sim. per portare acqua e altre bevande.

borraccìna o **borracìna** [da un ant. *borraccia*, da *borra*; 1555] **sf.** muschio a tappeto che cresce su alberi, rocce e sul terreno; anche *agg.*: *erba borracina*; *rosa borracina*, qualità di rosa, che ha i petali vellutati || **N.** MUSCO.

borràggine o **borràgine** o **boràgine** [lat. tardo *borrāgo, -inis*; 1342] **sf.** pianta erbacea delle Borraginacee, con foglie rugose ed irte di peli, fiori azzurri, usata in erboristeria e nella preparazione di insalate.

borràggio (pl. *-gi*) [da *borrare*; 1955] **sm. 1.** *T.min.* intasamento, chiusura dei fori da mina: *borraggio a sabbia* **2.** materiale di vario genere utilizzato nelle cartucce da caccia come borra.

Borraginàcee [comp. di *borrag(g)ine* e *-acee*; 1955] **sf. pl.** *T.bot.* famiglia di piante erbacee delle tubiflore con foglie pelose.

borràna[1] [lat. tardo *borrāgo, -inis*; a. 1484] ***sf.*** *dial.* borraggine.

borràna[2] [da *borro*; sec. XIV] ***sf.*** *ant.* borro, fiumana.

borràre (pres. *bórro*) [da *borra*; 1853] ***tr.*** *T.min.* intasare il foro da mina con sabbia, argilla o sim. per impedire la fuoruscita dei gas e aumentare l'effetto dirompente.

borraschiatùra [comp. di *borra* e *raschiatura*; 1972] ***sf.*** *T.pell.* trattamento effettuato a macchina sui cuoi conciati al vegetale per eliminare la fibrosità del lato carne e migliorarne l'aspetto.

borratóre [da *borra*; 1932] ***sm.*** maglio a forma di ogiva usato nelle operazioni di consolidamento dei terreni.

borratùra [da *borrare*; 1820] ***sf.*** il borrare, borraggio.

bórro [lat. tardo *borra*; a. 1321] ***sm.*** **1.** fosso scavato dalle acque in un terreno **2.** canale di raccolta per acque di irrigazione; canale di scolo per acque paludose **3.** *lett.* burrone.

bórsa[1] [lat. tardo *byrsa*, gr. *býrsa*; fine sec. XIII] ***sf.*** **1.** contenitore di forma, dimensioni e materiale vario utilizzato per portare con sé oggetti, denaro, documenti ecc., gen. dotato di manici o tracolla: *borsa di coccodrillo, borsa della spesa* || *borsa da viaggio,* contenente fra l'altro oggetti per la toeletta personale || *borsa diplomatica,* rigida, adatta al trasporto di documenti || *borsa dell'acqua calda,* gen. di forma rettangolare, in gomma o altro materiale impermeabile, dotata di tappo a vite, usata per riscaldare il letto, o il corpo || *borsa del ghiaccio,* sacchetto di materiale impermeabile che riempito di ghiaccio è usato per decongestionare il corpo in caso di lesioni traumatiche, febbre e sim. **2.** sacchetto di pelle o altro materiale in cui venivano custoditi i soldi prima della diffusione delle tasche || *per estens.* denaro: *allentare, sciogliere i cordoni della borsa,* spendere con magnanimità; *stringere, chiudere i cordoni della borsa,* economizzare; *mettere mano alla borsa,* pagare; *mungere, vuotare la borsa a qualcuno,* sfruttarlo; *fare borsa comune,* mettere in comune i guadagni e le spese; *pagare, comprare di borsa propria,* con i propri soldi; *o la borsa o la vita,* classica intimidazione di briganti e ladri di strada || *borsa di studio,* somma di denaro che un'istituzione mette a disposizione di uno studioso per una ricerca o anche somma data a studenti bisognosi perché compiano il normale corso di studi || *T.sport.* compenso spettante ai pugili per l'effettuazione di un incontro **3.** *T.anat.* qualsiasi parte del corpo che abbia funzioni o forma di sacca: *borsa scrotale* || *avere le borse sotto gli occhi,* le occhiaie gonfie || *la borsa del canguro,* marsupio || *pop.* scroto; *fig. che borsa,* che noia **4.** deformazione, rigonfiamento di un abito: *i calzoni gli facevano le borse alle ginocchia* **5.** *T.bot.* rigonfiamento del ramo fruttifero || guscio in cui sono raccolti i semi **6.** *T.bot. borsa del pastore,* pianta delle Crucifere con fiori bianchi, foglie allungate e frutti triangolari **7.** busta di seta in cui nella liturgia cattolica si ripone il corporale || *dim.* borsétta, borsèllo (*sm.*), borsétto (*sm.*), borsìna, borsellìno (*sm.*); *accr.* borsóne (*sm.*); *pegg.* borsàccia. **TAV.** *chiesa* 2.1.

bórsa[2] [dal n. proprio Van der *Beursen,* nome di una famiglia di Bruges; a. 1638] ***sf.*** **1.** riunione periodica e controllata dallo stato di operatori commerciali e finanziari in cui si contrattano merci (*borsa merci*), azioni e altri titoli (*borsa valori*): *listino di borsa, calendario di borsa* || *giocare in borsa,* operare sul mercato borsistico || *per estens.* mercato, operazioni di compravendita: *la borsa dei calciatori* **2.** *concr.* il luogo in cui avvengono le contrattazioni: *la borsa di Milano* || **N.** borsino; agente di cambio, borsista, cambiavalute, mediatore, rialzista, ribassista | aggio, aggiotaggio, arbitraggio, cambio, compensazione, contratti differenziali, deposito, manovre di borsa, operazioni a contanti e a termine, rialzo, ribasso | fluttuare, oscillare.

borsàio (pl. *-ài*) [da *borsa*[1]; 1384] ***sm.*** (f. *-a*) *ant.* chi fa o vende borse: *sellai e borsai.*

borsaiòlo [da *borsa*[1]; a. 1665] ***sm.*** (f. *-a*) ladro che ruba con destrezza borse, orologi e oggetti personali || **N.** *Sin.* borseggiatore, tagliaborse.

borsalìno [dal n. proprio *Borsalino,* famiglia proprietaria di una fabbrica di cappelli; 1905] ***sm.*** *inv.* cappello floscio di feltro da uomo con cupola a tronco di cono e tesa media.

borsanéra o **bórsa néra** [calco del ted. *schwarze Börse*; 1942] ***sf.*** **1.** compravendita clandestina di generi di prima necessità effettuata a prezzi speculativi in momenti di carestia **2.** *propr.* mercato nero, contrattazioni non ufficiali o illegali di titoli, metalli preziosi, valute.

borsanerìsta [da *borsanera*; 1950] ***s.*** chi pratica il mercato nero.

borsàro [da *borsa*[2]; 1950] ***sm.*** nella loc. *borsaro nero,* chi pratica la borsa nera.

borsàta [da *borsa*[1]; 1865] ***sf.*** **1.** quantità di materiale che può essere contenuto in una borsa: *una borsata di ciliege* **2.** percossa inferta con una borsa: *ricevette una borsata in faccia.*

borseggiàre (pres. *-éggio*) [da *borsa*[1]; 1877] ***tr.*** derubare con abilità qualcuno dei suoi effetti personali: *è stato borseggiato per strada.*

borseggiatóre [da *borseggiare*; 1877] ***sm.*** (f. *-trìce*) borsaiolo, ladruncolo.

borséggio (pl. *-gi*) [da *borseggiare*; 1877] ***sm.*** furto con destrezza degli oggetti e dei valori che una persona ha indosso.

borsellìno (*dim.* di *borsa*[1]) [a. 1400] ***sm.*** portamonete || *vuotare il borsellino,* spendere tutti i soldi.

borsèllo (*dim.* di *borsa*[1]) [1970] ***sm.*** borsa da uomo spesso con tracolla, usata per contenere documenti, portafogli e sim. || **N.** *Sin.* borsetta.

borsétta (*dim.* di *borsa*[1]) [1880] ***sf.*** borsa per signora, di dimensioni e materiali variabili.

borsétto (*dim.* di *borsa*[1]) [1973] ***sm.*** borsello.

borsìglio (pl. *-gli*) [lat. mediev. *bursiculus*; sec. XIV nel senso 2] ***sm.*** *ant.* **1.** borsellino **2.** borsa per i profumi **3.** denaro raggranellato con risparmi personali.

borsìno (*dim.* di *borsa*[2]) [1962] ***sm.*** **1.** *T.banc.* ufficio di una banca collegato con le borse valori, dove si compiono operazioni sui titoli **2.** riunione di operatori borsistici, effettuata fuori dall'orario di borsa, per la negoziazione di titoli non ammessi alla quotazione ufficiale in borsa || **N.** **2.** *Sin.* mercato ristretto.

borsìsta[1] [da *borsa*[2]; 1905] ***s.*** chi gioca o specula in Borsa.

borsìsta[2] [dal fr. *boursier*; 1941] ***s.*** chi fruisce di una borsa di studio.

borsìstico (pl. *-ci*) [da *borsa*[2]; 1908] ***agg.*** relativo alla borsa finanziaria: *operazioni borsistiche, mercato, andamento borsistico.*

borsìte o **bursìte** [comp. di *borsa*[1] e *-ite*; 1929] ***sf.*** *T.med.* infiammazione di una borsa mucosa o sierosa: *borsite acuta, cronica.*

bort [dal fr. e ingl. *bort*; 1950] ***sm.*** *inv.* varietà opaca e impura di diamante usata come abrasivo nella lavorazione delle pietre dure.

borzacchìno [dall'olandese *broseken,* attr. il fr. *brosequin*; a. 1529] ***sm.*** stivaletto a mezza gamba || **N.** STIVALE.

borzàcchio V. BOZZACCHIO.

boscàglia (pl. *-glie*) [da *bosco*; a. 1363] ***sf.*** luogo boscoso, folto e intricato di varie qualità di piante || macchia di arbusti || **N.** macchia, selva, BOSCO.

boscaiòlo [da *bosco*; sec. XV *boscajuolo*] ***sm.*** (f. *-a*) **1.** chi per professione taglia legna e alberi nei boschi || *T.cuc. alla boscaiola,* modo di condire il cibo con funghi e aromi **2.** addetto alla coltura e custodia dei boschi || **N.** **1.** *Sin.* tagliaboschi, taglialegna, spaccalegna **2.** *Sin.* guardaboschi.

boscàta [da *bosco*; 1618] ***sf.*** *non com.* area di terreno coperta da bosco.

boscàtico (pl. *-ci*) [da *bosco*; sec. XVI] ***sm.*** nel Medioevo, diritto di far legna nel bosco || tassa che si doveva pagare per esercitare tale diritto || **N.** *Sin.* legnatico.

boscàto [da *bosco*; a. 1606] ***agg.*** boscoso, boschivo.

boscheréccio (pl. m. *-ci,* pl. f. *-ce*) [da *bosco*; 1336 ca.] ***agg.*** relativo al bosco, proprio del bosco: *funghi boscherecci* || *per estens.* selvatico, rozzo: *creature boscherecce* || *poesia boschereccia,* pastorale.

boschétto (*dim.* di *bosco*) [a. 1374] ***sm.*** **1.** bosco di piccole dimensioni coltivato per scopi ornamentali: *nel mezzo del prato aveva fatto piantare un boschetto* **2.** insieme di piante coltivate all'interno di un sistema di trappole al fine di attirare gli uccelli.

boschìvo [da *bosco*; a. 1764] ***agg.*** **1.** piantato a bosco: *terreno boschivo* **2.** ricco di boschi: *le pianure boschive del Canada* **3.** boschereccio: *piante boschive.*

boscìmano [dal fr. *bosciman*; 1901] **I** ***agg.*** riferito a popolazioni diffuse nell'Africa sud-occidentale **II** ***sm.*** **1.** (f. *-a*) individuo appartenente a tale popolazione **2.** (solo *sing.*) lingua parlata da tali popolazioni || *ottentotto-boscimano,* gruppo di lingue detto anche *Khoisan.*

bòsco (pl. *-schi*) [dal germ. **busk* o **bosk*; 1228] ***sm.*** **1.** estensione di terreno coperto d'alberi d'alto fusto e di arbusti || gli alberi stessi: *s'è incendiato il bosco* || *bosco ceduo,* sottoposto a tagli periodici || *essere uccel di bosco,* essere latitante, irreperibile || *uomo da bosco e da riviera,* buono a tutto || *fig. portare legna al bosco,* fare una cosa inutile **2.** *fig.* insieme disordinato, fitto ed intricato: *un bosco di capelli* **3.** in bachicoltura, fastello di rametti dove i bachi fanno il bozzolo **4.** *lett.* legna || **N.** **1.** albereto, boscaglia, foresta, frasconaia, macchia, macchione, parco, selva | cupo, denso, fitto, folto, fosco, impenetrabile, intatto, intricato, misterioso, nudo, ombroso, opaco, profondo, rigoglioso, selvaggio, spoglio, taciturno, umido | radure, recessi, sottobosco, spiazzi | arboscelli, cespugli, ciarpame, erba, fungo, muscopruni, sterpi | diboscare, imboscare, imboschire, infoltire, inselvare, sboscare. **TAV.** *zootecnia* 11.1.

boscosità [da *boscoso*; 1862] ***sf.*** abbondanza di boschi || rapporto tra la superficie a bosco e la superficie totale di un determinato territorio.

boscóso [da *bosco*; a. 1347] ***agg.*** ricco di boschi || coltivato a bosco || **N.** boschereccio.

bòsforo [dal n. geogr. *Bosforo,* stretto di mare che collega il Mediterraneo al Mar Nero; a. 1642] ***sm.*** *T.lett. non com.* stretto di mare tra due terre.

boṣinàta o **boṣinàda** [voce milan. da *bosinà,* buccinare; 1905] ***sf.*** composizione satirica in dialetto milanese recitata o cantata dai bosini e a volte anche stampata in volantini.

boṣìno [da *bosinata*; 1905] ***sm.*** cantastorie milanese || *milan. scherz.* o *spreg.* campagnolo, zotico, villano.

boṣóne [dal n. proprio S.N. *Bose,* fisico indiano; 1955] ***sm.*** *T.fis.* particella di spin intero, soggetta alla distribuzione statistica di Bose-Einstein.

boss (ingl., pr. [bɒs]; pr. it. [bɔs]) [dall'ol. *baas,* padrone; 1918] ***sm.*** *inv.* capo di un'organizzazione, padrone, spesso spreg.: *un boss* *mafioso* || *per estens. scherz.* capo.

bossa nova (port., pr. bras. ['bɔsɐ 'nɔvɐ]; pr. it. ['bɔssa 'nɔva]) [letter. tendenza nuova; 1965] ***sf. inv.*** danza moderna di origine sud-americana in 4/4, basata su ritmi diversi come samba, rumba e un ritmo base di *béguine*.

bòsso [lat. *buxus*, sec. XIV] ***sm.*** **1.** arbusto sempreverde delle Buxacee con foglie piccole e lucide coltivato per fare siepi **2.** il legno di tale pianta, assai duro, a grana compatta.

bòssolo [da *bosso*; 1313] ***sm.*** **1.** contenitore in legno a forma di vaso o di urna usato per raccogliere le schede nelle votazioni, le elemosine o, nel gioco dei dadi, per effettuare il lancio || vasetto in legno per cipria o creme **2.** involucro cilindrico contenente la carica di lancio dei proiettili delle armi da fuoco || *dim.* bossolétto; *accr.* bossolòtto e bussolòtto. **TAV. *armi* p. 649** 21.3.

bossolòtto [da *bossolo*; a. 1934] ***sm.*** *raro* bussolotto.

boston (ingl., pr. ['bɒstən]; pr. it. ['bɔston]) [dal n. geogr. *Boston*, città degli USA; 1896] ***sm. inv.*** ballo nord-americano simile al valzer ma più lento e strascicato.

bòstrico (pl. *-ci*) [dal lat. scient. *bóstrychos*, ricciolo; 1819] ***sm.*** piccolo coleottero nero con zampe corte ed apparato boccale assai robusto con cui scava gallerie sinuose nel legno.

bot [sigla di *B*(*uono*) *O*(*rdinario*) del *T*(*esoro*); 1979] ***sm. inv.*** titolo di credito a breve termine emesso dallo Stato Italiano.

botànica [dal gr. hē *botanikḗ*, scienza delle piante; 1754 *bottanica*] ***sf.*** scienza che ha per oggetto lo studio e la classificazione dei vegetali. **Q.T.** *botanica* **TAV. *botanica* p. 660** sg.

botànico (pl. *-ci*) [dal lat. tardo *botanicus*, gr. *botanikós*; a. 1698] **I *agg.*** che riguarda la botanica: *orto botanico*, in cui si coltivano piante a scopo di studio **II *sm.*** (f. *-a*) studioso di botanica. **Q.T.** *botanica*.

bòto ***sm.*** *arc.* V. VOTO.

bòtola [forse dal lat. mediev. *bauta*, balta; a. 1742] ***sf.*** apertura nel pavimento o nel soffitto di una stanza, chiusa da un portello, che mette in comunicazione locali posti in linea verticale su piani diversi: *si entrava in cantina attraverso una botola.* **TAV.** *zootecnia* 18.3.

bòtolo [etim. sconosciuta; 1319] ***sm.*** cane piccolo, tozzo e ringhioso || *fig.* uomo stizzoso, maligno, ma di poca forza: *botoli... stizzosi più che non richiede lor possa* (Dante) || *dim.* botolétto.

bòtrio-¹ [dal gr. *bóthrion*, fossa, solco] ***primo elem.*** che, in parole composte della terminologia scientifica (per es. *botriocefalo*), vale "fossa" o "solco".

bòtrio-² [dal gr. *bótrys*, grappolo] ***primo elem.*** che, in parole composte della terminologia scientifica (per es. *botrioterapia*), vale "grappolo" o "a forma di grappolo".

botriocèfalo [comp. di *botrio-*¹ e *-cefalo*; 1923] ***sm.*** *T.zool.* verme parassita intestinale di cani e gatti e anche dell'uomo; simile alla tenia ma privo di ventose, può raggiungere una lunghezza anche di dieci metri, si trova allo stato larvale nei pesci.

botriomicòṣi [comp. di *botrio-*² e *micosi*; 1950] ***sf.*** *T.vet.* malattia infettiva del cavallo, che si manifesta sotto forma di piccoli noduli cutanei e sottocutanei.

botrioterapìa [comp. di *botrio-*² e *terapia*; 1940] ***sf.*** *T.med.* ampeloterapia.

botrìte [dal gr. *bótrys*, grappolo; 1829] ***sf.*** *T.bot.* genere di funghi deuteromiceti saprofiti o parassiti di molte piante coltivate.

bótro [dal gr. *bóthros*, fossa; a. 1597] ***sm.*** *lett.* fossato con pareti scoscese in cui scorre l'acqua || **N.** *Sin.* borro.

bòtta¹ [da un ant. *bottare*, picchiare; 1314 nel senso 2] ***sf.*** **1.** percossa data con le mani o con un qualsiasi altro corpo contundente: *gli ha dato una botta in testa, lo ha preso a botte col mattarello* || *fare a botte*, picchiarsi || *botte da orbi*, colpi violenti e caotici **2.** colpo che si riceve cadendo o urtando contro qualcosa: *cadde dalla scala e prese una bella botta* || *per estens.* segno che resta dopo un urto o una percossa: *aveva una bella botta in testa* || *fig. tener botta*, perseverare || *a botta calda*, sul momento, senza troppo riflettere || *disus. a botta di*, a prova di **3.** *fig.* danno: *la recessione ha dato una bella botta alle economie occidentali* || sconfitta: *con tutta la sua baldanza ha subito una bella botta* **4.** rumore causato da un urto o da un'esplosione: *l'esplosione produsse una botta che svegliò tutti gli abitanti del paese* **5.** espressione ironica e pungente: *nel suo discorso indirizzava varie botte all'opposizione* || *botta e risposta*, scambio serrato di battute **6.** *T.sport.* nella scherma, colpo || *parare la botta*, parare il colpo, anche *fig.* **7.** rosa di pallini da caccia che colpisce il bersaglio. **Q.T.** *armi.*

bòtta² [etim. inc.; 1353] ***sf.*** *tosc.* rospo || *fig. gonfio come una botta*, vanitoso || *fig.* persona bassa e sgraziata || *camminare come una botta*, a saltelli.

bottàccio¹ (pl. *-ci*) [da *botte*; a. 1294] ***sm.*** **1.** bacino per la raccolta delle acque di alimentazione dei mulini || bacino di rallentamento di un corso d'acqua allo scopo di facilitare il deposito dei detriti **2.** *lett.* damigiana || *non com. ant.* quantità di vino data come compenso a coloro che lo trasportano **3.** *sett.* bacino di spurgo dei pozzi neri.

bottàccio² (pl. *-ci*) [etim. sconosciuta; a. 1484] ***sm.*** e ***agg.*** detto di varietà di tordo.

bottàio (pl. *-ài*) [da *botte*; a. 1406] ***sm.*** (f. *-a*) chi fa o ripara o vende botti || **N.** *Sin.* barilaio | ARNESI: ascia, bucafondi, caprugginatoio, cocchiumatoio, coltello a petto, mazza, modano, spina | asciare, calafatare, caprugginare, cerchiare, dogare, imbastire, inchiodare, inzeppare, ripicchiare i cerchi, sdogare, BOTTE.

bottàle [da *botte*; 1931] ***sm.*** macchinario a forma di botte usato per conciare le pelli.

bottàme [da *botte*; sec. XIV] ***sm.*** denominazione generica di recipienti a doghe || **N.** botte.

bottàrga [dall'ar. *butarikh*; a. 1547] ***sf.*** uova di muggine o di tonno seccate e salate, usate come antipasto o come condimento.

bottàta [da un ant. *bottare*, picchiare; 1840]

BOTANICA

CAPITOLI: botanica generale, botanica sistematica, botanica applicata (economica, industriale, agraria, forestale, medica, farmaceutica, veterinaria), lichenologia, micologia, algologia, batteriologia, fitogeografia, fitosociologia, cariologia, floristica, ecologia, fenologia, paleontologia, citologia, istologia, anatomia, morfologia, teratologia, nomenclatura, tassonomia, riproduzione, fisiologia.

MORFOLOGIA: albero, frutice, suffrutice, erba; chioma, fronda; fusto, ramo; foglia; radice; tallo, cormo; citologia, istologia, anatomia; morfologia sclerofila, legnosa, erbacea, rampicante; sporofito, gametofito.

FISIOLOGIA: pianta annua, bienne, perenne, acquatica, terrestre, carnivora, xerofila, mesofila, idrofila, selvatica, parassita, simbionte, saprofita, micorriza; clorofilla, carotenoidi, ficocianina; secrezione; vegetali fototrofi, vegetali chemiotrofi; funzione fotosintetica o clorofilliana; nutrizione; ricambio dell'acqua; enzimi; respirazione, fermentazione, aerobiosi, anaerobiosi; fissazione dell'azoto molecolare; organicazione dell'azoto; accrescimento, sviluppo; ormoni, auxine; geotropismo, fototropismo, chemiotropismo, fioritura, fotoperiodismo.

RIPRODUZIONE: entomofila, anemofila, vegetativa, sessuale; oogonio, anteridio, archegonio, microsporofillo, macrosporofillo, ovulo, ovario, ovocellula, polline; disseminazione, meiosi, mitosi, fecondazione, metagenesi, aplobionti, diplobionti; eterotallismo, eterocariosi, partenocarpia; impollinazione.

CITOLOGIA: cellula, protoplasma, citoplasma, plasmalemma, plasmodesmi, ribosomi, mitocondri, reticolo endoplasmatico, apparato di Golgi; nucleo, nucleolo, cromosomi, membrana nucleare; plastidi, leucoplasti, cloroplasti, cromoplasti; vacuoli; amido, aleurone, grassi; cellulosa, emicellulosa, pectine, lignina, cutina, suberina; cuticola, sughero.

ISTOLOGIA: tessuti meristematici, definitivi, meccanici (collenchima, fibre, sclerenchima), vascolari (floema, xilema), parenchimatici, tegumentali, stamigeri, ghiandolari, clorofillari, aeriferi, di riserva.

FUSTO: apice vegetativo, caule, scapo, bulbo, tubero, rizoma, stolone, viticcio, spina, fusto legnoso, erbaceo, aereo, rampicante; epidermide, corteccia, sughero, fellogeno, felloderma, periderma, scorza, struttura primaria, secondaria; stelo, cilindro centrale; endodermide, periciclo, libro, cambio, legno o xilema; alburno, durame; midollo; cladoti; gemma vegetativa, fiorifera, ascellare, terminale; germoglio, protostele, sifonostele, solenostele, actinostele, eustele, atassostele, polistele.

RADICE: apice radicale, cuffia, pileorriza, periblema, pleroma; fittone, avventizia; radice aerea, carnosa, tuberosa, nodosa; struttura primaria, secondaria, radice semplice, ramificata; peli radicali.

FOGLIA: brattea; aerea; foglia alterna, opposta, verticillata; areolata, dentata, seghettata, bifida, lobata, ottusa, semplice, composta, ovale, ellittica, lineare, ombelicata, palmata, lanceolata; carnosa, membranacea, decidua; nervatura parallelinervia; paripennata, imparipennata; picciolo, lembo, guaina, stipola; pagina dorsale o inferiore, pagina ventrale o superiore; fillotassi.

FIORE: calice, sepali; corolla, petali, perianzio; perigonio, tepali; apetalo, monoclamidato, diclamidato, macrosporofilli o carpelli, microsporofilli o stami; gamopetalo o simpetalo; labiato, papiglionaceo, speronato, ermafrodito, unisessuale; ovulo, endosperma, albume terminale, regolare, irregolare, androceo o pistillo, gineceo, antera, anterozoi, ovario, stilo, stimma; carpello o protallo.

INFIORESCENZA: cono o strobilo, sacco embrionale; peduncolo, amento, spiga, racemo, pan-

segue

sf. **1.** *ant.* parola o frase pungente **2.** *ant.* colpo, percossa.

bottatrice [etim. inc.; 1932] ***sf.*** pesce commestibile d'acqua dolce dei Gadidi dal corpo lungo fino a un metro, con pelle olivastra molto dura e lunga pinna dorsale.

bottàzzo [da *botte*; 1829] ***sm.*** **1.** rinforzo nel fasciame in legno delle imbarcazioni per migliorarne la stabilità e la resistenza **2.** falso scafo di sommergibili.

bótte [lat. tardo *buttis*; 1238 *bote*] ***sf.*** **1.** recipiente di legno di forma cilindrica, panciuto al centro, costituito da doghe tenute insieme da cerchi di metallo e usato per il trasporto e la conservazione di liquidi, gen. vino: *vino conservato in botti di rovere* ‖ nei modi di dire *fig.*: *dare un colpo al cerchio e uno alla botte*, barcamenarsi tra esigenze diverse; *volere la botte piena e la moglie ubriaca*, volere cose tra loro inconciliabili; *essere in una botte di ferro*, al sicuro **2.** appostamento galleggiante a forma di botte cammuffato dalla vegetazione per la caccia palustre **3.** *T.arch.* *volta a botte*, a semicerchio **4.** *region.* a Roma, vettura pubblica trainata da cavalli **5.** antica unità di misura per liquidi di valore variabile da luogo a luogo **6.** *T.mar.* unità di misura di stazza equivalente alla tonnellata ‖ **N.** **1.** PARTI: cannella, capruggine, cerchi, cocchiume, doga, fondo, lulla, lunetta, mezzule (staffa, chiave), spina, uzzo o ventre, zaffo o tappo, zipolo | calastra o sedile o cavalletto, imbottatoio, imbuto, pevera, spillo, tagliuolo. **Q.T.** *enologia* **TAV.** *enologia* 5; ***architettura*** **p. 646** 7.1.

bottéga [lat. *apothēca*, magazzino; 1241 *butiga*] ***sf.*** **1.** stanza perlopiù al pian terreno, aperta sulla strada, dove si espongono e vendono le merci, o dove gli artigiani lavorano ‖ *aprire, chiuder bottega*, iniziare o cessare un'attività ‖ *essere uscio e bottega*, abitare vicini al posto di lavoro ‖ *fig.* *scarto di bottega*, cosa priva di valore ‖ *far bottega di tutto*, trafficare ogni genere di merce, lecita o illecita ‖ traffico illecito di cose sacre o importanti: *facevano bottega dei propri ideali* ‖ *scherz.* *avere la bottega aperta*, i calzoni sbottonati **2.** laboratorio artigiano ‖ *mettere a bottega*, impegnare in una bottega ‖ *stare a bottega*, fare l'apprendista ‖ fino al secolo XVII, laboratorio, studio di artista: *la bottega del Caravaggio* ‖ *opera di bottega*, non sicuramente riconducibile a un particolare artista ma probabilmente frutto di allievi e aiuti ‖ *dim.* botteghétta, botteghìna, botteghìno (*sm.*), botteguccia; *accr.* bottegóne (*sm.*), bottegóna ‖ **N.** **1.** bazar, *boutique*, emporio, esercizio, magazzino, negozio, rivendita, spaccio | bottegaio, commerciante, commesso, conduttore, esercente, fattorino, garzone, mercante, negoziante; avventore, cliente | servire, vendere | articolo, assortimento, generi, mercanzia, merce.

bottegàio (pl. *-ài*) [da *bottega*; 1342 *bottighai* pl.] **I** ***sm.*** (f. *-a*) proprietario o gestore di bottega ‖ *fig.* persona gretta e attaccata al denaro **II** ***agg.*** gretto, venale: *una mentalità bottegaia* ‖ **N.** I *Sin.* commerciante, esercente, negoziante, rivenditore.

bottegànte [da *bottega*; 1865] ***s.*** *raro* bottegaio.

botteghìno (*dim.* di *bottega*) [1720] ***sm.*** **1.** biglietteria: *il botteghino dello stadio* **2.** banco del lotto.

bottèllo [da *botto*; a. 1908] ***sm.*** *ant.* cartellino che, posto su libri, bottiglie e sim., ne indica il contenuto ‖ **N.** *Sin.* ETICHETTA.

botticèlla (*dim.* di *botte*) [a. 1597] ***sf.*** **1.** piccola botte **2.** vaso a forma di botte **3.** a Roma, carrozza pubblica trainata da cavalli **4.** nei cereali, ingrossamento della parte apicale, che si verifica prima dell'emissione della spiga.

botticelliàno [dal n. proprio *Botticelli*, pittore fiorentino del Quattrocento; 1908] ***agg.*** proprio di, relativo a Botticelli ‖ *per estens.* di forme esili, aggraziate: *un profilo botticelliano.*

botticìno [dal n. geogr. *Botticino*; 1939] ***sm.*** marmo da costruzione che si estrae a Botticino, nel bresciano.

bottìglia (pl. *-glie*) [dal lat. *butticula*, attr. il fr. *bouteille*; a. 1566] **I** ***sf.*** recipiente per liquidi di materiale vario, gen. di vetro; di forma solitamente cilindrica, si restringe al collo che può essere tappato in vari modi: *una bottiglia di cristallo, di plastica*; *stappare una bottiglia*, toglierle il turacciolo o il tappo per berne il contenuto ‖ *vino di bottiglia*, pregiato, invecchiato ‖ *fondi di bottiglia*, gemme false ‖ quantità di liquido contenuto in una bottiglia: *si è scolato una bottiglia di gin* ‖ *bottiglia* (o *bomba*) *Molotov*, ordigno incendiario rudimentale costituito da una bottiglia riempita di benzina e dotata di miccia ‖ *bottiglia di Leyda*, condensatore elettrico a forma di bottiglia **II** ***loc. agg.*** *verde bottiglia*, verde scuro ‖ *dim.* bottigliétta, bottiglìno (*sm.*); *accr.* bottiglióna, bottiglióne (*sm.*) ‖ **N.** bordolese, borgognona, da marsala, renana, sciampagnotta; ampolla, boccia, boccione, borraccia, caraffa, fiala, fiasco, termos; capsula, collarino, collo, etichetta, fascetta, fondo, turacciolo; bottiglieria, cavatappi, portabottiglie | imbottigliare, stappare, sturare, tappare. **Q.T.** *arredamento, enologia* **TAV.** *elettrotecnica* 14; *enologia* 11.

bottigliàio (pl. *-ài*) (region. *bottigliàro*) [da *bottiglia*; 1955] ***sm.*** (f. *-a*) **1.** vetraio che fabbrica bottiglie **2.** *region.* chi compra bottiglie e altre cose usate.

bottigliàta [da *bottiglia*; 1952] ***sf.*** colpo inferto con una bottiglia.

bottiglière [dal fr. *boutillier*, sec. XIV] ***sm.*** *ant.* **1.** cantiniere, nelle case signorili, sovraintendente ai vini **2.** (f. *-a*) chi gestisce una bottiglieria **3.** mobile, scaffale per riporre le bottiglie.

bottiglierìa [da *bottiglia*; 1550 nel senso 2] ***sf.*** **1.** negozio dove si vendono vini e liquori in bottiglia **2.** luogo in cui si conservano le bottiglie ‖ *per estens.* quantità di bottiglie diverse ‖ **N.** **1.** fiaschetteria, mescita, spaccio, BAR.

bottiglióne (*accr.* di *bottiglia*) [1598] ***sm.*** **1.** grossa bottiglia; in part., bottiglia di vino della capacità di due litri **2.** bobina di filato.

bottinàio (pl. *-ài*) [da *bottinare*[1]; 1846] ***sm.*** (f. *-a*) addetto allo svuotamento dei pozzi

segue BOTANICA

nocchia, ombrello, corimbo, capolino, siconio.

FRUTTO: carnoso, secco, deiscente, indeiscente, pericarpo, epicarpo, mesocarpo, endocarpo; pappo; drupa, bacca, noce, capsula, legume, siliqua, follicolo, achenio, cariosside, esperidio, peponide, samara, falso frutto (pomo, galbulo).

SEME: embrione, cotiledoni, nocella, endosperma, albume, radichetta, fruticino.

CRITTOGAME.

MONERE: batteri, alghe azzurre.

PROTISTI: Flagellati, pirrofita, Crisofita, alghe gialle, diatomee.

MIXOMICETI: alghe verdi, brune, rosse.

FUNGHI: Ficomiceti (Archimiceti, Oomiceti, Zigomiceti), Ascomiceti (saccaromiceti o lieviti, aspergilli, penicilli, Pirenomiceti, Discomiceti, spugnole, tartufi), Basidiomiceti (ruggini, amanite, boleti, licoperdi), Deuteromiceti (dermatofiti, muffe).

LICHENI.

BRIOFITI: muschi, epatiche.

FELCI.

FANEROGAME

GIMNOSPERME: conifere, gnetali.

ANGIOSPERME DICOTILEDONI: Piperacee, Salicacee (pioppo), Juglandacee (noce), Betullacee (ontano, nocciolo), Cupulifere (quercia, castagno, faggio), Ulmacee (olmo), Moracee (gelso, fico), Cannabinacee (canapa, luppolo), Urticacee (ortica), Lorantacee (vischio), Poligonacee (acetosella, grano saraceno, rabarbaro), Chenopodiacee (barbabietola, spinacio), Cactacee (fico d'india, piante grasse in genere), Cariofillacee (garofano), Euforbiacee (ricino, pianta del caucciù), Amamelidacee (platano), Magnoliacee, Lauracee (lauro, canfora, cannella), Ranuncolacee (anemoni, vitalba, rosa di natale, elleboro, peonia, aconito), Berberidacee (crespino, podofillo), Ninfeacee, Papaveracee, Crocifere (cavolo, ravizzone, violaciocca, senape, rafano, nasturzio), Crassulacee (semprevivo), Sassifragacee (ribes, uva spina), Rosacee (rosa, pesco, mandorlo, albicocco, ciliegio, susino, fragola, lampone, rovo, biancospino, pero, melo, sorbo, castagno), Mimosacee, Leguminose (ginestra, lupino, erba medica, trifoglio, robinia, liquerizia, fava, pisello, fagiolo, lenticchia, cece, arachide, soia, carrubo, sena o senna), Linacee, Geraniacee, Rutacee (limone, arancio, polpelmo, mandarino, chinotto), Aceracee, Ippocastanacee, Vitacee, Malvacee (cotone), Tigliacee, Sterculiacee (cacao, cola), Violacee, Teacee (the, camelia), Mirtacee (mirto, eucalipto), Punicacee (melograno), Ederacee, Ombrellifere (prezzemolo, sedano, cicuta, carota, finocchio, cumino, anice), Ericacee (erica, rododendro, azalee, mirtillo, uva ursina), Primulacee (ciclamini, soldanella), Oleacee (olivo, frassino, lillà, gelsomino), Apocinacee (vinea, digitale, strofanto, noce vomica, fava di S. Ignazio), Borraginacee, Solanacee (patata, pomodoro, peperone, melograno, belladonna, tabacco), Scrofulariacee (digitale, veronica), Orobancacee, Labiate (menta, origano, timo, salvia, lavanda, rosmarino, basilico), Rubiacee (china, caffè), Valerianacee, Cucurbitacee (zucca, melone, cocomero, cetriolo), Campanulacee, Composite (cicoria, lattuga, girasole, topinambur, margherite, crisantemi, stella alpina, camomilla, carciofo, assenzio, genepì).

ANGIOSPERME MONOCOTILEDONI: palme (cocco), Bromeliacee (ananasso), Graminacee (granoturco o mais, miglio, gramigna, sorgo, canne, avena, orzo, grano, segala, riso, loglio, canna da zucchero), Liliacee (tulipano, giglio giacinto, cipolla, aglio, asfodelo, mughetto, asparago, aloè), Amarantacee (narciso, bucaneve, agave, amarillide), Iridacee (zafferano, gladiolo, giaggiolo), Giuncacee, Musacee (banano), Orchidacee.

neri.

bottinàre[1] (pres. *-ino*) [da *bottino*[2]; 1955] ***tr.*** concimare il terreno con bottino || **N.** *Sin.* cessinare.

bottinàre[2] (pres. *-ino*) [dal fr. *butiner*, 1585] ***tr.*** *ant.* saccheggiare || ***intr.*** (aus. *avere*) delle api operaie, volare raccogliendo nèttare di fiore in fiore || delle formiche operaie, raccogliere e immagazzinare cibo.

bottinatrìce [da *bottinare*[2]; 1929] ***sf.*** ape operaia che raccoglie nettare e polline.

bottinatùra [da *bottinare*[1]; 1955] ***sf.*** concimazione del terreno con il contenuto del pozzo nero.

bottìno[1] [dal fr. *butin*; sec. XIV] ***sm.*** **1.** preda di guerra || *per estens.* preda dei ladri: *la rapina fruttò un magro bottino* || *mettere a bottino, far bottino,* saccheggiare **2.** sacca militare destinata a contenere il corredo personale del soldato.

bottìno[2] [da *botte*; 1618] ***sm.*** **1.** pozzo nero || *per estens.* il contenuto del medesimo, usato come concime **2.** fogna || *per estens.* cunicolo **3.** negli acquedotti, serbatoio di depurazione.

bòtto [voce onom.; sec. XIV] ***sm.*** **1.** rumore forte e improvviso prodotto da un urto, un'esplosione e sim.: nel *cuore della notte si udì un gran botto* || *botto di campana,* rintocco || nelle *loc. avv.*: *di botto,* all'improvviso; *in un botto,* in un istante **2.** spec. *pl.* fuoco d'artificio: *i botti di S. Gennaro* **3.** colpo, percossa, botta **4.** *T.tip.* la stretta che si dà al piano del torchio per ottenere la pressione sulla carta.

bottom up (ingl., pr. [ˈbɒtəm ʌp]; pr. it. [ˌbɔttom ˈʌp]) [letter. dal basso all'alto; 1985] ***loc. avv.*** e ***agg.*** (sempre posposta) *T.inform.* di qualsiasi processo la cui direzione sia dal "basso" all'"alto" (da singoli dati isolati a strutture complesse); *in part.* di analisi che parte dal riconoscimento dei singoli dati in ingresso per poi aggregarli in costituenti sempre più complessi: *procedimento bottom up*; *strategia bottom up* || **N.** *Contr. top down.*

bottonàio (pl. *-ài*) [da *bottone*; 1797] ***sm.*** (f. *-a*) chi fabbrica o vende bottoni.

bottóne [dal fr. *bouton*; 1286] ***sm.*** **1.** piccolo disco di materiale vario, di forma piatta, convessa, a volte ricoperto di stoffa o pelle, cucito a un lembo di abito o altro e che infilato nell'occhiello dell'altro lembo serve per farlo combaciare con il primo: *la veste si chiudeva con una fila di bottoni d'osso, un bottone di madreperla* || *bottone automatico, a pressione,* composto da due dischi metallici di cui uno si incastra a pressione nell'altro || *fig.* *attaccare un bottone a qualcuno,* trattenerlo con un discorso lungo e poco interessante || *fig.* *non valere un bottone,* non valere nulla **2.** qualsiasi oggetto di forma simile al bottone || *il bottone della sciabola, del fioretto,* nella scherma, dischetto posto all'estremità della lama per renderla innocua || dispositivo di comando di piccole apparecchiature: *bottone dell'ascensore, del campanello* || *fig.* *la stanza dei bottoni,* luogo di comando, centro direttivo di un'attività **3.** *T.bot.* bocciolo || *bottone d'argento,* pianta erbacea delle Composite che produce fiori bianchi || *bottone d'oro,* pianta delle Ranuncolacee dai fiori gialli **4.** difetto nella tessitura costituito da un groviglio di fibre **5.** *T.anat.* qualsiasi formazione nodulare || *bottoni gustativi,* organi periferici del gusto situati sulla lingua || **N.** **1.** alamari, gemelli; anima o fondello, asola, occhiello, picciolo o gambo; abbottonatura, bottoniera | abbottonare, attaccare, sbottonare, staccare **2.** *Sin.* interruttore, pulsante **3.** *Sin.* bocciolo, gemma. **TAV.** ***scherma*** **1.10.**

bottonièra [dal fr. *boutonière*; 1585 nel senso 2] ***sf.*** **1.** fila di bottoni su indumenti e scarpe **2.** occhiello su un indumento **3.** pannello di comando con molti pulsanti.

bottonièro [da *bottone*; 1942] ***agg.*** che si riferisce all'industria dei bottoni.

bottonifìcio (pl. *-ci*) [comp. di *bottone* e *-ficio*; 1941] ***sm.*** fabbrica di bottoni.

botulìgeno [comp. di *botuli(smo)* e *-geno*; 1983] ***agg.*** di agente che genera botulismo: *alimento botuligeno.*

botulìnico (pl. *-ci*) [da *botulino*; 1955] ***agg.*** *T.med.* proprio del bacillo botulino; provocato dal bacillo botulino: *intossicazione, tossina botulinica.*

botulìno [dal lat. scient. (*bacillus*) *botulīnus*, basato sul lat. *botulus*, salsiccia, budello; 1955] ***agg.*** *T.biol.* *bacillo botulino,* bacillo saprofita che si sviluppa nelle carni insaccate o in scatola mal conservate, elaborando una potente tossina che provoca il botulismo.

botulìsmo [dal lat. *botulus*, salsiccia; 1923 *botolismo*] ***sm.*** *T.med.* intossicazione alimentare causata dalle tossine del bacillo botulino presente in alimenti conservati avariati || **N.** *Sin.* allantiasi.

bouclé (fr., pr. [buˈkle]) [letter. a ricci; 1936] ***agg.*** e ***sm. inv.*** tessuto o filato a peli lunghi e ricci.

boudoir (fr., pr. [buˈdwa:r]) [letter. camera dove ci si ritira per tenere il broncio; 1875] ***sm. inv.*** in appartamenti di lusso, salottino privato; luogo per la toeletta.

bouillabaisse (fr., pr. [bujaˈbɛ:s]) [letter. bolli e abbassa; 1905 *bouille-abaisse*] ***sf. inv.*** zuppa di pesce tipica della cucina marsigliese.

boule (fr., pr. [bul]) [letter. bolla, corpo sferico; 1940] ***sf. inv.*** **1.** *T.chim.* bolla **2.** borsa dell'acqua o del ghiaccio di materiale impermeabile e con chiusura a vite.

boulevard (fr., pr. [bulˈva:r]) [dall'olandese *bolwerc*, bastione; 1853] ***sm. inv.*** via gen. larga e alberata, viale.

bouquet (fr., pr. [buˈkɛ]) [letter. boschetto; 1747 *bocchetto*] ***sm. inv.*** **1.** piccolo mazzo di fiori || *in part.* il mazzo della sposa **2.** *T.enol.* insieme dei profumi e degli aromi che caratterizzano il vino invecchiato **3.** in profumeria, l'insieme delle essenze che caratterizzano un certo profumo.

bouquiniste (fr., pr. [bukiˈnist]) [da *bouquin*, libro usato; 1905] ***sm. inv.*** rivenditore di libri usati.

bourbon (ingl., pr. [ˈbuəbən]; pr. amer. [ˈbərbən]) [dal n. geogr. *Bourbon* Country, nel Kentucky, località d'origine; 1963] ***sm. inv.*** whisky americano.

bourrée (fr., pr. [buˈre]) [etim. inc.; 1905] ***sf. inv.*** danza popolare di origine francese dall'andamento vivace.

boutade (fr., pr. [buˈtad]) [etim. inc.; 1905] ***sf. inv.*** battuta spiritosa, facezia.

boutique (fr., pr. [buˈtik]) [letter. bottega; 1963] ***sf. inv.*** (anche pl. *boutiques*) negozio elegante di vestiti e accessori d'abbigliamento.

bovarìna V. BOARINA.

bovarìsmo [dal fr. *bovarysme*; 1918] ***sm.*** stato di insoddisfazione, desiderio di evasione dalla monotona vita borghese caratterizzato da aspirazioni mondane e artistiche.

bovàro [lat. tardo *boārius*; 1554] ***sm.*** (f. *-a*) **1.** guardiano di buoi || mercante di buoi **2.** *per estens.* individuo rozzo ed ignorante.

bòve ***sm.*** *poet. ant.* V. BUE.

Bòvidi (sing. *-e*) [comp. del lat. *bōs, bovis*, bue e *-idi*; 1930] ***sm. pl.*** *T.zool.* grande famiglia di ruminanti che presentano corna cave ricoperte di un astuccio corneo e dentatura incompleta, cui appartengono bovini, ovini, caprini e antilopi. **TAV.** ***mammiferi*** **p. 1319.**

bovìle [lat. tardo *bovile*; a. 1729] ***sm.*** *disus.* stalla dei buoi.

bovìna [da *bovino*; a. 1320] ***sf.*** **1.** concime costituito da sterco bovino **2.** mucca.

bovìndo ***sm.*** adattamento *ant.* di *bow-window* (v.).

Bovìni [lat. tardo *bovīnus*; 1930] ***sm. pl.*** *T.zool.* sottofamiglia dei Bovidi composta di animali di mole notevole, ruminanti, con corna lisce, coda con ciuffo e giogaia: *il bue ed il bufalo sono bovini.*

bovìno [lat. tardo *bovīnus*; 1336 ca.] **I** ***agg.*** relativo ai bovini: *corna bovine* || *occhio bovino,* tondo e sporgente come quello dei bovini || *fig.* ottuso, lento: *intelligenza bovina* **II** ***sm.*** (f. *-a*) ogni individuo appartenente alla sottofamiglia dei Bovini. **TAV.** ***zootecnia.***

bòvolo [dal ven. *bovolo*, lumaca; a. 1519] ***sm.*** conformazione a spirale conica: *molla a bovolo.*

bowling (ingl., pr. [ˈboulɪŋ]; pr. it. [ˈbuliŋ(g)]) [letter. lanciando; 1963] ***sm. inv.*** gioco di birilli di origine statunitense praticato con apposite grandi bocce su piste di legno || *per estens.* il locale in cui si pratica tale gioco.

bow-window (ingl., pr. [ˌbou ˈwɪndou]) [letter. finestra ad arco; 1918] ***sm. inv.*** costruzione sporgente dalla facciata di un edificio, simile a un balcone chiuso da vetrate.

box (ingl., pr. [bɒks]) [letter. corazza; 1895 nel senso 2] ***sm. inv.*** **1.** spazio variamente delimitato, ricavato all'interno di un ambiente più ampio: *aveva suddiviso il capannone in vari box* || *in part.* in teatro, spazio delimitato da tramezze basse **2.** spec. negli allevamenti bovini ed equini, recinto in cui viene rinchiuso un singolo animale **3.** autorimessa, garage destinato di solito ad una singola macchina || nelle gare automobilistiche e motociclistiche, vano posto lungo la pista e destinato a officina per veicoli in gara: *dopo una lunga sosta ai box la Ferrari si è ritirata* **4.** recinto, gen. pieghevole, in cui si collocano i bambini prima che imparino a camminare.

boxàre (pres. *bòxo*) [da *boxe*; 1831] ***intr.*** (aus. *avere*) praticare il pugilato.

boxe (fr., pr. [bɔks]) [dall'ingl. *box*, colpo, schiaffo; 1894 *box*] ***sf. inv.*** pugilato || *tirare di boxe,* far pugilato; *boxe francese, savate.* **Q.T.** ***pugilato.***

boxer[1] (ingl., pr. [ˈbɒksə]; pr. it. [ˈbɔkser]) [letter. pugile; 1905] ***sm. inv.*** **1.** pugile **2.** mutanda da uomo simile ai calzoncini che i pugili indossano sul ring.

boxer[2] (ingl., pr. [ˈbɒksə]; pr. it. [ˈbɔkser]) [ted. *Boxer*, letter. lottatore, per la combattività del cane; 1930] ***sm. inv.*** razza di cani da guardia e da difesa dal pelo corto di colore fulvo o tigrato; fu creata in Germania incrociando il mastino inglese con l'alano. **TAV.** ***cani*** **p. 662.**

boxeur (fr., pr. [bɔkˈsœ:r]) [da *boxe*; 1931] ***sm. inv.*** pugile. **Q.T.** ***pugilato.***

boy (ingl., pr. [bɔɪ]) [letter. ragazzo; 1892 nel senso 3] ***sm. inv.*** **1.** ballerino di rivista **2.** tra il personale alberghiero, giovane fattorino **3.** *T.sport.* nel calcio, allievo || nel tennis, raccattapalle || nell'ambiente ippico, mozzo di stalla.

boy-friend (ingl., pr. [ˈbɔɪfrend]) [comp. di *boy*, ragazzo e *friend*, amico; 1967] ***sm. inv.*** giovane, ragazzo legato a una ragazza, gen. coetanea, da un vincolo sentimentale.

boy-scout (ingl., pr. [ˌbɔɪˈskaʊt]) [letter. ragazzo che esplora; 1918] ***sm. inv.*** appartenente al movimento scoutistico; giovane esploratore.

bòzza [lat. volg. **bottia*; a. 1348 nel senso 1; 1511 nel senso 2] ***sf.*** **1.** pietra rozzamente lavorata, sporgente dal muro; bugna: *muro a bozze* || *per estens.* gonfiore, bernoccolo || *bozze frontali, orbitarie,* parti sporgenti dell'osso frontale **2.** prima stesura, abbozzo di un'opera in part. letteraria o artistica **3.** spec. *pl.*, prova di stampa utilizzata dall'autore o dal correttore per emendare gli eventuali errori || *bozze in colonna,* prova di stampa non ancora suddivisa in pagine || *bozze impaginate,* che riproducono la pagina nella sua forma definitiva **4.** *T.mar.* nodo, legatura provvisoria per trattenere una manovra corrente || *bozza a gancio*, cavo corto, spesso munito di uncino, per assicurare a un appiglio stabile una manovra corrente || *bozza rompente*, cavo utilizzato per frenare la velocità del varo. **Q.T.** *tipografia*.

bozzàcchio o **borzàcchio** (pl. *-chi*) [da *bozza*; a. 1502] ***sm.*** susina che, attaccata da un fungo parassita, diventa allungata e flaccida e cade prima di giungere a maturazione.

bozzacchiùto [da *bozzacchio*; sec. XIV] ***agg.*** *non com.* tozzo, malfatto.

bozzàgo (pl. *-ghi*) o **bozzàgro** o **buzzàgo** o **buzzàgro** [dal lat. *buteo, -ōnis*, attr. il prov. *buzac*; seconda metà sec. XIII] ***sm.*** poiana.

bozzàto [da *bozza*; 1863] ***sm.*** *T.arch.* bugnato.

bozzèllo [da *bozza*; 1797] ***sm.*** *T.mar.* carrucola ovoidale, con una o più pulegge. **TAV.** ***vela* p. 1342** 1.16.

bozzettismo [da *bozzetto*; 1885] ***sm.*** tendenza di uno scrittore o di un artista a usare frequentemente il bozzetto, preferendolo ad altre forme espressive.

bozzettista [da *bozzettismo*; 1962] ***s.*** **1.** chi crea bozzetti letterari **2.** disegnatore di cartelloni pubblicitari.

bozzettìstica [da *bozzetto*; 1950] ***sf.*** arte di scrivere bozzetti; il genere costituito dai bozzetti.

bozzettìstico (pl. *-ci*) [da *bozzetto*; 1962] ***agg.*** relativo al bozzetto, proprio del bozzetto || *fig.* vivace, immediato, ma semplice e spesso sommario: *un ritratto bozzettistico.*

bozzétto [da *bozza*; a. 1764] ***sm.*** **1.** disegno o modello in scala ridotta e non rifinito di un'opera || nel teatro e nel cinema, disegno raffigurante la scena da realizzare: *i bozzetti di Fellini* **2.** dipinto, disegno eseguito con rapidità sulla base di uno spunto gen. realistico **3.** breve racconto realistico, su argomenti di vita quotidiana **4.** *bozzetto drammatico*, atto unico di argomento realistico e sviluppo temporale limitato || **N.** **1.** *Sin.* abbozzo, schizzo.

bòzzima [lat. *apozema*, gr. *apózema*; 1376 *bossima*] ***sf.*** **1.** *T.tess.* soluzione collosa di varie sostanze di cui vengono impregnati gli orditi allo scopo di rendere i fili della tessitura più lisci, flessibili e resistenti **2.** pastone di crusca ed acqua che viene dato ai polli || *per estens.* miscuglio ripugnante e disgustoso **3.** miscela di acqua, terriccio e letame in cui vengono immerse le radici delle piante arboree prima della collocazione a dimora.

bòzzo [lat. volg. **bodium*; 1802] ***sm.*** buca di scarsa profondità piena d'acqua, pozzanghera.

bòzzo [voce onom.; a. 1300 nel senso 3] ***sm.*** **1.** bugna; pietra aggettante rozzamente lavorata || *per estens.* gonfiore, bernoccolo **2.** *ant.* abbozzo **3.** *ant.* uomo tradito dalla moglie **4.** *ant.* bastardo.

bozzolàccio (pl. *-ci*) [da *bozzolo*; 1970] ***sm.*** bozzolo da cui è uscita la farfalla.

bozzolàia [da *bozzolo*; 1925] ***sf.*** ampia stanza in cui si tengono i bozzoli dei bachi da seta.

bozzolàio (pl. *-ài*) [da *bozzolo*; sec. XVIII] ***sm.*** (f. *-a*) chi commercia in bozzoli di bachi da seta.

bozzolìna [da *bozzolo*, per la forma della pannocchia; 1955] ***sf.*** **1.** pianta erbacea delle Poligonacee con fiori a grappolo di color rosa o violetto e foglie alterne; mughetto selvatico **2.** bambagiona.

bòzzolo[1] [da *bozzo*; a. 1320] ***sm.*** **1.** involucro protettivo fabbricato dalle larve di alcuni Lepidotteri, part. dal baco da seta, mediante l'emissione da appositi organi secretori di un filo di bava coagulata || *bozzolo fresco*, con crisalide viva || *bozzolo secco*, con crisalide morta || *bozzolo doppione*, contenente due crisalidi || *bozzolo calcinato*, in cui il baco è affetto da muffa bianca || *bozzolo bambagiato*, molle e gen. più grosso del normale || *bozzolo aperto*, quello che il baco per qualche motivo non è riuscito a chiudere || *bozzolo sfarfallato*, quello da cui è uscita la farfalla || *bozzolo puntito*, in cui la concentrazione di fibre è maggiore alle estremità che nelle altre parti || *bozzolo rugginoso*, macchiato di giallo-ruggine || *bozzolo negrone*, quello che la crisalide putrefacendosi ha macchiato di nero || *uscire dal bozzolo*, detto del baco che si muta in farfalla; *fig.* divenire più consapevole ed emancipato || *fig. rinchiudersi nel proprio bozzolo*, condurre un'esistenza schiva e ritirata **2.** nodo, ammasso che si forma nei filati || *per estens.* grumo di farina non ben disciolta in acqua **3.** *ant.* gonfiore, bernoccolo. **TAV.** *zootecnia* 11.

bòzzolo[2] [forse da *bozzolo*[1]; a. 1484] ***sm.*** **1.** *T.tess.* ramaiolo usato per prelevare i coloranti dalle caldaie **2.** *ant.* unità di misura che costituiva il compenso in farina spettante ai mugnai per la macina del grano.

bozzolóso [da *bozzolo*[1]; a. 1730] ***agg.*** pieno di bozzoli.

bozzolùto [da *bozzolo*[1]; a. 1698] ***agg.*** bozzoloso.

bozzóne[1] (*accr.* di *bozza*) [1955] ***sm.*** *T.tip.* bozza di un'intera pagina di giornale sulla quale viene effettuato l'ultimo e definitivo controllo.

bozzóne[2] [etim. inc.; 1881] ***sm.*** **1.** *tosc.* agnello castrato **2.** *per estens.* persona goffa e ignorante.

brabantino [dal n. geogr. *Brabante*, regione del Belgio e dell'Olanda; 1860] **I** ***agg.*** relativo alla regione belga e olandese del Brabante; detto in part. di alcune razze di animali || *aratro brabantino*, aratro semplice o doppio munito di avantreno rigido a carrello **II** ***sm.*** (f. *-a*) abitante, nativo del Brabante.

bràca [lat. *braca*; a. 1348] ***sf.*** **1.** *pop.* spec. *pl.*, pantaloni || *sing.* ciascuna delle due parti che costituiscono i calzoni || *propr.* indumento maschile simile ai calzoni ma più corto e meno ampio || nei modi di dire *fig.*: *calare le brache*, cedere per paura, arrendersi; *far cascare le brache*, scoraggiare, deprimere; *rimanere in brache di tela*, privi di risorse morali o materiali **2.** imbracatura **3.** fasciatura protettiva per bardare gli animali da soma **4.** pezza di tela assorbente posta tra le cosce dei bambini piccoli **5.** legatura che consente una certa libertà di movimento con cui si assicurano gli uccelli da richiamo **6.** striscia di carta che i rilegatori usano per rinforzare una pagina **7.** *T.mar.* cavo, catena cui si agganciano i paranchi per sollevare e trasportare oggetti ingombranti e di notevole peso **8.** *tosc.* spec. *pl.*, chiacchiere, pettegolezzi.

bracalóne [da un ant. *bracale*, braca, 1726] ***sm.*** **1.** (f. *-a*) chi porta i pantaloni larghi e cascanti || *per estens.* persona trasandata e sciatta **2.** *pl. tosc.* calzoni larghi di tela che durante il lavoro si indossano per protezione sugli altri || *loc. agg. a bracalone, a bracaloni*, di abiti, cascanti.

bracàto [lat. *bracātus*; a. 1712] ***agg.*** *raro* vestito con le brache || *fam. tosc. grasso bracato*, grassissimo.

braccàre (pres. *bràcco, bràcchi*) [da *bracco*; 1539] ***tr.*** inseguire, rif. a selvaggina: *i cani braccavano il cervo* || *fig.* inseguire qualcuno senza concedergli requie: *i rapitori sono braccati dalla polizia* || **N.** incalzare, stanare.

braccàta [da *braccare*; a. 1921] ***sf.*** **1.** battuta di caccia **2.** luogo in cui questa avviene.

braccatóre [da *braccare*; 1865] ***agg.*** e ***sm.*** (f. *-trìce*) *raro* che o chi bracca.

braccatùra [da *braccare*; 1945] ***sf.*** il braccare, l'esser braccato.

braccétto (*dim.* di *braccio*) [1808] ***sm.*** **1.** nella loc. *a braccetto*, sottobraccio || *fig. andare a braccetto con qualcuno*, andare molto d'accordo **2.** modo di nuotare in cui le braccia vengono alternatamente immerse nell'acqua, la testa viene tenuta alta e le gambe eseguono un movimento sincrono a quello delle braccia **3.** *T.mar.* cavo fissato ai velacci e controvelacci **4.** in una struttura, piccolo elemento di forma allungata che si diparte dal corpo principale: *il braccetto del giradischi.*

braccheggiàre (pres. *-éggio*) [da *braccare*; 1618] ***tr.*** e ***intr.*** (aus. *avere*) *raro* **1.** braccare **2.** andare spiando.

braccheggiatóre [da *braccheggiare*; 1863] ***agg.*** e ***sm.*** (f. *-trìce*) *raro* che o chi braccheggia.

bracchéggio (pl. *-gi*) [da *braccheggiare*; a. 1729] ***sm.*** *raro* ricerca insistente e minuziosa.

braccherìa [da *bracco*; a. 1712] ***sf.*** *raro* muta di bracchi.

bracchétto (*dim.* di *bracco*) [a. 1321] ***sm.*** cane segugio di piccola taglia con orecchie lunghe, pelo raso e fitto, di solito a tre colori, usato per la caccia alla lepre || **N.** *Sin. beagle.*

bracchière [da *bracco*; sec. XVI] ***sm.*** **1.** chi custodisce e guida i bracchi alla caccia **2.** battitore, chi con grida e rumori spinge la selvaggina verso i luoghi di posta.

bracciaiuòla [da *braccio*; prima metà sec. XIV] ***sf.*** *ant.* bracciale.

braccialàta [da *bracciale*; 1887] ***sf.*** *T.sport.* colpo dato col bracciale, nel gioco del pallone elastico.

braccìale [lat. *brachiāle*; 1336 ca. nel senso 3] ***sm.*** **1.** braccialetto **2.** fascia di riconoscimento che si porta al braccio: *i portantini indossavano il bracciale della croce rossa* **3.** parte dell'armatura che difende il braccio **4.** salvagente gonfiabile che si infila al braccio **5.** bracciolo della poltrona **6.** *T.arch.* anello di ferro a scopo ornamentale posto, part. nel Rinascimento, sulla facciata degli edifici **7.** *T.sport.* nel gioco del pallone elastico, attrezzo di legno munito di denti che copre la mano e il polso del giocatore. **Q.T.** *oreficeria* **TAV.** ***armi* p. 648** 6.8.

braccialétto (*dim.* di *bracciale*) [1589] ***sm.*** **1.** ornamento, gen. di materiale prezioso, di forma circolare, che si porta al polso **2.** cinturino di materiale vario dell'orologio da polso. **Q.T.** *oreficeria.*

bracciantàle [da *bracciante*; 1942] ***agg.*** *non com.* bracciantile.

bracciantàto [da *bracciante*; 1918] ***sm.*** stato sociale dei braccianti; categoria dei braccianti.

bracciànte [da *braccio*; 1853] ***s.*** lavoratore agricolo non specializzato che viene assunto alla giornata o comunque a tempo determinato.

bracciantìle [da *bracciante*; 1950] ***agg.*** relativo ai braccianti, proprio dei braccianti: *lavoro bracciantile.*

bracciàre (pres. *-àccio*) [da *braccio*; 1889] ***tr.*** *T.mar.* orientare i pennoni per meglio posizionare le vele in relazione al vento.

bracciàta [da *braccio*; sec. XIV] ***sf.*** **1.** quantità di materiale che si può portare in una volta sulle braccia: *una bracciata di legna* || *a bracciate*, in grande quantità **2.** nel nuoto, movimento ciclico e regolare che il nuotatore compie con le braccia per avanzare || *per estens.* distanza percorsa con tale movimento **3.** *raro* colpo dato con le braccia **4.** *ant.* abbraccio || *dim.* bracciatèlla, bracciatìna. **Q.T.** *nuoto.*

bracciatùra [da *braccio*; 1808] ***sf.*** la misurazione di stoffa fatta a braccia.

braccière [da *braccio*; 1617] ***sm.*** *ant.* chi accompagnava una dama porgendole il braccio || **N.** cavaliere.

bràccio (nel senso 1, 3, 4, 8, 10 pl. *braccia*, nel senso 2, 5, 6, 7, 9 pl. *bracci*) [lat. *brachium*; sec. XIII] ***sm.*** **1.** *propr.* parte del corpo umano compresa tra l'articolazione della spalla e quella del gomito || *com.* ciascuno degli arti superiori del corpo umano dalla spalla alla mano: *flettere le braccia, spezzarsi un braccio* || *trasportare a braccia,* con la sola forza delle braccia || *prendere, tenere qualcosa in braccio,* sulle braccia congiunte e ripiegate || *dare, porgere il braccio a qualcuno,* affinché vi si appoggi camminando || *portare, reggere qualcosa sotto il braccio,* tra il braccio e il fianco || *tenere qualcuno sotto braccio* (ma più com. *sottobraccio*), intrecciando il proprio braccio con quello dell'altro || *gettare le braccia al collo,* abbracciare con entusiasmo || *con le braccia in croce,* in atteggiamento di raccoglimento || *fig. aprire le braccia,* accogliere amichevolmente || *fig. ricevere a braccia aperte,* cordialmente || *fig. mettersi nelle braccia di qualcuno,* affidarsi completamente a qualcuno || *fig. essere, andare tra le braccia di Morfeo,* dormire, addormentarsi || *fig. sentirsi cadere le braccia,* scoraggiarsi || *fig. allargare le braccia,* rinunciare ad agire || *fig. alzare le braccia,* arrendersi || *fig. incrociare le braccia,* scioperare || *fig. recita, discorso a braccio,* improvvisato || *braccio di ferro,* gioco di forza in cui due persone sedute a un tavolo, con un braccio appoggiato per il gomito su di esso, cercano, tenendosi per il palmo della mano, ciascuna di costringere l'avversario ad appoggiare l'avambraccio sul tavolo; *fig.* prova di forza: *il lungo braccio di ferro tra governo e sindacati* || *fig. avere le braccia lunghe,* essere potenti **2.** *fig.* forza, potenza: *il braccio violento della legge* || *ant. braccio secolare,* l'autorità civile; *braccio ecclesiastico,* l'autorità religiosa || *essere il braccio destro di qualcuno,* il principale collaboratore || *prendere braccio,* arrogarsi eccessiva autonomia **3.** *pl.* mano d'opera: *l'agricoltura avrebbe bisogno di più braccia* || *avere buone braccia,* essere un buon lavoratore || *vivere sulle proprie braccia,* mantenendosi con il proprio lavoro **4.** parte dell'arto superiore dei quadrupedi avente l'omero per base scheletrica **5.** in una struttura, elemento di forma allungata che si diparte dal corpo principale: *il braccio della lampada, i bracci della croce* || *braccio a pinza,* dispositivo per la manipolazione a distanza di sostanze pericolose, manipolatore || ala, settore di edificio: *braccio della morte,* l'ala di un penitenziario in cui si trovano i condannati che attendono l'esecuzione || *gen.* diramazione: *i bracci del fiume; braccio di mare,* canale, stretto; *braccio di terra,* istmo **6.** *T.mar.* manovre fissate alle estremità dei pennoni per orientarli rispetto al vento **7.** *T.fis. braccio di una coppia di forze,* distanza tra i vettori delle forze costituenti la coppia || *braccio di una forza rispetto a un punto,* distanza del punto d'azione del vettore **8.** unità di misura di profondità marina corrispondente a 183 cm **9.** *ant.* unità di misura lineare per stoffa, di valore variabile tra i 60 ed i 70 cm **10.** *T.zool.* ciascuna delle cinque parti del corpo delle stelle marine || *dim.* braccìno, braccétto; *accr.* braccióne || **N. 1.** muscoloso, nerboruto, robusto; debole, esile, scarno | PARTI: ascella, avambraccio, cubito o ulna, gomito, muscoli (adduttore, bicipite, deltoide, estensore, flessore, lacerto), nocella, nodello, omero, polso, radio | bracciale, braccialetto, cubitale, manica, moncherino, monco **6.** bracciare. **TAV. *astronautica* p. 655** 12.6; ***edilizia* p. 666** 2.1; ***maglia...* p. 1317** 13.2; ***vela* p. 1343** 6.4.

bracciòlo [da *braccio*; 1622] ***sm.*** **1.** parte laterale di una sedia o poltrona con funzione di sostegno per le braccia: *non appena si appoggiò il bracciolo cadde* || *bracciolo scrittoio,* piano fisso ribaltabile posto a lato di una sedia per consentire la scrittura **2.** mancorrente posto lungo le scale **3.** *T.pesc.* nelle lenze a più ami, spezzone di lenza che si distacca dalla lenza madre e termina con un amo **4.** *T.mar.* parte dello scafo di struttura analoga a una mensola.

bràcco (pl. *-chi*) [dal germ. **brakko*; a. 1292] ***sm.*** **1.** cane da caccia, da ferma e da riporto, con orecchie pendenti e con pelo gen. corto di colore bianco e talvolta macchiato **2.** *fig. non com.* poliziotto. **TAV. *cani* p. 662.**

bracconàggio (pl. *-gi*) [dal fr. *braconnage*; 1941] ***sm.*** caccia abusiva.

bracconière [dal fr. *braconnier*; 1884] ***sm.*** cacciatore di frodo.

bràce (ant. *bràcia*) (pl. *bràci* e *bràcie*) [dal germ. **brasa*; a. 1294 *bragia*] ***sf.*** fuoco senza fiamma che resta dalla legna o dal carbone bruciati || *alla brace,* di cibi cotti sulla griglia || *fig. essere sulle braci ardenti,* essere a disagio || *fig. diventare rosso come la brace,* arrossire violentemente || *fig. sguardo di brace,* appassionato, ardente || *fig. soffiare sulla brace,* aizzare odi e passioni || **N.** bragia, carbone vivo, cinigia.

brachésse o **braghésse** [da *braca*; a. 1535] ***sf. pl.*** *scherz.* brache larghe alla turca, mutandoni.

brachétta o **braghétta** [da *braca*; a. 1535] ***sf.*** **1.** parte anteriore dei calzoni chiusa da bottoni ed abbassabile sul davanti **2.** spec. *pl.*, mutande a calzoncino **3.** striscia di carta usata dai rilegatori per fermare nella piegatura fogli staccati **4.** parte delle antiche armature destinata alla protezione del basso ventre.

brachétto [etim. inc.; 1896] ***sm.*** vino rosso ligure o piemontese dal profumo di rosa che raggiunge i dodici gradi.

bràchi- [dal gr. *brachýs*, corto, breve] ***primo elem.*** che, in parole composte dotte o della terminologia scientifica, spec. medica, vale "breve" o "corto" (per es. *brachicardia, brachicefalia*).

brachiàle [dal lat. *brāchialis*; 1819] ***agg.*** *T.anat.* relativo al braccio: *muscolo brachiale.* **TAV. *anatomia* p. 641** 4.4.

brachiblàsto [comp. di *brachi-* e *-blasto*; 1906] ***sm.*** *T.bot.* ramo poco sviluppato recante molte foglie.

brachicardìa [comp. di *brachi-* e *-cardia*] ***sf.*** bradicardia.

brachicàrdico [da *brachicardia*] ***agg.*** e ***sm.*** (f. *-a*) bradicardico.

brachicefalìa [comp. di *brachi-* e *-cefalia*; 1871] ***sf.*** *T.med.* malformazione del teschio umano per cui la sua lunghezza è solo di poco superiore alla larghezza || **N.** *Contr.* dolicocefalia.

brachicèfalo [comp. di *brachi-* e *-cefalo*; 1871] **I** ***agg.*** *T.med.* di cranio che mostra brachicefalia **II** ***sm.*** (f. *-a*) chi è affetto da brachicefalia.

brachiclàdico (pl. *-ci*) [comp. di *brachi-* e un der. del gr. *kládos*, ramo; 1940] ***agg.*** *T.bot.* di albero, con rami corti.

brachière [dal lat. tardo *bracārius*; inizio sec. XII] ***sm.*** **1.** fasciatura di cuoio per contenere l'ernia **2.** *ant.* cintura di cuoio usata per sostenere le brache || **N. 1.** *Sin.* cinto erniario.

brachigrafìa [comp. di *brachi-* e *grafia*; 1797] ***sf.*** termine generico per indicare qualsiasi forma di scrittura abbreviata.

brachilogìa (pl. *-gìe*) [dal gr. *brachylogía*; 1819] ***sf.*** modo di esprimersi conciso ottenuto in part. mediante ellissi e abbreviazioni.

brachilògico (pl. *-ci*) [da *brachilogia*; 1970] ***agg.*** detto o scritto con brevità.

brachimetropìa [comp. di *brachi-*, gr. *métron*, misura e gr. *ops, opós*, occhio; 1967] ***sf.*** *T.med.* miopia.

brachimòrfo [comp. di *brachi-* e *-morfo*; 1965] ***agg.*** *T.zool.* di tipo morfologico caratterizzato da dimensioni trasversali maggiori di quelle longitudinali.

bràchio- [dal lat. *brāchium*, braccio] ***primo elem.*** che, in parole composte della terminologia scientifica, vale "braccio" o indica relazione col braccio (per es. *Brachiopodi, brachioradiale*).

Brachiòpodi (sing. *-e*) [comp. di *brachio-* e *-pode*; 1819] ***sm. pl.*** *T.biol.* animali marini a conchiglia bivalve non unita da legamenti e talvolta dotati di un peduncolo per aderire agli scogli.

brachioradiàle [comp. di *brachio-* e *radiale*; 1829] ***sm.*** *T.anat.* muscolo laterale dell'avambraccio che serve a consentirne la flessione sul braccio.

brachipnèa [comp. di *brachi-* e *-pnea*; 1819] ***sf.*** *T.med.* respirazione corta ed affannosa.

brachitìpo [comp. di *brachi-* e *tipo*; 1950 *brachítipo*] ***sm.*** tipo morfologico umano caratterizzato dalla prevalenza del tronco sugli arti.

Brachiùri [comp. di *brachi-* e *-uro*; 1829] ***sm. pl.*** *T.zool.* sottordine di Crostacei forniti di chele, cui appartiene il granchio.

bràcia o **bràgia** V. BRACE.

braciàio (pl. *-ài*) [da *brace*; a. 1910] ***sm.*** **1.** cassetta in cui i fornai ripongono la brace per riutilizzarla **2.** bracino.

braciaiòla [da *brace*; a. 1571] ***sf.*** piccola fossa sotto la graticola di una fornace in cui si raccolgono le braci cadute dal fornello.

bracière [da *brace*; 1666] ***sm.*** recipiente metallico di foggia varia contenente la brace, che veniva usato per riscaldamento e anche, nell'antichità, come brucia-profumi || **N.** scaldino.

bracìno [da *brace*; 1818 nel senso 2] ***sm.*** (f. *-a*) **1.** operaio che lavora alla carbonaia **2.** venditore di brace, carbone o legname al minuto **3.** *fig.* persona sudicia e volgare.

braciòla [da *brace*; 1542 *brasciola*] ***sf.*** fetta di carne con l'osso che si cuoce alla graticola sulla brace o anche in padella || *iron. farsi una braciola,* tagliarsi radendosi || *fig. far braciole di qualcuno,* farlo a pezzi.

bràco ***sm.*** *lett.* V. BRAGO.

bracòtto [da *braca*; 1829] ***sm.*** *T.mar.* pezzo di cavo munito alle estremità di ganci o borrelli.

bracòzzo V. BRAGOZZO.

bràdi- [dal gr. *bradýs*, lento] ***primo elem.*** che, in parole composte della terminologia scientifica, spec. medica, vale "lento" e indica rallentamento nel funzionamento di un organo o di una funzione (per es. *bradicardia, bradifasia*).

bradicardìa [comp. di *bradi-* e *-cardia*; 1899] ***sf.*** *T.med.* bassa frequenza del battito cardiaco || **N.** *Contr.* tachicardia.

bradicàrdico (pl. *-ci*) [da *bradicardia*; 1958] ***agg.*** e ***sm.*** (f. *-a*) che, chi presenta bradicardia || **N.** *Contr.* tachicardico.

bradifaṣìa [comp. di *bradi-* e *-fasia*; 1892] ***sf.*** *T.med.* lentezza nel parlare.

bradifraṣìa [comp. di *bradi-* e del gr. *phrásis*, discorso; 1892 *bradifasia*] ***sf.*** lentezza nell'organizzare e nel formulare le frasi.

bradilalìa [comp. di *bradi-* e *-lalia*; 1939] ***sf.*** *T.med.* lentezza nell'articolazione delle parole.

bradipepsìa [comp. di *bradi-* e del gr. *pépsis*, digestione; 1778] ***sf.*** *T.med.* lentezza nella digestione.

bràdipo [dal gr. *bradypóus*, dalla camminata lenta; 1793] ***sm.*** mammifero degli Sdentati delle dimensioni di un gatto, privo di coda e con arti e unghie particolarmente sviluppati caratterizzato da una particolare lentezza nei movimenti; vive nell'America centro-meridionale.

bradipsìchico (pl. *-ci*) [comp. di *bradi-* e *psichico*; 1965] ***agg.*** e ***sm.*** (f. *-a*) *T.psic.* detto di persona che mostra rallentamento nelle proprie attività psichiche.

bradipsichìṣmo [comp. di *bradi-* e *psichismo*; 1932] ***sm.*** *T.psic.* rallentamento dell'attività e delle funzioni psichiche.

bradisìṣmico (pl. *-ci*) [da *bradisismo*; 1930] ***agg.*** proprio del bradisismo, relativo al bradisismo: *fenomeni bradisismici.*

bradisìṣmo o **bradisìṣma** [comp. di *bradi-* e *-sismo*; 1883] ***sm.*** *T.geol.* movimento verticale lento, continuo e senza scosse della crosta terrestre che si verifica particolarmente lungo le coste: *il bradisismo di Pozzuoli* || *bradisismo positivo*, verso l'alto || *bradisismo negativo*, verso il basso.

bràdo [etim. inc.; 1325] **agg.** **1.** detto part. di bovini ed equini, che vive all'aperto, non addomesticato **2.** *fig.* detto di chi conduce un'esistenza primitiva, al di fuori delle convenzioni sociali: *vivere allo stato brado.*

bràga [var. settentr. di *braca*; sec. XIII] **sf.** **1.** braca **2.** elemento di raccordo che permette il collegamento tra tubazioni orizzontali e verticali **3.** staffa di ferro posta sulla culatta di alcune antiche artiglierie a retrocarica.

braghésse V. BRACHESSE.

braghétta V. BRACHETTA.

bràgia V. BRACIA.

bràgo (pl. *-ghi*) [lat. volg. **bracum*; 1313] **sm.** fango, melma: *qui staranno come porci in brago* (Dante) || *fig.* abbiezione, degrado morale: *vivere nel brago* || **N.** belletta, mota, poltiglia, sudiciume.

bragòzzo o **bracòzzo** [etim. inc.; 1905] **sm.** barca da pesca e da trasporto con due alberi piccoli, di forma tozza, usata nell'Adriatico settentrionale.

brahmanéṣimo V. BRAMANESIMO.

brahmànico V. BRAMANICO.

brahmàno V. BRAMANO.

bràida [dal longob. *braida*, pianura; sec. XIII] **sf.** *dial.* campo a prato posto nelle vicinanze della città.

braidènse [da *braida*, da cui si è originato il dial. *Brera*; a. 1910] **agg.** proprio del palazzo di Brera, a Milano: *biblioteca braidense.*

braille (fr., pr. [braj]) [dal n. proprio L. *Braille*, inventore del sistema; 1930] **sm.** e **agg.** *inv.* sistema di scrittura con caratteri in rilievo per consentire ai ciechi la lettura facendo scorrere i polpastrelli sul foglio.

brain-storming (ingl., pr. ['breɪn,stɔ:mɪŋ]) [letter. tempesta di cervelli; 1983] **sm.** *inv.* tecnica di analisi collettiva in cui la soluzione del problema viene ricercata attraverso la libera espressione di idee da parte di tutti i presenti.

brain trust (ingl., pr. ['breɪn trʌst]) [letter. gruppo di cervelli; 1935] **sm.** *inv.* gruppo di persone altamente specializzate in settori diversi, che operano collettivamente come consulenti di una personalità politica, un'azienda e sim.

bràma[1] [da *bramare*; a. 1303] **sf.** desiderio intenso e smodato di qualche cosa: *brama di potere, di ricchezze* || **N.** *Sin.* avidità, desiderio, ingordigia.

bràma[2] [dal piem. *bran*, crusca; 1988] **sf.** insieme delle glume da cui il risone viene liberato durante il processo della sbramatura.

bramàbile [da *bramare*; a. 1600] **agg.** *raro* che può o anche che deve essere bramato || **N.** *Sin.* desiderabile.

bramanéṣimo o **bramaniṣmo** o **brahmanéṣimo** [da *bramano*; 1843] **sm.** l'insieme del pensiero filosofico-religioso, delle istituzioni e delle tradizioni culturali che costituiscono il fondamento dell'induismo. **Q.T.** *religione.*

bramànico o **brahmànico** (pl. *-ci*) [da *bramano*; a. 1869] **agg.** dei bramani: *schiatta bramanica.*

bramàniṣmo V. BRAMANESIMO.

bramàno o **brahmàno** [dal sanscrito *brahmán*; 1554 *bracmano*] **sm.** sacerdote indiano del dio Brahma, appartenente alla casta più elevata della società indù.

bramàre [dal germ. **brammōn*, muggire; sec. XIII] **tr.** desiderare intensamente, avidamente || **N.** DESIDERARE.

brambilla [dal cognome *Brambilla*, molto diffuso a Milano; 1982] **sm.** *scherz.* piccolo industriale lombardo.

bramìno [dal sanscrito *brahmán*; 1796] **sm.** bramano.

bramìre (pres. *-ìsco, -ìsci*) [dal germ. **brammōn*, muggire; 1865] **intr.** (aus. *avere*) **1.** di animali, emettere bramiti: *i cervi bramivano nel bosco* **2.** di persone, urlare selvaggiamente.

bramìto [da *bramire*; 1709] **sm.** urlo profondo e lamentoso proprio del cervo e dell'orso || di persona, urlo lamentoso e selvaggio.

bràmma [dal ted. *Bramme*; 1955] **sf.** (pl. *-i*) *T.metal.* semilavorato metallico di sezione rettangolare ottenuto in genere per laminazione e destinato alla produzione di lamiere.

bramosìa [da *bramare*; a. 1600] **sf.** *lett.* brama: *bramosia di onori, di ricchezze* || **N.** DESIDERIO.

bramosità [da *bramoso*; sec. XV] **sf.** *ant.* brama.

bramóso [da *bramare*; a. 1294] **agg.** pieno di brama, di ardente desiderio: *i concorrenti erano bramosi di misurarsi* || **bramosaménte** **avv.**

brànca [lat. tardo *branca*; 1313] **sf.** **1.** *lett.* zampa munita di artigli || *ant.* chela del granchio o dello scorpione || *pl. fig.* mani avide, rapaci: *è caduto nelle branche degli strozzini* **2.** ciascuna delle due parti che compongono arnesi atti ad afferrare: *le branche di una tenaglia, di una pinza* **3.** ramo principale di un albero || *per estens. fig.* parte, divisione di una disciplina: *le branche della fisica* **4.** *T.anat.* ciascuna delle diramazioni che confluisce in un organo a struttura fascicolare: *le branche del nervo ottico* **5.** pezzo di cavo con le due estremità munite di ganci o bozzelli per legare le vele alle attrezzature **6.** rampa di scale compresa tra due pianerottoli || **N.** **1.** *Sin.* artiglio **3.** *Sin.* parte, suddivisione. **TAV.** *finimenti* 1.8a; *utensili* **p. 1341** 17.1, 17.3.

brancàle [da *branca*; 1940] **sm.** *T.tess.* ciascuno dei legni verticali che formano le quattro cantonate del telaio a mano e reggono i subbi || **N.** TELAIO.

brancaleonésco (pl. *-schi*) [dal titolo del film l'Armata *Brancaleone*; 1983] **agg.** sbracato, picaresco.

brancàre (pres. *brànco, brànchi*) [da *branca*; a. 1484] **tr.** *ant.* abbrancare, afferrare || **intr.** (aus. *essere* e *avere*) germogliare.

brancarèlla [da *branca*; 1832] **sf.** *T.mar.* occhiello del cavo posto agli orli della vela, usato spec. per passare le funi che fissano la vela ai pennoni o alle antenne.

brancàta [da *brancare*; a. 1431] **sf.** **1.** quantità di cose che sta in una mano: *una brancata di spiccioli* **2.** *non com. lett.* zampata **3.** *non com.* branco: *una brancata di soldati.*

brànchia [dal lat. *branchiae*, gr. *bránchia*; a. 1558] **sf.** *T.zool.* organo respiratorio a struttura laminare per mezzo del quale gli animali acquatici possono respirare l'ossigeno disciolto nell'acqua.

branchiàle [da *branchia*; 1825] **agg.** che riguarda le branchie: *fessure branchiali.* **TAV.** *pesci* **p. 1330** 1.8.

Branchiàti [da *branchia*; 1925] **sm.** *pl.* *T.zool.* denominazione generica di qualsiasi animale che respiri per mezzo di branchie.

brànchio- [dal lat. *branchia*, branchia] ***primo elem.*** che, in parole composte della terminologia zoologica (per es. *Branchiopodi, branchiosauro*), vale "branchia" o indica relazione con le branchie.

Branchiòpodi (sing. *-e*) [comp. di *branchio-* e *-pode*; 1829] **sm.** *pl.* *T.zool.* ordine di Crostacei d'acqua dolce i cui arti hanno funzione motoria e respiratoria.

branchiosàuro [comp. di *branchio-* e *-sauro*; 1930 *branchiosauro*] **sm.** anfibio fossile del Paleozoico simile alla salamandra e con il ventre ricoperto di scaglie simili a quelle dei rettili.

brancicaménto [da *brancicare*; a. 1342] **sm.** *non com.* il brancicare.

brancicàre (pres. *bràncico, bràncichi*) [da *brancare*; sec. XIV] **intr.** (aus. *avere*) procedere a tentoni, brancolare || **tr.** palpare, toccare in modo brutale o sensuale.

brancicatùra [da *brancicare*; 1865] **sf.** *raro* atto ed effetto del brancicare.

brancichìo (pl. *-ìi*) [da *brancicare*; 1862] **sm.** brancicare continuo o frequente.

brancicóne [da *brancicare*; 1806] **sm.** (f. *-a*) *fam. tosc.* chi ha il vizio di brancicare.

brànco (pl. *-chi*) [da *branca*; a. 1494] **sm.** **1.** gruppo di animali della stessa specie: *un branco di cavalli, di pecore, di lupi* **2.** *per estens. spreg.* insieme di persone: *un branco di imbecilli* || *muoversi in branco*, raggruppati e passivamente come animali || *stare nel branco, seguire il branco*, adeguarsi supinamente ai modi della maggioranza.

brancolaménto [da *brancolare*; 1865] **sm.** il brancolare.

brancolàre (pres. *bràncolo*) [da *branca*; 1313] **intr.** (aus. *avere*) andare a tastoni, stendendo le braccia e le mani per non urtare in qualche cosa, part. al buio || *fig.* agire in modo incerto e confuso || **N.** *Sin.* andar carponi, andar tentoni o tastoni, annaspare.

brànda [prob. da *brandire*; 1797 nel senso 2] **sf.** **1.** lettino pieghevole o scomponibile usato da militari, campeggiatori e sim. **2.** *T.mar.* letto di bordo, composto da un telo sospeso, simile a un'amaca.

brandeggiàre (pres. *-éggio*) [da *brandire*; 1865] **tr.** far ruotare orizzontalmente un'arma || *in part.* ruotare una bocca da fuoco per puntarla contro un bersaglio || **intr.** (aus. *avere*) oscillare.

brandéggio (pl. *-gi*) [da *brandeggiare*; 1889] **sm.** **1.** rotazione di una bocca da fuoco sul piano orizzontale || *T.mar. angolo di brandeggio*, angolo compreso tra la prua della nave e la direzione di puntamento delle bocche da fuoco **2.** *gen.* qualsiasi rotazione sull'asse orizzontale: *il brandeggio del braccio di una gru.*

brandèllo [etim. inc.; 1525 *brandegli* pl.] **sm.** **1.** frammento lacerato di qualcosa: *un brandello di stoffa, di carne* || *a brandelli*, strappato, lacero **2.** *fig.* quantità assai piccola: *non possedeva nemmeno un brandello di intelligenza* || *essere ridotto a brandelli*, in pessime condizioni.

brandiménto [da *brandire*; a. 1563] **sm.** *raro* il brandire.

brandìre (pres. *-ìsco, -ìsci*) [da *brando*; sec. XIV] **tr.** impugnare saldamente, rif. in part. ad armi || **intr.** (aus. *avere*) *tosc.* tremare, oscillare.

brandistòcco (pl. *-chi*) [dal fr. *brandestoc*; sec. XVII] **sm.** arma in uso nel XVI secolo costituita da una lama centrale e due più corte ad angolo rientranti nel manico cavo.

branditóre [da *brandire*; 1723] **sm.** (f. *-trice*) *raro* chi brandisce.

bràndo [dal germ. **brand*, tizzone; a. 1484] **sm.** **1.** spadone a due mani con lama a doppio taglio **2.** *poet.* spada.

brandy (ingl., pr. ['brændɪ]) [letter. distillato; 1829] **sm.** *inv.* acquavite di vino distillato e invecchiato || nome commerciale di ogni acquavite di vino non proveniente dalla regione francese della Charente, il cui prodotto è invece denominato *cognac.*

brània [etim. inc.; 1768] **sf.** *ant.* tratto di terreno pianeggiante, campo.

bràno [da un ant. *branare*, fare a brani; 1313] **sm.** **1.** pezzo strappato con violenza: *un brano di stoffa restò appeso al filo spinato* || *fare a brani*, lacerare, staccare; sbranare || *fig. cadere a brani*, cadere a pezzi **2.** parte di uno scritto, gen. prosastico, o di un'opera musicale: *una raccolta di brani d'opera, ogni sera leggeva un brano dei Promessi Sposi* || **N.** **1.** *Sin.* brandello, pezzo, scheggia **2.** *Sin.* passaggio, passo.

branzìno [dal veneto *branzo*, chela; 1761 *brancino*] **sm.** *region.* spigola.

braṣàre [da *brasa*, forma sett. di *brace*; 1598] **tr.** **1.** cuocere a fuoco lento in casseruola || *raro* cuocere sulla brace **2.** saldare metalli utilizzando materiali d'apporto che fungono da adesivo.

braṣàto (*pps.* di *brasare*) [1905] **I agg.** nei significati del verbo **II sm.** carne bovina cotta in casseruola a fuoco lento, con vino, aromi vari e poca acqua.

braṣatóre [da *brasare*; 1955] **sm.** (f. *-trìce*) operaio che esegue la brasatura.

braṣatùra [da *brasare*; 1941] **sf.** *T.metal.* saldatura di pezzi metallici con l'utilizzo di materiali d'apporto che fungono da adesivo; *brasatura dolce*, brasatura in cui si utilizza un metallo d'apporto la cui temperatura di fusione è inferiore ai 400 °C; *brasatura forte* (o *saldobrasatura*), nella quale tale temperatura supera i 400 °C.

bràsca [lat. volg. **brasica*; 1865] **sf.** *T.metal.* scorie e residui vari della lavorazione del ferro.

braschìno [da *brasca*; 1887] **sm.** garzone di ferriera.

braṣìle [dal fr. *brésil*; 1555] **sm.** legno di origine sudamericana di colore rosso da cui si estraggono materiali coloranti.

braṣiliàno [dal n. geogr. *Brasile*; 1839] **I agg.** del Brasile **II sm.** **1.** (f. *-a*) abitante, nativo del Brasile **2.** (solo *sing.*) lingua portoghese parlata in Brasile.

bràssica [dal lat. *brassica*, cavolo; a. 1498] **sf.** *T.bot.* genere di piante erbacee delle Crocifere con foglie intere o pennate, fiori bianchi o gialli e frutti a siliqua; tra di esse il cavolo e la rapa.

brattàre o **ṣbrattàre** [dal nap. *brattà*; 1955] **intr.** (aus. *avere*) vogare con un remo solo, posto a poppa dell'imbarcazione.

bràttea [dal lat. *bractea*; 1797] **sf.** **1.** *T.bot.* foglia modificata che ha funzioni protettive del bocciolo **2.** lamina metallica lavorata gen. in metallo prezioso, usata anticamente come decorazione.

bratteàto [dal lat. tardo *bratteātus*; 1779 nel senso 2] **I agg.** **1.** *T.bot.* fornito di brattee **2.** di moneta o medaglia, falsificata mediante la sovrapposizione di una sottile lamina di metallo prezioso a un corpo vile **II sm.** moneta medievale tipica della Germania, molto sottile, coniata da un solo lato.

bratteifórme [comp. di *brattea* e *-forme*; 1829] **agg.** a forma di brattea.

brattèola [dal lat. *bratteola*, dim. di *brattea*, brattea; 1829] **sf.** *T.bot.* piccola brattea posta sul peduncolo di alcuni fiori, dove forma un secondo calice.

bratteolàto [da *bratteola*; 1955] **agg.** *T.bot.* che presenta bratteole: *peduncolo bratteolato.*

bràtto o **ṣbràtto**² [dal nap. *bratto*; 1889] **sm.** *T.mar.* nelle barche con un solo remo di poppa, modo di vogare realizzato muovendo il remo alternativamente a destra e a sinistra: *remo da bratto.*

bràulio (pl. *-li*) [dal n. della valle da cui proviene; 1955] **sm.** liquore di colore giallo, base di erbe alpine, tipico della Valtellina.

bravacciàta [da *bravaccio*; 1953] **sf.** bravata.

bravàccio (pl. *-ci*) (*pegg.* di *bravo*) [1525] **sm.** sgherro || *per estens.* millantatore, prepotente.

bravàre [da *bravo*; a. 1494] **intr.** (aus. *avere*) *lett.* comportarsi in modo arrogante e prepotente || **tr.** **1.** sfidare, provocare **2.** rimproverare duramente.

bravàta [da *bravo*; 1536] **sf.** **1.** millanteria, smargiassata; ostentata provocazione **2.** azione temeraria e sconsiderata || **N.** **2.** *Sin.* prodezza.

bravazzàta [da *bravo*; 1863] **sf.** bravata.

bravàzzo **sm.** *non com.* V. BRAVACCIO.

braveggiàre (pres. *-éggio*) [da *bravo*; a. 1484] **intr.** (aus. *avere*) comportarsi in modo sfrontato e spavaldo || **N.** *Sin.* bravare, millantare.

braverìa [da *bravo*; a. 1529] **sf.** *non com.* **1.** atteggiamento sfrontato e spavaldo **2.** categoria e condizione dei bravi: *il fiore della braveria d'Italia* (Manzoni).

bravézza [da *bravo*; 1550] **sf.** *ant.* bravura.

bràvo [prob. dal lat. *barbarus*; a. 1367] **I agg.** **1.** che svolge un'attività con capacità e impegno: *un bravo tennista, architetto, cane da guardia*; *è bravo a disegnare*, nel disegno || *fam. chi ci riesce è bravo*, per commentare qualcosa di particolarmente difficile **2.** buono, onesto: *un bravo ragazzo* || usato in formule di cortesia, oggi gen. in senso ironico: *scusi brav'uomo* || come formula di incoraggiamento o richiesta: *su da bravo, mangia la minestra* || come forma di consenso dopo uno spettacolo o un discorso: *bravo! bene, bis* || in talune espr., anteposto, assume valore antifr.: *brava donna*, prostituta **3.** *lett.* coraggioso, prode || *fare il bravo*, ostentare coraggio e spavalderia, braveggiare || *notte brava*, notte in cui si compiono bravate o azioni rischiose || *alla brava*, con ostentata sicurezza; *per estens.* alla svelta: *componeva epigrammi alla brava* **4.** *fam.* in senso pleonastico, rafforzativo: *ogni giorno fa il suo bravo sonnellino* **5.** *ant.* brado: *un branco di cavalli bravi* **6.** *ant.* scosceso, ripido || *dim.* bravìno, bravùccio; *accr.* bravóne || **bravaménte** **avv.** **1.** efficacemente, risolutamente **2.** bene **II sm.** nel Seicento, sgherro, malvivente che si poneva al servizio di un signorotto ricevendone in cambio impunità e sostentamento || *per estens.* individuo che per ordine di un potente compie delitti e soprusi || **N.** I **1.** *Sin.* abile, capace, dotato, valente | *Contr.* cattivo, incapace **2.** *Sin.* a modo | *Contr.* cattivo, disonesto.

bravùra [da *bravo*; 1476 *braura*] **sf.** **1.** abilità, capacità, qualità di chi è bravo: *aveva un'insolita bravura nell'acchiappare mosche* || *pezzo di bravura*, compito il cui svolgimento richiede particolare abilità; part. in musica, brano che richiede una perfetta padronanza tecnica **2.** bravata.

break (ingl., pr. [breɪk]; pr. it. [brɛk]) [letter. interruzione di un'azione; 1942] **I sm.** *inv.* **1.** pausa, interruzione: *alle dieci faremo un break per il caffè* || annuncio pubblicitario che interrompe un programma radiofonico o televisivo **2.** *T.sport.* nel basket, momento in cui una squadra distanzia l'avversario di parecchi punti: *a metà del primo tempo hanno ottenuto un break di 10 punti* || nel tennis, vantaggio di due giochi in un set **3.** *T.carr.* vettura a cavalli d'origine inglese, aperta, a quattro ruote, con cassetta per il cocchiere molto alta e due banchi longitudinali, usata spec. per recarsi dalla città ai campi di corse **II** *T.sport.* nel pugilato, ordine di separarsi che l'arbitro dà ai due contendenti quando in uno scambio ravvicinato vengono commesse delle irregolarità || nel rugby, ordine di sciogliere la mischia.

break-dance (ingl., pr. ['breɪkdɑ:ns]) [comp. di *break*, interruzione e *dance*, danza, per i tipici movimenti a scatti; 1984] **sf.** *inv.* ballo acrobatico moderno, originario dei quartieri negri di New York e diffusosi in Europa negli anni ottanta, caratterizzato da movimenti a scatti, bruschi e spezzati.

bréccia¹ (pl. *-ce*) [dal fr. *brèche*; 1582] **sf.** apertura in opere fortificate di difesa praticata con il tiro di artiglieria o mediante esplosivi per facilitare l'ingresso delle truppe d'assalto || *battere in breccia*, V. BATTERE || *spianare la breccia*, spianare le macerie dell'apertura già praticata con ulteriori tiri di artiglieria || *fig. fare breccia nel cuore di qualcuno*, fare una buona impressione destando sentimenti di affetto || *fig. essere, rimanere sulla breccia*, avere, continuare ad avere successo nella propria attività || *morire, cadere sulla breccia*, compiendo il proprio dovere o in piena attività. **Q.T.** *fortificazioni.*

bréccia² (pl. *-ce*) [forse dal fr. *brèche*; 1342 nel senso 2] **sf.** **1.** *T.min.* roccia sedimentaria formata da cementazione di frammenti rocciosi diversi a spigoli vivi **2.** ciottoli e pietrisco portati dalla corrente fluviale || pietrisco usato per lavori di edilizia e pavimentazione stradale.

brecciaiòlo [da *breccia*; 1955] **sm.** (f. *-a*) spaccapietra.

brecciàme [da *breccia*²; 1922] **sm.** sassi spezzati per la pavimentazione stradale.

brecciàre (pres. *bréccio*) [da *breccia*; 1986] **tr.** cospargere il fondo dei sentieri e delle strade sterrate con brecciame per renderlo più consistente.

brecciàto [da *breccia*; 1931] **I agg.** *T.edil.* si dice di roccia o marmo fratturati e rinsaldati in sede e utilizzati a scopo ornamentale dopo essere stati lavorati: *marmo brecciato* **II sm.** *T.edil.* tale pietra.

brecciόso [da *breccia*²; a. 1502] **agg.** *non com.* coperto di breccia, ciottoloso: *strada brecciosa.*

brechtiàno (pr. [brek'tjano] o [brex'tjano]) [dal n. proprio B. *Brecht*, drammaturgo ted.; 1961] **agg.** relativo allo scrittore e drammaturgo tedesco B. Brecht e alla sua opera || proprio di una rappresentazione teatrale che riproduce i motivi dell'opera di Brecht.

breeder (ingl., pr. ['bri:də]) [da to *breed*, generare, produrre; 1974] **sm.** *inv.* reattore nucleare autofertilizzante.

breeding (ingl., pr. ['bri:dɪŋ]) [da (to) *breed*, allevare; 1955] **sm.** *inv.* riproduzione controllata di piante o animali per migliorarne la qualità || **N.** *Sin.* selettocoltura.

brefotròfio (pl. *-fi*) [dal lat. *brephotrōphium*, gr. *brephotrophêion*; 1819] **sm.** istituto in cui si allevano e si educano bambini abbandonati.

brègma [dal lat. tardo e gr. *brégma*; a. 1729] **sm.** *T.anat.* nel cranio, punto in cui l'osso frontale e quelli parietali si uniscono; nei neonati si presenta non ossificato e viene detto *fontanella bregmatica.*

breitschwanz (ted., pr. ['braɪtʃvants]) [letter. coda larga; 1940] **sm.** *inv.* pelle di agnellino persiano nato prematuro, assai pregiata per la lucentezza del pelo e la sottigliezza del cuoio || *per estens.* pelliccia confezionata con tali pelli.

brénna [dal fr. ant. *braine*, sterile; a. 1375] **sf.** cavallo mal ridotto, ronzino.

brènta [voce sett.; 1390 *brente* pl.] **sf.** recipiente di legno a forma di cono rovesciato per il trasporto a valle del vino || *per estens.* antica unità di misura per liquidi corrispondente a circa 50 litri, ancora in uso in Europa.

bréntolo o **brèntolo** [etim. inc.; 1813] **sm.** *T.bot.* arbusto sempreverde delle Ericacee tipico delle brughiere, usato per fare scope || **N.** *Sin.* brugo, crecchia.

breṣàola [dim. di una voce sett. **bresada*, cotta sulla brace; 1931 *brasáola*] **sf.** specialità della Valtellina costituita da carne di manzo secca e salata.

brésca [dal lat. tardo *brisca*; a. 1912] **sf.** *tosc.* favo delle api: *nelle aride bresche anco l'api si sono destate agli schiocchi* (Pascoli).

brescianèlla o **bressanèlla** [voce lombarda; 1939 *bressana*] **sf.** *T.cacc.* impianto di uccellagione con reti verticali.

bretèlla [dal fr. *bretelle*; 1825] **sf.** **1.** spec. *pl.*, strisce di vario materiale, gen. elastiche, che si passano sopra le spalle e servono a reggere i pantaloni || negli abiti femminili, spallina **2.** cinghia per portare il fucile in spalla

3. raccordo fra due autostrade o strade di grande comunicazione ‖ *bretella di rullaggio,* negli aeroporti, tratto che unisce il piazzale di arrivo con la pista di volo e la pista di rullaggio **4.** traversa dei binari **5.** *T.mil.* in una fortificazione campale, elemento di raccordo tra due fortificazioni.

brètone o **brèttone** [lat. tardo *Britto, -ōnis*; a. 1348] **I** ***agg.*** relativo alla Bretagna, regione nord-occidentale della Francia: *maglione bretone* ‖ *ciclo bretone,* insieme di romanzi e poemi epico-cavallereschi medievali aventi per oggetto la ricerca del Graal e come protagonisti Re Artù ed i cavalieri della tavola rotonda ‖ *cavalli bretoni,* razza di cavalli da lavoro molto robusti **II** ***s.*** **1.** nativo, abitante della Bretagna **2.** *sm.* (solo *sing.*) lingua celtica parlata in Bretagna.

bréva [voce lombarda; 1894] ***sf.*** vento periodico dei laghi lombardi che soffia dalle valli verso i monti di Como, da Sud verso Nord.

brève [lat. *brevis*; 1219 come sm. nel senso 3] **I** ***agg.*** **1.** che ha estensione temporale limitata: *la vita è breve, un breve incontro* ‖ *tra breve,* tra poco **2.** *per estens.* succinto, stringato: *precede il testo una breve introduzione* ‖ *in breve,* in modo conciso ‖ *per farla breve,* in poche parole **3.** che ha estensione spaziale limitata: *un breve tratto pianeggiante* ‖ *lett.* angusto, stretto **4.** *T.metr.* detto di vocale o sillaba di durata minore di una lunga, si indica col segno ˘: *ă, ĕ* ‖ **breveménte** ***avv.*** anche frasale: *brevemente, questo è quanto mi ha detto* **II** ***sm.*** **1.** documento pontificio meno solenne della bolla e riguardante in gen. questioni temporali **2.** nel Medioevo, nome generico di atti e documenti pubblici; statuto di una corporazione **3.** documento redatto da re o principi **4.** involto di stoffa contenente scritti sacri o reliquie da portare al collo come amuleto ‖ ***sf.*** *T.mus.* nota composta da due semibrevi, assai diffusa nella polifonia cinquecentesca; *alla breve,* misura di tempo **III** ***avv.*** *lett.* in breve ‖ **N. I 1.** *Sin.* fugace, rapido, spiccio | *Contr.* duraturo, lento, lungo **2.** *Sin.* compendioso | *Contr.* prolisso **3.** *Sin.* corto, piccolo | *Contr.* lungo; ampio, largo, grande. **TAV. *musica* p. 1324** 1.5a.

brevettàre (pres. *-étto*) [da *brevetto*; 1925] ***tr.*** **1.** ottenere il brevetto per qualcosa che si vuole garantire da imitazioni: *brevettare un nuovo tipo di caffettiera* **2.** concedere un brevetto a qualcuno: *brevettare un pilota.*

brevettàto (*pps.* di *brevettare*) [a. 1908] ***agg.*** nei significati del verbo; *iron.* a prova d'errore: *un sistema brevettato per fare soldi.*

brevétto [dal fr. *brevet*; 1811 nel senso 2] ***sm.*** **1.** atto ufficiale rilasciato da un ufficio competente che attesta la paternità di un'opera d'ingegno, concedendo al creatore l'esclusivo usufrutto di ogni beneficio economico derivante dall'utilizzo di tale opera **2.** attestazione con cui si riconosce al possessore l'idoneità, la capacità di svolgere determinati compiti o funzioni: *brevetto di pilota,* abilitazione alla guida di aeromobili; *brevetto di marconista* ‖ *brevetto di ufficiale,* documento con cui si attesta la nomina **3.** documento con cui un tempo erano conferite prebende e onorificenze ‖ **N. 1.** concessione **2.** diploma, licenza, patente.

brèvi- [dal lat. *brevis,* breve] ***primo elem.*** che, in parole composte dotte o della terminologia scientifica, vale "corto", "breve" ‖ *in part.* nella classificazione zoologica indica individui o classi di animali caratterizzati dalla brevità di una parte del corpo: **brevigàstro, brevilingue, brevipénne, breviròstro**.

breviàrio (pl. *-ri*) [dal lat. *breviārium,* compendio; sec. XIV] ***sm.*** **1.** *T.eccl.* libro contenente salmi, inni, preghiere che gli ecclesiastici devono recitare alle ore canoniche **2.** *fig.* opera, autore che si consulta con assiduità: *«La ricerca del tempo perduto» era il suo breviario* **3.** *in part.* nel titolo di opere del passato, compendio, sommario: *il «Breviario di estetica» di Croce* ‖ **N. 1.** *Sin.* liturgia delle ore **2.** *Sin.* vangelo.

brevilìneo [comp. di *brevi-* e *linea*; 1962] ***agg.*** e ***sm.*** (f. *-a*) detto di persona tarchiata in cui lo sviluppo del tronco prevale su quello degli arti ‖ **N.** *Sin.* brachitipo | *Contr.* longilineo.

breviloquènte [dal lat. *brevilŏquens, -entis*; a. 1869] ***agg.*** *lett.* conciso nel parlare o nello scrivere ‖ **N.** *Sin.* stringato, succinto.

breviloquènza [dal lat. *breviloquĕntia*; a. 1675] ***sf.*** *lett.* stringatezza, concisione nell'esprimersi ‖ **N.** brachilogia.

brevilòquio (pl. *-qui*) [dal lat. tardo *breviloquium*; 1865] ***sm.*** *raro* modo di parlare conciso.

brevi manu (lat., pr. it. [ˈbrɛviˈmanu]) [letter. con una mano corta] ***loc. avv.*** direttamente, senza intermediari, part. riferito a corrispondenza o oggetti consegnati a mano al destinatario.

brèvio [da *breve*; 1965] ***sm.*** *T.chim.* elemento chimico radioattivo ottenuto dalla degradazione dell'uranio, che resiste nel tempo circa 1,14 minuti.

brevità [lat. *brevitas, -ātis*; a. 1294 *brevitade*] ***sf.*** **1.** qualità di ciò che è breve: *la brevità della vita* ‖ *per estens.* concisione: *la brevità delle sue lettere è proverbiale* ‖ la quantità di una sillaba o vocale breve **2.** *T.banc. perdita o diritto di brevità,* compenso spettante alla banca per l'incasso o lo sconto di cambiali a breve scadenza.

brézza [etim. inc.; a. 1530] ***sf.*** vento di intensità moderata e di breve durata che soffia con periodicità giornaliera e si genera per disparità di riscaldamento tra zone vicine: *brezza di mare,* che spira di giorno dal mare verso terra; *brezza di terra,* che spira di notte da terra verso il mare ‖ *gen.* qualsiasi vento rinfrescante di intensità moderata ‖ *dim.* brezzolìna ‖ **N.** *Sin.* venticello, zefiro.

brezzàre (pres. *brézzo*) [da *brezza*; 1863] ***tr.*** lanciare il grano contro vento per separarlo dalla pula ‖ ***intr.*** (aus. *essere*) *non com.* soffiare, spirare.

brezzatóre [da *brezzare*; 1962] ***sm.*** (f. *-trìce*) operaio che ventila il grano.

brezzatùra [da *brezzare*; 1955] ***sf.*** operazione del brezzare il grano.

brezzeggiàre (pres. *-éggio*) [da *brezza*; a. 1673] ***intr.*** (aus. *essere*) *lett. non com.* del vento, spirare.

briàco e der. forme region. di UBRIACO e der. (v.).

briantèo [da *Brianza*; 1942] ***agg.*** della Brianza, detto di cose: *costumi briantei, dialetto brianteo* ‖ **N.** *Sin.* brianzolo.

brianzòlo [dal n. geogr. *Brianza*; 1965] **I** ***agg.*** della Brianza **II** ***sm.*** (f. *-a*) nativo della Brianza.

bric v. BRICK.

bric-à-brac (fr., pr. [brik a ˈbrak]) [voce onom.; 1905] ***sm. inv.*** cianfrusaglia, insieme composito di anticaglie ‖ *per estens.* chi vende tali oggetti e anche il negozio in cui vengono venduti.

brìcca [etim. inc.; a. 1484] ***sf.*** *ant.* dirupo, luogo selvaggio e scosceso, rupe: *per boschi e bricche* (Pulci).

bricchétta [dal fr. *briquette,* dim. di *brique,* mattone; 1932] ***sf.*** mattonella di materiali vari (spec. carbone o lignite) pressati assieme.

bricciса [etim. inc.; 1846] ***sf.*** *tosc.* bazzecola, inezia.

bricco (pl. *-chi*) [dal turco *ibrīq*; a. 1698] ***sm.*** recipiente di materiale vario, a tronco di cono con manico e beccuccio, usato gen. per preparare tè, caffè o per bollire il latte ‖ **N.** *Sin.* cuccuma.

brìccola [etim. inc.; a. 1444] ***sf.*** **1.** *T.mil.* antica macchina da guerra usata part. durante gli assedi per scagliare sassi **2.** palo o gruppo di pali, usati nella laguna veneta come segnali e ormeggio per le imbarcazioni ‖ **N. 1.** catapulta, maglio, mangano.

bricconàggine [da *briccone*; 1865] ***sf.*** l'esser briccone; bricconata.

bricconàta [da *briccone*; 1709] ***sf.*** azione da briccone ‖ **N.** *Sin.* mascalzonata, BIRBONATA.

briccóne [etim. sconosciuta; sec. XIII *bricone*] **I** ***sm.*** (f. *-a*) persona maliziosa, malvagia e priva di scrupoli: *briccone matricolato* ‖ *per estens.* ragazzo esuberante e astuto **II** ***agg.*** privo di scrupoli, malvagio: *un tiro briccone* ‖ **N. I** *Sin.* canaglia, furfante, lazzarone, mascalzone **II** *Sin.* astuto, furbo.

bricconeggiàre (pres. *-éggio*) [da *briccone*; 1618] ***intr.*** (aus. *avere*) agire da briccone.

bricconerìa [da *briccone*; a. 1704] ***sf.*** l'esser briccone; bricconata, birbonata.

bricconésco (pl. *-schi*) [da *briccone*; 1760] ***agg.*** *non com.* di o da briccone: *modi bricconeschi.*

brìcia (pl. *-ce* o *-cie*) [da *briciare*; prima metà sec. XIII] ***sf.*** *raro* briciola.

briciàre [lat. volg. **brisiare,* spezzare; fine sec. XIII] ***tr.*** *ant.* ridurre in briciole, rompere, spezzare.

brìciola [da *bricia*; sec. XIII] ***sf.*** **1.** piccolo frammento di pane e in gen. di cibo: *dare le briciole ai passeri* **2.** *per estens.* quantità minima; anche *fig.*: *non gli sono rimaste che le briciole di un grande patrimonio, non mostra una briciola di intelligenza* ‖ *andare in briciole,* frantumarsi ‖ **N. 1.** *Sin.* mica, minuzzolo.

brìciolo [da *briciola*; a. 1565] ***sm.*** briciola, part. *fig.*: *non ha un briciolo di cervello, di cuore.*

brick [1] o ***bric*** (fr., pr. [brik]) [dall'ingl. *brig,* abbr. di *brigantine*; 1981] ***sm.*** brigantino.

brick [2] (ingl., pr. [brɪk]) [letter. mattone] ***sm.*** contenitore in cartone, a forma di parallelepipedo, per liquidi (usato in part. per latte, succhi di frutta ecc.).

bricolage (fr., pr. [brikɔˈlaːʒ]) [da *bricoler,* passare da un lavoro a un altro; 1976] ***sm.*** *inv.* lavoro o insieme di piccoli lavori manuali, di artigianato, falegnameria e sim., eseguiti in casa per passatempo ‖ **N.** *Sin.* fai da te.

bricòlla [dal fr. *bricole*; a. 1939] ***sf.*** gerla o sacco usato un tempo dai contrabbandieri per portare la merce in spalla ‖ *per estens.* carico di merce contrabbandata.

brìda [dal fr. ant. *bride*; a. 1529] ***sf.*** **1.** *ant.* briglia **2.** antica macchina da guerra con cui gli assediati agganciavano dall'alto delle loro mura le macchine degli assedianti per tirarle su e distruggerle **3.** morsetto con cui si fissa un pezzo da lavorare al tornio.

bridge (ingl., pr. [brɪdʒ]) [adattamento ingl. di *birith,* n. di un gioco prob. russo; 1908] ***sm. inv.*** gioco di carte tra due coppie di persone; all'inizio del gioco i partecipanti dichiarano il numero di prese che intendono effettuare ‖ **N.** contratto, dichiarazione o licitazione | aprire, contrare, passare, surcontrare | grande *slam* o cappotto, piccolo *slam* o strapazzo, presa, *surlevée* | in prima, in seconda o in zona | palo, palo nobile; *atout*; onori, scartine; *chicane, doubleton, singleton* | battere gli *atouts,* lisciare, scartare, surtagliare, tagliare | impasse o sorpasso, *squeeze* o compressione.

bridgista (pr. [bridˈdʒista]) [da *bridge*; 1940 *briggista*] ***s.*** giocatore di bridge.

bridgìstico (pl. *-ci*) (pr. [bridˈdʒistiko]) [da *bridge*; 1983] ***agg.*** relativo al gioco del bridge: *circolo bridgistico.*

brie (fr., pr. [bri]) [dal n. dell'omonima regione fr.; 1955] ***sm. inv.*** formaggio francese crudo, a pasta molle giallognola, con muffe giallo-rossastre.

briefing (ingl., pr. [ˈbriːfɪŋ]) [da (to) *brief,*

riassumere, dare brevi istruzioni; 1973] **sm.** *inv.* in un'organizzazione (spec. azienda), trasmissione di informazioni, spec. da un superiore a un subalterno o tra pari grado, in vista dello svolgimento di un determinato compito o missione.

brìga [etim. inc.; a. 1294] **sf. 1.** problema, questione noiosa: *le tue brighe non mi riguardano* || *prendersi* (o *darsi*) *la briga di*, impegnarsi per **2.** lite, contrasto: *attacca briga con chiunque* || **N. 1.** *Sin.* bega, cruccio, fastidio, impiccio, noia.

brigadière [dal fr. *brigadier*; 1704] **sm.** *T.mil.* sottufficiale nell'arma dei Carabinieri e della Guardia di Finanza; grado intermedio tra appuntato e maresciallo corrispondente a quello di sergente maggiore nelle altre armi; nel passato ordinamento delle guardie di pubblica sicurezza, grado corrispondente alla qualifica di sovrintendente della Polizia di Stato || *brigadiere generale*, nell'antico esercito italiano ed in alcuni eserciti moderni, generale di brigata.

brigantàggio (pl. *-gi*) [da *brigante*; 1799 *brigandaggio*] **sm.** la vita e l'attività del brigante: *darsi al brigantaggio* || *per estens.* qualsiasi attività di organizzazioni criminose o prive di scrupoli || *concr.* l'attività dei briganti, spec. come fenomeno sociale complessivo: *estirpare, combattere il brigantaggio.*

brigànte [da *brigare*; a. 1348] **sm.** (f. *-éssa*) **1.** malvivente che da solo o in bande vive al di fuori della società dandosi alla macchia e compiendo azioni criminose ai danni della vita o della proprietà altrui: *questa era una zona infestata da briganti* || *propr. ant.* soldato di ventura **2.** *per estens.* avventuriero, uomo spregiudicato e privo di scrupoli: *come uomo d'affari era un vero brigante* || *fam.* discolo: *quel bambino è un brigante* **3.** *ant.* amante della festa, compagnone || **N. 1.** *Sin.* bandito, fuorilegge, *gangster.*

briganteggiàre (pres. *-éggio*) [da *brigante*; a. 1876] **intr.** (aus. *avere*) *raro* condurre vita da brigante.

brigantésco (pl. *-schi*) [da *brigante*; 1861] **agg.** da brigante: *modi briganteschi.*

brigantìna [da *brigantino*; 184] **sf.** *T.mar.* nome della rada di poppa nei velieri che hanno una rada per ogni albero.

brigantìno [da *brigante*; a. 1359] **sm.** *T.mar.* piccolo veliero con due alberi a vele quadre e bompresso || *brigantino a palo*, con due alberi a vele quadre e un terzo a vele auriche || *brigantino goletta*, con un albero a vele quadre e l'altro a vele auriche. **Q.T.** *vela.*

brigàre (pres. *brigo, brighi*) [da *briga*; a. 1306 nel senso 2] **intr.** (aus. *avere*) **1.** darsi da fare cercando aiuti e appoggi, adoperarsi per ottenere qualcosa anche in modo non lecito: *ha brigato un anno per ottenere quel posto* **2.** *ant. lett.* affaccendarsi || **intr. pron.** *non com.* occuparsi di qualcosa || **tr.** *raro* intrigare per ottenere qualcosa: *brigare una licenza edilizia.*

brigàta [da *brigare*; a. 1294] **sf. 1.** gruppo di persone, gen. di amici o conoscenti: *una brigata di buontemponi* || *ant.* familiari: *dipoi piacevolmente con la sua brigata desinava* (Machiavelli) **2.** unità militare di grandi dimensioni che nell'attuale ordinamento dell'esercito italiano è composta da due o tre battaglioni, anche di specialità diverse, atta a svolgere un compito tattico in un'area designata: *brigata alpina, brigata aerotrasportata* || *generale di brigata*, il primo grado degli ufficiali generali **3.** gen. *pl.*, gruppi combattenti irregolari organizzati: *brigata partigiana*; *brigate internazionali*, formazioni volontarie che nella guerra civile spagnola combatterono per la repubblica || *brigata nera*, nella repubblica di Salò, milizia combattente impegnata in azioni contro i partigiani || *brigate rosse*, formazioni armate clandestine che verso la fine degli anni settanta operavano in Italia perseguendo intenti rivoluzionari **4.** *ant.* banda armata gen. di mercenari.

brigatìsmo [da *brigata*; 1980] **sm.** nell'Italia degli anni settanta e ottanta, il fenomeno costituito dai movimenti terroristici, e in particolare dalle Brigate Rosse.

brigatìsta [da *brigata*; 1972] **s.** appartenente a una brigata armata || *per anton.* terrorista che fa parte delle Brigate Rosse.

brigatóre [da *brigare*; a. 1803] **sm.** (f. *-trìce*) *raro* chi briga; intrigante.

brighèlla [da *briga*, intrigo; a. 1745] **sm.** nome di maschera della commedia dell'arte e del teatro veneziano rappresentante il servo intrigante ed astuto || *per estens.* persona astuta ed intrigante || *fig.* buffone: *è un brighella.*

brigidìno [forse dal nome del convento di Santa *Brigida*, le cui monache preparavano questo dolce; 1797] **sm. 1.** pasticcino rotondo e sottile fatto con uova, farina, zucchero e anice, tipico della cucina toscana **2.** *fig.* coccarda e gen. distintivo.

brìglia (pl. *-glie*) [dal gotico **bridgil*; a. 1348] **sf. 1.** ciascuna delle due strisce di cuoio che si attaccano al morso del cavallo per guidarlo: *tirare, accorciare le briglie* || *fig.* guida, freno: *tirare le briglie*, essere più severo || *fig. a briglia sciolta*, senza freni || *fig. lasciare le briglie sul collo*, lasciare libertà di azione || *per estens.* spec. *pl.*, strisce di cuoio o stoffa con cui, come con le redini, si sorreggono i bambini che muovono i primi passi **2.** staffa per tenere uniti tra loro vari pezzi: *briglia per tubi* **3.** *T.mar.* ciascuno dei cavi che, collocati alle due estremità di un albero orizzontale o inclinato, servono per fissarlo **4.** *T.idr.* sbarramento in muratura collocato trasversalmente sull'alveo di un torrente per evitare l'erosione del fondale causata da forte pendenza **5.** *T.zool.* regione laterale del capo degli uccelli, tra il becco e l'occhio **6.** *T.med.* formazione nastriforme, prodotta in seguito a processi infiammatori di organi membranosi || **N. 1.** cavezza, filetto, testiera, FINIMENTO | barbazzale, bubboliera o sonagliera, coccarda, freno o morso, frontale, guardia, guide o redini, martingala, paraocchi. **Q.T.** *cavallo* **TAV.** *finimenti* 5.

brigóso [da *briga*; 1438] **agg.** di cosa, faticoso, fastidioso || di persona, molesta, noiosa, che attacca facilmente lite.

brìlla [da *brillare*; 1803] **sf.** *ant.* macchina per brillare i cereali, in part. il riso.

brillaménto [da *brillare*; a. 1584] **sm. 1.** il brillare || *brillamento solare*, improvviso aumento di una radiazione monocromatica sulla crosta solare **2.** operazione con cui si fanno esplodere mine e sim.

brillantànte (*ppr.* di *brillantare*) [1983] **sm.** additivo per lavastoviglie che rende le stoviglie particolarmente lucenti.

brillantàre [dal fr. *brillanter*; a. 1764] **tr. 1.** sfaccettare pietre dure: *brillantare un diamante* **2.** ornare con brillanti **3.** *per estens.* rendere lucido: *brillantare le stoviglie* **4.** ricoprire un dolce con uno strato lucido di zucchero: *brillantare i confetti.*

brillantatùra [da *brillantare*; 1950] **sf. 1.** operazione di taglio delle pietre dure **2.** operazione con la quale si rivestono di zucchero lucido e trasparente i dolci.

brillànte (*ppr.* di *brillare*) [a. 1606] **I agg. 1.** splendente, che brilla: *una luce brillante* || *vino brillante*, particolarmente limpido **2.** *fig.* felice, fortunato: *i suoi studi hanno avuto un esito brillante* || vivace, spiritoso: *una persona brillante, una commedia brillante* || *condurre una vita brillante*, tra lussi e divertimenti **II sm. 1.** forma particolare di taglio delle pietre preziose, *com.* diamante tagliato a due piramidi diverse per dimensioni e numero di faccette ma aventi la base comune || *per meton.* anello con brillante **2.** *T.teatr.* ruolo del teatro ottocentesco italiano che comprendeva parti allegre e spiritose || **N. II 1.** PARTI: cintura, corona, faccetta, padiglione, tavola. **TAV.** *gemme* 2.

brillantézza [da *brillante*; 1952] **sf.** l'essere brillante, anche *fig.*: *brillantezza di esecuzione.*

brillantìna [dal fr. *brillantine*; 1892] **sf. 1.** cosmetico a base di vaselina, oli e sostanze aromatiche usato per dar lucentezza ai capelli e tenerli pettinati **2.** miscuglio di collante e scaglie argentate che serve per decorazioni spec. natalizie **3.** pianta delle Graminacee con foglie lineari rigide e infiorescenze a spiga.

brillantìno [da *brillante*; 1797] **sm.** tessuto operato in cotone, seta o fibra sintetica molto leggero e luccicante.

brillànza [da *brillare*; 1938] **sf.** *T.fis.* rapporto tra l'intensità di una sorgente luminosa puntiforme e l'ampiezza della superficie apparente di tale sorgente.

brillàre [voce onom.; a. 1556] **intr.** (aus. *avere*) **1.** risplendere di luce viva e tremula: *le stelle brillano* **2.** *fig.* mostrarsi, farsi notare: *brillava per la sua bellezza* || di sentimenti, apparire: *un lampo di speranza brillò nei suoi occhi* **3.** esplodere: *le cariche brillarono all'alba* || **tr. 1.** far esplodere **2.** sottoporre un cereale o un seme a un processo di brillatura.

brillatóio (pl. *-ói*) [da *brillare*; 1797] **sm. 1.** lo stabilimento dove si brilla il riso o altri cereali **2.** macchina per eseguire la brillatura || **N. 1. 2.** *Sin.* pileria.

brillatóre[1] [da *brillare*; 1955] **sm.** (f. *-trìce*) nelle miniere o nei cantieri, operaio addetto all'esplosione delle mine.

brillatóre[2] [da *brillare*; 1945] **sm.** (f. *-trìce*) operaio addetto alla brillatura dei cereali e in part. del riso.

brillatùra [da *brillare*; 1759] **sf.** operazione cui si sottopone il riso già sbramato e lucidato per conferirgli un aspetto lucente mediante l'uso di paraffina, vaselina e sim.

brillìo (pl. *-ii*) [da *brillare*; a. 1916] **sm.** scintillio di luce: *il brillio delle stelle.*

brìllo[1] [da *brillare*, essere alticcio; a. 1665] **agg.** leggermente ubriaco, alticcio: *al termine della cena tutti erano un po' brilli.*

brìllo[2] [dal gr. *brýllon*, giunco; a. 1320] **sm.** pianta delle Salicacee caratterizzata da rami con corteccia rossa || **N.** *Sin.* salice rosso.

brìna [lat. *pruīna*; a. 1303] **sf. 1.** rugiada congelata o deposito di cristalli congelati che si forma nelle notti serene quando la temperatura scende al di sotto dello zero **2.** *fig. lett.* canizie incipiente.

brinàre [da *brina*; sec. XIV] **intr.** (aus. *essere*) *impers.* formarsi della brina: *questa notte è brinato* || **tr. 1.** coprire di brina: *il gelo ha brinato i campi*; anche *fig.*: *la vecchiaia gli ha brinato i capelli* **2.** rif. a bicchieri, immergerli nel ghiaccio tritato o tenerli nel congelatore in modo da farli ricoprire di brina **3.** inumidire il bordo di un bicchiere con succo di limone e immergerlo nello zucchero.

brinàta [da *brina*; a. 1333] **sf.** caduta della brina || la brina stessa: *stanotte c'è stata una bella brinata* || *fig.* canizie.

brincèllo [forse da *brandello*, con influsso di *briciolo*; 1930] **sm.** *raro tosc.* pezzetto di qualche cosa || **N.** *Sin.* brandello, brano, briciolo, brindello, minuzzolo, morso, pezzo.

brindàre [dallo sp. *brindar*; 1628] **intr.** (aus. *avere*) fare un brindisi, bere alla salute di qualcuno: *brindarono alla riuscita del loro piano* || **N.** *Sin.* libare.

brindèllo [da *brandello*; a. 1698] **sm.** brandello || **N.** brano, cencio, straccio, PEZZO.

brindellóne [da *brindello*; 1863] **sm.** (f. *-a*) persona trascurata nei modi e nell'aspetto ||

poltrone.

brindillo [dal fr. *brindille*; 1955] ***sm.*** *T.bot.* piccolo ramo sottile e flessibile di piante arboree, con gemma apicale a frutto e gemme laterali a legno.

brindiṣi [dal ted. *bring dir's*, lo porto a te (il bicchiere), attr. lo sp. *brindis*; 1534] ***sm.*** **1.** l'atto di levare il bicchiere e bere alla salute di qualcuno in segno di augurio o felicitazione **2.** parole di circostanza o di augurio che precedono l'invito a bere || breve componimento poetico che si recita durante tale occasione.

brinèll [dal n. proprio J.A. *Brinell*; 1955] ***sm.*** *inv.* unità di misura della durezza dei metalli.

brinóso [da *brina*; 1336] ***agg.*** *lett.* coperto di brina: *prati brinosi* || che provoca la brina: *un tempo brinoso.*

brio (pl. *brìi*) [dallo sp. *brio*; 1604] ***sm.*** vivacità d'animo conseguente a benessere, ottimismo ed euforia che si manifesta in atti e parole: *un uomo pieno di brio* || *per estens.* in uno scritto, in un brano musicale, vivacità: *una commedia piena di brio* || *prendere il brio*, di animali, imbizzarrirsi || *T.mus. con brio*, didascalia che prescrive un'esecuzione brillante e vivace || **N.** *Sin.* alacrità, allegrezza, animatezza, arguzia, bizzarria, calore, gaiezza, movimento, spigliatezza, spirito, vivacità.

brio- [dal gr. *brýon*, muschio] ***primo elem.*** che, in parole composte della terminologia botanica, vale "muschio": **briología**.

brioche (fr., pr. [bri'ɔʃ]) [dall'ant. normanno *brier*, impastare; 1905] ***sf.*** *inv.* **1.** tipo di pasta soffice e leggera a base di farina, burro, latte e lievito di birra, cotta al forno **2.** *com.* piccolo dolce di varia forma fatto con tale pasta || **N. 2.** cornetto, *croissant.*

Briòfite [comp. di *brio-* e *-fita*; 1930] ***sf. pl.*** *T.bot.* piante verdi pluricellulari che presentano alternanza di generazione (aploide, diploide); comprendono, tra l'altro, muschi ed epatiche.

briònia [dal lat. *bryōnia*, gr. *bryōnía*; a. 1498] ***sf.*** *T.bot.* pianta erbacea rampicante delle Cucurbitacee dalla radice carnosa e lattiginosa, fiori gialli e bacche rosse || **N.** *Sin.* vite bianca, zucca marina, zucca selvatica.

briosità [da *brioso*; 1865] ***sf.*** l'essere brioso.

brióso [da *brio*; a. 1519] ***agg.*** che ha brio, pieno di brio || **briosaménte** ***avv.*** || **N.** *Sin.* arguto, brillante, gaio, piacevole, spiritoso, vivace, vivo.

Briozòi [comp. di *brio-* e *-zoo*; 1875] ***sm. pl.*** *T.zool.* tipo di animali marini di piccole dimensioni che vivono in colonie sostenute da formazioni calcaree ed assumono aspetto arborescente.

brìscola [etim. inc.; 1828] ***sf.*** **1.** gioco di carte che si gioca in due o quattro persone, in cui all'inizio della mano si estrae una carta; nel corso di tale mano tutte le carte dello stesso seme di quella estratta prendono le altre anche se di valore maggiore || *per estens.* ogni carta dello stesso seme di quella scoperta all'inizio del gioco || *valere quanto un due di briscola*, essere privo di autorità **2.** *fam.* spec. *pl.*, botte, percosse.

briscolàta [da *briscola*; 1887] ***sf.*** *fam.* partita a briscola.

briscolóne (*accr.* di *briscola*) [1887] ***sm.*** **1.** carta di briscola di alto valore, ad es. l'asso o il tre **2.** gioco di carte simile alla briscola, diffuso spec. nel Veneto || **N. 1.** *Sin.* carico.

bristol (ingl., pr. [brɪstəl]; pr. it. ['bristol]) [riduzione dell'ingl. *Bristol-board*, cartone fabbricato nella città di Bristol; 1892] ***sm.*** *inv.* cartoncino semilucido e levigato.

britànnico (pl. *-ci*) [dal lat. *Britānnicus*; 1834 nel senso 2] **I** ***agg.*** **1.** che si riferisce all'antica Britannia: *le invasioni britanniche* || *lingue britanniche*, cornico, gallese, bretone **2.** della Gran Bretagna, che si riferisce ad essa: *il governo britannico* || *com.* inglese **II** ***sm.*** (f. *-a*) nativo, abitante della Gran Bretagna.

britànno [dal lat. *Britānnus*; 1532] ***agg.*** e ***sm.*** (f. *-a*) appartenente al popolo celtico dei Britanni || *lett.* inglese: *britanne vergini* (Foscolo).

brividìo (pl. *-ìi*) [da *brivido*; a. 1828] ***sm.*** brivido intenso e prolungato || *lett.* tremolio: *il brividio delle stelle.*

brìvido [etim. inc.; 1612] ***sm.*** serie di contrazioni muscolari involontarie causate da fattori fisici (freddo, febbre) o psicologici (paura, forti emozioni): *fu scossa da brividi improvvisi, le tue parole mi fanno venire i brividi* || **N.** *Sin.* tremito, tremolio, tremore; pelle d'oca | abbrividire, aver la pelle d'oca, far accapponare la pelle, orripilare, rabbrividire.

brizzolàto [etim. inc.; a. 1587] ***agg.*** con piccole macchie di colore diverso da quello del fondo: *cavallo brizzolato* || *in part.* di capelli, baffi e barba che cominciano a incanutire: *ha le tempie brizzolate.*

brizzolatùra [da *brizzolato*; a. 1712] ***sf.*** **1.** l'esser brizzolato **2.** operazione di dipingere una superficie con macchie di colori diversi da quello dello sfondo || *concr.* il risultato di tale operazione.

brocàrdo v. BROCCARDO.

bròcca[1] [forse lat. volg. **brocca*; a. 1320 nel senso 3] ***sf.*** **1.** recipiente di materiale vario con imboccatura più stretta del diametro massimo, provvisto di beccuccio e uno o due manici, usato per conservare liquidi **2.** caraffa gen. usata per l'acqua **3.** quantità di liquido contenuto in una brocca.

bròcca[2] o **bròccia**[1] (pl. *-ce*) [lat. *broccus*, che ha i denti sporgenti; a. 1492 nel senso 4] ***sf.*** **1.** ramo spinoso, germoglio: *le brocche dei biancospini* (Pascoli) **2.** chiodo a testa larga che si usa per calzature **3.** *ant.* borchia metallica che si poneva a ornamento di libri rilegati o per fissare la pelle o la stoffa al legno nei mobili imbottiti **4.** *ant.* centro di uno scudo o di un bersaglio.

broccàio (pl. *-ài*) [da *brocco*; 1728 *broccaglio*] ***sm.*** attrezzo metallico a due punte usato per fare fori ed allargarli.

broccàrdo o **brocàrdo** [dal n. proprio *Burchardus*, giurista tedesco; a. 1348] ***sm.*** *T.giur.* nome con cui si indicano le regole generali del diritto, enunciate per la prima volta dai glossatori di Bologna (XII e XIII secolo); da alcuni sono ritenuti assiomi giuridici, da altri opinioni discutibili e contraddittorie.

broccàre (pres. *bròcco*, *bròcchi*) [da *brocco*; sec. XIV] ***tr.*** **1.** *ant.* spronare **2.** ornare tessuti con fili d'oro e d'argento || ***intr.*** (aus. *essere*) *ant.* germogliare.

broccatèllo [da *broccato*; sec. XIV] ***sm.*** **1.** tessuto a grandi disegni formati sull'ordito e rilevati rispetto alla trama, usato part. per tappezzerie e addobbi sacri **2.** marmo giallo o rosso con macchie più chiare: *il marmo di Verona è un broccatello* **3.** *punto broccatello*, punto di ricamo usato nei tessuti di tappezzeria.

broccàto [da *brocco*; 1482] ***sm.*** **1.** tessuto ornamentale pesante decorato con motivi aggiunti al tessuto di fondo mediante catene o trame supplementari; utilizzato per la confezione di abiti particolarmente ricchi, paramenti sacri, tendaggi e tessuti d'arredamento || *per estens.* abito confezionato con tale tessuto **2.** marmo di colore giallo-rossastro, broccatello.

broccatùra [da *broccare*; 1988] ***sf.*** *T.tess.* atto del broccare.

brocchière [dal provenz. ant. *broquier*; sec. XIV *brucheri*] ***sm.*** piccolo scudo tondo, con un brocco o punta di ferro nel mezzo || **N.** scudo.

bròccia[1] v. BROCCA[2].

bròccia[2] (pl. *-ce*) [dal fr. *broche*, brocca; 1941] ***sf.*** arnese metallico con denti laterali sporgenti, usato per fare scanalature || **N.** *Sin.* spina dentata.

brocciatrìce [da *broccia*[2]; 1942] ***sf.*** macchina utensile con cui si eseguono scanalature || **N.** *Sin.* spinatrice.

bròccio (pl. *-ci*) [dal fr. *broche*, oggetto a punta; a. 1388] ***sm.*** **1.** *ant.* spiedo, lancia **2.** fuso in legno usato nella tessitura di arazzi.

bròcco (pl. *-chi*) [lat. *broccus*, sporgente; sec. XIV] ***sm.*** **1.** ramo secco, spino, stecco || spuntone di ramo che rimane dopo la potatura **2.** punta metallica posta al centro di uno scudo || *per estens.* centro di un bersaglio: *dare nel brocco*, colpire il bersaglio; anche *fig.* **3.** *raro* riccio in rilievo nella tessitura di un broccato **4.** cavallo mal ridotto, ronzino || *fig.* atleta di scarse capacità || *per estens.* persona di poco valore, schiappa.

broccolétto (*dim.* di *broccolo*) [1887] ***sm.*** spec. *pl.*, infiorescenza della rapa o del cavolo raccolta prima che sboccino i fiori e consumata come ortaggio || **N.** *Sin.* cima di rapa.

bròccolo [da *brocco*; a. 1675] ***sm.*** **1.** varietà di cavolo con infiorescenza carnosa compatta e tondeggiante di colore verde || *pl. broccoli* (ma più com. *broccoletti*), cime di rapa **2.** (f. *-a*) *fig.* persona goffa, sciocco.

broccùto [da *brocco*; 1342 ca.] ***agg.*** pieno di nodi: *un tronco broccuto.*

broche (fr., pr. [brɔʃ]) [affine all'it. *brocco*; 1846] ***sf.*** *inv.* spilla ornamentale, fermaglio || spiedo.

brochure (fr., pr. [brɔ'ʃy:r]) [da *brocher*, legare assieme; 1816] ***sf.*** *inv.* brossura.

bròda [da *brodo*; 1313 nel senso 3] ***sf.*** **1.** acqua in cui sono stati cotti legumi, verdure, pasta; *gen.* qualsiasi avanzo liquido di cibo || *per estens.* cibo molto diluito e poco saporito: *questa zuppa è una broda* **2.** *fig.* discorso o scritto prolisso e privo di contenuto significativo **3.** acqua fangosa, melma.

brodàglia (pl. *-glie*) [da *brodo*; 1841] ***sf.*** brodo lungo e privo di gusto || *per estens.* cibo disgustoso || *fig.* discorso prolisso e inconcludente.

brodaiuòlo [da *brodo*; 1353] ***agg.*** e ***sm.*** (f. *-a*) *raro* **1.** persona ghiotta **2.** *spreg.* frate.

brodettàre (pres. *-étto*) [da *brodetto*; 1955] ***tr.*** cucinare una pietanza con brodetto.

brodétto (*dim.* di *brodo*) [sec. XIV nel senso 3] ***sm.*** **1.** salsa tipica della cucina romana fatta di uova sbattute nel brodo con l'aggiunta di succo di limone **2.** zuppa di pesce **3.** *raro* cibo liquido.

brodìglia (pl. *-glie*) [da *brodo*; 1779] ***sf.*** acqua fangosa, mota.

bròdo [dal germ. **bròd*; 1353] ***sm.*** **1.** alimento liquido che si ottiene facendo bollire in acqua carne o verdure con l'aggiunta di spezie e aromi vari, e viene consumato da solo o utilizzato nella preparazione di risotti e minestre: *brodo di pollo* || *brodo ristretto*, con poca acqua e perciò molto sostanzioso || *brodo lungo*, con molta acqua || *brodo vegetale*, di sole verdure || *brodo di dado*, ottenuto facendo sciogliere in acqua estratti confezionati in dadi || *fig. andare in brodo di giuggiole*, essere molto felici || *fig. lasciare qualcuno a cuocere nel suo brodo*, disinteressarsi di lui || *fig. tutto fa brodo*, ogni cosa è utile || *prov. gallina vecchia fa buon brodo*, le cose vecchie hanno una loro utilità e bontà **2.** nell'industria dei collanti, soluzione ottenuta facendo bollire in autoclave le ossa sgrassate di animali **3.** in batteriologia, terreno di coltura costituito da infuso di carne **4.** *T.biol. brodo primordiale*, le acque della terra primitiva ricche di componenti organiche da cui alcuni studiosi ritengono abbia avuto origine la vita sulla Terra || **N. 1.** *Sin. consommé* | concentrato, digrassato, grasso, lungo, naturale, ristretto.

brodolóne [da *brodo*; 1845] ***sm.*** (f. *-a*) chi

si imbrodola mangiando o bevendo || *per estens.* persona che veste in modo sciatto e disordinato.

brodóso [da *brodo*; a. 1698] ***agg.*** di minestra, che ha molto brodo || *dim.* brodosétto.

brogiòtto o **borgiòtto** o **brughiòtto** [etim. inc.; sec. XV] ***agg.*** e ***sm.*** detto di fico con frutti grossi di cui si distingue la varietà bianca, con frutti dalla buccia verde, e la varietà nera, con frutti dalla buccia nero-violacea.

brogliàccio (pl. *-ci*) [dal fr. *brouillard*, prima nota; 1863 *brogliasso*] ***sm.*** *T.com.* **1.** registro su cui si annotano le operazioni compiute da un'azienda e che serve come base per la compilazione dei registri sistematici o obbligatori: *brogliaccio di cassa* **2.** scartafaccio.

brogliàre (pres. *bròglio*) [dal fr. *brouiller*, mescolare; 1321 nel senso 2] ***intr.*** (aus. *avere*) **1.** fare brogli, brigare per qualche scopo **2.** *ant.* agitarsi: *talvolta un animal coverto broglia* (Dante) || **N. 1.** *Sin.* brigare.

bròglio (pl. *-gli*) [da *brogliare*; a. 1565] ***sm.*** maneggio illecito per ottenere cariche spec. elettive: *broglio elettorale.*

broker (ingl., pr. ['broukə]) [etim. inc.; 1963] ***s.*** *inv.* intermediario negli affari di banca e borsa e nei servizi economici in genere.

brokerage (ingl., pr. ['broukərɪdʒ]) [letter. mediazione; 1979] ***sm.*** *inv.* attività di intermediazione del *broker.*

brokeràggio (pl. *-gi*) ***sm.*** adattamento di *brokerage* (v.).

brolétto [da *brolo*; 1554] ***sm.*** **1.** nel Medioevo, campo coltivato, recintato **2.** piazza in cui nell'età comunale si tenevano le assemblee popolari **3.** nei comuni lombardi, palazzo comunale || **N. 2.** *Sin.* arengo.

bròllo [etim. sconosciuta; a. 1292] ***agg.*** *arc.* brullo, nudo: *il tristo aspetto e brollo* (Dante).

bròlo [dal lat. tardo *brogilus*; 1305 *broylo*] ***sm.*** *ant.* e *region.* **1.** orto; frutteto || *per estens.* luogo alberato **2.** *poet.* corona di fiori.

bromàto [comp. di *bromo* e *-ato*; 1865] **I** ***agg.*** *T.chim.* che contiene bromo **II** ***sm.*** nome generico di sale dell'acido bromico.

bromatologìa [comp. del gr. *brôma, -atos*, cibo e *-logia*; 1819] ***sf.*** scienza che si occupa della composizione, genuinità, stato di conservazione delle sostanze alimentari.

bromatològico (pl. *-ci*) [da *bromatologia*; 1940] ***agg.*** che si riferisce a bromatologia: *indagine bromatologica.*

bromatòlogo (pl. *-gi*) [comp. del gr. *brôma, -ătos*, cibo e *-logo*; 1955] ***sm.*** (f. *-a*) studioso di bromatologia.

Bromeliàcee [dal n. proprio O. *Bromel*, botanico sved.; 1829] ***sf. pl.*** *T.zool.* famiglia di piante erbacee monocotiledoni delle Liliacee dalle foglie coriacee o spinose e infiorescenze a spiga o a racemi.

bròmico (pl. *-ci*) [da *bromo*; 1863] ***agg.*** *T.chim.* dell'acido ossigenato del bromo.

bromidràto [comp. di *bromo* e *idrato*; 1955] ***sm.*** *T.chim.* sale ottenuto per reazione tra acido bromidrico e un composto organico basico.

bromìdrico (pl. *-ci*) [comp. di *bromo* e *idro(geno)* e *-ico*; 1865] ***agg.*** *T.chim. acido bromidrico*, gas incolore ottenuto per combinazione di bromo e idrogeno || **N.** *Sin.* idrobromico.

bromidròṣi [comp. di *bromo* e gr. *hidrôs*, sudore; 1930] ***sf.*** *T.med.* sudorazione molto abbondante e di odore sgradevole.

bromiṣmo [da *bromo*; 1940] ***sm.*** *T.med.* intossicazione causata da preparati di bromo, caratterizzata da irritazione delle mucose bronchiali e rinofaringee e da eruzioni cutanee.

bròmo [dal gr. *brômos*, puzza; 1829] ***sm.*** *T.chim.* elemento chimico non metallico del gruppo degli alogeni, liquido, di color rosso-bruno, di odore sgradevole, tossico; è presente in natura nell'acqua di mare ed è costituente normale di vari organismi animali e vegetali; trova impiego nell'industria chimico-farmaceutica e fotografica.

bromofòrmio [comp. di *bromo* e *(cloro)formio*; 1865] ***sm.*** *T.chim.* composto organico liquido, di sapore dolciastro; viene usato in medicina come sedativo e anche, per la sua elevata densità, in mineralogia nella separazione per gravità dei minerali.

bromògrafo [comp. di *bromo* e *-grafo*; 1955] ***sm.*** *T.fot.* apparecchio con cui si effettua la copia a contatto di negativi su carta, pellicola o lastra.

bromòlio (pl. *-li*) [comp. di *bromo* e *olio*; 1955] ***sm.*** *T.fot.* procedimento di stampa fotografica eseguita con inchiostro a partire da una copia fotografica positiva eseguita su carta al bromuro di argento.

bromuràto [da *bromuro*; 1970] ***agg.*** *T.chim.* di sostanza contenente bromo o bromuro.

bromurazióne [da *bromuro*; 1955] ***sf.*** *T.chim.* reazione che permette di introdurre uno o più atomi di bromo in un composto organico.

bromùro [comp. di *bromo* e *-uro*; 1865] ***sm.*** *T.chim.* sale dell'acido bromidrico ottenuto dall'unione del bromo con un metallo: *bromuro di potassio, di sodio*; per il loro potere sedativo vengono usati in medicina nei casi di irritabilità, tensione emotiva e sim.; *bromuro d'argento*, per la sua sensibilità alla luce è usato nella fabbricazione di lastre e pellicole fotografiche.

bronchiàle [da *bronco*[2]; a. 1758] ***agg.*** dei bronchi: *catarro bronchiale.*

bronchiectaṣìa o **bronchiettaṣìa** [comp. di *bronco* ed *ectasia*; 1930] ***sf.*** *T.med.* dilatazione patologica dei bronchi accompagnata da abbondante secrezione di catarro.

bronchìolo [da *bronco*[2]; 1955] ***sm.*** *T.anat.* ramificazione terminale dell'albero bronchiale. **TAV. *anatomia* p. 642** 12.8.

bronchìte [da *bronco*[2]; 1829] ***sf.*** *T.med.* infiammazione dei bronchi || **N.** acuta / cronica, capillare, crupale, difterica.

bronchìtico (pl. *-ci*) [da *bronchite*; 1962] **I** ***agg.*** **1.** relativo alla bronchite **2.** malato di bronchite **II** ***sm.*** (f. *-a*) soggetto malato di bronchite.

bróncio (pl. *-ci*) [forse dal fr. ant. *(em)bronchier*, vacillare, essere incerto, attr. *imbronciare*; a. 1380] **I** ***sm.*** atteggiamento del volto che manifesta malumore o cruccio, caratterizzato da sopracciglia aggrottate e labbra contratte con gli angoli piegati verso il basso: *fare, avere il broncio*, mostrarsi, essere di malumore; *tenere, portare il broncio a qualcuno*, essere arrabbiato con qualcuno **II** ***agg.*** *raro* imbronciato: *la bocca broncia* (D'Annunzio) || **N. I** *Sin.* accigliatura, cipiglio, cruccio, malumore; accipigliare, aggrottare o corrugare le ciglia, far il viso arcigno, guardare in cagnesco, imbronciare, immusonire, ingrugnire **II** *Sin.* arcigno, scuro, torvo.

brónco[1] (pl. *-chi*) [forse dal lat. tardo *brunchum*; 1313] ***sm.*** **1.** *ant.* e *lett.* tronco nodoso, sterpo **2.** ramificazione delle corna dei Cervidi.

brónco[2] (pl. *-chi*) [lat. *bronchum*; 1574] ***sm.*** *T.anat.* porzione dell'apparato respiratorio che inizia con la biforcazione della trachea e con successive ramificazioni giunge sino agli alveoli polmonari. **TAV. *anatomia* p. 642** 12.9.

broncoalveolìte [comp. di *bronco*[2], *alveolo* e *-ite*[1]; 1940] ***sf.*** *T.med.* infiammazione dei bronchi e degli alveoli polmonari, talvolta di natura tubercolare.

broncografìa [comp. di *bronco*[2] e *-grafia*; 1936] ***sf.*** radiografia dei bronchi.

broncóne (*accr.* di *bronco*[1]) [a. 1375] ***sm.*** **1.** grosso ramo tagliato dal ceppo **2.** palo utilizzato come sostegno di filari di vite.

broncopleurìte [comp. di *bronco*[2] e *pleurite*; 1892] ***sf.*** *T.med.* infiammazione della membrana mucosa dei bronchi e insieme di una o entrambe le pleure.

broncopolmonàre [comp. di *bronco*[2] e *polmonare*; 1930] ***agg.*** *T.med.* relativo ai bronchi e ai polmoni: *disturbi broncopolmonari.*

broncopolmonìte [comp. di *bronco*[2] e *polmonite*; 1892] ***sf.*** *T.med.* infiammazione, gen. di origine infettiva, che iniziando dai bronchi coinvolge anche gli alveoli polmonari.

broncoscopìa [comp. di *bronco*[2] e *-scopia*; 1950] ***sf.*** *T.med.* esame endoscopico dell'albero bronchiale per mezzo del broncoscopio.

broncoscòpio (pl. *-pi*) [comp. di *bronco*[2] e *-scopio*; 1950] ***sm.*** *T.med.* strumento ottico composto da un tubo cavo usato per l'osservazione endoscopica dei bronchi.

broncostenòṣi [comp. di *bronco*[2] e *stenosi*; 1940] ***sf.*** *T.med.* restringimento di un bronco.

broncostomìa [comp. di *bronco*[2] e *stomia*; 1955] ***sf.*** *T.med.* intervento chirurgico con il quale la cavità bronchiale viene messa in comunicazione con la parete toracica.

broncotomìa [comp. di *bronco*[2] e *-tomia*; 1832] ***sf.*** *T.med.* incisione della parete di un bronco.

brónto- [dal gr. *brontḗ*, tuono] ***primo elem.*** che, in parole composte della terminologia scientifica, vale "tuono": **brontofobia**.

brontolaménto [da *brontolare*; a. 1587] ***sm.*** il brontolare || **N.** *Sin.* borbogliamento, borbottamento, borbottìo, lamento, rimbrotto.

brontolàre (pres. *bróntolo*) [voce onom.; 1353] ***intr.*** (aus. *avere*) **1.** lamentarsi, manifestare il proprio cruccio a voce bassa e in modo insistente e noioso: *non fa che brontolare* **2.** rumoreggiare sordo e continuato, part. riferito ai tuoni || ***tr.*** **1.** parlare sottovoce e con tono cupo: *brontolò qualcosa prima di uscire* **2.** *fam. non com.* sgridare: *mi hanno brontolato per il ritardo* || **N. *intr.* 1.** *Sin.* bofonchiare, borbogliare, borbottare, gracidare, parlottare.

brontolìo (pl. *-ìi*) [da *brontolare*; a. 1735] ***sm.*** il brontolare continuato e insistente || **N.** *Sin.* brontolamento.

bróntolo [da *brontolare*; a. 1907] ***sm.*** *lett. non com.* brontolamento: *questa voce di saluto come un brontolo fu intesa* (Carducci).

brontolóne [da *brontolo*; 1797] ***sm.*** (f. *-a*) e ***agg.*** chi, che brontola per abitudine || **N.** bisbetico, borbottone.

brontosàuro [comp. di *bronto-* e *-sauro*; 1930] ***sm.*** rettile fossile del Giurassico dell'ordine dei Dinosauri rinvenuto nell'America settentrionale; aveva dimensioni gigantesche, cranio piccolo, collo e coda lunghissimi e arti anteriori più corti di quelli posteriori; erbivoro, viveva in ambienti paludosi.

brontoscopìa [comp. di *bronto-* e *-scopia*; 1955] ***sf.*** antica pratica divinatoria che traeva presagi dal rumore dei tuoni.

brontotèrio (pl. *-ri*) [comp. di *bronto-* e *-terio*; 1940] ***sm.*** *T.zool.* genere di Mammiferi ungulati vissuti in America settentrionale durante l'Eocene, con corpo massiccio simile a quello del rinoceronte e muso allungato con protuberanze ossee.

brónza[1] [da *bronzare*; 1887] ***sf.*** brace || *lett.* calore intenso.

brónza[2] [da *bronzo*; 1829] ***sf.*** campanaccio gen. in bronzo o in terracotta.

bronẓàre (pres. *brónzo*) [da *bronzo*; sec. XV nel senso 2] ***tr.*** **1.** ricoprire di bronzo: *bronzare una statua* || *per estens.* dare l'aspetto del bronzo **2.** brunire.

bronẓàto (*pps.* di *bronzare*) [a. 1934] ***agg.*** **1.** rivestito di bronzo **2.** di color bronzo, bronzeo **3.** di mantello equino con riflessi bronzei **4.** di razza di tacchini dalle piume coi riflessi bronzei.

bronzatóre [da *bronzare*; 1955] **sm.** (f. *-trìce*) operaio addetto alla bronzatura dei metalli.

bronzatrìce [da *bronzare*; 1965] **sf.** *T.tip.* macchina per la bronzatura.

bronzatùra [da *bronzare*; 1865] **sf.** **1.** operazione consistente nel rivestire superfici di vari materiali con una lamina di bronzo o con vernici contenenti polvere metallica **2.** *T.tip.* effetto eseguito su stampati per ottenere l'apparenza di una superficie metallica **3.** *T.bot.* malattia delle piante di patata o di pomodoro, caratterizzata dalla comparsa di macchie scure sulla foglia.

brónzeo [da *bronzo*; 1821] **agg.** *lett.* **1.** di bronzo: *busto bronzeo* || *T.econ. legge bronzea* (o *ferrea*) *dei salari*, legge formulata da F. Lassalle (e criticata da Marx) che afferma che il salario è bloccato con legge ferrea ai minimi di sussistenza, perché, quando esso tende a salire, l'aumentata offerta di lavoro causata dall'incremento della prolificità delle classi lavoratrici, ferma restando la domanda di lavoro, riporta nuovamente i salari ai minimi della sussistenza || *fig.* duro, tenace: *carattere bronzeo* **2.** che ha il colore del bronzo, abbronzato: *pelle bronzea* **3.** che ha un suono forte e chiaro simile a quello degli oggetti in bronzo quando sono percossi.

bronzétto [da *bronzo*; 1797] **sm.** piccola scultura in bronzo.

bronzìna [da *bronzo*; 1797] **sf.** **1.** *T.mecc.* cuscinetto antifrizione, gen. in metallo, che viene posto tra il perno di un albero rotante e il suo supporto **2.** piccola campana di bronzo. **TAV.** *motori* 3.21, 6.1, 6.2; ***automobile* p. 658** 5.17.

bronzìno [da *bronzo*; a. 1431 come sm. nel senso 2] **I agg.** *lett.* **1.** bronzeo **2.** *T.med.* detto di malattie che causano una colorazione scura della pelle: *morbo bronzino*, il morbo di Addison **II sm.** **1.** campanella di bronzo che si mette al collo degli animali **2.** *ant.* brocca di bronzo per contenere acqua.

bronzìsta [da *bronzo*; 1726] **s.** **1.** artigiano che lavora il bronzo **2.** venditore di oggetti di bronzo.

brónzo [etim. inc.; sec. XIII] **sm.** **1.** lega metallica costituita da rame, stagno e talvolta ridotte percentuali di altri metalli: *statua, vasi di bronzo* || *medaglia di bronzo*, concessa come decorazione militare di rango inferiore o in gare sportive come riconoscimento per il terzo posto, in questo caso anche sempl. *bronzo sm.* numerabile: *gli USA hanno ottenuto tre bronzi nelle gare odierne* || *età del bronzo*, era preistorica intermedia fra quella della pietra e del ferro, caratterizzata dall'uso di strumenti e armi in bronzo || *fig. faccia di bronzo*, sfrontato || *fig. cuore, anima di bronzo*, duro **2.** oggetto di bronzo, part. opera d'arte: *i bronzi di Riace* || *dim.* bronzìno.

bròscia (pl. *-sce*) [etim. inc.; 1863] **sf.** **1.** minestra brodosa e priva di sapore || *fig.* discorso prolisso ed inconcludente **2.** ciò che resta del mosto fermentato dopo la distillazione.

brossùra [dal fr. *brochure*; 1854 *brosciura*] **sf.** **1.** semplice legatura di libri od opuscoli fatta cucendo i fogli di stampa e ricoprendo il volume con una copertina in cartoncino || *brossura fresata*, fatta incollando tra loro le pagine senza cucirle **2.** opuscoletto. **Q.T.** *tipografia.*

brossuràto [da *brossura*; 1983] **agg.** di libro, rilegato in brossura.

brougham (ingl., pr. [bru:m]) [dal n. proprio H.P. *Brougham*, lord ingl. che per primo la usò; 1940; 1881 nella forma adattata *brum*] **sm.** *inv.* carrozza a quattro ruote, con cassa chiusa a due o quattro posti, tirata da un cavallo.

browniàno (pr. [brau'njano]) [dal n. proprio R. *Brown*, botanico scozzese che per primo lo studiò; 1929] **agg.** *T.fis. moto browniano*, moto continuo e caotico di minuscole particelle in sospensione in una soluzione o in un gas.

browning (ingl., pr. ['braʊnɪŋ]) [dal n. proprio J.M. *Browning*, inventore statunitense; 1927] **s.** *inv.* nome commerciale di vari tipi di armi automatiche e semiautomatiche.

brown sugar (ingl., pr. [ˌbraʊn 'ʃʊgə]) [letter. zucchero grezzo; 1978] **loc. m.** *inv.* tipo di eroina granulosa di provenienza orientale.

bròzza [forse dal germ. *broz*, germoglio; 1563] **sf.** *ant.* pustola; bitorzolo.

brozzolóso [da *brozza*; 1768] **agg.** *ant.* bitorzoluto.

brr [voce onom.; 1952] voce onomatopeica che riproduce un brivido di freddo, febbre o paura.

brucàre (pres. *brùco, brùchi*) [da *bruco*; sec. XIV] **tr.** **1.** di animali, strappare a piccoli morsi erbe, foglie, germogli: *le pecore brucavano l'erba* **2.** sfrondare un ramo facendovi scorrere sopra la mano: *brucare le foglie del gelso* || *brucare le olive*, staccarle a mano dai rami.

brucatóre [da *brucare*; 1803] **sm.** (f. *-trìce*) *non com.* chi compie la brucatura dei gelsi o delle olive.

brucatùra [da *brucare*; 1788] **sf.** **1.** il brucare **2.** la raccolta delle foglie di gelso per nutrire i bachi; raccolta delle olive.

brucèlla [dal n. proprio D. *Bruce*, medico australiano che la scoprì; 1942] **sf.** *T.biol.* batterio parassita che scatena la brucellosi. **TAV.** ***botanica* p. 661** 1.2.

brucellòsi [dall'ingl. *brucellosis*; 1935] **sf.** nome generico di malattie causate da batteri del genere brucella: *la febbre maltese è una forma di brucellosi.*

bruciacchiàre (pres. *-àcchio*) [da *bruciare*; 1852] **tr.** **1.** bruciare superficialmente: *ho bruciacchiato la torta* **2.** detto dell'azione del sole o del gelo sulle piante, far seccare || **rifl.**, **rifl. indir.** e **intr. pron.** bruciarsi leggermente: *mi sono bruciacchiato le dita.*

bruciacchiatùra [da *bruciacchiare*; 1865] **sf.** il bruciacchiare e il bruciacchiarsi || *concr.* parte bruciacchiata: *sul vestito c'era una bruciacchiatura.*

bruciaménto [da *bruciare*; 1581] **sm.** *non com.* l'atto e l'effetto del bruciare || **N.** *Sin.* bruciatura.

bruciànte (*ppr.* di *bruciare*) [a. 1673] **agg.** **1.** che brucia (nei vari sensi del verbo) **2.** che causa dolore o vergogna: *una sconfitta bruciante* **3.** fulmineo: *una partenza bruciante.*

bruciapélo [comp. di *brucia(re)* e *pelo*; 1842 come loc. avv.] **I sm.** *T.tess.* macchina per bruciare la peluria dei tessuti **II** nella **loc. avv.** *a bruciapelo*, vicinissimo: *sparare a bruciapelo*, tanto vicino che quasi la canna tocca il bersaglio || *fig.* all'improvviso: *gli fece una domanda a bruciapelo.*

bruciaprofùmi [comp. di *brucia(re)* e *profumo*; 1939] **sm.** *inv.* recipiente di materiale e foggia varia in cui si bruciano i profumi.

bruciàre (pres. *brùcio*) [lat. volg. **brusiare*; 1313 *brusciare*] **tr.** **1.** consumare, ridurre in cenere con l'ausilio del fuoco o altra sorgente di calore: *bruciare la legna, bruciare il lenzuolo col ferro da stiro* || *bruciare la carne*, cuocerla troppo carbonizzandola in superficie || *fig. bruciare la scuola*, marinarla || *fig. bruciare le tappe*, raggiungere un risultato nel modo più rapido possibile || *fig. bruciare i ponti*, rompere i legami col passato **2.** provocare un'ustione, una scottatura: *il sole dell'Africa lo ha bruciato* **3.** corrodere: *l'acido cloridrico brucia i tessuti cutanei* || *com.* cauterizzare: *dovette bruciare una verruca* || far seccare: *il gelo brucia i campi* **4.** consumare, sprecare: *ho bruciato i migliori anni della mia vita inseguendo sogni assurdi* **5.** *T.sport.* superare all'ultimo istante: *è stato bruciato proprio sul traguardo* || **intr.** (aus. *essere*) **1.** andare in fiamme: *il bosco brucia* || carbonizzarsi in superficie: *l'arrosto sta bruciando* || *per estens.* essere molto caldo: *questo caffè brucia* **2.** causare bruciore: *l'alcol brucia* || essere infiammato, riarso: *ho la gola che brucia* || *fig.* provocare forte disappunto, dolore: *è una sconfitta che brucia* || *fam.* dispiacere: *ti brucia che abbia vinto lui* **3.** di sentimenti, essere particolarmente intensi, violenti: *l'amore gli bruciava in petto*; *bruciare di passione*, provarla intensamente || **intr. pron.**, **rifl.** e **rifl. indir.** **1.** scottarsi, ustionarsi: *mi sono bruciato col fiammifero* || *per estens.* abbronzarsi in modo eccessivo: *il primo giorno al mare mi sono bruciato* **2.** fallire, compromettersi: *con quella proposta si è bruciato* || sprecarsi: *si è bruciato in studi inutili* || *bruciarsi le ali*, delle farfalle che si avvicinano troppo al calore, e *fig.* di chi si espone imprudentemente a un rischio || **N.** **tr.** **1.** *Sin.* ardere, carbonizzare, fiammeggiare, incendiare, incenerire **2.** *Sin.* scottare, ustionare || **intr.** **1.** *Sin.* avvampare **3.** *Sin.* ardere, divampare, struggere.

bruciàta [da *bruciare*; a. 1484] **sf.** *tosc.* caldarrosta.

bruciatàio (pl. *-ài*) [da *bruciata*; a. 1665] **sm.** (f. *-a*) *tosc.* chi fa o vende le bruciate.

bruciatìccio (pl. *-ci*) [da *bruciato*; 1941] **I agg.** (pl. f. *-ce*) un po' bruciato: *per pranzo ci hanno servito patate bruciaticce* **II sm.** **1.** rimasuglio di cose bruciate: *il bruciaticcio dei rifiuti* **2.** odore, sapore di cose bruciate: *la carne sapeva di bruciaticcio* || **N. I** *Sin.* abbruciacchiato, arsiccio, strinato.

bruciàto (*pps.* di *bruciare*) [1728] **I agg.** **1.** arso, scottato dal fuoco o da altra fonte di calore: *un mucchio di carte bruciate, un viso bruciato dal sole* || *per estens.* riarso dal gelo o dal vento: *le gemme sono state bruciate dalla brina* || di cibo rimasto troppo a lungo sul fuoco: *una bistecca bruciata* **2.** detto di colore, e in gen. in aggiunta ad altre determinazioni, che ha tonalità dorata tendente al bruno: *terra di Siena bruciata, color grano bruciato* || detto di cavalli, di colore simile a quello del caffè tostato: *un baio bruciato* **3.** detto in part. della generazione cresciuta nel secondo dopoguerra, considerata fallita, priva di ideali e ribelle alle tradizioni: *gioventù bruciata, generazione bruciata* **II sm.** odore o sapore di cose bruciate || *fig.* situazione non chiara, rischiosa: *questo invito puzza di bruciato* || **N.** **1.** *Sin.* arsiccio, arso; rosolato; tostato; abbronzato.

bruciatóre [da *bruciare*; 1767] **sm.** **1.** dispositivo che immette il combustibile miscelato con l'aria in una caldaia o nel focolare di un forno: *un bruciatore a gas* **2.** *gen.* qualsiasi apparecchiatura per bruciare: *un bruciatore per i rifiuti* **3.** *T.chim.* apparecchio in cui avvengono reazioni di combustione di composti chimici **4.** *T.aer.* iniettore di motore a turbina. **TAV.** *abitazione* 1.54.

bruciatùra [da *bruciare*; 1865] **sf.** **1.** l'atto e l'effetto del bruciare || *fam.* scottatura **2.** *bruciatura dell'acciaio*, danno causato ai getti di acciaio da una temperatura di ricottura troppo elevata **3.** *T.bot.* rapido disseccamento di una pianta || *T.bot. bruciatura del tabacco*, malattia delle foglie del tabacco che si ricoprono di macchie scure **4.** *T.giorn.* notizia importante che un giornale non riporta mentre i concorrenti lo fanno **5.** *fig. non com.* dispiacere: *ancora sento la bruciatura della sconfitta.*

brucìna [dal lat. scient. *Brucea*, genere di piante tropicali; 1829] **sf.** *T.farm.* alcaloide presente nel seme di alcune piante tra cui la noce vomica, che, stimolando il sistema nervoso, provoca effetti simili a quelli della stricnina, ma più blandi.

brucìo (pl. *-ìi*) [da *bruciare*; 1865] ***sm.*** *non com.* bruciore.

bruciόne [da *bruciare*; 1932] ***sm.*** sezione superficiale di terreno corrispondente a un giacimento minerario sottostante, caratterizzata dalla presenza di frammenti di rocce mineralizzate.

bruciόre [da *bruciare*; 1612 nel senso 2] ***sm.*** **1.** sensazione di dolore prodotta da una scottatura o da eccessivo calore || *per estens.* sensazione simile causata da infiammazione, ferita, puntura o dall'ingerimento di un liquore forte: *bruciore allo stomaco, il bruciore della ferita* **2.** *fig.* intenso desiderio: *il bruciore della passione* || *fig.* umiliazione, vergogna.

brùco (pl. *-chi*) [lat. tardo *bruchus*, gr. *broûkos*; a. 1320] **I *sm.*** larva di insetto o di farfalla con corpo vermiforme diviso in segmenti, talvolta coperto di peli **II *agg.*** *fam. tosc.* poverissimo, gen. nella loc. *nudo bruco.*

brùfolo o **brùffolo** [forse dal lat. *verrūca*, con influsso del lat. *rūfulus*; 1931] ***sm.*** *sett.* piccolo foruncolo.

brufolόso [da *brufolo*; 1967] ***agg.*** che presenta molti brufoli: *pelle brufolosa.*

brughièra [da *brugo*; 1813] ***sf.*** terreno pianeggiante, argilloso o sabbioso con scarso humus, ricoperto di bassi arbusti fra cui tipici sono l'erica e la ginestra.

brughièro [da *brugo*; 1955] ***agg.*** di terreno che ha l'aspetto della brughiera.

brughiòtto V. BROGIOTTO.

brùgo (pl. *-ghi*) [dal lat. **brūcus*, erica; a. 1869] ***sm.*** frutice sempreverde delle Ericacee dai fiori in grappolo di colore bianco o rosso-violetto || **N.** *Sin.* brentolo, crecchia.

brùgola [dal n. del costruttore E. *Brugola*; 1983] ***sf.*** vite con testa a incavo esagonale.

bruìre (pres. *-ìsco, -ìsci*) [dal fr. *bruire*, fare del rumore; 1797] ***intr.*** (aus. *avere*) *raro* rumoreggiare, gorgogliare: *la pioggia che bruiva* (D'Annunzio).

brulé (fr., pr. [bry'le]) [letter. bruciato; 1848] ***agg.*** *inv.* detto di vino rosso bollito con spezie, zucchero e scorza di limone.

brulicàme [da *brulicare*; a. 1535] ***sm.*** moltitudine d'insetti, vermi e sim. che si muovono || *fig.* moltitudine di persone che brulicano.

brulicàre (pres. *brùlico, brùlichi*) [variante di *bulicare*; a. 1566] ***intr.*** (aus. *avere*) **1.** muoversi confuso, agitarsi di insetti e *per estens.* di persone: *l'albero brulicava di formiche, la piazza brulicava di persone* **2.** *fig.* di idee, pensieri, sorgere: *nel capo mi brulicano mille idee.*

brulichìo (pl. *-ìi*) [da *brulicare*; a. 1703 *brullichio*] ***sm.*** movimento confuso di insetti o persone || *fig.* pullulare di pensieri.

brùllo [etim. sconosciuta; 1313] ***agg.*** spogliato d'ogni vegetazione: *una campagna brulla* || *fig.* arido, desolato: *viveva in un ambiente brullo* || *ant.* povero.

brulòtto [dal fr. *brûlot*; 1646] ***sm.*** *T.mar.* galleggiante o barchino carico di materiale esplosivo che veniva un tempo usato in guerra contro imbarcazioni nemiche.

brum adattamento di *brougham* (v.).

brùma¹ [lat. *bruma*; 1843] ***sf.*** *lett.* **1.** nebbia, foschia: *la bruma novembrina* **2.** *raro lett.* solstizio d'inverno.

brùma² [da *bruma¹*; 1614] ***sf.*** teredine || *per estens.* ogni organismo vegetale o animale che viva o si riproduca sulla parte sommersa delle imbarcazioni.

brumàio (pl. *-ài*) [dal fr. *brumaire*; 1857] ***sm.*** secondo mese del calendario repubblicano francese, dal 22 ottobre al 21 novembre.

brumàle [lat. *brumalis*; a. 1320] ***agg.*** *raro lett.* invernale, nebbioso.

bruméggio (pl. *-gi*) [dal genov. *brumeso*; 1863] ***sm.*** miscuglio che viene gettato in mare come esca per attirare pesce nella zona di pesca || **N.** *Sin.* pastura.

brumìsta [da *brum*; a. 1910] ***s.*** *lomb.* vetturino di piazza.

brumόso [dal lat. tardo *brumōsus*; 1883] ***agg.*** *lett.* pieno di bruma, nebbioso.

brunàstro [da *bruno*; 1900] ***agg.*** che tende al bruno.

bruneggiàre (pres. *-éggio*) [da *bruno*; 1865] ***intr.*** (aus. *avere*) *raro* tendere al bruno || **N.** *Sin.* imbrunare, imbrunire, nereggiare, rabbrunare, rimbrunire.

brunèlla [da *prunella*, con influsso di *bruno*; 1820] ***sf.*** *T.bot.* pianta erbacea perenne delle Labiate dai fiori violacei.

brunèllo [da *bruno*, in rif. al colore dell'uva; 1896] ***sm.*** vino rosso pregiato prodotto nella zona di Montalcino (Siena) con uva sangiovese.

brunézza [da *bruno*; sec. XV] ***sf.*** *raro* l'esser bruno.

brunìce [dal lat. *prūna*, carbone ardente; a. 1912] ***sf.*** *tosc.* brace accesa sotto la cenere, cenere calda: *su la brunice fa la polenta* (Pascoli).

bruniménto [da *brunire*; a. 1642] ***sm.*** *raro* brunitura.

brunìre (pres. *-ìsco, -ìsci*) [dal fr. *brunir*; sec. XIV] ***tr.*** eseguire la brunitura di una superficie metallica || *per estens.* pulire e lucidare un metallo.

brunìto (*pps.* di *brunire*) [a. 1906] ***agg.*** di metallo, sottoposto a brunitura || *per estens.* scuro, di color bruno: *pelle brunita*, pelle abbronzata.

brunitόio (pl. *-ói*) [da *brunire*; a. 1537 *brunitoro*] ***sm.*** **1.** utensile gen. di acciaio con cui si lucida una superficie metallica **2.** ruota gen. in legno con cui gli arrotini lucidano una lama dopo averla affilata.

brunitόre [da *brunire*; sec. XV] ***sm.*** (f. *-trìce* e ant. *-tóra*) operaio addetto alla brunitura.

brunitùra [da *brunire*; a. 1571] ***sf.*** **1.** trattamento chimico antiossidante di una superficie metallica mediante ossido o solfuro metallico **2.** operazione di lucidatura di una superficie metallica. **Q.T.** *oreficeria.*

brùno [dal germ. **brūna*, colore scuro; 1313] **I *agg.*** **1.** di colore scuro che si avvicina al nero: *capelli bruni* || *camicia bruna*, camicia marrone chiaro, divisa degli aderenti al partito nazista in Germania; *per meton.* gli aderenti a tale partito: *adunata di camicie brune* || *razza bruna alpina*, razza bovina originaria delle alpi svizzere con manto di colore marrone scuro **2.** di persona, con la carnagione e i capelli scuri: *una ragazza bruna* **II *sm.*** **1.** colore bruno || *per estens.* oscurità, tenebra || *far bruno*, imbrunire **2.** (f. *-a*) persona bruna: *le brune e le rosse* **3.** abito o altro segno di lutto: *indossare il bruno* || *dim.* brunétto, brunettìno || **N.** I **1.** fosco, morello, moro, nerastro, nereggiante, neretto, nericcio, scuro, tetro | abbrunare, bruneggiare, imbrunire, nereggiare.

brùsca¹ [lat. tardo *bruscus*, pungitopo; a. 1647] ***sf.*** **1.** spazzola rigida per il governo dei cavalli || *per estens.* qualunque spazzola rigida **2.** *tosc.* coda cavallina, erba dura delle Equisetacee **3.** fascio di ramoscelli secchi usato per fare scope o come combustibile.

brùsca² [da *brusca¹*; a. 1380] ***sf.*** **1.** *ant.* ramoscello, festuca **2.** *T.mar.* regolo flessibile usato un tempo per tracciare le forme degli scafi.

brùsca³ [da *bruscare*; 1950] ***sf.*** *T.bot.* disseccamento degli apici foliari di una pianta.

bruscàre (pres. *brùsco, brùschi*) [lat. volg. **brusicāre*; 1887 nel senso 1; a. 1597 nel senso 3] ***tr.*** **1.** *region.* abbrustolire **2.** pulire con la brusca **3.** *disus.* rif. a piante, ripulire da appendici secche, potare.

bruscèllo [da *arbuscello*; a. 1936 nel senso 3] ***sm.*** **1.** ramoscello paniato per la caccia notturna agli uccelli **2.** ramo, gen. di leccio o cipresso, riccamente ornato **3.** rappresentazione popolare toscana di argomento storico-leggendario recitata o cantata in ottave da gruppi di persone che portano in processione il ramo omonimo.

bruschétta¹ [da *bruscare*; 1975] ***sf.*** **1.** fetta di pane abbrustolito e condito con olio, aglio e sale **2.** *tosc.* zuppa di cavolo nero bollito in cui si aggiunge pane abbrustolito e strofinato d'aglio.

bruschétta² o **buschétta** (*dim.* di *brusca²*) [a. 1396] ***sf.*** spec. *pl.*, gioco da ragazzi che consiste nel riuscire a prendere il più lungo o il più corto (a seconda degli accordi presi in precedenza) dei fuscelli di diversa lunghezza tenuti in mano da un altro ragazzo.

bruschézza [da *brusca*; a. 1375] ***sf.*** *raro* qualità di ciò che è aspro || *fig.* ruvidezza di maniere: *la bruschezza dei suoi gesti.*

bruschinàre (pres. *-ìno*) [da *bruschino*; 1940] ***tr.*** *raro* ripulire i cavalli col bruschino.

bruschìno (*dim.* di *brusca¹*) [1865] ***sm.*** spazzola di setole dure usata per lavare, governare i cavalli ecc.

brùsco¹ (pl. *-schi*) [da *brusca¹*; 1282 *bruschetto*] **I *agg.*** **1.** di sapore tendente all'aspro ma gradevole al gusto: *il ribes è brusco* **2.** *fig.* di persona, burbero, sgarbato: *un uomo brusco, maniere brusche* **3.** di tempo, nuvoloso: *il tempo si fa brusco* || *fig. tempi bruschi*, tempi difficili **4.** rapido e improvviso: *un movimento brusco, una brusca frenata* || *dim.* bruschétto || **bruscaménte** ***avv.*** **II *sm.*** sapore aspro; anche *fig.* || *tra il lusco e il brusco*, alla luce incerta del crepuscolo; anche *fig.* di espressione del viso tra il burbero e l'affettuoso || **N.** **1.** *Sin.* acido, acre, agro | *Contr.* abboccato.

brùsco² (pl. *-schi*) [lat. tardo *bruscus*, mirto pungente; 1623] ***sm.*** *dial.* pungitopo.

brùscola [etim. inc.; a. 1839] ***sf.*** gabbia, gen. in giunco, in cui si mette la pasta delle olive per spremerla || **N.** *Sin.* fiscolo.

bruscolìno [da *bruscare²*; 1948] ***sm.*** seme di zucca abbrustolito e salato; brustolino.

brùscolo [lat. *brūscus*, radice nodosa; a. 1320] ***sm.*** **1.** *gen.* qualsiasi corpo estraneo di piccole dimensioni che entri nell'occhio: *m'è entrato un bruscolo nell'occhio* || *fig. fare di un bruscolo una trave*, essere portati all'esagerazione || *fig. essere un bruscolo in un occhio a qualcuno*, dargli fastidio **2.** *fig.* persona esile e magra.

bruṣìo (pl. *-ìi*) [da *brusire*; 1830] ***sm.*** rumore confuso, vociare continuato e sommesso di persone riunite in un luogo o di cose che si muovono: *il brusio del pubblico, il brusio degli alberi* || **N.** *Sin.* mormorio, ronzio.

bruṣìre (pres. *-ìsco, -ìsci*) [voce onom.; 1903] ***intr.*** (aus. *avere*) *lett.* fare brusio.

bruṣόne [dal sett. *brusar, brüsar*, bruciare; 1828] ***sm.*** malattia che colpisce il riso ed altre piante, provocandone l'avvizzimento o l'imbrunimento.

brustolàre (pres. *brùstolo*) [lat. volg. **brustulāre*; a. 1698] ***tr.*** *ant.* abbrustolire.

brustolìno [da *brustolare*; 1907] ***sm.*** **1.** seme di zucca abbrustolito e salato **2.** *raro sett.* tostino per il caffè.

brut (fr., pr. [bryt]) [letter. bruto, primitivo, genuino; 1927] ***agg.*** e ***sm.*** *inv.* di champagne o di spumante molto secco, senza aggiunta di zucchero.

brutàle [da *bruto*; a. 1342] ***agg.*** da bruto, rozzo; spietato, duro; *un uomo brutale, delle maniere brutali* || **brutalménte** ***avv.*** || **N.** *Sin.* animalesco, belluino, bestiale, crudele, ferino, violento.

brutalità [da *brutale*; 1598] ***sf.*** l'essere brutali: *la brutalità delle bestie feroci* || violenza, ferocia: *la brutalità della guerra* || *concr.* atto brutale: *le brutalità della dittatura.*

brutalizẓàre [dal fr. *brutaliser*; 1908] ***tr.*** **1.** trattare brutalmente; torturare **2.** violen-

tare.

brùto [dal lat. *brutus*; a. 1294 *brutto*] **I** ***agg.*** **1.** privo della ragione: *esseri bruti* || *forza bruta*, quella esclusivamente fisica || *per estens.* privo di fronzoli: *cronaca bruta, la bruta verità* **2.** inerte: *materia bruta* **3.** *per estens.* non analizzato, non elaborato: *dati bruti* || *T.chim. formula bruta*, formula indicante la natura e il numero degli atomi che costituiscono la molecola di un dato composto senza ulteriori specificazioni **II** ***sm.*** **1.** animale irragionevole, bestia **2.** *per estens.* persona violenta e bestiale || *in part.* uomo che compie atti di violenza carnale.

brùtta [da *brutto*; 1950] ***sf. fam.*** brutta copia, minuta: *scrivere in brutta, consegnare anche la brutta* || **N.** *Sin.* brogliaccio, scartafaccio.

bruttàre [da *brutto*; 1243 *bruto* pps.] ***tr.*** *lett.* lordare, imbrattare; anche *fig.*: *bruttare il proprio nome* || **N.** *Sin.* imbrattare, insozzare, insudiciare, MACCHIARE, SPORCARE.

bruttézza [da *brutto*; 1355] ***sf.*** **1.** l'essere brutto || *fig.* disonestà **2.** spec. *pl.*, parti brutte, cose brutte: *le bruttezze dell'architettura fascista*; anche *fig.*: *le bruttezze della esistenza* || **N.** **1.** *Sin.* deformità, laidezza, sgraziataggine.

brùtto [dal lat. *brutus*, bruto; sec. XIII *bructu*] **I** ***agg.*** **1.** che produce alla vista un'impressione sgradevole sulla base di determinati criteri di giudizio estetico: *un uomo brutto, un brutto vestito, una brutta musica* || *brutto muso*, faccia severa, dura, espressione usata anche come insulto || *a brutto muso*, con maniere decise e sprezzanti || *brutta cera*, aspetto malaticcio || *brutta copia*, minuta **2.** cattivo: *una brutta notizia*; *una brutta abitudine*, biasimevole || *brutto tempo*, piovoso || *brutta stagione*, l'inverno || *mare brutto*, agitato || *brutti tempi*, tempi difficili || *brutto affare*, una situazione difficile || *brutto segno*, indizio preoccupante || *eufem. un brutto male*, cancro || *una brutta ferita*, grave || *fare una brutta figura*, comportarsi in modo inadeguato || *fare una brutta fine*, finire male, ammazzati o imprigionati || *giocare un brutto scherzo*, fare uno scherzo pesante **3.** insieme a un altro aggettivo ha valore rafforzativo, in part. in frasi ingiuriose: *brutto cretino* **4.** *ant.* sudicio, lordo **5.** in varie frasi ha un uso ellittico: *alle brutte*, nel caso peggiore; *venire alle brutte*, venire alle mani; *vedersela brutta*, trovarsi in difficoltà o in pericolo; *vederne delle brutte*, assistere a fatti spiacevoli || **bruttaménte** ***avv.*** **II** ***sm.*** **1.** (solo *sing.*) qualità di ciò che è brutto: *il brutto è una costante della civiltà industriale* **2.** (solo *sing.*) tempo perturbato: *il cielo volge al brutto* **3.** (f. *-a*) persona brutta **4.** (solo *sing.*) lato, aspetto negativo, difetto: *ha di brutto che è stupido*, il suo difetto è la stupidità; *il brutto è...*, la difficoltà sta... **III** ***avv.*** nella loc. *guardare (di) brutto*, fissare in modo ostile; *fig.* disapprovare || *dim.* bruttìno, bruttarèllo; *accr.* bruttóne; *pegg.* bruttàccio || **N.** I **1.** *Sin.* deforme, laido, malfatto, mostruoso, orrendo, orribile, orrido, sgraziato, spiacevole, sproporzionato | *Contr.* bello **2.** abbietto, disonesto, riprovevole | *Contr.* buono.

bruttùra [da *brutto*; a. 1294] ***sf.*** cosa esteticamente, moralmente o materialmente brutta: *quel film è una bruttura, le brutture del vizio* || *concr.* sporcizia, sudiciume: *un luogo pieno di brutture* || **N.** *Sin.* lordura, sconvenienza, sporcizia, turpitudine.

bruzzàglia (pl. *-glie*) [dal fr. *broussaille*; a. 1606] ***sf.*** *raro* accozzaglia di gente spregevole, marmaglia || *per estens.* confusione.

brùzzico (pl. *-chi*) [etim. inc.; 1863] ***sm.*** *fam. tosc.* bruzzolo.

brùzzolo [etim. inc.; sec. XIV] ***sm.*** *raro* il primo apparire dell'alba o della sera: *levarsi a bruzzolo.*

bu[1] [voce onom.; 1829] voce onom. che riproduce, spec. reduplicata, l'abbaiare del cane; usata per spaventare nei giochi infantili, e *scherz.*: *mi ha fatto bu! da dietro la siepe.*

bu[2] o **buh** [voce onom.] onom. che esprime disapprovazione per il discorso di un oratore o l'esibizione di un artista || anche usato come *sm. inv.*: *i buh coprivano gli applausi.*

bùa [voce onom.; a. 1449] ***sf.*** voce infantile per indicare dolore, male: *farsi la bua, avere la bua.*

buàggine [da *bue*; 1598] ***sf.*** ignoranza, balordaggine.

buàna ***sm.*** *inv.* adattamento di *bwana* (v.).

bùbalo [dal fr. *bóubalis*, antilope; 1930] ***sm.*** tipo di antilope dal pelame raso color bruno-rossastro e dalle corna anellate, vivente in Africa in aree desertiche o steppose || **N.** *Sin.* alcefalo.

bùbbola[1] [lat. volg. **upūpula*; a. 1498 *bubola*] ***sf.*** *tosc.* upupa.

bùbbola[2] [da *bùbbolo*; 1513 *bubola*] ***sf.*** **1.** fandonia, frottola: *non dir bubbole* **2.** sciocchezza, scempiaggine.

bùbbola[3] [da *bubbolo*; a. 1449] ***sf.*** nome comune di funghi delle Agaricacee con cappello largo e gambo bianco; alcune varietà sono commestibili || **N.** *Sin.* lepiota.

bubbolàre[1] (pres. *bùbbolo*) [lat. *bubulāre*; 1750] ***intr.*** (aus. *avere*) **1.** *tosc.* del tuono, brontolare; del mare, mugghiare || *per estens.* di persona, brontolare, lamentarsi **2.** tremare dal freddo o dalla paura.

bubbolàre[2] (pres. *bùbbolo*) [da *bubbola*[2]; 1829] ***tr.*** ingannare.

bubbolàta [da *bubbola*[2]; 1863] ***sf.*** discorso pieno di fandonie o corbellerie.

bubbolièra [da *bubbolare*[1]; 1941] ***sf.*** sonagliera.

bubbolìna [dal dim. di *bubbolo*, per la forma; 1829] ***sf.*** fungo commestibile delle Agaricacee dal cappello grigio a lamelle inferiori.

bubbolìo (pl. *-ìi*) [da *bubbolare*[1]; 1891] ***sm.*** *disus.* **1.** il rumoreggiare lontano del tuono o del mare **2.** suono continuato di sonagliera.

bùbbolo [da *bubbolare*[1]; a. 1698] ***sm.*** sonaglio tondo d'ottone con una fessura e una pallottolina dentro, con cui si fanno sonagliere per animali.

bubbóne [dal lat. tardo *bubo, -ōnis*, gr. *boubṓn*; sec. XV] ***sm.*** **1.** nome generico indicante tumefazione tondeggiante di ghiandole linfatiche **2.** *fig.* corruzione, degenerazione morale: *il bubbone della mafia.*

bubbònico (pl. *-ci*) [da *bubbone*; 1841] ***agg.*** di malattia che si manifesta con bubboni: *peste bubbonica.*

bùca [lat. tardo *buca*; 1313] ***sf.*** **1.** cavità del terreno o di altra superficie, gen. più profonda che ampia: *cadere in una buca, scavare una buca, una strada piena di buche* || *buca cieca*, trappola ricoperta di frasche per catturare gli animali || *buca del carbone*, deposito per il carbone, gen. posto sotto il camino || *buca sepolcrale*, tomba scavata nel terreno || *buca del suggeritore*, in teatro, apertura sormontata da un cupolino al centro della ribalta in cui sta il suggeritore || *buca delle lettere*, fessura in una cassetta postale per impostare la corrispondenza, e *per meton.* la cassetta postale || *buca del biliardo*, ciascuna delle sei aperture poste agli angoli e a metà dei lati lunghi di un tavolo da biliardo || *buca del golf*, ciascuna delle 9 o 18 buche praticate nel terreno, in cui i giocatori devono, in successione, mandare la palla servendosi delle apposite mazze **2.** affossamento che rimane nel letto o su un divano dopo avervi dormito o essercisi seduti || affossamento sulle gote per macilenza **3.** avvallamento, depressione del suolo **4.** trattoria situata in un seminterrato || *dim.* buchétta, bucherèlla || **N.** **1.** *Sin.* cava, cavità, fossa, pertugio, tana, APERTURA. **Q.T.** *posta.*

bucacchiàre (pres. *-àcchio*) [da *bucare*; 1829] ***tr.*** *raro* bucherellare.

bucanéve [comp. di *buca(re)* e *neve*; 1812] ***sm.*** pianta delle Amarillacee con fiore bianco pendulo, che fiorisce in febbraio-marzo anche sotto la neve || **N.** *Sin.* foraneve.

bucanière [dal fr. *boucanier*, 1813] ***sm.*** *T.stor.* pirata gen. di nazionalità europea che nel XVII secolo esercitava la guerra corsara nei Caraibi spec. a danno degli Spagnoli || **N.** *Sin.* filibustiere.

bucapére [comp. di *buca(re)* e *pera*; 1922] ***sm.*** *inv.* cervo volante || **N.** *Sin.* mangiapere.

bucàre (pres. *bùco, bùchi*) [da *buca*; a. 1342] ***tr.*** **1.** fare buchi, forare: *bucare un muro, una tavola* || *bucare un biglietto*, praticare il foro di controllo || *bucare una gomma*, anche *ass. bucare*, subire una foratura a uno pneumatico || *T.sport.* nel calcio, *bucare il pallone*, fallire l'intervento sulla palla || *T.giorn. bucare una notizia*, ignorare e dunque non pubblicare una notizia importante || *fam. bucare un semaforo*, passare con il rosso **2.** pungere: *bucare con uno spillo, i rovi bucano* || *fam. bucare la pancia a qualcuno*, ferirlo || ***intr. pron.*** pungersi: *mi sono bucato con un chiodo*; forarsi: *una gomma della bici si è bucata* || ***rifl.*** *bucarsi*, *gerg.* iniettarsi droga || **N.** **1.** *Sin.* perforare, trapanare; forare, obliterare | ***rifl.*** *Sin.* drogarsi.

bucatàio (pl. *-ài*) [da *bucato*; 1863] ***sm.*** *tosc.* **1.** (f. *-a*) lavandaio **2.** luogo in cui si fa il bucato.

bucatìni [da *bucare*; 1952] ***sm. pl.*** varietà di pasta lunga di dimensioni maggiori degli spaghetti, bucata. **TAV.** *alimentazione* 1.3.

bucàto[1] (*pps.* di *bucare*) [a. 1492] ***agg.*** nei significati del verbo || *avere le mani bucate*, spendere facilmente il denaro.

bucàto[2] [dal germ. **būkōn*; 1306 *bocato*] ***sm.*** **1.** lavatura della biancheria fatta con acqua e detersivo: *fare il bucato, sapone da bucato* || *fig. fare il bucato in famiglia*, risolvere in famiglia i dissidi domestici senza scandali pubblici **2.** la biancheria lavata: *stendere il bucato* || **N.** ammorbidente, candeggina, cenerata, lisciva, ranno, sapone, sbiancante | appuntare, risciacquare, segnare, stendere, strizzare, tendere | lavandaio, lista del bucato.

bucatùra [da *bucare*; 1863] ***sf.*** **1.** l'atto e l'effetto del bucare e del bucarsi, e anche il segno che ne resta **2.** foratura di gomma di bicicletta **3.** *pop.* iniezione.

buccàle v. BOCCALE[2].

buccellàto [lat. tardo *buccellātum*; a. 1342] ***sm.*** ciambella dolce con uva passa e aromi di anice e vaniglia.

bùcchero [dallo sp. *bùcaro*; 1668 nel senso 2] ***sm.*** **1.** terra di colore rossastro, odorosa, usata nel '600 per fare pastiglie per profumare ambienti || terra argillosa di colore scuro, usata per fare vasi **2.** vaso fatto con tale terra: *i buccheri etruschi.*

bùccia (pl. *-ce*) [forse dal lat. volg. *lobūcea*; sec. XIII] ***sf.*** **1.** corteccia della pianta quando è ancora molle **2.** involucro protettivo di alcuni frutti: *buccia di arancia, di patata* **3.** la pelle di alcuni animali, part. serpenti || *per estens.* pelle umana, part. *fig.*: *avere la buccia dura*, essere resistenti alle fatiche, alle avversità ecc. || *fig. rivedere le bucce a qualcuno*, criticare severamente e con pignoleria il suo operato **4.** *gen.* qualsiasi superficie || *pelle a buccia d'arancia*, pelle con pori particolarmente visibili || *verniciatura a buccia di arancia*, verniciatura a superficie scabra || **N.** **1.** corteccia, involucro, pellìccina, scorza | mondare, sbucciare.

bùccina [dal lat. *būcina*; sec. XIV] ***sf.*** **1.** conchiglia ritorta di grosse dimensioni, usata come primitivo mezzo di segnalazione acustica **2.** antico strumento a fiato costituito da un tubo di bronzo ricurvo, usato dall'esercito romano: *la torta buccina* (Carducci).

buccinàre (pres. *bùccino*) o **bucinàre** (pres. *bùcino*) [dal lat. *bucināre*; prima metà sec. XIV] **tr.** bandire a suon di buccina || *per estens.* divulgare, propalare || **intr.** (aus. *avere*) suonare la buccina.

buccinatóre [da *buccinare*; sec. XVII] **sm.** **1.** (f. *-trìce*) *ant.* suonatore di buccina || *per estens. fig.* chi diffonde pettegolezzi **2.** *T.anat.* piccolo muscolo della guancia; anche *agg.*: *muscolo buccinatore.*

bùccino [dal lat. *būcinum*, trombetta; a. 1498] **sm.** mollusco marino dei Gasteropodi munito di conchiglia a forma di chiocciola; ne viene tratto un pigmento usato in pittura.

bùccio (pl. *-ci*) [variante di *buccia*; fine sec. XIII] **sm.** **1.** *tosc. non com.* buccia **2.** *T.pell.* il diritto delle pelli, dove è il pelo.

bùccola [dal fr. *boucle*, boccolo di capelli; 1739 nel senso 2] **sf.** **1.** boccola, orecchino pendente, gen. a forma di goccia o anello **2.** ricciolo di capelli, boccolo **3.** nel carattere corsivo, le aste delle lettere b, h, l, g, f.

bùccolo [dal fr. *boucle*; 1863] **sm.** ricciolo, boccolo.

bucèfalo [dal lat. *bucephalus*, gr. *bouképhalos*, n. del cavallo di Alessandro Magno; 1591] **sm.** *iron.* cavallo di poco valore.

bùcero [dal lat. *būcerus*, gr. *boúkerōs*, che ha corna di bua; 1819] **sm.** uccello di grossa mole dei Coraciformi dal piumaggio scuro, caratterizzato da un enorme becco incurvato, sormontato da una protuberanza a forma di corno.

Buceròtidi (sing. *-e*) [comp. del gr. *boúkerōs*, dalle corna di bue e *-idi*; 1930] **sm. pl.** *T.zool.* famiglia di grossi uccelli caratterizzati da un enorme becco e da una protuberanza costituita da tessuto osseo alla base superiore del becco || **N.** bucorno.

bucheràme [dal n. geogr. *Buhārā*, città del Turkestan; a. 1347] **sm.** *ant.* telo pregiato trasparente che si fabbricava a Cipro.

bucheràre (pres. *bùchero*) [da *buco*; 1427] **tr.** *ant.* bucherellare || **intr.** (aus. *avere*) aprirsi un varco || *fig.* trafficare, brigare per ottenere qualcosa.

bucherellàre (pres. *-èllo*) [da *bucherello*, dim. di *buco*; a. 1811] **tr.** far molti piccoli buchi || **N.** BUCARE.

bucherellàto (*pps.* di *bucherellare*) [a. 1685] **agg.** pieno di buchi: *un muro tutto bucherellato.*

buchétta (*dim.* di *buca*) [a. 1537] **sf.** **1.** piccola buca **2.** *T.sport. buchetta di partenza*, in atletica leggera, piccoli buchi in cui gli atleti posavano i piedi per scattare con maggior potenza (oggi sostituiti con i blocchi di partenza).

bùci [voce onom.; a. 1742] *tosc.* espr. usata per ordinare silenzio o per imporre segretezza.

bucinàre V. BUCCINARE.

bùcine [lat. *bucinum*; a. 1400] **sm.** *ant.* rete da pesca o da caccia; bertuello || **N.** RETE.

bucintòro [dal gr. **boukéntauros*; a. 1492] **sm.** nave a remi, riccamente ornata, e spec. quella su cui saliva il Doge di Venezia in occasioni solenni.

bùco¹ (pl. *-chi*) [da *buca*; 1313] **sm.** **1.** apertura di piccole dimensioni, tondeggiante, piuttosto profonda o che va da parte a parte: *un buco nella calza, un buco nel muro* || *fig. non cavare un ragno dal buco*, non concludere nulla || *fig. fare un buco nell'acqua*, ottenere un insuccesso || *far buchi nella sabbia*, dedicarsi a un'attività futile || *per estens.* orifizio corporeo: *buchi del naso, delle orecchie*; *volg. buco del culo*, ano || *prov. non tutte le ciambelle riescono con il buco*, non tutto riesce alla perfezione || *gerg.* iniezione di droga, part. di eroina: *farsi un buco* **2.** luogo squallido e angusto: *la sua casa è un buco* || luogo nascosto: *chissà in che buco si sarà cacciato il mio passaporto* || tana: *il buco del topo* **3.** intervallo di tempo libero in un orario continuato: *ho un buco di un'ora* **4.** *fig.* lacuna, mancanza: *ho un buco di memoria* || debito, disavanzo: *nel bilancio dello stato c'è un buco di migliaia di miliardi* || *T.giorn.* mancata pubblicazione da parte di un giornale di una notizia che gli altri riportano || *T.sport.* nel calcio, mancato intervento sulla palla **5.** *T.mar. buco del gatto*, il passaggio nelle coffe di ogni albero per consentire il passaggio del marinaio **6.** *T.astr. buco nero*, stella ad altissima densità che costituisce lo stadio finale del collasso gravitazionale di un astro di grandi dimensioni **7.** *T.inform. bug* (v.) || *dim.* buchétto, buchìno, bucherèllo, bucolìno; *accr.* bucóne || **N.** **1.** *Sin.* breccia, buca, cavità, fessura, foro, pertugio, spiraglio; gattaiola, occhiello, occhio **2.** *Sin.* bugigattolo, stamberga, tugurio; covo, nascondiglio | allargare, bucare, bucherellare, tappare, trapanare, zaffare; imbucare.

bùco² (pl. *-chi*) [pps. contratto di *bucare*; a. 1449 *buso*] **agg.** forato, bucato: *testa buca*, dissennata || *fam. andar buco*, avere esito negativo, fallire: *l'appuntamento gli è andato buco.*

bucòlica [da *bucolico*; a. 1375 *buccolica*] **sf.** genere di poesia dell'antichità classica di ambiente pastorale, caratterizzata gen. da componimenti brevi e di forma dialogica.

bucòlico (pl. *-ci*) [dal lat. *bucolicus*, gr. *boukolikós*; 1319] **agg.** **1.** relativo alla poesia bucolica: *carme bucolico* || *dieresi* o *cesura bucolica*, nella metrica classica, pausa nell'esametro alla fine del quarto dattilo **2.** agreste, pastorale; idilliaco: *un'atmosfera bucolica.*

bucòrvo [comp. di *bu(e)* e *corvo*, sul modello del lat. scient. *bucorax*; 1930] **sm.** uccello africano dei Bucertidi, simile all'upupa, dal piumaggio color nero lucente, caratterizzato da un grosso becco con una prominenza alla base.

bucrànio (pl. *-ni*) [dal lat. tardo *bucranium*, gr. *boukrānion*; 1827] **sm.** *T.arch.* motivo ornamentale tipico dello stile dorico, a forma di cranio di bue.

bùdda [dal sanscrito *Buddhāh*, letter. "illuminato", soprannome del fondatore del buddismo; 1843] **sm. inv.** epiteto di Gautama, principe indiano fondatore del buddismo || *per estens.* detto di qualunque altro asceta buddista || in riferimento all'iconografia ufficiale con cui il budda è rappresentato: *stare seduto come un budda*, a gambe incrociate e in atteggiamento solenne; *sembrare un budda*, detto di persona pingue || statua o dipinto di budda: *un budda di avorio.*

buddìsmo [da *budda*; 1839] **sm.** l'insieme degli insegnamenti etico-filosofici di Gautama che, presentati in forma di dottrina di salvazione, hanno assunto forma di religione part. diffusa in Estremo Oriente. **Q.T.** *religione.*

buddista [da *budda*; 1843] **I s.** seguace del buddismo **II agg.** buddistico.

buddìstico (pl. *-ci*) [da *buddismo*; 1843] **agg.** che concerne la religione buddista: *un rito buddistico.*

budellàme [da *budello*; prima metà sec. XIV] **sm.** massa di budella.

budèllo (pl. *budella*, rif. ad animali e uomini; *budelli fig.* o riferito a cose) [lat. *botellus*, salsiccia; sec. XIV] **sm.** **1.** di animali, tratto del tubo intestinale || *pl.* intestino: *riempirsi le budella*, mangiare a sazietà || *cavare le budella a qualcuno*, ucciderlo || *sentirsi torcere, tremare le budella*, avere paura **2.** *fig.* tubo di piccole dimensioni: *un budello di gomma* || passaggio lungo, stretto e buio || *dim.* budellìno, budellétto; *accr.* budellóne; *pegg.* budellàccio.

budellóne [da *budello*; 1761] **sm.** (f. *-a*) detto di persona ingorda, insaziabile.

budget (ingl., pr. ['bʌdʒɪt]) [dal fr. *bougette*, piccola borsa, poi borsa del ministro del tesoro, bilancio dello stato; 1799] **sm. inv.** **1.** bilancio preventivo di una gestione aziendale || programma di gestione in vista di certi scopi **2.** part. *pl.*, somma che si intende spendere per una campagna pubblicitaria.

budgetàrio o **buggetàrio** o **buggettàrio** (pr. it. [baddʒe'tarjo]) (pl. *-ri*) [da *budget*; 1942] **agg.** che si riferisce al *budget* || *controllo budgetario*, raffronto tra i programmi di un'azienda e i risultati ottenuti.

budìno (meno com. *bodìno*) [dall'ingl. *pudding*; 1808] **sm.** **1.** dolce a base di semolino, latte, uova e zucchero cotto a bagnomaria o in forno in uno stampo e sformato freddo **2.** pietanza salata a base di verdure poste in uno stampo e cotte al forno **3.** *raro* sanguinaccio || **N.** **2.** *Sin.* sformato, timballo.

budrière [dal fr. *boudrier*; a. 1712] **sm.** *ant.* striscia di cuoio larga, portata ad armacollo dai soldati per appendervi la spada.

bùe (pl. *buòi*) [lat. *bos, bovis*; 1264] **sm.** **1.** nome generico di diverse specie di Bovidi: *bue muschiato*, mammifero ruminante con corna larghe e piatte alla base, coda corta e vello lungo e lanoso || *bue marino*, dugongo, mammifero marino dei Sirenidi **2.** maschio adulto castrato dei bovidi domestici: *due buoi trainavano l'aratro* || *fig. lavorare come un bue*, moltissimo || *fig. chiudere la stalla quando i buoi sono fuggiti*, agire quando la situazione è ormai compromessa || *T.teatr. occhio di bue*, luce bianca che illumina l'attore durante un'esibizione || *uova all'occhio di bue*, cotte intere al burro **3.** *fig.* uomo stupido e ignorante: *fare il bue*, fare l'imbecille || **N.** **2.** bove | da lavoro, da macello. **TAV.** *alimentazione* 3, 4.

bùfala [da *bufalo*; a. 1363] **sf.** **1.** femmina del bufalo: *mozzarella di bufala* **2.** *fig. scherz.* sbaglio, svista, sproposito madornale || *in part.* notizia giornalistica che si rivela totalmente infondata **3.** *fig. scherz.* cosa noiosa, priva di interesse: *che bufala questo libro!*

bufalàio (pl. *-ài*) [da *bufalo*; a. 1589] **sm.** (f. *-a*) pastore e custode di bufali.

bufalìno [da *bufalo*; a. 1484] **agg.** di bufalo: *carne bufalina.*

bùfalo [lat. volg. **bufalus*; a. 1282] **sm.** **1.** nome generico di Mammiferi ruminanti dei Bovidi con pelo scarso, coda di media lunghezza terminante con un ciuffo di peli, corna triangolari alla base e tonde nella parte superiore, arti corti e robusti: *bufalo africano, asiatico* || *bufalo americano*, bisonte || *fig. soffiare come un bufalo*, ansare fortemente **2.** uomo rozzo e ignorante.

bufàre [etim. inc.; a. 1698] **intr.** (aus. *essere*) *impers. tosc. raro* nevicare con vento.

bufèra [etim. inc.; 1313] **sf.** turbine di vento con pioggia, neve, grandine || *fig.* grave sconvolgimento: *la bufera della guerra civile* || situazione di tensione: *ieri c'è stata bufera in parlamento* || **N.** *Sin.* fortunale, tempesta, turbine, URAGANO.

bùffa¹ [da *buffare*; a. 1566] **sf.** **1.** soffio di vento improvviso e impetuoso **2.** nelle antiche armature, visiera || cappuccio che ricopre il viso con fori per gli occhi, in uso in alcune confraternite || *fig. buttare giù la buffa*, gettare la maschera || berretto che copriva gli occhi e anche parte del viso.

bùffa² [da un ant. **buffare*, fare buffonate; 1313] **sf.** *ant.* burla: *la corta buffa de' ben che son commessi alla fortuna* (Dante).

buffàre [voce onom.; a. 1313] **intr.** (aus. *avere*) *lett. ant.* **1.** sbuffare, soffiare: *ascoltava il buffar grande* (Pascoli) **2.** soffiare con forza: *buffava il vento d'aquilone* **3.** *fig.* dire scempiaggini || **tr.** **1.** *T.gioc.* nella dama, portare via all'avversario un pezzo con cui ha omesso di mangiare **2.** *ant.* mandar fuori a buffate.

buffàta [da *buffare*; 1813] **sf.** soffio di vento o di fumo.

buffè *sm.* adattamento di *buffet* (v.).

buffer (ingl., pr. ['bʌfə]) [letter. cuscinetto; 1983] *sm. inv. T.inform.* memoria di transito di un elaboratore elettronico, su cui si immagazzinano temporaneamente dei dati da trasferire poi su un'altra memoria.

buffet (fr., pr. [by'fɛ]) [etim. inc.; a. 1646 *buffetto* nel senso 2] *sm. inv.* **1.** credenza per riporre stoviglie e biancheria da tavola **2.** tavola sulla quale, durante i rinfreschi in piedi, sono esposti cibi e bevande || *per estens.* il rinfresco stesso **3.** bar ristorante presso stazioni ferroviarie, aeroporti, teatri e sim.

buffetterìa¹ [dal fr. *buffletterie*; 1812] *sf.* accessori in cuoio per il trasporto di armi e munizioni usati da soldati e cacciatori.

buffetterìa² [da *buffet*; 1955] *sm.* servizio di buffet.

buffétto¹ [da *buffa*¹; a. 1363] *sm.* colpetto leggero che si dà con la mano o scoccando un dito || **N.** biscottino, COLPO.

buffétto² [voce onom.; seconda metà sec. XV] *agg. region.* di pane, finissimo e spugnoso: *pan buffetto.*

bùffo¹ [da *buffone*; 1720 come sm.] **I** *agg.* **1.** che provoca il riso per stranezza o bizzarria; ridicolo: *una storia buffa, un abito buffo* **2.** comico: *opera buffa* **II** *sm.* **1.** (f. *-a*) *in part.* nell'opera buffa, attore che sostiene un ruolo comico **2.** (f. *-a*) *non com.* persona ridicola **3.** (solo *sing.*) cosa strana, assurda, comica: *il buffo è che nessuno gli crede* || **N. I 1.** allegro, faceto, grottesco, strano **II 1.** comico.

bùffo² [da *buffare*; a. 1665] *sm.* colpo improvviso di vento || **N.** *Sin.* alito, folata, soffio.

buffonàggine [da *buffone*; 1743] *sf. raro* buffonata.

buffonàta [da *buffone*; a. 1731] *sf.* azione, comportamento da buffone || **N.** *Sin.* arguzia, arlecchinata, bambocciata, buffoneria, ciarlatanata, facezia, lazzo, pagliacciata.

buffóne [da una voce onom. *buff-*, gonfiare (le gote) per far ridere; sec. XIII] *sm.* **1.** nel Medioevo e nel Rinascimento, uomo gen. deforme che aveva il compito di intrattenere e divertire i signori: *il buffone di corte* **2.** *per estens.* chi si comporta in modo da suscitare il riso, burlone **3.** *fig.* persona poco seria e dignitosa: *è un buffone che non mantiene mai ciò che promette* || **N.** *Sin.* ciarlatano, *clown*, giullare, pagliaccio.

buffoneggiàre (pres. *-éggio*) [da *buffone*; sec. XIV] *intr.* (aus. *avere*) *raro* fare il buffone.

buffonerìa [da *buffone*; a. 1396] *sf.* azione o discorso da buffone || **N.** *Sin.* buffonata.

buffonésco (pl. *-schi*) [da *buffone*; a. 1604] *agg.* da buffone: *modi, gesti buffoneschi* || **buffonescaménte** *avv.*

buftalmìa [da *buftalmo*; 1819] *sf. T.med.* ingrossamento patologico del bulbo oculare.

buftàlmo [dal gr. *boúphthalmos*; 1832] *sm.* **1.** *T.bot.* erba delle Composite con fiori gialli in capolini, su stelo esile **2.** *T.med.* glaucoma congenito che provoca l'ingrossamento dell'occhio || **N. 2.** *Sin.* occhio di bue.

bug (ingl., pr. [bʌg]) [letter. cimice; 1985] *sm. inv. T.inform.* errore di programmazione non identificato, malfunzionamento || **N.** *Sin.* baco, buco.

buganvillea [dal n. proprio L.A. *Bougainville*, viaggiatore fr.; 1839] *sf. T.bot.* **1.** pianta delle Nictaginacee con rami spinosi e fiori riuniti a gruppi di tre in cima ai rami, ciascuno accompagnato da una foglia trasformata di color rosso-violaceo o rosso **2.** pianta ornamentale del genere Bouganvillea con fiori raccolti in pannocchie di color porpora.

bùggera [da *buggerare*; a. 1910] *sf.* **1.** *fam.* bugia, fandonia; sproposito, buggerata **2.** *raro pop.* spec. *pl.*, rabbia: *mi fai venire le buggere!*

buggeràre (pres. *bùggero*) [dal lat. tardo *bugerus*, variante di *bulgarus*; 1778 *buggiarare*] *tr. volg.* imbrogliare, raggirare || *propr. ant.* compiere atti di sodomia.

buggeràta [da *buggerare*; 1953] *sf.* **1.** *fam.* frottola, fandonia; stupidaggine **2.** *fam.* imbroglio, raggiro.

buggeratùra [da *buggerare*; 1967] *sf. fam.* raggiro, imbroglio, inganno.

buggeróne [da *buggerare*; a. 1635] **I** *sm.* (f. *-a*) *pop.* imbroglione **II** *agg. pop.* straordinario: *un caldo buggerone* || **N.** *Sin.* buscherone.

buggetàrio o **buggettàrio** v. BUDGETARIO.

bugìa¹ (pl. *-gìe*) [dal provenz. ant. *bauzia*; a. 1294] *sf.* **1.** affermazione non vera detta intenzionalmente per trarre in inganno o per trarne vantaggio: *racconta un mucchio di bugie* || *bugia pietosa*, detta per nascondere una verità spiacevole || *prov. le bugie hanno le gambe corte*, prima o poi si scoprono **2.** *fam.* macchietta bianca sulle unghie || *dim.* bugiétta, bugiòla; *accr.* bugióna || **N.** *Sin.* balla, cantafavola, falsità, fandonia, favola, frottola, impostura, invenzione, menzogna | dannosa, evidente, giocosa, grave, grossolana, leggera, madornale, sfacciata, smaccata, solenne, spudorata, turpe.

bugìa² (pl. *-gìe*) [dal fr. *bougie*; 1622] *sf.* piccolo candeliere con la base a piattino, provvisto di manico.

bugiardàggine [da *bugiardo*; 1955] *sf.* l'essere bugiardo.

bugiarderìa [da *bugiardo*; a. 1742] *sf. non com.* **1.** sfilza di bugie **2.** vizio di dire bugie.

bugiàrdo [da *bugia*¹; sec. XIII] **I** *agg.* **1.** che dice bugie: *una donna bugiarda* **2.** falso, ingannevole: *le bugiarde superstizioni della religione* || **bugiardaménte** *avv.* **II** *sm.* (f. *-a*) persona bugiarda: *è un bugiardo nato* || *dim.* bugiardìno, bugiardèllo, bugiardétto; *accr.* bugiardóne; *spreg.* bugiardàccio || **N. I 1.** *Sin.* mendace, menzognero **2.** *Sin.* fallace **II** *Sin.* impostore, mentitore.

bugigàttolo [comp. di *bugio*, buco e *gatto*, gattaiola; sec. XV *bugigatto*] *sm.* piccolo stanzino, gen. senza finestre, usato come ripostiglio || *per estens.* locale piccolo e brutto || **N.** *Sin.* buco, ripostiglio, sgabuzzino, stambugio.

bùgio (pl. m. *-gi*, pl. f. *-gie* o *-ge*) [da un ant. *bugiare*, bucare; 1321] *agg. ant.* bucato, forato.

bugliòlo [dal lat. volg. **bullium*, tino; a. 1470] *sm.* **1.** *T.mar.* secchio con manico di corda **2.** recipiente per gli escrementi, part. nelle carceri.

buglióne [dal fr. *bouillon*; a. 1300] *sm.* brodaglia || *fig.* accozzaglia di gente o di cose.

bùgna [dal germ. ant. *bungo*, bitorzolo; 1550] *sf.* **1.** *T.arch.* pietra sporgente dalla facciata di un edificio: *bugna rustica* **2.** *T.mar.* ciascuno degli angoli inferiori di una vela || *per estens.* angolo inferiore di una tenda **3.** arnia.

bugnàre [da *bugna*; 1853] *tr.* lavorare a bugna una parete, un muro e sim.

bugnàto [da *bugna*; 1822] *sm. T.arch.* rivestimento esterno ornamentale di edifici, costituito da bugne: *bugnato rustico, liscio, a punta di diamante.*

bugneréccia (pl. *-ce*) [da *bugno*; 1803] *sf. T.agr.* luogo dove sono i bugni; arniaio.

bùgno [dal celtico **bunia*, ceppo d'albero; sec. XIII] *sm.* alveare, arnia.

bùgnola [da un ant. *bugna*, paniere; a. 1449] *sf.* **1.** paniere di paglia per biade, olive e sim. **2.** la cassetta dove i maniscalchi tengono gli arnesi **3.** sedile un tempo usato dagli Accademici della Crusca || *per estens.* cattedra, pulpito; *fig. salire in bugnola*, darsi delle arie.

bùgnolo [da un ant. *bugna*, paniere; a. 1470] *sm.* piccolo paniere.

bùgola o **bùgula** [etim. inc.; 1829] *sf.* pianta erbacea delle Labiate con foglie ovali e opposte e fiori in grappoli di colore blu-violetto || **N.** *Sin.* morandola.

built-in (ingl., pr. [bɪlt'in]) [letter. incorporato; 1985] *loc. agg. inv.* (sempre posposta) *T.inform.* incorporato: *controllo built-in*, controllo automatico, eseguito da un dispositivo incorporato appositamente per tale scopo; *funzione built-in*, funzione incorporata, espletata da un linguaggio.

buìna *sf. non com.* v. BOVINA.

bùio (pl. *bùi*) [lat. volg. **burius*, rosso cupo; 1313] **I** *agg.* **1.** privo di luce: *era una notte buia e tempestosa* || *cielo buio*, nuvoloso || *per estens. non com.* di colore, tendente al nero: *indossava solo abiti bui* **2.** *fig.* preoccupato: *aveva un'espressione buia*; triste, incerto: *si preparano tempi bui* **3.** oscuro, incomprensibile: *narrazion buia* (Dante) **II** *sm.* **1.** oscurità: *il buio si avvicina, buio pesto, fitto* || *per estens.* notte: *devi tornare a casa prima del buio* **2.** *fig.* ignoranza: *essere al buio*, non sapere; *tenere al buio*, non informare || *al buio*, a sorpresa || *fare il buio su una vicenda*, fare in modo che non se ne parli, insabbiarla || *per estens.* mistero: *fare un salto nel buio*, affrontare una situazione di cui non si sa nulla **3.** *T.gioc.* nel poker, raddoppio del piatto fatto prima di vedere le carte.

bulàre [etim. inc.; 1970] *tr. T.agr.* seminare una pianta (ad es. il trifoglio) in mezzo a colture già adulte, spec. di cereali, al fine di migliorare il terreno || **N.** *Sin.* consociare.

bulatùra [da *bulare*; 1955] *sf. T.agr.* operazione del bulare.

bulbàre [da *bulbo*; 1909] *agg.* relativo al bulbo || *in part. T.anat.* relativo al bulbo oculare: *una paralisi bulbare.*

bulbicoltùra o **bulbicultùra** [comp. di *bulbo* e *-coltura*; 1965] *sf.* coltivazione razionale dei bulbi da fiori.

bulbìfero [comp. di *bulbo* e *-fero*; 1817] *agg. T.bot.* recante bulbi.

bulbifórme [comp. di *bulbo* e *-forme*; 1829] *agg.* che ha forma di bulbo: *radice bulbiforme.*

bulbìllo [da *bulbo*; 1829] *sm. T.bot.* gemma bulbiforme, aerea o sotterranea, che, staccata dalla pianta madre, emette radici e produce un'altra pianta.

bùlbo [dal lat. *bulbus*; sec. XIV] *sm.* **1.** *T.bot.* germoglio sotterraneo, tondeggiante, costituito da un fusto assai corto e da foglie carnose a forma di squame: *il bulbo del tulipano, dell'aglio* **2.** *T.anat.* nome dato a varie formazioni che ricordano per forma il bulbo vegetale: *bulbo dentale*, polpa dentaria; *bulbo pilifero*, la radice del pelo; *bulbo oculare*, globo oculare **3.** denominazione di oggetti o parti di oggetti che ricordano la forma del bulbo vegetale: *bulbo del termometro*, espansione della parte terminale del tubo termometrico che contiene il deposito di mercurio o alcol || involucro di vetro delle lampadine **4.** *T.mar.* rigonfiamento della parte subacquea della prora per ottenere maggiore stabilità **5.** *T.metal. ferro a bulbo*, laminato con sezione simile a quella della rotaia. **TAV.** *elettrotecnica* 7.3; ***anatomia* p. 642** 19.9; ***giardinaggio* p. 1314** 9; ***meteorologia* p. 1321** 8.5; ***vela* p. 1342** 1.12; ***nave* p. 1327** 5.4.

bulbocàstano [comp. del lat. *bulbus*, bulbo e gr. *kástanon*, castagna; 1832 *bulbo castaneo*] *sm.* pianta erbacea delle Ombrellifere alta fino a mezzo metro, con radice tuberosa nerastra dal gusto simile alla castagna || **N.** *Sin.* castagna di terra.

bulbóso [dal lat. *bulbōsus*; 1598] *agg.* fornito di bulbo; a forma di bulbo.

bùlgaro [dal lat. tardo *Bulgarus*; 1860; a. 1764 nel senso 3] **I** *agg.* della Bulgaria: *il servizio segreto bulgaro* **II** *sm.* **1.** (f. *-a*) abitante, nativo della Bulgaria **2.** (solo *sing.*) lingua slava parlata in Bulgaria **3.** cuoio pregiato di colore rosso, dal profumo aromatico || *cuoio bulgaro*, profumo maschile.

bulicàme [da *bulicare*; a. 1502] *sm.* **1.** *non*

com. sorgente d'acque minerali bollenti **2.** piccolo vulcano di fango **3.** *fig.* insieme confuso di cose e persone e anche il loro moto: *il bulicame dei pensier cattivi* (Carducci).

bulicàre (pres. *bùlico, bùlichi*) [lat. volg. **bullicāre*; a. 1565] ***intr.*** (aus. *avere*) **1.** part. di acque termali, scaturire bollendo, ribollire; anche *fig.*: *il vostro sangue bulica* (Carducci) **2.** *raro* brulicare.

bulimìa [dal gr. *boulimía*, fame divoratrice; a. 1566] ***sf.*** *T.med.* fame smodata causata da varie malattie, o di origine psicologica || **N.** *Sin.* licoressia, polifagia.

bulìna ***sm.*** *non com.* V. BOLINA.

bulinàre (pres. *-ìno*) [da *bulino*; a. 1698] ***tr.*** incidere col bulino.

bulinatóre [da *bulinare*; 1955] ***sm.*** (f. *-trìce*) artigiano che esegue col bulino lavori su metalli o su cuoio.

bulinatùra [da *bulinare*; 1865] ***sf.*** atto ed effetto del bulinare.

bulinìsta [da *bulinare*; 1753] ***s.*** bulinatore.

bulìno [forse dal long. **boro*, succhiello; 1427 *burino*] ***sm.*** strumento d'acciaio tagliente con manico di legno a forma di fungo, per l'incisione a mano di metalli dolci o cuoio || *per meton.* artigiano che lavora col bulino. **Q.T.** *stampa...*

bùlla [dal lat. *bulla*, bolla; sec. XVI] ***sf.*** *T.archeol.* **1.** astuccio di cuoio o metallo pregiato, di forma circolare, portato al collo nell'antica Roma dai giovani di elevata condizione **2.** mollusco gasteropodo diffuso nel Mediterraneo **3.** *ant.* bolla d'aria.

bull-dog (ingl., pr. [ˈbʊɫdɒg]; pr. it. [bulˈdɔg]) [letter. cane per la caccia al toro; 1844] ***sm.*** *inv.* razza di cani di piccola taglia, bassi, tozzi, con corpo corto e muscoloso, pelo raso, muso schiacciato e largo.

bulldozer (ingl., pr. [ˈbʊɫdoʊzə], pr. it. [bulˈdɔddzer]) [etim. inc.; 1948] ***sm.*** *inv.* trattore cingolato munito di lama anteriore per rimuovere macerie o spianare un terreno.

bullétta [da *bulla*; sec. XV] ***sf.*** **1.** chiodo corto con larga capocchia usato da tapezzieri e calzolai **2.** *raro* bolletta. **TAV. *utensili* p. 1340** 7.1.

bullettàio (pl. *-ài*) [da *bulletta*; 1853] ***sm.*** (f. *-a*) chi fa o vende bullette.

bullettàme [da *bulletta*; a. 1374] ***sm.*** quantità di bullette di varia forma e dimensione.

bullettàre (pres. *-étto*) [da *bulletta*; 1829] ***tr.*** decorare con bullette.

bullettatùra [da *bullettare*; 1887] ***sf.*** atto ed effetto del bullettare || decorazione a bullette.

bullettìno [da *bolletta*; 1802] ***sm.*** *ant.* bollettino.

bullettonàto [da *bullettone*, accr. di *bulletta*, per la forma dei pezzi; 1955] ***agg.*** e ***sm.*** detto di tipo di pavimento formato da pezzi irregolari di marmo o travertino tenuti assieme con malta di cemento.

bullionìsmo [dall'ingl., *bullionism*, da *bullion*, nome dei metalli preziosi usati come riserva monetaria; 1955] ***sm.*** sistema economico monetario teorizzato nel XIX sec., nel quale la moneta circolante in una nazione doveva essere convertibile in oro o doveva essere completamente coperta dalle riserve auree.

bullionìsta [dall'ingl. *bullionist*; 1955] **I** ***agg.*** fondato sul bullionismo, tipico del bullionismo: *politica bullionista* **II** ***s.*** chi sostiene il sistema del bullionismo.

bùllo [dal ted. medio *būle*, amico intimo; 1547 *bulo*] ***sm.*** *region.* ragazzo spavaldo e prepotente, teppista || *per estens.* chiunque ostenti spavalderia eccessiva o vesta in maniera vistosa, bellimbusto.

bullonàre (pres. *-óno*) [dal fr. *boulonner*, a. 1936] ***tr.*** unire per mezzo di bulloni.

bullonatùra [da *bullonare*; 1965] ***sf.*** operazione del bullonare.

bullóne [dal fr. *boulon*; 1892] ***sm.*** organo di collegamento formato da una testa fissa a un'estremità di uno stelo cilindrico filettato su cui si avvita un dado || *bullone prigioniero*, con asta filettata ad entrambe le estremità, una delle quali deve essere inserita nella parte da collegare. **TAV. *ferrovie...* p. 669** 5.2; ***utensili* p. 1340** 14.

bullonerìa [da *bullone*; 1950] ***sf.*** **1.** fabbrica di bulloni e sim. **2.** insieme di bulloni e organi di collegamento.

bùlo ***sm.*** *region.* V. BULLO.

bum [voce onom.; 1863] **1.** riproduce il rumore di un colpo molto forte, part. di un'esplosione **2.** esclamazione ironica che esprime incredulità.

bùmerang ***sm.*** *inv.* adattamento di *boomerang* (v.).

bùna [comp. di *bu*(*tadiene*) e *na*(*trium*); 1938] ***sf.*** gomma sintetica ottenuta per polimerizzazione di butadiene con sodio.

buncheràggio V. BUNKERAGGIO.

bungalow (ingl., pr. [ˈbʌŋgəloʊ]) [dall'indostano *bangla*, (casa alla maniera) del Bengala, attr. una lingua dell'India; 1844] ***sm.*** *inv.* (anche pl. *bungalows*, pr. [ˈbʌŋgəloʊz]) villino a un piano con veranda || costruzione gen. prefabbricata a una o due stanze con servizi igienici e angolo di cottura usata come alloggio stagionale per turisti in centri di villeggiatura.

bunker (ingl., pr. [ˈbʌŋkə]; pr. it. [ˈbuŋker]) [in orig. sedile erboso, argine di terreno; 1852 nel senso 2; 1889 nel senso 1; 1940 nel senso 3] ***sm.*** *inv.* **1.** deposito di combustibile a bordo di navi e locomotive **2.** *T.sport.* nel golf, ostacolo artificiale costituito da una buca riempita di sabbia **3.** *T.mil.* ricovero militare in cemento armato seminterrato, gen. a forma di cupola con feritoie orizzontali per le bocche da fuoco **4.** rifugio blindato sotterraneo: *un bunker antiatomico* || *fig.* luogo protetto e inaccessibile; atteggiamento di difesa passiva: *si è rinchiuso nel bunker dei suoi pensieri* || **N. 3.** *Sin.* casamatta, fortino.

bunkeràggio o **buncheràggio** (pl. *-gi*) [da *bunkerare*; 1980] ***sm.*** l'insieme delle operazioni di rifornimento di carburante delle navi e degli aerei.

bunkeràre (pres. *bùnkero*) [da *bunker*, 1980] ***tr.*** rifornire una nave o un aereo del combustibile necessario per coprire la rotta stabilita.

bunràku [dal n. di una sala di Osaka in cui all'inizio del XX sec. venivano date regolari rappresentazioni; 1977] ***sm.*** *inv.* denominazione moderna del teatro giapponese dei burattini.

buonaféde o **buòna féde** [comp. di *buono*[1] e *fede*; a. 1321] ***sf.*** (solo *sing.*) **1.** convinzione personale di agire lealmente e correttamente, senza danneggiare nessuno: *essere in buona fede* **2.** *per estens.* fiducia, ingenuità: *ha ingannato la mia buonafede.*

buonagràzia o **buòna gràzia** (non com. *bonagràzia*) (pl. *buonegràzie*) [comp. di *buono*[1] e *grazia*; 1797 *buona grazia*] ***sf.*** cortesia, gentilezza: *esprimersi con buonagrazia* || *con tua buonagrazia*, col tuo consenso.

buonalàna (non com. *bonalàna*) [comp. di *buono*[1] e *lana*; 1865] ***sf.*** *fig.* *iron.* cattivo soggetto, birbante.

buonamàno [comp. di *buono* e *mano*; a. 1793] ***sf.*** mancia.

buonamòrte o **buòna mòrte** (non com. *bonamòrte*) [comp. di *buono*[1] e *morte*; a. 1492] ***sf.*** morte serena, spec. dei cristiani in grazia di Dio || *per estens.* preghiera o rito per ottenere una morte in grazia di Dio.

buonànima o **buòn'ànima** (meno com. *bonànima*) [comp. di *buono*[1] e *anima*; 1802] ***sf.*** (pl. *buonànime*) persona defunta ricordata con rispetto e con affetto: *ricorda le parole della buonanima di tuo padre* || anche *agg.* (sempre posposto): *mio nonno buonanima.*

buonanòtte o **buòna nòtte** (non com. *bonanòtte*) [comp. di *buono*[1] e *notte*; 1353] **I** saluto o augurio che si fa prima di andare a letto: *buonanotte a tutti, buonanotte e sogni d'oro* || in funzione di ***escl.*** indica la conclusione definitiva di una questione o l'impossibilità di porre rimedio a qualcosa: *avrei voluto esser già sbronzo e buona notte* (Pavese) || anche nelle loc. *buonanotte suonatori!, buonanotte al secchio!* **II** ***sf.*** *inv.* **1.** l'augurio della buonanotte: *dare la buonanotte, il bacio della buonanotte*; anche come *sm.*: *un cordiale buonanotte* **2.** piccolo vaso in ceramica sorretto da un lume a olio in cui si lasciavano in caldo tutta la notte infusi, tisane ecc.

buonaséra o **buòna séra** (non com. *bonaséra*) [comp. di *buono*[1] e *sera*; 1556] **I** saluto o augurio che ci si scambia nel tardo pomeriggio o di sera **II** come ***sm.*** e anche ***sf.*** *inv.* l'augurio della buonasera: *dare la buonasera, un cordiale buonasera.*

buonavòglia (non com. *bonavòglia*) [comp. di *buono*[1] e *voglia*; a. 1348] **I** ***sf.*** (pl. *buonevòglie*) buona volontà, buona lena: *dar prova di buonavoglia* **II** ***loc. avv.*** *di buonavoglia*, volentieri **III** ***sm.*** *inv.* *tosc.* **1.** giovane medico volontario negli ospedali **2.** *antifr.* fannullone, buono a nulla.

buoncostùme o **buòn costùme** [comp. di *buono*[1] e *costume*; 1865] ***sm.*** *inv.* comportamento conforme alla morale sociale: *delitti contro il buoncostume* || *squadra del buoncostume*, reparto della polizia di stato che si occupa dei reati contro la morale || ***sf.*** (solo *sing.*) squadra del buoncostume.

buondì o **buòn dì** [comp. di *buono*[1] e *dì*, giorno; 1353] **I** saluto che si usa al mattino; buongiorno **II** ***sm.*** l'augurio di una buona giornata: *dare il buondì.*

buongiórno o **bongiórno** [comp. di *buono*[1] e *giorno*; 1353] **I** saluto augurale che si dà gen. il mattino **II** ***sm.*** il saluto stesso: *un allegro buongiorno.*

buongovèrno o **buòn govèrno** (non com. *bongovèrno*) [comp. di *buono*[1] e *governo*; a. 1533] ***sm.*** *inv.* **1.** modo di governare onesto, prudente ed efficiente **2.** nel Medioevo, nome di varie magistrature e organi amministrativi o di polizia.

buongràdo o **buòn gràdo** [comp. di *buono*[1] e *grado*; 1965] ***loc. avv.*** *di buongrado*, volentieri: *accettò di buongrado la proposta.*

buongustàio o **bongustàio** (pl. *-ài*) [da *buongusto*; 1811] ***sm.*** (f. *-a*) persona amante della buona tavola, intenditore di cibi e bevande || *per estens.* persona di gusti raffinati. **Q.T.** *alimentazione.*

buongùsto [comp. di *buono*[1] e *gusto*; a. 1497] ***sm.*** propensione ad apprezzare le cose belle, buone o raffinate: *il suo abbigliamento denota un innato buongusto.*

buòno[1] [lat. *bonus*; a. 1294] **I** ***agg.*** **1.** conforme al concetto di bene morale; che ha per norma o per fine il bene: *un uomo buono, compiere una buona azione, mantenere una buona condotta* || in talune espr., anteposto, assume valore antifr.: *buona donna*, prostituta || *buone intenzioni*, intenzione volta al bene || *buona volontà*, volontà ad agire bene, perseveranza nel lavoro **2.** gradevole: *un buon odore, una buona compagnia* || *darsi al buon tempo*, divertirsi **3.** gentile, ben disposto: *è sempre stato un buon ragazzo* || *buone parole*, gentili || *buone maniere*, educazione || *tenersi buono qualcuno*, cercare di mantenere l'amicizia di qualcuno part. per ottenerne qualche vantaggio || *dire una buona parola*, raccomandare || *buoni uffici*, mediazione || *fare buon viso a cattivo gioco*, accettare con rassegnazione una situazione sfavorevole || *di buona voglia, di buon grado*, volentieri || *di buon* *occhio,* con benevolenza || *con le buone,* con maniere cortesi || *con le buone o con le cattive,* in qualsiasi modo **4.** docile, tranquillo: *i bambini sono stati buoni tutto il giorno* || *avere un buon carattere,* essere di indole paziente, serena e portato all'ottimismo || *buono come il pane,* molto mansueto **5.** che svolge la propria funzione con competenza ed abilità o gen. in modo adeguato: *un buon avvocato* || *un buon bevitore,* che resiste agli effetti dell'alcol || *una buona forchetta,* gran mangiatore || *una buona penna,* uno scrittore capace || *una buona lama,* un valente spadaccino || *buono a nulla,* incapace || *essere in buone mani,* affidato a una persona esperta, di fiducia || *essere di bocca buona,* mangiare qualsiasi cosa || *per estens.* che serve a uno scopo specifico: *uno sciroppo buono per la tosse* || esteticamente pregevole, tecnicamente valido: *un buon quadro, una buona esecuzione*; di prodotti industriali o agricoli, che possiedono requisiti adeguati: *una buona stoffa, una buona auto* || sano: *avere una buona cera, essere in buona salute* **6.** vantaggioso: *ha fatto buoni affari* || *a buon mercato,* a poco prezzo || propizio, favorevole: *buon pro ti faccia,* ti sia di giovamento || *Dio ce la mandi buona,* ci protegga || *nascere sotto una buona stella,* essere fortunato || *avere buon gioco,* in giochi di carte, avere una mano favorevole; più com. *fig.*, essere nelle condizioni migliori per fare qualcosa **7.** socialmente elevato, agiato: *un giovane di buona famiglia, un buon partito* **8.** abbondante: *mancano due ore buone all'alba* || *una buona dose,* qualità rilevante || *un buon voto,* alto || *di buon'ora,* presto **9.** *lett.* bello || *pop.* procace, part. detto di donna **II** *sm.* **1.** (f. *-a*) persona buona: *alla fine i buoni vincono* **2.** (solo *sing.*) ciò che è buono: *ha di buono che si impegna* || *essere un poco di buono,* una persona disonesta || *c'è voluto del bello e del buono,* un grande sforzo || *il tempo volge al buono,* si rasserena || **N.** I **1.** giusto, onesto, probo | *Contr.* cattivo **3.** *Sin.* affettuoso, amorevole, bonario, cordiale, cortese, mite **4.** *Sin.* quieto **5.** *Sin.* abile, destro, valente **6.** *Sin.* utile **7.** *Sin.* benestante, nobile, ricco.

buòno[2] [lat. *bonus*; 1805] *sm.* **1.** documento che dà diritto al possessore di ricevere all'atto della presentazione una somma in denaro, un servizio o una certa quantità di merce indicata sul documento stesso: *buono sconto, buono pasti* || *buono di cassa,* ricevuta che il cassiere di una banca rilascia in luogo del denaro quando il cliente deve effettuare un deposito presso un altro cassiere della stessa banca || *buono di consegna,* ordine scritto indirizzato al depositario di una merce perché la consegni all'avente diritto || *T.mar. buono d'imbarco,* documento che consente la riconsegna del carico trasportato **2.** obbligazione: *buoni del tesoro,* obbligazioni a breve scadenza emesse dal Tesoro che fruttano un interesse gen. scalato dal prezzo di emissione || *buoni fruttiferi,* obbligazioni che danno diritto all'incasso della somma in esse indicata aumentata degli interessi maturati alla scadenza.

buonóra o **buòn'óra** [comp. di *buono*[1] e *ora*[1]; 1353] *sf.* (solo *sing.*) *raro* la mattina presto || nelle *loc. avv.*: *di buonora,* di buon mattino, di prima mattina, presto: *partire di buonora*; *alla buonora!,* finalmente; una buona volta: *alla buonora, siete arrivati!*; *raro* comunque, in ogni modo: *alla buonora non mi posso lamentare.*

buonsènso o **buòn sènso** [comp. di *buono*[1] e *senso*; 1611] *sm.* istintiva capacità di agire e giudicare correttamente part. in riferimento ad esigenze pratiche: *manca completamente di buon senso.*

buontèmpo o **buòn tèmpo** [comp. di *buono*[1] e *tempo*; 1353] *sm.* (solo *sing.*) vita allegra e senza pensieri; divertimento, spasso || *darsi al buontempo,* spassarsela, godersela.

buontempóne o **bontempóne** [da *buontempo*; 1758] **I** *sm.* (f. *-a*) persona che ama la vita allegra e spensierata: *una compagnia di buontemponi* **II** *agg.* allegro, gioviale.

buonumóre o **buòn umóre** [comp. di *buono*[1] e *umore*; 1803] *sm.* (solo *sing.*) stato d'animo sereno e allegro: *essere di buonumore, mettere qualcuno di buonumore.*

buonuòmo o **buòn uòmo** (pop. *bonuòmo* o raro *bonòmo*) (pl. *buonuòmini* o *bonòmini*) [comp. di *buono* e *uomo,* sul modello del fr. *bonhomme*; 1353] *sm.* **1.** uomo d'indole pacifica, bonario, semplice || anche ingenuo, credulone, semplicione: *tuo padre era proprio un buonuomo...* **2.** usato in passato come appellativo nel rivolgersi a una persona del popolo della quale non si conosceva il nome.

buonuscita [comp. di *buono* e *uscita*; 1918 *buona uscita* nel senso 2] *sf.* **1.** somma data ad un inquilino come compenso per aver lasciato libero l'immobile prima della scadenza del contratto di locazione **2.** somma proporzionale all'anzianità di servizio, corrisposta dal datore di lavoro a un dipendente che lascia l'impiego.

buprèste [dal lat. *buprēstis,* gr. *boúprēstis,* comp. di *bôus,* bue e *prḗthein,* bruciare, perché si credeva causa di infiammazione se ingerito; a. 1498] *sm.* (raro *sf.*) *T.zool.* genere di insetti dei Coleotteri, parassiti del legno di molti alberi, spec. da frutto.

burattàio (pl. *-ài*) [da *buratto*; 1887] *sm.* (f. *-a*) *raro* chi abburatta la farina, abburattatore.

burattàre [da *buratto*; sec. XIV] *tr.* abburattare || *fig. raro* vagliare.

burattatóre [da *burattare*; 1955] *sm.* (f. *-trìce*) chi esegue la burattatura || **N.** *Sin.* abburattatore.

burattatùra [da *burattare*; 1955] *sf.* il vagliare materiale pulverulento col buratto || **N.** *Sin.* abburattatura.

burattinàio (pl. *-ài*) [da *burattino*; 1734] *sm.* (f. *-a*) **1.** chi sulla scena muove i burattini || *fig.* chi segretamente trama imprese di cui altri sono esecutori, mandante **2.** chi fabbrica o vende burattini.

burattinàta [da *burattino*; 1751] *sf.* **1.** azione da burattino, anche *fig.* **2.** opera teatrale di infimo valore.

burattinésco (pl. *-schi*) [da *burattino*; a. 1803] *agg.* **1.** tipico dei burattini, relativo ai burattini, di burattini: *rappresentazione burattinesca* **2.** *fig.* superficiale, leggero, poco serio: *comportamento burattinesco* || rigido, meccanico, ripetitivo: *gesti burattineschi.*

burattino [forse dal n. proprio *Burattino,* personaggio della commedia dell'arte; a. 1665] *sm.* **1.** fantoccio con testa gen. di legno o di cartapesta cui è attaccato un abito che nella parte terminale ha forma di sacco in cui si infila la mano del burattinaio il quale con l'indice anima la testa mentre il pollice ed il medio, infilati nelle maniche del vestito, animano le braccia || *teatro dei burattini,* impalcatura di legno coperta da un telo in cui nella parte superiore si apre un piccolo proscenio su cui agiscono i burattini e in quella inferiore si nascondono i burattinai || *fig. piantare baracca e burattini,* lasciare ogni cosa || *pl.* rappresentazione di burattini **2.** *fig.* persona priva di volontà che agisce per impulso altrui: *è un burattino nelle mani di suo padre* || *fig.* persona leggera e volubile, buffone || **N.** **1.** *Sin.* marionetta, pupazzo.

buràtto [lat. volg. **bura*; a. 1566] *sm.* **1.** macchina usata per separare la farina dalla crusca || *per estens.* qualsiasi strumento utilizzato per separare le impurità || *gen.* setaccio **2.** simbolo dell'Accademia della Crusca **3.** tessuto rado e trasparente usato per il ricamo **4.** *ant.* bersaglio girevole che i cavalieri in giostra dovevano colpire lancia in resta || **N.** **3.** *Sin.* stagnina.

bùrba [prob. dal lomb. *bürba,* secchio; 1941] *sf. gerg.* recluta || *per estens.* sempliciotto.

burbànza [forse da *bombanza*; sec. XIII] *sf.* alterigia vanitosa e sprezzante || **N.** *Sin.* SUPERBIA.

burbanzóso [da *burbanza*; sec. XIV] *agg.* arrogante: *modi burbanzosi* || **burbanzosaménte** *avv.*

bùrbera [etim. inc.; 1550] *sf.* piccolo argano azionato a mano costituito da un cilindro su cui si arrotola la corda || **N.** *Sin.* verricello.

bùrbero [etim. sconosciuta; 1598] *agg.* e *sm.* (f. *-a*) che, chi ha modi scontrosi e rudi, spesso nascondendo un sentimento di bontà o commozione: *aspetto burbero, modi burberi* || **N.** *Sin.* aspro, austero, severo, sgarbato | *Contr.* bonario.

burberry (ingl., pr. ['bə:bəri]) [n. di una marca ingl. di impermeabili; 1942] *sm. inv.* impermeabile o cappotto di taglio sportivo classico, in *gabardine* gen. di color crema.

bùrchia [da *burchio*; a. 1828] *sf. ant.* barchetta.

burchiellésco (pl. *-schi*) [dal n. proprio Domenico di Giovanni detto il *Burchiello*; seconda metà sec. XV] *agg. T.lett.* che imita la maniera di scrivere, bizzarra e oscura, del Burchiello.

burchièllo [da *burchio*; sec. XIII] *sm.* barca a remi o a vela a fondo piatto adoperata nei fiumi e nei laghi || **N.** burchio, BARCA.

bùrchio (pl. *-chi*) [dal long. **burgi,* recipiente per tenere i pesci; 1313] *sm.* **1.** grossa barca a fondo piatto usata nei fiumi e canali dell'Italia settentrionale per il trasporto di merci **2.** antica unità di misura per liquidi usata a Venezia.

bùre [lat. *buris*; 1491 *bura*] *sf.* l'estremità anteriore della stanga dell'aratro, che s'attacca al giogo || **N.** ARATRO. **TAV.** *agricoltura* 1.2.

bureau (fr., pr. [by'ro]) [letter. ufficio; 1747 *burrò*] *sm. inv.* **1.** scrittoio, detto spec. di mobile d'antiquariato **2.** ufficio || *in part.* ufficio di ricezione e contabilità di un albergo.

burèlla [da un ant. *buro,* buio; 1313] *sf.* **1.** *ant. tosc.* corridoio sotterraneo **2.** *T.arald.* fascia diminuita nello scudo gen. in numero pari.

burétta [dal fr. *burette,* piccola ampolla; 1931] *sf. T.chim.* tubo di vetro graduato per la misurazione dei liquidi.

bùrga [etim. inc.; a. 1936] *sf.* **1.** *T.idr.* gabbione a forma di cono tronco fatto con rami di salice o di pertiche, che si riempie di ghiaia o altro, e si adopera come difesa contro l'erosione fluviale **2.** cesto di vimini in cui si conserva il pesce vivo.

burgraviàto [da *burgravio*; 1829] *sm. T.stor.* dignità e giurisdizione di burgravio.

burgràvio (pl. *-vi*) [dal lat. medievale *burggrāvium*; 1797] *sm. T.stor.* titolo di dignità feudale attribuito nelle città tedesche e fiamminghe al comandante militare del borgo.

burgùndo [dal lat. tardo *Burgundus*; 1839] *agg.* e *sm.* (f. *-a*) che o chi appartiene ad una antica popolazione del gruppo germanico orientale proveniente dalla Scandinavia.

buriàna [lat. *borea*; 1797] *sf.* **1.** *dial.* temporale di breve durata e intensità limitata **2.** *fig. pop.* baldoria: *far buriana* || trambusto, confusione.

buriàsso [etim. inc.; a. 1470] *sm.* **1.** *ant.* chi addestrava e metteva in campo i giostratori **2.** (f. *-a*) suggeritore nelle recite.

buricco[1] (pl. *-chi*) [dal lat. *burricus,* attr. lo sp. *boricco*; a. 1729] *sm. raro* asino.

buricco[2] (pl. *-chi*) [etim. inc.; a. 1530] *sm.* **1.** veste di lana a casacca in uso nel XVI e XVII secolo **2.** imbottitura di lana.

burìna *sf. non com.* v. BOLINA.

burìno [etim. inc.; a. 1866 *burrino*] **I** *sm.* (f.

-*a*) *rom.* persona rozza e ignorante ‖ *propr. disus.* bracciante che dalla Romagna andava a lavorare nell'agro romano **II** ***agg.*** rozzo, villano: *maniere burine.*

bùrla [forse dal lat. volg. **burrula*, scherzetto; a. 1529] ***sf.*** **1.** scherzo bonario fatto ai danni di qualcuno per ridere alle sue spalle: *fare una burla* ‖ *fuor di burla*, seriamente ‖ *prendere, mettere in burla una cosa*, non dargli peso ‖ *fare, dire qualcosa per burla*, per scherzo ‖ *da burla, loc. agg.* di persona o cosa senza importanza, non seria **2.** inezia, cosa da nulla: *affrontare quel percorso è stata una burla* ‖ *dim.* burlétta ‖ **N. 1.** *Sin.* beffa, canzonatura, celia, corbellatura, derisione, dileggio, facezia, farsa, gherminella, irrisione, ludibrio, motto, scherno, scherzo, tiro birbone | allegra, atroce, insipida, lieve, piacevole, signorile, spiritosa, villana.

burlànda o **borlànda** [dal mil. *borlanda*, da *borlà*, cascare, rotolare; 1887] ***sf.*** **1.** residuo della distillazione di liquidi fermentati di origine zuccherina o amilacea, usato spec. nella preparazione di mangimi **2.** *pop.* brodaglia.

burlàre [da *burla*; 1513] ***tr.*** fare una burla a uno ‖ ***intr.*** (aus. *avere*) dire una cosa per gioco: *non burlo, dico davvero* ‖ ***intr. pron.*** farsi beffe: *burlarsi di una persona* ‖ **N.** ***tr.*** *Sin.* farla ad uno, gabbare, motteggiare, prendere in giro, prendersi gioco | ***intr.*** canzonare, corbellare, scherzare.

burlésca [da *burlesco*; 1965] ***sf.*** *T.mus.* composizione musicale a carattere brillante e giocoso.

burlésco (pl. *-schi*) [da *burla*; a. 1584 nel senso 2] **I** ***agg.*** **1.** di o da burla; fatto per burla: *modi burleschi, saluto burlesco* **2.** stile letterario giocoso e brillante: *poesia burlesca* ‖ **burlescaménte** ***avv.*** **II** ***sm.*** **1.** (solo *sing.*) burla: *mettere in burlesco* **2.** stile burlesco ‖ poeta burlesco ‖ **N. I 1.** arlecchinesco, buffo, buffonesco **2.** comico, gaio, giocoso.

burlesque (ingl., pr. [bəːˈlesk]) [letter. *burlesco*; 1955] ***sm. inv.*** genere teatrale anglosassone di carattere satirico nato in Inghilterra nel Settecento ‖ negli Stati Uniti, spettacolo di varietà molto popolare, costituito da scenette satiriche e spogliarelli.

burlétta (*dim.* di *burla*) [a. 1676] ***sf.*** **1.** scherzo, celia: *mettere in burletta una cosa*, metterla in ridicolo **2.** farsa giocosa, mescolata di prosa e di musica, in voga spec. nella scuola napoletana del '700.

burlévole [da *burla*; a. 1565] ***agg.*** *lett.* burlesco: *invenzioni burlevoli* ‖ **burlevolménte** ***avv.*** *raro.*

burlóne [da *burla*; 1558] ***sm.*** (f. *-a*) chi spesso fa burle: *è un burlone* ‖ **N.** *Sin.* buontempone, mattacchione.

burnitùra o **bornitùra** [dall'arc. o region. *burnire*, brunire; 1955] ***sf.*** *raro* brunitura.

burn-out o ***burnout*** (ingl., pr. [ˈbəːnaʊt]) [letter. spegnimento; 1988] ***sm. inv.*** **1.** *T.astron.* il momento di spegnimento di un motore a reazione o a razzo, fine della combustione **2.** *T.elettr.* interruzione di un circuito elettrico causato dalla fusione o dalla combustione risultanti da un aumento anormale della temperatura all'interno del circuito stesso.

burnùs [dall'ar. *burnus*, attr. il fr. *burnous*; 1839 *burnouss* nel senso 2] ***sm.*** *T.abb.* **1.** ampio mantello di lana o tela grezza gen. con cappuccio, indossato dalle popolazioni arabe e berbere dell'Africa settentrionale **2.** mantello da donna con cappuccio.

bùro- [da *buro*(*crazia*)] ***primo elem.*** che, in parole composte, anche di vita effimera, si riferisce, spesso con connotazione negativa, alla burocrazia (per es. *burotica*).

buròcrate [dal fr. *bureaucrate*; 1918] ***s.*** **1.** *propr.* impiegato della pubblica amministrazione gen. di alto grado **2.** *com.* funzionario che svolga il suo compito in modo pedante ed eccessivamente formale: *mentalità da burocrate.*

burocratése [da *burocrate*; 1979] ***sm.*** *spreg.* linguaggio artificioso ed esageratamente complicato, in uso nell'amministrazione pubblica.

burocràtico (pl. *-ci*) [dal fr. *bureaucratique*; 1813] ***agg.*** della burocrazia, relativo alla burocrazia: *riforma burocratica, linguaggio, stile burocratico* ‖ **burocraticaménte** ***avv.***

burocratismo [dal fr. *bureaucratisme*; 1931] ***sm.*** **1.** fenomeno per cui la burocrazia raggiunge uno sviluppo eccessivo: *il burocratismo statale* **2.** mentalità ristretta e pedante tipica del burocrate: *il burocratismo degli amministratori pubblici.*

burocratizzàre [dal fr. *bureaucratiser*; 1884] ***tr.*** organizzare in strutture burocratiche.

burocratizzazióne [dal fr. *bureaucratisation*; 1921] ***sf.*** atto ed effetto del burocratizzare.

burocrazìa [dal fr. *bureaucratie*; 1781] ***sf.*** **1.** l'insieme delle norme, delle leggi che costituiscono la pubblica amministrazione ‖ *per estens.* l'insieme dei funzionari di un ente, un organismo, un partito: *la burocrazia romana* ‖ *com.* il potere assunto nel corso del tempo dalla pubblica amministrazione con la conseguente imposizione di una pedante e multiforme normativa in ogni settore **2.** *fig.* pedanteria, formalismo eccessivo ‖ **N. 2.** fiscalismo.

buròtica [comp. di *buro*(*crazia*) e (*inform*)*atica*; 1980] ***sf.*** insieme di metodi e tecniche per l'automazione del lavoro d'ufficio attraverso l'uso di macchine e sistemi elettronici e informatici ‖ **N.** *Sin. office automation.*

burràio (pl. *-ài*) [da *burro*; 1789] ***sm.*** (f. *-a*) *raro* chi fabbrica o vende il burro.

burràsca [dal veneziano *borasca*, da *bora*; 1582] ***sf.*** **1.** vento a forte velocità ‖ *com.* tempesta marina con forte vento, pioggia e grandine **2.** *fig.* situazione di conflitto: *burrasche familiari* ‖ stato di tensione, sconvolgimento interiore o dello stato delle cose: *una burrasca di passioni, c'è stata burrasca in consiglio comunale* ‖ **N. 1.** *Sin.* bufera, tempesta, uragano.

burrascóso [da *burrasca*; 1684] ***agg.*** che è in burrasca ‖ *fig.* turbolento: *un'esistenza burrascosa.*

burràta [da *burro*; 1983] ***sf.*** formaggio a pasta filata, molle e molto grasso, arricchito di panna.

burràto[1] [da *burro*; seconda metà sec. XV] ***agg.*** spalmato di burro, imburrato.

burràto[2] [da *borro*; 1313] ***sm.*** *ant.* burrone.

burrièra [da *burro*; 1941] ***sf.*** piccolo vassoio coperto in cui si conserva il burro da tavola ‖ **N.** *Sin.* portaburro.

burrificàre (pres. *-ìfico, -ìfichi*) [da *burro*; 1930] ***tr.*** trasformare in burro.

burrificàto (*pps.* di *burrificare*) [1932] ***agg.*** reso burro ‖ *formaggio burrificato*, formaggio di latte magro cui è stato aggiunto burro.

burrificazióne [da *burrificare*; 1930] ***sf.*** processo di trasformazione del latte in burro mediante sbattitura a freddo che consente la separazione del grasso dal latticello.

burrifìcio (pl. *-ci*) [da *burro*; 1908] ***sm.*** fabbrica di burro.

burrìmetro [comp. di *burro* e *-metro*; 1955] ***sm.*** butirrometro.

burrìno [da *burro*; 1955] ***sm.*** formaggio a forma di pera ripieno di burro.

bùrro [dal fr. ant. *bure*; 1313] ***sm.*** **1.** sostanza alimentare ottenuta dal latte mediante scrematura e burrificazione: *burro fresco, panetto di burro, forma di burro* ‖ *uova al burro*, cotte nel burro ‖ *pasta, riso al burro*, conditi con burro ‖ *fig.* simbolo di morbidezza o delicatezza: *questo pane è un burro; ha le mani di burro*, lascia cadere tutto **2.** sostanza simile al burro: *burro di stagno* ‖ *burro di palma*, grasso giallastro usato part. nella fabbricazione di saponi ‖ *burro di cacao*, grasso che si ricava dai semi di cacao, utilizzato in cosmesi ‖ *burro vegetale*, grasso commestibile ricavato da oli vegetali di palma, cocco e sim. ‖ *burro nero*, letame di stalla ben maturo **3.** *albero del burro*, albero delle Saponacee con foglie coriacee e frutti a bacca ‖ **N. 1.** margarina; panna | imburrare.

burróna [da *burro*; 1865] ***agg. f.*** di pera dolce e assai tenera.

burróne [da *borro*; a. 1342] ***sm.*** luogo scosceso, dirupato e profondo ‖ *dim.* burroncèllo ‖ **N.** baratro, DIRUPO.

burróso [da *burro*; 1797 nel senso 2] ***agg.*** **1.** che contiene molto burro: *latte burroso, pasta burrosa* **2.** che ha l'aspetto morbido del burro: *una bionda burrosa.*

bursàle [dal lat. *bursa*, borsa; 1797] **I** ***sm.*** *T.anat.* muscolo del femore **II** ***agg.*** *muscolo bursale*, bursale.

bursite V. BORSITE.

burst (ingl., pr. [bəːst]) [letter. scoppio; 1974] ***sm. inv.*** (anche pl. *bursts*, pr. [bəːsts]) *T.scient.* rapido aumento del valore di una grandezza variabile nel tempo: *burst solari*, improvvisi aumenti dell'intensità della radiazione solare.

bus [da (*auto*)*bus*; 1935] ***sm. inv.*** **1.** forma abbreviata di *autobus* usata part. nella segnaletica stradale **2.** *T.inform.* insieme di più conduttori usato per trasmettere segnali da una o più sorgenti a una o più destinazioni.

-bus [da *omnibus*] ***elem. term.*** che, in parole composte, indica mezzi di trasporto pubblico (per es. *aerobus, autobus, filobus*).

buṣbaccàre (pres. *-àcco, -àcchi*) [da *busbacco*; a. 1444] ***intr.*** (aus. *avere*) *ant.* truffare, imbrogliare, ingannare.

buṣbàcco (pl. *-chi*) [da un arc. *busbo*, impostore; 1618] ***sm.*** (f. *-a*) *ant.* chi busbacca, imbroglia, inganna.

bùsca[1] [dallo sp. *busca*; a. 1565] ***sf.*** **1.** cerca, questua: *darsi alla busca*, andare alla ventura ‖ *T.mar. andare alla busca*, di nave che non avendo un contratto né un porto di carico va da uno scalo all'altro in cerca di carico **2.** *T.giur.* reato commesso da chi, in tempo di guerra, si appropria senza necessità o autorizzazione di beni dell'amministrazione militare o del nemico vinto.

bùsca[2] [lat. volg. **būsca*; a. 1338] ***sf.*** **1.** *ant.* festuca **2.** regolo per costruzioni navali, brusca.

buscalfàna [etim. inc.; a. 1400] ***sf.*** *ant. lett.* ronzino.

buscàre (pres. *bùsco, bùschi*) [dallo sp. *buscar*, cercare; sec. XV] ***tr.*** **1.** procacciarsi qualcosa cercando: *buscare di che vivere* **2.** *ant.* rubare ‖ ***rifl. intens.*** ottenere: *buscarsi un premio*; *in part. fig.* rif. a cose non desiderate: *buscarsi un raffreddore* ‖ *buscarle* o *buscarne*, ricevere delle botte.

buscheràre (pres. *bùschero*) [da *buggerare*, con influsso di *buscare*; 1863] ***tr.*** *pop.* **1.** ingannare, truffare **2.** *non com.* sciupare.

buscheràta [da *buscherare*; a. 1850] ***sf.*** sproposito; cosa senza importanza: *son tutte buscherate.*

buscheratùra [da *buscherare*; 1952] ***sf.*** *pop.* inganno, imbroglio, buggeratura.

buscherìo (pl. *-ìi*) [da *buscherare*; 1844] ***sm.*** **1.** *fam.* chiasso, frastuono: *sentite che buscherio!* **2.** gran quantità di cose o persone.

buscheróne [da *buscherare*; 1887] ***agg.*** e ***sm.*** (f. *-a*) *pop.* buggerone.

buschétta V. BRUSCHETTA[2].

buṣécca [etim. inc.; a. 1561] ***sf.*** **1.** trippa di bovini **2.** piatto tipico della cucina lombarda fatto con trippa di vitello e fagioli, talvolta servito con crostini.

buṣécchia [etim. inc.; 1353] ***sf.*** budello di animale, part. quello utilizzato per fare insaccati.

bushel (ingl., pr. [ˈbʊʃəl]) [dal fr. ant. *bois-*

sel, piccolo recipiente; 1930] **sm.** *inv.* nei paesi anglosassoni, unità di misura di capacità per aridi e liquidi, pari a circa 36 litri.

buṣìllis [dal lat. *in diebus illis*, trascritto erroneamente *in die busillis*; a. 1698] **sm.** *inv.* enigma, problema: *qui sta il busillis.*

business (ingl., pr. [ˈbɪznɪs]) [letter. impresa; 1895] **sm.** *inv.* transazione commerciale, affare.

businessman (ingl., pr. [ˈbɪznɪsmən]) [1905] **sm.** *inv.* (anche pl. *businessmen*, pr. [ˈbɪznɪsmən]) uomo d'affari.

bùssa [da *bussare*; 1353] **sf.** part. *pl.*, colpo, percossa.

bussàre [etim. inc.; sec. XIV] **intr.** (aus. *avere*) **1.** battere a una porta per farsi aprire || *fig. bussare alla porta di qualcuno*, chiedere aiuto **2.** *T.gioc.* nel tresette, invitare il compagno a calare la carta migliore che possiede del seme che si sta giocando: *bussare a picche* || **tr.** *raro* percuotere, picchiare || **rec.** picchiarsi.

bussàta [da *bussare*; a. 1600] **sf.** **1.** atto ed effetto del bussare **2.** *fig. tosc.* batosta **3.** *T.gioc.* nel tresette, chiamata.

bussatóio (pl. *-ói*) [da *bussare*; 1887 nel senso 2] **sm.** **1.** battente della porta d'ingresso, picchiotto **2.** nella pesca, frugatoio.

bussétto [da *busso*; sec. XV] **sm.** arnese di bosso, di cui si servono i calzolai per dare il lustro al taglio della suola; bisegolo.

bùsso [variante di *bosso*; 1342 ca.] **sm.** *region.* bosso.

bùssola[1] [lat. tardo *buxida*, scatola di bosso; 1342 *bossola* nel senso 4] **sf.** **1.** strumento per determinare la direzione grazie all'individuazione del Nord magnetico; è costituito da un ago calamitato, libero di ruotare su un perno infisso in un piano orizzontale indicante i punti cardinali || *bussola giroscopica*, che indica il Nord geografico mediante un sistema giroscopico di compensazione || *bussola solare*, quella impiegata ai poli dove per eccessiva discrepanza tra Nord geografico e Nord magnetico le normali bussole sono inutilizzabili || *bussola nautica*, resa, grazie a particolari accorgimenti, indipendente dal movimento della nave e dall'influenza della massa metallica dello scafo || *bussola radiomagnetica*, radiogoniometro a indicazione diretta || *fig. perdere la bussola*, perdere l'autocontrollo **2.** carrozza a due ruote a trazione umana, portantina **3.** infisso a uno o due battenti, collocato come seconda porta per evitare il flusso di aria fredda causato dall'apertura della prima || *per estens.* infisso rotante collocato all'ingresso di alcuni locali pubblici **4.** cassetta per la raccolta di elemosine, schede elettorali, biglietti di lotteria e sim. **5.** *T.mecc.* boccola. **Q.T.** *aeronautica, geografia, nautica...*

bùssola[2] [da *bossolo*; 1829] **sf.** spazzola rigida per pulire i cavalli.

bussolànte [da *bussola*[1]; 1780] **sm.** **1.** *T.eccl.* addetto all'anticamera papale **2.** portantino **3.** chi nella chiesa raccoglie le elemosine.

bùssolo [variante di *bossolo*; a. 1342] **sm.** *region.* bossolo.

bussolòtto [da *bussolo*; a. 1609 nel senso 2] **sm.** **1.** bicchiere di materiale vario, usato per il gioco dei dadi || contenitore usato dai prestigiatori in alcuni giochi || *giocatore di bussolotti*, prestigiatore; *fig.* imbroglione **2.** *gen.* barattolo.

bùsta [dal fr. ant. *boiste*; 1797 nel senso 2] **sf.** **1.** involucro, custodia di carta di vario formato gen. con lembo di chiusura gommato in cui si chiudono lettere, documenti e sim. per spedirli o per consegnarli a mano: *busta chiusa, affrancare una busta* || *busta paga*, quella contenente lo stipendio **2.** *per estens.* custodia per documenti, cartella; *gen.* ogni contenitore a forma di busta: *la busta degli occhiali* **3.** borsetta da donna di piccole dimensioni, piatta, priva di maniglie. **Q.T.** *posta.*

bustàia [da *busto*; 1879] **sf.** donna che fa o vende busti, reggicalze, reggiseni ecc.

bustàio [da *busta*; 1955] **sm.** (f. *-a*) operaio che fabbrica buste.

bustarèlla (*dim.* di *busta*) [1931 nel senso 2] **sf.** **1.** piccola busta **2.** *fig.* somma di denaro data di nascosto a persona investita di pubblica autorità per ottenere favori o agevolazioni.

bustìna (*dim.* di *busta*) [1865 nel senso 1; 1955 nel senso 2; 1935 nel senso 3] **sf.** **1.** piccola busta **2.** involucro di carta contenente una razione individuale di farmaci in polvere, zucchero e sim.: *passami una bustina di digestivo* **3.** *T.mil.* berretto pieghevole senza visiera usato dagli avieri e anche da altri corpi.

bustìno (*dim.* di *busto*) [1720] **sm.** **1.** corpetto con stecche usato un tempo dalle donne per stringere e modellare i fianchi **2.** parte superiore di un abito femminile; corpino.

bùsto [lat. *bustum*, crematoio, tumulo, ritratto di un defunto; 1238 *bustora* f. pl. nel senso 3] **sm.** **1.** parte superiore del corpo umano dal collo ai fianchi **2.** scultura raffigurante una figura umana dal petto in su con o senza braccia: *un busto di marmo* **3.** parte del vestito che va dal collo alla vita || *gen.* indumento intimo femminile, in tessuto aderente o elastico con o senza stecche, portato per modellare la figura || *per estens.* corpetto attillato portato esternamente, oggi presente nel costume tradizionale di alcune regioni d'Italia || *busto a balconcino*, privo di spalline **4.** *T.med.* apparecchio ortopedico per la correzione di malformazioni del tronco e della colonna vertebrale **5.** *ant.* tumulo, sepolcro || *per estens.* cadavere || *dim.* bustino || **N.** **1.** *Sin.* torace, tronco **2.** *Sin.* torso **3.** *Sin.* corsetto, guaina. **Q.T.** *abbigliamento, scultura.*

bustòcco (pl. *-chi*) [dal n. geogr. *Busto* Arsizio; 1860] **I** **agg.** di Busto Arsizio, in provincia di Varese **II** **sm.** (f. *-a*) abitante, nativo di Busto Arsizio.

bustòmetro [comp. di *busta* e *-metro*; 1970] **sm.** rettangolo di plastica o carta rigida riproducente il formato standard della corrispondenza che può esser smistata in modo meccanizzato. **Q.T.** *posta.*

bustrofèdico (pl. *-ci*) [dal lat. tardo *bustrophēdon*, gr. *boustrophēdón*, alla maniera in cui si usa condurre i buoi; 1930] **agg.** di antiche scritture in cui la direzione cambia a ogni riga alternandosi da destra a sinistra, da sinistra a destra o dal basso in alto e dall'alto in basso.

bùta- [da *butirrico*] **primo elem.** che, in parole composte della terminologia chimica, indica la presenza in un composto di quattro atomi di carbonio (per es. *butano*).

butàno [comp. di (*acido*) *but*(*irrico*) e *-ano*[2]; 1929] **sm.** *T.chim.* idrocarburo alifatico, gassoso, incolore, usato nella sintesi di gomme sintetiche, carburanti; liquefatto è conservato in bombole ed è utilizzato come combustibile domestico.

butìle [comp. di (*acido*) *but*(*irrico*) e *-ile*; 1950] **sm.** *T.chim.* radicale monovalente derivato dal butano per eliminazione di un atomo di carbonio.

butìlico (pl. *-ci*) [da *butile*; 1950] **agg.** *T.chim.* di composto organico contenente il radicale butile: *alcol butilico.*

butìrrico (pl. *-ci*) [da *butirro* e *-ico*; 1819 *butirico*] **agg.** **1.** *T.chim. acido butirrico*, acido organico monobasico liquido, di cattivo odore, contenuto spec. nel burro e impiegato nell'industria delle vernici e delle materie plastiche **2.** che produce acido butirrico: *fermentazione butirrica* **3.** di composto derivante da latte o da latticini. **TAV.** ***botanica*** **p. 661** 1.5.

butìrro [dal lat. *butȳrum*; sec. XIV] **I** **sm.** **1.** *region.* burro **2.** caciotta ripiena di burro **II** **agg.** burroso || *pera butirra*, varietà di pera particolarmente morbida e dolce || *fagioli butirri*, varietà di fagiolo carnoso, tenero e di grosse dimensioni.

butirròmetro [comp. di *butirro* e *-metro*; 1925] **sm.** apparecchio che serve alla determinazione della quantità di grasso nel latte e nei latticini.

butirróso [da *butirro*; 1755] **agg.** burroso.

bùtta [etim. inc.; 1955] **sf.** in miniera, puntello usato per armare le gallerie.

buttafuòco (pl. *-chi*) [comp. di *butta*(*re*) e *fuoco*; seconda metà sec. XVI] **sm.** asta munita di una miccia a un'estremità, usata un tempo dagli artiglieri per dare fuoco ai cannoni ad avancarica.

buttafuòri [comp. di *butta*(*re*) e *fuori*, sul modello del fr. *boute-*(*de*) *hors*; 1797] **sm.** *inv.* **1.** *T.teatr.* persona incaricata di sgombrare la scena all'inizio di ogni atto e di avvertire gli attori che devono entrare in scena **2.** in locali notturni, persona incaricata di allontanare i clienti rissosi o comunque molesti **3.** *T.mar.* asta che serve a tener spinto fuori dalla nave qualsiasi elemento dell'attrezzatura || *gen.* asta che in una costruzione tiene staccato dal muro, ma a esso ancorato, un tubo, un cavo ecc.

buttàre [dal germ. *bōtan*, attr. il fr. *bouter*; 1313] **tr.** **1.** lanciare con forza un oggetto senza dargli una direzione precisa: *buttare sassi nell'acqua* || *buttare fuori*, cacciare || *buttare là*, dire qualcosa fingendo indifferenza || *buttare giù un muro* e sim., demolirlo || *buttare giù la pasta*, immergerla nell'acqua bollente || *buttare giù uno scritto, un disegno*, redigerlo in modo frettoloso || *buttare giù una carta*, giocarla || *buttare giù un boccone*, mangiare in fretta || *fig. buttare giù un'offesa*, tollerarla || *fig. buttare giù una persona*, dirne male || *fig. buttare giù*, avvilire; indebolire || *fig. buttare fuori il rospo*, dire, confessare una cosa sgradevole || *buttare via*, disfarsi di qualcosa: *buttare via gli abiti vecchi*; sprecare, sciupare: *buttare via tempo e denaro* **2.** emettere, mandar fuori: *il vulcano butta lava incandescente* || *ass. buttar fuori*, vomitare || di piante, germogliare || **intr.** (aus. *avere*) tendere: *l'inverno butta al brutto, la situazione butta al peggio* || **intr. pron.** e **rifl.** **1.** lanciarsi, lasciarsi cadere: *buttarsi dalla finestra, buttarsi nell'acqua* || *buttarsi sul letto*, sdraiarsi qualche istante per riposare || *buttarsi alla macchia*, darsi alla latitanza || *buttarsi malato*, darsi malato || *fig. buttarsi via*, sprecarsi in attività di poco conto || *fig. buttarsi giù*, demoralizzarsi **2.** *fig.* dedicarsi con passione: *si è buttato nello studio* || *ass.* osare: *non pensarci troppo, buttati* **3.** di uccelli, part. dopo un richiamo, posarsi **4.** di corso d'acqua, sfociare: *il Tanaro si butta nel Po* || **N.** **tr.** **1.** *Sin.* gettare, lanciare, scagliare, tirare; dissipare, sciupare, sprecare **2.** gemmare, germogliare || **intr. pron.** e **rifl.** **1.** *Sin.* gettarsi, precipitarsi, scagliarsi.

buttasèlla [comp. di *butta*(*re*) e *sella*, sul modello del fr. *boute-selle*; 1561] *T.mil.* comando dato a voce o con la tromba ai soldati di cavalleria perché sellino i cavalli.

buttàta [da *buttare*; 1863] **sf.** **1.** di piante, il germogliare || germoglio, getto **2.** *T.gioc.* l'atto di calare una carta || *concr.* la carta stessa **3.** di uccelli, l'atto di calare || *concr.* il luogo in cui si calano.

butteràre (pres. *bùttero*) [da *buttero*[1]; a. 1936] **tr.** coprire di butteri, cicatrici: *l'acne l'ha butterato.*

butteràto [da *buttero*[1]; 1370] **agg.** pieno di butteri; segnato dal vaiolo.

butteratùra [da *butterare*; 1941] **sf.** **1.** l'essere butterato || l'insieme dei segni che il vaiolo lascia sul viso **2.** malattia delle mele caratterizzata dalla presenza di macchie sulla buccia.

bùttero[1] [dall'ar. *butūr*, pustola; a. 1484] ***sm.*** ciascuna delle cicatrici che le pustole del vaiolo lasciano sulla pelle.

bùttero[2] [forse dal gr. *bútoros*, colui che pungola il bue; a. 1696] ***sm.*** in Maremma, guardiano a cavallo delle mandrie di cavalli, bufali ecc.

bùtto [da *buttare*; 1925] ***sm.*** *non com.* getto, germoglio.

buvette (fr., pr. [by'vɛt]) [dalla radice *buv-* di *boire*, bere; 1900] ***sf.*** *inv.* piccolo bar all'interno di luoghi pubblici o in uffici, ministeri e sim.

Buxàcee [comp. del lat. *buxus*, bosso e *-acee*; 1929] ***sf.*** *pl. T.bot.* famiglia di piante dicotiledoni tra cui il bosso.

buyer (ingl., pr. ['baɪə]) [letter. compratore; 1966] ***sm.*** *inv.* nelle grosse ditte, funzionario che si occupa degli acquisti all'ingrosso.

buzzàgo o **buzzàgro** V. BOZZAGO.

bùzzo[1] [etim. inc.; fine sec. XV] ***sm.*** di animali, ventre: *avere il buzzo*, detto di animali con il ventre gonfio, e anche di persona; *empirsi il buzzo*, mangiare molto; *mettere su il buzzo*, mettere pancia || *fig.* nella *loc. avv. di buzzo buono*, con impegno.

bùzzo[2] [etim. sconosciuta; a. 1837] ***agg.*** *raro* imbronciato, di cattivo umore || *tempo buzzo*, nuvolo.

buzzóne [da *buzzo*; 1797 nel senso 2] ***sm.*** **1.** cesto cilindrico pieno di terra o di ghiaia, usato nella sistemazione degli argini e sim. **2.** (f. *-a*) persona panciuta || **N. 1.** *Sin.* burga.

buzzùrro [etim. sconosciuta; 1808 nel senso 2; 1941 nel senso 1] ***sm.*** (f. *-a*) **1.** zoticone, ignorante **2.** *orig.* montanaro svizzero che scendeva in Italia a vendere castagne e dolciumi **3.** forestiero || *orig. spreg.* piemontese giunto a Roma dopo il 1870.

bwana (swahili, pr. ['bwɑːnɐ]; pr. it. [bu'ana]) [letter. padrone; 1967] ***sm.*** *inv.* appellativo dato, spec. in epoca coloniale, dai neri africani ai bianchi.

bye bye (ingl., pr. [ˌbaɪ 'baɪ]) [di orig. infantile; 1935] saluto corrispondente a *ciao, arrivederci*.

bylina (russo, pr. [bɨ'lʲinə]) V. BILINA.

by-pass (ingl., pr. ['baɪpɑːs]; pr. it. [bai'pas]) [letter. passaggio laterale; 1905] ***sm.*** *inv.* **1.** *T.idr.* conduttura secondaria in prossimità di una pompa o di una paratia, che mette in comunicazione la parte a monte dell'organo con quella a valle **2.** *T.med.* innesto di un tratto di vena naturale o artificiale che congiunge la parte di un'arteria a monte di un'alterazione con quella a valle || nella cardiochirurgia, deviazione del sangue nella macchina per la circolazione extracorporea, durante interventi a cuore aperto **3.** tratto di strada che costituisce una temporanea deviazione dal percorso abituale.

bypassàre o **by-passàre** (pr. [baipas'sare]) [da *by-pass*; 1966] ***tr.*** **1.** sottoporre a by-pass || derivare mediante by-pass **2.** *fig.* superare un ostacolo facendo una deviazione, aggirare.

byroniàno (pr. [bairo'njano]) [dal n. proprio G. *Byron*, poeta inglese; 1970] ***agg.*** proprio del poeta inglese G. Byron e della sua opera.

byte (ingl., pr. [baɪt]) [da *b(inar)y (octet) te*, ottetto binario; 1970] ***sm.*** *inv.* negli elaboratori elettronici, gruppo di otto o quattro o sei bit sufficiente a rappresentare un qualsiasi carattere alfanumerico.

C

c lettera dell'alfabeto italiano. Nome per esteso *ci*, di genere femminile o, più di rado, maschile: *una ci maiuscola*, ma anche *un ci maiuscolo*; *ci come Como*, nella compitazione delle parole ‖ rappresenta due suoni consonantici distinti: l'occlusiva velare sorda [k] e l'affricata palatoalveolare sorda [tʃ]. Il suono [k] è scritto semplicemente *c* davanti ad *a, o, u* e consonante: *calda, cono, scudo, crisi, acne, ictus*; davanti a *e* ed *i*, invece, tale suono si scrive ricorrendo al digramma *ch*: *chimiche*. Davanti a [w], il suono [k] è scritto talvolta con *c* (*cuoio*), più spesso con *q* (*quadro*; v. *q*). In posizione intervocalica, o compreso tra vocale e semiconsonante, [r] o [l], il [k] può essere semplice (*recare, rechiate, acre, reclinare*) o geminato (*leccare, secchio, accrescere, accludere*). Il suono [tʃ] è scritto semplicemente *c* davanti a *e, i* (*cimice*) e con il digramma *ci* davanti alle altre vocali (*cialda, cioè, ciuffo*). In posizione intervocalica, anche [tʃ] può essere semplice (*bacio*) o geminato (*laccio*). La *c* fa inoltre parte del digramma *sc* e del trigramma *sci*, per i quali v. la lettera *s* ‖ i nomi che al singolare escono in *-cia* (senza l'accento sulla *i*) fanno il plurale in *-cie*, se davanti a tale desinenza c'è una vocale: *camicia*, pl. *camicie*; e invece in *-ce*, se la *c* è doppia o preceduta da una consonante: *mancia, roccia*, pl. *mance, rocce* ‖ i verbi uscenti all'infinito in *-care* conservano il suono velare [k] per tutta la coniugazione, inserendo dove necessario una *h*: *mancare, manchi, mancherà*; analogamente i verbi in *-ciare* conservano il suono palatale [tʃ], mantenendo la *i* solo dove necessario: *lancio, lancerò, lanci*. I verbi uscenti in *-cere*, invece, hanno suono palatale davanti a desinenza iniziante per *e, i* (*vincere, vinci*), ma davanti alle altre vocali prendono suono velare: *vinco, vinca*; fanno eccezione *cuocere, nuocere*, che mantengono ovunque il suono palatale: *cuocio, nuoccia* ‖ per le sigle e abbreviazioni in cui compare, v. la lista relativa.

ca' [apocope di *casa*; sec. XIII] ***sf.*** *ant.* **1.** casa, usato part. in toponimi nell'Italia settentrionale e in nomi di case nobili spec. a Venezia: *Cà Foscari* **2.** *raro* casato.

cab (ingl., pr. [kæb]) [abbr. del fr. *cabriolet*; 1842] ***sm.*** *inv.* **1.** carrozza a due ruote, con guidatore posto in alto dietro il sedile dei passeggeri, usata nel secolo scorso in Inghilterra **2.** carrozza di piazza a quattro ruote ‖ *per estens.* oggi, taxi.

càbala (meno com. *càbbala*) [dall'ebr. *qabbālāh*, tradizione; a. 1566] ***sf.*** **1.** *T.fil.* l'insieme delle dottrine mistico-esoteriche del pensiero ebraico riguardanti Dio, l'universo e l'uomo, tramandate di generazione in generazione a un numero ristretto di individui **2.** *per estens.* l'arte di predire il futuro per mezzo di sogni e numeri ‖ *cabala del lotto*, l'arte di indovinare i numeri che verranno estratti sulla base di calcoli numerici e dell'interpretazione dei sogni **3.** *fig.* raggiro, imbroglio ‖ *far cabale*, intrigare.

cabalàre (pres. *càbalo*) [da *cabala*; 1647] ***intr.*** (aus. *avere*) *raro* **1.** far cabale, imbrogliare **2.** indovinare con la cabala ‖ **N. 1.** *Sin.* ordire, raggirare, tramare **2.** *Sin.* pronosticare.

cabalétta [etim. inc.; 1812] ***sf.*** *T.mus.* arietta musicale, vivace, cadenzata e orecchiabile, tipica del melodramma ottocentesco, che perlopiù serve di chiusa a un duetto o a un assolo ‖ **N.** *Sin.* arietta, canzonetta.

cabalista [da *cabala*; a. 1535] ***s.*** **1.** studioso della cabala **2.** chi con la cabala cerca di indovinare il futuro o i numeri del lotto **3.** *non com. fig.* imbroglione.

cabalistico (pl. *-ci*) [da *cabala*; a. 1565] ***agg.*** relativo alla cabala: *studi cabalistici* ‖ *per estens.* misterioso, indecifrabile, arcano.

cabalóne [da *cabala*; a. 1850] ***sm.*** *raro* (f. *-a*) imbroglione.

cabarè ***sm.*** *inv. ant.* adattamento it. di *cabaret* (v.).

cabaret (fr., pr. [kaba'rɛ]) [1768] ***sm.*** *inv.* **1.** locale notturno in cui si svolgono spettacoli di varietà a sfondo satirico ‖ *per meton.* lo spettacolo stesso **2.** *region.* (più com. scritto *cabarè*) vassoio.

cabarettìstico (pl. *-ci*) [da *cabaret*; 1942] ***agg.*** da cabaret: *spettacolo cabarettistico.*

càbbala V. CABALA.

cabernet (fr., pr. [kabɛr'nɛ]) [etim. inc.; 1907] ***sm.*** *inv.* vitigno di origine francese diffuso nelle Tre Venezie ‖ *per meton.* vino rosso che si ottiene da tale vitigno.

cabestàno [dal fr. *cabestan*; 1659] ***sm.*** grosso argano ad asse verticale usato per lo smistamento di vagoni merci.

cabìla [dall'ar. *qabīlah*, tribù; 1892] ***sf.*** **1.** tribù patriarcale dei beduini arabi **2.** *per estens.* gruppo etnico e sociale dei popoli islamizzati anche al di là dei confini dell'Arabia ‖ ***s.*** (pl. *-i*) e ***agg.*** detto di appartenente a popolazione islamica dell'Africa centro-settentrionale.

cabìna [dal fr. *cabine*, capanna; 1853] ***sf.*** **1.** *T.mar.* piccola camera a bordo delle navi a uso dei passeggeri e degli ufficiali **2.** vano in cui prendono posto i passeggeri di aerei, funivie, ascensori e vari altri mezzi di trasporto: *cabina pressurizzata*, locale a tenuta stagna in cui nei moderni aerei passeggeri vengono mantenute condizioni di temperatura, pressione e umidità adeguate ‖ vano destinato al personale di guida o di manovra di vari mezzi di trasporto: *cabina di pilotaggio*, su aerei e navi; *cabina di guida*, sugli autoveicoli; *cabina spaziale*, su astronavi **3.** locale di varia dimensione adibito a vari usi: *cabina di manovra*, locale contenente i congegni per la manovra dei vari dispositivi automatici su un tratto di ferrovia; *cabina telefonica*, contenente un telefono pubblico; *cabina di regia*, in uno studio radiotelevisivo, locale in cui il regista per mezzo di apposite apparecchiature segue e dirige il programma; *cabina elettorale*, nella quale l'elettore esercita il proprio diritto con le necessarie garanzie di segretezza; *cabina elettrica*, sottostazione che alimenta una rete di distribuzione dell'energia elettrica. **Q.T.** *aeronautica, elettricità, ferrovia* **TAV.** *aeronautica* 4.2; *elettrotecnica* 8; ***astronautica* p. 655** 12.5; ***edilizia* p. 666** 2.5; ***ferrovie...* p. 669** 1.1, 2.7, 6.1, 7.5; ***nave* p. 1327** 6.11.

cabinànte [da *cabina*; 1983] ***s.*** sulle navi, persona addetta alle cabine e ai passeggeri.

cabinàto [da *cabina*; 1947] **I *agg.*** detto di imbarcazione da diporto provvista di cabina: *motoscafo cabinato* ‖ detto di autoveicoli forniti di cabina di guida chiusa e separata: *autocarro cabinato* **II *sm.*** imbarcazione da diporto provvista di cabina: *cabinato a vela, a motore.*

cabinista [da *cabina*; 1950] ***s.*** chi è addetto alla manutenzione e al controllo delle cabine elettriche.

cabinovìa [comp. di *cabina* e *-via*; 1963] ***sf.*** funivia continua dotata di numerose cabine a due o più posti. **TAV. *ferrovie...* p. 669** 6.

Cabìri [dal lat. *Cabiri*, gr. *Kábeiroi*; 1830] ***sm.*** *pl. T.mit.* divinità dell'antica religione greca oggetto di culto misterico.

cabìrie [da *cabiri*; 1769] ***sf.*** *pl.* nell'antica Grecia, feste notturne in onore dei Cabiri.

cablàggio (pl. *-gi*) [dal fr. *câblâge*; 1965] ***sm.*** *T.elettr.* l'insieme dei conduttori che collegano i vari elementi di un impianto elettrico o di un apparecchio ‖ *schema di cablaggio*, rappresentazione grafica dei componenti e dei collegamenti elettrici che costituiscono un circuito stampato.

cablàre [dal fr. *câbler*, der. di *câble*, cavo; 1955] ***tr.*** **1.** *T.elettr.* e *T.elettron.* collegare per mezzo di cablaggi **2.** *T.telecom.* trasmettere un messaggio mediante cablogramma.

cablatóre [da *cablare*; 1965] ***sm.*** (f. *-trice*) **1.** chi si occupa della disposizione dei cablaggi **2.** addetto alla ricezione e trasmissione dei cablogrammi ‖ **N. 2.** *Sin.* cablografista.

càblo [abbr. di *cablogramma*; 1965] **sm.** cablogramma.

cablografia [comp. dell'ingl. *cable*, cavo e di *-grafia*; 1955] **sf.** *T.telecom.* trasmissione di notizie telegrafiche mediante cavi sottomarini.

cablogràfico (pl. *-ci*) [da *cablografia*; 1955] **agg.** relativo alla cablografia: *codice cablografico*.

cablografista [da *cablografia*; 1955] **s.** addetto alla trasmissione e ricezione di cablogrammi || **N.** *Sin.* cablatore.

cablogràmma [dal fr. *câblogramme*; 1905] **sm.** telegramma trasmesso per mezzo di cavi telegrafici sottomarini || **N.** *Sin.* cablo.

cablòtto [dal fr. *câblot*, da *câble*, cavo; 1937] **sm.** *T.mar.* cavo usato su piccole imbarcazioni a remi per affondare l'ancorotto.

cabochon (fr., pr. [kabɔ'ʃɔ̃]) [da *caboche*, capocchia; 1905] **sm.** *inv.* tipo di lavorazione delle pietre, spec. preziose, nella quale la superficie superiore curva della gemma viene levigata e non sfaccettata.

cabotàggio (pl. *-gi*) [dal fr. *cabotage*, da *caboter*, di etim. inc.; 1765] **sm.** **1.** *T.mar.* navigazione costiera da porto a porto, part. per scopi commerciali || *piccolo cabotaggio*, navigazione esercitata tra i porti di un solo stato; *fig. di piccolo cabotaggio*, poco importante: *imprenditoria di piccolo cabotaggio* || *grande cabotaggio*, navigazione su percorsi internazionali **2.** *per estens. cabotaggio aereo*, trasporto aereo di merci tra due scali dello stesso stato. **Q.T.** *nautica...*

cabotàre (pres. *-òto*) [dal fr. *caboter*, 1937] **intr.** (aus. *avere*) *T.mar.* praticare il cabotaggio || costeggiare.

cabotièro [dal fr. *cabotier*, 1937] **I agg.** di nave, che pratica il cabotaggio: *nave cabotiera*; relativo al cabotaggio: *commercio cabotiero* **II sm.** piccolo mercantile per il cabotaggio.

cabràre [dal fr. *cabrer*, 1923] **intr.** (aus. *avere*) **1.** *T.aer.* compiere una cabrata, impennarsi **2.** *T.cin.* effettuare una panoramica dal basso verso l'alto || **tr.** far cabrare: *cabrare l'aereo*.

cabràta [da *cabrare*, 1936] **sf.** **1.** *T.aer.* rotazione dell'aereo intorno al proprio asse trasversale che ha l'effetto di innalzare la prua **2.** *T.cin.* panoramica dal basso verso l'alto || **N.** **1.** *Sin.* impennata | *Contr.* picchiata.

cabriolè **sm.** *inv. disus.* adattamento it. di *cabriolet* (v.).

cabriolet (fr., pr. [kabriɔ'lɛ]) [1771 *capriolet*] **sm.** *inv.* **1.** carrozza leggera a due posti, dotata di coperta a soffietto **2.** auto scoperta munita di tetto floscio apribile **3.** cappello femminile diffuso tra '700 e '800 legato sotto il mento con nastri. **TAV.** ***carri...*** **p. 664** 7.

cacadùbbi [comp. di *caca(re)* e *dubbio*; 1940] **s.** *inv. pop.* persona dubbiosa, titubante e incerta.

cacaiòla [dim. di un ant. *cacaia*, da *cacare*; sec. XIV] **sf.** *volg.* diarrea || *fig. avere, far venire la cacaiola*, avere, provocare una gran paura || *calze a cacaiola*, a bracaloni, che calano giù per la gamba.

cacào [dall'azteco *cacahuatl*, attr. lo sp. *cacao*; 1605] **sm.** **1.** pianta delle Sterculiacee originaria dell'America Latina, molto alta, con fiori di piccole dimensioni e colore bianco, foglie grandi e persistenti, frutti a mandorla lunghi circa venti centimetri **2.** sostanza alimentare che si ottiene macinando i semi tostati di tale pianta; di sapore amaro e aromatico, è l'ingrediente principale del cioccolato e della bevanda detta *cioccolata* || *burro di cacao*, sostanza oleosa, bianco-giallastra, che si estrae dai semi del cacao ed è impiegata nell'industria alimentare e cosmetica.

cacàre (pres. *càco, càchi*) [lat. *cacāre*; a. 1400] **intr.** (aus. *avere*) e **tr.** *volg.* defecare || *fig. cacarsi addosso, cacarsi sotto*, avere una gran paura || *cacare sangue*, avere la dissenteria; *fig.* faticare || *volg. non cacare qualcuno*, non considerarlo degno di attenzione.

cacarèlla (meno com. *cacherèlla*) [da *cacare*; 1615] **sf.** *pop.* diarrea, cacaiola || *fig.* paura intensa.

cacasénno [dal nome di un personaggio del *Bertoldo*; 1866] **s.** *inv.* persona saputella; sputa sentenze.

cacasòdo [comp. di *caca(re)* e *sodo*; sec. XVI] **s.** *inv. pop.* chi si dà eccessiva importanza || **N.** affettato, burbanzoso, vanitoso.

cacasótto [comp. di *caca(re)* e *sotto*; a. 1556] **s.** *inv. fig. pop. spreg.* persona paurosa e vigliacca || persona incapace, buono a nulla.

cacastécchi [comp. di *caca(re)* e *stecco*; sec. XIV] **s.** *inv. volg.* spilorcio, avaro.

cacàta [da *cacare*; a. 1749] **sf.** **1.** l'atto dell'andar di corpo **2.** *concr.* escrementi **3.** *fig. volg.* cosa brutta, fatta male e sim.: *quel film è una cacata*.

cacatòa o **cacatùa** [dal malese *kakatuwa*; 1708] **sm.** *inv.* genere di pappagalli diffusi in Malesia e in Australia, grandi una ventina di centimetri, con un ciuffo erettile di penne sul capo, becco robusto e compresso ai lati, piumaggio gen. bianco rosato; imitano la voce umana.

cacatóio (pl. *-ói*) [da *cacare*; 1546] **sm.** *volg.* latrina.

cacatùra [da *cacare*; a. 1306] **sf.** *volg.* cacata || *in part.* escremento di insetti.

cacazibétto [comp. di *caca(re)* e *zibetto*; a. 1742] **s.** *inv. ant. spreg.* chi è eccessivamente profumato e ricercato nel vestire || **N.** *Sin.* elegantone, ganimede, moscardino, zerbinotto.

càcca [voce infantile; a. 1484] **sf.** escremento umano, part. nel linguaggio dei bambini || *per estens.* ogni cosa sudicia o cattiva || *fig. spreg.* superbia || *fig. avere la cacca al culo*, avere molta paura.

caccabàldola [etim. inc.; sec. XIV] **sf.** *ant.* moina, vezzo.

caccavèlla [lat. tardo *caccabellus*; 1841] **sf.** *dial. nap.* vecchia pentola || strumento a percussione formato da una pentola chiusa con una pelle nella quale è infilato un bastone che viene agitato ritmicamente producendo un suono caratteristico e crepitante; tamburo a frizione.

cacchiàta **sf.** *eufem.* v. CAZZATA.

càcchio¹ (pl. *-chi*) [lat. *cat(u)lus*, cagnolino, cucciolo; 1663] **sm.** germoglio non fruttifero, spec. della vite || **N.** getto, novello, pollone.

càcchio² (pl. *-chi*) **sm.** *eufem.* v. CAZZO.

cacchióne [da *cacchio*¹; sec. XIV] **sm.** **1.** larva d'ape **2.** uovo di mosca o di altro insetto **3.** spec. *pl.*, la punta delle prime penne che spuntano ai galli e in gen. agli uccelli.

càccia¹ (pl. *-ce*) [da *cacciare*; a. 1250] **sf.** **1.** ricerca di animali selvatici per ucciderli o catturarli effettuata con armi, reti o trappole, talvolta con l'ausilio di animali domestici, spec. il cane: *caccia alla volpe, al cinghiale* || *in part.* uccisione di selvaggina effettuata nei periodi e alle condizioni stabilite dalla legge: *l'apertura della caccia, riserva di caccia* || *licenza di caccia*, autorizzazione al porto del fucile e all'attività venatoria concessa dall'autorità di polizia || *caccia grossa*, alle bestie feroci || *caccia subacquea*, pesca praticata con fucile ad aria compressa, arpioni e sim. || *caccia fotografica*, attività del filmare o fotografare animali selvatici || *per estens.* selvaggina uccisa: *cucinare la caccia* || *per meton.* luogo in cui si caccia, riserva di caccia || *per estens.* inseguimento, ricerca di un animale da parte di un altro animale: *il gatto è intento alla caccia al topo* **2.** *per estens.* ricerca di qualcuno o qualcosa per catturarlo o anche solo per trovarlo: *caccia al ladro* || ricerca avida e affannosa: *caccia al successo, caccia alla notizia da prima pagina* || *caccia all'uomo*, ricerca di malviventi, fuggitivi e sim. || *dare la caccia a qualcuno*, inseguirlo || *T.mil.* azione bellica contro aerei o navi nemiche: *guerra di caccia* || *fig. caccia alle streghe*, persecuzione dettata da pregiudizi e superstizioni **3.** ogni gioco in cui si deve ritrovare qualcosa o qualcuno: *caccia al tesoro* **4.** *T.sport.* ciascuna delle fasi in cui è diviso un incontro di pallone elastico || nel calcio storico fiorentino, ciascuno dei punti segnati **5.** componimento poetico in musica di origine francese a metro libero, gen. rappresentante scene o avvenimenti di caccia **6.** *T.mus.* procedimento contrappuntistico; canone. **Q.T.** *caccia.*

càccia² [abbr. di *cacciatorpediniere*; 1926] **sm.** *inv.* abbreviazione di cacciatorpediniere o di aeroplano da caccia.

cacciabombardière [comp. di (*aeroplano da*) *caccia* e *bombardiere*; 1950] **sm.** (pl. *-ri*) *T.aer.* aeroplano da caccia che può essere utilizzato in bombardamenti leggeri.

cacciachiòdo [comp. di *caccia(re)* e *chiodo*; 1865] **sm.** utensile d'acciaio a forma di cuneo usato per estrarre chiodi conficcati.

cacciadiàvoli [comp. di *caccia(re)* e *diavolo*; 1803] **sm.** *inv. pop.* pianta erbacea con fiori gialli punteggiati di nero dalle proprietà astringenti || **N.** *Sin.* iperico.

cacciafèbbre [comp. di *caccia(re)* e *febbre*; 1930] **sf.** *inv. pop.* pianta erbacea medicinale dai fiori rossi || **N.** *Sin.* biondella.

cacciagióne [da *cacciare*; a. 1328] **sf.** (solo *sing.*) gli animali ammazzati o presi vivi da chi va a caccia || la carne commestibile di tali animali: *pasticcio di cacciagione* || **N.** *Sin.* caccia, preda, selvaggina.

cacciamìne [comp. di *caccia(re)* e *mina*; 1947] **sm.** *inv. T.mar.* nave da guerra specializzata nella ricerca di mine mediante apparati di rilevazione acustica e magnetica || **N.** *Sin.* dragamine.

cacciamósche [comp. di *caccia(re)* e *mosca*; 1830] **sm.** *inv.* scacciamosche.

cacciapàlle o **cacciapàlla** [comp. di *caccia(re)* e *palla*; sec. XVI] **sm.** *inv. T.arm.* strumento impiegato per estrarre la palla dalle armi ad avancarica.

cacciàre (pres. *càccio*) [lat. volg. **captiāre*; inizio sec. XIII nel senso 2] **tr.** **1.** dare la caccia ad animali selvatici per ucciderli o catturarli: *cacciare il cinghiale* **2.** allontanare; mettere in fuga: *ha cacciato di casa gli amici, il fuoco ha cacciato gli animali dalla foresta*; anche *fig.*: *cacciare la malinconia* **3.** spingere in malo modo, ficcare: *lo hanno cacciato dentro senza troppi riguardi, cacciò i vestiti in una sacca e partì* || *cacciare il naso nei fatti altrui*, intromettersi **4.** *fam.* tirar fuori: *caccia i soldi e stai zitto* || *cacciare un urlo*, gridare con forza || *non com.* di piante, mettere i germogli || **intr.** (aus. *avere*) andare a caccia: *cacciò nella taiga per tutta l'estate* || **rifl.** ficcarsi, andare a finire: *si è cacciato in un bel pasticcio* || nascondersi: *dove ti sei cacciato?* || **N.** **2.** *Sin.* espellere, mandar via, scacciare **3.** *Sin.* infilare, sbattere. **Q.T.** *caccia.*

cacciarèlla (*dim.* di *caccia*¹) [1947] **sf.** *region.* nel Lazio e nella Maremma, battuta di caccia al cinghiale.

cacciasommergìbili [comp. di *caccia(re)* e *sommergibile*; 1935] **sm.** *inv. T.mar.* nave da guerra di piccole dimensioni, opportunamente armata, destinata a combattere i sommergibili.

cacciàta [da *cacciare*, 1312 nel senso 2] **sf.** **1.** il cacciare, part. lunga partita di caccia **2.** il cacciar via, espulsione: *la cacciata degli Ebrei dalla Spagna* **3.** *pop.* levata, cavata: *una cacciata di sangue*.

cacciatóra [da *cacciare*, 1825] **sf.** **1.** giacca di tessuto resistente, gen. velluto a coste o fustagno, con ampie tasche che possono venire utilizzate come carniere || *alla cacciatora*, alla maniera dei cacciatori || *cucinare alla cacciatora*, con olio, vino e salsa di pomodoro **2.** *T.mus.* aria che veniva eseguita durante le cacce.

cacciatóre [da *cacciare*; a. 1292] ***sm.*** (f. *-trìce*) **1.** chi va a caccia: *un cacciatore inesperto* || *cacciatore di frodo*, chi esercita l'attività venatoria senza licenza o trasgredendo la normativa || *cacciatore subacqueo*, chi pratica la caccia sottomarina con fucili ad aria compressa, arpioni e sim. || *T.etn. cacciatori di teste*, denominazione di vari popoli dell'America meridionale, dell'Africa e dell'Indocina che hanno la consuetudine di tagliare le teste ai nemici uccisi e di mummificarle per scopi magico-rituali; *fig.* chi cerca per conto terzi personale qualificato, *talent scout* **2.** chi per professione cattura animali non domestici **3.** *fig.* chi cerca ostinatamente qualcosa: *cacciatore di onori*; *cacciatore di dote*, chi cerca sistemazione sposando una donna ricca **4.** *T.mil.* negli eserciti del secolo scorso, soldato a piedi o a cavallo dotato di equipaggiamento leggero, impegnato soprattutto in operazioni di disturbo e fiancheggiamento || *Cacciatori delle Alpi*, corpo di volontari italiani nella seconda guerra di indipendenza agli ordini di Garibaldi **5.** nelle antiche corti, titolo dell'ufficiale di corte incaricato della caccia con i cani **6.** *T.mil.* pilota di aereo da caccia || *per estens. non com.* l'aereo stesso **7.** servo in livrea che stava nella parte posteriore delle carrozze di famiglie nobili || **N. 1.** battitore, capocaccia, guardiacaccia, uccellatore; bracconiere | borraccia, carniere, cartucciera, fiaschetta. **Q.T.** *caccia.*

cacciatorino [da (salamino alla) *cacciatora*; 1970] ***sm.*** piccolo salame di pasta dura.

cacciatorpedinière [comp. di *caccia(re)* e *torpediniera*; 1905 *cacciatorpediniera*] ***sm.*** *T.mar.* nave da guerra di piccolo tonnellaggio, con cannoni e siluri, impiegata in missioni di scorta.

cacciavite [comp. di *caccia(re)* e *vite*²; 1772] ***sm.*** *inv.* (o anche pl. *-i*) strumento per stringere o allentare le viti costituito da uno stelo d'acciaio con estremità appiattita o a croce innestato in un manico.

cacciù [mal. *kašū*, attr. il fr. *cachou*; a. 1684] ***sm.*** nome di varie specie di acacia, diffuse nel continente indiano, da cui si estrae una sostanza amara, densa, che costituisce uno degli ingredienti del betel.

cacciùcco (pl. *-chi*) [dal turco *kaçukli*, minutaglia; 1864] ***sm.*** zuppa tipica del livornese fatta con varie qualità di pesce, cipolla, pomodoro, aglio, pepe e vino bianco o rosso e versata su fette di pane abbrustolito.

càccola [da *cacca*; 1427 nel senso 1; 1954 nel senso 3] ***sf.*** **1.** sterco che rimane attaccato alla lana delle pecore **2.** muco che si rapprende nelle narici || cisposità degli occhi || cerume delle orecchie **3.** *T.cin.* incrostazione, dovuta a depositi di polvere di celluloide o a frammenti di emulsione, che si forma sul quadro di proiezione di un proiettore cinematografico **4.** *pop.* part. *pl.* chiacchiere, pettegolezzi.

caccolóne [da *caccola*; 1887] ***sm.*** (f. *-a*) *pop.* chi si toglie spesso le caccole dal naso.

caccolóso [da *caccola*; a. 1306] ***agg.*** pieno di caccole || *per estens. pop.* sporco, sudicio.

cachemire (fr., pr. [kaʃ'mi:r]) [1797 *casimir*] ***sm.*** *inv.* fibra tessile naturale, morbida e lucente che si ricava dalle pecore del Kashmir || *per estens.* tessuto prodotto con tale lana.

cache-nez (fr., pr. [kaʃ'ne]) [letter. nascondi-naso; 1905] ***sm.*** *inv.* sciarpa che si usa per riparare dal freddo il naso, le guance e la bocca.

cache-pot (fr., pr. [kaʃ'po]) [letter. nascondi-vaso; 1918] ***sm.*** *inv.* vaso in ceramica, metallo o altro materiale, in cui si mette il vaso di terracotta che contiene la pianta || **N.** *Sin.* portavasi.

cacherèlla v. CACARELLA.

cacherèllo [da *cacare*; 1340 ca.] ***sm.*** sterco, a forma di pallottola, di capre, pecore, ecc.

cache-sexe (fr., pr. [kaʃ'sɛks]) [letter. nascondi-sesso; 1931] ***sm.*** *inv.* slip ridottissimo,

CACCIA

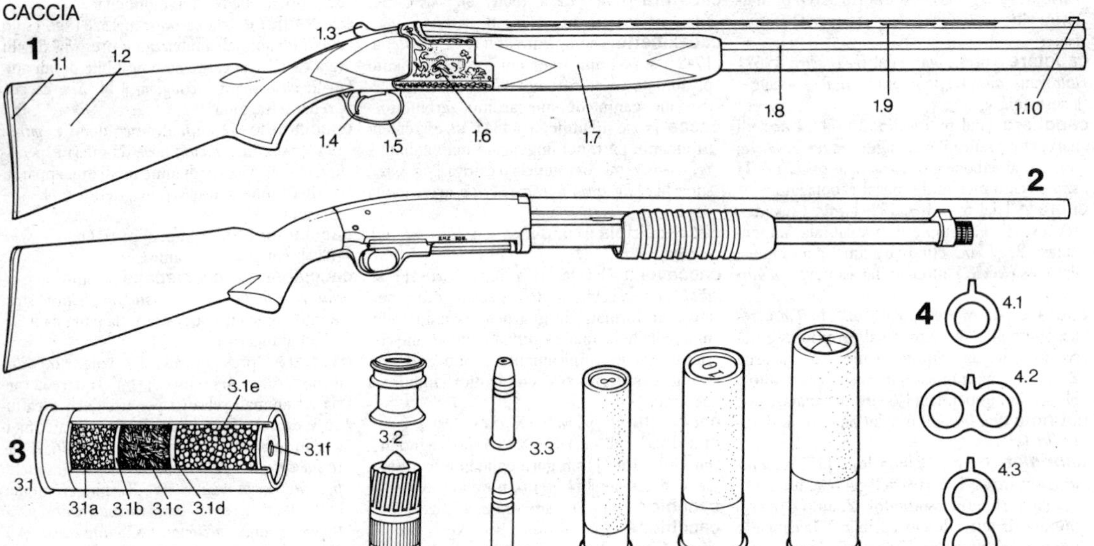

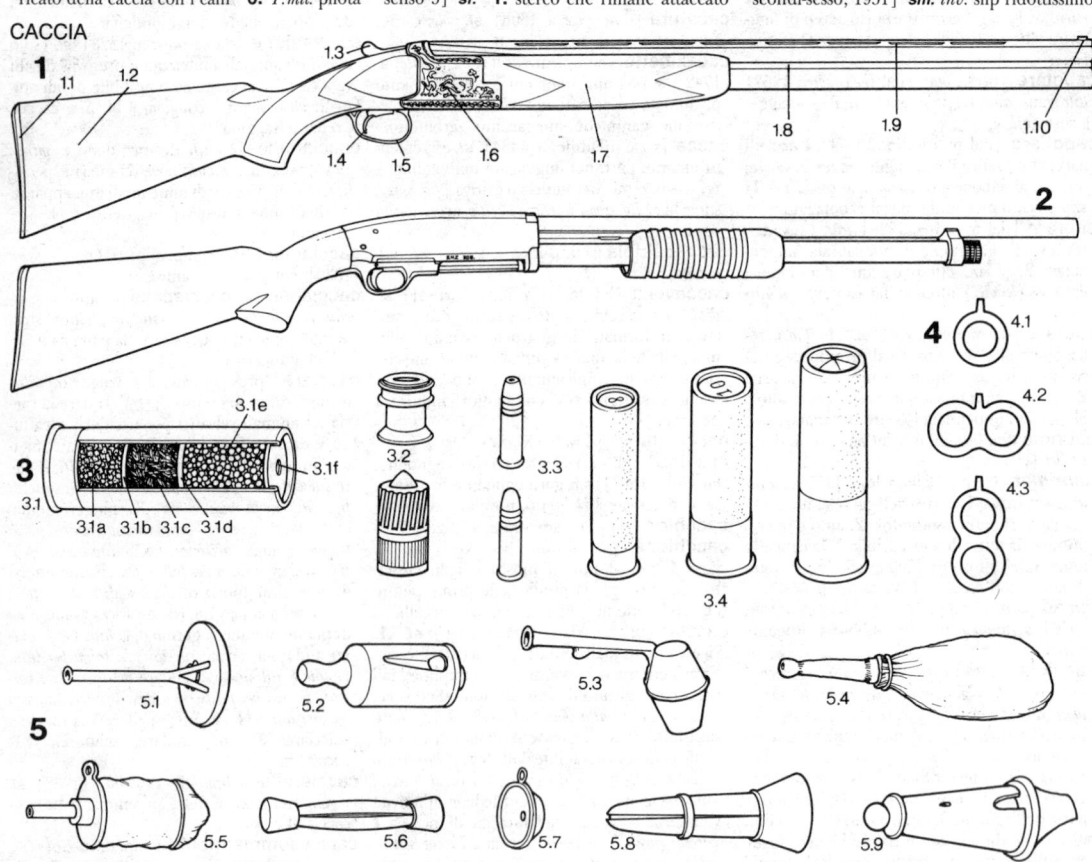

1. fucile
1.1. calciolo - 1.2. calcio - 1.3. chiave - 1.4. grilletto - 1.5. ponticello - 1.6. culatta - 1.7. guardamano - 1.8. canna - 1.9. bindella ventilata - 1.10. mirino

2. fucile a pompa

3. tipi di munizioni
3.1. spaccato di cartuccia calibro 12 - 3.1.a. polvere - 3.1.b. cartoncino impermeabile - 3.1.c. borra - 3.1.d.. cartoncino - 3.1.e. pallini di piombo - 3.1.f. cartoncino friabile - 3.2. palle per armi a canna liscia - 3.3. cartucce calibro 22 - 3.4. alcuni tipi di cartucce per armi a canna liscia

4. sezioni di canne
4.1. monocanna - 4.2. doppietta a canne giustapposte - 4.3. doppietta a canne sovrapposte

5. richiami
5.1. per gazza - 5.2. per cesena - 5.3. per fagiano - 5.4. per quaglia - 5.5. per tordo - 5.6. per pavoncella - 5.7. per allodola - 5.8. per anitra selvatica - 5.9. per piviere

che copre solo il pube, usato spec. come costume di scena.

cachessìa [dal lat. tardo *cachexia*, gr. *kachexía*; a. 1730] ***sf.*** *T.med.* dimagramento patologico causato da malattie croniche o vecchiaia.

cachet (fr., pr. [ka'ʃɛ]) [letter. piccolo sigillo; 1892] ***sm.*** *inv.* **1.** capsula di sostanza amidacea contenente una dose di medicinale in polvere da prendere per via orale || *per estens.* compressa analgesica **2.** compenso per una singola prestazione gen. di breve durata, part. in teatro, nel giornalismo e sim. || *per estens.* la prestazione stessa **3.** *fig.* modo di fare, stile **4.** prodotto colorante per capelli.

cachèttico (pl. *-ci*) [dal lat. tardo *cachecticus*; sec. XIV] ***agg.*** che è caratteristico della cachessia: *colore cachettico* || che è affetto da cachessia.

cachettìsta (pr. [kaʃet'tista]) [da *cachet*; 1983] ***s.*** chi viene pagato per ogni sua singola prestazione, spec. nel mondo dello spettacolo, del giornalismo e sim.

càchi[1] (pop. *càco*, pl. *-chi*) [voce giapp.; 1836] ***sm.*** *inv.* **1.** albero delle Ebenacee originario del Giappone, con fiori a corolla di colore giallastro e frutti di colore giallo arancio delle dimensioni di una mela, con polpa molle, dolce e succosa **2.** il frutto di tale pianta.

càchi[2] (non com. *kàki*) [dall'ingl. *khaki*; 1908 *kaki*] **I** ***agg.*** *inv.* (sempre posposto) di color sabbia, tipico delle divise e degli abiti coloniali: *uniforme cachi* **II** ***sm.*** tale colore || *per estens.* abito di tale colore.

cachìnno [dal lat. *cachĭnnus*; a. 1321] ***sm.*** *lett.* risata sguaiata e beffarda.

caciàia [da *cacio*; 1759] ***sf.*** luogo in cui si stagionano e si conservano le forme di cacio.

caciàio (pl. *-ài*) o **caciaiòlo** [da *cacio*; 1687 *caciaiulo*] ***sm.*** (f. *-a*) *tosc.* chi fabbrica o vende il cacio.

caciàra [forse rifacimento di *gazzarra*; 1931] ***sf.*** *dial. rom.* gazzarra, trambusto: *quella era un'occasione buona per fare un po' di caciara* (Pasolini).

caciaróne [da *caciara*; 1977] ***agg.*** e ***sm.*** (f. *-a*) *dial. rom.* molto chiassoso o rumoroso: *un gruppo caciarone, è davvero un caciarone.*

cacìcco (pl. *-chi*) [dal caraibico *Kacik*; 1525] ***sm.*** titolo attribuito ai capi indigeni delle Antille, del Perù e in gen. dell'America Centrale durante l'occupazione spagnola || *per estens. fig.* notabile.

cacimpèrio (pl. *-ri*) [comp. di *cacio* e di un secondo elem. di etim. inc.; a. 1837] ***sm.*** piatto fatto con cacio grattato, burro, uova, latte o brodo.

càcio (pl. *-ci*) [lat. *cāsĕus*; 1299 *cascio*] ***sm.*** *tosc.* formaggio || *fig. alto come un soldo di cacio*, di piccola statura || *fig. essere* (o *capitare* e sim.) *come il cacio sui maccheroni*, a proposito || *fig. essere come pane e cacio*, andare d'accordo || *per estens.* forma di formaggio: *ho comprato un cacio di tre chili.*

caciocavàllo (pl. *cacicavàlli*) [prob. composto di *cacio* e *cavallo*; 1311] ***sm.*** formaggio a pasta dura, dolce o piccante, a forma oblunga, tipico dell'Italia meridionale.

caciòla [da *cacio*; sec. XIV] ***sf.*** *tosc.* caciotta.

cacióso [da *cacio*; a. 1698] ***agg.*** che ha l'aspetto del cacio.

caciòtta [da *cacio*; 1846] ***sf.*** formaggio tenero, basso e di forma circolare || *dim.* caciottèlla, caciottìna.

caciottàro o **caciottàio** (pl. *-ài*) [da *caciotta*; 1959 *caciottaio*] ***sm.*** (f. *-a*) *centr.* chi produce o vende caciotte.

càco v. CACHI[1].

càco- [dal gr. *kakós*, cattivo] ***primo elem.*** che, in parole composte dotte, ha il valore di "cattivo", "sgradevole" (per es. *cacofonia*, *cacografia*).

cacofonìa [dal gr. *kakophōnía*; 1585] ***sf.*** **1.** effetto sgradevole prodotto dall'incontro di certi suoni, part. dalla ripetizione ravvicinata di sillabe uguali **2.** *T.mus.* insieme sgradevole di voci o suoni non accordati tra loro || **N.** *Contr.* eufonia.

cacofònico (pl. *-ci*) [da *cacofonia*; 1618] ***agg.*** che produce suoni sgradevoli e discordanti; disarmonico: *effetto cacofonico.*

cacografìa [comp. di *caco-* e *-grafia*; 1865 nel senso 2] ***sf.*** **1.** brutta scrittura **2.** scrittura errata || **N. 1.** *Contr.* calligrafia.

cacologìa (pl. *-gìe*) [comp. di *caco-* e *-logia*; a. 1639] ***sf.*** *T.ret.* espressione poco scorrevole o difettosa dal punto di vista logico o stilistico.

cacóne [da *cacare*; a. 1556] ***sm.*** (f. *-a*) chi va spesso di corpo || *fig.* pauroso, vile.

cacosmìa [comp. di *caco-* e *-osmia*, dal gr. *osmḗ*, odore; 1939] ***sf.*** *T.med.* disturbo della facoltà olfattiva, che consiste nella percezione di odori cattivi.

Cactàcee [da *cactus*; 1865] ***sf. pl.*** *T.bot.* famiglia di piante dicotiledoni tipiche dei paesi tropicali e dei climi desertici, con fusti carnosi, sferici, cilindrici o appiattiti, foglie squamose o ridotte ad aculeo, fiori solitari.

càctus o **càcto** [dal lat. *cactus*; 1793 *cacto*] ***sm.*** *inv.* **1.** *T.bot.* genere di piante delle Cactacee che comprende specie con fusto corto, sferico e spinoso **2.** *gen.* pianta delle Cactacee.

cacùme [dal lat. *cacūmen*; a. 1321] ***sm.*** *ant. raro* vetta di un monte.

cacuminàle [da *cacume*; 1955] ***agg.*** **1.** *lett.* relativo alla vetta; che sta sulla vetta: *zona cacuminale di un rilievo* **2.** *T.ling.* retroflesso.

CAD (pr. [kad]) [acronimo di *C*omputer *Ai*ded *D*esign, progettazione assistita da calcolatore; 1983] ***sm.*** *inv.* *T.inform.* progettazione assistita da calcolatore; si riferisce alle tecniche e al *software* impiegato per l'automazione della progettazione industriale.

cadaùno [comp. del gr. *katá*, per e it. *uno*; 1211 *catuno*] ***agg.*** e ***pron. indef.*** *ant.* ciascuno, ognuno; oggi usato part. nel linguaggio commerciale.

cadàvere [dal lat. *cadāver*, a. 1364 *cadavero*] ***sm.*** corpo umano dopo la morte: *all'obitorio non c'è posto per altri cadaveri* || *bianco come un*

CACCIA

Uccellatura, uccellagione, venagione, arte venatoria, aucupio, cinegetica, cacciata, battuta, cattura, posta; alta, grossa, minuta; all'abbeveratoio, all'albergo, all'aspetto, a fermo, a volo, a balzello, alla posta, di botte o in palude, col falco, con la civetta, col furetto, con gli specchietti, col chiapparello, col calappio, col laccio, con le trappole, con le reti, con le panie, safari.

PERSONE: cacciatore, battitore, capocaccia, guardiacaccia, uccellatore, falconiere, zimbellatore, bracchiere, bracconiere.

CANI DA CACCIA: da ferma (bracco, spinone, griffone, *épagneul*, *pointer*, *setter*), da riporto (*retriever*), da cerca (levriero, spaniel), da seguito (segugio, *basset*, *foxhound*, *beagle*) bassotti, terriers, da corsa; guinzaglio, muta, canizza o canea; fiutare, annusare, levare, puntare, scagnare, scovare, stanare, squittire.

SELVAGGINA.

MAMMIFERI: alce, bisonte, lepre, coniglio selvatico, cinghiale, cervo, capriolo, daino, camoscio, stambecco, muflone, volpe, lontra, tasso, istrice, martora, ermellino, donnola, lince, lupo, ghiottone, marmotta, scoiattolo.

UCCELLI: allodola, colombaccio, colombella, piccione selvatico, tortora, coturnice, pernice, starna, quaglia, fagiano, gallo cedrone, pavoncella, piviere, chiurlo, beccaccia, beccaccino, frullino, gallinella d'acqua, folaga, cigno, oca selvatica, anatra selvatica (germano, alzavola, moriglione, smergo, marangone), tordo, merlo, fringuello, pispola; di passo, di doppio passo, sedentari, stanziali, invernali, estatini, migrazione, ripopolamento.

CACCIA CON LE RETI: prodina, ragnaia, boschetto da tordi, brescianella, paretaio; roccolo, quagliara larga.

PARTI: capanno, corridoio, tondo, piazza o aia, doppia siepe, specchi, frasconaia, sfalco, spauracchio, giochi.

RETI: aiuolo, ragna (armatura), bùcine, tesa, nasse, paratelle, plaga, lanciatoia, tramagli, tramaglini, retina, retone, trascino, reti a inganno, bertovello, nassa, a strascico, verticali, orizzontali, a caduta.

TERMINI VARI: allettaiolo, azzica, civetta (viva, meccanica), richiamo (zirlatori, chioccolatori, cantatori), schiamazzo, specchietto da richiamo, tracolla, zimbello (imbracato, accodato, impastoiato); gabbie (ossatura, gretola, sportello, posatoi, mangiatoia, beverino).

CACCIA CON LE PANIE: geti, gruccia, palmone, pania, panione, paniuzze, paniaccio, vergello, civetta.

CACCIA COL FUCILE: nocetta, posta.

FUCILE: archibugio, carabina, moschetto, doppietta, trombone, spingarda; carico, scarico, a cani esterni, a cani interni o *hammerless*, a triplice chiusura, a due canne, a due canne sovrapposte, ad ago, ad aria compressa, a percussione, a retrocarica, ad avancarica, a ripetizione, automatico, semiautomatico, calibro 12, calibro 16; canna, mirino, cartuccia, magliarola, pallini, polvere, piombo, munizioni, bossolo, capsula, cartoncini, fondello. V. quadro terminologico ARMI.

CACCIA COL FALCONE: falconeria, falchi d'alto volo (girifalco, falcone), falchi di basso volo (astore, sparviero), cappuccio, logoro, strozziere, richiamo, geti.

ARNESI, ACCESSORI: balestra, arco, cerbottana, pistolese, spiedo; corno, fischio (fischietto, cantarella, chioccolo, pistola, quagliere, sordina), borraccia, cacciatora, calibratore, carniera, carniere, cartucciera, cosciali, stivaloni; fiaschetta della polvere, misurino o dosatrice, scovolo.

VOCI ATTINENTI: apertura, chiusura, licenza, patente, bandita, battuta, battuta a rastrello, riserva, parco, equipaggio, treno, pista, uccellanda, far candela, far cilecca, far doppietto, padella, marcare, impallinare.

cadavere, molto pallido, gen. per una forte emozione || *fig.* persona macilenta, assai magra: *sembrava un cadavere ambulante* || **N.** *Sin.* corpo esanime, mummia, resti mortali, salma, spoglia; carogna | autopsia, cremazione, imbalsamazione, mummificazione, putrefazione.

cadavèrico (pl. *-ci*) [da *cadavere*; 1745] **agg.** proprio del cadavere || *rigidità cadaverica*, fenomeno d'irrigidimento muscolare che si manifesta dopo la morte || *fig.* pallido, simile a quello di un cadavere: *viso, aspetto cadaverico.*

cadaverina [da *cadavere*; 1950] **sf.** *T.chim.* sostanza organica fortemente tossica che si forma nei cadaveri in putrefazione.

caddie (ingl., pr. [ˈkædɪ]) [dal fr. *cadet*, cadetto; 1950] **sm.** *inv.* (anche pl. *caddies*, pr. [ˈkædɪz]) *T.sport.* nel golf, inserviente che porta le mazze.

cadeau (fr., pr. [kaˈdo]) [1905] **sm.** *inv.* dono, regalo.

cadènte (*ppr.* di *cadere*) [a. 1333] **agg.** nei significati del verbo || *edificio cadente*, in rovina || *un vecchio cadente*, decrepito || *anno, mese cadente*, che sta per terminare || *luna, sole cadente*, che sta per tramontare || *stella cadente*, meteora che attraversa l'atmosfera.

cadènza [dal lat. *cadĕntia*; 1550] **sf.** **1.** *T.mus.* conclusione di una frase musicale determinata da particolari successioni di accordi o formule melodiche; *cadenza perfetta*, passaggio dall'accordo sul V grado a quello sul I; *cadenza plagale*, v. PLAGALE; *cadenza d'inganno*, v. INGANNO; *cadenza sospesa*, passaggio dal II o IV o VI al I grado; *cadenza evitata*, collegamento dal V al VI grado; *cadenza frigia*, dal primo rivolto di una triade minore a una triade maggiore || passaggio virtuosistico eseguito dal solista part. a conclusione di un brano **2.** andamento ritmico di un ballo, di un passo di marcia e sim. || *T.mil. cadenza!*, ordine di battere con forza per tre volte il piede destro a terra per regolare il ritmo di marcia || *per estens.* frequenza regolare di ripetizione, successione regolare: *bollette a cadenza trimestrale* || *per estens.* inflessione della voce: *parla con cadenza veneta* || *T.cin.* numero di fotogrammi che passano al secondo attraverso la finestra della macchina di ripresa o di proiezione || *T.sport.* nell'atletica leggera, il numero dei passi che i marciatori compiono in un minuto; nella ginnastica, il numero dei tempi di un esercizio (tutti uguali per durata) contenuti in un minuto; nel canottaggio, il numero di palate eseguite in un minuto **3.** *ant.* desinenza. **Q.T.** ***musica.***

cadenzàre (pres. *-ènzo*) [dal fr. *cadencer*; 1826] **tr.** dare a qualcosa una particolare cadenza: *cadenzare il passo*; modulare secondo una particolare cadenza: *cadenzare il verso* || **intr.** (aus. *avere*) *T.mus.* accentuare una particolare cadenza: *un brano cadenzato sul mi*; avere una particolare cadenza armonica, tonalità: *il brano cadenza in do diesis* || **N.** **tr.** ritmare, scandire.

cadenzàto (*pps.* di *cadenzare*) [1830] **agg.** che ha un particolare andamento ritmico, scandito da pause regolari, ritmato: *passo cadenzato* || *orario cadenzato*, in cui l'inizio di un'attività è spostato in modo periodico e costante rispetto allo scoccare dell'ora (1:10, 2:10, 3:10 ecc.).

cadére (pres. *càdo, càdi, càde, cadiàmo*; imp. *cadévo*; p.rem. *càddi, cadésti, càdde, cadémmo, cadéste, càddero*; fut. *cadrò, cadrémo, cadréte, cadrànno*; pps. *cadùto*) [lat. volg. **cadēre*; a. 1257 nel senso 3] **intr.** (aus. *essere*) **1.** precipitare, andare dall'alto in basso per effetto del proprio peso, senza sostegni, fermandosi a terra o su un altro corpo; di persona, perdere l'equilibrio a causa di spinte od ostacoli che intralciano il cammino: *è caduto da cavallo, il masso è caduto nel fiume, un vaso è caduto dal davanzale* || *cadere bene*, restare illeso dopo una caduta; *fig.* essere fortunati: *cadi bene, ho proprio ciò che cerchi* || *fig. cadere dalle nuvole*, stupirsi || *fig. cadere in piedi*, uscire bene da una situazione pericolosa || *fig. far cadere le braccia*, deprimere, sconfortare || *fig. cadere ai piedi di qualcuno, cadere in ginocchio davanti a qualcuno*, supplicarlo || *fig. cadere nelle mani, nelle grinfie, nelle braccia di qualcuno*, incappare, incorrere || *fig. far cadere qualcosa dall'alto*, concederla con degnazione || appuntarsi: *la scelta del comitato cadde su di lui* **2.** crollare: *il soffitto è caduto*; anche *fig.*: *la cittadella è caduta*, si è arresa; *il tiranno è caduto*, è stato spodestato **3.** ritrovarsi in una situazione difficile o comunque peggiore di quella precedente: *cadde in rovina, ammalato* || *cadere in trappola*, essere vittima di un inganno o di un'imboscata || *fig. cadere dalla padella nella brace*, da una brutta situazione a una ancora peggiore || fallire: *cadde all'ultimo esame* || morire in guerra: *è caduto in battaglia* || peccare: *il demonio lo ha tentato e lui è caduto* **4.** detto di fenomeni celesti: *è caduto un fulmine, cade la pioggia* || di denti, capelli, foglie che si staccano per cause naturali o patologiche: *gli sono già caduti quasi tutti i capelli* **5.** finire, cessare: *il vento cadde all'improvviso*; *chiariti i fatti, i nostri sospetti caddero* || *fig.* tramontare: *il sole cadeva dietro la collina* || *fig. lasciar cadere il discorso, la proposta*, abbandonarli || *fig. cadere nell'oblio*, venire dimenticato **6.** capitare: *cade a proposito*; ricorrere periodicamente: *l'anniversario della presa della Bastiglia cade il 14 luglio* || rivolgersi per caso: *il discorso cadde sugli appalti truccati* || *fig. lasciar cadere una parola, una frase*, presentarla con finta noncuranza in vista di un determinato effetto **7.** detto di corpo che scende pur rimanendo sospeso: *i capelli gli cadono sugli occhi* || di abito, tenda ecc., *cadere bene*, essere tagliato appropriatamente **8.** *non com. T.ling.* terminare, avere come desinenza: *parole che cadono per consonante* || **N.** **1.** *Sin.* andar giù, capitombolare, cascare, ricadere, rotolare, rovesciarsi, ruzzolare, stramazzare | a capofitto, a gambe levate, all'indietro, a terra, bocconi, come corpo morto, come una pera cotta, come un cencio, di fianco, di fronte, in piedi, lungo disteso, supino **2.** *Sin.* diroccarsi, dirupare, precipitare, rovinare, sprofondare **3.** *Sin.* decadere, tracollare **4.** nevicare, piovere **5.** *Sin.* calare **6.** *Sin.* occorrere **7.** *Sin.* pendere, scendere.

cadétto [dal fr. *cadet*; 1554] **I** **sm.** (f. *-a*) **1.** figlio maschio, e *per estens.* figlia, non primogenito di famiglia nobile || *per estens.* figlio secondogenito || *per estens.* l'ultimo di molti figli **2.** allievo di accademia militare **3.** componente di una squadra cadetta, cioè di serie B **II** **agg.** **1.** detto di figlio maschio non primogenito di una famiglia nobile || detto di ramo collaterale nella discendenza di una famiglia nobile **2.** *T.sport.* di secondo piano: *campionato cadetto*, nel calcio, quello di serie B.

cadì [dall'ar. *qāḍī*; a. 1405] **sm.** *inv.* magistrato musulmano che su delega del sovrano amministra la giustizia secondo il diritto islamico.

cadiménto [da *cadere*; prima metà sec. XIV] **sm.** *raro* caduta || *fig.* rovina.

caditóia [da *cadere*; 1550] **sf.** **1.** *T.mil.* apertura praticata negli sporti delle torri e delle finestre per lasciar cadere proiettili, pietre, piombo, olio bollente sugli assedianti; piombatoia **2.** *caditoia stradale*, apertura per il passaggio dell'acqua di scolo dalla strada alla fogna; tombino, chiusino **3.** *T.mur.* sportello di chiusura del bacino dove si spegne la calce.

càdmia [dal nome della rocca di Tebe, detta *Cadmea* in onore del fondatore della città (Cadmo), giacché nelle vicinanze della rocca si trovava un giacimento di tale minerale; a. 1498] **sf.** **1.** antico nome di vari minerali di zinco **2.** residuo (composto spec. di ossido di zinco) che costituisce il deposito dei recipienti o dei forni usati per fondere metalli.

cadmiàre (pres. *càdmio*) [da *cadmio*; 1942] **tr.** rivestire di cadmio un altro metallo.

cadmiatùra [da *cadmio*; 1942] **sf.** l'operazione di rivestire di cadmio un oggetto metallico per mezzo di un bagno elettrolitico o per immersione in una lega di cadmio-zinco || *per estens.* il rivestimento protettivo così ottenuto.

càdmio [da *cadmia*, antico nome dei minerali da cui si estrae tale elemento; 1820] **sm.** *T.chim.* elemento chimico, metallo bianco argento, duttile, malleabile; costituisce un sottoprodotto della lavorazione di minerali di zinco e insieme ad altri metalli viene utilizzato nella fabbricazione di leghe per conduttori elettrici, nella cadmiatura e in galvanoplastica.

caducàre (pres. *-ùco, -ùchi*) [da *caduco*; 1830] **tr.** *T.giur.* annullare un atto giuridico.

caducazióne [da *caducare*; a. 1744] **sf.** *T.giur.* annullamento degli effetti di un atto giuridico per scadenza del termine.

caducèo o **cadùceo** [dal lat. *cadūceum*; 1525] **sm.** verga alata con due serpenti attorcigliati, usata da Mercurio per comporre le liti || simbolo dell'arte sanitaria || simbolo degli araldi.

caducifòglio (pl. *-gli*) [comp. di *caduco* e *foglia*; 1955] **agg.** *T.bot.* si dice di pianta che perde annualmente le foglie.

caducità [dal lat. tardo *caducitas, -ātis*; a. 1676] **sf.** **1.** *lett.* l'esser caduco: *quell'elemento che più di ogni altro ci dà il senso della caducità delle cose, voglio dire la polvere* (Cardarelli) **2.** *T.giur.* la perdita di un diritto in conseguenza di fatti nuovi: *la caducità del testamento, del contratto* || **N.** **1.** *Sin.* fugacità, labilità.

cadùco (pl. *-chi*) [dal lat. *cadūcus*; 1321] **agg.** **1.** che per sua natura è destinato a cadere o a perire, fugace, effimero: *bellezza caduca* **2.** *T.biol.* di organo destinato a cadere per essere sostituito da un altro: *corna caduche*, quelle dei cervidi; *denti caduchi*, quelli da latte **3.** *T.bot.* di organo che si stacca dal suo asse prima della norma: *calice caduco* **4.** *T.giur. beni caduchi*, nel diritto romano, parte dell'eredità che alla morte del testatore non passa al legittimo erede in quanto questi è impossibilitato a riceverla **5.** *pop. mal caduco*, epilessia || **N.** **1.** *Sin.* labile, passeggero, perituro, precario | *Contr.* durevole, imperituro, permanente **3.** *Sin.* deciduo.

cadùta [da *cadere*; a. 1292] **sf.** **1.** atto ed effetto del cadere nei suoi vari sensi: *caduta da cavallo, dei capelli, dei denti, caduta dei prezzi, del potere d'acquisto* || *caduta d'acqua*, cascata || *caduta di tensione*, differenza di potenziale tra due punti di un conduttore; anche, diminuzione di potenziale || *caduta termica*, gen. abbassamento della temperatura; in termodinamica, differenza del valore di entalpia all'inizio e al termine di una trasformazione **2.** *fig.* capitolazione: *la caduta della fortezza assediata* || *fig.* rovina: *la caduta dell'Impero romano* || *fig.* cessazione repentina di un potere o di una carica: *la caduta della monarchia, del governo* || *fig.* insuccesso: *la commedia ebbe una caduta inattesa* || peccato: *la caduta dell'uomo nel paradiso terrestre* **3.** *T.mar.* ciascuno dei lati verticali delle vele quadre, e il lato verticale poppiero di fiocchi e vele latine **4.** *angolo di caduta*, in balistica, angolo compreso tra l'orizzontale e la tangente alla traiettoria || **N.** **1.** *Sin.* capitombolo, cascata, ruzzolone, tonfo; crollo **2.** *Sin.* resa. **TAV.** ***astronautica*** **p. 654** 3.6.

cadùto (*pps.* di *cadere*) [a. 1294] **I** **agg.** nei significati del verbo **II** **sm.** morto in combattimento: *fu innalzato un monumento ai caduti della guerra di liberazione.*

cafaggiàio (pl. *-ài*) [da *cafaggio*; 1734] **sm.** *ant.* custode di boschi e campagne || *fig.* saccente.
cafàggio (pl. *-gi*) [dal long. *gahagi*; 1865] **sm.** *ant.* bandita di caccia; distesa di campi (oggi solo nei toponimi).
cafàrnao [dal nome della città di Palestina, dove conveniva una gran folla richiamata dalla predicazione di Gesù; 1865] **sm.** *ant. disus.* luogo di confusione, ammasso disordinato di cose || nelle *loc. scherz.*: *mettere in cafarnao*, mangiare; *andare in cafarnao*, farsi inghiottire.
café chantant (fr., pr. [kafe ʃɑ̃'tɑ̃]) [1892] **loc. m.** *inv.* caffè-concerto.
café-society (ingl., pr. ['kæfeɪ sə'saɪətɪ]) [1963] **sf.** *inv.* bel mondo, l'insieme delle persone che frequentano ritrovi e località alla moda.
cafetàno v. CAFFETTANO.
cafeterìa v. CAFFETTERIA.
caffè [dall'ar. *qahwa*; 1585 *cavèe*] **I sm.** *inv.* **1.** pianta tropicale delle Rubiacee, sempreverde, con foglie ovali, fiori bianchi e frutti a bacca contenenti ciascuno due semi || *per estens.* i semi di tale pianta **2.** sostanza aromatica che si ottiene dal seme tostato di tale pianta: *caffè in chicchi, caffè macinato* || *caffè decaffeinato*, da cui è stata tolta la caffeina **3.** bevanda aromatica che si prepara mediante infusione della polvere di chicchi tostati e macinati: *fare, prendere il caffè*; *caffè ristretto*, molto concentrato; *caffè lungo*, diluito; *caffè corretto*, cui è stato aggiunto liquore; *caffè amaro*, senza zucchero; *caffè macchiato*, con latte; *caffè espresso*, preparato con apposite macchine, *com.* il caffè servito nei bar; *caffè alla turca*, preparato facendo bollire la polvere e lo zucchero e versato nella tazzina senza filtrarlo; *caffè freddo*, bevanda dissetante estiva fatta con caffè, ghiaccio ed eventuale acqua aggiunta || *al caffè*, al termine del pranzo: *ci ha raggiunti al caffè* **4.** *per estens.* ogni bevanda simile al caffè preparata con surrogati o altre sostanze: *caffè d'orzo, caffè di cicoria* **5.** locale pubblico in cui oltre al caffè vengono serviti alcolici, gelati, pasticceria e sim.: *andare al caffè, passare la serata al caffè* || *discussioni da caffè*, frivole **II agg.** di color bruno, tipico del caffè tostato: *una giacca caffè* || *dim.* caffettìno, caffeìno, caffeùccio.
caffeàrio (pl. *-ri*) [da *caffè*; 1942] **agg.** del caffè: *produzione, industria caffearia.*
caffè-concèrto [dal fr. *café-concert*; 1891] **sm.** *inv.* locale con orchestra e spettacoli di varietà || lo spettacolo stesso.
caffeìcolo [comp. di *caffè* e *-colo*; 1962] **agg.** relativo alla coltivazione del caffè.
caffeìfero [comp. di *caffè* e *-fero*; 1955] **agg.** che produce caffè: *regioni caffeifere brasiliane.*
caffeìna [dal fr. *caféine*; 1865] **sf.** alcaloide presente nel caffè e in altre piante, che esercita un'azione stimolante sul sistema nervoso e circolatorio; trova impiego medico nella cura dell'insufficienza cardiaca e nei casi di avvelenamento da narcotici.
caffeìsmo [da *caffè*; 1899] **sm.** *T.med.* intossicazione da caffeina caratterizzata da irrequietezza psicofisica, insonnia, dilatazione delle pupille.
caffelàtte [comp. di *caffè e latte*; 1865 *caffè e latte*] **I sm.** *inv.* bevanda composta da caffè e latte che gen. si beve la mattina durante la prima colazione **II agg.** *inv.* (sempre posposto) del colore bruno chiaro caratteristico di tale bevanda: *una cravatta caffelatte* || **N.** cappuccino, latte macchiato.
caffeologìa [comp. di *caffè* e *-logia*; 1983] **sf.** arte di predire il futuro esaminando i fondi del caffè || **N.** *Sin.* caffeomanzia.
caffeomanzìa [comp. di *caffè* e *-manzia*; 1983] **sf.** caffeologia.
caffettàno o **caffetàno** o **cafetàno** o **caftàno** [dall'ar. *qaftān*; 1483] **sm. 1.** veste maschile lunga, aperta sul davanti, con maniche lunghe, gen. di stoffa colorata a righe, in uso nei paesi islamici **2.** *per estens.* abito che ne imita la foggia.
caffetterìa o **cafeterìa** [dal fr. *cafétérie*; 1754] **sf. 1.** reparto di un albergo che si occupa della prima colazione || locale bar istituito nella sede di mostre, convegni ecc. o in stazioni, aeroporti e sim. || *ant.* bottega da caffè, bar **2.** complesso di bevande e dolci che vengono serviti al caffè.
caffettièra [dal fr. *cafetière*; 1711] **sf. 1.** macchinetta con cui si prepara il caffè **2.** recipiente di materiale vario con cui si serve il caffè a tavola **3.** *scherz.* automobile vecchia e scassata || locomotiva lenta e sbuffante.
caffettière [dal fr. *cafetier*; 1740] **sm.** (f. *-a*) proprietario, gestore di un caffè.
càffo [dall'ar. *kaff*, palmo della mano o *qaffa*, cambiare rapidamente una moneta fra le dita; 1282] **sm.** *tosc.* numero dispari || *giocare a pari e caffo*, a pari e dispari (v. PARI) || *ant. essere il caffo*, essere l'unico, il primo, il più valente: *sei il caffo dei belli.*
cafìsso o **cafìso** [dall'ar. *qafiz*, misura di capacità; a. 1347] **sm.** *ant.* antica misura di capacità per il grano e in meridione anche per l'olio || *a cafisso*, in gran quantità.
cafonàggine [da *cafone*; 1940] **sf. 1.** l'essere cafone || comportamento da cafone: *si comporta sempre con cafonaggine* **2.** cafonata: *ha fatto, detto una cafonaggine incredibile.*
cafonàta [da *cafone*; 1951] **sf.** azione da cafone; frase da cafone: *dire, fare cafonate.*
cafóne [prob. da *Cafo, Cafonis*, n. di un centurione seguace di Marco Antonio; 1861 *caffone*] **I sm.** (f. *-a*) **1.** *merid.* contadino **2.** *più com.* persona rozza, zotica e grossolana **II agg.** (sempre posposto) maleducato; di cattivo gusto || *dim.* cafoncèllo; *pegg.* cafonàccio.
cafonerìa [da *cafone*; 1946] **sf.** cafonaggine.
cafonésco (pl. *-schi*) [da *cafone*; 1963] **agg.** da cafone: *maniere cafonesche.*
càfro [dall'ar. *kāfir*, infedele; a. 1685] **agg.** e **sm.** che, chi appartiene al gruppo etnico di razza Bantu vivente in Africa sud-orientale.
caftàno v. CAFFETTANO.
cagàre e der. forme region. di CACARE e der. (v.).
cagionàre (pres. *-óno*) [da *cagione*; 1321] **tr. 1.** *lett.* causare, essere cagione di qualcosa: *cagionare danno, dolore, stupore* **2.** *ant.* incolpare || **N. 1.** *Sin.* provocare, CAUSARE.
cagióne [dal lat. *occāsio, -ōnis*; a. 1276] **sf. 1.** *lett.* ciò che dà origine a un effetto, causa; occasione, motivo || *per, a cagione di*, per colpa, a causa di || *trovar cagione*, trovar un pretesto || *chieder cagione*, chiedere conto **2.** *ant.* colpa || **N. 1.** *Sin.* motivo, ragione, CAUSA; pretesto, ripiego, scusa.
cagionévole [da *cagione*; 1353] **agg.** di salute malferma: *un giovane cagionevole*; anche della salute stessa: *salute cagionevole*, malferma || **N.** *Sin.* debole, infermo, malaticcio, malato.
cagionevolézza [da *cagionevole*; 1642] **sf.** *non com.* l'esser cagionevole.
cagionóso [da *cagione*; a. 1698] **agg.** *tosc.* cagionevole.
cagliàre[1] (pres. *càglio*) [lat. *coagulāre*; 1663] **intr.** (aus. *essere*) di latte, coagularsi per effetto del caglio || **tr.** *non com.* far coagulare || **N.** **intr.** *Sin.* rappigliarsi.
cagliàre[2] (pres. *càglio*) [dallo sp. *callar*; a. 1543] **intr.** (aus. *avere*) *ant.* **1.** perdersi d'animo **2.** tacere.
cagliàta [da *cagliare*[1]; 1663] **sf.** nella fabbricazione del formaggio, prodotto intermedio ottenuto per coagulazione del latte a opera del caglio.
cagliatùra [da *cagliare*[1]; 1962] **sf.** operazione del far coagulare il latte.
càglio (pl. *-gli*) [lat. *coāgulum*; a. 1577] **sm. 1.** sostanza acida ricavata dall'abomaso dei ruminanti, utilizzata nell'industria casearia per far coagulare il latte **2.** abomaso **3.** pianta delle rubiacee con foglie strette, fiori a pannocchia, utilizzata per sostituire il caglio animale nella coagulazione del latte **4.** carciofo selvatico || **N. 1.** *Sin.* presame.
caglióstro [dal n. di Giuseppe Balsamo, conte di Cagliostro, avventuriero del XVIII sec.; a. 1936] **sm.** avventuriero, ciarlatano, imbroglione.
càgna [lat. volg. **cania*, der. da *canis*; a. 1321] **sf. 1.** la femmina del cane || *prov. la cagna frettolosa fece i cagnini ciechi*, le cose fatte in fretta riescono male **2.** *fig.* donna di facili costumi: *figlio di una cagna* **3.** *ant.* donna irosa o cattiva **4.** *fig.* attrice o cantante di scarso talento || *dim.* cagnétta, cagnìna, cagnòla; *pegg.* cagnàccia.
cagnàccio (pl. *-ci*) (*pegg.* di *cane*) [a. 1546] **sm. 1.** cane grosso e brutto **2.** grosso squalo con il dorso rossastro e macchie nere sul ventre.
cagnàra [da *cagna*; a. 1835] **sf. 1.** *propr.* l'abbaiare di più cani insieme **2.** *fig.* frastuono di gente che si diverte rumorosamente; baccano, gazzarra || *meno com.* litigio rumoroso, rissa || **N.** *Sin.* canea, canizza.
cagnàzzo [da *cagna*; 1313 ca., come agg. nel senso 2] **I sm.** *sett.* cagnaccio **II agg. 1.** brutto e deforme **2.** *ant.* di color paonazzo: *viso cagnazzo.*
cagnésco (pl. *-schi*) [da *cagna*; a. 1556] **agg. 1.** di cane o da cane **2.** *più com.* ostile, minaccioso || *stare, guardare in cagnesco*, con occhi biechi, con rancore.
cagnétto (*dim.* di *cane*) [a. 1907] **sm. 1.** piccolo cane **2.** pesce d'acqua dolce dei Blennidi dal corpo affusolato di color verde scuro nella parte superiore e giallo a macchie brune sul ventre.
cagnìna [forse da *cagna*; 1905] **sf.** vino rosso romagnolo aspretto.
cagnòla [da *cagna*, sul modello di *gattaiola*; 1889] **sf.** *T.mar.* piccolo ripostiglio sulle imbarcazioni.
cagnolìno (*dim.* di *cane*) [a. 1543] **sm.** cane piccolo e grazioso, cucciolo.
cagnòlo [da *cagna*, perché assomiglia alle gambe dei cani; 1955] **agg.** detto di cavallo che presenta un difetto nell'appiombo della zampa anteriore, consistente nella rotazione dello zoccolo verso l'interno.
cagnóni [dal lomb. *cagnon*, larva di insetti; 1891] **sm. pl.** *dial.* solo nella loc. *riso in cagnoni*, cotto in poca acqua e condito con burro e parmigiano.
cagnòtta [dal fr. *cagnotte*; 1942] **sf.** vassoio in cui i giocatori raccolgono piccole somme di denaro, gen. destinate al *croupier* || *per estens.* la somma raccolta.
cagnòtto [da *cagna*; sec. XV] **sm. 1.** sgherro prezzolato al servizio di un signore per commettere soperchierie o come guardia del corpo || *per estens.* chi per proprio interesse asseconda i soprusi altrui || sbirro || vile cortigiano **2.** *T.pesc.* larva della mosca carnaria, di colore bianco sporco, usata come esca || **N. 1.** *Sin.* bravo, scagnozzo, scherano.
CAI (pr. [kai]) [acronimo di *C*omputer *A*ided *I*nstruction, istruzione assistita da calcolatore; 1983] **sf.** *inv.* *T.inform.* istruzione assistita da calcolatore, tecnica didattica che impiega delle unità terminali collegate a un calcolatore e gestite direttamente dagli allievi; attraverso un procedimento di tipo conversazionale gli allievi ricevono gradualmente dal calcolatore unità elementari di informazione attinenti a una determinata disciplina.
caì [voce onom.; 1945] onom. che riproduce, spec. ripetuta, il guaito del cane: *far caì, caì*, lamentarsi.

caìa [etim. inc.; 1965] **sf.** farfalla dei Lepidotteri con ali anteriori bianche a macchie marrone, e ali posteriori giallo-rossastre a macchie nere.

caiàc o **caiàcco** o **caiàccio** adattamento it. di *kayak* (v.).

caìcco (pl. *-chi*) [dal turco *qayiq*; 1583 *caicchio*] **sm.** **1.** imbarcazione leggera, spesso armata a prua con un cannoncino, usata un tempo dai pirati del Mediterraneo || *ant.* barca di salvataggio a bordo di velieri e galee **2.** battello a remi o a motore leggero, usato part. sul Bosforo per il trasporto di persone.

caìd o **càid** [dall'ar. *qā'id*, capotribù; 1908] **sm.** funzionario musulmano dell'Africa settentrionale.

càieput o **càjeput** [dal malese *kāyupūtih*, albero bianco; 1820] **sm.** *inv.* albero malese e australiano delle Mirtacee, dalle cui foglie si estrae un liquido usato in medicina.

caimàno [dallo sp. *caiman*; 1563] **sm.** genere di rettile degli Alligatoridi diffuso in America centro-meridionale, simile al coccodrillo, da cui si differenzia per la dentatura e per la forma arrotondata del muso.

caìno [dal n. proprio *Caino*, figlio di Adamo ed Eva, che uccise il fratello Abele; a. 1367] **sm.** *per anton.* fratricida, traditore.

càio [dal prenome lat. *Gaius*, con lettura erronea dell'iniziale; a. 1861] **sm.** nella loc. *tizio e caio*, uno qualunque.

cairn (ingl., pr. [keən]) [letter. mucchio; 1930] **sm.** *inv.* **1.** mucchio di pietre e di terra usato come monumento sepolcrale in alcune culture preistoriche e in varie culture celtiche **2.** *per estens.* cippo di confine.

cairòta [da *Cairo*; 1963] **I** **agg.** del Cairo **II** **s.** abitante, nativo del Cairo.

cajeput v. CAIEPUT.

càla¹ [voce di origine prelatina comune a tutta l'area mediterranea; 1565] **sf.** *T.geogr.* piccola insenatura marina, con mare poco profondo, adatta all'ormeggio di imbarcazioni da pesca e da diporto || **N.** *Sin.* baia, darsena, rada.

càla² [da *calare*; 1824] **sf.** **1.** *T.mar.* ciascuno di quei locali situati nelle parti più basse della nave, destinati a contenere i materiali di dotazione e di consumo, custoditi e amministrati da sottufficiali specialisti: *cala del nostromo, del capocannoniere* **2.** *T.pesc.* l'atto del calare le reti per la pesca **3.** *T.mar. pena della cala*, nell'antica marina, pena consistente nel calare imbragato da un pennone il colpevole che veniva recuperato dall'altro lato dopo aver compiuto il giro della carena passando sotto la chiglia della nave.

calabbàsso [comp. di *cala(re)* e *abbasso*; 1887] **sm.** *inv.* *T.mar.* cavo per abbassare qualsiasi oggetto || **N.** *Sin.* alabbasso, caricabbasso.

calabràche [dalla loc. *calar le brache*; 1545 nel senso 2] **s.** *inv.* persona pavida e remissiva || **sm.** *inv.* gioco a carte in cui vince chi per primo scarta tutte le carte accoppiandole a quelle scoperte sul tavolo.

calabrése [da *Calabria*; a. 1321 *calavrese*] **I** **agg.** della Calabria: *olio calabrese* || *cappello alla calabrese*, copricapo a cono, ornato con nastri e con la tesa orlata di cuoio **II** **s.** **1.** abitante, nativo della Calabria **2.** **sm.** (solo *sing.*) dialetto parlato in Calabria.

calabresèlla [da *Calabria*; 1825] **sf.** gioco di carte simile al tressette, che si gioca in tre persone; terziglio.

càlabro [dal lat. *calaber*; 1830 come sm.] **I** **agg.** **1.** relativo all'antica popolazione messapica stanziatasi nella penisola salentina; proprio di tale popolazione **2.** *raro* calabrese: *appennino calabro* || usato anche come primo elemento di composti: *ferrovie calabro-lucane* **II** **sm.** (f. *-a*) appartenente all'antica popolazione stanziatasi nella penisola salentina: *i Calabri e gli Apuli.*

calabróne [lat. *crābro, -ōnis*; a. 1364] **sm.** **1.** grosso insetto degli Imenotteri con corpo di colore bruno rossastro, ventre variegato giallo; la femmina è dotata di pungiglione e infligge una puntura assai dolorosa; vive in società temporanee edificando grossi nidi in cavità naturali || *fig. nero come un calabrone*, di pessimo umore **2.** *fig.* persona noiosa o molesta || corteggiatore inopportuno.

calabrósa [etim. inc.; 1910] **sf.** crosta ghiacciata granulosa che gen. si forma sugli oggetti per congelamento di goccioline d'acqua sopraffuse || **N.** galaverna.

calafatàggio (pl. *-gi*) [da *calafato*; 1824 *calfataggio*] **sm.** operazione del calafatare.

calafatàre (pres. *-àto*) [da *calafato*; a. 1470] **tr.** *T.mar.* rendere stagne le giunzioni in legno di una nave con stoppa e catrame; negli scafi metallici, rendere stagno con gli opportuni accorgimenti tecnici || *gen.* rendere stagna ogni giunzione tra due pezzi metallici || **N.** *Sin.* impeciare, impegolare, ristoppare, stoppare; cianfrinare.

calafàto [dal gr. tardo *kalaphátēs*, 1322 *califato*] **sm.** (raro f. *-a*) *T.mar.* operaio specializzato nel calafataggio.

calamàio (pl. *-ài*) [dal lat. tardo *calamārius*; a. 1300] **sm.** **1.** vasetto di forma e materiale vario in cui si tiene l'inchiostro e si intinge la penna per scrivere || *calamaio tascabile*, con chiusura ermetica per poterlo trasportare senza che si versi l'inchiostro **2.** astuccio in cui venivano riposte le penne di volatile utilizzate per scrivere **3.** *T.tip.* serbatoio contenente inchiostro da stampa utilizzato nelle macchine tipografiche **4.** *raro disus.* calamaro || *dim.* calamaìno, calamaiétto, calamaiùccio; *spreg.* calamaiàccio.

calamàndra [etim. inc.; 1955] **sf.** nome di un legno pregiato di origine indiana di colore bruno con venature nere, simile all'ebano.

calamàro [dal lat. tardo *calamārius*, calamaio, perché in caso di pericolo getta un liquido nero; 1306 *calamaia*, sf.] **sm.** **1.** mollusco cefalopode marino, con corpo allungato di color bianco rosato macchiato di nero, dotato di tentacoli; in caso di pericolo emette un liquido nerastro che intorbida l'acqua; assai diffuso nel Mediterraneo è ricercato per le sue carni pregiate **2.** part. *pl.*, occhiaie livide **3.** *raro disus.* calamaio.

calamìna [dal fr. *calamine*; 1765] **sf.** *T.geol.* silicato basico di zinco presente in natura in aggregati stalattitici a lucentezza vitrea di colore variabile a seconda delle impurità || **N.** emimorfita.

calamìnta [dal lat. *calaminthe, -is*, gr. *kalamínthē*; prima metà XIV sec.] **sf.** *T.bot.* pianta erbacea delle Labiate, usata anche come condimento per il suo carattere aromatico || **N.** *Sin.* mentuccia, nepitella.

calamìstro [dal lat. *calamistrum*; sec. XIV] **sm.** *lett.* **1.** *T.zool.* organo costituito da setole ricurve situato nel quarto paio di zampe dei ragni; serve a stirare e allungare i fili della tela **2.** antico strumento di ferro per arricciare i capelli costituito da due bracci innestati a forbice.

calamìta [etim. inc.; a. 1249] **sf.** **1.** corpo che ha la proprietà di attirare limatura di ferro e in gen. ogni oggetto in ferro **2.** *fig.* cosa o persona che possiede una forte attrattiva: *le sue feste sono una calamita per il bel mondo* || **N.** **1.** *Sin.* magnete | artificiale, naturale, permanente, temporanea | ago magnetico, asse magnetico, bussola, campo magnetico, elettromagnete, polo positivo e negativo.

calamità [dal lat. *calamitas, -ātis*; a. 1363] **sf.** **1.** disgrazia, evento funesto che gen. colpisce molte persone: *la crisi petrolifera del '73 fu una vera calamità per l'occidente* **2.** *scherz.* persona insopportabile o maldestra || **N.** **1.** *Sin.* disastro, sventura.

calamitàre (pres. *-ìto*) [da *calamita*; 1564] **tr.** comunicare proprietà magnetiche a un corpo, magnetizzare || *per estens.* attirare, polarizzare l'attenzione: *i suoi interventi calamitarono il pubblico.*

calamitàto (*pps.* di *calamitare*) [prima metà sec. XIV] **agg.** magnetizzato: *ago calamitato*, ago della bussola.

calamitazióne [da *calamitare*; 1865] **sf.** *raro* magnetizzazione.

calamitóso [dal lat. *calamitōsus*; a. 1363] **agg.** che causa calamità, pieno di calamità: *una politica ambientale calamitosa, tempi calamitosi.*

càlamo [dal lat. *calamus*; sec. XIV] **sm.** **1.** *lett.* sottile canna di palude || parte del fusto di una canna compreso tra due nodi || *per estens.* stelo d'erba **2.** cannuccia o penna di volatile tagliata obliquamente usata un tempo per scrivere **3.** *T.zool.* tratto alla base dello scapo delle penne dei volatili **4.** canna di strumenti musicali a fiato tradizionali: *il calamo della zampogna* **5.** *disus.* dardo, freccia **6.** *T.bot.* genere di palma con fusto lungo e sottile diffusa nella fascia equatoriale afroasiatica || *calamo aromatico*, erba perenne palustre con foglie verdi lanceolate assai lunghe e fiori giallognoli a spiga. **TAV.** ***uccelli*** **p. 1339** 2.2.

calànca [dal fr. *calanque*; 1772] **sf.** piccola insenatura marina poco profonda.

calànco (pl. *-chi*) [da una voce emiliana *calanch*; 1898] **sm.** profondo solco erosivo provocato nei terreni argillosi dalle acque meteoriche. **TAV.** ***geologia*** **p. 1313** 4.3.

calàndo (*ger.* di *calare*) [1826] **sm.** *inv.* *T.mus.* notazione che indica una diminuzione dell'intensità del suono || **N.** *Sin.* diminuendo.

calàndra¹ [dal gr. *kálandros*; a. 1292] **sf.** **1.** uccello simile a una grossa allodola, che nidifica in terra e si nutre di granaglie e insetti **2.** *calandra del grano*, insetto dei Curculionidi, con corpo allungato di colore bruno le cui larve si nutrono delle sostanze amilacee dei cereali.

calàndra² [dal fr. *calandre*; 1765] **sf.** **1.** *T.tecn.* macchina utensile costituita da vari rulli per laminare metalli o materie plastiche o anche per spianare e lustrare la carta e i tessuti **2.** *T.aut.* mascherina collocata davanti al radiatore con scopo decorativo e in parte protettivo || nei fuoribordo, copertura di vario materiale del blocco motore **3.** *T.tip.* pressa per comprimere i flani contro la forma tipografica che si deve duplicare.

calandràre [da *calandra²*; 1797] **tr.** passare, lavorare alla calandra || **N.** *Sin.* satinare.

calandratóre [da *calandrare*; 1955] **sm.** (f. *-trice*) chi è addetto alla calandratura.

calandratùra [da *calandrare*; 1962] **sf.** lavorazione di vari materiali con la calandra.

calandrèlla [da *calandra¹*; 1797] **sm.** uccello degli Alaudidi, di piccole dimensioni, di colore giallo grigiastro.

calàndria [dall'ingl. *calandria*; 1978] **sf.** *T.tecn.* in un reattore nucleare ad acqua pesante, cilindro di acciaio non pressurizzato che contiene l'acqua pesante.

calandrìno [da *calandra¹*; fine sec. XIII] **sm.** (f. *-a*) *fig.* sciocco, credulone.

calàndro¹ [da *calandra²*; 1846] **sm.** *T.mur.* regolo usato per lisciare la superficie dell'intonaco.

calàndro² [da *calandra¹*; 1483] **sm.** uccello dei Passeriformi di color giallo-grigiastro dalle carni saporite.

calandróne [da *calandra¹*, perché il suo suono è simile al canto dell'uccello; 1830] **sm.** flauto rustico dal suono basso, con imboccatura simile a quella della zampogna.

calànte (*ppr.* di *calare*) [inizio sec. XIV] **agg.** nei significati del verbo || *luna calante*, decrescente || *moneta calante*, che pesa meno di quanto dovrebbe.

calào [voce asiatica; 1830] **sm.** nome di alcune specie di uccelli dei Coraciformi, caratterizzati da un enorme becco spesso ricurvo e sormontato da un'escrescenza cornea: *calao bicorne, calao rinoceronte.*

calàppio (pl. *-pi*) [etim. inc.; forse incrocio di *cappio* e *laccio*; 1483] **sm.** **1.** lacciolo, part. per catturare uccelli e altri animali **2.** *fig.* inganno, insidia || **N.** *Sin.* chiapparello, trappola, LACCIO | accalappiare.

calaprànzi [comp. di *cala(re)* e *pranzo*; 1876] **sm.** *inv.* montacarichi per portare le vivande alla sala da pranzo, quando questa sia a un piano diverso dalla cucina || **N.** montavivande.

calàre [lat. tardo *calāre*; 1304] **tr.** **1.** far scendere, mandar giù lentamente una cosa: *calare un cesto dalla finestra* || *calare le reti*, affondarle lentamente per predisporle alla pesca || *calare le vele*, ammainarle || *calare la bandiera*, ammainarla, part. in segno di resa || abbassare: *calare il ponte levatoio*; *calare il sipario*, abbassarlo, e *fig.* concludere un'attività || *pop. calare le brache*, cedere vilmente e indecorosamente || *fig. calarla a qualcuno*, giocargli un brutto tiro **2.** nel lavoro a maglia, diminuire il numero delle maglie con l'aumentare dei giri **3.** *T.gioc.* nei giochi di carte, scoprire una carta senza effettuare una presa **4.** *T.geom. calare la perpendicolare*, tracciare la perpendicolare a una retta data || **intr.** (aus. *essere*) **1.** discendere, invadere: *d'inverno gli animali affamati calano a valle, d'estate orde di turisti calano sulle spiagge* **2.** diminuire, ridursi: *i prezzi calano, le nostre scorte idriche stanno calando* || abbassarsi: *la temperatura sta calando* || affievolirsi: *verso sera i rumori della strada calavano* || decrescere, diminuire: *dopo lo scandalo la sua popolarità è calata* || giungere lentamente: *su New York calavano le prime ombre della sera* || tramontare: *il sole calava tra le canne della palude*; detto della luna, essere in fase decrescente **3.** *T.mus.* avere un'intonazione più bassa di quella richiesta || *calare di tono*, scendere inavvertitamente di tono durante un'esecuzione; *fig.* perdere parte del valore o della qualità iniziale: *negli anni Ottanta il cinema italiano è parecchio calato di tono* || **rifl.** **1.** scendere lentamente, gen. appigliandosi a qualcosa: *si calò dalla torre con una fune* **2.** di attori, immedesimarsi in un personaggio || **N.** **tr.** **1.** *Sin.* abbassare, tirare giù | *Contr.* alzare, issare || **intr.** **1.** *Sin.* scendere | *Contr.* risalire, salire **2.** *Sin.* decrescere, scemare | *Contr.* aumentare, crescere, salire.

calàstra [lat. *catasta*; fine sec. XV] **sf.** **1.** trave di sostegno per una fila di botti **2.** sostegno sagomato sul ponte di una nave su cui si appoggiano le scialuppe di salvataggio.

calastrèllo [da *calastra*; 1830] **sm.** **1.** collegamento trasversale tra elementi di una struttura rigida composta, atto a diminuire le possibilità di flessione laterale **2.** traversa che nei vecchi cannoni collegava le cosce dell'affusto.

calàta [da *calare*; 1615] **sf.** **1.** l'atto del calare || *in part.* invasione: *la calata dei barbari*; tramonto: *la calata del sole* **2.** *T.alp.* discesa: *calata a corda doppia* || luogo da cui si cala: *una calata ripida* **3.** cadenza nel parlare: *una calata toscana* **4.** *T.mar.* tratto di banchina portuale adibito al carico e allo scarico delle merci **5.** tratto discendente verticale di tubature idrauliche e condutture elettriche di un edificio **6.** *T.pesc.* bandita. **TAV.** ***porto*** 3.13.

calàtide [dal gr. *kalathís, kalathídos*, dim. di *kálathos*, paniere, canestro; 1820] **sf.** *T.bot.* nelle piante Composite, infiorescenza a capolino allargato.

càlato [dal lat. *calathus*; a. 1544] **sm.** **1.** *T.stor.* canestro a forma di tronco di cono rovesciato usato nell'antichità per vari usi; ricolmo di fiori e frutta era attributo di divinità terrestri come Demetra, Gea ecc. e delle loro sacerdotesse **2.** *T.arch.* capitello a forma di calice che poggia sul capo di una cariatide.

calatóia [da *calare*; 1955] **sf.** mobile dotato di un piano ribaltabile che può essere usato come scrittoio.

calatóio (pl. *-ói*) **sm.** *non com.* V. CALATOIA.

calavèrna **sf.** *non com.* V. GALAVERNA.

calàẓa [dal gr. *chálaza*, grandine; 1820] **sf.** **1.** *T.biol.* ispessimento dell'albume che nelle uova degli uccelli serve a tenere in posizione il tuorlo **2.** *T.bot.* nell'ovulo, base della nocella in cui si inseriscono i tegumenti.

calàzio (pl. *-zi*) [dal gr. *chalázion*, chicco di grandine; 1887 *calazia*] **sm.** *T.med.* piccola tumefazione dura, di natura benigna, che si forma nello spessore della palpebra in seguito a un'infiammazione ghiandolare.

calbìgia (pl. *-gie*) [dal lat. *calvitia*, calvizie; 1765] **sf.** *raro* nome di vari tipi di grano tenero con reste corte o totalmente assenti.

càlca [da *calcare*; a. 1292] **sf.** fitta folla di persone che si pigiano: *fare calca*; *rompere, fendere la calca* || **N.** moltitudine, pigia pigia, pigio, ressa.

calcàbile [da *calcare*; a. 1342] **agg.** *non com.* che può essere calcato.

calcafògli [comp. di *calca(re)* e *foglio*; 1865] **sm.** *inv.* *non com.* fermacarte.

calcagnàre [da *calcagno*; a. 1494] **intr.** (aus. *essere*) *ant.* fuggire, darsela a gambe || *propr.* spronare il cavallo.

calcagnàta [da *calcagno*; a. 1936] **sf.** colpo dato col calcagno || *per estens.* calcio.

calcagnìno (*dim.* di *calcagno*) [a. 1400] **sm.** *ant.* *T.calz.* tacco.

calcàgno (pl. *-gni*; in usi fig. e nei prov. anche pl. f. *-gna* e ant. *-gne*) [dal lat. tardo *calcāneum*; a. 1321] **sm.** **1.** *T.anat.* l'osso più voluminoso del tarso, di cui costituisce la parte postero-inferiore || *com.* la parte posteriore del piede, tallone || *sedersi sui calcagni*, accoccolarsi || *fig. avere qualcuno alle calcagna*, essere inseguiti da vicino, avere qualcuno che ci segue sempre || *fig. avere la testa nei calcagni*, essere sbadato || *fig. lavoro fatto con le calcagna*, male e in fretta || *fig. battere le calcagna*, fuggire || *ant. fig. dare delle calcagna*, spronare **2.** *per estens.* parte posteriore di calza o scarpa. **TAV.** ***anatomia*** p. 642 10.11.

calcagnòlo [da *calcagno*; 1585 nel senso 2] **sm.** **1.** *T.mar.* la parte esterna inferiore della ruota di poppa, che serve di sostegno per il timone **2.** *T.scult.* scalpello corto per lavorare il marmo.

calcalèttere o **calcalèttere** [comp. di *calca(re)* e *lettera*; a. 1859] **sm.** *inv.* *raro* fermacarte.

calcaménto [da *calcare*; a. 1320] **sm.** *raro* atto ed effetto del calcare.

calcànte (*ppr.* di *calcare*) [a. 1704] **agg.** *non com.* *carta calcante*, carta carbone.

calcàra [lat. tardo (*fornax*) *calcāria*; 1612] **sf.** fornace rustica dove si calcinano i materiali per preparare il vetro o in cui si cuoce il calcare.

calcàre¹ (pres. *càlco, càlchi*) [lat. *calcāre*; a. 1306] **tr.** **1.** premere con i piedi: *calcare l'uva nei tini* || *per estens. calcare un sentiero, una via*, percorrerli || *fig. calcare le scene*, recitare || *fig. calcare le orme di qualcuno*, seguirne l'esempio **2.** premere, comprimere: *calcare il cappello sugli occhi, i vestiti in una valigia* || *fig. calcare la mano*, comportarsi in modo eccessivamente severo e gen. esagerare || *fig. disus.* opprimere, umiliare: *calcando i buoni e sollevando i pravi* (Dante) **3.** porre in rilievo mediante il tono della voce: *calcare una frase* **4.** copiare un disegno mediante interposizione di un foglio di carta da ricalco e ripassando i contorni dell'originale con una punta **5.** *ant.* affollare || **intr. pron.** accalcarsi: *la folla si calcava in piazza* || **N.** **1.** *Sin.* calpestare, pigiare **2.** *Sin.* pestare, schiacciare; umiliare, vessare **3.** *Sin.* accentuare, evidenziare, sottolineare **4.** *Sin.* ricalcare.

calcàre² [dal fr. *calcaire*; 1830] **sm.** roccia sedimentaria costituita per la maggior percentuale da calcite, usata nell'edilizia come pietra ornamentale o da costruzione e per la produzione di calce viva e cemento.

calcàre³ [dal lat. *calcar, -āris*; 1865] **sm.** *lett. ant.* sperone.

calcàreo [dal lat. *calcārius*; a. 1730 *calcario*] **agg.** che contiene calcare: *terreno calcareo, pietra calcarea.*

calcaróne [da *calcara*; a. 1925] **sm.** fossa usata in Sicilia come forno rudimentale per l'estrazione dello zolfo.

calcastóppa [comp. di *calca(re)* e *stoppa*; 1889] **sm.** *inv.* *T.mar.* attrezzo utilizzato nel calafataggio per spingere la stoppa negli interstizi dello scafo.

calcàta [da *calcare*¹; a. 1558] **sf.** atto del calcare.

calcatóio (pl. *-ói*) [da *calcare*¹; 1665 nel senso 3] **sm.** **1.** *gen.* strumento per calcare || *in part.* punteruolo usato dai disegnatori per ricalcare disegni **2.** *T.tip.* tavoletta che si fa scorrere su una forma tipografica per pareggiare i caratteri **3.** *T.arm.* nelle artiglierie ad avancarica, asta di legno con testa cilindrica per introdurre nel pezzo la carica e la palla || nelle artiglierie a retrocarica, bastone corto per spingere il proietto nella culatta || strumento utilizzato per spingere l'esplosivo nel foro della mina ed eseguire la borratura.

calcatréppola o **calcatréppa** o **calcatréppolo** (*sm.*) [dal lat. mediev. *calcatrippa*; prima metà sec. XIV] **sf.** pianta erbacea spinosa delle Ombrellifere || *calcatreppola ametistina*, varietà con foglie di colore azzurrognolo.

calcatùra [da *calcare*¹; a. 1320] **sf.** *raro* l'atto e l'effetto del calcare.

càlce¹ [dal lat. *calx, calcis*; sec. XIV] **I** **sf.** sostanza biancastra, solida, porosa ottenuta per calcinazione del calcare in appositi forni; viene impiegata nell'edilizia e si distingue in *calce aerea*, calce viva e spenta, e *calce idraulica*, a seconda che la presa avvenga, rispettivamente, in aria o sott'acqua; *calce spenta* o *idratata*, calce viva trattata con acqua; calcina; *latte di calce*, sospensione di calce spenta con forte eccesso di acqua, di aspetto lattiginoso, che viene usata per disinfettare e sbiancare i muri; *calce sodata*, miscelata con il sodio; è impiegata come disidratante e come assorbente dell'anidride carbonica; *calce grassa, magra*, ottenuta rispettivamente da calcari puri e impuri **II** nella **loc. agg.** *bianco calce*, del colore bianco intenso della calce: *paesini mediterranei come sprazzi di bianco calce* || nella *loc. m.* usata come *loc. agg. color calce*, del colore della calce. **Q.T.** *edilizia.*

càlce² [dal lat. *calx, calcis*, calcagno; 1532] **sm.** **1.** *ant.* (solo *sing.*) estremità inferiore della lancia sotto l'impugnatura || *per estens.* la parte bassa di qualsiasi cosa || *raro* il calcio del fucile **2.** *T.bur. in calce*, a piè di pagina: *fare una notazione in calce.*

calcedònio (pl. *-ni*) [dal lat. *chalcedōnius*, di Calcedone, città della Bitinia; a. 1327 *calcedone*] **sm.** minerale, varietà di quarzo microcristallino a struttura fibrosa di colore bianco-azzurro se puro; si presenta in masse stalattitiche traslucide; viene usato come pietra semipreziosa || *per estens.* vetro variamente venato a imitazione di tali pietre || **N.** agata, cornalina, corniola, crisopazio, diaspro, eliotropio, onice, sarda.

calcemìa [comp. di *calcio*³ ed *-emia*; 1950] **sf.** *T.med.* tasso di calcio nel sangue.

càlceo [dal lat. *calceus*; seconda metà sec. XVII] **sm.** *T.archeol.* calzatura romana simile a uno stivaletto.

calceolària [dal lat. *calceolus*, scarpetta; 1865] **sf.** *T.bot.* pianta erbacea con fiori a forma di pantofola e foglie pelose.

calcescìsto [comp. di *calce*¹ e *scisto*; 1955] **sm.** *T.min.* roccia metamorfica a struttura scistosa costituita da calcite, quarzo e miche.

calcése [dal gr. *karchésion*, coppa; a. 1470] **sm.** *T.mar.* nei velieri a vele latine, estremità dell'albero a sezione quadrangolare con cavatoia e puleggia per la corda destinata a tirar su la vela: *albero a calcese, il calcese di maestra.*

calcestrùzzo [da una base **calcestre*, forse da *calce*¹; 1427] **sm.** conglomerato, utilizzato come materiale da costruzione, costituito da pietrisco, sabbia, calce o cemento mescolati con acqua || *calcestruzzo cementizio*, usato part. nelle strutture in cemento armato, in cui il legante è costituito dal cemento || *calcestruzzo bituminoso*, con legante idrocarburato, usato nelle pavimentazioni stradali || *calcestruzzo aerato*, ottenuto con l'aggiunta di sostanze che durante la formazione dell'impasto provocano la formazione di piccole bollicine.

calcétto¹ [dal lat. *calceus*; a. 1400] **sm.** *tosc. raro* scarpa scollata e leggera; scarpetta da ballo.

calcétto² [da *calcio*¹; 1963] **sm.** **1.** gioco del calcio praticato su un campo di dimensioni ridotte a fondo duro o sabbioso da due squadre di cinque elementi ciascuna **2.** gioco che riproduce il calcio in miniatura e si gioca su un biliardino azionando a mano aste metalliche su cui sono fissati dei pupazzi che riproducono i giocatori || **N. 2.** *Sin.* calcio-balilla.

calciàre (pres. *càlcio*) [da *calcio*¹; a. 1306] **intr.** (aus. *avere*) tirar calci || **tr.** *T.sport.* nel calcio, colpire il pallone col piede per eseguire un tiro: *calciare al volo, il pallone, un rigore* || **N.** *Sin.* ricalcitrare, scalciare.

calciatóre [da *calciare*; 1903] **sm.** (f. *-trìce*) *T.sport.* giocatore di calcio. **Q.T.** *calcio.*

calciatùra [da *calcio*²; 1970] **sf.** parte inferiore in legno del fucile, comprendente impugnatura e calcio.

càlcico (pl. *-ci*) [da *calcio*³; 1865] **agg.** *T.chim.* e *T.med.* che contiene calcio, a base di calcio: *terapia calcica.*

calcificàre [da *calcio*³; 1941] **tr.** incrostare di sali di calcio: *l'acqua dura calcifica le tubature* || **intr. pron.** essere soggetto a calcificazione.

calcificazióne [da *calcio*³; 1875] **sf.** *T.med.* il depositarsi di sali calcarei nei tessuti e negli organi per processo fisiologico (accrescimento delle ossa) o patologico (arteriosclerosi e sim.).

calcimetrìa [comp. di *calcio*³ e *-metria*; 1965] **sf.** misurazione della percentuale di calcio presente in rocce o terreni calcarei.

calcìmetro [comp. di *calcio*³ e *-metro*; 1950] **sm.** *T.tecn.* strumento che serve per misurare la percentuale di carbonato di calcio contenuta in una sostanza.

calcìna [lat. tardo *calcīna*; a. 1292] **sf.** calce spenta; impasto di calce, acqua e sabbia: *calcina grassa*, con molta calce; *calcina magra*, con poca calce || *muro a calcina*, in cui i mattoni o le pietre sono tenuti insieme con calcina || **N.** calce, intonaco, malta.

calcinàbile [da *calcinare*; 1750] **agg.** *raro* che si può calcinare, ridurre in calcina.

calcinàccio (pl. *-ci*) [da *calcina*; sec. XIII] **sm.** **1.** pezzo di calcina seccata, caduto da un muro || *per estens.* rovine: *un mucchio di calcinacci* **2.** malattia degli uccelli, in part. dei polli, per cui lo sterco si rassoda nell'intestino e non può essere evacuato.

calcinàio (pl. *-ài*) [da *calcina*; 1338] **sm.** **1.** vasca dove si spegne la calce viva **2.** (raro f. *-a*) *non com.* operaio che spegne la calce e prepara la calcina **3.** *T.conc.* vasca in cui si immergono le pelli da conciare nel latte di calce.

calcinàre (pres. *-ìno*) [da *calcina*; 1537] **tr.** **1.** sottoporre a un processo di calcinazione; *in part.* trasformare con la cottura una pietra calcarea in calce viva || *per estens.* ossidare un metallo mediante riscaldamento || *gen.* ridurre un materiale allo stato di calcina riscaldandolo **2.** *T.conc.* sottoporre le pelli a calcinatura **3.** *T.agr.* spargere polvere di calce su un terreno per concimarlo || spargere calce sui semi per proteggerli dalle crittogame.

calcinàto¹ (*pps.* di *calcinare*) [a. 1539] **agg.** **1.** del colore della calce viva, sbiancato: *muro calcinato, casa calcinata* **2.** *T.chim.* detto di solido sottoposto a calcinazione: *magnesia calcinata, soda calcinata.*

calcinàto² [da *calcino*; 1956] **agg.** detto di baco da seta ucciso dal calcino.

calcinatùra [da *calcinare*; 1771] **sf.** *T.conc.* immersione delle pelli nel latte di calce per eliminarne i grassi.

calcinazióne [da *calcinare*; a. 1406] **sf.** *T.chim.* riscaldamento di un solido (metallo, pietra e sim.) per eliminarne le parti volatili, l'acqua e decomporre i carbonati e i bicarbonati.

calcinèllo [dal lat. mediev. *calcinellus*; a. 1406] **sm.** mollusco bivalve di colore vario diffuso sui fondali sabbiosi dei nostri mari || **N.** *Sin.* arsella.

calcìno [dal lat. *calcīnus*, della calce, ripreso in epoca moderna; 1837] **sm.** malattia mortale del baco da seta causata da un fungo parassita.

calcinòsi [comp. di *calcinare* e *-osi*; 1940] **sf.** *inv.* *T.med.* deposito di sali di calcio nei tessuti connettivi e cutanei.

calcinóso [da *calcina*; a. 1537] **agg.** che è simile alla calcina.

càlcio¹ (pl. *-ci*) [lat. *calx, calcis*, calcagno; a. 1306] **sm.** **1.** colpo dato col piede: *gli ho dato un calcio* || *fig. dare calci a qualcuno*, trattarlo con disprezzo || *fig. dare un calcio a qualcosa*, rifiutarla || *fig. dare un calcio alla fortuna*, non approfittare di un'occasione favorevole || *fig. dare, tirare calci all'aria*, prendersela inutilmente **2.** di animali, colpo sferrato spingendo all'indietro una o entrambe le zampe posteriori: *il mulo gli tirò un calcio* || *fig. il calcio dell'asino*, offesa fatta a chi non è in grado di difendersi **3.** *T.sport.* gioco di origine inglese in cui due squadre di undici giocatori si affrontano su un campo erboso per due tempi di 45 minuti; scopo del gioco è far entrare il pallone nella porta avversaria situata sul lato corto del campo rettangolare; lo svolgimento del gioco è regolato da un arbitro che per ogni infrazione assegna la palla agli avversari perché battano una punizione; solo il portiere può toccare la palla con le mani mentre gli altri giocatori debbono colpirla con i piedi o con la testa || *calcio fiorentino*, antico gioco del calcio che ancora oggi si pratica a Firenze in particolari ricorrenze **4.** *T.sport.* colpo dato col piede al pallone || *calcio di punizione*, concesso alla squadra che ha subito un fallo ed effettuato nel luogo in cui il fallo è stato commesso || *calcio di rigore*, battuto da un apposito dischetto situato a undici metri dalla porta che nell'occasione è difesa dal solo potiere; è concesso per gravi falli commessi nell'area di rigore || *calcio d'angolo* o *corner*, battuto da uno degli angoli in cui si trova una bandierina; è concesso per falli di fondo || *calcio d'inizio*, il primo calcio della partita effettuato da centrocampo || *calcio piazzato*, punizione; nel *rugby*, quello dato al pallone collocato in posizione stabile sul terreno || **N. 1.** *Sin.* calcagnata, pedata, stivalata | assestare, menare, sparare, tirare **3.** *Sin. football.* **Q.T.** *calcio* **TAV.** ***arti marziali*** **p. 653** 1.1, 1.2, 5.1.

càlcio² (pl. *-ci*) [dal lat. *calx, calcis*, calcagno, tallone; a. 1342 nel senso 3; a. 1524 nel senso 2; a. 1533 nel senso 1] **sm.** **1.** parte inferiore, impugnatura: *calcio della lancia, della pistola* || *calcio del fucile*, parte terminale della cassa che si appoggia alla spalla durante il tiro **2.**

CALCIO

STADIO E CAMPO: stadio, spalti (curve, distinti centrali, *parterre*, tribuna d'onore, tribune), area (d'angolo, di porta, di rigore), bandierine, cerchio di centrocampo, dischetto del rigore, linee (di fondo, di porta, laterali), porta (palo o montante, rete, traversa); panchina; striscioni.

PERSONE: arbitro, guardialinee o segnalinee; squadra, capitano, allenatore, commissario tecnico, *trainer*, formazione, ruoli: portiere, difensori (libero, *stopper*, terzino destro, terzino sinistro), centrocampisti (mediano, mezzala destra, mezzala sinistra), attaccanti o punte (ala destra, ala sinistra, centravanti); ala tornante, cannoniere o *goleador*, centravanti di sfondamento, regista, terzino d'attacco; tifoso.

TERMINI DI REGOLAMENTO: partita, primo tempo, secondo tempo, tempi supplementari, gol o rete, autogol o autorete, calcio d'inizio, calcio d'angolo o *corner*, calcio di punizione (diretto / indiretto), barriera, calcio di rigore o *penalty*, rimessa (dal fondo, laterale), infrazione, fallo (volontario / involontario, di gioco, di reazione, di mano, di ostruzione, di fondo, laterale), fuorigioco o *offside*, ammonizione, cartellino giallo, espulsione, cartellino rosso; segnare, convalidare / annullare.

MATERIALI: pallone (camera d'aria, rivestitura); calzettoni, calzoncini, maglietta, parastinchi, scarpe, tacchetti, fischietto.

AZIONI E TATTICHE DI GIOCO: tiro (a campanile, ad effetto o tagliato, spiovente, teso; a mezz'altezza, rasoterra, a fil di palo, all'incrocio dei pali, angolato, centrale; al volo, di controbalzo, di prima; di collo pieno, d'esterno, d'interno, di piatto, di punta), colpo di tacco, colpo di testa, girata al volo, pallonetto, rovesciata, sforbiciata, schiacciata; parata, tuffo, deviazione, presa, uscita, respinta di pugno, colpo di reni, rinvio; *cross* o traversone, tiro-cross, lancio (in profondità, smarcante), passaggio, triangolazione, scambio, tocco, appoggio, *stop* (di piede, di petto, a seguire), aggancio, controllo di palla, finta, *dribbling*, palleggio, *tunnel*; scatto, allungo, progressione, elevazione; intervento, anticipo, entrata (dura, fallosa), contrasto, *tackle*, scivolata, sgambetto, carica; mischia; catenaccio, contropiede, filtro, *forcing*, gioco di rimessa, interdizione, melina, *pressing*; scartare, spiazzare, marcare (a uomo, a zona), raddoppiare la marcatura, cinturare, sgomitare; sbucciare la palla, scodellare, smanacciare.

non com. parte inferiore di una pianta o di un rilievo montuoso **3.** *ant.* calcagno. **TAV.** *caccia* 1.2; ***armi* p. 648** 18.1.

càlcio³ [dal lat. *calx, calcis,* calce; 1830] ***sm.*** *T.chim.* elemento chimico alcalino-terroso che non esiste libero in natura ma è assai diffuso come composto in vari minerali o disciolto in acqua; è indispensabile alla vita sia animale che vegetale e viene ampiamente sfruttato nell'industria e in farmacologia: *carbonato di calcio, cloruro di calcio.*

càlcio-balìlla o **calciobalìlla** [comp. di *calcio¹* e *balilla*; a. 1959] ***sm. inv.*** calcetto nel senso 2.

calciocianamìde o **calciocianammìde** [comp. di *calcio³* e *cianammide*; 1957] ***sf.*** *T.chim.* concime chimico, formato dalla combinazione di carburo di calcio con azoto || **N.** *Sin.* cianamide.

calciòlo o **calciuòlo** [da *calcio²*; 1847] ***sm.*** rinforzo in materiale vario posto sulla base del calcio del fucile, per adattarlo meglio alla spalla e per proteggerla dal rinculo. **TAV.** *caccia* 1.1.

calciomercàto o **càlcio mercàto** [comp. di *calcio¹* e *mercato*; 1980] ***sm.*** insieme di incontri e trattative finanziarie che si tengono dopo la fine del campionato di calcio, per concordare il passaggio di giocatori da una squadra all'altra.

Calcispònge (sing. *-gia*) [comp. del lat. *calx, calcis,* calce e *spongia,* spugna; 1940] ***sf. pl.*** *T.zool.* classe di spugne con scheletro calcareo che vivono isolate o in colonie in acque poco profonde.

calcìstico (pl. *-ci*) [da *calcio¹*; 1930] ***agg.*** che riguarda il gioco del calcio: *Federazione calcistica, incontro calcistico.*

calcìte [da *calcio³*; 1953] ***sf.*** *T.min.* carbonato di calcio cristallizzato; in grosse formazioni costituisce rocce sedimentarie o metamorfiche.

calcitràre (pres. *càlcitro*) [dal lat. *calcitrāre*; 1300 ca.] ***intr.*** (aus. *avere*) *non com.* **1.** di quadrupedi, tirar calci, scalciare **2.** recalcitrare.

càlco (pl. *-chi*) [da *calcare¹*; 1587 nel senso 2] ***sm.*** **1.** impronta di un'opera in rilievo (scultura, moneta, incisione) ricavata in cera, gesso, argilla o altra materia molle, fatta allo scopo di produrre copie dell'originale: *eseguire un calco* || *per estens.* copia ottenuta con tale procedimento: *una collezione di calchi* **2.** ricalco, copia di un disegno ottenuta ricalcando i contorni dell'originale **3.** *T.tip.* impronta di una matrice grafica utilizzata per ricavare copie mediante l'utilizzo di vari procedimenti **4.** *T.ling.* procedimento per cui un vocabolo, una locuzione, una struttura sintattica si modellano più o meno fedelmente sull'uso che un'altra lingua fa delle espressioni corrispondenti || la parola o la locuzione così ottenuta: *grattacielo è un calco dell'inglese skyscraper.* **Q.T.** *scultura.*

càlco- [dal gr. *chalkós,* rame] ***primo elem.*** che, in parole composte della terminologia scientifica, vale "rame" (per es. *calcografia, calcotipia*).

calcocìte [comp. di *calco-* e *-cite*; 1950] ***sf.*** *T.min.* minerale di solfuro di rame di colore lucido metallico con cristalli rombici, da cui si estrae il rame.

calcògeno [comp. di *calce¹* e *-geno*; 1965] ***sm.*** *T.chim.* elemento del gruppo dell'ossigeno.

calcografìa [comp. di *calco-* e *-grafia*; 1550] ***sf.*** **1.** arte di incidere sul metallo con procedimento manuale o chimico || *per estens.* tecnica di stampa su torchio da matrici in rame incise in incavo **2.** *T.min.* metodo di osservazione microscopica che consente di stabilire particolarità morfologiche e strutturali di un minerale. **Q.T.** *stampa...*

calcogràfico (pl. *-ci*) [da *calcografia*; 1858] ***agg.*** di calcografia: *procedimento calcografico.*

calcògrafo [comp. di *calco-* e *-grafo*; a. 1696] ***sm.*** (f. *-a*) chi esercita l'arte della calcografia || *per estens.* incisore.

calcoidèo [dal gr. *chalkoeidḗs,* simile al rame; a. 1673] ***agg.*** *T.anat.* relativo a ciascuna delle tre ossa cuneiformi del tarso, proprio di tali ossa: *osso calcoideo.*

càlcola [da *calcare*; 1353] ***sf.*** *T.tess.* ciascuno di quei regoli che, attaccati ai licci del pettine, permettono di aprire e chiudere le fila dell'ordito.

calcolàbile [da *calcolo*; 1769] ***agg.*** che si può calcolare || **N.** *Contr.* incalcolabile.

calcolàre (pres. *càlcolo*) [dal lat. tardo *calculāre*; 1496] ***tr.*** **1.** determinare per mezzo di un calcolo o di una valutazione approssimativa il valore di una grandezza: *calcolare l'area di un rombo, i tempi di lavorazione* || *ass.* eseguire calcoli: *non ha ancora imparato a calcolare* || *calcolare a occhio e croce,* in modo approssimativo **2.** prendere in considerazione, prevedere: *non avevano calcolato la sua opposizione, nel preventivo non sono calcolate le tasse* || *per estens.* ponderare le proprie azioni: *è uno che calcola tutto* || **N.** **1.** *Sin.* computare; contare **2.** *Sin.* misurare, valutare.

calcolatóre [dal lat. tardo *calculātor, -ōris*; 1342 *calculatore* come sm.] **I** ***agg.*** **1.** che esegue calcoli; adatto a eseguire calcoli: *regolo calcolatore* || *macchina calcolatrice,* macchina che esegue le principali operazioni matematiche e algebriche **2.** *fig.* che prima di agire valuta con attenzione ogni possibile sviluppo o conseguenza: *un'intelligenza calcolatrice* **II** ***sm.*** **1.** (f. *-trìce*) chi esegue operazioni di calcolo **2.** (f. *-trìce*) *fig.* chi valuta attentamente ogni possibile conseguenza del proprio agire, spesso *spreg.* chi agisce solo per interesse dopo aver freddamente valutato una situazione: *voi siete un uomo glaciale, un calcolatore!* (Panzini) **3.** elaboratore elettronico.

calcolatrìce [dal lat. tardo *calculatrix, -icis*; 1881] ***sf.*** macchina automatica che esegue e registra operazioni matematiche: *calcolatrice tascabile, elettronica.*

calcolazióne [dal lat. tardo *calculātio, -ōnis*; a. 1642] ***sf.*** *raro ant.* il calcolare, calcolo.

calcolista [da *calcolo*; 1983] ***s.*** e ***agg.*** detto di ingegnere edile che realizza i progetti delle strutture in cemento armato.

calcolìte [comp. di *calco-* e *-lite*; 1955] ***sf.*** *T.min.* minerale formato da idrato radioattivo di uranio e rame.

calcolìtico (pl. *-ci*) [comp. di *calco-* e *-litico¹*; 1961] ***agg.*** e ***sm.*** in paletnologia, sin. di *eneolitico.*

calcolitografìa [comp. di *calco-* e *litografia*; 1955] ***sf.*** metodo di stampa basato sulla trasposizione di un originale ottenuto con tecnica calcografica su pietra litografica, per poi stamparlo con le normali tecniche litografiche.

calcolitogràfico (pl. *-ci*) [da *calcolitografia*; 1986] ***agg.*** *T.tip.* di, mediante, relativo a calcolitografia: *stampa calcolitografica.*

càlcolo [dal lat. *calculus,* pietruzza usata dagli antichi per facilitare i conti; sec. xv] ***sm.*** **1.** esecuzione di una sequenza di operazioni necessarie per la risoluzione di un problema matematico: *eseguire calcoli a mente,* senza scriverli; *un calcolo errato* || *calcolo nautico,* insieme di operazioni necessarie per stabilire la posizione di un'imbarcazione tenendo conto di vari dati (azimut, latitudine, declinazione ecc.) **2.** *T.mat.* insieme di teorie, metodi e procedimenti usati in alcune branche della matematica: *calcolo infinitesimale,* basato sui concetti di limite, grandezza infinitesima, derivata e integrale; *calcolo differenziale,* parte del calcolo infinitesimale che ha per oggetto lo studio delle funzioni; *calcolo delle probabilità,* che studia il grado di certezza di eventi aleatori || *calcolo numerico,* che fornisce metodi e strumenti per la risoluzione numerica di problemi matematici || *calcolo letterale,* algebra || *calcolo elettronico,* svolto con l'ausilio di circuiti elettronici || *macchina da calcolo,* calcolatrice || *per anton.* la matematica **3.** in logica, ciascuno di vari sistemi deduttivi basati su una relazione di derivabilità: *calcolo proposizionale* o *booleano,* basato sulle operazioni logiche di congiunzione, disgiunzione, implicazione e negazione; *calcolo funzionale* (o *predicativo*) *del prim'ordine,* in cui sono quantificate solo variabili individuali || *calcolo funzionale* (o *predicativo*) *del second'ordine,* in cui compaiono variabili individuali e variabili predicative, entrambe come variabili quantificate **4.** *fig.* valutazione preventiva, previsione, ipotesi: *secondo i calcoli il lavoro dovrebbe finire a maggio* || *fare i propri calcoli,* valutare attentamente || *fare calcolo su qualcuno o su qualcosa,* farvi affidamento **5.** tornaconto, agire interessato: *agire per calcolo,* per interesse **6.** *T.econ.* *calcolo economico,* valutazione dei diversi mezzi utili per raggiungere il fine proposto **7.** *T.med.* part. *pl.,* concrezione di sali minerali o acidi organici, di origine patologica, che si forma nell'organismo: *calcoli renali, biliari.*

calcolòsi [da *calcolo*; 1899] ***sf.*** *T.med.* malattia causata dalla presenza di calcoli nell'organismo: *calcolosi epatica, renale* || **N.** *Sin.* litiasi.

calcolóso [dal lat. *calculōsus*; prima metà sec. xiii] **I** ***agg.*** **1.** *T.med.* caratterizzato dalla presenza di calcoli: *rene calcoloso* || che soffre di calcoli **2.** *ant.* sassoso **II** ***sm.*** (f. *-a*) chi soffre di calcolosi.

calcomanìa [var. di *decalcomania*; 1905] ***sf.*** decalcomania; vetrofania.

calcopirìte [comp. di *calco-* e *pirite*; 1797] ***sf.*** *T.min.* minerale costituito da solfuro di rame e di ferro di color giallo ottone lucente.

calcosilografìa [comp. di *calco-, silo-* e *-grafia*; 1955] ***sf.*** *T.tip.* procedimento di stampa che combina la tecnica dell'incisione su rame con quella dell'incisione su legno.

calcotèca¹ [comp. di *calco-* e *-teca*; 1955] ***sf.*** raccolta di calchi.

calcotèca² [dal lat. *calchothēca,* gr. *chalkothḗkē*; 1941] ***sf.*** *T.stor.* nell'antica Grecia, luogo in cui si conservavano oggetti di bronzo.

calcotipìa [dal fr. *chalcotypie*; 1892] ***sf.*** *T.tip.* procedimento di stampa eseguito a partire da matrici in rame lavorato a sbalzo.

càlda [da *caldo*; a. 1484 nel senso 2] ***sf.*** **1.** *raro* riscaldamento di un pezzo di metallo nella fucina per facilitarne la lavorazione **2.** *ant.* caldaia.

caldàia [dal lat. tardo *caldāria*; a. 1321] ***sf.*** **1.** recipiente di rame o altro metallo, assai grande, usato per far bollire liquidi o cuocere cibi: *la caldaia del tintore* || *per estens.* il liquido in esso contenuto: *una caldaia d'acqua* **2.** *T.tecn.* apparecchio di forma, dimensioni e materiale vario usato gen. per riscaldare o far evaporare liquidi: *caldaia del termosifone* || *caldaia a vapore,* utilizzata per trasformare l'acqua in vapore sotto pressione, utilizzabile per azionare macchine, turbine e sim.; gen. l'insieme di caldaia, focolare, camino e tutti gli altri accessori che vengono utilizzati per la produzione di vapore || **N.** **1.** *Sin.* calderone, paiolo, pentolone **2.** a tubi di fumo, a tubi d'acqua; a combustione nucleare, elettrica. **Q.T.** *ferrovia* **TAV.** *abitazione* 1.53; ***medicina*... p. 1320** 1.5.

caldàico (pl. *-ci*) [dal lat. *Chaldaicus*; a. 1600] ***agg.*** della Caldea o dei Caldei: *lingua caldaica, impropr.* l'aramaico biblico.

caldàio (pl. *-ài*) [lat. *calidārium*; a. 1440] ***sm.*** caldaia, paiolo || *in part.* nella marina militare, grossa pentola in cui si cuoce la minestra.

caldaìsta [da *caldaia*; 1955] **s.** chi è addetto alle caldaie.

caldallèssa (pl. *caldallèsse*) e **caldallèsso** (pl. *le caldallèsso*) [comp. di *caldo* e *allesso*; a. 1536 *calde allesse*] **sf.** castagna lessata, ballotta.

caldàna [da *caldo*; sec. XIV nel senso 2] **sf. 1.** vampata di calore al volto causata da improvviso afflusso di sangue: *in menopausa spesso vengono le caldane* || *fig.* improvviso moto d'ira o gen. di passione: *non farti venire le caldane* **2.** *ant.* calura **3.** scompartimento collocato accanto a un forno, in cui si mette a lievitare il pane **4.** strato isolante di pavimento **5.** vasca in cui l'acqua d'irrigazione viene fatta riscaldare prima di immetterla nelle risaie.

caldàno [da *caldo*; 1618] **sm. 1.** braciere di materiale vario usato per riscaldare ambienti **2.** caldana (nel senso 3).

caldarerìa [da *caldaia*; 1983] **sf.** officina in cui si preparano le lamiere per caldaie, recipienti metallici e sim.

caldarìna V. CALDERINA.

caldàro [dal lat. *calidārium*; a. 1566] **sm.** caldaia.

caldaróne V. CALDERONE.

caldarròsta (pl. *le caldarroste*, raro *le calde arrosto*) [comp. di *caldo* e *arrosto*; a. 1536 *calde arroste*] **sf.** castagna arrostita con la scorza in una padella bucherellata || **N.** *Sin.* bruciata | caldallessa, mondina.

caldarrostàio (pl. *-ài*) [da *caldarrosta*; 1860] **sm.** (f. *-a*) venditore di caldarroste, bruciataio.

caldeggiàre (pres. *-éggio*) [da *caldo*; a. 1363] **tr.** favorire, sostenere con calore: *caldeggiare un'idea, una proposta* || **N.** *Sin.* appoggiare, raccomandare | *Contr.* avversare, contrastare.

caldèo [dal lat. *Chaldaeus*; fine sec. XIV] **I agg.** della Caldea o dei Caldei, popolazione semitica stanziatasi in Mesopotamia verso l'XI secolo a.C. || *chiesa caldea*, costituita dai seguaci dell'eresia di Nestorio che oggi si sono riuniti alla chiesa cattolica pur continuando a seguire il rito caldeo || *lingua caldea*, la lingua aramaica in cui sono scritti i testi biblici **II sm. 1.** (f. *-a*) abitante, nativo della Caldea **2.** (solo *sing.*) lingua caldea.

caldèra [lat. tardo *caldaria*; 1585] **sf.** *T.geol.* conca gen. di grandi dimensioni, a fondo piatto, generatasi dallo sprofondamento delle strutture periferiche di un cono vulcanico o dall'esplosione della porzione centrale del cratere.

calderàio (pl. *-ài*) [da *caldera*; a. 1388] **sm. 1.** (f. *-a*) chi produce, vende o ripara caldaie **2.** (f. *-a*) addetto al funzionamento e alla manutenzione delle caldaie **3.** *T.stor.* membro di una società segreta legittimista formatasi nel regno di Napoli durante la restaurazione || **N. 1.** *Sin.* magnano, padellaio, ramaio, stagnino | saldare, stagnare.

calderìna o **caldarìna** (*dim.* di *caldaia*) [1937] **sf.** *T.mar.* piccola caldaia a vapore usata per alimentare i servizi ausiliari (riscaldamento ecc.) sulle navi ormeggiate.

calderóne (non com. *calderóne*) [da un ant. *caldero*; 1353] **sm. 1.** grossa caldaia, pentolone || *fig. mettere tutto nello stesso calderone*, non fare distinzioni || *per estens.* congerie: *nel calderone delle proposte ci sta anche la tua* **2.** *T.geol.* conca erosiva, causata da acqua cadente, in cui gen. si forma un piccolo lago.

calderòtto [da un ant. *caldero*; a. 1320] **sm.** pentola di rame a forma di piccola caldaia, più fonda che larga; caldaino || **N.** CALDAIA.

calderùgia (pl. *-gie*) [da *calderugio*; 1955] **sf.** erba annua della famiglia delle Composite dai piccoli fiori gialli, diffusa lungo le strade e i muri, negli orti e nei terreni incolti.

caldézza [da *caldo*; a. 1312] **sf.** *lett.* l'esser caldo || calore, veemenza: *in quella precoce caldezza del sole* (D'Annunzio).

caldìna [da *caldo*; 1887] **sf.** aiuola dalla superficie inclinata verso il Sud e protetta a Nord, destinata alla produzione di primizie e di ortaggi.

càldo [lat. volg. *caldus*, dal classico *călidus*; fine sec. XIII] **I agg. 1.** che ha una temperatura superiore a quella normale, o in gen. più elevata di quella con cui la si confronta: *si è scottato con l'acqua calda*; *la stagione calda*, l'estate || *animali a sangue caldo*, gli omeotermi || in agricoltura, *terreno caldo*, che si riscalda facilmente || di indumenti, che riscaldano: *un maglione caldo* || di parti del corpo, al contatto delle quali si prova una sensazione di calore: *avere le mani calde*; *avere la fronte calda*, avere la febbre **2.** *fig.* intenso, appassionato: *un temperamento caldo, una calda amicizia*; *testa calda*, persona irrequieta ed esaltata; *avere il sangue caldo*, essere molto emotivo; *uomo caldo, donna calda*, sensuale; *prendersela calda*, preoccuparsi, agitarsi in modo eccessivo || *fig.* caratterizzato da profondi conflitti e tensioni di natura sociale e politica: *le zone calde del Medio Oriente* || *autunno caldo*, quello del 1969, caratterizzato da aspre lotte sindacali || *telefono caldo*, quello cui si ricorre per risolvere a distanza momenti di grave crisi: *il telefono caldo tra Mosca e Washington* **3.** di cibo, appena tolto dal fuoco: *una tazza di caffè caldo, un piatto di minestra calda*; *pane caldo*, appena sfornato; *piatto caldo*, cibo che necessita di essere cucinato e di solito viene mangiato caldo || *fig.* appena fatto, recente: *notizie calde di agenzia* **4.** *colori caldi*, il giallo, l'arancione, il rosso **5.** *T.fis.* di corpo che emani radiazioni: *uranio caldo* || **caldaménte** **avv.** solo negli usi *fig.* **II sm. 1.** calore, temperatura elevata: *oggi fa un caldo tropicale, soffrire il caldo* || *tenere in caldo un cibo*, metterlo nello scaldavivande; *fig. tenere qualcuno in caldo*, trattarlo con riguardo, o anche tenerlo vincolato senza esaudire subito i suoi desideri || *lavorare a caldo*, plasmare un materiale dopo averlo scaldato || *fig. a caldo*, senza riflettere **2.** *fig.* impeto passionale, ardore: *nel caldo della discussione* || *non fare né caldo né freddo*, essere indifferente || *dim.* caldùccio, caldino, caldétto; *pegg.* caldàccio || **N. I 1.** *Sin.* bollente, bruciante, canicolare, cocente, rovente, scottante, torrido **2.** *Sin.* affettuoso, caloroso, focoso, forte, infiammato, innamorato, veemente, vivace.

caldùccio [da *caldo*; a. 1665] **sm.** caldo moderato e confortevole, detto spec. del tepore del letto che concilia il sonno: *stare al calduccio*.

caldùra [da *caldo*; a. 1320] **sf.** *non com.* il caldo afoso dell'estate, calura.

càle V. CALERE.

caledoniàno [dal lat. *Caledonia*, Scozia; 1955] **agg.** e **sm.** detto del movimento orogenetico iniziato nel periodo Siluriano e sviluppatosi nel Devoniano.

calefaciènte [dal lat. *calefăcere*; a. 1684] **agg.** *ant.* di medicina, che riscalda, che apporta calore.

calefazióne [dal lat. tardo *calefactio*, *-ōnis*; a. 1320] **sf.** *T.fis.* fenomeno per cui gocce di liquido cadute su una superficie metallica fortemente riscaldata, invece di entrare in ebollizione, si raccolgono in un ammasso globulare separato dal metallo da un sottile strato di vapore.

caleffàre (pres. *-èffo*) [lat. *calefăcere*; a. 1400] **intr.** (aus. *avere*) e **tr.** *ant.* beffare, burlare.

caleidoscòpico (pl. *-ci*) [da *caleidoscopio*; 1958] **agg.** sfavillante di luci e di colori, fantasmagorico, dal colore mutevole.

caleidoscòpio (pl. *-pi*) [dall'ingl. *kaleidoscope*; 1818] **sm. 1.** apparecchio costituito da un tubo opaco al cui interno sono collocati vari specchi piani disposti tra loro ad angolo acuto, che riflettendo oggetti colorati in combinazione casuale danno origine a forme geometriche, simmetriche, che ruotando il cilindro possono essere variate a piacere **2.** *per estens. fig.* insieme variopinto e mutevole di cose o persone.

calembour (fr., pr. [kalɑ̃'bu:r]) [1818 *calambourg*] **sm.** *inv.* motto spiritoso, freddura basata su un gioco di parole.

calendàrio (pl. *-ri*) [dal lat. tardo *calendārium*; a. 1292] **sm. 1.** sistema convenzionale per la misurazione del tempo, gen. basato sulla scansione ciclica astronomica regolata dal moto del Sole o della Luna rispetto alla Terra: *calendario solare, calendario lunare* || *calendario giuliano*, quello istituito da Giulio Cesare, in cui ogni anno è di 365 giorni e 6 ore || *calendario gregoriano*, quello istituito da papa Gregorio XIII, e attualmente in uso nei paesi occidentali, in cui ogni tre anni, ciascuno di 365 giorni, segue un anno bisestile di 366 **2.** libretto o tabella contenente tutti i giorni dell'anno suddivisi per settimane e mesi, recante l'indicazione delle festività civili e religiose e altre notizie (santo del giorno, fasi lunari ecc.) || *per estens.* predisposizione dell'ordine in cui determinati avvenimenti o attività si articolano nel corso dell'anno: *calendario scolastico, accademico*, in cui sono indicate le date di inizio delle lezioni, le vacanze, le sessioni di esami; *calendario giudiziario*, per ogni corte d'appello, indica l'elenco dei magistrati e i giorni di udienza; *calendario liturgico*, contenente tutte le festività religiose; *calendario sportivo*, programma di una manifestazione sportiva elaborato dagli organi federali; in gen. elenco di attività che si devono svolgere in un determinato periodo: *stabilire un calendario di incontri* || **N. 2.** almanacco, effemeride, lunario. **Q.T.** *storiografia.*

calendarìsta [da *calendario*; 1963] **s.** chi compila calendari e si occupa dei problemi relativi.

calendarìstica [da *calendario*; 1955] **sf.** disciplina che studia la formazione e i problemi relativi al calendario.

calènde [dal lat. *calĕndae*; 1306 *calendi*] **sf.** *pl.* nell'antica Roma, il primo giorno del mese || *iron. rimandare qualcosa alle calende greche*, a tempo indeterminato, perché i Greci non avevano calende.

calendimàggio [da *calen(de) di maggio*; 1312] **sm.** il primo giorno del mese di maggio || antica festa popolare della primavera, celebrata part. a Firenze.

calèndola o **calèndula** [dal lat. *calĕndae*, perché nella bella stagione fiorisce ogni mese; 1550] **sf.** pianta erbacea perenne delle Composite con fiori giallo-arancio e foglie dentate; viene coltivata per uso decorativo; i suoi fiori vengono utilizzati nella preparazione di sedativi || **N.** *Sin.* calta.

calenzuòla [prob. lat. volg. **calendiola*; 1950] **sf.** pianta erbacea delle Euforbiacee con fiori giallo-verdi.

calenzuòlo [prob. da *calenzuola*, per il colore; a. 1470] **sm.** *pop.* verdone.

calepìno [dal n. proprio Ambrogio da *Calepio*, autore, nel sec. XVI, del primo vocabolario latino moderno; 1617] **sm. 1.** vocabolario, spec. latino o poliglotta || *scherz.* grosso volume erudito **2.** *pop.* taccuino.

calére (*dif.*, usato solo alla terza persona del pres. ind. *càle*; rari gli altri tempi e modi: imp. *calèva*; p.rem. *càlse*; cong. pres. *càglia*; cong. imp. *calésse*; cond. *carrèbbe*; ger. *calèndo*; pps. *calùto*) [dal lat. *calēre*, esser caldo; inizio sec. XIII] **intr.** *ant.* e *lett.* o *scherz.* premere, importare: *quel che fai non mi cale* || *metter in non cale una cosa*, non darsene pensiero.

calèrna [dal port. *calema*; 1970] **sf.** *T.geogr.* frangente di onde lunghe e veloci che si scaglia su una costa alta.

calessàta [da *calesse*; 1865] **sf.** *raro* calesse pieno zeppo di gente || gita in calesse.

calèsse [dal fr. *calèche*; 1691 *calesso*] **sm.** vettura a due ruote, con o senza copertura a mantice, trainata da un solo cavallo || *dim.* calessìno || **N.** biroccino, VEICOLO.

calèstro [etim. inc.; a. 1597] **sm.** *disus.* terreno magro, sassoso || **N.** galestro.

calettaménto [da *calettare*; 1936] **sm.** calettatura.

calettàre (pres. *-étto*) [etim. inc.; 1797] **tr.** *T.mecc.* unire due pezzi a incastro in modo che combacino esattamente || **intr.** (aus. *avere*) combaciare perfettamente: *guarda se quell'uscio caletta bene.*

calettatùra [da *calettare*; 1797] **sf.** unione a incastro di due pezzi.

càli [dall'ar. (*al-*) *galì*, soda, potassa; 1499] **sf.** pianta a cespuglio spinoso delle Chenopodiacee, diffusa sulle coste, dalle cui ceneri anticamente si estraeva la soda.

calìa [lat. tardo *cadīvus*; a. 1400] **sf.** **1.** minutissima particella d'oro o d'argento che si stacca dal metallo durante la lavorazione **2.** *fig.* cosa antica senza valore, anticaglia **3.** *fig.* persona noiosa che fa continuamente pesare i propri piccoli guai sugli altri || *per estens.* persona malaticcia e lamentosa.

càlibe [dal lat. *chalyps, -ybis*, gr. *chálybs*; a. 1684] **sm.** nell'antica terminologia farmaceutica, ferro.

calibeàre [da *calibe*; a. 1859] **tr.** *T.farm.* *disus.* preparare una medicina col calibe, cioè con l'acciaio, per renderla ferruginosa.

calibeàto (*pps.* di *calibeare*) [a. 1684] **agg.** *ant.* di bevanda medicinale contenente sali di ferro.

calibràre (pres. *càlibro*) [dal fr. *calibrer*; 1771] **tr.** **1.** *T.mecc.* ridurre al calibro voluto || rettificare la canna di un'arma da fuoco per darle l'esatto calibro || *per estens.* misurare col calibro e gen. verificare, misurare con esattezza; anche *fig.*: *l'oratore calibrò con oculatezza il proprio intervento* **2.** classificare frutta, verdura e semi in base alle dimensioni.

calibràto (*pps.* di *calibrare*) [1865] **agg.** nei significati del verbo || *taglia calibrata*, che varia rispetto allo standard delle misure in modo da adattarsi alla diversa conformazione fisica degli acquirenti.

calibratóio (pl. *-ói*) [da *calibrare*; a. 1680] **sm.** **1.** *T.mecc.* alesatoio **2.** strumento per verificare il calibro di un'arma da fuoco **3.** strumento per ridare l'esatto calibro ai bossoli delle cartucce già sparate.

calibratóre [da *calibrare*; 1955] **sm.** **1.** strumento per verificare il calibro delle armi da fuoco **2.** specie di buratto utilizzato nell'industria alimentare per la cernita di frutta e verdura in base alle dimensioni **3.** apparecchio per la cernita di materiali granulari in base alle dimensioni **4.** *T.elettrot.* strumento usato per verificare e tarare un altro strumento **5.** (f. *-trìce*) chi è addetto alla calibratura di pezzi meccanici.

calibratrìce [da *calibrare*; 1965] **sf.** macchina impiegata per separare e classificare prodotti alimentari come frutti, semi e uova, in base alle loro dimensioni.

calibratùra [da *calibrare*; 1955] **sf.** atto ed effetto del calibrare: *calibratura di un pezzo cilindrico, della frutta, dei semi* || *fig.* misura, controllo: *calibratura di un giudizio.*

calibrazióne [da *calibrare*; 1955] **sf.** **1.** *T.mecc.* l'operazione di ridurre allo stesso diametro oggetti cilindrici o sferici **2.** cernita di frutta e verdura in base alla loro dimensione.

càlibro [dal fr. *calibre*; 1606] **sm.** **1.** diametro interno delle bocche da fuoco misurato sui pieni di rigatura, espresso in millimetri o in pollici || *piccoli calibri*, sino a 100 mm; *medi calibri*, sino a 210 mm; *grossi calibri*, oltre i 210 mm || nelle armi antiche o in quelle a canna liscia, quantità di palle sferiche, di diametro pari a quello dell'anima della canna, che si possono ottenere da una libbra di piombo **2.** *per meton.* bocca da fuoco, cannone: *i piccoli calibri assicurarono il fuoco di copertura per l'attacco* **3.** *fig.* importanza, valore: *una persona del suo calibro non può commettere certi errori* **4.** *T.mecc.* strumento per la misurazione dei pezzi lavorati **5.** *T.tip.* strumento per misurare la forza del corpo tipografico **6.** *T.ferr.* strumento per la misurazione dello scartamento dei binari. **TAV. *utensili* p. 1341** 19, 32.4.

Calicantàcee [da *calicanto*; 1865] **sf.** *pl.* *T.bot.* famiglia di piante dicotiledoni rappresentato dal solo genere calicanto.

calicànto [comp. del gr. *kálix*, calice e del gr. *ánthos*, fiore; 1820] **sm.** *T.bot.* genere di piante con fiori stellati, odorosissimi, frutti indeiscenti || *calicanto d'estate*, i cui fiori servono a fare essenze odorose e la corteccia infusi stimolanti.

càlice[1] [dal lat. *calix, -icis*; 1304] **sm.** **1.** bicchiere con bocca larga, che va restringendosi verso il fondo, a stelo lungo poggiante su una base circolare: *un calice di cristallo* || *per meton.* la quantità di liquido in esso contenuta: *bere un calice di champagne* || *per estens. lett.* bicchiere: *levare i calici*, brindare || *a calice*, a forma di calice || *fig. bere al calice dell'amore, dell'odio*, sperimentare tali sentimenti || *fig. bere il calice fino alla feccia*, provare ogni possibile amarezza || *T.eccl.* vaso metallico contenente il vino consacrato **2.** *T.anat.* ogni struttura a forma di calice: *calice renale* **3.** *T.stor.* negli acquedotti romani, tubo circolare di raccordo fra una vasca e le sue diramazioni. **TAV. *anatomia* p. 642** 14.5.

càlice[2] [dal lat. *calyx, -ycis*; 1585] **sm.** *T.bot.* involucro esterno dei fiori costituito dai sepali, che protegge rami e pistilli prima e, a volte, durante la fioritura.

calicétto (*dim.* di *calice*[2]) [1820] **sm.** *T.bot.* involucro fogliaceo posto esternamente al calice di alcuni fiori.

calicò [dal fr. *calicot*, dal n. geogr. *Calicut*, città dell'India sulla costa del Malabar; 1881] **sm.** tela leggera di cotone stampato.

calicòṣi [comp. dal gr. *chálix, chálikos*, ciottolo e *-osi*; 1930] **sf.** *T.med.* malattia polmonare causata da una prolungata inalazione di polveri di calce.

calidàrio (pl. *-ri*) [dal lat. *calidārium*; a. 1798] **sm.** *T.arch.* stanza per bagni d'acqua calda, nelle terme romane || **N.** frigidario, tepidario.

calidità [dal lat. tardo *caliditas, -ātis*; a. 1327] **sf.** *ant.* calore.

calière [dal fr. *calier*; 1937] **sm.** *T.mar.* marinaio addetto alla custodia dei depositi di materiale a bordo della nave.

califfàto [da *califfo*; a. 1367] **sm.** titolo e signoria del califfo || durata del governo di un califfo || *per estens.* il territorio su cui il califfo esercita la sua signoria.

califfo [dall'ar. *halīfa*; 1264] **sm.** **1.** suprema autorità della comunità musulmana **2.** *fig.* capo dispotico e autoritario || *fig.* persona astuta.

californiàno [da *California*; 1860] **I agg.** della California **II sm.** (f. *-a*) abitante o nativo della California.

califòrnio [dall'ingl. *californium*, così chiamato perché prodotto nell'università di Berkeley in California; 1962] **sm.** *T.chim.* elemento chimico artificiale radioattivo prodotto da bombardamento di curio con particelle alfa.

càliga [dal lat. *caliga*; sec. XIV *calica*] **sf.** *T.stor.* calzatura a forma di sandalo con suola ferrata portata dai soldati romani: *su la via Sacra si sentia la pesta di caligghe* (Pascoli).

caligàre (*dif.*, usato solo alla terza persona; pres. *càliga*) [dal lat. *caligāre*; a. 1321] **intr.** (aus. *essere*) *ant.* oscurarsi, ricoprirsi di nebbia o fumo: *caligavan le cime* (Carducci).

calìgine [dal lat. *calīgo, -īginis*; a. 1321 nel senso 2] **sf.** **1.** presenza nell'atmosfera di una forte quantità di pulviscolo che riduce la trasparenza dell'aria || *per estens.* nebbia, foschia; fumo **2.** *fig.* ottenebramento delle facoltà intellettuali || *lett.* colpa, peccato **3.** *region.* fuliggine.

caliginóso [dal lat. *caliginōsus*; a. 1306] **agg.** pieno di caligine, offuscato da caligine: *cielo, paesaggio caliginoso* || *per estens. lett.* oscuro, buio.

calìgo [dal lat. *calīgo*; a. 1332] **sf.** *ant.* (solo *sing.*) caligine.

caliórna v. CALORNA.

calìpso o ***calypso*** [forse da *Calipso*, ninfa della mitologia greca; 1970] **sm.** *inv.* musica e ballo moderni, originari delle Antille.

calìptra o **calìttra** [dal lat. tardo *calyptra*, gr. *kalýptra*, velo; 1820] **sf.** **1.** *T.bot.* cappuccio che protegge l'apice vegetativo delle radici || cappuccio che, nelle Briofite, ricopre la capsula delle spore **2.** *T.stor.* nell'antica Grecia, velo cerimoniale usato dalle donne come copricapo e anche per celare il volto.

càlla[1] [dal lat. tardo *calla*; 1319 nel senso 2] **sf.** **1.** in un corso d'acqua, apertura con cateratta **2.** *ant.* calle, via, passaggio: *non s'apre questa calla* (Dante).

càlla[2] [dal lat. *calsa* (Plinio), letto erroneamente; 1820] **sf.** pianta ornamentale delle Aracee con fiori gialli e profumati avvolti in una spata bianca: *si mise a girare tra le calle. Erano tutte sbocciate, le bianche trombe al cielo* (Calvino) || pianta delle Aracee con rizoma galleggiante o strisciante e fiore avvolto da una spata verdastra.

callàia [da *calla*[1]; a. 1321] **sf.** **1.** apertura che si fa nelle siepi per entrare nei campi **2.** *non com.* viottolo campestre.

callaiòla (dim. di *callaia*) [prima metà sec. XIV] **sf.** trappola a rete che viene collocata nelle aperture delle siepi per catturare le lepri.

càlle [dal lat. *callis*; a. 1294] **sm.** *poet.* strada campestre; stretto viottolo || *per estens.* cammino || **sf.** part. nel Veneto e a Venezia, via piuttosto stretta || *dim.* callétta || **N.** sentiero, vicolo, viottolo.

call-girl (ingl., pr. ['kɔːł gəːł]) [letter. ragazza che si chiama con appuntamento telefonico; 1954] **sf.** *inv.* ragazza squillo.

càlli- [dal gr. *kállos*, bello] ***primo elem.*** che, in parole composte dotte, ha il valore di "bello" (per es. *calligrafia*).

callidità [dal lat. *calliditas, -ātis*; a. 1492] **sf.** *lett.* astuzia.

càllido [dal lat. *callidus*; a. 1294] **agg.** *ant.* e *lett.* astuto.

Callifòridi (sing. *-e*) [comp. di *calli-*, *-foro* e *-ide*; 1930] **sm.** *pl.* *T.zool.* famiglia di Ditteri, tra cui mosconi dai vivaci colori metallici, che depongono le uova su animali o carogne.

callìfugo (pl. *-ghi*) [da *callo*, sul modello di *febbrifugo*; 1886] **sm.** e **agg.** detto di rimedio contro i calli dei piedi.

calligrafìa [dal gr. *kalligraphía*; 1737] **sf.** **1.** l'arte di scrivere in forma regolare ed elegante || *per estens.* scrittura: *brutta calligrafia* **2.** calligrafismo || **N.** **1.** bastarda, corsiva, gotica, inglese, italiana, rotonda | arabeschi, geroglifici, ghirigori, raspaticcio, raspature, scarabocchi, sgorbi, zampe di gallina; asta o gambo, attaccatura, chiaroscuri, curva, filetto, svolazzo.

calligràfico (pl. *-ci*) [dal gr. *kalligraphikós*; 1839] **agg.** **1.** di calligrafia: *esercizi calligrafi-*

ci **2.** che si riferisce al modo di scrivere: *perizia calligrafica* **3.** *fig.* di opera letteraria o artistica che si esaurisce nella perfezione formale: *stile calligrafico* || **calligraficaménte** ***avv.***

calligrafìsmo [da *calligrafia*; 1932] ***sm.*** tendenza artistico-letteraria caratterizzata da cura e ricercatezza formale a volte eccessiva.

callìgrafo [dal gr. *kalligráphos*; 1726] ***sm.*** (f. *-a*) **1.** chi insegna o pratica l'arte dello scrivere in bella grafia || *perito calligrafo*, chi è chiamato a giudicare dell'autenticità o della falsità di una scrittura **2.** *fig.* scrittore, artista che privilegia l'aspetto formale.

calligràmma [dal fr. *Calligrammes*, raccolta di poesie di Apollinaire; 1963] ***sm.*** tipo di composizione poetica in cui le parole sono disposte a formare disegni bizzarri o a imitazione di oggetti, talvolta per accrescere il valore espressivo del componimento.

calliònimo [dal lat. *calliōnymus*, gr. *kalliṓnymos*, dal bel nome; a. 1564] ***sm.*** pesce marino dei Perciformi, ricercato per gli acquari, con colorazione vivace, muso appuntito e occhi di grandi dimensioni.

callìope [dal n. proprio *Calliope*, una delle muse; 1930] ***sf.*** uccellino dei Passeriformi, simile all'usignolo.

callipìgia (pl. *-gie*) o **callipìge** [dal lat. tardo *callipȳgis*, gr. *kallípygos*, dalle belle natiche; 1918] **I** ***agg.*** *T.mit.* detto di Venere, dea della bellezza, dalle belle natiche **II** ***sf.*** *T.mit.* denominazione di Venere.

callìsta [da *callo*; 1797] ***s.*** chi cura o estirpa i calli || **N.** pedicure, podologo.

càllo [lat. *callum*; a. 1321] ***sm.*** **1.** indurimento della pelle, di forma circolare, che si forma sulle dita o sul palmo del piede o della mano a causa di compressione o sfregamento continuato ed è spesso piuttosto doloroso: *avere i calli alle mani* || *fig. fare il callo a qualcosa*, abituarcisi || *fig. pestare i calli a qualcuno*, infastidirlo, ostacolarlo nella sua attività **2.** tessuto sostitutivo cicatriziale che si crea in corrispondenza di lesioni, fratture, ferite o processi morbosi: *callo osseo*, *callo cardiaco* || *T.bot.* formazione di tessuti vegetali che ricopre una ferita sul tronco o sui rami: *callo di innesto* **3.** *T.vet.* protuberanza callosa che nei cavalli e in altri animali si forma in corrispondenza delle articolazioni || nelle carni macellate, zona bianca e callosa che si trova vicino al muscolo.

càllo- [dal gr. *kállos*, bellezza] ***primo elem.*** che concorre alla formazione di denominazioni della tassonomia animale (per es. *callorino*).

callorìno [comp. di *callo-* e *-rino*; 1965] ***sm.*** *T.zool.* sorta di foca delle Otaridi diffusa in Alaska, dalla pelliccia molto pregiata.

callosità [dal lat. tardo *callositas, -ātis*; sec. XIII] ***sf.*** qualità di ciò che è calloso: *la callosità di un tronco* || *concr.* formazione callosa: *le callosità del piede.*

callóso [dal lat. *callōsus*; 1314] ***agg.*** **1.** pieno di calli; indurito dai calli: *mani callose* || *fig. raro* incallito, che non ha remore morali: *coscienza callosa* **2.** *T.bot.* di tessuto, inspessito: *il margine calloso di una foglia* **3.** *T.anat. corpo calloso*, lamina di sostanza bianca che unisce i due emisferi cerebrali. **TAV. *anatomia* p. 642** 7.2, 7.5.

callotipìa [comp. di *callo-* e *-tipia*; 1955] ***sf.*** antico sistema per la stampa delle fotografie ai sali d'argento.

callotìpo [da *callotipia*; 1983] ***sm.*** fotografia eseguita con la tecnica della callotipia.

callòtta V. CALOTTA.

callùto [da *callo*; sec. XIV] ***agg.*** *disus.* calloso.

càlma [dal lat. tardo *cāuma*; 1435 *carma*] ***sf.*** **1.** stato del mare o in gen. di uno specchio d'acqua caratterizzato da assenza di vento e moto ondoso limitato || *per estens.* stato dell'aria caratterizzato da assenza di vento || *calma equatoriale*, zona di bassa pressione localizzata nella zona di convergenza degli alisei, caratterizzata da nuvolosità diffusa e precipitazioni frequenti || *calma tropicale*, zona di alta pressione in corrispondenza dei tropici, caratterizzata da clima secco e cielo sereno **2.** *per estens. fig.* tranquillità, pace, silenzio: *la calma della campagna* **3.** *fig.* stato psicofisico caratterizzato da lucidità mentale, controllo dei nervi e generale benessere: *è importante non perdere la calma, bisogna esaminare la situazione con calma* || *prendersela (con) calma*, senza agitarsi inutilmente, con flemma || *calma e sangue freddo!*, esortazione a non perdere la lucidità anche di fronte alle emergenze || **N. 1.** *Sin.* bonaccia **2.** quiete **3.** imperturbabilità, pacatezza, placidità, serenità, tranquillità | *Contr.* agitazione, angoscia.

calmànte (*ppr.* di *calmare*) [1830] ***sm.*** e ***agg.*** detto di medicina che calma il dolore: *prendere un calmante, pillola calmante* || **N.** *Sin.* anestetico, antispastico, lenitivo, narcotico, sedativo.

calmàre [da *calma*; a. 1367] ***tr.*** **1.** ridurre alla calma, placare, sedare: *calmare un bambino, il furore, un tumulto* **2.** ridurre un dolore fisico: *prese una pastiglia per calmare il mal di denti* || ***intr. pron.*** **1.** diventare calmo: *il mare si è calmato* **2.** di dolore fisico, diminuire di intensità: *il mal di testa si è calmato* || **N.** ***tr.*** **1.** *Sin.* abbonire, acquietare, ammansire, quietare, rabbonire, tranquillizzare **2.** *Sin.* anestetizzare, sopire || ***intr. pron.*** **1.** *Sin.* placarsi **2.** *Sin.* attenuarsi, attutirsi | *Contr.* acutizzarsi.

calmerìa [dallo sp. *calmeria*; a. 1588] ***sf.*** *ant. T.mar.* bonaccia.

calmieraménto [da *calmierare*; 1970] ***sm.*** l'azione di calmierare || *concr.* provvedimento o complesso di provvedimenti volti a calmierare: *calmieramento dei prezzi al consumo.*

calmieràre (pres. *-ièro*) [da *calmiere*; 1923] ***tr.*** sottoporre a calmiere.

calmière [etim. inc.; fine sec. XVIII] ***sm.*** prezzo massimo di vendita (gen. al minuto) fissato dall'autorità per impedire il rincaro di derrate alimentari e generi di prima necessità.

calmierìstico (pl. *-ci*) [da *calmiere*; 1942] ***agg.*** relativo al calmiere, proprio del calmiere: *misure calmieristiche, provvedimenti calmieristici.*

càlmo[1] [da *calma*; a. 1568] ***agg.*** **1.** che è in calma: *mare calmo, aria calma* **2.** *fig.* tranquillo, libero da ansie: *temperamento calmo, luogo calmo* || **N. 2.** *Sin.* flemmatico, imperturbabile, mite, pacato, pacifico, placato, quieto, sereno | *Contr.* agitato, angosciato, tormentato.

càlmo[2] [dal lat. *calamus*, canna, stelo; a. 1547] ***sm.*** *ant. region.* tralcio da innesto.

calmùcco (pl. *-chi*) [dal russo *kalmyki*, di origine mongolica; 1830] **I** ***agg.*** **1.** relativo, appartenente ai Calmucchi, popolazione nomade di origine mongolica: *popolazioni calmucche* **2.** che per tratti somatici ricorda un calmucco: *viso calmucco* **II** ***sm.*** **1.** (f. *-a*) appartenente al popolo calmucco **2.** (f. *-a*) *fig.* persona goffa: *si veste come un calmucco* **3.** panno di lana a pelo lungo.

càlo [da *calare*; a. 1321 nel senso 2] ***sm.*** **1.** abbassamento, riduzione: *il calo dei prezzi* **2.** *fig.* diminuzione del prestigio: *dopo le ultime rivelazioni la sua posizione ha subito un calo* || diminuzione di forza fisica o di una facoltà: *un calo del tono muscolare, della vista* || diminuzione di peso o di volume || **N. 1.** *Contr.* aumento, rafforzamento **2.** *Sin.* declino | *Contr.* ascesa, crescita.

calòcchia [etim. inc.; a. 1523] ***sf.*** **1.** palo usato come sostegno delle viti **2.** vetta del correggiato usata per la battitura dei cereali.

calomelàno [dal fr. *calomélas*; 1820] ***sm.*** cloruro mercurioso che si trova in forma cristallina, di colore bianco, tenero, usato in pirotecnica e in passato in farmacologia come purgante.

calònaco (pl. *-chi*) [dal lat. tardo *canonicus*; sec. XII] ***sm.*** *ant.* canonico.

Calopterìgidi (sing. *-e*) [comp. di *calo-*, del gr. *ptéryx, -ygos*, ala e di *-idi*; 1955] ***sm. pl.*** *T.zool.* famiglia di libellule i cui maschi hanno ali dai colori vivaci.

calóre [lat. *calor, -ōris*; inizio sec. XIII] ***sm.*** **1.** sensazione causata dalla vicinanza o dal contatto del corpo umano con un oggetto o un ambiente di temperatura più elevata di quella della superficie corporea || *gen.* temperatura elevata di un corpo o di un oggetto: *il calore della stanza, della mano, della fiamma*; *il calore del sole*, quello causato dai raggi solari **2.** *T.fis.* forma di energia posseduta da un corpo a causa del moto delle particelle di cui è composta la materia: *calore specifico*, quantità di calore necessaria per elevare di 1 grado centigrado la temperatura di un grammo massa di materia; *calore di fusione*, quantità di calore necessaria per ottenere la fusione di una unità di massa di una sostanza; *calore terrestre*, energia che determina l'elevata temperatura degli strati profondi della crosta terrestre || *calore rosso*, temperatura alla quale un corpo riscaldato, part. un metallo, diventa rosso || *calore bianco*, temperatura alla quale un corpo riscaldato appare bianco **3.** *fig.* entusiasmo, intensa manifestazione di sentimenti: *difese con calore le proprie tesi, al suo ritorno fu accolto con calore dagli amici* **4.** calura, canicola: *il calore dei pomeriggi estivi* **5.** *T.biol. calore animale*, quello proprio degli animali omeotermi || negli animali e part. nei mammiferi, il periodo in cui la femmina è disposta ad accoppiarsi: *andare, essere in calore*; *per estens. spreg.* detto di donna: *dominati! sembri (una cagna) in calore* **6.** *T.med. colpi di calore*, insieme di manifestazioni cliniche causate dall'esposizione del corpo umano a temperature elevate **7.** *pop.* processo infiammatorio della cute e delle mucose, eruzione cutanea || **N. 1.** greve, intenso, intollerabile, molesto, soffocante; secco, umido **3.** ardore, fervore **4.** *Sin.* afa, solleone **5.** *Sin.* estro **6.** *Sin.* insolazione.

calorìa [dal fr. *calorie*; 1865] ***sf.*** **1.** *T.fis.* unità di misura del calore corrispondente alla quantità di calore necessaria per aumentare di un grado (da 14,5 a 15,5 gradi) la temperatura di un grammo massa di acqua distillata || *grande caloria*, chilocaloria || *piccola caloria*, caloria **2.** *T.agr.* fertilità residua lasciata nel terreno da colture miglioratrici a vantaggio di quelle successive.

calòrico (pl. *-ci*) [dal fr. *calorique*; 1795 come sm.] **I** ***agg.*** relativo alle calorie e *non com.* al calore: *fabbisogno calorico*, numero di chilocalorie necessarie a un individuo quotidianamente **II** ***sm.*** *ant.* fluido ipotetico col quale venivano spiegati i fenomeni di trasferimento di calore.

calorìfero [dal fr. *calorifère*; 1839] ***sm.*** **1.** impianto ad aria o ad acqua per il riscaldamento di ambienti **2.** *più com.* ogni singolo radiatore di tale impianto || **N. 2.** *Sin.* termosifone.

calorìfico (pl. *-ci*) [dal lat. tardo *calorificus*; a. 1642] ***agg.*** che produce calore: *raggi caloriﬁci* || *potere calorifico*, quantità di calore sviluppata nella combustione dell'unità di massa di un combustibile.

calorìgeno [comp. di *calore* e *-geno*; 1955] ***agg.*** che produce calore.

calorimetrìa [comp. di *calore* e *-metria*; 1865] ***sf.*** parte della termologia che si occupa della misura delle quantità di calore.

calorimètrico (pl. *-ci*) [da *calorimetria*; 1955] ***agg.*** relativo alla calorimetria: *procedimento, strumento calorimetrico.*

calorìmetro [dal fr. *calorimètre*; 1795] ***sm.***

strumento per misurare la quantità di calore ceduta o assorbita da un corpo.

calórna o **caliórna** [dal fr. *caliorne*; a. 1859] ***sf.*** *T.mar.* grosso paranco multiplo costituito da due bozzelli per sollevare carichi pesanti o tendere cavi d'ormeggio.

calorosità [da *caloroso*; a. 1704] ***sf.*** *non com.* l'essere caloroso.

caloróso [da *calore*; a. 1519] ***agg.*** **1.** che produce calore || *pop. cibo caloroso, bevanda calorosa*, che causa processi infiammatori **2.** di persona, che non patisce il freddo **3.** *fig.* cordiale, affettuoso: *una calorosa accoglienza* || vivace: *una discussione calorosa* || *non com.* esuberante: *un carattere caloroso* || **calorosaménte** ***avv.*** *fig.* con calore, con cordialità || **N. 2.** *Contr.* freddoloso.

calòscia v. GALOSCIA.

calòscio (pl. *-sci*) [etim. inc.; a. 1600] ***agg.*** *ant.* debole.

calosòma (pl. *-i*) [comp. di *calo-* e *-soma*; 1830] ***sm.*** *T.zool.* coleottero originario dei Caraibi che distrugge i parassiti nocivi alle colture.

calòtta o **callòtta** [dall'ar. *kalawta*; a. 1764 nel senso 2] ***sf.*** **1.** oggetto di forma convessa gen. utilizzato come copertura o rivestimento: *la calotta dell'orologio, dello spinterogeno* || *calotta del paracadute*, la parte che si apre a ombrello **2.** cupola del cappello: *la calotta della bombetta* || berretto senza visiera || *T.sport.* nella pallanuoto, cuffia di gomma del colore della squadra di appartenenza portata dai giocatori e recante i numeri che contraddistinguono i singoli ruoli **3.** *T.geom.* ciascuna delle due parti in cui una superficie secante divide una sfera || *T.geogr. calotte polari*, le due porzioni di superficie terrestre comprese entro il circolo polare artico e il circolo polare antartico **4.** *T.arch.* tipo di cupola priva di lanterna e di innervatura || la parte più alta della volta di una galleria **5.** *T.anat. calotta cranica*, l'insieme delle ossa che costituiscono la parte superiore del cranio **6.** sommità tondeggiante, ghiacciata o rocciosa, di un rilievo montuoso: *la calotta del Cerro Torre* **7.** *T.mil.* associazione degli ufficiali subalterni di un reparto. **TAV.** *geometria* 22.3.

calpàcco (pl. *-chi*) [dal turco *kalpak*, berretto di pelo; 1865] ***sm.*** berretto senza tesa usato in Oriente || copricapo dei preti ortodossi.

calpestaménto [da *calpestare*; a. 1698] ***sm.*** *non com.* atto ed effetto del calpestare.

calpestàre (pres. *-ésto*) [prob. incrocio di *calcare* e *pestare*; a. 1306 *calpistare*] ***tr.*** **1.** pestare, schiacciare con i piedi talvolta manifestando ira o rabbia: *è vietato calpestare le aiuole, gettò a terra la sua foto e la calpestò* **2.** *fig.* opprimere, prevaricare: *calpestare i diritti umani* || **N. 1.** *Sin.* pestare, schiacciare **2.** *Sin.* violare.

calpestatóre [da *calpestare*; 1686] ***sm.*** (f. *-trice*) *raro* chi calpesta (anche *fig.*).

calpestatùra [da *calpestare*; 1581] ***sf.*** *raro* l'azione del calpestare.

calpestio (pl. *-ii*) [da *calpestare*; 1353] ***sm.*** un calpestare continuato || rumore di passi che calpestano || **N.** *Sin.* scalpiccìo, trapestìo.

calpésto [da *calpestare*; a. 1556] ***agg.*** *lett.* calpestato: *calpesto rimbomba il terren* (Manzoni).

càlta [dal lat. *caltha*; a. 1498] ***sf.*** pianta delle Ranuncolacee con foglie grandi e fiori gialli; vive nei luoghi umidi delle regioni temperate.

calùgine o **calùggine** [lat. volg. **calūgo, -ūginis*; a. 1294] ***sf.*** peluria, lanùggine degli uccelli prima della comparsa delle piume || *per estens.* la peluria che negli adolescenti precede la crescita della barba || *per estens.* lanugine che ricopre alcuni frutti.

calumàre (pres. *-ùmo*) [etim. inc.; 1660 *calomar*] ***tr.*** *T.mar.* far scorrere una corda dall'alto dell'alberatura sul ponte; far scorrere all'esterno della nave una catena o una corda d'ormeggio o da rimorchio || ***rifl.*** *T.mar.* calarsi imbracati lungo gli alberi o i fianchi di una nave per eseguire lavori; *gen.* calarsi lentamente lungo una fune.

calumet (fr., pr. [kaly'mɛ]) [dal fr. di origine normanna *calumet*, cannuccia, diffuso dal franco-canadese; 1786] ***sm.*** *inv.* presso gli indiani nord-americani, pipa sacra || *fig. fumare il calumet della pace con qualcuno*, rappacificarsi con lui.

calùmo [da *calumare*; 1865] ***sm.*** *T.mar.* parte di fune o catena che sporge dalla nave quando questa è ormeggiata o rimorchiata.

calùnnia [dal lat. *calumnia*; 1308] ***sf.*** **1.** *T.giur.* denuncia all'autorità giudiziaria di qualcuno che sia innocente simulando a suo carico indizi di colpevolezza **2.** *per estens.* accusa volta a diffamare o mettere in cattiva luce qualcuno: *difendersi dalle calunnie* || *per estens.* bugia infamante || **N. 1.** *Sin.* diffamazione **2.** *Sin.* insinuazione, maldicenza | fabbricare, spargere.

calunniàre (pres. *-ùnnio*) [dal lat. *calumniāri*; 1308] ***tr.*** diffondere calunnie sul conto di qualcuno; attribuirgli colpe di cui non è responsabile || **N.** accusare, denigrare, diffamare, incolpare, infamare.

calunniatóre [dal lat. *calunniātor, -ōris*; 1308] ***agg.*** e ***sm.*** (f. *-trice*) che o chi calunnia || **N.** denigratore, diffamatore, maldicente, sicofante.

calunnióso [dal lat. tardo *calumniōsus*; a. 1364] ***agg.*** che ha i caratteri della calunnia, che è fatto a scopo di calunnia: *parole calunniose* || **calunniosaménte** ***avv.*** || **N.** *Sin.* bugiardo, diffamatorio, falso, maligno, mendace, menzognero.

calùra [lat. volg. **calūra*; inizio sec. XIII] ***sf.*** caldo afoso e pesante tipico dell'estate.

calutróne [dall'ingl. *calutron*, abbr. di *Cal(ifornia) U(niversity) (Cyclo)tron*; 1955] ***sm.*** *T.fis.* apparecchio elettromagnetico usato per separare gli isotopi dell'uranio in base alla differenza delle loro masse.

calvados (fr., pr. [kalva'dɔs]) [1955] ***sm.*** *inv.* acquavite prodotta dalla distillazione del sidro nell'omonimo dipartimento della Francia.

calvàrio (pl. *-ri*) [dal nome del monte su cui fu crocifisso Cristo; 1865 nel senso 2] ***sm.*** **1.** scultura popolare di origine bretone raffigurante il Cristo e varie scene della Passione **2.** sacro monte con edicole raffiguranti le diverse stazioni della Via Crucis **3.** *fig.* sofferenza prolungata, part. sofferenza spirituale; anche il luogo in cui si soffre: *e ogni andata, ogni ritorno era un calvario di sudore e di ansie* (Pasolini) || **N. 2.** Via Crucis.

calvèllo [da *calvo*; a. 1349] ***sm.*** nome di varietà di grano tenero privo di reste.

calvézza [dal lat. tardo *calvitia*; prima metà sec. XIV] ***sf.*** *raro* calvizie.

calvinìsmo [dal n. proprio G. *Calvino*; a. 1639] ***sm.*** **1.** il complesso delle dottrine teologiche elaborate da Calvino, avente come fondamento una rigida teoria della predestinazione e un fermo rigorismo morale || *per estens.* la Chiesa riformata da lui fondata **2.** *fig.* intransigenza, rigore. **Q.T.** *religione.*

calvinìsta [dal n. proprio G. *Calvino*; 1585] ***agg.*** e ***s.*** che o chi segue la dottrina di Calvino.

calvinìstico (pl. *-ci*) [da *calvinista*; a. 1636] ***agg.*** proprio del calvinismo e dei calvinisti || *fig.* austero, rigoroso: *ha un atteggiamento calvinistico nei confronti del lavoro.*

calvìzie [dal lat. tardo *calvities*; 1509] ***sf.*** *inv.* caduta parziale o totale dei capelli: *calvizie precoce*, che si manifesta già in gioventù || *per estens.* mancanza di capelli || **N.** *Sin* alopecia, calvezza.

càlvo [dal lat. *calvus*; 1319] **I** ***agg.*** privo di capelli, pelato || *fig. non com.* privo di vegetazione, brullo: *dopo l'incendio i colli apparivano calvi* **II** ***sm.*** **1.** (f. *-a*) persona calva **2.** nome di alcune varietà di frumento prive di reste.

calypso (ingl., pr. [kə'lɪpsoʊ]) ***sm.*** *inv.* v. CALIPSO.

càlza [lat. mediev. *calcea*; inizio sec. XIII *calcie*] ***sf.*** **1.** indumento che ricopre il piede e parte della gamba: *calze di lana, di cotone, di pizzo, a rete, velate*; *calze corte*, che arrivano al polpaccio; *calze elastiche*, con maglie ben sostenute, usate per contenere le vene varicose || *fare la calza*, lavorarla a mano con gli appositi ferri e *per estens.* eseguire qualsiasi lavoro a maglia || *calza della Befana*, quella che i bambini appendono alla vigilia dell'Epifania perché sia riempita di doni **2.** ciuffi di penne che si trovano sulle zampe di alcuni volatili **3.** rivestimento in maglia metallica che costituisce la schermatura di fili flessibili **4.** lucignolo a reticella di lumi a petrolio **5.** sacchetto di tela grezza usato in cucina come filtro || *dim.* calzétta, calzétto (*sm.*), calzìno (*sm.*) || **N. 1.** calzamaglia, calzerotto, calzettone, *collant*, gambaletto, pedalino | a bracaloni, a cacaiola, a mezza gamba, corte, lunghe | PARTI: calcagno, costura, baghetta, diritto, gherone, giro, pedule o scappino, rovescio, soletta, staffe, stretto | calzare, infilare, legare, levare, scalzarsi, tirar su | giarrettiera, legaccio, reggicalze | ragnare, rammendare. **Q.T.** *abbigliamento.*

calzabràca (pl. *calzebràche* o, meno com., *calzabràche*) [comp. di *calza* e *braca*; a. 1946] ***sf.*** calzamaglia del costume medievale maschile italiano.

calzaiòlo [lat. *calceārius*; a. 1348] ***sm.*** (f. *-a*) *ant.* calzettaio.

calzamàglia (pl. *calzemàglie* o *calzamàglie*) [da *calza* e *maglia*; 1955] ***sf.*** **1.** indumento aderente in maglia di lana o di altro filato che ricopre il corpo dalla vita in giù o interamente, usato in part. da atleti, ballerini e sim. **2.** *T.stor.* nel Medioevo italiano, calzoni aderenti di stoffa che facevano parte del costume maschile || **N. 1.** *collant* **2.** *Sin.* calzabraca.

calzaménto [dal lat. *calceamentum*; a. 1306] ***sm.*** *ant.* tutto ciò che copre il piede e la gamba.

calzànte (*ppr.* di *calzare*) [inizio sec. XIV] **I** ***agg.*** che aderisce bene || *com. fig.* acconcio, appropriato, efficace: *argomento, risposta calzante* **II** ***sm.*** calzascarpe.

calzàre[1] [lat. *calceāre*; inizio sec. XIII] ***tr.*** **1.** indossare un capo d'abbigliamento che aderisce a una parte del corpo: *calzare le scarpe, i guanti, il cappello* || *fig. lett. calzare il coturno*, scrivere, recitare tragedie || *fig. lett. calzare il socco*, scrivere, recitare commedie **2.** fornire di calzature: *ormai i sarti calzano anche i propri clienti* || *fig. calzare e vestire qualcuno*, provvedere a lui completamente **3.** puntellare: *calzare un mobile traballante* || *calzare il carro*, bloccare le ruote in modo che non possa muoversi da sé || ***intr.*** **1.** (aus. *avere*) di indumenti, aderire perfettamente: *quell'abito le calza alla perfezione* **2.** (aus. *essere*) *fig.* essere appropriato: *è un esempio che calza a pennello* || **N. tr. 1.** *Sin.* mettere, portare, vestire **3.** *Sin.* rincalzare | ***intr.*** **1.** *Sin.* adattarsi.

calzàre[2] [da *calza*; a. 1306] ***sm.*** **1.** *lett.* calzatura (scarpa, sandalo, stivale ecc.) || *fig. andare con i calzari di piombo*, agire in modo prudente **2.** tipo di calzatura usato nell'antichità spec. da Greci e Romani, consistente in sandali a legacci incrociati **3.** specie di calzatura di seta usata dai papi e dagli alti prelati durante le messe pontificali.

calzascàrpe [comp. di *calza(re)*[1] e *scarpa*; 1950] ***sm.*** *inv.* arnese ricurvo usato per calzare le scarpe || **N.** *Sin.* calzatoio.

calzàta [da *calzare*[1]; 1970] ***sf.*** misura che,

nella scarpa, esprime la larghezza della forma in corrispondenza della misura delle dita del piede.

calzàto (*pps.* di *calzare*) [prima metà sec. XIII] **agg.** **1.** nei significati del verbo ‖ *scherz.* *calzato e vestito,* in forma umana, sotto apparenza d'uomo: *il vecchio pareva un rospaccio calzato e vestito* (Pirandello) **2.** *T.arald.* di scudo recante un triangolo isoscele con un vertice collocato al centro della punta.

calzatóia [da *calzare*¹; 1681] **sf.** **1.** pezzo di legno o altro che serve a sostenere un mobile traballante o a bloccare un veicolo in pendenza **2.** sgabellino su cui si poggiano i piedi quando si puliscono o si calzano le scarpe **3.** *non com.* calzascarpe.

calzatóio (pl. *-ói*) [da *calzare*¹; 1565] **sm.** calzascarpe ‖ **N.** *Sin.* calzante, calzatoia, corno.

calzatóre [da *calzare*¹; a. 1537 nel senso 3; 1561 nel senso 1] **sm.** **1.** *T.calz.* strumento usato per ridare forma alle scarpe **2.** *ant.* e *dial.* corno da scarpe; calzatoio **3.** *ant.* strumento, costituito da un'asta terminante in un cilindro generalmente in stoffa, che si usava in artiglieria per spingere e battere la carica all'interno del cannone.

calzatùra [da *calzare*¹; a. 1698] **sf.** part. *pl.*, nome generico per ogni forma di scarpa, stivale, sandalo, pantofola e sim.: *negozio di calzature.* **Q.T.** *abbigliamento, calzolaio.*

calzaturière [da *calzatura*; 1950] **sm.** (f. *-a*) industriale che lavora nel campo delle calzature.

calzaturièro [da *calzatura*; 1963] **agg.** delle calzature come settore merceologico: *industria, attività, azienda calzaturiera.*

calzaturifìcio (pl. *-ci*) [comp. di *calzatura* e *-ficio*; 1905] **sm.** fabbrica di calzature.

calzeròtto [da *calza*; 1400 ca. *calzarotti*] **sm.** calza corta gen. di lana o di filo che non arriva oltre lo stinco ‖ **N.** *Sin.* pedalino, CALZINO.

calzétta (*dim.* di *calza*) [a. 1370] **sm.** **1.** calzino ‖ *fig. mezza calzetta,* individuo mediocre e insignificante ‖ *fare la calzetta,* lavorare a maglia; *spreg. ma vai a fare la calzetta!*, riferito soprattutto in passato a donna che vuole intraprendere attività non casalinghe senza averne le capacità **2.** calza fine ed elegante gen. di seta **3.** lucignolo.

calzettàio (pl. *-ài*) [da *calzetta*; 1534] **sm.** (f. *-a*) chi fabbrica o vende calze.

calzetterìa [da *calzetta*; 1970] **sf.** **1.** fabbrica di calze ‖ negozio in cui si vendono calze **2.** insieme di calze e articoli simili: *commercio di calzetteria.*

calzétto (*dim.* di *calza*) [1881] **sm.** calza corta, spec. per uomo o bambino; calzino ‖ *fig. tirare i calzetti,* morire.

calzettóne [da *calzetta*; a. 1566] **sm.** **1.** calza pesante di lana o cotone che giunge sino al ginocchio **2.** stivale di gomma alla coscia usato da pescatori e cacciatori nelle paludi.

calzifìcio (pl. *-ci*) [comp. di *calza* e *-ficio*; 1962] **sm.** azienda produttrice di calze.

calzìno (*dim.* di *calza*) [1513] **sm.** calza corta da uomo o da bambino ‖ **N.** *Sin.* calzerotto, calzetta, calzetto, pedalino.

calzolàio (pl. *-ài*) [lat. *calceolārius*; sec. XIII] **sm.** (f. *-a*) artigiano che fabbrica o ripara scarpe. **Q.T.** *calzolaio* **TAV.** *utensili* **p. 1341** 31.

calzolerìa [da *calzolaio*; 1338 *calçolaria* nel senso 2] **sf.** **1.** l'arte del calzolaio **2.** *ant.* bottega del calzolaio.

calzòlo v. CALZUOLO.

calzoncìni (*dim.* di *calzone*) [a. 1646] **sm.** *pl.* pantaloni corti: *calzoncini da bagno, da calcio* ‖ **N.** bermuda, *shorts.*

calzóne [da *calza*; a. 1533] **sm.** **1.** *pl.*, indumento che copre la persona dalla cintola in giù, dividendosi all'apertura delle gambe e avvolgendole: *infilarsi, togliersi i calzoni* ‖ *calzoni corti,* fino alle ginocchia ‖ *calzoni a coscia,* aderenti ‖ *calzoni a zampa di elefante,* che sotto il ginocchio si allargano a campana ‖ *calzoni a bracaloni,* cascanti ‖ *fig. mettere i calzoni lunghi,* passare dalla giovinezza all'età adulta ‖ *fig. tirarsi su i calzoni,* sbrigarsela da soli ‖ *fig. farsela nei calzoni,* avere paura ‖ *sing.* ciascuna delle due parti che ricoprono le gambe **2.** disco di pasta da pizza ripieno di pomodoro, mozzarella, prosciutto e altri ingredienti, ripiegato a metà e cotto al forno oppure fritto ‖ **N.** **1.** brache, *jeans,* pantaloni, *salopette;* alla zuava, da cavallerizzo, da sci. **Q.T.** *abbigliamento.*

calzuòlo o **calzòlo** [da *calza*; 1846 nel senso 2] **sm.** **1.** bietta o zeppa inserita sotto i piedi dei mobili perché non traballino **2.** punta metallica di ombrello o bastone.

camàglio (pl. *-gli*) [dal fr. ant. *camail*; 1336 ca.] **sm.** **1.** parte dell'armatura costituita da una cotta di maglia d'acciaio posta a protezione del collo e delle spalle **2.** *per estens.* cappuccio di lana, passamontagna.

camaldolése [dal n. geogr. *Camaldoli,* località nell'Appennino toscano; 1550] **I agg.** relativo all'ordine dei Benedettini eremiti fondato nell'XI secolo da san Romualdo a Camaldoli **II sm.** monaco appartenente a tale ordine.

camaleónte [dal lat. *chamaeleon, -ontis*; a. 1327] **sm.** **1.** rettile dei Sauri di dimensioni poco più grandi della comune lucertola, con lingua lunga, claviforme e vischiosa per mezzo della quale cattura gli insetti di cui si nutre; ha occhi grandi e sporgenti e corpo che può cambiare colore al variare delle condizioni esterne o quando l'animale è irritato **2.** *fig.* persona che muta opinione secondo l'opportunità **3.** *T.chim. camaleonte verde,* il manganato di potassio, che a contatto con l'aria o con l'acqua si scinde e muta il proprio colore passando dal rosso al violetto ‖ *camaleonte minerale,* il permanganato di potassio ‖ **N.** **2.** *Sin.* banderuola, opportunista, voltafaccia, voltagabbana.

camaleòntico (pl. *-ci*) [da *camaleonte*; 1889] **agg.** di o da camaleonte; in part. *fig.*: *comportamento camaleontico.*

camaleontìsmo [da *camaleonte*; 1915] **sm.** atteggiamento di chi muta opinione o partito politico secondo l'opportunità.

camàlo o **camàllo** [dall'ar. *hammāl,* portatore; 1465] **sm.** *sett.* scaricatore di porto, facchino.

camangiàre [forse da *capo mangiare,* principio del pasto o cibo principale; fine sec. XIII] **sm.** *ant.* **1.** verdura, erba che si può mangiare sia cotta che cruda **2.** companatico, cibo prelibato.

camarìlla [dallo sp. *camarilla,* cameretta; 1833] **sf.** **1.** *T.stor.* consiglio privato di monarchi spagnoli **2.** gruppo di persone che, pur prive di incarico ufficiale, influenzano in modo occulto la politica di un governo ‖ *per estens.* chi trama e ordisce inganni per favorire il proprio utile ‖ **N.** **2.** *Sin.* cricca, consorteria, loggia.

camarlingàto [da *camarlingo*; 1335] **sm.** *ant.* camerlingato.

camarlìngo (pl. *-ghi*) [dal germ. *Kamarling,* addetto alla Camera o Fisco del re; 1219 *camarlengo*] **sm.** *ant.* camerlengo.

camàto [dal gr. *kámax, kámakos*; sec. XV] **sm.** bacchetta per battere la lana ‖ *per estens.* bacchetta, bastone ‖ **N.** *Sin.* scamato.

camàuro [lat. mediev. *camaurus*; 1476] **sm.** berretto di velluto rosso bordato di ermellino

CALZOLAIO

PERSONE: calzaturiere, calzaturiero, ciabattino, formaio, fibbiaio, modellatore, pianellaio, pantofolaio, lustrascarpe, scarparo, tagliatore, zoccolaio.

MATERIALI: cuoio; pelle (di capretto, vitello, daino, camoscio, coccodrillo, pecari, lucertola, serpente); alluda, marocchino, sagrì, vacchetta, zigrino; gomma, vibram; canapa, cotone, raso; spago (capitella), bullette acciaiuole, puntine, zeppe, pece.

STRUMENTI E ARNESI: acciaino, allungo, bisegolo, broccaio, brunitoio, bussetto, calzatoio, cavabullette, coltella, coltello da banco, cornettino, deschetto (cassettini, tavola, regolo, regoletti), falcetto, forbici, forma, girellini, grembiale, lesina (ordinaria, mezzana, grossa, torta, diritta), lima, lisciatoio, lustrino, manale, marmotto, martello, orbello, passanti, raspa, setole, stampa, stecca, stella, tanaglia, tiraforme, toppo o ceppo, trespolo, trincetto.

VARIE SPECIE DI CALZATURE: babbuccia, borzacchino, calceo, caliga, caloscia o soprascarpa, calzare, calzatura, ciabatta, ciocia, coturno, crepida, *espadrillas,* gambale, ghette, mocassino, pantofola, pattini, pianella, polacca, sandalo, scarpa, scarpa ortopedica, scarpina, scarponcello, socco, stivale, stivale alla dragona, stivale alla scudiera, stivaletto, stivalone, trombone, tronchetto, usatti, zoccolo; accollata, annodata, affibbiata, a ghetta, corta, con l'elastico, da ballo, da caccia, da montagna, da vela, da ginnastica, da strapazzo, di copale, di raso, di seta, elegante, fangosa, graziosa, grossolana, larga, leggiera, lucida, lustra, di tela, pesante, sportiva, piccola, rappezzata, rattacconata, risolata, rotta, scalcagnata, sformata, sugherata, stretta, usata.

PARTI DELLA SCARPA: aghetto, alzo o alzata, anima, becchetti, biffa, bocchetta, bordatura, calcagnino, calcagno, calcetto, cambriglione, cannone, cappelletto, contrafforte, cinturino, collo, coreggia o coreggiuolo, costura, fasciuola, fiosso, forte o fortezza, gambale, gambiere, guardastinco, guiggia, lacci, linguetta, lunette, mascherina o spunterbo, mezzapianta, orecchie, orlo od orlatura, pedale, pianta, piantella, quartiere, rialzo, risvolti, soletta, suola, soppanno, soprattacco, spighetta, tacco, taccone, tiranti, tomaia, toppa, tramezza, tromba (tesa, a crespe).

OPERAZIONI DEL CALZOLAIO: taglio, montaggio, confezione, finitura; scarnitura, ugualizzazione, trinciatura, orlatura, inchiodatura, incollatura, fissaggio (fresatura, lucidatura, spazzolatura), battitura, martellatura, raffilatura; abbozzare, aggiuntare, bullettare, risuolare, ferrare, imbroccare, imbullettare, impiantare, impuntire, ingambalare, inguiggiare, lustrare, montar la scarpa, raffilare, rappezzare, rattoppare, ribattere, rimontare, riscappinare, solettare, stampare, tacconare.

AZIONI DELLA SCARPA: scoppiare, accollare, screpolarsi, scricchiolare, sgrigliolare, slabbrarsi, ciabattare, strascicare.

VOCI ATTINENTI: cavastivali, calzatore o corno, ceretta, copale, lucido, patina, vernice; calzaturificio, calzoleria, lucidare, lustrare, para, tacchettare.

portato un tempo dal papa || cuffia di tela bianca portata dal doge sotto il corno dogale.

cambellòtto o **cammellòtto** o **ciambellòtto** [dal fr. *camelot*; a. 1673] ***sm.*** tessuto di pelo di cammello e poi anche di capra || *per estens.* indumento confezionato con tale tessuto.

camber (ingl., pr. ['kæmbə]) [da (*to*) *camber*, incurvare; 1883] ***sm.*** *inv.* *T.aut.* inclinazione delle ruote anteriori di un autoveicolo || *angolo di camber*, angolatura dei raggi delle ruote anteriori, calcolata rispetto al piano della circonferenza; campanatura.

cambiàbile [da *cambiare*; 1865] ***agg.*** che si può cambiare || **N.** *Sin.* permutabile, sostituibile.

cambiadìschi [comp. di *cambiare* e *disco*; 1955] ***sm.*** *inv.* dispositivo accessorio del giradischi e necessario nel *juke-box*, che permette la sostituzione automatica dei dischi.

cambiàle [da (*lettera di*) *cambio*; 1723 *lettera cambiale*] ***sf.*** titolo di credito con cui il firmatario si impegna a pagare una somma prefissata in un tempo e in un luogo stabiliti: *firmare una cambiale, accettare una cambiale* || *scontare una cambiale*, riscuoterla prima del tempo pattuito presso una banca o un privato, riducendone l'ammontare di una quota che compensi l'anticipo con cui si viene in possesso di denaro contante || *protestare una cambiale*, notificarne per via giuridica il mancato pagamento || *cambiale ipotecaria*, il cui pagamento è garantito da un'ipoteca || *cambiale in bianco*, priva di uno o più requisiti (data, scadenza ecc.) || *fig.* *firmare una cambiale in bianco*, prendersi un impegno senza valutarne le conseguenze || *ant.* promessa: *cambiale di matrimonio* || *dim.* cambialétta, cambialìna; *accr.* cambialóna || **N.** *Sin.* effetto cambiario, pagherò, tratta | all'ordine, a vista | avallo, girata, protesto, sconto | accettante, avallante, emittente, giratario, prenditore, traente, trattario | accettare, avallare, emettere, fare, girare, pagare, protestare, rilasciare, riscuotere, scontare. **Q.T.** *banca, diritto.*

cambiaménto [da *cambiare*; 1352] ***sm.*** atto ed effetto del cambiare e del cambiarsi || *T.teatr.* *cambiamento di scena*, il mutamento delle scenografie; *per estens.* *fig.* improvviso evolversi della situazione || **N.** alterazione, cambio, commutazione, conversione, evoluzione, metamorfosi, modificazione, mutamento, trasformazione, trasmutazione, variazione | *Contr.* costanza, immobilità, stasi, staticità.

cambiamonéte [comp. di *cambia(re)* e *moneta*; 1825] ***s.*** *inv.* *ant.* cambiavalute || **N.** *Sin.* cambista.

cambiàre (pres. *càmbio*) [lat. tardo *cambiāre*; 1255] ***tr.*** **1.** sostituire una persona o una cosa con un'altra: *cambiare amante, macchina, lavoro, abito* || *cambiare argomento*, parlare d'altro || *cambiare opinione, idea*, avere un ripensamento || *cambiare aria*, andare in un altro luogo gen. più favorevole climaticamente; *fig.* sparire prudentemente dagli ambienti che si è soliti frequentare || *fig.* *cambiare vita*, mutare il proprio stile di vita gen. nel senso di un miglioramento || *cambiare qualcuno*, mutargli l'abito; *in part.* *cambiare un bambino*, mettergli biancheria pulita || *cambiare aspetto*, presentarsi in modo diverso || *fig.* *cambiare espressione, colore*, subire un'alterazione del volto a causa di un'improvvisa emozione || *fig.* *cambiare le carte in tavola*, modificare o negare in modo non esplicito discorsi o atteggiamenti assunti in precedenza || *cambiare treno, autobus*, passare da una linea di percorrenza a un'altra || *T.mil.* *cambiare la guardia*, far assumere il servizio alla guardia montante || *T.aut.* *cambiare marcia*, manovrare il cambio per passare da una marcia all'altra **2.** scambiare, barattare: *ho cambiato l'orologio con una penna stilografica* || di denaro, eseguire un'operazione di cambio: *cambiare dollari in franchi* || dare tagli piccoli in cambio di grandi: *mi cambi questo centomila* **3.** trasformare: *le recenti esperienze lo hanno cambiato, la crisi petrolifera ha cambiato l'economia dei paesi occidentali* || ***intr.*** (aus. *essere*) mutare, passare da una condizione a un'altra, o diventare diverso nella sostanza, esteriormente, nel comportamento o sim.: *il tempo sta cambiando* || *fam.* *cambiare di casa, di posto* ecc., cambiare casa, posto ecc. || ***intr. pron.*** mutarsi, modificarsi sostanzialmente o esteriormente in altro: *la pioggia si cambiò in neve* || ***rifl.*** mettere un altro abito: *non è necessario cambiarsi per la cena* || **N.** ***tr.*** **1.** *Sin.* avvicendare, modificare, mutare, permutare, scambiare, trasformare, variare, volgere, voltare **2.** *Sin.* convertire.

cambiàrio (pl. *-ri*) [da *cambiare*; a. 1742] ***agg.*** relativo a cambiale: *diritto cambiario, obbligazione cambiaria, protesto cambiario.*

cambiatóre [da *cambiare*; inizio sec. XIII] ***sm.*** (f. *-trice*) cambiavalute.

cambiatùra [da *cambiare*; sec. XIV] ***sf.*** *ant.* cambiamento, cambio, spec. di cavalli a una stazione di posta.

cambiavalùte [comp. di *cambia(re)* e *valuta*; 1760] ***s.*** *inv.* chi pratica il commercio di monete o valori nazionali e stranieri || **N.** *Sin.* cambiamonete, cambista.

càmbio (pl. *-bi*) [da *cambiare*; 1211 nel senso 3] ***sm.*** **1.** sostituzione: *fare un cambio, il cambio dei pneumatici* || *dare il cambio a qualcuno*, sostituirlo || *rendere il cambio a qualcuno*, contraccambiare || *cambio della guardia*, avvicendamento del corpo di guardia calante con quello montante; *fig.* mutamento, part. di cariche politiche: *a Montecitorio è avvenuto il cambio della guardia con i neoeletti* || in enigmistica, *cambio di vocale, di consonante, di sillaba*, gioco consistente nell'individuare due parole che differiscano tra loro solo per una vocale, una consonante o una sillaba || *concr.* oggetto o insieme di oggetti che servono a sostituirne altri simili: *portati dietro un cambio di biancheria*; anche di persona: *alle sei arriva il cambio di turno* || negli scacchi e nella dama, scambio di pezzi in cui ciascun giocatore cede all'altro una pedina del medesimo valore: *alla decima mossa i giocatori effettuarono un cambio di alfiere* **2.** baratto, scambio || *fare (a) cambio*, scambiare || *dare, avere in cambio*, scambiare || *in cambio di*, come contropartita, compenso per **3.** *T.econ.* operazione di scambio tra valori monetari o titoli: *il mercato dei cambi* || *cambio ufficiale*, quotazione giornaliera delle varie valute fissata dalle autorità monetarie (opposto a *cambio nero*); *cambio fisso*, quello intercorrente tra due valute e mantenuto fisso dalle autorità monetarie; *cambio flessibile*, sistema di cambio in cui il rapporto tra una moneta e le altre è libero di seguire le fluttuazioni del mercato || *agente di cambio*, mediatore ufficiale di borse valori || *T.giur.* *lettera di cambio*, titolo di credito contenente l'ordine di pagare al portatore la somma in esso indicata **4.** *T.mecc.* congegno che consente di variare il rapporto di trasmissione tra due organi rotanti: *cambio sincronizzato, automatico*; *cambio a cloche*, la cui asta di comando è situata sul pianale del veicolo; *cambio al volante*, la cui leva di comando è montata presso il volante **5.** *T.bot.* strato di cellule meristematiche che si produce nella radice e nel fusto della maggior parte delle piante, formando esternamente il libro e internamente il legno **6.** *T.anat.* strato profondo del periostio in cui vi sono le cellule in grado di produrre nuovo tessuto osseo. **Q.T.** *automobile, banca, economia..., motocicletta* **TAV.** ***automobile*** **p. 658** 3.19a, 3.20; ***motocicletta...*** **p. 1322** 1.6, 1.13.

cambìsta [da *cambiare*; 1723] ***s.*** cambiavalute.

cambogiàno [dal n. geogr. *Cambogia*; 1860] **I** ***agg.*** della Cambogia: *il confine cambogiano* **II** ***sm.*** **1.** (f. *-a*) nativo o abitante della Cambogia **2.** (solo *sing.*) lingua della famiglia austro-asiatica parlata in Cambogia.

càmbra [dal fr. *cambre*, curvatura; 1955] ***sf.*** *T.edil.* grappa in ferro a due punte usata per fissare tra loro provvisoriamente due tavole ligneee da costruzione.

cambrétta [dal fr. *cambre*, curvatura; 1908] ***sf.*** chiodo ricurvo a due punte per fissare tubi e cavi; cavallottino. **TAV.** ***utensili*** **p. 1340** 7.6.

cambrì [da *Cambric*, nome ingl. della città fr. *Cambrai*; 1573] ***sm.*** *inv.* tessuto fine di cotone per camicie, biancheria e sim. || **N.** batista, mussolina, tela.

cambriàno [dall'ingl. *Cambrian*; 1892] ***sm.*** e ***agg.*** *T.geol.* detto del periodo più remoto dell'era paleozoica.

càmbrico (pl. *-ci*) [da *Cambria*, nome latinizzato del Galles; 1875] ***agg.*** *T.geol.* cambriano.

cambriglióne [dal fr. *cambrillon*; 1865] ***sm.*** *raro* parte interna della scarpa che si applica come rinforzo nella parte stretta (fiosso) tra la pianta e il tacco.

cambùșa [dal fr. *cambuse*; 1908] ***sf.*** *T.mar.* deposito dei viveri nelle navi militari e mercantili || **N.** *Sin.* dispensa.

cambușière [dal fr. *cambusier*; 1908] ***sm.*** *T.mar.* marinaio addetto alla custodia e distribuzione dei viveri. **Q.T.** *nautica...*

camecèrașo [dal lat. *chamaecerasus*, gr. *chamaikérasos*, ciliegio nano; a. 1498] ***sm.*** pianta erbacea delle Caprifoliacee, con frutti a bacca di color rossastro e foglie acute e rugose || **N.** *Sin.* ciliegio di montagna.

camèdrio (pl. *-dri*) [dal lat. *chamaedrys*, gr. *chamáidrys*, quercia a terra, quercia nana; a. 1498] ***sm.*** pianta erbacea delle Labiate dai fiori odorosi color rosa || *camedrio alpino*, driade.

camèlia [dal n. proprio *Kamel*, gesuita moravo che l'importò dal Giappone; 1843 *camellia*] ***sf.*** pianta sempreverde delle Teacee con foglie ovali e fiori grandi e inodori di vari colori; viene largamente coltivata come pianta ornamentale || *per estens.* il fiore di tale pianta || **N.** bianca, incarnata, purpurea, variegata.

Camèlidi (sing. *-e*) [dal lat. *camēlus*; 1950] ***sm. pl.*** *T.zool.* famiglia di mammiferi ruminanti degli Artiodattili di dimensioni medio-grandi, con pelo lanoso, di cui fanno parte tra gli altri il cammello, il dromedario e il lama. **TAV.** ***mammiferi*** **p. 1319**.

camelìna o **camellìna** [comp. del gr. *chamái*, a terra, e *línon*, lino; 1865] ***sf.*** *T.bot.* pianta erbacea delle Crocifere con fusto molto ramificato e fiori gialli, dai quali si estrae un olio, impiegato nell'industria delle vernici e dei saponi.

camembert (fr., pr. [kamɑ̃'bɛ:r]) [1965] ***sm.*** *inv.* formaggio grasso stagionato, a pasta morbida, prodotto in forme rotonde di piccole dimensioni.

camèna [dal lat. *Camēna*; prima metà sec. XIV] ***sf.*** nome di antiche divinità latine delle acque e delle sorgenti, assimilate in seguito alle muse || *per estens.* *lett.* musa, ispirazione: *la mia camena tace e ripensa* (Carducci).

camepìzio (pl. *-zi*) [dal lat. *chamaepitys*, gr. *chamáipitys*, pino nano; a. 1498] ***sm.*** *T.bot.* pianta erbacea medicinale delle Labiate, dai fiori gialli molto odorosi.

càmera[1] [lat. *camera*, volta di una stanza; fine sec. XII *cammora*] ***sf.*** **1.** qualsiasi locale di edificio destinato a uso abitativo; ciascuno dei locali che compongono un appartamento: *camera da letto, un alloggio di quattro camere, camera d'albergo*; *camera mobiliata* o *ammobiliata*, camera fornita di mobili che viene gen. affittata || *per anton.* camera da letto: *è restato tutto il giorno in camera*; *veste da camera*, vestaglia;

fare, rifare la camera, pulirla rifacendo i letti || *per estens.* i mobili che la arredano: *ha acquistato una nuova camera da letto, una camera in barocco piemontese* || nelle case nobili, ambiente appartato adibito ad abitazione privata del principe e dei familiari; *maestro di camera,* addetto al servizio personale di nobili o alti prelati; *valletto di camera,* paggio || *musica da camera,* genere musicale composto per un numero limitato di esecutori e in origine destinato all'ascolto in ambienti ristretti **2.** locale, ambiente delimitato riservato per usi specifici || *camera oscura,* locale destinato alla manipolazione (sviluppo, stampa ecc.) di materiale fotosensibile || *camera sterile,* negli ospedali, locale asettico adibito all'esecuzione di particolari terapie || *camera operatoria,* in cui si eseguono interventi chirurgici || *camera blindata,* dotata di pareti rinforzate con lastre metalliche o altri accorgimenti per proteggerla da furti o calamità naturali e usata per conservare oggetti di valore || *camera di sicurezza,* in commissariati o questure, locale in cui si rinchiudono coloro che sono sospettati di aver commesso qualche reato || *camera a gas,* nei lager nazisti, locale opportunamente attrezzato in cui i prigionieri venivano uccisi mediante l'utilizzo di gas tossici; in alcuni stati degli USA, locale in cui vengono eseguite con gas tossici le condanne a morte || *camera ardente* o *mortuaria,* locale in cui viene esposta la salma del defunto || *camera di consiglio,* in cui il giudice o la giuria si ritira per formulare il giudizio || *camera della morte,* nelle tonnare, spazio terminale delimitato da reti, in cui i tonni vengono uccisi **3.** *T.tecn.* in varie tecnologie, porzione di spazio chiuso, delimitato, destinato a particolari funzioni || *camera d'aria,* involucro destinato a contenere un gas compresso; intercapedine con funzioni isolanti ottenuta nello spessore di un muro || *camera a bolle, camera a scintille, camera a nebbia,* vari dispositivi per rendere osservabili le traiettorie delle particelle ionizzate || *camera di combustione,* nelle macchine e negli impianti termici, ambiente in cui avviene la reazione tra combustibile e comburente || *camera di scoppio,* nei motori a scoppio, la testa del cilindro, nella quale si verifica la compressione e la combustione del carburante || *camera di caricamento e scoppio,* nelle armi da fuoco, parte posteriore della canna in cui avviene l'inserimento e l'esplosione del proiettile || *camera da mina,* scavo effettuato nella roccia per collocare cariche esplosive || *camera di lancio,* nei sommergibili, locale che contiene i tubi di lancio dei siluri || *camera di decompressione,* dispositivo costituito da una camera di acciaio in cui si crea artificialmente una pressione diversa da quella usuale, per abituare l'organismo umano alle pressioni esistenti in ambienti sottomarini e viceversa per riabituarlo alla normale pressione atmosferica ed evitare l'embolia **4.** *T.med.* cavità anatomica gen. di piccole dimensioni: *camera dell'occhio; camera del dente,* cavità in cui è contenuta la polpa dentaria **5.** *T.bot.* cavità nel tessuto vegetale di dimensioni maggiori dei normali spazi intercellulari **6.** *T.pol.* organo collegiale con poteri consultivi, deliberativi o legislativi: *la camera dei deputati;* anche *ass.*: *la camera ha votato la legge finanziaria* || nel sistema bicamerale inglese: *camera alta,* quella dei lords; *camera bassa,* quella dei comuni || *pl. le camere,* il parlamento, cioè il senato e la camera dei deputati **7.** ente preposto alla tutela dei diritti di particolari categorie: *camera del lavoro,* associazione che riunisce tutti i lavoratori iscritti ai vari sindacati di categoria in un determinato ambito territoriale || *camera di commercio,* ente, dipendente dal Ministero dell'industria e del commercio, cui spetta coordinare e promuovere le attività economiche (commerciali, industriali, agricole) in una data zona **8.** *T.eccl. camera apostolica,* organismo di gestione economico-amministrativa del Vaticano **9.** *ant.* tribunale, magistratura || erario || *dim.* camerétta, camerìna, camerìno (*sm.*), camerùccia; *accr.* cameróna, camerône (*sm.*); *pegg.* cameràccia || **N. 1.** *Sin.* alcova, cabina, camerata, cella, dormitorio, gabinetto, sala, stanza; PERSONE: affittacamere, cameriera; anticamera **2.** *Sin.* ambiente, locale, vano **7.** *Sin.* associazione, ente, corporazione, sindacato. **Q.T.** *arredamento* **TAV.** *cinematografia...* 6.3; *motori* 3.8, 4.1c; ***arredamento* p. 650** 3.

càmera² [dall'ingl. *camera;* 1942] ***sf.*** macchina da ripresa fotografica, cinematografica o televisiva. **Q.T.** *fotografia.*

cameràle [da *camera*¹; 1314 nel senso 3] ***agg.*** **1.** che si riferisce alla camera dei deputati, di commercio o a quella del lavoro: *imposta camerale,* quella che pagano gli iscritti alla Camera di Commercio **2.** *non com.* che si riferisce all'erario: *beni camerali* **3.** *non com.* di camera, da camera: *musica camerale* || *studio camerale,* nei conservatori, stanza destinata allo studio individuale.

cameralismo [da *camerale;* 1955] ***sm.*** complesso di teorie relative all'amministrazione dello stato e al benessere della popolazione, fiorite nei paesi di lingua tedesca nei sec. XVII-XVIII, nell'ambito dell'assolutismo.

cameralìsta [da *cameralismo;* 1955] ***s.*** sostenitore del cameralismo.

cameraman (ingl., pr. [ˈkæmərəmən]; pr. it. [ˈkameramɛn]) [1965] ***sm. inv.*** (anche pl. *cameramen,* pr. [ˈkæmərəmən]) operatore televisivo o cinematografico.

cameràrio (pl. *-ri*) [da *camera*¹; a. 1484] ***sm.*** *T.stor.* amministratore dei beni di un sovrano o di una comunità religiosa; camerlengo.

cameràta¹ [da *camera*¹; a. 1584] ***sf.*** **1.** locale di grandi dimensioni che in collegi, caserme, ospedali e sim. viene usato come dormitorio || *per estens.* l'insieme delle persone che in tale luogo dormono **2.** *disus.* adunanza o gruppo di gente, che si ritrova insieme per conversare, discutere gen. di studi o di arte e sim.: *la camerata dei Bardi, la camerata degli artisti combattenti.*

cameràta² [dallo sp. *camerada;* a. 1665] ***s.*** **1.** compagno d'armi, commilitone || *per estens.* amico fidato **2.** appellativo in uso tra gli iscritti al partito fascista.

cameratésco (pl. *-schi*) [da *camerata*²; 1941] ***agg.*** di o da camerata || *per estens.* amichevole, cordiale || **cameratescaménte** ***avv.***

cameratismo [da *camerata*²; 1908] ***sm.*** sentimento di amicizia e solidarietà tra camerati, colleghi, commilitoni.

camerèlla [da *camera*¹; 1625 nel senso 2] ***sf.*** **1.** spazio delimitato dalle cortine di un letto a baldacchino **2.** involucro il cui è racchiuso il chicco di grano.

camerétta (*dim.* di *camera*) [a. 1374] ***sf.*** **1.** piccola camera, stanzetta **2.** apertura del fondo stradale, praticata per raggiungere le tubazioni sotterranee di luce, gas, telefono e sim.

camerière [dal provenz. *camarier,* a. 1292 *cameriera* f.] ***sm.*** **1.** (f. *-a*) in alberghi e case signorili, chi provvede alla distribuzione di cibo e bevande o è addetto al servizio personale del padrone o della padrona: *assumere un cameriere, cameriere al piano* || *in part.* chi, in ristoranti e bar, serve ai tavoli: *cameriere, il conto!* || al *f.*, nelle case private, donna di servizio, un tempo addetta a servizi meno umili della domestica e oggi, in assenza di altro personale, collaboratrice tuttofare **2.** *T.eccl.* fino al pontificato di Paolo VI, titolo attribuito a vari dignitari pontifici || titolo di nobiluomo che a corte svolge compiti di particolare riservatezza: *cameriere segreto* || **N. 1.** *Sin.* domestico, lacchè, servitore.

camerìno [da *camera*¹; a. 1494] ***sm.*** **1.** piccola stanza, sgabuzzino **2.** stanzino nei teatri e negli studi cinematografici e televisivi dove gli attori o i cantanti si vestono, si truccano e si riposano **3.** *T.mar.* nelle navi da guerra, i locali destinati ad alloggiare gli ufficiali **4.** *fam. eufem.* gabinetto.

camerista [dallo sp. *camarista;* 1678] ***sf.*** cameriera di corte o di grandi case signorili.

cameristico (pl. *-ci*) [da *camera;* 1970] ***agg.*** *T.mus.* relativo alla musica da camera, proprio della musica da camera: *la produzione cameristica di Schumann.*

camerléngo o **camerlèngo** o **camerlìngo** (pl. *-ghi*) [dal germ. *Kamarling,* addetto alla camera del re; 1219 *camarlengo*] ***sm.*** **1.** nel Medioevo, funzionario con compiti di amministrazione e gestione dell'erario **2.** *T.eccl.* amministratore di confraternite religiose || *cardinale camerlengo,* cardinale che alla morte del papa assume provvisoriamente e per questioni amministrative il governo della chiesa.

camerlingàto [da *camerlingo;* 1335 *camerlengato*] ***sm.*** l'ufficio di camerlengo.

cameròtto [da *camera*¹; 1869] ***sm.*** *raro* mozzo che sulle navi mercantili svolge i servizi di cameriere per il capitano e gli ufficiali.

càmice [da *camicia;* 1353] ***sm.*** **1.** *T.eccl.* veste lunga di tela bianca che gli ecclesiastici portano sotto i paramenti negli uffici divini **2.** sopravveste, gen. bianca, usata per scopi igienici e di pulizia da medici, infermieri, chimici e sim.

camicerìa [dal fr. *chemiserie;* 1905] ***sf.*** negozio dove si vendono camicie e in gen. biancheria || fabbrica di camicie || insieme di camicie, produzione di camicie: *camiceria per uomo.*

camicétta (*dim.* di *camicia*) [1866] ***sf.*** camicia da donna, di tessuto leggero.

camicia (pl. *-cie*) [lat. tardo *camīsia;* a. 1306 *camiscia*] ***sf.*** **1.** indumento di tessuto e forma vari che copre la parte superiore del tronco, dal bacino al collo: *camicia da uomo, da donna, di seta, di flanella, da sera; camicia alla Robespierre,* con ampio colletto rovesciato che lascia libero il collo || *camicia da notte,* lunga fin oltre il ginocchio, che si indossa per andare a letto || *camicia di forza,* tunica di tela robusta munita di vari legacci, usata un tempo negli ospedali psichiatrici per immobilizzare i pazienti || *in maniche di camicia,* senza giacca || *fig. ridursi in camicia,* diventare povero || *fig. dare la camicia per qualcuno,* mostrarsi particolarmente generosi || *fig. sudare sette camicie,* faticare molto || *fig. giocarsi la camicia,* rischiare tutto || *fig. essere nato con la camicia,* essere fortunato || *fig. camicia di Nesso,* insopportabile costrizione || *T.stor. camicia di maglia,* cotta protettiva indossata nel Medioevo sotto l'armatura **2.** simbolo esteriore di movimenti, partiti politici, organizzazioni paramilitari: *le camicie rosse,* i garibaldini; *le camicie nere,* i militanti del partito fascista; *le camicie brune,* i militanti del partito nazista; *le camicie azzurre,* i nazionalisti italiani dopo la prima guerra mondiale **3.** involucro, rivestimento con funzione protettiva: *camicia del forno, della caldaia, dei cilindri* || *per estens.* blindatura: *la camicia del carro armato* **4.** *T.bur.* cartellina portadocumenti **5.** *T.enol.* leggera pellicola che riveste le pareti delle bottiglie contenenti vino rosso invecchiato, causata dal deposito dei coloranti naturali del vino || *dim.* camiciòtto (*sm.*), camicìna, camicìno (*sm.*), camicétta, camiciòla; *accr.* camicióne (*sm.*), camicióna || **N.** accollata, a righe, bianca, colorata, di cotone, di flanella, di seta, di tela, guarnita, liscia, pieghettata, ricamata, scollata, stirata | PARTI: cannoncini, cinturino, collo, crespa, gala, gherone, maniche, manichini o polsini, mezzemaniche, petti, scollo, solino o colletto, spalla, sparato, sperone, vita. **Q.T.** *abbigliamento* **TAV.** *motori* 3.10.

camiciàio (pl. *-ài*) [da *camicia*; 1739] ***sm.*** (f. *-a*) chi fa o vende camicie.

camiciàta [da *camicia*; 1865] ***sf.*** *tosc. raro* gran sudata, tale da bagnare la camicia.

camiciàto [da *camicia*; 1970] ***agg.*** detto di proiettile conico fornito di un rivestimento in metallo duro.

camicìno (*dim.* di *camicia*) [1846 nel senso 2] ***sm.*** **1.** indumento di panno fine per neonati **2.** *ant.* copribusto femminile che un tempo veniva indossato sotto l'abito.

camicio (pl. *-ci*) [da *camicia*; 1983] ***sm.*** camicia da notte unisex.

camiciòla (*dim.* di *camicia*) [a. 1665 *camiciuola* nel senso 2] ***sf.*** **1.** camiciotto **2.** *tosc.* indumento gen. di lana che si porta sotto la camicia a contatto con la pelle.

camicióne (*accr.* di *camicia*) [1353 ca.] ***sm.*** **1.** ampia camicia **2.** casacca molto ampia e lunga da portare sopra i pantaloni o la gonna || *camicione premaman*, ampio vestito per le donne in stato di gravidanza.

camiciòtto [da *camicia*; 1353] ***sm.*** **1.** camicia sportiva con le maniche corte e il collo aperto **2.** camice corto da lavoro, di tela robusta, usato dagli artigiani || **N.** **1.** *Sin.* camiciola **2.** blusa, camice, tuta.

camillìno o **camilliàno** [dal n. proprio *Camillo* De Lellis, fondatore dell'ordine; 1931] ***sm.*** appartenente all'ordine religioso fondato da san Camillo de Lellis per l'assistenza agli infermi.

caminétto (*dim.* di *camino*) [1550] ***sm.*** **1.** piccolo camino usato per riscaldare un ambiente o per cuocervi cibi, con focolare ricavato nello spessore del muro: *passa la sera a leggere davanti al caminetto* **2.** *T.alp.* fenditura verticale di dimensioni ridotte || **N.** **1.** focolare **2.** camino.

caminièra [da *camino*; 1846 *camminiera* nel senso 3] ***sf.*** **1.** parafuoco di metallo che si mette davanti al caminetto **2.** specchio o mensola posta sopra il caminetto **3.** cesto in cui si tiene la legna da ardere nel caminetto.

camìno [lat. *camīnus*; a. 1400] ***sm.*** **1.** impianto costruito all'interno di uno spazio abitativo per consentire l'accensione di un fuoco al fine di riscaldare l'ambiente e di cuocervi cibi; è costituito da un focolare in cui viene acceso il fuoco, una cappa per raccogliere i fumi della combustione e una canna fumaria per convogliare all'esterno attraverso il comignolo tali fumi || *per estens.* *T.edil.* canna fumaria; comignolo **2.** nelle fornaci industriali, ciminiera destinata ad assicurare il tiraggio e a disperdere i prodotti gassosi della combustione a una certa altezza **3.** nei vulcani, condotto naturale attraverso cui avviene la fuoriuscita dei prodotti del vulcano **4.** *T.edil.* *camino dei cassoni*, tubo di lamiera che, nelle fondazioni con aria compressa, mette in comunicazione la camera di lavoro con l'esterno **5.** *T.alp.* fenditura verticale tra due pareti rocciose tale da consentire all'arrampicatore di penetrarvi con tutto il corpo || *dim.* caminétto || **N.** **1.** PARTI: aiuola o arola, architrave, bocca o apertura, cappa, ciminiera, focolare, fornello, gola, mensola, rocca o fumaiolo, sfiatatoio, soglia, spiazzo, stipiti, strombatura, torretta o comignolo; alare, caminiera, catena, molle, paletta, parafuoco, soffietto, ventola | tirare | fumista, spazzacamino | fuligine, canna di ventilazione, registro a farfalla, registro a paratoria. **Q.T.** *architettura.*

càmion [dal fr. *camion*; 1875 *camione*] ***sm.*** *inv.* nome generico per qualunque veicolo di grandi dimensioni adibito al trasporto di merci || **N.** *Sin.* autoarticolato, autocarro, autotreno.

camionàbile [da *camion*; 1926] ***sf.*** e ***agg.*** di strada, che è adatta a essere percorsa da camion || **N.** *Sin.* camionale.

camionàle [da *camion*; 1932] ***sf.*** e ***agg.*** di strada, che è adatta a essere percorsa dai camion || **N.** *Sin.* camionabile.

camionàta [da *camion*; 1983] ***sf.*** insieme delle merci che costituiscono il carico di un camion.

camioncìno (*dim.* di *camion*) [1939] ***sm.*** veicolo di tonnellaggio limitato adibito a trasporto merci || **N.** *Sin.* furgone.

camionétta [da *camion*; 1942] ***sf.*** veicolo a quattro ruote per il trasporto di persone, part. adatto all'impiego su terreni accidentati, in dotazione specialmente a polizia ed esercito || **N.** *Sin.* fuoristrada, *jeep*.

camionìsta [da *camion*; 1935] ***s.*** conducente di camion.

camionìstico (pl. *-ci*) [da *camion*; 1956] ***agg.*** relativo ai camion o ai camionisti.

camiṣàccio (pl. *-ci*) [dal dial. *camiṣa*; 1935] ***sm.*** corta blusa di fatica in uso nella Marina Militare italiana.

camìta [da *Cam*, figlio di Noè; 1843] ***s.*** individuo appartenente al gruppo etnico camitico.

camìtico (pl. *-ci*) [da *Cam*, figlio di Noè; 1843] **I** ***agg.*** relativo al gruppo etnico dei Camiti, dislocato nell'Africa settentrionale (berberi) e orientale (etiopi) || *lingue camitiche*, il libico-berbero e il cuscitico **II** ***sm.*** (solo *sing.*) famiglia linguistica camitica. **Q.T.** *lingue...*

càmma [dal fr. *camme*; 1905] ***sf.*** *T.mecc.* organo meccanico di forma arrotondata che trasforma il moto rotatorio in moto rettilineo alternato secondo una periodicità che è determinata dalla sua forma specifica; viene utilizzato part. nei motori a combustione interna per comandare le valvole || **N.** *Sin.* bocciolo, eccentrico, palmola. **TAV.** *motori* 5; ***automobile*** **p. 658** 5.10.

cammeìsta [da *cammeo*; 1753] ***s.*** *raro* chi intaglia cammei.

cammellàto [da *cammello*; 1942] ***agg.*** trasportato, montato su cammelli: *truppe cammellate.*

cammellière [da *cammello*; a. 1405] ***sm.*** (f. *-a*) conduttore di cammelli.

cammèllo [lat. *camelus*; a. 1292] **I** ***sm.*** **1.** quadrupede ruminante dei Camelidi di grosse dimensioni, assai resistente alla fatica, di cui si conoscono due specie, il cammello a due gobbe che vive in Asia e quello a una gobba o dromedario, originario dell'Africa e dell'Arabia **2.** tessuto ottenuto dai peli interni e più morbidi del cammello, gen. misti a lana: *un cappotto di cammello* **II** ***agg.*** *inv.* (sempre posposto) di colore biondo rossiccio caratteristico del pelo di tali animali: *una giacca cammello.* **TAV.** ***mammiferi*** **p. 1318** 16.

cammellòtto v. CAMBELLOTTO.

cammèo [etim. inc.; a. 1556] ***sm.*** pietra dura intagliata a bassorilievo, gen. a più strati di colore || conchiglia tenera bicolore che viene intagliata a imitazione della pietra dura || *fig.* *avere i lineamenti di un cammeo*, perfetti || *per estens.* il gioiello così ottenuto.

camminaménto [dal fr. *cheminement*; 1918] ***sm.*** *T.mil.* passaggio scavato nel terreno che congiunge fra loro varie trincee e le retrovie e permette spostamenti relativamente sicuri.

camminàre (pres. *-ìno*) [da *cammino*; a. 1294 come tr.] ***intr.*** (aus. *avere*) **1.** spostarsi da un luogo a un altro a piedi: *ha camminato tutto il giorno, camminare lentamente, velocemente, a fatica* || *cammina!*, esortazione a procedere con maggiore rapidità; anche *fig.* per interrompere o allontanare da sé una persona molesta: *smettila di dire sciocchezze, cammina!* || *cammina cammina*, espressione usata nelle fiabe e talvolta nel linguaggio familiare per indicare un lungo tragitto: *cammina cammina giunsero a una casa nel mezzo del bosco* || *camminare sui trampoli*, anche *fig.* procedere in modo incerto || *fig.* *camminare sulle uova*, procedere con estrema cautela || *fig.* *camminare sul sicuro*, in modo da evitare spiacevoli delusioni; essere certi di qualcosa || *camminare diritti*, eretti; anche *fig.*, comportarsi con correttezza **2.** *per estens.* detto di veicoli e meccanismi, funzionare, muoversi: *l'auto è guasta, non cammina più, con le pile scariche il trenino non cammina, dopo essere caduto nell'acqua l'orologio non cammina più* **3.** *fig.* evolversi, progredire: *l'evoluzione della morale non cammina di pari passo con quella della scienza, l'economia italiana cammina a strappi* || *per estens.* avere uno sviluppo logico, ordinato: *mi sembra che il suo ragionamento non cammini troppo bene* **4.** *fig.* *lett.* di astri, muoversi: *la luna camminava in un cielo striato di nubi* || ***tr.*** *raro* percorrere a piedi: *aveva camminato l'Italia da un capo all'altro* || **N.** **1.** ambulare, andare, ciabattare, girellare, girovagare, incamminarsi, incedere, marciare, passeggiare, sgambettare, trotterellare, vagabondare, vagare, viaggiare | a braccetto, adagio, a fatica, a ondate, a passo di carica, a piè zoppo, a rotta di collo, a sghembo, a sghimbescio, balzelloni, barcolloni, brancoloni, carponi, coi piedi di piombo, gatton gattoni, in punta di piedi, in tralice, lemme lemme, pian pianino, tastoni **2.** arrancare, avviarsi **3.** *Sin.* svilupparsi **4.** sorgere, tramontare.

camminàta [da *camminare*; a. 1388] ***sf.*** **1.** l'azione del camminare, passeggiata a piedi piuttosto lunga || tratto compiuto a piedi **2.** il modo di camminare, andatura: *camminata energica, stanca, affaticata* || **N.** **1.** *Sin.* cammino, passeggiata, tragitto, tratto di strada, *trekking*, viaggio **2.** *Sin.* passo, tragitto.

camminatóre [da *camminare*; 1308] ***agg.*** e ***sm.*** **1.** (f. *-trìce*) chi cammina molto e volentieri: *è un buon camminatore* **2.** (f. *-trìce*) *T.bur.* fattorino che in uffici pubblici è incaricato di consegnare la posta interna **3.** *T.mar.* imbarcazione veloce || **N.** **1.** corridore, pedone, podista | corsa, maratona.

camminatùra [da *camminare*; 1865] ***sf.*** *disus.* il modo di camminare || **N.** *Sin.* CAMMINATA.

cammìno [lat. volg. *cammīnus*; a. 1292 nel senso 3] ***sm.*** **1.** l'atto del camminare: *dopo un lungo cammino* || *mettersi in cammino*, incominciare a camminare || *cammin facendo*, continuando a camminare, per via || *per estens.* la strada, il luogo dove si cammina e lo spazio percorso: *tre ore di cammino, per un cammino impervio* || *cammino di ronda*, percorso delle sentinelle sugli spalti di una fortezza, gen. protetto da merli o altre strutture **2.** movimento di un corpo celeste: *il cammino del sole* || il corso di un fiume: *il cammino del Po attraverso varie regioni* || rotta: *il siluro deviò improvvisamente dal suo cammino* || *fig.* il corso della vita umana || *fig.* progresso: *il cammino della scienza* **3.** *fig.* modo di comportarsi, condotta: *ha intrapreso il cammino del vizio* **4.** *T.fis.* *cammino ottico*, spazio percorso dalla luce in un intervallo di tempo || *cammino libero medio*, nella teoria cinetica dei gas, spazio medio percorso da una molecola tra due urti successivi **5.** *T.mat.* curva.

cammuccà o **camuccà** [dal pers. *hămhá*; a. 1484] ***sm.*** *ant.* stoffa pregiata di provenienza orientale.

càmo [dal lat. tardo *cāmus*; seconda metà sec. XIII] ***sm.*** *ant.* freno, morso per animali da soma; anche *fig.*: *quel fu il duro camo* (Dante).

càmola [etim. inc.; 1565] ***sf.*** *region.* tarlo || *gen.* qualsiasi larva di insetto.

camolàto [da *camola*; 1830] ***agg.*** *dial.* tarlato.

camolèra [da *camola*; 1969 *camoliera*] **sf.** *T.pesc.* lenza a cui sono attaccate varie camole finte che nascondono l'amo, usata per la pesca in acqua dolce.

camomilla [lat. tardo *camomilla*; 1280-1310 *camamilla*] **sf.** pianta erbacea delle Composite con fiori bianchi simili a margherite; cresce spontanea in Europa e Asia e viene anche coltivata per ricavarne un'essenza blandamente sedativa || *per estens.* l'infuso ottenuto dai fiori essiccati di tale pianta.

camòra o **camòrra**² [dall'ar. *hamūr*, pl. di *himār*, velo da donna; 1965] **sf.** veste femminile medievale || **N.** *Sin.* gamurra.

camòrra¹ [etim. inc.; 1861] **sf.** **1.** organizzazione criminale napoletana sorta attorno al 1600 con leggi e codici di comportamento propri; controlla il lotto clandestino, il traffico di stupefacenti, l'attività edilizia, il contrabbando e impone tangenti su varie attività **2.** *per estens.* associazione di persone disoneste o di pochi scrupoli che cercano per vie illecite di avere guadagni, favori ecc. || *far camorra*, accordarsi per commettere illeciti e soperchierie **3.** *disus.* chiasso, confusione || **N.** **1.** mafia, malavita **2.** camarilla.

camòrra² V. CAMORA.

camorrismo [da *camorra*¹; a. 1927] **sm.** *raro* comportamento da camorrista.

camorrista [da *camorra*¹; 1861] **s.** chi appartiene alla camorra || *per estens.* persona prepotente, rissosa; anche truffatore, spec. in associazione con altri.

camorristico (pl. *-ci*) [da *camorra*¹; a. 1927] **agg.** tipico della camorra: *metodi camorristici.*

camòrro [dal lat. **camoria*, moccio; 1845] **sm.** *tosc.* *raro* **1.** persona fiacca e malaticcia **2.** oggetto mezzo rovinato.

camosciàre (pres. *-òscio*) [da *camoscio*; 1865] **tr.** *non com.* *T.conc.* scamosciare.

camosciatùra [da *camosciare*; prima metà sec. XIV] **sf.** *ant.* scamosciatura.

camóscio o **camòscio** (pl. *-sci*) [lat. tardo *camox*, *-ŏcis*; 1483] **sm.** (f. *camózza*) **1.** mammifero dei Bovidi con pelo ruvido di colore bruno rossastro in estate e più scuro in inverno, corna lisce ricurve alle estremità, arrampicatore agilissimo, largamente diffuso negli ambienti d'alta montagna di Europa e Asia minore **2.** *per estens.* pelle di tale animale conciata con particolari procedimenti che la rendono morbida e vellutata: *scarpe, borsa di camoscio.* **Q.T.** *pellicciaio...*

camózza o **camòzza** [var. sett. di *camoscio*; sec. XIII-XIV] **sf.** **1.** *non com.* la femmina del camoscio **2.** *ant.* donna sudicia.

campàgna [lat. tardo *campānia*; 1313] **sf.** **1.** vasta distesa di terreno aperto fuori dei centri urbani, in gen. pianeggiante o collinare, caratterizzata dalla presenza di vegetazione spontanea e coltivazioni: *una gita in campagna, aria di campagna* || *paesino di campagna*, piccolo centro abitato ad economia agricola || *gente di campagna*, contadini || *darsi alla campagna*, darsi alla latitanza, fare il brigante || *battere la campagna*, perlustrarla || *non com.* proprietà terriera, podere: *aveva una bella campagna in Toscana* **2.** *per estens.* attività agricola stagionale di raccolta di un determinato prodotto agricolo: *la campagna dell'uva è stata inferiore alle previsioni* || anche il periodo corrispondente **3.** *T.mil.* terreno pianeggiante adatto al movimento di truppe e mezzi: *artiglieria da campagna* **4.** ciclo di operazioni strategiche volte al raggiungimento di un determinato fine e gen. relative a una certa area geografica: *la campagna di Grecia* || *iron.* *ha fatto molte campagne*, ha avuto molte avventure amorose **5.** *per estens.* insieme di iniziative volte al raggiungimento di un determinato scopo: *campagna di scavi archeologici, campagna pubblicitaria, elettorale* || *T.sport.* *campagna acquisti*, part. negli sport di squadra, trattative compiute dalle varie società per acquistare o cedere giocatori || *campagna di stampa*, serie di articoli volti ad attirare l'attenzione dell'opinione pubblica su un dato problema **6.** *T.arald.* fascia che occupa il terzo inferiore di uno scudo || **N.** **1.** *Sin.* agro, campo, contado | amena, aperta, aprica, brulla, desolata, fertile, fiorita, malinconica, rasa, squallida, sterile, triste, verdeggiante | cascina, cascinale, latifondo | villeggiare | *Contr.* città **2.** *Sin.* raccolta, stagione **4.** *Sin.* guerra, spedizione. **Q.T.** *pubblicità* **TAV.** ***araldica*** **p. 645** 1.7, 1.8, 1.9.

campagnòla [da *campagnolo*; 1955] **sf.** *T.aut.* nome commerciale di un'automobile fuoristrada adatta a percorsi molto accidentati.

campagnòlo [da *campagna*; 1663 come sm.] **I** **agg.** di campagna, che abita in campagna: *vita campagnola, topo campagnolo* **II** **sm.** (f. *-a*) persona che vive in campagna o svolge un'attività agricola || **N.** **I** *Sin.* agreste, agricolo, campestre, contadinesco, rurale, rustico **II** *Sin.* contadino, villico.

càmpago V. COMPAGO.

campàio (pl. *-ài*) [da *campo*; sec. XIII-XVI] **sm.** *ant.* guardia campestre || **N.** *Sin.* camparo, campiere.

campàle [da *campo*; a. 1348] **agg.** di o da campo: *artiglieria campale* || che si svolge in campo aperto: *battaglia campale* || *T.mil.* *fortificazioni campali*, opere protettive provvisorie costruite a difesa di un accampamento || *giornata campale*, in cui due eserciti si scontrano in campo aperto, e *fig.* giornata intensa e faticosa.

campaménto [da *campare*¹; a. 1292 nel senso 2] **sm.** *raro* **1.** ciò che serve per campare **2.** *ant.* mezzo di salvezza, di scampo.

campàna [lat. tardo *campāna*; a. 1294] **sf.** **1.** strumento in metallo, gen. in bronzo, a forma di vaso rovesciato, che suona quando viene percosso in prossimità del bordo inferiore da un battaglio situato all'interno o da un martello situato all'esterno; è gen. usato in chiesa come richiamo per i fedeli; *suonare le campane a stormo, a martello*, farle suonare percuotendole a rintocchi rapidi per avvertire di un pericolo imminente; *suonare le campane a morto*, per un funerale; *suonare le campane a festa*, tutte insieme, per celebrare qualche avvenimento lieto || *legare le campane*, nella liturgia cattolica, non suonarle in segno di lutto dal giovedì al sabato di Pasqua; *sciogliere le campane*, ricominciare a suonarle la domenica di Pasqua || *sordo come una campana*, completamente sordo || *fig.* *ascoltare tutte e due le campane, sentire anche l'altra campana*, in una disputa, valutare le diverse versioni dei fatti || *fig.* *stare in campana*, stare all'erta || *pantaloni, gonna a campana*, scampanati, svasati || *imparare qualcosa a campana*, a memoria || nella loc. *a campana*, per indicare oggetti o elementi che richiamano la forma di questo strumento; *in part.* *T.mat.* *curva a campana*, la curva gaussiana della distribuzione degli errori; *T.abb.* scampanato **2.** *T.mus.* parte terminale, svasata, di strumenti a fiato: *la campana del clarino* || *campane tubolari*, strumento musicale a percussione costituito da tubi metallici sospesi a un cavalletto che vengono percossi con un martelletto **3.** vaso, gen. di vetro, a forma di cupola, usato per proteggere oggetti delicati o alterabili: *i preparati chimici vennero posti sotto una campana* || *fig.* *tenere qualcosa sotto una campana di vetro*, proteggerla con ogni cura; *fig.* *vivere sotto una campana di vetro*, curarsi in modo eccessivo della propria salute **4.** *T.tecn.* nome di vari dispositivi che per la loro forma ricordano quella di una campana: *campana di gasometro*, camera cilindrica per la raccolta di gas; *campana da palombaro*, cassone aperto sulla faccia inferiore che viene calato su un fondale e mantenuto vuoto per mezzo di aria compressa, grazie alla quale è possibile compiere lavori sul fondo; *campana pneumatica*, cassone ad aria compressa utilizzato per impiantare fondazioni subacquee pneumatiche **5.** *T.arch.* parte interna del capitello corinzio, avvolta da foglie d'acanto **6.** *T.gioc.* gioco infantile che consiste nel trasportare su un piede un sassolino e, procedendo a salti su una gamba sola, depositarlo in apposite caselle disegnate sul terreno || *campane e martello*, gioco d'azzardo con i dadi che utilizza cinque cartelle raffiguranti un cavallo bianco, una dogana, una campana, un martello e un martello e una campana **7.** *T.aer.* acrobazia consistente in un'impennata verticale seguita da una rotazione del velivolo attorno al proprio asse trasversale e da una affondata || *dim.* campanìna, campanèlla; *accr.* campanóne (*sm.*), campanóna; *pegg.* campanàccia || **N.** **1.** PARTI: battaglio (cattivello, occhio, pera), battente, bilico, bocca, bordo, cicogna, corona, culatta, fascia, gola, gruccia, mozzi, testa | argentina, cupa, festosa, grave, squillante | concerto, rintocco, scampanio | rintoccare, sbatacchiare, sbattagliare, scampanare, suonare | a distesa, a doppio, a festa, a fuoco, a gloria, a martello, a messa, a morto, a stormo **6.** *Sin.* mondo, settimana. **TAV.** *chiesa* 7; *elettrotecnica* 9.4.

campanàccio (pl. *-ci*) (*pegg.* di *campana*) [1548] **sm.** **1.** grosso campanello di metallo che si mette al collo degli animali da pascolo per facilitarne il ritrovamento **2.** campana di terracotta usata dagli apicoltori per richiamare le api **3.** strumento musicale a percussione di forma simile al campanaccio messo al collo degli animali ma privo di batacchi, usato part. nella musica sudamericana.

campanàio **sm.** *tosc.* V. CAMPANARO.

campanàrio (pl. *-ri*) [da *campana*; 1537] **agg.** della campana: *torre, cella campanaria.*

campanàro [da *campana*; a. 1348 *campanaio*] **sm.** (f. *-a*) **1.** chi suona le campane **2.** *ant.* produttore di campane.

campanatùra [da *campana*; 1955] **sf.** **1.** *T.aut.* angolatura dei raggi delle ruote anteriori di un autoveicolo, calcolata rispetto al piano della circonferenza **2.** forma a campana: *campanatura di un calice* || *T.aer.* *campanatura di un'elica*, leggera forma a campana delle eliche di un aereo || **N.** **1.** *Sin.* angolo di *camber.*

campanèlla (*dim.* di *campana*) [inizio sec. XIV] **sf.** **1.** piccola campana che si suona tirando una corda o scuotendola; campanello elettrico che nelle scuole dà il segnale di inizio e termine delle lezioni **2.** nome generico di varie piante con fiori a campana **3.** nome di vari oggetti a forma di anello || anello in ferro od ottone appeso a un portone per bussare oppure infisso nel muro di palazzi, stalle, rimesse per attaccarvi i cavalli || cerchietto metallico posto nelle narici di buoi, bufali e sim. || orecchino a forma di cerchietto || anello usato per fissare e far scorrere tendaggi || anello per fissare la sciabola al cinturone || anello posto sul calcio di una pistola cui viene assicurato un cordone da appendere al collo **4.** *T.tecn.* tubo di vetro munito di rubinetto usato per raccogliere gas o vaporizzare liquidi **5.** *T.arch.* nello stile dorico, elemento ornamentale di forma tronco-conica posto sotto il triglifo.

campanellìno (*dim.* di *campanello*) [a. 1573] **sm.** **1.** piccolo campanello: *un campanellino d'argento* **2.** pianta erbacea simile al bucaneve.

campanèllo [da *campana*; a. 1370] **sm.** **1.** piccolo strumento a forma di campana, che si suona agitandolo o azionando una cordicella: *suonare il campanello* || *il campanello della messa,* nel rito cattolico viene usato per richiamare i fedeli al raccoglimento durante l'elevazione || *fig. stare sotto il campanello di qualcuno*, essere ai suoi ordini || *fig. comandare, essere servito a suon di campanello*, senza indugio **2.** *campanello elettrico*, apparecchio per la trasmissione di segnali acustici azionato mediante impulsi elettrici; nelle abitazioni moderne è di solito abbinato a un citofono || *campanello d'allarme*, campanello predisposto per suonare in caso di pericolo, furto e sim., e *fig.* elemento che segnala il possibile verificarsi di eventi spiacevoli: *i tuoi dolori alla schiena sono un campanello d'allarme dell'artrosi* **3.** taglio di carne bovina ricavato dal quarto posteriore **4.** *pl. campanelli*, strumento musicale formato da una serie di campanelli accordati che si suona mediante una tastiera. **TAV.** *elettrotecnica* 9.

campanifórme [comp. di *campana* e *-forme*; 1865] ***agg.*** a forma di campana.

campanìle [da *campana*; a. 1348] ***sm.*** **1.** alto edificio accanto o sopra la chiesa, a forma di torre, nella parte superiore del quale sono collocate le campane || *fig. alto come un campanile*, detto di persona molto alta **2.** *fig.* luogo di nascita: *amore di campanile*, del proprio paese || *questioni di campanile*, beghe di paese, o conflitti tra paesi **3.** *T.sport.* nel calcio, tiro molto alto e di corta gittata (anche *tiro a campanile*) **4.** *T.alp.* pinnacolo, rilievo isolato con cima aguzza e pareti strapiombanti. **Q.T.** *chiesa*... **TAV.** *chiesa* 9.1, 10.

campanilismo [da *campanile*; 1897] ***sm.*** amore eccessivo e fazioso del paese nativo || **N.** *Sin.* sciovinismo.

campanilista [da *campanile*; 1895] ***s.*** e ***agg.*** chi, che dà prova di campanilismo: *politica campanilista* || **N.** *Sin.* sciovinista.

campanilìstico (pl. *-ci*) [da *campanilismo*; 1910] ***agg.*** che dimostra campanilismo; tipico del campanilista: *attaccamento campanilistico al proprio paese, lotte campanilistiche, atteggiamenti campanilistici.*

campanino [da *campana*; 1550] ***sm.*** **1.** marmo che si estrae a Pietrasanta in Toscana **2.** varietà di mela coltivata in Emilia Romagna.

campàno[1] [da *campana*; 1801-1803] ***sm.*** *non com.* campanaccio.

campàno[2] [dal lat. *Campānus*; 1555] **I *agg.*** relativo alla Campania **II *sm.*** **1.** (f. *-a*) abitante o nativo della Campania **2.** (solo *sing.*) nome generico di dialetti parlati in Campania.

campanóne (*accr.* di *campana*) [a. 1646] ***sm.*** **1.** grossa campana || *per anton.* la campana più grossa di un campanile: *il campanone del duomo* **2.** *T.mil.* antico mortaio con la bocca a campana.

campànula [da *campana*; 1726] ***sf.*** genere di piante delle Campanulacee, con fiori di vari colori, a forma di campanella || **N.** *Sin.* convolvolo.

Campanulàcee [da *campanula*; 1865] ***sf. pl.*** *T.bot.* famiglia di piante dicotiledoni comprendente oltre un migliaio di specie, caratterizzata da fiori a forma di campana.

campanulàto [da *campana*; 1797] ***agg.*** a forma di campana: *capitello campanulato.* **TAV.** ***fiori... p.*** **671** 3.3.

campàre[1] [da *campo*; a. 1250 nel senso 2] ***intr.*** (aus. *essere*) **1.** procurarsi il necessario per vivere: *campa del suo lavoro* || *pop.* vivere in modo stentato: *campare alla giornata*, vivere di espedienti, senza prospettive || *tirare a campare*, badare a vivere senza preoccuparsi d'altro || *fig. campare d'aria*, mangiare pochissimo || *prov. campa cavallo che l'erba cresce*, detto quando si attende qualcosa di lontano e improbabile **2.** *lett.* scampare, salvarsi da un pericolo || ***tr.*** **1.** *fam. non com.* allevare, crescere: *ha campato dodici figli* **2.** *lett.* scampare, evitare: *campare la morte.*

campàre[2] [da *campo*; 1550] ***tr.*** *T.pitt.* far risaltare sullo sfondo di un dipinto o di un bassorilievo.

campàro [da *campo*; 1889] ***sm.*** *non com.* campaio.

campàta [da *campo*; 1905] ***sf.*** *T.arch.* parte di una costruzione compresa tra due sostegni consecutivi: *ponte a sette campate.*

campeggiaménto [da *campeggiare*; a. 1675] ***sm.*** *T.mil.* atto ed effetto del campeggiare: *il campeggiamento delle truppe.*

campeggiàre (pres. *-éggio*) [da *campo*; 1336 nel senso 3] ***intr.*** (aus. *avere*) **1.** stare in campeggio, vivere all'aria aperta soggiornando in una tenda o in un altro alloggiamento mobile: *quest'estate hanno campeggiato sul Gargano* **2.** *T.mil.* essere accampato: *campeggiò sul Reno* (Pascoli); fronteggiare il nemico in campo aperto **3.** risaltare, distinguersi, emergere sullo sfondo: *sulla collina campeggiavano le insegne di guerra*; anche *fig.*: *Montale campeggia tra i poeti italiani del '900* || ***tr.*** **1.** *ant.* assediare: *campeggiare una fortezza* **2.** campire || **N.** ***intr.*** **2.** osteggiare, stare a campo **3.** *Sin.* spiccare.

campeggiatóre [da *campeggiare*; 1942] ***sm.*** (f. *-trice*) chi pratica il campeggio.

campéggio[1] (pl. *-gi*) [da *campo*, per influsso dell'ingl. *camping*; 1924] ***sm.*** **1.** soggiorno all'aria aperta con la tenda o altro alloggiamento mobile, spesso in aree appositamente attrezzate **2.** *per estens.* il luogo in cui si soggiorna; *in part.* area custodita e dotata di attrezzature igieniche in cui si può campeggiare a pagamento || **N. 2.** *Sin. camping.*

campéggio[2] (pl. *-gi*) [da *Campeche*, baia dell'America Centrale; 1758] ***sm.*** albero delle Leguminose originario dell'America Centrale, con fusto spinoso di color rosso cupo da cui si ricava un estratto usato nella preparazione di lacche, vernici e colori per tessuti || *per estens.* il legno di tale albero.

campeggista [da *campeggio*[1]; 1934] ***s.*** *non com.* campeggiatore.

camper (ingl., pr. ['kæmpə]; pr. it. ['kamper]) [letter. campeggiatore; 1978] ***sm. inv.*** pullmino o furgone adattato all'interno in modo da essere abitabile || **N.** *Sin. motorhome.*

camperéccio (pl. m. *-ci*, pl. f. *-ce*) [da *campo*; a. 1313] ***agg.*** *raro* campestre: *le feste campe-recce.*

campèstre [da *campo*; a. 1348] ***agg.*** dei campi o della campagna: *vita campestre* || *T.sport. corsa campestre*, gara podistica perlopiù invernale, che si svolge su percorso accidentato, attraverso la campagna || **N.** CAMPAGNOLO.

campicchiàre (pres. *-ìcchio*) [da *campare*; 1865] ***intr.*** (aus. *essere*) vivere alla meglio, vivacchiare || **N.** *Sin.* arrangiarsi, campare.

campièllo [lat. volg. **campitellus*; 1756] ***sm.*** *dial.* a Venezia, piazzetta: *da le gondole trasse e dai campielli la sanità plebea* (Carducci).

campière [da *campo*; 1889] ***sm.*** in Sicilia, guardia privata di un latifondo || **N.** *Sin.* campaio.

campigiàna [da *campo*; 1881] ***sf.*** mattone di spessore ridotto usato per pavimentazioni.

Campignàno [dal n. geogr. *Campigny*, località dell'Alta Normandia; 1930] ***sm.*** nome creato da Ph. Salmon nel 1886 per indicare varie culture europee del Mesolitico e del Neolitico, caratterizzate da strumenti di pietra scheggiata a punta o a bordo tagliente.

camping (ingl., pr. ['kæmpɪŋ]) [da *to camp*, campeggiare; 1911] ***sm. inv.*** campeggio (nel senso 2).

campionaménto [da *campionare*; 1955] ***sm.*** **1.** l'operazione del campionare **2.** *T.stat.* rilevazione dei valori di una grandezza continua in una sequenza discreta di istanti. **Q.T.** *statistica*...

campionàre (pres. *-óno*) [da *campione*; 1853] ***tr.*** **1.** *T.stat.* prelevare un campione da una massa uniforme per scopi statistici **2.** *T.mus.* rif. a suono, riprodurre per mezzo di un campionatore.

campionàrio (pl. *-ri*) [da *campione*; 1876] **I *sm.*** **1.** raccolta organica e ordinata di campioni di merci per saggio o mostra: *un campionario di orologi, di stoffe* **2.** *fig.* insieme di oggetti o fatti bizzarri: *questa camera è un campionario di stranezze* **II *agg.*** *fiera campionaria*, esposizione a scopo commerciale di merci e prodotti.

campionarista [da *campionario*; 1932] ***s.*** persona addetta alla scelta dei campioni e alla preparazione di campionari; anche chi illustra i campionari al pubblico.

campionàto [dal fr. *championnat*; 1897] ***sm.*** *T.sport.* gara periodica, in prova unica o in varie prove, per l'assegnazione del titolo di campione a singoli atleti o squadre: *campionato di calcio, di ciclismo, di sci, maschile, femminile, a squadre, dei dilettanti, internazionale, regionale, interregionale, provinciale, locale.* **Q.T.** *sport.*

campionatóre [da *campionare*; 1955] ***sm.*** **1.** (f. *-trice*) chi è addetto alla campionatura **2.** apparecchio per la campionatura **3.** *T.mus.* strumento elettronico in grado di riprodurre una voce o un suono dati (di qualsiasi tipo) a diverse frequenze, in modo da poter eseguire su una normale tastiera intere melodie con tale suono o voce.

campionatùra [da *campionare*; 1955] ***sf.*** **1.** prelievo di campioni statisticamente rappresentativi: *una campionatura di acque* || *per estens.* metodo statistico che si serve di tale procedimento **2.** campionamento.

campioncino (*dim.* di *campione*) [1955] ***sm.*** campione ridotto di una merce, offerto in omaggio come prova: *un campioncino di profumo.*

campióne [lat. tardo *campio, -ōnis*; a. 1294 nel senso 2] **I *sm.*** **1.** *T.sport.* atleta, squadra che vinca un campionato o un torneo: *i pronostici favoriscono il campione in carica* || *per estens.* atleta di grandi capacità: *quello sciatore è un campione* || *fig.* chi eccelle in qualche attività: *quell'avvocato è un vero campione*; *fig.* persona che viene presa ad esempio per una particolare qualità o difetto: *è un campione di puntualità, di pigrizia* **2.** *T.stor.* nel Medioevo, chi si batteva in campo nei giudizi di Dio o prendeva parte a un duello al posto di altri (ad es. la chiesa, il re, le donne ecc.) || *fig.* difensore di una causa o di un'ideologia: *quel senatore è il campione della reazione* **3.** piccola quantità di una cosa che serve per accertarne la qualità ed esaminarne le caratteristiche: *prima di acquistare la cocaina gli spacciatori vollero verificarne un campione* || *vendita su campione*, quella in cui la qualità della merce acquistata non deve discostarsi oltre certi limiti da quella del campione sulla base del quale si è trattato l'acquisto || *T.post.* merce spedita per posta in pacco aperto e con tariffa ridotta || *T.med.* frammento di tessuto o piccola quantità di liquido organico: *un campione di sangue* **4.** *T.stat.* l'insieme degli elementi scelti, gen. casualmente, da una totalità rappresentativa di un fenomeno per effettuare uno studio || in sociologia, *campione rappresentativo*, parte di una popolazione scelta in base al tipo di indagine che si deve svolgere **5.** *T.arch. non com.* nome con cui si indicano i modelli architettonici a grandezza naturale **6.** *ant.* registro amministrativo (del catasto, della dogana ecc.) || *T.giur. campione civile, penale*, registro in cui si tiene conto delle spese giudiziali civili e penali; *per estens.* ufficio incaricato della riscossione delle spese processuali e delle pene pecuniarie che spettano al condannato **II *agg. inv.*** (sempre posposto) **1.** che è vincitore di un campionato o di un torneo: *squadra, atleta* *campione* **2.** che si riferisce a una parte rappresentativa del tutto: *analisi campione* || idoneo come prototipo: *metro campione* || *dim.* campioncìno || **N. 1.** *Sin.* vincitore **2.** *Sin.* alfiere, difensore, paladino **3.** *Sin.* modello, saggio, scampolo. **Q.T.** *archeologia, sport.*

campionìssimo [da *campione*; 1931] ***sm.*** atleta di grandi capacità e valore.

campionista [da *campione*; 1983] ***s.*** addetto allo studio e alla preparazione di campioni o modelli di prodotti tecnici o industriali.

campìre [da *campo*; 1550] ***tr.*** *T.pitt.* dipingere il campo o fondo, stendendo il colore in modo uniforme || *campire le lacune*, nella tecnica del restauro, ricoprire con un colore neutro e privo di chiaroscuri le zone perdute di un dipinto. **Q.T.** *pittura.*

campitùra [da *campire*; 1970] ***sf.*** atto ed effetto del campire || *concr.* in una pittura, superficie campita.

càmpo [lat. *campus*; inizio sec. XIII] ***sm.*** **1.** porzione delimitata di terreno, gen. adibita a coltivazione o pascolo: *un campo di cavoli, un campo arato* || *per estens. pl.* campagna: *ama la vita dei campi* || zona dotata di particolari caratteristiche: *campo petrolifero*, in cui si estrae il petrolio; *campo aurifero, diamantifero* **2.** luogo in cui si svolgono manovre militari: *campo di battaglia, campo di manovra*, in cui si svolgono esercitazioni || *scendere in campo*, combattere (anche *fig.*) || *tenere il campo*, resistere, tenere la posizione (anche *fig.*) || *essere promossi sul campo*, per meriti dimostrati in battaglia || *T.stor. campo di Marte*, nell'antica Roma, luogo destinato agli esercizi militari; oggi spesso compare come toponimo per piazze d'armi || *campo minato*, in cui sono disposte mine per impedirne l'attraversamento || *campo di tiro*, zona che può essere raggiunta dal fuoco di un'arma || *campo d'istruzione*, luogo in cui annualmente i reparti militari svolgono le proprie esercitazioni || *T.stor. campo franco*, luogo in cui si poteva duellare senza incorrere in sanzioni penali **3.** accampamento: *mettere, piantare il campo*, accamparsi || *da campo*, di attrezzature, oggetti o servizi che vengono usati nei campi militari e *per estens.* nei campeggi: *cucina da campo* || *muovere, levare il campo*, partire || *fig. campo di Agramante*, gruppo di persone litigiose e discordi || *T.alp. campo base*, base logistica di una spedizione; *campi alti* o *avanzati*, basi logistiche attrezzate in modo da offrire punti di appoggio nella progressione verso la vetta || luogo attrezzato con baracche e installazioni semipermanenti in cui vengono raccolte persone per un periodo gen. determinato e in vista di qualche fine: *campo profughi*, in cui si raccolgono profughi e sfollati a causa di guerre o calamità naturali; *campi di concentramento*, aree in cui vengono rinchiusi i prigionieri di guerra, i perseguitati per motivi politici o razziali, i civili stranieri in tempo di guerra; *campi di sterminio*, nella Germania nazista, aree attrezzate con camere a gas e forni crematori per l'eliminazione di Ebrei e avversari politici; *campi di lavoro*, campi di concentramento in cui i prigionieri sono obbligati ai lavori forzati, o anche campi internazionali di lavoro o vacanze per la gioventù **4.** area delimitata e destinata a usi particolari: *campo sportivo*, area attrezzata e rispondente a determinate norme in cui si svolgono incontri e gare: *campo di tennis, di calcio* || *T.aer. campo scuola*, aeroporto destinato all'insegnamento del pilotaggio; *campo di aviazione*, piccolo aeroporto gen. con pista erbosa || *campo giochi*, area urbana attrezzata per lo svago dei bambini **5.** a Venezia, piazzetta **6.** *fig.* possibilità, opportunità: *ha avuto ampio campo di riflessione* **7.** in vari usi estensivi e figurati, settore definito, ambito: *è uno specialista nel campo delle particelle subatomiche* || *T.pitt.* lo sfondo su cui sono distribuite le figure || *T.arald.* fondo dello scudo || *T.num.* spazio tra il tipo e il bordo della moneta || *T.med. campo operatorio*, sede anatomica di un intervento chirurgico; *campo di irradiazione*, superficie del corpo attraversata da radiazioni durante una terapia radiologica || *T.psic. campo della coscienza*, l'insieme dei fenomeni che in un certo tempo appaiono alla coscienza di un individuo **8.** *T.fis.* funzione rappresentante una grandezza fisica, definita in ogni punto di una regione dello spazio: *campo scalare, vettoriale, elettromagnetico, gravitazionale* **9.** *T.mat.* in algebra, corpo commutativo: *campo reale, razionale, complesso*, l'insieme dei numeri reali, razionali, complessi || nella teoria degli insiemi, un insieme S di punti tale che l'intorno di ogni punto s^1 appartenente ad S sia costituito da punti appartenenti ad S **10.** *T.ott. campo visivo*, porzione di orizzonte che può essere abbracciata dall'occhio umano || *campo ottico*, in un apparecchio ottico, angolo che include i punti di cui tale apparecchio può fornire un'immagine || *T.cin. campo d'immagine*, porzione di spazio inquadrata dalla camera **11.** *T.fis.* e *T.fisiol.* intervallo: *campo di misura*, intervallo dei valori di una grandezza rilevabile da uno strumento; *campo di visibilità*, intervallo di lunghezza d'onda delle onde elettromagnetiche visibile dall'occhio umano; *campo uditivo*, intervallo delle frequenze sonore udibili dall'orecchio umano **12.** *T.ling. campo associativo*, insieme di relazioni che legano un'unità linguistica ad altre unità del medesimo sistema; *campo semantico*, insieme di parole legate tra loro da affinità semantiche **13.** *T.inform.* in un *record*, area assegnata a un determinato tipo di dati (per es. prezzo unitario, tipo di merce, data di nascita) **14.** *region.* unità di misura di superficie usata part. in Veneto con valore variabile || *dim.* campicèllo, campétto || **N. 1.** fondo, podere, prato; giacimento **3.** attendamento, baraccamento, bivaccamento **6.** agio **7.** ambito, argomento, ramo, settore **10.** *T.cin.* inquadratura | campo lungo, lunghissimo, medio. **Q.T.** *calcio, cinematografia, fisica, linguistica, sport* **TAV.** *numismatica* 2.3; *tennis* 4.

camporèlla [da *campora*, ant. pl. di *campo*; 1970] ***sf.*** *sett.* campicello, spec. nella loc. scherz. *andare in camporella*, amoreggiare in luoghi nascosti in campagna.

campos (port., pr. bras. ['kẽmpus]) [letter. (terre) senza alberi; 1955] ***sm. pl.*** forma di vegetazione simile alla savana diffusa nel Brasile a sud del bacino amazzonico.

camposànto (pl. *camposànti*) [comp. di *campo* e *santo*; sec. XIV] ***sm.*** cimitero cristiano, necropoli || *fig. andare al camposanto*, morire.

campus (ingl., pr. ['kæmpəs]; pr. it. ['kampus]) [dal lat. *campus*; 1959] ***sm. inv.*** insieme di terreni e di edifici costituenti una Università, part. negli Stati Uniti || *per estens.* l'Università stessa.

camuccà V. CAMMUCCÀ.

camuffaménto [da *camuffare*; 1952] ***sm.*** atto ed effetto del camuffare e del camuffarsi, travestimento.

camuffàre [da un ant. *camuffo*, cappuccio che copre il volto, di etim. inc.; a. 1342] ***tr.*** travestire, mascherare: *lo hanno camuffato da diavolo* || ***rifl.*** mascherarsi || *fig.* mostrarsi diverso da quello che si è: *furfante che si camuffa da gentiluomo* || **N.** *Sin.* truccare, MASCHERARE.

camùso [etim. inc.; 1353] **I *agg.*** di naso, piatto e schiacciato **II *sm.*** (f. *-a*) *per estens.* persona che ha il naso schiacciato.

can ***sm. inv.*** adattamento it. di *khan* (v.).

canadése [dal n. geogr. *Canada*; 1860] **I *agg.*** del Canada || *canoa canadese*, particolare imbarcazione da competizione || *tenda canadese* o *ass. canadese*, tenda di ingombro ridotto a sezione triangolare **II *s.*** nativo o abitante del Canada. **TAV.** *canottaggio* 3.

canàglia (pl. *-glie*) [da *cane*; a. 1338 nel senso 2] ***sf.*** **1.** persona abbietta, malvagia || *scherz.* persona astuta: *una simpatica canaglia* **2.** accolita di gente vile, abbietta || **N. 1.** *Sin.* birbante, farabutto, mascalzone **2.** *Sin.* canagliume, ciurmaglia, feccia, genìa, gentaglia, gentame, marmaglia, plebaglia, popolaccio.

canagliàta [da *canaglia*; 1865] ***sf.*** azione da canaglia.

canagliésco (pl. *-schi*) [da *canaglia*; 1765 ca.] ***agg.*** da canaglia: *modi canaglieschi.*

canagliùme [da *canaglia*; a. 1704] ***sm.*** gentaglia.

canàio (pl. *-ài*) [dal lat. *canarius*; 1865] ***sm.*** (f. *-a*) **1.** chi alleva, custodisce o vende cani **2.** chi guida i cani in battute di caccia **3.** gran confusione prodotta da cani che abbaiano tutti insieme || *per estens.* chiasso, cagnara.

canaiòlo o **canaiuòlo** [da *cane* (animale ghiotto di quest'uva); 1820] ***sm.*** vitigno toscano la cui uva è usata nella preparazione del Chianti.

canàle [lat. *canālis*; 1219] ***sm.*** **1.** corso di acqua in alveo scavato artificialmente, per irrigazione, navigazione o altro scopo: *canale di irrigazione, di scolo, di derivazione, navigabile* **2.** tratto di mare tra due coste opposte e vicine: *il Canale di Otranto* **3.** conduttura, tubatura || *region.* fossato || *gen.* qualsiasi struttura utilizzata per lo scorrimento: *canale della platea*, corridoio che attraversa la sala teatrale **4.** *T.alp.* solco erosivo su pendio roccioso ripido **5.** *T.biol.* formazione tubolare allungata che in esseri viventi e piante serve ad assicurare il passaggio di aria, liquidi e sim.: *canale uretrale, canale resinifero* **6.** *T.tecn.* nei nastri magnetici, pista || su nastro perforato, direttrice lungo la quale si collocano i fori **7.** *T.telecom.* insieme di apparecchiature per mezzo delle quali si realizza una via di trasmissione per segnali acustici o in gen. per informazioni: *canale telefonico, televisivo, radiofonico* || gamma di frequenze utilizzata da una stazione radiotelevisiva || *T.inform.* percorso attraversato dai segnali relativi al controllo dell'*input/output* e alla trasmissione dei dati fra queste unità e il CPU: *canale di ingresso, di uscita* **8.** *fig.* procedura, via attraverso cui si diffonde qualcosa o si cerca di giungere a qualcosa: *canale di distribuzione della merce, canale burocratico* **9.** *T.tip.* scanalatura praticata nel piede del carattere per facilitarne l'appoggio sul piano di composizione || *dim.* canalétto, canalìno, canalùccio; *accr.* canalóne || **N. 1.** *Sin.* naviglio, roggia | portata; cateratta, chiusa **3.** *Sin.* acquedotto, collettore, condotto, fosso, gora; chiavica, cloaca, fogna **4.** *Sin.* canalone **5.** *Sin.* dotto **8.** *Sin.* iter.

canalétta (*dim.* di *canale*) [1830] ***sf.*** **1.** piccolo canale **2.** canale che porta e distribuisce nei campi l'acqua d'irrigazione **3.** negli edifici industriali, scavo realizzato sotto il pavimento per contenere cavi o condutture.

canalétto (*dim.* di *canale*) [a. 1363] ***sm.*** **1.** canale di piccole dimensioni **2.** *T.tip.* striscia bianca che si forma durante la stampa per fortuita sovrapposizione di spazi uno sotto l'altro in righe successive || **N. 2.** *Sin.* verme.

canalìcolo [dal lat. *canaliculus*; 1875 *canaliculo*] ***sm.*** *T.bot.* piccolo canale che collega le cellule delle piante.

canalìno (*dim.* di *canale*) [1820] ***sm.*** *T.alp.* solco stretto e breve sulle pareti di una montagna.

canalizzàre [dal fr. *canaliser*; 1881] ***tr.*** **1.** convogliare per mezzo di un canale: *canalizzare le acque dell'alluvione verso i corsi d'acqua* || sistemare un corso d'acqua già esistente in modo da renderlo idoneo alla navigazione, all'irrigazione, o per regolarizzarne il flusso ||

aprire canali: *canalizzare una regione* **2.** *T.med.* creare una via di scorrimento per prosciugare umori stagnanti **3.** *fig.* dirigere in una specifica direzione: *canalizzare il traffico, la pratica è stata canalizzata all'ufficio competente* || **N. 1.** incanalare **2.** *Sin.* drenare **3.** *Sin.* convogliare, indirizzare.

canalizzàto (*pps.* di *canalizzare*) [1881] ***agg.*** fornito di canali; incanalato || *traffico canalizzato*, traffico di veicoli che viene snellito mediante lo smistamento su più corsie.

canalizzazióne [dal fr. *canalisation*; 1857] ***sf.*** **1.** atto ed effetto del canalizzare **2.** regolazione dell'alveo di un corso d'acqua **3.** rete di distribuzione per acqua, gas e sim. || **N. 1.** incanalamento.

canalóne (*accr.* di *canale*) [a. 1927] ***sm.*** *T.alp.* solco erosivo piuttosto profondo e gen. ripido, spesso coperto di detriti rocciosi.

cananèo [dal lat. *Chananǣus*; 1830] **I *agg.*** del territorio di Canaan **II *sm.*** (f. *-a*) membro della popolazione dei Cananei, antichi abitatori della Palestina.

cànapa [lat. *cannabis*; 1340 ca.] ***sf.*** **1.** pianta erbacea delle Canabacee, con foglie lanceolate e fiori a pannocchia, originaria dell'Asia, dal cui fusto macerato si ricava una fibra tessile detta anch'essa canapa e dai cui semi si ricava un olio usato per la fabbricazione di saponi e vernici || *per estens.* la fibra di tale pianta || *per estens.* tessuto fabbricato con fibre di canapa: *una tovaglia di canapa* **2.** *canapa indiana*, varietà di canapa dalle cui foglie e infiorescenze si ottiene la marijuana, mentre dalla resina si ricava l'hascisc || **N. 1.** cruda o greggia, grossolana, pettinata | PARTI: canapule, fibra, lisca, tiglio; accia, capecchio, corda, iuta, spago, stoppa | cardare, conciare, macerare, maciullare, pettinare | cardo, gramola, maciulla, pettine, scotola.

canapacciàia [da *canapaccio*; 1955] ***sf.*** *T.agr.* campo in cui si coltivano i canapacci per la produzione dei semi della canapa.

canapàccio (pl. *-ci*) [da *canapa*; 1865] ***sm.*** *T.agr.* pianta femminile della canapa || **N.** *Sin.* canapone.

canapàia [da *canapa*; 1772] ***sf.*** campo seminato a canapa.

canapàio (pl. *-ài*) [da *canapa*; 1322] ***sm.*** **1.** (f. *-a*) chi lavora la canapa o la vende **2.** canapaia.

cànape [lat. *cannabis*; 1563] ***sf.*** *raro* canapa || *per estens.* filo di canapa || *per estens.* corda fatta di canapa.

canapè [dal fr. *canapé*; 1609] ***sm. inv.*** **1.** piccolo divano imbottito con spalliere e braccioli: *un tempo il canapè nido giocondo fu di risi e di scherzi* (Parini) **2.** fetta di pane a cassetta tagliata in varie forme e guarnita con salse, affettati e sim., che si serve insieme agli aperitivi || **N. 1.** *Sin.* amorino, divano, lettuccio, ottomana, sofà **2.** *Sin.* tartina. **Q.T.** ***arredamento.***

canapìcolo [da *canapa*; 1941] ***agg.*** che riguarda la coltivazione della canapa.

canapicoltóre [comp. di *canapa* e *-coltore*; 1955] ***sm.*** (f. *-trice*) chi coltiva la canapa.

canapicoltùra [comp. di *canapa* e *coltura*; 1920] ***sf.*** coltivazione della canapa.

canapièro [da *canapa*; 1962] ***agg.*** che si riferisce all'industria della canapa: *settore canapiero.*

canapifìcio (pl. *-ci*) [comp. di *canapa* e *-ficio*; 1905] ***sm.*** stabilimento per la lavorazione della canapa. **Q.T.** ***tessitura.***

canapìglia (pl. *-glie*) [da *canapa*, per il colore del piumaggio; 1830] ***sf.*** piccola anatra degli Anseriformi di colore scuro.

canapìna [da *canapa*; 1865 *tela canapina*] ***sf.*** tela grezza di canapa usata dai sarti per rinforzare i davanti di giacche e cappotti.

canapìno [da *canapa*; 1663] **I *agg.*** **1.** di canapa: *tela canapina* **2.** del colore della canapa: *capelli canapini*, biondo chiari **II *sm.*** **1.** (f. *-a*) chi lavora o pettina la canapa **2.** passeraceo insettivoro con piume di colore giallastro.

cànapo [da *canapa*; inizio sec. XII] ***sm.*** grossa fune di canapa || **N.** *Sin.* corda, gomena, sartia.

canapóne [da *canapa*; 1797 nel senso 2] ***sm.*** **1.** *T.agr.* canapaccio **2.** canapa grezza per funi.

canapùccia (pl. *-ce*) [da *canapa*; 1622] ***sf.*** seme di canapa usato anche come becchime per uccelli da gabbia.

canàpule (meno com. *canàpulo*) [da *canapa*; 1652] ***sm.*** fusto legnoso della canapa spogliata del suo tiglio.

canard (fr., pr. [ka'na:r]) [letter. anitra; 1862] ***sm. inv.*** **1.** notizia giornalistica inventata **2.** velivolo con motore posteriore e timone di profondità posto anteriormente alle ali.

canarìno [dalle isole *Canarie*, da cui proviene; 1663] **I *sm.*** **1.** uccello dei Fringillidi originario delle Canarie il cui maschio ha notevoli doti canore; allo stato selvatico il piumaggio è di color verde variegato di grigio e giallo, mentre nelle varietà allevate è giallo || *fig.* *mangiare come un canarino*, pochissimo **2.** *fig.* persona esile e delicata **II *agg. inv.*** (sempre posposto) di colore giallo chiaro: *una camicia canarino.*

canàrio (pl. *-ri*) [dal n. geogr. *Canarie*; 1601 come sm. nel senso 3] **I *agg.*** relativo alle isole Canarie **II *sm.*** **1.** (f. *-a*) abitante o nativo delle Canarie **2.** ballo diffuso in Francia nel '600, probabilmente originario delle Canarie **3.** *raro* canarino.

canàsta [dallo sp. *canasta*, canestro; 1949] ***sf.*** gioco di carte originario dell'America del Sud, dello stesso tipo del ramino, che si gioca con due mazzi di 52 carte || gruppo di almeno sette carte dello stesso tipo che costituisce la calata tipica di questo gioco || **N.** palo (puro, spurio) o colonna, pinella, pozzo.

canàta [da *cane*; a. 1535] ***sf.*** *raro* **1.** azione da cani **2.** aspro rimprovero.

canàto [da *can*, adattamento di *khan*; 1955] ***sm.*** potere e giurisdizione di un khan || territorio su cui viene esercitata tale giurisdizione: *il canato di Gengis Khan.*

canavàccio (pl. *-ci*) [da *canapa*; fine sec. XIII *canevazo*] ***sm.*** *non com.* canovaccio.

cancan (fr., pr. [kɑ̃'kɑ̃]; pr. it. [kaŋ'kan]) [da una voce infantile che indica l'anatra; 1875] ***sm. inv.*** ballo dal ritmo piuttosto vivace in voga part. in Francia negli spettacoli di varietà nella seconda metà dell'800.

cancàn [dal fr. *cancan*; 1905] ***sm. inv.*** chiasso, baccano, confusione.

cancaneggiàre (pres. *-éggio*) [da *cancan*[2]; a. 1907] ***intr.*** (aus. *avere*) *lett.* far scandalo: *cancaneggiandovi su* (Carducci).

càncaro [lat. *cancer*, 1533] ***sm.*** *ant.* canchero.

cancellàbile [da *cancellare*; 1745] ***agg.*** che si può cancellare || **N.** *Contr.* incancellabile, indelebile.

cancellaménto [da *cancellare*; a. 1694] ***sm.*** *non com.* l'atto del cancellare; cancellatura.

cancellàre (pres. *-èllo*) [lat. *cancellare*, 1280 nel senso 2] ***tr.*** **1.** fare tratti di penna o abradere con una gomma uno scritto perché non venga letto || *per estens.* cassare **2.** *fig.* annullare, eliminare: *cancellare un impegno, un ricordo* **3.** *ant.* chiudere con un cancello **4.** *ant.* incrociare gambe e braccia || ***intr. pron.*** dileguarsi, scomparire: *la firma dell'autore si è cancellata col tempo* || **N. 1.** *Sin.* depennare **2.** *Sin.* disdire, sopprimere.

cancellàta [da *cancello*; sec. XIV] ***sf.*** recinto costituito da aste di legno o metallo distanziate tra loro che circondano giardini e parchi, proprietà private ecc.: *scavalcò la cancellata del parco* || chiusura gen. in ferro, cancello || **N.** *Sin.* grata, inferriata, steccato | palizzata. **TAV.** ***abitazione*** 2.21.

cancellàto[1] (*pps.* di *cancellare*) [a. 1580] ***agg.*** eliminato, soppresso.

cancellàto[2] [da *cancello*; a. 1566] ***agg.*** fornito di cancello, chiuso con un cancello: *un ingresso, un parco cancellato.*

cancellatóre [da *cancellare*; a. 1938] ***agg.*** e ***sm.*** (f. *-trice*) *raro* che o chi cancella.

cancellatùra [da *cancellare*; a. 1430] ***sf.*** l'atto e l'effetto concreto del cancellare con gomme o altro || tratto di penna fatto per cancellare || **N.** *Sin.* abrasione, cancellazione, cassatura, frego.

cancellazióne [da *cancellare*; 1356 ca.] ***sf.*** atto ed effetto del cancellare; spec. *fig.* annullamento: *cancellazione di un'ipoteca.*

cancelleréśco (pl. *-schi*) [da *cancelleria*; 1549] ***agg.*** della cancelleria e dei cancellieri: *stile cancelleresco*, pedante || *scrittura cancelleresca*, modo di scrittura in uso negli atti pubblici medievali, ricco di elementi decorativi.

cancellerìa [dal fr. *chancellerie*; a. 1405] ***sf.*** **1.** l'ufficio del cancelliere e la sua residenza || *in part.* sede del cancelliere presso un organo giudiziario || *in part.* ufficio preposto alla redazione, registrazione e sim. di documenti di pubbliche autorità o grandi aziende || *in part.* in vari stati, ministero degli esteri; in Austria e in Germania, la sede del Primo Ministro **2.** *per meton.* tutto ciò che è necessario per scrivere (carta, penne, matite ecc.) **3.** *T.stor.* nel Medioevo, ufficio nel quale venivano redatti i documenti di un sovrano.

cancellieràto [da *cancelliere*; a. 1704] ***sm.*** l'uffico e la dignità del cancelliere || la durata di tale ufficio.

cancellière [dal fr. *chancelier*, 1312 ca.] ***sm.*** **1.** chi dirige una cancelleria **2.** *T.giur.* pubblico ufficiale con funzione di aiuto all'attività del giudice **3.** in Austria e Germania, il primo ministro || *Cancelliere dello Scacchiere*, nel Regno Unito, il ministro del tesoro **4.** *T.stor.* titolo attribuito nelle corti bizantine al più alto ufficiale della giustizia || **N. 1.** archivista, attuario, segretario.

cancellìno [da *cancellare*; 1962] ***sm.*** cuscinetto di tessuto imbottito o disco di cimosa arrotolata usati per cancellare sulla lavagna.

cancèllo [lat. *cancelli* pl., cancellata; sec. XIII] ***sm.*** **1.** struttura composta da una o due ante di aste verticali lignee o metalliche tenute insieme da traverse, posta a chiusura di un varco d'ingresso in una recinzione o in un edificio: *cancello automatico*, che si apre con comando a distanza || *per estens.* l'apertura su cui tale struttura è posta: *per entrare bisogna mostrare un documento al cancello* || *T.giur.* *vendere, comprare a cancello chiuso*, vendere, acquistare un fondo rustico senza inventario preventivo, con tutti gli annessi e connessi **2.** nelle autostrade, punto d'accesso a pedaggio **3.** *T.sport.* nei concorsi ippici, particolare tipo di ostacolo **4.** *T.arald.* figura formata da traverse intrecciate || *dim.* cancellétto, cancellùccio || **N. 1.** cancellata, inferriata, portone, saracinesca **2.** casello. **TAV.** ***abitazione*** 2.20.

cancerìgno [dal lat. *cancer*, cancro; 1955] ***agg.*** *T.med.* che costituisce un cancro: *tessuto cancerigno* || causato da un cancro, canceroso: *sintomi cancerigni.*

cancerizzàrsi [dal lat. *cancer*, cancro; 1963] ***intr. pron.*** trasformarsi in cancro, dare luogo a formazioni cancerose: *il tessuto si cancerizza.*

cancerizzazióne [da *cancero-*; 1955] ***sf.*** *T.med.* processo tumorale, trasformazione in cancro di un tessuto.

càncero- [dal lat. *cancer*, cancro] ***primo elem.*** che, in parole composte della terminologia medica, vale "cancro" (per es. *canceroge-*

no, cancerologia).

cancerògeno [comp. di *cancero-* e *-geno*; 1937] **I** ***agg.*** *T.med.* che favorisce lo sviluppo del cancro: *il fumo è un fattore cancerogeno* **II** ***sm.*** *T.med.* sostanza cancerogena || **N.** **I** *Sin.* oncogeno.

cancerologìa [dal fr. *cancerologie*; 1950] ***sf.*** *T.med.* branca della medicina che studia le manifestazioni e i metodi di cura dei tumori maligni: *congresso di cancerologia* || **N.** *Sin.* oncologia.

canceròlogo (pl. *-gi*) [da *cancerologia*; 1962] ***sm.*** (f. *-a*) *T.med.* medico specializzato nei problemi e nella cura dei tumori maligni || **N.** *Sin.* oncologo.

canceróso [dal lat. tardo *cancerōsus*; a. 1698] **I** ***agg.*** relativo a cancro, che ha natura di cancro **II** ***sm.*** (f. *-a*) chi è affetto da cancro: *i cancerosi.*

cànchero [lat. *cancer*, sec. XIV] ***sm. pop.*** **1.** cancro **2.** *fig.* persona molesta, uggiosa **3.** *fig.* guaio, malanno: *ti venga, ti pigli un canchero.*

cancheróso [da *canchero*; a. 1561] ***agg. pop.*** canceroso || *fig.* fastidioso.

cancrèna [da *gangrena*, con influsso di *cancro*; sec. XIV] ***sf.*** **1.** *T.med.* necrosi dei tessuti causata da traumi, infezioni e sim. **2.** *T.bot.* malattia degenerativa dei tessuti di una pianta causata da funghi o batteri **3.** *fig.* vizio inveterato, male insanabile che distrugge lentamente: *la corruzione è la cancrena degli stati.*

cancrenàre (pres. *-èno*) [da *cancrena*; 1767] ***intr.*** (aus. *essere*) e ***intr. pron.*** **1.** andare in cancrena **2.** *fig.* corrompersi moralmente || ***tr.*** *raro fig.* corrompere || **N.** *Sin.* incancrenire.

cancrenóso [da *cancrena*; a. 1730] **I** ***agg.*** **1.** proprio della cancrena || che ha natura o aspetto di cancrena **2.** soggetto a cancrena **II** ***sm.*** (f. *-a*) chi è affetto da cancrena.

càncro [dal lat. *cancer*; 1282] ***sm.*** **1.** *ant.* granchio || (perlopiù con iniziale maiuscola) *T.astr.* costellazione dello zodiaco tra Gemelli e Leone || *T.astrol.* quarto segno dello zodiaco, dal 22 giugno al 22 luglio || *per meton.* persona nata in tale periodo **2.** nel linguaggio comune, tumore maligno **3.** *T.bot.* degenerazione necrotica dei tessuti di una pianta gen. causata da parassiti **4.** *fig.* male incurabile: *il cancro della stupidità affligge la burocrazia* || *per estens.* idea fissa e tormentosa: *tutti gli uomini hanno un cancro che li rode* (Pavese) || **N.** **2.** *Sin.* neoplasia **4.** difetto; mania. **TAV.** *astrologia* 1.4.

candarìa [etim. inc.; a. 1484] ***sf.*** *ant.* strumento magico, di stregoneria: *pentacol, candarie, sigilli e lumi* (Pulci).

candeggiànte (*ppr.* di *candeggiare*) [1962] ***sm.*** sostanza chimica usata per sbiancare i tessuti.

candeggiàre (pres. *-éggio*) [lat. volg. **candidiāre*; 1930] ***tr.*** **1.** lavare un tessuto con apposite sostanze atte a sbiancarlo **2.** nelle industrie tessili e cartarie, sottoporre i materiali grezzi a operazioni di sbiancamento prima di iniziare la lavorazione.

candeggiatóre [da *candeggiare*; 1955] ***sm.*** (f. *-trice*) addetto al candeggio, spec. nelle industrie tessili e nelle cartiere.

candeggìna [da *candeggiare*; 1942] ***sf.*** nome commerciale di una soluzione diluita di ipoclorito di sodio, usata per candeggiare il bucato.

candéggio (pl. *-gi*) [da *candeggiare*; 1905] ***sm.*** **1.** insieme di operazioni cui vengono sottoposte le fibre tessili per eliminare le sostanze estranee, sbiancarle e aumentarne la lucentezza || nell'industria cartiera, imbianchimento **2.** nelle operazioni di bucato, eliminazione delle macchie residue per mezzo di candeggianti.

candéla [lat. *candēla*; inizio sec. XIII] ***sf.*** **1.** cilindro di cera, sego o altro materiale contenente all'interno uno stoppino che si accende per illuminare: *cenare a lume di candela* || *accendere una candela alla Madonna, a un santo,* in segno di devozione, di ringraziamento || *fig. struggersi come una candela,* diventare magro a causa di malattia o di dispiaceri || *fig. tenere la candela,* reggere il moccolo, favorire con la propria presenza una tresca amorosa o essere costretto ad assistervi proprio malgrado || *fig. ridurre qualcuno alla candela,* rovinarlo || *fig. essere alla candela,* prossimo alla morte || *avere la candela al naso,* avere il moccio al naso || *fig. il gioco non vale la candela,* la posta non vale gli sforzi **2.** unità di misura della luminosità: *una lampada da 100 candele* **3.** *T.mecc.* nei motori a scoppio a combustione interna, dispositivo formato da due elettrodi isolati da cui scocca la scintilla che accende la miscela di combustione **4.** piccolo camino che in alcuni forni a camera serve a favorire la dispersione dei gas e a mantenere uniforme la temperatura **5.** *T.aer.* figura acrobatica consistente in una salita in virata continua fino al limite dello stallo e successiva picchiata **6.** *T.sport.* nella loc. *a candela,* a perpendicolo: *tiro, tuffo a candela; sparare a candela* || *dim.* candelìna, candelétta, candelùccia; *accr.* candelóna, candelóne (*sm.*), candelòtto (*sm.*) || **N.** **1.** *Sin.* cero, moccolo | accenditoio, bugia, candeliere, doppiere, smoccolatoio, spegnitoio. **TAV.** *motori* 3.5; ***automobile* p. 658** 3.11, 5.12.

candelàbra [da *candelabro*; 1955] ***sf.*** ornamento a forma di candelabro stilizzato, usato in pitture e sculture classiche e rinascimentali per decorare stipiti, pilastri, lesene e sim.

candelàbro [dal lat. *candelābrum*; 1319] ***sm.*** **1.** sostegno a due o più braccia, gen. artisticamente lavorato, per candele, fiaccole, lampade e sim. **2.** *T.agr.* tipo di coltivazione di albero fruttifero in cui dai rami orizzontali si dipartono branche verticali: *un filare di peri a candelabro.*

candelàggio (pl. *-gi*) [da *candela*; 1962] ***sm.*** *T.elettr.* l'intensità luminosa di una lampadina misurata in candele.

candelàio (pl. *-ài*) [da *candela*; 1881] ***sm.*** *raro* **1.** (f. *-a*) chi fa o vende candele **2.** candeliere.

candelétta (*dim.* di *candela*) [a. 1400 ca.] ***sf.*** **1.** *T.med.* prodotto a base di glicerina e burro di cacao, simile a una supposta, usato per curare infiammazioni o irritazioni locali, mediante applicazioni vaginali o uretrali **2.** *T.med.* strumento di forma sottile e allungata, in gomma o metallo, con cui si provoca un aborto **3.** *T.mar.* candelizza **4.** fuoco d'artificio montato su filo di ferro.

candelièra [da *candeliere*; 1930] ***sf.*** candelabra.

candelière [dal fr. *chandelier*, 1271 *chandelliere* pl.] ***sm.*** **1.** oggetto di materiale vario utilizzato per sostenere una candela || *fig. mettere sul candeliere,* tenere in grande considerazione || *fig. reggere il candeliere,* reggere il moccolo **2.** *T.mar.* asta metallica di sostegno per tende tese su ponti scoperti; elemento verticale delle ringhiere che scorrono attorno ai ponti || **N.** **1.** *Sin.* bugia, candelabro, doppiere | PARTI: bocciolo, fusto, piede.

candelìna (*dim.* di *candela*) [a. 1936] ***sf.*** piccola candela, in part. ciascuna di quelle che nelle feste di compleanno vengono appoggiate sopra la torta per indicare il numero degli anni del festeggiato: *spegnere le candeline della torta.*

candelìzza [dallo sp. *candeliza*, dim. di *candela*; 1820] ***sf.*** *T.mar.* paranco usato per spostare carichi molto pesanti || **N.** *Sin.* candeletta.

candélo [da *candela*; inizio sec. XIII] ***sm.*** *ant.* candela.

candelòra [lat. tardo (*festum*) *candelārum*; 1290 *candelloria*] ***sf.*** *T.eccl.* festa della Purificazione di Maria Vergine, che cade il 2 febbraio, durante la quale si benedicono le candele.

candelòtto [da *candela*; sec. XIII-XIV] ***sm.*** **1.** candela corta e grossa usata part. nelle funzioni liturgiche **2.** tipo di pasta simile ai cannelloni **3.** *candelotto fumogeno,* ordigno che innescato produce nebbia artificiale || *candelotto lacrimogeno,* ordigno che sprigiona gas lacrimogeno **4.** *candelotto di dinamite,* formato in cui viene di solito confezionata la dinamite, cioè in cilindri avvolti in carta paraffinata.

candènte [dal lat. *candens, -ĕntis*; 1321] ***agg.*** *lett.* rilucente, abbagliante: *sui ghiacciai candenti* (Carducci).

càndi [dall'ar. *qandi,* zucchero candito; a. 1698] ***agg.*** *ant.* candito.

candidàre (pres. *càndido*) [da *candidato*; 1972] ***tr.*** *T.pol.* presentare o proporre qualcuno come candidato: *il suo partito lo ha candidato a sindaco* || *per estens.* proporre per l'ottenimento di un premio: *un fisico italiano è stato candidato al Nobel* || ***rifl.*** *T.pol.* presentarsi, proporsi come candidato per un'elezione o per una carica: *candidarsi al Parlamento, si è candidato come indipendente nelle liste di sinistra, sciolte le ultime incertezze, si è candidato per la presidenza della Repubblica.*

candidàto [dal lat. *candidātus*, cioè vestito di toga candida, insegna degli aspiranti alle magistrature; a. 1563] ***sm.*** (f. *-a*) **1.** chi aspira a pubblici uffici, a magistrature ecc. || *gen.* chi si presenta o viene presentato per ricoprire un determinato ruolo, in seguito a elezione o altra forma di designazione **2.** chi si presenta a un esame, a un concorso || **N.** **1.** *Sin.* aspirante **2.** *Sin.* concorrente, esaminando, partecipante. **Q.T.** *politica.*

candidatùra [da *candidato*; 1848] ***sf.*** presentazione di una persona, fatta da lei stessa o da sostenitori, per ricoprire un incarico, un ufficio ecc.: *presentare, ritirare una candidatura.* **Q.T.** *politica.*

candid camera (ingl., pr. ['kændɪd 'kæmərə]; pr. it. ['kɛndid 'kamera]) [letter. telecamera candida, spontanea; 1966] ***loc. f. inv.*** ripresa televisiva o cinematografica di episodi e momenti di vita quotidiana, girata all'insaputa delle persone che vi compaiono e caratterizzata da notevoli effetti di comicità.

candidézza [da *candido*; sec. XV] ***sf.*** l'esser candido; anche *fig. raro* candore.

càndido [dal lat. *candidus*; a. 1292] ***agg.*** **1.** bianchissimo, d'una bianchezza lucente **2.** *fig.* puro, innocente; sincero, schietto || ingenuo || **candidaménte** ***avv.*** ingenuamente; schiettamente || **N.** **1.** *Sin.* bianco, immacolato | *Contr.* nero, scuro, sudicio **2.** *Sin.* franco, semplice | *Contr.* ipocrita, scaltro.

candìre[1] (pres. *-ìsco, -ìsci*) [dall'ar. *qandi,* qualità di zucchero; a. 1698] ***tr.*** rif. alla frutta, farla bollire in uno sciroppo zuccherino per conservarla || rif. allo zucchero, estrarlo da sciroppi zuccherini per mezzo di evaporazione.

candìre[2] (pres. *-ìsco, -ìsci*) [dal lat. *candēre*; a. 1642] ***tr.*** *ant.* imbiancare.

candìto (*pps.* di *candire*[1]) [1484] **I** ***agg.*** *zucchero candito, frutta candita* **II** ***sm.*** tutto ciò che è stato candito; part. *pl.*, pezzetti di frutta candita con cui si preparano dolci: *nel panettone ci sono i canditi* || **N.** **I** *Sin.* confettato, giulebbato, sciroppato.

canditùra [da *candire*[1]; 1955] ***sf.*** l'operazione del candire.

candóre [dal lat. *candor, -ōris*; 1308 ca.] ***sm.*** **1.** qualità di ciò che è candido, candidezza **2.** *fig.* innocenza d'animo || **N.** **1.** *Sin.* bianchezza, fulgidezza, splendore **2.** *Sin.* ingenuità, innocenza, schiettezza.

càne [lat. *canis*; sec. XIII] **I** ***sm.*** **1.** (f. *càgna*) mammifero domestico della famiglia dei

Canidi con pelo, colore, forma e dimensioni assai varie a seconda delle diverse razze; i cani vengono classificati a seconda del loro impiego in cani da caccia, da corsa, da pastore, da guardia, da difesa, da utilità; *cane poliziotto*, addestrato per coadiuvare le forze dell'ordine nello svolgimento di diverse attività; *cane da pagliaio*, bastardo || *fig. essere come cane e gatto*, in perenne disaccordo || *fig. menare il can per l'aia*, tirare in lungo senza concludere nulla || *fig. trattare qualcuno come un cane*, in modo brutale || *fig. vivere, mangiare, dormire da cani*, male || *fig. stare come il cane alla catena*, sentirsi costretti || *fig. cose da cani*, malfatte, di pessima qualità || *fig. lavorare come un cane*, assai duramente || *fig. tempo da cani*, brutto || *fig. drizzare le gambe ai cani*, tentare imprese impossibili || *fig. non trovare un cane*, nessuno || *fig. solo come un cane*, completamente solo || *T.pol. cani sciolti*, deputati o gen. persone politicamente impegnate ma non vincolate ad alcun partito od organizzazione || *prov. non svegliare il can che dorme*, non stuzzicare chi sta quieto; *can che abbaia non morde*, chi minaccia molto non è pericoloso **2.** (f. *cagna*) *fig.* persona crudele, irosa: *si è dimostrato un vero cane* || *per estens.* epiteto ingiurioso rivolto a chi si dimostra privo di qualità umane: *cane!, tu uccidi un uomo morto* || *fig.* persona potente, in questo uso *com. cagnaccio*: *è un cane grosso dell'amministrazione* || *prov. cane non mangia cane*, i prepotenti non si danneggiano tra loro **3.** (f. *cagna*) *fig.* persona incapace di svolgere la propria attività: *questo attore è un cane* **4.** nelle armi da fuoco portatili, organo che azionato dal grilletto colpisce il detonatore provocando lo sparo **5.** nottolino, in vari meccanismi, dente con funzioni di arresto **6.** strumento che tiene fermi i cerchi delle botti **7.** *T.arch. cane corrente*, motivo ornamentale a volute ricorrenti assai diffuso nell'architettura greca **8.** *T.astr. Cane Maggiore*, costellazione australe prossima a Orione; *Cane Minore*, costellazione equatoriale posta a sud dei Gemelli **9.** *cane della prateria*, nome di un piccolo roditore nordamericano il cui verso ricorda l'abbaiare del cane **II** come ***agg.*** *inv.* (sempre posposto) svolge funzioni di peggiorativo (*mondo cane*) o di rafforzativo: *freddo cane* || *dim.* cagnolino, canino; *spreg.* cagnùzzo; *accr.* canóne, cagnóne; *pegg.* cagnàccio || **N. 1.** bracco, *épagneul*, pointer, setter, spinone; cocker, segugio; bassotto, fox terrier; levriero; barbone, *chihuahua*, maltese, pechinese, *yorkshire*; san bernardo, terranova; *airedale*, boxer, doberman; alano; *chow-chow*, mastino, *schnauzer rotweiller*, *bulldog*, pastore scozzese, *bobtail*, pastore bergamasco, pastore maremmano-abruzzese, pastore belga; *husky*, groenlandese, malamute | ciniatria. **Q.T.** ***caccia*** **TAV.** ***armi*** **p. 648** 16.4; ***cani*** **p. 662** sg.

canèa [da *cane*; 1865] ***sf.*** muta di cani che insegue la selvaggina e rumore che produce: *discosta / esplode furibonda una canea* (Montale) || *fig.* schiamazzo rabbioso: *la canea degli studenti* || **N.** *Sin.* cagnara, canizza.

canèderlo [dal ted. *Knödel*, gnocco; 1942] ***sm.*** spec. *pl. T.cuc.* specialità gastronomica tirolese e trentina, consistente in grossi gnocchi rotondi, fatti di pane e salsiccia, e cotti nel brodo.

canèfora [dal lat. *canephora*; 1741] ***sf.*** **1.** *T.stor.* nell'antica Grecia, fanciulla che nelle processioni rituali recava sul capo canestri con gli oggetti di culto **2.** *T.archeol.* cariatide con cesto sulla testa.

canèstra [da *canestro*; inizio sec. XIV] ***sf.*** recipiente di vimini, di forma rotonda, largo, poco profondo, con manici || *per meton.* il contenuto di tale cesta || **N.** cesta, cestello, corba, corbello, fiscella, gerla, paniere, sporta, zana.

canestràio (pl. *-ài*) [da *canestro*; 1585 *canestraro*] ***sm.*** (f. *-a*) chi fa o vende canestri; cestaio.

canestràta [da *canestro*; 1865] ***sf.*** quantità di roba contenuta in un canestro.

canestràto [da *canestro*; 1955] ***agg.*** formaggio siciliano simile al pecorino.

canestrèllo (*dim.* di *canestro*) [1889 nel senso 2] ***sm.*** **1.** *T.mar.* anello usato come stroppo da bozzelli **2.** *T.mar.* ciascuno degli anelli di scorrimento e fissaggio della velatura **3.** nome regionale di vari dolci di forma circolare **4.** nome generico di vari molluschi marini.

canèstro [lat. *canistrum*; sec. XIII] ***sm.*** **1.** recipiente di vimini intrecciato, dotato di manico arcuato sulla bocca, usato per contenere frutta e verdura || *per estens.* ciò che è contenuto in un canestro: *ha mangiato un canestro d'uva* **2.** *T.sport.* nel basket, anello metallico dotato di una reticella senza fondo, assicurato in modo elastico al tabellone, attraverso cui bisogna far passare la palla per segnare i punti || *per estens.* il punto segnato: *ha realizzato sei canestri* || **N. 1.** *Sin.* cesta, cestello, paniere.

càneva V. CANOVA.

canevàccio (pl. *-ci*) ***sm.*** *non com.* V. CANOVACCIO.

cànfora [dall'ar. *kāfūr*; inizio sec. XIV] ***sf.*** sostanza bianca, trasparente, di odore acuto, infiammabile, che si estrae dalla pianta del canforo o viene prodotta sinteticamente e viene usata come antitarmico, nella preparazione della celluloide e, in farmacologia, come eccitante.

canforàceo [da *canfora*; 1983] ***agg.*** detto di odore simile a quello della canfora.

canforàre (pres. *cànforo*) [da *canfora*; 1909] ***tr.*** trattare con la canfora, impregnare di canfora.

canforàto [da *canfora*; 1499] **I** ***agg.*** che contiene canfora: *spirito canforato* **II** ***sm.*** *T.chim.* sale o estere dell'acido canforico.

canfòrico (pl. *-ci*) [da *canfora*; 1865] ***agg.*** *T.chim.* ricavato dalla canfora; contenente canfora: *composto canforico* || relativo alla canfora.

cànforo [da *canfora*; 1933] ***sm.*** *T.bot.* albero sempreverde delle Lauracee, originario dell'Asia orientale, da cui si estrae la canfora; può raggiungere i 15 metri di altezza.

cànga[1] [dall'ar. *ganga*; 1910] ***sf.*** barca lunga e stretta, a vela e remi, usata sul Nilo: *simili a fragili canghe* (D'Annunzio).

cànga[2] [port. *canga*, di origine orientale; 1923 *cang*] ***sf.*** strumento di tortura consistente in una tavola quadrata che veniva posta attorno al collo del condannato che così non poteva nutrirsi né riposarsi.

cangiàbile [da *cangiare*; a. 1729] ***agg.*** *lett.* che cambia o può essere cambiato con facilità.

cangiaménto [da *cangiare*; a. 1600] ***sm.*** *lett.* cambiamento.

cangiànte (*ppr.* di *cangiare*) [inizio sec. XV] ***agg.*** **1.** di colore, che cambia secondo il punto da cui si guarda || di stoffa che ha colore cangiante: *la signora era vestita di una bella seta cangiante* **2.** *lett.* variabile, mutevole || **N. 1.** *Sin.* allocroico, gatteggiante.

cangiàre (pres. *càngio*) [dal fr. ant. *changer*; a. 1250] ***tr.*** *lett.* cambiare: *né cangia stile* (Leopardi) || ***intr.*** (aus. *avere* ed *essere*) e ***intr. pron.*** mutarsi, trasformarsi.

cangiàrro [dal pers. *kangiar*; 1890 *cangiaro*] ***sm.*** pugnale con lama larga e triangolare.

càngio (pl. *-gi*) [da *cangiare*; a. 1349] ***sm.*** *ant.* **1.** cambio **2.** colore cangiante.

cangrèna ***sf.*** *ant.* V. CANCRENA.

cangùro [dall'australiano *känguru*; 1784] ***sm.*** mammifero dei Marsupiali originario dell'Australia, erbivoro, con zampe posteriori lunghe e robuste e coda anch'essa molto robusta, caratterizzato da una tipica andatura saltellante; la femmina partorisce un embrione incompleto che istintivamente si trasferisce nel marsupio materno, dove viene allattato e termina lo sviluppo. **TAV.** ***mammiferi*** **p. 1318** 3.

canìccio (pl. *-ci*) ***sm.*** *non com.* V. CANNICCIO.

canìcola [dal lat. *canicula*; 1340 ca.] ***sf.*** il periodo più caldo dell'anno || *per estens.* gran caldo, afa.

canicolàre [da *canicola*; 1313] ***agg.*** della canicola: *come 'l ramasso sotto la gran fersa / dei dì canicular...* (Dante) || *per estens.* di caldo, grandissimo, soffocante.

Cànidi (sing. *-e*) [comp. di *cane* e *-idi*, come il lat. scient. *Canidae*; 1955] ***sm. pl.*** *T.zool.* famiglia di Mammiferi carnivori con unghie non retrattili, di medie dimensioni, con olfatto e udito particolarmente sensibili, cui appartengono il cane, la volpe, il lupo, lo sciacallo, il dingo, il coyote ecc. **TAV.** ***mammiferi*** **p. 1319**.

canìle [da *cane*; sec. XV] ***sm.*** **1.** casotto in vario materiale in cui vi è la cuccia del cane **2.** *per estens.* luogo in cui si allevano o vengono custoditi i cani **3.** *fig.* stanza, letto sudicio o malridotto.

canìno [da *cane*; sec. XIV] **I** ***agg.*** **1.** di o da cane: *rabbia canina* || *fig.* molto forte, intenso: *fame canina* **2.** *denti canini*, nell'uomo e nei carnivori, i quattro denti posti a lato degli incisivi inferiori e superiori **3.** *tosse canina*, pertosse **4.** *rosa canina*, rosa di macchia **II** ***sm.*** dente canino: *gli hanno estratto un canino.* **TAV.** ***anatomia*** **p. 642** 21.4.

canister (ingl., pr. ['kænɪstə]) [dal ted. *Kanister*, canestro; 1955] ***sm.*** *inv.* piccolo bidone, di solito in plastica, usato per contenere carburanti.

canìzie [dal lat. *canities*; sec. XIV] ***sf.*** *inv.* **1.** imbiancamento dei peli e dei capelli che gen. si verifica con l'invecchiamento **2.** capigliatura bianca || *per estens. fig.* vecchiaia: *veneranda canizie*; *Adorna la canizie di liete voglie sante* (Manzoni) || **N. 1.** *Sin.* canutezza | brizzolato.

canìzza [da *cane*; 1825] ***sf.*** **1.** l'abbaiare dei cani che inseguono la selvaggina **2.** *per estens.* fracasso, gazzarra || **N.** *Sin.* cagnara, canea.

cànna [lat. *canna*; inizi sec. XIII nel senso 6] ***sf.*** **1.** pianta delle Graminacee diffusa nell'area mediterranea, con fusto alto, sottile, elastico e nodoso, usata per fare sostegni e sim. || *canna da zucchero*, diffusa nei paesi caldi, da cui si estrae un succo dal quale si estrae lo zucchero: *zucchero di canna*, bruno, a grani più grossi dello zucchero raffinato bianco || *canna d'India*, usata per lavori d'intreccio || *canna indica*, pianta ornamentale con foglie ovali || *canna di palude*, con fiori raccolti in pannocchie di colore scuro || *fig. essere come una canna al vento*, debole e influenzabile || *fig. povero in canna*, molto povero **2.** il fusto della canna, opportunamente ripulito e utilizzabile in vari modi: *canna da passeggio, canna da pesca* (ora in altri materiali) **3.** *per estens.* qualsiasi oggetto che ricordi per forma la canna; tubo, conduttura || *canna metrica, lineare, quadra, cubica*, asta graduata e unità di misura per distanze brevi || *canna della bicicletta*, tubo che nelle biciclette da uomo collega il sellino al canotto di sterzo || *canna del vetraio*, tubo metallico usato per soffiare il vetro **4.** parte dell'arma da fuoco a forma di tubo, di spessore gen. maggiore verso la culatta, che contiene il proietto e la carica: *avere il colpo in canna*, essere pronti a fare fuoco || *baionetta in canna*, inastata **5.** *canna fumaria*, condotta di ventilazione per convogliare all'esterno i fumi del camino **6.** antica misura di lunghezza in uso in varie città italiane, variabile tra i due e i tre metri **7.** *T.mus.* ciascuno dei tubi di dimensione varia, di legno o metallo, da cui esce il suono dell'organo || *lett.* zampogna **8.** *region.* trachea ||

N. 1. PARTI: calamo, colmo, foglie, rizoma **2.** *Sin.* bastone, pertica. **Q.T.** *armi, pesca.* **TAV.** *caccia* 1.8, 4; *enologia* 8.2; *pesca* 6; ***armi* p. 648** 16.2, 17, 18.4 **e p. 649** 20.8, 23.2, 26.2.

Cannabàcee o **Cannabinàcee** [dal lat. scient. *Cannabaceae,* basato sul lat. *cannabis,* canapa; 1962] ***sf. pl.*** *T.bot.* famiglia di piante dicotiledoni comprendenti la canapa e il luppolo.

cannabìna [dal lat. *cannabis,* canapa; 1887] ***sf.*** *T.chim.* alcaloide estratto dalla canapa indiana e impiegato come ipnotico e sedativo.

Cannabinàcee V. CANNABACEE.

cannabinòlo [comp. di *cannabina* e *-olo*³; 1955] ***sm.*** *T.chim.* olio incolore, che costituisce una delle sostanze stupefacenti presenti nella marijuana e nell'hascisc.

cannabìṣmo [dal lat. *cannabis;* 1908] ***sm.*** intossicazione causata dall'uso continuo di sostanze stupefacenti ricavate dalla canapa indiana.

Cannàcee [comp. di *canna* e *-acee;* 1892] ***sf. pl.*** *T.bot.* famiglia di piante monocotiledoni comprendente tra le altre specie la *canna indica,* coltivata per la bellezza dei fiori.

cannàio (pl. *-ài*) [lat. *cannarius;* 1830] ***sm.*** **1.** graticcio di canne, sul quale si mette la frutta a seccare **2.** arnese a forma di panca con vari scomparti in cui gli orditori ripongono i gomitoli **3.** chiusa di canne intrecciate usata nella pesca fluviale per intrappolare i pesci.

cannaiòla [da *canna;* a. 1729] ***sf.*** uccello dei Passeracei con piume di color ruggine che costruisce il nido sospeso tra le canne.

cannalàdra [comp. di *canna* e *ladra;* 1965] ***sf.*** pertica fornita di cesoie a un'estremità, usata per potare gli alberi o cogliere la frutta.

cannàta [da *canna;* a. 1636 nel senso 2] ***sf.*** **1.** *non com.* colpo di canna **2.** *ant.* graticcio di canne.

canneggiàre (pres. *-éggio*) [da *canna;* 1868] ***tr.*** *raro* misurare con la canna.

canneggiatóre [da *canneggiare;* 1868] ***sm.*** (f. *-trìce*) aiutante di chi esegue rilievi topografici.

cannéggio (pl. *-gi*) [da *canneggiare;* 1955] ***sm.*** misurazione del terreno eseguita con la canna metrica.

cannèlla [da *canna;* a. 1292] **I *sf.* 1.** corteccia aromatica di due piante del genere Cinnamomo, diffuse in Oriente, da cui si ricava una spezia usata in gastronomia; dalla corteccia distillata si ottiene l'olio essenziale di cannella usato in cosmesi e farmacologia **2.** parte terminale di una conduttura per l'erogazione pubblica o domestica di acqua **3.** tubo di legno per estrarre il vino da una botte **4.** antica unità di misura in uso in Liguria **II *agg. inv.*** (sempre posposto) del colore tipico della cannella, giallo-bruno tendente al rossiccio: *tinta cannella.*

cannellàio (pl. *-ài*) [da *cannello;* 1865 nel senso 2] ***sm.*** *disus. T.tess.* **1.** (f. *-a*) operaio che prepara le spole per la tessitura **2.** arnese su cui stanno più cannelli per incannucciare la seta.

cannellàto [da *cannello;* a. 1580 nel senso 3; a. 1730 nel senso 4; a. 1906 nel senso 2] ***agg.*** **1.** *T.tess. tessuto cannellato,* tessuto con armatura derivata dalla tela e caratterizzato dalle strisce trasversali formate da più trame riunite nel medesimo passo **2.** pieghettato **3.** *ant.* scannellato **4.** *ant.* a forma di cannello.

cannellìno¹ (*dim.* di *cannello*) [1986] ***sm.*** e ***agg.*** spec. *pl.* tipo di fagioli bianchi dalla forma allungata.

cannellìno² [da *cannella;* 1820 nel senso 2] ***sm.*** **1.** vino bianco dolce dei Castelli Romani **2.** *pl.* confetti di zucchero al gusto di cannella.

cannèllo [da *canna;* sec. XIV] ***sm.*** **1.** sezione di canna compresa tra due nodi || *per estens.* qualsiasi elemento cilindrico forato all'interno || *per estens.* qualsiasi frammento di forma cilindrica anche non forato: *un cannello di ghiaccio* **2.** *cannello ossidrico,* apparecchio usato per saldare, costituito da due condutture che portano una gas combustibile e l'altra ossigeno e che terminano con un beccuccio in cui si accende la fiamma **3.** dispositivo per l'accensione della carica di lancio delle artiglierie **4.** *T.tess.* rocchetto su cui è avvolto il filo e che gira infilato nella spoletta **5.** mollusco lamellibranco commestibile, di forma allungata e colore giallo bruno **6.** asta della penna **7.** *T.arch.* bastoncello che in alcune colonne riempie le scanalature || *dim.* cannellétto, cannellino; *accr.* cannellóne || **N. 1.** *Sin.* cilindretto, tubetto **5.** *Sin.* cannolicchio, cappalunga. **TAV.** *zootecnia* 17.4.

cannellóne (*accr.* di *cannello*) [1851 nel senso 3] ***sm.*** **1.** ampia piega in una gonna **2.** *ant.* increspatura nel collare in uso nel XVII secolo **3.** *T.cuc.* spec. *pl.* rettangolo di pasta arrotolato, ripieno e cotto al forno. **TAV.** *alimentazione* 1.17.

canneté (pr. [kan'te]) [falso francesismo, da *canne,* canna; 1965] ***sm. inv.*** e ***agg.*** (sempre posposto) **1.** detto di tessuto con sottili coste in rilievo **2.** detto di cartone ondulato usato per imballi.

cannéto [dal lat. tardo *cannētum;* sec. XIV] ***sm.*** terreno su cui crescono naturalmente o vengono coltivate le canne || *fig. fare il diavolo nel canneto,* fare molto rumore.

cannétta [da *canna;* 1887] ***sf.*** **1.** piccola canna, bastoncino da passeggio **2.** asticciola della penna **3.** attrezzo usato per stirare balze e piccole pieghettature.

cannettàto ***sm. inv.*** e ***agg.*** adattamento it. del fr. *canneté* (v.).

cannìbale [dallo sp. *canibal,* der. da una voce americana; 1494 *canabali*] ***sm.*** antropofago, chi mangia carne umana || *fig.* uomo feroce e crudele.

cannibalésco (pl. *-schi*) [da *cannibale;* 1890] ***agg.*** di o da cannibale: *pasto cannibalesco.*

cannibàlico (pl. *-ci*) [da *cannibale;* 1968] ***agg.*** relativo a, proprio dei cannibali.

cannibalìṣmo [dal fr. *cannibalisme;* 1881] ***sm.*** **1.** abitudine a cibarsi di carne umana || *fig.* estrema spietatezza e ferocia || *T.psican.* attività che, in modo icastico, esprime i vari aspetti dell'incorporazione orale quali amore, conservazione all'interno di sé e appropriazione delle qualità dell'oggetto **2.** *T.biol.* assimilazione e distruzione di una cellula da parte di un'altra.

cannicciàta [da *canniccio;* 1865] ***sf.*** palizzata di canne || **N.** stoiato.

cannìccio (pl. *-ci*) [da *canna;* fine sec. XIV] ***sm.*** graticcio di canne congiunte insieme, per essiccare frutta, allevare bachi da seta ecc. || struttura di canne disposte in parallelo e legate insieme, usata per soffittature.

cannìsta [da *canna;* 1963] ***s.*** chi pratica la pesca con la canna.

cannòcchia ***sf.*** *non com.* V. CANOCCHIA.

cannocchiàle o **canocchiàle** [comp. di *canna* e *occhiale;* 1611] ***sm.*** strumento ottico costituito da un tubo e da un sistema di lenti che consente di osservare, ingranditi, oggetti posti a grande distanza || *cannocchiale astronomico,* telescopio || *cannocchiale di puntamento,* strumento per facilitare la mira, di cui sono dotati i fucili di precisione || ***loc. avv.*** *pop. nemmeno col cannocchiale,* in nessun modo || ***loc. agg.*** *a cannocchiale,* di oggetto costituito da tubi scorrevoli uno dentro l'altro, telescopio: *un treppiede a cannocchiale* || **N.** binocolo. **TAV.** *geografia* 2.3, 3.4; ***armi* p. 649** 23.4; ***astronomia* p. 656** 8.3; ***ottica* p. 1329** 6, 9.3, 11.4.

cannòcchio (pl. *-chi*) [da *canna;* 1830] ***sm.*** tutolo della pannocchia di granturco.

cannolìcchio (pl. *-chi*) [dal merid. *cannolicchiu;* 1830] ***sm.*** **1.** tipo di molluschi bivalvi commestibili dal corpo allungato **2.** tipo di pasta da minestra a forma di cannelli || **N. 1.** *Sin.* cannello.

cannòlo [da *canna;* 1918] ***sm.*** dolce di pasta sfoglia di forma cilindrica ripieno di crema oppure di ricotta, canditi e pistacchi: *cannoli siciliani* || **N.** *Sin.* cannoncino.

cannonàta [da *cannone;* a. 1529] ***sf.*** **1.** colpo di cannone e il rimbombo che provoca **2.** *fig.* cosa o persona straordinaria, eccezionale: *quel dolce è una cannonata* **3.** *fig.* fandonia esagerata, vanteria **4.** *T.sport.* nel gioco del calcio, tiro violento in porta || **N. 2.** *Sin.* fenomeno, portento, prodigio **4.** *Sin.* staffilata, stangata.

cannonàu o **canonàu** o **canonào** [voce sarda di etim. inc.; 1896] ***sm.*** vino rosso da pasto tipico del Campidano.

cannoncìno (*dim.* di *cannone*) [1729 nel senso 3] ***sm.*** **1.** pezzo di artiglieria di piccolo calibro gen. montato su mezzi corazzati **2.** negli abiti femminili e infantili, piega che forma un rigonfiamento del tessuto **3.** pasta dolce simile al cannolo. **TAV.** ***armi* p. 649** 27.1.

cannóne [da *canna;* sec. XIV nel senso 3] ***sm.*** **1.** nome generico con cui si indicano pezzi da fuoco con calibro superiore a 210 mm, caratterizzati da grande portata, elevata velocità iniziale del proietto e tiro teso: *cannone anticarro, antiaereo, cannone di piccolo, medio, grosso calibro* || *cannone grandinifugo,* cannoncino usato per perturbare le nuvole temporalesche ed evitare il formarsi della grandine || *carne da cannone,* soldati mandati allo sbaraglio || *fig. essere un cannone,* eccellere in qualche attività || *fig.* persona particolarmente grassa: *è diventata un cannone;* anche in posizione attributiva (sempre posposto) nella loc. *donna cannone,* donna di eccezionali dimensioni che si esibisce come fenomeno da baraccone **2.** parte posteriore delle antiche bombarde contenente la polvere da sparo **3.** nome di vari oggetti cavi di forma cilindrica: *il cannone della stufa* || *T.arm.* bracciale protettivo dell'armatura rinascimentale **4.** negli equini, stinco **5.** *cannone elettronico,* dispositivo atto a produrre un fascio collimato di elettroni, usato ad es. nei microscopi elettronici || **N. 1.** *Sin.* bocca da fuoco, pezzo | bombarda, colubrina, falconetto, mortaio, obice, sagro, spingarda | antisilurante, a retrocarica, a ripetizione, a rotazione, a tiro rapido, ad avancarica, contraereo, da assedio, da campo, da costa, da fortezza, da montagna, da sbarco, lanciabombe, lanciasagole, rigato | PARTI: alzo, anima, bocca, braca, canna, cerchio di puntamento, culatta, cuscinetto, elica, focone, gola, maniglia, mira, orecchione, otturatore, volata; affusto (avantreno, retrotreno), bomba, calcatoio, calibratoio, calibro, carica, espulsore, granata, innesco, letto, miccia, palla, pancone di coda, proiettile, sagoma, slitta, spoletta; batteria, bombardamento, detonazione, piattaforma, rinculo, salva, scarica, sparo, tiro, tiro d'interdizione; servente | caricare, smontare, sparare. **TAV.** *finimenti* 2.3, 4.1; ***armi* p. 649** 23.

cannoneggiaménto [da *cannoneggiare;* 1853] ***sm.*** successione continua di tiri di artiglieria contro un obbiettivo || **N.** *Sin.* bombardamento.

cannoneggiàre (pres. *-éggio*) [da *cannone;* 1771] ***tr.*** colpire ripetutamente con colpi di cannone || ***intr.*** (aus. *avere*) sparare molte cannonate di seguito || **N.** ***tr.*** *Sin.* bombardare.

cannonièra [da *cannone;* a. 1540] ***sf.*** **1.** apertura nelle fortezze o nelle navi da cui sparano i cannoni **2.** *T.mar.* piccola nave da guerra, armata di pochi cannoni di piccolo e medio calibro, destinata gen. alla difesa delle coste, e in passato a compiti di polizia coloniale.

cannonière [da *cannone*; 1598 *cannoniero* nel senso 1; 1920 nel senso 2] ***sm.*** **1.** soldato, part. marinaio, addetto al servizio di un pezzo di artiglieria **2.** *T.sport.* nei giochi con la palla, giocatore che realizza molti punti a favore della propria squadra. **TAV.** ***armi*** **p. 649** 27.12.

cannóso [dal lat. tardo *cannōsus*, da *canna*, canna; XIV sec.] ***agg.*** *raro* detto di terreno ricco o coperto di canne.

cannòtto [da *canna*; 1962] ***sm.*** *T.tecn.* tubo di metallo usato per scopi particolari: *cannotto di sterzo*, quello che regge lo sterzo della bicicletta.

cannùccia (pl. *-ce*) [da *canna*; 1319] ***sf.*** **1.** canna sottile ‖ *in part.* tubo sottile di plastica per sorbire bibite **2.** asticciola forata per vari usi: *la cannuccia della pipa, cannuccia porta pennino* **3.** pianta delle Graminacee con pannocchia violacea, diffusa lungo i corsi d'acqua e nelle paludi. **TAV.** ***disegno*** 3.

cànnula [dal lat. tardo *cannula*; 1892] ***sf.*** *T.med.* nome di vari strumenti medici a forma di tubicino.

cannutìglia V. CANUTIGLIA.

canòa [dallo sp. *canoa*, voce di orig. caraibica; 1504] ***sf.*** **1.** imbarcazione leggera, originariamente ricavata da un unico tronco d'albero, manovrata da uno o due vogatori, diffusa tra i popoli primitivi ‖ oggi, imbarcazione di forma analoga, in alluminio o fibra di vetro: *canoa canadese*, in cui il vogatore è inginocchiato **2.** imbarcazione da competizione lunga e stretta con equipaggio composto da uno fino a otto vogatori, con o senza timoniere **3.** *per meton.* l'attività sportiva praticata con la canoa. **Q.T.** *canottaggio* **TAV.** *canottaggio* 3, 4.

canòcchia [dal veneziano *cana*, canna; 1829] ***sf.*** nome di un crostaceo marino detto anche *cicala di mare*.

canocchiàle V. CANNOCCHIALE.

canoìno [da *canoa*; 1942] ***sm.*** *T.sport.* piccola canoa da regata a un vogatore dotato di due remi, con sedile scorrevole.

canoìsta [da *canoa*; 1938] ***s.*** *T.sport.* chi pratica lo sport della canoa.

cañón (sp., pr. [ka'ɲɔŋ]) [letter. canale; 1892 *cañones* pl.] ***sm.*** *inv.* (anche pl. *cañones*, pr. [ka'ɲones]) profonda gola fluviale con pareti ripidissime o verticali, provocata da fenomeni erosivi: *i cañón del Colorado*.

canonào o **canonàu** V. CANNONAU.

cànone [dal lat. *canon, -onis*, regola; a. 1405] ***sm.*** **1.** regola fondamentale, criterio normativo: *i canoni della ricerca scientifica* ‖ *per estens.* insieme di principi comunemente accettati: *i canoni dell'educazione* **2.** somma in denaro che viene periodicamente versata per usufruire di un bene: *canone d'affitto* ‖ *equo canone*, affitto di immobili calcolato in base a una normativa che disciplina i contratti di locazione **3.** elenco di opere e autori proposti come norma o modello: *canone alessandrino* ‖ *per estens.* elenco ‖ in varie religioni, l'insieme dei testi ritenuti sacri: *canone buddista*; *per estens.* la dottrina in essi contenuta **4.** norma giuridica avente valore universale che la Chiesa romana fissa per la propria autoregolamentazione ‖ *per estens.* ogni disposizione di diritto canonico **5.** *T.eccl.* parte della celebrazione della messa, preceduta dal prefazio e chiusa dalla dossologia finale **6.** *T.mus.* composizione contrappuntistica vocale in cui una stessa linea melodica viene ripresa da voci diverse a intervalli e altezze differenti: *canone a una, due, tre voci*; *canone inverso*, in cui gli intervalli delle voci conseguenti sono in direzione inversa rispetto all'antecedente; *canone a specchio*, in cui la voce conseguente inizia contemporaneamente alla prima ma con intervalli simmetricamente opposti; *canone infinito* o *perpetuo*, in cui l'imitazione può essere riproposta all'infinito; *canone per aggravamento* o *diminuzioni*, in cui la risposta può presentare valori di durata dilatati o accorciati; *canone enigmatico*, in cui il procedimento per ricavare le parti conseguenti è celato in un enigma da risolvere ‖ **N. 1.** *Sin.* legge, norma, postulato, principio **2.** *Sin.* annualità, mensile, quota. **Q.T.** *musica*.

canònica [da *canonico*; 1274 *calonaca*] ***sf.*** abitazione del parroco gen. attigua alla chiesa.

canonicàle [da *canonica*; 1727] ***agg.*** di o da canonico ‖ *fig.* florido, tranquillo: *si fermò a guardare la luna che era tonda e rossa come una faccia canonicale* (D'Annunzio).

canonicàto [da *canonico*; a. 1492] ***sm.*** ufficio e dignità di canonico ‖ la prebenda annessa a tale dignità ‖ *fig.* impiego lucroso e poco faticoso ‖ **N.** *Sin.* prebenda, sinecura.

canonicità [da *canonico*; 1772] ***sf.*** l'essere conforme a un canone: *canonicità dei libri santi*.

canònico (pl. *-ci*) [dal lat. tardo *canonicus*; 1279 come sm.] **I** ***agg.*** **1.** conforme a un dato canone, a una serie di norme e di principi stabiliti: *procedimento canonico, artista canonico* ‖ *libri canonici*, appartenenti a un canone di sacre scritture **2.** conforme ai canoni giuridici della Chiesa romana ‖ *ore canoniche*, le parti del breviario che gli ecclesiastici debbono recitare a certe ore del giorno; *fig. ora canonica*, destinata per consuetudine all'adempimento di qualche funzione ‖ *impedimenti canonici*, riguardanti la celebrazione del matrimonio, secondo i canoni ecclesiastici ‖ *diritto canonico*, l'insieme delle norme aventi valore universale, su cui poggia l'ordinamento della Chiesa; *per estens.* la disciplina che ha per oggetto lo studio di tali norme **3.** *T.mat.* espressione analitica ridotta in forma semplificata o che evidenzia proprietà interessanti ‖ **canonicaménte** ***avv.*** **II** ***sm.*** ecclesiastico che appartiene al capitolo di una cattedrale o di una collegiata ‖ *canonici regolari*, appartenenti a un ordine monastico, che fanno vita comune ‖ *fig. far vita da canonico*, vivere agiatamente e senza pensieri.

canonìsta [da *canone*; a. 1375] ***s.*** esperto in diritto canonico.

canonizzàre [dal lat. tardo *canonizāre*; a. 1306] ***tr.*** **1.** dichiarare santo un beato e registrarlo nel canone dei santi **2.** nel diritto canonico, assumere una norma tratta da un altro ordinamento **3.** *fig.* part. in ambito culturale, dare valore di regola, indicare come modello: *la pubblicità ha canonizzato l'uso di molti neologismi* ‖ **N. 1.** *Sin.* santificare **3.** *Sin.* sancire.

canonizzazióne [da *canonizzare*; fine sec. XIV] ***sf.*** **1.** il canonizzare ‖ cerimonia con cui il papa dichiara santo un beato **2.** *fig.* riconoscimento ufficiale.

canòpo [dal nome di una città del basso Egitto; 1786] ***agg.*** e ***sm.*** **1.** *T.archeol.* detto di vaso mortuario egiziano a testa animale o umana, destinato a contenere i visceri mummificati del defunto **2.** detto di vaso mortuario etrusco, perlopiù a testa umana, contenente le ceneri del defunto.

canorità [da *canoro*; 1865] ***sf.*** *non com.* l'essere canoro.

canòro [lat. *canōrus*; 1532] ***agg.*** **1.** che canta bene, armonioso **2.** sonoro, che propaga suoni: *le cime canore degli alberi* ‖ di suono, forte e chiaro: *ottoni canori* ‖ **N. 1.** *Sin.* melodioso | CANTO.

canossiàna [dal n. di Maddalena di *Canossa*, fondatrice dell'ordine; 1940] ***sf.*** religiosa appartenente all'ordine fondato da Maddalena di Canossa all'inizio del XIX secolo.

canòtta [da *canottiera*, forse sul modello di *maglietta*; 1986] ***sf.*** maglietta estiva senza maniche, molto scollata, simile a una canottiera.

canottàggio (pl. *-gi*) [dal fr. *canotage*; 1896] ***sm.*** *T.sport.* la pratica sportiva del remare, intesa soprattutto come pratica agonistica che si effettua su apposite imbarcazioni e su particolari superfici acquatiche. **Q.T.** *canottaggio* **TAV.** *canottaggio*.

canottièra [dal fr. *canotière*; 1936] ***sf.*** **1.** maglia senza maniche e scollata, simile a quella usata dai canottieri; si indossa sulla pelle come indumento intimo **2.** *non com.* cappello di paglia per uomini, a falda larga, rotondo, rigido ‖ **N. 1.** maglietta **2.** *Sin.* paglietta.

canottière [dal fr. *canotier*; 1838] ***sm.*** (f. *-a*) chi pratica il canottaggio ‖ membro dell'equipaggio di un'imbarcazione a remi. **Q.T.** *canottaggio*.

canòtto [dal fr. *canot*; 1769] ***sm.*** piccola barca, a remi, a vela o dotata di motore fuoribordo ‖ piccola imbarcazione di bordo: *canotto di salvataggio* ‖ *canotto pneumatico* o *ass. canotto*, imbarcazione gonfiabile in materiale vario a remi, a vela o a motore.

cànova (dial. *càneva*) [lat. tardo *canaba*, baracca; a. 1348] ***sf.*** **1.** bottega dove si vende al minuto il vino **2.** cantina ‖ *ant.* dispensa, magazzino.

canovàccio (pl. *-ci*) [da *canapa*; inizi sec. XIV] ***sm.*** **1.** panno grossolano per asciugare stoviglie e posate **2.** tessuto a trama larga utilizzato per ricami a punto croce **3.** la trama di un'opera letteraria ‖ *in part.* schema di commedia o di dramma con indicazione sommaria dell'azione e dei personaggi per ogni scena ‖ *commedia a canovaccio*, commedia dell'arte, a soggetto, cioè recitata da attori che improvvisano sopra uno scenario o canovaccio.

canovàio (pl. *-ài*) [da *canova*; a. 1342 *canovaro*] ***sm.*** *ant.* **1.** *raro* cantiniere **2.** addetto all'approvvigionamento, dispensiere.

cansàre [lat. *campsāre*; 1550] ***tr.*** *ant.* scansare.

cantàbile [lat. tardo *cantābilis*; 1584] **I** ***agg.*** che si può cantare, melodico: *versi cantabili* ‖ *T.mus.* di composizione in cui la melodia ha valore espressivo preponderante rispetto all'armonia; anche in didascalie di partiture musciali: *adagio cantabile* **II** ***sm.*** *T.mus.* composizione musicale di carattere melodico.

cantafàvola (pl. *-le*) [comp. di *canta(re)*[1] e *favola*; fine sec. XIII] ***sf.*** **1.** nel folklore, nar-

CANOTTAGGIO

PERSONE: canottieri, vogatori, poppiere, timoniere, capovoga.

IMBARCAZIONI: canoa, *kayak*, canadese, *skiff*, due senza, due con (timoniere), doppio di coppia, quattro senza, quattro con, quattro di coppia, otto, *yole*; chiglia, fasciame, pagaia, remo, scalmo, sedile scorrevole, timone.

GARE: gare di velocità, maratona, slalom.

TERMINI VARI: avaria, cadenza, palata (attacco, passata in acqua, uscita del remo, ripresa), regata, percorso, traguardo, vogata (di punta o all'inglese, di coppia, alla veneziana). V. anche quadro terminologico SPORT.

razione ritmata, gen. di carattere satirico, caratterizzata da sviluppo dialogico **2.** *per estens.* storia lunga, noiosa e inverosimile || **N.** **1.** *Sin.* cantafera, filastrocca **2.** *Sin.* fandonia, fanfaluca.

cantafèra [forse dall'ant. *cantafola* con influsso di *tiritera*; a. 1470] ***sf.*** *raro* cantilena noiosa, tiritera.

cantafòla [comp. di *canta(re)*[1] e *fola*; a. 1444] ***sf.*** *raro* cantafavola.

cantaiòlo [da *canto*; a. 1566] ***agg.*** *raro* di animale, canterino: *tordo cantaiolo, grillo cantaiolo.*

cantallùscio (pl. *-sci*) [da *cantare all'uscio* (di casa); a. 1635] ***sm.*** *ant.* cantore girovago che va di porta in porta.

cantambànco o **cantimbànco** (pl. *-chi*) [da *canta in banco* (delle fiere); 1536] ***sm.*** nel Medioevo, cantore che narrava storie sulla pubblica piazza || *per estens.* ciarlatano, saltimbanco || **N.** *Sin.* cantastorie.

cantànte (*ppr.* di *cantare*) [a. 1292 come agg.] **I *s.*** chi esercita l'arte del canto: *cantante lirico, d'operetta, rock* **II *agg.*** nei significati del verbo || **N.** *Sin.* cantatore, cantattore, cantautore, cantore | baritono, basso, contralto, mezzosoprano, soprano, tenore; comprimario, corista, prima donna, solista, voce bianca; audizione, debutto, repertorio | fischiare, protestare, scritturare. **Q.T.** *musica.*

cantàre[1] [lat. *cantāre*; fine sec. XII] ***intr.*** (aus. *avere*) **1.** modulare la voce secondo una certa linea melodica e ritmica: *cantare da tenore* || *cantare a squarciagola,* a voce assai alta **2.** svolgere l'attività di cantante: *canta nel coro della RAI* **3.** emettere suoni armoniosi: *il merlo canta* || *per estens.* diffondere suoni gradevoli: *i grilli cantavano nella notte, le acque del ruscello cantavano scorrendo tra le rocce* || *per estens.* di strumento musicale, suonare in modo part. gradevole: *il violino cantava tra le sue mani* **4.** *fig.* fare la spia, confessare: *tra gli arrestati nessuno ha cantato* **5.** *fig.* manifestare sentimenti gioiosi: *la felicità gli cantava negli occhi* **6.** *fam.* dichiarare senza mezzi termini, apertamente: *il contratto canta chiaro* || *prov. carta canta, villan dorme,* con un documento scritto si può star sicuri || ***tr.*** **1.** esprimere col canto: *cantare un'aria, una canzone* || *cantar messa,* celebrarla secondo il rito solenne con alcune parti cantate **2.** pronunciare ad alta voce, in modo enfatico || *fig. cantar vittoria,* esultare || *fig. cantarla chiara a qualcuno,* manifestargli apertamente le proprie critiche **3.** narrare, celebrare: *Omero cantò le gesta di Ulisse* || **N.** ***intr.*** **1.** *Sin.* accennare, accompagnar col canto, canterellare, canticchiare, decantare, gorgheggiare, intonare, modulare, ricantare, salmodiare, solfeggiare, stornellare, vocalizzare **4.** *Contr.* non aprir bocca, tacere | ***tr.*** **3.** *Sin.* esaltare, magnificare. **Q.T.** *animali, musica.*

cantàre[2] [da *cantare*[1]; a. 1249] ***sm.*** **1.** l'atto del cantare **2.** poemetto popolare, di ispirazione cavalleresca, gen. in ottava rima, composto in Italia nei sec. XIV e XV || poema epico medievale spagnolo || *per meton.* ciascuno dei canti di questo poemetto.

cantarèlla o **canterèlla** [da *cantare*[1]; 1585 nel senso 3] ***sf.*** **1.** cicala: *s'ode un ronzio di cantarelle* (Pascoli) **2.** varietà di allodola **3.** richiamo da caccia che imita il verso della pernice.

cantarellàre ***tr.*** e ***intr.*** *non com.* V. CANTERELLARE.

cantarèllo [da *càntaro*; 1820] ***sm.*** gallinaccio, fungo commestibile dei Basidiomiceti.

cantàride [dal lat. *cantharis, -idis*; a. 1498] ***sf.*** *T.zool.* genere d'insetti dei Coleotteri, di color verde dorato, dal cui corpo disseccato si ricava una droga con proprietà irritanti, diuretiche e afrodisiache || *per estens.* la droga stessa.

cantaridìna [da *cantaride*; 1825] ***sf.*** *T.chim.* sostanza, usata in farmacia come eccitante, estratta dalla cantaride.

cantàro [dall'ar. *qintār*; sec. XIII] ***sm.*** *ant.* antica misura di peso regionale italiana il cui valore varia tra i 50 e gli 80 chili.

càntaro [dal lat. *cantharus*; a. 1494] ***sm.*** **1.** *T.archeol.* vaso per bere con due ampie anse, diffuso nell'antichità greca e romana **2.** nelle antiche basiliche cristiane, vasca per le abluzioni **3.** cantero **4.** pesce dei Perciformi di color argenteo, con corpo ovale, diffuso nel Mediterraneo.

cantastòrie [comp. di *canta(re)*[1] e *storie*; 1863] ***s. inv.*** chi in occasione di fiere e sagre recita storie e canti, talvolta accompagnandosi con rappresentazioni figurate della vicenda che sta narrando || **N.** *Sin.* cantambanco.

cantàta [da *cantare*[1]; 1612 nel senso 2] ***sf.*** **1.** il cantare: *faremo una bella cantata* **2.** *T.mus.* composizione sia sacra che profana per strumenti e voci diffusa nel XVII e XVIII secolo: *una cantata di Bach* || *dim.* cantatìna.

cantatìna (*dim.* di *cantata*) [a. 1835] ***sf.*** **1.** breve cantata: *farsi una cantatina* **2.** arietta, strofetta.

cantàto (*pps.* di *cantare*) [a. 1530] ***agg.*** **1.** modulato con la voce secondo una melodia musicale **2.** accompagnato da canti e da musiche: *messa cantata.*

cantatóre [dal lat. *cantātor, -ōris*; a. 1306] ***agg.*** e ***sm.*** (f. *-trìce*) che o chi canta || **N.** *Sin.* CANTANTE.

cantattóre [comp. di *cant(ante)* e *attore*; 1974] ***sm.*** (f. *-trìce*) attore che si esibisce anche come cantante.

cantautóre [comp. di *cant(ante)* e *autore*; 1961] ***sm.*** (f. *-trìce*) chi canta personalmente le canzoni che ha composto.

canter (ingl., pr. ['kæntə]) [abbr. di *Canter(bury) gallop,* galoppo di Canterbury; 1905] ***sm.*** *inv. T.ipp.* giro di riscaldamento che si fa compiere ai cavalli prima dell'inizio della corsa || *per estens.* corsa facile o vinta agevolmente.

càntera [etim. inc.; 1862] ***sf.*** *tosc.* cassetto del canterano.

canteràle [da *cantera*; a. 1873] ***sm.*** *tosc.* canterano.

canteràno [etim. discussa: prob. da *canto*[2]; a. 1767] ***sm.*** cassettone || **N.** *Sin.* comò, settimanale.

canterèlla V. CANTARELLA.

canterellaménto [da *canterellare*; sec. XIV] ***sm.*** *raro* atto ed effetto del canterellare, del canticchiare.

canterellàre (pres. *-èllo*) [da *cantare*[1]; sec. XIV] ***tr.*** e ***intr.*** (aus. *avere*) cantare tra sé distrattamente a voce non molto alta e, perlopiù, a intervalli || **N.** *Sin.* canticchiare, CAN-

CANOTTAGGIO

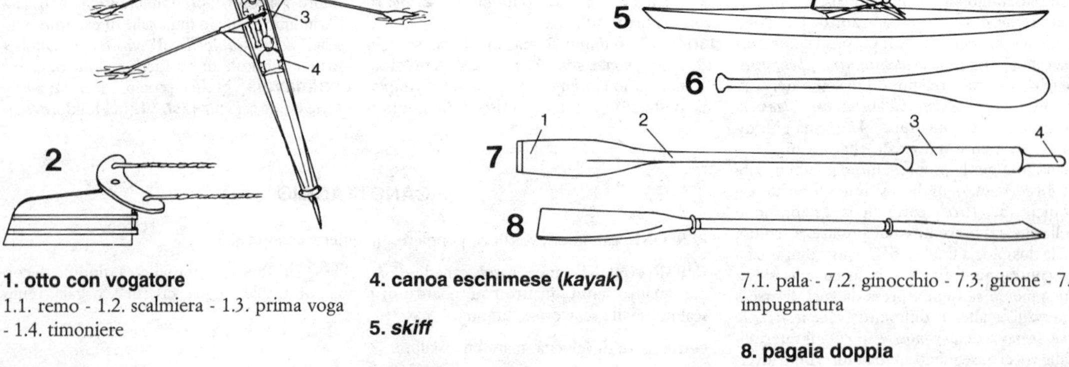

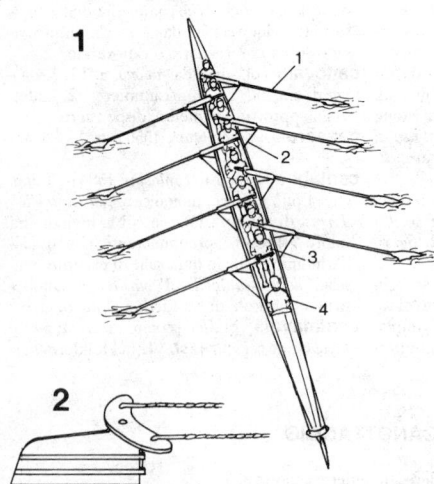

1. otto con vogatore
1.1. remo - 1.2. scalmiera - 1.3. prima voga - 1.4. timoniere

2. timone

3. canoa canadese

4. canoa eschimese (*kayak*)

5. *skiff*

6. pagaia

7. remo
7.1. pala - 7.2. ginocchio - 7.3. girone - 7.4. impugnatura

8. pagaia doppia

TARE.

canterellìo (pl. *-ii*) [da *canterellare*; 1865] ***sm.*** canterellare prolungato o frequente.

canterìno [da *cantare*^{1}; 1484] **I *agg.*** che canta spesso e volentieri || di uccello che serve da richiamo col suo canto **II *sm.*** **1.** (f. *-a*) chi canta spesso e volentieri **2.** chi nel XIV e XV secolo recitava cantari **3.** *pl.* in varie regioni italiane, cantori che un tempo venivano ingaggiati per esibirsi in occasione di sagre e feste.

càntero [dal lat. *cantharus*; 1688] ***sm.*** **1.** vaso per i bisogni corporali, orinale **2.** *ant.* vaso per bere, cantaro.

càntica [dal lat. *cantica*, pl. di *canticum*; 1319] ***sf.*** componimento poetico perlopiù in terza rima, di genere narrativo o religioso || *in part.* ciascuna delle tre parti della *Divina Commedia*.

canticchiàre (pres. *-icchio*) [da *cantare*^{1}; 1531] ***tr.*** e ***intr.*** (aus. *avere*) canterellare.

càntico (pl. *-ci*) [dal lat. *canticum*; a. 1342] ***sm.*** **1.** componimento lirico gen. a carattere religioso: *il Cantico dei Cantici*, libro dell'Antico Testamento attribuito a Salomone || *Cantico delle Creature*, componimento scritto da san Francesco **2.** *per estens. lett.* inno **3.** nel teatro romano, monologo recitato o cantato con l'accompagnamento del flauto.

cantière [lat. *canthērius*, cavalletto; a. 1764] ***sm.*** **1.** stabilimento in cui si costruiscono, varano e riparano le navi **2.** area all'aperto, gen. recintata, in cui si svolgono le operazioni necessarie per la costruzione di opere di ingegneria civile o gen. di fabbricati || *fig. avere qualcosa in cantiere*, avere qualcosa in preparazione || *fig. mettere in cantiere*, avviare la realizzazione di un progetto **3.** *cantiere scuola*, *cantiere di lavoro*, impresa organizzata dalla pubblica amministrazione per consentire l'utilizzo produttivo di lavoratori disoccupati **4.** *cantiere di abbattimento* (o *di coltivazione*), parte della cava o della miniera in cui avviene l'asportazione del materiale utile **5.** *ant.* cavalletto di sostegno || *dim.* cantierétto; *spreg.* cantieràccio || **N.** **1.** *Sin.* arsenale, bacino, darsena. **Q.T.** *edilizia, porto* **TAV.** *porto* 3.26.

cantierìsta [da *cantiere*; 1988] ***s.*** *T.bur.* persona assunta con un contratto a termine rinnovabile, generalmente della durata di tre o sei mesi, presso enti pubblici (assessorato al verde pubblico, università ecc.) || **N.** novantino.

cantierìstica [da *cantieristico*; 1983] ***sf.*** attività industriale relativa alla costruzione di navi e imbarcazioni.

cantierìstico (pl. *-ci*) [da *cantiere*; 1947] ***agg.*** di cantiere, relativo ai cantieri, part. ai cantieri navali: *attività cantieristiche, produzione cantieristica*.

cantigas (port., pr. [kɐ̃n'tiɣəʃ]) [letter. cantiche; 1929] ***sf. pl.*** composizioni liriche in musica, di tema amoroso, satirico o sacro, fiorite nella penisola iberica fra i sec. XII e XIV.

cantilèna [dal lat. *cantilēna*, ritornello; 1321] ***sf.*** **1.** canto melodioso semplice e con ritmo uniforme **2.** *fig.* canto lungo e monotono || *per estens.* modulazione strascicata e monotona della voce **3.** *fig.* discorso prolisso e noioso || **N.** **1.** *Sin.* birignao, filastrocca, nenia, ninnananna, tiritera.

cantilenàre (pres. *-èno*) [da *cantilena*; a. 1803] ***tr.*** e ***intr.*** (aus. *avere*) canticchiare o parlare con voce monotona e cadenzata.

cantimbànco v. CANTAMBANCO.

cantimplòra [dallo sp. *cantimplora*; a. 1698] ***sf.*** fiasca con becco lungo e ricurvo con un vano interno a sacca per contenere il ghiaccio.

cantìna [prob. da *canto*^{2}; fine sec. XIII] ***sf.*** **1.** locale interrato usato come ripostiglio per conservare vino e alimenti || *per estens.* locale interrato adibito a ripostiglio || *per estens.* luogo buio e umido || *fig. T.teatr. andare in cantina*, calare di tono nella recitazione o nel canto **2.** stabilimento per la produzione di vino || *cantina sociale*, cooperativa di produttori agricoli per la lavorazione e la produzione del vino **3.** locale per la vendita di vino al dettaglio || *disus.* fino alla prima guerra mondiale, locale della caserma adibito alla vendita di cibi e bevande **4.** *T.min.* fossa da cui si iniziano le perforazioni in profondità || *dim.* cantinétta, cantinùccia; *accr.* cantinóna, cantinóne (*sm.*) || **N.** **1.** asciutta, fornita, fresca, piena, ventilata **2.** botti, fiaschi, filtro, imbuto, orcio, sedili, sifone, tini **3.** *Sin.* bettola, osteria; enoteca; spaccio. **Q.T.** *enologia* **TAV.** *abitazione* 1.47.

cantinàto [da *cantina*; 1942] ***sm.*** scantinato.

cantinèlla [da *canto*^{2}; 1585] ***sf.*** **1.** assicella di legno lunga e sottile a sezione rettangolare **2.** asta di legno recante lampade usata per l'illuminazione del palcoscenico dietro le quinte || asta di legno che forma l'impalcatura degli scenari dipinti.

cantinétta (*dim.* di *cantina*) [1820] ***sf.*** **1.** piccola cantina **2.** mobile in legno o materiale plastico costruito in maniera tale da poter reggere, inclinate, bottiglie di vino.

cantinière [da *cantina*; 1618 nel senso 2] ***sm.*** (f. *-a*) **1.** nell'industria vinicola, addetto ai lavori di vinificazione e manutenzione degli impianti **2.** chi, in alberghi, conventi e sim., soprintende alla cantina **3.** oste, vinaio **4.** *ant.* vivandiere.

cantìno [da *canto*^{1}; a. 1722] ***sm.*** negli strumenti a corda, la corda che produce il suono più acuto.

cànto^{1} [lat. *cantus*; 1282] ***sm.*** **1.** modulazione della voce secondo una linea melodica o un andamento ritmico || *canto gregoriano, ambrosiano, fermo, fratto*, vari stili di canto con ritmi e misure fissati dalla tradizione o dalla liturgia || *per estens.* composizione musicale solo vocale; in un brano vocale-strumentale, la parte vocale; in un brano solo strumentale, la parte cui è affidata l'esecuzione della melodia **2.** l'arte e la tecnica del cantare: *andare a lezione di canto, Teresa studia canto* || *bel canto*, stile di canto tipico del melodramma italiano settecentesco caratterizzato da morbidità, omogeneità di timbro e agilità dei cantanti, e da fraseggio legato e regolare delle melodie **3.** verso di uccello, part. se melodioso o gen. gradevole: *il canto dell'usignolo*; *per estens.* anche di altri animali: *il canto dei grilli* || *per estens.* rumore melodioso prodotto da cose o fenomeni naturali: *il canto del vento tra i rami* || *fig. il canto del cigno*, ultima opera di un artista e in gen. ultima azione degna di nota compiuta da qualcuno prima di morire || *fig. levarsi al canto del gallo*, all'alba **4.** suono prodotto da uno strumento musicale **5.** componimento lirico in versi: *i Canti di Castelvecchio di Carducci* || ciascuna delle parti in cui è suddiviso un poema: *il sesto canto dell'Orlando Furioso*; nei poemi antichi, libro: *i dodici canti dell'Eneide* || **N.** **1.** aria, arietta, declamazione, melodia, recitativo, salmodia; assolo, duetto, quintetto, terzetto | a voci dispari, a voci pari | antifona, cabaletta, cantabile, cantata, canzone, canzonetta, cavatina, concerto, corale, coro, epicedio, epinicio, frottola, inno, lai, melodramma, monodia, mottetto, nenia, notturno, opera, oratorio, pastorale, rapsodia, romanza, rondò, scolio, serenata, trenodia, villotta; appoggiatura, fioritura, gorgheggio, inflessione, melisma, melopea, motivo, partitura, passaggio, ritornello, solfeggio, tono, trillo, vocalizzo.

cànto^{2} [lat. tardo *canthum*, angolo dell'occhio; a. 1294] ***sm.*** **1.** angolo esterno o interno formato da due muri che s'incontrano: *canto della strada* || luogo appartato: *starsene in un canto* || *porre, lasciare in canto*, non valersi più di una cosa, trascurarla **2.** lato, parte: *da un canto*, da un verso; *dal canto mio*, da parte mia; *per ogni canto*, da ogni verso || **N.** **1.** angolo, biscanto, cantonata, cantone, cantuccio, spigolo, svolta | accantonare.

cantonàle [da *cantone*; 1801] **I *agg.*** dei cantoni della Svizzera: *liceo cantonale* **II *sm.*** **1.** mobile angolare **2.** *T.arch.* ferro ad angolo usato nelle costruzioni **3.** elemento di rinforzo a sezione triangolare collocato agli angoli della cassa || **N.** **1.** *Sin.* angoliera, cantoniera.

cantonàta [da *cantone*; 1550] ***sf.*** **1.** angolo esterno d'un edificio fra due strade **2.** *fig.* errore madornale: *prendere una cantonata*. **TAV.** *abitazione* 3.2.

cantóne [da *canto*^{2}; sec. XIV] ***sm.*** **1.** angolo sia interno che esterno di una casa e sim.: *si nascose dietro il cantone, mettere qualcosa in un cantone* || *T.gioc. i quattro cantoni*, gioco che si fa tra cinque persone, di cui quattro si dispongono ai quattro cantoni di una stanza o comunque di uno spazio quadrato, e il quinto, in mezzo, deve cercare di prendere il posto di uno degli altri quattro, nel momento in cui essi scambiano i loro posti **2.** grande pietra angolare **3.** ciascuna delle pezze colorate che formano una bandiera || *T.arald.* pezza angolare di uno scudo **4.** ciascuna delle quattro case d'angolo di una scacchiera **5.** ciascuno dei quattro incisivi estremi del cavallo **6.** tratto di strada affidato alla sorveglianza di un cantoniere **7.** distretto || *in part.* nome di ciascuna delle unità politico-amministrative della Svizzera. **TAV.** *bandiere* 1.6; ***araldica*** **p. 645** 3.19.

cantonièra [dal fr. *cantonnière*; 1780] **I *sf.*** **1.** mobile angolare con cassetti o scaffali **2.** abitazione del cantoniere **3.** *ant.* meretrice **II *agg. f.*** solo nella loc. *casa cantoniera*, abitazione del cantoniere, collocata lungo il tratto di strada o ferrovia che questi sorveglia.

cantonière [dal fr. *cantonnier*; 1875] ***sm.*** (f. *-a*) operaio cui è affidata la manutenzione e la sorveglianza di un tratto di strada o di ferrovia.

cantoràto [da *cantore*; a. 1672] ***sm.*** *ant.* ufficio, dignità e rendita del cantore di chiesa.

cantóre [lat. *cantor, -ōris*; 1321 nel senso 3] **I *sm.*** (f. *-a*) **1.** chi esercita l'arte del canto, part. nel coro di una chiesa: *i cantori della Cappella Sistina* **2.** maestro del coro, spec. in una cattedrale **3.** *fig.* poeta, sempre seguito dalla specificazione dell'argomento del canto: *il cantore di Ulisse*, Omero **II *agg.*** che dirige un coro di canonici: *canonico cantore* || *Maestri cantori*, fino al XIX secolo, in Germania, corporazione di cantanti e musicisti.

cantorìa [da *cantore*; 1773] ***sf.*** **1.** parte della chiesa in cui stanno i cantori **2.** l'insieme dei cantori.

cantorìno (*dim.* di *cantore*) [1797] ***sm.*** **1.** libretto contenente le partiture musicali dei canti liturgici **2.** metodo per lo studio del canto gregoriano.

càntra [dal fr. *cantre*; 1940] ***sf.*** *T.tess.* parte del telaio su cui sono disposti i rocchetti del filo da tessere.

cantucchiàre (pres. *-ùcchio*) [da *cantare*; 1735] ***tr.*** e ***intr.*** (aus. *avere*) *raro* canticchiare.

cantùccio (pl. *-ci*) (*dim.* di *canto*^{2}) [a. 1342] ***sm.*** **1.** angolo interno di una stanza, di un mobile **2.** luogo stretto e appartato: *Al mio cantuccio, donde non sento se non la reste brusir del grano* (Pascoli) **3.** *cantuccio di pane*, pezzetto di pane ritagliato dalla parte dove la crosta è più spessa **4.** biscotto toscano piuttosto duro e croccante che gen. si mangia dopo averlo inzuppato nel vino: *cantucci e vin santo* || *dim.* cantuccìno.

canturìno [dal n. geogr. *Cantù*; 1860] **I**

agg. di Cantù **II** *sm.* (f. *-a*) abitante, nativo di Cantù.

cantus firmus (lat., pr. it. ['kantus 'firmus]) [letter. canto fermo] *loc. m. T.mus.* nella pratica polifonica, la melodia che, affidata a una voce tenore, fungeva da base al gioco contrappuntistico delle altre voci e si sviluppava lungo l'intera composizione.

canutézza [da *canuto*; sec. XIV] *sf. raro* canizie.

canutìglia o **cannutìglia** (pl. *-glie*) [dallo sp. *canutillo*; 1577] *sf.* **1.** frangia ottenuta con filo metallico, gen. d'oro o d'argento, usata per uniformi, paramenti sacri, orlature di stendardi e sim. **2.** tubetto di vetro colorato usato per scopi ornamentali **3.** trafilato in piombo con cui si fanno le montature che collegano le varie lastre di una vetrata.

canutìre (pres. *-ìsco, -ìsci*) [da *canuto*; 1865] *intr.* (aus. *essere*) *raro* incanutire, diventar canuto.

canùto [dal lat. *canūtus*; a. 1292] *agg.* **1.** di capelli, barba, baffi, bianco **2.** *per estens.* di persona, con i capelli o la barba bianchi: *un vecchio canuto* || *per estens.* vecchio || *fig. l'età canuta*, la vecchiaia **3.** *lett.* saggio, maturo, prudente: *sotto biondi capei canuta mente* (Petrarca) **4.** *lett.* ammantato di neve: *le canute cime* || bianco di spuma: *il mare azzurro rotolava le sue canute onde* (Panzini).

canvassing (ingl., pr. ['kænvəsıŋ]) [da *to canvass*, discutere, sollecitare (voti); 1955] *sm. inv.* moderna tecnica di persuasione di massa, consistente in una propaganda capillare, casa per casa, al fine di ottenere adesioni o voti.

canyon (ingl., pr. ['kænjən]) [dallo sp. *cañón*; 1963] *sm. inv.* cañón.

canzonàre (pres. *-óno*) [da *canzone*; a. 1492] *tr.* mettere in ridicolo, deridere, burlare || *intr.* (aus. *avere*) scherzare, dire per scherzo: *non canzono, dico davvero* || **N.** *Sin.* beffare, prendere in giro, BURLARE, SCHERZARE.

canzonatóre [da *canzonare*; 1846] *agg.* e *sm.* (f. *-trìce*) che o chi canzona || **N.** *Sin.* beffatore.

canzonatòrio (pl. *-ri*) [da *canzonare*; 1750] *agg.* proprio di chi prende in giro, diretto a canzonare: *aria canzonatoria, sorriso canzonatorio.*

canzonatùra [da *canzonare*; 1803] *sf.* l'atto del canzonare || atto o detto con cui si canzona qualcuno || **N.** *Sin.* beffa, scherno, scherzo.

canzóne [lat. *cantio, -ōnis*; sec. XIII] *sf.* **1.** componimento lirico composto da più stanze o strofe che conservano perlopiù la stessa struttura metrica e con un'ultima stanza più breve detta *congedo* || *canzone a ballo*, ballata || *canzone di gesta*, poema medievale francese di argomento epico **2.** composizione di parole e musica con un ritmo orecchiabile, gen. con un ritornello: *il festival della canzone napoletana* **3.** *fig.* cosa che si ripete in modo fastidioso e monotono: *eccolo con la solita canzone* || *fig. mettere in canzone*, deridere, canzonare || *dim.* canzoncìna, canzonétta, canzonettìna, canzonìna, canzonùccia, canzonèlla; *pegg.* canzonàccia, canzonettàccia || **N. 1.** ballata, barcarola, cabaletta, canzone a ballo, frottola, madrigale, rondò, sestina, sirventese; PARTI: chiave, congedo, fronte, invio, licenza, piede, sirima, tornata, volta; lassa. **Q.T.** *metrica.*

canzonèlla [da *canzone*; 1825] *sf. non com.* burla: *mettere in canzonella*, canzonare || *pigliare una cosa in canzonella*, volgerla in burla.

canzonétta (*dim.* di *canzone*) [sec. XIII] *sf.* **1.** componimento lirico, derivato dalla canzone, d'argomento leggero con andamento ritmico gen. musicato: *le canzonette del Chiabrera* **2.** componimento per voce e strumenti di tono particolarmente leggero: *sono solo canzonette.*

canzonettìsta [da *canzonetta*; 1903] *s.* cantante di canzonette nei varietà e nei caffè.

canzonière [da *canzone*; a. 1584] *sm.* **1.** raccolta di canzoni e altre poesie liriche, perlopiù di uno stesso autore: *il canzoniere del Petrarca* **2.** raccolta di canzoni e canzonette musicali.

caodaìṣmo [dal vietnamita *cao dai*, alto palazzo; 1973] *sm.* movimento religioso vietnamita fondato nel 1926 da Le Van Trung, che ebbe particolare rilievo politico nel movimento di liberazione antifrancese. **Q.T.** *religione.*

caolinìte [comp. di *caolino* e *-ite*[2]; 1913] *sf. T.min.* silicato idrato di alluminio, costituente del caolino.

caolinizẓazióne [da *caolino*; 1956] *sf. T.min.* processo di trasformazione di silicati in caolino.

caolìno [dal n. geogr. *Kaoling*, città cinese nella quale fu trovato la prima volta, attr. il fr. *kaolin*; 1817 *caolin*] *sm. T.min.* roccia incoerente composta da caolinite e altri minerali argillosi; viene impiegata nella fabbricazione di porcellane.

càos [dal lat. *chaos*; 1313] *sm. inv.* **1.** *T.fil.* stato originario di confusione e indeterminatezza della materia, antecedente alla creazione dell'ordine cosmico **2.** *fig.* disordine e confusione estrema: *in quella casa regna il caos*; *in part.* turbamento della vita sociale e politica: *il terrorismo ha provocato il caos nelle istituzioni* || **N. 2.** *Sin.* babele, baraonda, sfascio, subbuglio, trambusto.

caòtico (pl. *-ci*) [da *caos*; 1892] *agg.* del caos || *fig.* confuso, disordinato: *pensieri caotici, traffico caotico* || **caoticaménte** *avv.*

capàccio (pl. *-ci*) (*pegg.* di *capo*) [a. 1745] *sm. disus.* **1.** ingegno ottuso **2.** persona testarda.

capacciùto [da *capaccio*; a. 1597] *agg. tosc.* che ha il capo grosso.

capàce [dal lat. *capax, -ācis*; a. 1306 nel senso 3] *agg.* **1.** che può contenere un certo quantitativo di cose o persone: *una stanza capace di cinquanta persone* || *per estens.* ampio, spazioso: *una capace e spaziosa grotta entra nel sasso* (Ariosto) **2.** che è in grado di fare o comprendere qualcosa: *è capace di leggere e scrivere* || *per estens.* disposto a fare qualcosa: *è capace di aspettare anche tutta la notte*; *capace di tutto*, spregiudicato, privo di scrupoli **3.** *ass.* abile, esperto: *un maestro capace* || *per estens.* intelligente: *uno scolaro capace* **4.** *T.giur.* dotato di capacità: *essere capace di testare, di stare in giudizio* **5.** *non com.* persuaso, capacitato: *non riesco a farlo capace del suo torto* || **N. 1.** *Sin.* capiente, comodo, grande, vasto **2.** *Sin.* atto, idoneo **3.** *Sin.* esperto, valente; astuto, dotato, pronto.

capacìmetro [comp. di *capaci*(*tà*) e *-metro*; 1963] *sm.* strumento per la misurazione della capacità elettrica.

capacità [dal lat. *capacitas, -ātis*; 1294] *sf.* **1.** possibilità di contenere: *questa bottiglia ha la capacità di un litro, lo stadio ha una capacità di 60.000 persone* || *misure di capacità*, quelle atte a misurare i liquidi e le sostanze polverizzate || *capacità cranica*, il volume del cranio umano **2.** *T.fis. capacità elettrica*, quantità di elettricità presente in un conduttore in rapporto alla tensione || *capacità di un accumulatore*, quantità di elettricità erogabile prima che la tensione scenda sotto il minimo previsto || *capacità termica*, quantità di calore necessaria per elevare di 1 grado centigrado la temperatura di un corpo || *T.inform. capacità di memoria*, numero massimo di dati che può essere archiviato nella memoria di un elaboratore **3.** attitudine a fare o comprendere qualcosa: *capacità di lavorare, di studiare, una persona di scarse capacità* || part. *pl.*, intelligenza: *uno studioso di buone capacità* || *T.giur.* attitudine di un soggetto a compiere atti e negozi giuridici: *capacità di intendere e di volere*, possibilità che una persona ha di comprendere e valutare le conseguenze delle proprie azioni || *T.econ. capacità produttiva*, produzione che un'azienda o un sistema economico è in grado di fornire || *T.econ. capacità contributiva*, possibilità del contribuente di corrispondere determinate imposte || *T.mil. capacità operativa*, possibilità che un'unità logistica ha di svolgere un determinato compito || **N. 1.** *Sin.* ampiezza, capienza, larghezza, portata, volume | abbracciare, comprendere, contenere, includere, racchiudere **3.** *Sin.* abilità, astuzia, attitudine, competenza, idoneità, possibilità | *Contr.* incapacità. **Q.T.** *unità di misura.*

capacitànza [da *capacitare*; 1931] *sf. T.elettr.* reattanza a componente capacitiva.

capacitàre (pres. *-àcito*) [da *capacità*; 1690] *tr.* rendere persuaso di qualche cosa, convincere: *è un uomo che non mi capacita* || *intr. pron.* persuadersi, rendersi pienamente conto di una cosa, prenderne atto: *non riesco a capacitarmi che sia successo davvero.*

capacitività [da *capacitivo*; 1956] *sf. non com. T.elettr.* costante dielettrica.

capacitìvo [da *capacità*; 1956] *agg. T.elettr.* relativo alla capacità elettrica: *circuito capacitivo.*

capànna [lat. tardo *capanna*; 1282] *sf.* **1.** costruzione fatta con paglia, canne e frasche, usata come ricovero per persone o bestiame || costruzione rustica in cui si ripongono gli attrezzi || *per estens.* abitazione povera e malandata || *tetto a capanna*, con due spioventi || *fig. due cuori e una capanna*, per indicare che l'amore può fare a meno della ricchezza || *pancia mia* (o *ventre mio*) *fatti capanna*, esclamazione di chi ha innanzi a sé la prospettiva di una ricca mangiata **2.** rifugio alpino d'alta quota **3.** *capanna meteorologica*, più com. *capannina meteorologica* (v. CAPANNINA) || *dim.* capannétta, capannìna, capannùccia; *accr.* capannóne (*sm.*); *pegg.* capannàccia || **N. 1.** baita, baracca, capanno, casupola, rifugio, tugurio.

capannascóndere [comp. di *capo* e *a nascondere*; 1676 *capanniscondere*] *sm. inv. disus.* gioco infantile in cui uno tiene gli occhi chiusi o il capo in grembo di un altro, mentre i compagni si nascondono || **N.** *Sin.* rimpiattino.

capannèlla (*dim.* di *capanna*) [a. 1569] *sf. T.gioc.* mucchietto di quattro noci, contro cui si tira una biglia per abbatterle.

capannèllo (*dim.* di *capanno*) [sec. XV] *sm.* gruppo di persone che si riuniscono per strada a discutere qualche avvenimento o ad ascoltare qualcuno: *far capannello* || **N.** *Sin.* assembramento, crocchio.

capannìna (*dim.* di *capanna*) [1865] *sf.* **1.** piccola capanna **2.** *capannina meteorologica*, casetta in legno, con pareti a persiana che permettono la circolazione dell'aria, nella quale sono collocati, protetti da agenti esterni, strumenti meteorologici di rilevamento.

capannìsta [da *capanno*; 1955] *s.* chi pratica la caccia in capanno.

capànno [da *capanna*; 1729] *sm.* **1.** appostamento fisso di caccia costruito con materiale vario **2.** costruzione che serve di riparo ai contadini durante la sorveglianza ai raccolti **3.** pergolato a cupola posto in giardini, parchi, terrazze **4.** cabina per bagnanti || **N. 1.** capanna **2.** baracca.

capannóne [da *capanna*; 1607] *sm.* **1.** grande capanna o tettoia chiusa, utilizzata come deposito per attrezzi e prodotti agricoli **2.** fabbricato a un solo piano, utilizzato come sede di attività industriali o artigianali o come deposito merci: *capannone prefabbricato* **3.** deposito per aeromobili, *hangar.* **TAV.** *porto* 3.8.

caparbiàggine [da *caparbio*; a. 1938] *sf. ra-*

ro caparbietà.

caparbierìa [da *caparbio*; 1585] **sf.** *raro* caparbietà || atto di persona caparbia.

caparbietà [da *caparbio*; a. 1472 *caparbità*] **sf.** qualità di chi è caparbio || **N.** *Sin.* testardaggine, OSTINAZIONE.

capàrbio (pl. *-bi*) [etim. inc.; prob. da *capo*; a. 1498] **agg.** e **sm.** (f. *-a*) che, chi agisce secondo la propria opinione senza tenere conto di null'altro || **caparbiaménte** **avv.** || **N.** *Sin.* cocciuto, fissato, ostinato, pervicace, testardo | *Contr.* arrendevole, conciliante, remissivo.

capàre [forse da *capo*; a. 1476] **tr.** *dial.* mondare: *capare il riso, la verdura* || scegliere, spec. la frutta e la verdura al mercato.

capàrra [comp. di *capo* e *arra*; a. 1342] **sf.** somma in denaro o garanzia di altro genere che si dà alla conclusione d'un contratto come garanzia dell'adempimento; *gen.* anticipo || *fig.* pegno, garanzia || **N.** *Sin.* arra, cauzione, deposito, malleveria.

caparràre **tr.** *raro* V. ACCAPARRARE.

capàta [da *capo*; 1618] **sf.** **1.** *dial.* colpo dato con la testa: *battere una capata* **2.** nei modi di dire *dare, fare una capata* (o più com. *una capatina*, v.) *in un luogo*, capitarvi di sfuggita || *dim.* capatina || **N.** **1.** *Sin.* testata, zuccata **2.** *Sin.* salto, visita.

capatìna (*dim.* di *capata*) [1855] **sf.** breve visita, apparizione fugace: *fare una capatina in un posto.*

capécchio (pl. *-chi*) [lat. *capitulum*; 1353] **sm.** **1.** materia grezza e liscosa che si trae dalla prima pettinatura del lino o della canapa, usata per imbottiture **2.** scotano.

capeggiaménto [da *capeggiare*; 1965] **sm.** atto ed effetto del capeggiare.

capeggiàre (pres. *-éggio*) [da *capo*; 1866] **tr.** essere a capo, guidare: *capeggiare una rivolta, un gruppo.*

capeggiatóre [da *capeggiare*; 1965] **sm.** (f. *-trice*) chi capeggia: *capeggiatore di dimostrazioni, di rivolte.*

capellàme [da *capello*; 1879] **sm.** *disus.* qualità e colore dei capelli.

capellatùra [da *capello*; 1353 *cappellatura*] **sf.** **1.** *raro lett.* capigliatura **2.** fogliame.

capellièra [da *capello*; a. 1584] **sf.** *raro* **1.** capigliatura: *la bruna capelliera* (Carducci) **2.** parrucca.

capellìno (*dim.* di *capello*) [1846] **sm.** part. *pl.*, pasta per minestra lunga e sottile || **N.** *Sin.* capelli d'angelo, fidelini.

capéllo (pl. *capélli* o, poet., *capéi, capégli*) [lat. *capillus*; a. 1250 *cavello*] **sm.** **1.** ciascuno dei peli del capo umano; assai fitti, hanno un notevole sviluppo in lunghezza e possono essere lisci, ondulati o ricci e di diverse colorazioni: *c'è un capello nella minestra, un ciuffo di capelli, pettinarsi i capelli* || *perdere i capelli*, diventare calvo || *farsi i capelli*, tagliarseli o farseli pettinare || *avere i capelli bianchi*, anche *fig.* essere vecchio || *fig. fare venire i capelli bianchi a qualcuno*, procurargli dei dispiaceri || *mettersi le mani nei capelli*, anche *fig.* disperarsi || *fig. far rizzare i capelli*, incutere terrore || *fig. avere un diavolo per capello*, essere molto arrabbiato || *tirare qualcuno per i capelli*, anche *fig.* costringerlo; *argomenti tirati per i capelli*, forzati || *fig. essere sospeso a un capello*, in continuo pericolo || *fig. per un capello*, per un'inezia || *fig. non torcere un capello*, non fare alcun male || *fig. prendersi per i capelli*, accapigliarsi || *fig. spaccare un capello in quattro*, cavillare || *fig. averne fin sopra i capelli*, essere stufo **2.** *per estens.* qualsiasi oggetto di consistenza filiforme: *i capelli del granturco*; *capelli d'angelo*, tipo di pasta da minestra detta anche *capellini* o *fidelini* **3.** *lett.* capigliatura **4.** *T.bot. capello di Venere*, capelvenere || **N.** **1.** capigliatura, chioma, zazzera **3.** *Sin.* crine. **Q.T.** *barbiere...*

capellóne [da *capello*; 1927] **sm.** **1.** (f. *-a*) persona che ha i capelli lunghi, part. riferito a quei giovani che negli anni '60 portavano i capelli lunghi come segno di protesta anticonformista; anche *agg.*: *ragazzo capellone* **2.** moneta settecentesca coniata nel ducato di Modena.

capellùto [da *capello*; a. 1348] **agg.** **1.** che ha molti capelli || *cuoio capelluto*, la cute cranica in cui sono collocati i capelli **2.** *per estens.* di piante che hanno radici con fitte barbe o animali con ciuffo di penne sul capo || *cometa capelluta*, con la chioma.

capelvènere (meno com. *capello di Venere*) [lat. *capillus Veneris*, letter. capello di Venere; a. 1348] **sm.** *T.bot.* felce delle Polipodiacee, largamente diffusa, coltivata come pianta ornamentale; con le foglie si preparano tisane medicinali.

capére (*dif.*, usato solo nella terza persona sing. e pl. dell'ind. presente e imperfetto) [lat. *capere*; a. 1294] **intr.** *ant.* **1.** poter entrare o stare in un luogo: *non capere in triangolo due ottusi* (Dante) **2.** *iron.* comprendere.

caperòzzolo [da *capo*; a. 1597] **sm.** *ant.* capocchia.

capestrerìa [da *capestro*; 1536] **sf.** **1.** *raro* azione da scapestrato **2.** *lett.* bizzarria, capriccio.

capèstro [lat. *capistrum*, cavezza; a. 1276] **sm.** **1.** fune con cui si legano per la testa buoi, cavalli e sim.; cavezza **2.** corda per impiccare || *per meton.* forca || *gente da capestro*, malviventi **3.** *ant.* cordiglio dei frati francescani: *cui già legava l'umile capestro* (Dante).

capétto (*dim.* di *capo*) [1865 nel senso 2] **sm.** **1.** *spreg.* chi ha funzioni di comando assai limitate ma le esercita con puntiglio e insensibilità **2.** *non com.* persona capricciosa e bizzarra.

capezzàgna V. CAPITAGNA.

capezzàle [lat. volg. **capitiāle*; a. 1306] **sm.** **1.** guanciale stretto e lungo quanto la larghezza del letto, che si pone sotto il guanciale per tenerlo rialzato || *per meton.* letto, part. di chi è ammalato o in punto di morte: *accorrere al capezzale* **2.** *disus.* scollatura di un abito.

capezzàta [dal lat. *capitium*, estremità; 1688] **sf.** *ant. T.arch.* la parte superiore di un'opera muraria.

capezzièra [lat. volg. **capitiale*; 1887] **sf.** **1.** *raro* il ricamo o il merletto che ricopre la parte della poltrona o del divano su cui si appoggia la testa **2.** ciascuno dei fasci di funi che tengono sospese le amache o le brande dei marinai.

capezzolàre [da *capezzolo*; 1956] **agg.** che si riferisce al capezzolo.

capézzolo [dim. del lat. *capitium*; 1541] **sm.** protuberanza pigmentata posta al centro della mammella; organo di suzione posto al centro dell'areola mammaria || *capezzolo artificiale*, cappuccio in gomma, forato e a forma di capezzolo, che, adattato a una bottiglia, serve per dare il latte ai poppanti, tettarella. **TAV.** *zootecnia* 17.2.

capibàra o **capivàra** [dallo sp. *capibara*, di orig. brasiliana; 1830] **sm.** *inv.* mammifero dei Roditori, simile a una grossa cavia, diffuso in America del Sud.

capidòglio V. CAPODOGLIO.

capiènte [dal lat. *capiens, -entis*, ppr. di *capere*, prendere; 1855] **agg.** che ha capacità di contenere; molto capace, ampio: *un vaso molto capiente.*

capiènza [dal lat. *capientia*, neutro pl. del ppr. di *capere*, prendere; 1848] **sf.** **1.** capacità di contenere: *questo bicchiere non ha capienza sufficiente* || *per estens.* la misura di tale capacità: *questo cinema ha una capienza di 500 posti* **2.** *T.giur.* capacità che un bene immobile ha di divenire oggetto di garanzia per mutui, ipoteche o sim.

capifòsso o **capofòsso** (pl. *capifòssi*) [comp. di *capo* e *fosso*; 1801] **sm.** fosso principale in cui si raccolgono le acque di irrigazione dei fossi secondari e dei solchi.

capifuòco (pl. *capifuòchi*) [comp. di *capo* e *fuoco*; a. 1539] **sm.** *ant.* e *dial.* alare.

capigliatùra [lat. tardo *capillatura*, con influsso di *capegli*, pl. ant. di *capello*; 1550] **sf.** massa dei capelli || **N.** capellatura, capelliera, chioma, crine, zazzera | abbondante, arruffata, fluente, folta, lanosa, lunga, ricca. **Q.T.** *barbiere...*

capillàre [da *capello*; sec. XIV] **I** **agg.** **1.** sottile come un capello: *tubo capillare* || *vaso capillare*, sottile vaso sanguigno che si dirama tra le terminazioni arteriose e le radici venose in cui si verificano gli scambi di ossigeno, anidride carbonica e altre sostanze **2.** *fig.* molto articolato, che si estende ovunque: *propaganda capillare, organizzazione capillare per la vendita di un prodotto* **II** **sm.** **1.** vaso capillare **2.** *T.bot.* sottile canaletto linfatico **3.** *T.fis.* tubo di 1-2 mm di diametro, in cui sono sensibili i fenomeni di capillarità. **TAV.** *meteorologia* p. 1321 8.1.

capillarità [da *capillare*; 1862] **sf.** **1.** qualità di ciò che è capillare: *la capillarità di un vaso sanguigno* || *fig.* estrema precisione, minuziosità di analisi: *è necessaria una maggiore capillarità nella ricerca* **2.** *T.fis.* insieme di fenomeni che si verificano nei tubi capillari, in cui la superficie libera di un liquido non risulta piana, ma o concava o convessa a seconda della natura del liquido.

capillarizzàre [da *capillare*; 1948] **tr.** rendere capillare || suddividere, estendere, sino a raggiungere i gruppi più piccoli e addirittura i singoli individui: *capillarizzare l'informazione.*

capillarizzazióne [da *capillarizzare*; 1983] **sf.** diffusione che consente di raggiungere anche i punti più isolati e periferici.

capillaroscòpio (pl. *-pi*) [comp. di *capillare* e *-scopio*; 1956] **sm.** *T.med.* tipo di microscopio usato per l'osservazione dei vasi capillari.

capillìfero [comp. del lat. *capillus*, capello e *-fero*; 1886] **agg.** che genera e sostiene un capello: *bulbo capillifero.*

capillìzio (pl. *-zi*) [lat. *capillitium*; a. 1642 nel senso 3; 1853 nel senso 2] **sm.** **1.** l'insieme delle ultime diramazioni delle radici di una pianta, munite di peli assorbenti **2.** *non com.* cuoio capelluto **3.** *ant.* irradiazione luminosa osservabile attorno a un astro o a una sorgente luminosa.

capinéra [comp. di *capo* e *nero*; a. 1400] **sf.** uccello canoro dei Passeracei con piumaggio color bruno cenere e calotta nera nei maschi, e rossiccia nelle femmine.

capintèsta [comp. di *capo, in* e *testa*; 1927] **s.** *inv.* **1.** *iron. spreg.* caporione, chi ha funzioni direttive in un gruppo o in un'impresa **2.** *T.sport.* chi è al comando di una corsa o di una classifica || nell'ippica, battistrada.

capire (pres. *-isco, -isci*) [lat. *capere*; sec. XIV] **tr.** **1.** comprendere con la mente, intendere: *non capisco di cosa stiano parlando, capire la lezione* || *fig. capire una persona*, comprenderne il carattere || *capire al volo*, immediatamente || *capire fischi per fiaschi*, equivocare, fraintendere || *capire l'antifona*, comprendere il senso nascosto di un'allusione, di una situazione || *capire un'opera d'arte, una poesia*, intenderne profondamente il significato || talvolta viene usato per richiamare l'attenzione dell'ascoltatore su quello che si sta dicendo: *capisci? non potevo agire diversamente*; per rafforzare un rimprovero o una minaccia: *non farlo più, capito?*; o come risposta a un'affermazione: *capisco*, va bene **2.** giustificare, giudicare con indulgenza: *tu sei uno che capisce i problemi de-*

gli altri, i giovani bisogna capirli **3.** convincersi: *capisco che non avevi scelta* **4.** *ant.* contenere || ***intr.*** **1.** (aus. *avere*) essere intelligente: *la maggior parte capisce poco* **2.** (aus. *essere*) *lett.* entrare, trovare posto; anche *fig.*: *non capire nella pelle dalla gioia,* manifestarla apertamente || ***rec.*** intendersi, trovarsi d'accordo: *appena si sono incontrati si sono capiti* || **N. 1.** *Sin.* afferrare il senso, intuire, percepire | *Contr.* fraintendere, travisare.

capiróşso v. CAPOROSSO.

capistèo [lat. *capisterium*; a. 1342] ***sm.*** *ant.* recipiente rettangolare di legno adibito a vari usi, gen. per mondare il grano.

capitàgna o **capezzàgna** [lat. tardo *capitanea*; 1777] ***sf.*** estremità non arata di un campo.

capitàle [lat. *capitālis*; 1211 come sm.] **I** ***agg.*** **1.** che riguarda il capo; *per meton.* che riguarda la vita: *sentenza capitale,* condanna a morte; *vizi, peccati capitali,* quelli più gravi che provocano la morte spirituale || *per estens.* inesorabile, accanito: *odio capitale* **2.** principale, importantissimo: *il punto capitale della questione, è di capitale importanza che tu venga* **3.** *scrittura capitale,* tipo di scrittura caratterizzata da tratti geometrici, utilizzata nelle epigrafi e nei manoscritti antichi latini; *lettera capitale,* ognuna delle lettere di tale calligrafia **4.** *bene capitale,* bene impiegato nella produzione di beni di consumo || **capitalménte** ***avv.*** *ant.* mortalmente, sotto pena capitale; *raro* essenzialmente **II** ***sf.*** **1.** città principale di uno stato in cui hanno sede gli organi di governo: *Mosca è la capitale dell'U.R.S.S.* || *per estens.* centro di rilievo in un particolare settore o attività: *Torino è la capitale italiana dell'automobile* **2.** lettera o scrittura capitale || ***sm.*** **1.** qualsiasi valore mobile o immobile o somma di denaro che produca reddito: *capitale fisso,* che non si consuma in un singolo ciclo produttivo (edifici, impianti, opere sul territorio ecc.); *capitale circolante,* che viene consumato o trasformato in un singolo ciclo produttivo (materie prime, salari, energia ecc.) **2.** l'insieme dei mezzi economici a disposizione di una società || *capitale sociale,* somma versata dai soci all'atto della costituzione di una società || *capitale azionario,* quello costituito dal valore delle azioni emesse da una società || *capitale finanziario,* valore monetario dei titoli del capitale di un'impresa **3.** *per estens.* grande quantità di denaro; patrimonio: *ha un capitale in pellicce; accumulare un capitale,* arricchirsi || anche *fig.*: *avere un capitale di conoscenze, di esperienze* **4.** *per meton.* la classe che detiene i mezzi di produzione || **N.** I **2.** *Sin.* fondamentale, essenziale, vitale **II** ***sm.*** **1.** *Sin.* fondi, investimenti | fisso, fluttuante, giacente, improduttivo | interesse, profitto, rendita, utile. **Q.T.** *economia..., religione.*

capitalişmo [dal fr. *capitalisme*; 1894] ***sm.*** sistema politico-economico caratterizzato dalla sistematica utilizzazione di capitali privati nella produzione, dalla separazione tra classe detentrice dei mezzi di produzione e classe lavoratrice e dalla libera concorrenza || *capitalismo di stato,* sistema politico economico in cui lo stato si sostituisce al privato nel gestire i mezzi di produzione.

capitalista [dal fr. *capitaliste*; 1762] ***s.*** **1.** chi detiene i mezzi di produzione **2.** *per estens.* chi appartiene alla borghesia imprenditoriale; persona ricca; usato talvolta come *agg.*: *borghesia capitalista* || **N. 1.** *Sin.* finanziere, possidente, proprietario | *Contr.* nullatenente, proletario.

capitalìstico (pl. *-ci*) [da *capitalista*; 1897] ***agg.*** relativo al capitalismo o ai capitalisti: *società capitalistica.*

capitalizzàre [dal fr. *capitaliser*; 1829] ***tr.*** **1.** investire un reddito trasformandolo in capitale: *capitalizzare il risparmio* **2.** sommare a un capitale gli interessi maturati, perché fruttino a loro volta interessi: *capitalizzare gli interessi* **3.** determinare un capitale sulla base del reddito da questo prodotto: *capitalizzare un reddito.*

capitalizzazióne [dal fr. *capitalisation*; 1855] ***sf.*** **1.** insieme di operazioni mediante le quali il risparmio si trasforma in capitale **2.** *T.banc.* operazione finanziaria in cui gli interessi maturati su un capitale vengono aggiunti al capitale stesso || *capitalizzazione di un'imposta,* calcolo della percentuale di capitale che viene assorbita da un'imposta.

capitàna [da *capitano*; 1282 *capetana* nel senso 2] ***sf.*** **1.** *ant.* nave su cui era imbarcato il comandante di una flotta **2.** *scherz.* la moglie del capitano || *per estens.* donna che riveste una posizione di comando.

capitanàre (pres. *-àno*) [da *capitano*; a. 1348] ***tr.*** comandare, guidare: *capitanò diverse spedizioni in Africa, capitanare un partito* || **N.** *Sin.* condurre, dirigere.

capitanàto [da *capitano*; a. 1348] ***sm.*** *ant.* dignità e ufficio di capitano nel senso 5 || territorio su cui un capitano esercita la propria giurisdizione.

capitaneggiàre (pres. *-éggio*) [da *capitano*; a. 1292] ***tr.*** *raro* capitanare.

capitaneria [da *capitano*; a. 1348] ***sf.*** **1.** *non com.* capitanato **2.** *capitaneria di porto,* organismo amministrativo dello Stato italiano preposto all'amministrazione di un porto e del relativo litorale marittimo || *concr.* edificio in cui tale amministrazione ha sede. **Q.T.** *porto* **TAV.** *porto* 3.15.

capitàno [lat. volg. **capitanus*; 1279 *capitaneo* nel senso 5] ***sm.*** **1.** *T.mil.* nel moderno ordinamento militare, comandante di compagnia; in Italia è il grado intermedio tra tenente e maggiore **2.** *T.mar.* chi comanda una nave; nella Marina Militare, *capitano di vascello,* grado corrispondente a quello di colonnello; *capitano di fregata,* tenente colonnello; *capitano di corvetta,* maggiore || *capitano di lungo corso,* abilitato alla conduzione di qualsiasi tipo di nave || *capitano del porto,* comandante della capitaneria di porto **3.** *T.aer.* comandante di una squadriglia aerea **4.** capo, guida || *capitano d'industria,* uomo d'affari che è a capo o ha creato una grande impresa finanziaria **5.** *T.stor.* condottiero, capo militare o politico || *capitano del popolo,* nell'ordinamento comunale, magistrato che curava gli interessi dei ceti popolari, comandante delle milizie popolari; *capitano di giustizia,* nell'ordinamento comunale, il capo delle guardie; *capitano di ventura,* condottiero di milizie mercenarie || nel Medioevo, titolo riservato a vassalli di particolare rilievo || *capitani reggenti,* ancora oggi, nell'ordinamento della Repubblica di S. Marino, le massime cariche dello Stato **6.** *T.sport.* negli sport di squadra, il giocatore che è responsabile della disciplina in campo dei membri della propria squadra || nel ciclismo, l'atleta più dotato cui viene affidata una squadra con il compito di coadiuvarlo nelle competizioni **7.** *Capitan Fracassa, Capitan Spaventa,* nella commedia dell'arte, maschera che rappresenta il soldato smargiasso e fanfarone. **Q.T.** *nautica...*

capitàre (pres. *càpito*) [lat. volg. **capitāre*, far capo; 1306 nel senso 3] ***intr.*** (aus. *essere*) **1.** giungere casualmente, arrivare all'improvviso: *capitarono in un luogo sconosciuto, sono capitati in città proprio nel giorno della fiera*; presentarsi casualmente: *mi sono capitate per le mani delle vecchie lettere* || *capitare bene, male,* avere fortuna, sfortuna in una scelta, in una situazione || *capitare a proposito,* nel momento più opportuno **2.** accadere, verificarsi: *è capitata una disgrazia, capita che arrivino in ritardo* **3.** *raro lett.* andare a finire, sboccare || ***intr.*** (aus. *essere*) *impers.* avvenire, accadere: *dormiremo dove capita,* in qualsiasi luogo; *come capita,* a caso || **N. 1.** *Sin.* arrivare, finire, giungere **2.** *Sin.* avvenire, occorrere.

capitàrio (pl. *-ri*) [dal lat. *caput, capitis,* capo; 1970] ***agg.*** *quota capitaria,* quota pro capite.

capitàto [dal lat. *capitātus*; 1830] ***agg.*** *T.bot.* di organo o elemento che termina con un rigonfiamento: *pelo capitato* || *T.anat.* *osso capitato,* l'osso più voluminoso del carpo. **TAV.** ***anatomia*** **p. 642** 9.7, 9.8.

capitazióne [dal lat. tardo *capitātio, -ōnis*; a. 1750] ***sf.*** **1.** *T.stor.* nel periodo della Roma imperiale, imposta applicata agli abitanti della provincia **2.** nel Medioevo e raramente nell'età contemporanea, imposta in cui ogni contribuente deve pagare la stessa cifra.

capitecènso [dal lat. *capite census,* censito per testa; a. 1580] ***sm.*** *T.stor.* nella Roma antica, individuo privo di beni che veniva censito solo per la propria persona.

capitèllo [lat. *capitellum*; 1336 ca.] ***sm.*** **1.** *T.arch.* parte superiore della colonna o di altro sostegno verticale su cui poggia l'architrave; ha funzione decorativa: *capitello dorico, ionico, corinzio, composito* **2.** nelle ciminiere, collare situato in prossimità della bocca per assicurare la corretta fuoriuscita dei fumi **3.** rinforzo in pelle o tela che si colloca sul dorso dei libri rilegati **4.** *T.anat.* estremità di alcune ossa lunghe: *il capitello del perone.* **TAV.** *chiesa* 1.21; ***architettura*** **p. 646** 1.4, 4, 5, 5.3, 9.2.

capitolàre[1] (pres. *-ìtolo*) [da *capitolo*; a. 1432 nel senso 3] ***intr.*** (aus. *avere*) **1.** arrendersi senza condizioni: *dopo due mesi di assedio la fortezza capitolò* **2.** *per estens.* cedere, arrendersi: *l'ha corteggiata così intensamente che lei ha capitolato* **3.** *ant.* stabilire dei patti, dei capitoli di un trattato || ***tr.*** *raro* dividere in capitoli.

capitolàre[2] [lat. mediev. *capitulāre*, der. di *capitulum,* capitolo nel senso di parte di una legge; 1727 nel senso 3; a. 1750 nel senso 1] ***sm.*** **1.** disposizione legislativa o amministrativa emanata dagli imperatori o re carolingi || *per estens.* raccolta delle deliberazioni di un'adunanza civile o ecclesiastica **2.** denominazione medievale dei libri liturgici (Antifonario, Vangeli ed Epistole della Messa ecc.) che venivano letti dal clero in capitolo **3.** *raro* membro di un capitolo ecclesiastico.

capitolàre[3] [lat. *capitulāris*, der. di *capitulum,* capitolo; a. 1600 nel senso 3] ***agg.*** **1.** pertinente a capitolazione (nel senso 3): *regime capitolare,* regime delle capitolazioni (v. CAPITOLAZIONE) **2.** attributo di particolari trattati o convenzioni: *lettera capitolare,* che espone i canoni di un concilio **3.** appartenente a un capitolo ecclesiastico: *vicario capitolare,* eletto dai canonici a governare una diocesi vacante || **capitolarménte** ***avv.*** *ant.* in capitolo, in un'adunanza capitolare.

capitolàto (*pps.* di *capitolare*) [1691] **I** ***sm.*** l'insieme delle clausole e delle condizioni che definiscono un contratto gen. tra un privato e la pubblica amministrazione: *capitolato d'appalto* || *capitolato colonico,* l'insieme delle norme che in una determinata zona regolano i contratti di mezzadria **II** ***agg.*** *ant.* **1.** patteggiato **2.** scritto a capitoli || **N.** I *Sin.* patto, trattato; contratto, convenzione.

capitolazióne [da *capitolare*[1]; a. 1540] ***sf.*** **1.** accordo concluso fra parti belligeranti con cui un reparto o una piazzaforte si arrende al nemico: *trattare la capitolazione della città* || *capitolazione generale,* che riguarda tutte le forze armate di una nazione || *concr.* l'insieme dei patti e degli accordi che sanciscono la resa: *firmare la capitolazione* **2.** *per estens.* resa, cedimento **3.** accordo, convenzione; part. *pl.*, *regime delle capitolazioni* (o *regime capitolare*), accordo internazionale che assicurava ai cittadini di stati occidentali che si trovavano in paesi dell'impero Ottomano o in Medio Oriente particolari privilegi, quali immunità dalla giurisdizione locale, libertà di religione e di commercio ecc.

capitolèssa [da *capitolo*; a. 1573] **sf.** componimento di argomento scherzoso in terzine.

capitolino [dal lat. *capitolīnus*; sec. XIV] **agg.** relativo al Campidoglio: *musei capitolini* || *per estens.* di Roma: *amministrazione capitolina.*

capitolo [lat. *capitulum*, piccolo capo; 1282] **sm.** **1.** ciascuna delle parti in cui si divide un libro: *il terzo capitolo de «Il Nome della Rosa»* **2.** componimento poetico in terza rima: *i capitoli del Berni*; nella prosa contemporanea indica un pezzo scritto in prosa d'arte **3.** collegio dei canonici di una cattedrale o di una collegiata || adunanza dei membri di una congregazione o di un ordine: *il capitolo dei Cavalieri di Malta* || *concr.* il luogo in cui tale assemblea si riunisce || *fig. aver voce in capitolo*, avere una certa autorità in un determinato campo o su una questione **4.** *T.giur.* clausola di un contratto o di un trattato, articolo di legge || *pl.* convenzione tra due parti: *capitoli d'intesa* || ciascuna delle unità in cui si articola il bilancio dello stato **5.** *T.anat.* estremità dell'omero che si articola con il radio || *dim.* capitolétto, capitolùccio; *accr.* capitolóne || **N. 1.** paragrafo, parte; cantica, canto **4.** articolo, clausola.

capitombolàre (pres. *-ómbolo*) [comp. di *capo* e *tombolare*; 1698] **intr.** (aus. *essere*) cadere col capo all'ingiù, fare un capitombolo; ruzzolare: *è capitombolato giù per le scale*; anche *fig.*: *il governo è capitombolato sulla legge finanziaria.*

capitómbolo [da *capitombolare*; a. 1546] **sm.** **1.** caduta col capo all'ingiù: *ha fatto un capitombolo sugli sci* || *a capitomboli*, con una serie di cadute **2.** *fig.* fallimento, disastro: *un capitombolo elettorale* **3.** *raro* capriola.

capitombolóni [da *capitombolo*; 1865] **avv.** a capitomboli: *fece le scale capitomboloni.*

capitóne[1] [lat. *capito, -ōnis*; 1550] **sm.** **1.** anguilla femmina di grandi dimensioni; è uno dei cibi tradizionali delle feste natalizie **2.** *region.* alare: *il piede aveva sopra un capitone del focolare* (Pascoli).

capitóne[2] [prob. dal lat. *capita*, pl., i capi (del filo); a. 1347] **sm.** *ant. region.* filo di seta grosso e disuguale.

capitonné (fr., pr. [kapitɔ'ne]) [pps. di *capitonner*, coprirsi il capo, poi imbottire; 1950] **sm.** *inv.* imbottitura trapuntata per mobili, in uso part. nel XIX secolo.

capitóso [dal lat. *caput, -itis*, capo; a. 1527] **agg.** *ant.* testardo, caparbio.

capitòzza [forse comp. di *capo* e *tozzo*; a. 1597] **sf.** *T.agr.* forma di potatura consistente nel tagliare la cima del fusto di un albero per facilitare la crescita di una chioma abbondante || *per estens.* l'albero così tagliato.

capitozzàre (pres. *-òzzo*) [da *capitozza*; a. 1597] **tr.** potare a capitozza || **N.** *Sin.* scapitozzare.

capitozzatùra [da *capitozzare*; 1955] **sf.** *T.agr.* potatura a capitozza.

capitùdine [dal lat. *caput, -itis*; a. 1348] **sf.** *T.stor.* a Firenze, capitolo dei consoli delle arti maggiori e minori.

capivàra v. CAPIBARA.

capnomanzia [comp. del gr. *kapnós*, fumo e *-manzia*; 1820] **sf.** previsione del futuro per mezzo dell'osservazione del colore e della direzione del fumo.

càpo [lat. *caput*; 1282] **I sm.** **1.** parte superiore del corpo umano che si congiunge al tronco per mezzo del collo: *camminare a capo basso* || *per estens.* testa di un animale || *com.* la parte del cranio coperta dai capelli: *capo ricciuto, biondo, pelato* || *fig. scuotere il capo*, esprimere disapprovazione || *fig. alzare il capo*, ribellarsi || *fig. chinare il capo*, sottomettersi || *fig. andare a capo alto*, essere orgogliosi e sicuri di sé || *fig. dare al capo*, di bevanda alcolica, che inebria || *fig. dare, subire una lavata di capo*, un rimprovero || *fig. non avere né capo né coda*, detto di cosa inconcludente e disordinata || *fig. fra capo e collo*, all'improvviso **2.** sede delle facoltà intellettive, mente || *fig. rompersi, lambiccarsi il capo*, scervellarsi || *fig. mettersi in capo qualcosa*, convincersi di qualcosa || *fig. passare per il capo*, venire in mente || *fig. mettere il capo a partito*, mostrarsi giudiziosi || *fig. capo scarico*, persona priva di preoccupazioni; sventato, irresponsabile || *fig. fare le cose col capo nel sacco*, sbadatamente || *fig. avere il capo nei piedi*, essere sbadati || *fig. capo quadro*, scervellato || *fig. mettere il capo a qualcosa*, curarsene || *per estens.* la vita stessa: *giurare sul capo di qualcuno* **3.** persona che riveste funzioni di comando: *il capo di una ditta, di un reparto* || *il capo dello stato*, il presidente della repubblica o in gen. la massima autorità dello stato || *il capo del governo*, il primo ministro || *capo di istituto*, funzionario che sopraintende al funzionamento di un istituto scolastico || *capo di Stato Maggiore*, ufficiale che svolge funzioni direttive nello Stato Maggiore di un alto comando territoriale o di una grande unità operativa || in un'azienda, quadro intermedio **4.** (f. *-a*, scherz. *-éssa*) persona che pur non avendo particolari cariche o titoli svolge funzioni direttive: *il capo dei rivoltosi, il capo della camorra organizzata* || *gen.* chi mostra attitudini organizzative e di comando: *è un capo nato* || *capo storico*, fondatore o ispiratore di un movimento gen. politico: *è uno dei capi storici delle Brigate Rosse* **5.** *T.mar.* nella Marina Militare, sottufficiale || nella Marina Mercantile, responsabile di vario grado: *capo stiva*, chi dirige le operazioni di imbarco e sbarco delle merci **6.** la parte più alta di un oggetto: *il capo di una scala, di una colonna* || *a capo del letto*, dalla parte della testa || *fig. a capo tavola*, al posto d'onore (solitamente a una delle due estremità) || estremità iniziale o finale di qualcosa: *il capo di una matassa, di una strada* || *il capo di un circuito elettrico*, terminale || *fig. in capo al mondo*, in un luogo lontanissimo || parte terminale allargata di un oggetto: *il capo di un chiodo, dell'aglio* || *per estens.* parte terminale dello stelo dove sboccia il fiore **7.** inizio, principio: *ricominciare da capo* || *andare a capo*, ricominciare a scrivere dall'inizio della riga successiva || *fig.* conclusione, termine || *fig. fare capo a qualcosa*, andare a finire || *fig. fare capo a qualcuno*, rivolgervisi per aiuto o consiglio || *in capo a un mese, a un anno*, tra un mese, tra un anno || *venire a capo di qualcosa*, risolverla || *prov. cosa fatta capo ha*, quando qualcosa è stato compiuto non ci si deve più pensare **8.** di animali, individuo: *una mandria di trecento capi* || di oggetti, ciascun elemento di una serie omogenea: *un capo di biancheria* **9.** in uno scritto o in un discorso, suddivisione significativa || *riferire un discorso capo a capo*, in modo dettagliato || *per sommi capi*, in modo sommario || *non com.* capitolo || *capo d'accusa*, ciascuno dei reati contestati a un imputato **10.** *T.agr.* ramo; tralcio della vite **11.** *T.anat.* l'estremo di un osso lungo, epifisi || *capo tendineo*, elemento di inserzione del tessuto muscolare sull'osso **12.** *T.geogr.* promontorio, striscia di terra che sporge verso il mare: *capo Palinuro* || estremo lembo di un territorio: *Capo di Buona Speranza* **13.** *T.arald.* il terzo superiore dello scudo **II agg.** *inv.* (sempre posposto) che svolge funzioni direttive: *ingegnere capo, redattore capo* || *dim.* capétto, capìno, capolìno; *accr.* capóne; *pegg.* capàccio || **N. I 1.** *Sin.* testa **2.** *Sin.* intelletto, ragione **3.** direttore, dirigente; preside **4.** capoccia, caporione **6.** *Sin.* cima, estremità; capocchia, testa. **TAV. *araldica* p. 645** 1.1, 1.2, 1.3.

càpo- [dal lat. *caput*, testa] ***primo elem.*** che, in numerose parole composte, vale "capo" || in part. può valere "testa" (per es. *capofitto, capogiro*); "parte iniziale" (per es. *capolinea, capoverso*); può indicare preminenza (per es. *capoluogo*) o eccellenza (per es. *capolavoro*) || in denominazioni di qualifiche professionali vale "capo", "dirigente" e può indicare chi svolge una mansione con funzioni di capo (la parola composta può essere sostituita da sintagmi con *capo* posposto, come *archivista capo*): **capoarchivìsta**, **capocamerière**, **capocarcerière**, **capocronista**, **capocuòco**, **capofacchìno**, **capoguàrdia**, **capomacchinìsta**, **caporedattóre**, **capotimonière**; oppure può indicare chi dirige il settore, la struttura o il gruppo espresso dal secondo elemento: **capocèllula**, **capocentùria**, **capodepòsito**, **capodipartiménto**, **capodivisióne**, **capomanipolo**, **capoofficìna**, **capopattùglia**, **caposezióne**, **capozòna**.

capoàrea (pl. m. *capiàrea*, pl. f. *capoàrea*) [comp. di *capo-* e *area*; 1983] **s.** nell'organizzazione aziendale, direttore o responsabile principale delle vendite in un determinato ambito geografico || **N.** *Sin. area manager*, capozona.

capoàrma (pl. *capiàrma*) [comp. di *capo-* e *arma*; 1955] **sm.** *T.mil.* soldato che, in una squadra di mitraglieri, è addetto alla manutenzione e alla postazione dell'arma.

capobànda (pl. m. *capibànda*, pl. f. *capobànda*) [comp. di *capo-* e *banda*; 1824] **s.** **1.** direttore di una banda musicale **2.** capo di una banda di malviventi.

capobàrca (pl. *capibàrca*) [comp. di *capo-* e *barca*; 1937] **sm.** *T.mar.* chi comanda una barca, gen. da pesca.

capòc o **kapòk** [dal malese *kapoq*, specie di (albero del) cotone; 1706] **sm.** *inv.* prodotto filamentoso di origine vegetale, simile al cotone, utilizzato per imbottire cuscini, materassi e sim.

capocannonière (pl. *capicannonièri*) [comp. di *capo-* e *cannoniere*; 1916 *capo cannoniere*] **sm.** **1.** *T.mar.* nella Marina Militare, sottufficiale responsabile dei pezzi d'artiglieria **2.** *T.sport.* nel calcio, giocatore che in un torneo ha segnato il maggior numero di reti.

capocàrico (pl. *capicàrico*) [comp. di *capo-* e *carico*; 1955] **sm.** *T.mil.* su una nave da guerra, sottufficiale che ha in consegna le armi e le munizioni.

capocàrro (pl. *capicàrro*) [comp. di *capo-* e *carro*; 1983] **sm.** *T.mil.* graduato che comanda l'equipaggio di un carro armato || ufficiale che comanda una colonna di carri armati. **TAV. *armi* p. 649** 27.5.

capòcchia [da *capo*; a. 1519 nel senso 2] **sf.** **1.** estremità tondeggiante di spilli, fiammiferi, chiodi e sim. **2.** *iron.* testa: *fare, dire qualcosa a capocchia*, a vanvera.

capocchierìa [da *capocchia*; a. 1861] **sf.** *raro* balordaggine.

capòcchio (pl. *-chi*) [da *capo*; a. 1483] **sm.** *raro* balordo.

capocchiùto [da *capocchia*; a. 1597] **agg.** che ha la capocchia: *aglio capocchiuto*, con il bulbo di grandi dimensioni.

capòccia (pl. *-cia*, meno com. *-ci*) [da *capo*; a. 1698 come sf.] **sm.** **1.** capo della famiglia colonica || *per estens.* sorvegliante: *il capoccia dei muratori* **2.** *spreg.* capo: *il capoccia dei malfattori della zona* || *iron.* chi dirige un'impresa, un ufficio || **sf.** *region.* testa: *ha sbattuto la capoccia contro il muro.*

capocciàta [da *capoccia*; 1970] **sf.** *region. scherz.* colpo dato con la testa: *ha dato una capocciata nell'albero.*

capòccio **sm.** *non com.* v. CAPOCCIA (*sm.*).

capoccióne [da *capoccia*; 1799] ***sm.*** (f. *-a*) **1.** persona con la testa grossa || *fig.* persona che capisce poco || *antifr.* persona molto intelligente **2.** *rom.* persona che ricopre un'alta carica.

capocièlo [comp. di *capo-* e *cielo*; sec. XV *capoceli*] ***sm.*** baldacchino che sovrasta l'altare maggiore.

capoclàque (semifr., pr. [kapo'klak]) [comp. di *capo-* e *claque*; 1970] ***s.*** *inv.* in un teatro, chi dirige l'attività di una claque.

capoclàsse (pl. m. *capiclàsse*, pl. f. *capoclàsse*) [comp. di *capo-* e *classe*; 1925] ***s.*** alunno incaricato di svolgere particolari funzioni, come ad esempio mantenere la disciplina in assenza dell'insegnante.

capocòffa (pl. *capicòffa*) [comp. di *capo-* e *coffa*; 1865] ***sm.*** *T.mar.* capogabbiere che durante la manovra delle vele dirige dalla coffa le operazioni dei marinai.

capocòllo (pl. *capicòlli*) [comp. di *capo-* e *collo*; sec. XVI] ***sm.*** salume confezionato con carne di maiale tratta dalla regione dorsale vicino al collo.

capocòmico (pl. *capocòmici*, raro *capicòmici*) [comp. di *capo-* e *comico*; a. 1798] ***s.*** chi è a capo di una compagnia drammatica.

capocomméssa (pl. m. *capicomméssa*, pl. f. *capocomméssa*) [comp. di *capo-* e *commessa*; 1983] ***s.*** nell'organizzazione aziendale, responsabile dell'offerta alla clientela delle merci di un'industria.

capocòrda (pl. *capicòrda*) [comp. di *capo-* e *corda*; 1955] ***sm.*** **1.** anello metallico fissato all'estremità di una fune per formare un cappio terminale **2.** *T.elettr.* elemento metallico di raccordo che si fissa all'estremità di un conduttore elettrico per facilitare l'innesto dei morsetti.

capocordàta (pl. m. *capicordàta*, pl. f. *capocordàta*) [comp. di *capo-* e *cordata*; 1934] ***s.*** *T.alp.* chi in una scalata alpinistica occupa il primo posto durante la salita e l'ultimo durante la discesa || *T.fin.* chi è a capo di una cordata finanziaria.

capocróce (pl. *capicróce*) [comp. di *capo-* e *croce*; 1967] ***sm.*** in una chiesa, la parte terminale dal lato dell'altare.

capocrònaca (pl. *capicrònaca*) [comp. di *capo-* e *cronaca*; 1918] ***sm.*** l'articolo di fondo della cronaca cittadina di un giornale.

capodànno (pl. *capidànno* o *capodànni*) [comp. di *capo*, *di* e *anno*; 1297] ***sm.*** il primo giorno dell'anno || *cosa che dura da Natale a Capodanno*, cosa di breve durata.

capodòglio o **capidòglio** (pl. *capidògli*) [comp. di *capo*, *di* e *oglio*, olio; inizio sec. XIV] ***sm.*** mammifero acquatico dei Cetacei, di grosse dimensioni (i maschi possono superare i 20 metri di lunghezza); vive nelle acque temperate e tropicali e si ciba di molluschi e pesci; dal suo capo si ricavano lo spermaceti e l'ambra grigia, sostanze grasse usate nella confezione di cosmetici.

capodòpera (pl. *capidòpera*) [dal fr. *chef-d'œuvre*; a. 1729] ***sm.*** *raro* capolavoro || ***s.*** *iron.* persona bizzarra.

capofàbbrica (pl. m. *capifàbbrica*, pl. f. *capofàbbrica*) [comp. di *capo-* e *fabbrica*; 1857] ***s.*** chi, in una fabbrica, soprintende ai lavori.

capofabbricàto (pl. *capifabbricàto*) [comp. di *capo-* e *fabbricato*; 1942] ***s.*** nella seconda guerra mondiale, inquilino che era incaricato di far rispettare le misure di sicurezza antiaeree.

capofamìglia (pl. m. *capifamiglia*, pl. f. *capofamìglia*) [comp. di *capo-* e *famiglia*; 1855] ***s.*** *T.giur.* chi è a capo della famiglia.

capofila (pl. m. *capifila*, pl. f. *capofila*) [comp. di *capo-* e *fila*; a. 1680] ***s.*** **1.** chi in una fila occupa il primo posto || *per estens.* l'inizio di una fila, part. nelle espressioni *stare a capofila, mettersi a capofila* **2.** *per estens.* l'esponente di maggior rilievo di un gruppo, un partito e sim.: *Marinetti era il capofila del futurismo.*

capofìtto (pl. *capofìtti*) [comp. di *capo* e *fitto*; 1532 come loc. avv.] **I** ***agg.*** con la testa all'ingiù: *ma capofitti cascarono gli asini* (Giusti) **II** ***loc. avv.*** *a capofitto*, con la testa all'ingiù: *si gettarono a capofitto dal trampolino*; *fig.* con assoluto impegno e dedizione: *si è gettato a capofitto nel lavoro.*

capofòsso v. CAPIFOSSO.

capogabbière (pl. *capigabbièri*) [comp. di *capo-* e *gabbiere*; 1937] ***sm.*** *T.mar.* gabbiere particolarmente esperto che dirige gli altri nella manovra delle vele.

capogabinétto (pl. m. *capigabinétto*, pl. f. *capogabinétto*) [comp. di *capo-* e *gabinetto*, ufficio del ministro; 1928] ***s.*** funzionario che dirige l'ufficio di segreteria di un ministro.

capogàtto (pl. *capogàtti* o *capigàtti*) [etim. inc.; a. 1597 nel senso 3] ***sm.*** **1.** *non com.* capogiro **2.** *T.vet.* capostorno **3.** *T.agr.* forma particolare di propaggine in cui il tralcio viene piegato ad arco sotterrandone la punta nel terreno.

capogiro (pl. *capogìri*) [comp. di *capo-* e *giro*; a. 1363 *capogirlo*] ***sm.*** disturbo che si manifesta con vertigini o senso di stordimento: *far venire, dare il capogiro*, provocarlo || *loc. agg. da capogiro*, straordinario, esorbitante.

capogrùppo (pl. m. *capigrùppo*, pl. f. *capogrùppo*) [comp. di *capo-* e *gruppo*; 1886] **I** ***s.*** chi guida o coordina un gruppo di persone, spec. turisti, lavoratori, uomini politici || *capogruppo parlamentare*, il presidente dei deputati o dei senatori appartenenti allo stesso partito o raggruppamento politico **II** ***agg.***: *società capogruppo* (o anche *capogruppo, sf.*), società che ha una partecipazione di maggioranza in altre società || **N.** II *holding.*

capolavóro (pl. *capolavóri*) [comp. di *capo-* e *lavoro*; a. 1729] ***sm.*** **1.** opera artistica o manufatto di eccezionale perfezione: *l'intarsio di questo mobile è un capolavoro* || il migliore tra i lavori di un'epoca, di un autore: *«La coscienza di Zeno» è il capolavoro di Svevo* || *antifr.* azione od opera malfatta, scadente: *bel capolavoro hai fatto!* **2.** opera eseguita da un artigiano o da un operaio al termine del periodo di tirocinio e prima dell'assunzione definitiva per dimostrare il grado di abilità raggiunto.

capolèpre (pl. *capolèpri*) [da *capo* (*di*) *lepre*, perché la testa ricorda quella della lepre; 1955] ***sm.*** pesce dei Logocefali, noto come pesce palla.

capolèttera (pl. *capilèttera*) [comp. di *capo-* e *lettera*; 1956] ***sm.*** **1.** *T.tip.* lettera molto più grande delle altre con cui si inizia un capitolo o un capoverso **2.** emblema con cui a partire dalla Rivoluzione francese si intestarono i documenti di Stato e in seguito anche la corrispondenza privata.

capolètto (pl. *capolètti*) [comp. di *capo-* e *letto*; 1353] ***sm.*** drappo che si appendeva a capo del letto, arazzo || oggi è usato nella loc. avv. *a capoletto*, a capo del letto.

capolìnea (pl. *capilìnea* o *capolìnea*) [comp. di *capo-* e *linea*; 1941] ***sm.*** stazione iniziale o terminale di una linea di trasporto pubblico || *fig.* punto d'arrivo, scadenza finale: *il governo è ormai al capolinea.*

capolìno (*dim.* di *capo*) [1340 ca. nel senso 2] ***sm.*** **1.** piccolo capo, com. solo nell'espr. *far capolino*, sporgere appena il capo attraverso un'apertura (finestra, porta ecc.) o da dietro qualcosa; *per estens.* di cose, apparire, spuntare: *il sole fa capolino all'orizzonte* **2.** *T.bot.* infiorescenza costituita da molti fiori di piccole dimensioni posti uno accanto all'altro, che danno l'impressione di un fiore unico, come nelle margherite.

capolista (pl. m. *capilista*, pl. f. *capolista*) [comp. di *capo-* e *lista*; 1865] ***s.*** **1.** chi è scritto per primo in una lista, *in part.* il primo dei candidati in una lista elettorale: *i capilista per le prossime elezioni non sono ancora stati decisi* **2.** *fig.* chi eccelle o primeggia in qualche attività: *Dalì era uno dei capilista del surrealismo* || ***sf.*** *T.sport.* squadra che è prima in un campionato; talvolta usato anche in posizione attributiva, sempre posposto al sostantivo: *squadra capolista.*

capoluògo (pl. *capoluòghi* o *capiluòghi*) [comp. di *capo-* e *luogo*; 1771] ***sm.*** centro abitato principale di una provincia, di un distretto o di una regione, sede degli organi amministrativi; usato anche in posizione attributiva, come *agg. inv.* sempre posposto al sostantivo, ma solo nella loc. *città capoluogo.*

capomàfia (pl. *capimàfia*) [comp. di *capo-* e *mafia*; 1957] ***s.*** capo di un gruppo mafioso.

capomanòvra [comp. di *capo-* e *manovra*; 1937] ***sm.*** *T.mar.* capogabbiere.

capomàstro (pl. *capomàstri* o *capimàstri*) [comp. di *capo-* e *mastro*; a. 1400 *capomaestro*] ***s.*** capo di un cantiere, chi ha il compito di dirigere l'esecuzione di un progetto edile.

capomènsa (pl. m. *capimènsa*, pl. f. *capomènsa*) [comp. di *capo-* e *mensa*; 1983] ***s.*** in un'azienda, responsabile dell'organizzazione e della conduzione della mensa.

capomissióne (pl. m. *capimissióne*, pl. f. *capomissióne*) [comp. di *capo-* e *missione*; 1956] ***s.*** funzionario che è a capo di una missione diplomatica.

capomòrto (pl. *capimòrti*) [comp. di *capo-* e *morto*; 1680] ***sm.*** *non com.* residuo inutilizzato di lavorazione industriale || *per estens. fig.* scoria inutile.

capomoviménto (pl. m. *capimoviménto*, pl. f. *capomoviménto*) [comp. di *capo-* e *movimento*; 1940] ***s.*** *T.ferr.* funzionario che dirige il movimento ferroviario.

caponàggine [da *capone*; a. 1742] ***sf.*** ostinazione, caparbietà.

caponàre o **capponàre**[2] (pres. *-óno*) [da *capone*; 1830] ***tr.*** *T.mar.* issare l'àncora al ceppo col capone per collocarla in coperta.

caponàta o **capponàta**[2] [dallo sp. *caponada*; 1937] ***sf.*** **1.** *T.mar.* galletta inzuppata nell'acqua salata e condita con olio e aceto **2.** insalata mista con acciughe, cipolle, pomodori, peperoni ed erbe aromatiche tipica della cucina napoletana **3.** piatto siciliano di melanzane fritte con capperi e cipolle condito in agrodolce.

capóne o **cappóne**[2] [da *capo*; 1585 nel senso 2] ***sm.*** **1.** *T.mar.* paranco di grosse dimensioni sospeso fuoribordo a prora delle navi, utilizzato per issare l'àncora in coperta **2.** (f. *-a*) *tosc. non com.* persona con la testa grossa; *fig.* persona ostinata, testone.

caponerìa [da *capone*; a. 1665] ***sf.*** *raro* testardaggine.

capopàgina (pl. *capipàgina*) [comp. di *capo-* e *pagina*; 1765] ***sm.*** fregio di stampa collocato in cima alle pagine con cui iniziano le parti principali di un libro || *per estens.* inizio di una pagina, testata.

capopàrte (pl. m. *capipàrte*, pl. f. *capopàrte*) [comp. di *capo-* e *parte*; a. 1566] ***s.*** capo di una fazione politica.

capopàrto (pl. *capipàrto*) [comp. di *capo-* e *parto*; 1830] ***sm.*** prima mestruazione dopo il parto.

capopèzzo (pl. *capipèzzo*) [comp. di *capo-* e *pezzo*; a. 1930] ***sm.*** graduato di truppa cui è affidato il comando dei serventi di un pezzo di artiglieria.

capopòpolo (pl. m. *capipòpolo*, pl. f. *capopòpolo*) [comp. di *capo-* e *popolo*; 1386] ***s.*** chi capeggia il popolo durante una rivolta || *spreg.* demagogo: *si atteggia a capopopolo ma non* *prende mai una posizione chiara.*

capopósto (pl. *capipósto*) [comp. di *capo-* e *posto*; 1865] **sm.** graduato di truppa cui è affidato il comando di un posto di guardia; nella Marina Militare, responsabile di una stazione radio o di un centro di segnalazioni.

caporàis [comp. di *capo-* e *rais*; 1937] **sm.** *inv. T.pesc.* barca da pesca priva di remi o vele utilizzata come pontone nelle tonnare.

caporalàto [da *caporale*; a. 1850] **sm. 1.** *non com.* grado e ufficio di caporale **2.** sistema di reclutamento e organizzazione della manodopera per mezzo dei caporali.

caporàle [lat. mediev. *caporālis*; a. 1348] **I sm. 1.** nella gerarchia militare, primo graduato di truppa cui è affidato il comando di una squadra || *caporale di giornata*, militare comandato giornalmente per sopraintendere ai lavori di pulizia e assetto generale di una caserma o di un reparto **2.** (f. *-a*) *per estens.* persona di modi bruschi e autoritari **3.** *pop.* capo di una squadra di operai || in meridione, chi, per conto terzi, recluta abusivamente mano d'opera senza tener conto delle normative sindacali **4.** *ant.* capo di una fazione **II agg.** *ant.* principale || *dim.* caporalétto, caporalìno, caporalùccio; *accr.* caporalóne; *pegg.* caporalàccio.

caporalésco (pl. *-schi*) [da *caporale*; 1915] **agg.** da caporale || gen. *spreg.* rozzo, brutale: *modi caporaleschi.*

caporalmaggióre o **caporàl maggióre** (pl. *caporalmaggióri*) [comp. di *caporale* e *maggiore*; 1892] **sm.** *T.mil.* militare di grado immediatamente superiore a quello di caporale.

caporepàrto (pl. m. *capirepàrto*, pl. f. *caporepàrto*) [comp. di *capo-* e *reparto*; 1908 *caporiparto*] **s.** in un'industria o in un'azienda, chi è responsabile di un reparto || in ospedale, infermiere responsabile del reparto.

caporétto [dal n. geogr. *Caporetto*, località nella quale l'esercito italiano, durante la prima guerra mondiale, subì una grave sconfitta; 1959] **sf.** *inv.* grave sconfitta, rovina, disfatta || *far caporetto*, fuggire a gambe levate, darsela a gambe.

caporìccio (pl. *-ci*) [comp. di *capo-* e *riccio*; a. 1406] **sm.** *ant.* raccapriccio.

caporióne (pl. *caporióni*) [comp. di *capo-* e *rione*; a. 1380] **sm.** (f. *-a*) chi è a capo di un gruppo di facinorosi: *quando c'è da protestare è sempre lui il caporione* || *propr. ant.* chi era a capo di un rione.

caporivèrso [comp. di *capo-* e *riverso*; a. 1665] **avv.** *raro* caporovescio.

caporósso o **capirósso** (pl. *capiróssi*) [comp. di *capo-* e *rosso*; 1830] **sm.** *region.* nome popolare di vari uccelli tra cui il cardellino e il fischione.

caporovèscio [comp. di *capo-* e *rovescio*; a. 1665] **avv.** *non com.* col capo all'ingiù: *cadde caporovescio.*

caposàla (pl. m. *capisàla*, pl. f. *caposàla*) [comp. di *capo-* e *sala*; 1923] **s.** persona cui, in un edificio pubblico, viene affidata la cura della sala: *il caposala di una banca, di una stazione* || *per anton. sf. la caposala*, infermiera responsabile di una sala d'ospedale o di un reparto.

caposàldo (pl. *capisàldi* e non com. *caposàldi*) [comp. di *capo-* e *saldo*; 1797] **sm. 1.** *T.top.* punto di riferimento stabile utilizzato nelle misurazioni planimetriche e altimetriche, gen. collocato in un luogo facilmente riconoscibile e recante gli esatti valori planimetrici o altimetrici **2.** *fig.* punto essenziale, condizione fondamentale: *i capisaldi della cultura occidentale* **3.** struttura fortificata collocata in una posizione strategicamente rilevante || **N. 2.** *Sin.* base, cardine, fondamento, sostegno **3.** *Sin.* baluardo, fortezza.

caposcàla (pl. *capiscàla*) [comp. di *capo-* e *scala*; 1354] **sm.** pianerottolo || **s.** durante la seconda guerra mondiale, nei fabbricati a più scale, persona incaricata di far rispettare le norme di sicurezza e in part. le misure di protezione antiaerea.

caposcàlo (pl. m. *capiscàlo*, pl. f. *caposcàlo*) [comp. di *capo-* e *scalo*; 1942] **s.** in un aeroporto, persona incaricata di curare gli interessi di una compagnia aerea.

caposcàrico (pl. *capiscàrichi*) [comp. di *capo-* e *scarico*; 1842 *capo scarico*] **s.** persona spensierata, buontempone.

caposcuòla (pl. *capiscuòla*) [comp. di *capo-* e *scuola*; a. 1755] **s.** chi è considerato l'iniziatore o l'esponente principale di una scuola artistica, letteraria o scientifica: *Picasso è uno dei capiscuola del cubismo.*

caposervìzio (pl. m. *capiservìzio*, pl. f. *caposervìzio*) [comp. di *capo-* e *servizio*; 1962] **s.** chi in un'azienda dirige un settore con funzioni organizzative || *T.giorn.* redattore responsabile di uno dei settori del giornale: *è il caposervizio della cronaca.*

caposèsto (pl. *caposèsti*) [comp. di *capo-* e *sesto*, garbo dell'ossatura di uno scafo; 1889] **sm.** *T.mar.* sulle imbarcazioni in legno, ultime coppie di coste a prora e a poppa.

caposquàdra (pl. m. *capisquàdra*, pl. f. *caposquàdra*) [comp. di *capo-* e *squadra*; 1550 *capo di squadra*] **s.** chi dirige e coordina il lavoro di una squadra: *il caposquadra dei minatori* || **sm.** *T.mil.* sottufficiale o graduato cui è affidato il comando di una squadra.

caposquadrìglia (pl. m. *capisquadrìglia*, pl. f. *caposquadrìglia*) [comp. di *capo-* e *squadriglia*; 1941] **sm.** *T.mil.* in marina e aeronautica, chi comanda una squadriglia || **s.** ragazzo che guida una squadriglia di boy-scout.

capostànza (pl. m. *capistànza*, pl. f. *capostànza*) [comp. di *capo-* e *stanza*, 1945] **s.** impiegato che controlla i colleghi che lavorano nella stessa stanza.

capostazióne (pl. m. *capistazióne*, pl. f. *capostazióne*) [comp. di *capo-* e *stazione*; 1870] **s.** funzionario che dirige una stazione ferroviaria.

capostìpite (pl. *capostìpiti*) [comp. di *capo-* e *stipite*; 1833] **s. 1.** chi dà origine a una famiglia o a una stirpe: *il capostipite dei Gonzaga* **2.** *per estens.* primo esemplare di una serie di cose simili tra loro; *in part.* albero da cui origina una nuova varietà **3.** *T.fil. disus.* archetipo.

capostórno [comp. di *capo-* e sett. *storno*, stordito; 1598] **sm.** *T.vet.* malattia degli erbivori caratterizzata da sintomi di sonnolenza, vertigini, mancanza di coordinazione || **N.** *Sin.* capogatto, cenurosi.

capotambùro (pl. *capitambùro*) [comp. di *capo-* e *tamburo*; 1865] **sm.** *T.stor.* nell'esercito piemontese, sottufficiale che comandava i tamburini; tamburo maggiore.

capotàre e der. v. CAPPOTTARE e der.

capotàsto (pl. *capotàsti* o *capitàsti*) [comp. di *capo-* e *tasto*; a. 1647] **sm.** piccolo pezzo di avorio o di ebano collocato al principio della tastiera negli strumenti a corda, allo scopo di tenere sollevate ed equidistanti le corde. **TAV. *musica* p. 1325** 10.1, 14.3.

capotàvola (pl. m. *capitàvola*, pl. f. *capotàvola*) [comp. di *capo-* e *tavola*; 1525 *in capo di tavola*] **s.** chi a tavola siede al posto d'onore, a un'estremità della tavola: *oggi è il nonno il capotavola* || *per estens.* il posto stesso || nella *loc. avv. a capotavola*, al posto d'onore a tavola: *l'ospite deve sedere a capotavola.*

capote (fr., pr. [ka'pɔt]) [da *cape*, cappa; 1918] **sf.** *inv.* **1.** nelle automobili e nelle carrozze, tettuccio apribile a mantice gen. in tela impermeabile **2.** *T.aer.* copertura protettiva in materiale flessibile **3.** *ant.* cappellino da donna legato con nastri sotto la gola in uso nel XIX secolo || **N.** *Sin.* cappotta.

capotècnico (pl. *capotècnici* o *capitècnici*) [comp. di *capo-* e *tecnico*; a. 1938] **sm.** in un'azienda, responsabile del settore tecnico e del personale che vi lavora.

capotèsta (pl. *capitèsta*) [comp. di *capo-* e *testa*; 1937] **sm.** *T.mar.* ciascuna delle maglie estreme di un segmento di catena d'àncora fatta in modo da facilitare l'agganciamento con altri segmenti.

capotoràce [comp. di *capo-* e *torace*; 1962] **sm.** *T.zool.* parte anteriore del corpo di alcuni Artropodi, costituita dal capo e dal torace || **N.** *Sin.* cefalotorace.

capotòrto [comp. di *capo-* e *torto*; 1887] **sm.** *inv.* torcicollo, collo torto || nella *loc. avv. a capotorto*, a malincuore, controvoglia.

capotrèno (pl. *capotrèni* o *capitrèno*) [comp. di *capo-* e *treno*; a. 1886] **s.** capo del personale viaggiante su un convoglio ferroviario.

capotribù (pl. *capitribù*) [comp. di *capo-* e *tribù*; 1941] **s.** capo di una tribù.

capòtta [dal fr. *capote*; 1935] **sf.** *capote.*

capottàre e der. v. CAPPOTTARE e der.

capotùrno (pl. *capitùrno*) [comp. di *capo-* e *turno*; 1886] **s.** responsabile del personale in un turno di lavoro.

capoufficio o **capufficio** o **càpo ufficio** (pl. m. *capiufficio* o *càpi ufficio*, pl. f. *capoufficio*) [comp. di *capo-* e *ufficio*; 1908 *capo ufficio*] **s.** chi in un ufficio svolge mansioni direttive.

capovaccàio (pl. *capivaccài*) [comp. di *capo-* e *vaccaio*; 1910] **sm.** uccello rapace dei Falconiformi, simile all'avvoltoio, dal piumaggio bianco con remiganti nere, becco ricurvo e caratteristico ciuffo sulla testa.

capovèrso (pl. *capovèrsi*) [comp. di *capo-* e *verso*; sec. XIII-XIV] **sm. 1.** l'inizio di un periodo o di un verso di solito caratterizzato da una lieve rientranza nella riga rispetto all'allineamento a sinistra della pagina scritta **2.** parola o lettera con cui inizia il capoverso **3.** parte di uno scritto compresa tra due capoversi successivi: *ho letto solo i primi capoversi del contratto*; nei testi di legge o nei regolamenti, ciascuno dei comma che compongono un articolo a eccezione del primo (detto *principio*): *primo capoverso*, secondo comma **4.** il primo verso di una poesia.

capovòga (pl. m. *capivòga*, pl. f. *capovòga*) [comp. di *capo-* e *voga*; 1925] **s.** vogatore che dà il ritmo di vogata al resto dell'equipaggio.

capovòlgere (pres. *-òlgo* ecc., come VOLGERE) [comp. di *capo-* e *volgere*; a. 1597] **tr. 1.** volgere di sotto in su, rovesciare: *capovolgere un tavolo, un bicchiere* **2.** *fig.* mutare in modo radicale, sovvertire: *capovolgere le sorti della battaglia, una situazione* || **intr. pron. 1.** ribaltarsi, rovesciarsi: *il bob si è capovolto all'uscita della curva* **2.** subire una radicale trasformazione: *nel giro di pochi mesi le sue opinioni si sono capovolte* || **N. tr. 1.** *Sin.* ribaltare, rovesciare **2.** *Sin.* rivoluzionare, sovvertire | **intr. pron.** cappottare.

capovolgiménto [da *capovolgere*; a. 1941] **sm.** atto ed effetto del capovolgere e del capovolgersi; rovesciamento, anche *fig.*: *il capovolgimento dei fronti, della situazione* || **N.** *Sin.* ribaltamento, sconvolgimento.

capovòlta [da *capovolto*, pps. di *capovolgere*; 1940] **sf. 1.** atto del capovolgersi || *salto con capovolta*, salto mortale **2.** *T.sport.* nel nuoto, virata con capriola effettuata dai dorsisti.

capovoltàre (pres. *-òlto*) [comp. di *capo-* e *voltare*; a. 1673] **tr.** *raro* capovolgere.

càppa[1] [lat. tardo *cappa*; a. 1321] **sf. 1.** mantello di varia lunghezza gen. con cappuccio, indossato nel Medioevo e nel primo Rinascimento da dignitari e cavalieri || *romanzi di cappa e spada*, quelli che narrano le avventure e gli amori di cavalieri part. nella Francia del XVI e XVII secolo || indumento ecclesiastico indossato durante particolari ricorrenze liturgiche ed extraliturgiche; abito di alcune confraternite religiose || mantello da donna, gen. da sera, riccamente ornato || *fig. cappa di piombo,* peso opprimente e insopportabile, part. di natura morale || *prov. per un punto Martin perse la cappa,* detto di chi per un nonnulla fallisce in un'impresa **2.** parte inferiore di una canna fumaria, di forma trapezoidale o conica, posta sopra un camino, un focolare o un fornello per convogliare fumi e vapori nella canna stessa || *fig. la cappa del cielo,* la volta celeste **3.** strato di materiale impermeabile, gen. asfalto o cemento, posto a copertura di strutture murarie per impedire infiltrazioni d'acqua **4.** *T.mar.* telo impermeabile con cui si proteggono dalle intemperie vari materiali di bordo || *vele di cappa,* le vele più basse e vicine al ponte || *navigare alla cappa,* a velocità minima; è l'andatura che una nave prende quando deve affrontare una tempesta || *diritto di cappa,* un tempo, compenso straordinario attribuito al comandante di una nave per la buona cura del carico; oggi, aumento del nolo di un veliero che l'armatore impone per cautelarsi da eventuali piccole avarie **5.** nome di piccoli molluschi marini bivalvi dei Veneridi simili alle vongole. **TAV.** *abitazione* 1.12.

càppa[2] V. KAPPA.

cappalùnga (pl. *cappelùnghe*) [comp. di *cappa* nel senso di mollusco marino bivalve e *lungo*; 1905 *cappalunga*] ***sf.*** mollusco bivalve marino dei Veneridi || **N.** *Sin.* cannello.

cappamàgna (pl. *cappemàgne*) [lat. eccles. *cappa magna*; 1673] ***sf.*** cappa da cerimonia con strascico, indossata in particolari occasioni da alti prelati e professori universitari || *fig. vestirsi in cappamagna,* con grande ricercatezza e sfarzo.

cappàre [prob. da *capo* con influsso di *chiappare*; 1438] ***tr.*** *ant.* scegliere.

Capparidàcee [comp. del lat. *capparis,* cappero e *-acee*; 1913] ***sf. pl.*** *T.bot.* famiglia di piante dicotiledoni con fiori riuniti in racemi e frutti a bacca, a siliqua o a capsula; comprende tra le varie specie il cappero.

cappàto [da *cappa*; a. 1676] ***agg.*** **1.** *ant.* che indossa la cappa || *fig.* illustre **2.** *T.arald.* detto di scudo diviso da due linee curve che partono dal centro del capo e terminano alla metà dei fianchi.

cappeggiàre (pres. *-éggio*) [da *cappa*; 1780] ***intr.*** (aus. *avere*) *T.mar.* navigare alla cappa.

cappéggio (pl. *-gi*) [da *cappeggiare*; 1889] ***sm.*** *T.mar.* atto ed effetto del cappeggiare.

cappèlla[1] [lat. mediev. *cappella,* dim. di *cappa,* in orig. nome dell'oratorio in cui si venerava una reliquia della cappa di San Martino; 1312] ***sf.*** **1.** piccolo edificio consacrato al culto o al seppellimento dei morti; può essere isolato e costituire un edificio a sé stante o essere incorporato in un complesso architettonico di dimensioni maggiori (una chiesa, un cimitero, un palazzo e sim.) || nicchia, edicola con altare, posta nelle navate laterali di una chiesa, gen. dedicata alla Madonna o a un santo || *cappella gentilizia,* costruita a spese di una famiglia || *cappella palatina,* in un palazzo reale || *cappella mortuaria,* in cimiteri e ospedali, quella in cui vengono celebrati i riti funebri per i morti in attesa di sepoltura || *cappella papale,* quella riservata al papa per celebrare o assistere a particolari funzioni; *per estens.* funzione solenne celebrata alla presenza del papa: *tener cappella,* detto del papa o di altro alto prelato che assiste solennemente a una funzione **2.** tabernacolo contenente un'immagine sacra eretto a scopo votivo o commemorativo ai crocicchi o sui muri esterni di caseggiati **3.** l'insieme dei musici e dei cantori di una chiesa; fino al 1700 anche l'insieme dei musicisti al servizio di una corte: *maestro di cappella,* direttore di tale gruppo || *musica a cappella,* musica vocale polifonica senza accompagnamento strumentale || *tempo a cappella,* tempo tagliato (2/2) **4.** nell'età comunale, nucleo militarmente organizzato cui appartenevano i cittadini che facevano capo a uno stesso luogo di culto **5.** *T.pesc.* nelle tonnare, la camera che precede la camera della morte || *dim.* cappellétta, cappellìna. **TAV.** *chiesa* 9.

cappèlla[2] [da *cappello*; a. 1850] ***sf.*** **1.** la testa di chiodi, funghi e sim. || *per estens. pop.* glande **2.** nel gergo di caserma, recluta **3.** *pop.* sbaglio, part. nella loc. *fare, prendere una cappella,* commettere un errore madornale, grossolano.

cappellàccia (pl. *-ce*) [da *cappello*; a. 1912] ***sf.*** uccello dei Passeriformi simile all'allodola, con piumaggio di colore grigio-rossastro e un ciuffo di piume sul capo.

cappellàccio (pl. *-ci*) (*pegg.* di *cappello*) [1483] ***sm.*** **1.** cappello sformato e consunto: *si calzò in testa un cappellaccio e uscì nella pioggia* **2.** *fig. ant.* rimprovero || *prendere un cappellaccio,* aversene a male **3.** *T.min.* parte superficiale di un giacimento minerario metallifero alterata dagli agenti atmosferici **4.** *pl.* involti di pasta sfoglia e zucca o ricotta tipici della cucina emiliana.

cappellàio (pl. *-ài*) [da *cappello*; a. 1421] ***sm.*** (f. *-a*) chi fa o vende cappelli. **Q.T.** *copricapi.*

cappellanàto [da *cappellano*; fine sec. XIII] ***sm.*** *non com.* ufficio di cappellano.

cappellanìa [da *cappellano*; a. 1566] ***sf.*** ente ecclesiastico costituito per volontà di un fedele mediante un lascito o mediante testamento, gen. per la celebrazione di messe in una data chiesa.

cappellàno [da *cappella*; sec. XIII] ***sm.*** **1.** titolare di una cappellania **2.** sacerdote cui è affidato l'ufficio di una cappella senza cura d'anime **3.** sacerdote cui è affidato l'ufficio religioso presso determinati enti o istituzioni: *cappellano militare, di corte* **4.** sacerdote che assiste il parroco durante la funzione religiosa || chi sostiene la croce o le insegne del vescovo in una processione. **Q.T.** *religione.*

cappellàta [da *cappello*; 1865] ***sf.*** **1.** quantità di roba che può entrare in un cappello || *a cappellate,* in grande quantità **2.** colpo dato col cappello.

cappellerìa [da *cappello*; 1925] ***sf.*** negozio dove si vendono i cappelli || bottega artigiana dove si fabbricano i cappelli.

cappellétto (*dim.* di *cappello*) [1370 ca. nel senso 8] ***sm.*** **1.** *ant.* copricapo militare in metallo o in cuoio, privo di visiera, utilizzato dalle cavallerie orientali || *per estens.* soldato di cavalleria balcanico reclutato dalla Repubblica di Venezia || *per estens.* nel XIV secolo, soldato appartenente a una compagnia di ventura che indossava tale copricapo **2.** cerchietto in tela cerata posto in cima all'ombrello dove si congiungono le stecche **3.** rinforzo della calza posto in corrispondenza delle dita **4.** nei fucili ad avancarica, innesco **5.** *pop.* borsite, tumefazione cutanea che si può formare al calcagno o al garretto di bovini ed equini **6.** salume simile al cotechino insaccato in pezzi di cotenna cuciti a forma di tricorno **7.** *pl.* involto di pasta all'uovo di forma tondeggiante, ripieno, tipico della cucina emiliana **8.** *T.cacc.* il cappuccio che si mette al falcone. **TAV.** *alimentazione* 1.13.

cappellièra [da *cappello*; 1691] ***sf.*** custodia di vario materiale in cui si ripongono i cappelli in casa o in viaggio.

cappellifìcio (pl. *-ci*) [comp. di *cappello* e *-ficio*; 1942] ***sm.*** fabbrica di cappelli.

cappellìna[1] [da *cappello*; a. 1388 nel senso 2] ***sf.*** **1.** cappello di paglia a tesa larga **2.** *ant.* berretta da notte **3.** *ant.* elmo leggero, cervelliera.

cappellìna[2] [da *cappa*; 1955] ***sf.*** *T.arald.* lambrecchini a forma di cappa, senza frastagli, confezionato con stoffe unite.

cappellinàio (pl. *-ài*) [da *cappellino*; a. 1498] ***sm.*** *tosc. raro* attaccapanni.

cappellìno (*dim.* di *cappello*) [1618] ***sm.*** **1.** cappello di piccole dimensioni **2.** elegante cappello femminile.

cappèllo [lat. volg. **cappellus*; inizio sec. XIII] ***sm.*** **1.** copricapo maschile o femminile di forma e materiale vario: *cappello di lana, di paglia, di feltro, a tesa larga*; *cappello a cilindro,* tuba; *cappello a lucerna,* cappello a due punte dell'alta uniforme dei carabinieri; *cappello cardinalizio,* color rosso porpora, indossato dai cardinali; *per meton.* la dignità di cardinale || *T.arald. cappello prelatizio,* cappello ecclesiastico che si pone sulle armi di ecclesiastici || *portare il cappello sulle ventitrè,* molto inclinato da un lato || *amico di cappello,* chi si conosce in modo superficiale e con cui ci si scambia solo il saluto || *fig. fare, levarsi tanto di cappello,* riconoscere la bravura o i meriti di qualcuno || *fig. prendere cappello,* arrabbiarsi, aversela a male || *fig. appendere il cappello al chiodo,* fare un matrimonio conveniente **2.** *per estens.* oggetti o parti di oggetti che per forma o funzione ricordino il cappello: *il cappello di un chiodo, di un comignolo* || *cappello della tromba,* sordina || *cappello del lume,* paralume che copre totalmente la fonte luminosa || *cappello del prete,* insaccato di forma triangolare simile al cotechino **3.** *fig.* breve introduzione, preambolo a uno scritto, part. a un articolo: *un cappello introduttivo* **4.** *T.bot.* parte superiore del corpo di molti funghi, concava o convessa e con la faccia inferiore a lamelle o tuboli **5.** *T.enol.* massa di vinacce che vengono in superficie durante la fermentazione del mosto **6.** *T.tess.* cascame di cotone **7.** *T.mar.* legatura che sostiene una vela maestra quando è arrotolata e serrata sul pennone **8.** *ant.* ghirlanda || elmo **9.** *T.cacc.* il cappuccio del falcone **10.** *T.min.* architrave che sostiene la volta di una galleria || *dim.* cappellétto, cappellìno; *accr.* cappellóne; *pegg.* cappellàccio. **Q.T.** *abbigliamento, copricapi* **TAV.** *abitazione* 1.8.

cappellóna [da *cappello*; 1923] ***sf.*** *pop.* nome dato alle monache dell'ordine delle Figlie della Carità a causa della caratteristica cuffia a falde larghe che indossavano.

cappellóne[1] (*accr.* di *cappello*) [a. 1584] ***sm.*** **1.** grande cappello **2.** (f. *-a*) *per estens.* chi indossa grandi cappelli || *pop.* in posizione attributiva (sempre posposto) nella loc. *film cappellone,* film western (a causa dei cappelli a tesa larga indossati dagli attori in tali film).

cappellóne[2] (*accr.* di *cappella*[2]) [1918] ***sm.*** nel gergo militare, recluta.

cappellòtto [da *cappello*; 1940 nel senso 3] ***sm.*** **1.** rinforzo che si colloca in punta a una calzatura **2.** sorta di tappo usato per proteggere il collo delle damigiane **3.** capsula contenente sostanze detonanti, usata come innesco nelle armi a percussione **4.** cilindretto metallico posto in cima a un tubo elettronico.

cappellùto [da *cappello*; a. 1449] ***agg.*** di volatile, che ha sul capo un ciuffo di penne.

càppero [lat. *capparis*; 1340 ca.] **I** ***sm.*** **1.** pianta cespugliosa sempreverde delle Capparidacee; cresce spontanea nelle fessure rocciose, ha foglie ovali, fiori bianchi di piccole dimensioni e frutto a bacca che conservato sotto sale o sotto aceto viene usato nella preparazione di salse || *per estens.* il frutto commestibile di tale pianta **2.** *ant. pop.* pene **II** ***escl.*** di sorpresa (usato solo al pl.): *capperi! avevi proprio ragione.*

capperóne [da *cappa*; a. 1312] ***sm.*** *ant.* cappuccio collegato a una corta mantellina, usato nel Medioevo per proteggersi dalla pioggia.

capperùccia (pl. *-ce*) [da *cappa*; a. 1449] ***sf.*** *ant.* **1.** cappuccio attaccato alla cappa || *fig. andare in capperuccia*, di nascosto, in incognito || *per estens.* cuffia delle suore **2.** cappa logora.

càppio (pl. *-pi*) [lat. tardo *capulum*; 1304] ***sm.*** **1.** nodo fatto in modo che tirando uno dei capi la legatura si sciolga: *fare un cappio per ormeggiare la barca* || *per estens.* fiocco ornamentale su abiti femminili **2.** nodo scorsoio: *il boia strinse il cappio al collo del condannato* || *fig. avere il cappio al collo*, non poter scegliere liberamente || **N. 1.** nodo; fiocco, nappa.

cappóna [da *cappone*[1]; 1869] ***sf.*** pollastra cui sia stato asportato chirurgicamente l'ovario || **N.** *Sin.* capponessa.

capponàia [da *cappone*[1]; a. 1566] ***sf.*** **1.** gabbia in cui si tengono a ingrassare i capponi || *per estens. pop.* prigione **2.** *fig. region.* in un teatro, l'ordine di posti più in alto, loggione || **N. 2.** *Sin.* piccionaia.

capponàre[1] (pres. *-óno*) [da *cappone*[1]; 1400] ***tr.*** castrare i galletti perché diventino capponi || *per estens.* castrare.

capponàre[2] V. CAPONARE.

capponàta[1] [da *cappone*[1]; 1965] ***sf.*** grande mangiata di capponi.

capponàta[2] V. CAPONATA.

capponatùra [da *capponare*[1]; 1887] ***sf.*** atto ed effetto del capponare.

cappóne[1] [lat. volg. **cappo, -ōnis*; inizio sec. XIII] ***sm.*** **1.** gallo castrato per favorirne l'ingrassamento || *far venire la pelle di cappone*, far accapponare la pelle per paura, orrore **2.** *cappone di galera*, piatto della cucina marinaresca tradizionale a base di mollica di pane, aceto, pesce, uova e altri ingredienti **3.** nome di vari pesci della famiglia dei Triglidi || *region. cappone di palude*, tarabuso || *dim.* capponcìno, capponcèllo, capponcétto; *accr.* capponcióne.

cappóne[2] V. CAPONE.

capponéssa [da *cappone*[1]; a. 1859] ***sf.*** cappona.

capponièra [dallo sp. *caponera*, capponaio, stia; a. 1680] ***sf.*** opera di fortificazione a raso terra per la difesa e il fiancheggiamento dei fossi.

cappòtta[1] [da *cappa*; 1815] ***sf.*** **1.** *ant.* lungo mantello da donna **2.** giacca invernale a doppio petto in dotazione alla Marina Militare italiana.

cappòtta[2] [dal fr. *capote*; 1935] ***sf.*** *capote*.

cappottaménto o **capotaménto** o **capottaménto** [da *cappottare*; 1955] ***sm.*** capovolgimento di un veicolo o aereo.

cappottàre o **capotàre** o **capottàre** (pres. *-òtto*) [dal fr. *capoter*; 1919 *cappottare*] ***intr.*** (aus. *avere*) detto di veicoli o velivoli, capovolgersi per urto o frenata brusca: *giunto sulla pista di decollo l'aereo ha cappottato*.

cappòtto[1] [da *cappa*; a. 1566] ***sm.*** soprabito invernale pesante da uomo e da donna: *un cappotto di cammello* || *cappotto alla Bismarck*, di taglio militaresco || *dim.* cappottìno; *accr.* cappottóne || **N.** cappa, gabbano, paltò, pastrano. **Q.T.** *abbigliamento*.

cappòtto[2] [dal fr. (*faire*) *capot*; 1797] ***sm.*** *T.sport.* e *T.gioc.* usato nelle loc. *dare, fare cappotto*, vincere una partita senza consentire all'avversario di segnare nemmeno un punto; *T.cacc.* ritornare da una battuta col carniere vuoto.

cappuccìna[1] [da *cappuccio*; a. 1597] ***sf.*** **1.** varietà di lattuga con foglie larghe e tondeggianti raccolte in cespo **2.** pianta rampicante con foglie tondeggianti e fiori di color giallo-rosso, nasturzio.

cappuccìna[2] [da *cappuccino*; 1830] ***sf.*** suora di clausura dell'ordine fondato nel XVI secolo da Maria Lorenza Longo.

cappuccinésco (pl. *-schi*) [da *cappuccino*; a. 1827] ***agg.*** relativo, caratteristico dei frati cappuccini.

cappuccìno [da *cappuccio*; a. 1587 nel senso 1; 1905 nel senso 4] ***sm.*** **1.** frate appartenente a una famiglia dei minori francescani || *fig. fare vita da cappuccino*, fare vita ritirata e modesta || *fig. pazienza da cappuccino*, inesauribile || *barba da cappuccino*, lunga || talvolta anche in funzione attributiva, sempre posposto: *frate cappuccino* **2.** varietà di colombo, le cui penne del collo, rovesciate, ricordano la forma di un cappuccio **3.** *pop.* falco di palude **4.** bevanda fatta con caffè espresso e latte, il cui colore ricorda quello della tonaca dei frati omonimi || **N. 4.** caffellatte, cappuccio, latte macchiato.

cappùccio (pl. *-ci*) [da *cappa*; a. 1276 *cappuzzo*] **I *sm.*** **1.** copricapo gen. di forma conica attaccato al colletto del mantello o dell'abito; è oggi conservato nell'abito di varie confraternite religiose e anche applicato a cappotti, impermeabili, giacche a vento e sim. come protezione contro il maltempo || *per estens.* copricapo di forma analoga usato per proteggere la testa dei cavalli in caso di maltempo || *per estens. T.cacc.* nella falconeria, rivestimento in cuoio che si applica sul capo dei falchi e che viene tolto solo al momento della caccia **2.** *per estens.* nome di varie coperture e rivestimenti che per forma o funzione ricordino il cappuccio: *il cappuccio della penna* || rinforzo metallico posto sull'ogiva di proiettili perforanti per evitarne la rottura al momento dell'urto col bersaglio **3.** altro nome della bevanda detta *cappuccino* **II *agg.*** **1.** *cavolo cappuccio*, varietà di cavolo le cui foglie strettamente addensate formano una palla **2.** *razza cappuccia*, varietà di suini allevata in Toscana.

càpra [lat. *capra*; a. 1292] ***sf.*** **1.** mammifero ruminante degli Artiodattili di medie dimensioni, con corna ricurve all'indietro, testa corta e di forma triangolare, zampe robuste, pelame liscio gen. chiaro o pezzato e un caratteristico ciuffo di peli sotto il mento || *luoghi, sentieri da capre*, impervi, scoscesi || *fig. salvare capra e cavoli*, conciliare esigenze opposte **2.** *per meton.* la pelle di tale animale: *un tappeto di capra* **3.** struttura composta da tre assi riunite a piramide sulla cui sommità è applicato un paranco o una carrucola per sollevare pesi di una certa entità **4.** *T.mar.* strumento per sollevare e assicurare gli alberi di un'imbarcazione **5.** *T.aer.* nei biplani, struttura di collegamento tra l'ala e la fusoliera **6.** supporto di legno per trasportare più gabbie di uccelli da richiamo **7.** antico strumento di tortura a forma di cavalletto, terminante con una punta su cui si faceva sedere l'imputato || *dim.* caprétto, caprétta, caprettìno, caprìna || **N. 1.** CAPRO.

capràggine [lat. tardo *caprāgo, -inis*; 1759] ***sf.*** galega.

capràio (pl. *-ài*) (region. *capràro*) [lat. *caprārius*; a. 1530] ***sm.*** (f. *-a*) guardiano di capre.

capraréccia (pl. *-ce*) [da *capra*; 1803 nel senso 2] ***sf.*** **1.** varietà di capre diffusa nell'Appennino centrale **2.** stalla invernale per capre **3.** *region.* nel Lazio, strada di campagna percorsa dalle greggi || **N. 2.** *Sin.* caprile, ovile.

capràro V. CAPRAIO.

capràta [da *capra*; 1759] ***sf.*** *ant.* sostegno per gli argini di un corso d'acqua costituito da fascine e travi.

capreolàto [da *capreolo*; 1965] ***agg.*** *T.arch.* ornato con capreoli: *capitello capreolato*.

caprèolo [dal lat. *capreolus*, capriolo, per la forma a spirale delle sue corna; a. 1798 nel senso 2] ***sm.*** *raro* **1.** viticcio **2.** *T.arch.* ornamento a forma di viticcio.

caprése [dal nome dell'isola di *Capri*; 1860] **I *agg.*** proprio dell'isola di Capri: *il turismo caprese* **II *s.*** abitante, nativo dell'isola di Capri || ***sf.*** tipo di insalata a base di pomodori, mozzarella e olive.

caprétta (*dim.* di *capra*) [a. 1313] ***sf.*** **1.** piccola capra; cucciolo di capra **2.** utensile impiegato nell'incidere il legno.

caprétto [da *capra*; sec. XIV] ***sm.*** il piccolo della capra che non ha ancora raggiunto l'anno || la carne di tale animale: *coscia di capretto* || *per meton.* la pelle di capretto, usata per confezionare guanti, calzature e sim. **Q.T.** *edilizia*.

capriàta [da *capra*; 1908] ***sf.*** *T.arch.* struttura portante triangolare in legno, ferro, cemento o altro materiale usata come sostegno di tetti, ponti e sim. **Q.T.** *edilizia*.

caprìccio (pl. *-ci*) [prob. da *caporiccio*; a. 1292] ***sm.*** **1.** voglia, desiderio bizzarro e ostinato gen. di breve durata: *gli è venuto il capriccio di mangiare anguria in dicembre, ha più capricci che capelli* || *levarsi, togliersi un capriccio*, soddisfarlo || *fare i capricci*, part. di bambini, esprimere vivacemente e con insistenza desideri immotivati ed effimeri **2.** relazione amorosa superficiale e di breve durata: *è solo un capriccio adolescenziale* **3.** evento bizzarro, fuori dalla norma: *i capricci del caso, del tempo* **4.** *T.mus.* componimento strumentale a schema libero di carattere fantasioso: *i capricci per violino di Paganini* **5.** *T.art.* rappresentazione pittorica in cui elementi realistici vengono composti in modo bizzarro e inconsueto **6.** mantovana drappeggiata in tessuto pesante **7.** *ant.* ribrezzo, raccapriccio || *dim.* capriccétto; *pegg.* capricciàccio || **N. 1.** *Sin.* estro, fantasia, fisima, frullo, ghiribizzo, grillo, ticchio, uzzolo; bizza | incapricciarsi, scapricciarsi.

capriccióso [da *capriccio*; 1550] ***agg.*** **1.** che fa o che ha molti capricci: *una ragazza capricciosa, un bambino capriccioso* **2.** stravagante, estroso: *un abito, un temperamento capriccioso* || imprevedibile: *tempo capriccioso* || *insalata capricciosa*, con verdure, formaggio, prosciutto ecc. e condita con maionese || *pizza capricciosa*, con uova, prosciutto, sottaceti ecc. || *dim.* capricciosétto, capricciosìno, capricciosèllo; *pegg.* capricciosàccio || **capricciosaménte** ***avv.*** || **N. 1.** *Sin.* bisbetico, bizzoso **2.** *Sin.* singolare, strambo, strano.

capricòrno [dal lat. *capricornus*; 1282 nel senso 2; a. 1556 nel senso 1] ***sm.*** **1.** mammifero ruminante degli Artiodattili poco più grosso della capra, dal pelo abbondante, lungo e liscio, diffuso in part. nelle zone montuose dell'Asia meridionale **2.** (perlopiù con iniziale maiuscola) *T.astr.* costellazione zodiacale tra Sagittario e Acquario || *T.astrol.* decimo segno dello zodiaco, in cui il Sole transita nel periodo che va dal 22 dicembre al 20 gennaio || *per meton.* persona nata in tale periodo. **TAV.** *astrologia* 1.10.

caprificàre (pres. *-ìfico, -ìfichi*) [dal lat. *caprificāre*; 1340 ca.] ***tr.*** favorire la fecondazione dei fiori del fico domestico, inserendo tra i rami le infiorescenze o i frutti maturi del caprifico.

caprificazióne [da *caprificare*; a. 1566] ***sf.*** atto ed effetto del caprificare.

caprifìco (pl. *-chi*) [dal lat. *caprifīcus*; 1340 ca.] ***sm.*** fico selvatico diffuso nell'area mediterranea.

Caprifogliàcee o **Caprifoliàcee** [comp. di *caprifoglio* e *-acee*; 1830] ***sf. pl.*** *T.bot.* famiglia di piante dicotiledoni erbacee, arbustive o lianacee, con foglie opposte, fiori a cimosa e frutti a drupa o a bacca.

caprifòglio (pl. *-gli*) [lat. tardo *caprifolium*; sec. XIV] ***sm.*** pianta rampicante delle Caprifogliacee con fiori molto odorosi di color bianco rosato e foglie opposte.

caprigno [da *capra*; a. 1533] ***agg.*** *lett.* caprino.

caprile [lat. *caprile*; 1325 ca.] ***sm.*** *raro* stalla per le capre.

Caprimulgifórmi (sing. *-e*) [comp. di *caprimulgo* e *-forme*; 1965] ***sm. pl.*** *T.zool.* ordine di Uccelli per lo più notturni dal becco largo e corto, zampe brevi e piumaggio morbido e lanoso.

caprimùlgo (pl. *-gi*) [dal lat. *caprimulgus*; 1483] ***sm.*** uccello con piumaggio grigio-marrone e ali lunghe || **N.** *Sin.* succiacapre.

Caprìni [da *capra*; 1881] ***sm. pl.*** *T.zool.* sottofamiglia dei Bovidi forniti di corna in entrambi i sessi, e barba sotto il mento; tra di essi la capra.

caprìnico (pl. *-ci*) [da *caprino*; 1933] ***agg.*** *T.chim. acido caprinico*, acido organico presente nel latte e nel burro di capra, dall'odore sgradevole.

caprìno [lat. *caprinus*; 1282] **I *agg.*** di capra: *pelli caprine* || *fig. questioni di lana caprina*, fittizie, inconsistenti **II *sm.*** **1.** puzzo di capra: *quest'uomo sa di caprino* **2.** formaggio di latte di capra **3.** sterco di capra utilizzato come fertilizzante.

caprìola[1] [etim. discussa; 1536 nel senso 3] ***sf.*** **1.** salto compiuto mettendo le mani o il capo a terra, slanciando le gambe in aria e ruotando sul dorso: *fare le capriole nei prati* **2.** *per estens.* salto, piroetta || caduta, capitombolo: *è scivolato e ha fatto una bella capriola* || *fig. fare la capriola*, perdere potere o prestigio; in politica, cambiare opinione **3.** nella danza, salto in cui il ballerino scambia rapidamente in aria la posizione dei piedi **4.** figura dell'equitazione di alta scuola in cui il cavallo, sollevandosi da terra con un salto e avendo le zampe tutte alla stessa altezza, piega le anteriori e contemporaneamente distende le posteriori come per sferrare un calcio.

caprìola[2] [lat. tardo *capreola*; 1353] ***sf.*** *ant.* la femmina del capriolo.

capriolàre (pres. *-òlo*) [da *capriola*[1]; a. 1764] ***intr.*** (aus. *avere*) *raro* fare capriole.

caprìolo (ant. *cavriòlo*) [lat. *capreolus*; fine sec. XIII] ***sm.*** mammifero ruminante degli Artiodattili di medie dimensioni, con mantello di colore rossastro, grigio-bruno in inverno, corna poco sviluppate e presenti solo nel maschio, coda rudimentale, zampe lunghe e sottili || *capriolo corrente*, nel tiro al bersaglio, sagoma mobile a forma di animale che scorre su un binario.

càpro [da *capra*; a. 1530] ***sm.*** maschio della capra || *fig. capro espiatorio, propr.* essere animato o inanimato in grado di accogliere su di sé i mali e le colpe di una comunità, e *per estens.* chi sconta le colpe altrui || **N.** *Sin.* becco, caprone, irco.

capróne [da *capro*; 1536] ***sm.*** **1.** capro **2.** *fig.* persona rozza e grossolana.

caprònico (pl. *-ci*) [da *caprone*; 1955] ***agg.*** *acido capronico*, acido presente nel latte di capra o di mucca, e ricavabile da composti da esso derivati.

caprugginàre (pl. *-ùggino*) [da *capruggine*; 1830] ***tr.*** *raro* fare le capruggini.

caprugginatóio (pl. *-ói*) [da *caprugginare*; 1830] ***sm.*** *non com.* utensile per fare le capruggini.

caprùggine [etim. inc.; inizio sec. XIV] ***sf.*** scanalatura praticata alle estremità delle doghe delle botti per potervi incastrare i fondi.

Capsiàno [dal n. geogr. *Capsa*, antico nome della città di Gafsa, in Tunisia, da cui provengono i primi reperti; 1931] ***agg.*** e ***sm.*** in paletnologia, detto di cultura preistorica dell'Africa settentrionale di cui sono stati rinvenuti strumenti litici, manufatti d'osso e microliti.

càpsico (pl. *-ci*) [dal gr. *kapsikós*; 1830] ***sm.*** **1.** *T.bot.* genere di piante erbacee o soffrutticole delle Solanacee, dai frutti a bacca di sapore piccante (tra di esse il peperoncino) **2.** componente di alcuni prodotti farmaceutici, estratto dal frutto di una specie di tale genere.

càpside [dal lat. *capsa*, cassa; 1983] ***sm.*** *T.biol.* in virologia, involucro proteico di una particella virale.

capsòmero [comp. di *caps(sula)* e *-mero*; 1974] ***sm.*** *T.biol.* unità proteica che compone il capside.

càpsula [dal lat. *capsula*, cassettina; sec. XV nel senso 3] ***sf.*** **1.** involucro, gen. di forma sferica o cilindrica, di materiale vario, che svolge funzioni di protezione, rivestimento o chiusura || *T.farm.* involucro solubile in cui sono racchiusi medicinali di gusto sgradevole o che devono giungere intatti nell'intestino; *per estens.* il farmaco così confezionato: *deve prendere due capsule prima dei pasti* || *T.med.* rivestimento in materiale vario posto a protezione di un dente cariato o come sostegno di protesi fisse di denti mancanti || particolare tipo di chiusura metallica applicata sul collo di una bottiglia o sull'apertura di un contenitore; cappuccio di stagnola che ricopre il collo di bottiglie di vini pregiati **2.** *T.bot.* frutto secco deiscente diviso in valve contenenti i semi **3.** *T.anat.* involucro fibroso o adiposo che riveste alcuni organi o articolazioni: *capsula surrenale*, ghiandola a secrezione interna che produce l'adrenalina; *capsula articolare*, manicotto fibroso che accoglie i capi ossei delle articolazioni mobili; *capsula interna*, sostanza laminare di colore biancastro che si trova negli emisferi cerebrali **4.** *capsula d'innesco*, cilindro metallico riempito di esplosivo che, quando viene urtato dal percussore di un'arma, provoca l'accensione della polvere da sparo **5.** *capsula barometrica*, nei barometri, scatola metallica elastica sensibile alla pressione atmosferica **6.** *capsula spaziale*, cabina contenente l'equipaggio e le strumentazioni necessarie per l'effettuazione di un volo spaziale, gen. a forma di tronco di cono, che costituisce l'ogiva del missile vettore **7.** *capsula telefonica*, parte del microtelefono costituita da una membrana sensibile alle onde sonore; *capsula trasmittente*, che trasforma le onde sonore in impulsi elettrici; *capsula ricevente*, che converte gli impulsi elettrici in onde sonore **8.** in biblioteconomia, raccoglitore, classificatore di opuscoli, estratti e sim. **Q.T.** *astronautica* **TAV.** *erboristeria* 1.2; ***anatomia* p. 641** 5.6; ***armi* p. 649** 21.1, 24.6; ***astronautica* p. 654** 1.2, 3.4, 3.5 **e p. 655** 7; ***fiori...* p. 671** 8.4.

capsulàre (pres. *càpsulo*) [da *capsula*; 1967] ***tr.*** sigillare ermeticamente l'imboccatura di un recipiente.

capsulatrìce [da *capsulare*; 1955] ***sf.*** apparecchio per l'applicazione di capsule a bottiglie e sim.

capsulatúra [da *capsula*; 1955] ***sf.*** applicazione di una capsula di chiusura, di stagnola, alluminio o plastica, all'estremità del collo di bottiglie e flaconi precedentemente tappati.

capsulìsmo [da *capsula*; 1930] ***sm.*** *T.tecn.* pompa idraulica composta da vari elementi rotanti entro una capsula, utilizzata per aspirare o comprimere fluidi.

captàre [dal lat. *captāre*, intensivo di *capere*, prendere; 1865 nel senso 1; 1940 nel senso 2] ***tr.*** **1.** cercare di ottenere vantaggi: *captare i favori, la benevolenza di qualcuno* **2.** utilizzare, sfruttare qualcosa in vista di un fine: *captare l'acqua piovana* **3.** *com.* intercettare per mezzo di apposite apparecchiature trasmissioni radio-televisive, telegrafiche e sim.: *nella valle è difficile captare le tv private* || *per estens. fig.* cogliere, afferrare, intuire: *non riesce a captare i mutamenti nell'ambiente* || cogliere al volo: *ha captato alcune osservazioni maligne sul suo conto* || **N.** **1.** *Sin.* accattivarsi, procurarsi, propiziarsi **2.** *Sin.* raccogliere **3.** *Sin.* ricevere.

captatio benevolentiae (lat., pr. it. [kap'tattsjo benevo'lɛntsje]) [letter. conquista della benevolenza] ***loc. f. inv.*** *T.ret.* in un discorso organizzato retoricamente, la parte che mira a conquistare la benevolenza degli ascoltatori.

captatóre [da *captare*; 1970] ***agg.*** e ***sm.*** detto di strumento usato per la depurazione dei fluidi industriali: *filtro captatore* || detto di strumento per la ricezione di segnali elettromagnetici: *un'antenna è un captatore di radiosegnali.*

captazióne [dal lat. *captātio*, *-ōnis*; 1887] ***sf.*** **1.** cercare di ottenere qualcosa facendo uso della persuasione || *T.giur.* raggiro posto in atto per ottenere condizioni testamentarie a proprio favore **2.** operazione di depurazione dei fluidi industriali **3.** *T.med.* ritenzione di una sostanza da parte di un organo.

captìvo [dal lat. *captīvus*; a. 1476] ***agg.*** e ***sm.*** (f. *-a*) *lett.* prigioniero || *punta captiva*, in vari apparecchi usati nella macellazione, punta metallica che viene sparata dall'apparecchio, ma non completamente espulsa.

capuffìcio v. CAPOUFFICIO.

capùt [dal ted. *kaputt*; 1955] ***agg. inv.*** morto, distrutto, in rovina.

capziosità [da *capzioso*; 1921] ***sf.*** l'essere capzioso: *la capziosità delle sue argomentazioni è proverbiale* || **N.** *Sin.* cavillosità, sofisticheria, sottigliezza.

capzióso [dal lat. *captiōsus*; a. 1600] ***agg.*** che tende a ottenere il consenso mediante trucchi, cavilli e sottigliezze sofistiche: *ragionamento capzioso* || **capziosaménte** ***avv.***

càra [dal lat. *chara*; 1865] ***sf.*** alga delle Caracee vivente sul fondo di acque salmastre.

carabàttola [dal lat. *grabātum*, lettuccio; 1566] ***sf.*** masserizia, oggetto di poco pregio || *per estens.* sciocchezza, inezia.

Caràbidi (sing. *-e*) [comp. di *carab(o)*[1] e *-idi*; 1887] ***sm. pl.*** *T.zool.* famiglia di insetti coleotteri carnivori e predatori che per difendersi emettono un liquido di odore acre e disgustoso.

carabìna [dal fr. *carabine*; 1614] ***sf.*** fucile di precisione a canna rigata di peso e ingombro ridotti || *carabina automatica*, che si ricarica facendo uso dei gas prodotti dall'esplosione del colpo precedente.

carabinàta [da *carabina*; 1910] ***sf.*** colpo di carabina.

carabinière [da *carabina*; a. 1764] ***sm.*** **1.** *T.stor.* nell'esercito sabaudo e poi in quello italiano, soldato a piedi o a cavallo armato di carabina **2.** appartenente a un corpo speciale dell'esercito italiano con funzioni di polizia militare e tutela dell'ordine pubblico || *fig. essere un carabiniere*, essere inflessibile e intransigente. **Q.T.** *forze armate.*

càrabo[1] [dal gr. *kárabos*; 1829] ***sm.*** *T.zool.* genere di insetti coleotteri carnivori e predatori dai colori brillanti e metallici.

càrabo[2] [lat. *carabus*; 1820] ***sm.*** nell'antichità, barca a remi leggera, ricoperta di pelli; nel Medioevo, imbarcazione a vela.

carabottìno [etim. inc.; 1869] ***sm.*** *T.mar.* nelle costruzioni navali, graticolato posto sul ponte nei punti in cui si raccoglie l'acqua per poter camminare senza bagnarsi, oppure sui boccaporti per assicurare l'aerazione.

caràcal [lat. scient. (*lynx*) *caracal*, dal turco *karakulak*, orecchio nero; 1802] ***sm. inv.*** specie di felidi del genere lince, diffusa in Africa e nell'Asia sud-occidentale; i caracal, ottimi corridori, non raggiungono il metro di lunghezza e hanno pelo fulvo, nero solo su due strisce che dal naso vanno alle orecchie; queste, molto lunghe, terminano in punta con un ciuffo di peli.

caracàlla [dal lat. tardo *caracalla*; 1734] ***sf.*** mantello lungo sino ai piedi indossato in Gallia in epoca romana.

caràcca [dall'ar. *ḥarrāqa*; sec. XIV] ***sf.*** grossa nave da trasporto o da guerra, gen. a tre alberi, in uso nei secoli XVI e XVII. **Q.T.** *vela.*

Caràcee [comp. di *cara* e *-acee*; 1887] ***sf. pl.*** *T.bot.* famiglia di alghe verdi d'acqua dolce o salmastra di notevoli dimensioni.

carachìri adattamento it. di *harakiri* (v.).

caracollàre (pres. *-òllo*) [dallo sp. *caracolear*; 1618] ***intr.*** (aus. *avere*) **1.** nell'equitazione, volteggiare in tondo a destra e a sinistra compiendo piccoli saltelli || *per estens.* di persona, procedere a balzelli, trotterellando **2.** *T.mil.* eseguire il caracollo.

caracòllo [dallo sp. *caracol*, letter. chiocciola; 1573 *caragolo*] ***sm.*** **1.** volteggio del cavallo a tondo o a mezzo tondo **2.** *T.mil.* manovra della cavalleria, ideata con la comparsa delle prime armi da fuoco, consistente in un rapido alternarsi delle file di cavalieri di fronte al nemico contro cui scaricavano le proprie armi.

caracùl [dal russo *karakul'*; 1940] ***sm.*** *inv.* razza di pecore con manto nero o grigio usato nella confezione di pellicce.

Caradrifórmi (sing. *-e*) [comp. di *caradrio* e *-forme*; 1930] ***sm.*** *pl.* *T.zool.* ordine di uccelli che comprende in maggioranza specie acquatiche, fra cui i trampolieri. **Q.T.** *zoologia.*

caràdrio (pl. *-dri*) [dal lat. tardo *charadrius*; 1830] ***sm.*** uccello dei Caradriformi dalle ali appuntite e zampe sottili.

caràffa [dall'ar. *garrāfa*; 1554] ***sf.*** **1.** recipiente per liquidi di vetro o altro materiale, di forma panciuta, con manico e imboccatura larga munita di beccuccio || *per meton.* quantità di liquido in esso contenuta: *si è bevuto una caraffa di vino* **2.** *ant.* unità di misura per liquidi in uso a Napoli || *dim.* caraffina, caraffétta; *accr.* caraffóne (*sm.*).

caraìbico v. CARIBICO.

caramba (sp., pr. [ka'ramba]) [escl. eufem.; 1905] **I *escl.*** eufemistica che corrisponde all'italiano *caspita* **II *sm.*** *inv. pop. spreg.* carabiniere.

caràmbola¹ [dal malese *karambil*, noce di cocco, attr. lo sp. o port. *carambola*; 1708] ***sf.*** pianta delle Ossalidacee con foglie caduche, fiori a grappoli bianco-rosati e frutti commestibili a bacca || *per meton.* il frutto di tale pianta.

caràmbola² [dallo sp. *carambola*, palla di biliardo, attr. il fr. *carambole*; 1846 *carambòla italiana*] ***sf.*** **1.** nel biliardo, colpo con il quale con la propria palla se ne colpiscono due || gioco che si basa su tale colpo **2.** nel calcio, tiro che, dopo essere rimbalzato sul corpo di un giocatore o su un ostacolo, cambia traiettoria **3.** spinta che si dà a qualcuno dopo essere stati urtati da qualcun'altro || *per estens.* scontro, incidente stradale tra più veicoli.

carambolàre (pres. *-àmbolo*) [da *carambola²*; 1865] ***intr.*** (aus. *avere*) fare carambola.

carambolàta [da *carambolare*; 1925] ***sf.*** nel biliardo, tiro di carambola.

carambolìsta [da *carambola²*; 1955] ***s.*** giocatore di biliardo, abile nei tiri di carambola.

caramèlla [dal lat. *calamellus*, piccola canna, attr. il port. e sp. *caramelo*, cannello di zucchero e il fr. *caramel*; 1810] ***sf.*** **1.** dolce ottenuto dalla cottura sotto vuoto di zucchero, aromi e coloranti: *una caramella al caffè, alla frutta* || in posizione attributiva (sempre posposto), *rosa caramella*, di color rosa intenso simile a quello delle caramelle alla fragola **2.** *fig. fam.* monocolo.

caramellàio (pl. *-ài*) [da *caramella*; 1875] ***sm.*** (f. *-a*) chi vende o produce caramelle.

caramellàre (pres. *-èllo*) [da *caramello*; 1875] ***tr.*** **1.** far fondere lo zucchero fino a ottenere uno sciroppo denso che raffreddandosi indurisce e assume un aspetto cristallino **2.** ricoprire con zucchero fuso: *caramellare la frutta* **3.** colorare una bevanda col caramello.

caramellìsta [da *caramella*; 1938] ***s.*** operaio addetto alla produzione di caramelle.

caramèllo [dallo sp. *caramelo*; 1925] **I *sm.*** **1.** sostanza viscosa di colore bruno ottenuta facendo riscaldare lo zucchero e usata per la decorazione di dolci e la colorazione di bevande **2.** *per estens.* il colore tipico di tale sostanza tra il giallo carico e il bruno **II *agg.*** *inv.* (sempre posposto) di tale colore: *una giacca caramello.*

caramellóso [da *caramella*; 1962] ***agg.*** che ha le qualità della caramella, in part. *fig.* sdolcinato, appiccicoso: *un atteggiamento caramelloso.*

carampàna [da una voce venez. di etim. inc.; 1908] ***sf.*** donna volgare e sciatta || donna brutta e vecchia.

caramuṣàle o **caramussàle** [dal turco *carāmussāl*, forse attr. il greco mod.; 1614] ***sm.*** *T.mar.* antico bastimento mercantile turco di forma quadra e con poppa molto alta.

Caràngidi (sing. *-e*) [comp. del lat. scient. *caranx*, n. del genere, di orig. iberica, e *-idi*; 1955] ***sm. pl.*** *T.zool.* famiglia di pesci teleostei dei Perciformi, dal corpo compresso lateralmente e con due pinne dorsali, diffusi in tutti i mari caldi e temperati del mondo.

carantàno [da *Carantana*, antico nome della Carinzia; a. 1589] ***sm.*** *T.num.* nome dato al grosso tirolino d'argento quando i conti del Tirolo diventarono duchi di Carinzia.

carapàce [dallo sp. *carapacho*, attr. il fr. *carapace*; 1827] ***sm.*** **1.** *T.zool.* raddoppiamento protettivo della cute che ricopre l'addome e il cefalotorace della maggior parte dei Crostacei || lo scudo dorsale delle tartarughe **2.** *per estens.* *T.geol.* la parte superiore di una falda di ricoprimento.

caràssio (pl. *-si*) [dal ceco *caraš*; 1903] ***sm.*** pesce d'acqua dolce dei Teleostei, commestibile, di color bruno-giallastro, simile alla carpa, diffuso in Europa || *carassio* o *ciprino dorato*, pesce originario della Cina da cui sono state selezionate numerose razze allevate per scopi ornamentali (i cosiddetti *pesci rossi*).

caratàre (pres. *-àto*) [da *carato¹*; a. 1519] ***tr.*** *non com.* **1.** pesare a carati || determinare quanti carati di metallo puro vi sono in un'oncia d'oro **2.** *fig. ant.* stimare un patrimonio a fini fiscali **3.** fornire una stima minuziosa e precisa di un bastimento **4.** *fig.* esaminare attentamente.

caratèllo [da *carro*; fine sec. XIV] ***sm.*** piccola botte in legno per la conservazione di vini pregiati, liquori || *per estens.* quantità di liquido in essa contenuta.

caratìsta [da *carato²*; 1870] ***s.*** proprietario di una caratura di una nave || *per estens.* chi possiede una quota in una proprietà indivisibile comune.

caràto¹ [dall'ar. *qīrāt*, ventiquattresima parte d'un denaro; 1313] ***sm.*** **1.** ventiquattresima parte dell'oncia **2.** unità di misura che indica quante parti d'oro puro sono contenute in ventiquattro parti di lega aurifera: *oro a diciotto carati*, contenente 18 parti d'oro puro e 6 di altro metallo; *oro a ventiquattro carati*, oro purissimo || *fig. un'onestà a 24 carati*, una grande onestà **3.** unità di peso per pietre preziose e perle corrispondente a circa 1/5 di grammo e ulteriormente suddivisibile in 4 grani.

caràto² [dall'ar. *qīrāt*, ventiquattresima parte d'un denaro; 1339] ***sm.*** ciascuna delle ventiquattro quote in cui è divisibile la proprietà di una nave mercantile || *per estens.* quota di partecipazione in una società commerciale || **N.** *Sin.* caratura.

caràttere [dal lat. *character*, *-ēris*, gr. *charaktḗr*, *-ēros*, impronta; a. 1327] ***sm.*** **1.** segno grafico significativo che costituisce un elemento base di un sistema di scrittura o di un sistema simbolico: *caratteri alfabetici*, basati sulle lettere come quelli greci, latini ecc.; *caratteri sillabici*, basati sulla rappresentazione delle sillabe come quelli giapponesi; *caratteri pittografici, ideografici*, basati su un'associazione simbolica tra concetto ed immagine grafica come quelli cinesi o quelli dell'egiziano antico || *per estens.* modo di scrivere caratteristico di una persona: *scrive con caratteri incomprensibili* **2.** *per estens.* rappresentazione grafica delle lettere dell'alfabeto secondo regole formali e stilistiche definite: *caratteri Baskerville, Bodoni, Garamond* ecc. || a seconda dello spessore del segno, dell'inclinazione, dell'altezza: *carattere neretto, corsivo, minuscolo, maiuscolo, tondo* ecc. || *carattere mobile tipografico*, piccolo parallelepipedo di materiale vario con all'estremità un carattere o un segno grafico impresso a rovescio, usato nelle tipografie per la composizione e la stampa || *carattere di fonderia*, per la composizione a mano **3.** *T.inform.* ciascuno dei simboli usati in un sistema di elaborazione dati: *caratteri alfanumerici*; *caratteri di controllo*, speciale carattere, gen. non utilizzabile per la rappresentazione dei dati, che influisce sull'attività di elaborazione (per es. determinando l'inizio e la fine della stampa di un documento) **4.** l'insieme dei tratti psichici, morali e comportamentali di un individuo che lo distinguono da altri individui della stessa specie; *com.* indole, personalità: *carattere scontroso, timido, irascibile, affabile, aperto* ecc. || *essere di carattere*, essere deciso, fermo nelle proprie decisioni || *T.teatr.* insieme delle qualità tipiche di un personaggio rappresentato in modo realistico; *commedia di carattere*, quella in cui è soprattutto approfondito l'aspetto psicologico dei personaggi; *danza di carattere*, uno dei tre generi o stili nei quali, a partire dal sec. XVII, si divide la danza teatrale e precisamente quello comico e grottesco (accanto al genere nobile, essenzialmente drammatico, e a quello di mezzo carattere proprio della commedia) **5.** *per estens.* caratteristica, tratto distintivo: *i caratteri della musica del '900, del romanticismo tedesco* || qualità: *una spiegazione a carattere interdisciplinare* || *essere in carattere*, essere intonato, adeguato all'ambiente o alla situazione: *il suo abbigliamento non era in carattere con la serata* || *T.mat.* insieme delle proprietà di un ente invarianti rispetto ad un gruppo dato di trasformazioni || *T.biol.* ciascuna delle caratteristiche di forma, colore, composizione chimica, struttura, comportamento ecc. tipiche di una certa classe di organismi: *caratteri ereditari*, quelli trasmessi con la generazione || *carattere dominante*, che nella prima generazione di un incrocio compare in tutti gli individui || *carattere recessivo*, che, in un incrocio, non compare nella prima generazione **6.** nella teologia cattolica, *carattere sacramentale*, segno spirituale indelebile impresso nell'anima dai sacramenti del battesimo, della cresima e dell'ordine **7.** *T.stat.* ciascuno dei punti di vista da cui si esamina un fenomeno: *carattere quantitativo, qualitativo* ecc. || *dim.* caratterìno; *accr.* caratteróne; *pegg.* caratteràccio || **N. 1.** *Sin.* segno, lettera **2.** PARTI: spalla, occhio, altezza, corpo **4.** *Sin.* indole, natura, temperamento, fisionomia **5.** *Sin.* tipo, attributo, qualità. **Q.T.** *genetica..., tipografia* **TAV.** ***tipografia*** **p. 1336** 1.

caratteriàle [dal fr. *caractériel*; 1963] **I *agg.*** **1.** relativo al carattere: *analisi caratteriale* **2.** detto di bambino o adolescente, che presenta anomalie e immaturità nel comportamento || **caratterialménte** ***avv.*** da caratteriale **II *s.*** persona che presenta anomalie comportamentali.

caratterìsta [da *carattere*; 1818] **s.** attore non protagonista cui è affidato un personaggio che rappresenta, a volte in modo caricaturale, un tipo umano ben definito.

caratterìstica [da *caratteristico*; 1639 nel senso 2] **sf. 1.** qualità peculiare, che permette di distinguere tra loro due cose, due individui, due categorie ecc.: *la posizione eretta è una caratteristica del genere umano* **2.** *T.mat.* la parte intera di un logaritmo **3.** rappresentazione grafica entro un sistema di coordinate dell'andamento di un fenomeno fisico rapportato a uno o più parametri **4.** nel teatro ottocentesco, attrice che ha ruolo di caratterista **5.** *T.mus.* terzo grado della scala diatonica || **N. 1.** *Sin.* attributo, carattere, nota, particolarità, peculiarità, requisito, tratto **5.** *Sin.* mediana, mediante, modale.

caratterìstico (pl. *-ci*) [dal gr. *charaktēristikós*, attr. il fr. *caractéristique*; 1553] **agg.** che costituisce un carattere distintivo di un individuo, di una cosa ecc.: *aspetto caratteristico, tratti caratteristici*; *note caratteristiche*, breve relazione con cui si definiscono le capacità e il comportamento di un dipendente, di uno studente ecc. || pittoresco, folkloristico: *un locale, un costume caratteristico* || *T.mat. polinomio caratteristico di una matrice quadrata*, polinomio in una variabile avente coefficienti che dipendono dagli elementi della matrice e le cui radici costituiscono gli autovalori della matrice stessa || **caratteristicaménte** **avv.** anche *fras.*: *caratteristicamente, si è dimenticato di pagare il conto.*

caratteriẓẓàre [dal gr. *charaktērízein*, attr. il fr. *caractériser*; 1728] **tr. 1.** costituire il tratto distintivo: *la scarsità di precipitazioni caratterizza il clima desertico* **2.** definire qualcuno o qualcosa ponendone in rilievo gli elementi essenziali: *caratterizzare un personaggio, un ambiente* **3.** *T.scient.* costituire la condizione necessaria e sufficiente || **N. 1.** *Sin.* contraddistinguere, designare **2.** *Sin.* delineare, tratteggiare.

caratteriẓẓazióne [dal fr. *caractérisation*; 1936] **sf.** atto ed effetto del caratterizzare.

caratterologìa [comp. di *carattere* e *-logia*; 1929] **sf.** branca della psicologia che studia il carattere e ne individua le differenti tipologie. **Q.T.** *psicologia.*

caratterològico (pl. *-ci*) [da *caratterologia*; 1955] **agg.** relativo alla caratterologia; effettuato mediante la caratterologia: *esame caratterologico.*

caratùra[1] [da *carato*[1]; 1881] **sf.** misurazione in carati: *caratura dell'oro.*

caratùra[2] [da *carato*[2]; 1812 nel senso 1] **sf. 1.** porzione della proprietà di una nave mercantile espressa in carati **2.** *per estens. non com.* percentuale sull'incasso spettante a un attore in luogo di un compenso fisso **3.** *fig.* levatura, importanza, rilievo e sim.

caravaggésco (pl. *-schi*) [dal n. proprio *Caravaggio*, pittore it.; 1928] **agg.** relativo al pittore Caravaggio; che si rifà allo stile del Caravaggio.

caravan (ingl., pr. [ˈkærəvæn]; pr. it. [ˈkaravan]) [letter. carovana, carrozzone, poi *roulotte*; 1970] **sm.** *inv.* cabina rimorchiabile attrezzata come un'abitazione || **N.** *Sin. roulotte.*

caravàna V. CAROVANA.

caravaning V. CARAVANNING.

caravanìsta [da *caravan*; 1970] **s.** turista che viaggia col *caravan* || **N.** campeggiatore, roulottista.

caravanning o ***caravaning*** (ingl., pr. [ˈkærəvænɪŋ]) [da *caravan*; 1935] **sm.** forma di turismo realizzata viaggiando in *caravan.*

caravanserràglio (pl. *-gli*) [dal pers. *hārawān-sarāy*; 1542 *carvasarà(n)*] **sm.** nel Medio Oriente e in Nord Africa, luogo recintato, talvolta munito di tettoie, in cui si accampano per la notte le carovane || *fig.* luogo di confusione e disordine.

caravèlla[1] [dal port. *caravela*; a. 1336 *caravello*] **sf.** nave leggera e veloce con un solo ponte e gen. tre alberi usata in part. da portoghesi e spagnoli dal XV al XVII secolo. **Q.T.** *vela.*

caravèlla[2] [da *caravella*[1]; inizio sec. XIV] **agg.** e **sf.** *ant.* detto di colla forte da falegname.

carbammàto [dal fr. *carbamate*; 1865] **sm.** *T.chim.* sale o estere dell'acido carbammico || **N.** *Sin.* uretano.

carbàmmico (pl. *-ci*) [dal fr. *carbamique*; 1865] **agg.** *T.chim.* detto di acido ottenuto facendo reagire ammoniaca e acido carbonico, e di composti derivati da tale acido.

carbammìde [dal fr. *carbamide*; 1955] **sf.** *T.chim.* sostanza organica azotata, che è il prodotto ultimo del ricambio dell'organismo || **N.** *Sin.* urea.

càrbaṣo [dal lat. *carbasus*; sec. XIV] **sm.** *ant.* **1.** nell'antichità classica, veste sottile di lino **2.** antico nome del cotone e *per estens.* delle vele e dei sipari confezionati con tale tessuto.

carbinòlo [dal ted. *Karbinol*; 1940] **sm.** *disus.* alcol metilico.

càrbo- [da *carbo(nio)*] **primo elem.** che, in parole composte della terminologia chimica, indica in un composto la presenza di carbonio (per es. *carboidrati, carbossile*).

carbochìmica [comp. di *carbo-* e *chimica*; 1978] **sf.** settore della chimica che si occupa dei composti del carbonio || **N.** *Sin.* chimica organica.

carboidràto [comp. di *carbo-* e *idrato*; 1913] **sm.** *T.chim.* idrato di carbonio; in part. *pl.*, nome generico di composti organici contenenti carbonio, idrogeno e ossigeno: *la pasta è un alimento ricco di carboidrati* || **N.** *Sin.* glucidi.

carbòlico (pl. *-ci*) [comp. di *carbo-*, *-olo*[2] e del suff. *-ico*; 1955] **agg.** *T.chim. non com. acido carbolico*, acido fenico, fenolo.

carbolìṣmo [comp. di *carbo-*, *-olo*[2] e del suff. *-ismo*; 1940] **sm.** *T.med.* intossicazione da fenolo.

carbòlo [comp. di *carbo(ne)* e *-olo*; 1955] **sm.** *T.chim. disus.* metano.

carbonàdo [dal port. *carbonado*; 1892] **sm.** varietà di diamante impuro nero e durissimo che viene usato nella produzione di punte di trapano e corone di perforatrici.

carbonàia [lat. *carbonāria*; 1297] **sf. 1.** catasta di legna ricoperta di terra cui si dà fuoco per produrre artigianalmente il carbone **2.** locale in cui si conserva il carbone || *fig.* luogo buio e sporco || viene usato come *agg.* solo nella loc. *nave carbonaia.*

carbonàio (pl. *-ài*) [lat. *carbonārius*; 1354, nel senso 2] **sm.** (f. *-a*) **1.** addetto alla preparazione e alla sorveglianza della carbonaia **2.** chi vende al dettaglio carbone, carbonella e legna da ardere.

carbonaménto [da *carbonare*; 1937] **sm.** *T.mar.* rifornimento di carbone su una nave a vapore.

carbonàre (pres. *-óno*) [da *carbone*; 1937] **intr.** (aus. *avere*) fare il carico di carbone su una nave.

carbonarìṣmo [da *carbonaro*; a. 1907] **sm.** *T.stor.* il fenomeno storico, le idee e i principi della Carboneria.

carbonàro [da *carbone*; a. 1561 nel senso 2; 1816 nel senso 1] **sm. 1.** *T.stor.* iscritto alla Carboneria; anche come *agg.*: *insurrezioni carbonare* **2.** *region.* carbonaio || nella loc. *alla carbonara*, indica un condimento per pastasciutta a base di uovo, pancetta soffritta e parmigiano.

carbonàta [da *carbone*; a. 1349] **sf. 1.** mucchio di carbone **2.** carne di maiale salata cotta alla brace.

carbonatazióne [da *carbonato*; 1956] **sf.** *T.chim.* processo mediante il quale si addiziona anidride carbonica a una sostanza o a un miscuglio.

carbonàto [dal fr. *carbonate*; 1795] **sm.** *T.chim.* sale o estere dell'acido carbonico: *carbonato di potassio*, usato nella lavorazione di saponi, vetri, nelle operazioni di concia ecc.; *carbonato di sodio*, sale bianco ottenuto dal cloruro di sodio, soda; *carbonato acido*, bicarbonato.

carbonatùra [da *carbone*; 1962] **sf. 1.** pezzatura a macchie nere del manto del cavallo **2.** procedimento per rendere copiativo il retro di un foglio di un modulo a più copie.

carboncèllo [dal lat. *carbunculus*, carbonchio; a. 1306] **sm.** *ant.* **1.** pustola, foruncolo **2.** pietra preziosa, carbonchio.

carbónchio (pl. *-chi*) [dal lat. *carbunculus*; a. 1250 nel senso 4] **sm. 1.** malattia infettiva di origine virale comune nell'uomo e in alcuni animali (bovini, equini, suini e ovini) caratterizzata dalla comparsa di pustole nerastre ed edemi sulla pelle e sulle mucose **2.** malattia dei cereali causata da un fungo parassita che ricopre i chicchi di spore simili a un pulviscolo nerastro **3.** *ant.* foruncolo, pustola **4.** *ant.* rubino. **TAV. *botanica* p. 661** 1.3.

carbonchióso [da *carbonchio*; a. 1320] **I** **agg. 1.** affetto da carbonchio: *gregge carbonchioso* **2.** *ant.* riarso, bruciato **II** **sm.** (f. *-a*) individuo infettato dal carbonchio.

carboncìno (*dim.* di *carbone*) [sec. XIV *carbonzino*] **sm. 1.** piccolo cannello di carbone leggero e morbido usato per disegnare **2.** *per estens.* disegno prodotto con tale tecnica. **Q.T.** *pittura.*

carbóne [lat. *carbo, -ōnis*; a. 1306] **I sm. 1.** sostanza solida di colore nero composta in maggioranza da carbonio impuro; può formarsi naturalmente o artificialmente da sostanze di origine organica: *carbon fossile* o *naturale*, formatosi in ere geologiche passate per la decomposizione di sostanze organiche vegetali; *carbone artificiale*, prodotto artificialmente mediante riscaldamento di sostanze organiche in assenza d'aria; *carbone animale*, ricavato da ossa sgrassate di animali e usato come deodorante, assorbente, decolorante || *carbone bianco*, energia elettrica || *far carbone*, fare provvista di carbone || *nero come il carbone*, nerissimo || *fig. avere l'anima nera come il carbone*, essere molto malvagi || *fig. essere, stare sui carboni accesi*, sentirsi a disagio **2.** pezzo di brace: *gli occhi del gatto sembravano due carboni nella notte* **3.** *T.bot.* malattia dei cereali causata da un fungo parassita, carbonchio **4.** elettrodo di una lampada ad arco **5.** *ant.* bolla cutanea **II** **agg.** *inv.* (sempre posposto), di colore scuro come il carbone: *occhi color carbone* || *dim.* carboncìno, carboncèllo; *pegg.* carbonàccio || **N. 1.** di legna (dolce, forte); antracite, *coke*, lignite, litantrace, torba; brace, tizzone.

carbonèlla [da *carbone*; 1663] **sf.** carbone prodotto da pezzi di legna minuti, frasche e cascami || **N.** brace.

carbonèra [da *carbone*; 1869] **sf.** *T.mar.* vela di straglio, disposta in basso tra gli alberi di maestra e di trinchetto.

carbonerìa [da *carbone*; 1820] **sf.** *T.stor.* società segreta sorta in Italia nella prima metà del XIX secolo, con un rituale di derivazione massonica e un programma politico di opposizione alle monarchie assolute.

carbonétto [da *carbone*; a. 1764] **sm.** *non com.* varietà di corallo rosso scuro.

carbonicazióne [da *carbonico*; 1955] **sf.** aggiunta di anidride carbonica nei vini, in modo da renderli frizzanti o spumanti.

carbonìccio (pl. m. *-ci*, pl. f. *-ce*) [da *carbone*; a. 1524] **agg.** *non com.* di colore tendente al nero.

carbònico (pl. *-ci*) [dal fr. *carbonique*; 1795] ***agg.*** **1.** *T.chim.* detto di composto contenente carbonio tetravalente || *acido carbonico*, acido inorganico ottenuto dall'anidride carbonica e dall'acqua || *anidride carbonica*, gas incolore, inodore e insapore più pesante dell'aria, utilizzato per rendere frizzanti le bevande e, allo stato solido, come refrigerante sotto forma di ghiaccio secco **2.** *T.geol.* carbonifero.

carbonièra [da *carbone*; a. 1539] ***sf.*** **1.** carbonaia **2.** nave destinata al trasporto di carbone **3.** nelle ferrovie a vapore, vagone contenente il carbone, agganciato alla locomotiva.

carbonière [da *carbone*; 1956] ***sm.*** (f. *-a*) **1.** industriale del carbone; chi si occupa della vendita di carbone **2.** operaio delle miniere di carbone.

carbonièro [da *carbone*; 1962] ***agg.*** che si riferisce al carbone: *industria, nave carboniera.*

carbonìfero [comp. di *carbone* e *-fero*; 1865] ***agg.*** **1.** contenente carbone: *terreno, bacino carbonifero* **2.** *T.geol. periodo Carbonifero* (o *Carbonifero, sm.*), il terzo periodo dell'era Paleozoica caratterizzato dallo sviluppo, in part. nell'emisfero settentrionale, di una flora di tipo tropicale da cui sono poi originati caratteristici depositi di carbon fossile.

carbonificazióne [da un der. di *carbone*] ***sf.*** *T.scient.* il processo di trasformazione spontanea di materiali legnosi in carbone, che ha portato, nel corso delle ere geologiche, alla formazione dei carboni fossili.

carbonìle[1] [da *carbone*; 1868] ***sm.*** nelle navi, locale destinato a deposito di carbone, carbonaia; anche *agg.*: *locale carbonile.*

carbonìle[2] [comp. di *carbonio* e *-ile*; 1956] ***sm.*** *T.chim.* **1.** radicale formato da un atomo di ossigeno e uno di carbonio, caratteristico dei chetoni e delle aldeidi **2.** composto formato da ossido di carbonio e da un metallo.

carbonìlico (pl. *-ci*) [da *carbonile*[2]; 1955] ***agg.*** *T.chim.* relativo al carbonile || *gruppo carbonilico*, carbonile.

carbònio [dal fr. *carbone*; 1795] ***sm.*** elemento chimico, non metallico, presente in natura allo stato libero (diamante, grafite, carbone) o come elemento essenziale di vari composti organici || *ossido di carbonio*, gas più leggero dell'aria, incolore, inodore, velenoso, prodotto come residuo della combustione di alcune sostanze || *biossido di carbonio*, anidride carbonica || *carbonio 14*, isotopo radioattivo del carbonio usato per la datazione di reperti archeologici || *T.astr. ciclo del carbonio*, reazione termonucleare che si suppone avvenga all'interno delle stelle, prodotta dall'energia che scaturisce dalla trasformazione dell'idrogeno in elio.

carbonióso [da *carbonio*; 1865 *carbonoso*] ***agg.*** che contiene carbone; relativo al carbone.

carbonìte [comp. di *carbone* e *-ite*[2]; 1956] ***sf.*** esplosivo di sicurezza composto da nitroglicerina e nitrati, usato nelle miniere di carbone.

carbonizzàre [dal fr. *carboniser*; 1830] ***tr.*** **1.** trasformare una sostanza organica in carbone mediante combustione **2.** bruciare completamente qualcosa fino a renderla simile al carbone: *Van Elsing carbonizzò i resti della bara di Dracula* || ***intr. pron.*** bruciarsi fino a diventare simile al carbone: *l'arrosto si è carbonizzato nel forno.*

carbonizzazióne [dal fr. *carbonisation*; 1795] ***sf.*** **1.** atto ed effetto del carbonizzare e del carbonizzarsi **2.** *T.tess.* trattamento cui viene sottoposta la lana per liberarla da impurità vegetali **3.** processo di riduzione delle sostanze organiche che tende a conservare solo il carbonio.

carborùndo V. CARBORUNDUM.

carborùndum o **carborùndo** [dall'ingl. *carborundum*; 1913 *carborundo*] ***sm.*** carburo di silicio prodotto in forno elettrico da una miscela di carbonio e silice, utilizzato per la sua durezza come abrasivo e per costruire mole. **TAV.** *macchine utensili* 6.4.

carbosiderùrgico (pl. *-ci*) [comp. di *carbo(ne)* e *siderurgico*; 1962] ***agg.*** che riguarda l'industria siderurgica e quella del carbone.

carbossiemoglobìna [comp. di *carbo(nio)*, *ossi(do)* ed *emoglobina*; 1901] ***sf.*** *T.chim.* composto molto tossico dell'ossido di carbonio e dell'emoglobina; quando si forma nel sangue conduce rapidamente alla morte per asfissia.

carbossilàre (pres. *-òssilo*) [da *carbossile*; 1970] ***tr.*** *T.chim.* introdurre uno o più carbossili nella molecola di un composto organico.

carbossilazióne [da *carbossilare*; 1955] ***sf.*** *T.chim.* atto ed effetto del carbossilare.

carbossìle [comp. di *carbo(nio)*, *ossi(do)* e *-ile*; 1919] ***sm.*** *T.chim.* radicale monovalente caratteristico degli acidi organici.

carbossìlico (pl. *-ci*) [da *carbossile*; 1929] ***agg.*** *T.chim.* che contiene carbossile: *acido carbossilico*, denominazione generica di composti organici che contengono uno o più gruppi carbossili.

carbùncolo [dal lat. *carbunculus*; seconda metà sec. XIII] ***sm.*** *ant.* rubino: *un anello nel quale era legato un carbuncolo* (Boccaccio).

carburànte [dal fr. *carburant*; 1931] ***sm.*** qualsiasi combustibile che mescolato con un gas comburente forma una miscela esplosiva || *gen.* combustibile che brucia in un motore a combustione interna || *in part.* nei motori a scoppio, gas o liquido che mescolato con l'aria forma la miscela esplosiva che ne assicura il funzionamento || **N.** benzina, gas, metano, nafta, petrolio.

carburàre [da *carburo*; 1865] ***tr.*** **1.** provocare la carburazione **2.** *T.metal.* sottoporre una lega metallica a un trattamento termico che ne aumenti la durezza facilitando la diffusione del carbonio nello strato superficiale || cementare || ***intr.*** (aus. *avere*) compiere il processo di carburazione: *in alta quota il motore carbura male* || *per estens. fig.* essere in condizioni ottimali, funzionare bene: *quest'anno la squadra non ha carburato bene.*

carburatóre [dal fr. *carburateur*; 1908] ***sm.*** nei motori a scoppio aspirati, dispositivo in cui si forma la miscela di aria e combustibile. **Q.T.** *automobile* **TAV.** ***automobile*** **p. 658** 3.13, 5.1; ***motocicletta...*** **p. 1323** 6.7.

carburazióne [da *carburo*; 1865 nel senso 2] ***sf.*** **1.** formazione della miscela di aria e combustibile necessaria per l'alimentazione dei motori a scoppio || *fig. fam.* efficienza fisica o mentale: *gli atleti non hanno raggiunto la necessaria carburazione* **2.** *T.metal.* formazione di uno strato di carburo di ferro nello strato superficiale di una lega metallica per aumentarne la durezza; cementazione **3.** arricchimento di un gas combustibile mediante vapori di idrocarburi per aumentarne il potere calorifico.

carbùro [dal fr. *carbure*; 1795] ***sm.*** *T.chim.* ogni composto del carbonio con un metallo o un metalloide; gen. duro e non facilmente fusibile, trova impiego industriale nella produzione di abrasivi, refrattari e altro || *carburo di calcio*, composto cristallino di color grigio ricavato dal trattamento della calce viva e del carbone, utilizzato per la produzione dell'acetilene.

carcadè o **karkadè** [di orig. eritrea; 1939] ***sm.*** erba delle Malvacee originaria delle regioni tropicali dell'Africa con fiori gialli carnosi e frutti a bacca; dall'infusione dei calici si ricava una bevanda dissetante color rosso rubino di sapore acidulo || *per estens.* tale bevanda: *una tazza di carcadè.*

Carcàridi (sing. *-e*) [comp. del gr. *karkharías*, pescecane e *-idi*; 1887] ***sm. pl.*** *T.zool.* famiglia di grossi squali con muso conico e denti presenti sia sulla mascella che sulla mandibola.

carcarodónte [dal gr. *karcharódōn*, *-ódontos*, dai denti aguzzi; 1820] ***sm.*** *T.zool.* genere dei pesci cartilaginei degli Isuridi comprendente tra gli altri lo squalo bianco.

carcàssa [etim. inc.; a. 1558 nel senso 4] ***sf.*** **1.** la struttura ossea che racchiude la cavità toracica di un animale || *per estens.* lo scheletro di un animale morto || *T.mac.* il corpo di un animale ucciso dopo che gli è stata tolta la pelle, i visceri e la carne del petto || *fig.* corpo umano o animale assai malridotto e indebolito: *il digiuno lo aveva ridotto a una carcassa* **2.** l'ossatura di una nave || *per estens.* la struttura portante di qualsiasi oggetto || negli pneumatici, struttura di teli gommati e fibre d'acciaio che ne costituisce l'elemento portante || i resti di un'imbarcazione dopo un naufragio e *per estens.* qualsiasi imbarcazione o veicolo in pessimo stato: *la macchina del fratello di Davide è una carcassa* **3.** intelaiatura di supporto di una macchina elettrica || robusto contenitore e supporto degli organi rotanti di un macchinario **4.** *ant.* bomba composta da materiali infiammabili racchiusi in una struttura di ferro e tela || **N.** **1.** *Sin.* ossatura, scheletro; relitto, rottame **3.** intelaiatura, sostegno, telaio. **TAV.** ***automobile*** **p. 658** 2.9.

carceraménto [da *carcerare*; a. 1861] ***sm.*** *ant.* carcerazione.

carceràre (pres. *càrcero*) [lat. tardo *carcerāre*; a. 1306] ***tr.*** mettere in carcere || **N.** *Sin.* imprigionare, incarcerare, rinchiudere | *Contr.* scarcerare.

carceràrio (pl. *-ri*) [dal lat. tardo *carcerārius*; 1832] ***agg.*** relativo al carcere, del carcere: *guardie carcerarie.*

carceràto (*pps.* di *carcerare*) [sec. XIV] ***sm.*** (f. *-a*) chi è detenuto in un carcere || *fig. far vita da carcerato*, vivere in isolamento forzato.

carcerazióne [da *carcerare*; a. 1363] ***sf.*** atto ed effetto del carcerare: *carcerazione preventiva*, stato di coercizione per mezzo del quale l'imputato è tenuto a disposizione dei giudici || *per estens.* periodo di tempo trascorso nelle carceri: *dopo tre anni di carcerazione fu riconosciuto innocente* || **N.** *Sin.* detenzione, prigionia, reclusione, segregazione | *Contr.* liberazione, rilascio, scarcerazione.

càrcere [lat. *carcer*, *-is*; fine sec. XIII] ***sm.*** e *raro* ***f.*** (al pl. sempre f. *le carceri*) **1.** luogo in cui vengono rinchiuse, per ordine della magistratura o di altra autorità, le persone condannate alla privazione della libertà personale: *entrare in carcere, uscire, evadere dal carcere* || *carcere giudiziario*, istituito in ogni città sede di tribunale || *carcere mandamentale*, istituito nelle città sedi di pretura || *carcere di massima sicurezza*, dotato di particolari misure di sorveglianza, in cui vengono rinchiusi i detenuti socialmente più pericolosi **2.** carcerazione: *è stato condannato a due anni di carcere* **3.** *per estens.* luogo in cui si è costretti a vivere rinchiusi o in cui si sta malvolentieri; luogo buio e angusto: *carcere dell'anima*, il corpo.

carcerière [da *carcere*; 1618] ***sm.*** (f. *-a*) custode del carcere; guardia carceraria || *per estens.* chi tiene qualcuno prigioniero: *la polizia ha liberato il rapito e arrestato il carceriere della banda* || *fig.* chi è eccessivamente severo nell'esercitare funzioni di sorveglianza: *quella carceriera della madre non lo lascia mai uscire.*

càrcino- [dal gr. *karkínos*, granchio] ***primo elem.*** che, in parole composte della terminologia zoologica, vale "granchio, crostaceo": **carcinologia** || nella terminologia medica vale "tumore, cancro" (per es. *carcinoma*).

carcinòma [dal lat. *carcinōma*; a. 1498 *carcinomati* pl.] ***sm.*** *T.med.* tumore epiteliale maligno.

carcinomatóso [da *carcinoma*; 1865] **agg.** *T.med.* relativo a carcinoma || affetto da carcinoma: *tessuto carcinomatoso.*

carcinòṣi [dal gr. *karkínōsis*; 1875] **sf.** *T.med.* forma diffusiva di cancro.

carciofàia [da *carciofo*; 1759] **sf.** terreno coltivato a carciofi.

carciofàio (pl. *-ài*) [da *carciofo*; 1865] **sm.** **1.** (f. *-a*) chi vende o coltiva carciofi **2.** *non com.* carciofaia.

carciòfo (ant. *carciòfolo*) [dall'ar. *haršuf*; 1546] **sm.** **1.** pianta delle Composite con fiori azzurri e capolini commestibili avvolti da grosse brattee di color verde scuro quasi violaceo || *com.* il capolino e le brattee carnose commestibili di tale pianta: *un piatto di carciofi trifolati* || *carciofo selvatico,* più piccolo del carciofo coltivato, cresce spontaneo nel bacino mediterraneo **2.** *fig.* uomo sciocco e buono a nulla || *dim.* carciofétto, carciofino.

carciofolàta [da *carciofolo*; 1927] **sf.** *rom.* pranzo a base di carciofi.

carciòfolo v. CARCIOFO.

càrco (pl. *-chi*) (*pps.* di un ant. *carcare,* caricare) [1313] **agg.** e **sm.** *ant. lett.* carico: *di catene hai carche ambo le braccia* (Leopardi).

càrda [da *cardare*; 1892] **sf.** *T.tess.* macchina per la cardatura delle fibre tessili costituita da vari cilindri rotanti muniti di punte metalliche (scardassi).

cardàio (pl. *-ài*) [da *cardo*; a. 1859] **sm.** (f. *-a*) chi fabbrica o vende strumenti per la cardatura.

cardaiòlo [da *cardare*; sec. XIV] **sm.** (f. *-a*) *ant.* cardatore.

cardamòmo [dal lat. *cardamōmum*; a. 1294] **sm.** pianta perenne delle Zingiberacee, con lungo rizoma, fiori biancastri in spighe e foglie alterne lanceolate; il frutto di color giallo-grigio viene usato in profumeria, in medicina e nella preparazione di liquori e del *curry.*

cardànico (pl. *-ci*) [dal n. proprio G. *Cardano,* matematico che l'inventò; 1913] **agg.** *T.mecc. giunto cardanico,* giunto che consente la trasmissione di un moto rotatorio tra due alberi che formano tra loro un angolo anche variabile || *sospensione cardanica,* sospensione che, utilizzando un giunto cardanico, permette di sorreggere un corpo pur lasciandone libero l'orientamento. **TAV.** *motori* 12; *automobile* **p. 658** 3.28.

cardàno [da *cardanico*; 1918 *giunto di cardano*] **sm.** giunto cardanico || *cardano ottico,* sistema di lenti e specchi per orientare in una direzione voluta un fascio di raggi luminosi.

cardàre [da *cardo*¹ (dei lanaioli), pianta i cui capolini seccati servivano per cardare la lana; sec. XIV] **tr.** **1.** sottoporre a cardatura **2.** *fig. fam. disus.* sparlare di una persona assente || **N. 1.** cardassare, carminare, pettinare, scapecchiare.

cardàta [da *cardare*; sec. XV] **sf.** operazione del cardare: *dare una cardata* || *concr.* quantità di fibra tessile che viene cardata in una sola volta.

cardàto (*pps.* di *cardare*) [a. 1565] **I agg.** sottoposto a cardatura **II sm.** tessuto in lana trattata con operazioni di cardatura.

cardatóre [da *cardare*; fine sec. XV] **sm.** (f. *-trice*) operaio addetto alle operazioni di cardatura.

cardatrìce [da *cardare*; 1962] **sf.** *T.tess.* macchina che esegue le operazioni di cardatura, carda.

cardatùra [da *cardare*; 1309] **sf.** *T.tess.* operazione preliminare della tessitura in cui le fibre vengono districate e liberate dalle impurità || *cardatura dei materassi,* eseguita a mano per ripulire la lana e renderla soffice. **Q.T.** *tessitura.*

cardellìno [dal lat. tardo *cardellum*; a. 1533 *gardelino*] **sm.** uccello dei Passeracei, di piccole dimensioni, con piumaggio variamente colorato; è assai comune in Italia, e per le sue qualità canore viene allevato in cattività.

cardèllo [dal lat. tardo *cardellum*; 1622] **sm.** *raro* cardellino.

cardènia **sf.** *non com.* v. GARDENIA.

carderìa [da *cardare*; 1955] **sf.** in uno stabilimento tessile, reparto dove si effettua la cardatura delle fibre.

cardéto [lat. tardo *carduētus*; 1340] **sm.** terreno coltivato a cardi.

càrdia v. CARDIAS.

-cardìa [dal gr. *kardía,* cuore] **elem. term.** che, in parole composte della terminologia medica, spec. denominazioni di malformazioni o disturbi cardiaci, vale "cuore" (per es. *bradicardia, tachicardia*).

cardìaca [da *cardiaco*; 1830] **sf.** *T.bot.* erba perenne delle Labiate diffusa in Asia ed Europa, alta fino ad un metro e utilizzata in farmacia per la cura di disturbi cardiaci, nervosi e circolatori.

cardìaco (pl. *-ci*) [dal lat. *cardiacus*; a. 1698] **I agg.** relativo al cuore: *muscolo cardiaco, attacco cardiaco* **II sm.** (f. *-a*) *non com.* cardiopatico.

cardiàle [da *cardias*; 1955] **agg.** *T.anat.* relativo al cardias.

cardialgìa (pl. *-gìe*) [dal gr. *kardialgía*; a. 1730] **sf.** *T.med.* dolore causato da alterazioni del cardias.

càrdias o **càrdia** [dal gr. *kardía*; a. 1730] **sm.** *inv.* *T.anat.* orifizio che mette in comunicazione l'esofago e lo stomaco.

cardigan (ingl., pr. [ˈkɑːdɪgən]; pr. it. [ˈkardigan]) [dal n. del generale J.Th. Brudenell, conte di *Cardigan*; 1962] **sm.** *inv.* giacca di maglia senza colletto, abbottonata sul davanti.

cardinalàto [da *cardinale*¹; a. 1348] **sm.** dignità e ufficio del cardinale e anche la durata di tale carica.

cardinàle¹ [dal lat. tardo *cardinālis*; a. 1292] **I agg.** che ha funzione di cardine, fondamentale: *i principi cardinali di una teoria, l'elemento cardinale di un sistema* || *virtù cardinali,* nella morale cattolica, giustizia, temperanza, prudenza, fortezza || *numeri cardinali,* in matematica, numeri che indicano la quantità di oggetti di un insieme finito; *T.gram.* dei nomi che designano tali numeri: *uno e due sono numerali cardinali, mentre primo e secondo sono ordinali* || *T.geogr. punti cardinali,* Nord, Sud, Est, Ovest; *venti cardinali,* quelli che soffiano secondo la direttrice dei punti cardinali || *T.anat. vene cardinali,* tronchi venosi che compaiono nelle prime fasi della vita embrionale || *T.fon. vocali cardinali,* le vocali che nella convenzione internazionale vengono utilizzate come riferimento per la classificazione dei suoni vocalici **II sm.** **1.** *T.eccl.* nella gerarchia cattolica, la carica più elevata conferita per nomina diretta del papa; consente la partecipazione al Sacro collegio e dà diritto al voto per l'elezione di un nuovo pontefice || in posizione attributiva (sempre posposto al nome) nella loc. *rosso cardinale,* del color rosso porpora caratteristico delle vesti dei cardinali **2.** *ant.* architrave || cardine || **N. I** *Sin.* basilare, essenziale, fondamentale **II 1.** *Sin.* diacono, prete, principe della Chiesa, vescovo | camerlengo, datario, decano, legato, vicario; *in pectore,* papabile | concistoro, conclave, congregazione. **Q.T.** *religione.*

cardinàle² [da *cardinale*¹, per il colore rosso; 1932] **sm.** uccello dei Fringillidi di color rosso vivace con un ciuffo sulla testa, diffuso nel continente americano.

cardinalésco (pl. *-schi*) [da *cardinale*¹; sec. XIV] **agg.** proprio, relativo a un cardinale; talvolta *spreg.*: *sfarzo cardinalesco* || **N.** *Sin.* cardinalizio.

cardinalità [dall'ingl. *cardinality*; 1959] **sf.** *T.mat.* classe di equivalenza di insiemi fra loro equipollenti (in un insieme finito, il numero di elementi che lo compongono) || **N.** *Sin.* potenza.

cardinalìzio (pl. *-zi*) [da *cardinale*¹; a. 1606] **agg.** di, da cardinale: *abito cardinalizio, dignità cardinalizia* || *T.rel. piatto cardinalizio,* assegno annuo versato dal Papa ai cardinali.

càrdine [lat. *cardo, -inis*; 1319] **sm.** **1.** elemento metallico a forma di perno gen. fissato al telaio dell'infisso su cui ruotano le imposte di porte e finestre **2.** *fig.* fondamento, elemento base: *i cardini della fisica quantistica, il cardine di un'argomentazione* **3.** *ant.* linea Nord-Sud che definiva l'orientamento delle città e dei campi romani || *per estens.* ogni strada che nell'antica Roma seguisse la direttrice Nord-Sud, cardo **4.** *ant.* punto cardinale **5.** *T.zool.* l'apparato di articolazione dei molluschi bivalvi e dei branchiopodi || **N. 1.** *Sin.* arpione, ganghero | bandella.

càrdio- [dal gr. *kardía,* cuore] **primo elem.** che, in parole composte della terminologia medica, vale "cuore": **cardiocèle**, **cardioipertrofìa**, **cardiomegalìa**, **cardioplàstica**, **cardioplegìa**, **cardioptòṣi**, **cardioreumàtico**, **cardioscleròṣi**, **cardioscopìa**, **cardioscòpico**, **cardiostenòṣi**, **cardioterapìa** || in pochi composti della terminologia medica vale "cardias": **cardiospàṣmo**, **cardiotomìa**.

-càrdio [dal gr. *kardía,* cuore] **elem. term.** che, in parole composte della terminologia medica (per es. *miocardio, pericardio*), vale "cuore".

cardiochirurgìa [comp. di *cardio-* e *chirurgia*; 1970] **sf.** *T.med.* branca della chirurgia che si occupa degli interventi sul cuore e sui grossi vasi sanguigni.

cardiocinètico (pl. *-ci*) [comp. di *cardio-* e *cinetico*; 1913] **agg.** e **sm.** di farmaco che stimola le funzioni cardiache || **N.** *Sin.* cardiostimolante.

cardiocircolatòrio (pl. *-ri*) [comp. di *cardio-* e *circolatorio*; 1967] **agg.** *T.med.* relativo al cuore e ai vasi sanguigni: *sistema, apparato cardiocircolatorio.*

cardiodilatazióne [comp. di *cardio-* e *dilatazione*; 1930] **sf.** *T.med.* dilatazione delle cavità cardiache dovuta a perdita di tono ed elasticità delle pareti muscolari in seguito a processi morbosi.

cardioectaṣìa [comp. di *cardio-* e *ectasia*; 1955] **sf.** *T.med.* dilatazione delle cavità del cuore || **N.** *Sin.* cardiodilatazione.

cardiografìa [comp. di *cardio-* e *-grafia,* sul modello del fr. *cardiographie*; 1865] **sf.** *T.med.* registrazione dei movimenti del cuore ottenuta mediante il cardiografo.

cardiògrafo [comp. di *cardio-* e *-grafo,* sul modello del fr. *cardiographe*; 1875] **sm.** *T.med.* apparecchio che permette la registrazione grafica delle pulsazioni cardiache.

cardiogràmma [comp. di *cardio-* e *-gramma,* sul modello del fr. *cardiogramme*; 1929] **sm.** *T.med.* tracciato dell'attività cardiaca ottenuto con il cardiografo.

cardiòide [dal gr. *cardioeidḗs,* a forma di cuore; 1865] **sf.** *T.mat.* curva algebrica piana concoide, a forma di cuore.

cardiologìa [comp. di *cardio-* e *-logia,* sul modello del fr. *cardiologie*; 1865] **sf.** *T.med.* branca della medicina che studia la fisiologia e la patologia del cuore.

cardiòlogo (pl. *-gi*) [comp. di *cardio-* e *-logo*; 1965] **sm.** (f. *-a*) studioso di cardiologia, medico specializzato in cardiologia.

cardiopàlmo [comp. di *cardio-* e del gr. *palmós,* palpitazione; 1828] **sm.** sensazione di fastidio provocata da un aumento della frequenza cardiaca a causa di fattori emotivi o patologici || *com. far venire il cardiopalmo,* provocare un'intensa emozione || **N.** *Sin.* palpitazione, tachicardia.

cardiopatìa [comp. di *cardio-* e *-patia*; 1865] **sf.** qualsiasi malattia del cuore.

cardiopàtico (pl. *-ci*) [da *cardipatia*; 1888] **agg.** e **sm.** (f. *-a*) che, chi è affetto da malattie cardiache.

cardiostimolànte [comp. di *cardio-* e *stimolante*; 1955] **agg.** e **sm.** *T.farm.* detto di farmaco che aumenta il tono e l'attività del cuore || **N.** *Sin.* cardiocinetico.

cardiotelèfono [comp. di *cardio-* e *telefono*; 1983] **sm.** apparecchiatura telefonica che permette al medico di auscultare a distanza i battiti cardiaci di un paziente.

cardiotònico (pl. *-ci*) [comp. di *cardio-* e *tonico*; 1930] **agg.** e **sm.** detto di farmaco che aumenta il rendimento del muscolo cardiaco.

cardiovascolàre [comp. di *cardio-* e *vascolare*, sul modello del fr. *cardio-vasculaire*; 1913] **agg.** relativo al cuore e ai vasi sanguigni.

cardìte [comp. di *cardio-* e *-ite*[1]; 1830] **sf.** *T.med.* infiammazione del cuore.

càrdo[1] [lat. tardo *cardus*, class. *carduus*; a. 1294 nel senso 3] **sm.** **1.** nome generico di varie piante delle Composite con foglie e brattee spinose || *cardo dei lanaioli*, pianta erbacea con foglie fortemente incise e infiorescenze a capolino azzurre, con brattee uncinate usate per cardare la lana e pettinare le stoffe **2.** pianta erbacea delle Composite, con foglie commestibili biancastre, lunghe e carnose **3.** strumento per cardare **4.** *tosc.* il riccio della castagna || **N.** **2.** *Sin.* cardone **3.** *Sin.* scardasso.

càrdo[2] [dal lat. *cardo, -inis*, letter. cardine; 1965] **sm.** strada che percorreva da Nord a Sud l'accampamento romano.

cardóne [dal lat. tardo *cardo, -ōnis*; 1536] **sm.** *T.bot.* **1.** cardo commestibile **2.** germoglio di cardo e di carciofo.

carducciàno [dal n. proprio G. *Carducci*; 1965] **I agg.** relativo al Carducci **II sm.** (f. *-a*) studioso, ammiratore o imitatore del Carducci.

cardùccio (pl. *-ci*) [da *cardo*; 1759] **sm.** specie di cardo, carciofo selvatico.

careggiàre (pres. *-éggio*) **tr.** *ant. lett.* v. CAREZZARE.

carèlla [dal lat. tardo *quadrus*, quadrato; 1970] **sf.** tipo di rete a forma di sacco per la pesca delle anguille.

carèllo [dal lat. volg. **quadrellus*, attr. il fr. ant. *carrel*; 1353] **sm.** *ant.* **1.** cuscino quadrato usato come sedile, poggiapiedi o inginocchiatoio **2.** coperchio di latrina.

carèma [dal n. proprio *Carema*, località piem. in cui viene prodotto; 1907] **sm.** vino rosso piemontese, prodotto da uve del vitigno nebbiolo nell'omonima località del Canavese, di color rosso rubino e sapore secco.

carèna [lat. *carīna*; a. 1375] **sf.** **1.** la parte immersa dello scafo di una nave || *abbattere in carena*, piegare su un fianco, gen. per eseguire operazioni di manutenzione || *per meton.* nave, imbarcazione **2.** *T.anat.* organo, formazione sporgente: *carena nasale* || in vari animali, organo a forma di carena di nave: *carena dello sterno* **3.** *T.bot.* i due petali inferiori saldati insieme delle Papilionacee **4.** *T.arch.* soffitto in legno a forma di chiglia rovesciata, tipico delle antiche chiese venete **5.** la parte esterna del dirigibile || **N.** **1.** *Sin.* opera viva. **TAV.** *vela* **p. 1342** 2.17.

carenàggio (pl. *-gi*) [dal fr. *carenage*; 1771] **sm.** operazione con cui si porta in secco un'imbarcazione per eseguire riparazioni od operazioni di manutenzione || *bacino di carenaggio*, specchio d'acqua opportunamente attrezzato dove si eseguono le operazioni di carenaggio. **TAV.** *porto* 3.27.

carenàre (pres. *-èno*) [dal fr. *carener*; a. 1764] **tr.** **1.** far emergere la carena di una nave per eseguire operazioni di manutenzione o riparazioni **2.** fornire di carenatura: *carenare una moto.*

Carenàti [da *carena*, come il lat. scient. *Carinatae*; 1931] **sm. pl.** *T.zool. disus.* sottoclasse di uccelli con sterno dotato di carena.

carenàto (*pps.* di *carenare*) [1797] **agg.** **1.** di organo animale o vegetale rilevato, la cui forma ricorda una carena **2.** di veicolo provvisto di carenatura totale o parziale **3.** *T.arch.* di volta o tetto a forma di carena.

carenatùra [da *carenare*; 1936] **sf.** rivestimento totale o parziale di un veicolo o di un aeromobile allo scopo di ridurre la resistenza all'avanzamento o di proteggere determinate parti.

carènte [dal lat. *carens, -entis*, ppr. di *carēre*, essere privo; 1314] **agg.** privo di alcuni elementi, insufficiente, mancante: *un organismo carente di ferro, un discorso carente di contenuti.*

carènza [dal lat. tardo *carentia*; a. 1406] **sf.** mancanza, scarsità di cose necessarie (anche *fig.*): *carenza di cibo, di idee* || *T.med.* mancanza in un organismo di elementi essenziali per la sua sopravvivenza: *carenza vitaminica* || *T.psic. carenza affettiva*, prolungata insoddisfazione dei bisogni affettivi basilari || **N.** *Sin.* difetto, insufficienza, mancanza, privazione, scarsità.

carenzàto [da *carenza*; 1955] **agg.** *T.med. dieta carenzata*, priva di alcuni fattori alimentari.

carenziàle [da *carenza*; 1974] **agg.** *T.med.* causato o caratterizzato da mancanza di vitamine: *malattia carenziale.*

carestìa [prob. dal gr. *acharistía*, ingratitudine; a. 1306] **sf.** grande scarsezza o mancanza di generi di prima necessità, part. di generi alimentari, prodotta da cause naturali, crisi economiche, guerre e sim.: *la siccità ha provocato una grave carestia* || *per estens.* penuria: *c'è carestia di buoni scrittori* || *ant.* avarizia || **N.** *Sin.* fame, penuria.

carestóso (ant. *carestioso*) [da *carestia*; a. 1573] **agg.** **1.** *disus.* di carestia: *tempo carestoso* **2.** *region.* di negozio o venditore che vende a prezzi elevati.

carétta [dal malese *kārēt*, guscio di tartaruga, attr. il fr. *caret*; 1931] **sf.** tartaruga molto diffusa nel Mediterraneo, caratterizzata da uno scudo a grandi placche.

carézza [da *caro*[1]; a. 1315] **sf.** **1.** dimostrazione di affetto o di benevolenza compiuta mediante l'atto di sfiorare leggermente con le dita o il palmo della mano il volto di una persona o, meno com., altre parti del corpo: *fare, ricevere una carezza*; *essere avari, prodighi di carezze*; anche riferito ad animali: *fare una carezza al cane* || *iron. fare carezze col bastone*, bastonare **2.** *per estens.* contatto leggero: *oh la carezza dell'erba* (Gozzano) **3.** *fig. non com.* atteggiamento o espressione verbale affettuosi || lusinga: *facevano carezze al popolo per sfruttarlo* **4.** *raro* eccessivo costo di qualcosa || *dim.* carezzìna, carezzuòla || **N.** **1.** lasciva, molle, soave, svenevole **3.** *Sin.* blandimento, blandizie, moina, smanceria.

carezzàre (pres. *-ézzo*) [da *carezza*; a. 1363] **tr.** fare carezze: *sdraiata sul divano carezzava il gatto*; anche *fig.* lusingare; trattare con eccessiva benevolenza: *lo carezzava da mesi per ottenere quel favore* || **N.** *Sin.* blandire, lisciare, vezzeggiare.

carezzévole [da *carezza*; 1585] **agg.** che accarezza, *com.* dolce, affettuoso: *modi carezzevoli* || *fig.* delicato: *una brezza carezzevole* || **carezzevolménte** **avv.** || **N.** *Sin.* amorevole, garbato, grazioso, soave.

carezzóso [da *carezza*; a. 1930] **agg.** *raro* eccessivamente carezzevole; tutto carezze e moine.

carfologìa [dal gr. *karphología*, attr. il lat. tardo; 1830] **sf.** *T.med.* movimento delle mani come per afferrare qualcosa che è nel vuoto, tipico di chi è in delirio o in coma || **N.** *Sin.* crocidismo.

cargo (ingl., pr. ['kɑːgoʊ]; pr. it. ['kargo]) [dallo sp. *cargo*, carico; attr. l'ingl. *cargo(-boat)*; 1942] **sm.** **1.** nave da carico **2.** velivolo adibito al trasporto di merci pesanti. **TAV.** *aeronautica* 10.

cariàre (pres. *càrio, càrii*) [dal fr. *carier*; 1770] **tr.** produrre carie: *i dolci cariano i denti* || *per estens.* corrodere: *l'umidità caria il legno* || **intr. pron.** essere colpito da carie: *mi si è cariato un dente.*

cariàtide [dal lat. tardo *caryătis, -idis*; a. 1617] **sf.** **1.** elemento architettonico con funzioni di sostegno scolpito in forma di figura femminile || *com.* qualsiasi statua, maschile o femminile che abbia funzioni di sostegno **2.** *per estens.* persona che se ne sta immobile e in disparte || *fig.* chi sostiene idee e istituzioni antiquate: *le cariatidi della monarchia* || **N.** **1.** telamone.

carìbico o **caraìbico** (pl. *-ci*) [da *caribo*[1]; 1931] **agg.** **1.** relativo ai Caribi, popolazione dell'America Latina e alle regioni da essa abitate **2.** relativo al mare delle Antille.

carìbo[1] [dalla lingua caribica *karaiba*, ardito, attr. lo sp. *caribe*; 1931] **agg.** e **sm.** (f. *-a*) detto di una popolazione diffusa nelle Antille e in alcune zone del bacino del Rio delle Amazzoni.

carìbo[2] [dal provenz. *garib*; prima metà sec. XIII] **sm.** *ant.* canzone a ballo: *l'altre tre si fero avanti, / danzando al loro angelico caribo* (Dante).

caribù [da una voce algonchina, attr. il fr. *caribou*; 1802] **sm.** mammifero ruminante degli Artiodattili, diffuso nelle zone polari del Nord America, simile alla renna ma di forme più massicce.

càrica [da *caricare*; a. 1292 nel senso 8; 1510 nel senso 1] **sf.** **1.** ufficio pubblico di un certo rilievo, incarico attribuito in modo ufficiale: *ha assunto la carica di ministro degli esteri* || *essere in carica*, nell'esercizio di qualche funzione || *indennità di carica*, compenso straordinario attribuito per l'esercizio di particolari funzioni || *carica onoraria*, attribuita come riconoscimento di particolari meriti senza l'esercizio delle mansioni che essa implica || *T.sport. campione in carica*, chi attualmente detiene il titolo **2.** quantità di energia necessaria per il funzionamento di un meccanismo || in balistica, *carica di lancio*, quantità di esplosivo necessaria per imprimere a un proietto la velocità desiderata; *carica di scoppio*, quantità di esplosivo necessaria per far scoppiare una mina, una bomba e sim. || *carica di un accumulatore*, quantità di energia immagazzinata da un accumulatore alimentato a corrente continua per un periodo dato di tempo || *per estens.* in orologi, giocattoli meccanici e sim., tensione cui deve essere sottoposto il meccanismo a molla per assicurarne il funzionamento; anche la molla stessa: *dare la carica all'orologio*, caricarlo || *fig. dare la carica*, incitare **3.** *fig. T.psic. carica affettiva*, componente affettiva presente in uno stato emotivo || *T.psican. carica energetica*, quantità di energia legata a una rappresentazione oggettuale o ad una struttura mentale || *per estens.* energia psicofisica presente nella personalità di ogni individuo: *una carica di simpatia, di vitalità* || tensione emozionale presente in un prodotto artistico: *le sue poesie hanno una grande carica lirica* **4.** *T.fis. carica elettrica*, grandezza fisica dei corpi elettrizzati || *carica elementare*, la carica elettrica negativa di un elettrone, uguale e opposta a quella del protone **5.** *T.chim.* sostanza aggiunta a vari prodotti industriali per conferire loro particolari proprietà; anche operazione con cui tali sostanze vengono aggiunte: *carica della carta*, procedimento per renderla più liscia, bianca e uniforme **6.** *T.mil.* movimento impetuoso compiuto da un reparto di cavalleria nel tentativo di travolgere le linee nemiche, o anche ultima fase dell'assalto alla baionetta delle truppe di fanteria: *andare alla carica* || squillo di tromba o rullo di tamburo che dà inizio a tale movimento || usato come comando, *carica!*, ordine di attacco || *per estens.* assalto di reparti militari o paramilitari: *le cariche della polizia contro i dimostranti* || *fig.* *tornare alla carica*, insistere in una richiesta, in un'argomentazione **7.** *T.sport.* nel calcio o nel *rugby*, spinta data all'avversario per contendergli il pallone; nell'*hockey*, azione di disturbo nella quale si colpisce il bastone dell'avversario con il proprio **8.** *ant.* operazione del caricare; carico || **N.** **1.** *Sin.* dignità, grado, mansione, posto, ufficio | conferire, dare, ottenere, ricoprire, rivestire **3.** *Sin.* forza, impulso, spinta **6.** *Sin.* assalto, attacco. **Q.T.** *armi, fisica, forze armate* **TAV.** ***armi*** **p. 649** 24.5.

caricabàlle [comp. di *carica(re)* e *balla*[1]; 1970] ***sm.*** *inv.* macchina agricola per sollevare le balle di fieno e metterle sul rimorchio.

caricabatterìa [comp. di *carica(re)* e *batteria*; 1974] ***sm.*** *inv.* apparecchio elettrico per alimentare batterie di accumulatori, spec. di autoveicoli.

caricabbàsso [comp. di *carica(re)* e *abbasso*; 1889] ***sm.*** *inv.* **1.** *T.mar.* fune usata per ammainare le vele di taglio, abbassando dapprima la bugna superiore **2.** fune impiegata per abbassare qualcosa, ad es. una bandiera || **N.** **1.** *Sin.* alabbasso, calabbasso.

Caricàcee [comp. del lat. *cărica*, fico della Caria, e *-acee*; 1935] ***sf. pl.*** *T.bot.* famiglia di piante dicotiledoni, ricche di lattice, con foglie grandi lobate e fiori raccolti in racemi cui appartiene la papaia.

caricafièno [comp. di *carica(re)* e *fieno*; 1956] ***sm.*** *inv.* macchina agricola che raccoglie il fieno disposto in andane e lo carica sui carri da trasporto.

caricaletàme [comp. di *carica(re)* e *letame*; 1970] ***sm.*** *inv.* macchina fornita di nastri trasportatori, di benna o di gru per caricare il letame sui carri o sullo spandiletame.

caricaménto [da *caricare*; a. 1292] ***sm.*** **1.** atto ed effetto del caricare, part. riferito ad armi da fuoco: *meccanismo di caricamento e sparo, il caricamento di una nave* **2.** *T.inform.* operazione con la quale vengono forniti i dati e i programmi necessari a un sistema automatico di elaborazione **3.** *T.sport.* nella ginnastica, contrazione dei muscoli che precede l'estensione dell'arto.

caricàre (pres. *càrico, càrichi*) [lat. volg. **caricāre*; sec. XIII] ***tr.*** **1.** porre un carico sopra una persona, un animale o una cosa per trasportarlo: *caricare una nave, un mulo, caricare i bagagli in macchina*; talvolta il mezzo può assumere valore di complemento oggetto: *caricare il carro di bestiame* || effettuare un carico: *i camion hanno caricato solo le travi* **2.** gravare con un peso eccessivo (anche *fig.*): *caricare uno scaffale di libri, i cittadini di tasse, gli allievi di compiti* **3.** *fig.* esagerare: *caricare i sapori con troppe spezie* || *caricare la mano*, in un provvedimento disciplinare, eccedere in severità || *caricare le tinte*, in pittura, far risaltare in modo eccessivo il colore, e *fig.* esagerare nel descrivere qualcosa || *caricare un personaggio*, caratterizzarlo in modo eccessivo **4.** predisporre un meccanismo al funzionamento dandogli la carica: *caricare l'orologio, la stufa* || *caricare la macchina fotografica*, inserirvi la pellicola || *caricare la pipa*, riempirla di tabacco || rif. ad armi da fuoco, disporle a sparare: *caricare il fucile* **5.** *T.mil.* attaccare con impeto il nemico **6.** *T.sport.* effettuare una carica su un avversario || *caricare uno sci*, portarvi sopra il peso || *T.mar.* tesare una manovra quanto più è possibile: *caricare una vela* **7.** dare la carica a un prodotto industriale: *caricare un tessuto* **8.** *T.elettr.* elettrizzare un corpo, conferirgli una carica elettrica **9.** *T.inform.* introdurre dati o programmi nella memoria di un elaboratore **10.** *T.arald.* porre una figura sopra una pezza o un'altra figura || ***rifl.*** **1.** gravarsi in modo eccesivo di qualcosa: *si è caricato di maglie, di valigie*; anche *fig.*: *si è caricato di lavoro, di debiti* **2.** *fig.* accumulare energie psicofisiche in vista di un impegno, di uno sforzo: *caricarsi per un esame, per la gara* || **N.** ***tr.*** **1.** *Sin.* accollare, addossare; riempire; portare | *Contr.* sgravare | ***rifl.*** **1.** *Sin.* accollarsi, addossarsi | *Contr.* alleggerirsi **2.** *Sin.* esaltarsi, montarsi.

caricàto (*pps.* di *caricare*) [a. 1696] ***agg.*** **1.** affettato, esagerato: *una recitazione caricata, ritratto caricato* **2.** *T.arald.* detto di campo e figure di uno scudo quando si sovrappongono ad altre || **caricataménte** ***avv.***

caricatóre [da *caricare*; sec. XIV nel senso 2] **I** ***sm.*** **1.** (f. *-trìce*) chi carica e scarica merci o è addetto all'alimentazione dei forni siderurgici || *T.mil.* soldato addetto alla carica dei pezzi di artiglieria **2.** (f. *-trìce*) *T.mar.* nella marina mercantile, proprietario del carico di una nave **3.** nastro o serbatoio metallico nel quale è contenuto un certo numero di cartucce per l'alimentazione delle armi automatiche a ripetizione **4.** *T.fot.* involucro protettivo che contiene la pellicola fotografica vergine e in cui si riavvolge la pellicola impressionata fino al momento dello sviluppo **5.** contenitore per nastro magnetico che ne consente l'inserimento automatico nel registratore o nel riproduttore **II** ***agg.*** che carica: *piano caricatore*, banchina sopraelevata per facilitare il carico e lo scarico delle merci || *ponte caricatore*, gru a ponte per l'imbarco e lo sbarco di merci || *pala caricatrice*, macchina usata nei cantieri per sollevare materiali e carichi sciolti || **N.** **1.** *Sin.* facchino, manovale, scaricatore; servente **4.** bobina, rullino. **TAV.** ***armi*** **p. 648** 16.6, 18.9; ***edilizia*** **p. 666** 7.3.

caricatùra [da *caricare*; fine sec. XV nel senso 3] ***sf.*** **1.** ritratto che accentua i tratti fisici caratteristici del soggetto con intento comico o satirico: *eseguire una caricatura* || *per estens.* rappresentazione narrativa o filmica con intenti analoghi || *mettere in caricatura*, prendere in giro, beffare **2.** *per estens.* imitazione maldestra: *questo film è una pessima caricatura dell'espressionismo tedesco* || *gen.* esagerazione ridicola: *i suoi atteggiamenti sono la caricatura della serietà* **3.** *ant.* caricamento.

caricaturàle [da *caricatura*; 1926] ***agg.*** che appare come una caricatura: *disegno, atteggiamento caricaturale*.

caricaturìsta [da *caricatura*; 1866] ***s.*** chi esegue caricature.

caricazióne [da *caricare*; 1937] ***sf.*** *non com.* l'insieme delle operazioni di carico delle merci su una nave da trasporto || **N.** *Sin.* caricamento, carico.

càrice [dal lat. *cārex, -icis*; 1340] ***sf.*** pianta erbacea delle Ciperacee con foglie lunghe e dure e fiori a spiga.

carichino [da *caricare*; 1955] ***sm.*** (f. *-a*) operaio addetto al caricamento delle mine.

càrico (pl. *-chi*) [da *caricare*; fine sec. XIII nel senso 2] **I** ***sm.*** **1.** l'azione del caricare: *completarono il carico nel pomeriggio* **2.** ciò che viene trasportato da un uomo, un animale o un mezzo di trasporto: *trasportavano un carico di esplosivi, portava nello zaino un carico di trenta chili* || *carico utile*, portata di un mezzo || *a pieno carico*, al massimo della portata || *per estens.* quantità di merci entrate in un magazzino: *libro di carico* || *fig.* *dare, ricevere un carico di legnate*, dare, ricevere delle botte **3.** aggravio, onere, anche *fig.*: *carico di lavoro, di responsabilità* || *carico fiscale*, insieme delle imposte da pagare, in riferimento a un singolo individuo o alla comunità || *farsi carico di qualcosa*, assumersene la responsabilità || *carico di coscienza*, rimorso || *essere a carico*, gravare economicamente: *le spese postali sono a carico del destinatario, aveva sei figli a carico* || *deporre a carico di qualcuno*, contro || *T.giur.* *certificato dei carichi pendenti*, dichiarazione dell'esistenza o meno di procedimenti penali in corso a carico di una persona **4.** *non com.* incarico **5.** grandezza fisica che esprime l'insieme delle forze che gravano su una struttura portante: *carico permanente*, che grava costantemente su una struttura; *carico statico*, se è applicato con intensità crescente; *carico dinamico*, se è applicato improvvisamente **6.** energia erogata, assorbita o trasformata da una macchina o da un circuito elettrico || *carico di una caldaia*, quantità di vapore prodotta in un'ora **7.** *T.gioc.* nella briscola, l'asso e il tre **II** ***agg.*** **1.** che porta un peso: *un bastimento carico di banane* || al completo: *l'autobus è carico* || sovraccarico, gravato in modo eccessivo: *carico di pacchi, di maglioni*; anche *fig.*: *carico di debiti* || ricco: *una società carica di gloria* || detto del tempo, nuvoloso: *tempo carico* **2.** detto di colori, intenso, forte: *verde carico* **3.** *per estens.* di bevanda o profumo, forte, denso: *un caffè carico* **4.** di apparecchiatura meccanica, pronto all'uso: *la sveglia è carica, il fucile è carico* || *accumulatore carico*, fornito della necessaria quantità di energia || **N.** **I** **2.** *Sin.* peso; fardello, soma **3.** *Sin.* briga, cura, impegno, obbligo, pensiero **II** **1.** *Sin.* colmo, gremito, pieno **2.** *Contr.* tenue **3.** *Sin.* concentrato | *Contr.* leggero **4.** *Sin.* caricato | *Contr.* scarico. **TAV.** ***astronautica*** **p. 655** 12.7; ***nave*** **p. 1327** 5.

càrie [dal lat. *caries*, corrosione; a. 1698] ***sf.*** *inv.* **1.** *T.med.* processo patologico che intacca i tessuti ossei, causato da processi infiammatori gen. di origine batterica: *carie dentaria*, che attacca i denti **2.** *T.bot.* decomposizione e polverizzazione di tessuti vegetali prodotta da vari funghi parassiti. **TAV.** ***anatomia*** **p. 642** 20.4.

carillon (fr., pr. [kari'jɔ̃]) [dal lat. volg. **quatrinio, -ōnis*, prob. gruppo di quattro campane; 1593 *carilon*] ***sm.*** *inv.* **1.** sistema di campane graduate e accordate fra loro che, percosse da un battaglio esterno, producono semplici melodie **2.** meccanismo costituito da una serie di lamelle metalliche di lunghezza diversa che, fatte vibrare da un tamburo rotante munito di denti, producono semplici motivi musicali.

carinerìa [da *carino*; 1966] ***sf.*** **1.** oggetto molto carino **2.** comportamento gentile e garbato.

carìno (*dim.* di *caro*) [1761] ***agg.*** grazioso || *essere carino con qualcuno*, avere attenzioni per lui, essere gentile.

càrio- [dal gr. *káryon*, noce, nucleo] ***primo elem.*** che, in parole composte della terminologia scientifica, vale "seme" (per es. *cariosside*) o "nucleo cellulare" (per es. *cariotipo, carioplasma*).

carióca [dal bras. *carioca*, donna di Rio de Janeiro; 1939] **I** ***agg.*** *inv.* relativo alla città di Rio de Janeiro; *per estens.* di tutto il Brasile **II** ***s.*** *inv.* abitante o nativo di Rio || ***sf.*** *inv.* danza popolare sud-americana molto vivace.

cariocinèṣi [comp. di *cario-* e *-cinesi*; 1889] ***sf.*** *T.biol.* nel processo di duplicazione cellulare, divisione indiretta del nucleo || **N.** *Sin.* mitosi.

cariocinètico (pl. *-ci*) [da *cariocinesi*; 1965] ***agg.*** *T.biol.* relativo alla cariocinesi, proprio della cariocinesi.

carioclàṣico (pl. *-ci*) [comp. di *cario-*, del gr.

klásis, rottura e del suff. agg.; 1955] ***agg.*** *T.biol.* che danneggia o distrugge il nucleo cellulare: *agente carioclasico*.

Cariofillàcee [comp. del lat. *caryophyllum*, garofano e *-acee*; 1809] ***sf. pl.*** *T.bot.* famiglia di piante dicotiledoni con fusto articolato, foglie opposte e fiori gen. a cinque petali cui appartiene il garofano.

cariogènesi [comp. di *cario-* e *genesi*; 1983] ***sf. inv.*** *T.biol.* formazione del nucleo cellulare.

carìola V. CARRIOLA.

cariolànte V. CARRIOLANTE.

cariolìsi [comp. di *cario-* e *-lisi*; 1956] ***sf.*** *T.biol.* in citologia, completa scomparsa del nucleo cellulare.

cariologìa [comp. di *cario-* e *-logia*; 1956] ***sf.*** branca della citologia che studia il nucleo cellulare.

carioplàsma [comp. di *cario-* e *-plasma*; 1913] ***sm.*** sostanza costituente il nucleo cellulare || **N.** citoplasma.

cariòsside [comp. di *cario-* e del gr. *ópsis*, aspetto; 1820 *cariossi* e *cariopsi*] ***sf.*** *T.bot.* frutto secco indeiscente con un solo seme il cui tegumento aderisce strettamente al pericarpo; è tipico delle graminacee: *il mais produce cariossidi*.

cariotìpico (pl. *-ci*) [da *cariotipo*; 1983] ***agg.*** *T.biol.* relativo al cariotipo: *assetto cariotipico*.

cariòtipo [comp. di *cario-* e *-tipo*; 1955] ***sm.*** *T.biol.* assetto cromosomico tipico di un individuo o di una specie, caratterizzato dal numero e dalla morfologia dei cromosomi.

carìsma [dal lat. tardo *charisma*, gr. *chárisma*, *-atos*; a. 1342 *carismati*] ***sm.*** **1.** nella dottrina cristiana, grazia concessa da Dio con il battesimo, e anche grazia straordinaria concessa a un credente per il vantaggio di tutta la comunità (virtù profetica, infallibilità e sim.) || *per estens.* ciascuno dei sette sacramenti **2.** prestigio personale che deriva da una grande forza di persuasione e dalla capacità di esercitare una funzione di comando, di guida.

carismàtico (pl. *-ci*) [da *carisma*; 1931] ***agg.*** **1.** relativo al carisma: *dono carismatico* **2.** detto di persone che fondano la propria autorità sulla forza di persuasione e sulla capacità di comandare: *leader carismatico* || **carismaticaménte** ***avv.***

carità [lat. *caritas*, *-ātis*; inizio sec. XIII] ***sf.*** **1.** nella dottrina cristiana, l'amore verso Dio e verso il prossimo; è una delle tre virtù teologali **2.** *com.* amore verso il prossimo che si manifesta in opere di misericordia || *per estens.* compassione, pietà **3.** beneficenza; elemosina: *dare, ricevere, chiedere la carità* || *carità fiorita*, spontanea || *carità pelosa*, che persegue un secondo fine **4.** cortesia: *fammi la carità di andare tu a quella riunione* || *per carità!*, indica negazione o implorazione: *per carità, non farò mai una cosa simile, per carità stai zitto* **5.** *lett.* amore, affetto disinteressato: *la carità del natio loco / mi strinse* (Dante) || **N. 2.** *Sin.* affetto, amore, misericordia **3.** filantropia.

caritatévole [da *carità*; a. 1363] ***agg.*** che ha o dimostra carità: *persona caritatevole, gesto caritatevole* || **caritatevolménte** ***avv.*** || **N.** *Sin.* filantropo, generoso, pietoso.

caritatìvo [da *carità*; a. 1332] ***agg.*** *raro* caritatevole || che ha come scopo la beneficenza: *opera caritativa*.

carìzia [da *caro*; a. 1294] ***sf.*** *ant.* privazione, mancanza: *angosciosa carizia* (Dante).

carlìna [da *cardina*, da *cardo*, con influsso di *Carlo* (Magno); a. 1326] ***sf.*** pianta delle Composite con foglie spinose, fiori tubolosi e grandi capolini, usata nelle campagne come igrometro perché le foglie eseguono movimenti igroscopici.

carlìnga [dallo sp. *carlinga*; 1916] ***sf.*** parte di un aeromobile destinata a contenere il motore e l'equipaggio; fusoliera.

carlìno[1] [dal n. di *Carlo* I d'Angiò, che lo fece coniare; 1296] ***sm.*** moneta d'oro o d'argento coniata inizialmente nel Regno di Napoli e poi in tutta Italia, rimasta in uso fino al XIX secolo || *fig. il resto del carlino*, aggiunta a un danno o a una punizione.

carlìno[2] [dal fr. *carlin*; 1955] ***sm.*** cane da compagnia di taglia medio-piccola con testa rotonda, muso grinzoso, maschera nera e corpo massiccio e muscoloso.

carlìsta [dal n. proprio *Carlo* (di Borbone); a. 1850] **I** ***s.*** *T.stor.* **1.** in Spagna nel XIX secolo, partigiano di Don Carlos di Borbone || più recentemente, seguace della famiglia Borbone-Parma cui appartiene re Juan Carlos **2.** in Francia, sostenitore di Carlo X, spodestato nel 1830 **II** ***agg.*** relativo ai carlisti.

carlóna [da *Carlone*, forma comica usata nei tardi poemi cavallereschi per *Carlo Magno*; 1533] solo nella ***loc. avv.*** *alla carlona*, trasandatamente, in modo approssimativo: *un lavoro fatto alla carlona*.

carmagnòla [dal n. geogr. *Carmagnola*, località piem.; 1802] ***sf.*** **1.** giacca a falde corte indossata dai popolani durante la Rivoluzione francese **2.** canto e ballo eseguito durante la Rivoluzione francese attorno agli alberi della libertà.

càrme [dal lat. *carmen*, *-inis*; 1319] ***sm.*** **1.** canto, poesia || *in part.* nella poesia greca e latina, componimento lirico in versi: *i carmi di Catullo* || *per estens.* qualsiasi componimento di carattere solenne: *il carme dei Sepolcri* **2.** *propr.* componimento sacro o magico.

carmelitàno [dal n. del monte *Carmelo*; sec. XIV] **I** ***agg.*** relativo all'ordine religioso del Carmelo, fondato nel XII secolo **II** ***sm.*** (f. *-a*) religioso appartenente a tale ordine || *carmelitani scalzi*, appartenenti all'ordine riformato da santa Teresa d'Avila e da san Giovanni della Croce.

carminàre[1] (pres. *càrmino*) [dal lat. *carmināre*; a. 1306] ***tr.*** *ant.* **1.** cardare la lana **2.** *per estens. fig.* esaminare con attenzione **3.** *fig. iron.* malmenare, bastonare.

carminàre[2] (pres. *càrmino*) [dal lat. *carmināre*, fare incantesimi; sec. XIV] ***tr.*** *T.med. disus.* favorire l'eliminazione dei gas intestinali.

carminatìvo [da *carminare*[2]; sec. XIV] ***agg.*** e ***sm.*** *T.med. disus.* detto di sostanza atta a favorire l'eliminazione dei gas intestinali.

carminazióne [da *carminare*[2]; 1983] ***sf.*** espulsione dei gas intestinali.

carmìnico (pl. *-ci*) [da *carminio*; 1955] ***agg.*** *T.chim.* detto di acido che costituisce il carminio || *acido carminico*, sostanza rossa che costituisce il pigmento della cocciniglia ed è impiegato come colorante e reattivo.

carmìnio (pl. *-ni*) [dal fr. *carmin*, rifatto sull'it. *minio*; 1754] **I** ***sm.*** **1.** sostanza colorante rossa ricavata dalla cocciniglia, con cui si preparano colori, cosmetici, coloranti per tessuti e bevande **2.** *per estens.* colore rosso vivo: *un tramonto sfumato di carminio* **II** ***agg. inv.*** (sempre posposto) di colore rosso vivo: *labbra carminio*.

carnacciùto [da *carnaccia*, spreg. di *carne*; 1769] ***agg.*** *ant.* carnoso.

carnàggio (pl. *-gi*) [dal lat. volg. **carnaticum*, attr. il fr. ant. *charnage*; a. 1363] ***sm.*** *ant.* **1.** qualsiasi tipo di carne macellata; pietanza a base di carne **2.** *per estens.* carneficina, macello **3.** compenso pagato in natura per esercitare il diritto di pascolo su un terreno altrui.

carnagióne [lat. tardo *carnātio*, *-ōnis*; a. 1370] ***sf.*** qualità e colore della pelle umana, part. in riferimento al viso: *una carnagione rosea, olivastra, pallida* || **N.** *Sin.* colorito, incarnato | avvizzita, bianca, bruna, delicata, fresca, liscia, rugosa, scura, vizza.

carnàio (pl. *-ài*) [lat. *carnārium*; a. 1300 nel senso 1; a. 1850 nel senso 2] ***sm.*** **1.** cumulo di cadaveri || *fare un carnaio*, fare una strage || nei cimiteri, fossa comune **2.** *fig. spreg.* luogo in cui si ammassa tanta gente: *la vigilia di Natale i negozi erano dei carnai* **3.** luogo in cui si conserva la carne macellata **4.** nelle riserve di caccia, buca riempita di carne per la cattura di predatori ritenuti nocivi per la selvaggina.

carnaiòlo [da *carnaio*; prima metà sec. XIV] ***sm.*** *ant.* **1.** macellaio || *per estens.* carnefice **2.** carniere || *per estens.* bisaccia.

carnàle [lat. tardo *carnālis*; a. 1294] ***agg.*** **1.** relativo alla carne, al corpo in quanto opposto allo spirito, sensuale **2.** dei sensi, sessuale: *desiderio, violenza carnale* **3.** consanguineo, legato da uno stretto vincolo di parentela: *fratelli carnali*, nati dagli stessi genitori; *cugini carnali*, figli di fratelli carnali || *fig. ant. amicizia carnale*, intima || **carnalménte** ***avv.*** sessualmente || **N. 1.** *Sin.* corporale, corporeo; libidinoso, lussurioso | *Contr.* morale, spirituale **2.** *Contr.* platonico.

carnalità [lat. tardo *carnālitas*, *-ātis*; 1306 *carnalitadi*] ***sf.*** **1.** qualità di ciò che è carnale; sensualità, lussuria **2.** *ant.* affetto || **N.** *Sin.* appetito carnale, libidine.

carnàme [da *carne*; a. 1300] ***sm.*** **1.** massa di carne in putrefazione **2.** cumulo di cadaveri **3.** *fig. spreg.* ammasso di persone.

carnasciàle [comp. di *carne* e *lasciare*; a. 1363] ***sm.*** *ant.* carnevale.

carnascialésco (pl. *-schi*) [da *carnasciale*; a. 1587] ***agg.*** *ant.* carnevalesco || *canti carnascialeschi*, canti che si accompagnavano al carnevale a partire dal XV secolo, in part. a Firenze nel XV e XVI secolo.

carnàto [da *carne*; sec. XIII come agg. nel senso 2; a. 1566 come agg. nel senso 1; a. 1665 come sm.] **I** ***sm.*** *tosc.* carnagione **II** ***agg.*** **1.** *non com.* che ha il colore della carne: *una stoffa carnata* **2.** *ant.* incarnato.

carnàuba [voce guaranì; 1892] ***agg.*** e ***sf.*** *inv.* detto di cera vegetale che si estrae immergendo in acqua bollente le foglie di una palma brasiliana; raffinata, viene usata come crema lucidante per calzature e cera per pavimenti.

càrne [lat. *caro*, *carnis*; 1264] **I** ***sf.*** **1.** l'insieme dei tessuti muscolari dell'uomo e di ogni altro vertebrato: *essere (bene) in carne*, florido, ben nutrito; *mettere su carne*, ingrassare || *carne viva*, scoperta, senza la protezione della pelle || *fig. in carne ed ossa*, in persona || part. *pl.*, costituzione fisica: *essere di carni sode*; carnagione: *carni abbronzate* **2.** *per estens.* il corpo in quanto opposto allo spirito: *la resurrezione della carne*; *il peso della carne*, la sensualità; *la carne è debole*, in riferimento ai desideri carnali || *fig. la propria carne*, i parenti || *fig. carne della propria carne*, i figli || *carne battezzata*, i cristiani || *carne da macello, da cannone*, di soldati mandati allo sbaraglio || *trafficante di carne umana*, mercante di schiavi **3.** alimento costituito dal tessuto muscolare e adiposo di vari animali: *carne di vitello, di maiale, di pollo, surgelata, in scatola, essiccata* || *carni bianche*, pollame, coniglio, vitello || *carni rosse*, manzo, cavallo, maiale || *non com. carni nere*, selvaggina || *fig. mettere troppa carne al fuoco*, fare troppe cose contemporaneamente || *fig. non essere né carne né pesce*, essere privi di personalità, di idee || *fig. non è carne per i tuoi denti*, è un compito superiore alle tue possibilità **4.** *per estens.* la polpa dei frutti e dei funghi mangerecci **5.** strato profondo del cuoio conciato **II** ***agg. inv.*** sempre posposto al nome, di colore rosato simile a quello della carne: *un reggiseno color carne* || *dim.* carnìna, carnicìna || **N. 3.** *Sin.* carname, carniccio, ciccia, polpa | bianca, rossa; caprina, equina, ovina, suina, vaccina; affumicata, conservata, coriacea, cotta, cruda, disossata, fresca, frolla, insaccata, salata, sanguinante, secca, tenera, tigliosa. **Q.T.**

alimentazione.

carnèade [dal n. proprio *Carneade*, filosofo accademico ignorato da Don Abbondio in un noto passo dei *Promessi Sposi*; 1905] **sm.** illustre sconosciuto; persona qualsiasi, non meglio identificata.

carnéfice [dal lat. *carnifex, -ficis*; a. 1306 *carnifice*] **s.** chi è incaricato di eseguire le sentenze di morte, boia || *fig.* tormentatore, aguzzino.

carneficìna [dal lat. *carnificina*; a. 1600 *carnificina* nel senso 2] **sf.** **1.** massacro di molte persone con strazio dei loro corpi: *l'esplosione provocò una carneficina*; anche *fig.*: *all'esame ci fu una carneficina* || scempio delle carni di una persona o di un animale **2.** *ant.* uccisione, tortura operata dal carnefice || **N. 1.** *Sin.* carnaio, ecatombe, eccidio, macello, strage.

càrneo [dal lat. tardo *carneus*; a. 1406] **agg.** **1.** di carne: *dieta carnea* **2.** *per estens.* corporeo **3.** color carne.

carnesécca [comp. di *carne* e *secco*; fine sec. XIV] **sf.** *non com.* carne di maiale salata.

carnet (fr., pr. [kar'nɛ]) [1892] **sm.** *inv.* taccuino, libretto: *carnet di assegni*; *carnet di ballo*, su cui le dame segnavano, in una festa danzante, i nomi dei cavalieri con cui erano impegnate per un ballo; *carnet di borsa*, taccuino su cui gli agenti di cambio riportano gli ordini e le operazioni concluse; *carnet d'ordini*, insieme delle ordinazioni ancora da espletare di un'impresa || libretto su cui sono riportati i dati di un veicolo.

carnevalàta [da *carnevale*; 1886] **sf.** **1.** divertimento carnevalesco, baldoria **2.** *fig.* buffonata: *la premiazione fu una vera carnevalata.*

carnevàle [comp. di *carne* e *levare*, in rif. all'ultimo banchetto comprendente carne prima della proibizione quaresimale; fine sec. XIII *carnevalo*] **sm.** **1.** periodo dell'anno che precede la quaresima, caratterizzato da feste, balli e mascherate: *festa di carnevale, il carnevale di Venezia* || *prov. di carnevale ogni scherzo vale* **2.** *per estens.* periodo di divertimenti e baldorie: *fa carnevale tutto l'anno* **3.** *fig. spreg.* cerimonia o manifestazione poco seria, pagliacciata **4.** pupazzo che si brucia in piazza l'ultima sera di carnevale || *dim.* carnevalétto || **N. 1.** ballo in maschera, carro allegorico, corso mascherato, veglione; coriandoli, *cotillons*, stelle filanti **2.** baccanale, festa; orgia.

carnevalésco (pl. *-schi*) [da *carnevale*; 1618 *carnovalesco*] **agg.** **1.** relativo al carnevale **2.** *per estens.* poco serio.

carnevalino (*dim.* di *carnevale*) [1940] **sm.** la prima domenica di Quaresima, in cui in vari luoghi si festeggia un prolungamento del carnevale.

carnevalóne (*accr.* di *carnevale*) [a. 1566] **sm.** nelle chiese di rito ambrosiano, supplemento del carnevale che continua sino alla prima domenica di Quaresima.

carniccio (pl. *-ci*) [da *carne*; a. 1537] **sm.** **1.** ciascuno dei piccoli brandelli di carne che restano attaccati alla pelle degli animali scuoiati; raschiati prima della concia, vengono utilizzati per fare colla: *colla di carniccio* **2.** ritaglio, rimasuglio di carne.

carnicino [da *carne*; 1499] **agg.** e **sm.** di colore rosa chiaro simile a quello della carnagione umana: *rosa carnicino, il colore carnicino.*

carnièra [da *carne*; a. 1675] **sf.** **1.** tascone posteriore della cacciatora in cui si ripone la preda || *per estens.* l'indumento stesso **2.** *raro* carniere.

carnière [dal lat. *carnārium*, attr. il provenz. *carnier*; fine sec. XIII] **sm.** **1.** borsa a tracolla usata dai cacciatori per riporvi la selvaggina **2.** *per meton.* quantità di selvaggina presa in una battuta **3.** *per estens. ant.* borsa.

carnificazióne [dal fr. *carnification*; 1830] **sf.** *T.med.* processo patologico di indurimento dei tessuti che assumono consistenza carnosa.

carnificìna **sf.** *non com.* V. CARNEFICINA.

carnìvoro [lat. *carnivorus*; 1582] **I agg.** che si nutre prevalentemente di carne: *animali carnivori*; che mangia molta carne || *T.bot. piante carnivore*, piante delle Angiosperme che per mezzo di tentacoli o altri apparati speciali catturano insetti da cui poi estraggono le sostanze azotate che scarseggiano nel terreno **II sm.** *pl.* *T.zool.* ordine di Mammiferi con dentatura completa, canini aguzzi e molari taglienti; si cibano in prevalenza di prede vive. **Q.T.** *zoologia* **TAV. *mammiferi* p. 1318.**

carnosità [da *carnoso*; a. 1519] **sf.** **1.** abbondanza, pienezza di carni || *per estens.* morbidezza, polposità di un frutto **2.** *fig.* nelle arti figurative, pastosità, morbidezza di linee e tinte **3.** escrescenza carnosa.

carnóso [da *carne*; sec. XIV] **agg.** **1.** che è bene in carne: *corpo carnoso* || *labbra carnose*, alquanto sporgenti, tumide **2.** carneo **3.** di piante e frutti, massicci, con spessi tessuti acquiferi: *foglie carnose, petali carnosi* || *frutto carnoso*, con molta polpa || **N. 1.** *Sin.* grassoccio, paffuto, pingue | *Contr.* magro, segaligno.

carnovàle **sm.** *ant.* V. CARNEVALE.

carnùme [da *carne*; a. 1730] **sm.** escrescenza carnosa.

carnùta V. CORNUTA.

carnùto [da *carne*; sec. XIII] **agg.** *ant.* carnoso.

càro[1] [lat. *cārus*; a. 1294] **I agg.** **1.** che è oggetto di affetto, teneramente amato: *le persone care, cari ricordi*; spesso usato al vocativo per rivolgersi a qualcuno in lettere e conversazioni amichevoli: *caro amico ti scrivo..., cara mia* || gentile, amabile: *una cara ragazza* || in chiusura di lettere, *cari saluti*, affettuosi || *antifr.* come esclamazione di impazienza: *caro mio, se non la smetti vedrai* || come espressione di riconoscenza, anche con uso antifr.: *che caro!* **2.** importante, prezioso: *la sua stima mi è molto cara* || *avere caro qualcosa o qualcuno*, tenerlo in grande considerazione || *essere caro a qualcuno*, essergli simpatico, gradito || *tenersi caro qualcuno*, cercare di conservarne la benevolenza **3.** *per estens.* costoso: *è una bella casa ma è un po' cara* || *fig. vendere cara la pelle, la vita*, difendersi con ogni mezzo || *fig. pagarla cara*, scontare a duro prezzo || *fig. farla pagare cara a qualcuno*, vendicarsi || **caraménte** **avv.** **II avv.** a prezzo alto: *costare, pagare, comprare, vendere caro, viaggiare costa caro* || *fig. costa caro*, richiede grandi sacrifici **III sm.** *pl.* (sempre preceduto da possessivo) i genitori, i parenti || *dim.* carétto, carìno, carùccio || **N. 1.** *Sin.* amabile, amato, diletto, dolce, gentile, grazioso, simpatico.

càro[2] [lat. *cārus*, caro, che vale molto; a. 1292 nel senso 2; a. 1600 nel senso 1] **sm.** **1.** rialzo dei prezzi sui generi di prima necessità, solo in parole composte come *carovita, caropane* ecc. **2.** *ant.* carestia.

carógna [prob. lat. volg. **carōnia*; 1353] **sf.** **1.** corpo di una bestia morta, spec. in stato di putrefazione || *ant.* cadavere umano || *non com.* animale denutrito e malandato **2.** *fig. spreg.* persona abbietta, perfida, spregevole: *sul lavoro è una vera carogna*; viene usato come espressione ingiuriosa: *sei una carogna!*; talvolta in posizione attributiva: *una vita carogna* || *dim.* carognìna, carognétta; *accr.* carognóne (*sm.*); *pegg.* carognàccia.

carognàta [da *carogna*; 1952] **sf.** *fam.* azione perfida, vile e maligna: *fare una carognata a qualcuno.*

caròla [dal fr. ant. *carole*; 1321] **sf.** antica danza eseguita da più persone che tenendosi per mano formavano un cerchio: *tessere, intrecciare carole* || *per estens.* ballo in genere || canto che accompagnava tale danza.

carolàre (pres. *-òlo*) [da *carola*; 1353] **intr.** (aus. *avere*) *ant.* danzare carole || *per estens.* danzare in tondo.

carolìna[1] [etim. inc.; 1869] **sf.** *T.gioc.* gioco di biliardo che si fa con cinque palle di diversi colori e senza pallino.

carolìna[2] [da *Carolina*, n. dello Stato degli USA in cui viene prodotta; 1955] **sf.** tessuto di cotone stampato.

carolìna[3] [dal lat. *Carolus*, Carlo, n. di molti re durante il cui regno fu coniata; 1955] **sf.** moneta d'oro coniata tra il XVIII e il XIX secolo in varie zecche tedesche.

carolìngio (pl. *-gi*) [da *Carolus*, n. lat. di Carlo Magno; a. 1869] **agg.** *T.stor.* che si riferisce a Carlo Magno, alla sua epoca o alla sua dinastia: *arte carolingia* || *ciclo carolingio*, ciclo dell'epica medievale francese su Carlo Magno e i suoi paladini.

carolìno [da *Carolus*, n. lat. di Carlo Magno; a. 1750] **agg.** *T.stor.* relativo a Carlo Magno || *scrittura carolina*, scrittura chiara, rotonda e uniforme, priva di abbreviazioni, diffusasi con la rinascita culturale promossa da Carlo Magno.

caròlo [dal lat. volg. **cariolus*, piccolo tarlo; 1830] **sm.** **1.** *T.vet.* micosi dello zoccolo equino **2.** malattia del riso, brusone.

caronàta V. CARRONATA.

caróncola V. CARUNCOLA.

caropàne [comp. di *caro*[2] e *pane*; 1958] **sm.** (solo *sing.*) rincaro nel prezzo del pane || *indennità di caropane*, corrisposta ai dipendenti statali nell'immediato dopoguerra.

caroséllo [nap. *carusiello*, in orig. salvadanaio a forma di testa; 1551] **sm.** **1.** *T.stor.* torneo con esibizioni di abilità di reparti di cavalieri, introdotto dagli Spagnoli a Napoli nel XVI secolo || *carosello storico*, esercitazione in divise d'epoca compiuta da corpi militari in occasione di particolari ricorrenze || *per estens. T.sport.* esibizione di cavalieri in ordine composto **2.** giostra da fiera per bambini **3.** movimento rapido di veicoli in uno spazio ristretto: *un carosello di auto della polizia* || *fig.* insieme confuso: *un carosello di immagini gli scorreva davanti agli occhi* **4.** *disus.* breve programma televisivo di pubblicità.

caròta [dal lat. tardo *carōta*; a. 1400] **I sf.** **1.** pianta erbacea delle Ombrellifere con fiori bianchi, coltivata per la sua radice di color giallo-arancio, mangereccia, di sapore dolce || *per estens.* la radice di tale pianta: *carote in insalata, in umido, fritte* || *fig. pel di carota*, persona con i capelli rossi e il viso lentigginoso || *fig. col bastone e la carota*, con minacce e lusinghe **2.** *fam.* bugia: *piantar carote*, dare a intendere cose non vere **3.** *T.min.* e *T.geol.* campione cilindrico di roccia prelevato dal sottosuolo per compiere analisi **II agg.** *inv.* (sempre posposto) di color rosso-arancio, tipico della radice della carota: *una ragazza con i capelli carota.*

carotàggio (pl. *-gi*) [da *carota*; 1935] **sm.** *T.min.* e *T.geol.* prelievo di campioni di roccia dal sottosuolo per rilevarne le caratteristiche chimiche o fisiche.

carotàio (pl. *-ài*) [da *carota*; 1618] **sm.** (f. *-a*) **1.** venditore di carote **2.** più com. *fig. fam.* bugiardo, venditore di frottole.

carotàre (pres. *-òto*) [da *carota*; 1965] **tr.** *T.min.* e *T.geol.* eseguire un'operazione di carotaggio || **intr.** (aus. *avere*) *fam.* raccontare frottole.

carotatrìce [da *carotare*; 1983] **sf.** *T.min.* strumento usato per le operazioni di carotaggio.

carotène [da *carota*; 1942] **sm.** *T.chim.* idrocarburo di color giallo-arancio da cui il fegato sintetizza la vitamina A; è contenuto in varie piante fra cui la carota.

carotenòidi (meno com. *carotinòidi*) [da *carotene*; 1931] **sm.** *pl.* *T.chim.* idrocarburi complessi, pigmenti vegetali gialli, solubili negli oli grassi.

carotide [dal gr. *karōtídes*, attr. il fr. *carotide*; a. 1673] **sf.** *T.anat.* ciascuna delle due grandi arterie che passando per il collo portano il sangue alla testa || *carotide esterna*, che irrora di sangue gli organi del collo e il viso || *carotide interna*, che porta il sangue all'encefalo e ai globi oculari. **TAV. *anatomia* p. 642** 8.2.

carotideo [da *carotide*; 1820] **agg.** *T.anat.* relativo alla carotide: *regione carotidea.*

carotiere [da *carota*; 1955] **sm.** *T.min.* e *T.geol.* strumento utilizzato per prelevare campioni di roccia dal sottosuolo.

carotina [da *carota*; 1931] **sf.** *disus.* carotene.

carovana (ant. *caravàna*) [dal pers. *kārawān*; 1353] **sf.** **1.** compagnia di viaggiatori con animali da soma e mercanzie che, part. nei secoli passati, si univano per percorrere insieme zone desertiche o pericolose || *per estens.* ogni gruppo di persone, veicoli e animali che si muovano incolonnati: *la carovana del circo, una carovana di turisti*; anche *iron.* gruppo numeroso e caotico: *gli è piombata in casa la carovana dei parenti* || presso le truppe coloniali, convoglio di approvvigionamento || *T.sport.* nel ciclismo, l'insieme dei ciclisti, delle auto al seguito e dei giornalisti che prendono parte a una corsa: *la carovana del Giro d'Italia* **2.** *T.stor.* servizio marittimo che erano tenuti a prestare i Cavalieri di Malta || *per estens.* noviziato, tirocinio **3.** cooperativa di facchini o scaricatori portuali || **N.** **1.** *Sin.* colonna, comitiva, convoglio | cammelliere, caravanserraglio, oasi.

carovaniera [da *carovana*; a. 1918] **sf.** pista per carovane.

carovaniere [dal fr. *caravanier*; 1908] **sm.** (f. *-a*) chi guida le bestie di una carovana.

carovaniero [da *carovana*; 1946] **agg.** proprio di carovane: *traffico carovaniero*; *strada, pista carovaniera*, adatta a essere percorsa da carovane || **N.** caravanserraglio.

carovita [comp. di *caro*² e *vita*; a. 1941] **sm.** *inv.* forte rincaro dei prezzi, part. dei generi di prima necessità || *gen.* aumento del costo della vita || *indennità di carovita*, indennità aggiuntiva al salario prevista per i dipendenti pubblici e privati in periodo di rialzo dei prezzi.

caroviveri [comp. di *caro*² e *viveri*; 1916] **sm.** *inv.* *non com.* carovita.

carpa [lat. tardo *carpa*; 1663] **sf.** pesce d'acqua dolce dei Ciprinidi, di colore bruno-grigio con due barbigli ai lati della bocca; diffuso in Italia libero o in allevamento, può raggiungere il metro di lunghezza e ama le acque stagnanti.

carpaccio [dal n. proprio *Carpaccio*, perché fu inventato in occasione di una mostra di suoi dipinti; 1976] **sm.** *T.cuc.* piatto di carne cruda, di solito filetto, affettata molto fine, condita con olio e limone, ricoperta con scaglie di parmigiano.

carpale [da *carpo*; 1955] **agg.** *T.anat.* relativo al carpo, proprio del carpo: *osso carpale.*

carpare [lat. *carpere*, cogliere; 1319] **tr.** *ant.* carpire, afferrare || **intr.** (aus. *avere*) *ant.* andare carponi.

carpasfoglia (pl. *-glie*) [comp. di *carpa(re)* e *sfoglia*, sogliola; 1937] **sf.** *T.pesc.* rete a strascico molto allungata, di forma conica, usata nell'Adriatico per la pesca di rombi e sogliole.

carpatico (pl. *-ci*) [dal n. geogr. *Carpazi*; 1931] **agg.** relativo ai Carpazi.

carpellare [da *carpello*; 1955] **agg.** *T.bot.* relativo al carpello, proprio del carpello: *venature carpellari.*

carpello [dal fr. *carpelle*; 1875] **sm.** *T.bot.* foglia trasformata che produce gli ovuli; dall'unione di due o più carpelli si forma il pistillo del fiore.

carpenteria [da *carpentiere*; 1908] **sf.** **1.** *T.mur.* tecnica di costruzione di strutture portanti in legno o in metallo || *per estens.* le strutture così prodotte **2.** officina del carpentiere || attività del carpentiere. **Q.T.** *edilizia.*

carpentiere [dal lat. tardo *carpentārius*, attr. il provenz. *carpentier*; a. 1363] **sm.** **1.** operaio che esegue lavori di carpenteria **2.** *T.mar.* marinaio addetto a lavori di manutenzione delle parti strutturali della nave. **Q.T.** *falegnameria.*

carpento [dal lat. *carpentum*; 1554] **sm.** *T.stor.* nell'antica Roma, carro a due ruote per il trasporto di persone.

carpetta [dallo sp. *carpeta*, attr. il fr.; 1963] **sf.** *merid.* cartella per documenti.

carpiato [forse da *carpa*, con allusione al dorso curvo del pesce; 1962] **agg.** *T.sport.* detto di tuffo o salto eseguito con il corpo in posizione piegata ad angolo retto e con gambe e braccia tese: *tuffo, salto carpiato.* **TAV. *nuoto* p. 1328** 5.6.

carpiccio (pl. *-ci*) [dal lat. *carpere*; a. 1543] **sm.** *ant.* grande quantità di busse.

carpigna [etim. inc.; 1881] **sf.** pianta erbacea delle Ossalidacee || **N.** *Sin.* acetosella.

càrpine o **càrpino** [lat. *carpinus*; 1340 ca. *carpino*] **sm.** albero delle Betulacee, con corteccia grigia e liscia e foglie ovali e seghettate, diffuso in Europa e in Asia occidentale, il cui legno duro e compatto viene usato per fabbricare attrezzi agricoli.

carpinella [da *carpine*; 1865] **sf.** albero simile al carpine ma con corteccia rossastra, diffuso in Italia.

carpineta [da *carpine*; a. 1911] **sf.** carpineto.

carpineto [da *carpine*; 1905] **sm.** bosco di carpini.

càrpio [dal lat. mediev. *carpio, -nis*; 1663] **sm.** **1.** carpione **2.** *T.sport.* nel salto in alto e nei tuffi, posizione del corpo ad angolo retto rispetto al bacino con gambe e braccia tese: *tuffo con carpio.*

-càrpio v. -CARPO.

carpionare (pres. *-óno*) [da *carpione*; 1585] **tr.** cucinare qualcosa come si cucina il carpione e cioè immergendolo dopo la frittura in un condimento a base di aceto, cipolla e aromi vari: *carpionare una trota, le melanzane* || **N.** marinare.

carpione [da *carpa*; a. 1367] **sm.** pesce del lago di Garda simile alla trota ma di dimensioni maggiori e carni particolarmente pregiate || *in carpione*, carpionato: *anguilla, zucchini in carpione.*

carpire (pres. *-ìsco, -ìsci*) [lat. *carpere*; 1321] **tr.** prendere, ottenere con la violenza o con la frode: *gli carpì di mano la borsa, gli carpì le informazioni* || **N.** *Sin.* estorcere, ghermire, strappare.

carpita [lat. mediev. *carpīta (vestis)*, scardassata; sec. XIII] **sf.** *ant.* panno peloso per far coperte da letto.

càrpo [dal lat. tardo *carpus*, gr. *karpós*; 1551 *carpos*] **sm.** *T.anat.* complesso di otto ossa brevi che costituisce il punto di articolazione tra avambraccio e metacarpo. **Q.T.** *anatomia* **TAV. *anatomia* p. 641** 1.11.

càrpo- [dal gr. *karpós*, frutto] ***primo elem.*** che, in parole composte della terminologia scientifica, spec. botanica, vale "frutto": **carpòfago**, **carpologia**.

-càrpo o **-càrpio** [dal gr. *karpós*, frutto] ***elem. term.*** che, in parole composte della terminologia botanica (per es. *endocarpo, epicarpo, esocarpo*), vale "frutto".

carpocapsa [comp. di *carpo-* e prob. del gr. *kápsis*, inghiottimento; 1955] **sf.** *T.zool.* farfalla di piccole dimensioni, le cui larve danneggiano piante e frutti.

carponi o **carpone** [dal lat. *carpere*, afferrare; 1312 *carpone*] **avv.** nella posizione di chi sta con mani e ginocchia a terra: *camminava carponi con il figlio sulla schiena.*

carrabile [da *carro*; 1942] **agg.** che è percorribile da carri e *per estens.* da veicoli || *passo carrabile*, interruzione del marciapiede in corrispondenza di portoni o ingressi di cortili per consentire l'ingresso dei veicoli. **TAV. *abitazione*** 3.14.

carradore [da *carro*; a. 1332] **sm.** **1.** *non com.* chi fabbrica carri **2.** *ant.* carrettiere.

carrageen (ingl., pr. ['kærəgi:n]) [dal n. geogr. *Carragheen*, località irlandese; 1931] **sm.** *inv.* *T.bot.* alga delle Rodaficee con tallo carnoso da cui si ottiene per bollitura la carragenina.

carragenina [comp. di *carrage(e)n* e *-ina*; 1983] **sf.** sostanza gelatinosa estratta dal *carrageen* e impiegata nell'industria farmaceutica e alimentare.

carraia [da *carro*; a. 1589] **sf.** *ant.* strada rotabile per carri.

carraio (pl. *-ài*) [lat. tardo *carrarius*; 1561 *carraro* come sm.] **I agg.** che consente l'accesso ai carri: *porta carraia* **II sm.** (f. *-a*) carradore.

carraréccia (pl. *-ce*) [da *carro*; 1561 nel senso 2] **sf.** **1.** strada di campagna percorribile da carri **2.** solco, traccia lasciata sulla strada dalle ruote di un carro o in gen. di un veicolo.

carraréccio (pl. *-ci*) [da *carro*; sec. XIV] **agg.** *ant.* **1.** che riguarda il carro || che si può trasportare sul carro **2.** carreggiabile.

carrasco [dal port. *carrasco*, arbusto; 1955] **sm.** savana tropicale dell'America Latina, caratterizzata da boscaglie alternate con macchie di arbusti ed erbe intristite.

carrata [da *carro*; a. 1388] **sf.** quantità di materiale che si può trasportare in una volta su un carro || *a carrate*, in grande quantità.

carratore **sm.** *non com.* v. CARRADORE.

carré (fr., pr. [ka're]) [letter. quadrato; 1905] **I sm.** *inv.* **1.** *T.abb.* sprone **2.** *T.mac.* nella bestia macellata, lombata **3.** *T.gioiel.* pietra preziosa tagliata a quadrato **4.** *T.gioc.* nella *roulette*, combinazione di quattro numeri su cui si effettua una puntata **II** **agg.** *inv.* solo nella loc. agg. *pan carré*, pane a cassetta.

carreggiabile [da *carreggiare*; 1750] **agg.** che può essere percorso con carri || **N.** carrabile, carrareccia, carrozzabile; rotabile.

carreggiamento [da *carreggiare*; 1881] **sm.** *T.geol.* nella tettonica, scorrimento orizzontale di vasti strati della crosta terrestre per effetto di spinte geodetiche || **N.** scorrimento.

carreggiare (pres. *-éggio*) [da *carro*; 1291] **tr.** **1.** *non com.* trasportare merci con il carro e *per estens.* anche con altro veicolo **2.** *ant.* percorrere col carro.

carreggiata [da *carreggiare*; sec. XIV] **sf.** **1.** parte della strada destinata al transito dei veicoli: *l'auto sbandò e uscì dalla carreggiata* || *fig.* retta via: *mettersi in carreggiata*, iniziare a comportarsi correttamente e *per estens.* entrare in argomento; *uscire di carreggiata*, mancare al proprio dovere e *per estens.* uscire dall'argomento, divagare; *rimettersi in carreggiata*, ritornare sulla retta via e *per estens.* riguadagnare il tempo perduto, riprendere il filo del discorso **2.** distanza tra le ruote di un veicolo situate sullo stesso asse **3.** solco lasciato dalle ruote sulla strada **4.** *raro* strada percorsa da carri.

carreggiato (*pps.* di *carreggiare*) [1779 nel senso 1; 1955 nel senso 2] **agg.** **1.** percorso da carri **2.** *T.geol.* *campo carreggiato*, zona carsica che presenta fenomeni di erosione fluviale.

carreggio (pl. *-gi*) [da *carreggiare*; a. 1347] **sm.** **1.** trasporto di oggetti con il carro e *per estens.* anche con altri veicoli **2.** passaggio continuato e intenso di veicoli **3.** convoglio di carri; *in part.* l'insieme dei veicoli impiegati in uno specifico settore dell'esercito: *carreggio del genio, di artiglieria* **4.** tributo che anticamente si pagava per entrare in città con il carro || servizi pubblici con il carro.

carrellàre (pres. *-èllo*) [da *carrello*; 1965] ***intr.*** (aus. *avere*) *T.cin.* eseguire una carrellata.

carrellàta [da *carrello*; 1941] ***sf.*** **1.** *T.cin.* ripresa effettuata con la macchina in movimento collocata su un apposito carrello || *per estens. fig.* rapida esposizione di molti fatti e notizie: *una carrellata sulle ultime tendenze dell'arte* **2.** *non com.* quantità di materiale che può essere contenuta in un carrello.

carrellàto [da *carrello*; 1955] ***agg.*** montato o trasportato su carrello: *artiglieria carrellata*, scomponibile e trainabile in montagna mediante appositi carrelli.

carrellìsta [da *carrello*; 1955] ***s.*** **1.** nelle stazioni ferroviarie, venditore di vivande e giornali esposti su carrelli **2.** *T.cin.* addetto allo spostamento del carrello che trasporta la macchina da presa || in uno studio televisivo, addetto allo spostamento delle giraffe.

carrèllo [da *carro*; 1908 nel senso 2] ***sm.*** **1.** piccolo carro a quattro ruote azionato a mano o a motore, di forma e dimensioni varie a seconda degli usi: *carrello portavivande, carrello da supermercato*; *carrello bar*, piccolo tavolino gen. con due piani di appoggio, munito di ruote su cui si appoggiano bottiglie e bicchieri; *carrello elevatore*, mezzo di trasporto dotato di bracci orizzontali scorrevoli su una guida verticale, utilizzato in fabbriche, magazzini e sim. per spostare pesi rilevanti **2.** telaio meccanico montato su ruote o rulli, di forma e dimensioni varie e gen. posto su rotaie con funzioni di guida o sostegno: *carrello ferroviario*, gen. a due assi su cui appoggia il telaio della vettura; *carrello da teleferica*, dispositivo costituito da coppie di ruote che poggiano sulla fune portante e a cui è unito il cassonetto; *carrello dell'aeroplano*, apparato a ruote, gen. retrattile, utilizzato nelle manovre a contatto con il suolo; *carrello cinematografico*, piattaforma mobile su cui può venire montata la macchina da presa **3.** *carrello della macchina da scrivere*, parte mobile su cui poggia il rullo di avvolgimento della carta **4.** nel canottaggio, sedile scorrevole che aiuta il movimento di voga. **Q.T.** *cinematografia* **TAV.** *aeronautica* 4.3, 4.5; *cinematografia...* 1.5; ***arredamento*** **p. 650** 1.16; ***astronautica*** **p. 655** 12.1, 12.16; ***edilizia*** **p. 666** 2.2; ***ferrovie...*** **p. 669** 2.11, 4.5, 7.6.

carrétta [da *carro*; fine sec. XIII] ***sf.*** **1.** veicolo a trazione animale con due ruote e sponde alte per il trasporto di cose e persone || *fig. tirare la carretta*, condurre una vita stentata facendo un lavoro faticoso e ingrato **2.** *scherz.* automobile vecchia e malridotta **3.** nave commerciale che non lavora su una rotta fissa, ma svolge traffici occasionali || **N. 1.** *Sin.* barroccio, biroccio, carretto.

carrettàio (pl. *-ài*) [da *carretto*; a. 1573] ***sm.*** (f. *-a*) chi guida una carretta || chi noleggia carrette || chi le fabbrica.

carrettàta [da *carretta*; 1483] ***sf.*** quantità di merce che può essere contenuta in una carretta o in un carretto || *fig. a carrettate*, in abbondanza.

carrettèlla [da *carretta*; a. 1828] ***sf.*** **1.** piccola carrozza a quattro ruote per il trasporto di persone **2.** *T.teatr.* battuta che l'attore improvvisa all'entrata in scena o all'uscita per strappar l'applauso al pubblico.

carrettière [dal provenz. *carratier*; inizio sec. XIV] ***sm.*** (f. *-a*) chi guida una carretta o un carro || *fig.* persona rozza e volgare: *linguaggio da carrettiere* || *alla carrettiera*, al modo dei carrettieri || *spaghetti alla carrettiera*, con tonno, funghi e pomodoro || **N.** barrocciaio, conducente, vetturale.

carrétto [da *carro*; a. 1442] ***sm.*** **1.** piccolo carro a due ruote che viene trainato a mano o da un animale || *carretto siciliano*, trainato da un cavallo e vivacemente dipinto e decorato **2.** *T.teatr.* armatura mobile per sostenere e spostare le quinte || *dim.* carrettìno || **N. 1.** *Sin.* barroccino.

carrettonàio (pl. *-ài*) [da *carrettone*; 1887] ***sm.*** (f. *-a*) chi trasporta merci col carrettone.

carrettonàta [da *carrettone*; 1887] ***sf.*** quantità di merce che può essere trasportata col carrettone.

carrettóne [da *carretto*; 1385] ***sm.*** **1.** carro di dimensioni maggiori del normale, con le sponde laterali alte, usato per trasportare e scaricare rapidamente materiale come sabbia, ghiaia, letame || *ant.* carro a quattro ruote usato per trasporti militari **2.** *pop.* carro mortuario dei poveri.

carriàggio (pl. *-gi*) [dal fr. *charriage*; a. 1363 nel senso 2] ***sm.*** **1.** *T.mil.* grosso carro a quattro ruote per il trasporto di attrezzi, viveri e sim. **2.** part. *pl.*, *T.mil.* l'insieme dei mezzi e dei materiali che seguono un reparto || **N. 2.** *Sin.* salmeria.

carrièra [dal provenz. *carreira*; a. 1294 nel senso 2] ***sf.*** **1.** la via scelta negli studi, nella professione: *carriera militare, diplomatica, impiegatizia*; *ufficiale di carriera*, in servizio permanente, effettivo || *donna in carriera*, espressione giornalistica iron. o spreg. riferita a donna ambiziosa che fa tutto il possibile per avanzare nella scala gerarchica all'interno di un impiego, di una professione || *far carriera*, progredire di grado: *questo lavoro offre interessanti possibilità di far carriera* **2.** l'andatura naturale più veloce del cavallo || *fig. di* (o *a*) *gran carriera*, a grande velocità, di fretta || **N. 1.** *Sin.* curricolo; fortuna, successo | brillante, fulminea, rapida | promozione, retrocessione.

carrierìsmo [da *carriera*; 1921] ***sm.*** spregiudicata ambizione di fare carriera, arrivismo.

carrierìsta [da *carriera*; 1941] ***s.*** chi cerca a ogni costo di fare carriera || **N.** *Sin.* ambizioso, arrivista.

carriòla (pop. *cariòla*) [da *carro*; a. 1400] ***sf.*** **1.** piccolo carretto con una sola ruota anteriore e due stanghe posteriori che si impugnano per spingerlo a mano, utilizzato per brevi trasporti di materiali || *per estens.* quantità di materiale che si può trasportare con una carriola **2.** carretto a una ruota usato dagli arrotini girovaghi. **TAV.** ***edilizia*** **p. 666** 6.

carriolànte (pop. *cariolànte*) [da *carriola*; a. 1936 nel senso 2] ***s.*** **1.** manovale addetto al trasporto di materiali con la carriola **2.** chi compie trasporti agricoli con carri a trazione animale.

carrìsta [da *carro*; 1939] ***sm.*** militare che presta servizio in un reparto dotato di carri armati; anche *pegg.*: *tenente carrista* || ***s.*** chi progetta e costruisce carri carnevaleschi.

càrro [lat. *carrum*; 1319] ***sm.*** **1.** veicolo a trazione animale costituito da un piano di carico con o senza sponde e montato su due o quattro ruote, adibito gen. al trasporto di cose || *T.stor. carro trionfale*, cocchio trainato da quattro cavalli su cui procedeva il generale romano cui veniva tributato il trionfo || *T.stor. carro da guerra*, carro usato nel mondo antico per combattere su cui prendevano posto un auriga e un combattente || *T.stor. carro falcato*, carro da combattimento munito di falci al timone, alle ruote e sui fianchi, in uso presso i Greci, i popoli del Medio Oriente e i Britanni || *fig. mettere il carro davanti ai buoi*, fare prima quello che andrebbe fatto dopo || *fig. essere l'ultima ruota del carro*, non contare nulla **2.** veicolo a trazione meccanica per il trasporto di cose o persone: *carro funebre*, per il trasporto della bara durante il funerale; *carro botte*, veicolo dotato di cisterna per il trasporto di liquidi || *carro frigorifero*, dotato di cella refrigerante per il trasporto di merci deperibili o surgelate; *carro attrezzi*, opportunamente attrezzato per il soccorso stradale a veicoli in avaria; *carro ferroviario*, vagone adibito al trasporto di bestiame o di merci; *carro allegorico*, allestito per il carnevale con figurazioni allegoriche di fatti o personaggi || *T.mil. carro armato*, veicolo cingolato a trazione autonoma, corazzato e armato con cannoni e mitragliatrici; *fig. T.sport.* robusta suola di gomma con rilievi pronunciati **3.** *per meton.* quantità di materiale contenuta in un carro || *ant.* (pl. f. *carra*) misura volumetrica in uso a Bologna e corrispondente a circa 1,5 m^3 **4.** *carro di Tespi*, teatro ambulante **5.** altro nome delle costellazioni dell'Orsa Maggiore (Gran Carro) e dell'Orsa Minore (Piccolo Carro). **Q.T.** *armi, carri...* **TAV.** ***armi*** **p. 649** 27; ***carri...*** **p. 664** sg.

carròbbio (pl. *-bi*) [lat. *quadrivium*; a. 1873] ***sm.*** *lomb.* crocicchio di strade, quadrivio.

carròccio (pl. *-ci*) [da *carro*; a. 1250] ***sm.*** carro da guerra degli antichi Comuni italiani, tirato da buoi, che recava le insegne comunali, un altare e la campana di guerra ed era difeso da squadre scelte di milizia.

carronàta o **caronàta** [dal fr. *caronade*; 1830 *carronada*] ***sf.*** *T.mar.* cannone corto di

CARRI E CARROZZE

VARIE SPECIE: ambulanza, baghero, bagherino, barroccino, barroccio o birroccio, basterna, benna, berlina, biga, birbino, bombè, *break*, *brougham* o brum, bussola, *cab*, *cabriolet*, calesse, calessino, carretto, carretto siciliano, carrello, carriaggio, carro, carrozzella, carrozzino, carrozzone, carruca, *char-à-bancs* (sarabachino), *clarence*, cesta, cocchio, cupé o *coupé*, diligenza, *dorsay*, *fiacre*, giardiniera, landò o *landau*, legno, lettiga, *mailcoach*, omnibus, portantina, *phaeton*, quadriga, risciò o *rickshaw*, sbaello, slitta, sulky, telega, *tilbury*, tiro a due o a quattro o a sei, traino, treggia, trespolo, *troika*, vettura, victoria, *vis-à-vis*, *wagonette*; vettura da affitto, da viaggio, di corte, di gala, di lusso, di piazza, di rimessa, padronale, pubblica; a molle, aperta, chiusa, scoperta; stemmata.

PARTI E ACCESSORI: assale, asse o sala, avantreno, balestra, balza, bandelloni, bilancia, bilancino, bronzina, verricello, cassa (archi, cielo, pedana, pianta, fondo di sopra, fondo di sotto, fiancate), cassetta o serpa, cignone, cosciali, fanali, finimenti, frusta, fuselli, grembialino, imperiale, maniglia, manopole, mantice (compassi, stecche, pelle), martinicca o freno, molle, montatoio, parafango, portastanghe, predellino, riposi, ruota (cerchioni, quarto, sala, mozzo, raggi), scaletta, scannello, sedile, spalliere, sportello (frullino, luce, serratura, cristallo, tendina), stanghe, sterzo, tassametro, timone, ventole, zoccolo.

VOCI ATTINENTI: incarrozzarsi, scarrozzare; carrozzata, corso, corteggio, scarrozzata; arrotare, investire, ribaltare, traballare; bilancino, pariglia, muta, tiro, trapelo; battistrada, brumista, cocchiere, conduttore, fiaccheraio, lacchè, postiglione, staffetta, staffiere, vetturino; carrozzaio, carradore, carraio, maniscalco, sellaio; rimessa; attaccare i cavalli, far vettura, vettureggiare.

ghisa usato fino all'inizio del XIX secolo su vascelli e fregate come armamento secondario.

carropónte [comp. di *carro* e *ponte*; 1942] **sm.** **1.** gru per il sollevamento di grossi carichi costituita da una travatura sopraelevata, dotata di argano che scorre su rotaie **2.** *T.min.* incastellatura metallica su cui vengono poste le perforatrici.

carropontìsta [da *carroponte*; 1955] **s.** operaio addetto alla manovra di un carroponte.

carròzza [da *carro*; 1575] **sf.** **1.** nome generico di veicoli a quattro ruote, trainati da cavalli, per il trasporto di persone || *fig. scherz. la carrozza di san Francesco,* le proprie gambe || *fig. andare in carrozza,* condurre una vita da signori || *fig. andare in paradiso in carrozza,* ottenere molto senza fare eccessiva fatica || *T.cuc. mozzarella in carrozza,* piatto tipico della cucina napoletana costituito da una fetta di mozzarella posta in mezzo a due fette di pane passate nell'uovo e fritte **2.** vettura ferroviaria per il trasporto di passeggeri: *carrozza ristorante, di prima classe, carrozze letto* || *dim.* carrozzìna, carrozzìno (*sm.*), carrozzétta, carrozzèlla; *accr.* carrozzóna, carrozzóne (*sm.*); *spreg.* carrozzàccia. **Q.T.** *carri..., ferrovia* **TAV.** ***carri...* p. 664** sg.

carrozzàbile [da *carrozza*; 1688] **agg.** e **sf.** detto di strada percorribile con carrozze e *per estens.* con autoveicoli: *la carrozzabile del Moncenisio* || **N.** *Sin.* carreggiabile, rotabile.

carrozzàio (pl. *-ài*) [da *carrozza*; a. 1673] **sm.** (f. *-a*) chi fabbrica o ripara carrozze.

carrozzàre (pres. *-òzzo*) [da *carrozza*; 1942] **tr.** munire un veicolo di carrozzeria.

carrozzàta [da *carrozza*; a. 1803] **sf.** **1.** quante persone possono stare in una carrozza || *per estens.* carrozza piena di gente **2.** antica unità di misura per la calce in uso nel palermitano.

carrozzàto (*pps.* di *carrozzare*) [1934] **agg.** fornito di carrozzeria: *automobile carrozzata ...,* seguito dal nome di un costruttore o di una casa, con carrozzeria disegnata da tale costruttore o casa || *fig. scherz. ben carrozzata,* detto di donna dal fisico prosperoso e procace.

carrozzèlla (*dim.* di *carrozza*) [a. 1886 nel senso 2] **sf.** **1.** carrozzina per neonati **2.** veicolo di piazza a quattro ruote trainato da un cavallo, aperto e dotato di mantice, usato gen. per passeggiate e gite turistiche **3.** sedia a rotelle || veicolo a motore per invalidi a tre o quattro ruote || **N.** **1.** passeggino **2.** *Sin.* calesse, vettura.

carrozzerìa [da *carrozza*; 1908 nel senso 2] **sf.** **1.** rivestimento esterno di un autoveicolo che fissato sul telaio forma l'abitacolo || *carrozzeria portante,* che costituisce un tutt'uno col telaio **2.** *per estens.* officina in cui si costruiscono o si riparano carrozzerie per autoveicoli **3.** *scherz.* forme femminili procaci: *hai visto che carrozzeria ha quella bionda?* || **N.** **1.** berlina, *cabriolet, coupé,* familiare, *spider.* **Q.T.** *automobile.*

carrozzétta (*dim.* di *carrozza*) [a. 1642] **sf.** **1.** carrozzina per neonati **2.** piccolo veicolo a una ruota, applicato lateralmente a una motocicletta || **N.** **2.** *Sin. sidecar.*

carrozzière [da *carrozza*; a. 1638 nel senso 3; 1918 nel senso 1; 1723 nel senso 2] **sm.** **1.** chi progetta, costruisce o ripara carrozzerie di autoveicoli **2.** chi costruisce o ripara carrozze **3.** *ant.* vetturino.

carrozzìna (*dim.* di *carrozza*) [1887] **sf.** piccola culla montata su un telaio a quattro ruote, per trasportare i neonati.

carrozzìno (*dim.* di *carrozza*) [a. 1642] **sm.** **1.** piccola carrozza elegante trainata da un solo cavallo **2.** veicolo a una ruota fissato a lato di una motocicletta, *sidecar* **3.** *fig. gerg.* guadagno ottenuto illecitamente; contratto disonesto.

carrozzóne (*accr.* di *carrozza*) [1865] **sm.** **1.** grande carrozza pesante, part. usata dai nomadi come mezzo di locomozione e abitazione: *i carrozzoni degli zingari, del circo* **2.** vettura di pubblica sicurezza per il trasporto di detenuti o persone in stato di fermo, cellulare **3.** carro funebre **4.** *fig.* ente od organo amministrativo, per lo più statale, disorganizzato e non funzionale || insieme di provvedimenti ministeriali disorganici e contraddittorio || **N.** **1.** *Sin. caravan, roulotte.*

carrùba o **carùba** [dall'ar. *harrūb(a)*; 1340 ca.] **sf.** il frutto commestibile del carrubo, a forma di grosso baccello di colore violaceo, gen. utilizzato come foraggio: *farina di carrube.*

carrùbo o **carùbo** [da *carruba*; 1483 *carrubio*] **sm.** albero sempreverde delle Leguminose, con chioma larga, foglie verde scuro, fiori rossastri raccolti in grappoli e frutti commestibili.

carrùccio (pl. *-ci*) [da *carro*; 1550] **sm.** *tosc.* struttura in legno con quattro ruote, dove si mettono i bambini in piedi perché imparino a camminare || **N.** *Sin.* girello.

carrùcola [dal lat. *carrūca*, carretta; 1306] **sf.** dispositivo per sollevare pesi costituito da un disco con una scanalatura o gola nella quale scorre una fune e con un perno o asse passante per il suo centro sostenuto da una staffa || *fig. ungere le carrucole a qualcuno,* tentare di corromperlo || **N.** bozzello, girella, paranco, puleggia. **TAV.** ***meteorologia* p. 1321** 6.4.

carrucolàre [da *carrucola*; 1729] **tr.** *non com.* **1.** tirar su con la carrucola **2.** *fig.* abbindolare, ingannare || **N.** **1.** incarrucolare, scarrucolare.

carrùga [dal lomb. *carüga*, comp. del lat. *erūca*, bruco e forse lat. *caries*; 1950] **sm.** coleottero simile al maggiolino che si nutre delle foglie della vite.

carrùggio (pl. *-gi*) [lat. *quadruvium*; 1939] **sm.** *lig.* vicolo stretto tipico di paesi e città liguri.

càrsico (pl. *-ci*) [dal n. geogr. *Carso*, altopiano tra le Alpi orientali e i monti Illirici; 1889] **agg.** **1.** *T.geogr.* della regione del Carso: *altipiano carsico* **2.** *T.geol.* caratterizzato dal carsismo: *fenomeni carsici.*

carsìṣmo [dal n. geogr. *Carso*, regione della Venezia Giulia; 1942] **sm.** *T.geol.* complesso dei fenomeni di erosione dei terreni calcarei dovuti all'azione delle acque meteoriche, tipici della regione del Carso || **N.** doline, fiumi sotterranei.

càrta [lat. *charta*; 1219 nel senso 4] **sf.** **1.** prodotto industriale ricavato dal trattamento di sostanze fibrose (part. cellulosa), ridotte in paste umide che, dopo l'aggiunta di eventuali additivi, vengono tirate in fogli sottilissimi e flessibili utilizzati per scrivere, stampare, avvolgere e sim.: *carta da lettere, da pacchi, da disegno* || *carta da parati,* per tappezzare le pareti || *carta assorbente,* per asciugare l'inchiostro dopo aver scritto || *carta igienica,* per l'igiene intima || *carta abrasiva, vetrata, smeriglio,* cosparse di polvere di vetro o altro materiale abrasivo, vengono utilizzate per levigare || *carta oleata,* impregnata con olio per impermeabilizzarla, veniva usata per avvolgere gli alimenti || *carta patinata,* particolarmente levigata e resistente, usata per la stampa di riproduzioni artistiche e di libri di particolare pregio || *carta reattiva,* trattata con apposite sostanze che le fanno mutare colore quando viene a contatto con particolari sostanze || *carta sensibile,* che si impressiona con la luce, utilizzata per stampe fotografiche || *carta velina,* particolarmente sottile e trasparente || *carta da zucchero,* un tempo usata per impacchettare lo zucchero; dal suo caratteristico colore prende il nome una particolare sfumatura di azzurro: *indossava un abito blu carta da zucchero* || *fig. di carta,* sottile, fragile: *muri di carta, governo di carta* **2.** *per estens.* foglio di carta, pagina: *affidare alla carta,* scrivere || *mettere sulla carta,* mettere per iscritto || *imbrattare la carta,* scrivere cose insensate || *carta da bollo, bollata, legale,* con impresso il bollo dello Stato, utilizzata in atti ufficiali || *carta libera,* non bollata || *fig. dare carta bianca,* lasciare completa libertà di azione **3.** foglio scritto o stampato: *il suo studio era ingombro di carte* || *carta da visita,* biglietto da visita || menu di un ristorante: *ordinare alla carta,* scegliendo sulla lista || part. *pl.* scritti di un autore: *pubblicare le carte inedite di Ungaretti* || *le sacre carte,* le sacre scritture **4.** documento: *fare le carte per ottenere il divorzio* || *carta d'identità,* documento di riconoscimento personale || *carta verde,* documento che consente l'estensione della copertura assicurativa di un veicolo anche all'estero || *carta di credito,* documento rilasciato da un ente bancario che assicura la solvibilità del possessore e con il quale è possibile effet-

CARTA

TIPI DI CARTA: a mano, a manomacchina, collata, colorata, di alfa, filigranata, goffrata, indiana, liscia, marezzata, mezzofine, patinata, rasata, riciclata, rigata, satinata, telata, velina, vergata; cartoncino, cartoncino opalino o bristol; cartone, cartone ondulato, cartapesta, presspan; cellophane, celluloide.

CARTE SPECIALI: abrasive; anadesive, autoadesive, autocopianti, fotosensibili, metallizzate, sintetiche, termosaldate.

CARTE ACCOPPIATE CON MATERIALI PARTICOLARI: carta amianto, carta asfaltata, carta catramata, carta oleata, carta politenata, carta ai siliconi.

FORMATI: formati ISA, AO, serie A (A1 ... A12), serie B (B1 ... B8), serie C (C1 ... C8); *carré, raisin,* jesus; imperiale, protocollo, notarile, doppia notarile, pellegrina, leona, elefante; quartina, quadrotta, mezzana, sestina, doppia olandese; foglio, risma, bobina o rotolo.

MATERIE PRIME: straccio di canapa, cotone, iuta, lino; cellulose chimiche, di abete, di paglia; pasta di legno di abete, di pioppo, cartaccia; bario, bentonite, caolino, gesso, magnesio, talco; materie collanti, caseina, gelatina, resine sintetiche.

OPERAZIONI: preparazione dell'impasto, formazione del nastro di carta, spappolatura, depurazione, raffinazione, trasformazione, feltratura, essiccamento, disidratazione, collatura, colorazione, imbianchimento; patinatura.

MACCHINARI: spappolatore idrodinamico o *Hydropulper,* centrale di dosaggio, tina di miscela, tina di macchina, cassa di afflusso, macchina continua (piana, in tondo, mista), tamburi creatori, tavola piana, seccheria, cilindri, essiccatori, liscia di fine macchina, arrotolatrice o bobinatrice, pressa umida.

tuare acquisti addebitandoli direttamente sul proprio conto bancario || *carte di bordo*, documentazione relativa a una nave mercantile e al suo equipaggio || *fig. avere le carte in regola*, avere i requisiti richiesti per svolgere un'attività || *fig. fare carte false per qualcosa* o *qualcuno*, essere pronto a tutto per ottenere qualcosa o favorire qualcuno || nel Medioevo, scritto comprovante un negozio giuridico; oggi in gen. contratto: *devi andare dal notaio a firmare le carte* || *pop.* banconota: *ha trovato una carta da diecimila in terra* **5.** dichiarazione programmatica, statuto: *la carta costituzionale, la carta dei diritti dell'uomo* **6.** *carta geografica* anche *ell. carta*, rappresentazione piana, in scala, della superficie terrestre con segni convenzionali per evidenziarne le diverse caratteristiche; a seconda dell'uso e dei simboli si distinguono *carte fisiche*, che rappresentano le caratteristiche morfologiche della superficie terrestre; *carte politiche*, che riportano le distinzioni politiche e amministrative di un territorio mettendo in risalto i centri abitati; *carte nautiche*, che riportano la profondità dei fondali e ogni altra indicazione utile alla navigazione; *carte stradali* o *automobilistiche*, che riportano una rappresentazione dettagliata della rete stradale di una regione; *carte linguistiche*, che descrivono la distribuzione e diffusione su un territorio di lingue o fenomeni linguistici || *carta astronomica*, che rappresenta la volta celeste **7.** part. *pl. carte da gioco*, cartoncini rettangolari decorati con figure, simboli e numeri che raggruppati in mazzi da quaranta o più servono per giocare: *giocare a carte*; *carte francesi*, che per semi hanno cuori, quadri, fiori e picche; *carte italiane* o *napoletane*, che per semi hanno spade, bastoni, denari e coppe || *fare le carte*, mescolarle prima della partita || *fare le carte a qualcuno*, predirgli il futuro mediante le carte da gioco || *calare le carte*, metterle sul tavolo || *fig. mettere le carte in tavola*, palesare le proprie intenzioni || *fig. giocare a carte scoperte*, in un conflitto, una trattativa e sim., non nascondere le proprie intenzioni e possibilità || *fig. giocare una carta*, tentare una possibilità || *fig. giocare l'ultima carta*, tentare l'estrema possibilità || *fig. cambiare le carte in tavola*, ritrattare la propria posizione senza ammetterlo esplicitamente || *fig. andare a carte quarantotto*, in malora. **Q.T.** *archeologia, carta, filatelia, geografia, giochi, meteorologia, stampa...*

cartacarbóne o **càrta carbóne** (pl. *cartecarbóne*) [comp. di *carta* e *carbone*; 1913] ***sf.*** carta leggera con una faccia coperta da uno strato di colore che posta tra due fogli permette di ottenere copie per ricalco dell'originale || **N.** *Sin.* carta copiativa.

cartàccia (pl. *-ce*) (*pegg.* di *carta*) [a. 1535] ***sf.*** tutte quelle carte e cartoni che, già usati, vengono riciclati per ottenere nuova carta o cartone || *per estens. fig.* carta stampata priva di valore: *non leggere quel libro, è cartaccia* || *T.gioc.* carta da gioco di nessun valore: *in questa mano ho solo cartacce.*

cartàceo [dal lat. tardo *chartăceus*; a. 1730] ***agg.*** di carta || *per estens.* simile alla carta: *una stoffa di consistenza cartacea* || *iron.* privo di vera consistenza, futile: *gloria cartacea.*

cartaginése [dal lat. *Carthaginiēnsis*; prima metà sec. XIV] **I *agg.*** dell'antica città di Cartagine **II *s.*** nativo o abitante di Cartagine || **N. I** *Sin.* punico.

cartaglòria (pl. *carteglòria*) [comp. di *carta* e *gloria*; 1797] ***sf.*** *T.eccl.* sino alla recente riforma, ognuna delle tre tabelle, contenenti testi della liturgia, che venivano poste al centro e ai lati dell'altare.

cartàio (pl. *-ài*) [da *carta*; 1585 *cartaro*] ***sm.*** (f. *-a*) **1.** chi produce, ricicla o vende carta **2.** operaio addetto alla produzione di carta e cartone **3.** artigiano che applica la carta da parati **4.** nei giochi di carte, chi le distribuisce.

càrtamo [dall'ar. *qurtum*; fine XIV sec.] ***sm.*** pianta erbacea delle Composite dai fiori gialli in capolini || **N.** *Sin.* zafferano falso.

cartamodèllo (pl. *cartamodèlli*) [comp. di *carta* e *modello*; 1963] ***sm.*** modello di abito disegnato su carta, in modo da poter essere ritagliato e riportato sulla stoffa da tagliare. **Q.T.** *moda...*

cartamonéta o **càrta monéta** [comp. di *carta* e *moneta*; 1834] ***sf.*** (solo *sing.*) **1.** denaro in banconote **2.** carta speciale usata per la stampa di banconote.

cartapècora (pl. *cartapècore*) [comp. di *carta* e *pecora*; 1353 *carta di pecora*] ***sf.*** pergamena animale || *per estens.* documento scritto su pergamena || *faccia di cartapecora*, grinzosa || **N.** pergamena.

cartapésta (pl. *cartapéste* e *cartepéste*) [comp. di *carta* e *pesta*, pestata; 1618] ***sf.*** materiale leggero e resistente ottenuto da cartacce macerate, collanti e coesivi con cui si fabbricano giocattoli, pupazzi, decorazioni in rilievo e sim. || *fig.* fiacco, senza carattere: *un uomo di cartapesta*; fasullo: *una democrazia, un esercito di cartapesta.*

cartàrio¹ (pl. *-ri*) [dal lat. *chartarius*; 1962] ***agg.*** che riguarda l'industria della carta.

cartàrio² (pl. *-ri*) [dal lat. tardo *chartarium*; 1838] ***sm.*** raccolta di documenti e titoli relativi a un ente, un'istituzione e sim. || fondo antico di archivio.

cartastràccia o **càrta stràccia** (pl. *cartestràcce* o *càrte stràcce*) [comp. di *carta* e il f. di *straccio*; a. 1535 *carta di straccio*] ***sf.*** carta senza colla che serve solo per involgere || *per estens.* carta di pessima qualità, cartaccia || *fig.* scritto di nessun valore: *il suo ultimo romanzo è cartastraccia.*

cartasùga (pl. *cartesùghe*) [comp. di *carta* e *suga(re)*, asciugare; a. 1946] ***sf.*** *non com.* carta assorbente.

cartàta [da *carta*; 1855] ***sf.*** quantità di roba che si può avvolgere in un foglio di carta || **N.** cartoccio, involto, pacchetto, pacco.

cartavetràta o *più com.* **càrta vetràta** (pl. *cartevetràte* o *càrte vetràte*) [comp. di *carta* e *vetrata*; 1925] ***sf.*** carta abrasiva cosparsa di polvere di vetro.

carteggiàre (pres. *-éggio*) [da *carta*; a. 1676] ***tr.*** **1.** lisciare una superficie con carta abrasiva **2.** *ant.* sfogliare un libro || ***intr.*** (aus. *avere*) **1.** *T.mar.* e *T.aer.* consultare le carte di navigazione **2.** *disus.* tenere corrispondenza epistolare con qualcuno.

carteggiatùra [da *carteggiare*; 1969] ***sf.*** operazione di lisciatura di una superficie per mezzo di carta abrasiva.

cartéggio (pl. *-gi*) [da *carteggiare*; 1742 nel senso 1] ***sm.*** **1.** corrispondenza epistolare || *per estens.* insieme di lettere scritte e ricevute da personaggi famosi raccolte e ordinate **2.** *T.mar.* e *T.aer.* insieme delle operazioni eseguite per preparare e seguire la rotta.

cartel (fr., pr. [kar'tɛl]) [dall'it. *cartello*; 1983] ***sm.*** *inv.* orologio a pendolo da muro.

cartèlla [da *carta*; 1553 nel senso 1 di custodia o cartoncino per tombola] ***sf.*** **1.** foglio stampato o scritto contenente dati relativi a qualcosa o qualcuno e facente parte di una serie: *cartella delle tasse*, foglio che il contribuente consegna all'esattoria con i dati delle imposte pagate; *cartella della tombola*, cartoncino con impressa una serie di numeri che si utilizza nel gioco della tombola **2.** foglio dattiloscritto su una sola facciata che si dà in tipografia per la composizione: *una cartella di 2000 battute* **3.** l'insieme delle due facciate di cartone e della costa che nella rilegatura formano la copertina di un libro || *per estens.* foglio o cartoncino ripiegato a libro in cui si custodiscono carte e documenti; anche i documenti in essa contenuti: *cartella clinica*, insieme di notizie e dati relativi allo stato di salute di un paziente **4.** borsa portacarte in pelle o sim. e *per estens.* borsa in materiale vario in cui gli studenti ripongono libri e quaderni **5.** *T.econ.* obbligazione emessa da un istituto di credito: *cartella fondiaria*; *cartella di rendita*, obbligazione emessa dallo Stato **6.** *T.arch.* elemento decorativo costituito da una tabella in rilievo, gen. contenente un'iscrizione **7.** *T.arm.* nelle armi da fuoco antiche, piastra su cui è posto l'acciarino; in molte armi moderne, copertura del meccanismo di caricamento e sparo **8.** piastra di supporto delle staffe in cui scorre il catenaccio **9.** la traversa più alta della spalliera di una sedia **10.** intelaiatura interna di un leggio || *dim.* cartellìna, cartellétta; *accr.* cartellóna, cartellóne (*sm.*); *pegg.* cartellàccia || **N. 2.** *Sin.* facciata, foglio **3.** *Sin.* busta, raccoglitore; *dossier* **5.** *Sin.* buono, certificato.

cartellàre (pres. *-èllo*) [da *cartello¹*; 1830] ***intr.*** (aus. *avere*) *non com.* pubblicare cartelli || ***tr.*** *ant.* sfidare qualcuno a duello inviandogli il cartello di sfida.

cartellièra [da *cartella*; 1940] ***sf.*** mobile per conservare ordinatamente cartelle e documenti.

cartellinàre (pres. *-ìno*) [da *cartellino*; 1974] ***tr.*** **1.** munire di cartellino o etichetta (spec. segnaprezzo) articoli da mettere in vendita **2.** *per estens.* reclutare, tesserare, spec. nel campo sportivo.

cartellinatùra [da *cartellinare*; 1974] ***sf.*** applicazione dei cartellini segnaprezzo agli oggetti da mettere in vendita.

cartellìno [da *cartello¹*; 1846] ***sm.*** **1.** foglietto di carta o cartoncino che si applica su vari oggetti per indicarne il contenuto o la collocazione o che si pone accanto per fornire altre indicazioni: *applicare un cartellino a una bottiglia, le merci esposte devono recare il cartellino del prezzo*; *cartellino giallo, rosso*, nel calcio, quelli estratti dall'arbitro nel corso di una partita per notificare a un giocatore, rispettivamente, l'ammonizione o l'espulsione **2.** scheda, modulo: *cartellino bibliografico*; *cartellino orario*, quello che i dipendenti di un ufficio devono timbrare all'ingresso e all'uscita dal luogo di lavoro in un apposito orologio di controllo || *T.sport.* tessera rilasciata da una società a un atleta come vincolo contrattuale per una o più stagioni || **N. 1.** *Sin.* etichetta, targhetta.

cartellìsta [da *cartello²*; 1942] **I *s.*** chi appartiene a un cartello politico o economico **II *agg.*** cartellistico.

cartellìstico (pl. *-ci*) [da *cartellista*; 1933] ***agg.*** che riguarda i cartelli politici o industriali: *mercato cartellistico.*

cartèllo¹ [da *carta*; 1554 nel senso 1] ***sm.*** **1.** foglio scritto o stampato, gen. di grandi dimensioni e materiale vario, contenente avvisi pubblici o messaggi pubblicitari: *cartello stradale, pubblicitario* || *cartello teatrale* o più com. *cartellone*, manifesto per annunciare al pubblico il programma di una rappresentazione o il programma di una stagione teatrale; *artista, cantante, attore di cartello* (e anche *per estens. atleta, scrittore di cartello*), che attira il pubblico, di successo **2.** pannello in legno o marmo che si pone sulla porta di un esercizio commerciale con il nome del proprietario, il genere di merci in vendita e sim. **3.** *ant. cartello di sfida*, biglietto con cui si sfidava qualcuno a duello **4.** *ant.* libretto diffamatorio **5.** *non com.* cartellino posto sul dorso di un libro || **N. 1.** avviso, manifesto **2.** insegna, targa.

cartèllo² [dal ted. *Kartell*, originariamente cartello di sfida; 1892 nel senso 2; 1956 nel senso 1] ***sm.*** **1.** accordo economico tra aziende di uno stesso settore al fine di limitare la concorrenza **2.** *per estens.* lega, unione di gruppi che perseguono un fine comune: *cartello sindacale* || *cartello elettorale*, unione di più partiti in un'unica lista per evitare dispersione dei voti || *cartello bancario*, accordo tra vari istituti di credito sulle condizioni da concedere ai clienti || *cartello doganale*, accordo fra Stati confinanti per la repressione del contrabbando || **N. 1.** *Sin.* contratto, intesa, *pool, trust.*

cartellóne [da *cartello*; 1661 nel senso 1] *sm.* **1.** grande cartello; manifesto pubblicitario, in part. manifesto che annuncia una rappresentazione cinematografica, teatrale o musicale || *tenere il cartellone*, replicare con successo uno spettacolo **2.** grande manifesto che annuncia il programma di una stagione teatrale o musicale: *quest'anno, il cartellone del Regio è molto interessante* || *per estens. T.sport.* nel calcio, il programma delle partite di una giornata di campionato; in altri sport, l'elenco degli iscritti a una competizione **3.** *T.gioc.* foglio di cartone con stampati i 90 numeri della tombola, su cui vengono segnati quelli via via estratti **4.** *T.bur.* cartella delle tasse.

cartellonìsta [da *cartellone*; 1942] *s.* chi disegna cartelloni pubblicitari, teatrali e sim.

cartellonìstica [da *cartellonista*; 1935] *sf.* tecnica e pratica della realizzazione di cartelloni pubblicitari.

carter (ingl., pr. ['kɑːtə]; pr. it. ['karter]) [dal n. proprio J.H. *Carter*, che l'inventò; 1905] *sm. inv.* **1.** involucro metallico che protegge le parti in movimento di una macchina; *in part.* nei motori a scoppio, la coppa dell'olio **2.** in biciclette e moto, lamiera sagomata che protegge la catena di trasmissione. **TAV. *motocicletta...* p. 1323** 6.15.

carteṣianéṣimo o **carteṣianìṣmo** [da *cartesiano*; a. 1764] *sm. T.fil.* il sistema filosofico di Cartesio e le scuole di pensiero che da esso derivano.

carteṣiàno [dal fr. *cartésien*; 1711] **I** *agg.* **1.** relativo alle teorie di Cartesio: *metodo, razionalismo cartesiano* || *per estens. fig.* chiaro e rigorosamente logico: *un ragionamento cartesiano* **2.** *T.mat. assi cartesiani*, coppia e terna di rette che costituiscono un sistema di riferimento rispettivamente nel piano e nello spazio; *coordinate cartesiane*, di un punto, il cui valore rappresenta la posizione del punto rispetto agli assi cartesiani || *prodotto cartesiano di due insiemi*, l'insieme delle coppie ordinate (a, b) formate da un elemento a dell'insieme A e un elemento b dell'insieme B **II** *sm.* (f. *-a*) seguace o sostenitore delle teorie di Cartesio. **Q.T.** *matematica...* **TAV.** *geometria* 23, 25.

cartevalóri [comp. di *carta* e *valore*; 1910] *sf. pl.* termine generico con cui si indica ogni specie di documento cartaceo che abbia valore negli scambi di cartamoneta (titoli azionari, banconote, assegni, francobolli ecc.).

carticìno [da *carta*; 1868] *sm.* foglio da stampa piegato in due in modo da ottenere quattro facciate; è l'elemento costitutivo dei volumi *in folio* || **N.** *Sin.* quartino.

cartièra [da *carta*; 1607] *sf.* **1.** stabilimento per la fabbricazione di carta **2.** *T.mar.* cassetta con coperchio di vetro collocata sul ponte di comando in cui si colloca una carta nautica per l'immediata consultazione. **Q.T.** *carta.*

cartifìcio (pl. *-ci*) [comp. di *carta* e *-ficio*; 1970] *sm.* cartiera.

cartiglia (pl. *-glie*) [dallo sp. *cartilla*; 1940] *sf.* **1.** *T.gioc.* carta di scarso valore, scartina **2.** *ant.* piccolo foglio di carta.

cartiglio (pl. *-gli*) [dallo sp. *cartilla*; 1550 nel senso 1] *sm.* **1.** fregio decorativo rappresentante una carta svolta, spesso contenente un'iscrizione, usato nel Medioevo come commento esplicito di rappresentazioni simboliche **2.** nelle iscrizioni egiziane, forma ovale in cui è racchiuso il nome di un faraone **3.** *non com.* striscia di carta.

cartilàgine [dal lat. *cartilāgo, -inis*; sec. XIV] *sf. T.anat.* tessuto connettivo flessibile, elastico e di consistenza fibrosa che svolge funzioni di protezione e sostegno: *la cartilagine delle pinne nasali.* **TAV. *anatomia* p. 642** 11.1.

cartilagìneo [da *cartilagine*; 1684] *agg.* di cartilagine, che ha l'aspetto o la consistenza della cartilagine.

cartilaginóso [da *cartilagine*; fine sec. XIV] *agg.* cartilagineo.

cartìna (*dim.* di *carta*) [a. 1696 nel senso 1] *sf.* **1.** sottile foglietto di carta per confezionare a mano le sigarette **2.** *T.chim. cartina reattiva* o *di tornasole*, striscia di carta trattata con composti che, posti a contatto con particolari sostanze, producono un mutamento di colore **3.** piccola busta, ottenuta piegando un foglietto di carta, contenente vari oggetti: *una cartina di ami, di ganci* || *in part.* involto preparato in farmacia contenente una dose di medicamento; *per estens.* il contenuto dell'involucro: *sciogliere una cartina di bicarbonato in acqua* **4.** carta geografica di piccolo formato **5.** carta da gioco priva di valore, scartina. **TAV. *meteorologia* p. 1321** 10.

cartìṣmo [dall'ingl. *chartism*; 1881] *sm. T.stor.* movimento politico sviluppatosi in Inghilterra nella prima metà del XIX secolo, che aveva come obbiettivo un miglioramento delle condizioni della classe lavoratrice.

cartìsta [da *cartismo*; 1851] **I** *s.* seguace del cartismo **II** *agg.* proprio del cartismo: *movimento cartista.*

cartocciàta [da *cartoccio*; 1865] *sf.* quantità di roba che può essere contenuta in un cartoccio: *una cartocciata di lupini.*

cartòccio (pl. *-ci*) [da *carta*; a. 1543] *sm.* **1.** foglio di carta a forma di cono per mettervi dentro roba, gen. alimentari: *un cartoccio di castagne*; *com.* sacchetto di carta per lo stesso scopo || *per estens.* cartocciata || *al cartoccio*, detto di cibo cucinato al forno avvolto in un involucro di carta oleata o in un foglio di alluminio **2.** carica di lancio per proiettili di artiglieria || *cartoccio proietto*, proietto unito al bossolo contenente la carica di lancio || tubo di cartone in cui si mette la carica di polvere pirica per realizzare un fuoco artificiale **3.** l'insieme delle brattee che avvolgono la pannocchia del granoturco **4.** *T.arch.* ornamento tipico dell'arte barocca raffigurante un rotolo di pergamena **5.** tubo di vetro protettivo dei lumi a petrolio **6.** *T.sport.* nella scherma, colpo di uscita, oggi non più in uso, portato al fianco dell'avversario || *dim.* cartoccìno, cartoccétto; *accr.* cartoccióne || **N. 1.** involto, pacco | avvolgere, incartocciare, scartocciare.

cartòffia V. SCARTOFFIA.

cartografìa [comp. di *carta* e *-grafia*; 1858] *sf.* branca della geografia che si occupa della progettazione e realizzazione di carte geografiche. **Q.T.** *geografia.*

cartogràfico (pl. *-ci*) [da *cartografia*; 1876] *agg.* che si riferisce alla cartografia, relativo a essa: *rilevamenti, studi cartografici.*

cartògrafo [comp. di *carta* e *-grafo*; 1877] *sm.* (f. *-a*) chi progetta e disegna carte geografiche.

cartogràmma [comp. di *carta* e *-gramma*; 1942] *sm.* rappresentazione grafica della distribuzione statistica di particolari fenomeni, ottenuta mediante un sistema di simboli.

cartolàio (pl. *-ài*) [lat. tardo *chartulārius*, archivista; a. 1387] *sm.* (f. *-a*) chi vende articoli di cancelleria e ogni altra cosa necessaria per la scuola, lo studio, l'ufficio e sim.

cartolàre¹ [dal lat. *chartula*, dim. di *charta*, carta; 1955] *agg. T.giur.* di diritto che non può essere esercitato in assenza del documento che lo comprova.

cartolàre² [dal lat. *chartula*, libro di appunti; 1406 nel senso 1] *sm.* **1.** *ant.* libro di appunti, diario; libro di bordo, diario di navigazione **2.** *tosc.* cartella senza costola per fogli o disegni || quaderno.

cartolàre³ (pres. *càrtolo*) [dal lat. *chartula*; sec. XVIII] *tr. ant.* numerare le pagine di un codice, di un manoscritto e sim.

cartolàrio o **cartulàrio** (pl. *-ri*) [dal lat. mediev. *chartularium*; 1727] *sm. T.stor.* raccolta di documenti pubblici o privati relativi a un istituto, una città, un particolare argomento.

cartolerìa [da *cartolaio*; 1846] *sf.* negozio del cartolaio.

cartolibrerìa [comp. di *carto(leria)* e *libreria*; 1939] *sf.* negozio in cui si vendono libri e oggetti di cancelleria.

cartolina [dim. del lat. *chartula*; 1476] *sf.* **1.** cartoncino di forma rettangolare usato come mezzo di corrispondenza per inviare saluti o brevi comunicazioni: *cartolina postale*, messa in vendita già affrancata; *cartolina illustrata*, recante su una faccia disegni, fotografie e sim.; *cartolina precetto* o *cartolina rosa*, inviata alle reclute per chiamarle al servizio militare e per richiamare i militari in congedo **2.** passamano costituito da una sottile striscia di pergamena avvolta da una fibra tessile **3.** *disus.* bustina di carta contenente una dose di medicamento, cartina **4.** *ant.* tessera || *per estens. pop.* cartellino di presenza da bollare all'ingresso e all'uscita dal luogo di lavoro. **Q.T.** *posta.*

cartomànte [da *cartomanzia*; 1926] *s.* chi pratica la cartomanzia; indovino.

cartomàntico (pl. *-ci*) [da *cartomante*; 1931] *agg.* relativo alla cartomanzia e ai cartomanti; proprio della cartomanzia e dei cartomanti.

cartomanzìa [comp. di *carta* e *-manzia*, come il fr. *cartomancie*; 1830] *sf.* arte di divinare il futuro per mezzo delle carte.

cartonàggio (pl. *-gi*) [dal fr. *cartonnage*; 1890; 1877 nel senso concr.] *sm.* tecnica di lavorazione del cartone e del cartoncino || *concr.* l'insieme dei prodotti (scatole, astucci, rilegature e sim.) che con tale tecnica si producono.

cartonàre (pres. *-óno*) [dal fr. *cartonner*; 1965] *tr.* rinforzare, rivestire col cartone || rilegare un libro con i piatti di cartone: *l'edizione cartonata è più cara di quella in brossura.*

cartonàto (*pps.* di *cartonare*) [1945] *agg.* rivestito di cartone: *copertina cartonata.*

cartoncìno (*dim.* di *cartone*) [a. 1764] *sm.* **1.** prodotto della lavorazione cartacea leggero e sottile, intermedio tra la carta e il cartone **2.** foglio rettangolare di tale materiale utilizzato per biglietti da visita, partecipazioni, auguri e sim.

cartóne [da *carta*; 1508 nel senso 1] *sm.* **1.** prodotto della lavorazione cartacea spesso e resistente utilizzato in part. per produrre scatole e imballaggi || *per estens.* scatolone prodotto con tale materiale e anche quantità di roba in esso contenuta: *un cartone di bottiglie* || *fig. di cartone*, fiacco, debole; finto: *un uomo di cartone, una ricchezza di cartone* **2.** disegno preparatorio eseguito su carta pesante per l'esecuzione di affreschi, arazzi, mosaici e sim. || *T.tess.* disegno da riprodurre sulla stoffa || *cartone animato*, film in cui ogni movimento è scomposto in singole fasi che devono essere disegnate, colorate e fotografate singolarmente prima di poter essere montate in sequenza **3.** custodia per raccogliere disegni, opuscoli e sim. **Q.T.** *carta, pittura.*

cartonìsta [dall'ingl. *cartoonist*; 1963] *s. non com.* disegnatore di cartoni animati.

cartoon (ingl., pr. [kɑː'tuːn]) [da *animated cartoon*, cartone animato; 1957 *cartoons*] *sm.*

inv. (anche pl. *cartoons,* pr. [kɑ:'tu:nz]) *T.cin.* cartone animato || **N.** cinema d'animazione.

cartoonist (ingl., pr. [kɑ:'tu:nɪst]) [da *cartoon*; 1977] ***s.*** *T.cin.* regista o disegnatore di un cartone animato || **N.** *Sin.* cartonista.

cartotèca [comp. di *carta* e *-teca*; 1950 nel senso 2] ***sf.*** **1.** raccolta ordinata di carte geografiche **2.** *non com.* schedario.

cartotècnica [comp. di *carta* e *tecnica*; 1962] ***sf.*** ramo dell'industria che riguarda la produzione della carta e più com. di oggetti di carta.

cartotècnico (pl. *-ci*) [da *cartotecnica*; 1962] **I** ***agg.*** che si riferisce alla cartotecnica **II** ***sm.*** (f. *-a*) operaio specializzato nella lavorazione della carta o di oggetti di carta.

cartuccèra V. CARTUCCIERA.

cartùccia (pl. *-ce*) [da *carta*; a. 1396 nel senso 5] ***sf.*** **1.** insieme di bossolo, carica, capsula e proietto che costituisce una munizione per arma da fuoco portatile || *fig. sparare l'ultima cartuccia,* esaurire le proprie possibilità di riuscita || *fig. mezza cartuccia,* persona che vale poco; anche, persona di piccola statura **2.** cilindretto di plastica contenente una ricarica di inchiostro per penna stilografica **3.** nei motori a scoppio, filtro sostituibile dell'olio o dell'aria **4.** *cartuccia microfonica,* elemento sensibile, gen. sostituibile, di un microfono **5.** *arc.* piccola carta. **Q.T.** *armi* **TAV.** *caccia* 3; ***armi*** **p. 649** 21.

cartuccièra o **cartuccèra** [da *cartuccia*; 1780 *cartocciere*] ***sf.*** cintura con piccoli scompartimenti in cui i cacciatori ripongono le cartucce || *T.mil.* giberna.

cartulàrio V. CARTOLARIO.

carùba V. CARRUBA.

carùbo V. CARRUBO.

carùncola o **caróncola** [dal lat. *caruncula,* pezzetto di carne; 1491 *caruncula*] ***sf.*** **1.** *T.anat.* escrescenza carnosa a forma di papilla: *caruncola lacrimale* **2.** *T.bot.* tubercolo carnoso che si produce in alcuni semi.

carùṣo [lat. *cariōsus,* tarlato; a. 1910] ***sm.*** *dial. merid.* ragazzo, garzone che lavora in campagna o nelle miniere di zolfo.

càrvi [dal lat. mediev. *carvi*; prima metà XIV sec.] ***sm.*** cumino dei prati.

càsa [lat. *casa,* capanna; inizio sec. XIII] ***sf.*** **1.** nome generico di edifici costruiti per scopi abitativi: *casa di città, di campagna, in muratura, prefabbricata* || *seconda casa,* quella acquistata in un luogo di villeggiatura quando se ne possiede già una in città || *casa mobile,* casa prefabbricata che può venire trasportata a traino su apposite ruote || *Casa Bianca,* la resistenza del presidente degli USA; *per estens.* il governo americano || *padrone di casa,* il proprietario dell'immobile || *fig. grande come una casa,* enorme || *casa di bambola,* costruzione in miniatura che riproduce una casa reale, riproducendo anche il mobilio e gli arredi, per consentire il gioco con le bambole; *fig.* abitazione piccola e arredata in modo lezioso **2.** abitazione di un singolo nucleo familiare, residenza: *abita in una casa in periferia, è appena uscito di casa, arredare la casa* || *cambiare casa,* traslocare || *cercare casa,* per affittarla o comperarla || *trovare, prendere casa,* affittarla o comprarla; *per estens.* andare a vivere in un luogo || *stare di casa,* abitare; *fig. non sa neanche dove sta di casa l'educazione,* la ignora || *stare a* (o *in*) *casa di qualcuno,* abitare presso qualcuno || *mandar via, cacciare di casa,* sfrattare; *fig.* estromettere dalla convivenza familiare || *chiudere casa,* in vista di una lunga assenza || *aprire, riaprire casa,* dopo una lunga assenza || *fare gli onori di casa,* accogliere gli ospiti || *donna di casa,* che svolge le faccende domestiche || *maestro di casa,* maggiordomo || *faccende di casa,* incombenze domestiche || *abito, vestito da casa,* dimesso, logoro || *fatto in casa,* di produzione casalinga; genuino: *torta fatta in casa* || *casa del diavolo,* l'inferno; *pop. fig. abitare a casa del diavolo,* lontano || *fig. a casa mia,* secondo me || *fig. riportare a casa la pelle,* salvarsi, part. in riferimento a guerra o impresa rischiosa || *fig. tenere le mani a casa,* non essere maneschi || *fig. tenere la lingua a casa,* tenerla a freno || *fig. avere la testa, il cervello a casa,* ragionare in modo concreto e assennato || *fig. essere a casa propria,* essere pratico di qualcosa || *fig. sentirsi a casa propria,* essere a proprio agio || *per estens.* patria, luogo in cui si vive || *T.sport. giocare in casa,* quando una squadra gioca un incontro sul proprio terreno; *fuori casa,* sul terreno della squadra avversaria; *padroni di casa,* la squadra ospitante **3.** *per estens.* l'insieme delle persone che costituiscono un unico nucleo familiare: *scrivere a casa, pensare a casa* || *mandare avanti la casa,* mantenere la famiglia || *essere di casa,* frequentare con assiduità una famiglia || *essere tutto casa e famiglia,* assai legato alla vita familiare || *essere casa e chiesa,* molto religioso e legato alla famiglia || *fig. metter su casa,* sposarsi **4.** casato, stirpe: *l'ultimo rampollo di una nobile e antica casa* || dinastia: *casa Savoia* **5.** tana, nido, part. nelle fiabe e nei racconti per bambini: *la casa dei sette caprettini* || guscio, conchiglia: *la casa di bernardo l'eremita* **6.** edificio che ospita per un tempo limitato e per particolari motivi categorie specifiche di persone: *casa di cura,* clinica privata; *casa di riposo,* istituto per l'assistenza agli anziani; *casa di pena,* penitenziario || *casa del popolo,* sin dalle origini del movimento operaio, luogo di incontro, riunione, sede di circolo ricreativo, biblioteca a uso delle classi lavoratrici || *casa religiosa,* convento; *casa madre,* il più antico convento di un ordine o la sede principale di un'agenzia con filiali || *casa di Dio,* chiesa || *casa da gioco,* in cui si pratica il gioco d'azzardo || *casa chiusa, di tolleranza,* luogo in cui si pratica la prostituzione **7.** ditta, impresa: *casa editrice, casa di moda* || nella denominazione di negozi specializzati nella vendita di un particolare prodotto: *casa del detersivo, della carta* **8.** *T.gioc.* nella dama e negli scacchi, ciascuno dei 64 riquadri che costituiscono la scacchiera; in vari giochi di società, casella **9.** *T.astrol.* in un singolo quadro astrale, ciascuna delle dodici divisioni dello zodiaco, numerate a partire da quella in cui si trova l'ascendente || *dim.* casìna, casétta, casùccia, casettìna; *accr.* casóna, casóne (*sm.*); *pegg.* casàccia. **Q.T.** *abitazione, architettura, edilizia, elettrodomestici* **TAV.** *abitazione.*

caṣàcca [da (*veste alla*) *cosacca*; 1480] ***sf.*** **1.** giacca lunga chiusa fino al collo con spacchi laterali || *per estens.* ampio giaccone, giubba || *fig. voltare, mutare casacca,* cambiare repentinamente opinione **2.** giacca da donna di taglio ampio e diritto **3.** nell'ippica, la giubba dei fantini; in altri sport, maglia che indica l'appartenenza a una squadra || *dim.* casacchìno (*sm.*), casacchìna; *accr.* casaccóne (*sm.*); *pegg.* casaccàccia.

caṣàccio (pl. *-ci*) (*pegg.* di *caso*) [1541] ***sm.*** *non com.* caso problematico e complicato || *com.* nella *loc. avv. a casaccio,* senza ordine o cura: *riporre gli abiti a casaccio*; a vanvera: *parlare a casaccio.*

casalàsco (pl. *-schi*) [dal n. geogr. *Casale* (Monferrato); 1608] **I** ***agg.*** di Casale Monferrato **II** ***sm.*** (f. *-a*) abitante o nativo di Casale Monferrato.

casàle [lat. tardo *casālis*; a. 1342 nel senso 2] ***sm.*** **1.** gruppo di case in aperta campagna **2.** edificio rustico, casolare || *dim.* casalìno, casalétto; *accr.* casalóne || **N.** **1.** *Sin.* borgata **2.** *Sin.* cascinale, fattoria.

casalìna [da *casa,* perché fatta in casa; 1950] ***sf.*** tessuto grossolano di cotone usato per abiti femminili da lavoro.

casalìnga [da *casalingo*; 1905] ***sf.*** donna che esegue i lavori di casa e si occupa della propria famiglia, senza esercitare nessun'altra professione.

casalìngo (pl. *-ghi*) [da *casa*; a. 1375] **I** ***agg.*** **1.** che riguarda la casa, domestico: *vita casalinga, lavori casalinghi* || *per estens.* familiare, genuino: *atteggiamento casalingo* || *T.sport. incontro casalingo,* quello che una squadra gioca sul proprio campo **2.** che sta volentieri in casa: *un tipo casalingo* **3.** per uso domestico: *oggetti casalinghi* **II** ***sm.*** ***pl.*** oggetti per l'uso domestico: *un negozio di casalinghi* **III** ***loc. avv.*** *alla casalinga,* in riferimento a cibi cucinati in modo semplice e genuino || **N.** **I** **1.** *Sin.* domestico, familiare; casereccio, naturale; in casa.

casamàtta (pl. *casemàtte*) [etim. discussa; 1520] ***sf.*** opera di fortificazione in cui sono collocati uno o più pezzi di artiglieria || *T.mar. in casamatta,* di artiglieria installata su un ponte coperto || *ant.* struttura mobile collocata a protezione di una macchina da guerra || **N.** fortificazione.

casamattàre [da *casamatta*; 1940] ***tr.*** *ant.* fortificare un luogo con casematte.

casaménto [lat. mediev. *casamentum*; 1312] ***sm.*** caseggiato (nel senso 1).

casamòbile [comp. di *casa* e *mobile*; 1974] ***sf.*** grossa *roulotte* trainabile soltanto da un trattore o un autocarro.

casanòva [dal n. proprio G. *Casanova,* avventuriero venez.; 1935] ***sm. inv.*** seduttore, grande amatore, anche *iron.* || **N.** *Sin.* cascamorto, donnaiolo, *playboy.*

casaréccio V. CASERECCIO.

casàro [lat. tardo *caseārius,* relativo al latte e al formaggio; 1882] ***sm.*** chi lavora il latte per produrre burro e formaggio.

casàta [da *casa*; a. 1306] ***sf.*** l'insieme delle famiglie nobili discendenti da una medesima stirpe || **N.** dinastia, famiglia, lignaggio, schiatta, stirpe.

casàtico (pl. *-ci*) [da *casa*; 1321] ***sm.*** antica imposta sulle case cittadine.

casàto [da *casa*; a. 1300] ***sm.*** famiglia nobile, stirpe || *non com.* cognome di famiglia, part. di famiglia nobile.

casatórre (pl. *casetórri*) [comp. di *casa* e *torre*; 1955] ***sf.*** casa medievale molto sviluppata in altezza.

càsba o **càsbah** o **kàsba** [dall'ar. *qaṣaba,* fortezza; 1875] ***sf. inv.*** quartieri vecchi nelle città arabe: *la casba di Algeri* || *fig.* quartiere malfamato di città occidentali.

cascàggine [dal lat. volg. **cascāgo, -inis,* dal lat. *cascus,* vecchio; a. 1673] ***sf.*** debolezza del corpo causata da malattia o sonnolenza || *fig.* pigrizia, fiacchezza.

càsca-in-pètto o **caschimpètto** [comp. di *casca*(*re*) e *in petto*; 1918] ***sm. inv.*** *raro ant.* ciondolo, gioiello appeso a una catenella o a un nastro cascante sul petto.

cascàme [da *cascare*; 1865] ***sm.*** **1.** scarto, residuo, talvolta riutilizzabile, di una produzione industriale, part. di fibre tessili **2.** *fig.* aspetto di scarso valore di un fenomeno, un movimento, una produzione artistica: *i cascami dell'ideologia del futurismo.*

cascamòrto [comp. di *casca*(*re*) e *morto*; 1716] ***sm.*** innamorato languido e svenevole, spasimante: *fare il cascamorto.*

cascànte (*ppr.* di *cascare*) [a. 1332 nel senso fig.] ***agg.*** floscio, pendente, flaccido, gen. riferito a parti del corpo: *palpebre cascanti* || *fig.* fiacco, languido: *una prosa cascante.*

càscara sagràda [voce sp., letter. corteccia santa; 1892] ***loc. f.*** arbusto delle Ramnacee con piccoli fiori bianchi raccolti in ombrelle, originario dell'America settentrionale, dalla cui corteccia si ricava una sostanza lassativa.

cascàre (pres. *càsco, càschi*) [lat. volg. **casicāre*; 1313] ***intr.*** (aus. *essere*) *fam.* cadere, andare giù a terra: *cascare dal letto* || *fig. cascare a pezzi*, di oggetti vecchi e consunti, essere prossimo alla distruzione || *fig. cascare dal sonno, dalla fame*, avere molto sonno, molta fame || *fig. cascare dalle nuvole*, mostrarsi sorpreso || *fig. cascare bene, male*, essere capitato bene, male || *fig. cascare in piedi*, avere fortuna nella disgrazia, superare positivamente una situazione difficile || *fig. far cascare le braccia*, deprimere, scoraggiare || *fig. far cascare qualcosa dall'alto*, concederla con degnazione || *fig. cascare addosso*, capitare fra capo e collo || *fig. cascare di dosso*, di abiti, essere larghi || *fig. cascarci*, farsi ingannare || *fig. non casca il mondo*, non succede nulla di grave || *fig. qui casca l'asino*, qui viene il difficile || *prov. quando la pera è matura casca da sé*, è inutile anticipare un evento || **N.** CADERE.

cascàta [da *cascare*; a. 1494] ***sf.*** **1.** salto d'acqua corrente causato da un brusco dislivello nel terreno || *per estens.* l'acqua che precipita: *la cascata è asciutta in estate* **2.** *non com.* caduta **3.** drappo, panno che si fa ricadere per ornamento; festone || *per estens.* acconciatura eseguita in modo che i capelli ricadano ondeggiando || *una cascata di perle*, lunga collana di perle a più giri **4.** nella loc. *in cascata, a cascata*, detto di eventi che si verificano in rapida successione || *T.tecn.* indica una disposizione seriale di componenti: *condensatori in cascata* || *dim.* cascatèlla, cascatina; *accr.* cascatóne (*sm.*; nel senso 2); *pegg.* cascatàccia || **N. 1.** cataratta, rapida, salto | polverio, spruzzi.

cascatìccio (pl. m. *-ci*, pl. f. *-ce*) [da *cascare*; a. 1320] ***agg.*** **1.** di frutto, che cade facilmente dall'albero **2.** *fig. non com.* che cede con facilità alle tentazioni || fiacco, debole.

cascatóio (pl. *-ói*) [da *cascare*; a. 1588] ***agg.*** *raro* debole, fiacco || *iron.* facile a innamorarsi.

cascatóre [da *cascare*; 1970] ***sm.*** (f. *-trice*) controfigura che, durante le riprese di un film, sostituisce l'attore nelle scene acrobatiche pericolose || **N.** *Sin. stuntman.*

cascatùra [da *cascare*; 1945] ***sf.*** **1.** ciò che cade durante la vagliatura del grano e di altri cereali **2.** insieme dei capelli grezzi usati per fabbricare parrucche.

cascherìno [etim. inc.; 1955] ***sm.*** *rom.* garzone del fornaio che porta il pane nelle case.

caschétto (*dim.* di *casco*) [a. 1680 nel senso 3] ***sm.*** **1.** piccolo berretto di foggia sportiva; *in part.* cappello femminile senza tesa e aderente al capo **2.** acconciatura, spec. femminile, in cui i capelli, corti e lisci, incorniciano il viso || *per estens.* i capelli pettinati in questo modo: *un caschetto biondo* **3.** *ant.* piccolo elmo di cuoio lavorato che si annodava sotto il mento.

caschinpètto V. CASCA-IN-PETTO.

cascìna [prob. dal lat. volg. **capsia*, cassa; a. 1604 nel senso 1] ***sf.*** **1.** *sett.* insediamento rurale costituito da vari edifici con funzioni diverse (abitazione, conservazione di derrate agricole, ricovero di bestie ecc.) raccolti intorno a un cortile **2.** in Emilia, locale posto sopra la stalla in cui si conserva il fieno || locale in cui vengono posti a stagionare i formaggi **3.** *tosc.* complesso di edifici in cui si allevano le vacche e si produce il burro e il formaggio **4.** *tosc.* forma di legno dove si prepara il cacio, cascino || **N. 1.** casa colonica, cascinale, casolare, fattoria | azienda agricola. **Q.T.** *agricoltura.*

cascinàio (pl. *-ài*) [da *cascina*; 1773] ***sm.*** (f. *-a*) chi sovraintende a una cascina.

cascinàle [da *cascina*; 1886] ***sm.*** **1.** gruppo di cascine (nel senso 1) **2.** casolare o gruppo di casolari.

cascìno [prob. dal lat. *capsa*, recipiente; 1781] ***sm.*** forma di legno usata per fare il cacio || **N.** *Sin.* cascina.

càscio (pl. *-sci*) [dal lat. *capsa*, cassa; 1868] ***sm.*** *T.cart.* forma di legno usata un tempo nella lavorazione della carta, che serviva per determinare il formato e lo spessore del foglio.

casciù V. CATECÙ.

càsco¹ (pl. *-schi*) [dal fr. *casque*; 1772] **I** ***sm.*** **1.** copricapo protettivo in metallo o altro materiale resistente, usato da soldati, sportivi e da chi lavora in miniere, cantieri edili e sim. || *casco coloniale*, in sughero, adatto per il clima tropicale || *casco integrale*, in cui la protezione si estende anche al viso || *fig. casco iridato*, campione mondiale di motociclismo || *per meton. caschi blu*, le truppe dell'ONU **2.** *ant.* elmo a forma di coppa talvolta dotato di frontale, nasale e gronda **3.** *casco asciugatore*, apparecchio elettrico ad aria calda costituito da un'asta che regge una specie di elmo semisferico, usato per asciugare i capelli **4.** acconciatura femminile a forma di casco, caschetto **5.** infruttescenza del banano **II** solo nella ***loc. agg.*** *polizza casco*, formula assicurativa per veicoli in cui la compagnia rifonde anche i danni che l'assicurato causa al proprio mezzo. **TAV.** *alpinismo* 10.3.

càsco² [da *cascare*; a. 1388] ***sm.*** *raro* caduta.

càscola [da *cascolare*; 1765] ***sf.*** **1.** caduta precoce e anormale di fiori e frutti **2.** specie di grano gentile da cui si ricava paglia per fare cappelli.

cascolànte (*ppr.* di *cascolare*) [1984] ***sm.*** prodotto chimico che provoca la caduta precoce dei frutti.

cascolàre (pres. *càscolo*) [intens. di *cascare*; 1955] ***intr.*** (aus. *essere*) **1.** *dial.* aprirsi e cadere, detto anche delle castagne mature **2.** *dial. fig.* perdere le forze.

caseàrio (pl. *-ri*) [dal lat. tardo *caseārius*; 1896] ***agg.*** che riguarda la produzione e la lavorazione dei latticini: *industria casearia.*

caseggiàto [da *casa*; 1795] ***sm.*** **1.** gruppo di case contigue, divise in più alloggi gen. di tipo popolare || *per meton.* la gente che vi abita: *con le sue urla svegliò tutto il caseggiato* **2.** luogo occupato prevalentemente da case: *il caseggiato era circondato da una fitta rete di strade* || **N. 1.** *Sin.* casamento.

caseificazióne [comp. di *caseo-* e *-ficazione*; 1931] ***sf.*** **1.** processo di coagulazione della caseina contenuta nel latte ad opera del caglio; costituisce la prima fase di preparazione del formaggio || *per estens.* l'intero ciclo produttivo del formaggio **2.** *T.med.* processo necrotico tipico della tubercolosi in cui i tessuti assumono una consistenza caseosa.

caseifìcio (pl. *-ci*) [comp. di *caseo-* e *-ficio*; 1886] ***sm.*** stabilimento industriale per la produzione di burro e formaggio.

caseifórme [comp. del lat. *caseus*, formaggio e *-forme*; 1987] ***agg.*** che ha forma e aspetto simile al formaggio.

caseìna [dal fr. *caséine*; 1865] ***sf.*** sostanza organica che costituisce la principale proteina del latte, di colore bianco, amorfa; viene impiegata, oltre che nell'industria casearia, in quella della carta e in quella delle resine sintetiche.

casèlla [lat. tardo *casella*; 1563 nel senso 1; sec. XIV-XV nel senso 7] ***sf.*** **1.** scompartimento in cui vengono suddivisi mobili, scaffali, cassetti per tenere separati gli oggetti || *casella postale*, scompartimento che si affitta presso un ufficio postale per ricevervi direttamente la posta **2.** *per estens.* ciascuno degli spazi risultanti dall'incrocio di linee verticali e orizzontali in cui è suddiviso un foglio, un registro e sim. || sulla scacchiera, riquadro, casa **3.** *T.bot.* ciascuno degli scompartimenti in cui i setti dividono l'ovario **4.** recipiente in materiale refrattario in cui si cuociono materiali, gen. ceramiche, che non devono venire a contatto diretto con la fiamma **5.** *casella salante* o *evaporante*, in una salina, ciascuna delle porzioni in cui è suddiviso il terreno destinato all'evaporazione dell'acqua marina e al deposito del sale **6.** *ant.* in un alveare, celletta **7.** *arc.* piccola casa.

casellànte [da *casello*; 1905] ***s.*** **1.** custode di un tratto di strada ferrata || cantoniere **2.** addetto alla riscossione del pedaggio in un casello autostradale.

casellàrio (pl. *-ri*) [da *casella*; 1874] ***sf.*** **1.** mobile, scaffale diviso in caselle per conservare ordinatamente carte, documenti o altri oggetti || *T.post. casellario postale*, scaffalatura a caselle in cui viene smistata la posta e, *per estens.*, l'ufficio in cui avviene lo smistamento; anche l'insieme delle caselle di un ufficio postale || *per meton.* l'insieme dei documenti raccolti in una scaffalatura a caselle **2.** ufficio in cui sono raccolti documenti, dati statistici e sim. || *casellario giudiziale*, ufficio presso ciascuna Procura della Repubblica in cui vengono registrati i provvedimenti penali, civili o amministrativi a carico delle persone nate nel circondario.

casellista [da *casella*; 1962] ***s.*** chi ha in affitto una casella postale.

casèllo [da *casella*; 1905 nel senso 1] ***sm.*** **1.** casa cantoniera posta lungo una strada o una ferrovia **2.** stazione terminale o intermedia di un percorso autostradale in cui lavorano gli addetti alla riscossione del pedaggio **3.** *non com.* casotto di caccia.

casentìno [dal n. geogr. *Casentino*, regione della Toscana in cui si fabbrica questo tessuto; a. 1936] ***sm.*** **1.** tessuto di lana pesante e impermeabile, di solito di color rosso o verde **2.** cappotto sportivo confezionato con tale tessuto, spesso ornato con un collo di volpe.

càseo [dal lat. *cāseus*, formaggio; 1830] ***sm.*** coagulo del latte.

càseo- [dal lat. *càseus*, formaggio] ***primo elem.*** che, in parole composte dotte e della terminologia scientifica, vale "formaggio" (per es. *caseoso, caseificio*).

caseóso [da *caseo-*; 1868] ***agg.*** che ha l'aspetto e la consistenza del formaggio || *T.med. sostanza caseosa*, sostanza organica degenerativa che si forma per effetto dei bacilli tubercolari || *necrosi caseosa*, degenerazione dei tessuti che causa il formarsi di sostanza caseosa.

casèra [lat. tardo *caseāria*; 1880 nel senso 2] ***sf.*** *dial.* **1.** casa di montagna adibita, durante il pascolo estivo, alla produzione di burro e formaggi **2.** nei caseifici, luogo destinato alla stagionatura dei formaggi || **N. 1.** *Sin.* baita, malga.

caseréccio o **casaréccio** (pl. *-ci*) [da *casa*; a. 1400] ***agg.*** fatto in casa, casalingo: *pane casereccio, cucina casereccia* || *per estens.* grezzo, semplice || **N.** *Sin.* genuino, naturale.

casèrma [dal fr. *caserne*, provenz. *cazèrna*, casotto per quattro soldati; 1669] ***sf.*** edificio o complesso di edifici adibito all'alloggiamento e addestramento di reparti militari od organizzazioni analoghe: *caserma di fanteria, di polizia, dei vigili del fuoco* || *per estens.* luogo in cui si svolge la vita militare || *fig. modi, linguaggio da caserma*, rozzi, volgari || *lett. fig.* luogo governato da rigido militarismo || **N.** armeria, camerata, corpo di guardia, fureria, garitta, maggiorità, spaccio; libera uscita, ritirata; piantone, sentinella. **Q.T.** *forze armate.*

casermàggio (pl. *-gi*) [da *caserma*; 1853] ***sm.*** il complesso degli oggetti e degli arredi necessari a una caserma || servizio del commissariato militare che provvede a tali necessità.

casermerìa [da *caserma*; 1955] ***sf.*** *raro* posto di guardia di una caserma.

casermésco (pl. *-schi*) [da *caserma*; 1945] ***agg.*** *spreg.* da caserma: *linguaggio casermesco*, volgare; *mentalità casermesca*, gretta e autoritaria.

caṣermétta (*dim.* di *caserma*) [1959] ***sf.*** edificio all'interno della caserma adibito all'alloggiamento di un reparto minore o ad altri usi: *la casermetta dell'armeria.*

caṣermìstico (pl. *-ci*) [da *caserma*; 1941] ***agg.*** da caserma; militaresco: *disciplina casermistica.*

caṣermóne (*accr.* di *caserma*) [a. 1911] ***sm.*** *fig.* edificio popolare per usi abitativi, di grandi dimensioni, massiccio e disadorno.

case work (ingl., pr. ['keɪs wɔːk]) [letter. lavoro caso per caso; 1974] ***loc. m.*** *inv.* metodica di assistenza sociale, consistente nel mobilitare le capacità specifiche del singolo individuo e le risorse della comunità per favorire l'adattamento del soggetto al suo ambiente sociale.

cash and carry (ingl., pr. [ˌkæʃ ənd 'kærɪ]) [letter. paga e porta via; 1955] ***loc. m.*** *inv.* sistema di vendita della merce all'ingrosso da parte di grandi magazzini a dettaglianti che pagano in contanti e provvedono al trasporto con mezzi propri || *per estens.* magazzino in cui si effettua tale tipo di vendita.

cash-flow (ingl., pr. ['kæʃ floʊ]) [letter. flusso di cassa; 1979] ***sm.*** *inv. T.fin.* complesso delle disponibilità finanziarie utilizzabili da un'azienda in un determinato periodo di tempo.

casière [lat. tardo *casārius*; a. 1584] ***sm.*** (f. *-a*) *raro* chi custodisce una casa o una villa durante l'assenza dei proprietari.

casigliàno [da *casa*; 1536] ***sm.*** (f. *-a*) *tosc.* coinquilino.

caṣimìr o **caṣimìro** [dal fr. *cachemire*; 1797] ***sm.*** *disus. cachemire* (v.).

casinàro [da *casino*; 1977] ***sm.*** (f. *-a*) e ***agg.*** *pop.* casinista.

casinìsta [da *casino*; 1967] ***s.*** e ***agg.*** *pop.* confusionario, pasticcione.

casìno [da *casa*; 1584 nel senso 1] ***sm.*** **1.** casa signorile di campagna, gen. adibita a usi particolari: *casino di caccia* **2.** *disus.* luogo per riunioni ricreative e culturali, circolo || *raro* casa da gioco **3.** *pop.* bordello, casa di tolleranza || *fig.* confusione, chiasso; situazione ingarbugliata e confusa: *al suo arrivo è scoppiato un casino.*

caṣinò o **casinò** (pr. [kasi'nɔ] o [kazi'nɔ]) [dal fr. *casino*; 1933] ***sm.*** *inv.* casa da gioco.

casìpola [da *casa*; a. 1342] ***sf.*** *non com.* casupola.

caṣìsta [forse dallo sp. *casuista*, da *caso*; 1618] ***sm.*** teologo esperto nel trattare i casi di coscienza || *fig.* persona scrupolosa e meticolosa.

caṣìstica [da *caso*; 1819 parte della teologia] ***sf.*** applicazione di una norma generale a casi particolari || *per estens.* elencazione di casi particolari allo scopo di trarne una norma generale: *casistica medica, giuridica, fare una casistica* || *T.teol. casistica morale*, parte della teologia che applica i principi della morale a casi pratici, reali o fittizi, allo scopo di trarre per ognuno di essi una regola di comportamento.

càṣo [dal lat. *cāsus*; a. 1313 nel senso 1] ***sm.*** **1.** avvenimento imprevedibile e inatteso, circostanza fortuita: *è stato un caso che tu mi abbia trovato* || *a caso, guarda caso*, per combinazione; *parlare, agire a caso*, a vanvera || *per caso*, incidentalmente || *fare caso a qualcosa, a qualcuno*, prestarvi attenzione || *si dà il caso che*, accade che || *T.giur. caso fortuito*, qualsiasi evento, estraneo alla volontà dell'individuo, che impedisca l'uniformazione a una legge o l'adempimento di una prescrizione **2.** *per estens.* causa irrazionale cui si attribuisce ciò che sfugge al controllo della nostra volontà, fato, destino: *il caso ha voluto che passassi di lì* **3.** fatto, vicenda: *un caso singolare, imprevisto*; *in part.* vicenda triste: *un caso pietoso, molti sono i casi della vita* || *caso limite*, quello che in una serie di eventi viene considerato come la possibilità estrema || *caso da manuale*, esemplare || *caso di coscienza*, circostanza in cui è richiesta una scelta morale; *in part. T.teol.* evento reale o fittizio che per le sue caratteristiche estreme presenta particolari difficoltà circa gli obblighi morali a esso connessi || *fig. caso di stato*, assai importante **4.** ipotesi, possibilità: *nel caso ritardi, partiremo ugualmente* || *in ogni caso, in tutti i casi*, comunque || *in nessun caso*, mai || *caso mai*, eventualmente || *porre il caso che*, supporre che || circostanza, opportunità: *agiremo secondo il caso* || *fare al caso*, essere opportuno || *è il caso che*, è necessario che || *non è il caso*, non conviene **5.** *T.med.* ogni individuo che sia sottoposto a controllo medico, paziente: *oggi sono stati ricoverati tre casi di morbillo* || *caso clinico*, ogni individuo sottoposto a indagini cliniche; *fig.* individuo fuori del comune || *caso patologico*, individuo portatore di affezioni morbose; *fig.* persona che mostra anormalità nel comportamento **6.** *T.ling.* nelle lingue flessive e agglutinanti, categoria grammaticale propria del nome, dell'aggettivo e del pronome, per la quale essi assumono forme diverse a seconda del ruolo sintattico che rivestono: *casi retti*, nominativo e accusativo; *casi obliqui*, genitivo, dativo e ablativo || la funzione sintattica stessa: *il sistema dei casi latini* || **N. 1.** accidente, circostanza, combinazione, congiuntura, evento, occasione, ventura | arrivare, capitare, succedere **2.** *Sin.* alea, destino, fatalità, fortuna, sorte **4.** *Sin.* evenienza, eventualità, probabilità. **Q.T.** *linguistica.*

casolàre [da *casa*; 1273] ***sm.*** casa di campagna o di montagna, gen. piccola e isolata.

caṣomài o **càṣo mài** [comp. di *caso* e *mai*; 1533] ***cong.*** nel caso che, eventualmente, semmai (introduce una proposizione cond. col verbo al cong.): *casomai lo vedessi, ringrazialo.*

casóne (*accr.* di *casa*) [1551] ***sm.*** **1.** casa popolare di grandi dimensioni, con molti appartamenti: *i casoni dell'hinterland milanese* **2.** abitazione rustica a pianta rettangolare, con tetto spiovente in paglia, diffusa nelle campagne venete **3.** *casone di caccia*, l'abitazione del guardacaccia || *cason di valle*, sul delta del Po, capanno per la caccia e la pesca.

caṣóne [dal lat. *cāseus*, cacio; 1844] ***sm.*** *sett.* caseificio.

caṣóso [da *caso*; a. 1565] ***agg.*** *tosc.* scrupoloso, pignolo.

casòtto [da *casa*; a. 1565] ***sm.*** **1.** piccola costruzione in legno a una sola stanza, trasportabile, usata come riparo per sentinelle, guardiani e sim. || *per estens.* nome generico con cui si indicano chioschi, edicole, cabine spogliatoio sulla spiaggia, canili ecc. || *raro* casello ferroviario **2.** *pop. sett.* casa di tolleranza, casino || *fig.* chiasso, confusione **3.** *T.mar.* qualsiasi sovrastruttura di piccole dimensioni situata su un ponte scoperto: *casotto del timone*, locale in cui è collocata la ruota del timone e gli altri organi necessari al governo della nave || **N. 1.** baracca, cabina, capanno, chiosco, garitta, guardiola, ricovero.

càspa [etim. inc.; 1865] ***sf.*** *raro* ceppaia.

càspita [var. eufem. di *cazzo*; 1830] ***escl.*** esprime meraviglia e talvolta impazienza: *caspita che sorpresa!* || *dim.* caspiterìna, caspitìna.

casqué (fr., pr. [kas'ke]) [da *casquer*, cascare; 1963] ***sm.*** *inv.* figura del tango in cui il cavaliere piega la dama con la schiena all'indietro e si china su di lei: *il tango col casqué.*

casquette (fr., pr. [kas'kɛt]) [letter. caschetto; 1931] ***sf.*** *inv.* berretto con visiera.

càssa [lat. *capsa*, cassetta; 1290] ***sf.*** **1.** contenitore a forma di parallelepipedo, di dimensioni varie, gen. in legno con o senza coperchio, usato per contenere e trasportare oggetti: *una cassa di vestiti, di chiodi* || *cassa da imballaggio*, che serve a proteggere gli oggetti durante il trasporto || *cassa da morto*, bara || *cassa mobile*, sin. poco usato di *container* || *per meton.* quantità di roba che può essere contenuta in una cassa: *ha gettato via una cassa di lettere* || nel Medioevo e nel Rinascimento, nome generico di vari mobili di forma squadrata come la cassapanca o il cassone || *cassa tipografica*, dotata di scomparti in cui sono disposti i diversi caratteri tipografici per la composizione a mano **2.** *T.mar.* nelle costruzioni navali, scomparto ricavato nella struttura stessa dello scafo, destinato a contenere liquidi, part. acqua dolce o salata: *casse zavorra*, piene di acqua di mare, utilizzate come elemento stabilizzante; *casse d'aria*, vuote, a tenuta stagna, che garantiscono la galleggiabilità e l'insommergibilità delle scialuppe **3.** *T.arm.* nelle antiche artiglierie, affusto di grosse bocche da fuoco || nelle armi da fuoco portatili, la parte su cui poggiano la canna e il meccanismo di otturazione **4.** struttura concava variamente utilizzata: *cassa dell'orologio*, contenitore in cui è collocato il meccanismo di funzionamento || *gen.* corpo cavo: *cassa di risonanza*, corpo sonoro di vari strumenti musicali avente lo scopo di amplificare il suono; anche *fig.* tutto ciò che dà maggiore risalto a una notizia ampliandone l'area di diffusione; *cassa acustica*, negli impianti di diffusione sonora, contenitore in cui sono montati uno o più altoparlanti **5.** *T.anat.* cavità anatomica delimitata da pareti ossee o muscolari: *cassa toracica* **6.** *T.edil. muro a cassa vuota*, muro costituito da due elementi di mattoni che formano tra loro un'intercapedine **7.** mobile per conservare preziosi e denaro || *per estens.* dispositivo per la registrazione dei pagamenti e la conservazione delle somme relative: *ritirare lo scontrino alla cassa* || sportello di una banca o di un pubblico esercizio in cui si eseguono i pagamenti: *presentare un assegno alla cassa* || *cassa continua*, cassaforte collegata con l'esterno della banca che permette il versamento e il prelievo di contante anche nelle ore di chiusura **8.** *per estens.* il denaro e i valori contenuti in una cassa || *tenere la cassa*, ricevere ed effettuare i pagamenti; amministrare i fondi di un ente, di un'azienda e sim. || *fondo di cassa*, quantità di denaro che viene utilizzata per le normali operazioni di pagamento || *ammanco di cassa*, sottrazione fraudolenta dei fondi di cassa || *libro di cassa*, in cui vengono annotate le entrate e le uscite di denaro || *fig. fam. battere cassa*, chiedere con insistenza del denaro || *fig. a pronta cassa*, in contanti **9.** denominazione di vari istituti di credito ed enti con finalità di pubblico interesse: *cassa di risparmio*, istituto non a fine di lucro originariamente destinato a raccogliere il denaro dei piccoli risparmiatori; *cassa rurale e artigiana*, istituto cooperativistico di credito per contadini e artigiani; *Cassa per il mezzogiorno*, ente statale istituito per promuovere lo sviluppo dell'Italia meridionale || *cassa integrazione*, organismo dell'INPS che in caso di sospensione o riduzione temporanea del lavoro in un'azienda fornisce agli operai parte del salario || *dim.* cassétta; *accr.* cassóne (*sm.*) || **N. 1.** cassapanca, cassone; arca, baule | imballaggio | facchino **7.** cofano, forziere, scrigno; cassaforte, registratore di cassa **8.** denaro, somma; amministrazione **9.** *Sin.* banca, banco, istituto di credito. **Q.T.** *audiovisivi, banca, carri..., orologeria* **TAV.** ***musica*** **p. 1325** 4.4, 14.7, 15.4.

cassafórma (pl. *casseförme*) [comp. di *cassa* e *forma*; 1942] ***sf.*** *T.edil.* struttura in legno che viene utilizzata come forma nelle gettate di cemento armato e viene rimossa dopo che questo ha fatto presa.

cassafòrte (pl. *casseförti*) [comp. di *cassa* e

forte; 1866 *cassa forte*] **sf.** armadio metallico con pareti di notevole spessore e serratura di sicurezza, utilizzato per la custodia di valori, documenti e sim. || **N.** *Sin.* forziere | combinazione; blindatura.

cassaintegràto V. CASSINTEGRATO.

cassàio (pl. *-ài*) [dal lat. tardo *capsārius*; 1830] **sm.** (f. *-a*) chi fa o vende casse || liutaio specializzato nella produzione di casse armoniche.

cassamàdia (pl. *cassemàdie*) [comp. di *cassa* e *madia*; a. 1449] **sf.** cassa fatta per essere usata come madia.

cassaménto [da *cassare*; prima metà sec. XIV] **sm.** *ant.* cassatura.

cassàndra [dal n. proprio *Cassandra*, figlia di Priamo, profetessa inascoltata di mali; 1865] **sf.** persona che fa previsioni disastrose senza essere creduta.

cassapànca (pl. *cassepànche* o *cassapànche*) [comp. di *cassa* e *panca*; a. 1388] **sf.** mobile costituito da una cassa talvolta munita di braccioli e schienale, usato per sedersi e come ripostiglio.

cassàre [dal lat. tardo *cassāre*; inizio sec. XIII nel senso 1] **tr. 1.** cancellare: *il suo nome venne cassato dall'elenco* || *fig. cassare un debito*, estinguerlo, annullarlo **2.** riferito a legge o provvedimento, abrogare, annullare **3.** radiare una persona da un ruolo.

cassàta [etim. inc.; 1905 nel senso di dolce] **sf.** dolce siciliano formato da pan di Spagna ripieno di ricotta impastata con cioccolato, canditi e liquore || *per estens.* gelato di crema e cioccolato, a forma di fetta di torta, farcito con panna e canditi.

cassatóio (pl. *-ói*) [da *cassare*; 1869] **sm.** temperino per raschiare, cancellare uno scritto.

cassatùra [da *cassare*; 1661] **sf.** atto ed effetto del cassare, cancellatura.

cassavuòta (pl. *cassevuòte*) [comp. di *cassa* e *vuoto*; 1970] **sf.** intercapedine tra le pareti di un muro.

cassazióne[1] [da *cassare*; 1355 *cassagione*] **sf.** annullamento, revoca: *cassazione di un decreto, di una legge, di una sentenza* || *Corte di Cassazione* o *ell. Cassazione*, supremo organo della giustizia ordinaria che giudica sui ricorsi presentati contro le sentenze emesse dai tribunali inferiori. **Q.T.** *diritto*.

cassazióne[2] [forse dal ted. *Gasse*, strada, perché in origine era eseguita all'aria aperta; 1826] **sf.** *T.mus.* composizione strumentale simile alla serenata diffusa in Germania verso la fine del XVIII secolo.

casserétto [da *cassero*; 1869] **sm.** *T.mar.* sulle navi mercantili, cassero di poppa destinato agli alloggiamenti dell'equipaggio.

càssero [dall'ar. *qaṣr*, castello; a. 1300 nel senso 4] **sm. 1.** *T.mar.* part. sui grandi velieri del XVIII e XIX secolo, parte del ponte scoperto tra il casseretto e l'albero maestro; sulle navi moderne, ponte centrale sopraelevato **2.** *T.edil.* recinto provvisorio a tenuta stagna che si costruisce per mettere in secca un tratto di alveo fluviale per costruire fondazioni e sim. **3.** cassaforma **4.** *ant.* il nucleo centrale fortificato di una piazzaforte, maschio. **TAV.** ***nave*** **p. 1327** 5.8, 5.9.

casseruòla [dal fr. *casserole*; 1771 *casserola*] **sf.** utensile da cucina gen. di metallo, di media grandezza, più fondo del tegame, con un manico lungo o due manici || **N.** *Sin.* pentola.

cassétta (*dim.* di *cassa*) [a. 1348 nel senso 1] **sf. 1.** cassa di piccole dimensioni con o senza coperchio utilizzata come contenitore: *cassetta per la frutta, degli attrezzi* || *cassetta per le lettere*, contenitore posto per la strada, dotato di fessura in cui impostare le lettere in partenza; anche contenitore posto negli ingressi delle case per raccogliere la posta in arrivo || *cassetta della spazzatura*, contenitore di forma e materiale vari per la raccolta dei rifiuti || *cassetta delle elemosine*, contenitore posto nelle chiese per raccogliere le offerte dei fedeli || *cassetta di sicurezza*, cassetta metallica con serratura posta in appositi locali di una banca, in cui i clienti dietro pagamento di un canone possono custodire oggetti preziosi e documenti || *pane a cassetta*, forma di pane a parallelepipedo utilizzata per toast e tramezzini || *muro a cassetta*, formato da due sponde di mattoni riempite nel mezzo di pietre e calcinacci **2.** congegno a forma di cassetta: *cassetta distributrice*, dispositivo per assicurare l'esatta distribuzione dell'acqua tra gli utenti di un edificio; *cassetta scaricatrice*, serbatoietto che negli impianti igienici per gabinetti assicura la pulizia mediante un getto d'acqua || *T.tel. cassetta di distribuzione*, dispositivo terminale di un cavo telefonico che permette il collegamento delle linee principali con quelle dei singoli utenti **3.** contenitore di materiale plastico, di dimensioni standard, contenente nastro magnetico per registrazioni di segnali audio (audiocassetta) o video (videocassetta) **4.** nei banchi dei negozi, cassetto per gli incassi giornalieri || *per estens.* incasso giornaliero: *far buona cassetta*, guadagnare bene || *T.teatr.* e *T.cin. fare cassetta*, avere successo || *film di cassetta*, di successo, commerciale **5.** nelle vetture a cavalli, sedile riservato al cocchiere: *sedere, mettersi a cassetta*, al posto di guida **6.** *T.mugn.* assicella a tre sponde tenuta sospesa sotto la bocchetta della tramoggia per versare a poco a poco il grano nella macina **7.** *T.sport. cassetta d'appoggio*, nel salto con l'asta, fossa in cui viene puntato l'attrezzo per eseguire il salto || *dim.* cassettina; *pegg.* cassettàccia || **N. 3.** *Sin.* musicassetta **5.** *Sin.* serpa. **Q.T.** *audiovisivi* **TAV.** ***carri...*** **p. 664** 1.3.

cassettàta [da *cassetta*; a. 1921] **sf.** quantità di roba che può entrare in una cassetta o in un cassetto.

cassettièra [da *cassetto*; 1965] **sf.** mobile o scomparto di mobile costituito da una serie di cassetti sovrapposti || **N.** settimanale. **TAV.** ***arredamento*** **p. 650** 2.2, 3.3.

cassettista [da *cassetta*; 1942] **s. 1.** chi ha in affitto una cassetta di sicurezza presso una banca **2.** chi opera in borsa senza fini speculativi, esclusivamente per far fruttare i propri risparmi.

cassétto [da *cassa*; 1503 nel senso 3] **sm. 1.** cassetta senza coperchio che si inserisce nei mobili, in appositi vani dotati di guide scorrevoli per facilitarne l'estrazione, utilizzata per riporre oggetti || *fig. avere, tenere nel cassetto*, detto di progetti o desideri non ancora realizzati **2.** *cassetto di distribuzione*, nelle motrici a vapore, dispositivo per la distribuzione alternata del vapore **3.** *ant.* piccola cassa || *dim.* cassettino.

cassettóne [da *cassetto*; sec. XVII] **sm. 1.** mobile a cassetti sovrapposti, utilizzato in part. per riporvi la biancheria **2.** *T.arch.* riquadro geometrico ricavato in un soffitto come elemento decorativo: *soffitto a cassettoni* || *dim.* cassettoncino || **N. 1.** *Sin.* canterano, comò. **Q.T.** *arredamento*.

càssia [dal lat. *casia*; a. 1333] **sf.** genere di piante delle Leguminose con foglie paripennate e frutti che in alcune specie hanno proprietà lassative || *fig. non com. dare l'erba cassia*, cacciare via.

càsside [dal lat. *cassis, -idis*; 1340 ca.] **sf.** *T.stor.* elmo metallico con visiera abbassabile usato dai soldati romani || **N.** galea.

cassìdico o **chassìdico** o **hasìdico** (pl. *-ci*) [da *cassidismo*; 1933] **I agg.** relativo al cassidismo, proprio del cassidismo: *dottrina cassidica* **II sm.** (f. *-a*) seguace del cassidismo.

cassidìșmo o **chassidìșmo** o **hasidìșmo** [dall'ebr. *hasijdh*, pio; 1932 *chasidismo*] **sm.** movimento mistico popolare ebraico diffusosi in Europa orientale dalla seconda metà del '700, caratterizzato da un intransigente moralismo.

cassière [da *cassa*; 1383] **sm.** (f. *-a*) chi in un'azienda o in una banca ha in consegna la cassa e ha la responsabilità delle operazioni di incasso e pagamento || chi, in un negozio o in un pubblico esercizio, siede alla cassa.

cassinènse o **cassinése** [dal n. geogr. (*Monte*) *cassino*; a. 1580 *cassinense*] **I agg.** relativo all'abbazia di Montecassino o all'ordine benedettino ivi fondato **II sm.** monaco appartenente a tale ordine.

cassìno[1] [da *cassa*; 1781] **sm. 1.** carretto chiuso usato da netturbini e accalappiacani **2.** ciascuna delle assi che vengono aggiunte verticalmente alle sponde del carico per trattenerlo **3.** cassa per calessi, birrocci e sim.

cassìno[2] [da *cassare*; 1942] **sm.** cancellino per lavagna.

cassintegràto o **cassaintegràto** [da *cassa integrazione* (*guadagni*); 1981] **sm.** lavoratore dipendente temporaneamente sospeso dal lavoro per una contrazione di attività o per ristrutturazione dell'azienda dalla quale dipende, e che riceve un sussidio dalla cassa integrazione guadagni in parziale sostituzione del salario non percepito.

càssio [etim. inc.; 1887] **sm.** colore rosso intenso, ottenuto aggiungendo cloruro d'oro a cloruro stannoso, usato per decorare vetri e porcellane.

cassiopèo o **cassiopèio** [dal n. proprio *Cassiopea*, mitica eroina greca; 1955] **sm.** *raro T.chim.* elemento metallico appartenente al gruppo delle terre rare || **N.** *Sin.* lutezio.

cassiterìte [dal fr. *cassitérite*; 1940] **sf.** minerale di color rossiccio o scuro contenente biossido di stagno, da cui si ricava lo stagno.

càsso[1] [lat. *cassus*, vuoto; a. 1294 nel senso 2] **agg.** *ant.* **1.** inutile, senza effetto **2.** privo, vuoto.

càsso[2] (*pps. ant.* di *cassare*) [1313] **agg.** *ant.* distrutto, cancellato: *il Sacro Impero Romano era stato casso* (Carducci).

càsso[3] [lat. *capsus*, cassa del carro; a. 1292] **sm.** *ant.* cavità toracica || *per estens.* busto.

cassóne (*accr.* di *cassa*) [1353] **sm. 1.** mobile a forma di cassa, gen. decorato, in uso fin dal Medioevo **2.** serbatoio per l'acqua potabile collocato sul tetto di un edificio **3.** struttura in legno o in muratura utilizzata come semenzaio, o per la conservazione delle piante durante l'inverno **4.** cassa senza fondo, gen. in cemento armato, utilizzata per lavori di fondazione in presenza d'acqua, che viene riempita dall'alto di calcestruzzo **5.** recipiente che, imbrigliato a uno scafo affondato, viene svuotato dell'acqua e serve per riportare lo scafo a galla **6.** negli autocarri, vano destinato al carico **7.** *T.mil.* carro portamunizioni per artiglierie || *dim.* cassoncino.

cassonétto (*dim.* di *cassone*) [a. 1571] **sm. 1.** vaso predisposto nel muro per contenere particolari attrezzature (rullo delle persiane avvolgibili e sim.) **2.** nelle costruzioni stradali, scavo per la costruzione della massicciata **3.** recipiente di vario materiale, gen. munito di ruote, posto ai lati delle strade urbane per la raccolta dei rifiuti. **TAV.** *abitazione* 1.9.

càssula **sf.** *raro* V. CAPSULA.

cast (ingl., pr. [kaːst]) [dall'ingl. (*to*) *cast*, assegnare le parti agli attori; 1942] **sm.** *inv.* l'insieme degli interpreti di un'opera cinematografica o teatrale: *questo film ha un cast eccezionale*. **Q.T.** *cinematografia*.

càsta [dal port. *casta*, razza pura; 1583] **sf. 1.** gruppo sociale chiuso i cui membri sono legati da vincoli di razza, di nascita, di religione e sim.; *in part.* ciascuno degli strati in cui fin dall'antichità è divisa la società indiana **2.** *per estens.* classe sociale, categoria che gode di particolari privilegi: *la casta dei politici* **3.** *T.zool.* in una comunità di insetti, gruppo di individui morfologicamente e fisiologicamente differenziati: *la casta delle api operaie.*

castàgna [lat. *castanea*; a. 1336] **sf.** **1.** il frutto mangereccio del castagno, con pericarpo coriaceo lucido di colore marrone e polpa biancastra farinosa, racchiuso in un riccio con lunghi e fitti aculei: *diricciare* o *sricciare le castagne*, toglierle dal riccio; *sbucciare le castagne*, privarle della scorza; *mondare le castagne*, togliere la pellicina che avvolge il frutto; *castrare le castagne*, inciderne la buccia perché non scoppino quando arrostiscono || *fig. prendere, cogliere qualcuno in castagna*, sorprenderlo sul fatto || *fig. togliere le castagne dal fuoco per* (o *a*) *qualcuno*, liberarlo dal pericolo o dall'imbarazzo esponendosi personalmente || *fig. cavar la castagna dal fuoco con la zampa del gatto*, fare qualcosa a proprio vantaggio esponendo gli altri al pericolo **2.** *castagna d'acqua*, pianta acquatica con frutto commestibile a drupa || *castagna d'India*, il frutto dell'ippocastano **3.** *castagna dell'argano*, nottolino di arresto che impedisce lo scorrimento all'indietro del cavo || nella tecnica di costruzione navale, scontro disposto lungo lo scalo di costruzione per trattenere la nave fino al momento del varo **4.** *pop.* nel pugilato, pugno violento; nel calcio, tiro di grande potenza **5.** nella loc. m. *pesce castagna*, pesce teleosteo commestibile di color grigio argento che vive nelle profondità marine **6.** *fare le castagne a qualcuno*, schernirlo || **N.** **1.** marrone | buccia o scorza, camicia o sansa, riccio | ballotta, bruciata, caldallessa, caldarrosta, candita, *marron glacé*; castagnaccio | allessare, arrostire, bacchiare | mondina.

castagnàccio (pl. *-ci*) [da *castagna*; a. 1449] **sm.** focaccia dolce fatta con farina di castagne, uvetta e pinoli || **N.** *Sin.* pattona.

castagnàio (pl. *-ài*) [da *castagna*; 1803] **sm.** (f. *-a*) **1.** chi coltiva un castagneto **2.** chi raccoglie castagne **3.** venditore di castagne.

castagnatùra [da *castagna*; 1908] **sf.** la raccolta delle castagne e anche il tempo in cui questa si effettua.

castagnéto [da *castagna*; 1340] **sm.** luogo piantato a castagni; bosco di castagni.

castagnétta[1] (*dim.* di *castagna*) [1941 nel senso 1] **sf.** **1.** castagnola, petardo **2.** escrescenza cornea, rugosa che si trova nella parte interna del garretto del cavallo.

castagnétta[2] [dallo sp. *castañetas*; 1623] **sf.** **1.** *pl.* nacchere **2.** *per simil.* schiocco prodotto premendo il dito medio sul pollice e facendolo battere sulla base del pollice stesso.

castagnìccio (pl. m. *-ci*, pl. f. *-ce*) [da *castagno*; a. 1349] **agg.** detto di colore che tende al castano.

castagnìno [da *castagna*; a. 1569] **agg.** *non com.* **1.** castano **2.** di terreno che si presta alla coltivazione del castagno.

castàgno [da *castagna*; 1353] **sm.** albero delle Fagacee con chioma larga, foglie dentate, frutto racchiuso in ricci spinosi, assai diffuso nell'area mediterranea ad altezze superiori ai 3-400 metri || *castagno d'India*, ippocastano || *per meton.* legno di castagno: *un tavolo di castagno* || *non com.* in posizione attributiva (sempre posposto) castano: *color castagno.*

castagnòla [da *castagna*; 1863 nel senso 1] **sf.** **1.** fuoco d'artificio costituito da un cartoccio legato pieno di polvere pirica da cui fuoriesce la miccia **2.** dolcetto di pasta fritta sferico, tipico della cucina dell'Italia centro-settentrionale **3.** *T.mar.* cavicchio mobile in legno o metallo cui si assicurano provvisoriamente le manovre correnti **4.** piccolo pesce marino dei Pomacentridi, presente nel Mediterraneo, con corpo ovale compresso lateralmente, di colore bruno con riflessi dorati.

castagnoléta [da *castagnolo*[1]; 1803] **sf.** bosco di castagnoli.

castagnòlo[1] [da *castagno*; a. 1363 nel senso 2] **sm.** **1.** castagno giovane **2.** *ant.* palo di castagno.

castagnòlo[2] [da *castagna*; 1830] **agg.** simile alla castagna, del colore della castagna.

castalderìa [da *castaldo*; a. 1698] **sf.** carica, ufficio, residenza del castaldo || fattoria.

castàldo [dal long. *gastald*, amministratore dei beni del re; sec. XIII] **sm.** **1.** *T.stor.* presso i Longobardi, funzionario di nomina regia che amministrava un territorio con poteri civili, giuridici e militari **2.** in epoca comunale, in varie città, capo di una corporazione **3.** chi amministra i beni di una comunità o di un casato; amministratore di un'azienda agricola.

castàle [da *casta*; 1843] **agg.** *non com.* di casta: *società castale.*

castàlio (pl. *-li*) [dal lat. *castălius*; a. 1375] **agg.** *lett.* della fonte Castalia sacra ad Apollo || *per estens.* poetico: *la musa castalia* || *l'albero castalio*, l'alloro in quanto incoronava i poeti.

castàneo [dal lat. *castanea*; a. 1907] **agg.** *lett.* castano: *i riflessi del crin castanei* (Carducci).

castanìcolo [comp. del lat. *castanea*, castagna e *-colo*; 1955] **agg.** relativo alla coltivazione del castagno.

castanicoltùra [comp. del lat. *castanea* e *-coltura*; 1962] **sf.** coltivazione del castagno.

castàno [dal lat. *castanea*; a. 1595 *castagno*] **I sm.** *inv.* colore marrone chiaro simile a quello della scorza della castagna matura: *i suoi capelli erano di un bel castano chiaro* **II agg.** (sempre posposto) di color castano: *occhi castani.*

castellanìa [da *castellano*[1]; a. 1547] **sf.** ufficio, dignità di castellano || territorio sottoposto alla giurisdizione di un castellano.

castellàno[1] [lat. *castellānus*; fine sec. XIII] **I sm.** (f. *-a*) **1.** signore di un castello; feudatario **2.** comandante di un castello o di una fortezza **3.** *non com.* abitante di un castello **II agg.** relativo a un castello: *mura castellane, nobiltà castellana.*

castellàno[2] [dallo sp. *castellano*, della Castiglia; 1970] **sm.** moneta medievale d'oro della Castiglia.

castellàta [da *castello*; a. 1912] **sf.** botte della capacità di circa 900 litri che collocata su un carro veniva usata in Romagna per il trasporto di vino || *per estens.* unità di misura corrispondente a circa nove quintali.

castellatùra [da *castello*; 1965] **sf.** in alcuni mobili, struttura in legno con funzione di rinforzo.

castellétto (*dim.* di *castello*) [fine sec. XIII] **sm.** **1.** piccolo castello **2.** in particolari accezioni tecniche: *T.edil.* impalcatura in legno o metallo per l'esecuzione di lavori edilizi a una certa altezza || *T.min.* traliccio metallico posto all'imboccatura dei pozzi per reggere i rinvii delle funi di estrazione || *T.tip.* blocchetto a vite per regolare la giustezza di una riga durante la composizione || *T.mecc.* parte del telaio dei veicoli ferroviari a due assi, che trasmette gli sforzi che giungono attraverso i ganci e le barre di trazione **3.** *T.banc.* ammontare massimo di credito che una banca concede a un cliente || *registro di castelletto*, in cui viene registrato per ciascun cliente l'ammontare del fido concesso || nel gioco del lotto, registro su cui vengono segnate le giocate e le vincite presunte.

castellière [da *castello*; 1877] **sm.** insediamento preistorico di carattere difensivo, costruito in un luogo elevato, spec. in zone alpine.

castellìna [da *castello*; a. 1837] **sf.** mucchio di cose accatastate una sull'altra; *in part.* mucchio di quattro noci o nocciole che si fa nel gioco del nocino.

castèllo (pl. *-i*; ant. f. *castèlla*) [lat. *castellum*, dim. di *castrum*, fortezza; inizio sec. XIII nel senso 1] **sm.** **1.** vasto edificio fortificato circondato da mura e torri eretto nel Medioevo come dimora di feudatari e nobili proprietari terrieri || *per estens.* dimora signorile di campagna eretta in epoca successiva e priva delle strutture difensive, talvolta conservate solo come motivo ornamentale || *fig. castelli in aria*, progetti fantasiosi e irrealizzabili **2.** *per estens.* fortezza collocata in posizione strategica **3.** *ant.* gruppo di case, borgo posto in posizione sopraelevata e circondato da opere difensive di fortificazione **4.** struttura, impalcatura di legno o metallo adibita a vari usi: *castello di una gru*, impalcatura che sorregge il braccio della gru; *castello motore*, nelle costruzioni aeronautiche, struttura di sostegno del motore; *castello aereo*, piattaforma mobile trasportata da un veicolo che viene utilizzata nella manutenzione di linee elettriche aeree; *castello dei bachi da seta*, intelaiatura con stuoie e paglia per l'allevamento dei bachi da seta; *castello dell'orologio*, struttura in cui è contenuto il meccanismo di funzionamento || parte metallica monoblocco costituente la cassa di alcune armi da fuoco portatili (tra cui la pistola) || *letti a castello*, impalcatura costituita da due letti sovrapposti || *castello di carte*, costruzione fatta per passatempo sovrapponendo carte da gioco; *fig.* costruzione fragile, priva di fondamenta || *fig. castello di menzogne*, sequenza di falsità **5.** antica macchina da guerra a forma di torre che veniva utilizzata per trasportare presso le mura nemiche i soldati incaricati di abbatterle **6.** *T.mar.* nei velieri, qualsiasi sovrastruttura sul ponte; oggi part. il cassero di prora **7.** *T.gioc.* i cinque birilli disposti al centro del tavolo da biliardo **8.** *T.arald.* edificio rappresentato da una cortina affiancata da due torri merlate || *dim.* castellétto, castellùccio; *accr.* castellòtto; *pegg.* castellàccio || **N.** **1.** maniero, rocca; *alcazar*, cittadella | bastione, bertesca, caditoia, cinta, feritoria, fossato, mastio, merli, ponte levatoio, saracinesca, spalti, torrione **2.** *Sin.* forte, fortilizio **4.** *Sin.* armatura, impalcatura, ossatura, telaio. **TAV.** *tessitura* 2.1; *zootecnia* 13; ***araldica*** **p. 645** 4.2; ***nave*** **p. 1327** 5.8.

castigàbile [dal lat. *castigābilis*; 1925] **agg.** che può essere castigato.

castigamàtti [comp. di *castiga(re)* e *matto*; 1514 in senso proprio] **sm.** *inv.* *propr.* bastone con cui un tempo venivano tenuti a bada i pazzi nei manicomi || *fig. com.* qualsiasi mezzo o persona che riesca a tenere a bada anche le persone più turbolente.

castigaménto [da *castigare*; a. 1292] **sm.** *raro* castigo.

castigàre (pres. *-ìgo, -ìghi*) [lat. *castigāre*; sec. XIII] **tr.** **1.** punire, infliggere una punizione: *bisogna castigare gli indisciplinati* || *fig.* controllare, reprimere: *castigare gli impulsi carnali* **2.** *lett.* emendare, correggere: *castigare lo stile, un libro* **3.** *raro* potare le piante || **N.** **1.** *Sin.* far pagare il fio, punire, riprendere | *Contr.* perdonare **2.** *Sin.* perfezionare, purgare.

castigatézza [da *castigare*; 1794] **sf.** l'essere castigato, nella lingua, nei costumi e sim. || **N.** *Sin.* moderazione, temperanza.

castigàto (*pps.* di *castigare*) [a. 1347 come pps.] **agg.** sobrio, irreprensibile: *uno stile castigato*; che segue le leggi della morale e della convenienza: *un uomo di costumi castigati* || **castigataménte** **avv.**

castigatóre [dal lat. *castigātor, -ōris*; a. 1347 *gastigatore*] **agg.** e **sm.** (f. *-trice*) che, chi castiga: *si erge a castigatore dei pubblici vizi.*

castigliàno [dal n. geogr. *Castiglia*; sec. XVI

nel senso 3] **I** ***agg.*** della regione della Castiglia ‖ *lingua castigliana*, lingua ufficiale della Spagna, spagnolo **II** ***sm.*** **1.** (f. *-a*) abitante, nativo della Castiglia **2.** (solo *sing.*) lingua parlata nella Castiglia, spagnolo **3.** moneta d'oro del regno di Castiglia.

castiglióne [dal lat. mediev. *castellio, -ōnis*, dal lat. *castellum*; 1618] ***sm.*** ***ant.*** piccolo castello; borgo cinto da mura.

castigo (pl. *-ghi*) [da *castigare*; a. 1529] ***sm.*** punizione per chi ha commesso una colpa, una trasgressione o una disubbidienza allo scopo di correggerlo: *dare, infliggere, ricevere, subire, evitare un castigo* ‖ *mettere in castigo*, rif. a bambini che per punizione vengono messi, per qualche tempo, in un angolo o in un luogo appartato; *essere in castigo*, dover scontare una punizione ‖ *fig.* persona molesta e noiosa ‖ *fig. castigo di Dio*, pubblica calamità; anche *scherz.*: *quel bambino vivace è un castigo di Dio* ‖ **N.** *Sin.* lezione, pena, penitenza | *Contr.* perdono, premio | aspro, duro, efficace, esemplare, leggero, lieve, paterno, salutare, severo.

castimònia [dal lat. *castimōnia*; 1546] ***sf.*** *lett.* vita casta.

casting [1] (ingl., pr. [ˈkɑːstɪŋ]) [da *casting director*, distributore delle parti; 1980] ***s.*** *T.cin.* addetto alla scelta degli attori generici, durante la lavorazione di un film.

casting [2] (ingl., pr. [ˈkɑːstɪŋ]) [letter. lancio; 1983] ***sm.*** ***inv.*** *T.pesc.* nella pesca a mosca, lancio, o *in part.* lancio da competizione.

castità [lat. *castitas, -ātis*; a. 1292] ***sf.*** l'essere casto ‖ *voto di castità*, voto che vincola gli appartenenti all'ordinamento ecclesiastico alla rinuncia al matrimonio.

càsto [lat. *castus*; a. 1226] ***agg.*** **1.** che si astiene con il corpo e con la mente dai piaceri sessuali; che non ha rapporti sessuali al di fuori di quelli consentiti: *una casta sposa* ‖ *occhi casti, orecchie caste*, che non sopportano spettacoli sconvenienti ‖ *iron. fare il casto Giuseppe, la casta Susanna*, fingersi virtuosi **2.** innocente, puro: *un amore casto* **3.** *lett.* sobrio, severo ‖ **castaménte** ***avv.*** ‖ **N. 1.** *Sin.* puro, virtuoso; castigato | *Contr.* lascivo, libertino, lussurioso, osceno **3.** *Sin.* schietto, semplice.

castóne [dal fr. ant. *caston*, dal germ. *kasto*, scatola; a. 1406] ***sm.*** parte dell'anello, o in gen. di un gioiello, in cui è collocata una pietra preziosa ‖ *per estens.* alveolo in cui sono collocati negli orologi i rubini. **Q.T.** ***oreficeria.***

castòreo [lat. *castōreum*; a. 1320] ***sm.*** liquido oleoso di odore penetrante, secreto dalle ghiandole prepuziali del castoro, usato un tempo in farmacologia come sedativo e oggi in profumeria.

castorino (*dim.* di *castoro*) [1830] ***sm.*** **1.** roditore con corpo tozzo, zampe brevi e palmate; diffuso sulle rive dei fiumi sud-americani, dove vive in colonie numerose, è ora assai comune anche in Europa ‖ *per meton.* la pelliccia ottenuta da tale animale **2.** tessuto di lana, liscio e morbido che la imita ‖ **N. 1.** *Sin.* nutria.

castòro [lat. *castor, -ŏris*; sec. XIII] ***sm.*** **1.** roditore con zampe anteriori prensili, posteriori palmate, coda larga a paletta e pelliccia morbida e folta, assai diffuso in tutto l'emisfero settentrionale; vive in colonie numerose nei pressi dei corsi d'acqua ‖ *per meton.* la pelliccia del castoro, e anche la sua pelle conciata: *un colletto di castoro, un paio di guanti di castoro* **2.** tessuto pesante di lana cardata che viene usato per confezionare abiti maschili.

castracàni [comp. di *castra(re)* e *cane*; a. 1568] ***s.*** ***inv.*** *non com.* chi per mestiere castra i cani e anche altri animali ‖ *per estens. spreg.* cattivo chirurgo.

castrametazióne (raro *castramentazióne*) [dal lat. tardo *castrametāri*, porre l'accampamento; a. 1588] ***sf.*** l'arte di disporre gli accampamenti militari.

castrànte (*ppr.* di *castrare*) [1977] ***agg.*** ***fig.*** che sottrae vitalità e originalità ‖ *T.psican.* inibente.

castrapòrci [comp. di *castra(re)* e *porco*; a. 1556 *castra porci*] ***s.*** ***inv.*** norcino ‖ *spreg.* cattivo chirurgo.

castrapùlci [comp. dell'imperativo di *castrare* e da *pulce*; 1887] ***sm.*** ***inv.*** *scherz.* coltello con lama corta e poco tagliente.

castràre [lat. *castrāre*; a. 1348] ***tr.*** **1.** privare un animale, maschio o femmina, degli organi di riproduzione, per renderlo più docile o per farlo ingrassare ‖ *pop.* riferito a uomini, evirare **2.** *fig.* eliminare da uno scritto, da un copione e sim. le parti considerate inopportune o pericolose ‖ *per estens.* togliere vitalità, iniziativa: *castrare un progetto, un'iniziativa* ‖ **N. 1.** bue, cappone, castrato, castrone **2.** *Sin.* censurare, edulcorare, purgare.

castràto (*pps.* di *castrare*) [a. 1313 nel senso 1] ***sm.*** **1.** agnello castrato, spec. quando è macellato **2.** fino alla fine del sec. XIX, cantante adulto cui mediante la castrazione era stata conservata la voce bianca ‖ **N. 2.** *Sin.* evirato.

castratóio (pl. *-ói*) [da *castrare*; 1340 ca.] ***sm.*** coltello che serve per castrare gli animali.

castratóre [da *castrare*; a. 1484] ***sm.*** (f. *-trice*) chi castra ‖ *fig.* censore.

castratùra [da *castrare*; 1340 ca.] ***sf.*** atto ed effetto del castrare, part. in senso *fig.*, censura: *la castratura di un copione teatrale.*

castrazióne [da *castrare*; 1550] ***sf.*** atto ed effetto del castrare ‖ *T.psican. complesso di castrazione*, processo inconscio che si pone in relazione alla scoperta della differenza tra i sessi, per cui il bambino teme di essere evirato dal padre poiché desidera la propria madre e la bambina sente la mancanza del pene come una menomazione ‖ *fig. senso di castrazione*, frustrazione derivante da un senso di costrizione o limitazione dei propri desideri ‖ *fig.* censura, mutilazione ‖ *T.bot.* estirpazione degli organi di riproduzione, part. negli incroci artificiali tra piante ermafrodite.

castrènse [dal lat. *castrēnsis*; a. 1292 *castrese*] ***agg.*** che concerne il campo militare o i soldati in esso accampati ‖ *per estens.* relativo alla vita militare ‖ *corona castrense*, premio in denaro che veniva attribuito a quei soldati romani che per primi riuscivano a penetrare in un campo nemico ‖ *vescovo castrense*, che ha giurisdizione sui cappellani militari.

castrino [da *castrare*; 1869] ***sm.*** *tosc.* **1.** piccolo coltello per castrare le castagne ‖ *per estens.* coltello che taglia poco **2.** chi per mestiere castra gli animali **3.** capretto castrato.

castrìsmo [dal n. proprio Fidel *Castro*; 1963] ***sm.*** movimento politico e ideologico caratterizzato da progetti di riforma agraria, statalizzazione delle imprese e da una decisa opposizione all'imperialismo nord-americano, che, a partire dalla Rivoluzione cubana del 1959, ha ispirato alcuni movimenti rivoluzionari in America Latina.

castrìsta [da *castrismo*; 1963] **I** ***agg.*** relativo al castrismo **II** ***s.*** sostenitore, fautore del castrismo.

càstro [dal lat. *castrum*; a. 1367] ***sm.*** *ant. T.stor.* castello, fortezza ‖ *T.archeol.* impianto fortificato quadrangolare che sta alla base di molte città italiane edificate su precedenti accampamenti romani.

castronàggine [da *castrone*; 1534] ***sf.*** *pop.* balordaggine ‖ **N.** *Sin.* castroneria, sciocchezza, stupidaggine.

castróne [da *castrare*; a. 1321] ***sm.*** **1.** *fig. pop.* uomo sciocco e balordo **2.** *non com.* agnello o puledro castrato.

castronerìa [da *castrone*; a. 1527] ***sf.*** atto o parola da balordo; sproposito: *non dire castronerie.*

casual (ingl., pr. [ˈkæʒʊəł]) [letter. casuale, trascurato; 1978] ***agg.*** e ***sm.*** ***inv.*** *T.abb.* detto di abbigliamento, abito o accessorio pratico e disinvolto, di solito dal taglio sportivo e giovanile: *il casual trionfa nell'abbigliamento dei giovani, moda casual, jeans casual* ‖ usato anche come *avv.*: *vestire casual.*

caşuàle [dal lat. tardo *casuālis*; 1321] ***agg.*** che si verifica per caso: *un incontro casuale* ‖ *T.giur. condizione casuale*, che si verifica fortuitamente e non per intervento volontario ‖ *diritti casuali*, tassa che viene pagata ai pubblici impiegati per prestazioni che esulano dai compiti dell'amministrazione ‖ *T.stat.* nel calcolo delle probabilità, che non può essere descritto in modo determinato ma solo in modo probabilistico; *numeri casuali*, serie numeriche prive di periodicità o regolarità ‖ **casualménte** ***avv.*** ‖ **N.** *Sin.* accidentale, contingente, eventuale, fortuito.

caşualìşmo [da *casuale*; 1892] ***sm.*** *T.fil.* concezione filosofica secondo cui gli eventi e l'organizzazione della materia sono dovuti a combinazioni accidentali di forze naturali.

caşualità [da *casuale*; a. 1565] ***sf.*** l'essere casuale: *la casualità di un evento* ‖ *non com.* caso, accidente: *l'ho incontrato per pura casualità.*

Caşuarifórmi (sing. *-e*) [comp. di *casuario* e *-forme*; 1965] ***sm.*** ***pl.*** *T.zool.* ordine di grossi uccelli non volatori con zampe lunghe, piedi a tre dita e ali ridotte. **Q.T.** ***zoologia.***

caşuàrio (pl. *-ri*) [dal malese *kasuwārī*; 1797] ***sm.*** uccello dei Casuariformi, di grandi dimensioni, simile allo struzzo, con zampe lunghe e robuste, inetto al volo, che vive nelle foreste dell'Australia e della Papuasia.

caşuìsta [dal fr. *casuiste*, sp. *casuista*; 1881] ***sm.*** *non com.* casista.

càşula [dal lat. tardo *casula*; 1865] ***sf.*** pianeta sacerdotale.

casùpola [da *casa*; a. 1342 *casipola*] ***sf.*** casa piccola e povera.

casus belli (lat., pr. it. [ˈkazus ˈbɛlli]) [letter. occasione di guerra] ***loc.*** ***m.*** motivo scatenante di un conflitto ‖ *per estens.* futile motivo di lite: *fare di qualcosa un casus belli.*

càta- [dal gr. *katá*, giù, per, contro] ***primo elem.*** che, in parole composte dotte o scientifiche, vale "verso il basso", "giù" (per es. *catadromo, catafora, catatonia*).

catàbaşi [dal lat. tardo *catabasis*, gr. *katábasis*; a. 1939] ***sf.*** **1.** presso gli antichi Greci, la discesa nell'Ade **2.** ritirata militare, ritorno ‖ **N. 2.** *Contr.* anabasi.

catabàtico (pl. *-ci*) [da *catabasi*; 1956] ***agg.*** *T.geogr.* detto di vento locale prodotto dal movimento discendente di masse d'aria fredda lungo i pendii montuosi ‖ **N.** *Contr.* anabatico.

catabòlico (pl. *-ci*) [da *catabolismo*; 1956] ***agg.*** che si riferisce al catabolismo: *processo catabolico.*

catabolìşmo [da *metabolismo* con sostituzione del pref.; 1908] ***sm.*** *T.biol.* fase distruttiva del metabolismo caratterizzata dalla degradazione e disassimilazione delle sostanze organiche ‖ **N.** *Contr.* anabolismo.

catabòlito o **catabolita** [da *catabolismo*; 1956] ***sm.*** *T.biol.* ogni prodotto del catabolismo, per es. l'urea, l'anidride carbonica, l'ammoniaca e sim.

catàclaşi [dal gr. *katáklasis*, deviazione; 1820] ***sf.*** *T.geol.* processo metamorfico di frantumazione e successiva ricementazione dei componenti mineralogici di una roccia, prodotto da forti sollecitazioni meccaniche.

cataclìşma [dal lat. *cataclysmus*, gr. *kataklysmós*; 1719 *cataclismo*, nel senso proprio] ***sm.*** grave catastrofe dovuta a cause naturali ‖ *per estens.* grave sconvolgimento dell'ordine politico, sociale o economico; disastro, rovina: *il cataclisma della guerra, un cataclisma familia-*

re || **N.** *Sin.* calamità, flagello, sconquasso | inondazione, terremoto.

catacómba [dal lat. tardo *catacumba*; a. 1580] ***sf.*** complesso di gallerie sotterranee usato dagli antichi cristiani, inizialmente come luogo di sepoltura e in seguito, a causa delle persecuzioni, anche come luogo di culto || *fig.* luogo cupo e buio.

catacombàle [da *catacomba*; 1965] ***agg.*** relativo a catacomba, proprio della catacomba: *reperti catacombali.*

catacrèṣi [dal lat. tardo *catachrēsis*, gr. *katákrēsis*, abuso; 1540] ***sf.*** *T.ret.* figura consistente nell'estensione del significato di una parola o di una locuzione oltre i limiti propri (per es.: *la gamba del tavolo, il collo della bottiglia*).

catadiòttrica [dal fr. *catadioptrique*; 1830] ***sf.*** settore dell'ottica che si occupa dei fenomeni di riflessione e rifrazione della luce.

catadiòttrico (pl. *-ci*) [da *catadiottrica*; 1820] ***agg.*** relativo alla catadiottrica, che appartiene alla catadiottrica || *obiettivo catadiottrico*, sistema ottico nel quale l'immagine si forma per la convergenza dei raggi di luce riflessi da uno specchio concavo.

catadiòttro [comp. di *cata-* e del gr. *díoptron*, specchio; 1956] ***sm.*** sistema costituito da lenti disposte in modo da sfruttare i fenomeni di riflessione e rifrazione per riflettere la luce verso la sorgente || *per estens.* dispositivo costituito da vari catadiottri, catarifrangente.

catàdromo [comp. di *cata-* e *-dromo*²; 1956] ***agg.*** **1.** *T.zool.* detto di pesce che si porta dalle acque dolci al mare per deporre le uova (per es. le anguille) **2.** *T.bot.* detto di formazione diretta verso la parte inferiore di una pianta, o che si sviluppa iniziando nella parte alta di una pianta e procedendo poi verso il basso: *infiorescenza catadroma.*

catafàlco [etim. inc.; a. 1494] ***sm.*** **1.** impalcatura decorata con drappi e circondata da candele, atta a sostenere la bara durante le funzioni funebri **2.** *fig. scherz.* struttura o ammasso di oggetti ingombranti.

catafàscio [comp. di *cata-* e *sfasciare*; sec. XV] nella ***loc. avv.*** *a catafascio*, alla rinfusa, sottosopra || *andare a catafascio*, in rovina.

catàfatico (pl. *-ci*) [dal gr. *kataphatikós*, da affermarsi; 1981] ***agg.*** *T.teol.* detto di una delle due vie per giungere alla conoscenza di Dio; consiste nell'affermare di Dio tutto ciò che l'intelligenza umana ne può comprendere || **N.** apofatico.

catafillo [comp. di *cata-* e *-fillo*; 1906] ***sm.*** *T.bot.* foglia squamosa, priva di clorofilla, con funzione di protezione del germoglio.

catàfora¹ [dal gr. *kataphorá*, letargo; 1830] ***sf.*** *T.med.* stato di letargia discontinua.

catàfora² [da *anafora*, con cambio di pref.; 1974] ***sf.*** *T.ling.* relazione tra un'espressione e un'altra che la segue e ne determina il riferimento: l'espressione cataforica è costituita soprattutto da pronomi e ripetizioni accompagnate da articoli determinativi o aggettivi dimostrativi (per es. in *lo vedo che ti sei fatto una brutta ferita, lo* è catafora di *che ti sei fatto una brutta ferita*) || **N.** anafora.

cataforèṣi [comp. di *cata-* e *-foresi*; 1956] ***sf.*** **1.** spostamento verso il catodo di particelle colloidali positive **2.** ionoforesi || **N. 1.** *Sin.* elettroforesi.

catafòrico (pl. *-ci*) [da *catafora*²; 1974] ***agg.*** *T.ling.* relativo a catafora, che costituisce catafora: *ripresa cataforica.*

catafràtta [dal lat. *cataphractes*, gr. *kataphráktes*; a. 1252] ***sf.*** **1.** armatura a squame che proteggeva sia l'uomo che il cavallo **2.** nella tecnica delle costruzioni navali, fino al Medioevo, protezione, corazzatura contro le armi offensive.

catafràtto [dal lat. *cataphractus*, gr. *katáphraktos*; 1520] **I** ***agg.*** protetto da una corazza, corazzato || *fig. lett.* ben protetto **II** ***sm.*** cavaliere protetto da un'armatura che proteggeva anche il cavallo.

catalàno [lat. mediev. *catalanus*, della Catalogna; a. 1324] **I** ***agg.*** della Catalogna: *lingua catalana* **II** ***sm.*** **1.** (f. *-a*) abitante o nativo della Catalogna **2.** (solo *sing.*) lingua romanza parlata in Catalogna.

catalèssi¹ o **catalessìa** [dal lat. tardo *catalēpsis*, gr. *katálēpsis*; 1750 *catalessia*] ***sf.*** **1.** *com.* stato di morte apparente **2.** *T.med.* disturbo associato alla catatonia che consiste nel mantenere a lungo e senza stanchezza una data posizione **3.** *catalessi ipnotica*, sospensione volontaria di quasi tutte le funzioni organiche che si può ottenere attraverso la pratica di particolari tecniche yoga **4.** *T.fil.* atto conoscitivo per mezzo del quale, secondo la filosofia stoica, il pensiero apprende la realtà.

catalèssi² [dal lat. tardo *catalēxis*, gr. *katálēxis*; 1892] ***sf.*** *T.metr.* nella metrica classica, soppressione dell'elemento finale di una serie ritmica.

catalèttico¹ (pl. *-ci*) [dal lat. tardo *catalēmpticus*, gr. *katalēptikós*; 1771] ***agg.*** **1.** relativo alla catalessi, che provoca catalessi: *stato, farmaco catalettico* **2.** *T.fil.* *rappresentazione catalettica*, nella filosofia stoica, rappresentazione che ci afferra con la sua evidenza.

catalèttico² (pl. *-ci*) [dal lat. tardo *catalēcticus*; inizio sec. XVI] ***agg.*** *T.metr.* di verso mancante di una sillaba nell'ultimo piede || **N.** *Contr.* acatalettico.

catalètto [lat. volg. **catalectus*; sec. XIV nel senso 1] ***sm.*** **1.** bara, feretro **2.** *non com.* barella per il trasporto di feriti e ammalati **3.** *ant.* lettiga.

catàliṣi [dal lat. *catalysis*, gr. *katálysis*, dissoluzione; 1875] ***sf.*** *T.chim.* fenomeno per cui la velocità di alcune reazioni chimiche può venire mutata dalla presenza di sostanze che apparentemente non vi prendono parte in quanto si trovano inalterate al termine del processo.

catalìtico (pl. *-ci*) [dal gr. *katalytikós*, atto a sciogliere, attr. il fr. *catalytique*; 1875 *catalittico*] ***agg.*** di catalisi, che si riferisce alla catalisi: *marmitta catalitica.*

catalizzàre [dal fr. *catalyser*; 1942] ***tr.*** sottoporre a catalisi, produrre catalisi || *fig.* favorire, affrettare la realizzazione di un processo: *catalizzare l'attenzione*, attrarla.

catalizzatóre [dal fr. *catalyseur*; 1901] ***sm.*** **1.** *T.chim.* sostanza che è in grado di mutare la velocità di una reazione: *catalizzatore negativo*, che rallenta la velocità di reazione; *catalizzatore positivo*, che la accelera **2.** *fig.* elemento in grado di favorire lo sviluppo di processi, tendenze e sim.; anche *agg.*: *intervento catalizzatore* || persona o evento che attira su di sé l'attenzione di tutti.

catalizzazióne [da *catalizzare*; 1940] ***sf.*** *raro* catalisi.

catalogàre (pres. *-àlogo, -àloghi*) [da *catalogo*; 1663] ***tr.*** registrare in un catalogo: *catalogare le opere di Klee* || *per estens.* enumerare, esporre in modo ordinato: *catalogare i vizi di qualcuno.*

catalogatóre [da *catalogare*; a. 1941] ***sm.*** (f. *-trìce*) e ***agg.*** chi, che cataloga.

catalogazióne [da *catalogare*; 1940] ***sf.*** compilazione di un catalogo || registrazione di un'opera in un catalogo || **N.** *Sin.* registrazione, schedatura. **Q.T.** *archeologia.*

catalògico (pl. *-ci*) [da *catalogo*; 1956] ***agg.*** che si riferisce a un catalogo || *poesia catalogica*, nell'epica greca, forma poetica che ha per oggetto l'elencazione di persone o cose relative a un ciclo epico.

catalógna [dal n. geogr. *Catalogna*; 1953] ***sf.*** **1.** tipo di coperta di lana **2.** *region.* varietà di cicoria.

catalógno [dal n. geogr. *Catalogna*; a. 1912] ***sm.*** varietà di gelsomino.

catàlogo (pl. *-ghi*) [dal lat. tardo *catalogus*; a. 1292] ***sm.*** elenco sistematico e ordinato di cose tra loro affini, contenente l'indicazione sul modo di rintracciarle e talvolta una breve descrizione dei singoli oggetti: *catalogo di libri, di francobolli, vendita per catalogo* || *per estens.* il volume, fascicolo o schedario contenente tali indicazioni: *il catalogo di una biblioteca* || *catalogo filatelico*, pubblicazione periodica contenente l'illustrazione e il valore di mercato di ogni francobollo || *T.astr.* *catalogo stellare*, elenco di corpi celesti contenente le loro caratteristiche e le loro coordinate || *fig.* elenco, enumerazione: *fare il catalogo delle proprie virtù* || **N.** *Sin.* lista, registro, rubrica, schedario.

catàlpa [da un dial. indiano della Carolina, attr. lo sp. *catalpa*; 1830] ***sf.*** pianta delle Bignoniacee, con grandi foglie, fiori bianchi raccolti in pannocchie e lungo frutto a forma di sigaro.

catamaràno [dal tamil *kattumaran*, legno legato; 1930 *catamaran*] ***sm.*** **1.** imbarcazione a vela o a motore con due scafi a fondo piatto collegati da un ponte su cui sono situati gli organi di comando ed eventualmente gli alloggiamenti **2.** imbarcazione polinesiana costituita da due canoe affiancate tra loro o da una canoa e un tronco fungente da bilanciere **3.** zattera a remi o a vela tipica dell'India sud-orientale, costituita da tronchi leggeri legati in modo da formare una concavità centrale. **Q.T.** *vela* **TAV.** ***vela*** **p. 1343** 5.9.

catàna¹ [etim. inc.; 1906] ***sf.*** borsa da caccia in cui viene messa la preda || **N.** *Sin.* carniere.

catàna² [dal n. proprio *Catani*, famiglia che la produceva; 1956] ***sf.*** pistola a canna corta, usata in Corsica.

catàna³ o **katàna** [dal giapp. *katana*; a. 1636] ***sf.*** spada affilatissima leggermente ricurva, usata dai samurai e dagli ufficiali giapponesi.

catapàno [dal lat. mediev. *catapānus*, di orig. bizantina; 1476] ***sm.*** *T.stor.* **1.** funzionario bizantino incaricato dell'amministrazione dei territori occupati **2.** durante la dominazione normanna in Sicilia, funzionario addetto alla sorveglianza del traffico commerciale.

catapécchia [etim. inc.; a. 1635] ***sf.*** casupola vecchia e mal ridotta, tugurio.

cataplàṣma [dal lat. tardo *cataplasma*; 1499] ***sm.*** **1.** impiastro a base di sostanze vegetali che, avvolto in un panno, si applica, gen. caldo, sulla pelle a scopo curativo **2.** *non com.* *fig.* persona noiosa e molesta || persona piena di acciacchi. **Q.T.** *erboristeria.*

cataplessìa [dal lat. *cataplexis*; 1820] ***sf.*** *T.med. disus.* improvvisa e temporanea perdita della sensibilità e delle facoltà di movimento di una parte del corpo.

cataplèttico (pl. *-ci*) [da *cataplessia*; 1956] **I** ***agg.*** *T.med.* relativo a cataplessia, proprio di cataplessia: *sintomi cataplettici* || che è affetto da cataplessia **II** ***sm.*** (f. *-a*) *T.med.* chi è affetto da cataplessia.

cataptòṣi [dal gr. *kataptósis*, caduta, attr. il fr. *cataptose*; 1830] ***sf.*** *T.med.* l'improvviso cadere a terra in seguito a un attacco epilettico o apoplettico.

catapùlta [dal lat. *catapulta*; 1483] ***sf.*** **1.** antica macchina da guerra usata per scagliare pietre o frecce, gen. costituita da una leva a forma di cucchiaio azionata da una molla **2.** dispositivo di propulsione per imprimere a un aereo che deve decollare in brevissimo spazio la spinta necessaria.

catapultaménto [da *catapultare*; 1935] ***sm.*** atto ed effetto del catapultare.

catapultàre [da *catapulta*; 1935] ***tr.*** lanciare con una catapulta || *per estens.* gettare, scagliare con forza || ***rifl.*** buttarsi, lanciarsi.

cataràffio (pl. *-fi*) [etim. inc.; 1865] ***sm.***

strumento usato nel calafataggio del fasciame in legno di un'imbarcazione per spingere con forza la stoppa negli interstizi delle tavole.

cataràtta v. CATERATTA.

catàrda [dal gr. *katartía*, sartia; 1889] **sf.** *T.mar.* nodo fatto alla fune che, applicata a un pennone, permette di collocarlo verticalmente e di ammainarlo.

catarifrangènte [comp. di *cata-* e *rinfrangente*; 1939] **I agg.** di corpo che rinvia la luce nella stessa direzione da cui essa proviene **II sm.** placca di vetro o plastica, costituita da vari catadiottri, che al buio riflette la luce nella direzione della sua sorgente; usata per segnalazioni di ostacoli e per delimitare la sagoma dei veicoli.

catarifrangènza [da *catarifrangente*; 1941] **sf.** fenomeno ottico per cui un raggio luminoso che passa attraverso una lente prismatica per colpire una superficie speculare viene riflesso da quest'ultima e rifratto dalla prima.

catarìṣmo [da *cataro*; 1931] **sm.** *non com.* il movimento e la dottrina dei catari.

càtaro [dal gr. *katharós*, puro; a. 1750] **I sm.** (f. *-a*) appartenente alla setta dei catari, eretici manichei diffusi nel XII secolo che predicavano un rigoroso ascetismo **II agg.** relativo al catarismo: *eresia catara.* **Q.T.** *religione.*

catarràle [da *catarro*; a. 1698] **agg.** di catarro, relativo al catarro.

Catarrìne [dal gr. *katárrin, katárrinos*, che ha il naso all'ingiù; 1820] **sf. pl.** *T.zool.* sottordine di scimmie africane e asiatiche di medie dimensioni con setto nasale stretto, narici rivolte in basso e prive di coda prensile: *il babbuino e lo scimpanzé sono Catarrine.*

catàrro [dal lat. tardo *catarrhus*; inizio sec. XIV] **sm.** secrezione bianco-giallastra, piuttosto fluida, prodotta da mucose infiammate; a seconda della mucosa colpita si ha: *catarro nasale, faringeo, tracheale, bronchiale, congiuntivale, gastrico, intestinale, vescicale* ecc. || in gen., secrezione proveniente dalle vie respiratorie || **N.** muco, spurgo | espettorare, scatarrare | scaracchio, sputo.

catarróso [dal lat. tardo *catarrhōsus*; a. 1406] **I agg. 1.** affetto da catarro **2.** che rivela la presenza di catarro: *tosse catarrosa* **II sm.** (f. *-a*) chi è affetto da catarro.

catàrsi [dal gr. *kátharsis*; 1905 *catharsi*] **sf. 1.** nella religione greca e nelle filosofie platonica e pitagorica, rito di purificazione del corpo e dell'anima **2.** nella poetica aristotelica, purificazione dalle passioni che la tragedia induce negli spettatori || in varie teorie estetiche, purificazione dalle passioni operata dalla poesia **3.** *T.psican.* tecnica terapeutica con cui vengono riportati alla luce eventi traumatici rimossi che possono essere causa di disturbi psichici.

catàrtico (pl. *-ci*) [dal lat. tardo *catharticus*; sec. XIV nel senso 3] **agg. 1.** che si riferisce alla catarsi; che produce catarsi **2.** *T.psican.* di approccio terapeutico basato sulla catarsi **3.** *T.farm.* che ha effetto purgativo: *farmaco catartico*; anche *sm.*

catàrzo [dal gr. *akáthartos*; a. 1484] **sm.** *non com.* seta grossolana non lavorata, utilizzata per far nappe.

catàsta [lat. *catasta*; 1300] **sf. 1.** grande quantità di oggetti posti uno sull'altro alla rinfusa: *una catasta di libri, di vestiti*; *in part.* cumulo di legna da ardere || *a cataste*, in gran quantità **2.** *tosc.* antica unità di misura per la legna pari a circa 5 mc **3.** *ant.* graticola per il supplizio dei condannati a morte **4.** *T.inform.* registro provvisorio in cui i dati vengono memorizzati nell'ordine in cui sono elaborati.

catastàle [da *catasto*; 1847] **agg.** che si riferisce al catasto: *registro catastale.*

catastàre[1] [da *catasto*; 1600] **tr.** *ant.* accatastare, fare cataste di legna.

catastàre[2] [da *catasto*; a. 1606] **tr.** *non com.* registrare a catasto, accatastare.

catàstaṣi [dal gr. *katástasis*, posizione; a. 1686] **sf. 1.** nella tragedia greca, azione scenica preparatoria alla catastrofe finale **2.** *T.ret.* parte dell'orazione in cui venivano esposti i fatti **3.** *T.fon.* fase preparatoria dell'articolazione di un fono, spec. consonantico **4.** *T.stor.* in Atene, indennità che i cavalieri ricevevano dallo Stato per l'equipaggiamento del cavallo.

catàsto [dal gr. tardo *katástichon*, registro; 1342] **sm.** inventario generale dei beni immobili di uno stato e dei relativi proprietari, eseguito a scopo fiscale dalla pubblica amministrazione || *per estens.* ufficio che si occupa di tale censimento || *concr.* l'insieme di atti e registri contenenti tale censimento || **N.** censimento, estimo; mappa catastale.

catastrofàle [da *catastrofe*; 1983] **agg.** catastrofico || eccessivamente pessimistico: *le previsioni della Banca d'Italia sono catastrofali.*

catàstrofe [dal lat. tardo *catastrophe*, gr. *katastrophḗ*, rivolgimento; sec. XVI nel senso 1] **sf. 1.** parte della tragedia classica in cui avviene l'epilogo, gen. luttuoso, della vicenda **2.** *per estens.* grave e improvvisa sciagura, disastro: *il lancio della navetta spaziale si risolse in una catastrofe* **3.** *T.mat.* part. in riferimento agli studi di morfogenesi biologica, rottura di un equilibrio morfologico e strutturale rappresentabile matematicamente su uno spazio topologico || **N. 2.** *Sin.* calamità, disgrazia.

catastròfico (pl. *-ci*) [da *catastrofe*; 1905] **agg. 1.** che costituisce o è causa di catastrofe: *eventi catastrofici* **2.** *per estens.* che prevede catastrofi: *notizie catastrofiche* || estremamente pessimista: *fa sempre previsioni catastrofiche.*

catastrofìṣmo [da *catastrofe*; 1956] **sm. 1.** *T.geol.* teoria che fa risalire i più importanti cambiamenti geologici a improvvise e violente catastrofi naturali (come terremoti, diluvi, maremoti) **2.** tipo di produzione cinematografica incentrata sulla descrizione di eventi e disastri naturali **3.** nel linguaggio politico, tendenza a fare previsioni pessimistiche sullo sviluppo economico o sull'evoluzione politica del paese, anche in periodi di congiuntura favorevole.

catastrofista [da *catastrofismo*; 1985] **s.** e **agg.** nel linguaggio politico, chi o che ha la tendenza a fare previsioni pessimistiche sullo sviluppo economico o sull'evoluzione politica del paese, anche in periodi di congiuntura favorevole.

catatonìa [comp. di *cata-* e *-tonia*, come il ted. *Katatonie*; 1892] **sf.** *T.med.* sindrome gen. associata alla schizofrenia, caratterizzata dal blocco delle attività volitive, motorie e muscolari, da mutacismo e stereotipie nel comportamento.

catatònico (pl. *-ci*) [da *catatonia*; 1900] **I agg. 1.** proprio della catatonia **2.** affetto da catatonia: *un paziente catatonico* **II sm.** (f. *-a*) persona affetta da catatonia.

catch (ingl., pr. [kætʃ]) [abbr. di *catch-as-catch-can*, prendi come puoi prendere; 1935 *catch-as-catch can*] **sm. inv.** variante della lotta libera, praticata part. negli Stati Uniti, in cui sono ammessi tutti i colpi.

catcher (ingl., pr. [ˈkætʃə]) [letter. che prende; 1964] **sm. inv.** *T.sport.* nel baseball, ricevitore.

catechèṣi [dal lat. tardo *catechēsis*, gr. *katḗchēsis*, istruzione orale; a. 1775] **sf.** *T.eccl.* nella Chiesa cattolica, insegnamento orale della dottrina cristiana nella sua forma elementare.

catechèta [dal gr. *katēchētḗs*; 1830] **s.** *raro* chi insegna la dottrina cristiana || **N.** *Sin.* catechista.

catechètica [dal gr. *katēchētikḗ* (*téchnē*); 1865] **sf.** *T.eccl.* settore della teologia cattolica che organizza le forme e i modi della catechesi.

catechètico (pl. *-ci*) [dal gr. *katēchētikós*; 1956] **agg.** che si riferisce alla catechesi.

catechìna [da *catecù*; 1956] **sf.** *T.chim.* **1.** sostanza chimica presente nel catecù **2.** sostanza organica di origine vegetale molto usata nell'industria della concia.

catechìṣmo [dal lat. tardo *catēchismus*, gr. *katēchismós*, istruzione religiosa; a. 1396 *catecismo*] **sm. 1.** nella Chiesa cattolica, insegnamento dei principi fondamentali della dottrina, part. rivolto ai bambini che devono prepararsi alla comunione e alla cresima || *per estens.* il libro che contiene tali insegnamenti **2.** l'insieme delle norme fondamentali di qualsiasi dottrina, spec. quando sono insegnate in forma acritica || **N. 1.** *Sin.* dottrina **2.** *Sin.* decalogo.

catechìsta [dal lat. tardo *catechista*, gr. *katēchistḗs*; a. 1603] **s.** chi insegna il catechismo.

catechìstica [da *catechista*; 1956] **sf.** catechetica.

catechìstico (pl. *-ci*) [dal gr. *katēchistikós*; a. 1729] **agg. 1.** che riguarda il catechismo **2.** *per estens.* relativo a qualsiasi insegnamento basato su formule fisse e indiscutibili.

catechiẓẓàre [dal lat. tardo *catechizāre*; a. 1484] **tr. 1.** far apprendere il catechismo **2.** *fig.* cercare di persuadere qualcuno della verità di una certa idea.

catechiẓẓatóre [da *catechizzare*; 1865] **sm.** (f. *-trice*) chi catechizza.

catecù o **catù** o **casciù** [dal fr. *catechu*; a. 1730] **sm. inv. 1.** nome di alcune varietà di acacia con fiori bianchi e gialli raccolti in spighe, dal cui legno viene estratta una sostanza usata in medicina e tintoria **2.** la sostanza ricavata da tale pianta.

catecumenàto [da *catecumeno*; 1830] **sm.** *T.rel.* nella Chiesa cattolica antica e nei paesi di missione, periodo di preparazione al battesimo.

catecùmeno [dal lat. tardo *catechūmenus*, gr. *katēchóumenos*, ammaestrato a voce; sec. XIV] **sm.** (f. *-a*) **1.** chi riceve le basi fondamentali della dottrina cristiana per poter essere battezzato **2.** *per estens. raro* chi è iniziato a una dottrina o teoria.

categorèma [dal gr. *katēgórēma*, accusa; 1865] **sm.** *T.fil.* ciò che è predicabile di un soggetto.

categoremàtico (pl. *-ci*) [da *categorema*; 1956] **agg.** nella grammatica e nella logica medievale, detto di parti del discorso di per se stesse significanti: *soggetto e predicato sono termini categorematici* || **N.** *Contr.* sincategorematico.

categorìa [dal lat. *categoria*, gr. *katēgoría*; a. 1600] **sf. 1.** *T.fil.* ciascuna delle classi in cui vengono ordinati i concetti o gli enti || nella filosofia kantiana, ciascuno dei concetti puri a priori della conoscenza || nella logica formale, classe di elementi di un linguaggio tra loro intersostituibili (per es. i nomi propri), senza che muti la correttezza formale dell'espressione che li contiene, anche se può mutarne il valore semantico **2.** *per estens.* insieme di cose, animali o persone che presentino gli stessi caratteri, la stessa natura o comunque una qualche parentela: *appartenere a una categoria* || *gen.* tipo, classe: *appartengono alla stessa categoria* || spesso è implicata una classificazione gerarchica: *impiegato di prima, seconda categoria* || classe sociale: *la categoria dei salariati* || *categoria professionale*, insieme di lavoratori considerati unitariamente in base alla professione che svolgono: *la categoria dei metalmeccanici, dei portuali* || *categoria grammaticale*, ciascuna delle parti in cui vengono suddivisi gli elementi del discorso || *T.mar.* ciascuna delle ripartizioni in cui viene suddiviso il personale di bordo **3.** *T.sport.* fra atleti che praticano uno stesso sport, suddivisione sulla base dell'età, del peso o, negli sport motoristici, sulla base del mezzo impiegato **4.** *T.zool.* e *T.bot.* unità di classificazione per gruppi di animali o piante con caratteri comuni || **N. 2.** classe, divisione, famiglia, genere, parte, serie, specie. **Q.T.** *sociologia.*

categoriàle [da *categoria*; 1956] ***agg.*** **1.** *T.fil.* relativo alle categorie: *errore categoriale,* derivante dall'attribuzione di un'entità ad una categoria ontologica che non le è appropriata **2.** relativo a una certa categoria di persone: *rivendicazioni categoriali* **3.** *T.ling.* *grammatica categoriale,* teoria grammaticale moderna, che considera due categorie fondamentali, la frase e il nome, e descrive le altre parti del discorso in relazione ad esse.

categoricità [da *categorico*; 1958] ***sf.*** risolutezza, decisione perentoria || *T.fil.* rif. a giudizi, l'essere categorico.

categòrico (pl. *-ci*) [dal lat. tardo *categoricus,* gr. *katēgorikós*; a. 1505; 1602 nel senso 1] ***agg.*** **1.** che non ammette dubbi o incertezze; preciso, assoluto: *ordine categorico, risposta categorica* **2.** *T.fil.* detto di proposizione o ragionamento, non limitato da condizioni: *imperativo categorico,* nella morale kantiana, imperativo non sottoposto ad alcuna condizione **3.** diviso per categorie: *elenco categorico,* elenco telefonico in cui gli abbonati sono suddivisi per categorie professionali || **categoricaménte** ***avv.***

categorizzàre [da *categoria*; 1983] ***tr.*** dividere, ordinare secondo categorie.

categorizzazióne [da *categorizzare*; 1969] ***sf.*** ordinamento secondo categorie.

categorùmeno [dal gr. *katēgoróumenos*; 1940] ***sm.*** *T.fil.* categorema.

catèllo [lat. *catellus,* cagnolino; a. 1257] ***sm.*** *ant.* cucciolo.

catellóni [da *catello*; a. 1400] ***avv.*** *ant.* solo nella loc. *catellon catelloni,* piano piano.

caténa [lat. *catēna*; sec. XIII] ***sf.*** **1.** sistema di collegamento e unione costituito da vari anelli metallici passanti uno dentro l'altro, utilizzato per legare persone o cose, sollevare oggetti pesanti e sim., come ornamento od organo di trasmissione: *una pesante catena legava gli ergastolani, devi ingrassare la catena della bicicletta, le regalò una catena d'oro* || *catena della porta,* quella che unisce i due battenti di una porta, lasciando solo uno stretto spiraglio e impedendo l'ingresso || *catena della cassetta di scarico,* negli impianti igienici, quella utilizzata per far scendere l'acqua: *tirare la catena,* azionare lo sciacquone || *catena del camino,* quella cui si attacca il paiolo || *catene da neve,* quelle che si montano alle ruote motrici di un veicolo in caso di neve per limitarne lo slittamento || *catena di distribuzione,* nei motori a scoppio, quella che trasmette il moto dell'albero a gomiti all'albero a camme; *fig.* sistema organizzato di distribuzione di un prodotto nei punti di vendita: *questo prodotto ha un'efficace catena di distribuzione* || *fig.* *cane alla catena,* persona priva di libertà di scelta || *fig.* *avere la catena al collo,* essere privi di libertà || *fig.* *rodere la catena,* essere sdegnati, irati **2.** *fig.* vincolo, legame: *le catene della passione* || *per estens.* stato di servitù: *essere in catene,* essere schiavo; *tenere qualcuno in catene,* in stato di sottomissione; *spezzare le catene,* riconquistare la libertà **3.** serie, successione ininterrotta: *un'agghiacciante catena di delitti* || *fare la catena,* di persone che si dispongono in fila tenendosi per mano o passandosi un carico || *catena di conduttori,* insieme di conduttori collegati in modo da formare un circuito chiuso || *catena radar,* insieme di postazioni radar fra loro collegate || *catena di montaggio,* linea di avanzamento dei pezzi di una lavorazione da una postazione di lavoro a un'altra || *catena di negozi, di giornali* ecc., che appartengono a un unico proprietario || *catena di sonetti,* in cui l'ultimo verso di ciascun sonetto è uguale al primo di quello successivo || *T.geogr.* *catena montuosa,* insieme di rilievi aggregati in modo da creare uno sviluppo lineare continuo || *T.biol.* *catena alimentare,* serie di organismi ognuno dei quali si nutre a spese del precedente ed è alimento per quello successivo || *a catena,* di eventi che si susseguono in modo ininterrotto, spesso causati uno dall'altro: *tamponamento a catena,* serie di veicoli che si urtano in successione || *T.chim.* e *T.fis.* serie di reazioni ciascuna delle quali è innescata dalla precedente || *catena di sant'Antonio,* serie di lettere, contenenti inviti a pregare o a compiere altre azioni, che vengono spedite a più persone contemporaneamente, le quali a loro volta dovrebbero trasmetterle ad altri **4.** *T.edil.* elemento di rinforzo per strutture ad arco || *T.mus.* elemento di rinforzo che negli strumenti a corde si applica all'interno della cassa armonica **5.** *T.tess.* ordito **6.** *T.chim.* successione di atomi legati in molecole **7.** *T.mat.* successione di insiemi ciascuno dei quali è contenuto nel precedente e contiene a sua volta il successivo **8.** *T.ling.* *catena parlata,* successione di foni che costituiscono un enunciato **9.** antica unità di misura di lunghezza e di superficie che a seconda delle località variava tra i 10 e i 20 metri circa || *dim.* catenìna, catenèlla; *accr.* catenóna, catenóne (*sm.*); *pegg.* catenàccia. **TAV.** *chiesa* 1.2; ***motocicletta...*** **p. 1322** 1.15.

catenàccio (pl. *-ci*) [da *catena*; sec. XIV] **I** ***sm.*** **1.** sistema di chiusura costituito da una sbarra di ferro che scorre entro anelli fissati nell'uscio **2.** *fig.* apparecchio meccanico in pessimo stato: *quest'auto è un catenaccio*; vecchio fucile: *non vorrai sparare con quel catenaccio!* **3.** *T.sport.* nel calcio, tattica di gioco rigidamente difensiva || *per estens. gen.* *fare catenaccio,* difendersi a oltranza **4.** *T.giorn.* dicitura posta dopo occhiello, titolo e sommario che serve a chiarire il contenuto di un pezzo **II** ***agg. inv.*** (sempre posposto) che blocca, che preclude: *decreto catenaccio,* emanato contro l'evasione fiscale o l'incetta di merci.

catenàre (pres. *-éno*) [lat. *catenāre*; a. 1306] ***tr.*** *raro* incatenare.

catenària [da *catena*; 1748] ***sf.*** *T.mat.* curva piana descritta da un filo omogeneo e inestensibile sospeso alle due estremità e soggetto solo al proprio peso || *T.aer.* *catenarie luminose,* serie di luci sospese a cavi usate in caso di scarsa visibilità per delimitare percorsi di decollo, atterraggio o ammaraggio.

catenèlla (*dim.* di *catena*) [1321] ***sf.*** **1.** sottile catena, gen. di metallo prezioso, usata come ornamento **2.** *punto catenella,* punto dell'uncinetto o del ricamo che nella forma imita una catena **3.** cucitura della scarpa in prossimità del tacco **4.** in legatoria, cucitura eseguita in corrispondenza delle varie segnature per fissarle tra loro.

catenèllo (*dim.* di *catena*) [1957] ***sm.*** travicello orizzontale che collega i pali di una palizzata o di un cancello.

catenòide [comp. di *catena* e *-oide*; 1956] ***sf.*** *T.mat.* superficie generata dalla rotazione di una catenaria attorno al suo asse.

cateràtta (meno com. *cataràtta*) [lat. *cataracta*; a. 1292] ***sf.*** **1.** sequenza di piccole cascate che si susseguono in un corso d'acqua: *le cateratte dell'alto Nilo* **2.** chiusura a saracinesca costruita per regolare la portata di un corso d'acqua || *fig.* *a cateratte,* con eccessiva abbondanza || *si aprono le cateratte del cielo,* inizia una pioggia ininterrotta **3.** *T.med.* malattia dell'occhio caratterizzata da perdita di trasparenza del cristallino; provoca cecità totale o parziale **4.** *ant.* saracinesca che chiudeva gli ingressi di castelli o città fortificate || **N. 1.** cascata; rapida **2.** chiusa.

caterattàio (pl. *-ài*) [da *cateratta*; 1830] ***sm.*** (f. *-a*) addetto al funzionamento e alla manutenzione delle paratie poste lungo i corsi d'acqua.

caterinétta [dal fr. *chaterinette,* dal n. di santa *Caterina* d'Alessandria, patrona delle sarte; 1931] ***sf.*** apprendista sarta, sartina || modista molto giovane.

catering (ingl., pr. [ˈkeɪtərɪŋ]) [da (*to*) *cater,* provvedere, organizzare; 1971] ***sm. inv.*** rifornimento di vivande per treni, aerei, alberghi, ospedali e sim., effettuato da ditte specializzate.

caterpillar (ingl., pr. [ˈkætəˌpɪlə]; pr. it. [katerˈpillar]) [letter. bruco; 1936] ***sm. inv.*** nome commerciale di macchine cingolate per il movimento terra.

catèrva [dal lat. *caterva*; a. 1292] ***sf.*** **1.** grande quantità, confusa e disordinata, di persone, animali o cose: *una caterva di persone, di macchine, di formiche*; anche *fig.*: *sta dicendo una caterva di sciocchezze* || *a caterve,* in grande quantità **2.** *ant.* orda barbarica.

catetère [dal fr. *cathéter*; 1771] ***sm.*** *T.med.* cannula di dimensioni e materiale vario che viene introdotta in un condotto naturale di accesso a una cavità per compiere indagini diagnostiche, per favorire lo scolo del contenuto o per introdurre medicamenti: *catetere cardiaco, vescicale.*

cateterìsmo [dal fr. *cathétérisme*; 1771] ***sm.*** *T.med.* operazione mediante la quale si introduce un catetere in una cavità corporea.

catèto [dal lat. tardo *cathetus,* linea perpendicolare; 1755] ***sm.*** *T.geom.* ciascuno dei due lati che in un triangolo rettangolo formano l'angolo retto || **N.** ipotenusa. **TAV.** *geometria* 9.1.

catetòmetro [dal fr. *cathétomètre*; 1887] ***sm.*** strumento per misurare la differenza di livello tra due punti, costituito da un cannocchiale che scorre su un'asta verticale graduata.

catgut (ingl., pr. [ˈkætgʌt]) [letter. budello di gatto; 1890] ***sm. inv.*** filo per sutura ricavato dall'intestino di animali che ha la proprietà di venire riassorbito dai tessuti.

catilinària [dal lat. *catilinariae* (*orationes*), orazioni contro Catilina; 1745 nel senso 1; a. 1873 nel senso 2] ***sf.*** **1.** ciascuna delle orazioni pronunciate da Cicerone contro Catilina **2.** *per estens.* violenta invettiva pronunciata contro qualcuno || **N.** *Sin.* apostrofe, filippica.

catilinàrio (pl. *-ri*) [dal lat. *catilinarius*; a. 1675 nel senso 1; a. 1907 nel senso 2] ***agg.*** **1.** *propr. raro* di Catilina **2.** *più com. per estens.* facinoroso, violento.

catinàio (pl. *-ài*) [da *catino*; a. 1698] ***sm.*** (f. *-a*) chi fabbrica o vende catini e sim. || **N.** vasaio.

catinèlla (*dim.* di *catino*) [sec. XIV-XV] ***sf.*** recipiente di materiale vario più piccolo del catino || *per meton.* quantità di liquido in esso contenuta || *a catinelle,* in grande quantità: *piovere a catinelle* || **N.** bacinella, lavamano.

catino [lat. *catīnus*; a. 1306 *catina*] ***sm.*** **1.** recipiente di materiale vario, di forma rotonda, non molto profondo, gen. usato per lavare o per lavarsi || *per meton.* quantità d'acqua in esso contenuta **2.** *T.arch.* calotta semisferica posta a chiusura di nicchie e absidi **3.** *T.geogr.* depressione nel terreno circondata da alture **4.** vassoio nel quale un tempo i contadini ponevano il cibo e in cui si usava mangiare tutti insieme **5.** conca per raccogliere il metallo fuso dalle fornaci **6.** *fig.* *T.sport.* lo stadio del calcio o dell'atletica visto dall'interno || circuito automobilistico, comune negli USA, costituito da quattro rettilinei collegati da quattro curve sopraelevate a 90 gradi: *il catino di Indianapolis* || *dim.* catinèlla (*sf.*).

catióne [dal gr. *katiṓn, katióntos*, che scende; 1892] **sm.** *T.chim.* e *T.fis.* ione caricato positivamente.

catiùscia v. KATIUSCIA.

càto [dal lat. *catus*; seconda metà sec. XIV] **agg.** *ant.* accorto, astuto.

catoblèpa [dal lat. *catoblepa*; a. 1367 *catoplepa*] **sm.** leggendario animale africano, in grado di uccidere con lo sguardo, raffigurato con il corpo di serpente o di bue e il capo sempre rivolto verso il basso.

catòcala [comp. del gr. *kátō*, giù e *kalós*, bello; 1956] **sf.** farfalla dei Nottuidi, dalle ali posteriori molto colorate.

catòdico (pl. *-ci*) [da *catodo*; 1905] **agg.** relativo al catodo || *raggi catodici*, radiazione composta da elettroni emessi dal catodo mediante scarica elettrica in un tubo contenente gas rarefatto || *tubo catodico*, ampolla di vetro contenente un gas inerte in cui le radiazioni emesse da un catodo vengono accelerate da un anodo e colpiscono uno schermo appositamente trattato producendo una macchia luminosa; con l'aggiunta di vari dispositivi, esso costituisce vari apparecchi fra cui il televisore.

càtodo [dal gr. *káthodos*, discesa; 1875] **sm.** *T.fis.* elettrodo a potenziale negativo; *in gen.* emettitore di elettroni || **N.** *Contr.* anodo. **TAV.** *elettrotecnica* 1.2, 4.4, 18.2.

catòllo [etim. inc.; a. 1566] **sm.** *ant.* pezzo, scheggia di pietra di grandi dimensioni.

catóne [dal n. proprio *Catone* Uticense; a. 1600] **sm.** persona di rigidi costumi, severa e intransigente, part. in senso ironico.

catoneggiàre (pres. *-éggio*) [da *catone*; a. 1494] **intr.** (aus. *avere*) affettare intransigenza e severità di costumi.

catoniàno [dal nome proprio *Catone*; a. 1529] **agg.** che si riferisce a Catone || *per estens.* intransigente, austero, part. in senso ironico: *atteggiamento catoniano.*

catòptrica v. CATOTTRICA.

catòptrico v. CATOTTRICO.

catòrbia [dal nap. *catoio*, stanza al pianterreno, con sovrapposizione di *orba*, cieca; 1748] **sf.** *scherz.* prigione.

catòrchio v. CATORZOLO.

catòrcio o **scatòrcio** (pl. *-ci*) [etim. inc.; 1618 nel senso 2] **sm. 1.** *fig.* oggetto malridotto e privo di valore: *quell'auto è un catorcio* || persona di salute cagionevole **2.** *tosc.* chiavistello || **N. 1.** *Sin.* carcassa, rottame.

catòrzo v. CATORZOLO.

catòrzolo o **catòrzo** o **catòrchio** (pl. *-chi*) [forse da *catorcio*; 1879] **sm. 1.** tralcio secco della vite **2.** prominenza nodosa sul tronco di un albero.

catorzolùto [da *catorzolo*; a. 1597] **agg. 1.** secco **2.** nodoso.

catòttrica o **catòptrica** [da *catottrico*; a. 1730 *catotrica*] **sf.** parte dell'ottica che studia i fenomeni di riflessione.

catòttrico o **catòptrico** (pl. *-ci*) [dal gr. *katoptrikós*; 1679] **agg.** relativo alla catottrica || *sistema catottrico*, sistema di lenti costituito esclusivamente da lenti riflettenti.

catramàre (pres. *-àmo*) [da *catrame*; a. 1636] **tr.** spalmare, ricoprire di catrame: *catramare uno scafo, una strada* || **N.** *Sin.* asfaltare, bitumare, incatramare.

catramatóre [da *catramare*; 1956] **sm.** (f. *-trìce*) operaio addetto all'applicazione del catrame.

catramatrìce [da *catramare*; 1965] **sf.** macchina per catramare le strade || **N.** *Sin.* bitumatrice.

catramatùra [da *catramare*; 1913] **sf.** l'operazione di stendere il catrame su una superficie per impermeabilizzarla o prolungarne la durata || *concr.* lo strato di catrame spalmato.

catràme [dall'ar. *qaṭrān*; sec. XIV] **sm.** liquido oleoso, nero, ottenuto dalla distillazione secca di carbone o altri combustibili; viene a sua volta gen. sottoposto a distillazione frazionata per estrarne i numerosi composti organici che contiene e che trovano utilizzo in vari campi; il residuo (*pece*) viene utilizzato per lavori di impermeabilizzazione e nella preparazione di vernici || **N.** *Sin.* asfalto, bitume | di lignite, di scisto, di torba; di betulla, di conifere, di latifoglie, vegetale.

catramìna [comp. di *catrame* e *-ina*; 1885] **sf.** nome di vari prodotti farmaceutici contenenti catrame vegetale.

catramóso [da *catrame*; 1941] **agg.** che ha aspetto e caratteristiche simili a quelle del catrame || che contiene catrame.

catriòsso [etim. inc.; a. 1484] **sm.** *raro* la carcassa del pollo o di altri uccelli || *fig. scherz.* persona molto magra.

càtta [dal lat. *catta*, gatta; 1956] **sf.** scimmia del Madagascar dalla lunga coda ad anelli bianchi e neri.

cattàneo o **cattàno** [da *capitano* o dal provenz. *captan*, capo; sec. XIII] **sm.** *ant.* capitano.

cattàre [lat. *captāre*; a. 1406] **tr.** *ant.* procacciarsi, acquistare qualcosa.

càttedra [dal lat. *cathedra*; a. 1292 nel senso 2; 1306 nel senso 3] **sf. 1.** anticamente, seggio destinato a personalità **2.** seggio, talvolta ricoperto da baldacchino, su cui siede il papa o il vescovo quando assiste a una funzione || *cattedra di San Pietro*, la dignità papale || *cattedra vescovile*, la dignità del vescovo **3.** l'insieme di sedia e tavolo, gen. sopraelevati, dove siede l'insegnante in aule scolastiche e universitarie || *fig. montare, salire in cattedra*, assumere atteggiamenti autorevoli **4.** *per estens.* l'incarico di un professore di ruolo, relativamente a una disciplina e per un certo numero di ore settimanali: *cattedra di filosofia, di lettere* || *com.* il ruolo, l'ufficio dell'insegnante. **TAV.** *chiesa* 2.12.

cattedràle [dal lat. tardo *cathedrālis*; a. 1348 come agg.] **I agg. 1.** che concerne la sede vescovile, che appartiene ad essa: *canonici cattedrali*, quelli che il vescovo consulta per le questioni relative alla diocesi **2.** che è sede di una cattedra vescovile: *chiesa cattedrale* **3.** *vetro cattedrale*, lastra traslucida ottenuta omettendo il processo di politura **II sf.** chiesa principale di una diocesi in cui vi è la sede vescovile || *fig. cattedrale nel deserto*, grande impianto industriale collocato in un contesto inadatto a un'utilizzazione funzionale. **TAV.** *chiesa* 3; ***tempio* p. 1335** 4.

cattedrànte [da *cattedra*; a. 1600] **s.** professore che ha una cattedra || *spreg.* pedante.

cattedràtico (pl. *-ci*) [dal lat. tardo *cathedrāticus*; a. 1686 come sm.; a. 1786 come agg.] **I agg.** da cattedra: *insegnamento cattedratico* || *com.* pedante, sentenzioso: *tono cattedratico* || **cattedraticaménte avv. II sm.** (f. *-a*) chi è titolare di una cattedra universitaria.

cattivàggio (pl. *-gi*) [da *cattivo*; sec. XIV] **sm.** *ant.* schiavitù, prigionia.

cattivànza [da *cattivare*; sec. XII-XIII] **sf.** *ant.* **1.** prigionia **2.** *fig.* malvagità.

cattivàre (pres. *-ìvo*) [dal lat. tardo *captivāre*, far prigioniero; sec. XII-XIII come tr.] **tr.** *ant.* prendere prigioniero || **tr. pron.** conquistarsi la benevolenza, la stima di qualcuno: *cattivarsi la stima dei colleghi* || **N. tr. pron.** acquistare, attirarsi, conciliarsi, ingraziarsi | *Contr.* alienarsi.

cattivèllo (*dim.* di *cattivo*) [seconda metà del sec. XIII come agg. nel senso 2] **I agg. 1.** piuttosto cattivo: *i suoi giudizi sono cattivelli* **2.** *ant.* infelice, meschino **II sm.** (f. *-a*) **1.** persona piuttosto cattiva, part. detto di bambini **2.** anello di ferro con cui si unisce il battaglio alla campana.

cattivèria [da *cattivo*; a. 1400 nel senso 2] **sf. 1.** l'essere cattivo **2.** azione malvagia o dispettosa: *fa sempre delle cattiverie.*

cattivézza [da *cattivo*; prima metà sec. XIV] **sf.** *raro* cattiveria (nel senso **1**).

cattività [da *cattivo*; a. 1348] **sf. 1.** la condizione di animali non domestici tenuti prigionieri in appositi recinti: *un puma nato in cattività* **2.** *lett.* schiavitù, prigionia: *la cattività avignonese* **3.** *raro* malvagità.

cattìvo [lat. *captīvus*, prigioniero; 1312 come agg. nel senso 1] **I agg. 1.** in riferimento alla morale, che è in contrasto con i principi comunemente accettati; malvagio, disumano: *cattive letture, un uomo cattivo* || *cattivo soggetto*, persona che si comporta in modo riprovevole || *cattiva fama*, riprovevole || *avere cattivi pensieri*, formulare propositi malvagi o licenziosi || *cattive intenzioni*, malvage || *cattive abitudini*, che conducono al male **2.** indocile, turbolento, sgarbato: *un bambino cattivo, cattive maniere* || *per estens.* maldisposto verso gli altri: *oggi sono di cattivo umore* || *uno sguardo cattivo*, che esprime ostilità || *con le cattive*, in modo minaccioso, brutale **3.** che non compie il proprio dovere o è privo dei requisiti necessari a svolgere un compito: *un cattivo insegnante, un cattivo padre* || *per estens.* non adatto agli scopi per i quali dovrebbe servire, difettoso: *un cattivo argomento, una cattiva memoria* || scadente, di poco valore: *una cattiva esecuzione, un cattivo libro* || *essere in cattivo stato*, mal conservato; di persona, avere una salute non buona || *avere una cattiva cera*, avere un aspetto malaticcio || *cattiva digestione*, difficile **4.** negativo, sfavorevole: *un cattivo affare, una cattiva notizia* || *fig. nascere sotto una cattiva stella*, essere sfortunati || *fig. essere, navigare, trovarsi in cattive acque*, attraversare un periodo difficile, part. dal punto di vista economico **5.** nocivo, pericoloso: *una febbre cattiva, un animale cattivo* || *eufem. un male cattivo*, tumore maligno **6.** sgradevole; guasto: *cattivo odore, cibo cattivo* || *fig. farsi cattivo sangue*, arrabbiarsi **7.** *ant.* infelice, meschino || *compar.* peggiore; *superl.* pessimo **II sm. 1.** (f. *-a*) persona malvagia: *i cattivi prevalgono sempre* **2.** la parte scadente di qualcosa || di cibo, sapore od odore, disgustoso: *questa carne sa di cattivo* **3.** brutto tempo: *il tempo si è volto al cattivo* **4.** *ant.* prigioniero **5.** *ant.* persona malconcia, infelice **6.** *ant.* vile || *dim.* cattivèllo, cattivùccio; *accr.* cattivóne; *pegg.* cattivàccio || **N. I 1.** *Sin.* abbietto, bieco, corrotto, crudele, depravato, diabolico, empio, feroce, maligno, malvagio, nefando, perfido, perverso, scellerato, sinistro, sleale, spietato, tristo, violento | *Contr.* buono **2.** *Sin.* aggressivo, brutale, irascibile; birbante, birbone, birichino, scapestrato **3.** *Sin.* inadatto, incapace, inefficiente, inetto, mediocre | *Contr.* bravo **6.** *Sin.* disgustoso.

cattocomunìsmo [comp. di *catto(licesimo)* e *comunismo*; 1978] **sm.** atteggiamento politico dei cattolici che militano o simpatizzano per partiti o movimenti comunisti.

cattocomunìsta [comp. di *catto(lico)* e *comunista*; 1979] **s.** cattolico che milita in partiti o movimenti comunisti.

cattolicésimo (meno com. *cattolicìsmo*) [da *cattolico*; a. 1639 *cattolicismo*; 1922 *cattolicesimo*] **sm.** la dottrina e l'ordinamento della Chiesa cattolica romana || *concr.* l'insieme dei cattolici. **Q.T.** *religione.*

cattolicità [da *cattolico*; 1771] **sf. 1.** l'essere cattolico, universale **2.** conformità ai dogmi e alle pratiche della Chiesa cattolica romana **3.** l'insieme di tutti i cattolici.

cattòlico (pl. *-ci*) [lat. tardo *catholicus*; 1308] **I agg. 1.** universale, in quanto riferito alla Chiesa cristiana che è aperta a ogni uomo **2.** *per restr.* relativo alla Chiesa romana, conforme ai suoi dogmi e alle sue pratiche: *il culto* *cattolico dei Santi* **3.** che professa la religione cattolica: *comunità cattolica* || *Sua maestà cattolica,* titolo onorifico concesso ai regnanti di Spagna **II** ***sm.*** **1.** (f. *-a*) chi professa la religione cattolica **2.** titolo del vescovo supremo di varie Chiese orientali || **cattolicaménte** ***avv.*** **Q.T.** *chiesa...*

cattùra [dal lat. *captūra*; a. 1400] ***sf.*** **1.** il far prigioniero qualcuno esercitando un'autorità legale: *mandato di cattura,* atto emesso dall'autorità giudiziaria con il quale un imputato viene posto in stato di arresto a disposizione della magistratura competente **2.** in un conflitto, l'atto di impadronirsi di cose, persone o città: *la cattura di un alto ufficiale, della fortificazione nemica, di un treno di munizioni* **3.** il prendere un animale vivo: *la cattura del cervo* **4.** *T.geogr.* fenomeno di erosione regressiva, per cui un corso d'acqua estende il proprio bacino sino a inglobare l'alveo di un corso d'acqua contiguo **5.** *T.fis.* processo mediante il quale una molecola associa a sé un'altra molecola || **N.** **1.** *Sin.* arresto, fermo.

catturàbile [da *catturare*; 1881] ***agg.*** che può essere catturato: *una preda facilmente catturabile.*

catturàndo (*gerundivo* di *catturare*) [1985] ***sm.*** ricercato, latitante: *squadra catturandi,* squadra della polizia impegnata, spec. nelle zone nelle quali opera la malavita organizzata, nella ricerca e nella cattura dei latitanti.

catturàre (pres. *-ùro*) [da *cattura*; 1618] ***tr.*** **1.** far prigioniero: *catturare un evaso, un leopardo* **2.** impadronirsi: *catturare un convoglio di rifornimenti* || *fig.* esprimere, formulare: *catturare un problema complesso in un'immagine* **3.** *T.geogr.* di fiume, accrescere il proprio bacino inglobando quello di un altro corso d'acqua.

catù V. CATECÙ.

catùno [comp. di *cata-* e *uno*; 1211] ***agg.*** e ***pron.*** *ant.* ciascuno.

caucàsico (pl. *-ci*) [dal n. geogr. *Caucaso*; 1860] **I** ***agg.*** del Caucaso, della Caucasia, regione compresa tra il Mar Nero e il Mar Caspio: *lingue caucasiche,* famiglia di lingue parlate nella Caucasia **II** ***sm.*** (f. *-a*) nativo o abitante della Caucasia. **Q.T.** *lingue...*

caucasòide [comp. del n. geogr. *Caucaso,* sistema montuoso dell'Eurasia; 1936] **I** ***agg.*** termine usato in passato per *europoide* **II** ***s.*** individuo europoide.

caucciù [dal fr. *caoutchouc*; 1828 *caoutchouca*] ***sm.*** *inv.* sostanza colloidale contenuta nel latice di piante tropicali delle Euforbiacee, impiegata nell'industria per le sue proprietà elastiche || **N.** *Sin.* gomma naturale.

cauda V. IN CAUDA VENENUM.

caudàle [dal lat. *cauda*; 1879] ***agg.*** relativo alla coda: *muscoli caudali*; che è dalla parte della coda: *pinne caudali* || *per estens.* che si trova dalla parte opposta della testa: *intestino caudale.* **TAV.** ***pesci*** **p. 1330** 1.1.

caudatàrio (pl. *-ri*) [dal lat. mediev. *caudatarius*; a. 1595 nel senso 1] ***sm.*** **1.** chi regge lo strascico delle vesti di alti dignitari ecclesiastici durante cerimonie ufficiali **2.** *fig. iron.* adulatore.

Caudàti [dal lat. *cauda,* coda; 1956] ***sm. pl.*** *T.zool.* ordine di Anfibi, tra cui la salamandra e il tritone, che conservano la coda per tutta la vita || **N.** *Sin.* Urodeli. **Q.T.** *zoologia.*

caudàto [dal lat. *cauda,* coda; 1564] ***agg.*** dotato di coda: *stella caudata,* cometa || *sonetto caudato,* che ai tradizionali 14 versi aggiunge una o più terzine.

caudillo (sp., pr. [kau'ðiʎo]; pr. it. [kau'diʎʎo]) [letter. capo; 1942] ***sm.*** (pl. *caudillos,* pr. [kau'ðiʎos]) in Spagna e in America Latina, titolo conferito a un capo politico e militare con poteri assoluti; *per anton.* F. Franco, dittatore della Spagna dal 1939 al 1975.

caudìno [dal lat. *caudinus*; a. 1527] ***agg.*** di Caudio, antica città sannita || *forche caudine,* giogo sotto cui i Romani furono costretti a passare, in segno di sottomissione, dopo esser stati sconfitti dai Sanniti; *fig.* grave umiliazione che si è costretti a subire.

càule [dal lat. *caulis*; a. 1597 parte terminale di un ramo] ***sm.*** *T.bot.* fusto, parte della pianta che porta le foglie.

caulèrpa [comp. del gr. *kaulós,* caule e *hérpein,* strisciare; 1830] ***sf.*** *T.bot.* genere di alghe verdi unicellulari con tallo strisciante unito a una parte frondosa.

Caulerpàcee [comp. di *caulerpa* e *-acee*; 1931] ***sf. pl.*** *T.bot.* famiglia di alghe verdi, tra cui la caulerpa.

caulìcolo[1] [comp. del lat. *caulis,* fusto, stelo e *-colo*; 1940] ***agg.*** *T.zool.* di animale che vive entro il fusto di una pianta || *T.bot.* di fungo parassita del fusto delle piante.

caulìcolo[2] [dal lat. *cauliculus*; 1570] ***sm.*** *T.arch.* motivo ornamentale angolare del capitello corinzio costituito da volute di steli e viticci; *per estens.* nome generico di vari ornamenti di forma simile usati in decorazioni plastiche e pittoriche.

caulinàre [da *caule*; 1830] ***agg.*** *T.bot.* relativo al caule.

caulòma [comp. di *caule* e *-oma*; 1931] ***sm.*** *T.bot.* elemento del corpo vegetativo di una pianta che si può amalgamare al caule.

càuri [dall'indostano *kaurī*; 1586 *caurim*] ***sm.*** nome di varie conchiglie delle Cipreidi diffuse nell'Oceano Indiano e usate come ornamento e anche, un tempo, come moneta.

càusa [dal lat. *causa*; 1322 nel senso 3] ***sf.*** **1.** fatto, evento che produce un effetto o dà origine a un altro fatto: *una scintilla è stata causa dell'esplosione, la grandine è stata causa di danni al raccolto* || *T.fil. causa efficiente,* l'agente che produce una cosa o fenomeno; *causa finale,* il fine per cui qualcosa è prodotto; *causa prima,* l'origine di una catena di cause ed effetti; *per anton.* Dio **2.** motivo, ragione: *agire per una giusta causa* || *dare causa,* offrire un pretesto || *a causa di, per causa di,* per colpa di || *causa di forza maggiore,* evento che non dipende, né può essere controllato dalla volontà del singolo **3.** *T.giur.* processo, controversia giudiziaria: *fare, intentare, muovere causa a qualcuno* || *essere in causa con qualcuno,* avere un procedimento giudiziario in corso || *avvocato delle cause perse,* chi, anche fuori da un tribunale, si fa difensore di ragioni insostenibili || *fig. dar causa vinta,* cedere || *fig. chiamare in causa qualcuno,* coinvolgerlo in una responsabilità o in una discussione || *fig. essere parte in causa,* essere coinvolto in una questione || *fig. parlare con cognizione di causa,* con perfetta conoscenza degli argomenti **4.** il complesso delle rivendicazioni ideali, sociali, politiche, religiose e sim. sostenute da organizzazioni o gruppi sociali: *difendere la causa degli oppressi* || *abbracciare, sposare una causa,* dedicarsi completamente a essa || *tradire una causa,* abbandonarla, e anche sostenere idee opposte a quelle propugnate in precedenza **5.** *T.gram. complemento di causa,* quello che in una frase indica il motivo dell'azione espressa dal verbo || *complemento di causa efficiente,* nelle frasi passive, indica ciò da cui è provocata l'azione subita dal soggetto || **N.** **1.** *Sin.* fonte, origine, perché, principio, radice, sorgente | contingente, determinante, diretta, indiretta, involontaria, prima, principale, prossima, remota, secondaria, unica, vera, volontaria **2.** *Sin.* cagione, motivo, movente, occasione, pretesto | conseguenza, effetto, influenza **4.** *Sin.* ideali, obiettivi, scopi. **Q.T.** *diritto.*

causàle [dal lat. tardo *causālis*; sec. XIV] **I** ***agg.*** **1.** che è causa di qualcosa: *principio, rapporto causale* **2.** *T.gram. proposizioni causali,* proposizioni subordinate che indicano la causa di ciò che viene affermato nella principale; possono essere esplicite (introdotte da *perché, poiché, sebbene* ecc., con verbo all'indicativo) o implicite (introdotte da *per, di, a,* seguiti dal verbo all'infinito, oppure espresse dal gerundio o dal participio passato) **II** ***sf.*** motivo, ragione: *la causale di un versamento*; movente: *la causale di un delitto.*

causalità [da *causale*; a. 1396] ***sf.*** rapporto che lega la causa all'effetto || *T.fil. principio di causalità,* secondo il quale ogni effetto ha necessariamente una causa determinante || *T.stat. rapporto di causalità,* confronto tra la frequenza di un fenomeno e la frequenza di un altro a esso collegato.

causàre (pres. *càuso*) [dal lat. *causāri*; 1308] ***tr.*** originare, produrre: *causare dolore, un'esplosione* || ***intr. pron.*** *non com.* prodursi, avere origine: *dalle sue dichiarazioni potrebbero causarsi ritorsioni* || **N.** ***tr.*** *Sin.* arrecare, cagionare, derivare, generare, indurre, produrre, provocare.

causatìvo [dal lat. tardo *causatīvus*; a. 1375] ***agg.*** *non com.* che può causare || *T.gram. verbi causativi,* quelli che esprimono un'azione che il soggetto fa compiere ad altri: *addormentare è un verbo causativo rispetto a dormire* || *funzione causativa,* quella assunta dal verbo *fare* seguito da un infinito che indica un'azione che il soggetto fa compiere ad altri.

causìdico (pl. *-ci*) [dal lat. *causidicus,* da *causam dīcere*; 1483] ***sm.*** chi nell'antichità e nel Medioevo rappresentava le parti in un processo senza trattare le questioni prettamente giuridiche || *spreg.* avvocato di poco valore || **N.** azzeccagarbugli, cavallocchio, leguleio.

càustica [da *caustico*; 1712] ***sf.*** *T.fis.* in ottica, superficie di intersezione dei raggi che partono da un'unica sorgente e vengono riflessi da uno specchio curvo di grande apertura o rifratti da una lente convergente di grande apertura.

causticità [da *caustico*; 1795] ***sf.*** **1.** proprietà caratteristica delle sostanze caustiche **2.** *fig.* spirito sarcastico, pungente: *la causticità delle sue battute è proverbiale.*

càustico (pl. *-ci*) [dal lat. *causticus*; 1499] ***agg.*** **1.** detto di composti dotati di potere corrosivo, part. nei confronti di tessuti organici: *soda caustica* **2.** *fig.* pungente, mordace: *una battuta caustica* || **causticaménte** ***avv.*** solo *fig.*

caustificàre (pres. *-ìfico, -ìfichi*) [comp. del gr. *kaustós,* bruciato e *-ficare*; 1962] ***tr.*** *T.chim.* trasformare un carbonato o un altro sale in idrossido alcalino.

caustificazióne [dal lat. *caustificātio, -ōnis*; 1956] ***sf.*** *T.chim.* trasformazione di un carbonato alcalino, nell'idrato corrispondente.

cautèla [dal lat. *cautēla*; 1308] ***sf.*** **1.** prudenza, circospezione: *bisogna usare cautela nel fare certe affermazioni, è un medicinale: usare con cautela* || comportamento di persona cauta: *guida con molta cautela* **2.** *T.giur.* nel diritto romano, insegnamento dato al giurista sull'esatta formulazione e compilazione degli atti giuridici || **N.** **1.** *Sin.* accortezza, discernimento, oculatezza, precauzione.

cautelàre[1] [da *cautela*; 1962] ***agg.*** prudenziale, che ha carattere protettivo: *misure cautelari* || *T.giur. procedimento cautelare,* diretto a garantire i diritti di qualcuno contro eventuali atti pregiudizievoli || *misure cautelari,* nel nuovo Codice, insieme di misure coercitive che possono essere prese nei confronti dell'imputato: *l'obbligo di soggiorno è una misura cautelare.*

cautelàre[2] (pres. *-èlo*) [da *cautela*; 1527 come tr.] ***tr.*** proteggere, assicurare adottando le dovute cautele: *cautelare i propri diritti, i propri interessi* || ***rifl.*** prendere provvedimenti per difendersi da qualcosa: *cautelarsi contro i furti* || **N.** **tr.** *Sin.* difendere, salvaguardare, tutelare.

cautelativo [da *cautelare*[2]; 1879] **agg.** che ha lo scopo di cautelare: *provvedimento cautelativo* || **N.** *Sin.* precauzionale, prudenziale.

cautelóso [da *cautela*; a. 1938] **agg.** *non com.* cauto.

cautèrio (pl. *-ri*) [dal lat. tardo *cautērium*; sec. XIV] **sm.** *T.med.* **1.** strumento chirurgico utilizzato per eseguire cauterizzazioni **2.** *disus.* bruciatura o incisione praticata sul corpo umano a scopo terapeutico.

cauterizzàre [dal lat. tardo *cauterizāre*; sec. XIV] **tr.** *T.med.* bruciare con il cauterio un tessuto organico per causarne la distruzione.

cauterizzazióne [da *cauterizzare*; 1300 ca.] **sf.** *T.med.* operazione di piccola chirurgia consistente nella bruciatura di un tessuto malato per mezzo del cauterio.

cautézza [da *cauto*; a. 1476] **sf.** *non com.* prudenza.

càuto [dal lat. *cautus*; 1313] **agg.** che si comporta in modo prudente così da non provocare né subire danno || *andare cauti*, procedere con circospezione || *far cauto*, avvertire || che mostra cautela: *fece caute affermazioni sulla vicenda* || **cautaménte** **avv.** || **N.** *Sin.* accorto, avveduto, circospetto, guardingo, prudente | *Contr.* avventato, imprudente, incauto.

cauzionàle [dal lat. tardo *cautionālis*; 1781] **agg.** che concerne la cauzione: *deposito cauzionale*, somma data come cauzione.

cauzionànte (*ppr.* di *cauzionare*) [1956] **agg.** e **s.** che, chi presta una cauzione.

cauzionàre (pres. *-óno*) [da *cauzione*; 1950] **tr.** garantire versando una cauzione.

cauzióne [dal lat. *cautio, -ōnis*; 1349] **sf.** **1.** deposito in denaro, titoli o altri valori effettuato a garanzia dell'adempimento di un obbligo civile o penale: *versare, restituire una cauzione* || *per estens.* la somma di denaro depositata a tale scopo: *è richiesta una cauzione di 100.000 lire* **2.** *ant.* cautela || **N.** **1.** *Sin.* garanzia, malleverià.

càva [lat. *cava*; sec. XIII] **sf.** **1.** scavo per l'estrazione di materiali da costruzione: *cava di marmo, di pietrisco*; *cava a cielo aperto*, se lo scavo è raggiungibile direttamente dall'esterno; *cava in galleria*, se lo scavo non è direttamente raggiungibile dall'esterno **2.** *fig.* *non com.* grande abbondanza, sorgente inesauribile: *avere una cava di denaro* **3.** *ant.* grotta, antro; spelonca.

cavadènti [comp. di *cava(re)* e *dente*; fine sec. XV] **s.** *inv.* *spreg.* dentista mediocre e incapace || *propr.* *ant.* chi esercitava il mestiere di curare ed estrarre denti malati.

cavafàngo (pl. *-ghi*) [comp. di *cava(re)* e *fango*; 1865] **sm.** *inv.* pontone galleggiante con o senza motore, dotato di attrezzature per scavare il fondo melmoso di porti e canali.

cavafrùtti [comp. di *cava(re)* e *frutto*; 1956] **sm.** *inv.* piccolo utensile da cucina con cui gli ortaggi vengono tagliati in pezzetti di uguale forma e dimensione.

cavàgno [etim. inc.; a. 1556] **sm.** *region.* piccolo paniere, canestro.

cavaiòlo [da *cava*; 1881] **sm.** (raro f. *-a*) *tosc.* operaio che lavora nelle cave di pietra o di marmo.

cavalcàbile [da *cavalcare*; a. 1723 nel senso 2] **agg.** **1.** che si può cavalcare **2.** di strada che può essere percorsa a cavallo.

cavalcànte (*ppr.* di *cavalcare*) [a. 1363] **I** **agg.** chi cavalca, in tutti i sensi del verbo **II** **sm.** *ant.* **1.** chi va a cavallo **2.** servo che accompagnava il padrone a cavallo quando questi usciva in carrozza **3.** chi, a cavallo, guidava la prima coppia delle pariglie di una carrozza.

cavalcàre (pres. *-àlco, -àlchi*) [lat. tardo *caballicāre*; a. 1292 come tr. nel senso 1] **intr.** (aus. *avere*) andare a cavallo: *cavalcai tutto il giorno* || *cavalcare a bidosso*, senza la sella || *cavalcare all'amazzone*, con entrambe le gambe dallo stesso lato della sella || **tr.** **1.** montare un animale da sella: *cavalcare un asino, un cammello* || *per estens.* stare a cavalcioni di qualcosa: *cavalcare una scopa* || *fig.* di animali e uomini, unirsi nell'atto dell'accoppiamento sessuale || *fig.* *cavalcare la tigre*, cercare di controllare e di sfruttare a proprio vantaggio una situazione difficile e pericolosa **2.** di opere stradali, passare sopra: *il viadotto cavalcava l'intera vallata* **3.** *ant.* far scorrerie con la cavalleria in un paese nemico per sottometterlo. **Q.T.** *cavallo.*

cavalcàta [da *cavalcare*; sec. XIV] **sf.** **1.** passeggiata, viaggio a cavallo **2.** *ant.* comitiva di persone a cavallo **3.** *ant.* scorreria di armati a cavallo.

cavalcatóre [da *cavalcare*; inizio sec. XIV] **sm.** (f. *-trice*) chi cavalca, part. con una certa abilità || **N.** *Sin.* cavaliere, cavallerizzo.

cavalcatùra [da *cavalcare*; inizio sec. XIII] **sf.** **1.** bestia da sella **2.** *non com.* il prezzo per il nolo di una cavalcatura. **Q.T.** *cavallo.*

cavalcavìa [comp. di *cavalca(re)* e *via*; a. 1696] **sf.** *inv.* **1.** costruzione a forma di ponte che consente il transito di persone o veicoli al di sopra di una strada o di una ferrovia, evitando l'incrocio **2.** *non com.* arco che collega due edifici al di sopra di una strada || **N.** **1.** *Sin.* sovrappasso; passerella, ponte, viadotto. **TAV.** ***automobile*** **p. 658** 4.8.

cavalchìna [da *cavalcare*; 1927] **sf.** a Venezia, veglione, ballo in maschera.

cavalcióni [dal fr. ant. *chevaucons*; 1353] **avv.** **1.** nella loc. avv. *a cavalcioni*, nella posizione di chi sta con una gamba da una parte e una dall'altra di qualcosa: *sedeva a cavalcioni della panca, su un muretto* || con le gambe accavallate: *sedersi a cavalcioni* **2.** *T.sport.* nella ginnastica, posizione di appoggio con le gambe divaricate e parallele.

cavalieràto [da *cavaliere*; 1532] **sm.** titolo e grado di cavaliere: *ottenne il cavalierato.*

cavalière [lat. tardo *caballarius*, attr. il provenz. *cavalier*; fine sec. XII nel senso 3, inizio sec. XIII nel senso 2] **sm.** **1.** chi va a cavallo **2.** soldato a cavallo **3.** nel Medioevo, appartenente alla cavalleria: *i cavalieri della tavola rotonda* || *fare, creare, armare qualcuno cavaliere*, mediante la cerimonia di investitura || *per estens.* guerriero, eroe: *un cavaliere senza macchia e senza paura* || *cavaliere errante*, chi andava per il mondo difendendo i deboli e gli oppressi || *fig.* *lett.* difensore, paladino: *un cavaliere della giustizia* **4.** nell'antica Roma, cittadino appartenente all'ordine equestre || nell'età comunale, ufficiale del potestà **5.** gentiluomo, persona che si comporta con lealtà e nobiltà di intenti || *per estens.* uomo che mostra riguardo nei confronti delle donne || uomo che accompagna una donna a manifestazioni mondane, balli e sim.; chi conduce la dama nel ballo || *cavalier servente*, cicisbeo **6.** titolo nobiliare ereditario e trasmissibile che nella gerarchia araldica segue quello di nobile || grado degli ordini cavallereschi: *cavaliere dell'Ordine di Malta, cavaliere della Repubblica* **7.** *ant.* nel gioco degli scacchi, il cavallo **8.** nelle antiche fortificazioni, terrapieno, sopraelevazione in muratura posto a ulteriore difesa della piazzaforte per consentire alle artiglierie maggiore ampiezza di tiro || *a cavaliere di qualcosa*, in posizione sovrastante **9.** *cavaliere d'Italia*, uccello dei Caradriformi di medie dimensioni con piumaggio bianco e nero, zampe lunghissime e becco sottile e diritto; vive nelle paludi dove si nutre di insetti e molluschi **10.** *T.anat.* *cavaliere dell'aorta*, biforcazione terminale dell'aorta da cui hanno origine le arterie iliache **11.** *region.* baco da seta || **N.** **1.** *Sin.* cavallerizzo **2.** *Sin.* cavalleggero **3.** *Sin.* campione, difensore **4.** *Sin.* gentiluomo, signore; accompagnatore; corteggiatore. **Q.T.** *cavallo.*

cavalierèssa [da *cavaliere*; a. 1300] **sf.** *ant.* e *scherz.* moglie di un cavaliere; gentildonna.

cavalierìno (*dim.* di *cavaliere*) [1956] **sm.** **1.** sottile forcella metallica gen. del peso di 10 mg che scorre lungo l'asta graduata delle bilance di analisi per consentire pesate di precisione **2.** targhetta di materiale vario che si fissa sul bordo superiore della scheda iniziale o finale di ognuno dei gruppi di uno schedario per facilitarne la consultazione.

cavàlla [dal lat. *caballa*; 1340] **sf.** **1.** femmina del cavallo **2.** *T.mar.* vela bassa di strallo tra gli alberi di maestra e di trinchetto **3.** sostegno o parete divisoria costituita da scaffali e strutture varie **4.** spugna cornea diffusa nei fondali bassi del Mediterraneo.

cavallàio (pl. *-ài*) [lat. tardo *caballārius*; a. 1400 *cavallaro* nel senso 3] **sm.** (f. *-a*) **1.** in una masseria, custode di cavalli **2.** mercante di cavalli **3.** *ant.* messo, corriere, staffetta.

cavallànte [da *cavallo*; a. 1885] **s.** **1.** guardiano di cavalli **2.** *region.* chi conduce cavalli; chi fa servizio di corriere con cavalli o biroccio, procaccia.

cavallàro [lat. tardo *caballārius*; a. 1400 nel senso 3] **sm.** (f. *-a*) **1.** cavallaio **2.** chi guida cavalli da carico **3.** *ant.* corriere, messaggiero: *e di poeta cavallar mi feo* (Ariosto) || *ant.* messo del tribunale.

cavallàta [da *cavallo*; a. 1324] **sf.** *ant.* milizia composta da cittadini che avevano l'obbligo di servire il comune in tempo di guerra con cavallo proprio e armandosi a proprie spese || obbligo dei cittadini di fornire a tale milizia un uomo e un cavallo o di pagare un'imposta corrispondente.

cavalleggèro o **cavalleggièro** (ant. *cavalleggière* o *cavalleggère*) [dal fr. *chevau-léger*; a. 1547] **sm.** soldato a cavallo con armatura leggera || oggi gen., soldato a cavallo.

cavallerésco (pl. *-schi*) [da *cavalleria*; a. 1347 nel senso 2] **agg.** **1.** che riguarda i cavalieri e la cavalleria: *imprese cavalleresche, ordini cavallereschi*; conforme alle regole della cavalleria: *agire cavalleresco* || *codice cavalleresco*, nel Medioevo, l'insieme delle norme che costituivano l'ideale del perfetto cavaliere; oggi, l'insieme delle consuetudini che regolano il comportamento in questioni d'onore **2.** *per estens.* proprio di un gentiluomo: *modi cavallereschi* **3.** che narra le imprese dei cavalieri medievali: *poema cavalleresco* || **cavallerescaménte** **avv.** || **N.** **1.** *Sin.* leale, nobile **2.** *Sin.* educato, gentile, signorile.

cavallerìa [da *cavaliere*; sec. XIII *cavalaria* nel senso 1] **sf.** **1.** milizia a cavallo: *una carica di cavalleria*; *cavalleria pesante, leggera*, a seconda dell'armatura o del tipo di armamento || *fig.* *passare in cavalleria*, di cosa prestata e non più resa o di azione rimasta senza esito **2.** una delle cinque armi dell'Esercito Italiano, in cui oggi i cavalli sono stati sostituiti da mezzi corazzati o elicotteri **3.** nel Medioevo, istituzione politico-sociale cui appartenevano i cadetti esclusi dalla linea ereditaria di trasmissione del feudo, i quali giuravano fedeltà a ideali di giustizia e onore, di difesa dei deboli e della fede || *per estens.* l'insieme delle norme e dei doveri imposti da tale istituzione **4.** *per estens.* comportamento cortese e leale, part. nei confronti delle donne **5.** *ant.* titolo e dignità di cavaliere || **N.** **1.** schiera, squadrone | dragone, lancere, ulano, ussero **4.** *Sin.* gentilezza, educazione. **Q.T.** *forze armate.*

cavallerìzza [dallo sp. *caballeriza*; a. 1431] **sf.** **1.** maneggio **2.** arte di ammaestrare e montare i cavalli.

cavallerìzzo [dallo sp. *caballerizo*; 1563 nel

senso 1] *sm.* (f. *-a*) **1.** chi ammaestra i cavalli e insegna a cavalcare **2.** chi monta bene a cavallo || chi mostra la propria abilità nel cavalcare compiendo esercizi di acrobazia in spettacoli equestri **3.** *cavallerizzo maggiore*, titolo del sovraintendente delle scuderie di corte.

cavallétta[1] [da *cavallo*; sec. XIV] *sf.* **1.** nome generico di varie specie di insetti ortotteri, dannosi per le coltivazioni **2.** *fig.* persona avida o invadente || *essere come le cavallette*, di persone che provocano gravi danni.

cavallétta[2] [der. da *cavalla* nel senso 2; 1556 nel senso 2] *sf.* **1.** *T.mar.* mezzanella, vela di strallo collocata tra l'albero maestro e quello di mezzana **2.** *fig.* frode; sopruso.

cavallétto [da *cavallo*; a. 1431 nel senso 2] *sm.* **1.** denominazione generica dei sostegni mobili a tre gambe, metallici o in legno, usati per apparecchiature, oggetti da lavorare ecc.: *cavalletto della macchina fotografica*; *cavalletto da pittore*, sostegno usato dai pittori per reggere la tela o il quadro che dipingono || *cavalletto da scultore*, piano girevole su cui viene collocata la materia prima da plasmare || *cavalletto da muratore*, coppia di sostegni a due piedi su cui viene poggiata un'asse, usata come impalcatura provvisoria o piano di lavoro **2.** strumento di tortura di varia forma a cui veniva legato il condannato **3.** struttura di sostegno in ferro o cemento armato per teleferiche, funivie e sim. **4.** supporto per antiche armi da fuoco; oggi, treppiede per mitragliatrici **5.** *sistemazione a cavalletti*, coltura tipica del bolognese, caratterizzata dalla creazione di strisce di terra a schiena d'asino, dette *cavalletti*, tra campo e campo, su cui viene coltivata la vite || **N. 1.** *Sin.* sostegno, treppiede, trespolo **3.** *Sin.* pilone, traliccio. **Q.T.** *pittura*.

cavallina (*dim.* di *cavalla*) [1855] *sf.* **1.** cavalla giovane || *correre la cavallina*, condurre una vita disordinata e dedita ai piaceri part. sessuali **2.** *T.sport.* attrezzo da ginnastica di dimensioni inferiori a quelle del cavallo e privo di maniglie, utilizzato per l'esecuzione di volteggi **3.** gioco di ragazzi che consiste nel saltare a gambe divaricate un compagno che sta con la schiena piegata in avanti.

cavallino[1] [da *cavallo*; 1306] *agg.* **1.** relativo al cavallo, equino **2.** da cavallo: *denti cavallini* || *mosca cavallina*, mosca che punge cavalli, buoi e sim. succhiandone il sangue; *fig.* persona molesta || *pop. tosse cavallina*, pertosse.

cavallino[2] (*dim.* di *cavallo*) [1930 nel senso 4] *sm.* **1.** pelliccia di puledro, lucente e marezzata **2.** *T.mar.* curvatura a sella, longitudinale, data ai ponti delle navi **3.** pompa a stantuffo per l'alimentazione di caldaie a vapore di piccole dimensioni **4.** escrementi di cavallo usati come concime **5.** *pl.* fogli di carta postale bollati in uso nel Regno di Sardegna agli inizi del XIX secolo.

cavàllo [lat. *caballus*; a. 1287] *sm.* **1.** mammifero erbivoro degli Equidi con collo dotato di criniera, lunga coda e piede terminante con un dito solo protetto da uno zoccolo: *cavallo baio, morello, sauro*; *da traino, da lavoro, da sella, da corsa* || *cavallo da monta*, stallone || *andare a cavallo*, cavalcare: *andare a cavallo di un asino* || *a cavallo!*, ordine o invito di montare in sella || *essere a cavallo*, essere in sella; *fig.* essere certi di un esito avendo ormai superato le maggiori difficoltà || *a cavallo*, a cavalcioni || *fig. a cavallo di due secoli*, tra due secoli || *fig. mettere qualcosa a cavallo di un'altra*, sovrapporla || *fig. febbre da cavallo*, fortissima || *fig. dose da cavallo*, potente || *fig. spropositi da cavallo*, madornali || *fig. cavallo di battaglia*, scena od opera in cui un attore o un cantante si esibisce con i migliori risultati; *per estens.* argomento, circostanza in cui una persona si sente più sicura della propria riuscita || *fig. cavallo di ritorno*, notizia, e talvolta cosa o persona, che dopo un lungo giro torna al luogo di partenza || *fig. montare sul cavallo di Orlando*, inalberarsi || *fig. andare col cavallo di san Francesco*, a piedi || *prov. a caval donato non si guarda in bocca*, la cosa regalata si accetta così com'è, senza cercarne i difetti; *campa cavallo che l'erba cresce*, detto di promessa a troppo lunga scadenza **2.** *per simil.* oggetto che riproduce la forma di un cavallo: *cavallo a dondolo*, giocattolo, che riproduce la forma di un cavallo, montato su un bilico così da poter dondolare || pezzo degli scacchi che raffigura la testa e il collo del cavallo || nelle carte italiane, quella che rappresenta una figura a cavallo, corrispondente alla regina delle carte francesi || moneta di rame coniata nel 1472 da Ferdinando I d'Aragona, il cui busto è riprodotto al recto; al verso porta

CAVALLO

VARIE SPECIE: allievo, alfana, bardotto, bidetto, bilancino, brenna, brocco, bucefalo, buscalfana, cavalcatura, chinea, corsiero, destriero, ginnetto, giumento, mulo, palafreno, puledro, purosangue, redo, ronzino, stacca, stallone; alto, basso, piccolo, mezzano, grosso, magro, snello, smilzo, grasso, brioso, vivace, gagliardo, sbrigliato, arrembato, sfiancato, sgroppato, bizzarro, focoso, ombroso, restio, docile, mansueto, maneggevole, tranquillo, allombato, fresco, riposato, stanco, nobile, signorile, ammaestrato, domato, duro di bocca, delicato di morso, crinito, vaiato, giuntato lungo, giuntato corto; da tiro, da soma, da sella, da corsa, da maneggio, da battaglia, di parata, di riguardo, di ricambio, di ritorno, di servizio, di vettura; cavallo arabo (berbero, andaluso, napoletano), circasso, persiano, turco, tartaro (ungherese, transilvano), frisone, norico, italiano (maremmano, romano, sardo), tedesco, francese, *percheron*, *pony* (scozzese, irlandese, corso).

SECONDO IL MANTELLO: mantello semplice, bianco (candido, argentino, porcellana, sporco), morello (deciso, maltinto, corvino), sauro (chiaro, dorato, scuro, bruciato, ciliegio o deciso, bronzino, lavato); mantello composto, ubero o fior di pesco (chiaro, scuro), grigio (chiaro, scuro, ferro, argentino, storno, pomellato, moscato, vinoso, trotino, bianco), falbo, isabella (chiaro, carico, dorato), sorcino (chiaro, scuro), baio (bruno, scuro, castagno, ciliegio, dorato, chiaro, lavato), roano (chiaro, carico, vinoso).

MORFOLOGIA: cervice, occipite, orecchio, sincipite, fronte, tempie, occhio, naso, guancia, labbra, denti (da latte, picozzi, mezzani, cantoni, molari, canini), mento, fontanella, ganascia, parotide, gola, doccia giugulare, spalla, petto, gomito, avambraccio, ginocchio, stinco, nodello, pastorale, corona, piede (tuello, zoccolo, suola, tallone), petto, costato, ventre, fianco, grassella, gamba, garretto, natica, coda, coscia, anca, groppa, reni, dorso, garresi; mantello; pelame, pelo, pezzatura, rosetta, stella, balzana.

DIFETTI: arrembatura, beccheggio, incastellatura, incavicchiatura, restio, ombre, impuntare.

VOCE: ansare, nitrire, rignare, sbuffare, stronfiare.

ANDATURA: ambio, caracollo, carriera, galoppo, passo, trotto (chiuso, risoluto, spiccato, sciolto, unito); *dressage*; ballottata, capriuola, corvetta, evoluzione, falcata, groppata, impennata, parata, passata, piroetta, posata, raddoppio, salto, salto del montone, sfaglio, traina, trapasso, volata, volta.

AZIONI DEL CAVALLO: adombrare, cadere, calciare, calcitrare, correre, corvettare, fremere, prender la mano, imbizzarrire, impennarsi, incapestrarsi, inginocchiarsi, mordere il freno, raspare, recalcitrare, rompere il trotto, scalciare, scalpitare, scappare, scavalcare, sferrare calci, snodare il passo, sparar calci, trottare, trotterellare, galoppare, volare, zampare.

AZIONI DELL'UOMO SUL CAVALLO: abbeverare, abbiadare, addestrare, ammaestrare, andar a cavallo, apparigliare, attaccare, balzar di sella, bardare, cadere, cavalcare (a bardosso, a bisdosso, all'inglese, all'italiana, largo, lungo, corto, a spron battuto), domare, equitare, ferrare, frenare, galoppare, governare, guidare, imbracare, imbrigliare, inforcare, menar a mano, montare, parare, pascolare, perder le staffe, rimanere staffato, scavalcare, scendere, scozzonare, sellare, spronare, staccare, star a cavalcioni, strigliare, trottare, volteggiare.

FINIMENTI: abbigliamento, bardatura, fornimento, guarnimento; bardella, bardellone, basto, efippio, sellino, sella (arcione, archetto, bande, falde, fonde o fondine, fusto, groppiera, pomo, posola, quarti, sottopancia, soprassella, staffa), cinghia; bilancino, braca, briglia (barbazzale, borchia, bubboliera, coccarda, filetto, freno o morso, frontale, imboccatura, martingala, paraocchi, scudicciolo, sguancia, soggolo, testiera, voltoio), camarra, cavezza, chiavarda, collare (testa, cappuccio, corpo, imboccatura, ventre), coperta, correggione, fasciacoda, fasciapiede, falere, fibbie, ginocchiello, groppiera, gualdrappa, guainoni, guide o redini, imbraca (bracci, aste, coppietta, cintura), mordacchia, morso (chiamata o campanello), museruola, nappine, paracalci, passante, pastoia, pennacchi, pettorale, portastanghe, reggibraca, sonagliera, sopraschiena, sottocoda, sottopancia, stivaletto, tirella; brusca, bruschino, frusta, frustino, scudiscio, staffile, *cravache*, mangiatoia, pettine, raspa, sprone, striglia.

MASCALCIA: ferrare (a caldo, a freddo), inchiodare, pareggiare il piede, rinferrare, sferrare, strinare; ferro a catena, a ciambella, a mezzaluna, a pianella; barbetta, cresta, faccia anteriore e posteriore, lembi, stampi; cacciatoia, curasnetta, mazzuolo, podometro.

LUOGHI: abbeveratoio, cavallerizza, circo equestre, *haras*, ippodromo, maneggio, *paddock*, pista, scuderia, stalla.

PERSONE: affittacavalli, amazzone, automedonte, buttero, cavalcante, cavallante, cavaliere, cavallerizzo, cavallaro, cocchiere, *cow-boy*, cozzone, domatore, fantino, *gaucho*, maniscalco, palafreniere, scozzone, scudiero, sellaio, sensale, staffiere, stalliere, stregghiatore, *trainer* o allenatore, veterinario, vetturale, vetturino.

VOCI ATTINENTI: biada, fieno, profenda, lettiera, strame; equino, cavallino, equestre, ippico; buttasella, centauro, ronzinante, ippogrifo, pegaso, incollatura, *pedigree*.

un cavallo passante; nel 1815 fu sostituita dal tornese, originariamente del valore di 6 cavalli **3.** inforcatura dei pantaloni e delle mutande: *questi pantaloni hanno un cavallo basso* **4.** *T.sport.* attrezzo ginnico costituito da un parallelepipedo con gli spigoli arrotondati, imbottito e ricoperto di cuoio, dotato di maniglie sul dorso e sostenuto da quattro gambe allungabili, utilizzato per eseguire volteggi **5.** *cavallo vapore* o *ass. cavallo,* unità di misura di potenza usata per macchine a vapore e motori termici in generale || *cavallo fiscale,* numero convenzionale stabilito sulla base della cilindrata di un veicolo ai fini del pagamento della tassa di circolazione **6.** *T.mil. cavallo di Frisia,* cavalletto di legno attorno al quale è arrotolato il filo spinato, utilizzato come mezzo di difesa campale **7.** *ant.* part. *pl.*, soldato a cavallo **8.** *ant.* grossa onda, cavallone || *dim.* cavallìno, cavallùccio; *accr.* cavallòtto, cavallóne; *pegg.* cavallàccio. **Q.T.** *carri..., cavallo, ippica* **TAV. *atletica* p. 657** 2.4.

cavallóna (*accr.* di *cavalla*) [1908] **sf.** *fig.* donna alta, robusta e priva di grazia; ragazza vivace ed esuberante.

cavallóne (*accr.* di *cavallo*) [a. 1342 nel senso 3] **sm.** **1.** grosso cavallo **2.** *fig.* persona irruenta e scomposta nei movimenti **3.** grossa onda marina.

cavallottìno (*dim.* di *cavallotto*) [1983] **sm.** chiodo a due punte per fissare fili, cordoni e sim.

cavallòtto (*accr.* di *cavallo*) [1887] **sm.** **1.** moneta diffusa in Italia settentrionale tra il XVI e XVIII sec., recante sul retro la figura di un cavaliere **2.** linguetta in metallo che collega i terminali di una macchina elettrica. **TAV. *ferrovie...* p. 669** 5.3.

cavallùccio (pl. *-ci*) (*dim.* di *cavallo*) [1558] **sm.** **1.** *pop. cavalluccio marino,* ippocampo **2.** *cavallucci di Siena,* paste dolci a forma di rombo, assai dure, fatte con farina, zucchero e miele **3.** *fig.* nella *loc. avv. a cavalluccio,* seduto sulle spalle di qualcuno con una gamba di qua e una di là del collo. **TAV. *pesci* p. 1331** 7.

cavalòcchio (pl. *-chi*) [comp. di *cava(re)* e *l'occhio*; a. 1400 nel senso 3] **sm.** **1.** avvocato incompetente o di pochi scrupoli **2.** *tosc.* libellula **3.** *ant.* esattore delle imposte o di crediti altrui.

cavaménto [da *cavare*; a. 1519] **sm.** *non com.* atto ed effetto del cavare; scavo.

cavapiètre [comp. di *cava(re)* e *pietra*; 1941] **s. inv.** addetto allo scavo delle pietre in una cava.

cavàre [lat. *cavāre*, scavare; 1308 nel senso 2] **tr.** **1.** *propr.* scavare **2.** *per estens.* estrarre: *cavare pietre, un dente*; anche *fig.*: *cavare il senso da un discorso* || *cavare sangue,* salassare || *fig. cavare sangue da una rapa,* pretendere una cosa assurda || *fig. non riuscire a cavare un ragno dal buco,* non ottenere alcun risultato || *cavare le parole di bocca a qualcuno,* penare per ottenere una spiegazione || *fig. cavare una spina dal cuore a qualcuno,* togliergli una preoccupazione || *fig. cavare le lacrime,* suscitare compassione **3.** togliere: *cavare le scarpe, il cappotto*; anche *fig.*: *cavare un vizio* || *cavare le macchie,* smacchiare **4.** ottenere, ricavare da una vendita: *da quel rottame ha cavato ancora un milione* **5.** dedurre, trarre le conclusioni: *dopo quel che mi ha detto cavane tu la morale* || **rifl.** tirarsi fuori, part. *fig.*: *cavarsi d'impaccio* || *cavarsela,* superare in qualche modo una difficoltà || **rifl. indir.** togliersi di dosso || **intr.** (aus. *avere*) *T.sport.* nella scherma, eseguire una cavazione || **N.** **tr.** **2.** *Sin.* estirpare, estrarre, rimuovere, svellere **3.** *Sin.* levare **4.** *Sin.* conseguire, guadagnare, ottenere, ricavare | **rifl.** levarsi, togliersi; liberarsi, sottrarsi.

cavastivàli [comp. di *cava(re)* e *stivale*; 1869] **sm. inv.** attrezzo gen. in legno costituito da due ganasce in cui si infila, dalla parte del tacco, lo stivale calzato e lo si estrae tirando con forza la gamba verso di sé.

cavastràcci [comp. di *cava(re)* e *straccio*; a. 1675] **sm. inv.** strumento usato per togliere lo stoppino dalle armi da fuoco.

cavàta [da *cavare*; 1347] **sf.** **1.** l'atto del cavare; *in part. cavata di sangue,* salasso, anche in usi *fig.* **2.** *T.mus.* qualità del suono prodotto da uno strumento a corde: *questa chitarra ha una bella cavata* || *dim.* cavatìna.

cavatàppi [comp. di *cava(re)* e *tappo*; 1846] **sm. inv.** strumento di varia forma con una punta metallica a spirale utilizzato per estrarre i tappi di sughero da bottiglie e fiaschi || **N.** *Sin.* cavaturaccioli | stappare.

cavatìccio (pl. m. *-ci*; pl. f. *-ce*) [da *cavare*; a. 1566] **agg.** e **sm.** *raro* detto della terra che viene tolta durante uno scavo.

cavatìna (*dim.* di *cavata*) [1788 nel senso 1] **sf.** **1.** *T.mus.* nel melodramma del XVIII e XIX secolo, breve aria cantata da un artista quando appare sulla scena **2.** *fig.* trovata ingegnosa per togliersi d'impiccio || **N.** **1.** *Sin.* aria, arietta **2.** *Sin.* espediente, pensata.

cavatóia [da *cavare*; 1889] **sf.** *T.mar.* apertura praticata negli alberi, nei pennoni, nei bozzelli di un'imbarcazione per alloggiare una puleggia o far passare un cavo.

cavatóre [da *cavare*; a. 1292] **sm.** (f. *-trìce*) operaio addetto all'estrazione di materiali in una cava || *per estens.* zappatore.

cavatrìce [da *cavare*; 1956] **sf.** macchina per eseguire incavi e scanalature nel legno.

cavatùberi [comp. di *cava(re)* e *tubero*; 1956] **sm. inv.** *T.agr.* macchina usata per la raccolta meccanizzata di tuberi e radici.

cavatùra [da *cavare*; 1284] **sf.** *non com.* atto ed effetto del cavare || cavità ottenuta scavando.

cavaturàccioli [comp. di *cava(re)* e *turacciolo*; 1831 *cavaturacci*] **sm. inv.** cavatappi.

cavazióne [da *cavare*; 1550 nel senso 2] **sf.** **1.** *T.sport* nella scherma, mossa tendente a liberare la propria lama da quella dell'avversario mediante un movimento elicoidale del polso **2.** *ant.* scavo.

càvea [dal lat. *cavea*; 1565] **sf.** *T.archeol.* parte del teatro greco e romano riservata agli spettatori || **N.** *Sin.* gradinata.

caveau (fr., pr. [ka'vo]) [dim. di *cave,* cantina; 1942] **sm. inv.** locale blindato sotterraneo in cui le banche custodiscono i loro valori.

cave canem (lat., pr. it. ['kave 'kanem]) [letter. guardati dal cane] **loc.** attenti al cane.

cavedàgna [lat. tardo *capitāneus*; a. 1912] **sf.** *sett.* viottolo campestre: *l'erbita cavedagna* (Pascoli).

cavèdano (non com. *cavèdine* sf.) [dal lomb. *caveden,* dal lat. volg. **capito, -inis*; sec. XIV *cavedine*] **sm.** pesce d'acqua dolce dei Ciprinidi, di color grigio bluastro, diffuso nell'Italia centro-settentrionale, con carni poco pregiate.

cavèdio (pl. *-di*) [dal lat. *cavaedium*; 1565] **sm.** **1.** *T.archeol.* il cortile interno delle case romane **2.** piccolo cortile destinato a fornire aria a locali secondari e ambienti di servizio; pozzo di ventilazione || **N.** **1.** *Sin.* atrio **2.** *Sin.* cortiletto.

cavèlle [dal lat. *quam velles*; a. 1306 *chevelle*] **pron. indef.** *arc.* qualche cosa, un nonnulla: *rispose Maso: "si è cavelle"* (Boccaccio) || *non far cavelle,* non far nulla, operare inutilmente.

cavèrna [lat. *caverna*; a. 1292] **sf.** **1.** cavità del suolo, più ampia che profonda, formatasi in seguito a fenomeni erosivi, vulcanici e sim. || *per estens.* qualsiasi grande cavità, anche artificiale || *uomo delle caverne,* uomo preistorico; *fig. scherz.* uomo rozzo e scontroso **2.** abitazione buia e malsana: *alcune case del centro storico paiono caverne* **3.** erosione prodotta all'interno di una bocca da fuoco dai gas delle cariche di lancio **4.** *T.med.* cavità che si forma in un organo a causa di un processo degenerativo morboso; *in part. caverna tubercolare,* che si forma nel polmone a causa della tubercolosi || **N.** **1.** *Sin.* antro, grotta, spelonca **2.** *Sin.* abituro, catapecchia, stamberga, tugurio.

cavernìcolo [comp. di *caverna* e *-colo*; 1875] **I agg.** che vive nelle caverne || *fauna cavernicola,* formata da vari gruppi zoologici, caratterizzati gen. da regressione degli occhi, ipertrofia degli organi tattili, riduzione o mancanza della pigmentazione del corpo **II sm.** (f. *-a*) abitatore delle caverne, troglodita || *per estens.* chi vive in abitazioni buie e malsane || *fig.* persona rozza e asociale.

cavernosità [da *cavernoso*; a. 1588] **sf.** l'essere cavernoso || parte cavernosa di una cavità.

cavernóso [dal lat. *cavernōsus*; sec. XIV] **agg.** **1.** pieno di caverne: *un monte cavernoso* **2.** simile a una caverna: *tana cavernosa* **3.** *fig.* cupo, profondo: *voce, tosse cavernosa, suono cavernoso* **4.** *T.anat.* di organo a conformazione spugnosa in cui può raccogliersi del sangue **5.** *T.geol.* di struttura rocciosa caratterizzata dalla presenza di vuoti prodotti da cause meccaniche, fisiche o chimiche.

cavétto[1] (*dim.* di *cavo*) [1962] **sm.** *T.arch.* modanatura a profilo concavo tipica della cornice dorica, diffusa anche nell'architettura barocca.

cavétto[2] (*dim.* di *cavo*) [1956] **sm.** insieme di fili metallici rivestiti da una copertura isolante, usato come conduttore. **Q.T.** *audiovisivi.*

cavézza [lat. *capitia,* pl. di *capitium,* apertura superiore della tunica; a. 1494] **sf.** **1.** finimento che serve per tenere legato il capo di un cavallo o gen. di una bestia da soma || *per estens. fig.* freno: *tenere qualcuno alla cavezza,* controllarlo rigidamente; *levare la cavezza a qualcuno,* liberarlo dalla soggezione; *strappare, spezzare la cavezza,* darsi a una vita sfrenata **2.** *ant.* capestro **3.** *ant.* furfante, canaglia || *accr.* cavezzóne (*sm.*) || **N.** incavezzare, scavezzare; scavezzacollo.

càvia [dal port. bras. *cavia,* topo; 1875] **sf.** **1.** genere di Roditori con muso allungato e arti corti, con pelo lungo o corto a seconda delle varietà; vengono utilizzati in laboratorio come animali da esperimento o anche venduti come animali domestici **2.** *fig.* qualsiasi animale o persona su cui vengano effettuate prove o esperimenti: *fare da cavia*; anche come *agg. inv.* (sempre posposto): *uomo cavia.*

caviàle [dal turco *xāviyār*, a. 1347] **sm.** prodotto alimentare particolarmente pregiato costituito da uova di storione salate.

cavìcchia [lat. tardo *cavīcla*; 1483] **sf.** **1.** grosso cavicchio **2.** strumento simile alla chiavarda.

cavìcchio (pl. *-chi*) [da *cavicchia*; a. 1537] **sm.** **1.** pezzo di legno appuntito con cui si praticano fori nel terreno per piantare o seminare ortaggi **2.** legnetto che si conficca in una parete per appendervi oggetti o indumenti **3.** piolo di scale portatili di legno **4.** *T.mar.* zeppa utilizzata per turare fori nello scafo **5.** piolo girevole cui si fissano le corde degli strumenti musicali **6.** *T.zool.* prominenza dell'osso frontale dei Cavicorni **7.** *fig.* pretesto: *avere un cavicchio per ogni buco,* avere sempre la scusa pronta || **N.** **2.** *Sin.* piolo **5.** *Sin.* bischero, caviglia, pirolo.

Cavicòrni (sing. *-e*) [comp. di *cavo* e *corno*; 1875] **sm. pl.** *T.zool.* ruminanti che hanno le corna caduche costituite da un astuccio osseo che riveste il cavicchio frontale.

cavìglia [lat. tardo *cavīcla,* attr. il provenz. *cavilha*; a. 1294] **sf.** **1.** regione del collo del piede corrispondente all'articolazione tra tibia e tarso **2.** elemento di legno o metallo, gen. di forma cilindrica, con capocchia, usato per appendere oggetti o indumenti **3.** *T.mar.* cavicchio mobile cui vengono legate in modo provvisorio le manovre correnti || ciascuna delle maniglie della ruota del timone per farla girare a mano || cavicchio di legno duro che viene utilizzato come chiodo, in alcune strutture di scafi in legno **4.** grossa vite in legno che serve a fissare le rotaie alle traverse **5.** piolo girevole cui si fissano le corde degli strumenti musicali || **N. 2.** *Sin.* cavicchio, piolo; chiodo. **TAV.** ***ferrovie...* p. 669** 5.13.

cavigliatóio (pl. *-ói*) [da *caviglia*; 1868] ***sm.*** strumento usato dai setaioli per torcere la seta.

caviglièra [da *caviglia*; 1889] ***sf.*** **1.** fascia elastica posta a protezione della caviglia per evitare o curare distorsioni **2.** *T.mar.* rastrelliera per sostenere le caviglie posta ai piedi di ogni albero, lungo la murata di fianco agli alberi e in coffa. **TAV.** ***vela* p. 1343** 6.37.

caviglière [da *caviglia*; 1965] ***sm.*** *T.mus.* parte superiore degli strumenti a corda in cui sono posti i bischeri per fissare e tendere le corde. **TAV.** ***musica* p. 1325** 4.1, 14.13.

cavillaménto [da *cavillare*; 1955] ***sm.*** venature a rete capillare delle vernici di ceramiche o porcellane.

cavillàre [dal lat. *cavillāri*; 1308 *gavillare*] ***intr.*** (aus. *avere*) **1.** sottilizzare in modo eccessivo con argomentazioni speciose **2.** *T.ceram.* delle maioliche, presentare una configurazione superficiale dello smalto come se fosse percorso da innumerevoli venature || ***tr.*** *raro* criticare facendo uso di cavilli.

cavillatóre [dal lat. *cavillātor, -ōris*; 1868] ***agg.*** e ***sm.*** (f. *-trìce*) che, chi è solito cavillare.

cavillatùra [da *cavillare*; 1970] ***sf.*** cavillamento.

cavillazióne [dal lat. *cavillātio, -ōnis*; a. 1348] ***sf.*** *lett.* disputa condotta per mezzo di cavilli.

cavìllo [dal lat. *cavillum*; 1570] ***sm.*** argomentazione sottile e fallace ma dall'apparenza veritiera con cui si cerca di trarre in inganno o di interpretare in modo specioso argomenti e fatti || **N.** *Sin.* arzigogolo, capziosità, pretesto, sofisma, sottigliezza.

cavillosità [da *cavilloso*; 1865] ***sf.*** l'essere cavilloso, di persona o ragionamento.

cavillóso [dal lat. tardo *cavillōsus*; sec. XIV] ***agg.*** di persona, che ricorre a cavilli: *un avvocato cavilloso*; di ragionamento, che ha la natura del cavillo o è basato su cavilli: *un'interpretazione cavillosa della legge* || **cavillosaménte** ***avv.***

cavìsta [da *cavo²*; 1985] ***s.*** tecnico addetto alle trasmissioni via cavo.

cavità [lat. tardo *cavitas, -ātis*; a. 1600 nel senso 2; a. 1642 nel senso 1] ***sf.*** **1.** l'essere cavo **2.** *com.* parte incavata di qualcosa || *per estens.* grotta, caverna: *si rifugiarono in una cavità nella montagna* **3.** *T.anat.* qualsiasi spazio cavo nel corpo o in un organo: *cavità toracica, orale* **4.** *T.geol.* vuoto prodotto in una roccia da cause meccaniche, chimiche o fisiche. **Q.T.** *alpinismo* **TAV.** ***anatomia* p. 642** 12.1, 12.2.

cavitazióne [da *cavità*; 1908] ***sf.*** **1.** produzione di bolle gassose causata dal rapido movimento di un corpo in un liquido (per es. un'elica) che può produrre fenomeni di corrosione **2.** *T.med.* formazione di cavità in un organo o un tessuto gen. prodotta da processi morbosi.

càvo¹ [lat. *cavus*; a. 1292] **I** ***agg.*** che presenta una superficie concava: *una pietra cava*; scavato: *un tronco cavo*; anche *fig.*: *occhi cavi*, infossati || *poet.* vuoto, inconsistente || *T.anat.* *vena cava*, grossa vena che porta il sangue all'atrio destro del cuore || *T.mil.* *carica cava*, carica di esplosivo con al centro uno spazio vuoto, praticato per ottenere un effetto perforante nella deflagrazione **II** ***sm.*** **1.** incavo: *il cavo della mano, dell'occhio* **2.** cavità anatomica, naturale o patologica: *cavo orale* **3.** *cavo di fondazione*, scavo destinato a contenere le fondazioni **4.** *ant.* fossato, canale. **TAV.** ***anatomia* p. 642** 8.6, 8.10, 15.9, 15.11.

càvo² [dal genov. *cavo*, venez. *cao*, capo; a. 1470 nel senso 1] ***sm.*** **1.** grossa fune di materiale vario; *in part.* fune di vario tipo e dimensione usata sulle navi, gomena || *T.aer.* *cavo di guida* o *moderatore*, fune grossa e pesante lasciata pendere dalla navicella di un aerostato con funzione stabilizzante **2.** grosso conduttore per il trasporto di energia o di segnali elettroacustici: *cavo dell'alta tensione, cavo aereo, sottomarino*; *cavo unipolare, bipolare, tripolare* ecc., a seconda del numero di conduttori che lo compongono **3.** *T.tess.* *cavo di filatura*, l'insieme di filamenti provenienti da diverse filiere || *dim.* cavétto.

cavobuòno (pl. *cavibuòni*) [comp. di *cavo²* e *buono*; 1889] ***sm.*** *T.mar.* ognuno dei cavi impiegati per ghindare gli alberi di gabbia e gli alberetti.

cavolàia [da *cavolo*; 1803 nel senso 1] ***sf.*** **1.** luogo piantato a cavoli || mucchio di cavoli **2.** ciascuna di varie farfalle delle Pieridi con ali bianche macchiate di nero, i cui bruchi si nutrono di foglie di cavolo.

cavolàio (pl. *-ài*) [da *cavolo*; 1887] ***sm.*** **1.** luogo piantato a cavoli **2.** (f. *-a*) *non com.* venditore di cavoli.

cavolàta [da *cavolo*; a. 1336] ***sf.*** **1.** cibo a base di cavoli || abbondante mangiata di cavoli **2.** *fig. com.* sciocchezza, balordaggine.

cavolétto (*dim.* di *cavolo*) [1955] ***sm.*** spec. *pl.* *cavoletti di Bruxelles*, germogli commestibili del cavolo di Bruxelles.

cavolfióre (pl. *cavolfiòri*) [comp. di *cavolo* e *fiore*; a. 1597 *cavolo fiore*] ***sm.*** varietà di cavolo a fusto eretto con infiorescenza carnosa e compatta a forma di palla di color bianco-giallliccio.

cavolìno (*dim.* di *cavolo*) [1353 nel senso 1] ***sm.*** **1.** cavolo novello, piccolo cavolo **2.** nella loc. *cavolini di Bruxelles*, i germogli del cavolo di Bruxelles, dalla forma di globi grandi quanto una noce.

càvolo [lat. tardo *caulus*; fine sec. XIII] **I** ***sm.*** **1.** pianta erbacea delle Crocifere con numerose varietà, sia selvatiche che coltivate per uso alimentare: *cavolo cappuccio*, con foglie unite a forma di palla; *cavolo verza*, con foglie raggrinzite; *cavolo broccolo*, simile al cavolfiore ma con infiorescenze verdi; *cavolo di Bruxelles*, con germogli ascellari commestibili (*cavolini*) simili a piccole palle; *cavolo rapa*, che presenta un ingrossamento globoso alla base del fusto || *fig.* *andare ad ingrassare i cavoli*, morire || *fig.* *entrarci come i cavoli a merenda*, non essere attinente || *salvare capra e cavoli*, riuscire a ottenere insieme due risultati positivi, apparentemente incompatibili || *fig.* *cavolo riscaldato*, cosa stantia che si vuol far passare per nuova **2.** *fig. pop. eufem.* persona sciocca, babbeo || *testa di cavolo*, imbecille **3.** *fig. pop. eufem.* nulla: *non capire, non valere, non sapere un cavolo* || *col cavolo*, per nulla || *del cavolo*, privo di valore: *un film del cavolo* || è anche usato con valore pleonastico: *cosa cavolo combini, che cavolo fai* **4.** *fig. pop. eufem.* caso, fatto, part. nelle loc.: *farsi i cavoli propri, non sono cavoli tuoi* e sim. **5.** nome di varie piante: *cavolo di lupo, cavolo marittimo, cavolo palmizio* || *dim.* cavolino, cavolétto; *accr.* cavolóne; *pegg.* cavolàccio **II** ***escl.*** eufemistica (anche al pl. *cavoli!*) esprime meraviglia o ira.

cavriòlo V. CAPRIOLO.

cavurrìno [dal n. proprio *Cavour*; a. 1873 nel senso 2] ***sm.*** **1.** sigaro che si vendeva ai tempi di Cavour **2.** carta moneta da due lire recante l'effige di Cavour.

cayak V. KAYAK.

càzza [lat. mediev. *catia*; sec. XIV nel senso 2] ***sf.*** **1.** recipiente, gen. di ferro, per fondere metalli **2.** mestolo metallico **3.** nelle artiglierie ad avancarica, strumento a forma di mestolo per introdurre la carica.

cazzàme [da *cazzare*; 1937] ***sm.*** *T.mar.* lato inferiore della vela || **N.** *Sin.* bordame.

cazzàre [dallo sp. *cazar*, 1607] ***tr.*** *T.mar.* tendere al massimo una fune.

cazzaruòla o **cazzeruòla** [dal fr. *casserole*; 1841 *cazzeruola*] ***sf.*** *disus.* casseruola.

cazzascòtta [comp. di *cazzare* e di *scotta*; a. 1859] ***sf.*** *T.mar.* nelle imbarcazioni a vela, ciascuna delle pulegge intorno alle quali si passano le scotte delle vele per cazzarle.

cazzàta (eufem. *cacchiàta*) [da *cazzo*; 1964] ***sf.*** *volg.* sciocchezza, stupidaggine, cattiva azione, cosa spiacevole: *dice sempre cazzate.*

cazzeruòla V. CAZZARUOLA.

cazziàta [dal nap. *cazzià*, sgridare; 1983] ***sf.*** *merid.* dura sgridata, severo rimprovero, lavata di capo || *accr.* cazziatóne.

cazziatóne (*accr.* di *cazziata*) [1983] ***sm.*** *merid.* dura sgridata.

càzzo (eufem. *cácchio*) [prob. dall'ant. *cazza*, mestolo; a. 1310] **I** ***sm.*** *volg.* **1.** pene **2.** *fig. volg.* niente, con valore rafforzativo nelle negazioni: *non vale un cazzo, (non) me ne frega un cazzo, non capisce un cazzo*; *del cazzo*, di nessun valore: *un libro del cazzo*; *col cazzo*, niente affatto || *che cazzo*, che cosa, con valore rafforzativo nelle interrogative dirette e indirette: *che cazzo vuoi?, non chiedermi che cazzo succede* || *testa di cazzo*, stupido, sciocco || *parlare a* (o *alla*) *cazzo di cane*, parlare a vanvera, in maniera sconclusionata || *farsi i cazzi propri*, pensare ai fatti propri **II** ***escl.*** *volg.* esprime stupore, ira o disappunto || **N. I 1.** *Sin.* membro virile **2.** *Sin.* *eufem.* cavolo | **II** *Sin.* *eufem.* capperi, caspita, cavolo.

cazzòla V. CAZZUOLA.

cazzomàtto [comp. di *cazzo* e *matto*; a. 1925] ***sm.*** uomo stupido e sbandato; balordo, pasticcione.

cazzóne (*accr.* di *cazzo*) [1972] ***sm.*** **1.** *fig.* persona sciocca, stupida **2.** *fig.* uomo che fa della propria virilità un'idea fissa o un motivo di gloria.

cazzottàre (pres. *-òtto*) [da *cazzotto*; 1772] ***tr.*** *pop.* dare cazzotti || ***rifl. rec.*** fare a pugni.

cazzottàta [da *cazzotto*; 1941] ***sf.*** *pop.* serie di pugni, scazzottata || *dare, ricevere una buona cazzottata*, una buona dose di pugni.

cazzottatùra [da *cazzottare*; 1908] ***sf.*** *pop.* violento scambio di pugni.

cazzòtto [forse da *cazzo*; a. 1625] ***sm.*** *pop.* **1.** forte pugno: *fare a cazzotti, ricevere un cazzotto* **2.** tipo di tabacco da masticare trattato con essenze aromatiche.

cazzuòla o **cazzòla** [da *cazza*; 1340 ca.] ***sf.*** *T.mur.* attrezzo usato per prendere e distribuire la malta || *maestro di cazzuola*, muratore. **TAV.** ***edilizia* p. 666** 12.3.

CD-ROM (pr. [sidi'rɔm] e [tʃidi'rɔm]) [acronimo di Compact Disk - Read Only Memory, compact disc - memoria di sola lettura; 1988] ***sm. inv.*** *T.inform.* compact disc a memoria di sola lettura; supporto magnetico usato per memorizzare grandi quantità di dati: *un dizionario multilingue su CD-ROM.*

ce¹ (pr. [tʃe]) [lat. volg. **hicce*, class. *hic*, qui; a. 1321 *ci*] ***pron.*** forma atona del pronome *ci¹* dinnanzi a *lo, la, li, le, ne* || si trova sia in posizione proclitica (*ce lo diede, ce la chiamò, ce ne sarebbe da dire!*) sia in posizione enclitica (*dircelo, spiegarcelo*).

ce² (pr. [tʃe]) [lat. volg. **hicce*, class. *hic*, qui; a. 1306] ***avv.*** in questo, quel luogo, nel luogo in cui si parla, forma atona dell'avv. *ci* dinnanzi a *lo, la, li, le, ne*: *non ce lo mandai, inviamocelo.*

Cèbidi (sing. *-e*) [comp. di *cebo* e *-idi*; 1931]

sm. *pl. T.zool.* famiglia di scimmie molto socievoli, perlopiù arboricole, dell'America tropicale e subtropicale.

cèbo [dal gr. *kêbos,* scimmia; 1820] **sm.** *T.zool.* genere di scimmia comprendente varie specie diffuse in Sudamerica, con corpo di medie dimensioni, coda prensile e pelame lungo e folto con ciuffi ai lati della testa. **TAV. *mammiferi* p. 1318** 5.

cèca o **cièca** [lat. *caeca,* cieca; a. 1729 *cecolina*] **sf. 1.** giovane anguilla di aspetto filiforme **2.** svasatura praticata in corrispondenza del foro di una vite o di un chiodo in modo che questo non sporga.

cecàggine [da *c(i)eco*; inizio sec. XIV] **sf. 1.** cecità, part. *fig.*: *la cecaggine dei burocrati* **2.** *com.* pesantezza agli occhi causata da sonnolenza.

cecàle o **ciecàle** [da *ceco*²; 1830] **agg.** *T.anat.* relativo all'intestino cieco.

cecàre (pres. *cièco* o *cèco, cièchi* o *cèchi*; in tutta la coniugazione la grafia *-ie-* si alterna con *-e-* in sillaba tonica; in sillaba atona la grafia è sempre *-e-*) [da *c(i)eco*; a. 1306] **tr.** *ant.* e *dial.* accecare.

cecarèlla [da *cecare*; 1929] **sf.** nome popolare dell'*agalassia contagiosa,* malattia di capre e pecore che può causare cecità ‖ **N.** *Sin.* agalassia contagiosa.

cécca [dal n. proprio *Cecca,* abbr. di *Francesca*; 1830] **sf.** *tosc. pop.* **1.** gazza **2.** *per estens. fig.* donna chiacchierona e volgare **3.** *far cecca,* fare cilecca, di arma da fuoco che scatta senza esplodere il colpo, e *fig.* fallire.

cecchinàggio (pl. *-gi*) [da *cecchino*; 1981] **sm.** nel linguaggio politico, boicottaggio compiuto da un parlamentare quando vota segretamente contro le decisioni del governo sostenuto dal suo partito ‖ **N.** franco tiratore.

cecchìno [dal n. proprio *Cecco Beppe,* per *Francesco Giuseppe,* imperatore austriaco; 1918] **sm. 1.** tiratore scelto che spara stando appostato nei punti di passaggio obbligato **2.** *gerg.* parlamentare che in una votazione a scrutinio segreto vota contro il governo sostenuto dal proprio partito ‖ **N. 2.** *Sin.* franco tiratore.

céce (tosc. *cécio*) (pl. *-ci*) [lat. *cicer*; 1340 ca.] **sm. 1.** pianta delle Leguminose con fiori biancastri e frutto commestibile, tondeggiante, bitorzoluto di colore gen. giallastro o rossiccio ‖ *per estens.* il seme di tale pianta usato nella preparazione di vari piatti: *pasta e ceci* ‖ *fig. avere il cece nell'orecchio,* essere sordo ‖ *fig. non saper tenere un cece in bocca,* non saper tenere un segreto **2.** escrescenza carnosa di forma tondeggiante **3.** *fig. fam.* bambino piccolo e vivace, birba ‖ bellimbusto, damerino.

cècia (pl. *-ce* o *-cie*) [etim. inc.; 1865] **sf.** scaldino senza piede con fondo largo, che si sospende al trabiccolo per scaldare il letto ‖ **N.** *Sin.* prete.

cecìdio (pl. *-di*) [dal gr. *kēkídion*; 1892 *cecidie* f. pl.] **sm.** *T.bot.* tumore che si forma nelle piante come reazione a organismi estranei, vegetali o animali ‖ **N.** *Sin.* galla.

cecidiologìa o **cecidologìa** [comp. di *cecidio* e *-logia*; 1955] **sf.** settore della botanica che studia i cecidi.

cecidologìa V. CECIDIOLOGIA.

cecidòmia [comp. del gr. *kēkís, kēkídos,* noce di galla e *mŷia,* mosca; 1865] **sf.** *T.zool.* mosca dei Ditteri le cui larve portano danni alle piante da frutto.

cecìlia [dal lat. *caecilia*; a. 1577] **sf.** anfibio apode con corpo serpentiforme che vive nelle aree tropicali.

cécio V. CECE.

cecità [dal lat. *caecitas, -ātis*; a. 1342] **sf. 1.** mancanza temporanea o permanente della vista: *essere colpiti da cecità* ‖ *cecità cromatica parziale,* daltonismo ‖ *cecità relativa,* ambliopia ‖ *cecità assoluta,* amaurosi **2.** *fig.* incapacità di comprendere e giudicare: *la cecità dell'uomo ha causato disastri* ‖ **N. 1.** offuscamento **2.** ignoranza, ottenebramento, sconsideratezza.

cèco¹ (raro *cèko*) [dal ceco *cech*; 1847 *czeco*] **I agg.** relativo ai Boemi o alla Boemia, regione dell'Europa centrale: *letteratura ceca* **II sm. 1.** (f. *-a*) abitante o nativo della Boemia **2.** (solo *sing.*) lingua slava del gruppo occidentale parlata in Boemia.

cèco² V. CIECO, part. nella terminologia anatomica.

cecogràfico (pl. *-ci*) [comp. di *ceco*² e *-grafico*; 1970] **agg.** relativo a cecogramma, proprio di cecogramma.

cecogràmma [comp. di *ceco*² e *-gramma*; 1970] **sm.** testo, trascritto con caratteri a rilievo in modo da essere letto dai ciechi, spedito per posta.

cecoslovàcco (pl. *-chi*) [dal ceco *cech* e slovacco *slovák*; 1918 *czeco-slovacco*] **I agg.** relativo alla Cecoslovacchia: *il territorio cecoslovacco*; *gruppo linguistico cecoslovacco,* composto dalle lingue ceca e slovacca **II sm. 1.** (f. *-a*) abitante o nativo della Cecoslovacchia **2.** (solo *sing.*) gruppo linguistico formato dal ceco e dallo slovacco.

cecròpio (pl. *-pi*) [dal lat. *cecropius,* di Cecrope, re dell'Attica e mitico fondatore della rocca d'Atene; a. 1828] **agg.** *lett.* di Atene, ateniese: *la cecropia dea,* Atena.

cècubo [dal lat. *caecubum*; 1875] **sm.** famoso vino che veniva prodotto in età romana nella pianura di Latina.

cedènte (*ppr.* di *cedere*) [prima metà sec. XIV] **I agg.** arrendevole, remissivo **II s.** *T.giur.* chi fa una cessione.

cedènza [da *cedere*; a. 1642] **sf. 1.** *disus.* cedimento ‖ scarsa resistenza a spinte o pressioni: *mezzi... di diversa cedenza, quali per esempio son l'acque e l'aria* (Galilei) **2.** *T.fin.* spec. *pl.* diminuzione del valore di un titolo azionario od obbligazionario: *improvvisa cedenza del mercato azionario.*

cèdere (pres. *cèdo*; p.rem. *cedéi* o *cedètti, cedésti*; pps. *cedùto*) [dal lat. *cēdere*; 1321] **intr.** (aus. *avere*) **1.** ritirarsi, cessare di opporre resistenza: *dopo una strenua difesa le truppe cedettero* ‖ *fig.* dichiararsi persuaso, desistere da una disputa, rassegnarsi: *cedere di fronte alle minacce, cedere al destino avverso* ‖ *fig.* venir meno, soccombere: *il suo cuore ha ceduto alla malattia* ‖ preceduto da una negazione, reggere il paragone: *non cede a nessuno per intelligenza* **2.** detto di cose, non resistere a una forza, rompersi, piegarsi: *la diga ha ceduto, il terreno cedette sotto i suoi piedi* **3.** *fig.* lasciare il posto: *le tenebre cedono alla luce* ‖ **tr. 1.** lasciare ad altri il godimento di qualcosa: *cedere il posto a sedere, cedere i propri diritti* ‖ *cedere le armi,* consegnarle e *per estens.* arrendersi ‖ *cedere terreno,* indietreggiare ‖ *cedere il passo,* porsi in disparte per consentire il passaggio di qualcuno **2.** rivendere; trasferire mediante un contratto diritti, titoli e sim.: *gli cedette il suo biglietto, i propri diritti d'autore* ‖ **N. intr. 1.** *Sin.* arrendersi, capitolare, piegarsi, sottomettersi | *Contr.* resistere **2.** *Sin.* crollare, sprofondare.

cedévole [da *cedere*; a. 1738] **agg. 1.** che cede con facilità: *terreno cedevole* **2.** *fig.* arrendevole, docile: *un carattere cedevole.*

cedevolézza [da *cedevole*; a. 1729] **sf.** l'essere cedevole ‖ *fig.* docilità ‖ **N.** *Sin.* duttilità, malleabilità.

cedìbile [da *cedere*; 1951] **agg.** che può essere ceduto.

cedibilità [da *cedibile*; 1909] **sf.** possibilità di essere ceduto.

cedìglia (pl. *-glie*) [dallo sp. *cedilla,* piccola zeta; 1569 *ceriglia*] **sf.** segno grafico che in francese viene posto sotto la lettera *c* davanti alle vocali *a, o, u* per indicare il suono di *s* sorda; in altre lingue assume funzioni diverse.

cediménto [da *cedere*; 1667] **sm.** alterazione della staticità di una struttura in conseguenza di sollecitazioni superiori al carico di rottura; provoca il crollo o comunque una grave deformazione della struttura stessa: *il cedimento del ponte, della diga* ‖ *fig.* diminuzione delle resistenze di fronte a pressioni, attacchi o tentazioni di vario genere: *c'è stato qualche cedimento tra i difensori, la sua dieta subisce troppi cedimenti, di fronte a tanta opulenza ha avuto un cedimento morale.*

ceditóre [da *cedere*; 1865] **sm.** (f. *-trìce*) chi cede, chi compie una cessione ‖ **N.** *Sin.* cedente.

cèdola [lat. tardo *schedula*; 1260] **sf. 1.** tagliando che si stacca da tessere o titoli di credito nel momento in cui se ne riscuotono i frutti **2.** *T.ferr.* documento compilato dal capotreno relativo alle caratteristiche del treno e al suo itinerario **3.** *disus.* documento comprovante un'obbligazione.

cedolàre [da *cedola*; 1962] **agg.** relativo a una cedola: *imposta cedolare,* tassa pagata all'atto dell'incasso delle cedole; anche *sf.*: *pagare la cedolare.*

cedràcca [dal pers. *shītarak*; prima metà del XIV sec.] **sf.** piccola felce delle Polipodiacee con peli color ruggine nella pagina inferiore della foglia, impiegata un tempo come astringente e diuretico ‖ **N.** *Sin.* capelvenere doppio, erba ruggine.

cedràia [da *cedro*²; a. 1727] **sf.** pergola utilizzata nella regione del Garda per la protezione degli agrumi.

cedràngolo V. CETRANGOLO.

cedràre (pres. *cédro*) [da *cedro*²; a. 1698] **tr.** aromatizzare acqua o altre bevande con succo di cedro.

cedràta [da *cedro*²; fine sec. XIII] **sf. 1.** bibita a base di sciroppo di cedro **2.** dolce siciliano, fatto con scorza di cedro.

cedràto (*pps.* di *cedrare*) [a. 1698] **agg.** che ha sapore od odore di cedro.

cedréto [da *cedro*¹; 1951] **sm. 1.** frutteto di cedri **2.** bosco di cedri del Libano.

cedrièra [da *cedro*¹; 1970] **sf.** coltivazione di cedri.

cedrìna [da *cedro*²; 1546 *cetrina*] **sf.** pianta delle Verbenacee con foglie lanceolate e fiori azzurrini raccolti in pannocchie; viene coltivata come pianta ornamentale per l'odore aromatico delle sue foglie.

cedrìno¹ [da *cedro*²; a. 1712] **I agg.** di sapore, odore o colore simile a quello del cedro **II sm.** varietà di cedro dai cui frutti si estrae un'essenza meno pregiata di quella del cedro: *essenza di cedrino.*

cedrìno² [da *cedro*¹; prima metà sec. XIV] **agg.** relativo al cedro del Libano.

cedriòlo **sm.** *non com.* V. CETRIOLO.

cédro¹ [lat. *cedrus*; 1340] **sm.** pianta sempreverde delle Conifere simile al pino, con foglie aghiformi e strobili eretti ovoidali formati da larghe squame; comprende varie specie diffuse nel Mediterraneo e nelle regioni himalayane di cui la più nota è il cedro del Libano ‖ *per estens.* il legno che si ricava da tali piante: *un armadio di cedro.*

cédro² [lat. *citrus*; fine sec. XIII] **I sm. 1.** pianta sempreverde delle Rutacee con foglie grandi, fiori bianchi e frutto tondeggiante di color giallo-verde simile al limone, di sapore agrodolce **2.** il frutto di tale pianta, dalla cui scorza viene ricavata un'essenza aromatica usata in profumeria e nella preparazione di bibite **3.** *inv.* il colore del frutto del cedro: *un cedro brillante* **II agg.** (sempre posposto) di colore simile a quello del frutto del cedro: *una stoffa cedro.*

cedróne [da *cedro*²; a. 1939] **sm.** gallo di

montagna, urogallo; più com. *gallo cedrone* (v. GALLO). **TAV. *uccelli* p. 1339** 11.

cedronèlla [da *cedro*²; a. 1556 *cetronella*] ***sf.*** **1.** *pop.* melissa **2.** *pop.* farfalla delle Pieridi con ali color giallo cedro.

ceduazióne [da *ceduo*; 1962] ***sf.*** taglio degli alberi di un bosco ceduo || stagione in cui si esegue tale taglio.

cèduo [dal lat. *cāeduus*, che si può tagliare; 1587] ***agg.*** detto di bosco o macchia che viene sottoposta a tagli periodici; anche *sm.*: *il taglio del ceduo.*

cedùta [da *cedere*; 1965] ***sf.*** *T.sport.* nella scherma, movimento di difesa eseguita cedendo alla pressione della lama avversaria con la propria, in modo da assecondarne il colpo.

cefalalgìa (pl. *-gìe*) [dal lat. tardo *cephalalgia*; inizi sec. XIV] ***sf.*** *T.med.* cefalea.

cefalàlgico (pl. *-ci*) [dal lat. tardo *cephalalgicus*; 1887] ***agg.*** *T.med.* relativo alla cefalalgia.

cefalèa [dal lat. *cephalāea*; 1585] ***sf.*** *T.med.* mal di capo || **N.** emicrania.

-cefalìa [dal gr. *kephalḗ*, testa] ***elem. term.*** che, in parole composte della terminologia medica, part. in denominazioni di malattie o malformazioni, ha il valore di "testa" (per es. *dolicocefalia, macrocefalia*).

cefàlico (pl. *-ci*) [dal lat. tardo *cephalicus*; sec. XIV] ***agg.*** *T.med.* che riguarda il capo || *T.anat.* situato in prossimità o in direzione del capo: *vena cefalica*, una delle vene superficiali del braccio || *indice cefalico*, rapporto tra la lunghezza e la larghezza massime del cranio.

cefalìna [comp. di *cefalo-* e *-ina*; 1951] ***sf.*** *T.chim.* fosfolipide costituente dei tessuti animali e vegetali, particolarmente abbondante nel cervello e nei nervi.

cefalizzazióne [dal gr. *kephalḗ*, testa; 1956] ***sf.*** *T.biol.* differenziazione della testa nella parte anteriore del corpo di un animale.

cèfalo- [dal gr. *kephalḗ*, testa] ***primo elem.*** che, in parole composte della terminologia medica, vale "testa": **cefalologìa**.

-cèfalo [dal gr. *kephalḗ*, testa] ***elem. term.*** che, in parole composte della terminologia medica, ha il valore di "affetto da malattia o deformazione (specificata dal primo elem.) alla testa" o "con la testa avente determinate caratteristiche (specificate dal primo elem.)" (per es. *dolicocefalo, microcefalo*).

cèfalo [lat. tardo *cephalus*; 1542] ***sm.*** pesce commestibile con corpo grosso di color argenteo || **N.** *Sin.* muggine.

Cefalocordàti [comp. di *cefalo-* e *cordati*; 1951] ***sm. pl.*** *T.zool.* sottotipo di cordati in cui la corda dorsale è lunga quanto il corpo: *l'anfiosso è un cefalocordato.*

cefalografìa [comp. di *cefalo-* e *-grafia*; 1970] ***sf.*** studio e descrizione della testa.

cefalòmelo [comp. di *cefalo-* e *-melo*; 1955] **I *sm.*** *T.med.* feto anomalo, con uno o più abbozzi di arti accessori che si dipartono dal capo **II *agg.*** *T.med.* relativo a tale feto.

cefalometrìa [comp. di *cefalo-* e *-metria*; 1956] ***sf.*** misurazione della testa per indagini scientifiche || **N.** *Sin.* craniometria.

cefalòmetro [comp. di *cefalo-* e *-metro*, sul modello del fr. *céphalomètre*; 1830] ***sm.*** strumento usato per la cefalometria.

cefaloplegìa (pl. *-gìe*) [comp. di *cefalo-* e *-plegia*; 1654] ***sf.*** *T.med.* paralisi che colpisce i muscoli del collo, e lascia la testa cadente.

Cefalòpodi (sing. *-e*) [comp. di *cefalo-* e *-podo*; 1820] ***sm. pl.*** *T.zool.* classe di molluschi marini con corpo a simmetria bilaterale a forma di sacco e tentacoli muniti di ventose: *seppia e polipo sono Cefalopodi.* **Q.T.** ***zoologia.***

cefalorachidèo [comp. di *cefalo-*, *rachi-* e del suff. agg.; 1913] ***agg.*** *T.anat.* relativo alla testa e alla colonna vertebrale; proprio della testa e della colonna vertebrale || *liquido cefalorachideo*, liquido contenuto negli spazi della meninge del capo e della colonna vertebrale.

cefalorachidiàno [comp. di *cefalo-* e *-rachide*; 1875] ***agg.*** *T.med.* *liquido cefalorachidiano*, liquido protettivo dell'encefalo e della colonna vertebrale contenuto negli spazi meningei del capo e della colonna vertebrale.

cefalotoràce [comp. di *cefalo-* e *-torace*; 1875] ***sm.*** *T.zool.* parte anteriore del corpo di alcuni Artropodi (ad es. i ragni) costituita dal capo e dal torace || **N.** *Sin.* capotorace.

cefalòttera [comp. di *cefalo-* e *-ptero*; 1820 *cefalottero*] ***sf.*** grosso pesce dei Selaci con corpo depresso di forma romboidale che vive a grande profondità.

cefèide [dal n. della costellazione *Cefeo*, cui appartiene la prima stella scoperta di tale classe; 1930] ***sf.*** *T.astr.* nome generico di una classe di stelle variabili ad alta luminosità, regolari, pulsanti a periodo breve.

ceffàta [da *ceffo*; a. 1400] ***sf.*** *ant.* ceffone, schiaffo.

cèffo o **céffo** [dal fr. *chef*, testa; 1313] ***sm.*** **1.** il muso del cane e *per estens.* anche di altri animali **2.** *fig. spreg.* viso umano brutto e deforme: *un brutto ceffo* || *per estens.* individuo dall'aspetto poco rassicurante: *circolano certi ceffi!.*

ceffonàre (pres. *-óno*) [da *ceffone*; 1865] ***tr.*** *raro* prendere a ceffoni.

ceffóne [da *ceffo*; a. 1646] ***sm.*** forte schiaffo, percossa data sul viso con la mano aperta.

cèiba [dallo sp. *ceiba*; 1931] ***sf.*** albero tropicale delle Bombacacee di notevole altezza, con frutto ricco di semi da cui si ricava una fibra tessile.

cèko V. CECO¹.

cèlabro [dal lat. *cerebrum*; a. 1306] ***sm.*** *ant.* cervello.

Celacantifórmi (sing. *-e*) [comp. del lat. scient. *Coelacanthus* e *-forme*; 1965] ***sm. pl.*** *T.zool.* ordine di pesci ossei di cui vive ora una sola specie, la latimeria.

celàre (pres. *cèlo*) [dal lat. *celāre*; a. 1257] ***tr.*** nascondere: *celare un oggetto* || tenere segreto: *celare la verità* || ***rifl.*** nascondersi: *celarsi agli occhi degli inseguitori* || **N. *tr.*** *Sin.* coprire, occultare, velare; tacere.

Celastràcee [comp. di *celastr(o)* e *-acee*; 1913] ***sf. pl.*** *T.bot.* famiglia di piante dicotiledoni, tra cui molti alberi e arbusti spinosi.

celàstro [dal gr. *kḗlastros*; 1881] ***sm.*** pianta delle Celastracee i cui semi, in autunno, sono coperti da un involucro di colore rosso aranciato.

celàta [etim. inc.; 1448] ***sf.*** parte dell'armatura destinata a proteggere il capo, priva di cimiero e cresta. **TAV. *armi* p. 648** 6.4.

-cèle [dal gr. *kḗlē*, ernia] ***elem. term.*** che, in parole composte della terminologia medica, vale "tumefazione", "ernia" (per es. *enterocele, idrocele, meningocele*).

celebèrrimo [dal lat. *celeberrimus*; a. 1405] ***agg.*** superlativo di *celebre.*

celebràbile [dal lat. tardo *celebrābilis*; a. 1729] ***agg.*** *non com.* che si può celebrare, degno di essere celebrato.

celebrànte (*ppr.* di *celebrare*) [a. 1419 come sm.] **I *agg.*** nei sensi del verbo **II *s.*** sacerdote che celebra un ufficio divino.

celebràre (pres. *cèlebro*) [dal lat. *celebrāre*; fine sec. XIII nel senso 2] ***tr.*** **1.** lodare, esaltare con parole o scritti: *celebrare gli antichi eroi* **2.** festeggiare solennemente: *celebrare un anniversario* || *T.eccl.* *celebrare le feste*, astenersi dal lavoro e assistere alle funzioni religiose **3.** eseguire un ufficio divino secondo il rito: *celebrare (la) messa* **4.** *per estens.* compiere un atto che abbia valore formale: *celebrare un matrimonio, un processo* || *celebrare un contratto*, stipularlo secondo le modalità di legge || **N. 1.** *Sin.* glorificare, magnificare.

celebratìvo [da *celebrare*; 1952] ***agg.*** che ha lo scopo di celebrare: *manifestazione celebrativa* || *francobollo celebrativo*, emesso in occasione di una particolare ricorrenza.

celebràto (*pps.* di *celebrare*) [a. 1405] ***agg.*** *lett.* illustre, famoso: *un celebrato critico.*

celebratóre [dal lat. *celebrātor, -ōris*; a. 1595] ***agg.*** e ***sm.*** (f. *-trìce*) che, chi celebra.

celebrazióne [dal lat. *celebrātio, -ōnis*; sec. XIV] ***sf.*** atto ed effetto del celebrare: *la celebrazione di un matrimonio.*

cèlebre [dal lat. *celeber, -ris*; 1308] ***agg.*** famoso, illustre: *un celebre attore, dipinto.*

celebret (lat., pr. it. ['tʃɛlebret]) [letter. che egli celebri] ***sm. inv.*** *T.rel.* autorizzazione vescovile concessa a un sacerdote per la celebrazione di una messa in un'altra diocesi || documento emesso per concedere tale permesso.

celebrità [dal lat. *celebritas, -ātis*; 1630] ***sf.*** **1.** l'essere celebre, notorietà: *la celebrità dei vini piemontesi* **2.** persona celebre: *alla consegna degli Oscar presenziavano molte celebrità* || **N. 1.** *Sin.* fama, gloria **2.** *Sin.* personaggio, personalità.

Celenteràti [comp. del gr. *kôilos*, cavo ed *énteron*, intestino; 1875] ***sm. pl.*** *T.zool.* tipo di invertebrati a simmetria raggiata caratterizzati dalla presenza di un'unica cavità corporea, che svolge le funzioni di apparato digestivo, circolatorio e respiratorio, comunicante con l'esterno per mezzo di un'unica apertura; hanno corpo gelatinoso e provvisto di tentacoli dotati di cellule urticanti: *meduse e coralli sono Celenterati.* **Q.T.** ***zoologia.***

celènteron [comp. di *celo-* e del gr. *énteron*, intestino; 1956] ***sm. inv.*** *T.zool.* unica cavità gastrointestinale dei Celenterati, che assolve a funzioni digestive, circolatorie e respiratorie.

cèlere [dal lat. *celer, -is*; 1532] **I *agg.*** veloce, rapido: *camminare con passo celere* || che si compie in breve tempo: *un celere corso di russo* || **celerménte** ***avv.*** **II *sf.*** (solo *sing.*) *la celere*, reparti di pronto impiego della polizia, gen. usati in compiti di ordine pubblico || **N. I** *Sin.* lesto, svelto.

celerimensùra [comp. di *celere* e del lat. *mensura*, misura; 1862] ***sf.*** metodo di rilevamento topografico che fa uso del tacheometro e di una stadia graduata.

celerìmetro [comp. di *celere* e *-metro*; 1875] ***sm.*** *non com.* strumento per misurare la velocità, tachimetro.

celerìno [da *celere*; 1948] ***sm.*** *pop.* agente di polizia del reparto celere, impegnato spec. in interventi di ordine pubblico: *i celerini hanno caricato i dimostranti.*

celerità [dal lat. *celeritas, -ātis*; sec. XIV] ***sf.*** **1.** l'essere celere, prontezza **2.** *T.med.* ritmo con cui un'arteria si dilata e si restringe **3.** *T.mil.* *celerità di tiro*, frequenza di successione dei colpi nelle armi automatiche.

celèsta [forse da *celeste*, per il timbro del suono; 1927 *celeste*] ***sf.*** *T.mus.* strumento musicale a tastiera di forma simile al pianoforte, in cui i martelletti percuotono una serie di lamine metalliche.

celèste [dal lat. *caelestis*; fine sec. XIII nel senso 2] **I *agg.*** **1.** relativo al cielo, che si muove nel cielo: *corpi celesti, fenomeni celesti* **2.** relativo al cielo come sede di esseri e fenomeni soprannaturali: *prodigi celesti, dei celesti* || *padre celeste*, Dio || *regno celeste*, il paradiso || *corte celeste*, angeli e santi || *celeste impero*, nome con cui veniva indicata la Cina imperiale **3.** *per estens.* sublime, ineffabile: *un'armonia celeste* **4.** del colore del cielo sereno: *una camicia celeste* **5.** *T.mus.* *registro celeste*, registro dell'organo che produce un suono tremulo **II *sm.*** **1.** il colore celeste: *una stanza dipinta di celeste* **2.** *pl.* nella mitologia classica, gli dei del cielo.

celestiàle [da *celeste*; a. 1294] ***agg.*** **1.** *lett.* del cielo, del paradiso: *dono, grazia celestiale* **2.** *per estens.* ineffabile, paradisiaco: *voce, bellezza celestiale* **3.** *fig.* ostentatamente innocente: *con la sua aria celestiale ci ha imbrogliati tutti* || **celestialménte** ***avv.***

celestina [da *celeste*; 1830] ***sf.*** *T.min.* solfato di stronzio che si presenta sotto forma di cristalli romboidali di colore bianco-azzurro.

celestino[1] [dal lat. tardo *caelestīnus*; inizio sec. XIV *celestrino*] ***sm.*** colore celeste chiaro || in posizione attributiva (sempre posposto) di colore celestino: *occhi celestini.*

celestino[2] [dal n. del papa *Celestino* V; 1585] ***sm.*** monaco appartenente a una congregazione fondata da Celestino V.

celétto [da *c(i)elo*; 1965] ***sm.*** *T.teatr.* elemento scenico che copre il soffitto del palcoscenico.

celèuste [dal lat. *celeustes*, gr. *keleustḗs*; a. 1938] ***sm.*** presso gli antichi greci e romani, capovoga, chi scandiva il tempo della voga.

cèlia [dal n. proprio di una commediante che faceva la parte della serva; a. 1665] ***sf.*** scherzo, burla || *per celia*, per scherzo || *mettere qualcuno in celia*, canzonarlo || *reggere alla celia*, stare allo scherzo.

celìaco (pl. *-ci*) [dal lat. *coeliacus*, gr. *koiliakós*; a. 1698] ***agg.*** *T.anat.* relativo all'intestino: *arteria celiaca*, tronco arterioso che si origina dal tratto addominale dell'aorta || *morbo celiaco*, malattia infantile che, impedendo l'assorbimento di grassi e carboidrati, compromette l'equilibrio nutrizionale.

celiàre (pres. *cèlio, cèlii*) [da *celia*; a. 1704] ***intr.*** (aus. *avere*) scherzare || ***tr.*** *tosc.* prendere in giro, burlare.

celiatóre [da *celiare*; 1846] ***sm.*** (f. *-trice*) *raro* chi celia, burlone.

celibatàrio (pl. *-ri*) [dal fr. *célibataire*; a. 1797] ***sm.*** *disus.* uomo, part. in età avanzata, che non si è sposato || **N.** *Sin.* celibe, scapolone, *single*.

celibàto [dal lat. *caelibātus*; a. 1600] ***sm.*** la condizione di chi non è sposato || *celibato ecclesiastico*, obbligo di castità assoluta dei sacerdoti cattolici e norma che vieta loro di sposarsi.

cèlibe [dal lat. *caelebs, -ibis*; 1340 *celebe*] ***agg.*** e ***sm.*** che, chi non ha mai preso moglie || *raro* di donna, che non ha mai contratto matrimonio || **N.** *Sin.* scapolo; nubile.

celìcola [dal lat. *caelicola*; a. 1600] ***sm.*** *lett.* abitatore del cielo, part. detto di divinità mitologiche.

celidònia o **chelidònia** [dal lat. *chelidonia*, gr. *chelidónion*; a. 1292] ***sf.*** erba delle Papaveracee con fiori gialli raccolti in piccole ombrelle e frutto a siliqua; dalla pianta si estrae un liquido giallastro, con proprietà caustiche e contenente alcaloidi, che veniva usato come rimedio contro le verruche.

cèlio- [dal gr. *koilía*, cavità] ***primo elem.*** che, in parole composte della terminologia medica, vale "cavità addominale" (per es. *celioscopia, celioscopio*) || **N.** *Sin.* laparo-.

celióne [da *celia*; 1865] ***sm.*** chi si diverte a scherzare; burlone.

celioscopìa [comp. di *celio-* e *-scopia*; 1956] ***sf.*** *T.med.* esame effettuato direttamente sulla cavità peritoneale || **N.** *Sin.* laparoscopia.

celioscòpio (pl. *-pi*) [da *celioscopia*; 1956] ***sm.*** *T.med.* strumento impiegato per la celioscopia || **N.** *Sin.* laparoscopio.

cèlla[1] [dal lat. *cella*; 1300] ***sf.*** **1.** stanza piccola e disadorna, part. quelle di conventi e carceri: *cella di isolamento* **2.** *T.archeol.* parte del tempio in cui era racchiuso il simulacro del dio **3.** locale di varie dimensioni adibito a usi diversi: *cella frigorifera*, locale refrigerato per conservare cibi e prodotti deperibili; *cella campanaria*, locale, gen. posto alla sommità del campanile, in cui sono collocate le campane; *cella calda*, locale dotato di particolari schermature per la manipolazione di materiali radioattivi || *ant.* dispensa **4.** ciascuno degli scomparti esagonali di cui è costituito un favo e in cui le api depositano il polline e il miele **5.** *T.fis.* e *T.min.* *cella elementare*, parallelepipedo la cui proiezione tridimensionale costituisce l'unità fondamentale di un reticolo cristallino **6.** *T.inform.* *cella di memoria*, componente elementare della memoria di un elaboratore **7.** *cella elettrolitica*, recipiente per elettrolisi contenente l'elettrolito e due elettrodi || *cella* (o *cellula*) *solare*, pila solare (v. SOLARE) || *dim.* cellétta || **N. 2.** sacello, *sancta sanctorum* **4.** *Sin.* alveolo, celletta. **Q.T.** *elettricità* **TAV.** *chiesa* 10.2; *elettrotecnica* 1.6.

cèlla[2] [lat. tardo *aucella*, uccellino, dall'aquila che vi era incisa; 1452] ***sf.*** *T.num.* piccola moneta d'argento coniata nel XV secolo nel regno di Napoli.

cellàrio[1] (pl. *-ri*) [dal lat. *cellarium*, dispensa, der. da *cella*, cantina; fine sec. XIII] ***sm.*** cantina in cui si produce o si conserva il vino || dispensa || **N.** *Sin.* celliere.

cellàrio[2] (pl. *-ri*) [dal lat. *cellarius*, dispensiere; 1825] ***agg.*** e ***sm.*** *ant.* che o chi è addetto alla dispensa.

celleràrio (pl. *-ri*) [dal lat. tardo *cellerārius*; 1353 *celleraio*] ***sm.*** (f. *-a*) chi in un convento sopraintende alla cantina e alla dispensa.

cellétta (*dim.* di *cella*) [1505] ***sf.*** **1.** piccola cella: *le cellette delle api* **2.** *disus.* cellula. **TAV.** *zootecnia* 6.3, 6.4.

cellière [dal fr. ant. *cellier*; a. 1292] ***sm.*** *ant.* dispensa; cantina.

cèllo [abbr. di *violoncello*; 1956] ***sm.*** *T.mus.* violoncello.

-cèllo [variante ampliata di *-ello*] ***suff.*** (f. *-a*) variante di *-ello* (v.), che si presenta sistematicamente quando l'elemento di base termina in *-ona* o *-one*: *bastoncello.*

cellofàn o **cèllofan** [dal fr. *cellophane*; 1935] ***sm.*** foglio trasparente di vario spessore, flessibile, resistente, ottenuto dalla laminazione della viscosa o altri derivati della cellulosa, utilizzato per confezionare involucri protettivi.

cellofanatrìce [da *cellofan*; 1983] ***sf.*** macchina che avvolge oggetti in una pellicola di cellofan.

cellofanatùra [da *cellofan*; 1983] ***sf.*** l'avvolgere un oggetto nel cellofan.

cellophane (fr., pr. [selɔ'fan]) [nome commerciale; 1939] ***sm.*** *inv.* cellofan.

cellòria [da *cella*[1]; sec. XIV] ***sf.*** *ant.* cervello; intelletto.

cèllula [dal lat. *cellula*; a. 1406] ***sf.*** **1.** ciascuna delle piccole cavità di un corpo: *le cellule di una spugna* **2.** *T.biol.* unità elementare di organismi animali e vegetali costituita dal nucleo, in cui vi sono i cromosomi, e dal citoplasma **3.** *T.fis.* *cellula fotoelettrica*, apparecchio che trasforma le variazioni di intensità luminosa in variazioni di intensità di corrente elettrica || *cellula solare*, cella solare **4.** *T.arch.* ogni unità costruttiva dotata di autonomia funzionale: *cellula abitativa* **5.** *T.aer.* l'insieme delle strutture aerodinamiche di un aeromobile **6.** *T.pol.* in passato, raggruppamento minimo degli aderenti al partito comunista: *cellula aziendale* **7.** *T.mar.* ciascuno degli scompartimenti in cui è diviso il doppio fondo di una nave **8.** *T.meteor.* porzione di spazio in cui le condizioni atmosferiche presentano caratteristiche costanti: *cellula ciclonica, temporalesca.* **Q.T.** *genetica...*

cellulàre [da *cellula*; a. 1730 *cellolare*; 1990 come sm. nel senso 3] **I** ***agg.*** **1.** *T.biol.* che si riferisce alla cellula, che è formato da cellule: *tessuto cellulare* || *ciclo cellulare*, l'insieme delle mutazioni cui è soggetta una cellula durante la sua vita || *divisione cellulare*, citocinesi **2.** diviso in celle: *carcere cellulare*, in cui ogni detenuto è rinchiuso in una cella **3.** *per estens.* suddiviso in vari scomparti || *vetro cellulare*, vetro leggero, di struttura spugnosa, usato come isolante termico e acustico **II** ***sm.*** **1.** furgone, diviso in scompartimenti, per il trasporto di detenuti || carcere cellulare **2.** tessuto a trama larga usato per confezionare biancheria estiva **3.** telefono cellulare. **TAV.** ***telefono*** **p. 1334** 3.

cellulìte[1] [da *cellula*; 1875] ***sf.*** **1.** *T.med.* infiammazione del tessuto adiposo sottocutaneo **2.** *com.* presenza eccessiva di adipe in alcune parti del corpo: *avere la cellulite sui fianchi.*

cellulìte[2] [da *cellula*; 1956] ***sf.*** *T.edil.* calcestruzzo poroso usato come elemento isolante.

cellulòide [dall'ingl. *celluloid*; 1892] ***sf.*** **1.** materia plastica trasparente, infiammabile, costituita da nitrocellulosa, canfora, alcol etilico; viene usata nella fabbricazione di pellicole fotografiche, giocattoli e sim. **2.** *fig.* il mondo del cinema: *i divi della celluloide.*

cellulósa [dal fr. *cellulose*; 1875] ***sf.*** sostanza organica che costituisce la parete delle cellule vegetali; bianca, insolubile in acqua e nella maggior parte dei solventi, costituisce la materia prima dell'industria della carta; sottoposta a trattamento con acidi, dà luogo a derivati che trovano largo impiego nell'industria (esplosivi, fibre tessili, materie plastiche ecc.). **Q.T.** *carta.*

cellulòsico (pl. *-ci*) [da *cellulosa*; 1939] ***agg.*** ricco di cellulosa: *materiale cellulosico* || che deriva dalla cellulosa: *resina cellulosica* || simile alla cellulosa: *consistenza cellulosica.*

cellulòsio [dal fr. *cellulose*; 1865] ***sm.*** polisaccaride costituente la cellulosa.

cellulóso [da *cellula*; 1750] ***agg.*** formato da cellule; spugnoso.

celòma [dal gr. *kóilōma*, cavità; 1931] ***sm.*** *T.anat.* cavità del mesoderma di molti animali destinata a contenere gli organi interni.

Celòmati [da *celoma*; 1931] ***sm. pl.*** *T.zool.* metazoi dotati di celoma.

celomàtico (pl. *-ci*) [da *celoma*; 1956] ***agg.*** *T.zool.* relativo al celoma: *cavità celomatica.*

celòsia [dal lat. scient. *Celosia*; 1865] ***sf.*** *T.bot.* genere di piante delle Amarantacee diffuse nei climi caldi, con foglie alterne e fiori raccolti in infiorescenze compatte; alcune varietà, ad esempio la *cresta di gallo*, vengono coltivate a scopo ornamentale.

celòstato o **celòstata** [comp. del lat. *caelum*, cielo e *-stato*; 1951] ***sm.*** *T.astr.* strumento gen. costituito da uno specchio rotante che ha la funzione di riflettere in una direzione costante la luce proveniente da un corpo celeste.

cèlotex o **celotèx** ® [1956] ***sm.*** *inv.* materiale costituito da fibre vegetali e agglomeranti, impiegato in edilizia come coibente e isolante acustico.

celotomìa [dal gr. *kēlotomía*; 1820] ***sf.*** *T.chir.* asportazione di una parte del sacco dell'ernia.

cèlta [dal lat. *Celtae*, Celti; 1860] ***s.*** appartenente alla popolazione celtica || antico abitante della Gallia.

cèltico (pl. *-ci*) [dal lat. *Celticus*; a. 1729] **I** ***agg.*** relativo ai Celti, antiche popolazioni dell'Europa centro-occidentale: *regioni celtiche* || *lingue celtiche*, famiglia linguistica indoeuropea cui appartengono l'irlandese, il gaelico, lo scozzese, il bretone, il dialetto dell'isola di Man e il cornico || *morbo celtico*, la sifilide **II** ***sm.*** (solo *sing.*) il gruppo delle lingue celtiche.

cèltio o **cèlzio** [dal n. proprio lat. *Celtae*, Celti; 1951] ***sm.*** *T.chim.* afnio.

celtìsmo [da *celta*; 1956] ***sm.*** elemento linguistico celtico penetrato in lingue vicine o sopravvissuto nelle lingue dell'Europa sud-occidentale.

celtìsta [da *celtismo*; 1956] ***s.*** studioso, esperto di lingue e civiltà celtiche.

cèlzio v. CELTIO.

cembalìsta [da *cembalo*, prob. sul modello del lat. *cymbalista*, gr. *kymbalistḗs*; 1887] ***s.***

suonatore di cembalo ‖ compositore di musiche per cembalo.

cembalìstico (pl. *-ci*) [da *cembalo*; 1956] ***agg.*** relativo al cembalo e agli strumenti affini; proprio di tali strumenti: *musica cembalistica.*

cémbalo [lat. *cymbalum*, gr. *kýmbalon*; inizio sec. XIV] ***sm.*** **1.** *T.mus.* oggi gen. clavicembalo ‖ nome generico con cui un tempo si indicavano vari strumenti a percussione e, più tardi, a corda e a tastiera, incluso il pianoforte; *in part.* tamburello a sonagli **2.** *T.mus. pl.* strumento simile agli odierni piatti **3.** *cembalo scrivano*, nome di una delle prime macchine da scrivere.

cembanèlla (ant. *cimbanèlla*) [da *cembalo*; a. 1484] ***sf.*** *T.mus.* strumento a percussione simile a un piccolo timpano ‖ *pl.* strumento simile ai piatti.

cémbra o **cémbia** [dallo sp. *cimbra*, curvatura; a. 1798] ***sf.*** *T.arch.* modanatura a profilo concavo posta alle due estremità del fusto della colonna, come raccordo tra la superficie del fusto stesso e le modanature del collarino e della base.

cémbro (dial. *zémbro*) [etim. inc.; 1550] ***sm.*** albero delle Conifere diffuso nelle regioni alpine, con legno tenero di colore rossiccio ‖ **N.** *Sin.* cirmolo.

cementànte (*ppr.* di *cementare*) [1956] **I** ***agg.*** che unisce, rafforza con cemento: *materiale cementante* **II** ***sm.*** *T.edil.* ogni sostanza che serve a cementare un metallo o una lega.

cementàre (pres. *-énto*) [da *cemento*; 1797] ***tr.*** **1.** *T.edil.* unire, consolidare col cemento: *cementare una fondazione* **2.** *fig.* rinsaldare, fortificare: *cementare un'amicizia, un'alleanza* **3.** *T.metal.* sottoporre un metallo a cementazione ‖ ***intr. pron.*** **1.** rapprendersi, fissarsi per mezzo del cemento **2.** *fig.* rafforzarsi.

cementazióne [dal fr. *cémentation*; 1795] ***sf.*** **1.** atto ed effetto del cementare **2.** *T.metal.* operazione consistente nell'arricchire con carbonio gli strati superficiali di un pezzo metallico per aumentarne la durezza e la resistenza all'usura **3.** *T.min.* in uno scavo o in una perforazione in terreni acquiferi, consolidamento dello strato roccioso mediante iniezioni di latte di cemento **4.** *T.geol.* formazione di una sostanza legante in una roccia incoerente.

cement gun (ingl., pr. [sɪ'ment gʌn]) [letter. cannone da cemento; 1956] ***loc. m. inv.*** strumento ad aria compressa con cui si spruzza una miscela di cemento, acqua e sabbia, per formare intonaci impermeabili.

cementière [da *cemento*; 1952] ***sm.*** (f. *-a*) operaio che lavora in un cementificio ‖ *non com.* industriale del cemento.

cementièro [da *cemento*; 1942] **I** ***agg.*** *non com.* relativo al cemento e alla sua fabbricazione **II** ***sm.*** (f. *-a*) operaio addetto alla produzione di cemento.

cementifìcio (pl. *-ci*) [comp. di *cemento* e *-ficio*; 1930] ***sm.*** impianto per la produzione di cemento.

cementista [da *cemento*; 1931] ***s.*** operaio che esegue lavori in cemento.

cementite [comp. di *cemento* e *-ite*[2]; 1929] ***sf.*** **1.** *T.chim.* carburo di ferro duro e fragile presente nelle leghe di ferro-carbonio, spec. nelle ghise bianche **2.** vernice opaca per legno, metallo o muratura, con forte pigmentazione, costituita da oli crudi e pigmenti gen. bianchi; gen. usata come sfondo per stendere le altre vernici.

cementìzio (pl. *-zi*) [da *cemento*; 1957] ***agg.*** **1.** relativo al cemento: *impianto cementizio* ‖ che contiene cemento: *impasto cementizio* **2.** *T.archeol. opera cementizia*, conglomerato di calce, pozzolana e frammenti di tufo, travertino e laterizi che veniva utilizzato per muri a secco part. nelle opere di fondazione.

ceménto [dal lat. *caementum*; inizio sec. XIV] ***sm.*** **1.** polvere grigia ottenuta dalla cottura in particolari forni di calcari e argille; mescolata con acqua e con altri elementi (sabbia, ghiaia ecc.) fornisce un impasto che, rapprendendosi e indurendosi, unisce fra loro gli elementi necessari alla costruzione di opere edilizie ‖ *cemento armato*, struttura mista di calcestruzzo e barre d'acciaio disposte in modo da assorbire le sollecitazioni di trazione ‖ *cemento amianto*, impasto di cemento con fibre di amianto per la produzione di lastre, tubi e condotti **2.** *fig.* ciò che serve a unire, a rinsaldare un legame: *la stima è il cemento dell'amicizia* **3.** *T.geol.* sedimento che lega gli elementi di un deposito detritico **4.** *T.anat.* tessuto che riveste la radice dei denti **5.** *T.dent.* legante a presa rapida usato per otturare cavità o per fissare capsule e sim.

cèn [apocope di *cento*; a. 1348] ***agg.*** e ***sm.*** *num. card. pop. tosc.* troncamento di *cento* nei composti come *cencinquanta*, *censessanta* in cui la sillaba tonica non segue immediatamente.

céna [lat. *cēna*; sec. XII] ***sf.*** **1.** il pasto della sera: *andare fuori a cena, essere invitato a cena* ‖ *per estens.* le vivande che costituiscono tale pasto: *è stata una cena gustosa* ‖ l'ora in cui si è soliti consumare tale pasto: *vediamoci dopo cena, all'ora di cena* **2.** *l'Ultima Cena*, quella di Gesù con gli apostoli durante la quale venne istituita l'Eucarestia ‖ *concr.* dipinto raffigurante tale evento ‖ *cena eucaristica*, la Comunione **3.** presso gli antichi romani, il pasto principale della giornata ‖ *dim.* cenétta, cenettìna; *accr.* cenóna, cenóne; *pegg.* cenàccia ‖ **N.** **1.** banchetto, convito, pasto.

cenàcolo [dal lat. *cenăculum*; a. 1342] ***sm.*** **1.** nelle antiche case romane, sala in cui si cenava **2.** *per anton.* stanza in cui ebbe luogo l'ultima cena ‖ *per estens.* dipinto raffigurante tale evento **3.** *fig.* riunione di artisti e letterati che condividono un medesimo indirizzo culturale: *il cenacolo dei parnassiani* ‖ luogo in cui essi si riuniscono.

cenàre (pres. *céno*) [lat. *cenāre*; a. 1306] ***intr.*** (aus. *avere*) mangiare la cena ‖ ***tr.*** *ant.* mangiare per cena.

cenàta [da *cena*; a. 1729] ***sf.*** *non com.* abbondante cena, part. in compagnia di amici.

cenciàia [da *cencio*; a. 1936] ***sf.*** **1.** mucchio di cenci; deposito di cenci **2.** *fig. ant.* sciocchezza, cosa da nulla.

cenciàio (pl. *-ài*) [da *cencio*; 1797] ***sm.*** (f. *-a*) chi compra e rivende cenci ‖ **N.** *Sin.* stracciaiolo, straccivendolo.

cenciaiòlo [da *cenciaio*; fine sec. XV] ***sm.*** (f. *-a*) **1.** cenciaio **2.** operaio addetto alla classificazione dei cenci.

céncio (pl. *-ci*) [etim. inc.; a. 1292] ***sm.*** **1.** pezzo di panno o di tessuto vecchio e consunto; *in part.* strofinaccio usato per lavori domestici: *il cencio per la polvere* ‖ brandello di vestito o ritaglio di sartoria; *per estens.* spec. *pl.*, abito logoro e sformato: *girava sempre vestito di cenci* ‖ *fig. bianco come un cencio*, pallidissimo ‖ *fig. essere ridotto a un cencio*, essere in cattive condizioni ‖ *fig. essere, stare nei propri cenci*, accontentarsi della propria condizione ‖ *fig. uscire dai cenci*, uscire dalla miseria ‖ *cappello a cencio*, di feltro, floscio **2.** *fig.* cosa di scarso valore **3.** *T.med. cencio necrotico*, conglomerato purulento che si forma nel cavo del foruncolo **4.** *tosc. pl.* dolci fritti di pasta all'uovo tagliata a strisce ‖ *dim.* cencerèllo, cencétto, cencìno, cenciolino ‖ **N.** **1.** *Sin.* brandello, brindello, straccio, strofinaccio; cascame.

cencióso [da *cencio*; a. 1566] **I** ***agg.*** vestito di cenci, lacero **II** ***sm.*** (f. *-a*) miserabile, mendico.

cèncro [dal lat. *cenchris, -idis*, gr. *kénchros*; 1313] ***sm.*** *lett.* immaginario serpente velenoso col ventre macchiettato.

-cène [dal gr. *kainós*, nuovo] ***elem. term.*** che, in parole composte della terminologia geologica (per es. *Oligocene*, *Pliocene*), vale "recente".

cenèma [comp. del gr. *kenós*, vuoto ed *-ema*; 1970] ***sm.*** *T.ling.* unità distintiva minima non portatrice di significato ‖ **N.** *Contr.* plerema | fonema.

ceneràccio (pl. *-ci*) [da *cenere*; 1347 *ceneracciolo*] ***sm.*** **1.** residuo di cenere su cui è stato versato il ranno per fare il bucato **2.** canovaccio che si pone sopra i panni da lavare e su cui si versa il ranno in ebollizione **3.** recipiente posto sotto il fornello per raccogliere la cenere **4.** impasto di cenere attraverso cui si faceva filtrare l'acqua per rigovernare.

ceneràio (pl. *-ài*) [da *cenere*; 1853] ***sm.*** **1.** parte di una stufa, di una caldaia e sim. in cui si raccoglie la cenere **2.** nelle navi a vapore, tubo che scarica in mare ceneri e scorie **3.** (f. *-a*) chi compra e vende cenere.

ceneràrio ***agg.*** e ***sm.*** *raro* V. CINERARIO.

ceneràta [da *cenere*; a. 1571] ***sf.*** acqua bollita mescolata con cenere utilizzata per vari scopi, ad es. ammollire i legumi o ripulire oggetti metallici.

ceneratóio (pl. *-ói*) [da *cenerata*; 1925] ***sm.*** in stufe e caldaie, vano in cui cade e si raccoglie la cenere ‖ **N.** *Sin.* ceneraio.

cénere [lat. *cinis, -eris*; a. 1306] **I** ***sf.*** **1.** residuo minerale della combustione di una sostanza organica, vegetale, animale o fossile, di colore grigio ‖ *gen.* residuo della combustione del legno o del carbone ‖ *cenere vulcanica*, minuscoli detriti prodotti dalla polverizzazione del magma durante la fase esplosiva ‖ *andare, ridursi in cenere*, bruciare completamente ‖ *fig. ridurre qualcosa, qualcuno in cenere*, distruggerlo, annientarlo ‖ *fig. covare sotto la cenere*, in riferimento a sentimento che non si manifesta apertamente **2.** *pl. T.rel.* nella liturgia cattolica, residuo della combustione dell'olivo benedetto che il sacerdote impone sulla fronte dei fedeli come invito alla penitenza: *mercoledì delle ceneri*, il primo giorno di quaresima dopo la fine del carnevale **3.** *poet.* (freq. *pl.*) i resti di un cadavere dopo la sepoltura, salma: *la madre or sol... parla di me col tuo cenere muto* (Foscolo) ‖ nel linguaggio ascetico, l'uomo ‖ *prov. Bacco, Tabacco e Venere riducono l'uomo in cenere*, i vizi portano alla rovina ‖ ***sm. inv.*** il colore della cenere: *un cenere scuro* **II** ***agg.*** (sempre posposto) del colore della cenere: *un abito cenere; biondo cenere*, biondo-grigio ‖ **N.** I 3. *Sin.* resti mortali | ***sm.*** *Sin.* cinerino, grigio. **TAV. *geologia* p. 1314** 3.2.

cenerèntola [da *cenere*; 1870] ***sf.*** ragazza ingiustamente maltrattata e trascurata ‖ *per estens.* persona o cosa ingiustamente tenuta in disparte, in poca considerazione: *questa sezione è la cenerentola dell'azienda.*

ceneriìccio (pl. m. *-ci*, pl. f. *-ce*) [da *cenere*; a. 1438] ***agg.*** di colore simile alla cenere ‖ **N.** cenerino, cenerognolo.

cenerìna [da *cenere*; 1865 nel senso 3] ***sf.*** **1.** cenere ancora calda **2.** *dial.* razza di gallina con piumaggio grigio chiaro **3.** la seconda dormita dei bachi da seta.

cenerìno o **cinerino** [da *cenere*; 1681] **I** ***agg.*** di color grigio chiaro simile a quello della cenere **II** ***sm.*** il color cenerino.

ceneróognola [da *cenere*; 1835] ***sf.*** il primo sonno dei bachi da seta, durante il quale la loro pelle comincia a ingrigirsi ‖ **N.** *Sin.* bianca.

ceneróognolo [da *cenere*; a. 1363] **I** ***agg.*** di color cenerino con sfumature giallastre **II** ***sm.*** il color cenerognolo.

ceneróne [da *cenere*; a. 1597] ***sm.*** **1.** residuo di cenere per il bucato su cui viene versato il ranno **2.** mistura di cenere e letame per la concimazione.

ceneróso [da *cenere*; a. 1342] ***agg.*** *raro* coperto di cenere.

cenerùme [da *cenere*; a. 1735] ***sm.*** mucchio di cenere; residuo di combustione.

cenestèṣi [comp. di *ceno-*^{2} e *-estesi*; 1935] ***sf.*** *T.fil.* e *T.med.* sensazione indeterminata dello stato generale del corpo risultante da impressioni circa i vari processi della vita organica || **N.** anestesia, iperestesia.

cenétta (*dim.* di *cena*) [sec. XIII] ***sf.*** piccola cena; *in part.* cena modesta ma gustosa: *preparare una bella cenetta* || cena intima e raffinata: *una cenetta a lume di candela.*

cèngia (pl. *-ge*) [lat. *cingula*, propr. cintura; 1908] ***sf.*** *T.alp.* stretta sporgenza piatta della parete rocciosa che consente il passaggio trasversale.

cennamèlla (non com. *ceramèlla*) [lat. tardo *calamellum*, attr. il fr. ant. *chalemelle*; fine sec. XIII *celamello*] ***sf.*** *ant.* ciaramella, cornamusa: *né mai con sì diversa cennamella* (Dante).

cennàre (pres. *cénno*) [da *cenno*; sec. XIV] ***intr.*** (aus. *avere*) *ant.* accennare, far cenno.

cénno [lat. tardo *cinnus*; a. 1306] ***sm.*** **1.** segno fatto col capo, con la mano o con gli occhi per far intendere qualcosa, per indicare od ordinare qualcosa: *gli fece cenno di guardare fuori dalla finestra* || *far cenno*, accennare || *comunicare a cenni*, senza parlare **2.** traccia, succinta spiegazione: *alcuni cenni introduttivi* || *far cenno di qualcosa*, parlarne brevemente || *per estens. fig.* indizio, sintomo: *dopo quattro ore di gioco i due tennisti non davano cenni di stanchezza* **3.** *lett.* atto, comportamento **4.** *tosc.* rintocco di campana che segnala l'inizio di una funzione religiosa o di un'altra cerimonia || **N. 1.** movimento, segno **2.** *Sin.* notizia; menzione; manifestazione.

cèno-^{1} [dal gr. *kainós*, nuovo] ***primo elem.*** che, in parole composte della terminologia geologica, vale "recente" (per es. *cenozoico*).

cèno-^{2} [dal gr. *koinós*, comune] ***primo elem.*** che, in parole composte dotte e della terminologia scientifica, spec. biologica, vale "comune": **cenocàrpio**.

cèno-^{3} [dal gr. *kenós*, vuoto] ***primo elem.*** che, in parole composte dotte, vale "vuoto" (per es. *cenotafio*).

cenobiàrca (pl. *-chi*) [dal fr. *cénobiarque*; 1894] ***sm.*** abate capo di un cenobio || *iron.* guida di un cenacolo artistico o letterario.

cenòbio (pl. *-bi*) [dal lat. tardo *coenobium*, gr. *koinóbion*, vita comune; inizio sec. XIV] ***sm.*** **1.** luogo dove vivono in comune più monaci sottoposti alla stessa regola, monastero **2.** gruppo di artisti o letterati che appartengono alla stessa corrente **3.** *T.biol.* colonia di organismi vegetali o animali.

cenobìta [dal lat. tardo *coenobita*; a. 1342] ***sm.*** monaco che vive in una comunità religiosa || *fig.* persona che conduce una vita appartata, dedito allo studio e alla meditazione.

cenobìtico (pl. *-ci*) [da *cenobita*; 1771] ***agg.*** relativo al cenobio o ai cenobiti || *fig.* austero.

cenobitìṣmo [da *cenobita*; 1931] ***sm.*** vita monastica dei cenobiti.

cenocàrpio [comp. di *ceno-* e *-carpio*; 1955] ***sm.*** *T.bot.* **1.** frutto multiplo **2.** frutto prodotto da due o più fiori di un'infiorescenza.

cenóne (*accr.* di *cena*) [1865] ***sm.*** **1.** cena abbondante **2.** cena solenne e abbondante che si fa la vigilia di Natale o l'ultimo dell'anno.

cenòṣi [dal lat. tardo *cenōsis*, gr. *kóinōsis*, unione; 1930] ***sf.*** *T.biol.* insieme di specie animali o vegetali che vivono in una determinata zona: *cenosi animale*, zoocenosi; *cenosi vegetale*, fitocenosi.

cenotàfio (pl. *-fi*) [dal lat. tardo *cenotaphium*, gr. *kenotáphion*; 1698] ***sm.*** tomba vuota, part. monumento sepolcrale dedicato a persona i cui resti mortali sono dispersi o sepolti altrove.

cenoẓòico (pl. *-ci*) [comp. di *ceno-*^{1} e *-zoico*; 1892] **I** ***sm.*** (con l'iniziale maiuscola) la quarta delle cinque ere geologiche, durante la quale ebbe luogo il ciclo orogenetico alpino-himalayano e la fauna e la flora assunsero connotati simili a quelli attuali **II** ***agg.*** relativo a tale era: *fossili cenozoici* || **N. I** *Sin.* Terziario. **Q.T.** *geologia.*

censiménto [da *censire*; 1749] ***sm.*** rilevazione statistica periodica diretta a determinare la consistenza di un fatto collettivo in un dato momento: *censimento elettorale*, compiuto ai fini di aggiornare le liste elettorali.

censìre (pres. *-ìsco, -ìsci*) [dal lat. *censēre*; 1797] ***tr.*** fare un censimento: *censire la popolazione* || iscrivere nei registri del censo: *censire un immobile.*

censitàrio (pl. *-ri*) [dal fr. *censitaire*, der. dal lat. *census*, censo; 1976] ***agg.*** fondato sul censo: *sistema elettorale censitario.*

censìto (*pps.* di *censire*) [inizio sec. XIV] ***agg.*** **1.** iscritto nei registri del censo **2.** gravato da un'imposta sulla base del reddito **3.** iscritto al catasto: *fondo censito.*

cènso [dal lat. *census*; a. 1292] ***sm.*** **1.** l'insieme dei beni posseduti e l'imposta cui sono soggetti; *gen.* patrimonio, rendita **2.** *T.stor.* nell'antica Roma, elenco dei cittadini e dei loro averi **3.** nel Medioevo, prestazione dovuta dal beneficiario di un diritto su un immobile al proprietario dell'immobile **4.** nell'algebra rinascimentale, il quadrato dell'incognita in un'equazione || **N. 1.** *Sin.* beni, entrate, possessi, sostanze.

censoràto [da *censore*; a. 1698] ***sm.*** *non com.* ufficio e dignità di censore.

censóre [dal lat. *censor, -ōris*; a. 1292] ***sm.*** **1.** *T.stor.* nell'antica Roma, ciascuno dei due magistrati che esercitavano la censura **2.** chi per incarico dello Stato o della Chiesa controlla scritti, spettacoli, pubblicità e sim. per verificare che non offendano i principi civili, morali o religiosi comunemente condivisi da una comunità **3.** chi nelle accademie ha l'incarico di rivedere gli scritti che devono essere pubblicati negli atti accademici **4.** nei convitti, responsabile della disciplina dei convittori **5.** *gen. iron.* critico severo del comportamento e dell'operato altrui || **N. 5.** *Sin.* catone, moralizzatore.

censòrio (pl. *-ri*) [dal lat. *censōrius*; sec. XIV] ***agg.*** di o da censore: *atteggiamento censorio.*

censuàle [da *censo*; 1745] ***agg.*** che si riferisce al censo: *rendita censuale.*

censuàre (pres. *cènsuo*) [da *censo*; 1554] ***tr.*** *raro* sottoporre un immobile a censo.

censuàrio (pl. *-ri*) [da *censo*; a. 1363 come sm.] **I** ***agg.*** che si riferisce al censo **II** ***sm.*** (f. *-a*) chi è soggetto al pagamento di un censo.

censùra [dal lat. *censūra*; 1505 nel senso 4] ***sf.*** **1.** *T.stor.* nell'antica Roma, magistratura non permanente cui era affidato l'incarico di svolgere il censimento dei cittadini e più tardi il compito di controllarne la condotta morale e civile **2.** controllo esercitato dallo Stato o dalla Chiesa su pubblicazioni, spettacoli, mezzi di informazione per impedire la diffusione di tutto ciò che non corrisponde alla normativa vigente o sia ritenuto lesivo della morale e della religione || *concr.* l'insieme dei funzionari preposti a tale compito **3.** in tempo di guerra, controllo che l'autorità politica o militare esercita sulla corrispondenza privata per impedire lo spionaggio o il diffondersi di notizie demoralizzanti per le truppe o la popolazione civile **4.** *fig.* biasimo, critica severa dell'operato altrui: *incorrere nella censura dei benpensanti* **5.** *T.eccl.* *censura teologica*, giudizio con cui la Chiesa cattolica qualifica una dottrina come erronea **6.** *T.bur.* riprovazione scritta inflitta a un pubblico impiegato per lievi mancanze **7.** *censura parlamentare*, sanzione disciplinare inflitta a un parlamentare che col proprio comportamento abbia turbato l'ordine della seduta **8.** *T.psican.* istanza psichica di rimozione di elementi inaccettabili dell'inconscio attuata da parte del Super-io. **Q.T.** *psicanalisi.*

censuràbile [da *censurare*; 1745] ***agg.*** che può essere censurato || **N.** *Sin.* biasimevole, criticabile.

censuràre (pres. *-ùro*) [da *censura*; 1565] ***tr.*** **1.** sottoporre a censura: *censurare un film, un libro* **2.** biasimare, riprovare: *censurare il comportamento di qualcuno* || **N. 1.** correggere, rivedere, tagliare **2.** *Sin.* condannare, criticare, rimproverare, stigmatizzare | *Contr.* approvare, lodare.

censuratóre [da *censurare*; 1726] ***agg.*** e ***sm.*** (f. *-trìce*) che, chi censura.

cent (ingl., pr. [sent]) [dal lat. *centum*; 1892] ***sm.*** *inv.* moneta divisionale che corrisponde alla centesima parte del dollaro.

centàurea o **centaurèa** [dal lat. *centāuria*, gr. *kentáureion*; a. 1320] ***sf.*** **1.** genere di pianta erbacea delle Composite con fiori, solitari o raccolti in corimbi, di vari colori; alcune varietà sono dotate di proprietà medicinali e altre vengono utilizzate nella produzione di liquori: *il fiordaliso è una centaurea* **2.** *centaurea minore*, pianta delle Genzianacee, usata come tonico o amaro, con fusto ramoso e fiori porporini raccolti in cimose || **N. 2.** *Sin.* biondella.

centàurico (pl. *-ci*) [dal lat. *centauricus*; 1779] ***agg.*** relativo al centauro, proprio del centauro: *corpo centaurico.*

centàuro [dal lat. *centaurus*, gr. *kéntauros*; 1313] ***sm.*** **1.** *T.mit.* figura mitologica che partecipava della natura del cavallo (le zampe e la groppa) e dell'uomo (il busto e il capo) **2.** *fig.* motociclista **3.** *T.astr.* costellazione dell'emisfero australe **4.** *T.arald.* figura derivata dal mostro mitologico.

centauromachìa [dal gr. *kentauromachía*; 1830] ***sf.*** *T.art.* motivo iconografico raffigurante la lotta tra i Centauri e i Lapiti.

centavo (port., pr. [sẽn'tavu] e sp., pr. [θen'taβo]) [da *ciento*, cento; 1956] ***sm.*** *inv.* (anche pl. *centavos*, pr. port. [sẽn'tavuʃ], pr. sp. [θen'taβos]) moneta divisionale corrispondente alla centesima parte di varie valute sudamericane.

centellàre (pres. *-èllo*) [dal disus. *centello*, centellino; a. 1400] ***tr.*** *non com.* bere a piccoli sorsi, centellinare.

centellinàre (pres. *-ìno*) [da *centellino*; 1846] ***tr.*** **1.** bere a piccoli sorsi e assaporando **2.** *fig.* compiere un'azione con studiata lentezza, per assaporarne più a lungo il piacere: *ascoltava la musica centellinando ogni nota* **3.** dosare: *centellinare gli sforzi* || **N. 1.** *Sin.* centellare, sorseggiare, BERE **2.** *Sin.* delibare, gustare.

centellìno [da un disus. *centello*, centellino; a. 1449] ***sm.*** piccolo sorso || *fig.* *a centellini*, piano piano, con frequenti interruzioni.

centèna [dal lat. *centēnus*; 1940] ***sf.*** *T.stor.* presso i Germani, suddivisione della gente, probabilmente costituita da cento famiglie || presso i Franchi, circoscrizione territoriale di carattere politico-amministrativo.

centenàrio (pl. *-ri*) [dal lat. *centenārius*; sec. XIV] **I** ***agg.*** **1.** che ha cent'anni o più: *un albero centenario* **2.** che ricorre ogni cento anni: *celebrazioni centenarie* **II** ***sm.*** **1.** (f. *-a*) chi ha cento anni: *in quel paese vivono alcuni centenari* **2.** ricorrenza che celebra il centesimo anniversario di una persona o di un fatto memorabile: *nel 1989 ricorre il secondo centenario della Rivoluzione francese* **3.** *T.stor.* presso i Romani, il comandante di una centuria || presso i Franchi, il capo di una centena.

centennàle [da *centenne*; 1965] ***agg.*** *non com.* di cent'anni, che dura cent'anni: *accordo centennale* || *per estens.* secolare: *una disputa centennale* || che ricorre ogni cento anni: *festeggiamenti centennali.*

centènne [dal lat. tardo *centennis*; 1865] **I** ***agg.*** *non com.* che dura da cent'anni: *lutto centenne* || *per estens.* secolare **II** ***s.*** *non com.* chi ha cento anni.

centènnio (pl. *-ni*) [comp. di *cento* e *-ennio*; a. 1869] ***sm.*** periodo di cento anni, secolo.

centèrbe [comp. di *cento* e *erba*; 1908] ***sm.*** liquore ad alta gradazione alcolica ottenuto dalla distillazione e infusione di numerose erbe aromatiche.

centèṣima [f. sost. di *centesimo*; 1321] ***sf.*** **1.** *ant.* la centesima parte di qualcosa **2.** *ant.* imposta basata sull'esazione della centesima parte della vendita **3.** differenza di 11 minuti fra l'anno astronomico e quello giuliano.

centeṣimàle [da *centesimo*; inizio sec. XIV] ***agg.*** **1.** che costituisce la centesima parte di qualcosa: *grado centesimale,* unità di misura per angoli costituita dalla centesima parte dell'angolo retto || che è diviso in cento parti: *scala centesimale*; *sistema centesimale,* sistema di numerazione su base 100 **2.** *ant.* che si rinnova ogni cento anni: *maledizione centesimale.*

centèṣimo [dal lat. *centēsimus*; 1321] **I** ***agg.*** *num. ord.* di cento: *è arrivato centesimo*; anche con valore partitivo, una tra le cento parti in cui viene diviso un tutto: *la centesima parte spetta a me* **II** *num. fraz.* **1.** la centesima parte: *gli ottanta centesimi* || *per estens. gen.* parte piccolissima: *non possiede neanche un centesimo della sua intelligenza* **2.** moneta che vale la centesima parte dell'unità di cambio || *per estens.* pochissimo denaro: *mi restano pochi centesimi*; *fig.* nulla: *questo lavoro non rende un centesimo* || *pagare fino all'ultimo centesimo,* interamente || *guardare, lesinare il centesimo,* spendere con parsimonia.

cènti- [dal lat. *centi-*, da *centum,* cento] ***primo elem.*** che, in parole composte dotte, vale "cento" o "che ha cento" (per es. *centimano*) || *in part.* premesso a un'unità di misura, ne divide il valore per cento: **centiàra**, **centigràmmo**, **centilitro** || **N.** etto-.

centifòglia (pl. *-glie*) [dal lat. *centifolius*; a. 1597 *centofoglie*] ***agg.*** che ha cento foglie: *rosa centifoglia,* tipo di rosa dai molti petali; anche *sf.*

centigrado [dal fr. *centigrade*; 1847] ***agg.*** che è diviso in cento gradi: *scala centigrada,* ottenuta nei termometri fissando lo 0 in corrispondenza del punto di congelamento dell'acqua e il 100 in corrispondenza del punto di ebollizione e dividendo l'intervallo così ottenuto in 100 parti uguali.

centimano [comp. di *centi-* e *mano*; 1561] ***agg.*** *non com.* che ha cento mani, detto in part. di mostri e giganti mitologici.

centimetràre (pres. *-ìmetro*) [da *centimetro*; 1956] ***tr.*** suddividere in centimetri.

centìmetro [dal fr. *centimètre*; 1802] ***sm.*** **1.** unità di misura della lunghezza corrispondente alla centesima parte del metro **2.** nastro di tela cerata, gen. lungo 1,5 m e suddiviso in centimetri, usato dai sarti per effettuare misurazioni.

cèntina [forse lat. *cinctum,* cinghia; 1550] ***sf.*** **1.** *T.arch.* struttura provvisoria che serve a sostenere archi e volte durante la costruzione **2.** struttura metallica di sostegno per tettoie e capannoni || *T.min.* struttura di sostegno per la volta dei cunicoli **3.** *T.aer.* elemento trasversale della struttura dell'ala o meno com. della fusoliera atto a mantenerne l'esatto profilo **4.** piegatura che il falegname o il fabbro danno a un pezzo || *a centina,* arcuato || *fare centina,* essere arcuato **5.** *punto a centina,* punto di ricamo atto a impedire agli orli che si sfilaccino.

centinàio (pl. f. *-àia*) [lat. *centenārius*; 1259] ***sm.*** **1.** serie costituita da cento elementi; spesso con valore approssimativo o iperbolico: *erano presenti un centinaio di persone, riceve centinaia di lettere* || *a centinaia,* in grande quantità || *centinaia e centinaia,* moltissimi **2.** unità di terz'ordine del sistema decimale.

centinaménto [da *centinare*; a. 1764] ***sm.*** operazione del centinare.

centinàre (pres. *cèntino*) [da *centina*; a. 1696] ***tr.*** **1.** munire di centina: *centinare un'ala* || imprimere una certa curvatura: *centinare una tavola* **2.** eseguire un ricamo a centina.

centinatùra [da *centinare*; a. 1696] ***sf.*** **1.** l'insieme delle operazioni occorrenti per armare una centina || *per estens.* l'insieme di centine che costituiscono un'armatura provvisoria **2.** profilatura data a un oggetto, part. a una trave o a un ferro di sostegno.

centinòdia (meno com. *centinòdio, sm.*) [dal lat. tardo (*herba*) *centinodia,* erba a cento nodi; 1550] ***sf.*** pianta erbacea delle Poligonacee dalle foglie lineari e dai piccoli fiori ascellari di color bianco-verdastro || **N.** *Sin.* correggiola.

centinòdio (pl. *-di*) ***sm.*** V. CENTINODIA.

centista [da *cento* (*metri*); 1942] ***s.*** *T.sport.* centometrista.

cènto [lat. *centum*; inizio sec. XIII] ***agg.*** e ***sm.*** *num. card.*, ar. 100, rom. C || con valore indeterminato, per indicare parecchi, innumerevoli: *ti è stato detto cento volte* || *una ne fa e cento ne pensa,* è un tipo inventivo || *cento di questi giorni,* formula augurale in occasione di una lieta ricorrenza || *per cento* (simbolo %), ogni cento unità: *i guadagni sono incrementati del 5 per cento*; *fam. al cento per cento,* completamente; *fam. al novantanove per cento,* quasi sempre || *T.sport. i cento,* in atletica e nel nuoto, gara di velocità che si svolge sulla distanza di cento metri || **N.** centenario, centuplo, centuria, ettaro, etto, ettolitro, percentuale, quintale, secolo.

centòcchi o **centòcchio** [da *centonchio,* per influsso di *cento* e *occhio*; 1622] ***sm.*** *inv. pop.* centonchio.

centochilòmetri o **cènto chilòmetri** [comp. di *cento* e *chilometro*; 1964] ***sf.*** *inv. T.sport.* corsa ciclistica su strada, della lunghezza di cento chilometri.

centofòglie [comp. di *cento* e *foglia*; 1865] ***sm.*** *inv. pop.* achillea.

centogàmbe [comp. di *cento* e *gamba*; 1585] ***sm.*** *inv. pop.* millepiedi.

centometrista [da *cento metri*; 1942] ***s.*** *T.sport.* in atletica leggera, atleta specializzato nella corsa dei cento metri piani; nel nuoto, atleta specializzato nella gara dei cento metri, part. a stile libero.

centomila [dal lat. *centum mīlia*; inizio sec. XIV] ***agg.*** e ***sm.*** *num. card.*, ar. 100000, rom. $\bar{C}$ || talora assume valore iperbolico: *lo avrò detto centomila volte.*

centónchio [dal lat. *centunculus*; a. 1449] ***sm.*** pianta erbacea delle Cariofillacee dai piccoli fiori bianchi || **N.** *Sin.* gallinella.

centóne[1] [dal lat. *cento, -ōnis*; a. 1292 nel senso 4] ***sm.*** **1.** componimento letterario, diffuso part. nella classicità, composto da brani di qualche scrittore famoso || *per estens.* scritto privo di originalità **2.** nel Medioevo, raccolta di canti liturgici **3.** *T.mus.* componimento musicale ottenuto unendo fra loro melodie eterogenee, fantasia **4.** abito o coperta fatta cucendo tra loro pezzi di stoffa diversi.

centóne[2] [da *cento*; 1962] ***sm.*** *pop.* banconota da centomila lire.

centonovèlle [comp. di *cento* e *novella*; a. 1563] ***sm.*** *inv.* libro che contiene cento novelle.

centopèlle [comp. di *cento* e *pelle*; 1886] ***sm.*** *inv.* parte dello stomaco dei Ruminanti, omaso.

centopièdi [comp. di *cento* e *piede*; 1925] ***sm.*** *inv. pop.* nome di varie specie di Chilopodi.

centotrédici [dal numero 113; 1973] ***sm.*** numero telefonico con cui si richiede il pronto intervento della polizia: *ha chiamato subito il centotredici* || *per estens. pop.* squadra di polizia destinata a interventi di emergenza: *è intervenuto il centotredici.*

centràggio (pl. *-gi*) [dal fr. *centrage*; 1942] ***sm.*** **1.** *T.mecc.* il collocare un pezzo cilindrico in maniera che il suo asse di rotazione si trovi in una data posizione rispetto a un altro **2.** *T.aer.* posizione del baricentro di un aereo in relazione ai limiti di sicurezza stabiliti.

centràle [dal lat. *centrālis*; a. 1406] **I** ***agg.*** **1.** del centro, che è nel centro: *edificio centrale, zona centrale* || *T.geogr.* detto della parte mediana di un territorio: *Africa centrale* || *T.edil.* di impianti e servizi che sono destinati a un uso collettivo: *riscaldamento, antenna centrale* || *T.arch. pianta centrale,* strutturazione simmetrica delle varie parti di un edificio rispetto a un centro || *T.anat. sistema nervoso centrale,* costituito dall'encefalo e dal midollo spinale **2.** principale: *la sede centrale,* in un'amministrazione, la sede degli uffici direttivi; anche *fig.*: *il problema centrale* **3.** *T.mus.* detto di note musicali medie tra il basso e l'acuto **4.** *T.fis. campo centrale,* campo il cui vettore è costantemente diretto verso un punto **5.** *T.fon. vocali centrali,* quelle il cui punto di articolazione è nel centro della cavità orale **II** ***sf.*** **1.** sede principale degli organi direttivi di un'amministrazione: *centrale di polizia, la centrale di una banca* **2.** complesso di impianti e meccanismi necessari per lo svolgimento di una determinata funzione o servizio: *centrale telefonica, elettrica*; *centrale del latte,* impianto industriale di raccolta, lavorazione e distribuzione del latte destinato al consumo di un centro urbano **3.** *T.mil. centrale di tiro,* l'insieme delle attrezzature necessarie per effettuare i calcoli di tiro relativi a una batteria; *T.mar.* nella marina, locale in cui tali attrezzature sono collocate; *centrale di lancio,* locale analogo al precedente per il comando di lanciasiluri. **Q.T.** *elettricità* **TAV.** *abitazione* 1.52.

centralìna (*dim.* di *centrale*) [1983] ***sf.*** **1.** piccola centrale telefonica o elettrica che eroga il servizio a un settore della zona coperta da una centrale principale: *l'intero quartiere è rimasto al buio per un guasto alla centralina dell'Enel* **2.** apparecchiatura in cui sono centralizzati i dispositivi di comando, alimentazione e controllo di un impianto: *i ladri sono entrati tranquillamente nel palazzo dopo aver disattivato la centralina dell'antifurto.*

centralinista [da *centralino*; 1942] ***s.*** persona addetta a un centralino telefonico. **Q.T.** *telefono...*

centralìno [da *centrale*; 1918] ***sm.*** *T.tel.* posto di commutazione automatico o manuale di un certo numero di telefoni che fanno parte di un impianto interno e che collega tale impianto con una o più linee esterne. **Q.T.** *telefono...*

centralìṣmo [da *centrale*; 1872] ***sm.*** *T.pol.* sistema di governo che tende ad attribuire al potere centrale tutte le funzioni statali || *centralismo democratico,* forma di organizzazione dei partiti leninisti, caratterizzata dal fatto che tutti i membri sono tenuti a fare proprie le decisioni democraticamente prese dagli organi dirigenti, e non sono tollerati il dissenso pubblico e la formazione di correnti.

centralìsta [da *centralismo*; 1881] ***s.*** **1.** *T.pol.* fautore del centralismo **2.** addetto a una centrale elettrica.

centralità [da *centrale*; 1843] ***sf.*** **1.** l'essere centrale **2.** *T.pol.* in uno schieramento politico, il mantenimento di una posizione di centro.

centralizzàre [dal fr. *centraliser*; 1797] ***tr.*** **1.** *T.pol.* concentrare negli organi centrali tutte le funzioni amministrative || in un'azienda, impostare l'organizzazione secondo un criterio rigidamente gerarchico **2.** *T.edil.* rendere centrale un impianto: *centralizzare l'antenna, il riscaldamento* || **N. 1.** *Sin.* accentrare, unificare | *Contr.* decentrare.

centralizzatóre [da *centralizzare*; 1881] ***agg.*** e ***sm.*** (f. *-trìce*) che, chi tende a centralizzare, accentratore: *politica centralizzatrice.*

centralizzazióne [dal fr. *centralisation*; 1802] ***sf.*** atto ed effetto del centralizzare || **N.** *Sin.* accentramento | *Contr.* decentramento.

centraménto [da *centrare*; 1956] ***sm.*** **1.** operazione e modalità del centrare **2.** *T.aer.* operazione di distribuzione di carichi e pesi, affinché il baricentro dell'aereo rispetti i limiti di sicurezza stabiliti. **TAV. *armi* p. 649** 22.3.

centràre (pres. *cèntro*) [da *centro*; 1797] ***tr.*** **1.** colpire nel centro: *centrare il bersaglio* || *fig.* individuare con precisione, cogliere l'elemento centrale: *centrare il problema, la risposta* || *T.teatr. centrare un personaggio,* renderne esattamente lo spirito **2.** fissare nel centro: *centrare un compasso*; equilibrare: *centrare una ruota, un'elica* || *T.fot.* inquadrare un'immagine in modo che appaia al centro dell'inquadratura **3.** *T.sport. centrare il pallone,* anche *ass. centrare,* nel calcio, calciare il pallone dalla fascia laterale verso il centro, crossare.

centràta [da *centrare*; 1913] ***sf.*** *raro T.sport.* nel calcio, traversone.

centràto (*pps.* di *centrare*) [a. 1928] ***agg.*** **1.** nei sensi del verbo **2.** *T.fis.* di sistema ottico a componenti sferiche i cui centri sono allineati su un'unica retta **3.** ben assestato: *un colpo ben centrato* **4.** *T.arald.* di pezza, arcuata.

centrattàcco (meno com. *centroattàcco* o *cèntro attàcco*) (pl. *-chi*) [comp. di *centro* e *attacco*; 1916] ***sm.*** *T.sport.* centravanti.

centratùra [da *centrare*; 1962] ***sf.*** **1.** nelle macchine utensili, operazione con cui l'asse del pezzo da lavorare viene fatto coincidere con l'asse della macchina **2.** operazione di montaggio delle lenti di un obbiettivo in modo che i centri focali siano posti sulla stessa retta **3.** *T.fot.* operazione con cui in fase di stampa si correggono eventuali difetti di inquadratura, ponendo al centro la parte più interessante dell'immagine impressa.

centravànti (meno com. *centroavànti* o *cèntro avànti*) [comp. di *centro* e *avanti,* sul modello dell'ingl. *centre forward*; 1912] ***sm.*** ***inv.*** *T.sport.* nel calcio e in altri sport di squadra, giocatore che ricopre un ruolo centrale nella linea di attacco con compiti di organizzazione del gioco.

cèntrico (pl. *-ci*) [dal gr. *kentrikós*; 1745] ***agg.*** **1.** che è simmetrico rispetto al centro: *struttura centrica* **2.** *ant.* che passa per il centro.

centrìfuga [f. sost. di *centrifugo*; 1913] ***sf.*** macchina per sottoporre una sostanza o un corpo a centrifugazione || *com.* fase del lavaggio a macchina in cui il cestello ruota a grande velocità per eliminare l'acqua dai capi lavati.

centrifugàre (pres. *-ìfugo, -ìfughi*) [da *centrifuga*; 1913] ***tr.*** sottoporre a un processo di centrifugazione.

centrifugazióne [da *centrifugare*; 1905] ***sf.*** operazione che sfrutta la forza centrifuga per separare tra loro materiali di densità diversa || *T.enol.* operazione usata per la chiarificazione dei vini.

centrìfugo (pl. *-ghi*) [dal fr. *centrifuge*; a. 1730] ***agg.*** **1.** che tende ad allontanare o ad allontanarsi da un centro: *forza centrifuga,* in un sistema in moto rotatorio uniforme, quella che tende ad allontanare il corpo in rotazione dal centro di rotazione || *fig. tendenza centrifuga,* tendenza ad allontanarsi da un nucleo direttivo o gen. da regole e principi comuni per assumere una posizione autonoma **2.** di dispositivo, che sfrutta la forza centrifuga: *pompa centrifuga* || **N.** *Contr.* centripeto.

centrìno [da *centro*; a. 1936] ***sm.*** tessuto ricamato o lavoro all'uncinetto di varia forma e dimensione che si pone come ornamento al centro di un tavolo, su mobili, vassoi e sim.

centrìolo [dall'ingl. *centriole*; 1931] ***sm.*** *T.biol.* corpuscolo centrale situato nella parte più interna della sfera cellulare.

centrìpeto [dal fr. *centripète*; 1731] ***agg.*** che tende verso il centro: *moto centripeto*; *forza centripeta,* in un sistema in moto rotatorio uniforme, quella che tende ad avvicinare il corpo in rotazione al centro di rotazione || **N.** *Contr.* centrifugo.

centrìṣmo [da *centro*; 1923] ***sm.*** *T.pol.* tendenza di un partito o di una coalizione governativa a seguire un programma che escluda alleanze o concessioni alle ali estreme dello schieramento interno o parlamentare.

centrìsta [da *centrismo*; 1923] ***agg.*** e ***s.*** *T.pol.* che, chi tiene una posizione mediana all'interno di un partito o di una coalizione; sostenitore di una politica di centro.

cèntro [dal lat. *centrum*; a. 1294] ***sm.*** **1.** *T.geom.* in una circonferenza, il punto equidistante dai punti che delimitano la circonferenza; *in gen.* punto di simmetria di una figura piana o solida **2.** *per estens.* il punto mediano o il più interno: *il centro della strada, il centro della Terra* || *il centro della città* o *ass. il centro,* la parte centrale in cui la vita è più intensa; *centro storico,* il nucleo originario di una città || *fare centro,* colpire nel segno; *fig.* indovinare **3.** *fig.* il fine cui sono rivolti pensieri e azioni di una persona, di un gruppo e sim.: *è un problema al centro dell'attenzione generale, i soldi sono al centro dei miei pensieri* || *fig. il centro del discorso,* la parte più rilevante || *essere, trovarsi nel proprio centro,* a proprio agio **4.** nucleo organizzato di vita sociale: *un centro densamente popolato, un piccolo centro* || la capitale di uno stato: *Parigi è il centro della Francia* || luogo in cui sono concentrate attività dello stesso tipo: *centro commerciale, centro agricolo* **5.** complesso organizzato di uomini e mezzi per lo svolgimento di una determinata funzione o la produzione di un servizio: *centro raccolta dati, centro meteorologico* || luogo in cui vengono radunate determinate categorie di persone o che serve come base per lo svolgimento di compiti specifici: *centro profughi, centro di raccolta, centro di reclutamento* **6.** *T.pol.* raggruppamento politico di tendenza moderata all'interno di un partito o di una coalizione governativa; *partito di centro,* di posizioni intermedie tra destra e sinistra **7.** istituzione per la promozione e il coordinamento di un'attività di studio e di ricerca: *centro studi, centro sperimentale di cinematografia, centro antitubercolare, centro tumori, centro di medicina sportiva* **8.** *T.fis. centro di gravità,* baricentro || *centro di cristallizzazione,* la più piccola unità cristallina da cui ha origine il cristallo **9.** *T.fisiol.* parte di un organo che compie una funzione specifica: *il centro del respiro*; *centri nervosi,* nuclei di cellule nervose collocate sull'asse cerebro-spinale che presiedono a specifiche funzioni **10.** *T.geol. centro sismico,* punto di origine di un movimento tellurico **11.** *T.sport.* in vari sport di squadra, la parte centrale del campo: *palla al centro,* nel calcio, l'azione di rimettere la palla a centro campo dopo la segnatura di una rete || denominazione collettiva dei giocatori che giocano nella fascia centrale del campo; nel basket, pivot || tiro effettuato dalle fasce laterali verso il centro **12.** *T.gioc.* negli scacchi, le quattro caselle centrali || **N. 2.** *Sin.* nucleo **4.** *Sin.* borgo, città, paese **5.** stazione **7.** istituto **10.** epicentro **11.** metà campo; centrocampisti; cross, traversone. **Q.T.** *città* **TAV.** *geometria* 22.1.

cèntro- [da *centro*] ***primo elem.*** che, premesso ad agg. o sostantivi etnici, vale "centrale": **centroafricàno**, **centroaṣiàtico**, **centroeuropèo**.

centroattàcco o **cèntro attàcco** v. CENTRATTACCO.

centroavànti o **cèntro avànti** v. CENTRAVANTI.

centrocampìsta [da *centrocampo*; 1960] ***s.*** *T.sport.* calciatore che gioca nella fascia mediana del campo e che ha il compito di impostare le azioni di attacco e di filtrare le azioni offensive avversarie.

centrocàmpo [comp. di *centro* e *campo*; 1951] ***sm.*** ***inv.*** **1.** *T.sport.* nel calcio, nell'*hockey* e nel *rugby,* settore centrale del campo da gioco **2.** nel calcio, l'insieme dei centrocampisti.

centrodèstra [comp. di *centro* e *destra*; 1967 *centrodestra*] ***sm.*** ***inv.*** *T.pol.* l'insieme dei partiti di centro e di quelli di destra, e la linea politica che ne è espressione: *coalizione, provvedimenti di centrodestra.*

centrodèstro [comp. di *centro* e *destro*; 1965] ***sm.*** *T.sport.* nel calcio, mezz'ala destra.

centromediàno [comp. di *centro* e *mediano*; 1925] ***sm.*** *T.sport. disus.* nel calcio, giocatore schierato al centro della linea dei mediani con compiti difensivi, libero.

centròmero [comp. di *centro* e *-mero*; 1948] ***sm.*** *T.biol.* durante la mitosi cellulare, punto di attacco dei cromosomi alle fibrille del fuso acromatico.

centropàgina [comp. di *centro* e *pagina*; 1965] ***sm.*** ***inv.*** *T.giorn.* articolo o titolo stampati in centro alla pagina.

centrosinìstra [comp. di *centro* e *sinistra*; 1897] ***sm.*** ***inv.*** *T.pol.* insieme di partiti di centro e di sinistra, e la linea politica che ne è espressione; più gen. linea politica moderatamente progressista || spec. in Italia, formula di governo basata sulla coalizione tra partiti di centro e partiti della sinistra moderata.

centrosinìstro [comp. di *centro* e *sinistro*; 1965] ***sm.*** *T.sport.* nel calcio, mezz'ala sinistra.

Centrospèrme (sing. *-a*) [comp. di *centro* e *-spermo*; 1929] ***sf. pl.*** *T.bot.* ordine di piante Angiosperme dicotiledoni perlopiù erbacee, dai fiori provvisti di calice e corolla e con ovario supero.

centrotàvola (pl. *centritàvola*; anche *inv.*) [comp. di *centro* e *tavola*; 1970] ***sm.*** soprammobile o altro oggetto ornamentale che viene messo al centro di una tavola, spec. imbandita: *un centrotavola in argento, un vaso di fiori come centrotavola.*

centum (lat., pr. it. ['kentum]) o ***kentum*** [letter. cento] ***agg.*** ***inv.*** (sempre posposto) *T.ling. lingue centum,* lingue indoeuropee (latino, greco, tocario, lingue germaniche) in cui le originarie consonanti palatali si sono sviluppate come velari || **N.** *Contr. satem.*

centumviràle [dal lat. *centumvirālis*; a. 1580] ***agg.*** *non com.* dei centumviri.

centumviràto [da *centumviro*; 1875] ***sm.*** *T.stor.* carica e ufficio del centumviro; durata dell'ufficio.

centùmviro [dal lat. *centumviri* pl.; a. 1580] ***sm.*** *T.stor.* nell'antica Roma, ciascuno dei magistrati che avevano il compito di giudicare in materia di proprietà, servitù ed eredità || a Cartagine, ciascuno dei componenti il collegio che doveva valutare l'operato dei generali.

centuplicàre (pres. *-ùplico, -ùplichi*) [dal lat. tardo *centuplicāre*; a. 1370] ***tr.*** moltiplicare per cento || *fig. iperb.* aumentare in modo notevole: *centuplicare le entrate.*

centùplice [dal lat. *centuplex, -icis*; 1956] ***agg.*** costituito da cento parti.

cèntuplo [dal lat. *centuplus*; a. 1342] **I *agg.*** cento volte maggiore **II *sm.*** entità cento volte maggiore di un'altra.

centùria [dal lat. *centuria*; a. 1292] ***sf.* 1.** *T.stor.* ciascuna delle unità in cui era suddivisa per censo la cittadinanza nella Roma repubblicana || unità della legione romana costituita da 100 soldati || ciascuno dei quadrati in cui veniva diviso l'agro per la determinazione di confini e proprietà **2.** unità tattica delle milizie piemontesi nel XVI secolo || in epoca fascista, reparto in cui erano suddivise le milizie volontarie e le organizzazioni giovanili **3.** serie o raccolta di cento cose dello stesso genere: *una centuria di novelle* || *non com.* insieme di cento persone || *disus.* periodo di cento anni.

centuriàre (pres. *-ùrio*) [dal lat. *centuriāre*; 1830] ***tr.*** *T.stor.* nell'antica Roma, dividere in centurie.

centuriàto [dal lat. *centuriātus*; a. 1580] ***agg.*** suddiviso, ordinato in centurie: *comizi centuriati*, nell'antica Roma, assemblea popolare con funzioni legislative.

centuriazióne [dal lat. tardo *centuriātio, -ōnis*; 1934] ***sf.*** *T.stor.* nell'antica Roma, suddivisione del terreno in appezzamenti da assegnare in proprietà ai coloni.

centurióne [dal lat. *centurio, -ōnis*; a. 1292] ***sm.* 1.** *T.stor.* nell'esercito di Roma, ufficiale subalterno cui era affidato il comando di una centuria **2.** nel periodo fascista, comandante di una centuria della milizia volontaria.

cenùro [dal lat. scient. (*toenia*) *coenurus*, basato sul gr. *koinós*, comune e *urá*, coda; 1830] ***sm.*** sorta di tenia che vive, allo stadio larvale, nell'encefalo delle pecore, provocando una grave malattia nervosa e, allo stadio adulto, nell'intestino dei cani.

cenurò̦si [comp. di *cenuro* e *-osi*; 1956] ***sf.*** *T.vet.* malattia degli erbivori caratterizzata da mancanza di equilibrio e scarsa coordinazione dei movimenti, causata dalle larve di cenuro || **N.** *Sin.* capostorno.

cèpola [dal lat. tardo *cēpula*, cipolla; 1965] ***sf.*** pesce commestibile dei Perciformi con corpo allungato e compresso di color rosso-giallastro, comune nel Mediterraneo.

céppa [dal lat. *cippus*, palo, termine; 1841] ***sf.* 1.** parte sotterranea dell'albero, da cui si dipartono le radici **2.** cavità naturale formatasi sul ceppo di un albero (spec. del castagno).

ceppàia [da *ceppo*; a. 1597] ***sf.*** parte della pianta che rimane nel terreno dopo il taglio e da cui sorgono nuovi polloni || *pl.* alberi di un bosco ceduo, tagliati alla base.

ceppàre (pres. *céppo*) [da *ceppo*; 1865] ***intr.*** (aus. *avere*) *raro* mettere radici.

ceppàta [da *ceppo*; a. 1712] ***sf.* 1.** ceppaia **2.** gruppo di pali per ormeggio infissi nell'acqua.

ceppatèlla (*dim.* di *ceppata*) [1942] ***sf.* 1.** piccola ceppata **2.** ramo d'albero che può essere trapiantato.

ceppatèllo [da *ceppo*; 1555] ***sm.* 1.** *tosc.* fungo porcino **2.** piccolo ceppo da ardere **3.** *ant.* parte dell'orecchio che rimane attaccata alla pelle dell'animale scuoiato.

céppo [lat. *cippus*; sec. XIII] ***sm.* 1.** la parte inferiore dell'albero da cui sorge il tronco e da cui si diramano le radici || *per estens.* pezzo di tronco d'albero tagliato e utilizzato per tagliarvi la carne, per sostenere l'incudine e sim.; *in part.* quello utilizzato per decapitare i condannati a morte || *per estens.* tronco d'albero che si brucia nel caminetto, ciocco; *per anton.* il ciocco che arde nel caminetto la notte di Natale; *tosc.* *Pasqua di ceppo*, il Natale; *tosc.* *fare il ceppo*, festeggiare il Natale; *per estens. tosc.* regalo, strenna natalizia **2.** *fig.* persona goffa e lenta **3.** *fig.* il capostipite di una famiglia: *discendere dal medesimo ceppo*, avere origini comuni || *per estens.* stirpe || *T.biol.* gruppo di organismi provenienti da identici progenitori e portatori di caratteri ereditari particolari, utilizzati per esperimenti **4.** grosso pezzo di legno che fa parte di un meccanismo: *il ceppo dell'aratro*; *ceppo del freno*, elemento di materiale vario che nei freni ad attrito esercita lo sforzo frenante contro la ruota; *ceppo dell'ancora*, grosso pezzo di legno o metallo che si fissa all'estremità superiore del fusto dell'ancora || la base in cui è conficcata la croce **5.** part. *pl.*, pesanti arnesi di legno che si fissavano ai piedi dei prigionieri || *per estens.* catene || *fig.* schiavitù: *rompere i ceppi*, riconquistare la libertà **6.** *ant.* cassetta per le elemosine **7.** *pop.* *il ceppo dell'orecchio*, la regione mastoidea **8.** affusto di antiche artiglierie. **Q.T.** *genetica*... **TAV.** *macchine utensili* 9.1; ***carri***... **p. 664** 1.9; ***vela*** **p. 1342** 3.2.

céra[1] [lat. *cēra*; a. 1290] ***sf.* 1.** secrezione delle ghiandole addominali delle api; *gen.* sostanza organica costituita da esteri, acidi grassi e alcoli: *cera d'api*, quella di cui sono costituiti i favi, usata nella produzione di candele, creme e sim.; *cera vergine*, ottenuta dalla fusione dei favi privati delle impurità; *cere vegetali*, ricavate dalla secrezione di varie piante e di composizione simile a quella della cera animale; *cere sintetiche*, prodotte artificialmente || *cera di Spagna*, ceralacca || *cera da scarpe*, prodotto per la pulizia e la lucidatura delle calzature || *cera per pavimenti*, sostanza liquida o fluida utilizzata per la lucidatura dei pavimenti || *fig.* *essere di cera*, assai delicato || *fig.* *appiccicato con la cera*, di oggetti uniti tra loro in modo non saldo || *fig.* *struggersi come la cera*, consumarsi rapidamente; detto anche di persona che smagrisce per malattia o per passione amorosa || *fig.* *volto di cera*, pallido **2.** candela: *fabbrica di cera*, di candele || *per estens.* oggetto o statua in cera: *museo delle cere* || *fusione a cera perduta*, metodo per la fusione di bronzi che consiste nel modellare l'oggetto in cera, rivestendolo di sabbia refrattaria di modo che, durante la cottura in forno, la cera si liquefà lasciando lo stampo in cui verrà colato il bronzo fuso **3.** *T.archeol.* tavoletta spalmata di cera usata nell'antichità come supporto per la scrittura **4.** *poet.* *cera mortale*, l'uomo **5.** membrana che riveste la mandibola superiore di numerose varietà di uccelli. **TAV.** *zootecnia* 7.2.

céra[2] [dal fr. ant. *chiere*; a. 1250] ***sf.*** aspetto del volto inteso come manifestazione di stato fisico o di umore: *avere una brutta cera, una buona cera*, apparire in cattiva o buona salute; *avere una cera fosca*, apparire di pessimo umore || *fare buona, cattiva cera a qualcuno*, accoglierlo bene, male || *ant.* *far buona cera*, mangiare a sazietà || **N.** carnagione, faccia, viso.

ceràio (pl. *-ài*) [da *cera*[1]; 1956] **I *sm.*** (f. *-a*) chi fabbrica o vende cera e prodotti di cera **II *agg.*** *ape ceraia*, che produce cera.

ceraiòlo [da *cera*[1]; 1349] ***sm.*** (f. *-a*) *non com.* **1.** chi produce o vende cera **2.** chi modella la cera **3.** chi in occasione di processioni o feste porta il cero.

ceralàcca [comp. di *cera*[1] e *lacca*; 1667] ***sf.*** miscuglio di resine naturali, sostanze minerali e coloranti, confezionato in bastoncini di facile fusione, utilizzato per sigillare plichi, lettere e sim. || **N.** cera di Spagna | inceralaccare, sigillare, suggellare.

ceràmbice [dal gr. *kerámbyx, -ykos*; 1875] ***sm.*** nome di migliaia di specie di cerambicidi con zampe robuste, ali sviluppate, antenne lunghissime; allo stato adulto si nutrono di succhi vegetali mentre allo stato larvale sono fitofagi.

Cerambìcidi (sing. *-e*) [comp. di *cerambic(e)* e *-idi*; a. 1955] ***sm. pl.*** *T.zool.* famiglia di Coleotteri comprendente diverse specie, tra cui i cerambici.

ceramèlla V. CENNAMELLA.

ceràmica [dal fr. *céramique*; 1865] ***sf.* 1.** impasto di argilla e altre sostanze utilizzato per plasmare (a mano o a macchina) vari oggetti che dopo l'essiccamento vengono posti a cuocere in forno per aumentarne la resistenza || *per estens.* part. *pl.*, oggetti prodotti con tale materiale: *un'esposizione di ceramiche rinascimentali* **2.** arte e tecnica della lavorazione di tali materiali || **N. 1.** gres, maiolica, porcellana, terracotta, terraglia; laterizi, vasellame | bucchero, smalto, vernice | invetriatura, verniciatura **2.** *Sin.* figulina. **Q.T.** *archeologia*.

ceràmico (pl. *-ci*) [da *ceramica*; 1881] ***agg.*** che si riferisce alla produzione di oggetti in ceramica: *arte ceramica, prodotti ceramici*.

ceramìsta [dal fr. *céramiste*; 1892] ***s.*** chi esegue lavori in ceramica.

cèramo- [dal gr. *kéramos*, argilla] ***primo elem.*** che, in parole composte dotte, vale "ceramica": **ceramologìa**, **ceramòlogo**.

ceràre (pres. *céro*) [lat. *cerāre*; 1853] ***tr.*** *non com.* incerare, spalmare di cera.

cerargirìte [comp. del gr. *kéras*, corno e *árgyros*, argento; 1951] ***sf.*** *T.min.* cloruro di argento, di consistenza cerosa, di colore grigio-verdastro, che si trova nei giacimenti di minerali argentiferi.

ceràṣa o **ciràṣa** [lat. *cerasia*, neutro pl. del lat. tardo *cerasium*, ciliegia; a. 1529] ***sf.*** *merid.* ciliegia.

ceraṣèlla [da *cerasa*; 1942] ***sf.*** *merid.* liquore sciropposo a base di ciliege.

ceraṣéto [da *ceraso*; 1955] ***sm.*** terreno coltivato a ciliegi; piantagione di ciliegi || **N.** *Sin.* ciliegeto.

ceràṣo o **ciràṣo** [da *cerasa*; a. 1646] ***sm.*** *merid.* ciliegio.

ceràste (lett. *ceràsta, sf.*) [dal lat. *cerastes*, gr. *kerástēs*; 1313] ***sm.*** serpente velenoso dei Viperidi diffuso nell'Africa nord-orientale; di abitudini notturne, trascorre la giornata immerso nella sabbia facendo sporgere solo il capo; ve ne sono due specie, una delle quali presenta due cornetti sopra gli occhi.

ceràto (*pps.* di *cerare*) [sec. XIV] **I *agg.*** spalmato di cera: *tela cerata*, tela spalmata di gomma e vernice per impermeabilizzarla **II *sm.* 1.** tessuto apprettato con cera che presenta un lato lucido e liscio **2.** preparazione medicinale per uso esterno contenente sostanze cerose come eccipienti.

cèrato- V. CHERATO-.

ceratosàuro [comp. di *cerato-* e *-sauro*; 1905] ***sm.*** rettile fossile dei Dinosauri, carnivoro, con andatura bipede, con un corno sporgente dalle ossa nasali.

ceratùra [da *cerare*; 1956] ***sf.* 1.** trattamento di un oggetto con cera per impermeabilizzarlo e proteggerlo **2.** trattamento di finitura di manufatti in legno mediante una miscela di cera, acqua ragia, coloranti ed eventualmente resine, utilizzato per legni scolpiti o porosi.

ceraunomanzìa [comp. del gr. *keraunós*, fulmine e *-manzia*; 1956] ***sf.*** antica arte divinatoria che prevedeva il futuro osservando la caduta dei fulmini.

ceràzio [dal gr. *kerátion*, cornetto; 1865] ***sm.*** *T.zool.* genere di Protozoi comprendente alghe con guscio protettivo provvisto di appendici coniformi, comuni sia nelle acque dolci che in quelle marine.

cerbarìna [forse da *cerbera*, n. di una rete; 1935] ***sf.*** *T.pesc.* altro nome della tartana, in entrambi i sensi.

cèrbero [dal lat. *Cerberus*, gr. *Kérberos*; 1313]

sm. **1.** *fig.* arcigno e severo custode; *gen.* persona intrattabile e sgarbata **2.** *T.arald.* figura rappresentante un cane a tre teste.

cerbiàtto [dal lat. tardo *cervia*, f. di *cervus*, cervo; 1353] *sm.* (f. *-a*) giovane cervo || *fig. occhi da cerbiatto*, dolci, imploranti.

cèrbio (pl. *-bi*) [dal disus. *cerbia*, lat. tardo *cervia*, femmina del cervo; prima metà sec. XIV] *sm. ant.* cervo.

cerbonèca [etim. inc.; a. 1449] *sf. raro* vino di cattiva qualità e pessimo sapore.

cerbottàna [dall'ar. *zarbaṭāna*; a. 1484] *sf.* **1.** arma, usata dai popoli primitivi, costituita da un tubo di vario materiale con il quale, soffiando, si possono lanciare piccole frecce || *per estens.* arnese simile, ma di dimensioni ridotte, con il quale i bambini lanciano coni di carta **2.** *ant.* arma da fuoco a canna assai lunga usata nel XV secolo come archibugio **3.** *ant.* cannuccia usata per parlare nell'orecchio a qualcuno.

cérca [da *cercare*; 1321] *sf.* **1.** il cercare, gen. nella loc. *essere, andare, mettersi in cerca di*: *andare in cerca di qualcosa* **2.** questua fatta da frati mendicanti: *la cerca delle noci* || *concr.* le cose raccolte in tal modo: *una cerca abbondante* **3.** *ant.* ricerca; ronda **4.** *ant.* visita di luoghi **5.** l'attività del cane che scova col fiuto la selvaggina. **Q.T.** *caccia.*

cercaménto [da *cercare*; a. 1292] *sm. raro* atto del cercare, ricerca.

cercamìne [comp. di *cerca(re)* e *mina*; 1956] *sm. inv.* apparecchio in grado di localizzare mine nascoste per mezzo di onde elettromagnetiche || **N.** *Sin. mine-detector.*

cercapersóne [comp. di *cerca(re)* e *persona*; 1970] *sm. inv.* e *agg.* minuscolo dispositivo radio-telefonico applicabile agli abiti e collegato con un centralino telefonico interno, che consente di chiamare persone che si sono momentaneamente allontanate dal loro apparecchio telefonico. **TAV.** ***telefono* p. 1334** 5.

cercàre (pres. *cérco, cérchi*) [lat. tardo *circāre*; a. 1250] *tr.* **1.** adoperarsi per trovare qualcuno o qualcosa: *cercare gli occhiali, le chiavi* || indagare, adoperarsi per scoprire la verità: *cercare il colpevole, un movente* || *ant.* perlustrare; frugare || *cercare casa*, darsi da fare per trovare un'abitazione || *cercare moglie, marito*, adoperarsi per trovare qualcuno con cui sposarsi || *fig. cercare col lanternino*, accuratamente || *fig. cercare per mare e per terra*, dappertutto || *cercare il pelo nell'uovo*, essere pedante ed eccessivamente puntiglioso || *prov. chi cerca trova*, chi si dà da fare ottiene dei risultati **2.** tentare di individuare qualcuno o qualcosa con lo sguardo: *cercava tra i giurati un volto amico* **3.** desiderare, sforzarsi di ottenere: *cercava onori e ricchezze, cercava solo il proprio bene* **4.** con la prep. *da*, chiedere, domandare: *cerco da lavorare, da dormire* || ***rifl. intens.*** *cercarsi rogne, guai*, andargli incontro || ***intr.*** (aus. *avere*) tentare, sforzarsi: *cerca di sbrigarti* || **N.** **1.** *Sin.* andare in cerca, ricercare, rintracciare; dare la caccia, inquisire, investigare; braccare **2.** *Sin.* scrutare, spiare.

cercàta [da *cercare*; a. 1484] *sf. disus.* il cercare: *dare una cercata*, cercare in modo affrettato e senza eccessivo impegno.

cercatóre [da *cercare*; 1353] *agg.* e *sm.* (f. *-trìce*, pop. *-tóra*) **1.** che, chi cerca: *cercatori d'oro, di oggetti rari* **2.** religioso di un ordine mendicante che ha l'incarico di effettuare la cerca **3.** *T.tel.* dispositivo elettromeccanico che in una centrale di commutazione permette di stabilire una comunicazione telefonica.

cercatràma [comp. di *cerca(re)* e *trama*; 1937] *sm. inv. T.tess. cercatrama automatico*, dispositivo del telaio che, nel caso che si interrompa la trama, allontana automaticamente il cilindro della macchina dall'armatura del tessuto, per consentire di individuare il punto d'interruzione.

cérchia [da *cerchio*; 1313] *sf.* **1.** struttura di forma circolare, artificiale o naturale; *in part.* cinta fortificata di una città: *la cerchia delle mura* || *fig.* insieme di persone con cui si stabiliscono relazioni interpersonali: *la cerchia dei colleghi, una ristretta cerchia di amici* **2.** numero, novero: *questo candidato non rientra nella cerchia dei vincitori* **3.** ambito, campo: *non rientra nella cerchia delle mie conoscenze* || **N.** **1.** *Sin.* chiostro, cinta, corona, giro; ambiente, circolo, giro **3.** *Sin.* sfera.

cerchiàggio [da *cerchiare*; 1956] *sm.* operazione del cerchiare, cerchiatura: *il cerchiaggio delle botti*; *T.chir.* applicazione, a scopo contenitivo, di un dispositivo circolare per il fissaggio di un organo: *cerchiaggio della rotula, dell'utero.*

cerchiàia [da *cerchio*; a. 1930] *sf.* rete da pesca fissata a un cerchio usata part. nelle acque fluviali.

cerchiàio (pl. *-ài*) [da *cerchio*; a. 1484] *sm.* (f. *-a*) chi fa i cerchi per le botti.

cerchiaménto [da *cerchiare*; a. 1698] *sm. raro* cerchiatura.

cerchiàre (pres. *cérchio, cérchi*) [lat. tardo *circulāre*; a. 1292] *tr.* **1.** stringere con un cerchio: *cerchiare le botti* || *T.chir.* effettuare il cerchiaggio di un organo **2.** *fig. non com.* circondare: *cerchiare il campo nemico* **3.** *ant.* percorrere seguendo il perimetro || ***intr.*** (aus. *avere*) *ant.* girare || ***intr. pron.*** *cerchiarsi di nero, di violetto*, detto degli occhi, assumere nei contorni una colorazione livida || **N.** *tr.* **1.** fasciare **2.** *Sin.* accerchiare.

cerchiàta [da *cerchio*; a. 1783] *sf.* **1.** piccola grata per farvi arrampicare piante e formare spalliere **2.** pergolato formato con i rami incurvati degli alberi **3.** *non com.* colpo dato con un cerchio.

cerchiàto (*pps.* di *cerchiare*) [1313] *agg.* **1.** cinto, circondato **2.** *occhi cerchiati*, occhi con le occhiaie **3.** *T.arald.* detto dell'aquila diademata e della botte con i cerchi di smalto diverso dalle doghe.

cerchiatóre [da *cerchiare*; 1789] *sm.* (f. *-trìce*) chi cerchia botti, tini e sim.

cerchiatùra [da *cerchiare*; sec. XVIII] *sf.* **1.** atto ed effetto del cerchiare || applicazione di cerchi metallici a oggetti cilindrici per aumentarne la resistenza || *concr.* insieme di cerchi applicati a un oggetto **2.** *T.vet.* lesione alle unghie degli equini che conferisce loro una forma ondulata.

cerchièllo (*dim.* di *cerchio*) [sec. XIII-XIV] *sm.* **1.** mezzo cerchio di metallo o di plastica usato nelle acconciature femminili per tenere fermi i capelli **2.** *raro* orecchino a forma di anello || anellino **3.** *ant. T.mil.* calibro per misurare il diametro delle palle di cannone || **N.** **1.** *Sin.* cerchietto, fermacapelli.

cerchiettàre (pres. *-étto*) [da *cerchietto*; 1879] *tr.* stringere, serrare con cerchietti.

cerchiétto [da *cerchio*; 1313] *sm.* **1.** piccolo cerchio usato gen. come ornamento, braccialetto || *cerchietto d'oro*, fede || *cerchietto per i capelli*, semicerchio rigido di materiale vario usato per fermare i capelli **2.** filo metallico con funzioni di rinforzo posto nell'intelaiatura dei pneumatici **3.** rete da pesca a sacco usata in Lombardia **4.** *pl.* gioco infantile che consiste nel lanciare, per mezzo di due bacchette, un piccolo cerchio, che l'avversario deve prendere al volo sempre utilizzando le bacchette.

cérchio (pl. *-chi*) [lat. *circulus*; a. 1306] *sm.* **1.** *T.geom.* la superficie piana racchiusa da una circonferenza; *per estens.* la circonferenza stessa: *tracciare un cerchio con il compasso* || *cerchio massimo*, in una sfera, circonferenza il cui centro coincide con quello della sfera stessa || *a cerchio*, in forma di cerchio || *in cerchio*, in tondo || *fig. quadratura del cerchio*, questione insolubile, impresa impossibile || *avere un cerchio alla testa*, avere mal di capo **2.** striscia di legno o metallo curvata a circolo con cui si tengono unite le doghe dei barili, si fasciano oggetti cilindrici per aumentarne la resistenza ecc. || *per simil.* attrezzo ginnico utilizzato nella ginnastica artistica femminile; anche oggetto simile che i bambini fanno correre guidandolo con una bacchetta **3.** *per estens.* tutto ciò che ha forma circolare o in gen. aspetto di cerchio: *un cerchio di luce, di folla, il cerchio delle mura* || *fare cerchio intorno a qualcuno*, attorniarlo || *il cerchio delle ruote*, cerchione **4.** termine generico per indicare anelli, orecchini e ogni altro monile di forma circolare **5.** in Dante, ciascuno dei ripiani in cui è suddivisa la voragine infernale **6.** *cerchio della morte*, figura acrobatica eseguita da motociclisti su una pista cilindrica || *T.aer.* gran volta **7.** *ant.* sfera celeste || *dim.* cerchiétto, cerchièllo, cerchiolìno; *accr.* cerchióne || **N.** **1.** *Sin.* circolo **3.** *Sin.* cinta, perimetro; disco **4.** anello, fede, orecchino. **Q.T.** *matematica...* **TAV.** *enologia* 4.3; *geometria* 4; ***automobile* p. 658** 3.53.

cerchióne (*accr.* di *cerchio*) [1692] *sm.* **1.** grosso cerchio **2.** cerchio metallico a cui è ancorato il pneumatico in biciclette, moto, auto e sim. **3.** anello metallico che si applica alla periferia delle ruote di carrozze e vetture ferroviarie per garantire una superficie di rotolamento liscia. **TAV.** ***carri...* p. 664** 2.10; ***ferrovie...* p. 669** 5.9; ***motocicletta...* p. 1322** 1.16 e **p. 1323** 6.12.

cèrci [dal gr. *kérkos*, coda; 1913] *sm. pl. T.zool.* appendici presenti talvolta nell'addome degli insetti.

cercinàre (pres. *cércino*) [da *cercine*; 1956] *tr. T.bot.* sottoporre un albero a cercinatura: *cercinare un ramo.*

cercinatùra [da *cercine*; 1962] *sf.* asportazione di un anello di corteccia alla base del tronco di un albero destinato all'abbattimento per determinare la trasformazione dell'alburno in durame.

cércine [lat. *circinus*, propr. compasso; a. 1400] *sm.* **1.** panno ravvolto in cerchio usato da chi deve portare pesi sul capo || *per estens.* acconciatura femminile con i capelli raccolti a formare un cercine || fascia imbottita con cui si avvolgeva il capo ai bambini perché cadendo non si facessero male **2.** *T.bot.* neoformazione di tessuto ad anello che si forma per ricoprire zone lesionate || rigonfiamento dei tessuti vegetali causato da cattiva circolazione linfatica **3.** *T.anat.* qualsiasi formazione anulare rilevata **4.** *T.arald.* striscia di stoffa degli stessi colori dello scudo, attorcigliata in banda e posta sull'elmo **5.** *T.mar. ant.* rinforzo posto sugli orli delle vele, ralinga || **N.** **1.** *Sin.* ciambella.

cérco [lat. *circus*, cerchio; a. 1374] *sm. ant.* cerchio.

cèrco- [dal gr. *kérkos*, coda] ***primo elem.*** che, in parole composte della terminologia scientifica, vale "coda" (per es. *cercopiteco*).

-cèrco [dal gr. *kérkos*, coda] ***elem. term.*** che, in parole composte della terminologia scientifica, vale "coda" (per es. *eterocerco*).

cercocèbo [comp. di *cerco-* e del gr. *kêbos*, scimmia; 1830] *sm. T.zool.* genere di scimmie dei Cercopitecidi dalla coda molto lunga, viventi nelle foreste della Nigeria.

cercóne [etim. inc.; 1304 ca.] *sm. ant.* vino guasto; anche *agg.*: *vino cercone.*

Cercopitècidi (sing. *-e*) [comp. di *cercopitec(o)* e *-idi*; 1956] *sm. pl. T.zool.* famiglia di scimmie catarrine che comprende i generi del cercocebo, del macaco, del mandrillo, del cercopiteco ecc.

cercopitèco (pl. *-chi*) [dal lat. *cercopithēcus*, gr. *kerkopíthēkos*; a. 1367 *circopetrico*] *sm.* genere di scimmie dei Cercopitecidi non molto grandi, abili saltatrici, con coda lunga; vivono in gruppi di cinque o sei individui sugli alberi della fascia tropicale africana.

cercospòra [comp. di *cerco-* e *spora*; 1931] ***sf.*** *T.bot.* genere di funghi deuteromiceti le cui specie, generalmente parassite, sono spesso dannose a varie colture.

cereàle [dal lat. *cereālis*; a. 1597] ***sm.*** part. *pl.*, nome generico di piante erbacee che vengono coltivate per i frutti e i semi usati, part. in forma di farina, nell'alimentazione umana e animale: *il mais, il grano e l'orzo sono cereali*; anche come *agg.*: *piante cereali* || *per estens.* i semi e i frutti di tali piante: *la macinazione dei cereali* || **N.** avena, grano o frumento, mais o granoturco, miglio, orzo, riso, segala, sorgo | granaglie | arista o resta, chicco, granello, lolla, pula, spiga.

cerealìcolo [da *cereale*; 1904] ***agg.*** relativo alla coltivazione e al commercio dei cereali: *produzione cerealicola.*

cerealicoltóre [comp. di *cereale* e *-coltore*; 1951] ***sm.*** (f. *-trìce*) chi produce cereali.

cerealicoltùra [comp. di *cereale* e *coltura*; 1870] ***sf.*** coltivazione dei cereali.

cerebellàre [da *cerebello*; 1892] ***agg.*** *T.anat.* che si riferisce al cervelletto o che è in relazione con esso: *corteccia cerebellare, disturbi cerebellari.*

cerebellìte [comp. di *cerebello* e *-ite*; 1875] ***sf.*** *T.med.* infiammazione del cervelletto.

cerebèllo [dal lat. *cerebellum*, dim. di *cerebrum*, cervello; a. 1673] ***sm.*** *T.anat.* cervelletto.

cerebràle [da *cerebro*; a. 1730] ***agg.*** **1.** *T.anat.* relativo al cervello o ai suoi costituenti: *emisferi cerebrali, gangli cerebrali* || *T.med.* detto di processo morboso, che riguarda il cervello o in gen. l'encefalo: *emorragia cerebrale* **2.** *fig.* detto di persona o creazione artistica in cui predomina un compiaciuto intellettualismo: *scrittore, musica cerebrale* **3.** *T.ling. disus.* retroflesso.

cerebralìsmo [da *cerebrale*; 1942] ***sm.*** nella creazione artistica, predominanza delle facoltà critiche e intellettuali su quelle emozionali e affettive; intellettualismo, astrattezza.

cerebralità [da *cerebrale*, sul modello del fr. *cérébralité*; a. 1936] ***sf.*** eccesso di intellettualismo; cerebralismo: *disumana e... inguaribile cerebralità* (Pirandello).

cerebrazióne [da *cerebro*; 1905] ***sf.*** *T.med.* l'insieme delle attività cerebrali.

cerebrifórme [comp. di *cerebro-* e *-forme*, sul modello del fr. *cérébriforme*; a. 1730] ***agg.*** dalla forma simile a quella del cervello.

cèrebro [dal lat. *cerebrum*; 1308] ***sm.*** **1.** *ant.* cervello **2.** *non com.* l'insieme dei gangli nervosi degli insetti.

cèrebro- [dal lat. *cerebrum*, cervello] ***primo elem.*** che, in parole composte della terminologia medica, vale "cervello": **cerebropatìa**, **cerebroplegìa**, **cerebroscleròsi**.

cerebrolèso [comp. di *cerebro-* e *-leso*; 1983] ***agg.*** e ***sm.*** (f. *-a*) *T.med.* che, chi ha subito una lesione cerebrale che comporta spesso un'alterazione delle funzioni psicofisiche.

cerebrospinàle [comp. di *cerebro-* e *spinale* sul modello del fr. *cérébro-spinal*; 1875] ***agg.*** *T.anat.* che si riferisce al cervello e al midollo spinale: *meningite cerebrospinale.*

cèreo [dal lat. *cēreus*; a. 1729] **I** ***agg.*** **1.** di cera **2.** del colore della cera, assai pallido: *viso cereo* **3.** molle, plasmabile **II** ***sm.*** **1.** *T.bot.* genere di piante delle Cactacee con fusti carnosi e angolosi e foglie ridotte in spine, che possono raggiungere un'altezza di vari metri; originarie del continente americano, vengono coltivate per scopi ornamentali anche nell'Europa meridionale **2.** *poet. non com.* cero.

cererìa [da *cera*[1]; 1754] ***sf.*** luogo in cui si fabbricano o si vendono candele, cera e sim.

cerétta [da *cera*[1]; 1830] ***sf.*** **1.** miscela adesiva a base di cera usata nella depilazione **2.** pomata cerosa usata un tempo per lisciare e ungere baffi e capelli **3.** crema per lucidare le scarpe.

cerfìco (pl. *-chi*) [da (*a*) *cero fico*, per il lattice, simile a quello del fico; 1965] ***sm.*** albero delle Aceracee dalle foglie ampie e dai fiori giallo-verdastri || **N.** *Sin.* acero riccio.

cerfòglio (pl. *-gli*) [lat. *caerefolium*, gr. *chairéphyllon*; 1340 ca.] ***sm.*** **1.** pianta erbacea delle Ombrellifere con fiori raccolti in ombrelle, diffusa in tutta Europa, che viene utilizzata in cucina come aroma **2.** *raro* ciocca arruffata di capelli. **TAV.** ***erboristeria*** 4.

cèrico (pl. *-ci*) [da *cerio*; 1887] ***agg.*** *T.chim.* detto di composto del cerio tetravalente.

cerìfero [comp. di *cera*[1] e *-fero*; 1951] ***agg.*** che produce cera.

cèrilo [dal gr. *kērýlos*; 1889] ***sm.*** *poet.* favoloso uccello marino, identificato con una specie di alcione.

cerimònia [dal lat. *caerimōnia*; a. 1342] ***sf.*** **1.** insieme di gesti o azioni rituali che accompagnano la celebrazione di un culto religioso: *cerimonia funebre* || *per estens.* solenne celebrazione pubblica di un evento o di una ricorrenza: *cerimonia di inaugurazione, di premiazione, di nozze* || *abito da cerimonia*, nome generico di abiti che vengono indossati in particolari occasioni ufficiali || *maestro di cerimonie*, cerimoniere **2.** *pl.* eccessiva dimostrazione di rispetto verso altre persone, convenevoli eccessivi: *non facciamo cerimonie* || *senza far cerimonie*, alla buona || *senza tante cerimonie*, brutalmente || *sing. per cerimonia*, per pura formalità || **N. 1.** *Sin.* funzione, rito; celebrazione, solennità **2.** formalità; complimento, pompa, smanceria. **Q.T.** *antropologia.*

cerimoniàle [dal lat. tardo *caerimoniālis*; a. 1527] **I** ***sm.*** l'insieme degli atti, delle regole e delle procedure previsti per la celebrazione di un atto solenne o che sono imposti da particolari ambienti o circostanze: *cerimoniale diplomatico, di corte* **II** ***agg.*** *non com.* di, da cerimonia: *abito cerimoniale* || **N. I** *Sin.* etichetta, formalità; galateo **II** rituale.

cerimonière [da *cerimonia*; 1585] ***sm.*** chi, in una corte o in occasione di ricorrenze solenni, ha il compito di regolare le cerimonie.

cerimoniosità [da *cerimonioso*; 1865] ***sf.*** l'essere cerimonioso, il fare complimenti eccessivi e inutili.

cerimonióso [dal lat. tardo *caerimoniōsus*; 1484] ***agg.*** di persona o comportamento troppo formale e affettato || **cerimoniosaménte** ***avv.***

cerinàio (pl. *-ài*) [da *cerino*; a. 1936 nel senso 2] ***sm.*** (f. *-a*) **1.** operaio addetto alla produzione di cerini **2.** *raro* venditore ambulante di cerini.

cerìno (*dim.* di *cero*) [1803 nel senso 3] ***sm.*** **1.** piccolo cero **2.** fiammifero corto e sottile con lo stelo di cera **3.** stoppino rivestito di cera, ravvolto a gomitolo, usato, part. in chiesa, per accendere candele || moccolo usato un tempo di notte per far luce salendo e scendendo le scale.

cèrio [dal lat. scient. *cerium*; 1865] ***sm.*** elemento chimico, metallo tenero di color grigio, malleabile; contenuto in tutti i minerali delle terre rare, è usato insieme al ferro e ad altri metalli per formare leghe piroforiche, proiettili traccianti, leghe disossidanti e sim.

cèrna[1] [da *cernere*; 1321] ***sf.*** *ant.* **1.** *lett.* scelta, separazione **2.** *T.stor.* milizia arruolata nel contado || *fig.* soldato inesperto, inadatto alla guerra.

cèrna[2] V. CERNIA.

cernécchio (pl. *-chi*) [lat. tardo *cerniculum*, crivello; a. 1665] ***sm.*** *tosc.* ciocca di capelli arruffati.

cèrnere (pres. *cèrno*; p.rem. *cernéi* o *cernètti*; pps. *cernito*) [dal lat. *cernere*; sec. XIII] ***tr.*** **1.** separare secondo un determinato criterio: *cernere il grano dalla pula, il buono dal cattivo* **2.** *ant.* vedere chiaramente, discernere; anche *fig.* comprendere.

cèrnia o **cèrna**[2] [dal lat. tardo *acernia*; 1797] ***sf.*** grosso pesce osseo dei Serranidi dalle carni molto pregiate.

cernièra [dal fr. *charnière*; 1771] ***sf.*** **1.** dispositivo metallico per collegare fra loro due elementi consentendone la mobilità attorno a un asse || *per estens.* sistema di snodo **2.** serratura a incastro per borse, scatole e sim. || *cerniera lampo* o *lampo*, dispositivo di chiusura per vestiti, borse e sim. consistente in una doppia fila di dentini di plastica o metallo che si incastrano tra loro per mezzo di un cursore **3.** *T.zool.* giunzione delle valve nei molluschi bivalvi **4.** *T.geol.* zona di maggior curvatura degli strati di una piega || **N. 2.** *Sin.* zip. **TAV.** ***edilizia*** **p. 666** 3.1.

cernière [dal fr. *charnier*; 1937] ***sm.*** *T.mar.* sulle navi, piccolo serbatoio metallico contenente acqua potabile per l'equipaggio.

cernìre (pres. *-ìsco, -ìsci*) [lat. *cernere*; metà sec. XIII] ***tr.*** *ant.* cernere.

cèrnita [da *cernere*; 1663] ***sf.*** **1.** scelta, selezione effettuata in base a criteri stabiliti: *fare una cernita accurata* **2.** *T.stor. pl.* milizie contadine arruolate a difesa del territorio.

cernitóre [da *cernere*; a. 1347] ***sm.*** **1.** (f. *-trìce*) chi è addetto alle operazioni di cernita **2.** (f. *-trìce*) chi abburatta la farina **3.** apparecchio per la separazione di materiali diversi (semi, frutta e sim.).

cernitùra [da *cernere*; a. 1566] ***sf.*** *non com.* atto ed effetto del cernere, scelta.

cernozèm o **cernoziòm** adattamenti del russo *cernozëm* (v.).

cernozëm (russo, pr. [tʃirnʌ'zʲɔm]) [letter. terra nera; comp. di *čërnyj*, nero, e *zemlja*, terra; 1931] ***sm.*** *inv.* tipo di terreno nero e grasso comune nella Russia centromeridionale.

céro [da *cera*[1]; inizio sec. XIII] ***sm.*** grossa candela di cera usata part. in chiesa o nelle processioni: *cero votivo*, che si offre per adempiere a un voto || *cero pasquale*, quello che viene benedetto durante le funzioni della veglia pasquale e resta acceso fino all'Ascensione || *diritto come un cero*, rigido || *pallido come un cero*, smorto || *fig. un bel cero*, uomo goffo; zerbinotto.

-cero [dal gr. *kéras*, corno] ***elem. term.*** che, in parole composte della terminologia zoologica, vale "corna" o, nelle denominazioni di insetti, "antenna" (per es. *eterocero, ropalocero*).

ceroferàrio (pl. *-ri*) [dal lat. tardo *ceroferārius*; 1622] ***sm.*** chierico incaricato di portare un cero acceso sul candeliere in occasione di celebrazioni rituali e funzioni solenni.

ceròma [dal lat. *cerōma*, gr. *kḗrōma*; a. 1798] ***sm.*** **1.** unguento di cera e olio usato dagli antichi atleti per ungersi **2.** *T.zool.* rivestimento ceroso alla base del becco di numerosi uccelli **3.** *T.med.* tumore caratterizzato da degenerazione cerea del tessuto.

ceróne [da *cera*[1]; 1925] ***sm.*** pasta cosmetica a base di cera usata dagli attori per la truccatura.

ceroplàsta [dal lat. tardo *ceroplasta*, gr. *kēroplástēs*; 1745] ***s.*** artista che modella la cera.

ceroplàstica [dal gr. *kēroplastikḗ*, attr. il fr. *céroplastique*; a. 1798] ***sf.*** arte di modellare la cera.

ceróso[1] [dal lat. *cerōsus*; a. 1584] ***agg.*** che contiene cera: *impasto ceroso*; che è simile alla cera.

ceróso[2] [da *cerio*; 1865] ***agg.*** *T.chim.* di composto del cerio trivalente.

ceròtico (pl. *-ci*) [da *cera*; 1956] ***agg.*** detto

di composto ricavato dalla cera || *acido cerotico,* acido organico cristallino, presente in molte cere sotto forma di estere.

ceròtto [lat. *cerōtum*, gr. *kērōtón*, unguento di cera; sec. XIV] **sm.** **1.** medicamento a base di resine adesive e sostanze medicinali che spalmato su pezzi di tela viene applicato sulla parte malata || *cerotto adesivo,* nastro di tela adesivo usato per fissare garze e bende e coprire piccole ferite **2.** *fig.* persona noiosa e importuna; persona di salute cagionevole || opera d'arte mal fatta o mal restaurata **3.** *ant.* unguento, pomata per capelli.

cerpellino V. SCERPELLINO.

cerpellóne V. SCERPELLONE.

cerréta [da *cerro*; 1701] **sf.** cerreto.

cerretàno [dal n. geogr. *Cerreto*, in Umbria; a. 1459] **sm.** (f. *-a*) *lett.* ciarlatano, impostore.

cerréto [da *cerro*; 1336 ca.] **sm.** bosco di cerri.

cèrro [lat. *cerrus*; 1319] **sm.** albero delle Fagacee con foglie oblunghe, ghianda allungata con cupola a squame libere, diffuso nell'Europa meridionale; la corteccia, ricca di tannino, è utilizzata nella concia delle pelli || *per estens.* il legno di tale pianta, utilizzato come combustibile.

certaldése [dal n. geogr. *Certaldo*; 1860] **I** **agg.** di Certaldo, borgo in provincia di Firenze **II** **s.** abitante o nativo di Certaldo || *per anton.* *il Certaldese,* il Boccaccio.

certàme [dal lat. *certāmen*; a. 1472] **sm.** *poet.* gara, combattimento || *singolar certame,* duello || gara poetica e letteraria.

certàre (pres. *cèrto*) [dal lat. *certāre*; 1438] **intr.** (aus. *avere*) *ant.* combattere, gareggiare.

certézza [da *certo*; sec. XIII] **sf.** **1.** condizione di ciò che è rispondente al vero, immancabile, sicuro: *la certezza delle scienze matematiche* || *certezza matematica,* che si trae dall'esattezza dei calcoli matematici; *fig.* piena, totale || *certezza del diritto,* uguaglianza dei cittadini davanti alla legge, garantita dallo stato democratico **2.** convinzione ferma e assoluta: *affermare con certezza,* senza alcun dubbio || **N.** **1.** evidenza, verità **2.** persuasione, sicurezza | *Contr.* dubbio, incertezza.

certificàre (pres. *-ìfico, -ìfichi*) [dal lat. tardo *certificāre*; 1306] **tr.** **1.** attestare, accertare, part. mediante documenti scritti **2.** *non com.* garantire, render certo || **rifl.** *raro* acquisire certezza, assicurarsi || **N.** **1.** *Sin.* affermare, asserire, asseverare, documentare, testimoniare.

certificàto [dal fr. *certificat*; 1772] **sm.** dichiarazione scritta, gen. rilasciata dalla pubblica autorità, che attesta l'esistenza o la verità di un fatto o documenta l'esito di una valutazione: *certificato di nascita, di residenza, di sana e robusta costituzione* || *certificato penale,* rilasciato dal casellario giudiziale e riportante le condanne penali subite || *certificato di origine,* che attesta la provenienza di merci importate || *certificato di lavoro,* documento rilasciato dal datore di lavoro all'atto della cessazione del rapporto di dipendenza nei casi in cui non sia obbligatorio il libretto di lavoro || **N.** *Sin.* attestato, attestazione, dichiarazione, DOCUMENTO | autenticare, rilasciare.

certificazióne [da *certificare*; a. 1348] **sf.** atto ed effetto del certificare || *certificazione di un documento,* autenticazione || *certificazione di bilancio,* attestazione della correttezza delle procedure di formazione del bilancio.

certitùdine [dal lat. tardo *certitūdo, -inis*; a. 1533] **sf.** *ant.* certezza.

cèrto [lat. *certus*; a. 1237 come sm.] **I** **agg.** **1.** che corrisponde al vero, indubitabile: *una notizia certa, una fonte di informazioni certa* || preciso: *avere uno scopo certo* || *dare per certo,* affermare in modo sicuro **2.** sicuro, persuaso: *era certo di giungere in tempo* || *rendere certo qualcuno di qualcosa,* assicurarlo di qualcosa **3.** che si verificherà senza dubbio: *la morte è una cosa certa* || *disus.* che produce l'esito atteso: *un rimedio certo* **4.** con valore indefinito (sempre anteposto al sostantivo), alcuno, qualche, alquanto: *devo sbrigare certe incombenze, devo finire certi lavori* || *dopo un certo tempo,* dopo un intervallo di tempo determinato ma non esplicito || riferito a sensazioni indefinibili: *ho un certo languore, un certo non so che* || con valore attenuativo oppure accrescitivo: *mostra una certa intelligenza, ho certi nervi* || con valore spregiativo: *certa gente è meglio lasciarla perdere* || tale: *ho conosciuto un certo Enrico* || **certaménte** **avv.** **1.** in modo certo: *certamente domani ti darò una risposta* **2.** (con valore frasale) è certo che: *certamente di te non si fida* **II** **sm.** (solo *sing.*) ciò che è certo: *ha abbandonato il certo per l'incerto* **III** **pron.** *indef. pl.* alcuni, taluni: *certi dicono che hai ragione* **IV** **avv.** certamente (anche con valore frasale) || con valore rafforzativo: *certo che sì!, ma certo!* || *di certo,* è sicuro che || negli incisi assume valore rafforzativo: *tu, certo, eri all'oscuro di tutto* || **N.** **1.** chiaro, evidente, fermo, inconfutabile, incontestabile, indiscutibile, indubitabile, irrefutabile, manifesto, vero | *Contr.* dubbio.

certòṣa [dal fr. *chartreuse*; 1500 *certoxia*] **sf.** **1.** monastero dei Certosini || *fig.* luogo silenzioso che invita al raccoglimento **2.** *sett.* cimitero.

certoṣino [da *certosa*; a. 1524] **I** **sm.** **1.** monaco appartenente all'ordine fondato intorno all'anno mille da san Brunone || *loc. avv.* *alla certosina,* al modo dei certosini; *tavolo alla certosina,* tavolo tipico del Rinascimento costituito da un piano poggiato su due cavalletti spesso sagomati e intarsiati; *lavoro alla certosina,* intarsio del legno a figure geometriche ottenuto con inserzione di pezzi di osso o madreperla **2.** *per estens.* uomo solitario che conduce una vita di astinenza || *lavoro da certosino,* che richiede grande pazienza || *pazienza da certosino,* assai grande **3.** liquore aromatico più com. detto *chartreuse* **4.** varietà di gatto con occhi gialli e pelo corto, morbido, di colore grigio-azzurro; deve il nome alla credenza che fossero stati i monaci certosini ad allevarli nei loro conventi **II** **agg.** **1.** relativo all'ordine fondato da san Brunone **2.** *per estens.* da certosino, degno di un certosino: *con lui ci vuole una pazienza certosina.* **TAV. gatti p. 672**.

certùno (pl. *-ùni*) [comp. di *certo* e *uno*; 1664] **I** **pron.** *indef.* part. *pl.*, qualcuno, alcuno: *certuni vorrebbero aver sempre ragione* || in correlazione con *cert'altri*: *certuni sono partiti, cert'altri no* **II** **agg.** *indef. pl.* *raro* alcuni: *certune cose.*

cerùleo [dal lat. *caeruleus*; a. 1374] **I** **agg.** *lett.* del colore del cielo sereno; *in part.* di occhi, azzurri chiari || *morbo ceruleo,* nome generico di cardiopatie che provocano cianosi **II** **sm.** **1.** il color ceruleo **2.** pigmento color azzurro chiaro che si ottiene mescolando ossido di stagno, ossido di cobalto, solfato di calcio e silice || **N.** I *Sin.* celeste, celestino, cilestrino.

cèrulo [dal lat. *cāerulus*; 1810] **agg.** *lett.* ceruleo.

cerùme [da *cera*[1]; 1491 *cerame*] **sm.** **1.** prodotto della secrezione delle ghiandole ceruminose dell'orecchio esterno, di colore giallastro **2.** *raro* colatura di ceri e candele.

ceruminóso [da *cerume*; 1820] **agg.** **1.** che ha l'aspetto o la consistenza del cerume **2.** che produce cerume: *ghiandole ceruminose.*

ceruṣìa [lat. *chirurgia*, gr. *cheirourgía*; metà sec. XIV] **sf.** *ant.* chirurgia.

cerùṣico (pl. *-ci* e meno com. *-chi*) [lat. *chirūrgicus*; a. 1320] **sm.** *ant.* chirurgo || oggi usato con valore *iron.*, chirurgo da poco || anche *agg.*: *arte cerusica,* la chirurgia.

cerùssa [dal lat. *cerussa*; a. 1320] **sf.** biacca.

cerussite [comp. di *cerussa* e *-ite*[2]; 1888] **sf.** *T.min.* minerale, carbonato di piombo di colore bianco grigiastro; nei giacimenti piombiferi si trova in masse cristalliformi come minerale di alterazione.

cervàto [da *cervo*; 1561] **agg.** detto di colore del mantello del cavallo, tra il rosso e il bianco, simile a quello del cervo.

cervellàccio (pl. *-ci*) (*pegg.* di *cervello*) [a. 1584] **sm.** **1.** mente rozza e grossolana **2.** persona stravagante e balzana ma assai intelligente.

cervellàggine [da *cervello*; a. 1543] **sf.** *non com.* capriccio; sbadataggine.

cervellàta [da *cervella*, pl. f. di cervello; 1554] **sf.** **1.** salciccia tipica del milanese fatta con cervella di porco, formaggio e aromi **2.** salciccia simile prodotta nel napoletano.

cervellétto [da *cervello*; 1574] **sm.** **1.** *T.anat.* porzione dell'encefalo che occupa la parte posteriore e inferiore della cavità cranica; nell'uomo presenta una parte mediana (*verme*) e due laterali (*emisferi cerebellari*) **2.** *com.* cervellino || **N.** **1.** cerebello. **Q.T.** *anatomia* **TAV. anatomia p. 642** 7.7.

cervellièra [dal fr. ant. *cerveliere*; a. 1292] **sf.** calotta di ferro che veniva indossata sotto l'elmo a protezione del capo.

cervellinàggine [da *cervellino*; a. 1527] **sf.** *ant.* leggerezza, sventatezza.

cervellino (*dim.* di *cervello*) [a. 1492] **sm.** **1.** cervello di piccolo animale || *vezz.* cervello di bambino: *chissà che gli passa per il cervellino* **2.** *per meton.* persona di limitata intelligenza || persona sventata, di poco senno; stravagante, estrosa; anche *agg.*: *una donna sventata e cervellina.*

cervèllo (pl. *cervelli* o, nel senso **1**, anche f. *cervella*) [lat. *cerebellum*; 1300 ca.] **sm.** **1.** *T.anat.* la parte anteriore dell'encefalo, collocata nella cavità cranica e divisa in due emisferi composti in superficie di sostanza grigia (corteccia cerebrale) e all'interno di una sostanza bianca (centro ovale); costituisce il centro delle attività psichiche, motorie, sensoriali e sensitive || *com.* encefalo || *farsi saltare, bruciarsi le cervella,* uccidersi con un colpo di arma da fuoco alla tempia || *ho il cervello che mi si spacca,* ho un forte mal di testa || riferito ad animali macellati: *un cervello di bue, fritto di cervello, cervella bollite con limone* **2.** *fig.* intelletto, ragione, intelligenza: *non possiede un briciolo di cervello* || *agire senza cervello,* in modo scriteriato || *fare le cose con poco cervello,* con leggerezza || *avere il cervello in fondo ai piedi,* essere privi di discernimento || *avere il cervello nelle nuvole, in processione,* essere distratti || *non avere il cervello a posto,* dare segni di squilibrio || *andare via di, uscire di cervello,* impazzire; *gli ha dato di volta il cervello,* è ammattito (anche *iperb.*) || *tornare in cervello,* riacquistare il senno || *mettere il cervello a posto,* mettere giudizio || *lambiccarsi il cervello,* sforzarsi di risolvere un problema, di comprendere o ricordare qualcosa || *stamparsi nel cervello,* imprimersi nella mente || *cervello di gallina, d'oca, di formica* e sim., persona di scarsa intelligenza o di scarso discernimento || *dare al cervello,* di alcolici, ubriacare; *in gen.* far perdere il senso della realtà: *la fama gli ha dato al cervello* || riferito al modo di agire o di giudicare: *pensare, agire col proprio cervello* **3.** *per estens.* persona in quanto essere pensante: *è un cervello bislacco, un cervello fino* **4.** *fig.* la mente direttiva di un'organizzazione: *il cervello della banda* || persona di grandi doti intellettuali: *i cervelli della fisica lavorano tutti negli USA*; *fuga di cervelli,* esodo degli scienziati europei e del Terzo Mondo verso i paesi più industrializzati e in part. gli USA **5.** *cervello elettronico, disus.*, elaboratore elettronico || *dim.* cervellino, cervellùccio; *accr.*

cervellóne; *pegg.* cervellàccio ‖ **N. 1.** cervelletto, corpo calloso, cranio, lobo (frontale, occipitale, parietale, temporale), midollo allungato; circonvoluzioni, scissura, solchi | neuroni, sinapsi | commozione cerebrale, emorragia cerebrale, encefalite, macrocefalia, meningite, microcefalia | pazzia **2.** *Sin.* assennatezza, buonsenso, discernimento, giudizio, intelligenza, raziocinio, senno | *Contr.* stoltezza, stupidità | scervellato **3.** *Sin.* tipo, uomo **4.** *Sin.* capo, mente. **Q.T.** *anatomia* **TAV.** ***anatomia*** **p. 641** 4.1 e **p. 642** 7.

cervellóne (*accr.* di *cervello*) [1605] ***sm.*** **1.** *non com.* grosso cervello di animale **2.** *fig.* persona di intelligenza eccezionale ‖ *iron.* uomo stolto e grossolano **3.** *scherz.* elaboratore elettronico, specie se di grandi capacità e dimensioni.

cervellòtico (pl. *-ci*) [da *cervello*; a. 1729] ***agg.*** di persona, che si comporta in modo astruso, strambo, bizzarro; di cosa, contorta, macchinosa: *uno scritto cervellotico, una macchinazione cervellotica* ‖ **cervelloticaménte** ***avv.***

cervellùto [da *cervello*; a. 1698] ***agg.*** *non com. scherz.* avveduto, fornito di molto cervello.

cervicàle [dal lat. tardo *cervicālis*; 1574] ***agg.*** *T.anat.* e *T.med.* relativo alla cervice o ai vari organi del collo: *vertebre cervicali, artrosi cervicale* ‖ relativo alla cervice uterina: *canale cervicale.* **Q.T.** *anatomia.* **TAV.** ***anatomia*** **p. 641** 4.3.

cervìce [dal lat. *cervix, -īcis*; 1319] ***sf.*** **1.** *lett.* parte posteriore del collo, nuca ‖ *fig. piegare la cervice,* inchinarsi, rassegnarsi ‖ *fig. di dura cervice,* testardo ‖ *fig. cervice altera,* persona superba **2.** *T.anat. cervice uterina,* il collo dell'utero ‖ **N. 1.** *Sin.* collottola, nuca.

Cèrvidi (sing. *-e*) [comp. del lat. *cervus* e di *-idi*; 1956] ***sm. pl.*** *T.zool.* famiglia di Artiodattili ungulati con zampe lunghe e muscolose, pelame corto che muta colore durante la stagione invernale, corna ossee, ramificate e caduche gen. presenti solo nei maschi ‖ **N.** alce, capriolo, cervo, renna.

cervièro o **cervière** [dal lat. *lupus cervārius,* attr. il fr. (*loup*) *cervier,* lupo veloce come un cervo, che dà la caccia ai cervi; a. 1292] **I** ***sm.*** *ant.* lince **II** ***agg.*** *lett.* (solo nella forma *cerviero*) di vista particolarmente acuta: *occhio cerviero* ‖ *ant. lupo cerviero,* la lince.

cervìno [da *cervo*; sec. XIII-XIV] **I** ***agg.*** **1.** di cervo: *carne cervina* **2.** di colore simile al mantello dei cervi: *cavallo cervino* **II** ***sm.*** pianta delle Graminacee con foglie spinose e fiori raccolti in spighe sottili, comune in Italia nelle zone alpine.

cervióna V. CERVONA.

cèrvo [lat. *cervus*; a. 1280] ***sm.*** **1.** ruminante della famiglia dei Cervidi di corporatura robusta con zampe lunghe e muscolose, pelame fulvo, coda corta e nei maschi corna a palchi caduche ‖ *per estens.* nome generico di altri generi e specie di Cervidi **2.** *cervo volante,* coleottero di grandi dimensioni i cui esemplari maschi presentano mandibole eccezionalmente sviluppate che ricordano le corna dei cervi; *fig.* aquilone ‖ **N. 1.** cerbiatto | bramire.

cervògia (pl. *-gie*) [dal fr. ant. *cervoise*; a. 1313 *cervugia*] ***sf.*** *ant.* birra di orzo; *lett.* birra.

cervóna o **cervióna** [da *cervo*; 1745] ***sf.*** colla assai resistente ottenuta facendo bollire carnicci e ossa di animale; anche *agg.*: *colla cervona.*

cervóne [da *cervo,* perché munito di cornetti; a. 1572] ***sm.*** grosso rettile dei Colubridi dal dorso con quattro linee di color nero.

cerzioràre (pres. *-òro* e *-óro*) [dal lat. tardo *certiorāre*; 1565] ***tr.*** *ant. non com. T.bur.* e *T.giur.* informare, portare a conoscenza ‖ ***rifl.*** *ant.* accertarsi.

cḙ̀sare o **cèsare** [dal lat. *Caesar, -aris*; a. 1292] ***sm.*** *lett.* imperatore; anche *fig.* ‖ *avere un cuore di cesare,* essere magnanimo.

cḙṣàreo[1] [dal lat. *caesareus*; a. 1420] ***agg.*** **1.** di Giulio Cesare: *testi cesarei* **2.** imperiale ‖ *poeta cesareo,* di corte.

cḙṣàreo[2] [dal lat. scient. *sectio caesarea,* dal n. proprio lat. *Caesar,* Cesare, che secondo Plinio significava *caeso matris utero,* dall'utero tagliato della madre; 1750] ***agg.*** *T.med. taglio cesareo,* incisione delle pareti addominali e uterine praticata per estrarre il feto nei casi in cui il parto naturale non sia possibile ‖ *parto cesareo,* effettuato mediante taglio cesareo.

cḙṣarìano [dal lat. *Caesariānus*; 1559] **I** ***agg.*** di Giulio Cesare: *politica cesariana* **II** ***sm.*** *T.stor.* partigiano, sostenitore o soldato di Giulio Cesare.

cḙṣàrie [dal lat. *caesaries*; sec. XVI] ***sf.*** *ant. lett.* capigliatura lunga e folta: *va pei bei fianchi la cesarie d'oro* (Carducci).

cḙṣarìṣmo [dal fr. *césarisme*; 1866] ***sm.*** *T.pol.* sistema di governo autoritario basato sul potere personale di un sovrano legittimato dall'investitura popolare.

cḙṣaropapìṣmo [comp. di *cesar*(*ismo*) e *papismo*; 1913] ***sm.*** *T.pol.* sistema di relazioni tra stato e chiesa in cui il potere civile estende la propria autorità anche alle questioni religiose.

cḙṣaropapìsta [da *cesaropapismo*; 1970] **I** ***s.*** seguace o sostenitore del cesaropapismo **II** ***agg.*** relativo al cesaropapismo, proprio del cesaropapismo.

cḙṣellaménto [da *cesellare*; 1550] ***sm.*** *raro* l'operazione del cesellare.

cḙṣellàre (pres. *-èllo*) [da *cesello*; a. 1571] ***tr.*** **1.** lavorare col cesello oro, argento e altri metalli **2.** *fig.* eseguire un'opera d'arte con particolare cura, raffinatezza e attenzione agli aspetti formali: *cesellare un sonetto, un'esecuzione.*

cḙṣellatóre [da *cesellare*; 1797] ***sm.*** (f. *-trìce*) **1.** chi esegue lavori col cesello **2.** *fig.* chi esegue il proprio lavoro con grande cura e attenzione ai particolari. **Q.T.** *oreficeria.*

cḙṣellatùra [da *cesellare*; 1599] ***sf.*** **1.** lavoro eseguito col cesello ‖ tecnica della lavorazione col cesello **2.** *fig.* opera eseguita con grande perfezione e cura formale.

cḙṣèllo [lat. volg. **caesellus*; 1550] ***sm.*** scalpello col taglio smussato in vario modo per incidere i metalli: *lavoro di cesello,* eseguito col cesello; *fig.* lavoro estremamente preciso e curato ‖ *per estens.* l'arte di lavorare col cesello ‖ *concr.* opera prodotta col cesello.

cḙṣèna [forse dal lat. *caesius,* grigio-azzurro; 1875] ***sf.*** uccello dei Passeriformi simile al tordo, di medie dimensioni e con piumaggio dorsale grigio-bluastro; in Italia è una specie di passo invernale.

cèṣio [dal lat. *caesius*; a. 1543 come agg.; 1865 come sm. nel senso 1] **I** ***sm.*** **1.** *T.chim.* metallo alcalino duttile di colore bianco-argento usato nella produzione di valvole e cellule fotoelettriche **2.** colore azzurro chiaro, celeste, gen. detto degli occhi **II** ***agg.*** *inv.* (sempre posposto) del color cesio.

cḙṣioterapìa [comp. di *cesio* e *terapia*; 1983] ***sf.*** terapia effettuata per mezzo del cesio e dei suoi composti.

cḙṣóia [lat. volg. **caesōria* pl.; 1272] ***sf.*** **1.** utensile per tagliare lamiere metalliche formato da due lame a spigolo vivo, imperniate tra loro e munite di manici **2.** *pl.* grosse forbici, part. quelle usate nel giardinaggio per eseguire lavori di potatura **3.** *T.mar.* congegno per tagliare i cavi delle mine subacquee ancorate ‖ **N. 1.** *Sin.* trancia. **TAV.** ***giardinaggio*** **p. 1314** 13 e **p. 1315** 26.

cḙṣoiàta [da *cesoia*; 1865] ***sf.*** colpo di cesoia; taglio fatto con le cesoie.

cḙṣoiatóre [da *cesoia*; 1956] ***sm.*** (f. *-trice*) operaio addetto alla cesoiatrice.

cḙṣoiatrìce [da *cesoia*; 1956] ***sf.*** macchina per il taglio a freddo di lamiere, lastre metalliche, profilati e sim.

cèspite o **céspite** [dal lat. *caespes, -itis,* zolla erbosa; 1342] ***sm.*** **1.** *lett.* cespo: *come rugiada al cespite dell'erba inaridita* (Manzoni) **2.** fonte di reddito, entrata.

céspo [lat. volg. **cespus*; a. 1374] ***sm.*** insieme di foglie, rami, fiori cresciuti a forma di ciuffo da una medesima radice: *un cespo di rose, di insalata* ‖ **N.** *Sin.* cespite, cespuglio.

cespugliàme [da *cespuglio*; 1983] ***sm.*** insieme di cespugli.

cespugliàto [da *cespuglio*; XIV sec.] ***agg.*** ammucchiato in maniera tale da formare un cespuglio ‖ coperto da cespugli.

cespùglio (pl. *-gli*) [da *cespo*; 1313] ***sm.*** groviglio di rami o pianticelle nate da una medesima radice: *un cespuglio spinoso* ‖ *scherz.* folto ciuffo di capelli o di barba ‖ *dim.* cespugliétto ‖ **N.** *Sin.* cespite, cespo; groviglio, viluppo.

cespuglióso [da *cespuglio*; sec. XIV] ***agg.*** **1.** a forma di cespuglio **2.** pieno di cespugli: *un sottobosco cespuglioso* **3.** *fig.* a ciuffi fitti e disordinati: *una barba cespugliosa.*

cèssa [da *cessare*; 1928] ***sf.*** in un bosco, fascia di terreno che viene lasciata senza piante per arginare gli incendi.

cessànte (*ppr.* di *cessare*) [a. 1311] **I** ***agg.*** **1.** nei sensi del verbo **2.** *T.giur. lucro cessante,* mancato guadagno conseguente a dolo commesso da terzi che può dar luogo a risarcimento **3.** *lett.* lento a muoversi per ignavia, timore e sim.: *a l'armi incalza, a l'armi i cuor cessanti* (Carducci) **II** ***sm.*** *ant.* debitore insolvente.

cessàre (pres. *cèsso*) [lat. *cessāre,* indugiare; a. 1276] ***intr.*** (aus. *avere*) **1.** finire, aver termine (gen. con la possibilità di ricominciare): *il vento cessò* **2.** smettere di fare qualcosa, gen. seguito da *di* e infinito: *dopo due ore cessò di lamentarsi* **3.** *ant.* ritardare, frapporre indugi ‖ ***tr.*** **1.** sospendere, interrompere: *cessate questo baccano*; *cessare il fuoco,* smettere di sparare; *cessare le ostilità,* porre fine a un conflitto **2.** *ant.* tener lontano, scansare: *per ben cessar la rena e la fiammella* (Dante) ‖ *cessi il cielo,* Dio non voglia ‖ **N.** ***intr.*** **1.** *Sin.* desistere, finire, smettere **2.** *Sin.* interrompere, porre fine, rinunciare.

cessazióne [lat. *cessātio, -ōnis*; 1282] ***sf.*** atto ed effetto del cessare; interruzione di qualcosa iniziato in precedenza ‖ *cessazione d'esercizio,* chiusura definitiva di un negozio.

cessinàre [da *cessino,* dim. di *cesso*; 1955] ***tr.*** concimare un terreno con il cessino ‖ **N.** *Sin.* bottinare.

cessìno [da *cesso*; 1768] ***sm.*** concime estratto da fogne e pozzi neri.

cessionàrio (pl. *-ri*) [dal lat. *cessionārius,* forse attr. il fr. *cessionaire*; 1723] ***sm.*** (f. *-a*) *T.giur.* persona a favore della quale si fa una cessione ‖ **N.** *Contr.* cedente.

cessióne [lat. tardo *cessio, -ōnis*; a. 1527] ***sf.*** **1.** *T.giur.* il cedere a terzi un bene o un diritto ‖ *cessione del credito,* trasferimento di un diritto di credito da un soggetto a un altro ‖ *cessione dei beni ai creditori,* contratto con cui un debitore dà l'incarico ai creditori di liquidare le sue attività e di ripartire i guadagni a soddisfacimento del credito ‖ *cessione del contratto,* trasferimento a un'altra persona di un rapporto contrattuale nella sua interezza ‖ *cessione del quinto,* forma di restituzione di un mutuo mediante cessione di una somma pari fino al quinto dello stipendio per un periodo non superiore ai dieci anni ‖ *cessione territoriale,* trasferimento del diritto di sovranità territoriale da uno stato a un altro **2.** *T.banc.* cambiale commerciale girata.

cèsso [lat. *recessus*, luogo appartato; a. 1300] **sm.** **1.** *pop.* latrina || *fig.* luogo sporco e malsano: *abita in un cesso* || *fig.* cosa brutta e malfatta: *quel mobile è un cesso* **2.** *ant.* *stare in cesso*, stare in disparte.

césta [lat. *cista*; a. 1193] **sf.** **1.** recipiente di grandi dimensioni intrecciato in vimini o in altro materiale per trasportare oggetti: *una cesta di frutta, di pane* || *per estens.* quantità di roba contenuta in una cesta: *si è mangiato una cesta di meloni* || *fig.* *a ceste*, in grande quantità **2.** navicella di un aerostato **3.** barroccio con il pianale costituito da una grossa cesta, usato in Toscana per il trasporto dei fiaschi || *fig.* *essere, andare in cesta*, ubriacarsi **4.** *T.teatr.* baule contenente il corredo di scena **5.** *T.sport.* nella pelota, attrezzo usato dai giocatori per raccogliere e lanciare la palla || *dim.* cestìno (*sm.*), cestèllo (*sm.*); *accr.* cestóne (*sm.*) || **N.** **1.** *Sin.* canestro, paniere, sporta.

cestàio (pl. *-ài*) [da *cesta*; 1585 *cestaro*] **sm.** (f. *-a*) **1.** chi fabbrica o vende ceste **2.** *disus.* garzone di fornaio che effettuava le consegne a domicilio.

cestèlla (*dim.* di *cesta*) [sec. XIV] **sf.** **1.** *non com.* piccola cesta, cestino **2.** tipo di trappola per la cattura degli uccelli **3.** *T.zool.* piccola concavità delle zampe posteriori dell'ape operaia, dove viene raccolto il polline da portare all'alveare || **N.** **2.** *Sin.* cestola. **TAV.** *zootecnia* 5.5.

cestèllo (*dim.* di *cesto*¹) [a. 1342] **sm.** **1.** piccolo paniere, cestino **2.** contenitore in plastica, metallo o sim., diviso in più scomparti, per contenere bottiglie **3.** nelle lavatrici, contenitore metallico degli indumenti da lavare **4.** piattino forato al centro e coi bordi rialzati, in cui viene messa la candela per raccogliere la cera **5.** gabbia montata di solito su un autocarro e mossa da un braccio telescopico e articolato, che permette di compiere determinati lavori a una notevole altezza dal terreno. **TAV.** *elettrodomestici* 3.7, 8.1.

cesterìa [da *cesta*; 1963] **sf.** *raro* bottega in cui si fabbricano ceste e altri oggetti in vimini.

cestinàre (pres. *-ìno*) [da *cestino*; 1886 nel senso 2] **tr.** **1.** gettare qualcosa nel cestino **2.** *T.giorn.* non pubblicare, non stampare un manoscritto || *fig.* non tenere in considerazione lettere e documenti: *cestinare una lettera anonima.*

cestìno (*dim.* di *cesto*¹) [sec. XVI] **sm.** **1.** piccolo cesto, part. quello in cui si getta la carta straccia **2.** piccolo recipiente contenente oggetti vari: *cestino da lavoro*, con il necessario per cucire || *cestino da viaggio*, borsa, gen. venduta nelle stazioni ferroviarie, contenente cibi e bevande da consumare in viaggio **3.** girello di vimini per bambini **4.** nelle macchine per scrivere meccaniche, supporto per le leve portacaratteri.

cestìre (pres. *-ìsco, -ìsci*) [da *cesto*²; a. 1375] **intr.** (aus. *avere*) di piante, far cesto, accestire.

cestìsta [da *cesto*¹; 1935] **s.** *T.sport.* giocatore di pallacanestro.

césto¹ [da *cesta*; 1481] **sm.** **1.** recipiente di vimini o altro materiale, gen. più piccolo della cesta || *per estens.* quantità di roba contenuta in un cesto: *si è mangiato un cesto di fragole* **2.** *T.sport.* nella pallacanestro, canestro || *dim.* cestèllo, cestìno; *accr.* cestóne.

césto² [forse lat. *caespes, -itis*, zolla erbosa, con influsso di *cespo*; 1313] **sm.** **1.** ciuffo di foglie germogliato da una stessa radice: *un cesto di insalata* || *far cesto*, detto di piante le cui foglie si raggruppano in cesti, accestire || *fig.* *bel cesto*, bellimbusto **2.** *ant.* cespuglio.

cèsto [dal lat. *cāestus*; inizio sec. XIV] **sm.** presso gli antichi greci e romani, specie di armatura di legno o metallo che i pugilatori avvolgevano attorno alla mano e all'avambraccio e che lasciava libere le dita || *per estens.* scontro tra pugili armati di cesto.

Cestòdi (sing. *-e*) [dal lat. *cestus*, cintura; 1892] **sm. pl.** *T.zool.* classe di vermi Platelminti parassiti dell'intestino; hanno corpo nastriforme diviso in segmenti, ciascuno provvisto di un apparato riproduttore completo; il capo è dotato di organi adesivi e talvolta di uncini || **N.** tenia.

céstola [lat. *cistula*; a. 1566] **sf.** piccola cesta di vimini con uno sportello a scatto usata per la cattura di uccelli.

cestóso [da *cesto*²; 1600] **agg.** di pianta, che produce un cesto rigoglioso.

cesùra [dal lat. *caesūra*; a. 1565] **sf.** **1.** *T.metr.* nella metrica classica, pausa ritmica nel verso in corrispondenza della fine di una parola all'interno di un piede: *cesura forte* o *maschile*, posta dopo il tempo forte del terzo metro; *cesura debole* o *femminile*, posta dopo la prima breve del terzo dattilo || nella metrica quantitativa, pausa ritmica coincidente con il termine di una parola **2.** *T.mus.* pausa espressiva non indicata nella partitura e lasciata alla sensibilità dell'interprete **3.** *fig.* pausa, sospensione || interruzione; netta separazione.

Cetàcei [dal lat. *cētus*, gr. *kêtos*, mostro marino, balena; 1728] **sm. pl.** *T.zool.* ordine di Mammiferi acquatici con corpo pisciforme, testa grande, arti anteriori trasformati in pinne, arti posteriori mancanti, coda trasformata in pinna orizzontale, occhi piccoli collocati in posizione laterale, narici poste sulla dorsale del capo e cavità nasale trasformata in sfiatatoio || **N.** balena, capodoglio, delfino, narvalo | fanoni, sfiatatoio. **Q.T.** *zoologia* **TAV.** ***mammiferi* p. 1319**.

cetàno [comp. di *cet(ina)* e *-ano*²; 1956] **sf.** *T.chim.* idrocarburo paraffinico che si trova nel petrolio || *numero di cetano*, indice per misurare la capacità di accensione dei combustibili per motori Diesel.

cétera o **cètera** [lat. *cithara*; sec. XII *cythari*] **sf.** *ant.* cetra.

ceteràre (pres. *cétero*) [da *cetera*; a. 1292] **intr.** (aus. *avere*) *ant.* suonare la cetra.

ceteratóre [da *ceterare*; a. 1292] **sm.** (f. *-trice*) *ant.* suonatore di cetra.

cetìle [comp. di *cet(ina)* e *-ile*²; 1865] **sm.** *T.chim.* radicale monovalente ottenuto dal cetano per sottrazione di un atomo di idrogeno.

cetìlico (pl. *-ci*) [da *cetile*; 1887] **agg.** *T.chim.* detto di composto contenente il radicale cetile.

cetìna [dal disus. *ceto*, balena; 1865] **sf.** *T.chim.* estere dell'acido palmitico con alcol cetilico, di consistenza e aspetto cerosi; si ricava dall'olio di spermaceti e viene usato nell'industria cosmetica e nella fabbricazione di candele.

cèto [dal lat. *cōetus*; a. 1530 nel senso 2] **sm.** **1.** gruppo di persone caratterizzato da determinate condizioni socio-economiche: *ceto medio, ceto operaio* **2.** *ant.* riunione di persone || **N.** **1.** casta, classe, condizione, ordine.

cèto- [dal lat. *cētus*, gr. *kêtos*, mostro marino, balena] ***primo elem.*** che, in parole composte della terminologia scientifica, vale "relativo ai cetacei", "ricavato dai cetacei" (per es. *cetina, cetologia*) o concorre alla formazione di denominazioni di animali marini (per es. *cetorino*).

cetologìa [comp. di *ceto-* e *-logia*; 1820] **sf.** branca della zoologia che si occupa dello studio dei Cetacei.

cetònia [etim. inc.; 1875] **sf.** coleottero degli Scarabeidi di color verde dorato.

cetorìno [comp. di *ceto-* e *-rino*; 1913] **sm.** squalo di grandi dimensioni ma inoffensivo poiché si nutre di plancton, comune nel Mediterraneo.

cétra o **cètra** [lat. *cithara*; fine sec. XII] **sf.** **1.** strumento musicale a corde diffuso nell'antichità, costituito da una cassa armonica da cui si levavano due bracci congiunti nella parte superiore da un'assicella; le corde, tese tra tale assicella e la cassa armonica, venivano gen. suonate con un plettro **2.** strumento musicale della famiglia dei liuti costituito da una cassa armonica a fondo piatto e da una tastiera fissata su un manico su cui venivano tese corde metalliche gen. doppie **3.** *cetra da tavolo*, strumento musicale popolare in uso nella Germania meridionale costituito da una cassa armonica piatta su cui vengono tese le corde, suddivise in melodiche e di bordone **4.** *fig.* ispirazione poetica || **N.** **1.** cetera, eptacordo, lira, pentacordo | citaredo, citarista.

cetràngolo o **cedràngolo** [forse dal gr. *ángouron*, cocomero, con influsso di *cedro*; fine sec. XV *citrangolo*] **sm.** arancio amaro.

cetriòlo [lat. volg. **citriolus*; 1353 *cedriuolo*] **sm.** **1.** pianta erbacea delle Cucurbitacee, rampicante, con fiori gialli e frutto bislungo di color verde o giallastro, che viene coltivata per il frutto commestibile || *per estens.* il frutto di tale pianta consumato fresco o sotto aceto **2.** *fig.* persona goffa e sciocca **3.** *cetriolo di mare*, oloturia || *dim.* cetriolìno.

chablis (fr., pr. [ʃa'bli]) [dal n. geogr. *Chablis* in Borgogna; 1905] **sm.** *inv.* vino bianco secco della Borgogna.

cha-cha-cha (sp., pr. [tʃa tʃa 'tʃa]) [di orig. onom.; 1955] **sm.** *inv.* ballo veloce di origine cubana derivato dal mambo, introdotto in Europa negli anni '50.

chador (pers., pr. [tʃɒ:'dɔr]; pr. it. [tʃa'dɔr]) [voce persiana; 1979] **sm.** *inv.* lungo velo nero che copre la testa e parte del volto, indossato dalle donne persiane.

chaise longue (fr., pr. [ʃɛz 'lɔ̃:g]) [letter. sedia lunga; 1892] **sf.** *inv.* divanetto, poltrona con schienale molto reclinato che consente una posizione sdraiata; sedia a sdraio || **N.** agrippina.

chalet (fr., pr. [ʃa'lɛ]) [prob. dal preindeuropeo **cala*, riparo; 1864] **sm.** *inv.* villino di forma rustica in legno o pietra con tetto spiovente, costruito come abitazione per villeggiatura gen. in località montane.

challenge (ingl., pr. ['tʃælɪndʒ]) [dal fr. ant. *chalenge*, calunnia, sfida; 1940] **sm.** e **sf.** *inv.* sfida, competizione; *in part.* competizione sportiva che prevede l'assegnazione di un titolo che viene rimesso in palio dopo un certo periodo || *per estens.* il titolo o il trofeo così assegnati.

challenger (ingl., pr. ['tʃælɪndʒə]) [da *challenge*, gara; 1905] **sm.** *inv.* *T.sport.* sfidante in un *challenge.*

champagne (fr., pr. [ʃɑ̃'paɲ]) [dal n. geogr. *Champagne*; 1747 *sciampagna*] **I sm.** *inv.* nome di vini bianchi o *rosé* spumanti prodotti nella regione omonima del nord della Francia da uve pinot e chardonnet **II agg.** (sempre posposto) **1.** spumante: *vino champagne* **2.** di color biondo chiaro: *una camicetta color champagne* || **N.** **I** *Sin.* spumante | brut, *demi-sec*, *rosé* | *perlage*, spumantizzazione | coppa, *flute*, sciampagnotta.

champenois (fr., pr. [ʃɑ̃pə'nwa]) [letter. della Champagne, regione della Francia centro-settentrionale; 1931] **I agg.** *T.enol.* *metodo champenois*, metodo classico di lavorazione dei vini spumanti, che comporta una fermentazione di due o tre anni, con le bottiglie in posizione orizzontale **II sm.** vino spumante ottenuto con tale metodo.

chance (fr., pr. [ʃɑ̃:s]) [dal lat. *cadentia*, caduta, poi caduta dei dadi; 1892] **sf.** *inv.* (anche pl. *chances*, pr. [ʃɑ̃:s]) sorte, possibilità di successo: *questa è la sua ultima chance, avere buone chance.*

chansonnier (fr., pr. [ʃɑ̃sɔ'nje]) [da *chanson*, canzone; 1933] **sm.** *inv.* chi compone e canta canzoni spec. satiriche o politicamente impegnate ‖ **N.** *Sin.* cantautore.

chanteuse (fr., pr. [ʃɑ̃'tøːz]) [f. di *chanteur*, cantore; 1901] ***sf. inv.*** cantante di caffè concerto; canzonettista, sciantosa.

chantilly (fr., pr. [ʃɑ̃ti'ji]) [dal n. geogr. *Chantilly*; 1790 *sciantiglì*] ***sf. inv.*** **1.** crema a base di panna montata, zucchero e vaniglia **2.** merletto assai sottile e leggero **3.** stivali di pelle lucida, rigidi e alti al ginocchio.

chantoung v. SHANTUNG.

chaperon (fr., pr. [ʃapə'rɔ̃]) [da *chape*, cappa; 1882] ***sm. inv.*** donna, gen. anziana, che un tempo accompagnava una ragazza di buona famiglia per evitare maldicenze ‖ oggi *iron.* o *per estens.*: *gli fa da chaperon nel nuovo ambiente*, lo accompagna e presenta.

char-à-bancs (fr., pr. [ʃara'bɑ̃]) [letter. carro a panche; 1923] ***loc. m. inv.*** *T.carr.* tipo di carrozza aperta, con varie file di panche trasversali rivolte in avanti; giardiniera.

chardonnay (fr., pr. [ʃardɔ'nɛ]) [dal n. geogr. dell'omonima località della Borgogna; 1931] ***sm. inv.*** e ***agg.*** detto di vitigno francese (più propriamente *pinot chardonnay*), coltivato estesamente anche in Italia, dal quale si ottengono pregiate uve bianche, che vengono utilizzate anche nella produzione dello *champagne*.

charleston (ingl., pr. ['tʃɑːlstən]) [dal n. geogr. *Charleston*, città degli Stati Uniti; 1926] ***sm. inv.*** **1.** danza di origine nord-americana derivata dalla musica *ragtime* **2.** strumento a percussione costituito da un supporto che regge due piatti che vengono percossi tra loro mediante l'azione di un pedale. **TAV. *musica* p. 1325** 16.7.

charlotte (fr., pr. [ʃar'lɔt]) [dal n. proprio *Charlotte*, Carlotta; 1905] ***sf. inv.*** **1.** torta semifredda con pan di Spagna, liquore, crema, panna e canditi **2.** cuffia femminile ricamata e bordata di pizzo in uso nel secolo scorso.

charme (fr., pr. [ʃarm]) [dal lat. *carmen*; 1905] ***sm. inv.*** fascino: *una donna piena di charme* ‖ **N.** *Sin.* attrattiva, grazia, seduzione | *Contr.* goffaggine, ineleganza.

charmeuse (fr., pr. [ʃar'møːz]) [letter. affascinatrice; 1938] ***sf. inv.*** stoffa rasata e morbida.

charter (ingl., pr. ['tʃɑːtə]; pr. it. ['tʃarter]) [letter. contratto di noleggio; 1970] ***sm. inv.*** aereo civile noleggiato da una compagnia di viaggi, che trasporta gruppi numerosi di viaggiatori a prezzi notevolmente più bassi di un aereo di linea: *è economico viaggiare in charter* ‖ usato anche come *agg.*: *volo charter*.

charterizzàre (usato spec. al *pps.*) [da *charter*; 1963 *charterizzato*] ***tr.*** noleggiare un aereo: *un volo charterizzato da una compagnia di viaggi*.

chartreuse (fr., pr. [ʃar'trøːz]) [dal n. dell'abbazia *la Grande Chartreuse*; 1892] ***sf. inv.*** liquore aromatico a base di erbe preparato in origine dai monaci certosini.

chassidico v. CASSIDICO.

chassidismo v. CASSIDISMO.

châssis (fr., pr. [ʃɑ'si]) [da *châsse*, cassa; 1905] ***sm. inv.*** **1.** telaio di autoveicolo **2.** telaio per portare le lastre fotografiche; *per estens.* caricatore porta pellicola **3.** *gen.* telaio su cui vengono montati elementi di apparecchiature.

châtelaine (fr., pr. [ʃɑt'lɛːn]) [da (*chaîne*) *châtelaine*, catena castellana; 1970] ***sf. inv.*** ciondolo attaccato all'orologio da taschino, che viene fatto pendere fuori dalla tasca come ornamento.

chauffeur (fr., pr. [ʃo'fœːr]) [propr. che alimenta il fuoco, poi fuochista d'una macchina a vapore e autista; 1905] ***sm. inv.*** *disus.* autista.

chaulmoogra (ingl., pr. [tʃɔːl'muːgrə]) [adatt. ingl. del bengalese *cāulmugrā*; 1931] ***sf. inv.*** pianta dell'India orientale dai cui semi si estrae l'olio omonimo, che, per le sue proprietà antibatteriche, è stato in passato impiegato contro la lebbra e la tubercolosi.

chauvinisme v. SCIOVINISMO.

chauviniste v. SCIOVINISTA.

che[1] (pr. [ke]) [lat. *quid*; 960] **I *pron. rel.*** (davanti a parola iniziante per vocale può essere eliso in *ch'* e raramente poet. davanti ad *h* può essere eliso in *c'*: *ch'io, c'hanno*) **1.** il quale, la quale, i quali, le quali, usato sia in posizione di soggetto che di complemento oggetto: *il libro che leggo più volentieri, la macchina che è parcheggiata in strada, ci sono delle persone che ti aspettano, i sogni che tutti fanno*; gen. segue immediatamente l'antecedente e quando è lontano assume quasi un valore di congiunzione: *lo vidi dalla finestra che ci spiava*; nei casi obliqui prende gen. la forma *cui*: *le persone di cui ti parlavo*; *ant.* anche i casi obliqui mantenevano la forma *che* con o senza preposizione: *questo è il diavolo di che io t'ho parlato* (Boccaccio), *son un di quei che 'l pianger giova* (Petrarca); tale uso è oggi presente nel linguaggio familiare, ma da questo sta sempre più diffondendosi nello scritto: *questa è la persona che ti dicevo, paese che vai, usanza che trovi, l'anno che ci sposammo, tu soffri lo stesso male che io* ‖ anche nelle frasi scritte si trova sempre la forma *che* con un valore in parte di *pron. rel.* e in parte di *cong.*: *è a lui che ti devi rivolgere, era ieri che doveva arrivare* ‖ si trova nelle espressioni *avere di che, esserci di che*: *non ha* (*non c'è*) *di che lamentarsi*, non ha (non c'è) motivo di lamentarsi ‖ *non aver di che vivere, mangiare* ecc., essere privo di mezzi di sostentamento ‖ *non c'è che dire*, nulla da obbiettare; anche *iron.*: *non c'è che dire, è un bel farabutto* ‖ *non c'è di che*, come formula di cortesia in risposta a *grazie* **2.** con valore neutro, la qual cosa, gen. preceduto da articolo o preposizione: *lo ammonirono, il che fu del tutto inutile, non ci sono andato, del che ora mi pento, disse un'ultima idiozia, al che tutti uscirono* **II *pron. inter.*** ed ***escl.*** quale cosa, usato in frasi interrogative dirette e indirette, spesso seguito o sostituito da *cosa*: *che fai?, di che ti lamenti?, non capisco che centri, non so (che) cosa gli sia accaduto* ‖ come rafforzativo di frasi interrovative: *che? vorrai scherzare?* ‖ *a che?*, a qual fine? ‖ *che più?*, cosa altro è possibile fare o dire? ‖ *fam. che è che non è*, all'improvviso ‖ assume uso sostantivato nella loc. *il che e il come*, la sostanza di un fatto, di una cosa; *pensare al che e al come*, a ogni cosa ‖ nelle esclamative, spesso seguito o sostituito da *cosa*: *che mi tocca sentire!, (che) cosa mi dici!* ‖ per esprimere meraviglia, stupore, riprovazione: *che! mi prendi per scemo* ‖ *ma che!*, per esprimere una decisa negazione: *pensavi si fosse pentito? Ma che!* **III *agg. inter.*** ed ***escl.*** quale, quali, in frasi interrogative dirette e, indirette, sempre seguito dal sostantivo: *che sigarette fumi?, che uomo sei?* ‖ con valore esclamativo, talvolta seguito da un aggettivo che determina il nome: *che brutti ceffi si vedono per strada!, che tipo!, che razza di imbecille!* ‖ senza copula è frequente nell'uso regionale o familiare: *che bello!, che stupido!* ‖ può talvolta essere posposto all'aggettivo: *stupido che non sei altro!* **IV *pron. indef.*** *un che, un certo che, un non so che, un certo non so che*, espr. usate per esprimere sensazioni vaghe e approssimative: *in questa faccenda c'è un non so che di sospetto, nel suo viso c'era un che di orientale* ‖ *fam.* (*un*) *gran che*, qualcosa o qualcuno di una qualche importanza, part. in espressioni negative: *non ho concluso un gran che, tuo marito non è poi (un) gran che, pensava di fare chissà che* ‖ *un che, ogni minimo che*, un nonnulla.

che[2] (pr. [ke]) [lat. *quia*; a. 1250] ***cong.*** (davanti a parola iniziante per vocale può subire elisione spec. davanti a *e*) **1.** introduce proposizioni dichiarative oggettive, soggettive e interrogative indirette: *è probabile che sia in ritardo, so che non arriverà*; talvolta il *che* può essere omesso quando il verbo della subordinata è al congiuntivo: *spero* (*che*) *non sia tardi* **2.** introduce proposizioni causali: *sono lieto che sia illeso* **3.** introduce proposizioni consecutive: *russa che pare una locomotiva*; spesso accompagnato da *così, tale, tanto* e sim.: *era così affannato che non riusciva a respirare* **4.** introduce proposizioni finali: *fate in modo che tutto vada per il meglio* **5.** introduce proposizioni temporali con valore di *quando, da quando*: *tornò a casa che albeggiava*; *erano anni che non si vedevano*, erano trascorsi anni da quando si erano visti l'ultima volta; *lett.* spesso posposto a un pps.: *saputo che l'ebbe si inquietò* **6.** dopo una proposizione negativa assume valore limitativo, esclusivo, eccettuativo: *nessuno ha telefonato che io sappia, non farei nulla che tu non approvassi, non pensa che al denaro, non sa far (altro) che lamentarsi* **7.** viene ampiamente usato nelle comparazioni sia per introdurre il secondo termine di paragone sia per introdurre proposizioni comparative (l'uso di *che* per introdurre il secondo termine di paragone è obbligatorio tra due aggettivi, tra due participi, due infiniti, due sostantivi senza articolo o preceduti da preposizione, tra due pronomi preceduti da preposizione): *ha più cuore che cervello, è più largo che lungo, preferì fuggire che affrontarlo* ‖ in correlazione con *tanto* nei comparativi di uguaglianza: *è buono tanto questo che quello* ‖ viene usato in espressioni che equivalgono a un superlativo: *è più bella che mai* **8.** talvolta assume valore coordinativo in formule del tipo: *o che... o che*; *sia che... sia che...* **9.** è usato in espressioni di valore rafforzativo: *non è che non voglia*; interrogativo: *forse che lo ignori?*; in formule di augurio o imprecazione: *che tu sia benedetto!, che ti pigli un accidente!* **10.** come elemento di *loc. cong.*: *visto che..., dal momento che..., nel caso che..., ammesso che..., nonostante che..., prima, dopo che..., in modo che..., tranne che..., salvo che..., se non che* **11.** forma numerose congiunzioni composte: *perché, cosicché, ancorché, benché, giacché, purché* ecc. (v.).

ché [da *che*[2]; a. 1250] ***cong.*** perché, in senso causale: *riparati ché piove*; finale: *sussurravano ché nessuno li sentisse*; *lett.* interrogativo: *padre mio, ché non m'aiuti* (Dante).

cheap (ingl., pr. [tʃiːp]) [letter. economico, di poco prezzo; 1966] ***agg. inv.*** di poco valore, di scarsa qualità ‖ *per estens.* di poca classe, di cattivo gusto: *un gusto molto cheap*.

chécca [vezz. del n. proprio *Francesca*; 1977] ***sm.*** maschio omosessuale.

checché [lat. *quid quid*; a. 1306] ***pron. rel. indef.*** qualunque cosa; compare in posizione di soggetto e complemento oggetto, col verbo sempre al congiuntivo: *checché tu dica io partirò*.

checchessia [comp. di *checché* e *sia*, cong. di *essere*; 1525] ***pron. indef.*** solo *sing. lett. disus.* qualunque cosa: *compra checchessia* ‖ *lett.* in frasi negative, nulla: *per quanto tu parli, non crederò a checchessia*.

check-control (ingl., pr. ['tʃek kən'troʊl]) [letter. verifica di controllo; 1984] ***sm. inv.*** nelle automobili, dispositivo elettronico che diagnostica e segnala eventuali anomalie o inefficienze che potrebbero pregiudicare il funzionamento del veicolo o la sicurezza di marcia.

check-in (ingl., pr. ['tʃek ɪn]; pr. it. [tʃek 'in]) [da (*to*) *check*, controllare, verificare; 1974] ***sm. inv.*** operazione di controllo del biglietto e di spedizione del bagaglio, effettuata negli aeroporti prima dell'imbarco del passeggero ‖ **N.** *Sin.* accettazione.

check-panel (ingl., pr. ['tʃek pænl]) [letter. pannello di controllo; 1987] ***sm.*** *inv.* check-control.
check-up (ingl., pr. ['tʃek ʌp]; pr. it. [tʃe'kap]) [letter. controllo; 1970] ***sm.*** *inv.* **1.** *T.med.* controllo delle condizioni di salute di una persona, realizzato per mezzo di analisi ed esami clinici **2.** *per estens.* revisione generale e periodica di impianti, macchinari, apparecchi e sim.
cheddar (ingl., pr. ['tʃedə]) [dal n. dell'omonima località inglese del Somerset; 1932] ***sm.*** *inv.* formaggio di latte intero a pasta compatta, variamente stagionato e saporito, assai diffuso nei paesi anglosassoni.
cheddìte [dal fr. *cheddite*; 1931] ***sf.*** esplosivo a base di paraffina, clorato di potassio e di sodio; è sensibile agli urti e viene utilizzato per mine e bombe.
chedivè v. KEDIVÈ.
cheek to cheek (ingl., pr. ['tʃi:k tə 'tʃi:k]) [letter. guancia a guancia; 1966] ***loc. avv.*** guancia a guancia: *ballare cheek to cheek, stare cheek to cheek.*
chef (fr., pr. [ʃɛf]) [da *chef de cuisine*, capo della cucina; 1905] ***sm.*** *inv.* capocuoco.
chèfir o **chefìr** v. KEFIR.
cheilìte [comp. di *cheilo-* e *-ite*[1]; 1963] ***sf.*** *T.med.* infiammazione delle labbra.
chèilo- o **chìlo-**[2] [dal gr. *cheîlos*, labbro] ***primo elem.*** che, in parole composte della terminologia medica, vale "labbro" (per es. *cheilofagia*).
cheilofagìa (pl. *-gìe*) [comp. di *cheilo-* e *-fagia*; 1940] ***sf.*** *T.psic.* tic nervoso che consiste nel mordersi frequentemente le labbra.
cheiloschìṣi [comp. di *cheilo-* e *-schisi*; 1931] ***sf.*** *T.med.* malformazione congenita del labbro superiore, che si presenta diviso nel mezzo || **N.** *Sin.* labbro leporino.
chèiro- v. CHIRO-.
cheirospàṣmo [comp. di *cheiro-* e *spasmo*; 1908] ***sm.*** il crampo degli scrivani.
chèla [lat. tardo *chelae* pl.; a. 1698] ***sf.*** *T.zool.* part. *pl.*, la pinza terminale delle zampe di vari Artropodi (spec. Aracnidi e Crostacei) con funzioni prensili, difensive e sim.
chelàto [da *chela*; 1951] **I** ***agg.*** **1.** *T.zool.* di arto, munito di chele **2.** *T.chim.* di sostanza organica le cui molecole sono dotate di due gruppi capaci di legarsi a uno stesso atomo per mezzo di valenze secondarie o primarie e presentano una struttura unita ad anello da un atomo, perlopiù metallico, con funzione coordinatrice **II** ***sm.*** *T.chim.* composto chelato.
chèli [dal lat. e gr. *chélys*, testuggine; a. 1729] ***sf.*** *lett.* mitica lira di Apollo, ricavata dal guscio di una testuggine; *per estens.* cetra, lira.
Cheliceràti [da *chelicero*; 1956] ***sm.*** *pl.* *T.zool.* sottoclasse di Artropodi privi di antenne e provvisti di cheliceri.
chelìcero [comp. di *chela* e *-cero*; 1929] ***sm.*** *T.zool.* piccolo arto a forma di pinza posto nei pressi della bocca di Aracnidi e Merostomi.
Chèlidi (sing. *-e*) [comp. del gr. *chélys*, testuggine e *-idi*; 1830] ***sm.*** *pl.* *T.zool.* famiglia di testuggini d'acqua dolce, dal capo non totalmente retrattile nella corazza, che vivono in America del Sud e in Oceania.
chelidònia v. CELIDONIA.
chelìdro [dal lat. *chelydrus*, gr. *chélydros*, testuggine acquatica; 1313] ***sm.*** **1.** *ant. lett.* serpente d'acqua non meglio precisato **2.** *T.zool.* testuggine d'acqua dolce diffusa nell'America centro-meridionale.
chelìfero [comp. di *chele* e *-fero*; 1821] ***agg.*** *T.zool.* di arto, provvisto di chele.
chelleàno (pr. [ʃelle'ano]) [dal n. geogr. *Chelles*, in Francia; 1931] **I** ***agg.*** *disus.* in paletnologia, detto del periodo caratterizzato dalla produzione di amigdale **II** ***sm.*** *disus.* periodo culturale caratterizzato da tale produzione.
chellerìna o **kellerìna** [dal ted. *Kellnerin*; 1884] ***sf.*** cameriera di birreria e di caffè nei paesi di lingua tedesca.
chelòide [dal fr. *chéloïde*; 1830] ***sf.*** *T.med.* neoformazione connettivale cutanea costituita da placche o cordoni rilevati, causata da processi infiammatori e cicatriziali.
Chelòni (sing. *-e* o *-io*) [dal gr. *chelṓnē*, tartaruga; 1830] ***sm.*** *pl.* *T.zool.* ordine di Rettili comunemente chiamati tartarughe o testuggini, ovipari particolarmente longevi, con corpo appiattito rivestito da una corazza di piastre ossee cornee; il capo e le zampe, normalmente sporgenti, possono essere retratti nella corazza. **Q.T.** *zoologia.*
Chelònidi (sing. *-e*) [comp. di *Cheloni* e *-idi*; 1956] ***sm.*** *pl.* *T.zool.* famiglia di testuggini marine le cui femmine raggiungono le spiagge per deporvi le uova.
chemigrafìa [comp. di *chemi(o)-* e *-grafia*; 1965] ***sf.*** *T.tecn.* riproduzione grafica realizzata mediante agenti chimici.
chemiluminescènza [comp. di *chemi(o)-* e *luminescenza*; 1956] ***sf.*** luminescenza prodotta da reazioni chimiche.
chemin de fer (fr., pr. [ʃəmɛ̃ də 'fɛ:r]) [propr. strada ferrata; 1905] ***sm.*** *inv.* gioco d'azzardo con le carte simile al *baccarat*, ma in cui il banco è tenuto a turno da uno dei giocatori.
chèmio- o **chèmo-** [dall'ingl. *chemio-*, da *chemical*, chimico] ***primo elem.*** che, in parole composte della terminologia scientifica, vale "chimico", "reazione chimica", "sostanza chimica" (per es. *chemioterapia, chemiotropismo*).
chemioelettricità [comp. di *chemio-* e *elettricità*; 1965] ***sf.*** *T.fis.* e *T.chim.* elettricità prodotta mediante reazioni chimiche.
chemiogèneṣi [comp. di *chemio-* e *genesi*; 1965] ***sf.*** *T.chim.* e *T.biol.* influenza di fattori chimici sulla formazione della vita organica.
chemiosìnteṣi [comp. di *chemio-* e *sintesi*; 1965] ***sf.*** *T.chim.* e *T.biol.* sintesi di sostanze organiche mediante energia di natura chimica || **N.** fotosintesi.
chemiotattìṣmo [comp. di *chemio-* e *tattismo*; 1931 *chemotattismo*] ***sm.*** *T.biol.* e *T.chim.* movimento di organismi cellulari prodotto da stimoli chimici.
chemioterapìa [comp. di *chemio-* e *terapia*, sul modello del ted. *Chemotherapie*; 1910] ***sf.*** branca della medicina che studia la produzione e l'applicazione a fini terapeutici di farmaci che intervengono sugli agenti infettanti (batteri e virus) senza danneggiare l'organismo coinvolto dall'infezione || *per anton.* trattamento con farmaci antitumorali (*chemioterapia antiblastica*) capaci di ledere i tessuti neoplastici rispettando, entro certi limiti, quelli normali.
chemioteràpico (pl. *-ci*) [da *chemioterapia*; 1956] ***agg.*** relativo alla chemioterapia || di farmaco prodotto chimicamente e che svolge un'azione antiinfettiva e antiparassitaria; anche *sm.*
chemiotropìṣmo [comp. di *chemio-* e *tropismo*; 1940] ***sm.*** *T.biol.* movimento di curvatura di organismi vegetali determinato da stimoli chimici: *chemiotropismo positivo*, verso l'origine dello stimolo; *chemiotropismo negativo*, in direzione opposta allo stimolo.
chemisier (fr., pr. [ʃəmi'zje]) [da *chemise*, camicia; 1963] ***sm.*** *inv.* *T.abb.* abito femminile in un solo pezzo, dalla linea semplice e squadrata, simile a quella della camicia da uomo.
chemiurgìa [comp. di *chemi(o)-* e *-urgia*, sul modello dell'ingl. *chemiurgy*; 1955] ***sf.*** *T.chim.* settore della chimica che ha per oggetto lo studio dell'impiego dei prodotti agricoli per scopi non alimentari.
chèmo- v. CHEMIO-.
chemosfèra [comp. di *chemo-* e *sfera*; 1983] ***sf.*** *T.meteor.* regione dell'atmosfera, compresa tra i 20 e i 110 km, in cui predomina l'attività chimica.
Chenopodiàcee [comp. di *chenopodio* e *-acee*; 1865] ***sf.*** *pl.* *T.bot.* famiglia di piante erbacee, tra cui gli spinaci e le barbabietole.
chenopòdio (pl. *-di*) [comp. del gr. *chḗn, chenós*, oca e *póus, podós*, piede; 1726 ca.] ***sm.*** pianta delle Chenopodiacee con foglie alterne e piccoli fiori verdognoli; alcune varietà hanno impieghi medicinali.
chènte [da *che*, con la finale degli avv. in *-mente*; a. 1292] **I** ***agg.*** *arc.* **1.** quale; qualunque **2.** quanto **II** ***avv.*** *arc.* come || *chente che*, in ogni modo.
chènzia [dal n. proprio W. *Kent*, giardiniere del giardino botanico di Buitenzorg presso Batavia; 1933 *kentia*] ***sf.*** pianta ornamentale delle Palmacee con foglie allungate di color verde chiaro.
chepì [dal fr. *képi*; 1882] ***sm.*** *inv.* copricapo militare, rigido, di forma tondeggiante e con visiera in cuoio || **N.** *Sin.* sciaccò.
chèppia o **chièppa** [lat. volg. **clipea*; a. 1484] ***sf.*** **1.** *T.zool.* pesce dei Clupeidi assai diffuso nel Mediterraneo, nei fiumi e nei laghi **2.** *ant.* persona sciocca || **N.** **1.** *Sin.* alosa.
cheque (fr., pr. [ʃɛk]) [dall'ingl. *check*; 1875] ***sm.*** *inv.* assegno bancario.
cheratìna [comp. di *cherato-* e *-ina*; 1875] ***sf.*** *T.biol.* e *T.chim.* composto organico proteico, presente nelle produzioni cornee (peli, unghie, corna) e nelle cellule epidermiche.
cheratinizẓàre [da *cheratina*; 1970] ***tr.*** *T.farm.* sottoporre dei farmaci a cheratinizzazione || ***intr.*** (aus. *avere*) e ***intr. pron.*** subire un processo di cheratinizzazione.
cheratinizẓazióne [da *cheratinizzare*; 1956] ***sf.*** **1.** *T.biol.* trasformazione in cheratina delle sostanze che costituiscono lo strato corneo dell'epidermide, dei peli e dei capelli **2.** *T.farm.* il rivestire con una sostanza a base di cheratina pillole medicinali che debbano giungere all'intestino senza subire l'azione dei succhi gastrici.
cheratìte [comp. di *cherato-* e *-ite*[1]; 1860] ***sf.*** *T.med.* infiammazione di origine patologica della cornea.
chèrato- o **cèrato-** [dal gr. *kéras, -atos*, corno] ***primo elem.*** che, in parole composte della terminologia scientifica, vale "corno", spec. "strato corneo dell'epidermide" (per es. *cheratodermia, cheratolitico*) || nella terminologia medica ha anche il valore di "cornea": *cheratotomia.*
cheratodermìa [comp. di *cherato-* e *-dermia*; 1930] ***sf.*** *T.med.* alterazione, spesso di origine congenita, dello strato corneo della pelle, che determina un ispessimento generalizzato, soprattutto alle palme delle mani e dei piedi.
cheratògeno [comp. di *cherato-* e *-geno*; 1956] ***agg.*** che produce sostanza cornea.
cheratoialìna [comp. di *cherato-* e *ialina*; 1931] ***sf.*** *T.chim.* sostanza organica contenuta nelle cellule dello stato granuloso dell'epidermide, sotto forma di granuli basofili; può essere colorata con i coloranti nucleari ed è molto rifrangente.
cheratolìtico (pl. *-ci*) [comp. di *cherato-* e *-litico*[2]; 1956] ***sm.*** e ***agg.*** *T.farm.* detto di prodotto in grado di sciogliere lo strato corneo dell'epidermide.
cheratòma [comp. di *cherato-* e *-oma*; 1931] ***sm.*** *T.med.* malattia congenita della pelle, di solito localizzata sulle palme delle mani e sulle piante dei piedi, che provoca un eccessivo aumento dello strato corneo.
cheratoplàstica [comp. di *cherato-* e *plastica*; 1855] ***sf.*** *T.med.* trapianto della cornea.
cheratòṣi [comp. di *cherato-* e *-osi*; 1956] ***sf.*** *T.med.* ispessimento, congenito o acquisito,

dello strato corneo della pelle.

cheratotomìa [comp. di *cherato-* e *-tomia*; 1956] **sf.** *T.chir.* incisione della cornea.

chèrco [var. di *chierico*; a. 1294] **sm.** *ant.* chierico: *e se tutti fur cherci questi chercuti* (Dante).

chercùto V. CHIERCUTO.

chèrere o **chièrere** [lat. *quaerere*; fine sec. XII] **tr.** *arc.* chiedere, domandare ‖ *per estens.* volere.

cherilèo [dal n. proprio *Cherilo* d'Atene, nominato in un verso che costituisce un esempio di cherileo; 1955] **I sm.** *T.metr.* verso della metrica classica costituito da una serie catalettica di sei dattili **II agg.** *T.metr.* di verso cherileo, del cherileo ‖ **N.** I *Sin.* difilio.

chèrmes o **kèrmes** [dall'ar. *qirmizî*, attr. lo sp. *quermes*; 1550] **sm.** *inv.* **1.** sostanza colorante rosso accesa, ricavata dall'essiccazione delle femmine di alcune varietà di cocciniglia; un tempo usata per tingere stoffe, viene oggi impiegata nella produzione dell'*alchermes* **2.** *chermes minerale*, ossisolfuro di antimonio, polvere colorante di color rosso scuro **3.** insetto degli Omotteri.

chèrmiși e der. forme ant. di CREMISI e der. (v.).

cheroșène o **keroșène** [dal gr. *kērós*, cera, col suff. *-ene*; 1875 *cheroseno*] **sm.** *T.chim.* miscela di idrocarburi ottenuta dalla distillazione del petrolio e utilizzata per il riscaldamento, l'illuminazione e l'alimentazione dei motori a reazione.

cherry-brandy (ingl., pr. [ˌtʃerɪ 'brændɪ]) [comp. di *cherry*, ciliegia e *brandy*, acquavite; 1927] **sm.** *inv.* acquavite di ciliegie ‖ **N.** *Sin.* cerasella.

cherùbico (pl. *-ci*) [da *cherubo*; 1321] **agg.** di cherubino, proprio dei cherubini: *per sapienza in terra fue / di cherubica luce uno splendore* (Dante).

cherubino [dal lat. tardo *cherubin*; a. 1306] **sm.** **1.** nella teologia cristiana, angeli del secondo coro della prima gerarchia angelica; nell'antico testamento avevano il compito di intercedere presso Dio **2.** immagine scolpita o dipinta raffigurante un angelo **3.** *fig.* giovane di delicata bellezza.

chèrubo o **cherùbo** [dal lat. tardo *Cherub*; 1321] **sm.** *ant.* cherubino: *i cherchi primi t'hanno mostrato Serafi e Cherubi* (Dante).

chetàre (pres. *chéto*) [da *cheto*; a. 1250 *chitare*] **tr.** far tacere, acquietare: *chetare un bambino* ‖ **intr. pron.** stare quieto, silenzioso; trovar pace.

chetichèlla [da *cheto*; a. 1565 *a chetichelli*] nella **loc. avv.** *alla chetichella*, di nascosto, senza farsi scorgere.

chéto [lat. *quietus*; a. 1250 *chito*] **agg.** silenzioso, tranquillo ‖ *cheto, cheto*, zitto, zitto, senza darlo a scorgere ‖ *fig. acqua cheta*, persona dall'apparenza tranquilla che nasconde un temperamento subdolo o passionale ‖ *prov. le acque chete fanno crollare i ponti*, le persone che paiono più tranquille spesso sono le più pericolose ‖ **chetaménte avv.** ‖ **N.** *Sin.* pacifico, quieto, sereno | *Contr.* agitato, inquieto.

chèto-[1] [dal gr. *cháitē*, setola] **primo elem.** che, in parole composte della terminologia zoologica, vale "provvisto di setole" (per es. *Chetognati*).

chèto-[2] [da *chetone*] **primo elem.** che, in parole composte della terminologia chimica, vale "chetone" (per es. *chetoacido*).

-cheto [dal gr. *cháitē*, setola] **elem. term.** che, in parole composte della terminologia scientifica, vale "setola", "pelo" (per es. *Oligocheti*).

chetoàcido [comp. di *cheto-*[2] e *acido*; 1956] **sm.** *T.chim.* composto organico contenente nella propria molecola sia la funzione chetonica sia quella acida.

chetògeno [comp. di *cheto-*[2] e *-geno*; 1956] **agg.** *T.chim.* di composto che può produrre chetoni.

Chetognàti (meno com. *Chetògnati*) [comp. di *cheto-*[1] e del gr. *gnáthos*, mascella; 1951] **sm. pl.** *T.zool.* piccoli animali marini con corpo allungato e trasparente, pinna caudale orizzontale; sono uno dei componenti principali del plancton.

chetóne [dal ted. *Keton*, var. di *Aceton*, acetone, attr. l'ingl. *ketone*; 1892] **sm.** *T.chim.* composto organico contenente gruppi carbonilici saturati da radicali idrocarburici.

chetònico (pl. *-ci*) [da *chetone*; 1956] **agg.** *T.chim.* relativo a chetoni, di composto contenente gruppi chetonici.

cheviot (ingl., pr. ['tʃevɪə]) [dal n. geogr. *Cheviot*, monti dell'Inghilterra da cui proviene la lana; 1877] **sm.** *inv.* razza ovina inglese ‖ panno tessuto con la lana di tali pecore, utilizzato per soprabiti e giacche.

chevreau (fr., pr. [ʃə'vro]) [letter. capretto; 1956] **sm.** *inv.* pelle molto morbida di capretto, usata per la fabbricazione di scarpe e guanti.

chewing-gum (ingl., pr. ['tʃu:ɪŋ gʌm]) [letter. gomma da masticare; 1927] **sm.** *inv.* gomma da masticare venduta in strisce, palline o pastiglie.

chi[1] [lat. *quī*; a. 1250] **I pron. rel.** **1.** colui, colei che; stabilisce un legame tra la proposizione principale e la secondaria e può ricoprire in esse lo stesso ruolo sintattico o due ruoli diversi: *chi beve vino campa cent'anni* (*chi* è soggetto in entrambe le proposizioni), *invita chi vuoi* (*chi* è oggetto in entrambe le proposizioni), *sii grato a chi ti aiuta* (*chi* è complemento indiretto nella principale e soggetto nella relativa) **2.** *ant.* cui, con valore di solo *pron. rel.*: *a chi 'l ben piace* (Petrarca) **II pron. rel. indef.** uno che, qualcuno che: *conosci chi possa aiutarmi?*; spesso assume una sfumatura ipotetica: *chi volesse farlo non ha che da tentare* ‖ chiunque: *chi è d'accordo alzi la mano* **III pron. indef.** uno... un altro: *chi dormiva, chi leggeva, chi guardava la televisione* **IV pron. inter.** ed **escl.** quale persona, nelle interrogative dirette e indirette: *chi era al telefono?*, *dimmi chi vuoi incontrare*; solo quando è accostato a un soggetto plurale prevede il verbo al plurale: *costoro chi sono?* ‖ *non so chi*, per riferirsi a persona sconosciuta o di cui non si ricorda il nome ‖ *chi me lo dice, assicura, garantisce?*, espressioni di dubbio o incredulità ‖ *chi lo sa?*, per esprimere dubbi o formulare risposte elusive ‖ analogamente in espressioni escl.: *chi l'avrebbe mai detto!*; *a chi lo dici!*, quando la nostra esperienza concorda con quella dell'interlocutore.

chi[2] [dal gr. *chi*, lettura della lettera χ; 1955] **sm.** o **sf.** *inv.* nome della ventiduesima lettera dell'alfabeto greco.

chiàcchiera [di orig. onom.; a. 1527] **sf.** **1.** part. *pl.* discorso su cose poco importanti fatto per passare il tempo: *fare due (quattro) chiacchiere*, discorrere del più e del meno ‖ *per estens.* discorsi futili: *meno chiacchiere e mettiamoci al lavoro* **2.** notizia falsa, priva di fondamento; maldicenza, pettegolezzo: *sono solo chiacchiere da rotocalco, non dar retta alle chiacchiere della gente* ‖ *T.giorn. chiacchiere di corridoio*, notizie poco attendibili **3.** facilità di parola, parlantina: *aveva molta chiacchiera* **4.** *pl.* strisce di pasta dolce e leggerissima fritte nell'olio, tipiche del carnevale ‖ **N.** **1.** *Sin.* chiacchierata, chiacchiericcio, ciancia, ciarla, cicalata, cicaleccio; pettegolezzo; sproloquio, vaniloquio **2.** *Sin.* calunnia, diceria, maldicenza.

chiacchieràre (pres. *chiàcchiero*) [da *chiacchiera*; 1542 *chiachiarare*] **intr.** (aus. *avere*) **1.** conversare di cose senza importanza: *trascorsero la serata chiacchierando, per tutta la lezione hanno chiacchierato tra loro* ‖ lasciarsi sfuggire segreti e confidenze: *chiacchieri troppo, non vivrai a lungo* **2.** fare pettegolezzi, dire maldicenze: *la gente chiacchiera* ‖ **N.** **1.** *Sin.* blaterare, cianciare, confabulare, scambiare due parole; spifferare **2.** *Sin.* pettegolare, sparlare, spettegolare.

chiacchieràta [da *chiacchierare*; 1690] **sf.** amichevole scambio di chiacchiere: *abbiamo fatto una bella chiacchierata* ‖ *fig.* discorso, scritto noioso e inconcludente.

chiacchieràto (*pps.* di *chiacchierare*) [1944] **agg.** detto di persona o comportamento che è al centro dell'attenzione e oggetto di pettegolezzi: *una donna chiacchierata, un politico chiacchierato.*

chiacchiericcio (pl. *-ci*) [da *chiacchierare*; 1849] **sm.** **1.** il chiacchierare fastidioso e prolungato di più persone **2.** pettegolezzo.

chiacchierìno [da *chiacchierare*; a. 1565] **I agg.** che chiacchiera volentieri **II sm.** **1.** (f. *-a*) chi chiacchiera molto e volentieri **2.** merletto composto di nodi e pippiolini disposti a cerchi o semicerchi che si esegue con una piccola spola di materiale vario ‖ **N.** I *Sin.* ciarliero, loquace | *Contr.* laconico, taciturno II **1.** *Sin.* chiacchierone. **TAV.** ***maglia...*** **p. 1317** 17.

chiacchierìo (pl. *-ii*) [da *chiacchierare*; a. 1698] **sm.** un chiacchierare continuo e prolungato di più persone ‖ **N.** *Sin.* cicaleccio, parlottio.

chiacchieróne [da *chiacchierare*; a. 1565] **sm.** (f. *-a*) e **agg.** **1.** chi, che chiacchiera molto ‖ chi, che non sa mantenere un segreto **2.** detto di persona che afferma cose inesatte o fa discorsi inconcludenti ‖ **N.** **1.** *Sin.* cianciione, ciarlatore, pettegolo **2.** *Sin.* maldicente, parolaio, sparlatore.

chiàma [da *chiamare*; 1661] **sf.** chiamata nominale per accertare la presenza di persone in un certo luogo; *in part.* verifica del numero legale dei parlamentari prima di effettuare una votazione ‖ **N.** *Sin.* appello, chiamata.

chiamàre [lat. *clamāre*; 1219] **tr.** **1.** rivolgersi a qualcuno (persona o animale) per invitarlo ad avvicinarsi, a presentarsi in un luogo, ad accorrere, a rispondere verbalmente e sim.: *chiamare una guardia, chiamare a voce, con un fischio* ‖ *chiamare col telefono*, telefonare; anche *ass.*: *chiamami questa sera*, telefonami questa sera ‖ *il dovere mi chiama*, mi costringe ad andare ‖ *mandare a chiamare qualcuno*, convocarlo ‖ *chiamare gli attori alla ribalta*, invitarli con gli applausi a presentarsi in proscenio ‖ *chiamare alle armi*, arruolare ‖ *chiamare a raccolta*, radunare ‖ *T.giur. chiamare qualcuno in giudizio*, invitarlo a comparire davanti ai giudici ‖ *T.giur. chiamare una causa*, la lettura dei nomi delle parti effettuata dall'usciere prima che il dibattimento abbia inizio ‖ *fig. chiamare in causa*, coinvolgere in una questione ‖ evocare: *chiamare gli spiriti delle tenebre* ‖ invocare, richiedere: *chiamare aiuto*, invocare soccorso ‖ assumere un incarico, essere designato: *è stato chiamato alla presidenza del Consiglio di amministrazione*; *fig. ass. essere chiamato*, avere la vocazione, part. al sacerdozio ‖ *eufem. il signore l'ha chiamato a sé*, detto di persona defunta ‖ *fig.* provocare, attirare: *il suo comportamento chiama le sventure* **2.** dare un nome, un titolo, un epiteto: *lo chiameremo Andrea, lo chiamano eccellenza* ‖ **intr. pron.** avere nome: *si chiama Teodoro*; definire, essere: *questo si chiama parlar chiaro* ‖ **rifl.** dichiararsi: *chiamarsi vinto, offeso*; *chiamarsi in colpa*, dichiararsi colpevole ‖ *T.gioc. chiamarsi fuori*, dichiarare il punteggio necessario per la chiusura; *fig.* non voler più partecipare a un'impresa ‖ **N.** **1.** apostrofare, appellare, attirare, avvertire; chiedere; citare, convocare; designare, eleggere, nominare **2.** battezzare, denominare, mettere nome, soprannominare.

chiamàta [da *chiamare*; a. 1363] **sf.** **1.** l'atto e l'effetto del chiamare: *dare una chiamata a qualcuno, rispondere a una chiamata* || *chiamata alle armi*, ordine di presentarsi per adempiere agli obblighi militari || *chiamata alla ribalta* o *ass. chiamata*, applausi del pubblico che invitano gli attori a presentarsi in proscenio || *chiamata luminosa, acustica*, in ospedali, alberghi e sim., segnalazione volta a richiedere l'intervento del personale || *chiamata telefonica*, segnalazione acustica intermittente che annuncia una telefonata; *per estens.* la telefonata stessa || *fig. chiamata al sacerdozio*, il manifestarsi della vocazione religiosa || *in part.* invito a ricoprire un incarico || *T.gioc.* nei giochi di carte in coppia, invito al compagno perché cali una determinata carta || *T.giur. chiamata in giudizio*, convocazione di fronte all'autorità giudiziaria **2.** il tirare la briglia al cavallo perché rallenti || *per estens.* ciascuno dei due anelli, posti sul morso, ai quali si attaccano le redini **3.** segno con cui in un testo scritto si richiama l'attenzione su un'aggiunta, una correzione e sim. posta in margine o a piè di pagina e contraddistinta dal medesimo segno **4.** *T.inform.* in un programma, istruzione per richiamare un sottoprogramma al quale viene trasferito temporaneamente il controllo del sistema di elaborazione || **N.** **1.** *Sin.* appello, bando, citazione, convocazione, designazione, mobilitazione, richiamo.

chiamatóre [lat. *clamātor, -ōris*; 1337] **sm.** (f. *-trìce*) *non com.* chi ha il compito di chiamare; *in part.* nelle aste, chi annuncia le offerte, banditore.

chiamavettùre [comp. di *chiama(re)* e *vettura*; 1956] **sm.** *inv.* persona che è addetta a chiamare i taxi o le vetture private all'uscita dei locali pubblici.

chiàna [da una base preindoeuropea; a. 1336] **sf.** *ant.* luogo paludoso.

chianìno [dal n. geogr. Val di *Chiana*; 1956] **agg.** della Val di Chiana || *razza chianina*, razza di bovini molto pregiati che vengono allevati in Val di Chiana.

chiànti [dal n. geogr. *Chianti*, zona agricola della Toscana; 1666] **sm.** vino rosso da pasto, leggermente amarognolo, ad alta gradazione, prodotto in Toscana nella zona omonima.

chiantigiàno [dal n. geogr. *Chianti*, sul modello di *alpigiano*; 1967] **I agg.** relativo al Chianti || *bottiglia chiantigiana*, bottiglia di vino della capacità di circa un litro e tre quarti, caratterizzata dal collo molto allungato e sottile **II sm.** (f. *-a*) abitante o nativo del Chianti.

chiàppa¹ [etim. inc.; a. 1484] **sf.** spec. *pl.*, natica.

chiàppa² [da una base preindeuropea **klappa*, roccia; 1313] **sf.** roccia tondeggiante sporgente.

chiàppa³ [da *chiappare*; a. 1837] **sf.** *fam. tosc.* cattura.

chiappacàni [comp. di *chiappa(re)* e *cane*; 1915] **sm.** *inv. non com.* acchiappacani.

chiappamósche [comp. di *chiappa(re)* e *mosca*; 1830] **sm.** *inv. non com.* acchiappamosche.

chiappanùvole o **chiappanùvoli** V. ACCHIAPPANUVOLE.

chiappàre [lat. *capulāre*; inizio sec. XIV] **tr.** *pop.* acchiappare || *in part.* sorprendere, cogliere in fallo.

chiapparèllo [da *chiappare*; a. 1890] **sm.** **1.** *T.cacc.* calappio: *caccia col chiapparello* **2.** discorso, domanda ingannevole **3.** gioco da bambini che consiste nel rincorrersi e nell'afferrarsi: *giocare a chiapparello*, giocare a prendersi.

chiappìno [da *chiappare*; 1920] **sm.** **1.** oggetto che serve per prendere, presina **2.** chiapparello **3.** sbirro.

chiàppola [da *chiappolare*; a. 1484] **sf.** *ant.* bagatella.

chiappolàre (pres. *chiàppolo*) [da *chiappare*; a. 1712] **tr.** *ant.* prendere con l'inganno || **rifl. intens.** *chiappolarsi qualcosa*, impadronirsene.

chiappolerìa [da *chiappola*; 1556] **sf.** *ant.* cosa da nulla.

chiàppolo [da *chiappolare*; 1569] **sm.** *ant.* ammasso di rifiuti || *fig. mettere, lasciare nel chiappolo*, nel dimenticatoio.

chiàra [da *chiaro*; sec. XIV] **sf.** l'albume dell'uovo, part. quando è crudo.

chiaranzàna o **chiarentàna** [da *Chiarentana*, nome mediev. della Carinzia; a. 1449 *chiarentana*] **sf.** danza popolare diffusa già nel Medioevo.

chiaràta [da *chiara*; a. 1665] **sf.** chiara d'uovo sbattuta e usata come medicamento o cosmetico e talvolta per schiarire il vino.

chiarèlla [da *chiaro*; 1869] **sf.** *T.tess.* zona di tessuto rada a causa di imperfezioni nella tessitura.

chiarèllo [da *chiaro*; sec. XIV] **sm.** vino di colore chiaro; vino annacquato.

chiarentàna V. CHIARANZANA.

chiarétto [da *chiaro*; 1585] **sm.** vino di colore rosato; *in part.* nome di alcuni vini secchi e leggeri prodotti in Lombardia e in altre regioni italiane; anche *agg.*: *un vino chiaretto*.

chiarézza [da *chiaro*; 1306] **sf.** **1.** qualità di ciò che è chiaro: *la chiarezza di un'alba artica*; di liquido, limpidezza: *la chiarezza dell'acqua di fonte* **2.** *fig.* lucidità, ordine: *possedeva un'apprezzabile chiarezza di idee*; comprensibilità; semplicità: *sa esporre con chiarezza il proprio pensiero* **3.** *ant.* celebrità, rinomanza: *la pittura gli diede eterna chiarezza* || **N.** **1.** *Sin.* limpidezza, lucentezza, nitidezza, politezza, splendore, trasparenza | *Contr.* opacità, oscurità **2.** *Sin.* intellegibilità, perspicuità.

chiarìa [da *chiaro*; 1924] **sf.** *non com.* limpidezza, purezza del cielo sereno.

chiarificànte (*ppr.* di *chiarificare*) [1889] **I agg.** nei sensi del verbo **II sm.** sostanza usata per chiarificare il vino.

chiarificàre (pres. *-ìfico, -ìfichi*) [lat. tardo *clarificāre*, illustrare, glorificare; a. 1320] **tr.** **1.** rif. a liquidi, schiarire: *chiarificare il vino* **2.** *fig.* mettere in chiaro, far luce su qualcosa, spiegare, illustrare: *l'introduzione chiarifica alcuni punti controversi del testo* **3.** *ant.* rendere famoso || **N.** **1.** *Sin.* chiarire, schiarire **2.** *Sin.* accertare, appurare, delucidare, spiegare.

chiarificatóre [da *chiarificare*; 1865 come sm.] **I agg.** (f. *-trìce*) che chiarifica: *intervento chiarificatore* **II sm.** **1.** *T.enol.* apparecchio a centrifuga per schiarire il vino **2.** *in gen.* apparecchio per schiarire un liquido.

chiarificazióne [lat. tardo *clarificātio, -ōnis*, glorificazione; 1370] **sf.** atto ed effetto del chiarificare nei vari sensi del verbo || **N.** *Sin.* chiarimento, precisazione, spiegazione.

chiariménto [da *chiarire*; 1336] **sm.** atto ed effetto del chiarire || *in part.* spiegazione, delucidazione: *il tuo comportamento esige un chiarimento*.

chiarìna o **clarìna** [dal fr. ant. *clarin*; a. 1543] **sm.** *T.mus.* piccola tromba dal suono squillante oggi usata solo in alcune cerimonie.

chiarìre (pres. *-ìsco, -ìsci*) [lat. *clarēre*; a. 1294] **tr.** **1.** rendere chiaro o più chiaro: *chiarire lo zucchero*; rendere limpido: *chiarire l'acqua* **2.** *fig.* rendere comprensibile, intellegibile: *chiarire un concetto*; rendere esplicito: *vorrei che mi chiarissi la tua posizione* **3.** *non com.* rendere certo, informare || **rifl.** accertarsi: *chiarirsi di qualcosa*, su qualcosa || *ant.* rendersi conto con precisione di qualcosa || **rifl. indir.** *chiarirsi le idee*, giungere alla piena comprensione di qualcosa || **intr.** (aus. *essere*) e **intr. pron.** divenire limpido, terso || *fig.* divenire esplicito.

chiarìssimo (*superl.* di *chiaro*) [inizio sec. XIII] **agg.** assai illustre || *in part.* titolo attribuito a professori universitari.

chiarìta [da *chiarire*; 1956] **sf.** *non com.* **1.** schiarita **2.** radura nel bosco.

chiarità [lat. *claritas, -ātis*; a. 1292] **sf.** *ant.* o *poet.* limpidezza; luminosità, anche *fig.*: *la chiarità dei suoi occhi*.

chiaritóio (pl. *-ói*) [da *chiarire*; 1865] **sm.** **1.** filtro per la chiarificazione di liquidi **2.** luogo in cui si effettua la chiarificazione dei liquidi.

chiaritùra [da *chiarire*; a. 1698] **sf.** atto ed effetto del chiarire.

chiàro [lat. *clārus*; a. 1257] **I agg.** **1.** luminoso, illuminato da luce diffusa: *un mattino chiaro* || *giorno chiaro*, mattino avanzato **2.** di liquidi, limpido: *acqua chiara*; *in gen.* terso, trasparente: *un cristallo chiaro* || detto di voce o suono, di timbro puro, che si ode distintamente: *questo strumento possiede una tonalità chiara*; *fig. a chiare note*, in modo esplicito, senza possibilità di fraintendimenti **3.** di colori, tenue, delicato: *azzurro chiaro* **4.** di bosco o albero, rado: *una chiara boscaglia* **5.** *fig.* facilmente comprensibile, non ambiguo: *una spiegazione chiara* || non confuso: *avere poche idee ma chiare* || preciso, schietto: *ha esposto in modo chiaro la propria opinione, ha opposto un chiaro rifiuto alle nostre proposte* || *fig. uno sguardo chiaro*, che rivela onestà e franchezza **6.** *fig. non com.* celebre, insigne: *uno studioso di chiara fama* **7.** *T.ling.* anteriore: *vocale chiara* || **chiaraménte** **avv.** **1.** in modo chiaro: *parla chiaramente* **2.** (con valore frasale) è chiaro che, ovviamente: *chiaramente non t'importa di noi* **II sm.** **1.** luce, luminosità: *chiaro di luna* || luce del giorno: *partiremo appena farà chiaro* || *fig. fare le cose al chiaro del sole*, senza segreti || *fig. fare chiaro su qualcosa*, appurarla con precisione || *fig. mettere in chiaro*, chiarire **2.** colore chiaro: *vestirsi di chiaro* **3.** *T.pitt.* la parte lumeggiata di un disegno o di un dipinto **4.** la parte non ricoperta da vegetazione di stagni e paludi **III avv.** con franchezza, esplicitamente: *parla chiaro!* || **N.** I **1.** *Sin.* illuminato, lucente | *Contr.* scuro **2.** *Sin.* nitido, terso | *Contr.* torbido **3.** *Contr.* carico, cupo, scuro **4.** *Contr.* fitto **5.** *Sin.* evidente, indubbio, intellegibile, perspicuo **6.** *Sin.* illustre, rinomato.

chiaróre [da *chiaro*; a. 1257] **sm.** luce tenue che appare nell'oscurità: *il chiarore di una lanterna* || luminosità tenue diffusa nell'aria: *un chiarore verdastro illuminava le pareti della grotta* || **N.** *Sin.* bagliore, barlume.

chiaroscuràle [da *chiaroscuro*; 1941] **agg.** basato sugli effetti del chiaroscuro: *uno stile chiaroscurale*.

chiaroscuràre (pres. *-ùro*) [da *chiaroscuro*; sec. XVII] **tr.** e **intr.** (aus. *avere*) dare il chiaroscuro a un disegno o a un dipinto || *per estens. fig.* scrivere, recitare ecc. con varietà di toni.

chiaroscùro (pl. *chiaroscùri*) [comp. di *chiaro* e *scuro*; a. 1519] **sm.** **1.** tecnica grafica e pittorica che, attraverso una variazione di chiari e di scuri, tende a riprodurre gli effetti di una sorgente luminosa che investa un corpo evidenziando il rilievo, la forma e la collocazione spaziale degli oggetti || *effetto chiaroscuro*, effetto analogo ottenuto in scultura e in architettura alternando spazi vuoti e pieni, piani avanzati e arretrati || *concr.* opera eseguita con tale tecnica **2.** *per estens. fig.* in una composizione musicale, o gen. in una creazione artistica, interpretazione in cui prevalgano i contrasti: *un'esecuzione ricca di chiaroscuri* **3.** *gen.* contrasto di luci e ombre: *il tramonto accentuava i chiaroscuri del paesaggio*; anche *fig.* contrasto.

chiaroveggènte [comp. di *chiaro* e *veggente*, sul modello del fr. *clairvoyant*; a. 1729] **I agg.** che riesce a prevedere gli sviluppi di una situazione: *un'analisi chiaroveggente* **II s.** in parapsicologia, chi riesce a percepire eventi lontani nel tempo e nello spazio || **N.** II *Sin.* chiromante | indovino, profeta, veggente.

chiaroveggènza [comp. di *chiaro* e *veggenza*, sul modello del fr. *clairvoyance*; a. 1729] ***sf.*** **1.** capacità di formulare previsioni su ciò che accadrà in base a elementi del presente **2.** in parapsicologia, facoltà di percezione a distanza nel tempo e nello spazio.

chiàsmo [dal lat. tardo *chiasmus*, gr. *chiasmós*; 1820 nel senso 3] ***sm.*** **1.** *T.ret.* figura consistente nell'accostamento di due espressioni concettualmente o formalmente parallele dove però i termini della seconda compaiono invertiti rispetto a quelli della prima, interrompendo così la simmetria sintattica: *Ovidio è il terzo, l'ultimo è Lucano* (Dante); talvolta l'inversione assume anche valore semantico: *la vita è arte, l'arte è vita* **2.** *T.biol.* punto di contatto tra cromatidi di cromosomi analoghi durante l'appaiamento **3.** *T.anat. chiasmo dei nervi ottici*, lamina posta alla base del cervello da cui si dipartono i nervi ottici.

chiassaiòla [da *chiasso*[2]; a. 1597] ***sf.*** nei campi in pendio, canale di scolo per l'acqua piovana.

chiassàta [da *chiasso*[1]; 1798] ***sf.*** **1.** schiamazzo, divertimento rumoroso **2.** lite violenta, scenata.

chiassìle [dal fr. *châssis*; 1956] ***sm.*** *T.edil.* telaio in legno o metallo che sorregge il serramento della finestra.

chiàsso[1] [etim. inc.; 1572] ***sm.*** **1.** strepitio di voci, rumori, suoni: *fecero chiasso fino a tarda notte* || lite, scenata || *fig. far chiasso*, provocare scalpore **2.** *tosc.* burla: *fare una cosa per chiasso* || **N.** *Sin.* clamore, fracasso, frastuono, tumulto, RUMORE.

chiàsso[2] [etim. inc.; 1273] ***sm.*** **1.** *tosc.* vicolo stretto e buio **2.** *ant.* bordello || *dim.* chiassuòlo, chiassétto, chiassolìno.

chiassóne [da *chiasso*[1]; 1840] ***sm.*** (f. *-a*) e ***agg.*** chi, che fa molto rumore.

chiassosità [da *chiassoso*; 1941] ***sf.*** qualità di ciò che è chiassoso; di colori, eccessiva vivacità.

chiassóso [da *chiasso*[1]; a. 1861] ***agg.*** **1.** che fa molto rumore: *una compagnia chiassosa*; detto di luoghi, in cui si sente molto rumore: *una via chiassosa* **2.** *fig.* che attira l'attenzione perché vistoso, con colori sgargianti e in contrasto fra loro: *un quadro astratto dai colori chiassosi* || **chiassosaménte** ***avv.*** || **N. 1.** *Sin.* rumoroso.

chiàstico (pl. *-ci*) [da *chiasmo*; 1956] ***agg.*** disposto a chiasmo: *costruzione chiastica.*

chiàtta [etim. inc.; 1766] ***sf.*** *T.mar.* galleggiante a fondo piatto, gen. privo di propulsione, utilizzato in canali e porti per il trasporto di merci; barcone di forma analoga per traghettare su brevi distanze || *ponte di chiatte*, sostenuto da chiatte messe in fila e fissate tra loro.

chiàtto [lat. *plattus*; 1865] **I** ***agg.*** *merid.* piatto, schiacciato || *battello chiatto*, a fondo piatto || di persona, basso, tarchiato **II** ***sm.*** *non com.* trave piatta e larga.

chiavàccio (pl. *-ci*) [da *chiave*; sec. XIV] ***sm.*** grosso chiavistello, catenaccio.

chiavàio [da *chiave*; 1280] ***sm.*** (f. *-a*) **1.** chi fabbrica chiavi, ripara e installa serrature **2.** chi custodisce le chiavi di un locale.

chiavàrda [da *chiave*; a. 1571] ***sf.*** bullone di grandi dimensioni; *in part.* quelli usati per fissare le stecche di giunzione delle rotaie || **N.** bietta, dado, filettatura | inchiavardare.

chiavàre[1] [da *chiave*; 1313] ***tr.*** *ant.* chiudere a chiave || *fig.* imprigionare.

chiavàre[2] [lat. tardo *clavāre*; 1317] ***tr.*** **1.** *fig.* fissare saldamente, fermare, riferito a idee, opinioni || *propr. ant.* inchiodare **2.** *volg.* nei rapporti sessuali, compiere il coito, penetrare || *fig.* imbrogliare || *ass. volg.* avere rapporti sessuali || **N. 1.** *Sin.* serrare; ficcare in testa **2.** *Sin.* fottere, scopare.

chiavàta [da *chiavare*; 1956] ***sf.*** *volg.* **1.** coito **2.** *fig.* inganno, imbroglio, fregatura.

chiàve [lat. *clāvis*, strumento per chiudere; inizio sec. XIII] **I** ***sf.*** **1.** strumento metallico di varia forma e dimensione che serve per aprire e chiudere serrature, lucchetti e sim.; è costituita da un cannello con un'estremità ad anello e l'altra recante la mappa che si introduce nella serratura: *chiave femmina*, se ha il cannello forato; *chiave maschio*, se ha il cannello pieno || *chiave piatta*, a corpo piatto con scanalture e dentelli || *buco della chiave*, foro attraverso il quale si introduce la chiave nella toppa || *chiudere a chiave*, con la chiave || *dare un giro di chiave*, girare una volta la chiave nella toppa || *fig. chiuso a sette chiavi*, di cosa custodita con grande cautela || *fig. mettere, tenere sotto chiave*, custodire gelosamente || *fig. avere le chiavi di qualcosa*, esserne il proprietario || *T.eccl. le chiavi di san Pietro, le sacre chiavi*, simboli dell'autorità pontificia || *chiavi in mano*, clausola di contratti d'appalto che impone all'appaltatore di consegnare l'opera (una centrale, un ospedale ecc.) in stato di immediata utilizzabilità; *gen. prezzo chiavi in mano*, tutto compreso; *in part.* di autoveicoli, prezzo su strada **2.** *fig.* elemento, cosa o persona di vitale importanza per il conseguimento di uno scopo: *quel testimone è la chiave del processo, la riuscita di questo esperimento è la chiave per la verifica della teoria* || *in part.* punto strategico: *quel forte è la chiave delle difese nemiche* || elemento essenziale per la risoluzione di rebus, codici cifrati e sim.: *la chiave del rebus, del cifrario* || *T.inform. chiave di memoria*, codice di accesso per aree riservate della memoria di un elaboratore || *romanzo a chiave*, in cui sono narrate, in modo più o meno deformato, vicende reali || *chiave di lettura*, particolare punto di vista da cui si analizza il contenuto di uno scritto, di una produzione artistica, di un avvenimento **3.** nome di vari utensili per serrare o allentare elementi avvitati o per avviare congegni: *chiavi registrabili*, a passo regolabile; *la chiave di accensione della macchina, la chiave di caricamento del pendolo* || strumento per allentare o tendere le corde degli strumenti musicali, bischero **4.** *T.mus.* segno che si appone al rigo per determinare il valore delle note: *chiave di violino* o *di sol*, che fissa il sol sulla seconda linea del rigo; *chiave di basso*, che fissa il fa sulla quarta linea del rigo; *chiave di baritono*, che fissa il fa sulla terza linea del rigo; *chiave di do*, che fissa il do sulla prima linea (per soprano), sulla seconda linea (per mezzosoprano), sulla terza linea (per contralto), sulla quarta linea (per tenore) || *alterazioni in chiave*, diesis e bemolli che vengono indicati sul rigo subito dopo la chiave per indicare la tonalità del pezzo || *fig. stare in chiave*, attenersi all'argomento || *fig. essere fuori chiave*, fare discorsi non pertinenti o inopportuni **5.** *T.arch.* elemento di sostegno di una struttura muraria || *chiave di volta*, l'elemento centrale di una struttura ad arco; *fig.* punto importante di una teoria, di un discorso ecc.: *questo passo è la chiave di volta della dimostrazione* **6.** *T.metr.* nell'antica canzone italiana, rima che collega la prima parte della stanza o fronte con la seconda o sirima: *verso di chiave*, verso che sta tra la fronte e la sirima e rima con l'ultimo verso della fronte **7.** *T.mar.* sbarra trasversale di sostegno per gabbie e alberetti **8.** *T.sport.* nella lotta, nello judo e sim., torsione di un'articolazione o presa che forza un'articolazione **II** in funzione di ***agg. inv.*** (sempre posposto) determinante, fondamentale: *posizione chiave*, strategicamente importante; *industria chiave*, la principale industria di un paese; *posti chiave*, incarichi di grande potere nella vita sociale, politica, industriale di una nazione || *dim.* chiavétta, chiavìna, chiavicìna; *accr.* chiavóne (*sm.*), chiavóna; *pegg.* chiavàccia. **Q.T.** *musica* **TAV.** ***araldica*** **p. 645** 4.13; ***architettura*** **p. 646** 6.1a; ***musica*** **p. 1324** 1; ***utensili*** **p. 1341** 22, 23, 24, 25.

chiavèllo [lat. tardo *clavellus*; a. 1294] ***sm.*** *ant.* chiodo || chiavistello.

chiavétta (*dim.* di *chiave*) [a. 1498] ***sf.*** **1.** piccola chiave || chiave di caricamento di dispositivi meccanici: *la chiavetta della sveglia* || congegno di apertura e chiusura di tubature: *la chiavetta del gas* || utensile di forma allungata, simile a una chiave, con cui si aprono le scatole di cibi conservati: *la chiavetta delle sardine* **2.** *T.mecc.* organo di collegamento tra due pezzi di un meccanismo.

chiàvica [lat. tardo *clāvica*, class. *clovāca*; inizio sec. XIV] ***sf.*** **1.** fogna || *per estens.* cateratta di una fogna || *fig. pop.* persona che mangia moltissimo **2.** *T.idr.* paratia, saracinesca, struttura per il deflusso delle acque di scolo o di un corso d'acqua entro gli argini di un altro corso d'acqua.

chiavistèllo [lat. volg. **claustellus*, con influsso di *chiave*; a. 1348] ***sm.*** **1.** sbarra di ferro che si fa scorrere, per mezzo di una maniglia, entro anelli infissi in porte o finestre per bloccarle: *tirare il chiavistello*, aprire; *mettere il chiavistello*, chiudere || *fig. disus. baciare il chiavistello*, ripromettersi di non far più ritorno in un luogo **2.** *T.orol.* vite fissa i cui denti ingranano in quelli di un ingranaggio che fa muovere l'orologio **3.** nei fucili a canne basculanti, carrello di chiusura dei tenoni che permette l'apertura dell'arma || **N. 1.** *Sin.* catenaccio, chiavaccio, paletto.

chiàzza [forse lat. *platea*, attr. i dialetti meridionali; a. 1320] ***sf.*** larga macchia di forma tondeggiante che risalta con evidenza su una superficie: *chiazze cutanee, una chiazza di greggio si stendeva intorno alla petroliera* || *loc. avv. a chiazze*, a macchie, per porzioni di superficie: *stendere il colore a chiazze, perdere il pelo a chiazze.*

chiazzàre [da *chiazza*; 1353] ***tr.*** riempire di chiazze, macchiare: *chiazzare una tovaglia* || ***rifl.*** macchiarsi; anche *fig.* contaminarsi.

chiazzatùra [da *chiazzare*; a. 1686] ***sf.*** **1.** atto ed effetto del chiazzare **2.** insieme di chiazze.

chic (fr., pr. [ʃik]) [forse di orig. germ.; 1892 *scicche*] **I** ***agg. inv.*** (sempre posposto) che possiede stile e raffinata eleganza: *un abito molto chic* **II** ***sm. inv.*** raffinata eleganza: *un arredamento di uno chic indescrivibile* || **N. I** *Sin.* distinto, elegante, raffinato **II** *Sin.* eleganza, raffinatezza, stile.

chicane (fr., pr. [ʃiˈkan]) [da *chicaner*, cavillare; 1905] ***sf. inv.*** **1.** *T.sport.* negli sport motoristici, curva a doppia esse introdotta in un tratto rettilineo di pista per obbligare i concorrenti a moderare la velocità **2.** cavillo giuridico; *per estens.* difficoltà **3.** *T.gioc.* nel bridge, mancanza delle carte di un seme tra quelle ricevute all'apertura del gioco.

chicca [prob. da *chicco*, per la forma; a. 1484] ***sf.*** **1.** confetto, caramella **2.** *fig.* cosa squisita, preziosa.

chicchera [dallo sp. *jícara*; a. 1636] ***sf.*** tazza con manico laterale per consumare bevande calde || *per estens.* la bevanda in essa contenuta: *bere una chicchera di cioccolata* || *fig. disus. parlare in chicchera*, in modo affettato || *fig. disus. mettersi in chicchere e piattini*, agghindarsi per un'occasione particolare.

chicchessìa [da *chi che sia*; 1400 ca. *chichessia*] ***pron. indef. m.*** e ***f.*** solo ***sing.***, qualsiasi persona, chiunque, part. in frasi negative con valore di *nessuno*: *non aprire a chicchessia.*

chicchiriàre [di orig. onom.; 1940] ***intr.***

(aus. *avere*) *raro* detto del gallo, cantare.

chicchiriàta [da *chicchiriare*; a. 1712] **sf.** *raro* lunga cantata di un gallo o di più galli.

chicchirichì [di orig. onom.; 1427] **sm.** *inv.* **1.** voce onomatopeica che imita il canto del gallo; *per estens.* il canto stesso **2.** ornamento di pizzo o tela che le cameriere ponevano sul capo, crestina.

chicco (pl. *-chi*) [voce infantile; a. 1729] **sm.** **1.** denominazione generica dei semi di cereali e anche di altre piante: *un chicco di grano, di mais, di caffè* **2.** *per estens.* qualsiasi oggetto tondeggiante di piccole dimensioni: *chicco di grandine, i chicchi del rosario; chicco d'uva,* acino.

chièdere (pres. *chièdo*, ant. *chièggo*; p.rem. *chièsi*; pps. *chièsto*; cong. pres. *chièda*, ant. *chièggа*) [lat. *quaerere*; 1278] **tr.** **1.** domandare per ottenere qualcosa: *chiedere un libro, un favore, del denaro* || *chiedere in sposa, in moglie,* avanzare formale richiesta di matrimonio || *chiedere licenza,* il permesso di allontanarsi || *lett. chiedere venia,* perdono || *chiedere scusa,* scusarsi || *T.giur. chiedere qualcuno in giudizio,* cercare di ottenere la tutela di un proprio diritto per mezzo dell'autorità giudiziaria || *ass.* mendicare: *un bimbo ignudo che chiede, a notte, al canto della via* (Pascoli) **2.** rivolgersi a qualcuno per sapere qualcosa: *chiedere un'informazione, l'ora* **3.** esigere, richiedere: *questo lavoro chiede una concentrazione costante* || stabilire il prezzo di vendita di un oggetto: *per quest'auto chiedo sei milioni* **4.** desiderare: *non chiedo che un po' di pace* **5.** *ant.* invitare || **intr.** (aus. *avere*) domandare notizie di qualcuno o qualcosa: *mi hanno chiesto di te* || richiedere, chiamare qualcuno: *chiedono di te alla porta* || **N.** **1.** *Sin.* domandare, richiedere **2.** *Sin.* domandare, informarsi | *Contr.* rispondere **3.** *Sin.* pretendere | *Contr.* dare, offrire **4.** *Sin.* invocare, ricercare.

chiedìbile [da *chiedere*; 1745] **agg.** che si può chiedere.

chièppa V. CHEPPIA.

chiercùto o **chercùto** o **chiericùto** [da *chierica*; 1313] **agg.** e **sm.** *ant.* che, chi ha la chierica.

chièrere V. CHERERE.

chiereṣìa o **chiericìa** [da *chierico*; a. 1342] **sf.** *ant.* **1.** il clero **2.** l'insieme dei dotti.

chièrica [lat. tardo *clerica* (*tonsio*), tonsura clericale; a. 1342 *cherica*] **sf.** **1.** tonsura della sommità del capo che veniva praticata a chi prendeva la via del sacerdozio || *per estens.* calvizie incipiente sulla sommità del capo **2.** part. *pl.* membro del clero.

chiericàto o **clericàto** [lat. tardo *clericātus*; a. 1294 *chercato*] **sm.** la condizione e lo stato di chierico || *per estens.* il clero.

chierichétto (*dim.* di *chierico*) [1353 *chericetto*] **sm.** **1.** giovane chierico **2.** ragazzo che assiste il sacerdote durante la celebrazione della messa.

chiericìa V. CHIERESIA.

chièrico (pl. *-ci*) [lat. tardo *clericus*, gr. *klerikós*; inizio sec. XIII *chierico* nel senso 2] **sm.** **1.** *T.eccl.* persona cui è affidato l'incarico di fungere da guida spirituale per i fedeli || *com.* giovane seminarista che ha indossato l'abito talare || chi serve messa **2.** *lett.* persona di grande erudizione, dotto || *dim.* chierichìno, chierichétto; *spreg.* chiericónzolo || **N.** **1.** *Sin.* abate, prete; seminarista | *Contr.* laico **2.** *Sin.* letterato. **Q.T.** *religione.*

chiericùto V. CHIERCUTO.

chièṣa [lat. *ecclēsia*, gr. *ekklēsía*, assemblea; a. 1294] **sf.** **1.** comunità di fedeli cristiani appartenenti alla medesima confessione: *la chiesa anglicana, armena, calvinista, cattolica* || *per estens.* anche di talune confessioni non cristiane: *chiesa dell'Unificazione* || *per anton. la Chiesa,* la chiesa cattolica romana || *Padri della Chiesa,* scrittori che nei primi secoli fornirono le basi dottrinali del cristianesimo || *dottore della Chiesa,* titolo attribuito ai teologi ufficialmente riconosciuti || nella terminologia cattolica: *Chiesa militante,* l'insieme dei fedeli che operano attivamente per la diffusione della dottrina; *Chiesa purgante,* le anime del Purgatorio; *Chiesa trionfante,* le anime del Paradiso || *T.stor. Stato della Chiesa,* i domini territoriali del Pontefice **2.** edificio consacrato al culto cristiano e allo svolgimento di funzioni religiose: *una chiesa romanica, gotica* || *andare in chiesa,* frequentarla; *per estens.* essere un cristiano praticante || *essere di chiesa,* pio || *fig. essere casa e chiesa,* di persona che conduce vita morigerata || *fig. essere trattati come cani in chiesa,* assai male || *sposarsi in chiesa,* con cerimonia religiosa || *per estens.* clero che presta servizio in una chiesa; parrocchia **3.** *iron.* comunità organizzata di persone che condividono le medesime opinioni su questioni scientifiche, sociali, politiche o economiche: *il mondo accademico italiano è diviso in varie chiese* || *dim.* chiesìna, chiesétta, chiesettìna, chiesuòla; *accr.* chiesóne (*sm.*), chiesóna || **N.** **1.** *Sin.* comunità, credenti; clero **2.** *Sin.* luogo di culto; basilica, cappella, cattedrale, duomo, santuario, tempio **3.** congrega, conventicola. **Q.T.** *chiesa..., religione* **TAV.** *chiesa* 1.

chieṣàstico (pl. *-ci*) [da *chiesa*; 1855] **agg.** relativo alla chiesa o agli ecclesiastici: *funzioni chiesastiche* || *iron.* pretesco: *parlava con voce chiesastica* || di chiesa: *architettura chiesastica* || **N.** clericale, ECCLESIASTICO.

chièsta [da *chiedere*; a. 1292] **sf.** *ant.* richiesta.

chieṣuòla (*dim.* di *chiesa*) [fine sec. XIV] **sf.** **1.** piccola chiesa **2.** *spreg.* ristretta comunità di persone che seguono lo stesso indirizzo sociale, politico o artistico; conventicola **3.** *T.mar.* custodia e sostegno della bussola di bordo.

chietinerìa [da *chietino*; a. 1566] **sf.** *non com.* bigotteria.

chietino [dal n. geogr. *Chieti*; a. 1536] **I** **agg.** di Chieti **II** **sm.** **1.** (f. *-a*) abitante, nativo di Chieti **2.** (f. *-a*) *non com.* bigotto **3.** monaco dell'ordine dei Teatini.

chifel [dal ted. *Kipfel*, cornetto; 1839 *kiffel*] **sm.** *inv.* panino al burro a forma di mezzaluna.

chiffon (fr., pr. [ʃiˈfɔ̃]) [propr. cencio; 1875] **sm.** *inv.* tessuto leggero e trasparente usato nella confezione di abiti femminili || **N.** *Sin.* crespo.

chiffonnier (fr., pr. [ʃifɔˈnje]) [da *chiffon*; 1970] **sm.** *inv.* cassettone alto e stretto usato spec. dalle donne per riporvi bigiotteria, oggetti personali e sim.

chiffonnière (fr., pr. [ʃifɔˈnjɛːr]) [da *chiffon*; 1883] **sf.** *inv.* mobile con cassetti || **N.** *Sin.* cassettiera.

chìglia (pl. *-glie*) [dallo sp. *quilla*; 1602 *achiglia*] **sf.** **1.** *T.mar.* la struttura portante centrale, collocata longitudinalmente, di uno scafo; *in part.* negli scafi metallici: *chiglia massiccia,* costituita da una barra a sezione rettangolare; *chiglia piatta,* formata da una lamiera centrale che costituisce il fondo dello scafo **2.** *disus.* parte fissa dell'impennaggio di un aeromobile. **TAV.** ***vela* p. 1342** 1.11, 2.13.

chignon (fr., pr. [ʃiˈɲɔ̃]) [in orig. nuca; 1747 *cignon*] **sm.** *inv.* acconciatura di capelli raccolti in vario modo sulla nuca.

CHIESA CATTOLICA

LUOGHI CONNESSI AL CULTO: abbazia, badia, basilica, battistero, cantoria, cappella, catacomba, cattedrale, certosa, chiesa (abbaziale, arcivescovile, cattedrale, cistercense, collegiale, conventuale, diocesana, madre, marchionale, metropolitana, palatina, parrocchiale, patriarcale, primaziale, priorale, suburbicaria, suffraganea, titolare, vescovile; paleocristiana, bizantina, romanica, gotica, barocca ecc.; a basilica, a croce greca, a croce latina ecc.), cripta, duomo, edicola, eremo o romitorio, monastero, oratorio, parrocchia, pieve, sacello, sacrario, santuario, tempio.

PARTI DELLA CHIESA: abside, acquasantiera o pila dell'acquasanta, altare (papale; maggiore, laterale; ancona, baldacchino, ciborio, corno destro, corno sinistro, dossale o paliotto, mensa, pala, predella, reconditorio, residenza), ambone, arco trionfale, atrio, balaustrata, baldacchino, battistero, bema, campana, campanile o torre campanaria, cancellata, canonica, cantaro, cantoria, capitolo, cappella, cattedra, cella campanaria, confessionale, coretto, coro (scanni, stalli), cripta, cupola (costolone, lanterna, tamburo), edicola, episcopio, fonte battesimale, guglia, iconostasi, lavabo, matroneo, monofora (bifora, trifora ecc.), nartece, navata, nicchia, padiglione, pergola, pinnacolo, portale, presbiterio, pronao, protiro, pulpito o pergamo o bigoncia, rosone, sacrario, sagrestia, sagrato, scalinata o gradinata, *schola cantorum*, sepolcro, tabernacolo, tiburio, transetto, tribuna, vetrata, volta.

OGGETTI E ARREDI SACRI: accenditoio, acquamanile, addobbi (drappellone, festone, gallone, padiglione), ampolline, arundine, aspersorio, badalone, baldacchino, bandinella, battola o crepitacolo o raganella o tabella, borsa, calice, campanella, candela, candelabro, candeliere, capocielo, cartagloria, catafalco, ceppo o cassetta per le elemosine o bossolo, cero, cero pasquale, coltrone, conopeo, corporale, croce, croce astile, crocifisso, *ex voto*, faldistorio, flabello, icona, immagine sacra, incensiere o turibolo (cappelletto, catenina, cucchiaino, navicella), inginocchiatoio, lanternone, leggio, lipsanoteca, macchina o barella, messale, manutergio, ombrellino, organo, ostensorio (lunetta, raggiera, sfera), ostia o particola, pace, palla, panca, patena, pisside, pietra sacra, purificatoio, reliquario, secchiello dell'acqua santa o caldaino, sedia gestatoria, spegnitoio, stazioni della Via Crucis, stendardo, strato, tabella votiva, teca eucaristica, torcetto, torchio, torcia, tovaglia, trono; acqua santa o benedetta, crisma, incenso, olio santo.

ABITI E PARAMENTI SACERDOTALI: abito talare, amitto, anello (pastorale, piscatorio), batolo, berretta a spicchi, calotta o zucchetto, camauro, camice, cappamagna, cappello a tegolo, cappello cardinalizio, cappuccio, casula, chierica o tonsura, cingolo, *clergyman*, cocolla, collare, cotta, cordiglio, croce pettorale, dalmatica, fanone, ferraiolo, guanti, manipolo, mantelletta, mitra (bendone), mozzetta, nicchio o tricorno, omerale, pallio, pastorale, pazienza, pianeta, piviale, rocchetto, sandali, scapolare, sottana, stola, stolone, succintorio, tiara, triregno, tunica.

PERSONE: campanaro, chierichetto, fabbriciere, mazziere, paratore, patrono, sagrestano, scaccino, sediario, zelatore. V. inoltre, per le voci relative ai fedeli e alla gerarchia ecclesiastica, il quadro terminologico RELIGIONE.

1

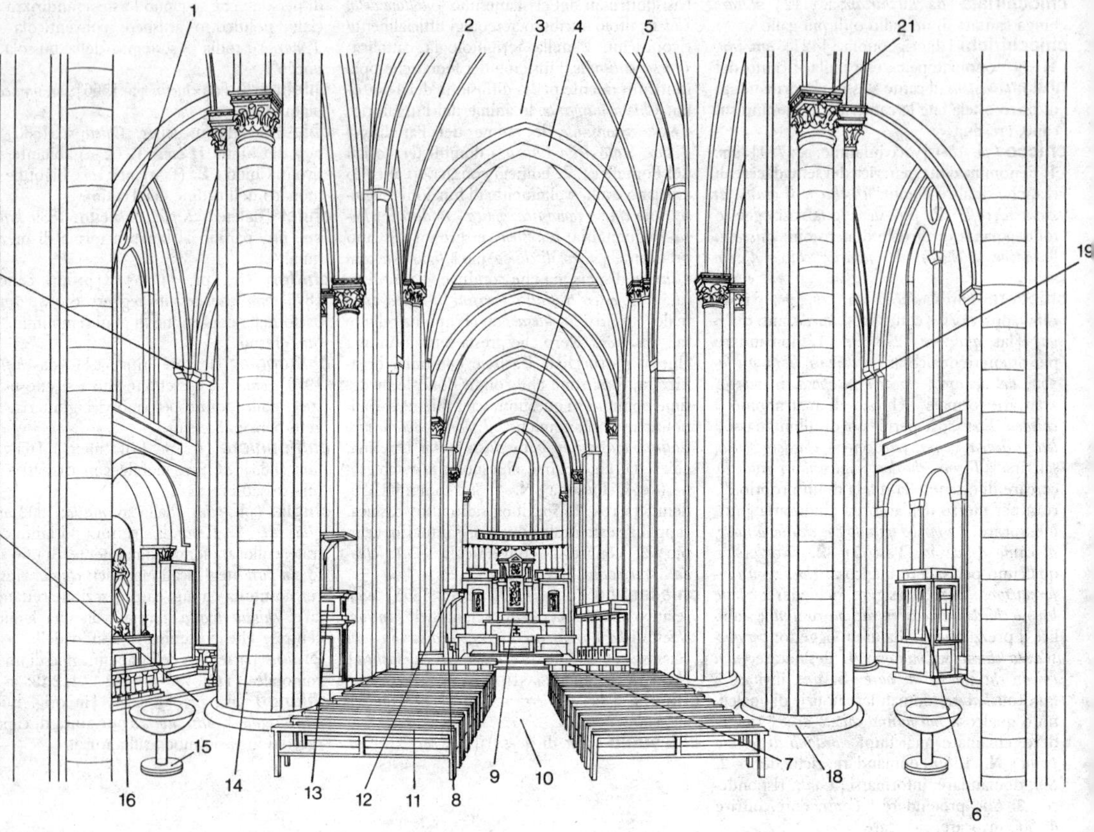
1
2
3
4
5
21
20
19
17
15
16
14
13
12
11
8
9
10
7
18
6

2

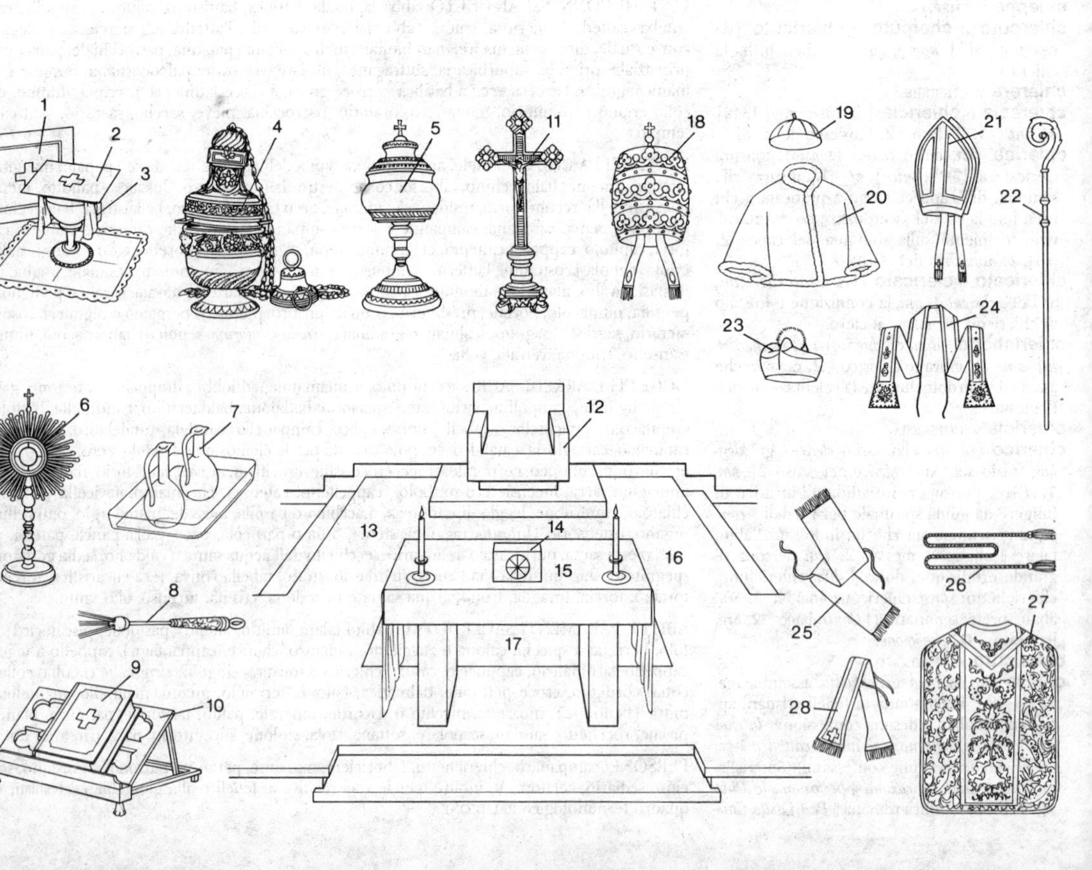
1
2
3
4
5
11
18
19
21
20
22
23
24
6
7
12
13
14
15
16
17
8
9
10
25
26
27
28

chihuahua (sp., pr. [tʃi'wawa]) [dal n. geogr. *Chihuahua*, stato del Messico; 1956] ***sm. inv.*** cane da compagnia di origine messicana, piccolissimo, con orecchie e occhi grandi. **TAV. *cani* p. 662.**

chiliàrca [dal gr. e lat. tardo *chiliarches*; fine sec. XIII] ***sm.*** *T.stor.* presso i greci, comandante di mille soldati.

chiliàṣmo [dal gr. *chiliasmós*, da *chílioi*, mille; 1931] ***sm.*** *T.rel.* antica dottrina che, fondandosi sulla predizione dell'Apocalisse, insegnava che la fine del mondo sarebbe avvenuta mille anni dopo Cristo ‖ **N.** *Sin.* millenarismo. **Q.T.** *religione.*

chiliàsta [dal gr. *chiliastái*; 1830] ***sm.*** seguace del chiliasmo ‖ **N.** *Sin.* millenarista.

chilìfero [comp. di *chilo*[1] e *-fero*, sul modello del fr. *chylifère*; 1745] ***agg.*** *T.anat.* che contiene il chilo: *vasi chiliferi.*

chilificàre (pres. *-ìfico*, *-ìfichi*) [comp. di *chilo*[1] e *-ficare*; a. 1730] ***tr.*** e ***intr.*** (aus. *avere*) *T.fisiol.* nel processo digestivo, trasformare il chimo in chilo.

chilificazióne [da *chilificare*; 1769] ***sf.*** *T.fisiol.* trasformazione del chimo in chilo.

chilo[1] [dal lat. tardo *chȳlos*, gr. *chylós*, succo della digestione; sec. XV] ***sm.*** *T.fisiol.* sostanza fluida, di aspetto lattiginoso, costituita da sostanze alimentari parzialmente assorbite dall'intestino tenue durante i processi digestivi ‖ *fam. fare il chilo*, riposarsi dopo mangiato per aiutare la digestione.

chilo[2] o **kilo** [da *chilo(grammo)* come il fr. *kilo(gramme)*; 1859 *chilò*] ***sm.*** forma contratta di *chilogrammo.*

chilo-[1] o **kilo-** [dal gr. *chílioi*, mille] ***primo elem.*** che, anteposto a una unità di misura, ne moltiplica il valore per mille: **chilòlitro**, **chilovòlt**, **chilovoltampère**.

chilo-[2] V. CHEILO-.

chilociclo [comp. di *chilo-* e *ciclo*, sul modello del fr. *kilocycle*; 1931] ***sm.*** *chilociclo al secondo*, unità di misura della frequenza delle radioonde pari a 1000 cicli al secondo.

Chilognàti [comp. di *chilo-*[2] e *-gnato*; 1830] ***sm. pl.*** *T.zool.* sottordine di Miriapodi con corpo allungato ricoperto da uno scheletro calcareo e con numerose zampe o appendici ‖ **N.** *Sin.* millepiedi.

chilogràmmetro [comp. di *chilogram(mo)* e *-metro*; 1858] ***sm.*** unità di misura del lavoro meccanico, corrispondente al lavoro compiuto dalla forza di un chilogrammo-massa quando si sposta di un metro nel verso della forza.

chilogràmmo [dal fr. *kilogramme*; 1802 *chiliogramma*] ***sm.*** **1.** unità di misura del peso equivalente a mille grammi e corrispondente al peso del chilo campione conservato nell'archivio di pesi e misure di Sevres in Francia, *propr. chilogrammo-massa* ‖ *chilogrammo-forza*, unità di forza corrispondente a quella necessaria per imprimere a un chilogrammo-massa l'accelerazione di gravità **2.** *concr.* blocchetto metallico di forma caratteristica, del peso di un chilogrammo, usato nelle vecchie bilance.

chilohèrtz [comp. di *chilo-* e *hertz*; 1956] ***sm.*** unità di misura della frequenza equivalente a 1000 cicli al secondo.

chilòlitro [dal fr. *kilolitre*; 1802 *chiliolitro*] ***sm.*** *non com.* unità di misura della capacità equivalente a 1000 litri.

chilometràggio (pl. *-gi*) [dal fr. *kilométrage*; 1890] ***sm.*** misurazione in chilometri di una distanza.

chilometràre (pres. *-òmetro*) [da *chilometro*; 1958] ***tr.*** misurare in chilometri: *chilometrare una distanza.*

chilomètrico (pl. *-ci*) [dal fr. *kilométrique*;

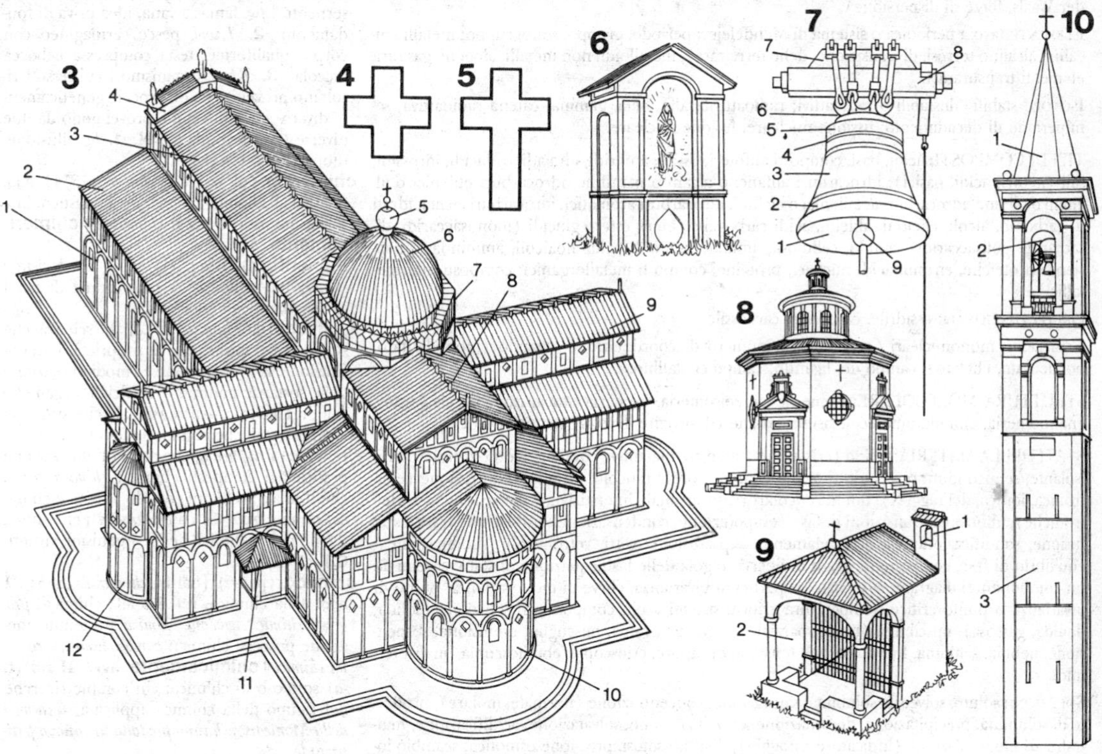

1. interno di chiesa cattolica
1.1. occhio - 1.2. catena - 1.3. volta - 1.4. nervatura (costolone) - 1.5. abside - 1.6. confessionale - 1.7. balaustrata - 1.8. presbiterio - 1.9. altare maggiore - 1.10. navata principale o centrale - 1.11. banco - 1.12. baldacchino - 1.13. pulpito - 1.14. colonna - 1.15. pila o acquasantiera - 1.16. altare secondario - 1.17. navata laterale - 1.18. base - 1.19. pilastro - 1.20. lesena - 1.21. capitello

2. arredi sacri e paramenti
2.1. borsa - 2.2. palla - 2.3. purificatoio - 2.4. turibolo - 2.5. pisside - 2.6. ostensorio - 2.7. ampolline - 2.8. aspersorio - 2.9. messale - 2.10. leggio - 2.11. crocifisso - 2.12. cattedra - 2.13. corno del Vangelo - 2.14. tabernacolo - 2.15. mensa - 2.16. corno dell'Epistola - 2.17. predella - 2.18. triregno o tiara - 2.19. zucchetto - 2.20. mozzetta - 2.21. mitra - 2.22. pastorale - 2.23. berretta - 2.24. stola - 2.25. velo omerale - 2.26. cingolo - 2.27. pianeta - 2.28. manipolo

3. cattedrale cristiana
3.1. fianco - 3.2. navata laterale - 3.3. navata - 3.4. vela - 3.5. lanterna - 3.6. cupola - 3.7. tiburio - 3.8. coro - 3.9. transetto - 3.10. abside - 3.11. protiro - 3.12. absidiola

4. croce greca

5. croce latina

6. edicola

7. campana
7.1. bocca - 7.2. bordo - 7.3. gola - 7.4. fascia - 7.5. spalla - 7.6. cielo o testata - 7.7. bilico - 7.8. cicogna - 7.9. batacchio o battaglio

8. battistero

9. cappella
9.1. campanile a vela - 9.2. portico

10. torre campanaria o campanile
10.1. cuspide - 10.2. cella campanaria - 10.3. torre

1858] **agg.** **1.** misurato in chilometri: *distanza chilometrica* **2.** *fig.* lunghissimo, interminabile: *un discorso chilometrico.*

chilòmetro [dal fr. *kilomètre*; 1802 *chilometro*] **sm.** unità di misura della lunghezza equivalente a mille metri || *T.sport. chilometro lanciato*, prova di velocità a cronometro sulla distanza di un chilometro con partenza lanciata, effettuata da ciclisti, sciatori, corridori automobilistici e sim.; *chilometro da fermo*, prova analoga ma con partenza da fermi.

Chilòpodi (sing. *-e*) [comp. di *chilo-* e *-pode*; 1820] **sm. pl.** *T.zool.* classe di Artropodi terrestri con corpo allungato distinto in capo e tronco (diviso in segmenti ciascuno munito di un paio di zampe); vivono sotto le pietre, nell'humus, tra i detriti e si cibano di Artropodi e piccoli animali; *com.* millepiedi.

CHIMICA

SPECIALITÀ PRINCIPALI: chimica agraria, analitica, applicata, bromatologica, colloidale, ecologica, farmaceutica, fisica, generale, industriale, inorganica, macromolecolare, merceologica, nucleare, organica, quantistica, strutturistica, teorica; biochimica, carbochimica, elettrochimica, fotochimica, geochimica, radiochimica, spettrochimica, stereochimica, termochimica; cinetica chimica, termodinamica chimica.

CONCETTI BASE: elettrone, protone, neutrone, nucleo; atomo (numero atomico, raggio atomico, massa atomica, peso atomico; difetto di massa); ione (positivo / negativo); potenziale di ionizzazione, affinità elettronica, elettronegatività, valenza ionica; molecola (monoatomica, biatomica, poliatomica; peso molecolare), polimero, macromolecola, radicale; orbitale (atomico, molecolare, cristallino); legame chimico (covalente, polare, ionico, dativo; singolo, doppio, triplo, coniugato, aromatico); valenza chimica, polivalenza; geometria molecolare, simmetria molecolare; energia di dissociazione; legame intermolecolare (legame a idrogeno, forze di van der Waals, forze di dispersione).

ELEMENTI: tavola periodica o sistema di Mendelejev; periodo, gruppo, sottogruppo; metalli (alcalini, alcalino-terrosi, di transizione, delle terre rare), metalloidi, non-metalli, alogeni, gas rari, elementi transuranici.

ISOTOPI: stabili / instabili o radioattivi; radioattività alfa, beta, gamma; catena radioattiva; semiperiodo di decadimento; fissione nucleare, fusione nucleare.

TIPI DI COMPOSTI: acidi, basi, composti anfoteri; ossidi, anidridi, idracidi, ossiacidi, idrossidi, sali (neutri, acidi, basici); idrocarburi alifatici o alcani o paraffine, idrocarburi etilenici o alcheni o olefine, idrocarburi acetilenici o alchini, idrocarburi aromatici, idrocarburi ciclici; idrati di carbonio, alcoli, chetoni, aldeidi, acidi carbossilici, eteri, esteri, glucidi (monosaccaridi, disaccaridi, polisaccaridi), amido, cellulosa; ammine, ammìdi, amminoalcoli, amminoacidi; sostanze proteiche, enzimi, acidi nucleici, proteine; composti metallorganici; composti intermetallici.

GRUPPI FUNZIONALI: ossidrile, carbonile, carbossile.

COMPLESSI: mononucleari / polinucleari; numero di coordinazione, ligando (monodentato, polidentato, chelato); campo del ligando; campo cristallino.

STRUTTURA MOLECOLARE: isomeria, stereoisomeria, isomeria ottica, isomeria cis / trans, enantiomeria, chiralità; molecole asimmetriche (destrogire, levogire), attività ottica.

STATI DELLA MATERIA: solido (cristallino / amorfo; metallico, covalente, ionico, molecolare; isolante, semiconduttore, conduttore, superconduttore); reticolo cristallino, diffrazione (elettronica, ionica, dei raggi X); difetti reticolari (sostituzionali, interstiziali, vacanze ioniche e elettroniche); allotropia, transizioni di fase (evaporazione, condensazione, distillazione frazionata; fusione, solidificazione, sottocongelamento, soprafusione, vetri, vetrometalli; sublimazione); equilibrio di fase, componenti, gradi di libertà, regola delle fasi, equazione di stato; sistemi ad un componente: diagramma di stato, superfici di bivarianza, curve di monovarianza, punto di invarianza o punto critico, temperatura critica; sistemi a più componenti: soluzione (solida, liquida, gassosa), miscibilità (totale, parziale), lega, amalgama, miscuglio; emulsione, sospensione, nebbia, schiuma, fumo, sol, gel; tensione di vapore, crioscopia, ebullioscopia, analisi termica.

SOLUZIONI: soluto, solvente, solubilità, saturazione; concentrazione (normale, molare), prodotto di solubilità, precipitazione, decantazione, cristallizzazione; solvatazione; acidificazione, neutralizzazione, titolazione (indicatore, viraggio); dialisi; osmosi, pressione osmotica; scambio ionico; elettrolisi (anioni / cationi; elettroliti / non-elettroliti); acidità, basicità, pH; grado di ionizzazione, prodotto ionico, costante di ionizzazione; soluzioni tampone.

REAZIONI CHIMICHE: reazioni (molecolari, ioniche, radicaliche; di sostituzione / di addizione; esoterme / endoterme; reversibili / irreversibili; spontanee / attivate); reagenti, prodotti, resa; equazioni chimiche, stechiometria; costante di equilibrio, azione di massa; velocità di reazione, velocità specifica di reazione, energia di attivazione, complesso attivato, catalisi (omogenea / eterogenea), adsorbimento (fisico, chimico), assorbimento, diffusione, fenomeni di trasporto; reazioni fotochimiche, fotosintesi, reazioni a catena; riduzione, ossidazione, combustione, dissociazione (termica, elettrolitica), corrosione, idratazione, disidratazione, fermentazione, idrolisi, salificazione, esterificazione, lisciviazione, saponificazione, denaturazione, coagulazione, reazioni metaboliche, polimerizzazione.

COMPOSIZIONE CHIMICA E ANALISI: formule brute, formule di struttura, modelli sterici; analisi qualitativa, quantitativa, gravimetrica, volumetrica; microanalisi, analisi alla tocca, alla fiamma, analisi spettrografica; spettrografia infrarossa, Raman, spettrofotometria (nel visibile e nell'ultravioletto), spettrografia di massa, spettroscopia di risonanza magnetica (nucleare, di spin elettronico); analisi per attivazione.

STRUMENTI: V. TAVOLA.

chilotóne o **kiloton** [dall'ingl. *kiloton*; 1964] **sm.** unità di energia pari a quella sviluppata dall'esplosione di 1000 tonnellate di tritolo.

chilovòlt [comp. di *chilo-* e *volt*; 1941] **sm.** unità di misura del potenziale elettrico pari a 1000 volt.

chilowatt (pr. ['kilovat]) **sm.** *non com.* v. KILOWATT.

chilowattóra [comp. di *chilowatt* e *ora*, sul modello del fr. *kilowattheure*; 1931] **sm.** unità di misura del consumo di energia elettrica corrispondente al lavoro compiuto da una macchina che sviluppi la potenza costante di un chilowatt per la durata di un'ora.

chimàsi [comp. di *chimo* e *-asi*; 1930] **sf.** *T.biol.* enzima della mucosa gastrica che provoca il coagularsi del latte.

chimèra [dal lat. *chimāera*, gr. *chímaira*, capra; sec. XIV] **sf.** **1.** *T.mit.* mostro con testa e corpo di leone, una seconda testa di capra posta sulla schiena e coda di serpente; spesso raffigurato nell'atto di vomitare fiamme, era il simbolo delle forze distruttrici || *T.arald.* figura derivata dal mostro mitologico ma con testa di donna, corpo e zampe d'aquila e coda di serpente || *fig.* fantasia vana, idea priva di fondamento **2.** *T.zool.* pesce cartilagineo con corpo squaliforme, testa compressa e bocca piccola **3.** *T.biol.* organismo i cui tessuti risultano provenire da due specie geneticamente diverse o le cui cellule provengono da due diverse uova fecondate || **N.** **1.** *fig.* illusione, utopia, FANTASTICHERIA.

chimèrico (pl. *-ci*) [da *chimera*; 1554] **agg.** relativo alla chimera || *com. fig.* fantastico, illusorio, utopistico: *ipotesi chimerica* || **chimericaménte** **avv.**

Chimerifórmi (sing. *-e*) [comp. di *chimera* e *-forme*; 1964] **sm. pl.** *T.zool.* ordine di pesci cartilaginei degli Olocefali.

chìmica [da *chimico*; 1612] **sf.** scienza che studia la composizione, le proprietà, l'identificazione, la preparazione e i modi di reazione delle sostanze naturali o artificiali, organiche o inorganiche: *chimica generale*, che studia le leggi generali che regolano i fenomeni chimici; *chimica applicata*, che studia l'utilizzazione pratica dei composti chimici; *chimica fisica*, che studia i problemi comuni a fisica e chimica; *chimica biologica* (o *biochimica*), che studia i fenomeni chimici negli organismi viventi. **Q.T.** chimica.

chìmico (pl. *-ci*) [dal fr. *chimique*; 1585] **I** **agg.** della chimica, relativo alla chimica: *progressi chimici, reazione chimica* || ottenuto mediante processi chimici: *bombe chimiche, concimi chimici* || **chimicaménte** **avv.** **II** **sm.** (f. *-a*) studioso di chimica; chi compie ricerche nel campo della chimica applicata: *i chimici della Montedison hanno prodotto un nuovo fertilizzante.*

chimificàre (pres. *-ìfico, -ìfichi*) [comp. di *chimo* e *-ficare*; 1908] **tr.** *T.fisiol.* trasformare le sostanze alimentari ingerite in chimo.

chimificazióne [da *chimificare*; 1828] **sf.** trasformazione degli alimenti ingeriti in chimo a opera dei succhi gastrici.

chimìṣmo [dal fr. *chimisme*; 1863] **sm.** l'insieme dei fenomeni prodotti da azioni chimiche || *chimismo gastrico*, composizione chimica del succo gastrico; l'insieme dei fenomeni chimici che si verificano nello stomaco durante la digestione || *T.min. chimismo delle rocce*, l'insieme delle caratteristiche chimiche delle rocce eruttive.

chìmo [dal gr. *chymós*, succo; sec. XIV] **sm.** *T.fisiol.* sostanza in cui vengono trasformati gli alimenti per azione dei succhi gastrici attivi nello stomaco.

chimòno o **kimòno** [voc. giap.; 1708] **sm.**

1. abito tradizionale giapponese da uomo e da donna, costituito da una lunga veste in tessuto ricamato o dipinto, incrociata sul davanti e stretta in vita da un'alta cintura fermata nella parte posteriore || *manica a chimono*, assai ampia e priva di cucitura sulla spalla **2.** indumento costituito da un paio di pantaloni ampi e da una lunga casacca con cintura, utilizzato nel judo e nel karate.

chimòṣi [dal gr. *chýmōsis*; 1820] ***sf.*** *raro* chimificazione.

chimoṣìna [dal gr. *chymós*, succo; 1913] ***sf.*** enzima contenuto nel succo gastrico che esercita un'azione coagulante sul latte.

chìna^1 [da *chinare*; sec. XIII-XIV] ***sf.*** terreno in discesa, pendio || *fig. essere, incamminarsi su una brutta china*, abbandonare la retta via || *fig. essere sulla china degli anni*, invecchiare.

chìna^2 [da una voce peruviana; 1561] ***sf.*** **1.** pianta delle Rubiacee con fiori a pannocchia e frutti a capsula, diffusa nella zona andina, dalla cui corteccia si ricavano alcaloidi usati nella preparazione di medicinali e bevande alcoliche **2.** liquore amaro preparato con la corteccia di china.

chìna^3 [dal disus. *China*, Cina; a. 1696] ***sf.*** *inchiostro di china* (o per ellissi *china*), ottenuto miscelando nerofumo, gomma lacca, borace e gelatina || *per estens.* disegno prodotto con tale inchiostro.

chinàre [lat. **clināre*; 1282] ***tr.*** volgere verso il basso, verso terra: *chinare lo sguardo* || *chinare il viso, il capo*, in segno di sottomissione, rassegnazione || *fig. chinare la schiena*, sottomettersi alla volontà altrui || ***rifl.*** piegarsi, curvare il corpo verso il basso: *si chinò per raccogliere la matita* || **N.** ***tr.*** abbassare, piegare, reclinare; rassegnarsi, umiliarsi.

chinàto^1 (*pps.* di *chinare*) [a. 1292] **I** ***agg.*** **1.** nei sensi del verbo **2.** *ant.* detto di terreno, in pendio **II** ***sm.*** *ant.* la parte inclinata di qualcosa.

chinàto^2 [da *china*^{2}; 1879] ***agg.*** che contiene china: *vino chinato.*

chinatùra [da *chinare*; sec. XIV] ***sf.*** *raro* atto ed effetto del chinarsi.

chincàglia (pl. *-glie*) [dal fr. *quincaille*; a. 1698] ***sf.*** part. *pl.* chincaglierie.

chincaglière [dal fr. *quincaillier*; 1739] ***sm.*** venditore di chincaglierie.

chincaglierìa [dal fr. *quincaillerie*; 1765] ***sf.*** part. *pl.*, insieme di oggetti minuti d'arredamento, di ninnoli di poco valore || negozio in cui si vendono tali oggetti || **N.** cianfrusaglia, minuteria.

chinchilla (sp., pr. [tʃin'tʃiʎa]) [voc. di tramite fr.; 1836] ***sm. inv.*** cincillà.

chiné (fr., pr. [ʃi'ne]) [dal fr. *chiner*, dare colori differenti a fili di un tessuto; 1905] ***agg. inv.*** di tessuto, screziato, marezzato.

chinèa [dal fr. *haquenée*; a. 1492] ***sf.*** *ant.* cavallo adatto per lunghi percorsi || cavallo bianco che ogni anno il re di Napoli offriva al pontefice in segno di vassallaggio.

chinése [dal disus. *China*, Cina; a. 1837] ***agg.*** *disus.* cinese.

chineserìa [dal fr. *chinoiseries*; 1927] ***sf.*** *disus.* cineseria.

chinèṣi- V. CINESI-.

-chinèṣi V. -CINESI.

chinetòṣi o **cinetòṣi** [dal gr. *kinētós*, mobile; 1899 *cinetosi*] ***sf.*** *T.med.* insieme di disturbi di origine neurovegetativa, come nausea, vomito, sudore, provocati da movimenti non uniformi, spec. durante viaggi per mare, in aereo o in automobile || **N.** mal d'aria, mal d'auto, mal di mare.

chinidìna [da *china*^{2}; 1865] ***sf.*** *T.chim.* alcaloide contenuto nella corteccia della china usato nel trattamento delle aritmie cardiache.

chinìna [da *china*^{2}; 1850] ***sf.*** *T.chim.* alcaloide contenuto nella corteccia della china usato come antimalarico e antipiretico.

chinìno [da *china*^{2}; 1875] ***sm.*** *T.farm.* sale di chinina usato per la cura della malaria || **N.** cinoconismo.

chìno [da *chinare*; 1266] **I** ***agg.*** rivolto verso il basso, piegato: *stare col* (o *a*) *capo chino* **II** ***sm.*** *raro* pendio || *fig. andare al chino*, cadere in miseria || *fig. mettere al chino*, umiliare.

chinolìna [comp. di *china*^{2} e lat. *oleum*, olio; 1865 *chinoleina*] ***sf.*** *T.chim.* composto organico simile alla chinina, contenuto nel carbone fossile e utilizzato in medicina come antisettico.

chinóne [da *china*^{2}; 1865] ***sm.*** *T.chim.* nome generico di composti organici aromatici che costituiscono la pigmentazione di molti tessuti vegetali e animali.

chinòtto [dal disus. *China*, Cina, ritenuto luogo di provenienza; 1892] ***sm.*** pianta delle Rutacee con foglie piccole di forma ellittica e frutti rotondi, giallo-arancio, di sapore amaro, utilizzati per bibite || *per estens.* il frutto di tale pianta || bibita analcolica gassata preparata con estratto di chinotto.

chintz (ingl., pr. [tʃints]) [dall'indostano *chhint*, cotone variegato; 1963] ***sm. inv.*** tessuto stampato, reso lucido da un procedimento di gommatura, usato come tessuto da arredamento e per la confezione di abiti femminili.

chiòcca^1 [da *chioccare*; a. 1652] ***sf.*** *ant.* colpo, percossa che fa rumore.

chiòcca^2 [var. di *ciocca*; a. 1533] ***sf.*** *ant.* ciocca || *in chiocca*, in gran quantità.

chioccàre (pres. *-òcco, -òcchi*) [di orig. onom.; a. 1584] ***intr.*** (aus. *avere*) schioccare || ***tr.*** *tosc.* picchiare.

chiòccia (pl. *-ce*) [da *chiocciare*; inizio sec. XIII] ***sf.*** la gallina quando cova o ha i pulcini || *fig.* donna con forte istinto materno || *per estens. fare la chioccia*, di persona, stare rannicchiato.

chiocciàre (pres. *-òccio*) [di orig. onom.; a. 1320] ***intr.*** (aus. *avere*) **1.** di gallina, emettere il verso stridulo, caratteristico della chioccia **2.** *per estens. non com.* covare **3.** di persona, starsene accoccolato.

chiocciàta [da *chioccia*; a. 1749] ***sf.*** l'insieme dei pulcini nati da una stessa covata || *fig. fam.* prole numerosa.

chiòccio (pl. *-ci*) [da *chioccia*; 1313] ***agg.*** di voce, rauca, stridula.

chiòcciola [dim. del lat. *cochlea*; a. 1406] ***sf.*** **1.** mollusco dei Gasteropodi con conchiglia elicoidale in grado di contenere l'intero animale; alcune varietà sono commestibili || *fig. a chiocciola*, a spirale || *fig. vivere come la chiocciola*, condurre vita appartata **2.** *T.anat.* coclea **3.** *T.bot.* vite femmina **4.** parte superiore del manico del violino **5.** *T.mil. ant.* caracollo **6.** *T.mat. chiocciola di Pascal*, conoide della circonferenza || **N.** **1.** lumaca. **TAV. *anatomia* p. 642** 18.9.

chiocciolàio (pl. *-ài*) [da *chiocciola*; a. 1675] ***sm.*** (f. *-a*) chi raccoglie e vende chiocciole.

chiocciolìo (pl. *-ìi*) [da *chioccia*; a. 1950] ***sm.*** verso della chioccia || un chiocciare continuo e insistente.

chiòcco (pl. *-chi*) [da *chioccare*; 1886] ***sm.*** *non com.* schiocco.

chioccolàre (pres. *-òccolo*) [di orig. onom.; 1808] ***intr.*** (aus. *avere*) **1.** di merli e fringuelli, fischiare || imitare con richiami o con la bocca tale verso **2.** dell'acqua, gorgogliare dolcemente: *l'acqua chioccolava dalla fontana.*

chioccolatóre [da *chioccolare*; 1940] ***agg.*** e ***sm.*** (f. *-trice*) che, chi chioccola: *merlo chioccolatore.*

chioccolìo (pl. *-ìi*) [da *chioccolare*; 1808] ***sm.*** **1.** il chioccolare degli uccelli **2.** gorgoglio sommesso dell'acqua.

chiòccolo [da *chioccolare*; 1808] ***sm.*** **1.** richiamo di merli e fringuelli || *per estens.* fischietto di vario materiale che serve da richiamo per merli e fringuelli, pispola **2.** chioccolìo.

chiodàia [da *chiodo*; sec. XVIII] ***sf.*** **1.** stampo per la fabbricazione a mano di chiodi **2.** *T.orol.* punzone per ribadire gli ingranaggi sui perni.

chiodaiòlo [da *chiodo*; 1865] ***sm.*** (f. *-a*) **1.** chi fabbrica o vende chiodi **2.** *scherz.* chi fa molti debiti.

chiodàme [da *chiodo*; 1768] ***sm.*** *non com.* assortimento di chiodi.

chiodàre (pres. *chiòdo*) [da *chiodo*; 1532] ***tr.*** inchiodare || *T.alp.* porre i chiodi su una parete rocciosa || *non com.* rinforzare con chiodi le suole delle scarpe.

chiodàto (*pps.* di *chiodare*) [a. 1525 *chiovato*] ***agg.*** munito di chiodi: *scarpe chiodate*, scarponi da montagna oggi non più in uso con la suola munita di chiodi per fare presa sul ghiaccio; *pneumatici chiodati*, muniti di chiodi per far presa sul ghiaccio; *bastone chiodato*, con un chiodo infisso sulla punta; *scarpette chiodate*, usate nelle gare di velocità in atletica leggera; *elmo chiodato*, caratteristico elmo con una lunga punta sulla sommità, in uso presso l'esercito tedesco fino alla prima guerra mondiale.

chiodatrìce [da *chiodare*; 1941] ***sf.*** **1.** inchiodatrice **2.** *T.mecc.* macchina per applicare e ribattere i chiodi.

chiodatùra [da *chiodare*; a. 1320 *chiovatura*] ***sf.*** **1.** atto ed effetto dell'inchiodare; *in part.* l'operazione di chiodare le scarpe || *per estens.* l'insieme dei chiodi di un paio di scarpe **2.** unione di due pezzi mediante chiodi; *in part.* unione di lamiere mediante chiodi da ribadire.

chioderìa [da *chiodo*; 1549] ***sf.*** **1.** officina per la produzione artigianale di chiodi **2.** assortimento di chiodi.

chiodìno (*dim.* di *chiodo*) [1865] ***sm.*** **1.** piccolo chiodo **2.** fungo mangereccio delle Agaricacee con cappello giallo-arancio e lamelle bianco-rossastre; cresce nei boschi alla base degli alberi in colonie numerose.

chiòdo [lat. *clāvus*; 1527] ***sm.*** **1.** asticciola metallica con un'estremità terminante a punta e l'altra munita di una testa, utilizzata per unire tra loro elementi scollegati: *chiodo da falegname, da tappezziere, piantare un chiodo, togliere un chiodo*; *chiodo fucinato*, con il gambo quadro; *chiodo da ribadire*, il cui gambo, una volta introdotto nel foro, viene ribattuto creando un'altra testa; viene impiegato per congiungere pezzi metallici || *T.alp.* chiodo con la testa munita di un occhio cui si assicura mediante un moschettone la corda: *chiodo da roccia, da ghiaccio* || *T.sport.* nel podismo, punta metallica applicata alla suola delle scarpe per assicurare maggiore aderenza alla pista || *fig. ribadire il chiodo*, ritornare con insistenza su un argomento || *fig. stare al chiodo*, essere accanito nel lavoro || *fig. tenere qualcuno al chiodo*, costringerlo a lavorare || *fig. essere magro come un chiodo*, magrissimo || *fig. roba da chiodi*, azione, situazione assurda, riprovevole || *fig. T.sport. appendere la racchetta, le scarpe, i guantoni... al chiodo*, cessare l'attività agonistica **2.** *fig.* forte dolore localizzato in un punto specifico del corpo: *ho un chiodo alla testa* || *T.med. chiodo solare*, cefalea provocata da prolungata esposizione ai raggi del sole || *T.med. chiodo isterico*, cefalea di origine nervosa || *prov. chiodo scaccia chiodo*, un nuovo dolore (o preoccupazione ecc.) fa dimenticare il precedente **3.** *fig.* idea assillante, ossessione: *nessuno gli leva quel chiodo dalla testa* **4.** *fam.* debito **5.** *chiodo di garofano*, spezia ottenuta dall'essiccazione al sole delle gemme di una pianta delle Mirtacee originaria delle Filippine **6.** *gerg.* giubbotto corto di pelle nera || **N.** **1.** PARTI: gambo, punta, testa; bulletta, cavallotto, rampino, ribattino; da falegname, da maniscalco | conficcare, imbullettare, inchiodare, piantare, ribadire, ribattere, schiodare. **Q.T.** *alpinismo* **TAV.** *alpinismo* 4, 5; ***utensili* p. 1340** 7.

chioggiòtto [dal n. geogr. *Chioggia*; 1860] **I** ***agg.*** di Chioggia **II** ***sm.*** **1.** (f. *-a*) abitante o nativo di Chioggia **2.** (solo *sing.*) dialetto parlato a Chioggia.

chiolìte [comp. del gr. *chiṓn*, neve e *-lite*; 1956] ***sf.*** *T.min.* fluoruro di alluminio e sodio, in forma di minerale di colore biancastro.

chiòma [lat. *comula*, dim. di *coma*, chioma; 1313] ***sf.*** **1.** capigliatura lunga e folta ‖ *per estens. poet.* la criniera del cavallo; la giubba del leone **2.** *per estens.* l'insieme delle foglie e dei rami di un albero **3.** *T.astr.* massa gassosa fluorescente che avvolge il nucleo delle comete, part. in prossimità del Sole **4.** *ant.* il pennacchio dell'elmo ‖ il pennacchio del lino, della lana e sim.: *trarre la chioma alla rocca*, filare. **TAV.** ***astronomia* p. 656** 2.2.

chiomànte [da *chioma*; fine sec. XIII - prima metà sec. XIV] ***agg.*** *lett.* chiomato: *diritto il chiomante capo* (Carducci) ‖ di albero, frondoso ‖ di cavallo, che ha una folta criniera, o che scuote la criniera.

chiomàto [da *chioma*; 1623] ***agg.*** che ha una lunga chioma: *e sulle sciolte redini / chino il chiomato sir* (Manzoni).

chiomaẓẓùrro [comp. di *chioma* e *azzurro*; a. 1638] ***agg.*** *lett.* che ha la chioma azzurra, gen. epiteto di divinità marine.

chiomeggiàre (pres. *-éggio*) [da *chioma*; 1955] ***intr.*** (aus. *essere*) *lett.* avere una chioma molto folta, detto spec. di piante.

chiomóso [da *chioma*; a. 1565] ***agg.*** *lett.* che ha capigliatura lunga e folta.

chiónzo [forse dal long. *klunz*, tardo, pesante; a. 1698] ***agg.*** *tosc.* tozzo, tarchiato.

chiòrba [lat. *corbula*; 1960] ***sf.*** *pop. tosc.* testa.

chiòṣa [lat. tardo *glōsa*; 1308] ***sf.*** **1.** breve spiegazione di una parola o di un passo oscuro di un testo ‖ *per estens.* spiegazione, chiarimento **2.** *ant.* macchia; chiazza epidermica ‖ **N. 1.** *Sin.* glossa; commento, nota, postilla.

chioṣàre (pres. *-òṣo*) [da *chiosa*; a. 1303] ***tr.*** fornire di chiose: *chiosare un testo* ‖ *per estens.* commentare ‖ *fig.* criticare duramente.

chioṣatóre [da *chiosare*; 1294] ***sm.*** (f. *-trìce*) chi chiosa un testo; commentatore.

chiòsco (pl. *-schi*) [dal persiano *gōše*, angolo, attr. il turco *kyōšk*; 1594] ***sm.*** **1.** padiglione a cupola, pergolato che si trova in parchi e giardini **2.** piccola costruzione, anche non permanente, adibita alla vendita di giornali, fiori, generi alimentari e sim. ‖ *dim.* chioschétto ‖ **N.** edicola.

chiòstra [lat. *claustra*, pl. di *claustrum*; 1313] ***sf.*** **1.** *lett.* recinto, luogo chiuso ‖ *ant.* chiostro **2.** insieme di elementi disposti in circolo: *una chiostra di monti* ‖ *la chiostra dei denti*, l'arcata dentaria ‖ luogo, cavità circolare.

chiostrière [da *chiostro*; sec. XIV] ***sm.*** *ant.* frate.

chiòstro [lat. *claustrum*; a. 1294] ***sm.*** **1.** il cortile di un monastero, contornato di portici ‖ *per estens.* convento, monastero ‖ *fig.* vita monastica: *cercare la pace del chiostro* **2.** *ant.* recinto in cui erano collocate le abitazioni dei canonici di una cattedrale **3.** *ant. poet.* luogo appartato e solitario.

chiòtto [forse di orig. espressiva; a. 1535] ***agg.*** quieto, silenzioso, gen. raddoppiato: *se ne stava chiotto chiotto* ‖ **N.** *Sin.* cheto, quatto, taciturno.

chiovàrdo [dal lat. *clāvus*, chiodo, tumore; 1881] ***sm.*** *T.vet.* malattia del piede del cavallo che provoca suppurazione e formazione di fistole.

chiovàre (pres. *-òvo*) [da *chiovo*; sec. XIV] ***tr.*** *ant.* chiodare.

chiovèllo [da *chiovo*; a. 1357] ***sm.*** *ant.* chiodo.

chiòvo [lat. *clāvus*; a. 1292] ***sm.*** *ant.* chiodo.

chiòvolo [da *chiovo*; 1865] ***sm.*** **1.** cavicchio con cui si fissa il giogo alla stanga dell'aratro **2.** *T.vet.* malformazione delle zampe di rapaci da falconeria.

chioẓẓòtta [dal dial. *ciozota*, di Chioggia; 1887] ***sf.*** barcone in uso nella laguna veneta.

chip (ingl., pr. [tʃɪp]) [letter. scaglia, frammento; 1972] ***sm.*** *inv.* *T.elettron.* microcircuito integrato, realizzato su un unico pezzetto di silicio, capace di svolgere un elevato numero di funzioni.

chippendale (ingl., pr. [ˈtʃɪpəndeɪl]) [dal n. dell'ebanista Th. *Chippendale*; 1913] ***sm.*** *inv.* stile di mobili inglesi part. diffuso nel XVIII secolo, caratterizzato dalla stilizzazione di elementi provenienti dagli stili gotico, rococò e cinese; anche *agg.*: *stile, mobili chippendale.*

chiràgra [dal lat. *chīragra*, gr. *chéiragra*; a. 1320] ***sf.*** *ant.* gotta alle mani.

chiràgrico (pl. *-ci*) [da *chiragra*; sec. XIV] ***agg.*** *ant.* che si riferisce alla chiragra.

chiragróso [da *chiragra*; a. 1556] ***agg.*** *ant.* affetto da chiragra.

chiràle [da un der. del gr. *chéir, cheirós*, mano; 1977] ***agg.*** *T.chim.* di molecola, non sovrapponibile alla sua immagine speculare (analogamente a quanto avviene tra la mano destra e la sinistra) ‖ **N.** *Sin.* enantiomorfo | *Contr.* achirale.

chiralità [da *chirale*; 1980] ***sf.*** *T.chim.* proprietà delle molecole chirali ‖ **N.** *Sin.* enantiomorfismo.

chirie V. KYRIE.

chiro- o **chèiro-** [dal gr. *chéir, cheirós*, mano] ***primo elem.*** che, in parole composte dotte o della terminologia scientifica, vale "mano" (per es. *chirografo, chiromante, chirospasmo*).

chirografàrio (pl. *-ri*) [dal lat. tardo *chirographārius*; 1673] ***agg.*** che si riferisce a un chirografo ‖ *T.giur. creditore chirografario*, chi vanta un credito sulla base di un atto firmato dal debitore.

chirògrafo [dal lat. *chirographum*, gr. *cheirógraphon*, manoscritto; sec. XIV] ***sm.*** *gen.* qualsiasi documento scritto e firmato di pugno dall'autore; scrittura autografa ‖ *T.giur.* scrittura privata contenente un'obbligazione, scritta e firmata di proprio pugno dal contraente.

chirologìa [comp. di *chiro-* e *-logia*; 1830 nel senso 2] ***sf.*** **1.** metodo di studio e lettura delle linee della mano per predire il futuro **2.** *ant.* linguaggio gestuale per sordomuti.

chiròlogo (pl. *-gi*) [da *chirologia*; 1983] ***sm.*** (f. *-a*) chi pratica la chirologia.

chiromànte [dal gr. *cheirómantis*; a. 1294] ***s.*** chi esercita la chiromanzia; *per estens.* indovino.

chiromàntico (pl. *-ci*) [da *chiromante*; 1618] ***agg.*** di, da chiromante; relativo alla chiromanzia.

chiromanzìa [dal gr. *cheiromantéia*; sec. XIV] ***sf.*** arte di predire il futuro e descrivere il carattere di una persona sulla base della lettura dei segni della mano.

chironomìa [dal lat. *chironomia*, gr. *cheironomía*; a. 1707] ***sf.*** **1.** l'arte del gestire nell'oratoria e nella recitazione **2.** *T.mus.* nella direzione di un'orchestra o di un coro, modo di indicare la linea melodica di un brano mediante movimenti e segni delle mani.

chiropràssi [comp. di *chiro-* e *prassi*, azione; 1983] ***sf.*** chiropratica, chiroterapia.

chiropràtica [comp. di *chiro-* e *pratica*; 1965] ***sf.*** *T.med.* terapia realizzata mediante massaggi manuali, spec. della colonna vertebrale.

chiropràtico (pl. *-ci*) [da *chiropratica*; 1983] ***sm.*** (f. *-a*) chi esegue la chiropratica ‖ **N.** *Sin.* chiroterapeuta.

chirospàṣmo [comp. di *chiro-* e *spasmo*; 1956] ***sm.*** *T.med.* crampo della mano causato da sforzo muscolare, gen. detto *crampo dello scrivano.*

chirotèca [comp. di *chiro-* e *-teca*; 1529] ***sf.*** *T.eccl.* guanto usato dal vescovo nelle funzioni sacre.

chiroterapèuta [comp. di *chiro-* e *terapeuta*; 1983] ***s.*** chi esegue la chiroterapia ‖ **N.** *Sin.* chiropratico.

chiroterapìa [comp. di *chiro-* e *terapia*; 1983] ***sf.*** *T.med.* terapia realizzata mediante massaggi manuali spec. alla colonna vertebrale.

chirotipìa [comp. di *chiro-* e *-tipia*; 1956] ***sf.*** riproduzione grafica di scritte o disegni effettuata passando l'inchiostro o la vernice su apposite mascherine sovrapposte alla superficie da stampare.

Chiròtteri [comp. di *chiro-* e *-ptero*; 1820] ***sm.*** *pl.* *T.zool.* ordine di Mammiferi in grado di volare, meglio noti come pipistrelli. **Q.T.** *zoologia* **TAV.** ***mammiferi* p. 1318**.

chirurgìa (pl. *-gìe*) [dal lat. tardo *chirurgia*, gr. *cheirourgía*, arte manuale, poi chirurgia; 1554 *cirugia*] ***sf.*** **1.** branca della medicina che si occupa degli interventi operatori: *chirurgia generale, del cuore, dei polmoni* ‖ *chirurgia plastica*, parte della chirurgia che si occupa della ricostruzione o della modificazione di parti del corpo umano per fini funzionali o estetici ‖ *alta chirurgia*, quella che si occupa degli interventi più delicati e difficili **2.** reparto ospedaliero riservato a coloro che hanno subito o devono subire interventi chirurgici. **Q.T.** *chirurgia* **TAV.** ***medicina...* p. 1320**.

chirùrgico (pl. *-ci*) [dal lat. tardo *chirūrgicus*, gr. *cheirourgikós*; a. 1698] ***agg.*** relativo alla chirurgia: *intervento chirurgico* ‖ *malattia chirurgica*, processo morboso curabile mediante intervento chirurgico ‖ **chirurgicaménte** ***avv.*** secondo i metodi e le tecniche della chirurgia.

chirùrgo (pl. *-ghi* e meno com. *-gi*) [dal lat. tardo *chirūrgus*, gr. *cheirourgós*, che opera con le proprie mani; 1532] ***sm.*** medico specializzato in chirurgia ‖ anche in funzione attributiva: *medico chirurgo.* **Q.T.** *chirurgia.*

chissà o **chi sa** [da *chi sa*; a. 1375] ***avv.*** esprime dubbio o incertezza, possibilità o speranza: *chissà se potrai rivedere il paese natio, ci rivedremo chissà quando*; talvolta è usato nelle risposte con valore elusivo: *verrete a trovarci? Chissà!* ‖ unito a *chi, che, cosa* e sim. assume valore indeterminativo: *chissà chi si crede di essere, pensava di aver fatto chissà cosa.*

chissisìa o **chi si sìa** [da *chi si sia*; a. 1529] ***pron. indef.*** *m.* e *f. non com.* chiunque, gen. con valore enfatico.

chistera (sp., pr. [tʃisˈtera]) [voce di orig. basca; 1970] ***sf.*** *inv.* (anche pl. *chisteras*, pr. [tʃisˈteras]) cesta di vimini usata come racchetta nella pelota basca.

chitàre [var. di *chetare*; a. 1250] ***tr.*** *ant.* lasciare, abbandonare ‖ ***intr.*** (aus. *avere*) *ant.* dare quietanza.

chitàrra [dal gr. *kithára*; 1306] ***sf.*** **1.** strumento musicale a corde costituito da una cassa armonica a fondo piatto a forma di otto, e da un manico dotato di tasti ai cui cavicchi si attaccano gen. 6 o 12 corde; viene suonata facendo vibrare le corde con le dita o con un plettro ‖ *chitarra elettrica*, priva di cassa armonica e in cui le vibrazioni delle corde sono convertite in impulsi elettrici che amplificati sono resi udibili per mezzo di altoparlanti ‖ *chitarra basso*, contrabbasso elettrico **2.** strumento formato da fili metallici fissati a un telaio, che viene usato in Abruzzo per ricavare da una falda di pasta delle fettuccine a sezione quadrata dette *maccheroni alla chitarra* ‖ *dim.* chitarrétta, chitarrìna, chitarrìno (*sm.*); *accr.* chitarróna, chitarróne (*sm.*). **Q.T.** *musica* **TAV.** ***musica* p. 1325** 10, 11.

chitarràta [da *chitarra*; 1956] ***sf.*** **1.** composizione o esecuzione per chitarra || *spreg.* esecuzione musicale scadente **2.** *iron.* discorso palesemente adulatorio || **N.** **2.** *Sin.* sviolinata.

chitarrìsta [da *chitarra*; a. 1600] **s.** chi suona la chitarra.

chitarronàta [da *chitarra*; a. 1907] **sf.** *spreg.* **1.** suonata di chitarra **2.** *fig.* componimento poetico sciatto e privo di valore.

chitarróne (*accr.* di *chitarra*) [a. 1673] **sm.** **1.** grossa chitarra **2.** varietà secentesca di liuto usata per l'esecuzione di brani solistici **3.** *iron.* poeta di scarso valore.

chitìna [dal fr. *chitine*; 1865] **sf.** sostanza organica a base di saccaridi, resistente agli agenti chimici, che costituisce l'elemento fondamentale dello scheletro degli Artropodi, ed è presente nel rivestimento cuticolare di vari invertebrati e nella membrana cellulare di molti funghi, licheni e batteri.

chitóne¹ [dal gr. *chitṓn, -ônos*, tunica; 1892] **sm.** nell'antica Grecia, tunica senza maniche, stretta in vita da una fascia e fissata alle spalle con due fibbie.

chitóne² [dal gr. *chitṓn, -ônos*; 1931] **sm.** *T.zool.* genere di molluschi marini, con conchiglia formata da otto piastre calcaree inserite sulla superficie dorsale del corpo, presenti in quasi tutti i mari.

chiù [di orig. onom.; a. 1484] **sm.** *tosc.* assiolo: *un chiù singhiozza da non so qual torre* (Pascoli).

chiudènda [da *chiudere*; 1342] **sf.** **1.** recinzione di campi coltivati fatta con siepi o rete metallica **2.** serranda, saracinesca.

chiùdere (pres. *chiùdo*; p.rem. *chiùsi, chiudésti*; pps. *chiùso*) [lat. tardo *clūdere*, class. *claudere*; 1308] **tr.** **1.** serrare, congiungere tra loro due parti divise di uno stesso oggetto: *chiudere la porta, chiudere le imposte, chiudere un libro* || *chiudere una bottiglia*, mettere il tappo || *chiudere le mani*, congiungerle || *chiudere le braccia*, stringerle al petto || *fig. eufem. chiudere gli occhi*, morire || *fig. non chiudere occhio*, non riuscire a dormire || *fig. chiudere un occhio*, mostrarsi tollerante || *fig. chiudere la bocca*, tacere || *fig. chiudere la bocca a qualcuno*, impedirgli di parlare || *fig. chiudere la porta in faccia a qualcuno*, negargli ogni aiuto **2.** bloccare, ostruire un passaggio, impedire l'entrata o l'uscita da un luogo: *chiudere una strada, un passaggio* || *chiudere il gas, la luce, l'acqua*, bloccarne l'erogazione || *fig. chiudere il cuore alla pietà, le orecchie alle preghiere*, mostrarsi insensibili || *fig. chiudere gli orecchi alle lusinghe*, non lasciarsi ingannare **3.** recintare: *chiudere il podere con una siepe* **4.** serrare: *chiudere una vite* || *chiudere la mano*, stringerla a formare un pugno || *chiudere le braccia al collo di qualcuno*, abbracciarlo **5.** riporre: *chiudere i preziosi in uno scrigno* **6.** portare a termine, concludere: *chiuse il concerto con un bis* || *chiudere il bilancio*, eseguire le necessarie operazioni contabili al termine di un periodo di attività || *chiudere bottega*, cessare la vendita; *fig.* smettere un'attività || *chiudere un affare*, definirne gli ultimi dettagli || *chiudere un conto*, pagarlo || *fig. chiudere il conto con qualcuno*, vendicarsi || *chiudere le camere*, porre termine a una legislatura || *chiudere il proprio rapporto di lavoro*, licenziarsi || *chiudere un corteo, una schiera, un elenco*, essere in fondo || *fig. chiudere l'esistenza*, morire || **intr.** (aus. *avere*) **1.** combaciare: *questo coperchio non chiude* **2.** interrompere un'attività, un rapporto: *le scuole chiudono in giugno, chiudere per fallimento, con te ho chiuso* **3.** *T.gioc.* in alcuni giochi di carte, vincere || **intr. pron.** **1.** serrarsi: *la porta si è chiusa da sola* || rimarginarsi: *la ferita si è chiusa* **2.** del cielo, coprirsi di nuvole || **rifl.** **1.** nascondersi, ritirarsi: *si è chiuso in un eremo*; anche *fig.*: *si è chiuso nei propri pensieri* || *chiudersi in se stessi*, rifiutare il dialogo con altre persone **2.** avvolgersi, coprirsi: *chiudersi nel cappotto* || *chiuditi*, abbottonati || **N.** **tr.** **1.** inchiavardare, murare, otturare, piombare, sbarrare, sigillare, sprangare | *Contr.* aprire **2.** accerchiare, asserragliare, circondare **3.** assiepare, recingere **4.** *Sin.* stringere.

chiudétta [da *chiudere*; 1956] **sf.** *T.idr.* apertura laterale dei canali di irrigazione per consentire il passaggio dell'acqua da un canale all'altro || **N.** *Sin.* chiusino.

chiudilèttera [comp. di *chiude(re)* e *lettera*; 1970] **sm.** *inv.* e **agg.** detto di piccolo rettangolo di carta, simile a un francobollo, emesso per beneficenza o a scopo pubblicitario, usato per sigillare le buste.

chiudipòrta [comp. di *chiude(re)* e *porta*; 1973] **sm.** *inv.* dispositivo a molla per la chiusura automatica di porte.

chiùnque [comp. del lat. *quī*, chi e *unquam*, talvolta; a. 1294] **pron.** *indef. inv.* solo *sing.* qualunque persona: *chiunque saprebbe farlo* || **pron.** *rel. indef. inv.* solo *sing.* qualunque persona che: *chiunque mi cerchi avvisami.*

chiurlàre [di orig. onom.; 1618] **intr.** (aus. *avere*) del chiurlo e dell'assiolo, emettere il proprio verso; imitare il verso di tali uccelli.

chiùrlo [da *chiurlare*; a. 1700] **sm.** **1.** uccello dei Caradriformi, con becco lungo e sottile incurvato verso il basso e zampe lunghe || *per estens.* il verso di tale uccello **2.** *fig. pop. tosc.* uomo sciocco e sprovveduto.

chiùsa [f. di *chiuso*; sec. XIII] **sf.** **1.** *T.idr.* opera di sbarramento di un corso d'acqua **2.** restringimento naturale di una valle fluviale **3.** riparo collocato intorno a qualcosa, gen. a un terreno || *per estens.* il terreno così delimitato **4.** ultima parte di uno scritto o di un discorso **5.** il rinchiudere gli uccelli da richiamo in un luogo buio e fresco per predisporli a eseguire in autunno il canto di primavera || **N.** **1.** diga **3.** cancellata, riparo.

chiusétta [da *chiusa*; 1956] **sf.** nella commedia dell'arte, strofetta improvvisata che concludeva il monologo del comico.

chiusìno [da *chiuso*; a. 1519] **sm.** copertura in pietra o in metallo per pozzetti, botole, fognature, canali di scolo e sim. || *tosc.* lastra che chiude il forno.

chiùso (*pps.* di *chiudere*) [1282] **I agg.** **1.** nei sensi del verbo || *a porte chiuse*, senza pubblico || *vendere a cancello chiuso*, con tutto ciò che c'è dentro || *fig. tenere la bocca chiusa*, tacere || *fig. agire ad occhi chiusi*, con assoluta sicurezza || *fig. fidarsi di qualcuno ad occhi chiusi*, totalmente || *abito chiuso*, accollato || *naso chiuso*, a causa del raffreddore || *tempo chiuso*, nuvoloso || *casa chiusa*, casa di tolleranza || *mare chiuso*, residuo di mare che a causa di fenomeni geologici non è più in comunicazione con un oceano || *stato chiuso*, che non ha sbocchi sul mare || *fig. intelligenza chiusa*, ottusa, limitata || *fig. mentalità chiusa*, gretta, conservatrice || *fig. carattere chiuso*, poco socievole || *argomento, affare, capitolo chiuso*, a proposito del quale non vi è più nulla da dire || *T.sport. trotto chiuso*, serrato **2.** *T.mat. curva chiusa*, linea che muovendosi su se stessa in un'unica direzione finisce per ritornare al punto di partenza; *superficie chiusa*, priva di bordi; *insieme chiuso*, ogni insieme di uno spazio topologico complementare a un insieme aperto **3.** *T.metr.* detto di sistemi strofici regolati da leggi costanti che fissano il numero e il tipo dei versi e spesso anche lo schema di rime **4.** *T.fon. vocale chiusa*, articolata con un grado di apertura minore rispetto alle vocali aperte; *sillaba chiusa*, terminante con una consonante **5.** *T.chim. catena chiusa*, raggruppamento atomico anulare **6.** *T.arald.* attributo di uccelli posati, di mani chiuse e di edifici che hanno la porta di uno smalto diverso da quello del muro e del campo || **chiusaménte** **avv.** *ant.* nascostamente **II sm.** luogo riparato e coperto || *per estens.* ambiente in cui non c'è circolazione d'aria: *questa stanza ha odore di chiuso* **III avv.** *lett.* in modo poco chiaro, enigmatico: *parlar chiuso.*

chiusùra [lat. tardo *clusūra*, class. *clausūra*; 1312] **sf.** **1.** atto ed effetto del chiudere: *la chiusura del portone, dei negozi* || cessazione, ter-

CHIRURGIA

SCIENZE CHIRURGICHE E AFFINI: patologia chirurgica, medicina operatoria, chirurgia estetica, chirurgia d'urgenza, anestesiologia, ginecologia, cardiochirurgia, neurochirurgia, oculistica, odontoiatria, ortopedia, ostetricia, otorinolaringoiatria, traumatologia, pronto soccorso.

OPERAZIONI: ablazione, abrasione, agopuntura, allacciatura, amputazione, analgesia, anaplastia, anastomosi, appendicectomia, asportazione, autoplastica, castrazione, cateterismo, cauterizzazione, circoncisione, cistotomia, compressione, costotomia, craniotomia, diatermocoagulazione, dissezione, drenaggio, elettrocoagulazione, enteroclisi, enucleazione, erniectomia, estirpazione, estrazione, fleboclisi, flebotomia o salasso, incisione, ingessatura, iniezioni endovenose, innesto, inoculazione, intubazione, ipodermoclisi, isterectomia, laparatomia, litotomia, litotripsia o litotrissi, nefrectomia, paracentesi, pneumotorace, prelievo bioptico, protesi, puntura, raschiamento, raschiatura, resezione, riduzione, rivolgimento, scarificazione, stomia, strappamento, sutura, taglio cesareo, tonsillectomia, toracentesi, toracotomia, toracoplastica, tracheotomia, trapanazione, trapianto (cardiaco, epatico, polmonare, renale), trazione, vivisezione; allacciare, amputare, bruciare, asportare, bendare, cauterizzare, disarticolare, drenare, enucleare, estirpare, intervenire, intubare, operare, ridurre, rigettare, sbrigliare, tamponare, trapanare, trapiantare.

STRUMENTI: abbassalingua, aghi, aspiratore, bisturi, blefarostato, cannula, cardiografo, catetere, cistoscopio, compressori, contagocce, dilatatore, divaricatore, elettrobisturi, fasce elastiche, ferula, fonendoscopio, forbici, forcipe, inalatore, ipodermoclisma, lancetta, laringoscopio, martelli, maschere per cloroformizzare, oftalmoscopio, osteotomo, otoscopio, pietra infernale, pinza ossivora, pinze, rachiotomo, raschiatoio, scalpello, seghe, sfigmomanometro, siringhe, sonda, spatola, specillo, stetoscopio, tenaglie, termocauterio, termometro, trapano, trequarti.

TERMINI VARI: anchilosi, anestesia (cloroformizzazione, eterizzazione, puntura lombare; analgesici, narcotici, soporiferi, stupefacenti; addormentare, anestetizzare), anestesista, antisepsi, asepsi, astanteria, autopsia, biopsia, caustico, cauterio, cicatrice, clisma, emostasi, emostatico, enteroclisma, fistola, ibernazione, medicazione, sala operatoria, salasso, settico, setticemia, sondaggio, trasfusione, trauma.

VOCI ATTINENTI: bendaggio, fasciatura, cicatrizzazione, rigetto, *catgut*, cintura, compressa, ovatta, garza, cotone idrofilo, ambulanza, ambulatorio, strumentario, chirurgo, operatore, flebotomo, oculista, dentista, odontoiatra, pedicure, autopsia, autoclave, sterilizzazione.

mine: *la chiusura della caccia,* ultimo giorno in cui si può cacciare; *la chiusura della borsa,* momento di rilevazione ufficiale delle quotazioni per la giornata; *chiusura del giornale,* termine dell'impaginazione, momento in cui il giornale deve andare in macchina per assicurarne la distribuzione in tempo utile **2.** dispositivo utilizzato per chiudere: *chiusura a scatto, elettrica* || *chiusura lampo,* dispositivo per la chiusura di due lembi di stoffa costituito da due file di denti di vario materiale che si innestano gli uni negli altri per mezzo di un apposito cursore **3.** *T.fon. chiusura di un dittongo,* processo diacronico per cui le vocali di un dittongo si contraggono in una sola **4.** *fig.* preclusione: *chiusura mentale,* scarsa capacità o propensione al dialogo e alla comprensione || *T.pol.* rifiuto del dialogo con altre forze politiche da parte di un partito o di una coalizione.

choc (fr., pr. [ʃɔk]) [da *choquer,* colpire; 1892] ***sm.*** *inv.* shock.

choccàre v. SHOCKARE.

chope (fr., pr. [ʃɔp]) [dal ted. *Schoppen,* misura di liquido; 1905] ***sf.*** *inv.* boccale per la birra.

chopper (ingl., pr. [ˈtʃɒpə]) [letter. colui che taglia; 1974] ***sm.*** *inv.* **1.** modello di bicicletta o motocicletta con forcella alta e sella allungata **2.** *T.elettron.* dispositivo che interrompe a intervalli regolari una corrente elettrica, permettendone l'amplificazione || **N. 2.** *Sin.* modulatore.

chou (fr., pr. [ʃu]) [letter. cavolo; 1905] ***sm.*** *inv.* **1.** dolce di forma sferica cotto in forno e variamente ripieno **2.** fiocco, nastro riccamente annodato.

chow-chow (ingl., pr. [ˈtʃau tʃau]) [di orig. cinese; 1951] ***sm.*** *inv.* cane da guardia di taglia media, di origine orientale, di aspetto leonino, con lingua bluastra e pelo folto gen. rossiccio. **TAV. *cani* p. 662.**

christofle (fr., pr. [kris'tɔfl]) [dal n. dell'industriale fr. C. *Christofle;* 1905] ***sm.*** *inv.* lega di rame, zinco e nichel di aspetto argenteo gen. utilizzata per fabbricare posate.

ci[1] [lat. volg. **hĭcce,* class. *hic,* qui; 1211] **I *pron.*** *pers.* (davanti ai pronomi atoni *lo, la, li, le* e alla particella *ne,* assume la forma *ce)* forma atona del pronome di prima persona plurale *noi;* viene considerato particella pronominale solo quando ne rappresenta la forma declinata come complemento oggetto: *ci hanno invitati a cena* (hanno invitato noi), o come complemento di termine: *ci portarono dei doni* (portarono a noi); può trovarsi sia in posizione proclitica che enclitica: *vienici a trovare, portaci con te;* è obbligatorio nella coniugazione dei verbi riflessivi (*ci vestiamo*), reciproci (*ci baciamo*) e intransitivi pronominali (*ci divertiamo*); viene inoltre usato insieme alla particella *si* nella forma impersonale: *ci si era messi d'accordo* **II *pron.*** *dimostr.* riferito a cosa equivale a *ciò, quello,* nei casi indiretti: *ci provi ancora gusto* (provi ancora gusto a ciò); riferito a persona, con lui, con lei, con loro: *non ci vediamo più;* nell'uso dialettale viene usato con valore di *a lui, a lei, a loro: ci dissi;* spesso assume valore pleonastico: *con loro non ci provo nemmeno a ragionare.*

ci[2] [lat. volg. **hĭcce,* class. *hic,* qui; a. 1250] ***avv.*** **1.** qui, in questo luogo: *conosco bene questo quartiere perché ci ho abitato vari anni;* talvolta con uso pleonastico: *pensavo che qui ci fosse da divertirsi;* in unione con il verbo *essere* indica esistenza o locazione spaziale: *ci sono varie specie di gabbiani, c'è nessuno?;* compare inoltre in varie loc.: *c'è modo e modo, non c'è verso* e sim. **2.** come complemento di moto per luogo equivale a *per questo luogo, per quel luogo: non ci passo da anni;* assume anche valore pleonastico: *per questa strada ci passo ogni giorno* **3.** *meno com.* come complemento di moto da luogo equivale a *da questo, da quel luogo: come ci uscirà?* **4.** in varie loc. verb. assume valore indeterminato: *ci vuole,* occorre, è necessario; *ci corre,* passa della differenza; *starci,* essere d'accordo; nel linguaggio familiare e colloquiale unito al verbo *avere* assume valore rafforzativo: *non ci abbiamo più una lira;* assume inoltre valore pleonastico: *non ci sento bene.*

ci[3] [lettura della lettera *c;* 1956] ***sf.*** (meno com. *sm.*) *inv.* nome per esteso della lettera c (v.).

ciàba[1] [da *ciaba(ttino);* 1618] ***sm.*** *inv. spreg.* ciabattino.

ciàba[2] [da *ciabare;* 1865] ***sm.*** *inv. tosc.* **1.** chiacchierone, saccente: *fare il ciaba* **2.** chiacchiera.

ciabàre [di orig. onom.; 1865] ***intr.*** (aus. *avere) tosc.* ciarlare vanamente e con presunzione.

ciabàtta [prob. di orig. orient.; a. 1400] ***sf.*** **1.** pantofola senza tacco che si porta in casa || *per estens.* calzatura vecchia e consunta || *portare le scarpe a ciabatta,* con la parte posteriore ripiegata sotto il tallone || *fig. essere nelle ciabatte di qualcuno,* nella sua situazione o condizione **2.** *per estens. fig.* persona o cosa vecchia e malandata: *una vecchia ciabatta* || *fig. non stimare una ciabatta,* stimare pochissimo || *fig. trattare come una ciabatta,* malissimo **3.** supporto piatto per derivazione elettrica con prese multiple, anche di diverso standard: *ciabatta bipasso, universale.* **TAV. *elettrotecnica* 6.**

ciabattàio (pl. *-ài*) [da *ciabatta;* 1508] ***sm.*** (f. *-a*) chi fabbrica o vende ciabatte.

ciabattàre (pres. *-àtto*) [da *ciabatta;* 1853] ***intr.*** (aus. *avere*) **1.** camminare strascicando i piedi **2.** acciabattare.

ciabattàta [da *ciabatta;* 1865] ***sf.*** colpo di ciabatta.

ciabattìno [da *ciabatta;* a. 1400] ***sm.*** (f. *-a*) **1.** chi ripara calzature; *propr.* chi fabbrica ciabatte **2.** *fig.* chi fa male il proprio mestiere || artista da quattro soldi.

ciabattóne [da *ciabatta;* a. 1571] ***sm.*** (f. *-a*) **1.** chi cammina strascicando i piedi || *fig.* persona trasandata **2.** *fig.* chi fa male il proprio mestiere.

ciàc o **ciàk** [voce onom.; a. 1665 *ciacche*] ***sm.*** *inv. T.cin.* tavoletta in legno sulla quale sono indicati il nome del regista, il titolo del film, il numero della scena e il numero della ripresa, munita nella parte inferiore di un'asta di legno battente che viene fatta battere, davanti all'obbiettivo, all'inizio di ogni ripresa da un membro della troupe che legge anche ad alta voce i dati in essa contenuti; serve ad agevolare il montaggio della pellicola e la sincronizzazione del sonoro.

ciacchista [da *ciac;* 1956] ***s.*** *T.cin.* tecnico che aziona il ciac all'inizio di ogni scena o di ogni azione.

ciàcco (pl. *-chi*) [forse di orig. onom.; a. 1406] **I *sm.*** *ant.* porco **II *agg.*** *ant.* sporco, sudicio.

ciaccóna [dallo sp. *chacona;* 1620] ***sf.*** danza secentesca di andamento moderato || componimento vocale o strumentale diffuso nel XVII e XVIII secolo, ispirato a tale danza, in ritmo di tre tempi con variazione su un basso continuo.

ciàdico (pl. *-ci*) [dal fr. *Chad;* 1985] **I *agg.*** del Ciad **II *sm.*** (solo *sing.*) ramo delle lingue afroasiatiche comprendente numerose lingue della Nigeria settentrionale e del Camerun.

ciàk v. CIAC.

ciàlda [forse dal fr. ant. *chalde,* calda; a. 1449] ***sf.*** **1.** pasta dolce sottile cotta tra due piastre roventi **2.** ostia per avvolgere medicinali in polvere da prendere per via orale **3.** *ant.* • coccarda portata sul cappello dai servitori in livrea || **N. 1.** brigidino, ostia, *wafer* **2.** *cachet.*

cialdìno (*dim.* di *cialda*) [1945] ***sm.*** capsula che racchiude farmaci in polvere || **N.** *Sin. cachet.*

cialdonàio (pl. *-ài*) [da *cialdone;* a. 1492] ***sm.*** (f. *-a*) chi produce o vende cialde e cialdoni.

cialdóne (*accr.* di *cialda*) [a. 1492] ***sm.*** grossa cialda accartocciata che si mangia con panna, gelato e sim.

cialtronàglia (pl. *-glie*) [da *cialtrone;* 1865] ***sf.*** accozzaglia di cialtroni.

cialtronàta [da *cialtrone;* 1925] ***sf.*** atto, comportamento da cialtrone.

cialtróne [etim. inc.; 1536] ***sm.*** (f. *-a*) individuo volgare, arrogante e presuntuoso || persona sciatta nell'abito e nel comportamento; persona che svolge il proprio lavoro con trascuratezza || *dim.* cialtroncèllo; *pegg.* cialtronàccio || **N.** gaglioffo, manigoldo; pezzente; inetto.

cialtronerìa [da *cialtrone;* 1875] ***sf.*** l'essere cialtrone || cialtronata.

cialtronésco (pl. *-schi*) [da *cialtrone;* a. 1931] ***agg.*** proprio di un cialtrone, da cialtrone: *si comporta in modo cialtronesco.*

ciambèlla [prob. lat. *cymbula,* barchetta, attr. i dialetti abruzzesi; 1501] ***sf.*** **1.** dolce di farina, uova, burro e zucchero, a forma di cerchio con un buco nel mezzo, cotto in forno || *prov. non tutte le ciambelle riescono col buco,* non tutte le cose riescono secondo i propri desideri **2.** *per estens.* nome di vari oggetti che per forma ricordano la ciambella: *ciambella salvagente,* cerchio di materiale galleggiante usato per tenere a galla chi non sa nuotare; *ciambella per i denti,* cerchietto di gomma che si dà da mordere ai bambini durante la dentizione; cercine; cerchio di gomma o plastica che viene posto sotto il corpo dei malati per prevenire o alleviare le piaghe da decubito **3.** nome del recipiente ad alto vuoto in cui, in un sincrotrone o in un betatrone, si muovono le particelle **4.** *T.ipp.* figura dell'equitazione d'alta scuola che consiste in un trotto cadenzato sul posto.

ciambellàio (pl. *-ài*) [da *ciambella;* 1734] ***sm.*** (f. *-a*) produttore, venditore di ciambelle.

ciambellàno (ant. *ciamberlàno*) [dal fr. *chambellan;* sec. XIII *ciamberlano*] ***sm.*** dignitario cui era affidata la cura degli appartamenti e del tesoro reale || *fig.* adulatore.

ciambellòtto v. CAMBELLOTTO.

ciamberlàno v. CIAMBELLANO.

ciampanèlle [forse dal fr. ant. *champenele,* campanella; a. 1686] ***sf.*** *pl.* usato solo nella loc. *dare in ciampanelle,* perdere la lucidità di mente, delirare.

ciampicàre (pres. *ciàmpico, ciàmpichi*) [da *ciampa,* var. dial. di *zampa;* 1729] ***intr.*** (aus. *avere*) *tosc.* camminare barcollando, incespicare || *fig.* operare con lentezza, in modo impacciato.

ciampicóne [da *ciampicare;* 1808] ***sm.*** (f. *-a*) *tosc.* chi procede incespicando e barcollando || *fare un ciampicone,* inciampare all'improvviso.

ciàna [da *Ciana,* abbr. di *Luciana,* n. della protagonista del dramma di A. Valle *Madama Ciana;* 1808] ***sf.*** *tosc.* donna del popolo sudicia e volgare.

cianamide o **cianammide** [comp. di *cian(ico)* e *am(m)ide;* 1865 *cianammida*] ***sf.*** *T.chim.* amide dell'acido cianico usato come fertilizzante.

cianàto [comp. di *cian(ico)* e *-ato;* 1830] ***sm.*** *T.chim.* sale o estere dell'acido cianico.

ciànca [etim. inc.; 1825] ***sf.*** *region.* gamba, part. gamba zoppa.

cianchétta (*dim.* di *cianca*) [a. 1613] ***sf.*** gambetta magra || *fare la cianchetta,* fare lo

sgambetto.
cianchettàre (pres. *-étto*) [da *cianca*; a. 1907] ***intr.*** (aus. *avere*) camminare a fatica strascicando le gambe.
ciància (pl. *-ce*) [di orig. onom.; a. 1292] ***sf.*** **1.** discorso futile e vano: *sono tutte ciance* **2.** *ant.* burla, scherzo ‖ **N. 1.** chiacchiera, ciarla.
cianciafrùscola [comp. di *ciancia* e *fruscolo*; sec. XIV] ***sf.*** *non com.* part. *pl.* bazzecola, bagatella.
cianciàre (pres. *ciàncio*) [da *ciancia*; a. 1327] ***intr.*** (aus. *avere*) **1.** fare discorsi futili e inconcludenti; chiacchierare ‖ *cianciare al vento*, parlare senza essere ascoltati **2.** *ant.* scherzare ‖ **N. 1.** ciangottare, cicalare.
cianciatóre [da *cianciare*; inizi sec. XII] ***sm.*** (f. *-trice*) e *raro* ***agg.*** chi o che ciancia spesso e volentieri.
ciancicàre (pres. *ciàncico, ciàncichi*) [da *cianciare*; a. 1700] ***intr.*** (aus. *avere*) **1.** pronunciare male, balbettare **2.** masticare lentamente e con difficoltà ‖ *per estens.* fare qualcosa con difficoltà ‖ ***tr.*** *region.* spiegazzare, sgualcire.
ciancicóne [da *ciancicare*; 1865] ***sm.*** (f. *-a*) chi per abitudine ciancica; persona lenta e impacciata.
cianciόne [da *cianciare*; a. 1584] ***sm.*** (f. *-a*) chi ciancia molto e volentieri.
cianciόso [da *ciancia*; a. 1562] ***agg.*** *non com.* pieno di ciance.
cianciugliàre (pres. *-ùglio*) [da *cianciare*; a. 1749] ***intr.*** (aus. *avere*) e ***tr.*** *tosc.* balbettare.
cianciùme [da *ciancia*; 1536] ***sm.*** *raro* quantità di ciance.
cianésco (pl. *-schi*) [da *ciana*; 1865] ***agg.*** *tosc. raro* di, da ciana: *modi cianeschi*.
cianfrinàre (pres. *-ìno*) [dal fr. *chanfreiner*; 1905] ***tr.*** *T.mecc.* ribattere con un apposito scalpello i bordi delle lamiere e le teste dei chiodi in modo da assicurare la chiusura ermetica.
cianfrinatùra [da *cianfrinare*; 1905] ***sf.*** atto ed effetto del cianfrinare.
cianfrìno [da *cianfrinare*; 1943] ***sm.*** scalpello usato per cianfrinare.
cianfrugliàre (pres. *-ùglio*) [prob. voce espr.; 1925] ***tr.*** e ***intr.*** (aus. *avere*) eseguire un lavoro in modo confuso e frettoloso ‖ **N.** *Sin.* abborracciare.
cianfrugliόne [da *cianfrugliare*; 1865] ***sm.*** *raro* (f. *-a*) pasticcione.
cianfruṣàglia (pl. *-glie*) [prob. di orig. onom.; sec. XVI] ***sf.*** oggetto di scarso valore; *in part. pl.* insieme confuso di oggetti disparati e privi di valore: *aveva la cantina piena di cianfrusaglie*.
ciàngola [di orig. onom.; a. 1565] ***sf.*** *ant.* chiacchiera.
ciangolàre (pres. *-àngolo*) [da *ciangola*; a. 1558] ***intr.*** (aus. *avere*) cianciare, chiacchierare a vanvera.
ciangottàre (pres. *-òtto*) [di orig. onom.; a. 1327] ***intr.*** (aus. *avere*) **1.** parlare in modo confuso, articolando male le parole, part. detto di bambini che iniziano a parlare **2.** *per estens.* mormorare, sussurrare, part. detto dell'acqua **3.** *fig.* cianciare, chiacchierare a vanvera **4.** cinguettare.
ciangottìo (pl. *-ìi*) [da *ciangottare*; 1865] ***sm.*** **1.** un ciangottare continuo o frequente **2.** mormorio delle acque **3.** cinguettio.
ciangottόne [da *ciangottare*; 1865] ***sm.*** (f. *-a*) chi ciangotta.
ciànico (pl. *-ci*) [dal gr. *kýanos*, azzurro; 1830] ***agg.*** *T.chim.* di composti contenenti il radicale cianogeno: *acido cianico*, composto organico corrosivo, tossico, incolore prodotto dall'ossidazione dell'acido cianidrico.
cianidràto [comp. di *cianidr(ico)* e *-ato*; 1956] ***sm.*** *T.chim.* composto costituito da un'aldeide e dall'acido cianidrico.
cianìdrico (pl. *-ci*) [comp. di *ciano-* e del gr. *hýdōr*, acqua, come il fr. *cyanhydrique*; 1865] ***agg.*** *T.chim.* detto di acido costituito da un radicale cianogeno e un atomo di idrogeno; ha l'aspetto di un liquido incolore che emana odore di mandorle amare; assai tossico, viene usato nella derattizzazione e in dosi minime in farmacologia, nella cura della tosse e della pertosse ‖ **N.** acido prussico.
cianìna [comp. di *ciano-* e *-ina*; 1865] ***sf.*** *T.chim.* pigmento azzurro, naturale o sintetico, presente in numerosi coloranti, usato in fotografia come sensibilizzatore.
cianiṣmo [da *ciano-*; 1963] ***sm.*** fenomeno per cui alcuni animali acquistano, in certi momenti, colorazione azzurra.
cianìte [comp. di *ciano-* e *-ite*[2]; 1820] ***sf.*** *T.min.* silicato di alluminio in cristalli di colore azzurrognolo.
cìano [dal lat. *cy̆anus*, gr. *kýanos*, azzurro; a. 1498] ***sm.*** **1.** *lett.* fiordaliso **2.** *T.bot.* *ciano persico*, pianta delle Composite con fusto rampicante e fiori azzurri raccolti in capolini **3.** colore blu-verde usato nella composizione dei colori per sintesi sottrattiva (v.) **4.** *raro lett.* colore ceruleo.
ciàno- [dal lat. *cy̆anus*, gr. *kýanos*, azzurro] ***primo elem.*** che, in parole composte della terminologia scientifica, vale "azzurro" (per es. *Cianoficee, cianogeno, cianografia*).
Cianofìcee [comp. di *ciano-* e *-ficee*; 1956] ***sf. pl.*** *T.bot.* classe di alghe monocellulari di colore azzurro che vivono isolate o in colonie.
cianògeno [comp. di *ciano-* e *-geno*, come il fr. *cyanogène*; 1820] ***sm.*** *T.chim.* radicale monovalente composto da carbonio e azoto ‖ gas incolore di formula C_2N_2, tossico che ha odore di mandorle amare; da esso derivano l'acido cianidrico e i cianuri.
cianografìa [comp. di *ciano-* e *-grafia*; 1964] ***sf.*** procedimento grafico di riproduzione di disegni eseguiti su carta translucida trattata chimicamente ‖ **N.** *Sin.* cianotipia.
cianogràfico (pl. *-ci*) [da *cianografia*; 1951] ***agg.*** che si riferisce alla cianografia: *carta cianografica*.
cianògrafo [comp. di *ciano-* e *-grafo*; 1951] ***sm.*** (f. *-a*) tecnico addetto alla riproduzione cianografica di disegni.
cianopatìa [comp. di *ciano-* e *-patia*; 1865] ***sf.*** *T.med.* cianosi.
cianòṣi [dal gr. *kyánōsis*, tinta cupa; 1830] ***sf.*** *T.med.* colorazione bluastra della pelle e delle mucose causata da un'insufficiente ossigenazione.
cianòtico (pl. *-ci*) [da *cianosi*; 1875] ***agg.*** che manifesta cianosi: *labbra cianotiche*.
cianotipìa [comp. di *ciano-* e *-tipia*; 1956] ***sf.*** cianografia.
cianòtipo [comp. di *ciano-* e *-tipo*; 1887] ***sm.*** immagine realizzata per riproduzione cianografica.
ciànta [etim. inc.; 1808] ***sf.*** *ant. tosc.* vecchia scarpa portata a ciabatta.
cianurazióne [da *cianuro*; 1935] ***sf.*** *T.chim.* processo di estrazione dell'oro e dell'argento mediante immersione della polvere aurifera in una soluzione di cianuro di sodio, potassio e calce.
cianùrico (pl. *-ci*) [da *cianuro*; 1865] ***agg.*** *T.chim.* detto di acido che si forma riscaldando l'urea ed è usato per preparare acido cianico.
cianùro [dal gr. *kýanos*, azzurro, come il fr. *cyanure*; 1820] ***sm.*** *T.chim.* nome generico dei sali dell'acido cianidrico: *cianuro di potassio, di sodio*.
ciào [dal veneziano *s-cia(v)o*, schiavo, come saluto di deferenza; 1905] **I** forma di saluto amichevole che si usa quando ci si incontra e quando ci si lascia: *ciao a tutti, ciao devo andare* ‖ *fare ciao*, di bambini, fare cenni di saluto aprendo e chiudendo la mano **II** ***sm.*** *un cordiale ciao*.
ciàppa [dallo sp. *chapa*, lamina di metallo; a. 1859] ***sf.*** **1.** ripiegatura di una cinghia, cintura o sim. fatta per passarvi una fibbia o un anello **2.** pietra tonda e piatta usata nei giochi dai ragazzi.
ciàppola [etim. sconosciuta; a. 1571] ***sf.*** piccolo scalpello d'acciaio con la punta di forma varia usato dai cesellatori e dagli incisori ‖ *dim.* ciappolìna.
ciappolàre (pres. *ciàppolo*) [da *ciappola*; 1887] ***tr.*** lavorare con la ciappola.
ciaramèlla [var. di *cennamella*; a. 1698] ***sf.*** strumento musicale a fiato di origine popolare, composto da due canne una delle quali è unita a un otre per l'aria e l'altra è utilizzata per modulare i suoni: *udii tra il sonno le ciaramelle* (Pascoli).
ciaramellàre (pres. *-èllo*) [da *ciaramella*; 1557] ***intr.*** (aus. *avere*) *lett.* cianciare, chiacchierare a vanvera.
ciàrda o **czàrda** [dall'ungherese *csárdás*, danza che si esegue in un'osteria; 1892] ***sf.*** danza popolare ungherese di ritmo vivace preceduta da un'introduzione lenta e patetica.
ciàrla [da *ciarlare*; 1536] ***sf.*** **1.** pettegolezzo, diceria ‖ part. *pl.* discorso futile, chiacchiera **2.** parlantina, loquacità: *ha una gran ciarla*.
ciarlàre [di orig. onom.; a. 1375] ***intr.*** (aus. *avere*) spettegolare; chiacchierare a vanvera.
ciarlàta [da *ciarlare*; 1585] ***sf.*** *non com.* chiacchierata.
ciarlatanàta [da *ciarlatano*; 1780] ***sf.*** discorso o azione da ciarlatano.
ciarlataneria [da *ciarlatano*; a. 1698] ***sf.*** **1.** l'essere ciarlatano; l'arte del ciarlatano: *la ciarlataneria dell'imbonitore* **2.** *com.* ciarlatanata.
ciarlatanésco (pl. *-schi*) [da *ciarlatano*; a. 1797] ***agg.*** di, da ciarlatano.
ciarlatàno [da *cerretano*, con influsso di *ciarla*; a. 1498] ***sm.*** **1.** chi sulla pubblica piazza estraeva denti o vendeva rimedi miracolosi ‖ oggi, giocoliere, imbonitore **2.** *per estens.* chi cerca di sfruttare a proprio vantaggio l'ingenuità altrui ‖ chi esegue il proprio lavoro con scarsa capacità e serietà ‖ **N. 1.** cavadenti; buffone, saltimbanco **2.** imbroglione, mistificatore.
ciarlatóre [da *ciarlare*; 1312] ***agg.*** e ***sm.*** (f. *-trice*) che, chi ciarla molto.
ciarlièro [da *ciarlare*; a. 1492] ***agg.*** loquace, che ama chiacchierare.
ciarlìo (pl. *-ìi*) [da *ciarlare*; a. 1850] ***sm.*** *raro* un ciarlare continuo e insistente.
ciarlóne [da *ciarlare*; a. 1565] ***agg.*** e ***sm.*** (f. *-a*) che, chi ciarla troppo.
ciarlòtta forma italianizzata di *charlotte* (v.).
ciarmòtta [etim. inc.; 1937] ***sf.*** barcone da carico con poppa e prua molto alte, usato sul Tevere.
ciàrpa [dal francone **skerpa*, borsa del pellegrino, attr. il fr. *écharpe*; a. 1400] ***sf.*** **1.** *tosc. raro* sciarpa **2.** part. *pl.*, cosa vecchia e priva di valore ‖ *fig.* chiacchiera vana.
ciarpàme [da *ciarpa*; 1560] ***sm.*** quantità di roba inutile, vecchia e di nessun valore.
ciarpàre (pres. *ciàrpo*) [da *ciarpa*; a. 1400] ***tr.*** *raro* acciarpare.
ciarpùme [da *ciarpa*; 1842] ***sm.*** *spreg.* ciarpame.
ciaschedùno [lat. *quisque et ūnus*; a. 1292] ***agg.*** e ***pron.*** *indef.* *non com.* ciascuno.
ciascùno [lat. *quisque ūnus*; a. 1294] **I** ***agg.*** (solo *sing.*, sempre anteposto) ogni, indica una totalità di cose o persone considerate però singolarmente: *ciascun invitato portò un dono, ciascuna donna* **II** ***pron.*** *indef.* ognuno, tutti: *ciascuno è libero di fare quello che vuole*; spesso seguito dal partitivo: *ciascuno di noi*; può avere valore distributivo, talvolta precedu-

to da *per*: *riceveranno diecimila lire (per) ciascuno* || quando segue il verbo, questo può essere al *pl.*: *pagano ciascuno per conto suo.*

ciatifórme [comp. di *ciato* e *-forme*; 1865] ***agg.*** *T.zool.* che ha forma di coppa, detto spec. degli organi di senso cutanei dei pesci.

ciato [dal lat. *cyathus*, gr. *kýathos*, coppa; sec. XIV nel senso 2] ***sm.*** **1.** *T.archeol.* nell'antichità, piccolo mestolo con il manico lungo per attingere il vino dai crateri **2.** antica misura di capacità per liquidi corrispondente a circa mezzo decilitro **3.** *T.bot.* infiorescenza caratteristica delle Euforbiacee costituita da un fiore femminile centrale ridotto a pistillo, circondato da fiori maschili, ciascuno ridotto a un solo stame.

ciàzio (pl. *-zi*) [dal gr. *kyánthion*, dim. di *kýathos*, ciato; 1865] ***sm.*** *T.bot.* infiorescenza delle Euforbiacee costituita da un fiore femminile circondato da un gruppo di stami.

cibàccola [da *cibo*; a. 1620] ***sf.*** *ant.* bazzecola.

cibaménto [da *cibare*; a. 1320] ***sm.*** *raro* il cibare e il cibarsi; nutrimento.

cibàre [dal lat. *cibare*; a. 1306] ***tr.*** **1.** dar da mangiare, nutrire **2.** *lett.* mangiare || ***rifl.*** nutrirsi, mangiare: *per mesi si è cibato solo di bacche*; anche *fig.*: *cibarsi di illusioni.* **Q.T.** *alimentazione.*

cibària [dal lat. *cibaria*; 1803] ***sf.*** part. *pl.*, viveri, vettovaglie.

cibàrio (pl. *-ri*) [dal lat. *cibārius*; a. 1519] ***agg.*** che serve da cibo || *ant.* *canale cibario*, intestino.

cibatùra [da *cibare*; 1970] ***sf.*** *T.pesc.* pasturazione.

cibernètica [dall'ingl. *cybernetics*, basato sul gr. *kybernētikḗ* (*téchnē*), arte di pilotare; 1950] ***sf.*** disciplina che sulla base di analogie funzionali e strutturali dei meccanismi di autocontrollo e comunicazione negli esseri viventi e nelle macchine, studia l'integrazione di modelli neurofisiologici e biomolecolari con modelli matematici allo scopo di simulare nelle macchine comportamenti intelligenti. **Q.T.** *informatica.*

cibernètico (pl. *-ci*) [da *cibernetica*; 1962] **I** ***agg.*** che si riferisce alla cibernetica **II** ***sm.*** (f. *-a*) studioso di cibernetica.

cibo [dal lat. *cibus*; a. 1294] ***sm.*** tutto ciò che si mangia, alimento: *un cibo nutriente* || *non toccare cibo*, digiunare || *per estens.* quanto si mangia in un pasto: *non ho digerito il cibo di oggi* || *fig.* nutrimento spirituale: *la cultura è il cibo dell'anima.* **Q.T.** *alimentazione.*

cibòrio (pl. *-ri*) [dal lat. *cibōrium*; gr. *kibṓrion*; 1550] ***sm.*** **1.** edicola in marmo, sostenuta da colonne, che nelle antiche basiliche cristiane sovrasta l'altare maggiore **2.** ostensorio, tabernacolo in cui è riposta la pisside con le ostie consacrate || *per estens.* la pisside stessa.

cibrèo [etim. inc.; a. 1566] ***sm.*** **1.** piatto toscano a base di rigaglie di pollo, uova, brodo, succo di limone **2.** *fig.* miscuglio eterogeneo; discorso scombinato.

cica[1] [prob. lat. *ciccum*; 1869] ***sf.*** membrana sottile che separa le diverse cavità del melograno.

cica[2] [prob. voce infantile; sec. XIII] ***sf.*** *dial.* inezia, nonnulla; anche in funzione di *avv.* solo in frasi negative: *non capire cica.*

Cicàdidi (sing. *-e*) [comp. del lat. *cicada*, cicala e *-idi*; 1956] ***sm. pl.*** *T.zool.* famiglia di insetti emitteri i cui maschi possiedono un organo canoro; tra le specie più note, la cicala.

Cicadìne [dal lat. scient. *Cycadinae*, basato sul gr. *kýkas*, palma; 1956] ***sf. pl.*** *T.bot.* classe di piante legnose dal fusto non ramificato recante foglie grandi e frastagliate nella parte terminale.

cicàla [lat. volg. **cicāla*, class. *cicāda*; a. 1327] ***sf.*** **1.** insetto alato di colore nero con macchie gialle; durante il periodo estivo i maschi emettono un caratteristico stridio || *fig.* *fare la cicala*, essere imprevidente **2.** *fig.* persona chiacchierona e fastidiosa || *fig.* *grattar la pancia alla cicala*, indurre qualcuno a parlare **3.** cicalino **4.** *T.mar.* anello di ferro posto all'estremità superiore del fuso dell'ancora cui si assicura la catena **5.** *T.zool.* *cicala di mare*, canocchia, scillaro **6.** *T.stor.* filo d'oro a spirale per trattenere i capelli, portato sul capo degli ateniesi ricchi || *dim.* cicalìno, cicalìna, cicalétta. **TAV.** ***vela*** **p. 1342 3.1.**

cicalaménto [da *cicalare*; 1536] ***sm.*** *non com.* un cicalare prolungato e noioso.

cicalàre [da *cicala*; a. 1484] ***intr.*** (aus. *avere*) parlare a lungo di cose futili; spettegolare || **N.** *Sin.* blaterare, cianciare.

cicalàta [da *cicalare*; a. 1571] ***sf.*** **1.** discorso prolisso e futile **2.** dissertazione su argomenti futili o bizzarri in uso nelle accademie letterarie italiane del XVII e XVIII secolo || **N.** *Sin.* chiacchierata, sproloquio.

cicaléccio (pl. *-ci*) [da *cicalare*; sec. XVI] ***sm.*** chiacchierio frivolo e prolungato di più persone contemporaneamente.

cicalìno [da *cicala*; 1942] ***sm.*** avvisatore elettroacustico che emette un suono ronzante simile a quello della cicala.

cicalìo (pl. *-ìi*) [da *cicala*; sec. XVI] ***sm.*** il chiacchierare insistente e noioso di una o più persone.

cicalóne [da *cicala*; seconda metà sec. XV] ***sm.*** (f. *-a*) chi chiacchiera troppo.

cicatrìce [dal lat. *cicātrix*, *-īcis*; a. 1348] ***sf.*** **1.** tessuto che si rimargina su ferite e lesioni || *com.* il segno che resta sulla pelle nel luogo in cui si è rimarginata una ferita: *ha una cicatrice sulla guancia* **2.** *fig.* ricordo di un'esperienza dolorosa.

cicatrìcola [dal lat. tardo *cicatrīcula*, piccola cicatrice; a. 1704] ***sf.*** **1.** piccola cicatrice **2.** *T.bot.* segno che resta sul seme in corrispondenza del punto di unione col frutto **3.** *T.biol.* nelle uova degli uccelli, dischetto bianchiccio sulla superficie del tuorlo da cui si sviluppa l'embrione || **N.** *Sin.* ilo.

cicatriziàle [da *cicatrice*; 1942] ***agg.*** relativo a cicatrice, proprio di cicatrice: *segni cicatriziali, tessuto cicatriziale.*

cicatrizzànte (*ppr.* di *cicatrizzare*) [prima metà sec. XIV] ***agg.*** e ***sm.*** detto di farmaco che favorisce la cicatrizzazione di tessuti lacerati.

cicatrizzàre [da *cicatrice*; 1583] ***tr.*** rimarginare una ferita || ***intr.*** (aus. *avere* ed *essere*) e ***intr. pron.*** rimarginarsi formando una cicatrice || **N.** ***intr.*** e ***intr. pron.*** *Sin.* chiudersi, guarire | *Contr.* aprirsi.

cicatrizzazióne [da *cicatrizzare*; 1300 ca.] ***sf.*** processo di formazione di una cicatrice.

cicca [dal fr. *chique*; 1858] ***sf.*** **1.** mozzicone di sigaro o di sigaretta **2.** il pezzo di sigaro che qualcuno mastica || *per estens.* gomma da masticare, *chewing gum* **3.** *fig. fam.* cosa priva di valore, part. nella loc. *non valere una cicca*, non valere nulla || *mezza cicca*, persona di bassa statura o di corporatura esile; persona mediocre, buono a nulla.

ciccaiòlo [da *cicca*; 1858] ***sm.*** (f. *-a*) chi raccoglieva le cicche in terra per fumarle o recuperarne il tabacco.

ciccàre (pres. *cìcco, cìcchi*) [dal fr. *chiquer*; 1863] ***intr.*** (aus. *avere*) **1.** masticare tabacco o un mozzicone di sigaro || *per estens.* masticare *chewing gum* **2.** *fig. region.* rodersi dall'invidia || ***tr.*** *gerg.* fallire, part. nel calcio: *ciccare la palla*, non riuscire a controllarla.

cicchettàre (pres. *-étto*) [da *cicchetto*; 1905] ***intr.*** (aus. *avere*) bere un cicchetto || ***tr.*** **1.** *fam.* rimproverare qualcuno **2.** nel gergo motoristico, immettere combustibile nei cilindri per facilitare l'avviamento del motore.

cicchétto [prob. dal provenz. *chiquet*, bicchierino, attr. il piem. *cichet*; 1887] ***sm.*** **1.** bicchierino di liquore **2.** *fam.* rimprovero, ramanzina: *dare, prendere, fare un cicchetto* **3.** nel gergo motoristico, immissione di carburante nei cilindri per facilitare l'avviamento del motore.

ciccia (pl. *-ce*) [voce infantile; a. 1484] ***sf.*** *fam.* carne da mangiare priva di grasso e ossa || *iron.* carne umana, part. riferito a persona grassa: *hai messo su ciccia* || *pop.* *ciccia!*, escl. che ha valore di risposta negativa o esprime indifferenza.

cicciobómba [comp. di *ciccia* e *bomba*; 1967] ***s. fam.*** *scherz.* appellativo dato a chi è eccessivamente grasso: *se mangi troppo, diventi un cicciobomba.*

cìcciolo [da *ciccia*; a. 1597] ***sm.*** **1.** residuo abbrustolito di carne di maiale avanzato dopo la fusione delle parti grasse per ricavarne lo strutto; spremuto e aromatizzato è usato come alimento o condimento **2.** *pop.* escrescenza cutanea carnosa.

ciccióne [da *ciccia*; 1865] ***sm.*** (f. *-a*) persona molto grassa.

cicciòso [da *ciccia*; a. 1566] ***agg.*** grasso, che ha parecchia carne addosso: *persona cicciosa, dita cicciose.*

cicciùto [da *ciccia*; 1855] ***agg.*** ciccioso.

cicérbita [lat. tardo *cicirbita*; a. 1292] ***sf.*** crespigno, pianta erbacea con fiori gialli che vive presso i muri e le macerie; le foglie vengono mangiate crude in insalata o cotte nelle minestre.

cicérchia [lat. *cicercula*; 1340 ca.] ***sf.*** pianta rampicante delle Leguminose con frutti cuneiformi, foglie composite e fiori rosati; viene talvolta coltivata per foraggio.

ciceróne [dal n. del celebre oratore romano; a. 1858] ***sm.*** **1.** guida turistica || *fare da cicerone*, fare da guida **2.** *fam. iron.* persona di grande eloquenza || *fare il cicerone*, essere saccente **3.** *gerg.* marca di previdenza che si applica sugli atti giuridici per comprovare l'avvenuto pagamento dei contributi.

ciceronianésimo o **ciceronianismo** [da *ciceroniano*; 1745] ***sm.*** modello di prosa ispirato ai canoni stilistici di Cicerone, diffusosi durante il periodo umanistico e ancora oggi canone principale dell'insegnamento scolastico del latino.

ciceroniàno [dal n. proprio *Cicerone*; a. 1484] ***agg.*** **1.** di Cicerone, relativo alla sua opera, alla sua prosa o alle sue teorie **2.** detto di chi sostiene le teorie di Cicerone o ne imita lo stile: *prosatore ciceroniano*; anche *sm.*

cicigna [lat. *caecilia*; a. 1400] ***sf.*** *non com.* **1.** lusegnola, rettile degli Scincidi **2.** *fig.* donna linguacciuta e chiacchierona.

ciciliàno [da *siciliano*, per assimilazione; sec. XIII] ***agg.*** e ***sm.*** (f. *-a*) *ant.* siciliano.

cicindèla [dal lat. *cicindēla*, lucciola; 1951] ***sf.*** coleottero dei Cicindelidi che uccide larve e insetti nocivi alle coltivazioni.

Cicindèlidi (sing. *-e*) [comp. di *cicindela* e *-idi*; 1931] ***sm. pl.*** *T.zool.* famiglia di Coleotteri variopinti con mascelle molto robuste e zampe lunghe.

cicisbeàre (pres. *-èo*) [da *cicisbeo*; a. 1729] ***intr.*** (aus. *avere*) *disus.* fare il cicisbeo.

cicisbèo [prob. di orig. onom.; a. 1601 nel senso 2] ***sm.*** **1.** nel XVIII secolo, gentiluomo che accompagnava e corteggiava ufficialmente una dama, cavalier servente **2.** *per estens.* damerino, corteggiatore galante e lezioso || **N.** **2.** *Sin.* *dandy, playboy.*

ciclàbile [da *ciclo*[2]; 1908] ***agg.*** che si può percorrere in bicicletta: *pista ciclabile.*

ciclamìno [dal lat. *cyclamīnos*, gr. *kykláminos*; a. 1498] **I** ***sm.*** **1.** pianta delle Primulacee con foglie basali e fiori solitari di color rosato, diffusa in tutta Europa, nell'Asia occidentale e in Africa **2.** colore intermedio tra il rosa e il viola, caratteristico del fiore di tale pianta **II** ***agg. inv.*** (sempre posposto) di tale colore.

Ciclantàcee [dal lat. scient. *Cyclanthaceae*, dal n. del genere *Cyclanthus*; 1931] ***sf. pl.*** *T.bot.* famiglia di piante erbacee dell'America tropicale.

ciclicità [da *ciclo*^{1}; 1964] ***sf.*** caratteristica di fenomeni che si svolgono con andamento ciclico: *la ciclicità delle fasi lunari* || **N.** *Sin.* periodicità, ritmicità.

cìclico (pl. *-ci*) [dal lat. tardo *cyclicus*, gr. *kyklikós*; 1843] ***agg.*** **1.** che si ripete a intervalli costanti: *fenomeno ciclico* || *propr.* detto del cerchio, che si chiude, si esaurisce in se stesso **2.** relativo a un ciclo letterario: *romanzo ciclico* || *poeta ciclico*, autore di poemi che appartengono a un ciclo epico **3.** *T.chim.* di composto i cui atomi sono disposti ad anello **4.** *T.mat.* di procedimento che dopo un certo numero di passi riproduce la situazione iniziale **5.** *T.stat.* di serie ordinata in cui, salvo convenzione, non si distingue un primo e un ultimo elemento: *i giorni della settimana sono una serie ciclica* **6.** *T.mus.* di composizione in cui uno stesso tema viene svolto nei vari tempi, con o senza variazioni **7.** *T.med.* di malato affetto da psicosi periodica || **N.** **1.** *Sin.* periodico, regolare, ricorrente | *Contr.* aperiodico, discontinuo; lineare.

Cìclidi (sing. *-e*) [comp. del gr. *kíchlē*, labro e *-idi*; 1931] ***sm. pl.*** *T.zool.* famiglia di pesci Perciformi tropicali le cui uova vengono incubate nella bocca del maschio o della femmina.

ciclìsmo [da *ciclo*^{2}; 1897] ***sm.*** lo sport del correre in bicicletta: *ciclismo su pista, su strada.*

ciclìsta [da *ciclo*^{2}; 1894] ***s.*** **1.** chi va in bicicletta || in funzione attributiva, *reparti ciclisti*, fino alla Seconda Guerra Mondiale, truppe che utilizzavano la bicicletta per i loro spostamenti **2.** atleta che partecipa a gare ciclistiche **3.** meccanico specializzato in riparazione di biciclette.

ciclìstico (pl. *-ci*) [da *ciclista*; 1894] ***agg.*** relativo al ciclismo, ai ciclisti o alle biciclette: *corsa, associazione, officina ciclistica.*

ciclìte [comp. di *ciclo-*^{1} e *-ite*^{1}; 1956] ***sf.*** *T.med.* infiammazione del corpo ciliare dell'occhio.

ciclizzazióne [da *ciclo*^{1}; 1956] ***sf.*** *T.chim.* *reazioni di ciclizzazione*, reazioni che producono composti ciclici.

cìclo^{1} [dal lat. tardo *cyclus*; 1575] ***sm.*** **1.** periodo durante il quale un fenomeno o una serie di fenomeni si ripetono secondo un'identica sequenza: *ciclo lunare* || *ciclo biologico*, l'insieme dei processi di sviluppo, accrescimento e riproduzione di un individuo; *gen.* l'insieme delle fasi della vita di un individuo o di un gruppo || *ciclo mestruale* (anche *ass. ciclo*), in fisiologia, complesso delle modificazioni attraverso cui passano gli organi riproduttori della donna e la cui manifestazione più appariscente è il flusso della mestruazione || *ciclo economico*, l'insieme delle fasi di espansione, recessione, depressione e ripresa che caratterizzano l'evoluzione di un'attività economica || *ciclo produttivo*, l'insieme delle operazioni e dei tempi necessari per la produzione di un bene || *ciclo liturgico*, calendario delle ricorrenze liturgiche || *ciclo storico*, periodo caratterizzato da condizioni sociali, politiche ed economiche definibili in modo unitario **2.** *T.fis.* *ciclo termodinamico*, insieme di trasformazioni che un sistema subisce passando da uno stato iniziale a uno finale: *ciclo aperto*, in cui lo stato finale non coincide con quello iniziale; *ciclo chiuso*, in cui lo stato finale coincide con quello iniziale || *ciclo magnetico*, insieme di stati successivi in cui si viene a trovare un corpo sottoposto a un campo magnetico variabile || *ciclo del motore a scoppio*, le sue fasi **3.** *T.geol.* serie di fasi che, in un fenomeno geologico, si ripetono in modo ordinato: *ciclo di sedimentazione* **4.** *T.inform.* successione di operazioni richiesta da un determinato programma: *ciclo di memoria*, sequenza di operazioni necessarie per prelevare o registrare nella memoria centrale un'unità di informazione || ripetizione tendenzialmente infinita della stessa sequenza di operazioni, dovuta a errore di programmazione: *andare in ciclo*; *sin.* dell'ingl. *loop* **5.** *T.mat.* curva chiusa **6.** *T.lett.* serie di narrazioni, leggende, poemi relativi a un determinato periodo o personaggio: *ciclo carolingio*, relativo alle gesta di Carlo Magno e dei suoi paladini; *ciclo bretone*, relativo a re Artù e ai cavalieri della Tavola Rotonda || *per estens.* insieme di racconti e romanzi scritti da uno stesso autore legati fra loro da unità di tematica, di situazioni o di intreccio: *il ciclo dei «Vinti» di Verga* **7.** serie di lezioni, conferenze o manifestazioni su uno stesso argomento **8.** unità di misura della frequenza corrispondente all'hertz **9.** *ciclo meteorologico*, successione periodica di condizioni meteorologiche **10.** nell'ordinamento della scuola elementare, ciascuna delle due serie di classi, rispettivamente di due e tre anni, in cui è suddiviso il quinquennio didattico || **N.** **1.** *Sin.* fase, sequenza, serie; periodo; decorso **7.** *Sin.* corso **10.** *Sin.* biennio, triennio. **Q.T.** *ecologia, economia...*

cìclo^{2} [dall'ingl. e fr. *cycle*; 1941] ***sm.*** bicicletta.

cìclo-^{1} [dal lat. *cyclus*, gr. *kýklos*, cerchio, giro] ***primo elem.*** che, in parole composte della terminologia scientifica, vale "cerchio", "giro", "ruota", "a forma circolare o cilindrica" (per es. *ciclotimia, ciclotomia*) || nella terminologia chimica forma le denominazioni di composti caratterizzati dalla disposizione ad anello degli atomi (per es. *cicloesano*).

cìclo-^{2} [da *ciclo*^{2}] ***primo elem.*** che, in parole composte dotte, vale "bicicletta" (per es. *ciclocampestre, ciclocross, cicloturismo*).

-cìclo [dal lat. *cyclus*, gr. *kýklos*, cerchio, giro] ***elem. term.*** che, in parole composte della terminologia scientifica, vale "giro", "cerchio" (per es. *chilociclo*).

ciclocampèstre [comp. di *ciclo-*^{2} e *campestre*; 1954] ***agg.*** e ***sf.*** detto di corsa ciclistica effettuata su percorso accidentato di campagna.

ciclocròss [dall'ingl. *cyclo-cross*, comp. di *cyclo-*, ciclo-^{2} e (*to*) *cross*, attraversare; 1954] ***sm. inv.*** corsa ciclocampestre.

ciclocrossìsta [da *ciclocross*; 1954] ***s.*** atleta che pratica il ciclocross.

cicloeṣàno [comp. di *ciclo-*^{1} e *esano*; 1956] ***sm.*** *T.chim.* idrocarburo usato come solvente e per la fabbricazione di nylon e insetticidi.

ciclofurgóne [comp. di *ciclo-*^{2} e *furgone*; 1956] ***sm.*** veicolo a tre ruote, con cassone per trasporto merci, azionato a pedali.

cicloidàle [da *cicloide*; 1663] ***agg.*** che si riferisce a una cicloide o che origina una cicloide.

ciclòide [dal gr. *kykloeidḗs*, attr. il fr. *cycloïde*; 1674] ***sf.*** *T.geom.* curva descritta dal moto di un punto appartenente a una circonferenza che rotoli su una retta fissa.

ciclomanzìa [comp. di *ciclo-*^{1} e *-manzia*; 1983] ***sf.*** in parapsicologia, facoltà posseduta da alcuni individui di esercitare un influsso sul mondo circostante (per es. muovere oggetti col pensiero, inviare messaggi senza parlare, leggere il pensiero altrui e sim.).

ciclometrìa [comp. di *ciclo-*^{1} e *-metria*; 1771] ***sf.*** parte della geometria che ha per oggetto le proporzioni della circonferenza e del cerchio e la loro misurazione.

ciclomorfòṣi (meno com. *ciclomòrfoṣi*) [comp. di *ciclo-* e *morfosi*; 1930] ***sf.*** *T.biol.* variabilità ciclica riscontrabile in alcune specie di Crostacei cladoceri e dei Rotiferi.

ciclomotóre [comp. di *ciclo-*^{2} e *motore*; 1958] ***sm.*** veicolo a due ruote provvisto di un motore di cilindrata non superiore ai 50 cc; *propr.* bicicletta dotata di motore a scoppio. **TAV.** ***motocicletta...*** **p. 1322** 5.

ciclóne [dal fr. *cyclone*; 1873] ***sm.*** **1.** *T.meteor.* perturbazione atmosferica causata da un movimento rotatorio di aria fredda attorno a una zona di bassa pressione, caratterizzata da venti violenti e piogge torrenziali; tipica delle zone tropicali, è presente anche in zone extratropicali || *occhio del ciclone*, zona di calma e cielo sereno situata al centro dell'area di bassa pressione; *fig.* *trovarsi nell'occhio del ciclone*, trovarsi in una situazione di pericolo o di agitazione senza venirne direttamente coinvolti || *per estens.* evento catastrofico: *il ciclone della guerra* **2.** *fig.* persona eccessivamente esuberante e irrequieta che provoca scompiglio o agitazione **3.** apparecchio per separare mediante rotazione le particelle liquide o solide contenute in un fluido gassoso || **N.** **1.** *Sin.* tifone, uragano; tornado, tromba d'aria **2.** *Sin.* peste, terremoto.

ciclònico (pl. *-ci*) [da *ciclone*; 1918] ***agg.*** che si riferisce a un ciclone || *area ciclonica*, zona di bassa pressione || **N.** *Contr.* anticiclonico.

ciclonìte [comp. di *ciclone*, per la sua forza e *-ite*^{2}; 1965] ***sf.*** sostanza esplosiva molto potente ottenuta con acido nitrico e urotropina.

ciclonòṣi [comp. di *ciclone* e *-osi*; 1951] ***sf.*** meteoropatia.

ciclòpe [dal lat. *cyclops, -ōpis*, gr. *kýklōps*; a. 1333] ***sm.*** **1.** *T.mit.* nella mitologia greca, gigante con un solo occhio al centro della fronte **2.** *T.med.* individuo affetto da ciclopia **3.** *T.zool.* genere dei piccoli crostacei dei Copepodi.

ciclopìa [da *ciclope*; 1887] ***sf.*** *T.med.* malformazione congenita per cui le orbite oculari sono fuse in un'unica cavità contenente un globo oculare.

ciclòpico (pl. *-ci*) [da *ciclope*; a. 1642] ***agg.*** relativo ai Ciclopi || *mura ciclopiche*, costruite con grandi massi sovrapposti senza opere di squadratura o incastro || *per estens.* gigantesco, colossale: *sforzo ciclopico, impresa ciclopica* || *ant.* rozzo, deforme.

ciclopìsta [comp. di *ciclo-*^{2} e *pista*; 1940] ***sf.*** parte della carreggiata stradale riservata al transito delle biciclette.

ciclopropàno [comp. di *ciclo-*^{1} e *propano*; 1956] ***sm.*** *T.chim.* idrocarburo gassoso usato in medicina come narcotico e anestetico.

ciclostilàre (pres. *-ilo*) [da *ciclostile*; 1950] ***tr.*** stampare col ciclostile.

ciclostilàto (*pps.* di *ciclostilare*) [1961] **I** ***agg.*** riprodotto con ciclostile: *volantino ciclostilato* **II** ***sm.*** foglio od opuscolo riprodotto per mezzo di ciclostile.

ciclostìle [dall'ingl. *cyclostyle*; 1926] ***sm.*** macchina per la riproduzione di un certo numero di copie da una matrice in carta speciale incisa con un'apposita punta o mediante macchina per scrivere; la matrice viene fatta aderire a dei rulli inchiostratori che, messi in rotazione, permettono la stampa dei singoli fogli || *per estens.* il procedimento di riproduzione: *stampa in ciclostile.*

Ciclostòmi (sing. *-a*) [dal fr. *cyclostomes*; 1820] ***sm. pl.*** *T.zool.* classe di vertebrati acquatici cui appartiene la lampreda, con bocca circolare a ventosa, corpo anguilliforme e occhi piccoli, spesso ricoperti di cute trasparente. **Q.T.** *zoologia.*

ciclotimìa [comp. di *ciclo-*^{1} e del gr. *thymós*, sentimento; 1899] ***sf.*** *T.psic.* condizione di rapida alternanza di stati euforici e depressivi.

ciclotìmico (pl. *-ci*) [da *ciclotimia*; a. 1936] ***agg.*** e ***sm.*** *T.med.* che, chi presenta ciclotimia: *fase ciclotimica depressiva, euforia tipica dei ciclotimici.*

ciclotomìa [comp. di *ciclo-*^{1} e *-tomia*; 1956]

sf. T.geom. divisione della circonferenza in archi uguali.

ciclotróne [dall'ingl. *cyclotron*; 1942] **sm.** in fisica nucleare, acceleratore di particelle cariche pesanti.

Ciclottèridi (sing. *-e*) [comp. di *ciclo-*, *-ttero* e *-idi*; 1983] **sm. pl.** *T.zool.* famiglia di pesci Perciformi, le cui uova sono usate come surrogato del caviale.

cicloturismo [comp. di *ciclo-*² e *turismo*; 1942] **sm.** turismo effettuato utilizzando la bicicletta come mezzo di trasporto.

cicloturista [da *cicloturismo*; 1956] **s.** chi pratica il cicloturismo.

cicloturìstico (pl. *-ci*) [da *cicloturista*; 1983] **agg.** relativo al cicloturismo e ai cicloturisti.

cicógna [lat. *cicōnia*; a. 1292] **sf.** **1.** uccello migratore dei Trampolieri con becco a cono e zampe di colore rossastro: *cicogna bianca*, con piumaggio bianco e ali nere; *cicogna nera*, con ventre bianco e piumaggio dorsale grigio-verdastro || *fig. aspettare la cicogna*, attendere un neonato; *l'arrivo della cicogna*, nascita di un bambino **2.** aereo da ricognizione usato dai tedeschi nella seconda guerra mondiale **3.** autotreno a due piani usato per il trasporto di autovetture, bisarca **4.** ferro murato dotato di una sporgenza a semicerchio concavo che serve di sostegno per la grondaia **5.** *ant.* macchina per attingere l'acqua dai pozzi **6.** struttura di sostegno della campana. **TAV.** *chiesa* 7.8; *uccelli* **p. 1339** 7.

cicognino (*dim.* di *cicogna*) [1319] **sm.** il piccolo della cicogna.

Ciconifórmi (sing. *-e*) [comp. del lat. *cicōnia*, cicogna e *-forme*; 1956] **sm. pl.** *T.zool.* ordine di uccelli caratterizzati da zampe, collo e becco molto lunghi e snelli. **Q.T.** *zoologia* **TAV.** *uccelli* **p. 1338**.

cicòria [lat. *cichorēa*; sec. XIV *cicorea*] **sf.** pianta delle Composite, coltivata per le foglie commestibili che danno ottima insalata; dalla radice, opportunamente tostata, si ricava una polvere usata come surrogato del caffè || **N.** catalogna, radicchio.

cicoriàceo [da *cicoria*; 1865] **agg.** relativo alla cicoria.

cicùta [dal lat. *cicūta*; a. 1348] **sf.** nome di varie piante erbacee delle Ombrellifere contenenti sostanze velenose: *cicuta acquatica, maggiore, minore* || *per estens.* bevanda velenosa ottenuta dall'infuso di diverse varietà di cicuta: *Socrate fu avvelenato dalla cicuta.*

-cìda [dal lat. *-cīda*] **elem. term.** che, in parole composte dotte, vale "uccisore" (per es. *omicida, parricida, insetticida*).

-cìdio [dal lat. *-cidium*] **elem. term.** che, in parole composte dotte, vale "uccisione" (per es. *omicidio, parricidio, suicidio*).

cièca V. CECA.

ciecàle V. CECALE.

cièco (pl. *-chi*) [lat. *caecus*; a. 1306 nel senso 2 dell'agg.] **I agg.** **1.** privo della vista: *nascere, diventare cieco* || *T.anat. punto cieco*, papilla ottica (V. PAPILLA) **2.** *fig.* privo di discernimento: *da qualche tempo è cieco davanti alle prove di stima che riceve* || *cieco d'ira, di rabbia*, accecato dalla passione || *per estens.* ingannevole, irragionevole: *amore cieco, gelosia cieca* || *obbedienza cieca*, assoluta || *fortuna cieca*, che opera a caso || *loc. avv. alla cieca*, a caso || *prov. in terra di ciechi beato chi ha un occhio*; *la gatta frettolosa fece i gattini ciechi*, le cose fatte in fretta non sempre riescono bene **3.** che non permette di vedere, senza sbocco: *finestra cieca*, finta || *per estens.* buio: *una camera cieca* || *vicolo cieco*, senza sbocco; *fig.* situazione senza vie d'uscita || *T.anat. intestino cieco* (o *ceco*), la parte iniziale dell'intestino crasso || *T.aer. volo cieco*, volo strumentale reso necessario da condizioni di scarsa visibilità || *lanterna cieca*, la cui luce si può occultare senza spegnerla grazie a una lamina mobile che lascia in ombra chi la regge **4.** *T.gioc. mosca cieca*, gioco infantile in cui un concorrente bendato deve riconoscere la persona contro cui è andato a urtare || **ciecaménte** **avv.** alla cieca, a caso || *fig.* sconsideratamente **II sm.** **1.** (f. *-a*) persona priva della vista || *fig.* chi ha la mente annebbiata dalla passione o da un'emozione **2.** *T.anat.* (solo *sing.*) intestino cieco || **N.** I **1.** *Sin.* accecato, non vedente, orbo | guercio, monocolo; cateratta, cecità, oculistica, oftalmia, sistema Braille, OCCHIO, VISTA | abbacinare, accecare; andar tentoni **2.** *Sin.* ottenebrato, sconvolto; irragionevole, sconvolgente | *Contr.* sereno **3.** *Sin.* chiuso, senza uscita; scuro, tenebroso | *Contr.* aperto; luminoso.

ciellenìsta [dall'acronimo *C*(*omitato*) di *L*(*iberazione*) *N*(*azionale*); 1956] **s.** militante nel Comitato di Liberazione Nazionale durante la resistenza.

ciellino [dall'acronimo *C*(*omunione*) e *L*(*iberazione*); 1977] **agg.** e **sm.** (f. *-a*) che, chi è aderente al movimento di Comunione e Liberazione.

cièlo [lat. *caelum*; 1224 *celu*] **sm.** **1.** lo spazio che sovrasta la superficie terrestre, delimitato in basso dalla linea d'orizzonte; di giorno e in assenza di nubi appare come una cupola di colore azzurro (*cielo diurno*), di notte, sempre in assenza di nubi, appare come una cupola di colore nerastro in cui sono visibili gli astri (*cielo notturno*): *cielo grigio*, coperto di nubi; *cielo a pecorelle*, ricoperto da piccole nubi d'alta quota; *cielo plumbeo*, ricoperto di nubi di bassa quota che hanno un colore grigio scuro || *del colore del cielo*, azzurro || *il cielo e la terra*, l'intero universo || *fig. cose che non stanno né in cielo né in terra*, inammissibili, strane || *a cielo aperto, a ciel sereno*, allo scoperto; *trascorrere la notte a cielo aperto*, all'addiaccio || *miniera, scavo, conduttura a cielo aperto*, non sotterranei, in superficie || *fig. toccare il cielo con un dito*, essere molto felice || *fig. alzare, portare al cielo*, lodare moltissimo || *fig. caschi il cielo*, a qualunque costo || *fig. apriti cielo!*, di un fatto straordinario, o di una reazione che si prevede eccessiva || *prov. cielo a pecorelle, acqua a catinelle* **2.** zona più o meno estesa di volta celeste che si trova sopra un'area geografica: *il cielo d'Irlanda* || *per estens.* clima: *queste piante non si adattano al cielo continentale* || *T.aer.* spazio aereo che si trova sopra una determinata località: *il cielo di Milano* || *fig. cambiar cielo*, cambiare paese; *sotto un altro cielo*, in un altro paese **3.** *per estens.* parte superiore di un ambiente, di un contenitore ecc.: *il cielo di una caverna* || *T.teatr.* elementi scenografici dipinti con raffigurazioni del cielo che vengono appesi alla graticciata per coprirne la visibilità || *T.chir. intervento a cielo aperto* o *scoperto*, quello in cui si incidono i tessuti; *a cielo coperto*, effettuato senza incidere **4.** nel sistema tolemaico, ciascuna delle sette sfere che circondavano la Terra: *il cielo di Marte, di Mercurio* || *fig. essere al settimo cielo*, al colmo della felicità **5.** il mondo che sta sopra la Terra e che in molte religioni è la sede di esseri ultraterreni e di divinità: *raccomandarsi al cielo* || *salire in cielo*, andare in Paradiso; *eufem.* morire || *per estens.* la divinità stessa: *il re del cielo*, Dio || *era scritto nel cielo*, era destino || *essere mandato dal cielo*, giungere in un momento opportuno || in varie esclamazioni esprime sollievo: *grazie al cielo, sia lodato il cielo*; in altre esprime disappunto: *in nome del cielo, per amor del cielo*; in altre ancora, preghiera o speranza: *volesse il cielo* || **N.** **1.** *Sin.* firmamento, volta celeste | limpido, sereno, stellato; cupo, fosco, nuvoloso, torbido **2.** *Sin.* aria, etere **3.** *Sin.* volta; baldacchino, palco, soffitto **5.** olimpo, paradiso. **Q.T.** *astronomia, meteorologia* **TAV.** *astrologia* 4.

ciéra **sf.** *ant.* V. CERA.

cifòsi [dal gr. *kýphōsis*; 1820] **sf.** *T.med.* curvatura della colonna vertebrale che presenta una convessità posteriore || **N.** *Contr.* lordosi.

cifòtico (pl. *-ci*) [da *cifosi*; 1887] **agg.** *T.med.* caratterizzato da cifosi: *colonna vertebrale cifotica.*

cifra [dall'ar. *ṣifr*, vuoto; a. 1498 nel senso 4] **sf.** **1.** ciascuno dei segni con cui si rappresentano graficamente i numeri dallo 0 al 9, combinando i quali è possibile scrivere qualsiasi numero naturale: *cifra non significativa*, lo 0; *cifre significative*, i numeri dall'1 al 9 || *impropr. cifre romane*, i segni numerici secondo l'uso romano (I, II, III, IV ecc.) || *per estens.* numero: *cifra astronomica*, numero grandissimo; *cifra tonda*, il numero più vicino in unità, decine ecc. a quello dato: *9,7 in cifra tonda 10* **2.** *per estens.* somma di denaro: *quest'auto costa una cifra esagerata* || *cifra d'affari*, il valore complessivo delle trattazioni compiute da un'azienda in un periodo di tempo || *T.banc. cifra di castelletto*, somma massima di credito concessa a un cliente **3.** abbreviazione di un nome, gen. formata dalle sole iniziali, monogramma: *ricamare una cifra sul fazzoletto* **4.** codice segreto in cui vengono attribuiti ai segni grafici valori diversi da quelli consueti sulla base di una regola o chiave nota solo al mittente e al destinatario || *fig. parlare in cifra*, in modo volutamente oscuro **5.** *T.inform.* ciascuno dei simboli che compongono un messaggio codificato **6.** coefficiente **7.** *T.lett.* tratto caratteristico dello stile di un autore: *le pagine di Calvino hanno una cifra inconfondibile* || **N.** **1.** *Sin.* numero, segno **2.** *Sin.* ammontare, somma **3.** *Sin.* sigla **4.** *Sin.* chiave.

cifràre [da *cifra*; 1507] **tr.** **1.** tradurre in segni convenzionali un messaggio **2.** riportare un nome o una parola mediante le sole iniziali; *com.* ricamare una cifra su un indumento: *cifrare la biancheria* || **N.** **1.** *Contr.* decifrare, decrittare.

cifràrio (pl. *-ri*) [da *cifra*; 1874] **sm.** codice che stabilisce i valori convenzionali attribuiti ai segni grafici di un messaggio in cifra, chiave di lettura.

cifràto (*pps.* di *cifrare*) [a. 1712] **agg.** **1.** scritto in cifra: *messaggio cifrato* **2.** ricamato con monogrammi: *biancheria cifrata.*

cifratùra [da *cifrare*; 1956] **sf.** atto ed effetto del cifrare.

cifrista [da *cifra*; 1963] **s.** chi produce o utilizza cifrari.

cigliàre¹ [da *ciglio*; 1622] **tr.** cucire le ciglia ai falconi da caccia.

cigliàre² [da *ciglio*; a. 1333] **sm.** *lett.* ciglione, argine.

cigliàre³ o **ciliàre** [da *ciglio*; 1733] **agg.** relativo al ciglio, alle ciglia e *per estens.* alle sopracciglia.

cigliàto [da *ciglio*; a. 1941 nel senso 1] **agg.** **1.** fornito di ciglia; con lunghe ciglia **2.** *T.zool.* e *T.bot.* ciliato, provvisto di ciglia nel senso 5.

cigliétto (*dim.* di *ciglio*) [1830] **sm.** listello di avorio, ebano o altro materiale applicato trasversalmente sull'estremità della tastiera degli strumenti a corda per sostenere le corde.

ciglio (pl. *cìglia* nei sensi 1, 2, 5, pl. *cìgli* nei sensi 3, 4) [lat. *cilium*; a. 1306 nel senso 3] **sm.** **1.** l'orlo delle palpebre, fornito di piccoli peli ricurvi con funzione protettiva dell'occhio; *pl.* l'insieme dei peli che contornano le palpebre: *ciglia lunghe* || *fig. senza battere ciglio*, rimanendo impassibili || *fig. in un batter di ciglia*, in un attimo || *fig. a ciglio asciutto*, senza piangere **2.** *per estens.* sopracciglio: *inarcare, aggrottare le ciglia*, mostrare stupore, preoccupazione **3.** *poet.* occhio, sguardo **4.** margine, orlo: *camminare sul ciglio di un burrone* **5.** *T.biol.* ciascuno dei filamenti vibratili, in continuo movimento oscillatorio (più rapido in un verso che nell'altro, e perciò adatto alla locomozione), di cui sono dotate alcune cellule || *T.bot.* peli che contornano alcuni organismi vegetali. **TAV. *anatomia* p. 642** 16.2.

ciglióne [da *ciglio*; a. 1364] ***sm.*** terreno rilevato che fiancheggia una strada, un fosso e sim. || **N.** *Sin.* argine, margine, orlo, riva, sponda.

cigliùto [da *ciglio*; a. 1566] ***agg.*** *lett.* che ha ciglia lunghe e folte.

cìgna e der. forme tosc. di CINGHIA e der. (v.).

cignàle ***sm.*** *tosc.* v. CINGHIALE.

cìgno [dal lat. *cycnus*; 1319] ***sm.*** **1.** uccello acquatico di grandi dimensioni degli Anseriformi, con piume gen. di colore bianco, collo lungo e sinuoso: *cigno reale, selvatico* || *cigno nero*, con piumaggio bruno scuro **2.** *fig.* poeta, musicista: *il cigno di Pesaro*, Rossini || *il canto del cigno*, l'ultima opera di un artista o in gen. di persona illustre **3.** *T.astr.* costellazione dell'emisfero boreale che a occhio nudo appare nella forma di cinque stelle disposte a croce latina.

cigolaménto [da *cigolare*; a. 1543] ***sm.*** rumore prodotto da qualcosa che cigola.

cigolàre (pres. *cìgolo*) [voce onom.; 1313] ***intr.*** (aus. *avere*) **1.** emettere un suono stridente, detto in part. di oggetti metallici, congegni non lubrificati, strutture in legno non ben connesse: *la carrucola, la porta, il letto cigola* **2.** *lett.* detto di legna verde od oggetti bagnati posti sul fuoco, sibilare, sfrigolare: *uno stizzo verde ch'arso sia / da l'un de' capi, che da l'altro geme / e cigola per vento che va via* (Dante) **3.** detto di ossa, scricchiolare **4.** di alcuni uccelli, emettere versi striduli.

cigolìo (pl. *-ìi*) [da *cigolare*; 1691] ***sm.*** cigolare prolungato: *il cigolio delle ruote.*

cilécca [etim. inc.; a. 1400] ***sf.*** *tosc.* burla; promessa non mantenuta || *com.* nella loc. *fare cilecca*, di arma che all'atto dello sparo scatta a vuoto; *per estens. fig.* fallire, mancare il proprio scopo.

cilèno [dal n. geogr. *Cile*; 1892 *chileno*] **I** ***agg.*** del Cile **II** ***sm.*** **1.** (f. *-a*) abitante, nativo del Cile **2.** moneta d'oro del valore di 1.000 pesos.

cilestrìno [da *cilestro*; a. 1492] ***agg.*** *non com.* di color azzurro chiaro.

cilèstro [lat. *caelestis*; sec. XIII] ***agg.*** *non com.* celeste.

cìlia [dal lat. *cilium*, cilio; 1967] ***sf. pl.*** *T.biol.* ciglia (v. CIGLIO).

Ciliàti [dal lat. *cilium*, ciglio; 1951] ***sm. pl.*** *T.zool.* classe di Protozoi diffusi in ambiente acquatico, con il corpo rivestito da una pellicola flessibile dotata di appendici filiformi mediante le quali l'animale si muove e si procura il cibo.

ciliàto [dal lat. *cilium*; 1830] ***agg.*** *T.bot.* e *T.zool.* provvisto di ciglia.

cilìcio (pl. *-ci*) [dal lat. *cilicium*; a. 1292] ***sm.*** **1.** stoffa di pelo di capra, rozzamente intessuta, usata dai Romani per vesti militari e coperte **2.** panno ruvido intessuto con crini di cavallo **3.** cintura ruvida e nodosa che si porta sulla pelle per penitenza || *fig.* tormento, supplizio.

ciliegéto [da *ciliegio*; 1340 ca.] ***sm.*** terreno coltivato a ciliegi || **N.** *Sin.* ceraseto.

cilièġia (pl. *-gie* o *-ge*) [lat. volg. **ceresea*; fine sec. XIII *ciriegia*] **I** ***sf.*** il frutto del ciliegio, di colore rosso, forma circolare, commestibile: *marmellata di ciliege, un cesto di ciliege* || *fig. come le ciliege*, di cose che si susseguono una dopo l'altra || *fig. diventar rosso come una ciliegia*, per rabbia o vergogna || *fig. l'amico ciliegia*, appellativo *iron.* o *scherz.* per persona nota, e *propr.*, il baco delle ciliegie || *per estens.* nome di frutti simili: *ciliegia del Brasile* || ***sm.*** colore rosso vivo simile a quello della ciliegia **II** ***agg.*** *inv.* (sempre posposto) del colore della ciliegia: *si è comprato una camicia ciliegia* || *dim.* ciliegìna; *accr.* ciliegióna || **N.** ***sf.*** TIPI: acquaiola, amarena, duracina, graffione, marasca, marchiana, moscatella, visciola | PARTI: buccia, picciolo, nocciolo o osso, polpa.

cilièġio (pl. *-gi*) [lat. volg. **ceresium*; fine sec. XIII *ciriegio*] ***sm.*** **1.** albero delle Rosacee con foglie ovali, fiori profumati bianchi raccolti in ombrelle, frutto a drupa di colore rosso **2.** il legno di tale albero usato in falegnameria: *un armadio di ciliegio.*

ciliegiòlo [da *ciliegia*; a. 1597] **I** ***sm.*** **1.** ciliegio marasco **2.** liquore fatto con le ciliegie **3.** vitigno toscano che produce grappoli grandi con acini grossi e tondeggianti di colore violaceo **II** ***agg.*** *non com.* di colore simile a quello della ciliegia.

cilindràia [da *cilindro*; 1956] ***sf.*** macchina a cilindri per triturare pietrisco, sabbia grossa e sim.

cilindràre [da *cilindro*; 1356 *celendrare*] ***tr.*** **1.** far passare sotto uno o più cilindri un materiale per spianarlo o lucidarlo: *cilindrare la carta* **2.** comprimere la superficie stradale con una macchina a rulli compressori per renderla più liscia e compatta.

cilindràsse [comp. di *cilindro* e *asse*; 1892] ***sm.*** *T.anat.* prolungamento principale di una cellula nervosa || **N.** assone.

cilindràta [da *cilindro*; 1941] ***sf.*** il volume interno complessivo dei cilindri di un motore a scoppio: *un motore di 1.500 cc di cilindrata, vettura di piccola, media, grossa cilindrata* || *per estens.* l'automobile stessa: *guida una grossa cilindrata.*

cilindratóio (pl. *-ói*) [da *cilindrare*; 1956] ***sm.*** macchina a rulli per cilindrare.

cilindratrìce [da *cilindrare*; 1956] ***sf.*** **1.** *T.tess.* macchina a cilindri usata per suddividere e ammorbidire le fibre della canapa **2.** *cilindratrice stradale*, compressore stradale.

cilindratùra [da *cilindrare*; 1808] ***sf.*** atto ed effetto del cilindrare.

cilìndrico (pl. *-ci*) [da *cilindro*; 1631] ***agg.*** a forma di cilindro || *lente cilindrica*, lente con una superficie cilindrica e l'altra piana || *proiezione cilindrica*, caso estremo di proiezione conica che si ottiene quando il vertice del cono ausiliario è supposto a distanza infinita, riducendo il cono stesso a un cilindro di rotazione || *T.mat. coordinate cilindriche*, definite dalla distanza di un punto qualsiasi rispetto a un piano base e dalle coordinate polari di tale punto sul piano base || **cilindricaménte** ***avv.*** in forma di cilindro.

cilìndro [dal lat. *cylindrus*; a. 1292] ***sm.*** **1.** *T.geom.* superficie geometrica elementare prodotta facendo ruotare di 360 gradi un rettangolo intorno a uno dei suoi lati; solido limitato da tale superficie **2.** qualsiasi oggetto che abbia la forma di un cilindro: *cilindro di pressione*, nelle macchine da stampa, quello che comprime la carta contro la matrice; *cilindro otturatore*, nelle moderne armi da fuoco, elemento di chiusura della camera di scoppio || nelle macchine per scrivere, rullo gommato attorno al quale si avvolge il foglio di carta **3.** copricapo da cerimonia, rigido, a calotta alta || *cilindro magico*, quello usato dai prestigiatori **4.** *T.mecc.* nei motori a scoppio e in gen. nelle macchine alternative, vano entro il quale scorre lo stantuffo: *cilindri contrapposti*, situati ai due lati dell'albero a gomiti; *cilindri a V*, i cui assi formano, rispetto all'albero a gomiti, una V **5.** *T.bot. cilindro centrale*, la regione mediana del fusto e della radice; *cilindro corticale*, la corteccia **6.** *T.med.* formazioni cilindriche microscopiche che si formano nei tubuli renali || *dim.* cilindrètto || **N.** **2.** *Sin.* rullo **3.** *Sin.* tuba. **Q.T.** ***matematica...*** **TAV.** ***geometria*** 20; ***motori*** 3, 3.13; ***ferrovie...*** **p. 669** 1.11.

cilindròide [dal lat. *cylindroides*, gr. *kylindroeidḗs*; a. 1742] ***sf.*** **1.** *T.geom.* solido i cui limiti sono costituiti da una superficie cilindrica, da un piano a essa perpendicolare e da un'altra superficie qualsiasi intersecante la superficie cilindrica **2.** *T.med.* formazione di muco, di forma allungata, che talvolta si trova nel sedimento urinario.

cilìzio ***sm.*** *non com.* v. CILICIO.

cìma [lat. *cȳma*, gr. *kŷma*; a. 1294] ***sf.*** **1.** la parte più alta di qualcosa: *la cima delle scale, salire in cima alla torre* || di rilievi geografici, la parte più alta: *la cima dell'Eiger*; *per estens.* il rilievo stesso: *le cime delle Alpi* || *fig. essere in cima ai pensieri di qualcuno*, esserne l'oggetto principale || *lett. fig.* il grado più alto di qualcosa: *cima di giudicio non s'avvalla* (Dante) **2.** estremità, parte terminale: *la cima di una corda, la cima dei capelli* || *in cima*, nella parte estrema || *da cima a fondo*, da un capo all'altro, interamente **3.** *fig. fam.* persona di grande ingegno: *è una cima d'uomo*; chi primeggia in un campo, anche *iron.*: *una cima di furfante*, un gran furfante **4.** *T.bot. ramificazione a cima*, che termina con un'infiorescenza || *cime di rapa*, l'infiorescenza della rapa **5.** *T.mar.* fune, cavo di fibra vegetale **6.** *T.cuc.* specialità gastronomica ligure costituita da un involucro di petto di vitello farcito con animelle, verdure, salumi, mollica di pane ecc. servito bollito o arrosto || **N.** **1.** *Sin.* cocuzzolo, colmo, culmine, punta, sommità, sommo, vertice, vetta; altura, cresta, cuspide | *Contr.* base, fondo, imo **2.** *Sin.* capo, punta **3.** *Sin.* genio, talento **5.** *Sin.* corda, gomena. **Q.T.** ***alpinismo.***

cimaiòlo o **cimaròlo** [da *cima*; 1956] **I** ***agg.*** che sta in cima: *frutto, ramo cimaiolo* || *carciofo cimaiolo*, nei carciofi coltivati, il capolino terminale, più grosso e precoce di quelli laterali **II** ***sm.*** *ant.* comignolo.

cimàle [da *cima*; 1983] ***sm.*** cima recisa di una pianta, spec. di un cipresso.

cimanàliṣi o **cimoanàliṣi** [comp. di *cimo-* e *analisi*; 1956] ***sf.*** *T.stat.* studio delle curve periodiche.

cimàre [da *cima*; a. 1276 nel senso 2] ***tr.*** **1.** tagliare la cima, l'estremità; spuntare: *cimare i capelli* || di piante, svettarle, potarle in vetta **2.** radere il pelo di un panno || ***intr.*** (aus. *avere*) detto di cavallo al trotto, tenere alta la testa.

cimaròlo v. CIMAIOLO.

cimàṣa [lat. tardo *cymatium*; 1550] ***sf.*** cornice aggettante che delimita e rifinisce un elemento architettonico o un mobile. **TAV. *architettura* p. 646** 1.18.

cimàta [da *cimare*; sec. XVIII] ***sf.*** cimatura, part. cimatura rapida e poco curata.

cimatóre [da *cimare*; a. 1370] ***sm.*** (f. *-trice*) **1.** addetto alla cimatura dei tessuti **2.** chi compie la cimatura delle piante.

cimatorìa [da *cimare*; 1963] ***sf.*** reparto di uno stabilimento tessile in cui si effettua la cimatura dei tessuti.

cimatrìce [da *cimare*; 1956] ***sf.*** *T.tess.* macchina che rade il pelo dei tessuti per livellarli.

cimatùra [da *cimare*; sec. XIV-XV nel senso 2] ***sf.*** **1.** taglio dei rami superiori di una pianta per limitarne la crescita in altezza || *concr.* le cime recise **2.** operazione di rifinitura dei tessuti, consistente nel taglio regolare della peluria || *concr.* il residuo di tale operazione **3.** *T.bot.* difetto degli alberi che presentano la sommità biforcuta **4.** nell'industria petrolifera, operazione mediante la quale le sostanze più leggere vengono separate dal petrolio greggio.

cìmba [dal lat. *cymba*; sec. XIII-XIV] ***sf.*** *ant. lett.* barchetta, navicella.

cìmbalo [lat. *cymbalum*; sec. XIV] ***sm.*** **1.** *lett. disus.* cembalo || *fig. essere in cimbali*, essere allegri, part. dopo aver bevuto || *fig. avere il capo in cimbali*, essere distratto **2.** il piatto metallico del gong.

cimbanèlla V. CEMBANELLA.

cimbifórme [comp. di *cimba* e *-forme*; 1830] ***agg.*** *T.bot.* detto di seme che ha forma allungata, simile a quella di una navicella.

cimbràccola o **cirimbràccola** [etim. inc.; 1881] ***sf.*** *pop. tosc.* donna sciatta e volgare.

cimèlio (pl. *-li*) [dal lat. tardo *cimēlium*; a. 1758] ***sm.*** oggetto antico, raro e prezioso che si conserva con grande cura, gen. detto di cose appartenute a personaggi illustri o a ricordi di epoche o avvenimenti importanti || *iron.* anticaglia, vecchiume privo di valore || *iron.* persona rimasta legata a usi e costumi ormai desueti || **N.** *Sin.* antichità, reliquia, ricordo; mummia.

cimentàre (pres. *-énto*) [da *cimento*; a. 1537 nel senso 2] ***tr.*** **1.** mettere alla prova: *cimentare la tolleranza di qualcuno* || mettere a rischio: *cimentare la propria vita* || *cimentare qualcuno*, provocarlo **2.** *ant.* saggiare, purificare l'oro per mezzo del fuoco || *per estens.* sperimentare || ***rifl.*** impegnarsi in un'impresa difficile o rischiosa: *cimentarsi nel salto con l'asta* || misurarsi: *cimentarsi con gli avversari* || **N. 1.** provare, saggiare; esporre, mettere a repentaglio | ***rifl.*** arrischiarsi, avventurarsi, mettersi alla prova.

cimentatóre [da *cimentare*; a. 1873] ***agg.*** e ***sm.*** (f. *-trìce*) *raro* che, chi provoca.

ciménto [lat. *caementum*; a. 1347 nel senso 2] ***sm.*** **1.** prova pericolosa || *mettere, porre a cimento*, esporre a rischio o mettere a dura prova **2.** *T.oref.* mistura usata un tempo per verificare i metalli preziosi || *per estens.* verifica, esperimento || **N. 1.** *Sin.* repentaglio, rischio **2.** *Sin.* saggio.

cimentóso [da *cimentare*; a. 1704] ***agg.*** *non com.* pericoloso || di persona, che ama esporsi al pericolo.

cìmice [lat. *cīmex, -icis*; 1340 ca.] ***sf.*** **1.** nome di vari insetti degli Emitteri parassiti di animali e piante; *in part. cimice dei letti*, con corpo depresso di colore rossastro, si nutre di sangue che succhia attraverso l'apparato boccale; è un parassita anche dell'uomo **2.** microspia telefonica **3.** *rom.* chiodino con ampia testa piatta; puntina da disegno **4.** *spreg.* distintivo fascista che si portava all'occhiello || *dim.* cimicìna, cimicétta; *accr.* cimicióne (*sm.*).

cimiciàio (pl. *-ài*) [da *cimice*; 1797] ***sm.*** luogo pieno di cimici || *fig. questa casa è un cimiciaio*, è sporca.

cimicióso [da *cimice*; a. 1940] ***agg.*** pieno di cimici.

cimiciòtto [da *cimice*; 1830] ***sm.*** pianta erbacea delle Labiate che emana un odore sgradevole, simile a quello delle cimici.

cimièro [dal fr. *cimier*; a. 1338] ***sm.*** ornamento, insegna portata sopra l'elmo || *per estens. poet.* elmo || **N.** *Sin.* pennacchio.

ciminièra [dal lat. tardo *camināta*, attr. il fr. *cheminée*; 1853] ***sf.*** alto camino, fumaiolo, part. di impianti industriali, navi e locomotive a vapore. **TAV. *ferrovie...* p. 669** 1.7.

cimìno[1] [da *cima*; 1965] ***sm.*** parte terminale, sottile e flessibile, della canna da pesca. **TAV.** *pesca* 6.1.

cimìno[2] V. CUMINO.

cimiteriàle [da *cimitero*; 1716] ***agg.*** di cimitero: *loculo cimiteriale*; funebre: *aspetto cimiteriale* || *arte cimiteriale cristiana*, l'arte documentata nelle catacombe.

cimitèro [lat. tardo *cimitērium*; 1313] ***sm.*** luogo in cui si seppelliscono i morti: *cimitero monumentale*, con tombe gen. costituite da cappelle e monumenti; *cimitero di guerra*, in cui sono sepolti i militari morti in guerra o in una particolare zona di combattimento || *cimitero degli elefanti*, luogo in cui secondo la tradizione gli elefanti si recano a morire; *fig.* istituzione, ufficio e sim. a cui vengono destinati personaggi già potenti, ma non più in auge spec. perché anziani || *cimitero di automobili*, luogo in cui vengono raccolti i rottami delle auto destinate alla demolizione || *fig. essere sulla soglia del cimitero*, prossimi alla morte || *fig. fare un cimitero*, una strage || *fig. per estens.* luogo silenzioso o abbandonato || **N.** camposanto, necropoli, ossario | cremazione, fossa, inumazione, loculo, mausoleo, sarcofago, sepolcro, sepoltura, tomba, tumulo, urna; lapide | *morgue*, obitorio | becchino, necroforo.

cimmèrio (pl. *-ri*) [dal lat. *Cimmerius*; a. 1478 *chimmerio* nel senso 2] ***agg.*** **1.** dei Cimmeri, popolazione nordica non ben individuata o originaria della Crimea **2.** *lett.* oscuro, tenebroso.

cìmo- [dal gr. *kŷma*, onda] ***primo elem.*** che, in parole composte della terminologia scientifica, vale "onda", "simile a onda" (per es. *cimanalisi, cimofane, cimotrico*).

cimoanàliṣi V. CIMANALISI.

cimofàne [comp. di *cimo-* e *-fane*, dal gr. *pháinesthai*, apparire; 1830] ***sm.*** *T.min.* varietà di crisoberillo di colore verde-argenteo, usato come pietra preziosa, occhio di gatto.

cìmolo [da *cima*; a. 1918] ***sm.*** l'interno tenero delle verdure commestibili: *il cimolo del carciofo, del cespo di insalata.*

cimòmetro [comp. di *cimo-* e *-metro*; 1940] ***sm.*** strumento per la misura della frequenza di correnti elettriche alternate.

cimósa [lat. tardo *cimussa*; 1430] ***sf.*** **1.** ciascuno dei margini laterali di una pezza di stoffa || *per estens.* striscia terminale **2.** cancellino di panno arrotolato || **N. 1.** *Sin.* vivagno. **Q.T.** ***tessitura.***

cimóso [da *cima*; 1830] ***agg.*** *T.bot.* detto di ramificazione o infiorescenza in cui l'asse principale è meno ramificato di quelli secondari laterali.

cimòtrico (pl. *-chi*) [comp. di *cimo-* e *-trico*; 1956] ***agg.*** detto di capelli ondulati tipici delle razze europee e australiane.

cimùrro [dal fr. ant. *chamoire*; sec. XIV] ***sm.*** malattia infettiva di origine virale che colpisce part. i cani || *scherz.* riferito a persona, forte raffreddore.

cinabrése [da *cinabro*; sec. XIV-XV] ***sm.*** **1.** terra colorante rossiccia usata per tingere il legno e gli ammattonati **2.** tonalità di rosso acceso.

cinàbro [lat. *cinnabari*, gr. *kinnábaris*; 1340] ***sm.*** **1.** solfuro di mercurio di colore rosso vermiglio diffuso in masse granulari; è il principale minerale di mercurio || *cinabro di antimonio*, solfuro sintetico di antimonio **2.** colore rosso vermiglio || *per estens. poet.* il colore delle labbra.

cìncia (pl. *-ce*) [voce onom.; 1797] ***sf.*** nome di varie specie di Passeracei, con piumaggio di colori vivaci; nidificano nelle cavità degli alberi o nei nidi di altri uccelli.

cinciallégra o **cingallégra** [comp. di *cincia* e *allegra*; 1484 *cingallegra*] ***sf.*** uccello canterino dell'ordine dei Passeracei, diffuso in Italia, con piumaggio giallo sul petto e capo bruno scuro.

cincìglia V. CINCILLA.

cincìlla o **cincillà** (raro *cincìglia*) [dallo sp. *chinchilla*; 1875] ***sm.*** o ***sf.*** *inv.* genere di roditori originari del Sudamerica, simili allo scoiattolo; vengono allevati per la morbida pelliccia di color grigio cenere.

cincìn o **cin cin** [trascrizione dell'ingl. *chin chin*, in orig. formula di cortesia cinese; 1930] formula di augurio che si usa nei brindisi || anche *sm.*: *fare un cincin.*

cincinnàre [da *cincinno*; 1869] ***tr.*** e ***rifl.*** *disus.* pettinare i capelli in modo elaborato; agghindarsi.

cincinnàto [dal n. proprio di Lucio Quinzio *Cincinnato*, console romano; 1865] ***sm.*** *scherz.* chi si ritira a vita privata o in solitudine, rifiutando ogni onore, dopo aver ricoperto cariche pubbliche.

cincìnno [dal lat. *cincinnus*; a. 1406] ***sm.*** *raro poet.* ciocca di capelli ricciuti.

cincischiaménto [da *cincischiare*; 1938] ***sm.*** atto ed effetto del cincischiare.

cincischiàre (pres. *-ìschio, -ìschi*) [lat. volg. *incisulāre*; a. 1484] ***tr.*** **1.** tagliuzzare malamente e in modo irregolare **2.** spiegazzare, gualcire: *cincischiare una giacca* || *fig.* parlare a fatica, pronunciando le parole in modo confuso **3.** *ass.* perdere tempo senza combinare nulla || ***intr. pron.*** gualcirsi.

cincìschio (pl. *-schi*) [da *cincischiare*; a. 1400] ***sm.*** taglio mal fatto || ritaglio di stoffa.

cincischióne [da *cincischiare*; 1865] ***sm.*** (f. *-a*) chi perde tempo in attività inutili; persona inconcludente.

cincistiàre ***tr.*** e ***intr. pron.*** *arc.* V. CINCISCHIARE.

cincóna [dal lat. scient. *cinchona*, dal n. proprio *Chinchon*, contessa che ne scoprì le proprietà febbrifughe; 1956] ***sf.*** genere di piante delle Rubiacee dalla cui corteccia viene estratta la china.

cinconìna [da *cincona*; 1830] ***sf.*** *T.chim.* alcaloide che è presente nella corteccia di china || **N.** chinino.

cinconìṣmo [da *cincona*; 1956] ***sm.*** *T.med.* intossicazione dovuta ad abuso di cinconina che provoca eccitazione nervosa e paralisi muscolare.

cine [da *cinematografo*; 1918] ***sm.*** *fam.* cinematografo || *fam. far cine*, fare confusione, fare scene: *è inutile fare tutto questo cine, dovrete pagare.*

cine- [da *cinematografo*] ***primo elem.*** che, in parole composte, vale "cinema", "che si riferisce al cinema" (per es. *cineamatore, cineclub, cinefilo*). **Q.T.** ***cinematografia.***

cineamatóre [comp. di *cine-* e *amatore*; 1935] ***sm.*** (f. *-trìce*) chi si interessa di cinema a livello amatoriale || chi, per diletto, esegue riprese cinematografiche, gen. su pellicole di piccolo formato.

cineamatoriàle [da *cineamatore*; 1983] ***agg.*** che si riferisce ai cineamatori e alla loro attività: *rassegna cineamatoriale.*

cineàsta (pl. *-sti*; raro f. *-ste*) [dal fr. *cinéaste*; 1935] ***s.*** chi si occupa professionalmente di cinema, part. regista, produttore e sim.

cinecàmera [comp. di *cine-* e *camera*; 1956] ***sf.*** cinepresa.

cinecassétta [comp. di *cine-* e *cassetta*; 1983] ***sf.*** **1.** caricatore sigillato contenente una pellicola cinematografica che, durante la proiezione, si riavvolge da sola **2.** valigetta completa di tutte le apparecchiature necessarie per la proiezione e la riproduzione sonora di un film.

cinecittà [comp. di *cine-* e *città*; 1937] ***sf.*** complesso di stabilimenti, teatri di posa e sim. per la produzione di film; *per anton.* il complesso cinematografico sorto a Roma presso la via Tuscolana.

cineclùb (pr. [tʃine'klab]) [comp. di *cine-* e *club*; 1957] ***sm.*** *inv.* associazione, circolo culturale che ha lo scopo di diffondere l'arte cinematografica organizzando proiezioni, dibattiti, conferenze e sim.

cinèdico (pl. *-ci*) [dal lat. *cinaedicus*; 1745] ***agg.*** di, da cinedo || *farsa cinedica*, antica farsa greca in dialetto ionico di contenuto osceno.

cinedilettànte [comp. di *cine-* e *dilettante*; 1935] ***s.*** *non com.* cineamatore.

cinedilettantìṣmo [da *cinedilettante*; 1942] ***sm.*** attività dei cineamatori.

cinèdo [dal lat. *cinaedus*; a. 1498] ***sm.*** *lett.* giovane effeminato || giovane omosessuale che si prostituisce.

cinedràmma [comp. di *cine-* e *dramma*;

1912] ***sm.*** copione drmamatico scritto per il cinema o realizzato in ambito cinematografico.

cinefilìa [dal fr. *cinéphile*; 1980] ***sf.*** passione per il cinema.

cinèfilo [dal fr. *cinéphile*; 1936] ***agg.*** e ***sm.*** (f. *-a*) che, chi è appassionato di cinema.

cinefòrum [comp. di *cine-* e dell'ingl. *forum*, dibattito; 1963] ***sm.*** *inv.* dibattito che conclude la proiezione di un film || *per estens.* attività culturale consistente in un ciclo di proiezioni di film, gen. tematicamente o storicamente affini, ognuna delle quali si conclude con un dibattito.

cinegètica [dal gr. *kynēgetikḗ* (*téchnē*), attr. il fr. *cynégétique*; 1876] ***sf.*** *lett.* l'arte e l'esercizio di cacciare con i cani.

cinegètico (pl. *-ci*) [dal gr. *kynēgetikós*, attr. il fr. *cynégétique*; 1905] ***agg.*** che riguarda la caccia con i cani.

cinegiornàle [comp. di *cine-* e *giornale*; 1935] ***sm.*** notiziario cinematografico con brevi servizi giornalistici.

cinelàndia [comp. di *cine-* e dell'ingl. *land*, terra; 1935] ***sf.*** *non com.* l'universo del cinema considerato nel suo complesso quasi come un mondo a sé.

cìnema [da *cinematografo*, attr. il fr. *cinéma*; 1918] ***sm.*** *inv.* **1.** l'arte e la tecnica di ripresa, lavorazione, produzione e proiezione di pellicole cinematografiche: *fare del cinema*; *per estens.* l'industria collegata a tale produzione: *è andato a Roma a lavorare nel cinema* **2.** cinematografia come modo di realizzazione delle pellicole, come tradizione nazionale, come genere: *il cinema muto, sonoro, d'animazione, il cinema sovietico, il cinema documentaristico, sportivo, per ragazzi* **3.** sala attrezzata per la proiezione di pellicole cinematografiche: *un cinema di prima visione*, in cui si proiettano i film appena immessi nel circuito commerciale; *cinema parrocchiale* **4.** *cinema d'essai*, produzione cinematografica sperimentale || *concr.* locale in cui si proiettano film di particolare rilevanza artistica || *dim.* cinemìno; *pegg.* cinemàccio.

cinema d'essai (fr., pr. [sine'ma d e'sɛ]; pr. it. ['tʃinema d es'sɛ]) [letter. cinema di saggio; 1966] ***loc. m.*** *inv.* **1.** cinema sperimentale || spettacolo cinematografico d'avanguardia di particolare valore artistico e culturale **2.** sala cinematografica in cui si proiettano film artisticamente significativi || ciclo di proiezioni di questo tipo. **Q.T.** *cinematografia.*

cinemascope (ingl., pr. ['sɪnɪmə,skoup]) [n. commerciale; 1953] ***sm.*** *inv.* nome commerciale di un sistema di proiezione cinematografica che si avvale di effetti stereo e che, mediante la ripresa con obiettivi a lenti anamorfiche, copre un campo visivo maggiore del normale.

cinemateàtro (pl. *cinemateàtri*) o **cineteàtro** (pl. *cineteàtri*) [comp. di *cine*(*ma*) e *teatro*; 1935] ***sm.*** locale che può ospitare spettacoli cinematografici e teatrali.

cinemàtica [dal fr. *cinématique*; 1854] ***sf.*** *T.fis.* branca della meccanica che studia il movimento dei corpi indipendentemente dalle sue cause.

cinemàtico (pl. *-ci*) [dal fr. *cinématique*; 1951] ***agg.*** relativo alla cinematica.

cinematografàre (pres. *-ògrafo*) [dal fr. *cinématographier*; 1908] ***tr.*** effettuare riprese con una macchina da presa || **N.** *Sin.* filmare, riprendere.

cinematografàro [da *cinematografo*; 1923 *cinematografaio*] ***sm.*** (f. *-a*) chi si occupa di produzione cinematografica; *gen. spreg.* chi produce film di qualità scadente.

cinematografìa [dal fr. *cinématographie*; 1913] ***sf.*** **1.** procedimento e tecnica di ripresa e proiezione, mediante particolari attrezzature, di immagini in movimento: *cinematografia in bianco e nero* **2.** l'insieme delle attività connesse con la produzione di un film **3.** l'insieme delle pellicole prodotte in una determinata epoca, in un determinato paese o relative a un settore specifico: *cinematografia espressionista, italiana, sportiva.* **Q.T.** *cinematografia.*

cinematogràfico (pl. *-ci*) [dal fr. *cinématographique*; 1907] ***agg.*** **1.** relativo alla cinematografia o al cinematografo: *attore cinematografico*; *macchina cinematografica*, macchina da ripresa o da proiezione; *rappresentazione cinematografica*, proiezione di una pellicola **2.** che è simile allo stile o alla tecnica utilizzati nel cinema: *la sua prosa ha uno stile cinematografico*, che si sviluppa in una successione di scene e immagini || *per estens. fig.* fantastico, inverosimile || **cinematograficaménte** ***avv.*** secondo lo stile del cinema, dal punto di vista cinematografico.

cinematògrafo [dal fr. *cinématographe*; 1898] ***sf.*** **1.** sistema di proiezione di immagini in movimento **2.** l'arte e l'industria che utilizza tale procedimento per la realizzazione e proiezione di film **3.** locale attrezzato per la proiezione in pubblico di film **4.** *fig.* insieme di avvenimenti che si verificano in rapida successione, part. se caratterizzati da elementi comici, grotteschi: *la sua vacanza è stata un cinematografo* || *per estens.* luogo in cui regna la confusione: *quest'ufficio è un cinematografo* **5.** *fig. iron.* persona, cosa fuori del comune, bizzarra, grottesca || **N. 1.** *Sin.* proiettore **2.** *Sin.* cinema **3.** *Sin.* cinema, sala (cinematografica). **Q.T.** *cinematografia.*

cinematoscòpio (pl. *-pi*) [comp. del gr. *kínēma, kinḗmatos*, movimento e *-scopio*; 1951] ***sm.*** *non com.* denominazione generica di ogni apparecchio che riproduca immagini in movimento.

cinemiràcolo [comp. di *cine* e *miracolo*; 1973] ***sm.*** *T.cin.* proiezione su grande schermo effettuata con tre proiettori sincronizzati, in ciascuno dei quali scorre una pellicola contenente un terzo dell'immagine.

cinemitragliatrìce [comp. di *cine-* e *mitragliatrice*; 1970] ***sf.*** apparecchiatura cinematografica che viene installata su un mezzo aereo al posto della mitragliatrice ed è utilizzata per l'addestramento in volo dei mitraglieri, simulando una missione a fuoco.

cinemòbile [comp. di *cine-* e (*auto*)*mobile*; 1963] ***sm.*** *raro* autobus attrezzato per la proiezione di pellicole cinematografiche.

cinepanoràmic [comp. di *cine* e *panorami-c*(*o*); 1973] ***sm.*** *T.cin.* procedimento per la proiezione su grande schermo simile al *cinemascope*, ma su schermo leggermente più allungato.

cineparchéggio (pl. *-gi*) [comp. di *cine-* e *parcheggio*; 1963] ***sm.*** cineparco.

cinepàrco (pl. *-chi*) [comp. di *cine-* e *parco*; 1950] ***sm.*** cinematografo all'aperto per spettatori in automobile || **N.** *Sin.* cineparcheggio, *drive-in.*

cineprésa [comp. di *cine-* e (*ri*)*presa*; 1961] ***sf.*** apparecchio per la ripresa di immagini cinematografiche e televisive || **N.** *Sin.* camera, cinecamera. **Q.T.** *fotografia* **TAV.** *cinematografia*... 1, 3.

cineràma [comp. di *cine-* e (*pano*)*rama*; 1953] ***sm.*** *inv.* nome commerciale di un sistema di proiezione cinematografica che dà l'illusione della tridimensionalità mediante la proiezione sincronizzata di tre immagini di uno stesso oggetto ripreso da differenti angolazioni. **TAV.** *cinematografia*... 5.

cineràrìa [dal lat. *cinerārius*, di cenere; 1540] ***sf.*** pianta delle Composite con fiori dai petali

CINEMATOGRAFIA

VARIE SPECIE: cinema (muto, parlato, sonoro; a colori, in bianco e nero; amatoriale, professionale).

CINEMATOGRAFIA SPECIALIZZATA: *cinemascope*, cinema stereofonico, cinemiracolo, cinepanoramic, cinerama, *non-stop program* o lanterna magica, stereocinematografia o cinema a rilievo o tridimensionale, vistavision ecc.

TECNICHE PER APPLICAZIONI PARTICOLARI: cinematografia con i raggi infrarossi, cinematografia sottomarina, cinemitragliatrice, crono-cinematografia, macrocinematografia, microcinematografia, radiocinematografia o roentgencinematografia, topocinematografia.

ATTREZZATURE E MATERIALI CINEMATOGRAFICI: altoparlante o *speaker*, amplificatore, banco di montaggio, bandiera, bobina, caricatore, carrello cinematografico (aereo, a gru, ascensore, *dolly*), cavalletto, ciac, *console*, cuffia (asonora / sonora), essiccatoio, giraffa, giuntatrice, gobbo, gruppo elettrogeno, lampade (archi elettrici, diffusori, riflettori, proiettori), magazzino o *chassis*, microfono, moviola, praticabili, proiettore, ragno, rallentatore, registratore, sincronizzatore, stampatrice, stativo, sviluppatrice, taglierina, tavolo di missaggio o *mixer*, testata panoramica, treppiede, truca, velatini.

PELLICOLA: passo (35 mm, 16 mm, Standard 8, Super 8, Single 8 ecc.): banda (o colonna o pista o traccia) sonora, coda, emulsione sensibile, fotogramma, passo della perforazione (normale, ridotto), perforazione, quadro, supporto, testa.

TECNICHE DELLA PRODUZIONE CINEMATOGRAFICA.

RIPRESA: in interni, in esterno; carrellata, controluce, panoramica, *silhouette*, zoomata.

INQUADRATURA: campo (lunghissimo [C.L.L.], lungo [C.L.], medio [C.M.] o medio campo lungo [M.C.L.], totale [C.T.] o scena d'assieme), controcampo, piano (figura intera [F.I.], piano americano [P.A.], mezzo primo piano [M.P.P.] o piano medio [P.M.] o mezza figura [M.F.], primo piano [P.P.], primissimo piano [P.P.P.], particolare [Part.] o dettaglio [Dett.]). Passaggi di inquadratura: dissolvenza (di apertura, di chiusura; semplice o *fondu*, incrociata), passaggio di mascherino, stacco ecc.

SVILUPPO E STAMPA: sviluppo, lavaggio intermedio o stop, fissaggio, imbiancamento, lavaggio finale, stabilizzazione, essiccamento, duplicazione del negativo, stampa.

MONTAGGIO: assemblaggio, giuntaggio, marcatura della pellicola, numerazione delle sequenze, premontaggio, punzonatura, taglio, visionatura.

SONORIZZAZIONE: presa diretta, presincronizzazione o *play-back*, post-sincronizzazione (doppiaggio, missaggio), registrazione, riregistrazione, sincronizzazione, sovraincisione, trascrizione.

segue

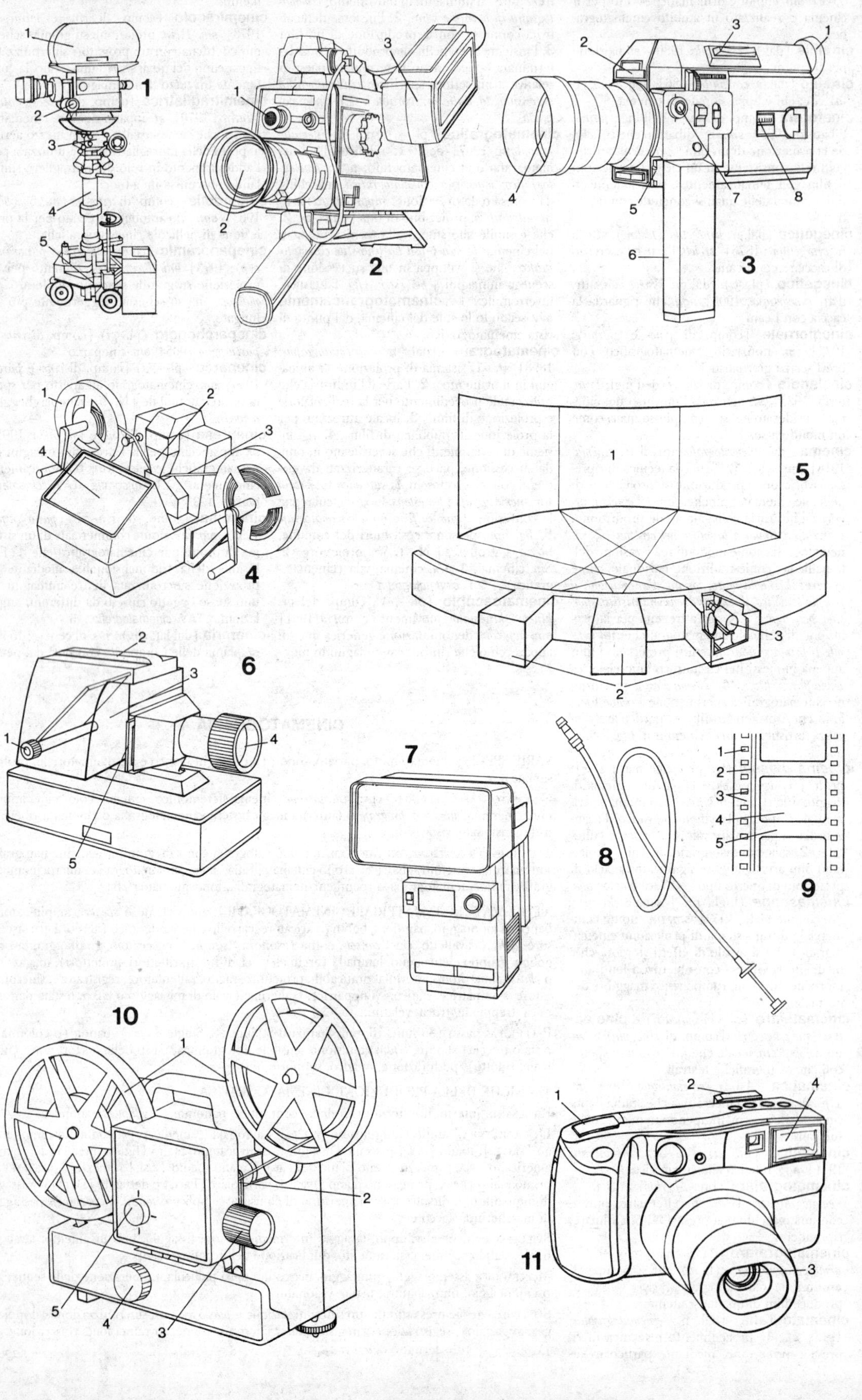
1
2
3
4
5
6
7
8
9
10
11

1. cinepresa da studio
1.1. magazzino - 1.2. controllo messa a fuoco - 1.3. testata panoramica - 1.4. stativo - 1.5. carrello cinematografico

2. telecamera
2.1. microfono - 2.2. obiettivo - 2.3. mirino elettronico

3. cinepresa a passo ridotto
3.1. mirino - 3.2. esposimetro - 3.3. comando zoom - 3.4. obiettivo - 3.5. pulsante - 3.6. impugnatura - 3.7. comando velocità cinepresa - 3.8. conta fotogrammi

4. moviola
4.1. bobina - 4.2. obiettivo - 4.3. pellicola - 4.4. schermo

5. cinerama
5.1. schermo panoramico - 5.2. cabine di proiezione - 5.3. proiettore

6. epidiascopio
6.1. comando specchio - 6.2. ventilazione - 6.3. camera illuminante - 6.4. obiettivo - 6.5. diapositiva

7. *flash* (lampo)

8. scatto flessibile

9. pellicola sonora
9.1. perforazione - 9.2. pista sonora - 9.3. passo - 9.4. fotogramma - 9.5. quadro

10. proiettore
10.1. bobina - 10.2. trasportatore - 10.3. obiettivo - 10.4. interruttore - 10.5. regolatore velocità

11. macchina fotografica compatta
11.1.pulsante di scatto - 11.2. mirino - 11.3. obiettivo - 11.4. *flash*

12. stereoscopio
12.1. diapositiva doppia - 12.2. regolazione messa a fuoco - 12.3. oculare

12

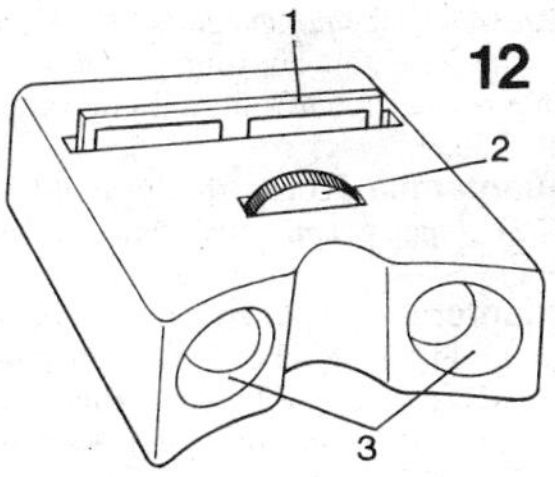

simili a quelli delle margherite, di vario colore; alcune varietà vengono coltivate come piante ornamentali.

cineràrio (pl. *-ri*) [dal lat. *cinerārius*; 1716] **I** ***agg.*** che contiene ceneri mortuarie: *urna cineraria* **II** ***sm.*** **1.** urna in cui vengono raccolte le ceneri dei defunti **2.** parte della stufa o della caldaia in cui si raccolgono le ceneri. **TAV.** ***ferrovie...*** **p. 669** 1.18.

cineràstro [dal lat. *cinis, cineris*, cenere; 1951] ***agg.*** di color grigio sporco simile a quello della cenere.

cinèreo [dal lat. *cinereus*; a. 1498] ***agg.*** *lett.* del colore della cenere: *alba cinerea* || *luce cinerea*, debole luminescenza che rischiara il disco lunare nei giorni immediatamente successivi al novilunio || livido: *un volto cinereo* || **N.** *Sin.* bigio, cenerino; fievole, pallido; terreo.

cinerìno v. CENERINO.

cinerìte [comp. del lat. *cinis, cineris*, cenere e *-ite*[2]; 1970] ***sf.*** roccia sedimentaria formata prevalentemente da ceneri vulcaniche.

cinerìzio (pl. *-zi*) [lat. tardo *cinericius*; 1865] ***agg.*** *lett.* cenerino, cenerognolo: *ella portava una veste cinerizia* (D'Annunzio).

cineromànzo [comp. di *cine-* e *romanzo*; 1923] ***sm.*** **1.** romanzo scritto per il cinema o ridotto in forma cinematografica **2.** racconto narrato per mezzo di una serie di fotografie accompagnate da didascalie || **N. 2.** *Sin.* fotoromanzo.

cinescòpio (pl. *-pi*) [comp. di *cine-* e *-scopio*; 1942] ***sm.*** tubo a raggi catodici utilizzato per la riproduzione di immagini televisive. **TAV.** *audiovisivi* 1.2.

cinése [dal n. geogr. *Cina*; 1661] **I** ***agg.*** della Cina: *popolazione cinese*; *scrittura cinese*, scrittura ideografica composta da oltre 40.000 ideogrammi || *padiglione cinese*, chiosco || *ombre cinesi*, gioco fatto proiettando l'ombra delle mani su muro per riprodurre la sagoma di vari animali || *baffi alla cinese*, spioventi || *comunismo cinese*, ispirato alle teorie di Mao Tse-Tung **II** ***s.*** abitante, nativo della Cina || ***sm.*** (solo *sing.*) lingua della famiglia sinotibetana costituita da un insieme di dialetti parlati in Cina.

cineserìa [dal fr. *chinoiserie*; 1927 *chineseria*] ***sf.*** **1.** part. *pl.*, ninnoli, soprammobili prodotti a imitazione di quelli cinesi **2.** *fig.* eccessiva cerimoniosità || inutile sottigliezza || **N. 1.** *Sin.* cianfrusaglia **2.** *Sin.* bizantinismo.

cinèṣi- o **chinèṣi-** [dal gr. *kínēsis*, movimento] ***primo elem.*** che, in parole composte della terminologia medica, vale "movimento" (per es. *cinesiologia, cinesiterapia*).

-cinèṣi o **-chinèṣi** [dal gr. *kínēsis*, movimento] ***elem. term.*** che, in parole composte della terminologia scientifica, vale "movimento" (per es. *cariocinesi, psicocinesi, telecinesi*).

cinèṣica [dall'ingl. *kinesics*, movimento; 1969] ***sf.*** *T.ling.* studio del significato presente in gesti e movimenti che accompagnano l'espressione linguistica.

cinesìno [da *cinese*; 1974] ***sm.*** ciascuna delle colonnine luminose che, nelle ore notturne, delimitano le piste degli aeroporti; anche colonnina stradale a luce gialla posta al centro degli incroci.

cineṣiologìa [comp. di *cinesi-* e *-logia*; 1963] ***sf.*** scienza che ha per oggetto le attività muscolari umane: *cinesiologia correttiva*.

cineṣiterapìa (disus. *chineṣiterapìa*) [comp. di *cinesi-* e *terapia*; 1875 *chinesiterapia*] ***sf.*** pratica fisioterapica che consiste nel sottoporre il corpo a esercizi di ginnastica rieducativa o correttiva, a massaggi e sim.

cineṣiteràpico (disus. *chineṣiteràpico*) (pl. *-ci*) [da *cinesiterapia*; 1923] ***agg.*** relativo alla cinesiterapia: *trattamento cinesiterapico*.

cinesteṣìa [comp. del gr. *kinéō*, io muovo e

segue CINEMATOGRAFIA

TRUCCHI ED EFFETTI SPECIALI: effetto lampi, nebbia, neve, notte, pioggia, vento ecc.; accelerazione e rallentamento del moto, apparizioni e sparizioni istantanee, arresto del moto o quadro fisso, contromarcia o rovesciamento della sequenza, dissolvenza, effetto deformante, esposizioni (complementari, multiple, parziali), *flou* o sfumato, *glass shot*, *matte shot*, moltiplicazione di immagini, passaggio di mascherino, oggetti animati, procedimento Dunning, procedimento Shuftan, sostituzione di oggetti e persone, sovraimpressione, *travelling matte shot*.

ATTREZZATURA: mascherino, miniatura, modellino, prisma, schermo trasparente, specchio ecc.

PROIEZIONE: inserimento della pellicola, messa a fuoco, messa a quadro, riavvolgimento dei rulli o ribobinatura, rimozione delle caccole.

FILM: censurare, dirigere, distribuire, doppiare, girare, interpretare, mettere in cantiere, montare, noleggiare, presentare, produrre, programmare, realizzare, ritirare dalla circolazione, sceneggiare, sincronizzare, sonorizzare, tagliare, vedere; costumi, fotografia, interpretazione, intreccio, scaletta o copione, sceneggiatura, soggetto.

PARTI: azione, didascalia, *flash back* o retrospettiva, *gag*, inquadratura, quadro, raccordo, scena, testate, titoli (di coda, di testa).

GENERI: attualità, cartone animato, cinegiornale, *colossal*, comica, cortometraggio, documentario, filmato pubblicitario, lungometraggio, *western*; audace, classico, d'amore, d'attualità, d'avanguardia, d'avventura, d'azione, dell'orrore, del terrore, didattico, di guerra, di propaganda, di repertorio, drammatico / comico, erotico, impegnato / disimpegnato, innovatore, passionale, pesante / leggero, pornografico, realistico, romantico, scandaloso, scientifico, sdolcinato, sentimentale, spettacolare, storico, vivace.

PERSONE: *cast*, *credits*, *troupe*; aiuto (regista, operatore ecc.), armiere, arredatore, attore (divo, *star*, stella, vedetta), caratterista, cineasta, comparsa, controfigura, costumista, direttore (del doppiaggio, della fotografia, di produzione ecc.), documentarista, elettricista, fonico, guardarobiere, macchinista, microfonista, montatore, operatore, produttore, regista, rumorista, sarto, sceneggiatore, scenografo, segretario (di edizione, di produzione), *stuntman* o cascatore, tecnico del suono, trovarobe, truccatore.

LOCALI: cinematografo o cinema o cine (a luci rosse, d'*essai*, di prima, seconda, ... visione, parrocchiale, rionale; atrio, biglietteria, cabina di proiezione, galleria, platea, sala di proiezione, schermo, uscita di sicurezza), cineparcheggio o cineparco o *drive in*, cineteca, studio (cinematografico, televisivo), stabilimento (di doppiaggio, di produzione ecc.), teatro di posa (camerini, ponte luce, scenario, *set*).
(V. anche quadro terminologico FOTOGRAFIA).

-estesia; 1970] **sf.** *T.med.* sensibilità muscolare, sensazioni provocate dai muscoli durante l'attività motoria.

cinestètico o **cinestèṣico** (pl. *-ci*) [da *cinestesia*; 1940] **agg.** relativo alle sensazioni provocate dal movimento muscolare durante l'attività motoria.

cineteàtro v. CINEMATEATRO.

cinetèca [comp. di *cine-* e *teca*; 1931] **sf.** raccolta sistematica di pellicole cinematografiche || locale in cui è conservata tale raccolta e in cui spesso si effettuano proiezioni: *la cineteca del centro sperimentale di cinema.*

cinètica [da *cinetico*; 1956] **sf.** parte della meccanica che studia il moto in relazione alla struttura dei corpi || *chimica cinetica,* branca della chimica che studia la velocità delle reazioni.

cinètico (pl. *-ci*) [dal gr. *kinētikós*, che si muove; 1905] **agg. 1.** *T.fis.* che concerne il movimento || *energia cinetica,* energia meccanica prodotta da un corpo in movimento || *teoria cinetica,* teoria del moto dei gas considerati come insiemi di molecole in moto casuale continuo **2.** *arte cinetica,* tendenza artistica sviluppatasi negli anni '60 che sperimentava le possibilità di movimento nell'opera d'arte, dando vita a strutture variabili azionate da meccanismi interni, da forze casuali (vento) o dagli spettatori stessi.

cinetocòro [comp. del gr. *kinētós*, mobile, e dell'it. *-coro*; 1948] **sm.** *T.biol.* nome coniato nel 1934 da L.W. Scharp per denominare quello che più comunemente è chiamato *centromero.*

cinetoscòpio (pl. *-pi*) [dall'ingl. *kinetoscope*; 1896] **sm.** nome dato ai primi apparecchi per la proiezione cinematografica.

cinetòṣi v. CHINETOSI.

cingalése v. SINGALESE.

cingallègra v. CINCIALLEGRA.

cìngere (pres. *cingo, cingi*; p.rem. *cìnsi, cingésti*; pps. *cinto*) [lat. *cingere*; a. 1257] **tr. 1.** attorniare, circondare: *cingere il giardino con una siepe* || *cingere d'assedio,* assediare **2.** avvolgere, part. riferito al corpo: *cinse le spalle in un ampio mantello* || *cingere le armi,* armarsi || *cingere le braccia al collo di qualcuno,* abbracciarlo || *fig. cingere la corona,* diventare re || **rifl.** porre attorno al corpo, part. al capo o alla vita || *fig. cingersi d'alloro,* raggiungere la gloria || **N. 1.** *Sin.* chiudere, circoscrivere, contenere, coronare, serrare **2.** chiudere.

cìnghia [lat. *cingula*; a. 1292] **sf. 1.** fascia lunga e sottile gen. di stoffa o cuoio, utilizzata per stringere, legare, sostenere e sim.: *la cinghia dei pantaloni, dello zaino, del fucile* || *fig. stringere, tirare la cinghia,* vivere in modo stentato **2.** *T.mecc. cinghia di trasmissione,* nastro ad anello che trasmette il moto da un albero rotante a un altro || *fig.* part. nel gergo politico, *cinghia di trasmissione,* rapporto di dipendenza che lega un'organizzazione a un partito politico || **N. 1.** *Sin.* cinta, cintura; balteo, cinto, cinturone, cordone, correggia, laccio | ardiglione, fibbia, fori, passante. **TAV.** ***automobile* p.** 658 5.22.

cinghiàle [lat. (*porcus*) *singulāris,* porco solitario, con influsso di *cinghia,* per la cinghia di setole bianco-giallognole intorno al collo; fine sec. XIII *cinghiari*] **sm. 1.** mammifero selvatico dei Suidi, diffuso in tutta Europa, con pelo ruvido, occhi piccoli, coda corta e canini inferiori trasformati in zanne ricurve che sporgono dalle labbra **2.** la carne macellata di tale animale: *un prosciutto di cinghiale* **3.** la pelle conciata di tale animale utilizzata per confezionare guanti, borse e sim.

cinghiàre (pres. *cinghio*) [da *cinghia*; 1313 nel senso 2] **tr. 1.** *non com.* stringere con cinghie **2.** *lett.* cingere: *Così discesi del cerchio primaio / giù nel secondo, che men loco cinghia* (Dante) **3.** percuotere con la cinghia.

cinghiàta [da *cinghia*; 1772] **sf.** colpo dato con la cinghia.

cinghiatùra [da *cinghiare*; sec. XIII-XIV] **sf.** l'operazione di mettere la cinghia, part. ad animali, e anche il risultato di tale operazione.

cìnghio (pl. *-ghi*) [lat. *cingulum*; 1319] **sm.** *ant.* cerchio.

cingolàto [da *cingolo*; 1942] **agg.** provvisto di cingoli: *mezzi cingolati*; anche **sm.**: *uno squadrone di cingolati* || *T.anat. giro cingolato,* area della corteccia cerebrale situata nel lobo prefrontale.

cingolétta [da *cingolo*; 1950] **sf.** automezzo militare di piccole dimensioni e leggero, dotato di cingoli.

cìngolo [dal lat. *cingulum*; sec. XII] **sm. 1.** cintura || nella liturgia cattolica, cordiglio con cui il sacerdote si cinge i fianchi durante la celebrazione di una funzione || il cordiglio dei frati **2.** nastro formato da vari segmenti collegati fra loro applicato alle ruote di un veicolo per aumentare l'aderenza e facilitare la marcia su terreni sconnessi || nastro chiuso, gen. formato da piastre metalliche, posto sui fianchi del veicolo, nel quale si ingranano ruote o rulli e che costituisce una specie di rotaia mobile: *i cingoli di un carro armato, di una scavatrice* || *gen. T.mecc.* ogni elemento chiuso, flessibile che accoppi due o più pulegge tra loro **3.** *T.anat.* insieme di segmenti ossei che riuniscono gli arti al corpo || nel sistema nervoso, struttura circolare che circonda l'ilo di ciascun emisfero. **TAV.** *chiesa* 2.26; ***armi* p.** 649 27.9.

cinguettaménto [da *cinguettare*; sec. XIV] **sm.** *non com.* cinguettio.

cinguettàre (pres. *-étto*) [voce onom.; a. 1348 nel senso 2] **intr.** (aus. *avere*) **1.** detto di uccelli, emettere un suono ripetuto, breve e melodioso **2.** *per estens.* di persona, bisbigliare; di bambini, parlottare con voce acuta || *fig.* discorrere di cose futili **3.** *non com.* balbettare || **tr.** *raro* parlare male una lingua. **Q.T.** *animali.*

cinguettatóre [da *cinguettare*; a. 1375] **sm.** (f. *-trìce*) e **agg.** chi, che cinguetta; part. *fig.* chiacchierone.

cinguettière [da *cinguettare*; 1810] **agg.** *raro* che cinguetta; *fig.* chiacchierone.

cinguettìo (pl. *-ìi*) [da *cinguettare*; 1806] **sm.** un cinguettare frequente e continuato.

ciniatrìa [comp. di *cino-* e *-iatria*; 1956] **sf.** settore della medicina veterinaria che si occupa delle malattie dei cani.

cìnice v. CINIGIA.

cìnico (pl. *-ci*) [dal lat. *cynicus*, gr. *kynikós*; a. 1374] **I agg. 1.** che mostra indifferenza o disprezzo per gli ideali e le consuetudini comunemente accettati **2.** che si riferisce alla corrente filosofica del cinismo **II sm.** (f. *-a*) **1.** persona cinica **2.** seguace del cinismo ||

cinicaménte **avv.** || **N. I 1.** indifferente, insensibile, sfrontato, sprezzante.

cinìgia (pl. *-gie* o *-ge*) o **cìnice** [lat. tardo *cinīsia*; sec. XV] **sf.** *raro* cenere calda mescolata con residui di brace || brace per gli scaldini.

cinìglia (pl. *-glie*) [dal fr. *chemille,* bruco; 1771] **sf.** filato che sembra un cordoncino peloso, usato per tessuti in spugna o velluto || *per estens.* tessuto prodotto con tale filato.

cinigliàto [da *ciniglia*; 1956] **agg.** *T.abb.* fabbricato con la ciniglia: *tessuto cinigliato.*

Cinìpidi (sing. *-e*) [dal lat. tardo *sciniphes*, gr. *sknîphes*; 1892] **sm. pl.** *T.zool.* famiglia di Imenotteri che depongono le uova nei tessuti vegetali provocando la formazione di galle.

cìnira [dal lat. tardo *cinyra*, gr. *kínyra*; 1830] **sf.** antico strumento musicale a corde, di origine orientale.

cinìṣmo [dal lat. tardo *cynismus*, gr. *kynismós*; a. 1729] **sm. 1.** *T.fil.* corrente filosofica sviluppatasi ad Atene verso il IV secolo a.C. che predicava il disprezzo dei bisogni superflui, della religione tradizionale, delle convenzioni sociali e di tutto ciò che comprometteva l'autonomia dello spirito **2.** *com.* comportamento sprezzante delle convenzioni, delle regole morali e degli ideali comunemente accettati || indifferenza || **N. 2.** *Sin.* causticità, impudenza; insensibilità.

cinnàmico (pl. *-ci*) [da *cinnamomo*; 1865] **agg.** *T.chim. acido cinnamico,* acido aromatico, cristallino, incolore, ricavato dallo storace, che viene usato in medicina e profumeria.

cinnamòmo [dal lat. *cinnamōmum*; sec. XIV] **sm.** *T.bot.* genere di piante delle Lauracee diffuse part. nell'area tropicale, cui appartengono le piante che forniscono la cannella e la canfora.

cìno-[1] [dal gr. *kýon, kynós*, cane] **primo elem.** che, in parole composte dotte, vale "cane" (per es. *cinodromo, cinofobo*).

cìno-[2] [da *cinese*] **primo elem.** che, in parole composte dotte, vale "cinese": **cino-giapponése**, **cino-tibetàno**.

-cìno [variante ampliata di *-ino*[1]] **suff.** (f. *-a*) variante di *-ino*[1] (v.), che si presenta sistematicamente quando l'elemento di base termina con *-one* o *-ona*: *leoncino, coroncina.*

cinocèfalo [dal lat. *cynocephalus*, gr. *kynoképhalos*; fine sec. XIV] **I agg.** che ha la testa di cane: *divinità cinocefala* **II sm.** *T.zool.* genere di scimmie dei Cercopitecidi con muso allungato || genere di mammiferi dei Dermotteri diffusi nell'Asia sudorientale, lemuri volanti.

cinòdromo [comp. di *cino-* e *-dromo*[1]; 1929] **sm.** impianto per le corse dei cani.

cinofilìa [comp. di *cino-* e *-filia*; 1908] **sf.** amore per i cani; interesse per lo studio e l'allevamento dei cani.

cinòfilo [comp. di *cino-* e *-filo*; 1908] **I sm.** (f. *-a*) chi ama i cani; *com.* allevatore, esperto di razze canine **II agg. 1.** relativo alla cinofilia: *associazione cinofila* **2.** *unità cinofila,* nucleo operativo costituito gen. da militari e cani appositamente addestrati per lo svolgimento di particolari funzioni: *unità cinofila antidroga, anti-catastrofe.*

cinòfobo [comp. di *cino-* e *-fobo*; 1956] **agg.** e **sm.** (f. *-a*) che, chi ha una paura morbosa e ossessiva dei cani || **N.** *Contr.* cinofilo.

cinoglòssa [dal lat. *cynoglōssos*, gr. *kynóglōsson*, lingua di cane; a. 1498] **sf.** pianta erbacea delle Borraginacee con fiori raccolti in spighe rosa o azzurre || **N.** *Sin.* lingua di cane.

cinologìa [comp. di *cino-* e *-logia*; 1830] **sf.** settore della veterinaria che ha per oggetto lo studio dei cani.

cinòlogo (pl. *-gi*) [comp. di *cino-* e *-logo*; 1830] **sm.** (f. *-a*) veterinario esperto di cani.

cinopitèco (pl. *-ci* o *-chi*) [comp. di *cino-* e *-piteco*; 1931] **sm.** scimmia dei Cercopitecidi di origine asiatica, dal muso allungato simile a quello del cane.

cinquànta [lat. *quinquagīnta*; 1279] **agg.** e **sm.** *num. card.*, ar. 50, rom. L || *gli anni cinquanta* o *i cinquanta,* gli anni che vanno dal 1950 al 1959.

cinquantamìla [comp. di *cinquanta* e *mila*; a. 1527] **agg.** e **sm.** *num. card.*, ar. 50000, rom. L̄.

cinquantenàrio (pl. *-ri*) [dal fr. *cinquantenaire*; 1911] **I agg.** che ricorre ogni cinquanta anni; *non com.* che ha cinquanta anni **II sm.** il cinquantesimo anniversario || celebrazioni con cui si festeggia tale ricorrenza.

cinquantennàle [da *cinquanta*, sul modello di *decennale*; 1956] **sm.** il cinquantesimo anniversario.

cinquantènne [comp. di *cinquanta* e *-enne*; 1911] **agg.** e **s.** che, chi ha cinquant'anni di età.

cinquantènnio (pl. *-ni*) [comp. di *cinquanta* e *-ennio*; 1941] **sm.** periodo di cinquanta anni.

cinquantìna [da *cinquanta*; a. 1565] **sf.** serie di cinquanta o circa cinquanta unità; *in part.* *essere sulla cinquantina,* avere circa cinquant'anni di età.

cinquantìno [da *cinquanta*; 1944] **I agg.** *T.bot.* detto di pianta coltivata che si sviluppa in circa cinquanta giorni **II sm. 1.** moneta del valore di cinquanta centesimi **2.** tipo di mais che matura molto precocemente.

cìnque [lat. *quinque*; 1211] **agg.** e **sm.** *num. card.*, ar. 5, rom. V || nella valutazione scolastica (espressa in decimi), voto inferiore di un punto alla sufficienza || **N.** lustro, pentagono, pentagramma, pentarchia, quinario, quinquenario, quintetto, quinto.

cinquecentésco (pl. *-schi*) [da *cinquecento*; 1758] **agg.** relativo al XVI secolo, part. in riferimento all'arte e alla cultura.

cinquecentìna [da *cinquecento*; 1970] **sf.** libro stampato nel XVI sec.: *le cinquecentine della Biblioteca Ariostea.*

cinquecentìsta [da *cinquecento*; 1745] **s. 1.** scrittore o artista vissuto nel Cinquecento; anche *agg.*: *un poeta cinquecentista* **2.** studioso del Cinquecento.

cinquecentìstico (pl. *-ci*) [da *cinquecentista*; 1745] **agg.** relativo al Cinquecento o ai cinquecentisti.

cinquecènto [comp. di *cinque* e *cento*; 1352] **agg.** e **sm.** *num. card.*, ar. 500, rom. D || **sf.** *inv.* nome commerciale di piccola utilitaria così denominata dalla cilindrata: *mi hanno rubato la cinquecento.*

cinquedèa [voce sett., letter. *cinque dita*; a. 1665] **sf.** *inv.* daga con lama larga di forma triangolare diffusa part. nel Rinascimento.

cinquefòglie o **cinquefòglio** [dal lat. *quinquefolium*; sec. XIV] **sm.** *inv.* **1.** pianta erbacea delle Rosacee con foglie composte da cinque foglioline, dalla quale si ottiene un infuso con proprietà astringenti **2.** infuso ricavato da tale pianta **3.** *T.arald.* fiore a cinque petali con un foro al centro che permette di vedere il colore del campo || **N. 1.** *Sin.* pentafillo. **TAV. *araldica* p. 645** 4.12.

cinquemìla [lat. *quinque milia*; a. 1324] **agg.** e **sm.** *num. card.*, ar. 5000, rom. V̄ || *pl.* *T.sport.* nell'atletica leggera, gara di fondo che si sviluppa sulla distanza di 5000 metri.

cinquènne [lat. *quinquennis*; 1865] **agg.** e **s.** che, chi ha cinque anni; che dura o è durato cinque anni.

cinquènnio (pl. *-ni*) [comp. di *cinque* e *-ennio*; prima metà sec. XIV] **sm.** periodo di cinque anni || **N.** *Sin.* lustro, quinquennio.

cinquerème V. QUINQUEREME.

cinquetèrre [dal n. geogr. *Cinque Terre* (La Spezia); 1905] **sm.** *inv.* vino bianco asciutto prodotto in Liguria nella zona omonima.

cinquìna [da *cinque*; 1444] **sf. 1.** serie di cinque cose uguali tra loro **2.** nel gioco del lotto, giocata o estrazione di cinque numeri sulla stessa ruota || nella tombola, fila di cinque numeri estratti nella stessa cartella: *fare cinquina,* completare per primo una linea della cartella con cinque numeri estratti **3.** paga che un tempo veniva data ogni cinque giorni ai soldati || forma di pagamento che veniva utilizzata nelle compagnie teatrali **4.** moneta d'argento coniata nel Regno di Napoli da Ferdinando d'Aragona.

cìnta [lat. *cincta*; a. 1348] **sf. 1.** cerchia di mura costruita attorno a un centro abitato con funzione difensiva || *per estens.* opera di recinzione posta a delimitare orti, giardini, cortili e sim.: *muro di cinta* || *cinta fortificata,* insieme di opere di fortificazione costruite per difendere un luogo **2.** perimetro che delimita un centro urbano || *cinta daziaria,* confine di un comune o di una città, oltre il quale l'ingresso di particolari merci richiede il pagamento di un dazio **3.** cintura, cintola **4.** *T.mar.* la parte più elevata del fasciame esterno delle murate di una nave **5.** *T.arch.* modanatura delle colonne **6.** *T.arald.* bordura dello scudo **7.** *T.ipp.* *cinta di giardino,* tipo di ostacolo || **N. 1.** *Sin.* cerchia, corona; recinto **5.** *Sin.* collarino. **TAV. *araldica* p. 645** 3.21.

cintàre [da *cinta*; 1855] **tr.** recintare: *cintare un giardino.*

cintatùra [da *cintare*; 1956] **sf.** bianconatura.

cìnto (*pps.* di *cingere*) [1294] **I agg.** nei sensi del verbo **II sm. 1.** cintura || *cinto verginale,* cintura portata dalle fanciulle greche e romane e che veniva slacciata nel giorno delle nozze **2.** *T.med.* *cinto erniario,* apparecchio per la contenzione di ernie ombelicali e inguinali, costituito da una cintura di cuoio con cuscinetti di compressione posti in corrispondenza delle ernie **3.** *cinto di Venere,* animale marino nastriforme con corpo trasparente **4.** *ant.* alone: *quando fa l'arco il Sole e Delia il cinto* (Dante) **5.** *ant.* cinta.

cìntola [da *cinto*; 1313 nel senso 2] **sf. 1.** cintura || *alla cintola,* attaccato alla cintura || *cucirsi qualcuno alla cintola,* tenerselo sempre vicino **2.** parte del corpo sopra i fianchi dove si porta di solito la cintura.

cìntolo [da *cinto*; a. 1505] **sm.** *tosc.* fascia sottile, nastro per legare qualcosa.

cintùra [lat. *cinctūra*; 1321] **sf. 1.** striscia gen. di cuoio o di stoffa che si indossa attorno alla vita per sostenere pantaloni e gonne o per stringere indumenti larghi in vita || *per estens.* parte di un indumento in corrispondenza del luogo in cui si tiene la cintura: *questa gonna è stretta alla cintura* || *per estens.* parte del corpo in cui si porta la cintura, vita || *T.sport.* nel judo e in altre arti marziali, cintura che serve a tenere allacciata la giacca del chimono e che a seconda del colore indica la categoria cui appartiene il lottatore: *cintura marrone, nera*; *per meton.* il lottatore stesso: *ha atterrato una cintura nera* **2.** *per estens.* oggetto di forma analoga che ha funzione di sostegno o di protezione: *cintura di sicurezza,* per assicurare i passeggeri delle auto o degli aerei al proprio sedile e proteggerli in caso di urto; *cintura di salvataggio,* salvagente individuale fatto a ciambella o a giubbotto; *cintura zavorrata,* munita di pesi, viene usata nelle immersioni subacquee; *cintura di castità,* nel Medioevo, armatura in ferro chiusa da una piccola serratura, posta a ricoprire il sesso femminile per assicurare al marito la fedeltà della moglie **3.** *fig.* zona che circonda un dato luogo || *in part.* area posta alla periferia di un grande centro abitato: *la cintura industriale torinese* || *T.fis.* *cintura di Van Allen,* insieme di fasce radioattive situate nell'alta atmosfera che circondano la Terra || *ant.* oggetto che cinge **4.** *T.anat.* anello scheletrico che congiunge gli arti al corpo **5.** *T.sport.* nella lotta, nome di varie prese effettuate stringendo l'avversario con le braccia: *cintura a rovescio,* sollevando l'avversario con le gambe in aria e il viso verso il tappeto || nel calcio, fallo di ostruzione in cui si afferra l'avversario cingendolo con le braccia || *dim.* cinturétta, cinturìno; *accr.* cinturóne || **N. 1.** cinta, cinto, cintolo; balteo, bandoliera, fusciacca, sciarpa, tracolla; cilicio **3.** area, fascia, zona; dintorni, *hinterland.* **TAV. *gemme*** 1.2; ***automobile* p. 658** 3.44.

cinturàre (pres. *-ùro*) [da *cintura*; 1956] **tr.** stringere alla cintura; *in part.* nella lotta e nel calcio, effettuare una cintura.

cinturàto (*pps.* di *cinturare*) [1963] **agg. 1.** di pneumatico fornito di un rinforzo anulare posto sotto il battistrada; anche *sm.*: *quell'auto monta dei cinturati* **2.** di bozzolo del baco da seta che presenta una strozzatura nel centro.

cinturìno (*dim.* di *cintura*) [a. 1639] **sm.** piccola cintura; *in part.* striscia di cuoio o altro materiale che serve per allacciare, stringere o assicurare un oggetto: *il cinturino dell'orologio, della scarpa.* **Q.T.** *orologeria.*

cinturóne (*accr.* di *cintura*) [a. 1764 *centurone*] **sm.** larga cintura; *in part.* cintura, indossata sopra la divisa dai militari, cui viene assicurata la pistola, la baionetta o le giberne.

cintz o **cinz** forme italianizzate di CHINTZ (v.).

cinzàto [da *cinz*; 1988] **agg.** *tessuto cinzato,* tessuto reso lucido da una speciale gommatura; tessuto *chintz.*

cìnzio (pl. *-zi*) [dal lat. *Cynthius*, gr. *Kýnthios*, del monte Cinto; a. 1535] **agg.** *lett.* *T.mit.* attributo di Artemide e di Apollo.

ciò [lat. *ecco hoc*; a. 1294] **pron.** *dimostr.* questo, quello, questa, quella cosa; usato soprattutto nello scritto ha di solito la funzione di richiamare il senso di intere frasi; spesso è unito a *che* e in queste costruzioni si alterna a *quello,* ma non a *questo*: *dimmi ciò che desideri,* dimmi quello che desideri || *con tutto ciò,* tuttavia, con tutto questo (ma, si badi, non "con tutto quello") || *a ciò,* a questo scopo || *disus.* *da ciò,* adatto alla cosa di cui si parla: *dovrebbe dirle la verità, ma sicuramente non è uomo da ciò* || forma varie congiunzioni: *perciò, perciocché, acciò* e compare in diverse loc. avversative: *con tutto ciò, ciò nonostante, ciò non di meno* || *ant.* in unione col verbo essere, può riferirsi a nomi plurali e a persone: *li figliuoli, ciò siamo noi* (*Novellino*).

ciòcca [etim. inc.; 1313] **sf.** ciuffo di capelli: *una ciocca bianca* || *non com.* *tosc.* ciuffo d'erba, grappolo di frutti e sim. || *fig.* *a ciocche,* in gran quantità || *dim.* ciocchétta, ciocchettìna, ciocchèlla || **N.** *Sin.* ciuffo; mazzetto, mucchietto.

ciòccia (pl. *-ce*) [voce onom.; seconda metà XV sec.] **sf.** nome infantile per mammella.

ciocciàre **intr.** *region.* V. CIUCCIARE.

ciòcco (pl. *-chi*) [etim. inc.; 1321] **sm.** grosso pezzo di legno; ceppo da ardere || *fig.* uomo balordo e insensibile || *fig.* *rimanere come un ciocco,* inebetito || *fig.* *dormire come un ciocco,* profondamente.

cioccolàta [dall'azteco *chocolatl*, attr. lo sp. *chocolate*; 1606] **I sf. 1.** cioccolato: *mangiare una tavoletta di cioccolata* **2.** bevanda preparata facendo sciogliere il cacao nel latte bollente con l'aggiunta di zucchero: *cioccolata con panna* **II agg.** *inv.* (sempre posposto) di colore bruno scuro.

cioccolatàio (pl. *-ài*) [da *cioccolata*; 1941] **sm.** (f. *-a*) chi fabbrica o vende cioccolato || *fig.* *fare una figura da cioccolataio,* una pessima figura.

cioccolatièra [da *cioccolata*; a. 1698 *cioccolattiere*] **sf.** bricco per preparare o servire la cioccolata.

cioccolatière [da *cioccolata*; 1773] **sm.** (f. *-a*) cioccolataio.

cioccolatìno [da *cioccolata*; 1876] **sm.** piccolo dolce di cioccolato, talora ripieno, gen. avvolto in carta stagnola colorata || *cioccolatino medicinale,* impasto a base di zucchero e cacao, contenente sostanze medicinali, che si dà ai bambini.

cioccolàto [da *cioccolata*; 1797] **I sm.** prodotto alimentare solido a base di cacao, zucchero, aromi e altre sostanze (latte, nocciole e sim.): *cioccolato fondente* o *amaro, cioccolato al latte*; *cioccolato in polvere,* usato per preparare la bevanda detta *cioccolata* **II agg.** (sempre posposto) di colore marrone simile a quello del cioccolato || *dim.* cioccolatìno || **N. I** panetto, quadretto, stecca, tavoletta; boero, cremino, gianduiotto.

ciòcia (pl. *-cie*) [etim. inc., prob. dal lat. *soccus*, zoccolo; a. 1776] **sf.** calzatura di origine assai antica, oggi tipica dei pastori della Ciociaria, costituita da una suola di cuoio più grande del piede, rialzata agli orli, con asole in cui si fanno passare dei legacci che si intrecciano e tengono fermo un panno bianco che avvolge il piede e il polpaccio.

ciociàro [da *ciocia*; 1841] **I** ***agg.*** della Ciociaria, regione del Lazio meridionale **II** ***sm.*** (f. *-a*) abitante, nativo della Ciociaria.

cioè [comp. di *ciò* ed *è*; a. 1249] ***cong.*** (con funzione dichiarativa ed esplicativa) in altre parole, vale a dire: *partirò domani, cioè domenica*; anche interposto: *ero quasi arrivato, stavo, cioè, per raggiungerlo*; anche nella forma rafforzata *cioè a dire* || con funzione correttiva, per meglio dire, piuttosto: *ti verrò a trovare, cioè ti telefonerò* || viene usato come interrogazione per chiedere chiarimenti o spiegazioni: *"Mi sembra che vada fatto così." "Cioè?".*

ciómpo [etim. inc.; a. 1386] ***sm.*** nella Firenze del XIV secolo, salariato o garzone, part. nell'arte della lana: *tumulto dei ciompi*, sollevazione popolare a Firenze nel 1378, avviata dai ciompi || *per estens.* plebeo; zotico.

cioncàre[1] (pres. *cióncо, ciónchi*) [etim. inc.; 1340] ***tr. ant.*** troncare, spezzare: *la lancia del pagan par che si cionchi* (Pulci).

cioncàre[2] (pres. *cióncо, ciónchi*) [etim. inc.; 1340 come tr.; 1342 come intr.] ***intr.*** e ***intr. pron.*** *pop.* e *ant.* bere smodatamente, ubriacarsi || ***tr.*** *pop.* e *ant.* tracannare, bere avidamente.

cioncatóre [da *cioncare²*; 1811] ***agg.*** e ***sm.*** (f. *-trice*) beone, ubriacone.

cióncо (pl. *-chi*) [etim. inc.; 1313] **I** ***agg.*** *ant.* tronco, mozzo: *che sol per pena ha la speranza cionca* (Dante) || *fig.* cascante; sfinito **II** ***sm.*** (f. *-a*) sciancato, storpio.

ciondolaménto [da *ciondolare*; sec. XIV] ***sm.*** il ciondolare.

ciondolàre (pres. *cióndolo*) [voce espressiva; a. 1584] ***intr.*** (aus. *avere*) **1.** penzolare compiendo un movimento oscillatorio: *la corda ciondolava dalla trave* **2.** *per estens. fig.* reggersi a stento sulle gambe, barcollare **3.** starsene in ozio, bighellonare: *ciondolava tutto il giorno tra il bar e il biliardo* || ***tr.*** far oscillare pigramente: *ciondolare il capo, le braccia* || **N. 1.** *Sin.* dondolare, oscillare, pendere, penzolare **3.** *Sin.* oziare, perder tempo, vagabondare.

cióndolo [da *ciondolare*; a. 1665] ***sm.*** nome generico di qualsiasi oggetto che ciondoli; *in part.* pendente, gioiello od ornamento che penda da una catenella o da un nastro: *col petto carico di ciondoli e di medaglie* (Montale) || *per estens.* la parte pendente di un gioiello: *il ciondolo degli orecchini* || **N.** *Sin.* medaglione, pendaglio, pendente.

ciondolóne [da *ciondolare*; a. 1543] ***sm.*** (f. *-a*) fannullone, perdigiorno.

ciondolóni [da *ciondolare*; a. 1696] ***avv.*** penzolante verso il basso: *sedeva sul muretto con le gambe ciondoloni* || *fig.* *andare ciondoloni*, bighellonare.

ciò nonostànte o **ciononostànte** (raro *cionnonostànte*) [comp. di *ciò, non* e *ostante, ppr.* di *ostare*; 1782] ***avv.*** malgrado ciò, tuttavia: *ha perso il treno, ciononostante è arrivato in tempo.*

ciòppa [prob. dal ted. ant. *Schope*; a. 1375] ***sf.*** **1.** nel Medioevo, veste maschile con le maniche lunghe, a forma di sottana **2.** sopravveste femminile aperta sul davanti con ampie maniche in uso nel sec. XIV.

ciòtola [lat. *cotyla*, gr. *kotýlē*; sec. XIV] ***sf.*** scodella senza manico e piede in vario materiale, gen. legno o terracotta, usata per bere e mangiare || quantità di liquido o di cibo in essa contenuta: *una ciotola di riso, di brodo* || *dim.* ciotolétta, ciotolìna; *accr.* ciotolóna.

ciotolàta [da *ciotola*; 1879] ***sf.*** **1.** quantità di liquido o cibo che può essere contenuta in una ciotola **2.** colpo dato con una ciotola.

ciòtto[1] [etim. inc.; 1321] ***sm.*** (f. *-a*) e ***agg.*** *ant.* sciancato.

ciòtto[2] [etim. inc.; 1306] ***sm.*** *ant.* ciottolo.

ciottolàta [da *ciottolo*; 1711] ***sf.*** sassata, colpo dato con un ciottolo.

ciottolàto [da *ciottolo*; 1605] ***sm.*** acciottolato, strada pavimentata con ciottoli: *carri rotolanti sul ciottolato della città* (Carducci) || **N.** selciato.

ciòttolo [etim. inc.; 1353] ***sm.*** **1.** sasso di forma arrotondata levigato dalla corrente fluviale || *per estens.* sasso || in petrografia, frammento litoide di forma tondeggiante e levigata a causa dell'azione di forze erosive meccaniche **2.** *tosc.* stoviglia in terracotta || **N. 1.** *Sin.* pietra, sasso **2.** acciottolare, acciottolio.

ciottolóso [da *ciottolo*; 1865] ***agg.*** pieno di ciottoli.

cip[1] [voce onom.; 1932] **I** voce onomatopeica, perlopiù raddoppiata, che riproduce il verso del passero e in gen. di altri piccoli uccelli **II** ***sm.*** suono prodotto da piccoli uccelli che cinguettano: *dall'albero nel giardino proveniva un cip cip distinto e allegro.*

cip[2] [dall'ingl. *chip*, frammento; 1931] ***sm. inv.*** *T.gioc.* nel poker, puntata minima stabilita per l'apertura || il gettone che rappresenta la puntata.

Ciperàcee [dal lat. *cypēros*, gr. *kýpeiros*; 1865] ***sf. pl.*** *T.bot.* famiglia di piante erbacee con fiori a spiga e fusto a sezione triangolare; vivono spec. nei luoghi umidi e paludosi: *il papiro è una ciperacea.*

cipìglio (pl. *-gli*) [etim. inc.; a. 1600] ***sm.*** increspamento della fronte con corrugamento delle ciglia che manifesta irritazione, sdegno, severità, fierezza e sim. || *per estens.* espressione severa o sdegnosa: *guardare con cipiglio, fare cipiglio.*

cipigliόso [da *cipiglio*; sec. XIV] ***agg.*** *non com.* accigliato.

cipólla [lat. tardo *cepulla*; a. 1306 *cepolla*] ***sf.*** **1.** pianta erbacea delle Liliacee con foglie cilindriche, fiori biancastri a ombrella e bulbo commestibile formato da tuniche esterne sottili e coriacee e tuniche interne spesse e carnose di colore bianco o violaceo || *per estens.* il bulbo commestibile di tale pianta che si mangia sia crudo che cotto o si adopera per insaporire condimenti, arrosti ecc.: *una frittata, un'insalata di cipolle, battuto, soffritto di cipolle* || *fig.* *mangiare pane e cipolle*, poco e male || *fig.* *strofinarsi gli occhi con le cipolle*, fingere un dolore non sincero || *fig.* *sottile come un velo di cipolla*, sottilissimo **2.** *per estens.* il bulbo di varie specie di piante: *la cipolla del tulipano, del giglio* **3.** oggetto di forma tondeggiante simile alla cipolla: *la cipolla dell'annaffiatoio*, la parte terminale dell'annaffiatoio da cui esce l'acqua; *la cipolla del lume a petrolio*, la parte in cui si mette il combustibile || *scherz.* orologio da tasca vecchio o di grosse dimensioni **4.** *tosc.* il ventriglio del pollo e di altri uccelli || *dim.* cipollìna, cipollétta; *accr.* cipollóne (*sm.*).

cipollàccio (pl. *-ci*) [da *cipolla*; 1865] ***sm.*** pianta erbacea delle Liliacee con infiorescenza a grappolo e bulbi ovoidali, commestibili cotti.

cipollàio (pl. *-ài*) [da *cipolla*; 1865] ***sm.*** **1.** luogo coltivato a cipolle **2.** (f. *-a*) venditore di cipolle.

cipollàta [da *cipolla*; a. 1492] ***sf.*** **1.** pietanza a base di cipolle **2.** *fig.* lavoro mal fatto; stupidaggine.

cipollàto [da *cipolla*; 1550] ***agg.*** **1.** di legno, cipolloso **2.** che ha una struttura a foglie concentriche simile a quella della cipolla.

cipollatùra [da *cipolla*; 1870] ***sf.*** difetto del legname caratterizzato dal distacco di due anelli annuali consecutivi.

cipollìna (*dim.* di *cipolla*) [1830 nel senso 2] ***sf.*** **1.** piccola cipolla; in part., al pl., quelle conservate sotto aceto **2.** erba perenne delle Gigliacee, che cresce spontanea su rupi e prati umidi o viene coltivata per le foglie che possono servire di condimento; è detta anche *erba cipollina.*

cipollìno [da *cipolla*; 1550] **I** ***sm.*** marmo pregiato a fondo chiaro con sottili venature di colore scuro **II** ***agg.*** **1.** detto di qualità di marmo **2.** *erba cipollina* v. CIPOLLINA.

cipollóso [da *cipolla*; 1803] ***agg.*** detto di legno che presenta cipollatura || **N.** *Sin.* cipollato.

cìppo [dal lat. *cippus*; a. 1580] ***sm.*** tronco di colonna o pilastro, gen. con un'iscrizione, eretto per commemorare qualcosa o qualcuno: *cippo funerario* || *cippo terminale*, pietra usata un tempo per delimitare confini pubblici o privati || **N.** erma, stele.

ciprèa [dal lat. scient. *Cypraea*, di Cipro, con rif. a Venere; 1820] ***sf.*** mollusco dei Gasteropodi con conchiglia ovale dai colori vivaci || **N.** *Sin.* porcellana.

cipressàia [da *cipresso*; 1921] ***sf.*** *non com.* cipresseto.

cipresséto [da *cipresso*; a. 1912] ***sm.*** terreno piantato a cipressi; luogo in cui vi sono molti cipressi.

cipressìna [da *cipresso*; 1865] ***sf.*** albero delle Tamaricacee dalle foglie carnose e squamiformi || nel linguaggio dei giardinieri, pianta erbacea delle Chenopodiacee, dalla forma simile a quella di un piccolo cipresso.

ciprèsso [lat. *cyparissus*, gr. *kypárissos*; 1353] ***sm.*** **1.** albero delle Cipressacee con foglie sempreverdi a squame di colore scuro, rami eretti e chioma di forma piramidale; viene coltivato come albero ornamentale nei parchi e in part. nei cimiteri **2.** il legno di tale pianta.

cìpria [letter. dell'isola di Cipro, l'isola di Venere; fine sec. XV *polvere di Cipri*] ***sf.*** polvere finissima a base di riso, di talco o di amido con pigmenti coloranti, usata in cosmetica femminile per il trucco del collo e del viso: *darsi la cipria sul naso* || polvere bianca con cui nel XVIII secolo venivano cosparse le parrucche.

cipride [dal lat. *cypris, -idis*, gr. *kýpris, -idos*, attributo di Venere; a. 1907] ***sf.*** e ***agg.*** appellativo della dea Venere, alla quale a Cipro era dedicato un santuario.

ciprièra [da *cipria*; 1963] ***sf.*** scatola per contenere la cipria.

ciprigno [da *Cipro*; 1321] ***agg.*** *lett.* di Cipro, spec. detto della dea Venere: *la bella Ciprigna* (Dante).

Ciprìnidi (sing. *-e*) [da *ciprino*; 1931] ***sm. pl.*** *T.zool.* famiglia di pesci teleostei d'acqua dolce dei Cipriniformi, tra i quali la tinca, la carpa e il pesce rosso.

Ciprinifórmi (sing. *-e*) [comp. di *ciprino* e *-forme*; 1965] ***sm. pl.*** *T.zool.* ordine di pesci teleostei d'acqua dolce.

ciprino [dal lat. *cyprinus*, gr. *kyprînos*; a. 1498] ***sm.*** nome generico di pesci dei Ciprinidi || *ciprino dorato*, pesce rosso.

cìprio (pl. *-pri*) [dal lat. *cyprius*; a. 1675] ***agg.*** *lett.* dell'isola di Cipro, cipriota: *la cipria dea*, Venere.

ciprιòta [dal n. geogr. *Cipro*; 1860] **I** ***agg.*** di Cipro: *dialetto cipriota* **II** ***s.*** abitante, nativo di Cipro.

cipripèdio (pl. *-di*) [comp. del lat. *Cypria*, Venere, e *pēs, pedis*, piede; 1865] ***sm.*** *T.bot.* pianta erbacea delle Orchidacee il cui fiore presenta un petalo a forma di scarpetta || **N.** *Sin.* pianella della Madonna, scarpetta di Venere.

ciràșa v. CERASA.

ciràșo v. CERASO.

cìrca [dal lat. *circa*; 1321] **I** ***prep.*** **1.** a proposito di, relativamente a: *non sono informato circa le sue intenzioni*; talvolta con lo stesso senso è seguita dalla prep. *a*: *circa alla tua richiesta, ne riparleremo* **2.** *ant.* intorno a **II** ***avv.*** **1.** approssimativamente, su per giù, in quantità non esattamente precisata: *c'erano circa duemila persone, il rifugio è a circa tre ore di cammino da qui*; con lo stesso senso anche nelle loc. avv. *in circa* o *incirca, all'incirca* **2.** *clausola circa*, clausola con cui nelle transazioni commerciali vengono stabiliti limiti di tolleranza per la variazione di quantità o di prezzo della merce trattata; anche *sm.* || **N. I 1.** *Sin.* per quanto riguarda **II 1.** quasi.

circadiàno [dall'ingl. *circadian*, comp. del lat. *circa*, intorno e lat. *dies*, giorno; 1979] ***agg.*** *T.biol.* detto di fenomeno che si ripete ciclicamente ogni ventiquattro ore circa: *il ritmo sonno-veglia di ventiquattro ore è un ritmo circadiano.*

circaràma ® [n. brevettato; 1974] ***sm.*** sistema di cinematografia che si basa sulla proiezione su schermo panoramico circolare di più immagini emesse da diversi proiettori sincronizzati.

circàssa [da *circasso*; 1865] ***sf.*** stoffa spinata di lana o cotone, un tempo usata per vestiti femminili.

circàsso [dall'etnico *Cerkes*, della Circassia; 1532] **I** ***agg.*** relativo alla popolazione dei Circassi, originaria del Caucaso occidentale **II** ***sm.*** **1.** (f. *-a*) chi ha origini circasse **2.** (solo *sing.*) lingua della famiglia caucasica parlata dai Circassi.

cìrce [lat. *Circe*, maga della mitologia greca; a. 1828] ***sf.*** *lett.* seduttrice, lusingatrice.

circènse [dal lat. *circensis*; a. 1580] **I** ***agg.*** che si riferisce al circo nell'antica Roma: *ludi circensi* || *per estens.* relativo, appartenente al circo equestre **II** ***sm.*** *pl.* nell'antica Roma, spettacoli pubblici organizzati nel circo.

cìrco (pl. *-chi*) [dal lat. *circus*; a. 1519] ***sm.*** **1.** nell'antica Roma, edificio a pianta allungata con uno dei lati brevi circolare e l'altro rettilineo, costituito da spalti per gli spettatori e da un'arena centrale in cui si effettuavano corse coi carri, combattimenti di gladiatori e altri spettacoli **2.** *circo equestre*, costruzione gen. smontabile e trasportabile costituita da un tendone che ricopre gradinate e arena e in cui si rappresentano spettacoli di animali ammaestrati, acrobati, pagliacci, giocolieri e sim.: *è arrivato il circo, andare al circo* || *per estens.* la compagnia itinerante, e più raramente fissa, che dà tali spettacoli: *quell'acrobata fa parte del circo di Pechino, il circo di Mosca è in tournée* **3.** *T.geogr. circo glaciale*, anfiteatro naturale dovuto all'azione dei ghiacciai; a fondo ampio con pareti scoscese, può trovarsi all'origine di una valle glaciale o sulle pendici di un monte || *circo di raccolta*, parte superiore di un ghiacciaio in cui si raccolgono le precipitazioni nevose che successivamente si trasformano in ghiaccio **4.** *T.astr. circo lunare*, crateri di origine non vulcanica che si osservano sulla superficie lunare || **N. 1.** agone, anfiteatro, arena; stadio. **Q.T.** *geologia.*

circolànte (*ppr.* di *circolare*) [a. 1698] **I** ***agg.*** che circola, nei vari sensi del verbo || *biblioteca circolante*, che presta i libri ai propri abbonati || *capitale circolante*, quello che un'impresa investe in un singolo atto produttivo || *denaro circolante*, quello messo in circolazione da un istituto di emissione **II** ***sm.*** il complesso dei mezzi di pagamento che circolano in un paese in un dato momento.

circolàre¹ (pres. *cìrcolo*) [dal lat. tardo *circulāre*; 1321] ***intr.*** (aus. *avere*) **1.** andare in giro: *circolavamo pigramente per il paese*; muoversi, passare: *c'era un tale traffico che era impossibile circolare per il centro* || *circolare!*, invito a disperdersi rivolto dai tutori dell'ordine alla gente in caso di assembramenti o ingorghi automobilistici **2.** di fluidi, scorrere, spec. entro un ambiente o sistema chiuso: *il sangue circola nelle vene, in questa stanza non circola un filo d'aria* **3.** *per estens.* passare da una mano all'altra: *fate circolare le fotocopie, il denaro circola* || *per estens. fig.* diffondersi: *le notizie circolano* || **N. 1.** *Sin.* girare, spostarsi | *Contr.* fermarsi, sostare **2.** *Sin.* fluire, scorrere | *Contr.* arrestarsi **3.** *Sin.* passare; propagarsi.

circolàre² [dal lat. tardo *circulāris*; 1282 *circulare*] **I** ***agg.*** **1.** che ha le proprietà del cerchio, o è a esso attinente: *moto circolare*, il moto di un corpo la cui traiettoria disegni una circonferenza || *funzione circolare*, funzione trigonometrica definita a partire dal cerchio **2.** che ha la forma del cerchio: *sega circolare*, sega la cui lama ha la forma di un disco dentato che taglia ruotando ad alta velocità || *viaggio circolare*, in cui si ritorna al punto di partenza || *fig. ragionamento circolare*, argomentazione che presuppone la tesi che deve essere dimostrata; *definizione circolare*, in cui l'espressione che definisce contiene implicitamente quella definita **3.** titolo di credito atto alla circolazione: *assegno circolare* || *lettera circolare*, in un'amministrazione o in un'associazione, lettera mandata nella stessa forma a più persone per trasmettere informazioni, ordini di servizio, emanare disposizioni e sim. || **circolarménte** ***avv.*** **II** ***sf.*** **1.** lettera circolare **2.** linea tranviaria che segue un percorso circolare e in cui il capolinea coincide con il punto di partenza || *per estens.* vettura che presta servizio su tale percorso || **N. I 2.** *Sin.* rotondo **II 1.** *Sin.* avviso, comunicazione.

circolàta [da *circolo*; 1956] ***sf.*** *T.sport.* nella scherma, esecuzione di una finta seguita da una cavazione, in modo da eludere una parata di contro dell'avversario || **N.** *Sin.* circolazione, controcavazione.

circolatòrio (pl. *-ri*) [dal lat. *circulatōrius*; a. 1730] ***agg.*** relativo alla circolazione, part. alla circolazione sanguigna: *apparato circolatorio*, il sistema di vasi in cui circolano la linfa e il sangue. **Q.T.** *anatomia* **TAV.** ***anatomia*** **p. 642** 8.

circolazióne [dal lat. tardo *circulātio, -ōnis*; 1308 *circulazione*] ***sf.*** **1.** il circolare: *circolazione stradale*, il movimento di veicoli e pedoni per le strade; *libretto di circolazione*, documento rilasciato dall'ispettorato alla motorizzazione, contenente i dati di immatricolazione e identificazione del veicolo; *tassa di circolazione*, tassa sui veicoli proporzionale ai cavalli fiscali; *circolazione aerea*, il movimento di velivoli; *T.meteor. circolazione atmosferica*, movimento di masse d'aria causato da variazioni della pressione e della temperatura **2.** movimento di valuta e beni che avviene per effetto delle attività di scambio || *mettere in circolazione, togliere dalla circolazione*, rif. a moneta, dare, togliere corso legale **3.** diffusione: *mettere in circolazione notizie diffamanti* || *togliere qualcuno dalla circolazione*, farlo sparire; ucciderlo **4.** *T.anat.* flusso di liquidi interni (sangue, linfa) che assicura il nutrimento dei tessuti organici **5.** *T.sport.* nella scherma, circolata. **Q.T.** *anatomia, economia...* **TAV.** ***anatomia*** **p. 642** 8.

circollocuzióne ***sf.*** *ant.* V. CIRCONLOCUZIONE.

cìrcolo [dal lat. *circulus*; 1308 *circulo*] ***sm.*** **1.** *T.geom.* cerchio; circonferenza **2.** *T.geogr.* ciascuna delle circonferenze idealmente tracciate sulla superficie terrestre e celeste per determinare la posizione di un punto: *circolo polare*, circonferenza che delimita la calotta polare e cioè l'area in cui per un certo periodo dell'anno il Sole resta 24 ore sopra la linea di orizzonte; *circolo equinoziale*, l'equatore **3.** *T.biol. non com.* la circolazione sanguigna **4.** associazione di persone che si riuniscono per particolari scopi o interessi: *circolo tennistico, culturale, ricreativo* || *per estens.* gruppo di persone appartenenti a uno stesso ambiente o condizione che si riuniscono per conversare, dibattere opinioni e sim.: *circolo politico, militare*; *pl.* ambiente influente: *nei circoli della finanza c'era preoccupazione per l'instabilità politica* || *concr.* luogo in cui ci si riunisce: *vediamoci al circolo del golf* || trattenimento, ricevimento, spec. in case nobili: *la contessa tiene circolo il giovedì* **5.** *fig. T.log. circolo vizioso*, argomentazione o definizione circolare **6.** *T.ret.* figura consistente nel terminare un periodo con la stessa espressione con la quale era iniziato **7.** ufficio circoscrizionale || *circolo didattico*, nell'ordinamento della scuola materna ed elementare, circoscrizione che dipende da una direzione didattica **8.** *T.arald.* ciascuno degli anelli concentrici posti al centro dello scudo || **N. 2.** equatore, paralleli, tropico del cancro, tropico del capricorno **4.** *Sin.* associazione, club; salotto. **Q.T.** *geografia* **TAV.** *geografia* 1.2.

circom- o **circon-** V. CIRCUM-.

circoncèntro [comp. del lat. *circum*, intorno e *centro*; 1937] ***sm.*** *T.geom.* in un triangolo, centro del cerchio a esso circoscritto.

circoncìdere (pres. *-ìdo*) [dal lat. *circumcīdere*; a. 1292] ***tr.*** praticare la circoncisione || *ant.* tagliare tutt'intorno.

circoncisióne [dal lat. *circumcīsio, -ōnis*; 1308] ***sf.*** escissione totale o parziale del prepuzio praticata come intervento chirurgico nella cura della fimosi o a scopo rituale, part. presso Ebrei e Arabi || *festa della Circoncisione*, commemorazione della circoncisione di Cristo celebrata il 1° gennaio.

circonciso [da *circoncidere*; sec. XIV] **I** ***agg.*** che ha subito la circoncisione **II** ***sm.*** chi ha subito la circoncisione; *pl. per anton.* gli Ebrei.

circondàbile [da *circondare*; 1865] ***agg.*** che si può circondare.

circondaménto [da *circondare*; a. 1566] ***sm.*** *lett.* atto ed effetto del circondare.

circondàre (pres. *-óndo*) [lat. *circumdāre*; 1313] ***tr.*** **1.** chiudere intorno, cingere: *una siepe circondava il giardino* **2.** di persone, cingere da ogni parte escludendo vie di fuga: *i nemici circondavano l'accampamento* || *fig. circondare di attenzioni*, mostrarsi premurosi || ***rifl.*** tenere abitualmente presso di sé: *si era circondato di mascalzoni* || **N. 1.** assiepare, avvolgere, cerchiare, conchiudere, contornare **2.** accerchiare, serrare, stringere.

circondàrio (pl. *-ri*) [da *circondare*; 1772] ***sm.*** **1.** circoscrizione amministrativa; *in part.* circoscrizione giudiziaria di un tribunale **2.** territorio circostante un luogo: *il circondario di Genova* **3.** ripartizione amministrativa delle aree costiere || **N. 1.** distretto **2.** *Sin.* vicinanze.

circondùrre (pres. *-ùco* ecc., come CONDURRE) [lat. *circumdūcere*; a. 1544] ***tr.*** **1.** *lett.* girare intorno || *fig.* raggirare, imbrogliare **2.** nella ginnastica, effettuare una circonduzione.

circonduzióne [da *circondurre*; 1560] ***sf.*** nella ginnastica, movimento rotatorio di una parte del corpo attorno alla propria articolazione: *circonduzione delle braccia.*

circonferènza [dal lat. tardo *circumferentia*; a. 1321] ***sf.*** **1.** *T.geom.* luogo dei punti sul piano equidistanti da un punto fisso centrale **2.** *com.* contorno, perimetro esterno di un corpo circolare o quasi circolare: *la circonferenza di una colonna, di un tronco* || *T.sart.* misure prese all'altezza dei fianchi e del petto || *T.geogr. circonferenza terrestre*, l'equatore **3.** linea che delimita un luogo o una superficie anche non circolare: *una circonferenza di mura* || **N. 1.** cerchio, circolo **3.** *Sin.* perimetro. **TAV.** *geometria* 4.1.

circonflessióne [dal lat. tardo *circumflexio,*

-ōnis, deviazione; a. 1375] **sm.** piegatura ad arco.

circonflèsso [da *circonflettere*; a. 1375] **agg.** **1.** piegato ad arco **2.** *accento circonflesso*, segno grafico che in greco antico viene scritto con il segno ˜ e indica il tono ascendente e subito dopo discendente di una vocale lunga o di un dittongo; nelle lingue moderne viene scritto con il segno ˆ e indica il grado di lunghezza o di apertura vocalica; in italiano praticamente non è più in uso e quando compare indica vocale lunga, part. in fine di parola **3.** *T.anat. arteria circonflessa cardiaca*, ramo della coronaria sinistra che irrora le pareti dell'atrio e del ventricolo sinistro; *arteria circonflessa iliaca*, che irrora i muscoli addominali e quello iliaco.

circonflèttere (pres. *-ètto* ecc., come FLETTERE) [dal lat. *circumflectere*, descrivere intorno; a. 1543] **tr.** **1.** piegare ad arco **2.** segnare con l'accento circonflesso.

circonfluire (pres. *-isco* ecc., come FLUIRE) [dal lat. *circumfluere*; a. 1907] **tr.** *lett.* detto di acqua, scorrere intorno circondando.

circonfóndere (pres. *-fóndo* ecc., come FONDERE) [dal lat. *circumfundere*; a. 1342] **tr.** *lett.* circondare, avvolgere tutt'intorno: *e d'aere azzurro e d'or lo circonfuse* (Carducci); irradiare: *nel sole che mare e terra e cielo sfolgorante circonfondeva* (Carducci).

circonlocuzióne [dal lat. *circumlocūtio, -ōnis*; a. 1396] **sf.** giro di parole cui si ricorre quando non si vuole o non si sa usare l'espressione propria || **N.** *Sin.* perifrasi.

circonvallàre [dal lat. *circumvallāre*; 1723] **tr.** *ant.* circondare un luogo di fortificazioni difensive.

circonvallazióne [dal lat. tardo *circumvallātio, -ōnis*; a. 1647] **sf.** **1.** strada di scorrimento costruita attorno a un centro abitato **2.** *linea di circonvallazione*, linea autotranviaria che copre un percorso periferico **3.** nell'antica Roma, linea di fortificazione campale continua che gli assedianti costruivano intorno alla città assediata || **N.** **1.** *Sin.* tangenziale.

circonvenìre (pres. *-èngo* ecc., come VENIRE) [dal lat. *circumvenīre*, venire intorno; sec. XIV] **tr.** *non com.* raggirare || **N.** *Sin.* abbindolare, imbrogliare.

circonvenzióne [dal lat. tardo *circumventio, -ōnis*; a. 1348] **sf.** il trarre in inganno qualcuno con lusinghe e raggiri || *T.giur. circonvenzione d'incapace*, reato commesso da chi per proprio profitto induce una persona non in grado di intendere e di volere, per inesperienza o infermità, a compiere un atto giuridico dannoso o contrario alla legge || **N.** frode, imbroglio, inganno, raggiro.

circonvicino [comp. del lat. *circum*, intorno e di *vicino*; 1308 *circavicino*] **agg.** di luoghi o persone che si trovino in prossimità di una località || **N.** *Sin.* circostante, limitrofo, vicino.

circonvoluzióne [comp. del lat. *circum*, intorno e un der. di *volvere*, volgere; a. 1375] **sf.** *non com.* avvolgimento intorno a qualcosa || *T.anat. circonvoluzioni cerebrali*, pieghe che caratterizzano la superficie dei lobi cerebrali; *circonvoluzioni intestinali*, anse intestinali.

circoscrittìbile [da *circoscrivere*; 1639] **agg.** che si può circoscrivere.

circoscrìvere (pres. *-ìvo* ecc., come SCRIVERE) [lat. *circumscrībere*; 1319 *circunscrivere*] **tr.** **1.** segnare il limite di qualcosa; *in part. T.geom.* tracciare una circonferenza che passi per tutti i vertici di un poligono dato: *circoscrivere una circonferenza a un pentagono* **2.** limitare: *circoscrivere un incendio*; *fig. circoscrivere un problema*, fissarne con precisione i limiti || **N.** **1.** inscrivere **2.** contenere, racchiudere, restringere; delimitare, inquadrare.

circoscrizionàle [da *circoscrizione*; 1970] **agg.** relativo a una circoscrizione: *organo circoscrizionale, elezioni circoscrizionali.*

circoscrizióne [dal lat. *circumscriptio, -ōnis*; sec. XIV *circumscrizione*] **sf.** **1.** *non com.* atto ed effetto del circoscrivere **2.** suddivisione territoriale per scopi amministrativi o giurisdizionali: *circoscrizione giudiziaria, elettorale* || *circoscrizione comunale*, organo decentrato di governo locale; *per estens.* gli uffici di tale amministrazione e l'edificio in cui hanno sede || **N.** **2.** circondario, distretto, provincia; territorio. **Q.T.** *diritto.*

circospètto [dal lat. *circumspectus*, pps. di *circumspicere*, guardare intorno; a. 1342] **agg.** che agisce in modo accorto e prudente: *un comportamento circospetto* || **N.** *Sin.* attento, cauto, guardingo | *Contr.* imprudente, incauto, spensierato.

circospezióne [dal lat. *circumspectio, -ōnis*; 1300 ca.] **sf.** l'agire con cautela e prudenza || **N.** *Sin.* oculatezza, ponderatezza | *Contr.* avventatezza, sconsideratezza.

circostànte [dal lat. *circumstans, -antis*; 1321 *circunstante*] **I agg.** che sta intorno, vicino **II sm.** *pl. non com.* le persone che stanno intorno || **N.** I *Sin.* circonvicino, confinante, vicino.

circostànza [dal lat. *circumstantia*; 1306 *circonstanzia*] **sf.** **1.** condizione che accompagna un fatto e contribuisce a determinarne la natura: *ho ritardato per circostanze impreviste* || *T.giur. circostanze attenuanti, aggravanti*, fattori connessi con il compimento di un reato che alleviano o aggravano la pena prevista **2.** occasione, occorrenza: *circostanze favorevoli, sfavorevoli* || condizione, stato: *mi trovo in circostanze difficili* **3.** *pl. ant.* luoghi vicini || **N.** **1.** *Sin.* accidente, caso, condizione, congiuntura, contingenza. **Q.T.** *diritto.*

circostanziàle [da *circostanza*; 1951] **agg.** che si riferisce alle circostanze || *T.gram. complementi circostanziali*, di tempo, luogo, modo.

circostanziàre (pres. *-ànzio*) [prob. dal fr. *circonstancier*; 1745] **tr.** riferire, descrivere con precisione tutti i particolari relativi a un evento: *circostanziare un'accusa.*

circostanziàto (*pps.* di *circostanziare*) [a. 1729] **agg.** preciso, ricco di particolari: *una descrizione circostanziata* || **circostanziataménte** **avv.**

circuìre (pres. *-ìsco, -ìsci*) [dal lat. *circuīre*; 1321] **tr.** **1.** trarre in inganno qualcuno inducendolo con le lusinghe ad agire contro i propri interessi **2.** *lett.* girare intorno a un luogo || circondare, chiudere tutto intorno || **N.** **1.** *Sin.* circonvenire, ingannare, raggirare **2.** aggirare.

circùito [dal lat. *circuitus*; a. 1332] **sm.** **1.** circonferenza, linea che circoscrive un'area determinata **2.** strada, percorso in cui il punto di partenza e quello di arrivo coincidono; *in part.* pista in cui si svolgono competizioni motoristiche, ciclistiche e sim.: *il circuito di Monza* || *circuito di prova*, tracciato usato per effettuare collaudi || *circuito aeroportuale*, percorso obbligato che i velivoli devono seguire sia nei loro movimenti a terra che quando decollano o atterrano **3.** *T.geom.* curva chiusa continua priva di punti multipli **4.** *T.elettr.* sistema di conduttori e collegamenti predisposto per l'attraversamento di corrente lungo una linea chiusa: *chiudere un circuito*, far passare la corrente || *circuito aperto*, in cui la continuità di passaggio della corrente è sospesa mediante ad es. un interruttore || *corto circuito*, contatto accidentale tra punti a potenziale differente con conseguente scarica di corrente di elevata intensità || *circuito magnetico*, regione di spazio in cui si svolgono le linee di un campo magnetico || *circuito stampato*, in cui componenti e collegamenti sono stampati direttamente su un pannello di materiale isolante || *circuito integrato*, in cui gli elementi sono costruiti direttamente su un unico supporto di materiale semiconduttore in modo da avere un'alta densità di componenti in dimensioni assai ridotte || *circuito logico*, dispositivo (gen. un circuito integrato) che attiva una funzione logica (gen. binaria) elementare e che costituisce un elemento costitutivo di macchine complesse come ad es. gli elaboratori elettronici || *impianto televisivo a circuito chiuso*, in cui le immagini vengono trasmesse via cavo || *T.ott.* dispositivo che consente una propagazione guidata di luce, gen. per trasmettere informazioni: *circuito a fibre ottiche* **5.** *T.econ.* la circolazione di merci e capitali: *circuito di distribuzione, monetario* **6.** *circuito cinematografico*, insieme di sale di proiezione gestite da un medesimo proprietario o legate a una stessa società di distribuzione **7.** *T.geogr. circuiti oceanici*, direttrici costanti lungo le quali avvengono gli spostamenti di masse d'acqua in un oceano per effetto di correnti aeree costanti **8.** *fig.* oscuro giro di parole, discorso complicato || **N.** **1.** *Sin.* confine, perimetro **2.** *Sin.* percorso, tracciato **5.** e **6.** rete. **Q.T.** *elettricità, informatica.*

circuizióne [da *circuire*; sec. XIV] **sf.** *raro* il circuire.

circum- o **circom-** o **circon-** [dal lat. *circum*, intorno] **pref.** che, in parole dotte, vale "intorno" (per es. *circumnavigare, circumpadano, circumvesuviano*).

circumnavigàre [dal lat. tardo *circumnavigāre*; 1857] **tr.** fare il periplo, navigare intorno a un'isola, un continente o anche intorno al globo: *circumnavigare il Madagascar.*

circumnavigazióne [dal fr. *circumnavigation*; 1857] **sf.** viaggio per mare compiuto intorno a un'isola, un continente o intorno al globo || **N.** *Sin.* periplo. **Q.T.** *nautica...*

circumpadàno [dal lat. *circumpadānus*; sec. XIV] **agg.** relativo alle popolazioni e ai territori attraversati dal Po.

circumpolàre [dal fr. *circonpolaire*; 1771 *circompolare*] **agg.** che sta attorno al polo: *regioni circumpolari* || *T.astr.* di corpi celesti che, in un dato luogo, restano sempre al di sopra dell'orizzonte.

circumveṣuviàno [comp. di *circum-* e *vesuviano*, dal n. geogr. *Vesuvio*; 1951] **agg.** che gira, che sta attorno al Vesuvio: *ferrovia circumvesuviana.*

circumẓenitàle [comp. di *circum-* e *zenitale*; 1956] **agg.** *T.geogr.* che è molto vicino, che passa molto vicino allo zenit: *stella circumzenitale.*

ciré (fr., pr. [si're]) [propr. cerato; 1965] **sm.** *inv.* tessuto ricoperto di uno strato di appretto o di una speciale vernice che lo rende liscio e lucente; anche *agg.*: *tessuto ciré.*

cirenàico (pl. *-ci*) [dal lat. *Cyrenaicus*, gr. *Kyrēnaikós*; 1563] **I agg.** di Cirene o della Cirenaica, regione della Libia settentrionale || *scuola cirenaica*, scuola filosofica socratica di orientamento edonistico || *metro cirenaico*, nella metrica classica, verso con schema ⏑ ⏑ – ⏑ ⏑ – ⏑ – ⏑ – **II sm.** **1.** (f. *-a*) nativo, abitante di Cirene o della Cirenaica **2.** filosofo appartenente alla scuola cirenaica.

cirenaiṣmo [da *cirenaico*; 1970] **sm.** scuola filosofica socratica caratterizzata da principi edonistici, fondata nel IV sec. a.C. da Aristippo di Cirene.

cirenèo [dal lat. *Cyrenaeus*, gr. *Kyrēnâios*; 1824] **sm.** (f. *-a*) **1.** abitante di Cirene || *per anton.* quello che portò la croce di Cristo al Calvario **2.** *fig.* chi assume su di sé un'incombenza gravosa che spetterebbe ad altri.

cirìllico (pl. *-ci*) [dal n. di san *Cirillo* che usò questi caratteri nella traduzione della Bibbia; 1892] **agg.** *alfabeto cirillico*, proprio di alcune lingue slave (russo, ucraino, serbo, bulgaro), derivato dal sistema di scrittura greco-bizantino. **TAV.** ***alfabeti*** 3.

cirimbràccola v. CIMBRACCOLA.

ciriòla [da *cero*, per la forma e il colore giallastro; a. 1449] ***sf.*** *dial.* **1.** giovane anguilla ‖ *fig.* chi viene meno alla parola data, traditore **2.** panino di forma bislunga, filoncino.

ciripà [dal n. di una tribù di indios del Brasile che si coprono con un perizoma simile; 1970] ***sm.*** *inv.* panno morbido e assorbente con cui si fasciano i fianchi del neonato.

cirìparo [comp. del lat. *cira*, cera e *-paro*; 1956] ***agg.*** che secerne una sostanza simile alla cera: *ghiandola ciripara.*

cirmolo variante sett. di CEMBRO (v.).

cirnèco (pl. *-chi*) [etim. inc.; 1942] ***sm.*** cane da caccia siciliano di piccole dimensioni, con orecchie lunghe e dritte, pelo di colore giallo-rossiccio.

cirò [dal n. geogr. *Cirò*, paese in provincia di Catanzaro, dove viene prodotto; 1931] ***sm.*** *inv.* vino rosso ad alta gradazione alcolica, dal gusto delicatamente abboccato.

Cirrìpedi (sing. *-e*) [comp. di *cirro* e del lat. *pes, pedis*, piede; 1951] ***sm. pl.*** *T.zool.* sottoclasse di Crostacei marini ermafroditi, gen. dotati di mantello che ricopre tutto il corpo, privi di occhi, con appendici a forma di cirri che adempiono alla funzione alimentare e a quella respiratoria.

cirro [dal lat. *cirrus*; 1321] ***sm.*** **1.** nube di alta quota che presenta una forma filamentosa, arricciata; di aspetto fibroso, trasparente, spesso precede un fronte ciclonico **2.** *T.bot.* organo di attacco e sostegno delle piante rampicanti; viticcio **3.** nome di organi con diversa forma e funzione presenti nei Ciliati (di forma appuntita, svolgono funzione di organi di movimento), negli Anellidi (a forma di tentacoli, svolgono funzione di organi tattili o sono trasformati in branchie arborescenti) e nei Cirripedi (trasformazione delle zampe toraciche che con movimenti ritmici assicurano un flusso d'acqua necessario per la respirazione e il nutrimento) **4.** *lett.* ricciolo, ciocca di capelli riccioluti: *Quinzio, che dal cirro negletto fu nomato* (Dante). **TAV.** ***enologia*** 2.5; ***fiori... p.*** **671** 4.14; ***meteorologia*** **p. 1321** 2.1.

cirrocùmulo [comp. di *cirro* e *cumulo*; 1892] ***sm.*** nube d'alta quota di aspetto globulare, che si presenta in formazioni disposte a gruppi o in linee parallele ‖ **N.** cielo a pecorelle. **TAV.** ***meteorologia*** **p. 1321** 2.3.

cirròṣi [dal fr. *cirrhose*; 1828] ***sf.*** *T.med.* malattia del fegato caratterizzata da degenerazione delle cellule epatiche, ipertrofia e indurimento dei tessuti connettivali e in gen. atrofia dell'organo ‖ *per estens.* degenerazione, sclerosi di un organo.

cirróso [da *cirro*; 1820 nel senso 2] ***agg.*** **1.** detto di cielo coperto da cirri **2.** *T.bot.* detto di foglia o picciolo con le caratteristiche di un cirro.

cirrostràto [comp. di *cirro* e *strato*; 1892] ***sm.*** nube d'alta quota che dà luogo a estese velature di aspetto lattiginoso. **TAV.** ***meteorologia*** **p. 1321** 2.2.

cirròtico (pl. *-ci*) [da *cirrosi*; 1964] ***agg.*** e ***sm.*** (f. *-a*) *T.med.* che, chi è malato di cirrosi.

cis (lat., pr. it. [tʃis]) [letter. al di qua] ***prep.*** usata in chimica con funzione attributiva per designare l'isomero geometrico dei composti organici olefinici, nel quale due sostituenti uguali fissati sui due atomi di carbonio di un doppio legame etilenico si trovano dalla stessa parte rispetto al piano contenente il doppio legame stesso ‖ **N.** *Contr. trans.*

cis- [dal lat. *cis*, al di qua] ***pref.*** che, in parole dotte, vale "di qua da" (detto di posizione geografica o astronomica; per es. *cislunare, cismarino, cispadano*) ‖ **N.** *Contr.* trans-.

ciṣalpìno [dal lat. *cisalpīnus*; sec. XVII] ***agg.*** rispetto alla posizione di Roma, che è collocato al di qua delle Alpi: *Gallia cisalpina.*

ciscrànna [dal disus. (*ar*) *ciscranna*, comp. di *arca* e *scranna*; a. 1388] ***sf.*** *tosc.* **1.** sedia con braccioli ‖ sedia vecchia e sgangherata **2.** cassapanca su cui ci si poteva sedere da due lati **3.** *fig.* donna vecchia e sformata.

ciṣio (pl. *-ṣi*) [dal lat. *cisium*; a. 1675] ***sm.*** nell'antica Roma, calesse a due ruote.

ciṣlunàre [comp. di *cis-* e *lunare*; 1965] ***agg.*** *T.astr.* che è al di qua della Luna, rispetto alla Terra: *orbita cislunare* ‖ **N.** *Contr.* translunare.

ciṣmarìno [comp. di *cis-* e *mare*, con suff. aggettivale; 1925] ***agg.*** che è al di qua del mare.

ciṣmontàno [dal lat. *cismontānus*; 1865] ***agg.*** che è al di qua dei monti.

ciṣóia ***sf.*** *tosc.* v. CESOIA.

cìspa [etim. inc.; a. 1449] ***sf.*** secrezione delle ghiandole lacrimali che si rapprende agli angoli degli occhi.

cispadàno [comp. di *cis-* e *padano*; a. 1556] ***agg.*** rispetto alla posizione di Roma, che è al di qua del Po.

cispellìno [da *cispa*; 1881] ***agg.*** *tosc.* cisposo.

cispoṣità [da *cisposo*; 1612] ***sf.*** **1.** l'essere cisposo **2.** *concr.* cispa.

cispóso [da *cispa*; a. 1342] ***agg.*** pieno di cispa.

cissòide [dal gr. *kissoeidḗs*, simile all'edera; 1674] ***sf.*** *T.geom.* curva piana che si ottiene fissando su una circonferenza un punto O e la tangente T nel punto diametralmente opposto ad O e riportando su ogni retta passante per O un segmento di lunghezza uguale alla distanza tra la circonferenza e T.

cissus [lat. scient. *cissus*, dal gr. *kissós*, edera; 1899] ***sm.*** *T.bot.* genere di piante della famiglia Vitacee tipiche delle regioni tropicali e subtropicali; si tratta perlopiù di piante legnose rampicanti munite di viticci e, a differenza delle altre Vitacee, di fiori a quattro elementi.

cìsta[1] [dal lat. *cista*; 1698] ***sf.*** recipiente di forma cilindrica che nell'antichità veniva usato nei misteri dionisiaci per nascondere oggetti sacri dagli sguardi profani e nell'uso quotidiano per contenere oggetti di toeletta femminile ‖ *raro* cesta, canestro.

cìsta[2] [etim. inc.; 1905] ***sf.*** *T.gioc.* nel macao, il 10 o le figure che hanno valore nullo ‖ nel biliardo, qualsiasi punto che venga considerato nullo.

Cistàcee [comp. di *cisto* e *-acee*; 1931] ***sf. pl.*** *T.bot.* famiglia di piante erbacee dicotiledoni dalle foglie opposte e fiori a cinque petali in racemi.

cìste v. CISTI.

cistectomìa [comp. di *cisti* e *-ectomia*; 1937] ***sf.*** *T.chir.* asportazione chirurgica della vescica urinaria.

cistercènse o **cistercièṅse** [dal n. geogr. *Cistercium*, forma latinizzata di Citeaux, località della Borgogna ove fu fondato l'ordine; 1585] **I** ***agg.*** del, relativo all'ordine monastico fondato nel 1098 da Roberto di Molesme e poi diffuso da Bernardo di Chiaravalle **II** ***sm.*** monaco appartenente a tale ordine.

cistèrna [lat. *cisterna*; a. 1292 *citerna*] ***sf.*** **1.** vasca in muratura per raccogliere e conservare acqua piovana **2.** *per estens.* serbatoio per la conservazione di liquidi, part. benzina e gasolio **3.** *T.mar.* cassa metallica disposta nella stiva di un'imbarcazione per contenere l'acqua di zavorra **4.** veicolo, mezzo di trasporto appositamente attrezzato per trasportare liquidi: *la cisterna del gasolio, del latte* ‖ anche con funzione di apposizione: *auto cisterna, aereo cisterna, nave cisterna*; *vagone* o *carro cisterna*, vagone ferroviario per trasportare liquidi **5.** *T.anat.* formazione in cui confluiscono liquidi organici: *cisterna del Pequet*, cavità all'origine del dotto toracico. **TAV.** ***nave*** **p. 1326** 3.1.

cìsti o **cìste** [dal lat. tardo *cȳstis*, gr. *kýstis*, vescica; 1778 *cista*] ***sf.*** **1.** *T.med.* formazione patologica di forma tondeggiante, con pareti proprie, contenente materia solida, semisolida o liquida: *cisti sierosa, sebacea* ‖ *cisti parassitaria*, causata da parassiti che allo stadio larvale si annidano nei tessuti dell'uomo e di vari animali **2.** *T.zool.* membrana protettiva di cui si circondano taluni Protozoi per resistere a condizioni ambientali sfavorevoli.

cìsti- v. CISTO-.

cisticèrco (pl. *-chi*) [comp. di *cisti-* e del gr. *kérkos*, coda; 1820] ***sm.*** forma larvale di tenia che è parassita di vari animali e dell'uomo.

cisticercòṣi [da *cisticerco*; 1899] ***sf.*** *inv.* *T.med.* infestazione di cisticerchi in organi e tessuti umani e animali.

cìstico (pl. *-ci*) [da *cisti*; 1684] ***agg.*** **1.** relativo a una cisti: *tumore cistico* **2.** relativo alla cistifellea: *dotto cistico*, dotto biliare che collega la cistifellea al dotto epatico.

cistifèllea [comp. di *cisti-* e del lat. *felleus*, di fiele; 1474 *chisto del fiele*] ***sf.*** *T.anat.* organo cavo in cui si raccoglie la bile; ha forma di pera ed è aderente alla faccia inferiore del fegato. **TAV.** ***anatomia*** **p. 642** 13.12.

cistifèllico (pl. *-ci*) [da *cistifellea*; 1908] ***agg.*** **1.** relativo alla cistifellea **2.** *fig.* detto di persona, bilioso, astioso.

cistìna [da *cisti*; 1865] ***sf.*** *T.chim.* importante aminoacido che si trova in numerose sostanze proteiche, part. nelle cheratine.

cistìte [da *cisti*; 1820 *cistitide*] ***sf.*** *T.med.* infiammazione della vescica urinaria.

cìsto [dal lat. e gr. *kísthos*; a. 1498] ***sm.*** *T.bot.* genere di piante della famiglia Cistacee, dai fiori grandi rossi o bianchi, con frutti a capsula; dalle foglie di alcune varietà di cisto si ricava un balsamo resinoso, detto ladano.

cìsto- o **cìsti-** [dal gr. *kýstis*, vescica] ***primo elem.*** che, in parole composte della terminologia medica, vale "vescica" (per es. *cistografia, cistoscopia, cistoscopio, cistostomia*).

cistòforo [dal lat. *cistophorus*, gr. *kistophóros*; 1698] ***sm.*** **1.** presso i Greci e i Romani, portatore della cista con gli oggetti rituali dei sacrifici **2.** moneta d'argento circolante in Grecia e in Asia Minore nel II e I sec. a.C., con la cista di Bacco incisa sul dritto.

cistografìa [comp. di *cisto-* e *-grafia*; 1956] ***sf.*** *T.med.* tecnica radiologica di osservazione della vescica urinaria mediante l'introduzione di sostanze di contrasto ‖ *per estens.* la lastra radiografica così ottenuta.

Cistòidi (sing. *-e*) [dal lat. scient. *cystoidēa*; 1951] ***sm. pl.*** *T.zool.* classe di Echinodermi che vivevano sui fondali marini nel Paleozoico.

cistòma [da *cisti*; 1951] ***sm.*** *T.med.* tumore a forma di cisti.

cistoscopìa [comp. di *cisto-* e *-scopia*; 1899] ***sf.*** *T.med.* esame ottico della vescica mediante introduzione, attraverso l'uretra, del cistoscopio.

cistoscòpio (pl. *-pi*) [comp. di *cisto-* e *-scopio*; 1940] ***sm.*** *T.med.* strumento per l'esplorazione diretta della vescica urinaria, costituito da un catetere contenente prismi ottici e dotato di una sorgente luminosa all'estremità da introdurre nella vescica.

cistostomìa [comp. di *cisto-* e *-stomia*; 1830] ***sf.*** *T.chir.* operazione chirurgica consistente nel creare un'apertura nella vescica urinaria, spec. per eliminare i calcoli.

cistotomìa [dal fr. *cystotomie*; 1865] ***sf.*** *T.chir.* intervento chirurgico alla vescica.

cistróne [comp. di *cis-*, *tr(ans-)* e *-one*[2]; 1974] ***sm.*** *T.biol.* unità genetica funzionale che presiede alla formazione di determinate molecole proteiche; può corrispondere a un gene o a parte di esso.

-cita v. -CITO.

citàbile [da *citare*; a. 1729] ***agg.*** che può essere citato.

citànte (*ppr.* di *citare*) [1865] **I agg.** che cita, nei sensi del verbo **II s.** *T.giur.* chi cita in giudizio.

citara [dal lat. *cithara*; a. 1342] **sf.** *lett. non com.* cetra.

citàre [dal lat. *citāre*; 1300 ca.] **tr.** **1.** *T.giur.* chiamare in giudizio || *citare un testimone*, intimargli di comparire a deporre **2.** riferire parole di persone o brani di testi autorevoli a sostegno delle proprie affermazioni, per esemplificare o per arricchire il testo: *citare un autore*, riportarne le parole **3.** *per estens.* ricordare, indicare, menzionare: *è citato ad esempio da tutti, citava un caso analogo* || **N.** **1.** *Sin.* convocare **2.** *Sin.* riportare, riprodurre **3.** *Sin.* addurre, mostrare.

citarèdico (pl. *-ci*) [dal lat. *citharoedicus*, gr. *kitharōidikós*; a. 1647] **agg.** relativo al citaredo, proprio del citaredo: *melodia citaredica.*

citarèdo [dal lat. *citharoedus*, gr. *kitharōidós*; sec. XIV] **sm.** (*raro* f. *-a*) *lett.* nell'antica Grecia, aedo che suonava e cantava accompagnandosi con la cetra; suonatore di cetra.

citareggiàre (pres. *-éggio*) [lat. tardo *citharidiāre*; sec. XIV] **intr.** (aus. *avere*) *lett.* suonare la cetra.

citarìsta [dal lat. *citharista*, gr. *kitharistḗs*; 1308] **s.** suonatore di cetra: *a buon cantor, buon citarista* (Dante).

citarìstica [dal gr. *kitharistikḗ*; a. 1647] **sf.** l'arte di suonare la cetra; *per estens.* l'arte di suonare strumenti a corda, a plettro o a pizzico.

citarìstico (pl. *-ci*) [dal gr. *kitharistikós*; a. 1647] **agg.** relativo al citarista || **N.** *Sin.* citaredico.

citarodìa [dal gr. *kitharōidía*; a. 1647] **sf.** nell'antica Grecia, canto accompagnato dalla cetra.

citatòrio (pl. *-ri*) [da *citare*; a. 1533] **agg.** *T.giur.* che serve a citare: *lettera citatoria*, atto con cui si cita qualcuno in tribunale.

citazióne [dal lat. tardo *citātio*, *-ōnis*, proclamazione, comando militare; 1313 *citagione*] **sf.** **1.** *T.giur.* il citare in giudizio; documento con cui si cita: *inviare, ricevere una citazione* **2.** parole o testi altrui riportati in un testo: *un libro zeppo di citazioni*; riferimento a documenti o indicazione bibliografica di un'opera cui si rinvia: *una tesi documentata con citazioni efficaci* || in una produzione artistica, ripresa di motivi, temi, situazioni di altri autori: *questo quadro contiene citazioni di Klee* **3.** menzione, segnalazione: *citazione al merito* || *citazione all'ordine del giorno*, elogio attribuito a un reparto o a un singolo militare e inserito nell'ordine del giorno || **N.** **1.** mandato di comparizione | intimare, notificare **2.** riferimento; eco, riecheggiamento.

citèllo o **citìllo** [etim. inc.; 1951] **sm.** piccolo roditore simile alla marmotta.

citerèa [dal lat. *Cytherēa*, dall'isola di *Citera*, dove Afrodite sarebbe approdata dopo la nascita; prima metà sec. XIV] **sf.** *lett.* appellativo di Afrodite (nell'antica Roma, Venere).

citerióre [dal lat. *citerior*, *-ōris*; 1547] **agg.** *non com.* che è posto al di qua di un dato limite, dalla parte più vicina al luogo preso come punto di riferimento da chi parla: *Spagna citeriore* || **N.** *Contr.* ulteriore.

citillo v. CITELLO.

citiṣo [dal lat. *cytisus*, gr. *kýtisos*; sec. XIV] **sm.** pianta delle Papilionacee con fusto eretto, foglie composte e fiori gialli raccolti in racemi.

cito- [dal gr. *kýtos*, cavità] **primo elem.** che, in parole composte della terminologia scientifica, vale "cellula" (per es. *citochimica, citocinesi, citoplasma*).

-cito o **-cita** [dal gr. *kýtos*, cavità] **elem. term.** che, in parole composte della terminologia scientifica, vale "cellula" (per es. *fagocito, leucocita, linfocito*).

citochìmica [comp. di *cito-* e *chimica*; 1964] **sf.** settore della biologia cellulare che si serve di analisi chimiche e fisico-chimiche per lo studio della struttura intracellulare.

citocinèṣi [comp. di *cito-* e *cinesi*; 1956] **sf.** *T.biol.* insieme dei cambiamenti che si verificano nel citoplasma durante la divisione della cellula.

citocròmo [comp. di *cito-* e *-cromo*; 1959] **sm.** *T.biol.* pigmento rosso proteico contenente ferro, presente in molte cellule animali e vegetali; svolge un'importante funzione nei processi di ossidazione e nella respirazione.

citofagìa [comp. di *cito-* e *-fagia*; 1940] **sf.** *T.fisiol.* azione fagocitaria compiuta su una cellula.

citofonàre (pres. *-òfono*) [da *citofono*; 1963] **tr.** e **intr.** (aus. *avere*) comunicare mediante il citofono: *citofona prima di salire!, non occorre che tu venga di sopra, basta che mi citofoni la risposta.*

citofonièra [da *citofono*; 1983] **sf.** impianto, serie di citofoni.

citòfono [comp. del lat. *cito*, presto e *-fono*; 1942] **sm.** telefono interno che consente la comunicazione tra varie parti di un edificio, gen. tra appartamenti e portineria o direttamente con la porta d'ingresso. **TAV.** *abitazione* 1.3.

citogèneṣi [comp. di *cito-* e *genesi*; 1899] **sf.** *T.biol.* origine e sviluppo della cellula.

citogenètica [comp. di *cito-* e *genetica*; 1959] **sf.** settore della genetica che si occupa dei fattori ereditari in relazione alla conformazione cromosomica.

citogenètico (pl. *-ci*) [comp. di *cito-* e *genetico*; 1983] **agg.** relativo alla citogenetica: *studio citogenetico.*

citologìa [comp. di *cito-* e *-logia*; 1913] **sf.** branca della biologia che studia la struttura e le funzioni delle cellule animali e vegetali.

citològico (pl. *-ci*) [da *citologia*; 1964] **agg.** **1.** relativo alla cellula **2.** pertinente alla citologia.

citòlogo (pl. *-gi*) [comp. di *cito-* e *-logo*; 1964] **sm.** (f. *-a*) studioso, esperto di citologia.

citoplàṣma [comp. di *cito-* e *-plasma*; 1895] **sm.** la parte del protoplasma compresa tra membrana nucleare e membrana plasmatica.

citoplaṣmàtico (pl. *-ci*) [da *citoplasma*; 1934] **agg.** relativo al citoplasma, che si trova nel citoplasma: *filamento citoplasmatico.*

citoṣina [da *cito-*; 1929] **sf.** *T.chim.* sostanza di natura basica che entra nella costituzione degli acidi nucleici ed è presente anche nei lieviti.

citostàtico (pl. *-ci*) [comp. di *cito-* e *statico*; 1956] **agg.** di sostanza in grado di rallentare la riproduzione cellulare.

citostòma [comp. di *cito-* e del gr. *stóma*, bocca; 1940] **sm.** *T.zool.* nei Ciliati, apertura sulla superficie del corpo utilizzata per introdurre alimenti.

citramontàno [comp. del lat. *citra*, al di qua e *montano*; sec. XIV] **agg.** *lett.* che sta al di qua dei monti, cismontano || **N.** *Contr.* ultramontano.

citràto [dal fr. *citrate*; 1795] **sm.** *T.chim.* sale dell'acido citrico || *com. citrato di magnesia*, miscela purgante effervescente a base di carbonato di magnesio, acido citrico, saccarosio e oli essenziali.

cìtrico (pl. *-ci*) [dal fr. *citrique*; 1795] **agg.** *T.chim. acido citrico*, acido organico, incolore, inodore, di sapore acidulo; si trova soprattutto negli agrumi.

citrìno [der. del lat. *citrus*, cedro; a. 1327] **I agg.** che è simile o ha le qualità del cedro; *in part.* di colore giallo-verdognolo simile a quello del cedro **II sm.** **1.** il colore del cedro **2.** *T.min.* varietà di quarzo di colore giallo; se è trasparente viene usato come pietra ornamentale.

citriòlo **sm.** *non com.* v. CETRIOLO.

citronèlla [dal fr. *citronelle*; 1951] **sf.** pianta delle Graminacee da cui si ricava un'essenza di odore simile a quello del limone utilizzata in profumeria.

citrullàggine [da *citrullo*; 1845] **sf.** l'essere citrullo || azione, discorso da citrullo.

citrullerìa [da *citrullo*; 1865] **sf.** citrullaggine.

citrùllo [dal napoletano *cetrulo*, cetriolo; a. 1704] **agg.** e **sm.** (f. *-a*) sciocco, sempliciotto || **citrullaménte** **avv.**

città [lat. *civitas*, *-ātis*; fine sec. XII *civitate*] **sf.** **1.** centro abitato piuttosto esteso, con edifici disposti secondo una pianta più o meno regolare, strade asfaltate o selciate, dotato dei servizi e delle strutture necessarie allo svolgimento della vita sociale, politica, economica, culturale e religiosa: *borgo che s'incammina a diventar città* (Manzoni); *città capitale*, in cui ha sede il governo di uno stato; *città vescovile*, sede di un vescovado; *città satellite*, la cui attività economica è strettamente legata a quella di un centro abitato maggiormente sviluppato, posto nelle vicinanze; *palazzo di città*, il municipio; *vita, casa, gente di città*, in contrapposizione a quella di campagna o montagna || *fig. città di provincia*, centro cittadino di mentalità ristretta e abitudini conservatrici || *città stato*, struttura politico-amministrativa tipica della Grecia classica che aveva caratteristiche di stato indipendente || *città aperta*, priva di fortificazioni e che in caso di guerra i belligeranti sono tenuti a considerare zona neutrale || *città franca*, che gode di particolari franchigie doganali || *città dei ragazzi*, nome di varie istituzioni assistenziali per l'infanzia abbandonata || *città eterna*, Roma || *città celeste, di Dio*, il paradiso || *città santa*, centro di una religione; *per anton.* Gerusalemme || *città dei morti*, il cimitero **2.** *per estens.* parte di una città: *città alta, bassa*, la parte costruita su un rilievo, acropoli, cittadella, e quella costruita in pianura; *città vecchia, nuova*, la parte più antica e quella più moderna; *città universitaria*, quartiere in cui sono riuniti gli edifici di un'università; *città giardino*, quartiere residenziale con edifici non troppo alti e circondati da piante e giardini **3.** *per estens.* gli abitanti di una città: *tutta la città era presente ai funerali* **4.** *T.giur.* titolo di cui godono alcuni centri abitati di antica e insigne tradizione anche se il numero dei loro abitanti è esiguo || *dim.* cittadétta, cittadìna; *spreg.* cittadùzza; *pegg.* cittadàccia; *accr.* cittadóna || **N.** **1.** *Sin.* metropoli, urbe **3.** *Sin.* cittadinanza, popolazione. **Q.T.** *città.*

cittadèlla [dal disus. *cittade*, città; a. 1363] **sf.** **1.** rocca fortificata di una città **2.** *fig.* luogo in cui un partito, una tendenza culturale, un movimento di pensiero e sim. ha i suoi più attivi sostenitori e difensori: *quell'università è una cittadella del conservatorismo* || **N.** **1.** *Sin.* acropoli, rocca **2.** *Sin.* baluardo, roccaforte.

cittadinàme [da *cittadino*; 1865] **sm.** *non com. spreg.* l'insieme dei cittadini.

cittadinànza [dal disus. *cittade*, città; 1321] **sf.** **1.** vincolo giuridico che designa l'appartenenza di un individuo a uno stato: *cittadinanza italiana* || *avere la doppia cittadinanza*, essere cittadini di due stati **2.** l'insieme degli abitanti di una città: *appello alla cittadinanza affinché usi i mezzi pubblici* **3.** *cittadinanza onoraria*, titolo di benemerenza che dà il diritto di considerarsi cittadini di un'altra città oltre a quella in cui si risiede; viene gen. concesso a personaggi illustri o benemeriti nei confronti della città concedente || **N.** **1.** acquisire, avere, chiedere, ottenere, perdere, rifiutare, rinunciare, rivendicare, togliere **2.** *Sin.* abitanti, cittadini, popolazione, residenti.

cittadinésco (pl. *-schi*) [da *cittadino*; prima

metà sec. XIV] ***agg.*** **1.** *spreg.* da cittadino: *modi cittadineschi*, affettati **2.** *ant.* relativo alla città o ai cittadini.

cittadìno [dal disus. *cittade*, città; a. 1294] **I** ***agg.*** **1.** relativo alla città o ai suoi abitanti: *vie cittadine, tradizioni cittadine* || *modi, costumi cittadini*, raffinati, sofisticati, gen. contrapposti a quelli della campagna **2.** *ant.* civico: *virtù cittadine* || di guerre, discordie e sim., intestino, civile **II** ***sm.*** (f. *-a*) **1.** chi abita o risiede in una città: *i cittadini di Ragusa* || *primo cittadino*, il sindaco || *gen. lett.* abitante di un luogo **2.** chi appartiene a uno stato e ha diritti e doveri sanciti dalla legge || *privato cittadino*, individuo singolo considerato nella sua sfera personale al di fuori dei rapporti con la collettività || *scherz. libero cittadino*, chi si è appena liberato di oneri o legami gravosi **3.** *non com.* concittadino || chi appartiene a una comunità ideale: *cittadino del mondo* **4.** civile, contrapposto a militare e a ecclesiastico || *disus.* borghese || **N. I 1.** *Sin.* urbano | *Contr.* campagnolo, rurale, rustico.

cìtto [di orig. espressiva; a. 1494] ***sm.*** (f. *-a*) *tosc.* ragazzo.

city (ingl., pr. ['sɪtɪ]) [dal fr. *cité*, città; 1749] ***sf.*** *inv. non com.* il centro finanziario e commerciale di una città || *per anton.* il centro di Londra, sede del Governo, della borsa e dei principali uffici commerciali.

ciucàggine [da *ciuco*; 1865] ***sf.*** *tosc.* asinaggine, caparbietà.

ciucàio (pl. *-ài*) [da *ciuco*; 1752] ***sm.*** *raro* chi guida i ciuchi || **N.** *Sin.* asinaio.

ciùcca [prob. di orig. espressiva; a. 1327] ***sf.*** *pop.* sbornia: *prendersi una ciucca.*

ciucciàre (pres. *ciùccio*) [voce onom.; 1887] ***tr.*** e ***intr.*** (aus. *avere*) *fam.* succhiare, detto spec. di neonati: *ciucciare il latte.*

ciùccio[1] (pl. *-ci*) [di orig. espressiva; 1758] ***sm.*** *merid.* asino || *fig.* sciocco, ignorante.

ciùccio[2] (pl. *-ci*) [da *ciucciare*; 1957] ***sm.*** *fam.* tettarella di gomma || *dim.* ciuccétto, ciucciòtto, ciuccìno || **N.** *Sin.* succhiotto.

ciùcco (pl. *-chi*) [da *ciucca*; 1961 nel senso 2] ***agg.*** *dial.* **1.** ubriaco **2.** stupido, sciocco.

ciucherìa [da *ciuco*; 1865] ***sf.*** *fig.* asineria, ignoranza.

ciùco (pl. *-chi*) [prob. di orig. espressiva; a. 1564] ***sm.*** *fam.* asino || *fig.* persona sciocca, ignorante; *in part.* ragazzo che studia con scarso impegno || *non com.* villano, persona di modi rozzi || *pegg.* ciucàccio; *dim.* ciuchétto, ciucherèllo, ciuchìno, ciucarèllo, ciucherellóne; *accr.* ciucóne || **N.** *Sin.* asino, somaro.

ciùf o **ciùff** [voce onom.; 1970] **I** voce onomatopeica che imita il rumore della locomotiva a vapore; *com.* viene reduplicato: *il treno fa ciuf ciuf* **II** ***sm.*** il rumore della locomotiva a vapore: *si sente un ciuf ciuf lontano.*

ciufèca o **ciuffèca** [etim. inc.; 1927] ***sf.*** *rom.* vino o caffè di qualità scadente e sapore sgradevole || *per estens.* bevanda cattiva.

ciuffàre [da *ciuffo*; a. 1294] ***tr.*** *non com.* acciuffare.

ciuffèca V. CIUFECA.

ciùffo [forse dal long. **zupfa*; sec. XV-XVI] ***sm.*** **1.** ciocca di capelli che ricade sulla fronte || *fig. prendere la fortuna per il ciuffo*, cogliere l'occasione al volo **2.** *per estens.* gruppo di peli, di penne o di crini sul capo di un animale: *quel pappagallo aveva un ciuffo di penne variopinte* **3.** cespuglietto di erba || mazzetto di fiori o di piume usato come ornamento in abiti, cappelli ecc. || *un ciuffo d'alberi*, un gruppo isolato di alberi || *dim.* ciuffétto, ciuffettìno, ciuffolétto; *accr.* ciuffóne; *pegg.* ciuffonàccio.

ciuffolòtto [dal disus. e dial. *ciufolare*, zufolare; 1663] ***sm.*** uccello dei Passeracei con piumaggio nero sul dorso e sulle ali, capo nero con piume laterali rosse e petto rosso vermiglio; ha un canto modulato e armonioso || **N.** *Sin.* monachino.

ciurlàre [etim. inc.; 1498] ***intr.*** (aus. *avere*) vacillare, tentennare || *ciurlare nel manico*, di arnese il cui manico è malfermo, e *fig.* sottrarsi a un impegno preso, non essere saldo nei propri propositi.

ciùrma [lat. *celeusma*, gr. *kéleusma*, grido, battuta del celeuste per i rematori, attr. una forma **clusma*; a. 1348] ***sf.*** **1.** nelle antiche galere, l'insieme degli schiavi o dei forzati incatenati ai remi || *ciurma scapola*, l'insieme dei rematori non legati ai remi **2.** *disus.* o *scherz.* o *spreg.* equipaggio di una nave o di un battello da pesca || *ciurma di bordo*, nelle tonnare, marinai addetti alla mattanza e alla posa delle reti; *ciurma di terra*, operai addetti alla lavorazione del tonno pescato **3.** *per estens. fig.* gente di bassa lega, vile marmaglia || *scherz.* gruppo rumoroso di amici. **Q.T.** *nautica...*

ciurmàglia (pl. *-glie*) [da *ciurma*; 1545] ***sf.*** gruppo di gente spregevole ed equivoca || **N.** *Sin.* canaglia, marmaglia.

ciurmàre [dal fr. *charmer*, con influsso di *ciurma*; 1353] ***tr.*** **1.** ingannare, raggirare **2.** *ant.* rendere qualcuno immune da veleni, pericoli o malefici per mezzo di incantesimi e amuleti || ***rifl.*** *ant.* ubriacarsi.

ciurmatóre o **ciurmadóre** [da *ciurmare*; a. 1400] ***sm.*** (f. *-trice*) **1.** ciarlatano, impostore **2.** *ant.* chi praticava incantesimi o pozioni magiche.

ciurmerìa [da *ciurmare*; a. 1484] ***sf.*** *non com.* imbroglio, raggiro.

civàda [dal disus. *civadiera*, civada; 1561] ***sf.*** *T.mar.* negli antichi velieri, vela quadra posta all'estremità della prua || *asta di civada*, nei moderni velieri, pennoncino orizzontale posto in croce all'albero di bompresso per assicurare le manovre dormienti.

civàia [lat. *cibāria*, neutro pl. di *cibārius*, agg. di *cibus*, cibo; a. 1388] ***sf.*** *tosc.* nome generico per ogni varietà di legume || *com. pl.*: *negozio di civaie.*

civaiòlo [da *civaia*; 1881] ***sm.*** (f. *-a*) *tosc.* venditore di legumi secchi.

civànzo [dal fr. ant. *chevance*; a. 1400] ***sm.*** *ant.* **1.** avanzo rispetto a un bilancio consuntivo o di previsione; utile, guadagno **2.** forma di usura fondata sul prestito e la restituzione di roba, di merci, e non di denaro.

cìve [dal lat. *civis*; 1319] ***sm.*** *lett.* cittadino: *e sarai meco sanza fine cive / di quella Roma onde Cristo è romano* (Dante).

civet (fr., pr. [si'vɛ]) [letter. (ragù) a base di cipolle; 1942] ***sm.*** *inv.* tipo di cottura della selvaggina in un intingolo a base di vino, sangue, verdure varie e spezie || la salsa stessa.

civétta [di orig. onom.; sec. XIV] **I** ***sf.*** **1.** uccello rapace, gen. notturno, degli Strigidi, con piumaggio di vari colori, perlopiù bruno-marrone, con becco adunco e occhi tondi frontali circondati da un piumaggio concen-

CITTÀ

VARIE SPECIE: abitato, agglomerato, bicocca, borgo, capoluogo, casale, castello, cittadella, cittadina, cittaduzza, città di provincia, colonia, emporio, metropoli, megalopoli, paese, paesello, terra, villaggio, vico, urbe; alta, bassa, continentale, insulare, lacuale, marittima, anseatica, capitale, cosmopolita, franca, libera, provinciale, santa; grande, media, piccola; allegra; animata, civile, deserta, fragorosa, laboriosa, morta, ospitale, popolosa, rumorosa, silenziosa, spopolata, strepitosa, tentacolare, tranquilla, viva; aperta, chiusa, cintata, di passaggio, fuori mano; agricola, commerciale, industriale.

PARTI, EDIFICI ECC.: baluardi, bastioni, mura, porte, ponti, torri; acquedotto, cisterna, pozzi, chiavica, fogna, cloaca; case, palazzi, caserme, casa comunale o municipio, archivio; centro, centro direzionale, centro commerciale, centro storico, zona residenziale, periferia, rioni, quartieri, sestieri, contrade, isolato; gasometro, impianto di depurazione, discarica, macello, mercato, ospedale, manicomio, lazzaretto, case di cura, ospizi, prefettura, questura, pretura, tribunale, carceri, monumenti, poste e telegrafi, zecca, giardini pubblici, giardino botanico, giardino zoologico, parco; porto, moli, arsenale, faro; fanali, lampioni, telefoni, aeroporto, centrale elettrica, centrale del gas; basiliche, chiese, cattedrale, campanile, canonica, chiostro, monastero, parrocchia, vescovado, arcivescovado, curia (vescovile, arcivescovile), seminario (diocesano, vescovile), santuari; alberghi, ristoranti, bar, caffè, osterie, bettole, rosticcerie, locande, trattorie, taverne; teatro, teatro tenda, anfiteatro, politeama, cinematografo, circo, arena, stadio, ippodromo, stazione ferroviaria, stazione radio; bagni, banche, bazar, grandi magazzini, botteghe, fondachi, laboratori, officine, fabbriche, tipografie, edicole, chioschi, negozi, supermercati, mercati rionali; politecnico; ateneo, università; scuola materna o asilo infantile, scuola elementare, ginnasio, liceo, scuola professionale, scuola serale; biblioteche, gallerie, musei, planetario. (V. anche quadro terminologico ABITAZIONE).

STRADE E PIAZZE: angiporto, arterie, circonvallazione, *boulevard*, calle, campiello, campo, cavalcavia, chiassetto, corso, crocevia, crocicchio, largo, passeggiata, piazza riva, rondò, *square*, piazzale, *quai*, isola pedonale, argine, banchina, lungofiume, andana, salita, ronco, scorciatoia, strada (maestra, principale, nazionale, provinciale, comunale, vicinale, privata), traffico, trivio, quadrivio, via, viadotto, viale, vicolo, viuzza; angolo, arco, cantonata, galleria, guide, idrante, isola o salvagente, marciapiede, paracarro, pietre miliari, portico, rotaie, svolta, tunnel; autoveicoli, autolettighe o ambulanze, carri, carrozze, convoglio, ferrovia (aerea, sotterranea o metropolitana), tranvai, vetture di piazza, autobus, filobus, tassì o taxi, segnalazioni acustiche e luminose, semafori, senso vietato, senso obbligatorio, senso circolatorio, parcheggio, posteggio, parchimetro, parcometro, zona blu, sosta oraria, sosta vietata, zona disco, precedenza, fermata facoltativa e obbligatoria, vigili urbani.

VOCI ATTINENTI: accattonaggio, agro, amministrazione civica, annona, arengo, arma o stemma, aree fabbricabili, bassifondi, campagna, campanilista, circondario, civico, contado, corpi santi, dintorni, edilizia, fiere, forese, forestiero, gonfalone, illuminazione, panorama, paraggi, piano regolatore, piano urbanistico, pianta, insegna luminosa, sobborgo, suburbio, suburbano, urbano, interurbano, urbanista, urbanistica; circolazione, congestionare, conurbazione, decentramento, espansione, inurbamento, lottizzare, lottizzazione, pianificare, pianificazione, sventramento, urbanesimo, urbanizzare, urbanizzazione, urbanistica, comprensorio, regolamento edilizio, licenza, ristrutturazione.

(V. anche quadri terminologici ABITAZIONE, ARCHITETTURA, EDILIZIA).

trico; si ciba di piccoli roditori e di insetti; nella tradizione popolare è considerato uccello del malaugurio || *andare a civetta*, cacciare usando la civetta come richiamo || *fig. naso a civetta*, adunco, ricurvo || *occhi di civetta*, giallo chiari **2.** *fig.* donna vanitosa che si mette in mostra per attirare gli uomini: *fare la civetta*, agire, vestirsi in modo da farsi notare e corteggiare dagli uomini **3.** manifestino che le edicole espongono per attirare l'attenzione sugli articoli più importanti di un giornale **II** *agg. inv.* (sempre posposto) detto di ciò che si usa per attirare l'attenzione o serve da esca: *T.econ. articolo civetta*, merce che un negoziante vende a un prezzo inferiore a quello commerciale per attirare nuovi clienti; *nave civetta*, nave da guerra camuffata da mercantile, usata nella prima guerra mondiale nella caccia ai sottomarini; *auto civetta*, auto della polizia priva di contrassegni e guidata da personale in borghese; *candidato civetta*, candidato fittizio, presentato allo scopo di verificare le intenzioni delle altre forze politiche, le tendenze dell'opinione pubblica e dei gruppi di potere per poter più facilmente far eleggere il candidato vero e proprio || *dim.* civettina, civettìno (*sm.*), civettuòla; *accr.* civettóna, civettóne (*sm.*); *pegg.* civettàccia || **N. 2.** *Sin.* fraschetta, maliarda, rubacuori, sirena, smorfiosa.

civettàre (pres. *-étto*) [da *civetta*; a. 1494] *intr.* (aus. *avere*) **1.** di donna, fare la civetta, attirare l'attenzione degli uomini per farsi corteggiare **2.** *ant.* cacciare con la civetta || *tr. ant.* riferito a uomini e donne, allettare con lusinghe e moine.

civetterìa [da *civettare*; a. 1543] *sf.* comportamento di chi vuole attirare l'attenzione sulle proprie qualità o le proprie attrattive: *la civetteria delle donne* || *concr.* atto da civetta, e ciò con cui lo si compie: *quella collana è una sua piccola civetteria*.

civettóne (*accr.* di *civetta*) [a. 1494] *sm.* **1.** grossa civetta **2.** *fig.* uomo vanitoso e dongiovanni.

civettuòlo [da *civetta*; 1797] *agg.* **1.** che mostra civetteria: *sguardo civettuolo* **2.** che attira l'attenzione per la sua novità o bizzarria: *un cappellino civettuolo* || **civettuolaménte** *avv. non com.*

cìvico (pl. *-ci*) [dal lat. *civicus*; 1587] *agg.* **1.** relativo ai, proprio dei cittadini in quanto appartenenti a uno stato: *doveri civici* || *educazione civica*, nella scuola media italiana, lo studio delle istituzioni statali e degli aspetti fondamentali della vita associativa **2.** relativo alla città, alla cittadinanza: *museo civico* || *guardia civica*, vigile urbano || *numero civico*, numero progressivo di vie e piazze che consente di distinguere i diversi edifici || **N. 2.** comunale, municipale, urbano.

civìle [dal lat. *civīlis*; a. 1294] **I** *agg.* **1.** che riguarda i cittadini in quanto parte di una collettività politicamente organizzata || *diritti civili*, quelli di cui godono i cittadini in quanto tali || *diritto civile*, l'insieme delle norme che regolano la convivenza sociale, part. per ciò che riguarda le questioni economiche e di proprietà; *codice di procedura civile*, l'insieme delle norme che regolano il processo civile || *convivenza civile*, l'insieme delle consuetudini su cui si basa una società || *ufficio dello stato civile*, anagrafe; *stato civile*, la condizione familiare di un cittadino (celibe, coniugato, separato, divorziato, vedovo) || *impegno civile*, volontà di impegnarsi attivamente per il bene della collettività || *morte civile*, istituto giuridico oggi decaduto che decretava la totale perdita dei diritti civili in seguito a condanne gravi, gen. l'ergastolo || *guerra civile*, tra cittadini di una stessa nazione **2.** che esalta le virtù civili: *letteratura civile* **3.** contrapposto a militare, ecclesiastico: *genio civile, ospedale civile*; *matrimonio, funerale civile* **4.** che ha raggiunto un elevato grado di sviluppo sociale, tecnologico, politico ed economico: *popoli, nazioni civili* **5.** di modi educati e cortesi: *un comportamento civile*; gradevole: *un'accoglienza civile*; decoroso: *vivere in un ambiente civile* || **civilménte** *avv.* **II** *sm.* privato cittadino, contrapposto a militare || **N. I 1.** civico **5.** cortese, gentile, urbano | *Contr.* barbaro, incivile, inurbano, rozzo, selvaggio **II** *Sin.* borghese. **Q.T.** *diritto*.

civilìsta [da *civile*; 1673] *s.* giurista che si occupa di diritto civile || avvocato che si occupa di cause civili.

civilìstico (pl. *-ci*) [da *civilista*; 1950] *agg. T.giur.* che riguarda il diritto civile.

civilizzàre [dal fr. *civiliser*; a. 1712] *tr.* **1.** rendere civile, condurre una popolazione a un grado più elevato di civiltà **2.** rendere meno rozzo nel comportamento || *rifl.* acquisire modi meno rozzi, imparare a comportarsi || **N. 1.** *Sin.* incivilire.

civilizzatóre [da *civilizzare*; a. 1832] *agg.* e *sm.* (f. *-trìce*) che, chi civilizza.

civilizzazióne [dal fr. *civilisation*; 1770 *civilisazione*] *sf.* **1.** atto ed effetto del civilizzare **2.** civiltà; cultura.

civiltà [dal lat. *civilitas*, *-ātis*; sec. XIV] *sf.* **1.** l'insieme degli aspetti culturali, sociali, politici ed economici che caratterizzano la vita di un popolo a un determinato stadio o nel complesso della sua evoluzione: *la civiltà ittita, la civiltà occidentale* **2.** l'insieme delle conquiste culturali e materiali conseguite da un popolo: *la civiltà delle macchine*, quella moderna **3.** detto di persona, buona educazione, cortesia || **N. 1.** *Sin.* cultura **2.** progresso | *Contr.* barbarie. **Q.T.** *antropologia, archeologia*.

civìre (pres. *-ìsco, -ìsci*) [dal fr. *chevir*; a. 1310] *tr. ant.* provvedere, procacciare.

civìsmo [dal fr. *civisme*; 1796] *sm.* sentimento di consapevolezza dei doveri del cittadino che fa anteporre il bene della collettività a quello dell'individuo.

clacchìsta [da *claque*; 1963] *s. non com.* chi fa parte di una *claque*.

clàcson (non com. *clàxon*) [dall'ingl. *klaxon*; 1923 *clakson*] *sm. inv.* avvisatore acustico per autoveicoli || **N.** tromba.

clàde [dal lat. *cladis*; a. 1533] *sf. lett.* strage, massacro, carneficina: *e rio pensier migrava di questa guerra e della clade achea* (Monti).

clàdo- [dal gr. *kládos*, ramo] *primo elem.* che, in parole composte della terminologia botanica e zoologica vale "ramo", "ramificazione" (per es. *Cladoceri*, *cladofora*).

Cladòceri [comp. del gr. *kládos*, ramo e *kéras*, corno; 1829] *sm. pl. T.zool.* ordine di Crostacei di acqua dolce, dotati di carapace a due valve da cui sporge il capo e di antenne ramose utilizzate come pinne; sono uno dei componenti essenziali del plancton.

cladòdio (pl. *-di*) [dal gr. *kládos*, ramo; 1931] *sm. T.bot.* ramo a fusto verde, con funzione clorofilliana, proprio delle piante prive di foglie || **N.** *Sin.* cladofillo, filloclado.

cladofìllo [comp. di *clado-* e *-fillo*; 1956] *sm. T.bot.* cladodio.

cladòfora [comp. di *clado-* e *-foro*; 1931] *sf. T.bot.* genere di alghe verdi con numerose ramificazioni a ciuffo.

cladomanìa [comp. di *clado-* e *-mania*; 1931] *sf. T.bot.* crescita irregolare e anomala dei rami in un punto del fusto.

cladònia [dal gr. *kládos*, ramo; 1830] *sf. T.bot.* genere di licheni rossi o bruni.

clamàre [dal lat. *clamāre*; inizio sec. XIII] *tr.* e *intr.* (aus. *avere*) *ant. lett.* chiamare, gridare.

clamidàto [dal lat. *chlamydātus*; 1906] *agg.* **1.** che indossa la clamide **2.** *T.bot. fiore clamidato*, con perianzio.

clàmide [dal lat. *chlamys*, *-ydis*, gr. *chlamýs*, *-ýdos*; 1550] *sf.* **1.** mantello di lana fermato da una fibbia alla spalla che lasciava libere le braccia; nella Grecia antica era usato come indumento da viaggio **2.** *lett.* mantello regale.

clamidospòra [comp. di *clamide* e *spora*; 1956] *sf. T.bot.* spora tipica di certi funghi che, protetta da una grossa parete, può resistere a condizioni esterne sfavorevoli.

clamóre [dal lat. *clamor*, *-ōris*; a. 1306] *sm.* **1.** rumore forte e confuso provocato da molte persone che urlano insieme: *il clamore della folla* || *per estens.* fragore: *il clamore della bufera* **2.** *fig.* scalpore, fervore di discussioni e polemiche: *quel libro ha suscitato un vasto clamore* || **N. 1.** *Sin.* chiasso, fracasso, fragore, gridio, rumore, schiamazzo.

clamoróso [dal lat. tardo *clamorōsus*; a. 1799] *agg.* **1.** che è fatto con clamore: *un'ovazione clamorosa* **2.** *fig.* che suscita scalpore: *una notizia clamorosa* || *una sconfitta clamorosa*, grave e imprevista || **clamorosaménte** *avv.*

clan [voce gaelica, propr. famiglia; 1788] *sm. inv.* **1.** *T.etn.* gruppo di famiglie composto dai discendenti per linea maschile di uno stesso progenitore: *i clan scozzesi* **2.** *per estens.* gruppo di persone legate da interessi comuni || *spreg.* cricca: *clan mafioso* **3.** *T.sport.* scuderia, società sportiva.

clandestinità [dal fr. *clandestinité*; 1832] *sf.* condizione di chi o di ciò che è clandestino: *vivere in clandestinità*.

clandestìno [dal lat. *clandestīnus*, attr. il fr. *clandestin*; a. 1600] **I** *agg.* che è fatto di nascosto, gen. in riferimento a cose compiute senza approvazione o senza il beneplacito dell'autorità: *matrimonio clandestino, giornale clandestino*; *lotto clandestino*, gioco del lotto gestito da un privato, in cui però le vincite sono basate sui numeri estratti dal lotto pubblico; *movimento clandestino*, gruppo politico organizzato che agisce nell'illegalità; *passeggero clandestino*, passeggero imbarcato su una nave senza regolare biglietto e *per estens.* chiunque viaggi su un mezzo di trasporto e non paghi || **clandestinaménte** *avv.* **II** *sm.* (f. *-a*) passeggero clandestino.

clàngere (*dif.*, non è usato al p.rem. ed è privo di pps.) [dal lat. *clangere*; 1869] *intr. ant. lett.* squillare: *alto clangean le tube* (Pascoli).

clangóre [dal lat. *clangor*, *-ōris*; a. 1484] *sm. lett.* suono squillante || fragore, strepito.

claque (fr., pr. [klak]) [da *claquer*, battere le mani; 1877] *sf. inv.* gruppo di spettatori che, part. a teatro, applaudono dietro compenso o, *per estens.*, perché prevenuti a favore dell'autore, cantante ecc.

claquettes (fr., pr. [kla'kɛt]) [da *claquer*, schioccare; 1965] *sf. pl.* placchetta di metallo, specie di castagnola applicata sulla suola delle scarpe dei ballerini, spec. di tip-tap.

claqueur (fr., pr. [kla'kœ:r]) [da *claque*; 1905] *s. inv.* chi fa parte di una claque.

clarence (ingl., pr. ['klærəns]) [da *Clarence*, famiglia nobile inglese, e poi titolo della nobiltà inglese] *sm. T.carr.* agile carozza chiusa a quattro posti, con sedile esterno per il conducente.

clarìna v. CHIARINA.

clarinettìsta [dal fr. *clarinettiste*; 1865] *s.* suonatore di clarinetto.

clarinétto [dal fr. *clarinette*; 1781] *sm.* strumento a fiato ad ancia semplice costituito da un tubo diritto (ricurvo nel clarinetto basso), con un'estremità terminante a campana svasata || *per meton.* clarinettista. **TAV.** ***musica* p. 1324** 2.12 e **p. 1325** 7, 9.

clarinìsta [da *clarino*; 1970] *s.* suonatore di clarino.

clarìno [dal fr. *clairon*; a. 1647] *sm.* **1.** *com.* clarinetto **2.** tromba di suono acuto, usata nel XVII e XVIII secolo. **TAV.** ***musica* p. 1324** 2.13.

clarissa [da *Clāra*, n. lat. di S. Chiara, fondatrice dell'ordine; 1786] ***sf.*** suora dell'ordine francescano fondato da S. Chiara nel XIII secolo.

claróne [dal fr. *clairon*; 1722] ***sm.*** clarinetto basso.

-clasia v. -CLASTIA.

classaménto [da *classare*; 1956] ***sm.*** **1.** attribuzione della classe di appartenenza a ogni particella catastale o a ogni singola unità immobiliare per determinare l'imposta dovuta **2.** valorizzazione.

classàre [dal fr. *classer*; 1830] ***tr.*** **1.** *non com.* classificare **2.** *T.fin.* collocare titoli presso acquirenti che non li rimettano in vendita a breve scadenza.

clàsse [dal lat. *classis*; 1321] ***sf.*** **1.** gruppo composto da individui che condividano la stessa condizione sociale ed economica: *classe operaia, borghese*; *classe egemone*, l'insieme dei gruppi che, in una società, gestiscono il potere politico, economico e culturale; *classe proletaria*, l'insieme di coloro che non posseggono i mezzi di produzione; *lotta di classe*, nella teoria marxista, conflitto fra classi dominanti e dominate per il possesso dei mezzi di produzione || *classe dirigente*, il gruppo che in un paese gestisce i settori chiave dell'economia || *T.stor.* ciascuna delle categorie in cui venivano suddivisi i cittadini romani, sulla base del censo **2.** gruppo costituito da entità che, all'interno di un sistema classificatorio, presentano caratteristiche comuni: *la classe dei verbi irregolari latini* || *T.bot.* e *T.zool.* una delle grandi suddivisioni in cui vengono raggruppati animali e piante || *T.astr. classe spettrale*, l'insieme delle stelle che hanno caratteristiche spettrali analoghe || *classe di simmetria*, gruppo di cristalli che presentano elementi di simmetria analoghi **3.** *T.mat.* raggruppamento di enti, insieme || *classe di equivalenza*, insieme degli elementi equivalenti a un elemento dato **4.** suddivisione dell'ordine degli studi elementari e medi, corrispondente a un anno scolastico: *frequentare la quinta classe* || l'insieme degli allievi di uno stesso corso: *la classe di lettere*, l'insieme degli allievi che frequentano il corso di lettere; *classe mista*, formata da allievi dei due sessi || *concr.* aula: *entrare in classe* **5.** anno di nascita, part. in relazione al servizio militare: *la classe del 1952*; *classe di leva*, l'insieme dei cittadini che al compimento del diciottesimo anno di età diventano soggetti agli obblighi di leva; *classe di ferro*, leva che si distingue per particolari doti di tenacia, valore e sim. || *per estens.* l'insieme dei militari appartenenti alla stessa leva **6.** ciascuna delle categorie in cui, sulla base della qualità delle attrezzature e dei servizi offerti, vengono suddivisi alberghi, ristoranti, bar e sim.: *un albergo di prima classe* || in treni, aerei e navi, ciascuno dei settori destinati ai passeggeri e distinti per attrezzature e servizi: *viaggia sempre in prima classe* || *classe turistica*, in aerei e navi, quella economica **7.** ognuna delle categorie in cui, nell'estimo catastale, vengono suddivisi terreni e fabbricati **8.** ognuna delle categorie in cui vengono suddivise imbarcazioni e aeromobili, sulla base delle caratteristiche tecniche e degli standard di sicurezza richiesti || ognuna delle categorie in cui vengono suddivisi gli autoveicoli sulla base della cilindrata, della potenza, del peso o della lunghezza **9.** *fig.* ottima qualità, eleganza, eccellenza: *un abito di classe* || *di gran classe*, di grande pregio || *T.sport.* che offre prestazioni eccellenti: *un trottatore di classe*; *fuori classe*, di eccezionali capacità; *atleta di classe internazionale*, degno di partecipare a competizioni internazionali **10.** *lett.* flotta || **N. 1.** ceto, rango, strato sociale; casta, corporazione **2.** *Sin.* divisione, gruppo **3.** *Sin.* aggregato, collezione, sistema **6.** *Sin.* categoria **9.** *Sin.* stile. **Q.T.** *sociologia.*

classicheggiànte (*ppr.* di *classicheggiare*) [1957] ***agg.*** che si ispira ai canoni dell'arte classica, che imita i classici.

classicheggiàre (pres. *-éggio*) [da *classico*; 1941] ***intr.*** (aus. *avere*) in arte, in letteratura, imitare lo stile dei classici, ispirarsi a esso.

classicismo [da *classico*; 1818] ***sm.*** **1.** conformità di un'opera artistica, di uno stile, ai canoni estetici e agli atteggiamenti dell'antichità classica: *il classicismo di Raffaello* **2.** l'insieme dei canoni estetici e delle norme pratiche desunti dalla classicità greca e romana e proposti come modello per la produzione artistica a partire dal Rinascimento italiano **3.** *com.* cura e sobrietà formale dell'espressione artistica: *il classicismo di De Chirico.*

classicista [da *classicismo*; 1818] ***s.*** **1.** seguace, fautore del classicismo **2.** studioso dell'antichità classica.

classicìstico (pl. *-ci*) [da *classicismo*; 1936] ***agg.*** relativo al classicismo o ai classicisti: *tendenza classicistica.*

classicità [da *classico*; 1892] ***sf.*** **1.** l'essere classico: *la classicità della prosa ciceroniana* **2.** il periodo classico dell'antichità greca e romana || **N. 1.** *Sin.* eleganza, misura.

classicizzàre [da *classico*; 1950] ***intr.*** (aus. *avere*) imitare i modelli classici || ***tr.*** *non com.* rendere conforme al modello o all'uso dei classici.

clàssico (pl. *-ci*) [dal lat. *classicus*, cittadino della prima classe, poi di prim'ordine, attr. il fr. *classique*; a. 1673] **I *agg.*** **1.** che si riferisce all'antichità greca e romana: *l'arte classica* || *educazione classica* o *umanistica*, che ha come base lo studio della civiltà greco-romana; *liceo classico*, istituto di istruzione secondaria superiore basato sullo studio di materie umanistiche e in part. greco e latino || *per estens.* che si ispira ai canoni estetici classici: *la tradizione classica nella letteratura italiana* **2.** *per estens.* eccellente, perfetto, che può servire di esempio: *Svevo è un autore classico* || tipico, esemplare: *è un classico esempio di stupidità* **3.** conforme alla tradizione, sobrio: *un abito di taglio classico* **4.** *musica classica*, la musica colta strumentale, contrapposta alla musica leggera **5.** *danza classica*, stile basato su passi e figure codificate tipici della danza del XIX secolo **6.** in fisica, economia, diritto ecc., in riferimento a scuola o teoria che costituisce il fondamento dei moderni sviluppi della disciplina: *meccanica classica, elettromagnetismo classico, diritto classico, economia classica* || **classicaménte** ***avv.*** **II *sm.*** opera o artista che per il valore della sua opera può essere considerato un modello stilistico: *Picasso è un classico* || *pl. per anton.* gli scrittori dell'antichità greca e romana || ***sf.*** importante competizione sportiva annuale; *in part.* nel ciclismo, corsa di grande tradizione che si svolge in una sola giornata: *la Liegi-Bastogne-Liegi è una classica* || **N. I 1.** *Contr.* moderno **3.** *Contr.* eccentrico.

classìfica [da *classificare*; 1855] ***sf.*** **1.** graduatoria in ordine di merito degli atleti o delle squadre partecipanti a una competizione sportiva: *classifica individuale, a squadre* || *classifica dei cannonieri*, nel calcio, graduatoria dei calciatori che, in un torneo, hanno segnato il maggior numero di reti || *atleta, squadra di classifica*, che in base ai pronostici può ben figurare in una competizione **2.** *non com.* graduatoria in ordine di merito dei partecipanti a un concorso.

classificàbile [da *classificare*; 1865] ***agg.*** che può essere classificato.

classificàre (pres. *-ifico, -ifichi*) [da *classe*; sec. XIV] ***tr.*** **1.** suddividere in classi, in gruppi omogenei: *classificare i film di una cineteca, classificare minerali* **2.** valutare assegnando un giudizio formale, un punteggio, part. nella scuola: *classificare i compiti in classe* **3.** suddividere, per mezzo di opportune tecniche, materiali solidi granulari eterogenei e incoerenti in gruppi formati da elementi di dimensioni omogenee || ***intr. pron.*** conseguire un piazzamento in una classifica o in una graduatoria: *si è classificato sesto* || superare una fase eliminatoria: *si è classificato per le semifinali.*

classificatóre [da *classificare*; 1865] ***sm.*** **1.** (f. *-trice*) chi classifica **2.** cartella per la raccolta ordinata di documenti, lettere e sim. || *per estens.* mobile dotato di cassetti e scomparti per la raccolta ordinata di documenti e schedari || *classificatore di francobolli*, volume di fogli in cartoncino rigido con strisce trasparenti sotto le quali si pongono i francobolli ordinati **3.** qualsiasi strumento o macchina per suddividere materiali eterogenei in classi omogenee.

classificatòrio (pl. *-ri*) [da *classificazione*; a. 1952] ***agg.*** che serve a classificare, relativo alla tecnica della classificazione: *sistema classificatorio.*

classificazióne [da *classificare*, prob. sul modello del fr. *classification*; 1801] ***sf.*** atto ed effetto del classificare; valutazione di persone o cose mediante la formulazione di un parere formale || **N.** *Sin.* catalogazione, ordinamento, ripartizione; tassonomia; graduatoria, votazione.

classismo [da *classe*; 1950] ***sm.*** **1.** nella teoria marxista-leninista, antagonismo fra classe lavoratrice e classe detentrice dei mezzi di produzione che può venire risolta solo con la dittatura del proletariato e con il successivo instaurarsi di una società comunista senza classi **2.** difesa intransigente da parte di singoli, gruppi o istituzioni dei privilegi della classe dominante a scapito dei diritti delle altre componenti della società: *il classismo deve essere tenuto fuori dalla scuola italiana.*

classista [da *classismo*; 1923] **I *agg.*** fondato sul classismo: *una visione classista della storia* **II *s.*** sostenitore intransigente degli interessi della classe di appartenenza.

classìstico (pl. *-ci*) [da *classismo*; 1932] ***agg.*** relativo al classismo o ai classisti.

-clàsta [dal gr. *-klástēs*, che rompe] ***elem. term.*** che, in parole composte dotte, vale "distruttore", "che spezza" (per es. *iconoclasta*).

-clastìa o **-clasia** [dal gr. *klastós*, spezzato] ***elem. term.*** che, in parole composte dotte, vale "rottura", "distruzione" (per es. *iconoclastia*).

clàstico (pl. *-ci*) [dal gr. *klastós*, spezzato; 1913] ***agg.*** *T.geol. roccia clastica*, roccia sedimentaria costituita da frammenti e detriti prodotti dalla frantumazione di rocce preesistenti; può essere cementata o incoerente.

clàudia [dal n. proprio *Claudia*, moglie di Francesco I di Francia, cui fu dedicata; 1821] ***agg.*** *susina claudia*, varietà di susina rotonda, di colore giallo dorato, particolarmente pregiata.

claudicànte (*ppr.* di *claudicare*) [a. 1420] ***agg.*** *lett.* zoppicante; anche *fig.*: *una prosa claudicante* || *T.giur. contratto claudicante*, quando uno dei due contraenti non è in regola.

claudicàre (pres. *clàudico, clàudichi*) [dal lat. *claudicāre*; sec. XV] ***intr.*** (aus. *avere*) *lett.* zoppicare.

claudicazióne [da *claudicare*; 1865] ***sf.*** *T.med.* andatura zoppicante || **N.** *Sin.* zoppia.

claunésco v. CLOWNESCO.

clàusola [dal lat. *clāusula*; a. 1396] ***sf.*** **1.** *T.giur.* in un negozio giuridico, condizione, disposizione di senso autonomo, inserita per meglio chiarire o specificare i termini dell'accordo: *clausola compromissoria, di risoluzione*; *clausola penale*, dichiarazione contrattuale che, in caso di inadempienza o di ritardo, obbliga uno dei contraenti a determinate prestazioni a titolo di risarcimento; *clausola provvisionale*, dichiarazione con la quale il giudice può rendere esecutiva la sentenza di una causa civile prima del processo di appello; *clausole d'uso*, non esplicitamente incluse nel contratto ma normalmente praticate; *clausole di salvaguardia*, clausole che possono essere inserite nei contratti aventi per oggetto obbligazioni pecuniarie, al fine di salvaguardare il credito dalla svalutazione monetaria; *clausola-oro*, clausola di salvaguardia consistente nell'ancorare la somma dovuta dal debitore a una quantità di oro **2.** *T.gram.* proposizione incidentale che serve a chiarire il senso di un periodo ‖ *T.ling.* in alcuni manuali traduce l'inglese *clause*, frase che con altre costituisce una frase complessa e coordinata **3.** conclusione di un periodo o di uno scritto che, nella prosa classica e medievale, era regolata da particolari schemi ritmici **4.** *T.mus.* nel gregoriano, formula conclusiva; nella polifonia del XVI secolo, cadenza.

claustràle [dal lat. tardo *claustrālis*; a. 1292] **I** ***agg.*** relativo al chiostro monastico; *per estens.* religioso: *vocazione claustrale* **II** ***s.*** *raro gen. pl.* monaci e monache di clausura.

clàustro [dal lat. *claustrum*; 1319] ***sm.*** **1.** *lett.* chiostro ‖ *fig.* chiusura: *in cerchio le facean di sé claustro / le sette ninfe* (Dante) **2.** *T.anat.* lamina di sostanza grigia posta alla base del cervello.

claustrofilìa [comp. del lat. *claustrum*, chiostro e *-filia*; 1964] ***sf.*** tendenza patologica a vivere isolati.

claustrofobìa [comp. del lat. *claustrum*, chiostro e *-fobia*; 1899] ***sf.*** *T.psic.* timore ossessivo dei luoghi chiusi ‖ **N.** *Contr.* agorafobia.

claustròfobo [comp. del lat. *claustrum*, chiostro e *-fobo*; 1970] ***agg.*** e ***sm.*** (f. *-a*) che, chi soffre di claustrofobia.

clausùra [dal lat. tardo *clausūra*; 1306] ***sf.*** **1.** regola monastica che vieta agli appartenenti ad alcuni ordini religiosi di uscire dal chiostro ‖ *propr.* regola che disciplina l'entrata e l'uscita da un convento ‖ *concr.* parte del convento in cui vivono i religiosi sottoposti a tale regola **2.** *fig.* solitudine, isolamento, vita ritirata **3.** *ant.* chiusura.

clàva [dal lat. *clava*; 1478] ***sf.*** **1.** bastone con la testa grossa e arrotondata usato come arma spec. dai popoli primitivi; nel Medioevo veniva rivestita con chiodi e borchie; è ancora oggi in uso presso alcune popolazioni in Australia e Brasile **2.** *T.sport.* attrezzo a forma di bottiglia usato nella ginnastica ritmica ‖ **N. 1.** *Sin.* mazza.

clavària [da *clava*, per la forma; 1830] ***sf.*** genere di funghi Basidiomiceti comprendente numerose specie commestibili tra cui la ditola gialla, la manina e la mazza d'Ercole.

Clavariàcee [comp. di *clavaria* e *-acee*; 1965] ***sf. pl.*** *T.bot.* famiglia di funghi con il corpo fruttifero a forma di clava o ramificato.

clavicembalìsta [da *clavicembalo*; 1931] ***s.*** suonatore di clavicembalo.

clavicembalìstica [da *clavicembalistico*; 1964] ***sf.*** *T.mus.* arte di suonare il clavicembalo o di comporre musica per questo strumento.

clavicembalìstico (pl. *-ci*) [da *clavicembalo*; 1964] ***agg.*** che riguarda il clavicembalo; per clavicembalo: *musica clavicembalistica*.

clavicémbalo [comp. del lat. *clāvis*, chiave e *cembalo*; 1548] ***sm.*** strumento a tastiera, con cassa armonica a forma di arpa, in cui le corde, collocate orizzontalmente, vengono pizzicate da plettri azionati dai tasti; particolarmente in uso dal XV al XVIII secolo ‖ **N.** fortepiano, spinetta.

clavìcola [dal lat. *clavīcula*, piccola chiave; 1474 *clavicula*] ***sf.*** *T.anat.* ciascuno dei due ossi a forma di esse che si articolano tra lo sterno e la scapola. **TAV. *anatomia* p. 641** 2.2.

clavicolàre [da *clavicola*; 1887] ***agg.*** *T.anat.* della clavicola.

clavicòrdo o **clavicòrdio** (pl. *-di*) [comp. del lat. *clāvis*, chiave e *corda*; a. 1547] ***sm.*** strumento a tastiera con cassa armonica di forma rettangolare le cui corde sono messe in vibrazione da lamelle che fanno perdurare il suono fino a che il tasto è premuto; nato nel Medioevo, restò in uso fino al XVIII secolo.

clavioline (fr., pr. [klavjo'lin]) [dal lat. *clāvis*, chiave; 1970] ***sm.*** o ***sf.*** *T.mus.* tastiera elettronica che può riprodurre il suono di diversi strumenti.

clàvo [dal lat. *clāvus*, nodo di porpora e per estens. striscia di porpora che borda la toga; a. 1569] ***sm.*** **1.** *T.stor.* nell'antica Roma, striscia di stoffa purpurea cucita alla tunica dei senatori e dei membri dell'ordine equestre **2.** fregio ornamentale applicato alle vesti dei sacerdoti cristiani.

clàxon V. CLACSON.

clearing (ingl., pr. ['klɪərɪŋ]) [da (*to*) *clear*, operare uno storno; 1857] ***sm. inv.*** accordo che permette la compensazione dei debiti mediante prestiti fra diverse banche ‖ accordo tra due stati che prevede la compensazione dei debiti per le importazioni con crediti per le esportazioni, in modo da evitare movimenti di valuta.

clèisto- [dal gr. *kleistós*, chiuso] ***primo elem.*** che, in parole composte della terminologia botanica, vale "chiuso" (per es. *cleistogamia*).

cleistogamìa [comp. di *cleisto-* e *-gamia*; 1931] ***sf.*** *T.bot.* autofecondazione che si verifica nelle piante i cui fiori sono privi di apertura.

cleistògamo [comp. di *cleisto-* e *-gamo*; 1892] ***agg.*** *T.bot.* detto di fiore che presenta cleistogamia.

clemàtide [dal lat. *clematis, -idis*; a. 1498] ***sf.*** genere di piante rampicanti delle Ranuncolacee con foglie opposte e fiori di colore bianco o violetto: *la vitalba è una clematide*.

clemènte [dal lat. *clemens, -entis*; sec. XIV] ***agg.*** **1.** di persona, che perdona con facilità, che si mostra indulgente: *un giudice clemente* **2.** di clima, mite: *un inverno clemente* ‖ **clementeménte** ***avv.*** ‖ **N. 1.** *Sin.* benigno, pietoso, tollerante | *Contr.* duro, inesorabile, rigoroso **2.** *Sin.* dolce, temperato | *Contr.* brutto, inclemente, rigido.

clementìna [dal n. proprio *Clemente*, n. di un coltivatore che riuscì a ottenerla; 1963] ***sf.*** ibrido del mandarino e dell'arancio amaro, mandarancio.

clementìno [dal n. proprio *Clementino*; 1894] ***agg.*** relativo ai papi chiamati Clemente: *decreti clementini* ‖ *letteratura clementina*, insieme degli antichi testi cristiani attribuiti per tradizione a papa Clemente I (I sec. d.C.).

clemènza [dal lat. *clementia*; a. 1363] ***sf.*** **1.** qualità di chi mostra indulgenza **2.** di clima, mitezza ‖ **N. 1.** *Sin.* benevolenza, perdono, tolleranza, umanità | *Contr.* durezza, inclemenza, inesorabilità, intolleranza.

cleptòmane [dal fr. *kleptomane*; 1900] ***agg.*** e ***s.*** che, chi è affetto da cleptomania.

cleptomanìa [dal fr. *kleptomanie*; 1889] ***sf.*** *T.psic.* impulso ossessivo a rubare.

clergyman (ingl., pr. ['klə:dʒɪmən]; pr. it. ['klerdʒiman]) [propr. sacerdote, ecclesiastico; 1950] ***sm. inv.*** abito sacerdotale composto da pantaloni e giacca grigi o neri e da un collare bianco ‖ **N.** abito talare.

clericàle [dal lat. *clericālis*; a. 1396 *chericale*] **I** ***agg.*** **1.** relativo al clero: *abito clericale* **2.** detto di chi è favorevole all'intervento della chiesa cattolica nella vita politica e nel governo dello stato: *partito clericale* **II** ***s.*** sostenitore dell'intervento della Chiesa nella vita politica: *un clericale convinto* ‖ **N. 1.** *Sin.* confessionale, ecclesiastico, religioso | *Contr.* laico **2.** *Sin.* papista, temporalista | *Contr.* anticlericale.

clericaleggiàre (pres. *-éggio*) [da *clericale*; 1908] ***intr.*** (aus. *avere*) manifestare tendenze clericali, favorire un partito clericale.

clericalìṣmo [dal fr. *cléricalisme*; 1875] ***sm.*** ideologia che sostiene la necessità di un intervento attivo della chiesa nella vita politica e che, nella pratica politica, subordina le scelte motivate da convinzioni personali agli interessi della chiesa: *il clericalismo retrivo di certi aristocratici*.

clericàto V. CHIERICATO.

clèro [dal lat. tardo *clērus*, gr. *klêros*, sorte, eredità, poi parte scelta dei fedeli; a. 1484] ***sm.*** l'insieme delle persone che appartengono all'ordine sacerdotale: *clero cattolico, buddista*; *clero regolare*, l'insieme dei religiosi appartenenti a un ordine monastico e sottoposti a una regola; *clero secolare*, l'insieme dei sacerdoti che vivono nel mondo senza essere sottoposti a regole particolari ‖ **N.** sacerdozio; ecclesiastici, religiosi; concilio, concistoro, ordinazione, regola | *Contr.* laicato. **Q.T.** ***religione.***

clessìdra [dal lat. *clepsydra*, gr. *klepsýdra*, attr. il fr. *clepsydre*; 1550] ***sf.*** strumento per misurare il trascorrere di un intervallo di tempo dato, costituito da due recipienti contenenti acqua o sabbia, collegati tra loro da uno stretto canale attraverso il quale il contenuto dell'uno si travasa nell'altro ‖ **N.** orologio ad acqua, orologio a sabbia.

clìc o **click** [voce onom.; 1970] **I** voce onomatopeica che riproduce il rumore dello scatto di un congegno meccanico come un interruttore, un grilletto o sim. ‖ *fare clic*, fotografare; *T.inform.* schiacciare il tasto del *mouse* per effettuare una determinata operazione **II** ***sm.*** rumore di un congegno meccanico, spec. del pulsante della macchina fotografica: *il clic dei fotografi*.

clicchettìo (pl. *-ìi*) [di orig. onom.; 1942] ***sm.*** *raro* ticchettio.

cliché (fr., pr. [kli'ʃe]) [di orig. inc.; 1837 ca.] ***sm. inv.*** **1.** *T.tip.* lastra metallica incisa con procedimento fotomeccanico e utilizzata per la riproduzione tipografica di foto e disegni **2.** *fig.* espressione, atteggiamento privo di originalità, luogo comune: *le sue argomentazioni ripercorrevano stanchi cliché* ‖ **N. 1.** lastra **2.** frase fatta, stereotipo. **Q.T.** ***stampa...***

click V. CLIC.

clïènte [dal lat. *cliens, -entis*; a. 1540] ***sm.*** **1.** chi si avvale abitualmente delle prestazioni di un professionista: *i clienti di un medico* ‖ chi abitualmente si serve dallo stesso fornitore, o frequenta lo stesso bar; avventore **2.** *T.stor.* nell'antica Roma, chi si poneva sotto la protezione di un patrono, fornendogli prestazioni personali a titolo di compenso ‖ *per estens.* nell'uso moderno, chi si pone al servizio di un personaggio potente per ottenerne vantaggi personali ‖ **N. 1.** *Sin.* acquirente, avventore, compratore, frequentatore **2.** *Sin.* galoppino, portaborse. **Q.T.** ***commercio...***

clientèla [dal lat. *clientēla*; a. 1540] ***sf.*** **1.** l'insieme dei clienti di un professionista, di un negozio e sim. **2.** *T.stor.* rapporto di dipendenza che, nell'antica Roma, legava il cliente al patrono ‖ *per estens.* l'insieme di coloro che offrono il proprio appoggio a un personaggio potente sperando di ricavarne vantaggi personali, e anche il rapporto tra ciascuno di essi e il potente.

clientelàre [da *clientela*; 1963] ***agg.*** che si fonda sul clientelismo: *politica clientelare*.

clientelìṣmo [da *clientela*; 1963] ***sm.*** sistema di relazioni, part. in campo politico, basato su favoritismi personali.

clientelìstico (pl. *-ci*) [da *clientelismo*; 1964]

agg. relativo al clientelismo, fondato sul clientelismo: *un sistema politico clientelistico* || **N.** *Sin.* clientelare.

clìma (pl. *clìmi*) [dal lat. tardo *clīma*, gr. *klíma, -atos*, inclinazione, poi zona geografica, latitudine; 1282] ***sf.*** **1.** il complesso delle condizioni meteorologiche che caratterizzano una zona: *clima temperato, tropicale, continentale* || *per meton.* paese, regione: *cambiare clima* **2.** *fig.* condizioni politiche, culturali, storiche che caratterizzano un ambiente o un'epoca: *il clima della Rivoluzione francese, il clima del romanticismo tedesco* **3.** *ant.* nella geografia tolemaica, ciascuna delle regioni in cui era suddivisa la superficie terrestre || **N. 1.** *Sin.* tempo | pressione, temperatura, umidità | clemente, dolce, mite, temperato; aspro, freddo, rigido; caldo, torrido; benigno, insalubre, maligno, salubre, secco, umido. **Q.T.** *geografia, meteorologia.*

climatèrico (pl. *-ci*) [dal lat. *climactĕricus*, gr. *klimaktērikós*; 1608] ***agg.*** **1.** *T.med.* relativo al climaterio **2.** *ant.* relativo al momento di passaggio tra due diversi cicli di sette anni che secondo l'antica astrologia caratterizzavano l'esistenza umana || *per estens.* infausto, pericoloso.

climatèrio [dal gr. *klimaktḗr, -têros*, scalino, punto critico della vita; 1892] ***sm.*** *T.med.* il complesso delle modificazioni che si verificano negli esseri umani a causa dell'involuzione delle ghiandole sessuali || *fig.* età critica || **N.** *Sin.* andropausa, menopausa.

climàtico (pl. *-ci*) [dal fr. *climatique*; 1892] ***agg.*** relativo al clima: *variazioni climatiche* || *fattori climatici*, l'insieme delle variabili (altitudine, latitudine, distanza dal mare e sim.) che determinano il clima di un luogo || *stazione climatica*, località turistica con clima adatto per il ristabilimento della salute.

climatiẓẓàre [dal fr. *climatiser*; 1970] ***tr.*** **1.** regolare con appositi apparecchi l'umidità e la temperatura dell'aria in locali chiusi **2.** dotare un locale o un mezzo di trasporto di un impianto di condizionamento.

climatiẓẓazióne [dal fr. *climatisation*; 1964] ***sf.*** il condizionamento dell'aria in ambienti chiusi, realizzato spec. mediante impianti per il controllo climatico || **N.** aria condizionata. **TAV. *automobile* p. 658** 1.10, 3.15.

climatologìa [comp. del gr. *klíma, -atos*, clima e *-logia*; 1829] ***sf.*** scienza che studia il clima e i suoi influssi sull'ambiente. **Q.T.** *meteorologia.*

climatològico (pl. *-ci*) [da *climatologia*; 1956] ***agg.*** relativo alla climatologia.

climatòlogo (pl. *-gi*) [comp. del gr. *klíma, -atos*, clima e *-logo*; 1956] ***sm.*** (f. *-a*) studioso di climatologia.

climatoterapìa [comp. del gr. *klíma, -atos*, clima e *-terapia*; 1882] ***sf.*** *T.med.* terapia che sfrutta gli effetti benefici di un determinato clima.

clìmax o **klìmax** [dal gr. *klîmax*, scala; 1892 nel senso 1] ***sm. inv.*** **1.** *T.ret.* figura retorica consistente in un crescendo graduale di effetti espressivi, gen. mediante l'uso di sinonimi di volta in volta più efficaci **2.** stadio dello sviluppo della vegetazione di un territorio, in cui questa rimane inalterata fino a che non sopraggiungano mutamenti climatici radicali **3.** *T.med. raro* stadio di maggiore intensità di un processo morboso **4.** *raro* orgasmo || **N. 1.** gradazione **3.** *Sin.* acme.

clinamen (lat., pr. it. [kli'namen]) [letter. inclinazione] ***sm. inv.*** *T.fil.* nella filosofia epicurea, la deviazione subita dagli atomi nella loro caduta; fa sì che essi si urtino e possano combinarsi a costituire i corpi composti, quali si presentano alla nostra esperienza.

clinch (ingl., pr. [klıntʃ]) [da (*to*) *clinch*, afferrare strettamente; 1910] ***sm. inv.*** *T.sport.* nel pugilato, corpo a corpo serrato in cui uno dei pugili cerca di immobilizzare con le braccia l'avversario per impedirgli di colpire || **N.** *break.*

clìncher forma italianizzata di CLINKER (v.).

clìnica [dal lat. *clīnice*, gr. *klinikḗ*, attr. il fr. *clinique*; a. 1564 *clinice*] ***sf.*** **1.** parte della medicina che studia i processi morbosi e le relative terapie mediante l'osservazione diretta dei pazienti: *clinica pediatrica, chirurgica* **2.** settore ospedaliero in cui vengono studiate le scienze mediche e vengono curati i malati || *per estens.* ospedale universitario **3.** casa di cura privata. **Q.T.** *medicina.*

clìnico (pl. *-ci*) [dal lat. tardo *clīnicus*, gr. *klinikós*; 1750] **I *agg.*** relativo alla clinica: *caso clinico* || *fig. occhio clinico*, lo sguardo dell'abile diagnostico, e *fig.* la capacità di cogliere rapidamente, dai segni esteriori, la natura di un fatto **II *sm.*** medico che svolge un'attività clinica || *per anton.* docente universitario di una materia clinica; *per estens.* illustre medico.

clinker (ingl., pr. ['klıŋkə]) [dall'ol. *klinken*, risuonare; 1942] ***sm. inv.*** **1.** miscela cotta di calcare e argilla che viene triturata per produrre cemento **2.** tipo di mattoni da rivestimento cotti a temperatura molto elevata || *fasciame a clinker*, con le assi esterne accostate e sovrapposte.

clinòmetro [comp. del gr. *klínein*, piegare e *-metro*; 1841] ***sm.*** strumento per misurare l'inclinazione di un piano rispetto a un piano orizzontale || **N.** *Sin.* inclinometro.

cliometrìa [dall'ingl. *cliometrics*, comp. di *Clio*, n. della musa protettrice della storia, e *-metric*, metrico, con *-s* propria dei sost. indicanti discipline o scienze; 1981] ***sf.*** in storiografia, metodologia che impiega modelli matematici nello studio del passato e, in part., dello sviluppo economico.

cliomètrico (pl. *-ci*) [da *cliometria*] ***agg.*** della, relativo alla cliometria.

clip (ingl., pr. [klıp]) [da (*to*) *clip*, abbrancare, fermare; 1935] ***sm. inv.*** (anche pl. *clips*, pr. [klıps]) fermaglio in genere, part. per fogli di carta, graffetta || congegno a molla per fissare gli orecchini al lobo; *per meton.* l'orecchino stesso, contrapposto agli orecchini che richiedono un foro nel lobo dell'orecchio.

clipeàto [dal lat. *clipeātus*; 1585] ***agg.*** *lett.* armato di clipeo.

clìpeo [dal lat. *clipeus*; 1547] ***sm.*** **1.** scudo metallico, rotondo, usato dai soldati romani **2.** *T.zool.* la parte anteriore del capo degli insetti, su cui si articola il labbro.

clipper (ingl., pr. ['klıpə]; pr. it. ['klipper]) [da (*to*) *clip*, tagliare (le onde); 1857] ***sm. inv.*** **1.** veliero per la navigazione oceanica costruito negli Stati Uniti verso la metà del XIX secolo, di forma slanciata, piuttosto veloce, con tre o quattro alberi; faceva regolare servizio transoceanico per merci e passeggeri **2.** *per estens.* aeromobile che presta servizio di linea su rotte transoceaniche **3.** *T.elettr.* dispositivo elettronico usato per ridurre l'ampiezza di un'onda entro i parametri desiderati. **Q.T.** *vela* **TAV. *vela* p. 1343** 6.

cliṣìmetro [comp. del gr. *klísis*, inclinazione e *-metro*; 1956] ***sm.*** strumento topografico usato per misurare l'inclinazione dei terreni.

clìṣma [dal gr. *klýsma*, lavanda, clistere; 1830] ***sm.*** *T.med.* clistere || *clisma opaco*, clistere che introduce nell'intestino sostanze radiopache, per visualizzarlo ai raggi X.

clistère [dal lat. *clyster, -ēris*, gr. *klystḗr*; inizio sec. XIV *cristere*] ***sm.*** introduzione di liquidi medicamentosi nell'intestino per via rettale, effettuata mediante appositi irrigatori muniti di cannula rettale: *clistere evacuativo, astringente, nutritivo* || *per estens.* lo strumento con cui viene effettuata l'irrigazione e anche il liquido in esso contenuto.

clìstron forma italianizzata di KLYSTRON (v.).

clìtico (pl. *-ci*) [da (*pro*)*clitico* ed (*en*)*clitico*; 1974] ***agg.*** e ***sm.*** *T.ling.* monosillabi atoni che compaiono o preposti (proclitici) o posposti (enclitici) a una forma verbale e si appoggiano a tale forma nella pronuncia; quando precedono sono graficamente staccati (es. *Mi vedi?*), quando seguono si scrivono uniti al verbo (es. *mandatemelo*) || i clitici italiani dal punto di vista grammaticale hanno la funzione di pronomi o di sintagmi avverbiali; sono undici: *ci, gli, la, le, li, lo, mi, ne, si, ti, vi* e possono anche combinarsi fra di loro: *glielo, spedirtela.*

clitòride [dal gr. *kleitorís, kleitorídos*, attr. il fr. *clitoris*; 1684] ***sm.*** o ***sf.*** *T.anat.* piccolo organo erettile dell'apparato genitale esterno femminile, posto alla congiunzione delle piccole labbra.

clitoridectomìa [comp. di *clitoride* e *ectomia*; 1931] ***sf.*** forma di circoncisione femminile mediante asportazione della clitoride, praticata da alcuni popoli musulmani e da numerose tribù dell'Amazzonia occidentale.

clitoridèo [da *clitoride*; 1865] ***agg.*** *T.anat.* relativo al clitoride, che riguarda il clitoride: *arteria clitoridea, orgasmo clitorideo.*

clivàggio (pl. *-gi*) [dal fr. *clivage*; 1853] ***sm.*** *disus.* sfaldatura, tendenza dei cristalli a fendersi secondo determinati piani.

clìvia [dal n. proprio della duchessa *Clive* di Northumberland; 1892] ***sf.*** pianta ornamentale delle Amarillidacee con fiori giallo-arancio raccolti in ombrelle.

clìvo [dal lat. *clīvus*; 1321] ***sm.*** *poet.* lieve pendio, collina: *i ridenti clivi del Monferrato* || **N.** colle, pendice, poggio.

clìzia [dal n. proprio *Clizia*, che Apollo trasformò in girasole; 1478] ***sf.*** *lett.* girasole.

cloàca [dal lat. *cloāca*; 1321] ***sf.*** **1.** condotto sotterraneo per la raccolta delle acque piovane e dei liquidi di scarico **2.** *fig.* ambiente malsano e corrotto **3.** *T.anat.* parte terminale dell'intestino di rettili, pesci e uccelli in cui sboccano anche i condotti del sistema urinario e genitale || **N. 1.** *Sin.* chiavica, fogna, fognatura.

cloàṣma [dal gr. *chlóasma*, colore verde-giallastro; 1956] ***sm.*** *T.med.* macchie cutanee di colore giallo-bruno, localizzate in prevalenza sul viso, che compaiono nelle donne gravide o affette da disturbi ovarici.

clochard (fr., pr. [klɔ'ʃa:r]) [forse da *clocher*, zoppicare; 1968] ***sm. inv.*** barbone senza fissa dimora, vagabondo.

cloche (fr., pr. [klɔʃ]) [propr. campana; 1918] ***sf. inv.*** **1.** negli aeroplani, barra di comando degli alettoni e del timone di profondità || negli autoveicoli, cambio la cui leva di manovra è situata sul pavimento a fianco del posto di guida **2.** cappello femminile a forma di campana.

cloisonné (fr., pr. [klwazɔ'ne]) [letter. a compartimenti; 1936] ***agg.*** *T.oref.* tecnica di lavorazione a smalto, in uso spec. nel periodo bizantino, in cui striscioline di metallo prezioso venivano saldate di taglio su una superficie disegnata, in modo da creare numerose cellette, ricalcanti il disegno, successivamente riempite con pasta di vetro.

clonàle [da *clone*; 1981] ***agg.*** *T.biol.* relativo al clone, proprio del clone: *cellule clonali.*

clonàre (pres. *clóno*) [da *clone*; 1981] ***tr.*** *T.biol.* produrre un clone: *clonare una cellula.*

clonazióne [da *clonare*; 1974] ***sf.*** *T.biol.* tecnica per la produzione di un clone.

clóne [dal gr. *klṓn*, germoglio; 1970] ***sm.*** *T.biol.* insieme di cellule o di organismi omogenei risultante dalla riproduzione agamica di una cellula o di un organismo.

clònico (pl. *-ci*) [dal fr. *clonique*; 1865] ***agg.*** *T.med.* di reazione muscolare caratterizzata da una rapida successione di contrazioni: *scosse* *cloniche*, rapide contrazioni di tutta la muscolatura che si verificano durante gli accessi epilettici.

clòno [dal gr. *klónos*, movimento convulso, disordinato; 1910] **sm.** *T.med.* insieme di rapide contrazioni e distensioni muscolari tipiche di molte malattie del sistema nervoso.

cloqué (fr., pr. [klɔ'ke]) [da *cloque*, bollicina; 1942] ***agg. inv.*** di stoffa con piccoli rigonfiamenti, granulata.

cloràlio (pl. *-li*) [dal fr. *chloral*; 1865 *clorale*] **sm.** *T.chim.* aldeide liquida, di consistenza oleosa, incolore, di odore penetrante ‖ *cloralio idrato*, utilizzato come anestetico e nella produzione di farmaci ipnotici.

cloralișmo [da *cloralio*; 1964] **sm.** *T.med.* malattia cronica provocata da intossicazione da cloralio.

cloràto¹ [da *cloro*; 1820] **sm.** *T.chim.* sale dell'acido clorico; i clorati trovano impiego industriale nella produzione di esplosivi, fiammiferi e diserbanti.

cloràto² [da *cloro*; 1865] **agg.** contenente cloro: *acqua clorata*, sterilizzata con cloro.

cloratóre [da *cloro*; 1979] **sm.** apparecchio che depura l'acqua potabile immettendovi automaticamente la quantità di cloro necessaria.

clorazióne [da *cloro*; 1965] **sf.** sterilizzazione dell'acqua mediante immissione di piccole dosi di cloro.

clorèlla [dal gr. *chlōrós*, verde giallastro; 1963] **sf.** alga verde unicellulare delle Clorococcali da cui si estraggono sostanze antibiotiche.

clòrico (pl. *-ci*) [dal fr. *clorique*; 1830] **agg.** *T.chim.* di composto chimico che contiene cloro pentavalente.

cloridràto [da *cloridrico*, con cambio di pref.; 1865] **sm.** *T.chim.* sale prodotto dall'addizione di acido cloridrico ad alcaloidi o basi organiche.

cloridrico (pl. *-ci*) [comp. di *cloro* e *idr(ogeno)*; 1821 *cloro-idrico*] **agg.** *T.chim. acido cloridrico*, composto del cloro e dell'idrogeno, liquido, incolore, di odore penetrante, fortemente corrosivo; è uno dei componenti del succo gastrico dei mammiferi; nell'industria è utilizzato nella produzione di materiali plastici, per pulire i metalli ecc. ‖ **N.** *Sin.* acido muriatico.

clorite [dal gr. *chlōrós*, verde-giallastro; 1830] **sf.** *T.min.* minerale costituito da silicati di magnesio, alluminio e ferro gen. di colore verde.

clorito [comp. di *cloro* e *-ito*; 1865] **sm.** *T.chim.* sale dell'acido cloroso.

clòro [dal fr. *chlore*; 1820] **sm.** *T.chim.* metalloide, alogeno gassoso di colore verde giallastro, tossico, presente in natura come cloruro; viene utilizzato nella produzione di solventi, insetticidi e prodotti farmaceutici.

clòro- [dal gr. *chlōrós*, verde] ***primo elem.*** **1.** in parole composte della terminologia scientifica, vale "di colore verde" (per es. *Cloroficee, clorofilla*) ‖ *in part.* può indicare relazione con la clorofilla o far riferimento all'origine da piante (per es. *cloroplasto*) **2.** in parole composte della terminologia chimica, indica sostanze nelle quali è presente cloro (per es. *cloroformio*).

cloroàcido [comp. di *cloro* e *acido*; 1956] **sm.** *T.chim.* acido nel quale gli atomi di idrogeno sono sostituiti da atomi di cloro (per es. l'acido clorobenzoico).

Cloroficee [comp. di *cloro-* e *-ficee*; 1913] **sf.** *pl. T.bot.* classe delle alghe verdi.

clorofilla [dal fr. *chlorophille*; 1820] **sf.** *T.bot.* pigmento verde contenuto nelle piante autotrofe; è l'elemento fondamentale del processo di fotosintesi; nell'industria è utilizzato come colorante e come deodorante.

clorofilliàno [da *clorofilla*, sul modello del fr. *chlorophyllien*; 1902] **agg.** *T.bot.* relativo alla clorofilla, proprio della clorofilla: *fotosintesi clorofilliana*.

clorofòrmio [dal fr. *chloroforme*; 1853] **sm.** *T.chim.* composto organico, liquido, incolore, di odore dolciastro; viene usato come solvente, come anestetico e nella produzione di resine.

cloroformizzàre [dal fr. *chloroformiser*; 1875] **tr.** anestetizzare col cloroformio ‖ *fig.* rendere ottuso, insensibile ‖ **N.** *Sin.* narcotizzare.

cloroformizzazióne [da *cloroformizzare*; 1899] **sf.** atto ed effetto del cloroformizzare.

cloromicetina ® [dall'ingl. *chloromycetin*; 1950] **sf.** *T.med.* nome commerciale di antibiotico ricavato da funghi streptomiceti, utilizzato nella cura del tifo e delle meningiti.

cloroplàsto [comp. di *cloro-* e del gr. *plastós*, formato; 1906] **sm.** *T.bot.* spec. *pl.* organulo contenente clorofilla, caratteristico delle cellule vegetali esposte ai raggi solari ‖ **N.** plastidio.

cloròși [dal gr. *chlōrós*, verde giallastro; 1757] **sf.** **1.** *T.med.* particolare tipo di anemia che conferisce alla pelle un colorito pallidissimo **2.** *T.bot.* ingiallimento delle parti verdi di una pianta per scomparsa o alterazione dei processi di produzione della clorofilla.

cloróso [comp. di *cloro* e *-oso*; 1956] **agg.** *T.chim.* detto di composto del cloro trivalente.

cloròtico (pl. *-ci*) [da *clorosi*; 1774] **agg.** di clorosi; affetto da clorosi: *una pianta clorotica*.

cloruràto [da *cloruro*; 1865] **agg.** *T.chim.* che contiene cloro: *composto clorurato*.

clorurazióne [da *cloruro*; 1865] **sf.** *T.chim.* trattamento con cloro per ottenere sterilizzazione: *clorurazione dell'acqua*.

clorùro [dal fr. *chlorure*; 1830] **sm.** *T.chim.* sale dell'acido cloridrico risultante dalla combinazione del cloro con un metallo o un metalloide: *cloruro di sodio*, il sale da cucina.

clou (fr., pr. [klu]) [propr. *chiodo*; 1897] **sm.** *inv.* il motivo d'attrazione, il momento di maggiore interesse di uno spettacolo, di una manifestazione sportiva e sim.; anche *agg.* (sempre posposto): *il momento clou della serata* ‖ **N.** *Sin.* attrazione, pezzo forte; apice, culmine.

clown (ingl., pr. [klaʊn]) [in orig. uomo di campagna, goffo; 1828] **sm.** *inv.* pagliaccio del circo equestre ‖ *clown bianco*, quello truccato con la faccia infarinata, marsina e cappello a pan di zucchero.

clownésco (pr. [klau'nesko]) o **claunésco** (pl. *-schi*) [da *clown*; 1970] **agg.** proprio del clown, tipico del clown: *smorfie clownesche*.

clownișmo (pr. it. [klau'nizmo]) [da *clown*; 1828] **sm.** comportamento ridicolo, da buffone ‖ *T.med.* in neurologia, condizione riscontrabile negli isterici, caratterizzata da atteggiamenti bizzarri e teatrali.

cloze (ingl., pr. [kloʊz]) [basato su (*to*) *close*, chiudere; 1975] **sm.** *inv.* test per misurare quanto un brano scritto è comprensibile per il lettore; consiste nel cancellare una parola ogni sei o più parole e nel farla reintegrare dal lettore: *il cloze* (*test*) *è molto usato come prova di valutazione nell'insegnamento dell'inglese*.

club (ingl., pr. [klʌb] e fr., pr. [klœb]; pr. it. [klɛb], [klab] o [klub]) [propr. bastone; 1763] **sm.** *inv.* **1.** circolo, associazione di persone legate da comuni interessi: *club sportivo, politico* ‖ *concr.* i locali in cui tali persone si riuniscono: *cenare al club* ‖ spesso entra come secondo elemento di parole composte: *cineclub, sci-club* **2.** *per estens.* gruppo, organismo a carattere internazionale i cui membri si riuniscono periodicamente per decidere su questioni di comune interesse: *il club dei dieci*, i governatori delle banche centrali dei dieci paesi più industrializzati ‖ **N.** **1.** *Sin.* associazione, sodalizio.

cluèdo [n. commerciale, der. per aplologia dall'ingl. *clue*, indizio, e da *Ludo*, n. commerciale di un gioco da tavolo inglese diffuso intorno al 1890] **sm.** *inv. T.gioc.* gioco da tavolo basato su indizi, di carattere poliziesco; nato in Inghilterra nel 1949, è stato successivamente edito in molti paesi, tra i quali anche l'Italia.

clùne (pl. *clùni*) [dal lat. *clunis*, pl. *clunes*; a. 1828] **sm.** o **sf.** *lett.* natica.

cluniacènse [dal n. geogr. *Cluny*, in Francia; a. 1694] **I agg.** che riguarda o appartiene alla congregazione benedettina di Cluny **II sm.** monaco appartenente a tale congregazione.

Clupèidi (sing. *-e*) [comp. del lat. *clupea*, cheppia e *-idi*; 1931] **sm.** *pl. T.zool.* famiglia di pesci marini e d'acqua dolce tra cui la sardina e l'acciuga.

Clupeifórmi (sing. *-e*) [comp. del lat. *clupea*, cheppia e *-forme*; 1965] **sm.** *pl. T.zool.* ordine di pesci ossei, di cui fanno parte, tra le altre, le famiglie dei Clupeidi e dei Salmonidi.

Cnidàri (sing. *-io*) [dal gr. *knídē*, ortica; 1951] **sm.** *pl. T.zool.* Celenterati. **TAV. *zoologia* p. 1344.**

co-, con-, com- [lat. *cum*; sec. XI] **pref.** compare in parole (nomi o verbi) con valore di unione, collegamento, compagnia; la forma *co-* si usa solo davanti a vocale (*coautore, coesistenza*), la forma *com-* davanti a *m, p* e *b* (*commemorare, combaciare, comparare*); in tutti gli altri casi si usa *con-*, ma davanti a consonante liquida la *n* viene assimilata: *corroborare, collaborare*.

coabitàre [dal lat. tardo *cohabitāre*; 1585] **intr.** (aus. *avere*) abitare insieme; convivere.

coabitatóre [dal lat. *cohabitātor*, *-ōris*; a. 1306] **sm.** (f. *-trice*) chi condivide l'abitazione con altri.

coabitazióne [dal lat. tardo *cohabitātio*, *-ōnis*; a. 1342] **sf.** il coabitare ‖ *in part.* convivenza di più nuclei familiari in un unico appartamento.

coaccușàto [da *accusato*; 1865] **agg.** e **sm.** (f. *-a*) che, chi è accusato insieme ad altri.

coacervàre (pres. *-èrvo*) [dal lat. *coacervāre*; sec. XVI] **tr.** *raro* ammucchiare ‖ **N.** *Sin.* accumulare, ammassare.

coacèrvo [da *coacervare*; 1925] **sm.** **1.** *lett.* cumulo disordinato, mucchio, accozzaglia **2.** *T.fin.* accumulo di interessi o di beni ‖ **N.** **1.** *Sin.* ammasso, congerie.

coaderire (pres. *-isco*, *-isci*) [comp. di *co-* e *aderire*; 1887] **intr.** (aus. *avere*) **1.** aderire assieme, formando un corpo unico **2.** aderire assieme ad altri a uno stesso movimento, idea o sim.

coadeșióne [da *adesione*; 1427] **sf.** *non com.* l'adesione di più elementi tra loro o di più persone a un'idea, un'associazione ecc.

coadiutoràto [da *coadiutore*; 1887] **sm.** l'ufficio, la carica del coadiutore.

coadiutóre [dal lat. tardo *coadiūtor*, *-ōris*, colui che aiuta; a. 1342] **sm.** **1.** (f. *-trice*) chi aiuta o sostituisce qualcuno, part. in cariche e uffici pubblici **2.** *T.eccl.* chierico che aiuta o supplisce il parroco o il vescovo nello svolgimento delle sue funzioni ‖ **N.** **1.** *Sin.* aggiunto, aiutante, aiuto, collaboratore, supplente **2.** *Sin.* vicario.

coadiuvànte (*ppr.* di *coadiuvare*) [1673] **I agg.** nei sensi del verbo ‖ *farmaco coadiuvante*, farmaco che in una terapia ha funzione di sostegno **II s.** chi o ciò che coadiuva.

coadiuvàre (pres. *coàdiuvo*) [dal lat. tardo *coadiuvāre*; 1619] **tr.** aiutare nello svolgimento di una funzione ‖ **N.** *Sin.* aiutare, collaborare, cooperare.

coagulàbile [da *coagulare*; a. 1730] **agg.** che si può coagulare.

coagulaménto [da *coagulare*; a. 1698] **sm.** *raro* coagulazione.

coagulànte (*ppr.* di *coagulare*) [1733] **I** *agg.* nei sensi del verbo **II** *sm.* farmaco che favorisce la coagulazione del sangue.

coagulàre (pres. *coàgulo*) [dal lat. *coagulāre*; 1319] *tr.* trasformare un liquido in una sostanza solida o gelatinosa ‖ *intr.* (aus. *essere*) e *intr. pron. in part.* del sangue, rapprendersi, solidificarsi, condensarsi.

coagulatìvo [da *coagulare*; 1680] *agg.* che serve a coagulare.

coagulazióne [dal lat. *coagulātio, -ōnis*; sec. XIV] *sf.* trasformazione di una sostanza liquida in una sostanza colloidale o solida a opera di agenti chimici o fisici: *coagulazione del latte*, precipitazione della parte proteica utilizzata nella produzione del formaggio; *coagulazione del sangue*, formazione di un reticolo di fibrine in cui si fermano globuli rossi e bianchi e piastrine.

coàgulo [dal lat. *coāgulum*; sec. XIII] *sm.* **1.** processo di coagulazione **2.** grumo di sostanza rappresa, spec. di sangue **3.** caglio.

coàla V. KOALA.

coalescènza [dal lat. *coalescentia*; 1733] *sf.* **1.** unione, fusione ‖ *T.med.* riunione dei margini di una ferita **2.** *T.ling.* fusione di due vocali in una **3.** *T.fis.* fenomeno per cui le goccioline di un liquido, disperse in un liquido non miscibile, tendono a unirsi dando origine ad aggregati di dimensioni maggiori ‖ **N. 2.** *Sin.* contrazione.

coalizióne [dall'ingl. *coalition*, attr. il fr. *coalition*; 1778] *sf.* **1.** accordo, alleanza fra gruppi, partiti, stati e sim. per il raggiungimento di scopi comuni ‖ *coalizione governativa*, alleanza di partiti e gruppi politici per la formazione di un governo ‖ *coalizione elettorale*, alleanza di partiti per la presentazione di liste comuni in una consultazione elettorale **2.** accordo economico tra imprese operanti nello stesso settore al fine di conservare o accrescere il potere di mercato ‖ **N. 1.** alleanza; lega **2.** cartello, *holding, trust.*

coalizzàre [dal fr. *coaliser*; 1841] *tr.* unire in una coalizione ‖ *rifl. rec.* unirsi in una coalizione ‖ **N.** *tr. Sin.* alleare, federare | *rifl. rec.* associarsi, confederarsi.

coàna [dal gr. *chóanē*, imbuto; 1892] *sf.* *T.anat.* ciascuna delle due aperture interne della cavità nasale.

coartàre (pres. *coàrto*) [dal lat. *coartāre*; 1848] *tr.* **1.** costringere qualcuno ad agire contro la propria volontà (anche con la volontà come oggetto) **2.** *lett.* restringere, comprimere ‖ **N. 1.** *Sin.* costringere, forzare, obbligare; mettere alle strette.

coartàto (*pps.* di *coartare*) [a. 1712] *agg.* **1.** compresso **2.** costretto contro la propria volontà **3.** *T.psic.* detto di chi, sottoposto a un test, non manifesta né introversione né estroversione.

coartazióne [dal lat. *coartātio, -ōnis*; a. 1342] *sf.* **1.** atto ed effetto del coartare **2.** *T.anat.* restringimento di un organo cavo: *coartazione aortica.*

coassiàle [comp. di *co-* e *asse*, con suff. aggettivale; 1950] *agg.* di organi, oggetti e sim. che hanno un asse in comune ‖ *T.geom.* di figure che hanno un comune asse di simmetria o di rotazione; *T.tecn.* di macchine rotanti i cui rotori condividano l'asse di rotazione; *T.elettr. cavi coassiali*, costituiti da due conduttori concentrici.

coattazióne [dal lat. *coaptātio, -ōnis*; 1830] *sf.* *T.med.* ripristino di una funzione ‖ riadattamento di due ossa fratturate o lussate.

coattività [da *coatto*; 1965] *sf.* l'avere valore coattivo ‖ **N.** *Sin.* forzosità, obbligatorietà.

coattìvo [da *coatto*; a. 1498] *agg.* **1.** che ha il potere di costringere: *mezzi coattivi* **2.** che è imposto da un'autorità, obbligatorio: *disposizioni coattive* ‖ **N. 1.** *Sin.* coercitivo, costrittivo **2.** *Sin.* cogente, forzoso.

coàtto [dal lat. *coāctus*; a. 1332] **I** *agg.* imposto con la forza o con provvedimento obbligatorio ‖ *domicilio coatto*, dispositivo di legge, oggi sostituito col soggiorno obbligato, che prevedeva l'obbligo di risiedere in un determinato luogo **II** *sm.* (f. *-a*) **1.** chi è stato assegnato a un domicilio coatto, confinato politico ‖ *per estens. rom.* carcerato **2.** *gerg.* chi è costretto a vivere ai margini della società a causa della propria condizione di inferiorità economica e culturale.

coautóre [da *autore*; 1892] *sm.* (f. *-trice*) chi è autore insieme ad altri.

coazióne [dal lat. *coāctio, -ōnis*; a. 1342] *sf.* **1.** costrizione, violenza imposta ai fini di privare qualcuno della propria libertà di azione **2.** *T.giur.* atto di forza che costringe al rispetto della legge **3.** *T.psic.* insorgenza di impulsi o di pensieri ossessivi da cui l'individuo non riesce a liberarsi ‖ *coazione a ripetere*, tendenza alla ripetizione di certi atti, in modo stereotipato e indipendente dalla volontà del soggetto **4.** *T.mecc.* stato di un solido in cui si manifestano tensioni interne indipendenti da sollecitazioni esterne.

cobàlto [dal ted. *Kobalt*; 1765] **I** *sm.* **1.** *T.chim.* metallo di colore bianco-azzurro, malleabile, utilizzato nella produzione di leghe ‖ *T.med. bomba al cobalto*, apparecchiatura utilizzata nella cura dei tumori **2.** colore azzurro carico: *cielo di cobalto* **II** *agg. inv.* (sempre posposto) di colore azzurro carico: *blu cobalto.*

cobaltoterapìa [comp. di *cobalto* e *terapia*; 1970] *sf.* *T.med.* impiego terapeutico degli isotopi radioattivi del cobalto, part. nella cura dei tumori.

còbas [acronimo di *co(mitati di) bas(e)*; 1987] *sm. inv.* gruppo sindacale a carattere settoriale, di formazione spontanea, che non si riconosce nei sindacati confederali e di categoria: *i cobas degli insegnanti.*

còbbola o **còbola** o **còbla** [dal provenz. *cobla*; a. 1348] *sf.* **1.** breve componimento lirico musicato, costituito gen. da una sola strofa, tipico della poesia provenzale e spagnola **2.** stanza di canzone.

cobelligerànte [da *belligerante*, sul modello dell'ingl. *cobelligerent*; 1943] *agg.* e *sm.* di nazione che, in guerra, è militarmente associata a un'altra ma su un piano di inferiorità giuridica, non essendole riconosciuta la condizione di alleato.

cobelligerànza [comp. di *co-* e *belligeranza*; 1943] *sf.* condizione di uno stato cobelligerante.

cobìte [dal gr. *kōbîtis*; 1830] *sm.* minuscolo pesce teleosteo d'acqua dolce dei Cipriniformi, dal corpo cilindrico e dal labbro superiore fornito di sei barbigli.

còbla V. COBBOLA.

cobol [acronimo di *Co(mmon) B(usiness) O(riented) L(anguage)*, linguaggio orientato alla contabilità ordinaria; 1969] *sm. inv.* *T.inform.* linguaggio di programmazione adatto alla memorizzazione e all'elaborazione di dati relativi alla contabilità e alla gestione aziendale.

còbola V. COBBOLA.

cobòldo [dal ted. *Kobold*, in orig. padrone della casa; 1882] *sm.* folletto protettore del focolare, rappresentato nel folklore germanico come uno gnomo benevolo, ma astuto, dispettoso e amante degli scherzi.

còbra [dal port. *cobra*; 1797] *sm. inv.* nome di vari serpenti velenosi diffusi in Africa e Asia, caratterizzati dalla capacità di dilatare il collo a forma di cappuccio.

còca [dal peruviano *koka*, pianta, attr. lo sp. *coca*; 1560] *sf.* **1.** arbusto originario delle Ande peruviane e boliviane le cui foglie contengono vari alcaloidi tra cui la cocaina; le foglie essiccate vengono mescolate in bolo con calce o cenere e costituiscono uno stimolante molto diffuso presso le popolazioni andine **2.** forma abbreviata di *cocaina* o di *coca-cola.*

còca-còla ® [n. commerciale; 1956] *sf.* nome commerciale di una bevanda dolce e gassata di colore scuro in cui, fra gli altri ingredienti, vi sono quantità minime di coca (privata della cocaina) e di noce di cola.

cocaìna [dal fr. *cocaïne*; 1875] *sf.* alcaloide contenuto nelle foglie di coca; ha l'aspetto di una polvere bianca cristallina di sapore amarognolo e un forte effetto stupefacente; viene talvolta usato in odontoiatria e oculistica come anestetico locale.

cocaìnico (pl. *-ci*) [da *cocaina*; 1956] *agg.* relativo alla cocaina, da essa causato: *intossicazione cocainica.*

cocainìsmo [da *cocaina*; 1900] *sm.* intossicazione cronica da cocaina che provoca alterazioni fisiche e psichiche.

cocainòmane [comp. di *cocaina* e *-mane*; 1941] *s.* e *agg.* chi, che è affetto da cocainomania.

cocainomanìa [comp. di *cocaina* e *-mania*; 1908] *sf.* intossicazione e stato di dipendenza dalla cocaina, causata dall'assunzione regolare di tale droga.

còcca[1] o **cócca** [etim. sconosciuta; 1313] *sf.* **1.** intaccatura posta a un'estremità della freccia in cui si poggia la corda dell'arco: *si dileguò come da corda cocca* (Dante) ‖ *per estens.* parte dell'arco su cui poggia la freccia **2.** angolo di fazzoletto, lenzuolo, tovaglia e sim. **3.** ingrossamento posto alle estremità del fuso per fermare il filo **4.** *T.mar.* attorcigliamento di un cavo su se stesso che impedisce lo scorrimento nella carrucola ‖ **N. 1.** tacca | accoccare, scoccare **2.** *Sin.* lembo, punta. **TAV. *armi* p. 648** 11.3.

còcca[2] [lat. tardo *caudica*, canotto; a. 1348] *sf.* nave da trasporto in uso nel Medioevo, di forma tondeggiante, con vele quadre ‖ *per meton.* la vela quadra caratteristica di tale imbarcazione.

còcca[3] [di orig. onom.; 1887] *sf.* nel linguaggio infantile, gallina.

coccàrda [dal fr. *cocarde*; a. 1713] *sf.* **1.** nastro di vari colori, increspato o pieghettato in forma di rosa, portato come emblema di un partito, di una città e sim. **2.** emblema di una casata nobile portato dai servitori in livrea o posto alle briglie dei cavalli attaccati alla carrozza.

coccàre [da *cocca*[1]; 1618] *tr. ant.* accoccare.

còcchia [adattamento del veneziano *cocia*; 1937] *sf.* rete a strascico di forma grossolanamente cilindrica che viene trainata da due imbarcazioni.

cocchière [da *cocchio*; 1582] *sm.* chi per mestiere guida una carrozza a cavalli ‖ **N.** *Sin.* automedonte, fiaccheraio, postiglione, vetturino. **Q.T. *carri...*** **TAV. *carri...* p. 664** 7.4.

cocchìna [da *cocca*[2]; a. 1470] *sf.* vela quadra di piccole dimensioni.

còcchio (pl. *-chi*) [dall'ungherese *kocsi*; 1565 ca.] *sm.* **1.** carrozza signorile a quattro ruote trainata da due o più cavalli **2.** carro leggero a due ruote usato nell'antichità.

cocchiumàre (pres. *-ùmo*) [da *cocchiume*; 1723] *tr. ant.* turare una botte col cocchiume.

cocchiumatóio (pl. *-òi*) [da *cocchiumare*; 1868] *sm. disus.* succhiello usato dai bottai per aprire fori nelle botti.

cocchiùme [forse lat. tardo *cāucus*, tazza; 1340 ca.] *sm.* **1.** *non com.* foro, apertura praticata in una botte e utilizzata per riempire e svuotare il fusto **2.** *per estens.* tappo, gen. di sughero, che chiude tale foro.

còccia (pl. *-ce*) [lat. *cochlea*, chiocciola; 1340 ca. nel senso 3] *sf.* **1.** parte simile a una cocca posta in corrispondenza dell'elsa di una spada o di una sciabola per proteggere la mano **2.** elemento metallico con funzione protettiva e ornamentale posto sul calcio delle pistole **3.** *ant.* guscio di un crostaceo || *per estens.* guscio, scorza, buccia: *la coccia dell'uovo, dell'arancia* **4.** *scherz. region.* testa: *avere la coccia dura,* essere testardi || parte dell'elmo che protegge la calotta cranica || sorta di cuffia usata nel trucco teatrale per fingere la calvizie **5.** *raro* il fornello della pipa **6.** *ant.* gonfiore, protuberanza. **TAV.** ***scherma*** 1.8.

cocciàio (pl. *-ài*) [da *coccio*; 1779] **sm.** (f. *-a*) *non com.* chi fa o vende cocci || **N.** *Sin.* vasaio.

Còccidi (sing. *-e*) [comp. del gr. *kókkos*, granello e *-idi*; 1873] **sm. pl.** *T.zool.* **1.** ordine di insetti Omotteri dannosi per le piante; le femmine sono prive di occhi, zampe e ali **2.** ordine di Protozoi degli Sporozoi parassiti di vertebrati e invertebrati || **N. 1.** cocciniglia.

coccidiòṣi [comp. di *Coccidi* e *-osi*; 1931] **sf.** malattia, spec. degli animali domestici, causata dall'azione parassita dei Coccidi.

còccige [dal lat. *coccys, -ȳgis,* attr. il fr. *coccyx*; a. 1673] **sm.** *T.anat.* osso di forma triangolare che risulta dalla fusione di quattro o cinque vertebre, connesso all'osso sacro; rappresenta, nell'uomo, un residuo della coda dei mammiferi. **TAV.** ***anatomia*** **p. 641** 2.10.

coccìgeo [da *coccige*; 1865] **agg.** *T.anat.* relativo al coccige, proprio del coccige: *vertebra coccigea.* **TAV.** ***anatomia*** **p. 641** 4.7.

coccinèlla [dal lat. *coccinus*, scarlatto; 1828] **sf. 1.** ciascuno di vari insetti dei Coleotteri con capo di colore nero, corpo semisferico ed elitre di colore rosso o giallo a punti neri (la specie più comune ne ha sette) **2.** tufo calcareo di colore rossastro usato in Puglia come materiale da costruzione.

coccinèllo [etim. inc.; 1607] **sm.** *T.mar.* cavicchio o perno di legno che tiene uniti due cavi o due vele.

coccinìglia (pl. *-glie*) [dallo sp. *cochinilla*; 1567] **sf. 1.** nome generico di vari insetti dei Coccidi, gen. dannosi per le coltivazioni **2.** sostanza colorante di color rosso carminio ricavata dal corpo essiccato delle femmine di alcune specie di cocciniglia || **N. 2.** alchermes.

còccio (pl. *-ci*) [prob. da *coccia*; 1536] **sm. 1.** terracotta di poco pregio: *una pentola di coccio* || *per estens.* oggetto, stoviglia di terracotta: *ha acquistato un coccio da forno* **2.** frammento di un oggetto di terracotta o in gen. pezzo di un oggetto rotto: *cocci di bottiglia* || *fig. pigliare i cocci,* impermalirsi || *prov. chi rompe paga e i cocci sono suoi,* ciascuno deve subire le conseguenze delle proprie azioni **3.** *fam.* persona malaticcia, malridotta || **N. 1.** *Sin.* terracotta, terràglia; vaso **3.** *Sin.* catorcio, impiastro, rottame.

còcciola [da *coccia*; a. 1492] **sf.** enfiatura causata da puntura di insetto o da contatto con foglie di ortica.

cocciutàggine [da *cocciuto*; 1830] **sf.** l'essere cocciuto || *concr.* azione, comportamento da persona cocciuta || **N.** *Sin.* caparbietà, ostinazione, testardaggine | *Contr.* arrendevolezza, docilità.

cocciùto [da *coccia*; 1427] **agg.** ostinato e caparbio, che si impunta su ogni cosa: *Davide è piuttosto cocciuto* || anche *sm.* (f. *-a*): *mai vista una cocciuta simile!*

còcco¹ (pl. *-chi*) [dal port. *coco*; 1542] **sm. 1.** palma tropicale con foglie pennate e frutti ovoidali di grandi dimensioni; può raggiungere anche i 30-40 metri di altezza || *noce di cocco,* il frutto commestibile di tale pianta || *latte di cocco,* liquido biancastro e dolce contenuto nella noce di cocco || *olio di cocco,* sostanza grassa ricavata dalla polpa del cocco che viene impiegata nell'industria alimentare e cosmetica || *fibra di cocco,* rivestimento della noce di cocco che viene filato e tessuto e da cui si ricavano cordami, spazzole e sim. **2.** noce di cocco || *per estens.* bibita dissetante ricavata da tale frutto.

còcco² (pl. *-chi*) [dal lat. *coccus*, nocciolo dei frutti; 1892] **sm.** *T.biol.* denominazione delle cellule batteriche di forma ovoidale.

còcco³ (pl. *-chi*) [voce infantile; a. 1528] **sm. 1.** nel linguaggio infantile, uovo: *ecco ecco un cocco, un cocco per te* (Pascoli) **2.** ovolo buono.

còcco⁴ (pl. *-chi*) [voce infantile; 1536] **sm.** (f. *-a*) *fam. scherz.* persona prediletta, beniamino: *il cocco di mamma* || *dim.* cocchìno, cocchétto.

còcco⁵ (pl. *-chi*) [dal lat. *coccum*; 1319] **sm.** colore rosso scarlatto ricavato dalla cocciniglia.

-còcco [dal gr. *kókkos*, chicco] **elem. term.** che, in parole composte della terminologia scientifica, vale "batterio di forma tondeggiante" (per es. *gonococco, streptococco, stafilococco*).

coccodè [di orig. onom.; 1865] **sm. inv.** voce onomatopeica che imita il verso della gallina che ha deposto l'uovo.

coccodrillo [lat. *crocodīlus*, gr. *krokódeilos*; a. 1327] **sm. 1.** rettile anfibio di grandi dimensioni, con corpo simile a quello di una lucertola rivestito di placche ossee, zampe corte munite di unghie robuste, coda lunga e dotata di una forte muscolatura, testa depressa e bocca ampia con denti affilati; ottimo nuotatore, a terra si muove lento e impacciato; diffuso in Africa, Asia e America, è piuttosto vorace e costituisce un pericolo anche per l'uomo || *fig. lacrime di coccodrillo,* pentimento tardivo o simulato **2.** la pelle conciata di tale animale usata per confezionare borse, scarpe e altri oggetti pregiati di abbigliamento **3.** morsetto a molla con bracci di contatto lunghi e dentati utilizzato per realizzare connessioni elettriche provvisorie **4.** carrello stradale per il trasporto di vagoni ferroviari **5.** *T.giorn.* necrologio, biografia di personaggi illustri viventi, preparata in modo da averla a disposizione tempestivamente in caso di morte.

coccoìna ® [pare da *cocco¹*, per il suo odore; 1942] **sf.** nome commerciale di una colla solida bianca per carta.

còccola¹ [dal lat. *coccum*, nocciolo dei frutti; sec. XIV] **sf. 1.** il frutto del ginepro || *per estens.* frutto simile a quello del ginepro **2.** *raro* testa **3.** spec. *pl. raro* cosa di nessuna importanza, bagatella.

còccola² [da *cocco⁴*; 1973] **sf.** spec. *pl.*, affettuosità, carezze, moine: *quando piange è perché vuole le coccole.*

coccolàre (pres. *còccolo*) [da *cocco⁴*; 1865] **tr.** vezzeggiare: *coccolare un bambino* || **rifl.** crogiolarsi, godersela beatamente: *si è coccolato nel letto tutta la mattina.*

còccolo [da *coccolare*; 1865] **I sm. 1.** (f. *-a*) bambino grazioso e paffutello; cocco **2.** *tosc.* il coccolarsi: *stare a coccolo* **II agg.** grazioso, detto di bambini || *dim.* coccolìno; *accr.* coccolóne.

coccolóne¹ [da *coccolo*; 1964] **sm.** (f. *-a*) **1.** bambino grassottello molto grazioso **2.** chi ama farsi coccolare: *un bambino che fa il coccolone.*

coccolóne² [dall'ant. *coccola*, percossa; 1960] **sm.** *tosc.* colpo apoplettico.

coccolóni [voce in rapporto con *accoccolarsi*; a. 1405 *coccolone*] **avv.** part. nelle loc. *stare, mettersi a coccoloni,* stare accovacciato, seduto sui calcagni.

coccoveggiàre (pres. *-éggio*) [dal disus. *coccoveggia*, civetta; a. 1873] **intr.** (aus. *avere*) *ant.* fare il verso della civetta || *fig.* civettare.

cocènte (*ppr.* di *cuocere*) [a. 1292] **agg. 1.** molto caldo, rovente: *sole cocente* **2.** *fig.* intenso, acuto: *una cocente passione.*

cochon (fr., pr. [kɔˈʃɔ̃]) [letter. maiale; 1983] **agg. inv.** osceno, pornografico: *spettacolo cochon.*

cociménto [da *c(u)ocere*; a. 1292] **sm.** *ant.* **1.** cottura **2.** *fig.* tormento spirituale.

cocincìna [etim. sconosciuta; 1965] **sf. 1.** gioco di carte simile alla scopa giocato con un numero doppio di carte **2.** razza di polli di grandi dimensioni, originaria della Cina.

cocióre [da *c(u)ocere*; a. 1543] **sm.** *raro* **1.** arsura, bruciore **2.** *fig.* dolore bruciante.

cocitóre o **cuocitóre** [da *c(u)ocere*; 1376] **sm.** (f. *-trìce*) in vari settori dell'industria alimentare, chimica, cosmetica ecc., operaio addetto a operazioni di cottura.

cocitùra o **cuocitùra** [da *cuocere*; prima metà sec. XIV] **sf.** *raro* cottura.

cocker (ingl., pr. [ˈkɒkə]; pr. it. [ˈkɔker]) [così detto perché usato nella caccia alla beccaccia, ingl. *woodcock*; 1852] **sm. inv.** cane da riporto di piccole dimensioni con le orecchie pendenti e il pelame morbido e ondulato gen. fulvo; oggi è soprattutto un cane da compagnia. **TAV.** ***cani*** **p. 662.**

cocktail (ingl., pr. [ˈkɒkteɪl]) [letter. coda di gallo; 1896] **sm. inv.** miscela di vari liquori o vini da dessert eventualmente con succhi di frutta o aromi vari e aggiunta di ghiaccio || *per estens. fig.* miscuglio di varie cose: *la sua relazione era un cocktail disordinato di citazioni* || *per estens. cocktail-party.*

cocktail-party (ingl., pr. [ˈkɒkteɪl ˈpɑːtɪ]) [comp. di *cocktail* e *party*, ricevimento; 1937] **sm. inv.** ricevimento che gen. si svolge nel tardo pomeriggio, in cui vengono servite bevande alcoliche e un buffet freddo || **N.** *Sin.* ricevimento, rinfresco.

còclea [dal lat. *cochlea*, chiocciola; 1585] **sf. 1.** macchina idraulica usata già nell'antichità per sollevare modeste quantità d'acqua o di materiali sciolti, costituita da un involucro cilindrico al cui interno ruota una vite elicoidale **2.** *T.anat.* parte dell'orecchio interno che presenta una configurazione a chiocciola **3.** *T.archeol.* nell'anfiteatro romano, porta da cui uscivano le bestie feroci **4.** *raro* scala a chiocciola || **N. 1.** *Sin.* vite d'Archimede, vite perpetua.

cocleàre [da *coclea*; 1830] **agg.** *T.anat.* relativo alla coclea, proprio della coclea: *membrana cocleare.*

cocleària [dal lat. tardo *cochlear, -āris,* cucchiaio, per la forma delle foglie; a. 1730] **sf.** pianta delle Crocifere con foglie a forma di cuore e fiori bianchi; dotata di proprietà medicinali, è diffusa in tutta Europa nei luoghi umidi e lungo i litorali marini.

cocleòide [comp. del lat. *cochlea*, chiocciola e *-oide*; 1931] **sf.** *T.geom.* curva piana che rappresenta il luogo degli estremi di archi uguali staccati, partendo da un punto, su circonferenze tangenti tra loro in quel punto.

còclide [dal lat. *cochlis, -idis,* piccola chiocciola; 1931] **agg.** *T.arch.* di colonna, che presenta all'interno una scala a chiocciola oppure che è decorata all'esterno con un rilievo a spirale: *la colonna di Traiano è una colonna coclide.*

cocòlla [lat. tardo *coculla*, cappuccio; 1321] **sf.** sopravveste con cappuccio che i frati di alcuni ordini religiosi portano sopra la tonaca || *per estens.* gen. *spreg.* frate.

cocomeràio (pl. *-ài*) [da *cocomero*; a. 1742] **sm. 1.** (f. *-a*) chi coltiva o vende cocomeri **2.** campo coltivato a cocomeri.

cocómero [lat. *cucumis, -eris*; sec. XIV] **sm. 1.** pianta delle Cucurbitacee con fusto sdraiato con grandi cirri, foglie a forma di cuore, frutti commestibili globosi che possono superare i 15 kg di peso, con buccia verde, talvolta con strisce più chiare e polpa rossa zuccherina con un elevato contenuto di acqua || *per estens.*

il frutto di tale pianta || *fig.* persona sciocca e balorda **2.** *merid.* cetriolo || **N. 1.** anguria; citrullo.

cocorita [dallo sp. *cotorrita*, dim. di *cotorra*, piccolo pappagallo; 1905] ***sf.*** pappagallo domestico di piccole dimensioni.

cocotte [1] (fr., pr. [kɔ'kɔt]) [propr. gallina; 1885] ***sf.*** *inv.* donna di facili costumi, prostituta.

cocotte [2] (fr., pr. [kɔ'kɔt]) [etim. inc.; 1931] ***sf.*** *inv.* recipiente in ghisa per la cottura di cibi.

cocùzza o **cucùzza** [lat. tardo *cucūtia*; a. 1313 *cocosse*] ***sf.*** **1.** *region.* zucca **2.** *fam. scherz.* testa **3.** *pl.* soldi.

cocùzzolo o **cucùzzolo** [prob. lat. tardo *cucūtium*, cappuccio; sec. XIV] ***sm.*** la parte più alta del capo o del cappello || *per estens.* la sommità di un monte, del tetto di un edificio e sim.

códa [lat. tardo *coda*, class. *cāuda*; a. 1292] ***sf.*** **1.** appendice terminale posteriore del corpo dei Vertebrati sostenuta da una struttura ossea che costituisce il prolungamento della colonna vertebrale || *per estens.* l'estremità posteriore di diversi invertebrati: *la coda dello scorpione* || *fig. rizzare la coda*, prendere coraggio || *fig. andarsene con la coda tra le gambe*, mogi mogi dopo un insuccesso || *fig. il diavolo ci ha messo la coda*, una circostanza imprevista ha impedito il buon esito di qualcosa || *fig. avere la coda di paglia*, di chi, non avendo la coscienza pulita, è inquieto e sospettoso || *fig. non avere né capo né coda*, di discorso sconclusionato e incoerente || *per estens. T.anat.* la parte assottigliata di alcuni organi: *la coda del pancreas* || *per estens. T.bot.* prolungamento di organi vegetali: *la coda della cipolla* **2.** chioma, capelli che si lasciano cadere sulle spalle: *capelli a coda di cavallo*, ciuffo di capelli non intrecciati, stretti alla radice da un fermaglio, un elastico e sim., che scende dietro le spalle; negli uomini, *codino* (v.) **3.** *per estens.* strascico di abito o mantello: *le damigelle reggevano la coda della sposa*; *abito a coda di rondine*, abito maschile da cerimonia in cui la giacca ha le falde lunghe **4.** *per estens.* parte terminale e allungata di qualcosa: *la coda dell'aereo* || parte terminale di una colonna di auto o di vagoni: *la coda del treno*, le ultime vetture; *fanalino di coda*, segnale luminoso di fine convoglio; *fig.* l'ultimo in una graduatoria; *in coda*, in fondo || *pianoforte a coda*, con le corde disposte orizzontalmente || *coda d'affusto*, la parte terminale di una bocca da fuoco || *T.astr. coda della cometa*, pennacchio composto da gas fluorescenti che compare nella chioma di una cometa quando questa si trova in prossimità del Sole || *coda dell'occhio*, l'angolo esterno dell'occhio; *fig. guardare con la coda dell'occhio*, di soppiatto **5.** *fig.* parte terminale di uno scritto: *un discorso senza né capo né coda*, sconclusionato; *coda del sonetto*, versi aggiuntivi al 14 del sonetto || *T.giorn.* ultima cartella di un articolo || *per estens. T.mus.* appendice conclusiva di un brano musicale **6.** *fig.* continuazione, strascico: *le sue dichiarazioni avranno certamente una coda* || *coda sonora*, prolungamento di un suono prodotto in un ambiente chiuso causato dalle riflessioni successive delle onde sonore **7.** fila di persone o autoveicoli: *fare la coda all'anagrafe, al casello c'era una coda di due chilometri*; *stare in coda*, fare la fila || *teoria delle code*, studio con metodi stocastici delle situazioni in cui si crea un'attesa per poter usufruire di un servizio **8.** residuo di lavorazione industriale, part. nei processi di stillazione alcolica **9.** foglio supplementare che viene aggiunto a una cambiale quando non vi è più spazio per ulteriori girate **10.** *T.cin.* scarto di pellicola che viene utilizzato all'inizio o alla fine di un rullo per evitare deterioramenti della pellicola impressionata nelle operazioni tecniche di montaggio **11.** *coda di cavallo*, pianta con fusti dai numerosi e sottili rami che, secchi, vengono utilizzati per lucidare superfici metalliche mentre bolliti hanno proprietà diuretiche || *coda di topo*, pianta delle Graminacee con corto rizoma e fiori a pannocchia; *T.pesc.* lenza per la pesca a mosca || *dim.* codétta, codìno (*sm.*), codìnzolo (*sm.*); *accr.* codóne (*sm.*); *pegg.* codàccia || **N. 3.** *Sin.* scia **4.** *Sin.* parte posteriore **5.** *Sin.* appendice, chiusa, conclusione. **TAV.** ***anatomia* p. 641** 2.3; ***mammiferi* p. 1318** 1.12, 5.1; ***musica* p. 1325** 15.

codardìa [da *codardo*; a. 1294] ***sf.*** l'essere codardo || *concr.* azione da codardo || **N.** *Sin.* ignavia, paura; viltà.

codàrdo [dal fr. ant. *couard*; a. 1292] **I *agg.*** **1.** che manca di coraggio, di persona che per viltà viene meno ai propri doveri o evita a ogni costo il pericolo: *un soldato codardo* **2.** che denota viltà: *parole codarde* || **codardaménte** ***avv.*** **II *sm.*** (f. *-a*) persona codarda, pauroso || **N.** pusillanime, vigliacco, vile.

codàto [da *coda*; a. 1675] ***agg.*** *non com.* che ha la coda.

codàzzo [da *coda*; a. 1535] ***sm.*** *spreg.* seguito, corteo disordinato: *un codazzo di ammiratori.*

codeìna [dal fr. *codéine*; 1875] ***sf.*** alcaloide contenuto nell'oppio che si presenta sotto forma di cristalli incolori di sapore amarognolo; viene usato in medicina per calmare la tosse.

codésto (non com. *cotésto*) [lat. volg. **eccum tibi istum*, eccoti questo; 1313] **I *agg.*** *dimostr. tosc.* questo, indica cosa o persona vicina o relativa alla persona cui ci si rivolge || *T.bur.* indica l'ente o l'ufficio cui ci si sta rivolgendo per lettera: *chiedo a codesto ministero...* **II *pron.*** *dimostr. tosc.* indica cosa o persona vicina o relativa alla persona cui ci si rivolge; *in part.* con valore neutro, questa cosa, ciò: *codesto che tu dici è una scempiaggine.*

codétta (*dim.* di *coda*) [a. 1424] ***sf.*** **1.** piccola coda **2.** segno grafico simile alla virgola che nei testi medievali, posta sotto la *e*, indicava il dittongo latino *ae* || in alcuni sistemi di trascrizione fonetica indica vocale aperta || nella grafia polacca e nella translitterazione del cirillico, indica vocale nasalizzata **3.** estremità della frusta cui si attacca lo sverzino **4.** *T.calz.* estremità inferiore della tomaia **5.** *T.mar.* cavo poppiero di ormeggio **6.** *T.arm.* nelle armi da fuoco portatili, prolungamento della culatta **7.** *T.bur.* indirizzo posto in alto a sinistra del foglio **8.** *T.agr.* grano di qualità inferiore.

codex (lat., pr. it. ['kɔdeks]) [letter. codice] ***sm.*** (pl. *codices*; pr. it. ['kɔditʃes]) *T.filol.* in alcune locuzioni specifiche, codice, manoscritto: *codex unicus* (pr. it. ['kɔdeks 'unikus]), di cui non esiste altra copia; *codex optimus* (pr. it. ['kɔdeks 'ɔptimus]), considerato il più attendibile e corretto; *codex rescriptus* (pr. it. ['kɔdeks res'kriptus]), palinsesto. **Q.T.** *filologia...*

codiàre (pres. *códio*) [da *coda*; a. 1406] ***tr.*** *disus.* pedinare, seguire qualcuno da vicino.

codibùgnolo [comp. di *coda* e *bugnolo*, per la forma del nido; 1797] ***sm.*** uccello dei Passeracei simile alla cincia, ma con una coda lunga e sottile.

còdice [dal lat. *cōdix, -icis*; sec. XIV] ***sm.*** **1.** libro manoscritto, part. riferito a volume anteriore alla diffusione della stampa || *codice cartaceo*, scritto su carta; *codice membranaceo*, scritto su pergamena || *codice autografo*, contenente opere scritte di pugno dall'autore || *codice anonimo* o *adespoto*, privo del nome dell'autore || *codice anepigrafo*, privo di titolo || *codice mutilo*, in cui manca qualche foglio; *codice acefalo*, in cui mancano le pagine iniziali **2.** corpo di leggi che regolano una determinata materia || *per anton.* codice penale || *codice civile*, che contiene le disposizioni fondamentali in materia di diritto privato; *codice penale*, che contiene i principi basilari su cui è organizzato il diritto penale || raccolta di leggi relative a una determinata materia: *codice della strada, postale*; *per estens.* raccolta non ufficiale di leggi e disposizioni relative a un dato settore: *codice amministrativo* || raccolta di leggi promulgate da un unico legislatore: *codice giustinianeo, napoleonico* || *per estens.* insieme di norme che hanno valore consuetudinario: *codice cavalleresco*; *codice sportivo*, complesso di norme etiche che regolano l'attività sportiva || *codice d'onore*, le regole a cui ciascuno si ritiene impegnato dal proprio onore **3.** sistema convenzionale di segni per la rappresentazione e la trasmissione dell'informazione da un emittente a un ricevente: *codice alfabetico, Morse* || *comunicare in codice*, utilizzando un sistema convenzionale diverso da quello usuale e segreto, allo scopo di non essere compresi da altri || *codice di avviamento postale*, numero assegnato a ciascuna città italiana per consentire la meccanizzazione delle procedure di smistamento della corrispondenza || *codice fiscale*, sequenza numerica e alfabetica assegnata a ciascun contribuente al fine di identificarlo nel sistema meccanografico dell'anagrafe tributaria || *T.ling.* linguaggio settoriale che caratterizza un determinato ambito: *codice burocratico*; *T.lett.* insieme di elementi stilistici e linguistici che caratterizzano un autore o un indirizzo letterario: *il codice della poesia bucolica* **4.** *T.inform. codice macchina*, sistema simbolico usato per convertire l'informazione in modo che sia utilizzabile da un elaboratore || *codice alfanumerico*, il cui insieme di caratteri è composto sia da cifre che da lettere alfabetiche || *codice a barre*, sistema di codificazione decimale usato per la catalogazione di prodotti commerciali mediante la stampigliatura di una sequenza di righe verticali di diverso spessore e decodificabile per mezzo di appositi lettori ottici **5.** *T.biol. codice genetico*, sistema di trasmissione e conservazione dell'informazione genetica per mezzo del DNA e dell'RNA || **N. 1.** *Sin.* manoscritto **2.** *Sin.* pandette, raccolta di leggi; norme, regolamento, regole. **Q.T.** *filologia..., genetica..., linguistica.*

codicillàre [dal lat. tardo *codicillāris*; 1673] ***agg.*** che si riferisce a un codicillo.

codicìllo [dal lat. *codicillum*, tavoletta da scrivere; 1250] ***sm.*** **1.** aggiunta fatta a una scrittura legale, part. a un testamento, per integrare o modificare precedenti disposizioni **2.** *scherz.* aggiunta, poscritto.

codicologìa [comp. di *codice* e *-logia*; 1974] ***sf.*** studio del codice manoscritto nei suoi aspetti esteriori, nel suo contenuto e nelle sue vicende. **Q.T.** *filologia...*

codìfica [da *codificare*; 1965] ***sf.*** atto ed effetto del codificare, codificazione.

codificàre (pres. *-ìfico, ìfichi*) [dal fr. *codifier*; 1886] ***tr.*** **1.** organizzare in modo sistematico, part. in riferimento a norme giuridiche: *codificare il diritto amministrativo* || attribuire valore normativo: *codificare una consuetudine* **2.** esprimere un messaggio mediante un sistema arbitrario di simboli comune all'emittente e al ricevente || *gen.* convertire un messaggio da un codice a un altro; *in part. T.inform.* convertire le istruzioni date in linguaggio di programmazione in sequenze di codice macchina || **N. 1.** *Sin.* regolamentare; ratificare, sancire **2.** *Sin.* tradurre, trascrivere in codice | *Contr.* decodificare.

codificatóre [da *codificare*; a. 1881] ***sm.*** (f. *-trìce*) chi codifica || dispositivo per la traduzione automatica in un dato codice di messaggi e dati.

codificazióne [dal fr. *codification*; 1847] ***sf.***

atto ed effetto del codificare; *in part.* organizzazione sistematica di norme di un particolare ramo del diritto; *in gen.* sistemazione coerente di regole e norme relative a una particolare disciplina ‖ *T.inform.* operazione di traduzione dei messaggi in un dato codice ‖ *T.biol.* meccanismo per cui nella sintesi proteica vengono prodotti gli aminoacidi corrispondenti alle triplette dell'RNA messaggero.

codimòzzo [comp. di *coda* e *mozzo*, mozzato; a. 1400 ca.] **agg.** *lett.* detto spec. di cane con la coda mozzata.

codinismo [da *codino*; 1865] **sm.** atteggiamento politico retrogrado e conservatore.

codino (*dim.* di *coda*) [a. 1704] **sm. 1.** piccola coda **2.** nell'acconciatura maschile del XVIII secolo, treccina fissata con un nastro dietro la nuca ‖ *per estens.* piccola treccia in acconciature femminili **3.** *fig.* persona retrograda e reazionaria; anche *agg.*: *mentalità codina* **4.** treccia di capelli portata dagli uomini in Cina fino all'ultima dinastia ‖ **N. 3.** *Sin.* conservatore, parruccone | *Contr.* innovatore, progressista.

codinzolo [da *coda*; a. 1918] **sm.** coda corta e sottile dei cani piccoli ‖ *dimenare il codinzolo*, scodinzolare.

codióne V. CODRIONE.

codirósso [comp. di *coda* e *rosso*; a. 1484] **sm.** uccello dei Passeracei con becco sottile, piumaggio marrone e coda rossa; ha un canto assai melodioso.

codistribuzióne [comp. di *co-* e *distribuzione*, sul modello di *coproduzione*; 1980] **sf.** sistema di diffusione di un film in paesi diversi, mediante l'associazione di più case di distribuzione.

códolo [da *coda*; 1797] **sm. 1.** la parte terminale di un'arma bianca, di un utensile e sim., che si inserisce nell'impugnatura o nel manico ‖ nelle macchine utensili, la parte terminale dell'utensile che si inserisce nel mandrino ‖ nella forchetta e nel cucchiaio, il manico **2.** attrezzo usato nella fabbricazione di ferri da cavallo **3.** la parte inferiore del manico degli strumenti a corda, riccio.

codóne¹ [da *coda*; 1797] **sm. 1.** anatra selvatica di grandi dimensioni con collo lungo e becco di colore azzurro cupo, piumaggio scuro con strie bianche e nere; nel maschio le penne caudali centrali sono lunghe e sottili **2.** parte della groppiera che passa sotto la coda dei cavalli **3.** nelle antiche artiglierie, la parte terminale della culatta.

codóne² [comp. di *cod(ice)* e *-one*; 1970] **sm.** *T.biol.* unità di informazione del codice genetico costituita da una sequenza di tre nucleotidi.

codrióne o **codióne** [da *coda*; 1525] **sm.** le ultime vertebre degli uccelli, cui si attacca la coda ‖ *scherz.* nell'uomo, il coccige.

coeditóre [da *editore*; 1942] **sm.** (f. *-trice*) editore che pubblica un libro in associazione ad altri editori.

coedizióne [da *edizione*; 1956] **sf.** edizione di un'opera fatta da due o più editori in associazione.

coeducazióne [comp. di *co-* e *educazione*; 1931] **sf.** educazione impartita in comune a bambini di entrambi i sessi.

coefficiènte [dal fr. *coefficient*; 1712] **sm. 1.** *T.mat.* fattore numerico che operando su una quantità A consente di ottenere una quantità B **2.** *T.fis.* quantità numerica che definisce le proprietà di un corpo o le relazioni meccaniche, fisiche, chimiche ecc. tra corpi: *coefficiente di dilatazione* **3.** *T.econ.* *coefficiente di esercizio*, rapporto tra le spese sostenute e gli introiti in un dato periodo di tempo **4.** *T.sport.* nel pugilato, nei tuffi, nella ginnastica ecc., elemento che insieme ad altri contribuisce all'attribuzione del punteggio: *coefficiente di difficoltà* **5.** *T.biol.* *coefficiente di selezione*, indice che esprime la misura dell'insuccesso riproduttivo di un organismo **6.** *fig.* causa, elemento che in unione ad altri contribuisce al verificarsi di un certo effetto.

coefficiènza [da *coefficiente*; 1697] **sf.** *raro* presenza simultanea di più cause che concorrono alla produzione di un determinato effetto ‖ **N.** *Sin.* concausa.

coèfora [dal gr. *choēphóros*, portatore di libagioni; 1820] **sf.** nell'antica Grecia, donna che recava doni e libagioni ai sepolcri.

coeguàle [lat. *coaequālis*; seconda metà sec. XIV] **agg.** uguale, di pari grado rispetto ad altri; *in part.* attributo delle persone della SS. Trinità.

coelètto [dal lat. tardo *coelēctus*; 1865] **agg.** eletto insieme ad altri.

coenzima [da *enzima*; 1951] **sm.** *T.chim.* sostanza necessaria per l'azione di un determinato enzima.

coercibile [dal fr. *coercible*; 1834] **agg.** che può essere frenato, costretto ‖ di gas, che può essere compresso ‖ **N.** *Sin.* contenibile, frenabile | *Contr.* incoercibile, irrefrenabile.

coercibilità [dal fr. *coercibilité*; 1886] **sf.** l'essere coercibile.

coercitivo [dal fr. *coercitif*; a. 1691] **agg.** che esercita una costrizione, che impone un obbligo: *provvedimento coercitivo*; *metodi coercitivi*, che limitano la libertà individuale ‖ **coercitivaménte** **avv.** ‖ **N.** *Sin.* costrittivo, obbligatorio | *Contr.* libero, volontario.

coercizióne [dal lat. *coercitio, -ōnis*; 1812] **sf.** il costringere con la forza qualcuno ad agire contro la propria volontà ‖ **N.** *Sin.* coartazione, costrizione, obbligo, pressione.

coerède [dal lat. *cohēres, -erēdis*; a. 1292] **s.** chi eredita insieme ad altri.

coerènte [dal lat. *cohaerens, -entis*; 1585] **agg. 1.** *fig.* che non presenta contraddizioni: *discorso coerente con le premesse* ‖ *T.mat.* di sistema logico in cui non sono dimostrabili contemporaneamente un'espressione e la sua negazione **2.** saldamente unito in ogni sua parte ‖ *T.min.* di roccia composta da elementi granulari saldati tra loro ‖ *T.bot.* di organi saldati tra loro o tanto ravvicinati da apparire saldati insieme **3.** *T.fis.* di grandezze ondulatorie tra le quali esiste una relazione costante di fase ‖ **coerenteménte** **avv.**; anche nella *loc. prep.* *coerentemente a* (o *con*), in coerenza con: *coerentemente a quanto era stato detto* ‖ **N. 1.** *Sin.* consistente, logico, non contraddittorio | *Contr.* contraddittorio, incoerente **2.** *Sin.* compatto | *Contr.* friabile, incoerente **3.** costante.

coerènza [dal lat. *cohaerentia*; 1585 *coerenzia*] **sf. 1.** *fig.* stretta connessione di giudizi e argomentazioni: *la coerenza di questo testo è affidata ai sottintesi* ‖ costanza di idee e propositi: *agire in coerenza ai* (o *con i*) *propri principi morali* ‖ non contraddittorietà **2.** coesione **3.** *T.fis.* proprietà di insiemi di grandezze ondulatorie che mantengono tra loro una relazione costante di fase.

coesióne [dal fr. *cohésion*; 1743] **sf. 1.** *T.fis.* proprietà delle molecole di un corpo a restare aggregate tra loro in virtù della forza di attrazione esistente tra elettroni e nuclei atomici **2.** *fig.* legame esistente tra gli elementi di un insieme o di un sistema ‖ *T.ling.* proprietà di un testo che presenta un corretto uso di congiunzioni, pronomi, ripetizioni ecc. usati quali legami tra frasi.

coesistènza [dal fr. *coexistence*; a. 1829] **sf.** l'esistere insieme; il manifestarsi contemporaneo di cose legate tra loro da una qualche relazione: *coesistenza di idee, di fenomeni* ‖ *coesistenza pacifica*, possibilità di convivenza tra sistemi politici ed economici diversi.

coesìstere (pres. *-isto*) [dal lat. tardo *coexistere*, attr. il fr. *coexister*; a. 1829] **intr.** (aus. *essere*) **1.** esistere contemporaneamente: *in lui coesistono odio e amore* **2.** convivere: *nonostante la diversità di opinioni, coesistono tranquillamente.*

coesìvo [dal fr. *cohésif*; 1892] **agg.** che serve a tenere uniti più elementi: *i pronomi fungono da elementi coesivi nel testo.*

coessenziàle [da *essenziale*; a. 1625] **agg.** che ha la medesima essenza ‖ *T.teol.* consustanziale.

coetàneo [dal lat. tardo *coaetāneus*; 1342] **agg.** e **sm.** (f. *-a*) che, chi ha la medesima età ‖ *per estens.* che, chi appartiene alla stessa epoca.

coetèrno [dal lat. tardo *coaeternus*; sec. XIV] **agg.** *T.teol.* eterno insieme ad altri, part. in riferimento alla Trinità.

coèvo [dal lat. tardo *coāevus*; 1693] **agg.** contemporaneo, che appartiene alla medesima epoca, perlopiù passata: *l'episodio è riportato in cronache coeve.*

còfana [da *cofano*; 1961] **sf.** recipiente di lamina di ferro, a base quadrata, provvisto di manici, usato dai muratori per il trasporto della calce.

cofanètto (*dim.* di *cofano*) [sec. XIV] **sm. 1.** cassettina preziosamente ornata, usata per custodire gioielli **2.** confezione elegante con la quale vengono venduti cosmetici, caramelle, cioccolatini e sim. ‖ confezione di due o più volumi contenuti in una custodia di cartone, spesso decorata ‖ **N. 1.** *Sin.* scrigno.

còfano [lat. tardo *cophinus*, gr. *kóphinos*, cesta; 1263 *cofino*] **sm. 1.** cassa di grandi dimensioni, talvolta con coperchio bombato, per custodire o trasportare oggetti; spesso decorata, faceva parte dell'arredamento medievale e rinascimentale e conteneva il corredo nuziale ‖ forziere **2.** *T.aut.* il portello che chiude il vano motore ‖ il coperchio incernierato del vano portabagagli **3.** *cofano d'artiglieria*, cassa dotata delle opportune protezioni per il trasporto di munizioni **4.** *T.mar.* sovrastruttura del ponte che protegge l'accesso alle stive o al vano motore **5.** *region.* cesta **6.** barca usata in Veneto per la caccia in laguna **7.** opera fortificata costruita in trincea e munita di tettoia e feritoie ‖ **N. 1.** *Sin.* cassa, cassetta, cassone, stipo; cassaforte, forziere, scrigno. **TAV. *automobile* p. 658** 3.1, 3.40.

coferménto [comp. di *co-* e *fermento*; 1964] **sm.** *T.biol.* sostanza che eccita l'attività di un fermento ‖ **N.** *Sin.* coenzima.

còffa [dallo sp. *cofa*; 1772] **sf. 1.** *T.mar.* nei velieri, posto di manovra delle vele e di vedetta disposto presso la cima dell'albero di maestra e costituito da una piattaforma semicircolare gen. munita di balaustra; oggi è una piattaforma posta sull'albero di centro o di prora e utilizzata come sostegno dell'impianto radar o come posto di vedetta **2.** *region.* paniere **3.** attrezzo da pesca costituito da ami raccolti in un cesto ‖ **N. 1.** *Sin.* gabbia | gabbiere. **TAV. *nave* p. 1327** 6.5, 6.8.

cofirmatàrio (pl. *-ri*) [da *firmatario*; 1963] **sm.** (f. *-a*) chi firma un documento insieme ad altri ‖ anche *agg.*: *personalità cofirmatarie.*

cofòsi [dal gr. *kōphōsis*, sordità; a. 1800] **sf.** *T.med.* sordità completa.

cogarànte [comp. di *co-* e *garante*; 1956] **agg.** e **s.** che, chi è garante assieme ad altre persone.

cogènte [dal lat. *cogens, -entis*; 1951] **agg.** *T.giur.* di norma o disposizione che ha carattere obbligatorio e non può essere modificata da accordi privati ‖ *per estens.* di argomentazione, irrefutabile ‖ **N.** *Sin.* inderogabile.

cogerènte [da *gerente*; 1950] **s.** chi gestisce qualcosa insieme ad altri.

cogestióne [da *gestione*; 1963] **sf.** gestione comune ‖ *cogestione aziendale*, partecipazione diretta dei lavoratori alla gestione di un'impresa.

cogestire (pres. *-isco, -isci*) [comp. di *co-* e *gestire*; 1983] *tr.* gestire in comune con una o più persone un'azienda, un'attività.

cogitabóndo [dal lat. tardo *cogitabundus*; a. 1529 *cogitabundo*] *agg. lett.* o *scherz.* pensieroso, assorto.

cogitàre (pres. *cògito*) [dal lat. *cogitāre*; fine sec. XII] *intr.* (aus. *avere*) *lett.* e *scherz.* pensare.

cogitativo [dal lat. tardo *cogitatīvus*; a. 1375] *agg.* relativo al pensare: *la facoltà cogitativa* ‖ *ant.* pensieroso.

cogitazióne [dal lat. *cogitātio, -ōnis*; 1300 ca.] *sf. lett.* pensiero, riflessione.

cògito [lat. *cogito*, prima pers. sing. del pres. ind. di *cogitare*, pensare; letter. io penso; 1961] *sm. sing. T.fil.* abbreviazione dell'inferenza cartesiana *cogito, ergo sum* (letter. penso, dunque sono), usata spec. dalla scuola fenomenologica per designare l'autoevidenza esistenziale del soggetto pensante, cioè la certezza che il soggetto pensante ha della sua esistenza in quanto tale.

cógli [comp. di *con* e *gli*] *prep. art. m. pl.* composta dalla preposizione *con* e dall'articolo *gli*.

cògliere (pres. *còlgo, cògli*; p.rem. *còlsi, cogliésti*; fut. *coglierò, coglierài*, pop. o poet. *corrò*; pps. *còlto*) [lat. *colligere*; a. 1292] *tr.* **1.** staccare dal terreno o da una pianta: *cogliere un fiore, un frutto* ‖ *per estens.* raccogliere: *cogliere l'acqua piovana* ‖ *fig. cogliere il frutto del proprio lavoro, delle proprie fatiche*, ricavarne il meritato compenso ‖ *fig. cogliere allori*, avere successo **2.** afferrare, prendere: *cogliere la palla* ‖ *in part. fig. cogliere la palla al balzo*, afferrare l'occasione propizia ‖ colpire nel punto giusto, anche *fig.*: *cogliere nel segno* ‖ *fig.* comprendere: *non ho colto il senso delle tue parole* ‖ *cogliere nel giusto*, indovinare **3.** sorprendere: *cogliere in fallo* **4.** *T.mar.* disporre le funi a cerchi concentrici per poterle poi svolgere senza difficoltà ‖ *intr.* (aus. *avere*) *raro* incogliere: *mal te ne colga* ‖ **N. 1.** *Sin.* prendere, raccogliere, spiccare.

coglionàre (pres. *-óno*) [da *coglione*; a. 1654] *tr. volg.* deridere, beffare, prendersi gioco di qualcuno ‖ raggirare.

coglionàta [da *coglione*; 1970] *sf. volg.* coglioneria.

coglionatùra [da *coglionare*; a. 1704] *sf. volg.* derisione, presa in giro.

coglióne [lat. tardo *cōleo, -ōnis*; a. 1292] *sm. volg.* **1.** testicolo ‖ *fig. rompere i coglioni*, seccare ‖ *fig. levarsi dai coglioni*, smettere di dare fastidio ‖ *fig. far girare i coglioni*, dare fastidio ‖ *fig. stare sui coglioni*, essere antipatico ‖ *fig. avere i coglioni*, essere capace, abile o di carattere risoluto **2.** (f. *-a*) *fig.* persona stupida e balorda ‖ anche *agg.* ‖ **N. 2.** *Sin.* babbeo, fesso, minchione.

coglionerìa [da *coglione*; a. 1535] *sf. volg.* discorso, azione, comportamento da sciocco, grossolana stupidaggine.

coglitóre [da *cogliere*; 1297] *sm.* (f. *-trice*) *non com.* chi coglie ‖ *ant.* esattore.

coglitùra [da *cogliere*; a. 1811] *sf. tosc.* l'azione del cogliere, part. frutti ‖ **N.** *Sin.* raccolta.

cognac (fr., pr. [kɔ'ɲak]) [dal n. geogr. *Cognac*; 1875] **I** *sm. inv.* **1.** acquavite di vino, invecchiata in fusti di rovere, prodotta nella regione francese di Cognac **2.** la quantità di cognac che si beve: *gli ha offerto un cognac* **II** *agg. inv.* (sempre posposto) del colore giallo ambrato caratteristico di tale liquore ‖ *dim.* cognacchìno.

cognàta [lat. *cognātus*, consanguineo; sec. XIII] *sf.* la sorella del marito o della moglie; anche la moglie del fratello ‖ *dim.* cognatìna.

cognàto [lat. *cognātus*, consanguineo; sec. XIII] **I** *sm.* il fratello del marito o della moglie; anche il marito della sorella **II** *agg. lett.* consanguineo ‖ *fig.* simile.

cognazióne [dal lat. *cognātio, -ōnis*; 1321] *sf. ant.* vincolo di parentela; stirpe ‖ *cognazione legale*, vincolo di parentela che si determina per adozione ‖ *cognazione spirituale*, vincolo che si determina tra padrino e figlioccio.

cognitivìsmo [der. di *cognitivo*; 1967] *sm. T.psic.* corrente della psicologia sperimentale che, in polemica con il comportamentismo, sostiene la legittimità scientifica della postulazione di entità teoriche non direttamente verificabili, come rappresentazioni e processi mentali.

cognitivo [der. da *cognito*; sec. XIV nel senso 2] *agg.* **1.** *T.psic.* che riguarda i processi della conoscenza in quanto guida del comportamento: *percezione, memoria, immaginazione, ragionamento sono processi cognitivi* **2.** *ant.* conoscitivo.

cògnito [dal lat. *cognitus*; a. 1306] *agg. lett.* noto, conosciuto ‖ **N.** *Contr.* incognito.

cognizióne [dal lat. *cognitio, -ōnis*; a. 1332] *sf.* **1.** l'atto e l'effetto del conoscere **2.** facoltà di apprendere e valutare la realtà circostante **3.** spec. *pl.* insieme di nozioni relative a un determinato campo: *accrescere le proprie cognizioni* **4.** *T.giur.* istruzione di una causa civile ‖ competenza a esaminare una causa ‖ *con cognizione di causa*, dopo approfondito esame di tutti gli elementi, anche *fig.* ‖ *dim.* e *pegg.* cognizioncèlla ‖ **N. 1.** *Sin.* conoscenza **3.** *Sin.* notizia, nozione.

cògno o **cógno** [lat. *congius*; a. 1313] *sm.* **1.** antica misura di capacità per liquidi, part. per vino, pari a circa 450 litri **2.** quantità d'olio dovuta dal contadino per l'uso del frantoio.

cognóme [dal lat. *cognōmen*; 1342] *sm.* **1.** nome di famiglia **2.** presso i Romani, il terzo nome, che designava i membri di una famiglia nell'ambito di una gente **3.** *ant.* soprannome ‖ **N. 1.** *Sin.* casato, nome.

cognominàre (pres. *-òmino*) [dal lat. *cognomināre*; 1353] *tr. non com.* **1.** dare un cognome **2.** *ant.* soprannominare, intitolare.

cogolària [lat. *cucullus*, cappuccio, come il ven. *cogolera*; sec. XIV] *sf. T.pesc.* rete di forma conica utilizzata per la pesca delle anguille.

cogóllo [dal lat. scient. *cucullus*, cappuccio; a. 1750] *sm. T.pesc.* rete fissa a sacco; viene sistemata attraverso il corso d'acqua per intercettare il pesce che scende con la corrente.

cògolo [dal ven. *cogolo*; 1779] *sm. sett.* ciottolo.

coguàro [dalla voce indigena bras. *coguacuara*, attr. il fr. *couguar*; 1838] *sm. T.zool.* puma.

coherer (ingl., pr. [koʊ'hɪərə]) [voce tratta dal lat. *cohaerēre*, essere unito; 1903] *sm. inv.* dispositivo rivelatore di onde elettromagnetiche usate nei primi apparecchi radio.

cói [comp. di *con* e *i*] *prep. art. m. pl.* composta dalla preposizione *con* e dall'articolo *i*.

coiàio v. CUOIAIO.

coiàme v. CUOIAME.

coiàttolo [da *c(u)oio*; 1759] *sm.* **1.** *ant.* ritaglio di cuoio **2.** concime composto da ritagli di cuoio.

coibentàre (pres. *-ènto*) [da *coibente*; 1990] *tr. T.tecn.* rivestire con materiale isolante.

coibentazióne [da *coibentare*; 1979] *sf. T.edil.* rivestimento con materiale isolante: *la coibentazione del tetto.*

coibènte [dal lat. *cohibens, -entis*; 1818] *agg.* e *sm.* detto di materiale che ha proprietà isolanti: *coibente termico, elettrico, acustico.*

coibènza [da *coibente*; 1865] *sf.* proprietà dei materiali coibenti.

coiétto (*dim.* di *cuoio*) [a. 1406 nel senso 2; a. 1800 nel senso 1] *sm.* **1.** piccolo ritaglio di cuoio dagli usi più svariati **2.** *arc.* farsetto di cuoio portato dai cavalieri sotto la carozza.

coiffeur (fr., pr. [kwa'fœ:r]) [da *coiffer*, propr. coprire il capo con una cuffia; 1883] *sm. inv.* parrucchiere per signora.

coiffeuse (fr., pr. [kwa'fø:z]) [da *coiffer*, pettinare; 1956] *sf. inv.* tavolino da toilette per signora, perlopiù in stile impero ‖ **N.** *Sin.* pettiniera.

coimputàto [comp. di *co-* e *imputato*; 1970] *sm.* e *agg.* chi, che è imputato, assieme ad altri, in uno stesso processo.

coincidènte (*ppr.* di *coincidere*) [1865] *agg.* che coincide: *rette, angoli coincidenti*, che collimano, che sovrapponendosi si identificano.

coincidènza [da *coincidere*; sec. XIV *coincidenzia*] *sf.* **1.** il verificarsi contemporaneo e casuale di due o più fatti: *per una strana coincidenza alloggiavamo entrambi nello stesso albergo* **2.** *fig.* esatta corrispondenza, identità: *coincidenza di opinioni* ‖ *T.mat.* sovrapposizione di punti, piani e figure geometriche **3.** nei trasporti pubblici, corrispondenza tra l'ora di arrivo di un mezzo in un luogo e la partenza quasi immediata da quel luogo di un altro mezzo diretto in un'altra località: *una buona coincidenza*, con intervallo d'attesa breve ‖ *perdere la coincidenza*, non riuscire a salire sul mezzo che parte in coincidenza ‖ **N. 1.** *Sin.* simultaneità **3.** *Sin.* cambio.

coincìdere (pres. *-ìdo* ecc., come INCIDERE) [comp. di *co-* e del lat. *incidere*, cadere dentro, come il fr. *coincider*; 1585] *intr.* (aus. *avere*) **1.** corrispondere esattemente, anche *fig.*: *le nostre descrizioni coincidono* **2.** accadere nello stesso istante: *la mia partenza coincide con il tuo arrivo* **3.** *T.mat.* essere identico, sovrapposto: *queste soluzioni non coincidono.*

coinè v. KOINÈ.

coinquilìno [dal lat. tardo *coinquilīnus*; 1941] *sm.* (f. *-a*) ciascuno degli inquilini di una casa rispetto agli altri inquilini della stessa casa.

cointeressàre (pres. *-èsso*) [da *interessare*; 1925] *tr.* rendere qualcuno partecipe degli utili di un'impresa.

cointeressàto (*pps.* di *cointeressare*) [1848] *agg.* e *sm.* (f. *-a*) che, chi partecipa agli utili di un'impresa.

cointeressènza [da *cointeressare*; 1848 *cointeressanza*] *sf.* partecipazione agli utili di un'impresa.

coinvolgènte (*ppr.* di *coinvolgere*) [1987] *agg.* che ha il potere di rendere emotivamente partecipe: *uno spettacolo, un libro molto coinvolgente.*

coinvòlgere (pres. *-òlgo* ecc., come VOLGERE) [da *involgere*; a. 1911] *tr.* **1.** trascinare con sé qualcuno in un'impresa o gen. in una situazione dannosa o illecita: *coinvolgere in uno scandalo* **2.** interessare persone o istituzioni a progetti ecc.: *avete provato a coinvolgere l'Assessorato allo sport per finanziare questo avvenimento sportivo?* ‖ **N.** *Sin.* implicare.

coinvòlto (*pps.* di *coinvolgere*) [1925] *agg.* implicato emotivamente, partecipe: *non mi sento coinvolto.*

coitàle [da *coito*; 1967] *agg.* relativo al coito, proprio del coito.

còito [dal lat. *coitus*; 1282] *sm.* accoppiamento sessuale, part. riferito all'uomo ‖ *coito interrotto*, non portato a termine; come metodo contraccettivo, viene praticato estraendo il pene dalla vagina poco prima dell'eiaculazione ‖ **N.** *Sin.* amplesso, copula.

coke (ingl., pr. [koʊk]) [etim. inc.; 1857] *sm. inv.* carbone poroso di colore grigio scuro, residuo della distillazione a secco del carbon fossile, che viene usato come combustibile; anche *agg.*: *carbon coke.*

cokerìa [da *coke*; 1942] *sf.* stabilimento per la produzione di *coke.*

cól[1] [comp. di *con* e *il*] *prep. art. m. sing.* composta dalla preposizione *con* unita all'articolo *il.*

cól² [da *col(le)*; 1956] ***sm.*** forma tronca di *colle* usata part. nei toponimi: *Col di Tenda.*

còla¹ [da una voce del Sudan; 1600 *colla*] ***sf.*** *T.bot.* genere di piante tropicali delle Sterculiacee i cui semi ovoidali essiccati hanno proprietà medicinali e stimolanti || *noci di cola*, i semi di tale pianta.

còla² [da *colare*; 1681] ***sf.*** **1.** strumento per setacciare la farina o la calcina **2.** filtro di stoffa per il vino.

colà [lat. *eccum illāc*, ecco là; 1308] ***avv.*** *lett.* là, in quel luogo, con riferimento a una località lontana da chi parla e da chi ascolta.

colabròdo [comp. di *cola(re)* e *brodo*; 1846] ***sm.*** arnese da cucina con il fondo bucherellato che serve per filtrare brodi o sughi e trattenere i piccoli residui || *fig. ridurre a un colabrodo*, crivellare di colpi d'arma da fuoco || *fig.* che lascia passare ciò che dovrebbe trattenere, che costituisce un filtro inefficace; anche in posizione attrib.: *legge finanziaria colabrodo.*

colàggio [dal fr. *coulage*; 1890] ***sm.*** *T.mar.* perdita di parte di un liquido trasportato, dovuta a imperfetta tenuta dei contenitori.

colaggiù [comp. di *colà* e *giù*; inizio sec. XIV *colà giuso*] ***avv.*** *lett.* laggiù.

colagògo (pl. *-ghi*) [dal lat. tardo *cholagōgus*, gr. *cholagōgós*, che fa colare la bile; 1493] ***agg.*** e ***sm.*** *T.farm.* di sostanza capace di stimolare la secrezione biliare della cistifellea.

colangiografia [comp. di *cole-*, *angio-* e *-grafia*; 1956] ***sf.*** *T.med.* radiografia delle vie biliari, effettuata mediante l'introduzione di sostanze opache ai raggi X || *per estens.* lastra radiografica delle vie biliari.

colangite [comp. di *cole-*, *angio-* e *-ite¹*; 1936] ***sf.*** *T.med.* infiammazione delle vie biliari.

colapàsta [comp. di *cola(re)* e *pasta*; 1964] ***sm.*** *inv.* arnese da cucina bucherellato utilizzato per scolare l'acqua di cottura della pasta.

colàre (pres. *cólo*) [lat. *colāre*; a. 1292] ***tr.*** **1.** far passare un liquido attraverso un filtro, un setaccio e sim. per trattenere le sostanze estranee: *colare il vino*; *per estens.* filtrare sostanze incoerenti: *colare la sabbia, la farina* || *colare la pasta*, versarla nello scolapasta per separarla dall'acqua di cottura **2.** di metalli, fondere: *colare l'oro negli stampi* || *fig. prendere per oro colato*, credere ciecamente **3.** versare lentamente, scorrere goccia a goccia: *la ferita colava sangue* **4.** *colare a picco*, affondare: *con un solo siluro ha colato a picco la nave nemica* || ***intr.*** (aus. *essere* nei sensi 1, 2, 3; *avere* nel senso 4) **1.** gocciolare: *il sudore gli colava dalla fronte* **2.** sciogliersi col calore: *fa talmente caldo che anche la cera cola* **3.** di imbarcazioni, affondare, part. nella loc. *colare a picco* || *fig.* fallire definitivamente: *il progetto di legge è colato a picco* **4.** di recipiente, perdere liquido: *questo vaso cola* || **N.** ***tr.*** **1.** *Sin.* filtrare; setacciare | ***intr.*** **1.** stillare **2.** fondersi, liquefarsi, squagliarsi, struggersi.

colascionàta [da *colascione*; a. 1803] ***sf.*** composizione musicale per colascione || *per estens.* musica rozza e volgare || composizione poetica priva di valore.

colascióne [forse dal gr. *kaláthion*, panierino; 1612 *cullasone*] ***sm.*** strumento simile al liuto, con manico lungo e tre corde, usato nella musica popolare, part. in quella napoletana del XVII secolo.

colassù (ant. *colassùso*) [comp. di *colà* e *su*; 1321] ***avv.*** *lett.* lassù.

colàta [da *colare*; a. 1597] ***sf.*** **1.** atto ed effetto del colare **2.** *T.tecn.* operazione mediante la quale masse fuse di metallo, vetro, asfalto e sim. vengono versate su superfici o in stampi || la massa stessa di materiale fuso **3.** *colata lavica*, fuoriuscita di magma fluido dalla bocca di un vulcano a causa di un'eruzione || *per estens.* la lava consolidata || *colata di fango*, smottamento di fango o emissione vulcanica di fango || *colata di pietre*, assestamento di una falda detritica sulle pendici di un monte. **TAV. *geologia* p. 1313 3.10.**

colatìccio o **scolatìccio** (pl. m. *-ci*, pl. f. *-ce*) [da *colare*; a. 1597] **I** ***sm.*** **1.** residuo di una colata; *in part.* il metallo fuso che fuoriesce dallo stampo || materia colata e raffreddata: *un colaticcio di ceralacca* **2.** liquame che fuoriesce dal letame posto in concimaia **II** ***agg.*** *raro* che cola, che gocciola lentamente.

colatitùdine [da *latitudine*; 1951] ***sf.*** *T.geogr.* complemento a 90° della latitudine.

colàto [comp. di *(acido) col(ico)* e *-ato*; 1956] ***sm.*** *T.chim.* sale o estere dell'acido colico.

colatóio (pl. *-ói*) [da *colare*; sec. XIV] ***sm.*** **1.** strumento per colare i liquidi **2.** vaso di terracotta con il fondo bucherellato, che conteneva la cenere utilizzata per il bucato **3.** canalone ripido con fianchi aperti a cono sul fianco di una montagna dove sono frequenti valanghe e scariche di detriti || **N. 1.** *Sin.* colabrodo, colapasta, colino, schiumino.

colatóre [da *colare*; a. 1730] ***sm.*** **1.** (f. *-trice*) nell'industria metallurgica, operaio addetto alla colata dei metalli **2.** *ant.* canaletto per lo scolo delle acque.

colatùra [da *colare*; sec. XIV] ***sf.*** **1.** atto ed effetto del colare || *concr.* la cosa colata; colaticcio **2.** *T.bot.* caduta anticipata dei fiori o dei frutti da una pianta || **N. 1.** *Sin.* sgocciolatura.

colazióne [lat. *collātio, -ōnis*, propr. il portare insieme; a. 1363 *colezione*] ***sf.*** **1.** il primo pasto del mattino (anche *prima colazione*) || *per estens.* il cibo consumato durante tale pasto: *fare un'abbondante colazione*; *colazione a letto*, *colazione in camera*, quando, spec. negli alberghi, non si scende in sala da pranzo ma ci si fa servire nella propria stanza || *per estens.* momento della giornata in cui si consuma tale pasto: *si fa portare i giornali a colazione* || *colazione all'inglese*, con pane tostato, burro, marmellata, uova, pancetta; *colazione continentale*, con caffè, latte o tè, pane, burro e marmellata o biscotti **2.** pranzo di mezzogiorno (anche *seconda colazione*) || *per estens.* cibo consumato durante tale pasto || *per estens.* ora del giorno in cui si consuma tale pasto || *colazione di lavoro*, in cui si discutono questioni di affari || *colazione al sacco*, pasto con cibi preparati in casa e consumato all'aperto durante una gita || *dim.* colazioncìna, colazioncèlla; *pegg.* colazionàccia || **N. 2.** *Sin.* pranzo.

colbàcco (pl. *-chi*) [dal turco *kalpak*, attr. il fr. *colback*; a. 1698 *carpacco*] ***sm.*** **1.** copricapo di forma circolare, gen. senza tesa, di pelo, caratteristico delle popolazioni turche, russe e armene, adottato nei secoli scorsi da reparti di vari eserciti europei e oggi ancora in uso nelle uniformi di gala **2.** cappello di pelliccia per signora di forma simile.

colcàre (pres. *cólco, cólchi*) [lat. *collocāre*; sec. XIII] ***tr.*** *ant.* coricare.

còlchico (pl. *-ci*) [dal lat. *colchicum*, gr. *kolchikón*, dalla regione della Colchide; 1550] ***sm.*** pianta delle Liliacee con bulbo carnoso, fiori rosa o lilla muniti di tre lunghi stili, velenosa; fiorisce in autunno.

còlcos adattamento it. di *kolchoz* (v.).

colcosiàno o **kolchosiàno** [da *colcos*; 1950] **I** ***agg.*** che si riferisce al *kolchoz* **II** ***sm.*** (f. *-a*) chi lavora in un *kolchoz*.

cold-cream (ingl., pr. ['kould kri:m]) [letter. crema fredda; 1892] ***sm.*** *inv.* nome generico di creme cosmetiche per il volto.

còle- [dal gr. *cholḗ*, bile] ***primo elem.*** che, in parole composte della terminologia scientifica, vale "bile" o "biliare" (per es. *colecisti, colemia*).

colecìsti [comp. del gr. *cholḗ*, bile e *kýstis*, vescica; 1828 *colecistide*] ***sf.*** *T.anat.* cistifellea.

colecistite [da *colecisti*; 1830] ***sf.*** *T.med.* infiammazione della cistifellea.

colecistografia [comp. di *colecisti* e *-grafia*; 1951] ***sf.*** *T.med.* esame radiologico della cistifellea previa somministrazione per via orale di sostanze che rendano la bile radio-opaca.

coledocite [comp. di *coledoco* e *-ite¹*; 1875] ***sf.*** *T.med.* infiammazione del coledoco.

colèdoco (pl. *-chi*) [dal gr. *choledóchos*; a. 1758] ***sm.*** *T.anat.* condotto escretore della bile che sbocca nel duodeno.

colèi v. COLUI.

colelitìasi [comp. di *cole-* e *litiasi*; 1828] ***sf.*** *T.med.* calcolosi delle vie biliari.

colemìa [comp. di *cole-* e *-emia*; 1951] ***sf.*** *T.med.* presenza nel sangue delle componenti della bile || **N.** itterizia.

colèndo [dal lat. *colendus*; a. 1595] ***agg.*** *ant.* degno di rispetto; nello stile epistolare veniva usato il superl. *colendissimo.*

coleòptile v. COLEOTTILE.

coleorrìza o **coleorìza** [comp. di *coleo-* e *-riza*; 1830] ***sf.*** *T.bot.* membrana che avvolge il seme delle Graminacee.

Coleòtteri [dal gr. *koleópteros*; 1797] ***sm. pl.*** *T.zool.* il più grande ordine di insetti, con ali anteriori chitinizzate trasformate in elitre che ricoprono gen. tutto il corpo e ali posteriori membranose che in condizioni di riposo sono ripiegate sotto le prime. **Q.T. *zoologia.***

coleòttile o **coleòptile** [comp. di *coleo-* e gr. *ptílon*, piuma; 1830 *coleottila*] ***sm.*** *T.bot.* guaina che ricopre l'apice del fusto nell'embrione delle Graminacee.

colèra [lat. e gr. *choléra*; 1750] ***sf.*** **1.** malattia infettiva epidemica che colpisce l'apparato gastrointestinale, caratterizzata da vomito, diarrea, crampi muscolari e collasso terminale **2.** malattia infettiva di polli e suini.

còlere (*dif.*, usato solo alla prima e terza persona singolare del presente, *còlo, còle*) [dal lat. *colere*; a. 1327] ***tr.*** *ant.* o *poet.* venerare, ossequiare.

colerètico (pl. *-ci*) [comp. del gr. *cholḗ*, bile e *erethízein*, eccitare; 1930] ***agg.*** *T.farm.* che stimola la secrezione della bile; anche *sm.* farmaco coleretico.

colèrico (pl. *-ci*) [da *colera*; 1828] **I** ***agg.*** relativo al colera: *vibrione colerico* **II** ***sm.*** (f. *-a*) affetto da colera.

coleróso [da *colera*; 1835] ***agg.*** e ***sm.*** (f. *-a*) che, chi è affetto da colera.

colesterina [dal fr. *cholésterine*; 1820] ***sf.*** *disus.* colesterolo.

colesterolemia [comp. di *colesterolo* e *-emia*; 1956] ***sf.*** *T.med.* concentrazione del colesterolo nel sangue.

colesteròlo [comp. di *cole-* e *sterolo*; 1933] ***sm.*** *T.biol.* grasso presente, in forma libera o esterificata, negli organismi animali (spec. nei Vertebrati).

colettàre (pres. *-étto*) [da *coletto*; 1956] ***tr.*** separare il grano dalla pula mediante il coletto.

colétto [da *colare*; 1865] ***sm.*** setaccio per il grano.

còlf [da *col(laboratrice) f(amiliare)*; 1973] ***sf.*** *inv.* lavoratrice addetta ai servizi domestici || **N.** *Sin.* cameriera, collaboratrice familiare, domestica, donna di servizio.

còlia [dal gr. *Kōliás*, epiteto di Afrodite; 1951] ***sf.*** farfalla diurna con ali gialle bordate di nero.

colìambico (pl. *-ci*) [dal gr. *chōliambikós*; 1865] ***agg.*** relativo a coliambi, composto da coliambi: *verso coliambico.*

colìambo [dal lat. tardo *choliămbus*, gr. *chōlíambos*, giambo zoppo; 1797] ***sm.*** *T.metr.* nella metrica classica, varietà di trimetro giambico il cui ultimo piede è un trocheo o uno spondeo || **N.** ipponatteo, scazonte.

colibacillo [comp. di *colon* e *bacillo*; 1905] ***sm.*** *T.biol.* batterio intestinale degli animali omeotermi.

colibacillòṣi [da *colibacillo*; 1951] **sf.** *T.med.* qualsiasi manifestazione morbosa provocata da colibacilli.

colibrì [dal fr. *colibri*; 1771] **sm.** famiglia di uccelli caratteristici dell'America, frequenti nella zona tropicale, cui appartengono individui di piccolissime dimensioni, con becco aguzzo, lingua bifida e piumaggio variopinto || **N.** *Sin.* uccello mosca. **TAV. *uccelli* p. 1339** 16.

còlica [da *colico*; sec. XIV] **sf.** *T.med.* dolore acuto causato dalla contrazione spasmodica delle pareti di un organo cavo provocata da calcoli, irritazioni nervose e stati infiammatori: *colica intestinale, renale.*

còlico[1] (pl. *-ci*) [dal lat. *colicus*; a. 1327] **agg.** **1.** *T.anat.* del colon **2.** *T.med.* relativo a colica: *dolori colici.*

còlico[2] (pl. *-ci*) [dal fr. *cholique*; 1956] **agg.** *T.chim.* *acido colico,* composto organico che si forma nel fegato dal colesterolo e che svolge un'azione colagoga.

Colifórmi o **Coliifórmi** (sing. *-e*) [comp. del gr. *koliós*, picchio e *-forme*; 1965] **sm. pl.** *T.zool.* ordine di uccelli arboricoli africani dalle ali brevi e dalla coda lunga.

Colimbifórmi (sing. *-e*) [comp. di *colimbo* e *-forme*; 1965] **sm. pl.** *T.zool.* ordine di uccelli acquatici con piedi palmati e becco lungo.

colìmbo [dal gr. *kólymbos*; a. 1698] **sm.** *T.zool.* genere di uccelli acquatici diffusi nelle zone artiche, con testa rotonda e becco aguzzo; vivono sulla superficie dell'acqua e, per sfuggire ai pericoli, si immergono e nuotano sott'acqua ricomparendo anche a notevoli distanze || **N.** strolaga.

colìna [dal gr. *cholḗ*, bile; 1892] **sf.** *T.chim.* sostanza organica presente nei tessuti animali e vegetali, che svolge un'importante funzione nel metabolismo dei grassi e nella fisiologia del sistema nervoso.

colìno [da *colare*; 1846] **sm.** attrezzo da cucina con fondo a buchi molto fitti, usato per filtrare il brodo, il tè e sim. || **N.** *Sin.* passino.

colìte [da *colon*[1]; 1828] **sf.** *T.med.* infiammazione del colon che si manifesta con nausea, vomito, diarrea e dolori intestinali.

colìtico (pl. *-ci*) [da *colite*; 1970] **I agg.** **1.** *T.med.* relativo alla colite, proprio della colite: *sintomi colitici* **2.** *T.med.* che è affetto da colite **II sm.** (f. *-a*) *T.med.* chi è malato di colite.

cólla [comp. di *con* e *la*] **prep. art. f. sing.** composta dalla preposizione *con* e dall'articolo *la.*

còlla[1] [lat. volg. **colla*, gr. *kólla*, colla, glutine; 1304] **sf.** nome generico di sostanze dotate di potere adesivo usate per attaccare, far presa su oggetti e materiali vari, oppure utilizzate come legante dall'industria della carta e dei colori; *in part.* sostanza che si ottiene facendo bollire resti animali: *colla cervona, a caldo, a freddo, in tubetto, in barattolo, liquida, in pasta*; *colla alla caseina,* prodotta facendo sciogliere la caseina in alcali, ad alto potere adesivo e resistente al calore || *colla di pesce,* ottenuta dalle vesciche natatorie di merluzzi e storioni, viene utilizzata in farmacia e nella preparazione di alimenti || *per estens. gen.* sostanza di origine vegetale a base di gomma, resina o amido || *colori a colla,* stemperati con colla || *dare la colla al vino,* schiarirlo usando colla di pesce o gelatina || *fig. attaccarsi come la colla,* detto di persona inopportuna che non si leva mai di torno || **N.** *Sin.* adesivo, collante.

còlla[2] [da *collare*[2]; fine sec. XII] **sf.** *ant.* **1.** corda usata per la tortura **2.** corda usata per spiegare e ammainare le vele.

còllabo [dal gr. *kóllabos*; 1881] **sm.** *non com.* ciascuno dei cavicchi della lira o di altri strumenti a corda, usato per fissare e tendere le corde.

collaboràre (pres. *-àboro*) [dal lat. tardo *collaborāre*, lavorare insieme, attr. il fr. *collaborer*; 1830] **intr.** (aus. *avere*) **1.** partecipare con altri alla realizzazione di un'impresa, di un lavoro, di una produzione e sim., part. in riferimento a lavori intellettuali: *collaborare allo sforzo comune* || contribuire regolarmente ma in modo non continuativo: *collaborare a un giornale* || essere di aiuto: *si rifiuta di collaborare* **2.** di cittadini di uno stato occupato, dare appoggio a truppe e autorità di occupazione, part. in riferimento all'occupazione tedesca nella seconda guerra mondiale || *collaborare alle indagini,* contribuire a un'inchiesta giudiziaria fornendo informazioni || **N.** **1.** *Sin.* coadiuvare, cooperare.

collaborativo [da *collaborare*; 1973] **agg.** fondato sulla collaborazione: *rapporto collaborativo.*

collaboratóre [dal fr. *collaborateur*; 1813] **sm.** (f. *-trice*) chi collabora; *in part.* chi collabora periodicamente a una pubblicazione trattando di solito argomenti specifici || *collaboratore esterno,* chi collabora con una casa editrice, un'agenzia di pubblicità e sim. senza essere legato da un rapporto di dipendenza || *collaboratore scientifico,* chi svolge azione di propaganda di prodotti farmaceutici presso i medici || *collaboratrice familiare, domestica,* abbreviato in *colf,* donna che, con un regolare contratto, presta la propria opera presso una o più famiglie, sbrigando le faccende domestiche.

collaborazióne [dal fr. *collaboration*; 1865] **sf.** atto ed effetto del collaborare || **N.** *Sin.* aiuto, contributo, cooperazione.

collaborazionịsmo [da *collaborazione*; 1923] **sm.** **1.** partecipazione, aiuto prestato in qualsiasi forma a un governo o a forze di occupazione da parte dei cittadini dello stato occupato, part. riferito all'occupazione tedesca nella seconda guerra mondiale **2.** *raro* sostegno dato al governo da parte di un partito di opposizione.

collaborazionìsta [da *collaborazionismo*; 1915] **s.** **1.** chi collabora con le autorità nemiche di occupazione **2.** membro di un partito di opposizione che collabora con il governo.

collage (fr., pr. [kɔ'la:ʒ]) [propr. incollamento; 1965] **sm. inv.** **1.** *T.art.* tecnica di composizione pittorica consistente nell'incollare su un supporto materiali vari (ritagli di carta, stoffa, fotografie e sim.) || *concr.* opera realizzata con tale tecnica **2.** *fig.* commistione di elementi disparati || opera letteraria composta accostando citazioni di vari testi e autori; *gen.* lavoro, spettacolo fatto accostando brani di uno stesso autore o di vari autori.

collàgene o **collàgeno** [comp. di *colla*[1] e *-geno*; 1951] **sm.** *T.anat.* sostanza proteica contenuta in tutti i tessuti connettivi; anche *agg.*: *tessuto collageno.*

collàggio (pl. *-gi*) [da *colla*[1]; 1957] **sm.** **1.** *T.cart.* operazione di impermeabilizzazione della carta mediante collanti **2.** *raro collage* **3.** *T.enol.* chiarificazione del vino mediante l'utilizzo di colla di pesce o resina.

collàna [da *collo*[1]; a. 1502] **sf.** **1.** ornamento che si porta attorno al collo, costituito da una catenina con un pendente o da uno o più fili su cui sono infilate perle, grani di pietre dure ecc.; può anche essere una lamina semirigida di forma circolare: *una collana di perle, di diamanti* || *per estens.* collare di un ordine cavalleresco **2.** raccolta di volumi omogenei per veste editoriale e grafica, pubblicati da una stessa casa editrice: *una collana scientifica, di poesia* || **N.** **1.** *Sin.* catena, filo, girocollo, monile; armilla **2.** raccolta, serie. **Q.T.** *oreficeria.*

collant (fr., pr. [kɔ'lɑ̃]) [propr. ppr. di *coller*, incollare; 1905] **I sm. inv.** indumento femminile costituito da un paio di calze tenute insieme da una mutandina dello stesso tessuto; calzamaglia **II agg.** di indumento, aderente.

collànte [da *colla*[1], sul modello del fr. *collant*, aderente; 1950] **agg.** e **sm.** detto di sostanza che ha proprietà adesive.

collàre[1] [lat. *collāre*; 1353] **sm.** **1.** striscia di cuoio o altro materiale, munita di fibbia, che si mette al collo del cane e di altri animali per attaccarvi il guinzaglio o la catena e talvolta per scopo ornamentale || finimento in legno o metallo che si mette al collo di cavalli e buoi quando devono tirare || *per estens.* fascia di pelo o di piume di colore diverso dal resto del corpo, presente intorno al collo di uccelli e altri animali **2.** colletto rigido bianco indossato dai preti || *fig. mettersi il collare,* intraprendere la carriera ecclesiastica; *portare il collare,* essere prete; *gettare via il collare,* abbandonare la carriera ecclesiastica **3.** ornamento distintivo di alcuni ordini cavallereschi: *il collare dell'Annunziata* || *per estens.* la persona che ne è insignita (f. *collaressa*) **4.** ornamento di tessuto portato un tempo dalle donne intorno al collo, più com. *collarino* || striscia di tela a più cannoni portata nei secoli scorsi dagli uomini come ornamento **5.** anello di ferro che si metteva al collo e alle caviglie degli schiavi e dei galeotti **6.** nome di vari oggetti di forma circolare || *collare del lume a petrolio,* quello in cui si inserisce il bulbo || *T.mecc. collare di arresto,* manicotto posto sull'albero motore per impedire il movimento di assali e altri organi a esso collegati **7.** *T.med.* nome generico di malattie che interessano il collo || *dim.* collarìno, collarétto || **N.** **4.** *Sin.* sottogola; gorgiera. **Q.T.** *cavallo, oreficeria* **TAV. *carri...* p. 664** 10.6.

collàre[2] [etim. inc.; fine sec. XII] **tr.** *ant.* **1.** sottoporre al supplizio della colla o corda **2.** *ant.* calare o tirar su con una corda || *T.mar.* issare o ammainare le vele.

collargòlo [comp. di *coll(oide)*, *arg(ento)* e *-olo*[2]; 1908] **sm.** *T.farm.* sostanza colloidale a base di argento e sostanze proteiche usata come antisettico.

collarìna [da *collare*[1]; 1865] **sf.** striscia di tela bianca appuntata al collare dei preti.

collarìno (*dim.* di *collare*[1]) [1340 ca.] **sm.** **1.** piccolo collare **2.** *T.arch.* modanatura di separazione tra il fusto della colonna e il capitello; anche modanatura con analoghe funzioni in balaustre, cornici e sim. **3.** *collarino del bossolo,* rilievo circolare del tondello dei bossoli delle armi da fuoco su cui fa presa l'estrattore. **TAV. *architettura* p. 646** 2.3.

collassàre [da *collasso*, sul modello dell'ingl. (*to*) *collapse*; 1956] **tr.** **1.** *T.med.* portare un organismo al collasso **2.** *T.med.* provocare l'afflosciamento di un polmone mediante pneumotorace o intervento chirurgico || **intr.** (aus. *avere*) **1.** *per estens. raro* venir meno, svenire **2.** *T.astr.* subire un collasso gravitazionale **3.** *T.mat.* degenerare.

collàsso [dal lat. tardo *collăpsus*; 1892] **sm.** **1.** *T.med.* grave stato di insufficienza cardiocircolatoria con forte abbassamento della pressione, pallore, svenimento, raffreddamento delle estremità, rallentamento del polso e del ritmo respiratorio **2.** *T.med.* afflosciamento di un organo: *collasso polmonare* **3.** *per estens. fig.* calo improvviso che determina una situazione di crisi: *il collasso della borsa* **4.** improvviso cedimento di una struttura edilizia per effetto delle forze di carico **5.** *T.astr.* *collasso gravitazionale,* in una stella, enorme aumento della densità causato da uno squilibrio tra le forze gravitazionali attrattive e la pressione di radiazione || **N.** **1.** *Sin.* mancamento **3.** *Sin.* cedimento, *crack.*

collassoterapìa [comp. di *collasso* e *terapia*; 1931] **sf.** *T.med.* metodo di trattamento della tubercolosi polmonare, anche noto come *pneumotorace artificiale.*

collàta [da *collo*[1]; fine sec. XII] **sf.** *ant.* colpo sul collo dato col piatto della spada nelle cerimonie di investitura a cavaliere.

collaterale [da *laterale*; 1282] **I agg. 1.** che sta a lato, vicino ‖ *fig.* che si verifica contemporaneamente a un altro fenomeno come evento secondario: *manifestazioni collaterali*; *T.med. effetti collaterali*, effetti, spesso inutili e talvolta nocivi, prodotti da una terapia o dalla somministrazione di un farmaco ‖ *giudice collaterale*, nel Medioevo, magistrato che coadiuvava il capitano del popolo o il potestà nell'esercizio del potere **2.** *linea collaterale*, vincolo di parentela esistente tra persone che discendono da un comune capostipite ma non una dall'altra ‖ *parente collaterale*, chi (zii, fratelli, cugini) è parente in via collaterale ‖ **collateralménte** **avv.** in posizione collaterale; anche nella *loc. prep. collateralmente a* **II sm.** *ant.* magistrato incaricato di provvedere alle spese militari ‖ **s.** parente in linea collaterale.

collateralismo [da *collaterale*; 1983] **sm.** in politica, fiancheggiamento di un partito politico da parte di una associazione culturale o sindacale.

collatóre [dal lat. tardo *collator, -ōris*; 1657] **sm.** nel diritto canonico, chi conferisce un beneficio ecclesiastico.

collatùra[1] [da *colla* (*di pesce*); 1970] **sf.** chiarificazione del vino effettuata aggiungendovi colla di pesce, gelatina o sim.

collatùra[2] [da *colla*[1]; 1958] **sf.** serie di operazioni con cui si rende impermeabile a liquidi e inchiostri la carta ‖ **N.** *Sin.* collaggio.

collaudàre (pres. *-àudo*) [dal lat. *collaudāre*, lodare; sec. XIV nel senso 2; 1939 nel senso 1] **tr. 1.** sottoporre a collaudo: *collaudare un'automobile* ‖ *fig.* mettere alla prova: *collaudare un'amicizia* **2.** *ant.* approvare.

collaudatóre [da *collaudare*; 1848] **agg.** e **sm.** (f. *-trìce*) che, chi esegue collaudi: *pilota collaudatore.*

collàudo [da *collaudare*; 1846] **sm. 1.** verifica sperimentale di macchine, costruzioni o materiali per accertarne l'efficienza e la rispondenza alle norme di legge o ai requisiti contrattuali: *il collaudo dello stadio, di un'auto, di una lega* ‖ *per estens.* prova, verifica ‖ *T.inform. collaudo di programma, debugging* **2.** *T.giur.* riconoscimento da parte del committente che il lavoro richiesto è stato effettuato in conformità agli accordi presi.

collazionaménto [da *collazionare*; 1945] **sm. 1.** atto ed effetto del collazionare **2.** in tipografia, correzione delle bozze di stampa mediante confronto con l'originale.

collazionàre (pres. *-óno*) [da *collazione*; a. 1694] **tr.** sottoporre a collazione ‖ **N.** *Sin.* paragonare, riscontrare.

collazióne [dal lat. *collātio, -ōnis*; a. 1363] **sf. 1.** *T.filol.* confronto tra le varie redazioni di un testo per fornirne l'edizione critica **2.** *T.tip.* riscontro su un'unica copia tra le correzioni di bozze effettuate da più revisori **3.** *T.giur.* obbligo che i coeredi hanno di riunire nel patrimonio da dividere le donazioni che il defunto aveva fatto loro singolarmente **4.** *T.eccl.* conferimento di un ufficio o di un beneficio vacante a un nuovo titolare.

còlle[1] [lat. *colle*(*m*), di origine indoeuropea; 1256 nel senso 1; 1313 nel senso 3] **sm. 1.** elevazione del terreno, perlopiù fertile di vegetazione; poggio, collina **2.** *per estens.* cumulo elevato di materiali e detriti che si sono venuti via via accumulando **3.** *ant.* sommità di un argine.

còlle[2] [da *collo*, rifatto su *colle*[1]; 1834] **sm.** in geografia fisica, depressione di una cresta montana, di origine tettonica, erosiva ecc. ‖ **N.** *Sin.* bocchetta, forcella, giogo, passo, valico.

cólle [comp. di *con* e *le*] **prep.** *art.* composta dalla preposizione *con* e dall'articolo *le.*

collèga (pl. *-ghi*) [dal lat. *collēga*; 1321] **s. 1.** chi svolge la stessa professione o lavora in uno stesso ufficio ‖ compagno, collaboratore **2.** *iron.* compare, complice: *tu sei un mascalzone e lui il tuo degno collega.*

collegaménto [lat. tardo *colligamentum*; 1550] **sm. 1.** atto ed effetto del collegare e del collegarsi: *il collegamento dei fili elettrici, collegamento marittimo, ferroviario* ‖ *stabilire un collegamento*, disporre gli opportuni mezzi di comunicazione tra due luoghi ‖ *mettersi in collegamento con qualcuno*, stabilire una comunicazione; prendere accordi ‖ *fig.* connessione: *questi due delitti sono in stretto collegamento* **2.** *T.mil.* contatto costante tra vari reparti militari: *mantenere il collegamento tra le retrovie e la prima linea*; anche i mezzi con cui tale contatto avviene ‖ *ufficiali di collegamento*, quelli incaricati di coordinare i diversi reparti o i diversi comandi **3.** *T.elettr.* coniugazione delle varie parti di un impianto che consente il passaggio di corrente elettrica: *collegamento in parallelo*, realizzato in modo che i capi del circuito convergano verso due elementi; *collegamento in serie*, realizzato in modo che la corrente attraversi i vari elementi del circuito uno dopo l'altro ‖ *gen. T.tecn.* unione: *un collegamento di strutture metalliche* **4.** *T.top.* determinazione delle coordinate di un punto a partire dalle coordinate di un altro ‖ **N. 1.** *Sin.* allacciamento, contatto, legame, raccordo, rapporto. **Q.T.** *elettricità.*

collegànza [lat. *colligantia*; a. 1492] **sf.** *non com.* **1.** l'essere colleghi **2.** connessione, unione.

collegàre (pres. *-égo, -éghi* o *-ègo, -èghi*) [lat. *colligāre*; 1312] **tr. 1.** unire, stabilire un legame tra due o più cose: *collegare dei condensatori*; mettere in comunicazione: *collegare due paesi* **2.** *fig.* stabilire una connessione: *collegare le diverse circostanze di un delitto* ‖ **rifl. rec. 1.** unirsi in lega, allearsi; accordarsi **2.** mettersi in contatto, part. radiofonico, televisivo o telefonico: *non riusciamo a collegarci con Mosca* ‖ **intr.** (aus. *avere*) concordare, essere perfettamente connesso: *le loro opinioni non collegano* ‖ **N. tr. 1.** attaccare, unire **2.** connettere, mettere insieme.

collegatàrio o **conlegatàrio** (pl. *-ri*) [dal lat. tardo *collegatārius*; 1865] **sm.** (f. *-a*) *T.giur. raro* chi è legatario insieme ad altri.

collegàto (*pps.* di *collegare*) [1395 ca.] **I agg.** unito, congiunto **II sm.** (f. *-a*) *lett.* alleato, confederato, consociato.

collegatùra [lat. tardo *colligatūra*; a. 1673] **sf.** *raro* il collegare ‖ il punto in cui due cose sono collegate.

college (ingl., pr. ['kɒlɪdʒ]) [dal fr. *collège*, collegio; 1892] **sm.** *inv.* **1.** in Inghilterra, scuola secondaria superiore con studenti interni o istituto di istruzione superiore annesso all'università ‖ negli Stati Uniti d'America, istituto universitario in cui si consegue il titolo accademico di primo livello **2.** edificio e zona in cui si trova il *college.*

collegiàle [dal lat. tardo *collegiālis*; 1598] **I agg. 1.** relativo a un collegio di persone: *organi collegiali* ‖ *per estens.* collettivo: *decisione, atto collegiale* **2.** relativo a un collegio, a un convitto: *disciplina collegiale* ‖ **collegialménte** **avv.** in modo collettivo **II s.** chi viene educato e abita in un collegio ‖ *fig.* persona timida e impacciata.

collegialità [da *collegiale*; 1673] **sf. 1.** qualità di ciò che è collegiale **2.** *T.eccl.* privilegio di una chiesa collegiata **3.** *T.eccl.* principio sancito dal Concilio Vaticano II secondo cui il papa e i vescovi costituiscono un unico collegio episcopale investito di suprema potestà sulla Chiesa.

collegiàta [dal disus. *collegiato*, appartenente a un *collegio*; a. 1566] **sf.** *T.eccl.* capitolo di chierici che però non costituisce sede vescovile ‖ *per estens.* chiesa che pur non essendo cattedrale dispone di un capitolo di chierici.

collègio (pl. *-gi*) [dal lat. *collēgium*; 1308] **sm. 1.** convitto, istituto di educazione e istruzione per giovani: *collegio maschile, femminile*; *collegio militare*, in cui i giovani vengono educati per intraprendere la carriera militare; *collegio di musica*, conservatorio ‖ *collegio universitario*, pensionato per studenti universitari ‖ *concr.* edificio in cui il collegio ha sede ‖ *per estens.* l'insieme degli allievi che vivono in un collegio e anche i loro insegnanti **2.** insieme di persone che svolgono la stessa professione o condividono interessi e funzioni: *collegio degli avvocati* ‖ *collegio dei professori*, organo deliberativo scolastico formato da tutti gli insegnanti di un istituto e presieduto dal preside ‖ *collegio dei probiviri*, organismo disciplinare di partiti, associazioni e sim. ‖ *Sacro collegio*, l'insieme dei cardinali ‖ *collegio di giudici*, l'insieme dei magistrati che compongono un organismo giurisdizionale ‖ nel Medioevo, corporazione: *collegio dei fornai* **3.** *collegio elettorale*, circoscrizione territoriale determinata in base al numero di elettori residenti; l'insieme degli elettori di una circoscrizione ‖ **N. 1.** seminario | collegiale, convittore, educanda | camerata, dormitorio, parlatorio, refettorio | istitutore, rettore **2.** congregazione, società.

Collèmboli [comp. del gr. *kólla*, colla[1] e *embállein*, scagliare; 1951] **sm. pl.** *T.zool.* ordine di insetti di piccole dimensioni che vivono in luoghi umidi nutrendosi di vegetali.

collènchima [comp. del gr. *kólla*, colla[1] e (*par*)*enchima*; 1875] **sm.** *T.bot.* tessuto di accrescimento tipico dei fusti giovani, le cui cellule hanno la membrana cellulosica inspessita ‖ **N.** parenchima.

còllera [lat. *cholera*; a. 1294] **sf. 1.** sentimento di ira e stizza più o meno duraturo che si manifesta con parole e atti di minaccia: *montare, andare in collera* ‖ *essere in collera con qualcuno*, nutrire del risentimento per qualcuno **2.** *fig.* la furia degli elementi naturali: *la collera del tuono, del mare* ‖ **N. 1.** *Sin.* furore, indignazione, ira, rabbia, sdegno | *Contr.* calma, serenità.

collèrico (pl. *-ci*) [dal lat. *cholericus*, bilioso; 1308] **agg.** e **sm.** (f. *-a*) che, chi è facile alla collera: *un temperamento collerico* ‖ **collericaménte** **avv.** ‖ **N.** *Sin.* iracondo, irascibile, iroso, stizzoso.

collètta o **collétta** [lat. *collecta*; a. 1375] **sf. 1.** raccolta di offerte, gen. in denaro, per beneficenza o per fare un regalo collettivo a qualcuno: *fare una colletta per i poveri, per un regalo di nozze* **2.** *T.eccl.* nel rito romano, preghiera collettiva recitata prima della lettura dell'epistola **3.** *T.mar. carico a colletta*, composto da merci di varia provenienza e destinate a porti diversi **4.** *ant.* adunanza di persone **5.** *T.stor.* nel Medioevo, nome di vari tributi ‖ **N. 1.** *Sin.* questua, raccolta.

collettàme [da *colletta*; 1923] **sm.** insieme di pacchi, colli e oggetti di varia provenienza e destinati a varie località, trasportato con un unico mezzo.

collettàneo [dal lat. *collectāneus*; 1956] **agg.** composto di più parti, miscellaneo: *codice collettaneo* ‖ che raccoglie gli scritti di autori diversi: *volume collettaneo.*

collettàre (pres. *-ètto*) [da *colletta*; a. 1412] **tr. 1.** *ant.* riscuotere tributi **2.** *non com.* fare una colletta ‖ **rifl.** *non com.* obbligarsi in varie persone, un tanto per ciascuno.

collettivismo [dal fr. *collectivisme*; 1892] **sm.** teoria socio-economica che prevede l'abolizione della proprietà privata e l'amministrazione comune dei beni e dei mezzi di produzione. **Q.T.** *politica.*

collettivìsta [dal fr. *collectiviste*; 1895] ***s.*** e ***agg.*** fautore del collettivismo.

collettivìstico (pl. *-ci*) [da *collettivismo*; 1919] ***agg.*** conforme ai principi del collettivismo.

collettività [dal fr. *collectivité*; 1908] ***sf.*** **1.** insieme di più persone considerato nel suo complesso; comunità sociale **2.** la qualità di ciò che è collettivo || **N.** *Sin.* comunità, società.

collettivizzàre [dal fr. *collectiviser*; 1908] ***tr.*** trasformare una proprietà privata in una proprietà collettiva: *collettivizzare le industrie.*

collettivizzazióne [dal fr. *collectivisation*; 1905] ***sf.*** atto ed effetto del collettivizzare.

collettìvo [dal lat. tardo *collectīvus*; 1551] **I** ***agg.*** **1.** comune a più persone: *danno, interesse collettivo* || relativo a una collettività: *bisogni collettivi,* della comunità sociale **2.** *T.giur. atto collettivo,* atto composto dalla manifestazione di concorde volontà di tutti o della maggioranza dei membri di una collettività || *contratto collettivo,* quello siglato da sindacati e da rappresentanti dell'azienda e in base al quale si disciplinano i rapporti individuali di lavoro || *società in nome collettivo,* quella in cui i soci rispondono illimitatamente per le obbligazioni sociali **3.** *T.stat. fenomeno collettivo,* insieme di fatti che si prestano a essere interpretati mediante rilevazioni statistiche **4.** *T.bot. specie collettiva,* complesso di specie strettamente affini **5.** *T.gram. nome collettivo,* sostantivo che, pur essendo singolare dal punto di vista morfosintattico, indica un insieme di cose o persone: *città, popolo, gregge sono nomi collettivi* || **collettivaménte** ***avv.*** **II** ***sm.*** **1.** *T.pol.* insieme di persone che si riuniscono per svolgere attività politica o sindacale: *collettivo operaio, collettivo studenti medi* **2.** *T.sport.* l'insieme dei giocatori di una squadra: *la Juventus ha rafforzato il proprio collettivo* **3.** associazione contadina per la gestione di un fondo agrario.

collettìzio (pl. *-zi*) [dal lat. *collectīcius*; a. 1527] ***agg.*** *lett.* raccogliticcio.

collétto[1] [da *collo*[1]; 1554] ***sm.*** **1.** parte di un capo di abbigliamento che circonda il collo: *colletto sbottonato, inamidato* || *fig. colletti bianchi,* gli impiegati; *colletti blu,* gli operai **2.** casacca di cuoio senza maniche che veniva indossata dai soldati sotto l'armatura **3.** *T.anat.* parte del dente compresa tra la radice e la corona **4.** *T.bot.* tratto basale del tronco in cui si innesta la radice || *dim.* collettìno || **N.** **1.** bavero, collarino, collo, cravatta, farfallino **4.** *Sin.* ceppo, picale.

collétto[2] [da *colle*[1]; 1940] ***sm.*** depressione tra due cime in una catena montuosa || **N.** *Sin.* forcella, sella.

collettóre [dal lat. tardo *collēctor, -ōris*; a. 1348] **I** ***agg.*** che raccoglie **II** ***sm.*** **1.** (f. *-trìce*) chi raccoglie, part. denaro: *collettore delle imposte,* ausiliario delle esattorie comunali || *lett.* collezionista: *un collettore di francobolli* **2.** *T.geogr.* parte di un bacino glaciale in cui si verifica l'accumulo delle nevi **3.** *T.tecn.* ogni tubazione destinata a raccogliere e convogliare fluidi; *in part.* canale principale della rete urbana di fognature; *collettore di aspirazione,* nei motori a combustione interna, il condotto che immette la miscela nei cilindri; *collettore di scarico,* nei motori a combustione interna, quello da cui fuoriescono i gas residui della combustione **4.** *T.elettr.* parte del rotore che trasmette la corrente ai circuiti elettrici **5.** *T.elettron.* parte del transistor in cui si accumulano le cariche elettriche prodotte dall'emettitore. **TAV.** *elettrotecnica* 10.3; ***automobile*** **p. 658** 5.2, 5.3.

collettorìa [da *collettore*; a. 1540] ***sf.*** ricevitoria, ufficio del collettore: *collettoria delle imposte.*

collezionàre (pres. *-óno*) [da *collezione*; 1897] ***tr.*** fare collezione || *iron. collezionare insuccessi, fallimenti* ecc., subirne un gran numero.

collezióne [lat. *collēctio, -ōnis*; sec. XIV] ***sf.*** **1.** raccolta ordinata di oggetti dello stesso tipo: *una collezione di francobolli, di scatole di fiammiferi* || *concr.* l'insieme degli oggetti raccolti **2.** collana editoriale **3.** l'insieme dei modelli presentati semestralmente da una casa di moda: *collezione autunno-inverno* || *dim.* collezioncèlla || **N.** **1.** raccolta. **Q.T.** *filatelia, moda..., numismatica, pittura.*

collezionìsmo [da *collezione*; 1964] ***sm.*** il fare collezione di oggetti, per diletto o per il loro valore || *T.psic.* comportamento caratterizzato dal bisogno di possesso. **Q.T.** *filatelia.*

collezionìsta [da *collezione*; 1889] ***s.*** chi fa o possiede una o più collezioni. **Q.T.** *filatelia.*

collìdere (pres. *collìdo*; p.rem. *collìsi*; pps. *collìso*) [dal lat. *collīdere*; 1575] ***intr.*** (aus. *avere*) urtare contro qualcosa || ***tr.*** *ant.* elidere.

collie (ingl., pr. [ˈkɒlɪ]) [forse da *coal,* carbone, per il colore della livrea; 1844] ***sm.*** *inv.* cane da pastore scozzese con muso a punta, orecchie dritte e pelo lungo e folto.

collier (fr., pr. [kɔˈlje]) [lat. tardo *collārium,* collare; 1905] ***sm.*** *inv.* collana.

colligiàno [da *colle*[1]; 1726] **I** ***agg.*** *non com.* relativo ai colli, tipico dei colli **II** ***sm.*** *non com.* (f. *-a*) abitante dei colli.

collimàre (pres. *-ìmo*) [lat. scient. *collimāre*; a. 1600] ***tr.*** (aus. *avere*) orientare uno strumento in modo che la linea di mira passi per un punto prefissato || ***intr.*** (aus. *avere*) coincidere, sovrapporsi in modo esatto: *le due figure collimano*; anche *fig.*: *le nostre opinioni non collimano.*

collimatóre [da *collimare,* prob. sul modello del fr. *collimateur*; 1875] ***sm.*** **1.** strumento dotato di mira che permette di collimare un punto **2.** dispositivo ottico che converte i raggi provenienti da una sorgente in un fascio di raggi paralleli **3.** dispositivo per la produzione di fasci ben delimitati di radiazioni a partire da una sorgente puntiforme.

collimazióne [da *collimare,* prob. sul modello del fr. *collimation*; 1865] ***sf.*** atto ed effetto del collimare.

collìna [lat. tardo *collīna*; a. 1363] ***sf.*** **1.** rilievo del terreno di forma tondeggiante e altezza modesta, gen. costituita da depositi alluvionali o morenici **2.** *per estens.* zona collinare: *la collina del Monferrato, vivere in collina* || *dim.* collinétta || **N.** **1.** *Sin.* altura, poggio, rilievo.

collinàre [da *collina*; 1950] ***agg.*** di collina: *villa in zona collinare.*

collinóso [da *collina*; 1599] ***agg.*** ricco, sparso di colline.

colliquàre [comp. di *con* e del lat. *liquāre,* rendere liquido; 1767] ***tr.*** *ant.* liquefare, sciogliere.

colliquazióne [da *colliquare*; a. 1698] ***sf.*** *T.biol.* disfacimento organico delle cellule dei tessuti.

collìrio (pl. *-ri*) [dal lat. *collyrium,* gr. *kollýrion*; a. 1342] ***sm.*** *T.med.* qualsiasi farmaco liquido per gli occhi.

collisióne [dal lat. tardo *collīsio, -ōnis*; a. 1540] ***sf.*** **1.** urto violento tra corpi in movimento: *collisione di due autotreni* || *T.fis.* interazione fra particelle in cui si verifica scambio di energia **2.** *fig.* contrasto, conflitto **3.** *T.gram. ant.* elisione || **N.** **1.** *Sin.* scontro.

còllo[1] [lat. *collum*; 1282] ***sm.*** **1.** *T.anat.* nell'uomo e in altri vertebrati, la parte del corpo che unisce il busto alla testa: *collo grosso, fine, muscoloso, taurino*; *avere un braccio al collo,* piegato e sostenuto da una fascia annodata al collo perché ferito o malato || *prendere, portare sul collo,* appoggiato alle spalle e alla parte posteriore del collo || *tenere, portare un bambino in collo,* in braccio || *buttare le braccia al collo di qualcuno,* abbracciarlo || *tirare il collo a un pollo,* ammazzarlo || *fig. allungare il collo,* curiosare || *fig. far allungare il collo a qualcuno,* farlo attendere a lungo prima di dargli ciò che desidera || *scherz. allungare il collo a qualcuno,* impiccarlo || *fig. lasciare le briglie sul collo a qualcuno,* concedere piena libertà di azione || *fig. essere con la corda al collo,* essere in uno stato di dipendenza || *fig. prendere qualcuno per il collo,* imporgli oneri gravosi approfittando del suo stato di necessità || *fig. essere indebitato fino al collo,* essere pieno di debiti || *fig. rompersi il collo, l'osso del collo,* ammazzarsi cadendo || *fig. correre, andare, guidare a rotta di collo,* a gran velocità || *fig. rimetterci l'osso del collo,* tutto || *fig. scommetterci l'osso del collo,* per indicare assoluta sicurezza in qualcosa || *fig. tra capo e collo,* all'improvviso **2.** *per estens. T.anat.* parte assottigliata e ristretta di un organo: *collo dell'utero, del piede* **3.** *per estens.* la parte dell'abito che sta intorno al collo: *il collo della giacca* || parte superiore della scarpa che circonda il collo del piede **4.** la parte superiore, assottigliata, di bottiglie, fiaschi, anfore e sim. || *fig. collo di bottiglia,* strozzatura **5.** *T.geogr.* la parte iniziale dell'estuario di un fiume **6.** *T.arch.* la parte inferiore del capitello **7.** *T.mar.* giro completo di una fune o di una catena attorno a un oggetto **8.** *T.mus.* la parte più alta di uno strumento || il manico della cetra **9.** *ant.* valico, colle. **Q.T.** *anatomia* **TAV.** *alimentazione* 3.1, 4.1.

còllo[2] [da *collo*[1], perché si porta sul collo; 1385] ***sm.*** qualsiasi oggetto di grandi dimensioni destinato al trasporto || **N.** *Sin.* pacco | balla, baule, cassa, sacco; carico.

cóllo [comp. di *con* e *lo*] ***prep.*** *art. m. sing. non com.* formata dalla preposizione *con* e dall'articolo *lo.*

collocaménto [da *collocare*; a. 1667] ***sm.*** **1.** atto ed effetto del collocare **2.** impiego, occupazione || *agenzia di collocamento,* che si occupa della ricerca di posti di lavoro; *ufficio di collocamento,* ente statale che fa da intermediario tra imprenditori e lavoratori (anche *ell. il collocamento*) **3.** *T.banc.* investimento **4.** *disus.* matrimonio, sistemazione.

collocàre (pres. *còlloco, còllochi*) [dal lat. *collocare*; a. 1306] ***tr.*** **1.** mettere qualcosa in un posto determinato: *collocare i libri sugli scaffali, i mobili in una stanza* || *fig.* contestualizzare: *collocare uno scrittore nel suo tempo* || in biblioteconomia, attribuire a un libro la sua collocazione **2.** di persone, procurare loro un lavoro || porre in una determinata situazione, rispetto all'impiego: *collocare a riposo, in pensione, in aspettativa* || *non com.* maritare **3.** vendere: *ha collocato bene la propria mercanzia* || ***rifl.*** **1.** trovarsi un buon impiego **2.** porsi in un dato luogo: *si era appena collocato in poltrona quando suonò il telefono* || *T.pol.* occupare una certa posizione in uno schieramento politico: *si colloca a sinistra* || **N.** ***tr.*** **1.** allogare, mettere, porre, situare || ***rifl.*** **2.** accomodarsi.

collocatóre [da *collocare*; 1942] **I** ***sm.*** (f. *-trìce*) impiegato in un ufficio di collocamento || chi, in una località sprovvista di ufficio di collocamento, svolge la medesima funzione **II** ***agg.*** che colloca.

collocazióne [dal lat. *collocātio, -ōnis*; sec. XIV] ***sf.*** **1.** atto ed effetto del collocare: *la collocazione dei mobili in una stanza* || *per estens.* luogo in cui è posto un oggetto; *T.pol.* posizione che occupa nello schieramento delle forze politiche **2.** in biblioteconomia, il posto assegnato a ciascun libro in una biblioteca e l'insieme dei dati necessari al suo reperimento **3.** di persone, lavoro, impiego || *non com.* matrimonio **4.** di titoli e capitali, investimento.

collocutóre [dal lat. tardo *collocūtor, -ōris*; 1865] **sm.** (f. *-trìce*) *raro* chi interviene in un dialogo, interlocutore.

collocutòrio (pl. *-ri*) [da *collocutore*; 1865] **I agg.** *raro* che si svolge in forma dialogica **II sm.** *ant.* parlatorio dei conventi.

collòdio [dal gr. *kollodēs*, glutinoso, attr. il fr. *collodion*; 1849 *collodion*] **sm.** *T.chim.* soluzione di nitrocellulosa in alcol ed etere, di consistenza viscosa; viene usato come adesivo nella preparazione di vernici e in farmacia.

colloidàle [dall'ingl. *colloidal*; 1913] **agg.** che presenta le caratteristiche di un colloide: *soluzione, stato colloidale.*

collòide [dall'ingl. *colloid*; 1875] **I sm.** *T.chim.* miscuglio, le cui particelle rimangono in perenne sospensione, costituito da una sostanza solida, liquida o gassosa dispersa in un'altra sostanza che può anch'essa essere solida, liquida o gassosa **II agg.** simile a colla: *sostanza colloide.*

colloquiàle [dall'ingl. *colloquial*; 1942] **agg.** relativo a un colloquio || *linguaggio colloquiale*, usuale, non ricercato; *forma colloquiale*, in uso nel linguaggio parlato ma non nella lingua elevata o scritta.

colloquialismo [da *colloquiale*, sul modello dell'ingl. *colloquialism*; 1983] **sm.** *T.ling.* espressione o modo di dire proprio del linguaggio colloquiale.

colloquiàre (pres. *-òquio*) [da *colloquio*; 1633] **intr.** (aus. *avere*) parlare con qualcuno, avere un colloquio || *per estens.* *T.giorn.* effettuare trattative politiche: *i ministri degli esteri hanno colloquiato per alcune ore.*

collòquio (pl. *-qui*) [dal lat. *colloquium*; 1308] **sm.** **1.** conversazione tra due o più persone su argomenti di comune interesse e gen. di una qualche importanza || *per estens.* *T.giorn.* conversazione tra esponenti di forze politiche diverse o rappresentative di stati per raggiungere un'intesa su argomenti di comune interesse: *i colloqui di Ginevra per la riduzione degli armamenti* || *per estens.* convegno, congresso, seminario di studi **2.** esame orale volto ad accertare la preparazione del candidato su argomenti di cultura generale o a saggiarne la preparazione specifica || nell'insegnamento universitario, esame preliminare su argomenti generali o su parti determinate della materia || **N.** **1.** *Sin.* abboccamento, conversazione, discorso; conferenza, congresso, convegno, seduta, sessione | a quattr'occhi, a tu per tu; affettuoso, amichevole, burrascoso, calmo, cordiale | cercare, chiedere, concedere, ottenere.

collorósso (pl. *collirόssi*) [comp. di *collo*[1] e *rosso*; 1938] **sm.** *sett.* moriglione.

collosità [da *colloso*; 1765] **sf.** qualità di ciò che è colloso.

collóso [da *colla*[1]; 1733] **agg.** che contiene colla; che ha le proprietà della colla || *per estens.* appiccicoso, viscoso: *che pasta collosa! L'hai fatta scuocere.*

collotipìa [comp. di *colla*[1] e *-tipia*; 1956] **sf.** *T.tip.* processo di riproduzione mediante lastre cosparse di gelatina che vengono impressionate per esposizione diretta alla luce.

collotòrto (pl. *collitòrti*) [da *collo torto*, collo piegato, per l'atteggiamento assunto nell'ostentare devozione; sec. XV *torto collo*] **s.** ipocrita, bacchettone.

collòttola [da *collo*[1]; a. 1304] **sf.** la parte posteriore del collo: *prendere qualcuno per la collottola* || *fig. fare collottola*, ingrassare || **N.** *Sin.* nuca.

collovérde (pl. *collivérdi*) [comp. di *collo*[1] e *verde*; 1887] **sm.** maschio del germano reale.

collùdere (pres. *collùdo*; p.rem. *collùși*; pps. *collùșo*) [dal lat. *collūdere*, giocare insieme; 1673] **intr.** (aus. *avere*) *non com.* accordarsi segretamente con qualcuno ai danni di una terza persona.

collușióne [dal lat. *collūsio, -ōnis*; a. 1600] **sf.** **1.** *T.giur.* accordo illecito segreto ai danni di terzi || *per estens.* intesa fraudolenta **2.** *T.pol.* intesa, gen. segreta, tra parti fra loro in contrasto.

collușìvo [da *collusione*; 1673] **agg.** relativo a collusione, fatto con collusione: *intesa collusiva.*

collușóre [dal lat. *collūsor, -ōris*; 1865] **sm.** chi collude.

collușòrio (pl. *-ri*) [da *collusore*; 1860] **agg.** *T.giur.* collusivo, che implica collusione, inganno.

collutòrio (pl. *-ri*) [dal lat. *collūtus*, pps. di *colluere*, sciacquare; 1830] **sm.** soluzione medicamentosa per l'igiene del cavo orale || *per estens.* sciacquo fatto con tale medicamento, gargarismo.

colluttàre [dal lat. *colluctāri*, lottare; 1886] **intr.** (aus. *avere*) *lett.* venire alle mani, lottare corpo a corpo.

colluttazióne [dal lat. *colluctātio, -ōnis*; 1848] **sf.** rissa, baruffa || *per estens.* diverbio, disputa.

colluviàle [dall'ingl. *colluvial*; 1964] **agg.** *T.geol.* di terreno formatosi per accumulo di detriti alla base di un pendio.

collùvie [dal lat. *colluvies*, propr. acque sporche, poi miscuglio, confusione; 1631] **sf.** *lett.* **1.** quantità di sudiciume **2.** *fig.* ammasso di cose o persone spregevoli: *una colluvie di mascalzoni* || **N.** **1.** *Sin.* fogna, lerciume **2.** *Sin.* accozzaglia, congerie.

cólma [da *colmare*; 1892] **sf.** il livello massimo delle acque; *in part.* il livello massimo di alta marea.

colmàre (pres. *cólmo*) [da *colmo*[2]; sec. XIII] **tr.** **1.** riempire fino all'orlo: *colmare un bicchiere, un sacco* **2.** riempire con materiali di riporto una depressione per innalzarne il livello: *colmare un argine alluvionale* || *colmare una palude*, bonificarla || *fig. colmare una lacuna*, porre rimedio a una mancanza, part. in campo culturale **3.** *fig.* fornire in abbondanza: *colmare di attenzioni, di rimproveri* || *fig.* riempire l'animo di un sentimento: *le tue parole mi colmano di tristezza* || *fig. colmare la misura*, esagerare || **N.** **1.** *Contr.* svuotare, vuotare **2.** *Sin.* interrare **3.** *Sin.* coprire.

colmaréccio (pl. *-ci*) [da *colmo*[2]; a. 1798] **sm.** *T.edil.* trave superiore centrale di un tetto a due spioventi || **N.** *columen.*

colmàta [da *colmare*; a. 1519] **sf.** **1.** l'operazione di riempire una depressione con materiali di riporto o mediante l'immissione di acque torbide che depositino i materiali in sospensione || *per estens.* il terreno così bonificato **2.** accumulo di rena che nei fiumi e nei porti costituisce un ostacolo alla navigazione || **N.** **1.** *Sin.* bonifica **2.** *Sin.* accumulo, banco.

colmatóre [da *colmare*; a. 1698] **sm.** **1.** (f. *-trìce*) chi colma **2.** *T.idr.* in un terreno da bonificare, canale per la derivazione dell'acqua torbida **3.** apposito imbuto usato per riempire le botti al giusto livello.

colmatùra [da *colmare*; 1550] **sf.** **1.** atto ed effetto del colmare || la parte di materiale che supera l'orlo di un recipiente colmo **2.** *T.enol.* aggiunta di vino nelle botti, fatta per compensare il vino evaporato **3.** *T.arch.* superficie compresa tra un arco e la corda sottesa.

colmeggiàre (pres. *-éggio*) [da *colmo*[2]; a. 1710] **intr.** (aus. *avere*) *raro* elevarsi sopra un piano.

colmìgno [lat. volg. **culmineus*; sec. XIV] **sm.** *ant.* e *tosc.* comignolo.

cólmo[1] [da *colmare*; 1304] **agg.** **1.** pieno sino all'orlo: *una brocca colma d'acqua*; anche *fig.*: *avere l'animo colmo di amarezza* **2.** *non com.* convesso || **N.** **1.** *Sin.* raso, strapieno, traboccante, zeppo **2.** *Sin.* bombato | *Contr.* incavato.

cólmo[2] [lat. *culmen*; 1308] **sm.** **1.** cima, sommità: *il colmo di un monte*; prominenza **2.** *per estens. fig.* il grado massimo: *giungere al colmo della sopportazione* || *questo è il colmo!*, per esprimere stupore e sdegno **3.** *T.arch.* la parte più alta degli spioventi di un tetto che consiste generalmente nella linea orizzontale di intersezione di due falde contrapposte **4.** gioco di parole, freddura basata su doppi sensi in cui si definisce con parole scherzose il colmo di qualche cosa, la situazione più paradossale: *il colmo per un falegname è uscire con la moglie scollata* **5.** piena **6.** *ant.* covone || **N.** **1.** *Sin.* punta, vetta | *Contr.* base, piede **2.** *Sin.* acme, apice, vertice | *Contr.* fondo **5.** *Contr.* magra. **TAV.** *abitazione* 1.23, 3.4.

cólo [lat. *cōlum*; 1779] **sm.** *non com.* colino, setaccio, vaglio.

-colo [dal lat. *-cola*] **elem. term.** **1.** in parole composte dotte, vale "che abita" (per es. *cavernicolo, palafitticolo*) **2.** in altre parole composte dotte vale "relativo alla cultura (del prodotto indicato dal primo elem.)" (per es. *agrumicolo, cerealicolo, viticolo*).

colòbio (pl. *-bi*) [dal lat. tardo *colobium*, gr. *kolóbion*; a. 1342] **sm.** tunica gen. senza maniche usata dai primi monaci e dagli antichi Romani.

còlobo [dal gr. *kolobós*, mutilato, a causa del pollice rudimentale; a. 1800] **sm.** *T.zool.* genere di scimmie africane abili saltatrici, dal pelo molto folto e pollice rudimentale privo di unghia || *colobo nero*, guereza.

colobrìna V. COLUBRINA.

colocàșia [dal lat. *colocasia*, gr. *kolokasía*; 1484] **sf.** erba delle Aracee con foglie molto grandi e ovate e rizoma tuberoso; originaria dell'India, viene coltivata nelle zone tropicali per le foglie commestibili e il rizoma ricco di amido.

colofóne **sm.** *inv.* adattamento it. di *colophon* (v.).

colofònia [dal lat. *colophōnia*, resina di Colofone; sec. XIII] **sf.** sostanza giallastra e vetrosa, residuo della distillazione di alcune resine, utilizzata nella produzione di vernici, inchiostri, mastici ecc. || **N.** *Sin.* pece greca.

cologarìtmo [comp. di *co(mplemento)* e *logaritmo*; 1964] **sm.** *T.mat.* il logaritmo dell'inverso di un numero.

colómba[1] [lat. *columba*; a. 1294] **sf.** **1.** la femmina del colombo || *fig.* simbolo della pace; nell'iconografia cristiana, simbolo dello Spirito Santo **2.** *fig.* persona dolce e innocente || *iron.* persona che si sforza di apparire tale **3.** *T.pol.* persona che è favorevole a soluzioni negoziate **4.** dolce tipico della Pasqua la cui forma ricorda quella di una colomba || *dim.* colombèlla, colombìna || **N.** **2.** *Sin.* madonnina **3.** *Sin.* pacifista | *Contr.* falco.

colómba[2] [etim. inc.; 1585] **sf.** *ant.* chiglia.

colombàccio (pl. *-ci*) [da *colombo*; 1574] **sm.** uccello selvatico dei Colombiformi, con piumaggio grigio, simile al colombo ma di dimensioni maggiori.

colombàia [lat. *columbārium*; a. 1400] **sf.** costruzione destinata all'allevamento dei colombi, costituita da tanti vani per la cova, aperti su un unico ambiente che comunica con l'esterno per mezzo di piccoli passaggi || *fig. tirare sassi in colombaia*, causare danni a sé e ai propri amici || *fig. sviare la colombaia*, allontanare gli avventori || *scherz.* l'ultimo piano di un palazzo: *abitare in colombaia* || **N.** *Sin.* piccionaia.

colombàna [dal n. geogr. San *Colombano*, in provincia di Pavia; a. 1597] **sf.** uva bianca e dolce da tavola, coltivata nella zona di Pavia; anche *agg.*

colombàno [da *colombana*; a. 1698] **sm.** vitigno di uva colombana || vino prodotto con tale uva.

colombàrio (pl. *-ri*) [lat. *columbārium*; a. 1764] **sm.** **1.** costruzione cimiteriale costituita da una serie di loculi su vari piani **2.** nell'antica Roma, stanza sepolcrale nelle cui pareti erano ricavate nicchie per deporre le urne cinerarie **3.** *raro* nicchia per i piccioni || **N.** **2.** *Sin.* cinerario.

colombèlla (*dim.* di *colomba*) [a. 1564] **sf.** **1.** piccola colomba **2.** uccello dei Colombiformi simile al colombaccio ma con le penne laterali del collo verdi **3.** *fig.* ragazza ingenua e candida; spesso in senso iron. **4.** *T.tip.* filetto che separa tra loro due o più colonne di una pagina || *a colombella*, perpendicolarmente.

colombiàno¹ [dal n. geogr. *Colombia*; 1970] **I** **agg.** della Colombia: *coca colombiana* **II** **sm.** (f. *-a*) abitante, nativo della Colombia.

colombiàno² [dal n. proprio Cristoforo *Colombo*; 1970] **agg.** relativo a Cristoforo Colombo.

colombicoltóre [comp. di *colombo* e *-coltore*; 1964] **sm.** (f. *-trìce*) allevatore di colombi.

colombicoltùra [comp. di *colombo* e *coltura*; 1887] **sf.** allevamento di colombi.

colombière [etim. inc.; 1869] **sm.** *T.mar.* nei velieri, tratto superiore dell'albero maggiore e dell'albero di gabbia compreso tra la coffa e la testa di moro.

Colombifórmi o **Columbifórmi** (sing. *-e*) [comp. di *colombo* e *-forme*; 1956] **sm.** **pl.** *T.zool.* ordine di uccelli buoni volatori, al quale appartengono varie famiglie di colombi. **Q.T.** *zoologia*.

colombìna¹ (*dim.* di *colomba*) [a. 1400] **sf.** **1.** piccola colomba **2.** *fig.* ragazza candida e innocente **3.** razzo che, scorrendo su una corda, va a incendiare i fuochi artificiali, part. a Firenze, la mattina di Pasqua **4.** piccola focaccia pasquale **5.** preparazione a base di semolino usata per antipasti caldi.

colombìna² [lat. *columbīna*; 1340 ca.] **sf.** **1.** sterco di piccione usato come concime **2.** nome di vari funghi delle Agaricacee **3.** varietà di mele con la polpa bianchissima e profumata || **N.** **2.** *Sin.* russola.

colombìno [lat. *columbīnus*; a. 1292] **agg.** **1.** di, da colombo || *in part.* che ha il colore del colombo || *fig.* candido, innocente **2.** di vaso fatto mediante sovrapposizione di anelli di creta.

colómbo [lat. *columbus*; a. 1292] **sm.** nome generico di vari uccelli dei Colombiformi con corpo tozzo, becco relativamente lungo e gen. piumaggio grigio-azzurro || *colombo torraiolo*, colombo selvatico diffuso in Europa, Asia e Nord Africa; viene considerato il progenitore delle varie specie oggi esistenti || *colombi viaggiatori*, opportunamente addestrati per il trasporto di messaggi, grazie alla loro capacità di orientarsi e ritrovare il nido || *com.* piccione || *fig.* persona semplice e ingenua || *fig. pl.* coppia di innamorati: *sembrano due colombi!* || *dim.* colombìno, colombìna, colombèlla || **N.** palombella, tortorella | tubare | colombaia, piccionaia. **TAV. *uccelli* p. 1339** 13.

colombòfilo [comp. di *colombo* e *-filo*; 1930] **sm.** (f. *-a*) e **agg.** chi, che alleva colombi, spec. viaggiatori.

còlon¹ [dal lat. *cōlon*, gr. *kôlon*; sec. XIV] **sm.** *inv.* *T.anat.* porzione media dell'intestino crasso compresa tra il cieco e il retto || **N.** ascendente, discendente, ileopelvico, trasversale | colite, enterocolite.

còlon² (pl. *còla*) [dal gr. *kôlon*, membro, periodo; 1820] **sm.** *inv.* **1.** nella metrica classica, serie ritmica composta da vari metri lirici || *per estens.* nella prosa, frase individuata da pause logiche e da una clausola metrica **2.** uno dei tre segni di interpunzione del latino classico, corrispondente al moderno punto e virgola.

colón (sp., pr. [ko'lɔŋ]) [da Cristobal *Colon*, n. sp. di Cristoforo Colombo; 1956] **sm.** *inv.* unità monetaria di El Salvador e di Costa Rica.

colonàto [dal lat. tardo *colonātus*; 1881] **sm.** nel periodo tardo romano, condizione del colono e i vincoli che lo legano al fondo.

colònia¹ [dal lat. *colōnia*; fine sec. XIV] **sf.** **1.** nell'antichità, comunità di cittadini che si trasferivano in un paese lontano per abitarlo, gen. instaurando le leggi e i costumi della madre patria, ma conservando da questa una relativa indipendenza: *le colonie greche in Sicilia* **2.** nell'età moderna, territorio distaccato dal territorio nazionale di uno stato ma a questo vincolato giuridicamente e politicamente, abitato da popolazioni che non godevano degli stessi diritti civili dei cittadini provenienti dallo stato dominante: *la lotta per l'indipendenza delle colonie britanniche* **3.** l'insieme dei cittadini di uno stato emigrati, per vari motivi, in un altro paese o in una località diversa da quella di origine: *la colonia italiana in Argentina, la colonia sarda di Aosta* **4.** insieme di villeggianti: *una colonia di bagnanti* **5.** istituto che ospita bambini, gen. delle classi meno abbienti, per un periodo di vacanza o anche per motivi di cura: *colonia montana, marina, elioterapica* || *per estens.* il luogo in cui si trova tale istituto || *per estens.* l'insieme dei bambini che soggiornano presso tale istituto **6.** *colonia penale*, insieme di carcerati assegnati a un luogo di pena || il luogo o l'edificio dove ha sede la colonia penale **7.** *T.biol.* aggregato di individui (animali o vegetali) della stessa specie che costituiscono un'unica unità funzionale || *per estens.* insieme di animali migratori: *una colonia di oche selvatiche*; insieme di specie vegetali che si sviluppano in un'area diversa da quella tipica || **N.** **2.** *Sin.* possedimento **3.** *Sin.* comunità, gruppo.

colònia² [dal n. geogr. *Colonia*, città ted. in cui era prodotta in origine; a. 1921] **sf.** profumo costituito da una miscela alcolica di oli essenziali; acqua di colonia.

colonìa [da *colono*; 1848] **sf.** *T.giur.* contratto agrario in cui il proprietario e uno o più coloni si associano per la coltivazione del fondo e la divisione degli utili || **N.** *Sin.* mezzadria.

colonìale [da *colonia¹*; 1830] **I** **agg.** **1.** relativo a una colonia: *territorio, popolazione coloniale* || *truppe coloniali*, dislocate nei territori delle colonie || *diritto coloniale*, l'insieme delle norme giuridiche che regolavano l'amministrazione delle colonie || *generi coloniali*, denominazione generica di derrate provenienti da paesi in cui gli europei avevano colonie: *caffè, tè, cacao e cannella sono generi coloniali* **2.** di colore fra il marrone chiaro e il giallo sabbia, tipico delle divise delle truppe coloniali **3.** *T.biol.* *organismi coloniali*, organismi che si aggregano in colonie **II** **s.** **1.** abitante delle colonie **2.** solo *sm. pl.* generi coloniali: *un negozio di coloniali* || **N.** **I** **1.** imperialistico **II** **2.** *Sin.* spezie.

colonialìsmo [dal fr. *colonialisme*; 1950] **sm.** **1.** politica che si propone come fine l'acquisizione di colonie **2.** il sottoporre un territorio a un regime coloniale; anche *per estens.* il tenere in condizioni di dipendenza politica, economica e culturale: *il colonialismo statunitense in Centro America* || *colonialismo linguistico*, l'imposizione, da parte di una potenza colonizzatrice, della propria lingua come lingua ufficiale dei territori occupati || *colonialismo tecnologico*, dipendenza di uno stato da un altro tecnologicamente più evoluto **3.** *T.ling.* *raro* vocabolo o espressione di origine coloniale che è entrato a far parte del lessico della lingua del paese colonizzatore || **N.** **1.** e **2.** *Sin.* imperialismo.

colonialìsta [dal fr. *colonialiste*; 1931] **I** **s.** **1.** fautore del colonialismo **2.** esperto, studioso di questioni relative alle colonie **II** **agg.** colonialistico || **N.** **1.** *Sin.* imperialista.

colonialìstico (pl. *-ci*) [da *colonialismo*; 1951] **agg.** relativo al colonialismo.

colònico¹ (pl. *-ci*) [dal lat. *colōnicus*; a. 1498] **agg.** del colono: *casa colonica* || **N.** *Sin.* agricolo, contadino.

colònico² (pl. *-ci*) [da *colon¹*; 1986] **agg.** *T.med.* relativo al colon.

colonizzàre [dall'ingl. (*to*) *colonize*, attr. il fr. *coloniser*; 1828] **tr.** **1.** fondare colonie: *i Romani colonizzarono la Spagna* **2.** ridurre a colonia, stabilire insediamenti per sfruttare un territorio: *gli Inglesi colonizzarono l'Egitto* || *fig.* estendere la propria influenza culturale ed economica su un territorio: *gli USA hanno colonizzato l'Europa* **3.** bonificare, rendere produttive aree incolte: *colonizzare la Maremma* **4.** *T.biol.* stabilire la propria sede in un luogo diverso da quello di origine: *i topi hanno colonizzato i grandi centri urbani.*

colonizzatóre [dal fr. *colonisateur*; 1861] **agg.** e **sm.** (f. *-trìce*) **1.** che, chi fonda colonie in un determinato territorio: *nell'antichità i Greci erano un popolo colonizzatore* **2.** che, chi riduce a colonia un territorio, portandovi o imponendovi la propria civiltà: *i colonizzatori spagnoli dell'America Latina.*

colonizzazióne [dall'ingl. *colonization*, attr. il fr. *colonisation*; 1855] **sf.** atto ed effetto del colonizzare, in tutti i sensi del verbo || **N.** *Sin.* conquista, occupazione.

colónna [lat. *columna*; inizio sec. XII] **sf.** **1.** elemento architettonico verticale, di forma cilindrica, con funzione portante o decorativa: *colonna dorica, ionica, corinzia*; talvolta, se isolato, può avere funzione monumentale: *colonna di Traiano* || *colonna d'infamia* o *infame*, cippo cui venivano legate le persone messe alla berlina, e *per meton.* la pena stessa || *colonna d'ormeggio*, cippo posto sulle banchine dei porti per legarvi le funi di ormeggio || *fig.* *colonne d'Ercole*, i promontori di Abila e Calpe ai lati dello stretto di Gibilterra dove, secondo la mitologia, Ercole avrebbe posto i limiti del mondo; *per estens.* limite invalicabile **2.** *per estens.* sostegno; *fig.* sostegno morale: *è la colonna della famiglia*; figura eminente di una comunità, di un'azienda ecc.: *è una delle colonne della società* **3.** nome generico di tubi o recipienti cilindrici verticali destinati a contenere sostanze fluide o gassose: *la colonna di mercurio del barometro* || *per estens.* materia fluida o gassosa che si muove con un moto verticale: *una colonna d'acqua, d'aria* **4.** serie di elementi, di oggetti disposti verticalmente: *una colonna di numeri* || *T.anat.* *colonna vertebrale*, struttura ossea composta dall'insieme delle vertebre, che costituisce l'asse dello scheletro || *T.gioc.* negli scacchi, l'insieme di otto case disposte verticalmente; nella roulette, combinazione costituita da tre numeri incolonnati verticalmente sul tavolo || *colonna vincente*, nei giochi che si basano su scommesse legate a risultati di competizioni sportive o ai sorteggi del lotto, combinazione esatta di pronostici posti in sequenza verticale || *T.geol.* *colonna stratigrafica*, schema che riproduce la successione stratigrafica di un dato territorio **5.** suddivisione verticale di una pagina, part. in libri e giornali: *stampare un articolo su tre colonne* || *T.inform.* ciascuna delle linee verticali parallele in cui è suddivisa una scheda meccanografica **6.** *T.cin.* *colonna sonora*, la zona di pellicola cinematografica in cui vengono registrati i suoni || *per estens.* la musica che accompagna il film: *una colonna sonora di Morricone* **7.** fila di cose o persone: *al casello c'era una colonna di autotreni* || *T.mil.* uno o più reparti, schierati uno dietro l'altro, che si muovono in una stessa direzione: *una colonna in marcia* || *fig.* *quinta colonna*, spie infiltrate **8.** *T.mar.* somma di denaro che il comandante di un mercantile ha in consegna per le spese di viaggio || *dim.* colonnétta, colonnìna, colonnìno (*sm.*) || **N. 1.** cariatide, cippo, pilastro; obelisco | a spirale, a tortile, bugnata | PARTI: abaco, architrave, basamento, base, capitello, dado, fregio, fusto, listello, piedistallo, plinto, voluta, zoccolo; colonnato, diametro, intercolumnio, lesna, modulo, peristilio, pilastro, propileo | gemina, rastremata, scanalata, striata **2.** *Sin.* caposaldo, cardine, sostegno **4.** *Sin.* elenco, fila, serie | incolonnare, tabulare **7.** *Sin.* coda, schiera; formazione. **Q.T.** *architettura, forze armate* **TAV.** *chiesa* 1.14; ***anatomia* p. 641** 2.7; ***architettura* p. 646** 2, 4.4, 5.4, 9.1.

colonnàre [lat. tardo *columnāris*; a. 1519 *columnale*] ***agg.*** **1.** che ha forma di colonna, simile a una colonna: *basalto colonnare* **2.** *T.geol. fessurazione colonnare,* fessurazione da raffreddamento di colate laviche, part. frequente nei basalti.

colonnàto [lat. tardo *columnātum*; 1550] **I** ***agg.*** provvisto di colonne, sostenuto da colonne: *tempio colonnato* **II** ***sm.*** **1.** struttura architettonica costituita da una serie di colonne collegate nella parte superiore da architravi o arcate **2.** *colonnato basaltico,* insieme di blocchi di basalto di forma colonnare o prismatica || **N.** II **1.** *Sin.* peristilio, portico, propileo.

colonnèlla [da *colonnello*; a. 1708] ***sf.*** *scherz.* la moglie del colonnello || *fig.* donna autoritaria.

colonnèllo [da *colonna* (di soldati), della quale era capo; a. 1764] ***sm.*** *T.mil.* il massimo grado degli ufficiali superiori, dovuto a chi comanda un reggimento o una formazione corrispondente || *tenente colonnello,* ufficiale di grado intermedio tra maggiore e colonnello.

colonnétta (*dim.* di *colonna*) [a. 1465] ***sf.*** **1.** piccola colonna; *in part.* cippo sepolcrale **2.** distributore di carburante **3.** *region.* comodino.

colonnìna (*dim.* di *colonna*) [1887 nel senso 1; 1965 nel senso 3] ***sf.*** **1.** piccola colonna **2.** *colonnina di mercurio,* nel termometro, l'indicatore della temperatura: *nella notte la colonnina di mercurio ha raggiunto i 23 gradi sotto zero* **3.** distributore di carburante per autoveicoli. **TAV. *meteorologia* p. 1321** 3.3, 8.4.

colonnìno (*dim.* di *colonna*) [1779] ***sm.*** **1.** piccola colonna; *in part.* ciascuna delle colonne di una balaustra o di un parapetto **2.** *T.tip.* parte di una composizione tipografica con giustezza ridotta per consentire l'impaginazione di un'illustrazione.

colòno [lat. *colōnus*; fine sec. XIV] ***sm.*** (f. *-a*) **1.** contadino che è legato a un fondo agricolo da un contratto di colonia || *per estens.* mezzadro || *per estens.* contadino **2.** abitante di una colonia || chi va a colonizzare un territorio || **N. 1.** *Sin.* coltivatore, mezzadro.

còlophon (pr. [ˈkɔlofon]) [dal lat. *colophon,* gr. *kolophṓn,* sommità, cima; 1931] ***sm.*** *inv.* **1.** nei manoscritti e incunaboli, indicazione finale con i nomi dell'autore e del copista o dello stampatore, data e luogo di pubblicazione **2.** *T.tip.* disposizione grafica delle ultime righe di un testo che scalano progressivamente a formare un trapezio regolare con la base minore in basso e la linea mediana posta in corrispondenza della mediana del foglio.

coloquìntide [lat. *colocynthis, -idis,* gr. *kolokynthís*; sec. XIV *colloquintide*] ***sf.*** pianta erbacea delle Cucurbitacee con fusto rampicante; produce un frutto liscio giallo i cui semi hanno proprietà lassative || *per estens.* il frutto di tale pianta.

coloràbile [dal lat. tardo *colorābilis*; 1865] ***agg.*** che si può colorare.

coloraménto [da *colorare*; 1308] ***sm.*** atto ed effetto del colorare.

coloránte (*ppr.* di *colorare*) [1745] **I** ***agg.*** nei sensi del verbo **II** ***sm.*** sostanza solubile capace di fissarsi su un supporto colorandolo in modo permanente: *coloranti naturali,* a base gen. di sostanze vegetali o animali; *coloranti artificiali,* a base sintetica; *coloranti alimentari,* sostanze che vengono aggiunte a cibi o bevande per conferire un aspetto più gradevole || **N.** II *Sin.* tinta, tintura; additivi.

coloràre (pres. *-óro*) [dal lat. *colorāre*; a. 1294] ***tr.*** dare colore a qualcosa: *colorare un disegno* || *fig.* mascherare, camuffare: *colorare una menzogna*; *fig. lett.* ornare, abbellire: *colorare la propria prosa di arcaismi* || ***intr. pron.*** **1.** assumere un colore: *il viso le si colorò di verde per la bile* || arrossire: *si colorò in viso* || *fig.* assumere una sfumatura, un aspetto particolare: *qui la narrazione si colora di rosa,* lascia spazio al sentimentalismo **2.** camuffarsi: *si colora di falsa modestia* || **N.** ***tr.*** *Sin.* campire, stendere i colori, tingere, tinteggiare.

coloràto (*pps.* di *colorare*) [1308] ***agg.*** che ha uno o più colori, gen. contrapposto a bianco o nero; *per estens. fig.* vivace || *fig.* specioso || **N.** *Sin.* dipinto, pitturato, tinto.

coloratùra [dal lat. *coloratūra*; a. 1635] ***sf.*** **1.** colorazione **2.** *T.mus.* variazione ornamentale del canto, attuata per improvvisazione del cantante, sulla base di virtuosismi (vocalizzi, gorgheggi, trilli e sim.) || *soprano di coloratura,* leggero, con voce particolarmente estesa e agile.

colorazióne [dal lat. tardo *colorātio, -ōnis*; a. 1406] ***sf.*** atto ed effetto del colorare e del colorarsi || colore || *fig.* sfumatura.

colóre [dal lat. *color, -ōris*; 1287] ***sm.*** **1.** *T.fis.* sensazione causata dalla riflessione della luce sulla superficie dei corpi e dipendente dalle radiazioni elettromagnetiche di diversa lunghezza d'onda emesse dai corpi stessi e captate dall'occhio; *colori dell'iride* o *fondamentali,* rosso, arancio, giallo, verde, blu, indaco e violetto || *a colori,* gen. opposto a bianco e nero: *foto, televisione, film a colori* || *senza colore,* opaco, incolore, sbiadito; *fig.* scialbo || *fig. farne, dirne di tutti i colori,* di ogni genere, part. fare o dire cose riprovevoli || *fig. dipingere qualcosa a colori vivaci,* descriverla in modo vivo e pittoresco || *fig. colore retorico,* ornamento poetico **2.** sostanza usata per dipingere o verniciare: *colori a olio, a tempera, acrilici* **3.** colorazione della pelle o del pelo: *un gatto di colore rosso* || *popolazioni di colore,* non appartenenti alla razza bianca || *per estens.* colorazione del volto umano che indica uno stato fisiologico o psicologico: *colore pallido, livido, terreo, cianotico* || *fig. farsi, diventare di tutti i colori,* mostrare in volto un turbamento causato da un'emozione forte e improvvisa **4.** *fig.* aspetto, apparenza || *colore locale,* insieme di notizie caratteristiche sugli usi, i costumi e i posti caratteristici di una località || *T.giorn. pezzo di colore,* arricchito con note di ambiente || *fig. fare del colore,* indulgere in descrizioni pittoresche, abusando di effetti retorici **5.** tinte usate come segno distintivo di una bandiera, uno stendardo e sim. || *per estens.* la bandiera stessa || *colori sociali,* quelli che contraddistinguono una società sportiva || *colori di scuderia,* nell'ippica, quelli che costituiscono l'insegna di un allevamento e che compaiono sulla divisa del fantino || tendenza politica o ideologica **6.** *T.gioc.* ciascuno dei quattro semi delle carte da gioco || nel poker, combinazione di cinque carte dello stesso seme **7.** intensità, gradazione espressiva: *dar colore a un discorso,* vivacizzarlo **8.** timbro di un suono; *T.fon.* il timbro di una vocale || *dim.* colorìno, colorétto || **N. 1.** colorazione, tinta, tono **2.** *Sin.* colorante, pittura, vernice | impastare, macinare, preparare, tingere **3.** *Sin.* carnagione, colorito, incarnato **4.** *Sin.* parvenza, sembianza **5.** bandiera, stemma; società, squadra **8.** *Sin.* forza, gradazione, intensità. **Q.T.** *fisica, pittura.*

colorerìa [da *colore*; 1963] ***sf.*** *non com.* negozio di colori.

colorifìcio (pl. *-ci*) [comp. di *colore* e *-ficio*; 1956] ***sm.*** fabbrica per la produzione di sostanze coloranti.

colorimetrìa [comp. di *colore* e *-metria*; 1956] ***sf.*** **1.** disciplina che si occupa della determinazione delle caratteristiche dei colori **2.** *T.chim.* analisi quantitativa di alcune sostanze sulla base della colorazione assunta da soluzioni di tali sostanze confrontate con soluzioni campione.

colorimètrico (pl. *-ci*) [da *colorimetria*; 1875] ***agg.*** relativo alla colorimetria: *rilevazione colorimetrica.*

colorìmetro [comp. di *colore* e *-metro*; 1875] ***sm.*** **1.** strumento per l'analisi cromatica della luce **2.** strumento per l'analisi chimica colorimetrica.

colorìre (pres. *-ìsco, -ìsci*) [da *colore*; 1304] ***tr.*** **1.** colorare; dipingere **2.** descrivere in modo vivace facendo uso di ornamenti retorici: *colorire un resoconto* || *fig.* mascherare la vera consistenza di qualcosa: *colorire i propri meriti* **3.** *T.mus.* graduare l'intensità di un suono || ***intr. pron.*** detto del volto, prendere colore. **Q.T.** *pittura.*

colorìsmo [da *colore*; 1964] ***sm.*** nelle arti figurative, uso del colore come elemento espressivo primario || in architettura e nella scultura, tendenza a utilizzare gli effetti di pieno e di vuoto a fini cromatici || nella musica e nella letteratura, tendenza a cercare effetti di colore.

colorìsta [dal fr. *coloriste*; a. 1764] ***s.*** **1.** artista che si ispira alle teorie del colorismo **2.** operaio addetto alla preparazione di colori **3.** *T.cin. non com.* tecnico addetto al controllo cromatico della pellicola durante le operazioni di sviluppo e stampa.

colorìstico (pl. *-ci*) [da *colorista*; 1919] ***agg.*** relativo al colorismo e ai coloristi.

colorìto (*pps.* di *colorire*) [1224 ca.] **I** ***agg.*** che ha colori vivaci || *un viso colorito,* rubizzo || *fig.* espressivo: *una descrizione colorita*; *eufem.* di turpiloquio: *espressioni colorite* **II** ***sm.*** **1.** carnagione: *un colorito cinereo* || *lett.* colore: *il colorito del cielo* **2.** *T.pitt.* modo di dare il colore: *un colorito impressionista* **3.** efficacia espressiva di uno scritto **4.** *T.mus.* gradazione di intensità nell'esecuzione di parti di un brano musicale **5.** *T.fon.* il timbro di una vocale.

coloritóre [da *colorire*; 1550] ***agg.*** e ***sm.*** (f. *-trìce*) che, chi colorisce || di artista, efficace colorista || *fig.* part. nell'uso aggettivale, che vivacizza: *un intervento coloritore.*

coloritùra [da *colorire*; 1940] ***sf.*** **1.** atto ed effetto del colorire **2.** *fig.* caratterizzazione politica o ideologica: *la coloritura di quel movimento è ambigua.*

colorizzàre [da *colore*; 1987] ***tr.*** *T.cin.* sottoporre un film a colorizzazione.

colorizzazióne [da *colorizzare*; 1987] ***sf.*** *T.cin.* trattamento elettronico mediante il quale pellicole girate originariamente in bianco e nero vengono trasformate in pellicole a colori.

colóro [lat. volg. **(ec)cu(m) illōru(m),* propr. ecco di coloro; a. 1294] ***pron. dimostr.*** forma *pl.* di *colui* e *colei* || **N.** *Sin.* quelli, quelle.

colossal (ingl., pr. [kəˈlɒsəl]; pr. it. [ˈkɔlossal] o [koˈlɔssal]) [letter. colossale; 1986] ***sm.*** *inv.* film o produzione cinematografica di costo elevato, caratterizzata dalla spettacolarità e grandiosità delle scene, da un *cast* di attori di primo piano e da un gran numero di comparse.

colossàle [dal fr. *colossal*; a. 1764] ***agg.*** enorme, gigantesco: *un errore colossale, un edificio colossale*; *propr.* di colosso: *una statua co-*

lossale || **N.** *Sin.* grandioso, macroscopico, mastodontico, monumentale, smisurato | *Contr.* microscopico, minimo, piccolissimo.

colòsso [dal lat. *colossus*, gr. *kolossós*; 1436 nel senso 1; 1966 nel senso 4] ***sm.*** **1.** statua di enormi dimensioni: *il colosso di Rodi* **2.** *fig.* persona che per aspetto fisico o doti intellettuali superi di molto la media **3.** *fig.* persona, nazione od organizzazione dotata di grande potere: *i colossi del petrolio* || *colosso dai piedi di argilla*, nazione, ente o persona potente e imponente ma con basi poco salde **4.** *disus. T.cin.* *colossal* || **N.** **2.** *Sin.* *big*, gigante, omaccione, omone, titano | *Contr.* nano, pigmeo.

colòstro [lat. *colostrum*; 1340 ca.] ***sm.*** primo latte, liquido giallastro secreto dalle ghiandole mammarie in gravidanza e nei primi giorni successivi al parto.

cólpa [lat. *culpa*; 1294] ***sf.*** **1.** qualsiasi atto od omissione che violi una legge, una norma morale, civile o religiosa || *per estens.* responsabilità giuridica, civile, morale o religiosa derivante da un tale atto || *T.giur.* comportamento da cui derivi un danno a carico di terzi || *T.psic.* *senso di colpa*, sentimento di colpevolezza che talvolta genera bisogno di punizione **2.** *gen.* azione che anche involontariamente rechi danno a qualcuno: *abbiamo litigato per colpa tua* || *non avere né colpa né peccato*, essere innocenti || **N.** **1.** *Sin.* crimine, delitto, dolo, fallo, misfatto, reato | atroce, evidente, grave, infame, manifesta, ostinata | accusare, addebitare, addossare, affibbiare, ascrivere, attribuire, far carico, imputare, incolpare; assolvere, attenuare, condonare, giustificare, mitigare **2.** caduta, errore, fallo, macchia, mancanza, peccato, responsabilità, torto.

colpàbile [dal lat. *culpābilis*; a. 1342] ***agg.*** *ant.* colpevole.

colpabilità [dal fr. *culpabilité*; 1879] ***sf.*** *non com.* *T.giur.* colpevolezza.

colpeggiàre (pres. *-éggio*) [da *colpo*; prima metà sec. XIV] ***intr.*** (aus. *avere*) **1.** dare colpi frequenti **2.** *T.pitt.* dipingere con brevi tratti di pennello.

colpévole [lat. tardo *culpābilis*; 1312] **I** ***agg.*** **1.** che è responsabile di una colpa, di un reato: *un uomo colpevole di tradimento* || proprio di chi si sente in colpa: *uno sguardo colpevole* **2.** che costituisce una colpa: *comportamento colpevole* || **colpevolménte** ***avv.*** **II** ***s.*** chi ha commesso una colpa: *arrestare i colpevoli* || **N.** **I** **1.** *Sin.* reo; criminale, delinquente, peccatore; accusato, imputato | *Contr.* innocente **2.** *Sin.* doloso.

colpevolézza [da *colpevole*; 1818] ***sf.*** la condizione di chi è in colpa || **N.** *Sin.* imputabilità, reità.

colpevolìsmo [da *colpevole*; 1970] ***sm.*** atteggiamento di chi ritiene colpevole un imputato in un processo penale prima che venga emessa la sentenza.

colpevolìsta [da *colpevole*; 1947] ***s.*** chi ritiene colpevole un imputato in un processo penale prima che venga emessa la sentenza || **N.** *Contr.* innocentista.

colpevolizzàre [da *colpevole*; 1983] ***tr.*** far sentire qualcuno colpevole di fatti non imputabili direttamente a lui o alla sua volontà.

colpìre (pres. *-isco*, *-isci*) [da *colpo*; sec. XIII] ***tr.*** **1.** percuotere, assestare uno o più colpi: *lo colpì con una sedia* || *per estens.* ferire con un'arma da fuoco o da taglio: *venne colpito da un proiettile vagante* || *colpire il bersaglio*, centrarlo; anche *fig.*: *colpire al cuore*, nel punto vitale || *fig.* *colpire nel segno*, essere nel giusto || *fig.* *colpire qualcuno nel vivo*, ferirne la suscettibilità || *fig.* attaccare, criticare: *i suoi articoli colpiscono i potentati locali* **2.** danneggiare: *le azioni dei disonesti colpiscono la società* || *per estens.* punire: *un provvedimento che colpisce gli evasori fiscali*; di imposte, gravare: *la nuova tassa colpisce soprattutto i lavoratori dipendenti* **3.** suscitare una profonda impressione: *quel viso mi ha colpito, rimase colpito da tanta audacia* || **N.** **1.** *Sin.* assestare, azzeccare, beccare, ferire, imbroccare, infilzare **3.** *Sin.* far colpo, impressionare.

colpitóre [da *colpire*; a. 1729] ***sm.*** **1.** (f. *-trìce*) chi colpisce **2.** *T.sport.* pugile con una potenza di pugno o calciatore con una potenza di tiro eccezionali.

cólpo [lat. mediev. *colpus*, class. *colaphus*; a. 1294] ***sm.*** **1.** urto di un corpo in movimento contro un altro: *colpo di spada, di bastone* || *in part.* pugno || *colpo di grazia*, colpo mortale dato per abbreviare l'agonia a un moribondo; *fig.* atto o evento che determina la sconfitta definitiva, il crollo, il fallimento di qualcuno o qualcosa || rapido movimento o spostamento di congegni o attrezzi: *con pochi colpi di pedale si portò a ridosso del battistrada* || *colpo di remi*, palata || *fig.* *ribattere colpo su colpo*, replicare a ogni iniziativa degli avversari || *fig.* *dare un colpo al cerchio e uno alla botte*, barcamenarsi || *fig.* *senza colpo ferire*, senza combattere **2.** *per estens.* rumore prodotto da un colpo o da uno sparo: *nel silenzio generale si udì un gran colpo, un colpo di pistola* || *per estens.* segno lasciato da un colpo ricevuto: *si vedeva il colpo sul polpaccio* **3.** *per estens.* emozione improvvisa gen. dolorosa: *rincontrarla fu un brutto colpo* || *far colpo*, suscitare ammirazione **4.** evento improvviso e gen. violento: *colpo di vento*; *colpo di mare*, violenta ondata || *colpo di timone*, brusco mutamento della direzione causato da improvviso spostamento del timone; anche *fig.* || *fig.* *colpo di telefono*, rapida telefonata || *fig.* *colpo di coda*, improvviso mutamento di una situazione nella fase finale || *fig.* *colpo d'occhio*, veduta d'insieme, o anche capacità di comprendere le cose di primo acchito; *a colpo d'occhio*, a prima vista || *fig.* *colpo di fortuna*, evento fortunato e inaspettato || *fig.* *colpo di testa*, decisione improvvisa e irragionevole || *fig.* *colpo di fulmine*, innamoramento improvviso || *fig.* *colpo di spugna*, rimozione totale di qualcosa che appartiene al passato || *fig.* *colpo di scena*, mutamento imprevisto e improvviso di una situazione || *fig.* *a colpo sicuro*, senza esitazioni || *fig.* *di colpo*, all'improvviso || *fig.* *sul colpo*, immediatamente || *fig.* *tutto d'un colpo*, ad un tratto || *fig.* *(tutto) in un colpo*, in una sola volta **5.** stato morboso improvviso || *colpo apoplettico*, apoplessia cerebrale || *colpo di sole*, insolazione; nelle acconciature, ciocca di capelli schiariti in una capigliatura scura || *colpo di calore*, malore causato da permanenza prolungata in ambienti con temperatura e umidità elevate; nelle piante, vistoso appassimento delle foglie causato da eccessiva perdita di liquidi a causa della temperatura elevata || *colpo di frusta*, violento contraccolpo subito dalla colonna vertebrale in seguito a un urto violento || *colpo d'aria*, manifestazione di sintomi reumatici causata da esposizione a correnti d'aria **6.** azione audace e improvvisa, spesso con scopi delittuosi: *il colpo in banca fruttò quasi un miliardo* || *colpo di mano*, azione, part. azione militare, compiuta d'improvviso con forze e mezzi limitati || *colpo gobbo*, ben riuscito || *colpo giornalistico*, notizia di particolare rilevanza pubblicata in esclusiva || *colpo di stato*, sovvertimento improvviso e spesso cruento dell'ordinamento politico di uno stato **7.** *T.sport.* nel calcio, modo in cui viene colpita la palla: *colpo di tacco*; nel pugilato, modo di colpire: *un colpo diretto*; *colpo basso*, portato sotto la cintura, *fig.* azione scorretta; nella scherma, stoccata; nel tennis, tocco dato alla pallina con la racchetta per rinviarla all'avversario || **N.** **1.** biscottino, botta, buffetto, bussa, calcio, ceffone, coltellata, fendente, frustata, gomitata, manrovescio, martellata, mazzata, pacca, palata, pedata, percossa, piattonata, pugnalata, scapaccione, schiaffo, sciabolata, sculacciata, sferzata, spallata, stangata, stoccata, testata, tocco **2.** esplosione, fragore, schianto, scoppio, tonfo; cannonata, detonazione, fucilata, pistolettata, revolverata, sparo **3.** ammirazione, entusiasmo, impressione **5.** accidente, apoplessia, attacco, paralisi **7.** lancio, stoccata. **Q.T.** *pugilato, scherma.*

còlpo- [dal gr. *kólpos*, seno, golfo, poi utero] ***primo elem.*** che, in parole composte della terminologia medica, vale "vagina": **colpoptòsi**, **colporragìa**, **colporrèa**.

colposcopìa [comp. di *colpo-* e *-scopia*; 1956] ***sf.*** *T.med.* esplorazione della vagina e del collo dell'utero effettuate per mezzo del colposcopio.

colposcòpio (pl. *-pi*) [comp. del gr. *kólpos*, seno, golfo e *-scopio*; 1956] ***sm.*** *T.med.* strumento ottico per l'ispezione della vagina.

colpóso [da *colpa*; 1723] ***agg.*** *T.giur.* di azione o comportamento dannoso provocato da negligenza o inosservanza delle leggi ma senza volontà di nuocere: *omicidio colposo* || **colposaménte** ***avv.*** || **N.** *Contr.* doloso, volontario.

còlta [f. sost. di *còlto*, pps. di *cogliere*; a. 1277] ***sf.*** **1.** *raro* raccolta di prodotti agricoli || *per estens.* il tempo in cui viene effettuata **2.** raccolta di acqua per il funzionamento di un mulino || *per estens.* il bacino in cui l'acqua viene raccolta **3.** *raro gen.* raccolta || *in part. ant.* colletta || nel Medioevo, il censo imposto ai servi della gleba **4.** *T.mar.* sistemazione delle vele e delle cime in preparazione della navigazione.

coltàre (pres. *cólto*) [lat. tardo *cultāre*; a. 1294] ***tr.*** *ant.* coltivare.

coltèlla [da *coltello*; a. 1313] ***sf.*** *inv.* grosso coltello a lama larga.

coltellaccìno [da *coltellaccio*; 1830] ***sm.*** *T.mar.* vela più piccola del coltellaccio, che viene spiegata a lato del velaccio e del velaccino.

coltellàccio (pl. *-ci*) (*pegg.* di *coltello*) [inizio sec. XIV] ***sm.*** **1.** grosso coltello a lama larga || arma da punta e da taglio con lama a filo e costola **2.** *T.mar.* vela trapezoidale che si aggiunge alle vele di gabbia e di parrocchetto per aumentarne la superficie.

coltellàme [da *coltello*; 1503] ***sm.*** assortimento di coltelli.

coltellàta [da *coltello*; 1305] ***sf.*** **1.** colpo di coltello; ferita inferta col coltello **2.** *fig.* impressione dolorosa che causa una sofferenza improvvisa: *il suo rifiuto è stato una coltellata* || *fig. fam.* spettacolo, libro deludente, noioso **3.** *T.mur.* muro divisorio costruito con mattoni disposti a coltello || **N.** **1.** *Sin.* pugnalata.

coltellàto [da *coltello*; 1881] ***agg.*** detto di muro di mattoni disposti a coltello.

coltellerìa [da *coltello*; 1880] ***sf.*** **1.** fabbrica, negozio di coltelli **2.** assortimento di coltelli.

coltellièra [da *coltello*; a. 1793] ***sf.*** custodia per coltelli, gen. da tavola.

coltellìna (*dim.* di *coltella*) [1887] ***sf.*** coltella speciale usata per disossare la carne o tagliarla a fette sottili.

coltellinàio (pl. *-ài*) [da *coltello*; sec. XV] ***sm.*** (f. *-a*) chi fabbrica o vende coltelli e in gen. strumenti da taglio.

coltèllo [lat. *cultellus*; a. 1294] ***sm.*** **1.** strumento da taglio costituito da una lama in acciaio, tagliente da una sola parte, innestata in un manico: *coltello fermo*, con lama fissa; *coltello a serramanico*, in cui la lama può rientrare nel manico; *coltello a scatto*, coltello a serramanico in cui la lama fuoriesce spinta da una molla; *coltello elettrico*, costituito da due lame affiancate azionate in sensi opposti da un motore elettrico; *coltello da tavola*, quello a punta tonda || *coltello dell'aratro*, coltro || *coltello a ruota*, utensile usato nelle macchine dentatrici per tagliare gli ingranaggi ‖ *mettere mano al coltello*, impugnarlo con intenzioni minacciose ‖ *fig. avere il coltello dalla parte del manico*, essere in posizione di vantaggio ‖ *fig. prendere il coltello per la lama*, agire a proprio danno ‖ *fig. da tagliarsi col coltello*, detto di cosa densa o fitta: *un brodo, una nebbia da tagliarsi col coltello* ‖ *fig. lotta al coltello*, accanita **2.** interruttore separatore in impianti elettrici **3.** parte della bilancia che sorregge il giogo **4.** *fig. non com.* dolore profondo ‖ *dim.* coltellétto, coltellino, coltellùccio; *accr.* coltellóne; *pegg.* coltellàccio ‖ **N. 1.** *Sin.* lama, pugnale, temperino | PARTI: codolo, ghiera, lama (costa, punta, taglio o filo), manico | affilato, aguzzo, arrotato, curvo, da caccia, damaschinato, da tavola, spuntato, torto **3.** *Sin.* fulcro. **Q.T.** *armi* **TAV.** *pesca* 13; *giardinaggio* **p. 1314** 14.

coltellóne (*accr.* di *coltello*) [1825 nel senso 1] ***sm.*** **1.** grosso coltello **2.** posata simile al coltello, usata per tagliare e servire dolci.

coltivàbile [da *coltivare*; 1614] ***agg.*** che si può coltivare, coltivo.

coltivabilità [da *coltivabile*; 1865] ***sf.*** l'essere coltivabile.

coltivaménto [da *coltivare*; a. 1363] ***sm.*** *raro* coltivazione.

coltivàre (pres. *-ìvo*) [lat. mediev. *cultivare*, der. dal lat. *cultus*, coltivato, pps. di *colere*, coltivare; 1282] ***tr.*** **1.** eseguire i lavori necessari perché un terreno dia frutti: *coltivare la terra, la vigna* ‖ *coltivare le perle*, produrle artificialmente **2.** sfruttare un giacimento minerario: *coltivare a giorno, in sotterraneo* **3.** *per estens.* esercitare un'attività: *coltivare la pesca* **4.** *fig.* applicarsi, esercitare una facoltà: *coltivare gli studi classici* ‖ *coltivare un'amicizia*, fare di tutto per conservarla ‖ *per estens.* nutrire, tenere in vita: *coltivare un sogno, una passione* **5.** *non com. coltivare la propria persona*, curare il proprio aspetto ‖ *coltivare* (o *rifl. intens. coltivarsi*) *una persona*, cercare di ottenerne l'amicizia per guadagnarsene il favore **6.** *ant.* onorare ‖ **N. 1.** arare, bonificare, concimare, lavorare, vangare, zappare **3.** *Sin.* dedicarsi a **4.** *Sin.* curare; fomentare, nutrire. **Q.T.** *agricoltura.*

coltivàto (*pps.* di *coltivare*) [sec. XIV] **I *agg.*** nei sensi nel verbo; *in part.* ottenuto mediante coltivazione: *tartufi coltivati*; *perle coltivate*, ottenute in modo non naturale **II *sm.*** terreno coltivato.

coltivatóre [da *coltivare*; inizio sec. XIV] **I *sm.*** **1.** (f. *-trice*) chi coltiva, agricoltore ‖ *coltivatore diretto*, chi coltiva un terreno proprio o altrui, impiegando il lavoro proprio o quello dei familiari **2.** *T.agr.* macchina agricola usata per smuovere e frantumare il terreno **II *agg.*** *raro* che coltiva. **Q.T.** *agricoltura* **TAV.** *giardinaggio* **p. 1314** 6 e **p. 1315** 22.

coltivazióne [da *coltivare*; 1353] ***sf.*** **1.** atto ed effetto del coltivare: *la coltivazione dell'arancio richiede un clima favorevole* ‖ *per estens.* luogo coltivato: *la strada attraversava immense coltivazioni di granturco* **2.** il complesso dei lavori necessari per l'estrazione e l'utilizzazione dei minerali: *coltivazione a giorno*, in cave a cielo aperto; *coltivazione in sotterraneo*, in miniere approfondite nel sottosuolo ‖ *coltivazione degli idrocarburi*, processo di utilizzazione degli idrocarburi derivati dal petrolio **3.** *coltivazione delle perle*, insieme di operazioni che permettono la produzione artificiale di perle da ostriche perlifere **4.** *ant.* venerazione ‖ **N. 1.** *Sin.* coltura | estensiva, intensiva. **Q.T.** *agricoltura, geografia.*

coltìvo [lat. mediev. *cultīvus*, lat. *cultus*, pps. di *colere*, coltivare; 1282 *choltia*] **I *agg.*** di terreno, coltivabile **II *sm.*** terreno coltivato.

còlto *pps.* di *cogliere* (v.).

cólto [lat. *cultus*; a. 1294] **I *agg.*** **1.** *raro* coltivato **2.** che ha una buona cultura: *una persona colta* ‖ *per estens.* che appartiene, che deriva, che è espressione di un ambiente di elevata cultura: *espressione colta*; *musica colta*, in contrapposizione a *musica popolare* o *folklorica* **3.** *ant.* venerato **II *sm.*** *raro* terreno coltivato ‖ **N. 1.** *Contr.* incolto **2.** *Sin.* dotto, erudito, sapiente | *Contr.* ignorante, incolto.

-coltóre o **-cultóre** [dal lat. *cultor, -ōris*, coltivatore] ***elem. term.*** che, in parole composte dotte, vale "coltivatore", "allevatore" (per es. *apicoltore, bachicoltore, floricoltore, viticultore*).

coltràre (pres. *cóltro*) [da *coltro*; 1928] ***tr.*** *tosc.* lavorare la terra col coltro.

cóltre [lat. tardo *culcitra*; inizio sec. XIII] ***sf.*** **1.** coperta imbottita **2.** *per estens.* strato di materiale che copre una superficie: *una coltre di neve* **3.** drappo funebre ‖ **N. 2.** *Sin.* manto.

cóltrice [lat. tardo *culcitra*; 1304] ***sf.*** *lett.* materasso; *per estens.* giaciglio.

cóltro [lat. *culter, -tri* e *cultrum*; a. 1603] ***sm.*** **1.** lama tagliente posta davanti al vomere che serve per tagliare verticalmente la zolla **2.** tipo particolare di aratro che scava il solco gettando la terra da un solo lato. **TAV.** *agricoltura* 1.3.

coltróne (*accr.* di *coltre*) [a. 1527] ***sm.*** **1.** coperta imbottita **2.** tendone imbottito che si mette alle porte delle chiese o di grandi sale per parare il freddo ‖ *dim.* coltroncino; *accr.* coltroncióne.

coltùra [dal lat. *cultūra*; inizio sec. XIII] ***sf.*** **1.** coltivazione di un terreno agricolo: *coltura delle bietole* ‖ *mettere un terreno a coltura*, iniziarne la coltivazione ‖ *per estens.* il terreno e il prodotto coltivato: *il maltempo ha danneggiato le colture* **2.** allevamento di piccoli animali o insetti: *la coltura del lombrico* **3.** *T.biol. coltura batterica*, allevamento di microorganismi in mezzi adatti, a scopo di studio; *coltura di tessuti*, allevamento per fini di ricerca di cellule di tessuto animale o vegetale in ambiente adatto alla loro sopravvivenza **4.** *non com.* cultura. **Q.T.** *agricoltura.*

colturàle [da *coltura*; 1907] ***agg.*** che riguarda la coltura di prodotti agricoli o di animali.

colturaménto [da *coltura*; 1964] ***sm.*** *T.agr.* insieme di lavori a cui viene sottoposto un terreno agricolo per favorire determinate colture.

Colùbridi (sing. *-e*) [comp. di *colubro* e *-idi*; 1931] ***sm. pl.*** *T.zool.* famiglia di serpenti sia innocui sia velenosi, caratterizzati dall'occhio con pupilla rotonda.

colubrìna (raro *colobrina*) [dal provenz. *colobrina*; 1532] ***sf.*** pezzo d'artiglieria di piccolo o medio calibro a canna lunga, diffuso tra il XV e il XVII secolo.

colùbro [dal lat. *coluber*; 1321] ***sm.*** **1.** *lett.* serpente **2.** *T.zool.* nome di vari serpenti dei Colubridi.

colùi (pl. m. e f. *colóro*) [lat. volg. *(*ec*) *cu*(*m*) *illūi*, propr. ecco a lui; a. 1292] ***pron. dimostr.*** (f. *colèi*) **1.** quello, gen. seguito dal pron. relativo *che*: *sarà premiato colui che riuscirà meglio, coloro che lo desiderano possono restare* ‖ da solo ha quasi sempre valore *spreg.*: *chi sarebbe colui?* **2.** *arc.* premesso al sostantivo ha valore possessivo *di lui, suo*: *per lo colui consiglio* (Boccaccio).

Columbifórmi v. COLOMBIFORMI.

colùmbio [da *Columbia*, n. lett. dell'America; 1931] ***sm.*** *raro T.chim.* niobio.

columèlla [dal lat. *columella*, dim. di *columna*, colonna; a. 1639] ***sf.*** **1.** *T.anat.* il nucleo della chiocciola dell'orecchio interno **2.** *T.zool.* ossicino presente nell'orecchio medio di rettili, anfibi e alcuni uccelli **3.** *T.zool.* l'asse centrale della conchiglia dei molluschi Gasteropodi.

columen (lat., pr. it. ['kolumen]) [letter. cima, sommità, affine a *collis*, colle] ***sm. inv.*** *T.arch.* elemento della copertura del tempio etrusco, corrispondente alla trave principale; la testata del *columen*, sporgente al centro del frontone del tempio, era decorata a rilievo ‖ **N.** colmareccio.

columnist (ingl., pr. ['kɒləmnɪst]; pr. it. ['kɔlumnist]) [letter. articolista; 1954] ***s. inv.*** giornalista di prestigio a cui è assegnata una rubrica fissa su quotidiani o periodici, nella quale affronta argomenti di attualità esprimendo opinioni personali ‖ **N.** opinionista.

colùro [dal lat. tardo *colūrus*, gr. *kólouros*, senza coda; a. 1327] ***sm.*** *T.astr.* ciascuno dei due meridiani celesti che passano rispettivamente per i punti equinoziali e solstiziali, perpendicolari tra loro e perpendicolari all'equatore celeste.

colùtea [dal lat. *colūtea*, gr. *koluteá*; a. 1577] ***sf.*** *T.bot.* genere di piante delle Leguminose, comprendente specie mediterranee e asiatiche ‖ *colutea arborescente*, vescicaria ‖ **N.** *Sin.* maggerena.

còlza [dal fr. *colza* e *colzat*; 1770 *colsat, kolsat*] ***sf.*** pianta erbacea delle Crocifere con fiori gialli raccolti in grappoli e silique contenenti semi nerastri o rossicci, da cui si estrae un olio commestibile ma usato principalmente per usi industriali (lubrificanti, vernici, saponi); viene coltivata in tutta Europa come pianta oleifera e da foraggio.

com- v. CO-.

còma¹ [dal gr. *kôma*, sonno profondo; 1750] ***sm.*** *T.med.* stato in cui si mantengono le funzioni vegetative, ma si assiste alla completa perdita della coscienza, della mobilità e della sensibilità: *essere in coma, cadere in coma* ‖ *coma profondo*, caratterizzato da scomparsa dei riflessi e da compromissione circolatoria.

còma² [dal lat. *coma*; sec. XIII] ***sf.*** **1.** *ant. lett.* chioma **2.** *T.ott.* aberrazione di un sistema ottico causata da deviazione dei raggi ottici incidenti su una lente.

comacino [dal n. geogr. *Como*; 1956] ***agg.*** di Como ‖ *Maestri Comacini*, nel Medioevo, gruppi di costruttori e scalpellini, originari di Como, che operarono in varie città italiane ed europee.

comandaménto [da *comandare*; a. 1292] ***sm.*** **1.** precetto imposto da Dio agli uomini nella rivelazione; nella religione cristiana, ciascuno dei dieci precetti che Dio diede a Mosè sul monte Sinai **2.** *ant.* comando.

comandànte (*ppr.* di *comandare*) [fine sec. XIV] ***sm.*** **1.** chi comanda; *in part.* titolo attribuito a chi comanda un reparto militare: *comandante di plotone, di compagnia* ‖ *vice comandante*, chi nella scala gerarchica è immediatamente sottoposto al comandante e ne fa le veci in caso di necessità ‖ *comandante in capo*, ufficiale responsabile dei reparti operanti in un determinato settore ‖ *comandante supremo*, chi ha il comando di tutte le forze armate **2.** nella marina militare, ufficiale o sottufficiale cui è affidato il comando di una nave; *gen.* ufficiale superiore di vascello ‖ *comandante in seconda*, vice comandante ‖ *comandante di porto*, ufficiale da cui dipende una capitaneria di porto ‖ *comandante di nave mercantile*, chi ha la responsabilità della navigazione e ai fini della spedizione del carico rappresenta l'armatore **3.** *T.aer.* nell'aeronautica militare, titolo attribuito agli ufficiali in servizio di volo effettivo a partire dal grado di capitano; nell'aeronautica civile, il capo dell'equipaggio di un aeromobile ‖ *comandante di aeroporto*, ufficiale cui è affidata la responsabilità del traffico di una stazione aerea ‖ **N. 1.** *Sin.* capitano, capo, condottiero, guida, leader.

comandàre [lat. volg. **commandāre*, class. *commendāre*, affidare; sec. XIII] ***tr.*** **1.** imporre con autorità, esigendo obbedienza: *comandò di partire, il silenzio* ‖ *comandi!*, modo in cui un militare risponde alla chiamata di un superiore **2.** esercitare il comando: *comandare un plotone* **3.** *T.bur.* destinare una persona a un luogo o a un servizio, part. in modo provvisorio: *venne comandato alla direzione acquisti* **4.** manovrare un dispositivo di controllo di una macchina: *quest'auto ha uno sterzo difficile da comandare* **5.** *lett.* suggerire, raccomandare **6.** *lett.* dominare con lo sguardo da una posizione elevata || **intr.** (aus. *avere*) imporre con autorità il proprio volere: *comandò con fermezza* || *comandare a bacchetta*, in modo inflessibile || **N. tr. 1.** *Sin.* ordinare; decretare, imporre, ingiungere, intimare, prescrivere | *Contr.* accettare, subire, ubbidire **3.** destinare, trasferire **4.** guidare.

comandàta [da *comandare*; a. 1306] **sf. 1.** *T.mil.* turno di guardia su navi militari **2.** *T.mil.* ordine di servizio || *per estens.* militari comandati all'esecuzione di tale ordine **3.** obbligo di servizio personale cui, fino al secolo scorso, erano tenuti i contadini nei confronti del proprietario del fondo || **N. 2.** *Sin.* corvé.

comandàto (*pps.* di *comandare*) [1308] **agg. 1.** nei sensi del verbo; *in part. feste comandate*, giorni per i quali la Chiesa prescrive l'astensione dal lavoro e l'obbligo di recarsi a messa **2.** di militari che da ordini superiori sono stati destinati a un determinato servizio: *un soldato comandato di guardia* **3.** *T.bur.* impiegato, funzionario destinato a ruolo diverso dal proprio: *insegnante delle scuole secondarie comandato presso l'Università*.

comandìgia (pl. *-gie*) [dal fr. ant. *comandise*; 1263 *comandiscia*] **sf.** *ant.* **1.** raccomandazione **2.** accomandita.

comàndo [da *comandare*; fine sec. XII *comandu*] **sm. 1.** atto del comandare; ordine impartito e anche parole con cui si dà tale ordine: *dare, eseguire un comando, un comando perentorio* || *stare ai comandi di qualcuno*, essere sottoposto al suo volere || *comando giuridico*, disposto per legge **2.** autorità di comandare: *assumere il comando, funzione, posto di comando* **3.** *T.mil.* organismo che esercita la propria autorità su un territorio o su un reparto: *il comando della regione nord-ovest* || *per estens.* l'insieme del comandante e dei suoi diretti collaboratori; *concr.* il luogo in cui risiedono **4.** *T.bur.* provvedimento temporaneo con cui un impiegato viene trasferito a un ufficio o a una sede diversa da quella abituale **5.** *T.mecc.* dispositivo per il controllo di una macchina o di un meccanismo: *la pedaliera dei comandi* || *doppio comando*, nelle auto per scuola guida, pedaliera posta dal lato dell'istruttore || *comando a distanza*, quando l'organo di comando è posto relativamente distante dal dispositivo che deve controllare **6.** *T.sport.* in una competizione, posizione di testa || **N. 1.** disposizione, imposizione, ingiunzione, intimazione, ordine, prescrizione **2.** autorità, guida, potere **4.** trasferta. **Q.T.** *aeronautica, forze armate.*

comàndolo [da *commando*; 1830] **sm.** *T.tess.* filo avvolto in un rocchetto da telaio, con cui si riannodano i fili strappati durante la tessitura.

comàre [lat. tardo *commăter, -tris*; sec. XIII] **sf. 1.** donna che tiene a battesimo o a cresima un bambino || *per estens.* donna che fa da testimone alle nozze || *region.* levatrice **2.** vicina di casa; amica di vecchia data || *spreg.* donna pettegola e maldicente || *eufem. region. la comare secca*, la morte || **N. 1.** *Sin.* madrina.

comàsco (pl. *-schi*) [dal n. geogr. *Como*; 1860] **I agg.** di Como **II sm.** (f. *-a*) abitante, nativo di Como.

comatóso [da *coma*[1], prob. attr. il fr. *comateux*; 1767] **agg.** *T.med.* relativo a coma: *stato comatoso*.

comàtula [dal lat. tardo *comătula*, con chioma abbondante; 1887] **sf.** *T.zool.* nome di vari Echinodermi marini dai colori vivaci che vivono attaccati a corpi sommersi per mezzo di sottili filamenti.

cómba [dal lat. *cumba*, valle; 1931] **sf.** nei rilievi alpini, valle lunga e stretta, circondata da catene montuose.

combaciaménto [da *combaciare*; a. 1597] **sm.** atto ed effetto del combaciare; il punto in cui due elementi combaciano.

combaciàre (pres. *-àcio*) [da *baciare*; a. 1380] **intr.** (aus. *avere*) aderire, inserirsi perfettamente: *far combaciare due pezzi, i due battenti della finestra* || *fig.* corrispondere: *le nostre idee combaciano* || **N. 1.** *Sin.* adattarsi, aderire, congiungersi; coincidere, collimare.

combattènte (*ppr.* di *combattere*) [a. 1292] **I agg.** nei sensi del verbo; *in part. T.arald.* attributo di animali posti uno di fronte all'altro nell'atto di lottare **II s.** chi combatte || *ex-combattente*, reduce || *fig.* persona combattiva che non desiste dai propri propositi || **sm.** uccello palustre dei Caradriformi di colore bruno, con collare erettile, i cui maschi in primavera lottano accanitamente per il possesso della femmina || **N. II s.** *Sin.* belligerante, soldato | **sm.** gambetta.

combattentìsmo [da *combattere*; a. 1941] **sm.** tendenza belligerante di circoli militari e politici || *T.stor.* associazionismo fra reduci e movimento nazionalistico sviluppatosi in Italia al termine della prima guerra mondiale.

combattentìstico (pl. *-ci*) [da *combattentismo*; 1935] **agg. 1.** relativo ai combattenti **2.** relativo al combattentismo.

combàttere (pres. *-àtto*) [lat. volg. **combattuere*; a. 1292] **intr.** (aus. *avere*) **1.** partecipare attivamente a uno scontro armato; essere impegnato in azioni di guerra: *combattere con eroismo contro forze superiori* **2.** *fig.* impegnarsi accanitamente per il conseguimento di uno scopo: *combattere per i diritti civili* || nello sport, disputare una competizione impegnandosi al massimo || **tr. 1.** affrontare in combattimento: *combattere il nemico* **2.** *fig.* contrastare con ogni mezzo: *combattere l'imbecillità dilagante* || **rec.** scontrarsi, darsi battaglia, anche *fig.*: *le opposte fazioni si combattono da mesi* || **N. intr. 1.** *Sin.* battagliare, battersi, fronteggiare, guerreggiare, impegnare battaglia, ingaggiare battaglia **2.** *Sin.* intervenire, lottare, mobilitarsi | **tr. 1.** affrontare, assaltare, fronteggiare **2.** *Sin.* attaccare, avversare | *Contr.* accettare | **rec.** azzuffarsi, battersi, cimentarsi, misurarsi, opporsi, scontrarsi | *Contr.* allearsi.

combattiménto [da *combattere*; 1336 ca.] **sm. 1.** scontro armato tra unità combattenti: *i combattimenti sulle alture durarono fino all'alba* || *per estens.* scontro violento, lotta: *combattimento di galli* **2.** *T.sport.* incontro di pugilato o di lotta: *un combattimento in dodici riprese* || *mettere fuori combattimento l'avversario*, nel pugilato, mandarlo al tappeto || nella scherma, l'insieme delle azioni di attacco e di difesa che costituiscono un incontro || *fig. mettere fuori combattimento qualcuno, qualcosa*, stroncare ogni velleità di ulteriore lotta, rendere un oggetto inservibile || **N. 1.** *Sin.* battaglia, conflitto, disfida, duello, lotta; scaramuccia; rissa, schermaglia, zuffa **2.** *Sin.* competizione, incontro, *match*. **TAV. *arti marziali* p. 653** 4.2, 5.3.

combattitóre [da *combattere*; inizio sec. XII] **agg.** e **sm.** (f. *-trìce*) *non com.* che, chi combatte.

combattività [dal fr. *combativité*; a. 1861] **sf.** l'essere combattivo || **N.** *Sin.* aggressività, grinta | *Contr.* arrendevolezza.

combattìvo [dal fr. *combatif*; 1918] **agg.** che è incline a lottare, a contendere, part. per difendere le proprie convinzioni || **N.** *Sin.* animoso, battagliero | *Contr.* mite, remissivo.

combattùto (*pps.* di *combattere*) [a. 1348] **agg.** incerto: *combattuto tra due opposti sentimenti* || *una vittoria molto combattuta*, per cui si è lottato accanitamente || agitato: *sono combattuto dal senso di colpa*; *una vita combattuta*, piena di difficoltà.

combinàbile [da *combinare*; 1831] **agg.** che si può combinare, detto part. di elementi chimici || *fig.* che si può accordare: *punti di vista combinabili*.

combinabilità [da *combinabile*; 1865] **sf.** *T.chim.* capacità di due elementi di combinarsi tra loro.

combinàre (pres. *-ìno*) [dal lat. tardo *combināre*, unire a due a due; 1631] **tr. 1.** mettere insieme due o più cose in modo che corrispondano a un determinato criterio: *combinare una serie di numeri* || *in part. T.chim.* unire due o più elementi per formare un composto **2.** mettere d'accordo: *combinare opinioni contrastanti* **3.** organizzare: *combinare un affare, una gita* || *per estens.* concludere qualcosa di utile: *cosa hai combinato in queste settimane?* || *fam. combinare guai*, provocarli || **rifl. rec. 1.** *T.chim.* reagire: *queste sostanze non si combinano bene* **2.** *fam.* mettersi d'accordo: *non ci siamo combinati sul luogo dell'appuntamento* || **rifl.** *fam.* essere vestito in modo bizzarro; essere sporco o malridotto: *come ti sei combinato?* || **N. tr. 1.** accostare, comporre, connettere, fondere, mescolare, unire **2.** accordare, comporre **3.** concertare.

combinàta [f. sost. di *combinato*; 1942] **sf.** *T.sport.* gara di sci che si articola su due prove e la cui classifica è determinata dai punteggi ottenuti in entrambe: *combinata alpina*, con prove di discesa libera e slalom speciale; *combinata nordica*, con prove di salto e di fondo. **Q.T.** *sci.*

combinàto (*pps.* di *combinare*) [1308] **agg.** nei sensi del verbo; *in part. matrimonio combinato*, organizzato e voluto dalle famiglie degli sposi || *T.mil. azioni combinate*, operazioni concertate con la partecipazione delle diverse armi o tra eserciti di nazioni alleate.

combinatóre [da *combinare*; 1745] **I agg.** che combina: *disco combinatore*, nei telefoni, disco forato per comporre i numeri **II sm. 1.** (f. *-trìce*) chi combina, organizzatore **2.** commutatore multiplo per connettere in vario modo i diversi elementi di un circuito **3.** *T.mat.* operatore della logica combinatoria.

combinatòrio (pl. *-ri*) [da *combinare*; 1939] **agg. 1.** che risulta dalla combinazione di differenti elementi **2.** *T.mat. calcolo combinatorio*, parte dell'aritmetica che studia i possibili modi di combinazione di un insieme di enti || *logica combinatoria*, basata sulla sola operazione di applicazione funzionale **3.** *T.ling. analisi combinatoria*, metodo di analisi strutturale che considera le unità linguistiche di un corpus determinato per individuarne e studiarne le relazioni || *variante combinatoria*, modificazione fonetica di un fonema prodotta da un determinato contesto fonetico **4.** *T.fil. arte combinatoria*, tecnica, teorizzata da Leibniz, per ricavare grazie ad un calcolo concetti e verità complesse a partire da concetti e verità semplici.

combinazióne [dal lat. tardo *combinātio, -ōnis*; 1308] **sf. 1.** atto ed effetto del combinare e del combinarsi, unione di cose disparate: *una combinazione di colori* || sequenza numerica che consente l'apertura e la chiusura della serratura di una cassaforte **2.** *T.chim.* unione di due o più elementi che dà luogo a un composto con proprietà differenti da quelle dei componenti, reazione **3.** *T.ling.* fenomeno per cui due suoni vicini subiscono reciproci adattamenti; *gen.* rapporto di relazione fra unità linguistiche presenti in porzioni vicine di catena parlata **4.** *T.econ.* rapporto esistente tra i vari elementi che contribuiscono alla realizzazione di un prodotto **5.** evento casuale: *una fortunata combinazione, per combinazione ero lì mentre partiva* **6.** merce posta in vendita a condizioni particolarmente vantaggiose **7.** indumento intimo femminile costituito da sottoveste e mutandine **8.** tuta in un pezzo unico con chiusura lampo usata da aviatori, operai ecc. **9.** *T.arald.* figura risultante dall'unione di più figure || **N. 1.** *Sin.* accostamento, unione **2.** *Sin.* reazione, sintesi **5.** *Sin.* accidente, caso, circostanza fortuita, coincidenza.

combine (fr., pr. [kɔ̃'bin]; ingl., pr. [kəm'baɪn]; nel senso 1 prevale la pr. fr.) [letter. combinazione; 1930] ***sf.*** *inv.* **1.** accordo illecito col quale viene concordato in anticipo il risultato di gare sportive **2.** *T.agr.* macchina per la mietitura e trebbiatura combinate || **N. 2.** *Sin.* mietitrebbia.

combrìccola [etim. oscura; a. 1484] ***sf.*** **1.** gruppo di persone riunite gen. per scopi illeciti o per compiere azioni equivoche **2.** *fam. scherz.* gruppo di amici allegri e spensierati || **N. 1.** *Sin.* congrega, consorteria **2.** *Sin.* brigata, compagnia, cricca.

comburènte (*ppr.* di *comburere*) [a. 1535] ***agg.*** e ***sm.*** *T.chim.* detto di sostanza che agevola o mantiene la combustione.

comburènza [da *comburente*; 1887] ***sf.*** proprietà di un corpo comburente.

combùrere (*dif.*, usato solo alla terza pers. sing. del pres. *combùre*, alla prima e terza pers. sing. del p.rem. *combùssi* e *combùsse*, al ger. *comburèndo*, al ppr. *comburènte* e al pps. *combùsto*) [dal lat. *combūrere*; 1313] ***tr.*** *ant.* bruciare.

comburìvoro [comp. di *combur(ere)* e *-voro*; 1983] ***agg.*** *T.chim.* *potere comburivoro*, quantità di ossigeno teoricamente necessaria per la combustione completa dell'unità di massa di combustibile.

combustìbile [dal fr. *combustible*; a. 1537] **I** ***sm.*** sostanza liquida, solida o gassosa che brucia producendo luce e calore || *combustibile nucleare*, sostanza per la produzione di energia termica da reazioni di fissione **II** ***agg.*** atto alla combustione, che può bruciare: *sostanza combustibile* || **N. I** carbone, legna, torba; alcol metilico, benzina, bitume, nafta, olio, petrolio; gas **II** *Sin.* bruciabile, infiammabile. **Q.T.** *astronautica, energia.*

combustibilità [dal fr. *combustibilité*; 1795] ***sf.*** l'essere combustibile, attitudine a bruciare.

combustióne [dal lat. tardo *combŭstio, -ōnis*; a. 1375] ***sf.*** **1.** *T.chim.* reazione chimica tra un combustibile e un comburente accompagnata da sviluppo di calore e gen. dalla formazione di fiamme e luce || *combustione lenta*, senza fiamma né luce **2.** *lett.* incendio || **N. 1.** *Sin.* accensione, incendio | *Contr.* spegnimento.

combustóre [da *combusto*; 1964] ***sm.*** *T.mecc.* nei motori a reazione e nelle turbine a gas, vano o complesso di vani in cui avviene la combustione.

combùtta [etim. inc.; 1698] ***sf.*** accozzaglia di persone che si riuniscono per scopi illeciti o equivoci || *mettere in combutta*, accatastare disordinatamente || *mettersi in combutta con qualcuno*, unirsi con altre persone gen. per scopi illeciti o equivoci.

cóme [lat. *quōmodo*, propr. in che modo; sec. XII *con*] **I** ***avv.*** **1.** al modo, alla maniera di; introduce un termine comparativo o una proposizione modale con senso di somiglianza o identità: *aveva bevuto come una spugna, si comporta come gli hanno insegnato*; quando il secondo termine di paragone è un pronome viene usato nelle forme oggettive *me, te, lui, lei, loro*: *è bravo come lui, è distratto come loro* || *oggi come oggi*, attualmente || *com'è vero Dio*, per affermare una verità incontrovertibile o dar forza a una promessa || preceduto da *a* o *da* assume il senso di "il modo, la maniera in cui": *da come lo racconta sembra vero* || quasi: *si amano come fossero fratelli* || spesso compare insieme a *così*: *comportati così come hai sempre fatto, così gli uni come gli altri* || nelle proporzioni equivale al simbolo "=": *x sta ad y come w sta a z* **2.** in qualità di; introduce apposizioni o complementi predicativi: *Mario, come padre, fa una buona impressione* **3.** in proposizioni interrogative, con valore di *in che modo*: *come stai?, dimmi come sei riuscito a trovarlo* || spesso è rafforzato con *mai*: *come avrà mai fatto...?*; anche con valore di *perché*: *come mai non è ancora arrivato?* || *come è che...?*, per quale ragione || per esprimere meraviglia o incredulità: *com'è brutto, ma come?* || *senza dire né come né quando*, senza dare spiegazioni || *com'è come non è*, all'improvviso **4.** in frasi esclamative con valore di *quanto*: *come mi dispiace!* **II** ***cong.*** **1.** che, in che modo; introduce proposizioni dichiarative: *mi raccontò come dovette partire all'improvviso, ecco come ho fatto* **2.** (con il verbo all'indicativo) appena, nel momento in cui; introduce proposizioni temporali: *come si mise a letto si addormentò* || man mano: *come arrivavano venivano perquisiti* || mentre: *come si nascondevano vennero scoperti* || *fam. come Dio volle*, finalmente **3.** introduce proposizioni comparative spesso in correlazione con *tanto* o *così*: *non è così furbo come sembra* **4.** quasi che, nello stesso modo che; introduce una proposizione modale spesso in correlazione con *se* più congiuntivo: *la accolsero come se fosse una di loro* || *come non detto*, per ritrattare proposte o sim. che risultano sgradite all'interlocutore **5.** introduce proposizioni incidentali: *scomparvero, come si sa, senza lasciare traccia* **6.** *disus.* poiché, siccome (introduce proposizioni causali con il verbo all'indicativo) **III** ***sm.*** il modo, il mezzo: *voglio sapere il come e il perché*, tutto quanto.

comeché [da *come* e *che*; a. 1294] ***cong.*** *lett.* **1.** benché, quantunque, con il verbo al cong. **2.** comunque: *comeché il fatto s'andasse* (Boccaccio) **3.** *ant.* dovunque.

comechessìa [da *come, che* e *sia*; 1525] **I** ***avv.*** *raro* in qualunque modo **II** ***agg.*** *inv.* *raro* qualsiasi: *trovami un mezzo di trasporto comechessia.*

comèdia ***sf.*** *ant.* V. COMMEDIA.

comédie-ballet (fr., pr. [komedi ba'lɛ]) [letter. commedia-balletto; 1956] ***sf.*** *inv.* genere teatrale, in auge alla corte francese nel Seicento, costituito da una commedia con intermezzi musicali e parti danzate.

comedóne [dal lat. *comedo, -ōnis*, mangione, dissipatore; a. 1730] ***sm.*** *T.med.* punto nero, rilevato sulla pelle, part. sul viso, costituito da un accumulo di sebo che ostruisce un follicolo pilifero.

coménto e der. forme ant. di COMMENTO e der. (v.).

comènto [lat. *conventus*, commessura; 1889] ***sm.*** *T.mar.* interstizio tra le tavole dei ponti e del fasciame esterno di navi e idrovolanti.

còmere (*dif.*, usato solo alla prima e terza persona singolare del presente *io còmo, egli còme*) [dal lat. *cōmere*; a. 1374] ***tr.*** *ant.* abbellire, ornare.

cométa [dal lat. *comētes*; 1321] ***sf.*** **1.** *T.astr.* corpo celeste che gravita attorno al Sole con orbita ellittica o fortemente eccentrica; gen. composto da agglomerati cristallini, è costituito da un nucleo luminoso (testa) circondato da una nebulosità (chioma) e da uno strascico luminoso (coda) che si allunga dalla parte opposta al Sole per effetto della radiazione solare **2.** macchia allungata che talvolta si trova sulla testa dei cavalli **3.** *region.* aquilone. **Q.T.** *astronomia* **TAV.** ***astronomia*** **p. 656** 2.

cometàrio (pl. *-ri*) [da *cometa*; 1619] ***agg.*** che riguarda le comete: *orbita cometaria.*

comfort (ingl., pr. ['kʌmfət]; pr. it. ['kɔɱfort]) o ***confort*** (fr., pr. [kɔ̃'fɔːr]) [dal fr. *confort*, conforto; 1819] ***sm.*** *inv.* comodità, agio; *in part.* l'insieme delle comodità materiali (struttura, impianti, accessori e sim.) che rendono confortevole un ambiente o un mezzo di trasporto: *un camper con tutti i comfort.*

comiàto ***sm.*** *ant.* V. COMMIATO.

comic (ingl., pr. ['kɒmɪk]) [abbr. della loc. *comic (strip)*, striscia comica; 1956] ***sm.*** (pl. *comics*; pr. ['kɒmɪks]) fumetto.

còmica [dal gr. *kōmikḗ* (*téchnē*), arte dei comici; 1688] ***sf.*** **1.** nei primi decenni del cinema, film di breve durata caratterizzato dalla rapidità dell'azione e da un susseguirsi di situazioni paradossali e di trovate comiche: *le comiche di Charlot* **2.** *ant.* l'arte di recitare e scrivere commedie **3.** *per estens.* situazione comica; comicità.

comicità [da *comico*; a. 1907] ***sf.*** qualità di ciò che è comico: *la comicità di un film* || **N.** *Sin.* amenità, arguzia, *humour*, umorismo | *Contr.* serietà, tragicità, tristezza.

comicizzàre [da *comico*; 1941] ***tr.*** rendere comico: *comicizzare il racconto.*

còmico (pl. *-ci*) [dal lat. *cōmicus*, gr. *kōmikós*, propr. della commedia; 1321] **I** ***agg.*** **1.** relativo alla commedia: *scrittore comico* || *stile comico*, nella poetica medievale, lo stile a metà fra il tragico e l'elegiaco **2.** che suscita ilarità, buffo; singolare: *una situazione comica* || **comicaménte** ***avv.*** **II** ***sm.*** **1.** (f. *-a*) attore specializzato in parti comiche; attore di commedie || *ant.* attore **2.** (solo *sing.*) comicità, l'aspetto divertente: *il comico della vita* **3.** (f. *-a*) scrittore di commedie || **N. I 2.** *Sin.* burlesco, lepido, ridicolo, scherzoso, spassoso | *Contr.* drammatico, serio, triste **II 1.** *Sin.* buffone, istrione, umorista.

comignolo [lat. volg. **culmineus*; sec. XIV] ***sm.*** **1.** parte della canna fumaria che sporge oltre la copertura del tetto o dalla cima di un edificio **2.** la linea più alta del tetto dove si congiungono gli spioventi || **N. 1.** *Sin.* camino, fumaiolo **2.** *Sin.* colmo. **TAV.** ***abitazione*** 1.25, 3.8.

cominciaménto [da *cominciare*; sec. XIII] ***sm.*** *lett.* il cominciare || **N.** *Sin.* inizio, principio.

cominciàre (pres. *-íncio*) [lat. volg. **comintiāre*; inizio sec. XIII] **I** ***tr.*** dar principio, fare il primo atto di un'azione, intraprendere qualcosa: *cominciare un libro, un lavoro*; spesso con la prep. *a* e l'infinito: *cominciare a studiare* || *ass.* iniziare a parlare: *cominciò ringraziando chi lo aveva eletto* || ***intr.*** (aus. *essere*) avere inizio: *è cominciato l'autunno*; anche in determinazioni di luogo: *la strada comincia da qui* **II** ***sm.*** (solo *sing.*) inizio, principio, avvio: *sul cominciare dell'inverno* || **N.** ***tr.*** *Sin.* accingersi, avviare, esordire, inaugurare, iniziare, intraprendere, por mano, principiare | *Contr.* finire, terminare.

cominciatùra [da *cominciare*; 1887] ***sf.*** *T.tess.* inizio di smagliatura in un tessuto.

cominformista [da *Cominform*, ufficio di collegamento tra i partiti comunisti europei, sorto nel 1947; 1956] **I** ***s.*** membro del Cominform **II** ***agg.*** tipico del Cominform, relativo al Cominform.

comino V. CUMINO.

-còmio (pl. *-mi*) [dal gr. *komêin*, curare] ***elem. term.*** che, in parole composte dotte, vale "ospedale", "luogo di cura" (per es. *gerontocomio, manicomio, nosocomio*).

comitàle [lat. mediev. *comitālis*, da *comes, comitis*, conte; 1846] ***agg.*** di, da conte: *stemma, corona comitale.*

comitativo [dall'ingl. *comitative*; 1983] **I** ***agg.*** *T.ling.* detto di caso che esprime il complemento di compagnia || relativo al complemento di compagnia **II** ***sm.*** *T.ling.* complemento di compagnia.

comitàto[1] [dall'ingl. *committee*, attr. il fr. *comité*; 1749 *committee*] ***sm.*** gruppo organizzato di persone cui sono affidati incarichi di varia natura: *comitato organizzatore, di studio* || *comitato interministeriale*, istituito per coordinare l'attività di più ministeri || *comitato centrale*, organo deliberante di vari partiti politici, gen. eletto dal congresso || *partito di comitato*, che fa capo ad un gruppo di notabili formato in vista di scadenze politiche particolari, come le elezioni; a differenza del *partito di massa*, tende a non avere iscritti né un'organizzazione stabile || *T.giur. comitato dei creditori*, organismo incaricato di tutelare gli interessi dei creditori in una causa per fallimento.

comitàto[2] [dal lat. *comitātus*; a. 1750] ***sm.*** *non com.* contea.

còmite v. COMITO.

comitìva [lat. mediev. *comitiva*, corteggio, sèguito, da *comes, comitis*, compagno; a. 1363] ***sf.*** **1.** gruppo di persone che si riuniscono per fare una gita, un viaggio, per far festa e sim.: *una comitiva di turisti* **2.** *lett.* corteo al seguito di un personaggio illustre.

còmito o **còmite** [lat. *comes, comitis*; a. 1348] ***sm.*** *T.mar.* nell'antica marineria, il capo della ciurma || **N.** *Sin.* capovoga, celeuste.

comiziàle [dal lat. *comitiālis*; sec. XIV] ***agg.*** relativo a un comizio || *morbo comiziale*, l'epilessia (dal fatto che la manifestazione di sintomi epilettici in uno dei partecipanti a un comizio era ritenuta dagli antichi romani segno di malaugurio e provocava lo scioglimento del comizio).

comiziànte [da *comizio*; 1938] ***s.*** chi partecipa a un comizio; chi pronuncia un discorso a un comizio || **N.** *Sin.* oratore.

comìzio (pl. *-zi*) [dal lat. *comitium*; sec. XIV] ***sm.*** **1.** riunione pubblica di carattere politico o sindacale in cui uno o più oratori espongono la linea del proprio partito o della propria organizzazione; *in part.* i discorsi tenuti dai candidati alle elezioni politiche o amministrative || *convocare i comizi*, indire le elezioni **2.** *pl. T.stor.* nell'antica Roma, assemblea popolare con potere deliberativo: *comizi curiati, centuriati, tributi* **3.** *per estens.* solenne assemblea popolare con poteri decisionali || **N. 1.** *Sin.* adunanza, assemblea, conferenza, raduno. **Q.T.** *politica.*

còmma [dal lat. *comma*, gr. *kómma*; a. 1604] ***sm.*** **1.** *T.giur.* ciascuno dei capoversi in cui è diviso un articolo di legge **2.** nella retorica classica e medievale, porzione di un periodo compresa tra due pause successive e facente parte di un colon **3.** segno di interpunzione in uso nel Medioevo corrispondente pressappoco alla virgola nella punteggiatura moderna **4.** *T.mus.* intervallo tra due suoni di altezza diversa calcolato a 1/9 o a 1/10 di tono.

commando (ingl., pr. [kə'mɑːndoʊ]; pr. it. [kom'mando]) [dal port. *commando*, comando; 1900] ***sm. inv.*** (anche pl. *commandos*, pr. ingl. [kə'mɑːndoʊz], pr. it. [kom'mandos]) **1.** nella seconda guerra mondiale, ciascuno di vari reparti scelti dell'esercito britannico impiegati in azioni di sabotaggio || *per estens.* pattuglia d'assalto impiegata in azioni di sorpresa; banda armata di guerriglieri **2.** *propr.* milizia boera impegnata nella guerriglia contro gli inglesi agli inizi del '900.

commàndo [dal fr. *commande*; 1830] ***sm.*** *T.mar.* funicella incatramata usata per fasciare corde o per eseguire legature provvisorie.

commàre ***sf.*** *dial.* v. COMARE.

commèdia [dal lat. *comoedia*, gr. *kōmōidía*; 1308] ***sf.*** **1.** opera in prosa o in poesia destinata alla rappresentazione scenica, che narra fatti e vicende di personaggi comuni, gen. a lieto fine e spesso con risvolti comici || il complesso della produzione comica di un periodo, di una letteratura, di un genere: *la commedia francese, la commedia brillante* || *commedia togata*, nell'antica Roma, rappresentazione popolaresca di tipo contadinesco e italico, contrapposta alla *commedia palliata*, composta in latino ma seguendo modelli greci || *commedia dell'arte*, improvvisata dagli attori sulla base di un canovaccio fissato e con personaggi raffiguranti tipi costanti || *commedia di carattere*, che mette in scena tipi psicologici esemplari || *commedia d'intreccio*, in cui la rappresentazione si basa essenzialmente sulla complicazione dell'azione scenica || *commedia musicale*, in cui alle parti recitate si alternano episodi di danza e canto || *commedia all'italiana*, genere cinematografico nato negli anni '50 che descriveva con intenti satirici e critici la società italiana di quegli anni **2.** *per estens.* comportamento o situazione che suscita il riso: *ogni incontro con lui è una commedia* || *per estens.* finzione: *non recitare* (o *fare*) *la commedia con me!*, non fingere || *finire in commedia*, di cosa seria che finisce nel ridicolo || *mettere tutto in commedia*, non prendere nulla sul serio || *personaggio da commedia*, persona bizzarra e buffa **3.** nel Medioevo, opera di stile intermedio tra l'umile e il sublime: *la commedia dantesca* || *dim.* commediétta, commediòla, commediùccia; *accr.* commedióna; *pegg.* commediàccia || **N. 1.** dramma, farsa. **Q.T.** *teatro.*

commediànte [da *commedia*; 1585] ***s.*** attore di commedia; oggi solo *spreg.* attore di scarso valore || *fig.* simulatore, ipocrita || **N.** *Sin.* buffone, istrione.

commediàre (pres. *-èdio*) [da *commedia*; 1728] ***tr.*** *ant.* mettere in commedia || ***intr.*** (aus. *avere*) scrivere commedie.

commediògrafo [dal lat. *comoediographus*; 1631] ***sm.*** (f. *-a*) scrittore di commedie. **Q.T.** *teatro.*

Commelinàcee [dal lat. scient. *Commelinaceae*, basato sul n. proprio K. *Commelyn*, botanico ol.; 1982] ***sf. pl.*** *T.bot.* famiglia di piante erbacee monocotiledoni dai fiori bianchi o violetti, tra cui la miseria.

commemoràbile [dal lat. *commemorābilis*; 1657] ***agg.*** che si può commemorare, degno di commemorazione.

commemoràre (pres. *-èmoro*) [dal lat. *commemorāre*; 1308] ***tr.*** ricordare qualcuno o qualcosa in modo solenne, celebrare: *commemorare la Rivoluzione francese* || *T.eccl.* celebrare una ricorrenza religiosa: *commemorare la Pasqua.*

commemoratìvo [da *commemorare*; 1340] ***agg.*** che serve a commemorare: *cerimonia commemorativa* || **N.** *Sin.* celebrativo, evocativo.

commemorazióne [dal lat. *commemorātio, -ōnis*; sec. XIV] ***sf.*** il commemorare; cerimonia, discorso con cui si commemora un evento o una persona: *commemorazione dei defunti*, solennità religiosa che ricorre il 2 novembre || *in part. T.eccl.* orazione inserita in un ufficio religioso in onore di un santo o della Madonna || **N.** *Sin.* anniversario, celebrazione, cerimonia, festa, rievocazione.

commènda[1] [da *commendare*; a. 1498] ***sf.*** **1.** *T.eccl.* attribuzione di un beneficio ecclesiastico vacante **2.** titolo onorifico di un ordine cavalleresco e *per estens.* il beneficio a esso legato **3.** titolo e fregio di commendatore **4.** nel Medioevo, società per la gestione di un'impresa di navigazione.

commènda[2] [da *commenda(tore)*; 1970] ***sm.*** *sett. scherz.* commendatore.

commendàbile [dal lat. *commendābilis*; a. 1342] ***agg.*** degno di essere commendato || **N.** *Sin.* lodevole.

commendàre (pres. *-èndo*) [dal lat. *commendāre*; a. 1294] ***tr.*** **1.** *lett.* lodare, approvare **2.** *ant.* affidare; dare in commenda **3.** *ant.* raccomandare || **N. 1.** *Sin.* elogiare, esaltare.

commendatàrio (pl. *-ri*) [da *commendare*; 1575] ***agg.*** e ***sm.*** che, chi gode di un beneficio ecclesiastico.

commendatìzia [f. sost. di *commendatizio*; sec. XIV-XVI] ***sf.*** *raro* lettera di raccomandazione.

commendatìzio (pl. *-zi*) [dal lat. *commendatīcius*; sec. XIV-XVI] ***agg.*** relativo a una lettera di raccomandazione.

commendatóre [dal lat. *commendator, -ōris*; a. 1580] ***sm.*** **1.** negli ordini religiosi militari, chi amministrava un benefico in una località lontana dalla sede dell'ordine **2.** grado intermedio tra quello di cavaliere e di gran-d'ufficiale || *per estens.* persona insignita di tale grado || *fig.* nell'uso comune, persona agiata **3.** (f. *-trice*) *ant.* chi loda.

commendazióne [dal lat. *commendatio, -ōnis*; a. 1294] ***sf.*** *lett.* elogio.

commendévole [da *commendare*; 1353] ***agg.*** *lett.* degno di lode.

commensàle [da *mensa*, con suff. aggettivale; a. 1396] ***s.*** **1.** ciascuno dei partecipanti a un banchetto **2.** *T.biol.* organismo che partecipa a una relazione di commensalismo.

commensalìsmo [da *commensale*; 1931] ***sm.*** *T.biol.* convivenza di due organismi animali o vegetali di specie diverse, in cui uno ricava dall'altro i mezzi di sussistenza, senza tuttavia danneggiarlo.

commensuràbile [dal lat. *commensurābilis*; a. 1535] ***agg.*** *T.mat.* di grandezze o enti tra cui sia possibile stabilire un rapporto || *per estens.* comparabile || **N.** *Contr.* incommensurabile.

commensurabilità [da *commensurabile*; a. 1617] ***sf.*** l'essere commensurabile.

commensuràre (pres. *-ùro*) [dal lat. tardo *commensurāre*; 1321] ***tr.*** *raro lett.* paragonare, commisurare.

commentàre (pres. *-énto*) [dal lat. *commentāri*; 1308] ***tr.*** **1.** spiegare con un commento: *commentare una poesia di Ungaretti* **2.** interpretare, esprimere un giudizio su qualcosa: *commentarono negativamente il suo modo di agire, commentare la situazione politica* || *per estens. fig.* fare osservazioni malevole su qualcuno: *le sue scelte furono molto commentate* || **N. 1.** *Sin.* annotare, chiosare, glossare, illustrare, interpretare, postillare, spiegare.

commentàrio (pl. *-ri*) [dal lat. *commentārius*; a. 1421] ***sm.*** **1.** opera di narrazione storica in cui l'autore illustra fatti ed eventi a cui prese parte: *i commentari di Giulio Cesare* **2.** apparato critico di commento a un'opera letteraria.

commentatóre [dal lat. tardo *commentātor, -ōris*; 1308] ***sm.*** (f. *trìce*) **1.** chi è autore di un commento critico di un testo: *i commentatori danteschi* **2.** chi commenta i fatti del giorno alla radio, alla televisione o su un giornale **3.** *T.rel.* nella liturgia cattolica, religioso o laico che richiama l'attenzione dei fedeli sulle diverse fasi della celebrazione liturgica con brevi parole introduttive **4.** *T.stor. Scuola dei commentatori*, indirizzo giuridico del XIV e XV secolo che si espresse utilizzando la forma giuridica del commento e il metodo dialettico || **N. 1.** *Sin.* chiosatore, esegeta, glossatore, illustratore, interprete, postillatore **2.** *Sin. speaker.*

comménto [dal lat. *commentum*; a. 1294] ***sm.*** **1.** apparato ordinato di note per illustrare e spiegare un testo || *T.inform.* nota esplicativa scritta a margine di un programma, che serve a sintetizzare o a spiegare alcuni passaggi **2.** esposizione ragionata e critica di un avvenimento: *il commento dei fatti del giorno, di una partita di calcio*; scritto che illustra l'opinione di un giornale su fatti ed eventi || gen. *pl.*, osservazioni allusive e gen. critiche: *la sua apparizione suscitò molti commenti, meglio non fare commenti* || *commenti a caldo,* riflessioni su qualcosa che si è appena verificato **3.** *commento musicale,* le musiche di accompagnamento di un film o di un programma televisivo || *commento parlato,* voce fuori campo che, in documentari, servizi di attualità o film, commenta le immagini **4.** *T.giur.* metodo interpretativo utilizzato per evidenziare i principi giuridici contenuti in una legge || **N. 1.** *Sin.* esegesi, interpretazione, spiegazione; chiosa, glossa, postilla, nota **2.** *Sin.* annotazione, critica, giudizio, nota; articolo di fondo **3.** *Sin.* colonna sonora.

commerciàbile [da *commerciare*; 1789] ***agg.*** che si può commerciare.

commerciabilità [da *commerciabile*; 1848] ***sf.*** l'essere commerciabile.

commerciàle [dal lat. tardo *commerciālis,* attr. il fr. *commercial*; a. 1797] ***agg.*** **1.** che riguarda il commercio: *attività, diritto commerciale* || *valore commerciale,* prezzo che un oggetto può avere sul mercato **2.** relativo al settore di un'azienda che si occupa delle vendite e degli acquisti: *per far carriera bisogna passare alla direzione commerciale* **3.** detto di un prodotto di qualità ordinaria, senza pregio: *arredamento commerciale*; *per estens.* detto di opere letterarie o artistiche prive di valore estetico, realizzate solo per fini di lucro: *film, libro commerciale* || **commercialménte** ***avv.*** dal punto di vista del commercio || **N. 3.** *Sin.* comune, ordinario; di cassetta. **Q.T.** *diritto.*

commercialìsta [da *commerciale*; 1939] ***s.*** **1.** laureato in economia e commercio a cui, previa abilitazione, è riconosciuta dallo Stato competenza in questioni commerciali, finanziarie e tributarie; anche *agg.*: *dottore commercialista* || *per estens.* ragioniere o perito che esercita la libera professione **2.** avvocato specializzato in diritto commerciale **3.** docente universitario di diritto commerciale || **N. 1.** *Sin.* fiscalista, tributarista.

commercialìstico (pl. *-ci*) [da *commerciale*; 1970] ***agg.*** che riguarda il commercio.

commercializzàre [da *commerciale*; 1950] ***tr.*** **1.** aumentare le possibilità di vendita di un prodotto o di un servizio favorendone la distribuzione o creando sbocchi commerciali alle aziende produttrici || *gen.* immettere un prodotto sul mercato **2.** rendere commerciabile un prodotto anche a scapito della qualità o del valore artistico || *per estens.* svilire: *commercializzare l'arte* || **N. 2.** *Sin.* mercificare.

commerciànte (*ppr.* di *commerciare*) [1751] ***s.*** chi esercita la propria attività professionale nel campo del commercio: *commerciante all'ingrosso, al minuto* || *per restr.* chi gestisce un negozio o un banco di vendita || **N.** *Sin.* bottegaio, mercante, negoziante, piazzista, venditore; gerente, gestore, rigattiere, rivendugliolo, speculatore | agente, commesso, fornitore, mediatore. **Q.T.** *commercio...*

commerciàre (pres. *-èrcio*) [dal lat. tardo *commerciāri,* attr. il fr. *commercer*; 1761] ***intr.*** (aus. *avere*) esercitare il commercio: *commerciare in vini* || ***tr.*** mettere in commercio: *commerciare olio, grano* || **N. *intr.*** *Sin.* vendere; smerciare, trafficare.

commèrcio (pl. *-ci*) [dal lat. *commercium*; a. 1484] ***sm.*** **1.** attività economica consistente nello scambio di prodotti con altri prodotti o denaro: *commercio all'ingrosso,* tra produttori e commercianti o tra commercianti e commercianti; *commercio al dettaglio, al minuto,* tra commercianti e consumatori; *essere nel commercio,* esercitare un'attività commerciale; *fuori commercio,* di prodotto non destinato alla vendita o non più in vendita || *fare commercio di qualcosa,* renderla oggetto di contrattazione; *in part. spreg.* trattare come merce: *fare commercio del proprio onore*; *fare commercio del proprio corpo,* prostituirsi **2.** *lett.* relazione, rapporto, scambio: *commercio delle idee, commercio epistolare,* carteggio; *commercio carnale,* rapporto sessuale || **N. 1.** *Sin.* compravendita, scambio, traffico, vendita; affari. **Q.T.** *commercio...*

comméssa [lat. *commissa*; 1942] ***sf.*** ordinazione di merci e prodotti: *le ingenti commesse della Cina alle aziende europee* || **N.** *Sin.* commissione, ordinativo.

commésso (*pps.* di *commettere*) [1306] ***sm.*** **1.** (f. *-a*) lavorante in un negozio, addetto al servizio dei clienti || *commesso viaggiatore,* rappresentante che esercita la propria attività di vendita, procacciamento di affari e sim. in luoghi diversi da quelli in cui ha sede l'azienda che lo impiega **2.** (f. *-a*) impiegato subalterno di un ente pubblico o privato che svolge mansioni di fiducia: *commesso di banca, del Senato* **3.** *T.mar.* sottufficiale che ha in consegna i viveri **4.** disegno ornamentale eseguito su tessere in legno, marmo o pietra e fissato con mastice su una superficie.

commessùra [lat. *commissūra*; sec. XIV] ***sf.*** il punto in cui due parti si uniscono tra loro: *la commessura fra le assi è quasi invisibile* || *T.anat. commessura labiale,* ciascuno degli angoli formati dall'unione del labbro superiore con l'inferiore; *commessura nervosa,* ogni insieme di fibre nervose che associa due parti simmetriche dell'asse cerebrospinale || *T.bot.* superficie che unisce due organi simili || **N.** *Sin.* commettitura, giuntura, incastro.

commestìbile [dal lat. tardo *comestibilis*; a. 1597] **I** ***agg.*** che si può mangiare: *fungo commestibile,* mangereccio, edule **II** ***sm. pl.*** generi alimentari: *un negozio di commestibili.* **Q.T.** *alimentazione.*

commestióne [dal lat. tardo *comestio, -ōnis*; a. 1306] ***sf.*** *lett. ant.* l'atto del mangiare.

comméttere (pres. *-étto* ecc., come METTERE) [lat. *committere*; a. 1294] ***tr.*** **1.** compiere, part. riferito ad azioni riprovevoli o non corrette: *commettere un furto, una leggerezza* **2.** *lett.* unire fra loro due pezzi in modo che combacino perfettamente: *commettere le tessere di un mosaico* **3.** *lett.* affidare: *d' i ben che son commessi a la fortuna* (Dante) **4.** *non com.* commissionare: *commettere un abito in sartoria* || affidare un incarico || *lett.* ordinare, imporre || ***intr.*** (aus. *avere*) combaciare: *le imposte non commettono bene* || ***rifl.*** *ant.* affidarsi, esporsi.

commettitóre [da *commettere*; 1353] ***sm.*** (f. *-trìce*) *raro* chi commette; *in part.* chi esegue mosaici.

commettitùra [da *commettere*; sec. XIV] ***sf.*** il commettere insieme due o più cose; anche *fig.*: *commettitura di assi, commettitura di frasi* || *per estens.* il punto in cui esse combaciano || *T.mar.* riunione mediante torsione di più elementi a comporre un cavo || **N.** *Sin.* commessura, giuntura, incastro, unione. **Q.T.** *falegnameria.*

commiàto [lat. *commeātus*; a. 1294] ***sm.*** **1.** licenza di partire: *chiedere, dare commiato*; *prendere commiato,* accomiatarsi || *per estens.* il momento in cui ci si separa: *fu un triste commiato* **2.** *T.metr.* strofa conclusiva delle canzoni medievali in cui il poeta dedica il proprio componimento a un destinatario || **N. 1.** *Sin.* congedo; addio, saluto **2.** *Sin.* congedo, licenza.

commilitóne [dal lat. *commilito, -ōnis*; 1340] ***sm.*** compagno d'armi || *per estens. scherz.* compagno in un'impresa.

comminàre (pres. *-ìno*) [dal lat. *comminări,* minacciare; sec. XVI] ***tr.*** *T.giur.* stabilire una pena per i trasgressori di una legge || **N.** *Sin.* decretare, prescrivere, sancire.

comminatòria [da *comminare*; 1594] ***sf.*** *T.giur.* ingiunzione ad adempiere entro un

COMMERCIO E CONTABILITÀ

SINONIMI E SPECIE: affare, libero scambio, monopolio, monopsonio, oligopolio, protezionismo, scambio, speculazione, traffico; ambulante, all'ingrosso, al minuto, di transito, estero, franco, internazionale, interno, libero, marittimo, nazionale, terrestre, vincolato; attivo, fiorente, florido, fermo, morto.

PERSONE E ISTITUTI: acquirente, avventore, cliente, clientela, compratore, consumatore, contabile, commesso, dettagliante, esercente, gerente, esercente, minutante, negoziante, rivenditore, venditore; affarista, agente, appaltatore, commercialista, commerciante, commesso viaggiatore, commissionario, committente, consulente, corriere, corrispondente, direttore (amministrativo, commerciale), dirigente, finanziatore, fornitore, gerente, grossista, imballatore, imprenditore, incettatore, intermediario, liquidatore, *manager,* mediatore, mercante, negoziatore, piazzista, procuratore, produttore, promotore, pubblicitario, rappresentante, sensale, socio, speculatore, spedizioniere, trafficante, venditore; Camera di Commercio, compagnia, ditta, impresa.

LUOGHI: agenzia, azienda, bottega, deposito, *dock,* dogana, *duty free shop,* emporio, esercizio, fiera, filiale, magazzino, magazzini generali, mercato, mostra, negozio, piazza, porto franco, punto di vendita, reparto, sede, *stand* o padiglione, salone, succursale, supermercato.

MERCE: a dogana, a licenza, commerciabile, di domanda, d'offerta, esitabile, franca, trafficabile; andante, avariata, deperibile, di lusso, di prima necessità, di prima scelta, di seconda mano, di sospetta provenienza, d'occasione, fina, grezza, lavorata, scadente, semilavorata, sofisticata, sopraffina; alla rinfusa, a vista, confezionata.

BENI: di consumo, durevoli, complementari, fungibili, materiali / immateriali, succedanei o surrogati o competitivi; articolo, assortimento, campionario, campione, carico, derrata, fondo di magazzino, fornitura, genere, manufatto, materia prima, mercanzia, partita, prodotto, saldo, scarto, scorta, specialità, *stock*; balla, barattolo, capo, cartoccio, cartone, cassa, cassetta, collettame, collo, confezione, *container,* contenitore, fusto, imballaggio, scatola.

OPERAZIONI COMMERCIALI: abbuono, accaparramento, accettazione, acquisto, aggio, aggiotaggio, amministrazione, approvvigionamento, arbitraggio, assicurazione, asta, attività, avviamento, blocco, calmiere, calo, cambio, carico, caparra, caratura, circolazione, commessa, commissione, concordato, concorrenza, consegna, consulenza, consumo, contro assegno, contratto, corrispondenza, dilazione, distribuzione (esclusiva, intensiva, selettiva), domanda, esercizio (finanziario, provvisorio, suppletivo), esportazione, finanziamento, fornitura, gestione, importazione, incasso, incetta, mediazione, mora, moratoria, offerta, omologazione, pagamento, permuta, prestito, procura, promessa, provvigione, regolamento dei conti, ribasso, riscossione, ri-

segue

tempo stabilito una determinata prestazione.

comminatòrio (pl. *-ri*) [da *comminare*; a. 1563] ***agg.*** *T.giur.* che minaccia una sanzione: *ingiunzione comminatoria.*

comminazióne [dal lat. *comminātio, -ōnis*; a. 1364] ***sf.*** *bur.* l'infliggere una sanzione, una pena.

comminuitìvo o **comminutìvo** [da *comminuto*; 1830] ***agg.*** *T.med.* che riduce a frammenti: *trauma comminuitivo.*

comminùto [dal lat. *comminūtus*; 1865] ***agg.*** *T.med.* di osso, fratturato in più punti: *frattura comminuta.*

comminuzióne [dal lat. tardo *comminūtio, -ōnis*; 1830] ***sf.*** **1.** *T.med.* frattura di un osso in numerosi frammenti **2.** *T.min.* frantumazione del minerale grezzo.

commiseràbile [da *commiserare*; a. 1484] ***agg.*** che si può o si deve commiserare.

commiserànido [dal lat. *commiserandus*; a. 1673] ***agg.*** *lett.* che merita commiserazione.

commiseràre (pres. *-ìșero*) [dal lat. *commiserāri*; 1619] ***tr.*** provare viva compassione, partecipare all'altrui dolore || considerare con disprezzo, con superiorità: *commiserare gli sciocchi* || **N.** *Sin.* compatire, compiangere.

commiserazióne [dal lat. *commiserātio, -ōnis*; a. 1406] ***sf.*** sentimento ed espressione di pietà per l'altrui dolore || atteggiamento di sufficienza e disprezzo: *uno sguardo di commiserazione.*

commiserévole [da *commiserare*; 1483] ***agg.*** *lett.* degno di commiserazione.

commissariàle [da *commissario*; a. 1698] ***agg.*** di commissario: *provvedimento commissariale.*

commissariaménto [da *commissariare*; 1982] ***sm.*** atto ed effetto del commissariare.

commissariàre [da *commissario*; 1983] ***tr.*** in un ente pubblico o in un'azienda privata, designare all'amministrazione un commissario temporaneo al posto degli organi direttivi ordinari: *in attesa delle elezioni il Comune è stato commissariato* || in un partito politico, sostituire gli organismi locali eletti dagli iscritti con un commissario designato dalla direzione centrale: *a causa delle liti interne, la federazione provinciale è stata commissariata.*

commissariàto [da *commissario*; a. 1547] ***sm.*** **1.** carica, ufficio di commissario || il tempo per cui dura tale carica || circoscrizione sottoposta all'autorità di un commissario || *commissariato di pubblica sicurezza,* ufficio retto da un commissario di polizia e dipendente dalla questura, avente potere giurisdizionale su un determinato territorio || *commissariato militare,* reparto addetto all'approvvigionamento || *concr.* il luogo in cui risiede e ha gli uffici un commissario **2.** insieme di commissari che svolgono particolari funzioni: *commissariato di igiene.*

commissàrio (pl. *-ri*) [lat. mediev. *commissārius*; 1368 *comessario*] ***sm.*** (f. *-a*) **1.** funzionario investito permanentemente o in via temporanea di un determinato incarico presso un ente o una struttura pubblica o privata || *commissario di pubblica sicurezza,* funzionario di polizia preposto alla direzione di un distretto || *commissario amministrativo,* con funzioni amministrative presso gli uffici del ministero degli esteri || *commissario di bordo,* ufficiale di marina responsabile dell'amministrazione e degli approvvigionamenti a bordo di una nave || *commissario giudiziale,* funzionario che, nella procedura di amministrazione controllata, controlla l'attività di un imprenditore || *commissario governativo,* incaricato dal governo di sostituire gli organi ordinari di un ente che presenta gravi carenze di funzionamento || *commissario prefettizio,* nominato dal prefetto per amministrare un ente locale || *commissario politico,* nell'organizzazione dei partiti comunisti, funzionario che affianca il comandante militare di un reparto regolare con compiti di collegamento tra esercito e partito e di formazione politica delle truppe || *T.sport. commissario tecnico,* funzionario che ha il compito di selezionare gli atleti di una rappresentativa nazionale e di organizzare la loro preparazione || *T.sport. commissario sportivo,* ufficiale di gara, funzionario incaricato da una federazione nazionale o internazionale di sorvegliare il regolare andamento di una competizione sportiva || *commissario del popolo,* in Unione Sovietica, funzionario governativo investito di funzioni direttive in organi politici, amministrativi o militari; *in part.* fino al 1946, ministro **2.** membro di una commissione, part. di una commissione esaminatrice || *commissario governativo,* che ha funzioni di vigilanza e controllo nelle operazioni di scrutinio ed esame in istituti legalmente riconosciuti || **N.** **1.** *Sin.* delegato, incaricato **2.** *Sin.* esaminatore, membro.

commissionàre (pres. *-óno*) [dal fr. *commissionner*; 1812] ***tr.*** ordinare una merce, dare l'incarico di svolgere un lavoro.

commissionàrio (pl. *-ri*) [dal fr. *commissionnaire*; 1723] ***sm.*** (f. *-a*) **1.** chi acquista o vende beni per conto di un committente; anche *agg.*: *azienda commissionaria* **2.** chi riceve una commissione.

commissióne [dal lat. *commissio, -ōnis,* in orig. inizio, unione; 1306] ***sf.*** **1.** incarico da svolgere per conto di un committente: *eseguire, sbrigare una commissione* || *su commissione,* dietro preciso incarico || *T.giur. contratto di commissione,* mandato in base al quale si acquistano o si vendono beni per conto terzi || somma dovuta a un intermediario per le sue prestazioni **2.** ordinazione di merce || *per estens.* foglio su cui è scritto tale ordine **3.** part. *pl.* acquisti, affari da sbrigare personalmente: *oggi devo fare diverse commissioni* **4.** gruppo di persone cui è affidato un incarico determinato: *commissione esaminatrice* || *commissione di fabbrica,* organismo eletto dai dipendenti di un'azienda con funzioni di rappresentanza e tutela dei loro interessi presso la direzione || *commissione parlamentare,* organo permanente, distinto per materia, strutturato in modo da rispecchiare la proporzionale parlamentare, cui spetta l'esame dei disegni di legge e la loro presentazione al parlamento **5.** atto del commettere, part. riferito ad azioni riprovevoli: *la commissione di un reato* || *T.teol. peccato di commissione,* quello che deriva dal commettere una colpa, contrapposto al *peccato di omissione* || **N.** **1.** *Sin.* compito, incombenza **4.** *Sin.* collegio, comitato, giunta, giuria.

commissìvo[1] [da *commissione*; a. 1589] ***agg.*** *T.giur.* detto di frode realizzata con raggiri e artifici || **N.** *Contr.* omissivo.

commissìvo[2] [dall'ingl. *commissive*; 1977] ***agg.*** e ***sm.*** detto di atto linguistico col quale il parlante si impegna a un determinato comportamento (per es. le promesse, l'uso del futuro alla prima persona).

commissòrio (pl. *-ri*) [dal lat. tardo *commissōrius*; 1618] ***agg.*** *T.giur. patto commissorio,* patto non ammesso dalla legge in base al quale, in caso di insolvenza, il bene ipotecato dal debitore entra in possesso definitivo del creditore.

commistióne [dal lat. tardo *commixtio, -ōnis*; a. 1375] ***sf.*** **1.** *lett.* fusione, mescolanza **2.** *T.giur.* unione in un tutto di cose appartenenti a diversi proprietari **3.** *T.rel.* nella liturgia cattolica, unione del pane e del vino che il sacerdote compie prima della comunione || nel diritto romano, clausola accessoria di un contratto per cui, in caso di inadempienza di una

segue COMMERCIO E CONTABILITÀ

stagno, scadenza, scarico, smercio, solidarietà, solidità, sovvenzione, spaccio, spese, stoccaggio, stralcio, vendita, volume d'affari; barattare, cambiare, capitalizzare, caricare, commerciare, comprare, contrattare, dare il benestare, far la piazza, fatturare, fornire, gettare sul mercato, investire, lanciare, liquidare, mercanteggiare, monopolizzare, patteggiare, pattuire, rilevare, riscuotere, sbloccare, scalare, sdoganare, smaltire, smerciare, speculare, spedire, stanziare, svincolare, trarre profitto, valorizzare, vendere allo scoperto; bancarotta, crac, crisi, fallimento.

MARKETING: analisi del mercato, *briefing,* indagine o ricerca di mercato, intervista, *merchandising,* obiettivo commerciale, *packaging,* pianificazione delle vendite, promozione, pubbliche relazioni, ricerca motivazionale, sondaggio di opinioni, strategia di vendita, strutture di vendita, *target,* tendenza o andamento del mercato, *test market, trend,* vendita promozionale.

PUBBLICITÀ: v. quadro terminologico omonimo.

CONTABILITÀ: accreditamento, addebitamento, accantonamento, acconto, allibramento, ammanco, ammontare, ammortizzare, a nuovo, attivo, avanzo, avere, bilancio, *budget,* buono, capitale, cassa, cessazione dei pagamenti, computo, computisteria, conguaglio, consolidato, consuntivo, contanti, conto, contropartita, controvalore, corrispettivo, costo di produzione, credito, dare, debito (fluttuante, consolidato), *deficit,* deposito, disavanzo, distinta, eccedenza, entrata, esercizio, esposizione del bilancio, estratto conto, fattura, fatturato, fido, fifo, fisso, fondo, guadagno, importo, imputazione, incasso, indebitamento, insoluto, interessi, introito, inventario, lifo, liquidità, liquido, lordo, montante, movimento, nero, netto, nominale, numerario, obsolescenza, pagabile, pareggio, pari, partita doppia, partitario, passivo, patrimonio, perdita, plusvalenza, portafoglio, porto, posizione dei conti, prelievo, profitto, *pro rata, pro soluto, pro solvendo,* provento, provvigione, quadramento, quietanza, rata, rateo, reddito, rendiconto, residuo, reversale, ricalco, ricavo, ricevuta, rimanenza, rimborso, rimessa, riporto, risconto, riscontro, ritenuta, rivalsa, rosso, saldo, sbilancio, scrittura, smobilizzo, sopravvenienza, sovrapprezzo, stanziamento, storno, *surplus,* tesoreria, uscita, utile, versamento, voltura.

LIBRI E DOCUMENTI: copialettere, estratto-conto, giornalmastro, libro (degli inventari, dei titoli, dei soci, delle adunanze, di cassa, giornale, incassi), mastro, primanota; assegno, atto pubblico, avviso, bolletta (d'entrata), borderò, buono, cambiale, *chèque,* circolare, copiacommissione, copiafatture, credenziale, distinta di pagamento, *dossier,* fattura, invito di pagamento, lettere (d'avviso, di credito, di porto, di vettura), licenza d'esercizio, lista di negoziazione, lista di vendita, listino prezzi, pagherò, vaglia telegrafico, *warrant* o nota di pegno.

VOCI ATTINENTI: peso (lordo, netto), percentuale, tara, tariffa, tasso; brevetto, marca, marchio di fabbrica; codice di commercio, diritto commerciale, firma, fetta di mercato, merceologia, *standard*; mercantile, commerciale.
(V. anche quadro terminologico BANCA E DIRITTO).

delle due parti, l'altra è autorizzata a non adempiere le proprie obbligazioni.

commìsto [dal lat. *commixtus*; 1532] **agg.** *lett.* mescolato insieme ad altre cose.

commișuràre (pres. *-ùro*) [lat. tardo *comme(n)surāre*; 1342] **tr.** adeguare la misura di una cosa rispetto a un'altra: *la sua reazione non è commisurata all'offesa* || **N.** *Sin.* commensurare, proporzionare.

commișurazióne [da *commisurare*; a. 1465] **sf.** atto ed effetto del commisurare.

committènte [dal lat. *committens, -entis*; a. 1600] **s.** chi ordina a qualcuno una merce, l'esecuzione di un lavoro o di una prestazione || *in part.*: chi commissiona un'opera d'arte; in un contratto di appalto, chi affida l'incarico all'appaltatore; in un contratto di commissione, chi affida al commissario l'incarico di acquistare o vendere per suo conto.

còmmo [dal gr. *kommós*, colpo al petto; 1881] **sm.** *lett.* nella tragedia greca, dialogo lirico tra coro e attori.

commodòro [dall'ingl. *commodore*; 1749] **sm.** **1.** titolo che nella marina britannica e statunitense viene attribuito a chi comanda una squadra navale senza essere ammiraglio **2.** titolo onorifico attribuito al capitano più anziano di una società di navigazione **3.** presidente di un circolo velico.

commoriènza [dal lat. *commoriens, -entis*, ppr. di *commori*, morire assieme; 1963] **sf.** *T.giur.* morte simultanea di due persone: *presunzione di commorienza*, presunzione legislativa di morte simultanea di due persone, decedute in uno stesso incidente senza che sia possibile determinare quale sia morta per prima.

commòsso (*pps.* di *commuovere*) [1321] **agg.** **1.** preso da commozione: *mostrarsi commossi davanti a tanta solidarietà* **2.** che esprime commozione: *uno sguardo commosso* **3.** *lett.* tormentato, agitato, messo in movimento || *ant.* ribelle, tumultuante || **N.** **1.** *Sin.* impressionato, intenerito, toccato.

commotìvo [dal lat. *commōtus*, pps. di *commovēre*, commuovere; prima metà sec. XIV] **agg.** **1.** *T.med.* che riguarda una commozione, che presenta commozione: *stato commotivo* **2.** *ant.* commovente.

commovènte (*ppr.* di *commuovere*) [sec. XIII] **agg.** che commuove.

commovìbile [da *commuovere*; 1865] **agg.** *non com.* che si lascia commuovere.

commoviménto [dal lat. *commovēre*, commuovere; a. 1294] **sm.** *lett.* **1.** violento movimento: *un commovimento improvviso del suolo* **2.** *raro* commozione **3.** *ant.* tumulto.

commozióne [dal lat. *commotio, -ōnis*; a. 1364] **sf.** **1.** turbamento dell'animo causato da un sentimento di pietà, affetto, tenerezza, profondo dolore, gioia: *una persona facile alla commozione* **2.** *T.med.* grave alterazione o arresto delle funzioni di un organo, gen. in seguito a un trauma: *commozione cerebrale* **3.** *lett. ant.* tumulto, rivolta **4.** *non com.* violento sommovimento della terra o del mare || *commozione tellurica*, terremoto || **N.** **1.** *Sin.* agitazione, emozione, intenerimento, pietà, turbamento.

commuòvere (pres. *-uòvo*) [lat. *commovēre*; a. 1294] **tr.** **1.** destare nell'animo un sentimento di commozione: *le sue parole hanno commosso l'uditorio* **2.** *lett.* provocare un forte turbamento spirituale; suscitare un sentimento **3.** *lett. raro* provocare un forte movimento || *ant.* sobillare || **intr. pron.** **1.** provare un sentimento di commozione: *ai matrimoni mi commuovo sempre* **2.** *ant.* preoccuparsi **3.** *ant.* ribellarsi || **N.** **tr.** **1.** *Sin.* impietosire, intenerire, toccare **2.** *Sin.* sconvolgere, turbare.

commutàbile [dal lat. *commutābilis*; a. 1342] **agg.** che si può commutare || *ant.* mutevole.

commutabilità [dal lat. tardo *commutabilitas, -ātis*; 1892] **sf.** l'essere commutabile.

commutàre (pres. *-ùto*) [dal lat. *commutāre*; a. 1306] **tr.** **1.** sostituire una cosa con un'altra: *commutare una pena in una sanzione pecuniaria* || invertire: *commutare i fattori di una moltiplicazione* **2.** *T.elettr.* invertire il senso della corrente in un circuito || mutare i collegamenti all'interno di un circuito o tra circuiti collegati || *per estens.* *T.tel.* realizzare una comunicazione tra due utenti **3.** *ant.* trasmutare: *commutare il piombo in oro* || **rifl. rec.** scambiarsi.

commutatività [da *commutativo*; 1965] **sf.** *T.mat.* il fatto che in una operazione valga la proprietà commutativa.

commutatìvo [da *commutare*; a. 1342] **agg.** che serve a commutare || *giustizia commutativa*, che consiste nel rendere l'equivalente di quanto si riceve || *T.mat.* *proprietà commutativa*, proprietà per cui, data un'operazione definita in un insieme, presi due termini qualunque dell'insieme, è possibile mutare l'ordine dei termini senza far mutare il risultato.

commutatóre [da *commutare*; 1892] **sm.** **1.** (f. *-trìce*) *raro* chi commuta; anche *agg.* **2.** *T.elettr.* dispositivo per invertire il senso della corrente in un circuito o per mutare i collegamenti tra elementi del circuito o tra più circuiti collegati || *commutatore elettronico*, dispositivo per inviare vari segnali a uno stesso apparecchio || dispositivo per il montaggio di programmi televisivi in diretta che consente il rapido passaggio dall'immagine di una telecamera a quella di un'altra || **N.** **2.** *Sin.* convertitore.

commutatrìce [da *commutare*; 1964] **sf.** *T.elettr.* macchina per la trasformazione della corrente alternata in corrente continua e viceversa.

commutazióne [dal lat. *commutātio, -ōnis*; a. 1332] **sf.** **1.** sostituzione: *ottenere una commutazione della pena* || *ant.* trasformazione **2.** *T.elettr.* operazione compiuta da un commutatore || *commutazione telefonica*, insieme delle procedure necessarie per stabilire un collegamento tra due utenti di una rete telefonica || nella tecnica televisiva, montaggio effettuato mediante commutatore **3.** *T.ling.* operazione di sostituzione di un fonema in una parola che produce una parola di senso diverso || **N.** **1.** *Sin.* cambiamento **2.** *Sin.* inversione.

comò [dal fr. *commode*, propr. comodo; 1781 *commò*] **sm.** mobile a cassetti con un piano di legno o marmo, gen. dotato di specchio || *dim.* comodìno || **N.** *Sin.* canterano, cassettone. **Q.T.** *arredamento.*

còmoda [dal fr. *commode*; 1959] **sf.** poltroncina sanitaria che ha sotto il sedile un vaso da notte estraibile || **N.** *Sin.* seggetta.

comodànte [da *comodare*[1]; a. 1683] **s.** *T.giur.* chi dà un bene in comodato.

comodàre[1] (pres. *còmodo*) [dal lat. *commodāre*, prestare; 1502] **tr.** *T.giur.* dare in comodato || *ant.* prestare.

comodàre[2] (pres. *còmodo*) [da *comodo*[2]; a. 1590] **intr.** (aus. *essere*) far comodo, andar bene, aggradare: *mi alzerò quando mi comoda.*

comodatàrio (pl. *-ri*) [da *comodato*; a. 1683] **sm.** (f. *-a*) *T.giur.* chi riceve un bene in comodato.

comodàto [dal lat. tardo *commodātum*; a. 1396] **sm.** *T.giur.* contratto con cui si concede a qualcuno l'uso gratuito di un bene per un periodo di tempo prestabilito con obbligo di restituzione alla scadenza di tale termine.

comodìno[1] (*dim.* di *comò*) [1825] **sm.** mobile fatto come una piccola cassettiera che si pone vicino alla testata del letto || *per estens.* ogni mobiletto che svolga la stessa funzione || **N.** *Sin.* tavolino da notte.

comodìno[2] [da *comodo*[2]; 1761] **sm.** **1.** *T.teatr.* telone posto dietro il sipario che si abbassa durante gli intervalli tra un atto e l'altro e che un tempo aveva un'apertura da cui gli attori uscivano per ringraziare il pubblico **2.** *gerg.* attore chiamato all'ultimo momento per sostituirne un altro in parti di poco conto || *per estens.* attore scadente || *far da comodino*, servire qualcuno nelle incombenze meno piacevoli || **N.** **2.** *Sin.* tappabuchi, tuttofare.

comodità [dal lat. *commŏditas, -ātis*; a. 1405] **sf.** **1.** qualità di ciò che è comodo: *la comodità di una poltrona* || agio, possibilità: *non ho la comodità di fare ciò che voglio* **2.** *concr.* ogni cosa o fatto che soddisfa necessità e desideri e rende agevole la vita quotidiana: *un appartamento dotato di ogni comodità* || **N.** **2.** *Sin.* *comfort.*

còmodo[1] [dal lat. *commodus*, adeguato alla misura; 1353] **agg.** **1.** che procura agio o agevola un compito: *l'auto è un comodo mezzo di trasporto, una casa comoda* || *abiti comodi*, che non impacciano i movimenti **2.** che non presenta difficoltà: *un incarico comodo* || agevole, facile da percorrere o da raggiungere: *una strada comoda, un comodo luogo di villeggiatura* **3.** di persona, che si trova a proprio agio in una situazione o in un ambiente: *stava comodo sul divano* || *state comodi*, restate seduti || che non ama le fatiche, che predilige la vita spensierata: *gente comoda* || **comodaménte** **avv.** || **N.** **1.** *Sin.* confortevole, gradevole | *Contr.* scomodo **2.** *Sin.* agevole, facile.

còmodo[2] [dal lat. *commodum*; 1300 ca.] **sm.** **1.** ciò che procura benessere, agio **2.** ciò che torna utile, che procura vantaggio || *fare i propri comodi*, fare ciò che più piace senza badare agli altri || *fare i comodi degli altri*, fare ciò che piace agli altri, gen. agendo a nostro svantaggio || *far comodo*, tornare utile || *con comodo*, in tutta tranquillità || *a suo comodo*, a suo piacere || *essere in comodo*, essere disposto a fare qualcosa || *di comodo*, che torna utile; *in part.* fittizio, falso: *un recapito di comodo* **3.** *T.banc.* *cambiale di comodo*, creata al solo scopo di ottenere un credito in banca || *comodo di cassa*, breve dilazione concessa per il pagamento in contanti di merci; *T.banc.* apertura di un credito di breve durata che le banche concedono ai loro migliori clienti || **N.** **1.** *Sin.* *comfort*, comodità | *Contr.* disagio, incomodo **2.** *Sin.* opportunità, tornaconto, utile | *Contr.* danno, svantaggio.

comodóne [da *comodo*[1]; 1865] **sm.** (f. *-a*) chi ama le comodità e la vita poco faticosa.

compact disc (ingl., pr. [ˈkɒmpækt dɪsk]) [letter. disco compatto; 1983] **loc. m. inv.** (abbreviato in *CD*) disco per la riproduzione di suoni, di dimensioni ridotte e di materiale molto resistente, per la cui lettura viene impiegato un raggio laser. **TAV.** *audiovisivi* 8.11.

compadróne [comp. di *con-* e *padrone*; 1635] **sm.** (f. *-a*) *non com.* chi è proprietario di un bene assieme ad altri: *compadrone di un negozio* || **N.** *Sin.* comproprietario.

compaeșàno [da *paese*, con suff. aggettivale; 1865] **sm.** (f. *-a*) persona dello stesso luogo di origine.

compàge [dal lat. *compāges*; 1321] **sf.** *ant.* **1.** *lett.* compagine **2.** densità.

compaginàre[1] (pres. *-àgino*) [dal lat. tardo *compagināre*; 1340 ca.] **tr.** *non com.* unire strettamente più parti a formare un tutto; concatenare || **N.** *Contr.* scompaginare.

compaginàre[2] (pres. *-àgino*) [comp. parasint. di *pagina*; 1865] **tr.** *non com.* impaginare.

compàgine [dal lat. *compāgo, -inis*; sec. XIV] **sf.** insieme di parti strettamente connesse tra loro; persone che lavorano in stretta collaborazione || *T.sport.* squadra sportiva || *fig.* intima unione.

compàgna [lat. tardo *compānia*, scorta, guida; 1219] **sf.** *ant.* compagnia.

compagnésco (pl. *-schi*) [da *compagno*; sec. XIV] **agg.** *ant.* di, da compagni; amichevole.
compagnévole [da *compagnia*; 1308] **agg.** *lett.* che ama la compagnia || *ant.* che si fa tra amici || **N.** *Sin.* affabile, amichevole, socievole.
compagnìa [da *compagno*; a. 1292] **sf. 1.** lo stare insieme ad altra gente: *amare, odiare la compagnia* || *essere in compagnia*, insieme ad altri || *tenere, fare compagnia a qualcuno*, stare insieme a lui || *di compagnia*, che tiene compagnia: *dama di compagnia*, donna che, gen. dietro compenso, assiste una persona anziana o di rango || *ant.* rapporto di amicizia che esiste tra compagni **2.** gruppo di persone che stanno insieme per divertirsi o per altri scopi: *una compagnia affiatata, eterogenea* || complesso di attori, ballerini, cantanti, tecnici e regista uniti per dare vita a una rappresentazione || seguito che accompagna una persona di riguardo || *non com.* corporazione di lavoratori o artigiani: *compagnia degli scaricatori* || *ant.* alleanza politica o militare **3.** confraternita, congregazione religiosa: *compagnia della Misericordia*; *compagnia di Gesù*, l'ordine dei Gesuiti **4.** reparto militare di circa duecento uomini comandato da un capitano || *compagnia di sbarco*, nella marina militare, reparto di uomini imbarcato su una nave e destinato a operazioni belliche a terra || *T.stor. compagnie di ventura*, formazioni mercenarie che nel XV e XVI secolo operavano in Italia al soldo delle signorie **5.** società commerciale: *compagnia di assicurazioni* || *compagnia di navigazione, compagnia di bandiera*, società di navigazione marittima o aerea sostenuta dallo stato di cui batte bandiera || **N. 1.** *Sin.* stare insieme, unione | *Contr.* isolamento, solitudine **2.** *Sin.* associazione, banda, branco, brigata, circolo, codazzo, combriccola, comitiva, coorte, coro, corteggio, corteo, gruppo, masnada, mucchio, orda, processione, radunata, schiera, sodalizio, sorta, squadra.
compàgno [lat. mediev. *companio*, propr. che mangia lo stesso pane; 1211] **I sm.** (f. *-a*) **1.** chi frequenta abitualmente altre persone svolgendo con esse un'attività comune di lavoro o di svago: *compagno di scuola, di giochi, di lavoro* || *compagni d'armi*, coloro che hanno prestato servizio militare insieme || *T.sport. compagno di squadra*, chi gioca nella stessa squadra o appartiene alla medesima scuderia || *per anton.* il marito, la moglie; oggi com. il convivente || *per estens.* persona, animale o cosa che si trova per parecchio tempo a fianco di qualcuno: *compagno di viaggio, il mio cane e la mia bici sono fedeli compagni delle mie gite in campagna* **2.** nome con cui si chiamano gli aderenti a un partito di ispirazione marxista **3.** socio in un'impresa commerciale **4.** *T.astr.* in una stella doppia, quella meno luminosa **5.** *ant.* alleato politico e militare **II agg.** che fa il paio con un altro; identico, di uguale valore || *dim.* compagnìno; *accr.* compagnóne; *pegg.* compagnàccio || **N. 1.** *Sin.* accolito, amico, camerata, collaboratore, commilitone, complice, confratello, consorte, sodale.
compagnóne (*accr.* di *compagno*) [inizio sec. XII] **I sm.** (f. *-a*) **1.** persona gioviale e amante della compagnia **2.** *ant.* chi condivide la stessa sorte di altri; compagno **II agg.** *non com.* socievole.
còmpago (ant. *càmpago*) (pl. *-gi*) [dal lat. tardo *campagus*; 1905] **sm.** calzare usato da senatori e patrizi romani e bizantini e in seguito da vescovi e pontefici.
companàtico (pl. *-ci*) [lat. mediev. *companāticum*; a. 1315 *companadeg*] **sm.** tutto ciò che si mangia insieme al pane || *fig.* compagnia abituale della propria esistenza: *i guai sono il suo companatico.*
comparàbile [dal lat. *comparābilis*; 1532] **agg.** che si può comparare || **N.** *Sin.* confrontabile, paragonabile | *Contr.* incomparabile.
comparabilità [da *comparabile*; 1865] **sf.** *non com.* qualità di ciò che è comparabile.
comparàggio (pl. *-gi*) [da *compare*; sec. XV] **sm. 1.** *T.giur.* reato in cui incorrono medici e veterinari quando ricevono denaro o altra ricompensa per favorire la diffusione di prodotti farmaceutici **2.** *ant.* comparatico.
comparàre (pres. *-àro*) [dal lat. *comparāre*, accoppiare, mettere alla pari; a. 1292] **tr.** confrontare, stabilire un paragone: *comparare i costi sociali italiani a* (o *con*) *quelli francesi* || **N.** *Sin.* paragonare, raffrontare.
comparàtico (pl. *-ci*) [da *compare*; 1353] **sm.** la condizione e l'ufficio di compare o di comare || vincolo tra il compare o la comare e il figlioccio o i genitori di quest'ultimo || l'insieme dei compari e delle comari di una famiglia.
comparativìsmo [da *comparativo*; sec. XX] **sm.** metodo storiografico fondato sulla comparazione di fatti analoghi rinvenibili in culture diverse, anche distanti tra loro nel tempo e nello spazio.
comparativo [dal lat. *comparatīvus*; a. 1406] **I agg.** che stabilisce un confronto o che si basa su di esso: *studio comparativo* || *metodo comparativo*, metodo di ricerca scientifica basato sul confronto tra fenomeni analoghi appartenenti ad ambienti cronologicamente, geograficamente o culturalmente distinti; *scienze comparative*, che si basano su tale metodo || *T.gram. grado comparativo*, grado dell'aggettivo o dell'avverbio che istituisce una relazione di paragone tra due termini; *proposizione comparativa* (anche *ass. sf. comparativa*), proposizione subordinata che istituisce un paragone con la reggente || **comparativaménte avv.**; anche nella *loc. prep. comparativamente con*, a paragone di: *comparativamente con quanto ci si aspettava, il risultato è scarso* **II sm.** *T.gram.* grado dell'aggettivo o dell'avverbio che esprime una gradazione rispetto a un termine di paragone: *comparativo di uguaglianza*, quando il rapporto è paritetico: *è brutto come te*; *comparativo di maggioranza*, quando il rapporto è a favore del primo termine: *è più brutto di te*; *comparativo di minoranza*, quando il rapporto è a favore del secondo termine: *è meno brutto di te*; nei comparativi, in correlazione con *più* o *meno* si adopera la preposizione *di* quando segue un nome: *l'acciaio è più flessibile del ferro*; si adopera la congiunzione *che* in tutti gli altri casi: *è più facile spendere che guadagnare, è più bello che buono*; *comparativo assoluto*, senza secondo termine di paragone come nella frase: *questo caffè è più buono.*
comparàto (*pps.* di *comparare*) [1321] **agg.** di un campo di studio, che ha carattere comparativo: *letteratura, linguistica comparata.*
comparatóre [dal lat. *comparātor, -ōris*; 1892] **sm.** *T.tecn.* apparecchio di precisione che permette di rilevare minime variazioni di lunghezza rispetto a una dimensione prestabilita e assunta come base.
comparazióne [dal lat. *comparātio, -ōnis*; a. 1294] **sf.** rapporto, confronto basato su rapporti di qualità o di quantità: *comparazione di due sistemi* || *T.stat.* operazione di confronto di dati statistici || *T.giur. scrittura di comparazione*, utilizzata per accertare la veridicità di una scrittura disconosciuta || *T.gram. grado di comparazione*, indice di gradazione di una qualità espressa da un aggettivo o da un avverbio: *comparativo e superlativo sono gradi di comparazione* || *T.ling. base di comparazione*, insieme dei tratti comuni a due fonemi in opposizione || *T.ret.* figura che definisce un oggetto paragonandolo a un altro || **N.** *Sin.* confronto, paragone.
compàre [lat. tardo *compater, -tris*; sec. XIII] **sm. 1.** chi tiene a cresima o a battesimo un bambino || *fig. essere come il compare a battesimo*, essere indispensabile || il padre del battezzato rispetto al padrino o alla madrina || *compare d'anello*, testimone di nozze **2.** amico di vecchia data **3.** complice in azioni disoneste.
comparènte (*ppr.* di *comparire*) [1661] **s.** *T.giur.* chi compare in giudizio.
comparìre (pres. *comparìsco* o *compàio, comparìsci* o *compàri*; p.rem. *compàrvi, comparìi* o *compàrsi*; pps. *compàrso*) [lat. *comparēre*; sec. XIII] **intr.** (aus. *essere*) **1.** mostrarsi all'improvviso: *tra la nebbia comparve la sagoma del castello* **2.** venir pubblicato, stampato: *è comparsa la seconda edizione del libro* **3.** far mostra di sé: *in ogni circostanza vuole comparire* || *raro* sembrare, avere l'apparenza **4.** *T.giur.* presentarsi in giudizio || **N. 1.** *Sin.* apparire, manifestarsi, mostrarsi, presentarsi, spuntare **3.** *Sin.* ben figurare, fare bella figura, farsi notare.
compariscènte [da *comparire*; 1438] **agg.** *disus.* appariscente, di bella presenza.
compariscènza [da *compariscente*; 1865] **sf.** *disus.* appariscenza.
comparìta [da *comparito*, pps. ant. di *comparire*; a. 1642] **sf.** *disus.* comparsa.
comparizióne [da *comparire*; 1416] **sf.** *T.giur.* il presentarsi in giudizio dinnanzi a un magistrato || *mandato di comparizione*, ingiunzione a presentarsi in giudizio in un dato momento e luogo, emessa dal giudice istruttore || *non com.* atto ed effetto del comparire.
compàrsa [f. sost. di *comparso*, pps. di *comparire*; 1620] **sf. 1.** il comparire: *la comparsa di nuove specie animali* || *far la propria comparsa*, presentarsi in un luogo || *far comparsa*, far bella figura || *T.biol.* il verificarsi di un evento nella statistica di popolazione **2.** *T.teatr.* e *T.cin.* attore che fa brevi apparizioni in scena senza pronunciare battute || *fig. fare da comparsa*, essere presente a una situazione senza prendervi parte **3.** *T.giur.* atto scritto con cui una parte espone la sua versione dei fatti e le sue richieste || *raro* comparizione.
comparsàta [da *comparsa*; 1965] **sf.** *T.cin.* partecipazione occasionale a un film, in una parte da comparsa o molto marginale || la parte da comparsa sostenuta occasionalmente (anche da un attore affermato).
compartecipànza [da *compartecipare*; 1956] **sf.** *raro* compartecipazione.
compartecipàre [dal lat. tardo *compartic̆ipāri*; sec. XIV] **intr.** (aus. *avere*) partecipare insieme con altri a qualcosa: *compartecipare agli utili.*
compartecipazióne [dal lat. tardo *comparticipātio, -ōnis*; 1865] **sf.** il partecipare insieme ad altri || *compartecipazione agraria*, contratto per la gestione di un fondo agricolo in cui il lavorante partecipa agli utili e alle spese in proporzioni stabilite.
compartécipe [dal lat. tardo *comparticeps, -cipis*; 1684] **agg.** che partecipa insieme ad altri a qualcosa.
compartimentàle [da *compartimento*; 1848] **agg.** relativo a un compartimento amministrativo.
compartimentazióne [da *compartimento*; 1964] **sf.** suddivisione in compartimenti: *compartimentazione di una nave*, divisione dello scafo di una nave in vari ambienti per distribuire il carico in maniera equilibrata.
compartiménto [da *compartire*; a. 1348] **sm. 1.** ciascuna delle aree in cui è suddiviso il territorio di uno stato per esigenze tecniche, amministrative o tributarie: *compartimento marittimo* **2.** ciascuna delle parti in cui è frazionato un ambiente, uno spazio || *T.ferr.* scompartimento || *compartimento stagno*, ciascuna delle parti dello scafo separate da paratie a tenuta stagna; *fig.* ambiente ostile o indifferente a influenze provenienti dall'esterno; *a compar-*

timenti stagni, senza reciproca comunicazione o coordinazione **3.** *non com.* compartizione.

compartìre (pres. *compàrto* o *compartìsco*) [dal lat. tardo *compartīri*; sec. XIII] **tr. 1.** *lett.* suddividere **2.** *ant.* concedere, elargire ‖ **rifl.** e **intr. pron.** *ant.* suddividersi ‖ **rec.** *ant.* spartirsi.

compartitóre [da *compartire*; a. 1604] **sm.** (f. *-trice*) *disus.* chi comparte.

compartitùra [da *compartire*; 1895] **sf.** *non com.* atto ed effetto del compartire.

compartizióne [da *compartire*; a. 1519] **sf.** atto ed effetto del compartire, suddivisione.

compàrto [da *compartire*; a. 1635] **sm.** ripartizione; *concr.* settore che risulta da una suddivisione; *in part.* in urbanistica, unità edificabile ‖ *T.econ.* settore dell'attività economica individuato sulla base di caratteristiche specifiche (categorie di titoli, ramo commerciale e sim.): *il comparto delle obbligazioni.*

compassàre [lat. volg. **compassāre*, misurare a passi; a. 1310] **tr.** *raro* misurare con grande precisione; *in part. fig.* ponderare attentamente qualcosa ‖ *ant.* misurare col compasso.

compassàto (*pps.* di *compassare*) [a. 1292] **agg.** estremamente misurato e preciso; *in part.* di persona, che controlla in modo eccessivo i propri gesti e le proprie parole ‖ **N.** *Sin.* contegnoso, sorvegliato | *Contr.* disinvolto, spigliato.

compassionàre (pres. *-óno*) [da *compassione*; a. 1712] **tr.** e *lett.* **intr.** (aus. *avere*) commiserare, compatire.

compassióne [dal lat. tardo *compassio, -ōnis*; 1306] **sf. 1.** sentimento di comprensione e partecipazione affettiva di fronte alla sofferenza o all'infelicità altrui: *fare compassione*, destare pietà; *muoversi a compassione*, impietosirsi **2.** sentimento e atteggiamento di insofferenza e disprezzo verso le debolezze, le incapacità e le meschinità altrui: *questo libro fa compassione* ‖ **N. 1.** *Sin.* commiseramento, commiserazione, misericordia, pietà, rincrescimento, simpatia.

compassionévole [da *compassione*; 1353] **agg. 1.** che suscita compassione: *una situazione compassionevole* **2.** che prova compassione: *un animo compassionevole* ‖ **N. 1.** *Sin.* commovente, miserando **2.** *Sin.* misericordioso, sensibile.

compàsso [da *compassare*; a. 1292] **sm. 1.** strumento formato da due aste metalliche articolate a un'estremità da una cerniera che consente di formare tra loro un angolo variabile, usato per tracciare circonferenze e misurare distanze o spessori **2.** *per estens.* nome di varie strutture meccaniche costituite da aste incernierate a un'estremità: *compasso di torsione*, nei carrelli di atterraggio degli aeroplani ‖ *fig. col compasso*, con ponderazione ed eccessivo controllo delle proprie azioni o espressioni **3.** *T.mar.* e *T.aer.* bussola **4.** *ant.* carta nautica **5.** *ant.* decorazione a forma ovale o circolare usata in tappeti, arazzi e sim. **TAV.** ***disegno*** **6;** ***utensili*** **p. 1341 27.**

compatìbile [da *compatire*; 1657] **agg. 1.** degno di compassione, di indulgenza: *una reazione compatibile* **2.** che si può accordare con un'altra cosa, conciliabile: *le loro posizioni non sono compatibili* ‖ *T.farm.* di medicinali che possono essere somministrati contemporaneamente ‖ *T.bot.* di varietà di piante che incrociate producono frutti ‖ *T.mat.* di equazione che abbia una soluzione in comune con un'altra ‖ nella tecnica di registrazione dei suoni, detto di sistema stereofonico che può essere riprodotto anche in mono; nella tecnica di registrazione televisiva, di immagini a colori che possono essere riprodotte anche in bianco e nero ‖ *T.inform.* di calcolatori che fanno uso degli stessi sistemi di supporto dei dati e degli stessi programmi; anche *sm.*: *ho acquistato un compatibile* ‖ **compatibilménte avv.** per quanto è conciliabile con altro: *ti seguirò compatibilmente con i miei impegni* ‖ **N. 2.** *Sin.* accordabile | *Contr.* incompatibile.

compatibilità [da *compatibile*; 1612] **sf.** l'essere compatibile ‖ **N.** *Contr.* incompatibilità.

compatiménto [da *compatire*; 1691] **sm. 1.** sentimento di compassione verso qualcuno **2.** sentimento di ironica e sprezzante indulgenza: *lo osservò con compatimento e se ne andò* ‖ **N. 1.** *Sin.* compassione, indulgenza, tolleranza **2.** *Sin.* sufficienza, superiorità | degnazione.

compatìre (pres. *-ìsco, -ìsci*) [lat. tardo *compati*; 1319] **tr. 1.** provare compassione per le sofferenze altrui **2.** perdonare, considerare con indulgenza: *bisogna compatire i suoi errori* ‖ considerare con sprezzante riprovazione ‖ **intr.** (aus. *avere*) *lett.* con la prep. *a*, provare pietà ‖ **rec.** *fam.* sopportarsi: *non riescono a compatirsi* ‖ **N. tr. 1.** *Sin.* commiserare, compassionare **2.** *Sin.* indulgere, sopportare, tollerare.

compatriòta [dal lat. tardo *compatriota*; 1300 ca.] **s.** chi è della stessa patria ‖ **N.** *Sin.* concittadino, connazionale, conterraneo.

compatròno [dal lat. tardo *compatronus*; 1865] **sm.** *T.eccl.* **1.** (f. *-a*) santo patrono di un luogo insieme con altri santi **2.** chi è patrono con altri di un beneficio ecclesiastico.

compattàre [da *compatto*; 1983] **tr. 1.** *T.tecn.* operare su un materiale in modo da renderlo compatto, eliminandone i vuoti o le fratture; congiungere, condensare **2.** *per estens.* consolidare un rapporto, rinsaldare: *lo scontro con il padronato ha compattato le organizzazioni sindacali.*

compattatóre [da *compattare*, sul modello dell'ingl. *compactor*; 1983] **sm. 1.** grosso macchinario a piastra vibrante usato per comprimere terreno, ghiaia o altro materiale **2.** dispositivo, gen. applicato a un automezzo pesante, in cui vengono raccolte, compresse e trasportate le immondizie.

compattézza [da *compatto*; a. 1826] **sf.** qualità di ciò che è compatto; coesione ‖ *T.min.* stato di intima coesione degli elementi costituenti una roccia ‖ *T.mat.* in logica, la proprietà di un insieme infinito di formule che eredita una proprietà condivisa da tutti i suoi sottoinsiemi finiti.

compàtto [dal lat. *compāctus*; inizio sec. XIV] **agg. 1.** di massa, struttura o agglomerato saldamente unito nelle sue parti: *roccia compatta, legno compatto* ‖ che sembra un tutt'uno: *una folla compatta*; *infiorescenza compatta*, in cui i fiori sono strettamente accostati gli uni agli altri; *T.tip.* di impaginazione con caratteri minuti e fitti **2.** *fig.* unanime, concorde: *alle proposte degli imprenditori i sindacati opposero un compatto rifiuto; un gruppo compatto*, ben amalgamato **3.** nella produzione industriale, che presenta una struttura uniforme in cui le singole componenti sono armonicamente inserite; anche *sm.* detto in part. di impianti di fonoriproduzione costituiti da varie parti integrate in un'unica struttura di supporto **4.** *T.fon.* nella teoria di R. Jakobson, tratto caratteristico dei foni che presentano una concentrazione dell'energia entro uno spettro limitato di frequenze ‖ **N. 1.** *Sin.* denso, fitto, sodo, spesso **2.** *Sin.* solidale | *Contr.* discorde, disunito **4.** *Contr.* diffuso. **TAV.** ***anatomia*** **p. 642 11.13.**

compaziènte (*ppr.* di *compatire*) [sec. XIV] **agg.** *ant.* compassionevole.

compedìto [dal lat. *compedītus*; sec. XIV] **agg.** *ant.* messo ai ferri, incatenato.

compendiàre (pres. *-èndio*) [dal lat. *compendiāre*; 1613] **tr.** ridurre in compendio, sintetizzare ‖ **intr. pron.** riassumersi, part. *fig.*: *in quelle pagine si compendia tutta la sua ricerca* ‖ **N. tr.** *Sin.* abbreviare, accorciare, riassumere, ricapitolare, riepilogare.

compendiàrio (pl. *-ri*) [dal lat. *compendiarius*; a. 1729] **agg. 1.** esposto in forma riassuntiva: *descrizione compendiaria* ‖ *scrittura compendiaria*, che fa uso di abbreviazioni **2.** *T.pitt.* detto di stile che riduce al massimo i particolari descrittivi per cogliere gli aspetti essenziali di forme e colori.

compendiatóre [da *compendio*; 1684] **sm.** (f. *-trice*) chi esegue un compendio, part. riferito a opere letterarie; *non com.* chi ha buone capacità di sintesi; anche *agg.* ‖ **N.** *Sin.* epitomatore.

compèndio (pl. *-di*) [dal lat. *compendium*, risparmio, abbreviazione; a. 1349] **sm. 1.** riduzione sintetica di uno scritto o di un discorso ‖ trattazione degli elementi essenziali di una qualsiasi scienza: *un compendio di geometria* ‖ *in compendio*, in breve **2.** sintesi, mescolanza di elementi diversi: *la vita è un compendio di gioie e dolori* **3.** *T.giur.* l'insieme dei diritti e dei doveri connessi con un'eredità e l'insieme dei beni ereditati ‖ **N. 1.** epitome, estratto, riassunto, riduzione, riepilogo, sinossi, sintesi, sommario, specchietto, sunto.

compendiosità [da *compendioso*; 1865] **sf.** l'essere compendioso ‖ **N.** *Sin.* concisione, stringatezza | *Contr.* prolissità, ridondanza.

compendióso [dal lat. *compendiōsus*; sec. XIV] **agg.** breve, sintetico ‖ *ant.* corto, di breve durata.

compenetràbile [da *compenetrare*; 1865] **agg.** che si può compenetrare.

compenetrabilità [da *compenetrabile*; 1865] **sf.** l'essere compenetrabile.

compenetràre (pres. *-ènetro*) [da *penetrare*; 1769] **tr. 1.** di sostanza, penetrare profondamente in un'altra sino a fondersi con essa **2.** *fig.* informare di sé, pervadere: *il risentimento compenetrava il suo animo* ‖ **intr. pron.** immedesimarsi completamente: *compenetrarsi nella situazione* ‖ **rifl. rec.** penetrarsi a vicenda.

compenetrazióne [da *compenetrare*; 1749] **sf.** atto ed effetto del compenetrare e del compenetrarsi; *in part.* fenomeno fisico per cui le particelle di due solidi tenuti a contatto sotto pressione per un tempo sufficiente penetrano le une nelle altre producendo una saldatura ‖ *fig.* profonda relazione reciproca: *una compenetrazione di sentimenti.*

compensàbile [da *compensare*; a. 1667] **agg.** che si può compensare.

compensabilità [da *compensabile*; 1940] **sf.** *non com.* l'essere compensabile.

compensàre (pres. *-ènso*) [dal lat. *compensāre*, mettere in contrappeso, equilibrare; 1321] **tr. 1.** retribuire in modo adeguato: *è stato compensato con generosità, compensare un lavoro* ‖ risarcire: *è stato compensato della perdita subita*; anche *fig.*: *una soddisfazione che lo compensa delle amarezze patite* **2.** equilibrare: *compensare le perdite con nuovi introiti, un difetto visivo compensato con lenti a contatto* ‖ *T.sport.* nella pratica subacquea, eseguire una compensazione ‖ **rec.** equilibrarsi: *i tuoi difetti e le tue virtù si compensano* ‖ **N. 1.** *Sin.* contraccambiare, indennizzare, remunerare, retribuire, ricambiare **2.** contrappesare, controbilanciare.

compensatìvo [dal lat. tardo *compensatīvus*; 1673] **agg. 1.** che serve a compensare **2.** che serve a equilibrare.

compensàto (*pps.* di *compensare*) [1723] **agg.** nei sensi del verbo: *scambi compensati*, in economia, scambi bilanciati ‖ *legno compensato* (o *com. sm. compensato*), materiale da falegnameria costituito da sottili fogli di legno sovrapposti e pressati con le fibre incrociate alternativamente.

compensatóre [da *compensare*; sec. XIV] **I agg.** che compensa ‖ *bagno compensatore*, nella tecnica fotografica, bagno di sviluppo per uniformare i fotogrammi di una pellicola che presentano differenti esposizioni **II** ***sm.*** **1.** (f. *-trìce*) chi compensa **2.** *T.elettr.* condensatore variabile usato per neutralizzare le capacità parassite che si formano tra gli elementi di un circuito **3.** *T.ott.* dispositivo che trasforma la luce polarizzata in modo ellittico in luce polarizzata in modo rettilineo **4.** *T.fis.* dispositivo che annulla l'effetto di una grandezza fisica mediante l'applicazione di una grandezza opposta **5.** parte del cronografo in cui è alloggiato il bilanciere.

compensazióne [dal lat. *compensātio, -ōnis*; a. 1332 *compensagione*] ***sf.*** raggiungimento, mantenimento di un equilibrio funzionale ‖ *T.giur.* estinzione di crediti e debiti reciproci ‖ *T.econ.* equivalenza in un dato momento tra il valore delle importazioni e quello delle esportazioni ‖ *T.banc. camera di compensazione*, istituto centrale gestito gen. dalle banche nazionali che ha il compito di facilitare la liquidazione dei crediti tra istituti bancari diversi, compensando crediti e debiti reciproci in modo da evitare inutili spostamenti di capitali ‖ *T.psic.* bilanciamento di una inferiorità conscia o inconscia rispetto a ideali sociali o individuali ‖ *T.sport.* nella pratica subacquea, operazione che si effettua in immersione per pareggiare la pressione interna a quella che l'acqua esercita sulla membrana esterna del timpano ‖ **N.** *Sin.* indennizzo, risarcimento; bilanciamento, pareggio. **Q.T.** *psicologia.*

compènso [da *compensare*; 1313] ***sm.*** **1.** retribuzione dovuta a chi compie un lavoro o esegue una prestazione **2.** risarcimento; anche *fig.* ‖ *in compenso*, in cambio, d'altra parte: *mangia male, (ma) in compenso ha una linea invidiabile* **3.** ciò che ristabilisce un equilibrio, bilancia una differenza ‖ *T.fisiol.* fenomeno per cui un organo malato cerca di compensare la propria disfunzione accelerando il ritmo della propria attività ‖ *T.ling. allungamento di compenso*, nelle lingue classiche, allungamento di una vocale causato dalla scomparsa della consonante che la segue nella stessa sillaba ‖ **N. 1.** *Sin.* corrispettivo, diaria, gratifica, indennità, remunerazione, retribuzione, salario, stipendio **2.** *Sin.* indennizzo, ricompensa.

comperàre e der. v. COMPRARE e der.

competènte (*ppr.* di *competere*) [a. 1348] **I** ***agg.*** **1.** che ha l'autorità per svolgere un incarico o una funzione determinata: *giudice competente*, cui spetta la cognizione della causa **2.** che ha la capacità per svolgere un compito determinato: *un meccanico competente* ‖ esperto in una particolare disciplina: *è competente in arte precolombiana* **3.** adeguato: *mancia competente*, proporzionale alla prestazione ‖ *ant.* appropriato **II** ***s.*** esperto: *rivolgersi a competenti in materia fiscale* ‖ **N. 2.** *Sin.* abile, adatto, capace; intenditore.

competènza [dal lat. tardo *competentia*; 1673] ***sf.*** **1.** qualità di chi è competente, esperto in un settore: *una competenza indiscussa nel settore tessile* **2.** *T.giur.* misura dell'autorità di ciascun ufficio giudiziario: *competenza per materia*, derivante dall'argomento del contenzioso; *competenza per territorio*, derivante dal luogo in cui è avvenuto il fatto oggetto di controversia **3.** pertinenza: *è sua competenza eseguire quelle analisi* **4.** part. *pl.* compenso: *le competenze dell'idraulico* **5.** *T.ling.* in grammatica generativa, l'insieme delle conoscenze linguistiche innate che ciascun individuo possiede e in base alle quali è in grado di comprendere la propria lingua, di produrre un numero indefinito di enunciati corretti e di riconoscere quelli che non appartengono al proprio sistema linguistico **6.** *ant.* competizione ‖ **N. 1.** *Sin.* abilità, capacità, cognizione, intelligenza | *Contr.* incompetenza **2.** autorità, giurisdizione **3.** spettanza **5.** esecuzione. **Q.T.** *diritto, linguistica.*

compètere (*dif.*; pres. *-èto*; manca del pps. e di tutti i tempi composti) [dal lat. *competere*; a. 1535] ***intr.*** **1.** gareggiare, confrontarsi con qualcuno: *competere con gli spagnoli per il primato* **2.** essere di competenza: *questo processo compete alla corte di Firenze* ‖ *per estens.* spettare: *ti competono dieci giorni di ferie*; riguardare: *sono questioni che non ti competono* **3.** *tosc.* discutere, litigare ‖ **N. 1.** *Sin.* concorrere, contendere, misurarsi.

competitività [da *competitivo*; 1963] ***sf.*** l'essere competitivo, spec. in senso economico e commerciale: *la competitività di un prodotto* o *di un'impresa*, la sua capacità di confrontarsi con la concorrenza.

competitivo [dall'ingl. *competitive*; 1963] ***agg.*** **1.** fondato sulla competizione; che ama la competizione: *spirito competitivo* **2.** *T.comm.* che è in grado di sostenere la concorrenza: *prezzi competitivi.*

competitóre [dal lat. *competītor, -ōris*; 1525] ***sm.*** (f. *-trìce*) chi gareggia con altri ‖ **N.** *Sin.* avversario, concorrente, emulo, rivale.

competizióne [dall'ingl. *competition*; 1828] ***sf.*** gara, contrasto tra persone o gruppi che cercano di superarsi per giungere alla conquista di un determinato obbiettivo: *competizione sportiva, elettorale*; *essere in competizione con qualcuno per qualcosa* ‖ *T.econ.* concorrenza ‖ *T.bot.* complesso di azioni reciproche tra piante di una stessa area; si manifesta in fenomeni di sottrazione di luce, acqua e sim. ‖ **N.** *Sin.* gara, scontro; concorrenza, rivalità.

compiacènte (*ppr.* di *compiacere*) [a. 1712] ***agg.*** che si mostra disposto a soddisfare le esigenze altrui ‖ *spreg.* che accorda con facilità favori illeciti o comunque interessati: *un funzionario compiacente*; *una donna compiacente*, di facili costumi ‖ **compiacenteménte** ***avv.*** ‖ **N.** *Sin.* condiscendente, cortese, gentile, servizievole.

compiacènza [da *compiacere*; a. 1306] ***sf.*** **1.** desiderio di soddisfare le richieste altrui ‖ *per estens.* cortesia ‖ *aver la compiacenza di...*, degnarsi di **2.** compiacimento ‖ **N. 1.** *Sin.* bontà, cortesia, gentilezza; condiscendenza, degnazione **2.** *Sin.* piacere, soddisfazione.

compiacére (pres. *-àccio* ecc., come PIACERE) [lat. *complacēre*; 1312] ***intr.*** (aus. *avere*) far cosa gradita a qualcuno: *lo ha fatto per compiacere ai genitori* ‖ ***intr. pron.*** **1.** provare soddisfazione: *si compiace di apparire cinico* **2.** manifestare soddisfazione, congratularsi: *mi compiaccio per la tua riuscita* **3.** degnarsi: *si è compiaciuto di intervenire all'inaugurazione* ‖ ***tr.*** **1.** far piacere, soddisfare: *compiacere i propri desideri* **2.** *ant.* concedere, donare ‖ **N.** ***intr.*** *Sin.* assecondare | ***intr. pron.*** **1.** *Sin.* divertirsi **2.** *Sin.* complimentarsi, rallegrarsi.

compiaciménto [da *compiacere*; sec. XIV] ***sm.*** **1.** sentimento di soddisfazione per la propria o l'altrui condizione ‖ rallegramento: *espresse il proprio compiacimento per i risultati raggiunti* **2.** *ant.* consenso.

compiàngere (pres. *-àngo* ecc., come PIANGERE) [lat. volg. **complangere*; a. 1250] ***tr.*** mostrare compassione per i mali altrui; talvolta in senso spreg., mostrare un misto di compassione e disprezzo: *compiango la loro meschinità* ‖ ***rifl.*** compiangere se stesso ‖ ***intr. pron.*** *lett.* rammaricarsi: *se ne compianse e se ne sdegnò* (Carducci).

compiànto (*pps.* di *compiangere*) [a. 1292] **I** ***agg.*** nei sensi del verbo; *in part.* detto di persona defunta della cui morte ci si rammarica: *il compianto cavaliere* **II** ***sm.*** **1.** lutto, cordoglio: *morì tra l'universale compianto* ‖ *lett.* lamento di più persone insieme: *quivi le strida, il compianto, il lamento* (Dante) **2.** componimento poetico in onore di un defunto ‖ **N. I** *Sin.* buonanima, defunto **II** **1.** *Sin.* dispiacere, rimpianto.

compicciàre (pres. *-ìccio*) [etim. inc.; 1865] ***tr.*** *tosc.* concludere qualcosa, gen. in frasi negative: *oggi non riesco a compicciare nulla.*

compiegàre (pres. *-ègo, -èghi*) [da *piegare*; a. 1827] ***tr.*** *T.bur.* allegare a un documento ‖ rif. a parte di giornale o rivista, farne un fascicolo separato ma piegato insieme al giornale ‖ **N.** *Sin.* accludere.

cómpiere (pres. *cómpio, cómpi*; p.rem. *compìi*, non com. *copiéi*; pps. *compiùto*) [lat. *complēre*, riempire, colmare; 1272 *compire*] ***tr.*** **1.** portare a termine qualcosa: *compiere gli studi* ‖ *compiere gli anni*, giungere al giorno anniversario della propria nascita **2.** fare, eseguire: *compiere un'impresa, il proprio dovere* **3.** *ant.* riempire ‖ ***intr. pron.*** **1.** giungere al termine: *la sua vita si è compiuta* **2.** avverarsi: *si è compiuta la profezia* ‖ **N.** ***tr.*** **1.** *Sin.* finire, sbrigare, terminare; compire **2.** *Sin.* adempiere, espletare.

compièta [lat. mediev. (*hōra*) *complēta*, ora che conclude la giornata; a. 1306] ***sf.*** *T.eccl.* nella liturgia cattolica, l'ultima ora canonica dell'ufficio divino ‖ *dall'alba a compieta*, tutto il giorno ‖ *fig. non com.* il termine di qualcosa.

compilàre (pres. *-ìlo*) [dal lat. *compilāre*, saccheggiare, far bottino; 1308] ***tr.*** **1.** comporre uno scritto utilizzando e ordinando materiali provenienti da varie fonti: *compilare un'antologia, un vocabolario* ‖ riempire con dati un modulo prestampato: *compilare un questionario, la schedina* ‖ *lett. raro* scrivere, narrare **2.** *T.inform.* tradurre un programma per mezzo di un compilatore **3.** *ant.* riunire, avvolgere intorno ‖ **N. 1.** *Sin.* comporre, redigere, stendere.

compilation (ingl., pr. [kɒmpɪˈleɪʃən]; pr. it. [kompiˈlɛʃon]) [letter. raccolta, compilazione; 1983] ***sf. inv.*** disco o cassetta che raccoglie canzoni di autori ed esecutori diversi, gen. di grande successo.

compilatóre [dal lat. tardo *compilātor, -ōris*, prop. saccheggiatore, plagiario; a. 1388] ***sm.*** **1.** (f. *-trìce*) chi compila **2.** *T.inform.* programma che traduce in simboli del linguaggio macchina le istruzioni scritte in un linguaggio simbolico.

compilazióne [dal lat. *compilātio, -ōnis*; a. 1363] ***sf.*** **1.** atto ed effetto del compilare **2.** *concr.* l'opera compilata: *una compilazione ben riuscita* ‖ *dim.* compilazioncèlla ‖ **N. 1.** *Sin.* redazione, stesura **2.** *Sin.* pubblicazione.

compiménto [da *compire*; 1211] ***sm.*** **1.** il compiere: *deceduto nel compimento del proprio dovere* **2.** definitiva conclusione: *il compimento dei lavori è previsto per dicembre* ‖ *portare a compimento*, terminare.

compìre (pres. *-ìsco, -ìsci*) [dal lat. *complēre*, riempire, colmare; 1272] ***tr.*** compiere, portare a termine ‖ ***intr. pron.*** compiersi, avverarsi.

compitàre (pres. *cómpito*) [lat. *computāre*, contare; 1300 ca.] ***tr.*** leggere con lentezza separando i singoli suoni o le sillabe ‖ *per estens.* leggere a stento ‖ **N.** *Sin.* scandire.

compitazióne [da *compitare*; a. 1729] ***sf.*** il compitare ‖ **N.** *Sin. spelling.*

compitézza [da *compìto*; a. 1642] ***sf.*** **1.** l'essere compito, gentilezza **2.** *ant.* compiutezza ‖ **N. 1.** *Sin.* creanza, urbanità.

compìto (*pps.* di *compire*) [a. 1276] ***agg.*** **1.** portato a termine; trascorso interamente **2.** cortese, di maniere educate **3.** *lett.* intero, adeguato ‖ **compitaménte** ***avv.*** con gentilezza, con buone maniere ‖ **N. 2.** *Sin.* ben educato, costumato, gentile, urbano.

cómpito [da *compitare*; 1566] ***sm.*** **1.** lavoro, incombenza da svolgere: *ha svolto il suo compito con precisione* **2.** *in part.* lavoro assegnato agli studenti da svolgere a casa: *per compito ci ha dato una traduzione dal latino*; *compito* *in classe,* prova scritta che si svolge in classe; *compiti delle vacanze,* da svolgere durante le vacanze estive || dovere: *è compito dei genitori allevare i figli* || mansione particolare: *questo è compito tuo;* funzione caratteristica: *è compito della filosofia ricercare il vero* **3.** *ant.* computo.

compiutézza [da *compiuto*; a. 1915] **sf.** l'essere compiuto, completo, perfetto: *compiutezza di forme,* perfezione.

compiùto (*pps.* di *compiere*) [a. 1250] **agg.** nei sensi del verbo || *fatto compiuto,* che è avvenuto e non si può modificare || esauriente, completo: *una compiuta relazione sui fatti* || *fig. non com.* perfetto: *un'educazione compiuta.*

complanàre [comp. parasint. del lat. *plānus,* piano; 1950] **agg. 1.** *T.geom.* di figure che giacciono sullo stesso piano **2.** di strada che scorre parallela a un'altra con funzioni di svincolo.

complanarità [da *complanare*; 1956] **sf.** *T.geom.* l'essere complanare.

compleànno [dallo sp. *compleaños*; 1865] **sm.** giorno anniversario della nascita || **N.** *Sin.* genetliaco.

complementàre [dal fr. *complémentaire*; 1802] **agg.** che serve di complemento, che ha funzioni ausiliarie; secondario: *gli aspetti complementari della vicenda* || *T.fis. colori complementari,* quelli che sovrapposti producono il bianco || *T.geom. angoli complementari,* la cui somma è pari a 90 gradi || *T.mat.* dato un insieme e un suo sottoinsieme, l'insieme degli elementi dell'insieme di partenza che non appartengono al sottoinsieme || *T.econ. beni complementari,* che vanno usati congiuntamente || *T.filat.* di francobollo emesso per completare il valore mancante di una serie.

complementarità [dal fr. *complémentarité*; 1950] **sf.** l'essere complementare.

complemènto [dal lat. *complementum*; a. 1739] **sm. 1.** elemento che si aggiunge ad altri per completare un tutto organico: *la ricchezza è un complemento necessario alla felicità* **2.** *T.gram.* elemento frasale che serve a completare quanto è espresso dal soggetto e dal predicato: *complemento diretto* o *oggetto,* nei verbi transitivi, quello che dipende direttamente, cioè senza prep., dal verbo ed è indispensabile perché la frase abbia senso compiuto; *complementi indiretti,* tutti gli altri **3.** tutti i militari che non sono in servizio permanente effettivo; all'atto della mobilitazione generale, l'insieme dei militari che servono a completare le unità dell'esercito e successivamente a rimpiazzarne le perdite **4.** *T.mat. complemento di un angolo,* valore che sommato a un angolo dato dà come somma 90 gradi || *complemento booleano,* in teoria degli insiemi, il sottoinsieme-A di B la cui unione con A dà B e la cui intersezione con A è vuota **5.** *T.biol.* insieme di fattori proteici presenti nel plasma che assicurano reazioni di difesa dell'organismo nei processi morbosi || **N. 1.** *Sin.* aggiunta, completamento, supplemento. **Q.T.** *linguistica.*

complessàto [da *complesso*²; 1963] **agg.** e **sm.** (f. *-a*) che, chi soffre di complessi psichici || *per estens.* persona inquieta e tormentata.

complessazióne [da *complesso*²; 1983] **sf.** *T.chim.* reazione chimica che porta alla formazione di un complesso.

complessionàle [da *complessione*; prima metà sec. XIV] **agg.** *lett.* relativo alla complessione.

complessionàto [da *complessione*; a. 1292] **agg.** *non com.* che ha una data complessione fisica.

complessióne [dal lat. *complexio, -ōnis*; a. 1300] **sf. 1.** la costituzione fisica di un individuo **2.** *T.ret.* figura consistente nell'ordinare i diversi membri della frase in modo che inizino e terminino con le stesse parole || *dim.* complessioncina || **N. 1.** *Sin.* aspetto, corporatura, fisico.

complessità [da *complesso*¹, prob. sul modello del fr. *complexité*; 1865] **sf.** l'essere complesso.

complessìvo [dal lat. tardo *complexīvus*; 1673] **agg.** che riguarda qualcosa nel suo insieme: *un giudizio complessivo* || *per estens.* totale: *l'ammontare complessivo del debito pubblico è in aumento* || **complessivaménte avv.** || **N.** *Sin.* generale, globale | *Contr.* parziale, suddiviso.

complèsso¹ [dal lat. *complexus*; a. 1400] **agg. 1.** che risulta dall'unione di più cose o di più parti tra loro collegate: *un complesso marchingegno* || in logica, *espressione complessa,* non elementare, costruita a partire da espressioni elementari con gli operatori del linguaggio || *T.gram. proposizioni complesse,* in cui vi sono anche i complementi indiretti **2.** che presenta molteplici aspetti: *una questione complessa* || *per estens.* complicato: *un problema complesso* **3.** *T.chim.* di composto in cui è presente un atomo di un elemento di transizione **4.** *T.mat. numero complesso,* combinazione lineare di un numero reale e della radice quadrata di –1 || *piano complesso,* piano cartesiano utilizzato per la rappresentazione di numeri complessi, nel quale sull'asse delle ascisse si collocano i numeri reali e su quello delle ordinate i numeri immaginari **5.** *ant.* di persona, che ha una costituzione robusta || **N. 1.** *Sin.* composito, eterogeneo | *Contr.* elementare, semplice **2.** astruso, complicato | *Contr.* chiaro, lineare. **Q.T.** *matematica...*

complèsso² [dal lat. *complexum*; a. 1535] **sm. 1.** l'insieme di più cose unite a formare un tutto: *il complesso delle leggi* || *in* (o *nel*) *complesso,* nell'insieme, in generale **2.** *per estens.* insieme di edifici, impianti e servizi organicamente collegati: *complesso industriale, residenziale* **3.** gruppo di musicisti e cantanti: *un complesso rock* **4.** *T.econ.* coalizione di imprese che producono prodotti tra loro affini **5.** *T.chim.* composto che mantiene la propria identità anche in soluzione **6.** *T.mat. complesso topologico,* risultato della suddivisione di un continuo topologico **7.** *T.psic. complesso mnemonico,* insieme di ricordi che si presentano contemporaneamente alla memoria **8.** *T.psican.* insieme di idee, desideri, pulsioni, gen. elaborate a livello inconscio, che derivano da traumi emotivi prodottisi nell'infanzia e danno origine a comportamenti morbosi; *complesso di castrazione,* v. CASTRAZIONE; *complesso di Edipo* o *edipico,* v. EDIPICO || *gen.* idea fissa, ossessione: *ha il complesso della statura* || *avere dei complessi,* essere timido || *senza complessi,* disinvolto **9.** *ant.* amplesso || **N. 1.** *Sin.* generalità, globalità, insieme, totalità, unione **3.** *Sin. band,* compagnia, corpo, gruppo **4.** organismo, organizzazione **8.** fissazione, inibizione, mania, ossessione. **Q.T.** *chimica, psicanalisi.*

completaménto [dal fr. *complètement*; 1812] **sm.** atto ed effetto del completare || ciò che manca perché una cosa sia completa || **N.** *Sin.* conclusione; integrazione.

completàre (pres. *-èto*) [dal fr. *compléter*; 1798] **tr.** portare a termine, aggiungere ciò che manca perché una cosa sia completa: *completare un'opera, una raccolta* || *iron. completare l'opera,* dare il tocco finale, finire di rovinare qualcosa || **N.** *Sin.* compiere, finire, terminare.

completézza [da *completo*; 1912] **sf.** l'essere completo || *T.mat.* proprietà di un ente di non essere contenuto in un altro ente più ampio dello stesso tipo || *T.mat.* in logica, *completezza sintattica,* la proprietà di un sistema formale in cui, per ogni formula, o è dimostrabile la formula stessa o lo è la sua negazione; *completezza semantica,* proprietà di un sistema in cui ogni formula valida è dimostrabile.

completìvo [dal lat. tardo *completīvus*; 1300 ca.] **agg.** *raro* che serve a rendere completo || *T.gram. proposizione completiva,* proposizione subordinata che svolge funzioni di soggetto, di complemento diretto o di apposizione della principale.

complèto [dal lat. *complētus,* pps. di *complēre,* compiere; a. 1524 nel senso 1 del sost.; 1957 nel senso 1 dell'agg.] **I agg. 1.** compiuto in ogni sua parte; intero: *un elenco completo* || *opera completa,* pubblicazione di tutti gli scritti di un autore **2.** di mezzo di trasporto o di locale in cui tutti i posti sono già occupati: *il teatro è completo* **3.** assoluto, totale: *ha la mia più completa fiducia* **4.** di persona che possiede tutti i requisiti necessari per svolgere al meglio un'attività: *un atleta completo* **5.** *T.mat.* detto di un ente non contenuto in un altro più ampio della stessa specie || in logica, *sistema completo,* che ha la proprietà della completezza || **completaménte avv.** del tutto **II sm. 1.** abito maschile composto da giacca, pantaloni ed eventualmente gilet dello stesso tessuto || *per estens.* insieme di capi d'abbigliamento coordinati tra loro || indumenti necessari per svolgere un'attività sportiva: *un completo da equitazione, da sci* **2.** *per estens.* insieme di accessori coordinati di vario genere: *un completo da scrittura, da bagno* **3.** condizione di locale o veicolo che è occupato in ogni posto: *con quel soprano fanno sempre il completo* || *essere al completo,* essere pieno: *l'autobus era al completo*; *al gran completo,* uso enfatico per indicare la presenza di tutti i partecipanti: *l'assemblea al gran completo votò il provvedimento* **4.** concorso ippico comprendente tutte le specialità || **N. I 1.** compiuto, finito, integrale, integro, intero | *Contr.* frammentario, incompiuto, incompleto, parziale **2.** *Sin.* pieno | *Contr.* vuoto **3.** *Sin.* illimitato, incondizionato, infinito **II 1.** *Sin.* coordinato **2.** *Sin.* set **3.** *Sin.* pieno, pienone.

complèttere (pres. *-ètto*) [dal lat. tardo *complectere*; a. 1527] **tr.** *ant.* includere.

complicànza [da *complicare*; a. 1850] **sf.** *T.med.* evento morboso accessorio che complica il normale decorso di una malattia || *non com.* il complicare, l'essere complicato.

complicàre (pres. *còmplico* o *cómplico, còmplichi* o *cómplichi*) [dal lat. tardo *complicāre,* piegare; a. 1595] **tr.** rendere difficile, intricare: *la sua proposta complica l'affare* || **intr. pron.** diventare difficoltoso, problematico: *la faccenda si complica* || **N. tr.** *Sin.* imbrogliare, intralciare | **intr. pron.** *Sin.* aggravarsi, intricarsi.

complicatézza [da *complicare*; 1865] **sf.** *raro* l'essere complicato.

complicàto (*pps.* di *complicare*) [a. 1519] **agg.** nei sensi del verbo || *in part.* difficile da comprendere, involuto: *un ragionamento, un carattere complicato* || **N.** *Sin.* complesso, intricato; macchinoso, tortuoso | *Contr.* semplice.

complicazióne [dal lat. *complicātio, -ōnis*; 1614] **sf. 1.** circostanza imprevista che rende difficoltosa la realizzazione di un progetto o di un programma || *salvo complicazioni,* escludendo gli imprevisti || *T.med.* il sopraggiungere di una manifestazione morbosa accessoria nel decorso di una malattia: *complicazioni renali* **2.** l'essere complicato; *in part.* tormento interiore **3.** *lett.* groviglio || **N. 1.** *Sin.* difficoltà, impaccio, impedimento, ingombro; aggravamento, complicanza.

còmplice [dal lat. tardo *complex, -icis*; sec. XIV] **I s.** chi collabora nel compimento di un'azione delittuosa o moralmente riprovevole: *hanno arrestato anche i complici* || *per estens.* chi prende parte con altri nella realizzazione di uno scherzo **II agg.** che favorisce: *la notte complice di intrighi* || *per estens.* ammiccante: *uno sguardo complice* || **N. I** *Sin.* compare, connivente, correo, socio; favoreggiatore, ricettatore, uomo di paglia.

complicità [da *complice*, prob. sul modello del fr. *complicité*; 1701] **sf.** **1.** l'essere complice **2.** *fig.* aiuto, favore: *si dileguò con la complicità delle tenebre* || **N. 1.** *Sin.* connivenza, correità, favoreggiamento.

complimentàre (pres. *-énto*) [dallo sp. *cumplimentar*; a. 1571] **tr.** fare complimenti, lodare: *lo complimentai per il brillante risultato* || **intr. pron.** congratularsi, felicitarsi: *si complimentò per l'ottima scelta.*

complimentàrio (pl. *-ri*) [da *complimentare*; 1865] **sm.** (f. *-a*) *ant.* chi aveva il compito di ricevere gli invitati in una festa || **N.** *Sin.* cerimoniere.

compliménto [dallo sp. *cumplimiento*; 1547] **sm.** **1.** dimostrazione o espressione di riverenza, di ossequio, di simpatia, di felicitazioni e sim.: *fare, ricevere un complimento* || *per complimento*, per cortesia || *visita di complimento*, di cortesia || *antifr.* parola scortese || come esclamazione e formula di omaggio, di stima o *iron.*: *complimenti! È davvero un bel lavoro* **2.** *pl.* atti, espressioni di cerimoniosità, di cortesia, nella formula: *presenti i miei complimenti*, i miei omaggi || *fare complimenti*, comportarsi in modo eccessivamente riguardoso; ostentare ritegno e timidezza: *prima fa complimenti, poi si riempie il piatto due volte* || *senza complimenti*, in modo franco || *senza tanti complimenti*, in modo sbrigativo **3.** saluto in versi che l'attore protagonista indirizza al pubblico al termine della prima || **N. 1.** *Sin.* felicitazione, lode, omaggio **2.** cerimonia, convenevoli, salamelecchi, smorfie.

complimentóso [da *complimento*; 1680] **agg.** **1.** che fa molti complimenti: *un uomo complimentoso* **2.** detto, fatto per complimento: *discorso complimentoso* || **N. 1.** *Sin.* cerimonioso, ossequioso.

complottàre (pres. *-òtto*) [dal fr. *comploter*; 1812] **intr.** (aus. *avere*) tramare, ordire intrighi contro qualcuno || **tr.** *scherz.* parlottare a bassa voce || **N. 1.** *Sin.* congiurare, cospirare.

complòtto [dal fr. *complot*; 1797] **sm.** intrigo, congiura organizzata ai danni di qualcuno, part. ai danni dell'autorità costituita || **N.** *Sin.* cospirazione, macchinazione, trama.

complùvio (pl. *-vi*) [dal lat. *compluvium*; a. 1798] **sm.** **1.** *T.arch.* linea d'intersezione di due falde di tetto verso cui converge l'acqua piovana **2.** *T.archeol.* nelle case romane, apertura praticata nel tetto dell'atrio per dar luce e per consentire di raccogliere l'acqua piovana nell'impluvio **3.** *T.top.* *linea di compluvio*, linea che unisce i punti di maggiore depressione di una valle.

componèndo (*ger.* di *comporre*) [1865] **sm.** *T.mat.* proprietà delle proporzioni aritmetiche, per cui la somma dei due primi termini sta al primo (o al secondo) come la somma degli ultimi due sta al terzo (o, rispettivamente, al quarto).

componènte (*ppr.* di *comporre*) [1308] **s.** ciascuna delle persone che fanno parte di un gruppo definito: *i componenti della giuria* || **sm.** o *raro* **sf.** elemento che fa parte di un insieme: *una componente trascurabile ai fini statistici*; *in part.* sostanza che fa parte di una lega o di un miscuglio: *il nichel è il componente principale della lega* || *T.min.* ciascuno dei minerali di cui è formata una roccia || *T.ling.* elemento di una parola composta; *componente semantico*, unità minima di significato || *T.econ.* *componente di reddito*, ciascuno degli elementi del reddito di un'azienda || *T.mat.* sottoinsieme || *T.fis.* grandezza che unita ad altre produce un determinato effetto || *componente elettronico*, ciascuno degli elementi che costituiscono un circuito elettronico || *componenti per auto*, le parti di un auto (pneumatici, fari e sim.) che non vengono fabbricate direttamente dal costruttore || **sf.** o *raro* **sm.** *fig.* fattore che concorre alla formazione di un pensiero, del carattere di una persona, di una teoria filosofica e sim.: *la componente neokantiana della filosofia moderna.* **Q.T.** *elettricità.*

componentìstica [da *componente*; 1971] **sf.** insieme delle attività e delle lavorazioni industriali per la produzione di parti del prodotto principale.

componentìstico (pl. *-ci*) [da *componente*; 1983] **agg.** relativo alla componentistica.

componenziàle [dall'ingl. *componential*; 1970] **agg.** relativo a un componente o ai componenti di una struttura o di un sistema || *in part.* *T.ling.* *analisi componenziale*, analisi in componenti semantici del significato di una parola o di un sintagma.

componìbile [dal lat. *compōnere*; a. 1600] **agg.** che si può comporre || *mobile componibile* (o *sm. componibile*), mobile che può essere montato con altri simili per adattarsi alle esigenze dell'ambiente da arredare.

componiménto [dal lat. *compōnere*; a. 1294] **sm.** **1.** opera letteraria o musicale: *un componimento lirico, sinfonico* **2.** esercitazione scritta assegnata agli studenti per esercizio scolastico: *un componimento di italiano* **3.** il giungere a un accordo: *il componimento di una vertenza* **4.** *lett.* il modo in cui una cosa è composta, sistemata, organizzata || *ant.* il mettere insieme vari elementi, e il risultato che si ottiene || **N. 1.** *Sin.* composizione **2.** *Sin.* tema **3.** *Sin.* conciliazione. **Q.T.** *letteratura...*

componitóre [dal lat. *compōnere*; 1322] **sm.** (f. *-trìce*) *lett.* chi compone; *in part.* chi compone liti.

compórre (pres. *-óngo* ecc., come PORRE) [lat. *compōnere*; a. 1294] **tr.** **1.** mettere insieme varie cose in modo ordinato e organico: *comporre una ghirlanda* || costituire: *il consiglio era composto da sei persone* **2.** produrre un'opera letteraria o musicale: *comporre un'ode, una sinfonia* || *per estens.* *ass.* scrivere su un argomento: *quello scolaro è bravo a comporre* **3.** mettere in ordine, disporre in modo esteticamente gradevole: *comporre la pettinatura* || atteggiare: *comporre il viso a cordoglio* **4.** rappacificare, mettere d'accordo: *comporre una disputa* || *T.giur.* conciliare **5.** *T.tip.* accostare i caratteri tipografici a formare parole e righe || **rifl.** *non com.* assumere un atteggiamento composto || **intr. pron.** essere costituito: *il romanzo si compone di tre volumi.*

comportàbile [da *comportare*; a. 1563] **agg.** *raro* **1.** *lett.* che si può sopportare **2.** *ant.* adatto, confacente || **comportabilménte** **avv.** || **N. 1.** *Sin.* tollerabile.

comportamentàle [da *comportamento*; 1973] **agg.** relativo al comportamento || *psicologia comportamentale*, comportamentismo.

comportamentìsmo [da *comportamento*; 1950] **sm.** **1.** *T.psic.* corrente teorica che nell'analisi del pensiero limita il proprio campo di indagine ai dati osservabili, escludendo ogni riferimento a stati mentali, pulsioni e sim. || *per estens.* nell'ambito delle scienze umane, impostazione metodologica che tiene in considerazione solo i dati suscettibili di controllo intersoggettivo **2.** corrente artistica nata nella seconda metà degli anni sessanta, caratterizzata essenzialmente dall'intervento diretto dell'artista nell'ambiente || **N. 1.** *Sin.* behaviorismo **2.** *land art.*

comportamentìstico (pl. *-ci*) [da *comportamentismo*; 1967] **agg.** proprio della teoria del comportamentismo; relativo al comportamentismo || **N.** *Sin.* behavioristico.

comportaménto [da *comportare*; 1812] **sm.** **1.** il modo in cui una persona agisce nei confronti delle altre persone e dell'ambiente: *un comportamento aggressivo, corretto, strano* || *per estens.* il modo in cui si agisce rispetto a questioni specifiche: *di fronte alla sua reazione non so che comportamento tenere* || *T.psic.* *teoria del comportamento*, comportamentismo **2.** l'insieme degli atteggiamenti osservabili in un essere animale o vegetale || *per estens.* il modo in cui macchine, materiali o meccanismi reagiscono a determinate condizioni: *sopra i 10.000 giri il motore ha un comportamento anomalo* || **N. 1.** *Sin.* atteggiamento, condotta; contegno **2.** *Sin.* reazione. **Q.T.** *antropologia, sociologia.*

comportàre (pres. *-òrto*) [dal lat. *comportāre*; a. 1250] **intr. pron.** **1.** agire in un certo modo: *comportarsi correttamente, da eroe* **2.** *ant.* frenarsi, trattenersi || **tr.** **1.** avere come conseguenza, implicare: *questa azione comporta dei rischi* **2.** *lett.* permettere: *le mie forze non comportano questa fatica* **3.** *lett.* tollerare: *non posso comportare queste ingiurie* || **N. tr. 1.** *Sin.* esigere, richiedere **2.** *Sin.* consentire **3.** *Sin.* sopportare.

compòrto [da *comportare*; 1729] **sm.** **1.** il tempo di tolleranza concesso da un creditore per l'adempimento di un debito || *per estens.* lasso di tempo consentito prima dell'inizio o del compimento di qualcosa: *l'inizio delle lezioni prevede un comporto di 15 minuti* || *T.ferr.* tempo massimo di sosta di un treno per attendere la coincidenza con un altro **2.** periodo successivo alla cessazione di un rapporto di lavoro in cui il lavoratore conserva i propri diritti di assicurazione contro le malattie professionali.

Compòsite [dal lat. *compositus*, composto; 1865 *composte*] **sf. pl.** *T.bot.* famiglia di piante dicotiledoni erbacee con infiorescenze a capolino e frutto ad achenio, comprendente oltre 2.000 specie. **Q.T.** *botanica.*

compositio (lat., pr. it. [kompo'zittsjo]) [letter. composizione] **sf. inv.** *T.ret.* nella tecnica oratoria classica, la seconda fase dell'*elocutio*, in cui le parole e le figure prescelte vengono composte in frasi e periodi secondo determinate proporzioni. **Q.T.** *retorica...*

compositìvo [dal lat. tardo *compositīvus*, che serve a unire; a. 1565] **agg.** **1.** che entra a far parte di una composizione: *elemento compositivo* **2.** relativo alla composizione: *talento compositivo.*

compòsito [dal lat. *compositus*; sec. XIV] **agg.** composto di elementi eterogenei || *T.filol.* *codice composito*, formato dall'unione di due o più codici || *T.arch.* *ordine composito*, ordine architettonico caratterizzato dalla presenza di elementi ionici e corinzi, usato spesso nel Rinascimento e nel periodo barocco || *materiali compositi*, ottenuti dall'unione di materiali diversi: *il cemento armato è un materiale composito.*

compositóio (pl. *-ói*) [da *composito*; 1681] **sm.** *T.tip.* nella composizione a mano, attrezzo costituito da due lamiere metalliche e da un cursore su cui vengono disposti i singoli caratteri || dispositivo analogo utilizzato dalle macchine compositrici.

compositóre [dal lat. *compositor*, *-ōris*; a. 1292] **sm.** (f. *-trìce*) **1.** chi compone; *in part.* chi compone musica **2.** *T.tip.* operaio addetto alla composizione. **Q.T.** *tipografia.*

compositrìce [da *comporre*; 1964] **sf.** e **agg.** *T.tip.* detto di macchina che compone i testi per le forme di stampa.

composizionàle [dall'ingl. *compositional*; 1973] **agg.** **1.** *T.ling.* di vocale eufonica, inserita tra i due elementi di un composto **2.** *T.fil.* di sintagma, il cui significato è funzione dei significati dei suoi costituenti.

composizióne [dal lat. *compositio*, *-ōnis*; 1282] **sf.** **1.** atto ed effetto del comporre || *T.mus.* l'arte di comporre musica || *T.art.* il modo in cui vengono disposti e raffigurati i vari elementi di un quadro o di una statua || *T.arch.* il modo in cui vengono disposte le varie parti di un edificio o di un complesso edilizio **2.** *per estens.* la cosa composta: *una composizione musicale, poetica*; *in part.* testo scritto di carattere letterario; componimento assegnato per esercizio scolastico **3.** l'insieme degli elementi di cui è composta una struttura, un organo: *è necessario mutare la composizione del consiglio direttivo* || *T.chim.* natura e qualità degli elementi che fanno parte di un composto chimico **4.** *T.tip.* l'insieme delle operazioni necessarie per la preparazione di una matrice di stampa: *composizione a mano*, in cui le lettere vengono accostate ad una ad una sul compositoio; *composizione a macchina*, in cui il compositore si limita a eseguire operazioni di inquadratura e rifinitura di ciò che la macchina ha prodotto; *composizione a caldo*, con impiego di piombo fuso; *composizione a freddo*, che fa uso di sistemi fotografici || *per estens.* la pagina composta e pronta per la stampa **5.** *T.ling.* unione di due temi o parole che dà origine a una nuova parola **6.** *T.fis.* *composizione di vettori*, il calcolo della risultante || *composizione delle forze*, la risultante dell'applicazione di un sistema di forze su un corpo || *composizione di movimenti*, il moto risultante dagli effetti di più movimenti di uno stesso corpo **7.** *T.mat.* operazione che a una sequenza ordinata di numeri di un dato insieme associa un elemento dell'insieme stesso **8.** accordo amichevole tra due parti in contrasto: *composizione di un diverbio, di una vertenza* || **N.** **1.** *Sin.* compilazione, elaborazione, redazione; brano, creazione, opera, pezzo **8.** accomodamento, accordo, conciliazione, pacificazione, transazione | *Contr.* lite. **Q.T.** *chimica, linguistica.*

compossèsso [da *possesso*; 1892] **sm.** *T.giur.* possesso comune a più persone di cose o enti.

compossessóre [dal lat. *compossessor, -ōris*; 1865] **sm.** (f. *composseditrìce*) chi possiede qualcosa in comune con altri.

compósta [f. sost. di *composto*; sec. XIV] **sf.** **1.** frutta tagliata a pezzi e cotta con zucchero e acqua o vino **2.** concime a base di fertilizzante e terra || **N.** **1.** confettura, conserva di frutta.

compostézza [da *composto*; a. 1685] **sf.** **1.** l'essere e lo stare composto nella persona e nell'abbigliamento: *stare a tavola con compostezza* **2.** *fig.* moderazione, temperanza: *la compostezza del carattere* || stile ordinato, misura, sobrietà: *composizione di classica compostezza* || **N.** **1.** *Sin.* correttezza, grazia, ordine; costumatezza, decoro, gravità.

compostièra [da *composta*; 1846] **sf.** coppa per servire in tavola le composte di frutta.

compósto (*pps.* di *comporre*) [a. 1294] **I** **agg.** **1.** che risulta dall'unione di più parti || *T.bot.* *fiore composto*, infiorescenza delle Composite; *foglia composta*, formata da più foglioline che condividono lo stesso picciolo || *T.giur.* *cosa composta*, costituita dall'incorporazione di una cosa in un'altra e da cui risulta una nuova entità || *T.ling.* di unità lessicale risultante dall'unione di due o più elementi semanticamente autonomi: *"portasci" è una parola composta* || *T.mat.* detto di un insieme in relazione alle sue parti || *numero composto*, non primo **2.** che ha un atteggiamento contegnoso, corretto || disposto con ordine: *una pettinatura composta* || atteggiato: *il volto composto a cordoglio* **II** **sm.** ciò che risulta dall'unione di più elementi || *T.chim.* *composto chimico*, unione di più elementi avente proprietà diverse da quelle dei singoli componenti || *T.ling.* parola composta || **N.** **I** **1.** *Sin.* complesso, composito | *Contr.* semplice **2.** *Sin.* contegnoso, corretto, ordinato | *Contr.* scomposto **II** *Sin.* amalgama, fusione, lega, mescolanza, miscuglio. **Q.T.** *chimica, linguistica.*

cómpra o **cómpera** [da *comp(e)rare*; a. 1348] **sf.** **1.** il comprare **2.** la cosa comprata || **N.** **1.** *Contr.* vendita **2.** *Sin.* acquisto, spesa.

compràbile o **comperàbile** [da *comprare*; 1728] **agg.** che può essere comprato.

compràre (pres. *cómpro*) o **comperàre** (pres. *cómpero*) [lat. *comparāre*, procurare; inizio sec. XIII] **tr.** **1.** acquistare pagando il prezzo dovuto: *comprare un mobile, un cane*; *comprare qualcosa di seconda mano*, usata; *comprare bene*, pagando un prezzo onesto; *comprare caro, male*, pagando un prezzo eccessivo || *T.sport.* *comprare un giocatore*, ingaggiarlo || *fig.* *comprare e non vendere*, stare a sentire ciò che dicono gli altri senza esprimere la propria opinione || *fig.* *comprare guai*, cercarseli **2.** acquistare col denaro qualcosa che non sarebbe possibile acquistare: *comprare un titolo, una laurea* || corrompere: *comprare una giuria* || **N.** **1.** a credito, all'ingrosso, al minuto, a peso d'oro, a rate, in contanti | mercanteggiare, stiracchiare sul prezzo | *Contr.* vendere. **Q.T.** *commercio...*

compratóre [lat. tardo *comparātor, -ōris*; inizio sec. XIII *comparatore*] **sm.** (f. *-trìce*) chi compra || **N.** *Sin.* acquirente, cliente.

compravéndere (pres. *compravéndo*) [comp. di *compra(re)* e *vendere*; 1942] **tr.** eseguire operazioni di compravendita: *compravendere un terreno.*

compravéndita [comp. di *compra* e *vendita*; 1857] **sf.** *T.giur.* contratto con cui si cede qualcosa a qualcuno in cambio di denaro. **Q.T.** *diritto.*

comprèndere (pres. *-èndo* ecc., come PRENDERE) [dal lat. *comprehendere*; a. 1294] **tr.** **1.** abbracciare, contenere, includere: *il suo podere comprende dieci ettari di terreno, il prezzo del biglietto comprende il supplemento rapido* **2.** afferrare con la mente: *comprendere i teoremi della logica modale*; trovare spiegazioni: *non riesco a comprendere le sue ragioni* **3.** avere un atteggiamento di benevolenza, giustificare: *bisogna comprendere il suo atteggiamento* **4.** *lett.* part. riferito a sentimenti, sopraffare, invadere: *fui compreso di meraviglia* || **rec.** usare reciproca comprensione: *dopo tanti anni non riescono ancora a comprendersi* || **N.** **1.** *Sin.* incorporare, integrare, racchiudere, raggruppare, unire | *Contr.* escludere **2.** *Sin.* capire, conoscere, intendere **3.** *Sin.* capire, compatire, scusare.

comprendìbile [da *comprendere*; a. 1729] **agg.** *non com.* che si può comprendere, comprensibile.

comprendiménto [da *comprendere*; 1300 ca.] **sm.** *lett.* il comprendere; *in part.* la facoltà del comprendere.

comprendònio (pl. *-ni*) [da *comprendere*; 1536 *comprendomine*] **sm.** *fam.* o *scherz.* facoltà di comprendere: *essere duro di comprendonio*, capire poco.

comprensìbile [dal lat. *comprehensibilis*; 1585] **agg.** **1.** che si può capire, accessibile: *un discorso comprensibile* **2.** che merita comprensione, tollerabile: *una comprensibile distrazione* || **comprensibilménte** **avv.**

comprensibilità [da *comprensibile*; 1745] **sf.** l'essere comprensibile; intelligibilità || **N.** *Contr.* incomprensibilità.

comprensióne [dal lat. *comprehensio, -ōnis*; a. 1420] **sf.** **1.** facoltà di comprendere, di penetrare con la mente qualcosa || atto ed effetto del comprendere: *comprensione di un concetto* **2.** capacità di mostrare indulgenza e benevolenza nei confronti degli altri: *non ha la minima comprensione* **3.** *T.fil.* l'insieme delle determinazioni di un concetto, intensione || **N.** **1.** *Sin.* intelligenza, intendere **2.** *Sin.* indulgenza, tolleranza, umanità | *Contr.* durezza **3.** *Contr.* estensione.

comprensìva [f. sost. di *comprensivo*; a. 1712] **sf.** *raro* la facoltà di comprendere.

comprensività [da *comprensivo*; a. 1907] **sf.** *non com.* capacità di comprendere, includere molte cose.

comprensìvo [dal lat. tardo *comprehensīvus*; a. 1565] **agg.** **1.** che include: *il prezzo dell'albergo è comprensivo della prima colazione* **2.** che è in grado di intendere: *un'intelligenza comprensiva* **3.** che è capace di benevolenza: *una persona comprensiva.*

comprensoriàle [da *comprensorio*; 1970] **agg.** relativo al comprensorio: *attività comprensoriali.*

comprensòrio (pl. *-ri*) [dal lat. *comprehensus*; 1806] **sm.** estensione di terreno contenente più fondi; *in part.* terreno soggetto a lavori di bonifica o trasformazione fondiaria || *per estens.* regione, zona: *il comprensorio delle Alpi Marittime.*

compreṣènte [da *presente*; 1932] **agg.** che è presente insieme ad altri.

compreṣènza [da *presenza*; 1957] **sf.** l'essere presente insieme ad altri.

compréso (*pps.* di *comprendere*) [a. 1292] **agg.** nei sensi del verbo || *tutto compreso*, nell'insieme, considerando tutto || compenetrato: *viveva compreso della propria missione, della propria autorità* || assorto: *era compreso nella lettura* || serio, compunto: *parlava con aria compresa* || fatto oggetto di comprensione: *non era compreso nemmeno dagli amici più cari* || *lett.* pervaso, colpito: *cuore compreso di gelo* (D'Annunzio).

comprèssa [dal fr. *compresse*; 1828] **sf.** **1.** pezza di garza, talvolta intrisa di sostanze medicinali, che si pone su parti del corpo malate o ferite **2.** pastiglia curativa ottenuta pressando polveri medicamentose. **Q.T.** *farmacia.*

compressìbile [da *compresso*; a. 1647] **agg.** *non com.* che si può comprimere.

compressibilità [da *compressibile*, prob. sul modello del fr. *compressibilité*; 1795] **sf.** proprietà delle sostanze di variare il proprio volume al variare della pressione: *compressibilità di un gas.*

compressióne [dal lat. *compressio, -ōnis*; 1427] **sf.** atto ed effetto del comprimere || *T.med.* *compressione cerebrale*, stato morboso cerebrale causato da un aumento della pressione su una zona del cervello, provocato da traumi, tumori, infiammazioni e sim. || *T.fis.* riduzione del volume di un corpo quando questo è sottoposto all'azione di forze applicate alla superficie || nei motori a combustione interna, fase in cui il pistone comprime nel cilindro la miscela di aria e carburante: *grado di compressione*, rapporto tra i volumi della camera del cilindro con il pistone rispettivamente al punto morto inferiore e a quello superiore || *T.edil.* *compressione* (o *schiacciamento*), caso di sollecitazione semplice nel quale l'elemento strutturale (pilastro, colonna, giuntura), sotto l'azione di carichi assiali, tende ad accorciarsi. **TAV.** *motori* 1.5, 2.2, 4.2.

compressìvo [da *compresso*; prima metà sec. XIV] **agg.** che serve a comprimere.

comprèsso (*pps.* di *comprimere*) [1313] **agg.** stretto, premuto, oppresso || *aria compressa*, sottoposta a una forte pressione || *T.mecc.* *motore compresso*, motore a scoppio in cui il rapporto di compressione è superiore al normale.

compressóre [da *compresso*; 1713] **I** **sm.** **1.** macchina per comprimere o aspirare un fluido gassoso **2.** *compressore stradale*, macchina utilizzata nella costruzione e manutenzione di strade, dotata di un rullo pesante usato per comprimere i materiali incoerenti di cui è costituito il manto stradale **3.** nei motori a scoppio, dispositivo per immettere nei cilindri una quantità di miscela sotto pressione maggiore di quella che possono aspirare i pistoni, aumentando così le prestazioni **4.**

compressore di volume, amplificatore in cui il livello di amplificazione è maggiore per i segnali deboli che per quelli forti; viene usato part. in telefonia **II** ***agg.*** che comprime ‖ *rullo compressore*, compressore stradale, e *fig.* chi travolge ogni ostacolo pur di conseguire i propri scopi. **TAV.** *agricoltura* 6.6; *enologia* 7.1.

comprimàrio (pl. *-ri*) [da *primario*; a. 1927] ***sm.*** **1.** (f. *-a*) chi è primario insieme con altri: *medico comprimario* **2.** attore o cantante che interpreta il ruolo più importante dopo il protagonista ‖ *per estens.* chi ricopre un ruolo di secondaria importanza; anche *agg.*: *ruolo comprimario.*

comprìmere (pres. *comprìmo*; p.rem. *comprèssi, comprimésti*; pps. *comprèsso*) [dal lat. *comprimere*; sec. XIII] ***tr.*** **1.** sottoporre a pressione, schiacciare: *comprimere i labbri di una ferita* ‖ *T.fis.* sottoporre a compressione: *comprimere un gas* **2.** *fig.* reprimere, trattenere: *comprimere l'ira, il pianto* ‖ **N. 1.** *Sin.* premere **2.** *Sin.* frenare.

comprimìbile [da *comprimere*; 1956] ***agg.*** che si può comprimere; che si può reprimere.

comprimibilità [da *comprimibile*; 1956] ***sf.*** *T.fis.* compressibilità.

cómpro [da *comprato*; a. 1565] ***agg.*** *ant.* comprato, che è stato acquistato.

comprobàre [dal lat. *comprobāre*; 1619] ***tr.*** *ant.* COMPROVARE (v.).

compromésso (*pps.* di *compromettere*) [1312] **I** ***agg.*** che corre pericolo; che per azioni illecite ha rovinato la propria reputazione: *una donna compromessa, un affare compromesso, la situazione è compromessa* **II** ***sm.*** **1.** *T.giur.* atto con cui due parti in contrasto affidano a un arbitro la risoluzione della controversia ‖ *com.* contratto preliminare di compravendita **2.** *gen.* accordo tra parti raggiunto per mezzo di concessioni reciproche; accomodamento: *una soluzione di compromesso* ‖ *per estens.* deviazione parziale dai propri principi morali, dalle proprie convinzioni e sim.: *pur di ottenere la nomina era disposto ad ogni compromesso* **3.** fusione di elementi eterogenei e contrastanti: *un compromesso tra vecchio e nuovo* **4.** *ant.* pericolo.

comprometTènte (*ppr.* di *compromettere*) [1898] ***agg.*** che espone a rischio, pericoloso: *una posizione compromettente.*

comprométtere (pres. *-étto* ecc., come METTERE) [dal lat. *compromittere*; sec. XIII] ***tr.*** **1.** esporre a rischio: *compromettere la propria reputazione, il buon esito di un'impresa* ‖ *compromettere una persona*, metterla nei guai, danneggiarne la reputazione **2.** *ant.* rimettere a un arbitro la risoluzione di una controversia ‖ ***rifl.*** impegnarsi in imprese o essere coinvolto in situazioni rischiose, spec. per il proprio buon nome ‖ **N.** ***tr.*** **1.** *Sin.* mettere a repentaglio, pregiudicare; coinvolgere, implicare ‖ ***rifl.*** *Sin.* impegolarsi, lasciarsi coinvolgere.

compromissàrio (pl. *-ri*) [dal lat. tardo *compromissārius*; a. 1667] ***sm.*** *ant.* arbitro in una controversia.

compromissióne [dal fr. *compromission*; 1919] ***sf.*** *lett.* **1.** compromesso **2.** il compromettersi, spec. in ambito morale.

compromissòrio (pl. *-ri*) [dal lat. tardo *compromissōrius*; 1797] ***agg.*** di compromesso, basato sul compromesso ‖ *T.giur. clausola compromissoria*, accordo con cui le parti stabiliscono di rivolgersi a un arbitro nel caso di controversie.

comproprietà [dal fr. *copropriété*; 1830] ***sf.*** proprietà di qualcosa condivisa da più persone: *un alloggio al mare in comproprietà.*

comproprietàrio (pl. *-ri*) [dal fr. *copropriétaire*; 1771] ***sm.*** (f. *-a*) chi è titolare con altri di un diritto di proprietà.

comprotettóre [comp. di *con-* e *protettore*; a. 1800] ***sm.*** (f. *-trìce*) protettore assieme ad altri ‖ santo protettore assieme ad altri, compatrono.

compròva [da *comprovare*; a. 1799] ***sf.*** conferma, riprova, ratifica, spec. nelle loc. *in, a comprova*, a riprova.

comprovàbile [lat. tardo *comprobābilis*; 1865] ***agg.*** che si può comprovare.

comprovàre (pres. *-òvo*) [lat. *comprobāre*; sec. XIV] ***tr.*** provare in modo certo, dimostrare efficacemente adducendo ulteriori ragioni o prove ‖ **N.** *Sin.* avvalorare, confermare.

comprovazióne [lat. *comprobātio, -ōnis*; 1585 *comprobazione*] ***sf.*** atto ed effetto del comprovare, conferma.

comprovinciàle [dal lat. tardo *comprovinciālis*; 1834] ***agg.*** *non com.* che è della stessa provincia.

compulsàre (pres. *-ùlso*) [dal fr. *compulser*; 1905] ***tr.*** **1.** consultare, esaminare con attenzione, rif. a documenti, libri e sim. **2.** *ant.* costringere a comparire in giudizio.

compulsióne [dal lat. *compulsĭo, -ōnis*, derivante da *compellere*, spingere; a. 1827] ***sf.*** *raro* il costringere, l'esser costretto ‖ *concr.* impulso esterno, costrizione.

compùngere (pres. *-ùngo* ecc., come PUNGERE) [dal lat. *compungere*; a. 1294] ***tr.*** *lett.* trafiggere, tormentare ‖ causare rimorsi ‖ ***intr. pron.*** *lett.* pentirsi, dimostrare rincrescimento.

compùnto (*pps.* di *compungere*) [1313] ***agg.*** addolorato, pentito ‖ che mostra pentimento spesso ipocrita: *un'espressione compunta.*

compunzióne [dal lat. tardo *compunctio, -ōnis*; a. 1292] ***sf.*** atteggiamento di pentimento, di rincrescimento; spesso *spreg.*, atteggiamento solo esteriore di rimorso ‖ *T.rel.* nella teologia cattolica, contrizione.

computàbile [dal lat. *computābilis*; a. 1755] ***agg.*** che si può computare, calcolabile ‖ *in part. T.mat. funzione computabile*, per cui esiste un algoritmo che consente di calcolarne il valore.

computabilità [dall'ingl. *computability*; 1969] ***sf.*** *T.mat.* la proprietà di una funzione computabile.

computaménto [da *computare*; a. 1527] ***sm.*** *raro* computo.

computàre (pres. *còmputo*) [dal lat. *computāre*; sec. XII] ***tr.*** contare; *in part.* includere in un conto: *i giorni di ferie sono computati sulla base del periodo lavorato*; addebitare: *le spese per le bevande sono computate a parte.*

computatóre [dal lat. *computātor, -ōris*; a. 1758] ***sm.*** **1.** (f. *-trìce*) *lett.* che computa, conteggia **2.** impiegato degli uffici della cancelleria pontificia che calcola e riscuote le somme dovute per i documenti rilasciati.

computazionàle [dall'ingl. *computational*, da (*to*) *compute*, calcolare; 1977] ***agg.*** attinente ai calcolatori elettronici ‖ *linguistica computazionale*, basata sul trattamento automatico dei dati linguistici.

computazióne [dal lat. *computātio, -ōnis*; a. 1499] ***sf.*** *non com.* atto ed effetto del computare.

computer (ingl., pr. [kəm'pju:tə]; pr. it. [kom'pjuter]) [da (*to*) *compute*, calcolare; 1968] ***sm.*** *inv.* elaboratore elettronico di informazioni, calcolatore ‖ *personal computer*, v. PERSONAL. **Q.T.** *informatica.*

computerizzàbile [da *computerizzare*; 1983] ***agg.*** che può essere elaborato per mezzo del calcolatore elettronico.

computerizzàre [da *computer*; 1983] ***tr.*** sottoporre dei dati all'elaborazione di un calcolatore elettronico ‖ *per estens.* effettuare mediante il calcolatore elettronico: *computerizzare l'inventario*; organizzare facendo uso di calcolatori: *computerizzare l'ufficio.*

computerizzàto (*pps.* di *computerizzare*) [1969] ***agg.*** effettuato con l'uso del computer, gestito tramite computer: *grafica, contabilità computerizzata.*

computerizzazióne [da *computerizzare*; 1981] ***sf.*** analisi e vaglio dei dati effettuati dal computer ‖ risultato dell'elaborazione automatica dei dati.

computìsta [dal lat. tardo *computīsta*; 1494] ***s.*** chi si occupa di tenere i conti ‖ **N.** *Sin.* contabile, ragioniere.

computisterìa [da *computista*; 1662 *computistaria*] ***sf.*** disciplina che studia l'applicazione dell'aritmetica alle operazioni commerciali.

computìstico (pl. *-ci*) [da *computista*; 1873] ***agg.*** proprio della computisteria.

còmputo [dal lat. tardo *computus*; a. 1348] ***sm.*** calcolo; *in part.* conteggio effettuato per fini pratici: *il computo delle spese mensili* ‖ *computo ecclesiastico*, calendario che regola le feste mobili.

comùna [f. di *comune*[2]; a. 1348] ***sf.*** *ant.* comune medievale.

comunàle[1] [dal lat. tardo *communālis*; sec. XIII] ***agg.*** *ant.* **1.** relativo alla comunità: *bosco comunale* **2.** ordinario, banale.

comunàle[2] [da *comune*[2]; a. 1831] ***agg.*** **1.** che riguarda il comune in quanto circoscrizione amministrativa: *azienda comunale di trasporti* **2.** che si riferisce al comune come forma autonoma di governo diffusa nell'età medievale: *libertà comunali.*

comunànza [da *comune*[1]; a. 1276] ***sf.*** **1.** appartenenza di qualcosa a più persone: *comunanza dei beni, di interessi* ‖ *vivere in comunanza*, insieme ad altre persone **2.** *lett.* comunità: *una comunanza religiosa* **3.** *ant.* comune.

comunàrdo [dal fr. *communard*; 1872] ***sm.*** (f. *-a*) *T.stor.* chi prese parte alla costituzione e alla difesa della Comune di Parigi nel 1871 ‖ *per estens.* rivoluzionario.

comùne[1] [dal lat. *commūnis*, propr. che compie il suo incarico insieme con altri; sec. XII] **I** ***agg.*** **1.** che si riferisce a tutti o comunque alla maggioranza: *il bene comune* ‖ *per restr.* che appartiene a un gruppo definito più o meno esteso: *proprietà comune* ‖ *T.giur. diritto comune*, complesso di norme di valore generale ‖ *T.gram. nomi comuni*, che indicano tutti gli individui o gli oggetti di una stessa specie; *sostantivi* o *aggettivi di genere comune*, che hanno un'identica terminazione per il maschile e il femminile, ad es. *dipendente, debole* ‖ *lingua comune*, la lingua nazionale parlata dagli abitanti di un territorio ‖ *far causa comune con qualcuno*, agire di comune accordo per il conseguimento dei medesimi fini ‖ *di comune accordo*, condividendo le stesse opinioni e intenzioni **2.** *per estens.* che è proprio della maggioranza delle persone, che è generalmente accettato: *opinione, uso comune* ‖ *senso comune*, buonsenso ‖ *luoghi comuni*, argomentazioni trite e banali **3.** *per estens.* che rientra nella media, ordinario: *una bellezza comune* ‖ *spreg.* mediocre: *un abito comune* ‖ *non comune*, che emerge sulla media: *un intuito non comune* **4.** *T.giur. reato comune*, che non richiede a chi lo commette qualità particolari; talvolta indica invece tutti i reati non politici **5.** *regione ad ordinamento comune*, che viene amministrata nell'ambito delle normali autonomie concesse dallo Stato **6.** *ant.* cordiale, affabile **7.** *ant.* imparziale; neutrale **II** ***sm.*** **1.** (solo *sing.*) ciò che rientra nella media, nella normalità ‖ *fuori del comune*, eccezionale ‖ *in comune*, insieme ad altri ‖ *non aver nulla in comune con qualcuno* o *qualcosa*, non avere punti di contatto **2.** *T.mil.* nella marina da guerra, militare non graduato, soldato; *comune di prima classe*, marinaio scelto ‖ ***sf.*** **1.** comunità, gruppo: *vive in una comune* **2.** *T.teatr.* porta posta sulla scena che rappresenta il varco di comunicazione con l'esterno ‖ *fig. andarsene dalla comune*, togliersi di mezzo ‖ **N.** I **1.** collettivo, complessivo, comunitario, generale, pubblico, sociale, universale | *Contr.* individuale, particolare, personale, privato, proprio **2.** abituale, consueto, diffuso, frequente, normale, ordinario, solito || *Contr.* anormale, inconsueto, insolito, singolare, straordinario **3.** *Sin.* andante, basso, dozzinale, grossolano, mediocre, triviale | *Contr.* distinto, elegante, raffinato **II 1.** *Sin.* banalità, mediocrità, normalità.

comùne² [sost. di *comune*¹; a. 1294] ***sm.*** **1.** *T.stor.* forma di governo cittadino autonomo retto da associazioni di cittadini sviluppatasi in Europa durante il Medioevo || *per estens.* ogni città retta con una tale forma di governo || *T.stor.* nel Medioevo, l'insieme degli artigiani di una corporazione **2.** nell'ordinamento amministrativo italiano, ente locale autarchico con giurisdizione su un determinato territorio o sui cittadini che vi risiedono; è retto da una giunta presieduta da un sindaco, entrambi eletti dal consiglio comunale || *per estens.* gli uffici in cui il comune ha sede **3.** *camera dei Comuni*, il ramo del parlamento inglese a elezione diretta || ***sf.*** **1.** *Comune*, nome del governo municipale di Parigi dal 1789 al 1795 || nome del governo rivoluzionario di ispirazione socialista installatosi a Parigi nel 1871 a conclusione della guerra franco-prussiana **2.** *ant.* il comune medievale || **N.** ***sm.*** **2.** municipio | rurale, urbano | capoluogo, frazione | PERSONE: sindaco, giunta, consiglio comunale, segretario, messo, usciere, valletto; tasse comunali; albo pretorio, anagrafe, stato civile; gonfalone; municipalizzazione; campanilismo. **Q.T.** *politica.*

comunèlla [da *comune*¹; 1544] ***sf.*** **1.** unione, accordo tra più persone, part. per fini illeciti || *far comunella*, formare una combriccola **2.** negli alberghi, chiave che apre tutte le stanze || **N. 2.** *Sin. passe-partout.*

comunicàbile [dal lat. tardo *communicābilis*; inizio sec. XIV] ***agg.*** che si può comunicare, trasmettere ad altri.

comunicabilità [da *comunicabile*; a. 1696] ***sf.*** **1.** l'essere comunicabile **2.** di persona, cordialità, facilità ai contatti umani || **N.** *Contr.* incomunicabilità.

comunicàndo (*ger.* di *comunicare*) [a. 1920] ***sm.*** (f. *-a*) chi sta per ricevere la comunione, part. per la prima volta.

comunicànte (*ppr.* di *comunicare*) [sec. XIV] **I *agg.*** che collega, in comunicazione: *vasi, stanze comunicanti* **II *sm.*** il sacerdote che amministra l'eucarestia.

comunicàre (pres. *-ùnico, -ùnichi*) [dal lat. *communicāre*; 1281] ***tr.*** **1.** far partecipi altri di qualcosa, trasmettere: *mi comunicò la data del suo arrivo, la sua angoscia*; trasmettere per contagio: *mi comunicò il raffreddore* || *per estens.* diffondere, informare: *i risultati degli esami saranno comunicati tra una settimana* **2.** amministrare l'eucarestia || ***intr.*** (aus. *avere*) di cose, essere in comunicazione: *questo corridoio comunica con il cortile, le due ali del castello comunicano per mezzo di un ponte sospeso* || di persone, trasmettersi informazioni, parlarsi: *comunicare per telefono*; *fig.* avere un rapporto di reciproca comprensione: *non riescono più a comunicare tra loro* || ***intr. pron.*** **1.** trasmettersi: *la pestilenza si comunicò al bestiame della regione* **2.** ricevere l'eucaristia || **N.** ***tr.*** **1.** *Sin.* dire, notificare; infondere, istillare; contagiare, infettare || ***intr.*** *Sin.* immettere, sboccare, sfociare; collegarsi || ***intr. pron.*** **1.** *Sin.* allargarsi, diffondersi.

comunicativa [f. sost. di *comunicativo*; 1729] ***sf.*** facoltà naturale di comunicare agli altri i propri pensieri e sentimenti || **N.** *Sin.* affabilità, estroversione.

comunicativo [dal lat. tardo *communicatīvus*; a. 1406] ***agg.*** **1.** disposto a comunicare; affabile, cordiale: *una persona comunicativa* **2.** che si comunica con facilità; contagioso: *un'influenza comunicativa.*

comunicàto (*pps.* di *comunicare*) [a. 1535] **I *agg.*** nei sensi del verbo; *in part.* che ha ricevuto la comunione, anche *sm.* (f. *-a*) **II *sm.*** notizia ufficiale: *un comunicato del ministero degli Esteri* || *comunicato stampa*, appositamente redatto per la stampa || avviso, dichiarazione || *comunicato pubblicitario*, nelle trasmissioni radio, breve inserzione pubblicitaria.

comunicazióne [dal lat. *communicātio, -ōnis*; sec. XIV] ***sf.*** **1.** l'atto del comunicare, del trasmettere ad altri: *comunicazione di energia, comunicazione delle proprie idee* || relazione complessa tra due persone: *è incapace di stabilire una comunicazione con qualcuno* || *com.* atto con cui si informa qualcuno di qualcosa; anche il contenuto di tale atto: *fare una comunicazione*; partecipazione, convocazione: *ricevette una comunicazione per il consiglio di amministrazione* || conversazione telefonica: *la comunicazione era disturbata* || *mezzi di comunicazione di massa* o *mass media*, l'insieme dei mezzi radiotelevisivi e di stampa impegnati nella diffusione di messaggi e notizie a un pubblico vasto e indifferenziato **2.** breve relazione di argomento specialistico presentata a un convegno **3.** *T.giur. comunicazione giudiziaria*, notifica inviata dal giudice istruttore agli indiziati di un reato **4.** *gen.* ogni processo di scambio di messaggi tra un emittente e un ricevente, per mezzo di un codice comune attraverso un canale: *comunicazione verbale*, che fa uso di un codice linguistico; *comunicazione non verbale*, la totalità dei messaggi non linguistici, ma portatori di un significato; *comunicazione animale*, trasmissione tra individui della stessa specie di informazioni relative al cibo, all'accoppiamento e sim. realizzata per mezzo di segnali posturali, olfattivi, tattili, chimici ecc. **5.** collegamento materiale, passaggio tra due luoghi: *il canale di Panama è una comunicazione tra l'oceano Atlantico e il Pacifico* || *comunicazioni marittime, terrestri, aeree*, trasporto di persone e merci tra due località effettuato per mezzo di navi, veicoli, aerei; *essere in comunicazione*, di luoghi, ambienti e sim. tra i quali vi sia un passaggio: *il salone è in comunicazione con la cucina* **6.** *ant.* accomunamento **7.** *ant.* eucaristia.

comunióne [dal lat. *commūnio, -ōnis*; 1281] ***sf.*** **1.** l'avere in comune tra più persone: *comunione di proprietà* || *T.giur. comunione di beni*, condivisione di un diritto reale || stretta relazione tra due o più persone: *comunione di ideali, di affetti* **2.** la comunità dei fedeli che professano una medesima religione || *comunione dei santi*, dogma cattolico che sancisce l'intima relazione tra Cristo e i credenti vivi o defunti **3.** il sacramento dell'Eucaristia: *Prima Comunione*, la prima volta in cui viene impartito tale sacramento || parte della messa in cui l'officiante si comunica || **N. 1.** *Sin.* comunanza, partecipazione. **Q.T.** *religione.*

comunişmo [dal fr. *communisme*; 1846] ***sm.*** *T.pol.* dottrina che propugna un sistema di organizzazione sociale basato sulla proprietà comune dei mezzi di produzione e dei beni di consumo e sulla gestione collettiva dello stato || l'insieme dei movimenti politici e degli stati che propugnano tale teoria: *il comunismo sovietico, occidentale* || **N.** marxismo, socialismo | *Contr.* capitalismo. **Q.T.** *politica.*

comunista [dal fr. *communiste*; 1846] **I *s.*** chi professa il comunismo o è iscritto a un partito comunista **II *agg.*** relativo al, proprio del comunismo: *partito comunista.*

comunistico (pl. *-ci*) [da *comunismo*; 1849] ***agg.*** *non com.* relativo al comunismo, part. in riferimento alle dottrine sulla base delle quali si è sviluppato il comunismo moderno: *i gruppi comunistici medievali.*

comunistizzàre [da *comunista*; 1950] ***tr.*** *non com.* rendere comunista.

comunistòide [comp. di *comunista* e *-oide*; 1956] ***agg.*** e ***s.*** *spreg.* che, chi si mostra incline al comunismo.

comunità [dal lat. *communitas, -ātis*; a. 1327] ***sf.*** **1.** gruppo sociale i cui componenti condividono tradizioni, idee o interessi || *comunità linguistica*, i cui membri condividono uno stesso codice linguistico || *per estens.* organizzazione a livello locale, nazionale o internazionale che agisce come un tutto organico: *Comunità Economica Europea* || gruppo di persone unito da legami di vario tipo: *comunità familiare, scolastica* || gruppo di persone che condividono la medesima origine o fede religiosa: *la comunità ebraica di New York* || gruppo di religiosi che condividono una medesima regola: *le comunità francescane* || *vivere in comunità*, di laici che vivono insieme mettendo in comune i beni **2.** l'insieme degli abitanti di un comune || *comunità montana*, comprensorio di comuni dislocati in un'area montana omogenea **3.** *comunità terapeutica*, istituzione psichiatrica volta al recupero di malati mentali e disadattati mediante l'utilizzo di varie tecniche terapeutiche che favoriscano nel paziente lo sviluppo di libere relazioni interpersonali e di un senso di responsabilità **4.** *T.biol.* ogni gruppo integrato di organismi animali e vegetali dislocato in una data area. **Q.T.** *politica, sociologia.*

comunitàrio (pl. *-ri*) [da *comunità*; 1964] ***agg.*** **1.** relativo a una comunità: *principi comunitari* **2.** *per anton.* relativo alla Comunità Economica Europea: *bilancio comunitario* || *ministro per il coordinamento delle politiche comunitarie*, ministro senza portafoglio, che si occupa di coordinare i rapporti del governo italiano con gli organi della Comunità Economica Europea.

comùnque [comp. di *come* e lat. *unquam*, mai; a. 1292] **I *avv.*** in ogni modo: *devi andarci comunque* || con senso conclusivo: *comunque poteva andare meglio* **II *cong.*** **1.** in qualunque modo; introduce una proposizione modale con verbo al congiuntivo: *comunque stiano le cose, ti sei comportato da sciocco* **2.** tuttavia, con valore avversativo e verbo all'indicativo: *non so come farò, comunque ci proverò* **3.** *ant.* appena che.

con¹ (pr. [kon]) [lat. *cum*; a. 1226 *cun*] ***prep.*** in unione con gli articoli determinativi dà origine a varie preposizioni articolate (*col, collo, colla, coi, cogli, colle*) cui però nell'uso corrente si preferiscono le forme divise, tranne che per *col* e *coi*; in unione ai pronomi personali dà origine alle forme *disus. meco, teco, seco, nosco, vosco* **1.** all'interno della frase stabilisce varie relazioni, introducendo diversi complementi: — di compagnia: *vive con l'amante* | — di unione: *una bistecca con patate*; comune l'uso rafforzato con *insieme*: *andremo in vacanza insieme con amici*; *gen.* indica un rapporto di relazione: *si è fidanzato con una cubana*; può assumere il valore di "verso": *si comporta da maleducato con tutti*, o di "contro": *lottò strenuamente con l'avversario*; in riferimento a oggetti o abiti assume il significato di "indossando", "portando in mano": *comparve con un abito da sera, si presentò con una scatola di cioccolatini* | — di mezzo o strumento: *chiudere con un lucchetto, svitare con il cacciavite* | — di modo o maniera: *lavorare con serietà, agire con calma*; *in part.* per indicare atteggiamenti del corpo: *saltare con le gambe divaricate*, o disposizioni dell'animo: *osservare con sospetto* | — di qualità: *un cane col pelo bianco e nero* | — di causa: *con i tempi che corrono c'è poco da stare allegri* | — di paragone: *non vorrai confrontarti con lui?* | — di limitazione: *sei in regola con il fisco?* | — di circostanza (in relazione a espressioni connesse con il tempo o il clima): *giun-*

sero a casa con il buio, con i primi freddi accendono i termosifoni || seguito da un verbo all'infinito, assume valore strumentale e sostituisce il gerundio: *col leggere ci si istruisce* **2.** *fam.* assume valore concessivo: *con quello che guadagna pretende di vivere nel lusso* **3.** *T.sport.* nel canottaggio, indica le imbarcazioni con timoniere: *due con, quattro con.*

con² (pr. [kon]) [da *com(e)*; a. 1250] **avv.** *ant. raro* come.

con- (pr. [kon]) v. CO-.

conativo [da *conato*, sul modello dell'ingl. *conative*; 1966] **agg.** *T.ling. funzione conativa,* delle funzioni del linguaggio, quella orientata sul destinatario; prevale in espressioni che esprimono preghiera, esortazione, proibizione e sim.

conàto [dal lat. *cōnātus*; a. 1420] **sm.** sforzo, tentativo || impulso: *conato di vomito.*

cónca [lat. *concha*, gr. *kónchē*; 1313] **sf.** **1.** recipiente di terracotta con imboccatura più larga del fondo, adibito a vari usi, part. per lavare i panni || *per estens.* quantità di liquido contenuta in tale recipiente || *fig. conca fessa,* persona malaticcia **2.** recipiente in rame dotato di manici, con una strozzatura prima della bocca, usato nell'Italia centro-meridionale per attingere l'acqua **3.** concavità della superficie terrestre; *in part.* bacino montano || *conca idraulica,* bacino artificiale utilizzato per annullare il dislivello esistente fra tronchi di canale o bacini portuali allo scopo di consentire una navigazione regolare **4.** *T.anat.* formazione concava: *conca nasale,* ciascuna delle lamine ossee situate nella cavità nasale **5.** *lett.* conchiglia || *T.mit.* lo strumento a fiato ricavato da una conchiglia, suonato dai tritoni **6.** *lett.* vasca || *T.arch. conca absidale,* il catino absidale.

concàmbio (pl. *-bi*) [da *cambio*; a. 1869] **sm.** *non com.* permuta, contraccambio.

concameràre (pres. *-àmero*) [dal lat. *concamerāre*; 1554] **tr.** *ant. T.arch.* fabbricare a volta, chiudere con un soffitto a volta un ambiente o un edificio.

concamerazióne [dal lat. *concamerātio, -ōnis*; a. 1547] **sf.** **1.** ciascuna delle cavità anatomiche comunicanti di un organo o di un organismo || *per estens.* anche detto di cavità di organi meccanici **2.** *ant.* forma di costruzione a volta.

concàta [da *conca*; a. 1869] **sf.** **1.** quantità di liquido contenuta in una conca **2.** l'insieme delle operazioni necessarie per il funzionamento di una conca idraulica.

concatenaménto [da *concatenare*; a. 1464] **sm.** atto ed effetto del concatenare (in part. *fig.*).

concatenàre (pres. *-éno*) [dal lat. tardo *concatenāre*; a. 1498] **tr.** *lett.* unire strettamente con catene || *com. fig.* collegare secondo un ordine logico o un determinato criterio: *concatenare gli indizi* || **rifl. rec.** collegarsi secondo un ordine logico: *gli elementi probatori si concatenano in modo stringente* || **N.** **tr.** *Sin.* attaccare, collegare, congiungere, intrecciare, unire; associare, connettere | *Contr.* dividere, sciogliere, separare, staccare.

concatenàto (*pps.* di *concatenare*) [a. 1375] **agg.** **1.** collegato **2.** *T.elettr.* detto della tensione elettrica esistente tra due fasi di un sistema polifase **3.** *T.fis. flusso concatenato con una linea chiusa,* flusso che attraversa la superficie delimitata da tale linea.

concatenazióne [dal lat. tardo *concatenātio, -ōnis*; a. 1565] **sf.** connessione reciproca di fatti, eventi, concetti.

concàușa [da *causa*; a. 1498] **sf.** causa che insieme ad altre concorre nel produrre un determinato effetto.

concaușàle [da *concausa*; 1865] **agg.** che compare come causa insieme ad altre: *circostanza concausale.*

concavità [dal lat. *concavitas, -ātis*; 1282] **sf.** **1.** l'essere concavo **2.** *concr.* cavità.

còncavo [dal lat. *concavus*; 1282] **I** **agg.** **1.** che presenta una superficie curva e rientrante: *lente concava* **2.** *T.geom.* detto di figura per la quale esiste almeno un segmento, congiungente due punti della figura, che non appartiene interamente alla figura stessa || *angolo concavo,* maggiore di 180 gradi **II** **sm.** *non com.* la parte concava di qualcosa: *il concavo della mano.* **TAV.** *geometria* 3.5; *ottica* p. 1329 4.1.

concedènte (*ppr.* di *concedere*) [1308] **agg.** e **s.** che, chi fa una concessione; *in part.* nei contratti agrari, che o chi detiene il fondo e lo concede in mezzadria.

concèdere (pres. *concèdo*; p.rem. *concèssi, concedéi* o *concedètti*; pps. *concèsso* e non com. *concedùto*) [dal lat. *concēdere,* ritirarsi; sec. XIII] **tr.** **1.** accordare, dare, spesso a titolo di favore: *concedere un appuntamento, dei benefici a qualcuno* || *concedere un'autorizzazione, ti concedo cinque minuti* **2.** ammettere, riconoscere uno sbaglio: *concedo di aver esagerato* || *ammesso e non concesso,* quando per poter proseguire il ragionamento si accetta momentaneamente come vera un'ipotesi improbabile || **rifl.** **1.** *lett.* abbandonarsi, darsi, part. di donna che accondiscende a un rapporto sessuale **2.** *ant.* arrendersi || **N.** **tr.** **1.** *Sin.* dare, dispensare, elargire; acconsentire, assentire, consentire, esaudire, permettere **2.** *Sin.* accettare, ammettere, convenire | **rifl.** **1.** *Sin.* cedere, darsi.

concedìbile [da *concedere*; a. 1642] **agg.** che si può concedere.

concedītóre [da *concedere*; 1336 ca.] **sm.** (f. *-trìce*) *raro* chi concede, concessore.

concelebrànte (*ppr.* di *concelebrare*) [1970] **agg.** e **s.** che, chi celebra un rito religioso assieme ad altri sacerdoti.

concelebràre (pres. *-èlebro*) [comp. di *con-* e *celebrare*; 1970] **tr.** celebrare assieme ad altri, spec. un rito liturgico: *concelebrare la messa.*

concelebrazióne [da *concelebrare*; 1931] **sf.** *T.rel.* celebrazione dello stesso rito liturgico da parte di più sacerdoti || partecipazione da parte dei fedeli alla celebrazione di un rito liturgico assieme al sacerdote.

concènto [dal lat. *concentus*; a. 1374] **sm.** *lett.* armonia di voci o strumenti || *per estens.* suono armonioso || *fig.* accordo.

concentràbile [da *concentrare*; 1970] **agg.** *T.chim.* detto di una sostanza o di una soluzione che può essere concentrata.

concentraménto [da *concentrare*; 1690] **sm.** atto ed effetto del concentrare: *concentramento di truppe,* ammassamento di uomini e mezzi in una data zona in vista di un'azione bellica || *T.mil. concentramento di fuoco,* tiri di artiglieria concentrati nello spazio e nel tempo su un determinato obbiettivo || *campo di concentramento,* luogo attrezzato con baraccamenti per la detenzione di prigionieri di guerra, oppositori politici e sim. || *T.pol.* accentramento dei poteri politici || *T.econ.* concentrazione, rapporto tra la ricchezza complessiva e il numero di persone tra le quali è distribuita || **N.** *Sin.* raccolta, riunione; centralizzazione | *Contr.* decentramento, dispersione, frazionamento.

concentràre (pres. *-èntro*) [comp. parasint. di *centro*; sec. XVI] **tr.** **1.** raccogliere, radunare in un unico luogo: *concentrare le truppe sul fronte orientale* || *fig.* far convergere verso un unico oggetto o scopo: *concentrare i propri sforzi nel lavoro per ottenere un aumento di produzione* **2.** *T.chim.* aumentare la percentuale di uno o più componenti in un miscuglio o una soluzione || **rifl.** **1.** affluire in un unico luogo: *i manifestanti si concentrarono in piazza* **2.** dedicarsi in modo esclusivo a un'attività: *concentrarsi nella lettura* || **N.** **tr.** **1.** *Sin.* ammassare, riunire **2.** *Sin.* condensare | **rifl.** **2.** *Sin.* impegnarsi.

concentràto (*pps.* di *concentrare*) [a. 1597] **I** **agg.** **1.** raccolto in un unico punto o in un unico luogo || *fig.* assorto **2.** *per estens.* condensato, ristretto: *brodo concentrato*; *fig.* intenso, forte **II** **sm.** *T.chim.* il risultato di un procedimento di concentrazione || *T.alim.* conserva alimentare parzialmente o totalmente privata dell'acqua: *concentrato di pomodoro* || *T.min.* massa rocciosa che contiene una percentuale maggiore di minerali || *fig.* cumulo: *le tue idee sono un concentrato di pregiudizi.*

concentratóre [da *concentrare*; 1956] **sm.** **1.** *T.chim.* apparecchio, gen. un evaporatore, per concentrare soluzioni **2.** *T.ott.* sistema di lenti usato nei proiettori cinematografici per concentrare un fascio luminoso **3.** *T.elettron.* dispositivo per concentrare fasci di elettroni.

concentrazióne [da *concentrare*; a. 1596] **sf.** **1.** atto ed effetto del concentrare e del concentrarsi: *concentrazione di truppe* || *fig.* raccoglimento mentale: *ti manca la concentrazione necessaria per terminare il lavoro* **2.** *T.chim.* l'insieme di operazioni con cui si aumenta la quantità di una data sostanza in un miscuglio o in una soluzione || quantità relativa di un componente presente in una miscela o in una soluzione **3.** *T.econ.* misura della distribuzione del reddito o della ricchezza complessiva in vari settori industriali; *in part.* misura del controllo di un determinato settore da parte di un gruppo di imprese: *in Italia il settore automobilistico presenta un'elevata concentrazione* **4.** *T.med. prova di concentrazione,* esame sulla funzionalità del rene anche in condizioni di apporto idrico ridotto.

concentrazionìșmo [da *concentrazione*; 1956] **sm.** nell'ambito dell'organizzazione industriale, tendenza all'accentramento.

concentricità [da *concentrico*; 1965] **sf.** l'essere concentrico.

concèntrico (pl. *-ci*) [comp. parasint. di *centro*; a. 1519] **agg.** *T.geom.* di figure aventi lo stesso centro || di enti che ruotano attorno a un unico centro.

concèpere [lat. *concipere*; a. 1306] **tr.** *ant.* concepire.

concepìbile [da *concepire*; a. 1686] **agg.** che si può concepire, ammettere || **N.** *Contr.* inconcepibile.

concepibilità [da *concepibile*; 1865] **sf.** l'essere concepibile.

concepiménto [da *concepire*; sec. XIV] **sm.** **1.** il concepire: *il concepimento del piano di fuga richiese vari mesi* **2.** *T.biol.* processo di germinazione dell'ovulo femminile fecondato || **N.** **1.** *Sin.* ideazione, progettazione **2.** *Sin.* concezione, fecondazione.

concepìre (pres. *-isco, -isci*) [lat. *concipere*; sec. XIII] **tr.** **1.** di donna e in gen. di animale femmina, originare dentro di sè una nuova creatura in seguito alla fecondazione: *concepire un figlio* **2.** *fig.* iniziare a provare, sentir nascere in sé: *concepire un desiderio* || *per estens.* comprendere: *non concepisco il suo modo di fare* || *per estens.* ideare: *concepire un romanzo* **3.** *ant.* assorbire || di terreno, produrre || **N.** **1.** essere gravida, fecondata | *Contr.* fecondare, ingravidare, inseminare **2.** *Sin.* capire, immaginare.

concepìto (*pps.* di *concepire*) [a. 1342] **I** **agg.** **1.** detto di essere vivente formatosi nella femmina per fecondazione da parte del maschio **2.** ideato, redatto: *un progetto concepito in un momento difficile, uno scritto mal concepito* **II** **sm.** *T.giur.* il nascituro: *i diritti del concepito.*

concerìa [da *concia*; 1853] **sf.** fabbrica in cui si conciano le pelli || tecnica di concia delle pelli.

concèrnere (*dif.*; pres. *-èrno*; p.rem. non com. *-éi* o *-ètti*; manca del pps. e dei tempi composti) [dal lat. tardo *concernere*, vagliare; sec. XIV] ***tr.*** **1.** avere relazione o attinenza con qualcosa: *un libro che concerne il nostro lavoro* **2.** riguardare: *quella faccenda non ti concerne* || **N. 1.** *Sin.* riferirsi **2.** *Sin.* interessare.

concertànte (*ppr.* di *concertare*) [1797] ***agg.*** *T.mus.* di composizione strumentale (frequente nel sec. XVIII) in cui uno o più strumenti hanno funzione preminente, senza peraltro assurgere alla funzione di solista come nel concerto: *sinfonia concertante.*

concertàre (pres. *-èrto*) [dal lat. *concertāre*, gareggiare; 1568] ***tr.*** **1.** preparare con altri e gen. di nascosto un'impresa o un progetto: *concertare un piano d'intervento* **2.** accordare fra loro voci e strumenti per l'esecuzione di un brano; armonizzare le diverse voci di una partitura || dirigere una prova musicale || ***rifl. rec.*** accordarsi || **N.** ***tr.*** **1.** *Sin.* ordire, predisporre **2.** *Sin.* affiatare.

concertàto (*pps.* di *concertare*) [1533] **I** ***agg.*** **1.** stabilito, convenuto: *T.econ. programmazione concertata*, non imposta dallo Stato ma concordata tra le parti sociali **2.** *T.mus.* di composizione polifonica con parti vocali e strumentali **II** ***sm.*** **1.** nel melodramma settecentesco e ottocentesco, scena in cui il canto di vari personaggi si intreccia in un insieme polifonico **2.** accordo, intesa, quanto si è stabilito: *secondo il concertato.*

concertatóre [da *concertare*; 1438] ***sm.*** (f. *-trice*) **1.** *T.mus.* chi cura la concertazione di un brano musicale **2.** *non com.* chi ordisce, trama di nascosto.

concertazióne [da *concertare*; 1865] ***sf.*** atto ed effetto del concertare; *in part.* l'armonizzare un brano musicale.

concertìna [dall'ingl. *concertina*; 1963] ***sf.*** strumento a mantice simile alla fisarmonica, ma di dimensioni assai ridotte, gen. di forma ottagonale, assai diffuso nella musica popolare di origine anglosassone.

concertìno (*dim.* di *concerto*) [a. 1647] ***sm.*** **1.** componimento musicale di struttura affine al concerto, ma con un numero ridotto di esecutori || nel XIX secolo, concerto in un solo tempo **2.** nel concerto grosso, il gruppo degli strumenti solisti **3.** piccolo gruppo di suonatori che si esibisce in feste, nei caffè ecc.

concertìsta [da *concerto*; 1865] ***s.*** musicista cui nei concerti sono affidate parti da solista; chi per professione tiene concerti.

concertìstico (pl. *-ci*) [da *concertista*; 1941] ***agg.*** relativo a concerti o concertisti: *stagione concertistica.*

concèrto [da *concertare*; a. 1566] ***sm.*** **1.** composizione musicale strumentale divisa in più tempi: *concerto grosso*, in cui si contrappongono il concertino e la massa orchestrale; *concerto solistico*, in cui la massa orchestrale fa da accompagnamento a uno strumento solista || *ant.* l'insieme degli strumenti necessari per l'esecuzione di un pezzo concertato **2.** *per estens.* esibizione musicale pubblica in cui si esibiscono cantanti e musicisti: *un concerto lirico, jazz, rock* || complesso di cantanti e strumentisti riuniti per un'esibizione **3.** insieme di più suoni o voci: *un concerto di campane, di voci infantili* || *antifr.* insieme di suoni sgradevoli: *un concerto di schiamazzi* **4.** accordo, intesa || *di concerto*, d'accordo || collaborazione tra organi pubblici per giungere alla soluzione di un problema comune. **Q.T.** *musica.*

concessionàrio (pl. *-ri*) [da *concessione*; 1673] ***sm.*** (f. *-a*) e ***agg.*** **1.** chi, che ha in concessione un appalto o un diritto: *il concessionario di una miniera, ditta concessionaria* **2.** chi, che è autorizzato a svolgere un'attività di vendita per conto di una ditta produttrice: *un concessionario di automobili.*

concessióne [dal lat. *concessio, -ōnis*; 1353] ***sf.*** **1.** atto ed effetto del concedere: *la concessione di un permesso*; atto condiscendente: *fa troppe concessioni* **2.** *T.giur.* provvedimento con cui la pubblica amministrazione autorizza un privato a svolgere un'attività di pubblico interesse: *concessione ferroviaria* || *concessione edilizia*, autorizzazione a costruire rilasciata dall'autorità locale competente || *concr.* l'oggetto della concessione: *concessione petrolifera*, giacimento || nel diritto internazionale, territorio che uno stato dà in amministrazione o in affitto a un altro stato pur mantenendo su di esso la propria sovranità **3.** contratto per mezzo del quale un'impresa affida a terzi la vendita dei propri prodotti in una zona determinata **4.** *non com.* ammissione della realtà di qualcosa: *per sua stessa concessione non era possibile ottenere un risultato migliore* **5.** *T.ret.* figura discorsiva consistente nell'assumere come vera l'ipotesi dell'avversario per poi dimostrarne l'infondatezza || *dim.* concessioncìna || **N. 1.** *Sin.* permesso; grazia, privilegio **2.** *Sin.* appalto, licenza **3.** *Sin.* esclusiva, monopolio.

concessìvo [dal lat. tardo *concessīvus*; 1551] ***agg.*** **1.** *non com.* indulgente: *un atteggiamento concessivo* **2.** *T.gram. proposizione concessiva* (o *ass. sf. concessiva*), proposizione subordinata che esprime una circostanza nonostante la quale si verifica ciò che è espresso dalla proposizione reggente; può essere esplicita con il verbo al congiuntivo: *sebbene non avesse studiato superò l'esame*, o implicita con il verbo al gerundio introdotto da *pure*: *pur essendo ammalato volle ugualmente partire* || *congiunzioni, locuzioni concessive* (o *ass. sf. concessive*), quelle che introducono proposizioni concessive (ad es. *benché, sebbene*) **3.** *T.bur.* di provvedimeno con il quale viene deliberata una concessione: *decreto concessivo di appalto.*

concèsso (*pps.* di *concedere*) [a. 1374] ***agg.*** nei sensi del verbo || *ammesso* (o *dato*) *e non concesso*, per dimostrare che il proprio interlocutore ha torto anche ammettendo per vero, benché non lo sia, ciò che egli afferma.

concessóre [lat. tardo *concessor, -ōris*, propr. che compie; 1356] ***sm.*** (f. *conceditrice*) chi concede.

concettàre (pres. *-ètto*) [da *concetto*; a. 1625] ***intr.*** (aus. *avere*) *raro* formare concetti ingegnosi.

concettìsmo [da *concetto*; 1899] ***sm.*** *T.lett.* teoria estetica diffusa nella letteratura europea del Seicento secondo cui il valore di uno scritto risiedeva nella presenza di metafore ardite, analogie stravaganti e ricercate || lo stile che risulta dalla pratica del concettismo || *per estens.* stile che rassomiglia a quello del concettismo secentesco.

concettìstico (pl. *-ci*) [da *concettismo*; 1950] ***agg.*** *lett.* che riguarda il concettismo.

concètto [dal lat. *conceptus*; 1308] ***sm.*** **1.** *T.fil.* ciascuna delle unità in cui è analizzabile un pensiero o un giudizio: *il concetto di numero*; nella filosofia di Kant, *concetti puri*, le categorie || *per estens.* concezione: *il concetto marxista di storia* **2.** *com.* idea, pensiero: *un concetto astruso* **3.** opinione, giudizio: *farsi un concetto di qualcosa* || stima: *ha un pessimo concetto delle proprie capacità* || *essere in concetto di santità*, avere fama di santo **4.** *T.bur. impiegato di concetto*, cui vengono affidati incarichi non meramente esecutivi **5.** nella letteratura barocca, artificio retorico consistente in accostamenti stravaganti e lambiccati **6.** *lett.* proposito **7.** *ant.* concepimento || **N. 1.** *Sin.* nozione | intensione, estensione; tratti **3.** *Sin.* parere; reputazione; fama. **Q.T.** *filosofia.*

concettosità [da *concettoso*; 1881] ***sf.*** **1.** l'essere concettoso, denso di significati **2.** abuso, eccesso di sottigliezze.

concettóso [da *concetto*; a. 1617] ***agg.*** **1.** ricco di concetti e nel contempo stringato, conciso **2.** che abbonda di sottigliezze retoriche ed espressioni ricercate.

concettuàle [da *concetto*; 1843] ***agg.*** che si riferisce a un concetto || *T.art. arte concettuale*, corrente artistica che, rifiutando qualsiasi ricerca estetica e formale, indaga sull'opera d'arte come mezzo di rappresentazione di idee || **concettualménte** ***avv.*** dal punto di vista concettuale.

concettualìsmo [da *concettuale*; 1865] ***sm.*** *T.fil.* nella disputa sugli universali, teoria della scolastica, intermedia tra nominalismo e realismo, che sosteneva la natura mentale dei concetti universali.

concettualìsta [da *concettualismo*; 1865] ***s.*** *T.fil.* seguace della teoria del concettualismo.

concezionàle [dal lat. tardo *conceptionālis*; fine sec. XIV] ***agg.*** *non com.* che si riferisce alla concezione, alla fecondazione || **N.** anticoncezionale.

concezióne [dal lat. *conceptio, -ōnis*; a. 1306] ***sf.*** **1.** atto di elaborazione concettuale: *la concezione di un piano* || *per estens.* il risultato di tale elaborazione: *un'auto di nuova concezione*; anche complesso di idee o teorie relative a un argomento: *la concezione moderna del lavoro* || *per estens. non com.* facoltà di concepire, di comprendere: *ha la concezione pronta* **2.** *non com.* concepimento || *Immacolata Concezione*, dogma della religione cattolica secondo cui la Madonna venne concepita immune dal peccato originale.

conchìfero [comp. di *conca* e *-fero*; a. 1730] **I** ***agg.*** **1.** di animale, dotato di conchiglia **2.** di terreno, ricco di conchiglie fossili **II** ***sm. pl.*** *T.zool. disus. Conchiferi*, sottotipo dei Molluschi comprendente Lamellibranchi, Gasteropodi, Cefalopodi e Scafopodi.

conchìglia (pl. *-glie*) [lat. *conchȳlia*, gr. *konchýllion*; a. 1332] ***sf.*** **1.** guscio protettivo, gen. di natura calcarea, che avvolge il corpo di alcuni invertebrati e in part. dei molluschi **2.** *T.arch.* elemento decorativo che imita la forma delle conchiglie marine **3.** forma metallica usata in fonderia per la produzione di getti di precisione **4.** *T.sport.* indumento in materiale vario usato nell'*hockey*, nel *football* americano, nel pugilato e in altri sport per la protezione degli organi genitali **5.** *pl.* pasta corta da minestra di forma simile alle conchiglie marine **6.** *punto conchiglia*, punto di ricamo usato nella produzione di arazzi || **N. 1.** PARTI: apice, cerniera, colummella, conca, legamento elastico, muscolo adduttore, nicchio, peristoma, seno, sifone, sutura | bivalve, multivalve, trivalve; levigata, ritorta, striata | ammonite, madreperla **4.** *Sin.* parainguine. **TAV.** *alimentazione* 1.10.

conchiglìfero o **conchilìfero** [comp. di *conchiglia* e *-fero*; 1887] ***agg.*** *T.geol.* di terreno o roccia, ricco di conchiglie fossili || **N.** *Sin.* conchifero.

conchigliologìa o **conchiliologìa** [dal fr. *conchyliologie*; 1771] ***sf.*** branca della zoologia che studia le conchiglie || **N.** *Sin.* malacologia.

conchiùdere ***tr.*** e ***intr.*** *non com.* V. CONCLUDERE.

conchiùso (*pps.* di *conchiudere*) [1321] ***agg.*** *lett.* racchiuso, chiuso in sé || **N.** concluso.

cóncia (pl. *-ce*) [da *conciare*; a. 1494] ***sf.*** **1.** il complesso delle operazioni con cui si trasforma in cuoio la pelle degli animali: *concia all'allume, al tannino* || *per estens.* sostanza usata per conciare le pelli || *per estens.* conceria **2.** trattamento cui vengono sottoposte le olive, il tabacco, il vino, l'olio e sim. per renderli adatti al consumo e favorirne la conservazione **3.** trattamento anticrittogamico cui vengono sottoposte le sementi di alcune piante per prevenire l'azione di funghi parassiti || **N. 1.** al cromo, all'allume, all'olio, al tannino. **Q.T.** *pellicciaio...*

cóncia- [da *conciare*] ***primo elem.*** con cui si formano composti spesso *iron.* o *spreg.* designanti persone che riassestano gli oggetti indicati dal secondo elemento del composto: **concialàna**, **conciatétti**.

conciabròcche [comp. di *concia(re)* e *brocca*; a. 1645] ***s. inv.*** artigiano che realizza o ripara utensili in rame || **N.** *Sin.* ramaio.

conciacaldàie [comp. di *concia(re)* e *caldaia*; 1964] ***s. inv.*** conciabrocche, ramaio.

conciaiòlo [da *conciare*; 1865 *conciajuolo*] ***sm.*** (f. *-a*) operaio addetto alle operazioni di concia.

conciànte (*ppr.* di *conciare*) [1801] ***agg.*** e ***sm.*** detto di sostanza usata per la concia delle pelli.

conciapèlli [comp. di *concia(re)* e *pelli*; 1881] ***s. inv.*** chi per mestiere concia pelli.

conciàre (pres. *cóncio*) [lat. volg. **comptiāre*; 1298] ***tr.*** **1.** sottoporre a procedimento di concia le pelli mediante l'uso di apposite sostanze || *per estens.* trattare in modo opportuno tabacco, olio, olive, vino per favorirne la conservazione e l'impiego: *conciare il vino,* aumentarne il tasso alcolico o aggiungervi sostanze aromatizzanti; *conciare il tabacco,* preparare le foglie per ottenere sigari o polvere da fiuto; *conciare la canapa,* prepararla per la filatura **2.** *non com.* abbigliare, acconciare || *antifr.* ridurre in cattivo stato: *guarda come hai conciato i pantaloni nuovi* || *conciare qualcuno per le feste,* malmenarlo **3.** lavorare, squadrare pietre da costruzione e pietre preziose **4.** *region.* condire: *conciare l'insalata* **5.** *ant.* emendare uno scritto degli eventuali errori **6.** *ant.* addestrare i rapaci alla caccia **7.** *ant.* concimare || ***rifl.*** **1.** abbigliarsi in modo ridicolo o inadatto: *come ti sei conciato?* **2.** ridursi in pessimo stato, sporcarsi.

conciàrio (pl. *-ri*) [da *concia*; 1970] **I** ***agg.*** relativo alla concia delle pelli: *industria conciaria* **II** ***sm.*** (f. *-a*) operaio addetto alla concia delle pelli.

conciatèste [comp. dall'imperativo di *conciare* e da *testa*; a. 1749 nel senso 2] ***s. inv.*** **1.** *pop. scherz. ant.* parrucchiere **2.** *arc.* chi pretende di raddrizzare le teste degli altri.

conciatóre [da *conciare*; 1305] ***agg.*** e ***sm.*** (f. *-trìce*) che, chi concia. **Q.T.** *pellicciaio...*

conciatùra [da *conciare*; inizio sec. XII] ***sf.*** atto ed effetto del conciare.

concièro [da *conciare*; a. 1556 nel senso 1; 1585 nel senso 2; a. 1612 nel senso 3] ***sm.*** **1.** *T.filol.* emendazione, correzione di uno scritto, un'opera ecc. **2.** *arc.* arredatore **3.** *arc.* acconciatura.

conciliàbile [da *concilio*; 1669] ***agg.*** che si può conciliare: *criteri conciliabili fra loro* || **N.** *Contr.* inconciliabile.

conciliabilità [da *conciliabile*; 1855] ***sf.*** l'essere conciliabile.

conciliàbolo [dal lat. *conciliābulum*; sec. XIV] ***sm.*** **1.** riunione appartata e furtiva per discutere di cose illecite o misteriose || *per estens.* luogo in cui tale adunanza avviene **2.** *T.stor.* nell'antica Roma, luogo di riunione in cui si celebravano feste religiose o venivano lette le leggi e gli ordini dei magistrati **3.** concilio ecclesiastico irregolare o scismatico.

conciliànte (*ppr.* di *conciliare*[1]) [1872] ***agg.*** accondiscendente, disposto all'accordo || **N.** *Sin.* arrendevole, cedevole, compiacente, conciliativo, condiscendente, docile, duttile, malleabile, trattabile.

conciliàre[1] (pres. *-ìlio*) [dal lat. *conciliāre*; a. 1558] ***tr.*** **1.** mettere d'accordo varie persone appianando i dissidi e cercando di giungere a un compromesso: *conciliare due opposte fazioni* || accordare cose fra loro contrastanti: *conciliare lavoro e tempo libero* || *conciliare una contravvenzione,* pagarla **2.** favorire: *una lettura che concilia il sonno* || accattivarsi: *il suo atteggiamento concilia la stima di tutti* || ***rifl. rec.*** accordarsi: *dopo una lunga controversia si sono conciliati* || ***intr. pron.*** armonizzarsi: *le nostre opinioni non si conciliano* || ***tr. pron.*** procurarsi, meritarsi: *si è conciliato l'appoggio unanime della giuria* || **N.** ***tr.*** **1.** accomodare, accordare, aggiustare, calmare, moderare, rabbonire, rappacificare, temperare | *Contr.* creare discordia, seminare zizzania **2.** accattivare, cattivare | ***rifl. rec.*** accordarsi, combinarsi, intendersi | ***tr. pron.*** accattivarsi, attirarsi, conquistarsi, procurarsi.

conciliàre[2] [da *concilio*; a. 1540] **I** ***agg.*** **1.** relativo a un concilio: *assemblea conciliare*; *in part.* relativo al Concilio Vaticano II **2.** che partecipa a un concilio: *padri conciliari* **3.** *T.pol.* caratterizzato dall'accordo di forze tradizionalmente opposte: *governo conciliare* **II** ***s.*** ciascuno dei partecipanti a un concilio.

conciliarismo [da *conciliare*[2]; 1956] ***sm.*** dottrina teologica che rivendica la superiorità del concilio ecumenico sul pontefice.

conciliatìvo [da *conciliare*[1]; 1673] ***agg.*** **1.** atto a conciliare **2.** *non com.* conciliante.

conciliatóre [dal lat. *conciliātor, -ōris*; sec. XIV] ***agg.*** e ***sm.*** (f. *-trìce*) che, chi concilia || *T.giur. giudice conciliatore* o *ass. conciliatore,* magistrato che dirime cause di limitata portata economica.

conciliatòrio (pl. *-ri*) [da *conciliare*[1]; 1745] ***agg.*** atto a conciliare || **N.** *Sin.* conciliante | *Contr.* provocatorio.

conciliatorismo [da *conciliatore*; 1951] ***sm.*** **1.** tendenza a conciliare posizioni contrastanti **2.** *T.pol.* in Italia, movimento d'opinione che propugna la conciliazione tra Stato e Chiesa.

conciliazióne [dal lat. *conciliātio, -ōnis*; 1559] ***sf.*** **1.** atto ed effetto del conciliare e del conciliarsi || *T.giur.* composizione amichevole di una controversia giuridica: *tentativo di conciliazione,* quello che per legge il giudice deve operare alla prima udienza di un procedimento giudiziario **2.** *T.stor.* accordo concluso tra il Vaticano e lo Stato italiano nel 1929 || **N.** **1.** *Sin.* accomodamento, accordo; composizione, transazione **2.** concordato, Patti Lateranensi.

concìlio (pl. *-li*) [dal lat. *concilium,* unione, assemblea; 1313] ***sm.*** **1.** *T.eccl.* assemblea dei vertici di una comunità religiosa per discutere questioni di fede, disciplina e sim. || *concilio ecumenico,* nella Chiesa cattolica, assemblea di tutti i vescovi presieduta dal papa per deliberare su questioni di dottrina || *concilio provinciale,* cui partecipano tutti i vescovi di una provincia ecclesiale **2.** *per estens.* riunione, part. riunione tenuta in segreto || **N.** **1.** *Sin.* concistoro, sinodo | conclave. **Q.T.** *religione.*

concimàia [da *concime*; a. 1861] ***sf.*** deposito in cui lo stallatico viene raccolto e si trasforma in letame maturo da usare come fertilizzante || **N.** *Sin.* letamaio.

concimàre (pres. *-ìmo*) [da *concime*; sec. XVI] ***tr.*** fertilizzare il terreno spargendovi sopra concime.

concimatóre [da *concimare*; a. 1729] ***agg.*** e ***sm.*** (f. *-trìce*) che, chi concima.

concimatùra [da *concimare*; 1803] ***sf.*** *non com.* concimazione || il periodo dell'anno in cui essa avviene.

concimazióne [da *concimare*; 1865] ***sf.*** atto ed effetto del concimare.

concìme [da *conciare*; sec. XVI] ***sm.*** *T.agr.* sostanza fertilizzante naturale o artificiale usata per fornire al terreno gli elementi necessari per lo sviluppo delle colture: *spargere il concime* || **N.** *Sin.* fertilizzante, letame | animale, azotato, chimico, fosfatico, organico, vegetale. **Q.T.** *agricoltura.*

concinnàre [dal lat. *concinnāre,* preparare, disporre per bene; a. 1912] ***tr.*** *lett. raro* rendere armoniosa un'opera letteraria: *pochi poeti avrebbero saputo concinnare con altrettanta grazia nativa un poema così perfetto* (Pascoli).

concinnità [dal lat. *concinnitas, -ātis*; 1438] ***sf.*** *lett. raro* armonia semplice ed elegante di uno scritto poetico, di un discorso e sim. || **N.** *Sin.* eleganza, semplicità.

concìnno [dal lat. *concinnus,* armonioso; a. 1472] ***agg.*** *lett.* detto di stile letterario elegante, armonioso, sobrio.

concìno [da *concia*; 1865] ***sm.*** **1.** sostanza usata per conciare estratta dalla corteccia della quercia **2.** *region.* artigiano che ripara ombrelli, stoviglie e sim.

cóncio[1] (pl. *-ci*) [da *conciare*; a. 1292] **I** ***agg.*** **1.** conciato, nei sensi del verbo **2.** *ant.* di cibi, cucinato, preparato **II** ***sm.*** pietra squadrata utilizzata come materiale di costruzione o per scopi ornamentali; anche *agg.*: *pietra concia.* **TAV.** ***architettura*** **p. 646 6.1h.**

cóncio[2] (pl. *-ci*) [da *conciare*; 1612] ***sm.*** **1.** *tosc.* concime || *fig.* persona spregevole **2.** *ant.* accordo; ordine, assetto.

conciofossecosaché [comp. di *con ciò fosse cosa che*; 1294] ***cong.*** *ant.* poiché, dato che; benché, part. riferito al passato.

concionàre (pres. *-óno*) [dal lat. *contionāri*; 1520] ***intr.*** (aus. *avere*) *lett.* tenere una concione, arringare || *iron.* parlare in modo pomposo e altisonante: *il delegato concionava* || ***tr.*** dire cose pompose: *concionare frasi altisonanti.*

concionatóre [dal lat. *contionātor, -ōris*; 1551] ***sm.*** (f. *-trìce*) *raro* chi tiene concione.

concionatòrio (pl. *-ri*) [da *concionare*; 1865] ***agg.*** *lett.* da concione, proprio di una concione: *eloquenza concionatoria, tono concionatorio.*

concióne [dal lat. *contio, -ōnis*; a. 1498] ***sf.*** **1.** *ant.* pubblica assemblea per discutere le questioni dello stato **2.** discorso solenne fatto in pubblico, arringa || *per estens. iron.* discorso retorico e ampolloso.

conciossiaché [comp. di *con ciò sia che*; 1282] ***cong.*** *ant.* con valore causale, poiché || con valore concessivo, benché (riferito al presente).

concisióne [dal lat. *concīsio, -ōnis,* divisione; 1603] ***sf.*** brevità ed essenzialità nello scrivere e nel parlare || **N.** *Sin.* breviloquenza, stringatezza || *Contr.* prolissità.

conciso [dal lat. *concīsus,* tagliato; a. 1492] ***agg.*** di stile, essenziale, breve ed efficace || *per estens.* di persona, che si esprime in tale maniera: *un prosatore conciso* || **concisaménte** ***avv.***

concistoriàle [da *concistoro*; a. 1498] ***agg.*** che riguarda un concistoro: *atti concistoriali* || *Congregazione concistoriale,* organo della Curia romana, presieduto dal pontefice, che vigila sui vescovi e sul governo delle diocesi.

concistòro [dal lat. tardo *consistōrium,* luogo di riunione; sec. XIII] ***sm.*** **1.** nell'ordinamento cattolico, assemblea dei cardinali indetta dal papa per la discussione di importanti questioni, per la nomina dei vescovi o la creazione di nuove diocesi e sim. || *per estens.* luogo in cui tale assemblea si tiene **2.** organo supremo delle Chiese calvinista e luterana **3.** *ant.* adunanza || oggi *iron.* riunione di varie persone per discutere di affari riservati. **Q.T.** *religione.*

concitaménto [da *concitare*; a. 1363] ***sm.*** *lett.* il concitare, l'essere concitato.

concitàre (pres. *cònc ito*) [dal lat. *concitāre*; a. 1342] ***tr.*** *raro* eccitare, provocare: *concitare lo sdegno, l'ira* || **N.** *Sin.* agitare, incitare, sobillare.

concitàto (*pps.* di *concitare*) [a. 1342] ***agg.*** **1.** fortemente turbato da un sentimento, da una passione: *animo concitato* **2.** di parole pronunciate con voce che tradisce forti emozioni: *frasi concitate* || **concitataménte** *avv.*

concitazióne [dal lat. *concitātio, -ōnis*; 1582] *sf.* stato di grande turbamento emotivo || impeto.

concittadinànza [da *concittadino*; a. 1873] *sf. raro* l'essere concittadini.

concittadìno [da *cittadino*; 1618] *sm.* (f. *-a*) chi è della stessa città || *lett.* anche *agg.*

conclamàre (pres. *-àmo*) [dal lat. *conclāmāre*, gridare insieme, a gran voce; sec. XIV-XVI] *tr.* **1.** *lett.* proclamare, acclamare tutti insieme ad alta voce **2.** *ant.* invitare con insistenza, invocare.

conclamàto (*pps.* di *conclamare*) [1908] *agg.* nei sensi del verbo || *T.med.* chiaro, evidente: *sintomatologia conclamata.*

conclamazióne [dal lat. *conclamātio, -ōnis*; a. 1931] *sf. lett.* acclamazione, il gridare tutti insieme.

conclàve [dal lat. *conclāve*, camera (che si può chiudere con la chiave); a. 1363] *sm.* assemblea plenaria dei cardinali che entro 180 giorni dalla morte di un papa si riuniscono per eleggerne un altro || *per estens.* il luogo in cui tale assemblea si svolge: *essere in conclave* || *iron.* riunione solenne di persone. **Q.T.** *religione.*

conclavìsta [da *conclave*; a. 1527] *sm. T.eccl.* prelato o laico addetto al servizio personale di un cardinale quando questi è riunito in conclave.

concludènte (*ppr.* di *concludere*) [1613] *agg.* nei sensi del verbo || che raggiunge validamente una conclusione: *un'argomentazione concludente* || *poco concludente*, dotato di poco senso comune || **N.** *Contr.* inconcludente.

conclùdere (pres. *-ùdo*; p.rem. *-ùṣi*; pps. *-ùṣo*) [dal lat. *conclūdere*; a. 1257 *conchiudere*] *tr.* **1.** portare a felice compimento qualcosa: *concludere un affare* || agire in modo vantaggioso: *non riesco a concludere nulla* **2.** terminare: *ha finalmente concluso la tesi di laurea* || *eufem. concludere la vita, i propri giorni*, morire **3.** terminare traendo le conclusioni di un ragionamento: *concluse l'arringa chiedendo l'assoluzione degli imputati, ne concludi che i poveri hanno sempre torto* || anche *ass. ho concluso col dargli ragione, concludendo, non abbiamo prove per incriminarlo* **4.** *ant.* racchiudere || *intr.* (aus. *avere*) giungere a una conclusione in modo logicamente rigoroso: *è un argomento che non conclude* || *intr. pron.* giungere al termine: *qui si conclude la nostra avventura* || **N.** *tr.* **1.** *Sin.* chiudere, concretare, realizzare, stipulare, stringere **2.** *Sin.* completare **3.** *Sin.* riassumere, riepilogare, tirare le somme; argomentare, dedurre, dimostrare, provare.

concluṣionàle [da *conclusione*; 1905] *agg. T.giur. comparsa conclusionale*, documento che, nei processi civili, contiene le conclusioni di parte.

concluṣióne [dal lat. *conclūsio, -ōnis*; a. 1292] *sf.* **1.** atto, effetto e modo del concludere e del concludersi: *la conclusione di un'amicizia, una conclusione inaspettata* || *concr.* la parte conclusiva di qualcosa, part. di uno scritto: *la conclusione di questa storia è assolutamente incredibile* || *in conclusione*, per concludere; in sostanza **2.** conseguenza logica: *trai tu stesso le conclusioni, le tue sono conclusioni arbitrarie* || *T.fil. conclusione del sillogismo*, proposizione finale del sillogismo che deriva dalle due premesse || in logica, il risultato di una derivazione || *T.giur. pl.* istanza che le parti in causa rivolgono al giudice dopo l'esposizione dei fatti e delle ragioni da cui la disputa ha avuto origine **3.** *ant.* argomento filosofico o teologico di disputa || **N. 1.** *Sin.* fine, termine; esito.

concluṣìvo [dal lat. tardo *conclusīvus*; a. 1442] *agg.* **1.** che conclude: *un intervento conclusivo* **2.** *T.gram. congiunzioni conclusive*, quelle (*perciò, quindi, dunque, pertanto* ecc.) che introducono una proposizione che esprime una conseguenza di ciò che è espresso dalla reggente.

conclùṣo (*pps.* di *concludere*) [sec. XIV] *agg.* terminato, finito, part. riferito a riunioni, accordi e sim. || **N.** conchiuso.

concòide [dal gr. *konchoeidḗs*, simile a conchiglia; 1674] **I** *sf.* **1.** *T.mat. concoide di una curva*, curva piana ottenuta riportando un segmento fisso sulle rette uscenti dal punto d'intersezione di tali rette con la curva data in entrambe le direzioni **2.** *T.min.* frattura concoide **II** *agg. T.min.* frattura a forma di conchiglia.

cóncola [dal lat. *conchula*, dim. di *concha*, conchiglia; sec. XIV] *sf.* **1.** *region.* nome di alcuni molluschi bivalvi dei Veneridi **2.** *ant. rom.* catino.

concologìa [comp. di *conca* e *-logia*; 1931 *conchiologia*] *sf. T.zool.* parte della zoologia che studia le conchiglie.

concolóre [dal lat. *concolor, -ōris*; 1321] *agg. lett.* dello stesso colore: *due archi paralleli e concolori* (Dante).

concomitànte [dal lat. *concomitans, -antis*; 1631] *agg.* che accompagna, che favorisce o si verifica insieme ad altre cose: *causa, circostanza concomitante* || *T.giur. fatto concomitante*, che contribuisce a confermare una prova.

concomitànza [da *concomitante*; a. 1396] *sf.* l'essere concomitante, simultaneità || *T.teol.* nella teologia cattolica, unione del corpo e del sangue di Cristo nell'eucaristia.

concordàbile [dal lat. tardo *concordābilis*; a. 1617] *agg.* che si può concordare: *prezzo concordabile* || *T.gram.* che si può accordare in numero, genere, persona ed eventualmente caso con qualche altro elemento della frase.

concordànza [da *concordare*; 1308] *sf.* **1.** parziale identità, corrispondenza: *concordanza di opinioni* || *T.stat.* relazione tra due enti o fenomeni per cui al variare dell'uno si verifica nell'altro una variazione dello stesso segno **2.** l'insieme delle norme sintattiche che regolano l'accordo di genere, numero, caso e persona dei vari elementi della frase || *concordanza a senso*, quella per cui un soggetto collettivo, pur essendo di numero singolare, può avere un predicato al plurale, ad es. *la maggioranza dei cittadini hanno votato* **3.** *T.geol.* sovrapposizione di due o più strati paralleli durante un processo sedimentario **4.** *T.filol. pl.* repertorio alfabetico, corredato delle indicazioni dei luoghi di ricorrenza, delle parole di una o più opere di un autore: *concordanze dantesche* || **N. 1.** *Sin.* accordo, armonia, conformità, connessione, consonanza, relazione **2.** *Sin.* accordo. **Q.T.** *linguistica.*

concordàre (pres. *-òrdo*) [dal lat. *concordāre*; a. 1294] *tr.* **1.** stabilire di comune accordo: *concordare il prezzo di una merce* **2.** mettere d'accordo, accordare: *concordare pensiero e azione* || *T.gram.* far corrispondere le desinenze grammaticali fra i vari elementi della frase rispettando le concordanze di genere, numero, caso e persona: *concordare l'aggettivo col nome* || *intr.* (aus. *avere*) trovarsi d'accordo: *i nostri punti di vista non concordano* || corrispondere: *le versioni dei fatti date dai testimoni concordano* || *T.gram.* seguire le regole della concordanza grammaticale: *aggettivo e nome concordano in numero e genere* || **N.** *tr.* **1.** *Sin.* convenire, fissare, pattuire **2.** *Sin.* conciliare, conformare, consonare.

concordatàrio (pl. *-ri*) [da *concordato*; 1912] *agg.* conforme a un concordato; che si riferisce ad esso.

concordàto (*pps.* di *concordare*) [a. 1294] **I** *agg.* nei sensi del verbo **II** *sm.* **1.** accordo, convenzione stipulata tra due parti || *T.giur.* accordo fra le parti che pone termine alla richiesta di una di esse di far valere i propri diritti; *concordato fallimentare*, accordo con cui i creditori vengono pagati per una percentuale dei loro crediti perdendo ogni diritto nei confronti del fallito; *concordato tributario*, accordo mediante il quale l'amministrazione finanziaria e il contribuente pongono fine a una controversia **2.** accordo che regola i rapporti fra uno stato e il Vaticano; *per anton.* quello tra lo Stato italiano e la Santa Sede con cui si stabiliscono i rapporti tra Chiesa e Stato.

concòrde [dal lat. *concors, -ordis*; 1321] *agg.* **1.** che mostra accordo, unanimità di vedute, di azione e sim.: *opinioni concordi* || coordinato: *l'azione concorde di polizia e carabinieri portò alla cattura di un pericoloso pregiudicato* **2.** armonico: *suoni concordi* **3.** *T.mat. vettori concordi*, paralleli e di uguale verso || **concordeménte** *avv.*; nella *loc. prep. concordemente con*, insieme a: *concordemente con tutti gli amici, ti faccio i migliori auguri* || **N. 1.** *Sin.* coerente, conforme, consenziente, unanime | *Contr.* discorde.

concordévole [da *concordare*; a. 1294] *agg. ant.* concorde.

concòrdia [dal lat. *concordia*; 1282] *sf.* conformità di voleri, di sentimenti, di atti tra due o più persone: *fra loro regnava la massima concordia, concordia di intenti, nelle scelte* || *ant.* accordo, armonia || **N.** *Sin.* amicizia, armonia, concordanza, conformità, consenso, unanimità | *Contr.* discordia.

concorrènte (*ppr.* di *concorrere*) [a. 1406] **I** *agg.* nei sensi del verbo || *T.mat. linee concorrenti*, rette che hanno un punto in comune; *gen.* convergente || *fig.* che tende al medesimo fine: *cause concorrenti* **II** *s.* **1.** chi partecipa a un concorso, a una gara sportiva o aspira con altri a un posto di lavoro, a una concessione e sim. **2.** nel commercio, chi è in competizione con altri per conquistare un settore di mercato o di clientela || **N.** II **1.** *Sin.* partecipante; aspirante, candidato **2.** *Sin.* competitore, contendente, rivale. **Q.T.** *sport.*

concorrènza [da *concorrere*; a. 1498] *sf.* **1.** nel commercio e nell'industria, situazione di competizione tra produttori di beni o di servizi per la conquista di un settore sempre più ampio di mercato o di clientela: *concorrenza sleale, accanita, spietata*, quella che utilizza qualsiasi mezzo, anche illecito || *per estens.* i mezzi con cui tale competizione si attua || *per estens.* dal punto di vista di un'impresa, la totalità degli altri operatori commerciali che agiscono nel settore || *libera concorrenza*, situazione di mercato caratterizzata da una completa libertà di domanda e offerta senza vincoli legali di sorta **2.** competizione, tendenza all'emulazione **3.** *non com.* affluenza di più persone in un luogo **4.** *T.bur.* raggiungimento, part. nella loc.: *sino alla concorrenza di...* **5.** *T.inform. multitasking* || **N. 1.** *Sin.* competizione | accanita, a coltello, spietata | battere la concorrenza, entrare in concorrenza con, vincere la concorrenza **2.** *Sin.* gara, rivalità. **Q.T.** *economia...*

concorrenziàle [da *concorrenza*; 1942] *agg. T.econ.* proprio della concorrenza: *regime concorrenziale; prezzi concorrenziali*, che reggono il confronto con i prezzi di altri prodotti simili.

concorrenzialità [da *concorrenziale*; 1974] *sf. T.econ.* l'essere concorrenziale: *la concorrenzialità di un prodotto.*

concórrere (pres. *-órro* ecc., come CORRERE) [lat. *concurrere*; 1308] *intr.* (aus. *avere*) **1.** cooperare, partecipare insieme ad altri: *concorrere alla realizzazione di un'impresa* || di cose, contribuire: *tutto concorre ad avvalorare la sua ipotesi* **2.** partecipare a una competizione: *concorrere per l'assegnazione del titolo*; essere in competizione con altri per l'assegnazione di un posto di lavoro, di una concessione e sim.;

partecipare a un concorso: *concorrere alla carica di ispettore* **3.** *lett.* affluire verso uno stesso luogo || *T.mat.* convergere, incontrarsi in un punto **4.** *lett.* gen. seguito dalla prep. *in*, convenire, essere d'accordo con altri: *concorrere in un'opinione* **5.** *ant.* accadere contemporaneamente || **N. 1.** *Sin.* collaborare, contribuire **2.** *Sin.* competere, gareggiare, rivaleggiare **3.** *Sin.* accorrere, affluire.

concórso [lat. *concursus*; inizio sec. XIV] **sm. 1.** affluenza di persone in uno stesso luogo: *la manifestazione registrò un grande concorso di pubblico* || *T.mat.* convergenza, incontro di elementi geometrici **2.** partecipazione, collaborazione con altri: *concorso alle spese* || *T.giur. concorso ereditario*, partecipazione di più eredi a un'eredità; *concorso di colpa*, quando un evento dannoso è causato oltre che dall'attività colposa di un altro soggetto anche da quella del soggetto che la subisce || *fig.* il verificarsi contemporaneo di fattori diversi: *un concorso di circostanze fortuite*; *T.giur. concorso di reati*, violazione molteplice del codice penale commessa da un unico soggetto **3.** prova o insieme di prove istituite allo scopo di scegliere i candidati più idonei a ricoprire un posto, un ruolo o a vincere un premio: *bandire, rinviare, vincere un concorso*; *concorso interno*, riservato a coloro che già lavorano per l'ente che lo ha indetto; *concorso a cattedra*, per l'assegnazione di una cattedra di insegnamento; *concorso per titoli ed esami*, in cui i candidati vengono valutati sulla base delle pubblicazioni scientifiche che hanno prodotto e sulla base di esami cui vengono sottoposti al momento del concorso; *concorso a premi*, il cui scopo è l'assegnazione di premi; *concorso di bellezza*, gara in cui viene eletta la più bella tra un gruppo di giovani donne e meno com. il più bello tra un gruppo di giovani uomini; *fuori concorso*, detto di opere che, pur venendo presentate nell'ambito di un concorso letterario o cinematografico, non sono sottoposte al giudizio della giuria || *T.sport.* gara, competizione: *concorso ippico* || **N. 1.** *Sin.* affollamento, calca, folla **2.** *Sin.* compartecipazione; concomitanza, contemporaneità, convergenza, simultaneità **3.** *Sin.* esame, selezione; competizione, gara.

concorsuàle [dal lat. *concursus*; 1950] **agg. 1.** *T.giur.* che avviene con la partecipazione di più aventi diritto **2.** *T.bur.* relativo a pubblico concorso: *iter concorsuale.*

concreàre (pres. *-èo*) [dal lat. tardo *concreāre*; sec. XIII] **tr.** *raro* creare insieme.

concreàto (*pps.* di *concreare*) [a. 1294 *concriato*] **agg.** *raro* congenito; innato: *la concreata e perpetua sete* (Dante).

concrescènza [dal lat. *concrescentia*; 1865] **sf.** *T.biol.* fusione di parti, in origine separate, che avviene durante l'accrescimento di un organismo.

concrèscere [dal lat. *concrescere*; 1865] (coniugato come *crescere*) **intr.** *raro* **1.** crescere insieme e simultaneamente **2.** consolidarsi, agglutinarsi.

concresciménto [da *concrescere*; 1956] **sm.** *T.min.* insieme di cristalli compenetrati tra loro.

concretàre (pres. *-èto*) [da *concreto*; a. 1764] **tr.** rendere concreto ciò che è astratto; *per estens.* realizzare: *concretare un sogno* || *per estens.* precisare: *devi concretare meglio i tuoi progetti* || **intr. pron.** diventare concreto || **N. tr.** *Sin.* attuare, concretizzare | **intr. pron.** avverarsi, realizzarsi.

concretézza [da *concreto*; 1843] **sf.** l'essere concreto; senso della realtà: *la concretezza del progetto* || detto di espressione artistica, precisione, corposità: *la concretezza delle immagini.*

concretìsmo [da *concreto*; 1967] **sm.** *T.art.* indirizzo pittorico caratterizzato da forme non figurative, prevalentemente geometriche, con cui si intendono esprimere le forme che stanno alla base della realtà || **N.** *Sin.* arte concreta.

concretizzàre [da *concreto*; 1865] **tr.** concretare || **intr. pron.** realizzarsi.

concretizzazióne [da *concretizzare*; 1983] **sf.** il rendere concreto, il diventare concreto: *la concretizzazione di un progetto.*

concrèto [dal lat. *concrētus*, pps. di *concrescere*, condensarsi, coagularsi; a. 1330] **I agg. 1.** detto di ciò che è empiricamente individuabile: *oggetti concreti, realtà concreta* || che ha uno stretto legame con la realtà: *l'inquinamento è un pericolo concreto* || *in concreto*, nella realtà, in modo effettivo || *T.gram. nome concreto*, che indica oggetti reali **2.** *fig.* preciso, determinato: *una concreta analisi della situazione* **3.** *arte concreta*, concretismo || *musica concreta*, tecnica compositiva basata sull'uso di suoni e rumori tratti dalla vita reale **4.** *non com.* solido, consistente || **concretaménte avv. II sm.** ciò che è epiricamente individuabile, sostanziale || **N. I 1.** *Sin.* materiale, positivo, reale; realistico | *Contr.* astratto, irreale, teorico **2.** *Contr.* generico, vago **4.** *Sin.* compatto, denso | *Contr.* liquido, sciolto.

concrezionàle [da *concrezione*; 1940] **agg.** che si riferisce a concrezione || *T.geol. strato concrezionale*, strato di terreno più compatto e a diversa reazione chimica rispetto agli strati superficiali.

concrezionàto [da *concrezione*; 1956] **agg.** *T.min.* di minerale che si è formato per concrezione.

concrezióne [dal lat. *concrētio, -ōnis*; 1680] **sf. 1.** *T.min.* aggregato di sostanze minerali prodotto per deposito di acque mineralizzate **2.** *T.med.* deposito organico o inorganico in un organo cavo o in un tessuto: *i calcoli sono delle concrezioni* **3.** *T.ling.* caso particolare di agglutinazione; *in part.* la fusione dell'articolo con il nome.

concubinàggio (pl. *-gi*) [da *concubino*; a. 1907] **sm.** concubinato.

concubinàrio (pl. *-ri*) [da *concubino*; a. 1396] **agg.** e **sm.** (f. *-a*) che, chi vive in concubinato.

concubinàto [dal lat. *concubinātus*; a. 1588] **sm.** relazione di convivenza tra un uomo e una donna non regolarmente sposati.

concubìno [dal lat. *concubīnus*; 1308] **sm.** (f. *-a*) persona che vive in concubinato || *pl.* coppia che ha una relazione di concubinato.

concùbito [dal lat. *concubitus*, pps. di *concumbere*, giacere assieme; sec. XIV] **sm.** *lett.* il giacere assieme; coito.

conculcàbile [da *conculcare*; 1664] **agg.** *lett.* che si può conculcare.

conculcaménto [da *conculcare*; sec. XIV] **sm.** *raro* conculcazione.

conculcàre (pres. *-ùlco, -ùlchi*) [dal lat. *conculcāre*; a. 1294] **tr. 1.** *fig.* opprimere, vilipendere, violare: *conculcare i più elementari diritti umani* **2.** *lett.* calpestare || **N. 1.** *Contr.* difendere, rispettare.

conculcatóre [da *conculcare*; sec. XIV] **agg.** e **sm.** (f. *-trìce*) *raro* che, chi conculca.

conculcazióne [dal lat. *conculcātio, -ōnis*; a. 1600] **sf.** *non com.* atto ed effetto del conculcare, violazione.

concuòcere (pres. *-òcio* ecc., come CUOCERE) [lat. *concoquere*; prima metà sec. XIV] **tr.** *ant.* digerire || *fig.* di nozioni, assimilare.

concupìre (pres. *-ìsco, -ìsci*) [dal lat. tardo *concupere*; a. 1330] **tr.** *lett.* desiderare appassionatamente, part. riferito a desiderio sessuale: *concupire le mogli degli altri.*

concupiscènte [ppr. dell'ant. *concupiscere*, concupire; 1956] **agg.** *lett.* che manifesta concupiscenza: *sguardo concupiscente.*

concupiscènza [dal lat. tardo *concupiscentia*; a. 1292] **sf.** *lett.* desiderio appassionato, brama; *in part.* brama sessuale || **N.** *Sin.* lussuria, sensualità, voglia.

concupìscere (pres. *-ìsco, -ìsci*) [dal lat. *concupīscere*; a. 1396] **tr.** *ant.* concupire.

concupiscìbile [dal lat. tardo *concupiscībilis*; 1308] **agg. 1.** *non com.* che suscita desiderio **2.** *T.fil.* che tende ai beni e ai piaceri materiali: *anima concupiscibile.*

concussionàrio (pl. *-ri*) [dal fr. *concussionnaire*; 1771] **sm.** (f. *-a*) *T.giur.* reo di concussione.

concussióne [dal lat. *concussio, -ōnis*; a. 1396] **sf. 1.** *T.giur.* reato commesso da un pubblico ufficiale, che abusando della propria autorità induce qualcuno a dare a sé o ad altri denaro o altro **2.** *ant.* scossa violenta, scuotimento || **N. 1.** *Sin.* estorsione, frode | *Contr.* corruzione.

concùsso [dal lat. *concussus*; 1619] **agg. 1.** *T.giur.* estorto mediante concussione **2.** *ant.* percosso.

condànna [da *condannare*; 1673] **sf. 1.** *T.giur.* sentenza con cui il giudice infligge una pena all'imputato riconosciuto colpevole al termine di un procedimento giuridico: *emettere una condanna* || *per estens.* la pena inflitta: *una condanna a vent'anni, all'ergastolo* || *fig.* ammissione di colpa: *con quelle parole ha scritto la sua condanna* **2.** *per estens.* punizione assai severa || condizione di vita disagevole e alla quale è difficile sottrarsi: *allevare un figlio così è stata una condanna* || condizione di chi è inguaribilmente malato: *su di lui pesava la condanna di un tumore* **3.** biasimo, riprovazione generale: *il suo comportamento suscitò l'unanime condanna dei benpensanti* || **N. 1.** *Sin.* pena, sentenza | capitale | patire, riportare, scontare, subire **2.** *Sin.* castigo, punizione; dannazione **3.** *Sin.* disapprovazione, riprovazione.

condannàbile [lat. tardo *condemnābilis*; sec. XIV] **agg.** degno di condanna o di riprovazione.

condannàre [lat. *condemnāre*; a. 1303] **tr. 1.** dichiarare qualcuno colpevole infliggendo la pena prevista per il reato commesso: *condannare all'ergastolo, al risarcimento dei danni* || *per estens. fig.* mostrare la colpevolezza: *le sue reticenze lo condannano* || dichiarare inguaribile: *il referto della biopsia lo condanna* **2.** *per estens.* obbligare: *la sfortuna lo ha condannato a una vita di stenti* **3.** disapprovare: *condannare la guerra* || *in part.* criticare in modo ufficiale: *le società sportive condannano la violenza negli stadi*; della Chiesa cattolica, dichiarare un'opinione, un manoscritto non conforme alla dottrina e ai dogmi ufficiali **4.** *T.edil.* chiudere definitivamente, murare una porta o una finestra || **N. 1.** *Sin.* castigare, infliggere una pena, mandare in prigione, punire | *Contr.* assolvere **2.** *Sin.* costringere, imporre **3.** *Sin.* biasimare, riprovare.

condannàto (*pps.* di *condannare*) [1319] **sm.** (f. *-a*) chi ha subito una condanna || **N.** *Sin.* reo; ergastolano, forzato, galeotto, prigioniero, recluso.

condannatóre [lat. *condemnātor, -ōris*; sec. XIV] **agg.** e **sm.** (f. *-trìce*) *raro* che, chi condanna.

condannatòrio (pl. *-ri*) [da *condannare*; 1613] **agg.** *raro* di condanna, relativo a una sentenza che contiene una condanna.

condannazióne [lat. tardo *condemnātio, -ōnis*; sec. XIII] **sf.** *ant.* condanna.

condannévole [da *condannare*; a. 1292] **agg.** *lett.* condannabile.

condebitóre [dal lat. tardo *condebitor, -ōris*; 1723] **sm.** (f. *-trìce*) chi è debitore insieme con altri.

condecènte [dal lat. tardo *condecens, -entis*; prima metà sec. XIV] **agg.** *lett. disus.* conveniente, che si addice.

condégno [lat. *condignus*; a. 1342] **agg. 1.**

lett. degno **2.** adeguato, proporzionato: *premio condegno alle sue virtù.*

condènsa [da *condensare*; 1970] **sf.** acqua di condensazione in impianti termici a vapore.

condensàbile [da *condensare*; a. 1519] **agg.** **1.** che si può condensare **2.** che si può riassumere ‖ **N.** **1.** *Sin.* addensabile, coagulabile, concentrabile | *Contr.* diluibile **2.** *Sin.* compendiabile, riassumibile, riducibile, riepilogabile, sintetizzabile.

condensabilità [da *condensabile*; 1795] **sf.** l'essere condensabile.

condensaménto [da *condensare*; 1612] **sm.** atto ed effetto del condensare e del condensarsi ‖ **N.** *Sin.* addensamento, coagulazione.

condensànte (*ppr.* di *condensare*) [1628] **I** **agg.** che provoca condensazione **II** **sm.** *T.chim.* catalizzatore impiegato nelle reazioni di condensazione.

condensàre (pres. *-ènso*) [dal lat. *condensāre*; a. 1327] **tr.** **1.** rendere denso ‖ *in part.* modificare lo stato di aggregazione delle molecole di una sostanza mutando le condizioni di temperatura o di pressione: *condensare un gas* ‖ *T.ott.* concentrare su un corpo la luce proveniente da una sorgente **2.** *fig.* riassumere, esprimere in forma più concisa: *condensò la sua relazione in due cartelle* ‖ **intr. pron.** diventare denso, passare dallo stato gassoso a quello liquido ‖ coagularsi ‖ **N.** **tr.** **1.** *Sin.* addensare, concentrare; liquefare | *Contr.* diluire, rarefare, stemperare **2.** compendiare, riassumere, riepilogare, schematizzare, sintetizzare | **intr. pron.** addensarsi, coagularsi, rapprendersi | *Contr.* liquefarsi, sciogliersi.

condensàto (*pps.* di *condensare*) [a. 1375] **I** **agg.** **1.** che ha subito una condensazione: *vapore condensato* ‖ *latte condensato*, a cui è stata sottratta l'acqua **2.** *T.chim.* *anelli condensati*, nei composti organici, anelli aromatici uniti tra loro **II** **sm.** **1.** liquido ottenuto per condensazione di vapori **2.** riassunto, compendio ‖ **N.** I **1.** *Sin.* compresso, concentrato, liquefatto II **2.** *Sin.* compendio, riassunto, schema, sintesi.

condensatóre [da *condensare*; 1797] **sm.** **1.** nome di vari apparecchi con scopi e funzionamento diversi: *condensatore elettrico*, apparecchio per l'accumulazione di un valore accettabile di capacità elettrica; *condensatore di vapore*, apparecchio che consente di riconvertire in acqua il vapore di scarico prodotto dalle macchine motrici a vapore; *condensatore ottico*, sistema di lenti che consente di concentrare in un punto preciso la luce proveniente da una fonte luminosa **2.** (f. *-trice*) *non com.* chi condensa. **Q.T.** *elettricità* **TAV.** ***ottica*** **p. 1329** 7.5.

condensazióne [dal lat. tardo *condensātio, -ōnis*; a. 1519] **sf.** **1.** atto ed effetto del condensare; *in part.* *T.fis.* il passaggio di una sostanza dallo stato gassoso a quello liquido **2.** *T.chim.* unione di due o più molecole, spesso con eliminazione di molecole semplici **3.** *fig.* espressione in forma concisa di concetti ‖ *T.psican.* rappresentazione psichica nella quale un solo contenuto esplicito può assommare vari pensieri latenti.

condènso [dal lat. *condēnsus*; a. 1374] **agg.** *ant.* denso ‖ *fig.* velato, annebbiato.

condeterminàre (pres. *-èrmino*) [comp. di *con-* e *determinare*; 1964] **tr.** *raro* determinare qualcosa valutandola assieme ad altri fatti.

condicévole [dal disus. *condicere*, convenire; a. 1294] **agg.** *raro* che si addice, conveniente.

condilartròsi [comp. di *condil(o)* e *artrosi*; 1956] **sf. inv.** *T.anat.* tipo di articolazione in cui uno dei capi ossei presenta una superficie convessa e l'altro una superficie concava.

còndilo [dal lat. tardo *condylus*, gr. *kóndylos*, giuntura; 1659] **sm.** *T.anat.* prominenza articolare di un osso di forma tondeggiante, ricoperta di cartilagine.

condilòide [comp. di *condilo* e *-oide*; 1830] **agg.** *T.anat.* a forma di condilo.

condiloidèo [comp. di *condilo* e *-oideo*; 1830] **agg.** *T.anat.* proprio del condilo, relativo al condilo: *estremità condiloidea.*

condilòma [dal lat. tardo *condyloma*, gr. *kondýlōma*, articolazione, nodo; 1771] **sm.** *T.med.* escrescenza carnosa della cute o delle mucose ‖ *condiloma acuminato*, neoformazioni carnose presenti sugli organi sessuali, dette anche *creste di gallo.*

condiménto [lat. *condimentum*; a. 1294] **sm.** **1.** ingrediente o serie di ingredienti che vengono aggiunti alle sostanze alimentari per renderle più saporite **2.** *fig.* ciò che rende più gradita una cosa: *la tolleranza è il condimento del vivere civile* **3.** atto ed effetto del condire ‖ **N.** **1.** intingolo, salsa, sugo **2.** *Sin.* abbellimento, accompagnamento. **Q.T.** *alimentazione.*

condìre (pres. *-ìsco, -ìsci*) [lat. *condire*; a. 1342] **tr.** **1.** rendere più saporito o gustoso un cibo mediante l'aggiunta di sostanze: *condire gli spaghetti con tonno e piselli, condire l'insalata con olio e aceto* **2.** *fig.* rendere più gradevole: *condire le critiche con l'ironia* ‖ riempire: *un tema condito di errori* **3.** *fam.* ridurre male: *quando lo vedo, lo condisco io.*

condirettóre [da *direttore*; 1865] **sm.** (f. *-trice*) chi condivide con altri la carica di direttore.

condirezióne [da *direzione*; 1970] **sf.** *non com.* l'ufficio di condirettore ‖ *non com.* il dirigere insieme ad altri qualcosa: *la condirezione di una rivista scientifica.*

condiscendènte (*ppr.* di *condiscendere*) [1427] **agg.** che accondiscende: *mostrarsi, essere condiscendente* ‖ **N.** accondiscendente, arrendevole, conciliante, indulgente.

condiscendènza [da *condiscendente*; 1673] **sf.** **1.** atteggiamento di benevola comprensione, o anche di arrendevolezza alle richieste altrui **2.** atteggiamento di sufficienza, di ostentata tolleranza verso gli altri ‖ **N.** **1.** *Sin.* arrendevolezza, bonarietà, cedevolezza, docilità, malleabilità, trattabilità.

condiscéndere (pres. *-éndo* ecc., come SCENDERE) [lat. tardo *condescendere*; 1321 *condescendere*] **intr.** (aus. *avere*) **1.** accondiscendere, mostrarsi disponibili al volere, alle richieste altrui **2.** *ant.* adattarsi, abbassarsi ‖ *ant.* discendere.

condiscépolo [dal lat. *condiscipulus*; sec. XIV] **sm.** (f. *-a*) chi è discepolo insieme ad altri dello stesso maestro ‖ *scherz.* compagno di studi.

condìto (*pps.* di *condire*) [1260 ca.] **I** **agg.** insaporito **II** **sm.** *raro* condimento.

condividere (pres. *-ìdo* ecc., come DIVIDERE) [da *dividere*; a. 1420] **tr.** dividere con altri: *condividono la stanza*; *fig.* avere in comune: *condividono la passione per la montagna* ‖ **N.** *Sin.* dividere, spartire.

condizionàle [dal lat. tardo *condicionālis*; sec. XIV] **I** **agg.** **1.** che esprime una condizione ‖ *T.gram.* *modo condizionale*, modo verbale che indica un'azione o un fatto la cui realizzazione dipende dal verificarsi di particolari condizioni (il modo condizionale sostituisce il futuro nelle subordinate che dipendono da una proposizione con il tempo al passato: *dico che partirò, dicevo che sarei partito*); *congiunzioni condizionali*, quelle che introducono una proposizione condizionale, ad es. *se, qualora*; *proposizione condizionale*, proposizione subordinata che contiene una circostanza che condiziona l'accadere dell'azione espressa dalla reggente ‖ in logica, *enunciato condizionale* (o *sm. condizionale*), enunciato della forma "se *p*, allora *q*" **2.** che è sottoposto al verificarsi di una condizione ‖ *T.giur.* *sospensione condizionale della pena*, beneficio giuridico con cui viene disposta la sospensione di una pena detentiva per un tempo determinato, al termine del quale, se il colpevole non ha commesso altri reati, la pena decade ‖ *T.fil.* *sillogismo condizionale*, sillogismo ipotetico in cui la validità della premessa maggiore è sottoposta al verificarsi di una condizione **II** **sm.** *T.gram.* modo condizionale ‖ **sf.** **1.** *T.gram.* proposizione condizionale **2.** *T.giur.* sospensione condizionale della pena.

condizionaménto [da *condizionare*; 1881] **sm.** atto ed effetto del condizionare ‖ *condizionamento dell'aria*, insieme di operazioni necessarie per rendere costanti le condizioni di temperatura, umidità e purezza dell'aria in un locale chiuso ‖ *T.ling.* *condizionamento di un fonema*, alterazione nella realizzazione fonica di un fonema per la presenza di particolari foni contigui ‖ *T.psic.* stimolo che fa insorgere in un individuo comportamenti indotti; *in part.* in neurofisiologia, istituzione di un riflesso condizionato ‖ *per estens.* ogni processo attraverso il quale comportamenti umani vengono modificati o influenzati, temporaneamente o stabilmente: *pesanti condizionamenti sociali.* **Q.T.** *psicologia, sociologia.*

condizionàre (pres. *-óno*) [da *condizione*; 1321] **tr.** **1.** subordinare, sottoporre a una condizione: *ho condizionato il mio assenso alla sua disponibilità*; determinare: *il corso del dollaro condiziona il valore dell'oro* ‖ *T.psic.* influenzare pesantemente un individuo in modo da determinarne il comportamento; *in part.* in neurofisiologia, stabilire un riflesso condizionato ‖ *gen.* influenzare: *i genitori hanno condizionato le sue scelte* **2.** predisporre in modo opportuno, part. in riferimento a merci e prodotti che devono essere spediti; di merci deperibili, predisporle per una lunga conservazione ‖ *per estens.* rendere qualitativamente ottimale ‖ *condizionare fibre tessili*, umidificarle mediante l'uso di vapore ‖ *condizionare l'aria*, mantenere costanti le condizioni di temperatura, pressione e umidità di un locale mediante l'uso di opportune apparecchiature **3.** *ant.* rendere idoneo.

condizionàto (*pps.* di *condizionare*) [sec. XIV] **agg.** nei sensi del verbo ‖ *T.ling.* alterato a causa di un condizionamento ‖ *riflesso condizionato*, in neurofisiologia riflesso acquisito, provocato da uno stimolo non specifico che sia stato ripetutamente associato a uno stimolo naturale ‖ **condizionataménte** **avv.** sotto condizione; nella *loc. prep.* *condizionatamente a*, per quanto è consentito da: *condizionatamente agli obblighi assunti.*

condizionatóre [da *condizionare*; 1939] **sm.** **1.** apparecchio o impianto mediante il quale si attua il condizionamento dell'aria; anche *agg.*: *impianto condizionatore* **2.** (f. *-trice*) *T.tess.* operaio addetto a condizionare fibre tessili o prodotti che devono essere conservati.

condizionatrìce [da *condizionare*; 1970] **sf.** **1.** macchina che effettua il condizionamento delle merci **2.** macchina a rulli che schiaccia il foraggio e ne favorisce l'essiccamento **3.** macchina per la condizionatura delle fibre tessili ‖ **N.** **2.** *Sin.* schiacciaforaggi.

condizionatùra [da *condizionare*; 1797] **sf.** **1.** *T.tess.* operazione di umidificazione mediante vapore delle fibre tessili **2.** il complesso delle operazioni per preparare una merce alla spedizione **3.** trattamento cui vengono sottoposti determinati prodotti al fine di garantirne la conservazione **4.** condizionamento.

condizióne [dal lat. *condicio, -ōnis*; a. 1276] **sf.** **1.** fatto necessario al verificarsi di un altro fatto per raggiungere uno scopo: *stabilire una condizione, sono venute a mancare le condizioni per ottenere un risultato positivo*; *condizione ne-*

cessaria, indispensabile al verificarsi di qualcosa; *condizione sufficiente*, che basta a far sì che qualcosa si verifichi || *essere, sentirsi, trovarsi nelle condizioni di...*, essere in grado; essere costretto || *per estens.* elemento di un accordo, clausola: *la controparte ha formulato condizioni inaccettabili, condizioni vantaggiose, sfavorevoli; condizioni di resa*, in un armistizio, quelle stabilite dai vincitori || *T.comm. condizioni di pagamento*, accordo circa il modo di versamento di una somma pattuita o richiesta || *T.giur.* avvenimento incerto dal cui verificarsi dipendono gli effetti di un negozio giuridico; *condizione potestativa*, il cui verificarsi dipende dalla volontà di uno dei soggetti coinvolti in un negozio giuridico || *sotto condizione*, con riserva || *a nessuna condizione*, in nessun modo || *a condizione che*, solo nel caso in cui **2.** stato fisico o psicologico o sociale di una persona: *le sue condizioni di salute sono sensibilmente migliorate* || situazione, capacità: *non era in condizione di reagire*; *in part.* situazione finanziaria: *si trova in una condizione di relativa agiatezza* || posizione sociale: *persone di elevata condizione* **3.** aspetto esteriore, qualità: *le condizioni del tempo sembrano peggiorare*; stato di conservazione: *un abito in pessime condizioni* **4.** situazione generale: *negli ultimi decenni c'è stato un generale peggioramento delle condizioni di vita* **5.** *T.chim.* e *T.fis.* stato di un sistema, caratterizzato da valori e grandezze determinati || **N. 1.** situazione, stato; limitazione, riserva | *Contr.* libertà **2.** ceto, classe, grado, posizione.

condogliànza [dal fr. *condoléance*; a. 1547] ***sf.*** **1.** part. *pl.*, espressione verbale o scritta di partecipazione al dolore altrui, part. in circostanze luttuose: *porgere le proprie condoglianze* **2.** *ant.* rammarico, dolore.

condolérsi (pres. *-òlgo* ecc., come DOLERSI) [dal lat. *condolēre*; a. 1303] ***intr. pron.*** partecipare al dolore d'altri || *lett.* mostrare rammarico, compassione || lamentarsi.

condom (ingl., pr. ['kɒndəm]; pr. it. ['kɔndom]) [dal n. proprio *Condom*, medico ingl. che ne suggerì l'uso; 1955] ***sm. inv.*** guaina di gomma da porsi sul pene per prevenire il concepimento o infezioni veneree durante il coito || **N.** *Sin.* preservativo.

condominiàle [da *condominio*; 1942] ***agg.*** di condominio: *regolamento condominiale.*

condomìnio (pl. *-ni*) [da *condomino*; 1745] ***sm.*** **1.** proprietà comune; *in part.* diritto di comproprietà di un edificio in cui i singoli proprietari di alloggi, garage ecc. condividono alcune parti comuni dell'edificio come le scale, il tetto, le fondamenta e sim. || *concr.* l'edificio che è oggetto di condominio: *un condominio degli anni 50* **2.** *per estens. condominio internazionale*, sovranità esercitata da più stati su un unico territorio.

condòmino [lat. mediev. *condominus*, comp. di *cum*, con e *dominus*, padrone; 1777] ***sm.*** (f. *-a*) comproprietario di un edificio in condominio.

condonàbile [da *condonare*; 1686] ***agg.*** che può essere condonato.

condonàre (pres. *-óno*) [dal lat. *condonāre*; sec. XIV] ***tr.*** **1.** liberare qualcuno dall'obbligo di scontare una pena o parte di essa: *gli furono condonati tre anni di carcere*; rimettere un debito || *non com.* perdonare, scusare **2.** *ant.* consentire.

condonazióne [dal lat. *condonātio, -ōnis*; 1686] ***sf.*** *non com.* atto ed effetto del condonare.

condóno [da *condonare*; 1812] ***sm.*** remissione parziale o totale di una pena o di un debito: *condono fiscale, edilizio* || **N.** amnistia, grazia, indulto.

còndor [dallo sp. *condor*; 1553 *condori* come pl.] ***sm. inv.*** grosso rapace dei Falconiformi con collo e capo privi di piumaggio, collare bianco, corpo nero e ali di colore grigio scuro; diffuso in America Latina, part. nella zona andina, si nutre di carogne.

condótta [da *condurre*; sec. XIII] ***sf.*** **1.** modo di comportarsi, di vivere: *ha sempre tenuto una buona condotta, la sua linea di condotta è mutata col trascorrere del tempo* || *condotta (scolastica)*, modo in cui un allievo si comporta a scuola; *voto di condotta*, valutazione espressa da un insegnante o da un consiglio di classe sul comportamento tenuto in classe da ogni singolo allievo **2.** modo di esecuzione di un lavoro o di un incarico, conduzione di una competizione sportiva: *con un'accorta condotta di gara è riuscito a sfiancare gli avversari* || *T.mus.* linea di svolgimento di un brano musicale; *raro* modo in cui è strutturata un'opera artistica **3.** azione di comando esercitata durante lo svolgimento di operazioni belliche || *ant.* patto con cui un comandante mercenario veniva assoldato da una signoria o da un comune per un certo periodo di tempo; *per estens.* la milizia così assoldata **4.** convenzione mediante la quale un ente comunale affida a un medico, a un ostetrico o a un veterinario il servizio di assistenza sanitaria per una zona determinata || *per estens.* la zona in cui tale incarico si svolge || *per estens.* l'incarico stesso **5.** treno adibito al trasporto merci **6.** impianto per il trasporto di liquidi e fluidi mediante tubazioni || *condotta forzata*, in cui il liquido scorre a una pressione superiore a quella atmosferica **7.** *T.teatr.* l'insieme dei materiali scenici che una compagnia teatrale porta con sé || **N. 1.** *Sin.* atteggiamento, comportamento, contegno, costume | ambigua, ardita, assennata, cauta, circospetta, coerente, contraddittoria, coraggiosa, costumata, dignitosa, esemplare, equivoca, generosa, guardinga, impeccabile, incostante, irreprensibile, morigerata, nobile, onesta, paziente, prudente, retta, riprovevole, riservata, risoluta, scandalosa, severa, sospetta, subdola, temeraria, virile, virtuosa **2.** *Sin.* conduzione, metodo, programma, tattica **5.** condottiero.

condottàre (pres. *-ótto*) [da *condotto*²; a. 1798] ***tr.*** trasportare per mezzo di condotte o condotti: *condottare metano, petrolio.*

condottièro (ant. *condottière*) [da *condotta*, milizia assoldata; a. 1348] ***sm.*** (f. *-a*) **1.** *T.stor.* comandante di milizie mercenarie || *per estens.* chi è a capo di un gruppo, di un'azienda, di un partito || *lett.* chi guida un popolo **2.** *non com.* trasportatore || **N. 1.** *Sin.* capitano, capo, comandante, *leader.*

condótto¹ (*pps.* di *condurre*) [a. 1294] ***agg.*** nei sensi del verbo; *in part. medico condotto*, medico cui è affidata la tutela sanitaria della popolazione di una condotta.

condótto² [lat. *conductum*; 1282] ***sm.*** **1.** tubo entro cui scorre un fluido, un gas o un solido incoerente **2.** *condotto eruttivo* o *vulcanico*, quello attraverso cui, nel periodo di attività eruttiva, il magma sale verso l'orifizio **3.** *T.anat.* canale, dotto con pareti proprie e funzioni protettive o di scorrimento di secrezioni. **TAV. *anatomia* p. 642** 18.2; ***geologia* p. 1313** 3.9.

condràle [da *condro-*; 1956] ***agg.*** *T.anat.* cartilagineo.

condrìna [comp. di *condro-* e *-ina*; 1865] ***sf.*** *T.biol.* sostanza organica che sta alla base della cartilagine.

còndrio- v. CONDRO-.

condriòma [comp. di *condrio-* e *-oma*; 1914] ***sm.*** *T.biol.* struttura filamentosa o granulare che è uno dei costituenti del citoplasma cellulare.

condriosòma [comp. di *condrio-* e *-soma*; 1931] ***sm.*** *T.biol.* particella organizzata del citoplasma cellulare, dove si svolgono i processi della respirazione e quelli relativi alla produzione di energia || **N.** *Sin.* mitocondrio.

condrìte¹ [comp. di *condro-* e *-ite*¹; 1956] ***sf.*** *T.med.* infiammazione della cartilagine.

condrìte² [comp. di *condro-* e *-ite*²; 1956] ***sf.*** *T.min.* meteorite caratterizzata dalla presenza di condri.

Condrìtti [comp. del gr. *chóndros*, cartilagine e *ichthýes*, pesci; 1971] ***sm. pl.*** *T.zool.* altro nome dei pesci Selaci. **TAV. *pesci* p. 1330**.

còndro [dal gr. *chóndros*, cartilagine; 1971] ***sm.*** **1.** *T.min.* piccola concrezione rotonda dalla conformazione fibroso-raggiata, tipica delle condriti **2.** *T.bot.* genere di alghe rosse a forma ramificata, tra cui il *carrageen*.

còndro- o **còndrio-** [dal gr. *chóndros*, cartilagine] ***primo elem.*** che, in parole composte della terminologia scientifica, vale "cartilagine" (per es. *condrologia, condroma*).

condrologìa [comp. di *condro-* e *-logia*; 1970] ***sf.*** *T.med. non com.* lo studio delle strutture cartilaginee.

condròma [comp. di *condro-* e *-oma*; 1956] ***sm.*** tumore benigno del tessuto cartilagineo.

Condròstei [lat. scient. *chondrostei*, comp. di *condro-* e del gr. *ostéon*, osso; 1932] ***sm. pl.*** *T.zool.* ordine di pesci Teleostei del gruppo Ganoidi, con scheletro prevalentemente cartilagineo, coda asimmetrica, bocca sulla faccia ventrale del capo e una sola pinna dorsale; ad esso appartengono gli storioni. **Q.T. *zoologia*.**

conducènte (*ppr.* di *condurre*) [1513] ***s.*** **1.** chi guida un veicolo, spec. un veicolo pubblico: *conducente d'autobus* || chi guida un veicolo a trazione animale **2.** *non com.* chi prende in affitto, locatario || **N. 1.** *Sin.* autista, pilota; camionista, manovratore; carrettiere, vetturino.

conducìbile [dal lat. *conducibilis*; sec. XIV-XVI] ***agg.*** **1.** che si può condurre, trasmettere **2.** *T.fis.* che possiede conducibilità.

conducibilità [da *conducibile*; 1851] ***sf.*** *T.fis.* proprietà dei corpi di trasmettere calore o elettricità: *conducibilità termica, elettrica* || **N.** *Sin.* conduttività.

condùplex [comp. di *con-* e *duplex*; 1951] ***s. inv.*** ognuno dei due utenti di un duplex telefonico.

condùrre (pres. *-ùco, -ùci*; imp. *-évo*; p.rem. *-ùssi, ucésti*; ppr. *conducènte*; pps. *condótto*) [lat. *condūcere*; sec. XII-XIII] ***tr.*** **1.** guidare, accompagnare verso un luogo o verso un fine: *condurre la spedizione alla meta, condurre la squadra alla vittoria; condurre in porto*, anche *fig.* portare a termine, a buon fine || *per estens.* guidare un veicolo: *condurre l'auto* || anche *ass.* portare in qualche luogo: *questa strada conduce a Vercelli* **2.** trasportare, part. riferito a cavi e condutture || *T.fis.* riferito a corpi dotati di conducibilità, trasmettere: *condurre calore, elettricità* **3.** dirigere un'impresa, un'attività, una trattativa: *condurre un'importante vertenza* || realizzare, svolgere: *ha condotto il proprio incarico con maestria* || di opere artistiche, dirigere, eseguire: *una sinfonia condotta con brio* || *condurre un programma televisivo*, animarlo presentando gli ospiti, collegando i vari momenti della trasmissione **4.** passare, trascorrere: *conduce una vita di stenti* **5.** *T.sport.* essere in vantaggio, essere al comando: *il team italiano conduceva la Iditaroad dal terzo giorno*; anche *ass. la squadra di casa conduce per 2 a 0* **6.** *T.mat.* tracciare: *condurre la perpendicolare all'ipotenusa* **7.** *non com.* stipendiare **8.** *non com.* affittare, noleggiare || ***rifl.*** **1.** comportarsi: *si conduce con estrema prudenza* **2.** *ant.* ridursi: *si è condotto in miseria* || **N. *tr.* 1.** *Sin.* capitanare, dirigere, gestire, governare, reggere, regolare; accompagnare, guidare, menare, pilotare, portare **2.** *Sin.* convogliare, incanalare, trasportare | *Contr.* disperdere **5.** *Sin.* essere in testa, guidare; essere in vantaggio.

conduttànza [da *condurre*; 1956] **sf.** *T.elettr.* in un circuito, grandezza che misura la capacità di condurre corrente || **N.** *Contr.* resistenza.

conduttibilità [dal lat. *condūctus*, pps. di *condūcere*, condurre; 1830] **sf.** conduttività.

conduttività [da *conduttivo*; 1887] **sf.** **1.** *T.fis.* conducibilità **2.** *T.fisiol.* capacità di un organo di trasmettere uno stimolo.

conduttìvo [da *condurre*; 1865] **agg.** atto a condurre, a trasmettere, part. calore o elettricità.

conduttometrìa [comp. del lat. *condūctus*, pps. di *condūcere*, condurre e *-metria*; 1956] **sf.** *T.chim.* e *T.fis.* misurazione della conduttività di un corpo o di una soluzione.

conduttomètrico (pl. *-ci*) [da *conduttometria*; 1956] **agg.** *T.chim.* e *T.fis.* relativo alla conduttometria: *analisi conduttometrica.*

conduttóre [dal lat. *conductor, -ōris*; 1308] **I agg.** che conduce, che dirige: *filo conduttore*, elemento che aiuta nello svolgimento di una ricerca, di un ragionamento e sim. o che collega vari momenti di uno scritto o di uno spettacolo, di una produzione: *la musica folk è il filo conduttore delle sue ultime canzoni* **II sm.** (f. *-trìce*) **1.** (f. *-trìce*) chi guida un mezzo di trasporto, conducente || *T.sport. campionato mondiale conduttori*, nell'automobilismo, campionato in cui vengono premiati i piloti **2.** (f. *-trìce*) addetto alla sorveglianza e manutenzione di apparecchi per reazioni chimiche, di caldaie e generatori a vapore **3.** (f. *-trìce*) *T.ferr.* impiegato addetto al controllo dei biglietti e al servizio viaggiatori **4.** (f. *-trìce*) in alberghi, bar e sim., gestore **5.** (f. *-trìce*) chi stipula un contratto di affitto, locatario **6.** *T.fis.* corpo che permette il passaggio di calore o di energia elettrica **7.** *T.bot.* tessuto che consente il trasporto di acqua **8.** nella Marina militare, nave su cui è imbarcato il comandante di una flottiglia || *ant.* condottiero **9.** chi presenta le varie fasi di uno spettacolo, spec. televisivo; presentatore. **Q.T.** *fisica* **TAV.** *elettrotecnica* 13.1.

conduttùra [da *condurre*; a. 1541] **sf.** complesso di condotti o tubi destinati al trasporto di liquidi e gas || *per estens.* linee di trasmissione dell'energia elettrica || *raro* il condurre || **N.** *Sin.* canale, tubatura.

conduzióne [dal lat. *conductio, -ōnis*; 1357] **sf.** **1.** atto ed effetto del condurre; *in part.* il dirigere un'impresa, un'azienda: *un albergo a conduzione familiare* || sorveglianza: *la conduzione della caldaia* **2.** *T.fis.* propagazione di energia attraverso un corpo senza spostamento di materia **3.** *T.fisiol.* propagazione degli stimoli nervosi ai tessuti **4.** *T.giur.* locazione || **N.** **1.** *Sin.* amministrazione, gestione; controllo.

conestàbile o **connestàbile** [dal fr. ant. *conestable*; fine sec. XIII] **sm.** *T.stor.* presso i bizantini, capo delle scuderie reali || nel Medioevo, alto dignitario di corte, spec. con incarichi militari || nel periodo napoleonico, ufficiale militare con incarichi di polizia.

confabulàre (pres. *-àbulo*) [dal lat. *confabulāri*; a. 1342] **intr.** (aus. *avere*) conversare con qualcuno a bassa voce e in un luogo appartato || *meno com.* chiacchierare amichevolmente.

confabulazióne [dal lat. tardo *confabulātio, -ōnis*; a. 1375] **sf.** **1.** il confabulare **2.** *T.med.* discorso sconnesso tipico di chi soffre di disturbi psichici che interessano la memoria recente.

confacènte (*ppr.* di *confarsi*) [a. 1667] **agg.** **1.** conveniente, adatto **2.** che reca giovamento: *un clima confacente agli ammalati di polmoni.*

confacévole [dal disus. *confacere*, confarsi; a. 1547] **agg.** *raro* confacente.

confagrìcolo [da *Confagricoltura*; 1963] **agg.** relativo alla Confagricoltura (Confederazione generale dell'agricoltura).

confarreazióne [dal lat. *confarreātio, -ōnis*; 1561 *confarrazione*] **sf.** *T.stor.* nell'antica Roma, rito con cui, in occasione del matrimonio, la donna si assoggettava alla potestà del capo della famiglia del marito.

confàrsi (pres. *confàccio, confài, confà* ecc., come FARE; gen. usato solo alla terza pers. sing. e pl.) [da *fare*; 1224 ca.] **intr. pron.** **1.** essere adatto, adeguato: *quest'abito si confà all'occasione* **2.** giovare, essere utile: *questo clima poco si confà ai miei reumatismi* || **N.** **1.** *Sin.* addirsi, convenire.

confederàle [da *confederare*; 1950] **I agg.** che si riferisce a una confederazione **II sm.** *pl. i confederali*, gli aderenti ai sindacati confederali, in opposizione agli *autonomi.*

confederàre (pres. *-èdero*) [dal lat. *confoederāre*; a. 1540] **tr.** *non com.* unire in un'alleanza politica || **rifl. rec.** stringere un'alleanza politica o sindacale || *fig. raro* accordarsi per un fine comune.

confederatìvo [da *confederare*; 1843] **agg.** proprio di una confederazione: *patto confederativo.*

confederàto (*pps.* di *confederare*) [a. 1484] **I agg.** unito in confederazione **II sm.** (f. *-a*) membro di una confederazione || *i Confederati*, i sudisti nella guerra di secessione americana.

confederazióne [dal lat. tardo *confoederātio, -ōnis*; sec. XIV] **sf.** **1.** unione politica fra stati diversi che, avendo interessi comuni in politica internazionale, concordano una condotta unitaria svolta per mezzo di organi confederali rappresentativi, mentre per le questioni interne mantengono la propria autonomia **2.** unione a carattere nazionale o internazionale di associazioni sindacali.

conferènte (*ppr.* di *conferire*) [a. 1363] **I agg.** nei sensi del verbo **II s.** *T.giur.* persona che conferisce all'ammasso || socio che contribuisce alla costituzione di una società.

conferènza [dal lat. *conferentia*; 1619] **sf.** **1.** riunione di più persone per discutere su argomenti specifici || *conferenza stampa*, intervista concessa da personaggi famosi ai rappresentanti della stampa || riunione di rappresentanti ufficiali di stati diversi per discutere questioni di comune interesse, favorire la cooperazione internazionale, dirimere le dispute fra stati: *conferenza sul disarmo* || *conferenza al vertice*, v. SUMMIT || *conferenza episcopale*, riunione periodica di tutti i vescovi di un dato territorio || nome di varie associazioni a scopo benefico **2.** discorso tenuto in pubblico su argomenti letterari, scientifici, politici e sim.: *tenere una conferenza, un ciclo di conferenze* || **N.** **1.** *Sin.* colloquio, convegno, simposio; *summit.*

conferenzière [da *conferenza*; 1883] **sm.** (f. *raro -a*) chi tiene una conferenza.

conferiménto [da *conferire*; sec. XIV] **sm.** **1.** atto ed effetto del conferire, attribuzione: *il conferimento di una cattedra d'insegnamento* **2.** *T.giur.* obbligo che il socio ha di contribuire in natura, in denaro o mediante il proprio lavoro alla formazione del capitale della società di cui fa parte || **N.** **1.** *Sin.* assegnazione **2.** *Sin.* apporto.

conferìre (pres. *-ìsco, -ìsci*) [lat. *conferre*; 1321] **tr.** **1.** attribuire, assegnare: *conferire una nomina, un premio* || dare: *quell'abito ti conferisce un'aria elegante* **2.** portare qualcosa nello stesso luogo o insieme ad altri: *conferire il grano all'ammasso* || contribuire con altri a una spesa; *in part.* contribuire alla costituzione del capitale sociale o al finanziamento di un'impresa societaria **3.** *lett.* mettere a confronto || **intr.** (aus. *avere*) **1.** avere un colloquio ufficiale con qualcuno su questioni rilevanti: *si è recato a conferire col ministro* **2.** contribuire, cooperare; *in part. T.giur.* fornire elementi utili per la risoluzione di una controversia legale || giovare: *il troppo lavoro non conferisce alla nostra salute.*

conférma [da *confermare*; a. 1600] **sf.** atto ed effetto del confermare: *chiedere, dare conferma*; il modo in cui qualcosa viene confermato: *conferma scritta, telefonica* || *per estens.* ciò che prova la veridicità di qualcosa: *questa è la conferma dei nostri sospetti* || **N.** *Sin.* assicurazione, attestazione, convalida, dimostrazione, prova, ratifica.

confermàre (pres. *-érmo*) [lat. *confirmāre*; a. 1292] **tr.** **1.** dare maggiore certezza: *confermare una speranza* || rendere certo, definitivo: *confermare una notizia, la prenotazione* || dimostrare l'esattezza di qualcosa: *gli esperimenti hanno confermato le nostre teorie* **2.** approvare in modo esplicito, riaffermare con forza: *confermo ciò che ti ho detto* || *T.giur.* approvare una deliberazione: *la Corte di cassazione ha confermato la sentenza di primo grado, la nomina dei nuovi direttori è stata confermata dal consiglio di amministrazione* **3.** mantenere qualcuno in un incarico: *il presidente ha confermato i propri collaboratori* **4.** *T.eccl. raro* cresimare || **rifl.** **1.** rendersi più sicuro, più saldo in un dato atteggiamento, in un'opinione e sim. **2.** *non com.* nelle chiusure epistolari, dichiararsi: *mi confermo devotamente suo...* || **intr. pron.** acquistare credibilità, rivelarsi corretto: *le sue previsioni si stavano confermando* || **N.** **tr.** **1.** *Sin.* avvalorare, corroborare, rafforzare **2.** *Sin.* mantenere, ratificare, ribadire, sanzionare **3.** *Sin.* mantenere, riconfermare.

confermatìvo [lat. tardo *confirmatīvus*; 1551] **agg.** atto a confermare.

confermazióne [lat. tardo *confirmātio, -ōnis*; a. 1292] **sf.** **1.** *lett.* atto ed effetto del confermare; *in part.* nella retorica classica, parte dell'orazione in cui si adducono argomenti a favore delle proprie tesi e si confutano le obiezioni **2.** *T.eccl.* cresima.

confèrva [dal lat. *conferva*; a. 1564] **sf.** alga gialla filamentosa che vive nelle acque dolci.

confessàre (pres. *-èsso*) [dal lat. volg. **confessāre*; 1301] **tr.** **1.** dichiarare, ammettere la propria colpa o la propria responsabilità per qualcosa che si è commesso e si è mantenuto segreto: *confessò di aver rubato i microfilm* || anche *ass.*: *l'assassino ha confessato* || *per estens.* ammettere, dichiarare: *confesso la mia ignoranza in materia* || professare apertamente un credo religioso: *confessare una fede* **2.** confidare, rivelare: *le confessò le proprie debolezze* || *confessare i propri peccati*, dirli al confessore || del sacerdote cattolico, ascoltare le confessioni dei fedeli || **rifl.** **1.** dichiararsi colpevole: *si confessò reo di parricidio* **2.** professarsi seguace di una dottrina, di una teoria: *confessarsi agnostico* **3.** dichiarare i propri peccati al confessore: *si confessa ogni settimana* || *per estens. scherz.* confidare i propri segreti a qualcuno.

confessionàle [da *confessione*; a. 1685] **I agg.** **1.** relativo alla confessione sacramentale **2.** relativo a una confessione religiosa: *scuola confessionale* **II sm.** mobile in legno composto da un seggio e due inginocchiatoi, gen. divisi dal seggio da una parete munita di grata attraverso cui il sacerdote cattolico ascolta le confessioni dei fedeli. **TAV.** *chiesa* 1.6.

confessionalìsmo [da *confessionale*; 1956] **sm.** atteggiamento ideologico di chi ritiene che la politica di uno stato o di un partito debba essere ispirata a principi religiosi o subordinata alle direttive dell'autorità ecclesiastica || *per estens.* atteggiamento di faziosità, ristrettezza mentale, dogmatismo nelle questioni che riguardano la religione || **N.** *Contr.* laicismo.

confessionalità [da *confessione*; 1951] **sf.** appartenenza a una determinata fede o confessione religiosa.

confessionàrio (pl. *-ri*) [da *confessione*; a.

1561] *sm. non com.* confessionale.

confessióne [dal lat. tardo *confessio, -ōnis*; a. 1306] *sf.* **1.** modo, atto ed effetto del confessare e del confessarsi || *T.giur.* ammissione di colpevolezza da parte di un imputato || *T.lett.* titolo di opere letterarie contenenti le vicende autobiografiche dell'autore: *Le confessioni di un italiano* **2.** nella pratica religiosa, ammissione, esposizione dei propri peccati; *in part.* nella religione cattolica, parte del sacramento della penitenza in cui il fedele espone i propri peccati al sacerdote per ottenere l'assoluzione sacramentale || facoltà concessa al sacerdote di amministrare il sacramento della penitenza || *segreto della confessione*, obbligo che il sacerdote ha di non rivelare le colpe confessate dal penitente **3.** dichiarazione di fede || *per estens.* la fede professata da una comunità religiosa: *confessione luterana, valdese, cattolica, calvinista*; *concr.* ciascuno dei gruppi che pur essendo separati professano, nell'ambito del cristianesimo, la stessa fede || *per estens. fig.* convinzioni politiche **4.** cripta nella quale vengono conservate le reliquie dei santi || *per estens.* la tomba di un santo || **N. 1.** *Sin.* affermazione, ammissione, dichiarazione, riconoscimento | *Contr.* rinnegazione **2.** penitenza **3.** *Sin.* professione; comunità. **Q.T.** *religione.*

confessionista [da *confessione*; a. 1619 come s.] **I** *agg.* confessionale: *stato confessionista* **II** *s.* seguace della confessione protestante.

confèsso [lat. *confessus*; 1313] *agg.* **1.** che ha confessato le proprie colpe: *reo confesso* **2.** che si è confessato, che ha fatto la confessione sacramentale.

confessoràto [da *confessore*; prima metà sec. XVIII] *sm.* ufficio, ministero del confessore.

confessóre [dal lat. tardo *confessor, -ōris*; a. 1306] *sm.* **1.** sacerdote autorizzato a ricevere la confessione sacramentale e ad amministrare il sacramento della penitenza **2.** negli autori cristiani, i santi che durante le persecuzioni contro i cristiani avevano pubblicamente professato la loro fede senza però subire il martirio || *per estens.* chi sostiene pubblicamente un ideale politico.

confessòrio (pl. *-ri*) [dal lat. tardo *confessorius*; 1887] *agg.* **1.** *raro* relativo alla confessione, proprio della confessione **2.** *T.giur.* *azione confessoria*, azione del titolare di una servitù per difendere in giudizio il proprio diritto.

confettàre (pres. *-ètto*) [lat. volg. **confectāre*; 1353] *tr.* **1.** rivestire con uno strato di zucchero: *confettare le mandorle* || *ant.* candire la frutta **2.** *T.fam.* rivestire una pillola medicinale con zucchero, amido e altre sostanze || *non com.* *confettare qualcuno*, lusingarlo || *intr.* (aus. *avere*) *ant.* mangiare dolciumi.

confettàto (*pps.* di *confettare*) [a. 1837] *agg.* confezionato sotto forma di confetto: *pastiglie confettate.*

confettatùra [da *confettare*; 1956] *sf.* **1.** operazione del confettare **2.** *T.chim.* rivestimento di pastiglie medicinali con sostanze cheratinizzate **3.** *T.agr.* operazione con cui si rivestono le sementi di uno strato di sostanze nutritive e antiparassitarie.

confetterìa [da *confetto*; 1877] *sf. non com.* produzione di confetti, pastiglie, caramelle || luogo in cui si producono o si vendono confetti, caramelle e sim. || **N.** *Sin.* pasticceria.

confettièra [da *confetto*; sec. XIV] *sf. non com.* vaso, scatola di forma elegante in cui si mettono i confetti || **N.** *Sin.* bomboniera.

confettière [da *confetto*; 1618] *sm.* (f. *-a*) chi produce o vende confetti, caramelle e sim. || **N.** caramellaio, pasticciere.

confètto [lat. *confectus*, pps. di *conficere*, preparare; sec. XIII] *sm.* **1.** piccolo dolce formato da un nucleo centrale di mandorla, nocciola, pistacchio, cioccolato o altro, ricoperto di zucchero, o di sciroppo di zucchero solidificato; gen. vengono offerti in occasione di matrimoni, comunioni, battesimi e sim. || *fig.* *mangiare i confetti*, festeggiare le nozze; *a quando i confetti?*, quando le nozze? **2.** *fam.* sasso, proiettile, grosso chicco di grandine **3.** pillola medicinale rivestita da uno strato zuccherino **4.** *pl.* dolciumi in genere.

confettùra [dal fr. *confiture*; a. 1600] *sf.* **1.** conserva di frutta ottenuta facendo cuocere la frutta in pezzi in uno sciroppo zuccherino **2.** *non com.* assortimento di dolci || **N. 1.** *Sin.* composta, conserva di frutta.

confetturerìa [dal fr. *confiturerie*; 1890] *sf.* luogo dove vengono preparate o vendute le confetture.

confezionàre (pres. *-óno*) [dal fr. *confectionner*; 1797] *tr.* **1.** eseguire lavori di sartoria o di cucito: *confezionare un abito* **2.** preparare merci, pacchi, fibre tessili per il trasporto e la vendita: *confezionare un pacco postale* || **N. 2.** *Sin.* condizionare.

confezionatóre [da *confezionare*; 1963] *sm.* (f. *-trice*) **1.** chi confeziona pacchi o prodotti vari **2.** chi confeziona in serie capi di abbigliamento || **N. 2.** *Sin.* confezionista.

confezióne¹ [dal lat. *confectio, -ōnis*; a. 1348] *sf.* **1.** preparazione di prodotti per la vendita o per il trasporto || *per estens.* il contenitore, l'involucro in cui i prodotti vengono posti || *confezione regalo*, particolarmente curata nell'aspetto esteriore **2.** preparazione farmaceutica composta di vari ingredienti.

confezióne² [dal fr. *confection*; 1877] *sf.* realizzazione di abiti e accessori di abbigliamento || part. *pl.* capi di abbigliamento che si acquistano già confezionati: *confezioni per uomo, bambino, signora.* **Q.T.** *abbigliamento, commercio..., moda...*

confezionìsta [da *confezionare*; 1942] *s.* chi confeziona capi di abbigliamento.

conficcaménto [da *conficcare*; a. 1694] *sm.* il conficcare.

conficcàre (pres. *-ìcco, -ìcchi*) [da *ficcare*; a. 1348] *tr.* **1.** ficcare, far penetrare con forza, part. detto di chiodi e oggetti aguzzi: *conficcare un chiodo nel muro, gli conficcò il coltello nella schiena* || *lett.* inchiodare **2.** *fig.* imprimere con forza nella mente, nella memoria: *conficcati bene in testa queste parole* || *intr. pron.* penetrare con forza: *mi si è conficcata una spina nel piede.*

confidaménto [da *confidare*; sec. XIV] *sm.* *raro* il confidare.

confidànza [da *confidare*; seconda metà sec. XIII] *sf. ant.* confidenza.

confidàre (pres. *-ìdo*) [lat. volg. **confidāre*; sec. XIII] *intr.* (aus. *avere*) avere fiducia: *confido nella clemenza dei giudici* || *intr. pron.* **1.** rivelare a qualcuno i propri problemi e i propri segreti: *non si confida con* (o *a*) *nessuno* **2.** *ant.* e *lett.* avere fiducia in qualcuno, seguito dalla prep. *in* o *di*: *confidati in* (o *di*) *noi* || *tr.* **1.** rivelare qualcosa di personale o segreto: *confidare i propri dispiaceri* **2.** *non com.* affidare **3.** *lett.* sperare: *confido che mi comprenda* || **N.** *intr. pron.* **1.** *Sin.* aprirsi, confessarsi, sbottonarsi, sfogarsi | *tr.* **1.** manifestare, palesare, svelare.

confidènte [dal lat. *confīdens, -entis*; a. 1348] **I** *agg.* fiducioso || *lett.* sicuro di sé || **confidenteménte** *avv.* **II** *s.* **1.** persona cui si confidano i propri segreti **2.** informatore, spia: *un confidente della polizia* **3.** *T.teatr.* personaggio che appare accanto al protagonista per dar modo a questi di comunicare i propri sentimenti o di narrare antefatti e vicende che si svolgono fuori della scena senza ricorrere al soliloquio.

confidènza [dal lat. *confidentia*; a. 1342] *sf.* **1.** rivelazione fatta a qualcuno su argomenti riservati || *in confidenza*, in segreto **2.** dimestichezza, familiarità con qualcuno o qualcosa: *è in confidenza con il primo ministro, non ha confidenza con i dizionari* || *prendere confidenza con qualcosa*, diventar pratico || *prendersi troppe confidenze*, mancare di rispetto **3.** fiducia, sicurezza: *avere confidenza in se stessi* **4.** *T.stat.* attendibilità.

confidenziàle [da *confidenza*; a. 1712] *agg.* **1.** che mostra familiarità, che è caratteristico di chi ha confidenza con qualcuno: *modi confidenziali* **2.** riservato, segreto: *informazione confidenziale*; *in via confidenziale*, in confidenza || **confidenzialménte** *avv.*

configgere (pres. *-ìggo* ecc., come FIGGERE) [lat. *configere*; inizio sec. XIV] *tr. non com.* conficcare; anche *fig.* || inchiodare || *intr. pron.* conficcarsi in profondità.

configuràre (pres. *-ùro*) [dal lat. *configurāre*; sec. XIII] *tr.* rappresentare qualcosa in una data forma || *intr. pron.* assumere un determinato aspetto; *in part.* di produzioni artistiche, esprimersi || **N.** *tr.* *Sin.* adombrare, delineare, raffigurare.

configurazióne [dal lat. tardo *configurātio, -ōnis*; a. 1555] *sf.* **1.** atto, effetto e modo del configurare e del configurarsi; aspetto **2.** *T.mat.* ogni figura composta da più rette e dalle loro intersezioni **3.** *T.fis.* posizione e forma di un sistema materiale; *meno com.* moto di un sistema materiale **4.** *T.astr.* *configurazione planetaria*, posizione di un pianeta o della Luna in relazione al Sole e alla Terra **5.** *T.inform.* ciascuno dei possibili assetti di un sistema di elaborazione, identificato dalla capacità di memoria, velocità di elaborazione ecc.

configurazionismo [da *configurazione*; 1965] *sm.* *T.psic.* corrente di pensiero che studia e spiega i fenomeni psichici considerandoli un insieme unico e non una giustapposizione di elementi || **N.** *Sin.* gestaltismo.

confinaménto [da *confinare*; sec. XVII] *sm.* *raro* il confinare, l'essere confinato.

confinànte (*ppr.* di *confinare*) [1483] **I** *agg.* nei sensi del verbo **II** *s.* chi abita in una località vicina al confine del paese di cui si parla || chi possiede un terreno vicino a quello di un altro || **N. I** *Sin.* adiacente, attiguo, contiguo, finitimo, limitrofo **II** *Sin.* vicino.

confinàre (pres. *-ìno*) [da *confine*; 1282] *intr.* (aus. *avere*) essere attiguo; avere come confine: *l'Italia confina con la Jugoslavia, la sua proprietà confina per un buon tratto con la ferrovia*; di popolazioni, abitare in zone attigue || anche *fig.*: *la bontà eccessiva confina con la dabbenaggine* || *tr.* **1.** condannare al confino || *per estens.* destinare a una località scomoda o non gradita: *la ditta lo ha confinato in provincia* **2.** *ant.* rilevare i confini di un luogo || *rifl.* ritirarsi in un luogo tranquillo o isolato || **N.** *tr.* **1.** *Sin.* bandire, esiliare, relegare | *rifl.* *Sin.* ritirarsi.

confinàrio (pl. *-ri*) [da *confine*; a. 1680] *agg.* relativo ai confini || di corpo di polizia posto a guardia dei confini: *milizia confinaria* || che abita, è situato presso un confine.

confinàto (*pps.* di *confinare*) [1312] *agg.* **1.** condannato al confino; anche *sm.* (f. *-a*) **2.** *ambienti confinati*, quelli in cui il ricambio di aria è insufficiente.

confinazióne [da *confinare*; 1803] *sf. non com.* descrizione, determinazione di confini.

confindustriàle [da *Confindustria*; 1963] *agg.* relativo alla Confindustria (Confederazione nazionale degli industriali).

confine [dal lat. *confīnis*; 1269] *sm.* **1.** estremo limite che circoscrive un territorio, una regione, uno stato || *confine naturale*, che segue le linee di demarcazione fornite da elementi naturali (crinali di montagne, coste, fiumi ecc.) || *confine politico*, stabilito convenzionalmente dagli stati **2.** *concr.* pietra, palo o altro segno che indichi il limite estremo di un territorio **3.** *fig.* limite, termine: *i confini dell'intelletto umano* || *senza confini,* illimitato || *fig. passare i confini,* eccedere || **N. 1.** *Sin.* demarcazione, frontiera **2.** *Sin.* barriera, cippo, pietra miliare; dogana.

confìno [prob. var. ant. di *confine*; 1797] **sm.** provvedimento di polizia consistente nell'obbligo di soggiornare in un luogo appartato e lontano dalla propria residenza abituale; nell'ordinamento giuridico vigente è stato sostituito con l'obbligo di soggiorno.

confirmatòrio (pl. *-ri*) [da un ant. *confirmare,* confermare; 1956] **agg.** *T.giur. caparra confirmatoria,* caparra che dà conferma del contratto.

confìsca [da *confiscare*; 1788] **sf. 1.** espropriazione a favore dello stato di beni che sono serviti a commettere, o siano frutto, di un reato || *concr.* i beni confiscati **2.** requisizione di cosa pericolosa.

confiscàbile [da *confiscare*; 1771] **agg.** che può essere confiscato.

confiscàre (pres. *-ìsco, -ìschi*) [dal lat. *confiscāre*; a. 1348] **tr.** sottoporre a confisca, requisire in via temporanea o definitiva dei beni: *confiscare la refurtiva* || *impropr.* sequestrare || **N.** *Sin.* incamerare, requisire.

confiscatóre [da *confiscare*; 1865] **agg.** e **sm.** (f. *-trìce*) *non com.* che, chi confisca.

confiscazióne [da *confiscare*; a. 1527] **sf.** *ant.* confisca.

confiteor (lat., pr. it. [koŋ'fiteor]) [letter. io confesso; 1536] **sm.** *inv.* formula liturgica di ammissione delle proprie colpe recitata durante la messa e la confessione || *fig. recitare il confiteor,* riconoscere le proprie colpe.

confìtto (*pps.* di *configgere*) [1308] **agg.** conficcato, inchiodato: *confitto in croce, confitto in casa a un lavoro.*

conflagràre (pres. *-àgro*) [dal lat. *conflagrāre*; 1745] **intr.** (aus. *essere*) *lett.* prendere fuoco all'improvviso, divampare; anche *fig.* manifestarsi con violenza.

conflagrazióne [dal lat. *conflagrātio, -ōnis*; 1745] **sf.** il conflagrare; *com.* esplosione, scoppio; anche *fig.*: *il mondo era sull'orlo di una conflagrazione bellica.*

conflàre (pres. *cònflo*) [dal lat. *conflāre*; 1865] **tr.** *ant.* **1.** fondere **2.** *fig.* suscitare.

conflàtile [da *conflare*; a. 1342] **agg.** *ant.* ottenuto mediante fusione del metallo: *fecino un vitello d'orio conflatile* (Cavalca).

conflàto [da *conflare*; 1321] **sm.** *ant. lett.* intima connessione, fusione.

conflìtto [dal lat. *conflīctus*; sec. XIV] **sm. 1.** scontro armato, guerra: *c'è stato un conflitto tra polizia e dimostranti, un sanguinoso conflitto* **2.** *fig.* contrasto: *le vostre opinioni sono in conflitto con le mie, un conflitto di sentimenti* || *conflitto di classe,* quello che si sviluppa per il possesso e il controllo dei mezzi di produzione **3.** *T.giur.* contrasto tra autorità giurisdizionali e amministrative || *conflitto di competenza,* contrasto tra autorità giuridiche che affermano o negano contemporaneamente di avere competenza per decidere su un caso **4.** *T.psic.* stato di tensione che si verifica quando un individuo è diviso tra impulsi, bisogni e motivazioni contrastanti || *T.psican.* contrasto tra impulsi consci e inconsci || **N. 1.** *Sin.* battaglia, combattimento, lotta, scontro **2.** *Sin.* dissenso, opposizione, urto | *Contr.* intesa. **Q.T.** *sociologia.*

conflittuàle [da *conflitto*; 1965] **agg.** che si riferisce a conflitto, di conflitto: *situazione conflittuale.*

conflittualìsmo [comp. di *conflittuale* e *-ismo*; 1978] **sm.** *T.sociol.* **1.** tendenza a ricercare il conflitto, spec. nelle relazioni industriali **2.** *T.pol.* nella scienza politica, indirizzo di pensiero che considera il conflitto un fenomeno sociale dotato di funzioni prevalentemente positive per lo sviluppo della società.

conflittualità [da *conflittuale*; 1971] **sf.** situazione di conflitto, spec. in campo sindacale: *conflittualità salariale* || *per estens.* situazione di agitazione intensa e costante, spec. in ambito studentesco e giovanile: *viviamo un periodo di conflittualità sociale, conflittualità permanente.*

confluènte (*ppr.* di *confluire*) [a. 1569] **I agg.** nei sensi del verbo **II sm. 1.** luogo in cui due fiumi, due valli, due ghiacciai si incontrano; *per estens.* incontro di strade **2.** affluente.

confluènza [dal lat. tardo *confluentia,* afflusso di sangue, congestione; a. 1680] **sf. 1.** unione di due fiumi, di due ghiacciai o di due valli || *per estens.* il luogo in cui si uniscono || *per estens.* incrocio di due strade **2.** *fig.* convergenza, incontro, concorso: *confluenza di idee, di opinioni.*

confluìre (pres. *-ìsco* ecc., come FLUIRE) [dal lat. *confluere*; a. 1503 *confluere*] **intr.** (aus. *essere,* raro *avere*) **1.** di fiumi, valli, ghiacciai e strade, unirsi || versarsi: *le acque del Po confluiscono nell'Adriatico* **2.** *fig.* giungere, convergere in uno stesso luogo o per un identico fine || convergere di idee, teorie e sim.: *in quel romanzo confluiscono suggestioni romantiche e neoclassiche* || detto spec. di gruppi politici, sindacali e sim., entrare a far parte di un'organizzazione maggiore già esistente || **N. 1.** *Sin.* congiungersi, immettersi, sfociare **2.** *Sin.* fondersi, mescolarsi.

confocàle [comp. di *con-* e *focale*; 1865] **agg.** *T.fis.* in ottica, che possiede il medesimo fuoco o la medesima linea focale: *lenti confocali.*

confóndere (pres. *-óndo* ecc., come FONDERE) [lat. *confundere*; a. 1250] **tr. 1.** mescolare in modo disordinato: *ho confuso tutti i miei appunti* **2.** prendere una cosa o una persona per un'altra: *confondere i nomi, deve avermi confuso con qualcun altro* **3.** offuscare i sensi: *la troppa luce confonde gli occhi* || turbare, diminuire la capacità di pensare o di parlare: *questo chiasso mi confonde le idee* **4.** mettere in imbarazzo: *la sua gentilezza mi confonde* || sbalordire: *la sua abilità mi confonde* **5.** *ant.* umiliare || *lett.* distruggere, annientare || **rifl.** e **intr. pron. 1.** mescolarsi: *i fuggitivi si confusero tra la folla* **2.** smarrirsi, bloccarsi, perdere il filo del discorso: *si è confuso all'ultima domanda* **3.** *tosc.* preoccuparsi || **N. tr. 1.** *Sin.* ingarbugliare, mescolare, scompigliare | *Contr.* ordinare **2.** *Sin.* scambiare **3.** *Sin.* abbagliare, disorientare, scombussolare | *Contr.* calmare **4.** imbarazzare, impacciare, turbare.

confondìbile [da *confondere*; 1745] **agg.** *non com.* che si può confondere || **N.** *Contr.* inconfondibile.

conformàbile [da *conformare*; 1865] **agg.** che si può conformare.

conformàre (pres. *-órmo*) [dal lat. *conformāre*; a. 1292] **tr. 1.** dare forma e proporzione alle parti **2.** rendere conforme, adattare: *è necessario conformare la teoria alle esigenze pratiche* || **rifl.** adeguarsi: *ci conformeremo alle vostre esigenze* || **intr. pron.** essere proporzionato || **N. tr. 1.** *Sin.* foggiare, modellare | **rifl.** *Sin.* aderire, uniformarsi.

conformàto (*pps.* di *conformare*) [1321] **agg.** che ha forma e proporzioni, strutturato: *un corpo ben conformato, mal conformato*; *taglie conformate* o *comode,* dalle misure più abbondanti della media, prevalentemente in corrispondenza della vita.

conformazióne [dal lat. *conformātio, -ōnis*; sec. XIV] **sf. 1.** forma, struttura: *la conformazione del cranio, del terreno* || *per estens.* corporatura: *un uomo di conformazione gracile* **2.** *non com.* il conformare e il conformarsi, adattamento.

confórme [dal lat. *conformis*; a. 1348] **I agg. 1.** che ha una forma simile: *è conforme al modello* || *copia conforme,* del tutto identica all'originale **2.** *per estens.* corrispondente, che è in pieno accordo con qualcosa: *le sue azioni non sono conformi alle sue intenzioni*; compiuto secondo le regole: *una prassi non conforme* || **conformeménte avv.** in modo conforme, in conformità || nelle *loc. prep. conformemente a* e *conformemente con,* in conformità a (o con) **II cong.** *ant.* secondo che, come: *faccian le cose conforme dicon le gride* (Manzoni).

conformìsmo [dall'ingl. *conformism*; 1940] **sm.** tendenza a uniformarsi anche solo esteriormente alle opinioni, ai modi di agire, agli usi prevalenti || **N.** *Contr.* anticonformismo, originalità.

conformìsta [dall'ingl. *conformist*; 1714] **s.** chi si adegua agli usi, alle opinioni e al modo di pensare condiviso dalla maggioranza degli appartenenti a un gruppo; *spreg.* chi si adatta con facilità alle disposizioni e ai desideri di coloro che detengono il potere || anche **agg.**: *condotta conformista* || **N.** *Sin.* integrato.

conformìstico (pl. *-ci*) [da *conformista*; 1964] **agg.** proprio del conformismo o del conformista.

conformità [da *conforme*; a. 1327] **sf.** l'essere conforme || *in conformità di, a,* in modo conforme, part. in espressioni burocratiche: *agire in conformità alla normativa vigente* || **N.** *Sin.* concordanza; ossequio, osservanza.

confort V. COMFORT.

confortàbile [da *confortare*; 1822] **agg. 1.** che si può confortare **2.** *non com.* confortevole || **confortabilménte avv.** in modo confortevole.

confortànte (*ppr.* di *confortare*) [1353] **agg.** che conforta, che ristora, che ridà coraggio: *notizia confortante* || **N.** *Contr.* sconfortante.

confortàre (pres. *-òrto*) [dal lat. tardo *confortāre*; a. 1250] **tr. 1.** offrire appoggio morale a chi soffre: *confortare gli afflitti* || infondere forza: *una visione che conforta lo spirito* **2.** avvalorare, sostenere un'opinione, una tesi: *la sua opinione è confortata dal parere degli esperti* **3.** *non com.* esortare, incitare a fare qualcosa: *questa bella giornata conforta a passeggiare* || **rec.** infondersi coraggio a vicenda || **rifl.** farsi coraggio || **N. tr. 1.** *Sin.* rasserenare, tranquillizzare; corroborare, rinvigorire | *Contr.* indebolire **2.** *Sin.* appoggiare, ribadire, sostenere | *Contr.* invalidare **3.** *Sin.* incoraggiare | *Contr.* distogliere, distrarre | **rec.** *Sin.* consolarsi, incoraggiarsi.

confortatìvo [da *confortare*; a. 1348] **agg.** *non com.* atto a confortare: *farmaco, liquore confortativo*; anche **sm.**

confortatóre [dal lat. tardo *confortātor, -ōris*; sec. XIV] **agg.** e **sm.** (f. *-trìce*) che, chi conforta || *sacerdote confortatore,* quello che assiste il condannato a morte.

confortatòrio (pl. *-ri*) [dal lat. tardo *confortatōrius*; a. 1363] **I agg.** *non com.* che offre conforto **II sm.** cappella in cui i condannati a morte ricevono i conforti religiosi.

confortería [da *conforto*[1]; 1865] **sf.** confortatorio.

confortévole [da *confortare*; 1336 ca.] **agg. 1.** che offre conforto **2.** comodo: *una poltrona confortevole* || **confortevolménte avv.**

confortìno [da *conforto*[1]; seconda metà sec. XV] **sm. 1.** cibo, bevanda corroborante **2.** biscotto sottile e croccante di origine piemontese.

confòrto[1] [da *confortare*; sec. XIII] **sm. 1.** aiuto morale, solidarietà: *dare, ricevere conforto*; sostegno, consolazione: *lo studio è il mio unico conforto* || *conforti religiosi,* i sacramenti amministrati ai moribondi **2.** conferma: *le sue teorie hanno avuto il conforto della verifica sperimentale* **3.** ristoro fisico: *viveri, generi di conforto* || nel linguaggio militare, vino, liquori, caffè, cioccolata **4.** *non com.* incitamento, esortazione || **N. 1.** *Sin.* esortazione, incoraggiamento, rassicurazione, sostegno **2.** *Sin.* assenso, avallo **3.** *Sin.* sollievo.

confòrto[2] [da *confortare,* sul modello dell'ingl. *comfort;* 1824] ***sm.*** comodità, agio: *una casa dotata di tutti i conforti.*

confratèllo [da *fratello;* 1721] ***sm.*** membro di una stessa confraternita o comunità religiosa || *per estens. raro* collega, compagno.

confratèrnita [lat. mediev. *confraternitas, -ātis;* a. 1540] ***sf.*** **1.** associazione di fedeli ufficialmente riconosciuta dall'autorità ecclesiastica, i cui membri, che non sono tenuti a pronunciare voti o a sottomettersi a una regola, si dedicano a opere di carità **2.** nella religione islamica, associazione a fini di culto di fedeli di sesso maschile organizzati gerarchicamente.

confricaménto [dal lat. tardo *confricamentum;* 1865] ***sm.*** *raro* sfregamento.

confricàre (pres. *-ìco, -ìchi*) [dal lat. *confricāri;* a. 1498] ***tr.*** *raro* sfregare con forza || **N.** *Sin.* strofinare | attrito.

confricazióne [dal lat. tardo *confricātio, -ōnis;* a. 1642] ***sf.*** *raro* atto ed effetto del confricare.

confrontàbile [da *confrontare;* 1965] ***agg.*** che si può confrontare, paragonabile.

confrontàre (pres. *-ónto*) [dal fr. *confronter;* fine sec. XIV] ***tr.*** **1.** porre di fronte cose o persone per verificarne somiglianze e differenze: *confrontare una copia con l'originale* || *T.giur.* porre in contraddittorio testimoni o imputati nel tentativo di far emergere la verità || *per estens.* analizzare posizioni, idee, teorie contrastanti per far emergere i punti di contrasto e giungere a una mediazione || *confronta* o abbreviato *cfr.*, indicazione che, seguita dal titolo di un'opera, da un numero di pagina o dal nome di un autore, rinvia il lettore ad altri luoghi dell'opera stessa, ad altri libri o ad altri autori che hanno attinenza con l'argomento **2.** esaminare qualcosa; consultare: *confrontate la qualità dei nostri prodotti, confrontare un archivio* **3.** *T.mat.* eguagliare due espressioni algebriche || ***rifl. rec.*** discutere con qualcuno || ***intr.*** (aus. *avere*) *non com.* corrispondere, essere conforme || **N. 1.** *Sin.* accostare, comparare, paragonare, raffrontare.

confrónto [da *confrontare;* a. 1675] ***sm.*** **1.** atto, effetto e modo del confrontare: *mettere a confronto, fare un confronto* || *senza confronto,* senza possibilità di paragone || *non temere confronti,* essere ineguagliabile || *reggere il confronto,* sostenere il paragone || *termine di confronto,* elemento che consente di paragonare due cose, due teorie, due persone ecc. || *in confronto a, a confronto di,* a paragone di **2.** *T.giur.* contraddittorio tra due imputati o testimoni allo scopo di chiarire elementi, affermazioni contrastanti || *confronto all'americana,* quello in cui l'imputato deve essere riconosciuto dai testimoni mentre è in mezzo ad altre persone simili di aspetto ma estranee al fatto in esame **3.** *T.mat.* metodo di risoluzione di equazioni di primo grado a due incognite che consiste nel risolvere un'incognita in funzione dell'altra e nel confrontare le espressioni così ottenute riducendo l'equazione di partenza a una sola incognita **4.** *T.sport.* incontro, gara: *confronto diretto,* fra squadre che occupano una posizione vicina in classifica || *in part. fig.* in politica, incontro fra sostenitori di tesi contrapposte con l'intento di giungere a un compromesso o a una mediazione || **N. 1.** *Sin.* comparazione, paragone, raffronto.

confucianésimo [da *Confucio;* 1951] ***sm.*** sistema di dottrine sociali, morali e religiose elaborate da Confucio e dai suoi discepoli. **Q.T.** *religione.*

confuciàno [da *Confucio;* a. 1722] **I *agg.*** relativo a Confucio, alla sua opera e alle dottrine da lui elaborate **II *sm.*** (f. *-a*) seguace del confucianesimo.

confusionàle [da *confusione;* 1964] ***agg.*** *T.med.* relativo a confusione mentale, proprio di confusione mentale: *stato confusionale.*

confusionàrio (pl. *-ri*) [da *confusione;* 1908] ***agg.*** e ***sm.*** (f. *-a*) che, chi crea confusione dandosi da fare ma non concludendo nulla || **N.** *Sin.* disordinato, pasticcione, sconclusionato.

confusióne [da *confuso;* a. 1306] ***sf.*** **1.** situazione in cui cose o persone sono riunite o mescolate insieme alla rinfusa e senza un ordine; disordine: *in quella stanza regnava la più completa confusione* || chiasso: *non fate confusione per le scale* **2.** scambio di una cosa o di una persona con un'altra: *faccio sempre confusione con i nomi* **3.** disordine mentale, accavallarsi di idee: *oggi ho in testa una gran confusione* || *T.psic. confusione mentale,* stato mentale di annebbiamento del pensiero, turbamento emotivo e disorientamento spaziale e temporale **4.** imbarazzo, turbamento: *era evidente la sua confusione di fronte agli amici* || umiliazione **5.** *T.giur.* riunione in una stessa persona di condizioni o qualità contrastanti; *in part.* nelle obbligazioni, riunione nella stessa persona della qualità di creditore e di debitore || **N. 1.** *Sin.* accozzaglia, anarchia, babele, baraonda, caos, congerie, farragine, garbuglio, guazzabuglio, intrico, mescolanza, miscela, pandemonio, putiferio, scompiglio, trambusto **2.** *Sin.* disguido, errore **4.** *Sin.* scorno, turbamento, vergogna.

confusionismo [da *confusione;* 1886] ***sm.*** *non com.* tendenza ad agire, a parlare, a comportarsi in modo disordinato.

confusionista [da *confusione;* 1886] ***agg.*** e ***s.*** che, chi tende a fare confusione.

confùso (*pps.* di *confondere*) [sec. XIII] ***agg.*** **1.** mescolato, messo alla rinfusa **2.** impreciso, non chiaro **3.** imbarazzato, turbato || **confusaménte** ***avv.*** || *dim.* confusétto || **N. 1.** *Sin.* caotico, farraginoso, incerto, intricato, nebuloso, vago **3.** *Sin.* perplesso, sconcertato, turbato | restare di sale, restare di stucco.

confutàbile [da *confutare;* 1673] ***agg.*** che può essere confutato || **N.** *Contr.* inconfutabile.

confutàre (pres. *cònfuto*) [dal lat. *confutāre,* abbattere, reprimere, poi confutare; sec. XIV] ***tr.*** dimostrare l'infondatezza, la falsità di una proposizione, di una teoria e sim.: *confutare una testimonianza; confutare l'avvocato di parte avversa,* contrastarne le affermazioni || **N.** contestare, contraddire, infirmare, ribattere.

confutatìvo [da *confutare;* a. 1566] ***agg.*** atto a confutare: *parole confutative.*

confutatóre [dal lat. tardo *confutātor, -ōris;* 1664] ***agg.*** e ***sm.*** (f. *-trìce*) che, chi confuta.

confutatòrio (pl. *-ri*) [da *confutare;* a. 1348] ***agg.*** che tende a confutare: *scritto confutatorio.*

confutazióne [dal lat. *confutātio, -ōnis;* 1559] ***sf.*** **1.** argomentazione che dimostra la falsità di una proposizione, di una teoria e sim. **2.** *T.ret.* nella retorica classica, parte dell'argomentazione in cui si ribattono le tesi esposte dall'avversario || **N. 2.** *Sin.* contestazione, contraddittorio.

cònga [etim. inc.; 1950] ***sf.*** **1.** danza cubana di origine africana in tempo pari **2.** (pl. *congas*) strumento musicale a percussione costituito gen. da una coppia di tamburi a forma di barile con una sola pelle; è diffuso nella musica latino-americana e nel jazz || **N. 2.** *Sin.* tumba.

congedaménto [da *congedare;* 1956] ***sm.*** *raro* l'inviare in congedo, per finito servizio, i militari di leva o i richiamati.

congedàre (pres. *-èdo*) [da *congedo;* a. 1729] ***tr.*** **1.** dare congedo, lasciar partire qualcuno: *congedò gli ospiti con una certa freddezza* **2.** *T.mil.* inviare in congedo || ***rifl.*** e ***intr. pron.*** **1.** prendere commiato: *si congedarono con rammarico dagli amici* **2.** *T.mil.* andare in congedo: *si è congedato in maggio.*

congèdo [dal fr. ant. *congiet;* 1336 ca.] ***sm.*** **1.** licenza, ordine o invito a partire: *prendere, dare congedo* || *visita di congedo,* quella con cui si salutano i conoscenti prima di un lungo viaggio **2.** *T.mil.* cessazione del servizio militare: *congedo illimitato,* dato a coloro che, cessato il servizio in armi, conservano l'obbligo del servizio in caso di necessità; *congedo assoluto,* dato a coloro che non hanno più obblighi di servizio || *per estens.* condizione del militare che ha temporaneamente o definitivamente cessato il servizio || *foglio di congedo,* documento che attesta lo svolgimento del servizio militare **3.** permesso concesso a un pubblico funzionario di allontanarsi dal proprio ufficio pur essendo regolarmente retribuito: *congedo ordinario,* corrispondente al periodo di ferie; *congedo straordinario,* spettante in caso di matrimonio, malattia, esami e sim. **4.** *T.lett.* ultima strofa dell'antica canzone || *T.teatr.* saluto rivolto al pubblico dal primo attore o dalla prima attrice al termine di una serie di recite **5.** *T.rel.* nel rito cattolico, conclusione della messa || **N. 1.** *Sin.* commiato **2.** *Sin.* licenza; permesso **4.** *Sin.* commiato. **Q.T.** *forze armate.*

congegnàre (pres. *-égno*) [prob. da *ingegnare,* con influsso di *combinare;* a. 1327] ***tr.*** **1.** mettere insieme le varie parti di cui si compone un meccanismo: *congegnare un impianto di illuminazione* **2.** *per estens. fig.* preparare, organizzare: *aveva congegnato un piano diabolico* || **N. 1.** *Sin.* montare, strutturare **2.** *Sin.* concepire, ideare.

congegnatóre [da *congegnare;* a. 1827] ***sm.*** (f. *-trice*) *non com.* chi congegna; *in part. T.mur.* addetto al montaggio di strutture metalliche; nelle industrie siderurgiche, addetto alla riparazione dei macchinari.

congegnatùra [da *congegnare;* a. 1686] ***sf.*** *raro* modo in cui qualcosa è congegnato.

congégno [da *congegnare;* 1818] ***sm.*** **1.** meccanismo composto da vari elementi assemblati insieme: *congegno di avviamento; com.* denominazione generica di apparecchiature costruite artigianalmente: *aveva in cantina uno strano congegno per fare le conserve* **2.** struttura complessa, il modo di congegnare ed essere congegnato; anche *fig.*: *un congegno di bugie* || **N. 1.** *Sin.* apparecchio, arnese, dispositivo, macchina, meccanismo, struttura.

congelaménto [da *congelare;* 1666] ***sm.*** **1.** atto ed effetto del congelare e del congelarsi: *congelamento dell'olio, dei crediti* **2.** *T.med.* effetto dell'azione del freddo sulle parti periferiche del corpo di un organismo vivente; è caratterizzato da lesioni e disturbi nella circolazione || **N. 1.** *Sin.* raffreddamento, surgelamento; blocco, sospensione **2.** *Sin.* assideramento | gelone.

congelàre (pres. *-èlo*) [dal lat. *congelāre;* 1319] ***tr.*** **1.** far passare un corpo dallo stato liquido allo stato solido mediante abbassamento della temperatura: *congelare l'acqua* || sottoporre un alimento a un forte e rapido abbassamento della temperatura per favorirne la conservazione: *congelare il pesce, carni congelate* **2.** *fig.* irrigidire: *la fredda accoglienza lo ha congelato* || impedire l'attuazione di qualcosa, bloccare: *l'erogazione dei fondi è stata congelata* || *debito congelato,* non esigibile || prendere dei provvedimenti per impedire il normale sviluppo di qualcosa: *congelare l'inflazione* || *T.gioc. congelare il pozzo,* nella canasta, scartare un jolly o una pinella in modo che il pozzo possa essere preso solo da chi ha tre carte uguali invece di due **3.** *T.med.* provocare congelamento: *il freddo congelò i sopravvissuti al disa-*

stro aereo || **intr. pron.** **1.** di liquidi, solidificarsi per il freddo **2.** *T.med.* essere colpito da congelamento || *iperb.* patire il freddo: *mi sono congelato aspettando che tu arrivassi* || **N.** **tr.** **1.** *Sin.* gelare, ghiacciare, surgelare | *Contr.* scaldare, sciogliere **2.** *Sin.* bloccare, frenare, sospendere | **intr. pron.** **1.** *Sin.* gelarsi, rapprendersi **2.** *Sin.* assiderarsi; intirizzire, raffreddarsi.

congelatóre [da *congelare*; 1925] **I agg.** *non com.* che congela **II sm.** apparecchio autonomo o settore di un apparecchio frigorifero utilizzato per il rapido congelamento dei cibi freschi, per la conservazione dei cibi surgelati e la produzione di ghiaccio: *congelatore a pozzo, a cassetto* || **N.** II *Sin. freezer.* **Q.T.** *elettrodomestici* **TAV.** ***arredamento*** **p. 650** 1.2.

congelazióne [dal lat. tardo *congelātio, -ōnis*; sec. XIV] **sf.** *raro* congelamento.

congènere [dal lat. *congener, -eris*; 1550] **agg.** che è dello stesso genere || *T.zool.* e *T.bot.* che appartiene al medesimo genere || **N.** *Sin.* analogo, simile.

congeniàle [dall'ingl. *congenial*; 1825] **agg.** che si accorda ai gusti e ai desideri di una persona: *questo genere di vita mi è congeniale* || **congenialménte** **avv.** || **N.** *Sin.* confacente, consono.

congenialità [da *congeniale*; 1964] **sf.** l'essere congeniale.

congènito [dal lat. *congenitus*; a. 1563] **agg.** che si ha sin dalla nascita || *T.med. difetto, vizio congenito,* alterazione o stato morboso che ha origine nella vita intrauterina e si manifesta alla nascita || **N.** *Sin.* connaturale, ereditario, innato | *Contr.* acquisito.

congèrie [dal lat. *congeries*; 1585] **sf.** *inv.* massa confusa e disordinata di oggetti: *una congerie di vecchie carte*; anche *fig.*: *una congerie di pensieri gli affollava la mente* || **N.** *Sin.* accozzaglia, caterva, cumulo, mucchio.

congestionàre (pres. *-óno*) [dal fr. *congestionner*; 1926] **tr.** **1.** *T.med.* provocare una congestione **2.** *fig.* intralciare un'attività con un cumulo eccessivo di lavoro || rendere difficoltosa la circolazione a causa del numero eccessivo di persone o di automezzi || **intr. pron.** **1.** di persona, arrossarsi, subire una congestione **2.** *fig.* diventare affollato, caotico || **N.** **tr.** **2.** *Sin.* ostacolare, ostruire.

congestionàto (*pps.* di *congestionare*) [1926] **agg.** colpito da congestione: *viso congestionato*; anche *fig.*: *via congestionata dal traffico.*

congestióne [dal lat. *congestio, -ōnis*, attr. il fr. *congestion*; 1778] **sf.** **1.** *T.med.* aumento improvviso ed eccessivo dell'afflusso di sangue in un organo o in una parte del corpo: *congestione cerebrale, polmonare* **2.** *fig.* eccessiva quantità di persone o automezzi in un luogo || **N.** **2.** *Sin.* blocco, caos, impedimento, intralcio.

congestìzio (pl. *-zi*) [da *congestione*; 1961] **agg.** *T.med.* relativo a congestione, proprio di congestione: *organo in stato congestizio.*

congèsto [dal lat. *congestus*; sec. XIV] **agg.** **1.** *T.med.* colpito da congestione **2.** *lett.* affollato, sovraccarico.

congettùra [lat. *coniectūra*; inizio sec. XIV] **sf.** **1.** supposizione basata su indizi incerti ma probabili: *le tue affermazioni si basano solo su congetture* || *T.fil.* ipotesi **2.** *T.filol.* ricostruzione ipotetica delle parti lacunose o corrotte di un testo **3.** *T.mat.* proposizione che non si è riusciti a dimostrare, ma di cui non si conoscono esempi che la contraddicano || **N.** **1.** *Sin.* ipotesi, opinione.

congetturàbile [da *congetturare*; 1769] **agg.** *non com.* ricavabile per congettura || **N.** *Sin.* ipotizzabile, presumibile.

congetturàle [lat. *coniecturālis*; inizio sec. XIV] **agg.** che si basa su congetture, che ha carattere di congettura.

congetturàre (pres. *-ùro*) [lat. tardo *coniecturāre*; a. 1327] **tr.** fare congetture, ipotizzare, supporre || **intr.** (aus. *avere*) fare congetture, ipotesi: *perder tempo a congetturare.*

conghiettùra e der. forme ant. di CONGETTURA e der. (v.).

congiàrio (pl. *-ri*) [dal lat. *congiarium*, vaso che contiene un congio; a. 1604] **sm.** *T.stor.* elargizione fatta ai soldati o al popolo dagli imperatori romani, consistente nella distribuzione di grano, vino, olio o denaro.

cògio (pl. *-gi*) [lat. *congius*; 1340 ca.] **sm.** *T.archeol.* nell'antica Roma, misura per liquidi equivalente a oltre tre litri.

congioìre (pres. *-ìsco, -ìsci*) [da *gioire*; sec. XIV] **intr.** (aus. *avere*) *raro* gioire insieme con altri, congratularsi.

congiùngere (pres. *-ùngo* ecc., come GIUNGERE) [lat. *coniŭngere*; a. 1306] **tr.** **1.** unire, porre in stretta relazione: *congiungere le mani, le forze* || *congiungere in matrimonio*, sposare **2.** collegare due luoghi: *la strada che congiunge Venezia alla terraferma* || **rifl. rec.** e **intr. pron.** unirsi || *congiungersi in matrimonio*, sposarsi || di astri, essere in congiunzione.

congiungiménto [da *congiungere*; a. 1292] **sm.** atto ed effetto del congiungere e del congiungersi || **N.** *Sin.* unione.

congiuntìva [f. sost. di *congiuntivo*; sec. XIV] **sf.** *T.anat.* membrana mucosa che riveste la parte interna delle palpebre e forma il sacco congiuntivale contenente il bulbo oculare.

congiuntivìte [da *congiuntiva*; 1852] **sf.** *T.med.* infiammazione della congiuntiva || **N.** acuta, cronica; allergica, infettiva.

congiuntìvo [lat. *coniunctīvus*; 1550] **agg.** **1.** che congiunge: *errore congiuntivo*, errore la cui presenza in due o più manoscritti li fa considerare come aventi un capostipite in comune o derivanti l'uno dall'altro, poiché ha caratteristiche tali da far ritenere improbabile che copisti diversi lo abbiano prodotto ciascuno per proprio conto || *T.gram.* di ogni locuzione che svolga le funzioni di una congiunzione: *pronome congiuntivo, particella congiuntiva* || *T.giur. testamento congiuntivo*, in cui due o più persone testano a favore di una terza **2.** *T.gram. modo congiuntivo* (anche *sm. congiuntivo*), modo verbale che indica un'azione incerta, possibile, desiderata, temuta, prevista: *Don Abbondio fece un rapido esame se avesse peccato contro qualche potente* (Manzoni); in italiano il congiuntivo ha quattro tempi (presente, imperfetto, passato, trapassato) e viene usato, oltre che nelle proposizioni subordinate, anche in proposizioni indipendenti per esprimere dubbio, comando, invito, augurio, concessione: *che ci abbia sentito?*

congiùnto (*pps.* di *congiungere*) [sec. XIII] **I agg.** nei sensi del verbo || **congiuntaménte** **avv.** in modo congiunto || nelle *loc. prep. congiuntamente a* e *congiuntamente con*, insieme a (o con), part. in espressioni burocratiche **II sm.** (f. *-a*) parente.

congiuntùra [da *congiungere*; sec. XIV] **sf.** **1.** il punto in cui due cose si congiungono: *la congiuntura di una tubatura, delle ossa* **2.** circostanza, occasione: *sta attraversando una congiuntura poco felice* || momento favorevole: *bisogna agire cogliendo la congiuntura* || *T.econ.* fase di un ciclo economico: *alta congiuntura*, momento di massima espansione di un ciclo economico; *bassa congiuntura*, fase di recessione e depressione dell'attività economica || **N.** **1.** *Sin.* collegamento, unione; giuntura **2.** *Sin.* contingenza, momento. **Q.T.** *economia...*

congiunturàle [da *congiuntura*; 1950] **agg.** *T.econ.* relativo a congiuntura economica: *crisi, situazione congiunturale* || **N.** *Contr.* strutturale.

congiunzióne [lat. *coniunctio, -ōnis*; 1282] **sf.** **1.** unione: *il punto di congiunzione di due elementi* || *congiunzione carnale*, l'accoppiamento sessuale **2.** *T.gram.* parte invariabile del discorso che congiunge tra loro due elementi di una proposizione o due membri di un periodo: *congiunzioni coordinative*, che congiungono due elementi simili di una proposizione o due proposizioni della stessa specie; *congiunzioni subordinative*, che creano un rapporto di dipendenza tra due proposizioni **3.** *T.mat.* in logica, funzione binaria che risulta vera se e solo se sono vere entrambe le proposizioni a cui si applica **4.** *T.astr.* momento in cui due astri si trovano alla stessa longitudine celeste **5.** *T.astrol.* posizione di due pianeti che si trovano allo stesso grado nello stesso segno || **N.** **1.** *Contr.* disgiunzione, divisione, separazione **2.** composte, semplici | aggiuntive, avversative, conclusive, copulative, dichiarative, disgiuntive; causali, concessive, consecutive, finali, modali, temporali. **Q.T.** *linguistica* **TAV.** ***astrologia*** 3.1.

congiùra [da *congiurare*; 1312] **sf.** **1.** accordo segreto fra più persone volto a sovvertire l'ordinamento politico di uno stato e a eliminarne i capi: *ordire, tramare una congiura* || *congiura di palazzo*, cui prendono parte personalità appartenenti al regime che vogliono rovesciare **2.** *per estens.* complotto, macchinazione non a sfondo politico || *congiura del silenzio*, accordo tra varie persone che deliberatamente evitano di parlare di qualcuno o di qualcosa || **N.** **1.** *Sin.* complotto, cospirazione, sedizione.

congiuràre (pres. *-ùro*) [lat. *coniurāre*, giurare insieme, poi unirsi con giuramento; a. 1348] **tr.** **1.** ordire una congiura: *congiurare contro le istituzioni repubblicane* || *per estens.* agire contro qualcuno || concorrere nel creare una circostanza sfavorevole: *il tempo congiura contro di noi* **2.** *ant.* giurare insieme con altri || **N.** **1.** *Sin.* complottare, cospirare, tramare; intrigare, macchinare.

congiuràto (*pps.* di *congiurare*) [1312] **sm.** (f. *-a*) chi partecipa a una congiura, cospiratore.

congiuratóre [dal lat. tardo *coniurātor, -ōris*; a. 1698] **sm.** (f. *-trìce*) **1.** chi ordisce una congiura o vi partecipa **2.** nel processo medievale barbarico, chi giura assieme all'imputato.

congiurazióne [lat. *coniurātio, -ōnis*; sec. XIII] **sf.** *raro* congiura.

conglobaménto [da *conglobare*; 1941] **sm.** atto ed effetto del conglobare || *in part.* nel linguaggio sindacale, unificazione nel salario o nello stipendio delle varie indennità.

conglobàre (pres. *cònglobo* o *conglòbo*) [dal lat. *conglobāre*, aggomitolare, riunire a forma di globo; a. 1597] **tr.** raccogliere in un insieme unitario più cose anche disparate: *conglobare i debiti, i crediti.*

conglobazióne [dal lat. *conglobātio, -ōnis*; 1745] **sf.** conglobamento.

conglomeràre (pres. *-òmero*) [dal lat. *conglomerāre*; a. 1710] **tr.** riunire insieme più cose disparate; ammassare || contare insieme: *conglomerare le indennità nel salario* || **intr. pron.** formare un conglomerato.

conglomeràto (*pps.* di *conglomerare*) [a. 1698] **I agg.** nei sensi del verbo **II sm.** **1.** ammasso di cose eterogenee || *conglomerato etnico*, stato composto da genti di nazionalità diverse **2.** *T.edil.* nome generico di materiali eterogenei usati per le costruzioni: *il calcestruzzo è un conglomerato* **3.** *T.geol.* roccia sedimentaria costituita da frammenti di roccia cementati da una sostanza legante **4.** *T.fin.* società commerciale costituita gen. da una finanziaria e da una serie di consociate che si occupano di attività disparate || **N.** **3.** *Sin.* puddinga.

conglomerazióne [dal lat. tardo *conglomerātio, -ōnis*; 1865] ***sf.*** atto ed effetto del conglomerare || *per estens. non com.* ammasso di cose o persone.

conglutinaménto [da *conglutinare*; a. 1646] ***sm.*** conglutinazione, l'aderire strettamente dei componenti di una massa.

conglutinàre (pres. *-ùtino*) [dal lat. *conglutināre*; prima metà sec. XIV] ***tr.*** unire per mezzo di glutine o altre sostanze collose || *per estens.* unire saldamente || ***rifl.*** e ***rifl. rec.*** fondersi insieme; anche *fig.* || **N.** ***tr.*** *Sin.* agglutinare.

conglutinazióne [dal lat. *conglutinātio, -ōnis*; a. 1673] ***sf.*** atto ed effetto del conglutinare.

congolése [dal n. geogr. *Congo*; 1951] **I** ***agg.*** relativo alla regione del Congo **II** ***s.*** **1.** abitante, nativo del Congo **2.** *sm.* (solo *sing.*) lingua parlata nella regione del Congo.

congratulàre (pres. *-àtulo*) [dal lat. *congratulāri*; 1321] ***intr.*** (aus. *avere*) *non com.* mostrare gioia: *come augelli surti di rivera / quasi congratulando a lor pasture* (Dante) || ***intr. pron.*** manifestare a qualcuno la propria contentezza per un suo successo, un riconoscimento ottenuto e sim.: *si congratularono con lui per la nascita del figlio* || **N.** ***intr. pron.*** complimentarsi, felicitarsi, rallegrarsi.

congratulatòrio (pl. *-ri*) [da *congratulare*; 1540] ***agg.*** *non com.* che manifesta congratulazione.

congratulazióne [dal lat. *congratulātio, -ōnis*; a. 1527] ***sf.*** il congratularsi || *in part.* spec. *pl.* parole o gesti con i quali ci si rallegra con qualcuno perché gli è successo qualcosa di positivo || *congratulazioni!*, espressione usata per esprimere a qualcuno i propri rallegramenti || **N.** *Sin.* complimento, felicitazione, rallegramento.

congrèga [da *congregare*; 1597] ***sf.*** **1.** riunione di persone che si ritrovano per un fine comune, solitamente non positivo: *una congrega di truffatori* **2.** confraternita religiosa || **N.** **1.** *Sin.* combriccola, combutta **2.** *Sin.* congregazione.

congregaménto [da *congregare*; a. 1712] ***sm.*** *raro* raggruppamento.

congregàre (pres. *-ègo, -èghi*) [dal lat. *congregāre*, letter. riunire in un gregge; a. 1306] ***tr.*** **1.** radunare più persone in un luogo in vista di un fine determinato **2.** *ant.* accumulare || ***intr. pron.*** adunarsi, riunirsi in gruppo.

congregàto (*pps.* di *congregare*) [a. 1294] **I** ***agg.*** nei sensi del verbo **II** ***sm.*** (f. *-a*) membro di una congregazione.

congregazionalìsmo o **congregazionìsmo** [dall'ingl. *congregationalism*; 1931] ***sm.*** movimento religioso di ispirazione cristiana, nato in Gran Bretagna e diffusosi negli Stati Uniti, che difende l'assoluta autonomia di ogni congregazione in materia di fede e la separazione dallo stato.

congregazióne [dal lat. *congregātio, -ōnis*; a. 1363] ***sf.*** **1.** atto ed effetto del congregare e del congregarsi || *concr.* gruppo di persone riunite da fini comuni, comunità **2.** *T.eccl.* associazione di fedeli che si riuniscono per fini benefici o caritatevoli o gen. che operano nell'ambito religioso: *la congregazione di s. Vincenzo de' Paoli* **3.** *T.eccl.* associazione di religiosi che si sottomettono a una determinata regola approvata dall'autorità ecclesiastica gen. con fini caritatevoli o educativi o di sostegno all'attività apostolica svolta dai parroci **4.** in molte Chiese evangeliche, la comunità dei fedeli || **N.** **1.** *Sin.* associazione, compagnia, corporazione **2.** *Sin.* comunità, confraternita.

congregazionìsmo v. CONGREGAZIONALISMO.

congregazionìsta [da *congregazione*; a. 1909] ***agg.*** e ***s.*** membro di una congregazione religiosa.

congressìsta [da *congresso*; 1881] ***s.*** chi partecipa a un congresso.

congrèsso [dal lat. *congressus*; 1499] ***sm.*** **1.** incontro ufficiale dei rappresentanti di vari stati per discutere questioni di comune interesse **2.** riunione dei delegati di un partito, di studiosi o gen. dei rappresentanti di una categoria professionale per discutere argomenti di interesse comune: *il congresso del partito, un congresso medico* **3.** *per anton. il Congresso*, il parlamento degli Stati Uniti e di altri stati americani **4.** *non com.* consultazione di privati su questioni di grande rilevanza **5.** *T.giur. raro congresso carnale*, amplesso **6.** *ant.* scontro || **N.** **1.** *Sin.* conferenza, consiglio **2.** adunanza, simposio; colloquio, convegno, sessione **4.** *Sin.* abboccamento, consulto.

congressuàle [da *congresso*; 1950] ***agg.*** di congresso.

còngrua [dal lat. eccl. *congrua portio*, congrua porzione; 1673] ***sf.*** *T.eccl.* assegno che lo Stato versava al titolare di un beneficio ecclesiastico come integrazione di tale rendita.

congruàbile [da *congruare*; 1956] ***agg.*** *raro* computabile allo scopo di assegnare una congrua.

congruàre (pres. *còngruo*) [da *congrua*; 1965] ***tr.*** *raro* dotare di una congrua: *congruare un beneficio ecclesiastico.*

congruàto (*pps.* di *congruare*) [1887] ***agg.*** dotato, fornito di una congrua: *parroco congruato.*

congruènte [dal lat. *congruens, -entis*; a. 1396] ***agg.*** **1.** che ha congruenza, corrispondente **2.** *T.mat.* di figure geometriche dotate di congruenza || **N.** **1.** *Sin.* conveniente, proporzionato.

congruènza [dal lat. tardo *congruentia*; 1306] ***sf.*** **1.** convenienza, corrispondenza di una cosa con un'altra **2.** *T.mat.* nella geometria elementare, rapporto di uguaglianza tra due figure che possono essere sovrapposte mediante il moto rigido di una di esse || nella geometria della retta, sistema di rette dipendente da un doppio parametro || nella teoria dei numeri, relazione per la quale fissati due numeri interi relativi a e b e un numero intero positivo m diverso da zero, la differenza $a - b$ risulta divisibile per m || **N.** **1.** *Contr.* incongruenza.

congruità [dal lat. tardo *congruitas, -ātis*; a. 1342] ***sf.*** *non com.* l'essere congruo.

còngruo [dal lat. *congruus*; a. 1306] ***agg.*** **1.** adeguato, rispondente a determinate esigenze o criteri: *una congrua retribuzione* **2.** *T.mat.* di figure sovrapponibili mediante il movimento rigido di una di esse || di numeri che hanno tra loro una relazione di congruenza || **congruaménte** ***avv.*** || **N.** **1.** *Sin.* acconcio, adatto, adeguato, logico, opportuno, proporzionato | *Contr.* incongruo.

conguagliaménto [da *conguagliare*; 1881] ***sm.*** *non com.* conguaglio.

conguagliàre (pres. *-àglio*) [da (*e*)*guagliare*; sec. XV] ***tr.*** nella contabilità, pareggiare due partite di dare e avere, compensando la differenza || **N.** *Sin.* pareggiare, perequare.

conguàglio (pl. *-gli*) [da *conguagliare*; a. 1729] ***sm.*** **1.** nelle operazioni di contabilità, pareggiamento dei debiti e dei crediti: *conguaglio tributario*, nei casi di pagamento di imposta su un reddito non definitivamente accertato, somma che il contribuente è tenuto a versare a completamento del pagamento, ovvero detrazione cui ha diritto nei successivi pagamenti **2.** *concr.* la somma di denaro versata per pareggiare i conti.

conïàre (pres. *cònio*) [da *conio*; 1313] ***tr.*** **1.** fabbricare medaglie o monete con il conio **2.** *fig.* inventare, creare: *coniare una nuova parola* || **N.** **1.** *Sin.* battere, foggiare.

coniatóre [da *coniare*; a. 1537] ***sm.*** (f. *-trice*) **1.** chi conia medaglie o monete **2.** *fig.* chi crea nuove parole o modi di dire.

coniazióne [da *coniare*; 1865] ***sf.*** **1.** operazione del coniare, consistente nella riduzione del metallo usato come moneta in sottili pezzi di forma gen. circolare, recanti sulle facce segni e simboli che rendano difficile la contraffazione **2.** *fig.* creazione: *coniazione di composti e derivati.* **Q.T.** *numismatica.*

cònica [da *conico*; sec. XVII] ***sf.*** *T.geom.* curva ottenuta per sezione di un cono rotondo con un piano; a seconda della posizione del piano rispetto alla generatrice del cono, si possono ottenere tre tipi di coniche: ellissi, parabole e iperboli. **Q.T.** *matematica...*

conicità [da *conico*; 1865] ***sf.*** l'essere conico: *la conicità di un solido.*

cònico (pl. *-ci*) [dal gr. *kōnikós*; 1637] ***agg.*** **1.** di cono, a cono; che ha forma di cono: *una figura conica* **2.** *proiezione conica*, in cartografia, proiezione del globo terrestre eseguita su un cono secante o avvolgente il globo stesso e successivamente sviluppata su un piano.

cònide [dal gr. *kónis, -idos*, polvere; 1829] ***sf.*** *T.geol.* struttura vulcanica simile ai coni piroclastici.

conidiàle [da *conidio*; 1956] ***agg.*** *T.bot.* relativo ai conidi.

conìdio (pl. *-di*) [dim. del gr. *kónis*, polvere; 1829 *conide*] ***sm.*** *T.bot.* ciascuna delle spore agamiche che si formano per gemmazione in molti funghi e che ne costituiscono l'organo riproduttivo.

conidiòforo [comp. di *conidio* e *-foro*; 1931] ***sm.*** *T.bot.* ifa che, in alcuni funghi, porta i conidi.

conidiospòra [comp. di *conidio* e *spora*; 1956] ***sf.*** *T.bot.* conidio.

Conìfere [dal lat. *cōnifer*, che produce strobili, sul modello del gr. *kōnóphoros*; a. 1566 *conifero*] ***sf.*** ***pl.*** *T.bot.* ordine di piante delle Gimnosperme con fusto legnoso e assai ramificato, foglie aghiformi, fiori solitari o riuniti in racemi e frutti a forma di cono; sono diffuse nell'emisfero nord nelle fasce climatiche temperate e fredde; tra le specie spontanee in Italia l'abete, il pino e il larice.

conìglia[1] (pl. *-glie*) [dal fr. *conille*; 1607] ***sf.*** *T.mar.* l'ultimo banco di prua delle galere.

conìglia[2] (pl. *-glie*) [f. di *coniglio*; sec. XIV] ***sf.*** la femmina del coniglio || *fig.* donna particolarmente prolifica.

conigliàia [da *coniglio*; 1960] ***sf.*** *raro* conigliera.

coniglicoltóre [comp. di *coniglio* e *-coltore*; 1956] ***sm.*** (f. *-trice*) allevatore di conigli || **N.** *Sin.* cunicoltore.

coniglicoltùra [comp. di *coniglio* e *coltura*; 1942] ***sf.*** l'attività di allevare conigli. **TAV.** *zootecnia.*

coniglièra [da *coniglio*; a. 1400] ***sf.*** gabbia o recinto in cui si allevano i conigli.

coniglierìa [da *coniglio*; 1956] ***sf.*** *raro* timidezza, vigliaccheria, codardia.

conigliésco (pl. *-schi*) [da *coniglio*; 1951] ***agg.*** **1.** da coniglio **2.** *fig.* vile, timido.

conigliétta [da *coniglio*, per la forma del costume; 1976] ***sf.*** bella ragazza in abito succinto che in alcuni night-club serve i clienti.

conìglio (pl. *-gli*) [lat. *cunīculus*; a. 1348 nel senso 2, 1353 nel senso 1] ***sm.*** **1.** mammifero roditore dei Leporidi con folto pelame, orecchie lunghe, incisivi superiori particolarmente sviluppati, olfatto e udito assai acuti; viene allevato per la carne e per la pelliccia || *per estens.* la carne del coniglio: *coniglio alla cacciatora* || *per estens.* la pelliccia del coniglio: *un collo di coniglio* **2.** persona vile e timorosa: *ha un cuore da coniglio* || *dim.* coniglìno, conigliétto, conigliùzzo; *accr.* coniglióne; *spreg.* conigliàccio. **TAV.** *zootecnia* 20.

conìna [dal fr. *conine*; 1887] ***sf.*** alcaloide ricavato dai semi e dai frutti della cicuta maggiore.

cònio (pl. *-ni*) [lat. *cuneus*; 1313] **sm. 1.** stampo in acciaio su cui è incisa l'immagine che si vuole riprodurre su monete e medaglie || *per estens.* impronta fatta col conio; *meno com.* la moneta o medaglia così coniata || *fior di conio*, moneta nuova di zecca, che non ha mai circolato **2.** *fig.* specie, qualità || *nuovo di conio, di nuovo conio*, nuovissimo, singolare, mai visto prima || *di basso conio*, di scarso valore || atto ed effetto del coniare; anche *fig.* fattura: *barzelletta di nuovo conio* **3.** *ant.* cuneo per spaccare la legna || **N. 1.** *Sin.* punzone **2.** *Sin.* coniazione.

coniugàbile [da *coniugare*; 1745] **agg.** *T.gram.* che si può coniugare: *i difettivi sono coniugabili solo in parte.*

coniugàle [dal lat. *coniugālis*; a. 1396 *congiugale*] **agg.** relativo a uno o a entrambi i coniugi, al matrimonio: *amore, vita coniugale* || **coniugalménte** *avv.*

coniugàre (pres. *cònìugo, cònìughi*) [dal lat. *coniugāre*, congiungere; 1613] **tr. 1.** *non com.* unire in matrimonio **2.** *T.gram.* enunciare in modo ordinato le forme di un verbo elencando modi, tempi, persone e numeri: *coniugare il verbo "essere"* || **rifl. rec.** unirsi in matrimonio || **intr. pron.** *T.gram.* presentare una certa flessione: *il presente di "amare" si coniuga in modo regolare.*

coniugàto (*pps.* di *coniugare*) [a. 1306 *coniogato*] **agg. 1.** unito in matrimonio, gen. come indicazione formale di stato civile **2.** *T.mat. numeri coniugati*, coppie di numeri complessi che differiscono solo per il segno della parte immaginaria || *angoli coniugati interni* ed *esterni*, quelli formati da una secante che tagli due rette **3.** *T.chim.* di composti che presentano doppi legami alternati a legami semplici || di proteine contenenti aminoacidi e altri gruppi di diversa natura **4.** *T.fis. particelle coniugate*, dotate di cariche elettriche uguali ma di segno opposto || *punti coniugati*, in un sistema ottico, coppia di punti uno appartenente allo spazio oggetti e l'altro allo spazio immagini, tale che tutti i raggi passanti per uno dei punti passano anche per l'altro.

coniugazióne [dal lat. tardo *coniugātio, -ōnis*; a. 1588] **sf. 1.** *T.gram.* flessione ordinata delle forme verbali secondo i modi, i tempi, le persone e i numeri **2.** *T.biol.* accoppiamento sessuale || *T.bot.* fusione di due gameti liberi **3.** reazione per mezzo della quale si ottengono proteine coniugate || **N. 1.** *Sin.* flessione | difettiva, irregolare, regolare. **Q.T.** *linguistica.*

còniuge [dal lat. *coniux, -ugis*; a. 1332] **s.** ciascuna delle due persone unite in matrimonio || **N.** *Sin.* consorte, marito, moglie, sposa, sposo; coppia.

coniùgio (pl. *-gi*) [dal lat. *coniugium*; fine sec. XIII] **sm.** *ant.* unione matrimoniale.

conlegatàrio v. COLLEGATARIO.

connatàle [comp. di *con-* e *natale*; 1956] **agg.** *T.med.* acquisito, contratto durante il parto: *malattia connatale.*

connàto [dal lat. *connātus*, pps. di *connāsci*, nascere assieme; 1820 nel senso 2] **agg. 1.** *raro* nato assieme; congenito **2.** *T.bot.* detto di foglie opposte a due a due e unite alla base: *foglie connate.*

connaturàle [dal lat. tardo *connaturālis*; 1308] **agg. 1.** che ha la stessa natura di qualcuno o di qualcosa **2.** che è conforme alla natura di qualcuno o di qualcosa: *sentimenti connaturali all'uomo* || **N. 2.** *Sin.* congeniale, consono, innato.

connaturalità [da *connaturale*; a. 1563] **sf.** *lett.* l'essere connaturale.

connaturàre (pres. *-ùro*) [dal lat. tardo *connaturāri*; sec. XIV] **tr.** *non com.* rendere naturale una qualità in qualcuno o in qualcosa || **intr. pron.** divenire naturale, radicarsi: *col tempo i vizi si connaturano in noi.*

connaturàto (*pps.* di *connaturare*) [1308] **agg.** che fa parte, che è divenuto parte della natura di qualcuno o di qualcosa; congenito.

connazionàle [comp. parasint. di *nazione*; 1669] **agg.** e **s.** che, chi è cittadino della medesima nazione || **N.** *Sin.* compatriota, conterraneo.

connessióne [dal lat. *connexio, -ōnis*; 1572] **sf. 1.** stretta unione tra due o più cose; *fig.* legame di interdipendenza tra eventi, ragionamenti e sim.: *i recenti avvenimenti non mostrano tra loro alcuna connessione* || *T.stat.* legame di dipendenza reciproca tra due variabili **2.** *T.giur.* vincolo esistente tra due o più cause per cui le decisioni prese su una di esse tengono conto anche di tutte le altre **3.** *T.elettron.* collegamento || **N. 1.** *Sin.* relazione.

connessionismo [da *connessione*; 1973 nel senso 1; 1987 nel senso 2] **sm. 1.** *T.psic.* gruppo di dottrine psicologiche che interpretano tutto il comportamento in termini di connessioni (intendendo per connessione il legame tra stimolo e risposta), sia innate, come nei riflessi ereditari, sia acquisite attraverso l'apprendimento **2.** *T.scient.* teoria generale dei sistemi dinamici complessi, e in part. dei sistemi intelligenti (come la mente umana), secondo cui ad esempio l'*output* di un processo cognitivo non è il risultato dell'elaborazione di simboli, ma una proprietà emergente dalla ristrutturazione dell'intero sistema, determinata dall'interazione tra un grande numero di unità semplici, le cui caratteristiche sono puramente fisiche e che sono connesse tra loro in maniera non lineare.

connèsso (*pps.* di *connettere*) [1308] **I agg.** nei sensi del verbo || *T.giur.* di cause legate da vincoli di connessione || *T.mat.* di un insieme di punti tale che è sempre possibile congiungerne due ottenendo una curva che è interamente compresa nell'insieme stesso **II sm.** *pl.* solo nella loc. *annessi e connessi*, tutto ciò che abitualmente si accompagna a qualcos'altro.

connestàbile v. CONESTABILE.

connèttere (pres. *-ètto* ecc., come ANNETTERE) [dal lat. *connectere*; a. 1499] **tr. 1.** unire tra loro più cose, stabilire un collegamento; *in part.* stabilire un collegamento elettrico: *connettere gli elementi di un circuito* || *fig.* mettere in relazione eventi o ragionamenti **2.** *per estens. ass.* ragionare: *la paura gli impedisce di connettere* **3.** *ant.* intrecciare; tessere || **intr. pron.** e **rifl. rec.** essere in relazione: *questo caso si connette al discorso di ieri, gli eventi degli ultimi giorni si connettono in un preciso disegno di sovversione* || **N. tr. 1.** *Sin.* collegare, unire **2.** *Sin.* pensare, riflettere.

connettivo [dal fr. *connectif*; 1830] **I agg.** che serve a connettere || *T.biol. tessuto connettivo*, nome generico di vari tipi di tessuti che svolgono funzioni protettive, di sostegno e intervengono nei processi nutritizi; *fig. T.lett.* sfondo su cui si innestano le varie vicende della narrazione **II sm. 1.** *T.biol.* tessuto connettivo **2.** elemento di congiunzione; *in part. T.gram.* elemento che collega tra loro due frasi o due parti di un discorso: *i pronomi e le congiunzioni sono dei connettivi* || *T.mat.* in logica, ciascuno degli operatori che formano enunciati da enunciati || **N. II 2.** negazione, bicondizionale, congiunzione, condizionale, disgiunzione.

connettóre [da *connettere*; 1970] **sm. 1.** *T.elettr.* dispositivo che collega tra loro più circuiti elettrici **2.** *T.elettron.* dispositivo che collega l'elaboratore centrale con i terminali periferici **3.** *T.mat. raro* connettivo.

connivènte [dal lat. *conīvens, -entis*; a. 1712] **agg.** e **s. 1.** che, chi si rende complice di un reato o gen. di un'azione riprovevole assistendovi passivamente e non denunciandone gli esecutori **2.** *T.bot.* di organi vegetali che presentino le sommità ravvicinate tra loro.

connivènza [dal lat. tardo *coniventia*; 1619] **sf.** l'assistere passivamente al compimento di un reato o gen. di un'azione riprovevole.

connotàre (pres. *-òto*) [comp. di *con-* e *notare*; a. 1808] **tr.** *T.fil.* esprimere, avere come parte del proprio senso.

connotativo [da *connotato*; a. 1565] **agg.** relativo a connotazione || **N.** *Contr.* denotativo.

connotàto (*pps.* di *connotare*) [1802] **sm.** part. *pl.*, ciascuno dei tratti esteriori della figura che determinano l'aspetto fisico di una persona || *fig. cambiare i connotati a qualcuno*, picchiarlo con violenza fino a renderlo irriconoscibile || *per estens.* caratteristica: *i connotati della situazione attuale* || **N.** *Sin.* aspetto, caratteristica, fattezze, fisionomia, tratto somatico.

connotazióne [da *connotare*; 1964] **sf. 1.** *T.fil.* in logica, l'insieme degli attributi che definiscono un concetto **2.** *T.ling.* sfumatura di significato che una parola ha in aggiunta al suo significato di base e che deriva dalle condizioni storiche e culturali e dal valore evocativo conferitogli da un individuo o da un gruppo all'interno di una comunità linguistica (per es. *tirchio* e *spilorcio* hanno una connotazione spregiativa rispetto ad *avaro*) || **N. 1.** *Sin.* comprensione, intensione, senso | *Contr.* denotazione, estensione **2.** *Contr.* denotazione.

connùbio (pl. *-bi*) [dal lat. *conūbium*; 1485] **sm. 1.** *lett.* matrimonio, unione || *fig.* mescolanza di stirpi **2.** *fig.* fusione armonica di elementi diversi || alleanza politica.

connumeràre [dal lat. tardo *connumerāre*; sec. XIV] **tr.** *raro* annoverare, mettere nel numero.

còno [dal lat. *cōnus*; 1496] **sm. 1.** superficie generata dalla rotazione a 360 gradi dell'ipotenusa di un triangolo rettangolo attorno a un cateto; il volume racchiuso in tale superficie || *tronco di cono*, superficie generata dalla rotazione a 360 gradi di un trapezio rettangolo attorno al lato perpendicolare alle basi del trapezio || *com.* ogni oggetto a forma di cono: *cono gelato*, cialda di forma conica in cui viene posto il gelato **2.** *T.anat.* ciascuna delle cellule fotoricettive specializzate che, assieme ai bastoncelli, costituiscono uno strato della retina **3.** *T.geogr. cono vulcanico*, rilievo a forma di cono generato, in corrispondenza di una bocca vulcanica, dall'accumulo dei materiali eruttati || *cono avventizio*, sbocco secondario della lava formatosi sulle pendici del cono principale **4.** *T.astr. cono d'ombra*, zona d'ombra formata da un pianeta o da un altro corpo circolare che intercettano i raggi del Sole o di una sorgente luminosa **5.** *T.bot.* infruttescenza delle conifere **6.** *T.zool.* genere di molluschi gasteropodi diffusi soprattutto nei mari tropicali || **N. 5.** *Sin.* pigna. **TAV.** *geometria* 18; **geologia p. 1313** 3.11.

conòcchia [lat. volg. **conucula*, class. *colucula*; 1319] **sf.** quantità di lana o di altro filato che si avvolge intorno alla rocca || *per estens.* la rocca stessa || *trarre la conocchia*, filare.

conoidàle [da *conoide*; a. 1600] **agg.** *T.geom.* di conoide, a forma di conoide.

conòide [dal lat. tardo *conoīdes*, gr. *kōnoeidḗs*; 1632] **sm. 1.** *T.geom.* ogni superficie definita come luogo delle rette che si appoggiano a una curva data e a due rette date sghembe tra loro || *com.* qualunque superficie la cui forma ricordi quella di un cono **2.** *T.geol. conoide di deiezione*, accumulo di materiali detritici prodotto da un corso d'acqua a causa della diminuzione della velocità di scorrimento delle acque.

conopèo [dal lat. *conopēum*, gr. *kōnōpêion*, da *kṓnōps*, zanzara; 1797] **sm.** *ant.* **1.** zanzariera **2.** velo che si frapponeva tra la fonte battesimale e il sacerdote durante il battesimo **3.** drappo di seta che ricopre il ciborio o la pisside.

conoscènte (*ppr.* di *conoscere*) [sec. XIII] **I** **agg.** nei sensi del verbo || *ant.* consapevole; grato, riconoscente **II** **s.** **1.** persona con cui si intrattengono rapporti cordiali ma non di intima amicizia **2.** *T.fil.* il soggetto dell'atto conoscitivo.

conoscènza [lat. tardo *cognoscentia*; a. 1257] **sf.** **1.** l'atto del conoscere: *nel suo viaggio ha fatto la conoscenza di varie persone* || *venire a conoscenza, acquistare conoscenza di qualcosa*, averne notizia || l'effetto del conoscere: *la sua conoscenza delle norme giuridiche è piuttosto vaga* || *essere a conoscenza di qualcosa*, esserne informato || *avere conoscenza di qualcosa*, saperla **2.** facoltà di comprendere, di intendere; *in part.* possesso cosciente delle facoltà psichiche e dei sensi: *cadde in terra privo di conoscenza* || *T.fil.* rapporto tra il soggetto che conosce e l'oggetto conosciuto; *teoria della conoscenza*, gnoseologia **3.** persona con cui si ha una certa familiarità pur senza essere legati da un rapporto di amicizia. **Q.T.** *filosofia*.

conóscere (pres. *conósco, conósci*; p.rem. *conóbbi, conoscésti*; pps. *conosciùto*) [lat. volg. **conōscere*, class. *cognōscere*; a. 1257] **tr.** **1.** acquisire padronanza di qualcosa mediante un'attività di studio metodica e costante: *conoscere la logica modale, il latino* || *conoscere qualcosa per filo e per segno*, in tutti i particolari || *conoscere qualcosa a fondo*, assai bene **2.** sapere, avere esperienza pratica di qualcosa: *conosce assai bene il proprio mestiere, conosce le gioie e i dolori dell'amore* || *non conoscere pietà, sentimenti*, essere insensibile **3.** apprendere, avere notizia di qualcosa: *conobbe la verità dei fatti solo dopo molti anni, non si conosce ancora l'entità dei danni*; sapere dell'esistenza di qualcuno o di qualcosa: *conosco un ristorante qui vicino, conosco chi può fare al caso tuo* || *dare a conoscere*, rendere noto **4.** fare la conoscenza di qualcuno: *lo ha conosciuto mentre studiava a Roma* || *per estens.* intrattenere con qualcuno un rapporto di superficiale frequentazione: *lo conosco di vista* || avere un rapporto di assidua frequentazione con qualcuno: *li conosce da vari anni* || *lett. conoscere carnalmente, in senso biblico*, avere rapporti sessuali || *fig. conosco i miei polli, ti conosco, mascherina!*, so con chi ho a che fare || *pop. ma chi ti conosce!*, esclamazione rivolta a chi si intromette in faccende che non lo riguardano **5.** *fam.* riconoscere: *l'ho conosciuto dal modo di camminare*; distinguere: *conoscere il vero dal falso* || *farsi conoscere*, mostrare il proprio carattere, le proprie qualità positive o negative; acquistare notorietà **6.** ammettere, accettare, riconoscere l'autorità di qualcuno (in frasi negative): *non conosco padroni, non conosce ostacoli* **7.** *T.giur.* di organi giudiziari, deliberare su una causa || **rifl.** *lett.* riconoscersi: *mi conosco colpevole* || **rec.** intrattenere un rapporto di familiarità: *si conoscono da vari anni* || **intr.** (aus. *avere*) **1.** *T.giur.* di organi giudiziari, pronunciare il giudizio su una causa: *conoscere di una causa* **2.** avere il possesso delle proprie facoltà mentali; *per estens.* essere conoscente || **N.** **tr.** **1.** *Sin.* sapere; apprendere, comprendere, familiarizzarsi, imparare **2.** *Sin.* aver pratica, intendersene **3.** *Sin.* appurare, intendere **4.** *Sin.* incontrare **5.** *Sin.* distinguere | **rifl.** considerarsi, dichiararsi | **intr.** **2.** *Sin.* essere in sé.

conoscìbile [lat. tardo *cognoscibilis*; sec. XIV] **agg.** che si può conoscere; anche *sm. il conoscibile*, ciò che può essere conosciuto.

conoscibilità [da *conoscibile*; sec. XIV] **sf.** possibilità di essere conosciuto: *la conoscibilità dell'essere.*

conosciménto [da *conoscere*; a. 1292] **sm.** *non com.* atto ed effetto del conoscere || *ant.* conoscenza; ragione.

conoscitìvo [da *conoscere*; sec. XIV] **agg.** **1.** relativo alla conoscenza: *virtù conoscitive* **2.** atto a conoscere: *indagine conoscitiva*, procedimento cui le commissioni parlamentari ricorrono per acquisire dati e documentazioni su qualche problema specifico.

conoscitóre [da *conoscere*; a. 1294] **sm.** (f. *-trìce*) chi ha conoscenza o esperienza in un qualche campo specifico: *è un conoscitore di vini spagnoli, di opera lirica, di arte rinascimentale* || **N.** *Sin.* competente, esperto, intenditore, specialista.

conosciùto (*pps.* di *conoscere*) [1294] **I** **agg.** **1.** famoso, noto: *una cantante assai conosciuta* **2.** sperimentato: *si rivolse a loro con parole di conosciuta efficacia* **II** **sm.** ciò che si conosce || **N.** II *Contr.* ignoto.

conquassàre [dal lat. *conquassāre*; a. 1342] **tr.** *lett.* sconquassare.

conquàsso [da *conquassare*; a. 1535] **sm.** *raro* sconquasso.

conquèsto [dal lat. *conquestus*; 1927] **sm.** *T.giur.* l'insieme degli accertamenti effettuati immediatamente dopo il fatto costituente reato.

conquìbus o **cumquìbus** [dal lat. *cum quībus* (*nūmmis*), con i quali (denari); 1534] **sm.** *inv. scherz.* denaro.

conquìdere (pres. *-ìdo*; p.rem. *-ìṣi*; pps. *-ìṣo*) [lat. *conquīrere*, cercare; a. 1250] **tr.** *lett.* sconfiggere, conquistare; anche *fig.* sedurre: *costei si gittò ai piedi, e gli conquise e intenerigli il cuor d'alta pietade* (Ariosto).

conquìsta [da *conquistare*; a. 1304] **sf.** **1.** atto ed effetto del conquistare: *ambizioni di conquista* || *concr.* territorio conquistato: *le conquiste di Alessandro il Grande* || *territorio di conquista*, che deve sottostare alle leggi militari **2.** *per estens.* successo sentimentale: *una donna che mieteva conquiste*; persona conquistata in amore: *al ballo esibiva la sua ultima conquista* **3.** *fig.* progresso: *le conquiste della scienza.*

conquistàbile [da *conquistare*; 1865] **agg.** che si può conquistare.

conquistador (sp., pr. [koŋkista'ðɔr]; pr. it. [koŋkwista'dɔr]) [da *conquistar*, conquistare; 1892] **sm.** (pl. *conquistadores*, pr. [koŋkista'ðores]) avventuriero che, nel XVI sec., a capo di spedizioni finanziate dal governo spagnolo, andava alla conquista dei territori dell'America Centrale e Meridionale.

conquistàre (pres. *-ìsto*) [lat. volg. **conquistāre*; a. 1292] **tr.** **1.** *T.mil.* ridurre in proprio potere facendo ricorso alle armi: *conquistare la trincea nemica*; *in part.* assoggettare al proprio dominio un territorio straniero: *Napoleone conquistò l'Europa* **2.** *per estens.* ottenere qualcosa a prezzo di grande impegno e sacrifici: *conquistare la libertà, il successo* **3.** *fig.* attirare a sé, cattivarsi: *ha conquistato la simpatia dei superiori* **4.** *per estens. fig.* far innamorare, sedurre: *Mata Hari conquistò molti uomini* || **rifl. intens.** attirare a sé: *si è conquistato la stima di tutti* || **N.** **1.** *Sin.* invadere, occupare, prendere, soggiogare, vincere **2.** *Sin.* acquistare, conseguire, raggiungere **3.** *Sin.* guadagnarsi, ottenere.

conquistatóre [da *conquistare*; inizio sec. XIV] **agg.** e **sm.** (f. *-trìce*) che, chi conquista || *fig.* che, chi miete successi amorosi || **N.** *Sin.* invasore, soggiogatore, trionfatore, vincitore.

conquìsto [da *conquistare*; a. 1294] **sm.** *ant.* conquista.

consacràbile [da *consacrare*; 1865] **agg.** che può essere consacrato.

consacraménto [da *consacrare*; 1536] **sm.** *non com.* consacrazione.

consacràndo (*gerundivo* di *consacrare*) [1834] **agg.** e **sm.** che, chi sta per essere consacrato sacerdote o vescovo.

consacrànte (*ppr.* di *consacrare*) [1622] **agg.** e **sm.** detto di sacerdote che amministra la consacrazione di un ecclesiastico, di una chiesa, di un altare e sim.

consacràre (pres. *-àcro*) [lat. *consecrāre*; a. 1306] **tr.** **1.** rendere sacro, destinare al culto divino mediante rito solenne: *consacrare un altare, una chiesa* || *consacrare l'ostia, il vino*, effettuarne la transustanziazione mutandoli nel corpo e nel sangue di Cristo || conferire gli ordini sacri: *consacrare un sacerdote* || *per estens.* investire di un'alta carica mediante cerimonia solenne: *venne consacrato imperatore* **2.** *per estens.* offrire in voto: *consacrare la propria verginità alla Madonna*; dedicare: *consacrare un monumento ai caduti per la patria*; dedicarsi in modo esclusivo a un ideale: *ha consacrato la propria esistenza alla fisica* **3.** legittimare, convalidare: *un diritto consacrato dall'uso* || riconoscere ufficialmente: *consacrare qualcuno campione* || **rifl.** dedicarsi totalmente: *si è consacrato alla causa dei diritti umani* || **N.** **1.** *Sin.* benedire; ordinare, ungere; proclamare, riconoscere **3.** *Sin.* sancire, sanzionare | **rifl.** *Sin.* darsi, dedicarsi, donarsi, votarsi.

consacratóre [lat. tardo *consecrātor, -ōris*; sec. XIV] **agg.** e **sm.** (f. *-trìce*) che, chi consacra.

consacrazióne [lat. *consecrātio, -ōnis*; 1312] **sf.** **1.** atto dell'ordinare sacerdoti: *la consacrazione dei sacerdoti* **2.** rito con cui si consacra qualcosa || *T.stor.* presso gli antichi Romani, offerta alla divinità || nella liturgia cattolica, parte della messa in cui avviene la transustanziazione del pane e del vino nel corpo e nel sangue di Cristo **3.** *per estens.* legittimazione fornita dalla tradizione o dall'uso || **N.** **1.** *Sin.* ordinazione **2.** *Sin.* dedicazione.

consagràre e der. forme ant. di CONSACRARE e der. (v.).

consanguineità [dal lat. *consanguinitas, -ātis*, con influsso di *consanguineo*; 1630] **sf.** l'essere consanguinei; relazione di parentela tra persone che hanno uno o più ascendenti in comune.

consanguìneo [dal lat. *consanguineus*; a. 1294] **I** **agg.** **1.** che è dello stesso sangue, della stessa stirpe || *T.giur.* che è nato dallo stesso padre ma da madre diversa || *T.biol.* di animali che hanno antenati in comune **2.** *non com.* relativo ai parenti: *dispute consanguinee* **II** **sm.** (f. *-a*) chi ha legami di sangue con altri || **N.** **1.** *Sin.* congiunto, parente | figli uterini, fratelli.

consapévole [comp. parasint. di *sapere*; a. 1332] **agg.** che è informato, cosciente di qualcosa: *sono consapevole della gravità della situazione* || *rendere, fare consapevole*, informare || *ant.* complice || **consapevolménte** **avv.** || **N.** *Sin.* avvertito, conscio, edotto | *Contr.* ignaro, inconsapevole.

consapevolézza [da *consapevole*; a. 1698] **sf.** l'essere consapevole, coscienza: *possiede la piena consapevolezza delle conseguenze dei suoi atti.*

consapevolizzàre [da *consapevole*; 1967] **tr.** rendere consapevole di una certa situazione || **intr. pron.** diventare consapevole di una certa situazione.

consapevolizzazióne [da *consapevolizzare*; 1987] **sf.** atto ed effetto di consapevolizzare o di consapevolizzarsi.

consapùto [da *saputo*; 1589] **agg.** *raro* noto a più persone.

consciènza e **consciènzia** [dal lat. *conscientia*; a. 1306] **sf.** *ant.* coscienza.

cònscio (pl. *-sci*) [dal lat. *cōnscius*; 1336 ca.] **I** **agg.** che è informato, che ha consapevolezza di qualcosa: *essere consci delle proprie responsa-*

bilità ‖ *non com.* cosciente **II sm.** *T.psican.* zona della psiche in cui si collocano i processi razionali e consapevoli dell'individuo ‖ **N.** II inconscio.

consecutivo [dal lat. *consecūtus*; a. 1712] **agg. 1.** che viene immediatamente dopo in una serie ordinata; che segue senza interruzione: *vinse il titolo per due anni consecutivi* ‖ *traduzione consecutiva* (anche *ass. sf. consecutiva*), eseguita immediatamente dopo la conclusione di un discorso, contrapposta alla *traduzione simultanea* che viene fatta contemporaneamente al discorso **2.** *T.geom.* di elementi che si susseguono tra loro: *angoli, segmenti consecutivi* **3.** *T.gram. proposizione consecutiva* (anche *ell. sf. consecutiva*), proposizione subordinata che esprime una conseguenza, reale o prevista, di ciò che è affermato nella principale; nella forma esplicita ha il verbo al congiuntivo ed è introdotta da *perché, tanto... che, al punto che, tale che* e sim. ‖ *congiunzioni consecutive*, quelle che introducono una proposizione consecutiva ‖ **consecutivaménte** **avv.** di seguito, in successione; nella *loc. prep. bur. consecutivamente a*, di seguito a, dopo.

consecuzióne [dal lat. *consecūtio, -ōnis*; sec. XIV-XVI] **sf. 1.** *raro* conseguimento **2.** successione immediata di due fatti **3.** *raro* conseguenza.

conségna [da *consegnare*; sec. XIV-XVI] **sf. 1.** atto ed effetto del consegnare: *ho fatto la consegna della merce* ‖ *pagamento alla consegna*, all'atto di ricevere la merce ‖ *consegna immediata*, che avviene all'atto del pagamento della merce ‖ *pronta consegna*, che avviene in un lasso di tempo stabilito dopo il pagamento della merce ‖ *in consegna*, in custodia ‖ *dare le consegne*, illustrare un lavoro in corso a chi vi subentra nell'esecuzione **2.** *T.mil.* insieme degli ordini e delle disposizioni che un militare riceve da un superiore relativamente all'adempimento di un servizio e a cui deve rigorosamente attenersi: *rompere, osservare le consegne* ‖ punizione inflitta a militari e graduati di truppa consistente nella privazione della libera uscita ‖ **N. 1.** *Sin.* recapito.

consegnàre (pres. *-égno*) [lat. *consignāre*, sigillare, autenticare; 1397] **tr. 1.** dare, affidare qualcosa a qualcuno per un periodo determinato perché lo custodisca: *consegnò i documenti al notaio* ‖ *lett. consegnare i propri pensieri alla carta*, mettere per iscritto ‖ *consegnare un lavoro*, terminarlo e affidarlo al committente ‖ *lett. consegnare qualcuno alla memoria*, affidarlo al ricordo dei posteri **2.** affidare all'autorità: *i colpevoli sono stati consegnati alla giustizia* **3.** *T.mil.* punire per mezzo della consegna ‖ *consegnare la truppa*, ordinare che un reparto resti in caserma perché sia immediatamente disponibile in caso di necessità ‖ **rifl.** arrendersi: *consegnarsi alla polizia.*

consegnatàrio (pl. *-ri*) [da *consegnare*; 1855] **sm.** (f. *-a*) chi riceve qualcosa in consegna perché lo custodisca ‖ **N.** *Sin.* depositario.

consegnàto (*pps.* di *consegnare*) [sec. XIV] **I agg.** nei sensi del verbo **II sm.** militare che è stato punito con la consegna.

conseguènte (*ppr.* di *conseguire*) [1308 *consequente*] **I agg. 1.** che deriva da qualcosa: *i danni conseguenti a una cattiva politica ambientale* **2.** che è derivabile logicamente; che segue le regole della logica: *un ragionamento conseguente* **3.** *fig.* di persona, coerente: *cerca di essere conseguente nelle tue affermazioni* **II sm.** in logica, in un condizionale della forma "se *p*, allora *q*", l'enunciato *q* ‖ *T.mat.* in una proporzione della forma $a : b = c : d$, ciascuno dei termini *b* e *d*.

conseguènza [lat. *consequentia*; 1321 *consequenza*] **sf. 1.** ciò che costituisce l'effetto derivato direttamente o indirettamente di qualcos'altro; *in part.* conclusione logicamente dedotta da una premessa ‖ *relazione di conseguenza*, relazione tra un'espressione E e un insieme di espressioni I per cui ogni interpretazione di I deve anche essere un'interpretazione di E ‖ *in, per conseguenza di*, a causa di ‖ *per conseguenza*, perciò **2.** *ant.* importanza, rilievo: *sono cose di gran conseguenza* ‖ **N. 1.** *Sin.* conclusione, deduzione, effetto, riflesso.

conseguenziàle e der. forme meno com. di CONSEQUENZIALE e der. (v.).

conseguìbile [da *conseguire*; 1680] **agg.** che può essere conseguito ‖ **N.** *Sin.* ottenibile, raggiungibile.

conseguiménto [da *conseguire*; a. 1617] **sm.** atto ed effetto del conseguire; ottenimento, raggiungimento.

conseguìre (pres. *-éguo* ecc., come SEGUIRE) [lat. *consequi*; sec. XIII] **tr.** ottenere, raggiungere qualcosa: *ha conseguito il diploma* ‖ realizzare qualcosa: *ha finalmente conseguito il suo desiderio* ‖ **intr.** (aus. *essere*) derivare per conseguenza; venire dopo: *da ciò consegue che è falso.*

conseguitàre (pres. *-éguito*) [da *seguitare*; a. 1342] **intr.** (aus. *essere*) *raro* seguire come conseguenza.

consensìvo [da *consenso*; 1942] **agg.** *non com.* che esprime consenso ‖ *freccia consensiva*, nella segnaletica stradale, indicazione di via libera per i veicoli che procedono nel senso indicato dalla freccia.

consènso [dal lat. *consēnsus*; a. 1348] **sm. 1.** conformità di voleri, di giudizio: *agire di consenso*, di comune accordo ‖ *in part.* in un negozio giuridico, comunità di intenti manifestata dalle parti **2.** il consentire a una richiesta, autorizzazione: *diede il proprio consenso*; *consenso scritto, orale* ‖ *tacito consenso*, approvazione che non viene dichiarata a parole ‖ *T.ferr.* autorizzazione necessaria per effettuare operazioni di circolazione di convogli **3.** approvazione: *l'iniziativa ha riscosso il consenso unanime degli interessati* ‖ *T.pol.* appoggio fornito da gruppi, classi sociali od organizzazioni alla politica di chi è al potere: *il fascismo governò con il consenso della borghesia* ‖ **N. 1.** *Sin.* accordo, assenso, intesa **2.** *Sin.* accettazione, adesione **3.** *Sin.* acquiescenza, adesione, beneplacito.

consensuàle [dal fr. *consensuel*; 1931] **agg.** che si fonda sul consenso: *separazione consensuale* ‖ **consensualménte** **avv.**

consentaneità [da *consentaneo*; 1798] **sf.** *lett.* l'essere consentaneo.

consentàneo [dal lat. *consentāneus*; 1300 ca.] **agg.** *lett.* conveniente, conforme ‖ **consentaneaménte** **avv.**

consentiménto [da *consentire*; a. 1292] **sm.** *raro lett.* il consentire, consenso.

consentìre (pres. *-ènto*) [dal lat. *consentīre*; a. 1257] **intr.** (aus. *avere*) **1.** essere d'accordo con qualcuno **2.** acconsentire, esprimere un parere favorevole: *consentì alle loro richieste* **3.** *non com.* cedere, arrendersi ‖ **tr. 1.** concedere, permettere: *un lavoro che non consente distrazioni* **2.** *lett.* ammettere: *consentire i propri errori* ‖ seguito da proposizione oggettiva introdotta da *che* o da *di*: *consento di aver sbagliato* **3.** *raro* part. riferito a sentimenti, provare insieme ad altri ‖ **N. intr. 1.** *Sin.* annuire, approvare, assentire, concordare, convenire **2.** *Sin.* accondiscendere, assentire, concedere, permettere.

consenziènte (*ppr.* di *consentire*) [sec. XIII] **agg.** che dà il proprio consenso ‖ *lett.* cedevole ‖ *lett.* conforme ‖ **N.** *Sin.* favorevole | *Contr.* dissenziente.

consequènte **agg.** e **sm.** *non com.* v. CONSEGUENTE.

consequenziàle [dall'ingl. *consequential*; 1852] **agg. 1.** che riguarda la conseguenza **2.** che è conforme alla logica, che si adegua alle conseguenze di un principio ‖ **N. 2.** *Sin.* coerente, conseguente, logico.

consequenzialità [da *consequenziale*; 1964] **sf.** l'essere consequenziale: *la consequenzialità di un ragionamento.*

consequenziàrio (pl. *-ri*) [prob. da *consequenziale*, con cambio di suff.; 1925 *conseguenziario*] **agg.** e **sm.** (f. *-a*) *raro* che, chi è troppo rigido nel trarre le conseguenze da premesse date, anche senza controllare la validità di tali premesse.

consertàre (pres. *-èrto*) [da *conserto*; a. 1508] **tr.** *non com.* intrecciare.

consèrto [dal lat. *consertus*, pps. di *conserere*, intrecciare; 1321] **I agg.** intrecciato, part. nella loc. *braccia conserte*, incrociate ‖ *ant.* intricato; fitto **II sm.** *ant.* concerto, armonia di suoni e voci ‖ *fig.* accordo, solo nella loc. *di conserto*, di comune accordo.

consèrva[1] [da *conservare*; a. 1363] **sf. 1.** atto ed effetto del conservare ‖ *fare conserva*, conservare; *fig. fare conserva di parole, consigli, ammonimenti* e sim., farne tesoro **2.** alimento, gen. vegetale, opportunamente trattato per favorirne la conservazione: *conserva di pomodoro, di frutta*; *per anton.* conserva di pomodoro: *mi si è versata la conserva sulla stufa* ‖ *per estens.* luogo in cui vengono conservati gli alimenti ‖ cisterna per la conservazione dell'acqua.

consèrva[2] [prob. da *conservo*; a. 1348] **sf.** *ant.* gruppo di navi che procedono unite sulla stessa rotta per proteggersi a vicenda ‖ *navigare di conserva*, di navi o velivoli, navigare in gruppo ‖ *per estens. fig. andare, agire di conserva*, di persone, procedere in comune accordo.

conservàbile [dal lat. tardo *conservābilis*; sec. XIV] **agg.** che si può conservare ‖ **N.** *Contr.* deteriorabile.

conservabilità [da *conservabile*; 1983] **sf.** qualità di ciò che può essere conservato: *garantire la conservabilità degli alimenti.*

conservànte (*ppr.* di *conservare*) [1984] **sm.** sostanza che, aggiunta alle sostanze alimentari, ne impedisce o rallenta il deterioramento: *conservanti chimici, naturali* ‖ **N.** *Sin.* conservativo.

conservàre (pres. *-èrvo*) [dal lat. *conservāre*; 1308] **tr. 1.** mantenere qualcosa intatto evitandone o arrestandone il processo di deterioramento; *in part.* riferito a sostanze alimentari: *conservare i funghi sott'olio, la carne sotto sale* **2.** *per estens.* custodire, serbare: *ho conservato tutte le sue lettere* ‖ possedere ancora: *nonostante gli anni conserva un'ottima memoria* ‖ **rifl.** e **intr. pron.** rimanere allo stato originario senza subire alterazioni: *è un vino che si conserva a lungo* ‖ *fig.* mantenere il proprio vigore fisico o mentale: *si conserva bene nonostante gli anni* ‖ *fig.* continuare ad essere: *conservarsi sincero* ‖ **N. tr. 1.** *Sin.* salvaguardare, serbare **2.** *Sin.* preservare, proteggere | **intr. pron.** durare, mantenersi, preservarsi, resistere.

conservatìvo [dal lat. tardo *conservatīvus*; a. 1306] **agg.** atto a conservare ‖ *T.giur. sequestro conservativo*, sequestro preventivo che viene effettuato per impedire al debitore di disperdere i propri beni a danno del creditore ‖ *T.chim. sostanze conservative* (anche *sm. conservativi*), quelle che impediscono o ritardano il deterioramento delle sostanze alimentari, com. dette *conservanti* ‖ *T.fis. campo conservativo*, campo vettoriale derivante da un potenziale.

conservatóre [dal lat. *conservātor, -ōris*; sec. XIII] **I agg.** e **sm.** (f. *-trìce*) che, chi conserva; che, chi tende a non cambiare; *in part. T.pol.* che, chi si oppone a ogni istanza di rinnovamento e tende a mantenere immutato l'ordinamento politico-economico; *per estens.* anche riferito a correnti artistiche, di pensiero, di costume e sim. **II sm.** titolo attribuito a funzionari addetti alla conservazione di beni di pubblico interesse: *conservatore dei registri immobiliari, di monumenti.*

conservatoria [da *conservare*; 1355] ***sf.*** *T.bur.* ufficio, carica di conservatore || *concr.* il luogo in cui esercita il proprio ufficio || ufficio dove si registrano le ipoteche.

conservatòrio (pl. *-ri*) [da *conservare*; 1706] **I** ***sm.*** **1.** istituto per l'insegnamento della musica **2.** istituto per l'educazione delle fanciulle, gen. gestito da religiosi **II** ***agg.*** che serve a conservare.

conservatorìsmo [da *conservatore*; 1932] ***sm.*** tendenza di chi è ostile a ogni progresso o trasformazione politica o sociale; *per estens.* anche riferito alla cultura, al costume, all'arte e sim.

conservazióne [dal lat. *conservātio, -ōnis*; 1308] ***sf.*** **1.** atto ed effetto del conservare o del conservarsi || il modo in cui qualcosa si è conservata: *buona, cattiva conservazione,* riferito in part. al modo in cui reperti artistici o archeologici si sono conservati nel tempo || *istinto di conservazione,* tendenza di tutti gli esseri viventi animati a mantenersi in vita **2.** *T.pol.* atteggiamento e ideologia propria dei partiti conservatori; *per estens.* atteggiamento ostile ai mutamenti nel gusto, nell'arte, nella morale **3.** *T.fis.* detto di grandezze o proprietà, il mantenersi invariato nel corso di trasformazioni, reazioni e sim. || **N. 1.** *Sin.* salvaguardia **2.** *Sin.* conservatorismo. **Q.T.** *alimentazione.*

conservière [da *conserva*¹; 1963] ***sm.*** (f. *-a*) **1.** industriale che opera nel settore delle conserve alimentari **2.** operaio che lavora in un'industria di conserve alimentari.

conservièro [da *conserva*¹; 1942] ***agg.*** che riguarda la produzione di conserve alimentari: *industrie conserviere.*

conservifìcio (pl. *-ci*) [comp. di *conserva*¹ e *-ficio*; 1942] ***sm.*** stabilimento per la produzione di conserve alimentari.

consèrvo [dal lat. *conservus*; a. 1294] ***sm.*** (f. *-a*) **1.** *non com.* chi è servo insieme ad altri: *conservo sono / teco e con li altri ad una podestate* (Dante) **2.** *T.rel.* confratello.

consèsso [dal lat. *consessus*; 1619] ***sm.*** adunanza di persone autorevoli: *un consesso di dotti*; *per estens.* l'insieme delle persone riunite || **N.** *Sin.* assemblea, consiglio, riunione.

consideràbile [da *considerare*; a. 1540] ***agg.*** *non com.* degno di considerazione; di grande importanza || **N.** *Sin.* considerevole, notevole.

consideràndo (*ger.* di *considerare*) [1860] ***sm.*** *inv.* *T.giur.* ciascuno dei motivi che in una sentenza, in una delibera o in un testo di legge precedono la parte dispositiva.

consideràre (pres. *-idero*) [dal lat. *considerāre*, letter. osservare gli astri; a. 1292] ***tr.*** **1.** esaminare attentamente una cosa vagliandone ogni possibilità: *considerati i rischi, sarebbe meglio desistere dall'impresa* || *per estens.* avere presente: *devi considerare la possibilità di un calo delle azioni* || contemplare: *questa è un'eventualità che la legge non considera* || *ass.* riflettere: *prima di rispondere, considera* **2.** apprezzare, stimare: *nel suo ambiente non è molto considerato* || giudicare, sempre seguito da complemento predicativo: *e pensare che lo consideravamo un amico* || ***rifl.*** ritenersi: *si considera intelligente* || **N. *tr.* 1.** *Sin.* badare, bilanciare, contemplare, meditare, misurare, ponderare, riflettere, soppesare, stimare **2.** *Sin.* giudicare, reputare, ritenere.

consideratézza [da *considerare*; 1865] ***sf.*** attitudine a riflettere; cautela nel prendere decisioni || **N.** *Contr.* avventatezza, imprudenza, inconsideratezza, sconsideratezza.

consideràto (*pps.* di *considerare*) [1308] ***agg.*** **1.** preso in considerazione, spec. nelle loc.: *tutto considerato,* tutto sommato, in complesso; *considerato che,* tenendo conto del fatto che **2.** cauto, prudente || **consideratamènte** ***avv.*** con prudenza, con ponderazione.

considerazióne [dal lat. *considerātio, -ōnis*; 1308] ***sf.*** **1.** atto ed effetto del considerare, esame attento || *degno di considerazione,* di una certa importanza || *prendere in considerazione,* valutare con attenzione || ponderazione, cautela: *ha agito senza alcuna considerazione* **2.** reputazione, credito: *avere considerazione per qualcuno* o *avere qualcuno in considerazione,* stimarlo **3.** riflessione, osservazione personale: *vorrei fare alcune considerazioni sull'accaduto* || **N. 1.** *Sin.* attenzione, meditazione, riflessione | *Contr.* sconsideratezza **2.** *Sin.* stima **3.** *Sin.* commento, ragionamento.

consideréevole [da *considerare*; a. 1789] ***agg.*** di grande rilevanza; notevole || **considerevolménte** ***avv.*** || **N.** *Contr.* trascurabile.

consigliàbile [da *consigliare*; 1898] ***agg.*** che si può consigliare; opportuno || **N.** *Contr.* sconsigliabile.

consigliàre¹ (pres. *-ìglio*) [lat. *consiliāri*; a. 1292] ***tr.*** dare suggerimenti, indicazioni a qualcuno per aiutarlo: *mi hanno consigliato un buon ristorante* || *per estens.* avvertire in tono di minaccia: *ti consiglio di smetterla* || ***intr. pron.*** consultarsi con qualcuno, richiederne il parere: *per l'arredamento si sono consigliati con un architetto* || ***rifl.*** *lett.* risolversi a fare qualcosa: *di riposare alquanto si consiglia* (Ariosto) || **N. *tr.*** *Sin.* ammonire, avvertire, avvisare, esortare, guidare, incitare, indurre, persuadere, predicare, premere, proporre, suggerire.

consigliàre² V. CONSILIARE.

consigliàto (*pps.* di *consigliare*) [1353] ***agg.*** esortato, indotto || avveduto, prudente: *Andreuccio, più cupido che consigliato, con loro si mise in via* (Boccaccio) || **consigliataménte** ***avv.***

consigliatóre [lat. *consiliātor, -ōris*; prima metà sec. XIII] ***sm.*** (f. *-trìce*) *raro* chi consiglia.

consiglière [dal fr. ant. *conseillier*; a. 1348] ***sm.*** (f. *-a*) **1.** persona cui ci si rivolge per essere consigliati **2.** membro di un consiglio con funzioni deliberative: *consigliere comunale* || *consigliere d'amministrazione,* membro del consiglio di amministrazione di un'azienda || *consigliere delegato,* chi gestisce per delega l'amministrazione di una società || *consigliere di Stato,* membro del Consiglio di Stato || *consigliere di cassazione, d'appello,* magistrato che esercita le proprie funzioni in una corte di cassazione o d'appello **3.** *T.mar. ant.* aiutante del pilota con funzioni paragonabili a quelle dell'ufficiale di rotta || **N. 1.** *Sin.* consulente, ispiratore, mentore, suggeritore.

consiglio (pl. *-gli*) [lat. *consilium*; a. 1250] ***sm.*** **1.** suggerimento, parere, avvertimento che si dà a qualcuno per aiutarlo a fare o non fare una cosa: *chiedere consiglio, un consiglio spassionato, ragionevole, buono, cattivo* || *mutare consiglio,* cambiare parere || *consigli evangelici,* le massime di Cristo, riportate nei Vangeli || avvertimento minaccioso: *segui il mio consiglio e sparisci di qui* || *prov. la notte porta consiglio,* bisogna riflettere prima di prendere decisioni avventate **2.** *lett.* riflessione, ponderata decisione: *dopo maturo consiglio, si risolsero a partire* || *venire a più miti consigli,* ridimensionare le proprie richieste || prudenza: *è persona di gran consiglio* **3.** riunione di persone per discutere e deliberare su argomenti di comune interesse: *riunirsi in consiglio* || *in part.* denominazione di vari organi collegiali pubblici o privati con funzioni gen. consultive: *Consiglio di Stato,* organo consultivo e di tutela della giustizia nella pubblica amministrazione; *Consigli superiori,* istituti tecnici che operano presso vari ministeri; *Consiglio Superiore della Magistratura,* organo di autogoverno della Magistratura, presieduto dal presidente della Repubblica; *consiglio di presidenza, d'istituto, di classe,* organi consultivi e deliberativi della scuola secondaria; *consiglio di circolo,* organo deliberativo della scuola elementare; *consiglio di fabbrica, d'azienda,* organo sindacale di base composto dai delegati di reparto e dai rappresentanti sindacali aziendali || nome di vari organi statali: *Consiglio Nazionale delle Ricerche (C.N.R.),* che ha il compito di promuovere e coordinare la ricerca scientifica || nome di vari organismi collegiali internazionali: *Consiglio di Sicurezza,* organismo delle Nazioni Unite che dovrebbe mantenere uno stato di pace nei rapporti tra le nazioni; *Consiglio d'Europa,* che ha lo scopo di favorire il progresso socio-economico dell'Europa || **N. 1.** ammaestramento, ammonizione, avvertenza, deliberazione, esortazione, incitamento, indirizzo, invito, istruzione, parenesi, proposta.

consiliàre o **consigliàre**² [dal lat. *consiliāris*; a. 1292] ***agg.*** relativo a un consiglio inteso come organo collegiale: *riunione, sala consiliare.*

consìmile [dal lat. *consimilis*; a. 1276] ***agg.*** simile, analogo || **consimilménte** ***avv.*** || **N.** *Contr.* differente, dissimile, diverso.

consistènte (*ppr.* di *consistere*) [1308] ***agg.*** **1.** solido, resistente; denso: *un impasto consistente* **2.** considerevole: *i suoi debiti ammontano a una somma consistente* **3.** fondato, convincente: *un ragionamento consistente* || *T.mat.* di una teoria, priva di contraddizioni || **consistentemènte** ***avv.*** || **N. 1.** *Sin.* compatto, fitto, sodo | *Contr.* molle, rado **3.** *Sin.* attendibile, coerente, efficace, valido | *Contr.* contraddittorio.

consistènza [dal lat. tardo *consistentia*; a. 1406] ***sf.*** **1.** solidità, resistenza alle sollecitazioni || densità: *la consistenza del tessuto* **2.** fondatezza, concretezza: *i suoi progetti mancano di consistenza* || *prendere consistenza,* concretizzarsi || *T.mat.* non contraddittorietà di una teoria **3.** *consistenza patrimoniale,* l'insieme dei beni che appartengono a un individuo.

consìstere (pres. *-ìsto* ecc., come ASSISTERE) [dal lat. *consistere*; 1353] ***intr.*** (aus. *essere*) **1.** essere formato, con le prep. *in* e meno com. *di*: *l'enciclopedia consiste di 24 volumi, l'arredamento della casa consisteva in un letto e in due poltrone* || essere fondato su qualcosa: *la sua abilità consisteva nel capire immediatamente il gioco dell'avversario* **2.** *ant.* resistere, durare || persistere **3.** *ant.* trovarsi.

consistòro o **consistòrio** (pl. *-ri*) ***sm.*** *ant.* V. CONCISTORO.

consobrìno [dal lat. *consobrīnus*; a. 1292] ***sm.*** (f. *-a*) *ant. lett.* cugino.

consociàre (pres. *-òcio*) [dal lat. *consociāre*; 1816] ***tr.*** **1.** unire in società; *per estens.* unire ad altri o ad altra cosa **2.** *T.agr.* coltivare più specie sullo stesso terreno: *consociare la vite all'olivo* || ***rifl. rec.*** associarsi.

consociativo [da *consociare*; 1983] ***agg.*** relativo a una consociazione: *democrazia consociativa.*

consociàto (*pps.* di *consociare*) [a. 1704] **I** ***agg.*** **1.** appartenente al medesimo gruppo aziendale: *industrie consociate* **2.** *T.agr.* di pianta coltivata con piante di altre specie sul medesimo appezzamento di terreno **II** ***sm.*** (f. *-a*) membro di un'associazione, di una società.

consociazióne [dal lat. *consociātio, -ōnis*; 1745] ***sf.*** **1.** atto ed effetto del consociare || lega, unione **2.** *T.agr.* coltivazione contemporanea di piante di specie diverse sullo stesso terreno.

consociazionìsmo [da *consociazione*] ***sm.*** *T.pol.* in un sistema politico pluralistico, tendenza a coinvolgere nelle decisioni del governo — se non nel governo stesso — tutte le forze politiche più influenti, indipendentemente dalla distinzione tra maggioranza e opposizione.

consòcio (pl. *-ci*) [dal lat. tardo *consocius*; 1723] **sm.** (f. *-a*) chi è socio con altri in una società o associazione.

consolàbile [dal lat. *consolābilis*; 1865] **agg.** che si può consolare || *scherz. vedovo consolabile*, incline a risposarsi || **N.** *Contr.* desolato, inconsolabile.

consolànte (*ppr.* di *consolare²*) [a. 1364] **agg.** di notizia e sim., lieto || in funzione predicativa, con valore neutro: *è consolante saperlo al sicuro* || **consolanteménte** **avv.** || **N.** confortante.

consolàre¹ [dal lat. *consulāris*; 1521] **I agg. 1.** del console: *carriera consolare* || *diritto consolare*, l'insieme delle norme del diritto internazionale che definiscono i compiti e le garanzie relativi all'ufficio di console **2.** *T.stor.* nell'antica Roma, che riguarda la dignità e l'ufficio di console || *via consolare*, ciascuna delle grandi vie di comunicazione aperte dai consoli **II sm.** *T.stor.* nell'antica Roma, titolo spettante a chi aveva rivestito la carica di console.

consolàre² (pres. *-ólo*) [dal lat. *consolāri*; a. 1294] **tr. 1.** confortare una persona: *le sue parole non riuscirono a consolarlo* || *consolare gli afflitti*, una delle opere di misericordia spirituale || seguito da un complemento oggetto di cosa, alleviare: *consolare il pianto, la disperazione* **2.** *per estens.* dare gioia, rallegrare: *questa è una notizia che ci consola* || ristorare: *un profumo / che il deserto consola* (Leopardi) || *antifr.* deprimere: *ha uno sguardo da imbecille che consola* || **intr. pron. 1.** trovare pace: *al fine si consolò* **2.** rallegrarsi: *alla sua vista si consolò* || **N. tr. 1.** *Sin.* confortare, sollevare; addolcire, alleggerire, alleviare, assopire, attenuare, calmare, guarire, incoraggiare, lenire, molcere, placare, rassicurare, sostenere, temperare; dare sollievo, riconciliare con la vita, risuscitare le speranze **2.** *Sin.* allietare, rasserenare.

consolàto [dal lat. *consulātus*; 1337] **sm. 1.** ufficio e dignità di console di una nazione straniera || *concr.* il luogo in cui il console risiede **2.** *T.stor.* nell'antica Roma, ufficio e dignità del console; periodo in cui un console era in carica: *durante il consolato di Cesare* **3.** *T.stor.* nelle repubbliche medievali, sommo magistrato || *console del mare*, nelle repubbliche marinare italiane, magistrato che aveva il compito di trattare le controversie relative alla navigazione e al commercio marittimo || **N. 1.** ambasciata, delegazione. **Q.T.** *diritto.*

consolatóre [dal lat. *consolātor, -ōris*; a. 1294] **agg.** e **sm.** (f. *-trice*) che, chi consola: *consolatrice degli afflitti*, attributo della Madonna.

consolatòrio (pl. *-ri*) [dal lat. *consolatōrius*; sec. XIV] **agg.** atto a consolare: *frasi consolatorie.*

consolazióne [dal lat. *consolātio, -ōnis*; 1308] **sf. 1.** atto ed effetto del consolare; sollievo: *recare consolazione, la sua presenza non gli fu di alcuna consolazione* || *premio di consolazione*, assegnato a coloro che restano esclusi dai premi maggiori **2.** *per estens.* cosa o persona che reca consolazione, gioia: *è la consolazione della mia vecchiaia* **3.** *lett.* opera, discorso composto con intento consolatorio || **N. 1.** *Sin.* alleviamento, conforto.

cònsole [dal lat. *cōnsul, -is*; 1308 *consolo*] **sm. 1.** rappresentante per mezzo del quale uno stato esercita funzioni pubbliche di varia natura in territorio straniero, gen. a favore di propri connazionali ivi residenti **2.** *T.stor.* nell'antica Roma repubblicana, ciascuno dei due magistrati che venivano eletti annualmente e avevano poteri supremi nella gestione dello stato; nella Roma imperiale, magistrati con competenza giurisdizionale **3.** *T.stor.* nei comuni medievali, sommo magistrato || *console del mare*, nelle repubbliche marinare, magistrato preposto al controllo del commercio marittimo || **N. 1.** di carriera, eletto, generale, onorario | ambasciatore, incaricato di affari | credenziali.

console (fr., pr. [kɔ̃'sɔl]) [etim. inc.; 1876] **sf. inv. 1.** mobile, gen. decorato, spesso sovrastato da una specchiera, a forma di tavolino con due sole gambe; si tiene appoggiato a una parete retto da uno o più sostegni || *per estens.* mensola **2.** *T.mus.* parte dell'organo contenente le tastiere, i registri, la pedaliera e ogni altro comando **3.** tastiera, pannello di controllo di un'apparecchiatura. **TAV. *automobile* p. 658** 1.22.

consolidaménto [da *consolidare*; 1830] **sm.** atto ed effetto del consolidare e del consolidarsi || *T.edil. consolidamento dei terreni*, operazione con cui si aumenta la consistenza di un terreno di fondazione e in gen. ogni operazione preventiva di eventuali movimenti franosi di un terreno || *T.econ.* operazione di conversione di debiti a breve scadenza in altri a lungo termine.

consolidàre (pres. *-òlido*) [dal lat. tardo *consolidāre*; a. 1364] **tr.** rendere solido, rinsaldare: *consolidare un terreno*, migliorarne la tenuta per impedire che frani || *T.mil. consolidare una posizione*, renderla più idonea alla difesa || *fig.* accrescere, rafforzare: *consolidare la propria fama, il proprio potere* || *T.econ.* mutare da breve a lungo termine: *consolidare un debito* || **rifl.** *T.mil.* organizzarsi sulle posizioni conquistate con intenti difensivi || **intr. pron. 1.** diventare compatto: *l'impasto si è consolidato* **2.** rafforzarsi: *il suo prestigio si è consolidato col tempo* **3.** *T.giur.* di un diritto accessorio, estinguersi per confluenza in un diritto principale.

consolidàto (*pps.* di *consolidare*) [a. 1406] **agg.** nei sensi del verbo || *debito consolidato*, iscritto nel Gran Libro del debito pubblico e garantito dallo stato || *T.econ.* fusione di più elementi in un unico insieme: *bilancio consolidato*, quello ottenuto unendo i bilanci di aziende giuridicamente distinte ma che appartengono a un unico gruppo.

consolidazióne [dal lat. tardo *consolidātio, -ōnis*; sec. XIV] **sf. 1.** atto ed effetto del consolidare; consolidamento **2.** *T.giur.* estinzione del diritto di usufrutto per il coincidere nella stessa persona della qualità di proprietario e di usufruttuario **3.** *T.econ.* consolidamento **4.** *T.med.* ricomposizione delle parti lacerate di una ferita in un tessuto **5.** *T.geol. consolidazione magmatica*, solidificazione del magma vulcanico.

consòlle **sf. inv.** adattamento it. raro di *console* (v.).

cònsolo **sm.** *ant.* v. CONSOLE.

consólo [da *consolare²*; a. 1306] **sm. 1.** *ant.* consolazione **2.** *merid.* banchetto offerto da parenti e amici alla famiglia del defunto nei primi giorni di lutto, quando la consuetudine vuole che essi non possano cucinare.

consommé (fr., pr. [kɔ̃sɔ'me]) [propr. consumato; 1790] **sm. inv.** brodo ristretto di carne o di pollo.

consonànte (*ppr.* di *consonare*) [sec. XIII] **I agg.** che dà suono insieme a un altro suono; che è in armonia, anche *fig.*: *affermazioni consonanti alla ragione* **II sf.** ciascuno dei suoni di una lingua che vengono articolati con il canale vocale chiuso o semichiuso, e che normalmente non costituiscono sillaba da soli || lettera dell'alfabeto che rappresenta una consonante. **Q.T.** *linguistica.*

consonàntico (pl. *-ci*) [da *consonante*; 1938] **agg.** relativo a consonante, di consonante: *suono consonantico* || *alfabeto consonantico*, con lettere per i soli fonemi consonantici.

consonantiṣmo [da *consonante*; 1938] **sf.** *T.ling.* l'insieme dei suoni consonantici di una lingua o di un gruppo di lingue, viste nella loro origine e nelle alterazioni successive. **Q.T.** *linguistica.*

consonantizẓazióne [da *consonante*; 1970] **sf.** *T.ling.* trasformazione di una vocale in semivocale o in consonante (per es. la *l* dell'it. *calma* e *salma* proviene dalla consonantizzazione della *u* del lat. *cauma* e *sauma*).

consonànza [dal lat. *consonantia*; sec. XII] **sf. 1.** *T.mus.* combinazione armonica e gradevole di accordi e intervalli || corrispondenza armoniosa di suoni e voci **2.** *T.metr.* clausola ritmica caratterizzata dalla coincidenza delle consonanti delle sillabe finali di ciascun verso **3.** *fig.* corrispondenza di sentimenti, di intenti e sim. || **N. 1.** accordo, unisono | *Contr.* dissonanza **2.** assonanza, allitterazione, rima perfetta. **Q.T.** *metrica.*

consonàre (pres. *-uòno*; quando non è accentato, il dittongo *uo* è frequentemente sostituito da *o*) [dal lat. *consonāre*; a. 1321] **intr.** (aus. *avere*) **1.** *T.mus.* e *T.metr.* presentare consonanza **2.** *fig.* corrispondere armoniosamente, essere conforme.

cònsono [dal lat. *consŏnus*; a. 1348] **agg.** confacente, conforme: *un abito consono alla circostanza* || **N.** *Contr.* inadatto; stridente.

consorèlla [da *sorella*; 1688] **I sf.** donna che appartiene allo stesso ordine o congregazione religiosa di un'altra **II agg.** *fig.* che appartiene al medesimo gruppo, che è legato da vincoli di affinità: *società consorelle* || **N. I** suora **II** *Sin.* affine; consociata.

consòrte [dal lat. *consors, -ortis*; a. 1321 come agg.] **I s. 1.** ciascuna delle due persone unite da vincoli di matrimonio || *principe consorte*, il marito della regina regnante che è escluso dai privilegi regali; *iron.* marito di una donna famosa **2.** *T.giur.* chi in un processo civile condivide la stessa posizione giudiziaria di altri **3.** *T.stor.* appartenente a una consorteria **4.** *ant.* consanguineo; parente **II agg.** *lett.* che condivide la medesima sorte di altri; compagno || *per estens. fig.* concorde.

consorterìa [da *consorte*; a. 1348] **sf. 1.** *T.stor.* in epoca feudale, associazione di famiglie nobili riunite allo scopo di meglio tutelare gli interessi comuni **2.** *fig. spreg.* associazione di persone che agiscono in campo politico o economico perseguendo esclusivamente i propri interessi || **N. 2.** *Sin.* camarilla, fazione, *lobby.*

consortile [da *consorzio*; 1865] **agg.** di consorzio.

consòrto [dal lat. *consors, -ortis*; 1290] **sm.** *ant.* consorte.

consorziàle [da *consorzio*; a. 1646 nel senso 2; 1865 nel senso 1] **agg. 1.** di consorzio o ad esso relativo **2.** *ant.* di consorte.

consorziàre (pres. *-òrzio*) [da *consorzio*; 1964] **tr.** raggruppare, unire in consorzio || **rifl. rec.** unirsi in consorzio: *i comuni del comprensorio si sono consorziati per lo smaltimento dei rifiuti.*

consorziàto [da *consorzio*; 1957] **agg.** unito in consorzio.

consòrzio (pl. *-zi*) [dal lat. *consortium*; a. 1321 nel senso 2; 1865 nel senso 1] **sm. 1.** *T.giur.* associazione di persone o enti giuridici che operano per il conseguimento di un fine comune: *consorzio agrario*, società cooperativa costituita da imprenditori agricoli per migliorare e incrementare la produzione; *consorzio portuale*, ente autonomo misto pubblico e privato, cui viene affidata la gestione di un'area portuale **2.** *lett.* società, insieme organizzato di persone: *l'umano consorzio* || *per estens.* gruppo, combriccola: *un consorzio di amici* **3.** *T.bot.* associazione di due o più organismi, simbiosi.

consostanziale e der. forme non com. di CONSUSTANZIALE e der. (v.).

consovranità [da *sovranità*; 1970] **sf.** sovranità esercitata insieme ad altri: *la consovranità sovietica sull'Antartide.*

constàre (pres. *cònsto*) [dal lat. *constāre*; a. 1321] **intr.** (aus. *essere*) **1.** essere composto: *l'opera consta di tre volumi* **2.** nella terza pers. sing. con soggetto costituito da una frase, risultare, essere noto: *ci consta che la responsabilità sia tua, non consta che al delitto abbiano assistito testimoni.*

constatàre (pres. *-àto*) [dal fr. *constater*; 1811] **tr.** verificare, mettere in chiaro || **N.** *Sin.* notare, rilevare, riscontrare.

constatazióne [dal fr. *constatation*; a. 1886] **sf.** atto ed effetto del constatare || **N.** *Sin.* accertamento, chiarimento, rilievo, riscontro, verifica.

constellàre **tr.** *ant.* v. COSTELLARE.

constituìre v. COSTITUIRE.

consuèto [dal lat. *consuētus*; 1353] **I agg.** che si verifica secondo un uso costante, abituale: *anche oggi farà la consueta passeggiata* || *raro* detto di persona, abituato: *nel primo pomeriggio è consueto a dormire* **II sm.** (solo *sing.*) consuetudine, modo solito: *è arrivato prima del consueto* || **N.** I *Sin.* ordinario, quotidiano, regolare, solito; avvezzo | *Contr.* inconsueto, insolito, inusitato, strano II *Sin.* normale.

consuetudinàrio (pl. *-ri*) [dal lat. *consuetudinārius*; 1308] **agg.** **1.** che si basa sulla consuetudine, che da essa trae origine: *linguaggio consuetudinario; diritto consuetudinario*, che si fonda sulla consuetudine e non sulla norma scritta **2.** detto di persona, che è legata alle proprie abitudini, anche *sm.* (f. *-a*) || **consuetudinariaménte** **avv.** || **N.** *Sin.* abituale, solito, tradizionale, usuale.

consuetùdine [dal lat. *consuetūdo, -inis*; 1294] **sf.** **1.** abitudine, modo costante di agire: *ha la consuetudine di alzarsi all'alba* || *per estens.* tradizione: *a Natale è consuetudine scambiarsi doni* || *T.giur.* uso regolare che costituisce una fonte del diritto **2.** familiarità, dimestichezza: *ha consuetudine con i computer* || **N. 1.** *Sin.* andazzo, costume, moda, pratica, regola, rito, usanza, voga **2.** *Sin.* confidenza, pratica.

consulènte [dal lat. *consulens, -entis*; a. 1673] **agg.** e **s.** professionista esperto in un particolare settore cui si ricorre per un parere o uno studio relativo a un argomento specifico: *consulente legale, tributario, editoriale* || **N.** *Sin.* esperto, specialista.

consulènza [da *consulente*; 1921] **sf.** prestazione professionale fornita da un consulente: *ufficio di consulenza, consulenza legale, medica* || **N.** *Sin.* consiglio, parere.

consùlta [da *consultare*; 1521] **sf.** riunione fra più persone per decidere su determinate questioni || *in part.* organo collegiale della pubblica amministrazione investito di funzioni consultive o, talvolta, deliberative || *Consulta Nazionale*, organo operante in Italia dal settembre 1945 al giugno 1946 in sostituzione del Parlamento.

consultàre [dal lat. *consultāre*; 1525] **tr.** **1.** interrogare al fine di ottenere un parere su una determinata questione: *consultare un medico, un avvocato* || *fig.* *consultare la propria coscienza*, interrogarsi a fondo **2.** esaminare con attenzione uno scritto o un'opera al fine di ricavarne informazioni: *consultare un'enciclopedia, la propria agenda* || **rec.** interrogarsi a vicenda: *prima di deliberare dovremo consultarci* || **intr.** (aus. *avere*) *ant.* prendere una decisione, deliberare || **intr. pron.** rivolgersi a qualcuno per ottenere un parere o una valutazione: *prima di agire si è consultato con una cartomante* || **N. tr. 1.** *Sin.* interpellare **2.** *Sin.* disaminare, studiare || **rec.** *Sin.* dibattere, discutere | **intr. pron.** *Sin.* consigliarsi, informarsi.

consultatóre [dal lat. *consultātor, -ōris*; 1834] **sm.** (f. *-trìce*) chi consulta: *accanito consultatore di vocabolari.*

consultazióne [dal lat. *consultātio, -ōnis*; a. 1472] **sf.** **1.** atto ed effetto del consultare e del consultarsi || *concr.* parere dato da un professionista relativamente a una questione specifica; *per anton.* visita medica effettuata in ambulatorio o in uno studio medico || *opere di consultazione*, in una biblioteca, dizionari, atlanti, enciclopedie e sim., che non sono destinate a essere lette per intero ma solo nelle parti che contengono le informazioni che si cercano; *sala di consultazione*, locale della biblioteca in cui sono contenute tali opere **2.** *T.pol.* colloqui tra il capo dello stato o un suo incaricato e le varie forze politiche allo scopo di risolvere una crisi politica e dar vita a un nuovo governo || *consultazione popolare*, espressione diretta della volontà popolare mediante un plebiscito, un referendum o per mezzo di elezioni generali.

consultìvo [dal lat. *consultus*, pps. di *consulere*, consultare; 1613] **agg.** che ha facoltà di esprimere pareri ma non di deliberare: *assemblea consultiva.*

consùlto [dal lat. *consultum*; a. 1556] **sm.** **1.** visita effettuata da due o più medici su un paziente allo scopo di discuterne il caso e concordare una terapia: *chiedere un consulto, i medici si riunirono a consulto* || dichiarazione scritta di tale consultazione **2.** colloquio, richiesto dal cliente, con un professionista: *andare a consulto da un avvocato.*

consultóre [dal lat. *consultor, -ōris*; a. 1533] **sm.** (f. *-trìce*) **1.** *non com.* persona chiamata a esprimere il proprio parere su un argomento; consulente || *T.eccl.* esperto laico o religioso di nomina papale che nelle varie congregazioni esprime pareri e giudizi su questioni di particolare rilievo **2.** membro di una consulta.

consultòrio (pl. *-ri*) [dal lat. *consultus*, pps. di *consulere*, consultare; 1942] **sm.** ente, organismo che fornisce assistenza e consulenza su problemi igienico-sanitari di rilevanza sociale: *consultorio familiare*, servizio socio-sanitario rivolto all'educazione e prevenzione in campo ginecologico e pediatrico; fornisce inoltre assistenza psicologica e legale || *concr.* la sede di tale istituto.

consumàbile [da *consumare*[1]; 1565] **agg.** che si può consumare || **N.** *Sin.* bevibile, mangiabile; deperibile, intaccabile.

consumàre[1] (pres. *-ùmo*) [dal lat. *consumere*, con influsso del lat. *consummāre*, portare a compimento; a. 1250] **tr.** **1.** usare qualcosa logorandola a poco a poco: *consumare le suole delle scarpe, i polsini della camicia* **2.** *gen.* usare qualcosa per un fine specifico: *consumare la luce, il gas, l'acqua, questo mese abbiamo consumato molta elettricità* || *ass.* richiedere una certa quantità di carburante, energia ecc.: *quest'auto consuma molto* || di denaro, spendere: *al dieci del mese aveva già consumato tutti i soldi dello stipendio* **3.** mangiare: *consumava i pasti in camera* || *ass.* prendere una consumazione in un locale pubblico **4.** *fig.* logorare: *la malattia lo consumava lentamente* || esaurire, struggere: *l'odio lo consuma* || **rifl.** e **intr. pron.** **1.** logorarsi: *questa giacca si è ormai consumata* **2.** tormentarsi: *si è consumata in una passione non corrisposta* **3.** *T.cuc.* di liquido o sugo, raddensarsi, ridursi: *la salsa si è consumata a puntino*; talvolta anche con uso *tr.*: *consumare il brodo* || **N. tr. 1.** *Sin.* intaccare, sciupare **2.** *Sin.* adoperare, esaurire | *Contr.* economizzare || **rifl.** e **intr. pron. 2.** *Sin.* rodersi.

consumàre[2] (pres. *-ùmo*) [dal lat. *consummāre*; 1294] **tr.** portare a termine, compiere: *consumare un sacrificio* || *consumare il matrimonio*, renderlo compiuto mediante la prima unione sessuale degli sposi || *consumare un delitto*, perpetrarlo.

consumàto[1] [da *consumare*[1]; 1554] **sm.** *non com.* brodo sostanzioso e ristretto.

consumàto[2] (*pps.* di *consumare*[2]) [a. 1364] **agg.** esperto, pratico: *un giocatore consumato*; anche *iron.*: *un consumato imbroglione.*

consumatóre [da *consumare*[1]; a. 1405] **I agg.** *non com.* che consuma **II sm.** (f. *-trìce*) chi consuma, part. chi acquista o usufruisce di beni o servizi || cliente che fa una consumazione in un locale pubblico. **Q.T.** *commercio..., pubblicità.*

consumazióne[1] [da *consumare*[1], sul modello del fr. *consommation*; a. 1306] **sf.** **1.** atto ed effetto del consumare || *in part.* ciò che si mangia o si beve in un locale pubblico || *non com.* spesa di denaro, impiego di materiali: *voleva i danari l'uno sopra l'altro, per poterli impiegare subito in consumazioni improduttive* (Manzoni) **2.** *T.rel.* nella liturgia cattolica, la comunione del sacerdote che celebra la messa.

consumazióne[2] [dal lat. *consummātio, -ōnis*; fine sec. XIII] **sf.** compimento; esaurimento: *vendere fino a consumazione della merce* || *la consumazione dei secoli*, la fine del mondo.

consùmere (*dif.*, usato solo nel p.rem. *io consùnsi, egli consùnse, essi consùnsero*, nel pps. *consùnto* e nei tempi composti) [dal lat. *consūmere*; 1313] **tr.** *lett.* consumare, logorare, distruggere.

consumerìsmo [dall'ingl. *consumerism*; 1981] **sm.** movimento per la tutela dei consumatori, soprattutto nei confronti della pubblicità e degli altri condizionamenti dei produttori.

consumìsmo [da *consumo*; 1966] **sm.** tendenza, tipica delle società industrializzate, a incentivare i consumi privati, anche superflui, soprattutto influenzando gli acquirenti per mezzo della pubblicità, palese od occulta; e anche l'atteggiamento e il comportamento di chi è incline a consumi superflui.

consumista [da *consumismo*; 1970] **s.** chi ha un modo di vita improntato al consumismo.

consumìstico (pl. *-ci*) [da *consumista*; 1964] **agg.** proprio del consumismo o del consumista: *ideologia consumistica, società consumistica.*

consùmo [da *consumare*[1]; 1584] **sm.** **1.** utilizzo che comporta il graduale esaurirsi di materiali, energie e sim. || *per estens.* la quantità di ciò che si consuma: *il consumo di carni bianche è in aumento* || *T.mecc.* quantità di energia che una macchina consuma in un'unità di tempo: *consumo di un'automobile*, quantità di carburante consumata per percorrere 100 km oppure chilometri percorsi con un litro di carburante || *ad uso e consumo di qualcuno*, a suo esclusivo beneficio **2.** *T.econ.* fase finale del processo produttivo caratterizzata dall'utilizzazione dei beni prodotti; *beni di consumo*, ogni prodotto destinato al soddisfacimento di bisogni individuali o collettivi || *di consumo*, part. detto di spettacoli e libri, di scarso valore artistico, prodotti a soli fini di svago: *letteratura di consumo* **3.** *pl.* ciò che è abitualmente oggetto di consumo e anche la spesa relativa: *per arrestare l'inflazione è necessario razionalizzare i consumi.* **Q.T.** *economia..., pubblicità.*

consuntìvo [da *consunto*, in parte sul modello del fr. *consomptif*; sec. XIV come agg. nel senso 3; 1848 come sm.] **I agg.** **1.** *T.econ.* che si riferisce a un ciclo di operazioni già concluso: *bilancio consuntivo* **2.** *T.econ.* che è destinato a un consumo: *impiego consuntivo di un bene* **3.** *ant.* relativo al consumo **II sm.** rendiconto effettuato al termine di un ciclo di attività; anche *fig.*: *fare il consuntivo della propria vita* || **N.** I **1.** *Sin.* conclusivo, finale | *Contr.* preventivo **2.** *Contr.* produttivo.

consùnto [dal lat. *consumptus*; a. 1342] **agg.** logoro, consumato: *abiti consunti* || *disus. pop.* tisico: *è morto consunto.*

consunzióne [dal lat. *consumptio, -ōnis*; sec. XIV] **sf. 1.** *T.med.* stato patologico, gen. causato da processi morbosi, caratterizzato da generale deperimento e indebolimento dell'organismo che può portare alla morte || *pop. morire di consunzione,* di tisi **2.** *lett.* logoramento, consumazione.

consuòcera [dal lat. *consocer*; sec. XIV] **sf.** suocera del figlio o della figlia.

consuòcero [dal lat. *consocer*; 1830] **sm.** suocero del proprio figlio o della propria figlia || *i consuoceri,* il consuocero e la consuocera.

consustanziàle [dal lat. tardo *consubstantiālis*; a. 1342] **agg.** nella teologia cristiana, che condivide la stessa sostanza, detto delle persone della Trinità.

consustanzialità [dal lat. tardo *consubstantialitas, -ātis*; a. 1600] **sf.** nella teologia cristiana, identità di sostanza tra le persone della Trinità.

consustanziazióne [dal lat. eccles. *consubstantiātio, -ōnis*; 1830] **sf.** nella dottrina luterana, dogma secondo cui nell'eucaristia il corpo e il sangue di Cristo coesistono con la sostanza del pane e del vino.

cónta [da *contare*; 1846] **sf. 1.** conteggio: *la conta dei voti* **2.** sorteggio eseguito, part. nei giochi infantili, per designare chi deve compiere una particolare azione o ricoprire un determinato ruolo; consiste di solito in un conteggio che inizia da uno a caso dei partecipanti al gioco e che viene scandito dal ritmo di una filastrocca: *fare la conta.*

contabàlle [comp. di *conta(re)* e *balla*²; a. 1962] **s. inv.** *pop.* chi racconta bugie.

contabanconòte [comp. di *conta(re)* e *banconota*; 1981] **sm. inv.** apparecchio in grado di contare automaticamente le banconote.

contàbile [dal fr. *comptable*; 1925] **I agg.** che riguarda la contabilità || *lettera contabile,* documento recante notizia di un addebito o di un accredito bancario || *macchine contabili,* che permettono di eseguire in modo automatico le operazioni di contabilità sostituendo i libri contabili (oggi sostituite dai calcolatori) **II s. 1.** chi in un'amministrazione gestisce la contabilità, ragioniere **2.** nella marina militare italiana, sottufficiale incaricato della custodia di determinati materiali || **contabilménte** **avv.** sotto l'aspetto contabile. **Q.T.** *commercio...*

contabilità [dal fr. *comptabilité*; a. 1797] **sf. 1.** disciplina che studia le tecniche di amministrazione economica di un'azienda **2.** *concr.* l'insieme delle operazioni e delle scritture relative alla gestione finanziaria di un'azienda || *contabilità nera,* non ufficiale, tenuta al di fuori della normativa vigente per eludere il fisco || *per estens.* l'ufficio in cui tali operazioni vengono svolte || *per estens.* l'insieme dei documenti su cui vengono riportati i dati relativi alla gestione economica di un'azienda || **N. 1.** computisteria, ragioneria **2.** accredito, addebito, bilancio, conto, estratto conto, fattura, libro mastro, partita. **Q.T.** *commercio...*

contabilizzàre [da *contabile*; 1877] **tr.** *T.bur.* registrare negli appositi documenti contabili; conteggiare.

contabilizzazióne [da *contabilizzare*; 1956] **sf.** atto ed effetto del contabilizzare.

contachilòmetri [comp. di *conta(re)* e *chilometro*; 1926] **sm.** strumento che indica il numero di chilometri percorsi dal veicolo su cui è installato. **TAV.** ***automobile*** **p. 658** 1.5.

contacólpi [comp. di *conta(re)* e *colpo*; 1973] **sm. inv.** *T.tecn.* dispositivo per contare il numero di movimenti eseguiti da un organo di un meccanismo o di una macchina che opera eseguendo sempre lo stesso ciclo (pressa, telaio tessile, macchina tipografica ecc.).

contacòpie [comp. di *conta(re)* e *copia*; 1965] **sm. inv.** nelle macchine per fotocopie o nel ciclostile, dispositivo per prefissare il numero di copie da eseguire || nelle macchine per fotocopie o in quelle a stampa, dispositivo che registra il numero di copie man mano che escono dalla macchina.

contadinàme [da *contadino*; 1765] **sm.** *spreg.* insieme di contadini.

contadinànza [da *contadino*; 1558] **sf.** *ant.* la condizione del contadino.

contadinàta [da *contadino*; 1887] **sf.** *spreg. non com.* atto o detto da contadino, sgarberia.

contadinésco (pl. *-schi*) [da *contadino*; sec. XIV] **agg.** dei, da contadini: *abiti contadineschi*; *spreg.* rozzo, volgare: *modi contadineschi.*

contadìno [da *contado*; sec. XIII] **I sm.** (f. *-a*) **1.** chi lavora la terra; *meno com.* chi abita nel contado **2.** *spreg.* persona rozza e ignorante **II agg. 1.** che vive o lavora nel contado: *una famiglia contadina* **2.** da contadino: *usi contadini*; anche *spreg.* zotico: *modi contadini* || *dim.* contadinèllo; *accr.* contadinòtto, contadinóne; *pegg.* contadinàccio || **N. I 1.** *Sin.* agricoltore; bifolco, campagnolo, colono, mezzadro, zappaterra **2.** *Sin.* villano, zotico **II 1.** *Sin.* agreste, campagnolo, campestre, rurale **2.** contadinesco, grossolano, villano | *Contr.* cittadino, civile. **Q.T.** *agricoltura.*

contàdo [dal lat. mediev. *comitātus*, feudo di un conte; a. 1243] **sm. 1.** territorio che si estende oltre i limiti della città e che include villaggi, cascinali, poderi e sim. || *per estens.* la popolazione che abita tale territorio **2.** *T.stor.* dominio sottoposto alla giurisdizione di un conte || in epoca comunale, territorio sottoposto alla giurisdizione di un comune || **N. 1.** *Sin.* campagna.

contafili [comp. di *conta(re)* e *filo*, sul modello del fr. *compte-fils*; 1925] **sm. inv.** lente d'ingrandimento usata per contare i fili di un tessuto o, in filatelia e in tipografia, per esaminare il retino delle illustrazioni.

contafròttole [comp. di *conta(re)* e *frottola*; 1970] **s. inv.** chi racconta d'abitudine bugie.

contagiàre (pres. *-àgio*) [da *contagio*; 1941] **tr.** trasmettere una malattia per contagio || *fig.* esercitare un'influenza negativa su qualcuno: *è stato contagiato dalle cattive compagnie* || **intr. pron.** prendere una malattia infettiva || **N. tr.** attaccare il contagio, contaminare, infettare; corrompere, depravare, fuorviare | **intr. pron.** contaminarsi, infettarsi.

contàgio (pl. *-gi*) [dal lat. *contāgium*; sec. XIV] **sm. 1.** modo di trasmissione di una malattia infettiva mediante contatto diretto con un soggetto ammalato o per mezzo di materiali o mezzi inquinanti come l'aria, l'acqua, le feci e sim. oppure per mezzo di insetti o altri animali portatori di microorganismi infettivi **2.** *per estens.* la malattia così trasmessa; epidemia || *fig.* influsso negativo: *il contagio del peccato.*

contagióne [dal lat. *contāgio, -ōnis*; a. 1459] **sf.** *ant.* contagio.

contagiosità [da *contagioso*; 1956] **sf.** l'essere contagioso.

contagióso [dal lat. tardo *contagiōsus*; a. 1348] **agg. 1.** che è causa di contagio: *un'acqua ammorbata e contagiosa* || che si trasmette per contagio: *una malattia contagiosa* || di persona, che è affetta da una malattia contagiosa: *un malato contagioso*; anche *sm.*: *il reparto dei contagiosi* **2.** *fig.* di comportamento o pensiero, che si comunica facilmente: *risata contagiosa, idee contagiose* || che esercita un influsso negativo: *un esempio contagioso* || **contagiosaménte** **avv.**

contagìri [comp. di *conta(re)* e *giro*, sul modello del fr. *compte-tours*; 1926] **sm. inv.** strumento che applicato a un meccanismo rotante registra il numero di giri che questo compie nell'unità di tempo; *in part.* nei veicoli a motore, strumento che registra in tempo reale il numero di giri al minuto compiuti dall'albero motore. **TAV.** ***automobile*** **p. 658** 1.21; ***motocicletta...*** **p. 1323** 6.5.

contagócce [comp. di *conta(re)* e *goccia*, sul modello del fr. *compte-gouttes*; 1892] **sm. inv.** pompetta in materiale vario, gen. in vetro, con cappuccio in gomma, usata per versare un medicinale liquido contandone le gocce || *fig. dare qualcosa col contagocce,* in piccole quantità e facendola desiderare.

contaimpùlsi [comp. di *conta(re)* e *impulso*; 1978] **sm. inv.** dispositivo che conta e registra impulsi elettrici; *in part.* contascatti.

container (ingl., pr. [kən'teɪnə]; pr. it. [kon'tɛiner]) [da *(to) contain,* contenere; 1935] **sm. inv.** (anche pl. *containers,* pr. [kən'teɪnəz]) cassone metallico a misure unificate usato per il trasporto marittimo, aereo e terrestre di merci direttamente dal mittente al destinatario, evitando operazioni intermedie di imballaggio.

contaminàbile [dal lat. tardo *contamināblis*; seconda metà sec. XIV] **agg.** che può contaminarsi, che può essere esposto a contaminazione.

contaminàre (pres. *-àmino*) [dal lat. *contamināre*; sec. XIV] **tr. 1.** guastare, insudiciare introducendo elementi nocivi: *gli scarichi industriali hanno contaminato le acque dei fiumi* **2.** infettare: *la pestilenza aveva contaminato l'intera regione* **3.** *fig.* corrompere moralmente: *avevano contaminato i più profondi recessi della sua anima* **4.** *lett.* unire elementi provenienti da opere diverse in un'unica composizione || *T.filol.* assumere lezioni provenienti da codici che appartengono a rami distinti della tradizione testuale || **rifl.** e **intr. pron. 1.** restare contagiato **2.** corrompersi.

contaminatóre [dal lat. tardo *contaminātor, -ōris*; a. 1380] **agg.** e **sm.** (f. *-trìce*) che, chi contamina.

contaminazióne [dal lat. tardo *contaminātio, -ōnis*; 1353] **sf. 1.** atto ed effetto del contaminare: *la contaminazione delle falde acquifere* || *contaminazione radioattiva,* presenza di particelle radioattive su superfici, ambienti, esseri viventi **2.** infezione **3.** *fig.* corruzione **4.** *T.lett.* fusione di elementi di provenienza disparata in un'unica composizione artistica || *T.filol.* assunzione di lezioni provenienti da codici appartenenti a rami diversi della tradizione || *T.ling.* incrocio di forme o costrutti da cui se ne origina un terzo.

contaminùti [comp. di *conta(re)* e *minuto*; 1981] **sm. inv. 1.** orologio che misura il tempo in intervalli di un minuto **2.** orologio che lancia un segnale acustico dopo un numero prefissato di minuti || **N. 2.** *Sin. timer.*

contànte [da *contare*; 1312] **agg.** di denaro liquido, in monete o in banconote e cioè immediatamente spendibile; anche *sm.*, part. *pl.*: *pagare in contanti,* immediatamente con denaro liquido || **N.** assegno, cambiale, dilazione, rata.

contapàssi [comp. di *conta(re)* e *passo*, sul modello del fr. *compte-pas*; 1830 *contapasso*] **sm. inv.** strumento per misurare la strada percorsa da un pedone || **N.** *Sin.* podometro.

contàre (pres. *cónto*) [lat. *computāre*; sec. XII-XIII] **tr. 1.** applicare un numero progressivo a cose o enti al fine di conoscerne il totale: *contare i passeggeri* || *fig. contare i soldi in tasca a qualcuno,* voler sapere quanti soldi possiede o guadagna || *fig. contare le ore, i giorni* e sim., attendere con impazienza qualcosa || *fig. cose che si contano sulla punta delle dita,* che sono in numero limitato || *fig. cose che non si contano,* che sono in gran numero || *fig. contare le pecore, contare le travi del soffitto,* faticare a prendere sonno; oziare || *T.sport. contare i secondi,* nel pugilato, contare i secondi durante i quali un pugile è a terra **2.** limitare, elargire con parsimonia: *conta i soldi della spesa, conta i divertimenti ai figli* **3.** considerare, calcolare: *quella vacanza gli è costata un capitale, senza contare gli extra* **4.** annoverare, avere: *fra i suoi avi conta duchi e marchesi* **5.** avere in previsione, riproporsi: *contava di partire in gennaio* **6.** raccontare: *smettila di contar balle* **7.** *ant.* stimare, valutare: *lo contava per un onest'uomo* || ***intr.*** (aus. *avere*) **1.** elencare la serie dei numeri: *contare fino a dieci* **2.** fare affidamento: *contava sugli amici, ma rimase deluso* **3.** avere valore: *le tue ragioni non contano nulla*; avere peso, autorità: *quelle sono persone che contano* || *contare quanto il due di briscola*, non avere alcun valore || ***rifl.*** **1.** valutarsi, reputarsi: *si conta fra i fortunati* **2.** controllare il numero di un gruppo: *si contarono e videro che tre mancavano all'appello.*

contarìghe [comp. di *conta(re)* e *riga*; 1965] ***sm. inv.*** nella macchina da scrivere, barretta posta dietro al rullo che permette di contare le righe del foglio inserito.

contascàtti [comp. di *conta(re)* e *scatto*; 1984] ***sm. inv.*** dispositivo che conta e registra gli scatti di un apparecchio telefonico.

contasecóndi [comp. di *conta(re)* e *secondo*; 1964] ***sm. inv.*** orologio che misura il tempo in intervalli di un secondo.

contàta [da *contare*; 1878] ***sf.*** conteggio effettuato alla svelta: *da' una contata ai soldi* || *dim.* contatìna || **N.** *Sin.* calcolo.

contàto (*pps.* di *contare*) [a. 1685] ***agg.*** nei sensi del verbo; *in part.* scarso, limitato: *aveva il tempo contato* || *fig. avere le ore contate, i giorni contati*, avere poco tempo da vivere.

contatóre [da *contare*, forse sul modello del fr. *compteur*; a. 1292 nel senso 2; 1858 nel senso 1] ***sm.*** **1.** strumento atto a rilevare movimenti, quantità, consumi e sim.: *contatore elettrico* o *fam. della luce*, che serve a rilevare i consumi di energia elettrica; *contatore Geiger*, che consente la rilevazione dei fenomeni di radioattività **2.** (f. *-trìce*) chi conta; nell'industria della carta, addetto al conteggio dei prodotti finiti || **N.** contachilometri, contagiri, tassametro.

contatorìsta [da *contatore*; 1956] ***s.*** chi è incaricato della manutenzione e riparazione di contatori.

contattàre [da *contatto*, sul modello dell'ingl. (*to*) *contact*; 1963] ***tr.*** prendere contatto con qualcuno, spec. per motivi di lavoro.

contàtto [dal lat. *contactus*; a. 1519] ***sm.*** **1.** accostamento di due corpi in modo che parte delle loro superfici si tocchino **2.** *T.mil. venire a contatto*, giungere a una distanza tale da poter iniziare uno scontro col nemico **3.** *fig.* relazione, rapporto: *negli ultimi mesi ha avuto contatti con gli ambienti della malavita* || *prendere contatto con qualcuno*, iniziare un rapporto || *avere molti contatti*, molte conoscenze || *fuggire i contatti umani*, evitare i rapporti con gli altri || *per estens.* nel giornalismo e nello spionaggio, persona di cui ci si serve per introdursi in un determinato ambiente **4.** *T.elettrot. contatto elettrico*, collegamento effettuato con vari mezzi tra due conduttori elettrici || *gen.* collegamento: *contatto telefonico, telegrafico* **5.** *T.ling. contatto linguistico*, qualsiasi tipo di interferenza tra sistemi linguistici che vengano a trovarsi in contatto per motivi geografici, politici, socio-culturali **6.** *lenti a contatto*, particolare tipo di lente da vista che si colloca direttamente sulla cornea. **TAV.** *elettrotecnica* 9.3, 16.7.

contattologìa [comp. di (*lente a*) *contatto* e *-logia*; 1978] ***sf.*** settore dell'ottica che si interessa alla fabbricazione e all'applicazione delle lenti a contatto.

contattòlogo (pl. *-gi*) [comp. di (*lente a*) *contatto* e *-logo*; 1973] ***sm.*** (f. *-a*) ottico specializzato nella vendita e nell'applicazione di lenti a contatto.

contattóre [dall'ingl. *contactor*; 1956] ***sm.*** *T.elettrot.* apparecchio per la chiusura e l'apertura di circuiti elettrici.

cónte [dal fr. ant. *conte*; sec. XIII] ***sm.*** **1.** titolo nobiliare che nella gerarchia araldica precede quello di barone e segue quello di marchese **2.** *T.stor.* nell'impero romano, titolo di vari funzionari con funzioni direttive || nel periodo feudale, signore di una contea || *Conte palatino*, titolo dei più alti dignitari alla corte degli imperatori franchi e germanici.

contèa [dal fr. ant. *conté*; a. 1348] ***sf.*** **1.** territorio su cui si estende la giurisdizione di un conte **2.** titolo nobiliare di conte; insieme dei possedimenti annessi a tale titolo **3.** nei paesi anglosassoni, suddivisione amministrativa.

conteggiaménto [da *conteggiare*; 1673] ***sm.*** *raro* conteggio.

conteggiàre (pres. *-éggio*) [da *conto*[1]; a. 1676] ***tr.*** calcolare, mettere nel conto, annoverare: *fa un milione, senza conteggiare le tasse* || *per estens. non com.* stabilire il prezzo di qualcosa: *quanto hanno conteggiato la colazione in camera?* || ***intr.*** (aus. *avere*) far di conto, fare conti.

contéggio (pl. *-gi*) [da *conteggiare*; sec. XVII] ***sm.*** **1.** atto ed effetto del contare: *dovevano ancora effettuare il conteggio della merce recapitata* || *T.sport.* nel pugilato e nella lotta, conto dei dieci secondi al termine dei quali, se l'atleta non si è rialzato, viene dichiarato sconfitto **2.** *conteggio alla rovescia*, computo inverso del tempo precedente un evento che si fa coincidere con l'istante 0, per cui il conteggio avviene in numeri negativi: *cominciare il conteggio alla rovescia da –10* || **N.** **1.** *Sin.* calcolo, computo, controllo **2.** *Sin. count down.*

contégno [dal lat. *continēre*, contenere; a. 1321] ***sm.*** il modo in cui una persona si comporta o si atteggia: *un contegno dignitoso, altero, superbo* || *per estens.* modo di comportarsi improntato a serietà, compostezza e dignità: *la situazione esige un certo contegno* || *darsi un contegno*, fingere disinvoltura, mascherare l'imbarazzo || **N.** *Sin.* atteggiamento, condotta, modo | asciutto, dolce, grave, nobile, ridicolo, schietto, signorile, spavaldo, sprezzante, subdolo.

contegnóso [da *contegno*; a. 1374] ***agg.*** che mostra contegno || detto di modo di atteggiarsi, che ostenta serietà, sussiego: *li accolse con uno sguardo contegnoso* || **contegnosaménte** ***avv.*** || **N.** *Sin.* composto, riservato; altero, scostante, sussiegoso.

contemperaménto [dal lat. *contemperamentum*; 1554] ***sm.*** atto ed effetto del contemperare.

contemperàre (pres. *-èmpero*) [dal lat. *contemperāre*, mescolare; a. 1374] ***tr.*** **1.** conformare una cosa a un'altra, a particolari esigenze o necessità: *contemperare la valutazione alle capacità*; *contemperare esigenze diverse*, soddisfarle tutte almeno in parte **2.** mitigare, moderare: *contemperò la severità del proprio intervento* **3.** *lett.* mescolare, fondere secondo una giusta proporzione.

contemplàbile [dal lat. tardo *contemplābilis*; sec. XVI] ***agg.*** **1.** che si può contemplare **2.** che si può prendere in considerazione || **N.** **1.** *Sin.* ammirabile **2.** *Sin.* considerabile, prevedibile.

contemplaménto [da *contemplare*; a. 1306] ***sm.*** *raro* contemplazione.

contemplàre (pres. *-èmplo*) [dal lat. *contemplāri*; a. 1306] ***tr.*** **1.** osservare qualcosa in modo attento e prolungato e con ammirazione: *contemplava il paesaggio* || *fig.* meditare, fissare il pensiero, gen. su argomenti filosofici o religiosi; anche *ass.* **2.** prendere in esame, prevedere: *non avevano contemplato l'eventualità di uno sciopero* || comprendere in una normativa: *il contratto contempla i casi di inadempienza* || **N.** **1.** *Sin.* ammirare, guardare, osservare, scrutare; vagheggiare **2.** *Sin.* considerare.

contemplatìvo [dal lat. *contemplatīvus*; a. 1292] **I** ***agg.*** che si dedica alla contemplazione: *un carattere contemplativo* || *vita contemplativa*, dedita alla contemplazione della divinità; *ordini contemplativi*, ordini religiosi in cui la vita contemplativa prevale su quella attiva **II** ***sm.*** (f. *-a*) chi dedica la propria vita alla contemplazione; mistico || **N.** I *Sin.* ascetico, meditativo; spirituale | *Contr.* attivo; materiale, terreno.

contemplatóre [dal lat. *contemplātor*, *-ōris*; a. 1364] ***agg.*** e ***sm.*** (f. *-trìce*) che, chi contempla.

contemplazióne [dal lat. *contemplātio*, *-ōnis*; 1308] ***sf.*** **1.** atto ed effetto del contemplare, dell'ammirare senza condizioni: *stare in contemplazione di qualcosa o di qualcuno* || *in part.* assorta concentrazione su argomenti mistici o spirituali: *contemplazione di Dio, dell'infinito*; in alcune religioni, momento finale dell'esperienza mistica che porta alla visione di Dio || *darsi alla contemplazione*, alla vita ascetica **2.** *raro* considerazione || **N.** **1.** *Sin.* meditazione; estasi, rapimento.

contèmpo [comp. di *con* e *tempo*; 1876] ***sm.*** solo nella loc. avv. *nel contempo*, nello stesso istante, frattanto: *bello e nel contempo orrido*, bello e orrido insieme.

contemporaneità [dal fr. *contemporanéité*; 1819] ***sf.*** l'essere contemporaneo.

contemporàneo [dal lat. *contemporāneus*; 1308] **I** ***agg.*** **1.** che si verifica nel medesimo tempo: *fatti contemporanei* **2.** che appartiene allo stesso periodo di un altro: *Defoe e Swift furono contemporanei* **3.** che fa riferimento o appartiene all'età presente: *poesia contemporanea*; *in part.* in riferimento alla periodizzazione storica per fini didattici, che ha inizio col XIX secolo: *letteratura, storia contemporanea* || **contemporaneaménte** ***avv.*** **1.** nello stesso tempo **2.** insieme, a un tempo **II** ***sm.*** (f. *-a*) **1.** chi vive e opera nell'età presente **2.** chi vive nello stesso periodo di un altro: *i contemporanei di Ariosto* || ***sf.*** nella *loc. avv. in contemporanea*, contemporaneamente, nello stesso tempo || **N.** I **1.** *Sin.* concomitante, simultaneo **2.** *Sin.* coevo **3.** *Sin.* attuale, odierno **II** **1.** posteri, precursori.

contendènte (*ppr.* di *contendere*) [1559] **I** ***agg.*** nei sensi del verbo **II** ***s.*** **1.** chi partecipa a una gara, a una lotta: *i contendenti al titolo di campione* **2.** chi è parte in una causa civile.

contèndere (pres. *-èndo* ecc., come TENDERE) [dal lat. *contendere*; a. 1303] ***tr.*** opporsi a qualcuno per ottenere qualcosa che entrambi desiderano: *contendere la posizione al nemico* || ***rec.*** disputarsi qualcosa: *si contendevano il possesso della fonte* || ***intr.*** (aus. *avere*) **1.** disputare, venire a contrasto con qualcuno per ottenere qualcosa: *contendere per questioni di denaro* || *T.giur.* essere parte in causa in un giudizio civile **2.** gareggiare, impegnarsi in una competizione: *contendere per il titolo mondiale* || **N.** ***tr.*** *Sin.* contrastare, impedire, negare | *Contr.* concedere, permettere | ***intr.*** **1.** *Sin.* altercare, discutere, litigare, questionare, urtarsi | *Contr.* accordarsi, rappacificarsi **2.** *Sin.* competere, disputare, gareggiare.

contenènte (*ppr.* di *contenere*) [sec. XIV come sm.; 1585 come agg.] **I** ***agg.*** nei sensi del verbo **II** ***sm.*** contenitore.

contenènza [dal lat. *continentia*; a. 1321] ***sf.*** *lett.* **1.** capacità di contenere **2.** *ant.* contenuto, part. di un'opera letteraria **3.** contegno.

contenére (pres. *-èngo* ecc., come TENERE) [dal lat. *continēre*; 960] ***tr.*** **1.** comprendere, accogliere al proprio interno: *questa scatola contiene dieci bottiglie di latte* || *fig.* di scritti, opere artistiche e sim., avere come argomento: *il suo discorso conteneva utili consigli* **2.** trattenere, frenare: *contenere l'ira, l'impeto*; limitare: *contenere l'inflazione* || **rifl.** dominare i propri sentimenti: *di fronte alle sue parole riuscì a stento a contenersi* || **intr. pron.** *non com.* comportarsi || **N.** **tr.** **1.** *Sin.* abbracciare, cingere, circondare, includere, racchiudere **2.** *Sin.* dominare, moderare, reprimere | *Contr.* sfogare | **rifl.** dominarsi, padroneggiarsi | *Contr.* abbandonarsi | **intr. pron.** condursi, procedere.

contenimènto [da *contenere*; a. 1277] **sm.** **1.** atto ed effetto del contenere (spec. nel senso 2): *contenimento della spesa pubblica* **2.** *raro* contenuto **3.** *ant.* comportamento, contegno.

contenitóre [da *contenere*; a. 1519 nel senso 2; 1963 nel senso 1] **sm.** **1.** recipiente usato per l'imballaggio e il trasporto o la conservazione di qualcosa || *container* || *fig.* *contenitore televisivo,* programma all'interno del quale si susseguono momenti diversi (giochi, varietà, informazione ecc.) non legati fra loro **2.** *non com.* (f. *-trice*) chi contiene qualcosa || **N.** cassa, cassetta, cesta, cestello, gabbia, sacco, sacchetto, scatola, *shopping*; astuccio, *blister*, tubetto; involucro termoretraibile | PER LIQUIDI: barile, barilotto, bidone, fusto, latta, lattina, secchio, tanica, vaso | PER GAS: bombola, bomboletta.

contennèndo [dal lat. *contemnendus*; a. 1527] **agg.** *ant. lett.* spregevole: *l'essere disarmato ti fa contennendo* (Machiavelli).

contentàbile [da *contentare*; 1834] **agg.** che può essere contentato || **N.** *Contr.* incontentabile.

contentamènto [da *contentare*; a. 1363] **sm.** *non com.* il contentare e il contentarsi || *ant.* soddisfazione.

contentàre (pres. *-ènto*) [dal lat. tardo *contentāre*; 1308] **tr.** soddisfare un desiderio, una necessità, un'esigenza: *nei limiti delle mie possibilità cercherò di contentarti, contentare un cliente* || **intr. pron.** **1.** restare soddisfatto: *contentiamoci di ciò che ci è stato detto* **2.** limitare i propri desideri: *non sa contentarsi* **3.** *non com.* acconsentire || *prov. chi si contenta gode,* è beato chi si soddisfa con poco || **N.** **tr.** *Sin.* accontentare, appagare, compiacere, soddisfare | *Contr.* contrariare, disgustare, scontentare.

contentatùra [da *contentare*; 1541] **sf.** *non com.* disposizione naturale a contentarsi: *una persona di facile, difficile contentatura.*

contentézza [da *contento*[1]; 1521] **sf.** stato d'animo di chi è contento || **N.** *Sin.* allegrezza, esultanza, felicità, gioia, letizia | *Contr.* scontentezza, scontento, tristezza.

contentìno [da *contento*[2]; a. 1855] **sm.** ciò che si dà in aggiunta a quanto pattuito o promesso || oggi gen. somma di denaro o altra cosa sostitutiva data invece di quanto pattuito per non scontentare totalmente l'altra parte.

contentìvo [dal lat. *contentus*, pps. di *continēre*, contenere; a. 1342] **I** **agg.** **1.** *ant.* che è in grado di contenere **2.** *T.med.* detto di apparecchio impiegato per contenere un organo nella giusta posizione **II** **sm.** *T.med.* apparecchio contentivo: *contentivo erniario.*

contènto[1] [dal lat. *contĕntus*; a. 1277] **I** **agg.** **1.** che è soddisfatto, appagato: *non è mai contento di nulla* || *contento come una pasqua,* contentissimo || *far contento qualcuno,* accontentarlo || *... e vissero felici e contenti,* tipica formula di chiusura delle fiabe **2.** lieto, felice: *sono contento che sia andato via* || *cuor contento,* persona semplice e senza troppi pensieri **II** **sm.** *ant.* contenuto || **N.** I **1.** *Sin.* pago **2.** *Sin.* allegro, giocondo, raggiante.

contènto[2] [da *contentare*; a. 1484] **sm.** *lett.* soddisfazione, appagamento.

contenutìsmo [da *contenuto*; 1932] **sm.** in una produzione artistica, prevalenza dei valori ideologici, polemici o delle motivazioni psicologiche sugli aspetti formali e strutturali || tendenza artistica che privilegia gli aspetti del contenuto rispetto ai valori formali || **N.** *Contr.* formalismo.

contenutìsta [da *contenuto*; 1935] **s.** artista che aderisce ai canoni del contenutismo; anche *agg.*: *arte, critica contenutista.*

contenutìstico (pl. *-ci*) [da *contenuto*; 1963] **agg.** che riguarda il contenuto di un'opera artistica: *un approccio meramente contenutistico* || relativo al contenutismo o ai contenutisti.

contenùto (*pps.* di *contenere*) [a. 1321] **I** **agg.** frenato, sobrio **II** **sm.** **1.** ciò che è posto all'interno di un contenitore: *il contenuto di una cassa* || *fig.* ciò di cui si parla o si scrive: *il contenuto delle sue affermazioni è oscuro* **2.** *T.lett.* argomento, tematica che viene affrontata in una creazione artistica: *un'opera di contenuto sociale, politico* **3.** *T.ling.* elemento concettuale di un segno linguistico; significato **4.** *T.psic.* *contenuto della coscienza,* insieme di dati che costituiscono uno stato di coscienza || **N.** II **1.** *Sin.* carico **2.** *Sin.* soggetto, tema, trama **3.** *Contr.* espressione, forma, significante.

contenzióso [dal lat. *contentiosus*; a. 1342 nel senso 2] **I** **agg.** **1.** *T.giur.* che riguarda una contesa giudiziaria: *procedimento contenzioso* **2.** *lett.* litigioso **II** **sm.** **1.** *T.giur.* l'insieme degli organi e degli uffici che si occupano delle controversie tra il cittadino e lo Stato: *contenzioso amministrativo, contabile*; *contenzioso diplomatico,* insieme di procedure create per risolvere pacificamente le controversie fra stati || *ufficio del contenzioso,* quello che si occupa delle vertenze legali dell'impresa o dell'ente presso il quale è costituito **2.** *gen.* l'insieme delle controversie che sussistono: *la magistratura non riesce a far fronte all'aumento del contenzioso.*

conterìe [prob. da *conto*[4]; 1612] **sf.** *pl.* perline di vetro di colore e dimensioni varie utilizzate per ricami, passamanerie, monili e sim. || **N.** giaietto, *paillettes.*

conterminàle [dal lat. *conterminālis*; a. 1519] **agg.** *non com.* confinante.

conterminàre (pres. *-èrmino*) [dal lat. tardo *contermināre*; a. 1642] **intr.** (aus. *avere*) essere confinante || **tr.** *raro* stabilire un confine.

contèrmine [dal lat. *conterminus*; a. 1375] **agg.** *non com.* confinante, contiguo.

conterràneo [dal lat. *conterraneus*; 1495] **agg.** e **sm.** (f. *-a*) che, chi è della medesima terra || **N.** compaesano, compatriota, concittadino, connazionale.

contésa [da *contendere*; a. 1306] **sf.** **1.** il contendere, il disputare a voce o coi fatti: *venire a contesa, entrare in contesa* || *per estens.* discussione animata, lite || *per estens.* competizione **2.** *lett.* opposizione || **N.** **1.** *Sin.* alterco, contrasto, lite, litigio, lotta, polemica, questione, rissa.

contéssa [dal lat. mediev. *comitissa*; a. 1300] **sf.** **1.** dama cui spetta la signoria di una contea || titolo nobiliare spettante alla moglie o alla figlia di un conte **2.** *non com.* titolo nobiliare spettante alla moglie o alla figlia di un marchese || *dim.* contessina.

contèssere (pres. *-èsso* ecc., come TESSERE; pps. *contèsto* o non com. *contessùto*) [dal lat. *contexere*; sec. XIV] **tr.** *lett.* intrecciare, tessere insieme || *fig.* comporre, strutturare armonicamente: *contessere la trama di un racconto* || **N.** *Sin.* congiungere, intessere, riunire.

contestàbile[1] [da *contestare*; a. 1861] **agg.** che può essere contestato || **N.** *Sin.* discutibile, oppugnabile | *Contr.* incontestabile.

contestàbile[2] [da *conestabile,* con influsso di *conte*; a. 1561] **sm.** *ant.* conestabile.

contestàre (pres. *-èsto*) [dal lat. *contestāre*; sec. XIV] **tr.** **1.** *T.giur.* notificare formalmente a qualcuno l'imputazione di un reato: *contestare una contravvenzione* **2.** *fig.* negare la validità o la veridicità di qualcosa: *contestare un'affermazione* || *per estens.* criticare, rif. a istituzioni politiche, sociali o culturali e anche alle persone che tali istituzioni rappresentano: *gli studenti contestano la riforma universitaria, il sindacalista è stato contestato dai manifestanti* || *ass.* protestare, criticare: *gli piace contestare* || **N.** **1.** *Sin.* intimare, notificare **2.** *Sin.* contraddire, contrastare, opporsi.

contestatàrio (pl. *-ri*) [da *contestare*; 1967] **agg.** che contesta: *movimento contestatario.*

contestatìvo [da *contestare*; 1970] **agg.** relativo alla contestazione, proprio della contestazione.

contestatóre [da *contestare*; a. 1829; 1968 nel senso 2] **agg.** e **sm.** (f. *-trice*) **1.** che, chi contesta **2.** che, chi teorizza e pratica la contestazione globale.

contestazióne [dal lat. *contestātio, -ōnis*; 1309] **sf.** **1.** atto ed effetto del contestare || *T.giur.* comunicazione formale dell'imputazione di reato effettuata dall'autorità giudiziaria nei confronti della persona interessata **2.** *fig.* negazione della validità o della veridicità di qualcosa || azione di protesta sociale nei confronti di istituzioni, persone o situazioni: *contestazione studentesca*; *contestazione globale,* nel linguaggio giornalistico, il movimento e le idee di critica della società capitalistica sviluppatisi nel mondo occidentale alla fine degli anni 60 **3.** contesa, disputa **4.** *ant.* attestazione || **N.** **1.** *Sin.* intimazione, notifica **2.** *Sin.* protesta; rifiuto.

contèste [da *teste*; 1657] **s.** *T.giur.* chi rende testimonianza insieme ad altri.

contestimòne [da *testimone*; a. 1742] **s.** *T.giur.* conteste.

contestimoniànza [comp. di *con-* e *testimonianza*; 1881] **sf.** *T.giur.* testimonianza fornita da un contestimone.

contèsto [dal lat. *contextus*; 1478] **I** **agg.** *lett.* tessuto insieme, intrecciato, intarsiato: *un tessuto contesto d'oro* **II** **sm.** **1.** *lett.* intreccio, tessitura di fili || *per estens.* *fig.* l'insieme delle varie parti che costituiscono uno scritto, un discorso e sim. **2.** *per estens.* l'insieme degli elementi la cui organizzazione formale costituisce un brano musicale o un'opera figurativa **3.** l'insieme delle circostanze e degli eventi all'interno dei quali può essere collocato un accadimento specifico al fine di meglio comprenderlo o valutarlo: *nel contesto,* in questa situazione || *T.ling.* talvolta nella grafia *con-testo,* le informazioni extralinguistiche che permettono di comprendere il significato di una frase o di un testo || **N.** II **1.** *Sin.* intreccio, trama **2.** *Sin.* schema **3.** co-testo.

contestuàle [da *contesto*; 1925 nel senso 2] **agg.** **1.** che si riferisce al contesto || *T.ling.* *condizionamento contestuale,* mutamento nella realizzazione fonica di un fonema causato dalla sua posizione nel contesto **2.** *T.giur.* di fatto che si verifica contemporaneamente a un altro || *conciliazione contestuale,* pagamento immediato di una sanzione pecuniaria || **contestualménte** **avv.** nello stesso momento.

contestualità [da *contestuale*; 1984] **sf.** l'essere contestuale || nella lingua politica e in quella sindacale, concomitanza: *contestualità tra l'avvio della cassa integrazione e l'inizio degli interventi di ristrutturazione.*

contézza [da *conto*[3]; a. 1303] **sf.** **1.** *lett.* conoscenza, cognizione precisa: *aver contezza di qualcosa* **2.** *ant.* familiarità.

contìgia (pl. *-gie* o *-ge*) [dal fr. ant. *cointise,* grazia; fine sec. XIII] **sf.** *ant.* **1.** fregio, ornamento **2.** *pl.* eleganti calzature in cuoio.

contigiàto [da *contigia*; 1321] **agg.** *ant.* ornato.

contiguità [da *contiguo*; a. 1519] ***sf.*** l'essere contiguo || *per estens.* vicinanza spaziale o temporale di due cose o eventi.

contìguo [dal lat. *contiguus*; sec. XIV] ***agg.*** di cosa che è posta a stretto contatto con un'altra: *camere contigue, terreni contigui* || *per estens.* che è vicino nel tempo || *T.mat.* di classi di grandezza separate ma tali che, scelta una grandezza qualsiasi omogenea per entrambe, esistono sempre una grandezza della classe minore e una grandezza della classe maggiore tali che la loro differenza è minore di quella scelta || **N.** *Sin.* accosto, attiguo, confinante, prossimo, VICINO.

continentàle [da *continente*[1], sul modello dell'ingl. e fr. *continental*; 1806] **I *agg.*** **1.** relativo al continente: *città continentale* || *clima continentale*, caratterizzato da forti escursioni termiche tra il giorno e la notte **2.** relativo al continente europeo, part. *T.sport.*: *titolo, campionato continentale* || *colazione continentale*, v. COLAZIONE **II *s.*** abitante di un continente; *in part. region.* termine con cui sardi e siciliani definiscono chi è nato o vive sulla penisola || **N.** II *Contr.* isolano.

continentalità [da *continentale*; 1940] ***sf.*** l'essere continentale: *continentalità del clima.*

continènte[1] [dal lat. (*terra*) *continens*, (*terrae*) *continentis*; 1590] ***sm.*** **1.** ciascuno dei quattro complessi di terre emerse isolati da oceani: *continente antico*, Africa, Asia, Europa; *continente nuovo*, le due Americhe; *continente nuovissimo*, l'Australia; *continente antartico*, l'Antartide || *com.* ciascuna delle sette parti del mondo: Europa, Africa, Asia, America settentrionale, America meridionale, Oceania, Antartide **2.** *gen.* zona continentale || *in part. region.* termine con cui sardi e siciliani indicano la penisola italiana. **Q.T.** ***geografia.***

continènte[2] [dal lat. *continens, -entis*; a. 1357] ***agg.*** **1.** che sa frenare i propri desideri e impulsi **2.** *T.med.* che è in grado di controllare e trattenere il deflusso di feci e urina **3.** *T.giur.* di causa la cui materia contiene quella di un'altra causa || **N.** **1.** *Sin.* morigerato, parco, temperante | *Contr.* incontinente **2.** *Contr.* incontinente.

continènza [dal lat. *continentia*; a. 1292] ***sf.*** **1.** capacità di moderarsi nel soddisfacimento dei propri bisogni materiali || in teologia, grado iniziale della temperanza che mira al contenimento degli istinti naturali dell'uomo, in part. gli istinti sessuali **2.** *T.med.* capacità di ritenzione sfinterica **3.** *T.giur.* *continenza di cause*, situazione nella quale la materia di una causa contiene anche quella di un'altra causa || **N.** **1.** *Sin.* costumatezza, moderazione, morigeratezza, sobrietà, temperanza; astinenza, castità | *Contr.* incontinenza, intemperanza, sfrenatezza **2.** *Contr.* incontinenza.

contingentaménto [dal fr. *contingentement*; 1935] ***sm.*** limitazione fissata all'importazione di determinate merci dall'estero, e raramente all'esportazione, mediante l'indicazione di una cifra massima globale di merce, oppure dividendo tale cifra a seconda del paese di provenienza.

contingentàre (pres. *-ènto*) [dal fr. *contingenter*; 1956] ***tr.*** fissare un limite all'importazione di merci mediante contingentamento.

contingènte [dal lat. *contingens, -entis*; 1340] **I *agg.*** **1.** *T.fil.* accessorio, casuale, accidentale **2.** *ant. raro* spettante **3.** *ant. raro* tangente **II *sm.*** **1.** *T.fil.* ciò che può essere ma può anche non essere **2.** quota di imposta da pagare, stabilita in seguito ad una ripartizione || quantitativo di merci ammesso per l'importazione o più raramente per l'esportazione || *per estens.* quantità parziale di un tutto: *il primo contingente di armi è stato consegnato al destinatario* **3.** *T.mil.* *contingente di leva*, l'insieme dei giovani di una classe di leva che vengono chiamati alle armi; *contingente alle armi*, il numero totale degli uomini che in un dato periodo si trovano sotto le armi || *gen.* quantitativo di uomini armati: *il primo contingente di truppe ha raggiunto il fronte* || **N.** I **1.** *Contr.* necessario; assoluto; immanente **II** **3.** *Sin.* classe, scaglione.

contingentìsmo [da *contingente*; 1936] ***sm.*** *T.fil.* indirizzo filosofico, nato in Francia nella seconda metà del XIX secolo, che negava la riducibilità degli ordini di realtà superiori a quelli inferiori (per es. dei fatti biologici ai fatti fisici).

contingènza [dal lat. tardo *contingentia*; a. 1321] ***sf.*** **1.** l'essere contingente, accidentale, qualità di tutto ciò che può essere o non essere **2.** occasione, circostanza || *indennità di contingenza* o *ass.* *contingenza*, indennità aggiuntiva spettante al lavoratore dipendente per adeguare il salario al costo della vita **3.** *T.geom.* *angolo di contingenza*, in un arco, angolo formato dalle tangenti nei due estremi dell'arco stesso **4.** *T.aer.* *coefficiente, fattore di contingenza*, fattore di carico massimo previsto per le strutture portanti di un aeromobile || **N.** **2.** *Sin.* accidente, circostanza, congiuntura.

contìngere (*dif.*; pres. *-ingo, -ingi*; non usato il p.rem. né il pps.) [dal lat. *contingere*; a. 1321] ***intr. ant. raro*** **1.** accadere: *se mai continga che 'l poema sacro...* (Dante) **2.** spettare || ***tr.*** *raro* essere tangente.

contìnovo [lat. *continuus*; a. 1363] ***agg.*** *arc.* continuo.

continua [da *continuo*; 1970] ***sf.*** *T.tecn.* macchina che lavora un prodotto a ciclo continuo: *continua da carta*, macchina formata da un complesso di meccanismi tra loro collegati in serie, nella quale la pasta di carta, inserita a un estremo, viene lavorata ed esce all'altro estremo sotto forma di striscia continua di carta pronta all'uso.

continuàbile [da *continuare*; a. 1704] ***agg.*** che può essere continuato.

continuaménto [da *continuare*; a. 1348] ***sm.*** *raro* continuazione.

continuàre (pres. *-ìnuo*) [dal lat. *continuāre*; a. 1292] ***tr.*** proseguire senza interruzione o riprendere dopo un'interruzione: *per tutto l'anno continuò la terapia, toccò a lui continuare il lavoro del suo predecessore* || ***intr.*** (aus. *avere* se riferito a persona, *essere* o *avere* se riferito a cosa) **1.** proseguire nello spazio e nel tempo: *la guerra è continuata ancora per tutto l'inverno, ha continuato a mangiare* || con ellissi del verbo, continuare ad andare o *ant.* frequentare: *continuando, troverete un distributore* || *continua*, indicazione posta in giornali e periodici per avvisare il lettore che l'articolo prosegue più oltre nel giornale oppure nei numeri successivi **2.** perseverare, seguito dalle prep. *a, in*, raramente *con*: *continuare in qualcosa, a fare qualcosa, continuare con gli esercizi* || ***intr. impers.*** riferito part. a fenomeni atmosferici: *continua a nevicare* || ***intr. pron.*** prolungarsi nello spazio: *il corso del fiume si continua fino al lago* || **N.** ***tr.*** *Sin.* proseguire, seguitare | ***intr.*** **1.** *Sin.* durare, proseguire **2.** *Sin.* persistere.

continuatìvo [dal lat. tardo *continuatīvus*; sec. XIV] ***agg.*** che continua; che ha un carattere di continuità: *rapporto continuativo* || **continuativaménte** ***avv.*** || **N.** durevole, permanente, stabile | *Contr.* saltuario.

continuatóre [da *continuare*; 1716] ***sm.*** (f. *-trice*) chi continua un'attività iniziata da altri || **N.** *Sin.* prosecutore; discepolo, erede.

continuazióne [dal lat. *continuātio, -ōnis*; sec. XIV] ***sf.*** atto ed effetto del continuare: *è stata decisa la continuazione dei lavori* || *concr.* ciò che costituisce il seguito di qualcosa iniziato in precedenza: *questo volume è la continuazione del precedente* || *in continuazione*, senza interruzione || **N.** *Sin.* prolungamento, prosecuzione, seguito, successione | *Contr.* fine, interruzione, termine.

continuità [dal lat. *continuitas, -ātis*; 1308] ***sf.*** **1.** estensione ininterrotta nello spazio o nel tempo: *continuità di un moto* || *soluzione di continuità*, interruzione; *T.med.* discontinuità di un tessuto organico **2.** *T.giur.* teoria per cui se uno stato esercita la propria sovranità sulla foce di un fiume, acquista sovranità anche sul bacino idrografico o sul territorio delimitato dallo spartiacque di tale fiume || **N.** **1.** *Sin.* costanza, perpetuità, persistenza, prosecuzione, stabilità, unione | *Contr.* alternanza, discontinuità, intermittenza, labilità, temporaneità.

contìnuo [dal lat. *continuus*; a. 1292] **I *agg.*** **1.** che si svolge o si ripete senza interruzione o frequentemente: *lo assillava con continue richieste, linea continua* || *di continuo*, senza interruzione **2.** di corrente elettrica, unidirezionale e di intensità costante **3.** *T.fon.* di suono la cui articolazione può essere prolungata (per es. le vocali, le consonanti nasali e le fricative) **4.** *T.mat.* *funzione continua*, funzione priva di interruzioni, che può essere rappresentata graficamente senza staccare la matita dal foglio || *T.mat.* e *T.fis.* di processo che percorra tutti gli stati intermedi fra quello iniziale e quello finale || **continuaménte** ***avv.*** **1.** frequentemente **2.** in modo continuo **II *sm.*** **1.** ciò che presenta continuità nel tempo o nello spazio, che è privo di interruzioni || *in part.* *T.fis.* e *T.fil.* ciò che alla percezione appare inscindibile in percezioni elementari tra loro distinguibili || *T.med.* *soluzione di continuo*, sezione di tessuto **2.** *T.mat.* *continuo geometrico*, l'insieme dei punti di una retta; *continuo aritmetico*, l'insieme dei numeri reali, razionali e irrazionali || *ipotesi del continuo*, quella per cui non vi sono cardinalità infinite intermedie tra quella dei numeri naturali e quella dei numeri reali || **N.** I **1.** *Sin.* assiduo, costante, durevole, incessante, ininterrotto, insistente, persistente, prolungato | *Contr.* alterno, intermittente, periodico, saltuario **3.** *Contr.* alternato, variabile **4.** *Contr.* discontinuo, discreto.

continuum [dal lat. *continuum*, continuo; 1971] ***sm. inv.*** **1.** *in gen.* nel linguaggio filosofico e scientifico, sin. di *continuo*: *il continuum spazio-temporale* **2.** *T.psic.* variabili i cui valori possono essere mutati con degli incrementi infinitesimi **3.** *T.sociol.* rapporto di continuità tra due fatti o situazioni sociali, quando tra questi non si può stabilire una polarità assoluta: *il continuum rurale-urbano.*

contitolàre [comp. di *con-* e *titolare*; 1797] ***agg.*** e ***s.*** che, chi è titolare di qualcosa assieme ad altri: *il contitolare della ditta* || *santo contitolare*, santo cui viene dedicata una chiesa assieme a un altro; *chiesa contitolare*, chiesa dedicata a più santi.

cónto[1] [dal lat. tardo *comp(u)tus*; a. 1294] ***sm.*** **1.** calcolo aritmetico: *sbagliare un conto* || *saper fare di conto*, conoscere l'aritmetica || *il conto torna*, il calcolo è esatto; anche *fig.* l'ipotesi è corretta || *conto alla rovescia*, procedura di conteggio del tempo, gen. usata per avviare congegni complessi e in part. missili, nella quale l'istante del lancio coincide con il momento 0 e gli istanti che precedono vengono indicati con numeri negativi decrescenti **2.** insieme di procedure e scritture contabili con cui vengono registrati i movimenti di denaro e di beni nell'amministrazione di un'azienda; gen. documento contabile: *conto preventivo, consuntivo, rivedere i conti* || insieme di operazioni bancarie che registrano i movimenti di dare e di avere che intercorrono tra l'istituto di credito e il singolo cliente: *aprire, chiudere un conto*; *concr.* la somma che il cliente deposita presso l'istituto di credito: *il mio conto si è quasi esaurito* || *conto corrente*, contratto tra due persone che, avendo frequenti affari reciproci, decidono di saldare i debiti e i crediti con un unico pagamento a una data stabilita || *conto corrente bancario*, contratto collegato con un'apertura di credito, con il quale l'istituto si impegna a pagamenti e riscossioni per conto del cliente, il quale può disporre delle somme depositate mediante assegni o carte di credito || *Corte dei conti*, v. CORTE **3.** somma in denaro che si deve pagare o riscuotere a compenso di prestazioni e consumi: *è arrivato il conto del macellaio* || *fare i conti in tasca a qualcuno*, interessarsi indebitamente del reddito e delle spese di qualcuno || *fig. chiedere conto a qualcuno di qualcosa*, domandare ragione del suo operato || *fig. dare, rendere conto*, fornire spiegazioni **4.** *fig.* previsione, valutazione || *a conti fatti*, considerando ogni cosa || *a ogni buon conto*, a ogni modo, intanto || *tener conto di qualcosa*, prenderla in considerazione || *un conto è...*, una questione è... (com. in un'espr. correlativa): *un conto è farsi prestare qualcosa, un conto è rubarla* || *in fin dei conti*, in definitiva || *far bene, male i propri conti*, azzeccare o sbagliare una previsione || *fare i conti con qualcosa*, tenerne conto || *fare i conti con qualcuno*, far valere le proprie ragioni || *fare i conti senza l'oste*, fare delle previsioni senza consultare la persona più direttamente interessata o quella da cui dipende l'esito del progetto || *rendersi conto*, capire || *far conto che...*, supporre che || *far conto di*, immaginare di; anche ripromettersi di **5.** considerazione, importanza: *è cosa di poco conto, era tenuto in gran conto dalla direzione* || *tener qualcosa da conto*, custodirla con cura || *fare conto su qualcuno, qualcosa*, farvi assegnamento **6.** riguardo: *circolano dei pettegolezzi sul tuo conto* || fare qualcosa per proprio conto, da soli, senza l'intervento di altri || *per conto mio*, per quel che mi riguarda **7.** interesse, opportunità: *tornare conto*, essere utile || *mette conto*, vale la pena || **N.** **1.** *Sin.* calcolo, computo, conteggio, somma **2.** *Sin.* bilancio, contabilità | accendere, aprire, chiudere, intestare, saldare | conguaglio, pareggio, partita; rendiconto, resoconto, saldo, sconto; correntista **3.** fattura, nota, parcella | esagerato, onesto, pendente, sospeso | abbuonare, ammontare, tirare, tornare **4.** analisi; assegnamento **5.** *Sin.* pregio, stima **7.** *Sin.* guadagno, tornaconto, vantaggio. **Q.T.** *banca.*

cónto[2] [da un disus. *contare*, raccontare; a. 1294] ***sm.*** *ant.* racconto, narrazione.

cónto[3] [dal fr. ant. *cointe*; fine sec. XIII] ***agg.*** *ant.* noto, conosciuto: *far conto*, manifestare.

cónto[4] [dal lat. *comptus*, acconciato, poi ornato; a. 1294] ***agg.*** *ant. lett.* adorno; gentile || **contaménte** ***avv.***

contòide [dall'ingl. *contoid*; 1982] ***sm.*** *T.ling.* in alcune teorie fonetiche, suono consonantico, considerato esclusivamente dal punto di vista fonetico e non fonologico, in modo da includere anche le consonanti sillabiche, come [ɾ̩] nella parola sanscrita *krisna* ['kɾ̩ʂɳa] o [m̩] nell'escl. it. *ehm.*

contòrcere (pres. *-òrco* ecc., come TORCERE) [dal lat. *contorquere*; a. 1374 nel senso 2] ***tr.*** **1.** torcere più volte con forza **2.** *lett.* ritorcere || ***rifl.*** ripiegarsi su se stesso, dimenarsi, divincolarsi: *si contorceva per il dolore* || **N.** ***tr.*** **1.** *Sin.* attorcigliare, avvolgere; strizzare.

contorciménto [da *contorcere*; 1673] ***sm.*** atto ed effetto del contorcere e del contorcersi, anche *fig.* || **N.** *Sin.* contorsione; deformazione, stortura.

contornaménto [da *contornare*; a. 1704] ***sm.*** *raro* atto ed effetto del contornare; contorno.

contornàre (pres. *-órno*) [da *tornare*; 1550] ***tr.*** circondare, cingere tutto intorno, part. con ornamenti, decorazioni e sim.: *un medaglione contornato di pietre preziose, quel produttore è contornato di belle ragazze* || ***rifl.*** avere attorno a sé: *si è contornato di validi collaboratori* || **N.** ***tr.*** *Sin.* guarnire, incorniciare.

contornàto (*pps.* di *contornare*) [a. 1556] ***agg.*** **1.** circondato, cinto: *una tomba contornata di fiori* **2.** *T.tip. carattere contornato*, carattere tipografico che traccia solo il profilo della lettera, lasciando in bianco la parte interna.

contórno [da *contornare*; sec. XV] ***sm.*** **1.** linea, insieme di linee che delimitano, circoscrivendola, una figura, un oggetto e sim.: *un disegno dai contorni nitidi*; *pl.* detto di persona, lineamenti: *un viso dai contorni classici* || *T.num.* parte della moneta compresa tra gli orli del diritto e del rovescio || part. *pl.* area circostante un luogo: *i contorni della villa erano lussureggianti di vegetazione* **2.** gruppo di persone che sta attorno a qualcosa o a qualcuno **3.** *T.cuc.* piatto, gen. di verdure o legumi, che si mangia assieme alla carne o al pesce: *per contorno c'erano patate e insalata* || **N.** **1.** cerchio, circonferenza, cornice, corona, fregio, guarnizione; orlo; perimetro; dintorni, vicinanze **3.** *Sin.* guarnizione. **TAV.** ***numismatica*** 2.9.

contorsióne [lat. **contorsio*, *-ōnis*; sec. XIV] ***sf.*** **1.** atto ed effetto del contorcere o del contorcersi || movimento scomposto o violento delle membra: *contorsioni epilettiche* || deviamento del legno o di altro materiale rispetto alla configurazione originaria **2.** *fig.* mancanza di chiarezza e linearità nell'espressione || **N.** **1.** *Sin.* contorcimento, torsione; contrazione, spasmo **2.** *Sin.* acrobazia, arzigogolo.

contorsionìsmo [da *contorsione*; 1965] ***sm.*** **1.** capacità di eseguire movimenti o di compiere esercizi fisici in cui il corpo assume posizioni forzate e contorte **2.** *fig.* spec. in politica, attitudine a mutare spesso atteggiamento destreggiandosi tra posizioni diverse.

contorsionìsta [da *contorsione*; 1941] ***s.*** artista del circo che, grazie a una grande mobilità e flessibilità della colonna vertebrale, riesce a eseguire movimenti innaturali e forzati || *fig.* chi assume atteggiamenti innaturali e forzati.

Contòrte [da *contorto*; 1929] ***sf. pl.*** *T.bot.* ordine di piante dicotiledoni simpetale, con i lobi della corolla generalmente contorti nel boccio || **N.** Apocinacee.

contòrto (*pps.* di *contorcere*) [a. 1446] ***agg.*** **1.** storto, deformato: *ramo, arto contorto* **2.** *fig.* forzato, non lineare: *una dimostrazione contorta* || **N.** **1.** *Sin.* attorcigliato, rattorto; deforme **2.** *Sin.* arzigogolato, astruso, intricato | *Contr.* chiaro, lineare, scorrevole.

cóntra [dal lat. *contra*; a. 1300] ***prep.*** e ***avv.*** *ant.* contro.

cóntra- [dal lat. *contra*, contro] ***pref.*** forma parole in cui ha valore di opposizione e talvolta di reciprocità e simmetria; esige il raddoppiamento della consonante semplice iniziale della parola cui si unisce: *contraccolpo, contraddire.*

contrabbàlzo [comp. di *contra-* e *balzo*; a. 1850] ***sm.*** rimbalzo, spec. nella loc. *colpire di contrabbalzo*, colpire una palla che rimbalza da terra.

contrabbandàre [da *contrabbando*; 1877] ***tr.*** **1.** importare o esportare merce di contrabbando **2.** *fig.* fare apparire qualcosa per ciò che non è: *contrabbandava per pigrizia la propria inettitudine.*

contrabbandière [da *contrabbando*; 1497] **I** ***sm.*** (f. *-a*) chi esercita il contrabbando **II** ***agg.*** di contrabbandieri || *nave contrabbandiera*, che esercita il contrabbando.

contrabbàndo [comp. di *contra-* e *bando*; 1291 *chontrabando*] ***sm.*** **1.** importazione o esportazione clandestina di merci sottoposte al pagamento di tasse doganali: *merce di contrabbando*; *fig. di contrabbando*, di nascosto || *contrabbando di guerra*, fornitura di materiali bellici a una potenza belligerante compiuta eludendo il veto imposto dalle altre nazioni in guerra **2.** *per estens.* fabbricazione e vendita illegale di generi di monopolio; *gen.* qualsiasi violazione delle norme fiscali relative alle imposte di produzione, consumo e sim.

contrabbassìsta [da *contrabbasso*; 1830] ***s.*** suonatore di contrabbasso.

contrabbàsso [comp. di *contra-* e *basso*; a. 1566] ***sm.*** **1.** strumento ad arco gen. a quattro corde di sonorità grave || con valore appositivo indica uno strumento di tonalità grave: *flicorno contrabbasso* || *scherz. fare il contrabbasso*, russare rumorosamente **2.** *per meton.* suonatore di contrabbasso: *è il primo contrabbasso dell'orchestra* **3.** *contrabbasso elettrico*, privo di cassa armonica, in cui le vibrazioni delle corde sono convertite in impulsi elettrici trasmessi a un amplificatore; gen. suonato a pizzico, è usato nella musica leggera e jazz || **N.** **2.** *Sin.* contrabbassista **3.** *Sin.* basso. **TAV.** ***musica* p. 1324** 2.7.

contraccambiàre (pres. *-àmbio*) [comp. di *contra-* e *cambiare*; a. 1642] ***tr.*** **1.** dare qualcosa in cambio di ciò che si è ricevuto: *contraccambiare un dono, i saluti* **2.** mostrare tangibilmente la propria gratitudine, ricompensare: *non so come contraccambiare le sue attenzioni* || **N.** **1.** *Sin.* restituire, ricambiare, scambiare **2.** *Sin.* rendere, ripagare.

contraccàmbio (pl. *-bi*) [comp. di *contra-* e *cambio*; a. 1535] ***sm.*** il contraccambiare e la cosa contraccambiata || *in contraccambio*, per ricompensa || *rendere il contraccambio*, rendere la pariglia, vendicarsi.

contraccàrico (pl. *-chi*) [comp. di *contra-* e *carico*; 1830] ***sm.*** carico usato come contrappeso a un altro carico.

contraccàssa v. CONTROCASSA.

contraccettìvo o **contracettìvo** [dall'ingl. *contraceptive*; 1963] **I** ***agg.*** **1.** detto di ogni mezzo o farmaco in grado di evitare la fecondazione **2.** che sostiene la limitazione delle nascite: *campagna contraccettiva* **II** ***sm.*** mezzo o farmaco contraccettivo || **N.** **1.** *Sin.* anticoncezionale | pillola, profilattico.

contraccezióne [dall'ingl. *contraception*; 1968] ***sf.*** insieme dei metodi e delle tecniche usati per evitare la fecondazione || **N.** pianificazione delle nascite.

contracchiàve v. CONTROCHIAVE.

contraccólpo [comp. di *contra-* e *colpo*; 1745] ***sm.*** **1.** colpo di rimbalzo: *dopo aver urtato il muro, per il contraccolpo finì in mezzo alla strada* || rinculo di un'arma da fuoco **2.** *fig.* conseguenza indiretta, ripercussione: *i contraccolpi del calo del dollaro si avvertiranno tra qualche settimana* || **N.** **1.** *Sin.* colpo, rimbalzo **2.** *Sin.* effetto, riflesso; ricaduta.

contraccùṣa o **controaccùṣa** [comp. di *contro-* e *accusa*; 1551] ***sf.*** accusa fatta dall'accusato al suo accusatore.

contracettìvo v. CONTRACCETTIVO.

contràda [lat. **contrāta*, (regione) che sta di fronte, (regione) vicina; inizio sec. XII] ***sf.*** **1.** ciascuno dei rioni o quartieri in cui anticamente erano divise le città; oggi, ciascuno dei quartieri in cui è suddivisa Siena **2.** *ant.* o *region.* strada di un centro abitato || a Firenze, via traversa **3.** *ant.* e *lett.* regione; territorio.

contradaiòlo [da *contrada*; 1865] ***sm.*** (f. *-a*) chi abita nella stessa contrada || a Siena, chi appartiene a una delle contrade che partecipano al palio.

contraddànza [dall'ingl. *country-dance*, ballo di campagna, attr. il fr. *contredance*; 1726] ***sf.*** danza di origine inglese a ritmo binario; nel secolo XIX veniva ballata da coppie di ballerini disposte in due file contrapposte || **N.** *Sin.* quadriglia.

contraddàta e der. v. CONTRODATA e der.

contraddìre (pres. *-ìco* ecc., come DIRE) [dal lat. *contradicere*; 1282] **tr. 1.** contestare le affermazioni di qualcuno sostenendo argomentazioni diverse o contrarie, negare le affermazioni di qualcuno: *contraddice sempre tutti* || di affermazione, essere la negazione di un'altra **2.** essere in contrasto: *le sue parole contraddicono il suo comportamento* || **rifl.** dire o fare cose contrarie a quelle dette o fatte in precedenza: *di fronte all'insistenza del giudice finì per contraddirsi* || **rec.** fare affermazioni contrastanti: *gli imputati si sono contraddetti* || **intr.** (aus. *avere*) essere in contrasto, in opposizione: *contraddire a una regola, ai princìpi.*

contraddistìnguere (pres. *-ìnguo* ecc., come DISTINGUERE) [da *distinguere*; 1587] **tr.** distinguere una cosa da un'altra mediante un segno caratteristico: *la sigla TO contraddistingue gli automezzi immatricolati a Torino e provincia* || di persona, caratterizzare: *una notevole dose di superbia contraddistingue il suo comportamento* || **intr. pron.** essere riconoscibile a causa di un tratto caratterizzante || **N. tr.** *Sin.* contrassegnare, differenziare, segnare.

contraddittóre [dal lat. tardo *contradictor, -ōris*; a. 1342] **sm.** (f. *-trìce*) chi contraddice; chi sostiene un contraddittorio || **N.** *Sin.* contestatore, oppositore.

contraddittorietà [da *contraddittorio*; 1951] **sf.** l'essere contraddittorio.

contraddittòrio (pl. *-ri*) [dal lat. tardo *contradictōrius*; a. 1342] **I agg. 1.** che è in contrasto: *versioni contraddittorie dell'accaduto*; *in part. T.fil. proposizioni contraddittorie*, che non possono essere né entrambe vere, né entrambe false (come *Tutti gli uomini sono bianchi* e *Alcuni uomini non sono bianchi*) **2.** *fig.* che presenta incertezze e contraddizioni: *una testimonianza contraddittoria* || **contraddittoriaménte avv.**; nella *loc. prep. contraddittoriamente con*, in contraddizione con: *contraddittoriamente con quanto era stato promesso* **II sm. 1.** pubblica discussione fra persone che sostengono tesi contrapposte: *parlare in contraddittorio* **2.** *T.giur.* momento del processo in cui le parti in causa vengono ascoltate insieme.

contraddizióne [dal lat. *contradictio, -ōnis*; 1308] **sf. 1.** atto ed effetto del contraddire e del contraddirsi: *cadere in contraddizione* || relazione di mutua esclusione tra due affermazioni; *per estens.* contrasto: *non c'è contraddizione tra quello che dice e quello che fa* || *spirito di contraddizione*, quello di chi contraddice sempre e comunque le affermazioni altrui **2.** *T.fil.* rapporto di antitesi esistente tra un'affermazione e la sua negazione || proposizione che afferma e simultaneamente nega qualcosa; congiunzione di una proposizione e della sua negazione || *principio di contraddizione*, principio della logica aristotelica per il quale non è possibile che siano contemporaneamente vere due proposizioni di cui una asserisca un nesso tra una sostanza e un attributo e l'altra lo neghi **3.** nel linguaggio giornalistico, fenomeno deteriore che accompagna lo sviluppo della società e ne costituisce una forte limitazione: *le contraddizioni della società industriale* || **N. 1.** *Sin.* contrasto, incoerenza, opposizione | bastian contrario **2.** antilogia, antinomia.

contraddòte v. CONTRODOTE.

contradìre e der. forme non com. di CONTRADDIRE e der. (v.).

contraènte (*ppr.* di *contrarre*) [sec. XIV] **agg.** e **s.** *T.giur.* che, chi assume un'obbligazione nei confronti di terzi per mezzo di un contratto || **N.** *Sin.* stipulante.

contràere [dal lat. *contrahere*; a. 1600] **tr.** *ant.* contrarre.

contraèrea [da *contraereo*; 1941] **sf.** artiglieria contraerea.

contraèreo (raro *controaèreo*) [comp. di *contro-* e *aereo*; 1916 *controaereo*] **agg.** *T.mil.* che serve di difesa contro gli attacchi aerei: *sbarramento contraereo*; *artiglieria contraerea*, specialità dell'artiglieria equipaggiata con particolari armamenti atti a combattere gli aerei.

contraffaciménto [da *contraffare*; a. 1406 *contrafacimento*] **sm.** *raro* contraffazione.

contraffàre (pres. *-àccio* ecc., come FARE) [comp. di *contra-* e *fare*; a. 1292] **tr. 1.** imitare qualcuno riproducendone la voce, i gesti, il portamento, part. con intenzioni ironiche o caricaturali || *contraffare la voce*, alterare la propria voce per non essere riconosciuto al telefono, in registrazioni ecc. **2.** imitare qualcosa spacciandola per l'originale, falsificare: *contraffare una firma, un quadro*; *banconote contraffatte*, false || **rifl.** *non com.* travestirsi, alterare il proprio aspetto || **intr.** (aus. *avere*) *ant.* trasgredire || **N. tr. 1.** *Sin.* scimmiottare, simulare **2.** *Sin.* copiare; plagiare.

contraffàtto (*pps.* di *contraffare*) [a. 1348] **agg.** nei sensi del verbo; *raro* storpiato, deforme.

contraffattóre [da *contraffare*; 1865] **sm.** (f. *-trìce*) chi contraffà || **N.** *Sin.* falsario, imitatore.

contraffazióne [da *contraffare*; 1342 *contrafazione*] **sf.** atto ed effetto del contraffare || *concr.* la cosa contraffatta: *quella scultura è una contraffazione* || **N.** *Sin.* alterazione, falsificazione, imitazione.

contraffilàre (pres. *-ìlo*) [da *contraffilo*; 1887] **tr. 1.** *T.calz.* togliere il contraffilo **2.** nella lavorazione della seta, accostare fili più grandi ad altri più piccoli o fili più chiari ad altri più scuri.

contraffìlo [comp. di *contra-* e *filo*; 1887] **sm.** parte della suola, sporgente dal bordo della scarpa, che nelle operazioni di rifinitura viene tagliata col trincetto.

contraffìsso [comp. di *contra-* e *fisso*; 1956] **sm.** asta che, in alcuni tipi di capriata, permette l'applicazione di un arcareccio.

contraffóndo v. CONTROFONDO.

contraffòrte [comp. di *contra-* e *forte*; a. 1465] **sm. 1.** opera muraria di sostegno destinata a rafforzare strutture sottoposte a notevoli carichi orizzontali **2.** *T.geogr.* diramazione secondaria di una catena montuosa **3.** spranga di ferro utilizzata per tenere più strettamente serrate porte o finestre **4.** rinforzo in cuoio posto all'interno della scarpa || **N. 1.** *Sin.* barbacane, rinforzo, sperone | gotico **2.** *Sin.* propaggine.

contraffòsso v. CONTROFOSSO.

contraggènio o **controgènio** (pl. *-ni*) [comp. di *contra-* e *genio*; a. 1673] **sm.** *non com.* antipatia, avversione verso una cosa, usato soprattutto nella loc. avv. *a, di contraggenio*, malvolentieri || **N.** *Sin.* antipatia, avversione, ripugnanza.

contragguàrdia v. CONTROGUARDIA.

contràgo (pl. *-ghi*) [comp. di *contra-* e *ago*; 1956] **sm.** *T.ferr.* ciascuna delle rotaie laterali appositamente sagomate cui si appoggia, negli scambi, l'ago.

contràlbero [comp. di *contra-* e *albero*; 1940] **sm.** *T.mecc.* albero intermedio che riceve il moto dall'albero motore e lo trasmette all'albero condotto.

contraltàre [comp. di *contra-* e *altare*; 1865] **sm.** altare edificato di fronte a un altro altare || *fig.* impresa realizzata allo scopo di sminuire il valore o l'importanza di un'altra: *fare da contraltare*, controbilanciare, costituire un'alternativa o un'opposizione.

contraltìsta [da *contralto*; 1959] **sm.** *T.mus.* cantante di sesso maschile in grado di coprire l'estensione vocale di contralto: *contraltista naturale*, evirato; *contraltista artificiale*, che usa la tecnica del falsetto || **N.** sopranista.

contràlto [comp. di *contra-* e *alto*; a. 1519] **sm. 1.** *T.mus.* la più grave delle voci femminili o bianche || *concr.* persona dotata di tale voce: *quella signora è un famoso contralto* **2.** *chiave di contralto*, chiave di *do* sulla terza linea del pentagramma **3.** con funzione appositiva, indica strumenti musicali di tonalità intermedia tra la tonalità di soprano e quella di tenore: *sassofono contralto.*

contrammiràglio (pl. *-gli*) [dal fr. *contre-amiral*; 1771] **sm.** nella Marina militare italiana, il grado più basso tra gli ufficiali ammiragli, corrispondente al grado di generale di brigata.

contranèllo o **contrannèllo** v. CONTROANELLO.

contrappàsso[1] [dal lat. *contrapassus*; 1313] **sm.** rapporto diretto tra pena e colpa che consisteva nell'infliggere all'offensore lo stesso danno o lesione da lui inflitto all'offeso || nella "Divina Commedia", rapporto di contrasto o somiglianza fra il castigo cui sono sottoposti i dannati e la loro colpa || **N.** *Sin.* pena del taglione.

contrappàsso[2] [comp. di *contra-* e *passo*; a. 1494] **sm.** passo di danza in cui i ballerini, dopo essersi allontanati, tornano a incontrarsi.

contrappèllo [comp. di *contra-* e *appello*; 1824] **sm.** secondo appello fatto per verificare l'esattezza del primo; *in part.* appello che viene fatto nelle caserme un quarto d'ora dopo la ritirata per verificare che tutti i militari siano rientrati dalla libera uscita.

contrappélo **avv.** e **sm.** v. CONTROPELO.

contrappesàre (pres. *-éso*) [comp. di *contra-* e *pesare*; a. 1294] **tr. 1.** equilibrare, bilanciare un peso con un altro peso **2.** stabilire il peso di un oggetto ponendolo sulla bilancia o valutandolo in modo approssimativo reggendolo sul palmo della mano || *fig.* esaminare i pro e i contro di una situazione: *contrappesare i vantaggi e gli svantaggi* || **rec.** bilanciarsi, equilibrarsi || **intr.** (aus. *essere* e *avere*) *lett.* fare da contrappeso || **N. tr. 1.** *Sin.* compensare **2.** *Sin.* soppesare.

contrappéso [comp. di *contra-* e *peso*; sec. XIV] **sm.** peso che, in alcuni meccanismi come ascensori, funivie e sim., funge da massa equilibratrice di una massa mobile || *fare da contrappeso*, bilanciare; anche *fig.*: *le tue intenzioni fanno da contrappeso alle sue.* **TAV.** ***motori*** 3.18; ***armi* p. 648** 15.1; ***edilizia* p. 666** 2.4; ***ferrovie...* p. 669** 7.1; ***meteorologia* p. 1321** 5.2, 6.5.

contrapponìbile [da *contrapporre*; 1865] **agg.** che si può contrapporre: *la tua tesi non è contrapponibile alla sua.*

contrappórre (pres. *-óngo* ecc., come PORRE) [dal lat. *contraponĕre*; a. 1333] **tr.** opporre, mettere contro: *contrapporre violenza a violenza, contrapporre due tesi, due opinioni* || **rifl.** e **rifl. rec.** opporsi: *contrapporsi alle tesi della maggioranza, i due schieramenti si contrappongono ormai da anni.*

contrappòrta v. CONTROPORTA.

contrapposizióne [da *contrapporre*; sec. XIV] **sf. 1.** atto ed effetto del contrapporre e del contrapporsi || *T.arald. contrapposizione di figure*, quando esse sono collocate in posizione alternata od opposta nello scudo **2.** *T.fil. legge, principio di contrapposizione*, quello per cui "se *p*, allora *q*" implica "se non *q*, allora non *p*" || **N. 1.** *Sin.* antitesi | *Contr.* accordo, analogia.

contrappósto (*pps.* di *contrapporre*) [sec. XIII-XIV] **I agg.** nei sensi del verbo; *in part.* antitetico, posto in netta opposizione: *gli avvocati sostenevano tesi contrapposte* **II sm.** *non com.* cosa o persona che si contrappone a un'altra: *tu sei il contrapposto di tuo fratello* || *per contrapposto*, al contrario || contrapposizione.

contrappròccio (pl. *-ci*) [comp. di *contra-* e

approccio; a. 1680] **sm.** *T.mil.* qualsiasi opera difensiva costruita oltre la cinta muraria di una fortificazione per ostacolare l'approccio offensivo del nemico.

contrappuntàre [da *contrappunto*; 1826] **tr.** *T.mus.* realizzare il contrappunto di una melodia.

contrappuntìsta [da *contrappunto*; 1581] **s.** esperto nell'arte di comporre in contrappunto ‖ *per estens.* *T.lett.* scrittore che nella sua opera ricorre spesso a contrasti di motivi narrativi.

contrappuntìstico (pl. *-ci*) [da *contrappunto*; 1887] **agg.** che riguarda il contrappunto, che vi fa riferimento.

contrappùnto [dal lat. mediev. *contra punctum*; 1581] **sm.** **1.** tecnica di composizione musicale basata sulla sovrapposizione di due o più linee melodiche; *contrappunto florido* o *fiorito*, in cui nella linea contrapposta al canto i valori ritmici sono diversi; *contrappunto doppio, triplo, quadruplo*, in cui le varie voci sono trasponibili a un certo intervallo in alto o in basso ‖ *fig.* *fare il contrappunto a qualcuno*, ripetere quello che fa **2.** *per estens.* *T.lett.* tecnica compositiva che armonizza in un unico intreccio elementi narrativi fra loro disparati. **Q.T.** *musica.*

contràre (pres. *cóntro*) [dal fr. *contre*; 1956] **tr.** **1.** nel gioco del bridge, opporre il *contre* **2.** *T.sport.* nel pugilato, colpire di rimessa **3.** *T.sport.* nel calcio, attaccare in contropiede ‖ arrestare l'attacco dell'avversario con un'entrata frontale.

contràrgine [comp. di *contra-* e *argine*; a. 1644] **sm.** argine parallelo all'argine principale con funzioni di rinforzo.

contrariàre (pres. *-àrio*) [dal lat. tardo *contrariāre*; sec. XIII] **tr.** **1.** ostacolare, contrastare: *contraria ogni suo desiderio* ‖ *per estens.* contraddire: *lo contraria ogni volta che apre bocca* **2.** innervosire, seccare: *i suoi continui ritardi mi contrariano* ‖ **N.** **1.** *Sin.* avversare, impedire, intralciare, precludere; obbiettare | *Contr.* assecondare, facilitare, favorire **2.** *Sin.* disturbare, infastidire, irritare, seccare | *Contr.* accontentare, soddisfare.

contrariàto (*pps.* di *contrariare*) [1797] **agg.** nei sensi del verbo; *in part.* seccato, infastidito da opposizioni, difficoltà e sim. ‖ **N.** *Sin.* avversato, contrastato, impedito, intralciato, precluso.

contrarietà [dal lat. *contrarietas, -ātis*; 1304] **sf.** **1.** circostanza sfavorevole, difficoltà: *le contrarietà della vita*; sfortuna **2.** avversione, fastidio: *mostra un'inspiegabile contrarietà per i propri colleghi* ‖ l'essere contrario, opposizione: *ha espresso la propria contrarietà al progetto* ‖ relazione tra proposizioni contrarie **3.** *non com.* di cose, l'essere sfavorevole, avversità: *la contrarietà del clima* ‖ **N.** **1.** avversità, disavventura, disdetta, disgrazia **2.** *Sin.* antipatia, riluttanza, ritrosia | avversione, opposizione, rifiuto.

contràrio (pl. *-ri*) [dal lat. *contrārius*; a. 1294] **I agg.** **1.** che è opposto, contrastante: *opinioni contrarie, pareri contrari* ‖ *T.mat.* *numeri contrari*, che hanno uguale valore ma segno opposto; in logica, detto di due proposizioni universali identiche per soggetto e attributi, l'una affermativa e l'altra negativa ‖ *T.mus.* *moto contrario*, di due parti di contrappunto l'una ascendente, l'altra discendente **2.** che si muove in senso inverso, in direzione opposta: *le due auto procedevano in direzioni contrarie* **3.** sfavorevole, avverso: *sorte contraria* ‖ *fare il bastian contrario*, detto di chi contraddice tutto e tutti ‖ **contrariaménte** **avv.** in modo contrario, diversamente: *contrariamente a quanto era stato previsto* (o *al previsto*) *non sono partita*; anche *ass.*, in caso contrario: *se ho tempo ti scrivo; contrariamente ti telefono* **II sm.** **1.** ciò che costituisce l'opposto o l'inverso di qualcosa: *fa sempre il contrario di quello che dice* ‖ *T.ling.* antonimo ‖ *non avere nulla in contrario*, non fare obiezioni ‖ *al contrario*, invece ‖ *al contrario di*, in modo opposto a **2.** *ant.* avversità ‖ **N.** **I** **1.** *Sin.* alieno, avverso, contrapposto, contrastante, discordante, diverso, incompatibile **3.** *Sin.* alieno, maldisposto, ostile, refrattario, restio, riluttante, ritroso **II** **1.** *Sin.* inverso, opposto, rovescio | *Contr.* diritto.

contrarmellìno [comp. di *contro-* e *armellino*, sul modello del fr. *contre-hermine*; 1887] **sm.** *T.arald.* ermellino con la pelliccia nera sparsa di macchioline color argento.

contràrre (pres. *-àggo* ecc., come TRARRE) [dal lat. *contrahere*; a. 1306] **tr.** **1.** ritrarre, raggrinzare, restringere: *contrarre un muscolo, la bocca* ‖ ridurre il numero o la quantità di qualcosa: *contrarre le spese* **2.** assumere, concordare un impegno: *contrarre un debito* ‖ *contrarre matrimonio*, sposarsi **3.** prendere: *contrarre una malattia, un'abitudine* ‖ **intr. pron.** ridursi, ritirarsi ‖ *T.ling.* detto di due o più vocali che si uniscono in una sola o formano un dittongo ‖ **N.** **tr.** **1.** *Sin.* corrugare, rattrappire; contenere, limitare | *Contr.* distendere, stendere **2.** *Sin.* assumere, concludere, stabilire, stipulare, stringere | **intr. pron.** fondersi.

contrascòtta v. CONTROSCOTTA.

contrassàlto [comp. di *contra-* e *assalto*; 1940] **sm.** *T.mil.* immediata reazione a un assalto nemico per neutralizzarne gli effetti ‖ **N.** *Sin.* contrattacco, controffensiva.

contrassegnàre (pres. *-égno*) [da *contrassegno*[1]; 1520] **tr.** distinguere con un contrassegno ‖ *fig.* caratterizzare: *il suo comportamento è contrassegnato dalla timidezza* ‖ **N.** *Sin.* contraddistinguere, marcare.

contrasségno[1] [comp. di *contra-* e *segno*; a. 1348 *contrassegna*] **sm.** segno particolare usato per contraddistinguere una cosa da altre simili ‖ *fig.* *non com.* indizio, prova.

contrasségno[2] o **cóntro asségno** o **contr'asségno** [comp. di *contro* e *assegno*; 1950] **loc. avv.** di merce che viene consegnata solo dietro pagamento dell'importo indicato: *spedire un pacco contrassegno.*

contrassoggètto v. CONTROSOGGETTO.

contrastàbile [da *contrastare*; a. 1729] **agg.** che si può contrastare, che può essere oggetto di contrasto ‖ **N.** *Sin.* oppugnabile | *Contr.* incontrastabile.

contrastàmpa v. CONTROSTAMPA.

contrastànte (*ppr.* di *contrastare*) [sec. XIV] **I agg.** **1.** che è in contrasto, opposto: *pareri contrastanti* **2.** che risalta per effetto di un contrasto: *colori contrastanti* **II s.** *non com.* chi contrasta.

contrastàre (pres. *-àsto*) [dal lat. tardo *contrastāre*; a. 1292] **tr.** **1.** ostacolare, cercare di impedire il raggiungimento di qualcosa: *contrastarono in tutti i modi la sua elezione* ‖ *contrastare il passo al nemico*, ostacolarne l'avanzata ‖ *contrastare un'opinione*, avversarla **2.** *ant.* combattere ‖ **intr.** (aus. *avere*) **1.** discutere, litigare: *è inutile contrastare con chi vuole sempre avere ragione*; essere in disaccordo: *la tua interpretazione contrasta con la realtà dei fatti*; essere in contrasto: *il rosso contrasta con il blu* **2.** *non com.* lottare: *contrastare con il peccato* ‖ **N.** **tr.** **1.** *Sin.* avversare, contestare, opporsi | **intr.** **1.** *Sin.* altercare, discutere, disputare.

contrastàto (*pps.* di *contrastare*) [a. 1363] **agg.** nei sensi del verbo; *in part.* *vittoria contrastata*, ottenuta nonostante le difficoltà ‖ di immagine, che presenta forti contrasti di luci e ombre.

contrastìvo [dall'ingl. *contrastive*; 1979] **agg.** *T.ling.* detto di analisi linguistica che compara due lingue a livello fonologico, morfologico e sintattico per evidenziare le affinità e le divergenze dei due sistemi: *analisi, grammatica contrastiva* ‖ **N.** comparativo.

contràsto [da *contrastare*; a. 1342] **sm.** **1.** atto del contrastare ‖ *T.sport.* nel calcio, azione difensiva di un giocatore che cerca di impedire l'attacco di un avversario **2.** diverbio, litigio: *i loro incontri erano un susseguirsi ininterrotto di contrasti* ‖ *venire a contrasto*, litigare **3.** *fig.* *per estens.* conflitto, contrapposizione: *tra loro vi era un contrasto di interessi* ‖ conflitto ideologico, turbamento interiore: *la sua anima era travagliata dal contrasto tra fede e passione* **4.** *T.fot.* rapporto fra i valori di luminosità massima e minima in un'immagine ‖ *pellicola, carta, stampa a contrasto*, che consente di eliminare i toni intermedi di grigio in un'immagine ‖ negli apparecchi televisivi, dispositivo che consente di regolare la tonalità dell'immagine **5.** *T.med.* *mezzo di contrasto*, nella tecnica radiologica, ogni sostanza utilizzata per rendere visibile a un esame ai raggi X gli organi interni del corpo umano **6.** *T.telecom.* rapporto fra l'ampiezza dei segnali più forti e quella dei segnali più deboli **7.** *T.lett.* componimento gen. in versi e dialogato, caratteristico della letteratura medievale romanza, in cui veniva narrata una disputa tra figure allegoriche o personificazioni di concetti astratti ‖ **N.** **2.** *Sin.* alterco, attrito, baruffa, battibecco, bisticcio, contestazione, discussione, dissapore, rissa, scenata, scontro, urto **3.** *Sin.* antagonismo, discordia, disputa, dualismo, opposizione **7.** *Sin.* altercazione | tenzone.

contrattàbile [da *contrattare*; 1600] **agg.** che si può contrattare, che può essere oggetto di contrattazione ‖ **N.** *Sin.* negoziabile, trattabile.

contrattaccàre (pres. *-àcco, -àcchi*) [dal fr. *contre-attaquer*; 1953] **tr.** rispondere a un attacco nemico con un altro attacco: *dopo un momento di confusione i difensori contrattaccarono il nemico*; spesso con uso *ass.*: *le armate contrattaccarono su tutto il fronte* ‖ *fig.* in discussioni e polemiche, replicare a un'accusa, a una critica ‖ **N.** *Sin.* reagire, replicare.

contrattàcco (pl. *-chi*) [dal fr. *contre-attaque*; 1824] **sm.** *T.mil.* movimento di truppe eseguito allo scopo di annullare gli effetti di un attacco nemico: *andare, passare al contrattacco* ‖ *fig.* in una discussione o in una disputa, reazione tendente a invalidare le argomentazioni dell'avversario ‖ *T.sport.* azione di risposta a un attacco dell'avversario ‖ **N.** *Sin.* controffensiva; reazione, replica. **TAV. *arti marziali* p. 653** 1.2, 5.2.

contrattaménto [da *contrattare*; a. 1311] **sm.** *non com.* contrattazione.

contrattàre [da *contratto*[2]; sec. XIV] **tr.** discutere il prezzo e le condizioni di vendita di qualcosa: *contrattare la vendita di un terreno*; anche *ass.* cercare di ottenere favorevoli condizioni di vendita: *al mercato contratta sempre* ‖ *per estens.* condurre una trattativa, prendere accordi ‖ **N.** *Sin.* mercanteggiare; negoziare.

contrattazióne [da *contrattare*; a. 1540] **sf.** atto ed effetto del contrattare ‖ *contrattazioni alla grida*, quelle che si effettuano in borsa con offerta e domanda ad alta voce; *contrattazioni deboli*, in cui il giro di affari è piuttosto limitato; *contrattazioni sostenute*, che coinvolgono un ampio giro di affari.

contrattèmpo [comp. di *contra-* e *tempo*; 1553 nel senso 3; 1618 nel senso 1] **sm.** **1.** evento improvviso e gen. spiacevole che impedisce o interrompe lo svolgimento di un'azione: *arrivammo in ritardo a causa di uno spiacevole contrattempo* **2.** *non com.* breve intervallo di tempo tra due azioni **3.** *T.mus.* ingresso di una voce scandita sugli accenti deboli della melodia fondamentale ‖ **N.** **1.** *Sin.* inciampo, noia, ostacolo **3.** *Sin.* controtempo.

contràttile [da *contrarre*; a. 1704] **agg.** detto spec. di fibre, muscoli e tessuti organici, che ha la capacità di contrarsi. **TAV. *anatomia* p. 642** 15.6.

contrattilità [da *contrattile*; 1865] ***sf.*** l'essere contrattile.

contrattista [da *contratto*²; 1956] ***s.*** **1.** impiegato vincolato a un'azienda da un contratto **2.** chi svolge un'attività didattica o scientifica presso università o centri di ricerca con un contratto a termine.

contràtto¹ (*pps.* di *contrarre*) [a. 1348] ***agg.*** nei sensi del verbo || **contrattaménte** ***avv.*** *ant.*

contràtto² [dal lat. *contractus*; sec. XIII] ***sm.*** **1.** accordo fra due o più persone al fine di iniziare, modificare, terminare un rapporto giuridico, gen. di natura economica: *stipulare, sottoscrivere, annullare un contratto*; *concr.* il documento su cui è riportato tale accordo || *T.giur.* *contratto tipico*, il cui schema è regolato da disposizioni di legge; *contratto atipico*, il cui schema è libero da normative giuridiche || *contratto preliminare*, stipulato come garanzia della stipulazione di un contratto futuro, compromesso || *contratto collettivo (di lavoro)*, accordo stipulato tra gli imprenditori e le organizzazioni sindacali nel quale vengono stabilite le norme che regolano i rapporti tra lavoratori e imprenditori **2.** *gen.* patto, accordo tra parti || *contratto sociale*, secondo la concezione contrattualista, convenzione sulla base della quale avrebbe avuto origine la società civile || *T.gioc.* nel bridge, l'esito finale della dichiarazione: *un contratto di due picche* || *dim.* contrattino; *accr.* contrattóne || **N.** **1.** *Sin.* capitolato, compromesso, convenzione, obbligazione, scrittura, trattato | accessorio, aleatorio; a prestazioni corrispettive, bilaterale, unilaterale | copia, originale; articolo, clausola, condizione, postilla | contraente, firmatario, notaio, sensale | accettare, annullare, approvare, autenticare, contrarre, disdire, firmare, impugnare, rescindere, rogare, sottoscrivere, stendere, stipulare, stringere. **Q.T.** *diritto.*

contrattuàle [da *contratto*²; a. 1869] ***agg.*** che riguarda un contratto: *rinnovo contrattuale*; stabilito da un contratto: *aumento contrattuale* || *potere contrattuale*, possibilità di far valere la propria opinione al momento di stipulare un contratto || *danno contrattuale*, derivante dal mancato adempimento di un contratto.

contrattualìsmo [da *contratto*²; 1940] ***sm.*** *T.fil.* teoria politico-filosofica secondo la quale lo stato ha origine da un contratto tra i singoli individui che sulla base di un accordo, esplicito o implicito, decidono di abbandonare lo stato di natura per dare avvio a una società civile.

contrattùra [dal lat. *contractura*; 1570] ***sf.*** *T.med.* involontaria e duratura contrazione di una fascia muscolare.

contravvallazióne V. CONTROVALLAZIONE.

contravveléno [comp. di *contra-* e *veleno*, sul modello del gr. *antiphármakon*; 1582 *contra veleno*] ***sm.*** antidoto contro gli effetti di un veleno; *fig.* rimedio.

contravvenìre (pres. *-èngo* ecc., come VENIRE) [dal lat. mediev. *contravenīre*; inizio sec. XIII *contravenire*] ***intr.*** (aus. *avere*) trasgredire, agire contro una norma, un accordo e sim. || **N.** *Sin.* disobbedire, violare.

contravvènto V. CONTROVENTO.

contravventóre [da *contravvenire*; 1781] ***sm.*** (f. *-trice*) chi contravviene a qualcosa || **N.** *Sin.* trasgressore.

contravvenzióne [da *contravvenire*; a. 1540] ***sf.*** **1.** atto con cui si viola una legge o una disposizione normativa e per il quale si è passibili di arresto o ammenda **2.** *com.* la contestazione di tale infrazione e l'oblazione con cui in alcuni casi è possibile estinguere il reato || **N.** **1.** *Sin.* infrazione, inosservanza, trasgressione, violazione **2.** *Sin.* ammenda, multa, penale | contestare, elevare, estinguere, pagare. **Q.T.** *diritto.*

contravvìṣo V. CONTROAVVISO.

contrazióne [dal lat. *contractio, -ōnis*; sec. XIV] ***sf.*** **1.** atto ed effetto del contrarre e del contrarsi; *in part.* *T.med.* *contrazioni muscolari*, capacità dei tessuti muscolari di ridurre le proprie dimensioni in presenza di stimoli adeguati; *contrazioni uterine*, quelle che durante il parto provocano l'espulsione del feto || *T.fis.* *contrazione termica*, quella causata in un corpo dal mutare della temperatura **2.** *T.ling.* fusione di due vocali in una **3.** *fig.* calo, riduzione: *il primo semestre dell'anno ha fatto registrare una contrazione nelle esportazioni* **4.** l'assumere, il far proprio: *la contrazione di un debito, di un impegno* || **N.** **1.** *Sin.* contrattura | *Contr.* distensione, rilassamento **2.** *Sin.* fusione **3.** *Sin.* diminuzione | *Contr.* aumento, crescita **4.** *Sin.* assunzione.

contre (fr., pr. [kɔ̃:tr]) [letter. contro; 1940] ***sm. inv.*** *T.gioc.* nel bridge, sfida che si fa a colui che ha dichiarato di fare un certo numero di prese, scommettendo contro di lui che non le farà.

contribuènte (*ppr.* di *contribuire*) [a. 1729] **I** ***agg.*** nei sensi del verbo **II** ***s.*** chi paga tributi o imposte di qualsiasi genere, part. a enti pubblici.

contribuìre (pres. *-ìsco* ecc., come ATTRIBUIRE) [dal lat. *contribuere*; 1366] ***intr.*** (aus. *avere*) concorrere, prendere parte a qualcosa: *contribuire alle spese, alla riuscita di un'impresa* || ***tr.*** *ant.* dare, offrire come contributo: *contribuire l'incasso della serata in beneficenza* || **N.** ***intr.*** *Sin.* collaborare, concorrere, cooperare, partecipare.

contributìvo [da *contributo*; a. 1884] ***agg.*** relativo al contributo; *in part.* relativo ai contributi fiscali o previdenziali: *capacità contributiva, obbligo contributivo.*

contribùto [dal lat. *contributus*; 1673 nel senso 2; 1761 nel senso 1] ***sm.*** **1.** ciò che si dà per uno scopo: *contributo in denaro, in natura, in ore di lavoro*; *i contributi statali alle famiglie dei terremotati* || *fig.* documento, ricerca che amplia le conoscenze in un determinato campo o propone soluzioni a determinati problemi **2.** somma dovuta per legge a un ente pubblico dagli utenti del servizio da esso offerto || *gen.* somma in denaro versata a un ente pubblico o privato per riceverne in cambio assistenza: *contributi sindacali* || *contributo previdenziale*, somma che il datore di lavoro e il lavoratore stesso devono versare all'istituto di previdenza sociale in misura proporzionale all'ammontare della retribuzione || *contributi figurativi*, finanziamenti pubblici destinati ai soggetti del rapporto di lavoro in determinate circostanze (servizio militare, gravidanza e puerperio, cassa integrazione, malattia, aspettativa per cariche pubbliche ecc.) || **N.** **1.** *Sin.* aiuto, apporto, collaborazione, conferimento, cooperazione, parte, quota. **Q.T.** *economia...*

contributóre [da *contributo*; a. 1667] ***sm.*** (f. *-trice*) *non com.* chi contribuisce a qualcosa.

contribuzióne [dal lat. *contributio, -ōnis*; 1366] ***sf.*** atto ed effetto del contribuire || *concr.* contributo; *in part.* imposta pagata allo Stato || *dim.* contribuzioncèlla.

contrìna [da *contro*; 1622] ***sf.*** *T.cacc.* fune che si lega ai capi degli staggi delle reti da caccia.

contrindicàre e der. V. CONTROINDICARE e der.

contrìre (pres. *-ìsco, -ìsci*) [dal lat. *contrerere*, stritolare; sec. XIV] ***tr.*** *ant.* **1.** stritolare **2.** *fig.* consumare di dolore e rimorso || ***intr. pron.*** pentirsi in modo sincero e profondo.

contristaménto [da *contristare*; a. 1292] ***sm.*** atto ed effetto del contristare e del contristarsi.

contristàre (pres. *-ìsto*) [dal lat. *contristāre*; a. 1321] ***tr.*** *non com.* rendere triste, addolorare profondamente || ***intr. pron.*** addolorarsi, immalinconirsi.

contrìto (*pps.* di *contrire*) [a. 1306] ***agg.*** profondamente addolorato o pentito || **contritaménte** ***avv.***

contrizióne [dal lat. *contritio, -ōnis*; 1300 ca.] ***sf.*** sentimento di dolore e pentimento || nella teologia cattolica, perfetto pentimento per i propri peccati; *atto di contrizione*, preghiera con la quale si esprime tale pentimento e il proposito di non ripetere gli errori commessi.

cóntro [dal lat. *contra*; 1354] **I** ***prep.*** si unisce direttamente al nome, preceduto o no da articolo, o al pronome tranne nel caso di pronomi personali tonici che richiedono di essere preceduti dalla preposizione *di*: *si combatte contro di me*; nel caso di pronomi personali atoni *contro* viene posposto al verbo: *tutti gli sono contro, gli votò contro* || forma con la prep. *a* la loc. prep. *contro a*: *mettiti contro al muro* **1.** indica opposizione, contrasto: *anche gli amici si schierarono contro di lui* || *dare, essere, mettersi contro qualcuno*, opporsi || *contro voglia*, malvolentieri || *contro natura*, che si oppone alle normali leggi e ai normali istinti naturali || *scommettere contro qualcuno*, puntare sulla sua sconfitta || *tutelarsi contro un rischio*, assicurarsi, difendersi **2.** indica movimento in direzione di: *marciare contro il nemico, andò a sbattere contro il muro* **3.** indica movimento o direzione contraria: *navigare contro vento* || *fig.* *andare contro corrente*, in contrasto con ciò che è usuale, conformistico **4.** indica una posizione frontale o anche di contatto: *le si strinse contro, erano seduti uno contro l'altro* **5.** nel linguaggio commerciale, *contro assegno*, versando l'importo alla consegna della merce; *contro ricevuta*, rilasciando ricevuta; *contro pagamento*, pagando **II** ***avv.*** *non com.* in modo contrario: *ha deciso che voterà contro*; all'opposizione: *essere contro* || *loc. avv.* *di contro*, di fronte || *loc. avv.* *per contro*, al contrario **III** ***sm.*** **1.** nella loc. *il* (o *i*) *pro e il* (o *i*) *contro*, vantaggi e svantaggi **2.** *T.sport.* nella scherma, parata, effettuata mediante la rotazione del polso, che riporta alla posizione iniziale **3.** *T.mar.* denominazione generica delle vele quadre più alte.

cóntro- [dal lat. *contra*, contro] ***pref.*** forma parole in cui indica opposizione (per es. *controsenso, controprova*), riscontro (per es. *controfodera, controscena*), aggiunta (per es. *contropòsta*), movimento o direzione opposta (per es. *controvento*), azione di reazione (per es. *controffensiva*), verifica (per es. *controprova*), rinforzo (per es. *controcassa*), collocazione di fronte (per es. *controporta*), sostituzione, scambio (per es. *controfigura*) || *T.mar.* indica le vele più alte e più piccole: *controvelaccio, controfiocco.*

controaccùṣa V. CONTRACCUSA.

controaèreo V. CONTRAEREO.

controalisèo [comp. di *contro-* e *aliseo*; 1892] ***sm.*** part. *pl.*, vento equatoriale che spira in alta quota in direzione opposta agli alisei; anche *agg.*: *venti controalisei.*

controanèllo o **contranèllo** o **contrannèllo** [comp. di *contro-* e *anello*; a. 1859 *contrannello*] ***sm.*** piccolo anello che viene infilato al dito dopo un altro anello, per impedire che questo possa scivolare via. **Q.T.** *oreficeria.*

cóntro assègno V. CONTRASSEGNO².

controattàcco ***sm.*** *non com.* V. CONTRATTACCO.

controavvìṣo o **contravvìṣo** [comp. di *contro-* e *avviso*; 1865] ***sm.*** avviso che contraddice un avviso precedentemente dato.

controazióne [comp. di *contro-* e *azione*; 1922] ***sf.*** **1.** azione compiuta per neutralizzarne una opposta || *fig.* iniziativa che si oppone in modo immediato a un'altra **2.** *T.sport.*

nella scherma, arresto eseguito sul finale di un'azione dell'avversario allo scopo di coglierlo in controtempo.

controbàttere [comp. di *contro-* e *battere*, sul modello del fr. *contrebattre*; 1941] **tr.** rispondere colpo su colpo all'avversario; *fig.* replicare alle argomentazioni sostenute da altri: *controbattere un'accusa* || **N.** *Sin.* confutare, contrastare, obiettare, rintuzzare.

controbatteria [comp. di *contro-* e *batteria*, come il fr. *contrebatterie*; 1582 *contrabatteria*] **sf.** *T.mil.* fuoco dell'artiglieria diretto a neutralizzare l'artiglieria nemica.

controbattùta [comp. di *contro-* e *battuta*; a. 1950] **sf.** **1.** pronta replica a una battuta detta da qualcun altro **2.** ripercussione dell'acqua che batte contro una sponda.

controbelvedére [comp. di *contro-* e *belvedere*; 1889] **sm.** *inv.* *T.mar.* nei velieri a tre alberi, la più alta e più piccola vela dell'albero di mezzana.

controbilanciàre [comp. di *contro-* e *bilanciare*, sul modello del fr. *contrebalancer*; a. 1742 *contrabbilanciare*] **tr.** equilibrare un peso con un altro equivalente, rif. in part. al carico di una nave, di un aereo e sim. || *fig.* riequilibrare una situazione, eliminando o limitando gli effetti dannosi: *controbilanciare una perdita* || **rec.** equilibrarsi a vicenda, anche *fig.*

controbóllo [comp. di *contro-* e *bollo*; sec. XVIII] **sm.** *raro* secondo bollo aggiunto al primo per ratificarne la validità.

controbórdo [comp. di *contro-* e *bordo*, come il fr. *contre-bord*; 1887] **sm.** posizione reciproca di due navi che si incontrano mentre seguono rotte parallele in direzione opposta.

controbràccio [comp. di *contro-* e *braccio*; 1847] **sm.** *T.mar.* nei velieri, ciascuna delle manovre volanti fissate ai pennoni maggiori per rinforzare ed eventualmente sostituire i bracci nel caso che questi si spezzassero per il vento.

contro-buffet (semifr., pr. [kontroby'fɛ]) o **controbuffè** [comp. di *contro-* e fr. *buffet*; 1951 *controbuffè*] **sm.** *inv.* mobile collocato di solito di fronte al buffet, che ne ripete la forma in dimensioni minori.

controcàmpo [comp. di *contro-* e *campo*; 1942] **sm.** **1.** *T.cin.* inquadratura ripresa dal punto di vista opposto rispetto all'inquadratura precedente **2.** *T.fis.* campo elettrico di segno opposto rispetto a una carica data.

controcànto [comp. di *contro-* e *canto*, sul modello del fr. *contre-chant*; a. 1936] **sm.** *T.mus.* linea melodica secondaria sovrapposta o sottoposta a quella principale.

controcarèna [comp. di *contro-* e *carena*; 1869] **sf.** *T.mar.* nelle navi da guerra, struttura protettiva costituita da cassoni stagni sovrapposti ai fianchi sommersi della carena per diminuire i danni prodotti da siluri e mine.

controcàrro [comp. di *contro-* e *carro*; 1956] **agg.** *inv.* anticarro.

controcàssa o **contraccàssa** [comp. di *contro-* e *cassa*; 1609 *contraccassa*] **sf.** cassa che ne contiene un'altra per meglio proteggere il contenuto: *la controcassa dell'orologio.*

controcaténa [comp. di *contro-* e *catena*; 1887] **sf.** *T.edil.* nella tecnica delle costruzioni, trave della capriata posta tra la catena e il colmo per rinforzare.

controcavazióne [comp. di *contro-* e *cavazione*; 1951] **sf.** *T.sport.* nella scherma, circolata.

controchiàve o **contracchiàve** [comp. di *contro-* e *chiave*; a. 1694 *contracchiave*] **sf.** **1.** seconda chiave di una serratura || seconda mandata di una chiave || chiave di una seconda serratura **2.** falsa chiave.

controchìglia (pl. *-glie*) [comp. di *contro-* e *chiglia*; 1865] **sf.** *T.mar.* elemento longitudinale di rinforzo posto sotto la chiglia di uno scafo || **N.** *Sin.* falsachiglia, sottochiglia.

controcopèrta [comp. di *contro-* e *coperta*; 1937] **sf.** *T.mar.* ponte completo disposto al di sopra del ponte di bordo libero.

controcopertina [comp. di *contro-* e *copertina*] **sf.** *T.tip.* quarta di copertina.

controcorrènte [comp. di *contro-* e *corrente*; a. 1730 *contracorrente*] **I sf.** corrente che procede in direzione opposta a un'altra **II avv.** in direzione opposta a quella della corrente: *nuotare controcorrente*; *fig.* in opposizione alle usanze e alle opinioni comuni: *andare controcorrente* **III agg.** *inv.* (sempre posposto): *un flusso, una proposta controcorrente.*

controcultùra [comp. di *contro-* e *cultura*; 1971] **sf.** insieme di valori culturali, sostenuti da gruppi e movimenti di contestazione, in opposizione ai valori tradizionali e conformisti || **N.** *Sin.* cultura alternativa.

controdàdo [comp. di *contro-* e *dado*; 1941] **sm.** *T.mecc.* dado serrato accanto a un altro per impedirne l'allentamento. **TAV. *utensili* p. 1340** 14.5.

controdàta o **contraddàta** [comp. di *contro-* e *data*; 1865] **sf.** **1.** data posta in una lettera per correggerne una precedente **2.** data di arrivo e registrazione di lettere, pacchi e sim. || **N.** antidata, DATA.

controdatàre o **contraddatàre** (pres. *-àto*) [comp. di *contro-* e *datare*; 1956] **tr.** apporre una controdata || **N.** antidatare.

controdecréto [comp. di *contro-* e *decreto*; 1865] **sm.** decreto che modifica o annulla uno precedente.

controdichiarazióne [comp. di *contro-* e *dichiarazione*; 1887] **sf.** **1.** *T.giur.* dichiarazione che modifica o annulla una precedente **2.** *T.gioc.* nel bridge, dichiarazione che si oppone a quella dell'avversario.

controdòte o **contraddòte** [comp. di *contro-* e *dote*; a. 1565 *contradote*] **sf.** dote che un tempo lo sposo dava alla sposa, proporzionata alla dote che questa aveva recato.

controdrìtto [comp. di *contro-* e *dritto*; 1937] **sm.** *T.mar.* nelle navi in legno, ciascuno dei rinforzi del dritto di poppa.

controèlica [comp. di *contro-* e *elica*; 1937] **sf.** **1.** *T.mar.* ciascuna delle pinne disposte a proravia o a poppavia di un'elica per migliorarne il rendimento **2.** dispositivo che si applica alle eliche dei ventilatori di una galleria del vento per rendere laminare il moto delle correnti d'aria generate.

controfagòtto [comp. di *contro-* e *fagotto*; a. 1835] **sm.** *T.mus.* strumento musicale a fiato del gruppo dei legni, ad ancia doppia e canna conica, la cui tonalità è inferiore di un'ottava a quella del fagotto. **TAV. *musica* p. 1324** 2.15.

controfàscia (pl. *-sce*) [comp. di *contro-* e *fascia*; 1865 nel senso 2] **sf.** **1.** seconda fascia messa per rafforzare la prima **2.** negli strumenti ad arco, ciascuna delle strisce di legno poste all'interno della cassa come rinforzo alle fasce laterali e per assicurare una perfetta coesione tra fondo e coperchio.

controfasciàme [comp. di *contro-* e *fasciame*; 1889] **sm.** *T.mar.* insieme delle tavole disposte al di fuori del fasciame esterno di uno scafo per migliorarne il galleggiamento.

controfattuale [dall'ingl. *counterfactual*; 1968] **agg.** *T.fil.* *situazione controfattuale*, di cui si suppone che non si verifichi o che non si sia verificata; *condizionale controfattuale*, con l'antecedente al congiuntivo; es. "Se Hitler non fosse vissuto, il mondo sarebbe stato migliore".

controffensiva [comp. di *contro-* e *offensiva*; 1918] **sf.** *T.mil.* azione bellica eseguita in risposta a un'offensiva del nemico, non appena le condizioni strategiche consentono ai difensori di riprendere l'iniziativa || *fig.* energica reazione a un attacco polemico || **N.** *Sin.* contrattacco; replica.

controffensìvo [da *controffensiva*; 1956] **agg.** che si riferisce a controffensiva, di contrattacco: *assalti controffensivi.*

controffèrta [comp. di *contro-* e *offerta*; 1983] **sf.** in una trattativa commerciale, offerta fatta in risposta a una precedente richiesta: *controfferta insufficiente.*

controffrìre (pres. *contròffro* ecc., come OFFRIRE) [comp. di *contro-* e *offrire*; 1985] **tr.** in una trattativa commerciale, rispondere con una propria offerta a una richiesta fatta da altri.

controfigùra [comp. di *contro-* e *figura*; 1942] **sf.** *T.cin.* persona fisicamente somigliante a un attore che lo sostituisce durante la ripresa di scene pericolose o di scene in cui sia richiesta un'abilità specifica che l'attore non possiede || *per estens.* persona che somiglia a qualcuno o ne esercita la funzione in modo insoddisfacente: *essere la controfigura di qualcuno* || **N.** *Sin.* cascatore, *stuntman.*

controfilàre [comp. di *contro-* e *filare*²; 1956] **sm.** *T.agr.* filare di piante di minore durata e dimensioni inserito tra i filari maggiori nelle colture arboree consociate.

controfilétto [comp. di *contro-* e *filetto*; 1941] **sm.** **1.** *T.mac.* pregiato taglio di carne bovina, posto tra il filetto e il girello **2.** in araldica e in tipografia, filetto disposto in posizione alternata rispetto ad altri filetti paralleli. **TAV.** *alimentazione* 3.3.

controfilo [comp. di *contro-* e *filo*; 1956] **sm.** disposizione trasversale delle fibre del legno rispetto alla direzione del taglio.

controfinèstra [comp. di *contro-* e *finestra*, sul modello del fr. *contre-fenêtre*; 1875] **sf.** seconda intelaiatura a vetri posta di solito dalla parte esterna per meglio proteggere dal freddo o dai rumori || **N.** doppi vetri.

controfiòcco (pl. *-chi*) [comp. di *contro-* e *fiocco*; 1865] **sm.** *T.mar.* nelle navi a vela, la più alta e la più piccola delle vele prodiere. **TAV. *vela* p. 1343** 6.20.

controfìrma [comp. di *contro-* e *firma*; 1941] **sf.** seconda firma apposta a un documento, per controllo o per convalida della prima, dalla stessa persona o da persona diversa.

controfirmàre [comp. di *contro-* e *firmare*; 1797] **tr.** apporre la controfirma a un documento.

controfòdera [comp. di *contro-* e *fodera*; a. 1712 *contraffodera*] **sf.** seconda fodera o tela grezza posta tra il tessuto e la fodera interna per aumentare la resistenza e la consistenza della stoffa, soprattutto nei risvolti e nelle tasche.

controfóndo (meno com. *contraffóndo*) [comp. di *contro-* e *fondo*; 1865] **sm.** secondo fondo in un recipiente, in una valigia e sim. fatto per aumentarne la resistenza o per creare uno spazio tra i due fondi utilizzabile come nascondiglio || **N.** *Sin.* doppiofondo.

controfòsso o **contraffòsso** [comp. di *contro-* e *fosso*; a. 1574 *contraffossi*] **sm.** secondo e più profondo fosso scavato attorno a una fortezza per maggior difesa.

controfùga [comp. di *contro-* e *fuga*; 1865] **sf.** *T.mus.* fuga in cui il soggetto e la sua risposta si seguono per moto opposto.

controgambétto [comp. di *contro-* e *gambetto*; 1954] **sm.** *T.gioc.* negli scacchi, il gambetto effettuato dal Nero.

controgènio v. CONTRAGGENIO.

controgirèllo [comp. di *contro-* e *girello*; 1956] **sm.** *T.mac.* taglio pregiato di carne bovina posto accanto al girello nella parte superiore della coscia. **TAV.** *alimentazione* 4.7.

controgrìffa [comp. di *contro-* e *griffa*; 1956] **sf.** *T.cin.* nella cinepresa, dispositivo che blocca la pellicola durante il tempo di esposizione.

controguàrdia o **contragguàrdia** [dal fr. *contre-garde*; a. 1755] ***sf.*** nelle fortificazioni, opera di difesa posta davanti alla cinta di una fortezza.

controguerrìglia (pl. *-glie*) [comp. di *contro-* e *guerriglia*; 1970] ***sf.*** azioni o campagne militari dirette a reprimere la guerriglia.

controinchièsta [comp. di *contro-* e *inchiesta*; 1983] ***sf.*** inchiesta non ufficiale, condotta parallelamente a una ufficiale, della quale si intendono contestare impostazione, metodi o risultati.

controindicàre o **contrindicàre** (pres. *-ìndico, -ìndichi*) [comp. di *contro-* e *indicare*; 1925] ***tr.*** **1.** segnalare come non opportuno, dannoso, part. riferito a farmaci, terapie e sim. **2.** indicare di contro, in margine a una pagina, a uno scritto **3.** indicare in modo opposto a quanto indicato in precedenza || **N. 1.** *Sin.* sconsigliare.

controindicàto o **contrindicàto** (*pps.* di *controindicare*) [1908] ***agg.*** **1.** di farmaco, che presenta controindicazioni **2.** di persona, che non è adatta a fare qualcosa || **N. 1.** *Sin.* sconsigliato.

controindicazióne o **contrindicazióne** [comp. di *contro-* e *indicazione*; 1876] ***sf.*** **1.** segnalazione della pericolosità di un farmaco o di una terapia in presenza di determinate condizioni || gli elementi di pericolosità stessi: *un farmaco che non presenta controindicazioni* **2.** indicazione contraria a un'altra data in precedenza **3.** nota in margine a uno scritto.

controinformazióne [comp. di *contro-* e *informazione*; 1970] ***sf.*** informazione condotta da organi o gruppi alternativi in contrapposizione all'informazione data dagli organi di stampa tradizionali, dalla radiotelevisione, dagli organi di governo, ritenute fonti unilaterali e faziose.

controllàre (pres. *-óllo*) [dal fr. *contrôler*; 1812] ***tr.*** **1.** verificare l'esattezza o l'adeguatezza, la regolarità di qualcosa: *controllare il funzionamento di un motore, l'orario di partenza dei treni, un documento* **2.** sottoporre a sorveglianza: *controllare i detenuti* || *T.sport. controllare un giocatore*, marcarlo; *controllare la palla*, mantenerne il possesso **3.** avere sotto il proprio dominio: *controllare la situazione, il mercato del platino* || riferito a veicoli, essere in grado di manovrarli || *fig. controllare i propri nervi*, sapersi dominare || ***rifl.*** dominarsi: *nonostante l'età non ha ancora imparato a controllarsi.*

controllàto (*pps.* di *controllare*) [1909 nel senso 2] ***agg.*** **1.** che si svolge secondo regole stabilite: *uno sviluppo controllato* **2.** sottoposto a controllo: *società controllata*, subordinata alle direttive di un'altra società; *T.giur. amministrazione controllata*, gestione temporanea di un'azienda in difficoltà finanziarie da parte di un commissario giudiziario **3.** *fig.* di persona, che si sa controllare, che sa dominare i propri impulsi; misurato.

controller (ingl., pr. [kɒn'troulə]) [letter. che controlla; 1965 nel senso 2] ***sm. inv.*** **1.** *T.elettrot.* dispositivo elettromeccanico per commutare i circuiti nei motori per la trazione tranviaria o ferroviaria **2.** *T.econ.* chi controlla la gestione economica di un'azienda o di un'impresa.

contròllo [dal fr. *contrôle*, dall'ant. *contrerôle*, contro-registro, poi registro tenuto in doppia copia; 1812 nel senso 1; 1921 nel senso 3] ***sm.*** **1.** atto ed effetto del controllare: *il controllo dei biglietti, dei bagagli* **2.** vigilanza: *le operazioni di voto avvenivano sotto il controllo di osservatori internazionali* || *controllo ambientale*, serie di verifiche periodiche volte ad accertare eventuali danni all'ambiente causati dall'inquinamento || *controllo sociale*, insieme di norme e di strumenti coercitivi che una data società utilizza per scoraggiare e punire i comportamenti considerati devianti **3.** dominio, padronanza: *aveva in ogni momento il controllo della situazione* **4.** attività che un organo dello stato o un ente svolge secondo particolari normative al fine di disciplinare un determinato settore o attività: *controllo dei prezzi* || controllo analogo esercitato in aziende private da appositi uffici o persone: *controllo della produzione* || *controllo degli armamenti*, controllo esercitato da una o più potenze sulla quantità e qualità degli armamenti per evitare la corsa agli armamenti || *controllo delle nascite*, tentativo di regolamentazione delle nascite gen. tendente a una diminuzione della procreazione **5.** *T.tecn.* dispositivo utilizzato per comandare o regolare il funzionamento di un apparecchio: *controllo di sintonia, di volume* || *T.inform. struttura di controllo*, funzione che connette un certo numero di sottoprogrammi in modo da stabilire l'ordine in cui vanno eseguiti **6.** la persona incaricata di svolgere un controllo: *alle undici passa il controllo.* **Q.T.** *informatica.*

controllóre [dal fr. *contrôleur*, 1771] ***sm.*** (f. ant. o scherz. *-a*) chi svolge funzioni di controllo; *in part.* su treni e mezzi pubblici, impiegato incaricato del controllo dei biglietti || *controllore di volo*, funzionario incaricato di programmare il traffico aereo in una determinata zona e di fornire la necessaria assistenza ai velivoli durante il decollo o l'atterraggio || **N.** *Sin.* bigliettaio.

controlùce [comp. di *contro-* e *luce*; 1865] **I** ***sm. inv.*** *T.fot.*, *T.cin.* e *T.pitt.* tecnica di ripresa di un soggetto illuminato da dietro in modo che la sagoma si stagli su uno sfondo luminoso || ***sf.*** luce che, per contrasto, diminuisce o impedisce l'effetto di un'altra **II** ***avv.*** in posizione intermedia tra la fonte luminosa e chi guarda: *mettersi, essere controluce* || *loc. avv. in controluce*, in trasparenza.

controlùme [comp. di *contro-* e *lume*; a. 1519] **I** ***sm.*** controluce, spec. in riferimento a una fonte di luce artificiale **II** ***avv.*** controluce.

contromàno [comp. di *contro-* e *mano*; 1950] ***avv.*** in direzione opposta a quella stabilita per il normale traffico stradale: *spesso i ciclisti procedono contromano.*

contromanòvra [comp. di *contro-* e *manovra*; 1965] ***sf.*** *T.mil.* manovra che tende a sventare un'azione del nemico || *fig.* azione di risposta a un atto ostile.

contromàrca [comp. di *contro-* e *marca*, sul modello del fr. *contremarque*; 1853] ***sf.*** biglietto, gettone utilizzato come contrassegno, part. quello che si dà agli spettatori che si allontanano dal teatro durante uno spettacolo, perché possano rientrare || gettone per ritirare gli abiti lasciati in guardaroba.

contromàrcia (pl. *-ce*) [comp. di *contro-* e *marcia*; a. 1680 *contrammarcia*] **I** ***sf.*** **1.** inversione di marcia di uomini o veicoli incolonnati || *T.mar.* inversione di marcia di un convoglio di navi che, conservando l'ordine reciproco, virano di bordo **2.** *non com.* retromarcia **II** ***agg.*** (sempre posposto) detto delle parti di un veicolo orientate in senso contrario a quello di marcia: *un sedile contromarcia.*

contromezzàna [comp. di *contro-* e *mezzana*; 1561 *contramezzana*] ***sf.*** *T.mar.* nei velieri a tre alberi, la vela più bassa dell'albero di mezzana.

contromìna [comp. di *contro-* e *mina*; a. 1561 *contramina*] ***sf.*** *T.mil.* nel passato, mina preparata dai difensori allo scopo di ostacolare l'azione di mina degli assedianti di una piazzaforte || *fig.* mezzo con cui si tenta di vanificare un piano avversario.

controminàre (pres. *-ino*) [da *contromina*; 1540] ***tr.*** svolgere un lavoro di contromina || *fig.* prevenire, ostacolare un progetto d'altri.

contromisùra [comp. di *contro-* e *misura*; 1983] ***sf.*** azione effettuata per fronteggiare o prevenire una situazione di pericolo o di svantaggio: *adottare una contromisura difensiva.*

contromòssa [comp. di *contro-* e *mossa*; 1956] ***sf.*** *T.gioc.* negli scacchi, mossa effettuata per contrastare una mossa dell'avversario || *giocare di contromossa*, con il nero.

contromùro [dal fr. *contremur*; a. 1798] ***sm.*** **1.** muro costruito contro un altro come rinforzo **2.** in un forno, secondo muro, più sottile del primo, che impedisce la dispersione del calore.

contronaturàle [dallo sp. *contronatural*; a. 1565] ***agg.*** contrario alle leggi naturali || **N.** *Sin.* innaturale.

contronòta [comp. di *contro-* e *nota*; 1865] ***sf.*** nota che modifica o annulla il contenuto di una precedente.

contronotàre (pres. *-òto*) [da *contronota*; 1956] ***tr.*** porre una nota in margine a uno scritto.

contropàgina [comp. di *contro-* e *pagina*; 1956] ***sf.*** il rovescio di una pagina || **N.** *Sin.* verso².

contropàlo [comp. di *contro-* e *palo*; 1956] ***sm.*** palo usato per puntellare un altro palo di una linea elettrica, telegrafica o telefonica.

contropappafico (pl. *-chi*) [comp. di *contro-* e *pappafico*; 1869] ***sm.*** *T.mar.* vela e pennone di controvelaccino.

contropàrte [comp. di *contro-* e *parte*; 1802] ***sf.*** **1.** *T.giur.* in un giudizio, la parte avversaria || *per estens.* nel linguaggio sindacale e politico, la parte avversa **2.** *T.teatr.* parte che uno o più attori recitano in silenzio durante l'azione di altri interpreti, gen. con funzione di commento, controscena.

contropartita [comp. di *contro-* e *partita*; 1932] ***sf.*** **1.** nella contabilità a partita doppia, partita segnata nel libro a riscontro di un'altra **2.** contraente con cui si tratta un affare commerciale **3.** operazione commerciale eseguita per controbilanciarne un'altra e compensare eventuali rischi **4.** *fig.* ciò che si dà o si chiede in cambio di qualcosa || **N. 4.** *Sin.* compenso, contraccambio.

contropedàle [comp. di *contro-* e *pedale*; 1942] ***sm.*** tipo di freno a espansione, utilizzato talvolta nelle biciclette, che si aziona facendo forza in senso inverso sui pedali.

contropélo (meno com. *contrappélo*) [comp. di *contro-* e *pelo*; 1585 *contrapelo* come sm.] **I** ***avv.*** in senso contrario a quello del pelo: *spazzolare il cane contropelo* || *fig. prendere qualcuno di contropelo*, irritarlo **II** ***sm.*** il verso contrario a quello del pelo: *fare il pelo e il contropelo*, radere prima nel senso del pelo e poi nell'altro, e *fig.* parlare male di qualcuno; anche, conciarlo per le feste.

contropendènza [comp. di *contro-* e *pendenza*; 1887] ***sf.*** pendenza di senso contrario a quella normale di strade, tetti e sim. || pendenza di un fondovalle che ha lo sbocco verso la montagna, anziché verso la pianura || pendenza di una curva verso l'esterno invece che verso l'interno: *curva in contropendenza.*

controperìzia [comp. di *contro-* e *perizia*; 1983] ***sf.*** *T.giur.* perizia che confuta quella della parte avversa.

contropèzza [comp. di *contro-* e *pezza*; 1937] ***sf.*** *T.mar.* elemento che collega due lamiere contigue mediante sovrapposizione e saldatura o inchiodatura.

contropiède [comp. di *contro-* e *piede*; 1942] ***sm.*** *T.sport.* nei giochi di squadra, rapida azione di contrattacco effettuata quando la squadra avversaria si trova sguarnita in difesa || *fig. prendere, cogliere qualcuno in contropiede*, alla sprovvista || nel tennis, piazzare la palla nell'angolo da cui l'avversario si sta allontanando.

contropièga [comp. di *contro-* e *piega*; 1865] ***sf.*** piega fatta nel verso contrario a quello di un'altra.

controplància (pl. *-ce*) [comp. di *contro-* e *plancia*; 1937] **sf.** *T.mar.* struttura posta sopra il ponte di comando utilizzata da vedette, segnalatori o sulla quale vengono posti strumenti per la navigazione (antenne radar e sim.).

contropòrta (meno com. *contrappòrta*) [comp. di *contro-* e *porta*; a. 1699 *contrapporta*] **sf.** seconda porta che viene posta per maggiore sicurezza o per meglio riparare dai rumori o dagli agenti atmosferici ‖ **N.** coltrone.

contropotére [comp. di *contro-* e *potere*; 1963] **sm.** ogni forma di potere costituitosi per contrastare quello dominante, spec. in ambito politico, economico e sociale: *il contropotere dei sindacati.*

contropreparazióne [comp. di *contro-* e *preparazione*; 1956] **sf.** *T.mil.* attività di reparti militari tendente a ostacolare i preparativi di attacco del nemico.

controprestazióne [comp. di *contro-* e *prestazione*; 1965] **sf.** *T.giur.* il corrispettivo, in denaro o altro, di una prestazione.

controproducènte [dallo sp. *contraproducente*; 1939] **agg.** che ottiene un effetto contrario a quello desiderato: *parole controproducenti* ‖ **N.** *Sin.* dannoso, nocivo, pregiudizievole.

controprogètto [comp. di *contro-* e *progetto*; 1940] **sm.** progetto fatto in opposizione o a rettifica di uno presentato in precedenza.

contropropósta [comp. di *contro-* e *proposta*; 1865] **sf.** proposta fatta in opposizione o a rettifica di una presentata in precedenza.

contropròva [comp. di *contro-* e *prova*, sul modello del fr. *contre-épreuve*; 1758 *contrapprova*] **sf.** **1.** seconda prova effettuata per verificare l'esattezza di una prova precedente **2.** votazione eseguita a riscontro di una precedente e in cui possono essere parzialmente modificati i criteri di svolgimento.

controprovàre [da *controprova*; 1964] **tr.** *non com.* verificare per mezzo di una controprova.

contropùnta [comp. di *contro-* e *punta*; 1956] **sf.** nelle macchine utensili, punta che sostiene e mantiene in asse il pezzo dalla parte opposta del mandrino. **TAV.** *macchine utensili* 5.4.

controquerèla [comp. di *contro-* e *querela*; 1748 *contraqquerela*] **sf.** *T.giur.* querela sporta dal querelato contro il querelante.

controquerelàre (pres. *-èlo*) [comp. di *contro-* e *querelare*; 1956] **tr.** *T.giur.* sporgere querela contro il querelante.

contróra [comp. di *contro-* e *ora*; 1890] **sf.** *merid.* periodo del primo pomeriggio che nelle giornate estive è destinato al riposo ‖ **N.** siesta.

controrànda [comp. di *contro-* e *randa*; 1865] **sf.** *T.mar.* piccola vela di taglio posta sopra la randa. **TAV.** ***vela*** **p. 1343** 5.4, 6.2.

contrordinàre (pres. *-órdino*) [da *contrordine*; 1865] **tr.** impartire un contrordine.

contrórdine [comp. di *contro-* e *ordine*, sul modello del fr. *contrordre*; 1771] **sm.** ordine dato per annullare o modificare un ordine dato in precedenza.

controrelatóre [comp. di *contro-* e *relatore*; 1970] **sm.** (f. *-trìce*) durante la discussione di una tesi di laurea, docente che muove obiezioni al lavoro del candidato ‖ **N.** *Sin.* correlatore.

controrelazióne [comp. di *contro-* e *relazione*; 1956] **sf.** relazione che si oppone a un'altra; *in part.* relazione redatta dalla minoranza di una commissione che presenta argomentazioni e conclusioni diverse da quelle della relazione di maggioranza.

controrèplica [comp. di *contro-* e *replica*; 1803] **sf.** risposta alla replica di un avversario.

controreplicàre (pres. *-èplico*) [comp. di *contro-* e *replicare*; 1956] **tr.** rispondere a una replica; ribattere.

controricórso [comp. di *contro-* e *ricorso*; 1950] **sm.** *T.giur.* ricorso presentato in opposizione a quello della parte avversaria.

controrifórma [comp. di *contro-* e *riforma*, sul modello del ted. *Gegenreformation*; 1903] **sf.** **1.** *T.stor.* movimento di riforma della dottrina religiosa e della disciplina ecclesiastica posto in atto dalla Chiesa Cattolica Romana tra il XVI e il XVII secolo in opposizione alla riforma protestante ‖ *per estens.* il periodo storico caratterizzato da tale movimento **2.** *per estens.* tendenza politica o culturale che si oppone a ogni rinnovamento.

controriformìsta [da *controriforma*; 1941] **s.** chi si oppone a una riforma ‖ *in part.* *T.stor.* sostenitore, seguace della controriforma.

controriformìstico (pl. *-ci*) [da *controriforma*; 1970] **agg.** che si riferisce alla controriforma ‖ *in part.* *fig.* arretrato e conservatore.

controrìpa o **controrìva** [comp. di *contro-* e *ripa* o *riva*; 1790 *controriva*] **sf.** **1.** riva posta di fronte a un'altra **2.** *T.edil.* *muro di controripa* (o *di controriva*), muro eretto per evitare lo scoscendimento di scarpate.

controrispósta [comp. di *contro-* e *risposta*; a. 1642] **sf.** risposta che viene data a una risposta precedente ‖ confutazione di una risposta.

controrivoluzionàrio (pl. *-ri*) [comp. di *contro-* e *rivoluzionario*; 1793] **I agg.** proprio di una controrivoluzione, relativo a una controrivoluzione: *movimento controrivoluzionario* **II sm.** (f. *-a*) fautore o sostenitore di una controrivoluzione; partecipante a un movimento controrivoluzionario.

controrivoluzióne [comp. di *contro-* e *rivoluzione*; 1790] **sf.** movimento di reazione tendente ad annullare gli effetti di una rivoluzione ‖ **N.** *Sin.* reazione.

controrotàia [comp. di *contro-* e *rotaia*, sul modello del fr. *contre-rail*; 1925] **sf.** rotaia di rinforzo posta per guidare all'interno del binario il bordino delle ruote negli scambi, nei passaggi a livello o nelle curve strette. **TAV.** ***ferrovie...*** **p. 669** 5.21.

controruòta [comp. di *contro-* e *ruota*; 1865] **sf.** *T.mar.* nelle navi in legno, pezzo di rinforzo alla ruota di prora.

controscàrpa [comp. di *contro-* e *scarpa*; 1572] **sf.** muro di sostegno per terrapieni e, nelle antiche fortezze, elemento di rinforzo della proda esterna del fossato.

controscèna [comp. di *contro-* e *scena*; a. 1685 *contrascena*] **sf.** *T.teatr.* azione recitata in silenzio da uno o più attori gen. con funzione di commento dell'azione principale ‖ **N.** *Sin.* controparte.

controscòtta (meno com. *contrascòtta*) [comp. di *contro-* e *scotta*; 1607 *contrascotta*] **sf.** *T.mar.* ciascuno dei due imbrogli di una vela quadra, che, portando le due bugne al centro o alle estremità del pennone, permettono di sottrarla all'azione del vento.

controscrìtto [comp. di *contro-* e *scritto*; 1865] **sm.** *T.giur.* copia di una scrittura legale che le parti tengono per eventuale riscontro.

controsènso [comp. di *contro-* e *senso*, sul modello del fr. *contresens*; 1785] **sm.** **1.** affermazione, idea o azione che vada contro il senso comune o contenga al suo interno una contraddizione **2.** interpretazione che falsi il contenuto di un testo o sia in contraddizione con esso ‖ **N.** **1.** *Sin.* assurdità, incongruenza.

controsoffittàre [comp. di *contro-* e *soffittare*; 1987] **tr.** *T.edil.* dotare di controsoffitto: *controsoffittare un sottotetto per renderlo abitabile.*

controsoffittatùra [da *controsoffitto*; 1984] **sf.** *T.edil.* **1.** il complesso dei lavori per la posa di un controsoffitto **2.** controsoffitto.

controsoffìtto [comp. di *contro-* e *soffitto*; 1970] **sf.** *T.edil.* struttura leggera che nasconde e sostituisce il soffitto al quale è appesa; serve ad abbellire o isolare dal punto di vista termoacustico l'ambiente.

controsoggètto o **contrassoggètto** [comp. di *contro-* e *soggetto*; 1774] **sm.** *T.mus.* motivo che fa da contrappunto a un soggetto musicale, potendolo accompagnare tanto all'ottava superiore che a quella inferiore.

controspàlla [comp. di *contro-* e *spalla*; 1956] **sf.** *T.arch.* e *T.edil.* elemento a forma di sperone, che permette di ridurre lo spessore della spalla dei ponti, con o senza l'impiego della voltina di collegamento; la sua funzione statica è analoga a quella dei contrafforti nei muri di sostegno.

controspallièra [comp. di *contro-* e *spalliera*; a. 1811] **sf.** spalliera che fa riscontro a un'altra ‖ *in part.* in frutticoltura, spalliera che corre lungo i lati di un'aiuola.

controspallìna [comp. di *contro-* e *spallina*; 1941] **sf.** *T.mil.* ciascuna delle liste di panno sovrapposte alla giubba e al soprabito, su cui i militari portano i gradi.

controspìnta [comp. di *contro-* e *spinta*; 1970] **sf.** spinta che si oppone ad un'altra; *in part.* *T.arch.* reazione che un elemento architettonico esercita in opposizione alla spinta di un altro elemento.

controspionàggio (pl. *-gi*) [comp. di *contro-* e *spionaggio*, sul modello del fr. *contre-espionnage*; 1918] **sm.** servizio segreto per mezzo del quale uno stato si oppone all'attività spionistica di altri stati sul proprio territorio.

contròssido [comp. di *contro-* e *ossido*; 1956] **sm.** strato di materiale antiossidante che nella smaltatura dei metalli si pone tra la superficie del metallo e lo strato di smalto.

controstallìa [comp. di *contro-* e *stallia*; 1881] **sf.** periodo di tempo che il comandante di un mercantile deve concedere al noleggiatore che non abbia terminato le operazioni di sbarco o imbarco al termine della stallia ‖ indennizzo cui ha diritto l'armatore per il protrarsi di tali operazioni oltre i termini di contratto.

controstàmpa o **contrastàmpa** [comp. di *contro-* e *stampa*; 1771 *contrastampa*] **sf.** *T.tip.* impronta che un foglio fresco di stampa lascia su un foglio posto a contatto con esso.

controstampàre [da *controstampa*; a. 1712] **tr.** fare una controstampa, lasciare una controstampa.

controstampàto [da *controstampa*; 1835] **agg.** *T.tip.* di libro, con fogli stampati di fresco che lasciano i segni della stampa nelle pagine che sono a contatto.

controstàmpo [comp. di *contro-* e *stampo*; 1934] **sm.** *T.tecn.* nella lavorazione industriale di stampaggio a freddo di materiali metallici, plastici ecc., matrice metallica montata sulla mazza battente del maglio o della pressa, e collegata, mediante colonnette di guida, a una matrice analoga (detta *stampo*) fissata sull'incudine. **TAV.** ***utensili*** **p. 1341** 32.2.

controsterzàre (pres. *-èrzo*) [comp. di *contro-* e *sterzare*[2]; 1983] **intr.** (aus. *avere*) manovrare lo sterzo di un autoveicolo per orientare le ruote anteriori verso l'esterno della curva.

controsterzàta [comp. di *contro-* e *sterzata*; 1983] **sf.** atto ed effetto del controsterzare.

controstèrzo [comp. di *contro-* e *sterzo*; 1983] **sm.** controsterzata.

controstìmolo [comp. di *contro-* e *stimolo*; 1835] **sm.** stimolo contrario a un altro stimolo e di effetto opposto.

controstòmaco (pl. *-chi* o *-ci*) [comp. di *contro-* e *stomaco*; a. 1698 come avv.] **I sm.** ripugnanza dello stomaco a ricevere del cibo, anche *fig.* **II avv.** *mangiare, bere controstoma-*

co, con ripugnanza; *fig.* di malavoglia: *lavorare controstomaco* || **N.** I *Sin.* voltastomaco.

controtagliàto [comp. di *contro-* e *tagliato*; 1889] **agg.** di panno o stoffa, tagliato e traforato secondo un determinato disegno.

controtàglio (pl. *-gli*) [comp. di *contro-* e *taglio*; a. 1798] **sm.** **1.** taglio che ne attraversa un altro **2.** nelle lame delle sciabole, il bordo opposto a quello del taglio **3.** *T.sport.* nelle gare di sciabola, colpo valido dato con il dorso del primo terzo di lama.

controtèmpo [comp. di *contro-* e *tempo*; 1940 nel senso 2] **sm.** **1.** *T.mus.* contrasto ritmico ottenuto accentando i tempi deboli di una linea melodica || *essere, andare controtempo*, creando, nel suonare o nel ballare, un contrasto ritmico con il tempo della musica **2.** *T.sport.* nella scherma, azione eseguita per costringere l'avversario a non uscire in tempo || nel tennis, il lanciare la palla nella parte di campo che l'avversario sta lasciando || nell'ippica, prova di trotto in cui un cavallo tenta di battere il record di una pista.

controtenóre [dall'ingl. *countertenor*; 1983] **sm.** *T.mus.* **1.** tenore dotato di estensione nel registro acuto che va oltre la normale tessitura **2.** *per estens. com.* contraltista.

controtimóne [comp. di *contro-* e *timone*; 1937] **sm.** *T.mar.* pinna fissa posta a prora del timone con funzione di rinforzo.

controtipo [comp. di *contro-* e *tipo*; 1942] **sm.** *T.fot.* negativo ottenuto da una copia positiva; *T.cin.* procedimento utilizzato per ottenere nuove copie per la proiezione di film di cui non è disponibile il negativo originale.

controtorpedinièra [comp. di *contro-* e *torpediniera*; 1940] **sf.** *disus.* cacciatorpediniera.

controtrànsfert [comp. di *contro-* e *transfert*; 1968] **sm.** *inv.* *T.psican.* processo analogo e speculare a quello del transfert, per cui l'analista è influenzato dal paziente nei sentimenti inconsci.

controvallazióne o **contravvallazióne** [dal fr. *contrevallation*; a. 1800] **sf.** *T.mil.* fortificazione continua costruita dall'assediante per difendersi da eventuali attacchi dell'esercito assediato.

controvalóre [comp. di *contro-* e *valore*, sul modello del fr. *contre-valeur*; 1925] **sm.** valore corrispondente; equivalenza di una somma di denaro in moneta di un altro paese: *il controvalore in lire di dieci franchi svizzeri.*

controvapóre [comp. di *contro-* e *vapore*; 1905] **sm.** nelle motrici a vapore, utilizzo della forza prodotta dal vapore per esercitare un'azione frenante || *fig. disus. dare il controvapore a un'azione*, fermarsi, pentirsene.

controvariànte [comp. di *contro-* e *variante*; 1929] **agg.** e **sm.** *T.mat.* detto di ente che varia con legge di controvarianza || **N.** covariante.

controvariànza [comp. di *contro-* e *varianza*; 1973] **sf.** *T.mat.* *legge di controvarianza*, quella secondo cui si trasformano i differenziali delle coordinate di uno spazio a *n* dimensioni, in un cambiamento di coordinate || **N.** covarianza.

controvelaccino [comp. di *contro-* e *velaccino*; 1937] **sm.** *T.mar.* nei velieri a vele quadre, la più alta e più piccola vela dell'albero di trinchetto e il pennone su cui è inferita. **TAV. vela p. 1343** 6.14.

controvelàccio (pl. *-ci*) [comp. di *contro-* e *velaccio*; 1865] **sm.** *T.mar.* nei velieri a vele quadre, la più alta e più piccola vela dell'albero di maestra e il relativo pennone.

controventàre (pres. *-ènto*) [da *controvento*; 1956] **tr.** rinforzare con membrature e cavi di controvento.

controvènto o **contravvènto** [comp. di *contro-* e *vento*; 1830 *controvento*] **I sm.** **1.** elemento di rinforzo di una costruzione contro le forze ad azione orizzontale || nei velieri, cavo di rinforzo di alberi e bompressi || nelle costruzioni aeronautiche, elemento di irrigidimento di ali e impennaggi **2.** fiammifero, impregnato di particolari resine, che si può accendere anche in presenza di vento **II avv.** in senso contrario a quello in cui spira il vento: *veleggiare, volare controvento.* **TAV. edilizia p. 666** 1.4.

controvèrsia [dal lat. *controversia*; 1300 ca.] **sf.** **1.** disputa, lite causata da una differenza di opinioni; dibattito **2.** *T.giur.* l'argomento oggetto di disputa giudiziale **3.** *T.ret.* disputa che riprendeva a scopo di esercitazione gli elementi di una causa già svolta, oppure discuteva argomenti complessi e talvolta inverosimili || **N.** **2.** *Sin.* causa, lite.

controversista [da *controversia*; a. 1667] **s.** chi esamina controversie, part. giuridiche o religiose || nel periodo della riforma protestante, autore di opere polemiche sui dogmi religiosi o predicatore che polemizzava durante le prediche.

controvèrso [dal lat. *controversus*; a. 1565] **agg.** che suscita o è oggetto di controversia || che è soggetto a diverse possibili interpretazioni; incerto || **controversaménte** **avv.** || **N.** *Sin.* discusso, opinabile | *Contr.* incontrovertibile, indiscutibile.

controvèrtere (*dif.*, usato solo al pres. e all'imp. dell'ind.; pres. *-èrto, -èrti, -èrte, -ertiàmo, -ertìte, -èrtono*; imp. *-ertivo*) [dal lat. tardo *controvertere*; a. 1647] **tr.** *non com.* mettere in dubbio, confutare || **intr.** (aus. *avere*) *T.giur.* discutere in giudizio.

controvertìbile [da *controvertere*; a. 1704] **agg.** che può essere messo in dubbio, che può essere oggetto di controversia || **N.** *Sin.* confutabile, opinabile, problematico | *Contr.* incontrovertibile.

controvertibilità [da *controvertibile*; 1835] **sf.** l'essere controvertibile || **N.** *Contr.* incontrovertibilità.

controvòglia [comp. di *contro-* e *voglia*; a. 1332 *controvvoglia*] **avv.** di mala voglia: *lavorare controvoglia* || **N.** *Sin.* a malincuore, malvolentieri, svogliatamente.

contubernàle [dal lat. *contubernālis*; a. 1292] **sm.** *T.stor.* nell'antica Roma, ciascuno dei soldati che dividevano la stessa tenda || *scherz.* commilitone; collega d'ufficio.

contubèrnio (pl. *-ni*) [dal lat. *contubernium*; a. 1292] **sm.** **1.** *T.stor.* nell'antica Roma, tenda militare in cui erano alloggiati dieci soldati || i dieci soldati che vi erano alloggiati **2.** *T.stor.* nel linguaggio giuridico romano, unione matrimoniale tra due schiavi o uno schiavo e una persona libera || *lett.* coabitazione di persone di sesso diverso, concubinaggio.

contumàce [dal lat. *contumax, -ācis*; a. 1294] **agg.** **1.** *T.giur.* di imputato che deliberatamente non si presenta in tribunale e non giustifica la propria assenza; anche *s.* **2.** *ant.* ribelle, disubbidiente || **N.** **1.** *Sin.* latitante.

contumàcia (pl. *-cie*) [dal lat. *contumācia*; a. 1292] **sf.** **1.** *T.giur.* situazione processuale in cui l'imputato o la parte citata si astiene dal comparire in giudizio senza fornire alcuna giustificazione **2.** isolamento in cui vengono tenute persone, animali o cose provenienti da una zona infetta e sospettati di recare il contagio **3.** *ant.* ribellione || **N.** **1.** *Sin.* latitanza **2.** *Sin.* quarantena.

contumaciàle [da *contumacia*; 1673] **agg.** **1.** *T.giur.* di procedimento o sentenza, che avviene in contumacia **2.** *ospedale, centro contumaciale*, in cui si raccolgono e si pongono in quarantena persone, animali o cose provenienti da zone infette.

contumèlia [dal lat. *contumelia*; a. 1342] **sf.** *lett.* espressione offensiva, insulto: *ricoprire qualcuno di contumelie* || **N.** *Sin.* epiteto, ingiuria, offesa, oltraggio, villania.

contumelióso [da *contumelia*; a. 1342] **agg.** *lett. raro* ingiurioso.

contundènte (*ppr.* di *contundere*) [1771] **agg.** nei sensi del verbo; *in part.* di oggetto capace di produrre una contusione: *corpo contundente.*

contùndere (pres. *-ùndo*; p.rem. *-ùṣi, -ésti*; pps. *-ùṣo*) [dal lat. *contundere*; sec. XIV] **tr.** *non com.* produrre una contusione || **N.** *Sin.* ammaccare, battere, lasciare il segno, pestare.

conturbaménto [da *conturbare*; a. 1698] **sm.** atto ed effetto del conturbare e del conturbarsi.

conturbànte (*ppr.* di *conturbare*) [1956] **agg.** sensuale, che suscita emozione e desiderio: *bellezza conturbante* || **N.** *Sin.* eccitante, procace.

conturbàre (pres. *-ùrbo*) [dal lat. *conturbāre*; a. 1292] **tr.** turbare profondamente, sconvolgere la quiete dell'animo || **intr. pron.** turbarsi.

conturbazióne [da *conturbare*, come il lat. mediev. *conturbātio, -ōnis*; prima metà sec. XIV] **sf.** *non com.* conturbamento.

contuṣióne [dal lat. tardo *contusio, -ōnis*; 1618] **sf.** lesione alle parti molli del corpo provocata da una caduta o da una percossa con un corpo smussato che non produce ferite superficiali || **N.** *Sin.* ammaccatura; ecchimosi, livido.

contùṣo (*pps.* di *contundere*) [a. 1698] **I agg.** nei sensi del verbo **II sm.** (f. *-a*) chi ha subito contusioni: *al termine della rissa vi erano parecchi contusi.*

contutóre [dal lat. tardo *contutor, -ōris*; 1860] **sm.** (f. *-trìce*) *raro* chi esercita la funzione di tutore assieme ad altri.

contuttoché o **con tutto che** [comp. di *con, tutto* e *che*; sec. XIII *con tutto che*] **cong.** quantunque, benché; introduce proposizioni concessive con il verbo al congiuntivo.

contuttociò o **con tutto ciò** [comp. di *con, tutto* e *ciò*; sec. XIV] **cong.** tuttavia; con valore avversativo.

conurbazióne [dall'ingl. *conurbation*; 1956] **sf.** agglomerato urbano costituito da una grande città e dai centri minori periferici assorbiti col tempo dall'espansione della città stessa || processo di concentrazione urbana.

convalescènte [dal lat. *convalescens, -entis*; a. 1636] **agg.** e **s.** che, chi dopo un periodo di malattia, pur essendo guarito, non ha ancora recuperato del tutto le forze: *è convalescente da una brutta influenza.*

convalescènza [dal lat. tardo *convalescentia*; 1613] **sf.** **1.** stato di transizione dal termine di una malattia al completo recupero dell'efficienza psico-fisica **2.** *T.giur.* situazione per cui un negozio giuridico, originariamente invalido per vizi procedurali o per scadenza dei termini, acquista validità || **N.** **1.** *Sin.* guarigione.

convalescenziàrio (pl. *-ri*) [da *convalescenza*; 1942] **sm.** casa di cura per convalescenti.

convàlida [da *convalidare*; 1941] **sf.** *T.giur.* ratifica eseguita da un organo competente; *gen.* *T.bur.* atto ed effetto del convalidare, convalidazione: *chiedere, ottenere convalida.*

convalidaménto [da *convalidare*; 1647] **sf.** convalida.

convalidàre (pres. *-àlido*) [comp. parasint. di *valido*, come il lat. mediev. *convalidāre*; a. 1540 nel senso 2] **tr.** **1.** dare, conferire validità, part. riferito a documenti e atti pubblici: *convalidare un provvedimento, una nomina* **2.** confermare, rafforzare: *convalidare un sospetto, un'ipotesi* || **N.** **1.** *Sin.* omologare, ratificare, sanzionare | *Contr.* infirmare, invalidare **2.** *Sin.* avvalorare, corroborare.

convalidazióne [da *convalidare*; a. 1556] **sf.** convalida.

convallària [dal lat. scient. *convallaria*, basato sul lat. *lilium convallium*, giglio delle convalli; 1865] **sf.** *T.bot.* mughetto.

convàlle [dal lat. *convallis*, valle, conca; a. 1342] **sf.** **1.** valle ampia e spaziosa **2.** valle che sbocca in un'altra valle.

convegnista [da *convegno*; 1942] **s.** chi partecipa a un convegno || **N.** *Sin.* congressista.

convégno [da *convenire*; a. 1250 *convegna* nel senso 3; a. 1764 *convegno* nel senso 1] **sm.** **1.** incontro, precedentemente stabilito, di più persone in un luogo: *partecipare, intervenire a un convegno*; *dare convegno a qualcuno*, fissargli un appuntamento; *darsi convegno*, stabilire un appuntamento || *lett. convegno amoroso*, incontro tra innamorati || *per estens.* riunione appositamente stabilita tra studiosi, artisti, scienziati e sim. per discutere problemi relativi alla propria disciplina **2.** *non com.* luogo di riunione e di incontro: *quel bar è stato per anni convegno di estremisti* **3.** *ant.* intesa || **N.** **1.** *Sin.* abboccamento, appuntamento, riunione; colloquio, congresso, giornata di studio, seminario, simposio **2.** *Sin.* ritrovo; covo.

convèllere (pres. *-èllo*; pps. *-ùlso*) [dal lat. *convellĕre*; a. 1698] **tr.** *ant.* contorcere, anche *fig.* || **intr. pron.** contorcersi.

convenévole [da *convenire*; 1294] **I agg.** **1.** *lett.* conveniente; giusto, opportuno **2.** *T.arald. convenevoli partizioni*, partizioni dello scudo ottenute moltiplicando le pezze onorevoli || **convenevolménte** **avv.** **II sm.** part. *pl.*, atti ed espressioni di cortesia: *fare i convenevoli a qualcuno* || **N.** **I** **1.** *Sin.* ragionevole **II** *Sin.* cerimonie, complimenti.

convenevolézza [da *convenevole*; 1353] **sf.** *non com.* l'essere convenevole, convenienza.

conveniènte (*ppr.* di *convenire*) [1308 nel senso 2] **agg.** **1.** vantaggioso, a buon mercato: *prezzo, acquisto conveniente* **2.** adatto, opportuno: *parole poco convenienti a una signora* || **convenientemènte** **avv.** || **N.** **2.** *Sin.* consigliabile, decoroso | *Contr.* sconveniente.

conveniènza [dal lat. *convenentia*; a. 1306 *convegnenza* nel senso 3] **sf.** **1.** tornaconto, utilità: *matrimonio di convenienza*, fatto al fine di trarne vantaggi **2.** adeguatezza rispetto alle norme della buona educazione e della civile convivenza: *si comporta sempre come richiede la convenienza, visita di convenienza*; *pl.* norme che regolano il comportamento sociale: *non rispetta le convenienze* **3.** corrispondenza di elementi diversi, equilibrio: *convenienza delle parti col tutto* **4.** *ant.* patto, accordo || **N.** **1.** *Sin.* comodo, interesse, utile, vantaggio **2.** *Sin.* buona creanza, civiltà, cortesia, decoro, discrezione | *Contr.* sconvenienza **3.** *Sin.* concordanza, conformità, congruenza, proporzione.

convenìre (pres. *-èngo* ecc., come VENIRE) [dal lat. *convenīre*, incontrarsi, essere d'accordo; a. 1292 nel senso 3] **intr.** (aus. *essere* nei sensi 1 e 3; aus. *avere* nel senso 2) **1.** riunirsi di più persone provenienti da luoghi diversi in uno stesso luogo: *tutti convegnon qui d'ogni paese* (Dante) || di strade, corsi d'acqua, linee e sim., convergere, confluire verso un medesimo punto **2.** essere d'accordo su qualcosa; ammettere: *convenire sull'aumento dei prezzi*; *converrai che ho ragione*; *ne convengo anch'io*, sono d'accordo su ciò **3.** essere adeguato, opportuno: *il suo comportamento non conveniva alla circostanza* || essere vantaggioso, gen. in forma impersonale: *conviene adeguarsi alle sue richieste* || essere necessario, utile: *non mi conviene fare come tu vorresti* || **intr. pron.** addirsi, confarsi: *modi che non si convengono a degli studenti* || **tr.** **1.** concordare: *hanno convenuto il prezzo delle derrate* **2.** *T.giur.* citare in giudizio: *convenire qualcuno davanti ai giudici* || **N.** **intr.** **1.** *Sin.* confluire, darsi convegno, giungere **2.** *Sin.* concordare, consentire **3.** addirsi, attagliarsi, confarsi.

conventàre¹ (pres. *-ènto*) [dal lat. *conventus*, patto, accordo; a. 1294] **tr.** *ant.* far convenzione.

conventàre² (pres. *-ènto*) [dal lat. *conventus*, adunanza, collegio; a. 1306] **tr.** *ant.* conferire il titolo di dottore || **intr.** e **intr. pron.** addottorarsi.

conventazióne [da *conventare²*; sec. XIV] **sf.** *ant.* laurea.

conventicola [dal lat. *conventiculum*, riunione di persone; 1313] **sf.** *lett.* riunione segreta di persone gen. con scopi disonesti || **N.** *Sin.* combriccola, congrega, cricca.

convènto [dal lat. *conventus*, adunanza; fine sec. XII *conventu* nel senso 3] **sm.** **1.** edificio in cui vivono i religiosi degli ordini regolari || *entrare, chiudersi in convento*, entrare in un ordine religioso || *scherz. mangiare quello che passa il convento*, adattarsi a quello che c'è **2.** *per estens.* la comunità di religiosi che abita il convento **3.** *ant.* adunanza || **N.** **1.** *Sin.* abbazia, cenobio, certosa, chiostro, comunità, eremo, monastero, ritiro | cella, clausura, dormitorio, foresteria, parlatorio, refettorio | grata, ruota.

conventuàle [da *convento*; 1353] **I agg.** **1.** del convento, relativo al convento: *chiesa conventuale* || *frati minori conventuali*, frati francescani che nel 1517 si separarono dai frati osservanti **2.** *per estens.* austero, disadorno **II s.** **1.** *non com.* frate, suora **2.** *pl.* frati minori conventuali || **N.** **I** *Sin.* claustrale, monastico | *Contr.* secolare.

convenùto (*pps.* di *convenire*) [a. 1617 come sm.] **I agg.** stabilito: *prezzo convenuto* **II sm.** **1.** ciò che è stato stabilito di comune accordo **2.** (f. *-a*) ciascuno dei partecipanti a un convegno o a un incontro || *T.giur.* chi viene chiamato in giudizio || **N.** **I** *Sin.* pattuito, stipulato **II** **1.** *Sin.* accordo, convenzione, intesa, patto **2.** *Sin.* citato.

convenzionàle [dal lat. *conventionālis*; a. 1565] **I agg.** **1.** stabilito sulla base di un comune accordo: *segni convenzionali* || *T.econ.* di regime doganale che è frutto di accordi commerciali con altri paesi **2.** che segue la consuetudine senza originalità o capacità critica: *arte convenzionale* || di cosa fatta per puro rispetto delle convenzioni: *saluti convenzionali* **3.** ordinario, tradizionale: *veicolo di concezione convenzionale* || *armi convenzionali*, l'armamento tradizionale delle forze armate in contrapposizione agli arsenali atomici e chimici **II sm.** *T.stor.* ciascuno dei membri della Convenzione, assemblea legislativa francese (1792-1795) || **N.** **1.** *Sin.* concordato **2.** *Sin.* banale, comune, conformista, trito | *Contr.* nuovo, originale.

convenzionalìsmo [da *convenzionale*; a. 1874] **sm.** **1.** mancanza di originalità, adesione acritica a regole e consuetudini **2.** *T.fil.* posizione epistemologica secondo la quale le leggi scientifiche non sono altro che convenzioni esplicitamente o tacitamente stipulate da coloro che ne fanno uso || **N.** **1.** *Sin.* conformismo | *Contr.* originalità.

convenzionalista [da *convenzionalismo*; 1956] **agg.** e **s.** *raro* che, chi segue, senza originalità, le forme convenzionali della tradizione, spec. in campo artistico.

convenzionalità [da *convenzionale*; 1952] **sf.** l'essere convenzionale: *la convenzionalità del segno linguistico.*

convenzionàre (pres. *-óno*) [da *convenzione*; a. 1905] **tr.** stabilire per mezzo di una convenzione || **rifl.** accordarsi mediante convenzione, detto spec. di medici liberi professionisti e cliniche private che prestano le cure necessarie ai cittadini, ricevendone poi il compenso (parziale o totale) dagli enti preposti alla sanità pubblica.

convenzionàto (*pps.* di *convenzionare*) [1956] **agg.** **1.** convenuto, fissato da una convenzione: *prezzi convenzionati* **2.** che presta determinati servizi (spec. medici o assistenziali) o che pratica prezzi particolari in seguito a una convenzione: *clinica convenzionata, laboratorio convenzionato con il Servizio Sanitario Nazionale, officina convenzionata con l'ACI.*

convenzióne [dal lat. *conventio, -ōnis*; a. 1363] **sf.** **1.** accordo fra due o più persone o parti che si impegnano reciprocamente a rispettare gli obblighi assunti: *stipulare, firmare una convenzione* || *concr.* l'atto giuridico che sancisce tale accordo: *la convenzione di Ginevra* **2.** accordo con cui si stabilisce l'unificazione e la standardizzazione di determinate simbologie, unità di misura, terminologie settoriali: *per convenzione il chilogrammo si abbrevia in kg* **3.** part. *pl.*, regole di comportamento e di pensiero comunemente accettate da una comunità; consuetudine, tradizione: *è schiavo delle convenzioni sociali* **4.** *ant.* riunione, convegno || *per estens.* assemblea politica || negli USA, congresso in cui i rappresentanti di un partito nominano i propri candidati per le diverse cariche elettive || **N.** **1.** *Sin.* patto; trattato **3.** *Sin.* tradizioni, usi.

convergènte (*ppr.* di *convergere*) [1679] **agg.** **1.** che si dirige verso uno stesso punto o scopo: *strade, azioni convergenti* **2.** *T.mat.* di successioni, serie o funzioni che assumono valori prossimi quanto si vuole a un dato numero, detto *limite* **3.** *T.ott.* di un sistema ottico che trasforma un fascio di raggi paralleli incidenti in un fascio di raggi tutti diretti in un punto più o meno ristretto al di là della lente.

convergènza [da *convergere*; 1632] **sf.** **1.** atto ed effetto del convergere, l'essere diretto verso un solo punto: *la convergenza di due linee, di due strade* || *T.aut. convergenza delle ruote*, disposizione delle ruote di un veicolo in modo che convergano leggermente al fine di facilitare il mantenimento della direzione rettilinea di marcia || *T.meteor.* afflusso di aria da ogni direzione verso una zona di bassa pressione || *T.ott.* proprietà di un sistema di essere convergente || *T.mat.* l'essere convergente **2.** *fig.* il tendere a un medesimo fine: *convergenza di interessi* || *T.ling. convergenza linguistica*, fenomeno per cui due o più lingue tendono progressivamente ad accostarsi a causa di prestiti, calchi e sim. **3.** *T.scient.* analogia strutturale o comportamentale || *T.biol.* analogia di struttura tra animali o piante che non discendono da progenitori comuni, gen. dovuta a fattori di adattamento ambientale || in antropologia, somiglianze e parallelismi fra popolazioni e culture lontane tra loro || **N.** **1.** *Sin.* concorrenza, confluenza | *Contr.* divergenza.

convèrgere (pres. *-èrgo, -èrgi*; p.rem. *-èrsi* o raro *-ergéi, -ergésti*; raro pps. *-èrso*; poco usati i tempi composti) [dal lat. tardo *convergere*; 1765] **intr.** (aus. *essere*) **1.** tendere verso un unico punto: *le due strade convergono in una piazza* || *T.mat.* di serie numerica, tendere ad un limite **2.** *fig.* essere rivolto a un medesimo fine: *le loro intenzioni convergevano in più punti* || **tr.** *lett.* dirigere verso un medesimo punto, anche *fig.*: *convergere gli occhi, gli sforzi* || **N.** **intr.** **1.** *Sin.* affluire, confluire | *Contr.* divergere **2.** *Sin.* coincidere | *Contr.* differenziarsi.

convèrsa¹ v. CONVERSO.

convèrsa² [da *convergere*; 1865] **sf.** *T.arch.* canale per la raccolta di acqua nelle coperture a tetto. **TAV.** *abitazione* 3.10.

conversàre (pres. *-èrso*) [dal lat. *conversāri*, frequentare qualcuno; a. 1306] **I intr.** (aus. *avere*) **1.** intrattenersi, discorrere con qualcuno di argomenti vari, gen. in tono pacato e tranquillo: *conversarono piacevolmente per circa un'ora* **2.** *ant.* avere familiarità con qualcuno || **tr.** *ant.* frequentare un luogo o una persona

II *sm.* **1.** la pratica dell'intrattenersi a colloquio con qualcuno: *l'arte del conversare* **2.** *lett.* part. *pl.*, *conversari*, conversazione: *lieti conversari* ‖ **N. I** *intr.* **1.** *Sin.* chiacchierare, confabulare, conferire, dialogare, discorrere, intrattenersi, parlare, ragionare | scambiare qualche parola, parlare del più e del meno.

conversatóre [da *conversare*; inizio sec. XIV] *sm.* (f. *-trìce*) chi sa conversare in modo piacevole e brillante: *un buon conversatore, un conversatore amabile, arguto.*

conversazionàle [da *conversazione*, sul modello dell'ingl. *conversational*; 1964] *agg.* *T.fil.* e *T.ling.* proprio della conversazione: *regole, turni conversazionali* ‖ colloquiale: *stile conversazionale.*

conversazióne [dal lat. *conversātio, -ōnis*; a. 1292 nel senso 4; a. 1529 nel senso 1] *sf.* **1.** colloquio amichevole tra due o più persone: *una conversazione animata, piacevole, noiosa; conversazione telefonica* ‖ esercitazione in una lingua straniera che si realizza dialogando di argomenti vari con l'insegnante ‖ *manuale di conversazione*, contenente le frasi e le espressioni d'uso comune nella parlata quotidiana di una data lingua ‖ il modo in cui si conversa: *una conversazione spigliata, faticosa, arguta* ‖ *lingua di conversazione*, il registro linguistico quotidiano ‖ *T.pitt. sacra conversazione*, rappresentazione pittorica della Madonna col Bambino in atteggiamento di dialogo con santi e altri personaggi **2.** incontro informale tra personalità per consentire uno scambio di opinioni **3.** breve discorso su un argomento specifico, gen. tenuto in un linguaggio piano e accessibile a tutti: *tenere una conversazione alla radio* ‖ *pl.* titolo di opere che raccolgono saggi, articoli, note **4.** *non com.* gruppo di persone che si ritrovano per conversare: *conversazioni di artisti, andare a una conversazione* **5.** *ant.* familiarità, dimestichezza ‖ **N. 1.** chiacchiere, cicaleccio **3.** conferenza, discorso **4.** circolo, ritrovo.

conversévole [da *conversare*; a. 1347] *agg.* *lett.* di persona, che conversa volentieri, affabile ‖ che si esprime in un registro colloquiale: *uno scrittore conversevole* ‖ **conversevolménte** *avv.*

conversióne [dal lat. *conversio, -ōnis*; 1313 nel senso 2] *sf.* **1.** mutamento, trasformazione ‖ *T.chim.* reazione di trasformazione di un composto in un altro composto ‖ trasformazione di un composto metallico in un altro: *trasformazione della ghisa in acciaio* ‖ *T.giur. conversione di pena*, trasformazione di una pena da pecuniaria in detentiva; *conversione di un negozio giuridico*, mutamento di un negozio nullo in uno nuovo, pienamente valido; *conversione di un decreto legge*, atto con cui il parlamento approva il contenuto di un decreto legge trasformandolo in legge ordinaria dello stato ‖ *T.econ.* cambio della carta moneta in monete metalliche o in verghe di metallo prezioso: *tasso di conversione* ‖ *T.elettrot.* trasformazione di una corrente elettrica in un'altra avente caratteristiche diverse di tensione, frequenza o sim. ‖ *conversione industriale*, trasformazione della produzione di un'azienda o di un settore di essa ‖ *T.inform.* cambiamento del modo di rappresentazione dei dati ‖ *T.fil.* in logica, operazione per mezzo della quale da una proposizione si ricava la sua conversa ‖ *T.psican.* manifestazione tipica di alcune sindromi isteriche per cui determinate idee si traducono in processi somatici o funzionali **2.** cambiamento radicale di idee, fede politica o religiosa: *una conversione politica, ideologica, la conversione di un cristiano all'Islam* **3.** movimento rotatorio di un corpo o di una struttura, eseguito facendo perno su un asse determinato: *conversione di un plotone, di una nave* ‖ *conversione a U*, manovra di inversione del senso di marcia realizzata da un veicolo stradale ‖ *propr.* movimento di rivoluzione di un pianeta. **Q.T.** *religione.*

convèrso [dal lat. *conversus*, pps. di *convertere*, convertire; 1313] **I** *agg.* *lett.* trasformato, mutato ‖ *per converso*, al contrario ‖ *T.fil. proposizione conversa* (o *sf. conversa*), di una proposizione, quella che si ottiene scambiando il termine soggetto e il termine predicato **II** *sm.* (f. *-a*) frate o suora che nelle comunità monastiche attende ai servizi profani e ai lavori manuali senza aver preso gli ordini.

convertìbile [dal lat. tardo *convertibilis*; a. 1320] *agg.* che si può convertire ‖ *automobile convertibile* (anche *ass. sf. convertibile*), che si può trasformare da aperta in chiusa e viceversa mediante l'apertura o la chiusura di un tettuccio apribile o l'applicazione di una *capote* ‖ *T.econ. moneta convertibile*, che può essere cambiata in oro o in altre monete ‖ *T.banc. obbligazione convertibile*, che, soddisfatti determinati vincoli, può essere convertita in azioni ‖ *T.fil.* in logica, *proposizione convertibile*, la cui conversa è vera se lo è la proposizione stessa ‖ **N.** *Sin. cabriolet.*

convertibilità [dal lat. tardo *convertibilitas, -ātis*; 1745] *sf.* qualità di ciò che è convertibile ‖ possibilità di una moneta nazionale di essere cambiata in oro o nella moneta di riferimento.

convertiplàno [comp. di *converti(re)* e *-plano*; 1956] *sm.* velivolo che può assumere le caratteristiche funzionali di più specie di mezzi di trasporto aereo (per es. il decollo verticale e il volo stazionario degli elicotteri e il decollo orizzontale e il volo ad alta velocità degli aeroplani).

convertire (pres. *-èrto*; p.rem. *-ertìi* o raro *-èrsi*; pps. *-ertìto* o lett. *-èrso*) [dal lat. *convertere*; a. 1250] *tr.* **1.** trasformare qualcosa facendola passare da uno stato a un altro: *convertire la ghisa in acciaio, un decreto in legge* ‖ *convertire una moneta in un'altra*, ottenere il valore corrispondente nella valuta di uno stato estero ‖ *convertire un'industria*, mutarne la produzione ‖ *T.mar. convertire la rotta*, passare dalla rotta reale alla rotta della bussola **2.** *fig.* portare qualcuno a mutare la propria posizione ideologica, la propria fede, i propri convincimenti: *convertire gli infedeli* **3.** *lett.* volgere, dirigere ‖ *rifl.* **1.** cambiare opinione, fede religiosa o ideologica: *si è convertito al protestantesimo, al socialismo* **2.** volgersi ‖ *intr. pron.* trasformarsi, passare da uno stato a un altro ‖ **N.** *tr.* **1.** cambiare, mutare, permutare, tramutare, volgere **2.** emendare, far ravvedere, illuminare | missionario, missione | *rifl.* **1.** abiurare, ravvedersi.

convertito (*pps.* di *convertire*) [1354] **I** *agg.* nei sensi del verbo **II** *sm.* (f. *-a*) chi è passato a un'altra fede religiosa.

convertitóre [da *convertire*; 1306 nel senso 1; 1913 nel senso 2] *sm.* **1.** (f. *-trice*) chi converte qualcuno **2.** *T.tecn.* dispositivo per effettuare una conversione ‖ *T.chim.* apparecchio in cui hanno luogo i fenomeni di conversione o le trasformazioni dei composti ‖ *T.elettron. convertitore analogico-digitale*, dispositivo per la trasformazione in forma digitale di input analogici ‖ *convertitore di standard*, dispositivo che permette di tradurre un segnale video in un altro conformato secondo uno standard diverso (ad es. convertire un segnale PAL in uno SECAM) ‖ *T.elettrot.* ogni dispositivo usato per convertire l'energia elettrica ‖ *T.mecc. convertitore di coppia*, in alcuni veicoli, dispositivo idraulico che serve da frizione ‖ *T.metal.* apparecchio in materiale refrattario in cui si immette l'aria compressa che consente la trasformazione della ghisa in acciaio ‖ **N. 1.** *Sin.* apostolo, missionario **2.** *Sin.* commutatore, trasformatore.

convessità [dal lat. *convexitas, -ātis*; a. 1519] *sf.* qualità di ciò che è convesso ‖ *concr.* la parte convessa di qualcosa ‖ **N.** *Sin.* bombatura, protuberanza | *Contr.* concavità, incavo.

convèsso [dal lat. *convexus*; a. 1519] *agg.* di corpo, che presenta una parte sporgente ad arco verso l'esterno: *lente, specchio convesso* ‖ *T.geom.* di figura, tale che, presi due suoi punti qualsiasi, il segmento che li congiunge è interno alla figura stessa; di angolo che abbia un'ampiezza inferiore a 180 gradi; di poligono i cui angoli siano tutti convessi. **TAV.** *geometria* 3.6.

convettìvo [dal lat. *convectus*, trasportato; 1956] *agg.* *T.fis.* di convezione: *moto convettivo.*

convettóre [dal lat. *convector, -ōris*; 1950] *sm.* apparecchio per il riscaldamento in cui il calore viene diffuso per convezione.

convezióne [dal lat. tardo *convectio, -ōnis*; 1889] *sf.* *T.fis.* propagazione del calore, tipica dei fluidi, caratterizzata dal movimento di correnti calde verso zone fredde e viceversa; *convezione forzata*, in cui il movimento delle correnti è forzato con pompe o altri mezzi artificiali.

convincènte (*ppr.* di *convincere*) [a. 1642] *agg.* che è in grado di convincere: *ragionamento convincente* ‖ **N.** *Sin.* persuasivo | *Contr.* dissuasivo, scoraggiante.

convìncere (pres. *-ìnco* ecc., come VINCERE) [dal lat. *convincere*; 1308] *tr.* **1.** riuscire a smuovere qualcuno dalla sua opinione o ad ammettere un fatto grazie a prove o ragionamenti: *lo hanno convinto del suo errore* ‖ persuadere, indurre qualcuno a fare qualcosa: *lo convinsero a partire* ‖ anche *ass.*: *una teoria che non convince* ‖ *per estens.* entusiasmare, soddisfare: *la squadra vince ma non convince* **2.** *lett.* o *ant.* dimostrare con prove inoppugnabili la colpevolezza di qualcuno: *fu convinto di eresia* ‖ *rifl.* giungere ad accettare per vero qualcosa, persuadersi: *nonostante le prove non vuole convincersi.*

convincìbile [dal lat. tardo *convincibilis*; 1865] *agg.* che si può convincere: *è una persona facilmente convincibile.*

convinciménto [da *convincere*; a. 1729] *sm.* atto ed effetto del convincere e del convincersi; *in part.* l'essere fermamente persuaso di qualcosa: *sono fermo nel mio convincimento* ‖ *T.giur. libero convincimento del giudice*, principio secondo il quale il giudice ha facoltà di decidere nella valutazione delle prove legalmente acquisite ‖ **N.** *Sin.* convinzione, opinione.

convìnto (*pps.* di *convincere*) [a. 1347] *agg.* **1.** ben saldo nelle sue idee: *un ateo convinto* **2.** *lett. reo convinto*, persona la cui colpevolezza è dimostrata.

convinzióne [dal lat. tardo *convictio, -ōnis*, con influsso di *convincere*; a. 1578] *sf.* **1.** l'essere convinto, il convincere, l'avere piena certezza di qualcosa: *fare opera di convinzione, parlò con ferma convinzione* **2.** ciò di cui si è convinti: *convinzioni politiche, morali* ‖ **N. 1.** *Sin.* convincimento, persuasione, sicurezza | *Contr.* dubbio, perplessità **2.** *Sin.* credo, fede, idea, pensiero.

convitàre (pres. *-ìto*) [lat. volg. **convitāre*; fine sec. XII] *tr.* *ant.* e *lett.* chiamare a convito, invitare a pranzo ‖ *intr.* (aus. *avere*) banchettare.

convitàto (*pps.* di *convitare*) [1308] *sm.* (f. *-a*) chi è invitato a un banchetto, chi vi prende parte.

convito [da *convitare*; inizio sec. XIII] *sm.* *lett.* pranzo solenne cui intervengono molti invitati, banchetto ‖ *per estens.* l'insieme dei convitati ‖ **N.** *Sin.* agape, pranzo, simposio.

convitto [dal lat. *convīctus*, convivenza; a. 1600 nel senso 3] *sm.* **1.** luogo in cui i giovani fanno vita comune sotto la guida di istruttori e in cui ricevono vitto, alloggio, istruzione ed educazione; collegio || *per estens.* l'insieme dei convittori e del personale a essi addetto **2.** *per estens.* comunità **3.** *ant.* convivenza.

convittóre [da *convivere*; sec. XIV nel senso 2; sec. XVII nel senso 1] ***sm.*** (f. *-trìce*) **1.** chi vive e studia in un convitto **2.** *ant.* chi vive in una comunità.

convìva [dal lat. *convīva*; a. 1459] ***sm.*** *lett.* commensale.

convivàle ***agg.*** *non com.* v. CONVIVIALE.

convivàre (pres. *-ìvo*) [dal lat. *convivāre*; fine sec. XIII] ***intr.*** (aus. *avere*) *lett. ant.* banchettare, stare a convito.

convivènte (*ppr.* di *convivere*) [a. 1406] **I** ***agg.*** nei sensi del verbo **II *s.*** chi convive con altri; *in part.* chi vive con una persona conducendo vita comune pur in assenza del vincolo matrimoniale.

convivènza [da *convivere*; a. 1832] ***sf.*** **1.** il fatto e la condizione di vivere insieme in uno stesso luogo: *convivenza in collegio, in una pensione*; *in part.* coabitazione di una coppia non sposata || *fig.* unione di elementi diversi in un'opera: *convivenza di musica popolare e colta* **2.** *per estens. non com.* coloro che abitano insieme in un luogo || *per estens.* società, comunità || **N. 1.** *Sin.* coabitazione; coesistenza.

convivere (pres. *-ìvo* ecc., come VIVERE) [dal lat. *convīvere*; 1308] ***intr.*** (aus. *avere* e raro *essere*) vivere insieme in uno stesso luogo: *convive con i genitori* || di coppia non sposata, condurre vita comune || *fig.* coesistere, essere presente insieme ad altro || **N.** *Sin.* coabitare.

conviviàle [dal lat. tardo *conviv(i)ālis*; 1520 *convivale*] ***agg.*** **1.** relativo a un convito || *carmi conviviali*, presso Greci e Romani, canti che, durante i banchetti, celebravano le imprese degli eroi **2.** *fig.* di tono leggero, non impegnato: *discorsi conviviali.*

convìvio (pl. *-vi*) [dal lat. *convīvium*; 1308] ***sm.*** *lett.* banchetto, convito.

conviziàre (pres. *-ìzio*) [dal lat. *conviciāri*, riprovare con alte grida; a. 1396] ***intr.*** (aus. *avere*) *ant.* ingiuriare.

convocaménto [da *convocare*; a. 1667] ***sm.*** *lett.* il convocare.

convocàre (pres. *cònvoco, cònvochi*) [dal lat. *convocāre*; 1300 ca.] ***tr.*** **1.** invitare, chiamare per dare informazioni o per trattare argomenti di una certa rilevanza: *il giudice convocò le parti per i necessari chiarimenti* **2.** indire formalmente una riunione: *convocare il consiglio* || *convocare i comizi elettorali*, indire le elezioni || **N. 1.** *Sin.* chiamare, raccogliere, radunare **2.** *Sin.* indire.

convocazióne [dal lat. *convocatio, -ōnis*; a. 1356] ***sf.*** atto ed effetto del convocare: *la convocazione dell'assemblea, del capitolo* || *riunirsi, votare in prima, in seconda convocazione*, nel giorno e nell'ora fissata oppure, se non si raggiunge il numero legale dei presenti, in un giorno e in un'ora successivi || la lettera di convocazione || *per estens.* la riunione cui si è convocati.

convogliàre (pres. *-ògliо*) [dal lat. volg. **conviāre*, far la strada con qualcuno, attr. il fr. *convoyer*; 1649 nel senso 3] ***tr.*** **1.** riunire, raccogliere più cose o persone e dirigerle verso un unico luogo: *convogliare le merci al deposito* || *convogliare le acque di un fiume*, incanalarle || *fig. convogliare i propri sforzi in un'unica direzione*, concentrarli **2.** trascinare, trasportare con sé: *il fiume in piena convogliava tronchi e detriti* **3.** *ant.* scortare; *in part.* detto di militari o navi che scortino materiali logistici **4.** far viaggiare in convoglio navi o veicoli.

convogliatóre [da *convogliare*; 1925] ***sm.*** apparecchio privo di motore, usato per il trasporto su piccole distanze di casse, contenitori, bagagli e sim.

convòglio (pl. *-gli*) [dal fr. *convoi*; 1604] ***sm.*** **1.** gruppo di navi mercantili che procedono sotto un unico comando e gen. sotto scorta militare || *per estens.* gruppo di veicoli che procedono insieme: *un convoglio di autotreni* || *convoglio ferroviario*, treno con più vetture || *per estens.* gruppo di persone che vengono spostate da un luogo a un altro: *un convoglio di prigionieri* **2.** *non com.* scorta. **Q.T.** *nautica...*

convolàre (pres. *-ólo*) [dal lat. *convolāre*; a. 1547] ***intr.*** (aus. *essere*) volare insieme, usato quasi esclusivamente nella loc. *convolare a (giuste) nozze*, sposarsi.

convòlgere (pres. *-òlgo* ecc., come VOLGERE) [dal lat. *convolvere*; 1353] ***tr.*** *lett.* avvolgere in uno o più giri, avvoltolare || ***rifl.*** *lett.* avvoltolarsi.

convòlvolo [dal lat. *convolvulus*; a. 1597] ***sm.*** pianta erbacea delle Convolvulacee con fusto rampicante e fiori a campanula || **N.** *Sin.* campanella, vilucchio.

Convolvulàcee [comp. di *convolvolo* e *-acee*; 1875 *Convolvolacee*] ***sf. pl.*** *T.bot.* famiglia di piante erbacee rampicanti, con fiori solitari o raccolti in infiorescenze e frutto a capsula.

convulsionàrio (pl. *-ri*) [dal fr. *convulsionnaire*; a. 1816] ***agg.*** e ***sm.*** (f. *-a*) che, chi è soggetto a convulsioni.

convulsióne [dal lat. tardo *convulsio, -ōnis*; 1561] ***sf.*** **1.** contrazione violenta e involontaria di fasce muscolari: *convulsioni isteriche, epilettiche*; *convulsioni toniche*, in cui la contrazione muscolare è persistente; *convulsioni cloniche*, in cui contrazione e rilasciamento si alternano **2.** *fig.* moto, manifestazione convulsa: *una convulsione di risa* || improvviso sconvolgimento naturale: *convulsioni telluriche* || *dim.* convulsioncèlla || **N. 1.** contrattura, crampo, scossa, spasmo.

convulsivànte [da *convulsivo*; 1939] ***agg.*** *T.med.* che provoca una convulsione epilettica: *farmaco, terapia convulsivante.*

convulsìvo [da *convulso*; 1667] ***agg.*** di convulsione, caratterizzato da convulsioni: *crisi convulsiva* || **convulsivaménte** ***avv.***

convùlso [dal lat. *convulsus*, pps. di *convellĕre*, strappare; a. 1698] **I *agg.*** **1.** che si manifesta con violente e improvvise contrazioni muscolari: *tremito convulso* || *tosse convulsa*, la pertosse || *pianto, riso convulso*, irrefrenabile **2.** *non com.* che è in preda alle convulsioni; *in part.* di parte del corpo, scossa da tremiti: *la strinse con mani convulse* **3.** *fig.* disordinato, che procede a scatti: *traffico, stile convulso* **4.** *fig.* febbrile, intenso: *un ritmo di lavoro convulso* || **convulsaménte** ***avv.*** **II *sm.*** agitazione violenta, convulsione: *avere il convulso, il suo viso era scosso da convulsi di riso.*

coobàre (pres. *coòbo*) [forse dall'ar. *qohba*, color bruno giallastro, attr. il lat. mediev. *cohobāre*; 1697] ***tr.*** distillare nuovamente un liquido mediante coobazione.

coobazióne [da *coobare*; 1865] ***sf.*** procedimento di distillazione di sostanze vegetali eseguita distillando il vegetale in presenza di un liquido, gen. acqua, e ridistillando la soluzione così ottenuta utilizzando altro vegetale fresco.

coobbligàto [comp. di *co-* e *obbligato*; 1881] ***agg.*** e ***sm.*** (f. *-a*) *T.giur.* che, chi partecipa assieme ad altri all'adempimento di un'obbligazione.

cooccorrènza [comp. di *co-* e *occorrenza*; 1969] ***sf.*** rif. a simbolo di calcolo logico o matematico, o a elemento linguistico, presenza nella stessa stringa o espressione.

coolie (ingl., pr. ['ku:lɪ]) [dall'indostano *kulī*; 1905] ***sm. inv.*** termine con cui nelle colonie asiatiche venivano indicati i lavoratori indigeni salariati.

cool jazz (ingl., pr. ['ku:ɫ ˌdʒæz]) [letter. jazz fresco, moderno; 1951] ***loc. m. inv.*** moderna forma di jazz, con struttura, regole e tecnica meno istintive del jazz iniziale e più curate nell'armonia e nel timbro.

coonestaménto [da *coonestare*; a. 1712] ***sm.*** *lett.* atto ed effetto del coonestare, giustificazione.

coonestàre (pres. *-èsto*) [dal lat. *cohonestāre*; 1613] ***tr.*** *lett.* far apparire onesta e giusta una cosa che tale non è utilizzando sotterfugi e argomentazioni pretestuose || *per estens.* avallare || **N.** *Sin.* adonestare, giustificare, scusare.

cooperàre (pres. *-òpero*) [dal lat. tardo *cooperāri*; a. 1294] ***intr.*** (aus. *avere*) operare insieme con altri per il raggiungimento di un fine comune: *cooperare al successo di un'impresa* || **N.** *Sin.* collaborare, concorrere, contribuire.

cooperatìva [dal fr. *coopérative*; 1908] ***sf.*** società senza fine di lucro, fondata sul contributo comune in capitale e in lavoro di tutti i soci: *cooperativa edilizia*, costituita allo scopo di costruire abitazioni per i soci; *cooperativa di produzione*, i cui soci si assumono direttamente un lavoro produttivo eliminando la figura dell'imprenditore; *cooperativa di consumo*, che ha lo scopo di soddisfare la domanda immediata di beni di consumo da parte di un gruppo di consumatori associati || *per estens.* la sede della cooperativa.

cooperativìsmo [da *cooperativa*; 1915] ***sm.*** movimento diretto a favorire lo sviluppo e la diffusione di imprese cooperativistiche || **N.** associazionismo.

cooperativìstico (pl. *-ci*) [da *cooperativa*; 1915] ***agg.*** relativo al cooperativismo o alle cooperative || **N.** associativo, consorziale.

cooperatìvo [dal fr. *coopératif*; 1859] ***agg.*** fondato sulla cooperazione || che tende a cooperare: *atteggiamento cooperativo.*

cooperatóre [dal lat. tardo *cooperātor, -ōris*; a. 1342 nel senso 1; 1963 nel senso 2] ***agg.*** e ***sm.*** (f. *-trìce*) **1.** che, chi coopera: *sacerdote cooperatore*, vicario del parroco **2.** che, chi è socio di una cooperativa || **N. 1.** *Sin.* coadiutore.

cooptàre (pres. *-òpto*) [dal lat. *cooptāre*, eleggere un nuovo membro, attr. il fr. *coopter*; 1950] ***tr.*** designare qualcuno come membro di un organo collegiale mediante cooptazione.

cooptazióne [dal lat. *cooptātio, -ōnis*, attr. il fr. *cooptation*; 1950] ***sf.*** procedura di elezione di un nuovo membro di un organo collegiale consistente nella sua scelta da parte di coloro che di tale organo fanno già parte || *per estens.* inclusione di nuovi membri in un gruppo, in un ceto e sim. per decisione di coloro che già vi appartengono.

coordinaménto [da *coordinare*; 1865] ***sm.*** atto ed effetto del coordinare || nel linguaggio dei sindacati, dei movimenti studenteschi, organo collettivo che coordina l'azione di vari gruppi perlopiù spontanei: *un comunicato del coordinamento studenti.*

coordinànte (*ppr.* di *coordinare*) [1958] **I** ***agg.*** *T.gram.* che coordina: *congiunzione coordinante* **II *sm.*** *T.chim.* e *T.fis.* atomo o ione che si unisce ad altri atomi o gruppi di atomi con legami di coordinazione.

coordinàre (pres. *-órdino*) [rifatto su *coordinazione*, come il lat. mediev. *coordināre*; 1745] ***tr.*** **1.** ordinare, organizzare insieme più cose o elementi in vista di uno scopo: *coordinare gli sforzi dei ricercatori* || *per estens. fig.* collegare in modo logico: *coordinare le idee* **2.** *T.ling.* porre in relazione sintattica due o più elementi di una proposizione o due proposizioni: *coordinare due soggetti* **3.** *T.chim.* di atomi metallici, unire per mezzo di valenze singole molecole o ioni negativi in modo da formare uno ione complesso || **N. 1.** *Sin.* organizzare.

coordinàta [da *coordinare*; 1748] ***sf.*** **1.** part. *pl.* *T.mat.* ciascuno degli enti geometrici o matematici che individuano un punto su una linea, nel piano o nello spazio: *sistema di coordinate* || *coordinate cartesiane*, sistema di coordinate ottenuto fissando nel piano un punto (*origine*) e due rette passanti per esso e perpendicolari tra loro (*ascissa* e *ordinata*): *coordinate cartesiane di un punto nel piano*, la coppia ordinata di numeri reali che indicano la distanza di tale punto dall'asse delle ascisse o da quello delle ordinate || *per estens.* sistema di riferimento, contesto **2.** *T.geogr. coordinate terrestri*, latitudine, longitudine e altitudine di un punto sulla superficie terrestre || *scherz. dammi le tue coordinate*, dimmi dove sei **3.** *T.astr. coordinate celesti*, coppia di numeri che individuano la posizione di un astro o di un punto sulla sfera celeste **4.** *T.gram.* proposizione coordinata. **Q.T.** *astronomia, fisica* **TAV.** *geometria* 23, 24, 25.

coordinatìvo [da *coordinare*; 1941] **agg.** che serve a coordinare: *e, ma, né, o, sono congiunzioni coordinative.*

coordinàto (*pps.* di *coordinare*) [a. 1535] **I agg.** nei sensi del verbo || *T.mat. assi coordinati*, coordinate || *T.gram. frasi coordinate*, unite da un rapporto di coordinazione || *gen.* detto di prodotti che si armonizzano dal punto di vista formale: *carte da parati coordinate* **II sm. 1.** *T.chim.* atomo o gruppo ionico unito a uno ione complesso mediante coordinazione **2.** insieme di capi d'abbigliamento di diversa funzione ma con colori, disegno e linea analoghi: *un coordinato da cerimonia*; *per estens.* anche riferito ad altri prodotti: *un coordinato ad alta fedeltà, un coordinato per bagno* || **N. II 2.** *Sin.* completo, *set.*

coordinatóre [da *coordinare*; 1745] **agg.** e **sm.** (f. *-trice*) che, chi ha la funzione di coordinare.

coordinazióne [dal lat. tardo *coordinātio*, *-ōnis*; 1576] **sf. 1.** atto ed effetto del coordinare || *T.fisiol. coordinazione dei movimenti*, funzione svolta dal sistema nervoso centrale che, controllando i movimenti dell'apparato motorio, ne garantisce l'effettiva utilità || *T.fil.* rapporto tra concetti che, in una tassonomia, si trovano allo stesso livello di generalità **2.** *T.gram. coordinazione sintattica*, collocazione sullo stesso piano di elementi di una proposizione o di proposizioni che hanno un'analoga funzione sintattica: *coordinazione per asindeto*, mediante la semplice giustapposizione degli elementi coordinati, separati eventualmente da virgole **3.** *T.chim.* reazione in cui si verifica l'unione di due o più ioni || **N. 1.** *Sin.* organizzazione, regolazione **2.** *Sin.* paratassi | *Contr.* ipotassi, subordinazione.

coòrte [dal lat. *cohors*, *-ortis*; inizio sec. XIV] **sf. 1.** *T.stor.* unità tattica della legione romana costituita da tre manipoli || distaccamento di truppe con funzione di guardia: *coorte pretoria* || nel periodo fascista, legione della milizia **2.** *per estens.* schiera, moltitudine **3.** *T.stat.* insieme di individui che per un certo periodo hanno vissuto insieme un evento || **N. 2.** *Sin.* orda, stuolo, torma.

copàive [da una voce indigena bras., attr. il port. e sp. *copaiba*; a. 1602] **sf.** albero delle Papilionacee dal cui tronco si estrae una resina usata un tempo come antisettico urinario e tuttora nella produzione di lacche e vernici.

copàle o **coppàle** [dall'azteco *copalle*; 1745 *copal*] **sf.** o **sm.** resina di colore giallastro ricavata da varie piante delle Leguminose e utilizzata nella produzione di smalti e vernici pregiate || *scarpe di copale*, di pelle resa lucida dall'applicazione del copale, scarpe di vernice.

copàta [dall'ar. *qubbaita*, mandorlato; 1751] **sf.** specialità dolciaria senese consistente in un composto a base di frutta secca tritata e miele racchiuso fra due ostie.

copèco (pl. *-chi*) [dal russo *kopejka*; 1657] **sm.** moneta sovietica corrispondente alla centesima parte del rublo.

Copèpodi (sing. *-e*) [comp. del gr. *kōpē*, remo e *-pode*; 1931] **sm. pl.** *T.zool.* ordine di Crostacei acquatici con un solo occhio, cinque paia di zampe e addome biforcato.

coperchiàre (pres. *-èrchio*) [da *coperchio*; 1313] **tr.** *ant.* chiudere con un coperchio; *per estens.* coprire || **N.** *Contr.* scoperchiare.

copèrchio (pl. *-chi*) [dal lat. *cooperculum*; a. 1294] **sm. 1.** parte di un recipiente, di solito separata dal resto, che serve per chiuderne l'apertura: *il coperchio di una pentola, di una botte, di un barattolo* || *fig. mettere il coperchio sopra qualcosa*, cercare di occultarla || *prov. il diavolo fa le pentole ma non i coperchi*, compie il male ma non riesce a celarlo; *il sovracoperchio rompe il coperchio*, ogni eccesso nuoce **2.** parte superiore della macina, dotata di un'apertura attraverso cui si mette il grano **3.** *T.mus.* negli strumenti ad arco, tavola che chiude la cassa armonica || *dim.* coperchiétto, coperchìno.

copernicanésimo o **copernicanìsmo** [da *copernicano*; 1956] **sm.** il complesso delle dottrine scientifiche fondate sulla teoria eliocentrica di Copernico.

copernicàno [dal n. proprio *Copernico*, astronomo polacco; a. 1642] **agg. 1.** relativo all'astronomo polacco Copernico, part. alla sua teoria eliocentrica **2.** eliocentrico || *rivoluzione copernicana*, capovolgimento rispetto alla tradizione del rapporto tra Sole, Terra e gli altri pianeti; *fig.* in Kant, il cambiamento di prospettiva per cui l'origine della legalità naturale è posta nell'intelletto umano, e non nella natura; *per estens.* capovolgimento di posizioni in una disciplina o gen. grande cambiamento: *i computer hanno provocato una rivoluzione copernicana nella gestione della contabilità aziendale.*

copèrta [da *coprire*; a. 1250 nel senso 6] **sf. 1.** qualsiasi panno o drappo utilizzato per coprire; *in part.* panno che si pone sopra le lenzuola per ripararsi dal freddo: *coperta di lana, di cotone* || *mettersi, ficcarsi sotto le coperte*, andare a letto || *restare sotto le coperte*, poltrire || *coperta da viaggio*, quella che si pone sulle ginocchia per ripararsi dal freddo || *coperta del cavallo*, quella che si pone sulla groppa per evitare all'animale l'attrito della sella || fodera con cui si ricoprono mobili, strumenti e sim. per ripararli dalla polvere o dall'umidità || *coperta da stiro*, quella che si poneva sull'asse da stiro **2.** rivestimento esterno in materiale vario che copre il libro rilegato **3.** *T.mar.* ponte superiore scoperto di un'imbarcazione che va da prua a poppa: *scendere sotto coperta*, nella parte interna di una nave; *stare in coperta*, sul ponte esterno **4.** *T.mac.* taglio di carne che ricopre la lombata di bue **5.** *region.* busta per lettera **6.** *ant. fig.* apparenza, pretesto || *dim.* copertìna, copertèlla, copertùccia; *accr.* copertóne || **N. 1.** *Sin.* coltre, *plaid*, trapunta; gualdrappa; fodera **2.** *Sin.* copertina.

copertifìcio (pl. *-ci*) [comp. di *coperta* e *-ficio*; 1956] **sm.** fabbrica di coperte.

copertìna (*dim.* di *coperta*) [sec. XIV *covertina* nel senso 1; 1865 nel senso 2] **I sf. 1.** piccola coperta, in part. per bambini **2.** rivestimento esterno in cartoncino o in altro materiale di libri, quaderni, registri e sim.; *in part.* in libri e riviste, quello recante il titolo, eventualmente l'autore, l'editore e un'illustrazione **3.** *T.edil.* rivestimento protettivo contro le infiltrazioni d'acqua posto sulla parte terminale di un muro **4.** *T.mar.* impalcatura di piccole dimensioni posta a prua o a poppa di un'imbarcazione **5.** *T.mac.* taglio di carne bovina posta sopra la lombata **II agg. inv.** (sempre posposto) quasi esclusivamente nella loc. *ragazza copertina*, ragazza la cui foto appare sulla copertina di riviste o rotocalchi || **N. II** *Sin. cover girl.* **TAV.** *tipografia* **p. 1337** 11.7.

copertinàto [da *copertina*; 1965] **agg.** detto di libro, fascicolo o altro incartamento fornito di copertina.

copèrto¹ (*pps.* di *coprire*) [a. 1294 *coverto*] **I agg. 1.** riparato, protetto: *una carrozza coperta, un riparo coperto dal vento* || adeguatamente vestito contro il freddo: *assicurati di essere ben coperto prima di uscire* || con la prep. *di*, cosparso, rivestito: *i mobili erano coperti di polvere* || *cielo, tempo coperto*, nuvoloso **2.** *fig.* garantito: *assegno coperto*, emesso su un conto che ne consente la solvibilità **3.** *fig.* nascosto, che non si rivela: *tra loro covava una coperta inimicizia* || **copertaménte avv. II sm. 1.** luogo riparato e protetto: *stare al coperto* || *fig. essere al coperto*, protetto da eventuali danni **2.** *region.* tetto.

copèrto² [dal fr. *couvert*, letter. coperto¹; 1801] **sm.** tutto ciò che è necessario per apparecchiare un posto a tavola (piatti, posate, bicchieri e sim.): *preparare cinque coperti*; *per meton.* ciascuno dei commensali: *un pranzo di dieci coperti*, cui prendono parte dieci persone; *per estens.* quota che si deve pagare nei ristoranti per ogni coperto apparecchiato.

copertóio (pl. *-ói*) [dal lat. tardo *coopertōrium*; inizio sec. XIII *cuvertor*] **sm.** *tosc.* **1.** coperta da letto di grandi dimensioni **2.** tetto, riparo.

copertóne (*accr.* di *coperta*) [1797] **sm. 1.** telo di grandi dimensioni utilizzato per riparare la merce a bordo di carri e sim. o per coprire i boccaporti delle stive per evitare infiltrazioni d'acqua || coperta posta sulla cassetta del cocchiere **2.** la parte esterna di uno pneumatico, costituita da carcassa, tallone e battistrada; racchiude la camera d'aria o l'aria che lo tiene gonfiato || **N. 1.** *Sin.* telone **2.** *Sin.* pneumatico | chiodato, da neve, *tubeless*; *aquaplaning.*

copertùra [dal lat. *coopertūra*; fine sec. XIII] **sf. 1.** atto, modo ed effetto del coprire **2.** ciò che viene utilizzato per coprire: *il capanno degli attrezzi aveva una copertura di lamiera* || *T.edil.* l'insieme delle strutture utilizzate per rivestire la sommità degli edifici || *T.cuc.* pasta di cioccolato o di altra sostanza utilizzata per rivestire torte, biscotti e sim. || *fig.* ciò che serve a dissimulare, a fornire una falsa apparenza: *il bar serviva da copertura a una bisca clandestina* **3.** *fig.* garanzia, protezione da eventuali rischi || *T.econ. copertura aurea*, riserva d'oro con cui uno stato garantisce il valore della propria carta moneta || *T.econ. copertura di un assegno*, quando il suo importo è effettivamente depositato in banca || *T.econ. copertura finanziaria*, l'insieme dei mezzi finanziari necessari per far fronte alle spese proposte in un disegno di legge e i cui modi di reperimento devono essere indicati dalla legge stessa || *T.mil.* ogni provvedimento mirante ad assicurare la sicurezza dell'esercito o dello stato prima dello svolgimento di grandi movimenti strategici: *manovre di copertura*, azioni di disturbo del nemico effettuate allo scopo di consentire movimenti strategici nelle retrovie; *copertura aerea*, insieme di azioni aeree compiute in appoggio a movimenti navali o terrestri in una determinata zona || *copertura radar*, territorio coperto dal raggio di azione di un radar **4.** *T.tip.* mascheratura **5.** *T.mus.* nella tecnica vocale, emissione con palato molle alzato che dà alla voce corpo e risonanza in maschera || **N. 2.** *Sin.* rivestimento. **Q.T.** *edilizia.*

copèta [dall'ar. *qubbaita*, mandorlato; 1830] **sf.** dolce pugliese consistente in un impasto di frutta secca, miele, cannella, simile alla copata senese, ma a forma di sbarrette.

còpia¹ [dal lat. *cōpia*; a. 1292] **sf.** *lett.* **1.** abbondanza, grande quantità: *vi era gran copia* *di messi* **2.** *ant.* agio, dimestichezza ‖ *far copia di sé,* concedersi con facilità **3.** *ant. pl.* truppe, milizie.

còpia[2] [da *copia*[1]; a. 1348] ***sf.*** **1.** esatta trascrizione di una scrittura originale: *copia di un documento, di una sentenza* ‖ *per copia conforme,* formula burocratica con cui si attesta la perfetta corrispondenza di una copia all'originale ‖ *copia autenticata,* legittimata dalla sottoscrizione di un notaio o di un ufficiale comunale ‖ *brutta copia,* stesura provvisoria di uno scritto ‖ *bella copia,* stesura definitiva di uno scritto ‖ *copia autografa,* bella copia eseguita dall'autore stesso ‖ *prendere copia,* copiare ‖ *collazionare una copia,* confrontarla con l'originale **2.** *per estens.* riproduzione esatta: *le sue parole sono una copia delle tue* ‖ *in part.* esatta riproduzione di un oggetto artistico: *una copia della Gioconda* **3.** duplicato di un originale ottenuto mediante procedimento meccanico, fotomeccanico e sim.: *copia ciclostilata, eliografata; copia fotostatica,* fotocopia ‖ *in part.* ogni esemplare a stampa di libri o riviste: *un romanzo stampato in 100.000 copie* ‖ *T.cin.* e *T.fot.* riproduzione positiva di una foto o di un film ‖ *T.inform. back-up* **4.** *fig.* detto di persona che assomiglia molto a un'altra: *è la copia del nonno* ‖ **N. 1.** *Sin.* duplicato, trascrizione; fac-simile; minuta | *Contr.* originale **2.** *Sin.* falso, imitazione **3.** *Sin.* fotocopia, riproduzione; positivo, stampa. **Q.T.** *pittura.*

copiacommissióne [comp. di *copia(re)* e *commissione*; 1970] ***sm. inv.*** *T.comm.* blocchetto su cui il rappresentante annota le ordinazioni del cliente.

copiafattùre [comp. di *copia(re)* e *fattura*; 1887] ***sm. inv.*** registro su cui vengono copiate le fatture emesse.

copialèttere [comp. di *copia(re)* e *lettera*; 1768] ***sm. inv.*** registro commerciale ora disusato su cui venivano copiate, per impressione su fogli di velina, le minute della corrispondenza di un'azienda scritte con inchiostro copiativo ‖ torchio in cui veniva posto tale registro per ottenere le copie per impressione.

copiàre (pres. *còpio*) [da *copia*[2]; sec. XIII] ***tr.*** **1.** trascrivere fedelmente: *copiare una lettera, un manoscritto; copiare a macchina,* usando la macchina per scrivere; *copiare in bella,* trascrivere in bella copia ‖ eseguire copia di un originale utilizzando un procedimento meccanico, fotomeccanico ecc. ‖ produrre una copia di un'opera artistica; ritrarre dal vero **2.** imitare pedestremente parole o atteggiamenti altrui; plagiare: *copia ogni suo atteggiamento, copiare un compito* ‖ **N. 1.** *Sin.* riprodurre; ricalcare; fotocopiare **2.** *Sin.* scimmiottare.

copiatìvo [da *copiare*; 1887] ***agg.*** che serve per produrre copie: *inchiostro copiativo,* inchiostro speciale con cui in passato venivano scritte le lettere che si intendevano copiare con il copialettere; *carta copiativa,* carta carbone ‖ *matita copiativa,* che lascia un segno indelebile.

copiatóre [da *copiare*; a. 1580] ***sm.*** (f. *-trice*) chi copia ‖ *fig.* chi imita modi, atteggiamenti e idee d'altri ‖ *ant.* copista ‖ **N.** *Sin.* amanuense; contraffattore, plagiario.

copiatrice [da *copiare*; 1970] ***sf.*** macchina che riproduce documenti; *in part.* fotocopiatrice.

copiatùra [da *copiare*; 1812] ***sf.*** **1.** atto, modo ed effetto del copiare: *la copiatura di un manoscritto, copiatura a mano* **2.** brano di un'opera, di una composizione ecc. copiato da altri: *un tema pieno di copiature.*

copìglia o **coppìglia** (pl. *-glie*) [dal lat. volg. **vulpĭcula,* piccola volpe, attr. il fr. *goupille*; 1771] ***sf.*** asticciola metallica a forcella che si introduce nel foro di una caviglia per meglio assicurarla o nel foro dello stelo filettato di un bullone per impedire lo svitamento del dado. **TAV.** ***utensili* p. 1340** 13.

copióne[1] [da *copiare*; 1881] ***sm.*** *T.teatr.* e *T.cin.* il testo, gen. dattiloscritto, di un lavoro teatrale, cinematografico, radiofonico o televisivo utilizzato dagli attori e dal regista durante le prove: *studiare il copione; battuta fuori copione,* improvvisata ‖ *fig. parlare, agire a copione,* senza spontaneità o seguendo dettami esterni ‖ **N.** *Sin.* sceneggiatura. **Q.T.** *teatro.*

copióne[2] [da *copiare*; 1978] ***sm.*** (f. *-a*) *fam.* chi copia o imita pedestremente gli altri; *in part.* chi per abitudine copia i lavori scolastici altrui.

copiosità [dal lat. *copiōsitas, -ātis*; 1306] ***sf.*** *lett.* l'essere copioso, abbondanza.

copióso [dal lat. *copiōsus*; a. 1306] ***agg.*** *lett.* **1.** abbondante, che è in grande quantità: *un raccolto copioso* **2.** *lett.* o *ant.* che è ricco, ampiamente dotato di qualcosa: *regione copiosa d'acqua* **3.** *ant.* facondo, che è buon parlatore ‖ **copiosaménte** ***avv.***

copìsta [da *copiare*; a. 1566] ***s.*** chi, prima dell'invenzione della stampa, trascriveva i codici; oggi, chi esegue lavori di copiatura di lettere, documenti, scritti ‖ chi esegue copie di opere d'arte ‖ **N.** *Sin.* amanuense, dattilografo. **Q.T.** *filologia...*

copisterìa [da *copista*; a. 1727] ***sf.*** impresa che si incarica di copiare per conto terzi documenti, scritti e testi vari ‖ luogo in cui si svolge tale attività.

copolìmero [da *polimero*; 1956] ***sm.*** *T.chim.* polimero costituito da monomeri di natura diversa.

còppa[1] o **cóppa**[1] [lat. tardo *cuppa,* class. *cūpa*; sec. XII] ***sf.*** **1.** recipiente per bere, largo e poco fondo, fornito di piede di sostegno e gen. di metallo o cristallo ‖ *per estens.* la parte superiore contenente il liquido e anche la quantità di liquido in essa contenuta: *una coppa di vino* ‖ *lett.* bicchiere **2.** *gen.* recipiente di forma tondeggiante senza piede, utilizzato per servire gelati, creme, macedonie di frutta e sim. ‖ *per estens.* qualsiasi contenitore di forma tondeggiante: *coppa dell'olio,* vaschetta contenente l'olio per la lubrificazione dei motori a combustione interna; *coppa della ruota,* elemento metallico o plastico, con funzione estetica e aerodinamica, che copre il mozzo ‖ *coppa della lucerna,* nelle lampade a olio, cavità contenente il combustibile **3.** trofeo, gen. costituito da un calice di varia dimensione e materiale (cristallo, argento ecc.) offerto in premio ai vincitori di gare sportive: *coppa Rimet* ‖ *per estens.* la gara stessa: *la finale di coppa Italia verrà giocata mercoledì* **4.** solo *pl. T.gioc.* uno dei quattro semi delle carte da gioco italiane ‖ *fig. valere come il due di coppe,* non valere nulla ‖ *dim.* coppétta. **TAV.** *motori* 3.17; ***automobile* p. 658** 5.23.

còppa[2] o **cóppa**[2] [da *coppa*[1]; a. 1321] ***sf.*** **1.** *ant.* parte posteriore del collo, nuca: *dietro da la coppa* (Dante) ‖ *per estens. region.* taglio di carne bovina dietro il collo **2.** insaccato di carne suina ricavata dal lombo o dalla testa del maiale, a seconda degli usi regionali, cotta o cruda e variamente aromatizzata. **TAV.** *alimentazione* 3.1.

coppàia[1] [da *coppo*; 1768] ***sf.*** locale in cui vengono conservati gli orci dell'olio.

coppàia[2] [da *coppa*[1]; 1692] ***sf.*** elemento del tornio utilizzato per afferrare i pezzi che debbono essere lavorati a sbalzo.

coppàle V. COPALE.

coppatùra [dal nap. (*'n*) *coppa,* in cima, sopra; 1942] ***sf.*** trucco commerciale consistente nel nascondere la merce scadente con uno strato di merce buona.

coppèlla [da *coppa*[1]; a. 1347] ***sf.*** **1.** crogiolo in materiale poroso in cui vengono affinati i metalli preziosi ‖ *oro di coppella,* oro purissimo; *fig.* persona eccellente ‖ *fig. prendere per oro di coppella,* per cosa vera o eccellente ‖ forno in cui avviene la coppellazione **2.** rivestimento delle tubature d'acqua per impedire che trasudino **3.** *T.bot.* parte del fiore a forma di coppa in cui vi sono stami, pistilli e perianzio.

coppellàre (pres. *-èllo*) [da *coppella*; 1631] ***tr.*** **1.** saggiare i metalli preziosi nella coppella ‖ *per estens. fig.* sperimentare **2.** sottoporre a coppellazione.

coppellazióne [da *coppellare*; 1865] ***sf.*** processo di trattamento del piombo argentifero mediante ossidazione in modo che il piombo, ossidato, si distacchi dall'argento ‖ *gen.* trattamento di affinamento dei metalli preziosi mediante coppella. **Q.T.** *oreficeria.*

coppétta (*dim.* di *coppa*[1]) [sec. XIV] ***sf.*** **1.** piccola coppa: *le coppette del reggiseno* ‖ *T.med.* piccola campana di vetro che veniva applicata sulla cute per procurare il vuoto e attirare il sangue o altri liquidi in superficie **2.** *T.teatr.* cappuccio di forma semisferica o conica contenente una lampada a luce diffusa; viene utilizzato per illuminare gli angoli di una scenografia.

còppia o **cóppia** [lat. *cōpula*; 1306] ***sf.*** **1.** due cose, due animali o due persone della stessa specie: *una coppia di anelli, di cani, di pattinatori* ‖ *in part.* di persone, fidanzati o sposi: *formano proprio una bella coppia* ‖ *far coppia fissa,* quando un uomo e una donna si fanno vedere spesso insieme ‖ *in coppia, a coppie,* a due a due ‖ *T.gioc.* due carte dello stesso valore: *una coppia di assi* **2.** *T.sport.* due atleti che gareggiano abbinati: *gara a coppie* ‖ *voga di coppia,* nel canottaggio, quella con due remi per ogni banco **3.** *T.fis.* insieme di due enti (due forze, due molecole ecc.) legati tra loro da una relazione: *coppia di particelle,* in fisica nucleare, l'insieme costituito da una particella e dalla corrispondente antiparticella (elettrone e positrone, protone e antiprotone e sim.) ‖ *coppia di vettori,* insieme di due vettori aventi lo stesso modulo e la stessa direzione ma versi opposti ‖ *T.mat.* l'insieme di due elementi; *coppia ordinata,* l'insieme di due elementi tra loro distinguibili secondo qualche parametro **4.** *T.ling. coppia minima,* coppia di parole che differiscono tra loro per un solo fonema posto nella stessa posizione relativa: *pazzo e pizzo costituiscono una coppia minima* ‖ **N. 1.** ambo, paio, pariglia; doppione; doppietta | accoppiare.

coppière [da *coppa*[1]; 1525] ***sm.*** (f. *-a*) **1.** nell'antichità, inserviente incaricato di servire il vino ai commensali durante un banchetto ‖ *per estens. lett.* chi versa da bere ai commensali **2.** nella corte pontificia, titolo di uno dei nove camerieri del papa ‖ nelle corti, la carica di chi versava il vino ai sovrani ‖ **N.** *Sin.* pincerna.

coppìglia V. COPIGLIA.

coppiòla [da *coppia*; 1865] ***sf.*** sparo quasi simultaneo di due colpi ‖ *per meton.* l'uccisione di due animali compiuta in rapida sequenza ‖ *per estens. T.mil.* lancio simultaneo di due siluri ‖ *per estens.* calcio sferrato dal mulo o dal cavallo con le due zampe posteriori.

cóppo [da *coppa*[1]; inizio sec. XIII *copo*] ***sm.*** **1.** orcio, gen. di terracotta, usato per conservare vino od olio: *per lei vino ho nel tino, olio nel coppo* (Pascoli) **2.** antica unità di misura di capacità per aridi, di valore variabile a seconda delle zone **3.** tegola ricurva usata per ricoprire tetti **4.** piccola rete da pesca di forma conica legata a un anello di legno o di ferro e sostenuta da un'asta **5.** *ant.* la cavità dell'occhio **6.** *ant.* la parte dell'armatura che protegge la testa ‖ *per estens.* cranio ‖ *dim.* coppìno.

còppola [da *coppa*[1]; sec. XIII-XIV *coppula*] ***sf.*** berretto floscio di panno con piccola visiera originario della Sicilia ‖ *gerg. coppola storta,* mafioso.

còpra [dal port. *copra*; 1892] ***sf.*** polpa essiccata della noce di cocco da cui viene estratto l'olio di cocco.

copriàbito [comp. di *copri(re)* e *abito*; 1983] ***sm. inv.*** *T.abb.* abito interamente aperto che si porta in modo da far vedere l'abito sottostante.

copribùsto [comp. di *copri(re)* e *busto*; 1925] ***sm.*** *inv.* corpetto di stoffa portato un tempo dalle donne sopra il busto.

copricànna [comp. di *copri(re)* e *canna*; 1956] ***sm.*** *inv.* legno sagomato che copre in parte la canna del fucile per proteggerla dagli urti e per evitare scottature quando è calda. **TAV.** ***armi*** **p. 648** 18.8.

copricàpo [comp. di *copri(re)* e *capo*; 1905] ***sm.*** nome generico di cappelli, berretti e ogni altro indumento utilizzato per proteggere il capo ‖ **N.** basco, berretto, bombetta, bustina, cappello, cappuccio, cilindro, colbacco, coppola, cuffia, feluca, kepì, paglietta, turbante. **Q.T.** *abbigliamento, copricapi.*

copricaténa [comp. di *copri(re)* e *catena*; 1970] ***sf.*** *inv.* elemento in lamiera che, part. in biciclette e moto, protegge la catena di trasmissione; *carter*.

copricostùme [comp. di *copri(re)* e *costume*; 1970] ***sm.*** *inv. T.abb.* indumento femminile da indossare sopra il costume da bagno.

coprifàsce [comp. di *copri(re)* e *fascia*; 1965] ***sm.*** *inv.* camiciola leggera di lana o cotone, spesso ricamata od ornata di pizzi, che copre le fasce del neonato.

coprifiàmma [comp. di *copri(re)* e *fiamma*; 1964] ***sm.*** *inv.* sorta di imbuto di acciaio posto sulla bocca delle armi da fuoco per proteggere dalla vampa dello sparo.

coprifuòco [comp. di *copri(re)* e *fuoco*; sec. XIV] ***sm.*** *inv.* divieto straordinario di uscire di casa nelle ore serali e notturne imposto dall'autorità militare alla popolazione civile in situazioni di emergenza o per motivi di ordine pubblico ‖ usanza medievale per cui a una certa ora gli abitanti delle città erano tenuti a coprire con la cenere i fuochi per evitare gli incendi; anche il segnale che intimava tale ordine.

coprilètto [comp. di *copri(re)* e *letto*; 1663] ***sm.*** *inv.* coperta leggera, spesso variamente lavorata o decorata, posta sul letto rifatto per scopi ornamentali.

copriménto [da *coprire*; a. 1342] ***sm.*** *raro* il coprire.

coprimișèrie [comp. di *copri(re)* e *miseria*; 1808] ***sm.*** *inv. raro* e *scherz.* cappotto, mantello che si indossa su abiti logori o in cattivo stato.

coprimòẓẓo [comp. di *copri(re)* e *mozzo*; 1964] ***sm.*** *inv. T.aut.* elemento metallico o in materiale plastico che ricopre la parte del mozzo delle ruote che sporge verso l'esterno ‖ **N.** *Sin.* coppa.

copripiàtti [comp. di *copri(re)* e *piatto*; 1887] ***sm.*** *inv.* copertura in rete metallica o in plastica che ripara le vivande dalle mosche ‖ **N.** *Sin.* coprivivande.

copripièdi [comp. di *copri(re)* e *piede*; 1887] ***sm.*** *inv.* piccola coperta o cuscino che si mette sulle coperte per tenere caldi i piedi.

copripùnto [comp. di *copri(re)* e *punto*; 1940] ***sm.*** *inv.* striscia di tessuto o nastro utilizzato per ricoprire le cuciture ‖ **N.** *Sin.* bordura.

copriradiatóre [comp. di *copri(re)* e *radiatore*; 1970] ***sm.*** *inv.* **1.** rivestimento che si applica d'inverno sulle calandre delle automobili per diminuire la quantità d'aria che passa attraverso il radiatore **2.** copertura che si pone sopra i termosifoni, a scopo estetico o per trattenere le particelle di polvere che, spinte dall'aria calda verso il muro, lo sporcherebbero.

coprìre (pres. *còpro* ecc., come APRIRE) [lat. *cooperīre*; a. 1292] ***tr.*** **1.** porre una cosa sopra o intorno a un'altra per proteggerla, ornarla o nasconderla: *coprire il divano con una fodera, il tavolo con una tovaglia, il muro di intonaco*; *coprire una pentola*, mettere un coperchio; *coprire il fuoco*, buttarvi sopra della cenere perché non si spenga ‖ *T.gioc. coprire una carta*, porla con la faccia in giù oppure porvi sopra un'altra carta ‖ di persona, proteggere con indumenti: *copri i bambini che fa freddo* ‖ ammantare: *la neve ha coperto le cime dei monti* ‖ *fig.* colmare, riempire: *coprire di baci, di attenzioni* **2.** *fig.* difendere, proteggere: *coprire l'assalto con il fuoco delle mitragliatrici*; *coprire le spalle a qualcuno*, anche *fig.* proteggere **3.** *fig.* garantire: *l'assicurazione mi copre in caso di infortunio*; pareggiare: *non sono nemmeno riusciti a coprire le spese* **4.** *fig.* nascondere, dissimulare: *coprire un difetto, una malefatta* ‖ *fig. lett.* offuscare ‖ di suono, superare in intensità: *l'urlo delle sirene copriva i lamenti dei feriti* ‖ *T.mil.* mettere in fila: *allineati e coperti* **5.** *fig.* occupare, ricoprire: *copre la carica di presidente ormai da tre anni* **6.** *fig.* percorrere una certa distanza in un dato tempo, part. nel linguaggio sportivo: *ha coperto i cento metri in 9"9* **7.** *T.fig.* nell'accoppiamento di animali, montare: *quella cavalla non è mai stata coperta* ‖ ***rifl.*** **1.** proteggersi dal freddo: *copriti bene se sei raffreddato* ‖ coprire parti del corpo per convenzioni sociali: *copriti, sei troppo scollata* **2.** *fig.* garantirsi da eventuali imprevisti: *coprirsi contro gli infortuni* **3.** *fig.* riempirsi: *coprirsi di gioielli, di onori* **4.** *T.sport.* part. nel pugilato, difendersi: *coprirsi il viso con i guantoni* ‖ ***intr. pron.*** diventare pieno: *i muri si sono coperti di crepe* ‖ **N.** ***tr.*** **1.** avvolgere, circondare, ricoprire, riparare, rivestire; imbacuccare | *Contr.* scoprire **4.** *Sin.* celare, mascherare, mimetizzare, velare | *Contr.* rivelare, scoprire, svelare.

copririșvòlto [comp. di *copri(re)* e *risvolto*; 1974] ***sm.*** *inv.* parte visibile del risvolto di giacche, pantaloni e sim. ‖ striscia di stoffa che si applica all'interno degli abiti lungo l'abbottonatura.

copriteièra [comp. di *copri(re)* e *teiera*; 1970] ***sm.*** *inv.* copertina che si pone sulla teiera per mantenerne più a lungo il calore.

copritóre [da *coprire*; 1352] **I** ***sm.*** (f. *-trìce*) chi è addetto a lavori di messa in opera di determinate coperture (in legatoria, in falegnameria e sim.) **II** ***agg.*** che ricopre: *penne copritrici*, negli uccelli, piccole penne che coprono la base delle penne timoniere.

coprivivànde [comp. di *copri(re)* e *vivanda*; 1940] ***sm.*** *inv.* attrezzo da cucina a forma di cupola, realizzato in materiale vario e utilizzato per proteggere vassoi e piatti da portata o per mantenere il calore dei cibi ‖ coperchio sferico di rete a maglie fitte per proteggere i cibi dalle mosche.

còpro- [dal gr. *kópros*, sterco] ***primo elem.*** che, in parole composte della terminologia scientifica, spec. medica, vale "feci", "relativo alle feci" (per es. *coprofagia, coprolito*) o, *per estens.*, "osceno", "oscenità" (per es. *coprolalia*).

coprocessóre [comp. di *co-* e *processore*] ***sm.*** *T.inform.* risorsa ausiliaria che si occupa dell'elaborazione di dati collaterali in modo che l'attività dell'unità centrale risulta alleggerita e quindi più veloce.

coprocoltùra [comp. di *copro-* e *coltura*; 1981] ***sf.*** *T.med.* indagine diagnostica, consistente nella ricerca della flora microbica presente nelle feci.

coproduttóre [comp. di *co-* e *produttore*; 1974] ***agg.*** e ***sm.*** (f. *-trìce*) che, chi partecipa a una coproduzione.

coproduzióne [dall'ingl. *coproduction*; 1950] ***sf.*** produzione di una pellicola cinematografica da parte di due o più produttori associati: *una coproduzione italo-francese* ‖ *per estens.* l'opera stessa.

coprofagìa [comp. di *copro-* e *-fagia*; 1892] ***sf.*** **1.** *T.med.* tendenza patologica a nutrirsi di escrementi **2.** *T.zool.* abitudine di alcuni animali di mangiare escrementi ‖ **N.** **1.** *Sin.* scatofagia.

copròfago (pl. *-gi*) [comp. di *copro-* e *-fago*; 1956] ***agg.*** e ***sm.*** (f. *-a*) *T.med.* che, chi è affetto da coprofagia.

coprolalìa [comp. di *copro-* e *-lalia*; 1890] ***sf.*** tendenza anormale a parlare facendo continuo riferimento a escrementi e organi genitali e a usare espressioni triviali.

copròlito [comp. di *copro-* e *-lito*; 1881] ***sm.*** **1.** *T.med.* calcolo intestinale composto da residui alimentari mischiati a materiale fecale indurito **2.** *T.paleont.* escremento fossile costi-

COPRICAPI

PERSONE: berrettinaio, cappellaio, follatore, lustratore, modista, trecciaiolo.

STRUMENTI: appretto, arco (asta, naso, ventola, corda), calcatoio, cardino, conformatore, follone, forma, gruccia, mazzuola, paletta, setolino.

MACCHINE: allargatese, aspiratore, carda, cucitrice, follatrice, follone, imbastitrice o campana, pressa, rasatrice, rifilatrice, sabbiosa, soffiatrice, spuntatrice, tagliatrice.

OPERAZIONI: appretto, cernita, decatissaggio, feltratura, follatura, imbastitura, informatura, lavatura, lucidatura o lustratura; lisciatura / guarnizione, mescolatura, modellatura, montatura, pesatura, pomiciatura, pressatura, raffinatura, rifinitura, rimontatura, slanatura, sodatura, soffiatura, spuntatura, striatura; abbruscare, accappare, accordellare, appinzare, decatizzare, incrociare, scardinare, setolinare, spelare, spianare.

CAPPELLI: berretto, berretto frigio, bombetta, borsalino, bustina, camauro, cappellino, cappuccio, chepì, cilindro, colbacco, cuffia, feluca, fez, floscio, *gibus*, lucerna, magiostrina, nicchio, paglietta, panama, papalina, petaso, pileo, sombrero, tocco, tuba, turbante; mitra, tiara, triregno, tricorno, zucchetto; a becco, a cilindro, a cencio, a cupola, a gronda, a lobbia, alla marinara, a pan di zucchero, a rocchetto, a staio, alla tirolese, a tre punte; canottiera, cappotta, cappottina, cresta, cuffia, monachina, nizzarda, pamela, *toque*.

MATERIA: bavella, caluggine, cuoio, felpa, feltro (pelo di lepre, di coniglio, di castoro, di cammello), lana, paglia, panno, pelle, peluria, raso, seta, velluto.

PARTI DEL CAPPELLO: cocuzzolo, falda o tesa, fascia, fiocco, fodera, giro, inceratino, orlo, pennacchio, soggolo, stampo, visiera; *aigrette*, balza, bigherino, blonda, carcassa, cupola, fiori, gola, ghirlandina, guarnizione, marabù, nastro, piume, veletta.

VOCI ATTINENTI: cappelliera; far di cappello; sberrettata, scappellata.

tuito da carbonati e fosfati.

coprostàṣi [comp. di *copro-* e *stasi*; 1887 *coprostasia*] **sf.** *T.med.* ristagno prolungato delle feci nell'intestino.

còpto [dall'ar. *quft*; a. 1652 *cofto*] **I agg.** relativo ai Copti, popolazione egiziana di origine non araba; oggi gen. indica i cristiani d'Egitto || *lingua copta*, ultimo stadio evolutivo dell'egiziano, oggi usata solo nella liturgia della Chiesa copta || *scrittura copta*, adattamento della scrittura greca formatosi intorno al III sec. d.C. e rimasta in uso fino al basso Medioevo **II sm.** **1.** (f. *-a*) discendente degli antichi egiziani || cristiano monofisita d'Egitto e di Etiopia **2.** (solo *sing.*) lingua copta.

còpula [dal lat. *copula*; a. 1375 nel senso 2] **sf.** **1.** accoppiamento sessuale **2.** *T.gram.* la forma verbale che unisce il soggetto al predicato nominale; nelle lingue indoeuropee è rappresentata di solito dal verbo *essere* || la congiunzione *e* || **N.** **1.** *Sin.* amplesso, coito.

copulànte (*ppr.* di *copulare*) [1956 nel senso 2] **agg.** **1.** *ant.* che si accoppia **2.** *T.chim.* detto di ammina o fenolo aromatici che, reagendo con sali di diazonio, formano gli azocomposti.

copulàre (pres. *còpulo*) [da *copula*; seconda metà sec. XIII] **tr.** **1.** *ant.* congiungere sessualmente || accoppiare **2.** *T.chim.* realizzare una copulazione || **rifl. rec.** *raro* congiungersi in un rapporto sessuale || *raro ant.* o *scherz.* sposarsi.

copulatìvo [da *copulare*; a. 1535] **agg.** che serve a congiungere; *in part.* *T.gram.* *congiunzioni copulative*, congiunzioni che coordinano due frasi o due sintagmi (*e, né, anche*); *verbi copulativi*, verbi che uniscono il soggetto al predicato nominale (*essere, sembrare, diventare* ecc.).

copulatóre [da *copulare*; 1956] **agg.** *T.biol.* proprio della copulazione, relativo alla copulazione: *apparato copulatore*, apparato femminile di fecondazione interna.

copulazióne [da *copulare*; a. 1535] **sf.** **1.** accoppiamento sessuale **2.** *T.chim.* reazione tra un'ammina o un fenolo aromatico e un composto azotato.

copyright (ingl., pr. ['kɒpɪraɪt]) [letter. diritto di riproduzione; 1892] **sf.** *inv.* diritto d'autore su pubblicazioni (opere artistiche, letterarie ecc.); formula con cui su ogni opera viene menzionato tale diritto anche mediante la semplice apposizione del marchio ©. **Q.T.** *tipografia*.

copywriter (ingl., pr. ['kɒpɪraɪtə]) [comp. di *copy*, copia e *writer*, scrittore; 1963] **sm.** *inv.* ideatore di testi e slogan pubblicitari.

coque (fr., pr. [kɔk]) [letter. guscio; 1905] **sf.** *inv.* solo nelle loc. *uovo alla coque* o *à la coque*, uovo cotto per due o tre minuti in acqua, in modo da far rapprendere l'albume.

coràbile [da *c(u)ore*; metà sec. XIV] **agg.** *ant.* cordiale.

Coracifórmi (sing. *-e*) [comp. di *coraco-* e *-forme*; 1956] **sm. pl.** *T.zool.* ordine di uccelli diffusi nelle zone tropicali e subtropicali, caratterizzati dalla fusione delle tre dita anteriori, becco lungo e robusto, zampe corte e piumaggio scarso; vi appartengono tra gli altri l'upupa e il martin pescatore. **Q.T.** *zoologia* **TAV.** ***uccelli* p. 1339**.

coràggio [dal lat. volg. **corăticum*, attr. il provenz. *coratge*; a. 1257] **I sm.** **1.** forza d'animo nel sopportare dolori e avversità o nell'affrontare pericoli: *sopportare con coraggio una malattia, affrontare con coraggio la morte*; *avere il coraggio delle proprie opinioni*, difenderle con convinzione; *avere coraggio da vendere*, averne moltissimo; *prendere coraggio*, osare; *prendere il coraggio a due mani*, farsi forza e agire; *fare, dare coraggio a qualcuno*, cercare di consolare qualcuno in una situazione dolorosa o difficile; *coraggio da leone*, grande audacia; *coraggio civile*, quello mostrato nell'affrontare situazioni pericolose o spiacevoli per il bene comune o per amore del vero; *il coraggio della disperazione*, quello che si mostra nel tentativo di uscire da una situazione disperata **2.** sfacciataggine, impudenza: *ci vuole un bel coraggio ad agire in quel modo* **II escl.** usata come esortazione a farsi forza: *coraggio, siamo quasi arrivati!* || **N.** **1.** *Sin.* animo, ardimento, ardire, audacia, baldanza, cuore, eroismo, fegato, sangue freddo, valore | *Contr.* viltà | fermo, leonino, virile | alzar la cresta, armarsi di coraggio, arrischiarsi, ringalluzzire **2.** *Sin.* arroganza, insolenza, sfrontatezza | *Contr.* discrezione, modestia.

coraggióso [da *coraggio*; fine sec. XIII] **agg.** che ha, che mostra coraggio: *si comportò da coraggioso* || *per estens.* di cosa fatta con coraggio: *pronunciò un discorso coraggioso* || **coraggiosaménte** **avv.**

coràgo v. COREGO.

coràle[1] [da *coro*; 1727] **I agg.** **1.** che si riferisce a un coro, eseguito da un coro: *composizione corale, canto corale* || *lirica corale*, sezione della lirica greca destinata a essere cantata a più voci **2.** *per estens. fig.* che esprime il concorde sentimento di una pluralità di persone: *protesta, approvazione corale* || di opera artistica i cui vari motivi ed elementi si fondono in un tutto organico: *romanzo, film, sinfonia corale* || *azione corale*, nei giochi di squadra, azione impostata e condotta con la partecipazione di tutti i giocatori || **coralménte** **avv.** **II sm.** **1.** componimento musicale per coro, part. di ispirazione religiosa || *per estens.* brano strumentale a esso stilisticamente affine: *un corale di Bach* **2.** libro liturgico contenente gli uffici del coro || **sf.** coro, gruppo di cantori: *corale studentesca, polifonica*.

coràle[2] [dal provenz. *coral*; a. 1250 *curale*] **agg.** *ant.* che dimostra cordialità, affettuoso.

coralità [da *corale*[1]; 1942] **sf.** il carattere corale, part. in riferimento a opere artistiche: *la coralità dei film di Sergio Leone*.

corallàio (pl. *-ài*) [da *corallo*; 1697 *corallaro*] **sm.** (f. *-a*) chi lavora il corallo o lo vende.

Coràllidi (sing. *-e*) [comp. di *corallo* e *-idi*; 1956] **sm. pl.** *T.zool.* famiglia di Celenterati Antozoi tra cui il corallo.

corallière [da *corallo*; 1970] **sm.** (f. *-a*) pescatore di corallo.

corallìfero [comp. di *corallo* e *-fero*; a. 1730] **agg.** costituito da coralli: *banchi coralliferi*.

corallìna [da *corallino*; 1561 nel senso 2; 1681 nel senso 1; 1772 nel senso 3] **sf.** **1.** *T.min.* roccia calcarea sedimentaria costituita da madrepore e coralli fossili, usata in edilizia come materiale per rivestimenti **2.** *T.bot.* alga marina di colore rosso con tallo calcareo fittamente ramificato che forma cespuglietti a pelo dell'acqua **3.** imbarcazione usata nel Tirreno dai pescatori di corallo.

corallìno [da *corallo*; a. 1503] **I agg.** di corallo: *barriera corallina*; simile al corallo, dello stesso colore rosso: *labbra coralline* **II sm.** erba perenne con foglie ovate e fiori raccolti in spighe.

corállo [dal lat. tardo *corallum*, class. *corallium*, gr. *korállion*; a. 1327] **I sm.** **1.** *T.zool.* nome di varie specie di Antozoi che vivono riuniti in colonie sostenute da formazioni calcaree arborescenti: *corallo rosso*, alto fino a trenta centimetri, di colore variabile dal rosa al rosso cupo, è comune nei nostri mari; *corallo azzurro*, diffuso nell'Oceano Indiano **2.** *per estens.* lo scheletro di tali animali che viene lavorato per produrre oggetti ornamentali: *orecchini di corallo* **3.** il colore caratteristico di tale sostanza: *labbra di corallo* **4.** pianta delle Papilionacee con fiori rossi e foglie romboidali **II agg.** (sempre posposto) rosso vivo: *rossetto corallo* || *serpente corallo*, così chiamato per la colorazione della sua pelle.

coràme [lat. volg. **coriamen*; 1338] **sm.** **1.** cuoio lavorato **2.** *sett.* cuoio in genere **3.** *ant.* cuoiame.

coramèlla [da *corame*; 1905] **sf.** striscia di cuoio usata dai barbieri per affilare i rasoi.

coramìna [comp. del lat. *cor*, cuore e *a(m)-mina*; 1956] **sf.** *T.farm.* farmaco stimolante delle funzioni cardiache e respiratorie.

coram populo (lat., pr. it. [ˌkɔram 'pɔpulo]) [letter. davanti al popolo] **loc. avv.** pubblicamente.

corànico (pl. *-ci*) [da *corano*; 1907] **agg.** del corano, che ad esso si riferisce.

coràno [dall'ar. *qur'ān*, letter. lettura; a. 1367] **sm.** libro sacro della religione islamica contenente le rivelazioni fatte da Dio al profeta Maometto.

coràta [lat. volg. **corāta*, neutro pl.; a. 1321] **sf.** le interiora degli animali || *ant.* le interiora dell'uomo.

coratèlla (*dim.* di *corata*) [a. 1556 *coradella*] **sf.** la corata di alcuni piccoli animali macellati (agnellli, conigli e sim.).

coràzza [lat. volg. **coriăcea*, di cuoio; a. 1292] **sf.** **1.** parte dell'armatura destinata a proteggere il busto; di cuoio e metallo, era composta da due parti (petto e schiena) unite fra loro da cinghie o lamelle in modo da consentire una certa libertà di movimento || *per estens.* soldato armato di corazza || *fig.* protezione, difesa **2.** *T.zool.* rivestimento osseo con funzioni protettive che riveste completamente o parzialmente il corpo delle tartarughe || *per estens.* l'esoscheletro di Crostacei e Artropodi **3.** rivestimento metallico con cui vengono protetti alcuni strumenti bellici: *la corazza di un carro armato, di una nave*; rivestimento in calcestruzzo posto a protezione di installazioni permanenti || *per estens.* struttura protettiva delle sponde di un corso d'acqua || **N.** **1.** armatura, lorica, usbergo | corazziere **2.** *Sin.* guscio. **TAV.** *rettili* 4.1; ***armi* p. 648** 6.21 e **p. 649** 27.16.

corazzàre [da *corazza*; 1797] **tr.** rivestire con una corazza: *corazzare una porta* || *fig.* proteggere || **rifl.** munirsi di corazza || *fig.* proteggersi: *corazzarsi contro le maldicenze*, non farci più caso, diventare indifferente.

corazzàta [da *corazzare*, sul modello del fr. *cuirassé*; 1875] **sf.** nave da guerra di grandi dimensioni armata con pezzi d'artiglieria di grandi dimensioni e protetta da una corazzatura di lastre d'acciaio nelle parti vitali || *corazzata tascabile*, denominazione data a unità della marina tedesca con potenza di fuoco pari a quella di una normale corazzata ma di dimensioni minori. **Q.T.** *nautica...*

corazzàto (*pps.* di *corazzare*) [sec. XVIII] **agg.** nei sensi del verbo || *T.mil.* *mezzi corazzati*, carri armati e altri mezzi blindati; *truppe corazzate*, reparti dell'esercito che hanno in dotazione tali mezzi || *camera corazzata*, in istituti bancari, camera di sicurezza || *porta corazzata*, porta munita di particolari protezioni e rinforzi contro i tentativi di effrazione || *pile corazzate*, pile a secco rivestite di lamierino di acciaio || *proiettile corazzato*, rivestito in acciaio per aumentarne il potere perforante || *pennino corazzato*, rivestito da una struttura protettiva || **N.** *Sin.* blindato.

corazzatùra [da *corazzare*; 1865] **sf.** atto ed effetto del corazzare || *concr.* insieme delle protezioni usate per corazzare un mezzo.

corazzière [da *corazza*, sul modello del fr. *cuirassier*; 1604] **sm.** **1.** *T.stor.* soldato a cavallo munito di corazza facente parte della cavalleria pesante **2.** carabiniere che fa parte della guardia del corpo del capo dello Stato italiano, scelto per le sue doti di altezza e prestanza fisica || *per estens. scherz.* (f. *-a*) persona alta e robusta.

còrba¹ [dal lat. *corbis*; 1325] **sf. 1.** cesta intrecciata con vimini o rami di castagno, gen. con due manici, utilizzata per il trasporto di carbone, calce e sim. **2.** antica misura di capienza per aridi in uso a Bologna **3.** *T.mar. region.* elemento trasversale dell'ossatura di scafi in legno o in metallo, costa, ossatura.

còrba² [da *curvo*; sec. XIII *curba*] **sf.** malformazione ossea del garretto di bovini ed equini prodotta da traumi o processi infiammatori.

corbacchióne (*accr.* di *corbo*) [a. 1400] **sm.** *ant.* **1.** grosso corvo **2.** (f. *-a*) *fig.* persona astuta.

corbàccio (pl. *-ci*) (*pegg.* di *corbo*) [a. 1533] **sm.** *ant.* grosso corvo.

corbàme [forse dal lat. *curvus*, curvo; 1556] **sm.** *T.mar.* l'insieme delle corbe o coste di una nave.

corbeille (fr., pr. [kɔr'bɛj]) [lat. tardo *corbicula*, piccola corba; 1892 nel senso 1; 1927 nel senso 2] **sf.** *inv.* **1.** cesto di fiori disposti con cura **2.** in borsa, recinto in cui gli agenti di cambio contrattano i titoli.

corbellàggine [da *corbello²*; a. 1584] **sf.** *raro* balordaggine, stupidità.

corbellàre (pres. *-èllo*) [da *corbello²*; a. 1712] **tr.** prendere in giro, canzonare || **N.** *Sin.* burlare, deridere.

corbellatóre [da *corbellare*; 1765] **agg.** e **sm.** (f. *trice*) che, chi prende in giro.

corbellatòrio (pl. *-ri*) [da *corbellare*; a. 1767] **agg.** canzonatorio, beffardo.

corbellatùra [da *corbellare*; a. 1716] **sf.** *non com.* canzonatura.

corbellerìa [da *corbello²*; a. 1584] **sf. 1.** *pop.* stupidaggine, sciocchezza: *non dire corbellerie* || *per estens.* cosa di poco conto **2.** facezia, motto di spirito.

corbèllo¹ [lat. volg. **corbellum*; inizio sec. XII] **sm.** recipiente di vimini di medie dimensioni || *per estens.* la roba in esso contenuta || *corbello petriere*, cesto pieno di pietre che anticamente veniva lanciato sugli assalitori dall'alto delle mura || *dim.* corbellìno, corbellétto; *accr.* corbellóne.

corbèllo² [da *corbello¹*, come euf. per *coglione*; 1734] **sm.** *pop.* **1.** part. *pl.* testicolo || *rompere i corbelli a qualcuno*, infastidirlo || *avere qualcuno sui corbelli*, provare antipatia per qualcuno || anche come esclamazione di meraviglia: *corbelli! che spettacolo* **2.** *fig.* persona sciocca, credulona.

corbézzola [da *corbezzolo*; a. 1558] **sf.** *T.bot.* il frutto del corbezzolo, costituito da una bacca rossa a superficie verrucosa di sapore acidulo.

corbézzolo [etim. inc.; 1342] **sm.** arbusto sempreverde delle Ericacee, caratteristico della macchia mediterranea; può raggiungere gli otto metri di altezza, ha foglie alterne e frutti commestibili simili a ciliege pieni di semi || *pl. corbezzoli!*, espressione usata per esprimere meraviglia, stupore e sim.

còrbo [lat. *corvus*; sec. XIII] **sm.** *ant.* corvo.

corcàre (pres. *còrco, còrchi*) [lat. *collocāre*, porre, distendere; 1319] **tr.** *ant. lett.* coricare.

corcontènto o **cuòr contènto** [comp. di *cuore* e *contento*; a. 1861 *cuor contento*] **s.** persona tranquilla e spensierata.

còrda [lat. *chorda*, propr. corda degli strumenti musicali; sec. XIII nel senso 3] **sf. 1.** struttura composta da fili attorcigliati di materiale vario (fibre vegetali, sintetiche, fili metallici e sim.) avvolti in spire gli uni sugli altri, adatta a sostenere sforzi di trazione e utilizzata per legare, tirare, sostenere ecc. || *fig. reggere la corda*, aiutare qualcuno in un'impresa, part. in un'impresa disonesta || *fig. dare corda*, concedere libertà di azione o di pensiero || *fig. dare corda a qualcuno*, incoraggiarlo a parlare, a confidarsi || *fig. tagliare la corda*, scappare || *fig. mettere la corda al collo a qualcuno*, imporgli condizioni pesanti, umilianti || *fig. essere con la corda al collo*, in una situazione senza vie di uscita || *corda dell'orologio*, negli orologi a muro o negli orologi da torre, le funi cui sono attaccati i pesi che per gravità azionano il meccanismo dell'orologio; *gen. dar corda all'orologio*, caricarlo || *la corda del sacco*, quella che ne lega l'imboccatura || *la corda del muratore*, il filo a piombo || cavo d'acciaio su cui i funamboli compiono le loro evoluzioni: *ballare, camminare sulla corda*, eseguire esercizi funamboleschi, e *fig.* essere in una situazione pericolosa || *prov. non parlare di corda in casa dell'impiccato*, evitare argomenti che risultino sgraditi al proprio interlocutore **2.** *T.sport.* nella ginnastica, fune dotata di due manici alle estremità, utilizzata per eseguire salti sul posto o di corsa; *per estens.* l'esercizio stesso || *salto della corda*, gioco che consiste nel saltare una corda fatta roteare ritmicamente sulla testa e sotto i piedi || nel pugilato, ciascuna delle funi elastiche che delimitano il ring: *mettere, costringere l'avversario alle corde*, costringerlo al bordo del ring facendogli subire la propria azione offensiva; *fig.* in una polemica, in una discussione, ridurre al silenzio il proprio avversario || nell'atletica, bordo che delimita il limite interno di una pista: *partire alla corda*, nella corsia più interna || nell'ippica, steccato || *T.alp.* robusta fune, di varia lunghezza, utilizzata per l'assicurazione durante la scalata; *corda doppia*, manovra di discesa in sospensione, senza appoggi in parete, effettuata per calarsi da strapiombi o pareti a picco **3.** struttura filiforme in minugia di budello, in materiali sintetici o in metallo che, tesa sopra una cassa armonica e fatta opportunamente vibrare, produce suoni diversi a seconda della sua lunghezza, diametro o grado di tensione: *strumenti a corda* || *fig. essere teso come una corda di violino*, essere nervosissimo || *fig. toccare una corda*, parlare di un particolare argomento; *toccare la corda del sentimento*, affrontare un argomento cui l'interlocutore è particolarmente sensibile **4.** ciascuno dei fili, in budello o materiale sintetico, di cui è composta la parte della racchetta da tennis usata per respingere la pallina || fune usata per tendere e curvare l'arco e per lanciare la freccia **5.** *T.anat.* ogni organo che abbia forma allungata e filiforme: *corde del timpano*, ramo del nervo facciale; *corde vocali*, le quattro pieghe della laringe che costituiscono gli organi essenziali dell'apparato fonatorio || *T.zool. corda dorsale*, struttura connettivale rigida che costituisce l'apparato di sostegno dei Cordati; nei Vertebrati invece si riduce progressivamente durante lo sviluppo mentre attorno a essa si forma la colonna vertebrale **6.** *T.geom.* segmento rettilineo che unisce gli estremi di un arco di circonferenza **7.** *T.arch. corda di un arco*, distanza tra due piedritti **8.** la trama di un tessuto: *mostrare la corda*, di tessuto consunto che cominci a mostrare la trama, e *fig.* di idea, principio o teoria che cominci a mostrare segni di invecchiamento o di arretratezza **9.** supplizio inflitto in Italia fino al XVIII secolo che consisteva nel legare l'imputato o il condannato con le mani dietro la schiena per mezzo di una corda passante per una carrucola appesa al soffitto e nel lasciarlo sospeso per un certo tempo oppure nel lasciarlo cadere violentemente a terra; *fig. lasciare, tenere, far ballare qualcuno sulla corda*, lasciarlo nell'incertezza || pena medievale inflitta ai bestemmiatori che venivano legati con una corda alle colonne del palazzo comunale ed esposti al pubblico per varie ore o anche per giorni **10.** cintura che alcuni ordini religiosi portano come simbolo di penitenza **11.** antica unità di misura usata in Sicilia e corrispondente a circa 33 metri || *dim.* cordicèlla, cordèlla, cordicìna, cordìno (*sm.*); *accr.* cordóne (*sm.*). **TAV.** *alpinismo* 10.4; *geometria* 4.7; *tennis* 6.3; ***armi* p. 648** 12.1, 14.1; ***musica* p. 1325** 14.5.

cordàce [dal lat. *cordax, -ăcis*; 1728] **sm.** danza burlesca e licenziosa che accompagnava il coro della commedia greca.

cordàggio (pl. *-gi*) [da *corda*; 1779] **sm. 1.** *ant.* cordame **2.** spec. *pl.* le fibre grezze della canapa: *primi, secondi cordaggi.*

cordàio (pl. *-ài*) [da *corda*; 1585 *cordaro*] **sm.** (f. *-a*) **1.** operaio addetto alla fabbricazione di cordami **2.** chi vende cordami.

cordàme [da *corda*; 1696] **sm.** assortimento di corde || *T.mar.* nei velieri, l'insieme dei cavi mobili utilizzati per manovrare le vele; dotazione di corde (per ormeggio, tonneggio e sim.) di una nave || **N.** cima, manovre, sartie.

cordàta [dal fr. *cordée*; 1919] **sf. 1.** *T.alp.* sistema di sicurezza per ascensioni in gruppo che consiste nel legare a una stessa corda tutti i membri del gruppo: *legarsi in cordata*; *primo di cordata*, capocordata || *per estens.* gli alpinisti che costituiscono la cordata: *una cordata risaliva la nord del Cervino* **2.** *T.econ.* unione di più gruppi finanziari per assicurarsi il controllo di una società. **Q.T.** *alpinismo*.

Cordàti [da *corda*; 1913] **sm.** *pl.* *T.zool.* tipo di animali caratterizzato dalla presenza permanente o transitoria della corda dorsale e da fessure branchiali nella parte anteriore del canale alimentare; si suddivide in tre sottotipi: Tunicati, Cefalocordati e Vertebrati. **Q.T.** *zoologia*.

cordàto¹ [da *corda*; 1956] **agg. 1.** munito di corde || *T.arald.* attributo del liuto e delle arpe con corde di smalto diverso **2.** di forma simile a quella di una corda: *larva cordata.*

cordàto² [dal lat. *cor, cordis*, cuore; 1830] **agg.** a forma di cuore || *in part. T.bot.* detto di foglie di tale forma. **TAV. *fiori...* p. 671** 4.8.

cordàto³ [dal lat. *cordātus*; a. 1580] **agg.** *ant.* savio, prudente.

cordatrìce [da *corda*; 1956] **sf.** macchina per la fabbricazione di corde e di cavi metallici.

cordatùra [da *corda*; 1956] **sf.** operazione di fabbricazione di una corda.

cordèlla (*dim.* di *corda*) [1352] **sf.** *region.* nastro, cordoncino.

cordellìna (*dim.* di *cordella*) [1940] **sf.** *T.mil.* cordoncino ornamentale recante i colori dell'arma portato sull'alta uniforme.

cordellìno [da *cordella*; 1956] **sm.** tessuto a righe diagonali in rilievo.

cordellóne [da *cordella*; 1865] **sm.** tessuto di seta a corde rilevate usato per rivestire divani, poltrone e sim.

cordería [da *corda*; 1765] **sf.** fabbrica di corde || *T.mar.* in cantieri e arsenali, officina per l'allestimento di cavi e cordami necessari per un'imbarcazione.

cordésco (pl. *-schi*) [lat. volg. **chordiscus*, dal class. *chordus*, tardivo; 1803] **I agg.** *raro* di agnello nato dalla seconda figliatura **II sm.** agnello macellato non oltre i due anni di età.

cordiàle [dal lat. *cor, cŏrdis*, cuore; 1312] **I agg. 1.** affettuoso, schietto, part. detto di sentimenti o atteggiamenti: *un cordiale saluto, un cordiale benvenuto*; detto di persona, aperta, che ha un atteggiamento affabile: *un carattere cordiale* || *antifr.*: *una cordiale antipatia*; *cordiale nemico*, acerrimo **2.** *non com.* ristoratore, tonificante || **cordialménte** **avv. II sm. 1.** nome generico di bevande tonificanti, gen. alcoliche **2.** brodo particolarmente sostanzioso fatto con aggiunta di tuorli d'uovo e succo di limone || **N.** I **1.** *Sin.* amorevole, sincero, tenero.

cordialità [da *cordiale*; a. 1667] **sf.** l'essere cordiale; comportamento gentile e disponibile || *pl.* formula di saluto usata nella corrispondenza epistolare ed equivalente a *cordiali saluti.*

cordialóne (*accr.* di *cordiale*) [1865] **sm.** (f. *-a*) persona espansiva e alla mano.

cordicèlla (*dim.* di *corda*) [a. 1698] **sf. 1.** piccola corda **2.** *T.alp. cordicella da valanga,* corda rossa assicurata a ogni alpinista in escursione, che serve a facilitare il ritrovamento in caso di seppellimento da valanga.

cordièra [da *corda*; 1635] **sf.** *T.mus.* elemento in avorio o legno su cui vengono fissate le corde negli strumenti ad arco; è collocato sopra la cassa nella parte inferiore dello strumento dopo il ponticello. **TAV. *musica* p. 1325** 4.5 14.8.

cordierite [comp. del n. proprio P.L. *Cordier,* geologo fr. e *-ite*²; 1922] **sf.** *T.min.* nome creato da Lucas nel 1813, in onore di P.L. Cordier, per indicare un silicato di alluminio, magnesio e ferro, di colore azzurro, verde, giallo o grigio, di lucentezza vitrea, pleocroico, trasparente e translucido; quando è lucido e puro, tale minerale costituisce lo zaffiro d'acqua, che in gioielleria sostituisce il vero zaffiro (zaffiro orientale), rispetto al quale ha minor valore || **N.** *Sin.* dicroite, iolite.

cordiglièra [dallo sp. *cordillera*; 1555] **sf. 1.** *T.geogr.* in America centrale e meridionale, catena montuosa: *la Cordigliera delle Ande* **2.** *T.geol.* fascia longitudinale che, sollevandosi entro una geosinclinale, la divide longitudinalmente in più fosse.

cordiglièro o **cordiglière** [da *corda*; inizio sec. XIV] **sm.** *ant.* frate francescano: *io fui uom d'arme e poi fui cordigliero* (Dante) || in Francia, nome generico dei frati minori.

cordìglio (pl. *-gli*) [da *corda*; inizio sec. XIV] **sm.** funicella con cui frati e monache si cingono la vita || cingolo che il sacerdote celebrante pone sopra il camice attorno alla vita.

cordìno (*dim.* di *corda*) [1614] **sm. 1.** piccola corda **2.** *T.alp.* spezzone di corda di piccolo diametro usato nelle manovre di assicurazione **3.** *T.sport.* nel tamburello, linea di metà campo **4.** *scherz.* corda per impiccare: *mettere il cordino al collo di qualcuno,* sottometterlo alla propria volontà.

cordìte¹ [comp. di *corda* e *-ite*²; 1940] **sf.** esplosivo a base di fulmicotone e nitroglicerina.

cordìte² [comp. di *corda* e *-ite*¹; 1899] **sf.** *T.med.* infiammazione alle corde vocali.

cordòfono [comp. di *corda* e *-fono*; 1956] **sm.** *T.mus.* strumento in cui il suono è prodotto dalla vibrazione di corde su una cassa armonica; i cordofoni si dividono in *cordofoni a percussione,* pianoforte; *cordofoni a pizzico,* clavicembalo, chitarra, arpa ecc.; *cordofoni ad arco,* violino, viola ecc.

cordòglio (pl. *-gli*) [dal lat. *cordolium,* letter. pena di cuore; a. 1250] **sm.** dolore conseguente a un lutto || *lett.* profonda afflizione || *ant.* lamento || **N.** *Sin.* accoramento, angustia, lutto, pena.

còrdolo [da *corda*; 1956] **sm. 1.** *T.idr.* strato di materiale terroso pressato che costituisce un argine **2.** *T.edil.* bordatura perimetrale in calcestruzzo, usata per rinforzare i solai **3.** rialzo, gen. in cemento armato, che delimita le corsie stradali destinate ai mezzi pubblici.

cordonàta [da *cordone*; 1682] **sf. 1.** rampa di scalinata composta da larghi e bassi gradoni, gen. di laterizio, e delimitata da cordoni di pietra **2.** bordo a forma di cordone con cui si delimitano le aiuole **3.** *T.arch. volta a cordonata,* a costoloni o nervature **4.** sistema di palizzate unite tra loro da intrecci di ramaglie per proteggere dall'erosione argini fluviali o terreni in forte pendenza || **N. 1.** cordonatura.

cordonatùra [da *cordone*; 1951] **sf. 1.** *T.arch.* bordo dei gradini di una cordonata || in gen., modanatura a forma di cordone impiegata come elemento decorativo **2.** malformazione di piante legnose consistente in un'escrescenza di forma elicoidale decorrente lungo il fusto **3.** sorta di incavo ottenuto per pressione su carta e cartoncino per evitare la spaccatura durante la piegatura.

cordoncìno (*dim.* di *cordone*) [a. 1556] **sm. 1.** piccolo cordone utilizzato per ricami e orlature **2.** *punto a cordoncino,* punto da ricamo usato nelle rifiniture. **TAV. *maglia...* p. 1316** 1.12.

cordóne (*accr.* di *corda*) [inizio sec. XIV] **sm. 1.** corda di media grossezza, di materiale vario, utilizzata gen. per ornamento in pelletteria, tappezzeria, sartoria e sim. || *cordone del sacerdote,* cordiglio || *cordone d'accensione,* impregnato di sostanze infiammabili, utilizzato per incendiare micce || *per estens.* cavo, treccia di conduttori rivestita di materiale isolante: *cordone del telefono, del ferro da stiro* || collana, collare di un ordine cavalleresco attribuito come alta onorificenza ai gradi più elevati dell'ordine stesso; *per estens.* la persona insignita di tale onorificenza: *era un gran cordone dei SS. Maurizio e Lazzaro* **2.** *T.anat.* organo o formazione che per struttura o altre caratteristiche ricordi un cordone: *cordoni del midollo spinale, cordone spermatico; cordone ombelicale,* il cordone che, nei mammiferi placentali, collega l'embrione alla placenta; *per estens. T.astron.* il cordone che connette la tuta da astronauta all'astronave o, anche, il fascio di tubi e cavi che connette un missile alla torre di lancio fino al momento del lancio || *tagliare il cordone ombelicale,* all'atto del parto, recidere il canale che collega il feto alla placenta; *fig.* troncare un rapporto di dipendenza con qualcuno o qualcosa: *non riuscì mai a tagliare il cordone ombelicale che lo legava alla madre, al passato* **3.** nome generico di strutture rilevate rispetto a una superficie || serie di blocchi di pietra, lavorati o lisci, utilizzati per bordare marciapiedi o aiuole || *cordone di saldatura,* metallo di apporto con cui vengono uniti due pezzi saldati per fusione || *T.arch.* modanatura di forma cilindrica, costolone || *T.geogr. cordone litoraneo,* rilievo sabbioso subacqueo che si forma in prossimità della costa a causa della risacca e che, incrementandosi, emerge producendo formazioni lagunari || *T.mar.* listone in legno di forma semicircolare che corre lungo il lato esterno degli scafi in legno, in corrispondenza del ponte di coperta **4.** serie di postazioni militari poste lungo la linea di confine || linea di militari allineati per misure di ordine pubblico o per servizio d'onore: *cordone di sicurezza, un cordone di corazzieri* || *cordone sanitario,* sistema di sorveglianza medica istituito allo scopo di isolare una zona colpita da malattie infettive; *fig. T.pol.* insieme di misure con cui si intende isolare un partito, uno stato o una persona **5.** part. *pl. eufem. pop.* coglione: *rompere i cordoni* || **N. 1.** *Sin.* cavetto, fune, tirante; cingolo, cordiglio; filo **4.** *Sin.* sbarramento. **TAV. *elettrodomestici*** 4.2; ***telefono* p. 1334** 1.3.

cordonétto [dal fr. *cordonnet*; 1940] **sm.** filato di seta o cotone costituito da più fili ritorti, usato per rifiniture, passamanerie e sim.

cordotomìa [comp. di *corda* e *-tomia*; 1956] **sf.** *T.med.* cura neuro-chirurgica del dolore che consiste nel sezionare il cordone anterolaterale del midollo spinale.

cordovàno [dal n. geogr. *Cordova*; a. 1363 come sm. nel senso 2] **I agg.** relativo alla città di Cordova in Spagna **II sm. 1.** (f. *-a*) abitante, nativo di Cordova **2.** cuoio marocchino lavorato a sbalzo.

còre [lat. *cor, cŏrdis*; a. 1294] **sm.** *pop.* e *lett.* cuore.

còrea o **corèa** [dal lat. *chorēa,* danza; a. 1375 nel senso 1; 1820 nel senso 2] **sf. 1.** *ant.* danza **2.** *T.med.* nome generico di varie malattie del sistema nervoso che presentano come sintomatologia comune movimenti involontari scomposti e continuamente variabili || **N. 2.** *Sin.* ballo di san Vito.

coreàno [dal n. geogr. *Corea*; 1860] **I agg.** relativo alla Corea || *alla coreana,* di collo di camicia a fascetta aperto sul davanti che copre la base del collo **II sm. 1.** (f. *-a*) abitante, nativo della Corea **2.** (solo *sing.*) lingua parlata in Corea.

coreferènte [comp. di *co-* e *referente*; 1979] **agg.** *T.ling.* detto di due o più costituenti di una frase che hanno lo stesso referente (come il sintagma nominale e il pronome corsivi in "ho trovato *quel libro che cercavo da tempo* e *l*'ho comprato").

coreferènza [comp. di *co-* e *referenza*; 1979] **sf.** *T.ling.* relazione che sussiste tra elementi di una frase coreferenti.

corèggia e der. v. CORREGGIA e der.

coregìa (pl. *-gie*) [dal gr. *chorēgía*; 1956] **sf.** *T.stor.* nell'antica Atene, onere dell'allestimento di un coro lirico o di una rappresentazione tragica che veniva affidato dallo stato a un cittadino facoltoso.

corègo o **coràgo** (pl. *-ghi*) [dal gr. *chorēgós*; 1723] **sm. 1.** *T.stor.* la persona cui nell'antica Atene veniva affidata la coregia **2.** *lett.* direttore, regista di un coro.

corègono o **coregóne** [etim. inc.; 1910] **sm.** pesce teleosteo lacustre della famiglia dei Salmonidi.

corèico (pl. *-ci*) [dal gr. *choreía,* danza; 1956] **agg. 1.** *lett.* relativo alla danza **2.** *T.med.* relativo alla corea: *movimento coreico.*

corèo [dal lat. *chorēus,* gr. *choreîos*; a. 1675] **sm.** *T.metr.* trocheo.

coreografìa [comp. del gr. *choréia,* danza e *-grafia*; a. 1764] **sf.** arte di creare e comporre le figure di un balletto armonizzandole con la musica || *per estens.* l'attività di ideazione e direzione di un balletto; l'esecuzione di tale balletto || *per estens.* allestimento spettacolare di una manifestazione, di una cerimonia e sim.: *la coreografia dei congressi di partito.* **Q.T.** *danza.*

coreogràfico (pl. *-ci*) [da *coreografia*; 1865] **agg.** relativo alla coreografia || *fig.* spettacolare; fastoso, eccessivamente pomposo || **coreograficaménte** **avv.**

coreògrafo [da *coreografia*; 1855] **sm.** (f. *-a*) chi crea e dirige balletti. **Q.T.** *danza.*

corétto¹ (*dim.* di *coro*¹) [1714 nel senso 2] **sm. 1.** coro musicale formato da pochi elementi **2.** ambiente attiguo a una chiesa o a una cappella e comunicante con essa per mezzo di una finestra protetta da una grata in cui si può assistere non visti alle funzioni religiose.

corétto² [dal lat. *corium,* cuoio; prima metà sec. XIII *coreto*] **sm.** *ant.* **1.** giubba in cuoio che veniva indossata sotto la corazza || *per estens.* giubbone in cuoio lavorato **2.** cilicio portato sul petto.

corèuta [dal gr. *choreutḗs*; 1892] **s. 1.** *T.stor.* ciascuno dei cantori e danzatori che facevano parte del coro greco **2.** *lett.* corista.

corèutica [dal gr. *choreutikḗ* (*téchnē*); 1925] **sf.** *lett.* l'arte della danza.

còri- [dal gr. *chōrís,* separatamente] **primo elem.** che, in parole composte della terminologia botanica, vale "separazione (di parti di una pianta)" (per es. *coripetalo, corisepalo*) || **N.** *Sin.* diali-.

-corìa [dal gr. *chorêin,* spostarsi, diffondersi] **elem. term.** che, in parole composte della terminologia botanica, vale "disseminazione, dispersione dei semi" (per es. *anemocoria, antropocoria*).

coriàceo [dal lat. tardo *coriăceu(m),* da *co-*

rium, curio; 1788 nel senso 1; 1964 nel senso 2] **agg. 1.** che ha l'aspetto e la durezza del cuoio: *carne coriacea* || *per estens.* resistente **2.** *fig.* di persona, insensibile, privo di pietà: *un carattere coriaceo* || resistente alla fatica, alla sofferenza || **N. 1.** *Sin.* duro, stopposo, tiglioso | *Contr.* morbido **2.** *Sin.* cocciuto, rigido.

coriàle [da *corion;* 1956] **agg.** *T.anat.* relativo al corion, proprio del corion: *villi coriali; sacco coriale,* corion.

coriàmbico (pl. *-ci*) [da *coriambo;* 1631] **agg.** *T.metr.* proprio del coriambo, costituito di coriambi: *piede coriambico.*

coriàmbo [dal lat. tardo *choriambus,* gr. *choríambos;* 1585] **sm.** *T.metr.* nella metrica classica, metro con schema corrispondente all'unione di un trocheo e di un giambo.

coriàndolo [dal lat. *coriandrum,* gr. *koríandron;* a. 1400 nel senso 1; 1908 nel senso 2] **sm. 1.** *T.bot.* pianta erbacea annuale delle Ombrellifere, con fiori rosati, frutti piccoli e sferici che fatti seccare vengono utilizzati in farmacia e nella fabbricazione di liquori || *per estens.* confetto contenente un seme di tale pianta **2.** part. *pl.,* ciascuno dei pezzetti di carta colorata che si gettano addosso alla gente durante il carnevale. **TAV.** ***erboristeria*** 8.

coribànte [dal lat. *Coribas, -antis,* gr. *Korýbas, -antis;* a. 1574] **sm.** *T.mit.* part. *pl.,* nella mitologia greca, ciascuna delle divinità minori che costituivano il seguito di Cibele; a esse veniva attribuita l'invenzione di danze orgiastiche che si riteneva avessero un'azione purificatrice || *per estens.* sacerdote di Cibele.

coricaménto [da *coricare;* a. 1347] **sm.** il coricare e il coricarsi: *il coricamento della nave è stato provocato da una manovra sbagliata.*

coricàre (pres. *còrico, còrichi*) [lat. *collocāre,* porre, distendere; 1292 come rifl. nel senso 1] **tr. 1.** adagiare, porre giù; *in part.* mettere a letto, collocare in posizione distesa: *coricare i bambini, coricare un palo* **2.** piegare: *il vento ha coricato il grano* || **rifl.** e **intr. pron. 1.** sdraiarsi sul letto, andare a dormire: *per molto tempo mi sono coricato presto la sera* **2.** *fig.* detto di un astro, tramontare **3.** inclinarsi: *la nave si è coricata su un fianco* || **N. rifl. 1.** *Sin.* adagiarsi, sdraiarsi, stendersi.

còrifa [dal gr. *koryphḗ,* cima, per il ciuffo di foglie che porta in cima; 1830] **sf.** *T.bot.* genere di piante indomalesi dal fusto di proporzioni enormi e con un ciuffo di foglie alla sommità.

corifèna [dal gr. *korýphaina,* ippuro; 1830] **sf.** pesce dei Teleostei con corpo allungato e compresso, di colore azzurro con ventre bianco; vive in alto mare nelle regioni tropicali ma si trova anche nel Mediterraneo meridionale, dove viene pescato per le sue carni particolarmente pregiate.

corifèo [dal lat. *coryphāeus,* gr. *koryphâios,* che sta a capo; a. 1600 nel senso 2] **sm. 1.** *T.stor.* nell'antica Grecia, il capo del coro, part. del coro drammatico **2.** (f. *-a*) *fig.* esponente più in vista di un gruppo di persone, di un movimento culturale, di un partito e sim. || **N. 2.** *Sin.* capo, portavoce, promotore.

còrilo [dal lat. *corylus;* a. 1375] **sm.** *ant.* nocciolo.

corìmbo [dal lat. *corymbus,* gr. *kórymbos,* cima; a. 1577] **sm. 1.** *T.bot.* tipo di infiorescenza in cui i fiori sono tutti allineati alla stessa altezza mentre i peduncoli hanno lunghezze diverse **2.** *T.mar.* ornamento saliente della poppa e della prua di una nave **3.** *lett.* acconciatura femminile dei capelli con un ciuffo sciolto sulla nuca. **TAV.** ***fiori...*** **p. 671** 2.11.

corìna [dal lat. *corīnus;* seconda metà sec. XIII] **sf.** *ant.* vento di nord-ovest, maestrale.

corinànte [lat. scient. *Corynanthe,* comp. del gr. *korýnē,* clava, e *ánthos,* fiore; 1951] **sf.** *T.bot.* genere di piante rubiacee, con nove specie dell'Africa occidentale tropicale || **N.** corinantina.

corinantìna [da *corinante;* 1970] **sf.** composto organico, alcaloide, costituito da una sostanza cristallina insolubile in acqua, dotata di proprietà stimolanti, presente in una specie di corinante (*Corynanthe yohimbe*).

corindóne [dal fr. *corindon;* 1817] **sm.** *T.min.* ossido di alluminio cristallizzato; è di estrema durezza, lucentezza adamantina e colore vario; alcune varietà sono utilizzate come pietre preziose || **N.** acquamarina, ametista, giacinto, rubino, smeraldo, zaffiro.

corìnzio (pl. *-zi*) [dal lat. *corinthius,* gr. *korínthios,* di Corinto; a. 1452 nel senso 2] **I agg. 1.** di Corinto, città della Grecia **2.** *ordine corinzio,* uno degli stili architettonici della classicità caratterizzato da colonne scanalate e capitelli con foglie di acanto || che presenta le caratteristiche proprie di tale ordine: *capitello corinzio* **II sm. 1.** (f. *-a*) abitante, nativo di Corinto **2.** *T.arch.* ordine corinzio. **TAV.** ***architettura*** **p. 646** 4.

corioidèa v. COROIDE.

corioidèo v. COROIDEO.

còrion (pl. *còri* o *còrii*) [dal gr. *chórion,* placenta; 1574 *corio*] **sm. 1.** *T.biol.* una delle membrane che avvolge l'embrione dei vertebrati superiori e che nei Mammiferi concorre alla formazione della placenta e al nutrimento del feto **2.** *T.anat.* strato connettivale di sostegno della membrana epiteliale.

coripètalo [comp. di *cori-* e *petalo;* 1931] **agg.** *T.bot.* detto di fiore i cui petali sono separati gli uni dagli altri || **N.** *Sin.* dialipetalo.

corisèpalo [comp. di *cori-* e *sepalo;* 1956] **agg.** *T.bot.* detto di calice i cui sepali sono separati gli uni dagli altri || **N.** *Sin.* dialisepalo.

corìsta [da *coro*[1]; a. 1494] **s.** chi canta in un coro; cantore appartenente a un coro || canonico che dirige un coro di chiesa || **sm.** strumento a percussione o a fiato che produce un suono di altezza determinata (gen. il *la*) e viene usato per verificare la corretta intonazione di strumenti e voci.

còriza [dal lat. tardo *coryza,* gr. *kóryza;* sec. XIV] **sf. 1.** *T.med.* infiammazione delle mucose nasali, rinite **2.** *T.vet.* malattia contagiosa del pollame || **N. 1.** *Sin.* raffreddore.

còrmo [dal gr. *kormós,* tronco; 1820] **sm. 1.** *T.bot.* il corpo delle piante superiori, distinto in *radice, caule* o *fusto* e *foglia* **2.** *T.zool.* gruppo di individui della stessa specie derivanti da un unico individuo generatore per un processo di gemmazione || **N. 1.** tallo.

cormòfita [comp. di *cormo* e *-fito;* 1865 *cormofiti* pl.] **sf.** *T.bot.* pianta provvista di cormo || **N.** tallofita.

cormoràno [dal fr. *cormoran;* 1875] **sm.** uccello acquatico dei Pelecaniformi con corpo, collo e becco allungati, zampe brevi e palmate, diffuso sulle coste marine e nelle acque interne; si nutre di crostacei e pesci ed è usato in Cina per pescare || **N.** *Sin.* marangone.

cornac (fr., pr. [kɔr'nak]) [dal singalese *kūruneka,* attr. il port. *cornaca;* 1974] **sm.** *inv.* in India, chi custodisce e conduce gli elefanti.

cornàcchia [lat. volg. **cornăcula,* class. *cornīcula,* piccola cornacchia; a. 1292] **sf. 1.** *T.zool.* nome di vari uccelli dei Corvidi comuni in Italia, con becco grosso, coda arrotondata e piumaggio nero o cinerino **2.** *fig.* persona chiacchierona e importuna || persona malevola e di cattivo augurio || *dim.* cornacchìno (*sm.*); *accr.* cornacchiòtto (*sm.*), cornacchióne (*sm.*) || **N.** corvo | Corvidi **2.** *Sin.* denigratore, malalingua, uccellaccio del malaugurio.

Cornàcee [dal lat. *cornus,* corniolo; 1956] **sf. pl.** *T.bot.* famiglia di piante dicotiledoni diffusa particolarmente nell'emisfero settentrionale, con fiori a ombrella o a capolino e frutti a bacca o a drupa.

cornàggine [da *corno;* 1850] **sf.** *raro* testardaggine, ostinazione.

cornalìna [dal fr. *cornaline;* 1795] **sf.** varietà di calcedonio di colore rosso; corniola.

cornamùsa [dal fr. *cornemuse;* 1353] **sf.** strumento a fiato della tradizione popolare europea composto da una o più canne sonore ad ancia doppia, collegate a un otre di pelle gonfiabile; il suonatore tiene l'otre sotto l'ascella e comprimendolo con il braccio regola l'intensità del flusso || **N.** *Sin.* cennamella, ciaramella, piva, zampogna.

cornàre (pres. *còrno*) [da *corno;* seconda metà sec. XIII] **intr.** (aus. *avere*) *ant.* **1.** suonare il corno **2.** *fig.* di orecchie, fischiare, in riferimento alla credenza popolare che ciò avvenga quando qualcuno parla bene o male di noi.

cornàta [da *corno;* a. 1535] **sf.** colpo dato con le corna.

cornatùra [da *corno;* a. 1587] **sf.** *non com.* **1.** aspetto o disposizione delle corna di un animale **2.** *fig. raro* indole, temperamento.

còrnea [da *corneo;* sec. XIV] **sf.** *T.anat.* membrana trasparente che riveste la parte anteriore dell'occhio, incassata nell'apertura della sclerotica. **TAV.** ***anatomia*** **p. 642** 16.3.

corneàle [da *cornea;* 1941] **agg.** che si riferisce alla cornea || *lente corneale,* particolare tipo di lenti trasparenti che si applicano direttamente sulla cornea; com. detta "lente a contatto".

corneggiàre (pres. *-éggio*) [da *corno;* a. 1406] **tr.** *ant.* dare cornate, lottare a cornate || **intr.** (aus. *avere*) *raro lett.* avere forma di corno o falce: *sul tardi corneggia la luna* (E. Montale).

cornéggio (pl. *-gi*) [dal fr. *cornage;* 1830] **sm.** *raro* respiro rumoroso dei cavalli causato da intasamento delle vie respiratorie.

corneificazióne [da *corneo;* 1956] **sf.** *T.anat.* processo di trasformazione cornea di un epitelio, part. della cute.

còrneo [da *corno;* sec. XIII-XIV] **agg. 1.** di corno, simile al corno || *sostanza cornea,* la cheratina || *T.anat. tessuto corneo,* lo strato più superficiale dell'epidermide, costituito da cellule prive di nucleo e caratterizzate da forte accumulo di cheratina; costituisce unghie, corna, zoccoli e peli di molti animali **2.** *raro* del corno, inteso come strumento musicale; che ha un suono simile a quello del corno. **TAV.** ***anatomia*** **p. 642** 19.4.

corner (ingl., pr. ['kɔ:nə]; pr. it. ['kɔrner]) [letter. angolo; 1925] **sm.** *inv.* *T.sport.* nel calcio, calcio d'angolo, punizione attribuita quando un giocatore manda la palla oltre la propria linea di fondo campo || *fig. scherz. salvarsi in corner,* a malapena, evitando il peggio.

cornétta[1] [da *corno;* sec. XIV] **sf. 1.** strumento musicale a fiato degli ottoni, simile alla tromba ma in tonalità di soprano || *disus.* tromba per segnalazioni usata un tempo dai postiglioni e dai capitreno **2.** *sett.* ricevitore del telefono. **TAV.** ***telefono*** **p. 1334** 1.1.

cornétta[2] [dal fr. *cornette;* a. 1389] **sf. 1.** *ant.* stendardo a due punte usato come insegna dai reparti di cavalleria || *per estens.* reparto di cavalleria che militava sotto tale insegna **2.** cuffia inamidata portata un tempo dalle suore di san Vincenzo, caratterizzata da larghe falde laterali || **N. 2.** cappellona.

cornettìsta [da *cornetta*[1]; 1941] **s.** suonatore di cornetta.

cornétto (*dim.* di *corno*) [sec. XIV] **sm. 1.** piccolo corno, gen. portato come amuleto **2.** triangolo di pasta dolce o salata, variamente ripieno, arrotolato e ripiegato a forma di mezzaluna; *croissant* **3.** *cornetto acustico,* apparecchio a forma di tromba acustica utilizzato un tempo dalle persone deboli di udito per raccogliere i suoni, rinforzarli e dirigerli verso la membrana timpanica **4.** strumento a fiato in uso fino al XVII secolo, costituito da un tubo diritto o ricurvo di avorio o legno munito di bocchino **5.** antico strumento utilizzato nella pratica dei salassi per raccogliere il sangue e farlo defluire **6.** spec. *pl. T.anat. cornetti inferiori* o *turbinati*, lamine ossee situate nelle cavità nasali dell'uomo **7.** fagiolo verde di cui si mangia, cotto, l'intero baccello **8.** tralcio di vite tagliato molto corto.

corn-flakes (ingl., pr. [ˈkɔːnfleɪks]) [letter. fiocchi di granturco; 1965] ***sm. pl.*** fiocchi di granturco soffiati che vengono messi nel latte della prima colazione.

cornice [dal lat. *cornix, -īcis*, cornacchia; 1319 nel senso 4] ***sf.*** **1.** telaio in legno o altro materiale, gen. lavorato, che racchiude quadri, fotografie, specchi e sim. e serve per sostenerli o appenderli: *mettere in cornice un quadro, una foto*, incorniciarli || *fig. vale di più la cornice del quadro*, gli elementi accessori sono migliori o più importanti di quelli essenziali **2.** *per estens.* ogni cosa che circondi e dia risalto a ciò che contiene: *le scogliere facevano da cornice a un mare di cobalto, una massa di capelli corvini era cornice al pallore del suo volto* || addobbi ed elementi decorativi: *il ricevimento si svolgeva in una cornice sfarzosa* || parti di un'opera narrativa che abbiano funzione di raccordo tra le diverse sezioni di essa: *la cornice dei Racconti di Canterbury* || bordatura ornamentale di una pagina di un libro o di un quaderno **3.** *T.arch.* membratura composta da modanature parallele rispondente a esigenze costruttive (cornice di un davanzale), architettoniche (cornice di una porta o di una finestra) o decorative **4.** *T.alp.* gradone roccioso inciso orizzontalmente in una parete; anche sporgenza di roccia o neve in una parete strapiombante || *dim.* cornicétta, cornicìna; *accr.* cornicióne || **N. 1.** *Sin.* inquadratura, intelaiatura, supporto | incorniciare, inquadrare **2.** *Sin.* contorno, corona **3.** *Sin.* cornicione, cuspide, fregio, frontespizio, modanatura, trabeazione **4.** *Sin.* cengia, gradino, terrazza. **TAV. *architettura* p. 646** 1.7, 3.3.

corniciàio (pl. *-ài*) [da *cornice*; 1956] ***sm.*** (f. *-a*) chi produce, monta o vende cornici.

corniciàme [da *cornice*; a. 1574] ***sm.*** *raro* insieme di cornici || *per estens. raro* qualsiasi ornamento utilizzato come cornice.

corniciàre (pres. *-ìcio*) [da *cornice*; 1865] ***tr.*** *non com.* incorniciare.

corniciatùra [da *corniciare*; 1866] ***sf.*** *non com.* incorniciatura.

cornicióne (*accr.* di *cornice*) [a. 1465] ***sm.*** sporgenza del tetto di un edificio usata per allontanare dalla facciata le acque pluviali e, part. nel Rinascimento, con intenti decorativi. **TAV.** *abitazione* 1.17, 2.11.

cornificàre (pres. *-ìfico, -ìfichi*) [da *corno*; 1941] ***tr. iron.*** tradire il coniuge || ***rec.*** tradirsi reciprocamente.

cornìgero [comp. di *corno* e *-gero*; a. 1712] ***agg.*** *lett.* che ha le corna || **N.** *Sin.* cornuto.

cornIòla [da *corniolo*; a. 1327] ***sf.*** **1.** varietà rosso-giallastra di calcedonio, trasparente o traslucida, utilizzata come pietra semipreziosa **2.** calcare appenninico a grana compatta che frequentemente contiene resti fossili **3.** cammeo su conchiglia con parte in rilievo giallo-chiara e fondo rosso || **N. 1.** agata, cornalina, sardonica.

còrniola [da *corniolo*; a. 1320] ***sf.*** il frutto del corniolo.

còrniolo o **corniòlo** [dal lat. *cornĕolus*; a. 1498] ***sm.*** arbusto delle Cornacee con foglie ovali, fiori giallastri e frutti commestibili a drupa di colore rossastro || il legno di tale pianta, rosato, durissimo, usato nella fabbricazione di parti soggette a intenso logoramento.

cornìsta [da *corno*; 1830] ***s.*** suonatore di corno.

còrno (f. pl. *corna* nei sensi 1, 3 e 5; solo sing. nei sensi 2 e 4; m. pl. *corni* negli altri sensi) [lat. *cornu*; a. 1292] ***sm.*** **1.** *T.zool.* protuberanza dura, più o meno lunga e spesso ricurva sul capo di molti mammiferi, costituita da tessuti ossei, tegumentali o cornei, utilizzata dall'animale come arma di offesa e difesa: *le corna dei cervi, le lunate corna dei buoi* || *fig. prendere il toro per le corna*, affrontare con decisione una situazione difficile || *fig. avere qualcosa per le corna*, avere dei pensieri || *fig. spreg. alzare, rizzare le corna*, farsi baldanzosi, arroganti; *abbassare le corna*, umiliarsi, desistere da un proposito || *fig. rompere le corna a qualcuno*, pestarlo; umiliarlo || *fig. rompersi le corna, andarsene con le corna rotte*, uscire sconfitto e malconcio da un'impresa || *fig. raccontare peste e corna di qualcuno*, parlarne male || *fig. avere qualcuno, qualcosa sulle corna*, averlo in antipatia || *fig. duro come un corno*, durissimo **2.** materiale tratto dalle corna dei ruminanti e utilizzato per la produzione di oggetti vari come pettini, bottoni, scatolette, tabacchiere e sim.; *corno da scarpe*, pezzo di corno (oggi anche di plastica) incavato che viene utilizzato per infilarsi più agevolmente le scarpe **3.** *per estens. com.* escrescenza carnosa sul capo di altri animali: *le corna delle chiocciole, vipera del corno* || *fam.* bernoccolo, bitorzolo: *mi sono fatto un corno sbattendo la testa contro lo stipite* **4.** *eufem. pop.* nulla: *non capire, non valere, non importare un corno* || *pop.* con valore esclamativo ha il significato di un energico rifiuto: *io andarmene? Un corno!* || *pop.* preceduto da aggettivi viene usato per controbattere un'affermazione altrui: *Bello un corno!* **5.** *pop.* simbolo dell'infedeltà coniugale: *avere, fare le corna; mettere un corno*, tradire una volta; *per estens.* abbandonare un fornitore abituale; trascurare un amico frequentando altre persone || *pl. fare le corna*, gesto di scongiuro o di offesa che si fa chiudendo la mano e tendendo l'indice e il mignolo **6.** il corno di un animale utilizzato come contenitore per liquidi o polvere da sparo || *il corno dell'abbondanza*, la cornucopia **7.** *per estens.* oggetto o parte di un oggetto a forma di corno: *i corni dell'incudine* || *per estens.* oggetto, gen. di corallo o metallo prezioso, la cui forma riproduce quella del corno ritorto; viene appeso a una catenella e portato come monile portafortuna || *i corni della luna*, le punte con cui la luna appare in cielo durante il primo e l'ultimo quarto || *corno dogale* o *ducale*, copricapo da cerimonia e insegna della dignità dei dogi veneziani || *T.geogr.* cima di montagna a forma di corno; spesso utilizzato come toponimo: *Corno d'Italia* || *T.fort.* nelle antiche fortificazioni, opera esterna formata da due mezzi bastioni congiunti **8.** *T.mus.* antico strumento a fiato ricavato da un corno di bue opportunamente lavorato || strumento della famiglia degli ottoni costituito da un tubo avvolto in spire, dotato di pistoni e terminante con un largo padiglione conico che emette un suono grave e penetrante || *corno inglese*, strumento in legno ad ancia doppia terminante con una caratteristica campana, oboe basso **9.** *T.anat.* prolungamento di un organo: *corno frontale, occipitale, sfenoidale*, prolungamenti dei ventricoli laterali del cervello || *corno cutaneo*, escrescenza degenerativa dell'epidermide formata quasi esclusivamente da cheratina **10.** estremità, lato: *i corni dell'altare; il corno destro di uno schieramento* || propaggine, punta di una regione: *corno d'Africa*, zona dell'Africa centrale situata tra il Mar Rosso, il golfo di Aden e l'Oceano Indiano || *fig. i corni di un dilemma*, le due alternative || **N. 2.** calzante, calzascarpe, calzatoio **7.** estremità; cima, vetta. **Q.T.** *musica* **TAV.** *chiesa* 2.13, 2.16; ***musica* p. 1324** 2.11, 2.19, 9.2.

cornucòpia [dal lat. *cornu cōpiae*, corno dell'abbondanza; 1533] ***sf.*** vaso in forma di corno traboccante di frutti, erbe e fiori, simbolo dell'abbondanza e della fertilità, attributo della dea Fortuna.

cornùta o **carnùta** [dal provenz. *cornuda*, cesta con due manici; a. 1675] ***sf.*** **1.** portavivande per recare il cibo ai cardinali quando sono riuniti in conclave **2.** *ant.* secchio di legno a due manici per portare l'acqua.

cornùto [da *corno*; fine sec. XIII *cornuo*] **I** ***agg.*** **1.** che ha le corna: *capra cornuta* || *fig. argomento cornuto*, il dilemma **2.** che ha forma di corno, che termina a forma di corno: *cornuta luna* (Boccaccio) **3.** *segale cornuta*, v. SEGALE **II** ***sm.*** (f. *-a*) *volg.* chi è tradito dal coniuge || talora usato come epiteto ingiurioso generico: *è proprio un gran cornuto* || **N. II** *Sin.* becco.

còro[1] [dal lat. *chorus*, gr. *chorós*; a. 1306 nel senso 2] ***sm.*** **1.** *T.stor.* nell'antica Grecia, gruppo di danzatori che accompagnavano con i loro movimenti il canto in onore di una divinità; nel teatro greco, gruppo di persone che eseguivano danze mimiche accompagnate da musica e declamavano versi lirici svolgendo funzione di personaggio collettivo || *per estens.* parte della commedia o della tragedia eseguita dal coro **2.** canto eseguito da più persone all'unisono o a voci diverse con o senza accompagnamento musicale; *per estens.* l'insieme degli interpreti: *coro polifonico, coro di voci bianche, un coro di montagna; coro misto*, composto di uomini e donne; *coro virile*, di soli uomini; *coro da camera*, con un numero ristretto di elementi || *coro a cappella*, senza accompagnamento musicale || *cantare in un coro*, farne parte **3.** persone che parlano o gridano insieme; *per estens.* giudizio, parole pronunciate contemporaneamente da più persone: *dalla platea si levò un coro di fischi, dopo il suo arresto si levò contro di lui un coro di accuse* || *fig. in coro*, insieme || *fig. far coro a qualcuno*, mostrarsi d'accordo con lui, fare eco alle sue parole || il verso, il canto di più animali raccolti insieme: *nella notte si udiva il coro dei grilli* **4.** *lett.* adunanza di esseri soprannaturali: *il coro degli angeli* **5.** *T.arch.* parte della chiesa cristiana situata dietro l'altare maggiore in cui prendono posto i cantori || *per estens.* gli stalli lignei per i cantori || *per estens. fig.* sfondo maestoso, scenario panoramico: *nel festante coro / de le grandi Alpi la regal Torino* (Carducci) || **N. 2.** monodia, polifonia; corifeo, corista; corale **4.** *Sin.* ordine, schiera **5.** abside, coretto, stallo. **TAV.** *chiesa* 3.8.

còro[2] [dal lat. *cōrus*; 1313] ***sm.*** *ant.* vento di nord-ovest, maestrale || **N.** *Sin.* corina.

-còro [dal gr. *chorêin*, spostarsi, diffondersi] ***elem. term.*** che, in parole composte della terminologia botanica, forma aggettivi indicanti i modi di trasporto e disseminazione dei semi (per es. *anemocoro, antropocoro*).

corodìa [dal gr. *chorōdía*; 1635] ***sf.*** forma corale costituita da più voci armonizzate a un'ottava di distanza una dall'altra.

corografìa [dal lat. *chorogrăphia*, gr. *chōrographía*; 1525] ***sf.*** **1.** studio di una regione geografica dal punto di vista fisico e antropico **2.** fase preliminare di progettazione di una strada, in cui viene riportato su una carta il suo andamento planimetrico.

corogràfico (pl. *-ci*) [da *corografia*, come il gr. *chōrographikós*; 1745] ***agg.*** relativo alla corografia || *carta corografica*, eseguita con una scala compresa tra 1:150.000 e 1:1.000.000.

corògrafo [dal lat. *chorographus*, gr. *chōrográphos*; 1585] ***sm.*** (f. *-a*) **1.** studioso di corografia **2.** autore di carte od opere corografiche.

coròide o **corioidèa** o **coroidèa** [dal gr. *chorioeidḗs*, simile a membrana; a. 1685] ***sf.*** *T.anat.* membrana intermedia dell'occhio tra la retina e la sclerotica. **Q.T.** *anatomia* **TAV.** ***anatomia*** **p. 642** 16.9.

coroidèo o **corioidèo** [da *coroide*; a. 1730] ***agg.*** relativo alla coroide: *arterie coroidee*; *membrana coroidea*, coroide || *plessi coroidei*, formazioni vascolari dei ventricoli rivestite di epitelio che concorrono alla secrezione del liquido cerebrospinale.

coroidite [comp. di *coroide* e *-ite*[1]; 1887] ***sf.*** *T.med.* infiammazione della coroide.

coròlla [dal lat. *corolla*, coroncina; 1765] ***sf.*** *T.bot.* il complesso dei petali di un fiore posti all'interno del calice, che circondano gli organi di riproduzione: *corolla diapetala*, se i petali sono liberi uno dall'altro; *corolla gamopetala*, i cui petali sono concresciuti || *a corolla*, svasato, a campana || **N.** fiore.

corollàrio (pl. *-ri*) [dal lat. *corollārium*, piccola corona donata, oltre il compenso, agli attori più valenti; 1319] ***sm.*** **1.** *T.mat.* teorema dedotto come immediata conseguenza da un teorema precedente || *per estens.* aggiunta, appendice **2.** *T.stor.* nell'antica Roma, gratifica data agli attori in aggiunta al normale salario.

corologìa [comp. del gr. *chṓra*, regione e *-logia*; 1940] ***sf.*** *disus.* disciplina che studia la distribuzione geografica, anche dal punto di vista storico, di specie animali e vegetali.

coróna [lat. *corōna*; fine sec. XII] ***sf.*** **1.** ornamento a forma di cerchio che cinge il capo; nell'antichità era spesso fatto di fiori o fronde intrecciati e veniva posto dai sacerdoti durante le cerimonie sacre; veniva posto sul capo di poeti, eroi, condottieri o atleti vittoriosi || *fig. riportare la corona*, essere vittorioso in una gara; *corona olimpica*, simbolo di una vittoria olimpionica || *per estens. T.sport.* titolo di campione: *la corona dei pesi massimi* || *gen.* ghirlanda; *fig.* aureola: *la corona della Vergine* || *per estens.* giro di capelli attorno alla tonsura dei frati francescani || cerchio di fiori o fronde che viene deposto davanti a monumenti ed edifici come simbolo celebrativo di ricorrenze, festività e sim.; *corona funeraria*, posta su feretri e tombe per onorare la memoria dei defunti **2.** dal Medioevo in poi, simbolo dell'autorità del sovrano, costituito da un cerchio di metallo prezioso più o meno lavorato e tempestato di gemme: *cingere la corona*, salire al trono; *deporre la corona*, abdicare || *per estens.* il re stesso: *i beni della corona* || *corona di spine*, quella posta per scherno sul capo del Cristo; *fig.* cruccio, preoccupazione **3.** oggetto che per forma o funzione ricorda una corona || *corona della campana*, anello che ne consente la sospensione al mozzo || *tappo a corona*, tappo metallico dentellato che viene chiuso meccanicamente intorno all'imboccatura di una bottiglia || *T.geom.* parte di un piano delimitata da due circonferenze concentriche || *T.mecc.* parte periferica di una ruota d'ingranaggio: *corona dentata*, quella utilizzata per ricevere o trasmettere il moto a un'altra corona anch'essa dentata || *corona di carica*, negli orologi meccanici e analogici, rotellina zigrinata che serve per dare la carica e spostare le lancette || *corona di forzamento*, anello in rilievo posto in prossimità del fondello dei proietti d'artiglieria che, forzato nella rigatura della canna al momento dello sparo, imprime al proietto un moto rotatorio || *corona del brillante*, faccia superiore di una pietra preziosa tagliata a brillante || *T.anat. corona dentaria*, la parte del dente che sporge dall'alveolo; in odontotecnica, capsula protettiva della corona dentaria || *T.anat.* parte antero-superiore della lingua || *T.arch.* coronamento || *T.astr. corona solare*, lo strato più esterno dell'atmosfera solare, visibile a occhio nudo solo durante le eclissi totali di sole || *T.elettr. effetto corona*, dispersione di energia elettrica sulla superficie di un conduttore che si manifesta con una scarica debolmente luminosa || *T.zool.* le corna del camoscio; gli apici delle corna di cervo **4.** serie di oggetti disposti a cerchio: *una corona di mura*; *T.fort.* opera esterna di antiche fortificazioni composta da un bastione frontale e due mezzi bastioni laterali || *a corona*, a cerchio || *far corona intorno a qualcuno*, attorniarlo; *fig.* assecondarlo || lampadario medievale costituito da uno o più cerchi metallici dotati di punte per fissarvi le candele || la parte più esterna della chioma di un albero **5.** serie di oggetti di uno stesso tipo fra loro collegati: *la corona del rosario*, serie di grani di vario materiale usata per contare le preghiere del rosario; il rosario stesso; *fig. sfilare la corona*, sbottare in una sequela di bestemmie || in letteratura, serie di componimenti poetici nello stesso metro **6.** *T.num.* nome di varie monete antiche e moderne: *corona danese, norvegese* **7.** *T.mus.* segno convenzionale costituito da un semicerchio con un punto inscritto che prolunga a piacere dell'esecutore la nota o la pausa cui è sovrapposto **8.** *T.bot. corona imperiale*, pianta delle Liliacee con fiori pendenti giallo-bruni riuniti in ombrelle sovrastate dalle brattee raccolte in ciuffo || *dim.* coroncìna || **N.** **1.** alone, aureola, ghirlanda, serto | conviviale, murale, nuziale, trionfale **2.** *Sin.* diadema, tiara | baronale, comitale, ducale, marchionale, principesca, reale. **TAV.** *geometria* 4.8; *motori* 9.1, 13.1; ***anatomia*** **p. 642** 20.2; ***araldica*** **p. 645** 4.5; ***armi*** **p. 649** 22.3, 22.4; ***astronomia*** **p. 656** 3.2; ***musica*** **p. 1324** 1.8.

coronàle [da *corona*; 1342] ***agg.*** **1.** *ant. lett.* che ha forma di corona: *io colsi i coronali anemoni* (D'Annunzio) **2.** *T.astr.* che si riferisce alla corona solare **3.** *T.anat. osso coronale*, l'osso frontale del cranio su cui posa la corona || *sutura coronale*, quella che unisce l'osso coronale con le ossa parietali **4.** *T.fon.* di qualunque fono articolato con la corona della lingua, cioè la parte anteriore, costituita dall'*apice* e dalla *lamina*.

coronaménto [dal lat. tardo *coronamĕntum*; fine sec. XIII nel senso 4; 1824 nei sensi 1 e 3; 1875 nel senso 2] ***sm.*** **1.** *T.arch.* motivo ornamentale che ha la funzione di concludere la parte superiore di una struttura: *il coronamento di un edificio* **2.** *fig.* compimento, conclusione adeguata: *il successo è stato il coronamento dei suoi sforzi* **3.** *T.mar.* l'estremità superiore della poppa **4.** *ant.* incoronazione.

coronàre (pres. *-óno*) [dal lat. *coronāre*; fine sec. XII] ***tr.*** **1.** incoronare, porre una corona, una ghirlanda e sim. sul capo a qualcuno || *per estens.* cingere, circondare: *alti dirupi coronavano il castello del conte* **2.** *fig.* premiare, attribuire un riconoscimento: *alfine il successo ha coronato i suoi tentativi* || portare a degno compimento: *col matrimonio coronò il suo sogno d'amore* **3.** *raro lett.* riempire fino all'orlo: *coronare una coppa di vino* || ***rifl.*** **1.** cingersi: *coronarsi di gioielli* **2.** *fig.* fregiarsi: *coronarsi di gloria* || **N.** ***tr.*** **1.** *Sin.* cingere, consacrare, inghirlandare | ***rifl.*** **1.** *Sin.* adornarsi **2.** *Sin.* incoronarsi.

coronàrico (pl. *-ci*) [da *coronario*; 1956] ***agg.*** *T.anat.* e *T.med.* relativo alle coronarie: *insufficienza coronarica*, stato morboso causato da insufficiente irrorazione sanguigna del cuore || *unità coronarica*, reparto ospedaliero appositamente attrezzato per la cura di pazienti colpiti da infarto del miocardio o da altre gravi lesioni alle coronarie.

coronàrio (pl. *-ri*) [dal lat. *coronārius*, relativo alla corona; a. 1472 nel senso 2] ***agg.*** **1.** *T.anat.* di formazione disposta a corona intorno a un organo; *in part. arterie coronarie* (o *ass. sf. coronarie*), quelle che, originate dall'aorta, servono all'irrorazione sanguigna del miocardio || *sutura coronaria*, quella che unisce l'osso frontale del cranio ai due parietali **2.** *lett.* relativo a una corona: *certame coronario*, gara poetica in cui il premio era costituito da una corona d'argento foggiata in forma di corona d'alloro.

coronarite [comp. di *coronari(a)* e *-ite*[1]; 1939] ***sf.*** *T.med.* infiammazione di un'arteria coronaria o di un suo ramo.

coronàto (*pps.* di *coronare*) [1313] **I** ***agg.*** nei sensi del verbo **II** ***sm.*** **1.** (f. *-a*) regnante **2.** moneta d'argento coniata nel 1458 nel Regno di Napoli.

coronazióne [da *coronare*; a. 1306] ***sf.*** incoronazione.

coroncìna (*dim.* di *corona*) [1541] ***sf.*** corona usata per recitare il rosario.

coronèlla[1] [da *corona*; 1764] ***sf.*** nelle costruzioni idrauliche, argine costruito dietro un tratto di arginatura pericolante.

coronèlla[2] [da *corona*; 1905] ***sf.*** piccolo serpente innocuo dei Colubridi.

coroner (ingl., pr. ['kɒrənə]; pr. it. ['kɔroner]) [in orig. custode dei placiti della corona; 1830] ***sm.*** *inv.* nei paesi anglosassoni, pubblico ufficiale incaricato di svolgere inchieste nei casi di morti violente o comunque sospette.

corònide [dal lat. tardo *corōnis, -idis*, gr. *korōnís, korōnídos*; 1925] ***sf.*** **1.** segno della grafia corsiva greca che indica la crasi e ha forma e collocazione di spirito dolce (') **2.** negli antichi manoscritti greci, segno di varia forma indicante la fine di un libro, di un capitolo e sim.

coronìlla [da *corona*; 1830] ***sf.*** *T.bot.* genere di piante delle Leguminose con fiori raccolti in ombrelle, diffuse anche in Italia.

coronògrafo [comp. di *corona* e *-grafo*; 1956] ***sm.*** *T.astr.* telescopio che consente l'osservazione e lo studio della corona solare senza dover attendere un'eclissi totale.

coronòide [comp. del gr. *korṓnē*, cornacchia e *-oide*; 1830] ***agg.*** *T.anat.* dell'apofisi anteriore della branca montante della mandibola, che per la forma appuntita ricorda il becco di una cornacchia.

coroplàstica [comp. del gr. *chṓra*, terra e *plastica*; 1956] ***sf.*** *T.archeol.* la tecnica di lavorazione della terracotta.

coròẓo [dallo sp. *corozo*; 1942] ***sm.*** albume assai duro e compatto contenuto nei semi di alcune palme dell'America tropicale, che viene usato come avorio vegetale nella produzione di bottoni e sim.

corpacciàta [da *corpo*; sec. XIV] ***sf.*** *raro* scorpacciata.

corpacciùto [da *corpo*; a. 1292] ***agg.*** che ha corpo grosso e tozzo, corpulento || **N.** massiccio, obeso, tarchiato | *Contr.* smilzo, snello.

corpétto [da *corpo*; a. 1712] ***sm.*** **1.** indumento maschile indossato sotto la giacca e sopra la camicia **2.** nell'abbigliamento femminile, corpino **3.** nella Marina militare, maglia di lana che si indossa tra la giacca e la camicia || *dim.* corpettìno || **N.** **1.** *Sin.* gilè, panciotto.

corpìno [da *corpo*; 1963] ***sm.*** parte superiore di un abito femminile, gen. attillata e corta in vita.

còrpo [lat. *corpus, -oris*; inizio sec. XIII] ***sm.*** **1.** nome generico che indica ogni porzione di materia che occupa uno spazio || *T.fis.* insieme discontinuo di elementi di materia dotato delle proprietà di estensione, divisibilità, impenetrabilità || *corpo nero*, corpo ideale della termodinamica, in grado di assorbire ogni radiazione incidente || *corpi celesti*, le stelle e i pianeti **2.** *per estens.* oggetto materiale: *un corpo cilindrico* || *T.giur. corpo del reato*, oggetto con cui è stato commesso un crimine || *T.med. corpo estraneo*, ogni genere di formazione solida penetrata nei tessuti o nelle cavità naturali dell'organismo || *per estens.* compattezza, solidità: *il corpo di un terreno*; *il corpo del vino*, vigore;

fig. dare, prendere corpo, attribuire, assumere consistenza: *una nuova ipotesi sta prendendo corpo* **3.** la struttura fisica dell'uomo e degli altri animali: *un corpo tozzo, snello, aggraziato* || *i piaceri del corpo,* quelli carnali || *fig. avere il diavolo in corpo,* essere preda di una grande agitazione || *fig. avere qualcosa in corpo,* essere tormentati || *fig. fam. finché avrò fiato in corpo,* finché avrò vita || *lottare corpo a corpo,* a distanza ravvicinata, all'arma bianca || *a corpo morto,* di peso; *fig.* con grande impegno ed energia || *fig. anima e corpo,* completamente, con tutto se stesso || *guardia del corpo,* persona cui è affidata la protezione e l'incolumità di qualcuno; *fig.* persona di assoluta fiducia || *per estens.* cadavere: *il corpo fu esposto nella camera ardente* || viene talora usato con funzione di esclamazione: *corpo di bacco!, corpo di mille balene!* **4.** *T.biol.* parte di un organismo vivente con caratteristiche e funzioni definite; *gen.* parte di un organo: *corpo striato,* formazione di sostanza grigia posta alla base del cervello || *T.zool. corpi grassi,* aggregati di cellule presenti nel corpo degli insetti che hanno funzione di riserva alimentare nel periodo invernale || *T.bot. corpo legnoso,* l'insieme dei tessuti che si trovano all'interno del cambio **5.** nucleo centrale, parte principale di qualcosa: *il corpo di un edificio, di un motore* || *T.mus.* cassa di risonanza degli strumenti a corda || *il corpo di una macchina fotografica,* esclusi gli accessori, gli obbiettivi e sim. || *il corpo di una nave,* la nave a esclusione dell'apparato motore || *vendita a corpo,* in blocco || *fig. il corpo di un discorso, di una teoria,* la parte essenziale **6.** *pop.* pancia, basso ventre: *dolori di corpo* || *andare di corpo,* defecare || *mettere qualcosa in corpo,* mangiare **7.** insieme, gruppo di persone accomunate da particolari caratteristiche, funzioni o qualità: *il corpo diplomatico,* la totalità dei diplomatici stranieri accreditati presso uno stato nazionale; *corpo accademico, corpo insegnante,* l'insieme dei docenti di un'università, di una scuola o di un istituto; *corpo di ballo,* l'insieme dei ballerini di un teatro, di una compagnia; *corpo elettorale,* la totalità degli elettori di una nazione; *T.eccl. corpo mistico,* l'insieme dei cristiani || specialità militare, arma: *il corpo degli alpini, dei bersaglieri* || *per estens.* unità militare: *venne inviato un corpo di spedizione di 5.000 uomini; in part. corpo d'armata,* grande unità composta da due o più divisioni || *corpo di guardia,* l'insieme dei militari incaricati della sorveglianza di un luogo; *per estens.* i locali in cui alloggiano || *spirito di corpo,* solidarietà tra gli appartenenti a uno stesso corpo militare, a una stessa categoria e sim. **8.** insieme strutturato di più cose che dà origine a un tutto organico: *il corpo dei terreni demaniali* || raccolta delle opere di un autore o delle opere relative a un dato argomento: *il corpo delle opere dell'Ariosto* **9.** *T.tip.* la grandezza di un carattere a stampa misurata in punti tipografici **10.** *T.mat.* ogni insieme di elementi in cui valgano le proprietà formali ordinarie delle operazioni di somma e prodotto || *dim.* corpicino, corpicciòlo; *accr.* corpóne; *pegg.* corpiciàttolo, corpàccio || **N. 1.** *Sin.* massa, materia; corpuscolo, elemento, sostanza **2.** *Sin.* cosa, oggetto **3.** carcassa, carne, costituzione, fisico; cadavere, salma | *Contr.* anima **4.** *Sin.* elemento, formazione, organo, parte **7.** categoria, collegio, compagnia, corporazione, ordine, organismo, società **9.** *Sin.* altezza. **Q.T.** *anatomia, astronomia, fisica, forze armate* **TAV.** ***anatomia* p. 642** 7.2, 7.5; ***tipografia* p. 1336** 1.3.

còrpo-mòrto [comp. di *corpo* e *morto*; 1869] ***sm.*** *T.mar.* complesso formato di una grossa ancora già affondata, di catene e di un gavitello, il quale permette alle navi di ormeggiarsi, risparmiando la manovra di affondare la propria ancora.

corporàle [dal lat. *corporālis*; inizio sec. XIII come sm.] **I** ***agg.*** relativo al corpo: *pene, bisogni corporali* || **corporalménte** ***avv.*** **II** ***sm.*** panno di lino bianco su cui vengono posti il calice e l'ostia durante la messa || **N. I** *Sin.* fisico, fisiologico, materiale | *Contr.* intellettuale, spirituale.

corporalità [da *corporale*; seconda metà sec. XIV] ***sf.*** natura corporea.

corporativismo [da *corporativo*; 1893 nel senso 2] ***sm.*** **1.** dottrina politico-economica che mira a superare i conflitti di classe mediante l'intervento autoritario dello stato e in particolare ricorrendo alla costituzione di corporazioni che rappresentino i diversi settori economici **2.** *per estens.* tendenza a difendere i propri interessi particolari non curandosi dell'interesse generale: *il corporativismo dei sindacati autonomi.* **Q.T.** *politica.*

corporativistico (pl. *-ci*) [da *corporativismo*; 1931] ***agg.*** relativo al corporativismo, fondato su di esso: *dottrina, organizzazione corporativistica* || *per estens.* settoriale, ristretto || **corporativisticaménte** ***avv.***

corporativo [dal fr. *corporatif*; 1893] ***agg.*** relativo alla corporazione, fondato su corporazioni || relativo al corporativismo: *dottrina corporativa* || *per estens.* relativo a comportamenti e atteggiamenti di piccoli gruppi chiusi nell'esclusiva difesa dei propri interessi e privilegi || **corporativaménte** ***avv.*** || **N.** *Sin.* categoriale.

corporàto [dal lat. *corporātus*; 1887] ***agg.*** e ***sm.*** (f. *-a*) che, chi appartiene a una corporazione.

corporatùra [dal lat. *corporatūra*; a. 1555] ***sf.*** aspetto e forma del corpo umano; *raro* anche riferito ad animali || **N.** *Sin.* complessione, conformazione, fattezze, figura, membratura, persona, personale, statura, taglia | aitante, alta, atticciata, bassa, dinoccolata, elegante, esile, gracile, grassa, grossa, magra, mingherlina, robusta, snella, sottile, tarchiata.

corporazióne [dal lat. tardo *corporātio, -ōnis,* corporalità; 1797] ***sf.*** **1.** *T.stor.* nel Medioevo, associazione di lavoratori o mercanti di un medesimo settore che si univano per tutelare i propri diritti e interessi || *per estens.* ogni organizzazione sindacale che tenda all'esclusiva salvaguardia degli interessi e privilegi di categoria **2.** nel periodo fascista, organo dello Stato con funzione di collegamento tra i sindacati e gli imprenditori che aveva la facoltà di emettere disposizioni normative nell'ambito della disciplina produttiva **3.** *T.giur.* associazione.

corporeità [da *corporeo*; a. 1535] ***sf.*** natura corporea; fisicità.

corpòreo [dal lat. *corporeus*; 1282] ***agg.*** **1.** che ha corpo: *sostanza corporea* **2.** del corpo: *forma corporea* || **N. 1.** *Sin.* materiale, reale, sensibile, tangibile | *Contr.* immateriale, incorporeo **2.** *Sin.* fisico; carnale | *Contr.* spirituale.

corpóso [da *corpo*; 1918] ***agg.*** consistente, sostanzioso || *pittura corposa,* caratterizzata da forti contrasti, dall'accentuazione del volume dei corpi; che utilizza il colore a strati densi || *vino corposo,* vino denso, di sapore marcato || **N.** *Contr.* leggero, tenue.

corpulènto [dal lat. *corpulentus*; a. 1375] ***agg.*** **1.** di corporatura grossa e pesante: *un uomo corpulento*; che ha il ventre grosso **2.** *fig.* che tende alla concretezza, al materialismo: *immagini corpulente* || **N. 1.** *Sin.* massiccio, obeso, tarchiato **2.** *Sin.* corposo.

corpulènza [dal lat. *corpulentia*; a. 1375] ***sf.*** l'essere corpulento.

corpus (lat., pr. it. ['kɔrpus]) [letter. corpo; 1905] ***sm. inv.*** (anche pl. *corpora,* pr. it. ['kɔrpora]) **1.** raccolta completa e ordinata di testi, leggi, iscrizioni **2.** *T.ling.* campione rappresentativo di una lingua o di un particolare fenomeno che è oggetto di studio **3.** *T.bot.* parte centrale dell'apice vegetativo.

corpuscolàre [da *corpuscolo*; 1699] ***agg.*** che riguarda i corpuscoli || *T.fis. teorie corpuscolari,* quelle secondo cui l'emissione e la propagazione della luce è un fenomeno di emissione e propagazione di corpuscoli e non di onde.

corpùscolo [dal lat. *corpusculum*; a. 1519] ***sm.*** struttura corporea di dimensioni piccolissime || *T.fis.* ogni ente che risulti dall'organizzazione di più particelle || *T.anat.* qualunque elemento o formazione istologica di dimensioni microscopiche || **N.** *T.fis.* atomo, particella.

Corpus Domini (lat., pr. it. ['kɔrpus 'dɔmini]) (meno com. *corpuṣdòmini*) [letter. corpo del Signore; a. 1492] ***sm. inv.*** nella liturgia cattolica, festa che si celebra sessanta giorni dopo la Pasqua in onore dell'Eucaristia || *per estens.* il giorno in cui si celebra tale ricorrenza.

corradicàle [comp. di *con-*, *radice* e suff. agg.; 1956] ***agg.*** *T.ling.* detto di una parola che presenta la stessa radice di un'altra.

corraṣióne [dal lat. *corrāsus,* pps. di *corradere,* raschiare via; 1930] ***sf.*** *T.geol.* erosione delle rocce causata da particelle solide trasportate dal vento.

córre [lat. *colligere*; 1480] ***tr.*** *ant.* cogliere.

corredàre (pres. *-èdo*) [da *arredare,* con cambio di pref.; a. 1294] ***tr.*** fornire di ogni cosa necessaria: *corredare il laboratorio di tutti gli attrezzi, un'auto corredata di ogni accessorio*; anche *fig.*: *un libro corredato di note* || *non com. corredare una sposa,* farle il corredo || ***rifl.*** *non com.* rifornirsi; adornarsi || **N.** ***tr.*** *Sin.* attrezzare, dotare, fornire, munire, provvedere.

corredentrice [comp. di *con-* e *redentrice*; a. 1729] ***sf.*** *T.rel.* appellativo dato alla Madonna perché cooperò col Cristo a redimere l'umanità.

corredino (*dim.* di *corredo*) [a. 1890] ***sm.*** tutto ciò che serve per l'abbigliamento di un neonato.

corrèdo [da *corredare*; a. 1294] ***sm.*** **1.** l'insieme degli abiti, della biancheria, degli ornamenti che una sposa porta con sé nella nuova casa, che una novizia porta in convento e sim. || *per estens.* l'abbigliamento e l'attrezzatura necessaria per la pratica di uno sport: *corredo da tennis, da equitazione* || *corredo per neonati,* tutto ciò che serve per l'abbigliamento di un neonato || *corredo funebre,* presso alcune popolazioni dell'antichità, il cibo, le armi e gli oggetti personali che venivano posti nella tomba e accompagnavano il defunto nell'oltretomba **2.** l'insieme degli oggetti e degli apparecchi necessari per lo svolgimento di un'attività o per l'arredo di un ambiente: *il corredo di attrezzi da meccanico* || *T.mar.* tutto ciò che serve per l'allestimento di una nave **3.** *fig.* tutto ciò che viene aggiunto a un testo come integrazione: *un libro con un ricco corredo di note, di illustrazioni* || *per estens.* bagaglio di nozioni, di esperienze: *possedeva un vasto corredo di cognizioni scientifiche* || *T.biol. corredo cromosomico,* l'insieme dei cromosomi di una cellula appartenente a una specie determinata || **N. 1.** *Sin.* dote, fardello; attrezzatura, completo **2.** *Sin.* arredo, dotazione, equipaggiamento. **Q.T.** *abbigliamento.*

corrèggere (pres. *-èggo* ecc., come REGGERE) [lat. *corrigere*; a. 1306] ***tr.*** **1.** migliorare, rettificare eliminando errori e imperfezioni: *correggere un compito, le bozze di stampa* || *correggere il tiro,* rettificarlo || *correggere un difetto di vista, di udito,* porvi rimedio mediante l'uso di occhiali, di apparecchi acustici || nel linguaggio tecnico-scientifico, effettuare una correzione: *correggere i dati, una misurazione* || *correggere un terreno,* migliorarne la qualità facendo uso di correttivi || *correggere una strada, un fiume,* modificarne il tracciato a seconda delle esigenze; *correggere un torrente*, diminuirne la pendenza **2.** riferito a persone, far rilevare errori, difetti nel comportamento o nel carattere perché vi ponga rimedio: *se sbaglio correggimi, correggere qualcuno dei suoi difetti, correggere i difetti di qualcuno* **3.** aggiungere a una bevanda sostanze che ne modifichino il sapore o l'odore: *correggere il caffè con la grappa, il latte con il rhum* **4.** *ant.* governare, reggere || ***rifl.*** migliorare il proprio comportamento, ravvedersi: *cercherò di correggermi* || *in part.* sostituire immediatamente, mentre si parla, un'espressione errata o imprecisa con una più esatta || **N.** ***tr.*** **1.** *Sin.* aggiustare, emendare, limare, migliorare, pulire, purgare, rabberciare, raddrizzare, rappezzare, restaurare, rettificare, rifare, ritoccare, rivedere **2.** *Sin.* ammonire, redarguire, rimproverare, riprendere.

corréggia o **coréggia** (pl. *-ge*) [lat. *corrigia*; sec. XIII] ***sf.*** striscia o cinghia di cuoio || *dim.* correggìna, correggìno (*sm.*), correggiòla, correggiòlo (*sm.*); *accr.* correggióne (*sm.*).

correggiàto o **coreggiàto** [da *correggia*; a. 1292 *coregiato*] ***sm.*** strumento per la battitura dei cereali composto da due bastoni uniti da una striscia di cuoio. **TAV.** *agricoltura* 10.9.

correggìbile [da *correggere*; a. 1565 *corrigibile*] ***agg.*** che si può correggere || **N.** *Sin.* emendabile, migliorabile, rettificabile | *Contr.* incorreggibile.

correggiòla (*dim.* di *correggia*) [sec. XIII-XV] ***sf.*** **1.** piccola correggia **2.** cordoncino sul dorso dei fascicoli di un libro rilegato **3.** *T.bot.* centinodia.

correggitóre [da *correggere*; 1336 ca.] ***sm.*** (f. *-trice*) *ant.* **1.** chi corregge **2.** sovrano, comandante.

corregionàle [dal lat. tardo *corregionālis*; 1865] ***agg.*** e ***s.*** che, chi è della stessa regione di un altro || **N.** compaesano, compatriota, conterraneo.

correità [da *correo*; 1865] ***sf.*** l'essere correo || **N.** *Sin.* collusione, complicità, concorso, connivenza.

correlàre (pres. *-èlo*) [da *correlativo*; 1963] ***tr.*** mettere in correlazione.

correlatìvo [da *relativo*; 1478] ***agg.*** che è in correlazione || *T.gram.* detto di parti del discorso (pronomi, aggettivi, avverbi, coniugazioni) che si richiamano a vicenda e introducono proposizioni coordinate o i membri di una coordinazione (*tale... quale, l'un... l'altro, così... come, sia... sia* ecc.) || *T.fon.* detto di coppia di fonemi che si distinguono per la presenza o l'assenza di un solo tratto caratteristico.

correlatóre [comp. di *con-* e *relatore*; 1965] ***sm.*** (f. *-trice*) chi svolge una relazione con un altro relatore, spec. nella discussione di tesi di laurea || **N.** *Sin.* controrelatore.

correlazióne [da *relazione*; a. 1600] ***sf.*** relazione, corrispondenza reciproca tra due o più elementi: *tra questi delitti c'è una stretta correlazione* || *T.biol. principio di correlazione*, quello secondo il quale le parti di un organismo vivente sono legate in modo tale che la modificazione di una di esse provoca la modificazione di tutte le altre || *T.gram.* rapporto esistente tra i tempi verbali della proposizione reggente e quelli delle dipendenti o tra elementi sintattici correlativi || *T.ling.* rapporto esistente tra serie di fonemi che si oppongono tra loro per la presenza o l'assenza di uno stesso tratto distintivo: *correlazione di sonorità*, in italiano tra i fonemi sordi /p/, /t/, /k/, /f/, /s/, /ts/, /tʃ/ e i fonemi sonori /b/, /d/, /g/, /v/, /z/, /dz/, /dʒ/ || *T.stat.* relazione tra le variazioni di due fenomeni quantitativi; *in part. correlazione lineare*, legame di proporzionalità (diretta o inversa) tra due fenomeni.

correligionàrio (pl. *-ri*) [comp. parasint. di *religione*; a. 1712] ***agg.*** e ***sm.*** (f. *-a*) che, chi appartiene alla medesima religione di un altro || *per estens.* che, chi condivide la stessa fede politica di un altro.

correntàme [da *corrente*[2]; 1550] ***sm.*** *raro* l'insieme dei correnti o travicelli di un edificio.

corrènte[1] (*ppr.* di *correre*) [a. 1292] **I** ***agg.*** **1.** di corso d'acqua, che scorre; *in part. acqua corrente*, quella che giunge negli appartamenti di un edificio direttamente dalla tubatura stradale e non da serbatoi di deposito posti sopra la copertura dell'edificio; anche, più in gen., acqua che si può comunque continuamente attingere da un rubinetto || *fig.* fluido: *uno stile corrente* || *fig.* sicuro, senza incertezze: *parla in modo corrente sei lingue* || *fig.* privo di interruzioni: *un fregio corrente lungo il frontone* || *T.mar. manovra corrente*, i cavi che vengono utilizzati nelle manovre **2.** attuale, in corso, che è comunemente in uso: *anno, mese corrente* || *moneta corrente*, quella che ha corso legale; *fig. accettare, prendere qualcosa per moneta corrente*, crederla, accettarla come vera || *prezzi correnti*, quelli di mercato **3.** *per estens.* comune, normale: *un modo di dire corrente, mentalità corrente* || *per estens.* ordinario: *si veste in modo corrente* **4.** *non com.* di persona, condiscendente || **correntemémte** ***avv.*** **1.** con scioltezza, speditamente: *parla correntemente il francese* **2.** usualmente: *un'espressione usata correntemente* **II** **sm.** solo nelle loc.: *essere al corrente di qualcosa*, essere informato; *mettere, tenere al corrente*, informare, tenere informato; *essere, tenersi al corrente*, informarsi, tenersi informato || **N.** I **1.** *Sin.* fluente, scorrente; disinvolto, fluido, scorrevole | *Contr.* fermo, stagnante; difficoltoso, impacciato, lento **2.** *Sin.* circolante; attuale, di mercato, vigente | *Contr.* fuori corso **3.** *Sin.* diffuso, usuale.

corrènte[2] [da *corrente*[1]; a. 1571] ***sm.*** **1.** *T.arch.* elemento architettonico di forma allungata utilizzato per migliorare la resistenza delle strutture portanti || *com.* ciascuno dei travicelli utilizzati per il sostegno di tegole e sim. **2.** *T.mar.* rinforzo longitudinale dell'armatura di una nave || *T.aer.* listello con funzioni di rinforzo e irrigidimento posto in posizione longitudinale rispetto alla fusoliera o a un'ala.

corrènte[3] [da *corrente*[1]; a. 1348] ***sf.*** **1.** moto di una massa fluida in una direzione: *corrente marina, fluviale*; *correnti calde*, che portano masse d'acqua più calde di quelle dei mari verso cui scorrono; *correnti fredde*, che portano masse d'acqua più fredde di quelle dei mari verso cui scorrono || *fig. seguire la corrente*, seguire la tendenza comune || *fig. andare contro corrente*, agire, pensare in modo diverso dalla maggioranza || *correnti atmosferiche*, spostamento di masse d'aria, venti || *correnti a getto*, correnti aeree spiranti a velocità elevata, a livello della tropopausa, in direzione ovest-est || *fam.* flusso d'aria all'interno di un ambiente chiuso: *chiudi la porta che c'è corrente* || massa di materia in movimento: *la corrente di lava si è arrestata a poche centinaia di metri dall'abitato* || *T.astr. correnti stellari*, gruppo di stelle con caratteristiche simili che si muovono in una stessa direzione **2.** *corrente elettrica*, flusso di cariche elettriche all'interno di un conduttore || *per estens.* l'insieme delle cariche in movimento || *corrente continua*, invariabile nel tempo e unidirezionale; *corrente alternata*, corrente la cui intensità varia nel tempo secondo una periodicità costante; *corrente forte*, ad alta intensità, per usi industriali; *corrente debole*, a bassa intensità, usata in elettronica, telecomunicazioni, radiotecnica || *T.biol.* fenomeni di bioelettricità che si producono nei tessuti di un organismo vivente **3.** *fig.* movimento di veicoli o persone che si svolge in una determinata direzione: *al rientro dalle vacanze la corrente del traffico subisce sempre un forte incremento* || *gen.* flusso o deflusso di merci, persone o capitali da una zona a un'altra, da un paese a un altro: *correnti migratorie, turistiche, di importazioni, di esportazioni* **4.** *fig.* tendenza culturale, politica: *le correnti della letteratura di fine secolo, le correnti artistiche del Novecento* || *per estens.* divisioni interne a una scuola, a un partito e sim.: *le correnti dell'idealismo post-hegeliano; correnti di partito*, gruppi che all'interno di un partito hanno linee strategiche e politiche variamente sfumate || **N.** **1.** *Sin.* fiumana, flusso, rapida **2.** *Sin.* energia **3.** *Sin.* carovana, fila, folla, massa **4.** *Sin.* indirizzo, movimento; moda, uso, voga. **Q.T.** *elettricità, letteratura*...

corrènte[4] [forma sostantivata f. di *corrente*[1], sul modello del fr. *courante*; 1585] ***sf.*** danza diffusa in Italia e Francia nei sec. XVI-XVII e in Germania nei sec. XVII e XVIII; oggi si conserva come danza folcloristica in Piemonte, dove è detta anche *monferrina*; la musica che l'accompagna è un tempo ternario di ritmo vivace, e si trova spesso come uno dei movimenti della *suite* sei-settecentesca.

correntézza [da *corrente*[1]; 1865] ***sf.*** *non com.* **1.** di persona, condiscendenza **2.** scioltezza, speditezza nel parlare o nello scrivere **3.** frequenza d'uso: *la correntezza di un modo di dire.*

correntìa [da *corrente*[3]; sec. XIV] ***sf.*** *raro* corrente d'acqua: *la lenta correntia* (D'Annunzio).

correntìna [da *corrente*[1]; 1865] ***sf.*** *T.pesc.* lenza avvolta su un sughero cui sono collegati molti ami.

correntìno (*dim.* di *corrente*[2]) [1827] ***sm.*** *T.edil.* ciascuna delle travicelle poste perpendicolarmente ai correnti che servono a reggere le tegole || *fig. contare i correntini*, restare in ozio nel letto || *gen.* listello di irrigidimento applicato a una struttura.

correntìsmo [da *corrente*[3]; 1964] ***sm.*** *T.pol.* tendenza di un partito politico ad articolarsi in più correnti antagoniste.

correntìsta [da (*conto*) *corrente*; 1861] ***s.*** chi ha un conto corrente aperto presso una banca o presso le Poste.

correntìzio (pl. *-zi*) [da *corrente*[3]; 1976] ***agg.*** *T.pol.* relativo a una o più correnti sorte all'interno di un partito: *sistema correntizio, degenerazioni correntizie.*

correntocràtico (pl. *-ci*) [comp. di *corrente*[3] e *-cratico*; 1971] ***agg.*** *T.pol.* relativo alla correntocrazia, proprio della correntocrazia; ispirato alla correntocrazia.

correntocrazìa [comp. di *corrente*[3] e *-crazia*; 1964] ***sf.*** *T.pol.* potere esercitato dalle correnti sorte all'interno di un partito politico.

corrèo [dal lat. tardo *correus*; a. 1667] ***sm.*** (f. *-a*) *T.giur.* chi è imputato con altri di uno stesso reato || **N.** *Sin.* coimputato, complice, connivente.

córrere (pres. *córro*; p.rem. *córsi, corrésti, córse, corrémmo, corréste, córsero*; fut. *correrò*; pps. *córso*) [lat. *currere*; a. 1292] ***intr.*** (aus. *essere* quando l'azione è considerata in relazione a una meta espressa o sottintesa; *avere* quando l'azione viene considerata in sé e nel senso 2) **1.** avanzare rapidamente in modo che i due piedi non tocchino mai contemporaneamente il suolo: *per raggiungerlo ho dovuto correre un bel po'*; *correre a perdifiato, come il vento, a rotta di collo* ecc., molto velocemente; *correre dietro a qualcuno*, inseguirlo; *fig.* cercarne i favori || *fig. correre dietro alle donne*, corteggiarle || *fig. correre incontro alla morte*, affrontare grandi rischi || di animali, procedere ad andatura veloce: *i cavalli correvano al galoppo* || di veicoli, andare ad alta velocità: *l'auto correva ai 200 all'ora nonostante la pioggia* **2.** *ass.* partecipare a una competizione: *ieri ha corso nella finale dei duecento, sono già alcuni anni che corre in moto*; *correre per una società*, far parte della squadra di professionisti finanziati da una società **3.** andare o venire con prontezza: *sono corso a chiamarlo prima che partisse* || *fig.* essere eccessivamente frettoloso: *non correre subito alle conclusioni* || *fig. correre avanti e indietro*, darsi molto da fare, spesso in modo confuso || *fig. correre ai ripari*, cercare di rimediare a un inconveniente, a un danno **4.** compiere un movimento rapido e quasi involontario: *il dito gli corse al grilletto* || di sentimenti, pensieri e sim., presentarsi alla memoria: *gli corse alla mente il ricordo degli amici perduti* **5.** di strade e sim., muoversi in una direzione, snodarsi: *la SS 10 corre attraverso la Pianura Padana* || di corsi d'acqua e liquidi in generale, scorrere: *il fiume corre nelle gole per un lungo tratto, il sangue corre nelle vene* || *fig. tra loro non corre buon sangue*, non sono in buoni rapporti || *fig.* di discorso, scritto o sim., filare, procedere senza intoppi: *è un discorso che non corre troppo bene* || *fig. lasciar correre*, accondiscendere, non insistere **6.** di tempo, trascorrere: *come corre il tempo!*; *gen.* essere in corso: *correva l'anno 1870*; intercorrere: *tra loro corrono pochi mesi di differenza* || di spazio, frapporsi: *dalla villa al mare corrono poche centinaia di metri* || *fig. ci corre*, c'è differenza **7.** accadere: *quest'anno sono corsi importanti avvenimenti* || *mi corre l'obbligo...*, devo... **8.** *fig.* circolare, essere diffuso: *corrono strane dicerie sul suo conto* || di abitudine o moda, essere diffusa: *oggigiorno corrono strane abitudini* || *non com.* di moneta, avere corso legale, essere in corso (quasi esclusivamente al presente indicativo): *questa moneta corre, non corre più* || ***tr.*** **1.** disputare una gara: *correre un gran premio, la maratona* **2.** esporsi, andare incontro a qualcosa: *correre un pericolo, un rischio* || *correre la cavallina*, condurre una vita sregolata e spensierata **3.** *non com.* percorrere: *un fulmine corse il cielo* || *ant.* far scorrerie || nel Medioevo, partecipare a giostre e tornei || **N.** ***intr.*** **1.** accorrere, affrettarsi, precipitarsi, slanciarsi, volare || alzare i tacchi, darsela a gambe, divorar la strada, mettere le ali, raddoppiare i passi; andare a briglia sciolta, a più non posso, a rotta di collo, a spron battuto, di gran carriera, di volo **2.** *Sin.* gareggiare **3.** *Sin.* affrettarsi, precipitarsi **4.** *Sin.* dirigersi, indirizzarsi **5.** *Sin.* andare, fuoriuscire, scorrere **6.** *Sin.* fluire **7.** *Sin.* avvenire | ***tr.*** **1.** *Sin.* partecipare.

correspettivo v. CORRISPETTIVO.

corresponsàbile [da *responsabile*; 1893] ***agg.*** che è responsabile insieme con altri.

corresponsabilità [da *corresponsabile*; 1918] ***sf.*** l'essere corresponsabile || partecipazione con altri a posti di responsabilità: *corresponsabilità nell'amministrazione.*

corresponsabilizzàre [da *corresponsabile*; 1983] ***tr.*** rendere corresponsabile: *corresponsabilizzare uno in un progetto.*

corresponsióne [da *corrispondere*; 1700 *corrisponsione*] ***sf.*** **1.** pagamento di una somma come compenso per una prestazione, per il godimento di un bene e sim. **2.** *raro* corrispondenza di sentimenti.

correttézza [da *corretto*; 1865] ***sf.*** l'essere corretto, detto in part. del comportamento verso altre persone: *ha sempre mostrato correttezza nel trattare gli affari* || *T.sport.* osservanza delle regole sportive || padronanza di linguaggio: *parla con correttezza.*

correttivo [da *correggere*; 1308] **I** ***agg.*** atto a correggere: *ginnastica correttiva* **II** ***sm.*** ciò che serve a migliorare, a correggere qualcosa || *T.farm.* sostanza che si aggiunge a certi farmaci per migliorarne il sapore o l'odore senza modificarne l'azione medicinale || *T.agr.* composto fertilizzante ad azione fisico-chimica.

corrètto (*pps.* di *correggere*) [1308] ***agg.*** **1.** nei sensi del verbo || *in part.* privo di errori, esatto: *una traduzione corretta, una corretta interpretazione dei fatti* **2.** conforme alle regole dell'educazione, dell'onestà, della convenienza e sim.: *comportamento corretto*; di persona, onesto: *un mediatore corretto*; *un giocatore corretto*, che rispetta le regole del gioco || *non com.* garbato, distinto **3.** di bevanda cui sia stato aggiunto un po' di liquore: *caffè corretto* || **correttaménte** ***avv.***

correttóre [dal lat. *corrector*, *-ōris*; 1308] ***sm.*** **1.** (f. *-trìce*) chi corregge || *correttore di bozze*, chi si occupa della correzione delle bozze di stampa **2.** *T.tecn.* dispositivo per la correzione di anomalie di funzionamento di apparecchi e dispositivi vari || *correttore di fase*, in un circuito a corrente alternata, elemento che regola il valore di sfasamento tra intensità della corrente e tensione || *correttore di miscela*, nei motori a carburazione, dispositivo per variare la composizione della miscela **3.** nome generico di vari prodotti di cancelleria (liquidi coprenti, nastrini di carta gessata ecc.) con cui si eseguono correzioni su dattiloscritti, matrici per ciclostile ecc. || **N.** **1.** *Sin.* revisore; censore | refuso.

correttòrio (pl. *-ri*) [da *corretto*; 1673] **I** ***sm.*** *non com.* riformatorio **II** ***agg.*** *non com.* correttivo.

correzionàle [da *correzione*, come il fr. *correctionnel*; 1797] **I** ***agg.*** *T.giur. non com.* di pena consistente nella reclusione non superiore a tre anni || *disus.* di pena di durata limitata, tale da consentire il recupero del condannato **II** ***sm.*** riformatorio.

correzióne [dal lat. *correctio*, *-ōnis*; a. 1294] ***sf.*** **1.** atto ed effetto del correggere || parole di ammonimento: *ricevere una correzione* || *casa di correzione*, istituto di pena per minorenni **2.** intervento con cui si corregge uno scritto, un disegno e sim. segnalando errori o parti che si vogliono modificare || *correzione delle bozze*, revisione delle prove di stampa effettuata indicando a margine, per mezzo di segni convenzionali, le forme corrette || *per estens.* il segno con cui si indicano tali errori || ritocchi apportati a un disegno, una scultura, un dipinto **3.** azione mirante a correggere o a compensare un difetto di qualsiasi natura: *correzione delle ametropie dell'occhio*, mediante l'uso di opportune lenti || aggiunta o sottrazione di dati numerici alle misurazioni fornite da uno strumento in modo da eliminare errori sistematici || intervento effettuato sugli organi di comando di una macchina al fine di correggere eventuali modificazioni indesiderate || *correzione di un torrente*, l'insieme delle opere con cui si riduce la pendenza dell'alveo di un torrente al fine di limitare i fenomeni erosivi || *T.agr. correzione di un terreno*, modificazione della reazione di un terreno troppo alcalino o troppo acido || *correzione di un vino*, modifica di alcune qualità di un vino (acidità, gradazione ecc.) al fine di migliorarne i caratteri organolettici || *correzione del tiro*, variazione dei dati di tiro di un pezzo di artiglieria per avvicinare la traiettoria al bersaglio **4.** *T.ret.* procedimento che consiste nel ritirare affermazioni già fatte sostituendole con altre || *dim.* correzioncèlla || **N.** **1.** *Sin.* ammonizione, avvertenza, monito, precetto, raccomandazione, rimprovero, riprensione; punizione **2.** *Sin.* controllo, revisione **3.** *Sin.* modifica, rettifica, ritocco. **TAV. *astronautica* p. 654** 1.8, 2.10.

córri córri o **corricórri** [da *correre*; 1970] ***sm. inv.*** veloce e caotico correre di persone, veicoli e sim.: *dopo l'attentato ci fu il corri corri di poliziotti e soccorritori* || **N.** fuggi fuggi.

corrida [dallo sp. *corrida* (*de toros*), corsa di tori; 1882] ***sf.*** pubblico spettacolo diffuso in Spagna, Portogallo e alcuni paesi dell'America Latina, consistente nella lotta in un'arena circolare di un uomo contro un toro || **N.** *Sin.* tauromachia | *banderillero, muleta, picador*, torero.

corridiètro [comp. di *corr(ere)* e *dietro*] ***sm.*** *inv. T.arch.* motivo ornamentale costituito da una serie di elementi a forma di S, ricorrenti in modo che le loro volute terminali siano parzialmente sovrapposte; è molto usato nell'architettura classica e in quella rinascimentale.

corridóio (pl. *-ói*) [da *correre*, perché è il luogo dove si può correre; a. 1363 *corridore*] ***sm.*** **1.** *T.edil.* ambiente, gen. lungo e stretto, che consente l'accesso indipendente a vari locali che si aprono su di esso: *il corridoio di un appartamento, di un albergo, di una scuola* || *fig.* *voci, notizie di corridoio*, ufficiose || *fig. T.pol.* *manovre di corridoio*, accordi politici segreti volti a favorire o a impedire determinati eventi || ballatoio; nelle fortificazioni, passaggio di collegamento tra i vari appostamenti **2.** *per estens.* ogni luogo lungo e stretto che abbia funzioni di collegamento o di disimpegno: *il corridoio di un vagone ferroviario, di un autobus, di un aereo*, il passaggio attraverso il quale si accede ai posti a sedere || *per estens.* varco, passaggio: *aprirsi un corridoio tra la folla*; nel calcio, spazio che si apre nello schieramento difensivo di una squadra || *T.mar. ponte di corridoio*, il terzo ponte di una nave partendo dall'alto **3.** *T.sport.* nel tennis, ciascuno dei settori laterali compresi fra le linee che delimitano il campo per il singolare e quelle che delimitano il campo per il doppio **4.** nel diritto internazionale, spazio che collega il territorio di uno stato con il suo sbocco marino attraverso il territorio di un altro stato || *T.aer. corridoio aereo*, zona di cielo in cui per convenzione internazionale è consentito il traffico aereo per l'attraversamento di stati, zone sorvegliate e sim. **TAV.** *tennis* 4.2.

corridóre [da *correre*; fine sec. XII] **I** ***sm.*** **1.** (raro f. *corritrìce*, ant. *-dóra*) *T.sport.* chi partecipa a una gara di corsa, a piedi, in bicicletta ecc.: *i corridori giunsero al traguardo in gruppo compatto* || nel baseball, attaccante che corre verso una base, la occupa o ne ritorna **2.** uomo o animale adatto alla corsa: *un corridore infaticabile*; *in part.* cavallo da corsa || *ant.* soldato che precedeva l'esercito per esplorare e fare scorrerie: *corridor vidi per la terra vostra* (Dante) **3.** *T.mar.* pezzo di cavo che si passa nei fori delle bigotte per tesare le manovre dormienti **4.** *pl. T.zool. disus.* sottoclasse di uccelli incapaci di volare, con sterno piatto e zampe robuste atte alla corsa **II** ***agg.*** *non com.* adatto alla corsa: *cavallo corridore.*

corrièra [da *corriere*; a. 1861] ***sf.*** **1.** autoveicolo che svolge servizio passeggeri e postale tra un paese e l'altro || *ant.* carrozza a cavalli adibita a servizio postale, diligenza **2.** gabbia lunga e bassa con sbarre rade e mimetizzate in cui vengono posti gli uccelli da richiamo || **N.** **1.** *Sin.* autobus, bus, *pullman*, torpedone.

corrière [da *correre*; 1282] ***sm.*** **1.** ditta o singola persona che si incarica del recapito a domicilio di pacchi, corrispondenza, documenti e sim. || *a volta di corriere*, con lo stesso corriere che riparte subito || *per estens.* l'automezzo, la ditta di spedizione, e il servizio che essa svolge: *spedire un incartamento col corriere* || un tempo, chi aveva l'incarico di trasportare pubblica corrispondenza, pacchi o messaggi da un luogo all'altro: *mandare un corriere* || *corriere diplomatico*, funzionario addetto al trasporto di documenti ufficiali da un governo a una sede diplomatica e viceversa; tale funzionario gode dell'immunità diplomatica e la corrispondenza e i documenti che reca sono esenti da qualsiasi controllo doganale o di altro genere **2.** *T.bur.* la corrispondenza del giorno; la corrispondenza relativa a una singola località, ente o persona **3.** titolo di alcuni giornali o riviste: *il Corriere della Sera, il Corriere dello Sport* **4.** nome di alcuni uccelli dei Caradriformi che nidificano in terra e sono privi di canto || **N.** **1.** messaggero, messo, staffetta; portalettere, postino; autotrasportatore, spedizioniere **2.** *Sin.* corrispondenza.

còrrige V. ERRATA-CORRIGE.

corrigèndo [dal lat. *corrigendus*; 1876] **I** ***sm.*** (f. *-a*) *disus.* minorenne condannato a scontare una pena in un istituto di correzione **II** ***agg.*** *raro* che deve essere corretto.

corrimàno [comp. di *corre(re)* e *mano*; 1935] ***sm.*** sbarra posta alla sommità di un parapetto, infissa alla parete di una scala o sul soffitto di un mezzo pubblico per appoggiarsi o sostenersi. **TAV.** *abitazione* 1.43, 2.13; ***edilizia*** **p. 666** 1.3.

corrióne [da *correre*; 1881] ***sm.*** uccello dei Caradriformi che vive in zone aride, buon corridore, dotato di coda breve e lunghe zampe || **N.** *Sin.* occhione.

corrispettività [da *corrispettivo*; 1673 *correspettività*] ***sf.*** l'essere corrispettivo, corrispondenza.

corrispettìvo (non com. *correspettivo*) [da *con-* e *rispettivo*; a. 1464 *correspettivo*] **I** ***agg.*** che è in relazione di corrispondenza con qualcosa; equivalente, corrispondente || **corrispettivaménte** ***avv.*** **II** ***sm.*** equivalente: *dieci dollari sono il corrispettivo di 12.000 lire circa*; *in part.* equivalente in denaro o in natura di una prestazione, compenso, retribuzione: *riscuotere il corrispettivo di una giornata lavorativa* || **N.** I *Sin.* correlativo, corrispondente, equivalente, proporzionato II *Sin.* compenso, mercede, paga, pagamento.

corrispondènte (*ppr.* di *corrispondere*) [1354] **I** ***agg.*** nei sensi del verbo || *T.geom.* *angoli corrispondenti*, date due rette R e S tagliate da una trasversale T, sono corrispondenti due angoli situati dalla stessa parte di T e delimitati uno da una semiretta di T e da una di R e l'altro da una semiretta di T e da una di S in modo che una delle semirette di T sia contenuta nell'altra || *socio corrispondente*, in un'accademia, socio onorario che abita in un'altra città e partecipa all'attività scientifica ma non a quella organizzativa **II** ***s.*** **1.** chi intrattiene corrispondenza epistolare con una persona o un ente || *corrispondente commerciale*, chi, in un'azienda, è incaricato di tenere la corrispondenza con fornitori e clienti **2.** *T.giorn.* giornalista che invia con regolarità alla propria sede centrale notizie e cronache relative al luogo in cui risiede o in cui è stato inviato; *corrispondente di guerra*, inviato di un giornale o di un'emittente radio-televisiva in una zona di operazioni belliche || ***sm.*** banca o persona privata con cui un'azienda intrattiene regolari rapporti di affari su piazze diverse || **N.** I conforme, simile, somigliante | *Contr.* dissimile, diverso II **1.** rappresentante **2.** giornalista, inviato, *reporter.* **Q.T.** *giornale.*

corrispondènza [da *corrispondere*; a. 1499] ***sf.*** **1.** atto ed effetto del corrispondere; rapporto reciproco tra elementi diversi: *non c'è corrispondenza tra le sue parole e il resoconto dei fatti, vi è una perfetta corrispondenza tra l'interno e l'esterno dell'edificio* || *T.mat.* dati due insiemi A e B, relazione che a ogni elemento di A associa uno o più elementi di B; *corrispondenza univoca*, quando a ogni elemento di A corrisponde uno e un solo elemento di B; *corrispondenza biunivoca*, quando anche l'insieme B è in corrispondenza univoca con l'insieme A; *corrispondenza plurivoca*, quando a un elemento di B corrispondono più elementi di A **2.** contraccambio di sentimenti: *corrispondenza d'amorosi sensi* (Foscolo) **3.** scambio di lettere, carteggio: *corrispondenza privata, saltuaria, regolare* || *per estens.* l'insieme delle lettere in partenza o in arrivo: *leggere, firmare la corrispondenza* || *corso, scuola per corrispondenza*, quella che si svolge mediante l'invio per posta di lezioni, sussidi didattici, correzioni di compiti e sim. || *vendita per corrispondenza*, quella in cui il cliente ordina per posta l'invio di merce che il fornitore gli offre mediante l'invio di cataloghi informativi **4.** *T.giorn.* articolo, servizio che un giornalista invia alla propria sede centrale dal luogo in cui risiede o in cui è stato inviato || *ufficio di corrispondenza*, sede decentrata di un giornale o di un'agenzia di stampa || **N.** **1.** *Sin.* conformità, consonanza, correlazione, equivalenza, identità, proporzione, riscontro, simmetria | *Contr.* differenza, difformità, divario **2.** *Sin.* reciprocità **3.** *Sin.* carteggio, epistolario; posta **4.** scritto. **Q.T.** *filatelia, posta.*

corrispóndere (pres. *-óndo* ecc., come RISPONDERE) [da *rispondere*; 1304] ***intr.*** (aus. *avere*) **1.** essere in rapporto di conformità, simmetria, proporzione con qualcuno o qualcosa || *in part.* essere conforme: *ciò che dicono i testimoni corrisponde al vero*; *corrispondere alle attese, alle speranze di qualcuno*, mostrarsi effettivamente come gli altri si attendevano e speravano || essere equivalente: *ciò che ti hanno dato corrisponde a quanto hai speso* **2.** di edifici, affacciarsi su un luogo: *le camere da letto corrispondono sul giardino* || di dolori, ripercuotersi, farsi sentire da altre parti: *ho un dolore al collo che mi corrisponde sulla spina dorsale* **3.** contraccambiare: *corrispondere all'affetto, all'amore di qualcuno* **4.** con la prep. *con*, intrattenere un rapporto epistolare: *corrisponde da tre anni con un americano* || ***tr.*** **1.** riferito part. a sentimenti, contraccambiare (usato quasi solo al passivo): *è un amore non corrisposto* **2.** pagare: *dopo il divorzio dovette corrispondere alla moglie un assegno mensile* || ***rec.*** **1.** essere in rapporto di reciproca somiglianza, equivalenza e sim. **2.** di edificio o parti di esso, essere dirimpetto || **N.** ***intr.*** **1.** *Sin.* coincidere, concordare, equivalere | *Contr.* differire **2.** *Sin.* guardare, sovrastare **3.** *Sin.* ricambiare, ripagare | *Contr.* respingere | ***tr.*** **1.** *Sin.* ricambiare; corteggiare.

corrispósta [f. sost. di *corrisposto*; 1828] ***sf.*** *raro* somma pagata in cambio di una prestazione.

corrività [da *corrivo*; 1827] ***sf.*** *raro* l'essere corrivo.

corrìvo [forse da *correre*, con influsso del disus. *corrivare*; a. 1519] ***agg.*** **1.** *non com.* avventato, irriflessivo nell'agire o nel parlare **2.** facile a cedere || *ant.* credulone **3.** *ant.* che scorre || **corrivaménte** ***avv.*** || **N.** **1.** *Sin.* facilone, frettoloso, leggero, sconsiderato **2.** *Sin.* sempliciotto | *Contr.* circospetto, guardingo.

corroboraménto [da *corroborare*; a. 1673] ***sm.*** *non com.* atto ed effetto del corroborare.

corroborànte (*ppr.* di *corroborare*) [a. 1698] **I** ***agg.*** nei sensi del verbo || *T.teol.* *grazia corroborante*, la grazia divina che fortifica l'uomo e lo conferma sulla via del bene **II** ***sm.*** sostanza che tonifica; *in part.* liquore tonico || **N.** I *Sin.* fortificante, ricostituente | *Contr.* debilitante, spossante II *Sin.* cordiale, tonico.

corroboràre (pres. *-òboro*) [dal lat. *corroborāre*; 1342] ***tr.*** **1.** fortificare, rinvigorire: *la ginnastica corrobora il corpo* **2.** *fig.* avvalorare, confermare: *il suo alibi è corroborato da numerosi testimoni* || **N.** **1.** *Sin.* rinforzare **2.** *Sin.* confortare, convalidare, sostenere.

corroboratìvo [da *corroborare*; a. 1698] ***agg.*** *raro* corroborante.

corroboratóre [da *corroborare*; a. 1694] ***agg.*** e ***sm.*** (f. *-trìce*) *raro* che, chi corrobora.

corroborazióne [dal lat. tardo *corroborātio*, *-ōnis*; 1502] ***sf.*** *raro* il corroborare || **N.** *Sin.* aiuto, avvaloramento, conferma, conforto, sostegno.

corródere (pres. *-ódo* ecc., come RODERE) [dal lat. *corrōdere*; sec. XIV] ***tr.*** consumare, distruggere a poco a poco: *il vento corrode le rocce*; intaccare chimicamente: *l'acido corrode i metalli* || *fig.* logorare, rovinare: *la gelosia corrode l'amore* || ***intr. pron.*** consumarsi, sgretolarsi poco a poco || **N.** ***tr.*** *Sin.* erodere, intaccare, rodere, sfaldare, sgretolare.

corrodibilità [da *corrodere*; 1970] ***sf.*** caratteristica di materiali e sostanze soggetti a corrosione.

corrodiménto [da *corrodere*; a. 1557] ***sm.*** *raro* corrosione.

corroditóre [da *corrodere*; a. 1799] ***agg.*** e ***sm.*** (f. *-trìce*) che, chi corrode; corrosivo.

corrómpere (pres. *-ómpo* ecc., come ROMPERE) [lat. *corrumpere*; 1282] ***tr.*** **1.** guastare, alterare: *il caldo corrompe la carne*; contaminare, ammorbare: *gli scarichi industriali hanno corrotto l'acqua dei fiumi* **2.** *fig.* rovinare moralmente, traviare: *Socrate fu accusato di corrompere la gioventù* **3.** indurre qualcuno a comportarsi in modo disonesto, part. mediante l'uso di denaro: *per salvarsi ha corrotto i giudici* || ***intr. pron.*** **1.** alterarsi, guastarsi **2.** decomporsi, andare in putrefazione **3.** *fig.* traviarsi || **N.** ***tr.*** **1.** *Sin.* avvelenare, disfare, guastare, infettare, inquinare **2.** depravare, pervertire, sedurre, traviare, viziare **3.** comprare, subornare, ungere le ruote.

corrompitóre [da *corrompere*; a. 1348] ***agg.*** e ***sm.*** (f. *-trìce*) *ant.* che, chi corrompe, corruttore.

corroșióne [dal lat. tardo *corrōsio*, *-ōnis*; sec. XIV] ***sf.*** **1.** atto ed effetto del corrodere **2.** *T.chim.* e *T.fis.* fenomeno di aggressione esercitata dagli agenti atmosferici o da altri agenti aggressivi su materiali vari, part. su metalli || *T.geogr.* processo di degradazione del suolo causato dalle piogge **3.** *fig.* lento processo di deterioramento fisico o psichico || **N.** **2.** caustico; erosivo.

corroșività [da *corrosivo*; 1970] ***sf.*** proprietà di materiali o sostanze che producono corrosione: *corrosività di un acido.*

corroșivo [da *corrodere*; 1623] **I** ***agg.*** **1.** che corrode: *sostanze corrosive* || *fig.* che esercita una lenta azione distruttiva: *satira corrosiva*; caustico, mordace: *uno spirito corrosivo* **2.** di corrosione: *fenomeni corrosivi* **II** ***sm.*** sostanza corrosiva || **N.** I **1.** *Sin.* caustico, mordace.

corróșo (*pps.* di *corrodere*) [fine sec. XIII] ***agg.*** consumato, sgretolato: *un masso corroso dalle intemperie.*

corrótto[1] (*pps.* di *corrompere*) [a. 1292] **I** ***agg.*** nei sensi del verbo **II** ***sm.*** (f. *-a*) persona depravata, moralmente guasta.

corrótto[2] [lat. mediev. *corruptum*; a. 1250] ***sm.*** *ant.* lamento; pianto funebre.

corrucciaménto [da *corrucciare*; sec. XIV] ***sm.*** *raro* il corrucciarsi; corruccio.

corrucciàre (pres. *-ùccio*) [dal fr. ant. *corroucier*; a. 1257 *currucciare*] ***tr.*** *non com.* intristire, addolorare || ***intr. pron.*** provare un sentimento d'ira e dolore; divenire triste assumendo un'espressione di risentimento || *fig.* di elementi atmosferici, farsi minaccioso, tempestoso || **N.** ***intr. pron.*** *Sin.* arrabbiarsi, incollerirsi, irritarsi, sdegnarsi, stizzirsi; accigliarsi, crucciarsi, risentirsi.

corrùccio (pl. *-ci*) [da *corrucciare*; fine sec. XIII] ***sm.*** sentimento di sdegno e dolore, gen. manifestato esteriormente con un comportamento risentito e un aspetto imbronciato || **N.** *Sin.* collera, ira, malumore, sdegno.

corruccióso [da *corruccio*; a. 1250] ***agg.*** sdegnoso || sdegnato, indignato.

corrugaménto [da *corrugare*; 1865] ***sm.*** atto ed effetto del corrugare e del corrugarsi || *T.geol.* fenomeno di sollevamento di strati della crosta terrestre che dà origine a grandi pieghe superficiali; *concr.* rilievo montuoso a pieghe prodotto da movimenti orogenetici || **N.** *Sin.* piega, rilievo; orogenesi.

corrugàre (pres. *-ùgo, -ùghi*) [dal lat. *corrugāre*; a. 1698] **tr.** increspare, aggrottare, part. la pelle della fronte come segno esteriore d'ira, preoccupazione, turbamento e sim.: *corrugò la fronte* || **intr. pron.** **1.** incresparsi: *nell'udire quelle parole gli si corrugò la fronte* **2.** *gen.* formare delle pieghe, part. riferito a movimenti della superficie terrestre.

corrugatóre [da *corrugare*; 1830] **agg.** che corruga || *T.anat. muscolo corrugatore*, muscolo situato lungo l'arco delle sopracciglia, la cui contrazione provoca rughe verticali nella regione intersopracciliare.

corruscàre (meno com. *coruscàre*) (pres. *-ùsco, -ùschi*; poco usato nei tempi composti) [dal lat. *coruscāre*, cozzare con le corna, scintillare; 1319] **intr.** (aus. *avere*) *lett.* lampeggiare, scintillare || **N.** *Sin.* balenare, risplendere.

corrùsco (meno com. *corùsco*) (pl. *-schi*) [da *corruscare*; 1319] **agg.** *lett.* scintillante, fiammeggiante: *corrusche / d'armi ferree vedea larve guerriere* (Foscolo).

corruttèla [dal lat. *corruptēla*; a. 1472] **sf.** **1.** *raro* disfacimento, corruzione; *in part. fig.* depravazione dei costumi **2.** *T.filol.* lezione scorretta in un manoscritto.

corruttìbile [dal lat. *corruptibilis*; 1308] **agg.** **1.** che si può corrompere, soggetto a guastarsi; *per estens. fig.* mortale **2.** *in part.* di persona, che può essere corrotta con denaro.

corruttibilità [dal lat. tardo *corruptibilitas, -ātis*; sec. XIV] **sf.** l'essere corruttibile || **N.** *Sin.* caducità; venalità | *Contr.* incorruttibilità.

corruttìvo [dal lat. tardo *corruptīvus*; sec. XIV] **agg.** *raro* atto a corrompere.

corruttóre [dal lat. *corruptor, -ōris*; a. 1292] **agg.** e **sm.** (f. *-trìce*) che, chi corrompe con denaro o provoca traviamento morale: *corruttore di minorenni.*

corruzióne [dal lat. *corruptio, -ōnis*; a. 1292] **sf.** **1.** atto ed effetto del corrompere o del corrompersi: *la corruzione di un cadavere, dell'aria, dell'acqua* **2.** degenerazione: *la corruzione di una lingua*; *in part.* in senso morale, depravazione: *la corruzione dei costumi* || *T.giur. corruzione di minorenne*, delitto consistente nel commettere atti di libidine su persona, o in presenza di persona, minore di sedici anni || *T.giur. corruzione di pubblico ufficiale*, delitto consistente nel promettere denaro o altri vantaggi a un pubblico ufficiale perché venga meno ai propri doveri || **N.** **1.** *Sin.* ammorbamento, decomposizione, fradiciume, inquinamento, putrefazione, putridume **2.** *Sin.* corruttela, depravazione, immoralità, pervertimento.

córsa [da *corso*, pps. di *correre*; a. 1313] **sf.** **1.** modo veloce con cui l'uomo si sposta appoggiando ritmicamente a terra prima un piede e poi l'altro con un attimo intermedio di sospensione in aria: *andare di corsa, spostarsi a passo di corsa* || *per estens. di corsa*, in gran fretta || *fig. fare una corsa in un luogo*, recarvisi in fretta e senza trattenersi || detto di animali, andatura rapida **2.** di veicoli, spostamento rapido: *la corsa del treno venne arrestata su un binario morto* || il percorso di un mezzo pubblico di locomozione tra due stazioni terminali: *il prezzo della corsa è stato aumentato del 10%* **3.** *T.sport.* lo sport del correre: *ha un naturale talento per la corsa* || *gen.* competizione tra uomini, animali o veicoli gen. caratterizzata dalla partenza simultanea dei concorrenti e in cui la vittoria viene attribuita a chi giunge primo al traguardo: *corsa ciclistica, automobilistica, corse di cavalli, di cani*; *pl. per anton.* le corse di cavalli: *nel pomeriggio si è recato alle corse* || *corsa a cronometro*, in cui i concorrenti partono uno per volta e risulta vincitore chi compie il tragitto nel minor tempo **4.** *fig.* ricerca avida e affannosa di beni materiali: *corsa al guadagno*; sforzo volto all'acquisizione di qualcosa: *corsa all'oro, al petrolio*; *corsa agli armamenti*, rapido intensificarsi della produzione e del potenziale bellico di più nazioni in concorrenza tra loro **5.** insieme di operazioni belliche contro la navigazione commerciale degli stati nemici || *ant. nave da corsa*, nave corsara **6.** *T.fis.* detto in part. di moti alternativi rettilinei, misura dello spostamento tra due posizioni estreme: *la corsa dello stantuffo*, lo spazio compreso tra i due punti morti || *dim.* corsétta, corsìna, corsettìna || **N.** **1.** *Sin.* galoppata, scorrazzata; gita; visita **2.** *Sin.* viaggio; percorso, tragitto **3.** gara, regata, sfida; corsa campestre, *cross country*; palio | arena, autodromo, ippodromo, pista, stadio, velodromo. **Q.T.** *atletica, ippica* **TAV.** ***atletica*** **p. 657** 1.1; ***automobile*** **p. 659** 6; ***motocicletta...*** **p. 1322** 1.

corsaire (fr., pr. [kɔr'sɛːr]) [letter. corsara; 1970] **sm.** *inv. T.mar.* piccolo yacht da regata o crociera.

corsàle [da *corsa*; 1264] **sm.** *ant.* corsaro.

corsalétto [dal fr. *corselet*; 1520] **sm.** **1.** *ant.* corazza leggera priva di spallacci che proteggeva il petto e la schiena, in uso fino al XVII secolo || *per estens.* soldato dotato di tale corazza **2.** *non com.* bustino femminile indossato tra la cintura e il seno **3.** *T.zool.* primo segmento del torace di vari insetti, particolarmente sviluppato nei Coleotteri.

corsarésco (pl. *-schi*) [da *corsaro*; a. 1604] **agg.** di, da corsaro; degno di corsaro: *un assalto corsaresco.*

corsàro [da *corsa*; 1319] **I sm.** (f. *-a*) capitano o membro dell'equipaggio di una nave autorizzata da uno stato ad assaltare navi mercantili di uno stato nemico per danneggiarne commerci e rifornimenti || *com.* pirata || *fig.* avventuriero privo di scrupoli **II agg.** di, da corsaro: *nave corsara* || *fig.* spavaldo, privo di scrupoli: *atteggiamento corsaro.* **Q.T.** *nautica...*

corseggiàre (pres. *-éggio*) [da *corsa*; a. 1348] **intr.** (aus. *avere*) *raro* fare il corsaro; esercitare la guerra di corsa || **tr.** *raro* percorrere come corsaro: *corseggiare i mari.*

corsèllo [da *corso*; 1865] **sm.** *raro* spazio tra due file di letti, banchi e sim.

corsésca [da *corso*, della Corsica; a. 1595] **sf.** arma in asta da lancio munita all'estremità di un ferro appuntito a forma di mandorla e di due ferri laterali ricurvi.

corsetterìa [da *corsetto*; 1965] **sf.** insieme di articoli di abbigliamento intimo femminile || *per estens.* negozio che vende tali articoli.

corsétto [dal fr. *corset*; 1278] **sm.** **1.** bustino femminile, in tessuto elastico o semirigido, che dalla vita sale sotto il seno **2.** busto, protesi utilizzata per la cura o per l'immobilizzazione post-operatoria della colonna vertebrale **3.** *ant.* corazza leggera, corsaletto || **N.** **1.** *Sin.* corpetto.

corsìa [da *corsiva*, f. sost. di *corsivo*; a. 1492] **sf.** **1.** negli ospedali, sala comune per ammalati costituita da una camerata o da un largo corridoio con molti letti, gen. disposti lungo le pareti: *il primario sta facendo un giro in corsia* **2.** ciascuna delle sezioni longitudinali, gen. marcate da strisce gialle o bianche tracciate sul terreno, in cui è suddivisa una carreggiata stradale urbana o extraurbana: *un'autostrada a tre corsie* || *corsia di accelerazione* o *decelerazione*, in autostrade e superstrade, allargamento della sede stradale in corrispondenza delle rampe di raccordo per facilitare l'ingresso o l'uscita dei veicoli || *T.sport.* nelle gare di velocità su pista e in quelle di nuoto, ciascuna delle sezioni longitudinali, riservata a un singolo concorrente, in cui è suddiviso il percorso di gara **3.** corridoio, spazio vuoto tra due file di poltrone in un teatro o in un cinema, tra due file di letti, tra due file di sedili in un mezzo pubblico e sim. **4.** tappeto o guida in panno che percorre un corridoio **5.** scanalatura, guida per lo scorrimento delle parti mobili di una macchina **6.** *T.mar.* nelle galee, passaggio di coperta che collegava la poppa e la prua **7.** *ant.* corrente d'acqua || **N.** **1.** *Sin.* camerata, camerone **2.** carreggiata **3.** *Sin.* corridoio, passaggio **4.** *Sin.* guida, passatoia. **Q.T.** *nuoto* **TAV.** ***automobile*** **p. 658** 4.

corsière o **corsièro** [dal fr. ant. *coursier*; seconda metà sec. XIII] **sm.** *lett.* cavallo da guerra o da corsa; destriero.

corsivìsta [da *corsivo*; 1939] **s.** *T.giorn.* chi abitualmente scrive corsivi per un giornale.

corsìvo [lat. mediev. *cursīvus*; a. 1498] **I sm.** **1.** scrittura comunemente usata quando si scrive a mano || in paleografia, di scrittura caratterizzata da legatura e da inclinazione delle lettere verso destra **2.** *T.tip.* carattere inclinato verso destra comunemente usato per dare risalto a parte di uno scritto **3.** *T.giorn.* articolo o breve nota di commento, spesso a carattere polemico, su argomenti di attualità e gen. composta in caratteri corsivi **II agg.** **1.** detto di caratteri e scritture inclinate verso destra: *una lettera maiuscola corsiva* **2.** *ant.* che scorre, corrente: *acqua, moneta corsiva* || *fig.* corrivo || *fig.* ordinario, volgare.

córso [lat. *cursus*; a. 1257] **sm.** **1.** flusso d'acqua corrente: *corsi d'acqua*, fiumi, torrenti, ruscelli ecc. || *per estens.* lunghezza di un fiume e suo percorso: *deviare il corso di un fiume* || *per estens.* modo in cui le acque scorrono: *la Dora ha un corso impetuoso* || *ant. corso del sangue*, circolazione sanguigna || *ass. pl. i corsi*, le mestruazioni **2.** andamento regolare, moto continuo; *gen.* il procedere regolare di eventi o attività: *nel corso della discussione vennero chiariti vari punti*; *T.pol. nuovo corso*, nuovo orientamento politico di un partito, di un governo e sim. || moto reale o apparente di corpi celesti: *il corso dei pianeti* || lo svolgimento progressivo del tempo: *nel corso dell'anno si videro varie volte* || *il corso di una malattia*, decorso || *T.bur. corso regolare di una pratica*, l'iter, il suo passaggio attraverso i vari uffici competenti || *in corso*, che si sta svolgendo: *un libro in corso di pubblicazione*; *lavori in corso*, opere di costruzione o manutenzione di strade || dare corso, iniziare **3.** serie metodica, part. in riferimento ad attività culturali e didattiche: *corso di anatomia, di logica, di lingua russa* ecc., serie organica di lezioni ed esercitazioni che hanno lo scopo di fornire agli allievi nozioni relative a una particolare disciplina; ciclo: *corso di studi*; *corso elementare*, che fornisce le nozioni di base; *corso avanzato*, che tratta argomenti di maggiore complessità || *per estens.* la durata di tali insegnamenti: *un corso di tre mesi* || *concr.* trattato scritto su un determinato argomento || l'anno di studi all'università: *uno studente del secondo corso* || l'insieme degli allievi di una scuola; anche gli allievi di una scuola militare: *il 115° corso della scuola allievi ufficiali* **4.** *T.econ.* circolazione di monete e banconote: *moneta in corso*, che viene accettata come mezzo di pagamento; *moneta fuori corso*, ritirata dalla banca nazionale e non più valida come mezzo di pagamento; *corso legale*, quello di una banconota che si è obbligati ad accettare come mezzo di pagamento e che può essere convertita in metallo prezioso; *corso forzoso*, relativo a banconote che devono essere accettate in pagamento ma non possono essere convertite in metallo prezioso || quotazione corrente di titoli e cambi nelle contrattazioni di borsa **5.** nome di vie cittadine di particolare rilevanza storica o urbanistica || *ant.* movimento di persone o veicoli per le vie cittadine || *corso mascherato*, sfilata di carri e maschere durante il carnevale **6.** *T.arch.* fila di elementi, gen. mattoni, allineati su uno stesso piano || nella costruzione navale, ciascuna delle file longitudinali di tavole o lamiere che costituiscono il fasciame **7.** *T.mar. ant.* viaggio per mare ||

oggi solo nella loc. *capitano di lungo corso*, che ha la patente per comandare mercantili adatti a lunghi viaggi **8.** *ant.* atto, pratica del correre || *lett.* cammino. **TAV. *vela* p. 1342** 2.17, 2.18, 2.20.

còrso [lat. *corsus*; 1319] **I *agg.*** della Corsica **II *sm.*** (f. *-a*) abitante, nativo della Corsica || *per anton. il Corso*, Napoleone.

corsóio (pl. *-ói*) [lat. tardo *cursōrius*; 1612] **I *agg.*** *non com.* che scorre, scorsoio **II *sm.*** *T.mecc.* in varie macchine, guida per parti mobili; in diversi strumenti di misurazione, telaietto mobile su cui sono riportate scale e indici.

cortàna [da *corto*; a. 1502] ***sf.*** pezzo d'artiglieria a canna corta che lanciava proiettili in pietra, in uso fino al XV secolo.

córte [lat. *cohors, -ortis*; inizio sec. XIII] ***sf.*** **1.** residenza di un sovrano, reggia || *in gen.* il sovrano, la sua famiglia, il suo seguito e l'insieme dei cortigiani e funzionari: *cerimoniale di corte, essere ammesso a corte*; *gentiluomo di corte*, addetto al servizio personale del re; *dama di corte*, addetta al servizio personale della regina || *tenere corte*, dare sontuosi ricevimenti e *per estens.* far festa || *fig. a corte*, in alto loco || *corte pontificia*, insieme di cardinali e ministri che compongono la Cappella e la Famiglia pontificia || seguito, scorta d'onore || *fig.* gruppo di persone che stanno al seguito di un personaggio mostrandogli grande attaccamento o cercandone i favori; *fig. fare la corte a qualcuno*, ossequiarlo, cercando di accattivarselo || *fig. fare la corte a una donna, a un uomo*, circondarla di attenzioni, di premure allo scopo di stringere una relazione amorosa: *fare una corte assidua, spietata* || *corti d'amore*, nella lirica provenzale, immaginari convegni di dame in cui venivano risolte le controversie d'amore; anche dispute galanti tra dame e cavalieri **2.** spazio scoperto entro il perimetro di un fabbricato; cortile || a Venezia, piazzetta di piccole dimensioni circondata da case || zona adiacente alla casa colonica, gen. recintata, da cui si accede alla stalla || *corte dei miracoli*, luogo abitato da gente malfamata, mendicanti e sim. **3.** collegio di giudici || *ass.* magistratura giudicante nell'atto di esercitare le proprie funzioni: *la Corte si ritira per deliberare* || *Corte d'appello*, organo giurisdizionale di secondo grado che giudica gli appelli contro le sentenze di primo grado || *Corte d'assise*, collegio giudiziario in cui vengono trattati i delitti più gravi || *Corte di cassazione, suprema*, organo giurisdizionale di ultima istanza in materia civile e penale || *Corte dei conti*, massimo organo di controllo dell'amministrazione statale || *Corte costituzionale*, supremo organo di garanzia della costituzione di uno stato, che giudica sulla legittimità costituzionale delle leggi e di ogni altro atto avente validità legale || *Corte marziale*, tribunale militare **4.** *T.stor. curtis* || **N. 1.** *Sin.* palazzo reale, reggia; cortigiani, nobiltà | buffone, ciambellano, cortigiano, dama d'onore, elemosiniere, gentiluomo di camera, giullare, gran cacciatore, grande scudiere, maggiordomo, paggio, scalco, siniscalco, staffiere **2.** *Sin.* aia, cortile. **Q.T.** *diritto*.

cortéccia (pl. *-ce*) [lat. *corticea*; 1304] ***sf.*** **1.** *T.bot.* parte periferica del fusto e della radice degli alberi che ha funzione protettiva || *per estens.* qualsiasi tipo di rivestimento che abbia consistenza coriacea e funzione protettiva (scorza, buccia, crosta, cotenna ecc.) || *T.anat.* parte esterna di un organo che riveste come una buccia una parte interna che ha struttura e funzione diversa: *corteccia cerebrale* **2.** *fig.* apparenza delle cose, aspetto esteriore: *fermarsi alla corteccia*, conoscere in modo superficiale.

corteggiaménto [da *corteggiare*; a. 1566] ***sm.*** atto ed effetto del corteggiare, part. rivolto a uomini e donne || *T.zool.* l'insieme dei comportamenti che in molte specie precedono l'accoppiamento e che hanno la funzione di facilitare il riconoscimento reciproco e il superamento dell'aggressività.

corteggiàre (pres. *-éggio*) [da *corte*; sec. XIV] ***tr.*** **1.** usare cortesie e premure verso qualcuno al fine di ottenerne i favori || *in part.* rivolgere attenzioni e gentilezze a una persona per stabilire un rapporto affettivo, fare la corte **2.** *lett.* mettersi al seguito di un personaggio nobile o potente per fargli corteggio; anche *fig.* accompagnare graziosamente: *a me sì cara vieni / o sera! e quando ti corteggian liete / le nubi estive e i zeffiri sereni* (Foscolo) || **N. 1.** *Sin.* adulare, ossequiare, riverire; andar dietro, civettare, dameggiare, fare il cascamorto, flirtare, ronzare attorno, vagheggiare.

corteggiatóre [da *corteggiare*; a. 1519] ***sm.*** (f. *-trice*) chi corteggia; *fig.* adulatore.

cortéggio (pl. *-gi*) [da *corteggiare*; a. 1617] ***sm.*** **1.** gruppo di persone che formano il seguito onorifico di un personaggio, di un'autorità e sim.: *il principe era seguito dal corteggio dei dignitari*; anche *iron.* coloro che seguono con ossequiosa adulazione un personaggio importante || *per estens. non com.* corteo, fila di persone o di veicoli **2.** *non com.* corteggiamento || **N. 1.** *Sin.* accompagnamento, seguito; codazzo, corteo.

cortegiàna V. CORTIGIANA.

cortegiàno V. CORTIGIANO.

cortèo [da un disus. *corteare*, far corteo agli sposi; a. 1449] ***sm.*** **1.** seguito di persone che accompagnano qualcuno per rendergli onore, ossequio o per festeggiarlo: *corteo nuziale, funebre* **2.** persone che prendono parte a una pubblica dimostrazione e sfilano per le vie: *un corteo di manifestanti, di maschere allegoriche* || fila di veicoli: *un corteo di autotreni*.

cortes (sp., pr. ['kɔrtes]) [propr. corti; 1905] ***sm. inv. pl.*** nome con cui in Spagna, e in passato anche in Portogallo e in alcuni paesi latino-americani, viene designato il parlamento.

cortéṣe [dal provenz. *cortes*, della corte; sec. XIII] **I *agg.*** **1.** che ha modi gentili e affabili: *persona, ospite cortese*; *per estens.* di comportamento, che mostra affabilità e cortesia: *ricevette una cortese accoglienza* **2.** *lett.* generoso, prodigo: *si mostrò cortese di consigli* **3.** che possiede le qualità necessarie a una persona di corte e cioè nobiltà, gentilezza, magnanimità: *vita cortese* || *poesia cortese*, poesia in volgare sviluppatasi tra il XII e il XIII secolo prima in Provenza e poi in Italia, in cui l'amore del poeta verso la donna è paragonato all'omaggio del cortigiano alla sua signora || *armi cortesi*, quelle usate in giostre e tornei e fatte in modo da non ferire l'avversario || **corteṣeménte** ***avv.*** **II *sm.*** nome di un vino bianco secco di colore verdognolo e sapore delicato || nome del vitigno originario dei colli tortonesi, in provincia di Alessandria, con cui tale vino è prodotto || **N. 1.** *Sin.* affabile, compiacente, gentile, grazioso | *Contr.* scortese **2.** *Sin.* generoso, largo, liberale.

corteṣìa [da *cortese*; inizio sec. XIII] ***sf.*** **1.** gentilezza di modi nei rapporti con gli altri: *comportarsi con cortesia* || *per cortesia*, per favore, utilizzato in domande o richieste || *T.aut. specchietto di cortesia*, specchietto applicato sul retro dell'aletta parasole dal lato del passeggero accanto al guidatore || *T.aut. luci di cortesia*, poste all'interno dell'abitacolo in modo da essere utilizzate dagli occupanti per ogni genere di operazione che richieda un breve periodo di illuminazione || *concr.* atto cortese: *portarmi quel pacco è stata proprio una cortesia* || spesso usato in tono risentito: *fammi la cortesia di tacere* **2.** insieme di rispetto per gli altri, benevolenza verso gli inferiori, liberalità, raffinatezza intellettuale, sdegno d'ogni viltà, difesa di donne e oppressi che costituivano le virtù dell'uomo di corte medievale **3.** *ant.* generosità, comportamento liberale || **N. 1.** *Sin.* affabilità, benignità, civiltà, deferenza, degnazione, finezza, garbo, riguardo, squisitezza.

cortézza [da *corto*; 1308] ***sf.*** *non com.* l'essere corto: *la cortezza di un incontro* || *fig.* insufficienza: *cortezza di cervello* || **N.** *Sin.* brevità, insufficienza, pochezza | *Contr.* lunghezza.

corticàle [dal fr. *cortical*; a. 1730] **I *agg.*** *T.bot.* e *T.anat.* relativo alla corteccia: *strato corticale, lesioni corticali* **II *sf.*** *non com. T.anat.* corteccia: *la corticale del rene*. **TAV. *anatomia* p. 642** 14.3.

corticàto [da *cortice*; 1956] ***agg.*** *T.bot.* fornito di uno strato esterno più consistente della massa interna || *bacca corticata*, frutto degli agrumi.

còrtice [dal lat. *cortex, -icis*; a. 1530] ***sm.*** *lett.* corteccia.

corticina [dal fr. *corticine*; 1970] ***sf.*** *T.biol.* ormone presente nella porzione corticale delle capsule surrenali.

còrtico- [dal lat. *cortex, -ticis*, corteccia] ***primo elem.*** che, in parole della terminologia medica e di quella biologica, vale "corteccia surrenale" (per es. *corticoide, corticosteroide*).

corticòide [comp. di *cortico-* e *-oide*; 1956] ***sm.*** *T.biol.* nome di ogni ormone prodotto dalla corteccia surrenale || **N.** *Sin.* corticosteroide.

corticosteròide [comp. di *cortico-* e *steroide*; 1970] **I *agg.*** *T.biol.* detto di ormone che si forma nella corteccia surrenale **II *sm.*** *T.biol.* corticoide.

corticosurrenàle [comp. di *cortico-* e *surrenale*; 1956] ***agg.*** *T.biol.* relativo a corteccia surrenale, proprio della corteccia surrenale: *ghiandola, ormone corticosurrenale*.

cortigiàna (ant. *cortegiàna*) [f. di *cortigiano*; a. 1529] ***sf.*** **1.** *propr.* donna di corte **2.** nel Rinascimento, donna di liberi costumi colta e raffinata **3.** oggi *lett.* meretrice || **N. 1.** *Sin.* gentildonna **2.** *Sin.* etera **3.** *Sin.* prostituta.

cortigianerìa [da *cortigiano*; 1554] ***sf.*** comportamento da cortigiano; comportamento servile e adulatorio || *concr.* atto da cortigiano; adulazione.

cortigianésco (pl. *-schi*) [da *cortigiano*; 1536] ***agg.*** *spreg.* da cortigiano: *comportamento cortigianesco*.

cortigiàno (ant. *cortegiàno*) [da *corte*; a. 1348] **I *agg.*** **1.** di corte, relativo alle corti o a chi in esse vive: *cerimonie cortigiane* || *lingua cortigiana*, quella che, secondo i teorici del Cinquecento, doveva risultare dal fiorentino letterario arricchito dalla lingua parlata nelle corti d'Italia **2.** *fig.* intrigante, ipocrita, adulatore: *animo cortigiano* **II *sm.*** (f. *-a*) addetto, incaricato alla corte; gentiluomo di corte || *fig. spreg.* persona servile e opportunista.

cortile [da *corte*; a. 1348] ***sm.*** **1.** area scoperta interna a uno o più edifici, utilizzata per dare aria e luce agli ambienti interni: *dalla finestra sul cortile si vedevano gli alloggi dei vicini* **2.** area recintata o altrimenti delimitata vicina a un edificio || aia: *animali da cortile*, polli, oche, galline e sim. || *dim.* cortilétto, cortilùccio; *accr.* cortilóne; *pegg.* cortilàccio.

cortina[1] [dal lat. *cortīna*, recipiente, poi tenda; 1352] ***sf.*** **1.** tenda utilizzata per delimitare un ambiente o parte di esso, per velare un'immagine, un mobile ecc.; in passato era parte integrante del letto a baldacchino e dell'alcova || *ant.* sipario **2.** *per estens.* qualsiasi cosa venga posta su un oggetto come copertura o si frapponga tra un oggetto e l'osservatore impedendone la vista o il raggiungimento: *una cortina di nebbia avvolgeva la strada* || *T.mil. cortina nebbiogena* o *fumogena*, nube di densi vapori emessa da appositi apparecchi utilizzata per celare al nemico un obbiettivo terrestre o navale ‖ *T.mil.* fuoco di sbarramento lineare delle artiglierie con caratteristiche di orientamento e ampiezza preordinate ‖ *fig. T.pol.* e *T.giorn. cortina di ferro, di bambù,* espressione usata per indicare la separazione territoriale e ideologica prodottasi in Europa e in Asia al termine della seconda guerra mondiale in seguito alla divisione in sfere d'influenza sovietica e anglo-americana **3.** *T.edil.* muro composto di mattoni rettangolari disposti obliquamente in modo che gli angoli risultino sporgenti **4.** nelle antiche fortificazioni, tratto di cinta compreso tra due torri o bastioni ‖ nell'organizzazione difensiva di un campo di battaglia, spazio compreso tra due capisaldi; *ant.* trincea **5.** *ant.* territorio immediatamente adiacente a una città; oggi vive in alcuni toponimi: *Cortina d'Ampezzo.* **Q.T.** *fortificazioni.*

cortìna[2] [dal lat. *cortīna*; sec. XIV] **sf.** *lett.* tripode a forma di caldaia collocato nel tempio di Apollo a Delfi; il velo dietro al quale l'oracolo dava i suoi responsi ‖ *per estens. fig.* l'oracolo stesso.

cortinàggio (pl. *-gi*) [da *cortina*[1]; sec. XVI] **sm. 1.** insieme di tende e cortine; tendaggio **2.** *ant.* baldacchino.

cortinàrio [da *cortina*[1]; 1964] **sm.** *T.bot.* genere di funghi Basidiomiceti caratterizzati dal fatto che cappello e gambo sono uniti da una cortina a ragnatela.

cortiṣóne [dall'ingl. d'America *cortisone*; 1950] **sm.** *T.biol.* ormone prodotto dalla corteccia surrenale e ottenibile artificialmente per sintesi; utilizzato in farmacologia come antinfiammatorio e per modificare alcuni processi metabolici.

cortiṣònico (pl. *-ci*) [da *cortisone*; 1963] **I agg.** *T.biol.* relativo al cortisone, proprio del cortisone ‖ *T.farm. preparati cortisonici,* sostanze prodotte sinteticamente, con poteri terapeutici simili a quelli del cortisone ‖ *T.med.* detto di terapia che si serve di preparati cortisonici **II sm.** *T.farm.* preparato cortisonico.

córto [lat. *curtus,* accorciato; 1282] **I agg. 1.** che ha estensione o lunghezza limitata; che è meno lungo del normale: *una strada corta, fiori a gambo corto; pantaloni corti, gonna corta,* che terminano sopra il ginocchio; *maniche corte,* che terminano sopra il gomito ‖ di persona, *avere il collo, le gambe corte,* meno lunghe della media ‖ *T.rad. onde corte,* di lunghezza compresa tra 20 e 100 hertz ‖ di lancio o tiro, che non raggiunge il bersaglio; *T.sport. palla corta,* passaggio o tiro che non giunge a destinazione; *T.sport* nel golf, buca scavata a una distanza minima di 100 m da un'altra ‖ *fig. essere, venire ai ferri corti,* scontrarsi o esser sul punto di scontrarsi con qualcuno **2.** *per estens.* di breve durata: *è stata una riunione più corta del solito* ‖ *settimana corta,* composta da cinque giorni lavorativi ‖ *fig. andare per le corte,* sbrigarsi ‖ *per farla corta,* per essere breve **3.** *fig.* scarso, insufficiente: *avere la vista corta* ‖ *fig. essere corto di ingegno,* avere poca intelligenza ‖ *fig. essere a corto di qualcosa,* esserne sprovvisto **4.** *raro* di brodi, decotti e sim., ristretto **II sm.** corto circuito **III avv.** in fretta, rapidamente ‖ *fig. tagliare corto,* troncare un discorso, abbandonare indecisioni e ripensamenti ‖ *dim.* cortino ‖ **N. I 1.** *Sin.* breve, compendioso, conciso, stringato, succinto | *Contr.* diffuso, lungo, prolisso **3.** *Sin.* difettoso, insufficiente, limitato, manchevole, scarso.

cortocircuitàre (pres. *-ùito*) [da *corto circuito*; 1983] **tr.** *T.elettr.* provocare un cortocircuito, mandare in cortocircuito.

cortocircùito o **córto circùito** (pl. *cortocircùiti* e *córti circùiti*) [comp. di *corto* e *circuito,* prob. sul modello del fr. *court-circuit*; 1905 *corto circuito*] **sm.** *T.elettr.* considerevole aumento della corrente circolante in un circuito causato da accidentale riduzione della resistenza tra due elementi del circuito stesso: *andare, mandare in corto circuito,* subire, provocare un corto circuito ‖ **N.** fusibile.

cortometràggio (pl. *cortometràggi*) [comp. di *corto* e *metraggio*; 1939] **sm.** film di durata inferiore al normale, gen. a disegni animati o a carattere documentaristico o pubblicitario.

cortoràggio (pl. *-gi*) [comp. di *corto* e *raggio*; 1964] **sm.** esercizio virtuosistico, eseguito con gli sci, consistente in una serie di salti che lasciano sulla neve una serie di impronte a spina di pesce.

corvàccio (pl. *-ci*) (*pegg.* di *corvo*) [1887] **sm.** persona che si ritiene porti sfortuna; iettatore.

corvè **sf.** adattamento it. di *corvée* (v.).

corvée (fr., pr. [kɔr've]) [dal lat. *corrogāta,* (opera) richiesta; 1848] **sf.** *inv.* **1.** *T.stor.* nel diritto feudale, prestazione personale dovuta al signore **2.** servizio di fatica senz'armi assegnato a militari: *essere, andare di corvée* ‖ *per estens.* gruppo di soldati comandati per tale servizio ‖ *per estens. fig.* qualsiasi lavoro faticoso.

corvétta[1] [dal fr. *courbette*; 1561] **sf.** *T.ipp.* aria dell'equitazione d'alta scuola in cui il cavallo compie dei saltelli cadenzati in avanti.

corvétta[2] [dal fr. *corvette*; 1770 ca.] **sf.** *T.mar.* nella marina velica, nave da guerra a tre alberi con vele quadre e armamento leggero, destinata a compiti di esplorazione e comunicazione ‖ a partire dalla seconda guerra mondiale, unità leggera usata come scorta e cacciasommergibili ‖ *capitano di corvetta,* grado della Marina Militare Italiana corrispondente a quello di maggiore dell'esercito.

corvettàre (pres. *-étto*) [da *corvetta*[1]; a. 1597] **intr.** (aus. *avere*) *non com.* di cavalli, far corvetta.

Còrvidi (sing. *-e*) [comp. di *corvo*[1] e *-idi*; 1887] **sm.** *pl. T.zool.* famiglia di Passeriformi, alla quale appartengono la cornacchia, il corvo, la gazza.

corvìna [dal lat. *corvīnus,* per il colore del corpo; 1956] **sf.** *T.zool. corvina di scoglio,* pesce osseo commestibile, caratterizzato dal colore scuro del dorso.

corvìno [dal lat. *corvīnus*; 1561 *corbino*] **agg.** che ha il colore delle penne del corvo, cioè nero lucido con riflessi azzurrognoli: *capelli corvini* ‖ *morello corvino* (o *giavazzo*), di cavallo con pelo nero e lucido.

còrvo[1] [lat. *corvus*; 1352] **sm. 1.** *T.zool.* uccello dei Passeriformi con ampia apertura alare, becco robusto e piumaggio nero lucente ‖ *nero come un corvo,* di persona con capelli e carnagione assai scuri **2.** *fig.* iettatore, uccello del malaugurio ‖ *fig. scherz.* prete **3.** *T.stor.* specie di rostro a uncino che nell'antichità classica veniva utilizzato nei combattimenti navali per agganciare le navi nemiche e poterle abbordare **4.** pesce commestibile con fianchi e dorso color cenere scuro e ventre giallo argenteo ‖ *dim.* corbacchìno; *accr.* corbacchióne; *pegg.* corvàccio ‖ **N. 1.** corvo comune, corvo imperiale; cornacchia; gazza, ghiandaia | gracchiare, gracidare.

còrvo[2] [da *Corvo,* nome di un ex feudo situato nella zona di Casteldaccia, in provincia di Palermo; 1890] **sm.** nome di due rinomati vini siciliani, l'uno bianco e l'altro rosso, prodotti nella provincia di Palermo.

còsa [lat. *causa,* causa; fine sec. XII] **sf. 1.** nome generico e indeterminato utilizzato per designare tutto ciò che esiste di reale o di immaginario, di concreto o di astratto, di materiale o di ideale: *le cose del mondo, le cose visibili, invisibili*; spesso indica un oggetto determinato di cui non si sa, non si vuole o non si può dire il nome: *cos'è quella cosa lì per terra?*; raramente viene usato per indicare esseri animati, ma nell'uso *fam.* indica una persona di sesso femminile: *ho incontrato la cosa... l'Emilia* (v. COSO); in contrapposizione a *nome, concetto* e sim. indica il lato sostanziale di una realtà: *prima furon le cose e poi i nomi* (Galilei) ‖ *T.fil.* oggetto di cui si ha conoscenza attraverso l'esperienza sensibile ‖ *T.fil. cosa in sé,* nella teoria kantiana, la realtà in quanto esistente indipendentemente dalla possibilità di esperirla e di averne conoscenza ‖ *T.giur. cosa giudicata,* fatto giuridico reso certo dall'emanazione di una sentenza definitiva ‖ *la cosa pubblica,* lo Stato ‖ *per prima cosa,* prima di tutto ‖ *sopra ogni cosa,* più di tutto ‖ *credersi una gran cosa, chissà cosa,* darsi delle arie ‖ *avere qualche cosa contro qualcuno,* provare del rancore ‖ *essere tutt'una cosa,* essere simili ‖ *essere tutt'altra cosa,* essere completamente diversi ‖ *fra le altre cose,* oltre al resto ‖ *una cosa da nulla,* una sciocchezza ‖ *merid. non è cosa,* non c'è nulla da fare **2.** oggetto materiale: *avere cura delle proprie cose* ‖ *cose sacre,* oggetti usati nelle cerimonie di culto ‖ masserizie: *radunate le proprie cose, i profughi si diressero verso il confine* ‖ *T.giur.* entità giuridicamente rilevante in sé e indipendente da un soggetto ‖ possesso, proprietà: *dopo molti anni è riuscito a mettere da parte qualche cosa* ‖ *cosa di nessuno,* sulla quale non esiste diritto di proprietà ‖ *fam.* cibo: *mangio sempre le stesse cose* **3.** evento, accadimento, situazione: *gli sono accadute cose terribili, raccontami come sono andate le cose* ‖ *cose da pazzi, dell'altro mondo,* strane, incredibili ‖ *per necessità di cose,* necessariamente ‖ *da cosa nasce cosa,* da un evento anche insignificante possono avere origine sviluppi interessanti ‖ usato come formula augurale: *tante (buone) cose* ‖ *fam. cosa è, cosa non è,* all'improvviso, senza un motivo plausibile **4.** azione: *devi fare una cosa alla volta, fare le cose alla svelta* ‖ *arrivare a cose fatte,* quando tutto si è concluso ‖ creazione artistica: *alla mostra erano esposte le cose più importanti di Warhol, ha letto le ultime cose di Pasolini* **5.** *pl.* faccenda, affare: *le cose si complicano, dovresti badare di più alle cose di casa* ‖ *cose grosse,* affari importanti **6.** ciò che si dice, si pensa o si ascolta: *ho saputo una cosa che ti riguarda, sai una cosa? sei un imbecille* ‖ *dire una cosa per l'altra,* commettere volontariamente o involontariamente un errore ‖ ciò che si vede: *nel mio viaggio mi sono imbattuto in cose assai interessanti* **7.** causa, motivo: *sono cose per cui non vale la pena di litigare* **8.** uso, utilità: *questo utensile serve a molte cose* **9.** unito ad aggettivo assume il valore del nome astratto corrispondente: *cosa nuova,* novità; *cosa strana,* stranezza; oppure assume significati specifici: *una bella cosa,* un piacere, una soddisfazione; *una cosa giusta,* né troppo né troppo poco ‖ in unione con aggettivi indefiniti, assume valore neutro: *questa cosa,* questo; *ogni cosa,* tutto; *poca cosa,* poco; *tutt'altra cosa,* tutt'altro **10.** preceduto da *la quale,* assume valore di pronome relativo neutro, gen. con valore anaforico: *raccontò ai genitori una bugia, la qual cosa essi non gradirono* ‖ *per la qual cosa,* perciò **11.** in frasi interrogative dirette e indirette e in frasi esclamative, con o senza *che,* dà maggiore intensità espressiva all'enunciato: *(che) cosa vuoi da me?, non so (che) cosa pensare di te* ‖ ripetuto, esprime stupore e incredulità per quanto si è ascoltato: *cosa cosa? ripeti!* **12.** *Cosa Nostra,* organizzazione mafiosa delle famiglie italo-americane attiva negli Stati Uniti e in Sicilia ‖ *dim.* cosétta, cosìna, cosettìna, coserèlla, coserellìna; *pegg.* cosàccia; *spreg.* cosùccia ‖ **N. 1.** *Sin.* corpo, ente, essere; materia; essenza, idea **2.** *Sin.* oggetto, roba; averi, beni; masserizie, suppellettili **3.** *Sin.* avvenimento, azione, circostanza, fatto; lavoro, opera **4.** *Sin.* atto **6.** *Sin.* discorso, parola **8.**

Sin. affare, lavoro.

cosà [da *così*, sul modello di *lì-là*; a. 1712] ***avv.*** usato solo nelle loc. *o così o cosà*, o in questo modo o nell'altro; *così cosà*, né bene, né male.

cosàcco (pl. *-chi*) [dal russo *kozak*; 1571] **I** ***sm.*** **1.** (f. *-a*) individuo appartenente a una tribù nomade di origine tartara che abitava la Russia meridionale nella zona compresa tra il Don e il Dnepr **2.** soldato a cavallo dell'esercito russo reclutato presso tale popolazione **II** ***agg.*** relativo ai cosacchi || *alla cosacca*, di stivali alti fino al ginocchio || *danza cosacca*, danza caratterizzata da un continuo crescendo ritmico.

cosàre (pres. *còso*) [da *cosa*; 1908] ***tr.*** e ***intr.*** (aus. *avere*) *fam.* verbo di senso indeterminato che viene usato in sostituzione di ogni altro verbo che non venga in mente, non si conosca o non si voglia usare.

còsca [etim. inc.; 1900] ***sf.*** gruppo organizzato di mafiosi || *per estens.* banda, conventicola, cricca.

coscétto (*dim.* di *coscio*) [1664] ***sm.*** coscio di pollo, di coniglio o di agnello.

còscia (pl. *-sce*) [lat. *coxa*; sec. XIII] ***sf.*** **1.** *T.anat.* nell'uomo, parte dell'arto inferiore compresa tra l'anca e il ginocchio || *per estens.* corrispondente parte dell'arto inferiore o posteriore degli animali, part. se macellato o cucinato: *mangiare una coscia di pollo* || *per estens.* parte dei calzoni che ricopre la coscia **2.** *ant.* parte del ponte che si appoggia sulla riva || *cosce d'affusto*, nelle artiglierie, le due parti che compongono il corpo di un affusto || *lett.* sponda di un carro **3.** *pop. cosce di monaca*, varietà di susina || *cosce di donna*, varietà di pera con buccia sottile e giallastra e polpa dolce e succosa || **N. 1.** anca, cotile, femore, natica | crurale, nervo sciatico, trocantere | accosciarsi, discosciare, scosciare.

cosciàle [lat. tardo *coxāle*, vestito che copre le anche; 1297] ***sm.*** **1.** parte dell'armatura che proteggeva la coscia || indumento o parte di indumento che copre le cosce, part. con funzioni protettive: *il cosciale dei portieri dell'hockey* **2.** accessorio del letto operatorio utilizzato per fissare le cosce del paziente || protesi ortopedica che sostituisce una coscia amputata **3.** *non com.* parte laterale di qualcosa, fiancata. **TAV. *armi* p. 648** 6.17.

cosciènte [dal lat. *consciens*, *-entis*, attr. il fr. *conscient*; 1898] ***agg.*** che ha coscienza, che è consapevole dei propri atti e pensieri: *non sembra cosciente delle responsabilità che si è assunto* || *essere cosciente di qualcosa*, essere capace di giudicare e valutare con responsabilità || *per estens.* di cosa fatta in piena consapevolezza: *una decisione cosciente* || *T.med.* che è in stato di coscienza, che è consapevole della realtà esterna || *non com.* coscienzioso: *un artigiano cosciente* || **coscienteménte** ***avv.*** || **N.** *Sin.* consapevole, conscio, lucido, responsabile; meticoloso, rigoroso, scrupoloso | *Contr.* incosciente, irresponsabile; facilone, negligente, trascurato.

cosciènza [dal lat. *conscientia*; a. 1292] ***sf.*** **1.** consapevolezza che una persona ha di sé stessa, dei propri atti, pensieri, sentimenti e del mondo esterno: *ho coscienza di ciò che sto facendo, coscienza dei propri diritti e doveri*; *gen. avere coscienza di qualcosa*, rendersene conto con esattezza: *spesso i politici non hanno coscienza dei problemi reali del paese* || *con, in piena coscienza*, con assoluta certezza || capacità di valutazione: *non ha coscienza dei propri limiti* || *avere la vaga coscienza di qualcosa*, averne sentore || *perdere coscienza*, perdere i sensi, svenire || *riacquistare coscienza*, rinvenire **2.** *T.psic.* capacità che ogni individuo ha di percepire gli stimoli provenienti dall'esterno e dall'interno del proprio corpo; *in part.* capacità di autoriflessione sui propri atti e sulle proprie manifestazioni emotive e intellettive || *T.lett. flusso di coscienza*, tecnica narrativa della prima metà del Novecento che, ispirandosi agli stilemi della confessione psicoanalitica, tenta di riprodurre la libera successione di pensieri, immagini e sensazioni così come si presenterebbero a un individuo prima della riflessione razionale **3.** consapevolezza del valore morale del proprio operato; sistema di valori morali di una persona che gli permette di approvare e disapprovare i propri atti e quelli degli altri: *avere coscienza*; *esame di coscienza*, autoriflessione sul proprio comportamento || *gen.* sensibilità morale: *mi rimorde la coscienza*, sento degli scrupoli; *avere scrupoli di coscienza*, scrupoli morali; *per obbligo, per debito di coscienza*, per dovere morale; *sentirsi la coscienza tranquilla*, non avere rimorsi || *avere un peso sulla coscienza*, sentirsi colpevoli || *levarsi, togliersi un peso dalla coscienza*, adempiere a un obbligo, rimediare a qualcosa || *mettersi la coscienza in pace*, mettere a tacere i rimorsi; rassegnarsi a un fatto compiuto || *mettersi una mano sulla coscienza*, esaminare con scrupolo le proprie responsabilità e le proprie azioni || *caso di coscienza*, problema morale di difficile soluzione || *libertà di coscienza*, libertà di fede religiosa || *concr.* personalità morale di un individuo: *le giovani coscienze hanno bisogno di essere formate* **4.** lealtà, onestà: *è un uomo di coscienza*, onesto || *in tutta coscienza*, onestamente || senso di responsabilità, scrupolo professionale: *un artigiano di coscienza* || consapevolezza, sensibilità rispetto a un particolare problema di carattere non morale: *non possiede alcuna coscienza patriottica* || *coscienza sociale*, consapevolezza dei problemi della società cui si appartiene || *coscienza di classe*, consapevolezza acquisita dal proletariato dei propri diritti e doveri || *coscienza linguistica*, l'insieme delle conoscenze linguistiche che sono patrimonio dei parlanti nativi di una lingua || **N. 1.** *Sin.* consapevolezza, discernimento, sensibilità **3.** *Sin.* convincimento, convinzione, principio; coscienziosità, diligenza, scrupolosità | *Contr.* debolezza; negligenza, noncuranza, trascuratezza **4.** *Sin.* probità, rettitudine, rigore; interessamento, sollecitudine. **Q.T.** *sociologia.*

coscienziosità [da *coscienzioso*; 1832] ***sf.*** l'essere coscienzioso || **N.** *Sin.* diligenza, impegno, responsabilità, scrupolosità | *Contr.* inerzia, negligenza, pigrizia, sciatteria, trascuratezza.

coscienzióso [dal fr. *consciencieux*; 1663] ***agg.*** **1.** di persona, che mostra di possedere senso di giustizia e onestà || *in part.* di chi agisce con impegno rispettando i propri doveri sociali e professionali **2.** di lavoro, eseguito con cura e attenzione: *un esame coscienzioso* || **coscienziosaménte** ***avv.*** || **N. 1.** *Sin.* corretto, onesto, puntuale, retto, rigoroso | *Contr.* disonesto, irresponsabile, noncurante **2.** *Sin.* meticoloso, preciso, puntuale, scrupoloso | *Contr.* negligente.

coscièra [da *coscia*; 1986] ***sf.*** fascia elastica che comprime la coscia, usata spec. dagli sportivi.

còscio (pl. *-sci*) [da *coscia*; 1863] ***sm.*** coscia di bestia macellata || *dim.* coscétto, cosciòtto. **TAV.** *alimentazione* 6.1.

cosciòtto (*dim.* di *coscio*) [1846] ***sm.*** coscia di bestia di piccole dimensioni macellata: *cosciotto di agnello.* **TAV.** *alimentazione* 5.6.

coscrìtto [dal lat. *conscriptus*; a. 1347] **I** ***agg.*** *T.stor. padri coscritti*, i senatori dell'antica Roma **II** ***sm.*** *T.mil.* soldato di leva appena arruolato, recluta.

coscrìvere (pres. *coscrìvo* ecc., come SCRIVERE) [dal lat. *conscribere*; sec. XIV] ***tr.*** iscrivere nei ruoli del servizio militare, arruolare.

coscrivìbile [dal *coscrivere*; 1942] ***agg.*** che può essere incluso nelle liste di leva.

coscrizióne [dal fr. *conscription*; 1798] ***sf.*** arruolamento; leva annuale di giovani atti a prestare servizio militare. **Q.T.** *forze armate.*

cosecànte [lat. scient. *co(mplementi) secans*; a. 1739] ***sf.*** *T.mat.* funzione trigonometrica corrispondente all'inverso del seno di un angolo.

coséno [lat. scient. *co(mplementi) sinus*, seno del complemento; 1772] ***sm.*** *T.mat.* dato un angolo *a* e un segmento *s* su uno dei lati, funzione trigonometrica che esprime il rapporto tra la proiezione ortogonale del segmento *s* sull'altro lato e il segmento stesso. **TAV.** *geometria* 26.3.

così [lat. *(ec)cu(m) sic*, ecco, così; a. 1250] **I** ***avv.*** **1.** in questo modo: *non devi comportarti così*; spesso usato con il gerundio: *stando così le cose non c'è altro da fare* || riferito alla forma o all'aspetto di una cosa: *mi piacerebbe un abito fatto così, non l'avevo mai visto ridotto così* || riferito alla dimensione viene spesso accompagnato da gesti: *non era più grosso di così, è cambiato da così a così* || usato come conclusione di un discorso: *è andata così*; per chiedere conferma di un'affermazione: *non è andata così?* || *per così dire*, formula di valore attenuativo: *era una proposta, per così dire* || *e così via*, eccetera || ripetuto, allude in modo indeterminato al verificarsi di un fatto o a disposizioni: *è successo così e così, devi fare così e così* || talmente, tanto: *è ancora così ingenuo* || *basta così*, è sufficiente || *ah, è così!*, per esprimere stupore e indignazione || *così così*, non tanto bene, mediocremente || *fam. né così né cosà*, né in un modo né nell'altro || si accompagna a *come*, *quanto* in espressioni comparative o modali: *raccontagli così come ti ho detto* || unito a *pure* assume valore rafforzativo: *tutto è destinato a finire, così pure le grandi passioni e i grandi amori* **2.** tanto, talmente: *me ne date così poco, è così presto?* **II** ***agg. inv.*** (sempre posposto) siffatto, tale, di questo o quel genere: *una fatica così non la rifarei per nulla al mondo* **III** ***cong.*** **1.** perciò, in conseguenza di ciò; in proposizioni coordinate assume valore conclusivo: *hanno litigato e così adesso non si parlano più* **2.** unito a *come* introduce proposizioni comparative o modali: *era antipatico così come lo era suo padre* **3.** unito a *che* o *da* introduce una proposizione consecutiva: *il cinema era così affollato che siamo tornati a casa, era così stupido da crederci* **4.** unito a *come*, *appena che* e sim. indica una sequenza temporale immediata: *come ci siamo seduti, così lo spettacolo è iniziato* **5.** può assumere valore concessivo: *così stanco com'era è voluto partire lo stesso* **6.** con valore ottativo, seguito da congiuntivo, magari: *così fosse vero* || *così sia*, formula con cui terminano molte preghiere nella liturgia cristiana, corrispondente ad *amen* nelle orazioni latine.

cosicché [comp. di *così* e *che*; 1300 ca.] ***cong.*** in conseguenza di ciò; gen. introduce una proposizione coordinata: *non conosco i fatti cosicché preferisco tacere* || usato in formule interrogative per sollecitare la prosecuzione e la conclusione di un discorso: *cosicché? Cosa stavi dicendo?*

cosiddétto [comp. di *così* e *detto*; 1819 *così detto*] ***agg.*** detto, definito in questo modo, usato part. per sottolineare la specificità di qualcosa oppure per indicare l'improprietà del nome con cui qualcosa viene indicato o per esprimere riserve sull'uso o sul valore di qualcosa: *è un medico che possiede il cosiddetto occhio clinico, il cosiddetto benessere, la cosiddetta arte d'avanguardia.*

cosiffàtto [comp. di *così* e *fatto*; 1308 *così fatto*] ***agg.*** fatto in tal modo, tale, simile: *con un uomo cosiffatto non c'è niente da sperare.*

còsimo [da *San Cosimo*; a. 1597] ***agg.*** detto di una varietà di pera che matura verso la fine di settembre: *pere cosime.*

cosìno (*dim.* di *coso* e *cosa*) [a. 1850] **sm.** **1.** oggetto di piccole dimensioni: *e pretendi di farcela con quel cosino, quell'attrezzo microscopico!* **2.** (f. *-a*) *fam.* ragazzino piccolo; *meno com.* uomo o donna di piccola statura e corporatura minuta.

cosinusòide [comp. del lat. scient. *cosinus,* coseno e *-oide*; 1892] **sf.** *T.mat.* curva rappresentante la variazione del coseno di un angolo al variare dell'angolo stesso.

cosmatésco (pl. *-schi*) [da *Cosmati*; 1923] **agg.** *pavimento cosmatesco, decorazione cosmatesca,* fatti a mosaico o mediante intarsio di marmi policromi || *propr.* eseguito secondo lo stile dei Cosmati, marmorari attivi in Roma tra il XII e il XIV secolo.

cosmèsi [dal gr. *kósmēsis,* l'adornare; 1918] **sf.** abbellimento; *in part.* tecnica e pratica utilizzata per abbellire il volto e il corpo facendo ricorso ad appositi preparati o a trattamenti specifici: *prodotti di cosmesi,* cosmetici; *istituto di cosmesi,* istituto di bellezza; *cosmesi chirurgica,* chirurgia plastica. **Q.T.** *erboristeria.*

cosmètica [dal gr. *kosmētikḗ,* (arte) decorativa dell'abbigliamento; 1797] **sf.** *meno com.* cosmesi.

cosmètico (pl. *-ci*) [dal gr. *kosmētikós,* prob. attr. il fr. *cosmétique*; 1750] **I agg.** relativo alla cosmesi; che serve per accrescere o conservare la bellezza del corpo e del viso || *prodotti cosmetici,* preparati utilizzati per mantenere o accrescere la freschezza della pelle o per nascondere eventuali imperfezioni cutanee e in gen. per migliorare l'aspetto di una persona **II sm.** prodotto cosmetico || **N. II** *Sin.* prodotti di bellezza | creme, trucco, unguenti.

cosmetista [da *cosmetica*; 1963] **s.** **1.** chi svolge ricerche di laboratorio per la preparazione di prodotti cosmetici **2.** estetista.

cosmetologia [comp. di *cosmeti(co)* e *-logia*; 1966] **sf.** branca della dermatologia che ha per oggetto la cura della bellezza della pelle || **N.** *Sin.* cosmesi.

cosmetològico (pl. *-ci*) [da *cosmetologia*; 1986] **agg.** relativo alla cosmetologia, proprio della cosmetologia: *studio cosmetologico.*

cosmetòlogo (pl. *-gi*) [comp. di *cosmeti(co)* e *-logo*; 1965] **sm.** studioso di cosmetologia.

cosmicità [da *cosmico*; 1970] **sf.** qualità di ciò che è cosmico, universale || *T.fil.* nell'estetica crociana, caratteristica che la vera arte ha di rappresentare sentimenti ed emozioni universali.

còsmico (pl. *-ci*) [dal lat. tardo *cosmicus,* gr. *kosmikós*; a. 1764] **agg.** **1.** che si riferisce o appartiene al cosmo: *leggi cosmiche, fenomeni cosmici* || *mondo cosmico,* l'universo nel suo complesso **2.** relativo allo spazio cosmico: *navigazione cosmica* || *raggi cosmici* o *radiazioni cosmiche,* radiazioni di origine extraterrestre, costituite da particelle ad altissima energia **3.** *per estens. fig.* universale, che riguarda tutta l'umanità: *pessimismo cosmico.* **TAV.** ***meteorologia*** **p. 1321** 1.5.

còsmo [dal gr. *kósmos,* ordine, poi mondo, universo; 1562] **sm.** l'insieme di tutti i corpi celesti fisicamente esistenti; *com.* tutto ciò che vi è al di fuori della Terra || *T.fil.* l'universo nel suo complesso considerato come un tutto armonico || **N.** *Sin.* universo | macrocosmo, microcosmo. **Q.T.** *astronomia.*

còsmo- [dal gr. *kósmos,* universo] ***primo elem.*** che, in parole composte della terminologia scientifica, vale "mondo", "universo" (per es. *cosmogonia, cosmologia*) || *in part.* in parole composte di formazione recente, vale "relativo alla navigazione spaziale" (per es. *cosmodromo, cosmonauta*).

-còsmo [dal gr. *kósmos,* universo] ***elem. term.*** che, in parole composte della terminologia scientifica, vale "mondo", "universo" (per es. *macrocosmo, microcosmo*).

cosmobiologìa [comp. di *cosmo-* e *biologia*; 1974] **sf.** scienza che ha per oggetto i fenomeni biologici che si verificano nel cosmo || **N.** *Sin.* biologia extraterrestre, biologia spaziale, esobiologia.

cosmòdromo [comp. di *cosmo-* e del gr. *drómos,* corsa; 1963] **sm.** centro di lancio per veicoli spaziali.

cosmogonìa [dal gr. *kosmogonía*; 1771] **sf.** **1.** dottrina, mito o leggenda che ha per argomento la formazione dell'universo **2.** *T.astr.* studio della formazione dei corpi celesti || l'insieme delle teorie sull'origine dell'universo || **N.** *big bang.*

cosmogònico (pl. *-ci*) [da *cosmogonia*; 1847] **agg.** che si riferisce alla cosmogonia: *teoria cosmogonica, mito cosmogonico.*

cosmografìa [dal lat. tardo *cosmographia,* gr. *kosmographía*; a. 1363] **sf.** **1.** parte dell'astronomia comprendente la descrizione del cielo e lo studio della Terra come corpo celeste in relazione agli altri corpi celesti **2.** *ant.* lo studio del globo terrestre considerato nella sua totalità.

cosmogràfico (pl. *-ci*) [da *cosmografia*; a. 1647] **agg.** relativo alla cosmografia.

cosmògrafo [dal lat. tardo *cosmographus,* gr. *kosmográphos*; sec. XV] **sm.** (f. *-a*) **1.** studioso, esperto di cosmografia **2.** *ant.* geografo || disegnatore di carte geografiche.

cosmologìa [comp. di *cosmo-* e *-logia*; a. 1754] **sf.** **1.** *T.fil.* concezione filosofica o religiosa dell'universo e dei suoi principi: *le antiche cosmologie ioniche* **2.** scienza che studia l'origine e l'evoluzione dell'universo.

cosmològico (pl. *-ci*) [da *cosmologia*; 1771] **agg.** relativo alla cosmologia: *teoria cosmologica* || *T.fil. prova cosmologica,* argomentazione mediante la quale l'esistenza di Dio viene inferita dall'esistenza del mondo.

cosmòlogo (pl. *-ghi*) [comp. di *cosmo-* e *-logo*; 1865] **sm.** (f. *-a*) chi si occupa di cosmologia; autore di opere cosmologiche.

cosmonàuta [comp. di *cosmo-* e *-nauta*; 1961] **s.** chi compie viaggi nel cosmo a bordo di navicelle spaziali || **N.** *Sin.* astronauta. **Q.T.** *astronautica.*

cosmonàutica [comp. di *cosmo-* e *nautica*; 1964] **sf.** scienza, tecnica e pratica della navigazione nello spazio extra-atmosferico || **N.** *Sin.* astronautica. **Q.T.** *astronautica.*

cosmonàutico (pl. *-ci*) [da *cosmonautica*; 1964] **agg.** relativo alla cosmonautica o ai cosmonauti.

cosmonàve [comp. di *cosmo-* e *nave*; 1963] **sf.** veicolo per il volo spaziale extra-atmosferico || **N.** *Sin.* astronave, nave spaziale.

cosmòpoli [comp. di *cosmo-* e *-poli*; 1905] **sf.** *lett.* città che ha caratteri universali, in quanto accoglie cittadini provenienti da tutto il mondo.

cosmopolìta [dal fr. *cosmopolite*; 1763] **I s.** chi riconosce quale propria patria il mondo intero || *per estens.* chi ha viaggiato e soggiornato in molti paesi diversi interessandosi e acquisendo consapevolezza dei diversi usi, costumi e mentalità **II agg.** **1.** di persona, che giudica, pensa o agisce mostrando una prospettiva vasta e universale: *una mentalità cosmopolita* **2.** di luogo in cui confluiscono e convivono persone e gruppi di provenienza nazionale e culturale disparata: *Parigi è una città cosmopolita* || *per estens.* internazionale **3.** *T.biol.* di specie animale o vegetale diffusa in quasi tutte le regioni della Terra.

cosmopolìtico (pl. *-ci*) [da *cosmopolita*; 1843] **agg.** di, da cosmopolita: *abitudini cosmopolitiche* || relativo al cosmopolitismo: *teoria cosmopolitica.*

cosmopolitìsmo [dal fr. *cosmopolitisme*; 1825] **sm.** **1.** teoria che considera tutti gli uomini come appartenenti a un'unica patria, il mondo || *in part.* teoria della fratellanza che non ammette distinzioni di razza o di nazionalità **2.** carattere, comportamento cosmopolita; anche *T.biol.*: *il cosmopolitismo di una specie animale.*

cosmoràma [comp. di *cosmo-* e del gr. *hórama,* veduta; 1830] **sm.** apparecchio in uso nel XIX secolo che consentiva la visione ingrandita e con effetti tridimensionali di immagini panoramiche di diverse parti del mondo.

cosmotróne [comp. di (*raggi*) *cosmi(ci)* e (*ciclo*)*trone*; 1956] **sm.** *T.fis.* sincrotrone per l'accelerazione dei protoni.

còso [da *cosa*; a. 1535] **sm.** *fam.* termine con cui viene indicato qualsiasi oggetto o persona di fattezze strane o imprecise o di cui non si ricordi il nome o che non si voglia nominare; per indicare esseri animati ha gen. senso spreg.: *comparve sulla porta un coso che non ispirava la minima fiducia, è venuto il coso, lì... quell'imbecille di Donato* || *dim.* cosìno, cosétto, cosettìno || **N.** cosa.

cospàrgere (pres. *-àrgo* ecc., come SPARGERE) [dal lat. *conspargere*; a. 1374] **tr.** spargere qua e là, disseminare, spruzzare: *cospargere il pandoro di zucchero a velo, la strada era cosparsa di rottami* || **rifl. indir.** *cospargersi il capo di cenere,* com. *fig.,* chiedere perdono, umiliarsi || **N. tr.** *Sin.* ricoprire, spargere.

cospàrso (*pps.* di *cospargere*) [a. 1374] **agg.** sparso; distribuito irregolarmente, disseminato: *una pianura cosparsa di case* || spalmato: *una terrina ben cosparsa di burro.*

cospèrgere (pres. *-èrgo* ecc., come ASPERGERE) [dal lat. *conspergere*; a. 1374] **tr.** *lett.* aspergere, bagnare spruzzando; cospargere.

cospètto [dal lat. *conspectus*; a. 1294] **sm.** **1.** presenza, vista di una persona, gen. illustre; oggi usato solo nella loc. *al cospetto di...*: *osò presentarsi in quello stato al cospetto del re* || *al cospetto di Dio,* formula usata per dare maggior forza a un giuramento o a un'esclamazione **2.** *ant.* mente, pensiero: *Tempo futuro m'è già nel cospetto* (Dante) **3.** talora usato come esclamazione di stupore o meraviglia: *cospetto! perché mi hanno tenuto allo scuro di tutto?*

cospicuità [da *cospicuo*; 1682] **sf.** l'essere cospicuo.

cospìcuo [dal lat. *conspicuus*; 1619] **agg.** **1.** notevole, ragguardevole: *una persona cospicua* || *esempio cospicuo,* significativo **2.** quantitativamente rilevante: *negli anni ha accumulato una cospicua fortuna* || **cospicuaménte avv.** || **N.** **1.** *Sin.* egregio, famoso; rilevante **2.** *Sin.* grande, ingente, vistoso.

cospiràre (pres. *-ìro*) [dal lat. *conspīrāre,* essere d'accordo; a. 1498] **intr.** (aus. *avere*) **1.** accordarsi segretamente con più persone per raggiungere uno scopo comune, gen. tramando contro lo stato, le istituzioni o più raramente contro una singola persona **2.** *per estens.* cooperare in vista di un obiettivo comune || *fig.* concorrere a determinare un effetto: *le circostanze cospirano a suo favore, tutto pare cospirare contro di me* || **N.** **1.** *Sin.* complottare, congiurare, intrigare, macchinare, tramare.

cospiratìvo [da *cospirazione*; 1937] **agg.** di cospirazione.

cospiratóre [da *cospirare*; 1630] **sm.** (f. *-trice*) chi prende parte a una cospirazione, part. a una congiura politica || *fig.* chi assume un atteggiamento circospetto e guardingo: *scrutava i presenti con aria da cospiratore* || **N.** *Sin.* congiurato.

cospirazióne [dal lat. *conspīrātio, -ōnis*; a. 1348] **sf.** unione segreta di più persone che si accordano per conseguire uno scopo comune, gen. con l'intenzione di sovvertire lo stato e le istituzioni: *ordire una cospirazione contro il tiranno* || *per estens. fig.* riunione, concorso di più persone, fatti o eventi verso un fine o un effetto comune || **N.** *Sin.* complotto, congiura, macchinazione.

cossalgìa v. COXALGIA.

Còssidi (sing. *-e*) [comp. del lat. *cossus*, larva e *-idi*; 1932] ***sm. pl.*** *T.zool.* famiglia di insetti Lepidotteri dal corpo massiccio e dalle dimensioni piuttosto grandi, le cui larve si cibano in particolare di tessuti legnosi, che possono danneggiare gravemente.

còsso [dal lat. *cŏssus*, tarlo; a. 1498] ***sm.*** grossa farfalla parassita spec. di piante da frutto, olmi, pioppi; la sua larva è detta *rodilegno.*

còsta [lat. *costa*; a. 1287] ***sf.*** **1.** *T.anat.* costola, ciascuna delle ventiquattro ossa di forma allungata e incurvata e a sezione piatta che formano la gabbia toracica || *per estens.* fianco || *di costa*, di lato, di taglio || dorso di un libro o di una lama **2.** pendio montano || *pl.* pascoli che si estendono dalle pendici di un monte fino a raggiungerne la dorsale || *a mezza costa*, nella zona mediana di un pendio **3.** zona di confine tra la terraferma e il mare comprendente sia una parte emersa che una sommersa e su cui agiscono il moto ondoso e le maree: *una costa sabbiosa, sinuosa, a picco* || *per estens.* regione, zona di terraferma che si affaccia sul mare: *il clima della costa ligure è particolarmente mite anche in inverno* || *loc. avv. costa costa*, lungo la costa marina e *raro* lungo la costa di un monte **4.** *T.mar.* ciascuno degli elementi trasversali che formano l'ossatura principale di una nave **5.** elemento sporgente e rilevato rispetto a una superficie || *T.bot.* nervatura mediana di una foglia || nervatura di una cupola || *T.magl. punto a costa*, lavorazione ottenuta alternando punti di diritto a punti di rovescio || *velluto a coste*, tessuto di velluto di cotone che dà un effetto di righe in rilievo || *dim.* costìna; *accr.* costóne (*sm.*). **Q.T.** *anatomia, geografia, geologia* **TAV.** *alimentazione* 4.3; ***tipografia* p. 1337** 11.5.

costà [lat. (*ec*) *cu*(*m*) *istac*, ecco costà; 1313] ***avv.*** *tosc.* o *lett.* in codesto luogo, cioè nel luogo in cui è la persona cui si parla o scrive || preceduto da preposizione o seguito da avverbio vale gen. "codesto luogo": *levatevi di costà*, da codesto luogo; *costà dentro*, dentro codesto luogo.

costaggiù [comp. di *costà* e *giù*; 1542 *costà giù*] ***avv.*** *tosc.* in codesto luogo, riferito a luogo in cui si trova la persona cui si parla e che è più in basso o più a sud di quello in cui si trova la persona che parla: *che fate costaggiù?*

costàle [dal lat. tardo *costālis*; a. 1673] ***agg.*** delle costole, relativo alle costole: *dolore costale.*

costalgìa (pl. *-gìe*) [comp. di *costa* e *-algia*; 1940] ***sf.*** *T.med.* dolore avvertito in sede costale.

costantàna [da *costante*; 1951] ***sf.*** *T.metal.* gruppo di leghe metalliche che possiede buona resistività elettrica e resistenza meccanica; si usa per reostati e per parti di apparecchi scientifici.

costànte [dal lat. *constans, -antis*; inizio sec. XIII] **I** ***agg.*** stabile, continuo: *la giornata fu caratterizzata da un costante viavai di automezzi, avvertiva un dolore costante alla spalla, il valore della lira si mantiene costante sul mercato dei cambi* || di persona, ferma nei propri propositi, nei propri sentimenti: *un uomo costante nei propri affetti* || *forza costante*, che agisce sempre con la medesima intensità || *T.mat.* di applicazione o funzione che ha lo stesso valore per ogni argomento || **costanteménte** ***avv.*** **II** ***sf.*** **1.** nel linguaggio scientifico, quantità, grandezza che non varia con il variare dei parametri con cui è in relazione || *T.fis. costanti universali*, grandezze connesse a principi o leggi fondamentali che sono totalmente indipendenti da condizioni di tempo, di luogo o di stato fisico contingente: *la carica dell'elettrone è una costante universale* || *T.fis. costante di Plank*, rapporto tra il quanto di energia raggiante e la frequenza dell'onda elettromagnetica associata al quanto stesso || *T.fis. costanti elastiche*, coefficienti, caratteristici di ciascun materiale, che determinano l'entità delle piccole deformazioni subite in termini delle sollecitazioni applicate **2.** *fig.* ciò che costituisce il fondamento inalterato e immutabile del pensiero o dell'agire di un individuo, di un gruppo o di un ente: *la lotta per la sopravvivenza è una costante della razza umana* || **N. I** *Sin.* adamantino, certo, coerente, durevole, fedele, fermo, immobile, immutabile, inalterabile, invariabile, ostinato, perseverante, persistente, pertinace, saldo, stabile, tenace, uniforme | *Contr.* incerto, incostante, instabile, variabile, volubile; farfallino **II** **1.** *Contr.* variabile. **Q.T.** *fisica.*

costantinià̀no [dal n. proprio *Costantino*, imperatore rom.; 1830] ***agg.*** **1.** proprio dell'imperatore Costantino: *la donazione costantiniana* **2.** *per estens.* detto di una politica ecclesiastica con forti interessi temporali.

costànza [dal lat. *constantia*; a. 1327] ***sf.*** **1.** l'essere costante; perseveranza, fermezza || *T.giur. in costanza di...*, mentre dura, mentre è in vigore un determinato vincolo o rapporto **2.** nel linguaggio scientifico, invariabilità di una grandezza al variare dei parametri a essa collegati || **N. 1.** *Sin.* carattere, fedeltà, fermezza, ostinazione, perseveranza, persistenza, pertinacia, pervicacia, saldezza | *Contr.* incostanza, volubilità **2.** *Sin.* invariabilità, uniformità | *Contr.* instabilità, variabilità.

costardèlla [etim. inc.; 1956] ***sf.*** pesce osseo dei Beloniformi dal corpo allungato e con mascelle a punta, simile all'agugliа.

costàre (pres. *còsto*) [lat. *constāre*; a. 1292] ***intr.*** (aus. *essere*) **1.** avere un dato prezzo: *costa diecimila lire*; richiedere una determinata spesa: *il trasporto mi è costato più del valore della merce* || *costare caro, salato, un occhio della testa*, avere un prezzo elevato, richiedere una forte spesa; *costi quel che costi*, in ogni modo, a qualsiasi prezzo || *fig. costar caro*, avere conseguenze negative: *il suo orgoglio gli è costato caro* || *ass.* avere un prezzo elevato: *oggigiorno tutto costa* **2.** esigere, richiedere una pesante contropartita: *questo dizionario è costato molta fatica* || *ass.* rincrescere, trovare duro, pesante: *tacere mi costa, ma se parlo è peggio* || **N. 1.** *Sin.* valere; essere costoso **2.** *Sin.* comportare, implicare.

costaricàno [dal n. geogr. *Costa Rica*; 1965] **I** ***agg.*** relativo al Costa Rica, stato dell'America centrale **II** ***sm.*** (f. *-a*) abitante, nativo del Costa Rica.

costassù [comp. di *costà* e *su*; 1353 *costà su*] ***avv.*** *tosc.* in codesto luogo, riferito al luogo in cui si trova la persona cui si parla e che è più in alto o più a nord rispetto al luogo in cui si trova la persona che parla.

costàta [da *costato*; 1892] ***sf.*** *T.mac.* taglio di carne di bestia grossa, adatto per bistecche, ricavato dal costato o dalle vertebre lombari dell'animale. **TAV.** *alimentazione* 3.2.

costatàre e der. forme meno com. di CONSTATARE e der. (v.).

costàto [lat. volg. **costātus*; inizio sec. XIII] ***sm.*** la parte del torace corrispondente all'armatura delle costole || *T.mac.* la parte del quarto anteriore di grossi animali macellati comprendente le ultime sette costole || *ant.* lato, fianco.

costeggiàre (pres. *-éggio*) [da *costa*; a. 1348] ***tr.*** **1.** navigare lungo le coste di un mare o le rive di un lago: *le imbarcazioni costeggiarono il promontorio e poi si diressero verso il mare aperto* **2.** camminare lungo un fiume, un monte, una strada: *costeggiarono a lungo il fiume prima di trovare un guado* || di strada, filare d'alberi, corso d'acqua ecc., passare accanto a un luogo: *il sentiero costeggiava alcuni vecchi fortini* **3.** *T.agr.* ripassare con l'aratro gli spigoli creatisi tra un solco e l'altro || **N. 2.** *Sin.* correre lungo, fiancheggiare.

costeggiatùra [da *costeggiare*; 1803] ***sf.*** *T.agr.* l'operazione di spianare le zolle con l'aratro.

costéggio (pl. *-gi*) [da *costeggiare*; 1865] ***sm.*** **1.** *T.sport.* nell'equitazione d'alta scuola, aria consistente nel passeggio al trotto eseguito su due piste **2.** *non com.* navigazione litoranea.

costèi [lat. volg. *(*ec*) *cu*(*m*) *istĕi*; a. 1300] ***pron.*** *dimostr.* forma femminile di *costui* (v.).

costellàre (lett. *constellàre*) (pres. *-èllo*) [da *costellato*, sparso di punti luminosi; 1865] ***tr.*** **1.** *non com.* ornare di stelle **2.** *fig.* cospargere, disseminare su una superficie uniforme cose che si notino distintamente: *miriadi di fiori costellavano il prato, la battigia era costellata di conchiglie.*

costellàto [dal lat. tardo *constellātus*; 1321] ***agg.*** **1.** disseminato, cosparso: *un percorso costellato di difficoltà, un compito costellato di errori* || *in part.* cosparso di punti che spiccano su un fondo uniforme: *un tessuto costellato di fiorellini multicolori* **2.** *raro* cosparso di stelle.

costellazióne [dal lat. *constellātio, -ōnis*; 1282] ***sf.*** **1.** *T.astr.* raggruppamento di stelle che occupano la medesima zona di volta celeste e appaiono organizzate secondo una particolare configurazione: *le dodici costellazioni dello zodiaco* || *T.astrol.* aspetto geometrico che rappresenta la situazione delle stelle erranti (pianeti, Sole, Luna) rispetto a quelle fisse **2.** *per estens.* gruppo di cose la cui disposizione ricordi in qualche modo quella delle stelle nel cielo: *il Mediterraneo orientale è punteggiato da una costellazione di isole* || *fig.* gruppo di persone famose o che per qualche ragione sono oggetto di ammirazione: *è finalmente entrata nella costellazione delle dive* **3.** nella critica testuale, il complesso di varianti presenti in due o più codici che permettono di stabilire una relazione tra i codici stessi. **Q.T.** *astronomia.*

costernàre (pres. *-èrno*) [dal lat. *consternāre*, stendere a terra, sbigottire; 1723] ***tr.*** avvilire, abbattere spiritualmente: *le loro parole mi hanno costernato* || ***intr. pron.*** *non com.* avvilirsi, deprimersi.

costernàto (*pps.* di *costernare*) [1532] ***agg.*** dispiaciuto, avvilito, profondamente abbattuto e depresso: *sono veramente costernato per tutti questi contrattempi, restò costernato a quella vista.*

costernazióne [dal lat. *consternātio, -ōnis*; 1673] ***sf.*** grave sgomento, profonda afflizione: *gettare qualcuno nella costernazione* || **N.** accasciamento, avvilimento.

costì [lat. (*ec*) *cu*(*m*) *istīc*, ecco qui; 1313] ***avv.*** *tosc.* o *lett.* in codesto luogo, nel luogo in cui vi è la persona cui si scrive o si parla; rispetto a *costà* indica un luogo più vicino a chi parla.

costièra [da *costa*; sec. XIV] ***sf.*** **1.** tratto più o meno lungo di costa marina; *in part.* tratto di costa disseminato di scogli || *per estens.* il territorio che si trova presso la costa: *la costiera amalfitana* **2.** *T.mar.* ciascuno dei fermi che negli alberi a vele quadre servono di appoggio alla crocetta e alla costa **3.** *non com.* pendio montano.

costièro [da *costa*; 1824] ***agg.*** **1.** della costa, che appartiene o si riferisce alla costa in senso geografico: *regione costiera* || *strada costiera*, che corre nelle vicinanze della costa o parallelamente a essa || *traffico costiero*, commercio esercitato localmente tra i porti di una stessa regione || *pesca costiera*, che avviene in prossimità della costa **2.** relativo alla costa intesa come lato o fianco: *barra costiera*, nell'attrezzatura navale, ciascuna delle strutture di sostegno longitudinali di coffe e crocette.

costìna (*dim.* di *costa*) [1973 nel senso 2] ***sf.***

1. *T.abb.* piccola costa: *tessuto leggero a costine* **2.** *pl.* taglio di carne di maiale, costituito dalle coste e dalla carne circostante.

costìnci [lat. (*ec*) *cu*(*m*) **istīnce*, ecco di costì; 1313] ***avv.*** *ant.* di costì, da codesto luogo: *ditel costinci* (Dante).

costing (ingl., pr. [ˈkɒstɪŋ]) [da *cost*, costo; 1970] ***sm. inv.*** rilevazione, valutazione e controllo dei costi aziendali.

costipaménto [da *costipare*; sec. XIV] ***sm.*** **1.** atto ed effetto del costipare un terreno, comprimendolo con rulli, colandovi del cemento e sim. al fine di renderlo più compatto || assestamento di un terreno provocato da cause naturali **2.** *T.med.* l'essere costipato, costipazione.

costipànte (*ppr.* di *costipare*) [1765] **I *agg.*** che provoca stitichezza, costipazione: *farmaco costipante*, farmaco usato come astringente intestinale **II *sm.*** *T.farm.* farmaco costipante.

costipàre (pres. *-ipo*) [dal lat. *constipāre*; sec. XIV] ***tr.*** **1.** ammassare, concentrare in un unico luogo: *tutto il pubblico era costipato nell'atrio del teatro* **2.** di terreno, rendere compatto, consolidare **3.** *T.med.* provocare una costipazione; *com.* rendere stitico || ***intr. pron.*** **1.** *T.med.* ammalarsi di costipazione, essere raffreddato o stitico **2.** di terreno, divenire compatto.

costipatóre [da *costipare*; 1940] ***sm.*** rullo compressore usato per spianare terreni agricoli, costipare terre sciolte e sim. || macchina utilizzata per il consolidamento delle terre che costituiscono la base della pavimentazione stradale.

costipazióne [dal lat. tardo *constipātio*, *-ōnis*; sec. XIV] ***sf.*** **1.** *T.med.* blocco temporaneo delle feci nell'intestino, stitichezza **2.** *T.med.* forte raffreddore con ristagno di muco e catarro nelle vie respiratorie **3.** compressione e consolidamento di un terreno prodotti da cause naturali || **N. 1.** *Sin.* stipsi **2.** *Sin.* infreddatura.

costituènte (*ppr.* di *costituire*) [1355] **I *agg.*** che costituisce || *assemblea costituente*, organo collegiale elettivo cui è demandato il compito di stilare la costituzione di un organismo sociale o politico, part. statale **II *sm.*** **1.** *T.chim.* elemento che fa parte della costituzione di un composto **2.** membro di un'assemblea costituente; autore di una costituzione o di parte di essa || ***sf.*** assemblea costituente.

costituìre (ant. *constituìre*) (pres. *-isco*, *-isci*) [dal lat. *constituere*; a. 1294] ***tr.*** **1.** fondare, creare qualcosa organizzandone i vari elementi: *costituire un partito, un'associazione* || mettere insieme, formare: *con gli anni ha costituito un ingente patrimonio* **2.** concorrere a formare un tutto organico: *più individui costituiscono una collettività* **3.** diventare, assumere carattere di: *queste decisioni costituiscono un precedente interessante* **4.** eleggere, nominare, dichiarare: *venne costituito erede universale del patrimonio del nonno* || *T.giur.* *costituire in mora*, dichiarare moroso un debitore secondo le formule di legge || ***rifl.*** **1.** *T.giur.* di persona nei confronti della quale è stato spiccato mandato di cattura, presentarsi spontaneamente all'autorità giudiziaria **2.** *T.giur.* dichiararsi pubblicamente, ufficialmente: *si costituì arbitro della disputa* || *costituirsi parte civile*, in un processo penale, chiedere il risarcimento per il danno subito a causa del reato || *costituirsi in giudizio*, nel processo civile, espletare gli atti procedurali richiesti per l'avvio del processo **3.** formarsi: *lungo il confine si erano costituite bande di predoni* || *costituirsi in...*, organizzarsi: *le varie associazioni si costituirono in* (*un*) *partito.*

costituìto (*pps.* di *costituire*) [fine sec. XIII] ***agg.*** **1.** stabilito per legge: *autorità costituita, potere costituito*, organismi istituzionali che operano secondo le modalità stabilite dalla legge || *costituito a*, organizzato come: *stato costituito a federazione* **2.** composto, formato: *isolamento costituito di* (*o da*) *pannelli di polistirolo, un comitato costituito da elettori.*

costitutàrio (pl. *-ri*) [da *costituto*; a. 1309] ***sm.*** (f. *-a*) chi si incarica di costituire una società o di apportarvi eventuali modifiche.

costitutìvo [dal lat. tardo *constitutīvus*; a. 1565] ***agg.*** **1.** che è parte essenziale di qualcosa: *gli elementi costitutivi di una macchina* **2.** *T.giur.* *atto costitutivo*, quello che crea o modifica una situazione o un rapporto giuridico || *T.fil.* e *T.ling.* *regole costitutive*, nella filosofia del linguaggio, le regole che creano o definiscono nuove forme di comportamento, contrapposte alle *regole regolative*, che regolano attività la cui esistenza è logicamente indipendente da loro **3.** *T.chim.* e *T.fis.* detto di quelle proprietà fisiche o chimiche di una sostanza che dipendono dalla sua struttura molecolare.

costitùto [dal lat. *constitūtus*; a. 1324] ***sm.*** **1.** *T.giur.* patto, convenzione || *ant.* statuto, costituzione **2.** *T.mar.* dichiarazione sulle condizioni sanitarie di una nave che il comandante deve presentare alla capitaneria di porto per ottenere il permesso di attracco **3.** *ant.* deposizione resa da un imputato alla presenza di un giudice.

costitutóre [dal lat. *constitutor*, *-ōris*; a. 1361 *constitutore*] ***agg.*** e ***sm.*** (f. *-trice*) che, chi costituisce.

costituzionàle [dall'ingl. *constitutional*; 1768] ***agg.*** **1.** regolato da una costituzione, conforme alla costituzione: *governo costituzionale* || relativo alla costituzione: *norme costituzionali* || *diritto costituzionale*, parte dell'ordinamento giuridico di uno stato che ha per oggetto la costituzione e lo studio di tale ordinamento || *T.giur.* *legge costituzionale*, legge emanata con procedura speciale che ha lo stesso valore formale di una norma costituzionale; può modificare una preesistente norma costituzionale e non può venire modificata da una legge ordinaria || *Corte Costituzionale*, organo giurisdizionale senza appello che giudica sulla conformità delle leggi alla costituzione, in materia di conflitti di attribuzione tra i diversi organi dello Stato e in materia di cause penali intentate contro ministri o contro il presidente della Repubblica **2.** *T.med.* che è relativo alla costituzione psico-fisica di un individuo: *malattie costituzionali*, quelle che sono legate alla costituzione di un individuo; *tipi costituzionali*, raggruppamenti in cui si possono classificare gli individui a seconda dei tratti somatici || **costituzionalménte** ***avv.*** **1.** in modo conforme al dettato costituzionale **2.** per costituzione psico-fisica: *costituzionalmente incapace di reggere allo sforzo prolungato.* **Q.T.** *diritto.*

costituzionalìsmo [dall'ingl. *constitutionalism*; 1872] ***sm.*** **1.** l'insieme dei princìpi che guidano un governo costituzionale e che prevedono un ordinamento regolato da norme scritte stabili, la divisione dei poteri (esecutivo, legislativo, giudiziario) e la partecipazione della popolazione alla vita politica **2.** *T.psic.* e *T.med.* branca della psicologia e della medicina che si occupa della costituzione psico-fisica di ciascun individuo || **N. 1.** *Contr.* assolutismo.

costituzionalista [da *costituzionale*; 1950] ***s.*** **1.** studioso di diritto costituzionale **2.** *T.med.* medico o psicologo che si occupa di argomenti relativi alla costituzione psico-fisica di ciascun individuo.

costituzionalistico (pl. *-ci*) [da *costituzionalismo*; 1942] ***agg.*** **1.** che riguarda il costituzionalismo **2.** *T.med.* *medicina costituzionalistica*, branca della medicina che studia la costituzione psico-fisica degli individui e le malattie che sono in rapporto con essa.

costituzionalità [da *costituzione*; a. 1909] ***sf.*** *T.giur.* conformità alla costituzione di uno stato: *la costituzionalità di un provvedimento di legge.*

costituzióne [dal lat. *constitūtio*, *-ōnis*; 1280] ***sf.*** **1.** atto ed effetto del costituire: *la costituzione di una società, di una cooperativa* || modo in cui qualcosa è costituito, composizione: *è necessario modificare la costituzione del consiglio d'amministrazione* || *T.giur.* attribuzione, assegnazione: *costituzione di una rendita, di un'eredità* **2.** l'insieme delle caratteristiche morfologiche e strutturali di una sostanza o di un corpo: *la costituzione geologica di un pianeta, la costituzione ossea di un mammifero* || *T.med.* l'insieme delle caratteristiche morfologiche, funzionali e psichiche di un individuo || *T.chim.* *formula di costituzione* o *di struttura*, rappresentazione grafica della struttura di un composto in cui i diversi elementi sono gen. collegati tra loro da lineette indicanti le valenze dei diversi elementi in modo da dare un'idea della disposizione degli atomi del composto **3.** l'insieme delle norme giuridiche fondamentali che costituiscono l'ordinamento istituzionale di uno stato || *costituzione rigida*, che può essere modificata solo mediante leggi e procedure straordinarie || *costituzione flessibile*, che può essere modificata con leggi e procedure ordinarie || *concr.* il documento che contiene le norme costituzionali che regolano uno stato || atto, decreto emanato da un'autorità suprema e avente valore di legge: *costituzione imperiale* || *costituzioni apostoliche*, l'insieme delle leggi ecclesiastiche **4.** *T.giur.* atto con cui una persona, nei cui confronti è stato spiccato mandato di cattura, si consegna spontaneamente all'autorità giudiziaria || *costituzione in giudizio*, atto con cui l'attore deposita in cancelleria la nota di iscrizione a ruolo e con cui il convenuto deposita la comparsa di risposta || **N. 1.** *Sin.* creazione, fondazione, istituzione | *Contr.* scioglimento **2.** *Sin.* composizione; complessione, corporatura, figura, fisico; salute | robusta, sana | forte, gracile | debole **3.** *Sin.* carta, regime, statuto **4.** *Sin.* presentazione. **Q.T.** *diritto.*

còsto [da *costare*; sec. XIII] ***sm.*** **1.** somma di denaro occorrente per produrre un bene o un servizio: *costo di produzione, di gestione*; *costo di distribuzione*, quello che grava su un prodotto in virtù dei passaggi intermedi per giungere dal produttore al consumatore; *costo della vita*, l'ammontare della spesa occorrente per i consumi fondamentali di una famiglia tipo; *costo del lavoro*, l'insieme delle spese sostenute da un'azienda per i salari e gli oneri sociali dei propri dipendenti; *costo del denaro*, interesse che viene corrisposto agli istituti di credito dagli investitori; *costo* (*di*) *opportunità*, il valore dei beni al cui godimento si rinuncia per ottenere qualcos'altro; *teorema dei costi comparati*, enunciazione della teoria economica in base alla quale un paese ha convenienza a promuovere il commercio con l'estero, anche se possiede un vantaggio assoluto sul resto del mondo (cioè anche se riesce a produrre con lo stesso volume di risorse un maggior volume di ogni bene), purché questo vantaggio di produttività sia diverso per i diversi beni || *vendere a prezzo di costo*, senza alcun guadagno; *vendere sottocosto*, a un prezzo inferiore rispetto a quello di produzione **2.** spesa sostenuta per acquistare un bene o disporre di un servizio; prezzo: *il costo di una camera d'albergo* **3.** *fig.* sacrificio necessario per ottenere qualcosa: *a costo di...*, a rischio, a scapito di; *ad ogni costo, a qualunque costo, a tutti i costi*, in ogni modo, con qualsiasi sacrificio; *a nessun costo*, in nessun modo **4.** *ant.* interesse, usura: *dare, pren-*

dere denaro a costo. **Q.T.** *economia...*

còstola [lat. tardo *costula*; sec. XIV] ***sf.*** **1.** ciascuna delle ossa lunghe, piatte e ricurve che costituiscono la gabbia toracica, costa || *fig. mostrare le costole,* essere molto magro || *fig. rompere* (o *spianare*) *le costole a qualcuno,* picchiarlo di santa ragione || *fig. stare alle costole di qualcuno,* seguirlo, pedinarlo || *fig. avere qualcuno alle costole,* averlo sempre accanto, essere perseguitato || *fig. essere tutti della costola di Adamo,* essere tutti soggetti alle debolezze umane; *iron. discendere dalla costola di Adamo,* essere di antichissima nobiltà **2.** *T.mac.* parte della lombata di un animale macellato, priva del filetto **3.** *T.mar.* ciascuno degli elementi che formano l'ossatura di uno scafo e su cui poggia il fasciame esterno || *per estens. T.mar.* e *T.edil.* qualsiasi elemento curvilineo con funzioni portanti **4.** bordo, dorso: *la costola di un libro*; *la costola di un coltello,* la parte della lama opposta al taglio || *T.arch.* nervatura sporgente di una volta, costolone || *T.bot.* nervatura centrale di una foglia **5.** *T.geogr.* ramo secondario di una catena montuosa; rilievo, sporgenza nella struttura rocciosa di un monte || *accr.* costolóne. **TAV.** *alimentazione* 3.8, 6.4; *scherma* 3.2; ***anatomia* p. 641** 2.6; ***armi* p. 648** 8.3.

costolàto [da *costola*; 1779] **I *agg.*** dotato di costole **II *sm.*** *T.mac.* lombata, parte della bestia macellata da cui si ricavano le bistecche.

costolatùra [da *costola*; a. 1571] ***sf.*** **1.** l'insieme delle costole di un uomo o di un animale e la loro struttura **2.** *T.arch.* l'insieme delle costole di una volta.

costolétta [da *costola*; 1841] ***sf.*** costola di animale macellato con la carne attaccata: *mangiare costolette di agnello, maiale, vitello.* **TAV.** *alimentazione* 5.4.

costolière [da *costola*; a. 1389] ***sm.*** *T.arm.* antica spada lunga e sottile con il taglio da una sola parte. **Q.T.** *armi.*

costolóne (*accr.* di *costola*) [1682] ***sm.*** **1.** grossa costola **2.** *T.arch.* nervatura, elemento aggettante caratteristico delle volte a cupola, con funzioni estetiche e di scarico del peso sulle strutture di sostegno **3.** nervatura longitudinale presente sul tronco di alcuni alberi **4.** dorso montano spiovente **5.** *fig. tosc.* uomo robusto e grossolano. **TAV.** *chiesa* 1.4; ***architettura* p. 646** 7.2a.

costolùto [da *costola*; a. 1524] ***agg.*** **1.** *T.bot.* detto di organo vegetale che presenta costole molto sviluppate: *foglia costoluta* **2.** *raro* che possiede costole grosse e sporgenti.

costóne (*accr.* di *costa*) [a. 1936] ***sm.*** nervatura longitudinale di un rilievo montuoso.

costóro [lat. (*ec*)*cu*(*m*) *istōrum,* ecco di loro; a. 1294] ***pron. dimostr.*** forma *pl.* di *costui* e *costei.*

costóso [da *costo*; 1669] ***agg.*** **1.** che costa molto: *un viaggio costoso* **2.** *fig.* che richiede disagio, sacrificio: *una rinuncia costosa* || *dim.* costosétto, costosìno || **N. 1.** *Sin.* caro, dispendioso, pepato, prezioso, salato **2.** *Sin.* faticoso, increscioso, laborioso.

costotomìa [comp. di *costa* e *-tomia*; 1940] ***sf.*** *T.med.* resezione chirurgica di un tratto di costa.

costrìngere (pres. *-ingo* ecc., come STRINGERE) [dal lat. *constringere,* legare saldamente; a. 1292] ***tr.*** **1.** indurre qualcuno, con la forza o con le minacce, a fare qualcosa contro la sua volontà: *lo costrinse a umiliarsi, ad ammettere il proprio torto*; anche con soggetti inanimati o astratti: *la paura li costrinse alla fuga*; spesso usato al passivo con valore di essere obbligato, necessariamente indotto: *sono costretto a riconoscere il mio errore, si vide costretto a rinunciare al tentativo* **2.** *lett.* stringere insieme, ammassare: *vennero costretti in un piccolo stanzino in attesa dell'interrogatorio* **3.** *fig. lett.* frenare, reprimere: *costringere gli istinti* || ***rifl.** ant.* riunirsi || **N. 1.** *Sin.* coartare, forzare, mettere alle strette, obbligare.

costringiménto [da *costringere*; sec. XIV] ***sm.*** *non com.* atto ed effetto del costringere || *T.giur. costringimento fisico, psichico,* pressione esercitata su un soggetto al fine di fargli compiere un delitto || **N.** *Sin.* costrizione.

costrittìvo [dal lat. tardo *constrictīvus*; sec. XIV *costrettivo*] ***agg.*** che costringe, che limita la libertà: *leggi costrittive* || *T.med.* che serra strettamente: *fasciatura costrittiva* || *T.ling. consonanti costrittive,* quelle che vengono articolate formando nella bocca un restringimento: *le fricative sono consonanti costrittive*; anche *sf. costrittiva,* consonante costrittiva.

costrittóre [dal lat. *conscrictus,* costretto; a. 1758] ***agg.*** che stringe, che contrae: *muscolo costrittore,* muscolo che contraendosi fa diminuire il diametro dell'organo o l'apertura dell'orifizio cui è applicato || **N.** sfintere.

costrizióne [dal lat. tardo *constrictio, -ōnis*; sec. XIV] ***sf.*** atto ed effetto del costringere e *concr.* ciò che costringe: *cedere, ribellarsi alle costrizioni* || *T.anat.* restringimento, contrazione muscolare || **N.** *Sin.* coartazione, coazione, coercizione, costringimento.

costruìbile [da *costruire*; a. 1754] ***agg.*** che si può costruire.

costruìre (pres. *-ìsco, -ìsci*; p.rem. *-ìi* o raro *-ùssi*; pps. *-ìto* o meno com. *-ùtto*) [dal lat. *construere*; 1321] ***tr.*** **1.** edificare, fabbricare edifici: *costruire una diga, un ponte* || *fig. costruire sulla roccia,* su solide basi || *fig. costruire sulla sabbia,* su basi incerte **2.** *per estens.* detto di opere non edili, mettere insieme vari elementi per costituire un tutto organico e funzionale: *costruire un motore, una radio* || riferito a produzioni intellettuali, creare, mettere insieme: *costruire un romanzo, un alibi* || *T.sport. costruire un'azione,* nei giochi di squadra, organizzare una manovra offensiva || *T.gram.* mettere insieme le parole di una frase secondo le loro funzioni e dipendenze: *questo periodo è mal costruito* **3.** *T.mat.* determinare una grandezza o un ente a partire da altre grandezze o enti per mezzo di una serie determinata di operazioni || *concr.* disegnare una figura geometrica a partire da dati predeterminati: *costruire un quadrato di tre centimetri di lato* || **N. 1.** *Sin.* edificare, erigere, fabbricare, innalzare, murare | *Contr.* demolire, distruggere **2.** *Sin.* assemblare, comporre, montare. **Q.T.** *edilizia.*

costruttivìsmo [dal russo *Konstruktivizm*; 1932] ***sm.*** **1.** movimento d'avanguardia russo sviluppatosi nei primi decenni del XX secolo soprattutto in campo architettonico e scenografico **2.** *T.fil.* in filosofia della matematica, la posizione che vede l'essenza del pensiero matematico nella realizzazione di costruzioni mentali; anche, la posizione che considera accettabili solo le dimostrazioni costruttive.

costruttìvo [dal lat. tardo *constructīvus*; sec. XIV *construttivo*] ***agg.*** **1.** relativo al costruire o alla costruzione: *tecnica costruttiva, elementi costruttivi* || *T.mat. procedimento costruttivo,* basato su calcoli effettivamente eseguibili **2.** *fig.* che ha lo scopo di creare opere solide e gen. utili: *un ingegno costruttivo* || *politica costruttiva,* che mira a tradurre in opere i propri programmi || *programma costruttivo,* che porta a un'efficace risoluzione di qualche problema || *critica costruttiva,* utile || *T.pol. opposizione costruttiva,* animata da un positivo spirito di collaborazione || **costruttivaménte** ***avv.*** || **N.** *Contr.* distruttivo, negativo.

costrùtto (*pps.* non com. di *costruire*) [a. 1306] **I *agg.*** *lett.* nei sensi del verbo **II *sm.*** **1.** *T.gram.* insieme di parole ordinate secondo criteri sintattici; frase, proposizione || *T.fil.* costruzione concettuale, in opposizione a *dato* **2.** *per estens.* significato di una frase o di un pensiero: *non riesco a ricavare un costrutto dalle sue parole* || *senza costrutto,* senza senso || *per estens.* vantaggio, utilità: *non vedo alcun costrutto nel seguire il tuo consiglio* || **N. II 1.** *Sin.* costruzione; espressione, proposizione **2.** *Sin.* consistenza, senso, significato; giovamento, profitto, utile | *Contr.* danno, svantaggio.

costruttóre [dal lat. tardo *constructor, -ōris*; a. 1676] **I *sm.*** (f. *-trice*) chi costruisce qualcosa o ne sovraintende la realizzazione || *costruttore edile,* imprenditore che si occupa di costruzioni edilizie || *costruttore navale,* chi è abilitato alla costruzione di navi **II *agg.*** che costruisce: *società costruttrice,* quella che ha in appalto i lavori di costruzione edilizia || **N. I** *Sin.* artefice, edificatore; imprenditore, impresario; armatore | ingegnere | *Contr.* demolitore, distruttore.

costruzióne [dal lat. *constructio, -ōnis*; 1308] ***sf.*** **1.** l'atto del costruire: *la costruzione di un ponte, di una casa* || *in* (*via di*) *costruzione,* che si sta costruendo || modo in cui qualcosa è costruito: *è difficile trovare mobili di solida costruzione* || *concr.* il risultato del costruire; edificio, palazzo: *una costruzione recente, antica, in cemento armato, in legno* || *scienza delle costruzioni,* disciplina che studia la distribuzione degli sforzi interni che si generano in una costruzione **2.** risultato di qualsiasi processo di integrazione ordinata di vari elementi: *costruzione mentale, una grandiosa costruzione teorica, la sua costruzione politica è controllata* || *in part. T.gram.* disposizione ordinata dei sintagmi o di altri elementi sintattici all'interno di una frase o di un periodo: *costruzione diretta,* quando le parole sono secondo un ordine convenzionalmente ritenuto normale (sogg. + verbo + compl. dir. ecc.); *costruzione inversa,* quando l'ordine delle parole non segue quello convenzionalmente ritenuto normale || particolare reggenza richiesta da alcuni verbi o aggettivi: *i verbi transitivi richiedono una costruzione con il complemento oggetto* || modo in cui vengono organizzate sintatticamente le proposizioni in un periodo, part. in riferimento ad alcune lingue classiche: *costruzione paratattica, ipotattica* **3.** *fig.* struttura generale di un componimento: *analizzare la costruzione della Divina Commedia* **4.** *T.mat.* ogni procedimento per mezzo del quale è possibile definire in modo analitico o geometrico un ente || *dim.* costruzioncèlla || **N. 1.** *Sin.* edificazione, erezione, fabbricazione; edificio | *Contr.* abbattimento, demolizione, distruzione **3.** *Sin.* fattura, intreccio, opera, struttura, trama. **Q.T.** *edilizia* **TAV.** ***edilizia* p. 666** 1.

costùi (pl. *costóro*) [lat. volg. *(*ec*)*cu*(*m*) *istūi,* ecco a lui; 1294] ***pron. dimostr. m.*** (f. *costèi*) questa persona; indica persona vicina a chi parla o a chi ascolta o persona appena nominata, gen. con valore spregiativo: *cosa vuole costui da noi?, chi è mai costui!* || **N.** colui.

costumànza [da *costumare*; a. 1294] ***sf.*** consuetudine, usanza tradizionale || **N.** *Sin.* abitudine, costume, tradizione, voga.

costumàre (pres. *-ùmo*) [da *costume*; a. 1250] ***tr.** ant.* educare || assuefare || ***intr.*** (aus. *avere*; *essere* in usi impers.) **1.** essere in uso: *oggi costumano nuovamente gli abiti degli anni settanta* **2.** *lett.* essere solito, avere per costume: *questo giorno ch'omai cede alla sera, / festeggiar si costuma al nostro borgo* (Leopardi) **3.** *ant.* frequentare, praticare.

costumatézza [da *costumato*; a. 1498] ***sf.*** *non com.* qualità di chi si mostra composto nell'atteggiamento, educato e corretto nelle proprie abitudini: *una giovane di grande costumatezza* || **N.** *Sin.* castigatezza, civiltà, compostezza, continenza, decenza, garbo, modestia, morigeratezza, temperanza | *Contr.* scostumatezza.

costumàto (*pps.* di *costumare*) [a. 1294] **agg.** **1.** cortese, che ha modi gentili e corretti || *mal costumato,* screanzato **2.** *lett.* abituato, avvezzo a qualcosa: *costumato all'avversa fortuna* || che ha pratica o familiarità con qualcuno: *costumato con gente poco raccomandabile* || **N. 1.** *Sin.* castigato, disciplinato, educato, gentile, morigerato, pudico | *Contr.* scostumato.

costùme [lat. volg. **costumen,* prob. attr. il fr. *coutum* e provenz. *costum;* 1260 ca.] **sm.** **1.** modo abituale di comportarsi, di ragionare, di agire di una persona: *è mio costume alzarmi presto la mattina; per estens.* anche di animali: *è costume del lupo cacciare in branco* || *per estens.* comportamento dettato da una radicata abitudine: *un uomo di costumi semplici, rozzi, raffinati* || *in part.* condotta morale: *mal costume* (ma più com. *malcostume*), condotta morale riprovevole generalizzata all'intera società; *donna di facili costumi,* donna leggera che si concede facilmente **2.** gen. *pl.,* il complesso delle usanze e dei comportamenti di un gruppo sociale, di una collettività in un certo periodo storico e in un certo luogo: *i costumi delle tribù amazzoniche, degli antichi persiani* || *ass.* comportamento di un gruppo sociale: *sono fatti di costume* **3.** abbigliamento caratteristico di un certo gruppo etnico o di un periodo storico: *i costumi regionali italiani* || *in costume,* indossando abiti d'epoca: *ballo, film in costume* || *costume da carnevale,* abito indossato in una mascherata carnevalesca || *T.teatr.* e *T.cin.* costume di scena, abito indossato dagli attori durante la recitazione || *costume da bagno,* indumento costituito per gli uomini da un paio di calzoncini o da uno slip e per le donne da una guaina intera, utilizzato per fare il bagno o per prendere il sole; *costume a due pezzi* o *ell. due pezzi,* costume da bagno femminile composto da slip e reggiseno, bikini **4.** *ant.* condizione || qualità || **N. 1.** *Sin.* consuetudine, stile | condotta, contegno, educazione, indole | antidiluviani, austeri, corrotti, effeminati, efferati, facili, illibati, irreprensibili, leggeri, liberi, licenziosi, mondani, patriarcali, rozzi, scandalosi, severi, specchiati, vergognosi, volubili **2.** *Sin.* costumanza, tradizione, usanza, uso | alterare, corrompere, imbastardire, ingentilire, sradicare || *dim.* costumìno. **Q.T.** *abbigliamento, danza, sociologia.*

costumìno (*dim.* di *costume*) [1986] **sm.** piccolo costume; *in part.* costume da bagno o da maschera per bambini.

costumìsta [da *costume;* 1939] **s.** chi disegna e confeziona abiti di scena. **Q.T.** *teatro.*

costùra [lat. volg. **consūra;* 1310] **sf.** cucitura che unisce tra loro due pezzi di stoffa pesante, di cuoio e sim. sovrapponendoli l'uno all'altro, formando come una costola || *spianare le costure,* pareggiarle con il ferro da stiro || *fig. spianare le costure a qualcuno,* bastonarlo || *dim.* costurìna.

cotàle [lat. volg. *(*ec*) *cu*(*m*) *tāle*(*m*), ecco il tale; a. 1250] **I agg.** *ant. lett.* tale: *cotale fu la mormorazione sommessa* (Pascoli), *una cotale sciocchezza, in cotal guisa* **II pron.** *ant.* un tale, una certa persona, gen. con valore spregiativo: *certi cotali* **III avv.** *ant.* in tal modo.

cotangènte [lat. scient. *co*(*mplementi*) *tangens,* tangente del complemento; a. 1739] **sf.** *T.mat.* funzione trigonometrica corrispondente al rapporto tra il coseno e il seno di un angolo *a;* è la funzione inversa della tangente. **TAV.** *geometria* 26.5.

cotangentòide [comp. di *cotangente* e *-oide;* 1956] **sf.** *T.mat.* in un diagramma cartesiano, curva che rappresenta la cotangente in funzione dell'angolo.

cotànto [lat. volg. *(*ec*) *cu*(*m*) *tantu*(*m*), ecco tanto; a. 1250] **I agg.** *ant. lett.* tanto, così grande **II pron.** *indef. ant.* questa cosa solamente **III avv.** *disus.* talmente, tanto.

còte [lat. *cōs, cōtis;* a. 1374] **sf.** attrezzo per affilare costituito da una pietra abrasiva || *fig. lett.* stimolo, sprone; situazione che acutizza i sentimenti. **TAV.** *agricoltura* 10.13.

cotechìno [da *cotica,* attr. i dialetti sett.; 1761 *cotichino*] **sm.** salume da cuocere costituito da cotenna, grasso e carne suina triturata, spezie e aromi vari, insaccati in budello di maiale.

cotènna [lat. volg. **cutinna;* sec. XIII] **sf.** **1.** pelle dura e setolosa, part. quella del porco e del cinghiale **2.** *spreg.* pelle umana || *fig. essere duro di cotenna, avere la cotenna dura,* essere insensibile || *fig. uomo di cotenna grossa,* rozzo || *fig. aver cara la cotenna,* tenere alla propria vita || *fig. mettere su cotenna,* ingrassare **3.** *per estens.* strato superficiale di un prato || corteccia, parte esterna di qualcosa || **N. 1.** *Sin.* cotica.

cotennóso [da *cotenna;* 1757] **agg.** *non com.* che ha una cotenna grossa e dura || *fig.* incallito.

cotésto v. CODESTO.

co-tèsto [da *co-* e *testo;* 1977] **sm.** *T.ling.* la porzione di testo che precede e segue un certo enunciato || **N.** contesto.

cótica o **còtica** [lat. volg. **cutica;* sec. XIV] **sf.** *region.* cotenna || *cotica erbosa,* le erbe e le radici che ricoprono la terra di un prato.

cotidàle [dall'ingl. *cotidal;* 1940 *cotidiale*] **agg.** *T.geogr. linea cotidale,* linea che, sulla carta delle maree, unisce tutti i punti di un bacino marino in cui l'alta marea si verifica nello stesso istante rispetto a un meridiano fisso.

cotidiàno [dal lat. *cotidiānus;* a. 1292] **agg.** *lett.* quotidiano.

còtile [dal gr. *kotýlē,* cavità, ciotola; 1820] **sf.** **1.** *T.anat.* cavità semisferica di una massa ossea; *in part.* acetabolo **2.** unità di misura per aridi usata nell'antica Grecia pari a circa un quarto di litro.

cotiledonàre [da *cotiledone;* 1830] **agg.** **1.** *T.bot.* relativo al cotiledone **2.** *T.biol. placenta cotiledonare,* placenta che, in alcuni mammiferi, presenta villi coriali riuniti in numerosi gruppi.

cotilèdone [dal lat. *cotylēdon, -onis,* gr. *kotylēdṓn;* 1773] **sf.** **1.** *T.bot.* foglia embrionale contenuta nel seme delle Fanerogame che svolge funzione di foglia normale, o più spesso funzioni nutritive o protettive per il resto dell'embrione **2.** *T.biol.* ciascuna delle aree del corion in cui si formano ciuffi isolati di villi, caratteristici della placenta dei ruminanti || **N.** **1.** *Sin.* protofillo | acotiledoni, dicotiledoni, monocotiledoni.

cotillon (fr., pr. [kɔti'jɔ̃]) [da *cotte,* sottana che si adoperava in questo ballo; 1875] **sm.** *inv.* piccolo regalo, sorpresa distribuiti durante una festa da ballo o uno spettacolo || ballo a figure che veniva concluso dalla distribuzione di premi e piccoli regali.

cotìssa [dal fr. *cotice;* 1797] **sf.** *T.arald.* banda diminuita di metà della larghezza.

cotógna [da *cotogno;* sec. XIV] **sf.** frutto del cotogno, grosso, di forma irregolare, con buccia gialla e polpa dura e di sapore aspro; viene mangiato cotto o utilizzato per confetture e canditi.

cotognàstro [da *cotogno;* 1956] **sm.** arbusto delle Rosacee dai fiori rosa e dalle foglie con la pagina inferiore cotonosa.

cotognàta [da *cotogna;* 1340 ca. *cotognito*] **sf.** marmellata piuttosto solida ottenuta dalle mele cotogne.

cotógno [lat. *cotōneus;* 1340 ca.] **sm.** albero delle Rosacee, con foglie ovali e cotonose nella faccia inferiore, fiori rosati e grossi frutti mangerecci; anche *agg.: melo cotogno.*

cotolétta [dal fr. *côtelette,* costoletta; 1747 *cotolette*] **sf.** fettina di carne con o senza osso che viene cucinata in vari modi || *cotoletta alla milanese,* passata nell'uovo, impanata e fritta.

cotonàceo [da *cotone;* 1830] **agg.** simile a cotone.

cotonàre (pres. *-óno*) [da *cotone;* 1561 *gottonare*] **tr.** rendere simile a cotone; *in part. cotonare i capelli,* incresparli pettinandone a rovescio le ciocche in modo da ottenere un insieme compatto e vaporoso.

cotonària [da *cotone;* 1956] **sf.** pianta erbacea delle Cariofillacee dall'aspetto biancastro e cotonoso.

cotonàto (*pps.* di *cotonare*) [a. 1566] **I agg.** nei sensi del verbo **II sm.** tessuto di cotone o di misto cotone e seta.

cotonatùra [da *cotonare;* 1963] **sf.** tecnica del cotonare i capelli || acconciatura derivata da tale operazione.

cotóne [dall'ar. *quṭun;* a. 1348] **sm.** **1.** pianta delle Malvacee con foglie lobate, fiori gialli o porpora e frutti a capsula in cui sono contenuti i semi avvolti in una fitta peluria; dai semi si estrae un olio commestibile usato nell'alimentazione, nella fabbricazione di saponi e sim. **2.** fibra tessile ricavata dalla peluria che avvolge i semi della pianta omonima, da cui si ricavano filati e tessuti: *una camicia di cotone, un rocchetto di cotone da rammendo* **3.** peluria di cotone appositamente trattata per venire utilizzata in medicazioni e fasciature; ovatta: *cotone idrofilo,* sterilizzato e dotato di grande potere assorbente || *fig. pop. avere il cotone nelle orecchie,* non ascoltare, essere distratto || *fig. tenere qualcuno nel cotone,* allevarlo, trattarlo con eccessivi riguardi **4.** *cotone collodio,* estere nitrico della cellulosa usato per la preparazione di gelatine esplosive || *cotone fulminante,* fulmicotone || **N.** **2.** filato, filo di Scozia | cotonina, *cretonne,* fustagno, mussolina, *organdisse,* percalle | matassa, refe; ordito, trama; battitura, candeggio, cardatura; cotonizzare, mercerizzare **3.** *Sin.* bambagia, ovatta. **Q.T.** *maglia...*

cotonèlla [da *cotone;* 1865] **sf.** nome comune di un insetto parassita dell'olivo.

cotonerìa [da *cotone;* 1843] **sf.** (spec. *pl.*) quantità di vari filati o stoffe di cotone.

cotonicoltóre [comp. di *cotone* e *-coltore;* 1956] **sm.** (f. *-trice*) coltivatore di cotone.

cotonicoltùra [comp. di *cotone* e *coltura;* 1956] **sf.** coltivazione del cotone.

cotonière [da *cotone;* 1908] **sm.** (f. *-a*) **1.** imprenditore che si occupa della lavorazione o del commercio di cotone **2.** operaio che lavora in un cotonificio.

cotonièro [da *cotone;* 1901] **agg.** relativo al cotone: *industria cotoniera.*

cotonifìcio (pl. *-ci*) [comp. di *cotone* e *-ficio;* 1857] **sm.** industria per la filatura e la tessitura del cotone. **Q.T.** *tessitura.*

cotonìna [da *cotone;* 1602] **sf.** tessuto di cotone piuttosto leggero.

cotonizzàre [da *cotone;* 1942] **tr.** trattare fibre tessili in modo da conferire loro qualità e proprietà caratteristiche del cotone.

cotonóso [da *cotone;* 1865] **agg.** che contiene molto cotone; di aspetto simile al cotone.

còtta[1] [f. sost. di *cotto;* 1366] **sf.** **1.** *fam.* cottura rapida: *dare una cotta alla bistecca* || *fig. furbo, furfante di tre* (*sette*) *cotte,* assai abile e scaltro **2.** quantità di materiale che si cuoce in una volta: *una cotta di castagne, una cotta di mattoni* **3.** *pop.* innamoramento: *prendere una cotta* || ubriacatura || *T.sport.* condizione di annebbiamento fisico e mentale di un atleta che in una competizione ha esaurito le energie || **N.** **1.** *Sin.* cottura **3.** *Sin.* infatuazione, passione; sbornia, sbronza; crisi, *defaillance,* prostrazione.

còtta[2] [dal fr. *cotte,* fine sec. XIII] **sf.** **1.** nel Medioevo, tunica con maniche lunghe e ampie portata da uomini e donne || *cotta d'armi,* sopravveste portata sopra l'armatura da araldi e cavalieri || *cotta di maglia,* indumento costituito da una maglia di anellini di ferro concatenati, lunga fino a metà coscia, poi sostituito dall'armatura **2.** indumento utilizzato nella liturgia cattolica costituito da una tunica bianca orlata di merletto e lunga fino al ginocchio. **TAV.** ***armi* p. 648** 6.18.

còttabo [dal lat. *cottabus*, gr. *kóttabos*; a. 1738] ***sm.*** gioco in uso presso i Greci e gli Etruschi per trarre presagi durante i simposi; consisteva nel lanciare le gocce di vino rimaste in fondo a una coppa cercando di colpire dei vasi galleggianti in un recipiente d'acqua.

cottage (ingl., pr. ['kɒtɪdʒ]) [dal fr. *cotage*; 1749] ***sm.*** *inv.* casetta, villino di campagna circondato da un piccolo giardino.

cottardita [dal fr. *cotte hardie*; a. 1313] ***sf.*** *ant.* sorta di cotta ornata in uso nel Medioevo.

cottìccio (pl. m. *-ci*, pl. f. *-ce*) [da *cotto*; a. 1558] **I *agg.*** *non com.* piuttosto cotto ‖ *fig. pop.* alquanto ubriaco ‖ *fig.* mezzo innamorato **II *sm.*** massa di ferraccio accumulata nel forno fusorio ‖ *fig.* sporcizia.

Còttidi (sing. *-e*) [dal gr. *kóttos*, nome di un pesce; 1931] ***sm. pl.*** *T.zool.* famiglia di pesci Perciformi, alcuni dei quali forniti di ghiandole velenose.

còttile [dal lat. *coctilis*, cotto; 1916] ***agg.*** *lett.* fatto di mattoni, di terracotta.

cottimante [da *cottimo*; 1789] ***s.*** *arc.* cottimista.

cottimista [da *cottimo*; 1865] ***s.*** chi lavora a cottimo.

còttimo [forse lat. *quotumus*, di che numero; 1342 *cottemo, cottomo*] ***sm.*** forma di retribuzione per cui il salario viene corrisposto in base alla quantità di lavoro eseguita e non in base alle ore di lavoro: *pagare, lavorare a cottimo* ‖ *fig. pop. fare qualcosa a cottimo*, in modo affannoso e continuato.

còtto (*pps.* di *cuocere*) [1313] **I *agg.*** **1.** sottoposto a cottura ‖ con valore rafforzativo: *cotto stracotto* ‖ *fig. né cotto né crudo*, incerto, indeciso ‖ *fig. farne di cotte e di crude*, compiere azioni stravaganti e avventurose; *in part.* compiere ogni sorta di malefatte ‖ *fig. chi la vuole cotta, chi la vuole cruda*, quando vi sono opinioni e giudizi discordi ‖ *cascare come una pera cotta*, cadere pesantemente, e *fig.* farsi ingannare con facilità ‖ *fig. ubriaco cotto*, molto ubriaco ‖ *fig. innamorato cotto*, molto innamorato **2.** scottato, bruciato dal sole, dal gelo, dal fuoco: *i montanari hanno la pelle cotta* **3.** *T.sport.* di atleta, stremato dallo sforzo ‖ *per estens.* di persona, priva di lucidità mentale **II *sm.*** **1.** laterizio; *in part.* mattoni e piastrelle per pavimentazione: *pavimento in cotto* **2.** mosto concentrato, ottenuto mediante un procedimento di ebollizione; viene utilizzato per rinforzare i mosti deboli **3.** *raro* cibo cotto.

cottóio (pl. *-ói*) [lat. **coctōrius*; 1545] ***agg.*** *tosc.* facile a cuocersi: *fagioli cottoi* ‖ *fig.* facile a innamorarsi.

cotton fioc ® (pseudoingl., pr. ['kɔtton 'fjɔk]) [letter. fiocco di cotone; 1983] ***loc. m.*** *inv.* bastoncino di plastica, rivestito di cotone ai due estremi, adoperato per usi igienici (in part. per la pulizia delle orecchie).

cottùra [lat. *coctūra*; sec. XIV] ***sf.*** **1.** atto, effetto e durata del cuocere: *la cottura del pesce, del pane, dei mattoni, questa pasta richiede quindici minuti di cottura*; *portare, venire a cottura*, al punto in cui un cibo o altro è effettivamente cotto; *punto di cottura*, il momento migliore della cottura di qualcosa ‖ *T.edil. angolo cottura*, in monolocali o appartamenti di piccole dimensioni, zona in cui è collocato il fornello per cucinare, gen. posto in una rientranza o in un altro punto di minimo ingombro **2.** *ant.* scottatura **3.** difetto del legno sul quale si formano chiazze irregolari per effetto di un fungo. **Q.T.** *alimentazione* **TAV.** ***arredamento*** **p. 650** 1.10.

coturnàta [da *coturnato*; 1970] ***sf.*** antica tragedia latina di origine greca.

coturnàto [dal lat. *cothurnātus*; a. 1638] ***agg.*** che calza i coturni ‖ *fig.* di stile, solenne e grave come quello usato nella tragedia greca; paludato.

coturnìce [dal lat. *coturnix, -īcis*; a. 1292 *cotornice*] ***sf.*** uccello dei Fasianidi, simile alla pernice, con piume di color cenere chiaro, collare nero, becco e zampe rossi; nidifica a terra ed è diffuso nelle Alpi e negli Appennini.

cotùrno [dal lat. *cothurnus*, gr. *kóthornos*; a. 1374] ***sm.*** **1.** calzatura usata nell'antichità dagli attori, part. dagli attori tragici, costituita da un sandalo con suola molto spessa che veniva allacciato alla caviglia o al polpaccio e serviva per assumere una statura più elevata e imponente ‖ stivale in cuoio a mezza gamba usato dai Romani per la caccia ‖ antica calzatura femminile elegante di origine orientale **2.** *fig.* lo stile tragico ‖ *calzare il coturno*, scrivere tragedie.

coulisse (fr., pr. [ku'lis]) [da *couler*, colare, scorrere; 1877 *culisse, colisse*] ***sf.*** *inv.* **1.** scanalatura; guida per elementi scorrevoli: *sportello a coulisse* **2.** quinta di teatro **3.** *T.mus.* tubo a forma di U che si applica ad alcuni strumenti a fiato per allungare il tubo e ottenere le diverse scale senza utilizzare i cilindri: *trombone a coulisse* **4.** nella borsa valori, luogo in cui si svolgono libere contrattazioni a opera di mediatori non autorizzati.

coulòmb (pr. [ku'lɔ̃]) [dal n. del fisico Ch. A. de *Coulomb*; 1892] ***sm.*** *inv.* unità di misura della carica elettrica secondo il sistema MKSA, corrispondente alla quantità di elettricità che transita in un secondo in una sezione di circuito percorso da una corrente continua con l'intensità di un ampere.

count down o ***count-down*** (ingl., pr. ['kaʊntdaʊn]) [comp. di *count*, conto e *down*, giù; 1970] ***sm.*** *inv.* conto alla rovescia.

country (ingl., pr. ['kʌntrɪ]) [letter. campagna; 1981] **I *sm.*** *inv.* genere musicale americano ispirato alle canzoni e ai balli popolari e campagnoli: *il country è sempre di moda* **II *agg.*** *inv.*: *musica country, stile country, filone country*.

coup de foudre (fr., pr. [ku də 'fudr]) [comp. di *coup*, colpo e *foudre*, fulmine; 1923] ***sm.*** *inv.* colpo di fulmine, innamoramento improvviso e violento.

coupé (fr., pr. [ku'pe]) [pps. di *couper*, tagliare; 1736 *cuppé*] ***sm.*** *inv.* **1.** tipo di carrozzeria per automobili caratterizzata da linee affusolate **2.** carrozza chiusa a quattro ruote, dotata di due sportelli e di un solo sedile biposto, diffusa in Francia nel XVII secolo. **TAV.** ***automobile*** **p. 659** 8; ***carri...*** **p. 664** 4.

couperose (fr., pr. [kup'ro:z]) [da *goutte rose*, goccia rosa, con accostamento a *couperose*, rosa di rame; 1970] ***sf.*** *inv.* insieme di macchie rossastre che si formano sulle guance, per dilatazione o rottura dei capillari.

couplet (fr., pr. [kup'lɛ]) [dim. di *couple*, coppia; 1892] ***sm.*** *inv.* nella metrica francese, strofa di canzone di contenuto leggero e sentimentale ‖ *T.mus.* nella musica leggera, strofa che si alterna al ritornello mutando di contenuto, ma mantenendo invariata la struttura musicale.

coupon (fr., pr. [ku'pɔ̃]) [da *couper*, tagliare; 1765] ***sm.*** *inv.* (anche pl. *coupons*, pr. [ku'pɔ̃]) cedola, tagliando, buono d'acquisto.

courante (fr., pr. [ku'rɑ̃:t]) v. CORRENTE[4].

coùṣo [da *uso*; 1940] ***sm.*** *T.giur.* diritto di più soggetti di usufruire contemporaneamente di un servizio o di un bene.

coutènte [da *utente*; 1927] ***s.*** chi è utente di un servizio insieme con altre persone.

coutènza [da *coutente*; 1927] ***sf.*** uso di un servizio da parte di due o più persone.

coutil (fr., pr. [ku'ti]) [dal fr. ant. *coute*, letto di piume; 1905] ***sm.*** *inv.* tessuto robusto a trama fitta usato per la confezione di busti.

couture (fr., pr. [ku'ty:r]) [propr. cucitura; 1935] ***sf.*** *inv.* moda femminile: *haute couture*, alta moda.

couturier (fr., pr. [kuty'rje]) [da *couture*; 1905] ***sm.*** *inv.* sarto, creatore di moda.

cóva [da *covare*; 1438] ***sf.*** **1.** il covare degli uccelli ‖ *per estens.* il luogo e il tempo in cui questo si verifica **2.** *ant.* covo, tana.

covàcciolo [da *covo*; 1325 ca.] ***sm.*** *tosc.* luogo in cui dormono uccelli e altri piccoli animali ‖ **N.** *Sin.* nido, tana.

covalènte [da *covalenza*; 1956] ***agg.*** *T.chim.* relativo alla covalenza: *legame covalente*.

covalènza [da *valenza*; 1956] ***sf.*** *T.chim.* tipo di legame tra atomi in cui i due atomi interessati sono collegati da elettroni comuni a entrambi ‖ numero di possibili legami covalenti realizzabili da un atomo.

covàre (pres. *cóvo*) [lat. *cubāre*, essere disteso; a. 1292] ***tr.*** **1.** di uccelli, tenere sotto il proprio corpo le uova per trasmettere il calore necessario allo sviluppo dell'embrione e alla nascita dei piccoli; talvolta riferito anche a piccoli vivipari; anche *ass.*: *le galline stanno covando* ‖ *covare i pulcini*, tenerli al coperto sotto le ali quando sono ancora implumi ‖ *fig. covare le lenzuola*, restare pigramente a letto **2.** conservare, proteggere gelosamente: *spesso le madri covano troppo i figli* ‖ *covare una persona con gli occhi*, guardarla fissamente e con grande affetto **3.** tenere segretamente nascosto dentro di sé: *covava un rancore profondo per i propri avversari* ‖ *covare una malattia*, averla in fase di incubazione ‖ ***intr.*** (aus. *avere*) stare nascosto: *l'incertezza covava nel suo animo* ‖ *covare sotto la cenere*, detto di sentimento che viene alimentato nonostante l'apparenza contraria ‖ *scherz. qui gatta ci cova*, qui si nasconde qualche inganno.

covariànte [comp. di *co-* e *variante*; 1930] ***agg.*** e ***sf.*** *T.mat.* detto di ente che varia con legge di covarianza ‖ **N.** controvariante.

covariànza [comp. di *co-* e *varianza*; 1929] ***sf.*** **1.** *T.mat. legge di covarianza*, quella secondo cui si trasformano le derivate di una funzione di punto di uno spazio a *n* dimensioni, in un cambiamento di coordinate **2.** *T.stat.* rapporto tra la somma dei prodotti degli scarti di due variabili dalle rispettive medie e il numero dei prodotti stessi ‖ *analisi della covarianza*, tecnica statistica che studia le variazioni simultanee di due o più variabili correlate tra loro ‖ **N.** **1.** controvarianza.

covàta [da *covare*; a. 1484] ***sf.*** **1.** l'insieme delle uova deposte e covate da un uccello in una sola volta ‖ *per estens.* l'insieme dei pulcini nati da un'unica cova, nidiata; *per estens.* cucciolata ‖ *fig. scherz.* prole numerosa **2.** *T.etn.* in alcune culture a base matriarcale, rituale con cui il padre si sostituisce simbolicamente alla partoriente allo scopo di allontanare da lei e dal bambino eventuali malefici **3.** in apicoltura, l'insieme di uova, larve e ninfe presenti in un favo ‖ *covata a sacco*, malattia di origine virale che colpisce le larve delle api trasformando i tessuti interni in una massa semifluida.

covatìccio (pl. m. *-ci*, pl. f. *-ce*) [da *covare*; a. 1292] ***agg.*** *lett.* disposto a covare, intento a covare.

covatóre [da *covare*; 1920] ***agg.*** e ***sm.*** (f. *-trìce*) che, chi cova.

covatrìce [da *covare*; 1956] ***sf.*** macchina per l'incubazione artificiale delle uova, detta più com. incubatrice.

covatùra [da *covare*; 1340 ca.] ***sf.*** il covare e il tempo in cui questo avviene.

covèlle [lat. *quod velles*, quel che vorresti; a. 1306] **pron. indef.** *ant.* nulla, quasi nulla || **N.** *Sin.* cavelle.

coventrizzàre [dal n. geogr. *Coventry*, città ingl. distrutta durante la seconda guerra mondiale; 1942] **tr.** radere al suolo una città mediante bombardamento aereo.

cover girl (ingl., pr. ['kʌvə gəːl]) [letter. ragazza copertina; 1954] **loc. f. inv.** ragazza che posa come modella per copertine di riviste e settimanali || *per estens.* ragazza molto bella.

covìle [lat. *cubīle*; a. 1306] **sm.** **1.** luogo riparato in cui si rintanano gli animali per dormire o per nascondersi || *per estens.* la cuccia del cane **2.** *fig.* abitazione misera e squallida, tugurio; giaciglio povero e disordinato.

cóvo [da *covare*; sec. XIV] **sm.** **1.** tana, rifugio di animali selvatici || *fare il covo*, prepararsi la tana; *fig.* prepararsi un avvenire comodo e sicuro || *prendere la lepre al covo*, nella tana; *fig.* sorprendere qualcuno dove questi si credeva al sicuro **2.** *fig.* nascondiglio, rifugio di malfattori o di cospiratori: *un covo di borsaioli, di terroristi* **3.** *scherz.* casa: *non esce mai dal suo covo* || **N.** **1.** *Sin.* covacciolo, covile, nido.

covolùme [comp. di *co-* e *volume*; 1956] **sm.** *T.fis.* limite cui tende il volume di un gas reale, al crescere indefinito della pressione.

covóne [etim. inc.; sec. XIV] **sm.** fascio di spighe di grano, di avena o sim. tagliate e legate insieme || *per estens.* bica || **N.** *Sin.* fastello, mannello | mietitura.

covrìre **tr.** *lett.* v. COPRIRE.

cow-boy (ingl., pr. ['kaubɔɪ]; pr. it. [kau'bɔi]) [comp. di *cow*, vacca e *boy*, ragazzo; 1897] **sm.** *inv.* (anche pl. *cow-boys*, pr. ['kaubɔɪz]) nell'ovest degli Stati Uniti, mandriano: *un film di cow-boy*, una pellicola western.

cowper (ingl., pr. ['kaupə]) [dal n. dell'ingegnere E.A. Cowper (1819-1893), suo ideatore; 1932] **sm.** *inv.* *T.metal.* preriscaldatore dell'aria destinata all'altoforno, che funziona recuperando il calore proveniente dalla combustione dei gas prodotti nel funzionamento dell'altoforno stesso.

coxalgìa o **cossalgìa** (pl. *-gìe*) [comp. del lat. *coxa*, coscia e *-algia*; 1830] **sf.** *T.med.* dolore articolare all'anca.

coxìte [dall'ingl. *coxitis*; 1892] **sf.** *T.med.* infiammazione dell'articolazione dell'anca || *coxite tubercolare*, tubercolosi dell'anca.

coyote (sp., pr. [ko'jote]) [dall'azteco *coyotl*, sciacallo; 1892] **sm.** *inv.* mammifero carnivoro dei Canidi di medie dimensioni, con pelo piuttosto folto di colore grigio giallognolo, diffuso in tutto il continente nordamericano fino al Guatemala; vive isolato o in piccoli gruppi e caccia prevalentemente di notte; il suo verso caratteristico è un latrato lungo e lamentoso.

cozióne [dal lat. tardo *coctio*, *-ōnis*; sec. XIV] **sf.** *ant.* **1.** cottura **2.** digestione.

còzza [var. merid. di *coccia*, guscio di mollusco; 1905] **sf.** mollusco commestibile dei Lamellibranchi con conchiglia a due valve nere, mitilo: *spaghetti con le cozze, zuppa di cozze* || *fig.* persona piuttosto sciocca e sprovveduta || **N.** *Sin.* muscolo, peocio.

cozzàre (pres. *còzzo*) [da *coccia*, testa; a. 1250] **intr.** (aus. *avere*) **1.** urtare, colpire con le corna, detto di caproni, cervi ecc. || *per estens.* urtare con violenza: *ho cozzato contro lo spigolo della porta*; *cozzare contro un muro*, *fig.* trovarsi di fronte a difficoltà insormontabili **2.** *fig.* essere in aperto contrasto con qualcuno || essere in evidente contraddizione: *il suo alibi cozza con le dichiarazioni dei testimoni* || anche con valore reciproco: *sono due princìpi che cozzano fra loro* || **tr.** urtare con violenza: *ho cozzato la testa contro il muro, il caprone ha cozzato il figlio del fattore* || **N.** **intr.** **1.** *Sin.* colpire, cornare, incornare **2.** *Sin.* contrastare.

cozzàta [da *cozzare*; 1565] **sf.** colpo dato o ricevuto cozzando || *fare a cozzate*, di animali, lottare accanitamente; *fig.* scontro di persone che disputino con violenza || **N.** *Sin.* botta, colpo, urto.

còzzo [da *cozzare*; 1313] **sm.** **1.** colpo dato cozzando con le corna || *fare a cozzi*, darsi cornate; *fig.* essere in aperto contrasto **2.** urto violento contro un corpo solido: *ho dato un cozzo contro la sedia*; violento scontro fra cose o persone || *dar di cozzo*, scontrarsi; *fig.* porsi in aperto contrasto || **N.** **1.** *Sin.* cornata **2.** *Sin.* collisione, conflitto, contrasto, scontro.

CPU (pr. [sipi'ju] e [tʃipi'u]) [acronimo di *Central Processing Unit*, unità centrale di elaborazione; 1983] **sf.** *inv.* *T.inform.* unità centrale di elaborazione; l'unità centrale dell'elaboratore, contenente la memoria centrale, l'unità aritmetica e i gruppi di registri speciali che attivano e controllano l'esecuzione delle istruzioni; *tempo di CPU*, il tempo di calcolo effettivo impiegato in un'elaborazione, detratte le operazioni di input-output. **Q.T.** *informatica.*

cra o **cra cra** [voce onom.; 1325 ca.] **sm.** *inv.* perlopiù iterato, voce onom. imitante il gracchiare o il gracidare di animali come il corvo, la cornacchia, la rana, il rospo, la cicala: *il cra cra dei corvi nel campo* || *fare cra cra*, gracidare; gracchiare.

crac [di orig. onom.; 1874 *krach*] **sm.** *inv.* rumore prodotto da qualcosa che si spezza o che crolla || *fig.* fallimento, rovina: *un crac finanziario.*

crack (ingl., pr. [kræk]; pr. it. [krak]) [forse dall'agg. *crack*, di prim'ordine; 1986] **sm.** *inv.* sostanza stupefacente a base di cocaina tagliata con sostanze che ne abbassano il costo e ne aumentano la pericolosità.

cracker (ingl., pr. ['krækə]; pr. it. ['kreker]) [letter. che si spacca, per la facilità con cui queste gallette si spezzano; 1956] **sm.** *inv.* galletta sottile e croccante, gen. salata, che si usa come sostituto del pane.

cracking (ingl., pr. ['krækɪŋ]) [propr. fenditura; 1942] **sm.** *inv.* scissione termica, in presenza o meno di catalizzatori, utilizzata nella lavorazione del greggio, per trasformare gli idrocarburi medi e pesanti in idrocarburi leggeri e ottenere una maggior resa in benzine || **N.** *Sin.* piroscissione.

cracovièna [dal fr. *cracovienne*, di Cracovia; 1967] **sf.** danza popolare polacca, dal ritmo molto allegro.

cra cra v. CRA.

cràfen **sm.** *inv.* adattamento it. del ted. *krapfen* (v.).

cràì [lat. *cras*; a. 1306] **avv.** *ant.* domani || *merid.* *comprare a crai*, a credito.

cràmpo [dal fr. *crampe*, dal francone **kramp*, curvo, curvato; 1879] **sm.** violenta contrazione involontaria di un muscolo, spesso dolorosa, causata da stanchezza, insufficiente irrorazione sanguigna ecc. || *crampo dello scrivano*, chirospasmo.

craniàle [da *cranio*; 1942] **agg.** relativo al cranio || relativo a quello tra due parti di un organo, due punti del corpo ecc. che è più vicino al cranio, che è dalla parte del cranio.

crànico (pl. *-ci*) [da *cranio*; 1830] **agg.** del cranio; *scatola cranica*, il complesso delle ossa che costituisce il cranio.

crànio (pl. *-ni*) [dal gr. *kraníon*, testa; 1585] **sm.** **1.** *T.anat.* lo scheletro della testa dell'uomo e degli altri animali vertebrati; teschio || *per restr.* la parte superiore di tale scheletro, composta di otto ossa e contenente l'encefalo **2.** *fam.* testa || *avere il cranio duro*, essere testardo, duro di comprendonio || *scherz.* *pagare un tanto a cranio*, a testa || cervello, mente; *fam.* *essere un cranio*, essere molto intelligente || **N.** **1.** osso etmoide, frontale, occipitale, parietale, sfenoide, temporale. **Q.T.** *anatomia* **TAV.** ***anatomia*** **p. 641** 2.1 e **p. 642** 6.

cranioclàste [comp. di *cranio* e di un der. del gr. *klázō*, rompo; 1940] **sm.** *T.med.* in ostetricia, strumento a due branche usato un tempo per operazioni di frantumazione delle ossa del cranio di un feto in caso di parto difficile.

craniografìa [comp. di *cranio* e *-grafia*; 1865] **sf.** studio del cranio a scopi antropologici.

craniolèso [comp. di *cranio* e *-leso*; 1983] **agg.** e **sm.** *T.med.* che, chi ha subito lesioni al cranio.

craniologìa [comp. di *cranio* e *-logia*; 1820 *cranologia*] **sf.** studio antropologico della conformazione del cranio in relazione alle abitudini di una specie || **N.** frenologia.

craniològico (pl. *-ci*) [da *craniologia*; 1865] **agg.** relativo alla craniologia.

craniòlogo (pl. *-gi*) [comp. di *cranio* e *-logo*; 1965] **sm.** (f. *-a*) studioso di craniologia.

craniometrìa [comp. di *cranio* e *-metria*; 1829] **sf.** parte della craniologia che si occupa della misurazione e della classificazione delle diverse forme dei crani in relazione con l'antropologia e l'anatomia comparata.

craniomètrico (pl. *-ci*) [da *craniometria*; 1945] **agg.** relativo alla craniometria, proprio della craniometria.

craniòmetro [comp. di *cranio* e *-metro*; 1887] **sm.** specie di compasso usato per la misurazione del cranio.

craniòstato [comp. di *cranio* e *-stato*; 1956] **sm.** strumento usato per esami radiologici della testa, che facilita l'esecuzione di radiografie in particolari posizioni.

craniotomìa [comp. di *cranio* e *-tomia*; 1841] **sf.** *T.med.* apertura chirurgica del cranio per effettuare interventi al cervello || in ostetricia, operazione di perforazione e svuotamento del cranio eseguita su un feto morto per facilitarne l'estrazione.

craniòtomo [dal fr. *craniotome*; 1865] **sm.** strumento chirurgico usato per eseguire operazioni di craniotomia del feto.

cràpula [dal lat. *crāpula*, gr. *kraipálē*, ebbrezza; a. 1292] **sf.** il mangiare e bere oltre misura per golosità; gozzoviglia: *darsi alla crapula* || **N.** *Sin.* bagordo, baldoria, gozzoviglia, ingordigia, stravizio.

crapulàre (pres. *cràpulo*) [dal lat. tardo *crapulāri*; 1585] **intr.** (aus. *avere*) *raro* darsi alla crapula, mangiare e bere in maniera smodata || **N.** abbuffarsi, bagordare, gozzovigliare.

crapulóne [da *crapula*; a. 1600] **sm.** (f. *-a*) chi è dedito alla crapula.

cràṣi [dal lat. tardo *crasis*, gr. *krâsis*, mescolanza; a. 1729] **sf.** **1.** *T.gram.* in varie lingue, fusione della vocale terminale di una parola con la vocale iniziale di un'altra **2.** nella medicina ippocratica, mescolanza dei quattro umori fondamentali che si credeva componessero l'organismo || *crasi sanguigna*, espressione ancor oggi usata per indicare la composizione del sangue.

cràspedo [dal gr. *kráspedon*, frangia; 1956] **sm.** *T.zool.* nelle meduse craspedote, ripiegatura membranosa posta ai margini dell'ombrella || **N.** *Sin.* velo.

craspedòta [da *craspedo*; 1931] **sf.** e **agg.** *T.zool.* detto di medusa degli Idrozoi dotata di ombrella con craspedo || **N.** *Sin.* idromedusa.

cràsso [dal lat. *crassus*; a. 1396] **agg.** **1.** *lett.* grasso, denso; intorpidito, pesante **2.** *fig.* madornale, grossolano: *crassa ignoranza* **3.** *T.anat.* *intestino crasso*, parte terminale del tubo digerente che termina con l'orifizio anale || **N.** **3.** cieco, colon, retto. **TAV.** ***anatomia*** **p. 642** 13.8.

cràssula [dim. del lat. *crassus*, grasso, così detta per le foglie carnose; 1499 *erba crassula*] **sf.** genere di piante delle Crassulacee con foglie larghe e carnose e piccoli fiori di color bianco o rosso diffuse soprattutto nell'Africa australe.

Crassulàcee [da *crassula*; 1865] ***sf. pl.*** *T.bot.* famiglia di piante dicotiledoni con foglie carnose, fiori piccoli raccolti in cime e frutti a capsula, comprendente numerose specie diffuse nella fascia climatica calda e temperata alcune delle quali vengono coltivate come piante ornamentali.

-crate [dal gr. *-krátēs*, connesso con *krátos*, potere, forza] ***elem. term.*** che, in parole composte dotte, indica persone che esercitano il potere espresso dal corrispondente astratto in *-crazia* (per es. *burocrate, tecnocrate*).

cratère [dal lat. *cratēra*, gr. *kratḗr*, grosso vaso in cui si mescolavano vino e acqua; 1340 *cratera*] ***sm.*** **1.** *T.geol.* nei vulcani, cavità a forma di imbuto che costituisce lo sbocco del camino: *cratere centrale*, quello che occupa la sommità del vulcano; *cratere avventizio*, che si apre ai lati del cratere centrale ‖ *per estens.* buca prodotta nel terreno dallo scoppio di una bomba o gen. di una carica esplosiva **2.** *T.astr.* *cratere meteorico*, depressione chiusa a forma di semisfera prodottasi a seguito della caduta di un meteorite di grandi dimensioni ‖ *cratere lunare*, formazione montuosa di forma circolare tipica della superficie lunare **3.** *T.archeol.* vaso di grandi dimensioni, a imboccatura larga, in terracotta, argento o altro materiale, in cui in Grecia e nell'antica Roma veniva preparata la miscela di vino e acqua servita ai banchetti: *mentre il fanciullo dal cratere attinge vino e lo porta e versa nelle coppe* (Pascoli) **4.** *T.elettr.* in un arco voltaico a corrente continua, cavità che si forma all'estremità dell'anodo. **TAV.** *elettrotecnica* 4.2; ***geologia*** **p. 1313** 3.1.

cratèrico (pl. *-ci*) [da *cratere*; 1908] ***agg.*** relativo a un cratere vulcanico ‖ a forma di cratere.

-cràtico (pl. *-ci*) [dal gr. *-kratikós*, connesso con *krátos*, potere, forza] ***elem. term.*** che, in parole composte dotte, forma aggettivi corrispondenti agli astratti in *-crazia* (per es. *burocratico, democratico, tecnocratico*).

cratinèo [dal gr. *kratíneion métron*; 1956] ***agg.*** e ***sm.*** *T.metr.* detto di verso della metrica classica (di schema –⏑⏑–⏓⏓⏓⏓⏓⏓⏓⏓–⏑–) che prende il nome dal poeta greco Cratino, del V sec. a.C., che lo usò nelle sue commedie.

cratóne [dal gr. *krátos*, forza; 1946] ***sm.*** *T.geol.* struttura della crosta terrestre comprendente masse continentali rigide sottoposte a traslazioni orizzontali e verticali, ma non più suscettibili di deformazioni.

cràuti [dal ted. *Sauerkraut*, cavolo salato; a. 1712 *craut*] ***sm. pl.*** prodotto alimentare ottenuto tagliando in sottili strisce le foglie del cavolo cappuccio e mettendole poi a fermentare in botti di legno con sale, pepe e aromi vari; vengono cucinati gen. lessi e usati come contorno per carni, salsicce, cotechini e sim.

cravache (fr., pr. [kra'vaʃ]) [dal ted. *Karbatsche*; 1922] ***sf. inv.*** frustino di cuoio usato da un cavaliere o un fantino; *mettere un cavallo alla cravache*, spingerlo col frustino allo sforzo massimo, in prossimità del traguardo ‖ *per meton. non com.* il fantino stesso.

cravàtta [dal fr. *cravate*, propr. croata, perché era parte dell'abbigliamento dei cavalieri croati; 1707] ***sf.*** **1.** accessorio dell'abbigliamento maschile, costituito da una striscia sagomata e colorata di tessuto che si avvolge intorno al colletto della camicia e si porta annodata in vari modi sul davanti: *annodarsi, allentare la cravatta* ‖ *cravatta a farfalla*, con estremità molto corte e rigide, aperte simmetricamente subito sotto il collo ‖ *per estens.* sciarpa, laccio, collare o ogni altro oggetto posto intorno al collo di persone o animali ‖ *fig. fare una cravatta di corda a qualcuno*, impiccarlo **2.** fascia di materiale vario usata in diverse tecnologie per ancorare, fissare, saldare un elemento a un altro; *T.mar.* tratto di cavo avvolto intorno a due oggetti per fissarli tra loro **3.** *T.tip.* filetto che separa dal corpo la testata di una tabella **4.** *T.sport.* mossa della lotta consistente in una presa di spalle effettuata col braccio intorno al collo ‖ **N. 1.** cravattino, farfallino, papillon | a fiocco, a nodo, sciolta | anima, colletto, lunetta.

cravattàio (pl. *-ài*) [da *cravatta*; 1893] ***sm.*** (f. *-a*) chi produce o vende cravatte ‖ *fig.* strozzino, usuraio.

cravattino (*dim.* di *cravatta*) [1853] ***sm.*** piccola cravatta a lembi corti, annodata a farfalla ‖ **N.** *Sin.* farfallino, papillon.

crawl (ingl., pr. [krɔːl]) [da (to) *crawl*, avanzare strisciando; 1930] ***sm. inv.*** stile di nuoto universalmente adottato nelle competizioni in *stile libero*, caratterizzato da ampie circonduzioni delle braccia e dal battito alternato delle gambe che si muovono a velocità superiore a quella delle braccia; la nuotata avviene boccoli e il nuotatore respira a ogni ciclo completo compiendo una torsione laterale del capo. **TAV.** ***nuoto*** **p. 1328** 1.

crawlista (pr. [kro'lista]) [da *crawl*; 1905] ***s.*** *T.sport.* nuotatore che pratica il *crawl*.

-crazia [dal gr. *-kratía*, connesso con *krátos*, potere, forza] ***elem. term.*** che, in parole composte dotte, vale "potere", "dominio" (per es. *burocrazia, democrazia, tecnocrazia*). **Q.T.** *politica*.

creàbile [dal lat. *creābilis*; a. 1625] ***agg.*** che può essere creato.

creànza [dallo sp. *crianza*; a. 1535] ***sf.*** comportamento formalmente corretto nei confronti degli altri: *conoscere le regole della creanza; buona creanza*, buona educazione; *mala creanza*, maleducazione; *senza creanza*, maleducato ‖ *per estens.* gentilezza ‖ **N.** *Sin.* civiltà, contegno, cortesia, educazione, galateo, garbatezza, gentilezza, rispetto, urbanità | *Contr.* increanza, villania, zotichezza.

creanzàto [da *creanza*; a. 1851] ***agg.*** *non com.* che possiede creanza, beneducato ‖ **N.** *Contr.* maleducato, screanzato.

creàre (pres. *crèo*) [dal lat. *creāre*; a. 1276] ***tr.*** **1.** produrre, generare dal nulla, detto spec. di divinità: *Dio creò il cielo e la Terra* **2.** detto di uomo, produrre, elaborare qualcosa di nuovo e originale partendo da dati preesistenti: *creare una nuova teoria, una moda*; realizzare praticamente: *creare un'industria* ‖ di opera artistica, comporla: *Mahler creò dieci sinfonie* ‖ *T.teatr.* *creare una parte*, darne un'interpretazione di grande forza e originalità ‖ *non com.* procreare, mettere al mondo: *ha già creato sette figli* **3.** riferito a cose astratte, suscitare, dare origine: *il suo intervento creò imbarazzo tra i presenti, mi ha creato una montagna di difficoltà* **4.** eleggere: *è stato creato presidente* ‖ **N. 2.** *Sin.* comporre, fare, foggiare, fondare, formare, generare, plasmare, ricreare **4.** *Sin.* nominare.

creatina [dal fr. *créatine*; 1865] ***sf.*** *T.biol.* amminoacido contenuto nei tessuti muscolari, nel sangue e nell'urina.

creatività [da *creativo*; 1951] ***sf.*** **1.** capacità, facoltà di creare e di inventare: *è un artista dotato di molta creatività, la creatività dei bambini* **2.** *T.ling.* capacità del parlante di utilizzare in forma sempre nuova il sistema linguistico, producendo parole o enunciati mai prodotti in precedenza ‖ **N. 2.** produttività.

creativo [da *creazione*; a. 1406] **I** ***agg.*** relativo al creare e alla creazione: *atto creativo* ‖ relativo alla capacità di produrre opere di ingegno: *intelligenza creativa; lavoro creativo*, che richiede tale capacità ‖ fantasioso, inventivo: *un bambino creativo* **II** ***sm.*** (f. *-a*) nella tecnica pubblicitaria, chi ha il compito di inventare slogan e immagini per la campagna pubblicitaria di un prodotto. **Q.T.** *pubblicità*.

creàto[1] (*pps.* di *creare*) [a. 1306] **I** ***agg.*** *ben creato, mal creato*, bene, male educato **II** ***sm.*** (solo *sing.*) l'insieme delle cose create, l'universo: *le meraviglie del creato*.

creàto[2] [dallo sp. *criado*, allievo, poi valletto, servo; a. 1498] ***sm.*** (f. *-a*) *ant.* protetto, familiare di una persona potente; cliente.

creatóre [dal lat. *creātor, -ōris*; inizio sec. XIII] ***agg.*** e ***sm.*** (f. *-trice*) **1.** che, chi crea qualcosa dal nulla ‖ *per anton. il Creatore*, Dio ‖ *andare, tornare al Creatore*, morire ‖ *mandare qualcuno al Creatore*, ucciderlo **2.** *per estens.* che, chi produce qualcosa di nuovo, spec. nel campo delle opere d'ingegno: *creatore di moda*, stilista ‖ **N. 1.** *Sin.* artefice, demiurgo **2.** *Sin.* autore, fondatore, ideatore, inventore, realizzatore.

creatùra [dal lat. tardo *creatūra*; a. 1250] ***sf.*** **1.** ogni cosa e spec. ogni essere vivente creato ‖ *in part.* essere umano: *creatura razionale*, intelligente ‖ *creature extraterrestri*, esseri che si immagina possano vivere in altri pianeti o in altre galassie **2.** bambino, neonato; figlio: *la povera creatura rimase orfana che non aveva ancora tre anni* ‖ riferito ad adulti in frasi commiserative o al contrario di ammirazione: *che infelice creatura, è una creatura di eccezionali capacità* **3.** protetto, favorito di una persona potente: *è una creatura del ministro* ‖ **N. 2.** *Sin.* bimbo, esserino, fanciullo **3.** *Sin.* beniamino.

creazióne [dal lat. tardo *creātio, -ōnis*; 1308] ***sf.*** **1.** atto del creare; *in part.* nella religione e nella filosofia cristiana, atto con cui Dio ha dato origine a qualcosa di distinto da sé traendolo dal nulla ‖ l'insieme delle cose create, l'universo in quanto opera divina **2.** *per estens.* opera dell'ingegno umano, invenzione, realizzazione materiale di qualcosa a partire da dati preesistenti: *la creazione di un poema, di un abito, di un ponte* ‖ *ass.* l'atto e il momento in cui si crea un'opera artistica: *nell'impeto della creazione non si accorse che uno sconosciuto era entrato nel suo studio* **3.** fondazione: *decisero la creazione di una nuova biblioteca* **4.** *concr.* la cosa prodotta: *una creazione musicale, letteraria, architettonica* ‖ nel linguaggio della moda, abito: *le creazioni per la nuova stagione dei grandi stilisti* **5.** *lett.* nomina **6.** *T.fis.* formazione di nuove particelle dovuta alla trasformazione di energia in materia ‖ **N. 1.** *Contr.* distruzione **2.** *Sin.* produzione, scoperta, trovata **3.** *Contr.* abolizione, soppressione **4.** *Sin.* fattura, opera **5.** *Contr.* destituzione **6.** *Sin.* generazione.

creazionismo [da *creazione*; 1940] ***sm.*** **1.** *T.fil.* ogni teoria che ponga un atto creativo all'origine della genesi del reale; *in part.* nella teologia cristiana, dottrina che ritiene le anime create direttamente da Dio **2.** *T.biol.* teoria secondo la quale piante e animali sarebbero stati creati così come oggi ci appaiono, perpetuandosi immutati nel tempo ‖ **N. 2.** *Contr.* evoluzionismo.

crèbro [dal lat. *crēber*; 1321] ***agg.*** *ant.* frequente.

crécchia [etim. inc.; 1830] ***sf.*** altro nome del brugo, pianta delle Ericacee ‖ **N.** *Sin.* brentolo.

credènte (*ppr.* di *credere*) [a. 1292] ***agg.*** e ***s.*** che, chi professa una fede religiosa; *in part.* che, chi professa la religione cattolica ‖ *non credente*, che, chi rifiuta consapevolmente l'idea della divinità ‖ *per estens.* che, chi professa un'ideologia, una fede politica o sociale.

credènza[1] [da *credere*; inizio sec. XIII] ***sf.*** **1.** il credere ‖ *in part.* fede religiosa: *le antiche credenze popolari sono state demonizzate dal cristianesimo* ‖ opinione: *è mia ferma credenza che* *tu sia in errore* **2.** *non com.* credibilità; *dar credenza*, prestar fiducia || *non com.* credito (in senso commerciale): *dopo il fallimento non trovò più credenza* **3.** *ant.* segreto da non diffondere || *consiglio di credenza*, nel comune medievale, consiglio di persone fidate che coadiuvavano i consoli nelle questioni più delicate **4.** *ant.* parte del cibo o delle bevande destinati a un ospite di riguardo che veniva assaggiata in sua presenza per dar prova che non fosse avvelenata || *far la credenza a qualcuno*, assaggiare cibi e bevande prima di lui || **N. 1.** *Sin.* fede; pensiero, teoria **2.** *Sin.* fido. **Q.T.** *religione.*

credènza[2] [da *credenza*[1]; 1525] ***sf.*** **1.** mobile da cucina o da sala da pranzo in cui si ripongono cibi e stoviglie; gen. è costituito da un corpo inferiore dotato di sportelli sul quale poggiano vari ripiani destinati a contenere oggetti vari o a mettere in mostra vasellame e stoviglie di pregio **2.** *disus.* l'insieme dei piatti, soprattutto dei piatti freddi che vengono serviti agli ospiti in occasione di feste e ricevimenti **3.** *ant.* servizio da tavola in ceramica **4.** nel rito cattolico, tavolino collocato nel presbiterio su cui vengono collocati i vasi e gli altri oggetti necessari per celebrare la messa || *dim.* credenzìna, credenzìno (*sm.*), credenzétta; *accr.* credenzóne (*sm.*); *pegg.* credenzàccia || **N. 1.** *Sin. buffet*, dispensa.

credenziàle [da *credenza*[1]; 1478] **I *sf.*** **1.** ordine di pagamento che una banca emette a favore di un proprio cliente a carico di una o più banche corrispondenti, spec. su piazze estere **2.** documento con il quale viene accreditato presso il capo di uno Stato estero un agente diplomatico **II *agg.*** che serve ad accreditare: *lettera credenziale*, documento con cui viene accreditato un agente diplomatico presso uno Stato estero.

credenzièra [da *credenza*[2]; a. 1909] ***sf.*** credenza su cui si mettono in mostra piatti e suppellettili di valore.

credenzière [da *credenza*[1]; 1503] ***sm.*** (f. *-a*) *non com.* chi nelle case nobili o in pubblici esercizi ha la custodia della credenza; dispensiere || *ant.* persona che nelle case nobili era addetta alla pasticceria.

credenzóne [da *credenza*[1]; 1858] ***agg.*** e ***sm.*** (f. *-a*) *non com.* che, chi è incline a prestare fede a tutto e tutti, credulone.

crédere (pres. *crédo*; p.rem. *credéi* o *credètti, credésti, credé* o *credètte, credémmo, credéste, credèttero* o *credérono*; pps. *credùto*) [lat. *crēdere*; a. 1292] **I *tr.*** **1.** ritenere vera una cosa, un'affermazione: *non ho creduto una parola di ciò che mi ha raccontato* || al passivo, di persona, venir considerato sincero: *gliel'ho detto, ma non sono stata creduta* || *fig. dare a credere*, illudere || in frasi esclamative, indica energica approvazione: *lo credo bene!* || *credi, credete* oppure *credimi, credetemi*, modi di intercalare usati per dare maggior forza di verità a quanto si va dicendo || supporre, ritenere probabile od opportuno; in questi significati può essere seguito da proposizione oggettiva implicita o esplicita con verbo al congiuntivo, al futuro indicativo o al condizionale o da interrogativa indiretta o da complemento predicativo dell'oggetto: *credo che vogliano andarsene*; *credevano di riuscirci, che ci sarebbero riusciti*; in questi contesti "non credo che" = "credo che non": *non credo che sia così furbo, non ti credevo capace di simili bassezze* || reputare, stimare: *lo credevo un galantuomo* || usato come risposta: *credo di sì, di no* || *voglio credere che...*, non mi permetto di dubitare che... **2.** *ant.* affidare || ***intr.*** (aus. *avere*) **1.** essere persuasi dell'esistenza di qualcosa: *credere alle fate, alle streghe, ai folletti*; in riferimento all'ambito religioso: *credere in Dio*; *non credere in Dio*, essere ateo || *ass.* avere fede religiosa: *è un uomo che crede* **2.** avere fiducia in qualcosa o in qualcuno, nella sua efficacia o nel suo potere: *credere nel progresso, nella giustizia* || *non credo ai miei occhi*, sono sorpreso, strabiliato || ritenere probabile, mostrarsi fiducioso nei confronti di qualcosa: *non credo al risanamento del bilancio statale* || ***tr.*** e ***intr.*** (aus. *avere*) spesso in unione con avverbi, reputare giusto, opportuno: *ho creduto bene (di) avvisarti, fa come meglio credi* || ***rifl.*** immaginarsi, pensare di essere: *si crede un grand'uomo* **II *sm.*** (solo *sing.*) opinione, giudizio: *a mio credere stai commettendo un errore* || *T.comm. star del credere*, provvigione che spetta a un mediatore che segua un affare su commissione || **N. *tr.*** **1.** *Sin.* ammettere, convincersi, giudicare, immaginare, opinare, pensare, presumere, riconoscere, ritenere, sospettare, stimare, supporre | *Contr.* dubitare | ***intr.*** **2.** *Sin.* fidarsi, prestar fede.

credìbile [dal lat *credibilis*; 1342] ***agg.*** che merita di essere creduto: *una testimonianza credibile*; di persona, cui si può prestar fede; convincente: *non sei credibile nel ruolo del cattivo* || **credibilménte** ***avv.*** in modo verosimile || **N.** *Contr.* incredibile.

credibilità [da *credibile*; sec. XVI] ***sf.*** l'essere credibile: *la credibilità di una notizia* || attendibilità, prestigio: *la classe politica rischia di perdere ogni credibilità.*

credit (ingl., pr. [ˈkredɪt]) [da *credit* (*title*), letter. titolo di accreditamento; 1966] ***sm.*** *T.cin.* elenco di coloro che hanno contribuito alla realizzazione di un film, con qualsiasi incarico.

creditìzio (pl. *-zi*) [da *credito*; 1943] ***agg.*** che si riferisce al credito; *stretta creditizia*, restrizione del credito che le banche accordano agli imprenditori, attuata durante i periodi di recessione economica.

crédito [dal lat. *crēditum*, cosa affidata; 1353] ***sm.*** **1.** il credere, l'essere creduto: *sono informazioni che meritano credito*; *avere, trovare credito*, essere creduto; *meritare credito*, meritare di essere creduto || *per estens.* pubblica fiducia, stima: *riscuotere credito*, essere stimato; *levare il credito a qualcuno*, non accordargli più fiducia; *far credito a qualcuno*, dargli fiducia **2.** *T.econ.* cessione di una somma in denaro da parte di un *creditore* verso un *debitore* previo accordo di restituzione futura di tale somma a una scadenza determinata e con la maggiorazione di una percentuale corrispondente all'interesse: *concedere, ottenere un credito* || *aprire un credito a qualcuno*, concedergli facoltà di prelevare denaro fino a una somma stabilita e gen. fissando le modalità e i tempi della restituzione; *fig.* dare fiducia || *credito in bianco*, quello concesso da una banca senza particolari garanzie || fornitura di beni o servizi con pagamento dilazionato nel tempo e gen. a un prezzo superiore a quello in contanti: *acquistare a credito* || *carta di credito*, tessera nominativa che consente al titolare di acquistare beni o servizi presso esercizi convenzionati, dilazionandone il pagamento a fine mese || *istituto di credito*, banca **3.** diritto a una prestazione pecuniaria; *gen.* somma di denaro prestata a qualcuno e che si deve riavere: *essere in credito, riscuotere un credito* || *certificato di credito*, documento che comprova il diritto a riscuotere un credito || *lettera di credito*, documento con cui una banca si impegna a pagare o ad accettare le tratte che il beneficiario di tale lettera spiccherà per regolare l'operazione di vendita che è all'origine della richiesta di credito || *dim.* creditùccio || **N. 1.** *Sin.* reputazione, stima **2.** fido, mutuo, prestito; ipoteca, pegno | esigibile, fruttifero, ipotecario, liquido, maturo, personale, privilegiato | accendere, accreditare, aprire, girare, liquidare, pagare, riscuotere, saldare. **Q.T.** *banca, diritto.*

creditóre [dal lat. *crēditor, -ōris*; a. 1348] **I *sm.*** (f. *-trice*) chi è in credito, chi ha diritto alla riscossione di una somma in denaro: *è perseguitato dai creditori* **II *agg.*** con funzione appositiva, che è in credito: *società creditrice* || *interessi creditori*, quelli che la banca percepisce dai propri clienti || *saldo creditore*, quello in cui le partite dell'avere superano nel totale quelle del dare || **N.** debitore.

creditòrio (pl. *-ri* o *-rii*) [da *credito*; 1950] ***agg.*** relativo a un credito o a un creditore.

crèdo [dal lat. *crēdo*, io credo; a. 1342] ***sm.*** **1.** *T.rel.* fede: *il credo islamico, cristiano* **2.** professione di fede dei cattolici che si recita normalmente durante la messa || *per estens.* momento della messa in cui tale preghiera viene recitata || *fig. in un credo*, rapidamente || *fig. entrarci come Pilato nel credo*, averci a che fare solo per caso o per contrasto || *T.mus.* nella liturgia romana, la terza parte della messa cantata, intonata su tale preghiera **3.** insieme dei principi ideologici, politici e anche artistici, estetici e sim. di una persona, di un gruppo o di una società: *credo politico, religioso* || **N. 2.** *Sin.* simbolo degli Apostoli, simbolo niceno **3.** *Sin.* fede, ideale.

credulità [dal lat. *credulitas, -ātis*; 1554] ***sf.*** l'essere credulo, facilità a credere ogni cosa che viene detta: *si è fatto imbrogliare per la sua eccessiva credulità* || **N.** *Sin.* dabbenaggine | *Contr.* scetticismo.

crèdulo [dal lat. *crēdulus*; 1353] ***agg.*** che crede con troppa facilità a tutto e a tutti || **N.** *Sin.* credulone, semplicciotto | *Contr.* incredulo, scettico.

credulóne [da *credulo*; 1865] ***agg.*** e ***sm.*** (f. *-a*) che, chi per eccessiva ingenuità è disposto a prestar fede a tutto e a tutti || **N.** *Sin.* ingenuo, semplicione | *Contr.* accorto.

crèma [dal fr. *crème*; 1585] **I *sf.*** **1.** la parte grassa del latte che si rapprende in superficie e con la quale viene confezionato il burro || *crema di siero*, residuo della lavorazione casearia || *fig.* la parte migliore di un gruppo, spesso *iron.*: *alla festa è intervenuta la crema della società* **2.** *T.cuc.* composto semisolido a base di latte, uova, zucchero e di volta in volta di ingredienti che ne caratterizzano il gusto: *crema di cacao, di caffè, di vaniglia*; *crema pasticcera*, resa più densa con un po' di farina, è usata per farcire || *per estens.* cosa particolarmente dolce, squisita: *questo caffè è una crema* || liquore fortemente zuccherato: *crema cacao* **3.** *T.cuc.* passato di verdure, di riso e sim. di aspetto e consistenza simili a una crema che viene servito come minestra: *crema di asparagi, di piselli* **4.** prodotto cosmetico o medicinale, denso e untuoso: *un antinfiammatorio liquido o in crema*; *crema antirughe, idratante*; *crema da barba*, sapone da barba cremoso confezionato in vasetti e in tubi || *crema per calzature*, prodotto a base di cera e coloranti usato per pulire, lucidare e proteggere il cuoio delle calzature || ***sm. inv.*** il colore giallo pallido della crema pasticcera: *un abito giallo tendente al crema* **II *agg. inv.*** (sempre posposto) del colore della crema pasticcera: *una cravatta crema* || **N. 1.** *Sin.* panna; fior fiore, élite **3.** mousse, passato, salsa, vellutata **4.** *Sin.* pasta, pomata; lucido, unguento.

cremaglièra [dal fr. *cremaillère*, catena del camino; 1853] ***sf.*** rotaia dentata che, accoppiata con una ruota dentata, trasforma il moto rotatorio di quest'ultima in moto rettilineo; viene utilizzata in macchine utensili, nel meccanismo di sterzo di alcuni autoveicoli e nell'impianto di ferrovie che devono superare particolari pendenze: *la cremagliera di Superga* || **N.** *Sin.* dentiera. **TAV. *ferrovie...* p. 669** 5.23, 5.24.

cremàre (pres. *crèmo*) [dal lat. *cremāre*; 1869] ***tr.*** bruciare, incenerire un cadavere.

crematìstica [dal gr. *chrêmata*, ricchezze; 1918] ***sf.*** *raro* branca dell'economia che si occupa dello studio della ricchezza.

crematóio (pl. *-ói*) [da *cremare*; 1877] **sm.** parte del forno crematorio in cui viene posto il cadavere.

crematòrio (pl. *-ri*) [dal fr. *crématoire*; 1885] **I agg.** che riguarda la cremazione: *forno crematorio* **II sm.** edificio annesso a un cimitero in cui avviene la cremazione dei cadaveri.

cremazióne [dal fr. *crémation*; 1857] **sf.** procedimento di sepoltura che consiste nel bruciare un cadavere fino a ridurlo in cenere; rito funebre praticato fin dall'antichità greca e romana e largamente diffuso presso i popoli di religione buddista e brahmanica.

crème (fr., pr. [krɛm]) [etim. inc.; 1877] **sf.** *inv.* crema; perlopiù in usi *fig.*: *la crème della società.*

crème caramel (fr., pr. [krɛm kara'mɛl]) [letter. crema (al) caramello; 1936 *crème caramelle*] **loc. f.**, *pop.* **m.** *inv.* *T.cuc.* dolce a base di uova, latte e zucchero, cotto a bagnomaria in uno stampo foderato di zucchero caramellato.

cremerìa [dal fr. *crémerie*; 1918] **sf. 1.** nei burrifici, locale in cui si lavora il latte per separarlo dalla crema || *per estens.* l'intero burrificio **2.** *region.* latteria in cui oltre ai normali prodotti si vendono anche gelati e dolci || bar in cui si vendono anche gelati e dolci.

cremificàto [da un disus. *cremificare*, da *crema*; 1963] **agg.** di formaggio, di consistenza cremosa.

cremìno [da *crema*; 1956] **sm. 1.** nome commerciale di vari gelati o cioccolatini ripieni di crema **2.** formaggio cremoso.

crèmiṣi [dall'ar. *qirmizī*, del colore della cocciniglia; sec. XIV *chermisi*] **I agg.** *inv.* (sempre posposto) di una tonalità di rosso molto acceso: *un mantello cremisi* || *fiamme cremisi*, le mostrine dei bersaglieri; *per meton.* il corpo dei bersaglieri **II sm.** il colore cremisi || *dim.* cremisino.

cremiṣìno [da *cremisi*; 1442-1500 *cremesino*] **I agg.** di color cremisi **II sm.** stoffa di color rosso acceso.

cremlinologìa [comp. di *Cremlino*, n. del palazzo sede del governo sovietico, e *-logia*; 1968] **sf.** studio e interpretazione della politica dell'Unione Sovietica e del partito comunista sovietico.

cremlinòlogo (pl. *-gi*) [comp. di *Cremlino*, n. del palazzo sede del governo sovietico, e *-logo*; 1964] **sm.** osservatore politico conoscitore della politica dell'Unione Sovietica e del partito comunista sovietico, di cui cerca di interpretare le decisioni e di prevedere i possibili sviluppi || **N.** *Sin.* sovietologo.

cremnofobìa [comp. del gr. *krēmnós*, precipizio e *-fobia*; 1951] **sf.** *T.psic.* paura ossessiva del vuoto.

cremolàto [da *crema*; 1970] **sm.** *region.* gelato molle o granita di frutta, serviti in coppe o bicchieri.

cremòmetro [comp. di *crema* e *-metro*, come il fr. *crémomètre*; 1887] **sm.** strumento utilizzato nell'industria casearia per determinare la quantità di crema contenuta nel latte.

cremonése [dal n. geogr. *Cremona*; 1585] **I agg.** di Cremona **II s.** abitante, nativo di Cremona || **sf. 1.** panino rotondo fatto con fior di farina, zucchero, burro, zafferano e uova **2.** sistema di chiusura di finestre e porte, costituito da due aste verticali contrapposte che, comandate da una maniglia, vanno a incastrarsi una in un anello fissato nella parte superiore dell'intelaiatura, l'altra in un anello fissato nella parte inferiore.

cremóre [dal lat. *cremor, -ōris*; a. 1698] **sm.** la parte più densa di una sostanza || *cremore di tartaro*, tartrato acido di potassio che si accumula nella gruma delle botti e viene utilizzato nella preparazione di acque gassate, lieviti artificiali e come mordente in tintoria e conceria.

cremóso [da *crema*; 1941] **agg. 1.** che contiene molta crema **2.** che ha l'aspetto o la consistenza della crema: *ombretto cremoso* || **N. 2.** *Sin.* mantecato, pastoso.

crèn o **crènno** o ***kren*** [dal ted. *Kren*; a. 1712 *kren*] **sm.** pianta delle Crocifere con radice grossa, di forma allungata e colore biancastro, foglie radicali lunghe fino a 50 centimetri e fiori piccoli e bianchi; dalla radice grattugiata e mescolata con aceto e pan grattato si ottiene un condimento piccante || *com.* la salsa ricavata dalla radice di tale pianta e usata per insaporire carni e altre pietanze || **N.** *Sin.* barbaforte, rafano.

crèna [dal lat. tardo *crēna*; 1865] **sf. 1.** *disus.* fessura, spaccatura, tacca **2.** nel fondo marino, la parte compresa tra lo scoglio e la sabbia.

crenàto[1] [da *cren(ico)*; 1887] **sm.** *T.chim.* sale dell'acido crenico.

crenàto[2] [da *crena*; 1809] **agg.** *T.bot.* detto di foglia che presenta crenatura.

crenatùra [dal lat. tardo *crena*, tacca; 1956] **sf.** *T.bot.* ciascuno dei piccoli denti arrotondati che costituiscono il margine delle foglie.

crenologìa [comp. del gr. *krḗnē*, fonte e *-logia*; 1797] **sf.** scienza che studia le sorgenti di acque minerali.

crenològico (pl. *-ci*) [da *crenologia*; 1987 nel senso 1] **agg. 1.** relativo alla crenologia **2.** *T.filol.* *non com.* di studio, che si occupa della ricerca delle fonti di un'opera letteraria.

crenoterapìa [comp. del gr. *krḗnē*, fonte e *-terapia*, come il fr. *crénothérapie*; 1930] **sf.** *T.med.* il complesso delle terapie eseguite mediante acque minerali e altri mezzi curativi ad esse legati (fanghi, vapori, grotte ecc.).

creolìna [da *creolo*, per il colore; 1888] **sf.** *T.chim.* liquido saponoso a energica azione antisettica; di colore rossastro, odore pungente e sapore piccante, ricavato trattando oli di catrame con saponi di resina; in soluzione acquosa viene utilizzato come disinfettante e come deodorante.

creolizzazióne [da *creolo*, sul modello dell'ingl. *creolization*; 1983] **sf.** *T.etn.* fenomeno di ibridazione tra diverse culture e gruppi etnici, di cui è spia un comportamento linguistico fatto di usi occasionali e della commistione di più lingue, dialetti o varietà.

crèolo [dallo sp. *creollo*, attr. il fr. *créole*; a. 1712 *crioglio*; 1771 *creolo*] **I sm. 1.** (f. *-a*) chi è nato nell'America meridionale o centrale da genitori europei || nelle Antille, ma anche altrove in America centro-meridionale, *creolo di colore* o *com. creolo*, chi è nato da padre bianco e madre di colore, meticcio **2.** parlata ibrida derivata dal contatto tra varie lingue europee e lingue indigene centro-americane; *per estens.* parlata di formazione analoga che si riscontra in Africa e in Asia **II agg.** relativo ai creoli e ai loro dialetti || **N.** I **2.** *Sin.* pidgin.

creoṣòlo [da *creos(oto)*; 1956] **sm.** *T.chim.* etere metilico liquido e oleoso estratto dal legno di faggio e usato in medicina come disinfettante.

creoṣòto [dal ted. *Kreosot*; 1843] **sm.** liquido oleoso e incolore ricavato dalla distillazione del legno di faggio e usato in medicina come antisettico, antipiretico e anticatarrale.

crèpa [da *crepare*; 1681] **sf. 1.** fenditura più o meno lunga e sottile che si forma su una superficie: *il muro era pieno di crepe, l'attacco alla parete avveniva in corrispondenza di una crepa posta sulla destra* **2.** *fig.* ogni cosa che, intervenendo in un rapporto, in un'istituzione e sim. ne danneggi la solidità: *un sistema politico pieno di crepe, pochi mesi dopo il matrimonio già emergevano le prime crepe* || **N. 1.** *Sin.* crepaccio, fenditura, fessura, screpolatura, spaccatura, spacco **2.** *Sin.* contrasto, dissapore, dissidio, smagliatura.

crepàccia (pl. *-ce*) [da *crepaccio*; 1970] **sf.** l'insieme di crepacci che si trovano nella parte finale, verso valle, del ghiacciaio.

crepacciàto [da *crepaccio*; sec. XIV nel senso 2] **agg. 1.** pieno di crepacci: *ghiacciaio crepacciato* **2.** *arc.* pieno di fenditure.

crepàccio (pl. *-ci*) [da *crepa*; sec. XIV] **sm.** grossa crepa || *T.geol.* spaccatura non particolarmente ampia e profonda che si crea in una massa rocciosa a causa degli agenti atmosferici o a causa di movimenti tettonici o tellurici || *T.geol.* spaccatura a volte di notevole dimensioni presente in masse glaciali o in ammassi perenni di neve a causa dei fenomeni di stiramento e movimento che si verificano all'interno del ghiacciaio: *crepaccio periferico*, che si forma in prossimità del bordo superiore di un ghiacciaio; *crepacci radiali*, disposti a ventaglio in corrispondenza dell'allargamento della lingua di ablazione || *crepacci lunari*, solchi della larghezza di circa un chilometro e gen. molto lunghi che solcano la superficie lunare, senza apparente relazione con le altre asperità del suolo. **Q.T.** *alpinismo* **TAV.** *geologia* **p. 1313** 5.1, 5.5.

crepacuòre [comp. di *crepa(re)* e *cuore*; a. 1342] **sm.** afflizione, grande dolore morale: *morire di crepacuore* || *a crepacuore*, di malavoglia || **N.** *Sin.* accoramento, amarezza, desolazione, disperazione, strazio, struggimento | *Contr.* felicità, gioia, letizia.

crepapància [comp. di *crepa(re)* e *pancia*; a. 1613] solo nella ***loc. avv.*** *a crepapancia*, smodatamente, senza alcun freno: *gozzovigliare a crepapancia.*

crepapèlle [comp. di *crepa(re)* e *pelle*; 1623] solo nella ***loc. avv.*** *a crepapelle*, moltissimo: *bere, mangiare, ridere a crepapelle.*

crepàre (pres. *crèpo*) [lat. *crepāre*, strepitare, poi scoppiare; 1225 ca.] **intr.** (aus. *essere*) **1.** spaccarsi, fendersi: *l'intonaco crepa, il pavimento è crepato in vari punti* || di pelle o parti del corpo, screpolarsi: *mi sono crepate le labbra per l'arsura* **2.** *fig. fam.* fare qualcosa fino all'eccesso: *mangiare da crepare, crepare dal ridere* || scoppiare: *qui si crepa di caldo* **3.** morire, detto spec. di animali: *gli è crepato il cavallo*; riferito all'uomo assume una sfumatura *spreg.*: *creperà anche lui, quel vile traditore* || *crepi il lupo*, frase di risposta all'augurio *in bocca al lupo* || *crepi l'astrologo*, per scongiurare cattivi presagi e predizioni || in varie imprecazioni: *crepa!, che tu possa crepare!* || *fig.* *crepi l'avarizia*, espressione usata quando si sta per fare una spesa || **intr. pron.** fendersi: *si è crepato un bicchiere* || screpolarsi: *mi si sono crepate le mani.*

crepatùra [lat. tardo *crepatūra*; sec. XIII] **sf.** crepa, fenditura superficiale || screpolatura della pelle.

crêpe (fr., pr. [krɛ:p]) [propr. crespo; 1851] **sm.** *inv.* *T.tess.* crespo || **sf.** *inv.* *T.cuc.* sottile frittata fatta con farina, uova, latte, sale o zucchero e che viene servita arrotolata su se stessa con un ripieno dolce (marmellata, crema ecc.) o salato (verdure, formaggi, salse ecc.).

crepèlla [dal fr. *crépelle*; 1942] **sf.** stoffa di lana leggermente crespata.

crèpida [dal lat. *crepida*, gr. *krēpís, -ídos*; prima metà sec. XIV] **sf.** calzatura femminile usata nell'antichità greca e romana con suola piuttosto alta e strisce di cuoio avvolte intorno al piede || **N.** coturno.

crepidàta [dal lat. (*fabula*) *crepidāta*; 1957] **sf.** nella letteratura latina, tipo di commedia in cui gli attori calzavano le crepide.

crepìdine [dal lat. *crepīdo, -inis*, gr. *krēpís, -ídos*; a. 1547] **sf.** *T.arch.* basamento, zoccolo di un edificio, di un monumento, di una tomba e sim.

crepidòma [da *crepidine*; 1934] **sm.** *T.arch.*

crepidine.

crepitàcolo [dal lat. *crepitāculum*; 1688] ***sm.*** **1.** strumento in legno che agitato produce un gran rumore; viene usato nelle celebrazioni liturgiche della settimana santa al posto delle campane **2.** strumento primitivo derivante da un frutto secco contenente semi che viene agitato ritmicamente || **N.** **1.** *Sin.* battola, maracas, raganella.

crepitàre (pres. *crèpito*) [dal lat. *crepitāre*; 1336 ca.] ***intr.*** (aus. *avere*) produrre un rumore secco e continuato, scoppiettare, detto spec. del fuoco, della pioggia, delle foglie secche calpestate: *un gran fuoco crepitava allegramente nel camino, la grandine crepitava sulla tettoia* || *in part.* rumore caratteristico emesso dal sale quando viene riscaldato || detto anche di armi da fuoco che sparano a ripetizione o a salve ravvicinate.

crepitazióne [dal lat. tardo *crepitātio, -ōnis*; 1939] ***sf.*** **1.** *T.med.* insieme di rumori che si avvertono nell'auscultazione di bronchi e polmoni in pazienti affetti da stati infiammatori dell'apparato respiratorio **2.** *T.med.* rumore prodotto dalle ossa fratturate || **N.** **1.** crepitio **2.** *Sin.* scroscio.

crepitìo (pl. *-ìi*) [da *crepitare*; 1889] ***sm.*** un crepitare prolungato e frequente: *il nostro cammino nel bosco era accompagnato dal crepitio delle foglie secche.*

crèpito [da *crepitare*; a. 1472] ***sm.*** il crepitare.

crépon (fr., pr. [kre'pɔ̃]) [da *crêpe*, crespo; 1825 *crepóne*] ***sm. inv.*** tessuto crespo di lana o cotone, perlopiù rigido e pesante.

crepùndi [dal lat. *crepundia*; a. 1375] ***sf. pl.*** *ant.* ninnoli, sonagli e amuleti che un tempo venivano posti al collo dei bambini.

crepuscolàre [dal lat. tardo *crepusculāris*; 1830] **I** ***agg.*** **1.** del crepuscolo: *luce crepuscolare* || *fig.* incerto, indefinito || che si manifesta, che è attivo al crepuscolo: *insetti crepuscolari* **2.** *lett.* relativo, appartenente al crepuscolarismo: *poeti crepuscolari* **3.** *T.psic.* *stati crepuscolari*, stati di parziale oscuramento della coscienza che si manifestano nell'isteria e nell'epilessia **II** ***s.*** seguace del crepuscolarismo.

crepuscolariṣmo [da *crepuscolare*; 1958] ***sm.*** corrente poetica del primo Novecento italiano caratterizzata da toni dimessi, da una ironia malinconica e da tematiche quotidiane e prive di retorica.

crepùscolo [dal lat. *crepusculum*; inizio sec. XIV] ***sm.*** luminosità fioca e incerta che si diffonde nel cielo poco prima dell'alba e poco dopo il tramonto || *per estens.* periodo del giorno caratterizzato da tale fenomeno e in part. quello serale: *incontriamoci dopo il crepuscolo* || *fig.* fase finale di un fatto, di un fenomeno; declino, tramonto: *il crepuscolo degli ideali umanistici* || *crepuscolo degli dei*, espressione che nella mitologia nordica indica la fine del mondo || **N.** alba, albore, aurora, barlume, vespero | antelucano | tra lusco e brusco.

crescèndo (*ger.* di *crescere*) [1825] ***sm. inv.*** *T.mus.* progressivo aumento dell'intensità sonora di un brano musicale || didascalia musicale che indica il graduale passaggio dal piano al forte || *fig.* graduale aumento di intensità, di vigore di un fatto, di un fenomeno: *un crescendo di applausi, negli stadi si assiste a un crescendo di violenza.* **TAV. musica p. 1324** 1.9.

crescènte (*ppr.* di *crescere*) [a. 1292] **I** ***agg.*** *luna crescente*, prima del plenilunio || *prov. gobba a ponente, luna crescente* **II** ***sm.*** *lett.* mezzaluna || ***sf.*** focaccia di pasta fritta tipica della cucina emiliana || **N.** I *Contr.* calante.

crescènza [lat. *crescentia*; a. 1294] ***sf.*** **1.** *non com.* atto ed effetto del crescere: *verso i dodici anni ebbe una rapida crescenza* || *vestito a crescenza*, abito per bambini confezionato in misura più abbondante in previsione della crescita; *scherz.* anche riferito ad abiti per adulti eccessivamente abbondanti || *crisi di crescenza*, ogni episodio morboso transitorio legato ai fenomeni fisiologici di accrescimento tipici del periodo dell'adolescenza || *ant.* il crescere delle acque di un fiume **2.** formaggio a pasta molle simile allo stracchino, prodotto in Lombardia con latte di vacca non scremato.

créscere (pres. *crésco, crésci*; p.rem. *crébbi, crescésti, crébbe, crescémmo, crescéste, crébbero*; pps. *cresciùto*) [lat. *crēscere*; inizio sec. XII] ***intr.*** (aus. *essere*) **1.** diventare più grande per naturale e progressivo sviluppo: *il bambino, la pianta, il cucciolo cresce*; spesso accompagnato da un complemento predicativo: *crescere sano, robusto* || detto anche di parti del corpo o della pianta: *le unghie crescono, in primavera crescono le foglie sui rami* || diventare adulto: *ormai i figli sono cresciuti* || attecchire: *dopo la frana per alcuni anni non è cresciuto più nulla sulle pendici del monte* **2.** in unione a un complemento di luogo, trascorrere l'infanzia e l'adolescenza: *i suoi figli sono cresciuti in Maremma* || essere allevato: *è cresciuto in famiglia, nella miseria, negli agi* **3.** aumentare, diventare maggiore in relazione a determinate qualità (seguito da complemento introdotto da *di* o *in*): *crescere di peso, in altezza, di prezzo* || *crescere negli anni*, invecchiare || *ass.* diventare maggiore: *i prezzi crescono*; *la pasta cresce*, lievita; *la febbre cresce*, aumenta; *la pioggia, la fame, la sete cresce*, aumenta di intensità || *la luna cresce*, si trova nella fase compresa tra novilunio e plenilunio **4.** risultare in eccedenza: *mi crescono diecimila lire* || *T.mus.* di nota, che ha una frequenza maggiore di quella che dovrebbe avere: *il si di quella chitarra cresce di mezzo tono* **5.** *lett.* avanzare, farsi più sotto all'avversario, in duelli e sim. || ***tr.*** **1.** allevare: *lo hanno cresciuto come fosse figlio loro* **2.** aumentare: *il governo ha cresciuto le tasse* || nei lavori a maglia, aumentare il numero delle maglie sulle quali si lavora || **N.** ***intr.*** **1.** *Sin.* aumentare, allungarsi, alzarsi, svilupparsi; allignare | *Contr.* calare, decrescere, diminuire, impiccolirsi, restringersi **2.** abitare, risiedere, vivere **3.** *Sin.* accrescere, allargarsi, ampliarsi, dilatarsi, gonfiarsi, ingigantire, innalzarsi | *Contr.* diminuire, impiccolirsi, restringersi **4.** *Sin.* avanzare, restare | *Contr.* mancare.

crescióne [dal fr. ant. *cresson*; sec. XIV] ***sm.*** pianta erbacea delle Crocifere con fiori bianchi e foglie ovali allungate che cresce nei fossi e nelle zone paludose; commestibile, viene usato nella preparazione di insalate e salse || *crescione inglese*, pianta erbacea annuale delle Crocifere con foglie alte fino a 50 centimetri e fiori bianchi raccolti in racemi; viene coltivata come insalata.

créscita [da *crescere*; 1765] ***sf.*** atto ed effetto del crescere: *questa pianta presenta una crescita anormale* || *fig.* progresso, sviluppo: *la crescita del permissivismo nella cultura occidentale*; *in part.* *T.econ.* aumento del reddito nazionale, sviluppo: *la crescita dei paesi del Terzo Mondo.*

cresciùta [da *crescere*; 1803] ***sf.*** l'effetto del crescere, spec. in riferimento a piante: *quest'albero ha fatto una bella cresciuta.*

creṣèide [dal gr. *kròiseios* (*statḗr*), (statere) di Creso; 1964] ***sf.*** *T.num.* moneta coniata sia in oro che in argento da Creso, re di Lidia, nel sec. VI a.C., con al recto protomi di toro e leone affrontate e al verso due quadrati incusi.

creṣentìna [dal tosc. ed emil. *crescentina*, piccola focaccia; a. 1584] ***sf.*** *ant.* fetta di pane arrostita e condita.

crèṣima [lat. tardo e gr. *chrísma*, unzione; a. 1313] ***sf.*** *T.rel.* nella religione cristiana, sacramento che conferma nella fede; nel cattolicesimo è amministrato dal vescovo mediante l'imposizione delle mani e l'unzione col sacro crisma fatta sulla fronte del fedele che sancisce la definitiva appartenenza del battezzato alla Chiesa || *per estens.* la cerimonia in cui tale sacramento viene amministrato || **N.** *Sin.* confermazione | padrino, madrina, compare, comare.

creṣimàndo (*gerundivo* di *cresimare*) [1865] ***agg.*** e ***sm.*** (f. *-a*) che, chi sta per ricevere il sacramento della cresima.

creṣimàre (pres. *crèṣimo*) [lat. tardo *chrismāre*; a. 1292] ***tr.*** amministrare il sacramento della cresima || ***intr. pron.*** ricevere il sacramento della cresima.

crèṣo [dal n. proprio *Creso*, re della Lidia famoso per le sue ricchezze; a. 1850] ***sm.*** uomo ricchissimo.

creṣòlo [da *cre*(*o*)*s*(*oto*), col suff. *-olo*³; 1892] ***sm.*** *T.chim.* composto organico che si ottiene per distillazione del carbon fossile; viene usato come disinfettante e nella preparazione di profumi, esplosivi e materie plastiche.

créspa [da *crespo*; a. 1332] ***sf.*** **1.** grinza della pelle, ruga **2.** ciascuna delle piccole pieghe che vengono fatte in un tessuto a scopo ornamentale tirando il filo di una filza || piccola piega che si fa involontariamente cucendo un vestito **3.** piccola ondulazione causata dal vento su uno specchio d'acqua, sulla neve o sulla sabbia.

crespàre (pres. *créspo*) [da *crespo*; a. 1529] ***tr.*** *lett.* increspare || rendere crespo || ***intr. pron.*** incresparsi.

crespàto (*pps.* di *crespare*) [1697] ***agg.*** che presenta numerose crespe || *carta crespata*, carta che ha particolari qualità di allungamento grazie a un procedimento di piegatura e increspatura.

crespatùra [da *crespare*; 1965] ***sf.*** l'increspare un tessuto o altro materiale; insieme di piccole pieghe che così si ottengono.

crespèlla [da *crespo*; 1983] ***sf.*** *T.cuc.* sorta di frittata o frittella molto sottile, dolce o salata, spesso arrotolata e ripiena: *crespelle ai funghi.*

crespèllo [da *crespa*; a. 1492] ***sm.*** **1.** piccola crespa || nella tecnica della doratura, lamina d'oro mal riuscita **2.** *T.cuc.* frittella a base di acqua e farina che cuocendo si raggrinza.

crespìgno [da *crespo*; 1759] ***sm.*** pianta erbacea delle Composite le cui foglie possono essere mangiate crude (in insalata) o cotte (nelle minestre).

crespìno [lat. volg. **acrispīnum*, dalle spine acute; 1449 *grespingio*] ***sm.*** arbusto spinoso delle Berberidacee con foglie ovali, fiori gialli raccolti in racemi penduli e bacche rosse di sapore acidulo che vengono utilizzate per confezionare marmellate e gelatine.

créspo [lat. *crispus*, arricciato; a. 1327] **I** ***agg.*** **1.** che ha piccole e fitte ondulazioni: *capelli crespi* || *lett.* di specchio d'acqua, lievemente mosso dal vento: *la crespa superficie del lago* **2.** pieghettato: *tessuto crespo* || *non com.* di persona, rugoso, grinzoso **II** ***sm.*** tessuto formato da fili ritorti che gli conferiscono un aspetto ondulato e granuloso || *per estens.* velo da lutto in tale tessuto || **N.** I **1.** *Sin.* ondulato, ricciuto | *Contr.* liscio **2.** *Sin.* aggrinzato.

crespolìna [da *crespo*; 1830] ***sf.*** altro nome della santolina.

crespóne¹ [da *crespo*; 1970] ***sm.*** salame lombardo a pasta fine.

crespóne² [da *crespo*, sul modello del fr. *crépon*; a. 1742] ***sm.*** tessuto di lana, cotone o seta, crespo, rigido e pesante || *per meton.* veste fatta con tale tessuto.

crespóso [da *crespa*; a. 1581] ***agg.*** *non com.* pieno di crespe, grinzoso.

crespùto [da *crespo*; a. 1865] ***agg.*** crespo, detto quasi esclusivamente di barba o capelli.

crésta¹ [lat. *crista*; inizio sec. XIV] ***sf.*** **1.** escrescenza carnosa rossa e dentellata presente sul capo dei Gallinacei: *la cresta del gallo* ||

per estens. escrescenza carnosa presente sul capo di pesci, rettili e altri animali || *per estens.* ciuffo di penne erettili presente sul capo di alcuni uccelli || *fam.* ciuffo di capelli rialzati || *per estens.* testa; *fig. alzare, levare, metter su la cresta,* insuperbirsi; *abbassare, mettere giù la cresta,* mortificarsi, deporre la superbia **2.** *T.anat.* sporgenza allungata di un organo, spec. di un osso: *cresta iliaca, tibiale* **3.** *T.stor.* ciuffo di piume posto longitudinalmente su alcuni elmi da guerra || *per estens.* antico cappellino femminile costituito da una cuffia ornata di piume || *com.* cuffietta a semicerchio, gen. di pizzo, portata da balie e cameriere **4.** parte inferiore esterna del fodero della sciabola che serve per proteggerlo dagli urti contro il terreno || *cresta del mirino,* nelle armi da fuoco portatili, parte superiore del mirino per cui passa la linea di mira **5.** *T.geogr.* linea di congiungimento di due opposti versanti montuosi che presentino all'incirca la stessa inclinazione; *com.* linea sommitale, gen. frastagliata, di un rilievo montuoso || *per estens.* sommità, cima: *cresta di un argine,* sommità piana di un argine di larghezza sufficiente a consentire il transito di veicoli; *cresta dell'onda,* sommità spumeggiante; *fig. essere sulla cresta dell'onda,* godere di un momento di successo e fortuna || *T.stat.* in un diagramma, indicazione grafica di un massimo; valore massimo assunto da una grandezza variabile in un intervallo di tempo dato **6.** *T.bot. cresta di gallo,* pianta ornamentale delle Amarantacee con grosse infiorescenze di colore rosso **7.** *pop. cresta di gallo,* condiloma acuminato || *dim.* crestìna; *spreg.* crestùccia; *accr.* crestóna; *pegg.* crestàccia || **N. 1.** *Sin.* ciuffo, pennacchio; criniera; capo; cuffia **5.** *Sin.* crinale, spartiacque.

crésta[2] [da *agresto,* uva non matura, attr. la loc. romanesca corrispondente all'it. ant. *far l'agresto*; 1927] **sf.** nella loc. *fare la cresta sulla spesa,* trattenere per sé parte di una somma in denaro ricevuta per fare un acquisto, maggiorando a proprio vantaggio il prezzo delle merci.

crestàia [da *cresta*[1]; 1755] **sf.** *tosc.* modista.

crestàto [lat. *cristātus*; inizio sec. XIV] **agg. 1.** dotato di cresta: *elmo crestato* **2.** frastagliato, dentellato: *una scogliera crestata.*

crestèlla (*dim.* di *creta*[1]) [1825] **sf.** *T.tess.* bordo superiore del pettine del telaio, costituito da un pezzo di canna che copre la saldatura dei denti.

crestìna (*dim.* di *cresta*[1]) [1943] **sf. 1.** piccola cresta **2.** striscia di tela bianca o di pizzo portata sul capo dalle cameriere.

crestomazìa [dal gr. *chrēstomátheia*; 1827] **sf.** *lett.* raccolta di brani scelti di vari autori || **N.** *Sin.* antologia, fiore, florilegio, miscellanea, scelta.

crestóne (*accr.* di *cresta*[1]) [1949] **sm.** grossa cresta; *in part.* grossa cresta montuosa.

créta o **crèta** [lat. *crēta*; 1340 ca.] **sf. 1.** argilla **2.** oggetto modellato con l'argilla || *lett. creta mortale,* il corpo umano || *T.cuc. pollo alla creta,* racchiuso in un involucro di creta e poi cotto al forno **3.** *T.geol.* varietà di calcare incoerente di colore biancastro.

cretàceo [dal lat. *cretāceus*; 1750] **I agg.** che ha la consistenza o l'aspetto della creta || che contiene creta **II sm.** *T.geol. Cretaceo,* ultimo periodo dell'era mesozoica caratterizzato da regressione marina, dal manifestarsi di consistenti fenomeni vulcanici, dallo sviluppo delle piante dicotiledoni e dalla presenza consistente di molluschi e rettili.

cretàcico (pl. *-ci*) [da *cretaceo*; 1951] **agg.** e **sm.** *T.geol.* cretaceo.

cretése [dal n. geogr. *Creta*; 1951] **I agg.** dell'isola di Creta, nel Mediterraneo orientale || *civiltà cretese,* quella fiorita tra il 3000 e il 2500 a.C. **II s.** nativo, residente dell'isola di Creta.

crètico (pl. *-ci*) [dal lat. tardo *creticus,* gr. *krētikós*; a. 1675] **agg.** e **sm.** *T.metr.* detto di piede della poesia greca e latina di schema – ∪ –.

cretinàta [da *cretino*; 1964] **sf.** gesto, frase da cretino: *ha detto, fatto una grossa cretinata* || **N.** *Sin.* fesseria, sciocchezza, stupidaggine, stupidata.

cretinerìa [da *cretino*; 1908] **sf.** l'essere cretino, stoltaggine || *concr.* azione, parole da cretino: *smettila di dire cretinerie.*

cretinètti [dal nome dato in Italia all'attore comico francese André Deed; 1909] **sm.** *spreg.* tipo sempliciotto e ridicolo che combina ogni sorta di sciocchezze || cretino: *non fare il cretinetti.*

cretinìsmo [dal fr. *crétinisme*; 1789] **sm.** *T.med.* sindrome causata da insufficienza tiroidea e caratterizzata da ritardo nello sviluppo mentale e da vari disturbi somatici come nanismo, sordità ecc. || *per estens.* balordaggine.

cretìno [dal fr. *crétin,* propr. cristiano; 1789] **sm.** (f. *-a*) **1.** persona di scarsa intelligenza, stupido, spesso usato come epiteto ingiurioso: *guarda quel cretino!* **2.** *T.med.* chi è affetto da cretinismo.

cretinòide [comp. di *cretino* e *-oide*; 1940] **s.** *T.med.* soggetto che presenta sintomi analoghi a quelli del cretinismo || *fam.* balordo, imbecille.

cretonne (fr., pr. [krə'tɔn]) [dal n. geogr. *Creton,* paese della Normandia; 1765] **sm.** *inv.* tessuto di cotone stampato con fantasie floreali a vivaci colori usato per tappezzerie e abbigliamento femminile estivo.

cretóso [da *creta*; 1340 ca.] **agg.** *raro* cretaceo.

crettàre (pres. *crètto*) [lat. *crepitāre*; a. 1903] **intr.** (aus. *essere*) e **intr. pron.** *raro tosc.* fendersi, riempirsi di crepe: *quel dipinto a olio si è crettato*; di pelle, screpolarsi.

crètto [da *crettare*; 1663] **sm. 1.** *tosc.* crepa, fenditura poco profonda; screpolatura **2.** *T.bot.* fenditura radiale di un tronco d'albero: *cretto centrale,* quando parte dal midollo; *cretto periferico del gelo,* quando parte dalla periferia del tronco **3.** *T.metal.* fenditura in un elemento metallico.

cri o **cri cri** o **criccrì** [voce onom.; a. 1400] **sm.** spec. iterato, voce onom. imitante il canto del grillo e della cicala: *il cri cri continuo dei grilli* || *fare cri cri,* fare il verso del grillo, stridere || **N.** GRILLO.

crìa [dal disus. *criare,* creare; 1905] **s.** *region.* l'ultimo nato di una nidiata, di una cucciolata e anche l'ultimo nato in una famiglia.

cribbio [var. eufem. per *Cristo*; 1958] **escl.** esprime meraviglia, sorpresa, rabbia: *cribbio, che spavento!*

cribràre [dal lat. *cribrāre*; a. 1374] **tr.** *lett.* vagliare, passare al setaccio qualcosa; *fig.* esaminare con attenzione.

crìbro [dal lat. *crībrum*; a. 1374] **sm.** *lett. non com.* vaglio, crivello.

cribróso [da *cribro*; a. 1712 nel senso 2] **agg. 1.** bucherellato, crivellato **2.** *T.anat.* e *T.bot.* detto di formazioni o tessuti animali o vegetali attraversati da canalicoli.

cric[1] o **crìcche** [voce onom.; 1313 *cricchi*] **sm.** scricchiolio o rumore che produce un materiale rigido che si rompe o si incrina.

cric[2] (disus. *cricco*) [dal fr. *cric*; a. 1537 *cricco*] **sm.** *inv.* piccolo martinetto utilizzato per sollevare pesi notevoli a un'altezza modesta; fa gen. parte della dotazione di attrezzi di un autoveicolo e viene utilizzato nell'operazione di sostituzione di una ruota e in ogni caso in cui sia necessario sollevare il veicolo.

crìcca[1] [etim. inc.; a. 1471] **sf. 1.** gruppo di persone che si aiutano a vicenda a danno di altri anche utilizzando inganni e sotterfugi || *fam.* gruppo di amici, combriccola **2.** *T.gioc.* nelle carte, combinazione di tre figure di uguale valore.

cricca[2] [da *criccare*; 1956] **sf.** *T.metal.* sottile crepa che si crea a volte nei laminati metallici.

criccàre (pres. *cricco*) [di orig. onom.; 1956] **intr.** (aus. *avere*) di laminati e oggetti metallici, fendersi.

cricchétto [da *cric*[2]; 1879] **sm.** *T.mecc.* organo di arresto che impedisce a una ruota dentata di girare in senso contrario a quello previsto; nottolino.

cricchiàre (pres. *-ìcchio*) [voce onom.; a. 1573] **intr.** (aus. *avere*) scricchiolare: *udì cricchiare la ghiaia sotto il passo che si allontanava* (D'Annunzio).

cricchio (pl. *-chi*) [da *cricchiare*; a. 1597] **sm.** scricchiolio.

cricco (pl. *-chi*) **sm.** *disus.* V. CRIC[2].

criccrì V. CRI.

cricèto [dal boemo *křeček*; 1836] **sm.** genere di Roditori della famiglia dei topi con corpo tozzo, coda corta e pelame fulvo o nero diffuso in Europa e Asia || *criceto dorato,* varietà di criceto originaria del Medio Oriente, di dimensioni più ridotte e con pelo di vario colore, che viene spesso allevata.

cricket (ingl., pr. ['krɪkɪt]) [dal fr. ant. *criquet,* bastone di mira; 1892] **sm.** *inv. T.sport.* gioco molto diffuso in Gran Bretagna e in vari paesi del Commonwealth che si gioca su un terreno erboso tra due squadre di undici elementi in cui un battitore armato di mazza difende la propria porta (costituita da regoli posti su un piolo) dalla palla che viene lanciata da un giocatore della squadra avversaria, mentre gli altri giocatori sono disposti attorno al campo per recuperare la palla; i punti si realizzano o abbattendo la porta avversaria o riuscendo a percorrere una corsa tra due linee prima che la squadra avversaria colpisca a sua volta la porta con la palla.

cricòide [dal gr. *krikoeidḗs,* a forma di cerchio; 1681] **sf.** *T.anat.* cartilagine a forma di anello situata nella parte inferiore della laringe.

cri cri V. CRICCRÌ.

criminàle [dal lat. tardo *crimināle*; a. 1294] **I agg. 1.** che riguarda il crimine: *processo criminale* **2.** che ha carattere di crimine, criminoso: *atto criminale* **3.** che riguarda persone socialmente pericolose in quanto autrici di crimini: *antropologia criminale* || *manicomio criminale,* istituto per il ricovero di malati di mente che abbiano commesso gravi crimini || **criminalménte avv. II s.** chi è colpevole di gravi delitti, delinquente || *criminale di guerra,* chi commette efferate atrocità abusando dello stato di guerra || *com.* persona pericolosa: *certi automobilisti sono dei veri criminali*; *fam.* con uso iperbolico: *quel criminale mi ha telefonato alle tre del mattino* || **N. I 2.** *Sin.* delinquenziale, delittuoso, scellerato **II** assassino, colpevole, reo | *Contr.* innocente.

criminalista [da *criminale*; a. 1675] **s.** studioso di problemi relativi al crimine || *T.giur.* esperto di diritto criminale; penalista.

criminalità [da *criminale*; fine sec. XIV] **sf. 1.** l'essere criminale, carattere o qualità criminale di una persona o di un'azione **2.** l'insieme delle attività e dei fatti criminali considerati come fenomeno unitario di importanza sociale, morale, politica: *criminalità giovanile*; *criminalità organizzata,* quella di stampo mafioso o camorristico || **N. 1.** *Sin.* scelleratezza **2.** *Sin.* delinquenza.

criminalizzàre [da *criminale,* sul modello del fr. *criminaliser*; 1977] **tr.** considerare passibile di condanna giudiziaria, trattare da criminale, rif. spec. a ideologie o movimenti politici e ai loro aderenti: *criminalizzare i movimenti d'opposizione, criminalizzare la protesta politica.*

criminalizzazióne [da *criminalizzare*; 1977] **sf.** atto ed effetto del criminalizzare: *criminalizzazione del dissenso.*

criminalòide [comp. di *criminale* e *-oide*; 1900] **agg.** e **s.** che, chi ha tendenze criminali.

crìmine [dal lat. *crīmen, -inis,* accusa, poi delitto; a. 1306 *crimina* pl.] **sm.** delitto di particolare gravità ‖ *crimini di guerra,* azioni di efferata crudeltà commesse durante un conflitto, in violazione delle norme internazionali ‖ *crimini contro l'umanità,* violenze compiute ai danni di intere popolazioni violando i più elementari diritti umani ‖ **N.** colpa, reato. **Q.T.** *diritto.*

criminologìa [comp. di *crimine* e *-logia*; 1885] **sf.** *T.giur.* studio della criminalità, delle sue cause, dei suoi effetti e dei mezzi adatti a reprimerla.

criminòlogo (pl. *-gi*) [comp. di *crimine* e *-logo*; 1941] **sm.** (f. *-a*) studioso di criminologia.

criminosità [da *criminoso*; seconda metà del XIV sec.] **sf.** carattere criminoso di un atto o di un comportamento.

criminóso [dal lat. *crimīnōsus*; 1585] **agg.** che ha carattere di crimine, delittuoso: *atto criminoso, azione criminosa, proposito criminoso.*

crinàle[1] [dal lat. *crinālē*; a. 1698] **I agg.** *lett.* relativo ai capelli, che orna i capelli: *bende crinali* **II sm.** pettine o spillone d'oro o d'argento per fermare i capelli.

crinàle[2] [dal lat. *crinālē*, pettine, per la forma; 1865] **sm.** *T.geogr.* profilo di un rilievo montuoso o collinare, che fa da linea di separazione tra un versante e l'altro ‖ **N.** *Sin.* spartiacque.

crine (raro *crino*) [lat. *crinis*; a. 1292] **sm.** **1.** ciascuno dei peli della criniera o della coda del cavallo e di animali affini, usati nella fabbricazione di spazzole e pennelli, nell'industria tessile e per imbottiture: *una spazzola di crini, materasso di crine* ‖ *crine vegetale,* materiale fibroso proveniente da piante diverse, spec. palme, usato per imbottiture e imballaggi **2.** *T.lett.* capello, oppure, con valore collettivo, capelli, chioma: *aureo crine* **3.** chioma luminosa di comete, raggio luminoso del Sole, delle stelle.

crinèlla [etim. inc.; a. 1912] **sf.** *tosc.* cesta di vimini in cui si porta l'erba, il fieno e sim.: *con la loro falce e la crinella / vanno a far l'erba* (Pascoli).

crinièra [dal fr. *crinière*; a. 1712] **sf.** **1.** l'insieme dei crini lunghi e fitti che coprono la parte dorsale del collo del cavallo e circondano il muso del leone; anche riferito ad altri animali: *la criniera del mulo* **2.** *per estens. scherz.* capigliatura umana particolarmente fluente **3.** ornamento fatto con crini di cavallo; *in part.* pennacchio che sovrasta alcuni tipi di elmo **4.** nel Medioevo, elemento della bardatura che costituiva la protezione della parte posteriore del collo del cavallo **5.** la chioma di una cometa.

crinito [dal lat. *crinītus*; a. 1572] **agg.** *lett.* fornito di criniera; *fig.* che ha una folta capigliatura.

crino V. CRINE.

Crinoidèi o **Crinòidi** (sing. *-e*) [dal gr. *krinoeidḗs*, simile al giglio; 1829 *crinoidea*] **sm.pl.** *T.zool.* classe di Echinodermi marini costituiti da un corpo centrale calcareo a forma di dischi mobili e una sorta di calice o teca dalle delicate colorazioni da cui si dipartono delle appendici sottili, flessibili e ramificate; vivono ancorati agli scogli o al fondale marino per mezzo di un peduncolo.

crinolìna [dal fr. *crinoline*; 1863] **sf.** **1.** sottogonna rigida rivestita di crine o rigonfiata in altro modo che veniva indossata dalle donne verso la metà del XIX secolo per conferire una forma di campana agli abiti **2.** stoffa intessuta di crine usata in Francia durante il regno di Luigi XV per i colletti delle divise militari.

crinolìno [comp. di *crino* e *lino*; 1846] **sm.** tessuto di lino o cotone intrecciato con crine usato per l'abbigliamento o come stoffa da arredo.

crìo- [dal gr. *krýos*, freddo, gelo] **primo elem.** che, in parole composte della terminologia scientifica e tecnica, vale "freddo", "ghiaccio" (per es. *criologia, crioscopia, crioterapia*).

criobiologìa [comp. di *crio-* e *biologia*; 1971] **sf.** scienza che studia le tecniche di conservazione di sostanze biologiche e organismi viventi alle bassissime temperature.

criòcera [comp. del gr. *kriós*, ariete e *kéras*, corno; 1830 *criocero*] **sf.** *T.zool.* genere di Coleotteri le cui larve sono parassite di fiori, foglie e gemme.

criochirurgìa [comp. di *crio-* e *chirurgia*; 1979] **sf.** *T.med.* tecnica chirurgica che sfrutta l'effetto delle bassissime temperature per eliminare formazioni patologiche (per es. angiomi ed emorroidi).

crioelettrònica [comp. di *crio-* ed *elettronica*; 1979] **sf.** *T.elettron.* applicazione in campo elettronico (ad es. nella costruzione di memorie di massa per grandi calcolatori) dei superconduttori, cioè di composti e leghe metalliche sottoposti a bassissime temperature.

crioelettrotècnica [comp. di *crio-* ed *elettrotecnica*; 1979] **sf.** applicazione in campo elettrotecnico (per es. nella costruzione di cavi) dei superconduttori, cioè di composti e leghe metalliche sottoposti a bassissime temperature.

criogenìa [comp. di *crio-* e *-genia*; 1970] **sf.** branca della fisica che si occupa dello studio, della produzione e dell'utilizzo delle bassissime temperature.

criogènico (pl. *-ci*) [da *criogenia*; 1979] **agg.** che ha la proprietà di produrre basse o bassissime temperature: *fluido criogenico.*

criògeno [comp. di *crio-* e *-geno*; 1956] **agg.** che produce bassissime temperature: *fattore criogeno* ‖ **N.** *Sin.* frigorigeno.

crioglobulìna [comp. di *crio-* e *globulina*; 1974] **sf.** *T.med.* albumina scarsamente solubile a basse temperature che si trova nel siero sanguigno soprattutto in presenza di condizioni patologiche.

criolite [comp. di *crio-* e *-lite*; 1817] **sf.** *T.min.* minerale composto di fluoruro di sodio e di alluminio, gen. di colore bianco; viene anche prodotto artificialmente e trova impieghi industriali come insetticida, nell'industria delle porcellane e nell'elettrometallurgia dell'alluminio.

criologìa [comp. di *crio-* e *-logia*; 1963] **sf.** branca della fisica che studia la struttura e il comportamento della materia alle basse e bassissime temperature.

crioscopìa [comp. di *crio-* e *-scopia*; 1901] **sf.** branca della chimica fisica che studia i fenomeni di congelamento delle soluzioni.

crioscòpico (pl. *-ci*) [da *crioscopia*; 1931] **agg.** relativo a crioscopia, proprio della crioscopia.

crioscòpio (pl. *-pi*) [comp. di *crio-* e *-scopio*; 1939] **sm.** apparecchio utilizzato per determinare il punto di congelamento di una soluzione.

criotècnica [comp. di *crio-* e *tecnica*; 1979] **sf.** insieme di tecniche che sfruttano le basse e bassissime temperature per il raffreddamento di ambienti e la liquefazione dei gas.

crioterapìa [comp. di *crio-* e *-terapia*; 1930] **sf.** *T.med.* utilizzo delle basse temperature nella cura di varie manifestazioni morbose.

crìpta [dal lat. *crypta*, gr. *krýptē*; 1820 *critta*] **sf.** **1.** *T.arch.* l'insieme dei locali a sviluppo sotterraneo di un edificio pubblico gen. a carattere sacro o cimiteriale ‖ *in part.* locale sotterraneo di una chiesa posto spesso in corrispondenza dell'altare e del presbiterio con funzioni sepolcrali o di custodia di sacre reliquie **2.** *T.anat.* cavità a fondo cieco di un organo o di un tessuto: *cripta tonsillare.*

crìptico (pl. *-ci*) [da *cripta*; 1865] **agg.** misterioso, incomprensibile, impenetrabile: *linguaggio criptico, segnale criptico.*

cripto o **crỳpton** o **krìpto** o **krỳpton** [dal gr. *kryptós*, nascosto; 1920] **sm.** *T.chim.* elemento del gruppo dei gas nobili, inodore, incolore, presente nell'aria in concentrazioni minime.

cripto- o **critto-** [dal gr. *kryptós*, nascosto] **primo elem.** che, in parole composte dotte e della terminologia scientifica, vale "nascosto", "coperto" (per es. *criptoportico, criptonimo*) ‖ nel lessico politico entra a far parte di parole che indicano chi condivide l'ideologia di un movimento, senza dichiararlo apertamente (per es. *criptocomunista*).

criptocomunìsta [comp. di *cripto-* e *comunista*; 1950] **agg.** e **s.** di persona o istituzione che condivide l'ideologia comunista pur senza dichiararsi apertamente tale.

Criptofìcee [comp. di *cripto-* e *-ficee*; 1956] **sm.pl.** *T.bot.* classe di alghe unicellulari che si trovano isolate o in colonie.

criptogenètico (pl. *-ci*) [comp. di *cripto-* e *genetico*; 1939] **agg.** *T.med.* di causa ignota, di origine sconosciuta: *un'affezione criptogenetica.*

criptografìa V. CRITTOGRAFIA.

criptogràmma V. CRITTOGRAMMA.

criptomnesìa [comp. di *cripto-* e *-mnesie*; 1956] **sf.** *T.psic.* disturbo della memoria per il quale i ricordi appaiono come creazioni nuove e originali della fantasia.

criptònimo [comp. di *cripto-* e *-onimo*; 1830] **sm.** pseudonimo che serve a celare l'identità di un autore.

criptoorchidìa V. CRIPTORCHIDIA.

criptoorchidìsmo V. CRIPTORCHIDISMO.

criptopòrtico (pl. *-ci*) [dal lat. *cryptoporticus*, portico chiuso; a. 1597] **sm.** *T.arch.* portico chiuso, seminterrato, illuminato solo da feritoie poste sulla volta, che in epoca romana costituiva la terrazza di edifici addossati ai declivi e gen. veniva utilizzato come collegamento tra due costruzioni o come mercato coperto.

criptòrchide [comp. di *cripto-* e gr. *órchis, órcheos*, testicolo; 1956] **sm.** individuo affetto da criptorchidia.

criptorchidìa o **criptoorchidìa** [da *criptorchide*; 1939] **sf.** *T.med.* malformazione congenita consistente nella mancata discesa di uno o entrambi i testicoli nello scroto.

criptorchidìsmo o **criptoorchidìsmo** [da *criptorchide*; 1956] **sm.** *T.med.* criptorchidia.

crisàlide [dal lat. *chrysallis, -idis*, gr. *chrysallís*; 1562] **sf.** *T.zool.* stadio ninfale dei Lepidotteri e di molti Coleotteri e Ditteri che si presenta in forma nuda, sospesa a un filo sericeo o più spesso protetta da un involucro costruito dalla larva stessa prima della metamorfosi ‖ **N.** *Sin.* larva, ninfa, pupa. **TAV.** *zootecnia* 12.

crisantèmo [dal gr. e lat. *chrysánthemon*; 1561] **sm.** pianta delle Composite comprendente circa 200 specie annuali o perenni, spontanee o coltivate, con fiori grandi monocromatici riuniti in corimbi o capolini ‖ *com.* il fiore di tale pianta, che in Italia viene usato come ornamento per tombe o in cerimonie funebri.

criselefantìno o **crisoelefantino** [dal gr. *chryselephánthinos*, d'oro e d'avorio; 1889] **agg.** di scultura o intarsio, fatto di avorio e oro secondo una tecnica messa a punto dagli antichi Greci per ottenere effetti policromi.

crìsi [dal lat. *crisis*, gr. *krísis*, separazione, scelta; inizio sec. XIV] **sf.** **1.** *T.med.* repentina modificazione in senso favorevole o più spesso sfavorevole di uno stato morboso ‖ insorgenza improvvisa di fenomeni morbosi violenti e gen. di breve durata: *crisi cardiaca, epilettica* || *per estens. com.* breve e violento accesso di uno stato emotivo, gen. prodotto da cause esterne: *una crisi di pianto, di riso, di rabbia* **2.** stato di turbamento così profondo nella vita di un individuo o di un gruppo da modificarne la normale attività e talvolta pregiudicarne la continuità: *crisi di una coppia* || *essere in crisi,* attraversare un momento difficile || *mettere in crisi,* porre in una situazione di particolare difficoltà || *crisi di coscienza,* quella che investe il giudizio morale sul proprio comportamento || *crisi religiosa, ideologica,* quella che mette in discussione le proprie scelte religiose o ideologiche || *T.sport.* condizione di un atleta o di una squadra che subisce una serie consecutiva di sconfitte o anche di un atleta che nel corso di una competizione si sente improvvisamente privo di energie **3.** situazione di squilibrio che si produce in una struttura politica, sociale o economica: *la crisi delle società occidentali, della famiglia* || *crisi economica,* fase del ciclo economico caratterizzata da diminuzione drastica o arresto delle attività economiche e spec. produttive, disoccupazione generalizzata, basso livello dei prezzi e dei profitti; *per anton. la grande crisi,* periodo di generale depressione economica iniziato con il crollo della borsa di Wall Street nel 1929 || *crisi congiunturale,* situazione di stallo dell'economia prodotta da cause contingenti || *crisi di governo, ministeriale, di gabinetto,* caduta di un governo causata da voto di sfiducia del parlamento o da disaccordi interni; situazione politica che si viene a creare tra la caduta di un governo e la nomina di un nuovo ministero da parte del capo dello Stato; la durata di tale situazione || *crisi politica,* periodo di instabilità nelle istituzioni politiche di un paese || *crisi istituzionale,* quella che mina le basi stesse della costituzione di un paese || *crisi di fatto,* situazione politica per la quale un governo si trova praticamente senza maggioranza || *crisi guidata, pilotata,* crisi ministeriale organizzata e diretta dalla maggioranza governativa al fine di ridefinire gli equilibri politici interni || *crisi internazionale,* situazione di grave tensione nelle relazioni internazionali che fa temere la possibilità di un conflitto || **N. 1.** accesso, parossismo, scompenso; scoppio | *Contr.* guarigione, miglioramento **2.** *Sin.* inquietudine, smarrimento. **Q.T.** *sociologia.*

crișma [dal lat. tardo e gr. *chrísma,* unzione; sec. XII] ***sm.*** **1.** *T.rel.* nella liturgia cattolica, olio consacrato annualmente dal vescovo durante il giovedì santo e usato per amministrare alcuni sacramenti, per consacrare vescovi e luoghi di culto **2.** *fig.* sanzione, riconoscimento ufficiale: *la sua proposta ha ricevuto il crisma del capoufficio* || *con tutti i crismi,* in piena regola.

crișmàle [da *crisma;* 1840] **I *agg.*** relativo al crisma: *messa crismale,* quella celebrata dal vescovo il giovedì santo in cui viene benedetto il crisma **II *sm.*** **1.** recipiente in cui viene conservato il crisma **2.** benda con cui viene avvolta la fronte del cresimando dopo l'unzione col crisma || panno con cui viene ricoperta la mensa degli altari consacrati || panno in cui viene avvolto il battezzando.

crișo- [dal gr. *chrysós,* oro] ***primo elem.*** che, in parole composte dotte o della terminologia scientifica, vale "oro", "simile a oro" e in part. "di colore simile a quello dell'oro" (per es. *crisoberillo, Crisofite, crisografia*).

crișoberillo [dal lat. *chrysoberyllus;* a. 1498] ***sm.*** *T.min.* minerale costituito da ossido di berillio e alluminio, di lucentezza vitrea, più o meno trasparente e di colore gen. verde; alcuni cristalli particolarmente perfetti sono usati come pietre preziose.

crișobólla [dal lat. mediev. *chrysobolium;* 1935] ***sf.*** *T.stor.* nell'impero bizantino, documento solenne emanato dall'imperatore e contraddistinto dal sigillo aureo.

crișocàlco [comp. di *criso-* e del gr. *chalkós,* bronzo; 1820] ***sm.*** lega di rame, zinco, stagno e piombo che ha un aspetto e una consistenza simili a quella dell'oro e viene usata per la produzione di bigiotteria.

crișocòlla [comp. di *criso-* e *colla;* a. 1498] ***sf.*** *T.min.* minerale costituito da silicato di rame idrato di colore verde azzurro e lucentezza vitrea.

crișoelefantino V. CRISELEFANTINO.

crișofànico (pl. *-ci*) [comp. di *crisofan(ina)* e *-ico;* 1964] ***agg.*** *T.chim. acido crisofanico,* derivato dell'antrachinone, appartenente al gruppo delle emodine, presente nel rabarbaro e nelle foglie di senna, usato contro i parassiti della pelle.

crișofanìna [comp. di *criso-* e del tema *fan-* del gr. *fáinomai,* appaio, col suff. *-ina*[2]; 1956] ***sf.*** *T.chim.* glucoside (derivato dal crisofanolo) contenuto nel rabarbaro e nella senna, che si presenta come una sostanza cristallina gialla.

crișofanòlo [comp. di *crisofan(ina)* e *-olo;* 1980] ***agg.*** *T.chim.* acido crisofanico (V. CRISOFANICO).

Crișofìcee [comp. di *criso-* e *-ficee;* 1956] ***sf. pl.*** *T.bot.* classe di alghe unicellulari delle Crisofite.

Crișòfite [comp. di *criso-* e *-fito;* 1956] ***sf. pl.*** *T.bot.* suddivisione delle alghe comprendente Xantoficee e Crisoficee.

crișografìa [comp. di *criso-* e *-grafia;* 1887] ***sf.*** arte e tecnica della scrittura con inchiostro d'oro su pergamena utilizzata nel Medioevo bizantino per decorare i frontespizi e le iniziali dei manoscritti.

crișòlito [dal lat. *chrysolithus,* gr. *chrysólithos;* inizio sec. XIV] ***sm.*** *T.min.* varietà limpida e trasparente di olivina utilizzata come pietra preziosa.

Crișomèlidi (sing. *-e*) [dal gr. *chrysomēlo(lónthion),* scarabeo dorato; 1951] ***sm. pl.*** *T.zool.* famiglia di Coleotteri fitofagi con corpo ovale e vivacemente colorato che comprende oltre 20.000 specie.

Crișòpa [dal gr. *chrysopós,* che ha l'aspetto dell'oro; 1923] ***sf.*** *T.zool.* genere di insetti Neurotteri, crepuscolari o notturni, dotati di occhi sporgenti vivamente colorati e luminosi al buio e di lunghe ali iridescenti a toni verdi e azzurri; sono grandi divoratori di Afidi.

crișopàzio (pl. *-zi*) o **crișopràșio** (pl. *-și*) o **crișòprașo** [dal lat. *chrysoprasus,* gr. *chrysóprasos;* sec. XIV] ***sm.*** *T.min.* varietà di calcedonio di colore verde con venature dorate utilizzata come pietra preziosa.

crișopèa [comp. di *criso-* e del gr. *poiéō,* faccio; 1797] ***sf.*** *ant.* arte alchimistica di mutare i metalli in oro || **N.** argiropea.

crișopicrìna [comp. di *criso-* e *picrina;* 1956] ***sf.*** sostanza cristallina di colore giallo estratta da certi licheni.

crișòstomo [dal gr. *chrysóstomos;* 1830] ***agg.*** *lett.* dalla bocca d'oro, appellativo attribuito nell'antica Grecia a oratori celebri per la loro facondia.

crișòtide [dal gr. *chrysós,* oro e *otós,* orecchio; 1955] ***agg.*** che ha ciuffi di penne dorate ai lati del capo || *fagiano crisotide,* fagiano dorato.

crișòtilo [comp. di *criso-* e del gr. *tiloi,* peli delle sopracciglia, per l'aspetto del minerale, nome dato da Kobell nel 1834; 1887] ***sm.*** *T.min.* varietà di serpentino a fibre molto sottili, flessibili e facilmente separabili.

cristallàio (pl. *-ài*) [da *cristallo;* 1869] ***sm.*** (f. *-a*) chi vende o lavora il cristallo.

cristallàme [da *cristallo;* 1869] ***sm.*** insieme di oggetti di cristallo.

cristallerìa [da *cristallo;* 1865] ***sf.*** **1.** l'insieme degli oggetti di cristallo necessari per arredare una mensa **2.** negozio, fabbrica di cristalli || assortimento, produzione di oggetti in cristallo. **Q.T.** *arredamento.*

cristallièra [da *cristallo;* 1931] ***sf.*** mobile a vetri con vari ripiani nel quale si conservano e si tengono in mostra oggetti di cristallo, vasellame pregiato, argenterie, suppellettili e sim. || **N.** *Sin.* vetrina.

cristallìno [dal lat. *crystallinus,* gr. *krystállinos;* a. 1292] **I *agg.*** **1.** di cristallo: *una coppa cristallina* || che ha caratteristiche simili a quelle del cristallo: *trasparenza cristallina* || *fig.* limpido, terso: *acque cristalline, orizzonte cristallino* || *fig. voce cristallina,* squillante || *fig. coscienza cristallina,* onesta || *cielo cristallino,* il nono cielo del sistema tolemaico **2.** *T.min.* e *T.chim.* relativo ai cristalli; costituito da cristalli; sotto forma di cristalli || *stato cristallino,* stato di aggregazione della materia solida in cui gli atomi e le molecole sono ordinati nello spazio con una regolarità periodica || *individuo cristallino,* porzione omogenea, ma priva di forma definita di sostanza cristallina || *aggregato cristallino,* associazione di individui cristallini **II *sm.*** *T.anat.* corpo trasparente dell'occhio di forma simile a una lente biconvessa, situato a ridosso dell'iride, tra il corpo vitreo e l'umor acqueo; svolge funzioni di accomodamento dell'immagine mediante variazione della propria curvatura || **N. II** cateratta. **TAV. *anatomia* p. 642** 16.7.

cristallizzàbile [da *cristallizzare;* 1865] ***agg.*** che si può cristallizzare.

cristallizzàre [dal fr. *cristalliser,* 1697] ***tr.*** **1.** ridurre una sostanza allo stato cristallino **2.** *fig.* ridurre qualcosa entro canoni prestabiliti rifiutando ogni progresso o innovazione || ***intr.*** (aus. *essere* o *avere*) e ***intr. pron.*** **1.** passare dallo stato fluido allo stato solido assumendo conformazione cristallina **2.** *fig.* fissarsi, rinchiudersi in formule e schemi prestabiliti rifiutando ogni progresso o innovazione || **N.** ***intr.*** e ***intr. pron.*** **2.** *Sin.* fossilizzarsi, irrigidirsi | *Contr.* adeguarsi, modernizzarsi.

cristallizzatóre [da *cristallizzare;* 1931] ***sm.*** **1.** apparecchio con cui si effettuano le procedure di cristallizzazione di una sostanza da una soluzione **2.** (f. *-trice*) operaio specializzato in procedure di cristallizzazione.

cristallizzazióne [dal fr. *cristallisation;* 1734] ***sf.*** **1.** *T.fis.* e *T.chim.* fenomeno per cui una sostanza assume struttura cristallina; tale fenomeno si può verificare per solidificazione, per separazione o precipitazione di un solvente da un soluto sovrasaturo, per sublimazione ecc. **2.** *cristallizzazione frazionata,* procedimento usato nell'industria chimica che consiste nella separazione dei vari componenti di una miscela di sostanze cristalline in soluzione **3.** *fig.* chiusura entro schemi e formule predeterminate; rifiuto di ogni forma di innovazione o di mutamento: *cristallizzazione di una società* || **N. 1.** *Sin.* solidificazione **3.** *Sin.* fossilizzazione, irrigidimento.

cristàllo [dal lat. *crystallus,* gr. *krýstallos;* inizio sec. XIII] ***sm.*** **1.** *T.min.* corpo solido, omogeneo in cui gli atomi sono disposti in modo regolare e periodico secondo una struttura reticolare || *cristallo di rocca,* varietà di quarzo incolore e trasparente usato come pietra preziosa e nella fabbricazione di lenti e strumenti scientifici || *cristallo liquido,* fase liquido-cristallina che caratterizza alcune sostanze con molecole allungate che presentano alcune proprietà dei liquidi e alcune proprietà dei cristalli; per la loro caratteristica di cambiare colore se sottoposti a campi elettrici variabili, i cristalli liquidi vengono usati nella realizzazione di quadri luminosi di calcolatori e apparecchi di misurazione **2.** prodotto dell'industria vetraria ottenuto dalla fusione ad alta temperatura di sabbie silicee e carbonato potassico con l'eventuale aggiunta di altre sostanze; è perfettamente trasparente, incolore, lucente; dotato di elevata rifrangenza ed elasticità, può essere molato e inciso || *cristallo temprato*, vetro sottoposto a particolari trattamenti per aumentarne la resistenza; *cristallo di boemia*, varietà assai pregiata di cristallo più leggero, duro e sonoro del normale cristallo; *fig.* simbolo di purezza, limpidezza, trasparenza: *un cielo di cristallo* || *poet.* acqua limpida e tersa: *E 'l mormorar de' liquidi cristalli* (Petrarca) || in Dante, pianeta **3.** *concr.* lastra di vetro sagomata utilizzata per finestre, vetrine e sim.: *i cristalli dell'automobile* || oggetto prodotto con il cristallo: *negozio di cristalli* || *per estens.* lente per occhiali || *per estens.* specchio || **N. 1.** classe di simmetria, grado di simmetria; acicolari, bipiramidati, prismatici, tabulari; cristallo modello, cristallo sproporzionato. **Q.T.** *mineralogia.*

cristalloblàstico (pl. *-ci*) [comp. di *cristallo* e *-blastico*; 1956] ***agg.*** detto della struttura di una roccia nella quale i minerali si sono cristallizzati contemporaneamente.

cristallochimica [comp. di *cristallo* e *chimica*; 1956] ***sf.*** parte della chimica che studia le caratteristiche chimico-fisiche dei cristalli in rapporto alla loro struttura.

cristallografìa [comp. di *cristallo* e *-grafia*; 1729] ***sf.*** scienza che studia l'aspetto morfologico, strutturale, chimico e fisico dei cristalli. **Q.T.** *mineralogia.*

cristallogràfico (pl. *-ci*) [da *cristallografia*; 1878] ***agg.*** relativo alla cristallografia || *assi cristallografici*, i tre assi coordinati che formano un sistema cartesiano con origine in un punto interno del cristallo e rispetto ai quali vengono definite le proprietà geometriche e morfologiche di tale cristallo.

cristallògrafo [comp. di *cristallo* e *-grafo*; 1830] ***sm.*** (f. *-a*) studioso di cristallografia.

cristallòide [dal lat. *crystalloīdes*, gr. *krystalloeidḗs*; 1820] **I *agg.*** che ha natura, forma o aspetto simili a quello del cristallo **II *sm.* 1.** *T.chim.* sostanza più o meno facilmente cristallizzabile che in soluzione ha la proprietà di passare attraverso le membrane permeabili **2.** *T.biol.* corpo di aspetto cristallino che si trova all'interno del citoplasma, nei vacuoli o nel nucleo di alcune cellule **3.** *T.anat.* capsula che avvolge il cristallino dell'occhio.

cristàto [dal lat. *cristātus*; a. 1530] ***agg.*** *ant.* crestato.

cristère [var. di *clistere*; prima metà sec. XIV] ***sm.*** *ant.* o *region.* clistere.

cristianeggiàre (pres. *-éggio*) [da *cristiano*; 1847] ***intr.*** (aus. *avere*) ostentare abitudini e atteggiamenti da cristiano.

cristianésimo [dal lat. tardo *christianismus*, gr. *christianismós*; sec. XIII] ***sm.* 1.** religione fondata da Gesù Cristo nella cui persona i credenti riconoscono una doppia natura: umana di profeta rivelatore e divina di Dio incarnato e rivelato **2.** *concr.* l'insieme delle Chiese e delle religioni accomunate dalla fede nel Cristo || *per estens.* cultura e civiltà legate allo sviluppo della religione cristiana || **N. 2.** *Sin.* cristianità. **Q.T.** *religione.*

cristiània [dal n. geogr. *Christiania*, l'odierna Oslo, termine introdotto dagli sciatori norvegesi; 1924] ***sm.*** *T.sport.* tecnica di curva e arresto con gli sci che consiste in una virata eseguita a partire da una posizione di discesa diagonale mediante piegamento e diminuzione dell'angolazione degli sci in modo che questi slittino verso valle mentre con le gambe si esegue un movimento di rotazione verso monte e una successiva distensione che chiude la curva.

cristianità [dal lat. tardo *christiānitas, -ātis*; sec. XIII] ***sf.* 1.** l'essere cristiano, spirito cristiano || *ant.* religione cristiana **2.** l'insieme di tutti i cristiani; *meno com.* l'insieme dei popoli e delle nazioni cristiane || *per estens.* la civiltà cristiana.

cristianizzàre [dal lat. tardo *christianizāre*, gr. *christianízein*; 1865] ***tr.*** convertire al cristianesimo; rendere cristiano.

cristianizzazióne [da *cristianizzare*; 1983] ***sf.*** atto ed effetto del cristianizzare: *la cristianizzazione dei popoli africani.*

cristiàno [dal lat. *christiānus*, gr. *christianós*; a. 1276] **I *agg.* 1.** di Cristo; che deriva dalla predicazione di Cristo: *religione cristiana* || *era cristiana*, epoca storica che inizia con la nascita di Cristo **2.** di persona, che professa il cristianesimo: *i popoli cristiani* || relativo al cristianesimo: *dottrina, teologia cristiana*; conforme ai suoi principi: *carità cristiana* || che si richiama alla dottrina o ai principi del cristianesimo: *associazionismo cristiano, arte cristiana* || *democrazia cristiana*, denominazione di vari partiti di ispirazione cristiana sorti in Italia e all'estero dopo la seconda guerra mondiale **3.** *per estens.* buono, caritatevole: *un uomo di princìpi cristiani* || *fam.* dignitoso, conveniente: *cerca di vestirti in modo cristiano* || **cristianaménte** ***avv.*** **II *sm.*** (f. *-a*) **1.** chi professa il cristianesimo **2.** *fam.* essere umano: *in questo tugurio non ci possono vivere dei cristiani* || *comportarsi da cristiano*, in modo conveniente || *da cristiano*, soddisfacente, accettabile, discreto: *finalmente un pranzo da cristiani* || *un buon cristiano*, un brav'uomo || *dim.* cristianèllo, cristianùccio; *accr.* cristianóne; *pegg.* cristianàccio. **Q.T.** *religione.*

cristo [lat. *Christus*, gr. *Christós*; a. 1306] ***sm.*** **1.** il prescelto da Dio; appellativo attribuito nell'Antico Testamento ai sovrani scelti da Dio || *per anton.* Gesù Cristo || *fig. la sposa di Cristo*, la Chiesa || *fig. fratello in Cristo*, espressione usata per indicare il vincolo spirituale della carità cristiana || *eufem. dormire in Cristo*, essere defunti || *T.stor. cavalieri di Cristo*, i crociati || *avanti Cristo (a.C.), dopo Cristo (d.C.)*, espressioni usate per il computo delle datazioni nei paesi di religione cristiana **2.** *pop.* usato in varie espressioni e modi di dire spesso con l'iniziale minuscola: *un vero cristo, un povero cristo*, persona mal ridotta fisicamente o moralmente e tale da suscitare compassione || *essere come un cristo in croce*, essere malridotto e sofferente || *come Cristo tra i due ladroni*, di persona onesta che si trovi circondata da disonesti || *non esserci cristo che tenga, cristi che tengano*, non c'è nulla da fare, non c'è alcun rimedio; *non c'è cristo di farlo ubbidire*, non c'è verso || *segnato da Cristo*, detto di persona che abbia qualche difetto fisico || *volg.* esclamazione di rabbia, di dolore o di sorpresa **3.** rappresentazione scultorea o pittorica di Gesù Cristo: *un Cristo di Giotto, di avorio* || *in part.* rappresentazione scultorea o pittorica della crocifissione: *un Cristo di Dalì* || **N. 1.** incarnato, messia, nazareno, redentore, salvatore **2.** *Sin.* disgraziato, poveraccio.

cristocèntrico (pl. *-ci*) [da *cristocentrismo*; 1956] ***agg.*** relativo al cristocentrismo, proprio del cristocentrismo.

cristocentrìsmo [comp. del n. proprio *Cristo* e *-centrismo*; 1956] ***sm.*** *T.teol.* accentuazione del ruolo centrale di Cristo nell'ordine soprannaturale del mondo e nell'economia della salvezza.

cristologìa [comp. di *Cristo* e *-logia*; 1847] ***sf.*** *T.teol.* nella teologia cristiana, parte della dogmatica che tratta delle due nature e della funzione del Cristo.

cristològico (pl. *-ci*) [da *cristologia*; a. 1903] ***agg.*** relativo alla cristologia.

cristòlogo (pl. *-gi*) [comp. del n. proprio *Cristo* e *-logo*; 1967] ***sm.*** studioso, esperto di cristologia.

critèrio[1] (pl. *-ri*) [dal lat. tardo *critērium*, gr. *kritḗrion*; 1631] ***sm.*** **1.** principio che viene assunto come norma di giudizio, di scelta o di comportamento: *il direttore è stato scelto sulla base dei criteri decisi nella precedente riunione* **2.** *per estens.* buon senso, capacità di valutare rettamente: *avere un po' di criterio, mancare di criterio, agire senza criterio* || **N. 1.** *Sin.* norma, principio, regola | adottare, fissare, seguire, stabilire **2.** *Sin.* discernimento, senno.

critèrio[2] (pl. *-ri*) v. CRITERIUM.

criteriologìa [comp. di *criterio* e *-logia*; 1956] ***sf.*** *T.fil.* qualsiasi teoria che si proponga di indagare i metodi e i mezzi di cui l'intelletto dispone per distinguere il vero dal falso.

critèrium o **critèrio** [dall'anglo-latinismo *criterium*; 1892] ***sm.*** *T.sport.* nell'ippica, gara cui partecipano puledri di due anni || *per estens.* in altri sport, gara riservata a determinate categorie di concorrenti.

critica [dal gr. *kritikḗ* (*téchnē*), (arte) del giudicare; 1664] ***sf.*** **1.** *com.* giudizio negativo, spec. di natura morale, espresso nei confronti di persone o atteggiamenti oppure di situazioni o eventi: *col suo modo di fare offre il destro a molte critiche* **2.** facoltà intellettuale che consente all'individuo di valutare e giudicare, di distinguere il vero dal falso, e in gen. di prendere posizione in relazione a un determinato soggetto: *è totalmente carente di capacità di critica* || *per estens.* l'atto di formulare un giudizio: *una critica costruttiva, distruttiva, utile, inutile* **3.** l'insieme delle attività e delle analisi volte a formulare un giudizio su campi particolari e circoscritti dell'ingegno umano: *critica d'arte, letteraria, cinematografica, storica* || *T.fil.* parte della logica che si occupa del giudizio; in Kant, atto mediante il quale l'intelletto conosce i propri limiti e le proprie possibilità || *T.filol. critica testuale*, l'insieme delle operazioni comparative per mezzo delle quali il filologo cerca di riportare un testo alla sua forma originale || *critica delle fonti*, esame dei documenti e delle testimonianze relative a un personaggio o a un evento storico || *in part.* attività di analisi e giudizio effettuata su autori e opere letterarie **4.** l'insieme dei critici e della loro produzione: *la critica non ha accolto favorevolmente il suo nuovo romanzo*; talvolta considerati a seconda della nazione o dell'impostazione ideologica: *la critica francese*; *la critica romantica, idealista, strutturalista* || *critica militante*, quella esercitata su quotidiani o settimanali gen. su argomenti di arte o letteratura contemporanea || *concr.* scritto critico: *su tutti i quotidiani sono apparse critiche entusiaste* || **N. 1.** *Sin.* biasimo, censura, rimprovero, stroncatura | autocritica **2.** *Sin.* analisi, giudizio **3.** acuta, benevola, giusta, pedante, profonda, spassionata **4.** *Sin.* commento, recensione. **Q.T.** *filologia..., letteratura...*

criticàbile [da *criticare*; 1865] ***agg.*** che si presta a essere criticato; biasimevole, discutibile.

criticàre (pres. *critico, critichi*) [da *critica*; a. 1698] ***tr.*** **1.** sottoporre a un esame critico, gen. esprimendo un giudizio negativo: *criticare un romanzo* **2.** giudicare in modo negativo, avere da ridire su qualcosa o qualcuno: *critica tutto ciò che vede* || **N. 1.** *Sin.* recensire, valutare; annientare, censurare, demolire, flagellare, sferzare, sindacare, stroncare; cercare il pelo nell'uovo, fare la barba e il contropelo **2.** biasimare, disapprovare | *Contr.* lodare.

criticàto (*pps.* di *criticare*) [a. 1698] ***agg.*** bersagliato dalla critica: *un'opera molto criticata*, su cui sono stati espressi giudizi sfavorevoli; *una donna, un uomo molto criticato*, su cui è stato espresso un giudizio moralmente negativo || **N.** *Sin.* disapprovato, fischiato, stroncato | *Contr.* apprezzato, lodato.

criticìsmo [dal ted. *Kritizismus*; 1853] ***sm.***

T.fil. ogni teoria filosofica antimetafisica e antidogmatica che si proponga di indagare i limiti e le possibilità della ragione allo scopo di stabilire le condizioni che garantiscono la validità delle scienze e di ogni altra attività umana || *per anton.* il sistema filosofico di Kant.

criticità [da *critico*; 1965] ***sf.*** **1.** *T.chim.* e *T.fis.* condizione caratteristica di un fenomeno chimico o fisico per cui, al minimo variare di uno dei parametri che lo determinano, si verificano effetti di grande entità: *reattore nucleare vicino alla criticità* **2.** situazione delicata, precaria, instabile: *la criticità della situazione politica del paese.*

crìtico (pl. *-ci*) [dal lat. *criticus*, gr. *kritikós*; 1588] **I *agg.*** **1.** che riguarda la facoltà di valutare e giudicare e l'esercizio di tale facoltà: *esame critico, giudizio critico, studio critico* || *T.filol. edizione critica*, edizione di un testo emendato degli errori e delle varianti apportate dai copisti o dai tipografi || *T.giur. prova critica*, quella consistente nel dedurre da altri fatti il fatto da provare **2.** che esprime un giudizio negativo, che mostra biasimo: *il parere degli esperti fu assai critico* **3.** che riguarda una crisi, grave, problematico: *si trovava in una condizione critica* || *momento, punto critico*, il momento cruciale, decisivo di una situazione; *com.* momento imbarazzante || *T.med.* che è in relazione con una crisi || *età critica*, la menopausa; *meno com.* la pubertà || *eufem. giorni critici*, i giorni delle mestruazioni **4.** *T.fis. valore critico di una grandezza*, valore limite a cui una grandezza tende, senza raggiungerlo || di valore in corrispondenza del quale si determina un certo fenomeno: *temperatura critica*, quella in cui i gas si liquefanno; *massa critica*, in una bomba nucleare, la massa al raggiungimento della quale si innesca la reazione a catena || *punto critico*, in un grafico rappresentante la variazione di una grandezza, il punto corrispondente al valore critico || **criticaménte** ***avv.*** **II *sm.*** (f. *-a*) **1.** chi per professione esercita la critica letteraria, artistica, storica, politica e sim. || *T.giorn.* redattore che scrive pezzi di critica letteraria, cinematografica e sim. **2.** chi esprime pareri negativi || *dim.* critichétto; *accr.* criticóne; *pegg.* criticónzolo, criticàstro, criticàccio. **Q.T.** *letteratura..., teatro.*

criticóne (*accr.* di *critico*) [1750] ***sm.*** (f. *-a*) persona che ha sempre qualcosa da ridire su tutto e su tutti.

criticùme [da *critico*; a. 1837] ***sm.*** *spreg.* accozzaglia di critici approssimativi e incompetenti.

critto- V. CRIPTO.

crittògama [comp. di *critto-* e *-gamo*; 1797 *criptogame*] ***sf.*** **1.** (*pl.* con iniz. maiuscola) *T.bot.* denominazione generica di qualsiasi pianta che non sia fanerogama **2.** *com.* fungo o batterio parassita delle piante. **Q.T.** *botanica* **TAV. *botanica* p. 661** 7.

crittogàmico (pl. *-ci*) [da *crittogama*; 1820] ***agg.*** relativo alle crittogame: *flora crittogamica.*

crittografìa o **criptografìa** [dal fr. *cryptographie*; 1797 *criptografia*] ***sf.*** **1.** scrittura segreta che per essere compresa necessita della chiave di lettura; può venire realizzata mediante inchiostri simpatici invisibili, mediante scrittura convenzionale o mediante codici cifrati || *per estens.* l'insieme delle tecniche e degli strumenti che permettono la realizzazione di un testo cifrato applicando a un testo in chiaro una chiave di cifratura **2.** *T.gioc.* gioco enigmistico che consiste nell'ottenere una frase correlando tra loro tutti i segni tipografici presentati **3.** *per estens.* testo di stile e contenuto oscuri.

crittogràfico (pl. *-ci*) [da *crittografia*; a. 1952] ***agg.*** relativo alla crittografia: *codice crittografico* || *per estens.* di testo, particolarmente complicato e oscuro.

crittògrafo [comp. di *critto-* e *-grafo*; 1950] ***sm.*** **1.** (f. *-a*) chi si occupa di stendere o decifrare crittografie **2.** macchina per la traduzione di testi crittografici in chiaro e viceversa.

crittogràmma o **criptogràmma** [comp. di *critto-* e *-gramma*; 1941] ***sm.*** testo crittografico || *T.gioc.* crittografia.

crivellàre (pres. *-èllo*) [lat. tardo *cribellāre*; inizio sec. XIV] ***tr.*** **1.** bucherellare in più punti facendo assomigliare a un crivello: *lo crivellarono di colpi* **2.** passare al crivello; vagliare || **N. 1.** *Sin.* sforacchiare, trapassare.

crivellatóre [da *crivellare*; a. 1642] ***sm.*** (f. *-trice*) qualifica generica di operai che in industrie, cantieri edili, miniere e sim. sono addetti al funzionamento di un crivello meccanico o a operazioni di cernita.

crivellatùra [da *crivellare*; sec. XIV-XV] ***sf.*** l'operazione di passare al crivello || *concr.* il materiale passato attraverso il crivello.

crivellìsta [da *crivellare*; 1956] ***sm.*** crivellatore.

crivèllo [lat. tardo *cribellum*; fine sec. XII] ***sm.*** **1.** apparecchio costituito da un telaio sul cui fondo è fissata una rete metallica o una lamiera forata, utilizzato per dividere i materiali incoerenti, trattenendo quelli che non passano per i fori e lasciando gli altri **2.** *T.mat. crivello di Eratostene*, metodo che permette di individuare l'insieme dei numeri primi di valore inferiore a un numero dato || **N. 1.** *Sin.* setaccio, vaglio.

crivellóne (*accr.* di *crivello*) [1956] ***sm.*** setaccio della trebbiatrice utilizzato per dividere i chicchi dalla mezza paglia.

croàto [dal serbo-croato *hrvat*; 1860] **I *agg.*** della Croazia, una delle repubbliche federate della Jugoslavia **II *sm.*** **1.** (f. *-a*) abitante, nativo della Croazia **2.** (solo *sing.*) lingua slava parlata in Croazia.

croccànte [dal fr. *croquant*; 1841] **I *agg.*** detto di cibo secco o cotto che quando lo si morde scricchiola piacevolmente sotto i denti: *pane, biscotto croccante* **II *sm.*** dolce a base di zucchero caramellato e mandorle o nocciole tostate.

croccàre (pres. *cròcco, cròcchi*) [di orig. onom.; a. 1533] ***intr.*** (aus. *avere*) scricchiolare sotto i denti, detto spec. di cibo.

crocchétta [dal fr. *croquet*, biscotto; 1741 *crochetti* pl.] ***sf.*** *T.cuc.* polpetta di forma cilindrica a base di carne, riso o patate cotte, impanata e fritta.

cròcchia [forse lat. volg. **conrotulāre*; 1863] ***sf.*** acconciatura femminile in cui i capelli, raccolti in una treccia, sono arrotolati sulla nuca o sul capo.

crocchiàre (pres. *cròcchio*) [prob. di orig. onom.; a. 1405] ***intr.*** (aus. *avere*) **1.** scricchiolare || produrre un suono sordo come quello che si ottiene percuotendo un vaso incrinato **2.** di chioccia, emettere il verso per richiamare i pulcini **3.** *raro* riunirsi a conversare in crocchio || **N. 2.** *Sin.* chiocciare.

cròcchio[1] (pl. *-chi*) [da *crocchiare*; a. 1704] ***sm.*** suono sordo che emettono i vetri o le terracotte quando sono incrinati || scricchiolio.

cròcchio[2] (pl. *-chi*) [etim. inc.; a. 1729] ***sm.*** gruppetto di persone che si riunisce, gen. per strada, a chiacchierare o ascoltare qualcuno che parla || *mettersi, stare a crocchio*, conversare || *tenere crocchio*, parlare rivolti a un gruppo di persone che ascoltano.

crocchiolàre (pres. *cròcchiolo*) [da *crocchiare*; 1932] ***intr.*** (aus. *avere*) di galline, crocchiare a lungo.

crocciàre (pres. *cròccio*) [di orig. onom.; a. 1533] ***intr.*** (aus. *avere*) *raro* chiocciare.

cròcco (pl. *-chi*) [dal fr. *croc*; fine sec. XIII] ***sm.*** **1.** *T.mar.* uncino di ferro; *in part.* uncino usato per afferrare e issare a bordo i tonni **2.** meccanismo per tendere l'arco della balestra e caricarla.

croccolàre (pres. *cròccolo*) [voce onom.; a. 1912] ***intr.*** (aus. *avere*) **1.** chiocciare; scricchiolare; gracidare: *s'ode quel croccolare / co' suoi pigolii dietro* (Pascoli) **2.** detto di un liquido, gorgogliare: *mescé piano / piano, perché non croccolasse, il vino* (Pascoli).

croccolóne [da *croccolare*; a. 1871] ***sm.*** uccello della famiglia dei Caradriformi con piumaggio scuro, particolarmente apprezzato per le sue carni pregiate.

cróce [lat. *crux, crucis*; a. 1292] ***sf.*** **1.** strumento di pena usato nell'antichità, formato da due legni fissati trasversalmente uno all'altro sui quali venivano legati o inchiodati i condannati e poi lasciati morire; *per estens.* condanna a morte eseguita con tale strumento: *condannare alla croce* || *fig.* dolore, tribolazione: *ciascuno ha la sua croce*; *portare la croce*, soffrire || *fig. mettere in croce*, tormentare || *scherz. croce e delizia*, ciò che produce insieme gioia e dolore **2.** *per anton.* quella su cui venne inchiodato e morì Gesù Cristo (spesso scritto maiuscolo) || *fig. adorare, abbracciare la croce*, convertirsi al cristianesimo || *fig. deporre qualcuno ai piedi della croce*, affidarlo a Dio || *segno della croce*, gesto della mano che riproduce un immaginario tratto verticale dall'alto in basso e uno orizzontale da sinistra a destra compiuto come atto di devozione o di benedizione **3.** *per estens.* ogni riproduzione della croce di Cristo: *la croce del campanile, dell'altare, una croce lignea, d'oro, d'argento* || con riferimento al disegno: *croce latina*, che ha il braccio verticale più lungo di quello orizzontale che viene collocato a circa due terzi di altezza del primo (rappresenta la croce del calvario ed è quella cui ci si riferisce in mancanza di indicazioni specifiche); *croce greca*, con i bracci uguali che si intersecano nel punto centrale; *croce di sant'Andrea* o *decussata*, con i bracci che si intersecano a X; *croce uncinata*, svastica; *croce monogrammatica*, derivata dal monogramma di Cristo; *croce di Lorena*, con due bracci orizzontali di cui il superiore più corto dell'inferiore; *croce ansata*, in cui la parte superiore del braccio verticale forma un anello; *croce di Malta*, con i bracci formati da quattro triangoli con i vertici riuniti al centro || *T.arch. a croce greca, a croce latina*, di edifici, gen. religiosi, la cui pianta è costituita da due corpi di fabbrica che si intersecano riproducendo rispettivamente il disegno della croce greca e quello della croce latina **4.** oggetto, segno o posizione a forma di croce: *tenere le braccia in croce*, incrociate; *fig. stare con le braccia in croce*, oziare || segno usato dagli analfabeti in luogo della firma || segno costituito da due linee incrociate tra loro, posate sopra uno scritto per annullarne il contenuto; *fig. farci una croce sopra*, rinunciare definitivamente a qualcosa || segno grafico utilizzato per indicare una scelta, un richiamo e sim.: *segnare con una croce la risposta giusta* || *punto croce*, punto da ricamo formato da due punti che si incrociano obliquamente a forma di X || *testa o croce*, gioco usato per tirare a sorte che consiste nel lanciare in aria una moneta, le cui facce vengono convenzionalmente designate come *testa* e *croce*, e nel lasciarla ricadere e fermare a terra; vince chi ha scelto la faccia che rimane voltata verso l'alto || *fig. a occhio e croce*, pressappoco || *T.astr. Croce del sud*, costellazione del cielo australe composta da quattro stelle disposte a croce latina || impugnatura con la quale si manovrano le marionette **5.** distintivo e nome di varie onorificenze e ordini cavallereschi: *croce al merito, croce di guerra* || *cavaliere di gran croce*, il massimo grado degli ordini cavallereschi divisi in più classi || *croce di ferro*, onorificenza militare germanica || *T.arald.* pezza che risulta dall'incrocio del palo con la fascia e che può assumere le forme più varie e avere anche più di due bracci || nome ed emblema di vari enti assistenziali civili e militari: *Croce Rossa*, ente che organizza, coordina ed esegue l'assistenza alle vittime di guerra; *Croce Verde*, ente che provvede al soccorso delle vittime di incidenti e disastri || *dim.* crocìna, crocétta; *accr.* crocióne (*sm.*), crocióna || **N. 1.** *Sin.* crocifisso; asta, braccio, ceppo, tronco o stipite; castigo, patibolo, patimento, pena, sofferenza, supplizio, tribolazione, vessazione | crocifiggere, incrociare. **TAV.** *chiesa* 4, 5; ***araldica*** **p. 645** 3.6, 3.13, 3.14, 4.16; ***maglia...*** **p. 1316** 1.9.

crocè ***sm.*** *inv.* adattamento it. di *crochet* (v.).

crocefiggere e der. forme non com. di CROCIFIGGERE e der. (v.).

cròceo [dal lat. *croceus*, color del croco; sec. XIII-XIV] ***agg.*** *lett.* che ha il colore dello zafferano.

crocerìsta o **crocierìsta** [da *crociera*[2]; 1934 *crocierista*] ***s.*** chi prende parte a una crociera.

crocerossìna [da *Croce Rossa*; 1918] ***sf.*** infermiera della Croce Rossa.

crocesegnàre (pres. *-égno*) [lat. *cruce signāre*, segnare con una croce; 1941] ***tr.*** *raro* firmare con un segno di croce.

croceségno [da *crocesegnare*; 1956] ***sm.*** segno grafico a forma di croce; *in part.* quello usato dagli analfabeti in luogo della firma.

crocétta (*dim.* di *croce*) [prima metà sec. XIV] ***sf.*** **1.** piccola croce **2.** *T.mar.* telaio fissato alla sommità dell'albero di gabbia che serve da piattaforma e da elemento di raccordo con l'alberetto di velaccio **3.** *T.bot.* lupinella.

crocevìa [comp. di *croce* e *via*; a. 1465] ***sm.*** *inv.* luogo in cui si incontrano più vie || **N.** *Sin.* crocicchio, incrocio, quadrivio.

crochet (fr., pr. [krɔˈʃɛ]) [dim. di *croc*, uncino; 1851] ***sm.*** *inv.* **1.** uncinetto e lavoro di uncinetto: *è molto brava a crochet* **2.** *T.sport. disus.* nel pugilato, gancio.

crociàle [da *croce*; 1906] ***sm.*** *raro.* crocicchio.

crociàme [da *croce*; 1889] ***sm.*** *T.mar.* nelle navi a vele quadre, lunghezza del pennone maggiore || l'insieme di tutti i pennoni.

crociaménto [da *crociare*; 1956] ***sm.*** *T.ferr.* elemento di rinforzo in corrispondenza dell'intersezione di due rotaie.

crocianésimo [dal n. proprio B. *Croce*; 1950] ***sm.*** l'insieme delle teorie filosofiche ed estetiche di Benedetto Croce e dei suoi continuatori || **N.** idealismo; estetica.

crociàno [dal n. proprio B. *Croce*; 1951] ***agg.*** **1.** che si riferisce a Benedetto Croce, alle sue teorie: *estetica, storiografia crociana* **2.** che è fautore delle teorie crociane; anche *sm.* (f. *-a*): *l'influenza dei crociani.*

crociàre (pres. *crócio*) [da *croce*; a. 1348] ***tr.*** *non com.* **1.** segnare con una croce || disporre a forma di croce **2.** benedire facendo il segno della croce || *T.stor.* far diventare crociato || ***rifl. non com.*** **1.** farsi il segno della croce **2.** diventare crociato || ***intr.*** (aus. *avere*) *T.mar.* incrociare.

crociàta[1] [da *crociato*; a. 1313] ***sf.*** **1.** *T.stor.* ciascuna delle guerre combattute nel tardo Medioevo dai popoli cristiani contro i mussulmani con l'intento dichiarato di riconquistare il Santo Sepolcro || *ciclo delle crociate*, insieme di canti e poemi epici francesi che avevano per argomento le spedizioni in Terra Santa || *per estens.* ogni impresa guerresca bandita dalla Chiesa contro eretici o infedeli: *la crociata contro gli Albigesi* **2.** *fig.* campagna di moralizzazione condotta contro un'abitudine o una situazione considerata dannosa per la società, per la morale, per l'individuo: *crociata contro l'assenteismo, contro la pornografia, contro la droga*; spesso indica un atteggiamento collettivo di fanatismo e di intolleranza: *spirito di crociata.*

crociàta[2] [da *croce*; a. 1571] ***sf.*** *raro* crocicchio.

crociàto (*pps.* di *crociare*) [a. 1348] **I *agg.*** contrassegnato da una croce || disposto a forma di croce || *parole crociate*, cruciverba || *T.anat. legamenti crociati*, legamenti dell'articolazione del ginocchio **II *sm.*** *T.stor.* chi prendeva parte a una crociata.

crocìcchio (pl. *-chi*) [da *croce*; 1312] ***sm.*** luogo in cui si incontrano due o più strade || *T.anat.* punto in cui varie strutture anatomiche si intersecano || *T.bot.* punto del tronco da cui si dipartono i rami || **N. 1.** *Sin.* incrocio, quadrivio.

crocidaménto [da *crocidare*; 1865] ***sm.*** *lett.* un gracchiare continuo e prolungato.

crocidàre (pres. *cròcido*) [dal lat. *crocitāre*; a. 1342 *crocitare*] ***intr.*** (aus. *avere*) *lett.* gracchiare.

crocidìsmo [dal lat. tardo *crocydismus*, gr. *krokydismós*, lo strappare fiocchi di lana; 1956] ***sm.*** *T.med.* movimento ossessivo o ripetuto delle mani proprio di chi delira o è in agonia || **N.** *Sin.* carfologia.

crocidùra [lat. scient. *Crocidura*, comp. dal gr. *krokýs, -ydos*, fiocco e *-urá*, coda; sec. XIX] ***sf.*** *T.zool.* genere di piccoli mammiferi Insettivori, simili al toporagno ma di corporatura più massiccia e provvisti di grosse orecchie, diffusi in Asia, Europa e Africa settentrionale.

crocièra[1] [da *croce*; a. 1465] ***sf.*** disposizione in forma di croce di due elementi || *per estens.* il punto in cui tali elementi si incrociano || *T.arch. volta a crociera*, intersezione ortogonale di due volte a botte o a sesto acuto di uguali dimensioni || *T.arch.* nell'architettura sacra, intersezione tra navata e transetto || *T.mecc.* struttura di irrigidimento costituita da due diagonali complanari. **TAV.** *motori* 12.3; ***architettura*** **p. 646** 7.2.

crocièra[2] [dal fr. *croisière*; 1715 *crosciera*] ***sf.*** **1.** *T.mar.* navigazione lungo un tratto di mare per motivi di guerra, di sorveglianza, di soccorso, di addestramento e sim. || *per estens.* navigazione per diporto con rotta prestabilita e scali intermedi: *fare una crociera nel Mediterraneo, nei mari del Sud* **2.** *T.aeron.* navigazione aerea per scopi bellici, di ricognizione, di addestramento e sim. || fase di volo in cui velocità e altitudine sono regolate in modo da assicurare una gestione ottimale del velivolo || *velocità di crociera*, velocità costante che un velivolo e *per estens.* un mezzo di trasporto può tenere raggiungendo le condizioni ottimali di sicurezza ed economia di gestione. **Q.T.** ***nautica...***

crocière [da *croce*; 1830] ***sm.*** uccello dei Passeracei con piumaggio variopinto e caratteristica forma del becco a punte incrociate; è piuttosto comune nelle zone alpine.

crocierìsta V. CROCERISTA.

Crocìfere [f. sost. di *crocifero*; 1797] ***sf. pl.*** *T.bot.* famiglia di piante dicotiledoni caratterizzate da infiorescenza composta da quattro petali disposti a croce; se ne contano oltre 3000 specie.

crocìfero (raro *crucifero*) [dal lat. tardo *crucifer*; sec. XIV] **I *agg.*** che porta la croce: *asta crocifera* **II *sm.*** chi porta la croce, spec. religioso o chierico che precede una processione recando la croce.

crocifìggere (pres. *-iggo* ecc., come AFFIGGERE) [lat. *crucifigere*; seconda metà sec. XIII *crucifier*] ***tr.*** mettere in croce per eseguire una sentenza capitale || *fig.* tormentare, perseguitare.

crocifissióne [lat. tardo *crucifixio, -ōnis*; sec. XIV] ***sf.*** **1.** forma di supplizio diffusa nell'antichità che consisteva nel legare o nell'inchiodare il condannato a una croce lasciandolo morire || *per anton.* il supplizio inflitto a Cristo **2.** rappresentazione artistica pittorica o scultorea del supplizio di Cristo: *una crocifissione fiamminga.*

crocifìsso (*pps.* di *crocifiggere*) [a. 1292] ***sm.*** **1.** chi subisce il supplizio della crocifissione || *per anton.* Gesù Cristo **2.** *per estens.* immagine dipinta o scolpita del Cristo in croce: *un crocifisso di legno.* **TAV.** *chiesa* 2.11.

crocifissóre [lat. tardo *crucifixor, -ōris*; seconda metà sec. XIII] ***sm.*** *raro* chi crocifigge; *in part.* chi mise in croce Cristo.

crocifórme V. CRUCIFORME.

crocina [da *croco*; 1956] ***sf.*** *T.chim.* composto organico, colorante dello zafferano.

crocióne [da *croce*; 1865] ***sm.*** *region. T.zool.* crociere.

cròco (pl. *-chi*) [dal lat. *crocus*, gr. *krókos*; inizio sec. XIII] ***sm.*** **1.** *T.bot.* genere di piante delle Iridacee comprendente varie specie di cui la più nota è detta anche *zafferano selvatico*: con fiori eretti bianco-violetti, a campanula, è uno dei primi fiori presenti a primavera al disciogliersi delle nevi || *lett.* zafferano **2.** *lett.* color giallo arancio caratteristico dei pistilli dello zafferano || *per estens. T.chim.* nome di vari composti di colore giallo o rosso scuro.

cròda [dal ven. *croda*; 1890] ***sf.*** **1.** struttura rocciosa tipica delle Dolomiti che presenta pareti scoscese che si incontrano a spigolo vivo **2.** conglomerato roccioso di ghiaie e ciottoli cementati da un impasto calcareo.

crodaiòlo [da *croda*; 1941] ***sm.*** (f. *-a*) *non com.* scalatore esperto in pareti dolomitiche.

crogiolàre (pres. *cròglolo*) [da *crogiolo*; 1750] ***tr.*** cuocere a fuoco lento, rif. in part. a oggetti di vetro appena modellati || ***intr. pron.*** *fig.* bearsi, deliziarsi di una situazione piacevole: *crogiolarsi al sole, a letto*; anche indulgere in modo eccessivo a qualcosa: *crogiolarsi nei ricordi.*

crogiòlo (lett. *crogiuòlo*) [dal fr. ant. *croiseul*, lampada a forma di croce; a. 1537] ***sm.*** **1.** recipiente in materiale refrattario, gen. a forma di tronco di cono, usato per la fusione di metalli, vetro e sim. || parte dell'altoforno in cui si raccolgono i prodotti della fusione **2.** *fig.* ambiente, luogo in cui si compie la fusione di culture, razze, tradizioni tra loro assai diverse: *gli Stati Uniti sono un crogiolo di razze* **3.** paiolo.

crògiolo [da *crogiolare*; 1688] ***sm.*** tempra che si dà a oggetti di vetro appena modellati, facendoli riscaldare in una camera calda || *per estens.* cottura di cibi a fuoco lento.

cròio (pl. *-òi*) [dal provenz. *croi*; a. 1250] ***agg.*** *arc.* duro || *fig.* rozzo, zotico || *fig.* malvagio.

croissant (fr., pr. [krwaˈsɑ̃]) [propr. luna crescente; 1942] ***sm.*** *inv.* pasta dolce, a volte salata, a forma di mezzaluna, gen. ripiena || **N.** *Sin.* cornetto.

crollaménto [da *crollare*, a. 1363] ***sm.*** *non com.* crollo.

crollàre (pres. *cròllo*) [etim. inc.; 1304 ca.] ***tr.*** muovere in qua e in là: *crollare il capo*, in segno di diniego, di disapprovazione || ***intr.*** (aus. *essere*) **1.** precipitare al suolo, venir giù, spec. riferito a costruzioni: *il ponte è crollato* || *per estens.* cadere pesantemente: *un masso è crollato sulla strada*; *fig. gli è crollato il mondo addosso*, ha avuto un profondo e subitaneo scoramento per una grossa delusione, fatto doloroso e sim. **2.** *fig.* distruggersi, andare in rovina: *ha visto crollare ad uno ad uno i suoi sogni di gloria* || di persona, cedere improvvisamente, avere un collasso fisico o morale: *dopo tre giorni di lavoro ininterrotto è crollato* || di merce, valute o metalli preziosi, subire una repentina diminuzione di valore: *il dollaro è crollato su tutti i mercati* || ***intr. pron.*** scuotersi, piegarsi di qua e di là || **N.** ***tr.*** *Sin.* scrollare, tentennare | ***intr.*** **1.** *Sin.* cadere, rovinare **2.** *Sin.* sfasciarsi; svalutarsi.

crollàta [da *crollare*; 1865] **sf.** atto del crollare; scrollata || *dim.* crollatina.

cròllo [da *crollare*; 1319] **sm.** **1.** forte scossa; scrollone: *dare un crollo*, scuotere || *dare il crollo alla bilancia*, farla pendere da un lato; *fig.* favorire la risoluzione di una situazione incerta **2.** caduta improvvisa e violenta di una cosa: *il crollo di una casa, di un muro* || fallimento, rovina finanziaria, politica o sociale: *il crollo della borsa, dello stato assistenziale, della civiltà occidentale* || di persona, improvviso collasso fisico o emotivo: *al trentesimo chilometro di gara ha avuto un crollo, ha subito un crollo psichico* || *T.inform. crollo di sistema*, interruzione di un programma causata da un guasto all'*hardware* o da istruzioni contraddittorie || **N. 1.** *Sin.* scrollo, scuotimento **2.** *Sin.* crac, tracollo.

cròma [dal lat. tardo *chrōma*, gr. *chrôma*, colore, sfumatura; 1561] **sf.** *T.mus.* figura musicale che vale un ottavo di semibreve, scritta come una nota piena con asta e codetta. **TAV. *musica* p. 1324** 1.5e.

cromàre (pres. *cròmo*) [da *cromo*; 1942] **tr.** rivestire con un sottile strato di cromo una superficie metallica per renderla più lucente e meno ossidabile.

cromaticità [da *cromatico*; 1974] **sf.** **1.** *non com.* proprietà dell'essere cromatico **2.** che si riferisce al cromatismo.

cromàtico (pl. *-ci*) [dal gr. *chrôma*, colore; 1758] **agg.** **1.** che si riferisce ai colori: *diagramma cromatico*; *percezione cromatica*, percezione dei colori; *anomalia cromatica*, lieve forma di daltonismo || *T.chim. reazione cromatica*, reazione che una sostanza produce con un particolare reattivo e si manifesta con la comparsa di un determinato colore **2.** *T.mus.* che fa uso di cromatismi || *scala cromatica*, che procede per intervalli di semitoni. **TAV. *musica* p. 1324** 1.12.

cromatìdio (pl. *-di*) o **cromatìde** [dal gr. *chrôma, -atos*, colore; 1940] **sm.** *T.biol.* ciascuno dei due filamenti che costituiscono un cromosoma dopo la sua duplicazione.

cromatìna [dal gr. *chrōmátinos*, colorato; 1912] **sf.** **1.** *T.biol.* sostanza contenuta nel nucleo delle cellule che durante la meiosi e la mitosi dà origine ai cromosomi **2.** *non com.* lucido per scarpe.

cromatìṣmo [dal gr. *chrōmatismós*; 1828] **sm.** **1.** colorazione || *in part.* in pittura, fotografia e cinematografia, uso espressivo del colore: *il cromatismo di Andy Warhol*; *per estens.* in letteratura, prevalenza della vivacità, del colore, del brio in descrizioni e narrazioni **2.** *T.ott.* aberrazione di un sistema ottico causata dalla dispersione luminosa che si verifica nei singoli componenti del sistema stesso || colorazione acquisita dalla luce bianca nell'attraversare un sistema ottico a causa dei fenomeni di diffrazione e rifrazione presenti nel sistema stesso **3.** *T.mus.* procedimento stilistico basato sull'impiego di intervalli di semitono estranei alla scala diatonica e ottenuti per mezzo di alterazione dei suoni naturali della scala stessa || **N. 1.** *Sin.* colorismo.

cromatiẓẓàre [da *cromatico*; 1640] **tr.** *T.mus.* applicare alterazioni cromatiche a un pezzo musicale diatonico.

cromàto¹ (*pps.* di *cromare*) [1935] **agg.** rivestito da un sottile strato di cromo.

cromàto² [da *cromo*; 1820] **sm.** *T.chim.* nome generico dei sali dell'acido cromico: *cromato di sodio.*

cròmato- [dal gr. *chrôma, chrṓmatos*, colore] ***primo elem.*** che, in parole composte dotte, vale "colore", "colorazione" (per es. *cromatoforo, cromatografia*).

cromatòforo [comp. del gr. *chrôma, chrṓmatos*, colore e *-foro*; 1940] **sm.** **1.** *T.zool.* cellula connettivale contenente granuli di pigmento che contribuisce a determinare variazioni della colorazione cutanea **2.** *T.bot.* plastidio che determina la colorazione dei diversi tipi di alghe. **TAV. *botanica* p. 661** 2.1.

cromatografìa [comp. del gr. *chrôma, chrṓmatos*, colore e *-grafia*; 1950] **sf.** *T.chim.* metodo di analisi dei componenti di una miscela che si basa sulle differenti colorazioni che essi possono assumere.

cromatogràfico (pl. *-ci*) [da *cromatografia*; 1951] **agg.** relativo alla cromatografia: *procedimento cromatografico.*

cromatóre [da *cromare*; 1956] **sm.** (f. *-trìce*) operaio che esegue la cromatura dei metalli.

cromatùra [da *cromare*; 1941] **sf.** rivestimento di una superficie metallica con un sottile strato di cromo, effettuato mediante elettrolisi, allo scopo di rendere il metallo più lucente, più duro e per proteggerlo dagli agenti corrosivi.

cromìa [da *cromo-*; 1942] **sf.** *T.pitt.* tonalità di colore.

-cromìa [dal gr. *chrôma*, colore] ***elem. term.*** che, in parole composte dotte, in part. in denominazioni di tecniche di pittura e di stampa, vale "colorazione" (per es. *policromia, quadricromia, tricromia*).

cròmico¹ (pl. *-ci*) [da *cromo*; 1820] **agg.** *T.chim.* detto del composto del cromo trivalente e di quello esavalente: *acido cromico*; *anidride cromica*, dotata di proprietà ossidanti, viene usata nei procedimenti di cromatura elettrolitica.

cròmico² (pl. *-ci*) [da *cromia*; 1970] **agg.** *T.pitt.* relativo alla cromia: *intensità cromica.*

crominànza [comp. di *crom(o)* e *(lum)inanza*; 1973] **sf.** *T.telecom. segnale di crominanza*, segnale contenente le informazioni cromatiche che, combinate con le informazioni di luminanza, costituiscono il segnale video a colori completo.

cromìṣmo [da *cromo*; 1939] **sm.** *T.med.* intossicazione da cromo.

cromìte [da *cromo*; 1892] **sf.** *T.min.* minerale composto di ossido di ferro e cromo, di colore bruno nerastro, debolmente magnetico; è il più importante minerale di cromo.

cromlech (ingl., pr. ['krɒmlek]) [voce gallese, pietra curva; 1931] **sm.** *inv.* *T.archeol.* costruzione preistorica dei paesi dell'Europa nordoccidentale, costituita da monoliti disposti in circolo, a volte attorno a una pietra più grande.

cròmo [dal fr. *chrome*; 1817] **sm.** *T.chim.* elemento chimico metallico di color grigio lucente; non è presente libero in natura, viene utilizzato nei procedimenti di cromatura e nella formazione di leghe e i suoi composti trovano vasto impiego nella concia delle pelli, nell'industria vetraria, nella stampa e in farmacologia.

cròmo- [dal gr. *chrôma*, colore] ***primo elem.*** che, in parole composte della terminologia scientifica, vale "colore", "colorazione" o "sostanza colorante" (per es. *cromoforo, cromogeno, cromosoma*).

-cròmo [dal gr. *chrôma*, colore] ***elem. term.*** che, in parole dotte composte, vale "colore", "colorazione" (per es. *policromo*).

cromodinàmica [comp. di *cromo-* e *dinamica*; 1987] **sf.** *T.fis. cromodinamica quantistica*, teoria che descrive le interazioni forti tra le particelle submolecolari.

cromòforo [comp. di *cromo-* e *-foro*; 1956] **I** **agg.** **1.** detto di batteri che sono in grado di produrre sostanze pigmentate **2.** *T.chim.* di gruppo o radicale non saturo, che in presenza di una sostanza organica produce un cromogeno **II** **sm.** *T.chim.* gruppo o radicale cromoforo.

cromofotografìa [comp. di *cromo-* e *fotografia*; 1892] **sf.** **1.** procedimento di riproduzione fotografica basato sulla sensibilità alla luce di cromati e bicromati **2.** *non com.* fotografia a colori.

cromògeno [comp. di *cromo-* e *-geno*; 1956] **I** **agg.** *T.biol.* detto di batteri che secernono sostanze coloranti || *potere cromogeno*, capacità di produrre pigmenti **II** **sm.** *T.chim.* composto chimico contenente cromofori che in presenza di particolari sostanze si trasforma in una sostanza colorante.

cromolitografìa [comp. di *cromo-* e *litografia*; 1865] **sf.** *T.tip.* procedimento di stampa litografica a colori ottenuto mediante sovrapposizione di immagini di diversi colori tracciate ognuna su una pietra diversa || *concr.* stampa ottenuta con tale procedimento.

cromolitogràfico (pl. *-ci*) [da *cromolitografia*; 1951] **agg.** di cromolitografia.

cromòmero [comp. di *cromo-* e *-mero*; 1934] **sm.** *T.biol.* **1.** ognuno dei granuli che, posti in serie, costituiscono il filamento a spirale del cromosoma **2.** massa cromatica centrale rosso-violetta del corpo delle piastrine del sangue.

cromoplàsto [comp. di *cromo-* e *-plasto*; 1906] **sm.** *T.bot.* plastidio contenente pigmenti gialli o arancio presente nei fiori, nei frutti e in alcune radici, cui conferisce la caratteristica colorazione.

cromoprotide [comp. di *cromo-* e *protide*; 1956] **sm.** *T.biol.* sostanza proteica colorata, formata da un protide semplice e da pigmenti colorati || **N.** clorofilla, emocianina, emoglobina.

cromopsìa [comp. di *cromo-* e *-opsia*; 1956] **sf.** *T.med.* disturbo ottico caratterizzato da immagini visive colorate.

cromòrno [dal fr. *cromorne*; 1826] **sm.** *T.mus.* strumento a fiato della famiglia dei legni, a canna ricurva, in uso nel XVII e XVIII secolo, considerato l'antenato dell'oboe || registro dell'organo che produce una sonorità simile a quella di tale strumento.

cromoscopìa [comp. di *cromo-* e *-scopia*; 1956] **sf.** *T.med.* esame clinico per valutare la funzionalità di alcuni organi, basato sulla determinazione del tempo che intercorre tra l'iniezione di una sostanza colorata e la sua comparsa nelle secrezioni dell'organo esaminato.

cromoscòpio (pl. *-pi*) [comp. di *cromo-* e *-scopio*; 1970] **sm.** **1.** strumento che permette di visionare le diapositive a colori realizzate col sistema tricromico **2.** cinescopio per televisore a colori.

cromosfèra [comp. di *cromo-* e *-sfera*; 1892] **sf.** *T.astr.* nel Sole, parte dell'atmosfera compresa tra la fotosfera e la corona, composta essenzialmente di idrogeno, calcio ed elio; è visibile a occhio nudo solo nella fase iniziale e terminale di un'eclissi totale di sole quando appare in forma di sottile anello rosato. **TAV. *astronomia* p. 656** 3.5.

cromosòma [comp. di *cromo-* e del gr. *sôma*, corpo; 1906] **sm.** *T.biol.* ciascuno dei corpuscoli intensamente colorati in cui si divide la cromatina durante i processi di riproduzione cellulare; sono costituiti essenzialmente di DNA, sono presenti in numero, forma e grandezza costanti per ciascuna specie animale o vegetale e sono portatori delle caratteristiche ereditarie della specie: *cromosomi sessuali*, quelli che determinano il sesso di un individuo. **Q.T. *genetica...***

cromosòmico (pl. *-ci*) [da *cromosoma*; 1950] **agg.** *T.biol.* relativo ai cromosomi.

cromoterapèuta [comp. di *cromo-* e *terapeuta*; 1983] **s.** *T.med.* chi pratica la cromoterapia; specialista in cromoterapia.

cromoterapèutico (pl. *-ci*) [comp. di *cromo-* e *terapeutico*; 1983] **agg.** *T.med.* relativo alla cromoterapia, proprio della cromoterapia.

cromoterapìa [comp. di *cromo-* e *terapia*;

1966] *sf. T.med.* cura di alcune malattie effettuata mediante onde luminose.

cromotipìa [comp. di *cromo-* e *-tipia*; 1913] *sf. T.tip.* procedimento di stampa tipografica a colori con matrici in rilievo || *concr.* ogni stampa ottenuta con tale procedimento.

crònaca [lat. *chronica*, neutro pl., gr. *chroniká*, annali; sec. XIII *cronica*] *sf.* **1.** narrazione, registrazione di fatti ed eventi secondo un criterio rigidamente cronologico e priva di interventi interpretativi o critici; costituisce la prima forma di narrazione storica: *cronaca monastica*, relativa alla storia di un'abbazia **2.** *T.giorn.* rubrica giornalistica in cui vengono riferiti i fatti e gli avvenimenti di attualità, in riferimento alla vita quotidiana di una città o ad ambiti particolari: *cronaca cittadina, cronaca sportiva*; *cronaca nera*, che riguarda delitti o fatti di sangue; *cronaca rosa, mondana, galante*, che riguarda fatti e avvenimenti mondani || *per estens.* attualità, contingenza || *entrare nella cronaca*, acquisire notorietà || *fare la cronaca*, fare il resoconto di un fatto o di un evento || *fam. per la cronaca*, modo con cui si presenta un fatto senza attribuirgli eccessiva importanza, ma proclamando l'obbiettività del resoconto e cercando comunque di focalizzare l'attenzione degli ascoltatori: *per la cronaca, mentre voi dormivate io preparavo il pranzo* || *dim.* cronachétta || **N. 1.** *Sin.* cronistoria **2.** *reportage.* **Q.T.** *giornale, storiografia.*

cronachìsmo [da *cronaca*; a. 1952] *sm.* modo di narrare avvenimenti tipico di scrittori di cronache, privo di prospettiva storica e di valutazione critica.

cronachìsta [da *cronaca*; 1865] *s. ant.* autore di cronache storiche, spec. in ambito medievale.

cronachìstica [da *cronaca*; 1956] *sf.* **1.** studio delle cronache **2.** insieme delle cronache prodotte in un certo periodo storico: *la cronachistica ottocentesca.*

cronachìstico (pl. *-ci*) [da *cronachista*; 1917] *agg.* che ha carattere di cronaca; relativo alla cronaca || *resoconto cronachistico*, privo di ogni interpretazione critica.

cronassìa [comp. di *crono-* e del gr. *axía*, valore; 1951] *sf. T.fisiol.* tempo minimo necessario perché una corrente elettrica di piccola intensità stimoli un nervo producendo una contrazione muscolare.

cronicàrio (pl. *-ri*) [da *cronico*; 1950] *sm.* casa di cura o reparto ospedaliero per il ricovero e l'assistenza dei malati cronici.

cronicità [da *cronico*; 1887] *sf.* l'essere cronico; anche *fig.*: *la cronicità del debito pubblico.*

cronicizzàre [da *cronico*; 1974] *tr. T.med. raro* rendere cronico || *intr. pron. T.med.* diventare cronico: *la malattia si è cronicizzata.*

cronicizzazióne [da *cronico*; 1956] *sf. T.med.* il passaggio di una malattia allo stadio cronico.

crònico (pl. *-ci*) [dal lat. *chronicus*, gr. *chronikós*; 1561] **I** *agg.* **1.** *T.med.* di malattia, a decorso lento che ha scarsa tendenza a risolversi: *bronchite, congiuntivite cronica* **2.** *fig.* di abitudine o vizio, profondamente radicato: *ha il vizio cronico di fumare*; anche di persona: *è un ritardatario cronico* **II** *sm.* (f. *-a*) persona affetta da malattia cronica: *reparto di cronici* || **N. I 1.** incurabile, lento | *Contr.* acuto.

cronìsta [da *cronaca*; 1585] *s.* **1.** redattore che si occupa di stendere la cronaca di un giornale || giornalista che si occupa di un settore specifico della cronaca: *cronista sportivo* **2.** nel Medioevo, autore di cronache storiche o letterarie. **Q.T.** *giornale.*

cronistòria [comp. di *cron(aca)* e lat. *historia*, storia; 1905] *sf.* narrazione di un evento secondo criteri puramente cronologici || *per estens.* resoconto orale di un avvenimento, di una serie di vicende: *ci fece la cronistoria delle sue ferie*; anche gli eventi che sono oggetto di tale narrazione.

cròno- [dal gr. *chrónos*, tempo] *primo elem.* che, in parole composte dotte o della terminologia scientifica, vale "tempo" (per es. *cronografia, cronometro, cronoscopio*).

-crono [dal gr. *chrónos*, tempo] *elem. term.* che, in parole composte della terminologia scientifica, vale "tempo" (per es. *isocrono, sincrono*).

cronobiologìa [comp. di *crono-* e *biologia*; 1971] *sf.* **1.** scienza che studia i ritmi delle attività biologiche **2.** scienza che si occupa della durata della vita e dei sistemi per prolungarla.

cronofotografìa [comp. di *crono-* e *fotografia*; 1951] *sf.* serie di fotografie prese a intervalli regolari di un oggetto o di un fenomeno e utilizzate per documentare in modo chiaro lo svolgersi di un evento rapidissimo (la caduta di una goccia d'acqua) o lentissimo (la crescita di un fiore) || la tecnica mediante la quale è possibile realizzare tali foto.

cronografìa [dal lat. tardo *chronographia*, gr. *chronographía*; 1562] *sf.* **1.** esposizione di fatti storici secondo un criterio cronologico || parte della cronologia che si occupa dell'esposizione sistematica degli eventi storici e dei sistemi di datazione **2.** registrazione scritta di dati cronometrici.

cronogràfico (pl. *-ci*) [da *cronografia*; 1745] *agg.* relativo alla cronografia.

cronògrafo[1] [dal lat. tardo *chronographus*, gr. *chronográphos*; a. 1555] *sm.* (f. *-a*) scrittore di cronografie; annalista.

cronògrafo[2] [comp. di *crono-* e *-grafo*; 1875] *sm.* strumento per la misurazione e registrazione di intervalli di tempo costituito gen. da uno strumento di misurazione e da un organo scrivente che registra su supporto vario i dati rilevati || *impropr.* cronometro.

cronòide [dal gr. *chrónos*, tempo; 1970] *agg.* e *sm. T.farm.* detto di prodotto farmaceutico che prevede una lenta utilizzazione del farmaco in esso contenuto da parte dell'intestino e quindi un effetto prolungato: *una capsula cronoide, un cronoide.*

cronologìa (pl. *-gìe*) [dal gr. *chronologìa*; a. 1580] *sf.* **1.** lo studio dei rapporti temporali che intercorrono tra i diversi fatti storici e la loro esatta collocazione nel tempo **2.** ordine in cui si verifica una serie di eventi || *concr.* scritto che espone i fatti secondo l'ordine cronologico: *cronologia delle opere di Pirandello* **3.** cronaca. **Q.T.** *storiografia.*

cronològico (pl. *-ci*) [dal gr. *chronologikós*; 1613] *agg.* di cronologia || secondo la successione temporale: *ordine, sistema cronologico* || **cronologicaménte** *avv.*

cronologìsta [da *cronologia*; 1627] *s.* studioso di cronologia; autore di una cronologia.

cronòlogo (pl. *-gi*) [dal gr. *chronológos*; a. 1639] *sm.* (f. *-a*) chi si occupa di cronologia; annalista.

cronometràggio (pl. *-gi*) [dal fr. *chronométrage*; 1951] *sm.* atto ed effetto del cronometrare: *cronometraggio manuale, elettronico*; *cronometraggio al centesimo, al millesimo di secondo*, quello che dà un'approssimazione fino al centesimo o al millesimo di secondo.

cronometràre (pres. *-òmetro*) [dal fr. *chronométrer*; 1926] *tr.* misurare con la massima precisione il tempo di un'azione o l'intervallo che intercorre tra due eventi.

cronometrìa [dal fr. *chronométrie*; 1885] *sf.* **1.** tecnica della misurazione del tempo **2.** tecnica della progettazione e fabbricazione di orologi.

cronomètrico (pl. *-ci*) [da *cronometria*; 1941] *agg.* **1.** che riguarda la cronometria **2.** che si riferisce a un cronometro: *rilevamento cronometrico* || *fig.* esatto, preciso: *puntualità cronometrica.*

cronometrìsta [da *cronometro*; 1908] *s.* **1.** addetto alla misurazione dei tempi in una gara sportiva, in un esperimento o in attività industriali **2.** *T.sport.* nel ciclismo, corridore specialista di gare a cronometro.

cronòmetro [dal fr. *chronomètre*; 1771] *sm.* **1.** orologio di grande precisione || apparecchio per la misurazione di intervalli di tempo anche molto brevi che consente la rilevazione delle frazioni di secondo || *gen.* orologio **2.** *T.sport. gara, tappa a cronometro*, nel ciclismo, corsa o tappa in cui i concorrenti partono distanziati di un minuto uno dall'altro e l'ordine di arrivo è determinato dal tempo che ciascuno di essi ha impiegato per coprire il percorso di gara.

cronoscalàta [comp. di *crono-* e *scalata*; 1983] *sf. T.sport.* nel ciclismo, gara a cronometro in salita.

cronoscòpio (pl. *-pi*) [comp. di *crono-* e *-scopio*; 1797] *sm.* strumento per la misurazione di piccoli intervalli di tempo costituito da un meccanismo che quando è scaduto l'intervallo di tempo prestabilito mette in funzione un avvisatore acustico || *impropr.* cronometro || **N.** *Sin. timer.*

cronostratigrafìa [comp. di *crono-* e *stratigrafia*; 1970] *sf.* branca della geologia che classifica le rocce a seconda della cronologia della loro formazione.

cronotàppa [comp. di *crono-* e *tappa*; 1965] *sf. T.sport.* nel ciclismo, tappa a cronometro.

cronoterapìa [comp. di *crono-* e *terapia*; 1983] *sf. T.med.* parte della medicina che mira a stabilire i criteri cronologici ottimali degli interventi di cura o prevenzione delle malattie.

cronòtopo [comp. di *crono-* e del gr. *tópos*, luogo; 1942] *sm. T.fis.* spazio quadridimensionale, ipotizzato dalla teoria della relatività || **N.** *Sin.* spazio-tempo.

croquet (ingl., pr. ['kroukeı]) [dal fr. *crochet*, bastone ricurvo; 1892] *sm. inv. T.sport.* gioco simile al golf che consiste nel far passare una palla con l'ausilio di una mazza sotto una serie di archetti fissati al suolo.

croquette (fr., pr. [krɔ'kɛt]) [propr. biscotto; 1855] *sf. inv.* crocchetta.

crosàzzo [da *croce*, attr. il gen. *croxasso*; 1825] *sm. T.num.* moneta coniata dalla Repubblica di Genova all'inizio del XVII sec., raffigurante al diritto la Vergine con il Bambino, e al rovescio la croce posta tra quattro stelle o tra quattro teste di cherubini.

croscè *sm. inv.* adattamento it. di *crochet* (v.).

crosciàre (pres. *cròscio*) [di orig. onom.; sec. XIV] *intr.* (aus. *avere* e *essere*) *lett.* scrosciare, detto di acqua || *meno com.* di foglie, frusciare || *tr. ant.* scaricare, tirare addosso con violenza.

cròscio (pl. *-sci*) [da *crosciare*; 1549] *sm. lett.* scroscio.

cross[1] (ingl., pr. [krɒs]) [propr. croce; 1925] *sm. inv. T.sport.* nel calcio, tiro diagonale, traversone; nel pugilato, diretto incrociato; nel tennis, colpo che imprime una traiettoria diagonale alla palla.

cross[2] (ingl., pr. [krɒs]) [da *cross(-country)*, propr. attraverso la campagna; 1918] *sm. inv.* **1.** *T.sport.* motociclismo che si svolge su un'apposita pista dal percorso accidentato **2.** *T.sport.* corsa campestre.

crossàrco (pl. *-chi*) [comp. del gr. *krossós*, orlo e *archós*, ano; 1951] *sm. T.zool.* genere di piccoli mammiferi carnivori simili alla mangusta, con pelo ispido, muso appuntito e coda corta che vivono nell'Africa centro-occidentale.

crossàre (pres. *cròsso*) [da *cross*[1]; 1935] *intr.* (aus. *avere*) *T.sport.* nel calcio, eseguire un cross.

cross-country (ingl., pr. [ˌkrɒs ˈkʌntri]) [letter. attraverso la campagna; 1918] ***sm. inv.*** nel motociclismo, nel ciclismo, nell'ippica e nel podismo, gara di velocità che si svolge su terreno accidentato a fondo naturale || **N.** *Sin.* corsa campestre, cross.

cròssdromo v. CROSSODROMO.

crossing over (ingl., pr. [ˌkrɒsiŋ ˈouvə]) [letter. incrociamento; 1934] ***loc. m. inv.*** *T.biol.* nella meiosi, scambio di cromatidi tra cromosomi omologhi.

crossìsta [da *cross*²; 1983] ***s.*** chi pratica ciclocross, motocross o corsa campestre, in forma agonistica o da amatore.

crossòdromo o **cròssdromo** [comp. di *cross*² e *-dromo*¹; 1983] ***sm.*** circuito per gare di ciclocross o motocross.

Crossopterìgi (sing. *-gio*) [comp. del gr. *krossós*, frangia e *ptérygion*, pinna; 1930] ***sm. pl.*** *T.zool.* ordine di pesci ossei arcaici largamente diffusi nel periodo compreso tra il Devoniano e il Carbonifero; oggi sono rappresentati solo dalla latimeria. **TAV. *pesci* p. 1330.**

cross-over (ingl., pr. [ˈkrɒsouvə]; pr. it. [krossˈɔver]) [letter. incrocio; 1940 nel senso 1] ***sm. inv.*** **1.** in genetica, individuo derivato da un gamete in cui si è compiuto un *crossing-over* **2.** in elettroacustica, sistema di filtri utilizzato nelle casse per selezionare e indirizzare le diverse gamme di frequenza.

cròsta [lat. *crusta*; 1313] ***sf.*** **1.** strato superficiale indurito, gen. irregolare e ruvido, che si forma naturalmente o per effetto del calore, del freddo o di altri motivi: *crosta di ghiaccio, crosta del pane*; *per restr.* tozzo di pane secco || *gen.* qualsiasi strato superficiale di materia che risulti morfologicamente distinguibile dalle parti sottostanti, da cui deriva e da cui può essere distaccato || *T.cuc.* *in crosta*, procedimento di cottura al forno di una pietanza, in un involucro di pasta sfoglia: *pasticcio di pollo in crosta* || *T.geol.* *crosta terrestre*, lo strato più esterno della Terra || *T.zool.* involucro protettivo esterno dei Crostacei **2.** strato indurito che si forma sulle ferite a causa dell'essiccamento del sangue e del pus: *se ti togli la crosta ti resterà la cicatrice* || *T.med.* *crosta lattea*, malattia cutanea che colpisce spec. i lattanti e che si presenta sotto forma di croste squamose diffuse sul cuoio capelluto e sul collo **3.** *fig.* apparenza superficiale che dissimula la realtà: *la sua misantropia è solo una crosta* || *gen.* atteggiamento protettivo di difesa: *non è stato facile penetrare la crosta della sua scontrosità* **4.** ciascuna delle squame di colore che si distaccano da un dipinto antico o danneggiato || *fig.* quadro vecchio, annerito e privo di valore; *per estens.* dipinto privo di valore; falso: *credeva di fare un affare e invece gli hanno rifilato una crosta* **5.** *T.conc.* parte inferiore e di minor pregio di una pelle spessa conciata e sottoposta a spaccatura || *crosta scamosciata*, lavorata a imitazione di una pelle scamosciata || **N. 1.** buccia, concrezione, corteccia, incrostatura, intonaco, smalto, squama | crostare, incrostare. **TAV. *geologia* p. 1313** 1.1.

Crostàcei [da *crosta*; a. 1605] ***sm. pl.*** *T.zool.* classe di Artropodi comprendente in maggioranza forme acquatiche, caratterizzati da due paia di antenne, un numero variabile di arti di cui i primi due gen. trasformati in pinze e corpo segmentato rivestito da un esoscheletro chitinoso; allo stadio larvale costituiscono uno dei componenti principali del plancton. **Q.T.** *pesca, zoologia.*

crostàre (pres. *cròsto*) [lat. *crustāre*; 1865] ***tr.*** cuocere una vivanda in modo che formi una crosta: *crostare un dolce* || *non com.* ricoprire con glassa.

crostàta [da *crosta*; 1585] ***sf.*** *T.cuc.* dolce cotto al forno costituito da un disco di pasta frolla ricoperto gen. di marmellata e di una griglia di striscioline di pasta: *una crostata di albicocche.*

crostìno (*dim.* di *crosta*) [a. 1758] ***sm.*** *T.cuc.* fetta di pane abbrustolito o fritto sul quale si spalma del burro ed altri ingredienti gustosi; viene gen. servito come antipasto: *un crostino di acciughe, di caviale.*

crostóne (*accr.* di *crosta*) [1769] ***sm.*** **1.** ammasso di detriti rocciosi di natura calcarea che a volte si forma sui fianchi delle valli o nei climi tropicali per effetto di processi di degradazione del suolo e che impedisce la crescita di vegetazione **2.** grosso crostino di pane servito come antipasto o come accompagnamento di piatti di carne allo spiedo: *un crostone al prosciutto, salsicce al crostone.*

crostóso [da *crosta*; 1663] ***agg.*** ricoperto di crosta, che forma una crosta || *neve crostosa*, che forma in superficie uno strato più duro.

cròtalo [dal lat. *crotalum*, nacchera, gr. *krótalon*; 1485] ***sm.*** **1.** strumento a percussione costituito da due valve di legno o metallo concave che vengono percosse tra loro; nacchere **2.** *T.zool.* serpente velenoso diffuso nel continente americano che all'estremità della coda presenta una serie di elementi cornei risonanti; serpente a sonagli. **TAV. *rettili*** 3.

cròton [dal lat. *croton*, gr. *krotṓn*, zecca, poi ricino, per la somiglianza dei semi con l'insetto; 1820] ***sm. inv.*** genere di piante delle Euforbiacee diffuse nei paesi caldi, con fusto squamoso o ricoperto di peli || pianta ornamentale delle Euforbiacee con foglie spesse verdi e screziate di bianco o di rosso.

cròtta [dal lat. tardo *chrotta*; 1940] ***sf.*** *T.mus.* strumento musicale di origine celtica, simile alla cetra, con tre o sei corde, che veniva usato come accompagnamento da bardi e trovatori.

crouch (ingl., pr. [krautʃ]) [da (*to*) *crouch*, accovacciarsi; 1951] ***sm. inv.*** *T.sport.* nel pugilato, guardia bassa.

croupier (fr., pr. [kruˈpje]) [in orig. colui che è in groppa, poi chi si associa a un altro giocatore; 1807 *groppier*] ***s. inv.*** nelle sale da gioco, chi tiene il gioco per conto della direzione.

crown (ingl., pr. [kraun]) [da (*to*) *crown*, coronare, compensare; 1970] ***sm. inv.*** vetro ottico caratterizzato da particolare durezza, resistenza agli agenti atmosferici e con basso indice di rifrazione e dispersione; viene gen. usato nella fabbricazione di obbiettivi fotografici e sim.

cru (fr., pr. [kry]) [letter. terreno, podere; 1905] ***sm. inv.*** (anche pl. *crus*, pr. [kry]) *T.enol.* zona vinicola che produce un vino particolarmente pregiato || *per estens.* il vino stesso: *i migliori cru della zona.*

crucciàre (pres. *crùccio*) [var. di *corrucciare*; a. 1250] ***tr.*** tormentare, affliggere: *mi ha crucciato tutto il giorno con le sue richieste* || ***intr. pron.*** adirarsi, stizzirsi; affliggersi || **N. *tr.*** *Sin.* irritare, seccare | ***intr. pron.*** *Sin.* dolersi, rammaricarsi, risentirsi, turbarsi.

crucciàto (*pps.* di *crucciare*) [a. 1294] ***agg.*** imbronciato || *fig.* di mare, tempo o cielo, offuscato, burrascoso.

crùccio (pl. *-ci*) [da *crucciare*; fine sec. XIII] ***sm.*** tormento, afflizione dell'animo spesso mescolata con sdegno o risentimento || *darsi cruccio*, preoccuparsi || seccatura, fastidio: *avere molti crucci* || *ant.* atto d'ira, di sdegno || **N.** *Sin.* dispiacere, dolore, rammarico, tormento; fastidio, grattacapo, malumore, noia.

crucciόso [da *cruccio*; fine sec. XIII] ***agg.*** *non com.* pieno di cruccio || **crucciosaménte** ***avv.*** || **N.** *Sin.* adirato, indispettito, irritato.

crùcco (pl. *-chi*) [dal croato *kruch*, pane, soprannome dato dapprima agli Slavi del sud, poi, durante la seconda guerra mondiale, ai Tedeschi; 1947] ***sm.*** (f. *-a*) e ***agg.*** *spreg.* tedesco: *la tifoseria crucca.*

cruciàle [dall'ingl. *crucial*; 1919] ***agg.*** critico, decisivo: *punto, momento cruciale.*

cruciàre (pres. *crùcio*) [dal lat. *cruciāre*, mettere in croce; a. 1292] ***tr.*** *raro ant.* tormentare, affliggere.

crucìfero v. CROCIFERO.

crucifige (lat., pr. it. [krutʃiˈfidʒe]) [seconda pers. imper. di *crucifigere*, crocifiggere; 1865] ***sm. inv.*** persecuzione ingiusta, condanna faziosa || *propr.* il grido di coloro che vollero crocifiggere Cristo || *gridare crucifige*, biasimare aspramente qualcuno, dargli addosso.

crucifìggere e der. forme arc. di CROCIFIGGERE e der. (v.).

crucifórme o **crocifórme** [comp. del lat. *crux, crucis*, croce e *-forme*; 1745 *crociforme*] ***agg.*** a forma di croce.

crucivèrba [comp. del lat. *crux, crucis*, croce e *verba*, neutro pl. di *verbum*, parola; 1927] ***sm. inv.*** *T.gioc.* gioco enigmistico che consiste nel trovare, con l'ausilio di definizioni più o meno allusive, una serie di parole inserendole in caselle contenenti ciascuna una sola lettera in modo che ogni lettera di ogni casella sia parte costitutiva di due parole, una posta orizzontalmente e l'altra verticalmente, che si intersecano in tale casella || **N.** *Sin.* parole crociate, parole incrociate.

cruciverbìsta [da *cruciverba*; 1963] ***s.*** chi risolve cruciverba; chi è autore di cruciverba.

crudèle [dal lat. *crudēlis*; a. 1292] ***agg.*** **1.** di persona, che non prova pietà verso le sofferenze altrui o che procura essa stessa, volontariamente o involontariamente, sofferenza e dolore: *un crudele tiranno, sei stato crudele a dirgli quelle cose* || *animo, cuore crudele*, privo di compassione, insensibile || talvolta anche riferito ad animali feroci o alla sorte: *la crudele belva dilaniò gli inermi caprettini, destino crudele* **2.** *per estens.* di azione, che provoca dolore, sofferenza fisica o morale: *un crudele supplizio, una crudele vendetta* || **crudelménte** ***avv.*** || **N. 1.** *Sin.* crudo, disumano, doloroso, efferato, empio, feroce, fiero, inesorabile, inumano, spietato, truce, truculento **2.** *Sin.* aspro, atroce, intollerabile, penoso.

crudeltà [dal lat. *crudēlitas, -ātis*; sec. XII-XIII] ***sf.*** **1.** l'essere crudele, spietatezza: *un uomo di efferata crudeltà* || di cosa, che procura sofferenza: *la crudeltà della pena* || *crudeltà mentale*, forma di crudeltà che si esplica mediante atti che deprimono ed esasperano mentalmente chi ne è vittima **2.** *concr.* azione crudele: *è stata una vera crudeltà impedirgli di uscire* || **N. 1.** *Sin.* atrocità, barbarie, brutalità, crudezza, efferatezza, empietà, ferocia, inclemenza, inumanità, tirannia | *Contr.* bontà, mitezza.

crudézza [da *crudo*; a. 1374] ***sf.*** **1.** di cibi, l'essere crudo **2.** asprezza, rigidità del clima: *la crudezza dell'inverno siberiano* || *fig.* rigidità, mancanza di eleganza, di grazia, spec. riferito a stile espressivo: *crudezza di immagini, di suoni, di contorni*; eccessivo realismo: *alcune scene del film colpivano per la loro crudezza* || **N. 2.** *Sin.* inclemenza, rigidezza; asprezza, rudezza.

crudìsmo [da *crudo*; 1939] ***sm.*** abitudine a nutrirsi solamente di cibi crudi.

crudìsta [da *crudo*; 1939] **I *agg.*** relativo al crudismo, proprio del crudismo: *regime crudista* **II *s.*** chi si nutre solamente di cibi crudi.

crudità [da *crudo*; a. 1342] ***sf.*** **1.** l'essere crudo, spec. riferito a cibi || *T.cuc.* *pl.* ogni cibo che si mangia crudo; *in part.* le varie specie di insalata e alcuni ortaggi come carote, sedani, finocchi e sim., adatti ad essere mangiati crudi: *un piatto di crudità* **2.** *fig.* *lett.* asprezza.

crudìvoro [da *crudo*, sul modello di *carnivoro*; a. 1729] ***agg.*** *non com.* che si nutre di cibi crudi e in part. di carne cruda.

crùdo [dal lat. *crūdus*, sanguinante; a. 1294]

agg. **1.** non cotto: *carne cruda* || *per estens.* poco cotto: *questa pasta è ancora cruda* || *T.edil.* *mattoni crudi,* seccati al sole e non cotti in forno || di frutta, non maturo || di vino, non stagionato || che non ha subito operazioni di raffinatura: *cuoio crudo,* non conciato; *seta cruda, metallo, petrolio crudo,* greggio || *farne di cotte e di crude,* compiere ogni sorta di azione bizzarra o riprovevole **2.** duro || di acqua, che contiene molte sostanze minerali **3.** di clima, rigido || di luogo, selvaggio, aspro **4.** rude, schietto: *questa è la cruda verità, ha maniere piuttosto crude* || *lett.* di abito, privo di fronzoli || *nudo e crudo,* privo di fronzoli; poverissimo **5.** *lett.* spietato, crudele || *non com.* indocile.

cruentàre (pres. *-ènto*) [dal lat. *cruentāre*; a. 1406] **tr.** *ant.* insanguinare.

cruènto [dal lat. *cruentus*; 1485] **agg.** *lett.* sanguinoso, che provoca spargimento di sangue: *una lotta cruenta* || **N.** *Contr.* incruento.

cruiser (ingl., pr. [ˈkru:zə]) [da (*to*) *cruise,* incrociare; 1930] **sm.** *inv.* nome generico di ogni imbarcazione da diporto cabinata, utilizzabile per piccole crociere.

crumiràggio (pl. *-gi*) [da *crumiro*; 1904] **sm.** azione, comportamento da crumiro.

crumìro [dal fr. *kroumir*; 1904] **sm.** **1.** (f. *-a*) *spreg.* lavoratore che non aderisce a uno sciopero || chi accetta di sostituire un lavoratore in sciopero **2.** *T.cuc.* biscotto di forma allungata con scanalature longitudinali, originario della zona di Casale Monferrato.

crùna [forse lat. *corōna*; a. 1292] **sf.** piccolo foro posto all'estremità dell'ago da cucire in cui si fa passare il filo || *fig.* passaggio stretto, difficile. **TAV.** ***maglia...*** **p. 1316** 10.1 e **p. 1317** 16.1.

cruóre [dal lat. *cruor, -ōris*; a. 1420] **sm.** *lett.* sangue.

crup o **grup** [dall'ingl. *croup*; 1886] **sm.** *inv.* *T.med.* spasmo laringeo con difficoltà respiratoria, solitamente causato da difterite.

crupàle [da *crup*; 1887] **agg.** *T.med.* relativo al crup, da esso prodotto.

cruràle [dal lat. *crurālis*; a. 1673] **agg.** *T.anat.* della coscia: *vene crurali.*

crùsca [dal germ. **krūsca*; a. 1348] **sf.** **1.** residuo della macinazione dei cereali, costituito essenzialmente dalla pellicina che ricopre i chicchi; viene usato nell'alimentazione animale || *fig. spacciar crusca per farina,* ingannare **2.** pastone a base di crusca usato per l'alimentazione animale **3.** *fam.* lentiggini **4.** *Accademia della Crusca,* accademia fondata a Firenze nel 1583 per salvaguardare la purezza della lingua italiana; *ell. Crusca,* l'accademia e *in part.* il vocabolario compilato dagli accademici della Crusca: *hai controllato se è attestato nella Crusca?* || *vocabolo di Crusca,* registrato nel vocabolario della Crusca. **Q.T.** *pane.*

cruscàio (pl. *-ài*) [da *crusca*; 1708] **sm.** (f. *-a*) **1.** venditore di crusca **2.** cruscante.

cruscaiòlo [da *crusca*; 1879] **sm.** (f. *-a*) cruscaio.

cruscànte [da Accademia della *Crusca*; 1664] **I agg.** ligio ai dettami dell'Accademia della Crusca: *stile cruscante* **II s.** **1.** accademico della Crusca **2.** sostenitore del purismo linguistico.

cruscheggiàre (pres. *-éggio*) [da Accademia della *Crusca*; a. 1704] **intr.** (aus. *avere*) affettare grande purismo linguistico.

cruschèllo [da *crusca*; 1634] **sm.** crusca minuta prodotta dalla seconda stacciatura; assai ricca di proteine, viene utilizzata nell'alimentazione animale.

cruscherèlla [da *crusca*; a. 1665] **sf.** **1.** gioco infantile che consiste nel ricercare delle monete in precedenza nascoste in mucchietti di crusca **2.** cruschello.

cruscherèllo [da *crusca*; 1865] **sm.** cruscherella nel senso 1.

cruschévole [da Accademia della *Crusca*; a. 1646] **agg.** *iron.* ligio ai dettami dell'Accademia della Crusca; che è affettatamente e pedantescamente purista: *prosa cruschevole.*

cruscóne [da *crusca*; metà sec. XVI] **sm.** **1.** crusca molto grossa **2.** (f. *-a*) *scherz.* accademico della Crusca.

cruscóso [da *crusca*; sec. XIV] **agg.** che contiene molta crusca || *fig. fam.* pieno di lentiggini.

cruscòtto [etim. inc.; 1875] **sm.** **1.** in autoveicoli, aeromobili, motoscafi e piccole imbarcazioni, pannello contenente gli strumenti di controllo e i comandi **2.** in carri e carrozze, prolungamento in cuoio del parafango per proteggere il cocchiere dagli spruzzi. **Q.T.** *automobile* **TAV.** *agricoltura* 2.3; ***automobile*** **p. 658** 1, 3.18.

crux (lat., pr. it. [kruks]) [letter. croce] **sf.** (pl. *cruces,* pr. it. [ˈkrutʃes]) *T.filol.* segmento di testo che non si è riusciti a emendare nel corso di un'edizione critica e che è preceduto e seguito da un segno tipografico a forma di croce.

cruzeiro (port., pr. bras. [kruˈzeiru]) [da *cruz,* croce; 1950] **sm.** (pl. *cruzeiros,* pr. bras. [kruˈzeirus]) unità monetaria brasiliana.

crỳpton V. CRIPTO.

csi o **ksi** [lettura della lettera ξ] **sm.** o **sf.** *inv.* nome della quattordicesima lettera dell'alfabeto greco.

ctenìdio (pl. *-di*) [comp. del gr. *ktéis, ktenós,* pettine e del suff. gr. *-idion*; 1956] **sm.** *T.zool.* branchia di molti molluschi, a forma di doppio pettine o di penna.

Ctenòfori [comp. del gr. *ktéis, ktenós,* pettine e *-foro*; 1820 *ctenofora*] **sm.** *pl.* *T.zool.* tipo di Invertebrati marini ermafroditi, con corpo trasparente e gelatinoso dotato di otto lamelle vibratili disposte a pettine e tasche laterali da cui fuoriescono due tentacoli; costituiscono uno dei componenti del plancton.

ctònio (pl. *-ni*) [dal gr. *chtónios*; 1830] **agg.** *lett.* sotterraneo, detto delle divinità della mitologia classica che abitavano gli Inferi.

cùba [dall'ar. *qubba,* volta, edificio a volta; 1340 ca.] **sf.** *ant.* cupola || costruzione a forma di cupola.

cubàno [dal n. geogr. *Cuba*; 1896] **I agg.** relativo all'isola di Cuba, nelle Grandi Antille **II sm.** (f. *-a*) residente, nativo di Cuba.

cubàre[1] [da *cubo*; a. 1710] **tr.** fare la cubatura.

cubàre[2] [dal lat. *cubāre*; 1321] **intr.** (aus. *essere*) e **intr. pron.** *ant.* giacere.

cubatùra [da *cubare*[1]; 1748] **sf.** misurazione del volume di un solido || *com.* misura della capacità di un ambiente, di un serbatoio e sim.

cubbàita [dall'ar. *qubbiat,* mandorlato; 1956] **sf.** *merid.* *T.cuc.* croccante fatto con semi di sesamo.

cubèbe [dall'ar. *kubāba*; 1334] **sm.** pianta rampicante delle Piperacee con frutti simili a grani di pepe dotati di proprietà diuretiche, balsamiche e antisettiche || *per estens.* il frutto di tale pianta.

cubettista [da *cubetto*; 1956] **s.** operaio addetto al taglio e alla riduzione in cubetti di graniti e porfidi.

cubétto (*dim.* di *cubo*) [1769] **sm.** piccolo cubo: *un cubetto di ghiaccio* || *in part.* elemento della pavimentazione stradale in pietra, costituito da un blocchetto di porfido o di granito di forma cubica o di tronco di piramide.

cubìa [etim. inc.; 1797] **sf.** *T.mar.* apertura circolare posta sulla murata di prua di una nave, attraverso cui scorre la catena dell'ancora. **TAV.** ***nave*** **p. 1327** 6.1, 6.23.

cùbica [f. sost. di *cubico*; 1970] **sf.** *T.mat.* curva algebrica espressa da un'equazione di terzo grado.

cubicità [da *cubico*; 1942] **sf.** l'essere cubico.

cùbico (pl. *-ci*) [dal lat. tardo *cubicus,* gr. *kybikós*; 1564] **agg.** **1.** che ha forma di cubo: *corpo cubico*; relativo al cubo: *volume cubico* || *T.anat.* *epitelio cubico,* epitelio costituito da un solo strato di cellule di forma cubica **2.** *T.mat.* di forme algebriche ed equazioni, di terzo grado: *radice cubica di un numero p,* ogni numero *q* la cui terza potenza sia uguale a *p*; *spazio cubico,* a tre dimensioni **3.** in metrologia, di unità di misura che si riferisce al volume di un corpo: *metro, centimetro cubico.*

cubicolàrio o **cubiculàrio** (pl. *-ri*) [dal lat. *cubiculārius*; a. 1342] **sm.** **1.** nell'antica Roma, schiavo addetto al cubicolo **2.** *ant.* cameriere del papa o di alto prelato.

cubìcolo [dal lat. *cubiculum*; sec. XIV] **sm.** **1.** *T.archeol.* nella casa romana, stanza da letto || nelle catacombe, vano contenente il sepolcro di un martire cristiano; loculo || *per estens.* *scherz.* locale molto angusto **2.** *ant.* cella carceraria.

cubiculàrio V. CUBICOLARIO.

cubifórme [comp. di *cubo* e *-forme*; a. 1673] **agg.** che ha forma di cubo.

cubilòtto [dal fr. *cubilot*; 1942] **sm.** *T.metal.* forno cilindrico per la fusione dei metalli in cui il calore è prodotto da strati di coke alternati agli strati di metallo.

cubìsmo [dal fr. *cubisme*; 1913] **sm.** *T.art.* corrente artistica figurativa sorta in Francia nei primi decenni del sec. XX, la cui tematica principale era costituita dalla sintesi delle tre dimensioni che venivano ribaltate sul piano mentre gli oggetti venivano scomposti e compenetrati.

cubìsta [dal fr. *cubiste*; 1914] **agg.** e **s.** che, chi aderisce ai canoni del cubismo.

cubìstico (pl. *-ci*) [da *cubista*; a. 1964] **agg.** relativo al cubismo e ai cubisti.

cubitàle [dal lat. *cubitālis,* alto un cubito; sec. XVII] **agg.** **1.** di segni tipografici, molto grande, molto alto: *un titolo a caratteri cubitali* **2.** *T.anat.* relativo all'ulna.

cubitièra [da *cubito*; 1959] **sf.** parte dell'armatura che protegge il gomito. **TAV.** ***armi*** **p. 648** 6.9.

cùbito [dal lat. *cubitus*; a. 1292] **sm.** **1.** *T.anat.* ulna || *lett.* gomito **2.** antica unità di misura in uso presso vari popoli mediterranei che, presso Greci e Romani, corrispondeva a circa 44 centimetri.

cùbo [dal lat. *cubus,* gr. *kýbos,* dado; a. 1519] **I sm.** **1.** corpo solido regolare con sei facce costituite da quadrati uguali || *per estens.* ogni oggetto che abbia tale forma: *un cubo di plastica* || *T.min.* una delle forme semplici che può assumere un cristallo monometrico **2.** *T.mat.* la terza potenza di un numero, cioè il numero ottenuto moltiplicando un numero per se stesso e ancora moltiplicando il prodotto ottenuto per lo stesso numero **II agg.** *inv.* (sempre posposto) in metrologia, denominazione delle unità di misura di volume, cubico: *metro, centimetro cubo.* **TAV.** *geometria* 16.

cubòide [dal gr. *kyboeidḗs*; a. 1673] **I agg.** che ha forma più o meno simile a quella di un cubo **II sm.** *T.anat.* osso del tarso di forma vagamente cubica. **TAV.** ***anatomia*** **p. 642** 10.9.

cucaracha (sp., pr. [kukaˈratʃa]) [propr. scarafaggio; 1942] **sf.** *inv.* danza popolare messicana; la musica che accompagna tale danza.

cuccàgna [dal fr. *cocagne*; sec. XV] **sf.** **1.** luogo immaginario felice e ricco di ogni cosa piacevole: *paese della cuccagna* || *per estens.* luogo felice in cui si conduce una vita allegra e spensierata e in cui si realizza facilmente ogni desiderio: *sposandosi credeva di trovare la cuccagna*; vita dissipata e godereccia: *caro mio adesso è finita la cuccagna* **2.** *per estens.* abbondanza di ogni cosa || *albero della cuccagna,* palo liscio e saponato in cima al quale vengono posti premi vari, gen. cibarie, che spettano a chi per primo riesce a raggiungerli arrampicandosi sul palo.

cuccàre (pres. *cùcco, cùcchi*) [prob. da *cucco*[2]; 1808] ***tr.*** **1.** *fam.* ingannare, prendere in giro **2.** *region.* acchiappare, afferrare || ***rifl. intens.*** *region.* sorbirsi, sopportare: *si sono dovuti cuccare tutte le sue lamentele.*

cuccétta (*dim.* di *cuccia*[2]) [dal fr. *couchette*; 1853] ***sf.*** piccola cuccia || ciascuno dei lettini, gen. sovrapposti, che si trovano nelle cabine delle navi, sui treni e sim. || nelle stalle, scomparto individuale in cui vengono ricoverate le bestie per la notte.

cuccettista [da *cuccetta*; 1980] ***s.*** ferroviere addetto alle carrozze con cuccette.

cucchiàia [da *cucchiaio*; 1550] ***sf.*** **1.** grosso cucchiaio, mestolo **2.** arnese utilizzato dai muratori per distendere la malta **3.** strumento che veniva utilizzato nelle armi da fuoco ad avancarica per introdurre la polvere || *cucchiaia di caricamento,* nelle artiglierie di grosso calibro, organo che facilita la collocazione automatica del proietto nel caricatoio **4.** utensile utilizzato per la perforazione di terreni sciolti o teneri **5.** attrezzo costituito da un recipiente metallico terminante con una lama o con un orlo dentato, di cui sono dotate le scavatrici e le draghe.

cucchiaiàta [da *cucchiaio*; 1612 *cucchiarata*] ***sf.*** quantità di cibo o di liquido che può stare in un cucchiaio.

cucchiaìno (*dim.* di *cucchiaio*) [a. 1764 *cucchiarino*] ***sm.*** **1.** piccolo cucchiaio: *un cucchiaino da caffè, da gelato* || *per meton.* quantità di roba in esso contenuta: *un cucchiaino di sale* || *fam. da raccogliere, raccattare col cucchiaino,* di persona che non si regge in piedi per la stanchezza o che comunque è piuttosto malridotta **2.** attrezzo da muratore utilizzato per lavori di rifinitura **3.** *T.pesch.* pezzettino di metallo luccicante a cui è attaccato un amo e che con il suo movimento (rotatorio o ondulante) serve da esca. **TAV.** *pesca* 8.2, 8.4.

cucchiàio (pl. *-ài*) [lat. *cochleārium*; a. 1315 *cugial*] ***sm.*** **1.** arnese da tavola, di materiale vario, costituito da un manico diritto o incurvato e da una piccola concavità di forma più o meno ovale; viene usato per portare alla bocca cibi liquidi o semiliquidi o per mescolare i cibi durante la preparazione || *per estens.* in varie tecnologie, nome di utensili che per forma e dimensione ricordano un cucchiaio: *cucchiaio chirurgico, cucchiaio della turbina* **2.** *per meton.* cucchiaiata: *vuoi un cucchiaio di minestra?* **3.** recipiente metallico di varia grandezza, gen. di forma cubica, terminante da un lato con una lama o con un bordo dentato, di cui sono dotate scavatrici e draghe e che serve per il caricamento e lo scarico dei materiali di scavo || *dim.* cucchiaìno; *accr.* cucchiaióne || **N. 1.** coltello, forchetta; mestolo, posata. **TAV.** ***edilizia*** **p. 666** 10.

cucchiaióne (*accr.* di *cucchiaio*) [1588 *cucchiarone*] ***sm.*** **1.** grosso cucchiaio; *in part.* grande cucchiaio fondo, usato per versare la minestra dalla zuppiera nei piatti **2.** arnese a forma di cucchiaio con cui si screma l'olio appena centrifugato **3.** apparecchio applicato alle macchine escavatrici, di forma cubica e col margine inferiore munito di denti d'acciaio || **N. 1.** mestolo, ramaiolo.

cucchiàra [da *cucchiaio*; fine sec. XV] ***sf.*** *region.* cucchiaia. **TAV.** ***armi*** **p. 648** 15.7.

cùccia[1] (pl. *-ce*) [dal disus. *cuccio,* cucciolo; 1765] ***sf.*** *lett.* cucciola, cagnolina.

cùccia[2] (pl. *-ce*) [dal fr. *couche*; sec. XIV] ***sf.*** il giaciglio del cane || *a cuccia!,* ordine dato al cane per farlo accucciare || *scherz.* intimazione rivolta a qualcuno perché stia zitto: *a cuccia tu che non capisci niente* || *scherz.* o *spreg.* letto: *tutti a cuccia, che domani ci si alza presto* || *dim.* cuccétta, cucciolìna; *spreg.* cucciàccia.

cucciàre (pres. *cùccio*) [dal fr. *coucher*; a. 1712] ***intr.*** (aus. *avere*) del cane, stare accovacciato, accucciato; *in part.* nelle espressioni; *cuccia lì!, cuccia!* ecc., usate per intimare al cane di andare nella sua cuccia e di restarvi || ***intr. pron.*** usato soprattutto nei tempi composti, accucciarsi: *si è cucciato in un angolo e non si è più mosso.*

cucciolàta [da *cucciolo*; 1970] ***sf.*** insieme di tutti i cuccioli nati dallo stesso parto di un animale || *fig. fam.* figliolanza, prole numerosa || **N.** *Sin.* figliata.

cùcciolo [prob. voce infantile; inizio sec. XIV] ***sm.*** (f. *-a*) **1.** cane piccolo, non ancora cresciuto || *per estens.* il piccolo di qualunque altro animale: *un cucciolo di leone* **2.** *fig.* bambino piccolo, spec. in espressioni vezzeggiative || *per estens.* persona giovane e inesperta || **N. 1.** *Sin.* cagnolino.

cùcco[1] (pl. *-chi*) [voce infantile; 1484] ***sm.*** figliolo prediletto, beniamino della famiglia, cocco: *è il cucco degli zii.*

cùcco[2] (pl. *-chi*) [di orig. onom.; a. 1327] ***sm.*** **1.** cuculo || *fig. vecchio come il cucco,* vecchissimo, decrepito; antiquato **2.** *fig.* persona rimbambita.

cùccuma [lat. *cuc(c)uma*; 1585 *cuocoma*] ***sf.*** **1.** recipiente per la preparazione del caffè o del tè, bricco **2.** *ant. fig.* ira, sentimento di sdegno.

cuccurucù [voce onom.; a. 1698] ***sm.*** *non com.* imitazione del canto del gallo, chicchirichì || ***sf.*** *ant.* antica canzone a ballo.

cucicchiàre (pres. *-icchio*) [da *cucire*; 1865] ***tr.*** cucire con lentezza e svogliatamente.

cucìna [lat. tardo *cocīna,* class. *coquīna*; a. 1294] ***sf.*** **1.** locale di una casa, di un albergo, di una comunità, di una nave ecc. dotato delle attrezzature necessarie per la preparazione e la cottura dei cibi: *una cucina comoda e spaziosa* || *uso di cucina,* il diritto di servirsi della cucina per prepararsi da mangiare: *ha affittato una camera ammobiliata con uso di cucina, nella quota di pernottamento degli ostelli è incluso l'uso di cucina* || *per meton.* persona che attende alla preparazione dei cibi, cuoco: *ci tocca mangiare quello che passa la cucina* **2.** l'insieme dei mobili con cui tale ambiente viene arredato: *ha comprato una cucina nuova* || *cucina americana,* costituita da elementi componibili e con mobiletti pensili || *per restr.* apparecchio dotato di fornelli e forno sul quale si cuociono i cibi: *una cucina elettrica, a gas, a legna* || *cucina economica,* cucina a legna o a carbone in cui il calore del fuoco viene utilizzato, oltre che per riscaldare i fornelli e cucinare i cibi, anche per riscaldare un serbatoio d'acqua che attraverso una piastra metallica irradia calore nell'ambiente circostante **3.** l'attività del cucinare: *far da (la) cucina, intendersi di cucina* || *libro di cucina,* contenente ricette e consigli gastronomici || *spese di cucina,* spese che vengono sostenute quotidianamente per il cibo || i cibi, spec. dal punto di vista della qualità o della quantità: *cucina casalinga, esotica*; *una cucina ricca, povera*; *alta cucina,* curata, raffinata; *cucina piemontese, internazionale, cinese*; *è un ristorante con un'ottima cucina* || *fig.* spec. nel linguaggio politico, maneggi, complotti: *sono pratiche di bassa cucina* **4.** nei caseifici, locale in cui vengono preparati i formaggi || *dim.* cucinétta, cucinìno (*sm.*), cucinòtto (*sm.*); *accr.* cucinóna, cucinóne (*sm.*); *pegg.* cucinàccia || **N. 1.** credenziere, cuoco, dispensiere, lavapiatti, sguattero **2.** acquaio, camino, dispensa, focolare, fornelli | calapranzi **3.** culinaria, gastronomia. **Q.T.** *alimentazione* **TAV.** ***arredamento*** **p. 650** 1.

cucinàbile [da *cucinare*; seconda metà sec. XVII] ***agg.*** che si può cucinare.

cucinàre (pres. *-ino*) [lat. tardo *cocināre,* class. *coquinare*; a. 1294] ***tr.*** **1.** rif. a vivande, preparare e cuocere: *cucinare le verdure, la carne* || *ass.* far cucina: *stava cucinando, quando suonarono alla porta, sua sorella cucina malissimo* **2.** *fig. fam.* accomodare, rielaborare: *questo è quello che devi dire, ora cucinalo come meglio ti pare* || *T.giorn. cucinare un articolo,* rimaneggiarlo, adattarlo per la pubblicazione || *scherz.* di persona, trattare in un determinato modo: *se l'è cucinato per due ore e l'ha convinto* || *cucinare qualcuno per le feste,* maltrattarlo || **N. 1.** *Sin.* bollire, cuocere, preparare; ammannire, arrostire, condire, contornare, crostare, dorare, friggere, frullare, gratinare, grattare, grattugiare, guarnire, imbiondire, indorare, infarinare, infarcire, infornare, insaporire, lardellare, lessare, marinare, mondare, montare, pelare, pestare, pillottare, rimestare, riscaldare, rosolare, salare, saltare, schiumare, scodellare, sfornare, spianare, spolpare, stufare, tostare, tritare **2.** *Sin.* aggiustare, arrangiare, disporre, sistemare. **Q.T.** *alimentazione.*

cucinàrio (pl. *-ri*) [lat. *coquinārius*; a. 1758] ***agg.*** *raro* culinario.

cucinatóre [da *cucina*; sec. XIV] ***agg.*** e ***sm.*** (f. *-trìce*) *raro* che, chi cucina.

cucinatùra [da *cucinare*; a. 1704] ***sf.*** *raro* atto, effetto e modo del cucinare || **N.** *Sin.* cottura, preparazione.

cucinière [da *cucina*; a. 1306] ***sm.*** (f. *-a*) **1.** in caserme, ospedali e sim., addetto alla cucina; cuoco **2.** nelle corti medievali, dignitario che sovraintendeva alle cucine.

cucinìno (*dim.* di *cucina*) [1970] ***sm.*** piccola cucina || vano adibito a cucina, comunicante direttamente col tinello.

cucìre (pres. *cùcio, cùci*) [lat. volg. **cosīre,* class. *consuere*; 1352] ***tr.*** **1.** unire insieme due pezzi di stoffa, di panno, di cuoio oppure i fogli di un libro da rilegare, con filo, refe, spago e sim. per mezzo di punti dati con un ago: *cucire il colletto di una camicia, la tomaia di una scarpa, i quinterni di un libro* || *T.med.* suturare: *cucire una ferita,* riunirne i lembi con punti di sutura || *T.mar.* unire fra loro due cime o due capi di una stessa cima per mezzo di funicelle; unire due lembi di tela muniti di occhielli facendovi passare una fune a zig zag || unire insieme per mezzo di punti metallici, spilli e sim.: *devi cucire gli allegati alla pratica* || *ass.* fare lavori di cucito: *trascorre le serate cucendo* || *fam.* eseguire lavori di rammendo: *cucire i calzini bucati* || *macchina per cucire* e *fam. macchina da cucire,* apparecchio meccanico per uso domestico, gen. azionato da un motore elettrico, usato per confezionare, ricamare e riparare tessuti || *fig. cucire la bocca a qualcuno,* impedirgli di parlare **2.** confezionare un capo di biancheria, un abito: *cucire una gonna* **3.** *fig.* mettere insieme; talvolta *spreg.* accozzare: *non è capace di cucire quattro parole una in fila all'altra* || ***rifl. indir.*** *fig. cucirsi la bocca, le labbra,* mantenere un segreto || **N. 1.** *Sin.* agucchiare, cucicchiare | *Contr.* scucire | imbastire, orlare, trapuntare; rammendare, rappezzare, rattoppare | infilar l'ago, formare il punto, spianar le costure | ago, ditale, forbici, guancialino, spillo | filza, gugliata, imbastitura, nodo, sopraggitto. **Q.T.** *maglia...* **TAV.** ***maglia...*** **p. 1317** 21.

cucirìno [da *cucire,* attr. i dial. sett.; 1918] ***sm.*** e ***agg.*** detto di filo utilizzato per cucire: *un cucirino di cotone, filo cucirino.*

cucìta [da *cucire*; 1963] ***sf.*** cucitura rapida e sommaria: *dammi una cucita a questa tasca.*

cucìto (*pps.* di *cucire*) [a. 1375] **I** ***agg.*** *fig. avere la bocca cucita,* non poter, non voler parlare || *fig. essere cuciti a filo doppio con qualcuno,* intrattenere strettissimi legami **II** ***sm.*** il cucire; l'arte del cucire: *corso di taglio e cucito* || ciò che si deve cucire o si è già cucito: *deve consegnare il cucito entro sera.* **Q.T.** *maglia...* **TAV.**

***maglia...* p. 1316 sg.**

cucitóio (pl. *-ói*) [da *cucito*; 1940] **sm.** telaio usato dal rilegatore per cucire i quinterni.

cucitóre [da *cucito*; a. 1342] **sm.** (f. *-trìce*; pop. *-tóra*) chi per mestiere esegue lavori di cucito; *disus.* sarto.

cucitrìce [da *cucire*; 1941] **sf.** **1.** macchina di uso industriale utilizzata per cucire stoffa, pellame o altro materiale **2.** in legatoria, macchina utilizzata per cucire i quinterni che compongono un libro || *com.* macchinetta di uso manuale, impiegata per unire con punti metallici un certo numero di fogli di carta, pinzatrice.

cucitùra [da *cucito*; inizio sec. XIII] **sf.** **1.** atto ed effetto del cucire: *una cucitura veloce*; *una cucitura a mano, a macchina, invisibile* || il punto in cui due lembi di stoffa sono cuciti insieme: *hai uno strappo vicino alla cucitura* || l'insieme dei punti che costituiscono una cucitura **2.** in legatoria, operazione per mezzo della quale vengono assemblate le varie parti che compongono un libro, uno stampato e sim. **3.** *T.tip.* margine bianco situato dal lato interno di una pagina || **N.** **1.** *Sin.* costura, imbastitura, giuntura, rattoppo, sutura.

cucù [di orig. onom.; 1536] **sm.** **1.** cuculo **2.** il verso di tale animale || *orologio a cucù*, orologio che scandisce le ore con un suono che imita quello del cuculo e facendo uscire da uno sportello, mediante apposito meccanismo, un uccellino in legno raffigurante appunto il cuculo || esclamazione di derisione o canzonatura oppure per mostrare che non ci si lascia acchiappare o mettere in mezzo: *volevano farmi lavorare al posto loro ma io gli ho fatto cucù* || *T.gioc.* esclamazione usata dai bambini nel nascondino, per schernire chi deve acchiapparli: *fare cucù*, fare capolino; *fare a cucù*, giocare a nascondino.

cuculiàre (pres. *-ùlio*) [dal disus. *cuculio*, cucù; a. 1652] **tr.** *raro* prendersi gioco di qualcuno facendogli il verso del cucù; beffare || **intr.** (aus. *avere*) *ant.* imitare il verso del cucù.

Cuculifórmi (sing. *-e*) [comp. di *cuculo* e *-forme*; 1970] **sm. pl.** *T.zool.* ordine di uccelli arrampicatori cui appartiene il cuculo; sono diffusi in tutto il mondo nella fascia temperata e calda e molte specie depongono le uova nel nido di altri uccelli, lasciando a questi la cura della prole. **Q.T.** *zoologia.*

cucùllo [dal lat. *cucullus*; a. 1530] **sm.** **1.** *T.stor.* cappuccio di stoffa che nell'antichità romana veniva portato sovrapposto all'abito per difendersi dalle intemperie; in età cristiana venne adottato dai monaci **2.** trappola a rete per catturare le quaglie.

cùculo e **cucùlo** [lat. *cucūlus*; a. 1292] **sm.** **1.** *T.zool.* uccello dei Cuculiformi con coda e ali lunghe e piumaggio grigiastro; è parassita di altre specie a cui lascia covare le proprie uova; si nutre di insetti; vive in zone boscose ed emette il caratteristico verso modulato "cu-cu" **2.** *fig.* persona sciocca.

cucùrbita [dal lat. *cucurbita*; a. 1525] **sf.** **1.** *lett.* zucca **2.** parte dell'alambicco contenente il liquido da distillare, caldaia **3.** *T.bot.* genere di piante delle Cucurbitacee originario del Sud America cui appartiene la zucca.

Cucurbitàcee [da *cucurbita*; 1745] **sf. pl.** *T.bot.* famiglia di piante dicotiledoni diffusa nelle regioni calde, comprendente varietà erbacee e varietà legnose, con frutto a bacca costituito da una polpa acquosa in cui sono immersi i semi || **N.** cetriolo, cocomero, melone, zucca.

cucùzza v. COCUZZA.

cucùzzolo v. COCUZZOLO.

cudù [da una voce bantu, attr. il fr.; 1875 *kudu*] **sm.** grossa antilope africana con pelo grigio giallastro a strisce trasversali bianche e lunghe corna a cavatappi.

cùffia [lat. tardo *cūfia*; a. 1300] **sf.** **1.** leggero copricapo di lana, stoffa o tela; ben aderente al capo, scende fino al collo e viene fermato sotto il mento per mezzo di due nastri; usato un tempo sia dagli uomini che dalle donne, è divenuto in seguito un indumento tipicamente femminile, spesso adornato con gale e trine e oggi viene gen. portato solo dai lattanti || *fig. salvarsi per il rotto della cuffia*, cavarsi all'ultimo istante, fortunosamente da una situazione pericolosa || *cuffia da bagno*, calotta di gomma o altro materiale impermeabile che serve a non far bagnare i capelli durante la doccia, il bagno o mentre si nuota || *ant.* copricapo di maglia metallica che veniva portato sotto la celata || *T.bot.* cappuccio di tessuto parenchimatico che protegge l'apice della radice **2.** nome generico di ogni accessorio individuale per l'ascolto del suono, costituito gen. da una coppia di auricolari e da un supporto che passa sopra il capo: *cuffia telefonica, radio a cuffia* **3.** nome generico di oggetti o strutture che hanno funzioni di copertura || *T.teatr.* cupoletta mobile posta sopra la buca del suggeritore per nasconderlo al pubblico || *T.mil.* copertura di tela, cuoio o altro materiale con cui si riparano i pezzi di artiglieria **4.** *T.arch. pennacchio a cuffia*, elemento di raccordo tra la cupola e il vano sottostante a pianta quadrata o rettangolare || *dim.* cuffina, cuffiétta; *accr.* cuffióna, cuffióne (*sm.*). **Q.T.** *audiovisivi* **TAV.** *audiovisivi* 3.1, 4.1, 7.4, 9.

cùfico (pl. *-ci*) [dal n. geogr. *Cufa*, città della Mesopotamia; 1865] **agg.** *scrittura cufica, caratteri cufici*, antichi caratteri usati nelle epigrafi arabe e nel Corano tra il VII e il X secolo || *monete cufiche*, quelle coniate dai Normanni in Italia meridionale nell'XI e XII secolo con legende scritte in caratteri cufici.

cuginànza [da *cugino*; 1941] **sf.** *raro* grado di parentela che intercorre tra cugini.

cugino [dal fr. ant. *cosin*; a. 1313] **sm.** (f. *-a*) **1.** figlio dello zio o della zia || *per estens.* il marito della cugina o la moglie del cugino || *cugino di secondo grado*, il figlio di un cugino **2.** titolo attribuito dai regnanti di Francia a parenti e grandi dignitari o ecclesiastici eminenti.

cùi [lat. *cui*, al quale; a. 1250] **pron. rel.** forma obliqua del pronome *che* al quale si sostituisce nei complementi indiretti; presenta un'unica forma per il maschile e il femminile, per il singolare e per il plurale; è quasi sempre preceduto dalla preposizione che specifica il tipo di complemento: *la ragazza* (*a*) *cui pensi, la città da cui provengo, gli amici di cui ti parlavo, il luogo in cui ci troviamo* || *lett.* senza la preposizione *a*, assume valore di complemento di termine: *le persone cui mi sono rivolto* || inserito tra articolo e nome ha valore di complemento di specificazione: *il cui nome*, il nome del quale; *i cantanti la cui fama è mondiale*, la fama dei quali || *per cui*, per la qual cosa; nella lingua parlata assume spesso valore di congiunzione conclusiva: *sei stato cattivo per cui vai a letto senza cena* || *ant. lett.* viene usato come complemento oggetto col valore di *che*: *oh solitaria casa d'Aiaccio / cui verdi e grandi le querce ombreggiano* (Carducci) || *ant.* poteva assumere valore di pronome interrogativo: *guarda com'entri e di cui tu ti fide* (Dante).

cui prodest (lat., pr. it. ['kui 'prɔdest]) [letter. a chi giova] **loc.** domanda che viene posta quando si cerca di scoprire l'autore o il promotore di un fatto, presupponendo che si può trattare solo di chi pensa di trarre vantaggio da questo fatto.

culaccìno [da *culaccio*; 1797] **sm.** **1.** il fondo dei salami, delle salsicce || la parte finale del cetriolo **2.** *non com.* il liquido che rimane in fondo a un bicchiere, a una bottiglia || segno che lascia un recipiente bagnato nel luogo in cui era stato posato.

culàccio (pl. *-ci*) [da *culo*; a. 1565] **sm.** *T.mac.* parte posteriore delle bestie macellate, esclusa la coscia.

culàco (pl. *-chi*) **sm.** adattamento it. del russo *kulak* (v.).

culàio (pl. *-ài*) [da *culo*; 1483] **agg.** *tosc. mosca culaia*, mosca cavallina.

culàta [da *culo*; fine sec. XV] **sf.** *pop.* colpo battuto o dato col sedere.

culatèllo [da *culo*; 1908] **sm.** prosciutto emiliano fatto con la parte magra della natica del maiale disossata, arrotolata, spruzzata di vino bianco e stagionata.

culàtta [da *culo*; a. 1537] **sf.** **1.** parte posteriore di una bocca da fuoco, destinata a contenere la carica di lancio; nelle armi da fuoco moderne, parte terminale, rinforzata, della canna: *vitone di culatta*, in alcuni tipi di arma da fuoco, congegno a vite per la chiusura della culatta **2.** parte posteriore, di forma tondeggiante, di varie cose; *in part.* pezzo di cartone che si usa come rinforzo del dorso di una rilegatura; toppa di rinforzo cucita sulla parte posteriore dei pantaloni **3.** *T.mac.* culaccio **4.** *T.metal.* quello che resta nel crogiolo a fusione terminata. **TAV.** *caccia* 1.6; ***armi* p. 648** 18.2 e **p. 649** 20.5, 23.3.

culbiànco (pl. *-chi*) [comp. di *culo* e *bianco*; 1797] **sm.** piccolo uccello dei Passeriformi con dorso grigio, ali nere e coda bianca.

cul-de-lampe (fr., pr. [kyd'lɑ̃:p]) [letter. fondo di lampada; 1905] **loc. m. inv.** *T.tip.* disposizione ornamentale, a forma di triangolo, di righe stampate poste a chiusura di una pagina o di un capitolo.

cul-de-sac (fr., pr. [kyd'sak]) [letter. fondo di sacco; 1905] **loc. m. inv.** **1.** vicolo cieco, strada senza uscita, soprattutto in senso *fig.*: *è per la tua indecisione che ci troviamo in questo cul de sac* **2.** *T.anat.* cavità a fondo cieco: *cul de sac di Douglas.*

culdisàcco o **cul di sàcco** **sm. inv.** o **loc. m. inv.** adattamento it. di *cul de sac* (v.).

culdoscopìa [comp. di *cul de* (*sac*) e *-scopia*; 1956] **sf.** *T.med.* esplorazione interna dell'apparato genitale femminile.

culdoscòpio (pl. *-pi*) [da *culdoscopia*; 1948] **sm.** *T.med.* apparecchio per effettuare la culdoscopia.

culinària [da *culinario*; 1875] **sf.** arte della cucina, gastronomia. **Q.T.** *erboristeria.*

culinàrio (pl. *-ri*) [dal fr. *culinaire*; a. 1886] **agg.** attinente alla culinaria, gastronomico.

cùlla [lat. tardo *cūnula*; a. 1277] **sf.** **1.** lettino per bambini neonati, fornito di sponde protettive, di cortine contro la luce e gli insetti e gen. costruito in modo tale da poter essere dondolato; *bambino di culla*, lattante || *fig.* infanzia: *fin dalla culla*, fin dalla nascita; *morire in culla*, in tenera età || *dalla culla alla tomba*, dalla nascita alla morte **2.** luogo natale || *per estens.* luogo di origine di una cultura, di una civiltà e sim.: *Firenze fu la culla del Rinascimento* **3.** atto del cullare o dell'essere cullato **4.** nelle moderne artiglierie, parte dell'affusto su cui scorre la bocca da fuoco durante il rinculo || parte del telaio di una moto che sostiene il blocco motore **5.** vaso di legno in cui viene pigiata l'uva.

cullàre [da *culla*; a. 1625] **tr.** **1.** far oscillare la culla in modo da conciliare il sonno al bambino o dondolarlo tra le braccia per acquietarlo o fargli prendere sonno **2.** *per estens.* dondolare, far oscillare quietamente: *il vento cullava le cime degli alberi* || rendere più dolce il sonno con suoni o melodie: *il canto dei grilli cullava il suo riposo* **3.** *fig.* custodire in sé: *cullava il ricordo di quei giorni felici* **4.** illudere: *lo cullava con false promesse* || **rifl.** **1.** dondolarsi: *per tutto il pomeriggio si era cullato nell'amaca* **2.** *fig.* illudersi, adagiarsi in una vana speranza: *si cullava nel sogno di facili ricchezze* || abbandonarsi in uno stato di beatitudine e contemplazione: *si cullava nel ricordo delle glorie passate* || **N.** **1.** *Sin.* addormentare, ninnare **3.** *Sin.* coltivare **4.** *Sin.* blandire, ingannare.

cullàta [da *cullare*; 1887] ***sf.*** atto del cullare.

culminàle [da *culmine*; 1956] ***agg.*** che si riferisce al culmine, alla sommità di un monte.

culminànte (*ppr.* di *culminare*) [1833] ***agg.*** *fig.* decisivo, cruciale: *la fase culminante di un'impresa.*

culminàre (pres. *cùlmino*) [dal lat. *culmināre*; 1772] ***intr.*** (aus. *essere*) **1.** raggiungere il punto più alto: *le Alpi culminano con la vetta del Monte Bianco* || *T.astr.* di astro, quando passa sul meridiano dell'osservatore **2.** *per estens. lett.* innalzarsi, ergersi: *in mezzo alla valle culminavano i campanili delle chiese* **3.** raggiungere il massimo grado, arrivare all'apice: *la discussione culminò in una rissa* || **N.** **2.** *Sin.* svettare **3.** *Sin.* sfociare, terminare.

culminazióne [da *culminare*; 1772] ***sf.*** **1.** *T.astr.* passaggio di un astro al meridiano dell'osservatore: *culminazione superiore*, corrispondente all'altezza massima di un astro sull'orizzonte; *culminazione inferiore*, corrispondente a quella minima **2.** *T.geol.* il punto più elevato dell'asse di una falda di ricoprimento.

cùlmine [dal lat. *culmen, -inis*; a. 1484] ***sm.*** **1.** cima, sommità: *il culmine di una montagna* **2.** *fig.* il punto, il momento più elevato di un processo, di una condizione e sim.: *a trent'anni raggiunse il culmine del successo, a quella notizia, la sua gioia raggiunse il culmine* || **N.** **1.** *Sin.* cima, sommità, vetta **2.** *Sin.* acme, apice, apogeo, massimo, sommo, vertice.

cùlmo [dal lat. *culmus*; 1550] ***sm.*** *T.bot.* fusto erbaceo o legnoso, gen. cavo, caratteristico delle Graminacee.

cùlo [lat. *cūlus*; a. 1300] ***sm.*** **1.** *pop.* parte posteriore del corpo umano, sedere || *fare il culo rosso a qualcuno*, sculacciarlo || *prendere, pigliare per il culo*, prendere in giro || *battere il culo in terra*, cadere all'indietro; *fig.* andare in fallimento o sbagliare per ostinazione || *avere culo*, avere fortuna; *che culo!*, che fortuna! || *avere una faccia da (di) culo*, avere una gran faccia tosta || *essere culo e camicia con qualcuno*, essere inseparabili, avere grande familiarità **2.** *per estens.* fondo, base su cui poggia un recipiente; la parte inferiore di qualsiasi oggetto: *il culo di un bicchiere, di una bottiglia* || *culo di bicchiere, di bottiglia*, diamante falso **3.** *volg.* orifizio anale || *spreg. culo rotto*, omosessuale || *volg. metterlo nel culo a qualcuno*, imbrogliarlo || *volg. fare il culo a qualcuno*, danneggiarlo; rimproverarlo || *volg. mandare a fare in culo*, mandare al diavolo || *volg. farsi un culo così*, faticare moltissimo per ottenere qualcosa || *dim.* culétto, culìno; *accr.* culóne; *pegg.* culàccio || **N.** **1.** *Sin.* deretano, didietro, posteriore **3.** *Sin.* ano.

culottes (fr., pr. [ky'lɔt]) [da *cul*, culo; 1931] ***sf. pl.*** mutande corte da donna.

culteranésimo o **culteranìsmo** [dallo sp. *culteranismo*, da *culterano*, persona di cultura raffinata; 1936] ***sm.*** corrente poetica del Seicento spagnolo caratterizzata da uno stile barocco ed erudito || **N.** *Sin.* gongorismo.

culteràno [dallo sp. *culterano*, persona di raffinata cultura; 1970] ***sm.*** (f. *-a*) seguace del culteranesimo.

cultìsmo [dal fr. *cultisme*; 1950] ***sm.*** **1.** culteranismo **2.** parola o espressione di derivazione colta.

cùltivar o **cultivàr** [dall'ingl. *cultivar*, da *culti(vated) var(iety)*, varietà coltivata; 1963] ***sf. inv.*** *T.agr.* nome con cui si indicano le varietà di piante oggetto di coltivazione; viene spesso abbreviato in *cv.*

cult movie (ingl., pr. amer. [kʌlt 'mu:vi]) [letter. cinema da culto; 1979] ***loc. m. inv.*** film che riscuote un successo di lunga durata in un determinato pubblico o nella critica.

cùlto[1] [dal lat. *cultus*; 1321 *colto*] ***sm.*** **1.** venerazione, manifestazione di ossequio interiore o esteriore, collettiva o privata, che si rende alla divinità: *il culto di Dio, della Madonna, dei Santi* || nella dottrina cattolica: *culto di latria*, quello reso a Dio; *culto di dulia*, quello reso a santi e angeli; *culto di iperdulia*, quello reso alla Madonna **2.** l'insieme degli atti rituali di una religione; la religione stessa: *il culto cattolico, protestante, buddista* || *libertà di culto*, possibilità di praticare gli atti di culto della propria fede in condizioni di tolleranza o di parità legale || *ministri del culto*, sacerdoti di una religione **3.** *fig.* sentimento di rispetto e venerazione rivolto a qualcuno o a qualcosa: *il culto della tradizione, della bellezza* || *culto della personalità*, attribuzione ad un leader politico di qualità eccezionali e quasi sovrumane || *per estens.* cura eccessiva: *ha il culto della propria persona* **4.** *ant.* coltivazione || **N.** **1.** *Sin.* adorazione, devozione, dulia **2.** *Sin.* liturgia, rito; funzioni, pratiche religiose, preghiere **3.** *Sin.* feticismo, idolatria. **Q.T.** *antropologia, chiesa..., religione.*

cùlto[2] [dal lat. *cultus*; a. 1595] ***agg.*** *lett.* **1.** colto, istruito || *per estens.* ornato, elegante **2.** *ant.* coltivato || abitato.

cultóre [dal lat. *cultor, -ōris*; a. 1294 *coltore*] ***sm.*** (f. *-trìce*) **1.** chi coltiva un'arte, una scienza e sim.: *è un cultore di musica, di pittura* || *cultore della materia*, chi, pur senza avere un grado accademico, è riconosciuto esperto di una disciplina e può per questo essere chiamato a far parte di commissioni esaminatrici e sim. **2.** *lett.* adoratore **3.** *ant.* coltivatore || abitante.

-cultóre ***elem. term.*** *raro* V. -COLTORE.

cultràrio (pl. *-ri*) [dal lat. *cultrārius*; 1830] ***sm.*** *T.stor.* nell'antica Roma, sacerdote incaricato di uccidere la vittima nei sacrifici.

cùltro [dal lat. *cultor, -tri*; a. 1566] ***sm.*** coltello sacrificale usato dai sacerdoti romani per immolare le vittime.

cultuàle [dal fr. *cultuel*; 1908] ***agg.*** relativo al culto.

cultùra [dal lat. *cultūra*; sec. XV] ***sf.*** **1.** l'insieme delle conoscenze, delle tradizioni, delle tecniche e dei comportamenti caratteristici di un dato gruppo sociale, di un popolo, di un'etnia e dell'intera umanità che vengono conservati e trasmessi: *molti usi tribali sopravvivono nella cultura degli aborigeni australiani* || l'insieme delle istituzioni sociali, politiche e religiose, delle manifestazioni intellettuali, artistiche e spirituali che caratterizzano la vita di una società in un momento particolare del suo sviluppo: *la cultura illuministica, neopositivista, la cultura francese dei primi del secolo* || *cultura di massa*, insieme di nozioni, comportamenti e valori trasmessi dai mezzi di comunicazione di massa || in etnologia, l'insieme dei manufatti propri di una determinata civiltà: *cultura precolombiana* || *T.antrop. Cultura e Personalità*, V. PERSONALITÀ **2.** l'insieme delle nozioni, delle cognizioni intellettuali che una persona acquisisce attraverso lo studio e l'esperienza e che rielabora facendole diventare parte integrante della propria consapevolezza di sé e del mondo || *per restr.* insieme di nozioni che si acquisiscono frequentando un corso di studi: *possedere una cultura discreta, media, di livello superiore, uomo di cultura* **3.** *in part.* l'insieme delle nozioni relative a una disciplina o a un'area del sapere: *cultura umanistica, scientifica, filosofica*; *cultura classica*, quella relativa alla letteratura e all'arte dei popoli greci e latini **4.** *cultura fisica*, esecuzione costante e ordinata di esercizi fisici che contribuisce a un armonico sviluppo del corpo **5.** *non com.* coltivazione; allevamento || *pl.* luoghi coltivati **6.** *ant.* luogo di culto || **N.** **1.** *Sin.* civilizzazione, civiltà **2.** *Sin.* conoscenza, dottrina, erudizione, sapere, sapienza **3.** *Sin.* formazione, istruzione; studi. **Q.T.** *antropologia, archeologia, sociologia.*

culturàle [dal fr. *cultural*; 1918] ***agg.*** di cultura, che riguarda la cultura: *formazione, fenomeno, tradizione culturale* || che favorisce lo sviluppo della cultura: *istituto culturale* || *beni culturali, patrimonio culturale di una nazione*, il complesso dei beni ambientali, archeologici, storici, artistici, librari e sim. che costituiscono la testimonianza materiale della civiltà di un popolo.

culturalìsmo [da *cultura*; 1942] ***sm.*** ostentazione di cultura; attribuzione di un'importanza eccessiva all'alta cultura e alle sue manifestazioni || eccesso di motivi e richiami culturali presenti in un'opera artistica.

culturalìstico (pl. *-ci*) [da *culturalismo*; 1942] ***agg.*** relativo al culturalismo, proprio del culturalismo; che ostenta un vacuo interesse per la cultura.

culturìsmo [da *cultura*; 1963] ***sm.*** teoria e pratica mirante a raggiungere, attraverso opportuni esercizi, un'ipertrofia dell'apparato muscolare allo scopo di conferire al corpo un'apparenza statuaria che esprima potenza e vigore || **N.** *Sin. body building.*

culturìsta [da *culturismo*; 1963] ***s.*** chi pratica il culturismo.

cumarìna [dalla voce guaranì *cumar(una)* col suff. *-ina*; 1865] ***sf.*** *T.chim.* composto organico aromatico, cristallino, incolore, presente in molti vegetali, che per la sua gradevole profumazione viene usato nella preparazione di essenze e nella concia del tabacco.

cumaróne [comp. di *cumar(ina)* e *-one*; 1956] ***sm.*** *T.chim.* olio incolore estratto dal catrame di carbon fossile, impiegato nella produzione di materie plastiche e come conservante degli agrumi.

cumène o **cumèno** [comp. di *cum(ino)* e *-ene*; 1865] ***sm.*** *T.chim.* idrocarburo aromatico ricavato dal benzolo e usato come additivo di benzine d'aereo.

cumenìle [comp. di *cumen(e)* e *-ile*; 1956] ***sm.*** *T.chim.* radicale monovalente derivato dal cumene, esistente in varie forme isomere.

cum grano salis (lat., pr. it. [kuŋ 'grano 'salis]) [letter. con un pizzico di sale] ***loc. avv.*** *lat.* con un po' di buon senso, di discernimento: *le sue osservazioni vanno prese cum grano salis.*

cumìnico (pl. *-ci*) [da *cumino*; 1865] ***agg.*** *T.chim.* detto di composto contenente un radicale cumenile: *acido, alcole cuminico*; *aldeide cuminica.*

cumìno o **comìno** [dal lat. *cymīnum*, gr. *kýminon*; a. 1292 *comino*] ***sm.*** pianta erbacea annua delle Ombrellifere con fusto sottile e ramoso, fiori bianchi o rosati raccolti in ombrelle e frutti con semi aromatici || *per estens.* i frutti di tale pianta, utilizzati come condimento e nella preparazione di un liquore detto *kümmel* e impiegati in farmacologia per le loro proprietà stomachiche || *cumino dei prati*, pianta erbacea pluriennale delle Ombrellifere con frutti di dimensioni ridotte di color giallastro e aroma intenso, che vengono usati nella preparazione di pietanze, nelle fabbricazioni di liquori, e in farmacologia come stimolanti.

cùmolo e der. forme ant. di CUMULO e der. (v.).

cumquìbus V. CONQUIBUS.

cumulàbile [da *cumulare*; 1975] ***agg.*** che si può cumulare; detto in part. di reddito o pensione che può essere percepito assieme ad altro reddito o pensione, oppure di carica che può essere ricoperta contemporaneamente ad altre: *la presidenza non è cumulabile con la ca-*

rica che già ricopre.

cumulàre (pres. *cùmulo*) [dal lat. tardo *cumulāre*; a. 1306] **tr.** mettere insieme più cose facendo un cumulo, accatastare; perlopiù *fig.*: *cumulare due stipendi, due lavori* || **N.** *Sin.* accumulare, ammassare, ammucchiare.

cumulatìvo [da *cumulare*; 1673] **agg.** che si cumula, che mette insieme o che comprende più cose: *biglietto cumulativo,* valido per più viaggi o per più persone || *prezzo cumulativo,* corrisposto per più prestazioni o per più oggetti || **N.** *Sin.* collettivo, complessivo, globale.

cumulatóre [da *cumulare*; a. 1519] **sm.** (f. *-trìce*) e **agg.** chi, che cumula.

cumulazióne [da *cumulare*; 1673] **sf.** atto ed effetto del cumulare.

cùmulo [dal lat. *cumulus*; 1483] **sm.** **1.** insieme di cose poste una sull'altra senza ordine; ammasso, mucchio: *un cumulo di cartacce*; anche *fig.*: *hai detto un cumulo di sciocchezze* || *cumulo di cariche, di stipendi,* riunione nella stessa persona di più cariche o più stipendi || *T.giur. cumulo di cause,* riunione in uno stesso processo di più cause connesse tra loro || *T.giur. cumulo di pene,* attribuzione di più pene a una stessa persona **2.** *T.giur. cumulo dei redditi,* unione dei redditi dei coniugi ai fini della determinazione di un'imposta **3.** *T.meteor.* nube spessa, grigia o bianca a sviluppo orizzontale con la sommità a forma di cupola che si forma a un'altezza di circa 2.000 metri per effetto di correnti ascendenti || *cumulo-nembo,* massa di nubi di colore grigio nerastro, a forma di torre, che si eleva fino a 10.000 metri di quota, portatrice di nevischio, grandine o temporali || **N.** **1.** *Sin.* coacervo, mucchio **2.** *Sin.* unione | *Contr.* separazione. **TAV.** ***meteorologia*** **p. 1321** 2.5, 2.7.

cùna [dal lat. *cūna*; 1313] **sf.** **1.** *lett.* o *region.* culla || *per estens.* luogo natale **2.** *raro* cunetta, canaletto di scolo posto ai margini di una strada.

cuneàto [dal lat. *cuneātus*; 1563] **agg.** *raro* **1.** a forma di cuneo || munito di cunei **2.** *T.arald.* attributo di scudo partito che ha la linea di divisione a denti aguzzi di forma triangolare.

cuneifórme [comp. di *cuneo* e *-forme*; a. 1673] **agg.** a forma di cuneo || *T.anat. ossa cuneiformi,* le tre ossa del tarso poste tra scafoide e cuboide || *scrittura cuneiforme,* tipo di scrittura costituita da caratteri lineari a forma di cuneo incisi nell'argilla o nella pietra e tracciati da sinistra a destra, in uso presso i Sumeri, gli Assiro-Babilonesi e alcuni popoli dell'Asia occidentale. **TAV.** ***fiori...*** **p. 671** 4.4.

cùneo [lat. *cuneus*; a. 1292] **sm.** **1.** strumento gen. metallico a forma di prisma triangolare che, posto con la base affilata in una fessura o in un intaglio, serve per spaccare legna o pietre o per dividere due elementi fortemente connessi || *per estens.* ogni oggetto che abbia tale forma; *in part.* strumento utilizzato per bloccare o per contrastare parti mobili di un meccanismo o per regolare la distanza tra le varie parti di un oggetto || *T.alp.* ciascuno dei blocchetti di legno, di varie dimensioni e di forma leggermente conica (oggi sostituiti dai *chiodi a cuneo*), dotati di foro per il passaggio della corda, che vengono piantati in una fessura e utilizzati come punto di progressione || *T.arch.* parte dell'arco costituita da blocchi di pietra a sezione trapezoidale che combaciando l'uno con l'altro costituiscono la struttura portante di un arco o di una volta || *T.tip.* ciascuno dei legni che venivano usati per serrare una forma di stampa contro il telaio sul piano del torchio tipografico || *T.arm. cuneo di mira,* rudimentale congegno di puntamento di cui erano dotate le antiche artiglierie, costituito da un cuneo di legno di vario spessore che veniva posto sotto la culatta per alzare o abbassare la traiettoria di tiro **2.** *fig.* ciò che penetra a fondo nel corpo o nella mente di qualcuno, vincendo una forte resistenza e causando dolore e oppressione: *il cuneo dell'angoscia* || *per estens. T.mil.* formazione tattica caratterizzata dalla disposizione di reparti a triangolo con il vertice acuto rivolto allo schieramento nemico **3.** *T.stor.* nei teatri e negli anfiteatri greci e romani, ogni settore delle gradinate compreso tra le scale di passaggio e che si allargava procedendo dal basso verso l'alto **4.** *T.med. vertebra a cuneo,* deformazione caratterizzata dallo schiacciamento della porzione anteriore del corpo vertebrale || **N.** **1.** *Sin.* bietta, zeppa | incuneare. **TAV.** *alpinismo* 6.

cunétta (*dim.* di *cuna*) [1609] **sf.** **1.** avvallamento trasversale del fondo stradale **2.** canale per lo scolo delle acque posto ai margini di una carreggiata stradale.

cunìcolo[1] [dal lat. *cunīculus*; a. 1292] **sm.** galleria sotterranea lunga e stretta scavata dall'uomo o da un animale; *in part.* galleria sotterranea scavata sotto opere di fortificazione per aprirsi un passaggio o per collocare mine; scavo praticato per porre in sede tubature, cavi o per costituire una presa d'acqua || *cunicolo d'avanzata,* scavo, gen. a sezione ridotta, che costituisce il passaggio di avanzamento di una galleria || *T.med. cunicolo della scabbia,* lesione epidermica prodotta dall'acaro della scabbia || **N.** *Sin.* passaggio, tunnel.

cunìcolo[2] [comp. del lat. *cunī(culus)*, coniglio e *-colo*; 1942] **agg.** relativo all'allevamento dei conigli.

cunicoltóre [comp. del lat. *cunī(culus)* e *-coltore*; 1956] **sm.** (f. *-trìce*) allevatore di conigli.

cunicoltùra [comp. del lat. *cunī(culus)* e *coltura*; 1956] **sf.** allevamento di conigli.

cùnta [dal lat. *cunctāri*, indugiare; 1319] **sf.** *ant.* indugio: *sanza cunta* (Dante).

cuòcere (pres. *cuòcio, cuòci, cuòce, cuociàmo* o *ociàmo, cuocéte* o *océte, cuòciono* o *còciono*; p.rem. *còssi, océsti*; pps. *còtto* e raro in alcuni usi *fig. ociùto*) [lat. volg. **cocere*, class. *coquere*; 1260 ca.] **tr.** **1.** sottoporre un alimento all'azione del fuoco per renderlo mangiabile o più digeribile: *cuocere la carne, il pesce, la torta*; *cuocere in padella, al forno, allo spiedo* || *per estens.* cucinare: *cuocere in umido, a bagno maria* || *per estens.* portare al giusto punto di cottura: *questa bistecca deve essere ancora cotta un po'* **2.** *per estens.* sottoporre certi materiali all'azione del fuoco affinché acquistino le caratteristiche necessarie per l'uso: *cuocere i mattoni, la ceramica, il vetro* **3.** *iperb.* del Sole, scottare, bruciare: *il sole gli ha cotto la pelle*; *raro* far maturare i frutti || di gelo, disseccare: *il gelo cuoce i germogli* || *fig. non com.* far innamorare || **intr.** (aus. *essere*) **1.** venire sottoposto a cottura: *la torta sta cuocendo in forno* || *fig. cuocere al sole,* abbronzarsi || *fig. lasciare uno a cuocere nel suo brodo,* lasciare che si comporti come meglio crede, senza correggerlo o aiutarlo **2.** bruciare, inaridire: *con questo caldo le piante cuociono* **3.** provare un dolore, un forte dispiacere: *il suo animo cuoce per l'affronto* || **intr. pron.** **1.** essere sottoposto a cottura: *gli spaghetti si stanno cuocendo* **2.** bruciarsi, scottarsi: *si è cotto al sole*; abbronzarsi: *si cuoce tutto il giorno sulla spiaggia* || *fig.* innamorarsi **3.** provare dolore o risentimento: *si cuoce nella propria rabbia impotente* || **N.** **tr.** **1.** abbrustolire, arrostire, bollire, friggere, rosolare, scottare, torrefare, tostare, CUCINARE **3.** *Sin.* disseccare, inaridire; scaldare | **intr.** **2.** *Sin.* seccare | **intr. pron.** **3.** *Sin.* affliggersi, indispettirsi, risentirsi. **Q.T.** *pane.*

cuocitóre V. COCITORE.

cuocitùra V. COCITURA.

cuòco (pl. *-chi*) [lat. *cocus*; inizio sec. XIII] **sm.** (f. *-a*) chi cucina || chi per mestiere provvede alla preparazione e alla cottura dei cibi, spec. in ristoranti, alberghi, comunità e sim. || **N.** capocuoco, *chef,* cuciniere, sottocuoco; gastronomo, pasticcere, sguattero. **Q.T.** *alimentazione.*

cuoiàio (pl. *-ài*) o **coiàio** [lat. *coriārius*; a. 1313 *coiaio*] **sm.** (f. *-a*) chi concia o vende pellami. **Q.T.** *pellicciaio...*

cuoiàme o **coiàme** [da *cuoio*; a. 1388 *coiame*] **sm.** qualità, assortimento di cuoio e di oggetti di cuoio.

cuoierìa [da *cuoio*; 1965] **sf.** negozio di cuoiami.

cuòio (pl. *cuòi*; *cuòia* nel senso 3) [lat. *corium*; a. 1306 *coio*] **sm.** **1.** pelle di alcuni animali, conciata e resa imputrescibile: *valigie, cinture, poltrona in cuoio* || *cuoio naturale,* conciato e non pigmentato || *cuoio russo, bulgaro,* ottenuto con una concia a base di scorza di salice e di betulla || *cuoio scamosciato,* ottenuto conciando con olii derivati da animali marini pelli di daino, di camoscio, di capriolo e sim. || *T.giorn. teste di cuoio,* reparti speciali di polizia che sono dotati di particolari caschi in cuoio || *ant.* la pelle di qualsiasi animale, anche vivo **2.** *cuoio capelluto,* pelle che riveste la volta cranica, normalmente ricoperta di capelli e ricca di ghiandole sebacee **3.** *per estens. scherz.* la pelle umana || *fig. avere il cuoio duro,* essere resistenti alle fatiche || *fig. tirare, stendere, lasciarci le cuoia,* morire **4.** *T.min. cuoio di monte,* varietà di asbesto a lamine sottili costituite da fibre minerali fittamente intrecciate **5.** *ant.* cartapecora || scorza degli alberi || **N.** **1.** *Sin.* corame, cuoiame, vacchetta | scuoiare. **Q.T.** *pellicciaio...*

cuòra [lat. *coria*, pl. di *corium*, cuoio; a. 1750] **sf.** strato erboso che galleggia su laghi, paludi e sim.: *travolge la cuora* (D'Annunzio) || *ven.* strato di erbe secche che ricopre il fondo degli stagni durante i periodi di siccità.

cuòre [lat. *cor*; 1294 nel senso 3] **sm.** **1.** *T.anat.* muscolo cavo che costituisce il motore dell'apparato circolatorio, posto nell'uomo tra i polmoni sopra il diaframma e tra lo sterno e la colonna vertebrale; ha forma conica con apice rivolto verso il basso e verso sinistra; *cuore destro,* l'insieme di ventricolo destro e atrio destro che convoglia il sangue verso la circolazione polmonare; *cuore sinistro,* l'insieme di ventricolo sinistro e atrio sinistro che convoglia il sangue verso la circolazione sistemica || *per estens.* la parte del petto in cui è situato il cuore: *portarsi una mano al cuore* || *cuore artificiale,* apparato per la circolazione extracorporea; protesi cardiaca utilizzata in alternativa al trapianto di cuore || il cuore di animali uccisi che, cotto in vari modi, viene utilizzato come cibo **2.** *per estens.* ogni oggetto a forma di cuore stilizzato: *cuore votivo,* posto davanti a un'immagine sacra per sciogliere un voto o per grazia ricevuta || *T.gioc.* uno dei semi delle carte francesi: *un dieci di cuori* **3.** *fig.* sede degli affetti: *affari, pene di cuore*; *amico del cuore,* quello preferito; *la donna del cuore,* quella amata; *per estens.* l'amore stesso: *cuore di mamma*; *donare il cuore a qualcuno,* dargli il proprio amore; *rapire il cuore a qualcuno,* farlo innamorare; *avere il cuore libero,* non essere innamorato; *avere qualcuno nel cuore,* essere innamorato; *T.rel. Sacro Cuore,* nella liturgia cattolica, il cuore di Cristo e quello della Madonna come simboli di amore per l'umanità e oggetti di culto || sede dei sentimenti: *avere il cuore tenero, sensibile, generoso* ecc., essere compassionevole; *avere il cuore duro, di pietra, di ghiaccio,* essere spietate, crudele; *uomo di cuore,* caritatevole; *persona senza cuore,* crudele, insensibile; *toccare il cuore,* impietosire; *spezzare il cuore,* commuovere profondamente, procurare un grande dispiacere; *fig. mettersi una mano sul* *cuore*, fare appello alla propria coscienza; *avere una spina nel cuore*, un grave cruccio; *rodersi, mangiarsi il cuore*, arrovellarsi; *sentire il cuore in gola*, provare affanno, *fig.* provare angoscia; *provare, sentire un tuffo al cuore*, una forte e improvvisa emozione; *con tutto il cuore, di tutto cuore*, con entusiasmo, con piacere; *aprire il cuore, parlare col cuore in mano*, con sincerità; *tenere in cuore*, nascondere; *sgorgare, venire dal cuore*, dall'intimo; *avere il cuore sulle labbra*, essere sinceri **4.** *fig.* sede del desiderio, della volontà, della forza d'animo: *avere a cuore*, desiderare, aver caro; *avere in cuore di fare qualcosa*, essere intenzionati; *mettersi il cuore in pace*, rassegnarsi; *farsi cuore*, farsi coraggio; *perdersi di cuore*, scoraggiarsi; *sentirsi allargare il cuore*, riempirsi di speranza; *sentirsi stringere il cuore*, disperare (o, anche, affliggersi); *in alto i cuori*, espressione di gioia e di speranza; *avere, essere un cuor di leone*, essere coraggioso; *di poco cuore*, poco coraggioso; *cuor di pecora, di coniglio*, vigliacco; *T.sport. atleta, squadra di cuore*, tenace ‖ emotività: *farsi guidare dal cuore, le ragioni del cuore* **5.** *per estens.* la parte centrale di qualcosa: *insalata di cuori di carciofo, nel cuore della notte, il cuore della città* ‖ nella distillazione, il prodotto più pregiato ottenuto scartando la testa e la coda ‖ *T.bot. cuore del legno*, durame ‖ *T.arald.* la parte centrale dello scudo **6.** *T.astr. Cuore di Carlo*, stella principale della costellazione del Cane da Caccia nell'emisfero boreale **7.** *T.bot. Cuore di Maria*, pianta delle Papaveracee con fiori a forma di cuore **8.** *T.zool.* mollusco commestibile dei Lamellibranchi con spessa conchiglia convessa, che vive sui fondali fangosi ‖ *dim.* cuoricìno; *pegg.* cuoràccio ‖ **N. 1.** apice, orecchiette, valvole, ventricoli; aorta, arterie, endocardio, miocardio, pericardio, vena cava | battito, palpito, pulsazione; sistole, diastole; tono **3.** *Sin.* affetto, bontà, compassione, generosità; sentimento | *Contr.* durezza, indifferenza, insensibilità **4.** *Sin.* animo, ardimento, ardire, audacia, coraggio | *Contr.* paura, timidezza, timore, viltà **5.** *Sin.* centro, nocciolo, nucleo. **Q.T.** *anatomia* **TAV.** ***anatomia* p. 642** 8.11, 15; ***araldica* p. 645** 1.4; ***giardinaggio* p. 1314** 7.

cuorifórme [comp. di *cuore* e *-forme*; 1887] ***agg.*** a forma di cuore: *foglia cuoriforme*.

cupè ***sm. inv.*** adattamento it. di *coupé* (v.).

cupézza [da *cupo*; 1350-1380] ***sf.*** *non com.* l'essere cupo ‖ *fig.* espressione torva.

cupidìgia (pl. *-gie*) [da *cùpido*; sec. XIII *cubitisia*] ***sf.*** sfrenata avidità di possesso, brama: *cupidigia di denaro, di potere, di successo* ‖ lussuria: *la osservava con uno sguardo carico di cupidigia* ‖ *lett.* desiderio intenso ‖ **N.** *Sin.* bramosia, concupiscenza, desiderio, voglia.

cupidità [da *cùpido*; a. 1292] ***sf.*** *lett.* intenso desiderio, bramosia di possesso di beni materiali: *cupidità di denaro, di onori*; nell'uso lett. non sempre ha una connotazione negativa.

cùpido [dal lat. *cupidus*; a. 1294] ***agg.*** bramoso, grandemente desideroso: *cupido di denaro, di potere*; *ass.* bramoso di ricchezza ‖ lussurioso: *uno sguardo cupido* ‖ **cupidaménte** ***avv.***

cupìdo [dal lat. *Cupīdo, -inis*; 1321] ***sm.*** immagine, raffigurazione pittorica o scultorea del dio dell'amore ‖ *per estens. non com.* bambino paffutello e ricciuto ‖ **N.** *Sin.* amorino; putto.

cupio dissolvi (lat., pr. it. ['kupjo dis'sɔlvi]) [letter. desidero essere dissolto] ***loc. m. inv.*** motto della patristica latina che nei secoli ha indicato il desiderio di annientamento mistico in Cristo o l'aspirazione a una vita ascetica e di rinuncia alla propria personalità; ora più profanamente, a seconda dei casi, esprime il rifiuto dell'esistenza, la volontà masochistica di autodistruzione: *era preda di un insensato cupio dissolvi*.

cùpo [prob. da avvicinare al lat. *cūpa*, botte; a. 1294] **I *agg.*** **1.** profondo: *una cupa voragine* ‖ *region.* concavo, detto spec. di piatto **2.** privo di luce, tenebroso: *un cupo sotterraneo, una cupa foresta* **3.** *per estens.* di tonalità di colore molto intensa e scura: *rosso, verde cupo* ‖ fosco: *cupi nembi si approssimavano all'orizzonte* ‖ *fig. dipingere a tinte cupe*, descrivere qualcosa accentuandone gli aspetti negativi **4.** di suono, basso, profondo: *una voce cupa, il cupo brontolio della cascata* **5.** *fig.* pensieroso, triste: *un carattere cupo* ‖ intenso, aspro: *una cupa sofferenza* ‖ **cupaménte** ***avv.*** **II *sm.*** **1.** *ant.* profondità tenebrosa; inferno **2.** arnia ‖ **N. I 1.** *Sin.* avvallato, cavo, fondo **2.** *Sin.* buio, fosco, ombroso, oscuro, scuro, tetro | *Contr.* aperto, chiaro, limpido, luminoso, sereno **3.** *Sin.* scuro **4.** sordo **5.** *Sin.* assorto, meditabondo, pensoso, triste | *Contr.* allegro, loquace, spensierato.

cùpola [dal lat. tardo *cūpula*; a. 1363] ***sf.*** **1.** *T.arch.* volta a base circolare, ellittica o poligonale, gen. di forma semisferica ma a volte anche ogivale, rialzata o depressa, che serve di copertura a edifici monumentali: *la cupola di San Pietro* ‖ *T.teatr.* elemento utilizzato per dare l'illusione di una volta stellata **2.** tetto girevole e apribile: *la cupola di un osservatorio astronomico, di un carro armato* ‖ casamatta girevole armata con pezzi di artiglieria che costituisce l'elemento fondamentale delle moderne strutture fortificate ‖ nelle navi da guerra, parte superiore delle torrette corazzate **3.** parte convessa del cappello che continua con le falde **4.** *T.bot.* involucro protettivo coriaceo o legnoso che ricopre i frutti delle Cupulifere **5.** *T.anat. cupola diaframmatica*, ciascuna delle due metà convesse del diaframma ‖ *cupola pleurica*, parte della pleura che riveste l'apice polmonare **6.** *T.geol.* giacitura caratteristica delle rocce eruttive e sedimentarie che si presenta sotto forma di ammasso convesso di dimensioni variabili: *cupola lavica*, ammasso di lava che si forma sopra un condotto vulcanico durante un'attività effusiva lenta **7.** gruppo dirigente di un'organizzazione mafiosa ‖ *dim.* cupolìna, cupolìno, cupolétta; *accr.* cupolóne ‖ **N. 1.** costoloni, fusi, lanterna, palla, pigna, pinnacoli, spigoli, tamburo, tiburio, volta. **Q.T.** *chiesa...* **TAV.** *chiesa* 3.6; ***architettura* p. 646** 7; ***armi* p. 649** 27.4; ***astronomia* p. 656** 7.1.

cupolìno (*dim.* di *cupola*) [a. 1696] ***sm.*** **1.** piccola cupola; capanno di canne costruito in un giardino per sostenere le piante rampicanti **2.** parte superiore dei cappelli **3.** *T.teatr.* elemento mobile posto sopra la buca del suggeritore per nasconderlo al pubblico.

cupolóne (*accr.* di *cupola*) [a. 1597 nel senso 1; 1865 nel senso 2] ***sm.*** **1.** grossa cupola **2.** *per anton. fam.* la cupola di San Pietro a Roma e di Santa Maria del Fiore a Firenze; *all'ombra del cupolone*, a Roma o a Firenze.

cupralluminio o **cuproalluminio** [comp. di *cupro-* e *alluminio*; 1956] ***sm.*** *T.chim.* lega di rame, ferro e nichel, caratterizzata da forte resistenza alla corrosione.

cuprammònio o **cuproammònio** [comp. di *cupro-* e *ammonio*; 1956] ***sm.*** *T.chim.* ione complesso, bivalente, positivo, presente in numerosi composti: *idrato di cuprammonio*, liquido di colore blu intenso, capace di sciogliere la cellulosa.

cùpreo [dal lat. *cupreus*; 1797] ***agg.*** *lett.* di rame; simile al rame; del colore del rame: *scudo cupreo* ‖ **N.** *Sin.* ramato.

Cupressàcee [dal lat. *cupressus*, cipresso; 1951] ***sf. pl.*** *T.bot.* famiglia delle Conifere con foglie a squame, strobili a forma di bacca o rivestiti da un involucro legnoso, fusto molto ramificato ‖ **N.** cipresso, ginepro.

cùprico (pl. *-ci*) [dal lat. *cuprum*, rame; 1865] ***agg.*** di rame, relativo al rame: *rocce cupriche* ‖ che contiene rame: *anticrittogamici cuprici* ‖ *acido cuprico*, derivato dal rame trivalente.

cuprìsmo [dal lat. *cuprum*, rame; 1892] ***sm.*** *T.med.* intossicazione da rame ‖ **N.** argirismo.

cuprite [dal lat. *cuprum*, rame; 1940] ***sf.*** *T.min.* minerale costituito da ossido di rame, di colore rosso scuro, che si trova in aggregati cristallini o sotto forma di malachite nei giacimenti di rame.

cùpro- [dal lat. *cuprum*, rame] ***primo elem.*** che, in parole composte della terminologia scientifica, vale "rame" ed è usato in part. nelle denominazioni di leghe e composti il cui componente principale è il rame (per es. *cupralluminio, cuprammonio*).

cuproallumìnio v. CUPRALLUMINIO.

cuproammònio v. CUPRAMMONIO.

Cupulìfere [comp. del lat. tardo *cūpula*, cupola e *-fero*; 1865 *cupolifere*] ***sf. pl.*** *T.bot.* famiglia di piante arboree delle Fagali con foglie intere e frutto contenente un solo seme, racchiuso in una struttura protettiva coriacea ‖ **N.** *Sin.* Fagacee; castagno, faggio.

cùra [dal lat. *cūra*; 1313] ***sf.*** **1.** interessamento premuroso e solerte per qualcuno o qualcosa: *dedica le proprie cure alla famiglia* ‖ *avere cura, prendersi cura di qualcuno, di qualcosa*, interessarsene: *ha molta cura della propria persona* ‖ *non darsi cura di qualcuno, di qualcosa*, disinteressarsene ‖ riguardo, attenzione: *maneggiare con cura*; *pl.* assidue premure: *gli anziani necessitano di cure pazienti* ‖ la persona o la cosa che è oggetto di costanti attenzioni: *il lavoro è la sua unica cura* ‖ l'attività in cui ci si impegna: *la cura della casa, dello Stato* ‖ *a cura di...*, per opera di..., riferito al curatore dell'edizione di un'opera o a chi sovraintende alla messa in onda di una trasmissione: *pubblicato, trasmesso a cura di...* **2.** l'insieme delle terapie e delle prescrizioni medicinali che hanno lo scopo di guarire una malattia o stabilire una particolare condizione fisica: *la cura dei tumori, la cura dell'influenza*; *fare, seguire una cura, sottoporsi a una cura*; *cura dimagrante, ricostituente*; *cura preventiva*, profilassi; *casa di cura*, clinica privata; sanatorio; *località di cura*, in cui vengono sfruttate risorse naturali come terme e sim. a scopi terapeutici; *cura termale*, consistente in una serie di bagni e fanghi ‖ uso continuato di un farmaco o di altro mezzo terapeutico: *una cura di vitamine, una cura di sole* ‖ l'opera prestata da un medico a un ammalato: *essere in cura da uno specialista* **3.** *gen.* attività di vigilanza e assistenza; *in part.* curatela ‖ *ant.* nel Medioevo, governo, amministrazione di una città o di un patrimonio; comando di un esercito ‖ *T.rel. cura d'anime*, ministero che il sacerdote esercita sulla sua parrocchia **4.** *lett.* preoccupazione, affanno ‖ **N. 1.** *Sin.* accuratezza, attenzione, avvertenza, diligenza, impegno, premura, riguardo, sollecitudine, zelo **2.** *Sin.* medicamento, medicina, terapia | corporea, esterna, interna, lunga, omeopatica, rischiosa **3.** *Sin.* amministrazione, direzione, governo **4.** *Sin.* afflizione, cruccio, seccatura. **Q.T.** *farmacia, medicina.*

curàbile [dal lat. *curābilis*; 1300 ca.] ***agg.*** che si può curare: *un male curabile* ‖ **N.** *Contr.* incurabile; cronico.

curabilità [da *curabile*; 1830] ***sf.*** l'essere curabile.

curaçao (fr., pr. [kyra'so]) [dal n. di un'isola delle Antille; 1875] ***sm. inv.*** liquore dolce e poco alcolico ricavato dalla distillazione della buccia di una varietà di arancia amara originaria dell'isola che porta lo stesso nome.

curandàio (pl. *-ài*) [da *curare* i panni; a. 1294] ***sm.*** (f. *-a*) *T.tess.* operaio addetto al candeggio di filati e tessuti.

curapìpe [comp. di *cura(re)* e *pipa*; 1965]

sm. piccolo arnese metallico con varie punte di forma diversa, usato per pulire il fornello della pipa e comprimere il tabacco || **N.** *Sin.* nettapipe.

curàre [dal lat. *curāre*; a. 1292] **tr.** **1.** fare oggetto delle proprie cure; dedicarsi con premura e attenzione a una cosa o a una persona: *curare i propri interessi, l'educazione dei figli, la casa* || occuparsi di: *ho curato personalmente il disbrigo delle commissioni più urgenti* || *T.filol.* *curare l'edizione di un'opera,* prepararne la pubblicazione esaminando tutte le fonti a disposizione in modo da riprodurre il più fedelmente possibile il testo originale || *curare una mostra, una rassegna, un libro a più mani,* organizzarli, introdurli || *T.sport.* *curare un avversario,* marcarlo || *fam.* tenere d'occhio qualcuno, spiarlo per coglierlo in fallo: *stai attento che ti curo* || *T.rel.* *curare le anime,* esercitare il sacerdozio **2.** *lett.* seguito da proposizione oggettiva, fare in modo: *curate che tutto sia in ordine* **3.** sottoporre un malato a cure adeguate per favorirne la guarigione: *è stato curato con grande solerzia*; assistere: *sono ormai vari anni che cura la madre malata* || *curare una ferita,* medicarla || *curare una malattia,* combatterla con i mezzi terapeutici opportuni || *fig.* *curare i propri difetti,* emendarsi **4.** *non com.* stimare, tenere in considerazione, badare: *non curare le chiacchiere della gente* || **rifl.** prendere cura di sé || *in part.* occuparsi della propria salute, sottoporsi alle terapie necessarie per guarire da una malattia || **intr. pron.** badare, darsi preoccupazione: *non si cura del proprio avvenire, non devi curarti dei pettegolezzi* || **N.** **tr.** **1.** *Sin.* accudire, avere a cuore, coltivare, provvedere | *Contr.* trascurare **3.** medicare.

curàrico (pl. *-ci*) [da *curaro*; 1956] **I agg.** relativo al curaro, proprio del curaro **II sm.** *T.farm.* farmaco ricavato dal curaro o prodotto sinteticamente, usato in chirurgia per rilassare la muscolatura.

curarìna [da *curaro*; 1865] **sf.** alcaloide del curaro; si presenta sotto forma di cristalli incolori di sapore amarognolo.

curàro [dal fr. *curare*; 1836] **sm.** veleno estratto dalla corteccia di alcune piante tropicali, di aspetto sciropposo, colore bruno e sapore amaro; ricco di alcaloidi, ha effetti paralizzanti sui nervi motori e può provocare la morte per asfissia; usato in origine per avvelenare le frecce, ha trovato impiego in farmacologia come antispastico e anestetico.

curaṣnétta [dal fr. ant. *roisnetta,* con influsso di *curare*; sec. XIV] **sf.** piccolo strumento con lama ricurva in acciaio, usato dal maniscalco per pulire l'unghia del cavallo.

curatèla [dal fr. *curatelle*; 1758] **sf.** *T.giur.* particolare forma di assistenza prevista dalla legge in favore di soggetti parzialmente incapaci o per la tutela di speciali interessi gen. di carattere patrimoniale || *per estens.* l'ufficio del curatore.

curatìvo [da *curare*; sec. XIV] **agg.** atto a curare; terapeutico: *rimedio curativo.*

curàto [da *curare*; 1619] **sm.** chi esercita la cura delle anime, parroco || nella terminologia canonica, cappellano, sacerdote che coadiuva il parroco.

curàtolo [dal lat. *curātor, -ōris,* attr. il gr. biz. e il sic. *curatulu*; 1883] **sm.** in Sicilia, lavoratore con contratto annuale, addetto alla sorveglianza di un'azienda agricola o alla cura di un gregge.

curatóre [dal lat. *curātor, -ōris*; 1308] **sm.** (f. *-trice*) **1.** chi ha l'incarico di sovraintendere a un'impresa, a un'iniziativa || chi cura l'edizione o la riedizione di un'opera, chi coordina un libro a più mani **2.** *T.giur.* persona cui è affidato l'incarico di assistere qualcuno o di sorvegliare, custodire o amministrare qualcosa || *in part.* persona cui è affidata la tutela di un minore emancipato, di un maggiore inabile o l'amministrazione di un patrimonio || *curatore fallimentare,* chi è incaricato della conservazione, dell'amministrazione e della realizzazione di un patrimonio fallimentare || **N.** **2.** *Sin.* amministratore.

curatùra [da *curare*; a. 1557] **sf.** **1.** *T.stor.* imposta medievale sul commercio **2.** *T.tess.* operazione di imbiancatura dei tessuti.

curazìa [da *curato,* sul modello di *abbazia*; 1956] **sf.** parte del territorio di una parrocchia, con chiesa propria, affidata a un curato.

curbasciàta [da *curbascio*; 1919] **sf.** colpo dato col curbascio.

curbàscio (pl. *-sci*) [dal turco *kirbaç,* forse attr. il fr. *courbache*; 1895 *curbash*] **sm.** scudiscio utilizzato nelle galere dell'impero turco per punire e incitare i rematori || tipo di frusta.

cùrcas [voce indigena del Malabar; 1931] **sm. inv.** arbusto tropicale delle Euforbiacee, dai cui semi si ottiene un olio purgativo.

curculióne [dal lat. *curculio, -ōnis*; a. 1718] **sm.** *T.zool.* nome generico di vari insetti dei Curculionidi.

Curculiònidi (sing. *-e*) [da *curculione*; 1951] **sm. pl.** *T.zool.* famiglia di Coleotteri comprendente oltre 50.000 specie gen. con corpo tozzo, capo che si prolunga in un caratteristico rostro e antenne terminanti a clava; le larve si nutrono di radici, gemme, fiori e sono dannose per l'agricoltura.

cùrcuma [dall'ar. *kurkum,* zafferano; fine sec. XIV] **sf.** *T.bot.* genere di piante delle Zingiberacee originarie dell'Asia tropicale e dell'Australia, con ampie foglie bislunghe e fiori raccolti in spighe; dai loro rizomi si estraggono sostanze aromatiche usate in farmacologia, in tintoria e nella preparazione di alcuni cibi.

curcumìna [da *curcuma*; 1865] **sf.** sostanza colorante estratta dal rizoma di una pianta del genere curcuma; si presenta sotto forma di cristalli gialli usati come coloranti per alimenti e nella preparazione di cartine reattive per la ricerca dei borati.

cùrdo [dall'ar. *kurd*; 1918] **I agg.** relativo ai Curdi, popolazione di lingua iranica stanziata in Anatolia, in Armenia e in Iraq, suddivisa in tribù a ordinamento patriarcale dedite alla pastorizia **II sm.** **1.** (f. *-a*) individuo di razza curda **2.** (solo *sing.*) lingua indoeuropea della famiglia iranica.

curgàni adattamento it. di *kurgan* (v.).

cùria [dal lat. *cūria*; sec. XIV] **sf.** **1.** *T.stor.* la più antica suddivisione politica e religiosa del popolo romano che costituiva la decima parte della tribù || nel tardo periodo imperiale, consiglio municipale di Roma || *concr.* l'edificio in cui si radunavano le curie; *per estens.* la sede del senato e talvolta il senato stesso **2.** *T.stor.* nome di varie magistrature medievali; *Curia del mare,* magistratura cui spettava il compito di dirimere le questioni che sorgevano tra gli appartenenti alle corporazioni della gente di mare **3.** *T.eccl.* *curia romana,* l'insieme degli organismi che coadiuvano il pontefice nello svolgimento delle sue funzioni || *curia diocesana,* l'insieme degli uffici che coadiuvano il vescovo nel disbrigo delle questioni amministrative e disciplinari **4.** l'insieme degli avvocati e dei procuratori di un dato luogo || *per estens.* tribunale **5.** *ant.* corte.

curiàle [dal lat. *curiālis*; a. 1396] **I agg.** **1.** *non com.* della curia, relativo alla curia: *gerarchia curiale* || forense: *eloquenza curiale* **2.** aulico, solenne: *mi spoglio quella veste cotidiana... e mi metto panni reali e curiali* (Machiavelli) || **curialménte** **avv.** **II s.** **1.** religioso o laico che presta la sua opera presso una curia **2.** *lett.* avvocato.

curialésco (pl. *-schi*) [da *curiale*; 1865] **agg.** da curiale; *gen. spreg.* cavilloso, pedante || *prosa curialesca,* ridondante, pomposa.

curialista [da *curiale*; 1834] **s.** *T.stor.* difensore della dottrina e degli interessi della curia romana.

curialità [da *curiale*; 1673] **sf.** **1.** l'essere curiale, aulico **2.** appartenenza alla curia romana.

curiàto [dal lat. *curiātus*; sec. XIV] **agg.** *T.stor.* relativo alle curie romane || *comizi curiati,* riunioni deliberative in cui il popolo romano si presentava diviso in curie.

curie (fr., pr. [ky'ri]) [dal n. proprio M. e P. *Curie,* scopritori del radio; 1935] **sm. inv.** unità di misura della radioattività corrispondente a $3{,}7 \times 10^{10}$ disintegrazioni al secondo.

cùrio [dal n. proprio M. e P. *Curie*; 1951] **sm.** *T.chim.* elemento chimico transuranico, fortemente radioattivo, metallo duttile di color argento.

curiosàggine [da *curioso*; 1941] **sf.** curiosità abituale, intesa in senso negativo.

curiosàre (pres. *-óso*) [da *curioso*; a. 1861] **intr.** (aus. *avere*) cercare di sapere fatti e cose altrui, osservare qua e là con curiosità: *curiosare tra le pagine di un diario, curiosare nei cassetti.*

curiosità [dal lat. *curiōsitas, -ātis*; a. 1292] **sf.** **1.** desiderio di conoscere, di sapere qualcosa; *in part.* desiderio di conoscere i fatti altrui per amore del pettegolezzo: *il suo comportamento solletica la mia curiosità* || desiderio di sapere, di scoprire per amore della conoscenza: *la curiosità dello scienziato* **2.** *concr.* *pl.* cosa strana e interessante, avvenimento bizzarro e insolito: *aveva una cassa piena delle più bizzarre curiosità.*

curióso [dal lat. *curiōsus,* colui che si cura di qualche cosa; a. 1292] **I agg.** **1.** che mostra curiosità: *un bambino curioso di tutto*; *un'intelligenza curiosa di penetrare i segreti della natura* **2.** che desta curiosità, che attira l'attenzione: *oggi ti comporti in modo curioso, teneva dei curiosi oggetti esposti in vetrina* || con uso neutro: *è curioso...,* è strano || come esclamazione *curioso!,* strano! **3.** *lett.* sollecito, che mostra cura per qualcosa || bramoso || **curiosaménte** **avv.** **II sm.** (f. *-a*) persona curiosa || *dim.* curiosétto; *pegg.* curiosàccio; *accr.* curiosóne || **N.** I **1.** *Sin.* ficcanaso, impiccione **2.** *Sin.* bizzarro, insolito, strano.

curling (ingl., pr. ['kə:lɪŋ]) [da (*to*) *curl,* arricciare, arrotolare; 1913] **sm. inv.** *T.gioc.* gioco simile alle bocce, praticato con appositi attrezzi a fondo piatto dotati di impugnatura che vengono fatti scivolare sul ghiaccio || *per estens.* l'attrezzo con cui si pratica tale gioco.

currenti calamo (lat., pr. it. [kur'rɛnti 'kalamo]) [letter. a penna corrente] **loc. avv.** di getto, senza pensarci su, gen. riferito a stesura di uno scritto.

currìcolo[1] [dal lat. *curriculum,* corsa, gara; 1941] **sm.** **1.** la carriera scientifica, burocratica, accademica di una persona || *concr.* breve riassunto contenente i dati fondamentali della vita e della carriera di un individuo che viene allegato alle domande di assunzione, di concorso e sim. **2.** organizzazione, pianificazione didattica di tutti gli aspetti cognitivi, culturali e metodologici relativi a un corso di studi.

currìcolo[2] [dal lat. *curriculum*; a. 1446] **sm.** *ant.* carretto.

curriculum (lat., pr. it. [kur'rikulum]) [propr. carriera della vita] **sm. inv.** (anche pl. *curricula,* pr. it. [kur'rikula]) forma abbreviata di *curriculum vitae,* curricolo nel senso 1.

cùrro [dal lat. *currus*; 1313] **sm.** **1.** *ant.* carro, cocchio || *fig.* *mettere qualcuno sul curro,* esporlo a un rischio **2.** cilindro, rullo di materiale vario che posto sotto oggetti pesanti ne consente il trasporto mediante scorrimento.

curry (ingl., pr. ['kʌrɪ]) [dal tamil *kari,* salsa; 1825] **sm.** condimento tipico dell'estremo oriente composto da polveri vegetali aromatiche e piccanti usato spec. nella cucina indiana: *riso, pollo al curry.*

cursóre [dal lat. *cursor, -ōris*; a. 1374] **sm.** **1.** parte mobile di uno strumento di misura, *in part.* di un regolo calcolatore || *T.arm.* congegno graduato che consente di determinare l'alzo delle artiglierie || *T.elettrot.* contatto mobile di un reostato, di un potenziometro, comunemente utilizzato in televisori, amplificatori, radio e sim. per regolare il volume, la luminosità, il contrasto d'immagine ecc. || *T.inform.* segnale luminoso mobile che individua su un videoterminale la posizione del carattere che sta per essere digitato e che per mezzo di opportuni comandi può essere spostato in ogni zona dello schermo || parte scorrevole di una cerniera lampo che a seconda del verso in cui è mossa ne unisce o disgiunge i lembi **2.** *T.mat.* vettore che può essere applicato in un punto qualsiasi della retta di applicazione **3.** *non com.* messo incaricato della notifica di atti pubblici, spec. giudiziari || *cursore pontificio,* chi un tempo annunciava le convocazioni o le nomine a cardinali e ambasciatori || *ant.* persona o animale abile nella corsa; corridore || *T.sport.* nel calcio, giocatore che per le proprie doti di velocità viene impiegato come difensore e anche come portatore di palla.

cursòrio (pl. *-ri* o *-rii*) [dal lat. *cursōrius,* da corsa; 1983] **agg.** **1.** che si fa in fretta, affrettato: *dare una lettura cursoria a un libro* **2.** *T.zool.* che riguarda il correre: *le zampe di tipo cursorio degli insetti.*

cursus (lat., pr. it. ['kursus]) [propr. corso; 1943] **sm.** *inv.* andamento ritmico del periodo della prosa latina medievale; anche la clausola ritmica che chiude un periodo o una frase secondo tale andamento.

cursus honorum (lat., pr. it. ['kursus o'nɔrum]) [letter. carriera degli onori] **loc. m.** *inv.* nella Roma antica, ordine progressivo delle cariche pubbliche che potevano essere ricoperte da chi intraprendeva la carriera politica.

curtain wall (ingl., pr. ['kəːtən ˌwɔːɫ]) [comp. di *curtain,* tenda e *wall,* muro; 1973] **loc. f.** *inv. T.arch.* negli edifici moderni, parete esterna parzialmente o totalmente vetrata, costituita da pannelli prefabbricati uniti e sostenuti da sottili intelaiature metalliche.

curtàna [dal fr. ant. *curtain*; 1956] **sf.** spada priva di taglio e con la punta smussata, simboleggiante la clemenza del sovrano, che veniva offerta al re d'Inghilterra durante la cerimonia dell'incoronazione.

curtènse [lat. mediev. *curtēnsis,* da *curtis,* corte; 1898] **agg.** *T.stor.* detto del sistema giuridico economico che regolava l'economia feudale, nel quale il castello e i beni annessi costituivano un'unità produttiva autosufficiente e anche la corte era configurata come un'unità amministrativa indipendente che godeva di immunità tributaria e giurisdizionale.

curtis (lat., pr. it. ['kurtis]) [letter. corte] **sf.** *inv. T.stor.* nell'alto Medioevo, azienda rurale autosufficiente che costituiva il fondo principale nelle grandi tenute delle signorie patrimoniali || **N.** *Sin.* corte.

curùle [dal lat. *curūlis*; a. 1332] **agg.** *T.stor.* *sella curule,* nell'antica Roma, sedile ornato d'avorio simbolo del potere giudiziario || *magistrati curuli,* consoli, censori, pretori, edili, dittatori, decemviri, tribuni consolari e supremi magistrati municipali, che avevano nella propria insegna la sella curule.

cùrva [da *curvo*; 1631] **sf.** **1.** linea non retta e non risultante da una successione di segmenti di retta || *T.mat.* linea; *curva piana,* ogni curva contenuta in un piano; *curva piana algebrica,* ogni curva riducibile alla formula $f(x, y) = 0$, in cui f è un polinomio **2.** rappresentazione grafica dell'andamento quantitativo di una determinata grandezza in funzione di un'altra da cui essa dipende: *curva di magnetizzazione,* quella che esprime il rapporto tra induzione magnetica di un materiale e intensità del campo magnetico; *curva di luce,* quella che esprime la variazione di intensità luminosa di una stella in funzione del tempo; *T.econ. curva della domanda,* quella che rappresenta la relazione tra il prezzo di una merce e la richiesta di mercato **3.** tratto di strada non rettilineo caratterizzato da visibilità limitata: *curva pericolosa,* stretta, particolarmente difficile da affrontare e gen. segnalata da un apposito cartello || manovra compiuta da un veicolo per percorrere un tratto di strada non rettilineo: *prendere una curva,* imboccarla; *T.mar.* traiettoria compiuta da un'imbarcazione che avanza con angolo costante di timone || ansa di un corso d'acqua || traiettoria compiuta da un proiettile, parabola || *T.sport.* parte della pista di atletica disegnata ad arco; settore dello stadio in cui vi sono i posti popolari; *per estens.* i tifosi che abitualmente occupano quel settore: *dopo il gol la curva sud sembrava impazzita* **4.** tratto convesso della superficie corporea: *curva cranica* || *scherz.* accentuata rotondità del corpo femminile, gen. riferito al seno, ai fianchi o alle natiche: *una bionda tutta curve* **5.** *T.geogr. curva di livello,* isoipsa **6.** *T.fon. curva d'intonazione,* andamento tonale caratteristico di ogni singola frase; *in part.* quello che consente di distinguere le frasi imperative, quelle interrogative o quelle dichiarative || **N.** **1.** arco, parabola; curvatura **2.** *Sin.* grafico; isobara, isobata **3.** *Sin.* svolta, tornante | *Contr.* rettilineo **4.** *Sin.* rotondità, sinuosità. **Q.T.** *matematica...* **TAV.** *geometria* 2.3.

curvàbile [dal lat. tardo *curvābilis*; 1865] **agg.** che si può curvare.

curvadòrsi o **curvadórsi** [comp. di *curva(re)* e *dorso*; 1956] **sm.** in legatoria, forma in legno o metallo su cui si imprime la forma curva al dorso dei libri.

curvàme [da *curvo*; 1889] **sm.** *T.mar.* il complesso delle parti curve in legno che costituiscono lo scheletro di una nave.

curvaménto [da *curvare*; 1925] **sm.** *non com.* curvatura.

curvàre [dal lat. *curvāre*; sec. XIV] **tr.** piegare ad arco: *curvare un ramo* || *fig. curvare la schiena, la fronte, il capo,* ubbidire, sottomettersi alla volontà altrui || **rifl.** chinarsi, piegarsi: *si è curvato per non sbattere la testa* || *fig.* sottomettersi || **intr.** (aus. *avere*) voltare, effettuare una curva: *l'auto curvò a tutta velocità* || di strade, sentieri, corsi d'acqua, formare una curva: *dopo il semaforo il viale curva a sinistra* || **intr. pron.** diventare curvo: *a causa del peso eccessivo l'asse si è curvato, si è curvato per l'età* || **N.** **tr.** *Sin.* arcuare, chinare, inarcare, incurvare, piegare | *Contr.* raddrizzare | **intr.** *Sin.* girare, svoltare | **intr. pron.** *Sin.* incurvarsi; ingobbire.

curvatóre [da *curvare*; 1956] **sm.** (f. *-trìce*) operaio addetto alla curvatura nella lavorazione del legno o nella fucinatura meccanica.

curvatrìce [da *curvare*; 1931] **sf.** macchina per curvare lamiere, sbarre metalliche e sim.

curvatùra [dal lat. *curvatūra*; 1561] **sf.** **1.** atto ed effetto del curvare: *curvature delle doghe* || *T.agr.* nella coltivazione di alberi da frutto, piegatura ad arco dei rami || *T.ott. curvatura di campo,* aberrazione di un sistema ottico per cui a un oggetto piano corrisponde un'immagine curva **2.** linea, conformazione curva: *la curvatura della superficie terrestre, di un arco* || *T.mat. curvatura di una curva piana,* misurazione della rapidità e del modo con cui una curva si discosta dalla tangente in un punto dato || *curvatura di un profilo alare,* curvatura media delle linee di profilo di un'ala || *T.anat.* curva, piega di alcuni organi: *grande, piccola curvatura,* i fianchi sinistro e destro dello stomaco.

curvézza [da *curvo*; sec. XIV] **sf.** *non com.* l'essere curvo, riferito spec. a persona.

curvilìneo [comp. di *curvo* e *linea*; a. 1464] **I agg.** che ha un andamento a curve: *profilo curvilineo* || *T.geom.* di spazio, delimitato da uno o più archi di curva: *triangolo, poligono curvilineo,* con lati curvilinei **II sm.** strumento che serve per tracciare linee curve. **TAV.** *disegno* 12.

curvìmetro [comp. di *curva* e *-metro*; 1913] **sm.** strumento per determinare la lunghezza di un arco di curva, gen. costituito da una rotella collegata a una scala graduata e sostenuta da una forcella che viene fatta ruotare sul profilo della curva.

curvinèrvio (pl. *-vi*) [comp. di *curvo* e *nervo*; 1887 *curvinervo*] **agg.** *T.bot.* detto di foglia che presenta numerose nervature a linea curva.

Curviròstri [comp. di *curvo* e *rostro*; 1956] **sm. pl.** *T.zool. disus.* uccelli dal becco piccolo, sottile e curvato.

curvità [da *curvo*; a. 1519] **sf.** *raro* l'essere curvo || *concr.* parte curva di qualcosa.

cùrvo [dal lat. *curvus*; a. 1342] **agg.** **1.** piegato ad arco **2.** di persona, piegato verso il basso, chino: *camminava curvo sotto il peso dello zaino, trascorse la notte curvo sui libri* || **curvaménte** **avv.** || **N.** **1.** *Sin.* arcuato, falcato, inarcato, incurvato, piegato, ricurvo, sinuoso | *Contr.* diritto, rettilineo **2.** *Sin.* cascante, gobbo, prono | *Contr.* diritto, impettito.

cuscinàio (pl. *-ài*) [da *cuscino*; 1963] **sm.** (f. *-a*) chi noleggia cuscini.

cuscinàta [da *cuscino*; a. 1936] **sf.** *fam.* colpo di cuscino: *prendersi a cuscinate.*

cuscinétto (*dim.* di *cuscino*) [a. 1555] **sm.** **1.** piccolo cuscino; oggetto simile a un piccolo cuscino utilizzato per vari scopi: *cuscinetto puntaspilli; cuscinetto per timbri,* imbevuto di speciale inchiostro per timbri **2.** *T.mecc.* elemento cilindrico cavo in cui viene collocato il perno di un organo rotante allo scopo di ridurre l'attrito e l'usura dei materiali; boccola || *cuscinetto a sfera,* costituito da due anelli concentrici tra i quali si trovano una serie di sfere contenute in una gabbia distanziatrice in modo da non toccarsi tra loro **3.** strato interposto tra altri due di materiale diverso, gen. con funzioni di isolante o di rinforzo || *fig. T.pol. zona, stato cuscinetto,* territorio posto tra due Stati maggiori allo scopo di evitarne il contatto e di diminuire le possibili occasioni di contrasto **4.** *T.cuc.* antipasto costituito da un involto di pasta sfoglia ripieno di formaggio, prosciutto ecc. che viene cucinato fritto **5.** *T.zool.* ispessimento della pelle situata sotto la pianta del piede e all'estremità delle dita, caratteristico dei Plantigradi e dei Digitigradi **6.** *fam.* deposito adiposo sottocutaneo. **TAV.** *macchine utensili* 1.6; *motori* 11; ***automobile* p. 658** 5.17.

cuscìno [dal fr. ant. *coissin*; fine sec. XIV] **sm.** sacchetto di stoffa imbottito di piume, di lana, di crine, di gommapiuma ecc., ricoperto da una federa o da stoffe d'arredamento, usato per poggiarvi il capo durante il sonno, per sedervisi o come ornamento su letti, divani, tappeti e sim. || *cuscino di fiori,* composizione floreale di forma quadrata o rettangolare destinata all'addobbo di chiese o usata per onoranze funebri || *cuscino d'aria,* spazio dello spessore di qualche decina di centimetri che si forma tra un veicolo *hovercraft* e la superficie sottostante || **N.** *Sin.* guanciale; capezzale. **TAV.** ***nave* p. 1326** 1.4.

cuscìta [dall'ebr. *Kūsh,* n. del primogenito di Cam; 1931] **agg.** e **s.** appartenente alla antica popolazione dei Cusciti, vissuta nell'Africa nord-orientale || *T.ling. disus. lingua cuscita,* del ramo orientale della famiglia linguistica camitica.

cuscìtico (pl. *-ci*) [da *cuscita*; 1929] **I** ***agg.*** dei Cusciti **II** ***sm.*** (solo *sing.*) sottogruppo di lingue camitiche parlate nell'Africa orientale e soprattutto in Etiopia e Somalia.

cùsco (pl. *-schi*) [da una voce malese; 1951] ***sm.*** marsupiale delle dimensioni di un gatto con lunga coda prensile, priva di peli all'estremità; ha pelo corto di colore giallastro con grandi macchie brune o rossastre.

cuscùs o **kuskùs** (raro *cuscussù*) [dall'ar. *kuskus*; 1563 *cuscusu*] ***sm. inv.*** *T.cuc.* piatto tradizionale della cucina araba, a base di semola, impastata con poca acqua e cotta a vapore, cui vengono aggiunte verdure cotte e carni bollite in salsa piccante.

cùscuta [dall'ar. *kušūtā*; 1499] ***sf.*** *T.bot.* genere di piante parassite delle Convolvulacee comprendente più di 150 specie diffuse nella fascia temperata; hanno stelo lunghissimo e filiforme, che venendo a contatto con altre piante emette austori che penetrano nei tessuti dell'ospite traendone il necessario sostentamento; i fiori sono di color bianco, rosa o giallo riuniti in cime compatte; trova impiego in medicina per le sue proprietà lassative e diuretiche.

cuspidàle [da *cuspide*; 1876] ***agg.*** relativo a cuspide; che termina a cuspide || *T.mat. tangente cuspidale*, tangente in una cuspide a una curva.

cuspidàto [dal lat. *cuspidātus*; 1797] ***agg.*** che termina a cuspide; *in part. T.bot.* detto di organo che termina con una punta rigida e allungata.

cùspide [dal lat. *cuspis, -idis*, punta della lancia; 1436] ***sf.*** **1.** punta, vertice || *in part.* l'estremità appuntita di una lancia o di una freccia || *per meton. poet.* asta **2.** *T.arch.* elemento di forma triangolare o piramidale che corona un edificio; *in part.* motivo architettonico caratterizzato da accentuato verticalismo delle linee terminali, caratteristico dello stile gotico: *la cuspide di un campanile, di un frontone*; *finestra a cuspide* || *per estens.* cima aguzza di una montagna **3.** *T.anat.* ciascuno dei lembi delle valvole atrioventricolari del cuore || ciascuno dei rilievi della superficie triturante dei premolari e molari **4.** *T.astr.* ciascuna delle punte con cui termina l'immagine della Luna o di un altro pianeta nei giorni precedenti o seguenti la congiunzione col Sole **5.** *T.astrol.* linea divisoria che separa due case astrologiche **6.** *T.mat.* punto singolare di una curva in cui i limiti delle tangenti da parti opposte alla curva stessa coincidono. **TAV.** *chiesa* 10.1; *armi* **p. 648** 4.1.

cùsso [da una voce abissina; 1887] ***sm.*** pianta delle Rosacee originaria dell'Africa orientale dai cui fiori si ricava una droga con lo stesso nome usata come antielmintico.

custòde [dal lat. *custos, -ōdis*; a. 1342] ***s.*** **1.** chi custodisce qualcosa o qualcuno: *il custode di un palazzo, di un museo* || *T.giur. custode di beni pignorati*, persona nominata da un giudice che provvede alla conservazione dei beni mobili oggetto di pignoramento e alla custodia dei beni mobili e immobili che sono oggetto di sequestro **2.** *fig.* chi difende, conserva, mantiene integro un bene ideale, un valore: *custode della libertà, della giustizia, della tradizione* || anche in posizione attributiva (sempre posposto): *angelo custode*, che custodisce || **N.** **1.** *Sin.* guardiano, portiere, sorvegliante, usciere **2.** *Sin.* depositario, garante, tutore.

custòdia [dal lat. *custōdia*; 1312] ***sf.*** **1.** il sorvegliare, l'atto di custodire un luogo, una persona, un animale: *avere la custodia del gregge, dei bambini, del palazzo* || *avere in custodia*, custodire || *essere sotto la custodia di qualcuno*, essere sorvegliati || *agenti di custodia*, guardie carcerarie || *T.giur. custodia preventiva*, carcerazione preventiva || *T.banc. titoli a custodia*, depositati in una banca che ne cura anche l'amministrazione || *T.sport. avere in custodia un avversario*, marcarlo strettamente **2.** astuccio protettivo in cui si ripongono oggetti fragili o preziosi: *la custodia del violino, degli occhiali, della collana* || nella liturgia cattolica, ciborio || **N.** **1.** *Sin.* cura, deposito, salvaguardia, vigilanza **2.** *Sin.* busta, fodero, guaina, scatola, scrigno, teca.

custodialìsmo [da *custodia*; 1974] ***sm.*** tendenza a ricoverare in ospedale o in altri istituti i malati di mente, con lo scopo di sorvegliarli e segregarli, più che di curarli.

custodiménto [da *custodire*; 1865] ***sm.*** *non com.* il custodire.

custodìre (pres. *-ìsco, -ìsci*) [dal lat. *custodīre*; 1321] ***tr.*** preservare, conservare con cura: *custodire i risparmi in cassaforte*; anche *fig.*: *custodire un segreto, custodire la propria salute* || rendere oggetto di attenta vigilanza: *custodire un prigioniero* || riferito a persona o animali, averne cura: *custodire un malato, custodire il gregge* || ***rifl.*** riguardarsi, preservare la propria salute || **N.** *tr. Sin.* badare, curare, difendere, guardare, proteggere, salvaguardare, serbare, sorvegliare, tutelare, vegliare, vigilare.

cutàneo [da *cute*; a. 1673] ***agg.*** della cute, relativo alla cute: *malattie cutanee* || *appendici cutanee*, peli, unghie e, negli animali, corna || che si verifica attraverso la cute: *assorbimento cutaneo* || *T.bot.* detto di sistema che comprende l'epidermide e ciò che essa produce. **Q.T.** *alpinismo*.

cùte [dal lat. *cutis*; a. 1389] ***sf.*** *T.anat.* involucro continuo che riveste il corpo dei Vertebrati svolgendo una funzione prevalentemente protettiva e che in prossimità delle aperture naturali del corpo continua nelle membrane mucose; è costituita da uno strato esterno epiteliale (epidermide) e da uno strato connettivale interno (derma) || *com.* pelle umana || **N.** *Sin.* pelle.

cuticàgna [da *cotica*; 1313] ***sf.*** *fam.* collottola, nuca || *per estens.* testa.

cutìcola [dal lat. *cutĭcula*; a. 1673] ***sf.*** **1.** *T.anat.* sottile membrana che riveste le pareti delle cellule o che serve a separare formazioni anatomiche o tessuti diversi || *cuticola dello smalto*, pellicola trasparente che riveste lo smalto dei denti || *lett.* sottile pellicina, pellicola **2.** *T.zool.* strato protettivo chitinoso secreto dall'epidermide che costituisce il rivestimento protettivo esterno degli Invertebrati **3.** *T.bot.* strato di cutina che ricopre l'epidermide degli organi di una pianta esposti all'aria.

cuticolàre [da *cuticola*; 1887] ***agg.*** relativo alla cuticola || *T.bot. traspirazione cuticolare*, che avviene attraverso la parete esterna delle cellule dell'epidermide.

cutìgno [da *cute*; 1887] ***agg.*** *ant.* della cute.

cutìna [da *cute*; 1940] ***sf.*** *T.bot.* sostanza organica secreta dalle cellule dell'epidermide delle piante, di composizione simile a quella della cera, che forma una sottile pellicola protettiva su fusto, foglie e frutti.

cutireazióne [comp. di *cute* e *reazione*; 1927] ***sf.*** *T.med.* prova clinica per determinare lo stato di ipersensibilità o di immunità dell'organismo a una data sostanza, consistente nel porla a contatto della cute previa scarificazione.

cutlèria [dal n. proprio B. *Cutler*, botanico americano; 1951] ***sf.*** *T.bot.* genere di alghe brune alte fino a venti centimetri, molto ramificate, comuni lungo le coste del Mediterraneo e dell'Atlantico.

cutrèttola [lat. *cāuda trepida*, attr. un disus. *cutretta*; a. 1333] ***sf.*** *T.zool.* uccello dei Passeracei di piccole dimensioni con zampe lunghe, becco sottile e acuminato, piumaggio grigio o bianco e giallo; si muove sbattendo spesso la coda; in Italia è diffuso nella zona alpina || **N.** *Sin.* ballerina, batticoda.

cutter (ingl., pr. ['kʌtə]) [propr. tagliatore; 1779 *cotter*] ***sm. inv.*** **1.** veliero a un solo albero con randa aurica e due fiocchi e chiglia affilata; in passato veniva usato per scopi bellici o commerciali mentre ora è utilizzato come imbarcazione da diporto o da regata **2.** arnese usato per tagliare materiale cartaceo costituito da una lama sottile e acuminata sporgente da un'impugnatura. **Q.T.** *vela* **TAV.** *vela* **p. 1343** 5.4.

cutting (ingl., pr. ['kʌtɪŋ]) [letter. taglio, incisione; 1970] ***sm. inv.*** *T.min.* insieme di frammenti rocciosi che si formano durante la perforazione di pozzi di petrolio.

cyclette ® (fr., pr. [si'klɛt]) [nome commerciale, dal fr. *bicyclette*, bicicletta; 1970] ***sf.*** bicicletta senza ruote, usata come attrezzo ginnico.

czar (pr. [tsar]) e der. v. ZAR e der.

czàrda (pr. ['tʃarda]) v. CIARDA.

czèco (pr. ['tʃɛko]) ***agg.*** e ***sm.*** *non com.* v. CECO[1].

D

d lettera dell'alfabeto italiano. Nome per esteso *di*, di genere femminile o, più di rado, maschile: *una di maiuscola*, ma anche *un di maiuscolo*; *di come Domodossola*, nella compitazione delle parole || rappresenta in tutti i contesti il suono della consonante occlusiva dentale sonora [d]; in posizione intervocalica, o compresa tra vocale e [r], [j], [w], può essere semplice (*cade, ladro, madia*) o geminata (*cadde, raddrizzare, addiaccio*) || per le sigle e le abbreviazioni in cui compare, v. la lista relativa.

da [comp. delle prep. lat. *dē* e *ab*; 720] ***prep.*** si elide solo in alcune loc. avv., come *d'altronde, d'ora in poi* || con l'articolo determinativo forma le prep. articolate *dal, dallo, dalla, dai, dagli, dalle* || introduce diversi complementi: predicativo dell'oggetto: *ci trattò da ingenui* |— predicativo del soggetto: *morì da vecchio* | — di agente o causa efficiente: *Abele fu ucciso da Caino, il bimbo fu travolto dal fiume* | — di origine, nascita o provenienza: *il fiume nasce dai monti, l'ho saputo da lui, Sant'Antonio da Padova* | — di separazione o allontanamento: *mi separai da lui, lo preservai dal pericolo* | — di modo o maniera: *comportarsi da maleducato* | — di causa: *tremava dal freddo* | — di limitazione: *era zoppo da un piede* | — di distanza: *un chilometro da Roma* | — di moto da luogo: *esce ora dalla scuola, torno da Torino, si gettò dalla finestra* | — di moto per luogo: *passò da Bologna* | — di moto a luogo riferito a persona: *venne da me, sono andato dal sindaco* | — di stato in luogo, sempre riferito a persona: *ti aspetto da Salvini* | — di tempo continuato: *lavoro da un'ora* | — di mezzo: *ti ho riconosciuto dalla voce* | — di prezzo: *un regalo da duemila lire* | — di fine o scopo: *macchina da cucire, ferro da stiro, cavallo da tiro, fazzoletti da naso* | — di età, condizione: *da bimbo era biondo, da studente era svogliato* | — di qualità: *una fanciulla dagli occhi neri, il palazzo dalle persiane verdi* || con un infinito dipendente indica convenienza, capacità, possibilità, dovere: *non è un libro da leggere, non c'è tempo da perdere, questi sono i panni da lavare, una casa da vendere, c'è molto da fare*; *una commedia tutta da ridere*, molto divertente || seguito da un verbo all'infinito, può introdurre una proposizione consecutiva (invece di *che* con l'indicativo): *era di una bellezza tale da incantare tutti, è stato così ingenuo da cadere nel tranello*.

dabbàsso [comp. di *da* e *basso*; a. 1537] ***avv.*** di sotto, in basso, giù: *ti aspetto dabbasso*.

dabbenàggine [da *dabbene*; a. 1643] ***sf.*** **1.** qualità di uomo ingenuo e facile a lasciarsi ingannare || *concr.* atto da sciocco, stupidaggine **2.** *disus.* qualità di uomo dabbene || **N.** **1.** *Sin.* candore, ingenuità, semplicità.

dabbène [comp. di *da* e *bene*; a. 1348] ***agg. inv.*** buono, onesto: *uomo dabbene*, galantuomo; *iron. dabben uomo* (anche *dabbenuomo*), sciocco || **N.** onorato; ingenuo, semplice.

dabbudà [dall'ar. *dabdab(a)*, timpano; a. 1449] ***sm.*** *raro* salterio, strumento a corda che si suonava con due bacchette.

daccànto [comp. di *da* e *canto*²; a. 1388] ***avv.*** da canto, allato, da presso, vicino.

daccàpo [comp. di *da* e *capo*; 1304] **I** ***avv.*** da capo, di nuovo, un'altra volta || da principio: *bisogna ricominciare tutto daccapo* || nello scrivere, a capo: *punto e daccapo* **II** ***sm.*** *T.mus.* la sigla D.C. che, riportata alla fine di un brano musicale prevede la ripetizione dall'inizio; anche la ripetizione stessa: *un'aria col daccapo* || **N.** accapo, capoverso, comma.

dacché [comp. di *da* e *che*; a. 1292] ***cong.*** **1.** con valore temporale, da quando: *dacché se ne è andato non ho più pace* **2.** *non com.* con valore causale, poiché.

dachicida [dal lat. scient. *Dacus*, n. della mosca delle olive e *-cida*; 1951] ***sm.*** *T.agr.* sostanza velenosa utilizzata per distruggere la mosca delle olive.

dàcia (pl. *-cie*) [da un voc. russo, originariamente *regalo (del principe); 1892] ***sf.*** villa russa di campagna.

dàcico (pl. *-ci*) [dal n. geogr. *Dacia*; 1956] ***agg.*** relativo ai Daci: *le popolazioni daciche, le guerre daciche di Traiano*.

dacìte [dal n. geogr. *Dacia*; 1955] ***sf.*** *T.min.* roccia eruttiva delle andesiti.

dacnomanìa [comp. del gr. *dáknō*, mordo e *-mania*; 1940] ***sf.*** *T.med.* impulso patologico a mordere.

dàco (pl. m. *-ci*, pl. f. *-cie*) [dal lat. *dācus*; 1830] ***agg.*** e ***sm.*** spec. *pl.* appartenente ad un'antica popolazione danubiana, stanziata nel territorio dell'attuale Romania.

dacoromèno [comp. di *daco* e *romeno*; 1955] **I** ***sm.*** *T.ling.* il dialetto della Romania (distinto dagli altri dialetti romeni parlati nella Macedonia e nell'Istria) **II** ***agg.*** *T.ling.* proprio di tale dialetto.

dàcrio- [dal gr. *dákryon*, lacrima] ***primo elem.*** che in parole composte della terminologia medica, ha il valore di "lacrima" e viene utilizzato per formare la denominazione di malattie delle ghiandole lacrimali: **dacrioadenìte**, **dacriocistìte**, **dacriorrèa**.

dàcron ® [1963] ***sm.*** marchio commerciale che contraddistingue una fibra tessile sintetica in poliestere.

dada (fr., pr. [da'da]) [da una voce infantile, originariamente col valore di cavallo e poi di idea fissa, adottata dal fondatore del dadaismo in quanto voce articolata dal bambino prima dell'intervento della ragione; 1965] **I** ***sm. inv.*** dadaismo **II** ***agg. inv.*** dadaista: *un quadro, un pittore dada*.

dadaìsmo [dal fr. *dadaïsme*; 1923] ***sm.*** movimento artistico e letterario d'avanguardia, diffusosi e affermatosi per breve tempo in vari paesi europei e negli Stati Uniti a partire dal 1916, che, rinnegando i valori tradizionali, esalta l'idea di primitivismo, di spontaneità creativa e irrazionale dell'artista || **N.** cubismo, *fauvisme*, futurismo, irrazionalismo, primitivismo, surrealismo.

dadaìsta [da *dadaismo*; 1952 ca.] **I** ***s.*** seguace o fautore del dadaismo **II** ***agg.*** proprio del dadaismo.

dàddolo [voce infantile; 1871] ***sm.*** spec. *pl. tosc. fam.* carezze leziose, smancerie || **N.** leziosaggine, moina, SMORFIA.

daddovéro [da *da di vero*; 1308 ca.] ***avv.*** ***ant.*** davvero.

dàdo [lat. *datum* con cui si indica il getto del dado; a. 1294] ***sm.*** **1.** cubetto perlopiù d'osso, legno o plastica, nelle cui sei facce uguali sono segnati punti, dall'uno al sei; serve per parecchi giochi d'azzardo || *dado da poker*, che reca segnate sulle facce le immagini delle carte da poker al posto dei punti || *fig. il dado è tratto*, la decisione è presa e non si può più tornare indietro **2.** *per estens.* qualsiasi oggetto di forma cubica o talvolta quadrata: *tagliare la carne a dadi*; *tessuto a dadi*, a quadretti di vario colore **3.** *in part.* cubetto alimentare confezionato con estratto di carne, sale e spezie, impiegato per preparare un brodo simile a quello di carne: *brodo di dadi* **4.** *T.mecc.* prisma cavo a base esagonale o quadrata, generalmente di metallo, provvisto di filettatura interna mediante la quale si accoppia ad una vite **5.** *T.arch.* elemento parallelepipedo o cubico posto tra lo zoccolo e la cornice di un piedistallo || *accr.* dadóne; *dim.* dadìno, dadolìno, dadétto; *spreg.* dadàccio || **N.** **1.** astragali | asso, pariglia, sena | *backgammon, craps*, gioco dell'oca, monopoli, tric-trac, *wargames*, zara | gettare, tirare i dadi **5.** base, piedistallo, plinto, zoccolo. **Q.T.** *giochi* **TAV.** ***architettura*** **p. 646** 1.19; ***ferrovie...*** **p. 669** 5.2; ***utensili*** **p. 1340** 14.4.

dadòforo [dal gr. *daidophóros*; 1931] ***sm.*** portatore di fiaccola (in part. nella iconografia antica).

daffàre [da *da fare*; 1842 ca.] ***sm. inv.*** lavoro, occupazione: *ho un gran daffare*.

dàfne [dal lat. scient. *Daphne*, der. dal gr.

dáphnē, alloro; 1342 ca.] ***sf.*** genere di piante della famiglia delle Timeleacee, velenose, con fiori privi di corolla.

dàfnia [dal lat. scient. *Daphnia*, dalla ninfa Dafne; 1830] ***sf.*** piccolo crostaceo d'acqua dolce.

Dàfnidi (sing. *-e*) [dal lat. scient. *Daphniidae*, da *Daphnia*, n. del genere; 1931] ***sm. pl.*** famiglia di piccoli crostacei d'acqua dolce, del sottordine dei Cladoceri.

dafnìna [comp. di *Dafne* e *-ina*; 1830] ***sf.*** *T.chim.* sostanza contenuta nella corteccia delle piante del genere Dafne, con azione vescicante, rubefacente e purgativa.

dàga [forse lat. tardo *ensis daca*, spada portata dai Daci; a. 1400] ***sf.*** spada corta a due tagli || *dim.* daghétta.

dagherrotipìa [dal fr. *daguerréotypie*, dal n. dell'inventore Daguerre; 1840] ***sf.*** **1.** procedimento fotografico non più in uso, affermatosi intorno alla metà del secolo scorso, che consisteva nel far rimanere impresse le immagini su lastre argentate, per mezzo di sostanze chimiche **2.** l'immagine così ottenuta || **N.** FOTOGRAFIA.

dagherròtipo [dal fr. *daguerréotype*; 1839] ***sm.*** apparecchio per dagherrotipia || immagine fotografica ottenuta col dagherrotipo.

dàgli[1] ***prep. art.*** comp. di *da* e *gli*.

dàgli[2] [comp. da *da'*, imperativo di *dare* e *gli*; 1532] ***escl.*** **1.** usata come incitamento a seguire, a perseguitare e sim.: *dagli al ladro!* **2.** nella loc. *e dagli!* indica fastidio: *e dagli! Non molla mai!*

dagussà [da una voce etiopica; 1951] ***sf.*** pianta delle Graminacee che vive nelle regioni tropicali e subtropicali.

dai ***prep. art.*** comp. di *da* e *i*.

dàimio (pl. *-mi*) [da una voce giapponese; 1889] ***sm.*** principe, feudatario, personaggio nobile dell'antico Giappone.

dàino [dal fr. ant. *dain*, lat. tardo *dāmus*, class. *damma*; a. 1333 *dano*] ***sm.*** mammifero dei Cervidi, caratterizzato dalle corna palmate in cima, e dall'essere più piccolo dei cervi veri e propri; la sua pelle, pregiatissima, è usata per far guanti.

dal ***prep. art.*** comp. di *da* e *il*.

dàlai-làma [da una voce composta del mongolo *dalai*, "oceano", e del tibetano *bla-ma*, "maestro"; letter. maestro (dalla sapienza infinita come) l'oceano; 1905] ***sm.*** il capo spirituale del buddismo tibetano.

dalbèrgia (pl. *-ge* o *-gie*) [dal n. proprio *Dalberg*, botanico sved.; 1951] ***sf.*** *T.bot.* genere di piante arboree o arbustive delle regioni tropicali; da alcune sue specie si traggono vari legni pregiati tra cui il palissandro.

dàlia [dal n. del botanico svedese *Dahl*; 1830] ***sf.*** genere di piante delle Composite, che si coltivano nei giardini e fanno bellissimi fiori inodori || **N.** *Sin.* giorgina.

dàlla ***prep. art.*** comp. di *da* e *la*.

dallàto [comp. di *da* e *lato*; 1304] ***avv.*** da lato, da parte, di fianco, accanto.

dàlle ***prep. art.*** comp. di *da* e *le*.

dàllo ***prep. art.*** comp. di *da* e *lo*.

dàlmata [dal lat. *Dalmata*; 1775] **I** ***agg.*** della Dalmazia || *razza dalmata*, razza di cani da compagnia e da guardia, dal pelame corto, bianco a macchie nere **II** ***sm.*** (anche *sf.*) **1.** abitante della Dalmazia **2.** cane dalmata. **TAV. *cani* p. 662.**

dalmàtica [dal lat. tardo *dalmatica* (*vestis*); a. 1342] ***sf.*** **1.** tunica lunga e bianca, originaria della Dalmazia, portata dalle classi elevate romane; più tardi entrata nell'uso del clero cristiano **2.** *T.eccl.* paramento sacro portato dal diacono e dal suddiacono nel servizio dell'altare durante le funzioni solenni, e dal vescovo nelle funzioni pontificali; giunge alle ginocchia, è aperta ai lati e ha maniche corte e larghe || *dalmatica minore*, la veste festiva dei suddiaconi e dei diaconi; anche questa viene indossata dai vescovi.

dalmàtico (pl. *-ci*) [dal lat. *dalmaticus*; a. 1828 come agg.] **I** ***sm.*** lingua neolatina parlata anticamente in Dalmazia e oggi totalmente soppiantata dal serbocroato **II** ***agg.*** della Dalmazia: *lingua dalmatica*.

dàlton [dal n. proprio J. *Dalton*, scienziato ingl.; 1967] ***sm. inv.*** *T.chim.* unità chimica di massa atomica, corrispondente a 1/12 della massa dell'atomo di carbonio.

daltònico (pl. *-ci*) [da *daltonismo*; 1907] ***agg.*** e ***sm.*** (f. *-a*) affetto da daltonismo.

daltonìsmo [dal n. proprio J. *Dalton*, scienziato ingl.; 1875] ***sm.*** *T.scient.* anomalia nella percezione dei colori, particolarmente del rosso e del verde || **N.** acromatopsia, allocromia, discromatopsia.

d'altrónde V. ALTRONDE.

dàma[1] [dal fr. *dame*, lat. *domina*; 1310 ca.] ***sf.*** **1.** donna di nobile condizione: *darsi arie di gran dama*, affettare distinzione || *dama di corte*, destinata a speciali uffici presso una regina o una principessa || *dama di compagnia*, che tiene compagnia a signore, perlopiù anziane || *tosc. fam.* donna amata, fidanzata, moglie || *bocca di dama* o *bacio di dama*, pasta dolce, fatta di uovo e zucchero **2.** appartenente ad associazioni o congregazioni assistenziali o religiose femminili: *Dame Inglesi, Dame della Carità* **3.** nei balli a coppie, la compagna del ballerino || *dim.* damìna, damigèlla, damùzza; *spreg.* damàccia.

dàma[2] [dal fr. *dame*, forse dal fr. ant. *dame*, pietra, pezzo; 1598] ***sf.*** *T.gioc.* **1.** gioco che si fa sulla scacchiera muovendo dodici pedine per parte || *dama polacca o internazionale*, gioco simile alla dama italiana, su scacchiera di cento caselle, con venti pedine per parte che possono mangiare anche all'indietro **2.** pedina che, arrivata all'ultima fila, si raddoppia e può muoversi avanti e indietro: *andare a dama* || **N.** **1.** damare, mangiare, mossa, sdamare, soffiare.

damalìsco (pl. *-schi*) [dal gr. *dámalis*, giovenca; 1931] ***sf.*** *T.zool.* genere di Antilopi africane.

damàre [da *dama*[2]; sec. XIV] ***tr.*** nel gioco della dama, mettere una pedina sopra l'altra che giunge a far dama.

damascàre (pres. *-àsco, -àschi*) [da *damasco*; 1797] ***tr.*** tessere a opera; tessere un damasco.

damascàto (*pps.* di *damascare*) [1765 *dammascato*] ***agg.*** lavorato come il damasco.

damascatùra [da *damascare*; 1835] ***sf.*** **1.** *T.tess.* l'operazione del tessere a damasco **2.** *T.metal.* damaschinatura.

damascèno [dal lat. *Damascenus*; 1340 ca.] ***agg.*** che è originario di Damasco: *rosa damascena*, bianca e odorosissima.

damaschétto [da *damasco*; 1830] ***sm.*** specie di drappo a fiori d'oro e d'argento.

damaschìna [da (*spada* o sim.) *damaschina*; 1887] ***sf.*** sciabola di Damasco || *per estens.* spada di tempra eccellente.

damaschinàre (pres. *-ìno*) [dal fr. *damasquiner*; 1765] ***tr.*** lavorare un pezzo di acciaio o di ferro all'agemina, ossia con intarsi d'oro e d'argento.

damaschinàto (*pps.* di *damaschinare*) [1605] ***agg.*** di metallo, lavorato a intarsi decorativi.

damaschinatóre [da *damaschinare*; 1956] ***sm.*** (f. *-trìce*) orafo che esegue lavori di damaschinatura. **Q.T. *oreficeria*.**

damaschinatùra [da *damaschinare*; a. 1798] ***sf.*** *T.metal.* atto ed effetto del damaschinare.

damaschìno [dal n. geogr. *Damasco*, metà del sec. XV] **I** ***agg.*** di lama, tessuto o sim. che sia stato damaschinato, fatto a Damasco, lavorato all'uso di Damasco: *tappeti damaschini* (D'Annunzio) **II** ***sm.*** varietà di susino originaria della Siria.

damàsco (pl. *-schi*) [dal n. geogr. *Damasco*; fine sec. XIV] ***sm.*** **1.** *T.tess.* drappo di seta, con ordito e trama d'un colore, il cui disegno risalta dal fondo per contrasto di lucentezza **2.** *T.metal.* acciaio trattato mediante damaschinatura.

dameggiàre (pres. *-éggio*) [da *dama*[1]; 1718] ***intr.*** (aus. *avere*) *raro* recarsi dove è ritrovo di dame per far mostra di sé e corteggiarle: *quando uscite a dameggiare* (Carducci) || ***tr.*** *raro* corteggiare dame || **N.** ***tr.*** CORTEGGIARE.

damerìa [da *dama*[1]; 1721] ***sf.*** *raro* qualità di dama || contegno, sussiego di gran dama.

damerìno [da *damo*; 1618] ***sm.*** chi veste con ricercatezza e ha modi affettati e leziosi || **N.** cascamorto, cavalier servente, cicisbeo, galante, vagheggino, zerbino.

damésco (pl. *-schi*) [da *dama*[1]; 1765 ca.] ***agg.*** *raro* di dama.

damier (fr., pr. [da'mje]) [letter. damiera, scacchiera; 1942] ***sm. inv.*** tessuto a scacchi; quadrettato.

damière [da *dama*[2]; 1940] ***sm.*** (anche *sf. damièra*) la scacchiera che serve per il gioco della dama.

damigèlla [dal fr. ant. *damoiselle*, dal lat. volg. **dominicella*, dim. di *domina*, signora; fine sec. XIII] ***sf.*** **1.** *lett.* donzella nobile al servizio di principesse || fanciulla di nobile famiglia **2.** giovinetta, fanciulla || *damigella d'onore*, ragazza che accompagna la sposa durante il corteo nuziale **3.** *T.zool.* *damigella di Numidia*, piccola gru con collo e piume del petto nere (*Anthropoides virgo*) || **N.** donzella, fanciulla, giovinetta, signorina, verginella, zitella.

damigèllo [da *damigella*; 1340 ca.] ***sm.*** *arc.* giovane non ancora armato cavaliere, paggio a servizio di principi o di gran signori || **N.** donzello, garzone, giovincello, giovinetto, paggio.

damigiàna [dal fr. *dame-jeanne* di etim. inc.; 1760 *damegiana*] ***sf.*** vaso di vetro a forma di grande fiasco, rivestito di vimini o plastica per contenere vino o liquori || **N.** bottiglione. **TAV.** *enologia* 8.

damìsta [da *dama*[2]; 1935] ***s.*** giocatore di dama.

dàmma [dal lat. *damma*; a. 1321 *dama*] ***sf.*** *lett. arc.* femmina del daino.

damméno o **da méno** [comp. di *da* e *meno*; 1765 ca.] ***agg. inv.*** inferiore, peggiore: *egli non è dammeno di te* || **N.** dappoco | *Contr.* dappiù.

dàmo [da *dama*[1]; a. 1431] ***sm.*** *tosc. fam.* fidanzato, corteggiatore, uomo amato || **N.** damerino.

dan (giap., pr. [dan]) [voce giap.; 1965] ***sm. inv.*** *T.sport.* nelle arti marziali (karatè, judo ecc.) classe di abilità degli atleti già esperti e dei maestri, a cui corrisponde il colore della cintura della divisa di gara: *primo dan*, *secondo dan*.

danàio V. DENAIO.

danàro V. DENARO.

danaróso (raro *denaróso*) [da *danaro*; 1511] ***agg.*** di persona, facoltoso.

dancing (ingl., pr. amer. ['dænsiŋ]; pr. it. ['densiŋ(g)]) [ppr. di (*to*) *dance*, danzare; 1905] ***sm. inv.*** luogo dove si balla, sala da ballo, ballo pubblico.

dànda [voce onom. di provenienza senese; 1846] ***sf.*** **1.** spec. *pl.* ciascuna delle due strisce di lana tessuta, con le quali si sorreggono i bambini quando muovono i primi passi || *fig.* sostegno **2.** ciascuna delle strisce di panno pendenti dalle spalle della veste dei seminaristi || **N.** bretella, cinghia.

dandìsmo [da *dandy*; 1908] ***sm.*** comportamento proprio del *dandy*, atteggiamento di ostentata eleganza.

dandy (ingl., pr. ['dændɪ]) [etim. inc.; 1817] ***sm. inv.*** **1.** elegantone, giovanotto alla moda || persona che si propone di realizzare un ideale estetico di eleganza e distinzione **2.** *T.mar.* imbarcazione a vela da diporto con due alberi e bompresso.

danése [dal fr. ant. *danoise*; sec. XIV] **I *agg.*** proprio della Danimarca **II *sm.*** **1.** (anche *sf.*) abitante della Danimarca **2.** (solo *sing.*) lingua germanica parlata in Danimarca.

dannàbile [dal lat. *damnābilis*; a. 1364] ***agg.*** *raro* meritevole di riprovazione, biasimevole.

dannàggio (pl. *-gi*) [dal fr. ant. *danoise*; sec. XIV] ***sm. ant.*** danno.

dannàre [lat. *damnāre*; inizio sec. XIII] ***tr.*** **1.** condannare alle pene dell'inferno || *far dannare qualcuno,* tormentarlo, non dargli pace **2.** *arc.* cancellare || ***intr. pron.*** perder l'anima, andare all'inferno || *fig.* affaticarsi penosamente intorno a una cosa.

dannàto (*pps.* di *dannare*) [fine sec. XIII] **I *agg.*** **1.** che è all'inferno: *anima dannata; urlare come un'anima dannata,* disperatamente || si dice anche di persona senza alcun ritegno morale o esecutrice cieca di malvagi ordini altrui: *è l'anima dannata del duca Valentino* || *vita dannata,* travagliata **2.** *fam.* maledetto: *dannata pioggia!* || tremendo: *fa un freddo dannato, paura dannata* || malaugurato: *nella dannata ipotesi che* || **dannataménte** ***avv.*** *iperb.* assai, troppo: *un compito dannatamente difficile* **II *sm.*** (f. *-a*) chi è nell'inferno: *i dannati di Dante*; anche in espr. iperb.: *lavora come un dannato,* moltissimo.

dannazióne [da *dannare*; a. 1292] **I *sf.*** **1.** il dannare || perdizione eterna dell'anima **2.** *per meton.* la ragione per cui ci si danna; persona o cosa che ci dà tormento e ci fa perder la pazienza: *quel ragazzo è la mia dannazione* **II *escl.*** maledizione! || **N. I 1.** inferno.

danneggiaménto [da *danneggiare*; a. 1320] ***sm.*** il danneggiare; atto ed effetto del danneggiare (freq. come *T.bur.*).

danneggiàre (pres. *-éggio*) [da *danno*; a. 1250] ***tr.*** far danno: *la pioggia danneggia il grano* || ***intr. pron.*** subire un danno: *nell'incidente l'auto si è danneggiata gravemente* || **N.** *Sin.* deteriorare, distruggere, fracassare, guastare, imbrogliare, infestare, ledere, molestare, nuocere, offendere, perseguitare, pregiudicare, rovinare | *Contr.* aggiustare, giovare, riparare.

danneggiàto (*pps.* di *danneggiare*) [1300 ca.] **I *agg.*** deteriorato: *merci danneggiate* **II *sm.*** (f. *-a*) chi ha subito un danno: *bisogna indennizzare il danneggiato.*

danneggiatóre [da *danneggiare*; 1618] ***agg.*** e ***sm.*** (f. *-trice*) *non com.* che o chi danneggia.

dannévole [da *dannare*; a. 1342 nel senso 2] ***agg.*** *arc.* **1.** biasimevole, degno di condanna **2.** dannoso.

dànno [lat. *damnum*; inizio sec. XIII] ***sm.*** perdita, svantaggio materiale o morale: *gl'insetti recano danno alle messi, le discordie intestine sono un danno per le nazioni* || *T.giur. lucro cessante e danno emergente,* la cessazione di un guadagno e oltre a ciò lo scapito che ne deriva || *mio, tuo, suo danno,* peggio per me, per te, per lui: *se non volete correggervi, vostro danno* || *rifondere, risarcire i danni,* compensarli mediante indennizzo; *chiedere i danni,* pretendere il risarcimento || *restare con il danno e le beffe,* essere danneggiato e schernito || **N.** *Sin.* aggravio, avaria, detrimento, disastro, fallimento, guasto, iattura, inconveniente, ingiuria, lesione, malanno, male, malestro, nocumento, perdita, piaga, pregiudizio, privazione, rovina, scapito, scempio, svantaggio | patire, ricevere, risentire, soffrire; fare, portare, recare; evitare, preservare da, prevenire, restituire, rifondere, rimediare, rinfrancare, riparare, risarcire, salvare da | estremo, grave, ingente, irreparabile, leggero, lieve, rilevante | emenda, indennizzo, risarcimento, rivalsa | *Contr.* giovamento, utilità, vantaggio.

dannosità [da *dannoso*; 1853] ***sf.*** l'esser dannoso.

dannóso [da *danno*; a. 1294] ***agg.*** che apporta danno: *un vizio dannoso per la salute, pioggia dannosa al raccolto* || **dannosaménte** ***avv.*** || **N.** disutile, esiziale, fatale, funesto, infesto, malefico, nefasto, nemico, nocivo, pericoloso, pernicioso, pregiudizievole, rovinoso, sfavorevole, sinistro, svantaggioso | *Contr.* innocuo; utile.

dannunzianésimo [da *dannunziano*; a. 1926] ***sm.*** costume letterario e artistico, stile di vita ispirato alla figura di Gabriele D'Annunzio.

dannunzianismo [dal n. proprio *D'Annunzio*; 1918] ***sm.*** parola o stilema coniato o usato in senso particolare da D'Annunzio (per es. *liliale*) || *raro* dannunzianesimo.

dannunziàno [dal n. proprio *D'Annunzio*; 1908] **I *agg.*** che segue, che imita lo stile di Gabriele D'Annunzio || *per estens.* caratterizzato da estetismo decadente, dal culto dell'eroismo individuale e dell'azione esemplare, alla maniera di D'Annunzio **II *sm.*** (f. *-a*) seguace, ammiratore di D'Annunzio.

dannunzieggiàre (pres. *-éggio*) [dal n. proprio *D'Annunzio*; 1939 ca.] ***intr.*** (aus. *avere*) imitare i modi di Gabriele D'Annunzio.

dànte [dallo sp. *dante*; 1534 *danta*] ***sm.*** daino; solo nella loc. *pelle di dante,* pelle di daino.

dànte càusa [formato dal ppr. di *dare* e *causa*; 1923] ***loc. s.*** *T.giur.* colui a cui si succede per qualche diritto.

danteggiàre (pres. *éggio*) [dal n. proprio *Dante* Alighieri; 1655] ***intr.*** (aus. *avere*) imitare Dante Alighieri.

dantésca [da *dantesco*; 1956] ***sf.*** tipo di sedia o poltrona di antica origine toscana, costituita da stecche in legno ricurve incrociate a X, in modo tale che braccioli e gambe si aprono a semicerchio, rispettivamente verso l'alto e verso il basso, e con schienale e sedile formati da una striscia di cuoio o di stoffa (o, più raramente, di legno) || **N.** *Sin.* savonarola.

dantésco (pl. *-schi*) [dal n. proprio *Dante* Alighieri; a. 1565] ***agg.*** **1.** che si riferisce a Dante: *stile dantesco, critica dantesca* **2.** *per estens.* imponente, che colpisce profondamente: *uno spettacolo dantesco* || **dantescaménte** ***avv.***

dantìno [dal n. proprio *Dante* Alighieri; 1956] ***sm.*** edizione della Divina Commedia di formato minuscolo.

dantismo [dal n. proprio *Dante* Alighieri; 1950] ***sm.*** **1.** l'imitazione e lo studio di Dante **2.** *T.ling.* parola o stilema coniato o usato in senso particolare da Dante (ad es. *tetragono*).

dantìsta [dal n. proprio *Dante* Alighieri; 1381] ***s.*** studioso della vita e delle opere di Dante Alighieri.

dantìstica [dal n. proprio *Dante* Alighieri; 1963] ***sf.*** disciplina che si occupa dello studio di Dante e della sua opera.

danubiàno [dal n. geogr. *Danubio*; 1931] ***agg.*** del Danubio, che ha rapporti col Danubio o con le terre da questo attraversate: *bacino danubiano, paesi danubiani.*

dànza [dal fr. ant. *danse*; a. 1237] ***sf.*** **1.** successione di movimenti ritmati, ballo: *danza classica, popolare* || *per estens.* movimento turbinoso, incessante: *danza di immagini, di pensieri* || *fig. menare la danza,* dirigere un intrigo, un maneggio || *danza macabra,* v. MACABRO **2.** musica scritta per essere danzata, o che evoca o utilizza ritmi di danza. **Q.T.** *danza.*

danzànte (*ppr.* di *danzare*) [1690] ***agg.*** **1.** che danza: *coppia danzante,* i due primi ballerini dei balli teatrali **2.** di ballo, in cui si balla: *serata, festa, tè, veglia danzante.*

danzàre [dal fr. ant. *danser,* inizio sec. XIII] ***intr.*** (aus. *avere*) ballare, eseguire una danza || *per estens. lett.* compiere movimenti vivaci, detto anche di cose || ***tr.*** rif. a ballo, eseguirlo: *danzare la pavana.* **Q.T.** *danza.*

danzatóre [da *danzare*; a. 1336] ***sm.*** (f. *-trìce*) chi danza.

dàpe [dal lat. *daps, dapis*; a. 1321] ***sf.*** *arc.* o *lett.* vivanda; spec. *fig.* nutrimento spirituale.

DANZA

GENERI: aerobica, *ballet, ballet de cour,* balletto, ballo (antico, benefico, contadinesco, a corte, da sala o di società, in costume, in maschera, liscio, profano, sacro, ufficiale), ballonzolo, *comédie-ballet,* coreodramma, danza (accademica o classica, apollinea, della spada, di carattere, dionisiaca, folklorica, jazz, libera o moderna, orgiastica, postmoderna), festa danzante, festival, *musical, opéra-ballet,* pantomima, rivista, teatro danza, trattenimento danzante, veglia, veglione, *zarzuela.*

VARIETÀ DI BALLI E DANZE: allemanda, bassadanza, *be-bop,* bergamasca, *bohémienne,* bolero, *boogie-woogie, boston, bourrée, break-dance, cancan,* carioca, carola, *calypso,* carmagnola, *cha-cha-cha, charleston,* ciaccona, conga, corrente, *cotillon,* cosacca, contraddanza, *czarda,* danza del ventre, danza macabra, danza serpentina, fandango, farandola, flamenco, follia, furlana, *fox-trot,* gagliarda, *galop,* gavotta, giga, gitana, giava, *hesitation, hornpipe, jota,* lambada, lancieri, *loure,* mambo, manfrina o monferrina, mazurca, minuetto, moresca, nizzarda, *one-step,* padovana o paduana, *paso doble,* passacaglia o passagallo, passamezzo, pirrica, polacca, polca, quadriglia, *ragtime,* raspa, *rigaudon,* ridda, rigoletto, redova, *rock and roll,* rumba, saltarello, spagnoletta, samba, sarabanda, scozzese, *seguidilla* o seguidiglia, *shake,* siciliana, *sirtaki, slow,* spirù, *suite, surf, swing,* tango, tango figurato, tarantella, tip-tap, tirolese, tiaso, tresca, trescone, *twist, two-step, valse,* valzer, volta.

TECNICA: adagio, a solo, *arabesque, attitude, ballon,* balzo, *battement,* catena, *changement,* coda, coloratura, contrappasso, *entrechat, épaulement,* giro, intreccio, *jeté,* movimento, *pas* (*de deux, de quatre, marché*), passo (composto, doppio), piroetta, posizione (prima, seconda, terza, quarta, quinta, sesta), punte, riverenza, ruota, saltello, salto, sbarra, *tour.*

PERSONE: bajadera, ballerina di fila, ballerino, ballerino di mezzo carattere, cavaliere, coppia, coreografo, corifeo, corpo di ballo, dama, danzatore, *étoile,* maestro, *partner, porteur,* prima ballerina, solista, tersicorea.

ABBIGLIAMENTO: *body, cache-sexe, chauffecoeur,* calzamaglia, costume, domino, maschera, scaldamuscoli, scarpe (da jazz, da mezzapunta, da punta, da tip-tap, di carattere), scarpini, tutù.

VOCI ATTINENTI: accademia (di ballo, di danza), balera, ballo a palchetto, coreografia, *dancing,* discoteca, *night,* pista, scuola (di ballo, di danza), *tabarin*; aprire la danza, concedere un ballo, far tappezzeria, impegnare per un ballo; *carnet* di ballo, invito.

dapìfero [comp. di *dape* e *-fero*, prima metà sec. XIV] ***agg.*** e ***sm.*** *raro* che o chi porta i cibi, le vivande.

dappertùtto (meno com. *da per tutto*) [comp. di *da*, *per* e *tutto*; sec. XV] ***avv.*** in qualsiasi luogo, in tutti i luoghi.

dappiè o **dappièdi** [comp. di *da* e *pie(de)*; 1308 ca.] ***avv.*** *ant.* o *lett.* ai piedi, nella parte inferiore, giù in basso; *dappiè* o *dappiedi del monte*.

dappiù [comp. di *da* e *più*; 1353 *da più*] ***agg.*** *inv.* maggiore, migliore, di più alto grado: *perché ha studiato si crede di essere dappiù di noi* ‖ **N.** *Contr.* dammeno.

dappocàggine [da *dappoco*; sec. XIV] ***sf.*** l'essere dappoco ‖ *concr.* atto di persona dappoco ‖ **N.** *Sin.* inettitudine, goffaggine, mediocrità.

dappòco [comp. di *da* e *poco*; inizio sec. XIV] ***agg.*** *inv.* di persona, di poco o nessun valore, scarsamente capace ‖ **N.** *Sin.* inetto, insulso, mediocre, sciocco | *Contr.* bravo, valente.

dappòi [comp. di *da* e *poi*; a. 1294 come cong.; 1324 come avv.] **I *avv.*** *ant.* di poi, dopo **II *cong.*** *ant.* **1.** dopoché **2.** poiché.

dappoiché [comp. di *da*, *poi* e *che*; a. 1294] ***cong.*** *ant.* **1.** dopo che **2.** *lett.* poiché.

dapprèsso [comp. di *da* e *presso*; a. 1321] ***avv.*** da vicino: *il cane lo seguiva dappresso*.

dapprìma [comp. di *da* e *prima*; 1284 ca.] ***avv.*** in un primo tempo, in un primo momento ‖ *ant.* prima.

dapprincìpio [comp. di *da* e *principio*; a. 1540 *da principio*] ***avv.*** momento ‖ *ant.* prima, in origine ‖ da capo, dal principio.

dàra [etim. inc.; 1870] ***sf.*** *T.mar.* l'insieme delle parti di ricambio per l'alberatura dei velieri ‖ **N.** *Sin.* droma.

dardanìşmo [da *Dardani*, n. con il quale Omero designa spesso i Troiani; 1986] ***sm.*** *T.econ.* distruzione volontaria di un prodotto, per la quantità eccedente il fabbisogno, allo scopo di provocare un aumento di prezzo.

dardeggiàre (pres. *-éggio*) [da *dardo*; a. 1530] ***tr.*** **1.** *arc.* colpire con dardi **2.** *fig.* bersagliare, detto soprattutto del sole e dello sguardo: *lo dardeggiava con occhiate di fuoco* ‖ ***intr.*** **1.** *arc.* scoccare dardi **2.** *fig.* sprigionare raggi intensi, fiammeggiare: *il sole dardeggiava, i suoi occhi dardeggiavano*.

dàrdo [dal fr. ant. *dard*; fine sec. XIII] ***sm.*** arma da lanciare con l'arco, asticciola perlopiù di legno, con punta di ferro a lancetta e barbe; strale ‖ *metaf.* cosa da cui si rimane colpiti per calore o passione: *dardi d'amore, i dardi del sole* ‖ **N.** *Sin.* saetta, FRECCIA.

dàre[1] (pres. *dò, dài, dà, diàmo, dàte, dànno*; imp. *dàvo*; p.rem. *dètti* o *dièdi, désti, dètte* o *diède, démmo, déste, dèttero* o *dièdero*; fut. *darò*; imper. *dai, da'* o *dà*; pres. cong. *dia, diàmo, diàte, diano*; imp. *déssi, désse, déssimo, déste, déssero*; pps. *dàto*; per evitare equivoci, si suole accentare le forme *dà, dài, dànno, dètti*; non si accenta invece la forma *do*) [lat. *dare*; inizio sec. XIII] ***tr.*** trasferire ad altri: *gli diedi le spiegazioni necessarie* ‖ rif. a notizie, avvisi ecc., comunicare: *ti do una bella notizia* ‖ concedere, accordare: *gli diedi la licenza domandata* ‖ porgere: *dammi quel libro* ‖ donare, regalare ‖ vendere: *gli ha dato il terreno per un tozzo di pane* ‖ pagare una cifra: *per questo libro vi do mille lire* ‖ assegnare: *mi diedero il primo posto* ‖ rif. a titoli, cariche e sim., conferire: *gli hanno dato il posto di vice direttore* ‖ *dare del lei*, rivolgersi a qualcuno con il pronome di cortesia ‖ fruttare, rendere: *la vigna dà cento barili di vino* ‖ di conti, produrre la cifra totale: *cinque più dieci dà quindici* ‖ rif. a sentenze e sim., proferire: *il giudice ha dato la sentenza* ‖ rif. a colpi, menarli: *gli diedi una bastonata*; spesso anche *ass.*: *dategli a questo ragazzaccio*; e come incitamento, *dàgli al ladro!* ‖ rif. a colore, stendere: *dare una mano di bianco alla stanza* ‖ rif. a medicina, somministrarla: *gli ho dato l'olio di ricino* ‖ *dare la mano*, offrirla perché l'altro la stringa, in segno di saluto ‖ *fig.* *dare una mano a qualcuno*, aiutarlo ‖ *fig.* *dare i numeri*, dire cose insensate, delirare ‖ ***rifl.*** **1.** offrirsi, consegnarsi: *si diede prigioniero* ‖ concedersi (spec. di una donna): *gli si diede per interesse* **2.** dedicarsi a qualcosa come professione o abitudine: *s'è dato alla carriera militare*; *darsi al bere, all'alcol, alla bella vita* ‖ *darsi per vinto*, confessarsi vinto ‖ ***tr. pron.*** *darsela a gambe*, fuggire ‖ *darsi delle arie*, vantarsi, pavoneggiarsi ‖ *darsi la pena di*, preoccuparsi (perlopiù in frasi negative) ‖ ***intr. pron.*** *darsi il caso*, accadere ‖ *può darsi*, è possibile ‖ *darsi da fare*, affaccendarsi ‖ ***intr.*** (aus. *avere*) colpire, urtare: *tirò una sassata e diede nei vetri* ‖ *fig.* *dar nel segno*, toccare il punto giusto, azzeccarla ‖ *lett.* inciampare, urtare, imbattersi in qualcuno: *diede in un sasso e cadde* ‖ *dare alla testa*, di vino, liquori e sim., produrre pesantezza di capo; di odore, stordire; *fig.* di onori e sim., far vaneggiare, far salire in superbia ‖ *dare allo stomaco*, *fig.* produrre nausea e disgusto: *un odore che dà allo stomaco*; *tante svenevolezze mi dànno allo stomaco* ‖ *dare sui nervi, dare ai nervi*, irritare ‖ *dare nell'occhio*, attirare gli sguardi, essere vistoso ‖ *dare nel naso*, destare sospetti ‖ *dare in riso, in pianto, in escandescenze*, prorompere in riso ecc. ‖ di porte, finestre ecc., essere rivolto verso: *la finestra dà sul giardino* ‖ *fam.* *darci dentro*, impegnarsi a fondo ‖ con le prep. art. *del, della* ecc., vale trattare qualcuno con quel titolo: *gli ha dato del ladro* ‖ **N. *tr.*** *Sin.* abbandonare, accollare, accordare, addossare, affibbiare, affidare, aggiudicare, alienare, appiccicare, appioppare, assegnare, attribuire, cambiare, compartire, compensare, comunicare, concedere, conferire, consegnare, contribuire, dedicare, delegare, demandare, devolvere, dilapidare, dispensare, distribuire, donare, elargire, erogare, fornire, insignire, investire, inviare, largire, lesinare, offrire, pagare, porgere, presentare, prestare, profferire, rassegnare, regalare, rendere, restituire, riconsegnare, ridare, rifilare, rilasciare, sborsare, scialare, soccorrere, somministrare, tributare | a spizzico, gratis | *Contr.* ricevere; negare, rifiutare; defraudare, depredare, levare, prendere, privare, sottrarre, togliere.

dàre[2] [da *dare*; a. 1370] ***sm.*** ciò che uno deve ad altri, spec. come somma di denaro: *quant'è il mio dare?* ‖ insieme con *avere* indica i due ordini di scritture che si possono affermare in un conto, bilancio ecc.

dàrsena [dall'ar. *dār aṣ-ṣina'a*, fabbrica, poi arsenale; a. 1540 *darsina*] ***sf.*** parte più interna d'un porto, dove si ritirano le navi in disarmo e si eseguono riparazioni ‖ **N.** squero, ARSENALE. **Q.T.** *porto* **TAV.** *porto* 3.14.

darviniàno o **darwiniàno** [dal n. proprio Ch. *Darwin*; 1965] ***agg.*** che si riferisce alle teorie evoluzionistiche di Darwin.

darvinìşmo o **darwinìşmo** [dall'ingl. *darwinism*, dal n. proprio Ch. Darwin; 1875] ***sm.*** teoria che spiega l'origine di tutte le specie animali e vegetali da forme più semplici per lenta e graduale evoluzione, mediante il principio della selezione naturale; evoluzionismo ‖ *darwinismo sociale*, tesi sociologica, diffusa tra la fine del sec. XIX e l'inizio del XX, secondo cui anche la società e il suo sviluppo sono governati dai principi darwiniani della selezione e della sopravvivenza del più adatto.

darvinìsta o **darwinìsta** [da *darvinismo*; 1951] ***s.*** seguace di Darwin.

dàşi- [dal gr. *dasýs*, peloso, folto] ***primo elem.*** che, in parole composte della terminologia tecnica e scientifica, vale "peloso", "spesso", "grosso" (per es. *dasimetro, dasite*).

Daşicladàcee [comp. del gr. *dasýs*, peloso, gr. *kládos*, ramoscello e *-acee*; 1930] ***sf. pl.*** *T.bot.* famiglia di alghe verdi con numerosi generi estinti e alcuni tuttora viventi, il cui tallo è costituito da un'unica grande cellula allungata che produce rami laterali disposti in verticilli, ed inferiormente rizoidi.

daşìmetro [comp. di *dasi-* e *-metro*; 1956] ***sm.*** *T.scient.* strumento destinato a misurare la densità dei vari gas.

daşìte [comp. di *dasi-* e *-ite*; 1956] ***sf.*** *T.med.* *non com.* esagerato sviluppo del sistema pilifero ‖ **N.** *Sin.* ipertricosi.

Daşiùridi (sing. *-e*) [dal lat. scient. *Dasyūrus*, formato sulla base del gr. *dasýs*, folto e *ourá*, coda; 1820] ***sm.*** *T.zool.* famiglia di Marsupiali predatori dell'Australia e della Tasmania, cui appartiene il tilacino.

dassài e **d'assài** [comp. da *di* e *assai*; 1313 *d'assai*] **I *avv.*** *raro* di molto, grandemente **II *agg.*** *raro* valente, valoroso, capace.

dassézzo e **da sézzo** [comp. di *da* e *sezzo*; 1292 ca.] ***avv.*** *arc.* da ultimo: *venimmo al piè d'una torre al da sezzo* (Dante).

dàta [lat. med. (*littera*) *data* che indicava il tempo in cui una lettera era *data*, cioè consegnata al portatore; a. 1556] ***sf.*** **1.** in uno scritto, indicazione del luogo, giorno, mese ed anno in cui è stato scritto, pubblicato, emesso e sim.: *la data del timbro postale, una cartolina senza data* ‖ nel linguaggio commerciale: *a dieci giorni dalla data*, con scadenza di dieci giorni a partire da quello indicato **2.** *per estens.* tempo in generale: *d'antica data, di fresca data* **3.** *T.gioc.* atto del distribuire le carte ai giocatori ‖ il gruppo di carte ricevuto da ciascun giocatore **4.** *T.eccl.* patronato, facoltà di conferire un beneficio ecclesiastico **5.** *raro* qualità, condizione, tenore: *parole pronunziò di questa data* (Lippi) ‖ **N.** **1.** epoca, millesimo, cronologia | datare, antidatare, retrodatare | anacronismo, ricorrenza.

data base (ingl., pr. ['deɪtə beɪs]; pr. it. [ˌdata 'beiz]) [letter. base di dati; 1979] ***loc. m. inv.*** *T.inform.* insieme di informazioni organizzate secondo opportune regole e conservate su supporto magnetico ‖ **N.** *Sin.* base di dati; banca dati.

datàbile [da *datare*; a. 1946] ***agg.*** che si può datare: *manoscritto databile al sec. XIV*.

datàre [da *data*; 1640] ***tr.*** segnare la data su uno scritto: *datare una lettera* ‖ stimare l'epoca di produzione di un oggetto: *datare un quadro, un manoscritto* ‖ ***intr.*** **1.** cominciare da un tempo determinato, decorrere: *a datare da oggi* **2.** *non com.* risalire a: *la facciata data del quindicesimo secolo*.

datarìa o **daterìa** [da *datario*[1]; a. 1598] ***sf.*** *T.eccl.* l'ufficio papale per il conferimento delle grazie e dispense ‖ la carica di datario ‖ il luogo dove il detto ufficio risiede.

datariàto [da *datario*[1]; a. 1547] ***sm.*** l'ufficio del datario.

datàrio[1] (pl. *-ri*) [dal lat. mediev. *datārius*, colui che datava le lettere pontificie; a. 1513] ***sm.*** chi presiede alla dataria.

datàrio[2] (pl. *-ri*) [da *datare*; 1951] **I *sm.*** timbro di gomma con cui è possibile comporre giorno, mese e anno di una data, per mezzo di nastri scorrevoli **II *agg.*** che indica la data: *timbro, orologio datario*. **TAV.** *audiovisivi* 2.4.

datàto (*pps.* di *datare*) [1619 ca.] ***agg.*** **1.** provvisto di data, di cui si conosce con esattezza l'anno di produzione: *codice datato* **2.** di prodotto artistico o letterario, fortemente condizionato dal suo tempo, superato: *un film datato*.

datazióne [da *datare*; 1917] ***sf.*** indicazione della data ‖ stima dell'epoca di produzione: *problemi di datazione di un testo*. **Q.T.** *archeologia, storiografia*.

dateria V. DATARIA.

datìşmo [dal gr. *datismós*; 1830] ***sm.*** *non*

com. **1.** ripetizione non necessaria di sinonimi nel discorso **2.** errore compiuto da chi parla una lingua straniera senza conoscerla bene.

dativo [dal lat. (*cāsus*) *datīvus*, caso del dare, sul modello del gr. *dotikḗ ptôsis*; a. 1364] **I** ***agg.*** **1.** *T.ling.* nelle lingue con flessione, detto di caso della declinazione dei nomi che serve generalmente ad esprimere il termine dell'azione **2.** *T.chim.* *legame dativo*, in chimica fisica, il legame che si stabilisce tra due atomi, uno dei quali (datore) ha una coppia di elettroni esterna a uno strato elettronico completo e l'altro (accettore) necessita invece di una coppia di elettroni per completare uno strato **II** ***sm.*** *T.ling.* caso dativo: *un verbo che regge il dativo.*

dàto[1] (*pps.* di *dare*) [1552] **I** nella ***loc. cong.*** *dato che* con l'ind., poiché || *dato e non concesso che* col cong., ammettendo come pura ipotesi che || considerato: *dati i tempi che corrono; dato un triangolo, trovarne il baricentro* || ammesso: *dato ciò, ne segue che* **II** ***agg.*** **1.** determinato: *in un dato momento* **2.** *raro* dedito: *uomo dato al gioco, al vino.*

dàto[2] [dal pps. di *dare*; 1573] ***sm.*** informazione che serve come punto di partenza per un'indagine; presupposto: *i dati di un problema; i dati statistici* || *T.inform.* *struttura dati*, struttura in cui può essere organizzata una collezione di dati (per es. matrice, vettore, lista ecc.) || la voce, dal linguaggio scientifico, è passato anche nell'uso comune: *dato di fatto*, elemento certo, indiscutibile, di cui è necessario tener conto. **Q.T.** *informatica, storiografia.*

datóre [dal lat. *dator, -ōris*; a. 1292] ***agg.*** e ***sm.*** (f. *-trìce*) che o chi dà: *Dio è il datore d'ogni bene* || *datore di lavoro*, colui che ha alle proprie dipendenze lavoratori retribuiti; imprenditore.

datoriàle o **datorìle** [da *datore*; 1966 *datorile*] ***agg.*** relativo al datore di lavoro; formato dai datori di lavoro: *da parte datoriale si è proposta la ripresa delle trattative.*

dàttero [dal lat. *dāctylus*, dal gr. *dáktylos*; a. 1321] ***sm.*** **1.** frutto di una palma, di buccia marrone scuro e di polpa molto dolce **2.** *dattero di mare*, mollusco marino, che rassomiglia al dattero per la conchiglia stretta, oblunga, cilindrica, bruna, entro cui vive.

dattìlico (pl. *-ci*) [dal lat. *dactylicus*, dal gr. *daktylikós*; a. 1406] ***agg.*** di verso, composto di dattili.

dattilìfero [dal lat. scient. *dactylifer*, dal lat. *dāctylus*, dattero; a. 1684] ***agg.*** che produce datteri.

dàttilo [dal lat. *dāctylus*, gr. *dáktylos*, dito, composto di tre segmenti, uno lungo e due brevi; 1551] ***sm.*** **1.** piede della poesia greca e latina, composto di una sillaba lunga seguita da due brevi **2.** *ant.* dattero || **N.** dipodie, tripodie, tetrapodie dattiliche; distico elegiaco, esametro, pentametro, strofe dattilica; metrica, prosodia.

dàttilo- [dal gr. *dáktylos*, dito] ***primo elem.*** che, in parole composte dotte e della terminologia zoologica (per es. *dattiloscopia, dattilottero*), vale "dito" || in parole composte dotte può essere abbreviazione di *dattilografia* (per es. *dattiloscritto*).

-dàttilo [dal gr. *dáktylos*, dito] ***elem. term.*** che, in parole composte della nomenclatura scientifica fa riferimento alle dita (per es. *macrodattilo, pentadattilo*).

dattilografàre (pres. *-ògrafo*) [da *dattilografia*; 1917] ***tr.*** scrivere a macchina || **N.** digitare.

dattilografìa [comp. di *dattilo-* e *-grafia*; 1897 *dactilografia*] ***sf.*** scrittura a macchina, che si ottiene premendo con le dita sulla tastiera alfabetica || tecnica e insegnamento dello scrivere a macchina: *corso di dattilografia* || **N.** martelletto portacaratteri, sistema cinematico; margherita, testina; bobina portanastro, incastellatura, nastro correttore, rullo, scappamento; incolonnatore, tabulatore, trasportatore | macchina da scrivere elettrica, elettronica, portatile; carta carbone.

dattilogràfico (pl. *-ci*) [da *dattilografia*; 1908] ***agg.*** che concerne la dattilografia.

dattilògrafo [da *dattilografia*; 1908] ***sm.*** (f. *-a*) chi scrive a macchina.

dattilologìa (pl. *-gìe*) [comp. di *dattilo-* e *-logia*; 1820] ***sf.*** sistema di comunicazione che si avvale di segni convenzionali delle dita.

dattiloscopìa [comp. di *dattilo-* e *-scopia*; 1942] ***sf.*** esame delle impronte digitali, ai fini della polizia scientifica e sim.

dattiloscòpico (pl. *-ci*) [da *dattiloscopia*; a. 1925] ***agg.*** che si riferisce a dattiloscopia.

dattiloscrìtto [comp. di *dattilo-* e *scritto*; 1931 come sm.] **I** ***agg.*** scritto a macchina **II** ***sm.*** testo dattilografato.

dattilòttero [comp. di *dattilo-* e *-ttero*; 1820] ***sm.*** genere di pesci dei Perciformi, muniti di ampie pinne pettorali sim. ad ali, detti perciò anche *pesci volanti.*

dattórno (arc. *da tórno*) [comp. di *da* e *attorno*; sec. XIII] **I** ***avv.*** vicino, intorno || *stare sempre dattorno*, infastidire || *togliersi dattorno*, andare via, cessare di infastidire: *togliti dattorno!*; *togliersi dattorno qualcuno*, liberarsene || *darsi dattorno*, affaccendarsi, darsi da fare **II** nella ***loc. prep.*** *dattorno a*, intorno a.

datùra [dal lat. scient. *Datura*, dal sanscrito *dhattūrā*; 1829] ***sf.*** genere di piante medicinali delle Solanacee || **N.** stramonio.

datzebao V. DAZEBAO.

davànti [lat. tardo *dē abante*; a. 1250 *davante*] **I** ***avv.*** prima, innanzi: *la fanfara era davanti* || *mettere davanti*, presentare; *mettersi davanti*, mettersi in mostra || nella parte anteriore: *vestito aperto davanti* **II** nella ***loc. prep.*** *davanti a*, in presenza di, al cospetto di: *davanti al re* || di fronte a: *davanti alla casa c'è l'albergo* **III** ***agg.*** *inv.* anteriore: *i denti davanti* **IV** ***sm.*** *inv.* la parte anteriore: *il davanti della casa, del vestito.*

davantìno [da *davanti*; 1942] ***sm.*** pettino, pettorina.

davanzàle [da *davanti* con influsso di *avanzare*; a. 1400] ***sm.*** cornice sulla quale posano gli stipiti della finestra, e sulla quale si appoggia chi si affaccia alla finestra stessa || **N.** parapetto. **TAV.** *abitazione* 1.5.

davànzo ***avv.*** lo stesso che *d'avanzo*; V. AVANZO.

davìdico (pl. *-ci*) [dal lat. *dāvīdicus*; a. 1704] ***agg.*** del re David: *l'arpa davidica* || *Torre davidica*, attributo della Madonna, in quanto discendente di David.

davvantàggio e **d'avvantàggio** [dal fr. *davantage*; a. 1535] ***avv.*** *arc.* maggiormente, di più.

davvéro [da *da* e *vero*; 1308 ca. *da vero*] ***avv.*** veramente, in verità, proprio, effettivamente; serve a sottolineare, a mettere in risalto frasi o parti di frasi: *intende davvero farlo, davvero delizioso!, è stato davvero lui, o qualcun altro?* || può essere usato assolutamente, come risposta affermativa: *è andata proprio così? Davvero!*; o più spesso, con altra intonazione, con valore dubitativo: *l'ho fatto io! Davvero?* || rafforza la negazione: *no davvero!* || *dire (per) davvero*, sul serio, senza scherzi.

day hospital (ingl., pr. ['deɪ ˌhɒspɪtəl]) [letter. ospedale diurno; 1980] ***loc. m.*** *inv.* *T.med.* struttura sanitaria che provvede a terapie di durata limitata, ricoverando il paziente solo durante il giorno.

dazebao o ***dàzibào*** o ***datzebao*** o ***tazebao*** o ***ta-tzu-pao*** (cin., pr. [tatsi'paʊ]; pr. it. [daddze'bao]) [letter. manifesto a grandi caratteri; 1971] ***sm.*** *inv.* manifesto murale di propaganda, di grandi dimensioni e scritto a mano, orginariamente caratteristico della rivoluzione culturale nella Repubblica Popolare Cinese, diffuso poi in occidente dai movimenti di contestazione giovanile.

daziàre (pres. *-àzio*) [da *dazio*; a. 1540] ***tr.*** gravare di dazio: *daziare una merce.*

daziàrio (pl. *-ri*) [da *dazio*; inizio sec. XVII] ***agg.*** che si riferisce al dazio: *tariffa daziaria.*

dazibao V. DAZEBAO.

dazière [da *dazio*; a. 1433] ***sm.*** guardia daziaria; chi riscuote il dazio || **N.** *Sin.* doganiere.

dàzio (pl. *-zi*) [dal lat. *datio -ōnis*, nel lat. med. contribuzione; 1306 ca.] ***sm.*** **1.** tassa che si paga allo Stato o al Comune per le merci che s'introducono nel paese: *pagare il dazio* || *dazio di consumo*, imposta sui generi di consumo || *per estens.* tributo, gabella **2.** l'ufficio dove si paga il dazio: *abita vicino al dazio* || **N.** *Sin.* balzello, dogana, gabello, imposta, pedaggio | doganale, proibitivo, protettivo | daziare, sdaziare | daziere, doganiere, esattore, gabelliere | bolletta, catenaccio, comune aperto, comune chiuso, contrabbando, franchigia, tariffa. **Q.T.** *economia...*

daziόne [dal lat. *datio, -ōnis*; a. 1348] ***sf.*** *ant.* atto del dare.

DDT (pr. [didi'ti]) [acronimo di *d*icloro-*d*ifenil-*t*ricloroetano; 1948] ***sm.*** *inv.* composto chimico usato in passato come insetticida; agisce sul sistema nervoso degli insetti provocandone la morte preceduta da eccitazione e convulsioni.

de [lat. *dē*; sec. XIII] ***prep.*** *arc.* e *lett.* di; soltanto seguito dall'articolo: *de la civile storia d'Italia* (Carducci) || sopravvive soltanto, non obbligatoriamente, nella citazione di titoli inizianti per articolo: *il protagonista de "La coscienza di Zeno"* (ma anche: *della "Coscienza di Zeno"*).

de- [lat. *de-*] ***pref.*** in formazioni deverbali o parasintetiche può indicare moto da luogo, allontanamento (*deportare, defenestrare*) o sottrazione (*decaffeinare, decolorare*).

dèa [dal lat. *dea*; sec. XIII] ***sf.*** divinità femminile || *per estens.* donna bellissima, diva.

deaggettivàle [comp. parasint. di *aggettivo*; 1988] ***agg.*** *T.ling.* si dice di parola derivata da un aggettivo mediante affissi, per es. *collettivizzare* da *collettivo.*

dealbuminàto [comp. parasint. di *albumina*; 1983] ***agg.*** *T.farm.* privato dell'albumina, detto spec. di sieri per vaccinazioni.

dealer (ingl., pr. ['di:lə]) [letter. commerciante, negoziatore; 1987] ***s.*** *inv.* (anche pl. *dealers*, pr. ['di:ləz]) *T.fin.* chi opera in titoli, sia acquistandoli in proprio per poi rivenderli alla clientela, sia svolgendo opera di intermediazione finanziaria.

deamarizzàre [comp. parasint. di *amaro*; 1942] ***tr.*** togliere l'amaro a prodotti alimentari di produzione industriale.

deambulàre (pres. *-àmbulo*) [dal lat. *deambulāre*; a. 1342] ***intr.*** (aus. *avere*) *raro* o *scherz.* passeggiare: *andava deambulando.*

deambulatòrio (pl. *-ri*) [dal lat. tardo *deambulātōrium*; 1929] ***sm.*** *T.arch.* corridoio che gira intorno all'abside (spec. nelle chiese romaniche e gotiche).

deambulazióne [dal lat. *deambulātio, -ōnis*; sec. XIV] ***sf.*** **1.** meccanismo di locomozione tipico dell'uomo e di molti Vertebrati superiori: *ciclo di deambulazione* **2.** *raro* atto del deambulare, il camminare.

deamicisiàno [dal n. dello scrittore Edmondo *De Amicis*; 1950] ***agg.*** ispirato ai modi moralistici e sentimentali propri di De Amicis: *clima deamicisiano.*

deaspirazióne [da *aspirazione*; 1956] ***sf.*** *T.ling.* perdita dell'aspirazione in consonanti aspirate.

débâcle (fr., pr. [de'bɑ:kl]) [letter. disgelo;

1840] **sf.** *inv.* sfacelo, rotta, sconfitta, disastro e sim.: *è stata una débacle clamorosa.*

débauche (fr., pr. [de'bo:ʃ]) [dal verbo *se debaucher*, sottrarsi a un dovere, a un'obbligo; 1797 *deboscia*] **sf.** *inv.* sregolatezza dei costumi, vizio, depravazione, corruzione, dissolutezza.

debbiàre (pres. *débbio*) [etim. inc.; sec. XVIII] **tr.** bruciare stoppie e sterpi per ingrassare il terreno.

debbiatùra [da *debbiare*; a. 1936] **sf.** atto o effetto del debbiare.

débbio (pl. *-bi*) [etim. inc.; 1701] **sm.** atto ed effetto del debbiare un terreno.

debellàre (pres. *-èllo*) [dal lat. *dēbellāre*; sec. XIV] **tr.** vincere decisivamente, annientare: *debellare il nemico* || più com. *fig.* estirpare: *debellare una malattia, un vizio* || **N.** *Sin.* distruggere, espugnare, indebolire, sconfiggere, VINCERE.

debellatóre [da *debellare*; 1614 ca.] **agg.** e **sm.** (f. *-trice*) *non com.* che o chi debella.

debellazióne [da *debellare*; 1613 ca.] **sf.** **1.** *raro lett.* annientamento, distruzione **2.** *per restr.* *T.giur.* annientamento dell'organizzazione di uno Stato, in seguito alla totale occupazione militare del suo territorio.

débile [dal lat. *debilis*; a. 1292] **agg.** *poet.* debole.

debilità [dal lat. *dēbilitās, -tātis*; a. 1292] **sf.** *lett.* debolezza || *arc.* malattia || **N.** DEBOLEZZA.

debilitaménto [da *debilitare*; a. 1832] **sm.** il debilitare || lo stato di chi è debilitato.

debilitànte (*ppr.* di *debilitare*) [seconda metà del sec. XIV] **I agg.** spossante, stancante: *un clima debilitante* || *T.med.* di sostanze che diminuiscono le energie vitali del corpo umano **II sm.** sostanza debilitante.

debilitàre (pres. *-ìlito*) [dal lat. *debilitāre*; 1308 ca.] **tr.** indebolire: *la febbre debilita il malato, un carattere fiero debilitato dalle vicissitudini* || **intr. pron.** indebolirsi || **N.** affievolire, indebolire, infiacchire, DEBOLE.

debilitazióne [dal lat. *debilitātio, -ōnis*; a. 1330] **sf.** l'azione del debilitare e del debilitarsi.

débito¹ [dal lat. *dēbitus*, pps. di *debēre*; a. 1294] **agg.** dovuto: *le debite forme, le debite cautele* || lecito, opportuno: *a tempo debito* || **debitaménte** **avv.** || **N.** *Contr.* indebito.

débito² [dal lat. *dēbitum*, cosa dovuta; 1306 ca. nel senso 2] **sm.** **1.** obbligo di restituire una somma di denaro, o più in generale di adempiere una prestazione: *essere in debito di un milione, di un mese di lavoro; fare, contrarre, estinguere un debito* || la quantità di denaro dovuta: *pagare un debito* || *debito d'onore*, non sancito da un'obbligazione scritta || *debito pubblico*, il complesso dei debiti contratti dalle amministrazioni statali **2.** *per estens.* dovere, obbligo morale: *debito di coscienza, sentirsi in debito verso qualcuno* || *prov.* *ogni promessa è debito* || *dim.* debitùccio, debitarèllo || **N.** **1.** dissesto, obbligo, passivo | acceso, arretrato, chirografario, commerciale, congelato, consolidato, fluttuante, immobiliare, insolvibile, ipotecario, liquido, mobiliare, personale, privilegiato, reale, redimibile | accollarsi un debito, contrarre debiti, indebitarsi; affogare nei debiti, essere oberato dai debiti | cancellare, estinguere, pagare, saldare, scontare, spegnere un debito; sdebitarsi; condonare, consolidare, esigere, riscuotere | acconto, ammortamento, arretrato, condono, esazione, estinzione, insolvenza, interesse, mora, novazione, pagamento, penale, pignoramento, prestito, saldo, sconto, sequestro, usura | *Contr.* credito, attivo. **Q.T.** *banca, commercio...*

debitóre [dal lat. *dēbitor, -ōris*, inizio sec. XIII] **sm.** (f. *-trice*) chi ha un debito || *debitore moroso*, chi non paga al tempo assegnato || *fig.* chi è moralmente obbligato nei confronti di qualcuno: *gli sarò debitore per sempre* || **N.** *Contr.* creditore.

debitòrio (pl. *-ri* o *-rii*) [da *debito*; 1942] **agg.** *T.giur.* che si riferisce a debitore o a debitori.

deblattizzazióne [comp. parasint. di *blatta*; 1985] **sf.** la disinfestazione di un locale dagli scarafaggi.

débole [dal lat. *dēbilis*; a. 1292] **I agg.** **1.** mancante di forza, che regge poco alla fatica: *la malattia lo ha reso debole; muscolo, costituzione debole* || *fig.* che non ha sufficiente potenza, energia, autorità: *un carattere debole, una debole opposizione* || scarso, inferiore alle norma: *vista, memoria debole* || *polso debole*, lento || che può sostenere poco peso: *un'impalcatura troppo debole*; *fig.* che ha poca efficacia: *argomentazioni deboli* || *uomo debole*, dappoco, che si fa facilmente vincere || che sa poco di una certa disciplina: *è debole in matematica* || *sesso debole*, sesso femminile || di luce, scialba || di liquore, poco alcolico **2.** *T.scient.* *ipotesi debole, forma debole di un teorema* (contrapposti a *forte*), che richiede condizioni meno restrittive per essere soddisfatta **3.** *T.fis.* *interazione debole*, interazione a corto raggio tra particelle sub-nucleari, caratterizzata da una bassa costante d'accoppiamento; è una delle quattro interazioni fondamentali della natura **4.** *T.ling.* e *T.gram.* tipo di flessione più regolare, o meno complesso, o più recente, contrapponendosi a *forte*: *coniugazione debole, declinazione debole degli aggettivi, aoristo debole* || **debolménte** **avv.** **II sm.** **1.** (anche *sf.*) persona debole: *i deboli e gli oppressi* **2.** punto debole del carattere, di un ragionamento ecc.: *ciascuno ha il suo debole, il debole della tua argomentazione* **3.** inclinazione: *avere un debole per le donne* || *dim.* debolìno, debolùccio || **N.** *Sin.* **I** **1.** abbattutto, accasciato, affranto, avvilito, cascante, debilitato, disfatto, esile, estenuato, fiacco, fievole, fioco, flaccido, floscio, fragile, frollo, gracile, impotente, invalido, labile, languido, leggero, logoro, mediocre, molle, moscio, scadente, sfatto, sfibrato, slavato, smorto, snervato, spossato, tenue | affievolire, ammollire, ammosciare, annientare, avvilire, debilitare, estenuare, fiaccare, illanguidire, indebolire, infiacchire, mortificare, prostrare, rammollire, sdilinquire, sfibrare, snervare, spossare, stremare, svigorire | abbandonarsi, abbattersi, abbiosciarsi, accasciarsi, appassire, languire, smarrirsi | *Contr.* forte; energico, intenso, robusto, solido, valido.

debolézza [da *debole*; a. 1292] **sf.** **1.** l'essere debole: *debolezza di mente, di vista, di ragioni* || vanità, presunzione frivola: *ha la debolezza di credersi un gran poeta* || difetto abituale: *le umane debolezze* **2.** *concr.* atto da debole, errore: *commise la debolezza di perdonarlo* || **N.** **1.** *Sin.* accasciamento, acciacco, astenia, estenuazione, fiacca, fiacchezza, fragilità, impotenza, infermità, invalidità, languidezza, languore, mollezza, prostrazione, rammollimento, rilassatezza, spossatezza, sfinimento, stanchezza | *Contr.* forza, valore; qualità | DEBOLE.

debordàre (pres. *-órdo*) [dal fr. *déborder*; 1769] **intr.** (aus. *avere*) straripare || **tr.** *T.mar.* allontanare dal bordo della nave.

debòscia **sf.** (pl. *-sce*) V. DÉBAUCHE.

deboscìato [dal fr. *débauché*; 1763] **agg.** e **sm.** (f. *-a*) sregolato; infrollito dalla vita viziosa.

débrayage (fr., pr. [debre'ja:ʒ]) [1918] **sm.** *inv.* disinnesto della frizione in un veicolo a motore.

debugger (ingl., pr. [dɪ'bʌgə]) [letter. eliminatore di cimici; 1985] **sm.** *T.inform.* programma di servizio che consente l'esecuzione controllata di un altro programma, la ricerca e la correzione automatica degli errori di procedura relativi al linguaggio impiegato.

debugging (ingl., pr. [dɪ'bʌgɪŋ]) [letter. eliminazione di cimici; 1984] **sm.** *T.inform.* l'operazione di messa a punto di un programma esecutivo effettuata dal debugger || *in gen.* eliminazione degli errori di programmazione.

debuttànte (*ppr.* di *debuttare*) [1831] **s.** esordiente, principiante; anche con connotazione spregiativa: *si comporta come un debuttante* || *ballo delle debuttanti*, delle ragazze diciottenni esordienti in società.

debuttàre [dal fr. *débuter*; 1831] **intr.** (aus. *avere*) esordire in un'attività artistica, spec. nel mondo dello spettacolo: *debuttare come cantante, attore* || di ragazza, presentarsi per la prima volta ufficialmente in una festa: *debuttare in società* || di uno spettacolo, essere rappresentato per la prima volta; di una compagnia teatrale, rappresentare il primo spettacolo.

debùtto [dal fr. *début*; 1831] **sm.** esordio, inizio. **Q.T.** *teatro.*

dèca [dal lat. tardo *decas, -adis*; sec. XIII] **sf.** gruppo di dieci, decina; ma si usa soltanto per indicare ciascuna delle parti, contenente dieci libri, nelle quali è divisa la Storia di Tito Livio || **sm.** *gerg.* biglietto da diecimila lire.

dèca- [dal gr. *déka*, dieci] **primo elem.** che, in parole composte della terminologia scientifica, ha il valore di "dieci": **decaèdro**, **decàgono** || *in part.* anteposto a un'unità di misura, ne moltiplica il valore per dieci: **decagràmmo**, **decàlitro**, **decàmetro**, **decastèro** || **N.** deci-.

decabrìsta [dal russo *dekabrist*, da *dekabr'* dicembre; 1942] **I s.** chi partecipò al fallito tentativo insurrezionale contro lo zar nel dicembre 1825 **II agg.** relativo a tale insurrezione: *rivoluzione decabrista.*

decacòrdo [dal lat. tardo *decachordus*; sec. XIV] **sm.** arpa a dieci corde.

decadàle [da *decade*; 1983] **I agg.** *raro* che dura dieci giorni **II sm.** in alcune aziende, rapporto di lavoro che viene redatto periodicamente (non necessariamente ogni dieci giorni) da ogni dipendente: *compilare il decadale.*

dècade [dal lat. tardo *decas, -adis*; a. 1712] **sf.** **1.** *non com.* gruppo di dieci oggetti **2.** *per restr.* periodo di dieci giorni o, più raramente, di dieci anni **3.** *per meton.* la paga del soldato, corrisposta ogni dieci giorni.

decadènte (*ppr.* di *decadere*) [1659] **agg.** **1.** *non com.* in decadenza, in declino **2.** appartenente al decadentismo, del decadentismo: *scrittore decadente* || che richiama l'estetica del decadentismo: *un'atmosfera decadente.*

decadentìsmo [dal fr. *décadentisme*; a. 1904] **sm.** movimento artistico e letterario, orientamento del gusto manifestatosi in Francia verso la fine del secolo scorso e di lì estesosi a tutta l'arte occidentale: è caratterizzato da un estenuato estetismo.

decadentista [da *decadentismo*; 1967] **I agg.** relativo al decadentismo **II s.** esponente del decadentismo.

decadentistico (pl. *-ci*) [da *decadentismo*; 1940] **agg.** proprio del decadentismo e dei suoi esponenti.

decadènza [da *decadere* sul modello del fr. *décadence*; 1618 ca.] **sf.** **1.** scadimento, progressiva diminuzione di vitalità, prosperità, splendore, prestigio e sim. || nella storia politica o culturale, periodo postclassico: *scrittore della decadenza* **2.** *T.giur.* estinzione di un diritto, dovuta al suo mancato esercizio **3.** *T.giur.* scadenza dei termini per lo svolgimento di un processo || **N.** **1.** decadimento, degenerazione, deperimento, deterioramento, rovina, scadimento, tralignamento, umiliazione.

decadére (pres. *-àdo* ecc., come CADERE) [da *cadere*; sec. XIV *descadere*] **intr.** (aus. *essere*) **1.** andare in decadenza, perdere di vitalità, efficienza, validità; scadere **2.** *T.giur.* perdere l'esercizio di un diritto: *decadere da un diritto*

3. *T.fis.* subire un processo di decadimento || **N. 1.** *Sin.* abbattersi, cadere, calare, declinare, degenerare, deperire, digradare, discendere, rovinarsi, scadere, sfiorire, tralignare.

decàdico (pl. *-ci*) [da *decade*; 1926] ***agg.*** relativo a un periodo di dieci giorni: *media decadica delle temperature.*

decadiménto [da *decadere*; a. 1673] ***sm.*** **1.** il decadere, decadenza **2.** *T.fis.* trasformazione di una particella instabile in altre particelle, con possibile emissione di energia: *decadimento radioattivo, decadimento beta del neutrone.* **Q.T.** *fisica.*

decadràmma [dal gr. *dekádrachmos*, di dieci dramme; a. 1905] ***sf.*** moneta antica del valore di dieci dramme.

decadùto (*pps.* di *decadere*) [a. 1306, *descaduto*] ***agg.*** *nobile decaduto*, impoverito.

decaffeinàre (pres. *-ìno*) [comp. parasint. di *caffeina*, come il fr. *décaféiner*; 1963 in entrambe le forme] ***tr.*** eliminare, mediante procedimenti chimici, la caffeina dai grani di caffè: *caffè decaffeinato.*

decaffeinàto (*pps.* di *decaffeinare*) [1962] ***agg.*** e ***sm.*** detto di caffè dal quale sia stata tolta la caffeina: *mi dia un decaffeinato.*

decaffeinazióne (meno com. *decaffeinizzazióne*) [da *decaffeinare*; 1970] ***sf.*** operazione del decaffeinare.

décalage (pr., fr. [deka'la:ʒ]) [letter. spostamento; 1942] ***sm.*** *inv.* **1.** scarto, difetto di concordanza fra più cose, sfasatura **2.** *T.psic.* in psicologia dell'età evolutiva, scarto tra età mentale ed età cronologica, rilevato mediante test di sviluppo intellettivo.

decalcàre (pres. *-àlco, -àlchi*) [dal fr. *décalquer*; 1758] ***tr.*** *T.tecn.* riportare, mediante calco, un disegno su carta, pietra, stoffa e sim., per poterlo riprodurre.

decalcificàre (pres. *-ìfico, -ìfichi*) [da *calcificare*, sul modello del fr. *décalcifier*; 1913] ***tr.*** ridurre il quantitativo di calcio di una sostanza || ***intr. pron.*** subire un processo di decalcificazione: *le ossa si decalcificano.*

decalcificatóre [da *decalcificare*; 1988] **I** ***agg.*** che serve per decalcificare l'acqua: *filtro decalcificatore* **II** ***sm.*** filtro decalcificatore || **N.** *Sin.* depuratore.

decalcificazióne [dal fr. *décalcification*; 1902; 1931 nel senso 2] ***sm.*** **1.** *T.med.* riduzione della quantità di calcio in un organismo o in un tessuto, causata da una malattia o da cattiva o insufficiente alimentazione **2.** *T.geol.* disgregazione di rocce contenenti carbonato di calcio, per l'azione dell'anidride carbonica contenuta nell'aria o nelle acque dilavanti.

decàlco (pl. *-chi*) [da *decalcare*; 1974] ***sm.*** atto ed effetto del decalcare.

decalcomania [dal fr. *décalcomanie*; 1887] ***sf.*** **1.** processo mediante il quale si riportano su un'altra superficie immagini dipinte su carta con speciali mezzi **2.** *concr.* l'immagine da trasferire || **N. 2.** trasferello.

decalibràto [da *calibrato*; 1956] ***agg.*** detto di proiettile di calibro inferiore a quello dell'arma che lo deve lanciare.

decàlogo (pl. *-ghi*) [dal lat. tardo *decalogus* der. dal gr. *dekálogos*, decalogo, dieci precetti; 1354] ***sm.*** i dieci comandamenti dati, secondo la Bibbia, da Dio al popolo ebraico per mezzo di Mosè || *per estens.* serie di precetti fondamentali riguardanti lo svolgimento di un'attività.

decampaménto [da *decampare*; 1701] ***sm.*** *T.mil.* lo smontaggio di un accampamento.

decampàre [dal fr. *décamper*; 1655] ***intr.*** (aus. *avere*) levare il campo, sloggiare || *per estens. non com.* fuggire, andarsene via; e *fig.* recedere dalle proprie opinioni || **N.** abbandonare, desistere, rinunziare.

decanàto [da *decano*; a. 1547] ***sm.*** l'ufficio di decano.

decàno [dal lat. tardo *decānus*, capo di dieci persone; a. 1292 nel senso 2] ***sm.*** **1.** il più anziano per ordine d'ammissione e talvolta d'età in un collegio, in una compagnia ecc.: *il decano dei professori* || presso le Università straniere, il preside di facoltà || titolo di dignità ecclesiastica in un capitolo di canonici o nel collegio dei cardinali: *cardinale decano*; nella Chiesa anglicana, il superiore di un collegio capitolare || *decano del corpo diplomatico*, il primo, il più anziano, dei diplomatici accreditati presso un governo **2.** nell'esercito degli antichi Romani, capo di dieci uomini || comandante di dieci navi romane.

decantàre[1] [dal lat. *decantāre*, recitare cantado; a. 1342] ***tr.*** celebrare, esaltare fuor di misura: *decantare le virtù di qualcuno, le meraviglie di un paese* || **N.** *Sin.* esaltare, lodare, magnificare.

decantàre[2] [dal lat. mediev. *decanthāre*, der. di *canthus*, beccuccio; a. 1537] ***tr.*** *T.chim.* sottoporre a decantazione || ***intr.*** *T.chim.* purificarsi per sedimentazione || *fig.* affinarsi, sublimarsi: *far decantare il proprio stile, le passioni.*

decantàto (*pps.* di *decantare*[1]) [a. 1619] ***agg.*** esaltato, celebrato: *è una località assai decantata.*

decantatóre[1] [da *decantare*[1]; 1865] ***sm.*** (f. *-trìce*) lodatore.

decantatóre[2] [da *decantare*[2]; 1956] ***sm.*** impianto per la decantazione.

decantazióne [da *decantare*[2]; a. 1537] ***sf.*** *T.chim.* sedimentazione delle particelle insolubili in sospensione in un liquido.

decanùmmo [dal lat. tardo *decanummus*; 1931] ***sm.*** *T.num.* moneta in bronzo dell'età tardo-romana e bizantina equivalente a 10 nummi.

decapàggio (pl. *-gi*) [dal fr. *décapage*, da *décaper*, scrostare; 1892 *décapage*] ***sm.*** operazione di pulitura di superfici metalliche attraverso immersione in una soluzione acida o alcalina || *per estens.* operazione analoga eseguita su superfici diverse.

decapànte (*ppr.* di *decapare*) ***agg.*** e ***sm.*** detto di qualsiasi sostanza impiegata per operazioni di decapaggio.

decapàre (pres. *-àpo*) [dal fr. *décaper*; 1933] ***tr.*** sottoporre a decapaggio.

decapatóre [da *decapare*; 1956] ***sm.*** (f. *-trìce*) operaio che effettua il decapaggio.

decapitaménto [da *decapitare*; a. 1667 *dicapitamento*] ***sm.*** *raro* decapitazione.

decapitàre (pres. *-àpito*) [dal lat. tardo *decapitāre*; 1282] ***tr.*** tagliare la testa, rif. generalmente a un condannato || *per estens.* mozzare la testa o la cima a qualche cosa, statua, tralcio, stelo e sim. || **N.** *Sin.* decollare; giustiziare, ghigliottinare.

decapitazióne [dal lat. tardo *decapitātio, -ōnis*; a. 1540] ***sf.*** **1.** atto del mozzare il capo || pena dell'essere decapitato **2.** *fig. T.gioc.* gioco enigmistico, nel quale da una parola, togliendo la lettera o la sillaba iniziale, si ottiene un'altra parola (per es. *astronomia* da *gastronomia*) || **N. 1.** *Sin.* decollazione | ceppo, ghigliottina **2.** *Sin.* scarto iniziale.

Decàpodi (sing. *-e*) [comp. di *deca-* e *-podo*; 1820] ***sm. pl.*** *T.zool.* ordine dei Crostacei a dieci zampe, che comprende gamberi, paguri, granchi e aragoste.

decappottàbile [dal fr. *décapotable*; 1942] ***agg.*** di automobile, a cui si può togliere o abbassare la *capote.*

decappottàre (pres. *-òtto*) [dal fr. *décapoter*; 1942] ***tr.*** abbassare la *capote* di un'automobile.

decapsulazióne [comp. parasint. di *capsula*; 1956] ***sf.*** *T.chir.* asportazione della capsula di un organo.

decarbossilàre (pres. *-òssilo*) [comp. parasint. di *carbossile*; 1970] ***tr.*** eliminare uno o più gruppi carbossilici dalla molecola di un acido organico.

decarbossilazióne [da *decarbossilare*; 1956] ***sf.*** eliminazione di uno o più gruppi carbossilici dalla molecola di un acido organico.

decarburàre (pres. *-ùro*) [dal fr. *décarburer*; 1913] ***tr.*** *T.chim.* togliere, mediante un determinato processo chimico, l'eccesso di carbonio contenuto in una sostanza.

decarburazióne [dal fr. *décarburation*; 1869] ***sf.*** *T.chim.* metodo, atto ed effetto del decarburare.

decartellizzazióne [comp. parasint. di *cartello*; 1963] ***sf.*** soppressione dei cartelli industriali.

decasillabo [dal lat. *decasyllabus*, dal gr. *dekasýllabos*; 1745] ***agg.*** e ***sm.*** detto di verso composto di dieci sillabe.

decàstilo [dal lat. *decastȳlus*, dal gr. *dekástylos*; 1758 *decastilio*] ***agg.*** *T.arch.* di edificio la cui facciata sia ornata di dieci colonne.

dècathlon e der. V. DECATLON e der.

decatissàggio (pl. *-gi*) [dal fr. *décatissage*; 1927 *decatisaggio*] ***sm.*** *T.tess.* operazione del decatizzare.

decatizzàre [dal fr. *décatir*, togliere l'appretto; 1942] ***tr.*** *T.tess.* bagnare le stoffe o i cappelli di feltro per levare loro il lucido e renderli irrestringibili.

decatlèta [da *decatlon*, con immissione di *atleta*; 1935] ***sm.*** atleta del decatlon.

dècatlon o **dècathlon** [modellato su *pentat(h)lon*, con la sostituzione del primo elem.; 1930 *decatlon*] ***sm.*** *T.sport.* competizione atletica solo maschile che comprende dieci prove: corsa di 100 metri, corsa di 400 metri, corsa di 1500 metri, 110 metri ostacoli, salto in lungo, salto in alto, salto con l'asta, lancio del giavellotto, lancio del disco, lancio del peso.

decatlonèta o **decathlonèta** [da *decatlon*; 1970] ***sm.*** decatleta.

decauville (fr., pr. [dəko'vil]) [dal n. dell'inventore; 1918] ***sf.*** *inv.* ferrovia a scartamento ridotto da cantiere, facile da smontare e da trasportare.

decèdere (pres. *-èdo* ecc., come CEDERE) [dal lat. *decēdere*, propr. allontanarsi, ma anche morire, attr. il fr. *décéder*; 1831] ***intr.*** (aus. *essere*) *non com.* morire.

decedùto (*pps.* di *decedere*) [1921] ***agg.*** e ***sm.*** (f. *-a*) morto, spec. nel linguaggio burocratico.

deceleràre (pres. *-èlero*) [comp. parasint. di *celere*, sul modello dell'ingl. to *decelerate*; 1956] ***tr.*** sottoporre a decelerazione un corpo || ***intr.*** (aus. *avere*) subire una diminuzione di velocità.

deceleratóre [da *decelerare*, sul modello dell'ingl. *decelerator*; 1956] ***agg.*** (f. *-trìce*) che provoca decelerazione.

decelerazióne [da *decelerare*, sul modello dell'ingl. *deceleration*; 1941] ***sf.*** *T.fis.* diminuzione della velocità di un corpo || **N.** *Contr.* accelerazione.

decèmbre ***sm.*** *lett.* V. DICEMBRE.

decemviràle o **decenviràle** [dal lat. *decemvirālis*; a. 1540] ***agg.*** dei decemviri: *leggi decemvirali*, emanate dalla magistratura dei decemviri in Roma.

decemviràto o **decenviràto** [dal lat. *decemvirātus*; 1521 ca.] ***sm.*** magistratura dei decemviri || l'ufficio di decemviro || il tempo che durava tale ufficio.

decèmviro o **decènviro** [dal lat. *decĕmvir*, magistrato che faceva parte di un collegio di dieci; sec. XIV] ***sm.*** ciascuno dei componenti una magistratura istituita l'anno 450 a.C. in Roma per promulgare le Leggi delle XII Tavole.

decennàle [dal lat. tardo *decennālis*; 1831 ca.] **I** ***agg.*** che ricorre ogni dieci anni || che dura da dieci anni: *nella sua decennale esperienza al vertice dello Stato* **II sm.** la ricorrenza del decimo anniversario di una data memorabile e la cerimonia che la celebra: *il decennale della Resistenza.*

decènne [dal lat. *decennis*; a. 1321] **agg.** *lett.* di dieci anni: *un fanciullo decenne* || *non com.* che dura da dieci anni: *il decenne assedio.*

decènnio (pl. *-ni*) [dal lat. *decennium*; a. 1556] **sm.** periodo di dieci anni.

decènte [dal lat. *decens, -entis*; a. 1348] **agg.** **1.** conforme alle leggi del decoro, della dignità, del pudore: *abito decente* || *raro lett.* pieno di grazia e pudore: *le decenti Cariti* (Carducci) **2.** accettabile, ma tutt'altro che entusiasmante: *un salario decente, condizioni di vita decenti* || **decenteménte** **avv.** || **N. 1.** *Sin.* castigato, conveniente, decoroso, discreto, pudico, pulito, verecondo | *Contr.* indecente, osceno, riprovevole, scandaloso **2.** *Sin.* dignitoso, sopportabile, sufficiente | *Contr.* insostenibile, insufficiente.

decentralizzàre [dal fr. *décentraliser*; 1870] **tr.** decentrare.

decentralizzazióne [da *decentralizzare*; 1956] **sf.** decentramento.

decentraménto [da *decentrare*; 1862 *dicentramento*] **sm.** atto ed effetto del decentrare: *decentramento amministrativo.*

decentràre (pres. *-èntro*) [dal fr. *décentrer*; 1869 *dicentrare*] **tr.** allontanare dal centro o dal capoluogo sedi di istituzioni, manifestazioni pubbliche e sim. || delegare ad organi periferici funzioni attribuite o attribuibili agli organi centrali.

decènviro e der. V. DECEMVIRO e der.

decènza [dal lat. *decentia*; a. 1348] **sf.** qualità di chi o di ciò che è decente: *decenza di un abito, di uno spettacolo* || **N.** *Sin.* DECORO.

deceràto [comp. parasint. di *cera*; 1983] **agg.** detto di caffè trattato con appositi solventi, per ridurre la presenza di prodotti cerosi nei chicchi.

dècere o **decére** (*dif.*, usato solo nel pres. ind. e imp. *dèce, decéva*) [dal lat. *decēre*; a. 1348] **intr.** *ant.* essere decente, convenire, addirsi.

decerebellàre (pres. *-èllo*) [comp. parasint. di *cerebello*; 1956] **tr.** *T.med.* sottoporre a decerebellazione.

decerebellazióne [da *decerebellare*; 1956] **sf.** *T.med.* asportazione del cervelletto.

decerebràre (pres. *-èrebro*) [comp. parasint. di *cerebro*; 1956] **tr.** *T.med.* sottoporre a decerebrazione || *scherz.* *decerebrato*, privo di cervello, idiota.

decerebrazióne [da *decerebrare*; 1956] **sf.** *T.med.* separazione della corteccia cerebrale dalla parte restante del sistema nervoso centrale.

decèrnere [dal lat. *dēcernere*; a. 1327] **tr.** *ant.* **1.** cernere, scegliere **2.** decretare.

decespugliatóre [comp. parasint. di *cespuglio*; 1983] **sm.** attrezzo portatile a motore, dotato di un disco rotante, usato per tagliare cespugli, roveti e sim. **TAV.** *agricoltura* 9.

decèsso [dal lat. *dēcessus*, partenza, attr. il fr. *décès*; 1812] **sm.** *T.bur.* morte: *stabilire la causa del decesso.*

decévole [dal lat. tardo *decibilis*, da *decēre*, convenire; 1243 ca. *desevele*] **agg.** *arc.* adatto, conveniente: *avessi preso uomo che alla tua nobiltà decevole fosse stato* (Boccaccio) || **N.** dicevole, decoroso.

decezióne [dal lat. *decĕptio, -ōnis*; a. 1342] **sf.** *arc.* inganno, frode, cavillo.

dèci- [dal lat. *decimus*, decimo] **primo elem.** che, anteposto ad un'unità di misura, ne divide il valore per dieci: **decigrado**, **decimilligràmmo**, **decimillìmetro** || **N.** deca-.

decibèl o **dècibel** [comp. di *deci-* e *bèl*, dal n. di A.G. *Bell*, inventore del telefono; 1931] **sm.** *inv.* *T.fis.* unità logaritmica che misura variazioni di intensità di energia, specialmente in campo acustico; è pari a un decimo di bel.

decìdere (pres. *decìdo*; imp. *decidévo*; p.rem. *decìsi, decidésti, decìse, decidémmo, decidéste, decìsero*; fut. *deciderò*; pps. *decìso*) [dal lat. *dēcīdere*, tagliare; fine sec. XV] **tr.** **1.** risolvere in modo definitivo: *egli decise la lite* || stabilire, fissare: *fu decisa la partenza*; anche *ass.*: *tocca a te decidere* **2.** essere determinante per: *quel rigore sbagliato decise l'esito dell'intero campionato* **3.** *meno com.* convincere, indurre: *quel furto lo ha deciso ad assicurarsi* || **intr.** (aus. *avere*) essere fondamentale, vitale: *questo incontro decide del mio avvenire* || **intr. pron.** prendere una risoluzione definitiva: *mi sono deciso a partire* || **N.** concludere, decretare, definire, deliberare, determinare, giudicare, risolvere, sentenziare, tagliar corto, terminare, troncare.

decidìbile [da *decidere*; 1959] **agg.** *T.mat.* si dice di un insieme per il quale esiste un algoritmo che, preso comunque un elemento del dominio di definizione dell'insieme, determina in un numero finito di passi se tale elemento appartiene all'insieme oppure no || **N.** *Contr.* indecidibile.

decidibilità [da *decidibile*; 1959] **sf.** *T.mat.* l'essere decidibile: *decidibilità di una teoria.*

decìduo [dal lat. *deciduus*, da *dēcĭdere*; cadere giù; 1561] **agg.** detto di organi e parti che, compiuta la funzione loro assegnata, si separano dall'organismo: *foglie decidue*; *denti decidui*, denti da latte || *stella decidua*, stella cadente.

decifràbile [da *decifrare*; 1869] **agg.** che si può decifrare || **N.** *Contr.* indecifrabile.

deciframénto [da *decifrare*; a. 1683 *deciferamento*] **sm.** *non com.* il decifrare.

decifràre (pres. *-ìfro*) [comp. parasint. di *cifra*; 1433 *diciferare*] **tr.** leggere ciò che è scritto in cifra: *decifrare un messaggio in codice* || *per estens.* interpretare scritture antiche fino a quel momento ignote, o testi scritti poco chiaramente: *Champollion decifrò i geroglifici egiziani*; *decifrare la sua calligrafia è impossibile* || *fig.* comprendere: *non riesco a decifrare le sue intenzioni* || **N.** *Sin.* capire, chiarire, decodificare, indovinare, interpretare, risolvere, spiegare, svelare.

decifratóre [da *decifrare*; a. 1541] **agg.** e **sm.** (f. *-trìce*) che o chi decifra o spiega.

decifrazióne [da *decifrare*; a. 1642 *deciferazione*] **sf.** atto ed effetto del decifrare: *grafia di difficile decifrazione.*

decigràmmo [comp. di *deci-* e *-grammo*; 1802 *decigramma*] **sm.** la decima parte del grammo || **N.** GRAMMO.

decile [dal lat. *decem*; 1956] **I sm.** *T.stat.* in un insieme ordinato di dati numerici, ciascuno dei valori che lo dividono in dieci sottoinsiemi ordinati in successione e contenenti lo stesso numero di elementi **II agg.** *T.astr.* della posizione reciproca di due pianeti, distanti la decima parte dello zodiaco.

decilitro [comp. di *deci-* e *-litro*; 1802] **sm.** la decima parte del litro || **N.** LITRO.

dècima [dal lat. *decima* (*pars*); sec. XI *decema*] **sf.** **1.** *T.stor.* la decima parte del raccolto che gli Ebrei offrivano alla tribù dei Leviti || *per estens.* imposta pari alla decima parte del reddito pagata al proprietario, allo Stato, alla chiesa ecc., secondo i popoli e i tempi; *decima scalare*, imposta progressiva introdotta in Firenze nel sec. XV **2.** *T.mus.* intervallo che comprende dieci gradi della scala diatonica, pari a un'ottava più una terza: *canone alla decima.*

decimàle [dal lat. *decimus*, attr. il fr. *décimal*; a. 1580] **I agg.** che ha per base il dieci: *sistema metrico decimale* || *frazione decimale*, che ha per denominatore il dieci o una potenza di dieci || *cifre decimali*, i segni numerici che in un numero decimale si pongono dopo la virgola **II sm.** cifra decimale: *una calcolatrice con otto decimali.*

decimalizzàre [dal fr. *décimaliser*; 1983] **tr.** *T.mat.* rendere decimale, convertire una misura al sistema decimale.

decimàre[1] (pres. *dècimo*) [dal lat. *decimāre*; 1521 ca.] **tr.** **1.** *T.stor.* punire un reparto di soldati che abbia commesso gravissima colpa contro la disciplina, uccidendo un soldato sorteggiato ogni dieci; era consuetudine presso i Romani **2.** *per estens.* ridurre notevolmente il numero dei componenti di una comunità o un gruppo: *la carestia sta decimando le popolazioni dell'Africa* || anche *fig.*: *squadra decimata dagli infortuni* || **N. 2.** *Sin.* falcidiare.

decimàre[2] (pres. *decìmo*) [comp. parasint. di *cima*; a. 1597] **tr.** *arc.* privare della cima.

decimazióne [dal lat. *decimātio, -ōnis*; 1589] **sf.** **1.** *T.mil.* la pena e l'effetto del decimare **2.** *per estens.* diminuzione drastica: *decimazione della popolazione a causa dell'epidemia, la decimazione dei raccolti per colpa della grandine è stata terribile.*

decìmetro [comp. di *deci-* e *-metro*; 1802] **sm.** la decima parte di un metro || *doppio decimetro*, strumento per brevi misure lineari.

dècimo [dal lat. *decimus*; 1282 come sm.] **I agg.** *num. ord.* di 10: *Leone decimo*; il *decimo secolo*, il periodo dal 901 al 1000 (d.C.) o dal 1000 al 901 (a.C.) **II num. fraz.** **1.** la decima parte: *sette decimi* **2.** *per restr.* misura dell'acuità visiva, riferita ad una capacità normale di dieci decimi.

decimoprìmo, **decimosecóndo** ecc. forme non comuni di *undicesimo, dodicesimo* ecc., usate soprattutto in riferimento a secoli o sovrani, papi e sim., e sempre posposti al nome: *Luigi decimoquarto, il secolo decimonono.*

decina o **diecina** [da *dieci*; 1263 *dicine*] **sf.** insieme di dieci, o circa dieci, unità: *avrà detto una decina di bugie.*

decisionàle [da *decisione*; 1969] **agg.** che può decidere: *centro decisionale, potere decisionale.*

decisióne [dal lat. *decīsio, -ōnis*; a. 1375] **sf.** **1.** atto ed effetto del decidere, scelta: *è stata una decisione saggia* || *T.giur.* quella parte di una sentenza che definisce una lite: *la decisione della Corte d'Appello* **2.** risoluzione, determinazione; *agire con decisione*, risolutamente || **N. 1.** deliberazione, sentenza, soluzione **2.** energia, vigore | *Contr.* indecisione.

decisionìsmo [da *decisione*; 1972] **sm.** in politica, prassi di governo in cui decisioni e provvedimenti vengono presi dall'esecutivo in forme e con strumenti che riducono il potere decisionale degli organismi legislativi. **Q.T.** *politica.*

decisionìsta [da *decisionismo*; 1984] **agg.** e **s.** che o chi pratica il decisionismo: *l'attuale presidente del Consiglio è un decisionista.*

decisìvo [da *decidere*; 1619 ca.] **agg.** determinante: *lo scontro decisivo avvenne a Waterloo* || **decisivaménte** **avv.** || **N.** *Sin.* conclusivo, definitivo, risolutivo.

decìso (*pps.* di *decidere*) [a. 1797] **agg.** risoluto, fermo: *ha un atteggiamento deciso* || pronto, determinato: *essere deciso a tutto* || come predicativo, ha un uso quasi avverbiale: *vai deciso!* || **decisaménte** **avv.** **1.** con decisione: *si buttò decisamente nell'acqua* **2.** *più com.* indubbiamente, davvero (anche con valore frasale): *decisamente, è una bella ragazza.*

decisóre[1] [da *decidere*; sec. XIV] **sm.** *non com.* chi decide.

decisòrio (pl. *-ri*) [da *decidere*; 1718] **agg.** che vale a decidere || *T.giur.* *giuramento decisorio*, quello che una parte deferisce all'altra, per farne dipendere la decisione della controversia.

declamàre (pres. *-àmo*) [dal lat. *declamāre*;

1583] *tr.* pronunciare ad alta voce prosa o versi con gesti e con toni oratori || anche *ass.*, parlare con toni o gesti esagerati || **N.** recitare.

declamatóre [dal lat. *declamātor, -ōris*; a. 1563] *sm.* (f. *-trice*) chi declama || **N.** dicitore.

declamatòrio (pl. *-ri* o *-rii*) [dal lat. *declamatōrius*; 1525] *agg.* proprio di chi declama || fatto per essere declamato, volutamente enfatico: *stile declamatorio* || **declamatoriaménte** *avv.* || **N.** *Sin.* enfatico, retorico, turgido.

declamazióne [dal lat. *declamātio, -ōnis*; sec. XIV] *sf.* arte del declamare convenientemente: *scuola di declamazione* || atto del declamare || **N.** dizione, esposizione, lettura, pronuncia, recitazione | accentuazione, enfasi, tirata.

declaràre (pres. *-àro*) [dal lat. *declarāre*; sec. XIV] *tr. arc.* dichiarare.

declaratòria [da *declarare*; 1619 ca.] *sf. T.giur.* sentenza che dichiara qualcosa (per es. il non luogo a procedere).

declaratòrio (pl. *-ri*) [da *declarare*; a. 1540] *agg.* dichiarativo, che dichiara, spec. come *T.giur.*: *provvedimento declaratorio*.

declassaménto [dal fr. *déclassement*; 1938] *sm.* il declassare.

declassàre [dal fr. *déclasser*; 1935] *tr.* trasferire da una classe superiore a una inferiore || anche *fig.* || **N.** degradare.

declassàto (*pps.* di *declassare*) [1931] *agg.* passato alla classe inferiore: *una vettura di "prima" declassata* || decaduto: *una località un tempo alla moda, ma oggi un po' declassata*.

declinàbile [dal lat. *declinābilis*; a. 1332] *agg. T.gram.* e *T.ling.* che si può declinare, che ha una declinazione || **N.** *Contr.* indeclinabile.

declinànte (*ppr.* di *declinare*) [a. 1348] *agg.* calante: *i raggi declinanti del sole* || *fig.* che volge alla fine, che è in corso di esaurimento: *l'età declinante, potere declinante*.

declinàre (pres. *-ìno*) [dal lat. *declināre*; sec. XIII come tr. nel senso 1] *intr.* (aus. *avere*) **1.** volgersi verso il basso, calare, tramontare: *la collina declina sul lago, il sole declina* || *fig.* di età, accostarsi alla vecchiezza: *il declinare della vita* || *per estens.* diminuire, venir meno: *la salute, la febbre declina* **2.** allontanarsi, deviare: *declinare dalla virtù* || *declinare da una domanda*, recedere da essa || *tr.* **1.** *T.gram.* recitare per ordine i casi di un nome **2.** scansare, rifiutare: *declinare un invito, declinare ogni responsabilità* **3.** *T.bur. declinare le generalità*, dire il proprio nome e cognome, farsi conoscere || **N.** *intr.* **1.** *Sin.* abbassarsi, cedere, decadere, piegarsi **2.** *Sin.* discostarsi, divergere; evitare, schivare.

declinatóre [da *declinare*, sul modello del fr. *declinateur*; 1830] *sm. T.top. declinatore magnetico*, strumento che serve ad orientare il teodolite secondo il meridiano magnetico || **N.** *Sin.* declinometro.

declinatòria [da (*eccezione*) *declinatoria*; 1673] *sf. T.giur.* eccezione sollevata per ricusare la competenza del magistrato.

declinazióne [dal lat. *declinātio, -ōnis*; 1282] *sf.* **1.** *T.astr. declinazione di un astro*, una delle due coordinate con cui si definisce la posizione di un astro sulla sfera celeste (e precisamente quella corrispondente alla latitudine); l'altra coordinata è l'*ascensione retta* **2.** *T.top. declinazione magnetica*, l'angolo tra le direzioni dei meridiani geografico e magnetico, in un dato punto della superficie terrestre **3.** *T.gram.* flessione di un nome, di un articolo, di un aggettivo e di un pronome, nei suoi casi, generi e numeri **4.** *arc.* decadenza || *arc.* pendenza. **Q.T.** *linguistica*.

declìno [da *declinare*; a. 1349] *sm.* decadenza, tramonto: *il sole in declino*; *il declino di una classe sociale, di una nazione*.

declinògrafo [comp. di *declino* e *-grafo*; 1956] *sm. T.top.* strumento che, oltre a misurare la declinazione magnetica, la registra.

declinòmetro [comp. di *declino* e *-metro*; 1909] *sm. T.top.* strumento per misurare la declinazione magnetica.

declìve [dal lat. *declīvis*; a. 1321 *declivo*] *agg. lett.* che va gradatamente abbassandosi: *l'arco declivo* (Dante).

declìvio (pl. *-vi*) [dal lat. tardo *declīvius*; 1609] *sm.* pendio || **N.** versante, PENDIO.

declività [dal lat. *declivitas, -ātis*; a. 1642] *sf. non com.* pendenza.

declìvo *agg. arc.* v. DECLIVE.

decloràre (pres. *-òro*) [comp. parasint. di *cloro*; 1987] *tr.* eliminare l'eccesso di cloro dall'acqua potabile.

decloratóre [da *declorare*; 1983] *sm.* apparecchio per declorare l'acqua.

declorazióne [da *declorare*; 1956] *sf.* atto ed effetto del declorare.

decloruràre (pres. *-ùro*) [comp. parasint. di *cloruro*; 1987] *tr. T.chim.* eliminare i cloruri da una sostanza.

decloruràto (*pps.* di *declorurare*) [1983] *agg. T.med.* si dice di organismo povero o privo di cloruri, spec. di cloruro di sodio.

declorurazióne [da *declorurare*; 1951] *sf. T.med.* diminuzione del cloro contenuto nell'organismo, spec. in casi di insufficienza renale.

déco (fr., pr. [de'ko]) [abbr. di *décoratif*, decorativo; 1978] **I** *sm.* movimento artistico degli anni Venti del XX sec., caratterizzato dalla produzione di oggetti delle arti minori (design, arredamento, ceramiche ecc.), contraddistinti da forma aerodinamica, elementi geometrici, accostamenti anche violenti di colori **II** *agg. inv.* relativo a tale movimento, realizzato in tale stile: *arte déco, mobile déco*.

decodìfica [da *decodificare*; 1974] *sf.* **1.** *T.inform.* operazione di ritraduzione dei dati da un linguaggio in cui siano stati precedentemente codificati **2.** decodificazione, interpretazione di un testo e sim.

decodificàre (pres. *-ìfico, -ìfichi*) [da *codificare*; 1966] *tr.* **1.** tradurre in un linguaggio più semplice e usuale un'informazione che era stata precedentemente trasformata in codice **2.** *T.ling.* analizzare e interpretare un messaggio espresso in un sistema di segni comune a emittente e ricevente || *per estens.* decifrare, interpretare un testo.

decodificatóre [da *decodificare*; 1974] *sm.* **1.** chi decodifica un messaggio in codice **2.** *T.inform.* dispositivo o programma in grado di tradurre un'informazione da un codice elaborato in uno più semplice.

decodificazióne [da *decodificare*; 1966] *sf.* atto o effetto del decodificare.

decollàggio (pl. *-gi*) [dal fr. *décollage*; 1925] *sm. T.aer. disus.* decollo.

decollàre[1] (pres. *-òllo*) [dal lat. tardo *decollāre*; sec. XIII] *tr. lett.* decapitare.

decollàre[2] (pres. *-òllo*) [dal fr. *décoller*; 1918] *intr.* (aus. *avere*) *T.aer.* di aereo, staccarsi da terra o, di un idrovolante, dall'acqua || *fig.* prendere slancio, partire positivamente: *l'economia del Terzo Mondo stenta a decollare*.

decollazióne [dal lat. tardo *decollātio, -ōnis*; sec. XIV] *sf.* atto del decollare, del decapitare || martirio di S. Giovanni decollato.

décolleté (fr., pr. [dekɔl'te]) [pps. di *décolleter*, scoprire lasciando vedere il collo; 1892] **I** *agg. inv.* scollato, detto di abito femminile senza collo, molto aperto sul davanti || *scarpa décolleté*, calzatura da donna senza lacci che lascia scoperto il collo del piede **II** *sm. inv.* scollatura || *per estens.* spalla e petto lasciati scoperti dalla scollatura: *quella signora ha un bel décolleté*.

decòllo [da *decollare*[2]; 1931] *sm.* atto ed effetto del decollare. **TAV. *astronautica* p. 654 2.1, 2.14.**

decolonizzàre [dal fr. *décoloniser*; 1963] *tr.* liberare un paese dal colonialismo.

decolonizzazióne [dal fr. *décolonisation*; 1963] *sf. T.stor.* il processo storico del raggiungimento dell'indipendenza da parte di paesi sottoposti al dominio coloniale.

decoloránte (*ppr.* di *decolorare*) [1875] **I** *agg.* che toglie il colore **II** *sm.* sostanza chimica usata per decolorare.

decoloràre (pres. *-óro*) [dal lat. *decolorāre*, prob. attr. il fr. *décolorer*, 1913] *tr.* togliere il colore, scolorire.

decolorazióne [da *decolorare*; 1869] *sf.* perdita od attenuazione del colore, scoloritura || processo chimico con cui si provoca la perdita o l'attenuazione del colore: *decolorazione dei capelli*.

decombènte [dal lat. *dĕcumbere*, coricarsi; 1830] *agg.* che cade giù; spec. di rami d'albero chinati verso terra.

decomponìbile [da *decomporre*; 1788] *agg.* **1.** che può decomporsi **2.** scomponibile.

decomponibilità [da *decomponibile*; 1956] *sf.* possibilità o attitudine di una sostanza a decomporsi.

decompórre (pres. *-óngo* ecc., come PORRE; pps. *decompósto*) [da *comporre*; 1769] *tr. T.chim.* dividere un corpo composto negli elementi che lo compongono || dissolvere, disgregare, scomporre || *intr. pron.* putrefarsi: *il cadavere si decompone* || **N.** *tr.* alterare, analizzare, corrompere, disciogliere, sciogliere, scomporre, DIVIDERE.

decompositóre [da *decomporre*; 1986] *sm.* e *agg. T.ecol.* detto di organismo deputato alla decomposizione della materia organica morta.

decomposizióne [da *decomporre*; 1788] *sf.* **1.** atto del decomporre **2.** putrefazione: *cadavere in avanzato stato di decomposizione*.

decompósto (*pps.* di *decomporre*) [1779 ca.] *agg.* **1.** sciolto, separato nei suoi elementi **2.** putrefatto || **N. 1.** dissolto.

decompressìmetro [comp. di *decompres-s(ione)* e *-metro*; 1970] *sm.* strumento da polso usato dai nuotatori subacquei che calcola automaticamente i valori di decompressione.

decompressióne [dal fr. *décompression*; 1935] *sf.* **1.** diminuzione progressiva della pressione di un gas: *valvole di decompressione, camera di decompressione* **2.** *per estens.* insieme di operazioni eseguite dai subacquei durante la risalita per evitare il pericolo di embolie.

decomprìmere (pres. *-ìmo*) [da *comprimere*, sul modello del fr. *décomprimer*; 1970] *tr.* ridurre la pressione di un gas contenuto in un recipiente.

deconcentràre (pres. *-èntro*) [da *concentrare*; 1983] *tr.* far perdere la concentrazione, distrarre || *intr. pron.* perdere la concentrazione, distrarsi.

decondizionàre (pres. *-óno*) [da *condizionare*; 1983] *tr.* liberare da un condizionamento.

decongelaménto [da *decongelare*; 1970] *sm.* atto ed effetto del decongelare.

decongelàre (pres. *-èlo*) [dal fr. *décongeler*, 1942] *tr.* scongelare, disgelare || *più com. fig. decongelare un credito*, renderlo utilizzabile.

decongelazióne [da *decongelare*; 1970] *sf.* atto ed effetto del decongelare.

decongestionaménto [da *decongestionare*; 1926] *sm. T.med.* procedimento volto ad eliminare una congestione || *fig. decongestionamento del traffico cittadino*, il regolarlo per renderlo più scorrevole.

decongestionànte (*ppr.* di *decongestionare*) [1983] *agg.* e *sm.* detto di farmaco che elimina o attenua una congestione.

decongestionàre (pres. *-óno*) [dal fr. *decongestionner*, 1926] *tr. T.med.* diminuire una congestione || *fig.* snellire il traffico in una zona urbana.

decontaminàre (pres. *-àmino*) [dal fr. *décontaminer*; 1963] ***tr.*** eliminare o ridurre la contaminazione radioattiva.

decontaminazióne [da *decontaminare*; 1963] ***sf.*** eliminazione o diminuzione della contaminazione radioattiva.

decontràtto [da *contratto*; 1983] ***agg.*** rilassato.

decoramentàle [da *decoramento*; 1879] ***agg.*** *lett.* decorativo, ornamentale, spec. con connotazione spregiativa: *predilige il barocco... decoramentale* (Carducci).

decoraménto [da *decorare*; 1499] ***sm.*** *lett.* decorazione, ornamento.

decoràre (pres. *-òro*) [dal lat. *dĕcorāre*; 1483 nel senso 2] ***tr.*** **1.** ornare, addobbare || *per restr.* rif. a pareti, ambienti e sim., rendere di aspetto più gradevole dipingendo o tappezzando **2.** *per restr.* rif. a persona, insignirla di un ordine cavalleresco, medaglia e sim.: *decorare al valor militare* || **N. 1.** abbellire, addobbare, adornare, fregiare, imbandierare, parare, pavesare, tappezzare. **Q.T.** *pittura.*

decorativìṣmo [da *decorare*; 1950] ***sm.*** in un'opera d'arte, sovrabbondanza di elementi decorativi.

decorativo [da *decorare*, prob. attr. il fr. *décoratif*; 1869] ***agg.*** atto a decorare, ornamentale || *arti decorative*, le arti applicate, con prevalente funzione ornamentale || con sfumatura spregiativa, vistoso, superfluo || *fig.* di persona di scarso valore, ma esteriormente appariscente o in grado di dare prestigio ad un ambiente: *una moglie decorativa, c'erano molte presenze puramente decorative al ricevimento* || **N.** ceramica, intaglio, intarsio, merletti, oreficeria, ricamo.

decoràto (*pps.* di *decorare*) [fine sec. XIV] **I** ***agg.*** **1.** adorno, ornato **2.** insignito di medaglie, decorazioni e sim. **II** ***sm.*** chi ha avuto medaglia al valor civile o militare, od altra onorificenza.

decoratóre [dal lat. tardo *decorātor, -ōris*; 1576] ***sm.*** (f. *-trice*) chi decora e addobba per mestiere, e spec. chi dipinge o tappezza pareti || **N.** affrescatore, imbianchino, scenografo, stuccatore, tappezziere.

decorazióne [dal lat. *decorātio, -ōnis*; 1713] ***sf.*** **1.** atto ed effetto del decorare || *T.arch.* l'insieme degli ornati coi quali si abbellisce un edificio o una parte di edificio **2.** medaglia o insegna cavalleresca || **N. 1.** addobbo, fregio, trofeo | a cassettoni, a chiaroscuro, ad affresco, a encausto, a graffito, a grottesche, a lacunari, a mosaico, a tarsia o intarsio, a tempera | borchia, festone, nastro, paramento, scenario. **Q.T.** *architettura, forze armate.*

decòro [dal lat. *decōrum*, ciò che si addice; 1427] ***sm.*** qualità di persona o istituzione degna di considerazione e rispetto: *il decoro della magistratura* || sentimento di tale dignità: *è un uomo senza decoro* || *fig. lett.* vanto, orgoglio: *è il decoro della città* || **N.** convenienza, decenza, dignità, lustro, onore.

decoróso [dal lat. *decorōsus*; 1686] ***agg.*** **1.** che è conforme al decoro || con una sfumatura *spreg.*, accettabile ma non di alta qualità: *un risultato decoroso* **2.** adeguato alle esigenze, alla posizione sociale e sim. || **decorosaménte** ***avv.*** || **N.** *Sin.* **1.** conveniente, decente, degno, dignitoso, impeccabile, onesto, onorato **2.** adatto, confacente, congruo, opportuno.

decorrènza [da *decorrere*; 1812] ***sf.*** il decorrere || il termine da cui una cosa decorre || **N.** inizio; validità.

decórrere (pres. *-órro* ecc., come CORRERE) [dal lat. *decurrere*; a. 1750] ***intr.*** (aus. *essere*) **1.** di un dato periodo di tempo, cominciare a trascorrere: *tra un mese a decorrere da oggi* || di obblighi, diritti e sim., cominciare ad avere effetto: *i frutti, gl'interessi decorrono dal giorno successivo a quello del deposito* **2.** *meno com.* passare, trascorrere **3.** *raro lett.* scorrere dall'alto verso il basso.

decórso (*pps.* di *decorrere*) [a. 1342 come sm.] **I** ***agg.*** il cui termine è scaduto: *le rate decorse* **II** ***sm.*** il trascorrere: *il decorso del tempo* || svolgimento: *il decorso di una malattia* || *T.mat.* *decorso di valori* di una funzione, l'insieme di tutte le coppie in cui il primo elemento è un argomento della funzione e il secondo è il valore della funzione per quell'argomento || **N.** II *Sin.* corso, evoluzione, processo.

decorticàre (pres. *-òrtico, -òrtichi*) [dal lat. *decorticāre*; a. 1952] ***tr.*** **1.** *T.agr.* togliere un anello di corteccia alle piante **2.** *per estens.* rif. ad animali da pelliccia, scuoiare.

decorticazióne [dal lat. *decorticātio, -ōnis*; 1951] ***sf.*** atto ed effetto del decorticare.

decostruttivìṣmo v. DECOSTRUZIONISMO.

decostruzióne [da *costruzione*; 1987] ***sf.*** **1.** scomposizione di un'elaborazione concettuale in componenti che possono essere analizzate da un punto di vista comparativo e relativizzate storicamente **2.** l'analisi delle componenti formali (linguistiche, stilistiche, retoriche ecc.) di un testo letterario.

decostruzionìṣmo o **decostruttivìṣmo** [da *decostruzione*; 1989] ***sm.*** tipo di analisi letteraria basata sulla decostruzione dei testi.

decòtto¹ [dal lat. *decŏctus*, pps. di *dĕcoquere*, far bollire, *fig.* perdere le proprie sostanze, fallire; 1673] ***agg.*** *T.giur.* fallito || *partita decotta*, credito che non si può più riscuotere || **N.** congelato.

decòtto² [dal lat. *decŏctus*, bollitura; 1567 ca.] ***sm.*** acqua in cui siano bollite sostanze medicinali o sim.: *decotto di camomilla, di malva* || **N.** bollitura, decozione, infusione, infuso, pozione, scottatura, tisana. **Q.T.** *erboristeria.*

decozióne [dal lat. tardo *decoctio, -ōnis*; a. 1306] ***sf.*** **1.** preparazione di un decotto || *raro* il decotto stesso **2.** *T.giur.* fallimento.

decreménto [dal lat. tardo *decremēntum*; a. 1558] ***sm.*** diminuzione, decrescenza: *il decremento annuo del tasso di sviluppo* || **N.** *Contr.* incremento.

decrepitàre (pres. *-èpito*) [dal fr. *décrépiter*, comp. di *de* e del lat. *crepitāre*, scoppiettare; 1835] ***intr.*** (aus. *avere*) *T.chim.* *raro* detto di cristalli anidri, scoppiettare riducendosi in piccolissimi frammenti.

decrepitazióne [da *decrepitare*; 1779 ca.] ***sf.*** il decrepitare || scoppiettio di sali o altre sostanze esposte alla fiamma o al calore.

decrepitézza [da *decrepito*; a. 1667] ***sf.*** stato di estrema vecchiezza || **N.** VECCHIO.

decrèpito [dal lat. *dĕcrepitus*; a. 1342] ***agg.*** che è nell'estrema vecchiezza: *vecchio decrepito* || anche *fig.*: *società decrepita*, priva, per la sua lunga storia, di vigore vitale || **N.** barbogio, VECCHIO.

decrescèndo (*ger.* di *decrescere*) [1826] ***sm.*** *T.mus.* graduale diminuzione d'intensità del suono di una composizione musicale || l'indicazione dinamica corrispondente sullo spartito.

decrescènte (*ppr.* di *decrescere*) [a. 1595] ***agg.*** che decresce: *una serie decrescente di numeri* || *T.mat.* *funzione decrescente di un intervallo [a, b]*, tale che per ogni coppia di punti x_1, x_2, dell'intervallo, se x_2 è maggiore di x_1, allora $f(x_2)$ è minore o uguale a $f(x_1)$.

decrescènza [da *decrescere*; 1865] ***sf.*** atto ed effetto del decrescere.

decréscere (pres. *-ésco* ecc., come CRESCERE) [dal lat. *decrēscere*; a. 1294] ***intr.*** (aus. *essere*) diminuire di altezza, volume, intensità, valore e sim.: *col benessere la tensione sociale decresce* || **N.** *Sin.* abbassarsi, attenuarsi, calare, ritirarsi, scemare, venir meno | *Contr.* accrescersi, aumentare.

decresciménto [da *decrescere*; a. 1342] ***sm.*** decremento.

decretàle [dal lat. tardo *decretālis*; a. 1294] **I** ***agg.*** di decreto papale, che regola questioni concernenti il governo ecclesiastico: *lettere decretali* **II** anche ***sf.*** (raro *sm.*) *le decretali*, tutto il corpo delle leggi canoniche.

decretalìsta [da *decretale*; sec. XIII *decretalisto*] ***s.*** studioso delle decretali, delle leggi canoniche.

decretàre (pres. *-éto*) [dal lat. mediev. *dĕcrētāre*; sec. XIV] ***tr.*** ordinare per decreto: *decretare la concessione della cittadinanza onoraria* || *per estens.* stabilire in virtù della propria autorità || **N.** comandare, deliberare, destinare, ordinare, sancire, statuire.

decretazióne [da *decretare*; 1673] ***sf.*** emanazione di un decreto || *decretazione d'urgenza*, emanazione da parte del potere esecutivo, in situazioni eccezionali di emergenza, di atti di competenza del potere legislativo.

decréto [dal lat. *dĕcrētum*; sec. XIII nel senso 2] ***sm.*** **1.** provvedimento del potere esecutivo di uno Stato o dei suoi organi: *decreto ministeriale* || *decreto legge*, provvedimento provvisorio con forza di legge emanato in casi di urgenza dal governo, senza precedente delega da parte del Parlamento; deve essere approvato dalle Camere entro sessanta giorni, altrimenti decade || *decreto legislativo* o *delegato*, atto avente forza di legge emanato dal potere esecutivo su delega del Parlamento || *per anton.* *decreti delegati*, quelli che hanno istituito gli organi collegiali nella scuola, nel 1974 **2.** *T.giur.* il più semplice provvedimento del magistrato, che normalmente non richiede motivazione || *decreto ingiuntivo*, provvedimento del giudice civile che conclude un procedimento sommario || *decreto penale*, provvedimento di condanna, gen. pena pecuniaria, emanato dal pretore senza procedere al dibattimento || *decreto di citazione*, provvedimento del magistrato che ordina la comparizione delle parti in giudizio || *fig.* disposizione della volontà divina: *i decreti della provvidenza* || **N.** bando, comandamento, editto, legge, ordinanza, ordine, patente, precetto, rescritto, statuto | ministeriale, municipale, prefettizio, presidenziale | bandire, convalidare, emanare, eseguire, promulgare, revocare, trasgredire. **Q.T.** *diritto, politica.*

decriptàre o **decrittàre** [dall'ingl. *to decrypt*; 1935] ***tr.*** decodificare un messaggio cifrato || *per estens.* decifrare, interpretare.

decriptazióne o **decrittazióne** [da *decriptare*; 1950] ***sf.*** atto ed effetto del decriptare.

decrittàre v. DECRIPTARE.

decrittazióne v. DECRIPTAZIONE.

decùbito [dal lat. tardo *decubitus*; a. 1698] ***sm.*** *lett.* la posizione di chi è disteso sul letto || *T.med.* *piaghe da decubito*, le piaghe necrotiche che si producono nei punti più compressi del corpo durante le lunghe degenze.

de cuius (lat., pr. it. [de'kujus]) [dalla loc. lat. *de cuius hereditate agitur*, della cui eredità si tratta] ***loc. s.*** *T.giur.* il testatore, colui dal quale proviene un'eredità.

decumàno [dal lat. *decumānus*, da *decumus* forma arc. di *dĕcimus*, decimo; 1580] **I** ***agg.*** *T.stor.* della decima legione romana || *porta decumana*, una delle porte principali dell'accampamento romano, opposta alla *pretoria* || *lett.* *onda decumana* o *flutto decumano*, la decima onda, più alta e violenta delle nove precedenti **II** ***sm.*** **1.** la via che nell'accampamento romano correva da est a ovest fra la porta pretoria e la decumana e, per imitazione, nelle città costruite a reticolato, la via principale che le attraversa in lunghezza **2.** *i decumani*, i soldati della decima legione.

decuplicàre (pres. *-ùplico, -ùplichi*) [da *decuplo*; 1869] ***tr.*** moltiplicare per dieci.

dècuplo [dal lat. tardo *decuplus*, da *decem*, dieci; a. 1519] **I** ***agg.*** dieci volte più grande:

una misura decupla **II sm.** *il decuplo*, quantità dieci volte maggiore.

decùria [dal lat. *decuria*, da *decem*, dieci; sec. XIV] **sf. 1.** *T.stor.* ciascuno dei dieci gruppi in cui era diviso il Senato nell'antica Roma || squadra di dieci soldati a cavallo, presso i Romani **2.** *raro lett.* complesso di dieci persone o cose || **N. 1.** squadra, squadrone.

decuriazióne [dal lat. *decuriātio, -ōnis*; 1869] **sf.** divisione per decurie di un contingente militare.

decurionàto [da *decurione*; 1716] **sm.** *T.stor.* grado, titolo e ufficio di decurione.

decurióne [dal lat. *decurio, -ōnis*; a. 1292] **sm.** *T.stor.* **1.** nell'antica Roma, capo di una decuria **2.** in molte regioni italiane, spec. sotto la denominazione spagnola, membro del consiglio comunale.

decurtàre [dal lat. *dĕcurtāre*; 1848] **tr. 1.** ridurre, diminuire, spec. una somma di denaro: *decurtare lo stipendio, un debito* **2.** usato talvolta, impropriamente, col significato di *detrarre*: *decurtate le tasse, lo stipendio netto è di un milione.*

decurtazióne [dal lat. *decurtātio, -ōnis*; 1918] **sf.** atto ed effetto del decurtare.

decussàre [da *decusse*; 1830] **tr.** *arc.* incrociare, intersecare a X.

decussàto (*pps.* di *decussare*) [a. 1597] **agg.** incrocio a forma di X: *croce decussata*, croce di sant'Andrea; *chiavi decussate*, quelle dell'insegna dello Stato Pontificio. **TAV. fiori... p. 671** 7.4.

decùsse [dal lat. *decussis*; a. 1580] **sf.** *T.stor.* cifra numerale latina, a forma di X, equivalente a dieci || moneta romana del valore di dieci assi.

dedàleo [dal lat. *daedalēus*; 1554] **agg.** *poet.* di Dedalo, opera di Dedalo o degna di Dedalo || *per estens.* fatto con arte molto ingegnosa || intricato, labirintico.

dèdalo [fr. *dédale*, da *Dedalo*, n. del mitico architetto del labirinto dell'isola di Creta; 1808] **sm.** labirinto, complesso intreccio di vie ed aditi dove sia facile smarrire l'orientamento: *mi ritrovai in un dedalo di viuzze* || **N.** *Sin.* LABIRINTO.

dèdica [da *dedicare*; 1610] **sf.** atto o parole con cui si dedica || *più com.* frase scritta o lettera che accompagna un'opera, una fotografia e sim., destinata espressamente a qualcuno.

dedicàre (pres. *dèdico, dèdichi*) [dal lat. *dedicāre*; a. 1504] **tr. 1.** attribuire il nome di qualcuno a un edificio, un'istituzione e sim.: *dedicare una via a Manzoni* || contrassegnare con dedica un'opera, spec. nell'offrirla in dono a qualcuno: *ti dedico con affetto queste mie pagine* **2.** riservare, consacrare: *dedicare il proprio tempo, le proprie energie ad un unico scopo; l'introduzione è dedicata alla rassegna dei precedenti contributi sull'argomento* || **rifl.** darsi interamente a un'attività: *dedicarsi all'assistenza degli handicappati* || occuparsi attivamente e con passione di qualcosa: *nei momenti liberi si dedica alla filatelia* || **N. tr. 1.** *Sin.* intitolare **2.** donare, offrire | **rifl.** accudire, applicarsi, attaccarsi, attendere, consacrarsi, impiegarsi, infervorarsi, volgersi, votarsi.

dedicatàrio (pl. *-ri*) [da *dedicare*; 1865] **sm.** (f. *-a*) colui al quale è stato dedicato qualcosa, spec. un'opera letteraria.

dedicatóre [dal lat. tardo *dedicātor, -ōris*; a. 1625] **sm.** (f. *-trìce*) *raro* chi dedica; chi offre.

dedicatòria [da *dedicare*; a. 1574] **sf.** lettera dedicatoria.

dedicatòrio (pl. *-ri* o *-rii*) [da *dedicare*; 1591] **agg.** che si fa per dedicare: *una lettera dedicatoria.*

dedicazióne [dal lat. *dedicātio, -ōnis*; sec. XIV] **sf.** il rito liturgico con cui si consacra un edificio al culto || *meno com.* cerimonia con cui si dedica un edificio, un monumento e sim.: *la rinnovata dedicazione di questa sala* (D'Annunzio) || festività commemorativa della consacrazione di una chiesa.

deditìzio (pl. *-zi*) [dal lat. *dedītīcius*; 1583] **agg.** e **sm.** *T.stor.* presso i Romani, uomo libero ma senza diritto di cittadinanza.

dèdito [dal lat. *dēditus*; a. 1504] **agg.** che si dedica con assiduità a una cosa: *dedito allo studio, al bere* || *raro lett.* devoto || **N.** abituato, affezionato, disposto, inclinato, incline.

dedizióne [dal lat. *dēditio, -ōnis*; sec. XIV nel senso 2] **sf. 1.** il dedicarsi totalmente a un ideale o a una persona: *l'amava con dedizione, la sua dedizione al lavoro era commovente* **2.** *ant. lett.* resa || **N. 1.** *Sin.* abnegazione **2.** *Sin.* capitolazione.

dedótto *pps.* di *dedurre* (v.).

deducìbile [da *dedurre*; 1745] **agg.** che si può dedurre: *conseguenza deducibile dalle premesse, oneri deducibili dal reddito.*

dedùrre (pres. *-ùco* ecc., come ADDURRE) [dal lat. *dēdūcere*, trarre giù; fine sec. XIV] **tr. 1.** derivare, far discendere || *lett.* trarre: *dedurre dalle buccine profonde la melodia* (D'Annunzio) || desumere, rilevare, arguire: *dal suo silenzio deduco la sua colpevolezza* || *T.fil.* stabilire una conclusione in base a determinate premesse **2.** sottrarre una somma da un'altra: *dal ricavato bisogna dedurre le spese* **3.** *lett.* *dedurre una colonia*, fondarla con coloni provenienti dalla madrepatria (presso i Romani) **4.** *T.giur.* portare in giudizio le proprie ragioni || **N. 1.** *Sin.* apprendere, arguire, argomentare, attingere, desumere, inferire, ricavare, rilevare **2.** defalcare, detrarre, levare, togliere, trarre.

deduttìvo [dal lat. tardo *deductīvus*; 1853] **agg.** che procede per deduzioni: *metodo deduttivo* || **deduttivaménte** **avv.**

dedùtto *pps.* *arc.* di *dedurre* (v.).

deduttóre [dal lat. *deductor, -ōris*; 1797] **agg.** e **sm.** (f. *-trìce*) *non com.* che o chi deduce || *T.med.* sin. meno com. di *abduttore*: *muscolo deduttore.*

deduzióne [dal lat. *deductio, -ōnis*; a. 1406] **sf. 1.** azione del dedurre || *T.fil.* procedimento logico che consiste nel ricavare asserzioni la cui verità dipende esclusivamente dalla verità delle premesse: *le tue deduzioni sono incontestabili, ma parti da premesse sbagliate* || *concr.* l'insieme delle premesse e della conclusione che se ne trae; anche la sola conclusione **2.** *T.giur.* le ragioni che si allegano a sostegno di una tesi || *T.fil.* nel pensiero di Kant, giustificazione di una pretesa di legittimità: *deduzione delle categorie* **3.** sottrazione, defalco: *la deduzione delle spese* || **N. 1.** *Sin.* conseguenza, implicazione, inferenza.

deènfaşi [da *enfasi*, sul modello dell'ingl. *de-emphasis*; 1974] **sf.** *T.elettron.* procedimento cui si ricorre in fase di ricezione per sopprimere, ad es., suoni troppo alti e acuti da un altoparlante.

de facto (lat., pr. it. [de'fakto]) [letter. secondo il fatto] **loc. avv.** in realtà, in effetti: *riconoscimento de facto di uno stato* || **N.** *Contr.* *de iure*, di diritto.

défaillance (fr., pr. [defa'jɑ̃:s]) [1918] **sf.** *inv.* debolezza improvvisa, momentanea; crisi, spec. nel linguaggio sportivo || **N.** abbandono, abbattimento, collasso, fiacchezza, mancamento.

defalcaménto [da *defalcare*; 1797] **sm.** *raro* defalco.

defalcàre o **difalcàre** (pres. *-àlco, -àlchi*) [dal lat. mediev. *dēfalcāre*, tagliar con la falce; a. 1374 *difalcare*] **tr.** sottrarre, detrarre una certa somma da una maggiore: *defalcare dal conto le spese* || diminuire || **N.** SOTTRARRE.

defalcazióne [da *defalcare*; a. 1565] **sf.** *raro* defalco.

defàlco o **diffàlco** (pl. *-chi*) [da *defalcare*; a. 1419] **sm.** atto ed effetto del defalcare || **N.** *Sin.* abbuono, detrazione, sconto, sottrazione.

defascistizzàre [da *fascistizzare*; 1950] **tr.** epurare dagli elementi fascisti.

defaticaménto [da *defaticarsi*; 1970] **sm.** *T.sport.* nell'atletica leggera, la breve corsa distensiva degli atleti dopo l'allenamento.

defaticàrsi (pres. *-ico, -ichi*) [comp. parasint. di *fatica*; 1965] **rifl.** *T.sport.* eseguire il defaticamento.

defatigànte (*ppr.* di *defatigare*) [1973] **agg.** stancante, spossante: *una marcia defatigante.*

defatigàre (pres. *-ìgo, -ighi*) [dal lat. *dēfatīgāre*; a. 1729] **tr.** *lett.* stancare || tirare in lungo per stancare l'avversario, in liti, combattimenti e sim. || **N.** *Sin.* consumare, esaurire, infastidire, molestare, stremare, svigorire.

defatigatòrio (pl. *-ri*) [da *defatigare*; 1905] **agg.** atto a defatigare || *T.giur.* di procedura, incidente e sim., che tende a stancar l'avversario, a protrarre la lite: *questa eccezione è puramente defatigatoria.*

default (ingl., pr. [dɪ'fɔ:lt]; pr. it. [de'folt]) [letter. difetto; 1985] **sm.** *inv.* *T.inform.* *valore di default* (anche *default*), in una computazione o elaborazione, il valore assunto in assenza di informazioni specifiche; *per default*, in assenza di informazioni più specifiche.

defecàre (pres. *-èco, -èchi*) [dal lat. *defaecāre*; 1797] **intr.** (aus. *avere*) *T.fisiol.* evacuare gli escrementi || **tr.** *T.chim.* purificare un liquido mediante defecazione (nel senso 2).

defecazióne [da *defecare*; 1830] **sf. 1.** *T.fisiol.* espulsione delle feci **2.** *T.chim.* procedimento di purificazione di un liquido tramite decantazione o filtraggio.

defenestràre (pres. *-èstro*) [dal fr. *défenestrer*; 1923] **tr.** gettare qualcuno dalla finestra || *più com. fig.* cacciare via in malo modo, togliere violentemente a qualcuno un ufficio, un incarico e sim.

defenestrazióne [dal fr. *défenestration*; 1892] **sf.** atto ed effetto del defenestrare || *più com. fig.* deposizione violenta.

defènsa **sf.** *arc.* V. DIFESA.

defensionàle [da *defensa*; 1852] **agg.** *T.giur.* della difesa, che è relativo alla difesa: *testimone defensionale.*

deferènte (*ppr.* di *deferire*) [sec. XV] **I agg. 1.** di atteggiamento, rispettoso o sottomesso alla volontà d'altri: *si avvicinò con fare deferente* **2.** *T.anat.* che permette il deflusso: *canale deferente*, nell'apparato genitale maschile, condotto di collegamento tra testicolo e vescichette seminali **II sm.** *T.anat.* canale deferente || **N.** I **1.** *Sin.* condiscendente, ossequioso, remissivo, rispettoso.

deferènza [da *deferire*, attr. il fr. *déférence*; 1724] **sf.** l'essere deferente: *ascoltare con deferenza* || **N.** condiscendenza, ossequio, rispetto.

deferiménto [da *deferire*; 1925] **sm.** *T.giur.* atto del deferire: *deferimento all'autorità giudiziaria.*

deferire (pres. *-ìsco* ecc., come FERIRE) [dal lat. *dēferre*, trasferire; 1766] **tr.** *T.giur.* rimettere al giudizio altrui: *deferire una causa al Tribunale, deferire una pratica alla Commissione inquirente* || *deferire a qualcuno il giuramento*, farlo giurare || denunciare: *deferire qualcuno all'autorità giudiziaria* || **intr.** (aus. *avere*) *raro* adeguarsi alle opinioni o alla volontà altrui (costruito con la prep. *a*): *non deferisco alle opinioni della folla.*

defervescènza [dal lat. *defervēscere*; 1905] **sf.** *T.med.* interruzione brusca della febbre.

defèsso [dal lat. *dēfessus*; a. 1470] **agg.** *arc.* stanco.

defetàrio (pl. *-ri*) [dall'ar. *defter*, registro; 1936] **sm.** *T.stor.* nel regno normanno di Sicilia (sec. XII), libro o registro contenente gli elenchi delle singole terre sottoposte a tributo e i redditi fiscali che da esse dovevano pervenire agli uffici finanziari del regno.

defettibile [dal lat. tardo *dēfectĭbilis*, der. di *dēficere*; sec. XIV] **agg.** *lett.* che può mancare; che può cadere in colpa || **N.** *Contr.* indefettibile.

defezionàre (pres. *-óno*) [da *defezione*; 1848] **intr.** (aus. *avere*) *lett.* disertare || abbandonare il partito in cui si militava.

defezióne [dal lat. *dēfectio*; 1342] **sf.** atto ed effetto del defezionare || *T.mil.* diserzione || **N.** abbandono, tradimento.

deficiènte [dal lat. *dēficiens*; 1300 ca.] **I agg.** *non com.* mancante: *forze deficienti* || insufficiente: *soccorsi deficienti* **II s.** *T.med.* chi nella attività psichica è molto inferiore alla media comune, frenastenico, idiota; è usato anche come epiteto offensivo: *è un perfetto deficiente.*

deficiènza [dal lat. tardo *deficientia*; a. 1639] **sf.** mancanza, scarsità || difetto, lacuna, spec. nel linguaggio scolastico: *ci sono gravi deficienze nella sua preparazione* || *T.med.* *deficienza mentale*, oligofrenia.

deficit (lat., pr. it. ['dɛfitʃit]) [letter. manca; 1795 ca.] **sm.** *inv.* la differenza tra le entrate e le spese, quando queste superano quelle; disavanzo, ammanco: *il deficit della bilancia dei pagamenti è diminuito* || *per estens.* manchevolezza: *deficit mentale, culturale.*

deficitàrio (pl. *-ri*) [dal fr. *déficitaire*; 1935] **agg.** che è in deficit, in disavanzo: *un bilancio deficitario, una situazione deficitaria* || *per estens.* insufficiente, inadeguato, carente: *politica deficitaria.*

defiggere (pres. *-ìggo* ecc., come FIGGERE) [da *affiggere*, con cambio di pref.; 1950] **tr.** *non com.* staccare ciò che è affisso (manifesti, cartelloni pubblicitari e sim.) || **N.** *Contr.* affiggere.

defilaménto [dal fr. *défilement*; 1937] **sm.** **1.** *T.mil.* protezione dietro riparo dal tiro teso delle armi avversarie o dall'osservazione del nemico **2.** *T.mar.* manovra, spec. di parata, in cui due navi passano a breve distanza l'una dall'altra, provenendo da direzioni opposte.

defilàre (pres. *-ìlo*) [dal fr. *défiler*; 1791] **tr.** *T.mil.* sottrarre alla vista del nemico: *defilare le truppe, defilare una batteria*; *defilare alla vampa*, collocare le artiglierie in modo che i nemici non possano scorgerne la fiammata al momento dello sparo || **rifl.** **1.** *T.mil.* nascondersi al nemico: *defilarsi alla vista* **2.** *per estens. scherz.* o *iron.* rendersi irreperibile o cercare di passare inosservato per evitare incarichi faticosi o situazioni sgradevoli: *avrebbe dovuto farlo lui, ma si è defilato; quando mi ha visto, ha tentato di defilarsi* || **intr.** (aus. *avere*) **1.** *T.mil.* di truppe, sfilare in parata **2.** *T.mar.* eseguire manovre di defilamento.

defilàto [dal fr. *défiler*; 1855 ca. *difilato*] **agg.** *T.mil.* protetto dal tiro diretto o dall'osservazione da parte del nemico: *reparto defilato al tiro, alla vista* || *per estens.* appartato, sottratto all'attenzione altrui.

défilé (fr., pr. [defi'le]) [1933] **sm.** *inv.* sfilata di moda.

definìbile [da *definire*; 1707] **agg.** che si può definire.

definìre (pres. *-ìsco* ecc., come FINIRE) [dal lat. *dēfīnīre*, delimitare; a. 1294] **tr.** **1.** determinare con parole la natura di una cosa o un concetto in modo da distinguerli dagli altri: *definire il concetto di numero reale* || determinare: *definire i rapporti tra due persone* || delimitare: *definire una regione dello spazio* || nel linguaggio scientifico, introdurre un nuovo concetto come abbreviazione di una combinazione di concetti già noti: *si definisce gruppo un insieme di elementi aventi le seguenti proprietà* **2.** di liti ecc., risolvere, decidere: *definire una questione* || **N.** *Sin.* **1.** dichiarare, distinguere, precisare, spiegare **2.** concludere, terminare.

definitézza [da *definire*; 1832 ca.] **sf.** l'essere definito, ben determinato.

definitività [da *definitivo*; 1952] **sf.** qualità di ciò che è definitivo, spec. nel linguaggio giuridico: *definitività di un atto amministrativo* || **N.** *Contr.* precarietà, provvisorietà, transitorietà.

definitìvo [da *definire*; a. 1294] **I agg.** **1.** conclusivo: *la versione definitiva dell'opera* || decisivo, senza appello: *una sconfitta, una sentenza definitiva* **2.** *non com.* atto a definire, concernente una definizione **II** nella **loc. avv.** *in definitiva*, insomma, in conclusione || **definitivaménte avv.**

definìto (*pps.* di *definire*) [1294 ca.] **agg.** **1.** preciso, chiaro, distinto: *sensazione non ben definita* **2.** *T.mat.* delimitato: *prisma, cono definito* || *funzione definita in un intervallo*, che ha come dominio quell'intervallo || *integrale definito*, v. INTEGRALE **3.** *T.ling.* che ha un referente individuabile perché già menzionato o comunque noto: *i nomi propri sono sintagmi nominali definiti* || *articolo definito*, che rende definito il sintagma nominale che segue (in italiano, l'articolo *il*, detto anche *determinativo*) || *T.fil.* *descrizione definita*, espressione complessa che designa uno e un solo oggetto || **definitaménte avv.** || **N.** **1.** *Contr.* impreciso, inafferrabile, incerto, indistinto, vago **2.**, **3.** *Contr.* indefinito.

definitóre [dal lat. tardo *dēfīnītor, -ōris*; 1282] **sm.** (f. *-trìce*) **1.** chi definisce **2.** *T.eccl.* assistente del Generale o del Provinciale di un ordine religioso monastico.

definitòrio (pl. *-ri* o *-rii*) [da *definire*; 1952] **agg.** **1.** che definisce, che è diretto a caratterizzare un concetto: *qualità definitorie di un aggettivo, capacità definitorie di uno scrittore*; in matematica: *formula definitoria* **2.** che contiene gli elementi sufficienti per decidere: *prove definitorie* **3.** *collegio definitorio*, il collegio dei definitori di un ordine religioso.

definizióne [dal lat. *dēfinitio, -ōnis*; 1308 ca.] **sf.** **1.** atto del definire || breve e precisa spiegazione del significato di una parola: *una definizione chiara* || *T.fil.* *definizione reale*, dell'essenza di una cosa (in contrapp. a *nominale*, del significato di una parola) || delimitazione: *occorre una precisa definizione delle rispettive aree di competenza* || risoluzione: *definizione di una lite* || *T.mat.* *per definizione*, di asserzione non ricavata deduttivamente, ma introdotta assiomaticamente **2.** *T.fot.* la resa dei dettagli più fini dell'immagine; risoluzione: *schermo, programma ad alta definizione.*

defiscalizzàre [da *fiscalizzare*; 1983] **tr.** sottoporre a un provvedimento di defiscalizzazione.

defiscalizzazióne [da *fiscalizzazione*; 1983] **sf.** **1.** la sospensione o la revoca di un provvedimento di fiscalizzazione **2.** *raro* detassazione.

defissióne¹ [da *affissione*, con cambio di pref.; 1956] **sf.** atto del defiggere.

defissióne² [dal lat. tardo *defixio, -ōnis*; 1956] **sf.** pratica magica in uso presso i Greci e i Romani che consisteva nel trafiggere con un chiodo un fantoccio simboleggiante il nemico o rivale, o una tavoletta su cui era inciso il suo nome, perché la sventura incombesse su di lui; oggi, il termine indica pratiche analoghe, come quella del vudù.

deflagrànte (*ppr.* di *deflagrare*) [1911] **agg.** che esplode con deflagrazione: *carica deflagrante.*

deflagràre [dal lat. *dēflagrāre*, ardere; 1869] **intr.** (aus. *avere*) *T.chim.* bruciare con fragore e rapidità; si dice tipicamente delle cariche di lancio in artiglieria || *per estens.* scoppiare.

deflagratóre [da *deflagrare*; 1865] **sm.** accenditore elettrico delle mine.

deflagrazióne [dal lat. *deflagrātio, -ōnis*; 1797] **sf.** *T.chim.* tipo di esplosione caratterizzato da una velocità di propagazione dell'onda esplosiva dell'ordine delle centinaia di metri al secondo (più lenta della detonazione) || **N.** detonazione, esplosione, scoppio.

deflatìvo o **deflattìvo** [da *deflazione¹*; 1974] **agg.** *T.econ.* di deflazione, relativo alla deflazione: *fenomeno, processo deflativo, incremento deflativo* || **N.** *Contr.* inflativo.

deflatòrio (pl. *-ri*) [da *deflazione¹*; 1956] **agg.** *T.econ.* deflazionistico, mirante alla deflazione: *provvedimento deflatorio, politica deflatoria.*

deflattìvo v. DEFLATIVO.

deflazionàre (pres. *-óno*) [da *deflazione¹*; 1938] **tr.** e **intr.** (aus. *avere*) ridurre il quantitativo di mezzi di pagamento in circolazione; dare alla politica economica un indirizzo deflazionistico || *per estens.* ridurre la circolazione (o *fig.* l'importanza) di un bene qualsiasi.

deflazióne¹ [dall'ingl. *deflation*, sgonfiamento; 1931] **sf.** *T.econ.* riduzione del quantitativo di carta-moneta in circolazione, allo scopo di rivalutare la carta-moneta stessa, rendendo maggiore la sua capacità di acquisto || **N.** *Contr.* inflazione.

deflazióne² [dal lat. *deflāre*, soffiar via; 1913] **sf.** *T.geol.* asportazione di sabbia e polveri dovuta al vento: *bacino di deflazione.*

deflazionìsta [da *deflazione¹*; 1983] **I agg.** che favorisce la deflazione economica, deflazionistico: *politica deflazionista* **II s.** chi appoggia o promuove una politica di deflazione economica.

deflazionìstico (pl. *-ci*) [da *deflazione¹*; 1956] **agg.** di deflazione, tendente a produrre deflazione: *indirizzo, provvedimento deflazionistico* || **N.** *Contr.* inflazionistico.

deflegmàre o **deflemmàre** (pres. *-ègmo* o *èmmo*) [comp. parasint. di *flemma*; 1797] **tr.** *T.farm.* separare da un liquido composto una parte dell'acqua in esso contenuta.

deflegmatóre o **deflemmatóre** [da *deflegmare*; 1956] **sm.** *T.scient.* elemento degli apparecchi per la distillazione degli alcolici, che serve a concentrare e purificare le sostanze da cui si distilla l'alcol.

deflegmazióne o **deflemmazióne** [da *deflegmare*; 1797] **sf.** atto ed effetto del deflegmare.

deflessióne [dal lat. tardo *deflexio, -ōnis*; 1797] **sf.** atto del deflettere, spec. in senso morale: *deflessione da un principio, da una norma di condotta* || *T.fis.* variazione della traiettoria di un fascio di particelle per effetto di un campo elettrico o magnetico.

deflèttere (p.rem. *-èssi*; pps. *deflèsso*) [dal lat. *dēflectere*, piegare dall'alto in basso; 1630] **intr.** (aus. *avere*) di veicolo o imbarcazione, deviare dalla strada o dalla rotta || *fig.* recedere da un'opinione, venir meno ad una condotta prestabilita, piegarsi, umiliarsi, cedere, deviare.

deflettóre [fr. *déflecteur*; 1913] **sm.** **1.** termine generico che indica una superficie fissa o orientabile, avente lo scopo di deviare una corrente fluida || nell'automobile, il cristallo orientabile del vetro laterale anteriore **2.** *T.fis.* dispositivo che devia fasci di particelle (per es. negli acceleratori).

defloràre (pres. *-òro*) [dal lat. tardo *dēflōrāre*; a. 1400] **tr.** *lett.* privare della verginità.

deflorazióne [dal lat. tardo *deflorātio, -ōnis*; 1640] **sf.** *lett.* il deflorare; atto ed effetto del deflorare.

defluènza [da *defluire*; 1956] **sf.** *non com.* il defluire.

defluìre (pres. *-ìsco, -ìsci*; pps. *defluìto*) [dal lat. *dēfluere*; 1885] **intr.** (aus. *essere*) scorrere in giù o verso un'uscita; anche *fig.*: *gli spettatori defluivano ordinatamente dallo stadio.*

deflùsso [dal lat. *dēfluxus*; a. 1565] **sm.** *lett.* lo scorrere in giù di un liquido || *fig.* l'uscire, il disperdersi: *il deflusso della folla* || massa d'acqua che passa per una sezione di un condotto nell'unità di tempo; *coefficiente di deflusso*, rapporto tra il deflusso di un bacino idrografico e il volume totale delle precipitazioni sul bacino nello stesso intervallo di tempo || *T.mar.* il ritrarsi dell'onda che si è rotta sulla riva, riflusso.

defogliàre e der. v. DEFOLIARE e der.

defoliànte o **defogliànte** [comp. parasint. di *foglia*; 1973] **I** ***agg.*** di sostanza chimica, che provoca la caduta delle foglie degli alberi **II** ***sm.*** sostanza defoliante.

defoliàre o **defogliàre** (pres. *-òlio* o *-ògliо*) [comp. parasint. di *fo(g)lia*; 1942 *defogliare*] ***tr.*** *non com.* trattare con defolianti || ***intr. pron.*** *non com.* di pianta, perdere le foglie.

defoliazióne o **defogliazióne** [comp. parasint. di *fo(g)lia*; 1830 *defogliazione*] ***sf.*** **1.** la caduta delle foglie di una pianta **2.** il provocare artificialmente la caduta delle foglie delle piante con sostanze chimiche, per facilitare la raccolta meccanica dei frutti o per distruggere la vegetazione.

deforestazióne [comp. parasint. di *foresta*; 1956] ***sf.*** *non com.* disboscamento su larga scala.

deformàbile [da *deformare*; 1943] ***agg.*** che può essere deformato: *corpo deformabile.*

deformabilità [da *deformabile*; 1957] ***sf.*** attitudine a subire deformazioni.

deformànte (*ppr.* di *deformare*) [1882] ***agg.*** che deforma: *artrite deformante, specchio deformante.*

deformàre (pres. *-órmo*) [dal lat. *dēfōrmāre*; a. 1306] ***tr.*** modificare la forma di un oggetto, normalmente con connotazione peggiorativa; alterare, rovinare, rendere deforme || *fig.* travisare: *quel giornalista ha deformato il mio pensiero* || ***intr. pron.*** subire un processo di deformazione || **N.** *Sin.* sformare, GUASTARE; snaturare.

deformazióne [dal lat. *deformatio, -ōnis*; a. 1330] ***sf.*** alterazione di una forma || atto ed effetto del deformare || *fig. deformazione professionale*, tendenza di un individuo ad estendere al di fuori della vita lavorativa gesti o atteggiamenti mentali acquisiti nell'esercizio della sua professione || *T.mil. affusto a deformazione*, sostegno che per mezzo di speciali congegni, finito il rinculo dello sparo, riporta la bocca da fuoco nella sua posizione iniziale || *T.fis. deformazione elastica*, alterazione di forma che cessa in assenza della forza che l'ha prodotta; *deformazione permanente*, l'opposto della deformazione elastica; *deformazione plastica*, tipica di certi materiali, soggetti a deformazione permanente anche sotto l'azione di forze di limitata intensità.

defórme [dal lat. *dēformis*; 1340 ca.] ***agg.*** che s'allontana dalla forma naturale || brutto: *persona deforme* || *fig.* corrotto, depravato: *animo deforme* || **N.** *Sin.* malfatto, malformato, mostruoso, sfigurato, sproporzionato, BRUTTO.

deformìsmo [da *deforme*; 1956] ***sm.*** gusto esagerato o ostentato per il deforme nelle arti figurative.

deformità [dal lat. *deformitās, -ātis*; a. 1306] ***sf.*** condizione dell'esser deforme || difetto fisico || bruttezza ripugnante || *fig. non com.* vizio morale || **N.** *Sin.* anomalia, degenerazione, difetto, irregolarità, magagna, mostruosità, storpiatura.

defosforazióne [dal fr. *déphosphoration*; 1940] ***sf.*** *T.metal.* eliminazione del fosforo dalla ghisa e dall'acciaio.

defraudaménto [da *defraudare*; 1865] ***sm.*** *raro* atto del defraudare; defraudazione.

defraudàre (pres. *-àudo*) [dal lat. *dēfraudāre*; sec. XIV] ***tr.*** *non com.* togliere con frode, non dare ciò che si dovrebbe: *mi hanno defraudato dei miei diritti* || **N.** FRODE.

defraudatóre [dal lat. tardo *defraudātor, -ōris*; 1680] ***sm.*** (f. *-trìce*) colui o ciò che defrauda.

defraudazióne [dal lat. tardo *defraudātio, -ōnis*; 1511] ***sf.*** *non com.* atto ed effetto del defraudare.

defùngere (p.rem. *defùnsi, defungésti, defùnse*; pps. *defùnto*) [dal lat. *defungi*; a. 1388] ***intr.*** (aus. *essere*) *raro* morire, spec. in espr. iperb. o scherz.: *cerca di non defungere per il troppo lavoro* || *fig.* cessare definitivamente di esistere, di funzionare: *anche l'amore defunge, la mia auto è defunta.*

defùnto [dal lat. *dēfunctus*, che ha compiuto il suo ufficio; a. 1294 *difunto*] ***agg.*** e ***sm.*** (f. *-a*) morto: *commemorazione dei defunti.*

dégagé (fr., pr. [dega'ʒe]) [pps. di *dégager*, liberare; 1764] ***agg. inv.*** sciolto, franco, disinvolto, spigliato.

degàgna [prob. lat. **organia*, attrezzi; a. 1320] ***sf.*** *T.pesc.* rete larga e lunga, per pescare in palude.

degassaménto [da *degassare*; 1956] ***sm.*** *T.chim.* procedimento per eliminare i gas da corpi liquidi e solidi.

degassàre [comp. parasint. di *gas*; 1956] ***tr.*** eliminare i gas disciolti nei liquidi o occlusi nei solidi, o da recipienti || ***intr. pron.*** di un liquido, perdere gas.

degassatóre [da *degassare*; 1956] ***sm.*** apparecchio per il degassamento dei liquidi.

degassificàre (pres. *-ìfico, -ìfichi*) [comp. parasint. di *gas*; 1963] ***tr.*** degassare.

degeneràre (pres. *-ènero*) [dal lat. *degenerāre*; a. 1320] ***intr.*** (aus. *avere* ed *essere*) **1.** cambiare in peggio le buone qualità originarie: *l'indulgenza degenera in debolezza, la festa è degenerata in una rissa* || detto di malattia, complicarsi diventando pericolosa || detto d'istituzioni che, corrompendosi, ingenerano abusi || tralignare **2.** *T.mat.* semplificarsi, detto di casi limite di curve o equazioni generalmente più complesse: *una conica può degenerare in due rette, o in un punto, per particolari valori dei coefficienti* || **N. 1.** *Sin.* corrompersi, decadere, dirazzare, guastarsi, imbastardire, peggiorare.

degenerativo [da *degenerare*; a. 1939] ***agg.*** di degenerazione: *processo degenerativo.*

degeneràto (*pps.* di *degenerare*) [a. 1462] **I** ***agg.*** alterato: *tessuto degenerato* || spesso *fig.* degenere, pervertito, squilibrato **II** ***sm.*** (f. *-a*) persona degenerata: *i degenerati.*

degenerazióne [dal lat. tardo *degenerātio, -ōnis*; 1308 ca.] ***sf.*** **1.** alterazione di un organo o di un organismo, per cui esso è condotto a una forma lontana dall'originale e generalmente peggiore || *T.med.* alterazione strutturale di cellule, tessuti od organi: *la degenerazione grassa del fegato* || il complesso dei caratteri che mostrano deviato l'individuo dal suo tipo normale || *fig.* il tralignare, il decadere di una istituzione e sim. **2.** *T.fis.* in meccanica quantistica, il numero di stati distinti di un sistema caratterizzati dallo stesso valore dell'energia o di altre osservabili fisiche: *la degenerazione dell'ennesimo livello energetico dell'atomo di idrogeno è* $2n^2$ || **N. 1.** *Sin.* DECADENZA.

degènere [dal lat. *dēgener, dēgeneris*; a. 1530] ***agg.*** **1.** che degenera: *figlio degenere* **2.** *T.mat.* si dice di un caso limite particolarmente semplice di un ente generalmente più complesso: *conica degenere* **3.** *T.fis. livello energetico otto volte degenere*, che ha una degenerazione di otto stati di energia || **N. 1.** *Sin.* corrotto, degenerato, pervertito, tralignato.

degènte [dal lat. *dēgere*, passare la vita; 1893] ***agg.*** e ***s.*** che o chi è in un letto, spec. in ospedale, come ammalato: *in questo reparto sono ricoverati venti degenti.*

degènza [da *degente*; 1925] ***sf.*** periodo in cui un infermo è costretto a letto || soggiorno di un malato in una casa di cura.

deglacializzazióne [comp. parasint. di *glaciale*; 1990] ***sf.*** *T.geogr.* il processo per cui un ghiacciaio o uno strato di ghiaccio diminuiscono fino a scomparire.

deglassàre [comp. parasint. di *glassa*; 1965] ***tr.*** *T.cuc.* diluire con un liquido (acqua, brodo, vino ecc.), rif. al sugo di carne o di altro cibo che si è addensato sul fondo della pentola durante la cottura.

dégli ***prep. art.*** comp. da *di* e *gli.*

deglutinazióne [da *agglutinazione*, con sostituzione di pref.; 1956] ***sf.*** *T.ling. non com.* perdita del suono iniziale in una parola, erroneamente inteso come articolo, preposizione e sim. (es. *usignolo* da *lusignolo*) || **N.** *Contr.* agglutinazione.

deglutìre (pres. *-ìsco, -ìsci*) [dal tardo lat. *dēglutīre*; a. 1498 *diglutire*] ***tr.*** far passare il cibo dalla bocca allo stomaco || **N.** inghiottire, ingoiare, ingollare, ingozzare, ingurgitare, trangugiare.

deglutizióne [prob. dal fr. *déglutition*; 1681] ***sf.*** atto del deglutire.

degnàre (pres. *dégno*) [lat. *dignāre*; sec. XIII] ***intr.*** (aus. *avere*) *ant. lett.* e, *più com.*, ***intr. pron.*** **1.** giudicare degno, aver la compiacenza di: *non si degna di salutarmi*; *ella non degna di mirar sì basso* (Petrarca); anche *iron.*: *almeno si degnasse di telefonare!* **2.** *arc.* (solo *intr.*) osare: *come degnasti di accedere al monte?* (Dante) || ***tr.*** considerare qualcuno degno di qualcosa: *non lo degnai d'una risposta* || **N.** ***intr.*** **1.** *Sin.* abbassarsi, compiacersi, fare grazia, favorire, inchinarsi.

degnazióne [dal lat. *dignātio, -ōnis*; a. 1332] ***sf.*** atteggiamento di benevolenza, accompagnato però da una certa ostentazione di superiorità: *lo trattava con degnazione* || nelle formule di cortesia: *abbia la degnazione di ascoltarmi* || **N.** affabilità, benevolenza, benignità, bontà, compiacenza, cortesia, favore, onore.

degnévole [da *degnare*; a. 1587] ***agg.*** che si degna di trattare amichevolmente e affabilmente chiunque, pur godendo di un maggior prestigio sociale.

degnità [dal lat. *dignĭtās, -ātis*; a. 1306] ***sf.*** **1.** *ant.* dignità, decoro **2.** *arc.* assioma (spec. nella terminologia di Vico).

dégno [lat. *dignus*; 1224 ca. *degnu*] ***agg.*** **1.** meritevole: *persona degna di fede* **2.** conveniente, adeguato, all'altezza: *un'opera degna di un grande poeta*; spesso *iron.*: *un comportamento degno di voi!* || *ass. è un degno uomo*, di animo nobile || *lett.* eccellente nel suo genere: *un degno boccone* || **N. 2.** adeguato, giusto, proporzionato, ADATTO; insigne, meritevole, ragguardevole, stimabile | *Contr.* indegno.

dégorgement (fr., pr. [degɔrʒə'mɑ̃]) [letter. sgorgo, scarico; 1936] ***sm. inv.*** *T.enol.* nella preparazione di vini spumanti, eliminazione dei residui di precipitazione accumulati contro il tappo della bottiglia; può venire realizzata sia a mano che meccanicamente, per congelamento del vino nella parte estrema del collo della bottiglia.

degradàbile [da *degradare*; 1973] ***agg.*** **1.** *T.chim.* di sostanza che può essere decomposta o trasformata in sostanza più semplice **2.** *non com.* che si può deteriorare.

degradaménto [da *degradare*; 1680] ***sm.*** *non com.* atto ed effetto del degradare e del degradarsi.

degradànte (*ppr.* di *degradare*) [1594] ***agg.*** umiliante, avvilente: *un episodio degradante.*

degradàre (pres. *-àdo*) [dal lat. tardo *degradāre*, scendere; a. 1306] ***tr.*** *T.mil.* privare del grado militare, come sanzione disciplinare || *per estens.* rendere vile o abietto: *questa azione ti degrada* || deteriorare: *degradare l'ambiente* || ***intr.*** (aus. *essere*) diminuire gradualmente di altezza: *le colline degradano verso il mare* || ***rifl.*** avvilirsi, rendersi abietto || **N.** ***tr.*** abbassare, avvilire, destituire | *intr.* *Sin.* digradare | *rifl.* abbrutirsi, abbassarsi, scadere.

degradàto (*pps.* di *degradare*) [a. 1552] **agg.** di ambiente naturale o complesso architettonico, che è in cattivo stato, che ha subito un deterioramento, spec. per mano dell'uomo (per es. per atti di vandalismo, sporcizia, inquinamento) o per incuria: *paesaggio, edificio degradato*; di condizione, che ha subito un peggioramento: *stato di salute degradato, situazione politica degradata*; moralmente decaduto: *costumi, mentalità degradati.*

degradazióne [dal lat. *degradatio, -ōnis*, attr. il fr. *dégradation*; a. 1540] **sf.** **1.** atto del degradare || *T.eccl.* pena disciplinare consistente nel ridurre un chierico allo stato laicale || *T.mil.* pena della perdita ignominiosa del grado **2.** stato di miseria morale, di abbrutimento: *giungere all'estrema degradazione* **3.** *T.fis.* *degradazione dell'energia*, trasformazione irreversibile in calore di altre forme di energia (elettrica, meccanica ecc.).

degràdo [da *degradare*; 1950] **sm.** degradazione, decadimento, spec. per cause ecologiche o urbanistiche: *degrado architettonico, ambientale.*

degrassàggio (pl. *-gi*) [dal fr. *dégraissage*; 1970] **sm.** sgrassatura.

dègu o **degù** [dallo spagnolo *degu* o *degù* di origine cilena; 1956] **sm.** *inv.* piccolo roditore sim. al topo che vive nel Cile e in Perù.

degusciàre (pres. *-ùscio*) [comp. parasint. di *guscio*; 1942] **tr.** *non com.* sgusciare, spec. con mezzi meccanici a livello industriale.

degustàre [dal lat. *dēgustāre*; 1865] **tr.** assaggiare, assaporare: *degustare il vino.*

degustatóre [da *degustare*, sul modello del fr. *dégustateur*; 1965] **sm.** (f. *-trìce*) chi per professione giudica la qualità di vini o cibi assaggiandoli || **N.** *Sin.* assaggiatore.

degustazióne [dal lat. tardo *degustatio, -ōnis*, attr. il fr. *dégustation*; 1812] **sf.** **1.** il degustare || offerta di assaggio, spec. a fini pubblicitari: *degustazione gratuita* **2.** esercizio pubblico in cui si servono caffè, liquori, vini. **Q.T.** *enologia.*

de gustibus (lat. pr. it. [de 'gustibus]) [letter. sui gusti] **loc.** espressione ellittica per il detto latino *de gustibus non est disputandum*: non si può discutere sui gusti personali, dato il loro carattere istintivo e soggettivo: *ha comprato un vestito orrendo, ma de gustibus...*

dèh [voce onom.; a. 1300] **escl.** *lett. poet.* esprime dolore, preghiera e sim.: *deh, vieni, non tardar.*

dehors (fr., pr. [də'ɔːr]; pr. it. [de'ɔr]) [letter. fuori; 1956] **sm.** *inv.* la parte esterna, all'aperto, di un locale pubblico (bar, ristorante ecc.).

dèi **sm. pl.** v. DIO.

déi **prep.** *art.* comp. di *di* e *i.*

deicida [dal lat. tardo *deicīda*; 1665] **agg.** e **s.** reo di deicidio.

deicidio (pl. *-di* o *-dii*) [dal lat. eccl. *deicīdium*, fatto su *homicīdium*; sec. XIV] **sm.** *lett.* uccisione di Gesù come Dio-Uomo, accusa rivolta per secoli dalla Chiesa cristiana a tutto il popolo ebraico; termine oggi in disuso.

deidrogenàre (pres. *-ògeno*) [da *idrogenare*; 1942] **tr.** *T.chim.* sottoporre a deidrogenazione.

deidrogenazióne [da *deidrogenare*; 1942] **sf.** *T.chim.* processo di eliminazione di atomi di idrogeno in un composto organico.

deiettóre [dal lat. *dēiector, -ōris*, che getta fuori; 1966] **sm.** *T.mecc.* strumento che serve a imprimere un movimento alle acque chiuse in un recipiente, per impedire che si formino depositi, incrostazioni e simili.

deiezióne [dal lat. *dēiectio, -ōnis*; 1721 ca.] **sf.** **1.** *T.med.* evacuazione || *pl.* escrementi **2.** *T.geol.* fase di attività vulcanica con emissione di materiale eruttivo **3.** *T.geol.* deposito di detriti allo sbocco di una valle o in una foce: *cono di deiezione.*

deificàre (pres. *-ìfico, -ìfichi*) [dal lat. *deificāre*; a. 1342] **tr.** porre nel numero degli dei, divinizzare || *per estens.* glorificare, esaltare || **N.** innalzare sugli altari, santificare.

deificazióne [dal lat. tardo *deificātio, -ōnis*; a. 1406] **sf.** il deificare || **N.** *Sin.* apoteosi, esaltazione, glorificazione, santificazione.

deìfico (pl. *-ci*) [dal lat. tardo *deificus*; sec. XIV] **agg.** *ant. lett.* nella letteratura cristiana, che innalza a Dio: *sacramento deifico* || *raro* divino.

deifórme [comp. del lat. *dĕus, dei* e *-forme*, come già nel lat. mediev. *deifōrmis*; a. 1313] **agg.** *lett.* **1.** con le sembianze di una divinità **2.** formato da Dio: *del deiforme regno* (Dante).

deindicizzàre [da *indicizzare*; 1986] **tr.** sottrarre al processo di indicizzazione automatica: *deindicizzare i prezzi, i salari.*

deindicizzazióne [da *indicizzazione*; 1980] **sf.** azione, processo di deindicizzare.

deindustrializzazióne [da *industrializzazione*; 1980] **sf.** il processo di riduzione del potenziale industriale di una società || **N.** *Contr.* industrializzazione.

deionizzàre [da *ionizzare*; 1956] **tr.** *T.chim.* eliminare gli ioni contenuti in una soluzione acquosa.

deionizzazióne [da *deionizzare*; 1956] **sf.** **1.** *T.fis.* processo con cui un gas ionizzato ritorna allo stato neutro **2.** *T.chim.* eliminazione degli ioni presenti in una soluzione acquosa.

deìpara [dal lat. tardo *deipara*; a. 1693] **sf.** e **agg.** madre di un dio || appellativo di Maria, madre di Dio.

deiscènte [dal lat. *dehīscens*, da *dehīscere*, aprirsi; 1875] **agg.** *T.bot.* di frutto maturo, che si apre per lasciar uscire il seme || **N.** *Contr.* indeiscente.

deiscènza [da *deiscente*; 1875] **sf.** *T.bot.* l'essere deiscente.

deìsmo [dal fr. *déisme*; 1680] **sm.** concezione filosofico-religiosa sorta in ambiente razionalistico-illuminista nel Sei-Settecento, che afferma l'esistenza di una divinità personale, intelligente, distinta dal mondo, ma nega un suo diretto coinvolgimento nelle vicende umane, asserendo di conseguenza la falsità delle religioni rivelate.

deissi [dal gr. *déixis*, indicazione, attr. l'ingl. *deixis*; 1971] **sf.** *T.ling.* l'insieme dei mezzi linguistici che, all'interno dell'enunciato, fanno riferimento allo spazio e al tempo in cui questo viene prodotto, o alle persone in quanto protagoniste dell'atto comunicativo: *deissi personale, spaziale, temporale* || *deissi sociale*, l'insieme degli elementi linguistici il cui uso dipende dallo status sociale dei protagonisti dell'atto comunicativo (per es. il pronome di cortesia *lei* in italiano) || **N.** deittico.

deista [dal fr. *déiste*; 1680] **s.** fautore del deismo.

deìstico (pl. *-ci*) [da *deismo*; a. 1952] **agg.** del deismo, relativo al deismo: *concezione deistica.*

deità (arc. *deitàde*) [dal lat. tardo *deitās, -ātis*; a. 1250] **sf.** l'essenza divina; divinità || Dio.

deìttico (pl. *-ci*) [dal gr. *deiktikós*, che mostra; 1971] **agg.** e **sm.** *T.ling.* detto di elementi linguistici di un enunciato che lo ancorano a elementi del contesto spazio-temporale in cui avviene l'enunciazione (per es. pronomi personali e agg. possessivi: *io, tu, mio, tuo* ecc.; avverbi di tempo e luogo: *qui, là, ora, ieri* ecc.; aggettivi dimostrativi: *questo, quello* ecc.; verbi: *venire, andare* ecc.) || **N.** deissi.

de iure (lat., pr. it. [de'jure]) [propr. secondo il diritto; a. 1330] **loc. avv.** *T.giur.* in base al diritto, in linea di diritto || **N.** *Contr.* *de facto.*

déjà vu (fr., pr. [deʒa'vy]) [letter. già visto; 1982] **loc. m. inv.** **1.** fenomeno psicologico che consiste nella sensazione illusoria di avere già visto una certa immagine o di avere già vissuto una certa situazione che in realtà si presenta per la prima volta: *ho avuto un déjà vu* **2.** atteggiamento o cosa che manca di originalità: *tutto questo sa di déjà vu* || **N.** **1.** *Sin.* falso riconoscimento.

del **prep.** *art.* comp. da *di* e *il.*

delatóre [dal lat. *dēlātor*, da *dēfĕrre*, riportare; 1520 ca.] **sm.** (f. *-trìce*) chi tradisce i propri compagni, denunciandoli in segreto; spia.

delay (ingl., pr. [dɪ'leɪ]) [1974] **sm.** *inv.* tempo di risposta di un apparecchio elettronico.

delazióne [dal lat. *delatio, -ōnis*; a. 1540] **sf.** **1.** accusa segreta **2.** *T.giur.* *delazione d'armi*, porto d'armi abusivo || *delazione di giuramento*, deferimento di giuramento.

delèbile [dal lat. *dēlēbilis*; 1595] **agg.** *non com.* che si può cancellare || **N.** CANCELLARE | *Contr.* incancellabile, indelebile.

dèlega [da *delegare*; 1877] **sf.** atto del delegare || rapporto tra chi è rappresentato e chi lo rappresenta: *la democrazia parlamentare è basata sulla delega* || *concr.* procura scritta con cui si affida a qualcuno l'incarico di una riscossione o di un pagamento o un compito di rappresentanza.

delegànte (*ppr.* di *delegare*) [a. 1588] **agg.** e **s.** *T.bur.* che o chi delega.

delegàre (pres. *dèlego, dèleghi*) [dal lat. *dēlēgāre*; sec. XIV] **tr.** **1.** rif. a persona, autorizzarla a compiere qualche atto in propria vece: *ho delegato una persona che mi rappresenti* **2.** rif. a compito o funzione, trasferire temporaneamente ad altri, rimettere: *delego a voi i miei poteri durante la mia assenza* || **N.** **1.** *Sin.* deputare, incaricare, investire **2.** affidare, assegnare, demandare.

delegatàrio (pl. *-ri*) [da *delegare*; 1956] **sm.** (f. *-a*) *T.giur.* nel diritto civile, il creditore a cui è assegnato un nuovo debitore che è stato delegato dal debitore originario per il pagamento del debito; anche *agg.*: *creditore delegatario.*

delegatìzio (pl. *-zi*) [da *delegare*; a. 1910] **agg.** di delegazione, che riguarda una delegazione: *commissario delegatizio, funzione delegatizia.*

delegàto (*pps.* di *delegare*) [a. 1348] **I** **agg.** che rappresenta qualcuno: *amministratore delegato*, membro del consiglio d'amministrazione di una società al quale sono conferite mansioni direttive in nome dell'intero consiglio || *giudice delegato (al fallimento)*, che controlla lo svolgimento della procedura fallimentare || basato su, derivante da una delega al governo da parte del parlamento: *decreto delegato* **II** **sm.** (f. *-a*) persona delegata a un compito, rappresentante: *c'erano più di mille delegati al congresso del partito* || *T.eccl.* *delegato apostolico*, rappresentante della Santa Sede in paesi che non intrattengono con essa relazioni diplomatiche.

delegatòrio (pl. *-ri*) [da *delegare*; 1797] **agg.** *T.eccl.* detto di lettera o provvedimento con cui il Pontefice affida ai giudici l'esame di affari ecclesiastici straordinari.

delegazióne [dal lat. *delegatio, -ōnis*; a. 1540] **sf.** **1.** *T.giur.* atto ed effetto del delegare: *delegazione legislativa*, trasmissione provvisoria al potere esecutivo da parte del Parlamento della facoltà di emanare provvedimenti con valore legislativo **2.** *più com.* gruppo di persone a cui è stato affidato un incarico di rappresentanza: *la delegazione italiana a Bruxelles* **3.** territorio su cui un delegato esercita la sua autorità: *delegazione apostolica.*

delegiferàre (pres. *-ìfero*) [da *legiferare*; 1980] **intr.** (aus. *avere*) rinunciare all'emanazione di leggi in grande numero e su materie di scarso interesse generale || anche ***tr.***: *delegiferare un settore sociale.*

delegificàre (pres. *-ìfico, -ìfichi*) [comp. parasint. del lat. *lex, legis*; 1974] ***tr.*** *T.giur.* trasferire alla pubblica amministrazione, mediante provvedimento legislativo, la potestà di disciplinare una materia che prima era regolata per legge.

delegificazióne [comp. parasint. del lat. *lex, legis*; 1967] ***sf.*** *T.giur.* progressiva sottrazione di una materia giuridica all'area di intervento legislativo e sua attribuzione all'ambito amministrativo.

delegittimàre (pres. *-ìttimo*) [da *legittimare*; 1983] ***tr.*** sottrarre a una persona o a un'istituzione la legittimazione a esercitare un potere o a rivendicare un diritto: *delegittimare un'associazione a costituirsi parte civile* || negare la legittimità di un'affermazione riconducendola a principi falsi, irrazionali o comunque inaccettabili.

delegittimazióne [da *legittimazione*; 1980] ***sf.*** atto ed effetto del delegittimare.

deletèrio (pl. *-ri*) [dal fr. *délétère*; 1765] ***agg.*** che ha potere di distruggere o danneggiare: *un'abitudine deleteria per la salute*; *un comportamento, un influsso deleterio per la nostra amicizia* || anche *fig.* || **N.** *Sin.* insalubre, malsano, nocivo, rovinoso, velenoso.

delettàre e der. forme arc. di DILETTARE e der. (v.).

delezióne [dal lat. *delētio, ōnis*, distruzione, attr. l'ingl. *deletion*; 1940] ***sf.*** *T.biol.* in genetica, mutazione cromosomica consistente nell'assenza di un segmento di cromosoma, con conseguente perdita delle relative informazioni genetiche.

dèlfico (pl. *-ci*) [dal lat. *delphicus*; sec. XIV] ***agg.*** di Delfi: *l'oracolo delfico, la sibilla delfica.*

Delfìnidi (sing. *-e*) [comp. di *delfino*[1] e *-idi*; 1931] ***sm. pl.*** *T.zool.* famiglia di Cetacei, gen. marini, carnivori, agili e veloci nuotatori, a cui appartengono il delfino e l'orca.

delfinièra [da *delfino*[1]; 1830] ***sf.*** *T.pesc.* **1.** specie di fiocina ad alette snodate, che viene usata per prendere delfini e pescispada **2.** *T.mar.* rete a maglie larghe posta a protezione del sacco della paranza (imbarcazione da pesca) per proteggerlo dal fondo e dai delfini **3.** *T.mar.* rete tesa sotto il bompresso nelle imbarcazioni a vela.

delfìnio[1] (pl. *-ni*) [dal gr. *delphínion*; la pianta era dedicata ad Apollo delfico; 1550] ***sm.*** pianta delle Ranuncolacee a distribuzione euro-asiatica con foglie palmate e fiori in grappolo.

delfìnio[2] (pl. *-ni*) [dal gr. *delphínion*; 1931] **I** ***agg.*** nell'antica Grecia, attributo di Apollo: *Apollo Delfinio* **II** ***sm.*** nome dato in onore di Apollo ad uno dei mesi del calendario in varie località.

delfinìsta [da *delfino*[1]; 1964] ***s.*** *T.sport.* chi pratica il nuoto a delfino.

delfìno[1] [dal lat. *delphīnus*; fine sec. XIII *dalfino*] ***sm.*** mammifero dei Cetacei || *T.sport.* *nuotare a delfino*, con movimento circolare e simultaneo delle braccia e con le gambe unite || (con iniz. maiuscola) costellazione dell'emisfero boreale. **Q.T.** ***nuoto*** **TAV.** ***nuoto*** **p. 1328** 3.

delfìno[2] [dal fr. *dauphin*; a. 1363] ***sm.*** **1.** *T.stor.* titolo dei conti di Albon, nel Delfinato; quando il territorio passò alla Casa di Francia, il titolo fu tradizionalmente assegnato al principe ereditario **2.** *per estens.* il probabile successore di un personaggio politico importante || **N. 1.** *ad usum Delphini.*

delìaco (pl. *-ci*) [dal lat. *deliacus*, gr. *dēliakós*; a. 1836] ***agg.*** *lett.* dell'isola greca di Delo.

delibàre (pres. *-ibo*) [dal lat. *dēlībāre*; a. 1374] ***tr.*** **1.** *non com.* gustare, assaggiare || *fig. lett.* toccar di passaggio qualche argomento: *delibare una questione* **2.** *T.giur.* *delibare una sentenza*, dare valore giuridico a una sentenza pronunciata da un tribunale straniero || **N.** *Sin.* **1.** ASSAGGIARE.

delibazióne [dal lat. tardo *delibatĭo, ōnis*; 1925] ***sf.*** **1.** *raro* atto ed effetto del delibare **2.** *T.giur.* *giudizio di delibazione*, esame giudiziario delle sentenze pronunziate all'estero, per vedere se sia il caso o no di accordare l'esecuzione di esse in Italia.

delìbera [da *deliberare*; 1783] ***sf.*** **1.** deliberazione **2.** aggiudicazione all'incanto.

deliberànte (*ppr.* di *deliberare*) [1836] ***agg.*** che delibera, che ha potere decisionale: *organo, assemblea deliberante*; *in sede deliberante*, con potere di decidere.

deliberàre (pres. *-ìbero*) [dal lat. *dēlīberāre*; a. 1276] ***tr.*** **1.** decidere, determinare, stabilire, dopo una riflessione approfondita e, molto spesso, una discussione collegiale || freq. l'uso assoluto: *la Corte si ritira per deliberare* **2.** nelle vendite all'asta, assegnare, aggiudicare con deliberazione: *deliberare un oggetto al miglior offerente* || ***intr. pron.*** *non com.* risolversi || **N.** concedere, destinare, disporre, eleggere, ponderare, prendere partito, risolvere, statuire.

deliberatàrio (pl. *-ri*) [da *deliberare*; 1861] ***sm.*** (f. *-a*) *T.giur.* il concorrente ad un'asta pubblica che si aggiudica l'oggetto o l'appalto.

deliberatìva [da *deliberativo*; sec. XIV] ***sf.*** *T.fil. disus.* facoltà della mente di prendere deliberazioni.

deliberatìvo [dal lat. *deliberatīvus*; a. 1294] ***agg.*** **1.** che ha facoltà di deliberare: *potere deliberativo* || *voto deliberativo*, che impegna a prendere provvedimenti; si oppone a *voto consultivo* **2.** *T.ret.* *discorso, genere deliberativo*, che tende a persuadere || *procedimento deliberativo*, in cui il parlante si interroga sul da farsi (es. *Che fare? Come posso fare a trovarlo?*).

deliberàto (*pps.* di *deliberare*) [1306 ca.] **I** ***agg.*** **1.** risoluto a fare una cosa: *sono deliberato a tutto* || *con animo deliberato*, con risoluzione d'animo consapevole **2.** intenzionale: *ha agito col proposito deliberato di uccidere* || **deliberataménte** ***avv.*** **1.** di proposito **2.** risolutamente **II** ***sm.*** ciò che è stato deliberato, deliberazione || **N.** *Sin.* deciso, fermo, risoluto, stabilito, statuito.

deliberatóre [da *deliberare*; a. 1540] ***sm.*** (f. *-trice*) chi delibera; anche *agg.* che delibera: *comitato deliberatore.*

deliberazióne [dal lat. *dēlīberātio, -ōnis*; a. 1294] ***sf.*** **1.** atto ed effetto del deliberare || la cosa deliberata: *trasmettere una deliberazione* **2.** impropriamente, anche la discussione che precede la decisione: *dopo lunga deliberazione* || **N.** *Sin.* **1.** decisione, decreto, determinazione, giudizio, proposito, provvedimento, risoluzione.

delicatézza [da *delicato*; sec. XIV] ***sf.*** **1.** l'essere delicato: *delicatezza di tinte, di stile, di carnagione* || gracilità di salute e sim., facilità ad ammalarsi || leggiadria || squisitezza di vita e di modi || tatto, prudenza, discrezione: *argomenti da trattarsi con delicatezza* **2.** cibo squisito: *questo piatto è una vera delicatezza* **3.** *pl. non com.* mollezze: *è stato allevato in mezzo alle delicatezze.*

delicàto [dal lat. *dēlĭcātus*; a. 1306] ***agg.*** **1.** soave al tatto, morbido: *pelle delicata* || di suono, dolce, lieve || di colore, non troppo intenso o vistoso || di cibo, facile a digerirsi, squisito **2.** da usare o maneggiare con cura, facile a danneggiarsi: *un congegno sofisticato ma molto delicato*; *fig.* da affrontare con prudenza: *una delicata questione familiare, il momento più delicato dell'operazione* || di persona od organo, debole, cagionevole: *stomaco delicato* **3.** che si comporta con squisitezza di modi, gentilezza o nobiltà; che rivela tale stato d'animo || **delicataménte** ***avv.*** || **N. 1.** *Sin.* leggero **2.** *Sin.* fragile **3.** *Sin.* fine, garbato, raffinato, sensibile, squisito, urbano.

delicatùra [da *delicato*; a. 1529] ***sf.*** *disus.* mollezza, delicatezza soverchia || squisitezza, raffinatezza.

delikatessen (ted., pr. [delika'tɛsən]) [propr. cose delicate, dal fr. *délicatesse*; 1908] ***sf. pl.*** ghiottonerie, leccornie, e *per meton.* negozio di commestibili fini.

delimàre (pres. *-ìmo*) [dal lat. *dēlīmāre*; a. 1400] ***tr.*** *arc.* rodere, consumare.

delimitàre (pres. *-ìmito*) [dal lat. *delimitāre*, attr. il fr. *délimiter*; a. 1872] ***tr.*** limitare, circoscrivere, tracciare un confine, definire, designare: *delimitare il campo di ricerca.*

delimitatìvo [da *delimitare*; 1970] ***agg.*** che serve a delimitare, a circoscrivere: *linea delimitativa* || **N.** *Sin.* demarcativo.

delimitazióne [dal lat. tardo *delimitātio, -ōnis*, attr. il fr. *délimitation*; 1848] ***sf.*** limitazione, determinazione dei confini.

delineaménto [da *delineare*; a. 1600] ***sm.*** *non com.* atto ed effetto del delineare.

delineàre (pres. *-ìneo*) [dal lat. *dēlīneāre*; a. 1597] ***tr.*** rappresentare con linee, disegnare a contorno || tracciare, descrivere || *più com. fig.* indicare per sommi capi: *delineare il quadro della situazione* || ***intr. pron.*** apparire, profilarsi: *per i favoriti si sta delineando una sconfitta inattesa* || **N.** ABBOZZARE.

delineàto (*pps.* di *delineare*) [a. 1519] ***agg.*** segnato con precisione, chiaro, ben definito: *un profilo ben delineato, un carattere delineato.*

delineatóre [da *delineare*; 1726] ***sm.*** (f. *-trice*) *non com.* **1.** chi o ciò che delinea, graficamente o verbalmente: *il delineatore del progetto, dell'idea* **2.** nel codice della strada, segnalimite stradale **3.** *raro* in cosmetica *eye-liner.*

delineazióne [dal lat. tardo *delineātio, -ōnis*; a. 1663] ***sf.*** *non com.* || disegno a contorno || *fig.* indicazione più o meno sommaria od esatta dei termini di una cosa o di un fatto.

delinquènte (*ppr.* di *delinquere*) [sec. XIII-XIV] ***s.*** chi ha commesso un delitto o è pronto a commetterne: *quell'uomo è un autentico delinquente*; *delinquente abituale, occasionale*; *delinquete nato*, nelle teorie superate di Lombroso, persona geneticamente predisposta al delitto; oggi rimane nell'uso familiare, spesso scherzoso || *fam.* chi commette qualche guaio: *piccolo delinquente!* || **N.** *Sin.* criminale, malfattore | colpevole, facinoroso, imputato, reo.

delinquènza [dal lat. tardo *delinquĕntia*; 1704] ***sf.*** **1.** *raro* atto del delinquere || *freq.* complesso degli atti delittuosi: *il problema della delinquenza minorile* || attitudine a delinquere **2.** criminalità, malavita: *combattere la delinquenza su tutti i fronti.*

delinquenziàle [da *delinquenza*; 1938] ***agg.*** di delinquenza, da delinquente: *attitudine delinquenziale.*

delinquere (*pps.* arc. *delinquito*; com. usato solo all'infinito) [dal lat. *delinquere*; a. 1321] ***intr.*** *T.giur.* commettere un delitto || *capacità a delinquere*, disposizione a commettere delitti || *associazione a delinquere*, associazione a scopo criminoso || **N.** DELITTO.

deliquescènte [dal fr. *deliquescent*, che si rifà al lat. *deliquescens, ĕntis*; 1771] ***agg.*** *T.chim.* che è soggetto a deliquescenza.

deliquescènza [dal fr. *déliquescence*; 1771] ***sf.*** *T.chim.* fenomeno per cui certe sostanze solide passano allo stato liquido assorbendo il vapor d'acqua contenuto nell'aria || **N.** igroscopia.

delìquio (pl. *-qui*) [dal lat. *dēlĭquium*; a. 1617] ***sm.*** *lett.* svenimento: *cadere in deliquio.*

deliránte (*ppr.* di *delirare*) [a. 1694] ***agg.*** **1.** che delira **2.** proprio di chi delira || *per estens.* senza senso, assurdo: *discorsi deliranti.*

deliràre (pres. *-ìro*) [dal lat. *dēlīrāre*, propr.

uscire dal solco; 1589] **intr.** (aus. *avere*) esser fuori di sé; anche *fig.*: *delira d'amore* || **N.** *Sin.* dare i numeri, dire spropositi, farneticare, non stare in sé, perdere la testa, smaniare, sragionare, vaneggiare.

delìrio (pl. *-ri*) [dal lat. tardo *dēlirium*; 1589] **sm. 1.** stato di alterazione mentale (tipico di psicosi maniaco-depressive, paranoia e schizofrenia) che porta a credere fermamente a fatti o circostanze non veri; talvolta accompagnato da allucinazioni || confusione mentale che talvolta accompagna gli stati febbrili || *fig.* esaltazione, entusiasmo: *la folla in delirio applaudiva il cantante* **2.** *raro* sfrenato desiderio di qualcosa || **N. 1. Sin.** farneticazione, follia, frenesia, furore, pazzia, smania, vaneggiamento.

delirium tremens (lat., pr. it. [de'lirjum 'tremens]) [letter. delirio tremante; 1853] **loc. m.** *inv.* *T.med.* malattia degli alcolizzati, che si manifesta con delirio, allucinazioni e tremore di tutto il corpo.

delìro [dal lat. *dēlīrus*; a. 1321] **I agg.** *poet.* delirante, vaneggiante: *con quel sembiante che madre fa sovra figlio deliro* (Dante) **II sm.** *arc.* delirio.

delìtto [dal lat. *dēlictum*; 1355] **sm. 1.** *T.giur.* violazione di una legge penale per cui è prevista una pena; *corpo del delitto*, la prova materiale del delitto || *delitto doloso*, commesso con la precisa intenzione di far male; *delitto colposo*, commesso per imprudenza, negligenza o inosservanza dei regolamenti || *delitto perfetto*, commesso senza lasciar tracce **2.** *per estens.* colpa, errore; spesso *scherz.*: *sarebbe un delitto rifiutare un'occasione simile!* || **N. 1.** *Sin.* colpa, crimine, maleficio, misfatto, peccato, reato, scelleratezza | continuato, mancato, premeditato, tentato; atroce, infamante, inumano, nefando, obbrobrioso, orrido, turpe | agente, autore, complice, correo, delinquente, imputato, ladro, malfattore, manutengolo, reo | eseguire, espiare, confessare, perpetrare; commettere, consumare, delinquere | diritto penale. **Q.T.** *diritto.*

delittuóso [da *delitto*; 1768] **agg.** che costituisce delitto || che può provocare un delitto: *intenzioni delittuose* || **delittuosaménte** **avv.**

delivery order (ingl., pr. [dɪ'lɪvərɪ ˌɔ:də]) [letter. ordine di svincolo; 1930] **loc. m.** *inv.* *T.comm.* ordine di consegna, di merce e sim.

delìzia[1] [dal lat. *dēliciae*; a. 1294] **sf.** diletto squisito, piacere raffinato: *provo una gran delizia* || la causa di tale piacere: *luogo di delizie, quel bambino è la delizia dei genitori* || *essere una delizia*, si dice di cosa che reca gran piacere: *suona che è una delizia*; anche *iron.*: *piove che è una delizia* || **N.** *Sin.* agi, delicatezza, diletto, godimento, mollezza, piacere, soavità, squisitezza, voluttà | eden, eldorado, paradiso.

delìzia[2] [adattamento dell'ingl. *delicious*; 1967] **sf.**, anche *inv.*, varietà di mele con buccia liscia di colore giallo o giallo-rosso.

deliziàre (pres. *-ìzio*) [dal lat. tardo *deliciāre*; sec. XIV] **tr.** procurare delizia, anche *iron.*: *quella commedia mi ha deliziato; adesso ci delizierà con i suoi esercizi di violino* || **rifl.** provare delizia || **N.** PIACERE; godersi.

delizióso [dal lat. tardo *deliciōsus*; a. 1342] **agg.** pieno di delizie: *una settimana deliziosa* || che arreca, che dà delizia: *una cena deliziosa; una persona deliziosa*, assai gradevole per gentilezza, grazia e sim. || **deliziosaménte** **avv.** || **N.** *Sin.* eccellente, soave, squisito, voluttuoso.

délla **prep. art.** comp. da *di* e *la.*

délle **prep. art.** comp. da *di* e *le.*

déllo **prep. art.** comp. da *di* e *lo.*

delomòrfo [comp. del gr. *dêlos*, evidente e *-morfo*; 1956] **agg.** *T.biol.* di cellula il cui contorno è ben definito, identificabile || **N.** *Contr.* adelomorfo.

dèlta [dal lat. *delta*, lettura della lettera δ; 1585] **sm.** o **sf.** *inv.* **1.** quarta lettera dell'alfabeto greco, che, maiuscola, ha forma triangolare (Δ), corrispondente alla lettera *d* del nostro alfabeto || *T.fis.* *raggi delta*, elettroni secondari prodotti per ionizzazione dal bombardamento della materia con particelle ad alta energia || *T.mat.* *operatore delta*, laplaciano **2.** *T.geogr.* la regione, a configurazione triangolare, che un fiume delimita ramificandosi presso la sua foce: *il delta del Nilo, del Po* || **N. 2.** estuario, foce.

deltaplanista [da *deltaplano*; 1979] **s.** chi pratica lo sport del deltaplano.

deltaplàno [comp. di *delta* e *-plano*; 1977] **sm. 1.** velivolo per il volo planato costituito da una vela di fibra sintetica tenuta tesa da una struttura in lega leggera sotto cui si dispone orizzontalmente il pilota, che manovra con i movimenti del corpo || *deltaplano a motore*, velivolo di forma simile, dotato di motore **2.** lo sport praticato con il deltaplano || **N.** *Sin.* aquilone.

deltazióne [da *delta*; 1892] **sf.** *T.geogr.* fenomeno per cui si produce un delta alla foce di un corso di acqua.

deltìzio (pl. *-zi*) [da *delta*; 1963] **agg.** *T.geogr.* relativo a delta.

deltòide [dal gr. *deltoeidḗs*; 1659] **sm.** *T.anat.* uno dei muscoli dell'omero, a forma triangolare. **TAV. *anatomia* p. 641** 1.6.

deltoidèo [da *deltoide*; 1830] **agg.** *T.anat.* che ha relazione col deltoide: *curva deltoidea.*

delùbro [dal lat. *dēlūbrum*; a. 1321] **sm.** *poet.* tempio, sacrario: *de' vaghi tuoi delubri un solo t'avanza* (Carducci).

delucidàre[1] (meno com. *dilucidàre*) (pres. *-ùcido*) [dal lat. tardo *dilucidāre*; a. 1332 *dilucidare*] **tr.** rendere lucido, chiaro; spiegare || **N.** *Sin.* chiarire, illustrare, schiarire, SPIEGARE.

delucidàre[2] (pres. *-ùcido*) [comp. di *de-* e *lucidare*; 1940] **tr.** *T.tess.* togliere il lucido alle stoffe nuove || **N.** *Sin.* decatizzare.

delucidazióne[1] (meno com. *dilucidazióne*) [dal lat. tardo *delucidātio*, *-ōnis*; 1484] **sf.** spiegazione, chiarimento.

delucidazióne[2] [da *delucidare*[2]; 1908] **sf.** *T.tess.* decatissaggio.

deludènte (*ppr.* di *deludere*) [1955] **agg.** che delude, che lascia insoddisfatti: *spettacolo deludente.*

delùdere (pres. *-ùdo*; p.rem. *-ùṣi*, *-udésti*, *-ùṣe*, *-udémmo*, *-udéste*, *-ùṣero*; pps. *delùṣo*) [dal lat. *dēlūdere*; a. 1321] **tr. 1.** venir meno alle speranze e alle aspettative di qualcuno, detto anche di sogg. non animati: *la sua risposta ci ha deluso* || talora, con oggetto non animato, mandare a vuoto: *ha deluso le nostre attese* **2.** *arc.* beffare, ingannare || **N. 1.** frustrare, tradire | *Contr.* soddisfare.

deluṣióne [dal lat. tardo *delūsio*, *-ōnis*; a. 1375] **sf.** stato d'animo di chi è deluso, disingannato: *il fatto suscitò in lui una profonda delusione* || *concr.* ciò che delude: *il film di ieri è stato una vera delusione.*

delùṣo (*pps.* di *deludere*) [a. 1416] **agg.** avvilito, tradito nelle proprie attese; che esprime tale stato d'animo: *aveva un'aria rattristata e delusa* || **N.** *Sin.* confuso, frustrato, scombussolato, sconcertato, smarrito.

deluṣòrio (pl. *-ri*) [da *deludere*; 1558] **agg.** *raro* atto a deludere, ingannevole, fallace.

delustrànte [da *lustrare*; 1956] **agg.** e **sm.** di sostanza applicata alle fibre tessili artificiali per renderne il colore meno brillante.

demagnetizzàre [dal fr. *démagnétiser*; 1950] **tr.** smagnetizzare.

demagogìa (pl. *-gìe*) [dal gr. *demagōgía*, prob. attr. il fr. *démagogie*; 1851] **sf. 1.** degenerazione della democrazia **2.** l'abilità e la pratica di conquistare il favore popolare con promesse illusorie, o facendo leva sulle componenti più irrazionali ed emotive dei desideri delle masse.

demagògico (pl. *-ci*) [dal gr. *demagōgikós*, prob. attr. il fr. *démagogique*; a. 1831] **agg.** di o da demagogo: *politica demagogica* || **demagogicaménte** **avv.**

demagògo (pl. *-ghi*) [dal gr. *dēmagōgós*, prob. attr. il fr. *demagōgós*; a. 1573] **sm.** chi cerca con lusinghe e promesse di ottenere il favore delle masse popolari || nell'antica Grecia, il capo di un partito nell'assemblea || **N.** capopopolo, tribuno.

demandàre [dal lat. *dēmandāre*; 1525 ca.] **tr.** *T.giur.* rimettere ad altri, rif. a un giudizio, una decisione e sim. || **N.** *Sin.* affidare, deferire, delegare, deputare.

demaniàle [da *demanio*; 1364] **agg.** del demanio.

demanialità [da *demaniale*; 1902] **sf.** *T.giur.* l'essere demaniale.

demanializzazióne [da *demaniale*; 1983] **sf.** incameramento di beni privati nel demanio dello stato.

demànio (pl. *-ni*) [dal fr. ant. *demaine*, lat. *dominium*; 1416] **sm.** il complesso dei beni dello Stato || l'amministrazione di tali beni.

demaoizzazióne [dal n. proprio *Mao* Zedong, presidente della Repubblica Popolare Cinese; 1978] **sf.** processo di revisione delle posizioni radicali della rivoluzione culturale cinese: *un clima di demaoizzazione ha dominato per qualche tempo in Cina.*

demarcàre (pres. *-àrco*) [da *demarcazione*; 1800] **tr.** limitare, tracciare, riferito a confini.

demarcatìvo [da *demarcare*; 1970] **agg. 1.** che segna un limite, un confine: *linea demarcativa* **2.** *T.ling.* di elementi fonici o prosodici che indicano l'inizio o la fine di un'unità linguistica (parola, morfema ecc.), permettendo di isolarla dagli elementi contigui della catena parlata || **N. 1. Sin.** delimitativo.

demarcazióne [fr. *démarcation*, dallo sp. *demarcación*; 1798] **sf.** atto ed effetto del demarcare || *linea di demarcazione*, confine.

d'emblée (fr., pr. [dɑ̃'ble]) [1905] **loc. avv.** di primo acchito, di colpo || *T.gioc.* *sette e mezzo d'emblée*, nel gioco del sette e mezzo il punteggio massimo, quando viene realizzato con sole due carte (un sette e una figura).

dementàre [dal lat. tardo *dementāre*; 1641] **tr.** *arc.* far impazzire.

demènte [dal lat. *dēmens*, *-mentis*; 1308 ca.] **agg.** e **s.** affetto da demenza || **N.** delirante, matto, PAZZO.

demènza [dal lat. *dēmentia*; 1300 ca.] **sf.** *T.med.* perdita parziale o totale dell'intelligenza, che accompagna diverse malattie mentali || *demenza precoce*, che si presenta in persone relativamente giovani e manifesta stadi di esaltazione e di depressione; schizofrenia || *demenza senile*, caratteristica della tarda età || *com.* stupidità, idiozia || **N.** *Sin.* PAZZIA.

demenziàle [da *demenza*; 1952] **agg. 1.** letter. relativo alla demenza, proprio dei dementi: *atti, segni demenziali* **2.** *per estens.* di comportamento irragionevole, insensato: *è demenziale andare al mare quando piove* || di contenuto espressivo, volutamente sconnesso, insensato, folle: *umorismo demenziale, rock demenziale* || **N. 2.** *Sin.* assurdo, da pazzi, folle | *Contr.* ragionevole, saggio, sensato.

demeritàre (pres. *-èrito*) [dal fr. *démériter*, 1406] **tr.** e **intr.** (aus. *avere*) rendersi immeritevole di qualcosa: *demeritare la stima di qualcuno* (o *della stima di qualcuno*) || anche *ass.*: *pur senza incantare, non ha demeritato.*

demèrito [dal fr. *démérite*; a. 1342] **sm.** azione che merita biasimo: *non badare ai miei demeriti* || **N.** *Sin.* biasimo, colpa, difetto, fallo, misfatto, peccato, torto || *Contr.* merito.

demielinizzazióne [comp. parasint. di *mielina*; 1956] **sf.** *T.med.* deterioramento o distruzione della guaina mielinica che protegge

i neuroni.
demilitariẓẓàre [dal fr. *demilitariser*, 1942] ***tr.*** smilitarizzare.
demilitariẓẓazióne [dal fr. *demilitarisation*; 1942] ***sf.*** smilitarizzazione.
demi-monde (fr., pr. [dəmi'mɔ̃:d]) [dal titolo di una commedia di A. Dumas figlio; a. 1866] ***sm.*** *inv.* società equivoca.
demineraliẓẓàre [dal fr. *déminéraliser*, 1951] ***tr.*** eliminare dall'acqua le sostanze minerali in soluzione.
demineraliẓẓazióne [da *demineralizzare*; 1956] ***sf.*** **1.** *T.tecn.* processo con cui si priva una sostanza (spec. l'acqua) dei sali minerali in essa disciolti **2.** *T.biol.* e *T.med.* la perdita di sostanze minerali in un oganismo o in un tessuto.
deminutio capitis (lat., pr. it. [demi'nuttsjo 'kapitis]) [letter. diminuzione della personalità] ***loc. f.*** *inv.* per gli antichi Romani, la perdita del diritto di cittadinanza, di libertà, di famiglia; oggi, più in generale, peggioramento di condizione giuridica o sociale.
demi-sec (fr., pr. [dəmi'sɛk]) [letter. mezzo-secco; 1963] ***agg.*** *inv.* semisecco, tra il secco e l'amabile, detto di vini e sim. ‖ **N.** *dry*.
demistificàre (pres. *-ìfico, -ìfichi*) [dal fr. *démystifier*, 1964] ***tr.*** esaminare da un punto di vista critico e razionale un'idea, un'argomentazione, l'operato di un personaggio o di un gruppo, mettendo in luce gli interessi materiali che stanno alla sua base, o più in gen. gli aspetti equivoci, oscuri e falsi che potrebbero trarre in inganno: *demistificare un'ideologia, un discorso, un personaggio* ‖ **N.** demitizzare, dissacrare, smascherare, smitizzare.
demistificatóre (f. *-trice*) [da *demistificare*; 1964] ***agg.*** che demistifica: *analisi demistificatrice*, anche *sm.* (f. *-a*): *un acuto demistificatore*.
demistificatòrio (pl. *-ri* o *-rii*) [da *demistificare*; 1965] ***agg.*** diretto a demistificare: *opera demistificatoria*.
demistificazióne [dal fr. *démystification*; 1960] ***sf.*** l'azione di demistificare, l'essere demistificato.
demitiẓẓàre [dal fr. *démythifier*, 1964] ***tr.*** *T.rel.* e *T.fil.* ricondurre un racconto religioso alla realtà e ai problemi della comunità storica di cui è espressione ‖ *per estens.* privare del carattere di mito: *quell'atleta è stato demitizzato dalle voci circolanti sul suo conto* ‖ ridimensionare un'ideologia mediante considerazioni realistiche: *demitizzare l'idea di progresso* ‖ **N.** *Sin.* dissacrare, smitizzare | *Contr.* mitizzare.
demitiẓẓàto (*pps.* di *demitizzare*) [1965] ***agg.*** privo di illusioni, concretamente ancorato al reale: *le innovazioni tecnologiche suscitano oggi un attento, ma demitizzato interesse*.
demitiẓẓazióne [da *demitizzare*; 1965] ***sf.*** il demitizzare, l'essere demitizzato ‖ l'isolamento degli elementi leggendari e mitologici di un testo (per es. religioso) per fare emergere la realtà storica.
demiùrgico (pl. *-ci*) [da *demiurgo*; 1923] ***agg.*** di, da demiurgo, capace di creare: *forza demiurgica*.
demiùrgo (pl. *-ùrghi* e *-ùrgi*) [dal lat. *demiurgus*; 1554] ***sm.*** artefice ‖ *T.fil.* nella filosofia platonica, l'ordinatore del mondo ‖ Dio, la ragione divina che dà forma al mondo ‖ *fig.* persona dotata di grandi capacità creative.
demi-vierge (fr., pr. [dəmi 'vjɛrʒ]) [letter. semi-vergine; 1956] ***sf.*** *inv.* (anche pl. *demi-vierges*, pr. [dəmi 'vjɛrʒ]) donna che, pur acconsentendo a pratiche erotiche, si astiene da rapporti sessuali completi per mantenere la verginità.
dèmo [dal gr. *dêmos*, popolo; 1728] ***sm.*** *T.stor.* la più piccola circoscrizione amministrativa dell'Attica, suddivisione della tribù.
dèmo-[1] [dal gr. *dêmos*, popolo] ***primo elem.*** che, in parole composte dotte derivate dal greco o formate modernamente, ha il valore di "popolo", "popolazione" (per es. *democrazia*, *demografia*).
dèmo-[2] [da *demo(crazia)*] ***primo elem.*** che, in parole composte della terminologia politica (per es. *democristiano*), sta per *democratico*.
democraticìsmo v. DEMOCRATISMO.
democraticità [da *democratico*; 1963] ***sf.*** l'essere democratico.
democràtico (pl. *-ci*) [dal gr. *demokratikòs* attr. il fr. *démocratique*; a. 1673] **I *agg.*** della democrazia, ispirato a principi di democrazia: *leggi democratiche* ‖ *per estens.* di persona sensibile ai diritti degli altri ‖ *fam.* che è alla buona, senza pretese di superiorità **II *sm.*** (f. *-a*) chi segue i principi della democrazia ‖ **democraticaménte** ***avv.***
democratìsmo o **democraticìsmo** [da *democratico*, con influsso del fr. *démocratisme*; 1886] ***sm.*** affettazione di democrazia ‖ tendenza a rivendicare sempre e ovunque i valori della democrazia, e spec. le forme della democrazia diretta.
democratiẓẓàre [dal gr. *dēmokratízein*, attr. il fr. *democratiser*, 1797] ***tr.*** convertire alle istituzioni democratiche; far diventare democratico ‖ ***intr.*** (aus. *avere*) *non com.* parteggiare per la democrazia.
democratiẓẓazióne [da *democratizzare*; 1801] ***sf.*** atto e risultato del democratizzare.
democrazìa [dal gr. *dēmokratía*, attr. il fr. *démocratie*; 1525] ***sf.*** **1.** dottrina e costituzione politica che assegna la sovranità di uno Stato al popolo; *democrazia diretta*, quando la sovranità è esercitata direttamente dal popolo; *democrazia indiretta*, quando il popolo esercita la sovranità per mezzo dei suoi rappresentanti ‖ *democrazia popolare*, denominazione dei regimi retti da un partito unico di ispirazione comunista ‖ *democrazia costituzionale*, in cui i governi sono vincolati all'osservanza di una legge fondamentale modificabile solo con speciali procedure **2.** paese governato democraticamente: *le democrazie occidentali* **3.** *Democrazia Cristiana*, partito politico, italiano e di altri paesi, di ispirazione cattolica **4.** *per estens.* atteggiamento affabile e disponibile nei confronti dei propri subordinati ‖ **N. 1.** aristocrazia, dittatura, oligarchia. **Q.T.** *politica*.
democristiàno [comp. di *demo-* e *cristiano*; 1899 *democratico cristiano*] ***agg.*** e ***sm.*** (f. *-a*) aderente alla Democrazia Cristiana.
démodé (fr., pr. [demo'de]) [da *mode*, moda; 1905] ***agg.*** *inv.* passato di moda, sorpassato, disusato.
demodèce [dal lat. scient. *demodex*, basato sul gr. *dêmas*, corpo e *dêx*, *dēkós*, tarlo; 1965] ***sm.*** genere di acari di forma allungata che vivono nelle ghiandole sebacee del viso dell'uomo o della pelle del cane, e possono provocare un tipo di rogna.
demodèctico (pl. *-ci*) [da *demodece*; 1956] ***agg.*** *T.zool.* del demodece; *rogna demodectica*, dermatite parassitaria frequente nei cani, provocata dal demodece.
demodossologìa [comp. di *demo-*, gr. *dóxa*, opinione e *-logia*; 1950] ***sf.*** studio della formazione dell'opinione pubblica, considerata come un fenomeno di psicologia collettiva influenzata dai mezzi di comunicazione.
demodulàre (pres. *-òdulo*) [da *modulare*; 1980] ***tr.*** *T.elettron.* convertire un'onda portante modulata ad alta frequenza nel segnale originario a bassa frequenza: *demodulare un segnale, un'onda radio* ‖ **N.** *Contr.* modulare.
demodulatóre [da *modulatore*; 1956] ***sm.*** *T.elettron.* dispositivo che estrae il segnale modulante dall'onda modulata.
demodulazióne [da *modulazione*; 1956] ***sf.*** *T.elettron.* procedimento di estrazione del segnale modulante, portatore dell'informazione (per es. un messaggio sonoro in radiofonia), dall'onda modulata, detta portante perché, essendo di frequenza molto maggiore, consente la trasmissione a distanza.
demoecologìa [comp. di *demo-* e *ecologia*; 1984] ***sf.*** parte dell'ecologia che studia popolazioni di individui in riferimento ad un determinato ambiente, secondo parametri quali natalità, mortalità, densità ecc.
demofobìa [comp. di *demo-* e *-fobia*; 1963] ***sf.*** timore ossessivo della folla.
demografìa [dal fr. *démographie*, 1881] ***sf.*** studio del movimento e sullo stato della popolazione ‖ **N.** statistica.
demogràfico (pl. *-ci*) [dal fr. *démographique*; 1923] ***agg.*** che si riferisce alla demografia ‖ che si riferisce alla popolazione: *incremento demografico* ‖ *politica demografica*, insieme dei provvedimenti di uno Stato tendenti a controllare l'andamento della popolazione, incoraggiandone o scoraggiandone l'incremento a seconda dei casi.
demògrafo [dal fr. *démographe*; 1965] ***sm.*** studioso di demografia.
demolìre (pres. *-ìsco, -ìsci*) [dal lat. *dēmōlīri*; 1613 ca.] ***tr.*** di edifici e sim., atterrare, buttare giù ‖ smantellare sistematicamente un manufatto danneggiato, recuperandone le parti ancora utilizzabili ‖ *fig.* screditare, distruggere, criticare ferocemente: *demolire una teoria, i propri avversari* ‖ **N.** *Sin.* abbattere, diroccare, distruggere, rovinare, smantellare, sventrare.
demolitìvo [da *demolire*; 1985] ***agg.*** *non com.* che tende a demolire: *azione demolitiva*; più com. *fig.*: *discorso demolitivo, obiezione demolitiva* ‖ *tecniche chirurgiche demolitive*, che consistono nell'asportazione di un organo o di parti di esso.
demolitóre [dal lat. *demolitor*, *-ōris*; 1758 come agg.; a. 1936 nel senso 2 del sm.] **I *sm.*** (f. *-trice*) **1.** lavoratore addetto alla demolizione: *demolitore di macchine* **2.** *fig.* chi, per abito mentale o per partito preso, esercita una critica distruttiva **II *agg.*** che demolisce o si occupa di demolizioni: *impresa, macchina demolitrice*.
demolizióne [dal lat. *demolitio*, *-ōnis*; 1619 ca.] ***sf.*** il demolire ‖ **N.** abbattimento, atterramento, diroccamento, smantellamento.
demologìa [comp. di *demo-* e *-logia*; 1892] ***sf.*** studio delle tradizioni popolari, del folclore ‖ **N.** dempsicologia, folclore.
demològico (pl. *-ci*) [da *demologia*; 1965] ***agg.*** relativo alle tradizioni popolari.
demoltìplica [da *demoltiplicare*; 1956] ***sf.*** *T.tecn.* **1.** demoltiplicatore **2.** demoltiplicazione.
demoltiplicàre (pres. *-ìplico, -ìplichi*) [da *moltiplicare*; 1956] ***tr.*** *T.tecn.* ridurre una grandezza secondo un determinato rapporto.
demoltiplicatóre [da *demoltiplicare*; 1956] ***sm.*** *T.tecn.* apparato capace di ridurre la velocità di rotazione di un albero, una ruota ecc. secondo un determinato rapporto ‖ *T.elettr.* circuito divisore di frequenza.
demoltiplicazióne [da *demoltiplicare*; 1956] ***sf.*** *T.tecn.* riduzione di una grandezza secondo un dato rapporto.
dèmone [dal lat. tardo *daemon*, *daemonis*; a. 1306] ***sm.*** entità mitica, benefica o malefica, in qualche modo intermedia tra l'uomo e le divinità superiori ‖ *T.fil.* l'ispirazione individuale dell'umana coscienza: *il demone di Socrate* ‖ *fig.* detto di passione che, personificata, sembra assediare l'anima dell'uomo: *il demone della gelosia, dell'avarizia*.
demonetiẓẓàre [dal fr. *démonétiser*, 1913] ***tr.*** togliere valore monetario, spec. a un metallo.
demonetiẓẓazióne [dal fr. *démonétisation*; 1884] ***sf.*** ritirare dalla circolazione monete metalliche per rifonderle.
demonìaco (pl. *-ci*) [dal lat. tardo *daemonia-*

cus; sec. XIV] **I agg.** **1.** relativo al demonio: *presenza demoniaca* || *per estens.* diabolico, perverso: *un'astuzia demoniaca* **2.** *arc.* invasato, ossesso **II sm.** (f. *-a*) appartenente a setta eretica cristiana, la quale credeva che alla fine del mondo sarebbero stati salvati anche gli angeli ribelli.

demònico (pl. *-ci*) [dal lat. tardo *daemonicus*; a. 1535] **I agg.** relativo al soprannaturale **II sm.** *raro* demone, la personificazione dell'estro, del genio ispiratore: *e il demonico mi ripeté con chiara voce: Non temere!* (D'Annunzio).

demònio (pl. *-ni*) [dal lat. *daemŏnium*; a. 1292] **sm.** lo spirito del male, diavolo || *fig.* uomo brutto o cattivo || persona assai abile in qualche cosa: *quell'uomo negli affari è proprio un demonio* || ragazzo che non sta mai fermo: *è un vero demonio* || *avere il demonio addosso,* non stare mai fermo || persona terribile, iraconda: *non gli si può parlare, è un demonio* || *dim.* demoniétto; *pegg.* demoniàccio || **N.** angelo ribelle, diavolo, satanasso, spirito maligno | incubi, succubi | inferno; pandemonio, sabba, tregenda | indemoniato, ossesso, spiritato | esorcismo.

demonìṣmo [da *dèmone*; 1892] **sm.** dottrina religiosa che spiega i fenomeni naturali come effetto della lotta continua di spiriti, alcuni buoni e altri cattivi.

demonizẓànte (*ppr.* di *demonizzare*) [1979] **agg.** che attribuisce qualità demoniache, perverse, o comunque molto negative: *interpretazione demonizzante di un testo.*

demonizẓàre [da *demone*; 1982] **tr.** trasformare in un demonio || *fig.* considerare o raffigurare come diabolico, malvagio, pervaso dallo spirito del male: *demonizzare un'opera, un personaggio, un periodo storico.*

demonizẓazióne [da *demone*; 1979] **sf.** atto e effetto del demonizzare.

demonofobìa [comp. di *dèmone* e *fobìa*; 1956] **sf.** timore ossessivo del demonio.

demonolatrìa [comp. di *dèmone* e *-latria*; 1830] **sf.** adorazione e culto del demonio, propria di certe sette religiose.

demonologìa [comp. di *dèmone* e *-logia*; 1820] **sf.** branca della storia delle religioni che studia la natura e l'influsso dei demoni, o degli spiriti elementari.

demonològico (pl. *-ci*) [da *demonologia*; 1927] **agg.** che si riferisce a demonologia.

demonomanìa [comp. di *dèmone* e *mania*; 1797] **sf.** *disus.* delirio che consiste nel credersi posseduto dal demonio.

demoplutocrazìa [comp. di *demo-* e *plutocrazia*; 1938] **sf.** regime plutocratico sotto veste democratica; era termine in voga nella pubblicistica fascista.

demoproletàrio (pl. *-ri*) [da *Demo(crazia) Proletaria*; 1983] **agg.** e **sm.** (f. *-a*) iscritto o aderente al partito Democrazia Proletaria.

demopsicologìa [comp. di *demo-* e *psicologia*; 1879] **sf.** *T.scient.* studio della psicologia dei popoli attraverso le loro tradizioni.

demoralizẓàre [dal fr. *démoraliser*; 1802] **tr.** scoraggiare, privare qualcuno di ogni entusiasmo || **intr. pron.** avvilirsi, abbattersi || **N.** *Sin.* accasciare, deprimere, disanimare, sfiduciare.

demoralizẓàto (*pps.* di *demoralizzare*) [a. 1803] **agg.** scoraggiato, depresso: *era molto demoralizzato quando lei l'ha lasciato* || **N.** *Sin.* abbattuto, avvilito, giù di morale, sfiduciato | *Contr.* entusiasta, su di giri, su di morale.

demoralizẓazióne [dal fr. *démoralisation*; 1812] **sf.** atto ed effetto del demoralizzare || stato di persona demoralizzata, avvilimento, scoramento.

demòrdere (pres. *-òrdo* ecc., come MORDERE) [da *mordere*, sul modello del fr. *démordre*; 1890] **intr.** (aus. *avere*) desistere, rinunciare: *demordere da un proposito*; anche *ass.* cedere, arrendersi: *non demordere, se vuoi avere successo nella vita.*

demorfiniẓẓàre [comp. *parasint.* di *morfina*; 1940] **tr.** disintossicare dalla morfina.

démos (gr., pr. ['dεmos]) [1905] **sm.** popolo; usata perlopiù nel linguaggio filosofico o scientifico.

demoscopìa [comp. di *demo-* e *-scopia*, come il ted. *Demoskopie*; 1963] **sf.** scienza delle indagini statistiche sulle opinioni dei componenti di una comunità.

demoscòpico (pl. *-ci*) [da *demoscopia*; 1963] **agg.** di demoscopia: *indagine demoscopica.*

Demospònge [comp. del gr. *dêmos*, popolo, moltitudine e lat. *spongia*, spugna; 1931] **sf. pl.** classe di Poriferi gen. marini privi di scheletro, o con scheletro costituito da spicole silicee o da fibre di spongina o da entrambe, a cui appartengono le spugne propriamente dette.

demòtico (pl. *-ci*) [dal gr. *dēmotikós*, popolare; 1829] **agg.** *T.stor.* *scrittura demotica,* forma corsiva, semplificata della scrittura dell'antico Egitto, contrapposta alla scrittura ieratica || *lingua demotica,* nella Grecia moderna, indica il neoellenico di diretta tradizione popolare, contrapposto a lungo alla lingua puristica classicheggiante, ma oggi affermatosi anche come lingua scritta e letteraria.

demotìṣmo [da *demotico*; a. 1963] **sm.** *T.ling.* vocabolo o locuzione di origine popolare.

demotivàre (pres. *-ìvo*) [da *motivare*; 1983] **tr.** privare di motivazioni, di stimolo, di entusiasmo: *il suo scetticismo ci ha demotivati dal cercare una soluzione* || **intr. pron.** perdere interesse: *dopo alcuni tentativi si è demotivato* || **N.** *Sin.* disincentivare, scoraggiare | *Contr.* incentivare, incoraggiare, interessare.

demotivàto (*pps.* di *demotivare*) [1984] **agg.** privo di motivazioni, di interesse: *è demotivato nel suo lavoro* || **N.** *Sin.* disinteressato | *Contr.* interessato, motivato.

demotivazióne [da *demotivare*; 1983] **sf.** atto ed effetto del demotivare o del demotivarsi || l'assenza di motivazioni o di interesse: *stato di demotivazione.*

demulcènte [dal lat. *demulcens, ēntis,* ppr. di *demulcēre*; 1830] **agg.** *T.farm.* emolliente.

demuscazióne [comp. parasint. del lat. *musca*, mosca; 1929] **sf.** *non com.* la distruzione delle mosche con sostanze insetticide.

denàio o **danàio** [lat. *denārius*; a. 1313 *danaio*] **sm.** *arc.* denaro || quattrino: *un'oca a denaio e un papero per giunta* (Boccaccio) || **N.** soldo.

denàro o **danàro** [lat. *denārius,* moneta che valeva dieci assi; 1219 *dinaro*] **sm.** **1.** soldi, con valore collettivo anche al sing.: *avere il denaro contato*; *denaro liquido,* prontamente disponibile in contanti; *denaro fresco,* nuovi capitali affluiti in un'impresa e sim.; *avere denaro a palate,* essere molto ricco || *prov. il tempo è denaro* || anche ricchezza in generale: *il denaro apre tutte le porte* || nel linguaggio della Borsa, prezzo di domanda di un titolo: *fare denaro,* richiedere titoli in acquisto **2.** *pl.* *T.gioc.* (spesso nella forma *danari*) uno dei quattro semi delle carte da gioco napoletane: *il fante di denari* **3.** *T.stor.* nome di antica moneta di vario valore || **N. 1.** argento, averi, capitale, contante, finanze, moneta, oro, peculio, pecunia, quattrini, rendita, ricchezza, soldi, sostanza, spiccioli, tesoro, valuta | baiocchi, ducati, fiorini, lire, marenghi; banconota, biglietto di banca, cambiale | gruzzolo, obolo, resto | borsa, borsellino, cassa, portafoglio, portamonete, salvadanaio, tasca | accumulare, buttare, cambiare, depositare, dissipare, erogare, esigere, guadagnare, impiegare, incassare, intascare, investire, maneggiare, prelevare, raccogliere, raggranellare, recuperare, restituire, rimborsare, riscuotere, risparmiare, sborsare, scialacquare, spendere, sperperare, sprecare. **Q.T.** *banca, economia..., numismatica.*

denaróso **agg.** *raro* V. DANAROSO.

denasaliẓẓàre [comp. di *de-* e *nasalizzare*; 1956] **tr.** *T.ling.* togliere ad un suono il carattere nasale || **intr. pron.** perdere la nasalità.

denasaliẓẓazióne [da *denasalizzare*; 1956] **sf.** *T.ling.* l'eliminazione o la perdita del carattere nasale di un suono.

denatalità [comp. di *de-* e *natalità*, prob. sul modello del fr. *dénatalité*; 1929] **sf.** diminuzione delle nascite.

denaturànte (*ppr.* di *denaturare*) [1940] **agg.** e **sm.** di sostanza impiegata per denaturare.

denaturàre (pres. *-ùro*) [dal fr. *dénaturer*; 1892] **tr.** *T.chim.* alterare intenzionalmente alcune sostanze per impedirne usi diversi da quelli per cui sono previsti sgravi fiscali: *alcol denaturato.*

denaturazióne [da *denaturare*; 1956] **sf.** **1.** aggiunta, imposta dal fisco, di sostanze di gusto o odore sgradevole in prodotti adibiti ad uso industriale, per evitare che vengano impiegati per altri scopi **2.** *T.chim.* processo di alterazione di una sostanza dovuto a fattori fisico-chimici: *denaturazione proteica*; *denaturazione del DNA,* scissione della doppia elica dell'acido desossiribonucleico in due eliche semplici.

denazificàre [comp. di *de-* e da un deriv. di *nazista*; 1950] **tr.** epurare dagli elementi nazisti una comunità.

denazificazióne [da *denazificare*; 1950] **sf.** processo o effetto di denazificare.

denazionaliẓẓàre [fr. *dénationaliser*, 1812] **tr.** **1.** restituire all'iniziativa privata (un'impresa, industria e sim.) **2.** privare dei caratteri nazionali (un popolo, un territorio ecc.).

denazionaliẓẓazióne [da *denazionalizzare*; 1974] **sf.** atto ed effetto del denazionalizzare.

dendrite [dal lat. *dendrītēs,* dal gr. *dendrítēs,* appartenente o simile ad albero; a. 1730] **sf.** *T.min.* aggregato di cristalli disposti in modo da ricordare le ramificazioni di un albero || **sm.** *T.anat.* ciascuna delle ramificazioni terminali delle cellule nervose.

dendrìtico (pl. *-ci*) [da *dendrite*; 1797] **agg.** *T.min.* di minerale, tessuto animale e sim., che presenta una forma ramificata simile ad un albero.

dèndro- [dal gr. *déndron,* albero] **primo elem.** che, in parole composte della terminologia scientifica, ha il valore di "albero" o "forma", "aspetto arborescente" (per es. *dendrologia*).

-dèndro [dal gr. *déndron,* albero] **elem. term.** che, in parole composte della terminologia botanica (per es. *filodendro, rododendro*), vale "albero".

dendrocronologìa [comp. di *dendro-* e *cronologia*; 1956] **sf.** in paletnologia, metodo di datazione basato sul conteggio degli anelli annuali del tronco degli alberi || analisi delle correlazioni tra lo spessore degli anelli annuali del tronco degli alberi plurisecolari e le variazioni climatiche, al fine di ricostruire cicli climatici di tempi lontani.

dendròide [dal lat. *dendroides,* dal gr. *dendroeidēs*; 1797] **agg.** *non com.* che ha l'aspetto di un albero, ramificato.

dendrologìa [dal fr. *dendrologie*; 1785] **sf.** scienza che studia gli alberi.

dendrològico (pl. *-ci*) [da *dendrologia*; 1956] **agg.** che si riferisce alla dendrologia, di dendrologia: *studi dendrologici.*

dendrometrìa [comp. di *dendro-* e *-metria*; 1931] **sf.** ramo della scienza forestale che si occupa di determinare la quantità di legname utile ricavabile dagli alberi di un bosco.

denegàre (pres. *dènego* o *denégo, dèneghi* o *denéghi*) [dal lat. *dēnegāre*; a. 1292] ***tr.*** *lett.* negare || **N.** *Sin.* contraddire, impedire, ricusare, rifiutare, vietare.

denegatóre [da *denegare*; a. 1380] ***sm.*** (f. *-trìce*) *non com.* chi nega || chi sistematicamente si oppone ad ogni fede o idealità.

denegazióne [dal lat. *denegātio, -ōnis*; 1673] ***sf.*** *raro* il denegare.

denervàre (pres. *-èrvo*) [comp. parasint. di *nervo*; 1956] ***tr.*** *T.chir.* privare della sensibilità un organo o una parte del corpo, mediante intervento chirurgico sui nervi locali.

denervàto (*pps.* di *denervare*) [1956] ***agg.*** di organo o parte del corpo in cui siano state interrotte le connessioni nervose.

dènga o ***dengue*** (sp., pr. [ˈdeŋge]) [dal swahili *dìnga*, improvviso attacco di crampi, attr. lo sp.; 1942 *dengue*] ***sf. inv.*** *T.med.* malattia tropicale infettiva, epidemica, con febbre e dolori diffusi alle articolazioni.

denicotinizzàre [dal fr. *dénicotiniser*; 1926] ***tr.*** privare della nicotina || *sigaro denicotizzato*, fatto con tabacco a cui sia stata prima tolta la nicotina.

denicotinizzazióne [da *denicotinizzare*; 1970] ***sf.*** il procedimento di denicotinizzare.

denigràre (pres. *-ìgro*) [dal lat. tardo *denigrāre*, tingere in nero; sec. XIV *denegrare*] ***tr.*** danneggiare il buon nome, il credito ecc. di qualcuno; si dice anche rif. a cosa: *denigrare un libro* || **N.** *Sin.* DIFFAMARE.

denigratóre [da *denigrare*; 1835] ***agg.*** e ***sm.*** (f. *-trìce*) che o chi denigra; maldicente.

denigratòrio (pl. *-ri* o *-rii*) [da *denigrare*; 1940 ca.] ***agg.*** tendente a denigrare: *una lettera denigratoria*.

denigrazióne [dal lat. *denigrātio, -ōnis*; 1745] ***sf.*** l'azione del denigrare e il suo effetto; maldicenza.

denim (ingl., pr. [ˈdenɪm]) [da *de Nîmes*, città fr. in cui iniziò ad essere prodotto; 1983] ***sm.*** *inv.* tessuto di cotone ritorto, usato per es. per i jeans.

denominàle [comp. parasint. di *nome*; 1951] ***agg.*** *T.ling.* di parola che deriva direttamente da un nome, denominativo.

denominàre (pres. *-òmino*) [dal lat. *denomināre*; 1308 ca.] ***tr.*** dare un nome, nominare || ***intr. pron.*** chiamarsi, prender nome: *la Riforma, nell'età che da essa si denomina* [...] (Croce) || **N.** *Sin.* appellare, chiamare, imporre un nome, nominare.

denominativo [dal lat. tardo *denominatīvus*; a. 1565] ***agg.*** che vale a denominare || *T.ling.* di vocabolo che si forma per derivazione da un nome (per es. *martirizzare* da *martire*).

denominatóre [da *denominare*; 1587] ***agg.*** e ***sm.*** (f. *-trìce*) **1.** che o chi denomina **2.** *T.aritm.* numero o quantità che dà il nome alla frazione, indicando in quante parti è divisa l'unità; si scrive sotto al numeratore, diviso da una linea || *denominatore comune*, anche *fig.*, punto di contatto: *tra loro non c'era alcun denominatore comune*.

denominazióne [dal lat. *denominātio, -ōnis*; sec. XIV] ***sf.*** il denominare || nome, titolo, appellativo || *T.enol.* *denominazione d'origine controllata*, etichetta dei vini di qualità che ne garantisce la provenienza da vitigni di determinate zone || *T.gram.* *complemento di denominazione*, costituito da un nome proprio che ne determina uno più generico, ed è retto in italiano dalla prep. *di* (per es. *di Torino* in *la città di Torino*).

denotàre (pres. *dènoto* e *denòto*) [dal lat. *dēnotāre*, segnare; a. 1310] ***tr.*** designare, avere come denotazione || *com.* esprimere, indicare || **N.** INDICARE.

denotativo [da *denotare*; a. 1712] ***agg.*** **1.** *non com.* che denota, che serve a denotare **2.** *T.ling.* e *T.fil.* di denotazione, relativo alla denotazione: *la funzione denotativa dei nomi propri* || **N.** **2.** *Sin.* referenziale.

denotazióne [dal lat. *denotātio, -ōnis*, attr. il fr. *dénotation*; 1731] ***sf.*** **1.** *non com.* atto ed effetto del denotare **2.** *T.ling.* e *T.fil.* la proprietà di un termine o di un'espressione di riferirsi a un oggetto o ad una classe di oggetti, a prescindere dalle ulteriori informazioni concettuali che il termine o l'espressione forniscono, e dalle implicazioni storiche, culturali ed emotive legate al loro uso || l'oggetto o l'insieme degli oggetti a cui una parola o un'espressione si riferiscono: *gatto e micio hanno la stessa denotazione* || *T.fil.* l'estensione di un concetto, ovvero l'insieme degli oggetti che rientrano nel concetto: *la denotazione del concetto di felicità è l'insieme di tutti gli esseri felici* || **N.** **2.** *Sin.* estensione, riferimento | *Contr.* connotazione, intensione.

densimetro [comp. di *denso* e *-metro*, sul modello dell'ingl. *densimeter* e del fr. *densimètre*; 1869] ***sm.*** strumento che serve a misurare la densità dei fluidi.

densità [dal lat. *dēnsitas, -ātis*; sec. XIV] ***sf.*** **1.** l'essere più o meno denso; anche *fig.*: *controllare la densità di un impasto*; *densità di concetti* **2.** *T.fis.* il rapporto della massa d'un corpo col suo volume: *densità dell'aria* || *densità relativa*, grandezza adimensionale pari al rapporto tra la densità di un corpo e quella dell'acqua || *densità di carica superficiale*, rapporto tra la carica elettrica totale distribuita sulla superficie di un conduttore e la superficie stessa || *densità superficiale di corrente*, vettore diretto lungo la direzione della corrente e di modulo pari al rapporto tra l'intensità di corrente e la sezione del conduttore da essa percorso || *densità di probabilità*, in meccanica quantistica, funzione delle coordinate spaziali di una particella che, integrata su un dato volume, dà la probabilità di trovare la particella in quel volume **3.** *T.geogr.* *densità di popolazione*, rapporto tra la popolazione di uno Stato o una regione e la sua superficie || **N.** **1.** *Sin.* consistenza, spessore. **Q.T.** ***geografia.***

dènso [dal lat. *dēnsus*; a. 1321] ***agg.*** **1.** che ha grande massa in piccolo volume || *fig.* che contiene elementi addensati, ricco: *un discorso molto denso di idee, uno stile denso* **2.** *T.mat.* *insieme denso*, tale che, per ogni due elementi *a* e *b*, esiste un elemento *c* compreso tra di essi || **densaménte** ***avv.*** || **N.** **1.** *Sin.* compatto, fitto, folto, serrato, spesso, stretto, unito | *Contr.* diluito, rado | coagulare, condensare, diluire, rarefare.

dentàle[1] [da *dente*; 1726] **I** ***agg.*** relativo ai denti || *T.ling.* detto di consonante che si pronuncia appoggiando la lingua contro gli incisivi superiori **II** ***sf.*** *T.ling.* consonante dentale: *la t è una dentale*.

dentàle[2] [dal lat. tardo *dentāle*, perché incide il solco come un *dente*; 1546] ***sm.*** legno al quale si attacca il vomere nell'aratro.

dentàle[3] [dal lat. *dentex, -icis*, con cambio di suff.; fine sec. XIII] ***sm.*** *arc.* e *dial.* dentice.

dentàlio (pl. *-li*) [dal lat. *dens, dentis*, dente; 1499 *demptali* pl.] ***sm.*** mollusco che vive nella sabbia dei fondali marini, caratterizzato da una piccola conchiglia conica.

dentàme [da *dente*; prima metà sec. XIII] ***sm.*** *arc.* dentatura.

dentàre (pres. *dènto*) [da *dente*; a. 1859] ***tr.*** tagliare a denti; dentellare: *dentare una ruota* || ***intr.*** (aus. *avere*) *arc.* mettere i denti: *il bimbo ha dentato presto*.

dentària [dal lat. *dentāria* (*herba*); 1577] ***sf.*** pianta erbacea delle Crocifere con foglie composte, che cresce nei boschi.

dentàrio (pl. *-ri*) [dal lat. *dentārius*; 1830] ***agg.*** che appartiene ai denti, dentale: *vena, protesi dentaria* || *formula dentaria*, schema numerico della disposizione dei denti nelle mascelle.

dentaròlo o **dentaruòlo** [da *dente*; 1846] ***sm.*** arnese, un tempo d'avorio, oggi di gomma, che si dà ai bambini da mordere, quando cominciano a spuntare i denti.

dentàta [da *dente*; a. 1574] ***sf.*** colpo dato coi denti, morso || il segno che lascia il dente || colpo ricevuto sui denti.

dentàto [dal lat. *dentātus*; a. 1375] ***agg.*** munito di denti || *fig.* che ha punte in forma di denti: *ruota, foglia dentata* || **N.** *Sin.* dentellato, denticolato, seghettato. **TAV. *fiori...* p. 671** 5.2, 5.3; ***giardinaggio* p. 1315** 19.

dentatrice [da *dente*; 1909] ***sf.*** *T.tecn.* macchina utensile che serve a costruire ruote dentate (per es. per ingranaggi).

dentatùra [da *dente*; a. 1568] ***sf.*** **1.** il complesso dei denti e la loro disposizione nella mascella || *dentatura di latte*, i denti che precedono quelli permanenti **2.** serie di elementi acuminati di cui è provvisto uno strumento, un congegno e sim.: *la dentatura del pettine, della ruota* || **N.** **2.** ingranaggio.

dènte [lat. *dēns, dentis*; sec. IX-X] ***sm.*** **1.** ciascuno di quegli organi ossei dei vertebrati, bianchi e durissimi, che, fissi nelle mascelle con le *radici*, ne emergono con la *corona*, rivestita spesso di *smalto*, e servono a masticare il cibo || *denti di latte*, i primi che vengono ai bambini || *dente del giudizio*, ciascuno dei quattro molari più arretrati che non in tutti gli individui, spuntano per ultimi, tra i diciotto e i venticinque anni || *fig.* ciò che morde, che fa male in senso morale: *il dente dell'invidia, della calunnia* || in numerose espr. proprie e fig., *armato fino ai denti*, da capo a piedi; *mostrare i denti*, minacciare; *non essere pane per i suoi denti*, di cosa troppo difficile; *mettere qualcosa sotto i denti*, mangiare; *con le unghie e coi denti*, con tutte le proprie forze; *tra i denti*, a voce bassa, borbottando: *parlare, mormorare tra i denti*; *fuor dei denti*, chiaramente, francamente; *a denti stretti*, controvoglia: *rispondere, sorridere a denti stretti*; *stringere i denti*, impegnarsi al massimo, tener duro; *battere i denti*, tremare || *al dente*, di pasta o riso serviti cotti al punto giusto, non scotti || *occhio per occhio dente per dente*, la legge del taglione, ogni torto subito va vendicato con uguale offesa || *prov.* *fuori il dente, via il dolore* || *la lingua batte dove il dente duole*, l'uomo finisce sempre per parlare delle cose che gli premono || *avere il dente avvelenato contro qualcuno*, essergli ostile || *tener l'anima coi denti*, esser malandato in salute || *tirato coi denti*, di ragione, giustificazione e sim., stiracchiata **2.** *per estens.* oggetto a forma di dente || *T.alp.* guglia, punta: *Dente del Gigante*, nel massiccio del Monte Bianco || estremità appuntita sul bordo di una foglia || parte appuntita di un oggetto: *denti di una sega, di un pettine* || *T.elettron.* *segnale a denti di sega*, forma d'onda quasi triangolare || *T.mar.* estremità dei bracci dell'ancora || *T.tecn.* sporgenza o risalto su componenti di varie forme che ne permette l'incastro con cavità corrispondenti in altri componenti: *dente di un ingranaggio*; *dente di scatto*, nel congegno di sparo delle armi portatili; *denti spingistoffa*, le parti acuminate del piccolo congegno della macchina da cucire che, vibrando con movimento regolare, spinge avanti il tessuto da cucire || *T.mur.* ciascuno dei risalti che si fanno nelle costruzioni murarie, per collegarvi un nuovo muro **3.** *T.mil.* opera campale, con due facce congiunte ad angolo saliente verso il nemico **4.** *dente di cane*, pianta erbacea delle Liliacee, dalle foglie macchiate di rosso e dal fiore rosa **5.** *dente di leone*, pianta erbacea delle Composite con fiori gialli e foglie dentate, commestibili, detto anche *soffione* || **N.** **1.** fanone, zanna | canini, incisivi, molari, premolari | colletto, corona, radice; dentina, polpa, smalto | alveolo, gengiva, mascella | artificiali, candidi, cariati, finti, fitti, forti, posticci, radi, rugginosi, saldi, sconnessi, sporgenti | arrotare, cascare, digrignare, mettere, spuntare, stuzzicare, tentennare | addentare, azzannare, masticare, mordere, rodere, stritolare, triturare | dentata, morso | dentista, odontoiatra, odontotecnico | alveolite, ascesso, carie, corrodimento, flussione, placca, stridore, tartaro | dentifricio, filo interdentale, spazzolino, stuzzicadenti; DENTISTA. **TAV.** *rettili* 1.8; *anatomia* **p. 642** 20.

dentellàre (pres. *-èllo*) [da *dentello*; 1884] ***tr.*** ritagliare a dentelli: *dentellare una stoffa.*

dentellàto (*pps.* di *dentellare*) [a. 1465] ***agg.*** con bordo a dentelli: *francobollo non dentellato.*

dentellatùra [da *dentellare*; 1802] ***sf.*** l'insieme dei dentelli e il modo in cui sono disposti: *la dentellatura di un francobollo.* **Q.T.** *filatelia* **TAV.** *filatelia* 1.1.

dentelle (fr., pr. [dã'tɛl]) [da *dent*, dente; 1905] ***sf.*** *inv.* merletto, trina, pizzo.

dentèllo (*dim.* di *dente*) [1304] ***sm.*** **1.** piccolo dente di uno strumento || *T.filat.* ciascuna piccola prominenza a forma di dente sul bordo dei francobolli **2.** *T.arch.* ornamento o modanatura che ricorre sotto il cornicione, consistente in piccoli parallelepipedi applicati a una faccia piana e distanti l'uno dall'altro circa la metà della loro larghezza; sono usati nelle cornici degli ordini ionico e corinzio || **N. 1.** risalto, tacca; addentellato. **TAV.** ***architettura*** **p. 646** 1.13.

dèntice [dal lat. *dēntex, -icis*; fine sec. XIII] ***sm.*** pesce della famiglia degli Sparidi, dai robusti denti e dalle carni molto gustose.

denticolàto [dal lat. *denticulātus*; 1527] ***agg.*** *non com.* provvisto di dentelli: *foglie denticolate* || **N.** DENTATO.

dentièra [dal fr. *dentier*; 1797] ***sf.*** **1.** protesi completa di una o entrambe le arcate dentarie **2.** *ferrovia a dentiera* (o *a cremagliera*), con una terza rotaia dentata nel mezzo delle altre due, per superare forti pendenze.

dentifrìcio (pl. *-ci*) [dal fr. *dentifrice*, dal lat. *dentifrĭcium*; 1797] **I** ***agg.*** atto a pulire i denti: *pasta dentifricia* **II** ***sm.*** sostanza impiegata per la pulizia dei denti: *un tubetto di dentifricio.*

dentìna [da *dente*; 1892] ***sf.*** la parte del dente compresa tra lo smalto, più esterno, e la polpa, più interna.

dentista [dal fr. *dentiste*; 1797] ***s.*** medico specializzato nella cura delle malattie dei denti || **N.** *Sin.* cavadenti, odontoiatra | devitalizzare, estrarre, foderare, otturare | amalgama | capsula, dentiera, otturazione, ponte, protesi | estrattore, pinza, sonda, specchietto, tenaglia, trapano. **Q.T.** *medicina.*

dentìstico (pl. *-ci*) [da *dentista*; 1901] ***agg.*** di dentista: *laboratorio dentistico.*

dentizióne [dal fr. *dentition*, dal lat. *dentītio, -ōnis*; a. 1797] ***sf.*** lo spuntar dei denti: *dentizione precoce, tardiva.*

déntro [lat. *dē*, da e *intro*, entro; a. 1250 come prep.] **I** ***avv.*** di luogo, nella parte interna: *entrar dentro* || *fig.* nell'animo, nel pensiero: *cova dentro malvagi pensieri* || *esserci dentro fino al collo*, essere davvero nei guai || *fam. essere, andar dentro*, in prigione: *l'hanno messo dentro* || *darci dentro*, impegnarsi a fondo || *di dentro*, dalla parte interna **II** ***prep.*** e nelle ***loc. prep.*** *dentro a, dentro di*, in, all'interno di: *dentro a una cassa, dentro la cassa*; *dentro di* è generalmente *disus.*, ma obbligatoria invece coi pronomi personali: *dentro di lui, dentro di noi* || *esser dentro a una cosa*, essere a parte di essa || *disus.* rif. a tempo, nel corso di esso: *dentro oggi.*

dentùto [da *dente*; 1723] ***agg.*** *non com.* che ha denti grandi o forti.

denuclearizzàre [comp. parasint. di *nucleare*; 1965] ***tr.*** sottoporre a denuclearizzazione: *denuclearizzare l'Italia.*

denuclearizzàto (*pps.* di *denuclearizzare*) [1963] ***agg.*** detto di territorio in cui la produzione, il deposito e l'uso di armi nucleari non sono permessi: *zona denuclearizzata.*

denuclearizzazióne [da *denuclearizzare*; 1974] ***sf.*** la rimozione da una zona di ogni tipo di armi atomiche: *progetto di denuclearizzazione dell'Europa centrale* || l'eliminazione da una zona di ogni installazione atomica, anche pacifica (centrali e sim.).

denudaménto [dal fr. *dénuement*; 1848] ***sm.*** il denudare, il denudarsi: *denudamento dell'arto ferito.*

denudàre (pres. *-ùdo*) [dal lat. *denudāre*; sec. XIII] ***tr.*** **1.** spogliare, anche *fig.* privare degli ornamenti || gettare in miseria || *per estens.* togliere a una zona di terra il rivestimento arboreo **2.** *fig. poet.* svelare, palesare || ***rifl.*** e ***rifl. indir.*** togliersi gli abiti, rimanere nudo: *denudarsi le spalle, denudarsi completamente* || **N.** ***tr.*** **1.** *Sin.* svestire **2.** *Sin.* scoprire.

denudazióne [dal fr. *dénudation*; 1750] ***sf.*** *lett.* atto ed effetto del denudare || *T.eccl. denudazione degli altari*, funzione del Giovedì Santo, che consiste nello spogliare l'altare dei paramenti, e nel lasciare spalancato il tabernacolo vuoto.

denùncia (pl. *-ce* o *-cie*) (meno com. *denùnzia*) [da *denunciare*; 1289] ***sf.*** **1.** dichiarazione ufficiale a un'autorità, notificazione: *denuncia dei redditi* **2.** *per restr. T.giur.* notificazione di un reato: *sporgere denuncia contro qualcuno* **3.** energica critica, spec. di fronte all'opinione pubblica: *la denuncia della spietata repressione poliziesca* **4.** *T.giur.* dichiarazione di nullità nei riguardi di un trattato che le parti contraenti lasciano scadere, disdetta || **N. 1., 2.** accusa, delazione, ragguaglio, rapporto, referto.

denunciaménto (meno com. *denunziaménto*) [da *denunciare*; a. 1787 *denunziamento*] ***sm.*** *raro* il denunciare.

denunciàre (meno com. *denunziàre*) (pres. *-ùncio, -ùnci*; *-ùnzio, -ùnzi*) [dal lat. *dēnuntiāre*; 1289] ***tr.*** **1.** dichiarare, riferire, spec. alle autorità: *denunciare la nascita, un furto* **2.** designare all'autorità qualcuno come colpevole di un reato: *denunciare un ladro* **3.** manifestare, palesare: *la facciata denuncia chiaramente i danni subiti nell'ultima guerra* || rendere di pubblico dominio un fatto, criticandolo energicamente: *la stampa denuncia quotidianamente il dilagare della criminalità* **4.** *T.giur.* rif. a trattato, convenzione ecc., dichiarare che non s'intende rinnovarlo, disdirlo || **N. 2.** accusare.

denunciatóre (meno com. *denunziatóre*) [dal lat. tardo *denuntiātor, -ōris*; sec. XIII-XIV] ***agg.*** e ***sm.*** (f. *-trìce*) che o chi denuncia, delatore.

denunciazióne (meno com. *denunziazióne*) [dal lat. *denuntiātio, -ōnis*; 1289 *denunciazone*] ***sf.*** *raro* denuncia.

denùnzia e der. forme meno com. di DENUNCIA e der. (v.).

denutrìto [da *denutrizione*; 1912] ***agg.*** che patisce gli effetti di una nutrizione insufficiente.

denutrizióne [dal fr. *dēnutrition*; 1892] ***sf.*** nutrizione insufficiente || stato di chi è denutrito.

dèo (pl. *dèi*) [lat. *deus*; fine sec. XII *Deu*] ***sm.*** *arc.* dio: *e del mondo e di Deo* (Dante).

deodorànte [ingl. *deodorant*; 1908] **I** ***agg.*** che ha il potere di togliere il cattivo odore di un'ambiente, di parti del corpo ecc. **II** ***sm.*** sostanza deodorante.

deodoràre (pres. *-óro*) [da *deodorante*; 1942] ***tr.*** eliminare i cattivi odori: *deodorare il corpo, l'auto, la casa.*

deodorazióne [da *deodorare*; 1970] ***sf.*** operazione del deodorare.

Deo gratias (lat., pr. it. ['dɛo 'grattsjas]) [letter. (*rendiamo*) *grazie a Dio*] ***loc. m.*** *inv.* forma liturgica latina di ringraziamento a Dio passata nell'uso popolare come esclamazione di sollievo || *essere al deo gratias*, essere alla fine.

deòntico (pl. *-ci*) [dal gr. *déon, -ontos*, dovere; 1974] ***agg.*** che riguarda il dovere e l'obbligatorietà || *logica deontica*, lo studio delle proprietà formali dei concetti normativi (per es. *obbligo, permesso, divieto* ecc.) e delle loro relazioni.

deontologìa (pl. *-gìe*) [ingl. *deontology*, dal gr. *déontos*, gen. di *déon*, dovere, col suff. *logy*, -logia; 1855] ***sf.*** **1.** *T.fil.* teoria dei doveri **2.** *più com.* complesso dei doveri inerenti ad una particolare attività: *deontologia professionale.*

deontològico (pl. *-ci*) [da *deontologia*, sul modello del fr. *déontologique*; 1844] ***agg.*** di deontologia, relativo alla deontologia: *codice deontologico.*

deostruènte [da *deostruire*; sec. XVII] ***agg.*** e ***sm.*** *T.med.* di rimedio atto a vincere le ostruzioni patologiche.

deostruìre (pres. *-ìsco, -ìsci*) [comp. di *de-* e *ostruire*; a. 1698 *deostruere*] ***tr.*** *T.med.* liberare da ostruzioni.

deparaffinazióne [comp. parasint. di *paraffina*; 1956] ***sf.*** trattamento industriale per eliminare le paraffine solide dagli oli minerali impiegati per fabbricare lubrificanti.

depauperaménto [da *depauperare*; 1834] ***sm.*** impoverimento: *depauperamento di una popolazione, dell'economia, di un terreno, del sangue* || **N.** *Contr.* arricchimento.

depauperàre (pres. *-àupero*) [dal lat. mediev. *depauperāre*; 1766] ***tr.*** impoverire; anche *fig.*

depauperàto (*pps.* di *depauperare*) [a. 1698] ***agg.*** impoverito, inaridito, indebolito: *organismo, terreno depauperato* || *T.bot. non com.* si dice di pianta priva di alcuni organi di norma presenti; più com. si dice di infiorescenza più scarsa del normale || **N.** POVERO.

depenalizzàre [da *penalizzare*; 1966] ***tr.*** *T.giur.* sostituire le pene detentive con misure di vario tipo e sostanzialmente meno afflittive || togliere a un atto il carattere di reato, eventualmente attribuendogli quello di illecito amministrativo, e sostituendo in questo caso la sanzione penale con la sanzione amministrativa del pagamento di una somma in denaro: *depenalizzare i reati minori.*

depenalizzazióne [da *depenalizzare*; 1966] ***sf.*** *T.giur.* atto ed effetto di depenalizzare: *legge di depenalizzazione, la depenalizzazione di un reato.*

dépendance (fr., pr. [depã'dãs]) [letter. dipendenza; 1908] ***sf.*** *inv.* edificio annesso ad albergo, villa ecc.

depennaménto [da *depennare*; 1987] ***sm.*** il depennare; atto ed effetto del depennare.

depennàre (pres. *-énno*) [comp. parasint. di *penna*; 1494] ***tr.*** togliere con un tratto di penna una o più parole || *per estens. com.* cancellare, eliminare: *depennare dal testamento.*

deperìbile [da *deperire*; 1950] ***agg.*** che è soggetto a deteriorarsi, che può deperire.

deperibilità [da *deperibile*; 1950 ca.] ***sf.*** l'essere deperibile.

deperiménto [dal fr. *dépérissement*; 1785] ***sm.*** il deperire: *merce soggetta a deperimento, deperimento fisico.*

deperìre (pres. *-ìsco, -ìsci*) [dal fr. *dépérir*, dal lat. *deperīre*; sec. XIV] ***intr.*** (aus. *essere*) di persona, consumarsi, perdere le forze, la salute, la bellezza e sim. || di merci, scadere, deteriorarsi.

deperìto (*pps.* di *deperire*) [a. 1936] ***agg.*** fisicamente consumato, indebolito, magro, privo di forze: *dopo l'operazione era molto deperito, organismo deperito* || **N.** *Sin.* sciupato, smunto |

Contr. florido, irrobustito, rinforzato, vigoroso.

deperizióne [da *deperire*; 1915] **sf.** *raro* deperimento.

depersonalizzazióne [dal fr. *dépersonnalisation*; 1940] **sf.** *T.psicol.* stato psichico caratterizzato dalla perdita del senso della propria identità, frequente nelle psicosi.

depicciolàre (pres. *-ólo*) [comp. parasint. di *picciolo*; 1970] **tr.** rif. a frutto, privare del picciolo.

depigmentàto [da *depigmentazione*; 1966] **agg.** che ha subito depigmentazione.

depigmentazióne [da *pigmentazione*; 1966] **sf.** perdita di pigmento per cause patologiche o fisiologiche.

depilàre (pres. *-ìlo*) [dal lat. *dēpilāre*; a. 1294 *depelare*] **tr.** privare dei peli ‖ **rifl.** e **rifl. indir.** togliere parte dei peli del proprio corpo radendoli o estirpandoli: *si è depilata accuratamente; depilarsi le gambe, le ascelle.*

depilatóre [da *depilare*; 1861 *dipelatore*] **I agg.** che serve a depilare: *rasoio depilatore* **II sm. 1.** (f. *-trìce*) chi per mestiere effettua depilazioni **2.** macchina depilatrice.

depilatòrio (pl. *-ri* o *-rii*) [da *depilare*; sec. XIV] **I agg.** atto a depilare: *crema depilatoria* **II sm.** sostanza depilatoria, perlopiù in crema: *un depilatorio.*

depilazióne [da *depilare*; 1869] **sf.** atto ed effetto del depilare.

dépistage (fr., pr. [depis'ta:ʒ]) [da *dépister*, depistare; 1983] **sm.** *inv.* letter. rintracciamento di qualcuno o qualcosa seguendone le piste, gli indizi ‖ *per estens.* ricerca a scopo scientifico o sociale basata su uno studio sistematico e particolareggiato, o sull'esame di elementi di difficile individuazione: *dépistage di una patologia, di un fenomeno sociale.*

depistàre [dal fr. *dépister*, 1938] **tr.** mettere su una falsa strada, sviare dalla giusta pista: *quel particolare ha depistato le indagini* ‖ **N.** *Sin.* fuorviare, sviare.

deplezióne [dal lat. *deplēre*, svuotare, attr. l'ingl. *depletion*; 1974] **sf.** *T.med.* la diminuzione di una sostanza in un organismo, in un organo o in un tessuto: *deplezione del sodio, del potassio.*

dépliant (fr., pr. [depli'ɑ̃]) [ppr. di *déplier*, (di)spiegare, svolgere; 1933] **sm.** *inv.* (anche pl. *dépliants*, pr. [depli'ɑ̃]) foglio, perlopiù illustrato e a scopo pubblicitario, che, piegato e ripiegato più volte su se stesso, presenta al lettore facce diverse.

deploràbile [dal lat. tardo *deplorābilis*; 1618 ca.] **agg.** che si deve deplorare ‖ **deplorabilménte** **avv.** ‖ **N.** *Sin.* biasimevole, deplorevole, lacrimevole, sconcio, vergognoso.

deploràre (pres. *-òro*) [dal lat. *dēplōrāre*; 1484 ca.] **tr. 1.** biasimare: *deploro il vostro atteggiamento* **2.** *non com.* dichiararsi dispiaciuto per qualcosa: *deplorare un evento luttuoso* ‖ *lett. raro* compiangere, compatire ‖ **N. 1.** *Sin.* condannare, deprecare, riprovare **2.** *Sin.* lamentare; dolersi.

deploratóre [dal lat. tardo *deplorātor, -ōris*; 1623] **agg.** e **sm.** (f. *-trìce*) *non com.* che o chi deplora.

deploratòria [da *deplorare*; 1863 nel senso 2] **sf. 1.** discorso o comunicato che esprime deplorazione per un fatto, un comportamento ecc. **2.** orazione commemorativa di compianto per un defunto ‖ **N. 2.** *Sin.* commemorazione, panegirico, orazione funebre.

deplorazióne [dal lat. tardo *deplorātio, -ōnis*; a. 1492] **sf.** atto ed effetto del deplorare ‖ **N.** BIASIMO.

deplorévole [da *deplorare*; 1869] **agg. 1.** degno di biasimo, riprovevole: *un'azione deplorevole* **2.** degno di essere compianto: *è in uno stato deplorevole* ‖ **deplorevolménte** **avv.**

depolarizzànte [da *depolarizzare*; 1932] **agg.** e **sm.** *T.chim.* di sostanza che s'introduce nelle pile elettriche o nelle celle elettrolitiche per evitare o diminuire gli effetti della polarizzazione.

depolarizzàre [da *polarizzare*, sul modello del fr. *dépolariser*; 1940] **tr.** *T.fis.* eliminare o ridurre la polarizzazione: *depolarizzare la luce.*

depolarizzazióne [dal fr. *dépolarisation*; 1917] **sf. 1.** *T.chim.* operazione che consiste nell'impedire l'aderenza delle bolle d'idrogeno sugli elettrodi della pila e sim., evitando così la polarizzazione **2.** *T.fis.* riduzione o eliminazione della polarizzazione in un fascio di onde elettromagnetiche.

depolimerizzàre [da *polimerizzare*, sul modello del fr. *dépolymériser*, 1970] **tr.** *T.chim.* scindere un composto chimico mediante depolimerizzazione.

depolimerizzazióne [da *polimerizzazione*, sul modello del fr. *dépolymérisation*; 1949] **sf.** *T.chim.* processo chimico di scissione di un polimero nei suoi componenti monomeri mediante calore, luce, agenti chimici ecc.

depoliticizzàre [da *politicizzare*, prob. sul modello dell'ingl. to *depoliticise*; 1950] **tr.** spoliticizzare.

depoliticizzazióne [da *depoliticizzare*; 1978] **sf.** spoliticizzazione.

depolverizzàre [comp. parasint. di *polvere*; 1970] **tr.** *T.tecn.* eliminare o ridurre le polveri trasportate da un gas, per riutilizzarle o per evitare l'inquinamento atmosferico: *depolverizzare un gas.*

depolverizzatóre [da *depolverizzare*; 1970] **sm.** *T.tecn.* apparecchio che effettua la depolverizzazione.

depolverizzazióne [da *depolverizzare*; 1967] **sf.** *T.tecn.* il processo di depolverizzare.

deponènte (*ppr.* di *deporre*) [1540] **I agg.** *T.gram.* si dice di certi verbi latini che hanno forma di passivi e significato di attivi **II sm. 1.** *T.gram.* verbo deponente **2.** *T.giur.* depositante **3.** *T.tip.* numero o lettera di corpo più piccolo, a destra in basso del carattere normale (sin. meno comune di *indice* o *pedice*).

depórre (pres. *-óngo* ecc., come PORRE) [lat. *dēpōnere*; a. 1321] **tr. 1.** porre giù: *deporre un peso* ‖ rif. a vesti ecc., togliersele di dosso ‖ depositare, lasciar cadere al fondo: *il fiume depone limo e detriti* ‖ *fig. lett.* abbandonare un'idea, una abitudine: *deponete l'odio* ‖ *deporre le armi*, cessare di combattere ‖ *deporre un ufficio*, rinunciarvi **2.** *deporre una persona da un grado*, privarla del grado: *il Re fu deposto* **3.** *T.giur.* testimoniare in giudizio: *è un testimone che depone il falso* ‖ **intr.** (aus. *avere*) portare elementi di giudizio circa una persona, un fatto ecc.: *questo depone a tuo favore* ‖ **N. 1.** **tr.** *Sin.* abbandonare, lasciare; sgravarsi, spogliarsi **2.** *Sin.* detronizzare.

deportànte [da *portante*; 1983] **agg.** *T.fis.* che genera una forza opposta alla portanza: *alettone deportante*, di un'automobile da corsa, superficie aerodinamica che ha lo scopo di aumentare l'aderenza della vettura al terreno ‖ di deportanza: *effetto deportante.*

deportànza [da *portanza*; 1974] **sf.** *T.fis.* forza aerodinamica che agisce verso il basso, ovvero di verso opposto alla portanza.

deportàre (pres. *-òrto*) [dal lat. *dēportāre*; 1798] **tr. 1.** *non com.* trasportare i condannati al luogo di pena **2.** relegare in luogo inospitale e lontano dalla patria con privazione dei diritti civili ‖ **N. 2.** *Sin.* confinare, esiliare.

deportàto (*pps.* di *deportare*) [1793] **agg.** e **sm.** (f. *-a*) relegato, esiliato.

deportazióne [dal lat. *deportātio, -ōnis*; 1745] **sf.** atto ed effetto del deportare ‖ esilio, confino: *condannare alla deportazione.*

depòrto [dal fr. *deport*; 1881] **sm.** *T.banc.* operazione bancaria inversa del *riporto*, con cui, pagando una somma di denaro, si ottiene di prorogare la consegna di titoli venduti a termine ‖ **N.** BANCA.

depositànte (*ppr.* di *depositare*) [a. 1794] **agg.** e **s.** che o chi deposita: *i depositanti della Cassa di Risparmio.*

depositàre (pres. *-òsito*) [da *deposito*; a. 1527] **tr. 1.** affidare in deposito: *depositare un pacco; depositare alla banca una somma di denaro* **2.** di liquidi, lasciar cadere sul fondo: *col tempo l'acqua deposita le particelle in sospensione* ‖ anche *ass.* lasciar sedimento ‖ **intr. pron.** raccogliersi sul fondo ‖ **N. tr. 1.** *Sin.* consegnare **2.** *Sin.* decantare, deporre.

depositàrio (pl. *-ri*) [dal lat. tardo *depositārius*; a. 1444] **sm.** (f. *-a*) colui presso cui si è depositata una cosa ‖ *arc.* tesoriere ‖ *fig.* custode: *è il depositario dei miei segreti* ‖ **N.** confidente, fiduciario.

depositàto (*pps.* di *depositare*) [1955] **agg.** *marchio depositato*, marchio di fabbrica tutelato da brevetto.

depòsito [dal lat. *dēpositum*; a. 1292] **sm. 1.** atto del consegnare una cosa perché sia conservata e restituita a ogni richiesta: *dare, lasciare, tenere, ricevere in deposito* ‖ oggetto consegnato in deposito: *deposito bancario*, somma di denaro affidata a una banca **2.** il luogo, il magazzino dove sono conservati oggetti, merci e sim., per essere poi rilevati ogni volta che occorrano: *deposito bagagli della stazione; deposito di carta, di stoffe*; sulle navi, i locali dove sono conservati materiali ed attrezzi: *deposito delle munizioni* (*Santa Barbara*); rimessa: *deposito delle locomotive, dei tram* **3.** *T.mil.* luogo ove si raccolgono le reclute per essere vestite, armate e istruite; o in cui viene riunito il personale disponibile per mantenere in efficienza il dipendente reggimento o, se si tratta di depositi marittimi, le navi **4.** *T.med.* raccolta di umori in qualche parte del corpo: *deposito purulento* ‖ *T.chim.* sedimento di un liquido ‖ *T.geol.* ammasso di materiale detritico, vulcanico e sim.: *deposito di sabbia, di lapilli* ‖ **N. 1.** *Sin.* consegna **2.** *Sin. dock* **4.** *Sin.* accumulo, fondo. **Q.T.** *banca.*

deposizióne [dal lat. *depositio, -ōnis*; 1550 nel senso 2] **sf. 1.** rimozione da una carica: *deposizione di un ministro, deposizione dal trono* **2.** atto del far scendere, quasi solo nell'espressione *la deposizione di Cristo* (*dalla croce*); usato anche assolutamente, spec. come titolo di un dipinto: *una Deposizione di Tiziano* **3.** testimonianza dinanzi al giudice: *firmare la deposizione* ‖ **N. 1.** *Sin.* destituzione, esautorazione **3.** *Sin.* attestazione, dichiarazione.

depósto *pps.* di *deporre* (v.).

depotenziàre [da *potenziare*; 1954] **tr.** ridurre di potenza o di potere: *depotenziare un motore, un'istituzione* ‖ **N.** *Contr.* potenziare.

depravàre (pres. *-àvo*) [dal lat. *dēprāvāre*; a. 1342] **tr.** *non com.* volgere al vizio, pervertire: *depravare un giovane, i costumi* ‖ *arc.* vituperare ‖ **N.** *Sin.* alterare, contaminare, corrompere, guastare, viziare, PERVERTIRE.

depravàto (*pps.* di *depravare*) [sec. XIV] **I agg.** guasto, corrotto: *uomo, gusto depravato* **II sm.** (f. *-a*) persona corrotta.

depravatóre [dal lat. *depravātor, -ōris*; a. 1642] **agg.** e **sm.** (f. *-trìce*) *ant.* che o chi deprava, corrompe.

depravazióne [dal lat. *depravātio, -ōnis*; a. 1406] **sf.** atto ed effetto del depravare ‖ *più com.* lo stato di chi è depravato, pervertimento morale ‖ **N.** *Sin.* CORRUZIONE.

deprecàbile [dal lat. *deprecābilis*; 1869] **agg. 1.** deplorevole, degno di biasimo: *un comportamento deprecabile* **2.** *lett.* che si può o si vuole scongiurare con preghiere ‖ che si spera non avvenga: *nella deprecabile ipotesi che...* ‖ **N. 1.** *Sin.* censurabile, condannabile, riprovevole | *Contr.* ammirevole, lodevole **2.** *Sin.* scongiurabile; malaugurato | *Contr.* indeprecabile; augurabile, auspicabile.

deprecàre (pres. *-èco, -èchi*) [dal lat. *dēprecāri*; sec. XIV] **tr.** **1.** disapprovare: *deprecare il ricorso alla violenza* **2.** *lett. non com.* pregare che un male sia allontanato; scongiurare: *da' figli deprecando i fati* (Carducci) || **N.** **1.** *Sin.* biasimare, condannare, deplorare, riprovare | *Contr.* approvare, lodare **2.** supplicare, scongiurare, PREGARE.

deprecativo [dal lat. tardo *deprecatīvus*; a. 1563] **agg.** atto, volto a scongiurare || *T.ret. esclamazione deprecativa,* interiezione che esprime supplica e scongiuro (ad es. *deh!*) || **deprecativaménte** **avv.**

deprecatòrio (pl. *-ri*) [dal lat. tardo *deprecatōrius*; a. 1563] **agg.** che ha il tono e la forma della deprecazione, che tende a deprecare.

deprecazióne [dal lat. *deprecātio, -ōnis*; sec. XIV] **sf.** **1.** biasimo, disapprovazione **2.** *lett.* invocazione solenne per allontanare una sventura || **N.** **1.** *Sin.* deplorazione, riprovazione | *Contr.* approvazione **2.** preghiera, scongiuro.

depredaménto [da *depredare*; 1686] **sm.** *ant.* atto ed effetto del depredare, depredazione.

depredàre (pres. *-èdo*) [dal lat. tardo *depraedāri*; sec. XIV] **tr.** predare con violenza, mettere a sacco; anche *ass.* || *più freq.* con oggetto animato, privare con violenza o inganno: *lo hanno depredato di ogni bene* || **N.** *Sin.* devastare, razziare, saccheggiare; derubare, rapinare, spogliare.

depredatóre [dal lat. tardo *depraedātor, -ōris*; 1654] **agg.** e **sm.** (f. *-trìce*) che o chi depreda; predatore.

depredazióne [dal lat. tardo *depraedātio, -ōnis*; sec. XIV] **sf.** *non com.* atto ed effetto del depredare || **N.** *Sin.* latrocinio, rapina, razzia, ruberia, saccheggio, sacco.

deprèmere **tr.** *arc.* V. DEPRIMERE.

depressionàrio (pl. *-ri*) [da *depressione*; 1942] **agg.** *T.meteor.* che si riferisce a una depressione ciclonica: *centro depressionario.*

depressióne [dal lat. *depressio, -ōnis*; 1308 ca.] **sf.** **1.** abbassamento || *T.geogr.* regione di minore altitudine rispetto ad altre adiacenti o, in assoluto, rispetto al livello del mare: *depressione* del Mar Caspio || *depressione dell'orizzonte,* angolo formato dall'orizzonte matematico e da quello apparente || *T.meteor. depressione barometrica,* area di bassa pressione atmosferica, area ciclonica || *T.econ.* la fase discendente del ciclo economico, caratterizzata da ristagno della produzione, discesa dei prezzi, debolezza degli affari; *per anton. la grande depressione,* la crisi del 1929 **2.** *fig.* abbattimento, avvilimento: *attraversa un periodo di depressione* || *T.psic.* stato psichico caratterizzato da sfiducia in se stessi, apatia, tristezza, bassa reattività ecc., frequente nelle psicosi ma anche in forme nevrotiche meno gravi. **Q.T.** *geologia, psicologia.*

depressivo [da *deprimere*; 1869] **agg.** **1.** atto a deprimere **2.** caratterizzato da depressione psichica: *crisi depressiva, psicosi maniaco-depressiva.*

deprèsso (*pps.* di *deprimere*) [a. 1342] **agg.** **1.** *fig.* oppresso, avvilito || *T.psic.* soggetto a depressione (anche *sm.*) || *area depressa,* territorio nel quale il tenore di vita è molto basso per le cattive condizioni economiche e sociali **2.** che si trova in basso rispetto alla regione adiacente o al mare: *terreno depresso.*

depressóre [da *deprimere*; 1681] **agg.** e **sm.** *T.anat.* si dice di un muscolo che serve ad abbassare l'organo a cui si attacca.

depressurizzàre [dall'ingl. to *depressurize*; 1983] **tr.** ridurre la pressione dell'aria in un ambiente pressurizzato: *depressurizzare l'interno di un aereo, cabina depressurizzata.*

depressurizzazióne [da *depressurizzare*; 1983] **sf.** operazione o risultato del depressurizzare.

deprezzaménto [da *deprezzare*; 1846] **sm.** atto ed effetto del deprezzare: *il deprezzamento della lira, di una vettura* || **N.** *Sin.* svalutazione | *Contr.* rivalutazione.

deprezzàre (pres. *-èzzo*) [dal fr. *déprécier*; 1846] **tr.** far calare di prezzo || far diminuire di valore || **N.** *Sin.* svalutare; svilire | *Contr.* rivalutare.

deprimènte (*ppr.* di *deprimere*) [1848] **agg.** che deprime: *è uno spettacolo molto deprimente, sei deprimente!* || *T.med.* di medicine che servono a indebolire; calmante || **N.** *Sin.* avvilente, desolante, opprimente, rattristante, scoraggiante, squallido.

deprìmere (pres. *-ìmo* ecc., come COMPRIMERE) [dal lat. *dēprimere*; a. 1332 nel senso 2] **tr.** **1.** *fig.* avvilire, demoralizzare: *un simile spettacolo deprimerebbe chiunque* **2.** *non com.* abbassare, ridurre || **intr. pron.** abbattersi, scoraggiarsi: *non ti deprimere per così poco.*

deprimìbile [da *deprimere*; 1956] **agg.** di persona che si deprime facilmente, che tende a deprimersi || *T.med. polso deprimibile,* battito cardiaco che non si avverte facilmente alla pressione.

deprivàre (pres. *-ìvo*) [da *privare*; 1973] **tr.** privare, provocare deprivazione: *è stato deprivato dell'affetto di cui aveva bisogno.*

deprivazióne [da *deprivare*; 1973] **sf.** **1.** la privazione della soddisfazione di una necessità, l'esclusione dalla condivisione di un bene pubblico: *deprivazione del diritto allo studio* || *T.psic.* carenza di condizioni oggettive o affettive importanti per lo sviluppo psichico del bambino: *deprivazione della figura paterna* **2.** *T.med. deprivazione sensoriale* o *percettiva,* condizione in cui l'individuo riceve una quantità di stimoli sensoriali inferiore al normale; può verificarsi in stati naturali (per es. nel sonno) o patologici, o essere provocata artificialmente.

de profundis (lat., pr. it. [de pro'fundis]) [dalle prime parole del Salmo 130: *De profundis clamavi ad Te, Domine*] **loc. m. inv.** usata come sinonimo di preghiera in suffragio dei morti: *dire un de profundis* || *fig. gli si può cantare il de profundis,* non c'è più niente da fare per lui.

deproteinizzazióne [comp. parasint. di *proteina*; 1956] **sf.** *T.chim.* eliminazione delle proteine presenti in una soluzione o in una sospensione, a scopo analitico o nella preparazione di sieri terapeutici.

depuraménto [da *depurare*; a. 1730] **sm.** *non com.* atto ed effetto del depurare e del depurarsi.

depuràre (pres. *-ùro*) [dal lat. tardo *depurāre*, togliere il pus; a. 1294] **tr.** **1.** liberare dalle impurità: *depurare l'acqua, il sangue* || *fig.* affinare: *depurare lo stile* **2.** *raro* epurare || **intr. pron.** divenire puro || **N.** **tr.** **1.** *Sin.* chiarificare, disintossicare, purificare, raffinare; correggere, sceverare.

depurativo [da *depurare*; 1830] **agg.** e **sm.** di medicamento, adatto a liberare il corpo umano e spec. il sangue dagli elementi tossici o dannosi.

depuratóre [da *depurare*; 1846] **I** **sm.** **1.** (f. *-trìce*) chi depura **2.** *T.tecn.* apparecchio che depura una sostanza, rendendola adatta a un determinato uso: *depuratori dell'acqua, dell'aria* **II** **agg.** atto a depurare: *impianto depuratore.*

depuratòrio (pl. *-ri* o *-rii*) [da *depurare*; 1750] **I** **agg.** che serve a depurare **II** **sm.** serbatoio dove si raccolgono e si depurano le acque.

depurazióne [da *depurare*; a. 1698] **sf.** atto ed effetto del depurare, purificazione.

deputàre (pres. *dèputo*) [dal lat. *dēputare*; sec. XIII] **tr.** designare qualcuno per un incarico e sim.: *lo deputarono a conferire col ministro* || *ant.* e *lett.* assegnare, destinare || **N.** delegare, demandare, incaricare, inviare; assegnare, destinare, riservare, stabilire, nominare.

deputàto (*pps.* di *deputare*) [a. 1292] **sm.** (f. *-a* o identico al *m.*; iron. o scherz. *-éssa*) chi è eletto da una comunità per adempiere ad un mandato || *per anton.* chi è eletto dalla nazione a rappresentarla nel parlamento: *la Camera dei deputati* || *T.stor.* nell'età comunale, chi era mandato a trattare qualche affare politico || **N.** onorevole; delegato, incaricato, rappresentante; ambasciatore, legato | PARLAMENTO. **Q.T.** *politica.*

deputazióne [dal lat. tardo *deputātio, -ōnis*; a. 1433] **sf.** **1.** il mandato che si affida ai deputati **2.** gruppo di persone incaricato da una comunità di svolgere un determinato compito || *deputazione di storia patria,* associazione che si propone di promuovere la raccolta e la pubblicazione di documenti storici || **N.** **2.** *Sin.* comitato, commissione, delegazione, rappresentanza.

dequalificàre (pres. *-ìfico*) [da *qualificare*; 1963] **tr.** abbassare il livello di qualità, rendere meno qualificato, sminuire il valore: *l'uso di fertilizzanti chimici ha dequalificato la produzione ortofrutticola di quella località* || **intr. pron.** abbassare il livello della propria qualifica, perdere di considerazione: *quel titolo di studi si è dequalificato.*

dequalificazióne [da *dequalificare*; 1983] **sf.** atto ed effetto del dequalificare o del dequalificarsi || *dequalificazione professionale,* il fenomeno sociale per cui persone che sono in possesso di un titolo di studi, o di competenza professionale specialistica, svolgono tuttavia un lavoro non pari alla loro qualifica o alle loro capacità.

déraciné (fr., pr. [derasi'ne]) [pps. di *déraciner*, sradicato; 1950] **agg. inv.** spaesato; detto di chi ha lasciato un ambiente senza riuscire ad inserirsi in uno nuovo.

deragliaménto [dal fr. *déraillement*; 1876] **sm.** atto ed effetto del deragliare.

deragliàre (pres. *-àglio*) [dal fr. *dérailler*; 1876] **intr.** (aus. *avere*) di tram, treni e sim., uscire dalle rotaie.

deragliatóre [da *deragliare*; 1980] **sm.** elemento del cambio di velocità della bicicletta che serve a guidare la catena nello spostamento da un anello all'altro della moltiplica. **TAV. *motocicletta...* p. 1322** 1.11.

dérapage (fr., pr. [dera'paːʒ]) [da *déraper*, strappare; 1905] **sm. inv.** slittamento, detto ad es. dell'automobile quando, per l'umidità del terreno, scivola lateralmente || tecnica di sterzata con slittamento controllato delle ruote posteriori, usata spec. dai piloti di rally || nello sci, tecnica per scendere lentamente lungo un pendio ripido, mantenendo gli sci perpendicolari alla direzione di massima pendenza.

derapàre (pres. *-àpo*) [dal fr. *déraper*; 1931] **intr.** (aus. *avere*) *T.aer.* di un aereo, slittare, spostarsi lateralmente nel piano alare, verso l'esterno di una traiettoria curvilinea, come conseguenza di una virata poco corretta || di sciatori, lasciarsi scivolare in direzione perpendicolare agli sci.

derapàta [da *derapare*; 1942] **sf.** atto o effetto del derapare, slittamento, sbandata.

derattizzàre [dal fr. *dératiser*; 1931] **tr.** liberare dai topi.

derattizzazióne [da *derattizzare*; 1928] **sf.** atto ed effetto del derattizzare.

derby (ingl., pr. ['dɑːbɪ]; pr. it. ['dɛrbi]) [dal nome di lord Derby che istituì una famosa corsa di cavalli; 1892] **sm. inv.** il maggior premio delle corse ippiche || *per estens.* incontro di campionato tra squadre di calcio della stessa città o regione: *il derby milanese*, l'incontro Inter-Milan.

deregolamentàre [da *regolamentare*, sul modello dell'ingl. to *deregulate*; 1984] ***tr.*** sottoporre a deregolamentazione: *deregolamentare un settore industriale, l'economia* || **N.** *Sin.* liberalizzare, sbloccare.

deregolamentazióne [da *deregolamentare*; 1984] ***sf.*** nel linguaggio politico ed economico, l'abrogazione di norme legislative e regolamenti amministrativi ritenuti disincentivanti per l'attività economica || **N.** *Sin.* liberalizzazione.

deregulation (ingl., pr. [dɪregju'leɪʃən]; pr. it. [deregu'lɛʃon]) [letter. liberalizzazione; 1980] ***sf.*** *inv.* deregolamentazione: *l'impetuosa deregulation delle economie orientali.*

derelìtto [dal lat. *derelíctus*; a. 1306] **I** ***agg.*** abbandonato || *per estens. più com.* infelice, indigente, privo di ogni sostegno materiale e morale **II** ***sm.*** persona indigente abbandonata a se stessa: *ospizio dei derelitti.*

derelizióne [dal lat. *derelictio, -ōnis*; a. 1694] ***sf.*** **1.** *lett.* condizione di abbandono, di miseria o di grande infelicità **2.** *T.giur.* nel diritto romano, la rinuncia volontaria al possesso di un bene da parte del proprietario.

derepressióne [da *repressione*; 1984] ***sf.*** *T.biol.* neutralizzazione di un agente repressore che determina l'aumento di produzione di un enzima o di una proteina; *derepressione genica*, meccanismo di disattivazione della proteina repressore che, legandosi ad una sequenza di DNA, ne impedisce la trascrizione.

dereprìmere (pres. *-ìmo* ecc., come REPRIMERE) [da *reprimere*; 1974] ***tr.*** *T.biol.* rendere inattivo un agente che funge da repressore di un certo processo biologico (per es. la produzione di un enzima o di una proteina).

derequisìre (pres. *-ìsco, -ìsci*) [da *requisire*; 1926] ***tr.*** restituire i beni requisiti.

derequisizióne [da *derequisire*; 1926] ***sf.*** atto ed effetto del derequisire.

deresponsabilizzàre [da *responsabilizzare*; 1980] ***tr.*** esonerare da una responsabilità, rendere meno responsabile: *troppa indulgenza deresponsabilizza i bambini* || ***intr. pron.*** perdere il senso di responsabilità.

deresponsabilizzazióne [da *responsabilizzazione*; 1980] ***sf.*** atto ed effetto di deresponsabilizzare o di deresponsabilizzarsi.

deretàno [dall'agg. *deretano*, dal lat. *derĕtro*; 1532] **I** ***sm.*** la parte posteriore del corpo umano, il sedere **II** ***agg.*** *arc.* posteriore.

derìdere (pres. *-ìdo* ecc., come RIDERE) [dal lat. *dērīdēre*; sec. XIII] ***tr.*** prendere in giro, beffare || **N.** *Sin.* canzonare, SCHERNIRE.

derisìbile [da *deridere*; a. 1519] ***agg.*** *non com.* che è giustamente oggetto di scherno, di derisione.

derisióne [dal lat. *derīsio, -ōnis*; sec. XIII] ***sf.*** atto del deridere, presa in giro: *questa vostra offerta è una vera e propria derisione.*

derisìvo [da *deridere*; a. 1642] ***agg.*** *raro* derisorio.

derìso (*pps.* di *deridere*) [a. 1342] ***sm.*** *arc.* derisione.

derisóre [dal lat. *derīsor, -ōris*; a. 1342] ***sm.*** e ***agg.*** (raro f. *-óra*) che o chi deride.

derisòrio (pl. *-ri*) [dal lat. tardo *derisōrius*; a. 1364] ***agg.*** fatto per scherno: *elogio, sorriso derisorio.*

dèriva [dal fr. *dérive*; 1771] ***sf.*** *T.mar.* **1.** spostamento laterale di un galleggiante, per es. deviazione di un naviglio dalla sua rotta, per azione delle correnti o del vento (in questo caso meglio *scarroccio*) || *andare alla deriva*, lasciarsi trasportare dalla corrente; *fig.* abbandonarsi al corso degli eventi || *correnti di deriva*, che si verificano sulla superficie del mare per effetto di venti costanti || *deriva dei continenti*, teoria secondo cui i continenti sono in continuo movimento sulla superficie terrestre, come masse enormi galleggianti su un fluido densissimo || *T.aer.* deviazione di un velivolo dalla sua rotta **2.** piano verticale mobile che prolunga la chiglia di piccole imbarcazioni a vela || piano fisso e verticale che fa parte della coda di certi aeroplani e serve a rendere stabile la rotta **3.** tipo di imbarcazione a vela **4.** *T.biol.* cambiamento casuale nel patrimonio genetico di una piccola popolazione. **Q.T.** *geografia* **TAV.** ***vela*** **p. 1343** 5.10.

derivàbile [dal lat. *derivābilis*; 1865] ***agg.*** che si può derivare || *T.mat. funzione derivabile in un intervallo*, che ammette derivata in ogni punto dell'intervallo.

derivabilità [da *derivabile*; 1930] ***sf.*** l'essere derivabile, la possibilità di derivare || *T.mat. derivabilità di una funzione*, esistenza della derivata della funzione (in un punto o in un intervallo).

derivaménto [da *derivare*[1]; a. 1349] ***sm.*** *raro* il derivare.

derivàre[1] (pres. *-ìvo*) [dal lat. *derivāre*; a. 1292] ***intr.*** (aus. *essere*) aver origine: *l'italiano deriva dal latino* || ***tr.*** **1.** volgere in altra parte un corso d'acqua, sviarne la corrente: *derivare le acque del fiume per irrigare i campi* **2.** far discendere, far provenire: *da che cosa derivi tu questa parola?* **3.** *T.mat. derivare una funzione*, calcolarne la derivata || **N.** ***intr.*** *Sin.* discendere, provenire | ***tr.*** **2.** *Sin.* dedurre, ricavare.

derivàre[2] (pres. *-ìvo*) [dal fr. *dériver*; 1771] ***intr.*** (aus. *essere*) andare alla deriva || allontanarsi dalla rotta (anche di aerei).

derivàta [da *derivare*[1]; 1869] ***sf.*** *T.mat.* limite a cui tende il rapporto tra incremento di una funzione e incremento della variabile indipendente, quando quest'ultimo tende a zero || *derivata seconda*, derivata della derivata di una funzione, considerata a sua volta come funzione || *derivata parziale*, calcolata rispetto a una singola variabile, nelle funzioni di più variabili. **Q.T.** *matematica...*

derivatìvo [dal lat. *derivatīvus*; a. 1472] ***agg.*** formatosi mediante derivazione || *T.ling.* si dice di elemento o procedimento per mezzo del quale si attua una derivazione (ad es. il suffisso *-tore* ch e indica l'agente).

derivàto (*pps.* di *derivare*[1]) [1584] ***agg.*** e ***sm.*** di vocabolo formatosi a partire da un'altra parola di struttura più semplice || di prodotto che si trae da una sostanza: *i derivati del petrolio.* **Q.T.** *linguistica.*

derivatóre [da *derivare*[1]; a. 1710] ***agg.*** **1.** *T.idr.* che serve per la derivazione delle acque: *canale derivatore* **2.** *T.elettron.* che esegue la derivata: *circuito derivatore*, che dà come segnale d'uscita una forma d'onda corrispondente alla derivata del segnale d'ingresso.

derivazióne [dal lat. *derivātio, -ōnis*; a. 1519] ***sf.*** **1.** atto ed effetto del derivare || *T.ling.* processo di formazione di una parola da un'altra già esistente mediante prefissi e suffissi || *T.mat.* calcolo di una derivata || *T.bal.* lo spostamento laterale del proietto durante il suo percorso, in conseguenza del movimento rotatorio impressogli dalla rigatura dell'arma **2.** *T.elettr.* diramazione di un conduttore elettrico in più conduttori || *T.tel.* apparecchio o linea non direttamente collegati alla centrale (per es. connessi a un centralino interno) **3.** *T.idr.* complesso di impianti atti al convogliamento di acqua dai corsi di superficie o da depositi naturali o artificiali, per la produzione di energia elettrica: *diga di derivazione* || **N.** capostipite, etimologia, fonte, origine. **Q.T.** *linguistica.*

derivòmetro [comp. di *deriva* e di *-metro*; 1940] ***sm.*** *T.aer.* indicatore dell'angolo di deriva di un aeroplano.

dèrma [dal gr. *dérma*, pelle; 1820] ***sm.*** *inv.* *T.anat.* lo strato più profondo della pelle, che sta tra l'epidermide e il tessuto sottocutaneo || **N.** cute, epidermide, ipoderma, PELLE. **TAV.** ***anatomia*** **p. 642** 19.6.

dèrma- [dal gr. *dérma*, pelle] ***primo elem.*** che, in parole composte della terminologia scientifica, ha il valore di "pelle" (per es. *dermalgia, dermascheletro*) || **N.** *Sin.* dermato-, dermo-.

-dèrma [dal gr. *dérma*, pelle] ***elem. term.*** che, in parole composte della terminologia scientifica, ha il valore di "pelle" (per es. *pachiderma*).

dermalgìa o **dermatalgìa** [comp. di *derma-* (o *dermato-*) e *-algia*; 1956] ***sf.*** *T.med.* dolore cutaneo localizzato che non è provocato da lesioni della pelle ma da stati patologici generali o da cause sconosciute.

dermaschèletro [comp. di *derma-* e *scheletro*; 1875] ***sm.*** *T.zool.* derma indurito, che in certi animali invertebrati funge da scheletro || formazione analoga in animali vertebrati, per es. nella tartaruga.

dermatalgìa V. DERMALGIA.

dermatìte [comp. di *dermato-* e *-ite*; 1830] ***sf.*** *T.med.* infiammazione della pelle || **N.** *Sin.* dermatosi.

dèrmato- [dal gr. *dérma, dérmatos*, pelle] ***primo elem.*** che, in parole composte della terminologia scientifica, ha il valore di "pelle" (per es. *dermatologo, dermatozoi*) || **N.** *Sin.* derma-, dermo-.

dermatofita [comp. di *dermato-* e *-fita*; 1956] ***sm.*** *inv.* *T.biol.* fungo parassita microscopico che vive nei peli, nei capelli e nelle unghie dell'uomo e degli animali, e determina dermatomicosi.

dermatògeno [comp. di *dermato-* e *-geno*; 1931] ***sm.*** *T.bot.* lo strato più esterno del tessuto meristematico degli apici vegetativi delle piante superiori, dal quale si origina l'epidermide.

dermatoglìfo (pr. [dermato'glifo]) [comp. di *dermato-* e *-glifo*; 1974] ***sm.*** *T.anat.* disegno che le pieghe della pelle formano sui palmi delle mani, sui polpastrelli delle dita, sulle piante dei piedi.

dermatolìsi o **dermatòlisi** [comp. di *dermato-* e *lisi*; 1956] ***sf.*** *T.med.* malattia cutanea congenita, che consiste nell'eccessiva distensibilità e rilasciamento della pelle.

dermatologìa [comp. di *dermato-* e *-logia*; 1865] ***sf.*** *T.med.* studio delle malattie della pelle.

dermatològico (pl. *-ci*) [da *dermatologia*; 1931] ***agg.*** di dermatologia, relativo alla dermatologia: *studi dermatologici, clinica dermatologica.*

dermatòlogo (pl. *-gi*) [da *dermatologia*; 1921] ***sm.*** medico specializzato in dermatologia.

dermatomicòsi [comp. di *dermato-* e *micosi*; 1934] ***sf.*** *T.med.* nome generico di malattie cutanee provocate dalla presenza di funghi patogeni.

dermatòsi [da *dermato-* e *-osi*; 1850] ***sf.*** *T.med.* nome generico delle malattie della pelle.

dermatozòo [da *dermato-* e *-zoo*; 1909] ***sm.*** spec. *pl.* *T.med.* nome generico dei parassiti della pelle.

Dermàtteri [comp; del gr. *dérma, -atos*; 1830] ***sm. pl.*** *T.zool.* ordine di insetti (fra cui la forbicina) di dimensioni medie e corpo allungato, con ali anteriori ridotte e coriacee e addome terminante in una pinza; temendo la luce, vivono nella terra, sotto i sassi, nella corteccia degli alberi ecc.

dermèste [dal gr. *dermēstēs*, tarma; 1820] ***sm.*** piccolo coleottero le cui larve vivono nei cuoiami, nelle stoffe, nelle pellicce e sim., provocando danni rilevanti.

-dermìa [dal gr. *dérma*, pelle] ***elem. term.***

che, in parole composte della terminologia medica, indica alterazioni o malattie della pelle (per es. *cheratodermia, pachidermia*).

dèrmico (pl. *-ci*) [da *derma*; 1876] **agg.** che si riferisce alla pelle || **N.** cutaneo, epidermico, ipodermico.

dermìte [comp. di *derma* e *-ite*[1]; 1931] **sf.** *T.med.* infiammazione del derma o, più genericamente, della pelle.

dèrmo- [dal gr. *dérma*, pelle] **primo elem.** che, in parole còmposte della terminologia medica, ha il valore di "pelle": **dermoesfoliazióne** || **N.** *Sin.* derma-, dermato-.

dermochèlide [comp. di *dermo-* e gr. *khélys, -ydos*, tartaruga; 1931] **sf.** *T.zool.* la più grande delle tartarughe marine (fino a due metri di lunghezza); vive nei mari tropicali ed è caratterizzata dallo scudo privo di piastre cornee e ricoperto di pelle e dagli arti consistenti in pale adatte al nuoto.

dermografismo [comp. di *dermo-* e *-grafismo*; 1908] **sm.** *T.med.* fenomeno di striatura temporanea della pelle dovuto a stimolo meccanico di sfregamento o di pressione: *dermografismo bianco, rosso.*

dermòide [comp. di *derma-* e *-oide*; 1820 come agg.] **I sf.** sostanza artificiale che imita pelle, cuoio e sim.; si usa per farne borse, valigie, poltrone e sim. **II agg.** *T.med.* che ha l'aspetto di pelle: *tumore dermoide.*

dermopatìa [comp. di *dermo-* e *-patia*; 1956] **sf.** *T.med.* nome generico delle malattie della pelle.

dermopàtico (pl. *-ci*) [da *dermopatia*; 1956] **agg.** *T.med.* di dermopatia, relativo a una dermopatia || *istituto, ospedale dermopatico*, in cui si studiano o si curano le dermopatie.

dermosifilopatìa [comp. di *dermo-*, *sifilo-* e *-patìa*; 1913] **sf.** *T.med.* ramo della medicina che studia le malattie veneree e quelle della pelle.

dermosifilopàtico (pl. *-ci*) [da *dermosifilopatìa*; 1886] **agg.** *T.med.* che si riferisce a dermosifilopatia: *clinica dermosifilopatica.*

Dermòtteri [comp. di *derma-* e *-ttero*; 1951] **sm. pl.** *T.zool.* ordine di mammiferi arboricoli, muniti di una membrana estesa tra gli arti, il collo e la coda, che consente loro brevi voli. **TAV. *mammiferi* p. 1318.**

dernier cri (fr., pr. [dɛrnje 'kri]) [letter. ultimo grido; 1905] **I loc. m.** *inv.* ultima novità: *il dernier cri delle creazioni per l'estate* **II loc. agg.** *inv.* che è all'ultima moda: *un abito dernier cri.*

dèrno [etim. inc.; 1797] solo nella **loc. avv.** *T.mar. in derno*, riferita alla bandiera, quando si alza annodata su sé stessa come segnale d'allarme o richiesta di soccorso.

dèroga [da *derogare*; 1771] **sf.** *T.giur.* atto con cui si deroga ed effetto che ne consegue: *in deroga alle disposizioni vigenti* || eccezione, esenzione da un obbligo: *non si ammettono deroghe di alcun genere* || **N.** abrogazione, derogazione, revoca, rinuncia.

derogàbile [da *derogare*; 1686] **agg.** a cui si può derogare || **N.** *Contr.* inderogabile.

derogàre (pres. *dèrogo, dèroghi*) [dal lat. *derogāre*; 1308 ca.] **intr.** (aus. *avere*) togliere autorità e forza in tutto o in parte a una legge, a un ordine, a un contratto, a consuetudini già stabilite: *derogare a una legge, al cerimoniale di Corte* || operare contrariamente a precetti, disciplina ecc., mancare, contravvenire: *derogare ai propri principi* || **tr.** *ant.* privare || **N. intr.** abrogare, contravvenire, revocare.

derogatìvo [dal lat. *derogatīvus*; 1865] **agg.** *non com.* che costituisce deroga: *atto derogativo.*

derogatòrio (pl. *-ri*) [dal lat. tardo *derogatōrius*; a. 1324] **agg.** derogativo.

derogazióne [dal lat. *derogātio*; a. 1363] **sf.** **1.** atto ed effetto del derogare **2.** *ant.* perdita di prestigio, e in part. della condizione di nobile.

derràta [dal fr. ant. *denrée*, lat. volg. *denariāta*, ciò che si può acquistare con un denaro; sec. XIII *derrade*] **sf.** **1.** merce, mercanzia || prodotto della terra che serve ad uso alimentare, ma solo in quanto è messo in vendita || vettovaglia || *è più la giunta che la derrata*, è più l'accessorio che la sostanza **2.** *arc.* reddito, prezzo || **N.** PRODOTTO, MERCE. **Q.T.** *agricoltura.*

derrick (ingl., pr. ['derɪk]) [dal nome di un famoso boia; 1935] **sm.** *inv.* castello piramidale per trivellazioni minerarie e spec. petrolifere.

derubàre (pres. *-ùbo*) [dal fr. *dérober*, a. 1276 *dirubbare*] **tr.** privare qualcuno, con violenza o inganno, di cosa che gli appartenga: *lo hanno derubato di ogni avere* || **N.** *Sin.* defraudare, depredare, spogliare; RUBARE.

derubàto (*pps.* di *derubare*) [a. 1294] **sm.** (f. *-a*) chi è stato derubato.

derubricàre (pres. *-ìco, -ìchi*) [comp. parasint. di *rubrica*; 1983] **tr.** *T.giur.* letter. cancellare un reato dalla rubrica, ovvero dal capo di un'imputazione || *più com.* nel processo penale, attribuire a un reato una qualificazione giuridica meno grave di quella che era stata contestata in precedenza: *derubricare un'accusa di omicidio colposo in omicidio preterintenzionale.*

derubricazióne [da *derubricare*; 1983] **sf.** *T.giur.* atto ed effetto di derubricare.

deruralizzazióne [comp. parasint. di *rurale*; 1935] **sf.** abbandono dei piccoli centri rurali per effetto dell'urbanesimo.

derustizzazióne [dall'ingl. *derust*, togliere la ruggine; 1956] **sf.** *T.tecn.* procedimento per eliminare la ruggine da oggetti metallici.

dervìscio (pl. *-sci*) (disus. *dèrvis* inv.) [dal pers. *darvīš* povero; 1521 ca. *dervis*] **sm.** membro di confraternite islamiche dedite all'ascesi e alla danza come via per l'unione mistica con la divinità || seguace del Mahdi nella ribellione contro gli Egiziani e gli Inglesi del Sudan (fine sec. XIX).

desacralizzàre [comp. parasint. di *sacrale*, sul modello del fr. *désacraliser*; 1970] **tr.** privare del carattere di sacralità || **N.** *Sin.* dissacrare, sconsacrare.

desacralizzazióne [da *desacralizzare*, sul modello del fr. *désacralisazion*; 1970] **sf.** atto, processo o effetto di desacralizzare.

desalinizzàre [comp. parasint. di *salino*; 1975] **tr.** dissalare.

desalinizzazióne [da *desalinizzare*; 1974] **sf.** dissalamento.

desaparecido (sp., pr. [desapare'θiðo]; pr. amer. [desapare'siðo], pr. it. [dezapare'sido]) [letter. scomparso; 1982] **sm.** (f. *-a*; pl. m. *desaparecidos*, pr. [desapare'θiðɔs], pr. amer. [desapare'siðɔs]; pl. f. *-as*) persona ufficialmente dichiarata scomparsa, ma che è stata in realtà eliminata dal regime politico del proprio paese perché ritenuta coinvolta in attività eversive; il termine è nato in riferimento alle vicende argentine, ed è stato in seguito esteso ad analoghe situazioni in altri paesi.

desatellizzazióne [comp. parasint. di *satellite*; 1987] **sf.** liberalizzazione dal rapporto di sudditanza, espresso dalla metafora del satellite, di un paese nei confronti dello stato guida: *i moti di desatellizzazione in fermento nell'Europa centro-orientale.*

deschétto (*dim.* di *desco*) [1296] **sm.** tavolino da lavoro dei calzolai || **N.** *Sin.* banco, bischetto. **Q.T.** *calzolaio.*

désco (pl. *-schi*) [lat. *discus*, piatto, tavola rotonda; fine sec. XIII] **sm.** **1.** tavola per mangiare, mensa || *ant. stare a desco*, mangiare || *disus. desco molle*, il cosiddetto *dessert*: *al desco molle vi alzerete da tavola* (Alfieri); anche refezione senza tovaglia sulla tavola **2.** pancone dove i macellai spezzano la carne **3.** *raro* banco, sgabello || *dim.* deschétto || **N. 1.** MENSA.

descolarizzàre [da *scolarizzare*; 1972] **tr.** privare delle strutture scolastiche o limitare, direttamente o indirettamente, la possibilità di accedervi: *descolarizzare una zona, un paese, una parte della popolazione, la società.*

descolarizzazióne [da *scolarizzazione*; 1972] **sf.** processo ed effetto di descolarizzare; diminuzione di importanza dell'istruzione scolastica nell'opinione generale || *in part.* in alcune teorie pedagogiche e sociologiche, l'eliminazione dell'istruzione scolastica, ritenuta per sua natura statica e conservatrice, a favore di un processo di istruzione permanente.

descrittivismo [da *descrittivo*; 1942] **sm.** in un'opera letteraria o più spesso figurativa, tendenza a privilegiare la descrizione o rappresentazione dei più minuti dettagli.

descrittìvo [dal lat. tardo *descriptīvus*; a. 1375] **agg.** che descrive: *stile descrittivo, musica descrittiva* || *anatomia descrittiva*, che descrive ogni minima parte degli organi o tessuti del corpo || *geometria descrittiva*, che tratta dei vari metodi atti a rappresentare nel piano figure tridimensionali, mediante proiezioni.

descrìtto *pps.* di *descrivere* (v.).

descrittóre [dal lat. tardo *descriptor, -ōris*; 1525] **sm.** **1.** (f. *-trìce*; anche *agg.*) chi o che descrive **2.** *arc.* scrivano.

descrìvere (pres. *-ìvo* ecc., come SCRIVERE) [dal lat. *dēscrībere*; 1306 ca.] **tr.** **1.** rappresentare con parole i particolari d'un fatto, d'un luogo o d'un oggetto **2.** di corpo in movimento, tracciare col suo percorso: *il proietto descrive una traiettoria approssimativamente parabolica* || *meno com.* di persone, delineare, tracciare: *sette P nella fronte mi descrisse* (Dante) || **N. 1.** *Sin.* configurare, definire, dipingere, disegnare, esporre, esprimere, figurare, ritrarre, spiegare.

descrivìbile [da *descrivere*; 1731] **agg.** che può essere descritto || **N.** *Contr.* indescrivibile, indicibile, ineffabile, inenarrabile, inesprimibile.

descrizióne [dal lat. *descriptio, -ōnis*; inizio sec. XIV] **sf.** atto del descrivere || le parole con cui si descrive: *una descrizione spigliata, pittoresca* || *T.fil. descrizione definita*, espressione linguistica della forma *il P* (per es. *il re di Francia*), che si riferisce a un individuo descrivendolo; *descrizione indefinita*, della forma *un P* || *dim.* descrizioncèlla || **N.** *Sin.* abbozzo, immagine, quadro, rappresentazione, rassegna, ritratto, schizzo | chiara, colorita, drammatica, efficace, fedele, icastica, pittoresca, viva; fredda, pallida, scialba, scolorita; accurata, dettagliata, minuziosa, particolareggiata, precisa; grossolana, incompleta, vaga; tendenziosa | ipotiposi.

desensibilizzàre [da *sensibilizzare*; 1956] **tr.** ridurre di sensibilità rispetto a qualche fenomeno: *desensibilizzare una lastra fotografica, un paziente verso un allergene.*

desensibilizzatóre [da *desensibilizzare*; 1956] **sm.** *T.fot.* sostanza che riduce di molto la sensibilità alla luce del bromuro d'argento e permette pertanto lo sviluppo fotografico anche con la luce chiara, o permette invece il trattamento alla luce rossa di lastre e di pellicole particolarmente sensibili.

desensibilizzazióne [da *desensibilizzare*; 1956] **sf.** riduzione della sensibilità || *T.med.* correzione di uno stato di ipersensibilità.

desèrtico (pl. *-ci*) [dal fr. *désertique*; 1918] **agg.** proprio del deserto: *clima desertico* || che ha le caratteristiche del deserto: *regione desertica.*

desertìcolo [comp. di *deserto* e *-colo*; a. 1652] **agg.** che cresce o abita nei deserti: *fauna, flora deserticola.*

desertificazióne [da *deserto*, sul modello del

fr. *désertification*; 1983] **sf.** la progressiva trasformazione di una zona fertile in deserto, per cause naturali (climatiche e geologiche) o per l'eccessivo sfruttamento del terreno da parte dell'uomo.

deșèrto [dal lat. *dēsertus*, abbandonato; a. 1294] **I agg.** *lett.* di luogo, incolto o inabitato ‖ *lett.* di persona, misero, solo, abbandonato, derelitto: *guida al fiume di Lete la deserta di Lesbo* (Carducci) ‖ di cose, abbandonate, sole, lontane: *le deserte costellazioni* (Pascoli) ‖ *T.giur. asta deserta*, senza offerenti; *udienza deserta*, a cui le parti non si sono presentate **II sm.** grande estensione di paese incolto e inabitato, stepposo, pietroso o coperto di sabbia ‖ *fig.* paese sterile o poco abitato ‖ *predicare al deserto*, dare avvertimenti che nessuno ascolta ‖ **N.** I *Sin.* appartato, disabitato, selvaggio, solitario, spopolato **II** ghiaioso, roccioso, sabbioso, salino | duna, oasi, uadi; simun. **Q.T.** *geografia.*

desessualizzazióne [comp. parasint. di *sessuale*; 1956] **sf.** *T.psican.* processo della vita psichica inconscia attraverso il quale l'impulso emotivo verso una persona o un oggetto perde la sua componente sessuale originaria: *desessualizzazione dell'amore per la madre.*

déshabillé (fr., pr. [dezabiˈje]) [comp. di *des-* e *habillé*, abbigliato; 1703 *in disabigliè*] **sm.** *inv.* abito da camera femminile; vestaglia, accappatoio ‖ *essere in deshabillé*, in veste succinta, in libertà.

deșiànza o **dișiànza** [da *desiare*; prima metà sec. XIII] **sf.** *arc. poet.* desiderio: *sua disianza vuol volar senz'ali* (Dante) ‖ **N.** DESIDERIO.

deșiàre e **dișiàre** (pres. *-ìo*, *-ìi*) [da *desio*; a. 1250] **tr.** *poet.* desiderare ‖ **N.** desio.

deșiàto (*pps.* di *desiare*) [prima metà sec. XIII] **agg.** *lett. poet.* desiderato, vagheggiato.

desideràbile [dal lat. *desiderābilis*; 1308 ca.] **agg.** degno d'essere desiderato ‖ con valore attenuato, spec. in formule di cortesia, auspicabile: *è desiderabile che voi siate presenti* ‖ **N.** amato, caro, dilettoso, piacevole | *Contr.* indesiderabile.

desiderabilità [da *desiderabile*; 1832] **sf.** qualità di chi o ciò che è desiderabile ‖ *T.econ.* l'apprezzamento di un bene in quanto ritenuto adatto a soddisfare un bisogno o un desiderio.

desideràre (pres. *-ìdero*) [dal lat. *dēsīderāre*, letteral. cessare di contemplare le stelle a scopo augurale, da cui bramare; a. 1243] **tr. 1.** aspirare a possedere un oggetto di cui si sente la mancanza, ambire a raggiungere un obiettivo e sim.: *desiderare una pelliccia*; *desiderare il successo* ‖ anche riferito a persona: *desiderare una donna* ‖ usato con valore modale, si costruisce direttamente con l'inf.: *desidero partire* ‖ *lasciar molto a desiderare*, non corrispondere all'aspettazione ‖ *farsi desiderare*, di chi si mostra di rado, di chi tarda a un convegno, a un pranzo, a una festa **2.** in espressioni formali o di cortesia, cercare, richiedere: *ti desiderano al telefono, si desiderano ulteriori chiarimenti* ‖ **N.** *Sin.* **1.** agognare, amare, ambire, anelare, appetire, bramare, concupire, invaghirsi, invogliarsi, smaniare, sognare, sospirare, spasimare, struggersi, vagheggiare, volere.

desiderata (lat., pr. it. [desideˈrata]) [letter. le cose desiderate] **sm.** *pl.* le cose desiderate, ciò che si desidera: *esprimere i propri desiderata.*

desideratìvo [dal lat. tardo *desiderativus*; inizio sec. XIV] **agg.** e **sm.** *T.ling.* di forma verbale che esprime il desiderio di compiere l'azione.

desideràto (*pps.* di *desiderare*) [a. 1292] **I agg.** bramato, aspettato **II sm.** *raro* ciò che si desidera: *i desiderati della scienza.*

desidèrio (pl. *-ri*) [dal lat. *dēsīderium*; a. 1294] **sm.** sentimento di chi aspira a un bene che gli manca; voglia accesa di una cosa ‖ la cosa desiderata: *ho conseguito il mio desiderio* ‖ *pio desiderio*, vana speranza ‖ rimpianto che si lascia di sé dopo la morte: *lasciò molto desiderio di sé* ‖ **N.** *Sin.* agognamento, anelito, appetito, ardore, aspirazione, avidità, brama, bramosia, capriccio, concupiscenza, cupidigia, cupidità, desio, fame, febbre, fregola, frenesia, gola, sete, smania, struggimento, vaghezza, voglia, voto | ardente, bizzarro, disonesto, eccessivo, estremo, febbrile, forte, impaziente, insaziabile, molesto, onesto, pazzo, pungente, scomposto, soddisfatto, strambo, strano, stravagante, turpe, vile, vivo, volgare | accondiscendere, acuire, aguzzare, appagare, compiacere, conseguire, consentire, deludere, destare, eccitare, esprimere, infiammare, manifestare, ottenere, placare, prevenire, rinunciare, risvegliare, soddisfare, spronare, stimolare.

desideróso [dal lat. tardo *desiderōsus*; sec. XIII] **agg.** pieno di desiderio: *desideroso di gloria, di incontrare un amico* ‖ **N.** *Sin.* agognante, ansioso, avido, bramoso, cupido, impaziente, invogliato, smanioso, voglioso | *Contr.* riluttante.

design (ingl., pr. [dɪˈzaɪn]) [abbr. di (*industrial*) *design*, disegno, progetto (industriale); 1961] **sm.** *inv.* (anche pl. *designs*, pr. [dɪˈzaɪnz]) nella produzione industriale, l'attività di progettazione di un oggetto da fabbricare in serie, intesa a conciliare esigenze funzionali, estetiche ed economiche ‖ la linea, la forma di un oggetto industriale, quando essa è stata concepita tenendo conto di requisiti estetici: *il design di una lampada* ‖ **N.** linea, stile.

designàbile [da *designare*; a. 1712] **agg.** che può essere designato, da designarsi.

designàre (pres. *-ìgno*) [dal lat. *dēsignāre*; sec. XIV] **tr. 1.** indicare in modo determinato: *designare una data, una scadenza* ‖ denotare: *la stessa parola può designare oggetti diversi in dialetti anche molto vicini* ‖ proporre o anche scegliere una persona per qualche ufficio: *lo hanno designato come consigliere delegato* **2.** *raro lett.* raffigurare, rappresentare ‖ **N. 1.** *Sin.* additare, deputare, fissare, indicare, stabilire; eleggere.

designàto (*pps.* di *designare*) [prima metà sec. XIV] **agg.** proposto, eletto ‖ *T.stor. console designato*, il console romano appena eletto ma non ancora entrato in carica.

designatóre [dal lat. *designātor*, *-ōris*; sec. XIV] **sm.** (f. *-trìce*) *non com.* chi o ciò che designa ‖ *T.fil.* parola o espressione che designa, che si riferisce a un oggetto dell'universo del discorso: *designatore rigido* (per es. un nome proprio), individua un oggetto in modo necessario, assoluto; *designatore non rigido* (per es. l'espressione "il Presidente della Repubblica Italiana"), individua un oggetto in quanto dotato di proprietà di carattere contingente.

designazióne [dal lat. *designātio*, *-ōnis*; sec. XIV] **sf.** atto del designare: *la designazione del nuovo sindaco fu unanime* ‖ **N.** *Sin.* elezione, scelta; proposta; indicazione.

designer (ingl., pr. [dɪˈzaɪnə]) [abbr. di *industrial designer*, disegnatore (di prodotti) industriali; 1957] **s.** *inv.* (anche pl. *designers*, pr. [dɪˈzaɪnəz]) professionista che lavora nel campo del design ‖ **N.** *Sin.* stilista.

deșinàre[1] (pres. *dèșino*) [dal fr. a. *disner*; a. 1292] **intr.** (aus. *avere*) fare il maggior pasto della giornata ‖ **N.** pranzare, MANGIARE.

deșinàre[2] [dal fr. a *disner*; a. 1292 *desnare*] **sm.** *tosc.* il pasto principale della giornata ‖ *dopo desinare*, nelle prime ore del pomeriggio ‖ **N.** banchetto, cena, colazione, merenda, pasto, pranzo.

deșinènte [dal lat. *dēsinens*, che finisce; 1525] **agg.** *raro T.gram.* che termina con una data desinenza: *voci desinenti in -are.*

deșinènza [dal lat. mediev. *desinentia*; a. 1508] **sf.** *T.gram.* elemento mobile che si aggiunge alla parte invariabile della parola (che è detta *tema* o *radicale*), per indicarne la funzione grammaticale ‖ **N.** flessione.

deșinenziàle [da *desinenza*, forse attrav. il fr. *désinentiel*; 1834] **agg.** *T.gram.* della desinenza: *elemento desinenziale.*

deșìo o **dișìo** (pl. *-ìi*) [lat. volg. **dēsedium*, class. *dēsidia*, indolenza; a. 1250] **sm.** *poet.* desiderio ‖ oggetto o persona desiderata.

deșióso [da *desio*; a. 1250] **agg.** *poet.* desideroso ‖ **deșiosaménte avv.** *poet.*

desipiènte [dal lat. *dēsipere*, essere insipido; 1860] **agg.** *lett.* sciocco ‖ **N.** *Sin.* fatuo, insipiente, stolto, vano.

desipiènza [dal lat. *desipientia*; 1860] **sf.** *lett.* l'essere desipiente; insipienza, sciocchezza.

deșiràre o **dișiràre** (pres. *-ìro*) [dal provenz. ant. *dezirar*; inizio sec. XIII] **tr.** *arc. poet.* desiderare: *che poca gente più ci si disira* (Dante).

deșìre o **deșìro** o **dișìro** [dal provenz. ant. *dezire* da *dezirar*; a. 1294] **sm.** *arc. poet.* desiderio: *gli ardenti miei desiri* (Petrarca).

desistènza [da *desistere*; 1865] **sf.** *T.giur.* il desistere da un'azione che è stata già cominciata: *desistenza da querela.*

desìstere (pres. *-ìsto*; p.rem. *-istéi* o *-istètti*; pps. *desistito*) [dal lat. *desistere*; sec. XIV] **intr.** (aus. *avere*) cessare di fare; smettere: *desistere da propositi di vendetta* ‖ **N.** *Sin.* distogliersi, rinunciare, ritirarsi, tralasciare, FINIRE.

deșitìvo [dal lat. *desitus*, pps. di *desinere*, cessare; 1956] **agg.** *T.fil.* in logica, *proposizione desitiva*, proposizione che esprime il fatto che una cosa o una condizione ha cessato di esistere, o di avere una certa proprietà.

dèsman [dallo sved. *desman*, muschio; 1931] **sm.** *inv.* mammifero insettivoro, simile a una talpa, che vive lungo le sponde dei fiumi; è dotato di una piccola proboscide e di arti palmati.

dèsmo- [dal gr. *desmós*, legame] **primo elem.** che, in parole composte della terminologia scientifica, vale "legamento" ‖ *in part.* in medicina ha il valore di "tendini": **deșmopatia**.

deșmologìa [comp. del gr. *desmós* e *-logia*; 1797] **sf. 1.** *T.anat.* quella parte dell'anatomia che tratta dei tendini **2.** *T.chim. raro* parte della chimica fisica che studia i legami atomici e molecolari.

deșmològico (pl. *-ci*) [da *desmologia*; 1966] **agg.** che si riferisce a desmologia.

deșolànte (*ppr.* di *desolare*) [a. 1769] **agg.** che sconforta e affligge, deprimente: *uno squallore desolante.*

deșolàre (pres. *dèșolo*) [dal lat. *dēsōlāre*, lasciar solo; a. 1292] **tr.** devastare, spopolare: *i barbari desolarono il paese* ‖ rif. a persona, affliggerla grandemente ‖ **N.** addolorare, distruggere, guastare, rovinare, saccheggiare | DOLORE.

deșolàto (*pps.* di *desolare*) [a. 1306] **agg. 1.** di persona, sconsolato, privo di conforto ‖ usato anche, nelle formule di cortesia, col valore attenuato di dispiaciuto: *sono desolato, ma non posso farci niente* **2.** di luogo, devastato, abbandonato, distrutto ‖ **deșolataménte avv.** con grande desolazione; sconsolatamente ‖ **N.** *Sin.* **1.** afflitto, spiacente **2.** squallido.

deșolazióne [dal lat. *desolātio*, *-ōnis*; sec. XIII-XIV] **sf. 1.** atto del desolare, devastazione ‖ squallore, miseria, abbandono: *tutt'intorno non vi era che morte e desolazione* **2.** stato d'animo di chi è desolato: *la nostra desolazione è indescrivibile* ‖ dolore intenso, sconforto: *piombò nella più profonda desolazione* ‖ **N. 2.** *Sin.* afflizione, DOLORE.

desolforàre (pres. *-ólforo*) [da *solforare*; 1963] **tr.** *T.chim.* ridurre il quantitativo di zolfo di una sostanza, spec. quando è presente come impurità.

desolforazióne [da *desolforare*; 1931] **sf.** *T.chim.* operazione del desolforare.

desonorizzàre [da *sonorizzare*; 1963] ***tr.*** isolare un locale da rumori esterni: *desonorizzare un teatro* || insonorizzare.

desonorizzàto (*pps.* di *desonorizzare*) [1970] ***agg.*** *T.ling.* si dice di fono che ha subito desonorizzazione.

desonorizzazióne [da *desonorizzare*; 1987] ***sf.*** **1.** atto ed effetto di desonorizzare **2.** *T.ling.* la trasformazione di un suono da sonoro in sordo nell'evoluzione storica della lingua || *in part.* la perdita del carattere sonoro di un suono quando esso è contiguo ad altri suoni non sonori || **N. 1.** *Sin.* insonorizzazione.

desortazióne [da *esortazione*; a. 1566] ***sf.*** *arc.* esortazione a non fare.

desòssi- [da *des-* e *ossi(geno)*] ***primo elem.*** utilizzato nella terminologia chimica per formare la denominazione di un composto organico derivato, per perdita di ossigeno, dal composto indicato dall'elemento terminale (per es. *desossiribosio*).

desossiribonucleàsi [comp. di *desossiribonucle(ico)* e *-asi*; 1956] ***sf.*** *T.biol.* enzima presente nel lievito e nei tessuti animali e vegetali, che provoca la distruzione dell'acido desossiribonucleico scindendolo in nucleotidi; è usato per studiare la distribuzione dell'acido desossiribonucleico nei tessuti, e per scopi terapeutici.

desossiribonuclèico (pl. *-ci*) [comp. di *desossiribo(sio)*, *nucleo* e suff. agg.; 1956] ***agg.*** *T.chim.* e *T.biol.* *acido desossiribonucleico* (abbr. *ADN* o *DNA*) acido presente nel nucleo delle cellule di tutti gli organismi, portatore dell'informazione genetica e responsabile della trasmissione dei caratteri ereditari. **Q.T.** *genetica...*

desossiribòsio (pl. *-si*) [comp. di *desossi-* e *ribosio*; 1956] ***sm.*** *T.chim.* composto organico desossimonosaccaride, che entra nella composizione dell'acido desossiribonucleico.

desovranizzàre [comp. parasint. di *sovrano*; 1980] ***tr.*** *non com.* privare della sovranità, del primato assoluto: *quella squadra di calcio è stata recentemente desovranizzata* || **N.** *Sin.* detronizzare, spodestare.

desperàre ***tr.*** *arc.* V. DISPERARE.

despezióne [dal lat. *despectio, -ōnis*; sec. XIV] ***sf.*** *arc.* disprezzo.

despiralizzazióne [comp. parasint. di *spirale*; 1987] ***sf.*** *T.biol.* **1.** processo di perdita della struttura secondaria del DNA durante la trascrizione genetica: *proteine di despiralizzazione* **2.** processo per cui, alla fine della profase meiotica, i cromosomi perdono la loro forma a elica e si allungano in filamenti.

dèspota [dal gr. *despótēs*; sec. XIII *dispoto*] ***sm.*** monarca assoluto, tiranno, signore || *T.stor.* a Bisanzio, titolo dell'imperatore, esteso in seguito anche agli amministratori delle province || *per estens.* chi esercita la sua autorità in modo arbitrario e tirannico: *quel direttore è un despota* || nota che nei derivati si cambia l'*e* in *i*: *dispotico* ecc. || **N.** *Sin.* autocrate, tiranno | dispotismo.

despotàto [da *despota*; a. 1504] ***sm.*** *T.stor.* Stato governato da un sovrano con titolo di despota: *il despotato bizantino.*

dèspoto [dal gr. *despotes*; a. 1449] ***sm.*** *ant.* despota.

desquamàre (pres. *-àmo*) [dal lat. *desquamāre*; 1955] ***tr.*** *non com.* provocare desquamazione || ***intr. pron.*** subire un processo di desquamazione.

desquamativo [da *desquamare*; 1913] ***agg.*** *T.med.* di processo morboso accompagnato da un'eccessiva desquamazione cutanea: *dermatite desquamativa.*

desquamazióne [da *desquamare*; 1777] ***sf.*** **1.** il togliere le squame || l'operazione di togliere le tuniche a certe radici bulbose **2.** processo di distacco di squame || *T.med.* distacco dell'epidermide del corpo umano in forma di squame, a causa di malattie cutanee o reazione a fattori esterni || *T.geol.* alterazione superficiale delle rocce con distacco di scaglie e lamine.

dessert (fr., pr. [de'sɛr]) [pps. di *desservir*, sparecchiare; 1736] ***sm.*** *inv.* l'ultima portata di un pasto, spec. dolce. **Q.T.** *alimentazione.*

dessiografia [comp. del gr. *dexiós*, destro e *-grafia*; 1892] ***sf.*** scrittura che va da sinistra verso destra.

désso [dal lat. *id ipsum*; a. 1292] ***pron.*** *dimostr.* *ant.* quello stesso, proprio quello: *è desso, non par più desso* || uguale, medesimo, identico.

dessous (fr., pr. [də'su]) [letter. di sotto; 1905] ***sm.*** *pl.* indumenti intimi femminili.

destabilizzànte (*ppr.* di *destabilizzare*) [1979] ***agg.*** che destabilizza, che ha il potere o lo scopo di destabilizzare (spec. un'istituzione politica): *azione, strategia, fattore destabilizzante.*

destabilizzàre [da *stabilizzare*; 1977] ***tr.*** rif. a sistemi politici, istituzioni e sim., comprometterne la stabilità e l'equilibrio, minandone le basi mediante azioni eversive o campagne denigratorie: *destabilizzare l'assetto politico, il regime democratico.*

destabilizzatóre (f. *-trìce*) [da *destabilizzare*; 1980] ***agg.*** che turba o rende instabile un assetto costituito: *manovra destabilizzatrice, intervento destabilizzatore*; che mira a destabilizzare: *intenzioni destabilizzatrici.*

destabilizzazióne [da *destabilizzare*; 1978] ***sf.*** il processo o il risultato di destabilizzare.

destagionalizzàre [comp. parasint. di *stagione*; 1983] ***tr.*** *T.econ.* e *T.stat.* sottoporre a destagionalizzazione: *destagionalizzare l'indice della produzione industriale.*

destagionalizzàto (*pps.* di *destagionalizzare*) [1983] ***agg.*** *T.econ.* e *T.stat.* soggetto a destagionalizzazione: *indici, dati destagionalizzati.*

destagionalizzazióne [da *destagionalizzare*; 1986] ***sf.*** *T.econ.* e *T.stat.* nell'analisi dello svolgersi di un determinato fenomeno (tipicamente economico) su un lungo periodo, l'eliminazione, mediante opportune procedure di calcolo, degli effetti prodotti da variazioni stagionali ricorrenti (per es. il calo o l'aumento della produzione in un certo periodo dell'anno): *destagionalizzare i dati grezzi.*

destalinizzàre [comp. parasint. dal n. proprio *Stalin*; 1963] ***tr.*** intraprendere il processo di destalinizzazione.

destalinizzazióne [da *destalinizzare*; 1963] ***sf.*** processo postumo di revisione critica dell'opera di Stalin, dei metodi e degli strumenti politici da lui adottati, condotta dai suoi successori dopo la sua morte (1953) || *per estens.* eliminazione di metodi stalinisti nella conduzione di un partito o di un'organizzazione politica.

destàre (pres. *désto*) [lat. volg. **deexcitāre*; sec. XIII] ***tr.*** scuotere dal sonno || *fig.* eccitare, far nascere, stimolare, suscitare: *destava l'ammirazione di tutti* || ***intr. pron.*** svegliarsi; anche *fig.*: *la fantasia si desta* || **N.** *Sin.* risvegliare, svegliare; accendere, eccitare, incitare, invogliare, ridestare, scuotere.

desterità [dal lat. **dexteritas, -ātis*; a. 1504] ***sf.*** *ant.* destrezza.

destinàre (pres. *-ìno*) [dal lat. *dēstināre*; a. 1250] ***tr.*** **1.** assegnare: *destinare qualcuno a un ufficio* || devolvere: *destinare una somma ad opere d'assistenza* || indirizzare: *la lettera era destinata a voi* **2.** stabilire in maniera irrevocabile: *ho destinato di non far più il viaggio, Dio ha destinato così* || **N. 1.** *Sin.* riservare; dirigere, finalizzare, spedire **2.** *Sin.* decidere, risolvere, STABILIRE.

destinatàrio (pl. *-ri*) [dal fr. *destinataire*; 1812] ***sm.*** (f. *-a*) la persona a cui è diretta una lettera, un messaggio, una comunicazione anche orale, una merce e sim.: *tassa a carico del destinatario* || **N.** *Sin.* ricevente | *Contr.* mittente. **Q.T.** *posta.*

destinàto (*pps.* di *destinare*) [prima metà sec. XIII *distinato*] ***agg.*** irrevocabilmente diretto verso un determinato esito: *quel tentativo era destinato alla sconfitta*; *è destinato che...*, è inevitabile che...

destinazióne [dal lat. *destinātio, -ōnis*; 1305 ca.] ***sf.*** **1.** atto del destinare, assegnazione || residenza assegnata a qualcuno: *l'impiegato, il pretore ha avuto un'altra destinazione* **2.** meta di viaggio: *è arrivato a destinazione*; *si parte tra un'ora, destinazione New York* || **N. 2.** *Sin.* termine, traguardo.

destìno [da *destinare*; a. 1321] ***sm.*** **1.** il succedersi degli eventi, considerato come preordinato e necessario || talvolta personificato in una potenza superiore all'umana volontà che opera secondo leggi immutabili e incomprensibili all'uomo: *rassegnarsi al destino* || sorte: *i destini della patria*; *abbandonare qualcuno al suo destino* **2.** *non com.* luogo dove si deve andare, destinazione: *la lettera è giunta al suo destino* || **N. 1.** *Sin.* fato, fortuna, necessità; fatalità | evento, vicenda | oracolo, oroscopo; indovino.

destituìre (pres. *-ìsco, -ìsci*; pps. *destituìto*, raro *destitùto*) [dal fr. *destituer*; a. 1626] ***tr.*** **1.** allontanare, deporre da un ufficio **2.** *non com.* *lett.* privare || **N. 1.** *Sin.* dispensare, esonerare, licenziare, rimuovere, silurare.

destituìto (*pps.* di *destituire*) [fine sec. XIV] ***agg.*** privo, sprovvisto: *accusa destituita di ogni fondamento.*

destituzióne [dal lat. *destitūtio, -ōnis*, attr. il fr. *destitution*; 1798] ***sf.*** il destituire e l'essere destituito || pena disciplinare per gli ufficiali e per gli impiegati dello Stato || **N.** *Sin.* dispensa, esonero, licenziamento, rimozione, siluramento.

désto o **dèsto** [pps. contratto di *destare*; a. 1321] ***agg.*** che non dorme: *lo trovai ben desto* || *fig.* pronto, vivace || **N.** *Sin.* sveglio; attivo, solerte, vigilante.

destorificazióne [comp. parasint. di *storia*; 1974] ***sf.*** *non com.* il considerare un'elaborazione concettuale o artistica al di fuori dal contesto storico in cui è nata e si è sviluppata: *destorificazione di un'idea, di un romanzo.*

dèstr [da *destra*; 1970] *T.mil.* e *T.sport.* comando impartito per far svoltare a destra: *fianco destr!, fronte a destr!*

dèstra [lat. *dĕxtera (manus)*; a. 1294 nel senso 2] ***sf.*** **1.** mano che è dalla parte del fegato, di solito più agile e vigorosa: *stringere la destra* **2.** parte corrispondente alla mano destra: *i veicoli devono tenere la destra* || *a destra*, dalla parte della mano destra, di solito del parlante, ma talvolta dell'ascoltatore; per evitare ambiguità si dice *alla mia, alla tua destra* || *dare* o *cedere la destra*, mettere qualcuno alla propria destra in segno di onore, di rispetto || *destra orografica*, il lato di una valle che si trova alla destra scendendo || nel parlamento, i settori alla destra del presidente, che sono occupati dai partiti moderati e conservatori || tutti i deputati che siedono da quella parte **3.** *per estens.* la corrente moderata o reazionaria di un movimento politico, letterario e sim.: *partito di destra, politica di destra* || **N. 2.** *Sin.* dritta.

destreggiaménto [da *destreggiarsi*; a. 1861] ***sm.*** atto del destreggiarsi.

destreggiàrsi (pres. *-éggio*) [da *destro*; 1585 ca.] ***intr.*** (aus. *avere*) *raro*, normalmente ***intr. pron.*** procedere con accortezza per evitare ogni ostacolo o pericolo, riuscire a trovarsi a proprio agio in situazioni difficili: *sapeva destreggiarsi con abilità anche negli ambienti più ostili* || **N.** *Sin.* barcamenarsi, cavarsela.

destrézza [da *destro*; a. 1348] ***sf.*** agilità e prontezza sia negli esercizi o movimenti del corpo, sia nelle operazioni dell'intelletto: *destrezza di mano, maneggiare con destrezza uno strumento, comportarsi con destrezza* || **N.** *Sin.* abilità, accortezza, disinvoltura, lestezza, sagacia, scioltezza.

destrière e **destrièro** [dall'ant. fr. *destrier*; inizio sec. XIII *distrieri*] ***sm.*** *poet.* cavallo da battaglia || buon cavallo da sella.

destrìmano [comp. di *destro* e *mano*. 1983] ***agg.*** e ***sm.*** (f. *-a*) che o chi usa prevalentemente la mano destra || **N.** *Contr.* mancino.

destrìna [dal fr. *destrine*; 1865] ***sf.*** sostanza che si ottiene dall'amido; serve per apprettare i tessuti o per preparare colle.

destrìṣmo [da *destro*; 1896] ***sm.*** **1.** la normale priorità funzionale della mano destra su quella sinistra nel corpo umano **2.** (spesso con sfumatura critica) tendenza politica conservatrice || **N. 1.** *Contr.* mancinismo **2.** *Sin.* conservatorismo | *Contr.* progressismo; sinistrismo.

dèstro [lat. *dexter*; inizio sec. XIII] **I** ***agg.*** **1.** di parte del corpo, che è dalla parte del fegato: *braccio, piede, occhio destro* || che è dalla parte della mano destra, con riferimento al parlante, o a un punto di vista citato in precedenza, o anche a un punto di vista convenzionalmente fissato: *guardando la facciata, il lato destro dell'edificio...*; *fianco destro di un'automobile* (s'intende dal punto di vista del guidatore); *riva destra di un fiume* (s'intende dal punto di vista di chi discende la corrente) || *fig. il braccio destro di qualcuno*, il suo collaboratore principale ed indispensabile **2.** *fig.* agile, pronto || accorto, abile || **destraménte** ***avv.*** con destrezza **II** ***sm.*** **1.** comodità, opportunità: *mi si è presentato il destro di dirglielo* || *cogliere il destro*, approfittare dell'occasione opportuna **2.** *T.sport.* nel pugilato, colpo portato col pugno destro: *lo mandò al tappeto con un violentissimo destro d'incontro* || nel calcio, tiro effettuato col piede destro **3.** *arc.* latrina || **N. I 1.** *Contr.* sinistro **2.** *Sin.* attivo, lesto, sciolto, svelto; avveduto, sagace | *Contr.* goffo, inetto, maldestro.

destrocardìa [comp. di *destro* e *-cardia*; 1956] ***sf.*** *T.med.* anomalia congenita di sviluppo piuttosto rara per cui il cuore anziché essere rivolto a sinistra è rivolto a destra.

destrochèrio (pl. *-ri*) [dal lat. *dextrochērium*; a. 1712] ***sm.*** **1.** *arc.* arma portata dai soldati romani al braccio destro **2.** *arc.* braccialetto da donna anticamente portato al braccio destro **3.** *T.arald.* braccio destro che esce dal lato sinistro dello scudo.

destrogìro [comp. di *destro* e del tema di *girare*, come il fr. *dextrogyre*; 1869] ***agg.*** *T.mat.* destrorso || *T.chim.* composto capace di far girare a destra il piano di polarizzazione di un fascio di luce polarizzata che lo attraversa.

destròide [comp. di *destro* e *-oide*; 1950] ***agg.*** e ***s.*** *scherz.* di persona orientata politicamente verso destra.

destròrso [dal lat. *dextrorsum*, contrazione di *dextroversum*, volto a destra; 1830] ***agg.*** **1.** che gira da sinistra verso destra, secondo il movimento delle lancette dell'orologio; detto di oggetti, curve geometriche ecc. per cui si possa individuare una direzione di movimento o un verso di percorrenza: *vite destrorsa, spirale destrorsa, rigatura destrorsa della canna di un fucile* **2.** *fam. scherz.* politicamente orientato verso destra, reazionario || **N. 1.** in senso orario | *Contr.* sinistrorso.

destròṣio (pl. *-ṣi*) [comp. di *destro*(*giro*) e *-osio*; 1892] ***sm.*** *T.chim.* glucosio.

destrutturàre (pres. *-ùro*) [da *strutturare*; 1987] ***tr.*** sottoporre a destrutturazione || ***intr. pron.*** subire una destrutturazione, perdere la propria struttura.

destrutturazióne [da *strutturazione*; 1974] ***sf.*** scomposizione di un'entità strutturata, che ne distrugge l'organizzazione interna: *la destrutturazione della società, delle istituzioni tradizionali* || nella critica letteraria o artistica, la scomposizione di un'opera nelle sue componenti formali o di contenuto, al fine di approfondirne lo studio.

desuèto [dal lat. *dēsuētus*; sec. XIV] ***agg.*** *lett.* fuor del comune, caduto in disuso: *quel vocabolario è ricco di termini desueti.*

desuetùdine [dal lat. *desuetūdo, -dĭnis*; a. 1748 nel senso 3] ***sf.*** **1.** scarsa consuetudine **2.** disuso: *cadere in desuetudine* **3.** *T.giur.* cessazione di validità di una legge dovuta ad inosservanza generalizzata.

desultòrio (pl. *-ri*) [dal lat. *dēsultōrius*; 1639] ***agg.*** *raro* che salta, che è atto a saltare || anche *fig.* discontinuo: *stile desultorio.*

desùmere (pres. *-ùmo*; p.rem. *-ùnsi*; pps. *desùnto*) [dal lat. *dēsūmere*, scegliere per sé; 1686] ***tr.*** ricavare: *desumere una notizia dai giornali* || arguire, congetturare: *dal suo comportamento si poteva facilmente desumere che avesse qualcosa da nascondere* || **N.** *Sin.* intuire, DEDURRE.

desumìbile [da *desumere*; 1869] ***agg.*** che si può desumere.

desùnto *pps.* di *desumere* (v.).

deṣviàre V. DISVIARE.

detartràṣi [comp. parasint. di *tart*(*a*)*ro*; 1983] ***sf.*** *T.med.* in odontoiatria, l'operazione di eliminazione del tartaro dai denti.

detassabilità [da *detassare*; 1985] ***sf.*** *T.econ.* qualità di ciò che può essere detassato: *detassabilità dei capitali corrisposti.*

detassàre [da *tassare*; 1890] ***tr.*** ridurre o eliminare la tassa su una merce, o in gen. togliere un onere fiscale che grava su una fascia di contribuenti: *detassare un prodotto alimentare, detassare il reddito dei lavoratori dipendenti* || **N.** *Contr.* tassare.

detassazióne [da *detassare*; 1963] ***sf.*** atto o risultato del detassare || **N.** *Sin.* scarico, sgravio fiscale | *Contr.* tassazione.

detective (ingl., pr. [dɪ'tektɪv]; pr. it. [de'tɛktiv]) [da to *detect*, scoprire; 1891] ***s. inv.*** investigatore, agente investigativo.

detector (ingl., pr. [di'tektə]; pr. it. [de'tektor]) o **detettóre** [dal lat. tardo *detector*, rivelatore; 1905] ***sm.*** nome di vari strumenti atti a rivelare fenomeni fisici, geologici e sim., o anche la presenza di particolari materiali || **N.** *Sin.* rivelatore.

deteinàto [comp. parasint. di *teina*; 1984] ***agg.*** privato parzialmente o totalmente della teina: *tè deteinato, tisana deteinata* || **N.** decaffeinato.

detenére (pres. *-èngo* ecc., come TENERE) [dal lat. *dētinēre*, trattenere; fine sec. XIII] ***tr.*** **1.** possedere, spec. come *T.sport.*: *detenere il titolo di campione del mondo, detenere un primato* || *T.giur.* avere in uso o custodia un oggetto abusivamente, o senza esserne proprietari **2.** trattenere in prigione.

detentìvo [da *detenere*; 1958] ***agg.*** di detenzione: *pena detentiva.*

detentóre [dal lat. tardo *detentor, -ōris*; sec. XIV] ***sm.*** (f. *-trìce*) chi detiene: *il detentore del titolo*; anche *T.giur.*: *detentore di esplosivi.* **Q.T.** *sport.*

detenùto (*pps.* di *detenere*) [sec. XIV] ***agg.*** e ***sm.*** (f. *-a*) carcerato: *fa la guardia ai detenuti.*

detenzióne [dal lat. *detentio, -ōnis*; 1356] ***sf.*** *T.giur.* **1.** custodia con possibilità di uso di un oggetto di cui non si è proprietari || possesso, spec. illecito: *detenzione di armi, di stupefacenti* **2.** pena restrittiva della libertà personale consistente nell'essere trattenuto in carcere per un determinato periodo di tempo.

detergènte (*ppr.* di *detergere*) [1671] **I** ***agg.*** che deterge, pulisce: *latte detergente* **II** ***sm.*** detersivo, sostanza che ha proprietà di detergere: *un detergente liquido.*

detèrgere (pres. *-èrgo* ecc., come TERGERE) [dal lat. *dētergĕre*; 1483] ***tr.*** *lett.* nettare, toglier via, pulire: *detergere il sudore, una ferita* || **N.** *Sin.* lavare, mondare, purgare, tergere.

deterioràbile [da *deteriorare*; 1952] ***agg.*** che si può deteriorare: *sostanza deteriorabile.*

deterioraménto [da *deteriorare*; 1618 ca.] ***sm.*** atto ed effetto del deteriorare e del deteriorarsi, peggioramento: *il deterioramento della situazione politica internazionale.*

deterioràre (pres. *-óro*) [dal lat. tardo *dēteriōrāre*; 1590 ca.] ***tr.*** guastare, ridurre in condizioni peggiori: *l'inquinamento deteriora l'ambiente* || ***intr. pron.*** ridursi in cattivo stato, rovinarsi: *molti dipinti si deteriorano se esposti all'umidità* || **N.** *Sin.* danneggiare, peggiorare.

deterioràto (*pps.* di *deteriorare*) [1613] ***agg.*** danneggiato, rovinato, ridotto in cattivo stato: *quell'edificio è molto deteriorato, la mia auto è più deteriorata dalla tua* || *fig.* in cattive condizioni fisiche: *stato di salute deteriorato, organismo deteriorato* || marcio, andato a male: *merce deteriorata, generi alimentari deteriorati* || **N.** *Sin.* alterato, guasto, in cattivo stato, mal messo, mal ridotto | *Contr.* in buono stato, integro.

deteriorazióne [dal lat. tardo *deteriorātio, -ōnis*; 1562] ***sf.*** *raro* deterioramento, peggioramento.

deterióre [dal lat. *dēterior, -ōris*, peggiore; 1619 ca.] ***agg.*** peggiore, inferiore, detto quasi esclusivamente di cose: *inteso nel suo significato deteriore* || essendo già comparativo, non può essere preceduto da *più* e *meno*.

determinàbile [da *determinabilis*; 1712] ***agg.*** che si può determinare: *l'ammontare dei danni è difficilmente determinabile.*

determinànte (*ppr.* di *determinare*) [1735] **I** ***agg.*** **1.** che determina **2.** decisivo, essenziale: *il suo apporto fu determinante* **II** ***sm.*** *T.mat. determinante di una matrice quadrata*, numero ad essa associato, essenziale per il calcolo dell'inversa e degli autovalori della matrice || ***sf.*** *T.giur.* la causa che determina qualcosa: *la determinante del delitto.*

determinàre (pres. *-èrmino*) [dal lat. *dētermināre*, da *terminus*, confine, limite; a. 1292] ***tr.*** **1.** stabilire esattamente i termini di qualcosa: *determinare i confini di un territorio* || stabilire, misurare: *determinare la distanza tra due oggetti*; anche *fig.*: *determinare la natura d'un oggetto* || definire, specificare: *determinare il punto della questione* **2.** causare: *la pioggia determinò la caduta del muraglione* || essere decisivo per: *quell'espulsione determinò l'esito dell'incontro* **3.** *non com.* risolvere, deliberare: *determinò di accettare* **4.** *non com.* indurre: *il maltempo li determinò a rinunciare all'impresa* || ***intr. pron.*** risolversi || **N.** ***tr.*** **1.** *Sin.* delimitare, delineare, fissare, individuare; precisare **2.** *Sin.* provocare, produrre; condizionare **3.** *Sin.* decidere, statuire **4.** convincere; costringere.

determinatézza [da *determinare*; a. 1704] ***sf.*** **1.** l'essere determinato **2.** esattezza, precisione || **N.** *Contr.* indeterminatezza.

determinatìvo [dal lat. tardo *determinatīvus*; sec. XIV] ***agg.*** che determina || *atto determinativo*, col quale la volontà si determina a fare una cosa || *T.gram. articolo determinativo*, che rende definito (o determinato) il sintagma nominale che segue come in italiano *il, lo, la, gli* ecc.

determinàto (*pps.* di *determinare*) [1282] ***agg.*** **1.** di persone, risoluto: *sono determinato a partire* **2.** di cosa, chiaramente definito, fissato: *si diedero appuntamento in un luogo determinato* **3.** quando precede il sostantivo a cui si riferisce, può avere valore attenuato, simile a quello di *certo*: *in determinate situazioni, un simile comportamento si può anche capire* || **determinataménte** ***avv.*** con risolutezza || **N.**

1. *Sin.* deciso **2.** *Sin.* esatto, preciso, stabilito **3.** *Sin.* particolare.

determinatóre [dal lat. tardo *determinātor, -ōris*; a. 1566] **agg.** e **sm.** (f. *-trìce*) *non com.* che o chi determina.

determinazióne [dal lat. *determinatio, -ōnis*; a. 1342] **sf.** **1.** atto ed effetto del determinare: *la determinazione delle competenze* **2.** risoluzione, proposito, deliberazione: *ho preso una determinazione irremovibile* **3.** volontà decisa, convinzione: *diede prova di grande determinazione* || **N.** **2.** *Sin.* decisione.

determinismo [dal ted. *Determinismus*; 1875] **sm.** *T.fil.* teoria filosofica secondo cui ogni evento è rigidamente determinato da quelli che lo precedono.

determinista [da *determinismo*; a. 1904] **s.** seguace del determinismo.

deterministico (pl. *-ci*) [da *determinista*; 1902] **agg.** che si riferisce al determinismo: *sistema deterministico.*

deterrènte [dall'ingl. *deterrent*; 1955] **I agg.** atto a dissuadere un eventuale aggressore, suscitando il timore di una violenta reazione o sim.: *un'iniziativa con valore deterrente* **II sm.** potenziale militare che è tanto elevato da scoraggiare ogni tentativo di aggressione: *deterrente atomico.*

deterrènza [dall'ingl. *deterrence*; 1966] **sf.** il potere di distogliere dall'intenzione di compiere una determinata azione, gen. per timore di rappresaglie o ritorsioni: *la capacità di deterrenza delle armi nucleari* || *per estens.* capacità di dissuasione: *esercitare la deterrenza psicologica.*

detersióne [dal lat. tardo *detersio, -ōnis*; 1750] **sf.** *raro* atto ed effetto del detergere || **N.** DETERGERE.

detersivo [dal fr. *détersif*; 1737] **I sm.** ciascuna delle sostanze chimiche, in polvere o liquide, usate per lavare piatti, vestiti, pavimenti ecc. **II agg.** *raro* atto a detergere.

detèrso *pps.* di *detergere* (v.).

detestàbile [dal lat. *detestābilis*; a. 1342] **agg.** degno d'essere detestato: *è un vizio detestabile* || pessimo: *uomo, discorso detestabile* || **detestabilménte avv.** || **N.** *Sin.* abominevole, esecrabile, odioso.

detestàre (pres. *-èsto*) [dal lat. *dētestāri*, respingere una testimonianza; a. 1363] **tr.** avere in orrore, in odio: *detesto simili sistemi* || **N.** *Sin.* aborrire, esecrare, odiare, riprovare.

detestazióne [dal lat. *detestātio, -ōnis*; a. 1342] **sf.** *lett.* il detestare.

detettóre **sm.** v. DETECTOR.

detonànte (*ppr.* di *detonare*) [1869] **I agg.** che esplode mediante detonazione: *capsule detonanti,* cilindretti di metallo, contenenti sostanze capaci di detonare per urto o accensione, che servono a provocare la reazione di decomposizione negli esplosivi **II sm.** sostanza chimica che provoca la detonazione degli esplosivi.

detonàre (pres. *-òno*) [dal lat. *detonāre*, attr. il fr. *détoner*; 1795] **intr.** (aus. *avere*) esplodere mediante detonazione || *per estens.* scoppiare fragorosamente.

detonatóre [da *detonare*, come il fr. *détonateur*; 1892] **I agg.** (f. *-trìce*) che provoca la detonazione || *elemento detonatore,* causa scatenante **II sm.** apparecchio detonante che produce la detonazione degli esplosivi. **TAV.** ***armi*** **p. 649** 19.7, 22.8, 24.4.

detonazióne [da *detonare*, come il fr. *détonation*; 1739] **sf.** *T.chim.* decomposizione quasi istantanea degli esplosivi, con una velocità di propagazione dell'onda esplosiva dell'ordine di alcune migliaia di metri al secondo, molto più rapida della *deflagrazione* || *per estens.* scoppio fragoroso (spec. di proiettili).

detonòmetro [comp. di *deton(are)* e *-metro*; 1956] **sm.** *T.tecn.* dispositivo che misura il numero di ottani di un carburante in base all'intensità della detonazione.

detraìbile [da *detrarre*; 1956] **agg.** che si può detrarre, spec. nel linguaggio economico: *quota detraibile dalle imposte.*

detràrre (pres. *-àggo* ecc., come TRARRE) [dal lat. *dētrahere*; 1300 ca. nel senso 2] **tr.** **1.** togliere via una quantità da altra maggiore: *detrarre dal totale le spese* **2.** *lett. disus.* dire male di qualcuno, diffamare || **N.** **1.** *Sin.* defalcare, levare, sottrarre.

detrattìvo [da *detrarre*; 1324] **agg.** *non com.* che serve a detrarre.

detràtto *pps.* di *detrarre* (v.).

detrattóre [dal lat. *detractor, -ōris*; 1303 ca.] **sm.** (f. *-trìce*) chi sparla di qualcuno per nuocere alla sua reputazione || **N.** *Sin.* calunniatore, denigratore, diffamatore, maldicente.

detrazióne [dal lat. *detractio, -ōnis*; a. 1324] **sf.** **1.** il detrarre || la somma detratta **2.** *lett. disus.* maldicenza.

detribalizzazióne [comp. parasint. di *tribale*; 1987] **sf.** in sociologia e in antropologia culturale, il processo di graduale abbandono dell'organizzazione e dei caratteri tribali da parte di popolazioni primitive.

detriménto [dal lat. *dētrīmentum*, propr. sfregamento, attrito; 1364 ca.] **sm.** danno, pregiudizio || **N.** DANNO.

detrìtico (pl. *-ci*) [dal fr. *détritique*; 1951] **agg.** costituito di detriti: *falde detritiche, deposito detritico.*

detritìvoro [comp. di *detrito* e *-voro*; 1972] **agg.** e **sm.** *T.ecol.* detto di organismo che si ciba di materiali organici, vegetali e animali, in decomposizione e sfrutta l'energia in essi contenuta.

detrìto [dal lat. *dētrītus*, pps. di *dēterere*, logorare, attr. il fr. *détritus*; 1846] **sm.** residuo di una sostanza distrutta o ridotta in frammenti || *T.geol.* frammento proveniente dalla disgregazione meccanica delle rocce || *fig.* relitto: *i detriti della società* || **N.** *Sin.* avanzo, frammento, reliquato, relitto, rottame, scoria, sfasciume.

detronizzàre [comp. parasint. di *trono*; 1745] **tr.** deporre dal trono || *fig.* spodestare, destituire, deporre.

detronizzazióne [da *detronizzare*; 1799] **sf.** l'azione di detronizzare.

detrùdere (pres. *-ùdo*, p.rem. *detrùsi*, pps. *detrùso*) [dal lat. *detrūdere*; 1321 ca.] **tr.** *arc.* cacciar giù.

detrusóre [dal lat. *detrudere*, cacciar giù; 1937] **agg.** *T.anat.* *muscolo detrusore,* fascio muscolare della parete vescicale, la cui contrazione provoca l'espulsione dell'urina dalla vescica.

détta[1] [dal lat. *dicta*, le cose dette; 1618] **sf.** usato solo nei modi *a detta del tale, a detta sua* ecc., secondo ciò che dice il tale, lui ecc.

détta[2] [dal lat. *dicta*; a. 1566] **sf.** *arc.* sorte, buona fortuna || debito: *essere in detta* (*indettato*) *con qualcuno,* essergli debitore || **N.** *Contr.* disdetta.

dettagliànte [dal fr. *détaillant*; 1881] **sm.** venditore al minuto.

dettagliàre (pres. *-àglio*) [dal fr. *détailler*; 1781] **tr.** **1.** descrivere o narrare minutamente, esporre per filo e per segno: *dettagliare le circostanze di un fatto* **2.** *non com.* vendere al minuto || **N.** **1.** *Sin.* circostanziare, particolareggiare, ragguagliare.

dettagliàto (*pps.* di *dettagliare*) [1765] **agg.** particolareggiato, minuto, che entra nei minimi particolari: *esposizione dettagliata* || **dettagliataménte avv.**

dettàglio [dal fr. *detail*; a. 1712] **sm.** particolare, minuzia: *entrare nei dettagli, esporre i dettagli di un fatto, i dettagli di un congegno* || *vendere al dettaglio,* vendere al minuto || *il dettaglio,* la vendita al minuto.

dettàme [dal lat. tardo *dictāmen, -inis*; 1569] **sm.** *lett.* precetto, principio, norma: *i dettami della gastronomia* || **N.** REGOLA.

dettàre (pres. *détto*) [lat. *dictāre*; a. 1292] **tr.** **1.** pronunciare lentamente di modo che un altro possa scrivere: *dettare una lettera alla dattilografa* **2.** imporre: *dettò le condizioni della pace* || *dettar legge,* imporre la propria volontà || indicare, suggerire: *farò come mi detta la coscienza* **3.** *lett.* comporre, scrivere **4.** *arc.* insegnare all'università.

dettàto (*pps.* di *dettare*) [a. 1257] **sm.** **1.** testo scritto sotto dettatura || *T.scol.* esercizio di scrittura sotto dettatura: *prese otto in dettato* || testo rigidamente definito, assunto come norma: *il dettato della legge* **2.** imposizione perentoria: *rifiutare il dettato delle condizioni di pace* **3.** *lett. non com.* modo proverbiale che va per le bocche di tutti: *come dice il dettato, le bugie hanno le gambe corte* **4.** *lett.* stile, scrittura: *un elegante dettato* || **N.** **3.** *Sin.* DETTO.

dettatóre [dal lat. *dictātor, -ōris*; a. 1294] **sm.** (f. *-trìce*) **1.** chi detta || *T.stor. lett.* nel Medioevo, compositore di *artes dictaminum,* trattati sull'arte del comporre **2.** *ant. lett.* scrittore, scrivente.

dettatùra [da *dettare*; a. 1589] **sf.** atto del dettare: *scrivere sotto dettatura* o *a dettatura* || la cosa dettata, dettato, scrittura || esercizio scolastico del dettare.

détto (*pps.* di *dire*) [lat. *dictus*; a. 1292] **I agg.** soprannominato: *Leonardo Bruni, detto l'Aretino* || sopraddetto, citato in precedenza: *nel detto giorno*; nelle didascalie teatrali, di personaggio già presente nella scena precedente: *Figaro e detti* **II sm.** **1.** il dire: *ho inteso bene il tuo detto* || parola: *un sol detto può rovinarmi* || modo di dire, frase idiomatica || *più com.* motto, sentenza: *i detti memorabili di Socrate* || arguzia, facezia: *i detti del Pievano Arlotto* **2.** nella poesia antica, componimento realistico-giocoso di argomenti perlopiù allegorici o narrativi: *detto del Gatto Lupesco*; *detto d'Amore*; poesia: *i dolci detti vostri* (Dante) || **N.** **II** **1.** *Sin.* adagio, aforisma, apoftegma, dettato, massima, motto, proverbio, sentenza.

detumescènza [dal lat. *dētumescere*, sgonfiare; 1830] **sf.** *T.med.* diminuzione di una tumefazione.

deturpaménto [da *deturpare*; a. 1651] **sm.** atto ed effetto del deturpare.

deturpàre (pres. *-ùrpo*) [dal lat. *dēturpāre*; a. 1306] **tr.** deformare, rendere orribile: *il vaiolo gli deturpò il viso* || anche *fig.*: *questo episodio deturpa tutto il romanzo* || **N.** *Sin.* imbruttire, rovinare, sfigurare; insozzare.

deturpatóre [da *deturpare*; 1618] **agg.** e **sm.** (f. *-trìce*) che o chi deturpa.

deturpazióne [da *deturpare*; 1619 ca.] **sf.** *non com.* deturpamento.

deuce (ingl., pr. [dju:s]) [letter. due (nelle carte da gioco o nei dadi); 1964] **sm.** *T.sport.* nel tennis, situazione di parità.

deumanizzazióne [comp. di *de-* e *umanizzazione*; 1978] **sf.** l'azione o il processo per cui si priva qualcuno delle caratteristiche umane e lo si fa diventare simile a una macchina: *la deumanizzazione della forza lavoro* || il rendere impersonale o indifferente ai valori umani.

deumidificàre (pres. *-ìfico*) [da *umidificare*; 1956] **tr.** ridurre il grado di umidità di un ambiente chiuso o di una sostanza gassosa: *deumidificare una stanza, l'aria* || **N.** *Contr.* umidificare.

deumidificatóre [da *deumidificare*; 1937] **sm.** apparecchio di uso comune nelle abitazioni, che serve a deumidificare l'aria di un ambiente chiuso.

deumidificazióne [da *deumidificare*; 1937] **sf.** operazione e risultato del deumidificare un ambiente o una sostanza gassosa.

deus ex machina (lat., pr. it. ['dɛus ɛks

'makina]) [letter. divinità (che scende) da una macchina; a. 1883] **loc. m. inv.** il nume che appariva nei teatri, sorretto da qualche meccanismo, per sciogliere il nodo di un dramma || *fig.* l'intervento più o meno miracoloso di qualcosa o qualcuno nel momento opportuno per sciogliere una questione, una difficoltà; in letteratura, una soluzione inattesa e gratuita della vicenda.

deuteragonista [dal gr. *deuteragōnistḗs*; a. 1718] **sm.** il secondo attore dell'antico dramma greco.

deutèrio [dall'ingl. *deuterium*, dal gr. *deúteros*, secondo; 1934] **sm.** *T.chim.* isotopo dell'idrogeno, di cui ha peso atomico doppio || **N.** acqua pesante.

dèutero- [dal gr. *déuteros*, secondo] **primo elem.** che, in parole composte dotte e della terminologia scientifica, ha il valore di "secondo" (per es. *deuteragonista*).

deuterocanònico (pl. *-ci*) [comp. di *deutero-* e *canonico*; 1830] **agg.** *T.eccl.* si dice di libri della Sacra Scrittura considerati parte del Canone in una seconda fase rispetto a quelli canonici, e soltanto dalla Chiesa cattolica, mentre gli Ebrei e i Protestanti li respingono come apocrifi.

Deuteromicèti (sing. *-e*) [comp. di *deutero-* e *micete*; 1929] **sm. pl.** *T.bot.* gruppo di funghi a micelio settato, saprofiti o parassiti di piante e animali, talvolta patogeni, che si riproducono per mezzo di conidi; costituisce una classificazione provvisoria di forme asessuate di funghi di cui è ancora sconosciuta la forma sessuata. **Q.T.** *botanica*.

Deuteròstomi o **Deuterostòmi** (sing. *-a*) [comp. di *deutero-* e un der. del gr. *stóma*, bocca; 1931] **sm. pl.** *T.zool.* animali caratterizzati dal fatto che, nell'embrione, il blastoporo della gastrula dà origine all'ano, mentre l'apertura della bocca si forma secondariamente all'estremità opposta; costituiscono una delle due principali linee evolutive del regno animale || **N.** *Contr.* protostomi.

deutóne [comp. di *deut(erio)* e *-one*; 1934] **sm.** *T.fis.* il nucleo del deuterio, costituito da un neutrone e da un protone.

deutoplàṣma [comp. di *deuto-*, deutero- e *plasma*; 1932] **sm.** *T.biol.* in embriologia, insieme di sostanze (proteine, grassi, sali ecc.) presenti nella cellula uovo e costituenti il nutrimento di riserva dell'embrione.

devadàṣi [dall'ant. ind. *dēvadāsī*, schiava della divinità; 1892] **sf. inv.** vergine addetta al servizio della pagoda, in India.

devaloriẓẓàre [comp. parasint. di *valore*; 1989] **tr.** *non com.* privare di valore, svalutare, in senso *fig.*: *dobbiamo affermarci diversi rispetto ad una società devalorizzata.*

devalutazióne [da *svalutazione*, con cambio di pref.; 1925] **sf.** *T.econ.* provvedimento ufficiale di riduzione del valore nominale di un titolo o di una moneta.

devanagàri [dal sanscrito *devanāgari*, (scrittura) della città divina; 1956] **sf. inv.** l'alfabeto più comunemente usato per scrivere l'indiano antico, in uso ancora oggi, con qualche modificazione, per l'hindi e per diverse lingue indo-arie moderne. **TAV.** *alfabeti* 6.

devanagàrico (pl. *-ci*) [da *devanagari*; 1930] **I sm.** devanagari **II agg.** relativo alla devanagari: *alfabeto devanagarico, scrittura devanagarica.*

devastaménto [da *devastare*; a. 1748] **sm.** *raro* atto ed effetto del devastare, devastazione.

devastànte (*ppr.* di *devastare*) [1830] **agg.** che produce effetti rovinosi, che distrugge senza risparmiare alcunché, anche *fig.*: *effetto devastante di una bomba, una critica devastante.*

devastàre [dal lat. *devastāre*, sec. XIII] **tr.** saccheggiare, rovinare: *devastare un paese, i campi* || deturpare: *la lebbra gli aveva devastato il corpo* || **N.** *Sin.* depredare, desolare, distruggere, far man bassa, malmenare, mettere a ferro e fuoco, mettere a soqquadro, sconquassare, sterminare.

devastàto (*pps.* di *devastare*) [a. 1761] **agg.** messo a soqquadro, distrutto || deturpato, sconvolto: *volto devastato dalla sofferenza.*

devastatóre [dal lat. *devastātor, -oris*; 1710] **sm.** e **agg.** (f. *-trice*) che o chi devasta || **N.** *Sin.* depredatore, distruttore, saccheggiatore, sterminatore.

devastazióne [dal lat. *devastātio, -ōnis*; a. 1540] **sf.** atto ed effetto del devastare, ad opera di uomini o di eventi naturali || **N.** *Sin.* danno, desolazione, distruzione, guasto, rovina, saccheggio, sconquasso, soqquadro.

devenìre (pres. *-èngo* ecc., come VENIRE) [dal lat. *devenīre*, scendere; fine sec. XIV] **intr.** (aus. *essere*) *raro* venire, giungere a una conclusione; spec. come voce del linguaggio forense: *devenire a una risoluzione, a una sentenza finale* || **N.** *Sin.* addivenire.

deverbàle [comp. parasint. di *verbo*; 1951] **agg.** e **sm.** *T.ling.* detto di parola derivata da un verbo (come in italiano *accusa* da *accusare*).

deverbatìvo [comp. parasint. di *verbo*; 1970] **agg.** e **sm.** deverbale, con particolare riferimento ai verbi derivati da verbi (per es. *immettere*).

devetrificazióne [comp. di *de-* e *vetrificazione*; 1956] **sf.** *T.chim.* passaggio di una sostanza dallo stato vetroso a quello cristallino.

deviaménto [da *deviare*; 1627] **sm.** atto ed effetto del deviare || detto particolarmente di un treno che esce dal percorso consueto || *T.sport.* nella scherma, il lieve e graduato appoggio della propria spada su quella avversaria, per deviare la punta dalla linea d'offesa.

deviànte (*ppr.* di *deviare*) [1978] **agg. 1.** che devia dalla norma, che non si conforma alla regola generale o alla consuetudine: *comportamento, fenomeno deviante* || *in part.* in psicologia e in sociologia, di persona che, per motivi psicologici di disadattamento, assume atteggiamenti antisociali: *carattere deviante*; anche *s.*: *reintegrare i devianti nella società* **2.** sviante, che porta fuori strada, che mira a confondere: *discorsi devianti* || **N. 1.** *Sin.* anomalo, anormale, inconsueto | *Contr.* consueto, normale, ordinario **2.** *Sin.* fuorviante.

devianza [da *deviare*; 1956 nel senso 2] **sf. 1.** carattere dei comportamenti o atteggiamenti umani che non si conformano alle aspettative o alle norme o consuetudini sociali: *un comportamento che presenta devianza* **2.** *T.fis.* la componente di una forza areodinamica applicata a un solido, perpendicolare al piano individuato dai vettori velocità del solido e portanza **3.** *T.stat.* somma dei quadrati delle differenze di una serie di valori osservati dalla loro media: *devianza di una serie numerica.*

deviàre (pres. *-ìo, -ìi*) [dal lat. tardo *deviāre*; a. 1294 *desviare*] **intr.** (aus. *avere*) uscire dal percorso consueto, cambiare direzione: *i lavori in corso costrinsero il tram a deviare* || *fig.* allontanarsi da un comportamento normale, venir meno alle regole consuete || **tr.** far cambiare percorso: *deviare il traffico, un corso d'acqua* || far cambiare lievemente direzione: *il portiere riuscì appena a deviare la palla in angolo* || *fig.* allontanare: *il tuo discorso m'ha deviato dall'argomento* || **N. intr.** *Sin.* distogliersi, scostarsi; pervertirsi, traviarsi | **tr.** divertere, stornare, sviare.

deviàta [da *deviare*; 1956] **sf.** *T.mar.* ogni costa di uno scafo di legno che non sia perpendicolare al piano diametrale della nave.

deviàto (*pps.* di *deviare*) [a. 1673] **I agg. 1.** che ha subito una deviazione **2.** che presenta comportamento o atteggiamenti socialmente devianti **II sm.** (f. *-a*) persona deviata.

deviatóio (pl. *-ói*) [da *deviare*; 1912] **sm.** *disus.* scambio ferroviario.

deviatóre [dal lat. *deviātor, -ōris*; a. 1920] **sm. 1.** ferroviere addetto alla manovra degli scambi **2.** apparecchio atto a deviare un flusso. **TAV.** *ottica* **p. 1329** 8.3.

deviazióne [dal lat. *deviātio, -ōnis*; 1623] **sf. 1.** allontanamento dal percorso consueto, cambiamento di direzione: *deviazione di una particella, di un fascio di luce* || spostamento da una linea o una posizione normale: *deviazione della colonna vertebrale*; *deviazione della bussola*, angolo tra la direzione dell'ago e quella del meridiano magnetico || *T.sport.* nel calcio e sim., intervento che modifica la traiettoria del pallone: *deviazione in angolo, di testa, al volo* **2.** percorso alternativo: *abbiamo dovuto percorrere una lunga e tortuosa deviazione a causa di una frana* **3.** *fig.* allontanamento dalla norma sul piano morale, dell'equilibrio psichico ecc. **4.** *T.stat. deviazione standard*, in un insieme di dati numerici, la radice della media aritmetica dei quadrati delle differenze tra ciascun termine e il valor medio; misura il grado di dispersione dei dati || **N. 1.** *Sin.* deflessione, scostamento; correzione **2.** *Sin.* diramazione **3.** *Sin.* devianza, perversione **4.** *Sin.* scarto quadratico medio. **Q.T.** *statistica...*

deviazioniṣmo [da *deviare*; 1920] **sm.** l'allontanarsi, nel campo ideologico, dalle direttive dottrinali di un partito politico.

deviazionista [da *deviare*; 1950] **s.** chi pecca di deviazionismo.

deviazionìstico (pl. *-ci*) [da *deviazionista*; 1970] **agg.** caratterizzato da deviazionismo.

dèvio (pl. *-vi* o *-vii*) [dal lat. *dēvius*; a. 1476] **agg.** che devia, che è fuor di strada.

devisceràre (pres. *-ìscero*) [comp. parasint. di *viscere*; 1970] **tr.** togliere i visceri, rif. ad animali macellati: *polli deviscerati.*

de visu (lat., pr. it. [de 'vizu]) [letter. di veduta] **loc. avv.** di veduta, visto coi propri occhi, direttamente: *rendersi conto de visu.*

devitaliẓẓàre [dal fr. *dévitaliser*; 1942] **tr.** *T.med.* privare dell'attività vitale, rendere inattive le funzioni di una parte del corpo per scopi terapeutici: *devitalizzare un dente*, distruggerne la polpa dentaria.

devitaliẓẓazióne [da *devitalizzare*; 1970] **sf.** *T.med.* operazione del devitalizzare, spec. in odontoiatria: *devitalizzazione di un nervo.*

devitaminiẓẓàre [da *vitaminizzare*; 1956] **tr.** *T.med.* privare un organismo di vitamine || **intr. pron.** *T.med. devitaminizzarsi*, di un organismo, perdere contenuto vitaminico.

devocaliẓẓazióne [comp. parasint. di *vocale*; 1970] **sf.** *T.ling.* desonorizzazione.

devoltàre (pres. *-òlto*) [comp. parasint. di *volt*; 1983] **tr.** *T.elettr.* alimentare un apparecchio elettrico a corrente di voltaggio inferiore a quello per cui esso è predisposto.

devoltóre [da *devoltare*; 1983] **sm.** *T.elettr.* dispositivo che riduce la tensione di una corrente elettrica.

devolutìvo [da *devolvere*; 1673] **agg.** *T.giur.* che riguarda la devoluzione.

devolùto *pps.* di *devolvere* (v.).

devoluzióne [dal lat. mediev. *devolutio, -ōnis*; 1639 ca.] **sf.** *non com.* atto ed effetto del devolvere || *T.giur.* passaggio di un diritto da una persona a un'altra.

devòlvere (pres. *devòlvo*; p.rem. *devolvètti* o *devolvéi, devolvésti, devolvètte* o *devolvé, devolvèttero* o *devolvérono*; fut. *devolverò*; pps. *devolùto*) [dal lat. *dēvolvere*, far rotolare giù; 1529] **tr. 1.** destinare ad altri, rif. a somme di denaro o beni: *devolvere una parte dell'incasso in beneficenza* **2.** *T.giur.* demandare ad altri la competenza di una causa e sim. || **intr. pron.** *lett.* riversarsi, scorrere: *tra le uberi sponde lo splendido fiume devolvesi* (Carducci).

devon (ingl., pr. [ˈdevən]) [dal nome della contea inglese; 1963] **sm.** *inv.* (anche pl. *devons*, pr. [ˈdevənz]) *T.pesc.* esca artificiale metallica consistente in un pesciolino finto. TAV. *pesca* 8.1.

devoniàno [dall'ingl. *devonian*, della contea di *Devon*; 1875] **agg.** e **sm.** (con iniziale maiuscola) *T.geol.* del quarto periodo dell'era primaria, che sta tra il Siluriano e il Carbonifero.

devònico (pl. *-ci*) [dal n. geogr. *Devon*, contea ingl.; 1931] **agg.** *T.geol.* devoniano.

devòto [dal lat. *dēvōtus*; a. 1294] **I agg. 1.** di persona, che nutre profondi sentimenti di affetto, rispetto o amore verso qualcuno: *un marito devoto, un allievo devoto al suo maestro* ‖ *disus. suo devotissimo*, formula conclusiva di cortesia in lettere e sim. ‖ di comportamento, caratterizzato da devozione: *un atteggiamento devoto* **2.** *in part.* che professa un credo religioso con adesione profonda e ne osserva fedelmente i riti: *è stato allevato in una famiglia molto devota* **3.** *lett.* consacrato, destinato, votato: *i corpi che alla Grecia eran devoti* (Leopardi); *vieni, devota vittima* (Carducci) **II sm.** (f. *-a*) chi frequenta assiduamente le funzioni religiose, o pratica intensamente un particolare culto: *i devoti di Krishna* ‖ **devotaménte avv.** anche *disus.* in formule epistolari: *devotamente Suo* ‖ **N. I 1.** *Sin.* fedele, ossequioso, rispettoso **2.** osservante, pio; bigotto.

devozionàle [da *devozione*; 1921] **I agg.** *non com.* di devozione, che esprime devozione: *atto devozionale* **II sm.** *T.rel.* nome generico di oggetti di devozione (per es. immagini sacre, croci ecc.) il cui culto è ammesso dalla Chiesa cattolica come mezzo per agevolare e rafforzare la fede.

devozióne [dal lat. *devotio, -ōnis*; a. 1243] **sf. 1.** sentimento di affetto profondo, rispetto o anche sottomissione nei confronti di persone o ideali: *la sua devozione ai capi è assoluta, devozione alla patria* ‖ ossequio, nelle formule epistolari: *gradisca i sensi della mia devozione* **2.** *in part.* atteggiamento di reverenza nei confronti di una religione, pratica assidua dei suoi culti **3.** *pl. dire le devozioni*, recitare le preghiere del mattino e della sera ‖ **N. 1.** *Sin.* dedizione, fedeltà, obbedienza **2.** *Sin.* osservanza | cieca, fanatica.

dhàrma [dal sanscr. *dharma*, letter. ciò che sta fermo, ciò che è fisso e stabilito; 1931] **sm.** *inv. T.rel.* **1.** nell'induismo, il ruolo (compiti, doveri, limiti, facoltà, qualità ecc.) assegnato ad ogni singola persona e cosa nell'ordine universale, la condotta appropriata alla propria natura e alla propria condizione di casta **2.** nel buddismo, la dottrina predicata dal Buddha.

di[1] [lat. *dē*; inizio sec. XII] **prep.** si può elidere, non obbligatoriamente, davanti a vocale; l'elisione è però obbligatoria in molte espressioni più o meno irrigidite: *un pezzo d'uomo, d'estate e d'inverno, delitto d'onore, cose d'altri tempi* ecc. ‖ con l'articolo determinativo forma le preposizioni articolate *del, dello, della, dei, degli, delle* ‖ introduce diversi complementi: — di specificazione: *il sorgere del sole, la luce delle stelle* | — di specificazione possessiva: *la casa dello zio, il cane del padrone* | — di specificazione partitiva, spec. nei superlativi: *il più astuto di tutti, uno di voi* | — partitivo: *ho mangiato del pane, hai degli occhi bellissimi* | — di materia: *statua di bronzo* | — di discendenza o provenienza: *Piero della Francesca, Mario di Pietro* o *del fu Pietro, è uno di Milano, è originario di Como* | — di abbondanza o privazione: *è ricco* (o *scarso*) *di beni* | — di mezzo o strumento: *lo ferì di spada* | — di modo o maniera: *mangia di buon appetito, cammina di buon passo* | — di causa: *morì di tifo* | — di limitazione: *debole di cuore* | — di argomento: *ci parlò di politica*; anche nei titoli di opere, oggi *disus.*: *Del principe* | — di peso: *il carico di un quintale* | — di prezzo: *cosa di poco valore* | — di colpa: *reo di furto* | — di pena: *multa di mille lire, dieci anni d'esilio* | — di moto da luogo: *esco di casa* | — di tempo determinato: *giunse di notte* | — di età: *un ragazzo di tredici anni, un libro vecchio di trent'anni* | — di distribuzione: *di due in due* | — di paragone: *è più duro* (o *meno duro*) *del ferro* | — di denominazione: *l'isola di Capri, il mese di febbraio* | — di qualità: *uomo d'ingegno* ‖ si combina con molte altre prep., dando luogo a loc. come *senza di, su di, prima di, dopo di, contro di* ecc., che hanno significato uguale a quello delle prep. semplici corrispondenti, ma sono preferite, e spesso obbligatorie, con i pronomi personali: *prima di te, dopo di te* ecc. ‖ compare come ultimo elemento di numerose loc. prep.: *invece di, per mezzo di, a causa di*, per le quali v. i lemmi relativi ‖ può precedere alcuni avv. senza mutarne il senso: *di sopra, di sotto* ecc. ‖ forma numerosissime loc. avv.: *di nascosto, di sbieco, di gran lunga* ecc., per cui v. i rispettivi lemmi ‖ si usa pleonasticamente in forme come *dir di no* ‖ seguita dall'inf. di un verbo, forma vari tipi di proposizioni implicite, spesso equivalenti a costruzioni con *che* e il cong.: — soggettiva: *di rischiare non m'importa* | — oggettiva: *crede di aver ragione* | — finale: *ti prego di aiutarmi* | — causale: *sono dispiaciuto di non poter venire con voi* | — consecutiva: *è degno di essere ascoltato.*

di[2] [lettura della lettera *d*] **sf.** (meno com. *sm.*) nome della lettera *d* (v.).

dì (sempre accentato) [lat. *diēs, diēi*; a. 1292] **sm.** *poet.* giorno ‖ freq. nelle prescrizioni mediche: *dieci gocce due volte al dì* ‖ *di notte e dì*, continuamente ‖ **N.** *Sin.* GIORNO.

di-[1] [lat. *de-*] **pref.** può indicare intensità (*dilacerare, divampare*), negazione (*disperare*), movimento verso il basso (*divallare*).

di-[2] [dal gr. *di-*, da *dís*, due volte] **pref.** in formazioni deverbali o parasintetiche ha valore di due o doppio (come in *diedro, diglifo, diodo, dittero*).

di-[3] [riduzione di *dia-* davanti a vocale] v. DIA-.

dia- [dal gr. *diá*] **pref.** ha il valore di "attraverso" "per mezzo di" (come in *diatermano, diafototropismo*).

dìa sf. *arc.* v. DEA.

diabàṣe [dal fr. *diabase*; 1817] **sm.** *T.min.* roccia eruttiva effusiva, generalmente formante filoni.

diabàtico (pl. *-ci*) [dal gr. *diabatikós*, capace di superare le altezze; 1983] **agg.** si dice di trasformazione termodinamica in cui avviene scambio di calore con l'ambiente ‖ **N.** *Contr.* adiabatico.

diabète [dal gr. *diabḗtēs*, da *diábainein*, passare attraverso; a. 1492 sf.] **sm.** *T.med.* **1.** *diabete mellito* (o com. *diabete*), malattia del ricambio che consiste in una eliminazione duratura di zucchero con l'urina, dovuta all'alta percentuale di zucchero nel sangue **2.** *diabete insipido*, sindrome caratterizzata dall'emissione di grandi quantità di urina con conseguente disidratazione e sete intensa ‖ **N. 1.** glicosuria **2.** polidipsia.

diabètico (pl. *-ci*) [da *diabete*; a. 1498] **I agg.** di diabete **II sm.** (f. *-a*) malato di diabete.

diabètide [da *diabete*; 1956] **sf.** *T.med.* manifestazione cutanea patologica (eczema, foruncolosi, prurito e sim.) provocata dal diabete.

diabetògeno [comp. di *diabete* e *-geno*; 1948 nel senso 2] **agg. 1.** *T.med.* detto di un agente che può provocare il diabete **2.** *T.fisiol. ormone diabetogeno*, ormone prodotto dall'ipofisi che controlla la concentrazione di glucosio nel sangue.

diabetologìa [comp. di *diabete* e *-logia*; 1973] **sf.** *T.med.* branca della medicina che si occupa di individuare le cause del diabete e di determinarne le cure.

diabetòlogo (pl. *-gi*) [comp. di *diabete* e *-logo*; 1980] **sm.** *T.med.* studioso e specialista di diabetologia.

diabolicità [da *diabolico*; 1975] **sf.** qualità di chi o di ciò che è diabolico.

diabòlico (pl. *-ci*) [dal lat. *diabolicus*; sec. XIII] **agg.** di, del diavolo: *arti diaboliche* ‖ infernale, cattivo, maligno, anche *iperb.*: *calunniatore diabolico, oggi fa un tempo diabolico* ‖ **diabolicaménte avv.**

diàbolo [dal fr. *diabolo*, estratto da *diabolique*; a. 1939] **sm.** *T.gioc.* gioco consistente in un rocchetto che si fa balzare in aria per mezzo di una funicella, legata per i due capi alla cima di due bacchette, raccogliendolo quindi ancora in equilibrio sulla funicella stessa.

diàbroṣin o **diàbroṣi** [dal gr. *diábrōsis*; 1830 *diabrosi*] **sf.** *T.med.* erosione, ulcerazione da erosione ‖ *emorragia per diabrosin*, emorragia per erosione dei vasi sanguigni.

diacàustica [comp. di *dia-* e *caustica*; 1931] **sf.** *T.ott.* caustica formata per rifrazione.

diacciàre e der. forme tosc. di GHIACCIARE e der.

diàccio[1] (pl. *-ci*) [var. di *ghiaccio*; prima metà sec. XIV] **I sm.** *tosc.* ghiaccio ‖ *fig.* macchia biancastra e trasparente presente in alcuni marmi **II agg.** *tosc.* gelido, ghiacciato.

diàccio[2] *arc. tosc.* v. ADDIACCIO.

diacciòla [dal tosc. *diaccio*, ghiaccio; 1934] **sf.** erba della famiglia delle Aizoacee che presenta sui rami e sulle foglie grosse papille acquifere, simili a gocce di brina.

diacetil- [comp. di *di-* e *acetil(e)*] **primo elem.** indica la presenza in un composto organico di due radicali acetile.

diachènio (pl. *-ni*) [comp. di *di-* e *achenio*; 1829] **sm.** *T.bot.* frutto secco, com. nelle Ombrellifere, costituito da due acheni.

diacinèṣi [comp. di *dia-* e *cinesi*; 1948] **sf.** *T.biol.* in citologia, stadio della profase della meiosi in cui i cromosomi omologhi iniziano a migrare verso i poli opposti.

diaciṣdodecaèdro [comp. del gr. *diákis*, due volte e *dodecaedro*; 1931] **sm.** *T.geom.* solido geometrico poliedrico con ventiquattro facce trapezoidali; è una delle forme semplici che possono assumere i cristalli del sistema monometrico.

diàclaṣi [comp. di *dia-* e gr. *klásis*; 1925] **sf.** *T.geol.* frattura della roccia senza spostamenti relativi in altezza tra i due bordi, dovuta a cause meccaniche, come per es. movimenti tellurici; è frequente nelle Dolomiti e può estendersi per decine o anche molte centinaia di metri.

diaconàle [da *diacono*; a. 1619] **agg.** di diacono.

diaconàto [dal lat. tardo *diaconātus*; a. 1342] **sm.** *T.eccl.* il secondo degli ordini sacri maggiori della Chiesa cattolica, di grado inferiore al presbiterato ‖ l'ufficio di diacono ‖ il complesso dei diaconi (di una diocesi e sim.).

diaconéssa [dal lat. tardo *diaconissa*; a. 1342] **sf.** *T.eccl.* donna addetta a compiti assistenziali e di carità, nella Chiesa cristiana primitiva e in molte Chiese protestanti attuali.

diaconìa [dal lat. eccl. *diaconia*; sec. XVI nel senso 2] **sf. 1.** *T.eccl.* titolo e dignità di cardinale diacono **2.** *T.eccl.* chiesa di Roma retta da un cardinale diacono **3.** ospizio che nelle chiese antiche era aperto ai poveri e agli infermi ‖ nei paesi di religione protestante, istituto laico d'assistenza.

diacònico (pl. *-ci*) [dal lat. tardo *diacŏnicum*; 1820] **sm.** *T.arch.* nella basilica paleocristiana piccolo ambiente a fianco dell'abside centrale, adibito alla conservazione degli oggetti del culto.

diàcono [dal lat. tardo *diāconus*; sec. XIII]

sm. *T.eccl.* nella Chiesa cattolica, chi ha ricevuto il secondo degli ordini sacri maggiori e può assistere il sacerdote in certe funzioni ‖ nella Chiesa primitiva, coadiutore del vescovo con compiti prevalentemente amministrativi e assistenziali ‖ *cardinale diacono*, cardinale che appartiene all'ordine cardinalizio dei diaconi (gli altri due ordini sono dei cardinali preti e dei cardinali vescovi) ‖ **N.** protodiacono, suddiacono | dalmatica.

diàcope [dal lat. *diacope*, gr. *diakopḗ*; 1631] **sf.** **1.** *T.ling. raro* tmesi **2.** *T.med.* frattura longitudinale del cranio.

diacrìtico (pl. *-ci*) [dal gr. *diakritikós*; 1913] **agg.** *T.filol.* e *T.ling.* di segno aggiunto ai caratteri dell'alfabeto per dar loro un particolare valore (ad es. l'accento che distingue *sé* pron. da *se* cong.). **Q.T.** *linguistica.*

diacronìa [dal fr. *diachronie*; 1942] **sf.** *T.ling.* valutazione dei fatti linguistici in ordine all'evoluzione nel tempo ‖ **N.** sincronia. **Q.T.** *linguistica.*

diacrònico (pl. *-ci*) [dal fr. *diachronique*; 1942] **agg.** *T.ling.* che tiene conto o si occupa dell'evolversi nel tempo dei fatti linguistici: *fonologia diacronica, descrizione diacronica di una lingua* ‖ **diacronicaménte** **avv.** dal punto di vista diacronico ‖ **N.** sincronico.

diade [dal lat. tardo *dyas, -adis*; 1843] **sf.** coppia di enti o di concetti.

diadèlfo [comp. di *di-* e gr. *adelphós*, fratello; 1929] **agg.** *T.bot.* detto di pianta, fiore o androceo i cui stami hanno i filamenti riuniti in due fasci.

diadèma [dal lat. tardo *diadēma*; sec. XIV] **sm.** **1.** fascia di tela bianca che anticamente i re portavano in capo ‖ corona reale ‖ corona od altro ornamento che si dipinge sopra il capo delle immagini sacre **2.** ornamento femminile del capo, con gemme, portato in occasioni di gala ‖ **N.** mitra; aureola; CORONA.

diademàto [dal lat. *diademātus*; a. 1604] **agg.** cinto di diadema ‖ *per estens. T.arald.* detto di figure che hanno un cerchio intorno al capo (per es. i santi, l'aquila imperiale, il leone di san Marco, l'agnello pasquale ecc.).

diàdico (pl. *-ci*) [da *diade*; 1956] **agg.** relativo a una coppia: *numerazione diadica, ritmo diadico; relazione diadica*, che sussiste tra due elementi ‖ **N.** *Sin.* binario.

diàdoco (pl. *-chi*) [gr. *diádochos*; 1828] **sm.** *T.stor.* ciascuno dei successori di Alessandro Magno ‖ titolo del principe ereditario di Grecia.

diadococinèṣi o **diadococineṣìa** [comp. del gr. *diadochḗ*, successione e *-cinesi*; 1956] **sf.** *T.med.* in neurologia, la capacità di compiere rapide successioni di movimenti volontari.

diadùmeno [dal gr. *diadoúmenos*; 1931] **sm.** nella scultura greca dell'antichità classica, il soggetto raffigurante l'atleta in atto di cingersi intorno alla testa la benda, simbolo della vittoria: *il diadumeno di Policleto, la statua del diadumeno di Fidia.*

diafaneità V. DIAFANITÀ.

diafanimetrìa [comp. di *diafano* e *-metria*; 1956] **sf.** *T.meteor.* la misurazione del grado di trasparenza dell'atmosfera.

diafanimètrico (pl. *-ci*) [da *diafanimetria*; 1956] **agg.** *T.meteor.* relativo alla diafanimetria.

diafanìmetro [comp. di *diafano* e *-metro*; 1956] **sm.** *T.meteor.* strumento che misura la trasparenza atmosferica, e quindi la visibilità.

diafanità o **diafaneità** [da diafano; a. 1320] **sf.** *non com.* qualità di un corpo diafano; trasparenza.

diàfano [gr. *diaphanḗs*; 1308 ca.] **agg.** trasparente, di corpo che lascia passare la luce ‖ *lett.* pallido, smunto: *viso diafano* ‖ **N.** *Sin.* limpido, traslucido, TRASPARENTE | *Contr.* opaco.

diafanògrafo [comp. di *diafano* e *-grafo*; 1940] **sm.** *T.pitt.* strumento del disegnatore per ritrarre una immagine attraverso un vetro.

diafanoscopìa [comp. di *diafano* e *-scopia*; 1956] **sf.** *T.med.* tecnica diagnostica usata in otorinolaringoiatria per ottenere, mediante introduzione di una sorgente luminosa nella bocca del paziente, l'immagine per trasparenza delle cavità paranasali.

diafanoscòpio (pl. *-pi*) [comp. di *diafano* e *-scopio*; 1956] **sm.** *T.med.* apparecchio per ottenere la diafanoscopia.

diàfiṣi [dal gr. *diáphysis*; 1830] **sf.** *T.anat.* il corpo di un osso, che è posto tra le due estremità o epifisi.

diafonìa [dal gr. *diaphonia*; 1640] **sf.** **1.** *T.mus.* nella teoria musicale medievale, forma elementare di polifonia a due voci **2.** tipo di disturbo nei circuiti di telecomunicazioni, per cui si sovrappongono conversazioni su due linee diverse.

diafònico (pl. *-ci*) [da *diafonia*; 1940] **agg.** *T.mus.* relativo alla diafonia.

diàfora [dal gr. *diáphoros*, diverso, differente; 1956] **I agg.** (solo *f.*) *T.geogr. linea diafora*, linea ideale che unisce i punti della superficie terrestre in cui si verifica la stessa variazione termica annua **II sf.** *T.geogr.* linea diafora.

diaforàṣi [comp. di *diafor(esi)* e *-asi*; 1956] **sf.** *T.biol. non com.* enzima che regola la respirazione cellulare nei tessuti animali e vegetali, nei batteri e nei lieviti.

diaforèṣi [dal lat. tardo *diaphorēsis*, gr. *diaphórēsis*; a. 1320] **sf.** *T.med.* sudorazione eccessiva ‖ **N.** *Sin.* iperidrosi.

diaforètico (pl. *-ci*) [dal lat. tardo *diaphorēticus*, gr. *diaphorētikós*; a. 1320] **agg.** e **sm.** di medicamento atto a promuovere la sudorazione.

diafototropìṣmo [comp. di *dia-*, *foto-* e *tropismo*; 1956] **sm.** movimento di un organo vegetale che si dispone perpendicolarmente rispetto alla direzione di uno stimolo luminoso; è caratteristico delle foglie di molte piante ‖ **N.** *Sin.* fototropismo trasversale.

diafràgma e der. forme ant. di DIAFRAMMA e der.

diafragmìte V. DIAFRAMMITE.

diaframma [dal lat. tardo *diaphragma*, gr. *diáphragma*, tramezzo; 1474 nel senso 2] **sm.** **1.** elemento separatore; anche *fig.* barriera: *tra i due si era creato un insuperabile diaframma di ostilità* ‖ *T.ling.* in fonetica, il punto di maggiore occlusione della cavità orale, variabile a seconda delle diverse articolazioni **2.** *T.anat.* muscolo appiattito e sottile che divide il torace dall'addome; controlla l'espansione dei polmoni nella respirazione **3.** membrana o lamina vibrante di un apparecchio acustico (telefono, microfono ecc.) **4.** *T.fot.* disco opaco con un foro, ad apertura regolabile, che limita il campo visuale di un apparecchio ottico o fotografico, per rendere più nitida e profonda l'immagine della parte visibile; *diaframma a iride*, il cui foro si allarga o restringe mediante un sistema di laminette mobili **5.** dispositivo anticoncezionale consistente in un disco di gomma che, posto in corrispondenza del collo dell'utero, impedisce il passaggio degli spermatozoi; pessario. **Q.T.** *fotografia* **TAV.** ***anatomia* p. 642** 13.4; ***ottica* p. 1329** 4.2, 6.2.

diaframmàre [da *diaframma*; 1941] **intr.** (aus. *avere*) *T.fot.* variare l'apertura del diaframma dell'obiettivo fotografico ‖ **tr.** munire di diaframma.

diaframmàtico (pl. *-ci*) [da *diaframma*; 1830] **agg.** *T.anat.* relativo al diaframma.

diaframmìte o **diafragmìte** [comp. di *diaframma* e *-ite*[1]; 1956] **sf.** *T.med.* infiammazione del diaframma.

diagèneṣi [comp. di *dia-* e *genesi*; 1931] **sf.** *T.geol.* insieme di fenomeni fisici e chimici che trasformano i sedimenti in roccia sedimentaria compatta.

diagenètico (pl. *-ci*) [da *diagenesi*; 1931] **agg.** *T.geol.* di diagenesi, relativo a diagenesi: *processo diagenetico* ‖ formato per diagenesi: *rocce diagenetiche.*

diageotropìṣmo [comp. di *dia-*, *geo-* e *tropismo*; 1940] **sm.** *T.bot.* l'attitudine degli organi di certe piante a prendere posizione trasversale rispetto al raggio terrestre.

diagìnico (pl. *-ci*) [comp. di *dia-* e del gr. *gynḗ*, donna; 1934] **agg.** *T.med.* detto di caratteri ereditari, per es. di malattie come l'emofilia o il daltonismo, trasmessi attraverso la donna, che non ne è affetta, ai soli figli maschi.

diaglìptica [da *diaglipto*; 1940] **sf.** arte d'incidere e lavorare figure d'incavo.

diaglìpto [dal gr. *diáglyptos*; 1940] **sm.** *T.inc.* figura incisa.

diàgnoṣi [dal gr. *diágnōsis*; 1745] **sf.** *T.med.* determinazione della natura e qualità di una malattia, dedotta dai sintomi, dall'anamnesi, e dalle analisi mediche ‖ *per estens.* valutazione di un fenomeno attraverso l'analisi delle sue manifestazioni: *fare l'esatta diagnosi della situazione politica, culturale.* **Q.T.** *medicina.*

diagnòsta [da *diagnostico*; 1956] **s.** colui che formula una diagnosi, gen. un medico.

diagnòstica [dal gr. *diagnōstikós*; 1865] **sf.** *T.med.* il complesso delle tecniche di diagnosi.

diagnosticàre (pres. *-òstico, -òstichi*) [dal fr. *diagnostiquer*; 1893] **tr.** *T.med.* individuare mediante diagnosi ‖ anche *fig.* valutare con esattezza le cause di un fenomeno: *diagnosticare lucidamente i problemi economici del paese.*

diagnòstico (pl. *-ci*) [dal gr. *diagnōstikós*; 1707] **I agg.** di diagnosi, che è relativo alla diagnosi: *segni diagnostici* **II sm.** il medico che fa la diagnosi: *quel medico è un eccellente diagnostico.*

diagonàle [dal lat. *diagonālis*; a. 1606] **I agg.** trasversale, obliquo: *linee diagonali* **II sf.** **1.** *T.geom.* si dice della linea che divide un poligono in due parti, congiungendone due vertici non consecutivi: *condurre una diagonale* ‖ *in diagonale*, trasversalmente **2.** una specie di stoffa con fitte linee in rilievo, tracciate diagonalmente rispetto all'ordito **3.** *T.mil.* divisa che gli ufficiali indossano in particolari occasioni per le quali non è tuttavia richiesta la tenuta di gala ‖ **sm.** *T.sport.* nel tennis o nel calcio, colpo che si dà alla palla in direzione obliqua rispetto ai lati del campo: *lasciò partire dal vertice dell'area un preciso diagonale che si infilò nell'angolo opposto* ‖ **diagonalménte** **avv.**; nella *loc. prep. non com. diagonalmente a*, in opposizione diagonale con. **TAV.** *geometria.*

diagonalizzazióne [da *diagonale*; 1970] **sf.** *T.mat.* operazione su matrici quadrate anche di dimensione infinita, che consiste nel considerare la successione che ha al primo posto il primo elemento della prima riga della matrice, al secondo posto il secondo elemento della seconda riga ecc. ‖ *dimostrazione per diagonalizzazione*, procedimento che prova una tesi facendo ricorso a proprietà di un oggetto ottenuto mediante diagonalizzazione.

diagràmma [dal lat. tardo *diagrămma*, gr. *diágramma*, disegno, figura geometrica; 1797] **sm.** disegno rappresentativo, in riferimento ad un sistema di assi cartesiani, di una funzione matematica o dell'andamento di un fenomeno economico, sociale e sim. ‖ *per estens.* rappresentazione grafica in generale, schema ‖ *T.fis. diagramma di stato*, rappresentazione grafica delle relazioni tra le grandezze che definiscono un sistema termodinamico (per esempio temperatura e pressione) ‖ *T.inform. diagramma di flusso*, V. FLUSSO ‖ **N.** *Sin.* grafico; cartogramma, istogramma, organigramma; statistica.

diagrammàre [da *diagramma*; 1965] **tr.** rappresentare mediante diagramma: *diagrammare una funzione, l'andamento della popolazione.*

diagrammàtico (pl. *-ci*) [da *diagramma*; 1956] **agg.** rappresentato mediante diagramma: *l'andamento diagrammatico.*

diàle [dal lat. *dialis*; prima metà sec. XIV] **agg.** *T.stor. flamine diale,* sacerdote romano addetto al culto di Giove.

dialèfe [dal gr. *dialéipein* lasciare un intervallo; 1776] **sf.** *T.metr.* particolare forma di iato in cui le due vocali sono rispettivamente finale e iniziale di due parole contigue ‖ **N.** *Contr.* sinalefe.

dialettàle [da *dialetto*; 1875] **agg.** proprio del dialetto o che lo riguarda: *voci, modi dialettali* ‖ che scrive o è scritto in dialetto: *poeta, teatro dialettale* ‖ considerato dal punto di vista dei dialetti: *Italia dialettale* ‖ **dialettalménte** **avv.** in dialetto.

dialettaleggiànte [da *dialettale*; 1963] **agg.** che arieggia toni o contiene espressioni dialettali.

dialettalìsmo [da *dialettale*; 1942] **sm.** *T.ling.* elemento linguistico di derivazione dialettale.

dialettalità [da *dialettale*; 1911] **sf.** carattere dialettale: *dialettalità di un'espressione, di una pronuncia.*

dialettalizzàre [da *dialettale*; 1966] **tr.** *non com.* imprimere carattere dialettale: *dialettalizzare la sintassi.*

dialèttica [dal gr. *dialektikḗ*; a. 1292] **sf.** **1.** *T.fil.* metodo di conoscenza fondato sulla discussione, arte di ragionare: *la dialettica dei sofisti* ‖ *per estens.* abilità nel condurre una discussione con argomentazioni stringenti: *cedere alla dialettica dell'avversario* **2.** *T.fil.* nell'idealismo hegeliano, processo di superamento dei due princìpi contrastanti della tesi e dell'antitesi per giungere alla sintesi, proprio non soltanto del pensiero ma della realtà stessa.

dialèttico (pl. *-ci*) [dal lat. *dialecticus*; a. 1374] **I agg.** *T.fil.* proprio della dialettica: *forme dialettiche* ‖ che si svolge dialetticamente: *procedimento dialettico* ‖ convincente, persuasivo: *abilità dialettica* **II sm.** chi è abile nella discussione: *è un dialettico insuperabile* ‖ **dialetticaménte** **avv.** ‖ **N.** filosofo, ragionatore | abile, esperto.

dialettìsmo[1] [da *dialetto*; 1936] **sm.** *T.ling.* dialettalismo.

dialettìsmo[2] [da *dialettico*; 1848] **sm.** *T.fil.* nella filosofia neohegeliana, il rapporto dialettico degli opposti: *il dialettismo dell'Io.*

dialettizzàre [da *dialetto*; 1966] **tr.** dialettalizzare.

dialètto [dal lat. *dialectus*; a. 1565] **sm.** sistema linguistico solitamente parlato in un'area spaziale ridotta, con produzione letteraria e scritta limitata, normalmente non utilizzato in ambito ufficiale o tecnico-scientifico ‖ spec. nelle scuole di linguistica anglosassoni, anche nel senso limitativo di varietà regionale o caratterizzata socialmente della lingua standard, non molto differente da quest'ultima ‖ **N.** *Sin.* vernacolo. **Q.T.** *linguistica.*

dialettologìa [comp. di *dialetto* e *-logia*; 1824] **sf.** ramo della linguistica che si occupa dei dialetti: *dialettologia araba.* **Q.T.** *linguistica.*

dialettòlogo (pl. *-gi*) [comp. di *dialetto* e *-logo*; 1874] **sm.** (f. *-a*) studioso di dialettologia.

diàli- [dal gr. *dialýein*, separare] **primo elem.** che, in parole composte della terminologia botanica (per es. *dialipetalo, dialistemone*), indica separazione ‖ **N.** *Sin.* cori-.

dialipètalo [comp. di *diali-* e *petalo*; 1892] **I agg.** *T.bot.* di fiore formato di petali separati l'uno dall'altro **II sf.** *Dialipetale,* nome di una sottoclasse di piante delle dicotiledoni ‖ **N.** *Sin.* coripetalo | *Contr.* gamopetalo.

diàlisi [dal gr. *diálysis*, scioglimento; a. 1604 nel senso 3] **sf.** **1.** *T.chim.* metodo pratico usato dai fisici per separare i cristalloidi dai colloidi, utilizzando la diversa diffusibilità delle loro soluzioni acquose, per mezzo di membrane semipermeabili **2.** *T.med.* procedimento di depurazione del sangue per mezzo di apparecchiature, per es. in caso di insufficienza renale **3.** *T.ret.* interruzione dell'ordine del discorso mediante un inciso, iperbato.

dialistèmone [comp. di *diali-* e gr. *stḗmōn, -onos,* stame; 1956] **agg.** *T.bot.* detto di fiore o androceo i cui stami sono tutti separati tra loro.

dialìtico (pl. *-ci*) [dal gr. *dialytikós*; 1828] **agg.** che si riferisce alla dialisi: *fenomeno dialitico.*

diàlito [dal lat. tardo e gr. *diályton*; 1956] **sm.** *T.gram. ant.* asindeto.

dializzàre [da *dialisi*; 1951] **tr.** *T.chim.* sottoporre a dialisi.

dializzatóre [da *dialisi*; 1892] **sm.** *T.chim.* strumento che serve ad ottenere la dialisi delle sostanze nelle analisi chimiche.

diàllage [dal gr. *diallagḗ*, conciliazione; 1820] **sf.** figura retorica per la quale gli argomenti si riassumono in una sola conclusione.

diallàgio [dal gr. *diallagḗ*, differenza; 1817 *diallaggio*] **sm.** *T.min.* minerale appartenente ai pirosseni; ha color bruno-verdastro e lucentezza metallica.

diallèlo [dal gr. *diállēlos*; 1940] **sm.** *T.fil.* circolo vizioso, definizione data con le stesse parole che devono essere definite ‖ **N.** tautologia.

dialogàre (pres. *-àlogo, -àloghi*) [da *dialogo*; 1553 ca.] **intr.** (aus. *avere*) stabilire un dialogo: *occorre dialogare con gli avversari* ‖ **tr.** *T.teatr. dialogare una scena,* scriverne il dialogo.

dialogàto (*pps.* di *dialogare*) [1798] **I agg.** in forma di dialogo: *le parti dialogate del romanzo* **II sm.** la parte di un'opera narrativa che si svolge in forma di dialogo.

dialoghìsta [da *dialogo*; 1957] **s.** **1.** dialogista **2.** *T.cin.* colui che, nel doppiaggio di un film, riscrive e rielabora i dialoghi dell'originale straniero per adattarli alle esigenze del parlato, soprattutto ai movimenti delle labbra.

dialògico (pl. *-ci*) [dal gr. *dialogikós*; a. 1604] **agg.** relativo a dialogo; in forma di dialogo: *opera, struttura dialogica.*

dialogìsmo [dal gr. *dialogismós*; a. 1642] **sm.** l'uso, negli scritti, della forma dialogica.

dialogìsta [dal lat. tardo *dialogista*; a. 1588] **s.** *raro* chi scrive dialoghi.

dialogìstico (pl. *-ci*) [dal gr. *dialogistikós*; a. 1642] **agg.** *raro* di dialogismo o di dialogista.

dialogizzàre [da *dialogo*; 1627] **tr.** dialogare, dar forma di dialogo: *dialogizzare una scena* ‖ **intr.** (aus. *avere*) *non com.* far dialoghi tra persone, discutere, spesso con senso spreg.: *se ne stanno lì a dialogizzare, mentre tutti gli altri lavorano.*

diàlogo (pl. *-ghi*) [dal lat. *dialogus*, gr. *diálogos*; a. 1304 nel senso 2] **sm.** **1.** discorso alterno di due o più persone, ciascuna delle quali si rivolge agli altri ‖ *dialogo diretto,* scritto direttamente, notando solo il nome degli interlocutori e le loro parole, senza indicazioni narrative ‖ *fig.* atteggiamento di reciproca disponibilità, ricerca di intesa tra forze politiche contrastanti o persone in ruoli contrapposti: *il dialogo tra le due superpotenze, tra genitori e figli* **2.** componimento in forma di dialogo: *i Dialoghi di Platone* ‖ *dim.* dialoghìno, dialoghétto; *pegg.* dialogàccio ‖ **N. 1.** *Sin.* colloquio, conversazione; discussione, disputa, polemica; canto amebeo, sticomitìa | interlocutore; battuta, replica, risposta.

diamagnètico (pl. *-ci*) [comp. di *dia-* e *magnetico*; 1869] **agg.** *T.fis.* di corpo con suscettività magnetica negativa, cioè che in presenza di un campo magnetico acquista una debole magnetizzazione diretta in senso opposto al campo ‖ **N.** *Contr.* paramagnetico.

diamagnetìsmo [comp. di *dia-* e *magnetismo*; 1869] **sm.** *T.fis.* proprietà di certi corpi di magnetizzarsi, in presenza di un campo magnetico, in senso opposto al campo.

diamantàio (pl. *-ài*) [da *diamante*; 1561] **sm.** (f. *-a*) *disus.* chi lavora, pulisce, sfaccetta i diamanti.

diamantàre [da *diamante*; 1956] **tr.** **1.** decorare con diamanti **2.** *fig.* abbellire, adornare, costellare: *diamantare un discorso con belle parole, cielo diamantato di stelle.*

diamantàto (*pps.* di *diamantare*) [1931 nel senso 2] **agg.** **1.** *T.arald.* detto di figure decorate al centro da un diamante **2.** ricoperto o costituito da abrasivo che ha come componente essenziale la polvere di diamante: *lime diamantate, molle diamantate.*

diamantatùra [da *diamantare*; 1989] **sf.** la levigatura di oggetti metallici per mezzo di polvere di diamante.

diamànte [dal lat. mediev. *diamas, -antis,* dal gr. *adámas*; a. 1250] **sm.** **1.** carbonio cristallizzato nel sistema monometrico, durissimo, trasparente, usato nell'industria e in gioielleria; è una gemma preziosa, ed ha valore diverso secondo la colorazione, la dimensione e la presenza o assenza di difetti e impurità; viene tagliato in varie forme che prendono nomi diversi: *diamante a brillante, a rosetta, a doppia rosetta* ‖ asticciola di metallo che ad una estremità porta incastonato un diamante, usata per tagliare il vetro ‖ *T.arch. a punta di diamante,* di pietra tagliata a forma di piramide a base quadrata, usata per es. nei rivestimenti esterni di molti palazzi rinascimentali ‖ *la punta di diamante,* l'elemento più abile e aggressivo di una squadra, un partito e sim. ‖ *fig. essere di diamante,* d'animo saldo; *cuore di diamante,* impassibile ‖ *nozze di diamante,* sessantesimo anniversario di matrimonio **2.** *T.tip. carattere diamante,* il più piccolo carattere usato in tipografia ‖ *formato diamante,* il più piccolo formato d'un libro, per il quale si usa di solito il carattere diamante **3.** *T.mar.* il punto del fuso di un'ancora dal quale si diramano i due bracci **4.** *T.sport.* il quadrato centrale del campo di baseball ‖ *dim.* diamantìno ‖ **N. 1.** brillante, rosetta, solitario, zircone | adamantino. **Q.T.** *oreficeria* **TAV.** *vela* **p. 1342** 3.5.

diamantìfero [prob. dal fr. *diamantifère*; 1941] **agg.** *T.geol.* ricco di diamanti: *terreno diamantifero.*

diamantìno [da *diamante*; 1658] **agg.** *raro* adamantino.

diametràle [dal lat. tardo *diametrālis*; a. 1406] **agg.** di diametro: *linea diametrale* ‖ **diametralménte** **avv.** in linea diametrale ‖ freq. nell'espressione *diametralmente opposto,* spec. *fig.*, in totale contrasto: *punti di vista diametralmente opposti.*

diàmetro [dal lat. tardo *diametrus*; 1304] **sm.** *T.geom.* segmento che unisce due punti opposti della circonferenza di un cerchio, o della superficie di una sfera, passando per il centro; in una conica (ellisse, iperbole o parabola), retta o segmento passante per i punti medi di un fascio di corde parallele. **TAV.** *geometria* 4.5.

diamìde o **diammìde** [comp. di *di-*[2] e *ammide*; 1929] **sf.** *T.chim.* composto chimico la cui molecola presenta due radicali caratteristici delle amidi.

diamìna o **diammìna** [comp. di *di-*[2] e *ammina*; 1892] **sf.** *T.chim.* composto chimico la cui molecola presenta due gruppi aminici.

diàmine [incrocio eufemistico tra *diavolo* e

domine; 1612] **escl.** di meraviglia o d'impazienza o sim.: *che diamine ha detto? Diamine!*
diammìde V. DIAMIDE.
diammìna V. DIAMINA.
diàna [dal lat. *Diāna* o dal lat. *diēs*, giorno; a. 1276] **sf.** **1.** *lett.* nome che si dà alla stella (in relatà il pianeta Venere) che appare la mattina a oriente prima del sole: *vedut'ho la lucente stella diana* (Guinizelli) **2.** segnale della sveglia dei soldati e *fig.* segnale di riscossa: *le diane e il rullo pugnace* (Carducci) **3.** *T.mar.* il periodo di tempo dalle quattro alle otto antimeridiane, e il servizio di guardia che si fa sulle navi in quelle quattro ore.
diàncine [eufem. per *diavolo*; a. 1525 *diancin*] **escl.** usata con lo stesso significato di *diamine* (v.).
diàndrico (pl. *-ci*) [comp. di *di-* e un der. del gr. *anḗr, andrós*, uomo; 1934 *diaandrico*] **agg.** *T.biol.* in genetica, si dice di caratteri che si trasmettono ereditariamente attraverso il maschio, soprattutto alle figlie femmine || *eredità diandrica*, patrimonio genetico trasmesso dal padre.
diàndro [comp. di *di-*[3] e *-andro*; 1956] **agg.** *T.bot.* detto di un fiore che ha due soli stami.
dianoètico (pl. *-ci*) [dal gr. *dianoētikós*; 1902] **agg.** *T.fil.* relativo alla dianoia: *virtù dianoetiche*, nella filosofia aristotelica, le qualità intellettuali.
diànoia [dal gr. *diánoia*; 1745] **sf.** *T.fil.* nel sistema aristotelico indica la conoscenza discorsiva, razionale, in opposizione a quella intuitiva.
Diantàcee [comp. di *dianto* e *-acee*; 1932] **sf. pl.** *T.bot.* Cariofillacee.
diànto [dal gr. *dianthḗs*; 1864] **sm.** genere di piante erbacee delle Cariofillacee, a cui appartengono tutte le varietà di garofani.
diànzi [comp. del lat. *dē* da e *antea* prima; a. 1321] **avv.** *di tempo tosc.* o *lett.* poco fa, or ora: *dianzi venimmo, innanzi a voi un poco* (Dante).
diàpaṣon [dal lat. *diapāson*, gr. *diapasôn*, per mezzo di tutte (le corde); 1525] **sm. inv.** *T.mus.* **1.** nome greco e medievale dell'ottava **2.** estensione dei suoni che una voce o uno strumento può percorrere, dal più basso al più alto || *fig.* culmine: *la tensione raggiunse il diapason* **3.** strumento costituito da una forchetta di acciaio a due branche o da un tubetto ad ancia battente, la cui vibrazione dà il *la* e serve per l'accordatura degli strumenti musicali || **N.** **3.** *Sin.* corista.
diapàuṣa [comp. di *dia-* e *pausa*; 1930] **sf.** *T.biol.* pausa nello sviluppo dell'embrione che si riscontra in molti organismi, spec. negli insetti, soprattutto in condizioni ambientali sfavorevoli.
diapedèṣi [dal gr. *diapḗdesis*; 1830] **sf.** *T.med.* passaggio del sangue attraverso le pareti dei vasi capillari apparentemente indenni; si manifesta negli stati infiammatori.
diapènsia [etim. inc.; 1563] **sf.** pianta erbacea delle Ombrellifere con fiori a ombrello bianchi o rossastri.
diapènte [dal lat. tardo *diapente*; 1525] **sm.** *T.mus.* nella terminologia musicale classica e rinascimentale, intervallo di quinta.
diapiètico (pl. *-ci*) [dal gr. *diapyētikos*, suppurativo; 1830] **agg.** *T.med.* di rimedio (impacco, cataplasma ecc.) usato per curare suppurazioni.
diapiriṣmo [dal gr. *diápyros*, infiammato; 1931] **sm.** *T.geol.* fenomeno di risalita per spinta idrostatica di rocce a bassa densità (salgemma, gesso ecc. o anche masse magmatiche) sovrastate da formazioni rocciose a densità più elevata.
diàpiro [dal gr. *diápyros*, infiammato; 1956] **sm.** *T.geol.* formazione tettonica cupoliforme derivante dal fenomeno del diapirismo.
diapnòico (pl. *-ci*) [dal gr. *diapnoḗ*, traspirazione; 1956] **agg.** *T.med.* diaforetico.
diàpo [da *diapo(sitiva)*; 1989] **sf. inv.** *colloq.* diapositiva.
diapòfiṣi [comp. di *dia-* e *apofisi*; 1956] **sf.** *T.anat.* prolungamento dell'arco anteriore o neurale delle vertebre toraciche, che si articola con il tubercolo delle coste || **N.** *Sin.* apofisi trasversa.
diapoṣitiva [dal fr. *diapositive*; 1892] **sf.** *T.fot.* copia fotografica positiva su mezzo trasparente, usata spec. per proiezioni. **Q.T.** *fotografia* **TAV.** *cinematografia*... 6.5, 12.1.
diapràto [dal fr. *diapré*; 1956] **agg.** *T.arald.* di smalto arabescato o damaschinato con metallo o colore contrastante: *verde diaprato d'oro, argento diaprato di nero.*
diaproiettóre [comp. di *dia(positiva)* e *proiettore*; 1983] **sm.** *non com.* proiettore per diapositive.
diàpside [comp. di *di-* e gr. *hapsís, -îdos*, abside; 1987] **agg.** *T.biol.* in anatomia comparata si dice di cranio con due fosse temporali.
Diàpsidi [da *diapside*; 1951] **sm. pl.** *T.zool.* sottoclasse di rettili dal cranio diapside.
diarchìa [comp. di *di*[2] e *-archia*; 1672] **sf.** esercizio del potere da parte di due persone || dominio di due potenze, duopolio.
diària [dal lat. *diāria*, n. pl. di *diarium*, razione giornaliera; 1824] **sf.** indennità giornaliera corrisposta a titolo di rimborso delle spese di viaggio e di soggiorno al dipendente che va fuori di residenza per conto di pubbliche amministrazioni o di aziende private.
diàrio (pl. *-ri*) [dal lat. *diārium*; a. 1565] **sm.** **1.** libro dove si scrivono le cose che accadono giorno per giorno || opera letteraria di contenuto autobiografico || registro giornaliero: *diario di classe*, registro degli insegnanti; *diario scolastico*, agenda dove gli alunni annotano quotidianamente i compiti loro assegnati **2.** calendario: *diario degli esami, delle udienze* || **N.** giornale, memorie.
diarista [da *diario*; 1764] **s.** scrittore di diari.
diarrèa [dal lat. tardo *diarrhoea*, gr. *diárroia*; a. 1320 *diarria*] **sf.** emissione ripetuta di feci liquide o semiliquide, conseguenza di vari tipi di patologie || **N.** *Sin.* dissenteria; cacarella, sciolta.
diarròico (pl. *-ci*) [dal lat. tardo *diarrhoicus*, gr. *diarroikós*; 1918] **agg.** di diarrea: *scariche diarroiche.*
diartròṣi [dal gr. *diárthrōsis*; 1771] **sf.** *T.anat.* tipo di articolazione che permette ampi movimenti (per es. quelle della spalla, del gomito ecc.).
diascopìa [comp. di *dia-* e *-scopia*; 1956] **sf.** **1.** *T.ott.* tipo di proiezione ottica in cui l'oggetto trasparente, illuminato da dietro, proietta la sua immagine sullo schermo **2.** *T.med.* esame che consiste nel premere una lastrina di vetro sulla pelle, al fine di allontanare il sangue ed evidenziare le alterazioni cutanee.
diascòpico (pl. *-ci*) [da *diascopia*; 1935] **agg.** *T.med.* e *T.tecn.* relativo alla diascopia: *osservazione diascopica, proiezione diascopica.*
diascòpio (pl. *-pi*) [comp. di *dia-* e *scopio*; 1951] **sm.** *T.tecn.* in generale, ogni dispositivo per la proiezione su schermo di immagini impresse su una superficie trasparente (per es. il proiettore di pellicole cinematografiche o di diapositive).
diàspide[1] [dal lat. scient. *diaspis, -idis*, basato sul gr. *di-*, due volte e *aspís, -ídos*, scudo] **sf.** insetto dei Coccidi parassita di molte piante, tra cui il gelso.
diàspide[2] [dal lat. *jaspis, -idis*, gr. *íaspis, -idos*; sec. XIV] **sm.** *ant.* *T.min.* diaspro.
diàspora [gr. *diasporá*, dispersione; 1913] **sf.** migrazione di un popolo che dalle sedi originarie si dissemina in tutte le direzioni; detto spec. della dispersione degli Ebrei nel mondo, fuori della Palestina.
diàsporo [dal gr. *diasporá*, dispersione; 1830] **sm.** *T.min.* minerale rombico lucente e variamente colorato costituito da idrossido di alluminio; si presenta di solito in forma scagliosa, più raramente in cristalli appiattiti; è una delle componenti delle bauxiti.
diaspràto [da *diaspro*; a. 1907] **agg.** *lett.* del colore del diaspro: *d'in cima a' ghiacciai diasprati* (Carducci).
diasprìno [da *diaspro*; 1779 ca.] **agg.** *non com.* di diaspro, sim. a diaspro.
diàspro [dal lat. *diasprum*; 1282] **sm.** *T.min.* roccia silicea compatta, composta di quarzo, calcedonio e varie impurità che le possono conferire un'ampia gamma di colorazioni, per cui è usata da lungo tempo come pietra ornamentale || **N.** greggio, lustro | di Sassonia, fiorito di Sicilia, giallo, rosso, sanguigno, verde di Boemia, verde di Corsica.
diastaṣàto [da *diastasi*; 1956] **agg.** in chimica organica, detto di amido parzialmente idrolizzato per azione della diastasi || detto di alimenti (farina, pane ecc.) i cui amidi sono stati parzialmente trasformati in zuccheri semplici; sono utilizzati spec. nell'alimentazione infantile perché facilmente digeribili.
diàstaṣi [dal fr. *diastase*; 1805] **sf.** **1.** *T.med.* allontanamento di organi o superfici articolari o muscolari normalmente in contatto **2.** *T.biol.* ciascuno di vari enzimi in grado di scindere l'amido in carboidrati più semplici.
diastèma [dal fr. *diastème*; 1940] **sm.** in numerosi mammiferi, lo spazio esistente tra due denti, per es. quello tra incisivi e molari nei roditori dovuto all'assenza dei canini.
diàstilo [dal lat. tardo *diastȳlos*; 1758] **I agg.** *T.arch.* di tempio classico in cui lo spazio tra le colonne è tre volte la misura del loro diametro inferiore **II sm.** misura dell'intercolunnio.
diàstole [dal lat. tardo *diastole*, gr. *diastolḗ*; 1574] **sf.** **1.** *T.med.* movimento di dilatazione del cuore, corrispondente al riempimento delle sue cavità, che si alterna col movimento di contrazione, detto *sistole*; concorrono entrambi al fenomeno della circolazione sanguigna **2.** *T.metr.* allungamento di una sillaba breve nel verso greco o latino || **N.** **1.** CUORE.
diastòlico (pl. *-ci*) [da *diastole*; 1797] **agg.** *T.med.* che si riferisce alla diastole: *fase diastolica del ritmo cardiaco.*
diastrofiṣmo [dall'ingl. *diastrophisme*; 1956] **sm.** *T.geol.* l'insieme di alterazioni meccaniche subìto dagli strati rocciosi dopo la loro formazione.
diatermanità [da *diatermano*; 1869 *diatermaneità*] **sf.** *T.fis.* proprietà dei corpi diatermani.
diatermàno [dal fr. *diathermane*, fatto sul gr. *diathermáinein*, scaldare attraverso; 1837] **agg.** *T.fis.* di corpo che si lascia attraversare dalle radiazioni calorifiche, senza scaldarsi || **N.** *Contr.* atermano.
diatermìa [dal gr. *diáthermos*; 1913] **sf.** *T.med.* metodo terapeutico consistente nell'aumentare la temperatura di organi o tessuti mediante correnti elettriche ad alta frequenza.
diatèrmico (pl. *-ci*) [da *diatermia*; a. 1952] **agg.** di diatermia: *terapie diatermiche.*
diatermocoagulazióne [comp. di *diaterm(ia)* e *coagulazione*; 1956] **sf.** *T.chir.* distruzione di tessuti patologici mediante il calore, eseguita con appositi strumenti chirurgici; spesso abbreviata in DTC.
diàteṣi [dal lat. tardo *diathesis, diáthesis*, disposizione; 1761] **sf.** **1.** *T.med.* predisposizione congenita di un organismo a contrarre particolari malattie: *diatesi allergica, artritica* **2.** *T.ling.* categoria del verbo che indica quale

dei diversi possibili partecipanti all'azione (agente, esperiente, paziente) ricopre la funzione grammaticale di soggetto: *diatesi attiva, media, passiva* || **N. 2.** *Sin.* voce.

diatèṣico o **diatètico** (pl. *-ci*) [da *diatesi*; 1940] ***agg.*** *T.med.* di diatesi.

diatomèa [dal gr. *diátomos*; 1865] ***sf.*** *T.bot.* alga microscopica, unicellulare, che vive nelle acque sia dolci sia marine, con membrana silicea; quelle fossili formano la cosiddetta *farina fossile* o *tripoli.*

diatonìa [da *diatonico*; 1951] ***sf.*** *T.mus.* passaggio diretto di un suono da un grado della scala diatonica a quello contiguo, senza alterazioni.

diatònico (pl. *-ci*) [dal lat. tardo *diatonicus*, gr. *diatonikós*; 1556] ***agg.*** *T.mus. scala diatonica,* scala in cui l'ottava è suddivisa in cinque intervalli di un tono intero e due di un semitono || di composizione o motivo musicale costruito sui gradi della scala diatonica: *musica diatonica, passaggio diatonico* || **N.** modo maggiore, minore; tonalità; dominante, sensibile, sottodominante, tonica | scala cromatica, pentatonica, per toni interi.

diàtriba (meno corretto *diatrìba*) [dal lat. *diatriba*; a. 1676] ***sf.*** discorso o scritto violento contro qualcuno || discussione violenta, alterco || *lett.* nell'antichità classica indicava anche esercitazione scolastica, dissertazione di carattere perlopiù morale || **N.** *Sin.* critica, invettiva, rabbuffo, tirata; contesa, disputa.

diavolàccio (pl. *-ci*) (*pegg.* di *diavolo*) [a. 1584] ***sm.*** **1.** *buon diavolaccio,* uomo di buona pasta, buon uomo **2.** dispositivo per la caccia notturna agli uccelli.

diavolerìa [da *diavolo*; sec. XIV] ***sf.*** **1.** trovata astuta, macchinazione || *scherz.* oggetto strampalato, opera bizzarra: *che diavoleria è mai questa?* **2.** *non com.* intrigo diabolico, incantesimo maligno || **N. 1.** *Sin.* furberia, malizia, raggiro; aggeggio **2.** *Sin.* sortilegio, stregoneria.

diavolésco (pl. *-schi*) [da *diavolo*; a. 1705] ***agg.*** *non com.* di diavolo; diabolico, demoniaco.

diavoléto [da *diavolo*; a. 1704] ***sm.*** *disus.* grande frastuono, scompiglio || **N.** *Sin.* babele, baccano, strepito, trambusto.

diavolétto (*dim.* di *diavolo*) [a. 1673] ***sm.*** **1.** *fig.* fanciullo vivace **2.** *diavoletto di Cartesio,* apparato usato come dimostrazione pratica del principio di Pascal, costituito da una figurina di vetro a forma di diavolo internamente cava, posta in un recipiente pieno d'acqua, che sale o scende a seconda della pressione applicata esternamente al recipiente tramite una membrana elastica **3.** bigodino **4.** *T.ferr.* binda per sollevare carri, carrozze e sim.

diavolìo (pl. *-ìi*) [da *diavolo*; 1825 ca.] ***sm.*** *non com.* scompiglio, baccano.

diàvolo [dal lat. tardo *diabolus*; a. 1292] **I** ***sm.*** **1.** (f. *diàvola* o *diavoléssa*) nelle religioni cristiana, ebraica e musulmana, il principio del male personificato, in lotta perpetua con Dio e tentatore degli uomini || come simbolo di ogni malvagità, bruttezza, perversità, dà origine a numerose locuzioni: *avere il diavolo in corpo,* essere irrequieto, agitato; *fare il diavolo a quattro,* far strepito, baccano, e anche dannarsi l'anima per raggiungere uno scopo; *avere un diavolo per capello,* essere furibondo; *essere come il diavolo e l'acquasanta,* non potersi soffrire, essere totalmente incompatibili (anche di cose); *saperne una più del diavolo,* essere molto astuto; *aver venduto l'anima al diavolo,* essere disposto a tutto per raggiungere uno scopo; *il diavolo ci ha messo lo zampino, la coda,* le cose sono andate per il verso sbagliato; *fare la parte, l'avvocato del diavolo,* sostenere per spirito di contraddizione opinioni contrarie a quelle comunemente affermate; *a casa del diavolo,* in un posto sperduto, fuori mano; *andare al diavolo,* andarsene in malora, spec. come invettiva: *vai al diavolo!* anche *ass. al diavolo!*; *mandare al diavolo,* inveire contro qualcuno per levarselo dai piedi; *pop. del diavolo,* come rafforzativo, maledetto, tremendo: *un caldo, un chiasso, una fame del diavolo*; *scherz. un diavolo scatenato,* un ragazzo molto vivace e irrequieto || con valore positivo: *un diavolo d'uomo,* una persona eccezionale, di grandi risorse, che si destreggia in ogni situazione || *antifr.* persona priva di grandi qualità: *un buon diavolo,* una brava persona un po' limitata; *un povero diavolo,* una persona senza grandi risorse materiali e intellettuali, che desta compassione || *prov. il diavolo fa le pentole ma non i coperchi,* un trucco o un inganno, per quanto ben congegnati, vengono sempre a galla; *la farina del diavolo va in crusca,* il male non paga; *il diavolo non è così brutto come lo si dipinge,* molte situazioni non sono così disperate come sembrano **2.** usato come esclamazione, per esprimere stizza, dispetto, o anche meraviglia: *diavolo! Ancora qui?*; *pleon. colloq.* in frasi interrogative ed esclamative: *ma che diavolo stai dicendo!, Come diavolo avrà fatto?* **3.** nome di una carta del gioco dei tarocchi **4.** *T.zool. diavolo di Tasmania,* piccolo marsupiale predatore, dei Dasiuridi || *diavolo orsino,* V. SARCOFILO **5.** *diavolo del deserto,* vortice di polvere che si forma talvolta nelle regioni aride **II** nella ***loc. avv.*** *alla diavola* **1.** con trascuratezza, malamente **2.** *T.cuc.* si dice di vari piatti caratterizzati da un condimento piccante: *pollo, fagioli alla diavola* || *dim.* diavolétto, diavolìno, diavolùccio; *accr.* diavolóne; *pegg.* diavolàccio || **N.** DEMONIO.

diavolóne (*accr.* di *diavolo*) [1541; a. 1769 nel senso 2] ***sm.*** **1.** (f. *-a*) uomo di grossa complessione e membruto || *santo diavolone!* escl. di rabbia o di dolore **2.** confetto di Carnevale ripieno di cannella.

diaẓìna [comp. di *di-*[2], *azo-* e *-ina*; 1932] ***sf.*** *T.chim.* composto eterociclico contenente due atomi di azoto in un anello a sei atomi.

-diaẓìna [comp. di *di-*[2], *azo-* e *-ina*] ***elem. term.*** in termini di chimica indica la presenza di due atomi di azoto nell'anello di un composto organico eterociclico: **benẓodiaẓìna, naftodiaẓìna**.

diaẓo- [comp. di *di-*[2] e *-azo-*] ***primo elem.*** in termini di chimica indica la presenza, nella molecola di un composto chimico, dell'aggruppamento -N=N- o CN_2: **diaẓochetóne, diaẓocompósto, diaẓometàno**.

diaẓòma [dal gr. *diázōma,* cintura, cinta; 1830] ***sm.*** ripiano o corridoio che separava i settori delle gradinate nei teatri greci per permettere il passaggio degli spettatori.

diaẓònio (pl. *-ni*) [comp. di *di-* e *azonio*; 1955] ***sm.*** *T.chim.* radicale monovalente di alcuni idrocarburi, che contiene un atomo di azoto pentavalente e un atomo di azoto trivalente || **N.** copulante.

diaẓotàre (pres. *-òto*) [comp. di *di-*[2] e *azoto*; 1931] ***tr.*** *T.chim.* sottoporre a diazotazione; è usato spec. il pps.: *amine diazotate.*

diaẓotazióne [da *diazotare*; 1956] ***sf.*** *T.chim.* reazione delle ammine aromatiche con acido nitroso.

diaẓotipìa [comp. di *di-*[2], *azo-* e *-tipia*; 1956] ***sf.*** procedimento fotografico che permette di riprodurre immagini fotografiche su carta o tessuti trattati con sostanze speciali.

dibassàre [comp. parasint. di *basso*; a. 1348] ***tr.*** *raro* abbassare.

dibàttere [lat. *debattuere*; a. 1292 nel senso 2] ***tr.*** **1.** discutere, esaminare a fondo: *dibattere una questione* || anche *ass.*: *hanno dibattuto a lungo prima di decidere* **2.** *disus.* scuotere, sbattere, agitare || ***intr. pron.*** agitarsi, muoversi convulsamente: *l'animale, preso al laccio, si dibatteva vanamente* || anche *fig.*: *dibattersi nel dubbio.*

dibattimentàle [da *dibattimento*; 1950] ***agg.*** *T.giur.* relativo a dibattimento giudiziario: *atti dibattimentali, in fase dibattimentale.*

dibattiménto [da *dibattere*; fine sec. XIII] ***sm.*** discussione, disputa || *T.giur.* trattazione pubblica di una causa dinanzi ai giudici.

dibàttito [da *dibattere*; sec. XIV] ***sm.*** disputa, controversia, discussione: *al termine della conferenza ci sarà un dibattito.*

diboscàre e der. V. DISBOSCARE e der.

dìbraco (pl. *-chi*) [dal lat. e gr. *díbrachys,* di due brevi; 1669] ***sm.*** *T.metr.* piede di due sillabe brevi nella metrica classica.

Dibranchiàti (sing. *-o*) [comp. di *di-*[2] e un der. di *branchia*; 1931] ***sm. pl.*** *T.biol.* sottoclasse di Molluschi cefalopodi che hanno solo una coppia di branchie, di atrii cardiaci e di reni.

dibrucàre (pres. *-ùco, -ùchi*) [da *brucare*; 1830] ***tr.*** *non com. T.giard.* ripulire i campi o i boschi || potare gli alberi || **N.** *Sin.* dibruscare.

dibrucatùra [da *dibrucare*; 1830] ***sf.*** *non com. T.giard.* ripulitura degli alberi dai virgulti bassi e dai rami inutili.

dibruscàre (pres. *-ùsco, -ùschi*) [da *bruscare*; 1574] ***tr.*** *non com.* levare dagli alberi i ramoscelli secchi e inutili.

dicàce [dal lat. *dĭcax, -ācis*; a. 1472] ***agg.*** *lett.* mordace || **N.** *Sin.* petulante, salace.

dicacità [dal lat. *dicācitas, -ātis*; a. 1563] ***sf.*** *lett.* l'essere dicace.

dicanapulàre (pres. *-àpulo*) [comp. parasint. di *canapulo*; 1940] ***tr.*** *T.tess.* togliere il canapulo alla canapa e sim.

dicanapulatrice [da *dicanapulare*; 1940] ***sf.*** *T.tess.* macchina per dicanapulare.

dicarbossìlico (pl. *-ci*) [comp. di *di-*[2] e *carbossile*; 1956] ***agg.*** *T.chim.* relativo a composto chimico contenente due radicali carbossilici.

dicàṣio (pl. *-ṣi*) [dal lat. scient. *dichasium,* basato sul gr. *díchasis,* divisione per metà; 1892] ***sm.*** *T.bot.* particolare infiorescenza in cui ogni ramificazione ne origina altre due. **TAV. *fiori...* p. 671** 2.10.

dicastèro [dal gr. *dikastḗrion,* tribunale, attr. il ted. *Dikasterium*; a. 1748] ***sm.*** ciascuno dei principali uffici amministrativi dello Stato, ministero: *assumere il dicastero degli Interni.*

dicatalèttico (pl. *-ci*) o **dicatalètto** [dal gr. *dikatálēktos*; 1956 *dicataletto*] ***agg.*** *T.metr.* nella metrica classica si dice di verso formato di due emistichi catalettici.

dìcco[1] (pl. *-chi*) [dall'ingl. *dyke,* diga; 1892] ***sm.*** *T.geol.* materiale di natura diversa dalle rocce circostanti, formatosi nelle fenditure di queste || **N.** *Sin.* filone.

dìcco[2] (pl. *-chi*) [dall'ol. *dijk*; a. 1348] ***sm.*** *arc.* diga.

dicefalìa [da *dicefalo*; 1956] ***sf.*** mostruosità consistente nella presenza di due teste in un unico corpo animale || *T.med.* anomalia fetale per cui due corpi risultano congiunti nella parte inferiore.

dicèfalo [dal gr. *diképhalos,* lat. *dicephalus*; 1820] ***agg.*** munito di due teste.

Dicèidi (sing. *-e*) [comp. di *diceo,* n. del genere e *-idi*; 1967] ***sm. pl.*** *T.zool.* famiglia di Uccelli Passeriformi diffusi nell'Asia sud-orientale e in Australia.

dicèmbre [lat. *December,* decimo mese dell'antico calendario romano; inizio sec. XIII] ***sm.*** dodicesimo e ultimo mese dell'anno nel calendario gregoriano.

dicembrino [da *dicembre*; 1901 *decembrino*] ***agg.*** di dicembre, da dicembre: *aria dicembrina.*

dicèntra [dal gr. *díkentros,* con due pungiglioni; 1931] ***sf.*** *T.bot.* genere di piante della famiglia delle Papaveracee con foglie composte

e fiori penduli, coltivata per ornamento.
dìcere *tr. arc.* V. DIRE.
dicerìa [dal lat. *dicere*; sec. XIV] *sf.* **1.** chiacchiera malevola, voce senza fondamento: *non credere alle dicerie assurde sul suo conto* **2.** *arc.* discorso, orazione || **N.** *Sin.* **2.** calunnia, ciarla, pettegolezzo.
dicèrnere [dal lat. *discernere*; a. 1332] *tr. arc.* discernere.
dicévole [dal lat. *decibilis*, da *decēre*, essere conveniente; dopo il 1243 *desevele*] *agg. raro* che s'addice, che conviene, adatto.
dichetóne [comp. di *di-*[2] e *chetone*; 1956] *sm. T.chim.* generico composto chimico la cui molecola contiene due gruppi chetonici.
dichiaraménto [da *dichiarare*; a. 1667] *sm. non com.* dichiarazione.
dichiarànte (*ppr.* di *dichiarare*) [1869] *s.* **1.** *T.bur.* nel linguaggio burocratico, chi rilascia una dichiarazione: *il dichiarante ha esibito regolare documento di identità* **2.** *T.gioc.* nel *bridge*, il giocatore che ha vinto la dichiarazione e pertanto gioca la smazzata.
dichiaràre (pres. *-àro*) [lat. *declarāre*; a. 1276] *tr.* **1.** affermare in modo chiaro e di fronte ad altri le proprie opinioni e intenzioni: *le dichiarò il suo amore, dovrebbe dichiarare pubblicamente quel che si propone di fare* || annunciare, proclamare: *dichiarare guerra, uno sciopero generale* || *T.bur.* notificare, attestare ufficialmente: *dichiarare il proprio reddito; si dichiara che...* || nominare: *la dichiaro dottore in matematica* || *dichiarare in arresto*, arrestare **2.** *T.gioc.* nel bridge e in altri giochi di carte, impegnarsi a fare un determinato numero di prese: *dichiarare (un contratto di) quattro picche* **3.** *arc. lett.* chiarire, illustrare || *rifl.* con complemento predicativo, affermare di essere: *si dichiarò innocente* || *ass. dichiararsi a qualcuno*, rivelargli il proprio amore || **N.** *tr. Sin.* **1.** asserire, enunciare, esporre, esprimere, manifestare, palesare, rivelare, sostenere; certificare, denunciare, garantire, testimoniare | *rifl.* professarsi, protestarsi, riconoscersi.
dichiaratìvo [dal lat. *declaratīvus*; 1427] *agg.* **1.** che vale a dichiarare: *sentenza dichiarativa del fallimento* || *T.ling. frase dichiarativa*, che constata una realtà o enuncia un'affermazione; è suscettibile di analisi in termini di condizioni di verità, a differenza degli altri due tipi fondamentali di frasi, le *interrogative* e le *imperative* || *T.gram. proposizione dichiarativa*, tipo di subordinata introdotta da *che*, se esplicita, o da *di*, se implicita; può essere soggettiva o oggettiva **2.** *non com.* che spiega: *note dichiarative* || *T.gram. congiunzione dichiarativa*, che introduce una proposizione che chiarisce quanto detto in precedenza (per es. *cioè*) **3.** *T.inform.* in un sistema di elaborazione di dati, e spec. nell'intelligenza artificiale, detto di stile di rappresentazione della conoscenza in cui essa è rappresentata mediante espressioni che corrispondono a enunciati dichiarativi || **N. 1.** *Sin.* enunciativo **2.** *Sin.* esplicativo.
dichiaràto (*pps.* di *dichiarare*) [sec. XIII *dechiarato*] *agg.* aperto, manifesto: *nemico dichiarato.*
dichiaratóre [dal lat. *declarātor*, *-ōris*; a. 1406] *agg.* e *sm.* (f. *-trìce*) che o chi dichiara.
dichiaratòrio (pl. *-ri* o *-rii*) *sm. non com.* V. DECLARATORIO.
dichiarazióne [dal lat. *declarātio*, *-ōnis*; a. 1342] *sf.* **1.** atto del dichiarare o del dichiararsi: *dichiarazione di guerra, d'amore* || il testo, scritto o orale, di quanto si dichiara: *il Presidente non ha rilasciato dichiarazioni; la dichiarazione dei diritti dell'uomo* || *T.bur.* notifica: *dichiarazione dei redditi* **2.** *T.gioc.* nel bridge, la fase che precede ogni mano, in cui si determina il numero di prese che la coppia attaccante si impegna a fare in quella mano **3.** *T.inform. dichiarazione delle variabili*, elenco delle variabili usate in un programma, per ciascuna delle quali è indicato il tipo di appartenenza **4.** *arc.* o *lett.* chiarimento, definizione || **N. 1.** *Sin.* affermazione, asserzione, enunciazione, proclamazione; certificazione, denuncia **2.** *Sin.* licitazione.
dichinàre (pres. *-ìno*) [lat. *declināre*; seconda metà sec. XIII] *intr.* (aus. *avere*) *arc.* declinare, abbassarsi: *che da Vercelli a Marcabò dichina* (Dante).
diciannòve [lat. *decem (et) novem*; 1211 *dicennove*] *agg.* e *sm. num. card.*, ar. 19, rom. XIX.
diciannovènne [comp. di *diciannove* e *-enne*; 1906] *agg.* e *s.* che o chi ha diciannove anni.
diciannovèṣimo [da *diciannove*; a. 1388] **I** *agg. num. ord.* di 19 || *il diciannovesimo secolo*, il periodo dal 1801 al 1900 (d.C.) o dal 1900 al 1801 (a.C.) || uno su diciannove, quasi soltanto nell'espr. *la diciannovesima parte* **II** *num. fraz.* la diciannovesima parte: *tre diciannovesimi.*
diciannovìsta [da (*millenovecento*) *diciannove*; 1942] *s.* chi partecipò al movimento fascista fin dal 1919, anno della fondazione dei primi fasci di combattimento.
diciassètte [lat. *decem (et) septem*; 1259 *dicesette*] *agg.* e *sm. num. card.*, ar. 17, rom. XVII.
diciassettènne [comp. di *diciassette* e *-enne*; 1942] *agg.* e *s.* che o chi ha diciassette anni.
diciassettèṣimo [da *diciassette*; a. 1375] **I** *agg. num. ord.* di 17 || *il diciassettesimo secolo*, il periodo dal 1601 al 1700 (d.C.) o dal 1700 al 1601 (a.C.) || uno su diciassette, quasi soltanto nell'espr. *la diciassettesima parte* **II** *num. fraz.* la diciassettesima parte: *sei diciassettesimi.*
dicìbile [dal lat. tardo *dicibilis*; a. 1565] *agg. raro* che si può dire || **N.** *Contr.* indicibile.
dicimàre (pres. *-ìmo*) [da *cima*; sec. XIII] *tr. non com.* levare la cima, svettare, spuntare, potare.
dicioccàre[1] (pres. *-òcco, -òcchi*) [da *ciocca*; 1869] *tr.* togliere dal terreno i ceppi degli alberi abbattuti || liberare un terreno dagli arbusti.
dicioccàre[2] (pres. *-òcco, -òcchi*) [comp. parasint. di *ciocco*; a. 1930] *tr.* togliere a una pianta le foglie a ciocche, per diradare il fogliame.
diciottènne [comp. di *diciotto* e *-enne*; 1869] *agg.* e *s.* che o chi ha diciotto anni.
diciottèṣimo [da *diciotto*; 1353] **I** *agg. num. ord.* di 18 || *il diciottesimo secolo*, il periodo dal 1701 al 1800 (d.C.) o dal 1800 al 1701 (d.C.) || uno su diciotto, quasi soltanto nell'espr. *la diciottesima parte* **II** *num. fraz.* la diciottesima parte: *cinque diciottesimi.*
diciòtto [lat. *decem (et) octo*; a. 1367] *agg.* e *sm. num. card.*, ar. 18, rom. XVIII || il voto minimo (espresso in trentesimi) per superare un esame universitario: *ha preso diciotto.*
dicitóre [dal lat. *dīcere*, dire; fine sec. XIII] *sm.* (f. *-trìce*) chi declama versi o prosa in pubblico || *lett. dicitore in rima*, poeta || *fine dicitore*, nel teatro di varietà, chi recitava canzonette; oggi *iron.* chi si compiace della propria eloquenza || **N.** attore, declamatore.
dicitùra [dal lat. *dīcere*, dire; 1585] *sf.* **1.** forma con cui un testo è detto o scritto; scelta e collocazione delle parole: *dicitura elegante* **2.** breve scritta, spec. apposta a un'immagine; didascalia || **N. 1.** *Sin.* dettato, dizione, espressione, locuzione **2.** *Sin. legenda.*
diclamidàto [comp. di *di-*[2] e *clamidato*; 1956] *agg. T.bot.* di fiore, che possiede calice e corolla.
diclinìṣmo [da *diclino*; 1931] *sm. T.bot.* separazione dei sessi nei fiori di certe piante.
diclìno [comp. di *di-*[2] e gr. *klínē*, letto; 1931] *agg. T.bot.* di fiore, unisessuale || di pianta, che presenta diclinismo.
dico- [dal gr. *díkha*, in due parti] *primo elem.* che in parole composte ha il valore di "diviso in due" (per es. *dicocero*).
dicòcero [dal lat. scient. *Dichoceros*, comp. di *dico-* e gr. *kéras*, corno] *sm. T.zool.* genere di passeracei muniti di grosso becco, che vivono in India, in Malacca, nelle Filippine.
dicogamìa [comp. di *dico-* e *gamia*; 1931] *sf. T.biol.* riproduzione di ermafroditi in cui i gameti provengono da due individui distinti, perché le cellule riproduttive maschili e femminili in ciascun individuo maturano in tempi sfasati || **N.** *Contr.* autogamia.
dicòrdo [dal gr. *díchordos*, a due corde; 1820] *sm. T.mus.* strumento musicale antico a due sole corde.
dicoriàle [comp. di *di-*[2] e *corion*; 1932] *agg.* si dice di gravidanza gemellare in cui i gemelli sono dizigotici, ossia generati da due cellule uovo diverse.
dicotilèdone [comp. di *di-*[2] e *cotiledone*; 1820] *agg. T.bot.* detto di pianta fanerogama a due cotiledoni. **TAV.** ***botanica* p. 661** 8.2.
dicotomìa [dal gr. *dichotomía*; bipartizione; a. 1835] *sf.* **1.** suddivisione in due parti || *fig.* netta contrapposizione di due punti di vista || *T.fil.* metodo usato dai filosofi eleatici per negare il moto, dividendo in sempre nuove metà una distanza da percorrere || *T.fil.* il metodo platonico di definizione basato sulla dichiarazione di ciascun concetto in due parti **2.** *T.bot.* tipo di ramificazione in cui l'apice di un fusto, un ramo e sim. si suddivide in due apici identici che danno luogo a due rami e così via; è tipica soprattutto dei vegetali meno evoluti.
dicotòmico (pl. *-ci*) [da *dicotomia*; 1906] *agg.* che si riferisce a dicotomia || basato su dicotomia: *classificazione dicotomica.*
dicòtomo [dal gr. *dichótomos*, tagliato in due; 1732 nel senso 2] *agg.* **1.** *T.bot.* biforcato, detto di pianta **2.** *T.astr. luna dicotoma*, al primo o all'ultimo quarto.
dicròico (pl. *-ci*) [da *dicroismo*; 1869] *agg. T.min.* di cristallo, che presenta due colorazioni diverse quando venga osservato in direzioni differenti.
dicroìṣmo [dal gr. *díchroos*, di due colori; 1829] *sm.* il fenomeno presentato dai cristalli dicroici.
dicroìte [dal gr. *díchroos*, di due colori] *sf. T.min.* nome creato da Cordier nel 1809 per indicare il minerale (più comunemente noto col nome di *cordierite*) dato il suo forte pleocroismo.
dicromàtico (pl. *-ci*) [comp. di *di-*[2] e *cromatico*; 1940] *agg.* a due colori.
dicrotìṣmo [da *dicroto*; 1905] *sm. T.med.* battito del polso di frequenza doppia rispetto al battito cardiaco, in alcuni stati patologici.
dìcroto [dal gr. *díkrotos*, che batte due volte; 1830] *agg. T.med. polso dicroto*, che è caratterizzato da due impulsi per ogni contrazione cardiaca; *onda dicrota*, proveniente dalla riflessione dell'onda sistolica alla periferia del sistema arterioso.
didascalìa [dal gr. *didaskalía*, insegnamento; 1885; 1923 nel senso 2] *sf.* **1.** note intercalate dall'autore nel dialogo di un dramma, che servono da istruzioni per la messa in scena e la recitazione || sottotitolo, scritta sovrapposta all'immagine che aiuta la comprensione di un film non doppiato o muto **2.** scritta esplicativa di un'illustrazione, fotografia e sim. || *per estens.* avviso, indicazione || **N. 2.** *Sin. legenda.*
didascàlico (pl. *-ci*) [dal lat. *didascalicus*, gr. *didaskalikós*; a. 1556] **I** *agg.* atto ad ammaestrare; che si propone d'insegnare || detto di quel genere di opere letterarie che si propongono l'ammaestramento scientifico, religioso, morale || con valore negativo, pedante, saccente: *tono didascalico* || **didascalicaménte** *avv.* **II** *sm.* trattino orizzontale (–) usato nella punteggiatura per separare incisi o intro-

durre il discorso diretto || **N.** I dottrinale, edificante, istruttivo.

didàtta [da (*auto*) *didatta*; 1956] **s.** insegnante, docente, spec. con riferimento alla qualità dell'insegnamento: *è un ottimo didatta.*

didàttica [da *didattico*; 1869] **sf.** ramo della pedagogia che si occupa dei problemi e dei metodi relativi all'insegnamento.

didàttico (pl. *-ci*) [dal gr. *didaktikós*; 1853] **agg.** che riguarda le tecniche di insegnamento: *metodo didattico* || *direttore didattico*, direttore delle scuole elementari || **didatticaménte** **avv.**

didattiṣmo [da *didattico*; a. 1943] **sm.** applicazione rigida e pedante di principi e metodi didattici.

didéntro [comp. di *di* e *dentro*; fine sec. XIV] I **avv.** di dentro II **sm.** parte interna di una cosa: *il didentro del cappello.*

didiètro [comp. di *di* e *dietro*; a. 1375] I **avv.** dietro II **sm.** *più com.* parte posteriore o retrostante: *il didietro del vestito* || *fam. eufem.* sedere.

didìmio [dal gr. *dídymos*, gemello; 1887] **sm.** *T.chim. disus.* nome dato al miscuglio di neodimio e praseodimio, originariamente creduto un elemento chimico unico.

dìdimo [dal gr. *dídymos*, gemello, doppio; 1830] **agg.** *T.bot.* detto di organi vegetali formati da due parti distinte e accoppiate || *antere didime*, doppie.

didràmma [dal lat. *didrachma*, gr. *dídrachmon*; a. 1588 *didracma*] **sm.** *T.stor.* moneta greca del valore di due dramme.

die [lat. *dīes*; sec. XIII] **sm.** *arc.* giorno: *sì che se non s'appon die in die* (Dante).

dièci [lat. *decem*; a. 1292 *diece*] **agg.** e **sm.** *num. card.*, ar. 10, rom. X || *lavorare, mangiare per dieci*, moltissimo || **N.** deca, decade, decina.

diecimila [dal lat. *decem mīlia*; sec. XIII] **agg.** e **sm.** *num. card.*, ar. 10.000, rom. $\bar{X}$ || *iperb. te l'avrò spiegato diecimila volte*, moltissime || **sm.** *pl. T.sport.* la gara di corsa dei diecimila metri piani: *correre i diecimila, uno specialista dei diecimila* || **N.** miriade.

diecina V. DECINA.

diecino [da *dieci*; a. 1936] **sm.** *tosc.* la moneta italiana da dieci centesimi, ora fuori circolazione.

dièdro [comp. di *di-*[2] e *-edro*, come il fr. *dièdre*; 1820] **sm.** *T.geom.* ciascuna delle due regioni di spazio delimitate da una coppia di semipiani aventi in comune la retta origine || *diedro acuto, retto* ecc., la cui sezione normale è un angolo acuto, retto ecc.; anche in posizione attributiva: *angolo diedro* || *T.aer. diedro alare*, quello formato dai piani delle due semiali dell'ala di un aereo || *T.alp.* struttura di roccia formata da due pareti che si incontrano lungo uno spigolo || **N.** faccia, spigolo; triedro. **TAV.** *geometria* 15.

diegèṣi o **diègeṣi** [dal gr. *diḗgēsis*, narrazione, racconto; 1987] **sf.** in semiologia e nella critica letteraria, teatrale e cinematografica di orientamento strutturalista, lo svolgimento narrativo di un'opera, la linea del racconto.

diegètico (pl. *-ci*) [dal gr. *diēgētikós*, che ama raccontare; 1983] **agg.** che riguarda la diegesi: *in novanta minuti questo film copre un tempo diegetico di quarant'anni.*

dielettricità [da *dielettrico*; 1909] **sf.** *T.fis.* proprietà caratteristica dei dielettrici.

dielèttrico (pl. *-ci*) [comp. di *di-*[3] ed *elettrico*, come l'ingl. *dielectric*; 1869] **agg.** e **sm.** *T.elettr.* di corpo o sostanza che, essendo cattivo conduttore dell'elettricità, è atto a funzionare da isolante.

dielettrina [da *dielettrico*; 1987] **sf.** isolante elettrico a base di zolfo e paraffina.

diencefàlico (pl. *-ci*) [da *diencefalo*; 1956] **agg.** *T.med.* del diencefalo, relativo al diencefalo || *sindrome diencefalica*, malattia causata da lesioni o alterazioni del diencefalo.

diencèfalo [comp. di *di-*[3] ed *encefalo*; 1904] **sm.** *T.anat.* parte dell'encefalo, al disotto del terzo ventricolo, in cui si trovano alcuni centri che presiedono alla vita vegetativa.

diène [comp. di *di-*[2] e *-ene*; 1949] **sm.** *T.chim.* idrocarburo alifatico la cui molecola contiene due doppi legami.

dièreṣi [dal lat. tardo *diăeresis*, gr. *diaíresis*; 1540] **sf.** **1.** divisione in due sillabe distinte, per ragioni metriche, di due vocali contigue che abitualmente formano dittongo || il segno diacritico che si pone sulla vocale più chiusa per indicare la divisione in due sillabe consistente in due puntini disposti orizzontalmente **2.** nella metrica classica, pausa ritmica alla fine di ogni parola e di ogni piede **3.** *T.med.* separazione tra tessuti normalmente contigui, spontanea o prodotta da incisione chirurgica || **N. 3.** *Sin.* diastasi.

diesel (ted., pr. ['di:zəl]) [dal n. proprio R. *Diesel*, ingegnere ted.; 1931] I **agg.** *inv.* detto di motore a combustione interna, in cui si ha accensione spontanea del combustibile dovuta all'alta temperatura dell'aria compressa nel cilindro; è usato come propulsore di navi, treni, autoveicoli pesanti e anche automobili || detto di autoveicoli con motore di diesel: *una berlina diesel* II **sm.** *inv.* motore diesel || autoveicolo con motore diesel: *i rappresentanti girano quasi tutti in diesel.* **TAV.** ***ferrovie...*** **p. 669** 2.

dies irae (lat., pr. it. ['dies 'ire]) [letter. giorno dell'ira] **loc. m.** *inv.* inno cantato nell'uffizio dei morti, che comincia appunto con tali parole || *per estens.*, il giorno che dovremo render conto di tutto, di ogni malfatto: *verrà il dies irae.*

dièṣis [dal lat. tardo *diesis*, gr. *díesis*; sec. XIV] **sm.** *inv.* *T.mus.* alterazione ascendente di un semitono || segno che lo rappresenta || **N.** bemolle, bequadro; modulazione. **TAV.** ***musica*** **p. 1324** 1.11a, 1.11b.

dieṣiẓẓàre [da *diesis*; 1965] **tr.** *T.mus.* alterare il valore di una nota con l'applicazione di un diesis.

dièta[1] [lat. mediev. *diēta*; 1498] **sf.** **1.** *T.stor.* assemblea del Sacro Romano Impero || assemblea politica presso certe nazioni **2.** *arc.* spazio di un giorno || **N. 1.** *Sin.* ASSEMBLEA.

dièta[2] [dal lat. *diăeta*; 1306] **sf.** regime alimentare particolare e ben definito, per ragioni terapeutiche o ambientali e culturali: *dieta lattea*; *dieta mediterranea* || limitazione nel consumo di cibo: *essere, stare, tenersi a dieta.*

dietètica [dal lat. tardo *diaetētica*; a. 1735] **sf.** *T.med.* ramo della medicina che studia l'alimentazione, proponendosi di indicare i regimi alimentari più idonei alle differenti condizioni di salute, ambientali, climatiche ecc. || **N.** *Sin.* dietologia.

dietètico (pl. *-ci*) [dal lat. tardo *diaetēticus*; a. 1698] **agg.** relativo a dieta: *cura dietetica, alimenti dietetici.*

dietim (lat., pr. it. [di'ɛtim]) [letter. giorno per giorno; 1908 come sm.] I **avv.** nel linguaggio notarile, giorno per giorno II **sm.** *inv.* *T.banc.* ammontare degli interessi giornalieri a partire dalla data di inizio di godimento degli stessi.

dietista [da *dieta*[2]; 1950] **s.** dietologo.

dietologìa [comp. di *dieta*[2] e *-logia*; 1956] **sf.** *T.med.* branca della medicina che studia la composizione e le proprietà degli alimenti al fine di stabilire i regimi alimentari più adatti alle diverse condizioni dell'organismo (clima, lavoro, età ecc.) || **N.** *Sin.* dietetica.

dietòlogo (pl. *-gi*) [comp. di *dieta*[2] e *-logo*; 1950] **sm.** (f. *-a*) medico specializzato in dietetica.

dietoterapìa [comp. di *dieta*[2] e *terapia*; 1920] **sf.** *T.med.* metodo di cura che si basa sull'osservazione di un regime alimentare adeguato alle condizioni fisiopatologiche dell'organismo.

dietro [lat. tardo *dē retro*, di dietro; a. 1292] I **prep.** e nelle **loc. prep.** *dietro a, dietro di* (quest'ultima solo con i pronomi personali, dove è obbligatoria) **1.** nella parte retrostante di, alle spalle di: *l'appartamento dietro il negozio*; *è proprio dietro di noi* || *fig. dietro le quinte*, in secondo piano; di nascosto || *lasciarsi dietro qualcuno*, precederlo di molto, anche *fig.* || *colloq. ridere dietro a qualcuno*, prenderlo in giro a sua insaputa || al di là di: *il sentiero passa dietro a quella punta* **2.** appresso, al seguito di: *venite tutti dietro a me* || *tener dietro a qualcuno*, seguirlo, spec. *fig.*: *nessuno riusciva a tenergli dietro*, a seguire i suoi ragionamenti || *fam. star dietro a una donna*, corteggiarla insistentemente || *correre dietro a qualcuno, a qualcosa*, desiderarlo intensamente **3.** dopo, spec. nell'espressione *l'uno dietro l'altro* e in espressioni burocratiche come *dietro versamento, dietro cauzione* e sim. **4.** *lett.* secondo: *agire dietro l'esempio dei saggi* II **avv.** **1.** nella parte posteriore: *mettilo lì dietro, nel bagagliaio* **2.** *fam.* con sé: *portati dietro un golf pesante* III **sm.** parte posteriore o retrostante: *il dietro dei calzoni* IV **agg.** *inv.* (sempre posposto) *raro* posteriore: *la fila dietro.*

dietrofrónt [comp. di *dietro* e *front(e)*; 1906] I *T.mil.* comando per far volgere un soldato o un gruppo di soldati in direzione opposta a quella in cui si trova II **sm.** *inv. fig.* voltafaccia, cambiamento brusco: *un dietrofront inatteso.*

dietrologìa (pl. *-gìe*) [comp. di *dietro* e *-logia*; 1974] **sf.** nel linguaggio politico e giornalistico indica, spesso in tono polemico, la tendenza ad attribuire agli avvenimenti della vita pubblica motivazioni diverse da quelle apparenti o dichiarate, formulando ipotesi sull'esistenza di disegni nascosti che stanno dietro allo svolgersi degli eventi: *per cercare di capire, e non per fare esercizio di dietrologia, dobbiamo esaminare alcune ipotesi.*

dietrològico (pl. *-ci*) [da *dietrologia*; 1980] **agg.** ispirato da dietrologia: *discorso dietrologico, sospetto dietrologico.*

dietròlogo (pl. *-gi*) [da *dietrologia*; 1978] **sm.** (f. *-a*) chi pratica la dietrologia, fa della dietrologia: *i soliti dietrologi insinuano che questo fatto non è casuale.*

dietromotóri [comp. di *dietro* e *motore*; 1956] I **sm.** e **agg.** *inv.* *T.sport.* detto di tipo di gara ciclistica su pista in cui ogni ciclista è preceduto da una grossa motocicletta che gli taglia l'aria, permettendogli di raggiungere velocità molto elevate II **avv.** *T.sport.* secondo le regole di tale gara: *correre dietromotori.*

difalcàre V. DEFALCARE.

difàlta V. DIFFALTA.

difàtti [comp. di *di* e *fatto*; 1795] **cong.** infatti.

difèndere (pres. *-èndo*; p.rem. *-ési, -endésti*; pps. *-éso*) [lat. *defendere*; inizio sec. XIII *defendere*] **tr.** **1.** cercare di salvare, proteggere da pericoli, da offese e sim.: *difendere i deboli, difendere dall'aggressore una città assediata* || *T.giur.* patrocinare la causa di qualcuno in giudizio: *Cicerone difese Ligario* || sostenere le idee o le opere di qualcuno in un dibattito e sim.: *difendere un progetto contro le critiche* || *T.gioc. ass.* in vari giochi e sport, svolgere il ruolo di difensore: *nel baseball la squadra che difende schiera nove giocatori in campo* **2.** *arc.* proibire, vietare, impedire || **rifl.** proteggersi contro un pericolo e sim.: *difendersi dal caldo* || sostenere le proprie ragioni || *fam.* cavarsela, sapersi destreggiare: *tuo fratello è più bravo di te, ma anche tu ti difendi* || **N. tr. 1.** *Sin.* aiutare, coprire, custodire, fortificare, guarnire, intercedere, munire, perorare, premunire, preservare, presidiare, rintuzzare, riparare, salvaguardare, scortare, soccorrere, sostenere, tutelare | a spada tratta | *rifl.* parare, resistere, ripararsi, schermirsi, tener testa | *Contr.* attaccare, aggredire, assalire; accusare.

difendìbile [da *difendere*; sec. XV] ***agg.*** che si può difendere; difensibile.

difendibilità [da *difendibile*; 1970] ***sf.*** la caratteristica di ciò che è difendibile, la possibilità di difendere: *contestare la difendibilità di una posizione, della versione dei fatti, di una tesi.*

difenile [comp. di *di-*[2] e *fenile*; 1956] ***sm.*** *T.chim.* bifenile.

difènsa ***sf.*** *ant.* V. DIFESA.

difensìbile [dal lat. ant. tardo *defensibilis*; sec. XV] ***agg.*** *non com.* difendibile.

difensióne [dal lat. *defēnsio, -ōnis*; 1292 ca.] ***sf.*** *arc.* difesa: *qual ch'a la difension dentro s'aggiri* (Dante).

difensìva [da *difensivo*; a. 1556] ***sf.*** tattica di difesa || *stare* o *porsi sulla difensiva*, in atteggiamento cauto e prudente || **N.** DIFESA.

difensivìsmo [da *difensivo*; 1957] ***sm.*** atteggiamento o disposizione di chi è in posizione di difesa; condotta difensiva a oltranza: *difensivismo strategico, difensivismo di una tattica di gioco.*

difensivìstico (pl. *-ci*) [da *difensivo*; 1983] ***agg.*** ispirato da difensivismo; eccessivamente o costantemente incline a una tattica difensiva: *strategia, posizione difensivistica*; nella letteratura sportiva: *gioco difensivistico.*

difensìvo [dal lat. *defensīvus*; a. 1540] ***agg.*** atto a difendere, che punta a difendere: *intervento difensivo, tattica difensiva* || di difesa: *atteggiamento difensivo* || *alleanza difensiva*, quella tra due o più stati per difendersi nel caso che uno degli alleati sia assalito dal nemico || **N.** *Contr.* aggressivo, offensivo.

difensóre [dal lat. *defēnsor, -ōris*; a. 1294 *defensore*] **I *sm.*** (f. *difenditrice*) **1.** chi difende: *difensore dei deboli* || *T.giur.* persona che in un processo penale assiste e rappresenta l'imputato: *difensore di fiducia*, scelto dall'imputato; *difensore d'ufficio*, nominato dal giudice in assenza di un difensore di fiducia **2.** *T.sport.* in molti sport di squadra, giocatore con compiti prevalentemente difensivi; *estremo difensore*, nel calcio, il portiere **II *agg.*** che difende: *avvocato difensore* || **N.** I **1.** *Sin.* **1.** paladino, protettore, tutore.

difésa [dal lat. tardo *defēnsa*; 1294] ***sf.*** **1.** azione del difendere; *prov. la miglior difesa è l'attacco* || scritto o discorso a sostegno di qualcuno || riparo, schermo: *difesa dal caldo, dall'umidità* || *T.psic. meccanismi di difesa*, il complesso dei mezzi con cui l'individuo cerca di proteggersi dagli effetti di esperienze, ricordi o sentimenti spiacevoli; comprendono ad es. la *rimozione*, la *proiezione*, la *razionalizzazione* ecc. || *prendere la difesa* o *le difese di qualcuno*, difenderlo || *a difesa*, a protezione: *una siepe a difesa dell'orto* || *T.giur. legittima difesa*, reazione violenta dell'aggredito nei confronti dell'aggressore, non punibile purché proporzionata all'offesa o alla minaccia || *eccesso di difesa*, reato consistente nel reagire violentemente in modo non proporzionato all'offesa **2.** *T.giur.* in un processo penale, il complesso delle attività volte ad assistere l'imputato e a sostenerne le ragioni: *difesa d'ufficio*; *difesa personale*, autodifesa || *per meton.* gli avvocati difensori: *la parola alla difesa* || l'arringa del difensore **3.** *T.mil.* il complesso delle attività necessarie a contrastare l'offensiva nemica: *difesa attiva, passiva*; *difesa aerea, costiera* || *concr. T.mil.* fortificazione || *Ministero della Difesa*, che organizza e dirige le forze armate di uno stato || *Capo di Stato Maggiore della Difesa*, la massima carica direttiva militare delle forze armate italiane **4.** *T.sport.* l'insieme delle azioni e delle tattiche di gioco condotte per ostacolare le iniziative d'attacco dell'avversario: *difesa a uomo, a zona* || negli sport di squadra il gruppo di atleti a cui è delegato questo compito **5.** *T.gioc.* negli scacchi, tipo di apertura caratterizzata da particolari mosse del nero: *difesa Siciliana, difesa Indiana* **6.** *pl.* zanne: *le difese dell'elefante* || **N. 1.** *Sin.* appoggio, preservazione, protezione, salvaguardia, sostegno, tutela | *Contr.* attacco **2.** *Sin.* apologia, patrocinio | *Contr.* accusa; offesa **3.** *Sin.* argine, baluardo, resistenza; bastione, rifugio, scudo | *Contr.* aggressione, assalto, attacco **4.** *Contr.* attacco. **Q.T.** *diritto, fortificazioni.*

diféso (*pps.* di *difendere*) [a. 1321] ***agg.*** riparato: *un posto difeso dal vento* || fortificato: *una postazione ben difesa* || **N.** *Sin.* coperto, preservato, protetto; guarnito, munito | *Contr.* esposto; indifeso, sguarnito.

difettàre (pres. *-ètto*) [da *difetto*; sec. XIII *defettare*] ***intr.*** (aus. *avere*) **1.** essere carente di qualcosa, scarseggiare, mancare: *quell'uomo difetta di immaginazione*; *non ti difetta certo la buona volontà* **2.** *non com.* essere difettoso || ***tr.*** *arc.* considerare difettoso || **N.** MANCARE.

difettìvo [dal lat. tardo *defectīvus*; 1308 *defettivo*] ***agg.*** *non com.* a cui manca qualche cosa || *T.gram.* che manca di alcune forme (ad es. il verbo *urgere* usato solo in alcuni tempi e persone o il nome *prole* mancante del plurale).

difètto [dal lat. *defectus*; inizio sec. XIII] ***sm.*** imperfezione, mancanza; sia in senso materiale che morale: *difetto congenito, vi sono alcuni difetti d'impostazione nel suo lavoro* || abitudine spiacevole, piccolo vizio: *ha il difetto di mordersi le unghie* || *esserci difetto, far difetto*, mancare: *non c'è difetto di domanda sul mercato, non gli fa difetto la parlantina* || *non com. in difetto di*, in mancanza di: *in difetto dell'esperienza vi persuaderà la ragione* || *T.mat. approssimazione per difetto*, con valori inferiori a quelli reali || *T.fis. difetto di massa*, differenza tra la massa totale di un nucleo e la somma delle masse dei nucleoni che lo compongono presi isolatamente, pari all'energia di formazione del nucleo || *difetti reticolari*, imperfezioni nella struttura reticolare dei cristalli che permettono di spiegarne alcune proprietà fisiche || *dim.* difettùccio; *pegg.* difettàccio || **N.** *Sin.* carenza, debolezza, deficienza, errore, macchia, magagna, manchevolezza, neo, pecca, penuria, scarsità, tara | *Contr.* pregio, qualità, virtù; abbondanza; eccesso.

difettóso [da *difetto*; 1306 *difettuoso*] ***agg.*** che ha qualche difetto, soltanto in senso materiale: *un congegno difettoso* || **difettosaménte** ***avv.*** || **N.** *Sin.* imperfetto, incompiuto, lacunoso, manchevole, scadente | *Contr.* perfetto.

diffalcàre V. DEFALCARE.

diffàlco V. DEFALCO.

diffàlta o **difàlta** [dal fr. ant. *défaute*; 1292 ca.] ***sf.*** *arc.* mancanza, colpa, errore: *per sua diffalta qui dimorò poco* (Dante).

diffamàre (pres. *-àmo*) [dal lat. *diffamāre*; 1308] ***tr.*** nuocere alla reputazione di qualcuno con parole o scritti calunniosi o infamanti || **N.** *Sin.* calunniare, denigrare, infamare, macchiare il buon nome o la reputazione, malignare, mormorare, screditare, sparlare | *Contr.* elogiare.

diffamàto (*pps.* di *diffamare*) [sec. XIII] ***agg.*** *T.arald.* detto di un elemento dello stemma che è stato privato di segni prestigiosi perché la famiglia a cui appartiene ha commesso un'azione considerata disonorevole: *armi diffamate, aquila diffamata.*

diffamatóre [da *diffamare*; sec. XIV] ***agg.*** e ***sm.*** (f. *-trìce*) che o chi diffama || **N.** *Sin.* calunniatore, denigratore, detrattore, libellista, maligno, maldicente, sparlatore.

diffamatòrio (pl. *-ri* o *-rii*) [da *diffamare*; a. 1462] ***agg.*** che serve a diffamare: *scritto diffamatorio* || **N.** *Sin.* calunnioso, denigratorio, infamante, ingiurioso, oltraggioso.

diffamazióne [dal lat. tardo *diffamātio, -ōnis*; inizio sec. XIV] ***sf.*** atto ed effetto del diffamare || *T.giur.* reato di chi, comunicando con altri, offende la reputazione di qualcuno || **N.** *Sin.* denigrazione, insinuazione, vilipendio, vituperio, MALDICENZA, CALUNNIA.

differènte (*ppr.* di *differire*) [1306] ***agg.*** che non ha la medesima qualità e forma, rispetto a un'altra cosa: *differenti punti di vista, intelligenza differente dalla media* || **differenteménte** ***avv.***; nella *loc. prep. differentemente da*, a differenza di || **N.** *Sin.* difforme, discordante, dissimile, distinto, eterogeneo, DIVERSO.

differènza [dal lat. *differentia*; a. 1294] ***sf.*** **1.** l'essere differente: *che differenza c'è, passa, corre fra queste due cose?, non vedo alcuna differenza* || *la qualità o quantità per cui si differisce: differenza di colore* || *c'è una bella differenza*, per indicare che una cosa è molto superiore o inferiore a un'altra || *a differenza di*, contrariamente a || *differenza specifica*, ciò che contraddistingue due specie appartenenti allo stesso genere || *T.mat.* il risultato della sottrazione || *T.mat. differenza finita di una funzione*, l'incremento della funzione quando la variabile indipendente viene incrementata di uno || *T.fis. differenza di potenziale*, V. POTENZIALE || *fare la differenza*, essere l'elemento determinante per la superiorità: *è stata la maggiore esperienza dei giocatori a fare la differenza* || *fam. far differenza*, valutare il divario: *non fa differenza tra Raffaello e un imbianchino* **2.** *raro* il non essere d'accordo con altri in una disputa, dissenso; *è nata una differenza tra i parenti per l'eredità* || **N. 1.** *Sin.* contrasto, difformità, discordanza, discrepanza, disparità, divario, divergenza, diversità | formale, intrinseca, sostanziale | *Contr.* somiglianza; identità, uguaglianza; somma.

differenziàbile [da *differenziare*; 1956] ***agg.*** **1.** che si può differenziare **2.** *T.mat.* per funzioni reali a una variabile, sin. di *derivabile* (v.); in gen. *differenziabile in un punto*, si dice di una funzione reale ad una o più variabili, quando è approssimata, in un intorno del punto in questione, da un'applicazione lineare, a meno di un resto che, diviso per l'ampiezza dell'intorno, tende a zero al restringersi dell'intorno stesso; *differenziabile in un intorno*, si dice di una funzione differenziabile in tutti i punti dell'intorno.

differenziàle [dal lat. tardo *differentiālis*; sec. XV] **I *agg.*** **1.** che stabilisce una differenza: *tariffa differenziale*, tariffa ferroviaria in cui il rapporto tra prezzo e percorso diminuisce all'aumentare del percorso; *dazio differenziale*, imposta d'ingresso più alta del consueto contro merci provenienti da un paese con cui si è in guerra doganale || basato sulla differenza: *classi differenziali*, in un ordinamento scolastico oggi superato, quelle composte da alunni disadattati || *T.psic. psicologia differenziale*, branca della psicologia che ha per oggetto la natura e la grandezza delle differenze nei processi psichici tra individui o gruppi || relativo a una differenza: *amplificatore differenziale*, che amplifica la differenza tra le tensioni di due impulsi, indipendentemente dai loro valori assoluti **2.** *T.mat.* che si riferisce ad incrementi infinitesimi, limiti, derivate e sim.: *calcolo differenziale*, lo studio dei limiti, delle derivate e delle loro applicazioni; *equazione differenziale*, che contiene come incognite una o più funzioni con le loro derivate; *geometria differenziale*, ramo della geometria che si occupa delle curve e delle superfici in uno spazio a tre o più dimensioni, con i metodi dell'analisi infinitesimale **II *sm.*** **1.** *T.mat. differenziale di una funzione*, prodotto della derivata della funzione per l'incremento della variabile indipendente **2.** *T.tecn.* nelle automobili, meccanismo che in curva trasmette alle due ruote motrici due diverse velocità di rotazione, in modo che la ruota esterna possa percorrere un tratto più lungo di quella interna senza compromettere la stabilità del veicolo. **Q.T.** *automobile, matematica...* **TAV.** ***automobile*** **p. 658** 3.31.

differenziaménto [da *differenziare*; 1906] ***sm.*** atto ed effetto del differenziare e del differenziarsi || *T.biol.* fenomeno per cui elementi, originariamente indistinti in un organismo, si trasformano durante il processo di sviluppo in ordine alle varie funzioni organiche.

differenziàre (pres. *-ènzio*) [da *differenza*; sec. XV] ***tr.*** **1.** distinguere, rendere differente **2.** *T.mat.* calcolare il differenziale di una funzione; meno propriamente, anche derivare una funzione || ***intr. pron.*** distinguersi, essere o diventare differente || **N.** ***tr.*** **1.** *Sin.* diversificare, DISTINGUERE.

differenziàto (*pps.* di *differenziare*) [a. 1435] ***agg.*** che presenta delle differenze rispetto alla normalità || che fa distinzione tra più cose o persone: *insegnamento differenziato.*

differenziazióne [da *differenziare*; 1748] ***sf.*** **1.** distinzione, discriminazione **2.** *T.mat.* l'operazione del differenziare.

differìbile [da *differire*; 1869] ***agg.*** che si può differire: *la data della riunione non è ulteriormente differibile* || **N.** *Sin.* rinviabile.

differiménto [da *differire*; 1638] ***sm.*** il differire || **N.** *Sin.* dilazione, proroga, rinvio.

differìre (pres. *-ìsco, -ìsci*) [dal lat. *differre*; sec. XIV come tr.] ***intr.*** (non usato nei tempi composti) essere diverso in qualche cosa: *la sua opinione differisce dalla nostra* || ***tr.*** rimettere ad altro tempo, rimandare: *differire un viaggio* || **N.** ***intr.*** *Sin.* contrastare, discordare, distaccarsi, distinguersi | ***tr.*** dilazionare, procrastinare, prorogare, rimandare, rinviare.

differita [da *differire*; 1984] ***sf.*** trasmissione televisiva che viene mandata in onda successivamente alla ripresa: *domani sarà trasmessa la differita della partita odierna, programma in differita, trasmettere in differita* || **N.** *Contr.* diretta.

difficile [dal lat. *difficilis*; a. 1342] **I** ***agg.*** **1.** che richiede sforzo o fatica: *un lavoro difficile, un difficile corso di studi* || di scritto e sim., il cui senso non è chiaro e richiede uno sforzo per essere compreso || di respiro, faticoso || *T.alp. poco difficile, abbastanza difficile, difficile, molto difficile, estremamente difficile*, scala di termini usati per classificare la difficoltà complessiva di una via alpinistica (scala francese) **2.** che è fonte di preoccupazioni, sgradevole: *è un momento difficile; rendere la vita difficile a qualcuno*, infastidirlo, tormentarlo **3.** di persona, poco trattabile, che non si contenta facilmente: *un cliente difficile, un pubblico difficile; fare il difficile*, essere troppo esigente e pieno di pretese || di atteggiamenti e sim., pieno di riserve, esigente: *gusti difficili* **4.** poco probabile: *è difficile che ti venga a trovare* || **difficilménte** ***avv.*** **1.** con difficoltà **2.** con valore frasale, poco probabilmente: *difficilmente potrò venire domani* **II** ***sm.*** ciò che è difficile, difficoltà: *cerca sempre il difficile, il difficile adesso sarà convincerlo* **III** talora usato con funzioni di ***avv.*** *fam. parla così difficile!* || *dim.* difficilòtto, difficilìno || **N.** **1.** *Sin.* arduo, disagevole, duro, faticoso, gravoso, laborioso, malagevole, ostico; astruso, complesso, complicato, oscuro | *Contr.* agevole, facile, leggero, semplice **2.** *Sin.* critico, delicato, imbarazzante, scabroso, spiacevole, spinoso | *Contr.* tranquillo **3.** *Sin.* esigente, scontroso | *Contr.* accomodante, ben disposto **4.** *Contr.* probabile.

difficoltà [dal lat. *difficultas, -ātis*; 1306] ***sf.*** l'essere difficile, la qualità di essere difficile: *la difficoltà dell'impresa mi spaventa* || ciò che è difficile, l'ostacolo che si oppone al conseguimento di qualcosa: *bisogna vincere tutte le difficoltà* || situazione difficile: *mettere qualcuno in difficoltà* || *essere in difficoltà*, trovarsi a disagio, essere in crisi; talvolta anche *eufem.* avere problemi economici || *T.alp. scala di difficoltà*, gradi dall'uno al sei (e recentemente anche oltre), o dal facile all'estremamente difficile, che misurano il livello tecnico di una scalata su roccia o di una via alpinistica nel suo complesso || impedimento, contrarietà: *non ho alcuna difficoltà a fare ciò che tu chiedi* || *far difficoltà a qualcuno*, opporsi a un suo progetto, spesso in modo pretestuoso || **N.** *Sin.* angustia, complicazione, contrasto, disagio, fatica, imbarazzo, intralcio, ostacolo, problema, scoglio | appianare, evitare, rimuovere, spuntare, togliere, vincere.

difficoltóso [da *difficoltà*; 1585] ***agg.*** che presenta molte difficoltà || *non com.* di persona, che trova in tutto difficoltà || **N.** DIFFICILE.

diffida [da *diffidare*; 1812] ***sf.*** *T.giur.* atto o documento con cui si diffida qualcuno a non compiere una determinata azione || il mettere in guardia pubblicamente contro qualcosa o qualcuno || *T.sport.* provvedimento disciplinare inflitto a un atleta, che implica la squalifica all'infrazione successiva.

diffidàre (pres. *-ido*) [dal lat. *diffidere*, rifatto sul modello di *fidare*; a. 1250 nel senso 2] ***intr.*** (aus. *avere*) **1.** non fidarsi (si costruisce con la prep. *di*): *diffida di chi non ride mai* **2.** *lett.* disperare || ***tr.*** **1.** *T.giur.* intimare formalmente a qualcuno di non compiere una data azione, facendogli presente quali sarebbero le conseguenze (costruito con l'inf. retto dalla prep. *da*): *diffidare dal passare il confine* || *T.sport.* ammonire ufficialmente un atleta, avvertendolo che a una successiva infrazione seguirebbe inevitabilmente la squalifica **2.** *arc.* sfidare || **N.** ***intr.*** **1.** *Sin.* dubitare, insospettirsi, sospettare, temere | *Contr.* fidarsi.

diffidènte [dal lat. *diffidentis*, ppr. di *diffidere*, diffidare; a. 1347] ***agg.*** che diffida, sospettoso || **diffidenteménte** ***avv.*** || **N.** *Sin.* cauto, scettico; ombroso.

diffidènza [dal lat. *diffidentia*; a. 1342] ***sf.*** mancanza di fiducia || atteggiamento cauto e sospettoso: *lo stava a sentire con evidente diffidenza.*

diffluènte [dal lat. *diffluens, -entis*, che scorre in diverse parti; 1956] ***sm.*** corso d'acqua secondario che deriva dal ramo principale.

diffluènza [dal lat. *diffluere*, spandersi scorrendo; 1956] ***sf.*** *T.geogr.* **1.** *diffluenza fluviale*, sdoppiamento dell'alveo di un corso d'acqua in due rami di corrente, eventualmente ricongiungentisi più a valle **2.** *diffluenza glaciale*, biforcazione di un lembo terminale di ghiacciaio in due lingue distinte, che si verifica gen. in zone pianeggianti o in presenza di ostacoli rocciosi.

diffóndere (pres. *-óndo* ecc., come CONFONDERE) [dal lat. *diffundere*; a. 1321] ***tr.*** spargere abbondantemente; *più freq. fig.* propagare in tutte le direzioni: *diffondere calore*; divulgare: *diffondere notizie, diffondere le nuove tecniche di irrigazione* || *per restr.* trasmettere: *l'incontro viene diffuso via satellite in tutto il mondo* || ***intr. pron.*** spargersi per largo spazio: *le acque del fiume si diffusero per la pianura* || estendersi: *è un costume che va diffondendosi* || di persone, dilungarsi a parlare o a scrivere: *diffondersi in lunghe descrizioni* || **N.** ***tr.*** *Sin.* propalare, spandere, versare | ***intr. pron.*** *Sin.* allargarsi, espandersi.

diffonditóre [da *diffondere*; a. 1667] ***agg.*** e ***sm.*** (f. *-trìce*) *raro* che o chi diffonde, propagatore.

difórme [dal lat. mediev. *difformis*, dal lat. *defōrmis*; a. 1342] ***agg.*** **1.** non conforme, diverso: *un risultato difforme dalle previsioni* **2.** *disus.* deforme || **N.** **1.** DIVERSO.

difformità [da *difforme*; a. 1320] ***sf.*** **1.** discordanza, diversità: *difformità di carattere* **2.** *lett.* deformità || **N.** **1.** *Sin.* DIFFERENZA.

diffràngere (pres. *-àngo, -àngi*; p.rem. *-ànsi*; pps. *diffràtto*) [dal lat. **diffrangere* per *diffringere*, spezzare; 1737] ***tr.*** *T.fis.* produrre il fenomeno ottico della diffrazione: *una sottilissima fessura diffrange la luce* || ***intr. pron.*** *T.fis.* presentare il fenomeno della diffrazione: *le radiazioni luminose si diffrangono sugli spigoli.*

diffrattòmetro [comp. di *diffratto*, pps. di *diffrangere* e *-metro*; 1965] ***sm.*** *T.fis.* apparecchio per indagare la struttura dei cristalli attraverso la diffrazione dei raggi X.

diffrazióne [dal lat. scient. *diffractio, -ōnis*, costruito sul lat. *diffractus*, pps. di *diffringere*; 1737] ***sf.*** *T.fis.* fenomeno caratteristico della propagazione per onde (non soltanto di quelle elettromagnetiche) che si presenta quando queste incontrano ostacoli, fenditure e sim. di dimensioni comparabili alla lunghezza d'onda; nel caso della luce si manifesta ad es. con l'apparire di frange iridescenti quando un fascio luminoso passa attraverso un piccolo foro, il che non trova spiegazione nelle leggi dell'ottica geometrica. **Q.T.** *chimica.*

diffuṣìbile [da *diffuso*; 1830] ***agg.*** *non com.* che può diffondersi; facile a diffondersi.

diffuṣibilità [da *diffusibile*; 1861] ***sf.*** *non com.* attitudine a diffondersi, l'essere diffusibile.

diffuṣionàle [da *diffusione*; 1970] ***agg.*** *T.scient.* che si riferisce alla diffusione (nel senso 2); *operazione diffusionale*, separazione dei componenti di una miscela mediante fenomeni di diffusione (distillazione, essiccamento ecc.).

diffuṣióne [dal lat. *diffūsio, -ōnis*; 1623] ***sf.*** **1.** atto ed effetto del diffondere o del diffondersi: *la diffusione di un quotidiano* || *area di diffusione*, estensione di un fenomeno || divulgazione || *T.chim.* fenomeno per cui due liquidi o due gas messi insieme si compenetrano a vicenda, tanto da formare un tutto omogeneo || *T.fis. diffusione del calore e della luce*, fenomeno per cui le radiazioni termiche o luminose, cadendo sopra superfici non lisce, deviano in tutte le direzioni (cadendo invece su superfici lisce si ha il fenomeno della *riflessione*) **2.** *T.fis. diffusione di particelle*, in fisica nucleare, deviazione di un fascio di particelle in seguito all'interazione con un nucleo: *diffusione elastica, anelastica*, rispettivamente senza o con perdita di energia cinetica delle particelle; in questo senso è spesso preferito il termine inglese *scattering* **3.** *disus.* prolissità || **N.** **1.** *Sin.* abbondanza, allargamento, divulgazione, propaganda, propagazione, pubblicità, spargimento.

diffuṣionìṣmo [da *diffusione*, sul modello dell'ingl. *diffusionism*; 1981] ***sm.*** teoria antropologica del primo Novecento secondo la quale le affinità culturali tra società diverse e lontane tra loro sono determinate dalla diffusione di elementi culturali da una società all'altra, per un precedente contatto o per migrazioni.

diffuṣività [da *diffusivo*; 1986] ***sf.*** nello studio sociologico delle relazioni sociali indica un modo alternativo di "vedere" la persona con cui si è in relazione e alla quale, nel rapporto di diffusività, si può concedere qualsiasi cosa richieda, nei limiti del ragionevole; è contrapposto al rapporto di specificità, con persone di cui si intendono esaudire solo richieste specifiche: *tra due amici o coniugi intercorre un rapporto di diffusività, mentre è di specificità tra funzionario e cliente allo sportello di una banca* || **N.** *Contr.* specificità.

diffuṣìvo [da *diffuso*; a. 1406] ***agg.*** relativo alla diffusione || che tende a diffondersi.

diffùṣo (*pps.* di *diffondere*) [a. 1321] ***agg.***

1. effuso, sparso: *diffuso era per gli occhi e per le gene di benigna letizia* (Dante) ‖ lungo, prolisso: *discorso, stile diffuso* ‖ *luce diffusa*, illuminazione a raggi riflessi distribuita uniformemente senza grandi contrasti di luci e di ombre **2.** *T.ling.* nella teoria di R. Jakobson, tratto fonetico binario (opposto a *compatto*) attribuito a quei suoni, sia consonantici che vocalici, che presentano una distribuzione dell'energia su un ampio spettro di frequenze ‖ **diffuṣaménte** *avv.* ampiamente ‖ **N. 1.** *Sin.* ampio, dilatato, esteso, largo.

diffuṣóre [da *diffuso*; 1892 nel senso 2] *sm.* **1.** (f. *diffonditrice*) chi diffonde **2.** *T.tecn.* nome di vari dispositivi che inducono un processo di diffusione, nei diversi sensi del termine ‖ *in part.* speciale dispositivo che si applica a una lampada elettrica perché dia luce diffusa; schermo di vetro lattiginoso, per diffondere la luce fluorescente e la luce al neon ‖ apparecchio che trasforma un impulso elettrico in un segnale sonoro e lo diffonde nell'ambiente, utilizzato ad es. negli impianti stereofonici. **Q.T.** *audiovisivi* **TAV.** *audiovisivi* 8.1.

diffuṣòrio (pl. *-ri* o *-rii*) [da *diffondere*; 1951] *agg. non com.* che si riferisce a diffusione.

dificio (pl. *-ci*) [da *edificio*; 1292 ca.] *sm. arc.* **1.** edificio: *veder mi parve un tal dificio* (Dante) **2.** macchina bellica, ordigno.

difilàre (pres. *-ìlo*) [da *di fila*; a. 1388] *intr.* (aus. *essere*) e *intr. pron. arc.* **1.** muoversi velocemente, precipitarsi verso un punto: *quella bestia alza il bastone e inverso di Rinaldo si difila* (Pulci) **2.** sfilare.

difilàto (*pps.* di *difilare*) [a. 1484] *avv.* usato nelle espressioni *andare, correre difilato in qualche luogo*, andarci immediatamente, in gran fretta, direttamente senza deviazioni o soste.

difilio (pl. *-li*) [dal lat. *diphilius*, di Difilo; 1956] *sm. T.metr.* nella metrica classica, altro nome del verso cherileo.

difiodónte [comp. del gr. *díphyios*, duplice e *-odonte*; 1952] *agg. T.zool.* di mammifero in cui si verificano due dentizioni successive, una caduca e una definitiva.

difiodontìa [comp. del gr. *díphyios*, duplice e un der. del gr. *odoús, odóntos*; 1931] *sf. T.zool.* la presenza nello sviluppo di alcuni Mammiferi di due dentizioni successive, una caduca e una definitiva.

difonìa o **diftongìa** (pl. *-gìe*) [comp. di *di-*[2] e un der. del gr. *phōnḗ*, voce, suono; 1956] *sf. T.med.* anomalia della fonazione, dovuta a lesione della laringe, che consiste nella produzione simultanea di due suoni di tonalità diverse.

diforàno [dall'ant. *difora*; a. 1912] *agg. lett.* che sta di fuori o viene da fuori ‖ di vento marino, che viene dal largo.

difrónte (più com. *di frónte*) [comp. di *di* e *fronte*; prima metà sec. XIV] **I** *avv.* davanti, di faccia, dirimpetto: *stare, mettersi difronte* **II** nella *loc. prep. difronte a*, in faccia a: *abitano uno difronte all'altro* ‖ *per estens. fig.* a confronto, in paragone con: *difronte a lui io sono un principiante* **III** *agg.* (sempre posposto) che sta di faccia, antistante: *la casa, l'appartamento difronte.*

diftera [dal gr. *diphthéra*, pelle conciata; 1820] *sf. non com. T.vest.* veste di pelli di pecora, usata dai pastori della Sabina e degli Abruzzi ‖ *T.bibl.* pelle conciata usata come supporto grafico prima della pergamena.

diftèrico (pl. *-ci*) [dal fr. *diphtérique*; 1863] *agg. T.med.* della difterite.

difterìte [dal fr. *diphtérite*, formato sulla base del gr. *diphtéra*, membrana e di *-ite*; 1829 *difteritide*] *sf. T.med.* malattia infettiva, contagiosa, che ha la sua principale localizzazione nelle mucose della gola, e colpisce spec. i bambini, con pericolo di soffocamento.

diftongìa V. DIFONIA.

dìga [dall'ol. *dijk*, prob. attr. il fr. *digue*; 1669] *sf.* sbarramento artificiale atto a modificare il corso di un fiume, a creare riserve idriche e sim. ‖ argine, per fermare la marea o, all'imboccatura di un porto, per riparare dalle onde ‖ *fig.* riparo, ostacolo: *opporre una diga alla corruzione dilagante* ‖ **N.** barricata, opposizione, sbarramento, ARGINE. **TAV.** *porto* 1, 2, 3.2.

digàmma [dal gr. e lat. *digámma*, doppio gamma; a. 1543] *sm.* antica lettera dell'alfabeto greco, corrispondente al suono [w], uscita dall'uso dopo che tale fonema si era dileguato, non molto prima dell'epoca classica in Attica, e assai più tardi in altre regioni della Grecia.

digàstrico (pl. *-ci*) [comp. da *di-*[2] e gr. *gastḗr*, ventre; a. 1704] *agg. T.anat.* detto di un muscolo della mandibola così chiamato perché composto di due ventri che possono contrarsi indipendentemente.

digerènte (*ppr.* di *digerire*) [a. 1730] *agg. T.anat. apparato digerente*, insieme degli organi che provvedono alla digestione, cioè alla elaborazione e trasformazione degli alimenti ‖ **N.** bocca, ghiandole salivari, denti, faringe, esofago, cardias, stomaco, fegato, pancreas, duodeno, digiuno, ileo, colon, retto. **Q.T.** *anatomia* **TAV.** ***anatomia* p. 642** 13.

digerìbile [da *digerire*; 1765] *agg.* che può essere più o meno facilmente digerito.

digeribilità [da *digeribile*; 1698] *sf.* attitudine ad essere digerito.

digerìre (pres. *-ìsco, -ìsci*) [dal lat. *digerere*, distribuire; 1282] *tr.* rif. a ciò che si mangia o si beve convertire in sostanze nutritive, mediante processi fisici e chimici che si producono nell'organismo: *digerire il latte* ‖ anche *ass.*: *digerir bene* ‖ *scherz. digerire anche i sassi*, avere un'ottima digestione ‖ *digerire la sbornia*, smaltirla ‖ *fig.* tollerare, sopportare: *quest'insulto non lo digerisco davvero* ‖ di concetti e sim., assimilarli, comprenderli a fondo: *non riesce a digerire le astrazioni della matematica* ‖ **N.** *Sin.* assimilare, smaltire.

digest (ingl., pr. [ˈdaɪdʒest]) [letter. compendio; 1956] *sm. inv.* periodico che riporta estratti o compendi di articoli già pubblicati in altre riviste o libri di attualità.

digestióne [dal lat. *digestio, -ōnis*; 1304] *sf.* **1.** l'insieme dei processi fisici e chimici per cui i cibi e le bevande si convertono in nutrimento: *avere una digestione difficile* **2.** *T.chim.* procedimento di estrazione di essenze da sostanze naturali, realizzato tramite contatto a caldo della sostanza con un solvente ‖ **N. 1.** *Sin.* assimilazione | gastrica, intestinale; facile, laboriosa | bolo, chilo, chimo | movimenti peristaltici, ruminazione, tubo digerente; pepsina | dispepsia, indigestione. **Q.T.** *anatomia* **TAV.** ***anatomia* p. 642** 13.

digestìre (pres. *-ìsco, -ìsci*) [da *digesto*[2]; sec. XIII] *tr. arc.* digerire.

digestìvo [dal lat. tardo *digestīvus*; a. 1292] **I** *agg.* che serve alla digestione ‖ che aiuta la digestione: *medicamenti digestivi* **II** *sm.* bevanda, gen. alcolica, che stimola la digestione: *prenda un buon digestivo* ‖ **N.** II amaro.

digèsto[1] [dal lat. *digesta* pl., opera sistematica di diritto, divisa in libri, titoli, paragrafi; 1308] *sm. T.giur.* raccolta dei responsi dei più celebri giureconsulti romani, compilata per ordine dell'imperatore Giustiniano ‖ **N.** pandette.

digèsto[2] [dal lat. *digestus*, pps. di *digerere*; prima metà del sec. XIV] *agg. arc.* digerito.

digestóre [da *digesto*[2]; 1830] *sm. T.chim.* apparecchio utilizzato per il procedimento di digestione di una sostanza.

dighiacciàre (pres. *-àccio*) [comp. parasint. di *ghiaccio*; a. 1685] *intr.* (aus. *essere*) e *intr. pron. arc.* sgelare.

digià o **di già** V. GIÀ.

digiàmbico (pl. *-ci*) [da *digiambo*; 1965] *agg.* nella metrica classica, che è composto da due giambi: *metro, piede digiambico, clausola digiambica.*

digiàmbo [dal lat. *diiambus*, gr. *diíambos*; 1830] *sm.* nella metrica classica, piede composto di due giambi.

digiogàre (pres. *-ógo*) [comp. parasint. di *giogo*; 1831] *tr. raro* sciogliere dal giogo.

digitàle[1] [dal lat. *digitālis*; 1575] *agg.* relativo alle dita: *impronte digitali*, dato segnaletico ricavato dall'impronta del polpastrello delle dita, diversa da persona a persona.

digitàle[2] [da *digitale*[1]; 1830] *sf. T.bot.* genere di piante, comprendente numerose specie, il cui fiore ha forma di ditale; se ne estrae la digitalina.

digitàle[3] [dall'ingl. *digital*, da *digit*, cifra, unità numerica; 1963] *agg.* **1.** di apparati (ad es. calcolatori) che lavorano sulla base di segnali discreti, a differenza degli strumenti *analogici*, che si basano su segnali variabili con continuità nel tempo **2.** di strumento che visualizza i dati per mezzo di un insieme di cifre: *orologio digitale.*

digitalìna [da *digitale*[2]; 1825] *sf. T.farm.* medicamento estratto dalla digitale, che viene usato nelle affezioni cardiache.

digitalizzàre[1] [da *digitale*[3], sul modello dell'ingl. to *digitize*; 1974] *tr. T.tecn.* convertire una grandezza fisica in cifre, ovvero in un certo numero di altre grandezze fisiche (per es. impulsi elettrici) rappresentanti per convenzione delle unità numeriche ‖ in informatica e nell'elaborazione di sistemi automatici, rappresentare un'informazione analogica in forma digitale o discreta.

digitalizzàre[2] [da *digitale*[2]; 1987] *tr. T.med.* somministrare a un ammalato di cuore estratti cardiotonici derivati dalla digitale.

digitalizzatóre [da *digitalizzare*[1]; 1974] **I** *agg.* (f. *-trìce*) *T.tecn.* di strumento che traduce un'informazione di tipo continuo o analogico in forma digitale, ovvero in segnali discreti che ne permettono la rappresentazione numerica e l'elaborazione da parte di un sistema elettronico **II** *sm. T.tecn.* dispositivo che rappresenta in forma digitale o numerica una grandezza analogica.

digitalizzazióne[1] [da *digitalizzare*[1]; 1974] *sf. T.tecn.* la conversione di un dato analogico in forma digitale mediante un digitalizzatore.

digitalizzazióne[2] [da *digitale*[2]; 1956] *sf. T.med.* cura delle patologie cardiache mediante somministrazione di estratti della digitale.

digitàre (pres. *digito*) [dal lat. tardo *digitāre*, indicare col dito; 1826 nel senso 2] *tr.* **1.** scrivere o registrare i dati premendo con le dita sulla tastiera di un calcolatore e sim. **2.** *T.mus. non com.* contrassegnare le note di uno spartito con numeri che indicano le dita da usare nell'eseguirle ‖ *intr.* (aus. *avere*) *T.mus. non com.* usare le dita nel suonare uno strumento.

digitàto [dal lat. *digitatus*, che ha dita, che è fornito di dita; a. 1725] *agg.* **1.** *T.bot.* di foglie composte (per es. della fragola) che hanno forma di dita **2.** *T.zool.* di quadrupedi che hanno i piedi compartiti in più dita **3.** *T.geogr. delta digitato*, caratterizzato da una elevata velocità di accumulo del materiale e di avanzamento: *il Missisipi ha un delta digitato.*

digitazióne[1] [dal lat. *digitus*, dito; 1830] *sf. T.anat.* prolungamento ramificato di un organo che richiama le forme delle dita di una mano.

digitazióne[2] [da *digitare*; 1869] *sf. T.mus. non com.* diteggiatura.

digitìgrado [comp. del lat. *digitus*, dito e *-grado*; 1830] *agg. T.zool.* di animali che camminano appoggiando a terra solo le dita dei piedi anziché tutta la pianta (per es. i cani, i gatti) ‖ **N.** *Contr.* plantigrado.

digito [dal lat. *digitus*; sec. XIII nel senso 2] sm. arc. **1.** dito **2.** cifra da zero a nove.

digitossìna [comp. di *digi(tale)* e *tossina*; 1930] sf. composto organico presente nelle foglie della digitale utilizzato in farmacia per le sue proprietà cardiocinetiche.

digiunàre (pres. *-ùno*) [lat. tardo *ieiunāre*; fine sec. XII *deiunare*] intr. (aus. *avere*) astenersi dal cibo ‖ cibarsi con parsimonia soltanto di alcuni cibi, astenendosi da altri, per pratica religiosa, come forma di protesta, per motivi di salute ecc. ‖ *fig. non com.* astenersi da cosa desiderabile.

digiunatóre [da *digiunare*; 1304] sm. (f. *-trìce*) chi si astiene volontariamente dal cibo spesso e per lunghi periodi, spec. per motivi ideologici, politici o religiosi; chi osserva la pratica religiosa del digiuno; chi resiste a lungo senza mangiare.

digiùno[1] [da *digiunare*; a. 1243 *degionio*] sm. astinenza parziale o totale dal cibo, sia in adesione a un precetto religioso o ad una prescrizione terapeutica, sia volontaria, spec. come forma di protesta non violenta ‖ *rompere il digiuno*, ricominciare a mangiare; *in part.* mangiare cibi non consentiti dalla Chiesa, durante l'epoca del digiuno ‖ *a digiuno*, senza aver mangiato nell'arco della giornata: *molti esami clinici devono essere fatti a digiuno* ‖ **N.** astinenza, carestia, dieta, inedia, quaresima, sciopero della fame, vigilia | lungo, rigoroso, stretto.

digiùno[2] [lat. *ieiūnus*; 1260 ca. *degiuno* nel senso 2] **I** agg. **1.** che non ha preso cibo da qualche tempo: *era digiuno da due giorni* **2.** *fig.* privo: *sono digiuno di notizie* ‖ completamente ignorante in un campo del sapere: *i nostri intellettuali sono spesso del tutto digiuni di cultura musicale* **3.** *T.anat. intestino digiuno*, parte dell'intestino tenue compresa tra il duodeno e l'ileo **II** sm. *T.anat.* intestino digiuno.

dìglifo (pr. ['diglifo]) [dal gr. *díglyphos*; a. 1798] sm. *T.arch.* ornamento architettonico, in cui le scanalature o glifi sono soltanto due.

diglossìa[1] [dal gr. mod. *diglōssía*; 1933] sf. *T.ling.* coesistenza, nello stesso gruppo sociale, di due lingue, che hanno una diversa importanza socio-culturale; una è tipicamente usata nello scritto e nelle circostanze ufficiali (per es. la lingua nazionale), mentre l'altra è parlata abitualmente e considerata di più basso livello (per es. un dialetto) ‖ **N.** bilinguismo.

diglossìa[2] [comp. di *di-*[2] e un der. del gr. *glôssa*, lingua; 1909] sf. *T.med.* malformazione congenita della lingua, che si presenta fessurata longitudinalmente.

dignità [dal lat. *dignitas, -ātis*; fine sec. XII nel senso 2] sf. **1.** nobiltà che l'uomo ha o per sua natura o per i suoi meriti, e il rispetto che, per tali ragioni, ha di sé stesso ed esige dagli altri: *la dignità di ogni persona va difesa e rispettata, comportarsi con dignità, uomo senza dignità* ‖ *per estens.* rispettabilità di istituzioni e luoghi: *la dignità dei luoghi di culto, del matrimonio* ‖ contegno nobile e autorevole: *di grande dignità ne' lor sembianti* (Dante) **2.** grado, carica molto prestigiosa: *fu innalzato alla dignità senatoria* ‖ *pl.* le persone che coprono tali cariche: *le più alte dignità dello Stato* ‖ **N. 1.** *Sin.* decoro, fierezza, orgoglio, punto d'onore | *Contr.* indegnità.

dignitàrio (pl. *-ri*) [dal fr. *dignitaire*; 1855] sm. chi è rivestito di una carica di prestigio: *i dignitari di Corte.*

dignitóso [dal lat. *dignitōsus*; a. 1292] agg. **1.** che ha dignità; che è detto o fatto con dignità: *atteggiamento dignitoso, risposta dignitosa* **2.** accettabile, soddisfacente, adeguato: *aspirano a un trattamento economico dignitoso* ‖ **dignitosaménte** avv. ‖ **N. 1.** *Sin.* corretto, degno, meritevole, nobile, serio, severo **2.** *Sin.* decoroso.

digossìna [da *dig(it)ossina*; 1956] sf. *T.farm.* glucoside estratto dalle foglie di un tipo di digitale, con proprietà cardiotoniche.

digradaménto [da *digradare*; sec. XIV] sm. *raro* **1.** discesa **2.** smorzamento (di colori e sim.).

digradàndo (*ger.* di *digradare*) [1956] sm. *inv. T.mus.* indicazione dinamica che prescrive il progressivo smorzarsi del suono nell'esecuzione di un brano musicale ‖ **N.** *Sin.* calando, decrescendo, diminuendo, smorzando | *Contr.* crescendo.

digradàre (pres. *-àdo*) [dal lat. tardo *degradāre*; 1304 ca.] intr. (aus. *essere*) *lett.* **1.** scendere a poco a poco, quasi di grado in grado: *da le montagne digradanti in cerchio* (Carducci) **2.** di colori, attenuarsi o trasformarsi gradualmente: *i colori vanno via via digradando* ‖ tr. **1.** rif. a colori, disporli in modo che vadano gradualmente smorzandosi **2.** *arc.* degradare ‖ **N.** intr. **1.** *Sin.* abbassarsi, declinare, diminuire, scendere **2.** *Sin.* sfumare.

digradazióne [da *digradare*; a. 1406] sf. *raro* atto ed effetto del digradare di luce, di colore.

digràmma [comp. di *di-*[2] e *-gramma*; 1745] sm. *T.gram.* unione di due lettere per indicare un suono solo (es. *ch, gn, gl*).

digrassàre [comp. parasint. di *grasso*; a. 1623] tr. privare del grasso la carne macellata ‖ *digrassare il brodo*, schiumarlo ‖ *non com.* riferito ad indumenti, toglierne le macchie di grasso ‖ intr. (aus. *essere*) *raro* dimagrire ‖ **N.** tr. *Sin.* sgrassare; smacchiare.

digrassatùra [comp. parasint. di *grasso*; 1623] sf. operazione del digrassare, spec. di carni, pelli e fibre tessili.

digredìre (pres. *-ìsco, -ìsci*) [dal lat. *dīgredi*; a. 1321] intr. (aus. *avere*) *raro lett.* allontanarsi dall'argomento originale del discorso, fare una digressione.

digressióne [dal lat. *dīgressio, -ōnis*; 1308] sf. **1.** l'allontanarsi dal soggetto principale del discorso: *ben puoi esser contento di questa digression che non ti tocca* (Dante) **2.** *T.astr.* distanza angolare di una stella circumpolare dal polo celeste ‖ *dim.* digressioncèlla, digressioncìna ‖ **N. 1.** *Sin.* divagazione, episodio, inciso, parentesi, variazione | breve, dilettevole, inopportuna, prolissa, stucchevole.

digressìvo [dal lat. tardo *digressīvus*; a. 1375] agg. che costituisce digressione, o abbonda in digressioni.

digrignaménto [da *digrignare*; 1872] sm. atto del digrignare: *digrignamento di denti.*

digrignàre [dal franco **grīnan*, storcere la bocca; 1313] tr. mostrare i denti arrotandoli per rabbia; è proprio dei cani, ma si dice anche dell'uomo.

digroppàre (pres. *-òppo*) [comp. parasint. di *groppo*; 1319] tr. *arc.* sciogliere un nodo, anche *fig.*

digrossaménto [da *digrossare*; a. 1589] sm. operazione e risultato del digrossare.

digrossàre (pres. *-òsso*) [comp. parasint. di *grosso*; 1306] tr. rendere più fine o sottile, sgrossare ‖ abbozzare un'opera d'arte: *digrossare un blocco di marmo* ‖ *fig.* rif. a persona, renderla meno grossolana, darle i primi rudimenti di un'arte o disciplina ‖ **N.** *Sin.* abbozzare, assottigliare, correggere, limare, sbozzare; ammaestrare, avviare, dirozzare, educare, ingentilire, istruire.

digrossatóre [da *digrossare*; 1865] agg. e sm. *raro* che o chi digrossa.

digrossatùra [da *digrossare*; 1869] sf. digrossamento.

diguazzaménto [da *diguazzare*; 1545] sm. *non com.* il diguazzare; atto ed effetto del diguazzare.

diguazzàre [comp. parasint. di *guazzo*; a. 1313] tr. *arc.* sbattere, agitare ‖ intr. (aus. *avere*) *non com.* agitarsi nell'acqua, in un pantano ‖ **N.** intr. *Sin.* sguazzare.

dik-dik [da una voce indigena africana, attr. l'ingl.; 1983] sm. *inv.* piccola antilope dell'Africa.

diktat (ted., pr. [dik'ta:t]) [letter. dettato; 1942] sm. *inv.* **1.** *T.pol.* nome dato polemicamente in Germania al trattato di pace di Versailles imposto ai Tedeschi sconfitti nel 1919, alla fine della prima guerra mondiale ‖ *per estens.* stipulazione o trattato internazionale le cui clausole sono imposte ad una nazione senza possibilità di negoziazione **2.** *per estens.* anche *iron.* ordine perentorio, imposizione: *i diktat della moda.*

dilaccàrsi (pres. *-àcco, -àcchi*) [da *lacca*, coscia] rifl. *arc.* scosciare, squartare: *or vedi com'io mi dilacco* (Dante).

dilaceràre (pres. *-àcero*) [dal lat. *dilacerāre*; a. 1321] tr. lacerare con forza, sbranare ‖ *fig.* straziare ‖ **N.** LACERARE.

dilacerazióne [dal lat. *dilacerātio, -ōnis*; sec. XIV] sf. lacerazione ‖ *fig.* angoscioso tormento e divisione interiore.

dilagàre (pres. *-àgo, -àghi*) [comp. parasint. di *lago*; 1846] **I** intr. (aus. *essere*) estendersi rapidamente in una regione, spec. di cose nocive o considerate tali: *l'epidemia dilaga, un'abitudine che sta dilagando* ‖ usato anche per masse ostili di persone: *gli invasori dilagavano senza incontrare resistenza* ‖ nel linguaggio sportivo, dominare largamente un incontro ‖ tr. *ant.* allagare **II** molto frequente l'uso come sm.: *il dilagare della corruzione* ‖ **N. I** intr. *Sin.* diffondersi, distendersi, espandersi.

dilaniàre (pres. *-ànio*) [dal lat. *dilaniāre*; 1300 ca. *delaniare*] tr. sbranare, fare a pezzi: *essere dilaniato da una belva, da una granata* ‖ *fig.* tormentare, angosciare: *il rimorso lo dilaniava* ‖ **N.** *Sin.* smembrare, straziare, LACERARE.

dilaniatóre [da *dilaniare*; 1913] sm. (f. *-trìce*) *non com.* chi dilania; più com. *fig.* chi avvilisce o ferisce con frasi cattive e taglienti, insulti, calunnie ecc.

dilapidaménto [da *dilapidare*; 1830] sm. dilapidazione.

dilapidàre (pres. *-àpido*) [dal lat. *dilapidāre*, gettare qua e là come pietre; a. 1712] tr. spendere malamente e senza ritegno il denaro proprio o d'altri ‖ **N.** *Sin.* dissipare, scialacquare, sperperare, sprecare, SPENDERE.

dilapidatóre [da *dilapidare*; a. 1712] agg. e sm. (f. *-trìce*) che o chi dilapida, scialacquatore.

dilapidazióne [dal lat. *dilapidātio, -ōnis*; 1607] sf. atto del dilapidare ‖ **N.** *Sin.* scialacquamento, sciupio, sperpero, spreco.

dilàta [dal lat. *dilata*, pps. neutro pl. di *differre*, differire; a. 1707] sf. *arc.* proroga, dilazione.

dilatàbile [da *dilatare*; a. 1519] agg. che si può dilatare.

dilatabilità [da *dilatabile*; 1771] sf. proprietà di essere dilatabile: *la dilatabilità è generalmente maggiore nei liquidi che nei solidi.*

dilataménto [da *dilatare*; a. 1311] sm. *non com.* dilatazione.

dilatàre (pres. *-àto*) [dal lat. *dilatāre*; 1306] tr. rendere più largo, più esteso ‖ anche *fig.*: *dilatare l'orizzonte dei propri interessi* ‖ intr. pron. aumentare di lunghezza, superficie o volume: *con l'aumento della temperatura i corpi si dilatano* ‖ *fig.* allargarsi, estendersi: *il nostro campo di interessi si è notevolmente dilatato* ‖ **N.** *Sin.* allargare, ampliare, diffondere, espandere, estendere, gonfiare, ingrandire | *Contr.* comprimere, contrarre, restringere, ridurre.

dilatàto (*pps.* di *dilatare*) [1306] agg. largo, allargato: *un orizzonte dilatato, pupille dilatate.*

dilatatóre [da *dilatare*; 1830] **I** sm. (f. *-trìce*) chi dilata ‖ strumento chirurgico che serve ad allargare un orifizio e sim. **II** agg. che dilata: *muscolo dilatatore delle narici, delle pupille.*

dilatatòrio (pl. *-ri*) [da *dilatare*; 1681] ***agg.*** *T.anat.* detto di muscoli che servono a dilatare: *muscoli dilatatori.*

dilatazióne [dal lat. tardo *dilatātio, -ōnis*; 1308] ***sf.*** variazione delle dimensioni di un corpo, dovuta spec. al variare della temperatura: *dilatazione lineare, cubica* || *T.med.* allargamento normale o anormale di un organo: *dilatazione della pupilla, dello stomaco* || **N.** allargamento, espansione | *Contr.* contrazione, restringimento.

dilatòmetro [comp. di *dilat(are)* e *-metro*; 1892] ***sm.*** *T.fis.* strumento per misurare la dilatazione dei corpi causata dal calore.

dilatòrio (pl. *-ri*) [dal lat. tardo *dilatōrius*; 1355] ***agg.*** *T.giur.* che tende a prolungare un processo, a ritardare un giudizio: *eccezione dilatoria, intervento dilatorio.*

dilavaménto [da *dilavare*; a. 1320] ***sm.*** azione erosiva esercitata dalle acque piovane non incanalate.

dilavàre (pres. *-àvo*) [dal lat. *delavāre*; 1282 *delavare*] ***tr.*** erodere, detto della pioggia e delle acque torrenziali che asportano dai terreni in pendenza l'*humus* e mettono a nudo la roccia || *non com.* scolorire, sbiadire.

dilavàto (*pps.* di *dilavare*) [a. 1543] ***agg.*** *fig.* pallido, smorto: *viso dilavato.*

dilazionàbile [da *dilazionare*; 1953] ***agg.*** che può essere dilazionato: *pagamento dilazionabile.*

dilazionàre (pres. *-óno*) [da *dilazione*; 1760] ***tr.*** differire, prorogare, mandare in lungo: *dilazionare un pagamento.*

dilazionatòrio (pl. *-ri*) [da *dilazionare*; 1963] ***agg.*** *non com.* atto a dilazionare: *decreto dilazionatorio.*

dilazióne [dal lat. *dilātio, -ōnis*; 1353] ***sf.*** differimento, proroga, rinvio || *dim.* dilazioncèlla.

dileggiaménto [da *dileggiare*; fine sec. XIV] ***sm.*** *raro* dileggio.

dileggiàre (pres. *-éggio, -éggi*) [etim. inc.; a. 1342] ***tr.*** *lett.* pigliarsi gioco di uno con disprezzo || **N.** *Sin.* deridere, SCHERNIRE.

dileggiatóre [da *dileggiare*; sec. XIV] ***agg.*** e ***sm.*** (f. *-trice*) che o chi dileggia.

diléggio (pl. *-gi*) [da *dileggiare*; a. 1530] ***sm.*** derisione, atto o parole di scherno || **N.** SCHERNO.

dileguaménto [da *dileguare*; 1600] ***sm.*** atto ed effetto del dileguare e, più com., del dileguarsi: *il dileguamento dei ladri con la refurtiva.*

dileguàre (pres. *-éguo*) [dal lat. *deliquāre*; a. 1321] ***tr.*** *lett.* disperdere, far sparire: *il sole dilegua la nebbia* || *fig.* dissipare, allontanare: *dileguare i dubbi* || ***intr. pron.*** e *meno com.* ***intr.*** (aus. *essere*) disperdersi, svanire: *le tenebre si dileguarono* || anche *fig.*: *le nostre speranze si sono dileguate* || di persone, sparire, allontanarsi precipitosamente o di nascosto: *il ladro si dileguò tra la folla* || **N.** ***tr.*** *Sin.* fugare, sciogliere | ***intr. pron.*** *Sin.* dissolversi, sciogliersi, scomparire, fuggire.

diléguo [da *dileguare*; sec. XIV] ***sm.*** *non com.* dileguamento, scomparsa, dispersione, rif. spec. a stati d'animo: *il dileguo delle nostre speranze, dei nostri dubbi*; *andare in dileguo*, dileguarsi, sparire; *mandare in dileguo*, provocare la scomparsa, disperdere || *T.fon.* la caduta di un suono.

dilèmma [dal lat. tardo *dilēmma*, gr. *dílēmma*, premessa (del sillogismo); 1624] ***sm.*** argomento che contiene due proposizioni contrarie (dette *corni*), delle quali si lascia la scelta all'avversario, per convincerlo che entrambe portano alla stessa conclusione || *per estens.* alternativa, problema di difficile soluzione.

dilemmàtico (pl. *-ci*) [da *dilemma*; a. 1686] ***agg.*** che presenta un dilemma, che procede per dilemmi: *argomentazione dilemmatica, stile dilemmatico* || che pone, che causa interiormente un dilemma: *situazione, scelta dilemmatica.*

dilettànte (*ppr.* di *dilettare*) [1681] **I** ***s.*** chi svolge un'attività non per lucro o per farne professione, ma per proprio diletto: *una compagnia di dilettanti drammatici*; *le Olimpiadi sono riservate ai dilettanti* || detto talvolta con connotazione spregiativa: *un comportamento da dilettante* **II** anche ***agg.***: *ciclista, musicista dilettante* || **N.** *Sin.* amatore | *Contr.* professionista. **Q.T.** *sport.*

dilettantésco (pl. *-schi*) [da *dilettante*; a. 1926] ***agg.*** *spreg.* da dilettante.

dilettantìsmo [da *dilettante*; a. 1926] ***sm.*** **1.** modo di praticare un'attività con mentalità e preparazione da dilettante, cioè con scarsa preparazione e con poca serietà **2.** *T.sport.* svolgimento di attività sportive come dilettante || **N. 1.** *Sin.* faciloneria, superficialità | *Contr.* professionalità **2.** *Contr.* professionismo.

dilettantìstico (pl. *-ci*) [da *dilettante*; 1942] ***agg.*** di dilettante: *sport dilettantistico, attività dilettantistica* || anche con sfumature negative (più comune in questo senso *dilettantesco*).

dilettànza [da *dilettare*; a. 1250] ***sf.*** *lett.* *arc.* diletto.

dilettàre (pres. *-ètto*) [dal lat. *delectāre*; a. 1250] ***tr.*** *lett.* dar diletto: *la lettura lo diletta assai* || ***intr.*** (aus. *avere*) *arc.* piacere (costruito con la prep. *a*): *non a tutti dilettano le stesse cose* || ***rifl.*** provar piacere (costruito con le prep. *di, a*): *mi diletto di musica, mi diletto a dipingere* || **N.** *Sin.* allietare, appagare, deliziare, divertire, soddisfare, sollazzare; compiacersi, gioire, godere; PIACERE.

dilettazióne [dal lat. *delectātio, -ōnis*; 1292 ca.] ***sf.*** *raro* il dilettare.

dilettévole [da *dilettare*; a. 1243 *delectevole*] ***agg.*** atto a dilettare: *un passatempo dilettevole* || **dilettevolménte** ***avv.***

dilètto[1] [da *dilettare*; a. 1250] ***sm.*** piacevole godimento dell'animo e del corpo nel soddisfare una propria inclinazione o desiderio: *provar diletto nella musica, negli scacchi, nel fare sport* || ciò che procura piacere, divertimento: *luogo pieno d'ogni diletto, per lui viaggiare è un diletto* || **N.** *Sin.* allegrezza, compiacimento, delizia, gaudio, giocondità, gioia, gusto, letizia, PIACERE.

dilètto[2] [dal lat. *dilēctus*, pps. di *diligere*, amare; a. 1294 *deletto*] **I** ***agg.*** *lett.* benvoluto, amato, caro: *amico diletto, i suoi diletti studi* **II** ***sm.*** (f. *-a*) *lett.* la persona amata: *il mio diletto, la mia diletta* || **N.** *Sin.* gradito, favorito.

dilettóso [da *diletto*[1]; a. 1294] ***agg.*** *non com.* dilettevole || **dilettosaménte** ***avv.***

dilezióne [dal lat. tardo *dilectio, -ōnis*; a. 1243] ***sf.*** *lett.* affetto ragionevole e puro || **N.** *Sin.* amore, benevolenza, predizione, AFFETTO.

diligènte [dal lat. *diligens, -entis*; a. 1292] ***agg.*** che mostra diligenza: *scolaro diligente* || fatto con diligenza: *lavoro diligente* || con connotazione negativa, scrupoloso ma privo di originalità e fantasia: *una diligente ma arida compilazione di materiali già noti* || **diligenteménte** ***avv.*** || **N.** *Sin.* accurato, assiduo, attento, esatto, fedele, laborioso, preciso, premuroso, puntuale, solerte, studioso, zelante | *Contr.* negligente; impreciso, sommario, trascurato.

diligènza[1] [dal lat. *diligentia*; a. 1292] ***sf.*** precisione, impegno, serietà nello svolgere un lavoro o un compito: *ha sempre studiato con diligenza* || **N.** *Sin.* accuratezza, attenzione, cura, esattezza, premura, scrupolo, solerzia, sollecitudine | *Contr.* negligenza, trascuratezza.

diligènza[2] [dal fr. (*voiture de*) *diligence*, dall'ant. senso di *diligence*, cura sollecita, solerzia; 1698] ***sf.*** carrozza pubblica a cavalli, più grande delle comuni, che faceva servizio regolare da un paese ad un altro. **TAV. carri... p. 664** 1.

diligere (pres. *dilìgo, dilìgi*; p.rem. *dilèssi, dilìgésti*; pps. *dilètto*) [dal lat. *diligere*; fine sec. XIV] ***tr.*** *lett.* amare, aver caro.

diliscàre (pres. *-ìsco*) [comp. parasint. di *lisca*; a. 1406] ***tr.*** *raro* levare le lische: *diliscare la canapa, i pesci.*

Dilleniàcee [comp. del n. proprio J.J. *Dillen*, botanico ted. e *-acee*; 1938] ***sf. pl.*** *T.bot.* famiglia di piante dicotiledoni arboree o lianose, ornamentali, originarie di Australia, India e America del Nord; alcune specie forniscono un legno rossiccio usato in ebanisteria, e altre danno frutti commestibili || **N.** actinidia.

diloggiàre (pres. *-òggio*) [comp. parasint. di *loggia*; a. 1527] ***intr.*** (aus. *avere*) *raro* sloggiare || ***tr.*** cacciare, sfrattare.

dilogìa (pl. *-gìe*) [dal lat. *dilogia*, gr. *dilogía*; fine sec. XVI] ***sf.*** *lett.* *raro* ambiguità, ripetizione.

dilombàrsi (pres. *-ómbo*) [dal lat. *delumbāre*, slombare; a. 1617] ***intr. pron.*** *raro* sfiancarsi.

dilombàto (*pps.* di *dilombarsi*) [a. 1306 *delombato*] ***agg.*** di cavallo che trascina il treno posteriore in seguito a distrazione dei muscoli lombari || *raro* di persona, sfiancato, spossato.

dilombatùra [da *dilombarsi*; a. 1617] ***sf.*** distrazione dei muscoli lombari spec. nei cavalli, dovuta alla fatica.

dilucidàre ***tr.*** *non com.* V. DELUCIDARE.

dilucidazióne ***sf.*** *non com.* V. DELUCIDAZIONE.

dilùcolo e **dilùculo** [dal lat. *dilūculum*; a. 1364 *diluculo*] ***sm.*** *ant.* e *lett.* lo spuntare del giorno, primo albore, crepuscolo del mattino.

diluènte (*ppr.* di *diluire*) [1954] **I** ***sm.*** liquido che è atto a ridurre la concentrazione di un'altra sostanza, non necessariamente sciogliendola **II** anche ***agg.***: *sostanza diluente.* **Q.T.** *pittura.*

diluìre (pres. *-ìsco, -ìsci*) [dal lat. *diluere*; a. 1642] ***tr.*** rendere meno concentrata una sostanza o una soluzione, aggiungendo acqua o altri liquidi inerti: *diluire l'inchiostro* || *fig.* *diluire un concetto*, esprimerlo con troppe parole || **N.** sciogliere, stemperare | *Contr.* concentrare.

diluizióne [da *diluire*; 1788 *diluzione*] ***sf.*** operazione del diluire || *T.chim.* l'inverso della concentrazione.

dilungàre (pres. *-ùngo, -ùnghi*) [comp. parasint. di *lungo*; a. 1292; a. 1571] ***tr.*** allungare, allontanare, mandare per le lunghe || ***intr. pron.*** **1.** diffondersi eccessivamente su un argomento: *si dilungava in particolari irrilevanti* **2.** allontanarsi, detto spec. di un cavallo che in corsa si distacca nettamente dagli altri.

dilùngi [comp. di *di* e *lungi*; a. 1332 *dilunge*] ***avv.*** *arc.* lungi.

dilùngo [comp. di *di* e *lungo*; 1865] ***avv.*** *raro* solo nell'espressione *suonare a dilungo*, a distesa.

diluviàle [da *diluvio*; a. 1292] ***agg.*** *raro* degno del diluvio, torrenziale: *pioggia diluviale.*

diluviàno [da *diluvio*; a. 1730] ***agg.*** *raro* del tempo del diluvio universale.

diluviàre (pres. *-ùvio*) [da *diluvio*; 1534] ***intr.*** (aus. *avere*; ma se usato impersonalmente anche con l'aus. *essere*) piovere dirottamente || *fig.* susseguirsi ininterrottamente e in grandi quantità: *diluviavano le leggi, le cannonate, le parole* || ***tr.*** *raro* divorare || **N.** PIOVERE.

diluviatóre [da *diluviare*; seconda metà sec. XIV] ***sm.*** (f. *-trice*) *raro* mangione, mangiatore avido, vorace.

dilùvio[1] (pl. *-vi*) [dal lat. *diluvium*; 1282] ***sm.*** pioggia dirotta || *diluvio universale* o *per anton.* *diluvio*, quello che sommerse il mondo intero, secondo il racconto della Bibbia e di molti testi mitologici || *fig.* grande quantità: *un diluvio di male parole* || **N.** acquazzone, inondazione, scroscio, PIOGGIA | ABBONDANZA.

dilùvio[2] (pl. *-vi*) [etim. inc.; seconda metà sec. XVII] ***sm.*** *T.cacc.* grande rete usata per catturare gli uccelli addormentati sui alberi, cespugli e sim.

diluvióne [da *diluviare*; a. 1543] **sm.** (f. *-a*) *raro* chi mangia molto e disordinatamente.

diluvium (lat., pr. it. [di'luvjum]) [letter. diluvio; 1933] **sm.** *inv.* *T.geol.* l'insieme dei depositi continentali del periodo geologico del Pleistocene; *per estens.* il Pleistocene stesso: *diluvium inferiore, medio, superiore.*

diluzióne **sf.** *non com.* v. DILUIZIONE.

dìma [dal mil. *dima*; 1983] **sf.** *T.tecn.* sagoma di vario materiale, usata come campione nella fabbricazione e nel controllo di oggetti prodotti in serie.

dimafonista [da *dimafono*; 1983] **s.** tecnico addetto all'uso di un dimafono.

dimàfono [comp. di *dima-*, di orig. non chiara e *-fono*; 1983] **sm.** *T.telecom.* apparecchio che registra le conversazioni telefoniche, per consentirne la trascrizione dattilografica.

dimagraménto [da *dimagrare*; 1745] **sm.** il dimagrare ‖ *T.agr.* impoverimento del terreno.

dimagrànte (*ppr.* di *dimagrare*) [1869] **agg.** atto a far dimagrire: *cura dimagrante.*

dimagràre [comp. parasint. di *magro*; a. 1292] **tr.** *raro* far diventare magro: *l'aceto dimagra; la malattia l'ha molto dimagrato* ‖ **intr.** (aus. *essere*) *non com.* dimagrire ‖ *per estens.* di terreni, isterilire; di fiumi, impoverirsi d'acqua ‖ **intr. pron.** *arc.* spopolarsi: *Pistoia in pria de' Neri si dimagra* (Dante).

dimagriménto [da *dimagrire*; 1923] **sm.** perdita di peso corporeo dovuta alla diminuzione dei grassi di deposito dell'organismo: *avere, subire un dimagrimento.*

dimagrìre (pres. *-ìsco, -ìsci*) [comp. parasint. di *magro*; 1855] **tr.** e **intr.** (aus. *essere*) diminuire di peso, diventare visibilmente più magro anche solo in una parte del corpo: *grazie alla dieta, è dimagrito di cinque chili; dovrebbe dimagrire un po' di fianchi* ‖ **N.** MAGRO.

dimàndo [da *dimandare*, var. di *domandare*; sec. XIII] **sm.** *arc.* domanda, interrogazione: *se fosse tutto pieno mio dimando* (Dante) ‖ preghiera.

dimàne [lat. tardo *de māne*; 1258] **I** **sf.** *arc.* l'alba, il far del giorno, la mattina ‖ la mattina dopo, il giorno dopo: *quando fui desto innanzi la dimane* (Dante) **II** **avv.** *ant. poet.* domani.

dimàni **avv.** *arc.* v. DOMANI.

dimazzàre [comp. parasint. di *mazza*; 1956] **tr.** frantumare la pietra con la mazza per ricavarne pietrisco per le pavimentazioni stradali o per la preparazione del calcestruzzo.

dimazzatùra [da *dimazzare*; 1956] **sf.** operazione, risultato del dimazzare.

dimembràre (pres. *-èmbro*) [dal lat. tardo *dimembrāre*; a. 1342] **tr.** *raro* smembrare.

dimenaménto [da *dimenare*; sec. XIV] **sm.** *non com.* atto del dimenare e del dimenarsi.

dimenàre (pres. *-éno*) [da *menare*; a. 1292] **tr.** muovere in qua e in là, riferito spec. a parti del corpo: *il cane dimenava la coda* ‖ *arc.* scuotere ‖ **rifl.** muoversi in qua e in là: *si dimena come un ossesso* ‖ *fig.* darsi un gran da fare ‖ *prov. chi va a letto senza cena, tutta notte si dimena* ‖ **N.** *Sin.* agitare, dondolare, sbattere.

dimenìo (pl. *-ìi*) [da *dimenare*; 1612] **sm.** dimenamento prolungato.

dimensionàle [da *dimensione*; a. 1600] **agg.** relativo alle dimensioni ‖ fondato sulle dimensioni: *analisi dimensionale,* in fisica, metodo che permette in molti casi di ricavare l'andamento approssimativo di un fenomeno, fondandosi sulla necessità che i termini dell'equazione che lo rappresenta siano compatibili dal punto di vista delle loro dimensioni fisiche.

dimensionaménto [da *dimensionare*; 1983] **sm.** atto, operazione o risultato del dimensionare.

dimensionàre (pres. *-óno*) [da *dimensionare*; 1966] **tr.** stabilire o fissare le dimensioni di qualcosa: *dimensionare un insediamento urbano, una costruzione, una cisterna* ‖ *fig.* determinare il valore, le qualità di una persona o di una cosa.

dimensióne [dal lat. *dimensio, -ōnis*; a. 1321] **sf.** l'estensione di un corpo in ognuna delle tre direzioni di lunghezza, larghezza e profondità o altezza: *misurare le dimensioni di un mobile* ‖ *dimensioni di una grandezza fisica,* la sua espressione in termini delle grandezze fondamentali (in genere lunghezza, massa, tempo, carica elettrica) ‖ *T.mat. dimensione di uno spazio vettoriale,* il massimo numero di vettori dello spazio che è possibile scegliere in modo che nessuno sia una combinazione lineare degli altri; è anche il numero di coordinate numeriche necessarie ad individuare un punto qualsiasi in quello spazio ‖ *quarta dimensione,* denominazione divulgativa del tempo che, secondo la teoria della relatività, non è assoluto, ma si trasforma al variare del sistema di riferimento con leggi analoghe a quelle delle tre coordinate spaziali ‖ *fig.* aspetto di una realtà, parametro culturale o spirituale: *la dimensione surreale di Kafka.*

dimenticàbile [da *dimenticare*; a. 1848] **agg.** *non com.* che può essere dimenticato: *un episodio difficilmente dimenticabile.*

dimenticànza [da *dimenticare*; a. 1292] **sf.** atto ed effetto del dimenticare, per distrazione o negligenza: *fu un'imperdonabile dimenticanza.*

dimenticàre (pres. *-éntico, -éntichi*) [lat. tardo *dementicāre,* uscire di mente; a. 1292] **tr.** perdere la memoria di una cosa: *dimentico sempre quel nome* ‖ lasciare una cosa per trascuratezza in un luogo: *ho dimenticato il giornale sul treno* ‖ *dimenticare un'ingiuria* e sim., perdonarla; anche *ass.*: *per questa volta dimenticheremo* ‖ con lo stesso significato, anche **intr. pron.** (costruito con la prep. *di*) e **tr. pron.** *mi sono dimenticato di dirti una cosa; ti sei dimenticato l'ora di arrivo del treno* ‖ **N.** *Sin.* scordare, scordarsi | *Contr.* rammentare, ricordare | MEMORIA.

dimenticatóio (pl. *-ói*) [da *dimenticare*; a. 1565] **sm.** *fam.* luogo della dimenticanza, soltanto in espressioni come *mettere* o *lasciare nel dimenticatoio,* dimenticare, non voler più pensare a qualcosa.

diméntico (pl. *-chi*) [dal lat. tardo *dementicus*; 1306] **agg.** *lett.* che ha perduto la memoria d'una cosa ‖ di poca memoria ‖ noncurante: *dimentico di sé, del proprio dovere* ‖ **N.** *Contr.* memore.

dimenticóne (*accr.* di *dimentico*) [1750] **sm.** (f. *-a*) *fam. non com.* chi ha il vizio di dimenticare, smemorato, oblioso, sventato.

dìmero [comp. di *di-*[2] e *-mero*; 1951] **I** **agg.** *T.bot.* di organo vegetale costituito di due parti: *verticillo dimero* **II** **sm.** *T.chim.* polimero derivato dall'unione di due molecole identiche.

diméssο (*pps.* di *dimettere*) [1530] **agg.** modesto, umile: *con atteggiamento dimesso, in abito dimesso* ‖ *stile dimesso,* familiare, basso ‖ **dimessaménte** **avv.** ‖ **N.** *Sin.* avvilito, basso, negletto, sciatto.

dimesticàre e der. forme arc. di ADDOMESTICARE e der. (v.).

dimestichézza [da *dimestico*; a. 1294 *demestichezza*] **sf.** familiarità, consuetudine: *avere dimestichezza,* trovarsi a proprio agio; detto anche di concetti e sim.: *non ha molta dimestichezza con il calcolo infinitesimale* ‖ **N.** *Sin.* confidenza.

dimèstico (pl. *-ci*) [dal lat. *domesticus*; 1308] **agg.** *disus.* domestico, familiare ‖ mansueto, affabile.

dimètrico (pl. *-ci*) [comp. di *di-*[2], *metro,* il suff. *-ico* degli agg.; 1940] **agg.** **1.** *T.min. gruppo dimetrico,* gruppo cristallografico che include i sistemi tetragonale, trigonale ed esagonale, tutti caratterizzati dall'uguaglianza in modulo di due vettori della cella elementare su tre **2.** *T.mat.* si dice di un sistema di assi cartesiani quando le due coordinate vengono misurate con unità di misura diverse ‖ **N.** **1.** monometrico, trimetrico.

dìmetro [dal lat. tardo *dimetrum,* gr. *dímetron,* di doppia misura; 1549] **sm.** detto di verso greco o latino, che sia composto due metri o misure: *dimetro giambico, trocaico.*

diméttere (pres. *-étto* ecc., come METTERE) [dal lat. *dimittere,* allontanare; sec. XIII nel senso 2] **tr.** **1.** di ricoverato in ospedale, farlo uscire: *oggi sono state dimesse quaranta persone* **2.** deporre da un pubblico ufficio; esonerare da un incarico **3.** *ant.* d'ingiuria e sim., perdonarla; *ant.* di debito, condonarlo ‖ **rifl.** rinunciare a un ufficio: *il primo ministro si è dimesso; si dimise da tutte le cariche occupate* ‖ **N.** **tr.** **1.** abbandonare, mandar via, rilasciare **2.** *Sin.* destituire, rimuovere | **rifl.** abdicare, congedarsi, rinunciare, ritirarsi | dimissione.

dimezzaménto [da *dimezzare*; a. 1729] **sm.** il dimezzare; atto ed effetto del dimezzare.

dimezzàre (pres. *-èzzo*) [dal lat. tardo *dimidiāre*; inizio sec. XIV] **tr.** dividere una cosa in due metà ‖ *per estens.* ridurre notevolmente: *gli hanno dimezzato lo stipendio* ‖ **N.** disgiungere, spartire, DIVIDERE.

diminuèndo [da *diminuire*; 1826] **sm.** **1.** *T.mus.* notazione indicata con due linee convergenti, che significa progressiva diminuzione della intensità sonora **2.** *T.aritm.* minuendo, il numero maggiore da cui si sottrae il numero minore ‖ **N.** **1.** *Contr.* crescendo. **TAV. *musica* p. 1324** 1.9.

diminuènte (*ppr.* di *diminuire*) [da *diminuire*; 1927] **sf.** *T.giur.* circostanza attenuante della pena per un reato, che consiste nel ravvedimento del reo e nella sua spontanea attività diretta a rimediare alle conseguenze dannose del suo atto ‖ **N.** attenuante | *Contr.* aggravante.

diminuìbile [da *diminuire*; 1560] **agg.** *non com.* che si può diminuire: *è un prezzo diminuibile.*

diminuìre (pres. *-ìsco, -ìsci*) [dal lat. *deminuere*; sec. XIII] **tr.** rendere minore di quantità, di dimensione ecc. ‖ **intr.** (aus. *essere*) ridursi: *il debito è diminuito di un terzo* ‖ **N.** **tr.** *Sin.* abbassare, abbreviare, affievolirsi, alleggerire, attenuare, attutire, accorciare, contrarre, decimare, defalcare, detrarre, diradare, indebolire, mitigare, moderare, rallentare, restringere, ridurre, scalare, smorzare, sminuire | *Contr.* accrescere, aumentare, incrementare | **intr.** *Sin.* assottigliarsi, calare, decadere, declinare, decrescere, restringersi, scemare, venir meno | *Contr.* crescere.

diminuìto (*pps.* di *diminuire*) [a. 1348] **agg.** *T.mus.* **1.** *intervallo diminuito,* intervallo avente un semitono in meno rispetto al corrispondente intervallo minore (*terza diminuita*) o giusto (*quinta diminuita*) **2.** *canone diminuito,* in cui la seconda voce ripete la melodia con le stesse note ma con valori di durata minori rispetto alla prima ‖ **N.** **1.** *Contr.* eccedente **2.** *Contr.* aumentato.

diminutìvo [dal lat. tardo *deminutīvus*; a. 1375] **I** **agg.** *non com.* atto a diminuire ‖ *T.gram.* di nome o aggettivo alterato con suffisso (i principali sono: *-ìno, -èllo, -étto, -icciuòlo, -icìno, -ùzzo*) che attenua il significato o rispetto alla qualità o alla quantità o all'intensità **II** anche **sm.**: *la lingua italiana è ricca di diminutivi* ‖ **N.** peggiorativo, vezzeggiativo; alterato | *Contr.* accrescitivo.

diminùto *pps. ant.* di *diminuire* (v.).

diminuzióne [dal lat. *deminūtio, -ōnis*; a. 1292] **sf.** **1.** riduzione di quantità, dimensione, numero ecc. **2.** *T.mus.* procedimento virtuosistico, utilizzato specialmente nelle tecniche del contrappunto e della variazione, che consiste nel riprendere un motivo precedente sostituendo alcune o tutte le note che lo compongono con l'equivalente ritmico di note con durata più breve || **N.** **1.** *Sin.* abbassamento, calo, decremento, indebolimento | *Contr.* accrescimento, aumento, incremento **2.** abbellimento, fioritura.

dimissionaménto [da *dimissione*; 1982] ***sm.*** *T.bur.* esonero da un incarico, licenziamento: *hanno indetto uno sciopero di protesta per il dimissionamento del collega.*

dimissionàre (pres. *-óno*) [dal fr. *démissioner*; 1831] ***tr.*** *T.bur.* esonerare da una carica o da un ufficio, costringere a dare le dimissioni.

dimissionàrio (pl. *-ri*) [dal fr. *démissionaire*; 1812] ***agg.*** che ha dato le dimissioni: *il governo dimissionario.*

dimissióne [dal lat. *dimissio, -ōnis*, attr. il fr. *démission*; 1798] ***sf.*** il dimettere e il dimettersi; si usa spec. nel *pl.*: *dare le dimissioni* || **N.** dare, presentare, rassegnare; chiedere, esigere, imporre, invocare; accettare, respingere; ritirare.

dimissòrio (pl. *-ri*) [dal lat. tardo *dimissōrius*; a. 1580] ***agg.*** letter. che dimette, che concede licenza || *T.rel. lettera dimissoria*, lettera che un candidato agli ordini religiosi deve ottenere dal vescovo della propria diocesi per poter ricevere gli ordini dal vescovo di un'altra diocesi.

dimoiàre (pres. *-òio*) [forse comp. parasint. del tosc. *moia*, pozzo di acqua salsa; a. 1698] ***intr.*** (aus. *essere*) *tosc.* liquefarsi della neve, o della terra indurita dal gelo, in poltiglia di acqua e fango || ***tr.*** *dimoiare i panni*, metterli a bagno prima di fare il bucato.

dimòra [da *dimorare*; inizio sec. XIII nel senso 3] ***sf.*** **1.** luogo dove si abita, casa: *una dimora lussuosa*; *estrema dimora*, la tomba || il paese dove si vive, residenza: *stabilì la propria dimora in un paesino di campagna* || *non com.* permanenza in un luogo **2.** *mettere a dimora una pianta*, trasferirla dal vivaio alla sede definitiva **3.** *arc.* indugio: *quando s'accorse d'alcuna dimora* (Dante) || **N.** *Sin.* abitazione, albergo, alloggio, domicilio, sede, soggiorno.

dimorànza [da *dimorare*; prima metà sec. XIII] ***sf.*** *lett. arc.* **1.** dimora **2.** indugio.

dimoràre (pres. *-òro*) [dal lat. *demorāri*, a. 1250] ***intr.*** (aus. *avere*) **1.** abitare in un luogo, perlopiù stabilmente **2.** *arc.* indugiare || **N.** **1.** *Sin.* risiedere, soggiornare, stare; ABITARE.

dimorfịsmo [da *dimorfo*; 1841] ***sm.*** *T.scient.* il presentarsi di un organismo animale o vegetale sotto due forme notevolmente diverse tra loro: *dimorfismo sessuale*, caratteristica delle specie in cui i due sessi differiscono marcatamente anche nei caratteri secondari || proprietà di alcune sostanze chimiche di cristallizzare in due forme diverse.

dimòrfo [dal gr. *dímorphos*, dalla doppia forma; 1829] ***agg.*** che presenta dimorfismo: *minerale dimorfo.*

dimostràbile [da *dimostrare*; 1551] ***agg.*** che si può dimostrare; provabile.

dimostrabilità [da *dimostrabile*; 1869] ***sf.*** l'essere dimostrabile.

dimostraménto [da *dimostrare*; 1292 ca.] ***sm.*** *raro* atto ed effetto del dimostrare.

dimostrànte (*ppr.* di *dimostrare*) [1876] ***s.*** chi prende parte a una pubblica dimostrazione: *una folla di dimostranti.*

dimostràre (pres. *-óstro*) [dal lat. *demonstrāre*; inizio sec. XIII] ***tr.*** **1.** mostrare in modo indubbio, far palese con fatti o con segni certi: *dimostrare affetto, amicizia*; *dimostrare di avere dell'ingegno* || illustrare, spiegare: *dimostrare il funzionamento di un congegno* **2.** provare per via di ragionamento la verità di un asserto, di un teorema ecc. **3.** *ass.* partecipare a una dimostrazione (nel senso 4) || ***intr. pron.*** rivelarsi: *l'impresa si è dimostrata impossibile* || **N.** **1.** *Sin.* manifestare, palesare; chiarire, descrivere **2.** *Contr.* confutare.

dimostrativo [dal lat. *demonstratīvus*; a. 1294] ***agg.*** **1.** che tende a dimostrare: *discorso dimostrativo* || *azione dimostrativa*, con cui ci si propone di mostrare all'avversario la propria forza con valore deterrente; *T.mil.* manovra con cui si finge di attaccare il nemico in un dato luogo per distrarne l'attenzione dal luogo dove invece si attacca davvero e a fondo **2.** *T.gram.* di elemento del linguaggio che indica la posizione di un oggetto nel tempo e nello spazio: *pronomi, aggettivi dimostrativi* (per es. in italiano *questo, quello, costui* ecc.) ||

dimostrativaménte ***avv.*** || **N.** **2.** deittico.

dimostratóre [dal lat. *demonstrātor, -ōris*; 1342] **I** ***sm.*** (f. *-trice*) *non com.* chi dimostra || *in part.* chi illustra davanti all'acquirente le caratteristiche di un prodotto **II** ***agg.*** che dimostra.

dimostrazióne [dal lat. *demonstrātio, -ōnis*; 1308 *demonstrazione* nel senso 2] ***sf.*** **1.** manifestazione visibile di un sentimento, uno stato d'animo ecc.: *fu accolto da grandi dimostrazioni d'affetto* **2.** argomentazione logica che prova la verità di un teorema e sim., qualora ovviamente siano accettati come veri i presupposti **3.** *T.mil.* grande spiegamento di forze fatto per ostentazione o minaccia: *dimostrazione navale* **4.** manifestazione di popolo a carattere politico o sindacale: *dimostrazione di protesta*; *fare, improvvisare una dimostrazione* || *dim.* dimostrazioncèlla || **N.** **1.** *Sin.* esibizione, segnale, sfoggio **2.** *Sin.* prova | *Contr.* confutazione **4.** comizio, corteo.

din [sigla del ted. *Deutsche Industrie Norme*; 1963] ***sm.*** *inv.* *T.fot.* unità di misura della sensibilità delle pellicole fotografiche.

dina o **dine** [voce internazionale tratta dal gr. *dýnamis*, forza; 1892] ***sf.*** *T.scient.* unità di misura delle forze nel sistema C.G.S., pari alla forza necessaria per imprimere un'accelerazione di un cm/s^2 ad una massa di un grammo.

dinàmetro [comp. del gr. *dýna(mis)*, potenza e *-metro*, come il fr. *dynamètre*; 1830] ***sm.*** *T.ott.* dispositivo per misurare l'ingrandimento prodotto da cannocchiali e telescopi.

dinàmica [da *dinamico*; a. 1754] ***sf.*** **1.** *T.fis.* parte della meccanica che tratta del moto dei corpi nei suoi rapporti con le forze che lo producono (a differenza della *cinematica*, che descrive i moti prescindendo dalle cause che li generano): *dinamica dei fluidi, dei corpi rigidi* || *dinamica terrestre*, parte della geologia, che studia le trasformazioni della superficie terrestre e le loro cause **2.** il complesso degli eventi e delle cause che conducono ad un determinato effetto: *l'inchiesta si propone di ricostruire la dinamica dell'incidente* || il modo in cui si articola un testo letterario e sim.: *la dinamica del racconto* **3.** *T.mus.* il complesso degli effetti dovuti alla variazione dell'intensità sonora in una composizione musicale: *la dinamica assume un rilievo maggiore nella musica dell'Ottocento che in quella barocca.* **Q.T.** *musica.*

dinamicità [da *dinamico*; 1956] ***sf.*** l'essere dinamico, spec. come qualità di persone.

dinàmico (pl. *-ci*) [dal gr. *dynamikós*, potente, attr. il fr. *dynamique*; a. 1754] ***agg.*** **1.** *T.fis.* relativo alla dinamica: *leggi dinamiche*, che non si limitano alla descrizione del moto, ma introducono le forze che lo generano (contrapposto in questo senso a *cinematico*) **2.** di disciplina che studia i fenomeni nel loro divenire: *linguistica, psicologia dinamica* **3.** relativo all'intensità sonora: *le possibilità dinamiche del pianoforte sono molto superiori a quelle del clavicembalo* || *T.mus. segni dinamici*, che indicano sulla partitura le varie gradazioni di intensità sonora (*forte, diminuendo, pianissimo* ecc.) || *T.ling. accento dinamico* o *intensivo* (contrapposto all'accento *tonico* e a quello *di durata*), che caratterizza una sillaba con una più elevata intensità di emissione rispetto a quelle vicine **4.** *T.elettron. capacità dinamica* (o *dinamica*) *di un amplificatore*, la massima escursione di segnale che un amplificatore può riprodurre con distorsione accettabile **5.** *fig.* di persone, atteggiamenti e sim., attivo, energico, che si adegua rapidamente al mutare delle situazioni: *un tipo dinamico*; *una concezione dinamica dell'esistenza, della politica* ||

dinamicaménte ***avv.*** || **N.** **4.** *Contr.* statico.

dinamịsmo [dal fr. *dynamisme*, 1846 nel senso 2; 1918 nel senso 1] ***sm.*** **1.** modo di essere e atteggiamento di chi mostra grande energia, attività, spirito d'iniziativa: *persona piena di dinamismo* || in un'opera d'arte, il complesso di elementi che danno una sensazione di movimento e di energia: *il dinamismo della composizione è accentuato da un sapiente uso dei colori* **2.** *T.fil.* concezione filosofica che pone nel concetto di forza il principio e l'essenza dell'universo.

dinamitàrdo [da *dinamite*; 1887] ***agg.*** e ***sm.*** (f. *-a*) di persona che compie attentati con la dinamite || elemento anarchico e sovversivo || **N.** anarchico, radicale.

dinamite [comp. del gr. *dynamis*, potenza e *-ite*; 1873] ***sf.*** sostanza esplosiva di grande potenza, composta di nitroglicerina e di una sostanza assorbente che ne riduce la sensibilità agli urti || *fig. fam.* si dice di cosa o persona dall'effetto o dal fascino dirompente: *quella ragazza è pura dinamite.*

dinamitifìcio (pl. *-ci*) [comp. di *dinamite* e *-ficio*; 1940] ***sm.*** *raro* fabbrica di dinamite.

dinamịzẓàre [da *dinamico*, sul modello dell'ingl. to *dynamize*; a. 1947] ***tr.*** *non com.* rendere dinamico, conferire vitalità, energia: *il suo arrivo ha dinamizzato gli animi, l'avvenimento ha dinamizzato la situazione politica.*

dinamo [dal ted. *dynamo(-elektrische Maschine)*; 1889] ***sf.*** *inv.* macchina che trasforma l'energia meccanica in energia elettrica a corrente continua || *in part.* l'apparecchio che consente di ricavare dal movimento delle ruote l'energia necessaria per il funzionamento del faretto nelle biciclette, o per caricare la batteria nelle automobili || **N.** MOTORE | collettore, commutatore, indotto, induttore; riversibilità. **TAV.** *elettrotecnica* 10.

dinamo- [dal gr. *dýnamis*, potenza] ***primo elem.*** che, in parole composte della terminologia scientifica, vale “forza” (per es. *dinamogenesi, dinamometro*).

dinamoelèttrico (pl. *-ci*) [comp. di *dinamo-* e *elettrico*; 1931] ***agg.*** *T.elettr.* si dice di congegno il cui funzionamento è basato sul fenomeno dell'induzione elettromagnetica, per il quale l'energia elettrica viene trasformata in energia meccanica e viceversa.

dinamogènẹsi [comp. di *dinamo-* e *genesi*; a. 1898] ***sf.*** *T.fil.* passaggio dell'energia dallo stato potenziale allo stato attuale || *T.psic. legge della dinamogenesi*, quella per cui ad ogni stimolazione sensoriale corrisponde una modificazione del potere muscolare.

dinamometamorfịsmo [comp. di *dinamo-* e *metamorfismo*; 1956] ***sm.*** *T.geol.* processo di trasformazione delle rocce sottoposte a intense pressioni di origine orogenetica.

dinamomètrico (pl. *-ci*) [comp. di *dinamo-* e *-metrico*; 1881] ***agg.*** *T.mecc.* relativo o atto alla misurazione di forze: *metodi, strumenti dinamometrici.*

dinamòmetro [comp. di *dinamo-* e *-metro*; 1820] ***sm.*** strumento per misurare una qualunque forza.

dinànte o **dinànti** [lat. volg. *de in ante*; sec. XIII *denanti*] ***avv.*** *arc.* dinanzi, davanti.

dinànzi (non com. *dinnànzi*) [lat. volg. *de in antea*; a. 1243 nella loc. prep. *denanzo a*] **I** ***avv.*** davanti, di fronte: *guardare dinanzi* **II** nella ***loc. prep.*** *dinanzi a* **1.** davanti a, di fronte a ‖ alla presenza di: *dinanzi al giudice* **2.** *non com.* rispetto a **3.** *non com.* prima **III** ***agg.*** *inv.* che sta davanti, di fronte: *la casa dinanzi.*

dinar [dall'ar. *dīnār*; 1881 nel senso 2] ***sm.*** *inv.* **1.** moneta d'oro di origine araba che fu l'unità del sistema monetario musulmano nel Medioevo **2.** attualmente l'unità monetaria della Giordania, dell'Iraq, della Tunisia e di altri paesi mediorientali.

dìnaro [dal serbocroato *dinar*, dal biz. *dēnárion*, dal lat. *denārius*; 1922] ***sm.*** nome dell'unità monetaria della Jugoslavia, e di molti paesi musulmani; per questi ultimi si usa anche la forma *dinar* (v.).

dinàsta [dal lat. *dynastes, ae*, dal gr. *dynástēs*, signore; 1639] ***s.*** *lett.* principe, sovrano.

dinastìa [dal gr. *dynastéia*; 1551] ***sf.*** successione di sovrani della stessa famiglia: *la dinastia dei Savoia, dei Tolomei* ‖ usata anche nelle datazioni: *una tomba della quarta dinastia* ‖ *per estens.* famiglia in cui membri di più generazioni successive si siano distinti nella stessa attività: *una dinastia di banchieri, di musicisti.*

dinàstico (pl. *-ci*) [da *dinastia*; 1846] ***agg.*** relativo alla dinastia: *diritto, ramo dinastico.*

dìndi o **dìndo** [voce infantile; 1319] ***sm.*** voce infantile per indicare i denari: *innanzi che lasciassi il pappo e il dindi* (Dante).

dindìn [voce onom.; 1869] voce onom. che imita il suono del campanello.

dìndo o **dìndio** (pl. *-di*) [dal fr. *dinde*, da (*coq*) *d'Inde*; a. 1713] ***sm.*** *sett.* tacchino.

dindòn [voce onom.; a. 1712 *din don don*] voce onom. che imita il suono delle campane ‖ anche *sm.*

dìne v. DINA.

dinegàre (pres. *-égo*) [dal lat. *denegāre*; 1292 ca.] ***tr.*** *raro* denegare.

dinervàre (pres. *-èrvo*) [comp. parasint. di *nervo*; 1367 ca. *disnerbare*] ***tr.*** *raro* snervare.

dinghy (ingl., pr. [ˈdɪŋgɪ]) [dall'hindi *dengī*; 1921] ***sm.*** *inv.* piccola barca a vela per regata e diporto.

dìngo [da una voce australiana, attr. l'ingl.; 1942] ***sm.*** *inv.* (*anche pl. -ghi*) *T.zool.* specie di cane selvatico dell'Australia.

dinièɡo (pl. *-ghi*) [da *denegare*; 1618] ***sm.*** negazione, rifiuto: *opporre un secco diniego.*

dinnànzi v. DINANZI.

dìno- [dal gr. *deinós*, terribile] ***primo elem.*** che, in parole composte della terminologia zoologica, concorre alla formazione dei nomi di animali estinti, di dimensioni gigantesche (ad es. *dinosauro, dinoterio*).

dinoccolàre (pres. *-òccolo*) [comp. parasint. di *nocca*; a. 1400] ***tr.*** *non com.* rompere le giunture, e spec. quelle del collo ‖ **N.** fiaccare, rompere, scavezzare.

dinoccolàto (*pps.* di *dinoccolare*) [sec. XIV] ***agg.*** di persona dai movimenti ciondolanti e slegati: *andatura dinoccolata.*

Dinofìcee [comp. di *dino-*[2] e *-ficee*; 1956] ***sf.*** *pl. T.bot.* classe di alghe unicellulari, diffuse nelle acque marine e dolci, dotate di due flagelli e gen. fosforescenti; appartengono all'ordine dei Dinoflagellati.

Dinoflagellàti [comp. di *dino*[2] e *flagellati*; 1931] ***sm.*** *pl. T.bot.* ordine di protozoi planctonici diffusi nelle acque marine e dolci, dotati di due flagelli; sono talvolta vivamente colorati e fosforescenti.

dinòrnis [dal lat. scient. *dinornis*, basato sul gr. *deinós*, terribile e *órnis*, uccello; 1881 *dinorni*] ***sm.*** *inv.* nome di un uccello fossile della Nuova Zelanda.

dinosàuro [comp. di *dino-* e *-sauro*, come il lat. scient. *Dinosauros*; 1864] ***sm.*** *T.zool.* nome generico di vari rettili, perlopiù di dimensioni gigantesche, vissuti nell'era secondaria e oggi estinti.

dinotàre ***tr.*** *disus.* v. DENOTARE.

dinotèrio (pl. *-ri*) [comp. di *dino-* e *-terio*, come il lat. scient. *Dinotherium*; 1841] ***sm.*** *T.zool.* mammifero estinto di aspetto simile all'elefante, di grandi dimensioni, con zanne ricurve e uscenti dalla mandibola anziché dalla mascella.

dintórno e **d'intórno** [comp. da *di* e *intorno*; a. 1292] **I** ***avv.*** da ogni parte, intorno: *aveva dintorno molta gente* **II** nella ***loc. prep.*** *dintorno a* (molto meno comune di *intorno a*): *dintorno a lui, alla casa* **III** ***sm.*** **1.** luogo che sta nelle adiacenze di una città, di un luogo e sim.; usato spec. nel *pl.*: *i dintorni di Napoli* **2.** *arc.* contorno, linee esterne della figura ‖ **N.** III **1.** *Sin.* adiacenze, sobborghi, vicinanze.

dio[1] [lat. *deus*; fine sec. XII *Deu*] ***sm.*** (pl. *dèi*, con l'art. *gli*) (f. *dèa*) **1.** nelle religioni monoteistiche, l'ente supremo concepito come creatore e signore di tutte le cose ‖ nelle religioni politeistiche, ciascuno di quegli spiriti superiori e immortali che presiedono ai fenomeni della natura e alla vita umana: *il dio Mercurio*; *gli dei falsi e bugiardi* (Dante) ‖ *fig.* per enfasi, uomo che possegga in grado supremo qualche dote: *Rossini è il dio della musica, canta come un dio* ‖ idolo, mito: *il denaro è il suo dio* **2.** *per anton.* scritto con l'iniziale maiuscola, il dio delle religioni cristiane ‖ *figlio di Dio, Uomo-Dio*, Gesù Cristo ‖ *la madre di Dio*, la Madonna ‖ *la sposa di Dio*, la Chiesa ‖ *timor di Dio*, devozione, religiosità ‖ *casa di Dio*, Chiesa ‖ *servo di Dio*, sacerdote, devoto ‖ *uomo senza Dio*, ateo (con tono spregiativo) ‖ *essere in grazia di Dio*, essere senza peccati mortali ‖ *fuori dalla grazia di Dio*, soprattutto *fig.*, fuori di sé, furibondo ‖ *grazia di Dio, ben di Dio*, abbondanza, tutto quel che si può desiderare ‖ *Dio buono! gran Dio!* e sim., escl. di meraviglia, d'impazienza ecc. ‖ *grazie a Dio, escl.* di gratitudine, di consolazione: *grazie a Dio ho finito* ‖ *per l'amor di Dio*, modo di pregare: *un po' di elemosina, per l'amor di Dio*; o di scongiurare: *per l'amor di Dio, non lo fare!* ‖ *come Dio comanda*, come si deve ‖ *Dio ce la mandi buona!*, espressione usata quando si teme che una cosa abbia cattivo esito ‖ in formule di scongiuro: *Dio ce ne scampi e liberi, Dio non voglia*; in formule di augurio o di ringraziamento che confidano nella buona volontà divina: *se Dio vuole, guarirà*; *se Dio vuole, è fatta!* ‖ *Dio solo lo sa*, per esprimere assoluta incertezza ‖ *ira di Dio*, finimondo, cosa o persona pessima: *quel ragazzo è un'ira di Dio*; fam. anche gran quantità: *ce n'è un'ira di Dio* ‖ *andarsene con Dio*, per i fatti propri ‖ *mano* o *dito di Dio*, castigo divino, spesso *scherz.* ‖ *prov. l'uomo propone e Dio dispone*; *Dio non paga il sabato*, le scadenze della punizione divina sono imprevedibili, ma ineluttabili; *non si muove foglia che Dio non voglia* ‖ **N.** divino, soprannaturale, sovrumano | deificare, divinizzare | divinizzazione, apoteosi | antropomorfismo, ateismo, deismo, idolatria, monoteismo, panteismo, politeismo | feticcio, idolo, simulacro | benedizione, culto, grazia, incarnazione, preghiera, provvidenza, religione, rivelazione, teologia.

dio[2] [dal lat. *dīus*, divino; 1321] ***agg.*** *lett.* divino: *nella luce più dia* (Dante); *le die pupille* (Carducci).

diocesàno [da *diocesi*; a. 1396] **I** ***agg.*** appartenente o relativo alla diocesi **II** ***sm.*** (f. *-a*) chi fa parte di una diocesi.

diòcesi [dal lat. *dioecēsis*, dal gr. *dioíkēsis*, amministrazione della casa; 1318] ***sf.*** **1.** il territorio sul quale il vescovo ha giurisdizione spirituale; si divide in parrocchie **2.** *T.stor.* circoscrizione amministrativa dell'impero romano.

dìodo [comp. di *di-*[2] e (*elettr*)*odo*; 1930] ***sm.*** *T.elettron.* dispositivo elettronico a due soli elettrodi, il catodo (filamento) che emette elettroni, e l'anodo (placca) che li riceve; è usato come raddrizzatore di corrente alternata, in quanto può essere percorso dalla corrente in una sola direzione ‖ *diodo a semiconduttore*, costituito dalla giunzione di due elementi di semiconduttore (silicio o germanio) con drogaggio opposto, che, analogamente al diodo a tubo elettronico, permette il passaggio della corrente in un solo verso. **Q.T.** *elettricità.*

Diodòntidi (sing. *-e*) [comp. di *di-*[2], *-odonte* e *-idi*; 1956] ***sm.*** *pl. T.zool.* pesci teleostei (detti com. *pesci istrice*) con corpo dotato di spine e stomaco molto dilatabile che può riempirsi d'aria, cosicché il corpo assume una forma a palla e il pesce nuota con il ventre in alto.

diòico (pl. *-ci*) [comp. di *di-*[2] e gr. *ôikos*, casa; 1809] ***agg.*** *T.bot.* di pianta che ha soli fiori maschili sopra un individuo e soli fiori femminili sopra un altro individuo distinto dal primo.

diolefìna [comp. di *di-*[2] e *olefina*; 1956] ***sf.*** *T.chim.* sin. di *diene.*

diòlo [comp. di *di-*[2] e *-olo*[2]; 1956] ***sm.*** *T.chim.* generico composto organico contenente due gruppi alcolici ‖ **N.** *Sin.* glicol.

diomedèa [dal lat. *Diomedēa*, n. delle isole Tremiti; 1797] ***sf.*** uccello marino, albatro.

dionèa [dal lat. scient. *Dionāea*, dal gr. *Diōnâia*, epiteto di Venere; 1820] ***sf.*** pianta erbacea americana, della famiglia delle Droseracee, le cui foglie si chiudono appena vi entra un insetto; è una delle cosiddette *piante carnivore.*

dionìṣia [dal lat. *dionysias, -adis*, gr. *dianysiás, -ádos*; inizio sec. XIV] ***sf.*** *T.min.* pietra nera con gocce di color rosso; così detta da Dionisio, dio del vino, perché si credeva che preservasse dall'ubriachezza.

dioniṣìaco (pl. *-ci*) [dal lat. tardo *dionysiacus*, gr. *dionysiakós*, di Dioniso; 1728] ***agg.*** **1.** di Bacco: *feste dionisiache* ‖ *per estens.* entusiastico, orgiastico: *furore dionisiaco* **2.** *T.fil.* *spirito dionisiaco*, in Nietzsche indica il momento che si esprime nell'esaltazione mistica e coglie gli aspetti tragici dell'esistenza (contrapposto ad *apollineo*) **3.** *danza dionisiaca* (o *danza del Pathos*) una delle prime forme di danza (insieme a quella apollinea) documentate in Europa; nata verso la fine del II millennio a.C. in Grecia raccolse e sviluppò tutte le forme della danza antica (egiziana, indiana, cinese) ‖ **N.** apollineo. **Q.T.** *danza.*

diòpside [dal gr. *díopsis*, trasparenza; 1817] ***sf.*** *T.min.* minerale del gruppo dei pirosseni che forma cristalli bianchi o verdi.

dioràma [dal fr. *diorama*, sul modello di *panorama*; 1828] ***sm.*** nell'Ottocento, forma di spettacolo consistente nel mostrare agli spettatori una serie di vedute dipinte, variandone l'illuminazione in modo da simulare i diversi momenti della giornata ‖ vetrina in cui animali imbalsamati o loro riproduzioni in grandezza naturale sono immersi in una rappresentazione evocativa del loro ambiente naturale.

diorìṣma [dal gr. *diórisma*, limitazione; 1931] ***sm.*** *T.mat.* presso gli antichi Greci, la distinzione dei casi di possibilità o di impossibilità di risoluzione di un problema matematico.

dioríte [dal fr. *diorite*, basato sul gr. *diorízein*, separare; 1817] ***sf.*** *T.min.* roccia cristallina, granulare, composta essenzialmente di anfibolo e di feldspato; molto usata per decorazioni e costruzioni.

diòspiro [dal gr. *diospyros*, grano di Zeus; a. 1498] ***sm.*** genere di piante arboree tropicali a fiori unisessuati; alcune specie forniscono legni pregiati (come l'ebano), altre producono frutti commestibili, tra cui il cachi.

diossàno [comp. di *di-*^{2}, *oss(igeno)* e *-ano*^{2}; 1951] **sm.** *T.chim.* composto organico usato come solvente.

diòssido [comp. di *di-*^{2} e *ossido*; 1956] **sm.** *T.chim.* generico composto chimico contenente due atomi di ossigeno || **N.** *Sin.* biossido.

diossìna [comp. di *diossi-* e *-ina*; 1956] **sf.** *T.chim.* termine con il quale si indica impropr. un composto chimico azotato che si forma nella preparazione di alcuni diserbanti e coloranti, insolubile in acqua, non biodegradabile ed estremamente tossico; è responsabile di lesioni cutanee e oculari, disturbi neurologici, alterazioni epatiche; se ne sospetta inoltre un'azione cancerogena e teratogena.

diòttra [dal lat. tardo *dioptra*, gr. *díoptra*; 1560] **sf.** *T.top.* strumento per collimare.

diottrìa [dal fr. *dioptrie*, basata sul gr. *díoptra*, comp. di *diá*, attraverso e del tema *op-*, vedere; 1892] **sf.** l'unità di misura della convergenza di una lente, pari al reciproco della distanza focale misurata in metri; misura anche di conseguenza in oculistica l'entità del difetto visivo.

diòttrica [dal gr. *dioptrikḗ*, attr. il fr. *dioptrique*; a. 1647] **sf.** parte dell'ottica che tratta della rifrazione della luce || **N.** *Sin.* anaclastica.

diòttrico (pl. *-ci*) [dal gr. *dioptrikós*, attr. il fr. *dioptrique*; a. 1730 *dioptrico*] **agg.** relativo alla diottrica.

diòttro [dal gr. *díoptron*, specchio; 1936] **sm.** *T.ott.* sistema ottico costituito da due mezzi trasparenti di diverso indice di rifrazione, separati da una superficie gen. sferica.

dipanaménto [da *dipanare*; 1803] **sm.** *raro* atto ed effetto del dipanare.

dipanàre (pres. *-àno*) [lat. volg. **depanāre*; a. 1348 *depanare*] **tr.** disfare una matassa di filo, facendone un gomitolo || *fig.* venire a capo d'una faccenda imbrogliata: *dipanare un intrigo* || **N.** aggomitolare, sbrogliare | arcolaio, aspo, bandolo, guindolo, matassa.

dipanatóio (pl. *-ói*) [da *dipanare*; 1803] **sm.** arnese per dipanare || **N.** *Sin.* arcolaio, aspo, naspo.

dipanatùra [da *dipanare*; 1803] **sf.** il dipanare.

dipartènza [da *dipartire*; sec. XIII] **sf.** *arc.* partenza, distacco, commiato.

dipartimentàle [dal fr. *départemental*; 1798] **agg.** di dipartimento: *direzione dipartimentale.*

dipartiménto^1 [dal fr. *département*, da *départir*, spartire; 1770] **sm.** circoscrizione amministrativa francese || ripartizione universitaria comprendente un gruppo di discipline affini || divisione amministrativa della marineria militare in Italia; ciascuna delle zone in cui è diviso il litorale dello Stato per la difesa delle coste e l'organizzazione dei servizi della Marina Militare: *Dipartimento dell'Alto Tirreno* || negli Stati Uniti, ciascuna delle dieci divisioni del potere esecutivo: *il Dipartimento di Stato.*

dipartiménto^2 [da *dipartire*; sec. XIII] **sm.** *arc.* partenza, distacco || *eufem.* morte.

dipartire (pres. *-ìsco*, *-ìsci*, nel senso di dividere; *-arto*, *àrti*, nel senso di andar via) [da *partire*; inizio sec. XIII] **tr.** *lett.* dividere una cosa in parti || **intr. pron.** **1.** partirsi, andar via da un luogo || scostarsi dall'opinione e sim. di altri: *mi diparto alquanto dalla vostra opinione* || *eufem.* morire **2.** diramarsi: *da quel punto si dipartono due sentieri* || **intr.** (aus. *essere*) *lett.* partire, allontanarsi || **N.** PARTIRE.

dipartìta [da *dipartire*; a. 1294 *dipartuta*] **sf.** *lett.* partenza, distacco, allontanamento || *eufem.* morte.

dipelàre (pres. *-élo*) [dal lat. *depilāre*; a. 1321] **tr.** *ant.* e *lett.* pelare || levare il pelo || scottare in modo da portare via pelo e pelle: *tuttoché nudo e dipelato vada* (Dante) || **N.** depilare, PELARE.

dipendènte (*ppr.* di *dipendere*) [a. 1540 *dependente*; 1765] **I agg.** che dipende: *ufficio dipendente, impiegati dipendenti dal Comune* || *T.gram.* *proposizione dipendente*, subordinata || *T.mat.* *variabile dipendente*, che è funzione di un'altra variabile || **dipendenteménte** **avv.** *non com.* in dipendenza **II s.** chi dipende dall'autorità di un altro, subordinato, inferiore, soggetto: *i dipendenti statali* || **N.** I *Contr.* indipendente.

-dipendènte [da *dipendente*] **elem. term.** che, in parole composte, spesso anche di vita effimera, indica persona patologicamente assuefatta a medicine, droghe ecc. (per es. *tossicodipendente*); anche *fig.* incapace di fare a meno di qualcosa (per es. *videodipendente*).

dipendènza^1 [da *dipendere*; sec. XIV] **sf.** rapporto di subordinazione, mancanza di autonomia: *la dipendenza delle province dal governo centrale; la dipendenza economica dai genitori* || *in dipendenza di ciò*, in conseguenza di ciò || *pl.* *essere alle dipendenze di qualcuno*, lavorare per conto di qualcuno in qualità di subordinato; *avere qualcuno alle proprie dipendenze*, lavorare in posizione gerarchicamente superiore ad altri || *T.ling.* relazione sintattica di subordinazione || *T.mat.* *dipendenza da una variabile*, l'essere funzione di quella variabile || incapacità di fare a meno di qualcosa, assuefazione: *dipendenza dagli psicofarmaci, la dipendenza dall'automobile dell'uomo moderno* || **N.** *Sin.* soggezione | *Contr.* indipendenza; autonomia.

dipendènza^2 [dal fr. *dépendance*; 1853 nel senso 2] **sf.** **1.** adattamento di *dépendance* (v.) **2.** *per estens.* filiale, succursale.

dipèndere (pres. *-èndo*; p.rem. *-ési*; pps. *dipéso*) [lat. volg. **dependere*, per il lat. classico *dependēre*; 1308] **intr.** (aus. *essere*) **1.** derivare, procedere: *la felicità dei popoli dipende dalla retta amministrazione, tutto dipende dalla tua abilità* || *ass.* *dipende*, può darsi, si vedrà || essere funzione di: *la resistenza di un filo dipende sia dalla lunghezza che dalla sezione* **2.** essere sottoposto al dominio di un altro: *le colonie dipendevano dalla madrepatria.*

dipennàre **tr.** *arc.* v. DEPENNARE.

dipéso *pps.* di *dipendere* (v.).

dipètalo [comp. di *di-*^{2} e *petalo*; 1830] **agg.** *T.bot.* che ha due soli petali: *un fiore dipetalo.*

dipìgnere [dal lat. *depingere*; fine sec. XIII] **tr.** *arc. tosc.* dipingere.

dipìngere (pres. *-ingo*, *-ingi*; p.rem. *-insi*; pps. *dipìnto*) [dal lat. *depingere*; a. 1250] **tr.** rappresentare le forme e le figure per mezzo del colore; può prendere come oggetto l'immagine rappresentata (*dipingere un paesaggio*), la superficie su cui si dipinge (*dipingere una tela, un muro*), o anche *per meton.* la tecnica usata (*dipingere un affresco, un acquerello*); quando si vogliano indicare contemporaneamente superficie, tecnica e immagine, il ruolo di oggetto è preso dall'elemento in primo piano (normalmente, ma non necessariamente, l'immagine): *dipingere un paesaggio a tempera su tela; Michelangelo dipinse a fresco la Cappella Sistina; Michelangelo dipinse nella Cappella Sistina il Giudizio Universale* || anche *ass.*: *dipinge benissimo* || ornare, decorare || verniciare: *dipingere la parete di rosso* || *fig.* rappresentare con parole l'indole di qualcuno: *me lo dipinse come un galantuomo* || **rifl.** e **rifl. indir.** darsi il belletto, truccarsi: *dipingersi gli occhi, le labbra* || **intr. pron.** prendere un colore: *il suo viso si dipinse di rosso per l'imbarazzo* || *fig.* di sentimenti, apparire visibilmente: *la gioia le si dipinse sul volto* || *prov.* *il diavolo non è brutto come lo si dipinge*, v. DIAVOLO || **N.** abbozzare, acquerellare, affrescare, colorare, colorire, figurare, istoriare, miniare, pitturare, rappresentare, ritrarre, schizzare, tratteggiare; tingere, tinteggiare; descrivere, presentare. **Q.T.** *pittura.*

dipìnto (*pps.* di *dipingere*) [sec. XIII] **I agg.** imbellettato: *una donna tutta dipinta* **II sm.** opera di pittura: *un dipinto del Seicento.*

dipintóre [da *dipingere*; a. 1292] **sm.** (f. *dipintrìce*) *raro* pittore.

dipintùra [da *dipingere*; 1293] **sf.** *raro* pittura.

diplacusìa [comp. di *diplo-* e gr. *ákousis*, audizione; 1956] **sf.** *T.med.* anomalia della funzione acustica di uno o entrambi gli orecchi, per cui ad un unico suono corrispondono due sensazioni sonore, diverse per timbro e tonalità.

dìple [dal gr. *diplê*, doppia (linea); 1956] **sf.** segno a forma di forcella che i grammatici alessandrini e poi gli amanuensi medievali ponevano ai margini dei passi più importanti di un testo manoscritto, per richiamare su di essi l'attezione del lettore.

diplegìa (pl. *-gìe*) [comp. di *di-*^{2} e *-plegia*; 1891] **sf.** *T.med.* paralisi estesa ai due lati del corpo; distinta da *emiplegia*, che colpisce il solo lato destro o il solo lato sinistro.

diplexer (ingl., pr. [di'pleksə]) [da *diplex*, diplice; 1974] **sm.** *inv.* *T.elettron.* dispositivo che serve ad evitare le interferenze tra segnali di diversa frequenza avviati lungo una stessa via di trasmissione.

dìplo- [dal gr. *diplóos*, doppio] **primo elem.** che, in parole composte della terminologia scientifica, ha il valore di "doppio" (per es. *diplococco*) || **N.** *Sin.* duo-.

diplobiónte [comp. di *diplo-* e gr. *biôn*, *-óntos*, che vive; 1956] **I agg.** *T.biol.* di organismo animale o vegetale che compie l'intero ciclo vegetativo allo stato diploide, per cui tutte le sue cellule, eccetto quelle riproduttive, posseggono corredo cromosomico diploide **II sm.** *T.biol.* individuo diplobionte.

diplocòcco (pl. *-chi*) [comp. di *diplo-* e *-cocco*; 1887] **sm.** batterio di forma sferica, che si trova riunito in coppia ad un altro || *in part.* l'agente patogeno della polmonite.

dìploe [dal gr. *diplóē*, piega; 1820] **sf.** *T.anat.* tessuto osseo spugnoso facente parte del cranio.

diplòide [comp. di *diplo-* e *-oide*; 1948] **agg.** *T.biol.* detto di corredo cromosomico formato da coppie di cromosomi omologhi.

diploidìa [da *diploide*; 1956] **sf.** *T.biol.* la presenza, in una cellula uovo o in un individuo, di una doppia serie di cromosomi, una proveniente dal padre e una dalla madre; è caratteristica delle specie a riproduzione sessuale.

diplòma [dal lat. *diplōma*, gr. *díplōma*, scritto piegato in due; a. 1675 nel senso 2] **sm.** **1.** documento attestante il compimento di un ordine di studi: *diploma di maturità classica* || documento rilasciato da enti e autorità, per conferire un titolo, un diritto, un premio ecc. || *per estens.* il titolo conferito o conseguito: *festeggia il diploma* **2.** *T.stor.* attestato solenne con cui un sovrano conferiva onori, privilegi e sim. || **N.** **1.** laurea, licenza, patente, pergamena.

diplomàre (pres. *-òmo*) [dal fr. *diplômer*; 1881] **tr.** conferire un diploma: *ti hanno diplomato finalmente!* || **intr. pron.** ottenere un diploma: *si è diplomato in statistica.*

diplomàtica [dal fr. *diplomatique*; a. 1769] **sf.** disciplina che studia i documenti antichi || **N.** archivistica, cronologia, paleografia, papirologia. **Q.T.** *filologia...*

diplomàtico (pl. *-ci*) [dal fr. *diplomatique*; 1727; 1797 nel senso 2] **I agg.** **1.** che concerne i documenti antichi: *scrittura diplomatica* || *edizione diplomatica*, edizione di un testo antico, condotta esattamente sopra un codice, conservandone la grafia **2.** che concerne la diplomazia: *ragioni diplomatiche, relazioni diplomatiche* || *corpo diplomatico*, l'insieme dei ministri, ambasciatori, inviati che risiedono presso un governo in rappresentanza degli stati esteri || *per estens.* abile, accorto, che sa cavarsela in situazioni imbarazzanti: *tuo fratello è molto diplomatico* || **diplomaticaménte** *avv.* **1.** secondo le regole e i canali diplomatici **2.** con accortezza e tatto: *si è comportato molto diplomaticamente* **II** *sm.* **1.** chi ha alti uffici nella diplomazia **2.** dolce di pasta sfoglia farcita con crema.

diplomatista [da *diplomatica*; 1913] *s.* specialista di diplomatica.

diplomàto (*pps.* di *diplomare*) [1881] *agg.* e *sm.* (f. *-a*) che o chi è fornito di diploma: *i diplomati dell'Istituto Tecnico.*

diplomazìa [dal fr. *diplomatie*; 1796] *sf.* complesso degli organismi e delle attività che regolano le relazioni tra stato e stato || professione di diplomatico: *è entrato in diplomazia* || l'insieme delle persone che per incarico dei governi curano le relazioni tra i vari stati: *la diplomazia americana* || *per estens.* tatto o accortezza nel trattare gli affari e nelle relazioni da persona a persona || **N.** inviato, ministro, nunzio, plenipotenziario, AMBASCIATORE. **Q.T.** *diritto.*

diplonèma [comp. di *diplo-* e *-nema*; 1989] *sm.* *T.biol.* diplotene.

diplopìa [comp. di *diplo-* e *-opia*; 1820] *sf.* *T.med.* anomalia della vista che consiste nel vedere doppi gli oggetti || **N.** VISTA.

Diplòpodi (sing. *-e*) [comp. di *diplo-* e *-pode*; 1929] *sm. pl.* *T.zool.* sottoclasse di artropodi terrestri con corpo cilindrico allungato, diviso in molti segmenti; vi appartengono i comuni millepiedi.

diplotène [comp. di *diplo-* e un der. del gr. *tainía*, nastro; 1948] *sm.* *T.biol.* stadio della meiosi in cui i cromosomi omologhi appaiati si allontanano, e in ognuno di essi cominciano a distinguersi i due cromatidi che li costituiscono || **N.** *Sin.* diplonema.

Diplùri (sing. *-o*) [comp. di *diplo-* e *-uro*; 1956] *sm. pl.* *T.zool.* ordine di insetti dal corpo di dimensioni ridotte, privi di ali e di occhi, che vivono nel terreno umido tra il materiale vegetale in decomposizione.

Dipnòi (sing. *-òo*) [dal gr. *dípnoos*, con doppia respirazione; 1927] *sm. pl.* *T.zool.* sottoclasse di pesci che hanno la vescica natatoria conformata in modo da assumere le funzioni di polmone, e da permettere perciò la respirazione nell'aria oltre che nell'acqua.

dipodìa [dal lat. tardo *dipodia*, gr. *dipodía*; 1940] *sf.* *T.metr.* gruppo di due piedi, perlopiù costituenti una sola misura ritmica: *dipodia giambica, trocaica.*

Dipòdidi (sing. *-e*) [comp. di *dipo*, n. del genere, basato sul gr. *dípous, -podos*, bipede e *-idi*; 1931] *sm. pl.* *T.zool.* famiglia di roditori notturni, dotati di lunghe zampe posteriori adatte al salto; vivono nelle steppe e nei deserti dell'Asia e dell'Africa.

dipòi e **di pòi** V. POI.

dipolàre [da *dipolo*; 1965] *agg.* *T.fis.* relativo a dipolo o avente caratteristiche di dipolo.

dipòlo [comp. di *di-*[2] e *polo*[1]; 1935] *sm.* *T.fis.* *dipolo elettrico* o *magnetico*, sistema di due cariche elettriche puntiformi (*dipolo elettrico*) o di due poli magnetici (*dipolo magnetico*) di valore uguale ma di segno contrario, posti a piccola distanza l'uno dall'altro || *momento del dipolo*, vettore di modulo uguale al prodotto di una delle cariche per la distanza che le separa, e diretto lungo la loro congiungente, da quella negativa a quella positiva || in radiotecnica, antenna costituita da due conduttori allineati di uguale misura, alimentati nel punto medio.

diportaménto [da *diportarsi*; a. 1332] *sm.* *raro* portamento, contegno, comportamento.

diportàrsi (pres. *-òrto*) [dal lat. tardo *deportāre*, sopportare, poi divertire; sec. XIII] *intr. pron.* **1.** *lett.* comportarsi **2.** *arc.* divertirsi.

diportìsmo [da *diporto*; 1984] *sm.* *T.sport.* navigazione da diporto.

diportìsta [da *diporto*; 1983] *s.* *T.sport.* chi pratica la navigazione su imbarcazioni da diporto.

dipòrto [dal fr. ant. *déport*; a. 1250] *sm.* *non com.* svago, divertimento: *fare qualcosa per diporto* || *imbarcazione da diporto*, sportiva || **N.** *Sin.* ricreazione, sollazzo, spasso, trattenimento, DIVERTIMENTO.

diprèsso [comp. di *di* e *presso*; 1524] solo nella *loc. avv.* *a un dipresso*, press'a poco, circa, all'incirca, giù di lì.

Dipsacàcee [dal lat. scient. *Dipsacaceae*, basato sul gr. *dípsakos*, cardo; 1892] *sf. pl.* *T.bot.* famiglia di piante dicotiledoni fra cui la scabiosa.

dipsòmane [comp. del gr. *dípsa*, sete e *-mane*; 1875] *agg.* e *s.* che o chi è affetto da dipsomania.

dipsomanìa [comp. del gr. *dípsa*, sete e *-mania*; 1828] *sf.* *T.med.* desiderio morboso di bere grandi quantità di bevande, spec. alcoliche.

dìptero o **dìttero** [dal gr. *dípteros*, a doppia ala; a. 1580] *agg.* *T.arch.* detto di edificio che ha due ali di colonne.

Dipterocarpàcee [comp. del lat. scient. *Dipterocarpus*, n. del genere e *-acee*; 1956] *sf. pl.* *T.bot.* famiglia di piante arboree, dicotiledoni e dialipetale, diffuse spec. in Asia, con foglie alterne, sempreverdi e coriacee, fiori ermafroditi e frutti a forma di noce; forniscono resine, grassi, legname.

diradaménto [da *diradare*; 1663] *sm.* operazione del diradare, sfoltimento: *diradamento di un bosco* || in una concezione urbanistica oggi non più diffusa, intervento su un centro storico volto ad evidenziare e isolare i monumenti e gli edifici di pregio eliminando le costruzioni ritenute prive di interesse || diminuzione di frequenza, rarefazione: *diradamento delle visite.*

diradàre (pres. *-àdo*) [comp. parasint. di *rado*; a. 1321] *tr.* rendere più rado, sfoltire: *diradare le piante nel bosco*; disperdere: *il sole dirada la nebbia* || fare una cosa con minor frequenza: *diradare le visite* || *intr. pron.* farsi rado, farsi infrequente; disperdersi: *la nebbia si dirada.*

diradatóre [da *diradare*; 1956] *sm.* (f. *-trice*) boscaiolo addetto al diradamento dei boschi.

diradatrìce [da *diradare*; 1970] *sf.* *T.agr.* macchina agricola per il diradamento delle piante coltivate a file.

diradicàre (pres. *-àdico, -àdichi*) [comp. parasint. di *radice*; 1282, *deradicare*] *tr.* *lett.* sradicare.

diramàre (pres. *-àmo*) [comp. parasint. di *ramo*; a. 1321] *tr.* **1.** far circolare, inviare a diversi destinatari, rif. a bollettini, notizie ecc.: *diramare una circolare* **2.** *non com.* tagliare i rami, potare || *intr. pron.* **1.** originarsi, dividendosi in più rami: *da ogni neurone si diramano centinaia di terminazioni* **2.** diffondersi: *la notizia si è diramata in un baleno* || **N.** *tr.* **1.** *Sin.* diffondere, trasmettere | *intr. pron.* **1.** biforcarsi, dipartirsi.

diramatóre [da *diramare*; 1956] *agg.* e *sm.* (f. *-trice*) *non com.* che o chi dirama.

diramatùra [da *diramare*; 1803] *sf.* *T.agr.* operazione del diramare un albero.

diramazióne [da *diramare*; 1681] *sf.* **1.** ramo, tratto secondario: *diramazione di una linea ferroviaria, di un fiume, di un sentiero* || filiale, succursale || *non com.* ramificazione di una pianta **2.** comunicazione a più destinatari, diffusione: *diramazione di una circolare* || **N.** **1.** biforcazione, corno, crocevia, forca; bivio, trivio, quadrivio; deviazione; propaggine.

diraspaménto [da *diraspare*; 1988] *sm.* *T.agr.* atto, operazione del diraspare.

diraspàre [comp. parasint. di *raspo*; 1966] *tr.* *T.agr.* togliere gli acini dal raspo.

diraspatrìce [da *diraspare*; 1931] *sf.* *T.agr.* macchina per diraspare.

diraspatùra [da *diraspare*; 1931] *sf.* *T.agr.* operazione del diraspare l'uva, eseguita gen. prima della pigiatura.

dirazzàre [comp. parasint. di *razza*; a. 1767] *intr.* (aus. *avere*) *raro* riferito a persone, perdere le caratteristiche della propria famiglia, del proprio gruppo etnico || **N.** DEGENERARE.

dìre (pres. *dìco, dìci, dìce, diciàmo, dìte, dìcono*; imp. *dicévo*; p.rem. *dìssi, dicésti, dìsse, dicémmo, dicéste, dìssero*; fut. *dirò*; cong. pres. *dìca*; ger. *dicèndo*; ppr. *dicènte*; pps. *détto*) [lat. *dīcere*; 1211] **I** *tr.* comunicare qualcosa per mezzo della parola: *dico ciò che penso* || pronunciare, recitare: *dire bene la lezione* || affermare (anche per iscritto): *in questo passo Platone dice...* || raccontare: *dico ciò che ho visto* || *si dice*, impers., si racconta, è voce || *non com. ass.* parlare: *uno diceva e l'altro rispondeva* || nominare, chiamare: *dicono viltà la prudenza, come si dice "padre" in tedesco?* || ordinare, comandare, esortare: *ti dico di fermarti* || offrire un prezzo a un'incanto: *ho detto all'asta* || riportare per iscritto: *che cosa si dice in questo libro?, cosa dice il giornale?* || *il cuore mi dice*, mi suggerisce || *non dice nulla*, di faccia senza espressione, di opera d'arte insignificante: *è un quadro che non dice nulla* || attestare, far fede: *questo ti dice quanto ti voglio bene* || *dir Messa*, celebrarla || *dir la sua*, esporre il proprio parere || dirla grossa, spropositare || *dire chiaro e tondo, dire le cose come stanno, dire pane al pane e vino al vino*, parlare apertamente, senza giri di parole || *dire a mezza bocca*, non apertamente || *il che è tutto dire*, non occorre aggiungere altro || *e dire che*, per manifestare delusione: *e dire che volevo farti un regalo* || *non c'è che dire*, non c'è ragione di opporsi; usato anche come esclamazione di meraviglia e apprezzamento || *voler dire*, significare: *cosa vuol dire questa parola?*; *vuol dire che*, come introduzione a prese di posizione, allora, ebbene: *non ti piace? Vuol dire che me lo mangio tutto io* || *non vuol dire*, non è importante, significativo || *non com. dico*, cioè: *il gran pittore, dico Raffaello* || *tanto per dire*, così per parlare, senza impegno || *si fa per dire*, è un modo di dire, non va preso alla lettera || *non (faccio) per dire*, non è per vantarmi || *detto fatto*, subito, immediatamente || *come non detto*, per negare valore a una propria affermazione fatta in precedenza **II** *sm.* ciò che si dice: *stando al dire dei più* || *arte del dire*, la retorica || *a suo dire*, secondo lui || *hai un bel dire che è facile*, non è facile affatto, qualunque cosa tu ne pensi || *prov. tra il dire e il fare c'è di mezzo il mare* || **N.** I accennare, affermare, annunciare, apostrofare, argomentare, asserire, asseverare, assicurare, attestare, avvertire, avvisare, balbettare, bisbigliare, blaterare, bofonchiare, chiamare, cianciare, cicalare, circostanziare, confermare, comunicare, confessare, confidare, consentire, contraddire, declamare, definire, denunziare, dettare, dichiarare, discorrere, divulgare, domandare, enunciare, esclamare, esporre, esprimere, farneticare, insinuare, interloquire, interrogare, inveire, manifestare, mormorare, narrare, nominare, parlare, predicare, proclamare, proferire, pronunziare, propalare, raccontare, recitare, replicare, ribadire, ribattere, riepilogare, riferire, rimbeccare, ripetere, rispondere, ritrattare, rivelare, scandire, sciorinare, soggiungere, sparlare, spiattellare, spiegare, spifferare, suggerire, sussurrare, svelare, vociferare | chiacchiera, cicalata, dichiarazione, esposizione, espressione, fandonia, frase, insinuazione, locuzione, motto, parola, perifrasi, preambolo, replica, reticenza, risposta | declamatore, dicitore, interlocutore, oratore, parlatore | arguto, chiacchierone, garrulo, loquace, maldicente, mordace | *Contr.* tacere; negare.

director (ingl., pr. [dɪˈrektə] o [daiˈrektə]; pr. it. [diˈrɛktor] o [daiˈrɛktor]) [letter. direttore; 1956] ***sm. inv.*** (anche pl. *directors*, pr. [dɪˈrektəz]) *T.tel.* dispositivo che, dopo aver ricevuto dall'utente le informazioni relative al numero telefonico da chiamare, comanda la selezione automatica del canale di trasmissione.

directory (ingl., pr. [dɪˈrektərɪ] o [daɪˈrektərɪ]; pr. it. [daiˈrɛktori]) [letter. elenco, guida; 1985] ***sf. inv.*** (anche pl. *directories*, pr. [dɪˈrektərɪz]) *T.inform.* **1.** indice dei file memorizzati su un dato supporto (per es. un floppy disk), o in una directory (nel senso 2): *la directory dei file, dei nomi dei file* **2.** porzione di memoria, caratterizzata univocamente da un nome, nella quale possono essere raggruppati più file, e che può contenere a sua volta altre directory subordinate: *entrare, andare nella directory, uscire dalla directory*; *struttura a directory* di un supporto, struttura ad albero, organizzazione della memoria del supporto in directory e sotto-directory, che facilita l'accesso ai file da parte dell'utente.

diredàre (pres. *-èdo*) [comp. parasint. dell'ant. *reda*, erede; 1305 *diretare*] ***tr. arc.*** diseredare.

direnaménto [da *direnare*; a. 1907] ***sm.*** *non com.* fatica spossante || *fig.* l'inchinarsi servile.

direnàre (pres. *-éno*) [comp. parasint. di *reni*; a. 1597] ***tr.*** *non com.* affaticare, slombare; anche *ass.* || ***rifl.*** sfiancarsi, rompersi le reni || *fig.* inchinarsi servilmente.

direpzióne o **direzióne** [dal lat. *direptio*, *-ōnis*; prima metà sec. XIV] ***sf.*** *ant.* saccheggio, rapina.

dirètro e **dirièto** ***avv.*** *arc.* v. DIETRO.

dirètta [da *diretto*; 1966] ***sf.*** trasmissione radiotelevisiva che viene mandata in onda simultaneamente alla ripresa dei fatti: *trasmettere in diretta, la diretta di un avvenimento sportivo*; *programma, servizio in diretta* || **N.** *Contr.* differita.

direttàrio (pl. *-ri*) [da *diretto*; 1607] ***sm.*** (f. *-a*) *T.giur.* titolare di un fondo concesso in enfiteusi.

direttìssima (*superl. f.* di *diretto*) [1905] ***sf.*** **1.** *T.giur.* procedimento con cui si perviene immediatamente al giudizio penale, senza istruttoria o con istruttoria ridotta al minimo, spec. nella loc. *giudicare per direttissima* **2.** linea ferroviaria protetta che evita i passaggi nelle piccole stazioni e consente velocità più elevate di quelle possibili sulle linee normali: *la direttissima Firenze-Bologna* **3.** *T.alp.* la via di salita più rettilinea possibile, e quindi normalmente di grandissima difficoltà tecnica: *la direttissima alla parete Est delle Grandes Jorasses.*

direttìssimo (*superl.* di *diretto*) [da *diretto*; a. 1694; 1895 come sm.] **I** ***agg.*** *T.giur.* *giudizio direttissimo*, direttissima **II** ***sm.*** *T.ferr.* *disus.* treno espresso.

direttìva [dal fr. *directive*; 1925] ***sf.*** disposizione impartita dalle autorità, indirizzo, norma: *dare, impartire, seguire le direttive* || indirizzo generale, condotta regolata da principi: *le direttive economiche del governo.*

direttività [da *direttivo*; 1942] ***sf.*** *T.tecn.* attitudine a irradiare o ricevere energia elettromagnetica o sonora prevalentemente secondo particolari direzioni: *direttività di un'antenna.*

direttìvo [dal fr. *directif*; 1869] **I** ***agg.*** **1.** che è atto a dirigere; che deve dirigere; di direzione: *consiglio direttivo*; *avere, svolgere funzioni direttive* **2.** *T.tecn.* direzionale: *antenna direttiva* **3.** *T.filol.* *errore direttivo* o *errore-guida*, errore con particolari caratteristiche che serve a separare o a congiungere i testimoni di un manoscritto (v. anche CONGIUNTIVO, SEPARATIVO) **II** ***sm.*** l'organo direttivo di un partito: *oggi si è riunito il direttivo socialista.*

dirètto (*pps.* di *dirigere*) [a. 1321] **I** ***agg.*** **1.** che si dirige a un fine: *educazione diretta a formare buoni cittadini* || indirizzato: *lettera diretta a me* **2.** che non devia dalla linea retta: *cammino diretto*; *T.alp.* *via diretta*, via di salita quasi lungo la massima pendenza, che punta immediatamente alla cima senza vistosi aggiramenti || immediato: *conseguenza diretta* || *raggio diretto*, che proviene senza deviazioni dalla fonte luminosa || *T.ling.* *discorso diretto*, citazione fedele di una conversazione, senza adattamento dei tempi, delle persone e dei termini dimostrativi alla posizione nello spazio e nel tempo di chi lo riferisce || *imposte dirette*, quelle sul reddito o sul patrimonio || *coltivatore diretto*, chi coltiva un terreno di sua proprietà || *T.mil.* *tiro diretto*, quello che si dirige su un bersaglio visibile a chi punta l'arma || *T.mat.* *proporzionalità diretta di due grandezze*, che si verifica quando al variare dell'una anche l'altra varia in modo da mantenere costante il loro rapporto || *ripresa diretta*, trasmissione televisiva dal vivo, senza registrazione preventiva; *in diretta* (opposto a *in differita*), contemporaneamente all'avvenimento: *l'incontro sarà trasmesso in diretta* || *T.ferr.* *treno diretto*, categoria di treni intermedia tra i locali e gli espressi, che ferma anche nelle stazioni di media importanza || **direttaménte** ***avv.*** **II** ***sm.*** **1.** *T.ferr.* treno diretto **2.** *T.sport.* nel pugilato, colpo che raggiunge per via diretta il bersaglio: *un diretto al mento* **III** ***avv.*** direttamente: *andò diretto a casa* || **N.** I *Contr.* indiretto.

direttóre [dal lat. tardo *dirēctor*, *ōris*, prob. attraverso il fr. *directeur*; sec. XIV] **I** ***sm.*** (f. *-trìce*) chi dirige: *direttore d'orchestra, di una rivista, direttore didattico* || *T.cin.* *direttore di produzione*, chi organizza la produzione di un film; *direttore artistico*, chi è responsabile delle scelte artistiche in enti che svolgono attività teatrale o concertistica || *direttore spirituale*, sacerdote che, con continuità, guida la coscienza di singole persone o di comunità || *direttore generale*, capo di più divisioni nell'amministrazione dello Stato || *direttore tecnico*, responsabile della preparazione atletica di una squadra sportiva || *direttore di gara*, arbitro || *direttore responsabile di un giornale*, chi ha la responsabilità giuridica di quanto viene pubblicato || *T.mar.* *direttore di macchina*, l'ufficiale preposto ai servizi dell'apparato motore e dei meccanismi ausiliari; *direttore marittimo*, l'ufficiale superiore del Corpo delle Capitanerie di Porto preposto a una Direzione Marittima **II** ***agg.*** **1.** che guida, che dirige: *ruote direttrici*, le ruote collegate allo sterzo che consentono di far cambiare direzione al veicolo || *T.top.* *curva direttrice*, curva di livello più marcata delle altre che compare ogni quattro o cinque isoipse per facilitare la lettura della carta **2.** *non com.* che fornisce le direttive: *i principi direttori della nostra azione* **3.** *T.mat.* che individua la direzione: *coseni direttori di una retta*, nella geometria analitica dello spazio, i coseni degli angoli che la retta forma con i tre assi cartesiani, che ne definiscono la direzione || **N.** I capo, dirigente, maestro di cappella, preside, presidente, reggente, rettore, soprintendente, superiore. **TAV. *automobile* p. 658** 3.8.

direttoriàle [da *direttorio*; 1797] ***agg.*** del direttore: *assumere compiti, funzioni direttoriali.*

direttòrio (pl. *-ri* o *-rii*) [dal fr. *directoire*, dal lat. tardo *directōrius*; 1784] ***sm.*** **1.** *T.stor.* in Francia, consiglio di cinque membri che era investito del potere esecutivo dal 1795 al 1799 || *per estens.* organo collegiale dotato di poteri assoluti o quasi: *il direttorio delle grandi potenze* || *alla direttorio*, di foggia del vestire, spec. femminile, con spacco laterale nella gonna, nastri che s'intrecciano alla caviglia, cinte alte e strette **2.** *T.eccl.* calendario liturgico.

direttrìce [da *direttore*; 1748 nel senso 2] ***sf.*** **1.** *T.mat.* *direttrice di una conica*, retta non intersecante la conica, tale che la conica stessa può essere definita come il luogo dei punti per cui il rapporto (detto *eccentricità*) tra distanza dalla direttrice e distanza da un punto dato (*fuoco*) rimane costante || *direttrice di una superficie rigata*, ogni curva appartenente alla superficie che incontri tutte le sue generatrici, e ciascuna in un solo punto **2.** la linea principale secondo la quale si muove ed è diretta un'azione militare o politica: *le direttrici dell'attacco*; *le direttrici del programma governativo.*

direzionàle [dal fr. *directionnel*; 1956] **I** ***agg.*** **1.** che si riferisce alla direzione, che indica una direzione: *freccia direzionale* || che è orientato verso una particolare direzione: *antenna, microfono direzionale* **2.** che provvede alla direzione, che ha il compito di dirigere: *centro, consiglio, ufficio direzionale* **II** ***sm.*** *T.aer.* strumento per il controllo della direzione di volo. **TAV. *astronautica* p. 655** 6.3.

direzionalità [da *direzionale*; 1966] ***sf.*** **1.** la caratteristica di ciò che è direzionale: *direzionalità di un segnale*; la funzione, l'attività direzionale: *direzionalità di un comitato* **2.** *T.tecn.* direttività.

direzionàre (pres. *-óno*) [da *direzione*; 1963] ***tr.*** *non com.* imporre una direzione, rivolgere verso qualcosa; anche *fig.*: *direzionare le proprie energie verso uno scopo* || **N.** *Sin.* DIRIGERE.

direzióne[1] [dal lat. *dirēctio*, *ōnis*, prob. attraverso il fr. *direction*; a. 1406] ***sf.*** **1.** la parte, il punto verso cui ci si muove: *si avviò in quella direzione* || il senso di un movimento: *la direzione di scorrimento delle acque* || *T.mat.* disposizione di una retta nello spazio, che essa ha in comune con tutte le rette ad essa parallele: *nel piano, il coefficiente angolare di una retta ne determina la direzione*; in matematica, a differenza del linguaggio comune, è un concetto ben distinto da quello di *verso* (v.) **2.** l'insieme dei compiti direttivi, l'attività di direttore: *assumere la direzione di un ente, di un'orchestra* || organo direttivo: *la direzione dell'azienda ha stabilito i nuovi piani di sviluppo* || *direzione generale*, ciascuna delle grandi ripartizioni di un ministero || il luogo dove è l'ufficio del direttore: *passi oggi in direzione* || *T.mar.* *direzione marittima*, gli uffici direttivi dei servizi affidati alle Capitanerie e agli Uffici di porto || **N.** **1.** *Sin.* indirizzo, senso, tendenza, verso **2.** *Sin.* comando, controllo, guida, soprintendenza. **TAV. *automobile* p. 658** 3.7.

direzióne[2] v. DIREPZIONE.

dirham (ar., pr. [ˈdirham]) [dal gr. *drachmḗ*, dracma, attr. l'ar.; 1931] ***sm. inv.*** **1.** antica moneta araba d'argento **2.** attualmente, unità monetaria del Marocco e moneta divisionale irachena, equivalente a un ventesimo di dinaro.

diricciàre (pres. *-iccio*) [comp. parasint. di *riccio*; 1625] ***tr.*** cavare le castagne dal riccio; sdiricciare.

dirigènte (*ppr.* di *dirigere*) [1846 come sm.] **I** ***agg.*** che dirige: *comitato dirigente*; *classi dirigenti*, l'insieme dei gruppi sociali che detengono il controllo politico ed economico di un Paese **II** ***s.*** persona con compiti direttivi: *dirigente d'azienda, dirigente sindacale.*

dirigènza [da *dirigere*; 1950] ***sf.*** compito, funzione di dirigere: *assumere la dirigenza tecnica di una società* || organo direttivo, l'insieme dei dirigenti: *la dirigenza ha accettato le richieste sindacali.*

dirigenziàle [da *dirigenza*; 1950] ***agg.*** di direzione: *compiti dirigenziali.*

dirìgere (pres. *-igo*, *-igi*; p.rem. *-èssi*, *-igésti*; pps. *dirètto*) [dal lat. *dirigere*; a. 1342] ***tr.*** **1.** avviare, condurre verso un punto determinato: *dirigere la barca verso riva* || anche *ass.*: *dirigere a sud*, fare rotta verso sud || *fig.* rivolgere: *dirigere lo sguardo, l'attenzione* **2.** guidare, essere a capo di: *dirigere un'impresa* || *dirigere un'orchestra*, fornirle durante le prove i criteri di interpretazione e guidarla poi nell'esecuzione, dando il tempo, gli attacchi e suggerendo con gesti le sfumature espressive; anche *ass.*: *dirige oggi per la prima volta alla Scala* || *dirigere il traffico*, regolarlo || ***intr. pron.*** muoversi in una direzione: *la colata di lava si sta dirigendo verso il paese* || **N.** ***tr.*** **1.** *Sin.* indirizzare, orientare, volgere **2.** *Sin.* comandare, governare, presiedere, reggere, soprintendere; disciplinare, organizzare, sorvegliare.

dirigìbile [da *dirigere*; come sm. attr. il fr. *dirigeable*; 1745 come agg.] **I** ***agg.*** che può essere diretto **II** ***sm.*** *T.aer.* aerostato munito di propulsori e di timoni per dirigerne la navigazione. **Q.T.** *aeronautica* **TAV.** *aeronautica* 1.

dirigibilista [da *dirigibile*; 1918] ***s.*** persona addetta alla manovra dei dirigibili.

dirigìsmo [dal fr. *dirigisme*; 1940] ***sm.*** concezione politica che vuole l'intervento dello Stato per dirigere le attività economiche, commerciali e industriali del paese.

dirigista [dal fr. *dirigiste*; 1950] **I** ***agg.*** che si riferisce a dirigismo: *politica dirigista* **II** ***s.*** fautore, seguace del dirigismo.

dirigìstico (pl. *-ci*) [da *dirigismo*; 1957] ***agg.*** di dirigismo, che si ispira al dirigismo: *politica dirigistica* || **N.** *Sin.* dirigista.

DIRITTO

VARIE SPECIE: soggettivo (beneficio, facoltà, immunità, prerogativa, privilegio, titolo); oggettivo (giustizia, istituzioni, norma, ordinamento, regola, scienza giuridica o giure), pubblico (costituzionale, amministrativo, finanziario, internazionale, penale, processuale, ecclesiastico o canonico), privato (civile, commerciale); acquisito, assoluto, consuetudinario, derivato, eccezionale, imprescrittibile, inalienabile, inconcusso, innato, inoppugnabile, prescrittibile; diritto divino, diritto naturale, diritto positivo, diritti dell'uomo, diritti civili, diritti sociali, diritti politici.

LEGGE: bando, canone, circolare, codice, consuetudine, costituzione, decretali, decreto, decreto-legge, digesto, disposizione, editto, glossa, grida, legge costituzionale, legge delegata, legge delega, legge quadro, legislazione, massimario, ordinanza, pandette, progetto di legge, regolamento, statuto, testo unico; barbara, giusta, ingiusta, iniqua, equa, liberale, reazionaria, mite, severa, fiscale, esosa, dispotica, draconiana, vessatoria, organica, vigente, viva, morta, abrogata, perenta, imparziale, settaria, partigiana, innovatrice; obbligatoria, permessiva, interpretativa, direttiva, perfetta, imperfetta, generale, speciale, singolare, eccezionale formale; abrogazione, antinomia, articolo (paragrafo, comma, alinea, capoverso), commento, convenzione, concordato, capitolato, clausola, coattività, deroga, devoluzione, dispensa, disposizioni preliminari, disposizioni transitorie, dissuetudine, emendamento, esecutorietà, esegesi, extraterritorialità, interpretazione (autentica, estensiva, restrittiva, analogica), invalidità, investituta, legalizzazione, norma, nullità, omologazione, osservanza, patto, pattuizione, prassi, promulgazione, pubblicazione, ratifica, reintegrazione, rescissione, retroattività, revoca, risoluzione, sanatoria, sanzione, sospensiva, spirito della legge, trasgressione, trattato, uso, veto, validità, violazione.

PERSONE: avvocato (d'ufficio, di fiducia, difensore, di parte civile, dello Stato), cancelliere, civilista, collegio di difesa, consulente, giurisperito, giurisprudente, giurista, glossatore, legale, legislatore, patrocinante, patrocinatore, patrono, penalista, processualista, procuratore, romanista, ufficiale giudiziario; azzeccagarbugli, causidico, cavalocchio, mozzorecchi.

MAGISTRATI: uditore giudiziario, giudice conciliatore o di pace (sostituito nel nuovo Codice dal giudice onorario), probiviri, arbitri, amichevoli compositori, pretore, giudice delle indagini preliminari, giudice dell'udienza preliminare; Tribunale (Presidente, giudici, Pubblico Ministero, Procuratore della Repubblica, sostituti); Tribunale della libertà, Corte d'Appello (Primo Presidente, consiglieri, Procuratore Generale, Avvocato Generale, sostituti); Corte d'Assise (giudice a latere, giudici popolari o giuria); Corte di Cassazione (Primo Presidente, consiglieri, Procuratore Generale, sostituti); Consiglio Superiore della Magistratura. Tribunale per i minorenni (esperti); Magistratura del Lavoro (esperti); Tribunale delle Acque, Tribunali Militari, Tribunale Supremo Militare.

VOCI ATTINENTI: aula, avvocatesco, cancelleria, curia, curiale, curialesco, forense, foro; illegale, illegittimo, legale, legittimo; antinomia; tocco, toga.

DIRITTO COSTITUZIONALE: Stato, Nazione, Confederazione di Stati, Stato federale; territorio (metropolitano, coloniale), popolo, (cittadini, sudditi apolidi), governo (di fatto, legittimo, monarchia assoluta, monarchia costituzionale, aristocrazia, oligarchia, democrazia, democrazia popolare, tirannide, repubblica, repubblica presidenziale), costituente, statuto o costituzione, carta costituzionale, poteri (legislativo, esecutivo, giudiziario), divisione dei poteri; Capo dello Stato (Re o Presidente della Repubblica), irresponsabilità, insindacabilità, lista civile, abdicazione; Parlamento (Senato, Camera dei Deputati), mandato politico, elezioni, eleggibilità, collegi, comizi elettorali, principio maggioritario, rappresentanza delle minoranze, sistema proporzionale, suffragio universale, scrutinio di lista, *quorum*, voto (limitato, cumulativo, plurimo, segreto / palese), legislatura, sessione, aggiornamenti, uffici, seduta, interrogazioni, interpellanze, mozione, ordine del giorno, votazione (per divisione, per appello nominale), voto di fiducia; Corte Costituzionale (Presidente, Giudici); Gabinetto, Presidente del Consiglio o Primo Ministro, Vicepresidente del Consiglio, Ministri, Ministri senza portafoglio, Sottosegretari di Stato, Consiglio dei Ministri; dimissioni, revoca, consultazioni, missione esplorativa.

DIRITTO AMMINISTRATIVO: pubblico ufficiale, funzionario, impiegato, agente; concorsi, nomina, carriera, promozione, avanzamento, giuramento; espropriazione per causa di pubblica utilità, contenzioso amministrativo, conflitto di attribuzioni, ricorsi in via gerarchica, autorizzazioni, concessioni; gerarchia (classi, coefficienti, gradi), obblighi (residenza, segreto d'ufficio, divieto di cumulo, disciplina), pene disciplinari (ammonimento, censura, sospensione, revocazione, perdita dell'anzianità, destituzione), inamovibilità, incompatibilità, indennità (di carica, di residenza, di trasferta, spese di rappresentanza), aspettativa (per ragioni di salute, per motivi di famiglia); stipendio (insequestrabilità, cessione del quinto); disponibilità, collocamento a riposo, pensione.

segue

dirimènte (*ppr.* di *dirimere*) [a. 1667] ***agg.*** risolutivo || nel diritto canonico, *impedimento dirimente*, che impedisce il matrimonio o lo annulla.

dirìmere (pres. *-imo*; p.rem. *-iméi* e *-imètti, -iméstì, -imé* e *-imètte-, -imérono* e *-imèttero*; manca il *pps.*) [dal lat. *dirimere*, separare; a. 1530] ***tr.*** risolvere: *dirimere una controversia.*

dirimpettàio (pl. *-ài*) [da *dirimpetto*; 1869] ***sm.*** (f. *-a*) *fam.* chi sta nell'abitazione dirimpetto.

dirimpètto [comp. da *di* e *rimpetto*; sec. XIII] **I** ***avv.*** di fronte **II** nella ***loc. prep.*** *dirimpetto a*, di fronte a: *sta dirimpetto a me.*

dirìtta [dal lat. *dirēcta* (*manus*); 1848] ***sf.*** *disus.* mano destra: *scrive con la diritta* || *dare o cedere la diritta a qualcuno*, farlo stare dalla parte destra, in segno di onore || **N.** *Sin.* dritta.

dirittézza [da *diritto*[1]; sec. XIV] ***sf.*** *non com.* l'esser diritto, spec. in senso morale: *la dirittezza di quell'uomo è indiscutibile.*

dirìtto[1] o **drìtto** [lat. volg. *dirēctus, corrispondente al lat. *dirēctus*; a. 1292; a. 1519 *dritto* come sm. nel senso 1, 1929 nel senso 2; a. 1348 come avv.] **I** ***agg.*** **1.** che procede secondo una linea retta, che non piega né da una parte né dall'altra: *un palo diritto, una via diritta* || *fig. non com.* giusto, onesto: *mente diritta, coscienza leale e diritta* || *fam.* accorto, furbastro: *è un tipo diritto* (più com. in questo senso *dritto*) **2.** *T.magl.* *maglia diritta*, la parte di un tessuto di maglia, normalmente rivolta verso l'esterno; *punto diritto*, nel lavoro ai ferri, il punto usato per ottenere la maglia diritta dal lato in cui viene eseguito **3.** *disus.* destro: *lato, occhio diritto* || **dirittaménte** ***avv.*** **1.** per linea diritta: *per montar su dirittamente or vai* (Dante) **2.** secondo il diritto, la logica ecc.: *ragionare, pensare dirittamente* **II** ***sm.*** **1.** la parte principale, o quella che va rivolta all'esterno: *il diritto di una moneta, di un vestito* **2.** *T.sport.* nel tennis, uno dei colpi fondamentali, effettuato colpendo la palla con l'interno della racchetta tenendo il braccio quasi teso: *diritto incrociato, liftato* **3.** *T.magl.* punto diritto **III** ***avv.*** **1.** in linea retta: *prosegua diritto per tre isolati, poi svolti a sinistra* **2.** direttamente: *andare diritto allo scopo* || **N. I 1.** *Sin.* retto, rettilineo; impettito, ritto; leale | *Contr.* storto; curvo, ricurvo, torto, tortuoso **II 1.** *Sin. recto* | *Contr.* rovescio, verso **2.** *Contr.* rovescio. **TAV.** *tennis* 3; *maglia...* **p. 1316** 1.1.

dirìtto[2] [dall'agg. *diritto*; sec. XIII] ***sm.*** **1.** complesso di norme che regolano i rapporti sociali, sia basate su consuetudini e aspirazioni universali (*diritto naturale*), sia su provvedimenti legislativi propri di ciascuna società (*diritto positivo*): *diritto pubblico*, V. PUBBLICO[1]; *diritto privato*, V. PRIVATO; *diritto internazionale*, V. INTERNAZIONALE **2.** scienza giuridica: *professore di diritto, filosofia del diritto* **3.** facoltà legittima di fare o non fare una cosa, di esigerla o di impedirla: *diritti dell'uomo*; *diritto di voto, di sciopero*; *avere diritto alle ferie*; *diritti civili*, quelli che spettano a ogni cittadino e riguardano la sua vita privata; *diritti politici*, quelli per cui un cittadino è chiamato a partecipare alla vita politica dello Stato || *diritto delle genti*, le norme che tutto il mondo civile riconosce come fondamentali nei rapporti tra i popoli || *per estens.* pretesa più o meno fondata, generalmente basata su consuetudini o tradizioni: *diritti di anzianità, dell'amicizia, del sangue*; *non hai diritto di chiedermi questo*, non puoi pretenderlo || *diritto divino*, di quei sovrani che invocavano Dio a garante della propria autorità || *di diritto*, per disposizione di legge: *mi spetta di diritto* || *a buon diritto*, a giusto titolo, secondo ragione || *in linea di diritto* (contrapposto a *in linea di fatto*), in teoria, dal punto di vista della conformità alle norme pertinenti **4.** *pl.* tassa, percentuale riscossa a titolo di legge: *diritti di segreteria; diritti d'autore,* percentuale a cui un autore ha diritto per ogni utilizzazione commerciale della sua opera || **N. 3.** avere, avvalersi di, acquistare, arrogarsi, assicurarsi, conservare, esercitare, far valere, usare; difendere, rivendicare, sostenere, tutelare; cedere, perdere, rinunciare a; assicurare, concedere, dare, garantire, investire di, reintegrare in, trasmettere; calpestare, conculcare, ledere, offendere, violare, usurpare || *Contr.* torto. **Q.T.** *diritto.*

dirittóne v. DRITTONE.

dirittùra [lat. tardo *directūra*; a. 1306, *direttura*] **sf. 1.** direzione in linea retta || *dirittura d'arrivo,* tratto rettilineo di pista che precede il traguardo **2.** *fig.* rettitudine, sentimento del giusto e dell'onesto: *dirittura morale* **3.** *arc.* nella loc. *a dirittura,* direttamente; addirittura.

dirizzàre *tr. ant.* v. DRIZZARE.

dirizzatóio o **drizzatóio** (pl. *-ói*) [da *d(i)rizzare*; seconda metà sec. XV *drizzatoio*] **sm.** *ant.* tipo di pettine che si usa per fare la dirizzatura.

dirizzatùra v. DRIZZATURA.

dirizzóne [prob. dal lat. *dīrēctio, -ōnis*; 1772] **sm.** *non com.* proposito sconsiderato e ostinato || *pigliare il dirizzone, un dirizzone,* entusiasmarsi sconsideratamente per qualcosa; è sempre usato con senso di disapprovazione || **N.** piega; cantonata.

dirlindàna o **tirlindàna** [voce comasca di etim. inc.; 1950] **sf.** *T.pesc.* lunghissima lenza che si adopera per la pesca, andando in barca e tirandosela dietro.

dìro [dal lat. *dīrus*; 1340 ca.] **agg.** *arc.* empio, crudele, funesto: *prigion dira* (Petrarca).

diroccaménto [da *diroccare*; 1660] **sm.** abbattimento; crollo.

diroccàre (pres. *-òcco, -òcchi*) [da *rocca*; a. 1332] **tr.** abbattere con impeto, e propriamente nella parte superiore, un edificio || **intr.** (aus. *essere*) *raro* crollare rovinosamente dall'alto || **N.** **tr.** *Sin.* atterrare, demolire, rovinare, smantellare, DISTRUGGERE.

diroccàto (*pps.* di *diroccare*) [1336 ca.] **agg.** cadente, in rovina: *castello diroccato.*

dirocciàre (pres. *-òccio*) [comp. parasint. di *roccia*; 1313] **intr.** (aus. *essere*) e **intr. pron.** *lett.* **1.** cadere a valle da una roccia, scendendo di rupe in rupe: *lor corso in questa valle si diroccia* (Dante) **2.** penetrare a fatica: *rara diroccia qualche bava d'aria* (Montale).

dirompènte (*ppr.* di *dirompere*) [1906] **agg.** che si spezza disseminando schegge o frammenti: *bombe dirompenti* || *frutto dirompente,* che maturo si divide in parti contenenti un solo seme || *fig.* travolgente, irresistibile: *un fascino dirompente.*

dirómpere (pres. *rómpo* ecc., come ROMPERE) [dal lat. *dirumpere,* spezzare; a. 1321] **tr. 1.** *arc.* e *lett.* rompere violentemente, frangere: *da ogni bocca dirompea co' denti un peccatore* (Dante); *i cavalli sospendean, fremendo, di dirompere il bianco orzo e la spelta* (Pascoli) **2.** *raro* rif. a membra umane, renderle agili con l'esercizio, sgranchirle || **intr.** (aus. *essere*) *arc.* prorompere || **intr. pron.** frangersi, spec. di acque: *le onde si dirompevano sugli scogli* || **rifl.** *raro dirompersi allo studio, alla fatica* ecc., assuefarvisi con lungo esercizio || **N.** **tr. 1.** *Sin.* fiaccare, infrangere, maciullare, schiacciare, spezzare.

dirompiménto [da *dirompere*; prima metà sec. XIV] **sm.** *non com.* il dirompere.

dirottaménto [da *dirottare*; 1797] **sm.** atto del dirottare: *dirottamento aereo.*

dirottàre (pres. *-òtto*) [comp. parasint. di *rotta,* prob. sul modello del fr. *dérouter*; 1797] **tr.** allontanare dalla rotta o dal percorso prestabilito: *dirottare il traffico sulle arterie secondarie; i terroristi hanno dirottato un aereo con duecento passeggeri a bordo* || **intr.** (aus. *avere*) *non com.* cambiare rotta.

dirottatóre [da *dirottare*; 1974] **sm.** (f. *-trìce*) chi, generalmente per motivi politici, costringe l'equipaggio di un velivolo, o talvolta di una nave, a cambiare percorso dirigendosi verso destinazione da lui stesso scelta.

diròtto (*pps.* di *dirompere*) [a. 1321] **agg. 1.** impetuoso, irrefrenabile: *pioggia dirotta, pianto dirotto* || *a dirotto,* abbondantemente, impetuosamente: *piovere a dirotto* **2.** *lett.* scosceso, dirupato || **dirottaménte** **avv.** a dirotto.

dirozzaménto [da *dirozzare*; inizio sec. XIV] **sm.** atto ed effetto del dirozzare e del dirozzarsi.

dirozzàre (pres. *-ózzo*) [comp. parasint. di *rozzo*; a. 1364] **tr.** sbozzare: *dirozzare un legno, un marmo* || *più com. fig.* educare, raffinare: *dirozzare la mente, i costumi* || **intr. pron.** ingentilirsi, raffinarsi.

dirozzatóre [da *dirozzare*; sec. XIV] **agg.** e **sm.** (f. *-trìce*) *non com.* che o chi dirozza.

diruggìnare (pres. *-ùggino*) [comp. parasint. di *ruggine*; 1292 ca.] **tr.** *raro* liberare dalla ruggine.

diruggìnio (pl. *-ìi*) [da *diruggìnire*; a. 1712]

segue DIRITTO

AMMINISTRAZIONE CENTRALE: Ministeri (degli Esteri, degli Interni, di Grazia e Giustizia, della Difesa [Esercito, Marina, Aeronautica], della Pubblica Istruzione, delle Finanze, del Tesoro, del Bilancio, dei Lavori Pubblici, dell'Agricoltura, dell'Industria, delle Comunicazioni, del Lavoro, del Commercio ecc.). Direzioni Generali, Divisioni, Sezioni. Consiglio di Stato (Presidente, consiglieri, referendari), attribuzioni consultive, attribuzioni contenziose (Quarta, Quinta e Sesta Sezione); Tribunali Amministrativi Regionali o T.A.R.; Corte dei Conti (controllo preventivo di legittimità, riscontro finanziario, vigilanza sulle cauzioni, contenzioso in materia di pensioni ecc. Consiglio Superiore di Sanità, Consiglio Superiore della Pubblica Istruzione, Enti autarchici, Enti parastatali, Enti pubblici.

AMMINISTRAZIONE LOCALE: circoscrizione (politica, amministrativa, militare, giudiziaria, marittima), decentramento; autonomia; Prefetto, Consiglio di Prefettura, Questore, Polizia amministrativa.

COMUNE: Sindaco, Consiglio Comunale, Giunta Comunale, stato civile; municipalizzazione dei servizi pubblici.

PROVINCIA: Presidente, Consiglio provinciale, Giunta provinciale amministrativa; decreto, ordinanza.

REGIONE: Presidente; Consiglio regionale, Giunta regionale, Commissario di Governo.

DIRITTO CIVILE: legge civile, codice civile, diritto privato.

DIRITTI PERSONALI E FAMILIARI: cittadinanza, naturalità, domicilio, residenza, assenza e morte presunta, parentela (ascendente, discendente), affinità, agnazione, cognazione, promessa di matrimonio, impedimenti (dirimenti, proibitivi), consenso, dispensa, pubblicazioni, opposizione, celebrazione, coabitazione dei coniugi, obbligo degli alimenti, nullità, dote, beni parafernali, comunione e separazione dei beni; famiglia, padre, madre, figlio, fratello, sorella, avi, gradi di parentela; matrimonio, separazione dei coniugi, scioglimento, divorzio; figli (legittimi, legittimati, naturali riconosciuti e non riconoscibili), maggiorenni, minorenni, adozione, affiliazione, patria potestà, minore età (tutela, emancipazione, curatela), interdizione, inabilitazione, curatore, tutore, pupillo, nascituro, emancipato, emancipazione.

DIRITTI REALI: beni (mobili, immobili per natura o per destinazione, alienabili / inalienabili), beni demaniali, beni d'uso pubblico, proprietà piena, revindica, usurpazione, accessione, alluvione, isola, nuda proprietà (usufrutto, uso, abitazione), servitù prediali (di passaggio, di luce, di prospetto, di acquedotto, di stillicidio, di scolo, muri ed edifici comuni); possesso (manutenzione, reintegrazione), denuncia di nuova opera; acquisto della proprietà (contratto, usucapione, donazione, successione).

DIRITTI SUCCESSORI: successione legittima; testamento (olografo, nuncupativo, pubblico, segreto, speciale), asse ereditario, porzione legittima, disponibile, istituzione d'erede, legati, diritto d'accrescimento, rappresentazione, sostituzione; testatore, erede, coerede, legatario, collegatario, esecutore testamentario, fidecommesso; accettazione, rinunzia, beneficio d'inventario, eredità giacente, collazione, imputazione.

OBBLIGAZIONI: contratti (unilaterali, bilaterali, a titolo gratuito, a titolo oneroso, aleatori), consenso (errore, violenza, dolo), causa (lecita / illecita), interpretazione, quasi contratti, fatti illeciti; obbligazioni condizionali, a termine; condizione risolutiva, condizione sospensiva; obbligazioni alternative, obbligazioni in solido; estinzione delle obbligazioni (pagamento, novazione, rimessione del debito, compensazione, confusione, perdita della cosa dovuta, rescissione, annullamento, prescrizione); prova delle obbligazioni (atto pubblico, scrittura privata, tacche di contrassegno, atti di ricognizione, prova testimoniale, presunzioni, confessione, giuramento decisorio, giuramento deferito d'ufficio); costituzione di dote, compravendita (tradizione, prezzo, garanzia per evizione, per vizi occulti), permuta, enfiteusi, locazione, mezzadria o colonia, soccida, società, mandato, transazione, costituzione di rendita, vitalizio, scommessa, comodato, mutuo, deposito, pegno, anticresi, fideiussione; privilegi, ipoteche (legale, giudiziale, convenzionale), iscrizione, rinnovazione, riduzione, estinzione, cancellazione.

DIRITTO PROCESSUALE CIVILE: causa, lite, cognizione, controversia, esperimento delle vie legali, ingiunzione, rito; procedimento di prima istanza, di secondo grado, petitorio, possessorio.

GIURISDIZIONE CONTENZIOSA: conciliazione, compromesso (arbitri), domanda, azione, eccezione, riconvenzionale, notificazione, competenza (per materia o valore, territoriale, per connessione o continenza di lite), conflitto di giurisdizione, ricusazione dei giudici, astensione; citazione, costituzione in giudizio, comparizione, contumacia, comparse, comunicazione dei documenti, iscrizione a ruolo, incidenti (declinatoria del foro, eccezioni di nullità, garanzia, intervento), istruzione della causa, prove (capitoli di prova, interrogatorio delle parti, giuramento, esame dei testimoni, perizia e consulenza tecnica, accesso giudiziale, verificazione delle scritture,

segue

sm. lo stridore che mandano i ferri arrugginiti quando sono sfregati: *il dirugginio delle catene* (Carducci) || *per estens.* il rumore che fanno i denti quando si digrignano.

dirugginire (pres. *-ìsco, -ìsci*) [comp. parasint. di *ruggine*; 1598 *diruginire*] **tr.** liberare dalla ruggine || di denti, stringerli insieme e arrotarli.

dirupaménto [da *dirupare*; a. 1292] **sm.** *non com.* il dirupare, il diruparsi || *concr.* luogo scosceso, dirupo: *se si procede oltre il colle, si arriva ad un dirupamento.*

dirupàre (pres. *-ùpo*) [comp. parasint. di *rupe*; 1304 ca.] **intr.** (aus. *essere*) e **intr. pron.** *non com.* cadere dall'alto, precipitare, franare; essere scosceso || **tr.** *arc.* gettare da una rupe o, genericamente, dall'alto.

dirupàto (*pps.* di *dirupare*) [a. 1320] **agg.** scosceso, pieno di dirupi || **N.** *Sin.* aspro, erto, ripido, strapiombante.

dirùpo [da *dirupare*; 1306] **sm.** precipizio di rupe, balza scoscesa || **N.** *Sin.* abisso, balza, burrone, croda, forra, voragine.

dìruto o **dirùto** [dal lat. *dirutus*, pps. di *diruere*, rovinare completamente; a. 1484] **agg.** *lett.* diroccato, abbattuto: *l'alto Ilio dirùto* (Foscolo); *le mura dìrute di Lodi* (Carducci).

diruttóre o **diṣruttóre** [dal lat. *disruptus*, rotto, spezzato; 1956 *disruttore*] **agg.** e **sm.** *T.fis.* in aerodinamica, detto di dispositivo atto a interrompere un flusso regolare di corrente; *in part.* detto degli alettoni mobili posti sulle ali degli aeroplani, che servono a frenare e a ridurre la portanza || **N.** *Sin.* spoiler.

dis-¹ [dal lat. *dis-*] **pref.** si applica a nomi, verbi o aggettivi indicando mancanza o negazione dell'idea espressa dalla parola a cui si unisce (per es. *disonore, disadorno, disapprovare*); ne esiste anche una forma ridotta (*s-*): *disperdere → sperdere, disfidare → sfidare.*

dis-² [dal gr. *dýs*, male] **pref.** in parole spec. della terminologia medica indica anomalia (per es.: *disfunzione, dispepsia, displasia*).

diṣabbellìre (pres. *-ìsco, -ìsci*) [da *abbellire*; a. 1294] **tr.** *non com.* privare della bellezza || **intr. pron.** *non com.* perdere di bellezza, di attrattiva || **N.** **tr.** *Sin.* deturpare, imbruttire.

diṣabbigliàre (pres. *-ìglio*) [dal fr. *déshabiller*, 1876] **tr.** *non com.* spogliare, svestire || **rifl.** spogliarsi, svestirsi.

diṣàbile [da *abile*; 1869] **agg.** non abile, handicappato.

diṣabilitàre (pres. *-ìlito*) [da *abilitare*; 1956] **tr.** privare della capacità o della possibilità di svolgere una certa funzione: *disabilitare un ufficio alla riscossione di denaro* || **N.** *Sin.* inabilitare | *Contr.* abilitare.

diṣabilitàto (*pps.* di *disabilitare*) [1956] **agg.** privo della facoltà o della possibilità di svolgere una certa funzione: *apparecchio telefonico disabilitato alle comunicazioni interurbane.*

diṣabitàre (pres. *-àbito*) [da *abitare*; sec. XIII] **tr.** *raro* spopolare.

diṣabitàto (*pps.* di *disabitare*) [1282 *desabetate*] **agg.** privo di abitanti, deserto: *regione, città, casa disabitata* || **N.** *Sin.* abbandonato, spopolato.

diṣabituàre (pres. *-ìtuo*) [da *abituare*, sul modello del fr. *déshabituer*, 1869] **tr.** togliere un'abitudine || **intr. pron.** perdere un'abitudine.

disaccaridàṣi [da *disaccaride*; 1932] **sf. inv.** *T.biol.* nome generico di enzimi, presenti nelle piante e negli animali, che scindono i disaccaridi nei due costituenti monosaccaridi || **N.** lattasi, maltasi, saccarasi.

disaccàride [comp. di *di-²* e *saccaride*; 1913] **sm.** *T.chim.* prodotto della condensazione di due molecole di monosaccaridi: *il saccarosio e il maltosio sono disaccaridi.*

diṣaccentàre (pres. *-ènto*) [da *accentare*; a. 1722] **tr.** privare dell'accento.

diṣaccentàto (*pps.* di *disaccentare*) [a. 1565] **agg.** *T.gram.* privato o privo dell'accento: *sillaba, vocale disaccentata.*

diṣaccètto [da *accetto*; 1869] **agg.** *non com.* sgradito.

diṣaccomodazióne [da *accomodazione*; 1956] **sf.** *T.med.* e *T.fisiol.* la condizione di rilasciamento del cristallino dell'occhio || diminuzione della capacità di accomodazione oculare.

diṣaccóncio (pl. *-ci*) [da *acconcio*; a. 1347] **agg.** *non com.* disadatto, scomodo.

diṣaccoppiàre (pres. *-òppio*) [da *accoppiare*; 1951] **tr.** dividere, separare elementi accoppiati.

diṣaccordàre (pres. *-òrdo*) [dal fr. *désaccorder*, 1666] **tr.** *non com.* privare dell'accordo, anche *fig.* || **intr. pron.** di strumenti musicali, perdere l'intonazione || *fig.* essere discordante, divergere: *le opinioni si disaccordano.*

diṣaccòrdo [dal fr. *désaccord*; a. 1685] **sm.** *T.mus.* mancanza di accordo || *per estens. fig.* divergenza di opinioni: *trovarsi in disaccordo* || **N.** *Sin.* disarmonia, dissenso, DISCORDIA.

diṣacerbàre (pres. *-èrbo*) [comp. parasint. di *acerbo*; a. 1374] **tr.** *lett.* togliere acerbità; lenire || **intr. pron.** rendersi meno acerbo: *per le arti si disacerbava il male d'Italia* (Leopardi) || **N.**

segue DIRITTO

impugnazione di falso, rendimento dei conti), riassunzione, perenzione, conclusioni del Pubblico Ministero, discussione orale, udienza di spedizione, sentenza (definitiva, interlocutoria), ordinanza, correzione della sentenza, clausola di esecuzione provvisoria, spese di lite, patto di quotalite, compensazione delle spese, impugnazione delle sentenze (appello, revocazione, opposizione di terzo, ricorso per Cassazione), esecuzione forzata (titolo esecutivo, precetto, pignoramento, vendita, aggiudicazione, assegnazione, distribuzione, giudizio d'espropriazione per gli immobili, giudizio di graduazione).

GIURISDIZIONE VOLONTARIA: ricorso; Camera di Consiglio, relazione del giudice delegato, decreto.

DIRITTO COMMERCIALE: atti di commercio, commerciante, libri di commercio, mediatori.

OBBLIGAZIONI COMMERCIALI: vendita, riporto, conto corrente, mandato commerciale (istintori, rappresentanti, commessi viaggiatori, commessi di negozio), commissione, trasporto (vettore, lettera di vettura, speditore, mittente, destinatario), noleggio (polizza di carico), prestito a cambio marittimo, assicurazione, riassicurazione, pegno, deposito delle merci e derrate nei Magazzini Generali (fede di deposito, nota di pegno).

SOCIETÀ COMMERCIALI: in nome collettivo, a responsabilità limitata, in accomandita, per azioni; amministratori, assemblea, azioni, bilancio, sindaci, esclusione dei soci, scioglimento, fusione, liquidazione.

CAMBIALE: lettera di cambio, tratta, cambiale (a vista, a certo tempo data, a giorno fisso), assegno bancario; traente, accettante, trattario, prenditore; girata, accettazione, accettazione per intervento, avallo, scadenza, protesto, rivalsa, azione cambiaria, azione di regresso.

FALLIMENTO: cessazione dei pagamenti, insolvenza, dichiarazione di fallimento, retrodatazione, apposizione dei sigilli, rimozione dei sigilli, inventario, massa dei creditori, curatore, comitato dei creditori, giudice delegato, verificazione dei crediti, creditori privilegiati e chirografari, liquidazione dell'attivo, rivendicazione, ripartizione, chiusura del fallimento, moratoria, concordato, bancarotta (semplice, fraudolenta); asta, amministrazione controllata, concordato preventivo e fallimentare, commissariamento, inadempimento, incanto, ipoteca, pegno, pignoramento, sequestro, sfratto.

DIRITTO PENALE: crimine, reato (delitto, contravvenzione), delitto doloso, delitto colposo, preterintenzionale; criminale, delinquente, reo, correo, imputato, indiziato; colpevole, innocente, condannato, assolto, prosciolto; accusa, aggravante, attenuante, colpa, difesa, dolo, esimente, premeditazione, recidiva, scriminante; non retroattività, estraterritorialità.

PENE PRINCIPALI: pena di morte, ergastolo, reclusione, multa.

PENE ACCESSORIE: interdizione dai pubblici uffici, sospensione dall'esercizio di un'arte o di una professione ecc.

MISURE DI SICUREZZA: libertà vigilata, assegnazione a una casa di lavoro, ricovero in un manicomio giudiziario ecc.

PENE ALTERNATIVE O SANZIONI SOSTITUTIVE ALLE PENE DETENTIVE BREVI.

CAUSE DI ESCLUSIONE DELLA PENA: vizio totale di mente, immunità, minore età.

CAUSE DI GIUSTIFICAZIONE: legittima difesa, stato di necessità ecc.

CAUSE DI DIMINUZIONE DELLA PENA: vizio parziale di mente, eccesso di difesa, minore età ecc.

CIRCOSTANZE AGGRAVANTI: recidiva generica, recidiva specifica, premeditazione ecc.

CIRCOSTANZE ATTENUANTI: provocazione, lievità del danno, riparazione del danno ecc.

ATTENUANTI GENERICHE: correità, complicità, concorso di reati, cumulo di pene.

DELITTI: abbandono di fanciulli, abigeato, abuso di autorità, abuso di mezzi di correzione, aggiotaggio, aggressione, alto tradimento, ammutinamento, appropriazione indebita, arresto arbitrario, arruolamento illecito, associazione per delinquere, associazione mafiosa, bancarotta, banda armata, bigamia, calunnia, concussione, contrabbando, corruzione, cospirazione, danneggiamento, delitto contro la libertà del lavoro, delitto contro la libertà dei culti, delitto contro le libertà politiche, delitto contro la sanità pubblica, diffamazione, duello, esercizio arbitrario delle proprie ragioni, estorsione, evasione, evasione fiscale, falsità (in atti, in giudizio, in moneta), favoreggiamento, frode (alimentare, commerciale ecc.), furto (semplice, aggravato), guerra civile, incendio, incesto, infanticidio, ingiuria, inondazione, inosservanza di pena, insurrezione, istigazione a delinquere, lesa maestà, lesione personale, maltrattamenti in famiglia, malversazione, millantato credito, minaccia (semplice, a mano armata), offese al Parlamento, oltraggio al pudore, omicidio (colposo, preterintenzionale, volontario, premeditato), omissione di referto, omissione di soccorso, peculato, plagio, porto d'armi abusivo, rapina, ratto, ricettazione, rifiuto d'obbedienza, sabotaggio, sedizione, sequestro di persona, sfruttamento della pro-

segue

tr. Sin. addolcire, alleviare, mitigare.

diṣacidàre (pres. *-àcido*) [comp. parasint. di *acido*; 1865] ***tr.*** *T.chim.* togliere l'acidità a una sostanza.

diṣacidificazióne [da *acidificazione*; 1966] ***sf.*** il rendere meno acida una sostanza mediante l'aggiunta di una base; la diminuzione del grado di acidità di una sostanza || *in part. T.enol.* procedimento per diminuire l'acidità del mosto o del vino || **N.** *Sin.* disagrimento.

diṣacidìre (pres. *-ìsco, -ìsci*) [comp. parasint. di *acido*; 1869] ***tr.*** disacidare.

diṣacuṣìa [comp. di *dis-*[2] e un der. del gr. *ákousis*, azione di udire; 1970] ***sf.*** *T.med.* indebolimento o disturbo delle facoltà uditive.

diṣadattaménto [da *disadattato*; 1970] ***sm.*** *T.psic.* e *T.sociol.* incapacità o difficoltà per un individuo a integrarsi nell'ambiente sociale e a conformarsi alle relative norme e consuetudini: *disadattamento sociale, soffrire di disadattamento.* **Q.T.** *psicologia.*

diṣadattàto [da *disadatto*; 1965] ***agg.*** e ***sm.*** (f. *-a*) *T.psic.* e *T.sociol.* detto di persone, spec. giovani, che non sanno inserirsi nell'ambiente che li circonda.

diṣadàtto [da *adatto*; 1427] ***agg.*** non adatto o poco adatto: *disadatto al suo mestiere* || **N.** *Sin.* inabile, inadatto, incapace, inopportuno; difettoso, insufficiente, sproporzionato.

diṣadornàre (pres. *-órno*) [da *adornare*; 1561] ***tr.*** *non com.* privare degli ornamenti.

diṣadórno [da *adorno*; sec. XIV] ***agg.*** senza ornamenti, spoglio: *una stanza disadorna* || *stile disadorno,* sobrio, essenziale || **N.** *Sin.* nudo, semplice.

diṣaeràre (pres. *-àero*) [da *aerare*; 1956] ***tr.*** *T.tecn.* privare d'aria una sostanza, un liquido o una struttura: *disaerare una conduttura.*

diṣaeratóre [da *disaerare*; 1970] ***sm.*** *T.tecn.* apparecchio per disaerare.

diṣaerazióne [da *disaerare*; 1956] ***sf.*** *T.tecn.* operazione del disaerare: *disaerazione di una tubatura.*

diṣaffezionàre (pres. *-óno*) [da *affezionare*; 1669] ***tr.*** *non com.* allontanare dall'affetto per qualcuno o qualcosa || ***intr. pron.*** perdere l'attaccamento per qualcuno o qualcosa (costruito con la prep. *da*): *disaffezionarsi dalla famiglia* || **N.** *Sin.* disamorare, distaccare, raffreddare.

diṣaffezióne [da *affezione*; 1809] ***sf.*** mancanza o diminuzione di affetto o di interesse: *disaffezione per il lavoro* || **N.** *Sin.* disamore, distacco, raffreddamento.

diṣagévole [da *agevole*; 1505] ***agg.*** non agevole, pieno di disagi || **diṣagevolménte** ***avv.*** || **N.** *Sin.* arduo, difficoltoso, malagevole, scomodo; DIFFICILE.

diṣagevolézza [da *disagevole*; a. 1547] ***sf.*** *non com.* l'essere disagevole || **N.** *Sin.* scomodità; DIFFICOLTÀ.

diṣàggio (pl. *-gi*) [da *aggio*; 1892] ***sm.*** *T.econ.* deprezzamento della cartamoneta nei confronti dell'oro, o della valuta non convertibile rispetto a quella convertibile || differenza negativa tra il prezzo di vendita di un titolo e il suo valore nominale || **N.** *Contr.* aggio.

diṣagglomeràre (pres. *-òmero*) [da *agglomerare*; 1987] ***tr.*** *non com.* separare ciò che costituiva un agglomerato || **N.** *Sin.* disgregare, disunire, dividere, frazionare | *Contr.* agglomerare, raggruppare, unire.

diṣagglomerazióne [da *disagglomerare*; 1987] ***sf.*** *non com.* atto, processo ed effetto del disagglomerare || **N.** DISAGGLOMERARE.

diṣaggradàre [da *aggradare*; a. 1294 *dizagradare*] ***intr.*** ***ant.*** (aus. *essere*; ma oggi è usato solo nella terza pers. sing. dei tempi semplici) riuscire sgradito.

diṣaggradévole [da *aggradevole*; a. 1667] ***agg.*** *raro* sgradevole.

diṣaggradìre (pres. *-ìsco, -ìsci*) [da *aggradire*; 1699] ***tr.*** *arc.* non gradire || ***intr.*** *arc.* riuscire sgradito.

diṣaggregàre (pres. *-ègo, -èghi*) [dal fr. *désagréger*; 1869] ***tr.*** separare da un gruppo || scomporre in gruppi distinti e omogenei: *dati disaggregati* || **N.** *Sin.* disgregare, separare.

diṣaggregazióne [dal fr. *désagrégation*; 1869] ***sf.*** il disaggregare.

diṣagguagliàre (pres. *-àglio*) [da *agguagliare*; a. 1527] ***tr.*** *arc.* rendere disuguale.

diṣagiàre (pres. *-àgio*) [da *disagio*; a. 1321] ***tr.*** *non com.* recare disagio a qualcuno || ***rifl.*** *lett.* scomodarsi || **N.** *Sin.* infastidire, scomodare.

diṣagiàto (*pps.* di *disagiare*) [1292 ca.] ***agg.*** privo di agi, di comodità, di mezzi economici: *condizioni economiche disagiate* || *T.bur. sede disagiata,* luogo di lavoro di difficile accesso, o scomodo per altre ragioni, per cui sono previste particolari indennità || **diṣagiataménte** ***avv.*** || **N.** disagevole, incomodo, scomodo; bisognoso, povero, stentato.

diṣàgio (pl. *-gi*) [da *agio*; a. 1250] ***sm.*** **1.** mancanza di agi, scomodità: *i disagi del viaggio* || privazione, sofferenza || imbarazzo, difficoltà: *trovarsi a disagio in un ambiente, mettere a disagio l'interlocutore* **2.** *arc.* mancanza di cosa necessaria || **N.** **1.** *Sin.* fastidio, fatica, privazione,

segue DIRITTO

stituzione, simulazione di reato, sofisticazione, spionaggio, subornazione, tradimento, truffa, usura, usurpazione (di funzioni pubbliche, di titoli), vilipendio (della bandiera, delle istituzioni), violazione (dei doveri inerenti a un pubblico ufficio, del segreto postale e telegrafico, di domicilio, di sigilli).

CONTRAVVENZIONI: abuso dell'altrui credulità, detenzione illecita di pesi e misure, disturbo della quiete pubblica e privata, getto pericoloso di cose, giochi d'azzardo, incauto acquisto, maltrattamento agli animali, mendicità, omessa custodia di animali, possesso ingiustificato di valori, rimozione di segnali di pubblico pericolo, ubriachezza molesta e ripugnante.

DIRITTO PROCESSUALE PENALE: azione penale, azione civile in sede penale, parte civile, persona civilmente responsabile, difensori.

POLIZIA GIUDIZIARIA: indagine, rapporto, verbale; agente, ufficiali; arresto (in flagranza), fermo, foglio di via, obbligo di soggiorno (nel vecchio Codice: assegnazione al confino), vigilanza speciale, diffida.

ISTRUZIONE: denunzia, querela, processi verbali, autorizzazione a procedere, ispezioni, sopralluoghi, esperimenti giudiziali, perizie, interrogatori, perquisizioni, sequestro (corpi di reato, reperti), ordinanze che impongono misure cautelari (nel vecchio Codice: mandato di comparizione, di accompagnamento, di cattura), esame della parte offesa, esame dei testimoni, ricognizioni, confronti, interrogatorio dell'imputato, arresto, custodia cautelare in carcere e revoca della custodia cautelare (nel vecchio Codice: custodia preventiva, libertà provvisoria), arresti domiciliari, chiusura dell'istruzione, udienza preliminare, rinvio a giudizio.

GIUDIZIO: decreto di citazione, deposito delle liste testimoniali, costituzione di parte civile, udienza (a porte aperte, a porte chiuse), giudizio contumaciale, interrogatorio dell'imputato, escussione dei testi, incidenti, ordinanze, discussione, richieste della Parte Civile e del Pubblico Ministero, requisitoria, arringa o difesa dell'imputato, sentenza (assoluzione, proscioglimento, condanna), condanna condizionale, appello, opposizione, remissione di querela, ricorso in Cassazione, revisione, amnistia, indulto, grazia. GIUDIZI SPECIALI: giudizio per decreto o decreto penale, giudizio abbreviato o direttissimo, patteggiamento o pena concordata.

ESECUZIONE PENALE.

RIFORMA PENITENZIARIA.

FORME ALTERNATIVE ALLA PENA: affidamento in prova al servizio sociale, semilibertà ecc.

TERMINI VARI: carcerazione / scarcerazione, casellario giudiziale, confisca, contumacia, decreto penale, detenzione, estradizione, evasione, galera, latitanza, patibolo, prigione, reclusione, riabilitazione dei condannati.

DIRITTO INTERNAZIONALE: diritto delle genti, universale, particolare, pubblico, privato.

FONTI: consuetudini, protocollo, convenzioni, accordi, patti, *clearing*, trattati, leggi, concordato; ratifica, garanzie (giuramento, ostaggio, pegno, ipoteca, garanzia di altri Stati), denuncia.

STATI: Stato nazionale, minoranze etniche, forma di governo, riconoscimento (semplice, condizionato), asilo, espulsione, estradizione, Confederazione di Stati, Stato federale (unione reale, possessoria, personale), Stati dipendenti (tributari, semisovrani, protetti); confini, frontiere, dogane, visita doganale, tariffe doganali, Unione doganale, acque territoriali; occupazione, accessione, conquista, cessione, annessione.

ORGANI DIPLOMATICI: diritti di legazione (attivo, passivo), ambasciatore, legato, nunzio, inviato, plenipotenziario, ministri residenti, incaricati d'affari, consiglieri d'ambasciata, segretari, addetti; Corpo diplomatico, lettere credenziali, cerimoniale, istruzioni (ostensibili, segrete), valigia diplomatica, corrieri diplomatici, dispacci cifrati, estraterritorialità, immunità, diritto d'asilo, richiamo; Consolati (agenti inviati, agenti locali), consoli generali, consoli, viceconsoli, agenti consolari, lettere patenti, *exequatur.*

CONFLITTI: alleanze, arbitrato, armi proibite, blocco pacifico, componimento amichevole, conferenze, congressi, *embargo*, mediazione, protesta, rappresaglie, riserva, ritiro dell'ambasciatore, ritorsione, rottura delle relazioni diplomatiche e commerciali, sequestro; Alta Corte Internazionale, Corte permanente di Giustizia Internazionale.

GUERRA: difensiva, offensiva, di religione, d'indipendenza, di conquista, di successione, punitiva; *casus belli, ultimatum,* dichiarazione di guerra, belligeranti, Corpi franchi, guerriglieri, partigiani, bande armate, assedio, blocco (effettivo, di crociera, sulla carta), diritto di visita, prigionieri di guerra (evasione, liberazione, scambio), diritto di preda, taglie, contribuzioni, imposte, saccheggi, preda marittima, Tribunale delle prede, salvacondotto, salvaguardia, parlamentari, capitolazione, tregua, armistizio, pace, spese di guerra, neutralità (volontaria, necessaria o perpetua, armata, disarmata); contrabbando, sconfinamenti, spionaggio.

sofferenza, stento.

diṣagióso [da *disagio*; 1550] **agg.** *non com.* pieno di disagi ‖ **N.** *Sin.* disagevole, scomodo.

diṣagriménto [da *disagrire*; 1956] **sm.** *T.enol.* operazione del disagrire i vini ‖ **N.** *Sin.* disacidificazione.

diṣagrìre (pres. *-ìsco, -ìsci*) [comp. parasint. di *agro*; 1956] **tr.** *T.enol.* eliminare l'acidità eccessiva dei vini mediante l'aggiunta di carbonato di calcio.

diṣalberàre (pres. *-àlbero*) [comp. parasint. di *albero*; 1627] **tr.** **1.** *T.mar.* smontare per manutenzione, o anche abbattere violentemente, l'alberatura di un'imbarcazione a vela **2.** *raro* privare degli alberi, disboscare.

diṣalcalizzàre [da *alcalizzare*; 1865] **tr.** *T.chim.* togliere l'alcalinità mediante un acido.

diṣallineaménto [da *disallineare*; 1987] **sm.** atto ed effetto del disallineare.

diṣallineàre (pres. *-ìneo*) [da *allineare*; 1983] **tr.** rompere, sciogliere un allineamento: *disallineare il plotone*; disporre su linee diverse ciò che era allineato ‖ *T.rad.* operare su due o più circuiti oscillanti affinché abbiano frequenze di risonanza diverse.

diṣalveàre (pres. *-àlveo*) [comp. parasint. di *alveo*; a. 1789] **tr.** *non com.* deviare un corso d'acqua dal suo letto.

disàmara [comp. di *di-*[2] e *samara*; 1906] **sf.** *T.bot.* frutto secco indeiscente costituito da due samare (per es. il frutto dell'acero).

diṣamàre (pres. *-àmo*) [da *amare*; sec. XIII] **tr.** *non com.* non amare più ‖ provare indifferenza, disprezzo, avversione.

diṣambientàto [da *ambientato*; 1946] **agg.** non abituato a un ambiente, spaesato: *da quando ha cambiato reparto sembra disambientato.*

diṣambiguàre (pres. *-ìguo*) [comp. parasint. di *ambiguo*; 1973] **tr.** *T.ling.* liberare una frase o un'espressione da ambiguità di significato derivanti dalla costruzione sintattica o dall'uso di parole a doppio senso, facendo ricorso a parafrasi, o a traduzioni in linguaggi artificiali.

diṣambiguazióne [da *disambiguare*; 1983] **sf.** *T.ling.* operazione o risultato del disambiguare un'espressione linguistica.

diṣamèno [da *ameno*; 1723] **agg.** *raro* non ameno ‖ **N.** *Sin.* discaro, ingrato, spiacevole.

diṣàmina [da *disaminare*; inizio sec. XV] **sf.** esame attento e minuzioso: *dopo un'accurata disamina della situazione* ‖ **N.** ESAME.

diṣaminàre (pres. *-àmino*) [dal lat. *dē-* ed *examināre*, sottoporre a esame; 1292 ca.] **tr.** *non com.* esaminare attentamente, sottoporre a disamina; vagliare un ragionamento e sim.

diṣamoràre (pres. *-óro*) [da *disamore*; inizio sec. XIII] **tr.** disaffezionare, togliere ad altri l'amore, l'interesse per una cosa o per una persona (costruito con la prep. *da*): *lo ha disamorato dallo studio* ‖ **intr. pron.** (costruito anche con la prep. *di*) cessare d'amare; disinnamorarsi, perdere interesse per qualcosa.

diṣamoràto (*pps.* di *disamorare*) [a. 1321] **agg.** che non prova più affetto o entusiasmo ‖ **N.** *Sin.* disincantato.

diṣamóre [da *amore*; a. 1294] **sm.** mancanza d'amore, indifferenza; aperta avversione ‖ **N.** *Sin.* disaffezione, distacco, freddezza.

diṣamorévole [da *disamore*; 1354] **agg.** *non com.* che mostra indifferenza o ostilità ‖ **N.** *Sin.* scontroso, scortese.

diṣancoràre (pres. *-àncoro*) [da *ancorare*; 1588] **tr.** liberare la nave dall'ancora ‖ *fig.* sganciare, interrompere un rapporto o un collegamento: *disancorare le retribuzioni dall'andamento dell'inflazione*; *disancorare una moneta*, lasciarla fluttuare liberamente nel mercato dei cambi ‖ **rifl. intr. pron.** liberarsi dall'ancora ‖ *fig.* distaccarsi; rinunciare a un'abitudine.

diṣancoràto (*pps.* di *disancorare*) [a. 1930] **agg.** liberato o libero dall'ancora: *nave disancorata* ‖ *fig.* libero, non vincolato, non condizionato: *individuo disancorato da pregiudizi.*

diṣanellàre (pres. *-èllo*) [comp. parasint. di *anello*; 1618] **tr.** *non com.* privare degli anelli.

diṣanimàre (pres. *-ànimo*) [da *animare*; 1651] **tr.** privare di coraggio e di entusiasmo ‖ **intr. pron.** perdersi d'animo ‖ **N.** **tr.** *Sin.* scoraggiare | **intr. pron.** *Sin.* abbattersi, avvilirsi, disperare, impaurirsi.

diṣanimàto (*pps.* di *disanimare*) [a. 1566] **agg.** **1.** *lett.* scoraggiato, sfiduciato **2.** *non com.* esanime, inanimato ‖ **N.** **2.** *Contr.* animato.

diṣappagàto [da *appagato*; 1983] **agg.** inappagato, insoddisfatto: *una risposta che lascia disappagati* ‖ **N.** *Contr.* appagato, pago, soddisfatto.

diṣappaiàre (pres. *-àio, -ài*) [da *appaiare*; 1956] **tr.** separare due elementi appaiati.

diṣappannànte (*ppr.* di *disappannare*) [1989] **I** **agg.** che ha la funzione di disappannare: *dispositivo disappannante* **II** **sm.** il dispositivo del lunotto termico delle automobili che disappanna il cristallo posteriore: *azionare il disappannante.*

diṣappannàre [da *appannare*; a. 1643] **tr.** eliminare l'umidità che appanna una superficie trasparente, manualmente o mediante dispositivo termico: *disappannare un vetro, gli occhiali, il parabrezza dell'automobile.*

diṣapparàre (pres. *-àro*) [da *apparare*; sec. XIII nel senso 2] **tr.** **1.** togliere i paramenti **2.** *arc.* disimparare ‖ **rifl.** togliersi i paramenti.

diṣappassionàre (pres. *-óno*) [da *appassionare*; 1651] **tr.** privare di passione o di entusiasmo: *i ripetuti fallimenti l'hanno disappassionato dalla sua opera* ‖ **intr. pron.** perdere entusiasmo, interesse, liberarsi da una passione: *si disappassiona da ciò che lo interessa non appena incontra una difficoltà* ‖ **N.** *Sin.* disamorare | *Contr.* appassionare.

diṣappetènte [da *appetente*; a. 1936] **agg.** che soffre di disappetenza, costantemente privo di appetito ‖ **N.** *Sin.* anoressico, inappetente.

diṣappetènza [da *appetenza*; 1711] **sf.** mancanza d'appetito ‖ **N.** *Sin.* anoressia, inappetenza.

diṣapplicàre (pres. *-àpplico, -àpplichi*) [da *applicare*; a. 1676] **tr.** non applicare; cessare di applicare ‖ **rifl.** cessare di applicarsi (costruito con la prep. *da*): *disapplicarsi dagli studi.*

diṣapplicazióne [da *applicazione*; a. 1673] **sf.** **1.** negligenza, svogliatezza **2.** *T.giur.* mancata applicazione di una norma.

diṣapprèndere [da *apprendere*; sec. XIII] **tr.** *non com.* disimparare.

diṣapprovàre (pres. *-òvo*) [da *approvare*; a. 1635] **tr.** non approvare, giudicare negativamente: *disapprovo il tuo atteggiamento* ‖ **N.** *Sin.* biasimare, condannare, deplorare, dissentire da, riprovare.

diṣapprovazióne [da *approvazione*; a. 1729] **sf.** atto del disapprovare: *gli lanciò uno sguardo di disapprovazione* ‖ il giudizio che disapprova: *andrai incontro alla generale disapprovazione* ‖ **N.** *Sin.* biasimo, riprovazione.

diṣappùnto [sul modello del fr. *désappointement*; 1801] **sm.** sentimento di irritata delusione: *non nascondere il proprio disappunto* ‖ **N.** *Sin.* stizza.

diṣarcionàre (pres. *-óno*) [dal fr. *désarçonner*; 1952] **tr.** gettare giù dalla sella.

diṣargentàre (pres. *-ènto*) [da *argentare*; 1865] **tr.** togliere a un oggetto lo strato d'argento che lo ricopre.

diṣarginàre (pres. *-àrgino*) [da *arginare*; a. 1857] **tr.** *raro* privare dell'argine.

diṣarmànte (*ppr.* di *disarmare*) [a. 1952] **agg.** che disarma; *per estens. fig.* che neutralizza ogni intenzione aggressiva o ostile: *un sorriso, una flemma disarmante.*

diṣarmàre [da *armare*, sul modello del fr. *désarmer*; a. 1292] **tr.** **1.** privare delle armi: *disarmare i prigionieri*; *disarmare uno stato*, privarlo delle forze armate e smantellarne l'industria bellica ‖ rif. a fortezza e sim., togliere tutte le artiglierie e gli altri strumenti da guerra **2.** *T.mar.* rif. a nave, privare di tutti gli attrezzi necessari alla navigazione, per sottoporla a riparazioni o smantellarla definitivamente ‖ *disarmare i remi*, toglierli dalle scalmiere e riporli nell'interno dello scafo ‖ rif. a costruzioni edilizie, togliere l'armatura **3.** *fig.* far desistere dal reagire, sconcertare: *la sua risposta li disarmò completamente* ‖ **intr.** (aus. *avere*) **1.** ridurre gli armamenti, intraprendere una politica di pace **2.** cedere, battere in ritirata: *disarmare di fronte agli ostacoli* ‖ **N.** **1.** smilitarizzare.

diṣarmàto (*pps.* di *disarmare*) [a. 1292] **agg.** privo di armi ‖ inerme, ridotto all'impotenza.

disarmatóre [da *disarmare*; 1956] **sm.** (f. *-trice*) operaio edile addetto a smontare le armature.

diṣarmiṣmo [da *disarmo*; 1983] **sm.** politica tendente alla riduzione degli armamenti, rif. spec. alle dotazioni missilistiche: *politica di disarmismo.*

diṣarmista [da *disarmo*; 1934] **s.** *non com.* pacifista, fautore del disarmo.

diṣàrmo [da *disarmare*; 1662] **sm.** **1.** il disarmare, l'abbandonare gli armamenti ‖ *più com.* riduzione notevole delle forze militari: *conferenza sul disarmo, disarmo controllato* **2.** *in disarmo*, di nave, fuori servizio ‖ *per estens.* abbandonato: *una vecchia stazione in disarmo* ‖ *fig.* deluso, senza più energie: *dopo le ultime sconfitte la squadra appare ormai in disarmo.*

diṣarmonìa [da *armonia*; a. 1712] **sf.** mancanza d'armonia, spec. *fig.*: *una completa disarmonia di opinioni* ‖ **N.** *Sin.* disaccordo, discordanza, stonatura.

diṣarmònico (pl. *-ci*) [da *disarmonia*; a. 1712] **agg.** privo d'armonia: *un insieme disarmonico di colori, di oggetti* ‖ privo di proporzioni tra gli elementi che lo costituiscono: *un edificio, uno stile disarmonico* ‖ **diṣarmonicaménte** **avv.** ‖ **N.** *Sin.* discordante, discorde, dissonante, sgradevole, sproporzionato.

diṣarmonizzàre [da *armonizzare*; a. 1685] **tr.** *non com.* rendere disarmonico o poco armonico ‖ **intr.** (aus. *avere*) non intonarsi con il resto, apparire disarmonico.

diṣarticolàre (pres. *-ìcolo*) [da *articolare*; a. 1673] **tr.** sciogliere le articolazioni o le giunture, snodare ‖ *fig.* privare di connessione ‖ *T.med.* fare uscire dall'articolazione; amputare all'altezza delle articolazioni ‖ **intr. pron.** slogarsi: *fasciare il braccio perché non si disarticoli.*

diṣarticolàto (*pps.* di *disarticolare*) [a. 1604] **agg.** **1.** *non com.* lussato, slogato: *braccio disarticolato* **2.** *fig.* privo di coerenza, sconnesso: *discorso disarticolato.*

diṣarticolazióne [da *disarticolare*; 1830] **sf.** atto ed effetto del disarticolare.

diṣartrìa [comp. di *dis-*[2] e *-artria*, dal gr. *árthon*, articolazione; 1918] **sf.** *T.med.* difficoltà nell'articolazione della parola, causata da lesioni nervose o degli organi fonatori.

diṣartròṣi [comp. di *dis-*[2] e gr. *árthrōsis*, articolazione; 1970] **sf.** *T.med.* deformità congenita o acquisita di un'articolazione.

diṣascóndere [da *ascondere*; 1321] **tr.** *arc.* o *lett.* palesare, rivelare ‖ **intr. pron.** *arc.* o *lett.* rivelarsi: *perché la sua bontà si disasconda* (Dante).

diṣaspriménto [da *disasprire*; 1956] **sm.** *non com.* atto, operazione o risultato del disasprire.

diṣasprìre (pres. *-ìsco, -ìsci*) [comp. parasint.

di *aspro*; a. 1621] ***tr.*** *non com.* togliere l'asprezza, spec. rif. a vini || *fig.* mitigare, addolcire.

disassimilazióne [da *assimilazione*; 1935] ***sf.*** *T.biol.* il complesso delle trasformazioni chimiche operanti nel catabolismo.

disassortito [da *assortito*; 1963] ***agg.*** *non com.* che non fa parte di un assortimento, per la vendita o la scomparsa degli altri pezzi.

disassuefàre (pres. *-àccio* ecc., come FARE) [da *assuefare*; 1830] ***tr.*** disabituare.

disassuefazióne [da *disassuefare*; a. 1712] ***sf.*** operazione, processo e risultato del disassuefare o del disassuefarsi: *disassuefazione dalla droga, dall'alcol, dal fumo.*

disastràre [da *disastro*; a. 1647] ***tr.*** *non com.* danneggiare gravemente: *l'alluvione ha disastrato l'intera regione.*

disastràto (*pps.* di *disastrare*) [a. 1696] **I** ***agg.*** che ha subito un disastro: *le case disastrate dall'alluvione* || *fig.* ridotto in condizioni disastrose: *situazione economica disastrata* **II** ***sm.*** (f. *-a*) persona scampata a un disastro: *i disastrati del terremoto.*

disàstro [comp. di *dis-*[1] e *astro*, letter.: cattiva stella; sec. XIV] ***sm.*** sciagura rovinosa, grave incidente, con perdita di vite umane o di beni ingenti: *un disastro ferroviario, finanziario* || *iperb. fam.* fallimento completo: *il tuo tema è un vero disastro, il suo intervento si è risolto in un disastro*; persona buona a nulla, completamente incapace: *a pallavolo sono un disastro* || **N.** *Sin.* calamità, cataclisma, catastrofe, flagello, infortunio, rovina, sconquasso, sinistro, tracollo, DISGRAZIA.

disastróso [da *disastro*; a. 1565] ***agg.*** pieno di disastri: *annata disastrosa* || *trovarsi in condizioni disastrose*, essere fisicamente o economicamente rovinato || *iperb.* completamente negativo: *il suo rendimento è stato disastroso*; *viaggio disastroso*, pieno di inconvenienti || **N.** *Sin.* calamitoso, disgraziato, rovinoso; pessimo.

disatomizzàre [comp. parasint. di *atomo*; 1963] ***tr.*** *raro* denuclearizzare.

disatomizzazióne [da *disatomizzare*; 1956] ***sf.*** *non com.* denuclearizzazione.

disattèndere (pres. *-èndo* ecc., come TENDERE) [da *attendere*; 1956] ***tr.*** non applicare, non osservare, non seguire: *disattendere una norma, un consiglio, un impegno* || non soddisfare, deludere: *disattendere un'aspettativa, un desiderio.*

disattènto [da *attento*; a. 1729] ***agg.*** non attento || **N.** *Sin.* distratto, negligente, sbadato, trascurato.

disattenzióne [da *attenzione*; 1669] ***sf.*** l'essere disattento || *concr.* errore dovuto a scarsa attenzione, svista || **N.** *Sin.* distrazione, inavvertenza, negligenza, sbadataggine.

disattivàre (pres. *-ìvo*) [da *attivare*; 1932] ***tr.*** rendere inattivo: *disattivare il congegno di scoppio di una bomba*; *disattivare un servizio pubblico, un insegnamento universitario.*

disattrezzàre (pres. *-ézzo*) [da *attrezzare*; 1869] ***tr.*** privare dell'attrezzatura (spec. di un'imbarcazione e sim.).

disautoràre (pres. *-àutoro*) [da *esautorare*, con cambio di pref.; a. 1712] ***tr.*** *raro* esautorare.

disautorizzàre [da *autorizzare*; a. 1673] ***tr.*** *raro* privare dell'autorizzazione.

disavanzàre [da *avanzare*; sec. XIII] ***intr.*** (aus. *avere*) *T.econ.* **1.** *raro* rimetterci, scapitare **2.** di capitale, avere, formare disavanzo.

disavànzo [da *disavanzare*; 1332] ***sm.*** *T.econ.* deficit, eccedenza del passivo sull'attivo in un bilancio: *il disavanzo della bilancia commerciale* || **N.** *Sin.* debito, dissesto, passivo.

disavvantaggiàrsi (pres. *-àggio*) [da *disavvantaggio*; a. 1444] ***intr. pron.*** *raro* mettersi in posizione di svantaggio.

disavvantàggio (pl. *-gi*) [da *avvantaggio*, sul modello del fr. ant. *désavantage*; sec. XIII] ***sm.*** *raro* svantaggio.

disavvedutézza [da *disavveduto*; a. 1604] ***sf.*** mancanza di accortezza, imprevidenza || atto incauto, sbadataggine.

disavvedùto [da *avveduto*; a. 1333] ***agg.*** non avveduto || *arc.* imprevisto, inatteso || **disavvedutaménte** ***avv.*** sbadatamente || **N.** *Sin.* disattento, distratto, incauto, inconsiderato, malaccorto, sbadato.

disavvenènte [da *avvenente*; a. 1294] ***agg.*** *non com.* non avvenente, brutto.

disavvenènza [da *avvenenza*; a. 1906] ***sf.*** *non com.* mancanza di avvenenza, di fascino.

disavventùra [da *avventura*; inizio sec. XIII] ***sf.*** evento sfavorevole e sfortunato, contrattempo: *viaggio pieno di disavventure.*

disavventuràto [da *disavventura*; 1313 ca.] ***agg.*** *ant.* sventurato, disgraziato.

disavvertènza [da *avvertenza*; 1536] ***sf.*** mancanza di attenzione || **N.** *Sin.* sbadataggine, svista.

disavvertìto [da *avvertito*; 1869] ***agg.*** *raro* incauto, sbadato || **disavvertitaménte** ***avv.***

disavvezzàre (pres. *-ézzo*) [da *avvezzare*; a. 1685] ***tr.*** far perdere un'abitudine, spec. nociva: *disavvezzare dal fumo* || ***rifl.*** perdere un'abitudine || **N.** *Sin.* disabituare, disassuefare.

disavvézzo (*pps.* contratto di *disavvezzare*) [1835] ***agg.*** non abituato.

disazotàre (pres. *-òto*) [da *azoto*; 1865 il pps. *disazotato*] ***tr.*** *T.chim.* privare dell'azoto.

disbasìa [comp. di *dis-*[2] e un der. del gr. *básis*, andatura; 1956] ***sf.*** *T.med.* disturbo nella deambulazione, dovuto a lesioni neurologiche o a problemi circolatori.

disbassàre [comp. parasint. di *basso*; sec. XIII] ***tr.*** *raro* abbassare.

disborsàre (pres. *-órso*) [comp. parasint. di *borsa*; 1513] ***tr.*** *ant.* sborsare.

disbórso [da *disborsare*; 1692] ***sm.*** pagamento fatto per conto d'altri anticipando del proprio || *essere, rimanere, trovarsi in disborso*, aver pagato per altri e rimanere in credito.

disboscaménto o **diboscaménto** [da *disboscare*; a. 1811] ***sm.*** eliminazione, ad opera dell'uomo, degli alberi da una superficie, gen. per adibire il terreno ad agricoltura o a pascolo, oppure per scopi edilizi || **N.** *Sin.* deforestazione.

disboscàre o **diboscàre** (pres. *-òsco, -òschi*) [comp. parasint. di *bosco*; 1427] ***tr.*** togliere o diradare gli alberi in una zona boscosa: *disboscare un pendio, una collina.*

disbramàre (pres. *-àmo*) [da *bramare*; 1319] ***tr.*** *arc.* soddisfare pienamente, appagare.

disbrancàre (pres. *-ànco, -ànchi*) [comp. parasint. di *branca*; 1865] ***tr.*** *arc.* troncare le branche, tagliare il fitto dei rami || ***intr. pron.*** *arc.* diramarsi.

disbrigàre (pres. *-ìgo, -ìghi*) [comp. parasint. di *briga*; a. 1321] ***tr.*** **1.** *lett.* risolvere, sbrigare: *disbrigare una faccenda* **2.** *arc.* liberare da un impedimento || ***rifl.*** sciogliersi, liberarsi da un impaccio || **N.** ***rifl.*** *Sin.* districarsi, sbarazzarsi, sbrogliarsi.

disbrìgo [da *disbrigare*; 1812] ***sm.*** il disbrigare, l'effetto del disbrigare: *il disbrigo dei compiti d'ordinaria amministrazione.*

disbrogliàre (pres. *-òglio*) [rifatto su *sbrogliare*; a. 1816] ***tr.*** *non com.* sbrogliare.

discacciaménto [da *discacciare*; a. 1333] ***sm.*** *raro* cacciata.

discacciàre (pres. *-àccio*) [da *cacciare*; a. 1292] ***tr.*** *raro* scacciare, mandar via con mal garbo.

discalzàre [da *calzare*; a. 1342] ***tr.*** *non com.* scalzare.

discantàre [da *discanto*; 1826] ***intr.*** (aus. *avere*) *T.mus.* comporre un discanto || eseguire la parte più acuta in una composizione polifonica.

discantìsta [da *discanto*; 1956] ***s.*** **1.** compositore di discanti **2.** esecutore di una parte di un discanto.

discantìstico (pl. *-ci*) [da *discanto*; 1956] ***agg.*** relativo al discanto: *compositore discantistico, stile discantistico.*

discànto [dal lat. mediev. *discantus*, calco sul gr. *diaphonía*; 1641] ***sm.*** *T.mus.* tipo di polifonia medievale a due voci che procedono per moto contrario || *per estens.* la parte più acuta in una composizione musicale a più voci.

discapitàre (pres. *-àpito*) [da *capitare*; a. 1449] ***intr.*** (aus. *avere*) scapitare.

discàpito [da *discapitare*; 1642] ***sm.*** danno, svantaggio, quasi soltanto nella loc. *a discapito di*: *tutto questo andrà a vostro discapito, un'azione simile torna a discapito di chi la compie.*

discàrica [da *discaricare*; 1925] ***sf.*** **1.** luogo in cui si scaricano rifiuti, detriti di scavo ecc.: *discarica pubblica, abusiva* **2.** *T.mar.* le operazioni di scarico di una nave mercantile.

discaricàre (pres. *-àrico, -àrichi*) [dal lat. tardo *discaricare*; 1300 ca.] ***tr.*** *raro* scaricare || *fig.* liberare da un peso morale: *discaricare da una colpa, da una responsabilità.*

discàrico (pl. *-chi*) [da *discaricare*; sec. XIV] ***sm.*** scarico || *fig. a mio discarico*, a mia discolpa || *a discarico di coscienza*, a sgravio di coscienza || *T.giur. testimoni a discarico*, a difesa.

discàro [da *caro*; 1353] ***agg.*** *lett.* non caro; fastidioso, sgradito.

discèdere [dal lat. *discēdere*, partire; 1319] ***intr.*** *arc.* andar via, scomparire: *quando verrà per cui questa disceda?* (Dante).

discendènte (*ppr.* di *discendere*) [sec. XIII] **I** ***agg.*** che discende: *fase discendente* || *linea discendente*, rapporto di parentela che intercorre tra un individuo e coloro che da lui discendono || *T.ling. dittonghi discendenti*, in cui la vocale sillabica è la prima (per es. *àu* in *fauci*) || *T.mus. melodia, scala, intervallo discendente*, che va dall'acuto al grave || *T.tip. lettera discendente*, con un'asta che scende al disotto della riga (come *p* o *q*) || *T.metr. ritmo discendente*, in cui i tempi forti precedono i deboli (per es. un dattilo) **II** ***s.*** chi discende per linea retta da un capostipite || **N.** I *Sin.* calante | *Contr.* ascendente II *Sin.* erede, postero, successore | DISCENDENZA.

discendènza [da *discendere*; a. 1519] ***sf.*** rapporto di parentela che intercorre fra un individuo e i suoi genitori e antenati || l'insieme degli individui che provengono da un antenato comune: *discendenza d'Adamo*, il genere umano; usato anche, in biologia, per popolazioni non umane || **N.** antenati, casato, ceppo, derivazione, eredi, famiglia, genealogia, generazione, genitori, lignaggio, nascita, origine, posteri, progenie, pronipoti, razza, schiatta, stirpe, successori | *Contr.* ascendenza. **Q.T.** *antropologia.*

discéndere (pres. *-éndo* ecc., come SCENDERE) [lat. *descendere*; a. 1292 nel senso 2] ***intr.*** (aus. *essere* e *avere*; v. CORRERE) **1.** scendere: *è disceso dal colle, Orfeo discese agli inferi* || smontare, sbarcare: *discendere dal treno, dalla nave* || degradare: *il bosco discende lungo il pendio, la riva discende al fiume* || scorrere verso il basso: *i torrenti discendono impetuosamente a valle* || *ant.* di astri, tramontare **2.** avere come avo: *discendere da Carlo Magno* || derivare (in senso logico): *la conclusione discende dalle premesse, ne discende che...* || ***tr.*** percorrere scendendo: *ha disceso le scale* || **N.** **1.** *Sin.* calare, SCENDERE | *Contr.* salire **2.** *Sin.* derivare, emanare, procedere, risalire.

discenderìa [da *discendere*; 1934] ***sf.*** *T.min.* in una miniera, passaggio a forte pendenza da una galleria a un'altra.

discendiménto [da *discendere*; a. 1342] ***sm.*** *raro* discesa.

discensionàle [dal lat. *descensus*, pps. di *descendere*, scendere; 1970] ***agg.*** *T.fis.* detto di forza o di moto verso il basso: *spinta discensionale* || **N.** *Contr.* ascensionale.

discensióne [dal lat. *descēnsio, -ōnis*; sec. XIV *descensione*] **sf.** *raro* **1.** discesa **2.** provenienza, origine.

discensìvo [da *discendere*; a. 1673] **agg.** *non com.* che tende a discendere: *ordine, moto discensivo.*

discensóre [da *discendere*; a. 1406 nel senso 1; 1931 nel senso 2] **sm.** **1.** (f. *discenditrìce*) *raro* chi discende **2.** *T.mecc.* impianto per trasportare persone o oggetti dal basso verso l'alto **3.** *T.alp.* maniglia provvista di molla che, nella discesa a corda doppia, serve a regolare la velocità.

discènte [dal lat. *discens, -entis,* ppr. di *discere,* imparare; a. 1303] **I s.** chi apprende, discepolo: *segue, come il maestro fa il discente* (Dante) **II agg.** *lett.* che impara || **N. I** *Sin.* allievo, alunno, discepolo, scolaro, studente.

discentraménto (pr. [distʃentra'mento] o [diʃʃentra'mento]) [da *discentrare*; 1870] **sm.** *raro* decentramento.

discentràre (pr. [distʃen'trare] o [diʃʃen'trare]) (pres. *-èntro*) [comp. parasint. di *centro*; 1869] **tr.** *non com.* togliere dal centro || *disus.* decentrare, togliere attribuzioni alle amministrazioni centrali dello Stato per cederle ad autorità locali || **intr. pron.** uscire dal centro: *la ruota si è discentrata.*

discepolànza [da *discepolo*; 1958] **sf.** *non com.* il rapporto intercorrente tra il maestro e i suoi discepoli || *concr.* l'insieme dei discepoli di un maestro; anche *scherz.*: *quel fanfarone ama disquisire circondato dalla sua discepolanza.*

discepolàto [da *discepolo*; a. 1581] **sm.** *ant.* condizione di discepolo || **N.** *Sin.* apprendistato, tirocinio.

discépolo [lat. *discipulus*; 1286] **sm.** scolaro || chi segue le dottrine di un altro che egli riconosce come maestro: *i discepoli di Cartesio, di Gesù* || **N.** *Sin.* allievo, scolaro, seguace.

discèrnere (pres. *-èrno* ecc., come CERNERE) [dal lat. *discernere*; 1292 ca.] **tr.** **1.** distinguere bene con l'occhio o con la mente: *discernere un faro in lontananza, discernere la differenza qualitativa dei prodotti* || giungere a conoscere, a distinguere: *discernere il bene dal male* **2.** *raro* scegliere, distribuire || **N.** **1.** *Sin.* comprendere, conoscere, differenziare, giudicare, ravvisare, riconoscere, scindere, scorgere, VEDERE.

discernìbile [dal lat. *discernibilis*; a. 1583] **agg.** che si può discernere; visibile, distinguibile.

discerniménto [da *discernere*; 1300 ca.] **sm.** il discernere || *più com. fig.* la facoltà di discernere con la mente, buon senso: *ragazzo senza discernimento* || **N.** *Sin.* cognizione, criterio, giudizio, oculatezza, senno.

discernitóre [da *discernere*; 1354] **agg.** e **sm.** (f. *-trìce*) *non com.* che o chi discerne, distingue.

discèrpere [dal lat. *discerpere*; a. 1327] **tr.** *ant.* lacerare, sbranare.

discervellàre (pres. *-èllo*) [comp. parasint. di *cervello*; 1940] **tr.** *non com.* scervellare || **intr. pron.** *fig.* *non com.* scervellarsi, lambiccarsi il cervello.

discésa [da *discendere*; a. 1347] **sf.** **1.** il discendere: *la discesa dei barbari* || percorso discendente, inclinazione: *strada in discesa* || *T.sport.* nello sci, denominazione collettiva di varie gare a cronometro su pendii ripidi: *discesa libera,* gara con un dislivello di un migliaio di metri su un percorso di pochi chilometri, in cui ogni concorrente sceglie la traiettoria che preferisce, naturalmente nei limiti della pista; *discesa obbligatoria* (o più com. *slalom*), gara con dislivello minore su un percorso più tortuoso, individuato con precisione da numerose porte; *sci da discesa,* adatti a percorsi in pendenza, più larghi e con attacchi più rigidi rispetto agli *sci da fondo* || *fig.* nel calcio, veloce azione di un giocatore che si dirige palla al piede verso la porta avversaria || *T.alp.* *discesa a corda doppia,* tecnica di discesa, per superare rapidamente pareti verticali || *T.rad.* *discesa d'antenna,* il cavo che collega l'antenna con l'apparecchio ricevente **2.** *fig.* *raro* decadenza || **N.** **1.** *Sin.* china, pendio, scesa | *Contr.* ascesa, salita. **Q.T.** *alpinismo, sci* **TAV.** ***astronautica*** **p. 654** 4.11, 4.12; ***sci*** **p. 1332** 1, 5, 8 e **p. 1333** 13.

discesìsmo [da *discesa*; 1942] **sm.** *T.sport.* il complesso delle specialità sciistiche di discesa e l'insieme degli atleti che le praticano: *il discesismo azzurro* || **N.** fondismo.

discesista [da *discesa*; 1935] **s.** *T.sport.* sciatore che pratica prevalentemente la discesa libera (opposto a *slalomista*) || ciclista abile nei percorsi in discesa.

discessit (lat., pr. it. [diʃ'ʃɛssit]) [letter. partì] **sm.** *T.eccl.* specie di passaporto concesso dal vescovo a un sacerdote che si assenta dalla propria diocesi, perché possa essere accolto provvisoriamente in un'altra diocesi.

discettàre (pres. *-ètto*) [dal lat. *disceptāre*; a. 1472] **tr.** e **intr.** (aus. *avere*) *ant.* disputare, contendere; trattare un argomento con pedanteria e saccenteria.

discettatóre [dal lat. *disceptātor, -ōris*; sec. XIV-XVI] **sm.** (f. *-trìce*) chi discetta; chi ha l'abitudine o l'abilità di discettare.

discettazióne [da *discettare*; a. 1363] **sf.** trattazione ampia e spesso prolissa di un argomento.

disceveràre (pres. *-évero*) [lat. volg. **dissepe-rāre*; 1292 ca. *discevrare*] **tr.** *non com.* sceverare, separare, scindere.

dischétto (*dim.* di *disco*) [1964] **sm.** **1.** piccolo disco **2.** *T.sport.* disco del rigore: *tiro dal dischetto* **3.** *T.ferr.* segnale di deviatoio **4.** *T.inform.* floppy disk. **Q.T.** *informatica.*

dischiavàre (pres. *-àvo*) [comp. di *dis-*[1] e *chiavare*[2]; 1321] **tr.** *ant.* **1.** aprire **2.** schiodare || **rifl.** *ant.* staccarsi con forza: *dalla noce si dischiava* (Dante).

dischiodàre (pres. *-òdo*) [comp. parasint. di *chiodo*; a. 1566] **tr.** *raro* schiodare.

dischiomàre (pres. *-òmo*) [comp. parasint. di *chioma*; a. 1308 ca.] **tr.** *lett.* *raro* strappare la chioma a qualcuno.

dischiùdere (pres. *-ùdo* ecc., come CHIUDERE) [lat. *desclūdere*; 1260 ca. *deschiudere*] **tr.** aprire: *dischiudere gli occhi* || *fig.* *lett.* svelare || **intr. pron.** aprirsi: *i boccioli si dischiudono* || **N.** **tr.** *Sin.* APRIRE; manifestare.

dischiùso *pps.* di *dischiudere* (v.).

discìndere (pres. *-indo* ecc., come SCINDERE) [dal lat. *discindere*; a. 1319 ca.] **tr.** e **intr.** (aus. *essere*) *raro* spiccare, troncare, squarciare.

discinesìa (pr. [diʃʃine'zia] o [distʃine'zia]) [comp. di *dis-*[2] e *-cinesia,* dal gr. *kínēsis,* movimento; 1820] **sf.** *T.med.* ogni movimento involontario e anormale della muscolatura striata o liscia.

discinètico (pr. [diʃʃi'nɛtiko] o [distʃi'nɛtiko]) (pl. *-ci*) [da *discinesia*; 1970] **I agg.** relativo a discinesia: *contrazione discinetica* **II agg.** e **sm.** (f. *-a*) che o chi è affetto da discinesia.

discìngere (pres. *-ingo, -ingi*; p.rem. *-insi*; pps. *discinto*) [dal lat. *discingere,* sciogliere; a. 1333] **tr.** *raro* rif. a cosa che cinga il fianco, toglierla: *discingere la spada, la cintura* || **rifl.** *arc.* sciogliersi le vesti.

discinto (*pps.* di *discingere*) [a. 1292] **agg.** con le vesti scomposte e slacciate || poco vestito, in abiti succinti || *arc.* o *lett.* vestito miseramente: *la vecchierella discinta e scalza* (Petrarca).

disciògliere (pres. *-òlgo* ecc., come SCIOGLIERE) [da *sciogliere*; a. 1321 nel senso 2] **tr.** **1.** far passare dallo stato solido al liquido; sciogliere in un liquido: *disciogliere il bicarbonato nell'acqua* **2.** slegare, sciogliere, disfare: *disciogliere i capelli*; *disciogliere un partito, un'organizzazione,* farne cessare l'attività || **intr. pron.** liquefarsi: *la neve si discioglie al sole* || **N.** SCIOGLIERE.

discioglimento [da *disciogliere*; metà sec. XIV] **sm.** atto ed effetto del disciogliere o del disciogliersi || **N.** *Sin.* scioglimento.

disciòlto (*pps.* di *disciogliere*) [prima metà sec. XIII] **agg.** dissolto, sciolto || *terreno disciolto,* facile da lavorare.

disciplina [dal lat. *disciplīna*; 1308 ca.] **sf.** **1.** complesso di norme che regolano la vita di una collettività: *disciplina militare, disciplina di un ordine monastico* || *per estens.* comportamento rispettoso delle regole e dei doveri, e in particolare dell'obbedienza ai superiori: *incapace di disciplina, avere il senso della disciplina* || *consiglio di disciplina,* organo incaricato di esaminare le infrazioni disciplinari e di stabilire le punizioni relative || *disciplina di partito,* l'obbligo morale dei suoi membri a votare secondo le direttive stabilite anche in caso di dissenso personale **2.** materia di studio e d'insegnamento: *discipline giuridiche, umanistiche, scientifiche* || *T.sport.* ciascun particolare tipo di attività sportiva: *discipline nordiche,* le gare di sci di fondo e di salto con gli sci || *non com.* guida, insegnamento: *affidare un figlio all'altrui disciplina* **3.** *T.eccl.* mazzo di funicelle intrecciate con le quali gli appartenenti ad alcuni ordini religiosi si battono per mortificare la carne: *darsi la disciplina* || **N.** **1.** regola, educazione, obbedienza, osservanza, rispetto | dura, ferrea, rigorosa, severa; debole, molle, rilassata | imporre, mantenere, osservare, rompere, violare; assoggettarsi a, uniformarsi a | *Contr.* indisciplina **3.** flagello, sferza. **Q.T.** *forze armate.*

disciplinàbile [dal lat. *disciplinābilis*; a. 1498] **agg.** *non com.* che si può disciplinare.

disciplinaménto [da *disciplinare*; 1865] **sm.** *non com.* atto, processo ed effetto del disciplinare o del disciplinarsi: *il progressivo disciplinamento degli scolari, il disciplinamento dei propri istinti.*

disciplinàre[1] (pres. *-ino*) [da *disciplina*; 1300 ca. nel senso 2] **tr.** piegare, abituare alla disciplina: *disciplinare le menti, il cuore* || regolare, controllare: *disciplinare il traffico stradale* || **rifl.** **1.** assuefarsi alla disciplina **2.** *disus.* mortificarsi con la disciplina, flagellarsi, sferzarsi.

disciplinàre[2] [da *disciplina*; 1569] **I agg.** che concerne la disciplina: *provvedimento disciplinare* || *commissione disciplinare,* che valuta se sono state commesse infrazioni e stabilisce le punizioni relative || **disciplinarménte** **avv.** secondo la disciplina **II sm.** *T.bur.* atto ufficiale o complesso di norme che regolano lo svolgimento di un'attività. **Q.T.** *diritto.*

disciplinatézza [da *disciplinato*; 1862] **sf.** l'essere disciplinato.

disciplinàto (*pps.* di *disciplinare*) [a. 1306 come sm.] **I agg.** che osserva la disciplina: *giovane disciplinato* **II sm.** (f. *-a*) *T.stor.* *i disciplinati,* nel Medioevo, appartenenti a confraternite che, per mortificazione, si flagellavano || **N. II** *Sin.* flagellante.

disciplinatóre [da *disciplinare*; 1527] **agg.** e **sm.** (f. *-trìce*) *raro* che o chi disciplina.

disc-jockey o ***disk-jockey*** (ingl., pr. ['dɪsk ˌdʒɒkɪ]) [letter. fantino del disco; 1956] **s. inv.** (anche pl. *disc-jockeys* o *disk-jockeys,* pr. ['dɪsk ˌdʒɒkɪz]) la persona addetta alla scelta e alla presentazione di brani musicali nelle trasmissioni radio-televisive di musica leggera o nelle discoteche.

disclìmax [comp. di *dis-*[1] e *climax*; 1972] **sm. inv.** *T.ecol.* comunità relativamente stabile che spesso include organismi estranei alla regione, quali uomini, animali d'allevamento, e che ha modificato l'ambiente.

dìsco (pl. *-schi*) [dal lat. *discus*; 1551] **sm.** qualunque oggetto piatto a forma di lente, generalmente a contorno circolare; *in part.* la figura apparente del sole e dei pianeti: *il disco della luna* || *disco orario*, contrassegno con cifre orarie regolabili, da esporre nei veicoli in sosta regolamentata || *disco combinatore*, elemento dell'apparecchio telefonico che serve a formare i numeri || *T.ferr.* apparecchio di segnalazione ferroviaria, che col suo muoversi indica la via libera o impedita: *disco aperto, chiuso*; *fig. disco rosso*, presenza di ostacoli insuperabili alla realizzazione di un progetto, di un'iniziativa e sim. || piastra di cloruro di polivinile, a forma di disco, opportunamente incisa, che mediante dispositivo fonografico permette di riprodurre i suoni dei quali reca l'impressione: *incidere un disco*; *cambiare disco*, anche *fig.* cambiare discorso, spec. quando questo sia venuto a noia; *per estens.* ciò che è inciso nel disco: *ascoltare un disco di canzoni popolari* || *disco volante*, qualunque oggetto volante non identificato di forma discoidale e di presunta origine extraterrestre || *T.inform. dischi magnetici*, supporti discoidali su cui le informazioni possono essere immagazzinate con magnetizzazione selettiva della superficie; *disco rigido, hard disk* || *T.med. disco cartilagineo*, formazione interposta tra due superfici articolari; *in part.* quella situata tra due corpi vertebrali contigui: *ernia del disco* || *T.sport.* nell'atletica, attrezzo circolare usato in gare di lancio; ha corpo di legno, centro metallico e orlo assottigliato, tutto rivestito di lamina; nell'hockey su ghiaccio, piastra di gomma dura con la stessa funzione che nel calcio ha la palla || *disco del rigore o dischetto*, nel calcio, il punto a undici metri dalla porta, da cui viene battuto il calcio di rigore. **Q.T.** *audiovisivi, automobile, ferrovia, informatica* **TAV.** *audiovisivi* 8.9; ***atletica* p. 657** 1.8; ***automobile* p. 658** 3.34.

discòbolo [dal lat. *discobolus*, gr. *diskobólos*; 1631] **sm.** (f. *-a*) atleta lanciatore del disco.

discòfilo [comp. di *disco* e *-filo*, sul modello del fr. *discophile*; 1942] **sm.** (f. *-a*) collezionista di dischi di musica.

discòforo [dal lat. tardo *discophorus*, gr. *diskophóros*; 1956] **sm.** nella pittura e nella statuaria classica, la rappresentazione dell'atleta che tiene un disco, in posizione di riposo || **N.** discobolo.

Discoglòssidi (sing. *-e*) [comp. di *discoglosso* e *-idi*; 1956] **sm. pl.** *T.zool.* famiglia di Anfibi anuri a lingua discoidale; vi appartengono i discoglossi.

discoglòsso [comp. di *disco-* e *-glosso*; 1929] **sm.** anfibio dei paesi mediterranei, della famiglia dei Discoglossidi; è simile a una rana, si nutre di insetti e vive lungo le sponde dei fiumi.

discografìa [comp. di *disco* e *-grafia*; 1963] **sf.** **1.** tecnica dell'incisione fonografica **2.** elenco dei dischi relativi a un autore o a un periodo della storia musicale; catalogo delle incisioni di un dato gruppo di esecutori.

discogràfico (pl. *-ci*) [da *discografia*; 1963] **I agg.** che si riferisce alla discografia: *casa discografica* **II sm.** (f. *-a*) chi lavora nell'industria discografica.

discoiàre v. DISCUOIARE.

discoidàle [da *discoide*; 1906] **agg.** a forma di disco: *piattaforma discoidale.*

discòide [dal lat. tardo *discoides*; 1820] **I agg.** che ha forma di disco **II sm.** *T.farm.* confezione di medicinale a forma di disco schiacciato; pasticca.

discoleggiàre (pres. *-éggio*) [da *discolo*; 1858] **intr.** (aus. *avere*) *raro* condurre vita da discolo.

discolìa [comp. di *dis-*[2] e un der. di *cholé*, bile; 1956] **sf.** *T.med.* anomalia nella composizione della bile, conseguente a patologie del fegato o delle vie biliari.

discolìbro (pl. *discolibri*) [comp. di *disco* e *libro*; 1965] **sm.** libro integrato da materiale discografico.

dìscolo [dal lat. tardo *dyscolus*; a. 1375] **I agg.** **1.** scapestrato, indisciplinato, eccessivamente vivace **2.** *disus.* litigioso, scontroso **3.** *arc.* rozzo, illetterato **II sm.** (f. *-a*) ragazzo irrequieto e indisciplinato || *dim.* discolétto; *pegg.* discolàccio.

discoloràre (pres. *-óro*) [da *colorare*; 1319] **tr.** *raro* scolorare, scolorire || **intr. pron.** scolorire || **N.** decolorante.

discolorìre (pres. *-isco, -isci*) [comp. parasint. di *colore*; seconda metà sec. XIV] **tr.** e **intr.** (aus. *essere*) *raro* scolorire.

discólpa [da *discolpare*; a. 1604] **sf.** atto del discolparsi, giustificazione: *questi fatti vanno a mia discolpa* || **N.** *Sin.* difesa, discarico.

discolpàre (pres. *-ólpo*) [comp. parasint. di *colpa*; 1319] **tr.** addurre prove per mostrare che l'accusato non è colpevole || **rifl.** addurre prove della propria innocenza || **N.** *Sin.* difendere, giustificare, scagionare, scusare.

Discomicèti (sing. *-e*) [comp. di *disco* e *micete*; 1932] **sm.** *T.bot.* ordine di funghi ascomiceti raggruppante forme caratterizzate da un imenio piano che riveste gran parte del ricettacolo.

discomméttere (pres. *-étto* ecc., come METTERE) [da *commettere*; a. 1715] **tr.** *raro* disunire, scomporre.

discompagnàre [comp. parasint. di *compagno*; seconda metà sec. XIV] **tr.** *raro* separare cose o persone solitamente unite.

discompórre (pres. *-óngo* ecc., come PORRE) [da *comporre*; 1628] **tr.** *raro* scomporre.

disco-music (ingl., pr. ['dɪskoʊ 'mju:zɪk]) [comp. di *disco(teca)* e ingl. *music*, musica; 1979] **sf.** *inv.* genere di musica pop che si ascolta e si balla nelle discoteche; è caratterizzata dalla preponderanza del ritmo, regolare e molto marcato, e dell'effetto sonoro (spesso ottenuto con tecniche elettroniche), rispetto alla melodia.

disconciàre (pres. *-óncio*) [da *conciare*; a. 1337 ca.] **tr.** *ant.* sconciare, guastare, rovinare: *la morte altri acconcia, altri disconcia* (Giusti).

discóncio (pl. m. *-ci*; pl. f. *-ce*) [da *disconciare*; a. 1294] **agg.** *raro* sconcio.

disconfessàre (pres. *-èsso*) [da *confessare*; 1308] **tr.** *raro* sconfessare.

disconfortàre (pres. *-òrto*) [da *confortare*; a. 1294] **tr.** *ant.* **1.** sconfortare **2.** dissuadere.

disconnessióne [da *disconnettere*; 1956] **sf.** atto ed effetto del disconnettere || *in part. T.telecom.* nella commutazione telefonica automatica, l'operazione che, terminata la comunicazione, interrompe il collegamento tra gli organi e le linee impegnate.

disconnèttere o **disconnéttere** (pres. *-ètto* ecc., come ANNETTERE) [da *connettere*; 1956] **tr.** *non com.* separare ciò che è unito, connesso || interrompere un collegamento: *disconnettere un impianto telefonico.*

disconoscènte (*ppr.* di *disconoscere*) [a. 1294 *desconoscente*] **agg.** *non com.* non riconoscente, ingrato.

disconoscènza [da *disconoscere*; a. 1294] **sf.** *non com.* ingratitudine, irriconoscenza.

disconóscere (pres. *-ósco* ecc., come CONOSCERE) [da *conoscere*; a. 1348] **tr.** non voler conoscere o riconoscere: *disconoscere l'utilità di una cosa* || mostrarsi ingrato: *disconoscere un beneficio* || **N.** *Sin.* negare, sconfessare | *Contr.* riconoscere.

disconosciménto [da *disconoscere*; a. 1855] **sm.** l'atto del disconoscere || *T.giur. disconoscimento di paternità*, procedimento giuridico con cui il marito rifiuta la paternità di un figlio nato dalla propria moglie.

disconosciùto (*pps.* di *disconoscere*) [a. 1294 *desconosciuto*] **agg.** non riconosciuto, non adeguatamente apprezzato: *virtù, qualità disconosciute, meriti disconosciuti.*

discontènto [da *contento*; 1340 ca.] **I agg.** *lett.* scontento, insoddisfatto **II sm.** *lett.* malcontento, insoddisfazione, sconforto.

discontinuàre (pres. *-ìnuo*) [da *continuare*; a. 1642] **tr.** *arc.* interrompere.

discontinuità [da *discontinuo*; 1612] **sf.** l'essere discontinuo, soluzione di continuità: *discontinuità di una superficie*; anche *fig.*: *discontinuità di metodo, di tono, di stile* || *T.mat. punti di discontinuità di una funzione generalmente continua*, punti in cui la funzione non è definita, o ha valore diverso dal suo limite in quel punto || **N.** *Sin.* interruzione; irregolarità.

discontìnuo [da *continuo*; a. 1519] **agg.** che ha le parti disgiunte l'una dall'altra: *linea discontinua* || interrotto, non continuo: *attività discontinua* || che manca di regolarità: *un atleta dalle prestazioni discontinue, un allievo discontinuo nello studio* || *T.mat. funzione discontinua in un punto*, che ha un punto di discontinuità.

disconvenévole [da *convenevole*; sec. XIII] **agg.** *lett.* sconveniente.

disconveniènte (*ppr.* di *disconvenire*) [a. 1406] **agg.** *lett.* **1.** sconveniente, non adatto **2.** *temperamenti disconvenienti*, che non s'accordano.

disconvenìre (pres. *-èngo* ecc., come VENIRE) [da *convenire*; a. 1257] **intr.** (aus. *essere*) **1.** *lett.* essere sconveniente **2.** *non com.* dissentire.

discopèrto (*pps.* di *discoprire*) [a. 1319 ca.] **agg.** *lett.* aperto, palese: *salta dal bosco a discoperta guerra* (Ariosto) || scoperto; *a discoperto*, a cielo scoperto: *sul terren nudo a discoperto giace* (Ariosto).

discopriménto [da *discoprire*; sec. XIV] **sm.** *non com.* scoperta, ritrovamento.

discoprìre (pres. *-òpro* ecc., come APRIRE) [da *coprire*; a. 1292] **tr.** *non com.* scoprire || trovare, inventare || render noto.

discoraggiàre (pres. *-àggio*) [da *incoraggiare*, con cambio di pref.; a. 1250 *discoraiare*] **tr.** *non com.* scoraggiare || **intr. pron.** *non com.* scoraggiarsi, perdere la fiducia in se stesso.

discordànte (*ppr.* di *discordare*) [a. 1292] **agg.** che non concorda, contrastante: *interpretazioni, voci, notizie discordanti* || **N.** *Sin.* DISCORDE.

discordànza [da *discordare*; a. 1294] **sf.** mancanza di accordo: *discordanza di opinioni, di colori, di suoni* || **N.** *Sin.* difformità, disarmonia, discordia, discrepanza, dissonanza, divario, stonatura.

discordàre (pres. *-òrdo*) [dal lat. *discordāre*; a. 1292] **intr.** (aus. *avere*) non essere d'accordo con altri a proposito di qualcosa: *in questo discordiamo da loro* || detto spec. di suoni e colori, non legar bene insieme || *fig.* non essere conforme: *nell'ipocrita, le parole discordano dal pensiero* || **N.** *Sin.* dissentire; stonare | *Contr.* accordarsi, concordare.

discòrde [dal lat. *discors, -ordis*; 1319] **agg.** contrastante, che discorda: *pareri discordi* || **discordeménte** **avv.**; *raro* nella *loc. prep. discordemente da*, in rapporto discorde con || **N.** *Sin.* contrapposto, contrario, differente, discordante, discrepante, dissenziente, dissidente, diverso, diviso, incompatibile, inconciliabile | *Contr.* concorde, consenziente.

discòrdia [dal lat. *discordia*; inizio sec. XIII] **sf.** mancanza di concordia, contrasto di animi e di volontà: *vivono in discordia* || diversità di opinioni intorno alla stessa cosa: *discordia tra i critici, tra i tecnici su un dato argomento* || mancanza di rispondenza: *discordia tra le parole e i* *fatti* || *pomo della discordia,* l'origine di una contesa (dal pomo che, nella mitologia greca, la Discordia, non invitata alle nozze di Peleo e Teti, offrì alla più bella fra le dee, provocando la disputa tra Era, Atena e Afrodite, e poi la guerra di Troia) || **N.** *Sin.* contesa, contrasto, disaccordo, discordanza, discrepanza, dissapore, dissenso, dissidio, dissonanza, disunione, divergenza, incompatibilità, inimicizia, lite, malumore, rottura, scisma, scissione, screzio, zizzania | fomentare, mettere, provocare, rinfocolare, seminare, suscitare; placare, sedare | aizzare, istigare, sobillare | dividersi, essere in rotta, guastarsi, inimicarsi, litigare, separarsi.

discòrdo [dal provenz. *descort*; a. 1306] ***sm.*** *T.lett.* componimento poetico di origine trovadorica, caratterizzato da irregolarità di struttura e, talvolta, anche di lingua: *il discordo plurilingue di Raimbaut de Vaqueiras.*

discórrere (pres. *-órro* ecc., come CORRERE) [lat. *discurrere,* correre qua e là; a. 1347] ***intr.*** (aus. *avere*) **1.** conversare ordinatamente intorno a qualche cosa: *discorrere di politica, di filosofia, del più e del meno* || parlare; anche come *sm.*: *se ne fa un gran discorrere* || *non ci si discorre,* si dice di persona intrattabile || *e via discorrendo,* enumerando molte cose, per comprendervi tutte le altre che si tralasciano; sin. di *eccetera* **2.** *arc.* o *lett.* correre qua e là, trascorrere: *discorre ad ora ad or sùbito fuoco* (Dante) || **N. 1.** *Sin.* confabulare, conversare, discutere, ragionare, trattare, PARLARE | abboccamento, colloquio, conferenza, DISCORSO | capannello, crocchio.

discorritóre [da *discorrere*; a. 1676] ***sm.*** (f. *-trice*) *raro* chi discorre, parlatore; chiacchierone.

discórsa [da *discorso*; a. 1893] ***sf.*** *raro* discorso vano, inconcludente || **N.** *Sin.* chiacchierata, cicalata, sproloquio.

discorsióne [dal lat. *discursio, -ōnis*; prima metà sec. XIV] ***sf.*** *arc.* scorreria.

discorsività [da *discorsivo*; 1920] ***sf.*** l'essere discorsivo: *la discorsività di un brano narrativo.*

discorsivo [da *discorso*; 1499 *discursivo*] ***agg.*** **1.** che concerne il discorso, che ha i caratteri del discorso || scorrevole, facile a comprendersi: *linguaggio, stile discorsivo* **2.** che ama discorrere **3.** *T.fil.* dianoetico, opposto a *intuitivo* || **discorsivaménte** ***avv.*** alla buona, in modo piano e facile.

discórso[1] *pps.* di *discorrere* (v.).

discórso[2] [dal lat. *discursus*; a. 1321] ***sm.*** l'atto del discorrere e le cose di cui si discorre: *è un discorso lungo* || ragionamento ordinato e diffuso intorno a qualche argomento; può essere anche scritto: *il discorso di Cavour, i discorsi del Machiavelli sulla prima Deca di Livio* || nel gergo politico, dialogo tra forze politiche per la soluzione di determinati problemi: *portare avanti un discorso nuovo, unitario* || *pochi discorsi,* brevemente, in sostanza || *senza tanti discorsi,* francamente || *perdere il filo del discorso,* perdere la concatenazione logica delle proprie argomentazioni, non riuscire a proseguire coerentemente || *attaccare discorso con qualcuno,* iniziare una conversazione || *cambiare discorso,* passare ad altro argomento || *questo è un altro discorso,* è un'altra cosa, un altro paio di maniche || *che discorsi!,* di cose senza senso o ovvie || *tutti discorsi!,* chiacchiere! || *T.gram. parti del discorso,* nella grammatica tradizionale, le classi di parole in base alla loro funzione grammaticale; sono: l'articolo, il nome, l'aggettivo, il pronome, il verbo, l'avverbio, la preposizione, la congiunzione, l'interiezione || *T.ling.* unità comunicativa, normalmente costituita da più frasi o da più periodi: *l'analisi del discorso richiede un approccio interdisciplinare* || *discorso diretto,* in cui il narratore riporta testualmente le parole pronunciate da qualcuno in una differente occasione (per es. *disse: "è una fortuna trovarti qui ora!"*); *discorso indiretto,* in cui il narratore, nel riportare le parole dette da qualcuno, le modifica adattando gli elementi deittici (persone, tempi, dimostrativi) al nuovo contesto spaziale e temporale (per es. *disse che era una fortuna trovarlo lì in quel momento*) || *dim.* discorsétto, discorsino || **N.** *Sin.* allocuzione, arringa, colloquio, concione, conversazione, dissertazione, orazione, parlata, predica, predicozzo, ragionamento, sermone | esordio, narrazione, confermazione, confutazione, perorazione, conclusione; circonlocuzione, digressione, perifrasi; prologo, epilogo | apologia, apostrofe, conferenza, diatriba, filippica, introduzione, invettiva, lamentazione, lezione, necrologio, omelia, panegirico, parabola, paradosso, polemica, premessa, prolegomeni, prolusione, replica, requisitoria, rimprovero, trattato | allegro, animato, brioso, vivace; compassato, conciso, esauriente, laconico, misurato, preciso; affettato, ampolloso, astruso, complicato, confuso, diffuso, enfatico, impacciato, incoerente, involuto, monotono, noioso, pedestre, prolisso, sciocco, scipito, sconnesso, sgradito, spiccio, stentato, stiracchiato, vano; estemporaneo, improvvisato; accademico; confidenziale; ambiguo | bisticcio, concetto, contesto, costrutto, frangia, ornamento | concludere, intavolare, interrompere, lasciar cascare, mutare, pronunciare, riassumere, ripigliare, troncare | metterci il becco; saltare di palo in frasca.

discortéṣe [da *cortese*; sec. XV] ***agg.*** *lett.* scortese.

discorteṣìa [da *cortesia*; a. 1494] ***sf.*** l'essere scortese.

discoscéso [da un disus. *discoscendere*; a. 1308] ***agg.*** *raro* scosceso.

discostaménto [da *discostare*; prima metà sec. XIV] ***sm.*** *lett.* scostamento, il discostarsi.

discostàre (pres. *-òsto*) [comp. parasint. di *costa*; a. 1320] ***tr.*** *lett.* scostare || ***intr. pron.*** allontanarsi, divergere: *le sue prestazioni non si discostano dalla media* || ***rifl.*** *lett.* scostarsi.

discòsto [da *discostare*; a. 1471] **I *agg.*** separato, lontano: *la sua casa è poco discosta dalla nostra* **II *avv.*** più o meno lontano: *camminava discosto da lui* || **N.** LONTANO | *Contr.* accosto.

discotèca [comp. di *disco* e *-teca*; 1927] ***sf.*** **1.** raccolta di dischi fonografici **2.** locale pubblico dove si balla al suono di musica registrata o incisa su dischi: *c'incontriamo qualche volta in discoteca.*

discotecàrio (pl. *-ri*) [da *discoteca*; 1950] ***sm.*** (f. *-a*) chi cura l'organizzazione di una discoteca.

discount (ingl., pr. ['dɪskaʊnt]; pr. it. [dis'kaunt]) [letter. sconto; 1983] ***sm.*** *inv.* esercizio pubblico di vendita che mantiene i prezzi più bassi di quelli correnti sul mercato.

discovrire (pres. *-òvro*) [dal lat. *discooperīre*; a. 1348] ***tr.*** *arc.* discoprire.

discraṣìa [dal gr. *dyskrasía,* cattiva mescolanza; 1493 ca.] ***sf.*** *T.med.* alterazione nella costituzione elementare dei tessuti liquidi organici, in part. del sangue.

discràṣico (pl. *-ci*) [da *discrasia*; 1970] ***agg.*** relativo a discrasia: *edema discrasico.*

discrédere [da *credere*; a. 1250 ca.] ***tr.*** *raro* non credere più quel che si credeva || ***intr. pron.*** *raro* **1.** ricredersi: *discredersi di un'opinione* **2.** *arc.* sfogarsi (costruito con la prep. *con*).

discreditàre (pres. *-édito*) [da *discredito*; 1589] ***tr.*** *non com.* screditare || ***rifl.*** perdere il credito, la stima, la reputazione, la fiducia || **N.** disistimare.

discrédito [da *credito*; a. 1603] ***sm.*** diminuzione o perdita del credito o della stima: *cadere, essere in discredito* || **N.** *Sin.* disistima, disonore, sfiducia.

discrepànte (*ppr.* di *discrepare*) [a. 1375] ***agg.*** *lett.* diverso, differente; detto spec. di opinione e sim. || **N.** *Sin.* contrastante, discordante, discorde, divergente.

discrepànza [dal lat. *discrepantia*; a. 1505] ***sf.*** *lett.* differenza, spec. divergenza d'opinione || **N.** *Sin.* disaccordo, discordanza, divario, DIFFERENZA.

discrepàre (pres. *discrepo*) [dal lat. *discrepāre*; inizio sec. XIV] ***intr.*** (aus. *avere*) *non com.* essere in contrasto, differire, divergere.

discretézza [da *discreto*; 1660] ***sf.*** **1.** *non com.* discrezione, tatto, prudenza **2.** *T.mat.* qualità di ciò che è discreto: *la discretezza dell'insieme dei numeri naturali.*

discretìva [dal lat. tardo *discretīvus*; sec. XIV] ***sf.*** *disus.* *T.fil.* facoltà di discernere il vero dal falso, il bene dal male, il bello dal brutto || **N.** criterio, discernimento, giudizio.

discretìvo [dal lat. tardo *discretīvus*; a. 1308 ca.] ***agg.*** *non com.* **1.** *T.fil.* atto a discernere, a distinguere: *giudizio discretivo* **2.** discrezionale: *potere discretivo.*

discréto [dal lat. *discrētum,* pps. di *discernere,* separare; a. 1294 come agg. nel senso 2] **I *agg.*** **1.** (soltanto in questo senso spesso precede il sostantivo a cui si riferisce) né troppo né poco, più che sufficiente: *un discreto numero di scolari, una discreta abilità* || abbastanza buono: *un'opera discreta, un discreto avvocato* **2.** rif. a persone o atteggiamenti, prudente, savio, moderato nelle proprie voglie: *siate discreti nei desideri* || cauto, pieno di tatto: *è un uomo molto discreto* **3.** *T.mat. insieme discreto di elementi,* tale che ogni elemento può essere isolato da tutti gli altri: *i numeri naturali formano un insieme discreto*; *variabile discreta,* che assume un insieme discreto (non necessariamente finito) di valori || **discretaménte** ***avv.*** **1.** con tatto o moderazione **2.** abbastanza, anche come modificatore di aggettivi: *un tipo discretamente simpatico* **II *sm. pl.*** *T.eccl.* i componenti il consiglio superiore di un convento o di una provincia monastica || **N. I 1.** *Sin.* apprezzabile, decoroso, ragionevole, soddisfacente **2.** *Sin.* circospetto, corretto, giudizioso, riservato | *Contr.* curioso, importuno, indiscreto, invadente, pettegolo **3.** *Contr.* continuo.

discrezionàle [dal fr. *discrétionnel*; 1855] ***agg.*** *T.giur. potere discrezionale,* facoltà di agire secondo la propria libera scelta, in assenza di precise norme giuridiche, da parte di un magistrato.

discrezionalità [da *discrezionale*; 1911] ***sf.*** *T.giur.* l'ambito in cui un organo o un rappresentante dello Stato è libero di agire secondo la propria coscienza, non essendo il suo comportamento determinato da norme giuridiche: *discrezionalità del giudice, discrezionalità amministrativa.*

discrezióne [dal lat. tardo *discrētio, -ōnis*; a. 1292 nel senso 3] ***sf.*** **1.** moderazione, capacità di contenersi: *bevi con discrezione* || riserbo, cautela nel trattare con gli altri, rispetto della vita privata altrui: *un maggiordomo di proverbiale discrezione* **2.** libertà di agire secondo i propri desideri; soprattutto nella loc. *a discrezione,* a piacere, a volontà: *prendetene a discrezione* || *arrendersi a discrezione,* senza condizioni **3.** capacità di distinguere il bene dal male, di ragionare autonomamente: *età della discrezione* || **N. 1.** *Sin.* equilibrio, misura; riservatezza, tatto | *Contr.* smoderatezza; indiscrezione, invadenza **2.** *Sin.* arbitrio, capriccio, volere **3.** *Sin.* discernimento, giudizio.

discriminàle [dal lat. tardo *discriminālis*; 1970] ***sm.*** tipo di pettine usato dal barbiere per spartire i capelli || **N.** *Sin.* dirizzatoio.

discriminànte (*ppr.* di *discriminare*) [1908 come sm. nel senso 2] **I *agg.*** **1.** che distingue **2.** *per restr.* che opera una discriminazione: *una legislazione discriminante nei confronti delle minoranze etniche* **3.** *T.giur.* che toglie o attenua la responsabilità penale: *circostanze discriminanti* **II sm.** *T.mat.* nella formula di risoluzione dell'equazione di secondo grado, l'espressione sotto radice quadrata che, a seconda del segno, determina se le due radici dell'equazione sono reali o complesse; *discriminante di una conica,* combinazione dei coefficienti dei termini di secondo grado della sua equazione che, a seconda del segno, determina se si tratta di ellisse, iperbole o parabola || **sf.** *T.giur.* attenuante.

discriminàre (pres. *-ìmino*) [dal lat. *discrimināre,* separare; 1779] **tr.** **1.** distinguere, discernere **2.** *per restr.* emarginare, imporre una disparità di trattamento: *ancora oggi le donne vengono discriminate in molti ambienti di lavoro* **3.** *T.giur.* togliere la responsabilità penale; *per estens.* togliere la responsabilità disciplinare.

discriminàto (*pps.* di *discriminare*) [a. 1956] **I agg.** detto di individuo o gruppo che viene considerato, trattato o giudicato in modo diverso da quello stabilito o convenuto per la maggioranza **II sm.** (f. *-a*) persona trattata con discriminazione: *i discriminati nelle leggi razziali fasciste erano gli ebrei.*

discriminatóre [dal lat. tardo *discriminātor, -ōris*; 1956] **I agg.** *non com.* che effettua discriminazioni **II sm.** **1.** (f. *-trìce*) *non com.* chi discrimina **2.** *T.elettr.* dispositivo atto a isolare un segnale da altri impulsi con diverse caratteristiche: *discriminatore di ampiezza, di frequenza.*

discriminatòrio (pl. *-ri*) [da *discriminare*; 1983] **agg.** di discriminazione: *intento discriminatorio*; che opera una discriminazione: *provvedimento discriminatorio.*

discriminatùra [da *discriminare*; 1546] **sf.** *raro* scriminatura, riga che risulta dividendo i capelli in due bande.

discriminazióne [dal lat. tardo *discriminātio, -ōnis*; 1765 ca.] **sf.** **1.** distinzione, capacità di distinguere **2.** *per restr.* disparità di trattamento giuridico o economico-sociale imposto a particolari categorie di individui all'interno di una comunità: *discriminazione razziale.*

discromatopsìa [dal fr. *dyschromatopsie*; 1880] **sf.** *T.med.* impossibilità di discernere alcuni colori, specie il rosso, il verde e il violetto, mentre gli altri sono normalmente percepiti || **N.** *Sin.* daltonismo.

discromìa [comp. di *dis-*[2] e un der. del gr. *chrôma,* colore; 1935] **sf.** *T.med.* anomalia nella colorazione della pelle, gen. con presenza di macchie biancastre; è dovuta ad alterazioni quantitative del pigmento cutaneo, o al deposito di pigmenti di origine diversa (ematica, biliare ecc.).

discucìre (pres. *-ùcio*) [da *cucire*; a. 1347] **tr.** *non com.* scucire.

discuoiàre o **discoiare** (pres. *-òio*) [comp. parasint. di *cuoio*; 1532] **tr.** *non com.* scuoiare.

discussióne [dal lat. *discussio, -ōnis*; a. 1406] **sf.** l'azione del discutere || scambio di vedute: *dopo una spassionata discussione le loro divergenze apparvero meno gravi* || momento precedente le decisioni in organi collegiali, dibattito pubblico: *discussione di un progetto di legge* || *per estens.* litigio, alterco, contesa || *mettere in discussione,* criticare, mettere in dubbio la validità di qualcosa o l'operato di qualcuno || *essere fuori discussione,* essere irrevocabilmente stabilito (in senso positivo o negativo) || *T.mat. discussione di una funzione,* analisi del suo andamento, delle sue singolarità ecc. al variare di determinati parametri || *dim.* discussioncèlla || **N.** *Sin.* controversia, dibattimento, disputa, esame, polemica, questione, trattazione | animata, appassionata, calma, fiera, franca, ordinata, pacata, serena, tempestosa, violenta, vivace; confusa, inconcludente, sterile; costruttiva | chiudere, fare, finire, intavolare, interrompere, suscitare.

discùsso *pps.* di *discutere* (v.).

discùtere (pres. *-ùto*; imp. *-utévo*; p.rem. *-ùssi, -utésti, -ùsse, -utémmo, -utéste, -ùssero*; fut. *-uterò*; pps. *-ùsso*) [dal lat. *discutere,* scuotere; a. 1364] **tr.** esaminare la verità, l'opportunità ecc. di una cosa, spesso col fine di prendere una deliberazione: *discutere una legge, un testo, una causa, una proposta* || *discutere la tesi di laurea,* sostenere gli assunti della propria tesi nell'esame finale di un corso di laurea || *per estens.* litigare: *lì si sentiva spesso discutere animatamente per ore* || *T.mat. discutere una funzione,* sottoporla a una discussione || **N.** *Sin.* considerare, contendere, contrastare, dibattere, disputare, esaminare, questionare, ragionare, scandagliare, trattare, vagliare, ventilare; azzuffarsi | confutare, contraddire, replicare, ribadire, rimbeccare, ritorcere.

discutìbile [da *discutere*; 1869] **agg.** che si può discutere, che non è certo || *eufem.* sbagliato, inaccettabile: *affermazioni, gusti discutibili* || **N.** *Sin.* dubbio, problematico | *Contr.* certo, dimostrato, fuori discussione, indiscutibile.

discutibilità [da *discutibile*; 1880] **sf.** l'essere discutibile.

diṣdegnàre (pres. *-égno*) [lat. volg. **disdignāre*; inizio sec. XIII] **tr.** avere a sdegno, disprezzare; usato più spesso in frasi negative: *non disdegna i complimenti* || **intr. pron.** *lett.* sdegnarsi || **N.** **tr.** *Sin.* aborrire, rifiutare, spregiare.

diṣdégno [da *disdegnare*; a. 1294] **sm.** *lett.* riprovazione, disprezzo: *credendo col morir fuggir disdegno* (Dante) || **N.** DISPREZZO.

diṣdegnóso [da *disdegnare*; a. 1276] **agg.** *lett.* sdegnoso || **diṣdegnosaménte** **avv.** || **N.** *Sin.* altero, fiero, sprezzante.

diṣdétta [da *disdire*[1]; a. 1321] **sf.** **1.** *T.giur.* atto col quale si disdice un contratto, spec. di locazione: *il padrone di casa mi ha dato la disdetta per il settembre prossimo* **2.** sfortuna, disgrazia: *la disdetta al gioco, portare disdetta*; *che disdetta!* || **N.** **2.** *Sin.* iella, iettatura, scalogna, DISGRAZIA.

diṣdettàre (pres. *-étto*) [da *disdetta*; 1956] **tr.** *T.bur.* dare la disdetta, disdire: *disdettare un contratto, un impegno.*

diṣdétto *pps.* di *disdire* (v.).

diṣdicènte [da *disdire*[2]; a. 1729] **agg.** *non com.* disdicevole, sconveniente.

diṣdicévole [da *disdire*[2]; 1353] **agg.** *lett.* sconveniente, inopportuno.

diṣdìre[1] (pres. *-ìco* ecc., come DIRE) [da *dire*; a. 1264] **tr.** **1.** ritrattare le cose dette o promesse, annullare un impegno: *disdire una prenotazione* || *disdire un contratto,* dichiarare di non volerlo più rispettare o rinnovare **2.** *ant.* rifiutare; proibire || **N.** **1.** *Contr.* confermare, rispettare.

diṣdìre[2] (*dif.,* usato solo alle terze persone dei tempi semplici; coniugato come DIRE) [lat. *dedecēre*; inizio sec. XIII] **intr.** e **intr. pron.** essere sconveniente, non essere adatto: *è un atto che disdice alla nostra gravità* || **N.** *Contr.* addirsi.

diṣdòro [dallo spag. *desdoro,* il togliere la doratura; a. 1712] **sm.** *lett.* disonore, vergogna, onta: *sia detto a suo disdoro* || **N.** DISONORE.

diṣdótto [dal provenz. *desdutz,* fr. ant. *desduit*; fine sec. XII *desduttu*] **sm.** *arc.* diletto, piacere.

diṣebbriàre o **diṣebriàre** (pres. *-èbrio* o *-èbbrio*) [calco dal fr. ant. *desivrer*; fine sec. XIII] **tr.** *non com.* liberare dall'ebbrezza || **intr.** (aus. *essere*) *raro* uscire dall'ebbrezza.

diseccàre e der. forme non com. di DISSECCARE e der. (v.).

diṣeccitàre (pres. *-èccito*) [da *eccitare*; 1974] **tr.** *T.fis.* far passare un sistema da uno stato di eccitazione a uno stato di non eccitazione || *T.elettrot.* interrompere la corrente che circola nell'avvolgimento di un dispositivo elettromagnetico: *diseccitare un generatore.*

diṣeccitazióne [da *diseccitare*; 1974] **sf.** *T.fis.* e *T.elettrot.* operazione o risultato del diseccitare un sistema fisico o un dispositivo elettromagnetico.

diṣeconomìa [da *economia*; 1974] **sf.** *T.econ.* condizione di squilibrio economico all'interno di un sistema produttivo o tra stati || *in part.* calo del rendimento di un'impresa, dovuto all'incremento dei costi di produzione: *diseconomie interne,* causate dalla variazione di parametri interni all'impresa produttiva (per es. la crescita delle spese di amministrazione); *diseconomie esterne,* causate da condizioni sociali ed economiche negative; *diseconomie di scala,* derivanti dall'ampliamento della scala di produzione oltre la capacità ottimale dell'impianto produttivo.

diṣeconòmico (pl. *-ci*) [da *diseconomia*; 1983] **agg.** relativo a diseconomia; non economico, basato su scelte economiche sbagliate: *un servizio pubblico diseconomico, una tecnologia diseconomica.*

diṣeducàre (pres. *-èduco, -èduchi*) [da *educare*; 1869] **tr.** educare male; compromettere, rovinare l'educazione precedentemente impartita.

diṣeducatìvo [da *diseducare*; a. 1937] **agg.** che diseduca: *sistemi diseducativi.*

diṣeducazióne [da *diseducare*; 1896] **sf.** educazione male impartita o controproducente.

disegnàre (pres. *-égno*) [lat. *designāre,* delimitare; 1282 *desegnare*] **tr.** **1.** rappresentare con linee e con segni: *disegnare un triangolo, disegnare dal vero un paesaggio* || progettare, inventare: *disegnare una casa, un abito* || descrivere figure con il proprio movimento: *l'aquila disegna ampi cerchi in volo prima di piombare sulla preda* || *fig.* descrivere con parole || tracciare nella mente le linee principali di un progetto: *disegnare un piano d'azione* **2.** *non com.* prefiggersi, stabilire: *ho disegnato di andarmi a stabilire a Milano* **3.** *arc.* designare || **N.** **1.** *Sin.* abbozzare, adombrare, delineare, dipingere, effigiare, figurare, ombreggiare, profilare, ritrarre, sbozzare, schizzare, tracciare, tratteggiare; concepire, creare **2.** *Sin.* deliberare, determinarsi, proporsi. **Q.T.** *architettura, pittura.*

disegnatóre [da *disegnare*; 1282 *desegnatore*] **sm.** (f. *-trìce*) chi disegna, spec. come professione: *disegnatore tecnico, satirico, di moda* || **N.** caricaturista, cartografo, figurinista, figurista, grafico, incisore, progettista, topografo, vignettista.

diségno [da *disegnare*; a. 1444] **sm.** **1.** rappresentazione di un oggetto per mezzo di linee e segni: *fare il disegno di una chiesa, esporre un bel disegno* || motivo ornamentale, spec. di stoffe o sim.: *un maglione con un bel disegno a rombi* || *disegni animati,* cartoni animati || l'arte del disegnare: *studia disegno* || il modo di disegnare: *ha un disegno nitido* **2.** *fig.* abbozzo di un'opera: *il disegno di un libro* || progetto: *un disegno di legge* || *non com.* pensiero, intenzione: *ho fatto disegno di andarmene a Napoli* || *fig. non com. colorire un disegno,* attuare un proposito || **N.** **1.** abbozzo, acquaforte, arabesco, bozzetto, calco, caricatura, chiaroscuro, effigie, figura, fregio, graffito, illustrazione, immagine, incisione, linea, litografia, mappa, paesaggio, pastello, pianta, profilo, ritratto, scorcio, segno, spaccato, stampa, tatuaggio, vignetta, xilografia | architettonico, a carboncino, a contorno, a colori, ad acquerello, geometrico, stilizzato, tecnico | carboncino, compasso, curvilineo, lapis, matita, pantografo, penna, pennarello, pennello, regolo, riga, sfumino, squadra, stampino, tiralinee | arabescare, calcare, cancellare, comporre, copiare, correggere, lucidare, ricavare | campo, contorno, ombra, ornato, prospettiva, tratteggio **2.** *Sin.* idea, modello, proposta, schema, schizzo, INTENZIONE. **Q.T.** *pittura.*

diseguàle e der. V. DISUGUALE e der.

disellàre ***tr.*** *raro* V. DISSELLARE.

dişendocrinìa [comp. di *dis-*² e *endocrinia*; 1951] ***sf.*** *T.med.* disfunzione delle ghiandole endocrine.

dişenfiàre (pres. *-ènfio*) [da *enfiare*; sec. XIII] ***tr.*** *non com.* togliere il gonfiore ‖ ***intr.*** (aus. *essere*) e ***intr. pron.*** *non com.* perdere il gonfiore.

disennàre e der. forme rare di DISSENNARE e der. (v.).

diseparàre V. DISSEPARARE.

dişepatìa [comp. di *dis-*² e un der. del gr. *hêpar, -atos*, fegato; 1983] ***sf.*** *T.med.* termine generico che indica disfunzione epatica.

dişepitelizzaziòne [comp. parasint. di *epitelio*; 1956] ***sf.*** *T.med.* perdita del rivestimento epiteliale della pelle o di un organo.

diseppellìre ***tr.*** *arc.* V. DISSEPPELLIRE.

dişequaziòne [da *equazione*; 1965] ***sf.*** *T.mat.* diseguaglianza in cui compaiono una o più variabili.

dişequilibràre (pres. *-ìbro*) [da *equilibrare*; 1881] ***tr.*** squilibrare.

dişequilìbrio (pl. *-bri*) [da *equilibrio*; a. 1808] ***sm.*** squilibrio, assenza di equilibrio.

dişerbànte (*ppr.* di *diserbare*) [1956] ***agg.*** e ***sm.*** *T.chim.* detto di prodotti chimici che eliminano le erbe nocive ‖ **N.** fitofarmaco.

DISEGNO

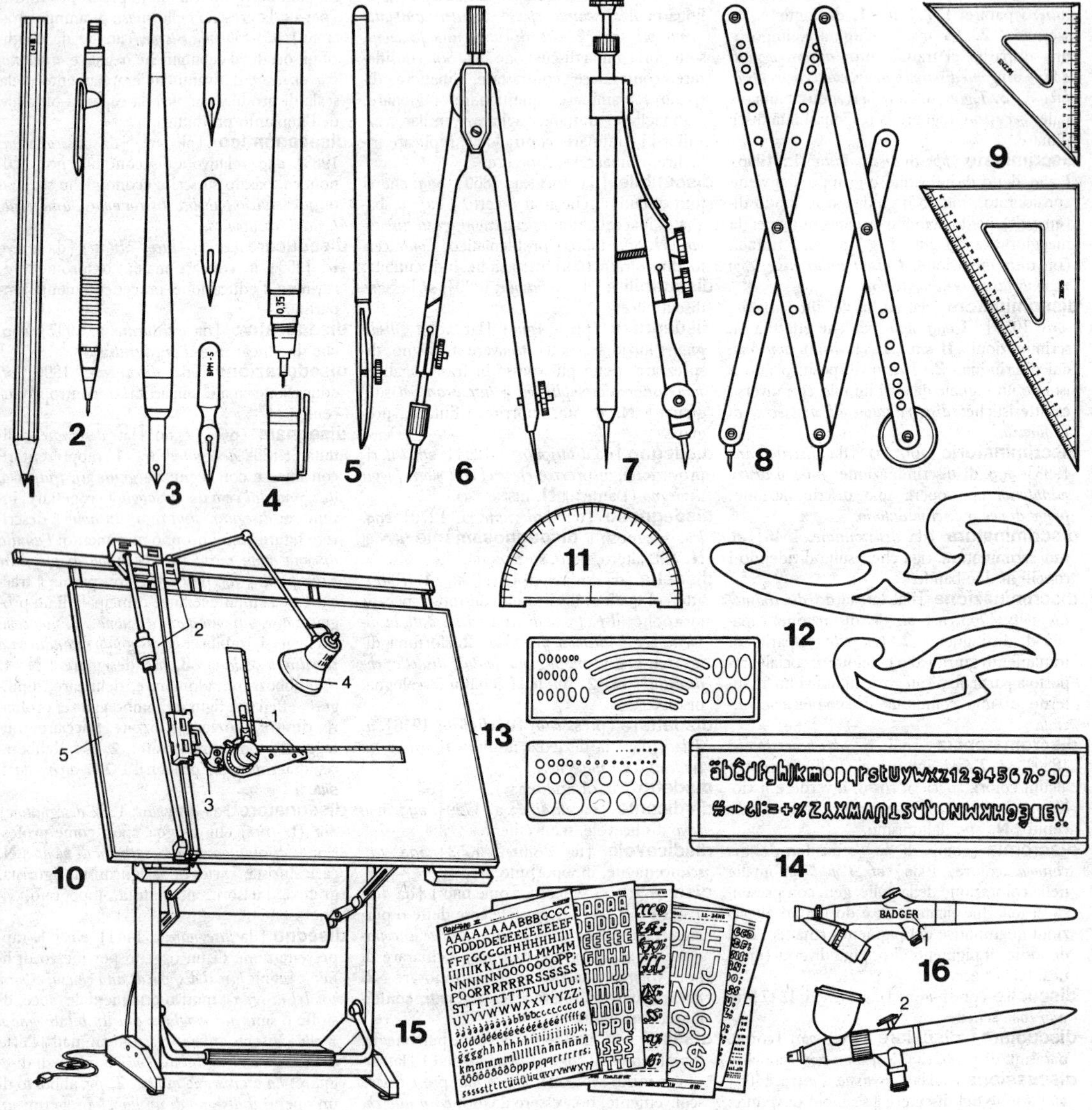

1. matita

2. matita portamine a pulsante

3. cannuccia con pennini intercambiabili da inchiostro

4. penna a china con pennino tubolare

5. tiralinee

6. compasso

7. balaustrino a pompa

8. pantografo

9. squadre da disegno

10. tecnigrafo

10.1. righe millimetrate - 10.2. guide - 10.3. congegno per regolare la posizione delle righe - 10.4. lampada - 10.5. tavolo da disegno ad altezza e inclinazione variabili

11. goniometro

12. curvilinei

13. sagome (o mascherine) per cerchi, ellissi ecc.

14. normografo

15. trasferibili

16. aerografo

16.1. ad azione singola e ago esterno - 16.2. a doppia azione e ago interno

diṣerbàre (pres. *-èrbo*) [comp. parasint. di *erba*; 1791] ***tr.*** privare delle erbe nocive: *diserbare una piantagione.*

diṣerbatùra [da *diserbare*; 1803 ca.] ***sf.*** il diserbare.

diṣèrbo [da *diserbare*; 1956] ***sm.*** diserbatura.

diṣeredaménto [da *diseredare*; 1830] ***sm.*** *non com.* atto ed effetto del diseredare.

diṣeredàre (pres. *-èdo*) [comp. parasint. di *erede*; 1524 ca.] ***tr.*** privare dell'eredità, della disponibile.

diṣeredàto (*pps.* di *diseredare*) [a. 1873] ***agg.*** e ***sm.*** (f. *-a*) non abbiente, povero: *le classi diseredate*; *i diseredati della società.*

diṣeredazióne [da *diseredare*; a. 1742] ***sf.*** *non com.* il diseredare.

diṣergìa (pl. *-gìe*) [comp. di *dis-*² e un der. del gr. *érgon*, opera; 1956] ***sf.*** *T.med.* **1.** anomalia funzionale di un organo **2.** anormale scoordinamento nei movimenti, dovuto a disturbi del sistema nervoso.

diserràre ***tr.*** *raro* v. DISSERRARE.

diṣertaménto [da *disertare*; a. 1348] ***sm.*** *raro* diserzione.

diṣertàre (pres. *-èrto*) [dal lat. tardo *desertāre*; sec. XII-XIII *desirtare*] ***tr.*** **1.** abbandonare un luogo: *disertare le fabbriche in segno di protesta, disertare i campi* || *disertare le lezioni*, non parteciparvi; *disertare un appuntamento*, non andarci **2.** *lett.* mandare in rovina, distruggere || ***intr.*** (aus. *avere*) abbandonare l'esercito || *per estens.* abbandonare un gruppo a cui si aderiva: *disertare da un partito politico* || **N.** ***tr.*** **1.** *Sin.* mancare a, saltare | *Contr.* affollare, frequentare, popolare.

diṣèrto¹ [dal lat. *desertus*; 1319] ***agg.*** *lett.* spogliato, rovinato: *quando l'Italia diserta fu dal Vandalo* (Pascoli).

diṣèrto² [dal lat. *disertus*; prima metà sec. XIV] ***agg.*** *lett.* facondo, chiaro e ingegnoso nell'esporre le idee; eloquente.

diṣertóre [dal lat. *desertor, -ōris*; a. 1504] ***sm.*** (f. *-trice*) soldato che ha abbandonato il proprio reparto || *per estens.* chi abbandona un'idea, un partito e sim. || **N.** fuggiasco, renitente, traditore, transfuga.

diṣerzióne [dal lat. tardo *desertio, -ōnis*; a. 1712 *deserzione*] ***sf.*** il disertare || **N.** defezione, fuga, renitenza. **Q.T.** *forze armate.*

diṣesteṣìa [comp. di *dis-*² e *-estesia*; 1907] ***sf.*** *T.med.* alterazione della sensibilità corporea, spec. del senso del tatto (sensazioni di intorpidimento, formicolio ecc.).

diṣetàneo [da *coetaneo*, con cambio di pref.; 1987] ***agg.*** *non com.* di diversa età; il termine è usato spec. in selvicoltura: *sequoie disetanee*; *foresta disetanea*, le cui piante sono disetanee || **N.** *Contr.* coetaneo.

disfacìbile [da *disfare*; a. 1704] ***agg.*** *non com.* che può essere disfatto, disfattibile: *un'opera difficilmente disfacibile.*

disfaciménto [da *disfare*; a. 1292] ***sm.*** dissoluzione; decomposizione || anche *fig.* sfacelo, rovina: *una società in disfacimento* || **N.** *Sin.* distruzione, sfaldamento; putrefazione.

disfacitóre [da *disfare*; 1306] ***sm.*** (f. *-trice*) *non com.* chi disfa, distrugge, annienta: *è un disfacitore delle opere altrui* || **N.** *Sin.* demolitore.

disfacitùra [da *disfare*; sec. XIV] ***sf.*** *raro* il disfare e il disfarsi.

disfagìa (pl. *-gìe*) [comp. di *dis-*² e *-fagia*; 1820] ***sf.*** *T.med.* difficoltà o impossibilità d'inghiottire.

disfaldàre [da *sfaldare*; a. 1472] ***tr.*** *non com.* sfaldare.

disfamàre¹ (pres. *-àmo*) [comp. parasint. di *fame*; 1319] ***tr.*** *lett.* sfamare.

disfamàre² (pres. *-àmo*) [comp. parasint. di *fama*; a. 1342] ***tr.*** *arc.* diffamare, infamare, screditare.

disfàre (pres. *dìsfo* o *disfò* o *disfàccio*, *dìsfi* o *disfài*, *dìsfa* o *disfà*, *disfiàmo* o *disfacciàmo*, *disfàte*, *dìsfano* o *disfànno*; fut. *disferò* o *disfarò*; cond. *disferèi* o *disfarèi*; per il resto come FARE) [comp. di *dis-*¹ e *fare*; 1282 *desfare*] ***tr.*** distruggere il già fatto: *disfare un pezzo di lavoro ai ferri*; *prov. fare e disfare è tutto un lavorare* || distruggere, rovinare: *disfare le mura* || *disfare il letto*, togliere le lenzuola e le coperte per far prendere aria ai materassi || *disfare un gomitolo*, srotolarlo || *disfare la casa*, svuotarla, venderne i mobili || sciogliere: *il caldo ha disfatto quel pupazzo di neve* || di eserciti, sconfiggere: *l'esercito fu disfatto* || ***intr. pron.*** dissolversi: *il burro si disfà*; anche *fig.*: *disfarsi in lacrime, disfarsi dal dolore* || andare in putrefazione || ***rifl.*** *disfarsi di una cosa*, venderla, donarla, rinunziarvi: *mi sono disfatto di tutti i libri inutili*; rif. a persona, liberarsene: *mi sono disfatto di quel seccatore* || **N.** ***tr.*** *Sin.* abbattere, demolire, scomporre, sfasciare, smantellare, smontare | *Contr.* ricomporre, rifare | ***intr. pron.*** consumarsi, sciogliersi; struggersi; decomporsi | ***rifl.*** sbarazzarsi.

disfaṣìa [rifatto su *afasia*, con sostituzione di pref.; 1940] ***sf.*** *T.med.* difficoltà di parola, disturbo nell'organizzare ordinatamente la parola || **N.** afasia, disartria, disfrasia.

disfàtta [da *disfare*; a. 1540] ***sf.*** sconfitta grave, rotta definitiva di un esercito o di un'armata || *per estens.* sconfitta rovinosa: *una disfatta elettorale* || **N.** rotta, perdita, sbaraglio, SCONFITTA.

disfattìbile [da *disfare*; a. 1704] ***agg.*** *raro* che si può disfare.

disfattìccio (pl. m. *-ci*; pl. f. *-ce*) [da *disfatto*; a. 1803 ca.] ***agg.*** e ***sm.*** *tosc. T.agr.* detto di terreno lasciato incolto per anni.

disfattiṣmo [dal fr. *défaitisme*; 1918] ***sm.*** il modo di pensare e di agire dei disfattisti.

disfattìsta [dal fr. *défaitiste*; 1917] **I** ***s.*** chi diffonde, spec. durante una guerra, notizie che allarmino e siano atte a deprimere gli animi || *per estens.* chi diffonde la sfiducia nel compimento di un'impresa: *non fare anche tu il disfattista* **II** ***agg.*** da disfattista, disfattistico: *discorso, atteggiamento disfattista.*

disfattìstico (pl. *-ci*) [da *disfattismo*; 1962] ***agg.*** di disfattismo, ispirato da disfattismo o più in gen. da pessimismo: *discorso disfattistico, voci disfattistiche.*

disfàtto (*pps.* di *disfare*) [a. 1292] ***agg.*** scomposto, distrutto, rovinato: *viso, aspetto disfatto.*

disfattóre [da *disfatto*; fine sec. XIII] ***sm.*** (f. *-trice*) *raro* disfacitore.

disfavillàre [comp. parasint. di *favilla*; 1321] ***intr.*** (aus. *avere*) *raro lett.* sfavillare.

disfavóre [da *favore*; a. 1530] ***sm.*** *non com.* mancanza o perdita del favore || disgrazia, svantaggio, detrimento, danno || *a disfavore* o *in disfavore*, contro, a carico.

disfavorévole [da *favorevole*; a. 1613] ***agg.*** *raro* sfavorevole.

disfavorìre (pres. *-ìsco, -ìsci*) [da *favorire*; a. 1476] ***tr.*** *raro* sfavorire; negare o togliere il favore.

disfemìa [comp. di *dis-*² e un der. del gr. *phēmí*, dire; 1932] ***sf.*** *T.med.* ogni disturbo della capacità di articolare i suoni di origine psichica o neurologica, non dipendente da cause organiche.

disfemìṣmo [da *eufemismo*, con cambio di pref.; 1966] ***sm.*** *T.ret.* figura retorica consistente nell'uso di espressioni denigratorie o offensive con significato affettuoso o di complimento (per es. nelle frasi: *sei una bestia! Hai risposto esattamente a tutte le domande*; *vieni dalla mamma, piccola strega!*) || **N.** *Contr.* eufemismo.

disferràre (pres. *-èrro*) [comp. parasint. di *ferro*; a. 1525] ***tr.*** *lett.* liberare dalla catena; anche *fig.*

disfìda [da *disfidare*; a. 1536] ***sf.*** *lett. raro* sfida, duello, certame: *la disfida di Barletta.*

disfidàre (pres. *-ìdo*) [dal lat. mediev. *disfidāre*; sec. XIII] ***tr.*** *lett.* sfidare.

disfiguràre (pres. *-ùro*) [comp. parasint. di *figura*; 1614] ***tr.*** *raro* sfigurare.

disfioràre (pres. *-óro*) [comp. parasint. di *fiore*; 1313] ***tr.*** **1.** privare del fiore || *più com. fig.* rovinare, guastare || *poet.* disonorare: *morì fuggendo e disfiorando il giglio* (Dante) **2.** *lett.* sfiorare **3.** *arc.* deflorare.

disfogàre (pres. *-ógo, -óghi*) [comp. parasint. di *foga*; 1294 ca.] ***tr.*** *lett.* sfogare.

disfogliàre (pres. *-òglio*) [comp. parasint. di *foglia*; a. 1294] ***tr.*** *lett.* privare delle foglie, sfrondare.

disfonìa [comp. di *dis-*² e *-fonia*; 1820] ***sf.*** *T.med.* alterazione della voce dovuta a disfunzione o danneggiamento degli organi della fonazione.

disforìa [dal gr. *dysphoría*; 1820] ***sf.*** *T.med.* alterazione dell'umore in senso depressivo e ansioso || **N.** *Contr.* euforia.

disfòrico (pl. *-ci*) [da *disforia*; 1956] ***agg.*** *T.med.* di disforia: *fase disforica* || di persona, che soffre di disforia: *soggetto, paziente disforico.*

disformàre (pres. *-órmo*) [da *formare*; seconda metà sec. XIII] ***tr.*** *non com.* deformare, sformare, alterare nella forma.

disfórme [da *disformare*; a. 1406] ***agg.*** *raro* difforme.

disformità [da *disforme*; a. 1527] ***sf.*** *raro* difformità.

disfraṣìa [comp. di *dis-*² e *-frasia*, basato sul gr. *phrásis*, espressione; 1918] ***sf.*** *T.med.* difficoltà a pronunciare correttamente le parole, dovuta a lesioni dei centri nervosi || **N.** afasia, disfasia.

disfrenàre (pres. *-èno*) [da *frenare*; a. 1822 ca.] ***tr.*** *lett.* liberare da freni, remore o costrizioni.

disfrondàre (pres. *-óndo*) [comp. parasint. di *fronda*; 1629] ***tr.*** *lett.* sfrondare; anche *fig.*

disfunzióne [comp. di *dis-*² e *funzione*; 1942] ***sf.*** *T.med.* alterazione nel funzionamento di un organo: *disfunzione delle ghiandole endocrine* || *per estens.* cattivo funzionamento, spec. di una struttura sociale: *disfunzioni dei pubblici servizi, disfunzioni amministrative.*

diṣgàggio (pl. *-gi*) [dal fr. *dégager*, distaccare, liberare; 1956] ***sm.*** nell'arte mineraria, rimozione manuale di blocchi o frammenti rocciosi rimasti in posizione instabile dopo l'esplosione di mine; *per estens.* rimozione di massi pericolanti che minacciano la sicurezza di strade, luoghi abitati ecc.

diṣgarbàre [da *garbare*; 1869] ***intr.*** (aus. *essere*) *raro* dispiacere.

diṣgelàre (pres. *-èlo*) [da *gelare*; a. 1861] ***tr.*** sciogliere il gelo: *il sole disgela il terreno* || ***intr.*** (aus. *essere*) e ***intr. pron.*** sciogliersi dal gelo: *ad aprile i fiumi russi disgelano*; anche *impers.*: *tra pochi giorni disgela* || *fig.* diventare meno freddo, meno costrittivo e rigido: *i rapporti fra le parti si stanno disgelando.*

diṣgèlo [da *disgelare*; a. 1883] ***sm.*** lo sciogliersi del ghiaccio e delle nevi || *fig.* l'avviarsi di rapporti meno freddi tra i membri di una comunità o due comunità diverse: *il disgelo poststaliniano* || **N.** GHIACCIO.

diṣgeneṣìa [comp. di *dis-*² e un der. del gr. *génesis*, generazione; 1935] ***sf.*** *T.med.* formazione difettosa o incompleta di un organo o di un apparato: *disgenesia dello scheletro.*

diṣgenètico (pl. *-ci*) [da *disgenesia*; 1987] ***agg.*** *T.med.* relativo o conseguente a disgenesia: *patologie disgenetiche del sistema osseo-cartilagineo.*

diṣgènico (pl. *-ci*) [dall'ingl. *dysgenic*; 1956] ***agg.*** *T.biol.* detto di carattere ereditario non favorevole alla specie, in un determinato ambiente || **N.** *Contr.* eugenetico, eugenico.

diṣgeògeno [comp. di *dis-*¹, *geo-* e *-geno*; 1932] ***agg.*** *T.geol. rocce disgeogene*, rocce (per es. quelle calcaree) che, disfacendosi, danno origine a terreni porosi che non trattengono l'acqua, e che costituiscono quindi un ambiente inadatto allo sviluppo della vegetazione.

diṣgeuṣìa [comp. di *dis-*[2] e del gr. *geûsis*, gusto; 1830] ***sf.*** *T.med.* indebolimento o alterazione del senso del gusto.

diṣgiùngere (pres. *-ùngo* ecc., come GIUNGERE) [lat. *disgiungere*; a. 1294] ***tr.*** separare, disunire ‖ considerare separatamente ‖ **N.** *Sin.* dividere, scompagnare, SEPARARE | *Contr.* congiungere, riunire.

diṣgiungiménto [da *disgiungere*; a. 1406] ***sm.*** *non com.* atto ed effetto del disgiungere.

diṣgiuntìvo [dal lat. tardo *disiunctīvus*; 1551] ***agg.*** atto a disgiungere ‖ *T.gram. congiunzioni disgiuntive*, congiunzioni coordinanti (in italiano *o*, *oppure*, *ovvero*), che stabiliscono un rapporto di alternativa tra due argomenti o due proposizioni (non necessariamente escludendone la compresenza, v. DISGIUNZIONE); *proposizioni disgiuntive*, quelle introdotte da queste congiunzioni.

diṣgiùnto (*pps.* di *disgiungere*) [a. 1294] ***agg.*** separato, discosto, diviso ‖ *T.mat. insiemi disgiunti*, che non hanno nessun elemento in comune ‖ **diṣgiuntaménte** ***avv.***; nella *loc. prep. bur. disgiuntamente da*, separatamente da ‖ **N.** *Contr.* congiunto.

diṣgiuntóre [da *disgiungere*; 1940] ***sm.*** *T.elettr.* dispositivo che permette l'interruzione automatica di un circuito elettrico.

diṣgiunzióne [dal lat. *disiunctio*, *-ōnis*; sec. XIV] ***sf.*** **1.** atto ed effetto del disgiungere **2.** *T.fil. disgiunzione inclusiva*, connettivo logico binario che connette due enunciati in modo tale che l'enunciato composto risultante è vero se almeno uno degli enunciati componenti è vero; *disgiunzione esclusiva*, che esclude la verità dell'enunciato composto anche quando gli enunciati che lo compongono sono entrambi veri (oltre che quando sono entrambi falsi); ad entrambi i tipi di disgiunzione corrisponde in italiano la stessa congiunzione *o* ‖ **N. 1.** *Sin.* divisione, separazione | *Contr.* congiunzione.

diṣgorgàre (pres. *-órgo*, *-órghi*) [da *ingorgare*, con cambio di pref.; a. 1519] ***tr.*** *non com.* liberare da ciò che ingorga, ostruisce: *disgorgare una conduttura* ‖ **N.** *Sin.* disintasare, disostruire, disotturare, stasare, sturare.

diṣgradàre[1] (pres. *-àdo*) [comp. parasint. di *grado*; a. 1558] ***tr.*** *arc.* privare del grado, degradare ‖ vincere al confronto, superare.

diṣgradàre[2] (pres. *-àdo*; def. del pps. e dei tempi composti) [da *aggradare*, con sostituzione di pref.; a. 1337] ***intr.*** *arc.* dispiacere: *tutto ciò ch'altrui grada, a me disgrada* (Cino da Pistoia).

diṣgradévole [da *gradevole*; a. 1729] ***agg.*** *raro* sgradevole.

diṣgradìre (pres. *-ìsco*, *-ìsci*) [da *gradire*; a. 1729] ***tr.*** *raro* non gradire.

diṣgràdo [da *disgradire*; 1300 ca.] ***sm.*** *non com.* mancanza di gradimento ‖ *avere a disgrado*, non gradire; *essere a disgrado*, essere sgradito.

diṣgrafìa [comp. di *dis-*[2] e *-grafia*; 1918] ***sf.*** *T.med.* difficoltà a trascrivere parole, pur comprendendole, dovuta a lesioni di particolari centri nervosi ‖ **N.** dislessia.

diṣgravàre (pres. *-àvo*) [da *gravare*; 1313] ***tr.*** *non com.* sgravare.

diṣgràzia [comp. di *dis-*[1] e *grazia*; a. 1348] ***sf.*** **1.** perdita del favore della fortuna, e perciò sventura, infortunio: *m'è accaduta una disgrazia* ‖ condizione sventurata e infelice: *l'essere poveri è una gran disgrazia* ‖ fatto involontario, quasi avvenuto per avversità di fortuna: *non l'ho rotto apposta, è stata una disgrazia*; *disgrazia volle che il suo cavallo favorito si azzoppasse* ‖ *per* (*mia*, *tua* ecc.) *disgrazia*, sventuratamente, per sfortuna **2.** perdita della benevolenza e del favore di qualcuno: *in disgrazia di Dio, cadde in disgrazia del suo principale* ‖ **N. 1.** *Sin.* accidente, avversità, calamità, disastro, disavventura, disdetta, guaio, iattura, infortunio, malanno, rovescio, sciagura, sfortuna, sinistro, sventura, tracollo, traversia, tribolazione | capitare, cogliere, piombare addosso; cadere, essere, venire in disgrazia.

diṣgraziàto [da *disgrazia*; a. 1310] **I** ***agg.*** **1.** colpito da disgrazia, sventurato, malavventurato: *il trambusto andava sempre crescendo a quel primo disgraziato forno* (Manzoni); *una famiglia disgraziata* **2.** che porta disgrazia, infelice: *un giorno disgraziato, una scelta disgraziata* ‖ iniziato o svolto male, senza successo **3.** *lett.* sgraziato, brutto, deforme ‖ **diṣgraziataménte** ***avv.*** per disgrazia, purtroppo, spec. con valore frasale: *disgraziatamente le cose non sono andate come sperava* **II** ***sm.*** (f. *-a*) persona infelice ‖ persona malvagia: *dovrebbe andare in galera quel disgraziato!* ‖ **N. I 1.** *Sin.* sfortunato, INFELICE **2.** *Sin.* dannato, maledetto.

diṣgregàbile [da *disgregare*; a. 1519] ***agg.*** che si può disgregare: *roccia disgregabile*.

diṣgregaménto [da *disgregare*; a. 1729] ***sm.*** il disgregare.

diṣgregàre (pres. *-ègo*, *-èghi*) [dal lat. tardo *disgregāre*; a. 1342] ***tr.*** privare di coesione, ridurre in frammenti: *il gelo disgrega l'asfalto*; anche *fig.*: *disgregare le forze nemiche* ‖ ***intr. pron.*** frammentarsi: *le rocce si disgregano sotto l'azione degli agenti atmosferici* ‖ **N.** *Sin.* frantumare, scindere, sgretolare, SEPARARE | *Contr.* aggregare.

diṣgregatìvo [dal lat. tardo *disgregatīvus*; a. 1498] ***agg.*** che ha facoltà di disgregare, anche *fig.*: *fattori disgregativi delle istituzioni politiche*.

diṣgregatóre [da *disgregare*; 1921] ***agg.*** e ***sm.*** (f. *-trìce*) che o chi è causa di disgregazione; anche *fig.*: *il divario di opinioni è stato l'elemento disgregatore della nostra amicizia*.

diṣgregazióne [dal lat. tardo *disgregātio*, *-ōnis*; 1308] ***sf.*** atto ed effetto del disgregare e del disgregarsi ‖ **N.** *Sin.* frantumazione.

diṣgroppàre (pres. *-òppo*) [comp. parasint. di *groppo*; a. 1561] ***tr.*** *arc.* sciogliere il nodo.

diṣgrossàre (pres. *-òsso*) [comp. parasint. di *grosso*; a. 1367] ***tr.*** *raro* digrossare, sgrossare ‖ abbozzare, sbozzare.

diṣguìdo [dallo sp. *descuido*, trascuratezza; 1681] ***sm.*** equivoco, errore di spedizione o di trasporto, per cui una lettera, un plico, un pacco postale o sim. non giunge a destinazione: *disguidi burocratici* ‖ *per estens.* contrattempo, malinteso che interrompe od ostacola la realizzazione di un progetto.

diṣgustàre [da *disgusto*; 1617] ***tr.*** provocare avversione o ripugnanza al senso del gusto: *questo sapore mi disgusta* ‖ *fig.* causare energica riprovazione e repulsione: *il tuo modo di agire mi disgusta* ‖ ***intr. pron.*** (costruito con la prep. *di*) provare disgusto per qualcosa o qualcuno: *disgustarsi di un cibo* ‖ ***rec.*** *quei due si sono disgustati*, non si vedono più col piacere di prima ‖ **N.** ***tr.*** *Sin.* dispiacere, nauseare, repellere, ripugnare, stomacare.

diṣgustàto (*pps.* di *disgustare*) [1607 ca.] ***agg.*** *fig.* indignato, nauseato: *sono letteralmente disgustato*.

diṣgustévole [da *disgusto*; a. 1597] ***agg.*** *non com.* disgustoso.

diṣgùsto [da *gusto*; 1582] ***sm.*** **1.** sensazione spiacevole al senso del gusto ‖ *fig.* profonda riprovazione e repulsione: *per un simile comportamento si può provare soltanto disgusto* **2.** *disus.* azione che reca dispiacere: *quel ragazzo mi ha dato molti disgusti* ‖ **N. 1.** *Sin.* avversione, nausea, ripugnanza, schifo; indignazione.

diṣgustóso [da *disgusto*; a. 1685] ***agg.*** che produce disgusto: *un cibo disgustoso*; anche *fig.*: *un discorso disgustoso* ‖ **diṣgustosaménte** ***avv.*** ‖ **N.** *Sin.* nauseante, ributtante, ripugnante, schifoso, stomachevole.

diṣiànza v. DESIANZA.

diṣiàre v. DESIARE.

diṣidratànte (*ppr.* di *disidratare*) [1956] ***agg.*** e ***sm.*** *T.chim.* detto di sostanza in grado di sottrarre acqua ad altri corpi o composti: *i disidratanti sono molto usati nell'industria*.

diṣidratàre (pres. *-àto*) [dal fr. *deshydrater*; 1905] ***tr.*** rif. a sostanza, organismo o tessuto, privare d'acqua: *un forte vento disidrata rapidamente la pelle*.

diṣidratàto (*pps.* di *disidratare*) [1956] ***agg.*** che ha subito un processo di disidratazione: *composto chimico disidratato, organismo disidratato*; *in part.* detto di alimenti che sono stati sottoposti a evaporazione sotto vuoto, in modo da impedire lo sviluppo di microrganismi che ne provocherebbero l'alterazione: *verdura, carne disidratata*.

diṣidratatóre [da *disidratare*; 1956] ***sm.*** *T.tecn.* dispositivo che serve a ridurre l'umidità delle sostanze refrigeranti nei frigoriferi, in modo da prevenire le incrostazioni di ghiaccio nell'impianto, o la formazione di acido solforico corrosivo.

diṣidratazióne [dal fr. *deshydratation*; 1875] ***sf.*** *T.chim.* eliminazione dell'acqua da un prodotto: *disidratazione alimentare*, sottrazione di acqua dai cibi per conservarli più a lungo ‖ *T.med.* riduzione nociva del contenuto idrico di un tessuto o di un organismo: *l'eccessiva esposizione al sole può causare disidratazione*.

diṣilicàto [da *disilicico*, con cambio di suff.; 1956] ***sm.*** *T.chim.* nome generico dei sali derivanti dagli acidi disilicici per sostituzione dell'idrogeno con elementi metallici.

diṣilìcico (pl. *-ci*) [comp. di *di-* e *silicico*; 1956] ***agg.*** *T.chim. acido disilicico*, nome di due ossiacidi del silicio, rispettivamente di formule $H_2Si_2O_5$ e $H_6Si_2O_7$.

diṣillàbico (pl. *-ci*) [da *disillabo*; a. 1912] ***agg.*** *T.ling.* composto di due sillabe, bisillabico: *radice disillabica*.

diṣìllabo [dal lat. *disyllabus*, gr. *disýllabos*; a. 1698] ***agg.*** e ***sm.*** bisillabo.

diṣillùdere [da *illudere*, sul modello di *disillusione*; 1874] ***tr.*** togliere l'illusione, disingannare ‖ ***intr. pron.*** perdere eccessive illusioni: *è ora che tu ti disilluda*.

diṣilluṣióne [comp. di *dis-*[1] e *illusione*, sul modello del fr. *désillusion*; a. 1883] ***sf.*** perdita di ogni illusione, disinganno.

diṣillùṣo [da *disilludere*; a. 1861] ***agg.*** deluso, disingannato, che ha perduto ogni illusione, disincantato: *giovani disillusi*.

diṣimballàggio (pl. *-gi*) [da *disimballare*; 1956] ***sm.*** operazione e risultato del disimballare.

diṣimballàre [da *imballare*; 1956] ***tr.*** togliere dall'imballaggio: *disimballare gli oggetti fragili dopo il trasloco*.

diṣimpacciàre (pres. *-àccio*) [comp. parasint. di *impaccio*; 1677] ***tr.*** e ***rifl.*** *non com.* togliere o togliersi d'impaccio ‖ rendere o rendersi spedito, disinvolto.

diṣimpacciàto (*pps.* di *disimpacciare*) [1683 ca.] ***agg.*** libero da impacci ‖ *fig.* di maniere sciolte e franche: *libero e disimpacciato* ‖ **N.** *Sin.* disinvolto.

diṣimpàccio (pl. *-ci*) [da *impaccio*; 1956] ***sm.*** *non com.* atto ed effetto del disimpacciare e del disimpacciarsi ‖ atteggiamento sciolto e privo di imbarazzo, disinvoltura: *con disimpaccio, mi chiese di invitarlo a cena*.

diṣimparàre (pres. *-àro*) [da *imparare*; 1573] ***tr.*** perdere la memoria di ciò che si era imparato o la capacità di eseguire quanto si era appreso: *ha disimparato le buone maniere, a guidare la macchina*.

diṣimpegnàre (pres. *-égno*) [da *impegnare*; a. 1730] ***tr.*** **1.** liberare da un impegno: *ti disimpegno da ogni obbligo* ‖ riscattare un oggetto dato in pegno come garanzia di un prestito: *disimpegnare i gioielli* ‖ *T.tecn.* liberare oggetti da impedimenti che ne ostacolano l'uso ‖ rendere indipendente un locale: *ampliando l'ingresso, disimpegniamo una stanza* **2.** svolgere accuratamente un compito, adempiere a un ufficio: *disimpegnare bene la parte, una missione* ‖ ***rifl.*** **1.** liberarsi da un obbligo o da un impedimento ‖ *T.mil.* ritirarsi sottraendosi al contatto con il nemico ‖ *T.sport.* sottrarsi alla pressione dell'avversario **2.** sapersi destreggiare nell'affrontare un problema: *si è disimpegnato brillantemente in una situazione difficile.*

diṣimpegnàto (*pps.* di *disimpegnare*) [a. 1936] ***agg.*** privo di profondi contenuti culturali, politici o ideologici: *un film, un libro disimpegnato, atteggiamento disimpegnato* ‖ di persona, non impegnato ideologicamente o politicamente: *uno scrittore, un artista disimpegnato* ‖ **N.** *Contr.* impegnato.

diṣimpégno [da *disimpegnare*; 1624] ***sm.*** **1.** ciò che serve a liberare da un impegno: *cercare un pretesto che serva da disimpegno* ‖ *locale di disimpegno*, che serve a evitare che per accedere ad una stanza o una zona della casa se ne debba attraversare un'altra **2.** mancanza di impegno politico o sociale: *vive in una situazione di permanente disimpegno* **3.** *T.sport.* nel calcio, azione, spec. collettiva, con cui una squadra si sottrae alla pressione dell'attacco avversario: *un efficace disimpegno difensivo.*

diṣimpiegàre (pl. *-ègo, -èghi*) [da *impiegare*; 1855] ***tr.*** *raro* privare dell'impiego.

diṣimpiègo (pl. *-ghi*) [da *disimpiegare*; 1963] ***sm.*** l'insieme dei fenomeni di disoccupazione totale, parziale o temporanea.

diṣincagliàre (pres. *-àglio*) [comp. parasint. di *incaglio*; 1869] ***tr.*** *T.mar.* liberare una nave la cui chiglia si è posata o incastrata in una secca o in un bassofondo ‖ anche *fig.* superare un punto morto: *disincagliare la discussione.*

diṣincàglio (pl. *-gli*) [da *disincagliare*; 1889] ***sm.*** operazione del disincagliare.

diṣincantàre [da *incantare*; a. 1585] ***tr.*** liberare dall'incantesimo ‖ *più com. fig.* riportare all'evidenza dei fatti, disilludere.

diṣincantàto [da *disincantare*; 1869] ***agg.*** disilluso, smaliziato: *osservare con animo disincantato.*

diṣincànto [da *disincantare*; 1684] ***sm.*** atto ed effetto del disincantare ‖ *in part. T.fil.* la perdita del senso del sacro, tipica delle società secolarizzate.

diṣincarnàre [da *incarnare*; 1942] ***tr.*** liberare lo spirito dalle remore del corpo ‖ ***intr. pron.*** perdere la propria natura corporea.

diṣincarnàto (*pps.* di *disincarnare*) [a. 1911] ***agg.*** liberato o libero dalla natura corporea: *spirito disincarnato* ‖ **N.** *Sin.* incorporeo.

diṣincentivànte (*ppr.* di *disincentivare*) [1983] **I *agg.*** che disincentiva, che mira a disincentivare: *provvedimento disincentivante* **II *sm.*** *non com.* disincentivo ‖ **N.** *Contr.* incentivante.

diṣincentivàre (pres. *-ìvo*) [da *disincentivo*; 1964] ***tr.*** privare di incentivo, scoraggiare; *in part.* in campo economico e sociale, ridurre la tendenza a compiere determinate azioni, rendendole più difficili o costose: *provvedimento per disincentivare le importazioni* ‖ **N.** *Sin.* frenare, scoraggiare | *Contr.* favorire, incentivare, incoraggiare, stimolare.

diṣincentivàto (*pps.* di *disincentivare*) [1988] ***agg.*** privato o privo di incentivo, demotivato ‖ **N.** *Contr.* incentivato, incoraggiato, invogliato, spinto, stimolato.

diṣincentivazióne [da *disincentivare*; 1971] ***sf.*** atto, processo ed effetto del disincentivare: *i controlli fiscali più severi hanno provocato la disincentivazione del commercio in nero* ‖ **N.** *Contr.* incentivazione.

diṣincentìvo [da *incentivo*; 1964] ***sm.*** provvedimento o fatto che elimina o riduce l'incentivo, frena l'impulso a compiere una certa azione o a comportarsi in un determinato modo: *il rialzo dei prezzi ha costituito un forte disincentivo allo spreco* ‖ **N.** *Sin.* disincentivante, freno, ostacolo | *Contr.* incentivo, stimolo.

diṣincrostànte (*ppr.* di *disincrostare*) [1913] ***agg.*** e ***sm.*** detto di sostanza che elimina o previene la formazione di incrostazioni in caldaie, tubazioni e sim.

diṣincrostàre (pres. *-òsto*) [da *incrostare*; 1941] ***tr.*** liberare da incrostazioni.

diṣindustrializzàre [da *industrializzare*; 1950] ***tr.*** privare un paese o una regione delle sue industrie.

diṣindustrializzazióne [da *disindustrializzare*; 1987] ***sf.*** processo ed effetto del disindustrializzare; condizione di un paese o di una regione che sono stati disindustrializzati ‖ **N.** *Sin.* deindustrializzazione.

diṣinfestànte (*ppr.* di *disinfestare*) [1948] **I *agg.*** che disinfesta **II *sm.*** sostanza che serve a disinfestare.

diṣinfestàre (pres. *-èsto*) [da *infestare*; 1942] ***tr.*** liberare da piante o animali parassiti o nocivi: *disinfestare una casa dai topi, una piantagione dalle erbacce.*

diṣinfestatóre [da *disinfestare*; 1958] ***agg.*** e ***sm.*** (f. *-trice*) che o chi disinfesta.

diṣinfestazióne [da *disinfestare*; 1928] ***sf.*** operazione ed effetto del disinfestare.

diṣinfettànte (*ppr.* di *disinfettare*) [dal fr. *désinfectant*; 1858] **I *agg.*** che disinfetta **II *sm.*** sostanza disinfettante: *l'acqua ossigenata è un efficace disinfettante.*

diṣinfettàre (pres. *-ètto*) [dal fr. *désinfecter*; 1812] ***tr.*** liberare dalle cause di infezione, distruggendo i microrganismi che la provocano: *disinfettare una stanza, una ferita* ‖ **N.** *Sin.* depurare, purificare, sterilizzare | antisepsi, asepsi.

diṣinfettóre [dal fr. *désinfecteur*; 1906] ***sm.*** (f. *-trice*) chi è addetto alle pratiche di disinfezione.

diṣinfezióne [dal fr. *désinfection*; 1812] ***sf.*** distruzione di batteri, funghi o altri agenti patogeni con mezzi fisici, chimici o meccanici ‖ **N.** *Sin.* purificazione, sterilizzazione.

diṣinfiammàre [da *infiammare*; 1669] ***tr.*** *non com. T.med.* togliere l'infiammazione ‖ **N.** antiflogistico.

diṣinflazionàre (pres. *-óno*) [da *disinflazione*; 1956] ***tr.*** *T.econ.* ridurre o eliminare l'inflazione: *disinflazionare il corso monetario* ‖ **N.** *Contr.* inflazionare.

diṣinflazióne [da *inflazione*; 1956] ***sf.*** *T.econ.* riduzione o eliminazione dell'inflazione ‖ **N.** *Sin.* deflazione.

diṣinformàto [da *informato*; 1983] ***agg.*** non informato, tenuto all'oscuro: *ero completamente disinformato delle vicende che stavano accadendo*; che non conosce o conosce male perché non si tiene informato: *non leggendo i giornali, è molto disinformato* ‖ **N.** *Contr.* informato.

diṣinformazióne [da *informazione*; 1983] ***sf.*** mancanza di informazione: *su questi fatti regna la totale disinformazione* ‖ **N.** *Contr.* informazione.

diṣingannàre [da *ingannare*; a. 1550] ***tr.*** liberare da illusioni fallaci, da entusiasmi infondati ‖ ***intr. pron.*** prendere atto di una realtà diversa da come la si immagina, perdere le illusioni nei confronti di qualcuno o qualcosa: *è meglio che tu ti disinganni fin d'ora* ‖ **N.** ***tr.*** *Sin.* chiarire, disilludere, disincantare | ***intr. pron.*** *Sin.* aprire gli occhi, ricredersi.

diṣingànno [da *disingannare*; a. 1654] ***sm.*** il disingannare e il suo effetto, perdita delle illusioni: *un atroce disinganno* ‖ **N.** *Sin.* disillusione.

diṣingranàre (pres. *-àno*) [da *ingranare*; 1970] ***tr.*** separare i due elementi di un ingranaggio meccanico ‖ *disingranare una marcia* (di un autoveicolo), operare sulla leva del cambio o sul pedale della frizione in modo da staccare il collegamento tra albero motore e ruote ‖ **N.** *Contr.* ingranare.

diṣinibìre (pres. *-ìsco, -ìsci*) [da *inibire*; 1983] ***tr.*** liberare da inibizioni, spec. di carattere psicologico: *l'alcol disinibisce i timidi* ‖ ***intr. pron.*** liberarsi da inibizioni psicologiche o condizionamenti sociali: *con la psicanalisi, si è gradualmente disinibito* ‖ **N.** *Contr.* inibire.

diṣinibìto (*pps.* di *disinibire*) [1979] ***agg.*** privo di inibizioni, libero da condizionamenti sociali e, in part., da tabù sessuali: *essere, sentirsi disinibito; linguaggio disinibito*, spregiudicato ‖ **N.** *Contr.* inibito.

diṣinibitòrio (pl. *-ri*) [da *disinibire*; 1983] ***agg.*** che disinibisce, che favorisce la disinibizione: *l'effetto disinibitorio degli alcolici* ‖ **N.** *Contr.* inibitorio.

diṣinibizióne [da *disinibire*; 1975] ***sf.*** atto ed effetto del disinibire o del disinibirsi: *soffriva di molti complessi, la psicoterapia ha avviato in lui un processo di disinibizione* ‖ mancanza di inibizioni, qualità di chi è disinibito: *si comporta con ostentata disinibizione* ‖ **N.** *Contr.* inibizione.

diṣinnamoraménto [da *disinnamorare*; a. 1642] ***sm.*** il disinnamorare; *più com.* il disinnamorarsi, la condizione di chi non è più innamorato: *la lontananza provocò il disinnamoramento reciproco, sono in stato di disinnamoramento.*

diṣinnamoràre (pres. *-óro*) [da *innamorare*; 1585] ***tr.*** far perdere l'infatuazione e l'innamoramento ‖ ***intr. pron.*** perdere il proprio sentimento d'amore ‖ **N.** disaffezionare, disamorare.

diṣinnescàre (pres. *-ésco, -éschi*) [da *innescare*; 1950] ***tr.*** di ordigni esplosivi, renderli innocui togliendone l'innesco: *disinnescare una mina, una bomba.*

diṣinnésco (pl. *-schi*) [da *innesco*; 1963] ***sm.*** atto ed effetto del disinnescare.

diṣinnestàre (pres. *-ésto*) [da *innestare*; 1922] ***tr.*** togliere il contatto tra due elementi di un congegno: *disinnestare la spina dalla presa; disinnestare la marcia*, nei veicoli a motore, interrompere il collegamento tra l'albero motore e le ruote, mettere in folle ‖ **N.** *Sin.* disinserire, scollegare; disingranare.

diṣinnèsto [da *innesto*; 1906] ***sm.*** operazione ed effetto del disinnestare: *il disinnesto della frizione.*

diṣinquinaménto [da *disinquinare*; 1983] ***sm.*** operazione e risultato del disinquinare: *provvedere al disinquinamento dei fiumi, del mare.*

diṣinquinàre (pres. *-ìno*) [da *inquinare*; 1983] ***tr.*** eliminare o ridurre l'inquinamento di acqua, aria ecc., mediante opera di depurazione o provvedimenti preventivi: *disinquinare i fiumi, l'aria delle grandi città* ‖ **N.** *Contr.* inquinare.

diṣinserìre (pres. *-ìsco, -ìsci*) [da *inserire*; 1940] ***tr.*** interrompere l'alimentazione di un dispositivo, spec. elettrico: *disinserire il segnale d'allarme* ‖ **N.** *Sin.* DISINNESTARE.

diṣinserzióne [da *inserzione*; 1951] ***sf.*** atto ed effetto del disinserire.

diṣintaṣàre [da *intasare*; 1956] ***sf.*** liberare da un'ostruzione: *disintasare una conduttura, un tubo.*

diṣintegràre (pres. *-ìntegro*) [da *integrare*; 1876] ***tr.*** ridurre in minutissimi frammenti, distruggere completamente: *l'urto violentissimo ha disintegrato l'aereo* ‖ *fig.* disgregare: *le lotte interne finiranno per disintegrare il partito* ‖ *in part. T.fis.* scindere il nucleo di un atomo in componenti più piccoli || ***intr. pron.*** ridursi in frammenti || *fig.* disgregarsi.

diṣintegratóre [da *disintegrare*; 1906 come sm.] **I** ***agg.*** *non com.* che disintegra **II** ***sm.*** **1.** macchina atta a disintegrare, a sminuzzare finemente materie fibrose **2.** (f. *-trìce*) operaio addetto all'uso di tale macchina **3.** nei giochi infantili, nella fantascienza ecc., arma immaginaria capace di disintegrare gli atomi.

diṣintegrazióne [da *disintegrare*; a. 1909] ***sf.*** atto ed effetto del disintegrare, spec. come *T.fis.*: *la disintegrazione radioattiva dell'uranio.*

diṣinteressàre (pres. *-èsso*) [da *interessare*; 1680] ***tr.*** **1.** *non com.* far cessare l'interesse per una cosa **2.** *T.econ.* escludere dalla cointeressenza di una partecipazione economica || ***intr. pron.*** *più com.* non aver interesse a una cosa, non occuparsene o non volersene più curare: *disinteressarsi della politica, dei propri figli.*

diṣinteressatézza [da *disinteressare*; a. 1617] ***sf.*** *raro* disinteresse.

diṣinteressàto (*pps.* di *disinteressare*) [1613] ***agg.*** che non mira all'interesse e al tornaconto personale: *aiuto, consiglio disinteressato* || **diṣinteressataménte** ***avv.*** || **N.** *Sin.* generoso; imparziale, spassionato | *Contr.* gretto, interessato, meschino; parziale.

diṣinterèsse [da *interesse*; a. 1729] ***sm.*** **1.** noncuranza del proprio utile: *agire con disinteresse* || imparzialità **2.** mancanza di interessamento: *disinteresse per i problemi culturali* || **N.** **1.** *Sin.* abnegazione, generosità | *Contr.* grettezza, meschinità **2.** *Sin.* indifferenza, noncuranza.

diṣintossicànte (*ppr.* di *disintossicare*) [1954] **I** ***agg.*** che serve a disintossicare: *cura, dieta disintossicante, sostanza, farmaco disintossicante* **II** ***sm.*** sostanza disintossicante: *prendere un disintossicante.*

diṣintossicàre (pres. *-òssico, -òssichi*) [dal fr. *désintoxiquer*; 1939] ***tr.*** liberare da sostanze tossiche: *disintossicare l'organismo, il sangue* || *in part.* liberare dall'assuefazione a droghe e sim.: *disintossicare dall'alcol* || ***rifl.*** liberare il proprio organismo da sostanze tossiche; anche *fig.*: *disintossicarsi da dispiaceri, rancori.*

diṣintossicazióne [dal fr. *désintoxication*; 1909] ***sf.*** il disintossicare e il disintossicarsi || il processo con cui l'organismo elimina le sostanze nocive.

diṣinvestìbile [da *disinvestire*; 1987] ***agg.*** *T.econ.* di capitale, che si può disinvestire: *fondi disinvestibili.*

diṣinvestiménto [da *investimento*; 1956] ***sm.*** **1.** *T.econ.* il ridare liquidità al proprio capitale, ad es. vendendo titoli, liquidando scorte e sim. **2.** *T.psican.* ritiro di un investimento precedentemente assegnato a rappresentazioni, istanze od oggetti.

diṣinvestìre (pres. *-èsto*) [da *investire*; 1956] ***tr.*** **1.** *T.econ.* convertire in fondi liquidi il capitale investito (vendendo titoli, azioni, immobili ecc.); ridurre la quantità di denaro destinata ad attività finanziarie: *disinvestire una partecipazione obbligazionaria* **2.** *T.psican.* ritirare la carica affettiva investita su una persona o un oggetto: *parlando con il suo analista, disinvestì gradualmente sua madre di quel miscuglio di amore e odio di cui l'aveva fatta oggetto* **3.** cessare di attribuire a una persona un certo ruolo o una certa funzione: *ha disinvestito il suo professore del ruolo di padre e di guida spirituale* || **N.** *Contr.* investire.

diṣinvitàre (pres. *-ìto*) [da *invitare*; 1772] ***tr.*** *non com.* disdire un invito: *disinvitarono tutti quanti gli invitati.*

diṣinvòlgere (pres. *-òlgo* ecc., come VOLGERE) [da *involgere*; a. 1603] ***tr.*** *raro* svolgere.

diṣinvòlto [dallo sp. *desenvuelto*; 1562] ***agg.*** franco, spigliato: *stile, modo disinvolto* || disinibito, talvolta anche con sfumatura negativa: *una ragazza disinvolta* || **N.** *Sin.* sciolto; sfacciato | *Contr.* goffo, imbarazzato, impacciato, timido; inibito.

diṣinvoltùra [da *disinvolto*; a. 1508] ***sf.*** l'essere disinvolto: *comportarsi con disinvoltura* || con sfumatura negativa, leggerezza, mancanza di scrupoli: *un compito affrontato con troppa disinvoltura* || **N.** *Sin.* naturalezza, scioltezza, spigliatezza; audacia, sicurezza | *Contr.* disagio, goffaggine, impaccio, timidezza; accuratezza, scrupolo, serietà.

diṣìo V. DESIO.

diṣionìa [da *ione*; 1956] ***sf.*** *T.med.* alterazione dell'equilibrio ionico dei liquidi organici.

diṣiràre e der. V. DESIRARE e der.

diṣistìma [da *stima*; a. 1673] ***sf.*** scarsa considerazione nei confronti di una persona o cosa: *nutriva per lui una profonda disistima* || **N.** disprezzo | *Contr.* apprezzamento, considerazione, stima.

diṣistimàre (pres. *-ìmo*) [da *stimare*; a. 1673] ***tr.*** non stimare, giudicare sfavorevolmente || **N.** *Sin.* DISPREZZARE.

disk-jockey V. DISC-JOCKEY.

diṣlacciàre (pres. *-àccio*) [da *lacciare*; a. 1304] ***tr.*** *raro* slacciare.

diṣlalìa [comp. di *dis-*^{2} e *-lalia*; 1828] ***sf.*** disturbo della pronunzia, causato da anormale conformazione o cattivo funzionamento degli organi della fonazione: *dislalia sillabica*, balbuzie; *dislalia letterale*, pronuncia difettosa di un particolare suono.

diṣleàle [da *leale*; a. 1294] ***agg.*** *non com.* sleale.

diṣlealtà [da *lealtà*; metà sec. XIII *dislealtade*] ***sf.*** *raro* slealtà.

diṣlegàre (pres. *-égo, -éghi*) [da *legare*; fine sec. XIV] ***tr.*** *raro* slegare.

diṣlessìa [comp. di *dis-*^{2} e *-lessia*; 1956] ***sf.*** *T.med.* difficoltà, causata da disturbi neurologici, a leggere compiutamente un testo scritto o anche parole isolate.

diṣlèssico (pl. *-ci*) [da *dislessia*; 1956] **I** ***agg.*** *T.med.* di dislessia, relativo a dislessia: *stato dislessico* || di persona, affetto da dislessia: *un paziente dislessico* **II** ***sm.*** (f. *-a*) persona dislessica: *riabilitazione dei dislessici.*

diṣlivèllo [da *livello*; 1879] ***sm.*** differenza di livello, di quota: *un dislivello di ottanta metri*; differenza di altitudine, per es. su percorsi di montagna: *un buon camminatore può percorrere anche cinquecento metri di dislivello in un'ora* || *fig.* differenza di grado, condizione e sim.: *dislivello culturale, di età, di sviluppo economico.*

diṣlocaménto [da *dislocare*; 1813 nel senso 2] ***sm.*** **1.** spostamento, trasferimento, spec. di truppe, o installazioni militari e industriali **2.** *T.mar.* il peso del volume d'acqua spostato dalla parte immersa dello scafo di una nave; si esprime in tonnellate e si usa spec. per designare e classificare le navi da guerra || **N.** **2.** stazza, tonnellaggio.

diṣlocàre (pres. *-òco, -òchi*) [dal lat. mediev. *dislocāre*, attr. il fr. *disloquer* nel senso 1; 1806] ***tr.*** **1.** spostare, trasferire, detto spec. di truppe o installazioni militari || collocare nei luoghi più opportuni: *dislocare i posti di controllo nei punti chiave del percorso* **2.** *T.mar.* spostare una data quantità d'acqua, detto della parte immersa di una nave.

diṣlocazióne [da *dislocare*; 1493] ***sf.*** **1.** spostamento, trasferimento: *dislocazione di truppe fresche al fronte* || *T.geol.* spostamento che modifica la struttura degli strati formanti la crosta terrestre || *T.min.* imperfezione di un reticolo di un cristallo causata dallo scorrimento di una sezione rispetto al resto || *T.psic.* *dislocazione affettiva*, il trasferimento dello stato affettivo da una persona a un'altra || *T.med.* in una frattura, spostamento dei monconi o di frammenti d'osso dalla loro sede naturale || *T.ling.* *dislocazione a sinistra, a destra*, spostamento di un costituente della frase dalla sua collocazione sintattica consueta, per fini espressivi o di coesione del discorso (ad es. la dislocazione a sinistra dell'oggetto in frasi come *la torta l'ho fatta io*) **2.** collocazione: *una mappa con la dislocazione dei principali punti di rifornimento.*

diṣlogaménto [da *dislogare*; prima metà sec. XIV] ***sm.*** *raro* slogatura.

diṣlogàre (pres. *-ògo, -òghi*) [da un ant. *logare*, collocare in un luogo; a. 1535] ***tr.*** *raro* **1.** dislocare **2.** slogare.

diṣloggiàre (pres. *-òggio*) [da un ant. *loggiare*, alloggiare; a. 1566] ***tr.*** *ant.* *raro* sloggiare.

diṣmagàre (pres. *-àgo, -àghi*) [da *smagare*, con sostituzione del pref.; 1319] ***tr.*** *arc.* smagare, turbare l'animo, sbigottire; traviare: *io son dolce sirena che i marinai in mezzo mar dismago* (Dante) || indebolire, scemare: *la fretta che l'onestade ad ogni atto dismaga* (Dante) || ***intr. pron.*** *arc.* allontanarsi.

diṣmagliàre (pres. *-àglio*) [comp. parasint. di *maglia*; a. 1380] ***tr.*** *raro* smagliare.

diṣmalàre (pres. *-àlo*) [comp. parasint. di *male*; 1313] ***tr.*** *arc.* guarire: *lo monte che salendo altrui dismala* (Dante).

diṣmaltàre [da *smaltare*, con sostituzione del pref.; 1618] ***tr.*** *raro* privare dello smalto.

diṣmantàre [comp. parasint. di *manto*; sec. XIV] ***tr.*** *arc.* privare del manto, spogliare.

diṣmembràre (pres. *-èmbro*) [da *smembrare*, con sostituzione del pref.; sec. XIII *desmembrar*] ***tr.*** *arc.* smembrare, dimembrare.

diṣmenorrèa [comp. di *dis-*^{2} e *menorrea*; 1792] ***sf.*** *T.med.* mestruazione dolorosa.

diṣmenorròico (pl. *-ci*) [da *dismenorrea*; 1932] ***agg.*** *T.med.* di dismenorrea, relativo a dismenorrea: *dolori dismenorroici* || di donna, che soffre di dismenorrea: *una paziente dismenorroica.*

diṣmentàre (pres. *-énto*) [comp. parasint. di *mente*; 1319] ***tr.*** *arc.* dimenticare: *quando dismento nostra vanitate* (Dante) || ***intr. pron.*** e ***tr. pron.*** *arc.* dimenticarsi.

diṣmenticàre ***tr.*** *arc.* V. DIMENTICARE.

diṣmésso (*pps.* di *dismettere*) [1555] ***agg.*** **1.** *lett.* smesso, disusato **2.** non più in uso, abbandonato, detto spec. di aree, edifici e sim. || **N.** **1.** *Sin.* antiquato, frusto, vieto.

diṣmetrìa [comp. di *dis-*^{2} e *-metria*; 1939] ***sf.*** *T.med.* mancanza di coordinazione nei movimenti volontari, dovuta a disfunzioni nervose.

diṣméttere (pres. *-étto* ecc., come METTERE) [dal lat. tardo *dismittere*, class. *dimittere*; a. 1519] ***tr.*** **1.** *lett.* non usare più: *dismettere una veste* || *non com.* *dismettere casa*, disfarla, vendere i mobili **2.** *raro* smettere.

diṣmiṣùra [da *misura*; a. 1250] ***sf.*** eccesso, smoderatezza, intemperanza; oggi quasi soltanto nella *loc. avv.* *a dismisura*, smisuratamente.

diṣmneṣìa [comp. di *dis-*^{2} e *-mnesia*; 1829] ***sf.*** *T.med.* disturbo della memoria.

diṣmontàre (pres. *-ónto*) [da *montare*; metà sec. XIII] ***tr.*** *arc.* smontare.

diṣmorfofobìa [comp. del gr. *dýsmorphos*, deforme e *-fobia*; 1932] ***sf.*** *T.psic.* paura ossessiva, che si riscontra spec. in giovani donne, di diventare brutte e deformi.

diṣmuschiatùra [comp. parasint. di *muschio*; 1935] ***sf.*** *T.agr.* operazione del rimuovere muschi e licheni dal tronco e dai rami delle piante.

diṣmutazióne [da *mutazione*; 1956] ***sf.*** *T.chim.* reazione chimica interna a una sostanza, dalla quale si originano, per un fenomeno di ossidoriduzione, due altre sostanze || **N.** *Sin.* disproporzionamento.

diṣnaturàre (pres. *-ùro*) [comp. parasint. di *natura*; a. 1257] ***tr.*** *raro* snaturare.

diṣnebbiàre (pres. *-ébbio*) [comp. parasint. di *nebbia*; 1319] ***tr.*** *non com.* snebbiare; anche *fig.*: *disnebbiar vostro intelletto* (Dante) || ***intr.***

pron. non com. rischiararsi.

disnodàre (pres. *-òdo*) [comp. parasint. di *nodo*; 1321] *tr. raro* snodare || *rifl.* liberarsi dai vincoli: *sicché l'anima mia... dal corpo si disnodi* (Dante).

disnoesìa [comp. di *dis-*² e gr. *nóēsis*, intelletto; 1931] *sf. T.med.* termine generico che indica calo delle facoltà mentali.

disnudàre *tr. ant.* v. DENUDARE.

disobbedìre e der. v. DISUBBIDIRE e der.

disobbligànte (*ppr.* di *disobbligare*) [1673] *agg. disus.* sgarbato, incivile, scortese.

disobbligàre (pres. *-òbbligo, -òbblighi*) [da *obbligare*; fine sec. XIII] *tr.* sciogliere dall'obbligo || *rifl.* liberarsi da un obbligo, sdebitarsi, contraccambiare inviti, cortesie: *disobbligarsi con* o *verso qualcuno* || **N.** *tr. Sin.* disimpegnare, svincolare | *rifl.* ricambiare.

disoccupàre (pres. *-òccupo*) [da *occupare*; 1342] *tr. non com.* togliere l'occupazione, lasciar libero.

disoccupàto (*pps.* di *disoccupare*) [1353 nel senso 2] **I** *agg.* **1.** che è senza lavoro: *cresce il numero dei giovani disoccupati* **2.** *non com.* di luogo, libero: *ho una stanza disoccupata* || *lett.* inoperoso, sfaccendato, ozioso: *vita disoccupata* **II** *sm.* (f. *-a*) persona che non trova o ha perduto l'impiego: *milioni di disoccupati.*

disoccupazióne [da *disoccupare*; a. 1926] *sf.* condizione di chi non riesce a trovar lavoro: *indennità di disoccupazione,* sussidio statale devoluto per un certo periodo di tempo ai disoccupati || impossibilità di trovare lavoro, diminuzione dei posti di lavoro: *lotta contro la disoccupazione; disoccupazione tecnologica,* provocata dai processi di trasformazione neocapitalistica della produzione **Q.T.** *economia...*

disodontìasi [comp. di *dis-*² e gr. *odontíasis*, dentizione; 1830] *sf. T.med.* disturbo nell'eruzione di un dente o dei denti; può essere dovuta a mancanza di spazio nell'arcata alveolare o a cattivo orientamento del dente.

disoleàre (pres. *-òleo*) [comp. parasint. del lat. *oleum*, olio; 1956] *tr.* **1.** estrarre l'olio da semi o frutti secchi mediante spremitura **2.** eliminare le sostanze oleose dall'acqua o da altro materiale.

disoleatóre [da *disoleare*; 1987] *sm.* apparecchio che effettua la disoleazione delle acque di scarico negli impianti di depurazione.

disoleazióne [da *disoleare*; 1956] *sf.* operazione del disoleare.

disomogeneità [da *omogeneità*; 1983] *sf.* mancanza di omogeneità, l'essere disomogeneo || **N.** *Contr.* omogeneità.

disomogèneo [da *omogeneo*; 1980] *agg.* non omogeneo, non uniforme; spec. *fig.* contenente elementi di diversa natura e differenti caratteristiche: *una classe disomogenea,* in cui il profitto varia molto da un allievo a un altro || **N.** *Sin.* eterogeneo | *Contr.* omogeneo, uniforme.

disonestà [da *onestà*; 1313] *sf.* **1.** mancanza di lealtà e correttezza || atto, comportamento disonesto **2.** *non com.* infedeltà, immoralità || **N.** **1.** *Sin.* scorrettezza, slealtà; frode, inganno.

disonestàre (pres. *-èsto*) [da *onestare*; a. 1294] *tr. arc.* disonorare || rendere disonesto, corrompere || *rifl. arc.* disonorarsi.

disonèsto [da *onesto*; a. 1292] **I** *agg.* **1.** che manca di lealtà e di correttezza nei rapporti con gli altri, o viene meno ai doveri morali verso la società: *azione disonesta; un commerciante, un amministratore disonesto* || *guadagno disonesto,* ottenuto con attività illecite **2.** *non com.* privo di pudore, immorale || *arc.* disonorevole || **disonestaménte** *avv.* **II** *sm.* (f. *-a*) persona disonesta: *guardati dai disonesti* || **N.** I **1.** *Sin.* fraudolento, losco, scorretto, sleale **2.** immorale, impudico, scostumato.

disonorànte (*ppr.* di *disonorare*) [a. 1831] *agg.* che disonora, disonorevole.

disonoràre (pres. *-óro*) [da *onorare*; fine sec. XIII] *tr.* compromettere il prestigio e la dignità di una persona o di un'istituzione mediante azioni riprovevoli: *disonorare il proprio nome, i genitori, la patria* || *in part. disonorare una donna,* possederla al di fuori dei rapporti matrimoniali, o anche soltanto comprometterla pubblicamente || *rifl.* perdere la stima e il rispetto della comunità || **N.** *Sin.* infamare, svergognare.

disonoràto (*pps.* di *disonorare*) [sec. XIII] *agg.* che ha perduto l'onore || **disonorataménte** *avv.* con disonore || **N.** *Sin.* infamato; svergognato, vituperato.

disonóre [da *onore*; a. 1290 *disinore*] *sm.* condizione di chi ha compromesso la propria dignità e la propria immagine di fronte agli altri: *da quel giorno visse nel disonore* || motivo di vergogna: *quel ragazzo è il disonore della famiglia* || **N.** *Sin.* disdoro, ignominia, infamia, obbrobrio, vergogna, vituperio | *Contr.* dignità, onore, prestigio, rispetto.

disonorévole [da *onorevole*; fine sec. XIII *disonorèvile*] *agg.* che apporta disonore: *è un'azione disonorevole* || **disonorevolménte** *avv.*

disontogènesi [comp. di *dis-*² e *ontogenesi*; 1981] *sf.* disontogenìa.

disontogenìa [comp. di *dis-*² e *ontogenia*; 1937] *sf. T.med.* ogni anomalia nello sviluppo dell'organismo.

disopercolàre (pres. *-èrcolo*) [comp. parasint. di *opercolo*; 1970] *tr.* in apicoltura, aprire le celle di un favo asportandone gli opercoli, per estrarne il miele.

disopercolatóre [da *disopercolare*; 1983] *sm.* apparecchio per disopercolare.

disopìa [comp. di *dis-*² e *-opia*; 1820] *sf. T.med.* in oculistica, diminuzione dell'acuità visiva || **N.** *Sin.* ambliopia.

disoppilàre (pres. *-òppilo*) [da *oppilare*; prima metà sec. XIV] *tr. disus. T.med.* togliere l'intasamento.

disoppilatìvo [da *disoppilare*; a. 1698] *agg. T.med.* di rimedio, che è atto a disoppilare.

disópra o **di sópra** [comp. di *di* e *sopra*; 1313] **I** *avv.* sopra: *vado disopra a vedere* **II** *agg. inv.* superiore: *l'appartamento disopra* **III** *sm. inv.* la parte superiore, soprastante || *disus. prendere il disopra,* il sopravvento **IV** nella *loc. prep. al disopra di,* al di fuori di: *al disopra della mischia, al disopra di ogni sospetto.*

disorbitànte [da *disorbitare*; a. 1571] *agg. ant.* esorbitante.

disorbitànza [da *disorbitare*; a. 1580] *sf. arc.* esorbitanza.

disorbitàre (pres. *-òrbito*) [da *orbitare*; a. 1642] *intr.* (aus. *avere*) *raro* esorbitare.

disordinaménto [da *disordinare*; a. 1342] *sm. non com.* il disordinare; disordine.

disordinàre (pres. *-órdino*) [da *disordine*; 1306] *tr.* mettere in disordine: *un colpo d'aria ha disordinato tutte le mie carte* || *fig.* confondere, turbare: *disordinare le idee* || *intr.* (aus. *avere*) *raro* eccedere || *intr. pron. non com.* confondersi || **N.** **1.** *Sin.* arruffare, buttare all'aria, dissestare, ingarbugliare, mandare all'aria, mettere a soqquadro, rimescolare, scarmigliare, scombussolare, scompaginare, scompigliare, sconquassare, sconvolgere, sovvertire, sparpagliare, squinternare.

disordinàto (*pps.* di *disordinare*) [a. 1292] *agg.* **1.** senz'ordine, non disposto o organizzato in modo opportuno: *un ufficio disordinato, fuga disordinata di fronte al nemico* || *fig.* confuso, incoerente: *un'esposizione dei fatti alquanto disordinata* **2.** di persona, che non tiene nessun ordine nelle sue cose: *un ragazzo disordinato* **3.** sregolato: *vita disordinata, affetti disordinati* || **disordinataménte** *avv.* || **N.** **1.** *Sin.* arruffato, caotico, sciatto, scomposto **2.** arruffone, pasticcione | *Contr.* accurato, ordinato, preciso **3.** *Sin.* eccessivo, incontrollato | *Contr.* equilibrato, moderato.

disórdine [da *ordine*; a. 1396] *sm.* **1.** mancanza di ordine: *in casa regna il disordine* || *fig.* confusione: *il disordine delle idee* || cattivo funzionamento, disorganizzazione: *il disordine della pubblica gestione* || trascuratezza nel vestire || *in disordine,* disordinatamente, confusamente: *l'esercito fuggì in disordine;* fuori posto: *carte, vesti, capelli, libri in disordine* **2.** sregolatezza: *i disordini accorciano la vita* **3.** spec. *pl.* tumulto, agitazione popolare: *sono scoppiati gravi disordini* || **N.** **1.** *Sin.* anarchia, babele, baraonda, caos, confusione, imbroglio, pasticcio, putiferio, rimescolamento, scompiglio, sconquasso, sconvolgimento, soqquadro, stravizio, subbuglio, trambusto | *Contr.* ordine, precisione; efficienza **2.** *Sin.* eccesso, intemperanza | *Contr.* moderazione **3.** rivolta, scontro, sedizione, sommossa, tafferuglio.

disoressìa [dal fr. *dysorexía*; 1820] *sf. non com. T.med.* inappetenza patologica, rifiuto del cibo || **N.** *Sin.* anoressia.

disorganicità [da *disorganico*; a. 1926] *sf.* mancanza di organicità, di sistematicità, di coerenza; l'essere disorganico: *la disorganicità di quel testo lo rende di difficile comprensione.*

disorgànico (pl. *-ci*) [da *organico*; 1843] *agg.* che manca di sistematicità o di coerenza interna: *una trattazione disorganica, un complesso di norme assai disorganico* || **disorganicaménte** *avv.* || **N.** *Sin.* incoerente, scoordinato.

disorganizzàre [dal fr. *désorganiser*; 1623] *tr.* disturbare o distruggere l'organizzazione di qualcosa: *disorganizzare le comunicazioni del nemico* || *intr. pron.* perdere la propria funzionalità, disgregarsi || **N.** *Sin.* scompaginare, scompigliare; alterare, confondere, guastare, sconcertare, turbare | *Contr.* riorganizzare.

disorganizzàto (*pps.* di *disorganizzare*) [1618] *agg.* che è mal organizzato: *un ufficio disorganizzato.*

disorganizzazióne [dal fr. *désorganisation*; 1797] *sf.* mancanza di coordinazione e di organizzazione: *la disorganizzazione dei servizi pubblici.*

disorientaménto [da *disorientare*; 1953] *sm.* l'essere disorientati; smarrimento, incertezza: *stato di disorientamento culturale, il disorientamento dell'opinione pubblica.*

disorientàre (pres. *-ènto*) [dal fr. *désorienter*; 1812] *tr.* far perdere l'orientamento, la direzione || *fig.* confondere, mettere in uno stato di incertezza, sconcertare || *intr. pron.* perdere l'orientamento || *fig.* confondersi, smarrirsi.

disorientàto (*pps.* di *disorientare*) [1883] *agg.* confuso, incapace di orientarsi, spaesato: *in quel nuovo ambiente era un po' disorientato.*

disorlàre (pres. *-órlo*) [da *orlare*; 1887] *tr. non com.* levare l'orlo.

disormeggiàre (pres. *-éggio*) [da *ormeggiare*; 1771] *tr. T.mar.* levare l'ormeggio, sciogliere e tirare a bordo gli ormeggi di una nave || *intr.* (aus. *essere*) perdere l'ormeggio.

disorméggio (pl. *-gi*) [da *disormeggiare*; 1937] *sm. T.mar.* operazione del disormeggiare.

disosmìa [comp. di *dis-*² e un der. del gr. *osmḗ*, odorato; 1830] *sf. T.med.* ogni alterazione temporanea o permanente del senso dell'olfatto.

disossàre (pres. *-òsso*) [comp. parasint. di *osso*; a. 1374] *tr.* levare le ossa: *disossare un pollo* || *intr. pron. fig. poet.* consumarsi.

disossàto (*pps.* di *disossare*) [1869] *agg. fig.* fiacco, floscio.

disossidànte (*pps.* di *disossidare*) [1869] **I** *agg. T.chim.* capace di sottrarre ossigeno a una sostanza ossidata: *agente disossidante* **II** *sm.* sostanza disossidante; *in part.* prodotto per togliere la ruggine.

diṣossidàre (pres. *-òssido*) [da *ossidare*, sul modello del fr. *désoxyder*, 1830] ***tr.*** *T.chim.* levare l'ossigeno dai corpi che lo contengono in combinazione.

diṣossidazióne [da *disossidare*; 1830] ***sf.*** azione ed effetto del disossidare.

diṣostòṣi [comp. di *dis-*[2], gr. *ostéon*, osso e *-osi*; 1830] ***sf.*** *T.med.* nome generico delle malformazioni congenite delle ossa: *disostosi cranio-facciale.*

diṣostruìre (pres. *-ìsco, -ìsci*) [da *ostruire*; 1752] ***tr.*** liberare da un'ostruzione: *disostruire una tubatura* || **N.** *Sin.* disgorgare, disintasare, disotturare, stasare, sturare.

disótto o **di sótto** [comp. di *di* e *sotto*; 1313] **I** ***avv.*** sotto, dabbasso, al piano inferiore **II** ***agg. inv.*** inferiore, sottostante: *abita al piano disotto* **III** ***sm. inv.*** la parte inferiore o sottostante: *si è rotto il manico della valigia, prendila dal disotto* **IV** nella ***loc. prep.*** *al disotto di*, sotto: *le riserve di carburante sono scese al disotto del limite di guardia.*

diṣotturàre (pres. *-ùro*) [da *otturare*; 1987] ***tr.*** liberare da ciò che ottura, ostruisce: *disotturare il lavandino* || **N.** *Sin.* disgorgare, disintasare, disostruire, stasare, sturare.

dispacciàre (pres. *-àccio*) [dal provenz. *despachar*, prima metà sec. XIV] ***tr. ant.*** **1.** di affari, sbrigare **2.** cavare d'impaccio.

dispàccio (pl. *-ci*) [dallo sp. *despacho*; 1563] ***sm.*** lettera ufficiale riguardante affari di Stato || *per estens.* notizia diffusa in forma di messaggio scritto: *dispaccio di agenzia*; *dispaccio telegrafico*, telegramma.

dispaiàre (pres. *-àio, -ài*) [comp. parasint. di *paio*; 1313] ***tr.*** *non com.* spaiare.

disparatézza [da *disparato*; sec. XIV] ***sf.*** *raro* l'essere disparato, diverso; disuguaglianza.

disparàto [dal lat. *disparātum*; 1673] ***agg.*** che non ha relazione o analogia con altro termine: *ha messo insieme le idee più disparate* || **N.** eterogeneo, DIVERSO.

disparére [da *parere*; a. 1342] ***sm.*** *non com.* parere diverso da un altro, leggero dissenso || **N.** DISSENSO.

dispareunìa [dal gr. *dyspáreunos*, che ha infelice connubio; 1956] ***sf.*** *T.med.* disturbo femminile, consistente nell'avvertire dolore durante il rapporto sessuale; può essere dovuto a fattori fisiologici o psicologici.

dìspari [dal lat. *dispar, -aris*; a. 1276 nel senso 2] ***agg.*** **1.** di numero intero, non divisibile per due **2.** *ant.* disuguale, diverso, dissimile || *T.mus. coro a voci dispari*, con voci bianche (soprani e contralti) e maschili (tenori e bassi) **3.** *raro* impari, inadatto, inetto || **N. 1.** *Contr.* pari **2.** *Contr.* simile, uguale **3.** *Contr.* adatto.

disparìre (pres. *dispàio* ecc., come APPARIRE; ma pps. più com. *disparito*) [da *apparire*, con sostituzione di pref.; a. 1294] ***intr.*** (aus. *essere*) sparire, dileguarsi: *in pochi secondi disparve alla vista.*

disparità [dal lat. tardo *disparitas, -ātis*; inizio sec. XIV] ***sf.*** disuguaglianza, diversità: *la disparità delle opinioni, delle condizioni sociali.*

dispàrte [da *parte*; a. 1276 nella loc. avv.] **I** ***avv.*** **1.** *arc.* da parte **2.** nella *loc. avv. in disparte*, da lato, in luogo discosto, in luogo appartato: *starsene, lasciare in disparte* || *tenere in disparte*, serbare **II** nella ***loc. prep.*** *non com. in disparte da*, lontano da: *tenersi in disparte dalla vita politica.*

dispartìre (pres. *-ìsco, -ìsci*) [fatto su *spartire*; prima metà sec. XIII] ***tr.*** *raro* spartire.

dispèndio (pl. *-di*) [dal lat. *dispendium*; 1219] ***sm.*** spesa inutile ed eccessiva; più com. *fig.*: *un inutile dispendio di forze, di tempo* || **N.** *Sin.* consumo, sperpero, spreco, SPESA.

dispendióso [dal lat. *dispendiōsus*; 1613] ***agg.*** che richiede spese ingenti: *attività dispendiosa* || *fig.* che costa molte energie: *una tattica di gioco troppo dispendiosa* || **dispendiosaménte** ***avv.***

dispènsa [da *dispensare*; sec. XIII] ***sf.*** **1.** stanza o mobile dove si tengono in serbo le vivande **2.** ciascun fascicolo di opere che si pubblicano a riprese: *un vocabolario a dispense, l'opera esce in dispense settimanali* || *dispense universitarie*, gli appunti delle lezioni di un corso fatti ciclostilare o stampare **3.** *T.giur.* atto che solleva da un obbligo di legge: *dispensa dagli esami, dalle tasse, dal servizio militare* || *T.eccl.* provvedimento dell'autorità religiosa che esonera dall'osservanza di particolari precetti canonici; *in part.* permesso di matrimonio tra congiunti: *per sposarsi tra cugini ci vuole la dispensa* || *T.bur. dispensa dal servizio*, provvedimento disciplinare di esonero di un pubblico dipendente da un impiego o da un incarico **4.** *non com.* atto del dispensare, distribuzione: *dispensa di viveri e medicinali alle vittime dell'inondazione* || **N. 1.** *Sin.* credenza **3.** *Sin.* esenzione, esonero | concessione, licenza, permesso, privilegio, remissione.

dispensàbile [da *dispensare*; a. 1540] ***agg.*** *lett.* che può essere dispensato; di cui si può fare a meno.

dispensàre (pres. *-ènso*) [dal lat. *dispensāre*; 1292 ca.] ***tr.*** **1.** distribuire con una certa larghezza: *ha dispensato tutto il suo ai poveri, Iddio dispensa le sue grazie* **2.** esimere da un obbligo, togliere un impedimento: *dispensare dagli esami* || *dispensare dal servizio*, rif. a impiegato statale, licenziarlo || ***rifl.*** esimersi da una cosa || **N. 1.** *Sin.* concedere, distribuire, elargire **2.** *Sin.* esonerare.

dispensàrio (pl. *-ri*) [dal fr. *dispensaire*; 1875] ***sm.*** istituzione che fornisce assistenza medica gratuita per particolari malattie: *dispensario antitubercolare.*

dispensatìvo [dal lat. tardo *dispensativus*; sec. XIV] ***agg.*** *non com.* che ha facoltà di dispensare; atto a dispensare.

dispensatóre [da *dispensare*; 1292 ca.] ***agg.*** e ***sm.*** (f. *-trìce*) che o chi dispensa qualcosa.

dispensazióne [dal lat. *dispensātio, -ōnis*; metà sec. XIII] ***sf.*** *arc.* **1.** elargizione **2.** dispensa.

dispenser (ingl., pr. [dɪ'spensə]) [letter. dispensatore; 1963] ***sm. inv.*** piccolo apparecchio o astuccio distributore o dosatore.

dispensière [da *dispensare*; a. 1348] ***sm.*** (f. *-ièra*) **1.** *lett.* chi dispensa, distribuisce: *la Vergine è dispensiera di grazie* **2.** chi è addetto alla dispensa dei prodotti alimentari.

dispepsìa [dal lat. e gr. *dyspepsía*, attr. il fr. *dyspepsie*; 1792] ***sf.*** *T.med.* insieme di disturbi funzionali, di carattere permanente, della digestione gastrica.

dispèptico (pl. *-ci*) [dal fr. *dyspepsique*; 1913] **I** ***agg.*** *T.med.* che ha rapporto con la dispepsia: *disturbi dispeptici* || che soffre di dispepsia **II** ***sm.*** (f. *-a*) *T.med.* persona dispeptica: *i dispeptici.*

disperàre (pres. *-èro*) [lat. *desperāre*; inizio sec. XIII] ***intr.*** (aus. *avere*) (costruito con la prep. *di*) perdere la speranza di una cosa, considerarla irrealizzabile: *disperare della guarigione* || ***tr.*** **1.** (spec. con prop. oggettiva implicita; altrimenti *lett.*) non avere speranza di ottenere qualcosa: *dispero di rivederla*; *dispera la vittoria* (Tasso); anche *ass.*: *non disperare!* || *iperb. far disperare*, far perdere la pazienza: *questi ragazzi mi fanno disperare* **2.** ridurre alla disperazione: *i continui contrattempi lo disperano* || ***intr. pron.*** lasciarsi prendere dalla disperazione: *piango e mi dispero* || **N.** ***intr.*** *Sin.* dubitare | ***intr. pron.*** *Sin.* abbattersi, avvilirsi, disanimarsi, lagnarsi, sconfortarsi.

disperàta [da *disperare*; a. 1565] ***sf.*** *T.lett.* antico componimento poetico che esprimeva lamento e disperazione d'amore || **N.** *Sin.* dispetto.

disperàto (*pps.* di *disperare*) [1292 ca.] **I** ***agg.*** **1.** in preda alla disperazione, sconvolto: *è disperato per la morte della madre* || che mostra sconforto: *un lamento disperato* **2.** che non lascia speranze: *un'impresa disperata*, senza reali possibilità di riuscita; *un caso disperato*, senza soluzione, detto in part. di una malattia inguaribile **3.** causato o dettato dalla forza della disperazione: *lo ha raggiunto con un disperato recupero proprio all'ultima curva* || *alla disperata*, all'ultimo istante, alla meno peggio: *riuscì a deviare alla disperata il pallone in calcio d'angolo*; con furia, disordinatamente || **disperataménte** ***avv.*** **1.** con disperazione **2.** con tutte le proprie energie **II** ***sm.*** (f. *-a*) chi è privo di ogni conforto materiale e morale: *una vita da disperati* || *iperb. lavora come un disperato*, senza un attimo di tregua || **N. I 1.** *Sin.* abbattuto, distrutto, inconsolabile, sconfortato **2.** *Sin.* irrealizzabile; irrimediabile **II** *Sin.* disgraziato, miserabile; forsennato.

disperazióne [dal lat. *desperātio, -ōnis*; 1292 ca.] ***sf.*** **1.** il non aver più speranza, e il tormento che se ne prova: *ridurre alla disperazione* || *darsi alla disperazione*, disperarsi || *per disperazione*, per non poter fare diversamente: *ho dovuto far così per disperazione* || *il coraggio, la forza della disperazione*, la determinazione di chi trovandosi in supreme necessità e quasi senza altra speranza di salvezza è spinto a osare l'impossibile **2.** *per meton.* motivo di angoscia e sconforto, anche *iperb.*: *questi ragazzi sono la mia disperazione* || **N. 1.** *Sin.* abbattimento, accasciamento, avvilimento, costernazione, cruccio, sconforto, scoraggiamento | cieca, cupa, inconsolabile, profonda | accasciarsi, dar di capo nel muro, giudicarsi spacciato, ritenersi perduto, rodersi l'animo, strapparsi i capelli, struggersi | DOLORE.

disperdènte (*ppr.* di *disperdere*) [1956] ***agg.*** e ***sm.*** **1.** *T.chim.* detto di sostanza liquida in una dispersione in cui sono in sospensione le particelle solide **2.** *T.fis.* detto di sostanza o corpo in cui si verifica la dispersione di radiazioni **3.** *T.fis.* e *T.elettr.* detto di dispositivo che provoca la dispersione di radiazioni o scariche elettriche || **N. 2.** *Sin.* dispersivo **3.** *Sin.* dispersore.

disperdènza [da *disperdere*; 1956] ***sf.*** **1.** *T.fis.* proprietà dei mezzi disperdenti **2.** *T.elettr.* conduzione di corrente tra una linea elettrica e la terra, dovuta al cattivo isolamento della linea.

dispèrdere (pres. *-èrdo* ecc., come PERDERE) [dal lat. *disperdere*; 1292 ca. come intr. pron. nel senso 1] ***tr.*** mandare in più direzioni, sparpagliare: *disperdere le ceneri al vento* || sbandare, mettere in fuga: *disperdere l'esercito nemico, il corteo di dimostranti* || dilapidare: *disperdere un patrimonio*; anche *fig.*: *disperdere le proprie energie* || *disperdere i voti*, farli affluire su liste minori che non arrivano ad avere loro rappresentanti || *in part. T.fis.* causare dispersione: *un prisma disperde la luce* || ***intr. pron.*** **1.** sparpagliarsi, diffondersi: *si dispersero nella campagna, il calore si disperde rapidamente attraverso i vetri* **2.** *fig.* sprecare le proprie risorse ed energie intellettuali: *non ti disperdere in attività marginali* || **N.** ***tr.*** *Sin.* consumare, dilapidare, disgregare, dissipare, distruggere, sciupare | *Contr.* accumulare, concentrare, riunire.

disperdiménto [da *disperdere*; 1654] ***sm.*** *non com.* atto ed effetto del disperdere e del disperdersi || **N.** *Sin.* dispersione, sbandamento.

disperditóre [da *disperdere*; a. 1342] ***sm.*** (f. *-trice*) *non com.* chi disperde.

dispèrgere (pres. *-èrgo* ecc., come ASPERGERE) [dal lat. *dispergere*; 1319] ***tr.*** *ant.* e *lett.* spargere e separare in varie parti || disperdere: *avvegnaché la subitanea fuga dispergesse color per la campagna* (Dante).

dispergitóre [da *dispergere*; metà sec. XIV] **sm.** (f. *-trice*) *lett.* chi disperge, disperditore.

dispermìa¹ [comp. di *di-²* e un der. del gr. *spérma*, seme; 1830] **sf.** *T.med.* anomalia nella composizione dello sperma o nell'eiaculazione.

dispermìa² [comp. di *di-²* e un der. del gr. *spérma*, seme; 1956] **sf.** *T.biol.* penetrazione di due spermatozoi nello stesso uovo.

dispèrmo [comp. di *di-²* e un der. del gr. *spérma*, seme; 1830] **agg.** *T.bot.* detto di frutto che contiene due semi.

dispersióne [dal lat. *dispersio, -ōnis*; sec. XIV] **sf.** atto ed effetto del disperdere e del disperdersi: *dispersione delle forze, del calore* ‖ *in part. T.fis. dispersione della luce*, fenomeno per cui un raggio di luce bianca, subendo una rifrazione, si scompone nelle sue diverse componenti monocromatiche (lo stesso termine è usato anche per radiazioni non luminose); *T.chim.* fine sospensione di particelle solide in una sostanza liquida; *T.stat.* sparpagliamento dei valori di una distribuzione statistica rispetto a un valore centrale.

dispersività [da *dispersivo*; 1965] **sf.** l'essere dispersivo.

dispersìvo [dal fr. *dispersif*, 1869 nel senso 2] **agg.** **1.** che non permette di concentrarsi: *un metodo di lavoro, un ambiente dispersivo* ‖ di persona o carattere, inconcludente, che manca di sistematicità: *temperamento dispersivo* **2.** *T.fis.* che causa la dispersione della luce: *un mezzo dispersivo.*

disperso¹ (*pps.* di *disperdere*) [1292 ca.] **I** **agg.** **1.** perduto, smarrito **2.** *T.bur.* detto di militare o civile di cui si è persa ogni notizia dopo una battaglia, una catastrofe naturale ecc. ma per il quale non si hanno prove certe della morte **II** **sm.** (f. *-a*) persona dispersa: *i dispersi in Russia* ‖ **N.** I **1.** *Sin.* sbandato, sperduto, sperso | DISPERDERE.

dispèrso² *pps.* di *dispergere* (v.).

dispersóre [da *disperdere*; 1956] **sm.** **1.** (f. *disperditrice*) *non com.* chi disperde **2.** *T.fis.* dispositivo che provoca la dispersione di radiazioni **3.** *T.elettr.* elemento degli impianti di messa a terra o dei parafulmini, che ha la funzione di disperdere in un mezzo (tipicamente il terreno) scariche elettriche.

dispettàre (pres. *-ètto*) [dal lat. *despectāre*; 1292 ca.] **tr.** *arc.* disprezzare.

dispètto¹ [lat. *despectus*, dispregio; 1292 ca.] **sm.** **1.** azione compiuta con il deliberato intento di irritare, molestare, offendere qualcuno: *suonava per fargli dispetto, fare i dispetti, ricevere un dispetto* ‖ *a dispetto di*, malgrado, nonostante: *proseguì nell'impresa a dispetto della sfiducia generale* ‖ *stare in paradiso a dispetto dei santi*, rimanere ad ogni costo dove non si è bene accetti **2.** stizza, irritazione: *non riuscì va a nascondere il suo dispetto* **3.** *lett.* alterigia **4.** *T.lett.* disperata ‖ **N.** **1.** *Sin.* molestia, offesa, villania | alla barba, alla faccia di qualcuno **2.** *Sin.* fastidio, invidia, rabbia; sdegno **3.** *Sin.* altezzosità, disdegno.

dispètto² [dal lat. *despectus*, pps. di *despicere*, disprezzare; 1313] **agg.** *arc.* disprezzato, spregevole, abietto: *o cacciati dal ciel, gente dispetta* (Dante).

dispettóso [da *dispetto*; a. 1348] **agg.** che si compiace di far dispetti: *un bambino dispettoso* ‖ di cosa, irritante, molesto: *atti dispettosi, tempo dispettoso* ‖ *dim.* dispettosìno, dispettosùccio, dispettosèllo; *pegg.* dispettosàccio ‖ **dispettosaménte** **avv.** ‖ **N.** fastidioso, noioso, seccante, spiacevole, urtante.

dispiacènte (*ppr.* di *dispiacere*) [a. 1294 *despiaciente* nel senso 2] **agg.** *non com.* **1.** spiacente **2.** spiacevole.

dispiacére¹ (pres. *-àccio* ecc., come PIACERE) [lat. volg. **displacēre*; a. 1250] **intr.** (aus. *essere*) (costruito con la prep. *a*) **1.** riuscire sgradito: *un suono che dispiace all'orecchio* ‖ *non dispiace*, litote per dire: piace abbastanza **2.** causare rincrescimento, rammarico: *mi dispiace che sia partito* ‖ in formule di cortesia: *mi dispiace, ma non può entrare; le dispiace se do un'occhiata al suo giornale?* ‖ **intr. pron.** provare rincrescimento; risentirsi ‖ **N.** **1.** *Sin.* affliggere, disturbare **2.** *Sin.* rincrescere, spiacere.

dispiacére² [da *dispiacere¹*; a. 1294] **sm.** sentimento che si prova quando le cose non vanno come si vorrebbe; è meno forte di dolore: *ne provo dispiacere* ‖ ciò che rattrista e affligge: *i dispiaceri non vengono mai soli* ‖ **N.** *Sin.* affanno, afflizione, amarezza, angoscia, angustia, contrarietà, cruccio, inquietudine, rammarico, rincrescimento, scontentezza, travaglio, tristezza, DOLORE | boccone amaro, crepacuore, spina nel cuore.

dispiacévole [da *dispiacere¹*; a. 1294] **agg.** *raro lett.* spiacevole.

dispiacevolézza [da *dispiacevole*; a. 1571] **sf.** *raro lett.* l'essere dispiacevole, il dispiacere, spiacevolezza.

dispiaciménto [da *dispiacere¹*; fine sec. XIII] **sm.** *raro* dispiacere.

dispiaciùto (*pps.* di *dispiacere¹*) [a. 1876] **agg.** che prova dispiacere, rincrescimento: *era molto dispiaciuto di non vederti, sono dispiaciuto per tutti i guai che ti ho causato* ‖ **N.** *Sin.* addolorato, dolente, rammaricato, spiacente.

dispianàre (pres. *-àno*) [dal lat. *displanāre*; sec. XIII nel senso 2] **tr.** *arc.* **1.** spianare **2.** *fig.* dichiarare, spiegare ‖ **rifl.** sdraiarsi: *e in terra si dispiana* (Pulci).

dispiccàre (pres. *-ìcco, -ìcchi*) [fatto su *spiccare*; a. 1494] **tr.** *raro* spiccare, staccare.

dispiegàre (pres. *-ègo, -èghi*) [da *spiegare*; a. 1321] **tr.** *lett.* distendere: *dispiegare le vele, le ali* ‖ *dispiegare le forze sul campo di battaglia*, disporle ‖ *lett. fig.* svelare: *dispiegare le proprie intenzioni* ‖ **intr. pron.** *lett.* **1.** diffondersi, spandersi **2.** *arc.* sgorgare.

dispiègo (pl. *-ghi*) [da *dispiegare*; a. 1872] **sm.** atto ed effetto del dispiegare o del dispiegarsi, spiegamento; spec. nell'espr. *gran dispiego di forze*, massiccia mobilitazione di forze, di unità armate o, *fig.*, di energie.

dispietàto [dall'ant. *dispietà*; seconda metà sec. XIII *despiatato*] **agg.** *raro poet.* spietato.

dispitto [dal lat. *despectus*, attr. il fr. ant. *despit*; 1313] **sm.** *arc.* disdegno, dispetto: *come avesse l'inferno in gran dispitto* (Dante).

displaṣìa [comp. di *dis-²* e *-plasia*; 1899] **sf.** alterazione della struttura cellulare di organi o tessuti.

displàṣico o **displàstico** (pl. *-ci*) [da *displasia*; 1932] **agg.** *T.med.* relativo o conseguente a displasia: *costituzione displasica.*

display (ingl., pr. [dɪs'pleɪ]) [letter. mostra, esposizione; 1979] **sm.** *inv.* (anche pl. *displays*, pr. [dɪs'pleɪz]) *T.elettron.* schermo su cui si visualizzano dati o cifre sotto forma di caratteri luminosi, per es. in computer, calcolatrici elettroniche, impianti ad alta fedeltà, orologi digitali ecc.: *display a cristalli liquidi.* **TAV.** *audiovisivi* 1.5, 2.4; ***telefono*** **p. 1334** 1.6.

displuviàle [da *displuvio*; 1950] **agg.** che si riferisce a displuvio: *linea displuviale.*

displuviàto [dal lat. *displuviātus*; a. 1798] **agg.** *non com.* *T.arch.* a due spioventi: *tetto displuviato.*

displùvio (pl. *-vi*) [da *impluvio*, con sostituzione di prefisso; 1892] **sm.** *T.geogr.* **1.** versante di un altipiano, di un monte e sim. ‖ *linea di displuvio*, spartiacque **2.** *T.arch.* su un tetto a spioventi, lo spigolo d'incontro di due falde lungo il quale si divide lo scolo delle acque piovane ‖ **N.** **1.** *Contr.* impluvio.

dispnèa [dal gr. *dýspnoia*, attr. il fr. *dyspnée*; 1746] **sf.** *T.med.* difficoltà di respirazione ‖ **N.** affanno, ansito; asma | *Contr.* eupnea.

dispnòico (pl. *-ci*) [da *dispnea*; 1829] **agg.** e **sm.** (f. *-a*) che o chi è affetto da dispnea.

dispodestàre (pres. *-èsto*) [comp. parasint. di *podestà*; a. 1348] **tr.** *raro lett.* spodestare.

dispogliàre (pres. *-ògli o*) [dal lat. *despoliāre*; seconda metà sec. XIII] **tr.** *raro lett.* spogliare: *in questa primavera sempiterna / che notturno Ariete non dispoglia* (Dante).

dispolpàre (pres. *-ólpo*) [comp. parasint. di *polpa*; a. 1704] **tr.** *raro* spolpare.

dispondèo [dal lat. tardo *dispondēus*; 1820] **sm.** *T.metr.* successione di due spondei.

disponènte (*ppr.* di *disporre*) [a. 1332] **sm.** *T.giur.* chi sottoscrive un atto di disposizione, testatore: *disponente testamentario.*

disponìbile [dal lat. mediev. *disponibilis*, attr. il fr. *disponible*; 1797] **agg.** **1.** di cui si può disporre ‖ *in part. T.giur. quota disponibile*, parte dei beni che il testatore può lasciare a chi meglio crede; è contrapposto a *legittima*, che è la parte (indisponibile) assegnata dalla legge ai discendenti e agli ascendenti ‖ che si può ottenere, libero: *ci sono ancora dei posti disponibili in galleria*; di persona, libero da impegni: *manodopera disponibile* **2.** aperto, ben disposto, pronto ad ascoltare: *un interlocutore, un insegnante disponibile; alcuni dirigenti sono disponibili a una trattativa su queste basi* ‖ *ass.* incline ad avventure amorose: *una ragazza un po' troppo disponibile.*

disponibilità [dal fr. *disponibilité*; a. 1803 nel senso 2] **sf.** **1.** l'essere disponibile, utilizzabile ‖ *in part. T.bur.* stato di un pubblico impiegato dispensato temporaneamente dal servizio; *T.mar.* condizione di una nave da guerra che è in riparazione o in attesa d'impiego **2.** facoltà di disporre liberamente di qualcosa ‖ *concr. T.banc.* la somma liquida di cui il titolare di un conto può liberamente disporre; *per estens.* risorse finanziarie: *le mie disponibilità non me lo permettono* ‖ capacità: *l'albergo ha una disponibilità di 300 posti letto* **3.** qualità di chi è ben disposto verso gli altri, apertura mentale: *una persona di squisita cortesia e grande disponibilità.*

dispórre (pres. *-óngo* ecc., come PORRE) [lat. *dispōnere*; 1292 ca.] **tr.** **1.** porre le cose ordinatamente: *disporre i libri sugli scaffali* ‖ preparare: *disporre qualcuno a una cattiva notizia, disporre ogni cosa per la partenza* ‖ rendere disposto, atto: *disporre lo stomaco a ben digerire* **2.** decidere, deliberare: *il magistrato ha disposto il suo arresto, le autorità hanno disposto che...*; anche *ass.*: *io avrei disposto diversamente* ‖ *prov. l'uomo propone e Dio dispone*, l'uomo non può decidere del suo destino ‖ **rifl.** **1.** collocarsi, assumere una posizione: *la fanteria si dispone su tre file* **2.** prepararsi: *disporsi al combattimento, a sostenere una difficile discussione* ‖ **intr.** (aus. *avere*) (costruito con la prep. *di*) **1.** poter usufruire di qualcosa, possedere: *l'impresa non dispone di grandi capitali* ‖ poter fare affidamento su qualcuno: *disponi di me come di te stesso* **2.** stabilire la sorte dei propri beni e sim.: *dispose delle sue cose, e morì* ‖ **intr. pron.** collocarsi; essere situato: *i rami degli alberi tendono a disporsi in modo da ricevere la maggiore illuminazione possibile* ‖ **N.** **tr.** **1.** *Sin.* allestire, collocare, mettere, ordinare, piazzare, sistemare; organizzare **2.** *Sin.* comandare, decretare, ordinare, prescrivere, stabilire | **intr.** *Sin.* avere; contare su.

disposàre (pres. *-òso*) [dal lat. tardo *desponsāre*; a. 1294 *desponsare*] **tr.** *arc.* promettere di prendere in moglie, sposare: *colui che 'nanellata pria / disposando m'avea con la sua gemma* (Dante).

dispositio (lat., pr. it. [dispo'zittsjo]) [letter. ordinamento] **sf.** *inv.* *T.ret.* nella tecnica oratoria classica, lavoro di scelta e ordinamento delle idee e delle immagini, che segue all'*inventio.* **Q.T.** *retorica...*

dispositivo¹ [dal fr. *dispositif*; a. 1739] **I**

agg. T.giur. che consente di deliberare: *facoltà dispositiva* || che contiene una deliberazione: *parte dispositiva di una sentenza* **II sm.** *T.giur. dispositivo di una sentenza*, l'insieme delle deliberazioni in essa contenute.

dispoṣitivo² [dal fr. *dispositif*; 1918] **sm.** **1.** *T.mecc.* congegno che è predisposto per compiere un determinato lavoro: *dispositivo d'allarme, antifurto* **2.** *per estens.* piano, organizzazione: *dispositivo di sicurezza delle forze dell'ordine.* **Q.T.** *elettricità.*

dispoṣizióne [dal lat. *dispositio, -ōnis*; inizio sec. XIII] **sf.** **1.** atto del disporre, dell'ordinare oggetti || il modo in cui una cosa è disposta: *la disposizione della casa, di un quadro, disposizione a U* || *T.mat. disposizioni semplici di n oggetti a k a k*, nel calcolo combinatorio, i gruppi che si possono formare scegliendo *k* degli *n* oggetti e disponendoli in un dato ordine, senza che lo stesso oggetto compaia più di una volta || *T.ret.* v. DISPOSITIO **2.** direttiva, ordine: *darò le opportune disposizioni; disposizione di legge*, ciò che la legge dispone, prescrive || *disposizione testamentaria*, ciò che prescrive il testamento **3.** possibilità di disporre liberamente di qualcosa, di fare affidamento su qualcuno, spec. nelle espressioni: *avere, essere, restare, considerarsi, mettere a disposizione*: *le metto a disposizione la mia macchina; sono a tua disposizione per ogni evenienza* || *T.bur. tenersi a disposizione dell'autorità giudiziaria*, rimanere costantemente reperibile per eventuali convocazioni del magistrato **4.** inclinazione naturale, predisposizione: *ha una particolare disposizione per la musica* || stato d'animo: *non essere nella disposizione di spirito adatta* || *T.med.* tendenza dell'organismo ad essere affetto da una data malattia || *T.fil.* proprietà che si manifesta in determinate circostanze: *la solubilità è una disposizione*; atteggiamento stabile, abito: *le virtù sono disposizioni* || **N.** **1.** *Sin.* collocazione, formazione, piazzamento, posizione, sistemazione **2.** *Sin.* comando, decisione, deliberazione, precetto, prescrizione **4.** *Sin.* attitudine, propensione, vocazione; umore.

dispostézza [da *disposto*; 1589 nel senso 2] **sf.** *raro* **1.** attitudine; propensione **2.** prestanza, agilità **3.** compostezza.

dispósto (*pps.* di *disporre*) [1292 ca.] **I agg.** **1.** collocato **2.** pronto: *sono disposto a tutto* || propenso, incline: *sembra disposto a un compromesso* || *essere bene* o *mal disposto*, avere animo incline o avverso a concedere qualche cosa || *disus. ben disposto*, gagliardo **3.** stabilito, prescritto **II sm.** *T.giur.* disposizione, ordine, decreto: *secondo il disposto del tale articolo di legge* || **N.** I **2.** *Sin.* deciso; preparato; intenzionato.

dispòtico (pl. *-ci*) [dal gr. *despotikós*, attr. il fr. *despotique*; 1628 *despotico*] **agg.** **1.** di despota: *governo dispotico* **2.** *per estens.* degno di un despota, autoritario, prepotente: *maniere dispotiche* || **dispoticaménte** **avv.** con modi autoritari e prepotenti || **N.** DISPOTISMO.

dispotiṣmo [dal fr. *despotisme*; 1745 *despotismo*] **sm.** **1.** il governo del despota e il suo modo di governare: *dispotismo illuminato*, l'attività riformatrice delle monarchie europee verso la fine del secolo XVIII, e in gen. un modo di governare autoritario che però promuova riforme sociali **2.** *per estens.* ogni autorità esercitata con eccessivo rigore o con arbìtri; prepotenza, arroganza || **N.** **1.** *Sin.* assolutismo, autocrazia, tirannia; monarchia **2.** *Sin.* autoritarismo, prepotenza.

dispregévole [da *dispregiare*; 1292 ca.] **agg.** *lett.* spregevole.

dispregiàre (pres. *-ègio*) [dal lat. volg. **dispretiare*, attr. il fr. ant. *desprisier*; a. 1250] **tr.** *lett.* disprezzare.

dispregiatìvo [da *dispregiare*; 1641] **agg.** *non com.* sprezzante || *T.gram.* di parola, che mostra disprezzo o scarsa considerazione; *non com.* peggiorativo || **dispregiativaménte** **avv.**

dispregiatóre [da *dispregiare*; a. 1333] **agg.** e **sm.** (f. *-trice*) *lett.* che o chi dispregia, disprezzatore.

disprègio (pl. *-gi*) [da *dispregiare*; inizio sec. XIII] **sm.** **1.** *lett.* scarsa considerazione, disistima: *andare, cadere in dispregio, tenere in dispregio* || disprezzo **2.** *arc.* infamia; motivo d'infamia: *di sé lasciando orribili dispregi* (Dante) || **N.** **1.** *Sin.* derisione, disdegno, scherno, spregio, DISPREZZO.

disprezzàbile [da *disprezzare*; 1521] **agg.** degno di disprezzo, di poco conto || *non disprezzabile*, notevole, di rilievo || **N.** SPREGEVOLE.

disprezzàre (pres. *-èzzo*) [lat. volg. **dispretiare*; 1292 ca.] **tr.** provare, e perlopiù manifestare un'assoluta mancanza di considerazione e rispetto: *disprezzare gli uomini, le ricchezze* || trascurare, non tener conto di: *disprezzare le leggi, il pericolo* || *prov. chi disprezza compra*, chi ostenta troppo disprezzo per qualcosa in realtà segretamente la desidera || **N.** *Sin.* denigrare, disdegnare, irridere, misconoscere, schernire, sdegnare, spregiare, vilipendere; infischiarsene di, ridersi di.

disprezzatóre [da *disprezzare*; sec. XIV] **agg.** e **sm.** (f. *-trice*) *non com.* che o chi disprezza.

disprèzzo [da *disprezzare*; a. 1306 *desprezo*] **sm.** **1.** totale mancanza di stima e rispetto nei confronti di qualcuno o qualcosa: *nutrire un sommo disprezzo per gli ipocriti; disprezzo della tradizione, della civiltà* **2.** *lett.* scherno, oltraggio || **N.** **1.** *Sin.* disdegno, disgusto, disistima, dispregio, odio, ripugnanza.

disproporzionaménto [comp. del gr. *dís*, doppio e un der. di *proporzionare*; 1987] **sm.** *T.chim.* dismutazione.

disproporzióne [da *proporzione*; a. 1406] **sf.** squilibrio, disparità.

dispròṣio [dal lat. scient. *Dysprosium*, dal gr. *dysprósitos*, mal raggiungibile; 1913] **sm.** *T.chim.* elemento metallico del gruppo dei lantanidi.

disputa [da *disputare*; a. 1452] **sf.** **1.** discussione, spesso aspra e polemica: *un'interminabile disputa teologica* || violento litigio **2.** svolgimento di una competizione sportiva: *la disputa dell'incontro non fu possibile a causa della nebbia* || **N.** **1.** *Sin.* contesa, contrasto, controversia, dibattito, polemica, questione; alterco, diverbio, lite.

disputàbile [da *disputare*; 1589] **agg.** **1.** che si può disputare: *una partita non disputabile* **2.** *non com.* di cui si può disputare || **N.** **2.** *Sin.* discutibile.

disputabilità [da *disputabile*; 1869] **sf.** *non com.* il fatto di essere disputabile.

disputàre (pres. *disputo*) [dal lat. *disputāre*; 1308] **intr.** (aus. *avere*) **1.** difendere la propria opinione discutendo con altri: *disputare di filosofia* || *ass.* litigare: *disputavano violentemente per ore* **2.** competere, gareggiare || **tr.** **1.** contendere, mettere in discussione: *disputava il tuo diritto all'eredità* || ostacolare, negare: *disputare il passaggio* **2.** rif. a gara, parteciparvi: *disputare un incontro calcistico* || **rec.** contendersi: *si disputavano il premio* || **N.** **intr.** **1.** *Sin.* argomentare, dibattere, discettare, discutere, disquisire, polemizzare, ragionare; altercare | **tr.** **1.** *Sin.* contestare, contrastare.

disputatìvo [dal lat. tardo *disputatīvus*; a. 1332] **agg.** *raro* che concerne il disputare: *metodo disputativo.*

disputàto (*pps.* di *disputare*) [a. 1332] **agg.** che è o è stato oggetto di disputa, discusso: *una questione molto disputata; gara, vittoria molto disputata*, molto combattuta, contesa.

disputatóre [dal lat. *disputātor, -ōris*; sec. XIV] **agg.** e **sm.** (f. *-trice*) che o chi disputa || **N.** disputante.

disputazióne [dal lat. *disputātio, -ōnis*; a. 1294 *disputasione*] **sf.** *raro* atto del disputare.

disqualificàre (pres. *-ìfico*) [da *qualificare*; 1963] **tr.** *non com. T.bur.* togliere la qualifica.

disquilibrio (pl. *-ri*) [fatto su *squilibrio*; 1801] **sm.** disequilibrio, squilibrio || **N.** *Contr.* EQUILIBRIO.

disquiṣire (pres. *-ìsco, -ìsci*) [da *disquisizione*; 1940] **intr.** (aus. *avere*) dissertare o discutere su una questione con argomentazioni accurate ed esaurienti, talvolta troppo astratte o minuziose: *ha disquisito per due ore sull'arte di cucinare il pesce, i due disquisirono tutta la notte su questioni di alta filosofia.*

disquiṣitóre [da *disquisizione*; 1919] **sm.** (f. *-trice*) chi fa una disquisizione.

disquiṣizióne [dal lat. *disquisītio, -ōnis*; 1631] **sf.** discussione minuziosa e spesso pedantemente erudita di un argomento scientifico o dottrinale: *sottili disquisizioni critiche.*

diṣrafìa [comp. di *dis-*² e *rafia*; 1956] **sf.** *T.med.* ogni malformazione congenita consistente nella difettosa saldatura delle due metà di un organo (per es. il labbro leporino).

diṣràfico (pl. *-ci*) [da *disrafia*; 1956] **agg.** *T.med.* relativo a disrafia: *stato disrafico*, disrafismo.

diṣrafiṣmo [da *disrafia*; 1956] **sm.** *T.med.* condizione patologica dovuta alla presenza di una o più disrafie.

diṣruptìvo [dal lat. *disruptus*, pps. di *disrumpere*, dirompere; 1956] **agg.** *T.elettr. scarica disruptiva*, la scarica che si origina quando la differenza di potenziale tra due conduttori è tale da superare la rigidità del dielettrico interposto.

diṣrupzióne [da *disruptivo*; 1956] **sf.** *T.elettr.* fenomeno per cui si determina una scarica elettrica tra due conduttori, anche isolati da un mezzo dielettrico, quando la loro differenza di potenziale supera una determinata soglia.

diṣruttìvo **agg.** *non com.* v. DISRUPTIVO.

diṣruttóre v. DIRUTTORE.

dissabbiatóre [comp. parasint. di *sabbia*; 1956] **sm.** *T.idr.* vasca collocata lungo il corso di un canale, nella quale vengono separate dall'acqua le materie sabbiose; fa parte per es. degli impianti idroelettrici e di depurazione.

dissacrànte (*ppr.* di *dissacrare*) [1974] **agg.** **1.** che dissacra, che priva del carattere sacrale: *interpretazione dissacrante dei testi evangelici* **2.** *per estens.* che mette in discussione valori generalmente considerati assoluti, indiscutibili: *discorso dissacrante sull'istituzione del matrimonio* || irrispettoso verso valori e convenzioni sociali: *atteggiamento, linguaggio dissacrante.*

dissacràre [da *consacrare*, con sostituzione di pref.; a. 1327 nel senso 2; 1965 nel senso 1] **tr.** **1.** mettere in discussione con irriverenza, farsi beffe di isituzioni, norme di comportamento o ideali sanciti e quasi resi inviolabili da una lunga tradizione: *dissacrare i valori dell'eroismo e dell'amor di patria* **2.** *raro* sconsacrare.

dissacratóre [da *dissacrare*; 1983] **I sm.** (f. *-trice*) chi dissacra: *è un dissacratore di ogni ideale* **II agg.** che tende a dissacrare: *fare opera dissacratrice.*

dissacratòrio (pl. *-ri* o *-rii*) [da *dissacrare*; 1972] **agg.** dissacrante, che tende a dissacrare: *parole dissacratorie nei confronti del principio d'autorità.*

dissacrazióne [da *dissacrare*; 1673] **sf.** il dissacrare, il togliere sacralità.

dissalaménto [da *dissalare*; 1974] **sm.** operazione del dissalare: *dissalamento delle acque marine, del petrolio grezzo* || **N.** *Sin.* desalinizzazione, dissalazione.

dissalàre (pres. *-àlo*) [comp. parasint. di *sale*, prob. sul modello del fr. *dessaler*; 1612] **tr.** **1.** togliere il sale, rif. ad acque marine o salmastre: *un impianto per dissalare l'acqua di mare* **2.** levare il sale ad alimenti conservati sotto sale raschiandoli o tenendoli a mollo: *dissalare le acciughe, il baccalà.*

dissalatóre [da *dissalare*; 1970] **sm.** apparecchio o impianto per dissalare.

dissalazióne [da *dissalare*; 1970] **sf.** dissalamento.

dissaldàre [da *saldare*, sul modello del fr. *dessouder*; 1797] **tr.** levare la saldatura || *fig.* separare || **intr. pron.** di pezzi saldati, staccarsi: *nell'urto il gancio si è dissaldato.*

dissaldatùra [da *dissaldare*; 1956] **sf.** operazione del dissaldare.

dissanguaménto [da *dissanguare*; 1869] **sm.** atto ed effetto del dissanguare e del dissanguarsi: *il ferito, non soccorso in tempo, morì per dissanguamento.*

dissanguàre (pres. *-ànguo*) [comp. parasint. di *sangue*; 1673 nel senso 2] **tr. 1.** levare molto sangue da un corpo vivente: *l'emorragia l'ha dissanguato* **2.** *fig.* portar via o fare spendere il denaro copiosamente: *quel figliuolo mi dissangua* || *in gen.* sottrarre gradualmente tutte le energie o le risorse || **intr. pron. 1.** perdere molto sangue, in quantità tali da rischiare la morte **2.** *fig.* esaurire le proprie risorse, spec. economiche: *si è dissanguato per far fronte alle richieste dei rapitori.*

dissanguàto (*pps.* di *dissanguare*) [1719] **agg.** esangue || *fig.* ridotto in miseria.

dissanguatóre [da *dissanguare*; 1887] **agg.** e **sm.** (f. *-trìce*) che o chi dissangua, spec. *fig.* || **N.** *Sin.* sanguisuga.

dissapóre [da *sapore*; 1669] **sm.** turbata armonia di rapporti consueti tra due persone: *sono sorti dei dissapori tra di noi* || **N.** *Sin.* contrasto, discordia, incomprensione, screzio.

dissecàre (pres. *-èco, -èchi*) [dal lat. *dissecāre*, tagliare in parti, attr. il fr. *disséquer*; 1869] **tr.** *T.med.* separare con uno strumento tagliente una parte anatomica dalle altre, in interventi chirurgici o nelle autopsie || **N.** incidere, sezionare | dissezione.

disseccàre (pres. *-écco, -écchi*) [da *seccare*; 1305] **tr.** togliere l'umidità, seccare, inaridire || **intr. pron.** prosciugarsi: *la sorgente si è disseccata* || **N.** *Sin.* essiccare, inaridire, prosciugare, seccare.

disseccatìvo [da *disseccare*; sec. XIV] **agg.** *raro* che è in grado di disseccare.

disseccazióne [da *disseccare*; sec. XIV *diseccazione*] **sf.** il processo del disseccare e del disseccarsi.

disselciàre (pres. *-élcio*) [da *selciare*; 1846] **tr.** disfare il selciato d'una strada.

dissellàre (pres. *-èllo*) [comp. parasint. di *sella*; a. 1380] **tr.** liberare dalla sella || **intr.** (aus. *essere*) *arc.* cadere di sella.

disselvàre (pres. *-élvo*) [comp. parasint. di *selva*; 1869] **tr.** *raro* disboscare.

disseminàre (pres. *-émino*) [dal lat. *dissemināre*; 1438] **tr.** spandere disordinatamente alla maniera di chi semina: *ha disseminato il contenuto della valigia lungo il corridoio* (anche *ha disseminato il corridoio con il contenuto della valigia*), *un campo disseminato di mine* || *fig.* diffondere: *disseminare il malcontento* || **N.** *Sin.* spargere; divulgare.

disseminatìvo [da *disseminare*; 1956] **agg.** di disseminazione, relativo alla disseminazione: *impianto, processo disseminativo, dispersione disseminativa.*

disseminatóre [dal lat. tardo *disseminātor, -ōris*; 1735] **agg.** e **sm.** (f. *-trìce*) che o chi dissemina.

disseminazióne [dal lat. tardo *disseminātio, -ōnis*; 1619] **sf.** il disseminare || *T.bot.* la dispersione ad opera di agenti esterni (vento, animali ecc.) dei semi di una pianta che determina una maggiore diffusione della specie || **N.** *Sin.* anemocoria; zoocoria.

dissemìnulo [da *disseminare*; 1956] **sm.** *T.bot.* organo vegetale (seme, spora, bulbo ecc.) in grado di riprodurre la pianta da cui si è staccato.

dissennàre (pres. *-énno*) [comp. parasint. di *senno*; a. 1729] **tr.** *lett.* togliere il senno; far impazzire.

dissennatézza [da *dissennare*; 1869] **sf.** *lett.* l'essere dissennato.

dissennàto (*pps.* di *dissennare*) [sec. XIV] **agg.** privo di senno || *per estens.* insensato || **N.** PAZZO.

dissensióne [dal lat. *dissēnsio, -ōnis*; sec. XIII] **sf.** *non com.* dissenso, discordia di sentimenti e d'opinioni || *per estens.* disputa, controversia || **N.** DISCORDIA.

dissènso [dal lat. *dissēnsus*; 1657] **sm.** il dissentire, disapprovazione: *non posso nasconderti il mio dissenso* || *in part.* atteggiamento profondamente critico nei confronti delle manifestazioni esteriori di un'ideologia politica o religiosa che tuttavia non si disconosce completamente: *i cattolici del dissenso* || **N.** *Sin.* disaccordo, discrepanza, disparere, dissapore, dissensione, divergenza | lite, screzio | *Contr.* consenso.

dissenterìa [dal lat. *dysenteria*, gr. *dysentería*; a. 1306 *disinteria*] **sf.** *T.med.* malattia, di solito infettiva, dell'intestino; si manifesta con diarrea || **N.** diarrea, sciolta | amebica, bacillare.

dissentèrico (pl. *-ci*) [dal lat. *dysentericus*; sec. XIV] **I agg.** che concerne la dissenteria **II sm.** (f. *-a*) malato di dissenteria: *i dissenterici.*

dissentiménto [da *dissentire*; prima metà sec. XIV] **sm.** *lett.* dissenso.

dissentìre (pres. *-ènto*) [dal lat. *dissentīre*; a. 1294 *desentire*] **intr.** (aus. *avere*) (costruito con la prep. *da*) avere opinione diversa da un altro: *i giovani dissentono dai vecchi* || **N.** *Sin.* discordare | *Contr.* assentire; concordare.

dissenzìente (*ppr.* di *dissentire*) [sec. XIV] **agg.** e **s.** che o chi manifesta dissenso || **N.** *Sin.* dissidente.

disseparàre (pres. *-àro*) [dal lat. *disseparāre*; a. 1642] **tr.** *raro* separare.

disseppellìre (pres. *-ìsco* ecc., come SEPPELLIRE) [da *seppellire*; fine sec. XIII *disoppellire*] **tr.** togliere dalla sepoltura || togliere da sotto terra: *disseppellire l'ascia di guerra*, iniziare o riprendere le ostilità || rif. a cose antiche, richiamarle alla luce: *disseppellire le antiche civiltà*; anche *fig.*: *disseppellire vecchi rancori* || **N.** *Sin.* dissotterrare, esumare, riesumare; evocare, rievocare, ritrovare, scavare, scoprire.

disseppellitóre [da *disseppellire*; 1887] **agg.** e **sm.** (f. *-trìce*) *non com.* che o chi disseppellisce.

dissequestràre (pres. *-èstro*) [da *sequestrare*; 1942] **tr. 1.** liberare dal sequestro giudiziario: *dissequestrare un film* **2.** *non com.* liberare una persona che è stata vittima di un rapimento.

dissequèstro [da *sequestro*; 1942] **sm.** revoca di un provvedimento di sequestro giudiziario: *dissequestro di un immobile.*

disserràre (raro *diserràre*) (pres. *-èrro*) [da *serrare*; a. 1292] **tr. 1.** aprire ciò che era serrato || *fig.* dischiudere, rendere manifesto **2.** *arc.* o *poet.* vibrare con forza: *più colpi tuttavia diserra al vento* (Ariosto) || **intr. pron.** aprirsi: *la porta si disserra.*

dissertàre (pres. *-èrto*) [dal lat. *dissertāre*; sec. XIV] **intr.** (aus. *avere*) ragionare con competenza ed erudizione su argomenti scientifici, letterari o culturali in genere; anche *scherz.* || **N.** *Sin.* discettare, disputare, disquisire, ragionare.

dissertatóre [dal lat. tardo *dissertātor, -ōris*; 1786] **sm.** (f. *-trìce*) *raro* chi disserta per abitudine.

dissertatòrio (pl. *-ri* o *-rii*) [da *dissertare*; a. 1730] **agg.** *non com.* proprio di chi disserta: *enfasi dissertatoria.*

dissertazióne [dal lat. tardo *dissertātio, -ōnis*; a. 1612] **sf.** discorso o esposizione scritta intorno a qualche argomento || *in part.* elaborato scritto con cui si conclude un ciclo di studi post-universitari || *dissertazione di laurea*, tesi di laurea || *dim.* dissertazioncèlla.

dissevìre (pres. *-èrvo*) [da *servire*; a. 1294 *deservir*] **tr.** *raro* far danno; fare un cattivo servizio.

dissevìzio (pl. *-zi*) [da *servizio*; 1305 *diservigio*] **sm.** cattivo funzionamento di qualche servizio pubblico: *disservizio postale* || *ant.* cattivo servizio.

dissestàre (pres. *-èsto*) [comp. parasint. di *sesto*[2]; a. 1643] **tr.** rendere instabile, ridurre in cattive condizioni || *fig.* recare grave danno economico: *dissestare le pubbliche finanze* || **N.** *Sin.* sconvolgere, squilibrare | *Contr.* assestare, consolidare.

dissestàto (*pps.* di *dissestare*) [a. 1816] **agg.** in cattive condizioni: *strada dissestata* || *fig.* economicamente rovinato: *azienda dissestata.*

dissèsto [da *dissestare*; 1812] **sm.** condizione rovinosa, stato di grave degradazione: *dissesto finanziario, il dissesto dell'amministrazione pubblica* || **N.** *Sin.* disordine, rovina, squilibrio.

dissetànte (*ppr.* di *dissetare*) [1923] **agg.** che disseta: *bibita dissetante.*

dissetàre (pres. *-éto*) [comp. parasint. di *sete*; a. 1321] **tr.** togliere la sete: *l'acqua disseta più del vino* || *fig. raro* soddisfare un desiderio || **rifl.** levarsi la sete || *fig. raro* saziarsi, appagarsi || **N.** **tr.** *Sin.* dar da bere | appagare, saziare.

dissettóre [dal lat. *dissectus*, pps. di *dissecāre*, sezionare; a. 1704] **sm.** *T.anat.* **1.** chi fa le dissezioni **2.** strumento per la dissezione || **N.** perito settore.

dissezióne [dal lat. *dissēctio, -ōnis*; a. 1729] **sf.** *T.anat.* separazione di parti del corpo umano o animale a scopo di studio anatomico || **N.** autopsia, necroscopia; vivisezione.

dissidènte [dal lat. *dīssidens, -entis*, ppr. di *dissidēre*, discordare; 1619] **I agg.** che non concorda in tutto o in parte con le posizioni della maggioranza in un'organizzazione politica, religiosa e sim.: *le rare voci dissidenti non ebbero modo di esprimersi* || *Chiese dissidenti*, le cristiane non cattoliche **II s.** persona dissidente: *i dissidenti in seno al partito* || **N.** I *Sin.* dissenziente.

dissidènza [dal lat. *dissidentia*; 1832] **sf.** l'essere dissidente || l'insieme dei dissidenti: *la reazione della dissidenza* || **N.** dissidio, scissione, secessione.

dissìdio (pl. *-di*) [dal lat. *discidium*, fendimento, laceramento, accostato a *dissidēre*, discordare; 1525] **sm.** discordia, conflitto dovuto a divergenza di opinioni: *comporre un dissidio*, mettere d'accordo i contendenti || **N.** *Sin.* conflitto, controversia, litigio.

dissigillàre [da *sigillare*; 1321] **tr.** aprire rompendo i sigilli: *dissigillare una busta* || **intr. pron.** *arc.* sciogliersi: *così la neve al sol si dissigilla* (Dante).

dissìllabo **agg.** e **sm.** *arc.* v. DISILLABO.

dissimigliànza [da *simiglianza*; 1306] **sf.** dissomiglianza.

dissimilàre[1] (pres. *-ìmilo*) [comp. parasint. di *simile*; 1745] **tr.** *raro* rendere dissimile || **intr. pron.** *T.ling.* subire dissimilazione.

dissimilàre[2] [da *similare*; a. 1563] **agg.** *raro* composto di elementi dissimili, disomogeneo.

dissimilarità [da *dissimilare*[2]; 1865] **sf.** l'essere dissimile.

dissimilazióne [da *assimilazione*, con sostituzione del pref.; 1878] **sf.** *T.ling.* trasformazione di un fono di una parola in modo da differenziarlo da un altro fono identico o simile presente nella stessa parola (come nel passaggio dal lat. *arbor* all'italiano *albero*, in cui la [r] si dissimila in [1]).

dissìmile [dal lat. *dissimilis*; 1282] **agg.** che differisce in qualche aspetto: *dissimile dal padre, fratelli dissimili per carattere* || **dissimilménte** **avv.**; anche nella *loc. prep. dissimilmente da* || **N.** *Sin.* differente, DIVERSO | *Contr.* simile.

dissimilitùdine [dal lat. *dissimilitūdo, -inis*; 1308] **sf.** *lett.* l'essere dissimile, dissomiglianza, diversità.

dissimmetrìa [da *simmetria*; 1940] **sf.** mancanza di simmetria, asimmetria.

dissimulàre (pres. *-ìmulo*) [dal lat. *dissimulāre*; 1312] **tr.** nascondere i propri sentimenti o il proprio carattere con atteggiamenti e comportamenti esteriori che non li rispecchiano: *cercava di dissimulare il suo disagio dietro un'ostentata cordialità* || anche *ass.* fingere, far finta di niente: *egli sa la cosa, ma dissimula* || **rifl.** *non com.* nascondersi || **N.** *Sin.* celare, coprire, mascherare.

dissimulàto (*pps.* di *dissimulare*) [a. 1348] **agg.** simulato, fatto con finzione: *mal dissimulato rancore, manovra ben dissimulata* || **dissimulataménte** **avv.**

dissimulatóre [dal lat. *dissimulātor, -ōris*; 1476] **agg.** e **sm.** (f. *-trìce*) che o chi dissimula.

dissimulazióne [dal lat. *dissimulātio, -ōnis*; 1308] **sf.** atto ed effetto del dissimulare || l'abitudine e l'attitudine a nascondere ciò che si pensa o si sente: *è molto abile nella dissimulazione.*

dissintonìa [comp. di *dis-*[2] e *sintonia*; 1987] **sf.** *T.rad.* mancanza di sintonia tra circuiti oscillanti, o tra un radiogeneratore e un radioricevitore: *circuiti in dissintonia.*

dissintonizzàre [comp. di *dis-*[2] e *sintonizzare*; 1987] **tr.** *T.rad.* operare su circuiti oscillanti in modo che risultino in dissintonia tra loro, o rispetto a un generatore || **N.** *Contr.* sintonizzare.

dissipàbile [da *dissipare*; 1576] **agg.** che si può dissipare: *sospetti facilmente dissipabili.*

dissipaménto [da *dissipare*; a. 1769] **sm.** *non com.* dissipazione.

dissipàre (pres. *dìssipo*) [dal lat. *dissipāre*, sparpagliare; a. 1306] **tr.** ridurre al nulla sparpagliando in diverse parti, disperdere: *dissipare le nubi*; anche *fig.*: *dissipare i dubbi* || *in part.* rif. a sostanze, consumarle, dilapidarle: *dissipare il patrimonio* || **N.** *Sin.* dissolvere; scialacquare, sperperare, sprecare.

dissipatézza [da *dissipare*; 1869] **sf.** *non com.* sregolatezza, inclinazione a condurre un'esistenza immorale e viziosa.

dissipatìvo [da *dissipare*; sec. XIV nel senso 2] **agg.** **1.** *T.tecn.* e *T.scient.* relativo a dissipazione di energia **2.** *arc.* lassativo.

dissipàto (*pps.* di *dissipare*) [sec. XIV] **agg.** e **sm.** (f. *-a*) detto di persona viziosa, sregolata: *un giovane dissipato, vita dissipata* || **dissipataménte** **avv.** || **N.** *Sin.* corrotto, dissoluto; scapestrato, scioperato.

dissipatóre [dal lat. *dissipātor, -ōris*; 1364 *dissipatrice*] **I** **sm.** **1.** (f. *-trìce*) chi dissipa un patrimonio **2.** *T.elettron.* dispositivo che favorisce la dissipazione del calore nei circuiti per evitare un riscaldamento eccessivo degli elementi del circuito stesso **3.** *T.idr.* bacino avente la funzione di ridurre l'energia cinetica della corrente **II** **agg.** che dissipa, nei vari sensi || **N.** I **1.** *Sin.* dilapidatore, scialacquatore, sperperatore.

dissipazióne [dal lat. *dissipātio, -ōnis*; 1306] **sf.** **1.** atto del dissipare le proprie sostanze: *dissipazione del patrimonio* || sregolatezza di vita, condotta immorale: *vive nella dissipazione* **2.** *T.fis. dissipazione dell'energia,* trasformazione di una forma di energia in un'altra non utilizzabile (ad es. per attriti o per irraggiamento); *in part.* perdita di energia elettrica sotto forma di calore || **N.** **1.** *Sin.* dissoluzione, sperpero, spreco; corruzione, dissolutezza, scioperatezza.

dissìpido [dal lat. tardo *dissipidus*; a. 1566] **agg.** *arc.* scipito, insulso, anche *fig.*

dissociàbile [da *dissociare*; 1862] **agg.** che si può dissociare.

dissociabilità [da *dissociabile*; 1956] **sf.** la possibilità di dissociare, l'essere dissociabile: *la dissociabilità della constatazione di un fatto dalla sua valutazione.*

dissociàre (pres. *-òcio*) [dal lat. *dissociare*; 1737] **tr.** separare, distinguere nettamente, rif. spec. a concetti astratti: *dissociare le proprie responsabilità da quelle del partito* || in chimica, scindere, scomporre: *dissociare un polimero in molecole più semplici* || **rifl.** rifiutare il proprio consenso: *si è dissociato dalle posizioni del governo* || **intr. pron.** scindersi || **N.** **tr.** *Sin.* disgiungere, distaccare | *Contr.* associare.

dissociatività [da *dissociativo*; 1988] **sf.** *T.sociol.* una delle due forme fondamentali che può assumere ogni relazione sociale, cioè la crescita della distanza sociale tra due o più soggetti, in genere a causa di conflitti.

dissociatìvo [da *dissociare*; 1952] **agg.** atto a dissociare: *fattori dissociativi* || di dissociazione: *fenomeni dissociativi.*

dissociàto (*pps.* di *dissociare*) [a. 1810] **I** **agg.** **1.** *dieta dissociata,* basata sul principio di non assimilare congiuntamente proteine e carboidrati || *T.chim.* di composto chimico, scisso negli elementi che lo costituiscono: *sale dissociato nei suoi ioni* || di persona, che ha ritirato la sua adesione a un gruppo o un'organizzazione **2.** *T.psic.* che soffre di dissociazione psichica, schizofrenico: *soggetto dissociato* || *per estens. iperb.* di persona, confusionario, incoerente, scoordinato **II** **sm.** (f. *-a*) **1.** chi ha ritirato la sua adesione a un gruppo o un'organizzazione: *i dissociati dall'organizzazione eversiva* **2.** *T.psic.* chi soffre di dissociazione psichica, schizofrenico: *psicoterapia d'appoggio per dissociati* || *per estens. iperb.* persona incoerente e scoordinata.

dissociazióne [dal lat. *dissociātio, -ōnis*; 1869] **sf.** **1.** atto ed effetto del dissociare e del dissociarsi **2.** *T.chim.* separazione degli elementi che compongono una data sostanza; può essere *termica*, se avviene mediante il calore, od *elettrolitica*, se mediante elettrolisi; *costante di dissociazione,* rapporto che si stabilisce quando una reazione è all'equilibrio tra le concentrazioni dei componenti dissociati e la concentrazione del composto indissociato **3.** *T.psic.* stato patologico di deterioramento della coordinazione tra le varie funzioni psichiche, comune ad es. nella schizofrenia. **Q.T.** *psicologia.*

dissodaménto [da *dissodare*; 1848] **sm.** il dissodare.

dissodàre (pres. *-òdo*) [comp. parasint. di *sodo*; a. 1512] **tr.** rompere un terreno solido per ridurlo a coltura || *fig. non com.* dirozzare, educare alla comprensione: *dissodare le menti.*

dissòlto *pps.* di *dissolvere* (v.).

dissolùbile [dal lat. *dissolūbilis*; 1336 ca.] **agg.** che si può dissolvere o sciogliere: *legame dissolubile* || **N.** *Sin.* solubile; annullabile | *Contr.* indissolubile.

dissolubilità [da *dissolubile*; 1745] **sf.** possibilità di essere sciolto, spec. *fig.*: *la dissolubilità del matrimonio civile.*

dissolutézza [da *dissoluto*; 1589] **sf.** sfrenatezza di costumi || azione da dissoluto: *vita piena di dissolutezze* || **N.** *Sin.* corruzione, licenziosità, vizio.

dissolutìvo [dal lat. tardo *dissolutīvus*; a. 1320] **agg.** *raro* atto a dissolvere.

dissolùto (*pps.* di *dissolvere*) [1308] **agg.** **1.** licenzioso, sciolto da ogni freno di legge e di pudore: *vita dissoluta* **2.** di composizione poetica o letteraria, che non segue le norme tradizionali || **dissolutaménte** **avv.** || **N.** *Sin.* corrotto, licenzioso, sfrenato, vizioso.

dissolutóre [da *dissoluto*; a. 1638 *dissolutrice*] **agg.** e **sm.** (f. *-trìce*) *raro* che o chi dissolve.

dissoluzióne [dal lat. *dissolūtio, -ōnis*; a. 1292 nel senso 2] **sf.** **1.** atto ed effetto del dissolvere o del dissolversi: *la dissoluzione dei corpi* || *fig.* lo sciogliersi di una società, famiglia ecc.: *una famiglia in dissoluzione* **2.** *raro* sfrenatezza di costumi, licenziosità, dissolutezza || **N.** **1.** *Sin.* disfacimento, sfacelo.

dissolvènte (*ppr.* di *dissolvere*) [1714 *dissolvente*] **agg.** e **sm.** *raro T.chim.* solvente.

dissolvènza [da *dissolvere*; 1923] **sf.** *T.cin.* effetto cinematografico per cui un'immagine scompare in modo graduale, sfuocandosi progressivamente e dando l'impressione di dissolversi || *dissolvenza incrociata,* sovrapposizione di un'immagine che svanisce con una nuova che gradualmente si precisa e si mette a fuoco. **Q.T.** *cinematografia.*

dissòlvere (pres. *-òlvo* ecc., come ASSOLVERE) [dal lat. *dissolvere*, sciogliere; 1292 ca. nel senso 2] **tr.** **1.** disunire, disgregare: *dissolvere la famiglia, un'intesa* || disperdere, dissipare: *dissolvere i dubbi* **2.** *lett.* sciogliere, stemperare: *l'acqua dissolve lo zucchero* || **intr. pron.** **1.** sciogliersi: *questa sostanza si dissolve facilmente nell'acqua* **2.** disgregarsi, svanire: *il fronte si dissolse rapidamente sotto l'offensiva nemica* || **N.** **tr.** **1.** *Sin.* disfare, dissociare, distruggere | **intr. pron.** *Sin.* dileguarsi, sparire.

dissolviménto [da *dissolvere*; sec. XIV] **sm.** atto ed effetto del dissolvere || **N.** *Sin.* disfacimento, dissoluzione, sfacelo.

dissomigliànte (*ppr.* di *dissomigliare*) [1525] **agg.** differente || **N.** *Sin.* DIVERSO.

dissomigliànza [da *dissomigliare*; 1594] **sf.** mancanza di somiglianza: *c'è una grande dissomiglianza tra i nostri due dialetti* || ciò che rende dissimili due o più persone o cose: *tra due gemelli ci sono pochissime dissomiglianze* || **N.** *Sin.* disparità, disuguaglianza, DIFFERENZA.

dissomigliàre (pres. *-ìglio*) [da *somigliare*; a. 1597] **intr.** (aus. *essere*) e *raro* **intr. pron.** *lett.* non somigliare, essere dissimile o diverso.

dissonànte (*ppr.* di *dissonare*) [a. 1363] **agg.** *T.mus. accordo dissonante,* che produce una dissonanza || *fig.* contrastante, discorde: *opinioni dissonanti.*

dissonànza [dal lat. tardo *dissonantia*; a. 1416] **sf.** *T.mus.* effetto di tensione e instabilità che si produce fra determinati suoni, dovuto alla scarsezza di armonici in comune: *Bach fa uso di dissonanze nei punti più drammatici delle sue Passioni*; *risolvere una dissonanza,* farla seguire da un accordo consonante che allenti la tensione || *fig.* insieme non armonico: *dissonanza di colori, di sentimenti* || **N.** *Sin.* contrasto, disarmonia, discordanza | *Contr.* consonanza. **Q.T.** *musica.*

dissonàre (pres. *dissuòno* ecc.; la *o* dittonga in *uò* solo quando è accentata) [dal lat. *dissonāre*; sec. XIV] **intr.** (aus. *avere*) *non com.* produrre dissonanza || *fig.* discordare.

dissonnàre (pres. *-ònno*) [comp. parasint. di *sonno*; 1321] **tr.** *arc.* svegliare || **intr. pron.** *arc.* svegliarsi || **N.** *Sin.* DESTARE.

dissono [dal lat. *dissonus*; a. 1514] **agg.** *non com. T.mus.* dissonante, disarmonico.

dissotterraménto [da *dissotterrare*; sec. XVII] **sm.** *non com.* atto ed effetto del dissotterrare.

dissotterràre (pres. *-èrro*) [da *sotterrare*; a. 1333] **tr.** togliere da sotto terra, disseppellire: *dissotterrare un tesoro* || *fig.* rimettere in auge, togliere dall'oblio: *dissotterrare antiche istituzioni* || **N.** *Sin.* disseppellire, esumare, porre in luce, riportare alla luce.

dissuadére (pres. *-àdo*; imp. *-adévo*; p.rem. *-àsi, -adésti, -àse, -adémmo, -adéste, -àsero*; fut.

-*aderò*; pps. -*àṣo*) [dal lat. *dissuadēre*; sec. XIV] ***tr.* 1.** (il complemento indiretto prende la prep. *da* o *raro lett.* anche *di, a*) rimuovere con valide ragioni qualcuno da un proposito: *lo dissuasi dal partire oggi* **2.** *raro lett.* sconsigliare || ***intr. pron.*** allontanarsi da un proposito || **N. *tr.* 1.** *Sin.* distogliere, far desistere | *Contr.* convincere, persuadere.

dissuaṣióne [dal lat. *dissuasio, -ōnis*; 1559] ***sf.*** atto ed effetto del dissuadere || **N.** *Contr.* persuasione.

dissuaṣìvo [da *dissuadere*; a. 1642] ***agg.*** atto a dissuadere || **N.** *Contr.* convincente, persuasivo.

dissuàṣo *pps.* di *dissuadere* (v.).

dissuaṣóre [dal lat. *dissuāsor, -ōris*; 1745] ***agg.*** e ***sm.*** (f. *dissuaditrice*, non com.) che o chi dissuade o cerca di dissuadere || **N.** deterrente.

dissuèto [dal lat. tardo *dissuētus*, per il class. *desuētus*; a. 1494] ***agg.*** *lett.* disabituato: *Italia! Italia! egli gridava a' dissueti orecchi* (Carducci) || uscito dall'uso, desueto.

dissuetùdine [dal lat. *dissuetūdo, -inis*; a. 1527] ***sf.*** *lett.* mancanza di consuetudine || **N.** disuso.

dissugàre (pres. *-ùgo, -ùghi*) [comp. parasint. di *sugo*; 1779] ***tr.*** *raro lett.* prosciugare, anche *fig.* || ***intr. pron.*** *lett.* diventare asciutto.

dissuggellàre (pres. *-èllo*) [da *suggellare*; a. 1431] ***tr.*** dissigillare, togliere il sigillo || *fig. lett.* schiudere, rivelare: *dissuggellare un segreto.*

distaccaménto [da *distaccare*; 1669 nel senso 2] ***sm.*** **1.** atto ed effetto del distaccare e del distaccarsi **2.** *T.mil.* un numero più o meno grande di soldati, staccati dal loro corpo per un servizio particolare: *un distaccamento di carabinieri* || **N. 1.** *Sin.* allontanamento, distacco, separazione.

distaccànte (*ppr.* di *distaccare*) [1988] **I *agg.*** di sostanza che formando una pellicola tra le superfici di corpi a contatto ne impedisce l'adesione **II *sm.*** sostanza distaccante.

distaccàre (pres. *-àcco, -àcchi*) [da *attaccare*, con cambio di prefisso; a. 1494] ***tr.* 1.** staccare, rimuovere da un contatto: *distaccare un affresco*, separarlo con accurati procedimenti dalla parete su cui è dipinto || *fig.* distogliere: *distaccare dalla famiglia, dai propri doveri, dal gioco* || *T.mil.* separare da un reparto un numero di soldati per un servizio particolare || *T.bur.* mandare qualcuno in una sede periferica rispetto all'ufficio centrale **2.** *fig.* far perdere i legami con qualcuno o qualcosa: *l'eccessivo lavoro lo distacca sempre più dagli amici* **3.** *T.sport.* nelle gare sportive, lasciarsi dietro gli avversari: *ha distaccato tutti in salita* || ***intr. pron.* 1.** staccarsi: *i frutti si distaccano dal ramo* **2.** *fig.* allentare i propri vincoli affettivi: *è naturale che i figli si distacchino progressivamente dalla famiglia* **3.** distinguersi, risaltare: *si distacca dai suoi contemporanei per l'incisività del suo stile, l'immagine si distacca sullo sfondo del quadro* || **N. *tr.* 1.** *Sin.* allontanare, rimuovere, separare **3.** *Sin.* distanziare | ***intr. pron.* 2.** *Sin.* disaffezionarsi **3.** *Sin.* emergere, spiccare.

distaccàto (*pps.* di *distaccare*) [1927] ***agg.*** privo di emozione visibile, indifferente: *parlare con tono distaccato.*

distàcco (pl. *-chi*) [da *distaccare*; 1775] ***sm.*** **1.** il distaccarsi: *il distacco delle province orientali dell'Impero* || *in part.* decollo di un aereo || *fig.* allontanamento, separazione affettiva: *distacco dai figli, dai beni terreni* || *T.mil.* *distacco della guardia*, le operazioni di preparazione e istruzione dei soldati, che precedono il cambio **2.** atteggiamento di disincantata indifferenza, mancanza di partecipazione emotiva: *osservava la scena con totale distacco* **3.** *T.sport.* nelle gare di corsa, distanza o intervallo di tempo che s'interpone tra i partecipanti: *vincere con un forte distacco dal gruppo* || **N. 1.** *Sin.* separazione; dipartita, partenza.

distàle [dall'ingl. *distal*, der. di *dist(ant)* con suff. *-al*; 1939] ***agg.*** *T.anat.* che si trova nella zona più lontana da un punto di riferimento convenzionale: *tratto distale di un organo* || *T.ling.* *elementi dimostrativi distali*, che individuano una regione dello spazio lontana dalla posizione del parlante o da un altro punto di riferimento fissato nel contesto (come *là, quello*) || **N.** *Contr.* prossimale.

distànte [dal lat. *distans, -antis*; 1308] **I *agg.*** lontano, nello spazio e nel tempo: *paesi distanti dalla città, come sembrano distanti quei giorni!* || di opinione o sentimento, diverso, alieno: *hai idee distanti dalle mie* || distaccato, indifferente: *ti ho di fronte, ma ti sento distante* **II *avv.*** lontano: *poco distante dal paese partono due sentieri* || **N. I** *Sin.* discosto, remoto, LONTANO.

distànza [dal lat. *distantia*; 1313] ***sf.*** lunghezza del minimo percorso praticabile (non necessariamente rettilineo) che congiunge due punti nello spazio: *che distanza c'è di qui alla stazione?* || intervallo di tempo: *il fenomeno si ripeté a distanza di pochi anni* || lontananza: *non si poteva distinguere chiaramente per la distanza* || *fig.* divario di qualità o di valore: *che distanza tra il suo modo di comportarsi e il tuo!* || *tenere qualcuno a distanza*, non volerci avere a che fare || *mantenere le distanze*, non concedere confidenza || *stare a rispettosa distanza*, non esporsi, rimanere cauti di fronte a qualcuno o a qualcosa di cui non ci si fida || *in part.* *T.mil.* spazio tra schiera e schiera di soldati disposti di fronte, o tra colonna e colonna; *T.giur.* spazio che deve essere lasciato sgombro fra due costruzioni || *T.sport.* lunghezza del percorso di gara: *tappa a cronometro sulla distanza di 45 chilometri*; *vincere, venire fuori alla distanza*, emergere nel finale sfruttando le proprie doti di resistenza (si dice anche *fig.* in ambiti non sportivi) || *T.mat.* *distanza (euclidea) tra due punti*, lunghezza del segmento che li congiunge; *distanza di un punto da una retta* (o *un piano*), lunghezza del segmento di perpendicolare condotto dal punto alla retta (o al piano) || **N.** *Sin.* divario, intervallo, spazio, tratto.

distanziaménto [da *distanziare*; 1892] ***sm.*** il distanziare.

distanziàre (pres. *-ànzio*) [da *distanza*, sul modello dell'ingl. to *distance*; 1908] ***tr.* 1.** *T.sport.* lasciare nettamente indietro gli avversari || *fig.* superare in una qualsiasi attività i propri competitori **2.** separare, disporre a una distanza determinata l'uno dall'altro: *occorrerebbe distanziare maggiormente le file di banchi per agevolare il passaggio* || **N.** *Sin.* staccare.

distanziàto (*pps.* di *distanziare*) [a. 1928] ***agg.*** posto a una certa distanza, separato: *quell'albero è un po' distanziato dagli altri, filari molto distanziati tra loro* || *T.sport.* distaccato, staccato: *ciclista distanziato dal gruppo*; *quel corridore è nettamente distanziato*, è molto lontano dall'arrivo, quando il vincitore taglia il traguardo.

distanziatóre [da *distanziare*; 1941] ***sm.*** *T.mecc.* elemento che serve a tenere a distanza fissa due pezzi meccanici, o a impedirne il contatto.

distanziomètrico (pl. *-ci*) [da *distanziometro*; 1956] ***agg.*** che serve a misurare le distanze: *radar, cannocchiale distanziometrico*; *pannelli distanziometrici*, segnali stradali che indicano a quale distanza è situato un passaggio a livello.

distanziòmetro [comp. di *distanza* e *-metro*; 1892 *distanzometro*] ***sm.*** *T.top.* strumento usato per misurare le distanze.

distàre (*dif.*, usato solo nei tempi semplici) [dal lat. *distāre*, stare lontano; 1319] ***intr.*** (non usato nei tempi composti) trovarsi a una determinata distanza: *l'albergo dista poche centinaia di metri dalla spiaggia* || *fig.* discordare.

distaṣàre (pres. *-àṣo*) [da *intasare*, con sostituzione di suffisso; a. 1684] ***tr.*** *raro* disintasare.

disteleologìa [da *teleologia*; 1940] ***sf.*** *T.fil.* lo studio delle mostruosità, in quanto fenomeni che contraddicono una concezione teleologica della natura || teleologia negativa, finalizzazione al male.

disteleològico (pl. *-ci*) [da *disteleologia*; 1956] ***agg.*** *T.fil.* di disteleologia, ispirato da disteleologia: *concezione disteleologica* || che è in contraddizione con la concezione teleologica, distelico: *fenomeni biologici disteleologici.*

distelìa [comp. di *dis-*[1] e un der. del gr. *télos*, fine; 1956] ***sf.*** *T.biol.* carattere di quei fenomeni biologici o comportamentali all'interno di una specie che non sono interpretabili secondo una concezione finalistica, perché risultano nocivi alla conservazione della specie stessa || **N.** disteleologia.

distèlico (pl. *-ci*) [da *distelia*; 1956] ***agg.*** *T.biol.* relativo a distelia, che presenta distelia: *caratteri, fenomeni distelici* || **N.** disteleologico.

distemperàre (pres. *-èmpero*) [dal lat. *distemperāre*; prima metà sec. XIII] ***tr.*** *raro* stemperare, diluire, sciogliere.

distèndere (pres. *-èndo* ecc., come STENDERE) [dal lat. *distendere*; fine sec. XIII] ***tr.* 1.** disporre un oggetto in modo da renderne visibile l'intera estensione: *distendere la tovaglia sul tavolo, distendere le vele* || rif. a parti del corpo, allungarle o allargarle in tutta la loro ampiezza: *distendere le gambe, il palmo della mano* || *distendere la voce*, gridare e spec. cantare a gola spiegata || stendere su una superficie uno strato sottile di qualcosa, spalmare: *distendere la vernice, la calce* **2.** mettere a giacere: *lo distesero sul letto* **3.** calmare, rilassare: *distendere i nervi, questa musica mi distende* **4.** *non com.* stilare || ***rifl.* 1.** sdraiarsi: *distendersi per terra* **2.** rilassarsi: *vado a fare due passi per distendermi* || ***intr. pron.* 1.** estendersi: *la palude si distendeva tutt'intorno* **2.** diffondersi, dilungarsi || **N. *tr.* 1.** *Sin.* allargare, dispiegare, spiegare, stendere; stirare **2.** *Sin.* coricare **3.** *Sin.* rasserenare, tranquillizzare.

distendiménto [da *distendere*; sec. XIV] ***sm.*** *non com.* atto del distendere o del distendersi.

distenebràre (pres. *-ènebro*) [comp. parasint. di *tenebra*; a. 1639] ***tr.*** *non com.* rischiarare || *fig.* chiarire.

distensióne [dal lat. tardo *distensio, -ōnis*; a. 1597] ***sf.*** **1.** il distendersi: *la distensione di una molla* || *T.med.* stiramento: *distensione muscolare* || *T.sport.* nel sollevamento pesi, uno dei tre modi di alzare il bilanciere, portandolo in due tempi prima all'altezza del petto e poi sopra la testa senza flessione delle gambe; oggi non fa più parte delle gare ufficiali, che comprendono soltanto lo *strappo* e lo *slancio* **2.** rilassamento, tranquillità: *ho bisogno di un attimo di distensione* || *in part.* in politica, miglioramento dei rapporti internazionali, spec. tra i due blocchi: *una fase di distensione nella politica internazionale.*

distensivo [da *distendere*; 1950] ***agg.*** atto a distendere: *ginnastica distensiva* || di poco impegno, rilassante: *un film distensivo, una lettura distensiva* || in politica, che favorisce la distensione: *provvedimento distensivo.*

distésa [da *disteso*; 1550 nel senso 2] **I *sf.*** **1.** vasta superficie di aspetto uniforme: *la distesa del mare, distesa di sabbia* || *distesa di un aeroplano*, la misura della larghezza della superficie alare, da un'estremità all'altra delle ali **2.** insieme di oggetti disposti con continuità: *una distesa di vestiti riempiva il magazzino* **II** nella ***loc. avv.*** *a distesa, alla distesa*, senza interruzione, diffusamente || *suonare a distesa*, di campane, continuamente, senza rintocchi isolati || **N.** I **1.** *Sin.* estensione, superficie **2.** *Sin.* fila, mostra, serie.

distéso (*pps.* di *distendere*) [1313; 1939 nel senso 2] ***agg.*** **1.** sdraiato: *rimani disteso sul letto per qualche minuto* || *fam. lungo disteso,* a terra: *inciampò e finì lungo disteso sul pavimento* || allungato: *braccia distese lungo il corpo* || *vento disteso,* con forza e direzione costanti || *a voce distesa,* spiegata || *T.lett. canzone distesa,* composta di più strofe con struttura regolare || *per disteso,* con tutti i particolari **2.** tranquillo, rilassato: *mi è parso molto più disteso di qualche tempo fa* || **distesaménte** ***avv.*** diffusamente, con abbondanza di dettagli || **N.** **1.** *Sin.* steso; ampio, esteso **2.** *Sin.* calmo, sereno.

dìstico[1] (pl. *-ci*) [dal lat. *distichum,* gr. *dístichon;* a. 1535] ***sm.*** *T.metr.* coppia di versi; *in part. distico elegiaco,* nella metrica greca e latina, coppia di un esametro e un pentametro.

dìstico[2] (pl. *-ci*) [dal lat. *distichum,* gr. *dístichon;* 1820] ***agg.*** *T.bot.* detto di foglie o di rami che si inseriscono alternativamente ai due lati dell'asse che li porta.

distillaménto [da *distillare;* 1697] ***sm.*** *non com.* il distillare.

distillàre [dal lat. *distillāre;* 1313] ***tr.*** vaporizzare un corpo, condensandone il vapore, per separare un liquido volatile dalle sostanze non volatili in esso disciolte, o per separare liquidi di volatilità diversa: *distillare il vino, le rose* || *fig. non com. distillarsi il cervello,* tormentarsi per risolvere un problema || versare a goccia a goccia: *con quell'acque giù per le gote che 'l dolor distilla* (Dante) || ***intr.*** (aus. *essere*) **1.** *raro* colare a poco a poco: *dalla botte nuova il vino è distillato un poco* **2.** *arc. fig.* derivare: *ciò che da lei sanza mezzo distilla* (Dante) || **N.** ***tr.*** filtrare | ***intr.*** **1.** gocciolare, trapelare.

distillàto (*pps.* di *distillare*) [inizio sec. XIV; 1673] **I *agg.*** ottenuto per distillazione: *acqua distillata* || *fig.* ponderato, cesellato: *lingua distillata* **II *sm.*** prodotto di distillazione: *distillato di prugne.*

distillatóio (pl. *-ói*) [da *distillare;* sec. XIV-XV] ***sm.*** *raro* arnese per distillare || **N.** alambicco, filtro, storta.

distillatóre [da *distillare;* a. 1561] **I *sm.*** **1.** (f. *-trìce*) addetto alla distillazione **2.** apparecchio per la distillazione, usato in svariati procedimenti industriali di laboratorio e, sulle navi, per ricavare dall'acqua marina quella dolce necessaria agli impianti e alle persone: *distillatore solare,* v. SOLARE **II *agg.*** che distilla.

distillazióne [dal lat. tardo *distillātio, -ōnis;* inizio sec. XIV] ***sf.*** operazione del distillare.

distillerìa [dal fr. *distillerie;* 1841] ***sf.*** stabilimento in cui si producono liquori, essenze, profumi e sim. per mezzo della distillazione.

dìstilo [comp. di *di-*[2] e del gr. *stŷlos,* colonna; 1830 nel senso 2] ***agg.*** **1.** *T.arch.* di edificio, che ha la fronte ornata di due colonne; di portico, sorretto da due colonne **2.** *T.bot.* di fiore, che ha l'ovario con due stili.

distimìa [dal gr. *dysthymía,* abbattimento, depressione; 1820] ***sf.*** *T.psic.* stato psichico patologico, caratterizzato da oscillazioni nel tono dell'umore, depressione e ansia.

distìmico (pl. *-ci*) [da *distimia;* 1932] **I *agg.*** *T.psic.* relativo a distimia: *sindrome, nevrosi distimica* || che soffre di distimia: *soggetto distimico* **II *sm.*** (f. *-a*) soggetto distimico.

distìnguere (pres. *-ìnguo, -ìngui, -inguiàmo, -inguéte, -ìnguono;* imp. *-inguévo;* p.rem. *-ìnsi, -inguésti, -ìnse, -inguémmo, -inguéste, -ìnsero;* fut. *-inguerò;* pps. *distinto*) [dal lat. *distinguere;* 1294] ***tr.*** **1.** individuare un oggetto, un concetto, una sensazione ecc., riconoscendone i caratteri specifici o le differenze che li oppongono ad altri: *distinguere il vero dal falso, non distingue una crosta da un Raffaello; distinguere gli odori, i sapori, i suoni* || *in part.* riuscire a vedere: *sono così lontani che appena si distinguono* || *ass.* fare una distinzione: *bisogna distinguere* **2.** segnare, per rendere riconoscibile: *distinguere le proprie pecore con un marchio* || rendere differente: *la sua statura lo distingue da tutti gli altri* || segnalare, render famoso: *il valore distinse i Romani sopra tutti i popoli* **3.** *non com.* separare, dividere: *distinguere un'opera in più parti* || ***intr. pron.*** caratterizzarsi, rendersi riconoscibile: *l'accento calabrese si distingue per la frequenza delle aspirate* || di persone, segnalarsi, brillare: *si distingue come sempre per chiarezza di esposizione;* anche *ass.*: *si distinsero nella difesa di Stalingrado* || **N.** ***tr.*** **1.** *Sin.* determinare, differenziare, discernere; afferrare, percepire | *Contr.* confondere **2.** *Sin.* contrassegnare, indicare, marcare, segnalare, segnare; caratterizzare, contraddistinguere | ***intr. pron.*** *Sin.* emergere, spiccare.

distinguìbile [da *distinguere;* a. 1704] ***agg.*** che si può distinguere || **N.** *Sin.* individuabile, percepibile, riconoscibile, visibile; inconfondibile.

distìnguo [dal lat. *distinguo,* prima pers. del pres. ind. di *distinguere,* distinguere; 1869] ***sm. inv.*** nell'uso corrente, distinzione, spec. sottile: *è necessario fare un distinguo; spreg.* distinzione pedante, cavillosa: *invece di rispondermi, ha cominciato a sollevare tutta una serie di distinguo* || *propr.* nella filosofia scolastica, termine che introduceva un'argomentazione che procedeva per distinzioni di casi.

distìnta [da *distinto;* 1561] ***sf.*** *T.bur.* lista di più cose, spec. dei loro prezzi || **N.** *Sin.* catalogo, listino; elenco, nota.

distintìvo [dal lat. tardo *distinctīvus;* a. 1342] **I *agg.*** che distingue, che serve a distinguere: *caratteri distintivi della specie* || *T.ling. tratti distintivi,* nelle teorie strutturaliste, ciascuna delle componenti minime che caratterizzano in rapporto agli altri un fonema, visto come un complesso di tali tratti (per es. il tratto distintivo di sonorità che oppone il fonema /d/ al fonema /t/) **II *sm.*** contrassegno che serve ad individuare chi lo porta come appartenente a un'organizzazione, un gruppo e sim.: *portare il distintivo di un partito, di un'associazione* || anche *fig.* elemento caratterizzante || *in part. T.mar.* le bandiere speciali che le navi inalberano per indicare quale servizio particolare compiono (ospedaliero, postale ecc.) o quale autorità navale, militare o civile vi è imbarcata || **N.** II bracciale, bollo, coccarda, galloni, mostrine, nastro, placca.

distìnto (*pps.* di *distinguere*) [a. 1306 *destento*] ***agg.*** **1.** separato, diverso: *sono due cose distinte* || chiaro: *immagini distinte, suoni distinti* || *T.fil. idea distinta,* nel cartesianesimo, perfettamente individuata rispetto a tutte le altre **2.** elegante, raffinato, nobile: *persona distinta, modi distinti* || *posti distinti,* in teatro, quelli più comodi e in posizione migliore, e che si pagano di più || *distinti centrali,* in vari stadi, i posti del rettilineo opposto alle tribune || *T.scol. distinto,* grado di valutazione nell'esame di terza media, inferiore soltanto a *ottimo* e superiore a *sufficiente* e *buono* || in formule di cortesia, spec. epistolari, precede il sostantivo a cui si riferisce: *distinta signora, distinti saluti* || **distintaménte** ***avv.*** **1.** chiaramente: *l'ho visto distintamente con i miei occhi* **2.** con eleganza: *vestire distintamente* || **N.** **1.** *Sin.* definito, netto, preciso | *Contr.* confuso, indistinto **2.** *Sin. chic,* educato, fine, garbato, squisito; esimio, notevole, ragguardevole, scelto | *Contr.* dozzinale, grossolano, volgare; mediocre, scadente.

distinzióne [dal lat. *distinctio, -ōnis;* 1308] ***sf.*** **1.** atto del distinguere, dell'attribuire a categorie diverse: *far distinzione; una distinzione sottile, ingiustificata, necessaria* || *senza distinzione,* indistintamente, indifferentemente || discriminazione: *ogni distinzione di razza o religione è intollerabile in una società civile* **2.** raffinatezza, eleganza: *distinzione nei modi, nel vestire* **3.** *T.bur.* attestato d'onore o di merito || **N.** **1.** *Sin.* differenza | *Contr.* confusione **2.** *Sin.* finezza, garbo.

distiroidìsmo [da *tiroide;* 1956] ***sm.*** *T.med.* termine generico che indica anomalia nel funzionamento della tiroide || **N.** ipertiroidismo, ipotiroidismo.

distocìa [dal gr. *dystokía;* 1830] ***sf.*** *T.med.* difficoltà nello svolgimento del parto: *distocia materna,* dipendente da alterazioni fisiche o fisiologiche del corpo materno (rigidità muscolare, irregolarità del bacino, eccesso o deficienza di contrazioni uterine ecc.); *distocia fetale,* dovuta ad anomalie relative al feto (eccesso di volume, posizione irregolare ecc.).

distòcico (pl. *-ci*) [da *distocia;* 1932] ***agg.*** caratterizzato da distocia: *parto distocico.*

distògliere (pres. *-òlgo* ecc., come TOGLIERE) [da *togliere;* sec. XIII] ***tr.*** allontanare, rimuovere: *distogliere lo sguardo, distogliere qualcuno da un proposito* || distrarre: *non distoglierlo dallo studio* || **N.** *Sin.* dissuadere, stornare.

distòlto *pps.* di *distogliere* (v.).

distoma [dal lat. scient. *Distomum,* basato sul gr. *dí-,* doppio e *stóma,* bocca; 1820 *distomo*] ***sm.*** piccolo verme con due ventose, parassita degli animali e dell'uomo || **N.** *Sin.* fasciola.

distomatòsi [comp. di *distoma,* nella forma esemplata sul genitivo del gr. *stóma, -tos,* e *-osi;* 1956] ***sf.*** *T.med.* e *T.vet.* infestazione dell'uomo e degli ovinidi dovuta a distomi.

distonìa [comp. di *dis-*[2] e *-tonia,* der. da *tono;* 1828] ***sf.*** *T.med.* alterazione del tono nervoso o muscolare: *distonia neurovegetativa.*

distònico (pl. *-ci*) [da *distonia;* 1966] ***agg.*** *T.med.* affetto da distonia.

distòrcere (pres. *-òrco* ecc., come TORCERE) [dal lat. *distorquēre;* 1319] ***tr.*** **1.** storcere **2.** *fig.* stravolgere, falsare, travisare: *distorcere il senso di un discorso* || *T.scient. distorcere un segnale, un'immagine,* darne una riproduzione alterata || ***rifl.*** contorcersi: *quando mi vide, tutto si distorse* (Dante) || ***rifl. indir.*** subire una distorsione: *distorcersi un piede.*

distornàre (pres. *-órno*) [da *stornare,* con sostituzione di pref.; a. 1250] ***tr.*** *lett.* stornare, deviare, distogliere.

distòrre ***tr.*** *poet.* v. DISTOGLIERE.

distorsióne [dal lat. tardo *distorsio, -ōnis;* inizio sec. XIV nel senso 2; 1830 nel senso 1] ***sf.*** **1.** *T.med.* lesione di un'articolazione dovuta a un movimento rapido e violento: *distorsione dei legamenti del ginocchio* **2.** travisamento: *è una palese distorsione delle mie affermazioni* || *T.scient.* riproduzione alterata di un segnale acustico o elettrico, di un'immagine ottica e sim.: *l'amplificazione di un segnale comporta sempre una certa distorsione, distorsione d'immagine prodotta da una lente* || **N.** **1.** *Sin.* storta; lussazione. **Q.T.** *audiovisivi.*

distorsóre [da *distorsione;* 1983] ***sm.*** dispositivo elettronico che si applica a strumenti musicali per ottenere la distorsione del suono.

distòrto (*pps.* di *distorcere*) [1313] ***agg.*** **1.** contorto, perverso: *una logica, una mentalità distorta* || *T.scient.* di segnale, immagine e sim., che presenta distorsione **2.** storto: *ne li occhi guercia e sovra i piè distorta* (Dante).

distraìbile [dall'arc. *distraere,* distrarre; 1966] ***agg.*** *non com.* che si può distrarre, che si distrae facilmente.

distraibilità [da *distraibile;* 1966] ***sf.*** *non com.* l'essere distraibile, la disposizione a distrarsi.

distràrre (pres. *-àggo* ecc., come TRARRE) [dal lat. *distrahere,* tirare qua e là; a. 1342] ***tr.*** **1.** far perdere l'attenzione verso un'attività: *la televisione dei vicini mi distrae dalla lettura, ogni cosa lo distrae* **2.** *non com.* tirare con forza, strappar via **3.** *T.bur.* rif. a somma di denaro, utilizzarla per scopi non previsti e spesso illeciti: *ha distratto ingenti somme dalle casse dell'organizzazione per uso privato* || **rifl.** **1.** perdere la concentrazione, allontanarsi con la mente: *in questo lavoro non ci si può distrarre* **2.** divertirsi, svagarsi: *ti farebbe bene distrarti un po'* || **N.** **tr.** **1.** *Sin.* allontanare, distogliere, sviare **2.** *Sin.* staccare **3.** sottrarre, stornare | **rifl.** **1.** *Contr.* concentrarsi.

distràtto (*pps.* di *distrarre*) [1532] **agg.** **1.** abitualmente confusionario e svagato: *gli intellettuali sono spesso incredibilmente distratti* || assorto in qualche pensiero, tanto da non vedere né intendere ciò che avviene intorno: *ero distratto e non li ho sentiti arrivare* **2.** *T.med.* che ha subito distrazione: *legamento distratto* || **distrattaménte** **avv.** || **N.** **1.** *Sin.* disattento, sbadato, smemorato, stordito, sventato.

distrazióne [dal lat. *distractio, -ōnis*; a. 1342] **sf.** **1.** mancanza di attenzione a quel che si sta facendo: *per distrazione ho messo sul gas il caffè senz'acqua* || tendenza abituale a distrarsi: *la sua distrazione è oggetto di infiniti aneddoti* || atto imputabile a scarsa attenzione, svista **2.** motivo, occasione per distrarsi, spec. divertimento, svago: *in città vi sono troppe distrazioni per chi deve studiare* **3.** *T.bur.* storno di una somma di denaro dallo scopo a cui era destinata **4.** *T.med.* lesione di lieve entità di un'articolazione **5.** *T.filol.* *distrazione omerica*, suddivisione di una vocale contratta in due vocali di timbro identico per esigenze metriche; si incontra nel testo tramandato dei poemi omerici || *dim.* distrazioncèlla || **N.** **1.** *Sin.* disattenzione, sbadataggine, sventatezza | *Contr.* attenzione, concentrazione, cura **2.** *Sin.* diversivo **5.** *Contr.* contrazione.

distrétta [da *distringere*; a. 1294] **sf.** *raro lett.* **1.** necessità: *forse che di sedere in pria avrai distretta* (Dante) **2.** *arc.* passaggio angusto.

distrétto[1] [dal lat. mediev. *districtus*; 1280 *distrecto*] **sm.** circoscrizione, amministrativa, giudiziaria e sim.: *distretto postale, distretto della Corte d'appello* || *T.mil.* circoscrizione militare, e anche il luogo dove hanno sede i suoi uffici: *la recluta deve presentarsi al proprio distretto.*

distrétto[2] (*pps.* di *distringere*) [prima metà sec. XIII] **I** **agg.** *arc.* **1.** occupato, intrattenuto: *per cupidigia di costà distretti* (Dante) **2.** avvinto; devoto **3.** angustiato: *il mio cuor tien distretto* (Boccaccio) **II** **sm.** *arc.* prigionia, carcere.

distrettuàle [dal lat. mediev. *districtuālis*; a. 1348 *distrittuale*] **agg.** del distretto.

distribuìbile [da *distribuire*; 1966] **agg.** *non com.* che si può distribuire.

distribuìre (pres. *-ìsco, -ìsci*) [dal lat. *distribuere*; a. 1292] **tr.** **1.** dividere fra più persone, dando una parte a ciascuno: *distribuire gli utili* || dare, dispensare: *distribuire le proprie sostanze ai poveri; distribuire sorrisi, strette di mano; distribuire gli incarichi* **2.** disporre secondo un determinato ordine o criterio: *poneva gran cura nel distribuire i libri nei diversi scaffali* || **intr. pron.** disporsi: *in condizioni di equilibrio le molecole di un gas perfetto tenderanno a distribuirsi uniformemente nello spazio* || **N.** **1.** *Sin.* dividere, ripartire; DARE.

distributività [da *distributivo*; 1970] **sf.** qualità di ciò che è distributivo || *T.mat.* carattere di una relazione che gode della proprietà distributiva.

distributìvo [dal lat. tardo *distributīvus*; 1308] **agg.** **1.** che riguarda la distribuzione: *criteri distributivi* || *giustizia distributiva*, fondata su un'equa ripartizione dei beni in base ai meriti **2.** *T.gram.* *locuzioni numerali distributive*, che indicano il modo di ripartire una quantità (ad es. *a due a due*) **3.** *T.mat.* *proprietà distributiva della moltiplicazione rispetto all'addizione*, quella per cui per ogni *a, b, c*, vale la relazione: $a \times (b + c) = a \times b + a \times c$.

distributóre [dal lat. tardo *distribūtor, -ōris*; 1308] **I** **sm.** **1.** (f. *-trìce*) addetto alla distribuzione: *distributore dei giornali* || *in part.* chi si occupa professionalmente della rete di vendita di un prodotto: *distributore di un film*, chi organizza i modi e i tempi della sua uscita nei cinema **2.** nome di vari apparecchi o dispositivi con la funzione di distribuire prodotti di ogni genere, di erogare energia ecc.: *distributore automatico di biglietti, bevande, sigarette* ecc., che fornisce tali oggetti quando sia messo in funzione da una moneta o da un gettone; *distributore di benzina*, anche *per meton.* stazione di servizio **II** **agg.** che cura la distribuzione: *è l'unica ditta distributrice di quel prodotto per l'Italia.* **TAV. automobile p. 658** 4.15.

distribuzionàle [da *distribuzione*; 1970] **agg.** relativo al modo in cui sono distribuiti gli elementi di un insieme o di un'entità strutturata || *T.ling.* *caratteri distribuzionali*, le modalità secondo cui un elemento linguistico può comparire nei diversi contesti || *linguistica distribuzionale*, distribuzionalismo || **distribuzionalménte** **avv.** secondo criteri distribuzionali.

distribuzionalìsmo [da *distribuzionale*; 1974] **sm.** *T.ling.* corrente linguistica che sottolinea l'importanza dei caratteri distribuzionali come criteri di classificazione degli elementi di un sistema linguistico. **Q.T.** *linguistica.*

distribuzionalìsta [da *distribuzionale*; 1974] **agg.** e **s.** seguace del distribuzionalismo.

distribuzióne [dal lat. *distribūtio, -ōnis*; inizio sec. XIII] **sf.** **1.** operazione del distribuire: *distribuzione di viveri e medicinali ai terremotati* || erogazione: *distribuzione del gas, dell'elettricità* || *T.econ.* l'insieme delle attività commerciali che, attraverso catene spesso complesse di mediazioni, consentono il trasferimento di beni dal produttore al consumatore: *meccanismi, rete di distribuzione* **2.** modo di disporsi: *la distribuzione dei locali in questa casa è infelice* || modo di ripartirsi: *la distribuzione del reddito sul territorio nazionale è tutt'altro che uniforme* || *T.ling.* l'occorrenza di un elemento linguistico (fonema, sintagma ecc.) in determinati intorni: *gli articoli "i" e "gli" sono in distribuzione complementare* || *T.stat.* tipo di funzione che descrive l'andamento limite della probabilità associata a ciascun possibile esito di un evento casuale: *distribuzione binominale, di Gauss* **3.** *T.tecn.* il complesso di meccanismi che regolano l'alimentazione di un motore termico || *dim.* distribuzioncèlla, distribuzioncìna. **Q.T.** *automobile, commercio..., economia..., motocicletta* **TAV. automobile p. 658** 5.11.

districàre (pres. *-ìco, -ìchi*) (raro *distrigàre*; pres. *-ìgo, -ìghi*) [da *intricare* con cambio di pref.; 1308 *distrigare*] **tr.** liberare dagli impedimenti qualcosa che vi sia tenacemente impigliato: *districare la giacca dai rovi* || sbrogliare: *districare un groviglio di corde* || anche *fig.* risolvere, venire a capo di: *districare una situazione complessa* || **rifl.** liberarsi, trarsi d'impaccio, spec. *fig.*: *districarsi dalle difficoltà.*

distringere (pres. *-ingo* ecc., come STRINGERE) [dal lat. *distringere*; a. 1250] **tr.** *raro* stringere fortemente; costringere.

distrofìa [comp. di *dis-*[2] e *-trofia*; 1820] **sf.** *T.med.* alterazione dei meccanismi nutritivi di un intero organismo o di alcuni suoi tessuti: *distrofia muscolare.*

distròfico (pl. *-ci*) [da *distrofia*; 1956] **I** **agg.** *T.med.* affetto da distrofia: *bambino distrofico* || dovuto a distrofia: *disturbi distrofici* **II** **sm.** (f. *-a*) *T.med.* persona affetta da distrofia.

distrùggere (pres. *-ùggo* ecc., come STRUGGERE) [dal lat. *destruere*; sec. XIII] **tr.** ridurre al nulla: *la grandine ha distrutto il raccolto* || demolire, radere al suolo: *il terremoto distrusse la città fin nelle fondamenta* || sterminare: *la guarnigione è stata completamente distrutta* || *fig.* vanificare, cancellare: *distruggere le aspirazioni, le illusioni* || rif. a persone, consumare, rendere incapace di ogni reazione: *il dolore lo ha distrutto* || **rifl.** ridursi l'ombra di se stesso, rovinarsi: *ti stai distruggendo con le tue stesse mani* || **N.** *Sin.* annichilire, annientare, annullare, atterrare, cancellare, demolire, desolare, devastare, dileguare, diroccare, disciogliere, disfare, disgregare, disintegrare, disperdere, dissipare, dissolvere, divorare, eliminare, estirpare, fracassare, frantumare, guastare, inabissare, inaridire, incenerire, infrangere, massacrare, paralizzare, polverizzare, radere, rimuovere, rovinare, schiantare, sciupare, smantellare, smozzicare, soffocare, sopprimere, sperdere, sperperare, spianare, sprofondare, sterminare, stritolare, struggere, svellere | *Contr.* costruire, creare, edificare, generare.

distruggìbile [da *distruggere*; 1779] **agg.** *non com.* distruttibile.

distruggiménto [da *distruggere*; a. 1294] **sm.** *raro* distruzione, rovina, anche *fig.*

distruggitóre [da *distruggere*; a. 1294 *destruggitor*] **agg.** e **sm.** (f. *-trìce*) *non com.* distruttore.

distruttìbile [da *distruggere*; a. 1835] **agg.** che può essere distrutto || **N.** *Contr.* indistruttibile.

distruttività [da *distruttivo*; 1966] **sf.** la caratteristica di ciò che è distruttivo, il potere di distruggere: *distruttività di una critica, di un impulso, di un'arma.*

distruttìvo [dal lat. tardo *destructivus*; a. 1328 *destruttivo*] **agg.** che distrugge o è in grado di distruggere: *potenza distruttiva* || *critica distruttiva* (opposto a *costruttiva*), che mira unicamente a far risaltare gli elementi negativi di un'opera o un modo di agire, senza suggerire o proporre alcuna alternativa positiva.

distrùtto (*pps.* di *distruggere*) [1294] **agg.** disfatto, annientato || *fig.* sfinito, rovinato: *sono un uomo distrutto* || **N.** annichilito, annientato, atterrato, perduto, schiantato, sfatto, soppresso, sprofondato, sradicato, sterminato.

distruttóre [dal lat. tardo *destructor, -ōris*; sec. XIV] **agg.** e **sm.** (f. *-trìce*) che o chi distrugge || **N.** *Sin.* demolitore, devastatore, eversore, flagello, sterminatore, vandalo.

distruzióne [dal lat. *destructio, -ōnis*; sec. XIII] **sf.** azione ed effetto del distruggere: *seminare ovunque distruzione* || **N.** *Sin.* annientamento, cancellazione, demolizione, devastazione, disastro, disfacimento, dissoluzione, eliminazione, massacro, rovina, sconquasso, sfacelo, smantellamento, sperpero, sterminio, strage, vandalismo | *Contr.* costruzione, creazione.

disturbaménto [da *disturbare*; 1336 ca.] **sm.** *raro* disturbo.

disturbàre [dal lat. *disturbāre*; a. 1250] **tr.** ostacolare o impedire il normale svolgersi di un processo o di un'attività: *i rumori della strada disturbano il sonno, non disturbarlo mentre lavora* || rif. a persone, provocare malessere fisico o emotivo: *il solo pensare a simili fatti mi disturba, deve aver mangiato qualcosa che lo ha disturbato* || *disturbo?*, formula di cortesia che si pronuncia entrando in un luogo dove c'è qualcuno || **rifl.** scomodarsi, prendersi il fastidio, spec. in formule di cortesia: *non si disturbi* || **N.** *Sin.* importunare, infastidire, molestare, seccare; angosciare, imbarazzare, sconvolgere, turbare.

disturbatóre [da *disturbare*; a. 1472] **agg.** e **sm.** (f. *-trice*) che o chi disturba: *disturbatori della quiete pubblica.*

distùrbo [da *disturbare*; a. 1374] **sm.** impedimento, ostacolo: *le macchine in sosta vietata arrecano un grave disturbo alla circolazione* || fastidio, anche in formule di cortesia: *scusi il disturbo, tolgo il disturbo* || anomalia nelle funzioni organiche: *disturbi circolatori* || nelle telecomunicazioni, alterazione nella qualità della ricezione del segnale || **N.** *Sin.* disagio, imbarazzo, impaccio, incomodo, molestia, noia, seccatura; disfunzione, malanimo; interferenza, perturbazione. **Q.T.** *audiovisivi.*

distùrna [da *disturnare,* comp. parasint. di *turno;* 1931] **sf.** *tosc.* usanza popolare di feste paesane, che consiste in uno scambio di sbeffeggiamenti e motteggi in versi, scritti o declamati oralmente, tra due partecipanti || *dare la disturna,* deridere; *darsi la disturna,* canzonarsi reciprocamente.

diṣubbidiènte o **diṣobbediènte** (*ppr.* di *disubbidire*) [a. 1294] **agg.** che non ubbidisce: *un ragazzo disubbidiente* || **N.** *Sin.* indisciplinato, indocile, ribelle.

diṣubbidiènza o **diṣobbediènza** [da *disubbidire;* a. 1292] **sf.** **1.** rifiuto di ubbidire || atto di chi disubbidisce: *è stata una disubbidienza grave* || abitudine a disubbidire; *disubbidienza civile,* forma di protesta consistente nel trasgredire pubblicamente le norme di cui si propugna l'abolizione o la modificazione **2.** azione che costituisce una trasgressione: *commettere una disubbidienza a un ordine.*

diṣubbidìre o **diṣobbedìre** (pres. *-ìsco, -ìsci*) [da *ubbidire;* a. 1294] **intr.** (aus. *avere*) rifiutare di eseguire un ordine: *disubbidire ai genitori, alle disposizioni del comando* || comportarsi in modo non conforme a una norma: *disubbidire alle leggi* || anche **tr.** *raro lett.*: *disubbidire i genitori* || **N.** disattendere, tradire.

diṣuguagliànza o **diṣeguagliànza** [da *uguaglianza;* sec. XIV *disguagliaza* e *disaguaglianza*] **sf.** l'essere disuguale: *disuguaglianza di condizioni, di età* || *T.mat.* relazione che stabilisce la non identità tra due grandezze omogenee || **N.** *Sin.* differenza, disparità, diversità.

diṣuguagliàre o **diṣeguagliàre** (pres. *-àglio*) [da *uguagliare;* a. 1348 *disguagliare*] **tr.** *raro* rendere disuguale, diverso.

diṣuguàle o **diṣeguàle** [da *uguale;* a. 1294 *disiguale*] **agg.** **1.** non uguale: *due tavolini disuguali* **2.** che manca di regolarità, uniformità, coerenza: *stile, rendimento disuguale* || **N.** **1.** *Sin.* differente, DIVERSO **2.** *Sin.* disomogeneo, incostante, irregolare.

diṣugualità [da *disuguale;* a. 1519] **sf.** *raro* disuguaglianza.

diṣumanàre (pres. *-àno*) [da *disumano;* a. 1406] **tr.** *lett.* rendere disumano, privare dell'umanità || **intr. pron.** perdere la natura, la dignità o l'aspetto di uomo; divenire simile a bestia || **N.** *Sin.* abbrutire, imbestialire, incrudelire.

diṣumanità [da *disumano;* inizio sec. XIV] **sf.** l'essere disumano, inumanità.

diṣumaniẓẓàre [da *disumano;* 1961] **tr.** rendere disumano: *la guerra disumanizza coloro che vi partecipano, hanno disumanizzato le condizioni di lavoro* || **intr. pron.** perdere le qualità proprie dell'uomo; diventare inadatto alla natura umana: *le grandi città si sono disumanizzate* || **N.** *Sin.* abbrutire.

diṣumaniẓẓazióne [da *disumanizzare;* 1983] **sf.** processo e risultato del disumanizzare e del disumanizzarsi.

diṣumàno [da *umano;* sec. XIV] **agg.** indegno della natura umana: *comandante disumano, ferocia disumana* || che non pare umano: *urla disumane* || **N.** *Sin.* atroce, bestiale, brutale, crudele, feroce, inumano, selvaggio, spietato.

diṣumidìre (pres. *-ìsco, -ìsci*) [da *inumidire,* con sostituzione del pref.; a. 1597 al pps.] **tr.** *non com.* liberare dall'umidità || **N.** *Sin.* asciugare, seccare | *Contr.* bagnare, inumidire.

diṣùngere (pres. *-ùngo, -ùngi*) [da *ungere;* 1779] **tr.** *raro* levare l'untuosità || **N.** *Sin.* digrassare, sgrassare, smacchiare.

diṣunifórme [da *uniforme;* a. 1519] **agg.** non uniforme, non omogeneo: *insieme disuniforme; terreno, paesaggio disuniforme* || **N.** *Sin.* differenziato, disomogeneo, vario | *Contr.* indifferenziato, omogeneo, uniforme.

diṣuniformità [da *uniformità;* a. 1519] **sf.** la caratteristica di ciò che è disuniforme, mancanza di uniformità: *nell'assemblea si è rilevata una certa disuniformità di pareri* || **N.** *Sin.* disomogeneità, varietà | *Contr.* omogeneità, uniformità.

diṣunióne [da *unione;* a. 1380] **sf.** *non com.* mancanza di coesione || *più com. fig.* discordia.

diṣunìre (pres. *-ìsco, -ìsci*) [da *unire;* 1513] **tr.** disgiungere, separare || *fig.* mettere discordia tra due persone || **intr. pron.** *T.sport.* rif. a cavalli, ma anche a corridori, ciclisti, sciatori di fondo ecc., perdere la coordinazione dei movimenti, scomporsi nell'azione, per fatica o crisi improvvisa: *era in testa, ma si è disunito negli ultimi metri* || **N.** *Sin.* disgregare, disintegrare, dividere.

diṣunìto (*pps.* di *disunire*) [a. 1379] **agg.** **1.** disuguale nelle varie parti, disorganico: *stile disunito* || discorde: *una coalizione di governo alquanto disunita* **2.** *T.sport.* scomposto, scoordinato || **diṣunitaménte** **avv.** senza concordia.

diṣùria o **diṣurìa** [dal lat. tardo *dysūria,* gr. *dysouría,* ritenzione di urina; a. 1320 *dissuria*] **sf.** *T.med.* difficoltà o irregolarità nell'urinare || **N.** poliuria, pollachiuria.

diṣuṣànza [da *disusare;* 1308] **sf.** *non com.* disuso.

diṣuṣàre (pres. *-ùṣo*) [da *usare;* inizio sec. XIII] **tr.** *non com.* smettere di usare: *disusare un abito* || disabituare: *disusare gli animi alla libertà.*

diṣuṣàto (*pps.* di *disusare*) [a. 1294] **agg.** uscito d'uso o di moda, caduto in disuso: *vocabolo disusato* || non abituato: *disusato al bere* || **N.** *Sin.* antiquato, desueto, obsoleto.

diṣùṣo [da *disusare;* 1525] **sm.** stato di abbandono, di cessato impiego; è comune solo nella loc. *in disuso*: *andare, cadere in disuso* || **N.** *Sin.* desuetudine, obsolescenza.

diṣutilàccio (pl. m. *-ci,* pl. f. *-ce*) (*pegg.* di *disutile*) [a. 1543] **sm.** (f. *-a*) buono a nulla.

diṣùtile [da *utile;* a. 1294] **I** **agg.** che non è utile, e può anche produrre danno: *un intervento a dir poco disutile* || **diṣutilménte** **avv.** **II** **sm.** *raro* svantaggio, danno, perdita || **N.** **I** *Sin.* inutile, ozioso, superfluo, vano.

diṣutilità [da *utilità;* 1300 ca.] **sf.** *non com.* l'essere disutile.

diṣvalóre [da *valore;* 1902] **sm.** *T.fil.* valore negativo, contrapposto a un valore positivo || *T.econ.* perdita di valore.

diṣvantàggio (pl. *-gi*) [da *vantaggio;* 1532] **sm.** *raro* svantaggio.

diṣvariàre (pres. *-àrio*) [da *svariare,* con cambio di pref.; sec. XIII] **intr.** (aus. *avere*) *raro* svariare.

diṣvelàre (pres. *-élo*) [dal lat. *disvelāre;* 1319] **tr.** *lett.* svelare, rivelare.

diṣvèllere [da *svellere,* con cambio di pref.; prima metà sec. XIII *disvegliere*] **tr.** *lett.* svellere.

diṣvezzàre (pres. *-ézzo*) [da *svezzare,* con cambio di pref.; a. 1406] **tr.** *raro* svezzare; disabituare.

diṣviàre o **deṣviàre** (pres. *-ìo*) [comp. parasint. di *via;* a. 1250] **tr.** *lett.* sviare; *fig.* allontanare dalla retta via || **intr.** (aus. *avere*) *lett.* abbandonare una direzione; *fig.* tralignare, peccare.

diṣvigorìre (pres. *-ìsco, -ìsci*) [da *svigorire,* con cambio di pref.; a. 1597] **tr.** *lett.* svigorire.

diṣviluppàre [comp. parasint. di *viluppo;* 1321] **tr.** *lett.* liberare da un groviglio; anche *fig.*: *disviluppare dai lacci d'amore* || **N.** *Sin.* districare, sciogliere.

diṣvìo (pl. *-ìi*) [da *disviare;* 1869] **sm.** *raro* 1. allontanamento **2.** disguido.

diṣvitaminòṣi [comp. di *dis-*[2], *vitamina* e *-osi;* 1937] **sf.** *T.med.* condizione patologica dovuta a carenza di vitamine o a incapacità dell'organismo di assimilarle in quantità sufficiente || **N.** *Sin.* avitaminosi.

diṣvolére (pres. *-ògli0* ecc., come VOLERE) [da *volere;* a. 1292] **I** **tr.** *lett.* mutare volontà; non voler più ciò che prima si voleva: *e qual è quei che disvuol ciò che volle* (Dante); anche *ass.*: *vuole e disvuole, or si ritragge or riede* (Marino) **II** **sm.** *lett.* **1.** cambiamento di volontà **2.** volontà contraria a quella d'altri || divieto || **N.** **I** *Sin.* ricredersi.

diṣvòlgere (pres. *-òlgo* ecc., come SVOLGERE) [da *volgere;* a. 1348] **tr.** srotolare; distendere cosa già avvolta; rimuovere ciò che avvolgeva.

ditàle [dal lat. tardo *digitāle;* a. 1561] **sm.** **1.** piccolo cappuccio di metallo o di plastica, un tempo d'osso, che si usa a protezione del dito medio della mano quando si cuce **2.** protezione di pelle o altro che ripara un dito ferito o malato **3.** spec. *pl.* *T.mus.* anelli in cui si infilavano le dita per pizzicare le corde del salterio. **Q.T.** *maglia...* **TAV.** *maglia...* **p. 1316** 9.

ditalìno (*dim.* di *ditale*) [1923] **sm.** **1.** ditale di piccola misura **2.** *volg.* atto di masturbazione femminile **3.** tipo di piccola pasta alimentare da minestra a forma cilindrica: *ditalini in brodo.* **TAV.** *alimentazione* 1.20.

ditàta [da *dito;* 1869] **sf.** colpo dato con un dito: *ditata in un occhio* || segno lasciato dalle dita: *una ditata che rovina la fotografia* || *non com.* quantità che si può raccogliere con un dito: *una ditata di lardo, di unguento* || **N.** impronta digitale.

diteggiàre (pres. *-éggio*) [da *dito;* 1892] **tr.** *T.mus.* segnare sulla partitura, gen. con cifre da 1 a 5, la diteggiatura di un brano musicale.

diteggiatùra [da *diteggiare;* 1892] **sf.** *T.mus.* scelta delle dita che nell'esecuzione di un brano musicale vanno impiegate per toccare le corde o i tasti, o per chiudere i fori dello strumento: *questo pezzo pone qualche problema di diteggiatura* || indicazione grafica di questa corrispondenza, spec. negli strumenti a corde o a tastiera.

diteìṣmo [comp. di *di-*[2] e *teismo;* 1820] **sm.** *T.fil.* sistema religioso che ammette due divinità, solitamente rappresentanti l'una il principio del bene e l'altra il principio del male || **N.** manicheismo.

ditèllo (pl. f. *le ditèlla* o *le ditèlle*) [lat. tardo *titillus,* solletico; a. 1348] **sm.** *arc.* ascella.

diterpène [comp. di *di-*[2] e *terpene;* 1933] **sm.** *T.chim.* composto chimico della classe dei terpeni, la cui molecola contiene venti atomi di carbonio anziché dieci.

ditetragonàle [comp. di *di-*[2] e *tetragonale;* 1987] **agg.** *T.geom.* che ha forma di ottagono con gli angoli alternatamente uguali || *in part.* in cristallografia, detto di forme semplici del sistema tetragonale nelle quali la sezione del cristallo, con un piano di base, ha forma ditetragonale: *prisma, piramide ditetragonale.*

ditionàto [da *ditionico,* con cambio di suff.; 1956] **sm.** *T.chim.* nome dei sali dell'acido ditionico: *ditionato ferroso, manganoso, di bario.*

ditiònico (pl. *-ci*) [comp. di *di-*[2] e del gr. *thêion,* zolfo; 1956] **agg.** *T.chim.* *acido ditionico,* composto chimico conosciuto in soluzione o sotto forma di sali (detti *ditionati*); al calore si decompone originando acido solforico e anidride solforosa.

ditiràmbico (pl. *-ci*) [da *ditirambo;* a. 1589] **agg.** *non com.* che si riferisce a ditirambo: *genere, componimento ditirambico* || orgiastico: *gioia ditirambica* || *fig.* esageratamente elogiativo: *lodi ditirambiche.*

ditiràmbo [dal lat. *dithyrambus,* gr. *dithýrambos;* 1551] **sm.** *T.lett.* canto corale per le feste dionisiache || componimento lirico greco di vario metro (polimetro) e senza regole di strofe, perlopiù in onore di Dioniso e del vino.

Ditìscidi (sing. *-e*) [comp. di *ditisco* e *-idi*; 1932] ***sm. pl.*** *T.zool.* famiglia di Coleotteri acquatici con il corpo ovale, il capo schiacciato e lunghe zampe posteriori che funzionano da organi natatori; si nutrono di insetti, anfibi e pesci; vi appartiene il ditisco.

ditìsco (pl. *-schi*) [dal lat. scient. *Dytiscus*, basato sul gr. *dýtēs*, tuffatore; 1828] ***sm.*** tipo di coleottero acquatico.

dìto (pl. f. *dìta*; pl. m. *dìti* solo quando sono considerati individualmente: *due diti mignoli*) [lat. volg. **diitus*, class. *digitus*; a. 1292] ***sm.*** ciascuna delle parti distinte e articolate con cui terminano le mani e i piedi dell'uomo || ciascuna delle parti del guanto che coprono le dita || misura pari alla larghezza d'un dito: *un dito di vino* || *avere le dita d'oro*, sapere far bene ogni lavoro || *non avere la forza d'alzare un dito*, essere estremamente debole; *alzare un dito su qualcuno, toccare qualcuno con un dito*, nuocergli in minima misura, in frasi negative: *non osar alzare un dito su di lei!* || *non muovere un dito per qualcuno*, non dargli il minimo aiuto || *mostrare a dito*, indicare col dito, spec. con intenzione di biasimo e di spregio || *avere una cosa sulla punta delle dita*, saperla benissimo || *legarsela al dito*, serbare memoria d'un torto ricevuto || *mordersi le dita*, pentirsi di non aver fatto qualche cosa || *si contano sulla dita di una mano*, sono in numero irrisorio || *nascondersi dietro un dito*, appigliarsi ad argomenti o giustificazioni insostenibili per ostinarsi a negare l'evidenza dei fatti || *toccare il cielo con un dito*, essere al colmo della felicità || *mettere il dito sulla piaga*, individuare il punto debole di una situazione; infierire con le parole sul punto debole di qualcuno || *roba da leccarsi le dita*, di cibo squisito || *il dito di Dio*, castigo divino || *dim.* ditìno, ditùccio; *accr.* ditóne || **N.** pollice, indice, medio, anulare, mignolo; alluce | falange, falangina, falangetta, nocca, polpastrello, unghia, pipita | affusolate, contratte, grasse, nodose, rattrappite; intirizzite | callo, gelone, giradito, patereccio | additare, indicare, pizzicare; schioccare, sgranchirsi le dita. **TAV.** ***anatomia*** **p. 641** 3.4.

dìtola [da *dito*; a. 1597] ***sf.*** nome popolare di vari funghi, di cui molti mangerecci, di forma ramificata || **N.** *Sin.* clavarie, manine.

ditrigonàle [comp. di *di-*² e *trigonale*; 1987] ***agg.*** detto di alcune forme cristallografiche del sistema trigonale nelle quali la sezione del cristallo, con un piano di base, è un esagono con gli angoli a tre a tre uguali.

ditrochèo [dal lat. tardo *ditrochǣus*, gr. *ditrókhaios*, doppio trocheo; 1830] ***sm.*** *T.metr.* nella metrica classica, successione di due trochei.

dìtta [dal lat. *dicta*, nominata; 1786] ***sf.*** **1.** denominazione di impresa commerciale o industriale: *una ditta accreditata* || *più com.* l'impresa stessa, e la sua sede || *scherz. paga, offre la ditta*, è tutto gratuito **2.** compagnia autonoma di attori teatrali || **N. 1.** ragione commerciale; casa, compagnia, impresa. **Q.T.** *commercio...*

dittàfono ® [dall'ingl. *dictaphone*®; 1931 *dictaphone* prob. nel senso 2] ***sm.*** **1.** dispositivo telefonico munito di altoparlante che si adopera nelle comunicazioni a breve distanza (ad es. tra un ufficio e l'altro) **2.** registratore a nastro per dettatura || forma primitiva di fonografo.

dìttamo [dal lat. *dictamus*, gr. *díktamos*; a. 1320] ***sm.*** pianta erbacea delle Rutacee, aromatica || **N.** *Sin.* frassinella.

dittàre ***tr.*** *arc.* v. DETTARE.

dittatóre¹ [dal lat. *dictātor, -ōris*; a. 1292] ***sm.*** **1.** *T.stor.* magistrato supremo e straordinario della repubblica romana, creato nei momenti di estremo pericolo; aveva i pieni poteri senza bisogno di render conto a nessuno del proprio operato **2.** (f. *-trìce*) *per estens.* chi comanda autoritariamente e con pieni poteri: *il dittatore tedesco*, Hitler || anche *fig.*: *è il dittatore della critica letteraria nostrana.*

dittatóre² ***sm.*** *arc.* v. DETTATORE.

dittatoriàle [da *dittatore*, sul modello del fr. *dictatorial*; 1849] ***agg.*** di, da dittatore: *poteri dittatoriali, regime dittatoriale*; *modi dittatoriali*, dispotici || **dittatorialménte** ***avv.***

dittatòrio (pl. *-ri* o *-rii*) [dal lat. *dictatōrius*; 1521] ***agg.*** *non com.* da dittatore; dispotico, autoritario.

dittatùra [dal lat. *dictatūra*; a. 1375] ***sf.*** **1.** *T.stor.* carica e autorità di dittatore: *la dittatura di Silla* || il tempo per il quale durava l'autorità del dittatore **2.** *per estens. fig.* regime assoluto, da dittatore: *la dittatura mussoliniana, fascista* || *fig.* controllo di un certo campo da parte di una persona o di un ente: *la dittatura filosofica crociana, di un monopolio.* **Q.T.** *politica.*

Dìtteri [dal lat. scient. *Diptera*, dal gr. *dípteros*, a due ali; 1797] ***sm. pl.*** *T.zool.* ordine di insetti con un solo paio di ali; ne fanno parte le mosche, le zanzare, i tafani. **Q.T.** *zoologia.*

dittèrio (pl. *-ri*) [dal lat. *dictērium*, facezia, con influsso semantico di *dictāre*; prima metà sec. XVIII] ***sm.*** *arc.* pulpito, cattedra, ambone.

dìttero v. DIPTERO.

dìttico (pl. *-ci*) [dal lat. tardo *diptichum*, gr. *díptychos*, piegato in due; 1716] ***sm.*** **1.** tavoletta cerata doppia, da ripiegarsi; agli antichi serviva da taccuino **2.** quadro diviso in due tavole, da aprire e chiudere, che si pone sugli altari || **N. 2.** ancona, tavola, trittico.

dittografìa [comp. di *ditto-*, dal gr. *dittós*, doppio e *-grafia*; 1956] ***sf.*** *T.paleogr.* nei manoscritti antichi, errore che consiste nella ripetizione di una parola o di una sua parte || **N.** *Contr.* aplografia.

dittologìa (pl. *-gìe*) [dal gr. *dittología*; 1956] ***sf.*** **1.** *T.ling.* ripetizione di elementi di una parola o frase || *dittologia sinonimica*, compresenza di due sinonimi coordinati, come artificio poetico o retorico (come nell'espr. di Petrarca *vecchierel canuto e bianco*) **2.** *T.ling.* allotropia.

dittongàre (pres. *-òngo, -ònghi*) [dal lat. *diphtongāre*; 1600] ***tr.*** pronunciare due vocali in una stessa sillaba (come spesso avviene al pron. *io* in poesia) || ***intr.*** (aus. *avere*) formare un dittongo; detto di una vocale semplice, evolversi in un dittongo: *in italiano la "e" breve latina dittonga in "-ie" in sillaba aperta.*

dittongazióne [da *dittongare*, prob. sul modello del fr. *diphtongaison*; 1907] ***sf.*** *T.ling.* **1.** evoluzione di una vocale semplice in un dittongo **2.** pronuncia monosillabica di due vocali contigue.

dittòngo (pres. *-ghi*) [dal lat. *diphtongus*, gr. *díphthongos*, di suono doppio; 1528 ca.] ***sm.*** gruppo formato di due vocali che si succedono nella stessa sillaba || *dittongo ascendente*, in cui la vocale sillabica è la seconda (come in *piànta*); *dittongo discendente*, in cui la vocale sillabica è la prima (come in *fàida*) || *T.gram. dittonghi mobili*, i dittonghi *uò* e *iè*, così chiamati perché in molte parole italiane si riducono alle vocali semplici *o* ed *e* rispettivamente se non accentati o seguiti da due consonanti (*muòre*, ma *morìre*, *mòrte*; *viène*, ma *venìre*, *avvènto*). Tale regola non è però sempre rispettata (e tende ad esserlo sempre meno), perché fenomeni di analogia inducono a generalizzare talvolta la vocale semplice (*giòca* accanto a *giocàre*), più spesso il dittongo (*nuotàva*, *mietèva* accanto a *nuòta*, *mième*) || **N.** sinalefe; trittongo; iato. **Q.T.** *letteratura...*

diurèsi [da *diuretico*; 1820] ***sf.*** *T.fisiol.* secrezione ed emissione di urina: *diuresi normale, abbondante, giornaliera* || **N.** poliuria, pollachiuria, disuria.

diurètico (pl. *-ci*) [dal lat. tardo *diurēticus*, gr. *diourētikós*; inizio sec. XIV] ***agg.*** e ***sm.*** *T.med.* detto di medicamento atto ad aumentare la secrezione di urina.

diurnàle [dal lat. tardo *diurnālis*; sec. XIV] **I** ***agg.*** *arc.* del giorno **II** ***sm.*** *T.eccl.* la parte del breviario che contiene gli uffizi divini ad esclusione del mattutino || *arc.* cronaca, diario.

diurnìsta [da *diurno*; 1868] ***s.*** impiegato avventizio, retribuito a giornata.

diùrno [dal lat. *diurnus*, della durata di un giorno; 1282] **I** ***agg.*** **1.** relativo alle ore comprese tra l'alba e il tramonto: *ore diurne*; *poet. l'astro diurno*, il sole || che si svolge nelle ore di luce della giornata: *spettacolo diurno*; *albergo diurno*, dove non c'è da dormire, ma il viaggiatore può trovare altre comodità, come bagni, toeletta, barbiere ecc. || *animali diurni*, che stanno svegli e agiscono di giorno **2.** che si svolge nell'arco delle ventiquattro ore: *moto diurno di un corpo celeste* **II** ***sm.*** *T.eccl.* diurnale || **N. I 1.** *Contr.* notturno.

diuturnità [dal lat. *diuturnitas, -ātis*; a. 1332] ***sf.*** *lett.* lunga durata di tempo.

diutùrno [dal lat. *diuturnus*; inizio sec. XIV] ***agg.*** *lett.* di lunga e, spesso, eccessiva durata: *i diuturni travagli* || **diuturnaménte** ***avv.*** per lungo tempo || **N.** *Sin.* continuo, durevole, eterno, incessante, lungo, sempiterno.

dìva [dal lat. *dīva*; 1321 nel senso 2; 1887 nel senso 1] ***sf.*** **1.** cantante o attrice molto popolare: *diva del cinema, della musica rock* **2.** *poet.* dea || **N. 1.** *Sin.* stella.

divagaménto [da *divagare*; a. 1667] ***sm.*** *non com.* divagazione.

divagàre (pres. *-àgo, -àghi*) [dal lat. tardo *divagāri*, errare qua e là; a. 1712] ***intr.*** (aus. *avere*) **1.** uscire dall'argomento centrale perdendosi in digressioni inutili: *divagare dal tema*; anche *ass.*: *abbiamo divagato abbastanza!* **2.** *lett.* vagare qua e là senza meta || ***tr.*** *non com.* distrarre: *ogni cosa lo divaga* || ***rifl.*** *non com.* distrarsi || **N. *intr.* 1.** *Sin.* saltare di palo in frasca, uscire dal seminato | ***rifl.*** *Sin.* svagarsi.

divagazióne [da *divagare*; a. 1803] ***sf.*** **1.** digressione: *divagazioni filosofiche* **2.** *non com.* svago || **N. 1.** *Sin.* inciso, parentesi **2.** *Sin.* distrazione, divertimento.

divallàre [comp. parasint. di *valle*; 1313] ***intr.*** (aus. *essere*) *non com.* andare a valle, calare, scendere.

divampaménto [da *divampare*; a. 1333] ***sm.*** *non com.* il divampare: *il divampamento delle fiamme*; anche *fig.*: *divampamento d'ira, di sdegno.*

divampàre [comp. parasint. di *vampa*; sec. XIII] ***intr.*** (aus. *essere*) accendersi con grande fiamma, far vampa: *l'incendio divampò* || *fig.* di passioni, accendersi, scaturire: *divampò l'odio*; di guerra e sim., scoppiare: *la battaglia divampò* || **N.** *Sin.* ardere, bruciare, infiammarsi; esplodere, scatenarsi.

divàno [dal turco di origine pers. *diwān*, consiglio di stato, poi sofà; 1529 nel senso 2; a. 1850 nel senso 1] ***sm.*** **1.** sedile imbottito per più persone che fa gen. parte dell'arredo di un soggiorno; *divano-letto*, che può trasformarsi in letto (per un ospite, in piccoli alloggi e sim.) **2.** *T.stor.* nell'impero ottomano, Consiglio di Stato **3.** raccolta in ordine cronologico o alfabetico delle rime di un poeta orientale || **N. 1.** *Sin.* canapè, ottomana, sofà. **TAV.** ***arredamento*** **p. 650** 2.11.

divanzàre [dal fr. ant. *devancer*; seconda metà sec. XIII] ***tr.*** *arc.* precedere.

divariàre (pres. *-àrio*) [da *variare*; prima metà sec. XIII] ***tr.*** *arc.* variare || ***intr.*** (aus. *avere*) *arc.* differire || essere lontano.

divaricàbile [da *divaricare*; 1967] ***agg.*** che

può essere divaricato: *la pinza è costituita da due elementi divaricabili.*

divaricaménto [da *divaricare*; 1865] **sm.** atto del divaricare.

divaricàre (pres. *-àrico, -àrichi*) [dal lat. *divaricāre*, allargare le gambe; a. 1712] **tr.** far divergere due parti del corpo o di un oggetto aventi un'estremità in comune: *divaricare le gambe, i rebbi di un forcone* ‖ **intr. pron.** divergere, spec. *fig.*: *ultimamente le loro posizioni si sono molto divaricate* ‖ **N. tr.** *Sin.* aprire.

divaricàta [da *divaricare*; 1964] **sf.** *T.sport.* apertura delle gambe ottenuta con un saltello.

divaricàto (*pps.* di *divaricare*) [a. 1577] **agg.** aperto, disteso, allargato: *a gambe divaricate* ‖ *T.bot.* di organo della pianta, che si allontana ad angolo retto dalla sua inserzione: *ramo divaricato.*

divaricatóre [da *divaricare*; 1939] **sm.** *T.chir.* strumento chirurgico per allargare cavità naturali, o anche aperture praticate artificialmente a scopo chirurgico.

divaricazióne [da *divaricare*; 1640] **sf.** atto ed effetto del divaricare: *divaricazione delle gambe* ‖ anche *fig.* progressivo divario: *divaricazione tra importazioni ed esportazioni.*

divàrio (pl. *-ri*) [da *divariare*; a. 1375 *divaro*] **sm.** differenza rilevante: *divario tecnologico*; *divario incolmabile di opinioni, di giudizi* ‖ **N.** DIFFERENZA.

divedére [da *vedere*; a. 1313] **tr.** *non com.* si usa solo nella loc. *dare a divedere,* mostrare chiaramente; e anche dare a intendere.

diveggiàre (pres. *-éggio*) [da *divo*; 1963] **intr.** *non com.* atteggiarsi a divo o a diva.

divèllere (pres. *-èllo* o *-èlgo*; p.rem. *-èlsi, -elléstì, -èlse*; pps. *divèlto,* raro *divùlso*) [dal lat. *divellere,* strappare; sec. XIII] **tr.** *lett.* sradicare, sbarbare, strappare dalla terra una pianta con le radici ‖ *fig.* spiccare con forza qualcosa: *l'esplosione ha divelto i binari* ‖ **N.** *Sin.* sradicare, strappare.

divèlto *pps.* di *divellere* (v.).

divenìre (pres. *-èngo* ecc., come VENIRE) [dal lat. *devenīre,* venir giù, giungere; a. 1257 nel pps. *dovenuto* nel senso 3; 1853 come sm.] **I intr.** (aus. *essere*; nel senso 1 ha sempre funzione copulativa, reggendo un compl. predicativo del sogg.) **1.** diventare, assumere progressivamente stato e qualità diversi da quelli di prima: *con la ginnastica divenne forte e gagliardo; da ciabattino è divenuto medico* **2.** *arc.* arrivare, giungere ‖ derivare, provenire **3.** *arc.* accadere **II sm.** *T.fil.* il mutamento, il flusso della realtà, posto come fondamento da Eraclito ‖ **N.** I *Sin.* diventare, farsi, riuscire.

diventàre (pres. *-ènto*) [lat. volg. **deventāre*; 1282] **intr.** (aus. *essere*; ha sempre funzione copulativa, reggendo un compl. predicativo del sogg.) sinonimo di *divenire,* più frequente di questo nella lingua parlata, e denotante talvolta maggiore intensità e subitaneità nel mutamento: *diventare adulta; diventare un buon medico; diventare verde di rabbia, matto, di tutti i colori; che cosa è diventato!* ‖ **N.** *Sin.* DIVENIRE.

divèrbio (pl. *-bi*) [dal lat. *diverbium*; 1679] **sm.** contesa, piuttosto viva, di parole tra due persone: *c'è stato un diverbio tra loro* ‖ **N.** *Sin.* alterco, contesa, disputa, litigio, rissa.

divergènte (*ppr.* di *divergere*) [a. 1647] **agg.** **1.** che tende ad allontanarsi: *semirette divergenti* ‖ *T.ott. lente divergente,* che fa divergere un fascio di raggi incidenti paralleli ‖ *fig.* discordante: *opinioni divergenti* **2.** *T.mat.* che tende all'infinito: *funzione, serie, successione divergente* ‖ **N.** *Contr.* convergente.

divergènza [da *divergere*; 1632] **sf.** **1.** il divergere di due linee o raggi l'uno dall'altro ‖ *fig.* disparità d'opinioni: *divergenza di vedute* **2.** *T.mat.* proprietà dell'essere divergente: *dimostrare la divergenza di una successione* **3.** *T.mat. divergenza di un campo vettoriale,* operatore differenziale pari alla somma delle derivate parziali delle tre componenti del campo rispetto alle variabili cartesiane corrispondenti ‖ **N. 1.** *Sin.* differenza, dissidio | *Contr.* convergenza **2.** *Contr.* convergenza.

divèrgere (pres. *-èrgo* ecc., come CONVERGERE; *dif.* del pps. e dei tempi composti) [dal lat. *devergere*; 1797] **intr.** **1.** tendere a scostarsi prendendo un'altra direzione: *la strada diverge dal fiume* ‖ *fig.* discostarsi, differire: *le sue idee divergono radicalmente dalle mie* **2.** *T.mat.* tendere all'infinito (con segno positivo o negativo): *la funzione logaritmo diverge quando la variabile indipendente tende a zero* ‖ **N. 1.** *Sin.* allontanarsi, deviare, separarsi | *Contr.* avvicinarsi, convergere **2.** *Contr.* convergere.

diversificàre (pres. *-ìfico, -ìfichi*) [dal lat. mediev. *diversificāre*; 1306] **tr.** rendere diverso ‖ rendere molteplice: *diversificare le fonti di approvvigionamento energetico* ‖ **intr. pron.** e *raro* **intr.** (aus. *essere*) differenziarsi.

diversificazióne [da *diversificare*; 1305] **sf.** atto ed effetto del diversificare e del diversificarsi.

diversióne [dal lat. tardo *divĕrsio, -ōnis*; a. 1313] **sf.** deviazione: *diversione di un fiume* ‖ *fig. non com.* digressione ‖ *T.mil.* manovra con cui si simula di assalire il nemico in un punto lontano e diverso dal punto principale, per obbligarlo a dividere le sue forze: *operare una diversione* (anche *fig.*).

diversità [dal lat. *diversitas, -ātis*; 1282] **sf.** differenza tra le caratteristiche di due o più persone o cose: *diversità di gusti, diversità di temperamento tra fratello e sorella* ‖ molteplicità, varietà: *l'infinita diversità di colori di un bosco in autunno* ‖ particolarità, peculiarità: *una minoranza etnica fiera della sua diversità* ‖ **N.** *Sin.* contrasto, difformità, discordanza, discrepanza, dissomiglianza, dissonanza, distanza, disuguaglianza, divario.

diversìvo [da *diverso*; a. 1313; 1848 come sm.] **I agg.** atto a distrarre: *manovra diversiva* **II sm.** motivo di distrazione, occasione di svago: *ha bisogno di un diversivo ai suoi mali* ‖ **N.** II *Sin.* distrazione, svago; rimedio, ripiego.

divèrso [dal lat. *diversus,* pps. di *divertere,* volgere in direzioni opposte; 1224] **I agg. 1.** che ha caratteristiche tali da opporlo o almeno distinguerlo nettamente da altra cosa con cui si paragona: *la verità è diversa dalla menzogna* ‖ *non com.* vario, che muta aspetto e luogo: *negli errori del diverso esilio* (Carducci) **2.** al *pl.* o con nomi collettivi, sempre precedente al sostantivo a cui si riferisce, indica molteplicità: *diversa gente,* parecchia gente, *diversi soldati,* numerosi soldati **3.** *arc.* alieno, estraneo: *ahi, Genovesi, uomini diversi d'ogni costume* (Dante) ‖ insolito, mostruoso: *Cerbero fiera crudele e diversa* (Dante) ‖ **diversaménte avv. 1.** in modo diverso ‖ *diversamente da,* a differenza di **2.** altrimenti, in caso contrario: *se segui il mio consiglio, bene; diversamente non contare su di me* **II sm.** (f. *-a*) persona caratterizzata da aspetto fisico, atteggiamenti o comportamenti estranei alla maggioranza dei membri della società in cui vive ‖ *eufem.* omosessuale **III avv.** *raro* diversamente: *vedo questa cosa diverso da te* ‖ **N.** I *Sin.* altro, differente, difforme, discordante, discrepante, dissimile, dissomigliante, distante, distinto, disuguale, divergente, inconfondibile, lontano, separato | *Contr.* coincidente, identico, indistinguibile, uguale.

diversòrio (pl. *-ri*) [dal lat. *deversōrium*; a. 1306] **sm.** *arc.* albergo, locanda.

divertènte (*ppr.* di *divertire*) [a. 1803] **agg.** che diverte: *spettacolo divertente, un tipo divertente* ‖ **N.** *Sin.* buffo, comico, dilettevole, piacevole, spassoso.

divertévole [da *divertire*; 1865] **agg.** *raro* divertente.

diverticolàre [da *diverticolo*; 1983] **agg.** *T.anat.* del diverticolo, relativo al diverticolo: *cavità diverticolare.*

diverticolectomìa [comp. di *diverticolo* e *ectomia*; 1937] **sf.** *T.med.* asportazione chirurgica di un diverticolo.

diverticolìte [comp. di *diverticolo* e *-ite*[1]; 1932] **sf.** *T.med.* infiammazione di un diverticolo, gen. dovuta a ristagno di materiali.

divertìcolo [dal lat. *diverticulum*; a. 1342 nel senso 2; 1828 nel senso 1] **sm. 1.** *T.anat.* appendice di un organo cavo, a forma di sacchetto **2.** *lett.* viottolo che deriva da una via principale ‖ *fig.* sotterfugio.

diverticolopessìa [comp. di *diverticolo* e *-pessia*; 1956] **sf.** *T.med.* operazione chirurgica su un diverticolo che consiste nel fissarlo in modo da impedire il ristagno di materiale.

diverticolòsi [comp. di *diverticolo* e *-osi*; 1956] **sf.** *T.med.* malattia consistente nella presenza di diverticoli multipli nell'intestino o nella vescica.

divertiménto [da *divertire*; 1525 nel senso 2; 1679 nel senso 1] **sm. 1.** qualunque attività che distragga dagli affanni, che distenda e rassereni l'animo: *giocare a scacchi è il suo divertimento preferito* ‖ il piacere che ne deriva: *che divertimento vederlo recitare!* ‖ *buon divertimento!,* esclamazione di augurio, anche *iron.* **2.** *arc.* allontanamento; *fig.* digressione ‖ *in part. T.mus.* contrappunto episodico in una fuga, prima che ritorni il tema principale **3.** *T.mus.* composizione in più tempi per complessi strumentali di vario tipo, gen. di carattere più leggero e schemi formali più liberi rispetto a una sonata o un quartetto: *i divertimenti per strumenti a fiato di Mozart* ‖ **N. 1.** *Sin.* allettamento, diletto, diporto, distrazione, gioco, passatempo, piacere, ricreazione, sollazzo, sollievo, spasso, svago, trastullo, trattenimento | bontempone, festaiolo. **Q.T.** *giochi.*

divertìre (pres. *-èrto* ecc., come AVVERTIRE) [dal lat. *divertere,* allontanare; sec. XIV nel senso 2; a. 1712 nel senso 1] **tr. 1.** rendere allegro e disteso, muovere al riso: *un commento che ci ha molto divertito; Charlot non mi diverte granché* ‖ fornire un piacevole passatempo, attrarre: *la briscola lo diverte più di ogni altro gioco* **2.** *lett.* allontanare, deviare: *divertire le acque* ‖ *fig.* distogliere ‖ **rifl.** distrarsi, distendersi: *ci siamo divertiti un mondo* ‖ dedicarsi a un'attività senza particolare impegno: *non fa sul serio, vuole solo divertirsi un po'* ‖ provar gusto: *sembra che ti diverta a stuzzicarlo!* ‖ **N. tr. 1.** *Sin.* allettare, allietare, distendere, distrarre, piacere, rallegrare | **rifl.** dilettarsi, giocare, ricrearsi, sollazzarsi, spassarsela, svagarsi, trastullarsi.

divertìto (*pps.* di *divertire*) [a. 1797] **agg.** proprio di chi si diverte, compiaciuto: *osservare con aria divertita.*

divétta (*dim.* di *diva*) [da *diva,* sul modello del fr. *divette*; 1918] **sf.** attrice principiante o aspirante ‖ **N.** *Sin.* attricetta, stellina.

divezzaménto [da *divezzare*; 1869] **sm.** svezzamento.

divezzàre (pres. *-ézzo*) [comp. parasint. di *vezzo*; a. 1348] **tr. 1.** far perdere un'abitudine **2.** iniziare a nutrire il bambino con alimenti diversi dal latte materno ‖ **N. 1.** *Sin.* disabituare, disavvezzare **2.** *Sin.* slattare, svezzare.

divézzo [da *divezzare*; 1554] **agg.** *non com.* **1.** non abituato o disassuefatto: *un uomo divezzo alla vita mondana* **2.** di bambino, che non è più allattato al seno ‖ *dim.* divezzìno ‖ **N. 1.** *Sin.* disabituato, disavvezzo | *Contr.* abituato, assuefatto, avvezzo **2.** *Sin.* slattato, svezzato.

diviàre e der. forme arc. di DEVIARE e der. (v.).

diviàto [comp. di *di* e *viato,* da *via*; a. 1313] **avv.** *raro* difilato: *se ne andò diviato a casa.*

dividèndo [dal lat. tardo *dividendus*; 1739 nel senso 2] **sm.** **1.** *T.aritm.* quantità o numero da dividere **2.** *T.comm.* parte di utile spettante a ogni azionista di una società o a ogni creditore nel fallimento.

dividere (pres. *-ido*; p.rem. *-iṣi, -idésti, -iṣe, -idémmo, -idéste, -iṣero*; pps. *-iṣo*) [dal lat. *dividere*; a. 1250 nel senso 2] **tr.** **1.** scomporre in più parti: *dividere una torta in sei fette, dividere i partecipanti in vari gruppi* || ripartire: *dividere un articolo in paragrafi* || spartire: *dividere il patrimonio tra gli eredi* || *T.aritm.* eseguire una divisione: *dividere 36 per 4* **2.** separare: *le Alpi dividono l'Italia dagli stati confinanti, dividere i due litiganti* || distinguere: *dividere il bene dal male* || rendere diverso, incompatibile: *troppe divergenze di opinioni ci dividono* || rendere discorde: *dividere gli animi, una polemica che divide la squadra* **3.** condividere, rendersi partecipe degli stessi sentimenti: *ha diviso con lui gioie e dolori* || **rifl.** **1.** separarsi: *dividersi dalle proprie terre* **2.** *fig.* dedicarsi a più attività contemporaneamente: *dividersi tra casa e ufficio* || **rifl. rec.** di coniugi, separarsi legalmente: *si sono divisi poco dopo il matrimonio* || **rec.** spartirsi: *dividersi il bottino* || **intr. pron.** essere scomposto o ripartito: *l'ora si divide in sessanta minuti* || diramarsi: *la mulattiera si divide in due sentieri* || **N.** **tr.** **1.** *Sin.* frazionare, scindere, scomporre, sezionare, spezzare; classificare, suddividere; distribuire, spartire | *Contr.* ricomporre, riunire, unificare; moltiplicare | biforcare, dimezzare, fendere, frantumare, sminuzzare, squartare, squinternare, tagliare, tramezzare **2.** *Sin.* disgiungere, isolare, segregare, separare, staccare; discernere; allontanare, differenziare, diversificare; disunire, scompaginare | *Contr.* congiungere.

dividìvi [da un n. indigeno delle Antille; 1956] **sm.** *inv.* frutto rossastro di una leguminosa dell'America centrale e meridionale e delle Antille, dal quale si ricava una sostanza tannìnica, molto usata in conceria.

divietàre (pres. *-èto*) [da *vietare*; 1282 *devetare*] **tr.** *raro* vietare.

divièto [da *divietare*; 1313] **sm.** proibizione legalmente imposta da un'autorità: *divieto di transito, di sosta, di caccia* || *in gen.* negazione di un permesso.

divinaménto [da *divinare*; sec. XIII-XIV] **sm.** *raro* previsione fondata su arti divinatorie.

divinàre (pres. *-ìno*) [dal lat. *divināre*; a. 1327] **tr.** prevedere e predire il futuro con arti magiche e occulte || *lett.* presagire: *Colombo divinò il nuovo continente* || **N.** *Sin.* profetare, INDOVINARE.

divinatóre [dal lat. *divinātor, -ōris*; 1310] **agg.** e **sm.** (f. *-trìce*) *lett.* che o chi predice il futuro.

divinatòrio (pl. *-ri* o *-rii*) [da *divinare*; 1354] **agg.** *lett.* che riguarda la divinazione: *arte divinatoria.*

divinazióne [dal lat. *divinātio, -ōnis*; 1308] **sf.** arte d'indovinare il futuro e conoscere la volontà divina per mezzo di segni || *per estens.* (anche *scherz.*) previsione, presentimento || **N.** *Sin.* intuizione, profezia | MAGIA.

divincolaménto [da *divincolare*; a. 1519] **sm.** *non com.* atto del divincolarsi.

divincolàre (pres. *-ìncolo*) [comp. parasint. di *vincolo*; a. 1400] **tr.** *non com.* torcere e piegare in qua e in là: *la serpe divincolava tutto il corpo* || **rifl.** torcersi, dimenarsi: *si divincolava come un ossesso* || **N.** **rifl.** *Sin.* agitarsi, contorcersi, sgusciare; guizzare.

divincolìo (pl. *-ìi*) [da *divincolare*; 1879] **sm.** *raro* un divincolarsi prolungato o frequente, insistente.

divinis V. A DIVINIS.

divinità [dal lat. *divinitas, -ātis*; a. 1294] **sf.** **1.** l'essere divino, dio **2.** essenza o natura di dio: *riconoscere la divinità di Cristo* || **N.** **1.** nume, DIO.

divinizzàre [da *divino*, sul modello del fr. *diviniser*; 1677] **tr.** rendere oggetto di culto quale divinità: *l'imperatore Claudio fu divinizzato* || esaltare, rendere nobile, degno, puro: *il Petrarca divinizzò l'amore* || **N.** deificare.

divinizzazióne [da *divinizzare*; a. 1729] **sf.** atto ed effetto del divinizzare || **N.** apoteosi.

divìno [dal lat. *divīnus*; a. 1294] **agg.** **1.** di Dio, che appartiene a Dio o a un dio: *natura divina, attributi divini* || che procede da un dio: *ispirazione divina* || simile a ciò che si tributa a una divinità, degno di un dio: *onori divini* **2.** *per estens.* eccellente, perfetto, quasi partecipe di attributi divini: *il divino Poeta* || *iperb. fam.* squisito, straordinario: *una musica divina, una cena divina*; bellissimo: *sei divina!* || **divinaménte** **avv.** || **N.** **1.** *Sin.* celeste, sovrannaturale, sovrumano, trascendente **2.** *Sin.* celestiale, sublime; delizioso, favoloso, incantevole, magnifico, meraviglioso, splendido.

divìṣa [dal fr. *devise*; a. 1375; 1892 nel senso 3] **sf.** **1.** abito proprio di qualche ordine, società e sim.: *la divisa militare, dei ferrovieri, di una squadra sportiva; uscire in divisa*, indossandola **2.** *T.arald.* insegna, stemma || motto che serve da insegna di un casato **3.** *T.econ.* *divisa estera*, ogni mezzo di pagamento all'estero; *per restr.* valuta estera **4.** *arc.* divisione; discordia || *in part. raro* scriminatura dei capelli || **N.** **1.** *Sin.* tenuta, uniforme. **Q.T.** *forze armate.*

divisaménto [da *divisare*; fine sec. XIII] **sm.** *non com.* proposito, pensiero, disegno.

divisàre (pres. *-iṣo*) [dal lat. volg. **divisāre*; a. 1313] **tr.** **1.** *lett.* proporsi, stabilire: *ho divisato di andare a Firenze* **2.** *lett.* immaginare, pensare **3.** *arc.* dividere, separare || distinguere.

diviṣìbile [dal lat. tardo *divisibilis*; a. 1519 *devisibile*] **agg.** che si può dividere: *patrimonio divisibile* || *in part.* *T.mat.* di un numero intero, che si può dividere con resto nullo: *27 è divisibile per 9.*

diviṣibilità [da *divisibile*; a. 1558] **sf.** l'essere divisibile: *criteri di divisibilità.*

diviṣionàle [da *divisione*; 1887] **agg.** **1.** di divisione, che appartiene a una divisione militare o amministrativa: *comando divisionale* **2.** *T.econ.* *moneta divisionale*, che rappresenta una frazione dell'unità monetaria.

diviṣionàrio (pl. *-ri*) [dal fr. *divisionnaire*; 1797] **agg.** *T.mil.* detto di generale comandante una divisione; anche *sm.*

diviṣióne [dal lat. *divīsio, -ōnis*; sec. XIII nel senso 3] **sf.** **1.** scomposizione: *divisione di una parola in sillabe* || scissione: *divisione cellulare* **2.** *T.mat.* operazione inversa della moltiplicazione, che a una coppia ordinata di numeri (*dividendo* e *divisore*, quest'ultimo diverso da zero) associa un terzo numero (*quoziente*), che moltiplicato per il divisore dà il dividendo **3.** spartizione: *divisione del patrimonio* || ripartizione: *divisione dei compiti; divisione del lavoro*, organizzazione della produzione basata sulla specializzazione dei singoli lavoratori in fasi ristrette del processo produttivo || *T.ret.* suddivisione degli argomenti di un'orazione; parte dell'orazione in cui si enumerano gli argomenti **4.** separazione: *divisione dei coniugi; divisione dei poteri*, piena autonomia dei tre poteri dello Stato (esecutivo, legislativo, giudiziario), senza interferenze reciproche || *concr.* elemento separante **5.** discordia: *le divisioni all'interno del sindacato* **6.** *concr.* *T.mil.* grande unità dell'esercito o dell'aviazione, composta di più brigate; in marina, raggruppamento di navi tra loro omogenee || *T.bur.* ripartizione di un ministero o di un altro settore della pubblica amministrazione || reparto ospedaliero || *T.sport.* raggruppamento di squadre di valore confrontabile che si affrontano tra loro in un campionato: *massima divisione*, la serie A || **N.** **1.** *Sin.* frazionamento, partizione, scissione, scomposizione | *Contr.* fusione, unificazione **3.** *Sin.* assegnazione, distribuzione; ripartizione, suddivisione **4.** *Sin.* allontanamento, differenziazione, disgiunzione, distacco, divorzio, interruzione, scisma, secessione, soluzione di continuità; confine, diaframma, frattura, limite, steccato, tramezzo, transenna | *Contr.* riconciliazione, ricongiungimento, riunione **5.** *Sin.* contrasto, disunione | *Contr.* accordo **6.** compartimento, dipartimento, distaccamento, distretto, settore; girone, raggruppamento, serie. **Q.T.** *forze armate, matematica*...

diviṣionìsmo [da *divisione*; 1908] **sm.** *T.pitt.* tecnica per cui l'effetto ottico del colore si ottiene ponendo i suoi vari componenti sulla tela, a punti o a righe, senza altrimenti impastarli || movimento pittorico di fine Ottocento ispirato a tale tecnica.

diviṣionìsta [da *divisionismo*; a. 1910] **I s.** *T.pitt.* pittore che segue la tecnica del divisionismo **II agg.** divisionistico.

diviṣionìstico (pl. *-ci*) [da *divisionismo*; 1922] **agg.** di o del divisionismo.

divìsmo [da *divo*; 1931 nel senso 2] **sm.** **1.** comportamento e atteggiamento arrogante, presuntuoso, ostentatamente eccentrico o provocatorio tenuto da personaggi del mondo dello spettacolo, dello sport e sim. per colpire il pubblico **2.** infatuazione collettiva per i divi del cinema, della canzone, della televisione e sim.

divìṣo (*pps.* di *dividere*) [a. 1292] **I agg.** separato: *i suoi genitori vivono divisi* || discorde: *giudizi divisi* **II** con valore di **prep.** (con ellissi di *per*) in espressioni aritmetiche indica l'operazione di divisione: *venti diviso (per) quattro.*

diviṣóre [dal lat. *divīsor, -ōris*; 1639] **I sm.** **1.** *T.aritm.* nell'operazione elementare della divisione, il numero che si cerca quante volte sia contenuto in un altro chiamato *dividendo* **2.** *T.mat.* numero intero che divide senza lasciare resto un altro intero, sottomultiplo; *divisore comune*, il numero che divide esattamente più numeri: *3 è un divisore comune di 12 e 36* || *massimo comun divisore*, il più grande dei divisori comuni **3.** *T.tecn.* nelle fresatrici, apparecchio ausiliario che consente di eseguire fresature rettilinee distanziate a intervalli angolari determinati **II agg.** *non com.* che divide: *circuito divisore di frequenza.*

diviṣòrio (pl. *-ri*) [da *dividere*; 1354] **I agg.** che divide: *muro divisorio* **II sm.** diaframma, paratia, tramezzo.

divìstico (pl. *-ci*) [da *divismo*; 1939] **agg.** relativo al divismo: *fenomeno divistico, manifestazioni divistiche.*

divìzia [dal lat. tardo *divitia*, class. *divitiae*; sec. XIII *diviza*] **sf.** *arc.* ricchezza; dovizia, abbondanza: *a gran divizia* (Dante).

dìvo [dal lat. *dīvus*; 1321; 1905 come sm. nel senso 1] **I agg.** *lett.* divino || magnifico, illustre **II sm.** **1.** cantante o attore molto popolare **2.** *lett.* dio.

divoraménto [da *divorare*; sec. XIV] **sm.** *non com.* atto del divorare.

divoràre (pres. *-óro*) [dal lat. *devorāre*; a. 1280] **tr.** **1.** mangiare con ingordigia, propr. di belva, e *per estens.* anche di uomini || *fig.* *divorare con gli occhi*, guardare bramosamente una cosa o una persona; *divorare un libro*, leggerlo in un baleno; *divorare il cammino*, percorrerlo rapidissimamente **2.** consumare, distruggere: *il fuoco divorò ogni cosa; divorare un patrimonio*, dilapidarlo || *fig.* agitare, angosciare: *la rabbia, il rimorso, la passione lo divora* || **intr. pron.** tormentarsi, struggersi: *divorarsi dalla gelosia* || **rifl. intens.** mangiare avidamente: *ho una fame da divorarmi un bue* ||

N. *tr.* **1.** *Sin.* ingoiare, MANGIARE | voracità.

divoratóre [dal lat. *devorātor, -ōris*; a. 1333] *agg.* e *sm.* (f. *-trice*) che o chi divora; anche *fig.* ‖ **N.** *Sin.* ingordo, vorace.

divorziàre (pres. *-òrzio*) [dal fr. *divorcer*; 1802 *divorzare*] *intr.* (aus. *avere*) di coniugi, annullare il legame matrimoniale civile tramite divorzio ‖ *per estens. scherz.* separarsi, di persone o gruppi di persone precedentemente legati da qualche accordo.

divorziàto (*pps.* di *divorziare*) [1802 *divorzato*] *agg.* e *sm.* (f. *-a*) detto di coniuge separato con divorzio.

divòrzio (pl. *-zi*) [dal lat. *divortium*; sec. XIV] *sm.* scioglimento legale del matrimonio civile ‖ *per estens.* separazione con rottura di qualche vincolo o intesa: *il divorzio tra i partiti della maggioranza sembra inevitabile.*

divorzismo [da *divorzio*; 1933] *sm.* movimento d'opinione o posizione personale favorevole all'introduzione del divorzio nell'ordinamento giuridico.

divorzista [da *divorzio*; 1901] *s.* **1.** chi è favorevole al divorzio **2.** avvocato specializzato in cause di divorzio.

divorzistico (pl. *-ci*) [da *divorzio*; 1965] *agg.* che si riferisce al divorzio: *legislazione divorzistica* ‖ favorevole al divorzio.

divòto e der. forme arc. di DEVOTO e der. (v.).

divulgàbile [da *divulgare*; 1966] *agg.* che può essere divulgato, adatto alla divulgazione: *una notizia non divulgabile, uno scritto divulgabile.*

divulgaménto [da *divulgare*; a. 1363] *sm.* *non com.* divulgazione.

divulgàre (pres. *-ùlgo, -ùlghi*) [dal lat. *divulgāre*, diffondere tra il volgo; sec. XIII *divolgare*] *tr.* **1.** rendere pubblicamente noto: *divulgare notizie riservate* **2.** rendere accessibile a un pubblico non specialista: *divulgare la fisica moderna è compito arduo* ‖ *intr. pron.* propagarsi, diventare noto: *la notizia si divulgò in un attimo* ‖ **N.** *tr.* **1.** *Sin.* comunicare, diffondere, propalare, pubblicizzare.

divulgativo [da *divulgare*; 1942] *agg.* di divulgazione, atto a divulgare (nel senso 2): *un libro divulgativo, intenti divulgativi.*

divulgatóre [dal lat. *divulgātor, -ōris*; a. 1561 *divolgatrice*] *sm.* (f. *-trice*) chi divulga: *divulgatore di cultura, di conoscenze scientifiche.*

divulgazióne [dal lat. *divulgātio, -ōnis*; 1586 *divolgazione*] *sf.* **1.** diffusione, spesso non lecita, di informazioni: *divulgazione di un segreto di Stato* **2.** esposizione di una teoria scientifica che, evitando di addentrarsi nei dettagli tecnici, si propone di rendersi accessibile anche ai non specialisti.

divulsióne [dal lat. *divūlsio, -ōnis*; 1905] *sf.* *T.chir.* operazione che determina la dilatazione forzata di un canale o di un orifizio: *divulsione del piloro.*

divùlso *pps. raro* di *divellere* (v.).

divulsóre [da *divellere*; 1940] *sm.* *T.chir.* strumento chirurgico che serve per compiere l'operazione della divulsione.

dixieland (ingl., pr. ['dɪksɪlænd]) [dall'ingl. d'America *dixie*, il Sud degli Stati Uniti, a sua volta dal nome scherzoso del biglietto da 10 dollari emesso a New Orleans con la scritta fr. *dix*, dieci; 1961] *sm. inv.* denominazione del jazz originario, sorto a New Orleans nei primi del Novecento, eseguito da complessi strumentali formati gen. da tromba, clarinetto, trombone e una sezione ritmica con pianoforte.

dizigòtico (pl. *-ci*) [comp. di *di-*², *zigote* e suff. aggettivale; 1956] *agg.* *T.biol.* *gemelli dizigotici*, gemelli derivanti dalla fecondazione di due ovuli distinti da parte di due spermatozoi ‖ **N.** *Sin.* bicoriale, biovulare, dicoriale | *Contr.* monocoriale, monovulare, monozigotico.

dizionàrio (pl. *-ri*) [dal lat. mediev. *dictionārium*; a. 1555] *sm.* opera nella quale sono raccolti ed esposti, gen. in ordine alfabetico, i vocaboli, le voci e le locuzioni di una lingua o i vocaboli propri di una scienza, di un autore, di un dialetto, accompagnati da definizioni o da informazioni di altro tipo a seconda delle finalità che ci si propone ‖ *dizionario inverso*, elenco delle parole di una lingua in ordine alfabetico inverso, utile in molte ricerche linguistiche ‖ *dim.* dizionariétto; *pegg.* dizionariàccio ‖ **N.** concordanza, enciclopedia, glossario, lessico, vocabolario; calepino; glossa, lemma, voce; lessicografia, lessicologia | analogico, bilingue, biografico, dialettale, enciclopedico, etimologico, geografico, metodico, monolingue, plurilingue, scientifico, storico, tecnico; tascabile | compilare, compulsare, consultare, scartabellare. **Q.T.** *linguistica.*

dizionarista [da *dizionario*, sul modello del fr. *dictionnariste*; a. 1787] *s.* *non com.* autore di dizionari ‖ **N.** *Sin.* lessicografo, vocabolarista.

dizióne [dal lat. *dĭctio, -ōnis*; 1304 nel senso 3; 1902 nel senso 1] *sf.* **1.** pronuncia, modo di pronunciare: *dizione corretta, corso di dizione* ‖ declamazione di versi o di prosa **2.** *T.ret.* disposizione delle parti di un discorso **3.** *non com.* locuzione.

DNA (pr. [di ˌɛnne'a]) [acronimo dell'ingl. *DeoxyriboNucleicAcid*; 1970] *sm. inv.* *T.biol.* e *T.chim.* acido desossiribonucleico ‖ *DNA ricombinante*, molecola di DNA ottenuta per ricombinazione di due molecole contenenti informazioni genetiche diverse; è utilizzato per inserire sequenze di geni di una specie nel cromosoma di un'altra specie. **Q.T.** *genetica...*

do (pr. [dɔ]) [etim. inc.; 1536] *sm. inv.* *T.mus.* la prima nota (detta anticamente *ut*) dell'unica scala maggiore senza alterazioni; è indicato con C nella notazione alfabetica ‖ *do centrale*, il primo do al di sotto del la del diapason ‖ *chiave di do*, quella che indica il do centrale; può essere posta su ciascuna delle quattro righe inferiori del pentagramma, prendendo nomi diversi (*di soprano, di mezzosoprano, di contralto* e *di tenore*) ‖ *do di petto*, il do un'ottava sopra il do centrale cantato dai tenori a voce piena, tradizionalmente considerato un banco di prova della bravura dell'artista ‖ *do mobile*, sistema di solfeggio cantato in cui i nomi delle note non dipendono dall'altezza assoluta, ma dal loro ruolo nella tonalità del pezzo: la tonica di un pezzo in maggiore è sempre *do*, quella di uno in minore *la* ecc. **TAV.** ***musica* p. 1324** 1.4, 1.10.

doàrio v. DOVARIO.

dobermann (ted., pr. ['do:bɐman]; pr. it. ['dɔberman]) [dal n. proprio L. *Dobermann*, allevatore ted.; 1919] *sm. inv.* cane da guardia di corpo robusto ed elegante, con muso sottile, orecchie erette e pelame corto e scuro.

dòbla [dallo sp. *dobla*, doppia; sec. XIV] *sf.* moneta d'oro spagnola coniata in Castiglia nel '300; doppia ‖ *per estens. lett.* moneta d'oro.

doblétto [dal fr. ant. *doblet*; a. 1556] *sm.* *T.tess.* tessuto di lino e di bambagia: *dobletti alla napolitana* (D'Annunzio).

doblóne [dallo sp. *doblón*; a. 1654] *sm.* antica moneta d'oro spagnola del valore di due doble ‖ *per estens.* nome di altre monete d'oro spagnole e italiane.

dóccia (pl. *-ce*) [etim. discussa; dal lat. volg. **ducea*, o da *doccione*, interpretato come accr.; sec. XIII nel senso 2] *sf.* **1.** impianto idraulico, installato gen. nei locali da bagno, che per mezzo di uno spruzzatore munito di piccoli fori disperde il getto d'acqua in modo che ricada a pioggia sul corpo o su una parte di esso: *bagno con vasca e doccia, andare sotto la doccia* ‖ l'area o il locale dove si trova l'impianto ‖ l'atto del lavarsi utilizzando tale impianto: *fare una doccia* ‖ *fig. doccia fredda*, avvenimento sgradevole e inaspettato che getta nello scoramento ‖ *doccia scozzese*, fatta alternando acqua calda e fredda; *fig.* succedersi di momenti piacevoli e spiacevoli **2.** grondaia, spec. il tratto che scarica a terra l'acqua piovana ‖ *scalpello a doccia*, scanalato ‖ *T.med. doccia gessata*, apparecchio modellato in gesso con la forma del solco di una grondaia per immobilizzare un arto che abbia subìto distorsioni o fratture ‖ canale fortemente inclinato dove l'acqua scende rapidamente a mettere in moto le pale di una ruota da mulino: *non corse mai sì tosto acqua per doccia a volger ruota di mulin terragno* (Dante) **3.** *T.anat. doccia ossea*, depressione allungata della superficie di alcune ossa (tra cui l'omero e il pube) **4.** *T.zool.* parte dello stomaco dei ruminanti che collega l'omaso all'esofago (detta perciò anche *doccia esofagea*); *doccia neurale*, nell'embrione dei cordati, specie di gronda originatasi dal sollevamento della piastra midollare o neurale, da cui poi derivano l'encefalo e il midollo spinale.

docciàio (pl. *-ài*) [da *doccia*; 1853] *sm.* chi fabbrica o installa docce o grondaie.

docciàre (pres. *dóccio*) [da *doccia*; inizio sec. XIV] *intr.* (aus. *essere* di liquido; aus. *avere* di ciò che fa uscire liquido) *lett.* colare a piccoli rivoli ‖ *tr. raro* far fare una doccia.

docciatùra [da *docciare*; a. 1566] *sf.* doccia, spec. a scopo terapeutico: *docciature fredde.*

doccionàta [da *doccione*; a. 1873] *sf.* *tosc.* condotto formato di doccioni.

doccióne [prob. dal lat. *ductio, -ōnis*, conduttura; 1340 ca.] *sm.* **1.** tubo di ghisa o di terracotta per far condotti ‖ parte terminale della grondaia, che scarica l'acqua lontano dai muri; nello stile gotico ha talvolta forma di animali grotteschi e mostruosi **2.** *T.alp.* colatoio.

docènte [dal lat. *docens, -entis*; a. 1803] **I** *agg.* che insegna: *la Chiesa docente*, che esercita il suo magistero; *personale non docente della scuola*, segretari e bidelli **II** *s.* insegnante: *docente universitario* ‖ *libero docente*, in passato, chi aveva ottenuto l'abilitazione a svolgere un insegnamento presso un istituto universitario ‖ **N.** *Sin.* INSEGNANTE.

docènza [dal lat. tardo *docentia*; 1895] *sf.* insegnamento ‖ *libera docenza*, titolo di libero docente; insegnamento universitario a titolo privato con effetti legali, attualmente non più contemplato dall'ordinamento universitario italiano.

docèta [dal lat. tardo *docētae*, gr. *dokētaí*; 1820] *s.* *T.stor.* seguace del docetismo. **Q.T.** *religione.*

docetismo [da *doceta*; 1865] *sm.* *T.stor.* movimento ereticale del primo secolo, che riteneva l'incarnazione di Gesù solo apparente (il suo corpo sarebbe stato solo apparentemente un corpo materiale, la sua passione sarebbe stata apparente ecc.).

docetista [da *docetismo*; 1970] *s.* *T.rel.* seguace del docetismo. **Q.T.** *religione.*

dòcile [dal lat. *docilis*, colui al quale si può insegnare; inizio sec. XIV nel senso 2; a. 1527 nel senso 1] *agg.* **1.** che accetta senza reagire l'autorità di chi lo guida, disposto all'ubbidienza e alla sottomissione: *bambino, carattere docile* ‖ di animale, mansueto: *un cavallo docile* ‖ di materiale, facile da lavorare: *marmo docile* ‖ *capelli docili al pettine*, facili da pettinare **2.** *non com.* che apprende facilmente: *intelligenza docile* ‖ **docilménte** *avv.* ‖ **N.** **1.** *Sin.* arrendevole, condiscendente, disciplinato, remissivo, tranquillo | *Contr.* agitato, indocile, irrequieto, intrattabile.

docilità [dal lat. *docilitas, -ātis*; a. 1348] *sf.* l'essere docile.

docimasia [dal gr. *dokimasía*, esame; 1771]

sf. **1.** *T.stor.* esame dei requisiti necessari al cittadino per esercitare in Grecia i diritti politici e alcuni uffici **2.** *T.med.* il complesso dei saggi necroscopici per sapere se un neonato ha respirato, e quindi se è vissuto, o è nato morto **3.** *T.chim.* esame di un materiale per determinarne i componenti.

docimàstico (pl. *-ci*) [dal gr. *dokimastikós*; a. 1783] **agg.** *T.chim.* relativo alla docimasia.

docimologìa [comp. del gr. *dókimos*, idoneo, capace e *-logia*; 1949] **sf.** disciplina che studia su basi scientifiche i metodi e i criteri per la valutazione del profitto scolastico degli studenti e della preparazione dei candidati agli esami di concorso, tenendo conto anche dei fattori soggettivi che possono influenzare gli esaminatori.

docimològico (pl. *-ci*) [da *docimologia*; 1974] **agg.** relativo alla docimologia, alla valutazione didattica: *ricerche docimologiche, criteri docimologici.*

docimòlogo (pl. *-gi*) [da *docimologia*; 1966] **sm.** (f. *-a*) studioso, esperto di docimologia.

dock (ingl., pr. [dɒk]) [dal medio ol. *docke*; 1797] **sm.** *inv.* (anche pl. *docks*, pr. [dɒks]) vasto bacino nei grandi porti commerciali, circondato da banchine per il carico e scarico delle navi || **N.** calata. **Q.T.** *porto.*

docker (ingl., pr. [ˈdɒkə]) [da *dock*; 1908] **sm.** *inv.* (anche pl. *dockers*, pr. [ˈdɒkə:z]) scaricatore, operaio nel *dock*.

docking (ingl., pr. [ˈdɒkɪŋ]) [da to *dock*, attaccare; 1966] **sm.** *inv.* *T.aer.* l'aggancio in orbita di due veicoli spaziali.

dòcmio (pl. *-mi*) [dal lat. *dochmius*, gr. *dóchmios*, prop. tortuoso; 1956] **sm.** *T.metr.* nella metrica classica, metro di configurazione variabile, risultante dall'unione di un giambo e di un cretico.

documentàbile [da *documentare*; 1911] **agg.** che si può documentare: *asserzione documentabile.*

documentàle [da *documento*; 1621] **agg.** *non com.* relativo a documenti.

documentalìsta [da *documentale*; 1956] **s.** teorico o esperto di documentazione.

documentàre (pres. *-ènto*) [da *documento*; a. 1754] **tr.** **1.** provare per via di documenti: *documentare l'accusa* **2.** fornire di documentazione: *documentare un saggio, un'indagine* || **rifl.** provvedersi della documentazione relativa a un certo fatto o problema, informarsi accuratamente: *prima di affermare qualcosa è bene documentarsi* || **N.** **tr.** **1.** *Sin.* comprovare, dimostrare, provare.

documentàrio (pl. *-ri*) [da *documento*, sul modello del fr. *documentaire*; 1908; 1939] **I** **agg.** di documento: *valore documentario* || *scrittura documentaria*, tipo di corsivo usato nei documenti || che vale da documento: *prova documentaria* **II** **sm.** film o trasmissione televisiva con intenti di informazione storico-geografica o di divulgazione scientifica, senza una trama narrativa.

documentarìsta [da *documentario*; 1942] **s.** **1.** autore di documentari **2.** *non com.* raccoglitore o classificatore di documenti.

documentarìstico (pl. *-ci*) [da *documentario*; 1951] **agg.** di, da documentario: *stile documentaristico.*

documentàto (*pps.* di *documentare*) [1818] **agg.** che si fonda su documenti, attendibile, sicuro: *ricerca ben documentata, fonte documentata.*

documentatóre [da *documentare*; 1910 *documentatrice*] **sm.** (f. *-trice*) la persona incaricata di fornire la documentazione riguardo a determinati argomenti di studio.

documentazióne [dal fr. *documentation*; 1905] **sf.** lavoro di raccolta dei documenti necessari per convalidare una tesi o svolgere una ricerca: *un accurato lavoro di documentazione* || l'insieme di prove e documenti raccolti: *la documentazione può essere costituita da fotocopie autenticate* || *T.inform.* l'insieme di tutte le informazioni relative a un determinato programma (diagrammi a blocchi, note operative ecc.). **Q.T.** *archeologia.*

documénto [dal lat. *documentum*, prova, insegnamento, testimonianza; a. 1363] **sm.** scritto che attesta e dimostra la verità di un'asserzione || certificato rilasciato da una pubblica autorità; *in part.* *documenti personali*, quelli che attestano l'identità del portatore e comprovano il suo diritto a compiere determinate azioni (carta d'identità, passaporto, patente ecc.): *esibire i documenti* || ogni materiale che possa essere utilizzato ai fini di una ricerca: *documenti fotografici, fonici* || prova, testimonianza: *queste opere d'arte sono documento di grande civiltà* || **N.** attestato, atto, bolla, certificato, contratto, diploma | alterato, apocrifo, autentico, contraffatto, dubbio, falso, nullo, prezioso, scaduto, storico, valido | allegare, annullare, autenticare, citare, corredare, impugnare, infirmare, inserire, interpretare, invalidare, presentare, richiedere, vidimare. **Q.T.** *storiografia.*

documentografìa [comp. di *documento* e *-grafia*; 1956] **sf.** l'insieme delle pubblicazioni raccolte per i servizi di documentazione || il catalogo o lo schedario di tali pubblicazioni.

documentologìa [comp. di *documento* e *-logia*; 1956] **sf.** studio dei fondamenti teorici e degli aspetti pratici della documentazione.

documentològico (pl. *-ci*) [da *documentologia*; 1956] **agg.** di documentologia, relativo alla documentologia: *ricerche documentologiche.*

documentotèca [comp. di *documento* e *-teca*; 1956] **sf.** raccolta di documenti || locale o edificio in cui vengono conservati documenti || **N.** archivio.

dódeca- [dal gr. *dṓdeka*, dodici] ***primo elem.*** che, in parole composte dotte, ha il valore di "dodici": **dodecàgono**.

dodecaèdrico (pl. *-ci*) [da *dodecaedro*; 1970] **agg.** *T.geom.* di dodecaedro, a forma di dodecaedro: *solido dodecaedrico, figura, forma dodecaedrica.*

dodecaèdro [dal gr. *dōdekáedros*; a. 1617] **sm.** *T.geom.* poliedro con dodici facce || *in part.* *dodecaedro regolare*, poliedro regolare, inscrivibile in una sfera, con dodici facce uguali a forma di pentagono regolare.

dodecafonìa [comp. di *dodeca-* e *-fonia*; 1930] **sf.** *T.mus.* tecnica di composizione musicale, teorizzata e praticata soprattutto da Schönberg, Berg e Webern a partire dagli anni '20; consiste nel ripudiare il principio tradizionale di una tonalità centrale, mettendo invece i dodici suoni della scala cromatica su un piano di assoluta uguaglianza; si differenzia dalla semplice *atonalità* nell'adottare un nuovo principio costruttivo fondato sull'uso per ogni brano di una singola serie comprendente i dodici suoni, sulla quale è basata non solo la struttura melodica, ma anche quella armonica del pezzo.

dodecafònico (pl. *-ci*) [da *dodecafonia*; 1930] **agg.** relativo alla dodecafonia; che segue il sistema musicale della dodecafonia: *musica dodecafonica* || **N.** *Sin.* seriale; atonale.

dodecanùmmo [comp. di *dodeca-* e *nummo*] **sm.** *T.num.* moneta bizantina del valore di dodici nummi || **N.** pentanummo, esanummo, decanummo.

dodecasìllabo [dal gr. *dodekasýllabos*; a. 1728] **agg.** e **sm.** detto di verso composto di dodici sillabe || **N.** senario doppio o accoppiato; alessandrino.

dodecàstilo [dal gr. *dōdekástylos*; 1932] **agg.** *T.arch.* di edificio, che ha dodici colonne sulla fronte: *tempio dodecastilo.*

dodicènne [dal lat. *duodecennis*; 1861] **agg.** e **s.** che o chi ha dodici anni.

dodicèṣimo [da *dodici*; 1300 ca.] **I** **agg.** *num. ord.* di 12; *il dodicesimo secolo*, il periodo dal 1101 al 1200 (d.C.) o dal 1200 al 1101 (a.C.) || uno su dodici, quasi soltanto nell'espr. *la dodicesima parte* **II** *num. fraz.* **1.** la dodicesima parte: *cinque dodicesimi* **2.** *in part.* *T.tip.* *in dodicesimo*, detto di formato alto e stretto.

dódici [lat. *duodecim*; 1282 *dodeci*] **agg.** e **sm.** *num. card.*, ar. 12, rom. XII || *i Dodici*, gli Apostoli || **N.** dozzina, grossa, serqua.

dòdo [dal port. *doido*; 1881] **sm.** specie di uccello tozzo e grosso con grosso becco ricurvo; fu scoperto dai Portoghesi nell'isola Maurizio e presto si estinse || **N.** *Sin.* dronte.

dóga [forse lat. tardo *dōga*, recipiente; 1319] **sf.** **1.** ciascuna di quelle assi di legno di cui si compone il corpo della botte, dei barili e sim. **2.** *arc.* lista, fregio di un abito || *T.arald.* ciascuna delle varie strisce perpendicolari poste nello scudo o nelle bandiere. **TAV.** *enologia* 4.2.

dogàle [da *doge*; 1573] **agg.** del doge || *corno dogale*, il copricapo proprio del doge.

dogalìna [da *dogale*; a. 1580] **sf.** *T.stor.* antica veste ampia, foderata di pelliccia, con maniche larghissime, che veniva indossata dai magistrati veneziani durante le cerimonie.

dogàna [dall'ar. *dīwān*, registro delle merci in transito; 1264 *dovana*] **sf.** **1.** dazio d'entrata o di uscita delle merci da uno Stato all'altro **2.** *più com.* ufficio che riscuote il dazio e l'amministra || luogo dove si trova tale ufficio || **N.** diritto d'esportazione e d'importazione, gabella, tariffa, tassa; bollo, piombo | sdoganare | *duty-free shop*, porto franco; contrabbando; protezionismo | Guardia di Finanza. **TAV.** *porto* 3.10.

doganàle [da *dogana*; a. 1835] **agg.** di dogana: *guardie doganali, visita doganale* || che concerne la dogana: *unione doganale*, accordo tra Stati diversi che abolisce i dazi reciproci e uniforma quelli verso gli altri paesi.

doganière [da *dogana*; 1330 *dovaniere*] **sm.** impiegato di dogana || **N.** *Sin.* gabelliere; guardia di finanza | dazio, DOGANA.

dogàre (pres. *dógo, dóghi*) [da *doga*; a. 1321] **tr.** **1.** *raro* mettere le doghe: *dogare una botte* **2.** *arc.* ornare, listare: *e vedi lui che 'l gran petto ti doga* (Dante).

dogarèssa [da *doge*; a. 1389] **sf.** *T.stor.* moglie del doge.

dogàto [da *doge*; 1417 *dogado*] **sm.** ufficio e grado di doge || il tempo corrispondente alla durata della carica.

dòge (pl. *-gi*) [lat. *dux, ducis*; sec. XIII] **sm.** *T.stor.* magistrato supremo della repubblica di Venezia e della repubblica di Genova || **N.** anello dogale, Consiglio dei Dieci, corno, dogaressa.

dòglia (pl. *-glie*) [lat. tardo *dolia*, pl. di *dolium*; a. 1249] **sf.** *lett.* acuto dolore: *la farà morir con doglia* (Dante) || *in part.*, spec. *pl.*, caratteristico dolore che precede il parto: *avere le doglie* || **N.** DOLORE.

dogliànza [dal lat. *dolentia*, attr. il fr. ant. *doillance*; 1533] **sf.** *lett.* **1.** lamento, lagnanza **2.** dolore; rammarico.

dogliènza [dal lat. *dolentia*, attr. il fr. ant. *doillance*; sec. XII-XIII] **sf.** *arc.* **1.** dolore, angoscia **2.** lagnanza, lamento.

dòglio¹ (pl. *-gli*) [lat. *dōlium*; a. 1320] **sm.** grande recipiente di terracotta o legno usato anticamente per contenere olio, vino o cereali || *per estens.* *lett.* orcio, giara: *s'apriva il fumeo doglio* (Pascoli).

dòglio² (pl. *-gli*) **sm.** *pop.* v. DOLIO.

doglióso [da *doglia*; a. 1300] **agg.** *lett.* addolorato.

dògma [dal gr. e lat. *dógma*, opinione; a. 1550] **sm.** **1.** affermazione o principio considerato come verità indiscutibile: *l'uguaglianza dei cittadini di fronte alla legge è un dogma irrinunciabile per una democrazia* **2.** *in part.* nella religione cristiana, verità rivelata da Dio, articolo di fede: *il dogma della Trinità* ‖ **N.** assioma, principio, verità. **Q.T.** *religione.*

dogmàtica [da *dogma*; a. 1750] **sf.** quella parte della teologia che riguarda lo studio dei dogmi religiosi.

dogmàtico (pl. *-ci*) [da *dogma*, prob. sul modello del fr. *dogmatique*; 1585 come sm. nel senso 2] **I agg.** **1.** relativo ai dogmi: *questioni dogmatiche* ‖ affermato come assolutamente valido, indiscutibile: *affermazione dogmatica* **2.** *per estens.* intollerante, che non ammette dubbi o critiche: *ha un atteggiamento troppo dogmatico per poterci discutere* ‖ **dogmaticaménte** *avv.* **II sm.** (f. *-a*) **1.** studioso di dogmi **2.** *più com.* persona intransigente e priva di elasticità mentale.

dogmatismo [da *dogma*, prob. sul modello del fr. *dogmatisme*; 1832] **sm.** posizione filosofica che consiste nel partire da principi aprioristici sui quali non si ammettono dubbi e ricavarne delle conseguenze, senza curarsi se sono o non sono d'accordo coi fatti e con l'esperienza ‖ *per estens.* tendenza a considerare come assolutamente vere le proprie opinioni, e a non accettare su di esse alcuna discussione, rigettando a priori come false tutte le opinioni opposte.

dogmatista [dal lat. tardo *dogmatista*; 1830] **s.** *raro* chi sostiene o propone una dottrina, un'opinione e sim. in modo dogmatico.

dogmatizzàre [dal lat. tardo *dogmatizāre*; a. 1342] **intr.** (aus. *avere*) parlare con tono sentenzioso e dogmatico ‖ **tr.** *raro* affermare come dogma.

dògre [dall'ol. *dogger*, attr. il fr. *dogre*; 1956] **sm.** piccola nave a due alberi usata nell'Europa settentrionale per la pesca delle aringhe e per il trasporto di merci a brevi distanze.

do-it-yourself (ingl., pr. [du: ɪt jəˈself]) [letter. fallo da te; 1978] **sm. inv.** il fare o il saper fare da sé piccoli lavori artigianali o riparazioni domestiche: *è uno specialista nel do-it-yourself* ‖ anche *agg.*: *una panca do-it-yourself*, costruita artigianalmente da un dilettante ‖ **N.** *Sin.* bricolage, fai da te.

dolàbra [dal lat. *dolābra*; a. 1574] **sf.** *T.stor.* sorta di ascia, avente da un lato una lama tagliente e dall'altra una punta, usata dagli antichi Romani come attrezzo da lavoro, come arma e per immolare gli animali durante i sacrifici.

dolby ® (ingl., pr. [ˈdɒlbɪ]) [dal n. proprio R. *Dolby*, inventore americano; 1979] **sm. inv.** sistema di registrazione che permette di ridurre notevolmente il rumore di fondo, mediante il filtraggio di determinate bande di frequenza della gamma audio ‖ anche *agg. inv.* (sempre posposto) *sistema dolby, impianto dolby.*

dólce [lat. *dulcis*; a. 1250 nel senso 3; 1310 nel senso 1] **I agg.** **1.** che ha il sapore proprio dello zucchero o del miele: *un frutto dolce e succoso, caffè troppo dolce* ‖ talvolta non indica tanto un sapore, quanto l'assenza di un sapore opposto: *formaggio dolce*, non piccante; *acqua dolce*, di fiume o di lago, in contrapposizione a quella salata del mare **2.** *per estens.* gradito ad altri sensi: *un profumo, un timbro dolcissimo*; usato anche nelle partiture musicali come indicazione di espressione; *flauto dolce* (o *diritto* o *a becco*), strumento a fiato di legno, di dimensioni e tonalità variabili, che si suona tenendolo verticalmente; in uso spec. nell'epoca rinascimentale e barocca ‖ comodo, piacevole: *il dolce far niente*; *dolce vita*, modo di vivere mondano e spensierato tra divertimenti superficiali ed effimeri; *maglione dolce vita*, v. DOLCEVITA ‖ di clima, temperato, mite ‖ di pendio, non ripido ‖ di materiale, facile da lavorare ‖ nel linguaggio degli ecologisti, detto di tecnologie atte a produrre energia meno inquinante, rischiosa e costosa di quelle tradizionali (dette *pesanti*) **3.** che dimostra o ispira tenerezza e affetto, amabile: *un viso, un carattere dolce*; *fare gli occhi dolci a qualcuno*, mostrare con lo sguardo la propria disponibilità sentimentale **4.** *T.gram.* sinonimo meno preciso talvolta di *sonoro* (*davanti a b, d, g, la s si pronuncia sempre dolce*), talvolta di *palatale* (*la c si pronuncia dolce davanti ad e, i*) ‖ *spirito dolce*, in greco antico, il segno che si premette alle vocali iniziali di parola quando vanno pronunciate senza aspirazione ‖ **dolceménte** *avv.* **II avv.** *poet.* con dolcezza: *chi non sa come dolce ella sospira, / e come dolce parla, e dolce ride* (Petrarca) **III sm.** **1.** la qualità di ciò che è dolce: *a chi piace il dolce e a chi l'amaro* **2.** cibo di sapore dolce, consumato generalmente alla fine di un pasto o al di fuori dei pasti ‖ *dim.* dolcétto, dolcìno ‖ **N.** I **1.** *Sin.* zuccherino | *Contr.* amaro; salato; acido, acre, aspro; piccante **2.** *Sin.* delicato, delizioso, gradevole, squisito; molle, morbido **3.** *Sin.* affettuoso, amorevole, gentile, sensibile, soave, tenero | dolciastro, mellifluo, mielato, sdolcinato | addolcire, dolcificare, indolcire **III** **2.** *Sin. dessert* | biscotti, canditi, caramelle, cioccolatini, colomba, confetti, gelati, pandoro, panettone, panforte, paste dolci, pasticcini, *strudel*, torrone, torte. **Q.T.** *alimentazione.*

dolceamàro [comp. di *dolce* e *amaro*; 1374] **agg.** dal gusto insieme dolce e amaro: *liquore dolceamaro.*

dolcestilnovista [da *dolce stil novo*; 1956] **s. e agg.** *non com.* stilnovista.

dolcestilnovìstico (pl. *-ci*) [da *dolce stil novo*; 1987] **agg.** *non com.* stilnovistico.

dolcétto (*dim.* di *dolce*) [a. 1250; 1892 nel senso 2] **sm.** **1.** piccolo dolce, pasticcino **2.** vitigno del Piemonte dalla cui uva si ricava un vino secco e pregiato che porta lo stesso nome.

dolcevita o **dólce vita** [da *Dolce vita*, titolo di un film di F. Fellini; 1963] **sf. e agg. inv.** *T.abb.* detto di maglia o maglione aderente a collo alto.

dolcézza [lat. volg. **dulcetia*; a. 1294 nel senso 2] **sf.** **1.** l'essere dolce: *la dolcezza dello zucchero* **2.** *per estens.* gradevolezza nell'aspetto, negli atteggiamenti e nei comportamenti, capacità di esprimere e suscitare tenerezza e affetto: *la dolcezza del viso, del carattere* ‖ mitezza: *la dolcezza del clima* ‖ *pl.* piacere, godimento: *non conoscere le dolcezze della vita* ‖ **N.** **2.** *Sin.* affabilità, affettuosità, amabilità, amorevolezza, benevolenza, bontà, delicatezza, finezza, gentilezza, sensibilità, soavità, tenerezza.

dolciamàro [comp. di *dolce* e *amaro*; a. 1646] **agg.** dolceamaro.

dolciàna v. DULCIANA.

dolciàrio (pl. *-ri*) [da *dolce*; 1942] **agg.** che è proprio dei dolci; che si riferisce alla fabbricazione dei dolci: *industria dolciaria.*

dolciàstro [dal fr. *douceâtre*; 1854] **agg.** dolce, ma non gradevole ‖ *fig.* mellifluo, ipocrita: *maniere dolciastre.*

dolcichìni [da *dolce*; 1779] **sm. pl.** tuberi dolci e ricchi di sostanze grasse, prodotti da una pianta delle Ciperacee ‖ **N.** *Sin.* babbagigi.

dolcière [da *dolce*; a. 1931] **sm.** (f. *-a*) **1.** operaio addetto alla fabbricazione di dolciumi ‖ *raro* pasticciere **2.** imprenditore dell'industria dolciaria.

dolcificànte (*ppr.* di *dolcificare*) [1730] **I agg.** atto a render dolce **II sm.** sostanza dolcificante: *un dolcificante ipocalorico.*

dolcificàre (pres. *-ìfico, -ìfichi*) [dal lat. tardo *dulcificāre*; sec. XIV] **tr.** rendere dolce ‖ **N.** *Sin.* addolcire, edulcorare, indolcire, molcere, raddolcire, zuccherare.

dolcificazióne [da *dolcificare*; a. 1712] **sf.** il dolcificare; atto ed effetto del dolcificare.

dolcigno [da *dolce*; a. 1527] **agg.** dolce, ma non gradevole, dolciastro.

dolcióre [dal lat. *dulcor, -ōris*, attr. il provenz. ant. *dolzor*; a. 1294] **sm.** *raro* dolcezza.

dolcitùdine [dal lat. *dulcitudo, -inis*; 1306] **sf.** *arc.* dolcezza.

dolciùme [da *dolce*; 1733 nel senso 2; 1869 nel senso 1] **sm.** **1.** qualunque prodotto alimentare di sapore dolce: *questi ragazzi mangiano troppi dolciumi* **2.** *non com.* sapore dolce stucchevole: *il dolciume della banana non mi piace.*

dolciùra [da *dolce*; a. 1912] **sf.** *ant.* e *lett.* dolcezza ‖ dolcezza dell'animo: *anche cotesta dolciura dell'animo passò* (Pascoli).

dólco (pl. *-chi*) [dal lat. tardo *dulcāre*, addolcire; a. 1388] **agg.** *tosc.* di tempo, caldo e umido, sciroccale: *fa dolco.*

dolènte (*ppr.* di *dolere*) [1313] **agg.** **1.** che ha dolore, che manifesta dolore ‖ afflitto ‖ con interiezioni di dolore: *ohimè dolente, come mi riscossi* (Dante) ‖ *le dolenti note* (Dante), le espressioni, gli accenti di dolore; e *com. scherz.* gli oggetti, i fatti o gli argomenti meno piacevoli, di cui si preferirebbe non parlare **2.** dispiaciuto, in formule di cortesia: *sono dolente per quanto è accaduto* ‖ **dolenteménte** *avv.*

dolenzìa [da *dolente*; 1956] **sf.** *T.med.* dolore non acuto, indolenzimento.

dolére (pres. *dòlgo, duòli, duòle, dogliàmo, doléte, dòlgono*; p.rem. *dòlsi, doléstì, dòlse, dolémmo, doléste, dòlsero*; fut. *dorrò, dorrài, dorrà, dorrémo, dorréte, dorrànno*; imper. *duòli, doléte*; pps. *dolùto*) [dal lat. *dolēre*; a. 1250] **intr.** (aus. *avere* ed *essere*; impers. sempre *essere*) **1.** causare dolore: *mi duole il capo* ‖ *prov. la lingua batte dove il dente duole*, v. DENTE **2.** rincrescere: *mi duole che sia andata così*; anche *impers.*: *mi duole della sua disgrazia* ‖ **intr. pron.** **1.** rammaricarsi: *si dolse amaramente della sciagura* ‖ provar rincrescimento, pentirsi: *mi dolgo di averlo offeso* **2.** lamentarsi, fare le proprie rimostranze: *me ne dorrò con chi di dovere* ‖ **N.** **intr.** **1.** *Sin.* far male **2.** *Sin.* addolorare, dispiacere, rattristare | **intr. pron.** **2.** *Sin.* lagnarsi, reclamare.

dòlico- [dal gr. *dolichós*, lungo] **primo elem.** che, in parole composte della terminologia scientifica, ha il valore di "lungo" (per es. *dolicomorfo, dolicostilo*).

dolicocefalìa [da *dolicocefalo*; 1871] **sf.** *T.med.* forma del cranio stretta e allungata.

dolicocèfalo [comp. di *dolico-* e *-cefalo*; 1865] **agg. e sm.** (f. *-a*) *T.med.* che o chi ha il cranio di forma stretta e allungata ‖ **N.** *Contr.* brachicefalo.

dolicodattilìa [comp. di *dolico-* e *-dattilia*; 1932] **sf.** *T.med.* anomalia congenita consistente nell'eccessiva lunghezza delle dita delle mani e dei piedi.

dolicomòrfo [comp. di *dolico-* e *-morfo*; 1931] **agg.** **1.** in antropologia, di organo (cranio, arto ecc.) allungato e stretto **2.** in zoologia, di animale con il corpo allungato e longilineo ‖ **N.** **2.** *Contr.* brachimorfo.

dolicostilo [comp. di *dolico-* e *-stilo*; 1956] **agg.** *T.bot.* si dice di fiore a stilo lungo.

Dolìdi [comp. del lat. scient. *dolium*, n. del genere e *-idi*; 1956] **sm. pl.** *T.zool.* famiglia di molluschi gasteropodi caratterizzati da una sottile conchiglia ovale e da una lunga proboscide.

dolìna [dallo slov. e serbo-croato *dolina*, da *dô, dòla*, valle; 1873] **sf.** *T.geogr.* conca a forma più o meno ellittica, quasi di cratere, caratteristica delle regioni calcaree, spec. sul Carso ‖ **N.** foiba. **TAV. *geologia* p. 1313** 4.1.

dòlio (pl. *-li*) [dal lat. *dōlium*, vaso; 1875 *doglio*] **sm.** mollusco gasteropodo con panciuta conchiglia e proboscide.

dòllaro [dall'ingl. *dollar*; a. 1829] **sm.** unità monetaria degli Stati Uniti adottata anche da altri paesi (Canada, Liberia, Australia ecc.).

dolly (ingl., pr. [ˈdɒlɪ]; pr. it. [ˈdɔlli]) [letter. bambolina; 1973] **sm.** *inv.* (anche pl. *dollies*, pr. [ˈdɒlɪz]) carrello munito di piccola gru che consente rapidi spostamenti orizzontali e verticali di macchine da presa cinematografiche e televisive.

dòlman [dal turco *dolâmân*, attr. il fr. *dolman*; 1864] **sm.** **1.** giacca ornata di alamari, usata come sopravveste invernale dagli ussari || cappa da signora con maniche larghe e rotonde ispirata alla giacca degli ussari **2.** veste sacerdotale turca.

dòlmen [dal fr. *dolmen*, basato sul bretone *t(a)ol*, tavola e *men*, pietra; 1863] **sm.** *inv.* *T.geogr.* antichissimo monumento, di età preistorica, probabilmente rituale, formato da due lastre verticali di pietra sormontate da una orizzontale. **TAV. *tempio* p. 1335** 1.

dolmènico (pl. *-ci*) [da *dolmen*; 1987] **agg.** di dolmen, a forma di dolmen: *tombe, camere dolmeniche*.

dòlo [dal lat. *dolus*; a. 1303] **sm.** *T.giur.* volontà cosciente di delinquere; diverso da *colpa*, che è la conseguenza di una mancata osservanza o cautela || *per estens.* frode, inganno. **Q.T.** *diritto*.

dolòmia [dal fr. *dolomie*, dal n. del geologo fr. D. de *Dolomieu*; 1817] **sf.** *T.geol.* roccia sedimentaria, costituita di dolomite, di varia specie.

dolomìte [dal fr. *dolomite*; 1869] **sf.** **1.** minerale formato da carbonato di calcio e magnesio, di composizione variabile || la calce che se ne ricava **2.** *pl.* *le Dolomiti*, montagne di tale roccia nelle Alpi orientali, caratteristiche per la loro forma cuspidale e frastagliata.

dolomìtico (pl. *-ci*) [da *dolomite*; 1869] **agg.** **1.** di dolomite: *roccia, montagna dolomitica* **2.** delle Dolomiti: *un tipico paesaggio dolomitico*.

dolomitizzazióne [da *dolomite*; 1848] **sf.** *T.geol.* processo di trasformazione delle rocce calcaree in dolomie o in calcari dolomitici.

dolorabilità [da *dolorare*; 1956] **sf.** *T.med.* anormale reazione dolorosa di una parte del corpo in seguito a compressione, palpazione e sim.

dolorànte (*ppr.* di *dolorare*) [1918] **agg.** che prova dolore: *è ancora dolorante per la caduta* || che dà dolore: *braccio dolorante*.

doloranza [da *dolorante*; a. 1294] **sf.** *lett.* dolore.

doloràre (pres. *-óro*) [da *dolore*; a. 1306] **intr.** (aus. *avere*) *lett.* soffrire; lamentarsi || **tr.** *arc.* addolorare.

dolóre [dal lat. *dolor, -ōris*; a. 1292 nel senso 2] **sm.** **1.** sensazione di sofferenza causata da un male corporeo: *dolori colici, articolari, di stomaco, di denti* || *letto di dolore*, quello in cui si giace per malattia lunga o grave **2.** sentimento di grave sofferenza interiore: *i dolori della vita* || motivo di afflizione: *quel ragazzo è un gran dolore per i genitori* || *la Madonna dei sette dolori*, la Vergine addolorata || *dim.* dolorìno, dolorétto, doloruccio; *pegg.* doloràccio || **N.** **1.** *Sin.* male; bruciore, fitta, indolenzimento, spasimo; cefalea, colica, crampo, emicrania, nevralgia, reuma | acuto, atroce, insopportabile, intenso, lancinante, pungente; debole, leggero, lieve, sopportabile | bruciare, fiaccare, indolenzire | analgesico, anestetico, antispasmodico, calmante, sedativo **2.** *Sin.* accoramento, affanno, amarezza, ambascia, angoscia, angustia, ansietà, cordoglio, crepacuore, croce, cruccio, disperazione, dispiacere, lacerazione, lutto, malinconia, mestizia, oppressione, patema, patimento, pena, rammarico, rodimento, strazio, struggimento, tormento, tortura, travaglio, tristezza | acerbo, amaro, aspro, cocente, crudele, estremo, indicibile, lacerante, profondo, sincero, straziante | abbattere, accasciare, addolorare, affliggere, angosciare, angustiare, contristare, costernare, crucciare, deprimere, dilaniare, ferire, lacerare, macerare, opprimere, prostrare, rattristare, sgomentare, sopraffare, straziare, tormentare, torturare | addolcire, alleviare, attenuare, lenire, mitigare; eccitare, esacerbare, inasprire il dolore | affranto, distrutto, sconvolto, sfinito, vinto dal dolore | conforto, consolazione; rassegnazione, sopportazione | SOFFRIRE.

dolorìfico (pl. *-ci*) [da *dolore*; 1671] **agg.** **1.** *non com.* che apporta dolore, doloroso: *ferita dolorifica* **2.** relativo alla percezione del dolore: *la sensibilità dolorifica varia da persona a persona*.

dolorimetrìa [comp. di *dolore* e *-metria*; 1970] **sf.** *T.med.* misurazione dell'intensità del dolore in base alla constatazione di determinate reazioni fisiche.

dolorosità [da *dolore*; 1954] **sf.** *non com.* l'essere doloroso.

doloróso [dal lat. tardo *dolorōsus*; a. 1266 nel senso 2] **agg.** **1.** che dà dolore: *operazione dolorosa*, notizia dolorosa **2.** *raro* di persona, afflitta da grave dolore: *madre dolorosa* || **dolorosaménte** **avv.** || **N.** **1.** *Sin.* affannoso, amaro, angoscioso, duro, funereo, grave, infausto, luttuoso, penoso, tormentoso.

dolosità [dal lat. *dolositas, -ātis*; a. 1342] **sf.** carattere doloso di un fatto: *le indagini hanno comprovato la dolosità dell'incendio*.

dolóso [dal lat. *dolōsus*; a. 1342] **agg.** *T.giur.* compiuto con dolo: *incendio, fallimento doloso* || *raro lett.* fraudolento, ingannevole.

dolùto *pps.* di *dolere* (v.).

dolzàina **sf.** *arc.* v. DULCIANA.

dolzóre [dal lat. *dulcor, -ōris*, attr. il provenz. *dolzor*; a. 1250 *dulzuri*] **sm.** *arc.* dolcezza: *letizia che trascende ogni dolzore* (Dante).

dóma [da *domare*; 1956] **sf.** *region.* **1.** domatura di cavalli, buoi e altri animali da lavoro || il luogo in cui viene effettuata la domatura **2.** veicolo a due ruote usato per domare e addestrare i cavalli.

dòma [dal gr. *dôma*, casa, tetto; 1931] **sf.** *T.min.* forma cristallografica semplice del sistema monoclino, costituita da due facce non parallele simmetriche rispetto a un piano.

domàbile [dal lat. *domabilis*; 1570] **agg.** che si lascia domare; anche *fig.* malleabile.

domànda [da *domandare*; a. 1294 *dimanda*] **sf.** **1.** atto del domandare: *rivolgere, fare una domanda a bruciapelo* || ciò che si domanda: *una domanda intelligente, imbarazzante; che domanda!*, a chi chiede cosa ovvia, o inopportuna || quesito rivolto ad accertare la preparazione di un candidato a un esame e sim.: *non mi hanno fatto domande difficili* **2.** richiesta scritta rivolta ad un ufficio o ad un'autorità: *ho fatto la domanda in carta bollata* **3.** *T.econ.* quantità di merci richiesta sul mercato e loro valore complessivo: *la merce rincara quando la domanda supera l'offerta* || *dim.* domandìna; *spreg.* domandàccia || **N.** **1.** *Sin.* interrogazione, quesito | *Contr.* risposta **2.** *Sin.* istanza, petizione, supplica **3.** *Contr.* offerta. **Q.T.** *economia*...

domandàre [lat. *demandāre*, raccomandare; inizio sec. XIII *dimandare*] **tr.** **1.** rivolgersi a qualcuno con parole per averne risposta: *domandare l'ora* || *e me lo domandi?*, si dice quando la risposta dovrebbe apparire già ovvia **2.** *meno com.* chiedere per ottenere: *domandare l'elemosina; domandare del pane* (meglio però *chiedere*) || *domandare la parola*, chiedere licenza di parlare || **intr.** (aus. *avere*; costruito con la prep. *di*) chiedere notizie di qualcuno: *mi ha domandato spesso di te in questi anni* || **rifl.** **indir.** normalmente con proposizioni interrogative indirette, esprime dubbio: *mi domando se ne valga la pena* || **intr. pron.** *raro lett.* denominarsi || **N.** **tr.** **1.** *Sin.* chiedere; cercare, implorare, interrogare, pregare, ricercare, supplicare | *Contr.* rispondere **2.** *Sin.* chiedere; richiedere, sollecitare | elemosinare, mendicare; esigere, pretendere.

domàni [lat. tardo *de māne*, (di buon) mattino; 1258 *dimane* come sm.] **I** **avv.** nel giorno successivo a quello in cui si sta parlando || *a domani!*, formula di saluto || *dagli oggi e dagli domani*, a lungo andare, insistendo || *doman* (o *domani*) *l'altro*, dopodomani || *iron.* giammai: *quando ti renderà i quattrini prestatigli? domani!* || *prov.* *meglio l'uovo oggi che la gallina domani* **II** **sm.** *il domani*, il giorno dopo: *dall'oggi al domani*, di colpo, improvvisamente || *più com.* il futuro, l'avvenire: *pensare al domani*.

domàre (pres. *dómo* o *dòmo*) [dal lat. *domāre*; a. 1292] **tr.** rendere mansueto un cavallo, un mulo e sim. avvezzandoli a farsi cavalcare o a tirare un veicolo; rif. a bestie feroci, renderle trattabili ed addestrarle a fare esercizi: *domare i leoni* || *fig.* sottomettere, tenere sotto controllo: *domare la rivolta, un incendio*; tenere a freno: *domare le passioni* || **N.** *Sin.* addolcire, addomesticare, ammaestrare, ammansire, soggiogare.

domatóre [dal lat. *domātor, -ōris*; inizio sec. XV] **I** **sm.** (f. *-trìce*) chi doma; *in part.* chi dà spettacolo nei circhi con animali feroci addestrati **II** **agg.** che doma, spec. *fig.*

domatrìce (f. di *domatóre*) [1927] **sf.** veicolo a due ruote usato per domare e addestrare al tiro i cavalli || **N.** *Sin.* doma.

domattìna [comp. di *doma(ni)* e *mattina*; fine sec. XIII] **avv.** domani mattina.

domatùra [da *domare*; 1869] **sf.** atto ed effetto del domare: *la domatura dei cavalli*.

domàzio (pl. *-zi*) [dal gr. *dōmátion*, casetta; 1931] **sm.** *T.bot.* cavità o fossetta formata in organi vegetali (tipicamente nelle foglie) da piccoli animali (acari, formiche ecc.) o da funghi e batteri, che se ne servono come ricovero.

domeneddìo **sm.** *lett.* v. DOMINEDDIO.

doménica [dal lat. *dominica (dies)*, giorno del Signore; a. 1292] **sf.** ultimo giorno della settimana, dedicato dai Cristiani alle pratiche religiose e al riposo || *domenica delle Palme*, la domenica che precede la Pasqua; *domenica in Albis*, la domenica che succede alla Pasqua || *per estens.* festa: *non è sempre domenica*; *vestito della domenica*, vestito buono || *fam.* *della domenica* (detto di persone), dilettante, quindi inesperto, incapace: *automobilista, poeta, pittore della domenica* || **N.** osservare, rispettare, santificare la domenica.

domenicàle[1] [dal lat. *dominicālis*; sec. XIV] **agg.** della domenica: *riposo domenicale* || *lettera domenicale*, indicazione liturgica della domenica nei calendari ecclesiastici || *per estens.* festoso.

domenicàle[2] [da *dominicale*, con influsso di *domenicale*[1]; prima metà sec. XIV] **agg.** *raro* del Signore: *orazione domenicale*, la preghiera del Padre nostro.

domenicàno [da San *Domenico*; 1580] **I** **agg.** dell'ordine di monaci fondato da San Domenico di Guzman (1170-1221): *abito, chiesa, convento domenicano* **II** **sm.** monaco appartenente a quest'ordine.

domesticàbile [da *domesticare*; 1956] **agg.** addomesticabile, suscettibile di domesticazione || *in part.* *T.biol.* si dice di specie animale o vegetale che può essere indotta a modificazioni di forma e di comportamento regolate dall'uomo.

domesticàre (pres. *-èstico, -èstichi*) [da *domestico*; 1304] **tr.** *raro* addomesticare || *T.biol.* ottenere per selezione da specie animali o vegetali originariamente selvatiche varietà più adatte allo sfruttamento da parte dell'uomo.

domesticazióne [da *domesticare*; a. 1320] **sf.** *T.biol.* il procedimento con cui si domesticano piante o animali || lo stato in cui si trovano dopo tale procedimento.

domestichézza [da *domestico*; metà sec. XIII nel senso 2] **sf. 1.** domesticità **2.** *non com.* dimestichezza.

domesticità [da *domestico*; 1869] **sf. 1.** lo stato di specie animali o vegetali utilizzate dall'uomo per alimentazione o altri scopi **2.** *raro* familiarità, dimestichezza.

domèstico (pl. *-ci*) [dal lat. *domesticus*; a. 1294 *dimestico* nel senso 2] **I agg. 1.** della casa, della famiglia: *le pareti domestiche, utensili domestici, virtù domestiche, i domestici lari* || *economia domestica*, serie di norme che regolano quel tipo di organizzazione economica elementare che è la famiglia || *T.eccl. prelato domestico*, della corte papale **2.** detto di animale che vive presso l'uomo o è da lui allevato, per utilizzarlo a scopi diversi (alimentazione, lavoro, compagnia ecc.); si dice, meno frequentemente, anche di piante coltivate **II sm.** (f. *-a*) persona che vive in una famiglia esercitandovi qualche ufficio, servitore: *manderò il mio domestico; una domestica fissa, a ore* || **N. I 1.** *Sin.* familiare **2.** *Contr.* selvatico, brado **II** *Sin.* persona di servizio, colf. **Q.T.** *elettrodomestici*.

domiciliàre¹ (pres. *-ilio*) [da *domicilio*; a. 1810 come intr. pron.] **tr.** *non com.* fornire di domicilio || *T.banc. domiciliare una cambiale*, indicare il domicilio dell'ente o della persona presso cui è pagabile || **intr. pron.** prendere o eleggere domicilio, stabilirsi, installarsi.

domiciliàre² [da *domicilio*; 1798] **agg.** del domicilio: *visita, perquisizione domiciliare* || *T.giur. arresti domiciliari*, sanzione penale che impone di non abbandonare il proprio domicilio.

domiciliatàrio (pl. *-ri*) [da *domiciliare*¹; 1951] **sm.** (f. *-a*) *T.giur.* persona presso la quale è stato eletto domicilio e alla quale vanno notificati gli atti di chi vi è domiciliato || *T.banc.* persona o ente presso cui è pagabile una cambiale.

domiciliàto (*pps.* di *domiciliare*¹) [a. 1764] **agg.** *T.bur.* che ha stabilito il proprio domicilio in un dato luogo: *nato a Vicenza, domiciliato a Milano* || *T.banc. cambiale domiciliata*, corredata dall'indicazione dell'ente o della persona presso cui è pagabile.

domiciliazióne [da *domiciliare*¹; 1956] **sf.** *T.giur.* indicazione della persona o dell'ente incaricato di effettuare il pagamento per conto del debitore: *domiciliazione di una cambiale, di una tratta*.

domicìlio (pl. *-li*) [dal lat. *domicilium*; sec. XIV nel senso 2; 1573 nel senso 1] **sm. 1.** *T.giur.* nel diritto civile, il luogo in cui una persona ha stabilito la sede principale dei propri affari e interessi, che può non coincidere con la residenza anagrafica: *domicilio elettivo o speciale*, che si sceglie ai soli effetti dell'esecuzione di determinati atti o affari; *domicilio fiscale*, quello al quale il contribuente (non necessariamente una persona fisica) fa riferimento per tutto quanto concerne l'amministrazione tributaria; *domicilio coatto*, imposto per pena **2.** *per estens.* casa, luogo di abitazione: *consegna a domicilio; lavoro a domicilio*, svolto a casa propria per conto di un imprenditore che fornisce la materia prima || *T.giur. violazione di domicilio*, reato di chi entra nell'abitazione di un altro contro la volontà di quest'ultimo || **N. 2.** dimora, residenza, sede.

domificazióne [dal lat. mediev. *domificātio, -ōnis*; 1797] **sf.** *T.astrol.* la divisione del cielo in dodici case.

domifórme [da *domo*; 1983] **agg.** a forma di cupola: *edificio domiforme*.

dominàbile [da *dominare*; 1869] **agg.** che si lascia dominare.

dominànte (*ppr.* di *dominare*) [inizio sec. XIV] **I agg.** che ha maggior rilievo, diffusione, importanza rispetto ad altre entità confrontabili: *la religione dominante di uno stato* || che domina, sovrasta, controlla: *le classi dominanti; il castello è in posizione dominante sulla vallata* **II sf. 1.** *T.mus.* il quinto grado di una scala diatonica **2.** *T.fot.* prevalenza eccessiva di un colore in un'immagine, dovuta ad un errore di sviluppo: *purtroppo c'è una fastidiosa dominante blu in tutto il rotolo* || **N. I** *Sin.* maggioritario, prevalente; dirigente, egemone; sovrastante.

dominànza [da *dominare*; 1918] **sf.** caratteře di ciò che è dominante || *T.biol.* in genetica, il prevalere, nel fenotipo della discendenza, di uno o più caratteri genetici di uno dei genitori; *legge della dominanza* (detta anche *prima legge di Mendel*), principio secondo il quale, in tutti gli ibridi di prima generazione derivati dall'incrocio tra due individui di razze diverse, o comunque omozigoti rispetto a un dato carattere, compare uniformemente uno solo dei due caratteri parentali (detto *carattere dominante*); *dominanza incompleta*, la presenza negli ibridi di un carattere intermedio tra quelli dei genitori || *T.ling.* nei modelli ad albero di una struttura sintattica, relazione che intercorre tra un nodo e quelli sottostanti ad esso collegati.

dominàre (pres. *dòmino*) [dal lat. tardo *domināre*, class. *dominārī*; a. 1306] **tr. 1.** tenere sottomesso; esercitare un'autorità indiscussa su persone o luoghi: *dominare i popoli; dominare i mari* **2.** tenere sotto controllo: *dominare una situazione, dominare l'ira* || conoscere bene: *dominare una lingua, una materia* **3.** di luogo, essere più alto, sovrastare: *quel castello domina tutta la valle* **4.** *T.ling.* di un nodo di una struttura ad albero, essere in relazione di dominanza con nodi sottostanti || **intr.** (aus. *avere*) **1.** avere dominio, regnare: *i Bizantini dominarono in Italia* **2.** prevalere: *domina su tutti per la sua intelligenza; la filosofia crociana dominò in Italia per un cinquantennio* || nel linguaggio sportivo, essere largamente superiore agli avversari: *la squadra ha dominato per tutto il primo tempo* || **rifl.** controllarsi: *dovrebbe imparare a dominarsi* || **N. tr. 1.** *Sin.* comandare, governare **2.** *Sin.* controllare, padroneggiare | **intr. 1.** *Sin.* signoreggiare **2.** *Sin.* distinguersi, eccellere, emergere, primeggiare.

dominatóre [dal lat. *dominātor, -ōris*; fine sec. XIV] **agg.** e **sm.** (f. *-trice*) che o chi esercita un potere incontrastato, anche *fig.*

dominazióne [dal lat. *dominātio, -ōnis*; a. 1243] **sf. 1.** potere, controllo politico esercitato su un popolo o una regione: *la dominazione spagnola in Italia* || la durata o l'epoca di tale potere: *è un uso che risale alla dominazione angioina* **2.** *pl. T.teol.* angeli del primo ordine della seconda gerarchia celeste || **N. 1.** *Sin.* dominio, egemonia.

dòmine [dal lat. *dominus*; a. 1294] **sm.** *arc.* **1.** Dio, Signore || signore, padrone **2.** abate, prete: *insieme col domine* (Boccaccio).

domine (lat., pr. it. ['dɔmine]) [vocativo del lat. *dominus*, signore] *arc.* formula di invocazione: *domine aiutami* (Boccaccio) || usata anche come intercalare: *che domine dici?*

domineddìo [dal lat. eccl. *Domine deus*, Signore Iddio; a. 1089 *Dominideu*] **sm.** *fam.* il Signore Iddio: *lo sa Domineddio quanto m'è costato!*

dominicàle [dal lat. *dominicālis*; sec. XIV] **agg. 1.** padronale: *casa dominicale*; *reddito dominicale*, parte del reddito fondiario attribuita al proprietario e soggetta ad imposta prescindendo dall'utilizzo effettivo del terreno **2.** del Signore (V. DOMENICALE²).

dominicàno [dallo sp. *dominicano*; 1869] **agg.** della Repubblica di S. Domingo: *la crisi dominicana*.

domìnico (pl. *-ci*) [dal lat. *dominicus*; sec. XIV] **agg.** del Signore: *orazione dominica*, il Padre nostro.

domìnio (pl. *-ni*) [dal lat. *dominium*; a. 1250 *dimino*] **sm. 1.** piena facoltà di usare una cosa e disporne a proprio piacere: *ha il dominio di molte terre* || autorità politica: *esercitare il dominio su una nazione* || controllo, padronanza: *dominio di sé, ha un completo dominio della materia* || *T.giur. dominio diretto*, il rapporto tra il proprietario e il fondo nell'enfiteusi; *dominio utile*, quello che l'enfiteuta ha sul fondo stesso || *cosa di pubblico dominio*, che appartiene a tutti; più spesso *fig.* che è nota a tutti **2.** territorio su cui si esercita un'autorità politica: *i domini coloniali* || *fig.* campo di interesse, area di competenza: *il dominio della critica, dell'arte* **3.** *T.mat. dominio di una funzione*, l'insieme dei valori della o delle variabili indipendenti per cui essa è definita || *T.fil.* in logica, sin. di *universo* (v.) || **N. 1.** *Sin.* egemonia, governo, potere, signoria, sovranità **2.** *Sin.* feudo, possedimento; ambito, settore.

dominion (ingl., pr. [də'mɪnɪən]) [dal fr. ant. *dominion*, dominio; 1892] **sm.** *inv.* ciascuno degli Stati del Commonwealth britannico, con organi propri di governo, uniti all'Inghilterra dal vincolo dinastico (il termine fu abbandonato nel 1947).

dòmino [dal fr. *domino*; a. 1764 *dominò*] **sm. 1.** abito che si indossa per mascherarsi, a foggia di mantello con cappuccio: *un domino nero* || persona così mascherata **2.** gioco composto di 28 rettangoletti d'osso, detti *tessere*, col rovescio nero (come il mantello), divisi in due parti, in ognuna delle quali è segnato un punto dallo zero al sei || **N. 2.** doppio | passare, pescare.

dòmito [dal lat. *domitus*, pps. di *domāre*, domare; a. 1374] **agg.** *lett.* domato, sconfitto.

domitóre [dal lat. *domitor, -ōris*; 1499] **sm.** *arc.* domatore.

dòmma e der. V. DOGMA.

dómo [pps. contratto di *domare*; a. 1484] **agg.** *lett.* domato, vinto: *non è mai domo*.

dòmo [dal fr. *dôme*; 1883] **sm. 1.** *lett.* volta, cupola: *il paradiso dei domi bizantini* (Carducci); la volta del cielo: *sotto il domo ceruleo* (D'Annunzio) **2.** *T.geol.* struttura a forma di cupola formata da materiale lavico.

dòn¹ [da *donno*; 1279] **sm.** titolo d'onore di nobili e di ecclesiastici; oggi in uso solo per questi ultimi: *don Rodrigo, don Abbondio*.

dòn² o **dòn dòn** [voce onom.; fine sec. XIII] **1.** voce onomatopeica che riproduce il suono delle campane **2.** anche *sm.*: *un festoso don don di campane*.

Donàcidi (sing. *-e*) [dal gr. *dónax*, canna; 1933] **sm. pl.** *T.zool.* famiglia di Molluschi bivalvi che vivono infossati nella sabbia dei mari caldi e poco profondi; alcune specie (per es. i calcinelli) sono comuni lungo le sponde del Mediterraneo.

donàre (pres. *dóno*) [lat. *donāre*; a. 1250] **tr.** regalare (ma di tono più elevato): *donare una scatola di cioccolatini a un amico* || *donare il cuore*, dare tutto l'affetto || *donare il sangue*, sottoporsi al prelievo di parte del proprio sangue perché possa essere utilizzato in trasfusioni || *prov. a caval donato non si guarda in bocca, un regalo si accetta senza domandarsi quanto valga* || **intr.** (aus. *avere*) di veste e sim., dar bellezza, grazia alla persona: *è un cappello che le dona molto* || **rifl.** *lett.* dedicarsi interamente || **N. tr.** *Sin.* dare, elargire, offrire, regalare.

donàrio (pl. *-ri*) [dal lat. *donārium*; seconda metà sec. XVII] **sm.** *T.stor.* il tesoro del tempio, dove si riponevano i doni || dono votivo.

donatàrio (pl. *-ri*) [da *donare*; 1555] **sm.** (f. *-a*) *T.giur.* colui in favore del quale è fatta una donazione.

donatişmo [dal n. proprio *Donato*; 1830] **sm.** *T.teol.* movimento scismatico della Chiesa africana facente capo al Vescovo di Cartagine, Donato (sec. IV), che sosteneva che i peccatori non possono trasmettere la grazia sacramentale.

donatìsta [dal lat. *Donatista*; a. 1342] **s.** seguace del donatismo. **Q.T.** *religione.*

donatìvo [dal lat. *donativus*; 1513] **sm.** dono in oggetti o in denari fatto per omaggio o per accattivarsi le simpatie di qualcuno.

donatóre [dal lat. *donātor, -ōris*; 1308] **agg.** e **sm.** (f. *-trìce*) che o chi dona || *donatore di sangue*, chi concede volontariamente una certa quantità del suo sangue perché possa essere utilizzato in trasfusioni; *donatore di un organo*, chi autorizza (nel caso di morte o, per organi non vitali, anche da vivo) l'espianto di un proprio organo (cuore, rene, cornea ecc.) perché sia trapiantato su di un malato.

donazióne [dal lat. *donatio, -ōnis*; inizio sec. XIII] **sf.** *T.giur.* atto di spontanea liberalità, col quale una persona cede ad altri un bene di sua proprietà: *fare una donazione.*

donchisciòtte [dal n. proprio *don Chisciotte*, protagonista dell'omonimo romanzo di M. Cervantes; 1865] **sm.** persona generosamente e ingenuamente protesa a difendere senza speranza di successo princìpi o ideali, spec. irrimediabilmente superati o fuori della realtà.

donchisciottésco [da *donchisciotte*; 1813] **agg.** da donchisciotte: *sono ridicole e inutili certe tue uscite donchisciottesche.*

donchisciottişmo [da *donchisciotte*; a. 1827] **sm.** atteggiamento da donchisciotte.

dónde [lat. *dē unde*; fine sec. XIII] **I avv.** *lett. inter.* di dove, da dove: *donde venisti?* (Carducci) **II cong.** *lett.* **1.** da cui, dal luogo da cui: *si ritrovarono nel punto donde erano venuti* || *raro* per cui: *la vita donde passarono* || *raro* di cui: *donde io non son mai sazio* (Petrarca) || con ellissi del verbo: *aver donde, averne ben donde*, avere motivo di fare una cosa: *piangi che n'hai ben donde, Italia mia* (Leopardi) **2.** *non com.* quindi.

dóndola [da *dondolare*; 1940] **sf.** *ant.* e *region.* sedia a dondolo.

dondolaménto [da *dondolare*; 1869] **sm.** atto ed effetto del dondolare e del dondolarsi.

dondolàre (pres. *dóndolo*) [prob. di orig. imitativa; a. 1400 come tr.] **intr.** (aus. *avere*) muoversi in qua e in là, oscillando intorno alla posizione di equilibrio: *la lampada dondola* || **tr.** muovere in qua e in là: *dondolare il capo*; *mamma, mi dondoli?* || **rifl.** muoversi oscillando: *dondolarsi sull'altalena* || *fig. non com.* trastullarsi, perdere tempo || **N. intr.** *Sin.* ciondolare, oscillare, spenzolare, tentennare.

dondolìo (pl. *-ìi*) [da *dondolare*; 1780] **sm.** il dondolare continuo e insistente.

dóndolo [da *dondolare*; 1427] **sm. 1.** movimento oscillatorio, soprattutto nella loc. *a dondolo*: *poltrona, cavallo a dondolo*, sedia o cavallo su cui si può dondolare || *per estens.* altalena || divanetto a due posti, coperto da una tettoia in tela, capace di oscillare avanti e indietro, in uso nei giardini, stabilimenti balneari e sim. || *fig. non com. andare, stare a dondolo*, dondolarsi, oziare **2.** *arc.* ciondolo; pendolo.

dondolóne [da *dondolare*; a. 1565] **sm.** (f. *-a*) *non com.* chi ama oziare || **N.** *Sin.* bighellone, fannullone.

dondolóni [da *dondolare*; 1549] **avv.** alla maniera delle cose che si dondolano || **N.** penzoloni.

dòng [letter. rame; 1970] **sm.** *inv.* unità monetaria del Vietnam.

dongiovannésco (pl. *-schi*) [da *dongiovanni*; 1918] **agg.** da dongiovanni, proprio di dongiovanni: *un fare dongiovannesco, galanteria dongiovannesca.*

dongiovànni [dal n. proprio *Don Giovanni* Tenorio, protagonista di una leggenda sp. e dell'omonima opera di Mozart; 1905] **sm.** audace e fortunato corteggiatore di donne, donnaiolo.

dongiovannişmo [da *dongiovanni*; 1910] **sm.** atteggiamento da dongiovanni.

dònna [lat. *domina*; a. 1294] **sf. 1.** femmina adulta della specie umana; in genere è contrapposto a *uomo*: *ho visto qualcuno; non so se era un uomo o una donna*; *abito, cappello da donna*; *l'emancipazione della donna*; ha senso migliore di *femmina*: *la donna, o piuttosto la cattiva femmina* (Boccaccio) || *donna di casa*, buona massaia, tutta per la famiglia || *donna di mondo*, che fa vita di società || *donna di classe*, che ha stile, brillante || *buona donna*, donna onesta e per bene, ma un po' limitata; *pop. per antifr.* prostituta: *figlio di buona donna!* || *prima donna*, nel teatro, l'attrice protagonista; *fig.* persona (non necessariamente di sesso femminile) che cerca in ogni modo di essere al centro dell'attenzione: *modi da prima donna* || a seconda del contesto, può assumere diverse accezioni particolari: persona adulta, contrapposto a ragazza: *sei una donna ormai*; persona con cui si ha un legame sentimentale: *mi ha presentato la sua donna*; domestica, collaboratrice familiare: *ho mandato la donna a fare la spesa*; prostituta: *andare a donne*; *donna di vita, di malaffare, di strada, da marciapiede* || *prov. chi dice donna dice danno*; *donne e buoi dei paesi tuoi* **2.** *lett.* signora, padrona: *fosti donna, or sei povera ancella* (Leopardi) || titolo d'onore che si premette al nome di donne nobili: *donna Prassede* || *ant. Nostra Donna*, la Madonna **3.** *T.gioc.* nelle carte da gioco, la figura che sta tra il fante e il re, detta anche *regina*: *donna di cuori* || negli scacchi, il pezzo più forte, detto anche *regina* || *dim.* donnétta, donnìna, donnìno (*sm.*), donnùccia; *spreg.* donnàcola, donnàcchera, donnicciòla, donnarèlla; *accr.* donnóna, donnóne (*sm.*); *pegg.* donnàccia || **N. 1.** bel sesso, gentil sesso | bambina, fanciulla, ragazza, donzella, giovinetta, signorina; casalinga, massaia; femminista, suffragetta; bella, fata, incantatrice, maliarda, mangiauomini, seduttrice, sirena, vamp; arpia, befana, furia, maschiaccio, megera, strega, valchiria, virago | bella / brutta; femminile / mascolina; pudica, ritrosa, sfacciata, timida / civetta; leggera, onesta / fraschetta, volubile; snella / giunonica; bionda / mora | acerba, adulta, anziana, attempata, decrepita, fresca, giovane, giovanile, matura, vecchia; divorziata, fidanzata, maritata o sposata, nubile, ragazza-madre, separata, vedova, zitella | donnesco, effeminato, femmineo, femminile, muliebre **2.** dama, gentildonna, matrona.

donnàcchera (*pegg.* di *donna*) [a. 1936] **sf.** *non com.* donna volgare.

donnàccia (pl. *-ce*) (*pegg.* di *donna*) [a. 1584 nel senso 2] **sf. 1.** donna brutta o volgare **2.** *pop.* prostituta, puttana || **N. 2.** *Sin.* PROSTITUTA.

donnaiòlo [da *donna*; a. 1735] **sm.** chi corre dietro alle donne || **N.** *Sin.* dongiovanni.

donneàre (pres. *-èo*) [dal provenz. *domneiar*, prima metà sec. XIII] **intr.** (aus. *avere*) *arc.* corteggiar donne, amoreggiare, anche *fig.*: *la Grazia, che donnea con la tua mente* (Dante).

donnésco (pl. *-schi*) [da *donna*; 1353] **agg.** proprio delle donne, spesso in senso *spreg.* || **donnescaménte avv.** || **N.** *Sin.* femminile, muliebre; effeminato, femmineo.

donnicciòla (*pegg.* di *donna*) [1438 *donnicciuola*] **sf.** donna di poco conto: *sono pregiudizi da donnicciole* || anche riferito a uomini: *non lamentarti come una donnicciola.*

donnìna (*dim.* di *donna*) [a. 1827] **sf. 1.** donna piccola, minuta **2.** bambina assennata, che si comporta da adulta: *ha solo dieci anni, ma è una brava donnina* **3.** *eufem. donnina allegra*, donna di facili costumi.

donnìno (*dim.* di *donna*) [1869] **sm. 1.** giovanetta che ha senno di donna **2.** uomo che si occupa delle faccende domestiche.

dònno [lat. *dominus*; sec. XII-XIII] **sm.** *arc.* padrone, signore: *ebbe i nemici di suo donno in mano* (Dante).

dònnola [lat. tardo *domnula*, signorina, padroncina, per eufem.; a. 1292] **sf.** mammifero carnivoro della famiglia dei Mustelidi, poco più grande di un topo, agilissimo, affine alla faina e alla martora.

donnolièra [da *donnola*; 1956] **sf.** trappola per donnole.

dóno [lat. *dōnum*; 1278] **sm. 1.** atto del donare: *offrire qualcosa in dono* || ciò che si dona: *ricevere un bel dono* **2.** *fig.* qualità morale o fisica: *un dono di natura*; *il dono della parola, dell'ingegno* || *pacco dono*, dato in regalo nelle festività, spec. da associazioni benefiche o aziende || **N. 1.** *Sin.* donativo, donazione, elargizione, erogazione, gratificazione, lascito, mancia, offerta, presente, regalia, regalo, strenna | gradito, inestimabile, misero, prezioso, principesco, sontuoso; natalizio, di nozze | fare, offrire; ricevere; accettare, gradire; respingere, rifiutare.

dont (fr., pr. [dɔ̃]; pr. it. [dɔnt]) [letter. di cui; 1956] **agg.** e **sm.** *inv.* *T.comm.* in borsa, *contratto dont*, contratto a termine in cui il compratore paga una certa somma (detta *premio*) per assicurarsi la possibilità di non ritirare i titoli alla scadenza convenuta.

donzèlla [dal lat. *dominicella*, attr. il provenz. ant. *donsela*; a. 1257] **sf. 1.** *lett.* giovinetta, damigella || ancella **2.** nome comune di vari pesci della famiglia dei Perciformi, presenti nel Mediterraneo, dai colori vivaci || *dim.* donzellétta || **N. 1.** *Sin.* damigella, fanciulla, giovinetta, signorina.

donzellàre (pres. *-èllo*) [da *donzella*; a. 1527] **intr.** (aus. *avere*) e **intr. pron.** *arc.* scherzare come fanciulle; trastullarsi.

donzèllo [dal lat. volg. **dominicellus*, attr. il provenz. ant. *donsel*; a. 1294] **sm.** *arc.* **1.** giovane nobile aspirante alla cavalleria; paggio **2.** usciere o servente di Municipio in alcune città toscane.

doping (ingl., pr. [ˈdoupɪŋ]; pr. it. [ˈdɔpiŋg]) [ger. di to *dope*; 1950] **sm.** *inv.* **1.** somministrazione, illecita e pericolosa, di droghe ed eccitanti ad atleti, o anche a cavalli e cani da corsa, per aumentarne la resa **2.** *T.elettron.* aggiunta di impurezze ai semiconduttori per cambiarne la resistività || **N. 2.** *Sin.* drogaggio.

dópo [lat. *de post*, da poi; 1282 come prep. nel senso 2] **I avv. 1.** di tempo, in seguito, poi, più tardi (rispetto al tempo dell'enunciazione o ad un tempo menzionato): *ci vediamo dopo*; *erano le undici. Poco dopo arrivò Mario* || *a dopo*, a più tardi, anche come saluto **2.** di luogo, oltre, al di là: *da qui si vede il colle; il rifugio è subito dopo* **II prep.** e nella **loc. prep.** *dopo di* (meno comune, ma obbligatoria con i pronomi personali) **1.** indica posterità nel tempo: *dopo la seconda guerra mondiale, dopo Ferragosto* || *dopo di lei*, formula di cortesia con cui si cede il passo || *in part.* in usi giornalistici, precede nomi propri emblematici di un'epoca, formando delle loc. m. inv. che indicano il periodo immediatamente successivo: *l'America del dopo Vietnam* **2.** indica successione nello spazio: *è la terza via dopo il semaforo* **III cong.** seguito dal pps. o dall'inf. passato del verbo, introduce una proposizione temporale implicita: *vediamoci dopo mangiato*; *dopo aver ascoltato le tue osservazioni, non mi resta molto da aggiungere* || con la stessa funzione si trova anche, meno com., la loc. cong. *dopo di* || nella loc. cong. *dopo che* (scritta anche *dopoché*), introduce una proposizione temporale esplicita, solitamente con l'indicativo: *dopo che ebbe esaminato accuratamente le condizioni decise di rifiutare la proposta* **IV** **agg.** *inv.* seguente, successivo: *il giorno dopo*; anche con valore locale: *la fermata dopo* **V** **sm.** *inv.* il periodo successivo: *le incognite del dopo angosciano molti studenti universitari.*

dopobàrba [comp. di *dopo* e *barba*; 1966] **agg.** e **sm.** *inv.* di prodotto cosmetico da uomo che si applica al viso dopo la rasatura: *lozione, crema dopobarba, ho acquistato un dopobarba.*

dopobórsa [comp. di *dopo* e *borsa*; 1950] **sm.** *inv. T.comm.* contrattazioni che si svolgono subito dopo la chiusura ufficiale della riunione di borsa: *dopoborsa attivo, agitato.*

dopocéna [comp. di *dopo* e *cena*; a. 1910] **sm.** *inv.* il periodo serale successivo alla cena: *gli ospiti verranno per il dopocena, ci vediamo nel dopocena.*

dopoché o **dópo che** [comp. di *dopo* e *che*; a. 1508 *doppo che*] **cong.** **1.** con valore temporale, successivamente al momento in cui, da quando: *la nostra vita è cambiata dopoché sei partito* **2.** con valore condizionale, seguito da verbo al congiuntivo, una volta che: *lo perdonerò soltanto dopoché abbia riparato al malfatto.*

dopodiché o **dópo di che** [comp. di *dopo, di* e *che*; 1848] **cong.** successivamente al fatto di cui si è parlato: *disse che aveva fretta, dopodiché fuggì via.*

dopodomàni [comp. di *dopo* e *domani*; 1766 *dopo dimani*] **avv.** il giorno successivo a domani.

dopoguèrra [comp. di *dopo* e *guerra*, sul modello del fr. *après-guerre*; 1916] **sm.** periodo di disagio morale e materiale che segue sempre alle lunghe guerre: *il secondo dopoguerra*, l'epoca immediatamente successiva alla seconda guerra mondiale ‖ **N.** *Contr.* anteguerra.

dopolavorìsta [da *dopolavoro*; 1931] **s.** chi è iscritto a un dopolavoro.

dopolavorìstico (pl. *-ci*) [da *dopolavoro*; 1931] **agg.** da dopolavoro, da dopolavoristi ‖ anche *spreg.* di bassa qualità: *uno spettacolo di livello dopolavoristico.*

dopolavóro [comp. di *dopo* e *lavoro*; 1925 *dopo-lavoro*] **sm.** *inv.* ente che organizza le attività ricreative e culturali dei lavoratori di grandi imprese ‖ luogo, spesso con sale, campi da gioco ecc., in cui si ritrovano i dipendenti dopo il lavoro: *dopolavoro ferroviario*, dei ferrovieri.

dopoprànzo [comp. di *dopo* e *pranzo*; 1765] **I** **sm.** *inv.* il periodo che segue al pranzo di mezzogiorno: *questo dopopranzo abbiamo lavorato molto* **II** anche **avv.**: *ci vediamo domani dopopranzo* ‖ **N.** **I** *Sin.* pomeriggio.

doposcì [comp. di *dopo* e *sci*; 1963] **I** **agg.** *inv.* (sempre posposto) di indumento, adatto ad essere indossato dopo l'attività sciistica: *tuta, scarponi doposcì* **II** **sm.** *inv.* (gen. *pl.*) calzatura doposcì.

doposcuòla [comp. di *dopo* e *scuola*; 1914 *dopo scuola*] **sm.** *inv.* forma di assistenza scolastica che accoglie i ragazzi dopo le ore di scuola per farli divertire, assisterli nel fare i compiti ecc.

doposóle [comp. di *dopo* e *sole*; 1970] **agg.** *inv.* (sempre posposto) di prodotto cosmetico idratante che si usa dopo le prolungate esposizioni al sole: *crema, latte doposole*; anche *sm.*: *al mare, è necessario usare un buon doposole.*

dopotùtto (meno com. *dópo tùtto*) [comp. di *dopo* e *tutto*, sul modello del fr. *après tout*; 1874 *dopo tutto*] **avv.** tutto sommato: *dopotutto non sei un imbecille.*

dóppia [da *doppio*; 1618] **sf.** moneta d'oro di vario valore; dobla, doblone.

doppiàggio[1] (pl. *-gi*) [da *doppiare*[1]; 1933] **sm.** *T.sport.* l'essere doppiato: *ha evitato il doppiaggio per un soffio.*

doppiàggio[2] (pl. *-gi*) [da *doppiare*[2], sul modello del fr. *doublage*; 1933] **sm.** *T.cin.* operazione del doppiare un film.

doppiaménto [da *doppiare*[1]; 1869] **sm.** *disus.* operazione con cui si applicava un metallo prezioso su un altro meno prezioso ‖ **N.** galvanoplastica.

doppiàre[1] (pres. *dóppio*) [dal lat. tardo *duplāre*; 1313 nel senso 3] **tr.** **1.** *T.mar.* girare, oltrepassare una punta di terra o l'estremità di un molo: *doppiare capo Horn* **2.** *T.sport.* nelle gare su pista, superare di un giro del circuito l'avversario **3.** *non com.* raddoppiare ‖ *in part.* foderare un tessuto.

doppiàre[2] (pres. *dóppio*) [dal fr. *doubler*, 1933] **tr.** *T.cin.* associare ad un film una colonna sonora diversa da quella originale, quando si voglia tradurlo in altra lingua o si giudichi insoddisfacente la voce di un attore.

doppiàto[1] (*pps.* di *doppiare*[1]) [1869 nel senso 2] **I** **agg.** **1.** *T.sport.* nelle corse su pista, che è stato distanziato di almeno un giro dai primi **2.** *disus.* di metallo, che è stato sottoposto all'operazione del doppiamento: *oro doppiato* **II** **sm.** concorrente doppiato.

doppiàto[2] (*pps.* di *doppiare*[2]) [1933 come sm.] **I** **agg.** *T.cin.* sottoposto a doppiaggio: *un film mal doppiato* **II** **sm.** *T.cin.* colonna sonora sostitutiva di quella originale.

doppiatóre[1] [da *doppiare*[1]; 1956] **sm.** nell'industria metallurgica, operaio addetto alla piegatura della latta.

doppiatóre[2] [da *doppiare*[2]; 1942] **sm.** (f. *-trice*) *T.cin.* l'attore o l'attrice che presta la sua voce per tradurre in una lingua diversa dall'originale la colonna sonora di un film o sostituire con la propria una voce non soddisfacente di uno degli attori.

doppiatùra [da *doppiare*[1]; 1598] **sf.** *non com.* raddoppiamento ‖ *in part. T.mar.* rinforzo dello scafo di una nave, ottenuto raddoppiando localmente il fasciame metallico.

doppieggiatùra [da *doppio*; 1830] **sf.** *T.tip.* doppia difettosa impressione delle stesse parole dovuta a cattiva tiratura.

doppière [dal provenz. ant. *dobler*, a. 1276 *doppiero*] **sm.** *lett.* candelabro, propr. atto a reggere due candele ‖ **N.** candeliere.

doppiétta [da *doppio*; 1892] **sf.** **1.** fucile a due canne ‖ doppio colpo di fucile **2.** *T.aut.* manovra consistente nell'azionare successivamente frizione, acceleratore e di nuovo frizione, per ottenere un buon cambio di marcia, spec. nei cambi senza sincronizzatore **3.** *T.sport.* nel calcio e in sport affini, coppia di reti segnate dallo stesso giocatore in una partita. **TAV.** *caccia* 4.2, 4.3.

doppiétto [da *doppio*; a. 1930] **sm.** **1.** doppio colpo di fucile ‖ *T.cacc. fare un doppietto*, uccidere due animali uno dopo l'altro **2.** *T.ott.* sistema diottrico costituito da due lenti unite, usato per eliminare le aberrazioni cromatiche **3.** in spettroscopia, coppia di righe spettrali molto vicine tra loro, ovvero aventi lunghezza d'onda molto simile **4.** *T.fis.* in meccanica quantistica, coppia di stati che differiscono per il valore di un solo numero quantico, quando questo può assumere due soli valori.

doppiézza [da *doppio*; a. 1390 nel senso 2] **sf.** **1.** qualità di ciò che è doppio **2.** *fig. più com.* comportamento o carattere volutamente ambiguo e ingannevole.

doppino [da *doppio*; 1797] **sm.** **1.** *T.mar.* corda ripiegata a doppio su se stessa ‖ *per estens.* chiodo piegato a U con due punte **2.** *T.telecom.* accoppiamento di due cavi conduttori in un impianto di linea aerea. **TAV.** *utensili* **p. 1340** 7.6.

dóppio (pl. *-pi*) [lat. *duplus*; a. 1292] **I** **agg.** **1.** che ha misura, estensione, dimensioni, peso ecc. due volte più grandi del consueto o di una misura data: *razione doppia, doppia paga*; *la corsa maschile si disputa su una distanza doppia di quella femminile* ‖ di fiore, che ha più petali dell'ordinario: *rose, viole doppie* ‖ *T.ling. consonante doppia* (o *geminata* o *rafforzata*), che ha una lunghezza maggiore (approssimativamente doppia) della consonante semplice corrispondente a cui si oppone (come in *fatto* rispetto a *fato*) ‖ *T.comm. partita doppia*, metodo di registrazione contabile nel quale dev'essere mantenuta costante l'uguaglianza tra gli addebitamenti e gli accreditamenti **2.** che consta di due oggetti o parti identiche o della stessa natura: *fucile a doppia canna, finestra a doppi vetri* ‖ *camera doppia*, negli alberghi, camera per due persone ‖ *fig. essere legati a filo doppio con qualcuno*, avere forti vincoli affettivi o di interesse ‖ *T.alp. discesa a corda doppia*, tecnica di discesa attuabile in presenza di una solida assicurazione dall'alto su pareti povere di appigli ‖ *doppio mento*, accumulo di grasso sotto il mento ‖ *punto doppio*, che consiste di due punti a croce sovrapposti ‖ *T.sport. doppio fallo*, nel tennis, due errori di battuta consecutivi, che equivalgono a un palleggio perduto ‖ *T.gioc. doppia coppia*, nel poker, punto consistente nell'aver in mano due distinte coppie di carte dello stesso numero; *doppio sei*, nel gioco del domino, il pezzo che ha lo stesso numero in entrambe le metà **3.** *fig.* di persona, finto, simulatore: *è un uomo doppio* ‖ di parola e sim., ambivalente: *frase a doppio senso*, che ha un senso letterale e uno allusivo ‖ *fare il doppio gioco*, essere al servizio di una parte simulando di favorire la parte avversa: *molte spie fanno il doppio gioco* ‖ **doppiaménte** **avv.** **1.** due volte **2.** in misura doppia **3.** in modo ambiguo **II** **sm.** **1.** quantità che è due volte tanto: *vi pago il doppio, cento è il doppio di cinquanta* ‖ *disus. a cento doppi*, molte volte di più **2.** *T.teatr.* attore pronto a sostituire un collega nella parte in caso di necessità ‖ *per estens.* il lato complementare e opposto della personalità **3.** *T.sport.* nel tennis, gara tra coppie: *doppio femminile, misto* ‖ nel canottaggio, sinonimo di *due di coppia* (v. DUE) **III** **avv.** due volte: *veder doppio*, non riuscire a vedere chiaramente, detto spec. di ubriachi ‖ **N.** **I** **1.** *Sin.* raddoppiato | *Contr.* dimezzato, mezzo **2.** *Sin.* duplice; accoppiato, appaiato, biforcuto, bifronte, bipartito, duplicato, gemello | *Contr.* semplice, singolo **3.** *Sin.* ambiguo, falso, ipocrita | *Contr.* schietto, sincero **II** ambo, coppia, paio, pariglia | DUE. **Q.T.** *tennis.*

doppiofóndo o **dóppio fóndo** (pl. *doppifóndi* o *dóppi fóndi*) [comp. di *doppio* e *fondo*; 1881 nel senso 2] **sm.** **1.** *T.mar.* nelle navi, vano parzialmente riempito d'acqua situato sotto il fondo dello scafo; serve a dare stabilità e a contenere l'acqua in caso di falla **2.** spazio celato sotto un finto fondo, utilizzato per nascondere oggetti, documenti ecc.: *valigia, cassetto con doppiofondo.*

doppiogiochista [da *doppio gioco*; 1950] **s.** chi fa il doppio gioco, opportunista.

doppiomètro o **dóppio mètro** [comp. di *doppio* e *metro*; 1987] **sm.** strumento per misurazioni di lunghezza, consistente in un regolo pieghevole di legno o di metallo, della lunghezza di due metri.

doppióne [da *doppio*; 1855] **sm.** cosa interamente uguale a un'altra; *in part.* in una collezione, altro esemplare dello stesso tipo di uno già posseduto ‖ copia di una stessa opera ‖ *T.ling.* parola che risulta da diversa grafia di un'altra o da leggere varianti fonetiche o morfologiche dello stesso tema di un'altra, allotropo (per es. *sino* e *fino*; *badia* e *abbadia*) ‖ *T.tip.* errore del compositore tipografo, quando ripete la stessa parola.

doppiopètto o **dóppio pètto** (pl. *doppiopèt-*

ti o anche *inv.*) [comp. di *doppio* e *petto*; 1949] **I** ***sm.*** cappotto, giacca e sim. in cui le due falde anteriori si sovrappongono e sono unite da una doppia fila di bottoni || *iron. in doppiopetto,* detto di chi intende dare un'impressione ingannevole di rispettabilità e di affidabilità: *fascismo in doppiopetto* **II** anche ***agg.*** *inv.*: *tailleur doppiopetto.*

doppìsta [da *doppio*; 1956] ***s.*** *T.sport.* giocatore di tennis che partecipa alle gare di doppio.

doppler (ted., pr. [ˈdɔplɐ]; pr. it. [ˈdɔppler]) [dal n. proprio C. *Doppler,* fisico e matematico austriaco; 1932] ***agg.*** *inv.* (sempre posposto) *effetto Doppler,* fenomeno della variazione di frequenza dei segnali emessi da una sorgente in moto relativo rispetto al ricevitore || basato su tale effetto: *strumento musicale doppler*; *T.med. esame doppler,* esame clinico per verificare la funzionalità dei vasi sanguigni; *navigazione doppler,* metodo di navigazione aerea che consente di conoscere la velocità rispetto al suolo e la direzione del moto sfruttando l'effetto Doppler.

doràre (pres. *dòro*) [lat. tardo *deaurāre*; a. 1292] ***tr.*** **1.** distendere uno strato d'oro su qualcosa: *dorare una cornice* || *fig. dorare la pillola,* temperare le cose spiacevoli perché siano meglio accettate **2.** *T.cuc.* passare i cibi nell'uovo sbattuto prima di cuocerli || cuocere e spec. arrostire un cibo fino a fargli assumere un colore dorato **3.** *lett.* rendere simile all'oro || **N. 1.** *Sin.* indorare | a bolo, a foglia, a fuoco, a guazzo, a mecca, a mordente, a tempera, al mercurio | brunitoio, granitoio.

doràto (*pps.* di *dorare*) [a. 1266] ***agg.*** **1.** ricoperto di uno strato d'oro: *argento dorato* **2.** che ha il colore dell'oro, con riflessi d'oro: *capelli dorati, verde dorato* || **N. 2.** *Sin.* aureo, biondo, fulvo, giallo.

doratóre [dal lat. tardo *deaurātor, -ōris*; 1666] ***sm.*** (f. *-trìce*) artigiano che esegue lavori di doratura.

doratùra [da *dorare*; a. 1292] ***sf.*** operazione del dorare || il risultato del dorare; gli ornamenti, i fregi dorati: *le dorature del soffitto, della sala.*

dòrcade [dal lat. *dorcas, -adis,* gr. *dorkás, -ádos*; 1932] ***sf.*** gazzella comune in Libia e nel deserto del Sahara, provvista di corna incurvate a forma di lira.

dorèma [prob. dal gr. *dṓrema,* dono; 1970] ***sm.*** *T.bot.* genere di piante perenni delle Ombrellifere simili alle ferule, tipiche delle zone subdesertiche dell'Iran; alcune specie forniscono una gommoresina detta *gomma ammoniaca,* usata in farmacia.

dorerìa [da *dorare*; a. 1543] ***sf.*** *raro* quantità d'oggetti d'oro, ori.

doriàno [da (*Samp*)*doria*; 1989] ***agg.*** e ***sm.*** (f. *-a*) *T.sport.* tifoso della Sampdoria.

doricìsmo [da *dorico*; a. 1729] ***sm.*** dorismo, prestito dal dialetto dorico.

dòrico (pl. *-ci*) [dal lat. *doricus,* gr. *dōrikós*; a. 1452] **I** ***agg.*** **1.** proprio dei Dori: *dialetto dorico,* una delle divisioni fondamentali dei dialetti della Grecia antica, con numerose varietà locali, parlate nel Peloponneso, a Creta e nelle colonie della Sicilia || *T.arch. ordine dorico,* uno degli ordini architettonici della Grecia antica; ne è caratteristica la decorazione a metope e triglifi **2.** *T.mus. modo dorico,* una delle scale della musica greca antica **II** ***sm.*** **1.** dialetto dorico **2.** stile dorico. **TAV. *architettura* p. 646** 1, 2.

dorìfora [dal gr. *doryphóros,* portatore d'asta, come il lat. scient. *Doryphora*; 1820] ***sf.*** coleottero dannoso alle coltivazioni di patate, con dieci strisce nere longitudinali sul dorso giallo.

dorìforo [dal gr. *doryphóros*; a. 1494] ***sm.*** *lett.* soldato portatore di lancia.

dorìsmo [da *dorico*; 1869] ***sm.*** *T.ling.* elemento lessicale o carattere fonetico e morfologico proprio del dialetto dorico, usato in un altro dialetto greco e spec. in attico e nella lingua comune.

dormènte ***agg.*** *non com.* V. DORMIENTE.

dormeuse (fr., pr. [dɔrˈmøːz]) [letter. dormitrice; 1892] ***sf.*** *inv.* (anche pl. *dormeuses,* pr. [dɔrˈmøːz]) divano, canapè di stile settecentesco dove si può dormire.

dormicchiàre (pres. *-ìcchio, -ìcchi*) [lat. volg. **dormitulāre*; a. 1571] ***intr.*** (aus. *avere*) dormire leggermente, sonnecchiare.

dormiènte (*ppr.* di *dormire*) [a. 1342] **I** ***agg.*** **1.** che dorme **2.** *T.bot. gemma dormiente,* che non si sviluppa e non forma un ramo; è localizzata di solito nella parte inferiore del fusto o dei rami **3.** detto di fratello massone che non prende più parte ai consigli della società **II** ***sm.*** **1.** (anche *sf.*) chi dorme **2.** *T.mar.* nell'attrezzatura navale, cavo, corda e sim. che rimane fissata mentre viene usata **3.** trave inserita orizzontalmente in un muro per ripartire i pesi; trave che si pone sopra un fosso o altro piccolo corso d'acqua, come ponticello volante **4.** *tosc.* fungo marzuolo. **Q.T.** *vela* **TAV. *vela* p. 1342** 2.7.

dormiènza [da *dormire*; 1970] ***sf.*** *T.bot.* periodo di riposo di semi o gemme prima di germogliare || **N.** *Sin.* letargo, vita latente.

dormiglióne [da un disus. *dormigliare*; 1353] ***sm.*** (f. *-a*) chi suole dormire molto || **N.** *Sin.* fannullone, pigro, poltrone.

dormiglióso [da un disus. *dormigliare*; 1310] ***agg.*** *raro* sonnacchioso, sonnolento || *fig.* tardo, negligente.

dormìre (pres. *dòrmo*; p.rem. *dormìi, dormisti*; ppr. *dormiènte* e meno com. *dormènte*) [lat. *dormīre*; inizio sec. XIII] **I** ***intr.*** (aus. *avere*) **1.** essere in stato di sonno || *dormire come un ghiro, come una marmotta,* dormire molto e profondamente || *dormire della grossa,* profondamente || *dormire tra due guanciali,* vivere tranquillo || *dormirci sopra,* rimandare al giorno dopo una decisione difficile per riflettere con calma; e anche non pensarci più || *dormire a occhi aperti, dormire in piedi,* cascare dal sonno || *dormire con un occhio solo,* vigilare anche nel sonno || *prov. chi dorme non piglia pesci,* chi non si dà da fare non combinerà mai nulla; *non svegliare il can che dorme,* non cercare guai senza motivo **2.** *per estens.* restare inerte o imbambolato: *sbrigati, non è il momento di dormire!* || *eufem.* giacere, essere sepolto || rif. a cose, essere immobile o immerso nel silenzio: *il paese dorme sotto un metro di neve*; essere abbandonato e trascurato: *pratiche che dormono nei cassetti di qualche burocrate* || ***tr.*** con oggetto interno: *dormire sonni tranquilli*; *un vecchio stanco / dorme accanto a un alare / il sonno dell'abbandonato* (Montale) || *dormire il sonno del giusto,* riposare sereni || *arc.* trascorrere dormendo: *le notti eran grandi, et ella non le poteva dormir tutte* (Boccaccio) **II** ***sm.*** *non com.* sonno: *perdette il mangiare e il dormire* || alloggio: *pagare il mangiare e il dormire* || il pl. *dormiri* è *arc.*: *gli aveva promessa lei nei suoi dormiri* (Boccaccio) || **N. I 1.** addormentarsi, appisolarsi, coricarsi, dormicchiare, far la nanna, giacere, prender sonno, riposare, ronfare, russare, schiacciare un sonnellino, sonnecchiare | a ciel sereno, all'addiaccio, all'aperto, bocconi, come una talpa, come un ciocco, come un ghiro, come un sasso, come un tasso, di fianco, disteso, rannicchiato, saporitamente, sul cuore, sul duro, sul tavolaccio, sodo, supino, tutt'un sonno | assopimento, dormiveglia, letargo, pisolo, siesta, sonnolenza, sopore; torpore; SONNO | *Contr.* vegliare; destarsi, svegliarsi.

dormìta [da *dormire*; 1791] ***sf.*** sonno lungo e sereno: *fare una bella dormita* || detto dei bachi da seta, il periodo di torpore durante la muta || *dim.* dormitìna; *accr.* dormitóna; *pegg.* dormitàccia || **N.** pisolo, riposo, sonnellino, SONNO.

dormitòrio (pl. *-ri*) [dal lat. *dormitōrium*; a. 1342] ***sm.*** **1.** in collegi, caserme e sim., stanzone dove sono disposti parecchi letti || parte del convento in cui si trovano le celle dei monaci || *per estens. dormitorio pubblico,* luogo di ricovero per indigenti tenuto da enti assistenziali, spec. nelle grandi città **2.** *quartiere-dormitorio,* zona residenziale posta solitamente alla periferia di una grande città, dove la gente torna solo per dormire e quindi priva di punti di ritrovo e sim. || *fig.* detto di luogo noioso e privo di attrattive: *questo posto è un dormitorio* || **N. 1.** *Sin.* camerata.

dormitùra [da *dormire*; 1536] ***sf.*** *raro* periodo di torpore dei bachi da seta, dormita.

dormivéglia [comp. di *dormi*(*re*) e *veglia*(*re*); 1745] ***sm.*** *inv.* stato tra il sonno e la veglia || **N.** insonnia, SONNO.

dormizióne [dal lat. *dormĭtio, -ōnis*; a. 1311] ***sf.*** **1.** *ant.* atto del dormire **2.** *T.rel.* nella Chiesa orientale, il passaggio di Maria Vergine dalla vita terrena a quella celeste || **N. 2.** *Sin.* assunzione.

dorònico (pl. *-ci*) [dall'ar. *darānağ,* specie di senecione; 1550] ***sm.*** pianta della famiglia delle Composite, con fiori simili a margherite gialle.

dorotèo [dal n. proprio *Doroteo*; 1956] **I** ***sm.*** **1.** seguace di una setta ariana fondata da Doroteo vescovo di Antiochia, nel sec. IV **2.** *T.pol.* esponente di una corrente centrista del partito Democrazia Cristiana (detta *corrente dorotea*) costituitasi nel 1959 presso un convento di suore dorotee || ***sf.*** suora di una congregazione fondata da A. Cocchetti nel 1842 **II** ***agg.*** *T.pol.* relativo al gruppo democristiano dei dorotei: *corrente dorotea, ministro doroteo, linea politica dorotea.*

dorsàle [da *dorso*; 1681] **I** ***agg.*** **1.** del dorso: *spina dorsale,* colonna vertebrale, filo della schiena || *T.sport. salto dorsale* (o *Fosbury*), tecnica di salto in alto in cui l'atleta supera l'asticella all'indietro inarcando la schiena || posteriore: *la pagina dorsale di una foglia* **2.** *T.ling.* detto di consonante articolata mediante il dorso della lingua || **dorsalménte** ***avv.*** dalla parte del dorso **II** ***sf.*** *T.geogr.* catena montuosa: *dorsale appenninica*; *dorsale oceanica,* catena sommersa che si eleva sul fondo degli oceani || ***sm.*** **1.** la testata di un letto e sim. **2.** *T.aer.* la parte superiore della fusoliera, che costituisce il suo dorso || **N. I 1.** *Contr.* ventrale **2.** *Contr.* apicale **II *sm.*** **1.** *Sin.* catena, cordigliera, crinale. **TAV. *pesci* p. 1330** 1.3.

dorsalìsta [da *dorsale*; 1983] ***s.*** *T.sport.* atleta che nel salto in alto usa la tecnica di superare l'asticella di schiena, con il dorso verso il basso || **N.** *Contr.* ventralista.

dorsay (fr., pr. [dɔrˈsɛ]) [dal n. proprio A.-G. G. *d'Orsay,* conte noto per la sua eleganza; 1905] ***sm.*** *inv.* abito nero a falde, da cerimonia.

dorsìsta [da *dorso*; 1931] ***s.*** *T.sport.* nuotatore specialista dello stile a dorso.

dòrso o **dórso** [lat. *dorsum*; fine sec. XIV] ***sm.*** **1.** parte posteriore del corpo umano, e superiore negli animali, dalla nuca all'ultimo paio di costole || *piegare il dorso,* inchinarsi servilmente, piegarsi alla volontà altrui || *spianare il dorso a qualcuno,* bastonarlo per bene || *T.sport.* stile di nuoto in cui si procede distesi sul dorso e ruotando le braccia all'indietro **2.** *per estens.* parte posteriore o superiore: *il dorso della mano, della lingua* || di libro, costola: *quel libro ha il dorso di pelle* || la regione che divide due opposti versanti di una montagna, spec. se relativamente ampia e dal profilo arcuato || **N. 1.** *Sin.* SCHIENA; groppa. **Q.T.** *nuoto* **TAV. *anatomia* p. 641** 3.2; ***nuoto* p. 1328** 2;

tipografia p. 1337 11.6.

dorsoventràle [comp. di *dorso* e *ventrale*, sul modello del fr. *dorsiventral*; 1906] **agg.** **1.** *T.anat.* relativo sia al dorso sia al ventre: *asse dorsoventrale*, che si estende tra il dorso e il ventre **2.** *T.bot.* di pianta o organo vegetale dotato di un solo piano di simmetria, e che presenta quindi due facce opposte (una dorsale e una ventrale) differenziate.

doṣàggio (pl. *-gi*) [dal fr. *dosage*; 1853] **sm.** determinazione di una dose; rapporto di quantità tra componenti di una mescolanza: *dosaggio di una miscela* || *in part.* *T.mar.* nei sommergibili, il complesso degli spostamenti d'acqua operati nel loro doppio fondo e nei serbatoi, per produrre l'immersione o l'emersione.

doṣaménto [da *dosare*; 1869] **sm.** *raro* dosaggio.

doṣàre (pres. *dòṣo*) [da *dose*; 1696] **tr.** stabilire la dose degl'ingredienti nei medicinali o altro || *fig.* distribuire con parsimonia e accuratezza: *dosare le parole, le forze.*

doṣàto (*pps.* di *dosare*) [1765] **agg.** calcolato, misurato, soppesato: *lo rimproverò con dosata durezza*; *ben dosato*, in giusta dose || **doṣataménte** **avv.**

doṣatóre [da *dosare*; 1869] **sm.** **1.** (f. *-trìce*) chi dosa **2.** dispositivo atto a dosare; regolatore.

doṣatrìce [da *dosare*; 1988] **sf.** nella terminologia venatoria piccolo recipiente graduato per misurare la carica delle armi da fuoco || **N.** *Sin.* misurino.

doṣatùra [da *dosare*; 1869] **sf.** dosaggio.

dòṣe (pl. *dòṣi*) [dal lat. tardo e gr. *dósis*, il dare; a. 1597] **sf.** quantità determinata di una data sostanza, necessaria per la realizzazione di un prodotto, o per ottenere l'effetto voluto || *in part.* la quantità di un farmaco prescritta in base alle esigenze || *in part.* quantità totale di radiazione emessa o assorbita in un determinato periodo di tempo || *fig.* *avere una buona dose di superbia*, essere molto superbo || *rincarare la dose*, aumentare la misura o la quantità di una cosa, di solito spiacevole: *rincarò la dose delle ingiurie, delle botte.*

doṣimetrìa [comp. di *dose* e *-metria*; 1956] **sf.** misura dell'intensità delle radiazioni.

doṣìmetro [comp. di *dose* e *-metria*; 1956] **sm.** *T.med.* apparecchio usato in radiologia e in radioterapia, che misura le dosi di radiazione somministrate ai pazienti.

doṣologìa [comp. di *dose* e *-logia*; 1940] **sf.** insieme delle regole sulle dosi, sulle modalità d'impiego ecc. dei prodotti chimici.

dossàle [da *dosso*; a. 1497] **sm.** **1.** *T.eccl.* parte anteriore della mensa dell'altare, paliotto || copertura del messale **2.** *T.arch.* trave provvisoria usata nella costruzione delle volte.

dossèllo [dal fr. ant. *dossel*; sec. XVI] **sm.** *ant.* baldacchino.

dossier (fr., pr. [do'sje]) [da *dos*, dosso, per l'etichetta sul dorso della cartella; 1903] **sm.** *inv.* pratica, incartamento riguardante una persona, un affare o un avvenimento || **N.** *Sin.* cartella, fascicolo.

dossière [dal fr. ant. *dossier*, prima metà sec. XIV] **sm.** *non com.* **1.** capoletto, spalliera imbottita posta a capo del letto **2.** parte della bordatura del cavallo cui vanno attaccate le soprastanghe.

dòsso [lat. volg. **dossum*; a. 1292] **sm.** **1.** *T.geogr.* rilievo di scarsa entità || *in part.* gobba, rilievo del fondo stradale che ostacola la visibilità ed è indicato da segnale di pericolo **2.** *ant.* dorso, usato ormai soltanto in alcune espressioni, in cui significa *per estens.* l'intero corpo: *levarsi i vestiti di dosso, scuotersi di dosso la polvere*; *fig.* *togliere un peso di dosso a qualcuno*, liberarlo da una grave preoccupazione **3.** *ant.* *T.mar.* *tenere le vele a dosso e bisdosso*, di un veliero che, navigando col vento in poppa, metta la maestra sulla sinistra e il trinchetto sulla destra perché la vela di poppa non tolga il vento a quella di prora || **N.** **2.** SCHIENA.

dossografìa [da *dossografo*; 1932] **sf.** l'attività e l'opera dei dossografi.

dossògrafo [comp. del gr. *dóxa*, opinione e *-grafo*; 1932] **sm.** nell'antica Grecia, autore di scritti sulla vita e sulle dottrine dei filosofi.

dossologìa (pl. *-gìe*) [dal gr. *doxología*; 1830] **sf.** *T.eccl.* formula di preghiera per glorificare Dio e in particolare la Trinità || inni liturgici di celebrazione della SS. Trinità; *dossologia maggiore*, viene chiamato il *Gloria in excelsis*; e *dossologia minore* invece il *Gloria Patri.*

dot (ingl., pr. [dɒt]) [letter. punto; 1956] **sm.** *inv.* unità di misura della velocità della trasmissione telegrafica con il codice Morse.

dòta **sf.** *ant.* v. DOTE.

dotàle [dal lat. *dotālis*; fine sec. XIII] **agg.** di dote: *rendite dotali* || **N.** *Contr.* estradotale, parafernale.

dotàre (pres. *dòto*) [dal lat. *dotāre*; sec. XIII] **tr.** **1.** *non com.* fornire di dote **2.** *per estens.* assegnare beni che debbono servire di patrimonio a una istituzione o sim.: *dotare un monastero* || *fig.* provvedere, fornire: *dotare un paese di scuole* || **N.** **2.** *Sin.* assegnare, corredare, munire.

dotàto (*pps.* di *dotare*) [1308] **agg.** corredato, fornito: *un apparecchio dotato di tutti gli accessori* || *ass.* ricco di qualità (intellettuali, sportive ecc.): *è un giovane molto dotato.*

dotatóre [dal lat. *dotātor, -ōris*; a. 1580] **agg.** e **sm.** (f. *-trìce*) *non com.* che o chi assegna la dote.

dotazióne [da *dotare*; 1795 ca.] **sf.** **1.** rendita fissa assegnata a istituti **2.** l'insieme degli attrezzi di servizio e di ricambio, e dei materiali di consumo di cui dispone un ente, un istituto e sim.: *la dotazione di un istituto scientifico* || *in part.* l'equipaggiamento che ogni reparto d'esercito, batteria, cannone, nave ecc. possiede a norma di particolari inventari: *queste mitragliatrici sono in dotazione ad ogni batteria*; *T.teatr.* l'insieme degli scenari e degli attrezzi di cui un teatro dispone.

dòte [dal lat. *dōs, dōtis*; sec. XIII] **sf.** **1.** quantità di denaro o di beni che si assegna alla sposa quando prende marito perché contribuisca a sostenere i carichi della nuova famiglia: *portare, assegnare in dote*; *cacciatore di dote*, chi mira a un matrimonio di interesse; *sposar la dote*, fare un matrimonio d'interesse || assegno che una donna reca al convento nel quale si fa monaca || patrimonio dato a un pubblico istituto || assegno annuo di un municipio o del governo, a un teatro **2.** qualità intellettuale, fisica o morale: *uomo di molte doti* || pregio: *la chiarezza è la prima dote dello scrittore* || **N.** **1.** *Sin.* corredo | beni parafernali, contraddote, dovario, spillatico **2.** *Sin.* abilità, dono di natura, pregio, qualità, virtù.

dòtta [dall'ant. (*a*) *d otta*, all'ora opportuna; 1332 ca.] **sf.** *arc.* ora, tempo, momento || nella loc. *a dotta*, all'ora opportuna.

dótta [dal fr. ant. *dote*; 1300 ca.] **sf.** *arc.* paura, sgomento: *e non v'era mestier più che la dotta* (Dante).

dottànza [da *dottare*; sec. XII-XIII] **sf.** *arc.* dubbio; timore: *di dire mi vien dottanza* (Dante).

dottàre (pres. *-òtto*) [dal lat. *dubitāre*, dubitare, attr. il provenz. ant. *doptar*, temere; prima metà sec. XIII] **intr.** (aus. *avere*) *arc.* dubitare; avere timore || talvolta anche **intr. pron.** *dottarsi che...*, temere che...

dottàto [etim. inc.; 1625] **agg.** di una specie di fico primaticcio di grana fine.

dòtto [dal lat. *doctus*; a. 1342] **I** **agg.** che ha cultura, istruito: *un uomo dotto nelle scienze storiche* || di libro e sim., che dimostra la competenza e la vastità di conoscenze del suo autore: *discorso dotto* || *lingua dotta* (contrapposta a *popolare*) la lingua letteraria, di tradizione scritta || *T.ling.* *parole dotte*, parole introdotte nel lessico attraverso prestiti o calchi da lingue scritte di grande prestigio culturale (per l'italiano, essenzialmente dal greco e dal latino) e usate in origine nei registri colti della lingua; non hanno quindi subìto l'evoluzione fonetica del lessico di base, trasmesso per tradizione orale e popolare (per es. *clavicola* rispetto a *caviglia*, *frigida* rispetto a *fredda* ecc.) || *armi dotte*, l'artiglieria e il genio **II** **sm.** (f. *-a*) uomo dotto: *una disputa di dotti* || **N.** I *Sin.* colto, enciclopedico, profondo, sapiente, savio, valente; pedante, saccente, saputello II *Sin.* erudito, esperto, luminare, maestro, pozzo di scienza, scienziato, studioso.

dótto [dal lat. *ductus*; a. 1696 *dutto*] **sm.** *T.anat.* condotto, canale: *dotto linfatico, epatico.*

-dòtto [dal lat. *ductus*] **elem. term.** che, in parole composte, ha il valore di "conduttura" (per es. *acquedotto, oleodotto*).

dottoràggine [da *dottore*; 1552] **sf.** *non com.* *scherz.* atteggiamento saccente da dottore || **N.** *Sin.* pedanteria, presunzione, saccenteria.

dottoràle [da *dottore*; 1628] **agg.** di, da dottore: *sussiego dottorale* || **dottoralménte** **avv.**

dottoràme [da *dottore*; 1869] **sm.** *spreg.* una gran quantità di dottori.

dottoràre v. ADDOTTORARE.

dottoràto [da *dottore*; 1483] **sm.** grado e dignità di dottore: *conferire, ricevere il dottorato in medicina* || *dottorato di ricerca*, corso di specializzazione successivo alla laurea.

dottóre [dal lat. *doctor, -ōris*; a. 1292] **sm.** (f. *dottoréssa*, raro scherz. *dottóra*) chi ha ottenuto la laurea in una università: *dottore in legge, in lettere* || titolo di chi è laureato, che si premette al nome (con troncamento della *e* per il m.): *il dottor Antonio* || *in part.* *fam.* medico o chirurgo: *il dottore ha sbagliato la cura* || persona colta, sappiente, spesso *iron.*; *pop.* *fare il dottore*, darsi arie di persona colta || nella Sacra Scrittura, coloro che insegnavano e interpretavano la legge giudaica: *Cristo tra i dottori* || *dottori della Chiesa*, i Santi Padri la cui dottrina è riconosciuta autorevole nella Chiesa || *dottor angelico*, san Tommaso; *dottor serafico*, san Bonaventura || *prov.* *meglio un asino vivo che un dottore morto* || *dim.* dottorìno, dottorétto, dottorùccio, dottorèllo; *accr.* dottoróne; *spreg.* dottoràccio, dottorùcolo, dottorìcchio || **N.** laureato.

dottoreggiàre (pres. *-éggio*) [da *dottore*; 1817] **intr.** (aus. *avere*) *spreg.* fare il dottore, ostentare dottrina.

dottorésco (pl. *-schi*) [da *dottore*; a. 1585] **agg.** da dottore, con senso *spreg.*: *piglio dottoresco* || **dottorescaménte** **avv.** || **N.** *Sin.* dottorale.

dottorévole [da *dottore*; 1586] **agg.** *raro* *scherz.* dottorale: *la vostra aria dottorevole.*

dottóso [dal provenz. ant. *dobtos*, fr. ant. *doutous*; fine sec. XIII] **agg.** *arc.* dubbioso.

dottrìna [dal lat. *doctrīna*; a. 1250] **sf.** **1.** insieme organico di conoscenze acquistate con lungo studio: *un uomo di vasta dottrina* **2.** insegnamento complesso e sistematico di cognizioni che hanno relazione tra loro: *dottrine filosofiche, la dottrina della relatività* || *dottrina della Chiesa*, i dogmi della fede cattolica; *disus.* catechismo: *andare a dottrina* || *in part.* lo studio teorico del diritto, opposto alla prassi giudiziaria || *in part.* l'insieme dei princìpi direttivi dell'azione di uno stato in un ambito particolare, e spec. in politica estera: *la dottrina del non allineamento* || **N.** **1.** *Sin.* cultura, erudizione, istruzione, preparazione, sapere, sapienza | ampia, profonda, sicura, solida, vasta; debole, discutibile, limitata, ristretta, scarsa, screditata, superficiale **2.** *Sin.* concezione, sistema, teoria; ammaestramento, norma, precetto | addottrinare; indottrinare | accettare, difendere, diffondere, professare, propugnare; discutere; abiurare, confutare, negare, rifiutare. **Q.T.** *religione.*

dottrinàle [dal lat. tardo *doctrinālis*; fine sec. XIV] **agg.** **1.** che si riferisce a una dottrina: *regole, controversie dottrinali* **2.** dottrinario, didascalico || **dottrinalménte** **avv.**

dottrinàre (pres. *-ìno*) [da *dottrina*; metà sec. XIII] **tr.** *raro* addottrinare.

dottrinàrio (pl. *-ri*) [dal fr. *doctrinaire*; a. 1831 come sm.] **I agg.** legato ad un insieme di precetti morali o princìpi teorici accettati in modo acritico e astratto: *affermazioni dottrinarie* **II** anche **sm.** (f. *-a*): *in politica è un dottrinario* || **N.** *Sin.* dogmatico, intollerante, rigido.

dottrinarismo [dal fr. *doctrinarisme*; a. 1872] **sm.** l'essere dottrinario || **N.** *Sin.* dogmatismo.

dottrineggiàre (pres. *-éggio*) [da *dottrina*; 1639] **intr.** (aus. *avere*) *non com.* ostentare con tono saccente le proprie conoscenze.

dottrinésco (pl. *-schi*) [da *dottrina*; a. 1546] **agg.** *raro* dottrinario.

doublé (fr., pr. [du'ble]) [letter. raddoppiato; 1922] **agg.** *inv.* nell'espr. *oro doublé*, similoro, metallo rivestito di una lamina d'oro.

double-face (fr., pr. [dublə'fas]) [letter. doppia faccia; 1905] **agg.** *inv.* detto di stoffa a due diritti, di disegno diverso, che si può adoperare da una parte e dall'altra: *impermeabile double-face.*

double-scull (ingl., pr. [ˌdʌbəɫ 'skʌɫ]) [letter. doppio remo; 1927] **sm.** *inv.* *T.sport.* nel canottaggio, barca a due vogatori, con due remi ciascuno; *più com.* le denominazioni italiane *due di coppia* o *doppio.*

doubleton (ingl., pr. ['dʌbəɫtən]) [da *double*, doppio, sul modello di *singleton*; 1966] **sm.** *inv.* *T.gioc.* nel bridge, situazione in cui all'inizio della mano si hanno solo due carte in un dato seme: *avere un doubleton a cuori* || **N.** *chicane, singleton* | BRIDGE.

do ut des (lat., pr. it. ['dɔ ut 'dɛs]) [letter. do perché tu dia] **loc. m.** *inv.* *T.giur.* nel diritto romano, tipo di contratto innominato, dal quale deriva ad entrambi i contraenti l'obbligo di dare qualcosa, permuta || *fam.* si usa per indicare la disponibilità a rendere un servizio purché ne derivi un utile in contraccambio.

dovàrio o **doàrio** (pl. *-ri*) [dal lat. mediev. *dotārium*, attr. il fr. *douaire*; 1540] **sm.** *T.giur.* nel Medioevo, appannaggio annuo lasciato dal marito alla vedova.

dóve [lat. *dē ubi*; a. 1292] **I avv.** **1.** interrogativo, in quale luogo: *dove vai?*; *dove abiti?* || *di dove, da dove*, da quale luogo: *di dove vieni?* || *per dove, da dove* (talvolta anche solo *dove*), per quale luogo: *da dove bisogna passare?* **2.** correlativo, qui ... là: *dove più, dove meno* **II cong.** **1.** con valore relativo, nel luogo in cui, nel luogo che, il luogo in cui: *mi piace dove abiti*; *andiamo dove vuoi* || se preceduto da antecedente, in cui: *il paese dove sono nato* || forma le loc. cong. *per dove, di dove, da dove* (v. sopra) || nella *loc. cong. dove che*, dovunque: *dove che io vada, lo trovo* **2.** con valore avversativo, mentre, laddove: *a te fu utile, dove a me fu causa di rovina* **3.** *non com.* condizionale, se, qualora: *dove abbiate dei dubbi, se ne può discutere* **4.** *arc.* con valore causale, poiché **5.** *arc.* con valore temporale, quando **III sm.** posto, luogo: *il dove e il quando* || *per, in ogni dove*, in ogni luogo.

dovecchessia o **dóve che sia** [comp. di *dove*, *che* e della terza pers. del cong. pres. di *essere*; 1353] **avv.** *non com.* in qualsiasi luogo, ovunque: *andrei dovecchessia pur di trovarlo.*

doventàre **intr.** *arc.* v. DIVENTARE.

dovére[1] (pres. *dèvo* o *dèbbo, dèvi, dève, dobbiàmo, dovéte, dèvono* o *dèbbono*; cong. pres. *dèva* o *dèbba, dobbiàmo, dobbiàte, dèvano* o *dèbbano*; p.rem. *dovéi* o *dovètti, dovésti*; ecc.; fut. *dovrò*; cond. *dovrèi*; manca l'imper.) [lat. *debēre*; 1211] **I** come verbo modale, seguito da un infinito (se coniugato nei tempi composti, prende l'ausiliare proprio del verbo a cui è unito: *sono dovuto andare, ho dovuto mangiare*) **1.** avere l'obbligo di fare qualcosa, per legge, imposizione, convenienze sociali ecc.: *tutti devono pagare le tasse, devi essere gentile con gli anziani* || *non dovere* equivale più spesso *a dovere non* che a *non essere obbligato a*: *non si deve passare col rosso* || l'uso di *dovere* può equivalere all'uso dell'imperativo, cioè può dare alla frase il valore di un comando perentorio (*lei deve presentarsi domani alle nove in questo ufficio*), o esprimere una preghiera accorata (*dovete credermi!*) || con ellissi del verbo all'infinito: *comportarsi come si deve*, in modo corretto || con valore attenuato: *devo dirti che la cosa mi ha sorpreso*; *devi sapere, dovete sapere*, formule frequenti con cui si inizia un racconto; al cond. pres. esprime ciò che è consigliabile, opportuno e sim.: *dovresti fare più attenzione, dovrebbe lavorare meno* **2.** avere la necessità fisica di fare qualcosa: *ho dovuto fermarmi perché non ce la facevo più* || essere costretto dalle circostanze a fare qualcosa: *ha dovuto fare una corsa per prendere il treno* || talvolta usato pleon., in frasi interrogative o esclamative: *ma perché devi essere tanto distratto?* **3.** (in questo senso e nel successivo all'ind. non si usa nei tempi composti, ma si usa l'inf. passato del verbo che segue) senza rapporto con la volontà del soggetto, che può essere anche non animato, indica necessità logica: *nella geometria euclidea, la somma degli angoli interni di un triangolo deve essere un angolo piatto* **4.** più spesso indica una possibilità molto plausibile, conseguenza di un ragionamento o frutto di un'ipotesi di chi parla: *le finestre sono chiuse, perciò dev'essere partito*; *che ora è? devono essere più o meno le sei* || con lo stesso valore, al cond. pres. esprime minore fiducia che l'evento si verifichi: *il concerto dovrebbe iniziare alle nove* || al cond. passato, e molto spesso anche all'imperfetto, indica un evento considerato probabile che però non si è realizzato: *dovevamo* (*avremmo dovuto*) *incontrarci alle cinque, ma non si è visto* **II tr.** dover dare, essere debitore: *mi deve duecentomila lire*; *quanto le debbo?* || anche *fig.*: *devo a lui la mia guarigione*; *la città deve la sua fortuna alla felice posizione geografica* || **N.** I **1.** bisognare, convenire, occorrere, toccare.

dovére[2] [da *dovere*[1]; 1319] **sm.** **1.** ciò che si è tenuti a fare per rispetto a norme di legge, precetti morali o religiosi, o in base al proprio senso di giustizia e di correttezza: *i diritti e i doveri dei cittadini, comunicarsi è dovere di ogni cristiano, è tuo dovere aiutarle* || *richiamare al dovere*, all'esecuzione dei propri compiti || *a dovere*, come si deve, con cura: *un lavoro fatto a dovere* || *non com. mettere, far stare a dovere*, costringere qualcuno a fare quel che deve **2.** *T.bur. si rivolga a chi di dovere*, a chi è tenuto a svolgere un determinato ufficio || *studia più del dovere*, più del necessario **3.** *pl. disus.* saluti, convenevoli: *le faccio i miei doveri* || **N.** **1.** *Sin.* compito, impegno, obbligo, responsabilità | civile, morale, politico, religioso, sociale; assoluto, formale, imperioso, imprescindibile, indeclinabile, preciso, rigido, rigoroso, sacro, sacrosanto, stretto | adempiere a, attendere a, compiere, fare, eseguire, osservare, rispettare, tenere fede a; eludere, esimersi da, mancare a, sottrarsi a, tradire, trascurare, trasgredire, venir meno a un dovere.

doveróso [da *dovere*; sec. XV] **agg.** che è di dovere: *un doveroso omaggio alla memoria dei caduti* || conforme alla legge, alle circostanze, alle norme di comportamento: *è doveroso ammetterlo* || **doverosaménte** **avv.** come si deve, secondo le convenienze || **N.** *Sin.* conveniente, dovuto; obbligatorio.

dovìzia [dal lat. tardo *divitia*; sec. XIII *divizia*] **sf.** grande abbondanza: *dovizia di argomenti, con dovizia di particolari* || *a dovizia*, in abbondanza || **N.** *Sin.* abbondanza, copia, massa, ricchezza.

dovizióso [da *dovizia*; a. 1292] **agg.** *lett.* abbondante, ricco || **doviziosaménte** **avv.**

dovùnque [comp. del lat. *dē ubi*, da dove e lat. *unquam*, mai, talvolta; a. 1300 come avv.] **I cong.** (richiede il congiuntivo) **1.** con valore relativo, in qualunque luogo in cui: *mi segue dovunque io vada* **2.** *lett. ant.* con valore temporale, ogni volta che **II avv.** in ogni luogo, dappertutto: *lo si trova dovunque.*

dovùto (*pps.* di *dovere*) [1354] **I agg.** debito, opportuno, conveniente: *con le dovute cautele* **II sm.** debito, ciò che è dovuto: *vuole più del dovuto* || **dovutaménte** **avv.**

down[1] (ingl., pr. [daʊn]) [letter. giù, di sotto; 1940] **avv.** *T.gioc.* nel bridge, al di sotto del contratto dichiarato: *siamo andati una presa down.*

down[2] (ingl., pr. [daʊn]) [dal n. di J.L.H. *Down* (1828-1896), medico inglese che studiò il mongolismo; 1982] **agg.** e **s.** *inv.* affetto dalla sindrome di Down (v. SINDROME).

dozzèno [dal fr. *douzain*; 1932] **sm.** *T.num.* soldo del sec. XVI del valore di 12 denari.

dozzina [dal fr. *douzaine*; 1260 *dozina*; a. 1405 nel senso 2] **sf.** **1.** insieme di dodici unità: *una dozzina di uova* || *a dozzine*, in grande quantità || *di dozzina, da dozzina*, dozzinale, ordinario **2.** *disus.* il trattamento di vitto e alloggio per un prezzo mensile convenuto: *stare a dozzina, tenere* o *prendere a dozzina* || il prezzo pagato per stare a dozzina: *pagherò la dozzina* || **N.** **1.** serqua, grossa **2.** *Sin.* pensione.

dozzinàle [da *dozzina*; 1387] **agg.** comune, ordinario, di poco pregio, grossolano: *versi dozzinali* || **dozzinalménte** **avv.**

dozzinànte [da *dozzina*; 1640 *dozzenante*] **s.** *non com.* chi sta a dozzina, pensionante: *reparto dozzinante*, negli ospedali, quello in cui i pazienti sono ricoverati, a pagamento, in camere singole.

dracèna [dal lat. tardo *dracāena*, gr. *drákaina*, femmina del drago; 1820] **sf.** pianta delle Liliacee, delle regioni tropicali, dalla cui corteccia cola una resina rossa detta com. *sangue di drago.*

drachenballon (ted., pr. ['draxənba,lo:n]) [letter. pallone drago; 1918] **sm.** *inv.* pallone frenato di forma allungata, impiegato per compiere osservazioni del terreno anche per scopi militari; è chiamato anche *pallone drago.*

dràcma [dal lat. *drachma*, gr. *drachmḗ*; 1483 nel senso 2] **sf.** **1.** moneta della Grecia moderna **2.** moneta e unità di peso della Grecia antica || **N.** **2.** dramma. **Q.T.** *numismatica.*

draconiàno [dal fr. *draconien*, di Dracone, legislatore ateniese del VII sec. a.C.; 1823] **agg.** di Dracone: *le leggi draconiane* || *per estens.* troppo duro e severo: *provvedimento draconiano.*

dracònico (pl. *-ci*) [dal lat. *draco, -ōnis*, dragone; 1956] **agg.** *T.astr.* relativo alla Luna e al suo moto; *periodo draconico* o *mese draconico*, il tempo impiegato dalla Luna a compiere una rivoluzione rispetto a un nodo lunare; *punto draconico*, ciascuno dei punti in cui l'orbita lunare incontra l'eclittica; *anno draconico*, intervallo di tempo che intercorre tra due successivi passaggi del Sole al medesimo nodo dell'orbita lunare.

draconìtico (pl. *-ci*) [dal lat. *draco, -ōnis*, dragone; 1970] **agg.** *T.astr.* draconico.

dracònzio (pl. *-zi*) [dal gr. *drakóntion*; a. 1498 *dracunzio*] **sm.** pianta erbacea rizomatosa della famiglia delle Aracee, che vive nell'America centrale; emette ogni anno una foglia con lunghissimo picciolo.

dracunculòṣi [comp. del lat. scient. *Dracunculus*, n. di un verme e *-osi*; 1932] **sf.** *T.med.* malattia cutanea tropicale causata da un verme dei Nematodi detto *dragoncello.*

draffinièra [dal merid. *draffino*, delfino; 1937] **sf.** *T.mar.* imbarcazione per la pesca del pescespada.

dràga [dall'ingl. *drag*, attr. il fr. *drague*; 1780] **sf.** **1.** macchina, spesso montata su un galleggiante, con la quale si scava il fondo dei porti, dei canali, dei fiumi, per aumentarne la profondità e cavare dalle acque le materie terrose che le ingombrano: *draga aspirante, a tenaglia, a secchi, a cucchiaia* **2.** *T.mar.* galleggiante conico di tela usato in piccole imbarcazioni per aumentarne la stabilità **3.** rete a strascico per la pesca || **N.** **1.** *Sin.* escavatore.

dragàggio (pl. *-gi*) [dal fr. *dragage*; 1932] **sm.** operazione del dragare (nei sensi 1, 2).

dragamine [comp. di *draga(re)* e *mina*, come il fr. *drague-mines*; 1926] **sm.** *inv.* piccola nave, di scarsa immersione, che, trascinando un apposito congegno, rastrella il mare e taglia gli ormeggi delle mine subacquee ancorate dal nemico, le quali così affiorano e possono venir ricuperate || **N.** *Sin.* cacciamine.

dragànte[1] **sm.** *non com.* V. ADRAGANTE.

dragànte[2] [etim. inc.; 1607] **sm.** *T.mar.* pezzo di costruzione posto trasversalmente alla ruota di poppa, le cui estremità sono congiunte con le alette e con le coste delle anche.

dragàre (pres. *-àgo, -àghi*) [da *draga*; 1780] **tr.** **1.** scavare con la draga **2.** liberare uno specchio d'acqua o un tratto di mare dalle mine **3.** *gerg.* fare nuove conoscenze a scopo di conquista, abbordare, rimorchiare.

dragàta [da *dragare*; 1956] **sf.** operazione di scavo subacqueo per mezzo di draghe.

dragatóre [da *dragare*; 1956] **sm.** operaio addetto alla manovra della draga.

draghinàssa [etim. inc.; a. 1589] **sf.** *scherz.* o *spreg.* grossa sciabola.

draghista [da *dragare*; 1956] **sm.** dragatore.

dràglia o **dràia** o **tràglia** (pl. *-glie*) [dal lat. *tragula*, attr. il fr. *draille*; 1813] **sf.** *T.mar.* **1.** ciascuno dei cavi tesi orizzontalmente alla periferia e sopra i ponti scoperti, ai quali si legano le tende **2.** nei velieri, cavo teso tra gli alberi di bompresso e di trinchetto per sostenere alcune vele di taglio (o *fiocchi*).

dràgo (pl. *-ghi*) [lat. *draco*; sec. XIII] **sm.** **1.** animale favoloso, rappresentato gen. come un gigantesco rettile alato a una o più teste che vomita fiamme: *san Giorgio e il drago* || *drago volante*, aquilone || *fam.* persona in gamba, bravissima nel suo campo: *sugli sci è un drago!* **2.** genere di rettili, muniti ai lati del corpo di una membrana che può essere spiegata e funzionare a guisa di paracadute; sono frequenti spec. nelle isole della Sonda **3.** *sangue di drago*, resina che stilla da una pianta dell'Asia e dell'Africa, detta *dracena* **4.** *pallone drago, Drachenballon.* **TAV. *araldica* p. 645** 4.14.

dragomànno [dall'ar. *tarǧumān*, attr. il gr. mod. *dragoumános*; sec. XIII *drugomanno*] **sm.** *T.stor.* nome occidentale degli interpreti di lingue medio-orientali (spec. arabo, persiano e turco) in servizio presso le corti europee, o al seguito delle ambasciate e delle missioni commerciali in Oriente || **N.** *Sin.* interprete, turcimanno.

dragóna [da *dragone*[2]; a. 1712] **sf.** **1.** *T.mil.* ornamento della sciabola dei militari, costituito da una striscia di cordoncino o di cuoio che termina ad una estremità in una nappa, mentre l'altra è fissata all'elsa **2.** *per estens. T.sport.* la cinghietta di cuoio in cui si fa passare la mano quando si impugna il bastoncino da sci. **TAV. *armi* p. 648** 8.2.

dragonàto [da *dragone*[1]; 1940] **agg.** *T.arald.* si dice di animale rappresentato negli stemmi araldici con coda di dragone.

dragoncèllo (*dim.* di *dragone*[1]) [1563 nel senso 3] **sm.** **1.** *raro* piccolo drago **2.** *T.zool.* verme dei Nematodi che causa la dracunculosi **3.** *T.bot.* pianta erbacea della famiglia delle Composite, che si usa come erba aromatica in cucina e in profumeria || **N.** **3.** *Sin.* estragone.

dragóne[1] [lat. *draco, -ōnis*; a. 1292] **sm.** **1.** animale favoloso (sinonimo di *drago* nel senso 1) || *dragone infernale*, demonio **2.** *T.stor.* insegna di coorte romana.

dragóne[2] [dal fr. *dragon*; 1630] **sm.** *T.stor.* militare di reparti speciali di cavalleria in molti eserciti italiani ed europei dei secoli XVII e XVIII.

dragóne[3] [dall'ingl. *dragon* (*boat*); 1934] **sm.** *T.mar.* tipo di imbarcazione a vela da regata.

dragonéssa [da *dragone*; 1723] **sf.** *non com.* femmina del drago || *fig.* donna furiosa e terribile.

dragster (ingl., pr. ['drægstə]; pr. it. ['dragster]) [comp. di to *drag*, accelerare e (*road*)*ster*, auto scoperta; 1974] **sm.** *inv.* *T.aut.* automobile o motocicletta da competizione, molto potente, leggera e aerodinamica, usata per le gare di accelerazione.

dràia V. DRAGLIA.

drakar (antico island., pr. ['drakkar]) [letter. draghi; 1934] **sm.** *inv.* grande imbarcazione vichinga a remi e a vela, di forma slanciata, priva di coperta, usata nei sec. VIII e IX.

dràlon ® [n. commerciale; 1961] **sm.** *inv.* marchio di fabbrica di una fibbra tessile sintetica acrilica, usata per biancheria e abiti.

dràma e der. forme arc. di DRAMMA[1] e der. (V.).

dràmma[1] [dal lat. tardo *drāma*, gr. *drâma*; 1623] **sm.** **1.** componimento teatrale: *dramma tragico, comico* || *dramma pastorale*, i cui personaggi siano pastori e la scena avvenga nelle selve; *storico*, di argomento storico; *musicale*, opera in musica, melodramma || *dramma sacro*, rappresentazione di vicende tratte dalle Scritture o dalle vite dei santi, diffusa nel Medioevo || tensione drammatica: *in questo racconto manca il dramma* **2.** *fig.* vicenda personale o collettiva estremamente dolorosa e angosciosa: *il dramma terribile che ha rovinato quella famiglia* || in varie espr. *iperb.*: *farne un dramma*, esagerare l'importanza e la drammaticità di una situazione; *fare drammi*, reagire ad una situazione con eccessivo impegno emotivo, o in modo teatrale || *dim.* drammétto, drammùccio; *accr.* drammóne || **N.** **1.** ballo, commedia, farsa, fiaba, melodramma, mimo, mistero, monologo, oratorio, tragedia; trilogia, tetralogia | comico, lirico, pastorale, satirico, storico, tragicomico | prologo, atto, scena, intermezzo, coro, catastrofe, epilogo, scioglimento; azione, dialogo, didascalia, sticomitia. **Q.T.** *teatro.*

dràmma[2] [dal lat. *dracma*, gr. *drachmḗ*; 1306] **sf.** *T.stor.* moneta d'argento e misura di peso della Grecia antica || *lett.* peso minimo: *senz'essa non fermai peso di dramma* (Dante). **Q.T.** *numismatica.*

drammàtica [da *drammatico*; a. 1571 *dramatica*] **sf.** arte di comporre drammi e anche di rappresentarli || *meno com.* genere letterario comprendente le varie forme di teatro || **N.** autore, commediografo, drammaturgo, librettista, mimografo, poeta, trageda | attore, attrice, brillante, caratterista, comico, comparsa, filodrammatico, mimo, prima donna, suggeritore; eroe, interlocutore, personaggio, protagonista | argomento, azione, copione, dialogo, intreccio, parte, prova, rappresentazione, recita, repertorio, scenario, sceneggiatura, DRAMMA.

drammaticità [da *drammatico*; 1902] **sf.** l'essere drammatico, carattere drammatico: *la drammaticità di un racconto, di una situazione.*

drammàtico (pl. *-ci*) [dal lat. tardo *dramaticus*, gr. *dramatikós*; a. 1563] **agg.** **1.** che riguarda o è proprio della rappresentazione teatrale: *azione drammatica* || di scrittore, che compone drammi; di attore, che li recita: *compagnia drammatica* **2.** coinvolgente, interessante, con un succedersi rapido e incalzante di fatti e di contrasti: *una scrittura intensa e drammatica* **3.** angoscioso, che muove a compassione: *un racconto drammatico* || senza via d'uscita: *mi trovai in una situazione drammatica* **4.** *T.mus.* di voce, corposa, con suoni bassi marcati: *soprano, baritono, tenore drammatico* || **drammaticaménte** **avv.** || **N.** **3.** *Sin.* commovente, doloroso, terribile, tragico; critico, disperato, insostenibile.

drammatiẓẓàre [dal gr. *dramatízein*, attr. il fr. *dramatiser*; 1869] **tr.** **1.** mettere in forma di dramma: *drammatizzare un romanzo* **2.** *più com. fig.* esagerare tragicamente la gravità di un fatto, anche *ass.*: *non drammatizziamo!*

drammatiẓẓazióne [da *drammatizzare*, sul modello del fr. *dramatisation*; 1966] **sf.** **1.** il rendere in forma teatrale: *drammatizzazione di un testo* **2.** *fig.* esagerazione degli aspetti negativi: *drammatizzazione di un avvenimento della vita*; pessimismo: *è un tipo incline alla drammatizzazione.*

drammaturgìa (pl. *-gìe*) [dal gr. *dramatourgía*; 1666] **sf.** arte di comporre opere teatrali || trattato di arte drammatica.

drammatùrgico (pl. *-ci*) [da *drammaturgia*; 1987] **agg.** che concerne la drammaturgia: *canoni drammaturgici.*

drammatùrgo (pl. *-ghi*) [dal gr. *dramatourgós*; 1820 *dramaturgo*] **sm.** (f. *-a*) scrittore di drammi. **Q.T.** *teatro.*

drap (fr., pr. [dra]; pr. it. [drap]) [letter. drappo; 1905] **sm.** *inv.* stoffa di lana o seta, morbida e consistente, sottoposta a un trattamento di garzatura che la rende leggermente lucida.

drappeggiaménto [da *drappeggiare*; 1929] **sm.** *non com.* azione ed effetto del drappeggiare.

drappeggiàre (pres. *-éggio*) [da *drappeggio*; sec. XIV-XV] **tr.** **1.** disporre una veste molto ampia attorno al corpo con pieghe belle e naturali: *drappeggiare un mantello* **2.** *fig. lett.* nascondere sotto apparenze sontuose || **rifl.** avvolgersi in drappeggi: *drappeggiarsi in abiti di gran classe* || *fig.* assumere pose solenni.

drappéggio (pl. *-gi*) [da *drappo*; 1885] **sm.** **1.** drappo che ricade in modo elegante, per ornamento **2.** modo di disporsi delle pieghe longitudinali in un abito femminile; *in part.* la rappresentazione artistica dei tessuti drappeggiati: *è da notare in questa figura la finezza del drappeggio* || **N.** **1.** *Sin.* drappellone, festone.

drappèlla [da *drappello*; 1830] **sf.** *disus.* ferro ritorto sporgente dalla cima delle alabarde, cui si appendeva la banderuola dell'insegna || la banderuola stessa, sia appesa alle alabarde, sia, più spesso, alle trombe delle fanfare militari, con le insegne e i motti del corpo. **TAV.** *bandiere* 6.

drappèllo[1] [da *drappo*; a. 1388] **sm.** *raro* piccolo drappo a uso d'insegna.

drappèllo[2] [da *drappo*; sec. XIII] **sm.** piccolo numero di soldati: *un drappello di bersaglieri* || *per estens.* gruppo non molto numeroso di persone || **N.** plotone, schiera; capannello, crocchio.

drappellonàre (pres. *-óno*) [da *drappellone*; 1869] **tr.** *raro* ornare con festoni e drappeggi.

drappellóne [da *drappello*[1]; a. 1363] **sm.** *ant.* ciascuno di quei drappi che ricadono dal cielo del baldacchino || drappo che si mette per addobbo alle porte e agli archi delle chiese || **N.** *Sin.* drappeggio, festone.

drapperìa [da *drappo*; a. 1442] **sf.** **1.** quantità di drappi di seta **2.** magazzino di drappi.

drappière [da *drappo*, forse sul modello del fr. ant. *drapier*; a. 1292] **sm.** (f. *-a*) fabbricante e venditore di drappi, di panni.

dràppo [lat. tardo *drappus*; 1294] **sm.** **1.** stoffa pregiata spec. di seta, solitamente usata per paramenti o per abiti di lusso: *drappo a oro*, in cui sia tessuto dell'oro ‖ *per estens.* spec. *pl.* abito, perlopiù ricco ed elegante **2.** *ant.* palio, dato come ricompensa e segno d'onore ai vincitori di gare: *parve di coloro che corrono a Verona il drappo verde* (Dante) ‖ **N. 1.** amoerro, arazzo, broccato, damasco, ermisino, felpa, fusciacco, raso, scialle, sciamito, taffetà, tocca, velluto | a fiamme, a fiori, a onde, a opera, a oro, arricciato, damascato, liscio | balza, brocco, cimosa, ritaglio, scampolo.

drasticità [da *drastico*; 1975] **sf.** la caratteristica di ciò che è drastico: *drasticità di un medicinale, di un rimedio, di un provvedimento, di un giudizio.*

dràstico (pl. *-ci*) [dal gr. *drastikós*, attr. il fr. *drastique*; 1765] **I agg.** energicamente efficace: *occorrono drastiche misure preventive* ‖ di giudizio o provvedimento, perentorio, che non ammette repliche o eccezioni **II sm.** *non com.* purgante ad azione violenta e rapida ‖ **drasticaménte avv.** ‖ **N. I** *Sin.* deciso, duro, severo | *Contr.* blando, leggero.

dràvida [dal sanscrito *dravida*; 1892] **agg.** e **s.** *inv.* appartenente alla popolazione negroide dell'India meridionale, che vi si era stanziata già prima dell'invasione indoeuropea.

dravìdico (pl. *-ci*) [da *dravida*; 1951] **agg.** proprio dei Dravida: *lingue dravidiche*, lingue non indoeuropee parlate e scritte tuttora nel sud dell'India. **Q.T.** *lingue...*

drawback (ingl., pr. ['drɔ:bæk]) [comp. di to *draw*, tirare e *back*, indietro; 1942] **sm.** *inv.* *T.econ.* restituzione delle tasse d'importazione pagate su merci che vengono successivamente riesportate (anche se trasformate o sottoposte a lavorazione).

dreadnought (ingl., pr. ['drednɔ:t]) [comp. di to *dread*, aver paura e *nought*, niente; 1911] **sf.** *inv.* *T.mil.* tipo di corazzata armata di soli cannoni di grosso calibro.

drenàggio (pl. *-gi*) [dal fr. *drainage*; 1855] **sm.** **1.** sistema di tubi, canali e pozzi per lo scolo delle acque, usato spec. per la bonifica di terreni paludosi e la protezione delle fondazioni degli edifici **2.** *T.med.* operazione del facilitare lo scolo del pus o di altri liquidi interni dell'organismo, mantenendo aperto un orifizio con un tubo o con filacce **3.** *fig.* *T.econ.* *drenaggio fiscale*, meccanismo per cui un sistema di tassazione ad aliquote progressive tende ad incidere sempre più pesantemente sui redditi quando questi aumentano soltanto in valore nominale per effetto dell'inflazione ‖ **N. 3.** *Sin.* *fiscal drag.* **TAV.** *abitazione* 1.46.

drenàre (pres. *drèno*) [dal fr. *drainer*; 1950] **tr.** praticare il drenaggio, nei vari sensi del termine.

drèpano- [dal gr. *drépanon*, falce] **primo elem.** che, in parole composte della terminologia biologica, vale "a forma di falce" (per es. *drepanocita*).

drepanocìta o **drepanocìto** [comp. di *drepano* e *-cita* o *-cito*; 1956] **sm.** *T.biol.* globulo rosso patologico, di aspetto falciforme anziché ovale.

drepanocitemìa [comp. di *drepanocita* e *-emia*; 1956] **sf.** *T.med.* tipo di anemia determinata da un'anomalia ereditaria dei globuli rossi, i quali contengono un'emoglobina di composizione chimica anormale e, in carenza di ossigeno, assumono forma a falce ‖ **N.** *Sin.* anemia drepanocitica, anemia falciforme, drepanocitosi | drepanocita.

drepanocìtico (pl. *-ci*) [da *drepanocita*; 1956] **agg.** *T.med.* **1.** relativo a drepanocitemia: *condizione, anemia drepanocitica* **2.** affetto da drepanocitemia; anche *sm.* (f. *-a*): *in alcune popolazioni africane c'è un'alta percentuale di drepanocitici.*

drepanocìto V. DREPANOCITA.

drepanocitòṣi [comp. di *drepanocita* e *-osi*; 1975] **sf.** *T.med.* drepanocitemia.

dressage (fr., pr. [drɛ'sa:ʒ]) [da *dresser*, indirizzare bene, istruire; 1939] **sm.** *inv.* **1.** *T.ipp.* gara di equitazione in cui il cavaliere fa eseguire al cavallo particolari figure, dette *arie* **2.** il preparare e disporre in tavola le vivande in modo che il loro aspetto stuzzichi l'appetito.

drìade [dal lat. *dryas, -adis*, gr. *dryás, -ados*; a. 1333] **sf.** **1.** *T.mit.* ninfa boschereccia immortale **2.** pianta delle Rosacee che cresce abbondantemente sulle Alpi ‖ **N. 1.** amadriade, naiade, oreade.

dribblàggio (pl. *-gi*) [da *dribbling*; 1913] **sm.** *raro* adattamento di *dribbling* (v.).

dribblàre [dall'ingl. to *dribble*, letter. gocciolare; 1911] **tr.** *T.sport.* nel calcio, superare un avversario con finte, mantenendo la palla tra i piedi: *insacca dopo avere dribblato anche il portiere*; anche *ass.* ‖ *fig.* *dribblare un ostacolo*, aggirarlo, evitarlo ‖ **N.** *Sin.* scartare.

dribblatóre [da *dribblare*; 1914] **sm.** (f. *-trìce*) *T.sport.* calciatore particolarmente abile nel dribbling.

dribbling (ingl., pr. ['drɪblɪŋ]; pr. it. ['dribbliŋg]) [da to *dribble*; 1911] **sm.** *inv.* *T.sport.* nel calcio, tecnica con cui un giocatore, per mezzo di finte e piccoli tocchi, sbilancia l'avversario e lo supera mantenendo il possesso della palla ‖ **N.** finta, palleggio, tunnel | aereo, stretto.

drifter (ingl., pr. ['drɪftə]) [da to *drift*, trasportare; 1918] **sm.** *inv.* *T.mar.* piccola nave a propulsione meccanica per la pesca in alto mare con rete alla deriva; motopeschereccio.

drilling (ingl., pr. ['drɪlɪŋ]) [letter. perforante; 1942] **sm.** *inv.* particolare fucile da caccia, a palla, di piccolo calibro; ha tre canne, disposte due come nella doppietta ed una ad esse sovrapposta.

drìllo [dall'ingl. *drill*; 1956] **sm.** grande scimmia africana dei Cinocefali, simile al mandrillo; ha il muso nero e il mento rosso, contornato da una barba color grigio chiaro.

drillòmetro [comp. dell'ingl. to *drill*, perforare e *-metro*; 1956] **sm.** *T.tecn.* apparecchio che, nel corso dell'esecuzione di un sondaggio del terreno, misura la pressione applicata sullo scalpello della sonda durante la perforazione, fornendo in questo modo indicazioni sulla resistenza delle rocce incontrate e quindi sulla loro natura.

dringolàre (pres. *-ìngolo*) [voce onom.; a. 1311] **intr.** (aus. *avere*) *arc.* tentennare.

drink (ingl., pr. [drɪŋk]) [letter. bevanda; 1954] **sm.** *inv.* **1.** bevanda alcolica ‖ *long drink*, V. LONG DRINK **2.** *per estens.* festicciola in cui si servono bevande alcoliche: *stasera c'è un drink a casa sua.*

dripping (ingl., pr. ['drɪpɪŋ]) [letter. sgocciolamento; 1947] **sm.** *inv.* *T.pitt.* tecnica di pittura che consiste nel far sgocciolare i colori dall'alto sulla tela ‖ **N.** *Sin.* gocciolatura.

drìtta [dal lat. *dirēcta* (*manus*); a. 1786] **sf.** **1.** mano destra **2.** *per estens.* parte destra: *a dritta e a manca*, a destra e a sinistra ‖ *in part.* *T.mar.* lato destro della nave: *virare a dritta* **3.** *fig.* *gerg.* *dare le dritte*, dare le informazioni, le istruzioni fondamentali per la buona riuscita di qualcosa ‖ **N. 1. 2.** *Sin.* diritta.

drittàta [da *dritto*; 1966] **sf.** *gerg. rom.* azione fatta con furbizia, con scaltrezza: *fare una drittata* ‖ **N.** dritto.

drittézza **sf.** *non com.* V. DIRITTEZZA.

drìtto [lat. volg. **dirīctus*, class. *dirēctus*; metà sec. XIII; 1941 nel senso 2] **I agg.** V. DIRITTO[1] **II sm.** **1.** V. DIRITTO[1] (nel senso 1) **2.** *fam.* persona astuta e con pochi scrupoli, che riesce a cavarsela in ogni situazione: *sembra stupido, ma in realtà è un dritto* **3.** *T.mar.* *dritto di poppa, dritto di prora*, il pezzo dell'ossatura di una nave che si erge dalla estremità posteriore o anteriore della chiglia **III avv.** *fam.* *rigare dritto*, comportarsi secondo le norme; v. anche DIRITTO[1].

drittofìlo [comp. di *dritto* e *-filo*; 1940 nel senso 2] **sm.** **1.** la linea retta secondo cui sono disposti i fili della trama di un tessuto: *tagliare a* (o *in*) *drittofilo* **2.** quel segno che si fa strisciando la punta dell'ago sulla tela o altra stoffa, prima di cucirla o piegarla, per andar diritti.

drittóne o **dirittóne** (*accr.* di *dritto*) [1842 *drittona*] **sm.** (f. *-a*) persona furba, scaltra, che cura con astuzia i propri interessi, talvolta a scapito di quelli altrui: *è un drittone, riesce sempre a ottenere quello che vuole* ‖ **N.** *Sin.* dritto, furbo | *Contr.* ingenuo, minchione.

drittùra **sf.** *non com.* V. DIRITTURA.

drive (ingl., pr. [draɪv]) [da to *drive*, spingere, colpire; 1930] **sm.** *inv.* **1.** *T.sport.* nel tennis, diritto **2.** *T.sport.* nel golf, il colpo lungo con cui si inizia la partita **3.** *T.inform.* parte del calcolatore in cui si introducono i dischetti.

drive-in (ingl., pr. ['draɪv ɪn]; pr. it. [drai'vin]) [letter. guidare dentro; 1954] **sm.** *inv.* cinema all'aperto in cui si può assistere allo spettacolo rimanendo in automobile.

driver (ingl., pr. ['draɪvə]) [letter. guidatore; 1930] **sm.** *inv.* *T.sport.* **1.** il guidatore del cavallo nelle corse al trotto **2.** nel golf, mazza usata per i *drive.*

drìzza [da *drizzare*; 1797] **sf.** *T.mar.* ogni corda o cavo destinati ad alzare al loro posto i pennoni delle vele quadre, i picchi e le pennole delle vele auriche, e le antenne delle vele latine. **TAV.** *bandiere* 1.3; *vela* **p. 1342** 1.4.

drizzaménto [da *drizzare*; a. 1292] **sm.** *non com.* il drizzare.

drizzàre [lat. volg. **directiāre*; a. 1276 nel senso 3] **tr.** **1.** rendere dritto qualcosa che è storto: *drizzare un chiodo* ‖ *fig.* *drizzare le orecchie*, stare ben attenti ‖ *voler drizzare le gambe ai cani*, cimentarsi in un'impresa impossibile **2.** innalzare: *drizzare un grattacielo, un'antenna* **3.** *raro* indirizzare, rivolgere: *drizzare lo sguardo* ‖ **rifl.** alzarsi in posizione eretta ‖ **N. tr. 1.** *Sin.* raddrizzare **2.** *Sin.* edificare, erigere | **rifl.** *Sin.* rizzarsi.

drizzatóio V. DIRIZZATOIO.

drizzatóre [da *drizzare*; 1956] **sm.** (f. *-trìce*) operaio addetto a raddrizzare lamiere e sim.

drizzatùra o **dirizzatùra** [da *drizzare*; a. 1543] **sf.** atto ed effetto del drizzare ‖ *in part.* *T.metal.* l'operazione di raddrizzare lamine metalliche dopo i processi di lavorazione che ne provocano l'incurvamento.

dròga [prob. dall'ol. *droga*, cosa secca, attr. lo sp. *droga*; 1502; 1834 nel senso 2] **sf.** **1.** ogni sorta di spezie, aromi e sim., quasi tutte vegetali e per la maggior parte provenienti dalle Indie orientali, che servono per condimento **2.** sostanza di origine vegetale o composto chimico che ha spiccata azione stupefacente: *traffico di droga* ‖ *fig.* qualunque passione eccessiva di cui si può fare a meno: *il calcio è la sua droga* ‖ **N. 1.** *Sin.* aroma, balsamo, condimento | cannella, cinnamono, cumino, garofano, ginepro, pepe, peperoncino, zafferano **2.** leggera, pesante; tagliata | hashish, marijuana; cocaina, eroina, LSD, morfina, oppio | allucinazione, viaggio; assuefazione, tossicodipendenza; disintossicazione. **Q.T.** *alimentazione, farmacia.*

drogàggio (pl. *-gi*) [da *drogare*; 1963] **sm.**

1. l'assunzione o, più com., la somministrazione di droghe o farmaci eccitanti, spec. negli ambienti sportivi **2.** *per estens. T.chim.* e *T.fis.* l'introduzione controllata di sostanze estranee in un composto puro (per es. un semiconduttore o un catalizzatore) per modificarne le proprietà (alterare le caratteristiche di conducibilità elettrica, favorire determinate reazioni chimiche ecc.) || **N. 1.** *Sin.* doping.

drogàre (pres. *-ògo, -òghi*) [da *droga*, prob. sul modello del fr. *droguer*; 1869 nel senso 2; 1950 nel senso 1] **tr. 1.** somministrare sostanze stupefacenti: *il rapito è stato drogato* || *per estens.* stordire, far perdere il senso della realtà || somministrare sostanze eccitanti per migliorare le prestazioni sportive: *drogare un cavallo, un atleta* **2.** *non com.* condire con spezie: *droghi troppo le pietanze* **3.** *T.tecn.* introdurre in un materiale impurezze in quantità controllata per variarne le proprietà: *drogare un semiconduttore* || **rifl.** fare uso di sostanze stupefacenti || **N. tr. 2.** *Sin.* aromatizzare, speziare | **rifl.** *Sin.* bucarsi, farsi.

drogàto (*pps.* di *drogare*) [1869 nel senso 2] **I agg. 1.** che ha subito doping: *cavallo drogato* **2.** speziato, aromatizzato: *carni drogate* **3.** eccitato, allucinato: *ragazzo, sguardo drogato* **II sm.** (f. *-a*) persona dedita al consumo di stupefacenti: *un drogato in crisi di astinenza.*

drogatóre [da *droga*; 1956] **sm.** (f. *-trìce*) operaio addetto alla drogatura, nella lavorazione delle carni.

drogatùra [da *drogare*; 1956] **sf. 1.** operazione del condire con spezie **2.** *disus.* drogaggio, *doping.*

drogherìa [dal fr. *droguerie*; a. 1562 *drogaria*] **sf.** la bottega del droghiere: *ha messo su una drogheria.*

droghière [dal fr. *droguier*; 1682] **sm.** (f. *-a*) chi vende al minuto droghe, generi coloniali e altri generi di consumo, sia alimentari sia domestici.

droghìsta [da *droga*; a. 1712] **s.** *raro* droghiere.

dròma [dal fr. *drome*; 1889] **sf.** *T.mar.* sulle navi a vela, insieme delle parti di ricambio dell'alberatura (pezzi d'albero, pennoni).

dromedàrio (pl. *-ri*) [dal lat. tardo *dromedārius*; a. 1292] **sm.** mammifero ruminante dei Camelidi, con una sola gobba, veloce nel camminare e molto resistente alla fatica e spec. alla sete.

dròmia [dal gr. *dromías*, sorta di granchio; 1830] **sf.** granchio marino brachiuro dei Decapodi, ricoperto di peli bruni; vive talvolta in simbiosi con spugne o altri organismi, che trascina sul dorso per potersi mimetizzare.

dròmo [dal gr. biz. *drómos*, corso, strada; 1830] **sm.** *T.mar.* **1.** palo o gruppo di pali piantati sul fondo marino in prossimità della costa come segnale di direzione **2.** antica nave da corsa.

-dromo[1] [dal gr. *-dromos*, der. da *dramêin*, correre] **elem. term.** che, in parole composte dotte, ha il valore di "luogo riservato alla corsa" (per es. *autodromo, ippodromo, velodromo*).

-dromo[2] [dal gr. *drómos*, corsa] **elem. term.** che, in parole composte della terminologia zoologica, vale "che corre" (per es. *catadromo, psammodromo*).

dromògrafo [comp. del gr. *drómos*, corso e *-grafo*; 1970] **sm. 1.** dispositivo con cui si misura la velocità delle navi **2.** strumento per registrare la velocità del sangue.

dromóne [dal lat. tardo *dromo-, -ōnis*, gr. *drómōn*, nave da corsa; sec. XVIII] **sm.** *T.stor.* bastimento a tre alberi, a vela e a remo, usato spec. nella marina bizantina.

dròngo (pl. *-ghi*) [voce malgascia; 1932] **sm.** uccello passeriforme che vive nel Madagascar e nelle savane africane; ha il piumaggio nero con riflessi blu e un vistoso ciuffo sul capo.

drónte [da una voce indigena dell'isola Maurizio, attr. lo sp. *dronte*; 1830] **sm.** altro nome del dodo.

drop[1] (ingl., pr. [drɒp]) [da to *drop*, cadere; 1956] **sm. inv. 1.** *T.sport.* nel rugby, calcio di rimbalzo con cui si cerca di mandare il pallone oltre la traversa della porta segnando tre punti **2.** *T.abb.* parametro che caratterizza la differenza tra le misure di torace e vita all'interno della stessa taglia di un abito confezionato: *drop snello, robusto* || **sf.** *T.mil.* termine con cui si indicano le divise, estive o invernali, indossate in ufficio o fuori dalle caserme quando non si è in tenuta da combattimento.

drop[2] (ingl., pr. [drɒp]) [letter. goccia; 1905] **sm. inv.** caramella di varia forma, colore e sapore, venduta di solito in scatole, non incartata.

drop-shot (ingl., pr. [ˌdrɒpˈʃɒt]) [letter. colpo a goccia; 1940] **sm. inv.** *T.sport.* nel tennis, colpo smorzato.

dròsera [dal gr. *droserós*, rugiadoso; 1820] **sf.** pianta erbacea carnivora; rosolida.

Droseràcee [comp. di *drosera* e *-acee*; 1820] **sf. pl.** *T.bot.* famiglia di piante carnivore dicotiledoni, come la *drosera.*

dròso- [dal gr. *drósos*, rugiada] **primo elem.** che, in parole composte della terminologia scientifica, ha il valore di "rugiada" o "con l'aspetto di rugiada" (per es. *drosofila*).

drosòfila [comp. di *droso-* e *-filo*; 1865] **sf.** insetto dei Ditteri comunemente detto *moscerino del vino* o *della frutta*; è molto impiegato nelle ricerche sperimentali di genetica per la rapidità con cui si riproduce e per i caratteristici cromosomi giganti delle sue ghiandole salivari.

drosometrìa [comp. di *droso-* e *-metria*; 1956] **sf.** *T.meteor.* la misurazione della quantità di rugiada.

drosòmetro [comp. di *droso-* e *-metro*; 1828] **sm.** *T.meteor.* strumento per misurare quanta rugiada si è formata durante la notte.

drùdo [dal provenz. ant. *drut*, forse dal francone **drūd*, fedele; inizio sec. XIII] **I sm.** (f. *-a*) *lett.* amante: *l'amoroso drudo della fede cristiana* (Dante); oggi ha soltanto significato spregiativo o scherzoso **II agg.** *arc.* o *lett.* **1.** leale, fedele **2.** florido, forte: *togli su, pantera druda* (Carducci).

drùida [dal lat. *druides* pl.; fine sec. XIII] **sm.** *T.stor.* sacerdote delle antiche popolazioni celtiche.

druìdico (pl. *-ci*) [da *druida*; a. 1764] **agg.** dei druidi: *culto druidico; cerimonie druidiche.*

druidìsmo [da *druida*; a. 1835] **sm.** la religione e le dottrine praticate dai druidi. **Q.T.** *religione.*

drùido **sm.** *raro* V. DRUIDA.

drum-memory (ingl., pr. [ˈdrʌm ˌmeməri]) [letter. memoria a tamburo; 1974] **sf. inv.** *T.inform.* memoria a tamburo (V. TAMBURO).

drùngo (pl. *-ghi*) [dal lat. tardo *drungus*, gr. biz. *droûngos*; 1830] **sm.** *T.stor.* corpo di cavalieri, nell'esercito bizantino.

drùpa [dal lat. *dru(p)pa*; a. 1498] **sf.** *T.bot.* frutto con la parte esterna membranosa, la media carnosa, e la interna, che contiene il seme, dura e legnosa (come olive, mandorle, pesche, susine, ciliegie) || **N.** FRUTTO | buccia, polpa, nòcciolo. **TAV. fiori... p. 671** 8.1.

drupàceo [da *drupa*; 1820] **agg.** *T.bot.* a forma di drupa: *frutto drupaceo.*

drùsa [dal ted. *Druse*, sedimento; 1817] **sf.** *T.min.* gruppo irregolare di cristalli impiantati su una base rocciosa comune || **N.** geode.

drùso [dall'ar. *Durūz*; 1956] **sm.** (f. *-a*) seguace di una setta religiosa musulmana presente soprattutto in Libano, dove è organizzata in partito politico ed è dotata di proprie forze armate.

dry (ingl., pr. [draɪ]) [letter. secco; 1892] **agg. inv.** secco, detto di liquori e sim.: *un vermut dry.*

dry-farming (ingl., pr. [draɪ ˈfɑːmɪŋ]) [letter. cultura a secco; 1929] **sm. inv.** *T.agr.* aridocoltura.

dùa **agg.** e **s. num.** *arc.* V. DUE.

duàle [dal lat. *duālis*; a. 1535 nel senso 2] **I agg. 1.** *T.mat.* detto di ente associabile a un altro secondo un rapporto di dualità **2.** *T.ling.* detto di forma nominale o verbale caratterizzata da un elemento morfologico che indichi un riferimento a due cose o persone: *terza persona duale, genitivo duale* **II sm.** *T.ling.* categoria morfologica del nome e del verbo, che in numerose lingue indica, in opposizione sia al singolare che al plurale, il riferimento a due cose o persone: *in tutti i rami dell'indoeuropeo si assiste a un graduale regresso del duale.*

dualìsmo [dal lat. *dualismus*, di formazione moderna; 1797] **sm. 1.** *T.fil.* ogni dottrina filosofica o sistema religioso che spieghi un dato ordine di cose e di fatti, o tutto l'insieme delle cose e dei fatti, ossia l'universo, come il risultato di due principi, di due tendenze, di due cause distinte ed opposte: bene e male, materia e spirito e sim.: *il dualismo manicheo* **2.** contrasto, antagonismo tra due principi, potenze, autorità: *un dualismo irriducibile* || **N. 2.** *Sin.* antitesi, contrapposizione, dicotomia, opposizione.

dualìsta [da *dualismo*; 1767] **s.** seguace di una concezione dualistica.

dualìstico (pl. *-ci*) [da *dualismo*; 1846] **agg.** che è proprio del dualismo.

dualità [dal lat. tardo *duālitas, -ātis*; sec. XIV] **sf. 1.** *T.mat.* relazione tra due enti che compaiono in una proposizione, per cui il loro scambio dà luogo ad un'altra proposizione anch'essa vera **2.** rapporto di antiteticità o anche di complementarità di due elementi compresenti nello stesso oggetto; natura, carattere di tale oggetto: *una dualità bizzara lottava in lui* (Svevo).

dubàt [voce somala, col senso di turbante bianco; 1935] **sm. inv.** *T.stor.* soldato indigeno delle truppe italiane in Somalia, prima della seconda guerra mondiale.

dubbiàre (pres. *-ùbbio*) [da *dubbio*; a. 1300] **intr.** (aus. *avere*) *arc.* esitare; dubitare.

dubbiézza [da *dubbio*; a. 1427] **sf.** *raro* stato di chi è dubbioso, di chi dubita.

dùbbio[1] (pl. *-bi*) [dal lat. *dubium*; inizio sec. XIII nel senso 3] **sm. 1.** condizione d'incertezza dell'animo, tra il sì e il no: *sono in dubbio sul da farsi* || pensiero o moto dell'animo derivante da tale condizione: *mi è nato un dubbio* || opinione ancora non sicura: *questo che vi affaccio non è che un dubbio* || *mettere in dubbio una cosa*, dubitarne || *è fuori di dubbio, non c'è ombra di dubbio*, è sicuro || *senza dubbio*, certamente **2.** sospetto, diffidenza: *nutro seri dubbi sulla sua sincerità* || inquietudine, timore: *non avere dubbi, ce la farai* **3.** cosa incerta, punto oscuro: *nell'interpretazione della Divina Commedia ci sono ancora molti dubbi* || **N. 1.** *Sin.* esitazione, incertezza, indecisione, indeterminatezza, irresolutezza, ondeggiamento, perplessità, riserva, tergiversazione, titubanza; ipotesi, supposizione ||| *Contr.* certezza, chiarezza, garanzia, sicurezza | amletico, angoscioso, assillante, lacerante, martellante, ossessivo, serio, tormentoso; assurdo, futile, immotivato, infondato, lieve | assale, aumenta, cresce, nasce, sorge, sorprende, travolge; agita, angoscia, assilla, molesta, ossessiona, ritorna, rode, sparisce, svanisce, tormenta, turba | alimentare, esporre, esprimere, insinuare, manifestare, nutrire, sollevare; cancellare, chiarire, dissipare, eliminare, fugare, superare, togliere, vincere un dubbio.

dùbbio[2] (pl. *-bi*) [dal lat. *dubius*; a. 1292] **agg.** **1.** che dà motivo di dubitare, incerto: *casi dubbi*; *esito, tempo dubbio* || *eufem.* cattivo, disdicevole (spesso precede il sostantivo): *persona di dubbia fama, battuta di dubbio gusto* **2.** equivoco, ambiguo: *proposta dubbia*; *sguardo dubbio*, di chi ha sinistre intenzioni **3.** *non com.* esitante, indeciso: *carattere dubbio* || **N.** **1.** *Sin.* contestabile, controverso, discutibile, ipotetico, oscuro, problematico | *Contr.* certo, chiaro, incontestabile, indiscutibile, inoppugnabile.

dubbiosità [da *dubbioso*; a. 1565] **sf.** l'essere dubbioso, qualità di chi è dubbioso.

dubbióso [dal lat. tardo *dubiōsus*; a. 1292] **agg.** **1.** che sta in dubbio: *sono ancora dubbioso sul da farsi* || incerto: *uno sguardo dubbioso* **2.** sospettoso: *le sue giustificazioni mi lasciano alquanto dubbioso* **3.** di cosa, che fa stare in dubbio: *esito dubbioso* || **dubbiosaménte** **avv.** || **N.** **1.** *Sin.* esitante, incerto, indeciso, irresoluto, perplesso, tentennante, titubante **2.** scettico.

dubitàbile [dal lat. *dubitābilis*; a. 1667] **agg.** di cui si può dubitare: *conclusioni per lo meno dubitabili* || **N.** *Contr.* incontestabile, indubitabile, inoppugnabile.

dubitànte (*ppr.* di *dubitare*) [fine sec. XII come sm.] **agg.** che dubita || *fig. lett.* *col cuore dubitante*, col cuore sospeso; *col dubitante piè torno al mio tetto* (Parini), col piede vacillante, tentennante, esitante.

dubitànza [da *dubitare*; fine sec. XII] **sf.** *arc.* dubbio, timore.

dubitàre (pres. *dùbito*) [dal lat. *dubitāre*; a. 1292] **intr.** (aus. *avere*) **1.** manifestare riserve sulla verità di un'affermazione o sulla realtà di qualcosa: *dubitare dell'esistenza di Dio, dubito che finiremo in tempo* || *non dubitare*, essere certi (talora con una sfumatura limitativa): *non dubito della bontà delle sue intenzioni, ma...*; *non dubiti*, stia tranquillo **2.** non fare assegnamento: *dubiti forse di me?* || diffidare: *dubitare delle proprie possibilità* **3.** sospettare, temere: *dubito che ne abbia fatta una delle sue* **4.** *lett.* non osare, esitare: *dubitava di entrare* || **N.** **1.** *Sin.* essere, mettere in dubbio, essere incerto **4.** *Sin.* titubare | DUBBIO.

dubitatìvo [dal lat. *dubitatīvus*; a. 1400] **agg.** che esprime dubbio: *assolvere con formula dubitativa* || *T.gram.* detto di particelle, avverbi, locuzioni o modi verbali che esprimono dubbio, come per es. *forse, probabilmente*, certi usi del condizionale italiano ecc. || **dubitativaménte** **avv.**

dubitatóre [dal lat. *dubitātor, -ōris*; 1420 ca.] **agg.** e **sm.** (f. *-trìce*) *non com.* che o chi dubita, e spec. per abitudine.

dubitazióne [dal lat. *dubitātio, -ōnis*; 1308] **sf.** **1.** *raro* dubbio **2.** *T.ret.* figura retorica con cui si finge di mettere in dubbio un'affermazione.

dùbito [da *dubitare*; a. 1306] **sm.** *arc.* o *lett.* dubbio: *ne 'l mio pensier dùbito sorse* (D'Annunzio).

dubitóso [da *dubitare*; fine sec. XII] **agg.** *raro* dubbioso || *ant.* incerto.

dùca (pl. *dùchi*) [dal lat. *dux, ducis*, attr. il gr. biz. *dôuka*, accusativo di *dôux, doukós*; sec. XIII] **sm.** (f. *duchéssa*) **1.** titolo di nobiltà di grado superiore a quello di marchese e inferiore soltanto a quello di principe: *il duca di Modena* **2.** *arc.* duce, guida: *mi volsi al duca mio* (Dante) || *dim.* duchìno (f. duchessìna).

ducàle [da *duca*; a. 1348] **agg.** **1.** di duca: *corona ducale* **2.** dogale, del Doge: *Palazzo Ducale.*

ducàto[1] [da *duca*; a. 1237] **sm.** **1.** titolo e dignità di duca **2.** territorio o anche stato sovrano posto sotto l'autorità di un duca: *il ducato di Modena.*

ducàto[2] [dal lat. mediev. *ducatus*, ducato[1], inciso in una moneta venez.; 1299] **sm.** *T.stor.* moneta d'oro o d'argento di vario valore secondo i vari tempi e i vari Stati (italiani e stranieri) in cui aveva corso.

ducatóne [da *ducato*[2]; a. 1635] **sm.** *T.stor.* nome di antica moneta, di valore maggiore del ducato.

dùce [dal lat. *dux, ducis*; sec. XIII *duse*] **sm.** *lett.* guida, condottiero d'eserciti e di popoli || durante il fascismo, titolo dato a Mussolini || **N.** capitano, capo, signore.

ducentìsta o **dugentìsta** [da *ducento* o *dugento*; a. 1822] **s.** scrittore, artista del Duecento (secolo XIII).

ducènto **agg.** e **s.** *num. arc.* v. DUECENTO.

dùcere (pres. *dùco, dùci*) [dal lat. *ducere*; sec. XIII] **tr.** *arc.* e *lett.* condurre, guidare: *la schera di costoro e chi la duce* (Dante).

duchésco (pl. *-schi*) [da *duca*; sec. XV] **agg.** *ant.* ducale.

duchéssa [da *duca*; 1353] **sf.** signora d'un ducato || *più com.* moglie del duca || *dim.* duchessìna.

duchesse (fr., pr. [dy'ʃɛs]) [letter. duchessa; 1918] **sf.** *inv.* **1.** specie di seta rasata **2.** tipo di poltrona a sdraio, diffusa in Francia nel '700.

duchessìna (*dim.* di *duchessa*) [a. 1565] **sf.** la figlia del duca.

duchìno (*dim.* di *duca*) [1348] **sm.** il figlio del duca.

duck (ingl., pr. [dʌk]) [da to *duck*, abbassare rapidamente la testa (come le anatre sott'acqua); 1940] **sm.** *inv.* il movimento repentino a tuffo fatto da uno dei pugili, nella boxe, per schivare un colpo alla testa.

ductus (lat., pr. it. ['duktus]) [letter. modo di condurre la penna] **sm.** *inv.* *T.filol.* grafia, modo di scrivere di un autore.

dùda [voce slava; 1940] **sf.** *T.mus.* strumento a fiato, simile alla cornamusa, in uso in Russia, in Polonia, in Ungheria e in Cecoslovacchia.

dùe [lat. *duo*; inizio sec. XIII *dui*] **agg.** e **sm.** *num. card.*, ar. 2, rom. II || *mangia, lavora per due*, molto || *marciare in fila per due*, affiancati a coppie || può indicare una quantità piccola indeterminata: *fare due passi, due chiacchiere*; *me la cavo in due minuti, l'ha venduto per due soldi* || *conta come il due a briscola*, non conta praticamente nulla || *T.sport.* *due con, due senza*, nel canottaggio, imbarcazione con due rematori (aventi un solo remo ciascuno) con o senza timoniere; *due di coppia*, imbarcazione con due rematori aventi ciascuno una coppia di remi || **N.** ambo, biennio, binomio, coppia, diade, diedro, dimero, distico, doppietta, doppione, duetto, duina, duino, duo, duplicato, paio, pariglia | abbinato, accoppiato, appaiato, bicefalo, biennale, bifido, biforcuto, binario, bipartito, bis, biunivoco, dimorfo, doppio, duale, duplice, gemello, pari, secondo | ambedue, entrambi.

dùe cavàlli [comp. di *due* e *cavallo*] **loc. f.** *inv.* automobile il cui motore può sviluppare la potenza di due cavalli vapore.

duecentésco (pl. *-schi*) [da *duecento*; 1926 *dugentesco*] **agg.** del Duecento: *autore duecentesco.*

duecentìsta [da *duecento*; 1832] **s.** **1.** artista del Duecento **2.** studioso del Duecento **3.** *T.sport.* nell'atletica leggera e nel nuoto, atleta che gareggia sulla distanza dei duecento metri.

duecènto [lat. *ducenti*; a. 1292 *dugento*] **agg.** e **sm.** *num. card.*, ar. 200, rom. CC || (scritto con l'iniziale maiuscola) il secolo tredicesimo: *i poeti del Duecento* || **sm.** *pl.* *T.sport.* gara di atletica o nuoto sulla distanza dei duecento metri: *detiene il record del mondo sui duecento stile libero.*

duecentometrìsta [da *duecento metri*; 1965] **s.** *T.sport.* atleta specializzato nella corsa dei duecento metri piani o nella gara di nuoto dei duecento metri a stile libero || **N.** *Sin.* duecentista.

duellànte (*ppr.* di *duellare*) [1566] **s.** chi combatte in duello. **Q.T.** *scherma.*

duellàre (pres. *-èllo*) [da *duello*; 1559] **intr.** (aus. *avere*) combattere in duello. **Q.T.** *scherma.*

duellatóre [da *duellare*; a. 1642] **sm.** (f. *-trìce*) *raro* duellante.

duellìsta [da *duello*; sec. XV] **s.** *non com.* chi si batte spesso in duello || esperto di duelli.

duèllo [lat. *duellum*, var. arc. di *bellum*, guerra; a. 1400 nel senso 2; 1513 nel senso 1] **sm.** **1.** combattimento tra due, posti di fronte, secondo le norme del codice cavalleresco: *battersi in duello, sfidare a duello, morire in duello*; *duello al primo sangue*, da interrompersi alla prima ferita; *all'ultimo sangue*, fino alla morte di uno dei contendenti (anche *fig.*); *duello rusticano*, con i coltelli e senza testimoni **2.** *fig.* gara, contesa accanita: *duello letterario, diplomatico*; *duello al biliardo, agli scacchi* **3.** *T.stor.* *duello giudiziario*, mezzo a cui si ricorreva nel medioevo per definire le liti tra le parti o per provare l'innocenza o la colpa di qualcuno; giudizio di Dio || **N.** **1.** questione d'onore, partita d'armi, scontro, sfida, vertenza cavalleresca; secondi o padrini | alla pistola, alla sciabola, alla spada; roulette russa.

duemìla [comp. di *due* e *mila*; a. 1388 *domilia*] **agg.** e **sm.** *num. card.*, ar. 2.000, rom. MM || *iperb.* indica una grande quantità indeterminata: *te l'ho già spiegato duemila volte!* || (scritto con l'iniziale maiuscola) il secolo ventunesimo: *le città del Duemila*; l'anno 2000: *l'attesa del Duemila.*

due pèzzi [comp. di *due* e *pezzo*; 1948] **loc. m.** *inv.* **1.** costume da bagno femminile costituito da reggiseno e mutandine **2.** *non com.* tailleur, abito femminile composto di gonna e giacca || **N.** **1.** *Sin.* bikini.

duèrno [da *due*, sul modello di *quaderno*; 1540] **sm.** *raro* nei codici antichi, fascicolo che consta di due fogli ripiegati per complessive otto pagine.

duétto (*dim.* di *duo*) [a. 1712 nel senso 2] **sm.** *T.mus.* **1.** coppia di esecutori di musica, spec. vocale || *per estens.* coppia di persone che parlano o gridano insieme **2.** *T.mus.* composizione musicale, spec. vocale, a due parti solistiche (eventualmente con accompagnamento): *il duetto del Barbiere* **3.** *T.gioc.* duino || *dim.* duettìno || **N.** DUE.

dugènto e der. forme tosc. di DUECENTO e der. (v.).

dùglia (pl. *-glie*) [dal lat. *dupla*, doppia, attr. il genov. *duggia*; 1830] **sf.** *T.mar.* *raro* fune avvolta a spire || **N.** addugliare.

dugóngo (pl. *-ghi*) [dal malese *dūyung*, attr. il fr. *dugong*; 1837 *dugong*] **sm.** mammifero marino erbivoro, simile alla foca, che vive sui bassi fondali dell'Oceano Indiano e lungo le coste dell'Australia e della Nuova Zelanda.

duìna [da *due*; 1956] **sf.** *T.mus.* coppia di note di uguale valore che vanno eseguite nel tempo normalmente richiesto per tre note di quello stesso tipo: *una duina di crome.*

duìno [da *due*; sec. XIV] **sm.** *T.gioc.* *non com.* nel gioco dei dadi, il punteggio che si ottiene quando ciascuno dei due dadi mostra un due.

dulcamàra [comp. del lat. *dulcis*, dolce e *amārus*, amaro; 1828] **sf.** pianta erbacea delle Solanacee, velenosa, i cui rami vengono usati per fare infusi, ottimi come diuretici.

dulciacquìcolo [comp. del lat. *dulcis*, dolce e di *acquicolo*; 1956] **agg.** *T.biol.* si dice di organismo che vive in acqua dolce.

dulciàna o **dolciàna** o **dulzàina** [dal fr. ant. *douçaine*; 1539 *dolzaina*] **sf.** *T.mus.* antico strumento rinascimentale a doppia ancia, antenato del moderno fagotto || registro dell'organo dal timbro che richiama tale strumento.

dulcimèro o **dulcimèlo** [dal fr. ant. *dolcemer*; 1940] ***sm.*** *T.mus.* strumento musicale medievale, costituito da una cassa trapezoidale sulla quale erano tese delle corde, che venivano percosse con due martelletti || **N.** salterio.

dulcìna [comp. del lat. *dulcis*, dolce e *-ina*; 1940] ***sf.*** *T.chim.* composto simile alla saccarina, con forte potere dolcificante.

dulcinèa [dal n. proprio *Dulcinea*, protagonista f. del Don Chisciotte di Cervantes; 1813] ***sf.*** *scherz.* innamorata, bella, amorosa, amante.

dulcis in fundo (lat., pr. it. ['dultʃis iŋ 'fundo]) [letter. il dolce (viene) in fondo] ***loc.*** il dolce è in fondo; si dice per indicare notizie buone che vengono date alla fine || **N.** *Contr. in cauda venenum.*

dulcite [comp. del lat. *dulcis*, dolce e *-ite*²; 1956] ***sf.*** *T.chim.* alcol esavalente, che si presenta come polvere bianca di sapore lievemente dolce; si trova quasi pura in alcune piante ed è la costituente principale della manna del Madagascar.

dulìa [dal gr. *douléia*, servitù; a. 1372] ***sf.*** *T.eccl.* culto che si presta agli angeli e ai santi || **N.** iperdulia, latria.

dulzàina V. DULCIANA.

dum [voce ar.; 1940] ***sf. inv.*** nome di una palma dell'Egitto; ha come frutto una drupa che viene impiegata per la produzione dell'avorio vegetale.

duma (russo, pr. ['dumə]; pr. it. ['duma]) [1908] ***sf.*** *T.stor.* assemblea rappresentativa istituita nell'ultimo periodo della Russia zarista, dal 1905 al 1917.

dum-dum [dal n. geogr. *Dumdum*, località in India dove venne prodotto per la prima volta; 1907] ***agg. inv.*** detto di proiettile modificato in modo da deformarsi nell'impatto con il bersaglio causando effetti più devastanti.

duméto [dal lat. *dumētum*; 1499] ***sm.*** *lett.* sterpeto, spineto.

dùmo [dal lat. *dūmus*; 1374] ***sm.*** *lett.* pruno, cespo spinoso, spino.

dumóso [da *dumo*; 1499] ***agg.*** *lett.* pieno di rovi.

dumper (ingl., pr. ['dʌmpə]; pr. it. ['damper]) [da to *dump*, scaricare; 1973] ***sm. inv.*** (anche pl. *dumpers*, pr. ['dʌmpəz]) autocarro con cassone ribaltabile, particolarmente adatto per il trasporto di materiali incoerenti (sabbia, ghiaia e sim.).

dumping (ingl., pr. ['dʌmpiŋ]) [da to *dump*, scaricare, lasciar cadere; 1914] ***sm. inv.*** *T.econ.* vendita di merci all'estero a prezzi più bassi che sul mercato interno, per conquistare nuovi mercati.

dùna [dal medio ol. *dūne*, altura; 1588] ***sf.*** cumulo di sabbia formato dal vento, nei deserti e sulle spiagge basse di alcuni mari || **N.** banco di sabbia, sirte.

dune-buggy (ingl., pr. ['dju:n ˌbʌgi]) [comp. di *dune*, duna e *buggy*, calesse; 1970] ***sf. inv.*** automobile con grosse ruote e carrozzeria scoperta, adatta alla guida su terreni accidentati e sabbiosi.

dungeons & dragons (ingl., pr. ['dʌndʒənz ən'drægənz]) [letter. torrioni e draghi; 1988] ***sm. inv.*** *T.gioc.* gioco di ruolo di origine statunitense, che si svolge in un Medioevo fantastico, vagamente ispirato alle storie di J.R.R. Tolkien; inizialmente gioco da tavolo, viene oggi giocato soprattutto nella versione per calcolatore.

dunóso [da *duna*; 1956] ***agg.*** fatto a dune: *terreno dunoso.*

dùnque [dal lat. tardo *dunc*, da *dum*, ancora; inizio sec. XIII *donca*] **I** ***cong.*** **1.** perciò, pertanto, quindi; introduce una proposizione che esprime la conseguenza di ciò che precede: *è tardi, dunque sbrighiamoci* **2.** allora; riprende un discorso interrotto, o ne introduce uno nuovo: *dunque si diceva ieri che...*; *passiamo dunque ad esaminare quest'altro aspetto della questione* **3.** con valore rafforzativo, ebbene, orsù, insomma; spec. in frasi interrogative o esclamative, spesso in fondo alla frase: *muovetevi dunque!*; *mi credi dunque così ingenuo?* **II** ***sm. inv.*** il punto decisivo, il nocciolo di una questione: *essere, trovarsi, venire al dunque.*

dùo [da un ant. *duo*, due; a. 1647] **I** ***sm. inv.*** **1.** coppia di esecutori di musica strumentale o vocale || *per estens.* coppia di attori che lavorano abitualmente insieme; coppia di persone che agiscono in stretta collaborazione **2.** *T.mus.* composizione strumentale a due parti solistiche (eventualmente con accompagnamento): *un duo per violino e viola di Mozart* **II** ***agg.*** e ***sm.*** *num. card. ant.* e *lett.* due.

dùo- [dal lat. *duo*, due] ***primo elem.*** che, in parole composte dotte, ha il valore di "due" o "doppio" (per es. *duopolio*) || **N.** *Sin.* diplo-.

duodecimàle [da *duodecimo*; 1840] ***agg.*** detto di sistema numerico o di misurazione che ha per base il numero dodici: *il piede equivale a dodici pollici ed è perciò una misura duodecimale.*

duodècimo [dal lat. *duodecimus*; inizio sec. XV] ***agg.*** *num. ord. lett.* dodicesimo, usato spec. per indicare papi o sovrani: *Pio duodecimo.*

duodenàle [da *duodeno*; 1830] ***agg.*** *T.med.* del duodeno: *ulcera duodenale.*

duodenàrio (pl. *-ri*) [dal lat. *duodenārius*; seconda metà sec. XIV] ***agg.*** *ant.* composto di dodici unità.

duodenite [comp. di *duodeno* e *-ite*¹; 1830] ***sf.*** *T.med.* infiammazione del duodeno.

duodèno [dal lat. mediev. *duodēnum* (*digitorum*), di dodici dita, perché ritenuto lungo dodici pollici; 1493] ***sm.*** *T.anat.* prima parte dell'intestino tenue, dal piloro al digiuno || **N.** INTESTINO.

duòlo [lat. tardo *dolus*; a. 1292] ***sm.*** *poet.* dolore, spec. dell'animo || *disus. abito di duolo*, da lutto || espressione di dolore, lamento: *negli orecchi mi percosse un duolo* (Dante).

duòmo¹ [lat. *domus*, casa; sec. XIII] ***sm.*** chiesa cattedrale, cioè la chiesa principale della città vescovile. **Q.T.** ***chiesa...***

duòmo² [dal fr. *dôme*, cupola; 1922] ***sm.*** **1.** *T.mecc.* parte superiore della caldaia a vapore, fatta a cupola, dove s'innalza e riunisce il vapore che mediante un tubo viene condotto alla macchina: *duomo di vapore* **2.** parte superiore di un alambicco. **TAV.** ***ferrovie...*** **p. 669 1.5.**

duòmo³ V. DOMO.

duopòlio (pl. *-li*) [comp. di *duo-* e (*mono*)-*polio*; 1956] ***sm.*** *T.econ.* controllo del mercato da parte di due venditori || *T.pol.* supremazia mondiale esercitata da due superpotenze.

duopsònio (pl. *-ni*) [comp. di *duo-* e gr. *opsṓnion*, provvista di viveri; 1974] ***sm.*** *T.econ.* forma di mercato caratterizzata dall'esistenza di due soli acquirenti di fronte ad una pluralità di venditori e dall'impossibilità per gli altri acquirenti di entrare sul mercato || **N.** oligopsonio.

dùplex [dal fr. *duplex*, duplice; 1942] ***sm. inv.*** sistema che collega due apparecchi telefonici posti in appartamenti o anche in edifici diversi, in modo che ognuno dei due utenti può usare il telefono indipendentemente dall'altro, ma non contemporaneamente, con un notevole sconto sull'abbonamento. **Q.T.** ***telefono...***

dùplexer [dal lat. *duplex*, doppio; 1974] ***sm.*** *T.rad.* dispositivo che permette di utilizzare una stessa antenna per più apparecchi trasmittenti o riceventi, o di commutare alternativamente l'antenna tra ricevitore e trasmettitore.

duplicàbile [da *duplicare*; 1956] ***agg.*** che può essere duplicato: *documento non duplicabile.*

duplicàre (pres. *dùplico, dùplichi*) [dal lat. *duplicāre*; a. 1342] ***tr.*** **1.** fare un duplicato: *duplicare un documento* **2.** *meno com.* raddoppiare: *duplicare i profitti* || **N.** DOPPIO.

duplicàto (*pps.* di *duplicare*) [a. 1541] ***sm.*** **1.** copia di un documento smarrito, o che non si possa dare in originale: *richiedere, rilasciare un duplicato* **2.** in gen., copia identica di un qualsiasi oggetto: *fare il duplicato di un'opera d'arte*; *in part.* nelle biblioteche, seconda copia di un libro || *T.tip.* errore di composizione consistente nella ripetizione identica di una o più lettere o parole || **N.** *Sin.* copia, doppione.

duplicatóre [da *duplicare*; 1956 come sm.] **I** ***agg.*** (f. *-trìce*) che duplica **II** ***sm.*** **1.** apparecchio per la riproduzione di documenti: *duplicatore a matrice*, ciclostile; *duplicatore a copie fotostatiche*, fotocopiatrice **2.** *T.tecn.* nome di vari apparecchi, spec. elettrici atti a raddoppiare il voltaggio o la frequenza di una corrente.

duplicatùra [da *duplicare*; 1830 nel senso 2] ***sf.*** **1.** *non com.* duplicazione **2.** *T.tip.* duplicato **3.** *T.anat.* rovesciamento di una membrana in se stessa.

duplicazióne [da lat. *duplicātio, -ōnis*; sec. XIV] ***sf.*** **1.** operazione del duplicare: *duplicazione di un documento, duplicazione di frequenza* || *T.mat. duplicazione del cubo*, problema storico, irrisolvibile con riga e compasso, consistente nel costruire il lato di un cubo di volume doppio di quello di un cubo dato **2.** *T.biol.* alterazione della sequenza genetica in un cromosoma, per cui uno stesso segmento cromosomico si ripete due volte.

dùplice [dal lat. *duplex, -icis*; a. 1348 *dupplice*] **I** ***agg.*** (precede spesso il sostantivo) che si compone di due parti anche non uguali tra loro: *duplice copia, aspetto, effetto* **II** ***sf.*** scommessa che nelle gare ippiche si fa sui vincitori di due gare consecutive || **N.** **I** *Sin.* doppio.

Duplicidentàti [comp. di *duplice* e *dentato*; 1956] ***sm. pl.*** *T.zool.* ordine di Mammiferi roditori forniti di piccoli incisivi supplementari dietro agli incisivi superiori; vi appartiene il coniglio || **N.** *Sin.* Lagomorfi.

duplicità [dal lat. tardo *duplicitas, -ātis*; a. 1320] ***sf.*** l'essere duplice || doppiezza, finzione, ipocrisia.

dùplo [dal lat. *duplus*; sec. XIV] **I** ***agg.*** *lett.* doppio **II** ***sm.*** *T.stor.* moneta pontificia di Avignone.

dupòndio (pl. *-di*) [dal lat. *dupondium*; 1986] ***sm.*** *T.num.* moneta romana del valore di due assi, coniata prima in rame e poi in ottone.

dùra o **dùrra** [dall'ar. *dhurra*; 1876 *durra*] ***sf.*** genere di graminacea, simile al miglio, coltivata in molti paesi dell'Asia e dell'Africa per farne pane o focacce; è detta più com. *sorgo.*

duràbile [dal lat. *durābilis*; a. 1320] ***agg.*** *raro* durevole.

durabilità [dal lat. tardo *durabilitas, -ātis*; a. 1320] ***sf.*** *raro* l'essere durevole.

duràcino [dal lat. *duracinus*; 1340 ca.] ***agg.*** di frutto la cui polpa sta attaccata al nocciolo; *pesche, ciliege duracine* || **N.** *Contr.* spiccace.

duràle [da *dura* (*madre*); 1956] ***agg.*** *T.anat.* relativo alla duramadre: *vasi, rivestimenti durali.*

durallumìnio [comp. di *Dür*(*ener Metallwerke*), n. della ditta ted. che ne acquistò il brevetto e *alluminio*; 1924] ***sm.*** lega a base di alluminio, rame, magnesio, manganese e silicio, molto usata nella tecnica moderna a causa della sua notevole leggerezza e resistenza.

duramàdre o **dùra màdre** [dal lat. mediev. *dūra māter* (*cerebri*), spessa madre del cervello, sul modello dell'ar. *umm addimāg*; 1491] ***sf.*** *T.anat.* una delle tre meningi, e propriamente la più esterna e più spessa, che avvolge il cervello e il midollo spinale || **N.** *Sin.* pachimeninge.

duràmen o **duràme** [dal lat. *durāmen*; 1940] **sm.** *T.bot.* la parte di un fusto legnoso che è di più antica formazione ed è quindi più interna, più dura e di colore più scuro || **N.** *Sin.* cuore del legno | *Contr.* alburno.

durànte (*ppr.* di *durare*) [da *durare*; a. 1348 come prep.] **I** ppr. usato ass. soltanto nell'espr. *vita natural durante*, per tutta la vita **II** ***prep.*** mentre dura o durava, nel corso di: *durante la guerra, durante un'ora.*

duràre [lat. *durāre*; a. 1257 come tr.] ***intr.*** (aus. *essere* e *avere*) **1.** estendersi nel tempo: *la guerra durò trent'anni; il dolore durerà solo pochi minuti* || *ass.* protrarsi per lungo tempo: *speriamo che duri!*; *così non può durare*, la situazione è insostenibile || *prov. un bel gioco dura poco* **2.** conservarsi a lungo: *la sua fama dura da secoli* || rif. a persona, perseverare, resistere (con l'aus. *avere*): *ha durato poco in quell'ufficio* || ***tr.*** *lett.* sopportare: *non può durar tanta fatica* || *durar fatica a credere*, stentare a credere || *prov. chi la dura la vince* || **N.** ***intr.*** **1.** *Sin.* continuare, estendersi **2.** *Sin.* mantenersi, perdurare, permanere, persistere, prolungarsi, reggere, resistere.

duràta [da *durare*; a. 1292] ***sf.*** estensione nel tempo: *per tutta la durata dello spettacolo* || *cosa di lunga durata*, che dura a lungo || *T.ling. accento di durata*, caratterizzato dall'allungamento della vocale accentata || **N.** *Sin.* corso, estensione; conservazione permanenza, persistenza, stabilità; lunghezza.

duratìvo [da *durare*; a. 1406] ***agg.*** **1.** *ant.* durevole **2.** *T.ling.* di verbo, forma o aspetto verbale che esprime la continuità di un'azione nel tempo, senza fornire indicazioni di inizio o fine (per es. il tempo imperfetto).

duratùro [dal lat. *duraturus*; a. 1292] ***agg.*** di lunga durata, durevole: *fama, istituzione duratura* || **N.** *Sin.* durevole | *Contr.* effimero, transitorio.

durévole [da *durare*; sec. XIV] ***agg.*** che è tale da durare a lungo: *tregua durevole* || **durevolménte** ***avv.*** || **N.** *Sin.* duraturo; continuo, costante, eterno, fermo, ferreo, granitico, immortale, perenne, permanente, perpetuo, persistente, saldo, stabile | *Contr.* caduco, effimero, fugace, fragile, labile, provvisorio, temporaneo, transitorio.

durevolézza [da *durevole*; a. 1625] ***sf.*** l'essere durevole.

durézza [lat. *dūritia*; a. 1250 *dureza*] ***sf.*** **1.** qualità di ciò che è difficile da scalfire o resistente alle deformazioni: *durezza del diamante, di un giaciglio, di un terreno* || *durezza dell'acqua*, elevato contenuto di sali di calcio e di magnesio **2.** qualità di ciò che genera angoscia e sofferenza: *la durezza della vita di trincea* || difficoltà: *la durezza degli studi scientifici* || inclemenza: *la durezza del clima continentale* || asprezza, violenza: *non si prevedevano scontri di tale durezza* **3.** detto di persone, caratteri o atteggiamenti, severità, intransigenza: *un ufficiale noto per la sua durezza* || crudeltà, malvagità: *gli aggressori diedero prova di spietata durezza* || rozzezza, mancanza di delicatezza: *la durezza dei suoi modi mette non poco a disagio* || **N.** **1.** *Sin.* consistenza, resistenza, solidità **2.** *Sin.* difficoltà, severità **3.** *Sin.* caparbietà, rigidità; ferocia, insensibilità; aggressività, intrattabilità, rudezza | DURO.

dùrium ® [nome commerciale; 1956] ***sm.*** materia plastica, con cui si fanno vari oggetti, ma spec. dischi fonografici.

durlindàna [dal fr. ant. *durendal*, letter. d'orlandana, spada d'Orlando; sec. XIV *durindaina*] ***sf.*** *scherz.* spada, sciabolona || **N.** draghinassa.

dùro [lat. *dūrus*; a. 1250 nel senso 3] **I** ***agg.*** **1.** che difficilmente si scalfisce: *il diamante è più duro del vetro*; *pietre dure*, minerali rari di notevole bellezza e valore, usati in gioielleria || che è resistente e non cede: *è così duro che non riesco ad aprirlo* || *carne dura*, tigliosa; *pane duro*, raffermo; *uova dure*, sode; *terreno duro*, non dissodato; *grano duro*, tipo di frumento dall'albume molto consistente, preferito al grano tenero per la fabbricazione della pasta; *pezzo duro*, tipo di gelato simile alla cassata || *acqua dura*, molto calcarea; *acciaio duro*, ricco di carbonio || *lineamenti duri*, privi di delicatezza; *barba dura*, ispida || *fig. è un osso duro*, non si lascia piegare facilmente || *fig. avere la pelle dura*, essere in grado di superare prove molto difficili, e spec. sofferenze fisiche || *T.ling. consonanti dure*, termine diffuso ma impreciso per indicare le consonanti velari, o più in generale non palatalizzate: *la "c" di "casa" si pronuncia dura*; *in russo occorre distinguere bene tra consonanti dure e molli* **2.** gravoso, che causa sofferenza: *è stata un'esperienza molto dura* || faticoso: *una salita più dura del previsto* || difficile, impegnativo: *è l'esame più duro di tutto il corso* || *lett.* difficile a comprendersi, oscuro: *Maestro, il senso lor m'è duro* (Dante) || di clima, severo, inclemente: *un duro inverno* || *T.sport. gioco duro*, rude, falloso, eccessivamente aggressivo; *sport duri*, basati sulla forza fisica **3.** detto di persone, caratteri o atteggiamenti, severo, rigido: *è troppo duro coi figli* || malvagio: *uomo duro e crudele*; *duro di cuore*, insensibile || in espr. idiomatiche: *duro di comprendonio*, ottuso, tonto; *duro d'orecchi*, un po' sordo (anche *fig.*); *rispondere a muso duro*, con tono protervo e arrogante || **duraménte** ***avv.*** **1.** con durezza, severamente: *lo ha trattato duramente* **2.** con impegno e fatica: *lavorare duramente* **II** ***sm.*** **1.** oggetto o superficie dura: *odio dormire sul duro* **2.** difficoltà: *ora viene il duro* **3.** (f. *-a*) *pop.* persona decisa e priva di scrupoli: *è un duro lui, sa quel che vuole e lo ottiene* **III** ***avv.*** **1.** con asprezza: *ha parlato duro* **2.** con grande impegno: *lavora duro* || *tener duro*, resistere || *dim.* durétto, durèllo, durettìno; *pegg.* duràccio, durìccio || **N.** **I** **1.** *Sin.* resistente, solido, tenace | *Contr.* cedevole, molle, morbido, tenero **2.** *Sin.* amaro, angoscioso, doloroso, sofferto; arduo, difficile, insostenibile, ostico, pesante | *Contr.* confortante, gradevole, piacevole, sereno; facile, leggero **3.** *Sin.* autoritario, caparbio, implacabile, inflessibile, severo; crudele, efferato, feroce, spietato | *Contr.* comprensivo, indulgente, sensibile.

duròmetro [comp. di *duro* e *-metro*; 1956] ***sm.*** *T.tecn.* strumento per la misurazione della durezza dei corpi.

duróna [da *duro*; 1956] **I** ***agg.*** di pesca o ciliegia, che ha polpa soda e aderente al nocciolo **II** ***sf.*** pesca o ciliegia durona || **N.** **I** *Sin.* duracina.

duróne [da *duro*; 1925] ***sm.*** **1.** nodo durissimo in un blocco di marmo **2.** callosità ai piedi o alle mani **3.** durona.

dùrra v. DURA.

dùttile [dal lat. *ductilis*; a. 1564] ***agg.*** **1.** di metallo, che si può ridurre facilmente in fili sottilissimi **2.** *fig.* docile: *un carattere duttile*; versatile, elastico: *un ingegno duttile* || **N.** **1.** compressibile, flessibile, riducibile, plastico, trattabile **2.** *Sin.* attendevole; adattabile, agile.

duttilità [da *duttile*; 1751] ***sf.*** **1.** la proprietà fisica di certi metalli di essere duttili **2.** *fig.* arrendevolezza; adattabilità; versatilità.

dùtto ***sm.*** *arc.* v. DÓTTO.

duttóre [dal lat. *ductor, -ōris*; a. 1375] ***agg.*** e ***sm.*** (f. *duttrice*) *ant. lett.* che o chi conduce.

duty free (ingl., pr. [ˌdjuːtɪ ˈfriː]) [letter. libero da imposte; 1984] **I** ***loc. agg.*** *inv.* (sempre posposta) **1.** di merce, esente da tasse doganali: *è un prodotto duty free* **2.** relativo a esercizio che vende articoli esenti da dogana: *i reparti duty free degli aeroporti* **II** ***loc. m.*** *inv.* abbr. di *duty free shop* (v.): *comprare alcolici al duty free.*

duty free shop (ingl., pr. [ˌdjuːtɪ ˈfriː ʃɒp]) [letter. negozio libero da imposte; 1966] ***loc. m.*** *inv.* (anche pl. *duty free shops*, pr. [ˌdjuːtɪ ˈfriː ʃɔps]) negozio duty free.

duumviràle [dal lat. *duumviralis*; 1830] ***agg.*** *T.stor.* dei duumviri: *potestà, ordine duumvirale.*

duumviràto [dal lat. *duumviratus*; 1657] ***sm.*** *T.stor.* nell'antica Roma, magistratura composta di due cittadini || il tempo che durava tale magistratura.

duùmviro [dal lat. *duumvir*; sec. XIV] ***sm.*** *T.stor.* nell'antica Roma, ciascuno dei due cittadini che formavano il duumvirato.

duvet (fr., pr. [dyˈvɛ]) [letter. lanugine, piuma; 1905] ***sm.*** *inv.* giacca a vento imbottita per temperature particolarmente rigide, piumino.

duvetine (fr., pr. [dyvəˈtin]) [da *duvet*; 1963] ***sm.*** *inv.* tessuto vellutato e soffice.

E

e[1] lettera dell'alfabeto italiano, di genere femminile o, più di rado, maschile: *una e accentata,* ma anche *un e accentato; e come Empoli,* nella compitazione delle parole ‖ rappresenta i due suoni distinti [e] ed [ɛ], corrispondenti a due vocali anteriori non arrotondate con diverso grado di apertura: la [ɛ] (*e aperta*) è più vicina ad *a*, la [e] (*e chiusa*) è più vicina a *i*. L'opposizione tra [e] ed [ɛ] si ha solo nelle sillabe accentate: *tetto* ['tetto] ma *petto* ['pɛtto]. La grafia nota questa distinzione soltanto nelle parole tronche non monosillabiche (*perché* [per'ke], *caffè* [kaf'fɛ]), o in pochi monosillabi (*tè* [tɛ] come bevanda), servendosi dell'accento acuto per [e], di quello grave per [ɛ]. In questo dizionario si è estesa, come è consuetudine lessicografica, tale convenzione a tutti i lemmi, indicando le [e] toniche con é e le [ɛ] toniche con è ‖ l'opposizione tra [e] ed [ɛ] è assente, o si realizza diversamente, in molte varianti regionali non toscane dell'italiano ‖ le parole inizianti per *e* esigono l'elisione dell'articolo determinativo singolare maschile e femminile *lo, la* e dei corrispondenti dimostrativi *quello, quella*: *(quel)l'eremita, (quel)l'erba.* Al plurale femminile l'elisione è permessa, ma infrequente nell'uso moderno: *(quel)l'erbe,* più spesso *(quel)le erbe. Lo* e *quello* vogliono al plurale le forme *gli, quegli.* L'articolo indeterminativo assume davanti ad *e* la forma troncata *un* al maschile e quella con elisione *un'* al femminile: *un eremita,* ma *un'erba* ‖ per le sigle e abbreviazioni in cui compare, v. la lista relativa.

e[2] [lat. *et*; inizio sec. XII] ***cong. coordinante*** (davanti a parola incominciante per vocale, spec. per *e*, può prendere la forma eufonica *ed*) **1.** unisce due o più proposizioni, oppure due o più elementi della stessa proposizione che abbiano la stessa funzione sintattica: *parla e legge correntemente tre lingue, cani e gatti, simpatica e carina, qui ed ora, tu ed io, a Napoli e in Sicilia, un uomo alto e di corporatura robusta*; quando i termini o le proposizioni sono più di due, si premette di solito solo all'ultimo, ma può trovarsi (spec. in letteratura) davanti a tutti i termini, escluso o anche compreso il primo: *dov'è la forza antica / dove l'armi e il valore e la costanza?* (Leopardi); *E steli ed erbe e arene / formicolavan d'indistinti amori* (Carducci) ‖ funge da correlativo con *tra* o *fra*: *tra il dire e il fare* ‖ nella composizione di numeri, o con unità di misura, equivale a *più*: *mille e duecento, un chilo e sei etti* **2.** può avere valore avversativo, più debole di *ma*: *ha detto che veniva, e non si è fatto vivo* **3.** in principio di frase, spec. esclamativa, ha valore rafforzativo: *e stai zitto per una volta!* **4.** è pleonastica in espressioni come *bell'e fatto, tutti e tre* ‖ si unisce ad alcuni avverbi, *bene, pure, perciò, come,* formando le congiunzioni composte *ebbene, eppure, epperciò, eccome.*

e' [lat. volg. **illi*, class. *ille*; a. 1294] ***pron. pers. m.*** *poet.* e *tosc.* apocope di *ei, egli*: *e' mi disse.*

ebanista [da *ebano*, come il fr. *ébéniste*; 1681] ***s.*** artigiano che lavora l'ebano o altri legni pregiati.

ebanisterìa [da *ebanista*; 1843 nel senso 2; 1893 nel senso 1] ***sf.*** **1.** bottega di ebanista **2.** l'arte della lavorazione dell'ebano o di altri legnami pregiati.

ebanite [dall'ingl. *ebonite*; 1875] ***sf.*** gomma elastica indurita con sostanze minerali (zolfo, lacca, resina ecc.) per fabbricare vari oggetti ed utensili.

èbano [lat. *ebenus*, gr. *ébenos*; a. 1333] **I *sm.*** **1.** nome di vari alberi dei paesi tropicali, il cui legno, di colore nero, compatto, durissimo e molto pesante, è molto pregiato e viene usato per strumenti musicali, arredi e mobili di lusso **2.** *per meton.* il legno che se ne ricava: *un clarinetto d'ebano; nero come l'ebano,* nero intenso ‖ *per metaf. capelli d'ebano,* nerissimi **II *agg. inv.*** del colore dell'ebano: *nero ebano, tinta ebano.*

ebbène [comp. di *e* e *bene*; 1819] ***cong.*** **1.** con valore conclusivo, dunque, allora: *siete perplessi, ebbene parlate chiaramente* **2.** rafforzativo, sollecita una risposta: *ebbene, che si fa ora?*; anche *ass. ebbene?*, e allora? **3.** con valore esortativo o concessivo: *ebbene, andate pure.*

èbbio (pl. *-bi*) [lat. *ebulus* e *ebulum*; a. 1320] ***sm.*** pianta erbacea, delle Caprifogliacee, detta anche *sambuco selvatico.*

ebbrézza (meno com. *ebrézza*) [da *ebbro*; a. 1292] ***sf.*** **1.** stato di euforia e di stordimento provocato da un'eccessiva ingestione di alcolici: *guidare in stato di ebbrezza è pericoloso* **2.** *per estens.* stato di esaltazione provocato da forti emozioni: *l'ebbrezza della velocità, l'ebbrezza del trionfo; ebbrezza dei sensi,* intensa voluttà **3.** *T.med.* stato iniziale dell'etilismo ‖ **N. 1.** *Sin.* ebrietà, ubriachezza | inebriare, ubriacare **2.** *Sin.* entusiasmo, follia, offuscamento.

ebbrietà ***sf.*** *non com.* V. EBRIETÀ.

èbbro (meno com. *ébro*) [lat. *ēbrius*; a. 1306 *ebrio*] ***agg.*** **1.** ubriaco **2.** fuori di sé per una forte emozione o un piacere intenso: *ebbro di felicità* ‖ **N. 2.** *Sin.* esaltato, folle, rapito, stordito.

ebdòmada [dal lat. *hebdomada*, gr. *hebdomás, hebdomáda*; a. 1332] ***sf.*** *raro lett.* settimana.

ebdomadàrio (pl. *-ri*) [dal lat. eccl. *hebdomadārius*; 1765] **I *agg.*** *lett.* settimanale: *rivista ebdomadaria* **II *sm.*** pubblicazione settimanale.

ebefrenia [comp. del gr. *hḗbē*, giovinezza e *-frenia*; 1892] ***sf.*** *T.med.* forma di schizofrenia che insorge in età adolescenziale o giovanile.

ebefrènico (pl. *-ci*) [da *ebefrenia*; 1895] **I *agg.*** relativo all'ebefrenia **II *sm.*** (f. *-a*) affetto da ebefrenia.

Ebenàcee [dal lat. scient. *Ebenaceae* da *ebenus*, ebano; 1820] ***sf. pl.*** *T.bot.* famiglia di piante dicotiledoni cui appartengono il cachi e l'ebano.

èbeno ***sm.*** *non com.* V. EBANO.

ebére [dal lat. *hebēre*, essere ottuso; 1374] ***intr.*** *dif.* (è usata soltanto la III pers. sing. del pres. ind., *èbe*) *lett. poet.* indebolirsi, venir meno ‖ *fig.* stare in ozio, impoltronirsi: *la spada di Medoro anco non ebe* (Ariosto).

ebetàggine [da *ebete*; 1875] ***sf.*** *raro* l'essere ebete ‖ azione o parole da ebete.

èbete [dal lat. *hebes, -etis*; 1618] ***agg.*** e ***s.*** che, chi mostra in volto i segni della mancanza di intelligenza; ottuso, imbecille: *sguardo ebete; non star lì come un ebete!* ‖ **N.** *Sin.* cretino, deficiente, intontito, rimbambito, scemo, sciocco, stupido, tonto | *Contr.* sveglio, furbo.

ebetismo [da *ebete*; a. 1842] ***sm.*** stato di chi è ebete.

ebetùdine [dal lat. tardo *hebetūdo, -inis*; metà sec. XIV] ***sf.*** ottusità, stupidità.

eblaita [dal n. geogr. *Ebla*; 1983] **I *agg.*** relativo a Ebla, di Ebla, antica città siriana: *civiltà eblaita; lingua eblaita* **II 1.** ***s.*** abitante o nativo della città e del regno di Ebla **2.** ***sm.*** solo *sing.* la lingua di Ebla.

ebollire (pres. *-óllo*) [dal lat. tardo *ebullīre*; a. 1342] ***intr.*** (aus. *avere*) *raro* bollire ‖ ***tr.*** espellere durante l'ebollizione, anche *fig.*

ebollitóre [da *ebollire*; 1956] ***sm.*** in un apparecchio di distillazione, parte in cui avviene l'ebollizione del liquido.

ebollizióne [dal lat. tardo *ebullītio, -ōnis*, lo sprizzare; a. 1313] ***sf.*** *T.fis.* passaggio rapido e tumultuoso di un corpo dallo stato liquido allo stato gassoso: *punto di ebollizione,* temperatura caratteristica di ogni liquido (e variabile con la pressione dell'ambiente) alla quale si manifesta il fenomeno ‖ *fig.* agitazione, tumulto: *la folla era in ebollizione*; fervida attività: *cervello in ebollizione* ‖ **N.** evaporazione, sublimazione | BOLLIRE.

ebraicista [da *ebraico*; 1875] ***s.*** studioso della lingua e della cultura ebraica, ebraista.

ebràico (pl. *-ci*) [dal lat. tardo ecclesiastico *hebrāicus*, gr. *hebraïkós*; inizio sec. XIV] **I *agg.*** che concerne il popolo, la lingua, la cultura degli Ebrei: *scrittura, letteratura, tradizione* *ebraica* **II sm.** (solo *sing.*) la lingua ebraica, appartenente al ramo occidentale delle lingue semitiche || **N.** I *Sin.* giudaico, israelitico, mosaico. **TAV.** *alfabeti* 7.

ebraişmo [dal gr. *hebraïsmós*; 1570] **sm. 1.** religione ebraica; tradizione ebraica **2.** *T.ling.* voce, locuzione o struttura sintattica propria della lingua ebraica e passata ad altra lingua: *gli ebraismi nel greco dei Vangeli.*

ebraìsta [da *ebraismo*; 1911] **s.** studioso di lingua e cultura ebraica.

ebraiẓẓàre [dal gr. *hebraïzein*; 1834] **tr.** *raro* rendere conforme ai costumi ebraici || **intr.** (aus. *avere*) *raro* comportarsi conformemente ai princìpi della tradizione ebraica.

ebrèo [dal lat. *hebrăeus*, gr. *hebrâios*; sec. XIII] **I sm.** (f. *-a*) **1.** chi appartiene al popolo degli Ebrei || chi professa la religione ebraica **2.** *pop.* con riferimento a un noto *cliché* antisemita, persona avara e avida di guadagno **II agg.** di stirpe ebraica: *un ragazzo ebreo* || *meno com.* ebraico || **N.** I **1.** *Sin.* giudeo, israelita | rabbino, sinagoga; ghetto; diaspora, sionismo; antisemitismo.

ebrézza **sf.** *non com.* V. EBBREZZA.

ebriàco e der. forme arc. di UBRIACO e der. (v.).

ebrietà [dal lat. *ebrietas, -ātis*; a. 1292] **sf.** *lett.* ebbrezza.

èbro V. EBBRO.

ebùllio- [dal lat. *ebullīre*, bollire] **primo elem.** che, in parole composte della terminologia scientifica, vale "punto di ebollizione" (per es. *ebulliometria, ebullioscopia*).

ebulliometrìa [comp. di *ebullio-* e *-metria*; 1892] **sf.** *T.chim.* studio e misura del punto di ebollizione dei liquidi || **N.** *Sin.* ebullioscopia.

ebulliòmetro [comp. di *ebullio-* e *-metro*; 1903] **sm.** *T.chim.* ebullioscopio.

ebullioscopìa [comp. di *ebullio-* e *-scopia*; 1902] **sf.** *T.chim.* in chimica fisica, metodo per determinare il peso molecolare di un composto per mezzo dell'innalzamento del punto di ebollizione di un solvente a cui sia stato aggiunto il composto stesso.

ebullioscòpico (pl. *-ci*) [da *ebullioscopia*; 1929] **agg.** *T.chim.* relativo a ebullioscopia, proprio di ebullioscopia: *apparecchio ebullioscopico*, ebullioscopio.

ebullioscòpio (pl. *-pi*) [comp. di *ebullio-* e *-scopio*; 1865 *ebullioscopo*] **sm.** *T.chim.* strumento per misurare il punto di ebollizione || *T.enol.* strumento per determinare con precisione il contenuto di alcol in liquidi alcolici in base al loro punto di ebollizione.

eburneazióne [da *eburneo*, sul modello del fr. *eburnation*; 1899] **sf.** *T.med.* grado di compattezza considerevole che assume una parte di tessuto osseo o cartilagineo, diventando duro come l'avorio, in seguito a fratture, lussazioni, ad artrite cronica o tumori.

ebùrneo [dal lat. *eburneus*; 1342] **agg.** *lett.* di avorio, anche *fig.*: *braccia eburnee*, bianchissime.

écarté (fr., pr. [ekar'te]) [pps. di *écarter*, scartare; 1940] **sm.** *T.gioc.* gioco di carte per due giocatori simile alla briscola.

ecatómbe [dal lat. *hecatombe*, gr. *hekatómbē*; a. 1535] **sf.** *T.stor.* sacrificio di cento buoi che gli antichi facevano in onore degli dèi || *per estens.* sterminio; anche *fig.*: *all'ultimo appello d'esame c'è stata una vera ecatombe* || **N.** eccidio, STRAGE.

ecatombeóne [dal lat. *hecatombăeon*, gr. *hekatombaiṓn*; a. 1797] **sm.** *T.stor.* il primo mese dell'anno attico, corrispondente alla seconda metà di luglio e alla prima metà di agosto.

ecatòstilo [dal lat. *hecatostylon*, gr. *hekatóstýlos*; 1834] **agg.** detto di edificio, di portico, che ha cento colonne.

eccedentàrio (pl. *-ri*) [dal fr. *excédentaire*; 1983] **agg.** che è in eccedenza rispetto al fabbisogno: *prodotti agricoli eccedentari.*

eccedènte (*ppr.* di *eccedere*) [a. 1327] **agg. 1.** detto di parte in più, che supera la misura ordinaria: *quantità, scorte eccedenti* **2.** *T.mus.* *intervallo eccedente*, intervallo che supera di un semitono il corrispondente intervallo maggiore o giusto: *la quarta eccedente è detta anche trìtono* || **N. 2.** *Contr.* diminuito.

eccedènza [da *eccedente*; a. 1704] **sf.** quantità eccedente, che supera il limite stabilito: *occorre svendere le eccedenze di burro* || *T.comm.* *eccedenza netta*, in contabilità, la differenza positiva tra l'attivo e il passivo di un bilancio || **N.** eccesso, residuo.

eccèdere (pres. *-èdo* ecc., come CEDERE) [dal lat. *excēdere*; 1306] **tr. 1.** andare al di là del previsto o del consentito: *un tenore di vita che eccede le loro possibilità* || sopravanzare, superare: *è un lavoro che eccede le mie forze* || oltrepassare: *il prefetto ha ecceduto i limiti del suo potere* **2.** *ass.* oltrepassare i limiti della convenienza: *ieri ero un po' brillo e ho ecceduto* || **N. 1.** *Sin.* esorbitare, soverchiare, sorpassare, trascendere, travalicare, vincere **2.** *Sin.* esagerare, trasmodare.

ecce homo (lat., pr. it. ['ɛttʃe 'ɔmo]) o **ecceòmo** [letter. ecco l'uomo] **loc. m.** *inv.* **1.** immagine rappresentante Cristo coronato di spine e sanguinante **2.** *raro* chi per caduta o ferite sia malconcio e insanguinato || uomo malandato e smunto.

ecceità [dal lat. mediev. *haecceitas*, basato sul lat. *haec*, questa (sostanza); 1585 *echeità*] **sf.** *T.fil.* nella filosofia di Duns Scoto ciò per cui un ente è quell'ente e non un altro; ciò che determina l'individualità delle cose.

eccellènte (*ppr.* di *eccellere*) [1294] **agg.** che sovrasta gli altri per pregio, dignità, grado || che si distingue nel suo genere: *scrittore eccellente, vino eccellente* || **eccellenteménte** **avv.** || **N.** *Sin.* egregio, eletto, eminente, esemplare, esimio, fine, grande, impagabile, magistrale, meraviglioso, ottimo, perfetto, prelibato, prezioso, raro, scelto, singolare, solenne, sommo, sovrano, squisito; coi fiocchi.

eccellentìssimo (*superl.* di *eccellente*) [1881] **agg.** titolo di alta distinzione.

eccellènza [dal lat. *excellentia*; 1306 *eccellenzia*] **sf. 1.** qualità di chi o di ciò che è eccellente, unico, perfetto, di gran lunga al di sopra della norma: *eccellenza d'ingegno* || *per eccellenza*, per antonomasia: *Cicerone è l'oratore per eccellenza* **2.** titolo che si dà spec. ai vescovi, ai grandi personaggi del governo, dell'esercito e della magistratura: *Sua Eccellenza, Vostra Eccellenza* (abbreviati in S. E. e V. E.) || *per estens.* la persona che porta il titolo: *alla commemorazione c'erano alcune eccellenze locali* || **N. 1.** *Sin.* eminenza, maestria, prestanza, rarità, singolarità, sommità.

eccèllere (pres. *-èllo*; p.rem. *-èlsi*; pps. *-èlso*) [dal lat. *excellere*; sec. XIV *escellere*] **intr.** (aus. *essere* o *avere*, ma è raro nei tempi composti) superare tutti gli altri, distinguersi dagli altri per grandi qualità; talvolta *iron.* anche per qualità negative || **N.** *Sin.* brillare, distinguersi, elevarsi, emergere, spiccare; sopravanzare, sovrastare.

eccèlso (*pps.* di *eccellere*) [1319] **I agg.** altissimo; sublime || **eccelsaménte** **avv.** **II sm.** *per anton.* *l'Eccelso*, Dio || **N.** *Sin.* altissimo, eminente, sommo, sublime.

eccentricità [da *eccentrico*; a. 1313] **sf. 1.** lontananza dal centro: *l'eccentricità dei sobborghi residenziali* **2.** *T.geom.* e *T.astr.* eccentricità di una conica, rapporto delle distanze di un suo punto da un fuoco e dalla relativa direttrice, costante per tutti i punti della conica **3.** *fig.* stranezza, stravaganza, bizzarria: *vestiva con un'eccentricità sconveniente alla circostanza.*

eccèntrico (pl. *-ci*) [dal lat. medievale *eccentricus*, da *centrum*, centro; 1282] **I agg. 1.** lontano dal centro di una città, di una regione e sim.: *quartiere eccentrico, Vienna è in una posizione alquanto eccentrica rispetto ai confini attuali dell'Austria* **2.** *fig.* fuori del comune, stravagante: *abbigliamento eccentrico, abitudini eccentriche* **3.** *T.geom.* detto di figure contenute l'una nell'altra che non abbiano lo stesso centro: *cerchi eccentrici* || **eccentricaménte** **avv. 1.** in modo stravagante **2.** in posizione eccentrica **II sm. 1.** *T.mecc.* organo cilindrico, sferico, quadrato, a manovella ecc., il cui asse di rotazione è fuori del centro, usato nelle macchine per trasformare un moto rotatorio in uno rettilineo alternativo **2.** (f. *-a*) persona eccentrica, stravagante || *T.teatr.* artista di caffè concerto, fantasista || **N.** I **1.** *Sin.* laterale, marginale, periferico | *Contr.* centrale **2.** *Sin.* anomalo, bizzarro, curioso, inconsueto, originale, strano **3.** *Contr.* concentrico **II 1.** camma. **TAV.** *motori* 3.2.

ecceòmo V. ECCE HOMO.

eccepìbile [da *eccepire*; 1877] **agg.** che può essere messo in discussione || *T.giur.* *prova eccepibile*, contro cui si possono sollevare eccezioni || **N.** *Sin.* discutibile, opinabile | *Contr.* ineccepibile.

eccepìre (pres. *-ìsco, -ìsci*) [lat. *excipere*; 1791] **tr.** obiettare, avanzare dubbi, riserve: *non ho nulla da eccepire* || *T.giur.* sollevare eccezione || **N.** opporre, osservare, replicare, rilevare.

eccerpìre (pres. *-ìsco, -ìsci*) [dal lat. *excerpere*, con cambio di coniugazione; 1950] **tr.** *raro* scegliere, togliere singole parole o brani da un testo.

eccessività [da *eccessivo*; 1673] **sf.** l'essere eccessivo.

eccessìvo [da *eccesso*; 1354] **agg.** che eccede i termini dovuti; fuori luogo, al di là dell'accettabile: *spesa eccessiva, reazione eccessiva; era uno di que' rimedi eccessivi e inefficaci de' quali... si faceva tanto scialacquio* (Manzoni) || **eccessivaménte** **avv.** oltre misura || troppo, anche come modificatore di aggettivi: *eccessivamente costoso* || **N.** *Sin.* enorme, esagerato, esorbitante, smisurato, smodato, sproporzionato.

eccèsso [dal lat. *excessus*; a. 1306] **sm. 1.** superamento dei limiti consentiti: *eccesso di peso, eccesso di zelo* || *concr.* la parte che è in più: *abbiamo un eccesso di scorte alimentari che rallenta la marcia* || *T.giur.* *eccesso di difesa*, il reato di chi, pur agendo per legittima difesa, ha reagito in maniera sproporzionata all'aggressione subita **2.** superamento dei limiti della convenienza, comportamento inaccettabile, atto estremo: *la disperazione lo spinse a quell'eccesso* || *dare in eccessi*, in escandescenze || nella loc. avv. *all'eccesso*, eccessivamente, esageratamente, troppo: *timido all'eccesso* **3.** *T.mat.* *approssimazione per eccesso*, che si mantiene superiore ai valori reali || **N. 1.** *Sin.* abuso, esorbitanza, sovrabbondanza, sproporzione **2.** *Sin.* follia, intemperanza, smoderatezza **3.** *Contr.* difetto.

eccètera (ant. *et cetera*) [dal lat. *et cetera*, e le altre cose; a. 1342] **I avv.** e così via, e via di seguito; formula (spesso abbreviata in *ecc.*, o *etc.*, anche ripetuti due volte) che serve ad evitare di menzionare cose che già si conoscono, o che si ritiene superfluo elencare: *pane, vino, eccetera* **II** anche **sm.** *inv.*: *in questo contratto ci sono troppi eccetera da chiarire.*

eccètto [dal lat. *excēptus*, pps. di *excipere*, eccepire; sec. XIII] **I prep.** fuorché, tranne, salvo: *c'erano tutti, eccetto lui* || quando precede un infinito o un complemento indiretto si utilizza la loc. *eccetto che*: *mi trovo bene con tutti eccetto che con lui* **II** nella **loc. cong.** *eccetto che* (con il congiuntivo), a meno che, purché non (spesso seguita dal *non* pleonastico): *verrò a trovarti eccetto che non ne sia impedito.*

eccettuàbile [da *eccettuare*; 1865] **agg.** che

si può eccettuare: *questa non è una clausola eccettuabile.*

eccettuàre (pres. *-èttuo*; usato soprattutto nelle forme passive col *si*) [da *eccetto*; fine sec. XIII *excettuare*] **tr.** non comprendere nel numero, nella regola: *se eccettuate i pochi casi visti sopra, la regola si applica ovunque* || è freq. il pps. in costruzioni assolute col valore di *tranne*: *applaudirono tutti, eccettuati pochi irriducibili avversari* || **N.** *Sin.* escludere, esentare, prescindere da.

eccettuatìvo [da *eccettuare*; 1641] **agg.** che serve ad eccettuare.

eccettuazióne [da *eccettuare*; 1304] **sf.** *raro* eccezione, esclusione.

eccezionàle [dal fr. *exceptionnel*; 1848] **agg.** **1.** che costituisce un'eccezione: *autoveicolo per trasporti eccezionali* || *leggi eccezionali*, che ledono diritti tutelati dalla legislazione ordinaria e si applicano solo a situazioni di grave emergenza **2.** *per estens.* con valore genericamente superlativo, magnifico, grandissimo: *un'intelligenza eccezionale, sei stato eccezionale!*; *prezzi eccezionali*, convenientissimi || **eccezionalménte** **avv.** **1.** per eccezione, facendo un'eccezione: *eccezionalmente ho deciso di riceverti qui e non in ufficio* **2.** come modificatore di agg., straordinariamente, incredibilmente: *una donna eccezionalmente bella* || **N.** **1.** *Sin.* anomalo, insolito, speciale **2.** *Sin.* formidabile, singolare, straordinario.

eccezionalità [da *eccezionale*; 1956] **sf.** l'essere eccezionale: *l'eccezionalità della situazione.*

eccezióne [dal lat. *exceptio, -ōnis*; 1342] **sf.** **1.** l'atto e l'effetto dell'eccettuare: *non concedo prestiti, ma per te farò un'eccezione* || *costituire un'eccezione, fare eccezione*, essere fuori della norma || ciò che esce fuori dalle regole comuni: *regola che non ammette eccezioni*; *in via d'eccezione*, eccezionalmente; *senza eccezione*, in ogni caso || *prov. l'eccezione conferma la regola*, un caso particolare non toglie validità all'affermazione || *ad eccezione di*, tranne, fuorché || *d'eccezione*, straordinario, di grandissime qualità: *è un pittore d'eccezione* **2.** *T.giur.* argomentazione che si adduce contro un'azione giuridica: *sollevo eccezione d'incompetenza* **3.** *non com.* critica, censura: *non tollero eccezioni da lei*; *superiore a ogni eccezione*, irreprensibile || **N.** **1.** *Sin.* esclusione, limitazione; deroga, parzialità, riserva **2.** *Sin.* obiezione.

ecchìmoṣi o **ecchimòṣi** [dal gr. *ekchýmōsis*, travaso, attr. il fr. *ecchymose*; 1820] **sf.** *T.med.* macchia bluastra nella pelle prodotta da travaso di sangue in seguito a percossa o contusione || **N.** *Sin.* ematoma, livido.

ecchimòtico (pl. *-ci*) [da *ecchimosi*; 1925] **agg.** *T.med.* relativo a ecchimosi, proprio di ecchimosi: *chiazza ecchimotica.*

eccì o **etcì** o **etciù** [voce onomat.; 1956] onom. riproduce il suono di uno starnuto || anche *sm. si sentì un eccì proveniente dal ripostiglio.*

eccìdio (pl. *-di*) [dal lat. *excidium*; a. 1363] **sm.** strage compiuta con sistematica e spietata determinazione: *nella seconda guerra mondiale vi furono innumerevoli eccidi di civili* || **N.** *Sin.* carneficina, ecatombe, massacro, sterminio.

eccipiènte [dal lat. *excipiens, -entis*, ppr. di *excipere*, accogliere; 1892] **I agg.** *T.farm.* detto di sostanza farmacologicamente inattiva che serve a dare al medicamento una forma che ne favorisca la somministrazione **II sm.** sostanza eccipiente: *la vaselina è un eccipiente usato per le pomate.*

eccitàbile [dal lat. tardo *excitābilis*; a. 1855] **agg.** facile ad eccitarsi, che risente delle tensioni: *fantasia, carattere eccitabile* || **N.** *Sin.* emotivo, impressionabile | *Contr.* controllato, freddo, impassibile.

eccitabilità [da *eccitabile*; 1813] **sf.** **1.** facilità ad eccitarsi **2.** *T.biol.* proprietà degli organismi viventi di reagire all'azione dei diversi stimoli naturali.

eccitaménto [da *eccitare*; a. 1529] **sm.** **1.** l'eccitare, l'incitare: *eccitamento al vilipendio delle istituzioni*, reato punito dal codice penale **2.** ciò che eccita, stimolo || stato di tensione incontrollabile, eccitazione: *eccitamento sessuale* || **N.** **1.** *Sin.* incitamento, istigazione **2.** *Sin.* incentivo; esaltazione.

eccitànte (*ppr.* di *eccitare*) [1554 come agg.; a. 1831 come sm.] **I agg.** **1.** che provoca entusiasmo, tensione o turbamento emotivo: *uno spettacolo eccitante* **2.** detto di sostanza che stimola i centri nervosi, aumenta la reattività, la lucidità e la prontezza di riflessi **II sm.** sostanza eccitante: *il tè è un eccitante* || **N.** I **2.** *Sin.* stimolante, tonico | *Contr.* calmante, sedativo, tranquillante.

eccitàre (pres. *èccito*) [dal lat. *excitāre*; a. 1292] **tr.** **1.** accentuare la sensibilità di determinate facoltà psicofisiche: *eccitare la fantasia, l'aggressività, i sensi, l'ingegno* || porre in uno stato di agitazione e turbamento emotivo: *la notizia lo aveva alquanto eccitato*; *in part.* indurre un violento desiderio sessuale **2.** suscitare, provocare: *eccitare il riso* || *non com.* istigare: *eccitare alla rivolta* **3.** *T.fis. eccitare un sistema*, fornirgli energia dall'esterno || *in part. T.elettr.* generare il campo elettromagnetico induttore in dinamo o in macchine analoghe || **intr. pron.** agitarsi, impressionarsi || provare un forte desiderio sessuale || **N.** **tr.** **1.** *Sin.* accendere, aguzzare, destare, infiammare, risvegliare, spronare, stimolare; agitare, commuovere, elettrizzare, emozionare, esaltare, infervorare | *Contr.* acquietare, calmare, deprimere, rilassare, tranquillizzare **2.** *Sin.* attizzare, fomentare, promuovere; aizzare, incitare, spronare | *Contr.* spegnere; dissuadere.

eccitatìvo [da *eccitare*; 1585] **agg.** *raro* che ha capacità di eccitare.

eccitàto (*pps.* di *eccitare*) [1342] **agg.** **1.** che si trova in uno stato di grande agitazione e turbamento emotivo: *era molto eccitato dalla prospettiva di dover apparire in televisione* || *in part.* desideroso o smanioso di appagamento sessuale **2.** *T.fis. stato eccitato*, in meccanica quantistica, qualunque stato caratterizzato da un'energia maggiore di quella minima possibile per il sistema || **N.** **1.** *Sin.* agitato, emozionato, esaltato; arrapato, infoiato **2.** *Contr.* fondamentale.

eccitatóre [dal lat. tardo *excitātor, -ōris*; 1353 nel senso 1; 1834 nel senso 2] **I agg.** e **sm.** (f. *-trice*) che o chi eccita **II sm.** *T.tecn.* apparecchio che determina un'eccitazione elettrica || apparecchio che induce una vibrazione elastica in un corpo. **TAV.** *elettrotecnica* 2.2.

eccitatrìce [da *eccitare*; 1892] **sf.** *T.elettr.* macchina dinamoelettrica generatrice di corrente continua che fornisce l'energia necessaria per l'eccitazione dei poli degli alternatori delle macchine sincrone.

eccitazióne [dal lat. *excitātio, -ōnis*; sec. XV] **sf.** **1.** l'atto e l'effetto dell'eccitare: *eccitazione degli animi, della fantasia* **2.** lo stato di chi è eccitato: *eccitazione nervosa, sessuale* **3.** *T.fis.* processo per cui un sistema acquisisce energia: *eccitazione di un atomo*; *energia di eccitazione*, l'energia minima necessaria per permettere la transizione del sistema ad uno stato eccitato || *T.elettr.* formazione, mediante il passaggio di una corrente, del campo elettro-magnetico necessario al funzionamento di una macchina elettrica || **N.** **1.** *Sin.* esaltazione, incitamento, provocazione, sprone, stimolo **2.** *Sin.* accaloramento, agitazione, ebbrezza, inquietudine; desiderio, turbamento; fregola; orgasmo.

ecclèṣia [dal gr. *ekklēsía*; a. 1876] **sf.** *T.stor.* assemblea generale dei cittadini, nelle città-stato dell'antica Grecia.

ecclеṣiàle [da *ecclesia*, sul modello del fr. *ecclésial*; 1968] **agg.** che riguarda la chiesa e i fedeli che la compongono: *comunità ecclesiale.*

ecclеṣiàste [dal gr. *ekklēsiastḗs*, oratore; a. 1292 nel senso 2; 1865 nel senso 1] **sm.** **1.** *T.stor.* chi nell'antica Grecia prendeva parte all'ecclesia **2.** (con iniz. maiuscola) nome di uno dei libri dell'Antico Testamento in cui sono raccolte le massime di Salomone.

ecclеṣiasticìsta [da *ecclesiastico*; 1956] **s.** studioso, esperto di diritto ecclesiastico.

ecclеṣiasticità [da *ecclesiastico*; 1950] **sf.** l'essere ecclesiastico; qualità di ecclesiastico.

ecclеṣiàstico (pl. *-ci*) [dal lat. eccl. *ecclesiăsticus*, pertinente alla Chiesa, gr. *ekklēsiastikós*, pertinente all'assemblea; a. 1292] **I agg.** di Chiesa, appartenente alla Chiesa: *autorità ecclesiastica* || *prendere l'abito ecclesiastico*, abbracciare il sacerdozio || *diritto ecclesiastico*, ramo del diritto pubblico che regola la vita giuridica della Chiesa; *foro ecclesiastico*, che giudica le cause in materia ecclesiastica || *asse ecclesiastico*, il patrimonio confiscato alla chiesa e amministrato dallo Stato || **ecclеṣiasticaménte** **avv.** secondo le leggi e le dottrine della chiesa **II sm.** sacerdote, uomo di Chiesa || **N.** I *Sin.* chiesastico, ecclesiale, religioso | *Contr.* laico, mondano, secolare **II** *Sin.* prete, sacerdote | clero | *Contr.* laico. **Q.T.** *religione.*

ecclеṣiologìa [comp. del lat. *ecclēsia* e *-logia*; 1932] **sf.** la dottrina che concerne la natura e i caratteri fondamentali della Chiesa.

ecclеṣiològico (pl. *-ci*) [comp. del lat. *ecclēsia* e *-logo*; 1968] **agg.** che concerne l'ecclesiologia, che le è proprio.

ecclеṣiòlogo (pl. *-gi*) [comp. di *ecclesia* e *-logo*; 1968] **sm.** (f. *-a*) studioso, esperto di ecclesiologia.

ecclèttico **agg.** *raro* V. ECLETTICO.

ecclìmetro V. ECLIMETRO.

ecclìssi e der. forme ant. di ECLISSI e der. (v.).

ecclìttico e der. V. ECLITTICO e der.

ècco [lat. *eccum*; a. 1292] **I avv.** indica l'avvicinarsi o il mostrarsi improvviso d'una persona; serve anche per richiamare l'attenzione su qualcosa che si additi o si presenti, oppure su un discorso che s'inizia o si conclude: *ecco il babbo, ecco sopraggiungere il nemico, ecco il libro, ecco come stanno le cose* || le particelle pronominali *mi, ti, si, ci, vi, lo, la, li, le* si posspongono e uniscono a *ecco*: *eccole insieme, eccoci*; *eccoti il biglietto* || nella *loc. cong. quand'ecco*, per significare il sopraggiungere di cosa improvvisa: *ce ne andavamo passeggiando, quand'ecco sbucò fuori un cane* || seguito da participio passato indica che l'azione espressa dal verbo è stata compiuta: *ecco fatto, eccoci arrivati* **II escl.** come intercalare pleonastico, può essere rafforzativo, o anche indicare esitazione: *ecco, te l'avevo detto!*; *se devo dire la verità, ecco, un litigio c'è stato, ma...*

eccóme (raro *e cóme*) [comp. di *e* e *come*; 1842] **avv.** certamente, senz'ombra di dubbio, spec. con valore di profrase: *mangia? eccome!*; *ti sei divertito? eccome!*

ecdèmico (pl. *-ci*) [dal gr. *ékdēmos*, che è fuori del territorio, estraneo; 1892] **agg.** detto di malattia che non dipende dalle influenze ambientali della regione in cui si verifica || **N.** *Contr.* endemico.

ecdòtica [dal gr. *ékdotos*, edito; 1956] **sf.** nella preparazione delle edizioni critiche, critica dei testi, filologia testuale. **Q.T.** *filologia...*

ecdòtico (pl. *-ci*) [da *ecdotica*; 1956] **agg.** proprio dell'ecdotica, relativo all'ecdotica.

ècfora [dal lat. tardo *ecphora*, gr. *ekphorá*, sporto; 1834] **sf.** *T.arch. non com.* aggetto, sporto.

echeggiaménto [da *echeggiare*; 1882] **sm.** un echeggiare continuo || *fig.* riecheggiamento, ripresa di motivi già conosciuti.

echeggiàre (pres. *-éggio*) [da *eco*; a. 1638] ***intr.*** (aus. *avere* ed *essere*) risuonare per eco o come eco: *la sala echeggiò di applausi, di grida entusiastiche* || ***tr.*** *fig.* evocare sulla base di qualche affinità: *un sonetto che echeggia motivi stilnovistici* || imitare, ricalcare || **N.** ***intr.*** *Sin.* rimbombare, risuonare | ***tr.*** *Sin.* riecheggiare.

echéggio (pl. *-gi*) [da *echeggiare*; a. 1828] ***sm.*** *raro* l'echeggiare.

Echeneifórmi (sing. *-e*) [comp. del lat. *echenēis*, remora e *-forme*; 1965] ***sm. pl.*** *T.zool.* ordine di pesci marini che si attaccano ad altri pesci mediante un disco adesivo posto sul capo || **N.** remora.

echèo [dal lat. *echēa* pl., gr. *ēchêion*; 1679] ***sm.*** *T.stor.* vaso di rame che i Greci e i Romani mettevano nei teatri perché la voce degli attori vi si ripercuotesse e risuonasse più forte.

èchide [dal gr. *échis, -idos*, serpente; 1951] ***sm.*** vipera africana molto velenosa di color grigio con macchie biancastre.

echìdna [dal gr. *échidna*, vipera; 1828] ***sf.*** *T.zool.* genere di mammiferi Monotremi che vivono in Australia.

echidnìna [comp. del gr. *écidna*, vipera e *-ina*; 1865] ***sf.*** *T.chim.* principio attivo del veleno dei serpenti.

echinàto [dal lat. *echinatus*, spinoso; a. 1730] ***agg.*** *T.bot.* rivestito di piccole sporgenze appuntite simili a spine (come ad es. il riccio delle castagne).

echìno [dal lat. *echīnus*, gr. *echînos*, riccio di mare; a. 1452] ***sm.*** **1.** riccio di mare **2.** *T.arch.* nel capitello, ovolo. **TAV. *architettura* p. 646** 2.2, 4.1.

èchino- [dal gr. *echînos*, riccio] ***primo elem.*** che, in parole composte della terminologia zoologica, vale "riccio" (per es. *echinococco, echinoderma*).

echinocòcco (pl. *-chi*) [comp. di *echino-* e *-cocco*; 1820] ***sm.*** *T.zool.* genere di vermi Platelminti, sim. alla tenia, parassiti di vari mammiferi.

echinococcòsi [comp. di *echinococco* e *-osi*; 1922] ***sf.*** *T.med.* formazione di grosse cisti nel fegato o in altri organi di alcuni mammiferi, compreso l'uomo, a causa dell'insediamento delle larve di echinococco.

Echinodèrmi [comp. di *echino-* e *-derma*; 1820] ***sm. pl.*** *T.zool.* tipo di animali marini di forma stellata o cilindrica, con scheletro a piastrelle calcaree || **N.** asteroidi, oloturie, ricci di mare, stelle di mare. **Q.T.** *zoologia* **TAV. *zoologia* p. 1344**.

Echinoidèi [comp. di *echino-* e *-oidei*; 1965] ***sm. pl.*** *T.zool.* classe di Echinodermi, a cui appartiene il riccio di mare.

èchio (pl. *èchi* o *èchii*) [dal gr. *échion*; 1562] ***sm.*** pianta erbacea che presenta peli ruvidi e fiori di color azzurro.

echistotèrmo [comp. del gr. *hḗkistos*, minimo e *-termo*; 1956] ***agg.*** *T.bot.* detto della flora che cresce oltre il limite di altitudine e di latitudine della vegetazione arborea.

Echiuroidèi [comp. del gr. *échis*, vipera, *-uro*[2] e *-oidei*; 1951] ***sm. pl.*** *T.zool.* complesso di animaletti che vivono nel fango marino, muniti di proboscide per ingerire il nutrimento.

ecìdio (pl. *-di*) [dal gr. *oikúdion*, casetta; 1834] ***sm.*** *T.bot.* corpo fruttifero dei funghi Basidiomiceti Uredinali, che causa la ruggine nei cereali di cui il fungo è parassita.

eclampsìa [dal gr. *éklampsis*, attr. il fr. *éclampsie*; a. 1806 *eclamsia*] ***sf.*** *T.med.* malattia caratterizzata da violenti spasmi muscolari, dovuta a varie cause || **N.** convulsioni.

eclàmptico (pl. *-ci*) [da *eclampsia*; 1932 *eclampsico*] **I** ***agg.*** *T.med.* proprio di o causato da eclampsia || che presenta eclampsia **II** ***sm.*** (f. *-a*) *T.med.* chi è affetto da eclampsia.

eclatànte [dal fr. *éclatant*, ppr. di *éclater*, scoppiare; 1963] ***agg.*** evidente; che si manifesta con chiarezza, rivelando la sua vera natura: *è un esempio eclatante di follia!* || che stupisce, che sbalordisce, sorprendente: *un successo eclatante* || **N.** *Sin.* clamoroso.

eclетticità [da *eclettico*; 1975] ***sf.*** l'essere eclettico: *eclетticità di (o nei) metodi di ricerca.*

eclèttico (pl. *-ci*) [dal gr. *eklektikós*, attr. il fr. *éclectique*; 1806] **I** ***agg.*** *T.fil.* che segue l'eclettismo in filosofia || *per estens.* che spazia in campi differenti nel sapere: *ingegno eclettico, formazione eclettica*; che attinge a metodi, princìpi, scuole differenti: *un pensatore, uno stile eclettico* || **eclетticaménte** ***avv.*** **II** ***sm.*** (f. *-a*) *T.fil.* seguace dell'eclettismo || chi si dedica con successo ad attività diverse || **N.** I *Sin.* versatile; composito, eterogeneo.

eclettìsmo [dal fr. *éclectisme*; 1829] ***sm.*** *T.fil.* atteggiamento filosofico diffuso nel periodo ellenistico, in cui coesistevano dottrine platoniche, aristoteliche, stoiche e scettiche || *in gen.* ogni sistema filosofico che risulta da un insieme di dottrine derivate da differenti sistemi e coordinate armonicamente tra loro || *per estens.* in una qualunque attività culturale, tendenza ad ispirarsi a fonti, princìpi, metodi, stili differenti cercando di fonderli in modo organico || talvolta con connotazione negativa, mancanza di rigore, dispersione || **N.** sincretismo.

eclìmetro o **ecclìmetro** [comp. del gr. *ékklima*, movimento laterale e di *-metro*; 1865] ***sm.*** *T.top.* strumento topografico per misurare l'angolo di una visuale rispetto al'orizzonte.

eclissaménto [da *eclissare*; 1797] ***sm.*** *non com.* l'atto e l'effetto dell'eclissare e dell'eclissarsi; *più com. fig.*: *l'eclissamento dei finanziatori*, la loro scomparsa.

eclissàre [da *eclissi*; 1321] ***tr.*** **1.** rif. a corpi celesti, rendere invisibile per un fenomeno di eclissi: *tra pochi minuti la Luna eclisserà il Sole* **2.** *per estens.* offuscare con la propria luminosità: *il sole eclissa le stelle* || *più com. fig.* sovrastare con la propria fama, far passare in secondo piano: *la gloria di Giotto eclissò quella di Cimabue* || ***intr. pron.*** **1.** diventare invisibile per eclissi **2.** *per estens.* svanire; spec. *fig.*, detto di persone, andarsene furtivamente: *il guru si è eclissato con il patrimonio affidatogli dai suoi seguaci* || **N.** ***tr.*** **2.** *Sin.* cancellare, oscurare | ***intr. pron.*** **2.** *Sin.* sparire; defilarsi, filarsela.

eclìssi o **eclìsse** [dal lat. *eclipsis*, gr. *ékleipsis*; 1282 *eclipsi*] ***sf.*** (raro ***sm.***) **1.** oscuramento temporaneo della luce di un corpo celeste, per interposizione di un altro: *eclissi di Sole*, quando la Luna si interpone tra la Terra e il Sole rendendo quest'ultimo totalmente o parzialmente invisibile in determinate regioni del pianeta; *eclissi di Luna*, quando è la Terra a sottrarre la Luna ai raggi del Sole **2.** *fig. eclissi della coscienza*, perdita temporanea della coscienza || periodo oscuro, di scarso successo: *un cantante tornato sulla cresta dell'onda dopo anni di eclissi* || **N.** **1.** totale, parziale, anulare; immersione, emersione. **Q.T.** *astronomia* **TAV. *astronomia* p. 656** 1.

eclìttica [f. sost. di *eclittico*; a. 1565] ***sf.*** *T.astr.* **1.** orbita ellittica descritta dal centro della Terra nel suo moto annuo attorno al Sole: *piano dell'eclittica* **2.** traiettoria annua apparente descritta dal Sole sulla sfera celeste; è un circolo massimo, che taglia le costellazioni dello Zodiaco || **N.** **1.** rivoluzione | afelio, perielio. **TAV. *astronomia* p. 656** 6.2.

eclìttico (pl. *-ci*) [dal lat. tardo *eclīpticus*, gr. *ekleiptikós*; 1282 *encliptico*] ***agg.*** *T.astr.* **1.** dell'eclissi **2.** dell'eclittica: *coordinate eclittiche*, longitudine e latitudine celeste.

ècloga v. EGLOGA.

ecmnesìa [comp. del gr. *ek*, fuori, e *-mnesia*; 1956] ***sf.*** *T.psic.* anomalia dei processi di memorizzazione, per cui il passato viene rivissuto come presente.

ecmnèstico (pl. *-ci*) [da *ecmnesia*; 1956] ***agg.*** *T.psic.* relativo a ecmnesia, proprio di ecmnesia: *delirio ecmestico, tracce ecmnestiche.*

èco (pl. *èchi*) [dal lat. *ēcho*, gr. *ēchṓ*; a. 1320 *ecco*] ***sf.*** o ***sm.*** ma al plurale sempre *m.* **1.** fenomeno acustico dovuto alla riflessione delle onde sonore contro un ostacolo sufficientemente lontano, per cui un suono viene nuovamente percepito dopo un certo tempo nel punto di emissione: *ascoltare, svegliare gli echi del monte*; *eco doppia, tripla*, nel caso di riflessioni multiple || *raro* il luogo in cui si verifica l'eco || *T.mus.* ripetizione immediata di un motivo o di una frase musicale con minore intensità (eventualmente variando il timbro), tecnica frequente nella musica rinascimentale e barocca || *far l'eco*, ripetere per burla o per beffa le ultime parole o le ultime lettere delle parole che qualcuno va dicendo || *fig. fare eco a qualcuno*, imitarlo, pedissequamente, approvare ogni suo atto con intenti adulatori **2.** *per estens.* qualunque fenomeno analogo che riguarda onde non acustiche: *in part.* nelle telecomunicazioni, il fenomeno della molteplicità dei percorsi delle onde elettromagnetiche nella ionosfera, che può dar luogo alla ricezione di segnali di disturbo sfalsati rispetto a quelli principali (*immagini d'eco*) **3.** *fig.* l'insieme dei commenti suscitati da un fatto o da una notizia: *quell'articolo di giornale ha sollevato molta eco* || seguito, risonanza: *gli scritti di Freud hanno avuto larga eco* || *echi di cronaca*, titolo di pagine di giornale dedicate a notizie varie e curiosità, o ad avvisi a pagamento **4.** artificio letterario che consiste nel ripetere al termine di un verso le ultime parole o sillabe, come risposta di un'eco alla domanda contenuta in quel verso (come nel verso di Poliziano *Che fai tu, Eco, mentre io ti chiamo? Amo*) || **N.** **1.** echeggiare.

èco- [dal gr. *ôikos*, casa, abitazione] ***primo elem.*** che, in parole composte della terminologia scientifica, vale "ambiente naturale" (per es. *ecologia, ecosistema, ecotipo*) || in alcuni composti recenti, in part. della lingua politica, perlopiù effimeri, è abbreviazione di "ecologia", "ecologico" (per es. *ecodeputato*, cioè deputato eletto nelle liste del movimento ecologista; *ecosocialista*, socialista interessato ai problemi dell'ambiente). **Q.T.** *ecologia.*

ecocardiografìa [comp. di *eco* e *cardiografia*; 1983] ***sf.*** *T.med.* metodo di esame del muscolo cardiaco o delle lesioni vascolari, mediante l'impiego di ultrasuoni.

ecocardiogràfico (pl. *-ci*) [da *ecocardiografia*; 1983] ***agg.*** *T.med.* relativo a ecocardiografia, proprio di ecocardiografia: *esame ecocardiografico.*

ecocatàstrofe [comp. di *eco-* e *catastrofe*; 1971] ***sf.*** disastro di vaste proporzioni che colpisce l'ambiente.

ecocìdio (pl. *-di*) [comp. di *eco-* e *-cidio*; 1973] ***sm.*** distruzione di un ambiente naturale attuata con un intento e una volontà precisi.

ecoclìma [comp. di *eco-* e *clima*; 1972] ***sm.*** il clima come fattore ecologico || le effettive condizioni climatiche di un habitat.

ecofobìa [comp. di *eco-* e *-fobia*; 1951] ***sf.*** *T.med.* paura ossessiva di rimanere soli in casa.

ecogoniòmetro [comp. di *eco* e *goniometro*; 1948] ***sm.*** strumento atto a localizzare i corpi immersi per mezzo degli ultrasuoni || **N.** *Sin.* sonar.

ecografìa [comp. di *eco* e *-grafia*; 1975] ***sf.*** **1.** *T.med.* tecnica diagnostica, basata sulla rilevazione dell'eco di onde ultrasoniche ad alta frequenza inviate sull'organo da esaminare: *con l'ecografia si possono rilevare le condizioni del feto nel grembo materno* **2.** *T.psic.* ripetizione meccanica e passiva di segni grafici || **N.** **1.** *Sin.* sonografia.

ecogràfico (pl. *-ci*) [da *ecografia*; 1983] ***agg.***

T.med. e *T.psic.* relativo all'ecografia, proprio dell'ecografia.

ecògrafo [comp. di *eco* e *-grafo*; 1980] ***sm.*** **1.** *T.mar.* ecometro munito di un dispositivo di registrazione **2.** *T.med.* apparecchiatura impiegata per l'ecografia.

ecogràmma [comp. di *eco* e *-gramma*; 1973] ***sm.*** diagramma tracciato da un ecografo.

ecolalìa [comp. di *eco* e *-lalia*, sul modello del ted. *Echolalie*; 1890] ***sf.*** **1.** tendenza a ripetere, nella lingua parlata, una o più parole della frase appena pronunciata (per es. *vorrei ben vedere, vorrei*) **2.** *T.med.* forma di alcune malattie mentali, che consiste nella ripetizione da parte del malato di parole proferite in sua presenza da altri.

ecologìa [comp. di *eco-* e *-logia*; 1911] ***sf.*** **1.** *T.scient.* studio della vita degli organismi animali o vegetali rispetto all'ambiente **2.** con uso improprio ma diffuso, equilibrio ambientale: *gli scarichi di quella fabbrica sono un pericolo per l'ecologia della zona.* **Q.T.** *ecologia, geografia.*

ecològico (pl. *-ci*) [da *ecologia*; 1892] ***agg.*** **1.** dell'ecologia, che riguarda l'ecologia ‖ *equilibrio ecologico*, il complesso dei rapporti e delle interdipendenze reciproche tra l'uomo e le specie animali e vegetali che consente il mantenimento dell'ambiente naturale ‖ *operatore ecologico*, denominazione ufficiale e burocratica degli addetti alla nettezza urbana **2.** con uso improprio, ma frequente spec. nel linguaggio dei giornali, che non inquina, che non nuoce all'ambiente: *benzina ecologica*; *sacchetti ecologici*, biodegradabili; *pelliccia ecologica*, sintetica ‖ **ecologicaménte** ***avv.*** dal punto di vista ecologico. **Q.T.** *ecologia.*

ecologìsmo [da *ecologia*; 1981] ***sm.*** l'ideologia e l'attività di chi si impegna a difesa dell'ambiente.

ecologìsta [da *ecologia*; 1971] ***s.*** **1.** chi si impegna, spec. a livello politico, nella difesa dell'ambiente da ogni tipo di inquinamento **2.** studioso di ecologia ‖ **N. 1.** *Sin.* ambientalista, verde. **Q.T.** *ecologia.*

ecòlogo (pl. *-gi*) [da *ecologia*; 1956] ***sm.*** (f. *-a*) studioso di ecologia.

ecometrìa [comp. di *eco* e *-metria*, come il fr. *échometrie*; 1986] ***sf.*** negli studi oceanografici, tecnica di misurazione dei rilievi sottomarini basata sull'uso di strumenti acustici.

ecòmetro [comp. di *eco* e *-metro*; 1934] ***sm.*** scandaglio marino basato sugli ultrasuoni.

economàto [da *economo*, sul modello del fr. *economat*; 1745] ***sm.*** **1.** carica dell'economo **2.** luogo in cui si trova l'ufficio dell'economo; *più com.* dipartimento di un ente che si occupa dall'acquisto dei materiali di consumo necessari al suo funzionamento ‖ *economato dei benefici vacanti*, ufficio governativo che amministrava le rendite ecclesiastiche durante la vacanza del beneficio.

econometrìa [dall'ingl. *econometry*; 1942] ***sf.*** *T.econ.* branca dell'economia che utilizza metodi matematici e statistici.

econométrico (pl. *-ci*) [da *econometria*; 1956] **I** ***agg.*** relativo all'econometria, proprio dell'econometria **II** ***sm.*** (f. *-a*) econometrista.

econometrìsta [da *econometria*; 1956] ***s.*** studioso di econometria.

economìa [dal lat. *oeconomia*, gr. *oikonomía*; a. 1540] ***sf.*** **1.** impiego razionale delle risorse a disposizione per ottenere il miglior risultato: *economia domestica*, la gestione della casa e degli interessi della famiglia; *economia aziendale*, l'amministrazione di un'azienda ‖ *fig.* organizzazione complessiva, spec. di mezzi in vista di un fine: *questi temi hanno un grande rilievo nell'economia generale del romanzo* **2.** risparmio: *fare economia* ‖ *lavori in economia*, gestiti direttamente senza intermediari ‖ *concr.* (solo *pl.*) denaro risparmiato: *investire le proprie economie* **3.** l'insieme dei meccanismi e dei criteri con cui il reddito viene acquisito e distribuito nell'ambito di determinati tipi di società: *economia di scambio*, che consente il commercio; *economia di sussistenza*, in cui i pochi beni prodotti sono direttamente utilizzati dalla comunità ristretta che li produce e gli scambi sono ridotti; *economia aperta*, caratterizzata da scambi liberi; *chiusa*, contraddistinta da scambi confinati all'interno di uno Stato o di una regione limitata; *economia curtense*, tipica della società feudale, dove gli scambi erano limitati all'interno del feudo ‖ *economia di mercato*, che privilegia la libera iniziativa del singolo; *economia mista*, in cui coesistono l'iniziativa privata e l'attività imprenditoriale dello Stato; *economia collettivistica*, in cui lo Stato come espressione della collettività controlla tutte le attività economiche, lasciando uno spazio minimo all'iniziativa privata; *economia pianificata, protezionistica, capitalistica, socialista*, v. i rispettivi sostantivi (PIANIFICAZIONE, PROTEZIONISMO ecc.) **4.** il complesso delle attività produttive e commerciali di una nazione o di un'area geografica: *l'economia italiana presenta sintomi di miglioramento* **5.** *economia politica* (o semplicemente *economia*), la scienza che studia i meccanismi di produzione e distribuzione delle ricchezze ‖ **N. 1.** *Sin.* amministrazione, conduzione, gestione **2.** *Sin.* parsimonia | *Contr.* prodigalità, sperpero **3.** capitalismo, collettivismo, liberismo, mercantilismo, protezionismo, socialismo; nazionalizzazione, pianificazione, programmazione, statalizzazione. **Q.T.** *economia...*

econòmica [f. sost. di *economico*; sec. XIV] ***sf.*** *raro* l'insieme delle scienze che studiano il fatto economico.

economicìsmo [da *economico*; 1963] ***sm.*** v. ECONOMISMO.

economicità [da *economico*; 1968] ***sf.*** **1.** conformità ai principi dell'economia: *economicità di una legge* **2.** convenienza a livello economico.

econòmico (pl. *-ci*) [dal lat. *oeconomicus*, gr. *oikonomikós*; 1550] ***agg.*** **1.** che concerne l'economia: *dottrine economiche, politica, crisi economica* ‖ *annuncio economico*, inserzione in un giornale allo scopo di mettere in comunicazione le persone interessate a una determinata operazione **2.** che costa poco, che consente di risparmiare: *tariffa economica*; *cucina economica*, che consente un alto rendimento del combustibile, utilizzando il calore prodotto anche per il riscaldamento ‖ **economicaménte** ***avv.*** **1.** dal punto di vista dell'economia **2.** con poca spesa, con parsimonia ‖ **N. 2.** *Sin.* a buon mercato, conveniente | *Contr.* caro, costoso, dispendioso; antieconomico.

economìsmo o **economicìsmo** [da *economia*; a. 1876] ***sm.*** *T.fil.* ogni teoria che conferisce all'economia un'importanza preponderante tra le attività umane ‖ nel movimento socialista, ogni posizione che limita la lotta di classe alle rivendicazioni economiche.

economìsta [da *economia*, sul modello del fr. *économiste*; 1775] ***s.*** studioso di economia politica. **Q.T.** *economia...*

ECOLOGIA

RIPARTIZIONE DELLA MATERIA: autoecologia, mesologia, sinecologia (descrittiva, funzionale); ecologia aerea, ecologia terrestre, idrobiologia, speleobiologia; biocenologia, zoosociologia; ecologia animale, ecologia umana, ecologia vegetale.

FATTORI AMBIENTALI: acqua, anidride carbonica, demografia, fuoco, gravità, luce, ossigeno, pH, piovosità, pressione, salinità, temperatura, umidità, vento.

RAPPORTI FRA ORGANISMI: addomesticamento, aggregazione, allelopatia, amensalismo (antagonismo, antibiosi, competizione diretta), biocenosi (associazione, bioma, comunità, sinusia), climax (ciclico, climatico, disclimax, edafico, subclimax antropogeno, stazionale), coazione, coesistenza, competizione (interspecifica, intraspecifica), concorrenza, cooperazione, dipendenza, dominanza, interazione (negativa, positiva), interferenza (competizione attiva), mutualismo, neutralismo, parassitismo, predazione, raggruppamento, selezione (artificiale, di gruppo, naturale), sfruttamento (competizione passiva), simbiosi, tropismo.

TIPOLOGIE COMPORTAMENTALI DEGLI ORGANISMI: acclimatazione, adattamento morfologico (allotropia, ciclomorfosi), autolisi, coevoluzione, emigrazione, evoluzione, immigrazione, insediamento, istinto, nicchia ecologica, omeostasi, spostamento.

DANNEGGIAMENTO AMBIENTALE: abusivismo edilizio, acque di fogna, armi nucleari, avvelenamento, boomerang ecologico, bracconaggio, caccia, coltivazione intensiva, concime chimico, DDT, detrito (inorganico, organico), dilavamento, disboscamento, discarica, effetto serra, energia atomica, erbicida, erosione, estinzione della specie, fertilizzante, fognatura, frana, incendio, industrializzazione, inquinamento, insetticida, moria, pesca, pesticida, radiazione, radioisotopo, rifiuti, risorse (esaurimento, distribuzione), siccità, smog, spreco energetico, tossicità.

DIFESA DELLA NATURA: allevamento, biodegradabilità, colture biologiche, concime organico, depurazione, desalinizzazione, incanalamento dei corsi d'acqua, inceneritore, irrigazione, legislazione protezionistica, parco nazionale, pianificazione urbanistica, protezione della specie, riciclaggio, riforestazione, ripopolamento, riserve naturali, risorse naturali (conservazione, gestione), risparmio energetico, rivoluzione verde, salute ambientale, salvaguardia, tutela del paesaggio.

PERSONE: ambientalista, animalista, ecologista, ecologo, verde.

VOCI ATTINENTI: allopatria, animale, biofago, biomassa, biosfera, biosistema, biota, biotopo, catena alimentare, ciclo (biogeochimico, idrico, organico), consumatore, decompositore, decomposizione, detritivoro, ecoclima, ecosfera, ecosistema, ecotipo, essere vivente, fattore (biotico, abiotico), fauna, fenotipo, flora, flusso energetico, fotosintesi, genotipo, individuo, livello trofico, macrobiota, macroconsumatore (fagotrofo), macrorganismo, mesobiota, microbiota, microconsumatore (osmotrofo, saprotrofo), microrganismo, natura, organismo (aerobico, anaerobico, autotrofo, eterotrofo), pianta, piramide ecologica, popolazione, razza, simpatria, sostanza (inorganica, organica), speciazione, specie, successione (allogena, autogena, autotrofa, eterotrofa, primaria, secondaria), zonazione.

economizzàre [dal fr. *économiser*; 1798] ***tr.*** usare con parsimonia, ridurre il consumo di qualcosa: *economizzare le risorse energetiche* || ***intr.*** (aus. *avere*) far economia, risparmiare: *economizzare sul vitto* || **N.** RISPARMIARE.

economizzatóre [da *economizzare*, sul modello dell'ingl. *economizer*, 1897 nel senso 2] ***sm.*** **1.** (f. *-trìce*) *non com.* chi economizza **2.** *T.tecn.* ciascuno di vari dispositivi utilizzati per diminuire il consumo di energia, combustibile o di carburante: *l'economizzatore della lavatrice*.

ecònomo [dal lat. tardo *oeconomus*; a. 1580] **I** ***sm.*** (f. *-a*) chi amministra i beni e le rendite altrui || chi ha cura di provvedere del necessario un dicastero o altro ente e fare le spese occorrenti **II** ***agg.*** che risparmia, che sa fare economie: *è una donna molto economa* || **N.** **I** *Sin.* amministratore **II** *Sin.* parsimonioso, risparmiatore | *Contr.* scialacquatore, sprecone.

ecoprassìa [comp. di *eco* e di un der. del gr. *prâxis*, azione; 1905] ***sf.*** *T.med.* ripetizione automatica, da parte di alcuni malati, dei gesti di chi li circonda.

ecoscandàglio (pl. *-gli*) [comp. di *eco* e *scandaglio*; 1965] ***sm.*** *T.mar.* ecometro.

ecosfèra [comp. di *eco-* e *sfera*; 1974] ***sf.*** *T.geogr.* lo strato dell'atmosfera più vicino alla crosta terrestre, nel quale può prosperare la vita.

ecosistèma [comp. di *eco-* e *sistema*; 1971] ***sm.*** unità ecologica di base composta da un determinato ambiente, dagli organismi animali e vegetali che in esso vivono, dai fenomeni chimici e fisici che vi si verificano e dalle loro reciproche interazioni || **N.** *Sin.* biosistema. **Q.T.** *ecologia*.

ecostràge [comp. di *eco-* e *strage*; 1971] ***sf.*** disastro ecologico che investe una o più specie animali o vegetali, causato dall'intervento dell'uomo o dalla degradazione dell'ecosistema.

ecotìpo [comp. di *eco-* e *tipo*; 1956] ***sm.*** *T.biol.* detto di ciascuna delle forme distinte che alcune specie animali e vegetali possono assumere a seconda dell'habitat.

écru (fr., pr. [e'kry]) [letter. crudo; 1905] **I** ***agg.*** *inv.* (sempre posposto) greggio, crudo, detto di stoffa o filato che conserva il suo colore originale **II** ***sm.*** il colore del tessuto greggio: *d'estate spesso va di moda l'écru*.

ectasìa o **ettasìa** [dal lat. *ectasis*, gr. *éktasis*, allungamento; a. 1920] ***sf.*** **1.** *T.med.* estensione, dilatazione di un vaso, di un canale o di un qualunque organo cavo **2.** *T.metr.* diastole.

ectipografìa [dall'ingl. *ectypography*; 1892] ***sf.*** stampa in rilievo per i ciechi, che viene letta facendovi scorrere sopra i polpastrelli || **N.** scrittura Braille.

ectlìpsi [dal lat. tardo *ecthlipsis*, gr. *ékthlipsis*, lo spremer fuori; 1970] ***sf.*** *T.ling.* *raro* caduta di un suono, o di un gruppo di suoni, perlopiù consonantici, all'interno di una parola || **N.** sincope.

ècto- [dal gr. *ektós*, esterno] ***primo elem.*** che, in parole composte della terminologia scientifica, vale "esterno" (per es. *ectoderma*, *ectoplasma*).

ectoblàstico (pl. *-ci*) [da *ectoblasto*; 1983] ***agg.*** *T.anat.* proprio dell'ectoblasto, relativo all'ectoblasto.

ectoblàsto [comp. di *ecto-* e *-blasto*; 1956] ***sm.*** *T.anat.* ectoderma.

ectodèrma [comp. di *ecto-* e *-derma*; 1932] ***sm.*** **1.** *T.anat.* nei Metazoi, strato esterno delle cellule dell'uovo fecondato, allo stadio di gastrula, che presenta già il tubo neurale **2.** *T.zool.* strato di cellule che copre la parte esterna del corpo dei Celenterati.

-ectomìa [dal gr. *ektomḗ*, resezione] ***elem. term.*** che, in parole composte della terminologia medica, vale "asportazione (dell'organismo indicata dal primo elem. del composto)" (per es. *tonsillectomia*). **Q.T.** *chirurgia*.

ectopìa [dal gr. *éktopos*, che è fuori, come il fr. *ectopie*; 1797] ***sf.*** *T.med.* posizione anormale congenita di un organo: *ectopia renale*, *testicolare*.

ectòpico (pl. *-ci*) [da *ectopia*; 1929] ***agg.*** *T.med.* detto di organo congenitamente collocato in posizione anomala: *utero ectopico*; *gravidanza ectopica*, gravidanza che si svolge fuori dall'utero.

ectoplàsma [comp. del gr. *ektós*, esterno e *-plasma*; 1906 nel senso 1; 1932 nel senso 2] ***sm.*** **1.** *T.biol.* la parte esterna degli organismi monocellulari (in opposizione a *endoplasma*) **2.** secondo gli adepti dell'occultismo, speciale sostanza che, in determinate condizioni, promanerebbe dal corpo di un medium.

ectoplasmàtico (pl. *-ci*) [da *ectoplasma*; 1956] ***agg.*** che concerne l'ectoplasma.

ECU (pr. ['ɛku] o [e'ku]) [acronimo di *E*uropean *C*urrency *U*nit, unità di conto europea; 1983] ***sm.*** *inv.* *T.econ.* unità monetaria adottata dal Sistema Monetario Europeo (SME) per gli scambi commerciali tra i paesi della Comunità Economica Europea, detta an-

ECONOMIA E FINANZA

ECONOMIA.

ECONOMIA E MARKETING: allocazione, articolo civetta, asta, baratto, bene, bisogno, boicottaggio, consumismo, capitale, costi (di acquisizione, di adeguamento, di informazione, di ricerca, generali), costo (dei contratti, della domanda, di opportunità), disoccupazione, distribuzione, disutilità, domanda, elasticità (della domanda, dell'offerta), equilibrio, forze di mercato, imprenditore, inflazione, interesse, *know how*, lavoro, marchio di fabbrica, mercato (al rialzo, al ribasso, a pronti, a termine, dei prodotti di base, libero, nero, secondario), merce, moneta, occupazione, offerta, periodo (breve, lungo), prezzo, processo produttivo, profitto, quota di mercato, reddito, rendita, ricchezza, ricerca di mercato, rischio, *royalty*, salario, scambio, speculazione, utilità, valore, vendita (a rate, in contanti).

DISCIPLINE ECONOMICHE E POLITICO-ECONOMICHE: econometria, economia (agraria, aziendale, dei trasporti, del benessere, dell'ambiente, della salute, del lavoro, dell'istruzione, industriale, internazionale, monetaria), economia politica (agraria, aziendale ecc.), scienza delle finanze, storia del pensiero e dell'analisi economica, teoria dello sviluppo economico.

SISTEMI ECONOMICI: aperto, chiuso; di crescita, stazionario; collettivistico o pianificato, controllato, di mercato o liberistico o capitalistico, dualistico, maturo, misto; agricolo, artigianale, commerciale, del sottosviluppo, di guerra, domestico, industriale, monetario, reale.

SISTEMI ECONOMICI E POLITICHE ECONOMICHE: autarchia, capitalismo, collettivismo, comunismo, cooperativismo, corporativismo, *deregulation*, dirigismo, *guidelines*, imperialismo, *laissez faire*, liberismo, libero scambio, mercantilismo, mercato libero, municipalizzazione, nazionalizzazione, neocapitalismo, neocorporativismo, neoliberismo, paleocapitalismo, partecipazione, pianificazione, piano, politica (dei redditi, fiscale, monetaria), privatizzazione, programmazione, protezionismo, razionamento, sindacalismo, socialismo, statalismo, *welfare state*.

FORME DI MERCATO: concorrenza (atomistica, imperfetta o monopolistica, libera, perfetta), duopolio, duopsonio, monopolio, monopsonio, oligopolio, oligopsonio.

VOCI ATTINENTI: *antitrust*, barriera all'entrata, cartello, differenziazione del prodotto, discriminazione del prezzo, domanda (aggregata, effettiva), elasticità, esternalità, impresa (atomistica; grande, multinazionale, piccola, pubblica; barometrica, leader), *moral hazard*, ofelimità, omogeneità del prodotto, *pool*, prezzo (amministrato, concorrenziale, libero, politico, sorvegliato; di esclusione), rigidità, trasparenza del mercato, *trust*.

SCUOLE ECONOMICHE: classica, fisiocratica, keynesiana, marginalista, marxista, mercantilista, monetarista o neoquantitativa, neoclassica, neokeynesiana.

METODI DI ANALISI ECONOMICA: statica, statica comparata, dinamica, dinamica comparata.

SOGGETTI ECONOMICI: famiglia, impresa, pubblica amministrazione; capitalista, consumatore, imprenditore, intermediario finanziario, lavoratore, redditiero, risparmiatore.

ATTIVITÀ ECONOMICA: produzione, circolazione, distribuzione, consumo.

PRODUZIONE: acceleratore, accumulazione, ammortamento, autoconsumo, autofinanziamento, branca, capitale (circolante, fisso), comparto, concentrazione, costo (fisso, marginale, medio, totale, variabile), diseconomie di scala, disoccupazione (ciclica, frizionale, involontaria, stagionale, strutturale, tecnologica, volontaria), economie di scala, fattori di produzione, funzione di produzione, impresa (grande, media, piccola), incertezza, industria, *input*, investimento, isocosto, isoquanto, materie prime, ottimizzazione, *output*, periodo (breve, lungo), prodotto (lordo, netto), produttività, profitto, rendimento, ricavo, rischio, sottoconsumo, sovrapproduzione, tavola *input-output*, tecnologia, tasso di disoccupazione.

SETTORI PRODUTTIVI: primario (agricoltura), secondario (industria), terziario (commercio, servizi).

FATTORI DI PRODUZIONE (E LORO RENDITA): attività imprenditoriale (profitto), capitale (interesse), lavoro dipendente (salario), terra (rendita).

CONSUMO: bene (di lusso, inferiore, superiore), elasticità della domanda, curva di indifferenza, equilibrio del consumatore, funzione del consumo, propensione (media, marginale) al consumo, rendita del consumatore, saggio marginale di sostituzione, sovranità del consumatore, utilità marginale.

RISPARMIO: di impresa, *ex ante*, *ex post*, forzato, involontario, negativo; funzione del risparmio, propensione (marginale, media) al risparmio, tasso di interesse.

segue

che *scudo europeo*; unità europea di conto.

ecùleo [dal lat. *eculeus*; prima metà sec. XIV] **sm.** *T.stor.* cavalletto, strumento di tortura, fatto di legno e a somiglianza di cavallo, su cui si distendeva e torturava la vittima, tirandola in opposte direzioni.

ecumène [dal lat. tardo *oecūmene*, gr. *oikouménē(gê)*, terra abitata; 1950] **sf.** *T.geogr.* la parte della terra emersa abitata dall'uomo.

ecumenicità [da *ecumenico*; 1869] **sf.** **1.** qualità di ciò che è ecumenico **2.** universalità.

ecumènico (pl. *-ci*) [dal lat. tardo *oecumenicus*, gr. *oikoumenikós*; a. 1565] **agg.** **1.** di tutto il mondo cattolico: *concilio ecumenico*, nel quale, sotto la presidenza del Pontefice, sono convocati tutti i vescovi appartenenti alla Chiesa cattolica **2.** che tende all'unione delle Chiese cristiane separate: *movimento, spirito ecumenico* || *per estens.* che tende all'unione o alla conciliazione delle diverse tendenze, ideologie e sim. presenti in un ambiente, un'istituzione ecc. **3.** universale, che vale per tutti gli uomini || **ecumenicaménte** **avv.** conformemente all'ecumenismo.

ecumeniṣmo [da *ecumenico*; 1956] **sm.** *T.rel.* movimento religioso e di pensiero che aspira a riunire i fedeli delle diverse confessioni cristiane.

ecẓèma [dal gr. *ékzema*, letter. ebollizione; 1820] **sm.** eruzione cutanea caratterizzata da rossore, pustolette, croste, vivo prurito e infine da desquamazione della pelle || **N.** dermatosi, herpes; croste, squame.

ecẓematico (pl. *-ci*) [da *eczema*; 1970] **agg.** eczematoso.

ecẓematóso [da *eczema*; 1898] **I** **agg.** *T.med.* relativo di eczema, proprio di eczema: *una manifestazione eczematosa, una mano eczematosa* **II** **sm.** (f. *-a*) *T.med.* persona affetta da eczema.

ed V. E.

edàce [dal lat. *edax, -ācis*; 1499] **agg.** *lett.* che divora, che consuma: *il tempo edace, fiamma edace* || **N.** *Sin.* distruttore, VORACE.

edàfico (pl. *-ci*) [dal gr. *édaphos*, suolo; 1956] **agg.** *T.biol.* detto di elemento che incide sulla distribuzione della flora in un certo ambiente: *fattore edafico*.

edafiṣmo [dal lat. scient. *edaphismus*, basato sul gr. *édaphos*, suolo; 1905] **sm.** *T.bot.* relazione tra la distribuzione della flora e la struttura fisico-meccanica del terreno.

èdafon [dal lat. scient. *edaphon*, basato sul gr. *édaphos*, suolo; 1956] **sm.** *T.biol.* l'insieme degli organismi microscopici o piccolissimi (batteri, funghi, alghe, protozoi) che vivono nella parte superficiale del terreno e ne modificano la composizione chimica.

èdam [dal n. proprio *Edam*, città olandese dove viene prodotto; 1932] **sm.** *inv.* formaggio fuso di forma sferica e crosta rossa, prodotto in Olanda.

eddòmada e der. forma ant. di EBDOMADA e der. (v.).

edelweiss (ted., pr. ['ʔeːdəlvaɪs]) [letter. bianco nobile; 1885 *edelweis*] **sm.** *inv.* stella alpina.

edèma o **èdema** [dal gr. *óidēma*; a. 1698] **sm.** *T.med.* tumefazione di una parte del corpo prodotta da infiltrazione di liquido organico nei tessuti: *edema polmonare*.

edemàtico (pl. *-ci*) [da *edema*; a. 1698] **agg.** *T.med.* di edema, relativo ad edema.

edematóso [da *edema*; 1574 *oedematoso*] **agg.** *T.med.* che ha natura di edema || che è affetto da edema.

èden [dall'ebr. *'ēdhen*, propr. delizia; fine sec. XIV] **sm.** *inv.* *T.rel.* paradiso terrestre || *per estens.* luogo di delizie, ameno, piacevole.

edènico (pl. *-ci*) [da *eden*; 1843] **agg.** *non com.* dell'eden: *innocenza edenica*, precedente al peccato originale || paradisiaco: *beatitudine edenica*.

édera [dal lat. *hedera*; a. 1374 *edra*] **sf.** pianta sempreverde con foglie lucide, che si abbarbica su alberi e muri mediante piccolissime radici avventizie portate dal fuso e dai rami; è simbolo di affetto tenace e di fedeltà || *il partito dell'edera*, in Italia, il partito repubblicano, che ha l'edera come simbolo || **N.** abbracciaboschi, caprifoglio, ellera, madreselva | coccola, corimbo.

Ederàcee [da *edera*; 1946] **sf. pl.** *T.bot.* Araliacee.

ederàceo [dal lat. *hederāceus*; 1563] **agg.** *non com.* di edera; ricavato dall'edera.

ederèlla [da *edera*; a. 1912] **sf.** pianta rampicante, detta anche *veronica*.

ederifero [comp. di *edera* e *-fero*; 1714] **agg.** *raro* cinto d'edera.

edicola [dal lat. *aedicula*; 1485 ca. nel senso 1; 1873 nel senso 2] **sf.** **1.** *T.arch.* tempietto, perlopiù con una statua nel mezzo || cappella, tabernacolo che custodisce un'immagine sacra || *T.archeol.* nei sepolcri antichi, ripostiglio per le urne e i vasi cinerari **2.** chiosco per la vendita di giornali e periodici: *il nuovo numero sarà in edicola da giovedì*. **TAV.** *chiesa* 6.

edicolànte [da *edicola*; 1950] **s.** proprietario

segue ECONOMIA E FINANZA

INVESTIMENTO: autonomo, diretto, esteso, *ex ante*, *ex post*, indotto, lordo, netto; acceleratore, disinvestimento o investimento negativo, efficienza marginale del capitale, funzione dell'investimento, moltiplicatore dell'investimento, tasso di interesse.

LAVORO: assenteismo, cassa integrazione, contingenza, contratto (collettivo, di lavoro), costo del lavoro, disoccupazione, divisione del lavoro, fondo salari, forza lavoro, giungla retributiva, indennità salariali, *turnover*, lavoro (a domicilio, *full-time*, nero, *part-time*), manodopera, mercato del lavoro, mobilità (esterna, interna), monte salari, occupazione, parcellizzazione, parità retributiva, politica dei salari, popolazione attiva, retribuzione, salario, scala mobile, sciopero, sistemi salariali, slittamento salariale, sottoccupazione, sovraoccupazione, specializzazione, sussidio, taylorismo.

MICROECONOMIA: allocazione delle risorse, investimento individuale, prezzi relativi, reddito individuale, risparmio individuale.

MACROECONOMIA: bilancia dei pagamenti, investimento globale, livello assoluto dei prezzi; occupazione globale, quantità di moneta, reddito nazionale, risparmio globale.

ECONOMIA MONETARIA: apprezzamento, aggio, base monetaria, bimetallismo, circolante, circolazione, convertibilità, corso (forzoso, legale), credito, debito, deflazione, deposito (in conto corrente, vincolato), domanda di moneta, emissione, *gold standard*, indicizzazione, inflazione, liquidità, M_1, M_2, M_3, moneta (ad alto potenziale, bancaria, divisionale, scritturale), monometallismo, numerario, numero indice dei prezzi (al consumo, all'ingrosso), offerta di moneta, operazioni di mercato aperto, oro, potere d'acquisto, preferenza per la liquidità, pronti contro termine, quasi-moneta, *real balance* (saldo monetario reale), regime (aureo), riserva (aurea, obbligatoria, valutaria), rivalutazione, sistema monetario, spiazzamento o *crowding out*, svalutazione, tasso (di interesse, di sconto), teoria (quantitativa, neoquantitativa) della moneta, tesaurizzazione, tosatura, unità di conto, valore della moneta (intrinseco, nominale o legale), velocità di circolazione.

ECONOMIA INTERNAZIONALE: avanzo, bilancia (commerciale, dei pagamenti), bilateralismo, cambio (fisso, flessibile, fluttuante), ciclo del prodotto, *clearing*, contingente, contingentamento, costi comparati, dazio (doganale, implicito, ottimo, proibitivo), deficit, diritti speciali di prelievo, disavanzo, dogana, *drawback*, *dumping*, embargo, esportazione, eurodollaro, importazione, interscambio, montante compensativo, multinazionale, pagamento internazionale, partita invisibile, petrodollaro, protezionismo, ragione di scambio, riciclaggio, riesportazione, riserva (aurea, valutaria), saldo, tariffa doganale, triangolazione, unione doganale, unità europea di conto o ECU.

CICLI ECONOMICI E CONGIUNTURE ECONOMICHE: breve (o ciclo di Kitchin), classico (o ciclo di Juglar), lungo (o ciclo di Kondratieff).

FASI DEL CICLO: boom, carovita, crisi, deflazione, depressione, disinflazione, espansione, indicizzazione, inflazione, instabilità, prosperità, recessione, reflazione, rincaro, ripresa, ristagno, *slump*, stabilizzazione, stagflazione, stagnazione.

VOCI ATTINENTI: acceleratore, politica anticiclica, punto d'inversione (superiore, inferiore), *trend* o tendenza o andamento.

SVILUPPO E SOTTOSVILUPPO: accumulazione, arretratezza, automazione, crescita, decollo, disequilibrio, disindustrializzazione, disinvestimento, dualismo, formazione professionale, *gap* tecnologico, industrializzazione, infrastruttura, modernizzazione, postindustriale, riconversione, ridimensionamento.

FINANZA.

Accertamento fiscale, aliquota, ammortamento fiscale, bilancio (dello stato), carico fiscale, catasto, codice fiscale, contribuente, contributi (figurativi, sociali, volontari), Corte dei Conti, debito nazionale, doppia tassazione, erario, esattore, esattoria, esenzione fiscale, evasione fiscale, finanziamento in disavanzo, fiscalizzazione degli oneri sociali, fisco, *free rider*, imposta (diretta, indiretta, personale, progressiva, proporzionale, reale, regressiva; addizionale, *ad valorem*, specifica, straordinaria; cedolare, complementare, di bollo, di consumo, di fabbricazione, di miglioria, di monopolio, di registro, di soggiorno, doganale, sulla ricchezza mobile, sull'incremento di valore degli immobili, sul reddito delle persone fisiche, sul reddito delle persone giuridiche, sul valore aggiunto, sul valore locativo, surrogativa), incidenza, pareggio del bilancio, ricevuta fiscale, ritenuta d'acconto, sgravio fiscale, sistema fiscale, tassa, tassazione, tesoro, traboccamento o *spillover*, traslazione, tributo.

(V. anche i quadri terminologici BANCA E COMMERCIO E CONTABILITÀ).

o esercente di un'edicola di giornali || **N.** *Sin.* giornalaio.

edicolista [da *edicola*; 1942] **s.** edicolante.

edificàbile [da *edificare*; 1983] **agg. 1.** che si può edificare: *un albergo edificabile* **2.** detto di area, terreno, zona e sim. su cui è possibile edificare in base ai requisiti richiesti dalla legge: *area, terreno edificabili* || **N. 2.** *Sin.* fabbricabile.

edificaménto [da *edificare*; fine sec. XIV] **sm.** *raro* l'edificare.

edificànte (*ppr.* di *edificare*) [1674] **agg.** che dà il buon esempio, che educa al bene e alla virtù: *condotta, parola edificante* || *poco edificante*, riprovevole, immorale.

edificàre (pres. *-ifico, -ifichi*) [dal lat. *aedificāre*; a. 1292] **tr. 1.** fabbricare, costruire, riferito propriamente a opere murarie || *per estens.* fondare, creare: *edificare un impero economico, un sistema filosofico* || *fig. ass. edificare sulla roccia*, stabilmente; *sulla sabbia*, in modo non duraturo **2.** *fig.* indurre al bene con il buon esempio: *l'opera di Don Bosco ha edificato molti cristiani* || **intr. pron.** *non com.* indirizzarsi al bene || **N. 1.** *Sin.* alzare, costruire, elevare, erigere, fabbricare, innalzare, tirar su | architetto, muratore | *Contr.* abbattere, demolire, diroccare **2.** *Sin.* formare.

edificativo [da *edificare*; secc. XIII-XIV] **agg.** *non com.* atto a edificare, anche *fig.*

edificatóre [dal lat. *aedificātor, -ōris*; a. 1347] **agg.** e **sm.** (f. *-trìce*) che o chi edifica, costruttore.

edificatòrio (pl. *-ri* e *rii*) [dal lat. tardo *aedificatōrius*; a. 1364 nel senso 2; a. 1544 nel senso 1] **agg.** *non com.* **1.** che si riferisce alle tecniche di costruzione **2.** edificante.

edificazióne [dal lat. *aedificatio, -ōnis*; a. 1306 nel senso 2] **sf. 1.** l'atto e l'effetto dell'edificare, costruzione: *l'edificazione di un quartiere residenziale, di una rete di rapporti commerciali* **2.** buon esempio, incitamento alla virtù || **N. 2.** esemplarità | *Contr.* scandalo.

edificio (pl. *-ci*) [dal lat. *aedificium*; a. 1292] **sm.** costruzione solitamente in muratura, di notevoli proporzioni: *alcuni begli edifici del centro storico* || *per estens.* costruzione logica, complesso di argomentazioni e ragioni addotto per provare o combattere una asserzione: *quattro parole gli bastarono per scalzare tutto l'edificio dell'avversario* || *per estens.* struttura organizzata: *l'edificio sociale* || **N.** *Sin.* fabbricato, mole, opera | ciclopico, grandioso, maestoso, massiccio, sontuoso; disadorno, modesto | abbazia, anfiteatro, arco, badia, basilica, *bunker*, campanile, capannone, cappella, casa, cascina, caserma, casotto, castello, cattedrale, *chalet*, chiesa, chiostro, ciminiera, duomo, eremo, esedra, fabbrica, faro, fornace, fortezza, fortino, galleria, grattacielo, lazzaretto, loggia, mausoleo, minareto, molo, monastero, mulino, nuraghe, opificio, ospedale, osservatorio, palazzetto, palazzina, palazzo, piramide, ponte, portico, reggia, rifugio, rocca, rotonda, rustico, scuola, silos, stadio, stazione, tabernacolo, teatro, tempio, terme, torre, viadotto, villa. **Q.T.** *abitazione, architettura, città, edilizia* **TAV.** *abitazione* 3; ***edilizia* p. 666** 1.

edile (e non *èdile*) [dal lat. *aedīlis*; a. 1292 come sm. nel senso 2; 1618 come agg.; 1923 come sm. nel senso 1] **I agg.** che concerne l'edilizia: *costruttore, perito, impresa edile* **II sm. 1.** (anche *sf.*) chi lavora nell'industria edilizia: *il rinnovo del contratto degli edili* **2.** *T.stor.* magistrato romano che aveva cura degli edifici, delle strade, dei ponti, degli spettacoli. **Q.T.** *edilizia.*

edilità [dal lat. *aedilitas, -ātis*; sec. XIV] **sf. 1.** *T.stor.* nell'antica Roma, ufficio e dignità di edile **2.** *non com.* parte dell'amministrazione municipale che ha cura degli edifici, strade, lavori pubblici e sim.

edilìzia [da *edilizio*; 1869] **sf.** complesso di tecniche e attività relative alla costruzione di edifici: *edilizia scolastica, ospedaliera, alberghiera, industriale.* **Q.T.** *edilizia* **TAV.** ***edilizia* p. 666** sg.

edilìzio (pl. *-zi*) [dal lat. *aedilīcius*; sec. XIV nel senso 2; 1618 nel senso 1] **agg. 1.** che concerne l'edilizia: *lavori edilizi, piano edilizio* || *speculazione edilizia*, costruzione indiscriminata di edifici a scopo di lucro, irrispettosa dei valori urbanistici e paesaggistici e spesso anche delle norme prescritte dai piani regolatori || *credito edilizio*, concesso per la costruzione di edifici **2.** *T.stor.* che riguarda la persona o la carica dell'edile.

edipèo [dal n. proprio *Edipo*, mitico eroe gr.; 1956] **agg.** *lett.* di Edipo: *ciclo edipeo, mito edipeo.*

edìpico (pl. *-ci*) [dal n. proprio *Edipo*, personaggio mitologico; 1950] **agg.** *T.psican. complesso edipico*, nelle teorie di Freud, condizione psicologica caratteristica del bambino, che lo porta all'amore verso il genitore di sesso opposto e all'ostilità contro il genitore dello stesso sesso.

editàre (pres. *èdito*) [prob. dal fr. *éditer*; 1942] **tr. 1.** *non com.* pubblicare **2.** *T.inform.* inserire nella memoria di un elaboratore nuovi dati o programmi, o modificare quelli già presenti.

editing (ingl., pr. [ˈedɪtɪŋ]) [da *to edit*, dare alla stampa, curare per la stampa; 1983] **sm.** *inv.* **1.** nell'editoria, rielaborazione e messa a punto redazionale operata sul testo consegnato dall'autore, prima della sua composizione **2.** *T.inform.* organizzazione dei dati per facilitarne l'elaborazione.

editio princeps (lat., pr. it. [eˈdittsjo ˈprintʃeps]) [letter. edizione prima] **loc. f.** *inv.* prima edizione a stampa di un'opera; in part. prima edizione a stampa di un'opera classica, greca o latina, o medievale, stampata nel sec. XV o nella prima metà del XVI.

èdito [dal lat. *ēditus*, da *edere*, dar fuori; a. 1535] **agg.** pubblicato, stampato || **N.** *Contr.* inedito.

editor (ingl., pr. [ˈedɪtə]; pr. it. [ˈɛditor]) [letter. redattore; 1985] **sm.** *inv.* *T.inform.* programma redattore, programma che compie le funzioni di redazione, messa in forma e preparazione di una certa quantità di dati per un'operazione successiva.

editóre [dal lat. *editor, -ōris*, produttore; 1738] **I sm.** (f. *-trìce*) **1.** chi pubblica libri, partiture musicali, riviste ecc. **2.** filologo che cura la stampa di uno scritto inedito o un'edizione critica **II agg.** che pubblica testi scritti di qualunque tipo: *libraio editore; impresa, casa editrice* (anche *sf. editrice*).

editoria [da *editore*; 1896] **sf.** tutto il complesso dell'arte e dell'attività editoriale || l'insieme degli editori: *il settore dell'editoria per ragazzi.* **Q.T.** *tipografia.*

editoriàle [dall'ingl. *editorial*; 1894] **I agg.** di editore, dell'editoria: *politica, impresa, attività editoriale* **II sm.** *T.giorn.* l'articolo di fondo, in prima pagina, spesso non firmato, che rispecchia il punto di vista del giornale || *per estens.* il commento politico principale di un giornale radio o talvolta di un telegiornale.

editorialista [da *editoriale*; 1929] **s.** scrittore di editoriali.

edittàle [dal lat. *edictālis*; 1834] **agg.** *T.giur.* di editto || della legge, derivante dalla legge.

editto [dal lat. *edictum*; 1319] **sm.** ordinanza, perlopiù scritta, promulgata dall'autorità: *editto del questore* || **N.** bando, capitolare, decreto, proclama, *ukas.*

EDILIZIA

PERSONE: appaltatore, architetto, disegnatore edile, geometra, impresario o costruttore edile, ingegnere, perito edile, progettista; betonista, capomastro, carpentiere, decoratore, fabbro, falegname, gruista, idraulico, imbianchino, lastricatore, lattoniere, manovale, marmista, muratore, piastrellista o posatore, restauratore, scalpellino, selciatore, sterratore, stuccatore, tappezziere, vetraio.

ARNESI E ATTREZZATURA: appianatoia, archipendolo, argano, avvitatore, badile, battipalo, battola, benna, berta, betoniera, biffa, burbera, cardarella, carriola, carrucola, cassaforma, cassero, cazzuola, cofana, draga, escavatore, elevatore, falcone, filo a piombo, frattazzino, frattazzo, gru, impalcatura, incastellatura, intonacatrice, livella torica, livellatrice, livello, martellina, martello, martello pneumatico, martinetto, marra, mazza, mazzuolo, mazzeranga, mestola, morsa, pala, palancola, pennello, perforatrice, piegatondino, pillo, piccone, piombino, ponteggio, regolo, rullo, ruspa, scalpello, sparviero, spatola, spianatrice, squadra, squadro agrimensorio, tacheometro, taglia, trapano, trivella, trogolo, vaglio, verricello, vibratore, zappa, zeppa.

MATERIALI.

INERTI: argilla espansa, breccia, ghiaia, ghiaietto, pietra, pietrisco, pomice, rena, sabbia.

LEGANTI: argilla, calce (aerea, idraulica, spenta), calcina, cemento, creta, gesso, grassello, scagliola.

LATERIZI: coppo, embrice, mattone (arrotato, pieno / forato, refrattario), piastrella, tavella, tavellone, tegola, tegola marsigliese, volterrana.

PIETRE: beola, brecciato, diorite, gneiss, granito, marmo, porfido, quarzite, serizzo, serpentino, sienite, trachite, travertino.

LEGNAMI: abete, castagno, cedro, larice, mogano, noce, obece, olmo, pino, pioppo, rovere; antenna, arella, asse, compensato, corrente, gattello, listello, murale, tavola, tavolone, trave, travetto, travicello.

CARPENTERIA IN METALLO: acciaio, alluminio, ghisa; angolare, barra in tondino per armatura del calcestruzzo, catena, chiavarda, grappa, lamiera (grecata, ondulata), paraspigolo, profilato, putrella a doppio T, scatolato, staffa, tirante, tubo.

ISOLANTI: argilla espansa, lana di vetro, polistirolo, sughero.

IMPERMEABILIZZANTI: asfalto, bitume, catrame, cartone bitumato, pece.

SIGILLANTI: stucco al silicone, stucco bituminoso o cemento plastico, stucco da vetro, stucchi elastomerici.

MATERIALI DA PAVIMENTAZIONE: ceramica, cotto, gomma, gres, linoleum, marmette, masselli in cemento, monocottura, vinile.

segue

edizióne [dal lat. *editio, -ōnis*; 1575] **sf. 1.** pubblicazione di un'opera per mezzo della stampa: *edizione integrale*; *edizione con testo a fronte*, quando il testo originale in un'altra lingua è riportato accanto alla traduzione; *edizione riveduta e corretta*, notevolmente migliorata rispetto alla precedente ‖ il complesso delle copie di un'opera: *mandare al macero l'intera edizione* ‖ *edizione principe*, v. EDITIO PRINCEPS ‖ *edizione nazionale*, a spese dello Stato ‖ *edizione critica*, fatta con l'intento di ristabilire con esattezza l'originale ‖ *T.filol. edizione diplomatica*, che riproduce esattamente il testo di un manoscritto, con cancellature, abbreviazioni ecc.; *edizione interpretativa* (o *diplomatico-interpretativa*), se fatta con lievi adattamenti e modificazioni che non toccano il testo in se stesso (scioglimento di abbreviazioni, ammodernamento della punteggiatura o delle maiuscole ecc.) **2.** *concr.* il libro pubblicato: *ha le più autorevoli edizioni della Commedia* ‖ con rif. al formato: *edizione tascabile*, di piccole dimensioni; *edizione in folio, in 4°, in 8°, in 16°*, a seconda del numero di piegature del foglio stampato e quindi delle dimensioni ‖ con rif. alla veste tipografica, e soprattutto alla carta e alla rilegatura: *edizione economica, di lusso*; *edizione rilegata, in brossura* ‖ il complesso delle copie stampate di un libro: *la sesta edizione del vocabolario è esaurita* **3.** ciascun numero di un giornale: *l'edizione del mattino, della sera*; *edizione straordinaria*, stampata nel caso di avvenimenti di eccezionale gravità e importanza ‖ *per estens.* ciascuna emissione di un notiziario radiotelevisivo: *a causa dello sciopero dei giornalisti, questa edizione va in onda senza servizi video* **4.** rappresentazione o allestimento di uno spettacolo: *ho visto alla televisione una nuova edizione della Traviata* ‖ *dim.* edizioncèlla, edizioncìna; *spreg.* edizionàccia ‖ **N. 1.**, **2.** copia, esemplare, ristampa, stampa | accurata, *ad usum Delphini*, ampliata, aumentata, commentata, corretta, esaurita, espurgata o purgata, illustrata, nitida, riveduta; annotata, contraffatta, postuma, spuria; aldina, bodoniana, diamante, elzeviriana | catalogo, dispensa, doppione, fascicolo, libro, opuscolo, puntata. **Q.T.** *filologia:..., tipografia.*

edochiàno [dal giapponese *Edokko*, proprio di Tokio, da *Edo* n. ant. della città; 1942] **I** **agg.** *non com.* di Tokyo **II** **sm.** (f. *-a*) *non com.* abitante di Tokyo.

edònico (pl. *-ci*) [dal lat. tardo *hedonicus*, attr. il fr. *hédonique*; 1935] **agg.** *non com.* epicureo.

edonismo [dal gr. *hēdonḗ*, piacere; a. 1855] **sm.** *T.fil.* teoria filosofica che identifica il bene con il piacere ‖ *per estens.* atteggiamento o modo di vita di chi vede il raggiungimento del piacere individuale come ragione fondamentale della propria esistenza.

edonista [da *edonismo*; 1927] **s.** seguace dell'edonismo ‖ *per estens.* persona che trova nel piacere personale le uniche soddisfazioni dell'esistenza ‖ **edonisticaménte** **avv.**

edonistico (pl. *-ci*) [da *edonista*; 1902] **agg.** di edonismo: *teorie edonistiche.*

edòtto [dal lat. *edoctus*; 1812] **agg.** informato, istruito, avvertito: *rendere edotto qualcuno della situazione*, informarlo.

EDP (pr. [idi'pi] o [edi'pi]) [acronimo di *E*lectronic *D*ata *P*rocessing, elaborazione elettronica di dati; 1972] **sf.** *inv.* *T.inform.* sigla che indica l'elaborazione di dati eseguita con sistemi elettronici; elaborazione elettronica dei dati. **Q.T.** *informatica.*

edredóne [dall'island. *aedhar-dúnn*, attr. il fr. *édredon*; 1875] **sm.** uccello marino simile all'anatra che vive nelle regioni settentrionali dell'Europa; è ricercato per il piumaggio morbidissimo.

-èdro [dal gr. *hédra*, base] **elem. term.** che, in parole composte della terminologia geometrica indicanti figure solide, vale "che ha il numero di facce indicato dal primo elem. del composto" (per es. *decaedro, ottaedro, tetraedro*).

educaménto [da *educare*; a. 1620] **sm.** *raro* l'educare.

educànda [dal lat. *educanda*, f. sost. del gerundivo di *educāre*, educare; 1673] **sf.** giovinetta che è in un monastero o in un collegio a scopo d'educazione ‖ *per estens.* ragazza eccessivamente timida e pudica: *arrossisce come un'educanda, non è uno spettacolo per educande.*

educandàto [da *educanda*; 1831] **sm.** istituto d'educazione per giovanette, gen. tenuto da religiose ‖ **N.** *Sin.* collegio, convitto.

educàre (pres. *èduco, èduchi*) [dal lat. *educāre*; a. 1498] **tr. 1.** sviluppare le facoltà intellettuali e morali di una persona per conformarne l'animo secondo determinati principi: *educa bene i figli, educare il cuore, educare la mente agli studi* ‖ indirizzare l'animo, formare e sviluppare le attitudini necessarie a un dato fine: *educare all'arte, alla vita pubblica, alla libertà* ‖ allenare mediante l'esercizio: *educare l'orecchio alla musica, i muscoli allo sforzo* ‖ *non com.* rif. ad animali, addestrarli **2.** *lett.* allevare, coltivare: *amaranti educavano e viole* (Foscolo) ‖ **N. 1.** *Sin.* affinare, ammaestrare, digrossare, dirozzare, formare, insegnare, istruire; abituare, allenare, esercitare | *Contr.* diseducare, guastare.

educativo [da *educare*; a. 1639] **agg.** che concerne l'educazione: *programma educativo* ‖ che tende ad educare: *un libro educativo.*

educàto (*pps.* di *educare*) [a. 1563] **agg.** che agisce verso tutti e in ogni occasione con modi gentili: *un giovane educato* ‖ **educataménte** **avv.** ‖ **N.** *Sin.* ammodo, civile, compìto, cortese, costumato, disciplinato, garbato | *Contr.* cafone, incivile, ineducato, maleducato, screanzato, sgarbato, villano.

educatóre [dal lat. *educātor, -ōris*; 1575] **agg.** e **sm.** (f. *-trìce*) che o chi educa ‖ studioso di problemi educativi ‖ **N.** *Sin.* aio, istitutore, maestro, mentore, pedagogo, precettore.

educatòrio (pl. *-ri* e *-rii*) [da *educare*; 1843] **sm.** *raro* istituto dove si educano fanciulli, e spec. fanciulle ‖ **N.** *Sin.* collegio, educandato.

educazióne [dal lat. *educātio, -ōnis*; a. 1498] **sf. 1.** l'azione e l'effetto dell'educare, nei vari sensi: *educazione del corpo, della mente*; *educazione laica, religiosa*; *educazione sessuale*, l'insieme delle informazioni sulla riproduzione e sulla vita sessuale che è opportuno fornire al bambino e all'adolescente ‖ *T.bur.* denominazione generica di alcune discipline di insegnamento scolastico: *educazione civica, musicale, fisica* **2.** il comportarsi in ogni occasione in modo corretto e garbato: *giovane senza educazione*; anche *buona educazione* ‖ **N. 1.** *Sin.* ammaestramento, formazione, insegnamento, istruzione; allenamento | *Contr.* diseducazione | metodo, istituti d'educazione, pedagogia, propedeutica, sistema **2.** *Sin.* correttezza, cortesia, garbo, gentilezza, urbanità | *Contr.* inciviltà, maleducazione, villania. **Q.T.** *atletica.*

edulcorànte (*ppr.* di *edulcorare*) [1958] **I** **agg.** che rende dolce **II** **sm.** dolcificante.

edulcoràre (pres. *-ùlcoro*) [dal fr. *édulcorer*, 1951] **tr.** *non com.* rendere dolce, addolcire, dolcificare; *fig. più com.* presentare qualcosa come meno grave di com'è: *edulcorare i fatti, le testimonianze.*

edulcoràto (*pps.* di *edulcorare*) [1956] **agg.** addolcito ‖ *fig.* attenuato, mitigato: *un'esposizione edulcorata dei fatti.*

edùle [dal lat. *edūlis*; 1797 *edulo*] **agg.** buono

segue EDILIZIA

MATERIALI COMPOSITI: calcestruzzo, cemento-amianto, conglomerato cementizio, fibrocemento, malta (aerea, bastarda, idraulica), stucco, vetrocemento.

OPERE EDILI: V. EDIFICI E PARTI DI EDIFICI nel quadro terminologico ARCHITETTURA.

PARTI DI OPERE EDILI: fondamenta, fondazione, palafitta, platea, vespaio; lastricato, massicciata, selciato, terrapieno; barbacane, contrafforte, controscarpa, controspalla, scarpa, sottoscarpa, spalla, sperone; colonna, montante, palo, piedritto, pilastro, pilone, puntello; muro, parapetto, tavolato, tramezzo; arcata, arco, campata, capriata (catena, contraffisso, controcatena, monaco, ometto, puntone, saettone), centina, controvento, copertura (arcareccio, assicella, cantinella, correntino, listello, tavola, terzere), incavallatura, mensola, nervatura, orditura, palanca, pancone, portale, solaio, soletta, travata, travatura, trave, tetto (colmo, compluvio, falda, gronda, spiovente), tettoia, volta.

MURO: contrafforte, controriva, parapetto, parete, tramezzo; cieco, di appoggio, di fondazione, di protezione, di sostegno, di tamponamento, divisorio, esterno, isolante, maestro, perimetrale, principale, tagliafuoco.

VARI TIPI DI MURATURA: di mattoni (faccia a vista / intonacato; a cassa vuota, a spina di pesce, a una, due, tre, quattro teste, in foglio), di pietrame (a bozze, a opera incerta, a secco, di pietra da taglio), mista.

OPERAZIONI: ammorsare, armare, arricciare, asfaltare, assemblare, catramare, cementare, centinare, cilindrare, collaudare, controsoffittare, corniciare, costruire, cubare, demolire, decorare, disarmare, dragare, edificare, erigere, fabbricare, fondare, frattazzare, gettare (le fondamenta, un arco, un ponte), imbiancare, impalcare, impermeabilizzare, incavare, interrare, intonacare, lastricare, livellare, lottizzare, marmorizzare, merlare, murare (a secco, a corda, a spina di pesce, per coltello), palificare, pavimentare, piastrellare, prefabbricare (per componenti, per sistemi), progettare, prosciugare, puntellare, recintare, restaurare, rialzare, ricostruire, rinzaffare, riparare, rivestire, scalcinare, scalpellare, scalzare, scanalare, scavare, scoperchiare, scrostare, selciare, sguanciare, smantellare, soffittare, sopraedificare, sottomurare, spegner la calce, spianare, spicconare, staffare, sterrare, strombare, stuccare, tamponare, tappare, tinteggiare, traforare, trivellare, turare, vagliare.

VOCI ATTINENTI: appalto, autorizzazione, cantiere, capitolato, collaudo, concessione edilizia, condotta dei lavori, piano regolatore, progetto.

TEORIA COSTRUTTIVA: carico, cedimento, compressione, controspinta, deformazione, flessione, pressoflessione, sforzo, sforzo normale, sollecitazione, sovraccarico, spinta, stabilità, taglio, trazione.

(V. inoltre i quadri terminologici ARCHITETTURA e ABITAZIONE e le tavole omonime).

da mangiare, detto spec. di funghi || **N.** *Sin.* commestibile, mangereccio.

eduzióne [dal lat. *eductio, -ōnis,* da *edūcere,* condurre fuori; a. 1589] **sf.** **1.** *T.fil.* nella filosofia scolastica, passaggio dalla potenza all'atto **2.** *T.min.* eliminazione delle acque sotterranee che si sono infiltrate in miniera **3.** *raro* astrazione.

efebèo [dal lat. *ephebeus,* gr. *ephēbêion*; 1758] **sm.** *T.stor.* nell'antica Grecia, il luogo dove gli efebi eseguivano esercizi ginnici.

efebìa [dal gr. *ephēbía*; 1887] **sf.** *T.stor.* istituzione di Atene e altre città greche, per cui i giovani liberi (efebi) venivano iscritti nelle liste di leva al compimento del 18° anno di età, e, dopo aver ricevuto un'istruzione militare, ma anche letteraria e musicale, erano mandati per un anno alla difesa delle frontiere.

efèbico (pl. *-ci*) [dal lat. *ephēbicus,* gr. *ephēbikós*; 1889] **agg.** *lett.* di efebo; che ha le forme e i modi aggraziati di un efebo.

efèbo [dal lat. *ephēbus,* gr. *éphēbos*; 1583] **sm.** *T.stor.* nell'antica Grecia, giovane dai 18 ai 20 anni || *per estens.* giovinetto dai tratti delicati e quasi femminei.

èfedra [dal lat. *ephedra,* gr. *ephédra*; a. 1498] **sf.** *T.bot.* genere di piante arbustive della famiglia delle Efedracee.

Efedràcee [dal lat. scient. *Ephedraceae*; 1965] **sf. pl.** *T.bot.* famiglia di piante delle Gimnosperme.

efedrìna [comp. di *efedra* e *-ina*; 1951] **sf.** *T.farm.* sostanza presente in alcune piante delle Efedracee, atta a curare l'asma bronchiale e alcune malattie cardiovascolari.

efelcìstico o **efelchìstico** (pl. *-ci*) [dal gr. *ephelkystikós,* attirato; 1956] **agg.** *T.gram.* nella morfologia del greco, detto della *ni* finale che può aggiungersi facoltativamente ad alcune desinenze verbali o nominali.

efèlide [dal lat. *ephēlis, -idis,* gr. *éphēlis*; a. 1729] **sf.** *T.med.* macchia cutanea di varia natura, che diventa più evidente con l'esposizione ai raggi solari || **N.** lentiggine.

efèmera o **effìmera** [dal lat. scient. *ephemera,* basato sul gr. *ephḗmeros,* che resta su un solo giorno; 1956] **sf.** insetto della famiglia degli Efemeridi che vola in sciami sugli stagni.

efemèride V. EFFEMÈRIDE.

Efemèridi (sing. *-e*) o **Efemeroidèi** [dal lat. scient. *Ephemeridae*; 1965] **sm. pl.** *T.zool.* ordine di insetti che, da adulti, hanno vita brevissima.

efèmero [dal lat. *ephēmerus,* gr. *ephḗmeros*; 1881] **sm.** colchico autunnale.

Efemeroidèi V. EFEMERIDI.

efeṣino [dal n. geogr. *Efeso*; 1575] **I agg.** di Efeso **II sm.** (f. *-a*) abitante di Efeso.

efèṣio (pl. *-ṣi*) [dal gr. *ephésios*; a. 1342] **agg.** della città di Efeso, efesino: *feste efesie* (o *ass. sf. Le Efesie*), feste orgiastiche notturne, celebrate ad Efeso in onore di Artemide || *lettere efesie,* antiche scritte incise su amuleti, cui era attribuito potere magico.

effàbile [dal lat. *effābilis*; a. 1712] **agg.** *raro* che si può dire, dicibile || **N.** *Contr.* ineffabile.

èffe [lettura della lettera *f.*; a. 1367] **sf.** (meno com. *sm.*) *inv.* nome della lettera *f* (v.).

effemèride o **efemèride** [dal lat. *ephemeris, -idis,* gr. *ephemerís,* giornaliero; a. 1588] **sf.** *lett.* **1.** *T.stor.* sorta di diario ufficiale che registrava gli atti principali del sovrano || *per estens. lett.* diario **2.** pubblicazione periodica letteraria o scientifica **3.** *T.astr.* e *T.mar.* insieme di tavole che raccolgono i dati relativi alle coordinate degli astri e ai loro spostamenti nel corso dell'anno, a uso della navigazione **4.** *ant.* lunario, almanacco, calendario.

effemerotèca [comp. di *effemer(ide)* e *-teca,* come il fr. *éphémerothèque*; 1908 *efemeriteca*] **sf.** raccolta di giornali, di periodici e sim. nelle biblioteche || **N.** *Sin.* emeroteca.

effeminàre (raro *effemminàre*) (pres. *-émino*) [dal lat. *effeminare*; a. 1375] **tr.** *non com.* rendere eccessivamente molle e lezioso, circondando di troppe attenzioni e comodità: *effeminare la gioventù, i costumi* || **intr. pron.** assumere comportamenti leziosi e femminei || **N. tr.** indebolire, infiacchire, rammollire, snervare.

effeminatézza (raro *effemminatézza*) [da *effeminato*; 1549] **sf.** l'essere effeminato || **N.** *Sin.* leziosaggine, leziosità, mollezza, sdolcinatezza, svenevolezza | *Contr.* virilità.

effeminàto (raro *effemminàto*) (*pps.* di *effeminare*) [1340 ca.] **agg.** che ha modi o carattere leziosi o poco virili: *un parlare effeminato, giovane effeminato* || **effeminataménte** **avv.** || **N.** *Sin.* delicato, fiacco, frivolo, lezioso, molle, vezzoso | *Contr.* deciso, energico, virile.

effèndi o **efèndi** [dal turco *efendi*; 1771] **sm.** titolo turco, gen. posposto al nome, corrispondente nell'uso corrente a "signore" e dato anche a persone di alta cultura o grado sociale.

efferatézza [da *efferato*; 1864] **sf.** crudeltà, ferocia || atto efferato: *le efferatezze di Ezelino.*

efferàto [dal lat. *efferātus*; sec. XIV] **agg.** *lett.* crudele, feroce || **efferataménte** **avv.** || **N.** *Sin.* CRUDELE | *Contr.* pietoso, umano.

efferènte [dal lat. *efferens, -entis,* attr. il fr. *efférent*; 1834] **agg.** che porta fuori: *tubi efferenti,* che portano un liquido o un gas da un recipiente a un altro || *T.anat.* di condotto, che porta un fluido fuori dell'organismo: *vaso efferente*; *fibre efferenti,* nel sistema nervoso, quelle che trasmettono gli impulsi agli organi || **N.** *Contr.* afferente.

effervescènte [dal lat. *effervescens, -entis,* attr. il fr. *effervescent*; 1869] **agg.** **1.** che è in effervescenza o che la produce: *magnesia effervescente* **2.** *fig.* molto vivace: *fantasia effervescente.*

effervescènza [dal fr. *effervescence*; 1680] **sf.** **1.** rapido sviluppo di gas da una soluzione liquida sotto forma di bollicine **2.** *fig.* ardore, fervore, fermento: *effervescenza di idee, di sensazioni.*

effettàto [da *effetto*; 1985] **agg.** *T.sport.* nel calcio, tennis, biliardo e altri giochi, detto della palla colpita con effetto o del tiro eseguito ad effetto || **N.** *Sin.* liftato.

effettìṣmo [da *effetto*; 1980] **sm.** ricerca esagerata di un facile effetto, spec. in opere letterarie, artistiche o cinematografiche: *il regista si è lasciato andare ad un facile effettismo.*

effettività [da *effettivo*; 1741] **sf.** *non com.* l'essere effettivo.

effettìvo [dal lat. *effectīvus*; a. 1327 nel senso 3] **I agg.** **1.** concreto, reale: *non andare dietro ai sogni, ma alle cose effettive* **2.** che ricopre un incarico stabilmente e con pienezza di diritti: *personale effettivo*; *socio, membro effettivo* (contrapposto a *onorario, emerito, candidato*) || *T.mil. ufficiale in servizio permanente effettivo,* ufficiale di carriera (contrapposto a *ufficiale di complemento*) **3.** *non com.* che produce effetto, efficiente, efficace **4.** *T.mat. procedimento effettivo,* riducibile all'esecuzione di un numero finito di passi di complessità paragonabile al passaggio da *n* a *n + 1* || **effettivaménte** **avv.** (con valore frasale) veramente, in effetti, anche per rafforzare un'affermazione **II sm.** **1.** (f. *-a*) *T.mil.* chi fa stabilmente parte di una formazione militare: *il reggimento ha appena metà del suo effettivo o dei suoi effettivi*; anche come *T.sport. è entrato fra gli effettivi della squadra* || l'insieme dei componenti di una società, formazione militare ecc.: *quel battaglione ha un effettivo di mille uomini* **2.** somma, ammontare: *l'effettivo del mio patrimonio,* l'intero mio patrimonio || **N. I** **1.** *Sin.* consistente, tangibile | *Contr.* apparente, immaginario **2.** *Sin.* titolare | *Contr.* precario, supplente **4.** ricorsivo.

effètto [dal lat. *effectus*; a. 1292] **sm.** **1.** ciò che è conseguenza di un'azione o di un evento precedente: *l'effetto della medicina, non si tratta di una semplice relazione causa-effetto* || risultato: *il provvedimento non ha avuto gli effetti sperati* **2.** capacità di produrre conseguenze: *la legge si applica con effetto immediato* || impressione vivida e spesso superficiale: *un attore che cerca un po' troppo l'effetto* || *ad effetto, d'effetto,* volto a provocare una reazione o un apprezzamento immediato, e spesso non duraturo: *battuta ad effetto, vestito d'effetto, allestimento di grande effetto* || *fare effetto,* turbare: *la sola vista del sangue mi fa effetto* **3.** *T.fis.* fenomeno fisico dalle conseguenze esteriori rilevanti e talvolta a prima vista sorprendenti: *effetto fotoelettrico, termoelettrico*; *effetto Joule,* per cui un corpo attraversato da corrente elettrica si riscalda; *effetto Doppler,* variazione della frequenza di un segnale sonoro al variare della velocità relativa tra sorgente e ricevitore || *per estens.* fenomeno che suscita un'impressione diversa dalla realtà: *il miraggio è un effetto ottico*; *effetti speciali,* accorgimenti cinematografici o teatrali per simulare situazioni non direttamente riproducibili in scena **4.** *T.sport.* in molti sport e giochi che prevedono l'uso di una palla (come calcio, tennis, biliardo ecc.), il colpire la palla da un lato, anziché al centro, in modo da imprimerle un moto rotatorio: *dare l'effetto*; *tiro, colpo ad effetto* **5.** nella loc. avv. *in effetti,* in verità; serve a confermare o a correggere un'affermazione precedente: *in effetti le cose (non) stanno proprio così*; si usa anche come risposta affermativa: *è un po' strano, non trovi? In effetti!* **6.** *T.bur.* titolo di credito: *effetto bancario*; *per anton.* cambiale || *pl.* beni di qualsiasi tipo: *effetti patrimoniali,* beni immobili || *effetti personali o di vestiario,* capi di biancheria, indumenti || *dim.* effettùccio; *accr.* effettóne || *pegg.* effettàccio || **N.** **1.** *Sin.* conseguenza, esito, frutto, risultato **2.** *Sin.* colpo, efficacia, impressione **3.** *Sin.* illusione, trucco **4.** *Sin.* taglio **6.** *Sin.* oggetti, proprietà. **Q.T.** *cinematografia.*

effettóre [dal lat. *effector, -ōris*; 1551] **agg.** e **sm.** (f. *-trice*) detto di organo o dispositivo che compie una funzione o si modifica in risposta ad uno stimolo || *in part. T.anat.* (*organo*) *effettore,* la cui attività fisiologica risponde con movimenti, secrezioni, mutamento di colore o con altre reazioni a speciali stimoli esterni.

effettuàbile [da *effettuare*; 1618] **agg.** che si può effettare, realizzare: *operazione effettuabile* || **N.** attuabile, avverabile.

effettuabilità [da *effettuabile*; 1847] **sf.** *non com.* l'essere effettuabile: *l'effettuabilità dell'idea* || **N.** *Sin.* attuabilità, fattibilità.

effettuàle [dal fr. *effectuel*; a. 1433] **agg.** reale, effettivo: *verità effettuale della cosa* (Machiavelli) || **effettualménte** **avv.** *raro* in concreto, in realtà.

effettualità [da *effettuale*; 1936] **sf.** *non com.* l'esser effettuale.

effettuàre (pres. *-èttuo*) [dal fr. *effectuer*; a. 1589] **tr.** mandare a effetto, mettere in atto: *effettuò quanto si era proposto* || nel linguaggio burocratico, sportivo o militare è usato spesso con valore attenuato di *compiere, fare*: *il treno non effettua fermate intermedie, effettuare un cross dal vertice dell'area, effettuare un'esercitazione a fuoco* || **intr. pron.** aver effetto, accadere; compiersi: *la gita non si effettuerà, il caso non si è effettuato* || **N. tr.** *Sin.* attuare, compiere, concretare, eseguire, mettere in opera o in pratica, realizzare | **intr. pron.** *Sin.* avvenire, svolgersi, verificarsi.

effettuazióne [da *effettuare*; 1618] **sf.** l'effettuare e l'effettuarsi: *l'effettuazione del progetto subisce ritardi imprevisti* || **N.** *Sin.* attuazione, compimento, esecuzione, realizzazione; svolgimento | *Contr.* abolizione, annullamento.

efficàce [dal lat. *efficax, -ācis*; a. 1294] **agg.** **1.** che produce effetto pieno e sicuro: *rimedio* *efficace* ‖ *per estens.* valido, convincente: *un'argomentazione molto efficace*; espressivo, coinvolgente: *una descrizione vivida ed efficace* **2.** *T.teol. grazia efficace*, che determina la volontà a bene operare **3.** *T.fis.* si dice per caratterizzare espressioni complesse che in determinate situazioni svolgono un ruolo analogo a grandezze più semplici: *massa efficace di un elettrone*, coefficiente che nell'equazione di un elettrone di conduzione nei metalli ha un ruolo analogo a quello della massa nell'equazione dell'elettrone libero; *valore efficace di una corrente alternata*, l'intensità della corrente continua che produrrebbe gli stessi effetti energetici ‖ **efficaceménte** *avv.* ‖ **N. 1.** *Sin.* attivo, efficiente, energico, fattivo, gagliardo, operativo, potente, valevole, valido, valoroso, vigoroso, virtuoso | *Contr.* debole, inefficace.

efficàcia (pl. *-cie*) [dal lat. *efficācia*; 1306] *sf.* l'essere efficace; proprietà di ottenere l'effetto voluto: *l'efficacia di un farmaco* ‖ *per estens.* vivacità d'espressione: *esprimersi, scrivere con efficacia* ‖ **N.** *Sin.* energia, forza, potenza, potere, validità, valore, vigore, virtù | *Contr.* inadeguatezza, inefficacia.

efficènte V. EFFICIENTE.

efficènza V. EFFICIENZA.

efficiènte o **efficènte** [dal lat. *efficiens, -entis*; 1308] *agg.* **1.** che produce un effetto, efficace: *T.fil. causa efficiente*, a partire da Aristotele, l'agente produttore di un movimento o un mutamento ‖ *T.gram. complemento di causa efficiente*, quello che indica l'essere inanimato che compie l'azione in una proposizione passiva (per es. *da una valanga* in *fu travolto da una valanga*) **2.** bene organizzato, che dà un buon rendimento: *un'amministrazione efficiente, un segretario efficiente.*

efficientìsmo [da *efficiente*; 1980] *sm.* l'essere o il voler essere sempre efficiente al massimo grado ‖ il sopravvalutare il valore dell'efficienza nel lavoro, nella conduzione di un progetto o di un'impresa ecc.

efficientista [da *efficiente*; 1974] *s.* chi ha come obiettivo, nella propria attività, l'efficienza.

efficientistico (pl. *-ci*) [da *efficientismo*; 1968] *agg.* relativo all'efficientismo.

efficiènza o **efficènza** [dal lat. *efficentia*; a. 1332] *sf.* **1.** capacità di fornire i risultati voluti o un rendimento adeguato: *l'efficienza del servizio d'ordine, la perdita di efficienza di un motore* ‖ *essere, sentirsi in piena, in perfetta efficienza*, essere in gran forma, al massimo delle proprie capacità ‖ *rimettere in efficienza un congegno, l'apparato burocratico* e sim., rimetterli in funzione, migliorarne il rendimento ‖ *T.econ. efficienza produttiva*, la massima capacità produttiva possibile di un'industria, un'impresa e sim. **2.** *T.aer.* il rapporto tra il coefficiente di portanza e quello di resistenza di un aereo.

effigiàre (pres. *-ìgio*) [dal lat. tardo *effigiāre*; a. 1556] *tr.* **1.** rappresentare con immagini, ritrarre: *in questa figura orante il pittore ha effigiato il committente, sulla moneta è effigiata la testa di un imperatore* **2.** *non com.* figurare, scolpire, modellare: *le porte qui d'effigiato argento* (Tasso); *il marmo effigiato prendeva un pallor men freddo* (D'Annunzio) ‖ **N. 1.** *Sin.* dipingere, raffigurare, riprodurre, ritrarre, DISEGNARE.

effigie o **effige** (pl. *-gi* o *-gie*) [dal lat. *effigies*; 1321] *sf.* **1.** figura, spec. di persona, rappresentata in disegno o rilievo: *l'effigie della Madonna* ‖ il quadro o la scultura che rappresenta tale figura: *effigie miracolosa* ‖ *bruciare, impiccare in effigie*, distruggere in una manifestazione un ritratto o un pupazzo che rappresenta un personaggio politico odiato, come forma di minacciosa protesta e di spregio; veniva così eseguita un tempo la condanna di un reo contumace **2.** *raro scherz.* aspetto, sembianze ‖ **N. 1.** *Sin.* immagine, ritratto, simulacro **2.** *Sin.* cera, fattezze. **TAV.** *numismatica* 2.4.

effimera V. EFEMERA.

effìmero (non com. *efimero*) [dal gr. *ephḗmeros*; inizio sec. XIV] **I** *agg.* **1.** che dura un giorno: *febbre effimera, insetti effimeri* **2.** *per estens.* di breve durata, destinato a rapido oblio: *potenza effimera, effimeri successi* **II** *sm.* ciò che è di breve durata: *la cultura dell'effimero*, la tendenza di varie amministrazioni cittadine (spec. all'inizio degli anni '80) a promuovere manifestazioni culturali e spettacolari di natura occasionale ed estemporanea, senza istituire enti stabili per la loro organizzazione ‖ **N. I 1.** *Contr.* longevo **2.** *Sin.* caduco, fugace, fuggevole, labile, momentaneo, passeggero, perituro, precario, transitorio | *Contr.* duraturo, durevole, eterno, imperituro, solido, stabile.

efflorescènte [dal lat. *efflorescens, -entis*; 1834] *agg.* **1.** *lett.* che comincia a fiorire **2.** *T.chim.* che presenta il fenomeno dell'efflorescenza.

efflorescènza [da *efflorescere*; 1684] *sf.* **1.** *T.med.* eruzione della pelle in minute bollicine, perlopiù con prurito **2.** *T.chim.* l'uscita di materie saline dai corpi, sulla cui superficie si estendono in strato sottile, formato spesso da minuscoli cristalli: *efflorescenza di salnitro.*

effluènte [dal lat. *effluens, -entis*; 1585] **I** *agg.* che fuoriesce da un'apertura **II** *sm.* ammasso di rifiuti liquidi che fuoriescono dalle fognature.

effluìre (pres. *-ìsco, -ìsci*) [dal lat. *effluere*; a. 1600] *intr.* (aus. *essere*) *non com.* sgorgare, fluire fuori: *l'acqua effluiva dal condotto* ‖ **N.** *Contr.* affluire.

efflùsso [dal lat. tardo *effluxus*; a. 1600] *sm.* lo sgorgare, lo scorrere di un liquido da aperture: *l'efflusso del sangue da un'arteria* ‖ *in part. T.tecn.* passaggio di un fluido attraverso un orifizio da un ambiente a pressione minore a un altro a pressione maggiore.

efflùvio (pl. *-vi*) [dal lat. *effluvium*; 1623] *sm. lett.* **1.** emanazione di minime particelle capaci di eccitare i nervi olfattivi: *l'effluvio dei fiori* ‖ cattivo odore, esalazione: *gli effluvi pestilenziali delle paludi* ‖ *per estens.* emanazione: *effluvio di luci* **2.** *T.elettr. effluvio elettrico*, uno dei tipi di scarica elettrica, invisibile o poco luminosa, che si produce tra due conduttori a diverso potenziale immersi in un gas ‖ **N. 1.** *Sin.* odore, profumo; lezzo, miasma, ESALAZIONE.

effóndere (pres. *-óndo* ecc., come FONDERE) [dal lat. *effundere*; a. 1348] *tr.* riversare all'esterno; anche *fig.* sfogare, manifestare: *effondere il proprio dolore a qualcuno* ‖ *intr. pron.* spandersi, diffondersi ‖ *intr.* (aus. *essere*) fuoriuscire: *la lava effonde da un cratere laterale* ‖ **N.** *tr. Sin.* diffondere, spandere, spargere | *intr.* e *intr. pron. Sin.* dilagare, riversarsi, sprigionarsi.

effossòrio (pl. *-ri*) [dal lat. *effossus*, pps. di *effodere*, scavare; 1951] *agg. non com.* che serve a scavare, e spec. a dragare un porto: *macchine effossorie*, escavatrici.

effrazióne [dal fr. *effraction*; 1812] *sf. T.giur.* scasso, forzatura di dispositivi di sicurezza: *furto con effrazione.*

effrenàto [dal lat. *effrenātus*; a. 1349] *agg. lett. raro* senza freno, sfrenato.

effumazióne [dal lat. tardo *effumāre*; a. 1313] *sf.* **1.** esalazione naturale di fumi o vapori da una superficie **2.** *T.mil.* fumata per segnalazione.

effuṣiòmetro [comp. di *effusio(ne)* e *-metro*; 1956] *sm. T.fis.* strumento con cui si valuta la densità di un gas, in base al tempo di efflusso da un foro in parete sottile.

effuṣióne [dal lat. *effūsio, -ōnis*; sec. XIII] *sf.* **1.** spargimento abbondante: *effusione di sangue*; emissione: *effusione di lava* ‖ *fig.* manifestazione, sfogo di emozioni o sentimenti: *effusioni dell'animo* **2.** *T.chim.* mescolamento di gas diversi attraverso una parete porosa **3.** *fig.* dimostrazione di caldo affetto: *mi abbracciò con effusione*; *i due innamorati si scambiavano tenere effusioni* ‖ *dim.* effusioncèlla.

effuṣìvo [dal lat. *effūsus*; versato, sparso; 1930] *agg.* **1.** *T.geol. processo effusivo*, emissione di lava in superficie nel corso di un'eruzione vulcanica; *rocce effusive*, derivate da lava solidificata **2.** *raro* espressivo, affettuoso ‖ **N. 1.** *Contr.* intrusivo.

effùṣo (*pps.* di *effondere*) [dal lat. *effūsus*; prima metà sec. XIV] *agg. lett.* sparso, diffuso, disteso: *chiome effuse, l'effuso azzurro* (Carducci).

effuṣóre [dal lat. tardo *effūsor, -ōris*; a. 1667] *agg.* e *sm.* (f. *effonditrice*) *non com.* che, chi effonde.

efimero *agg. non com.* V. EFFIMERO.

efìmnio (pl. *-ni*) [dal gr. *ephýmnion*, ciò che si canta dopo l'inno; 1956] *sm. T.metr.* nell'antica lirica classica, ritornello cantato a conclusione di ogni strofa.

efippio (pl. *-pi*) [dal lat. *ephippium*, gr. *ephíppion*; a. 1527] *sm. T.stor.* sella primitiva formata da un pezzo di stoffa piegata più volte a mo' di cuscinetto ‖ **N.** bardella, basto, SELLA.

èfod [dall'ebr. *'ephō(w)dh*, propr. veste; sec. XIV] *sm. inv. T.stor.* paramento senza maniche, che veniva indossato dal gran sacerdote degli Ebrei.

eforàto [da *eforo*; 1869] *sm. T.stor.* ufficio, dignità di eforo ‖ durata dell'incarico.

èforo [dal lat. *ephorus*, gr. *éphoros*; sec. XIV] *sm. T.stor.* ciascuno dei cinque magistrati superiori che a Sparta avevano l'ufficio di frenare la potenza regia.

eftemìmera o **eptemìmera** [dal gr. *hephthēmimrḗs*, di sette mezze parti; 1956] *agg.* solo *f. T.metr. cesura eftemimera*, nella metrica greca e latina, cesura che nell'esametro dattilico e nel trimetro giambico cade dopo il settimo mezzo piede ‖ **N.** *Sin.* semisettenaria.

ègagro [dal gr. *áigagros*; 1797] *sm.* grossa capra selvatica dell'Asia.

egalitàrio V. EGUALITARIO.

egèmone [dal gr. *hēgemṓn*; 1828] **I** *sm.* condottiero, guida **II** *agg.* dominante, che prevale o esercita un controllo sugli altri: *nazione egemone.*

egemonìa [dal gr. *hēgemonía*; 1829] *sf. propr.* nella Grecia antica, supremazia di uno Stato o città su Stati o città minori ‖ *per estens.* posizione di preminenza che condiziona un'intera società, ambiente e sim.: *egemonia politica, economica, culturale.*

egemònico (pl. *-ci*) [dal gr. *hēgemonikós*; 1851] *agg.* che ha una preminenza politica, che esercita un'egemonia: *stato egemonico* ‖ proprio di chi aspira all'egemonia: *velleità egemoniche* ‖ **egemonicaménte** *avv.*

egemònio (pl. *-ni*) [dal gr. *hēgemónios*; 1887] *agg. T.mit.* epiteto di Hermes, che conduce le anime all'Ade.

egemonìṣmo [da *egemonia*; 1980] *sm.* tendenza all'egemonia: *l'egemonismo sovietico.*

egemoniẓẓàre [da *egemonia*; 1983] *tr.* sottomettere alla propria egemonia: *egemonizzare la cultura, l'economia di un paese.*

egemoniẓẓazióne [da *egemonizzare*; 1983] *sf.* l'egemonizzare, l'essere egemonizzato.

egènte [dal lat. *egens, -entis*; a. 1348] *agg. arc.* bisognoso, povero, indigente.

egèo [dal lat. *Aegeum* (*mare* o *pelagus*), gr. *Aigéus*; 1532] *agg.* **1.** del mare Egeo, che si riferisce al mar Egeo **2.** pertinente ai popoli stanziati nelle isole del mar Egeo prima dell'arrivo dei Greci: *civiltà egea*, cretese.

egestà [dal lat. *egestas, -ātis*; prima metà sec. XIV] *sf. arc.* povertà, indigenza.

-eggiàre [dal gr. *-izein*, attr. il lat. volg. *-idiāre*]

suff. **1.** forma verbi intransitivi da sostantivi (*guerreggiare*), da aggettivi (*folleggiare*) o, talvolta, da avverbi (*indietreggiare*); tali verbi indicano un modo d'essere, un atteggiamento caratterizzato da quanto espresso dal termine di base **2.** forma, meno freq., verbi transitivi (*amareggiare*), cui conferisce lo stesso valore di *-izzare* (v.) || **N.** -izzare.

ègida [dal lat. *aegis, -idis*, gr. *aigís*, letter. (pelle di) capra; 1492 nel senso 1; 1798 nel senso 2] **sf.** **1.** *T.mit.* nome degli scudi di Zeus e di Atena **2.** *fig. lett.* difesa, protezione; patrocinio: *sotto l'egida dei potenti, della Presidenza della Repubblica* || **N.** *Sin.* **2.** riparo, DIFESA.

eginètico (pl. *-ci*) [dal lat. *Aegineticus*, gr. *Aiginetikós*; a. 1798] **agg.** dell'isola greca di Egina, che si riferisce all'isola di Egina || *lega eginetica*, lega di bronzo speciale usata dagli artisti greci.

egìoco (pl. *-ci*) [dal gr. *aigíochos*; 1810] **agg.** *T.mit.* armato dell'egida, appellativo che gli antichi davano a Zeus.

egìpane [dal lat. *Aegipan, -ānis*, gr. *Aigípan, -anos*; 1499] **sm.** *T.mit.* essere silvestre e biforme, con forma umana sino alla cintola, caprina dalla cintola in giù; fauno, mostro mitologico.

ègira [dall'ar. *hiğra*, emigrazione; a. 1652] **sf.** la fuga di Maometto dalla Mecca a Medina, avvenuta il 16 luglio dell'anno 622 d.C.; dà inizio alla cronologia islamica.

egittologìa [comp. di *Egitto* e *-logia*; 1892] **sf.** disciplina che si occupa della civiltà dell'antico Egitto.

egittològico (pl. *-ci*) [da *egittologia*; a. 1952] **agg.** relativo all'egittologia, proprio dell'egittologia.

egittòlogo (pl. *-gi*) [comp. di *Egitto* e *-logo*; 1905] **agg.** e **sm.** (f. *-a*) studioso di egittologia.

egizìaco (pl. *-ci*) [dal lat. tardo *Aegyptiacus*, gr. *Aigyptiakós*; a. 1342] **agg.** *lett.* di Egitto, egiziano: *Santa Maria Egiziaca* || *giorni egiziaci*, ritenuti infausti dagli astrologi.

egiziàno [da *egizio*; a. 1367] **I agg.** dell'Egitto **II sm.** **1.** (f. *-a*) abitante dell'Egitto **2.** (solo *sing.*) lingua dell'antico Egitto, oggi estinta **3.** *T.tip.* carattere grassetto con le sbarrette orizzontali molto accentuate, usato spec. nei titoli.

egìzio (pl. *-zi*) [dal lat. *Aegyptius*, gr. *Aigýptios*; sec. XIII] **I agg.** dell'antico Egitto: *architettura, arte egizia, dinastie egizie* **II sm.** (f. *-a*) abitante dell'antico Egitto.

eglefìno [dal fr. *aiglefin* e *églefin*; 1965] **sm.** pesce simile al merluzzo le cui carni, affumicate, si vendono col nome di *haddock*.

égli [lat. volg. **illi*, class. *ille*; sec. XIII] **pron. pers. m.** (f. *élla*) **1.** denota la terza persona singolare e si usa oggi solo come soggetto riferito a persona umana, quasi sempre con valore anaforico: *parliamo ora della vita di Pirandello. Egli nacque...* || in molti casi si può omettere (*nell'800 Carlo Magno scese in Italia. A Roma (egli) fu incoronato imperatore*), e l'omissione diventa spesso indispensabile quando il riferimento è al soggetto di un'altra proposizione all'interno dello stesso periodo (*quando Giorgio tornò a casa, preparò la cena*) || anche nel ruolo di soggetto tende sempre più ad essere sostituito da *lui*, che è ormai l'unica forma usata nella lingua parlata e quando è in posizione di rilievo nella frase: *è stato lui!* || *arc.* ricorre anche rif. ad animale o cosa, e con funzione di complemento **2.** *arc.* o *lett.* può denotare anche la terza persona plurale: *Pensate voi | ... | ch'egli abbian combattuto per esso?* (Manzoni).

églino [da *egli* e *-no* della terza pers. pl. dei verbi; a. 1292] **pron. pers. di terza pers. pl. arc.** essi.

ègloga o **ècloga** [dal lat. *ecloga*, gr. *eklogḗ*, scelta; a. 1375] **sf.** *T.lett.* componimento poetico pastorale o idilliaco || *T.mus.* composizione vocale o strumentale di ispirazione pastorale.

ègo [dal lat. *ego*, io; 1918] **sm. inv.** *T.psican.* l'Io (v.); *super ego*, v. IO.

ègo- [dal lat. *ego*, io] **primo elem.** che, in parole composte spec. della terminologia medica, vale "(di) se stesso" (per es. *egocentrismo, egotismo*).

egoàrca [comp. di *ego-* e *-arca*; 1906] **sm.** *raro* e *lett.* egoista, che pretende di dominare su tutti.

egocentricità [da *egocentrico*; 1945] **sf.** l'essere egocentrico.

egocèntrico (pl. *-ci*) [dal fr. *égocentrique*; 1905] **I agg.** centrato sull'io: *gli avverbi dimostrativi "qui" e "là" sono organizzati secondo un sistema di riferimento egocentrico* || rif. a persona, che percepisce e inquadra ogni aspetto della realtà riconducendolo al proprio io (non necessariamente come difetto morale): *i bambini sono naturalmente egocentrici* **II sm.** (f. *-a*) persona egocentrica.

egocentrìsmo [da *egocentrico*; 1917] **sm.** atteggiamento mentale che riferisce e subordina all'io ogni aspetto e percezione della realtà. Q.T. *psicologia*.

egoìsmo [dal fr. *égoïsme*; a. 1801] **sm.** eccessivo amore di se stesso, della propria utilità e del proprio comodo; egocentrismo condannabile sul piano etico || **N.** amor proprio, egotismo | *Contr.* altruismo.

egoìsta [dal fr. *égoïste*; a. 1803] **I s.** chi pecca di egoismo **II** anche **agg.**: *un carattere tremendamente egoista* || *pegg.* egoistàccio || **N.** egoarca, egocentrico, egotista | *Contr.* altruista.

egoìstico (pl. *-ci*) [da *egoista*; 1832] **agg.** di o da egoista: *sentimenti egoistici* || **egoisticaménte** **avv.**

egolàtra [comp. di *ego-* e *-latra*; 1958] **s.** *non com.* chi pecca di egolatria || **N.** *Sin.* egotista.

egolatrìa [comp. di *ego-* e *-latria*; 1932] **sf.** *non com.* il culto di se stesso, egotismo.

egomanìa [comp. di *ego-* e *-mania*; 1988] **sf.** *T.psic.* egocentrismo ed egoismo patologici.

egotìsmo [dall'ingl. *egotism*; 1887] **sm.** atteggiamento di esaltazione narcisistica di sé || eccesso di introspezione.

egotìsta [dall'ingl. *egotist*; 1765] **s.** e **agg.** chi o che dimostra egotismo.

egotìstico (pl. *-ci*) [da *egotista*; a. 1928] **agg.** proprio dell'egotista, tipico dell'egotista, che presenta egotismo: *atteggiamento egotistico*.

egrègio (pl. *-gi*) [dal lat. *egregius*; 1321] **agg.** che esce dall'ordinario, che ha pregi singolari: *scrittore egregio* || si usa come forma di cortesia nella corrispondenza: *egregio signore* || considerevole: *una egregia ricompensa* || **egregiaménte** **avv.** || **N.** *Sin.* degno, eccellente, esimio, insigne, notevole, segnalato, singolare, valente; cospicuo, rilevante | *Contr.* comune, ordinario.

egressìvo [dal lat. *egressus*, pps. di *egredi*, andar fuori; 1970] **agg.** *T.fon.* detto di suono che viene prodotto tramite emissione di aria (come avviene per la grande maggioranza dei foni delle lingue naturali) || **N.** *Contr.* ingressivo.

egrèsso [dal lat. *egressus*; 1585] **sm.** *raro lett.* uscita || **N.** *Contr.* ingresso.

egrétta [dal fr. *aigrette*; 1942] **sf.** **1.** airone bianco **2.** adattamento di *aigrette* (v.).

ègro [dal lat. *āeger*; a. 1374] **agg.** *poet.* ammalato, infermo, debole; afflitto.

eguàle e der. v. UGUALE e der.

egualità [dal lat. *aequalitas, -ātis*; 1750] **sf.** uguaglianza; parità di condizioni.

egualitàrio (meno com. *egalitàrio, ugualitàrio*) (pl. *-ri*) [dal fr. *égalitaire*; 1942] **agg.** ispirato all'egualitarismo: *sentimenti egualitari*; fondato sull'eguaglianza politica o sociale: *società egualitaria*.

egualitarìsmo (meno com. *ugualitarìsmo*) [dal fr. *égalitarisme*; 1936 *ugualitarismo*] **sm.** concezione politico-sociale che mira a raggiungere l'eguaglianza economica e sociale mediante la sopressione della proprietà e il livellamento di tutte le remunerazioni, già diffusa in epoca illuministica e ripresa dalle ideologie socialiste e comuniste.

egualizzàre [da *eguale*; 1919] **tr.** rendere uguale o uniforme || *T.conc.* *egualizzare le pelli*, farne sparire le ineguaglianze di superficie || **N.** *Sin.* appianare, livellare, pareggiare, smussare, spianare, uniformare.

egùmeno [dal gr. *hegoúmenos*; a. 1667] **sm.** nella chiesa greca, superiore di un convento o di un gruppo di conventi.

eh (pr. [ɛ], [ʔɛ], [ɛː], talvolta anche [ʔe], con diversa lunghezza e intonazione a seconda dei valori) [voce espressiva; sec. XIV] **escl.** esprime vari sentimenti || pronunciata breve e spesso ripetuta (con attacco glottale) ha valore di rimprovero o disapprovazione, anche bonaria o scherzosa: *eh, che mi combini?*; *eh eh, questo non lo dovevi fare!* || pronunciata breve e con intonazione leggermente interrogativa, chiede conferma: *Allora ci andiamo, eh!* || con pronuncia più lunga e intonazione discendente, può esprimere rassegnazione (*eh!... Che ci volevi fare?*) o speranza poco convinta (*eh! Sarebbe bello...*) || con intonazione interrogativa, esprime dubbio (*eh?! Non mi pare proprio*); serve inoltre come risposta a una chiamata, o invita a ripetere qualcosa che non si è capito (*eh? Come hai detto?*) || può anche, ripetuta, servire come rappresentazione grafica di una risata cattiva o ironica.

éhi (pr. [ʔei]) [voce espressiva; a. 1584] **escl.** esprime una reazione brusca o indignata (*ehi! Guarda dove vai!*; *ehi! che razza di maniere!*), o è usata per attirare l'attenzione di qualcuno, spesso con tono aspro (*ehi! Venga un po' qui, lei!*), ma talvolta anche familiare e festoso: (*ehi, che bella sorpresa!*).

ehilà o **ehi là** [comp. di *ehi* e *là*; 1949] **escl.** **1.** serve per chiamare qualcuno in tono familiare, o per richiamare l'attenzione di qualcuno: *ehilà, Andrea!* **2.** esprime ammirazione, stupore o meraviglia: *ehilà, che eleganza!*

ehm (pr. [m̩ː]) [voce espressiva; 1842] **escl.** con diversi valori: indica prevalentemente reticenza (*Che ne pensi di lui? Ehm...*), esitazione (*Ehm, fammi pensare un momento...*), imbarazzo (*Che cosa hai combinato ieri sera? Ehm ehm...*) || serve anche ad attirare sommessamente l'attenzione di qualcuno, a interrompere il discorso di uno dei presenti senza dar troppo nell'occhio e sim. (in questi usi è piuttosto la resa grafica del "colpetto di tosse").

éi [var. di *egli*; a. 1374] **pron. pers. lett.** è lo stesso che *egli*; ma si usa solo davanti a consonante.

èia [dal lat. *ēia*, gr. *ēia*; 1353] **escl.** *arc.* di meraviglia, orsù: *eia, Calandrino, che vuol dir questo?* (Boccaccio) || *eia eia alalà*, v. ALALÀ.

eiaculàre (pres. *-àculo*) [dal lat. *eiaculāri*, gettar fuori; a. 1950] **intr.** (aus. *avere*) emettere lo sperma attraverso l'uretra.

eiaculazióne [dal lat. *eiaculāri*, gettar fuori; a. 1730] **sf.** *T.fisiol.* emissione di liquido spermatico attraverso l'uretra: *eiaculazione precoce*, disturbo del rapporto sessuale, gen. di origine psicologica.

eidètico (pl. *-ci*) [dal gr. *eidētikós*, proprio della conoscenza della forma; 1956] **agg.** **1.** *T.fil.* nella filosofia di E. Husserl, riguardante le essenze delle cose: *riduzione eidetica*, riduzione del flusso delle esperienze vissute dalla coscienza individuale alle pure essenze **2.** *T.psic.* rappresentazione mentale mnemonica caratterizzata da particolare vivezza, che però, a differenza dell'allucinazione, è percepita dal soggetto come priva di corrispondenza con un oggetto presente.

eidetismo [da *eidetico*; 1987] **sm.** *T.psic.* capacità, propria soprattutto dei bambini, di formare immagini mentali nitide e particolareggiate, visive o acustiche, di oggetti o scene precedentemente percepite.

eidomàtica [dal gr. *êidos*, aspetto, forma e *-matica*; 1987] **sf.** *T.inform.* settore dell'informatica che si occupa del trattamento (creazione, riproduzione, archiviazione) delle immagini per mezzo dell'elaboratore elettronico || **N.** CAD.

eidomàtico (pl. *-ci*) [da eidomatica; 1987] **agg.** *T.inform.* relativo all'eidomatica, proprio dell'eidomatica.

èidophor o **eidophòr** [n. commerciale; 1974] **sm.** *inv.* grande schermo, gen. collocato in uno studio televisivo dal quale si effettua una trasmissione in diretta, sul quale vengono proiettate immagini di collegamenti esterni o di brani registrati || l'apparecchio con cui vengono proiettate tali immagini.

eiettàbile [dal lat. *eiectāre*, gettare; 1965] **agg.** si dice di sedile d'aereo che in caso di pericolo può essere espulso e paracadutato con chi vi sta seduto.

eiettàre (pres. *-ètto*) [dal lat. *eiectāre*, gettar fuori; 1983] **tr.** espellere: *gli aerei supersonici eiettano ossido d'azoto.*

eiettivo [dal lat. *eiectus*, pps. di *eicere*, gettar fuori; 1956] **agg.** *T.fon.* detto di suono consonantico prodotto emettendo con un sollevamento della laringe l'aria compresa tra questa e un'occlusione della cavità orale.

eiettóre [dal lat. *eiectus*; 1917] **sm.** *T.mecc.* apparecchio idraulico o pneumatico che produce l'espulsione di un fluido liquido o gassoso per mezzo di un violento getto di un altro fluido (detto *fluido motore* o *primario*).

eiezióne [dal lat. *eiectio, -ōnis*; 1673] **sf.** *T.scient.* espulsione violenta.

einsteiniàno (pr. [ainstai'njano]) [dal n. proprio *Einstein*; 1956] **agg.** relativo allo scienziato Albert Einstein: *la teoria einsteiniana della relatività.*

einsteinio (pr. [ain'stainjo]) [dal n. proprio *Einstein*; 1963] **sm.** *T.chim.* elemento chimico transuranico prodotto artificialmente.

èira [dal guaranì *eyra*, letter. gatto; 1951] **sm.** *inv.* felino americano simile al gatto.

él[1] [da *el(lo)*; a. 1257] **pron.** *pers. m. arc.* troncamento di *ello.*

él[2] [dal lat. *il(le)*; a. 1294] **art.** *det. m. arc.* v. IL.

elaboràre (pres. *-àboro* e non *-abóro*) [dal lat. *elaborāre*; 1600] **tr.** **1.** rif. spec. a progetti, teorie e in gen. opere dell'ingegno, produrre, definire svolgendone tutte le implicazioni: *elaborare un piano, una teoria* **2.** *T.biol.* trasformare mediante processi chimici, digerire, assimilare: *nello stomaco i succhi gastrici elaborano il cibo* || secernere, detto spec. di ghiandole **3.** *T.scient.* *elaborare dati*, vagliarli e organizzarli con strumenti matematici statistici o informatici, in modo da trarne informazioni significative e leggibili || **N.** **1.** *Sin.* costruire, definire, precisare, stabilire **2.** **3.** *Sin.* trattare.

elaboratézza [da *elaborato*; 1737] **sf.** *raro* ricercatezza e accuratezza, perlopiù eccessiva, spec. nel comporre.

elaboràto (*pps.* di *elaborare*) [a. 1498 come agg.; 1893 come sm.] **I** **agg.** **1.** eseguito con cura ed esattezza, accurato, rifinito || eccessivamente ricercato: *è un piatto elaborato ma insipido* **2.** *T.mecc.* *motore elaborato*, modificato rispetto alla produzione di serie per conferirgli maggiore potenza, brillantezza e sim. **II** **sm.** **1.** *T.bur.* scritto, relazione; nella scuola, compito **2.** *T.biol.* secrezione di una ghiandola.

elaboratóre [da *elaborare*; 1966 come sm. nel senso 2] **I** **agg.** che elabora: *apparecchio elaboratore* **II** **sm.** **1.** (f. *-trice*) *raro* chi elabora **2.** apparecchio che elabora; in part. macchina fornita di un sistema elettronico per l'elaborazione automatica dei dati; anche *elaboratore elettronico* || **N.** **II** **2.** *Sin.* calcolatore elettronico, computer. **Q.T.** *informatica.*

elaborazióne [dal lat. tardo *elaborātio, -ōnis*; a. 1730] **sf.** atto ed effetto dell'elaborare, nei vari sensi del verbo: *elaborazione di un progetto*; *elaborazione elettronica dei dati*, compiuta per mezzo di calcolatori elettronici; *elaborazione del cibo*, digestione || *T.psican.* *elaborazione psichica*, lavoro compiuto dall'apparato psichico per dominare le eccitazioni che gli giungono, integrandole e istituendo tra esse legami associativi. **Q.T.** *informatica.*

elàbro [dal lat. *elleborus* con influsso di *verātrum*, veratro; 1951] **sm.** elleboro.

Elàfidi (sing. *-e*) [dal gr. *élaps*, elapide; 1951] **sm.** *pl.* *T.zool.* nome di un genere di serpenti innocui appartenente all'ordine degli Squamati.

elaiopòlio (pl. *-li*) [dal gr. *elaiopṓlion*; 1942] **sm.** azienda consortile per la raccolta e la lavorazione delle olive.

elaiotècnica [comp. del gr. *élaion*, olio e *tecnica*; 1983] **sf.** tecnica di lavorazione e produzione dell'olio d'oliva.

elàmico (pl. *-ci*) [dal n. geogr. *Elam*, antica regione della Mesopotamia; 1956] **agg.** proprio dell'Elam, relativo all'Elam || *lingua elamica*, lingua agglutinante parlata nell'Elam.

elamita [dal n. geogr. *Elam*, antica regione della Mesopotamia; 1860] **s.** abitante dell'Elam.

Elàpidi (sing. *-e*) [dal gr. *élaps*, elapide; 1967] **sm.** *pl.* *T.zool.* nome di una famiglia di serpenti velenosi dell'ordine degli Squamati cui appartengono anche il cobra e il serpente corallo dell'America meridionale.

elargire (pres. *-isco, -isci*) [dal lat. *elargīri*; 1611] **tr.** donare spontaneamente e largamente: *elargire doni, aiuti, sovvenzioni* || *fig. iron.* dare a profusione: *un candidato alla presidenza deve elargire sorrisi e strette di mano* || **N.** *Sin.* dispensare, donare, largire, offrire, prodigare, regalare.

elargitóre [da *elargire*; 1945] **sm.** (f. *-trice*) e **agg.** chi, che elargisce: *un elargitore di doni.*

elargizióne [da *elargire*; 1611] **sf.** l'elargire || *concr.* ciò che si elargisce, offerta generosa: *un ospedale costruito grazie alle generose elargizioni di cittadini facoltosi.*

Elasmobrànchi (sing. *-chio*) [dal lat. scient. *Elasmobranchia*, basato sul gr. *elasmós*, piastra e *bránchia*, branchie; 1951] **sm.** *pl.* *T.zool.* classe di pesci a scheletro cartilagineo.

elasticità [da *elastico*; 1721] **sf.** **1.** *T.fis.* proprietà di certi corpi che, compressi, piegati, torti e deformati, riprendono il loro volume e la loro forma, una volta cessata la forza che li comprimeva o li deformava: *il vetro ha minore elasticità dei metalli* **2.** *per estens.* agilità, leggerezza nei movimenti della persona: *chi è grasso non ha elasticità* || *fig.* *elasticità mentale*, capacità di adattarsi a cambiamenti imprevisti e improvvisi, di apprendere nuovi concetti, di accettare mentalità diverse dalla propria e sim. **3.** *T.econ.* tendenza a variare col variare di determinati fenomeni: *elasticità della domanda, dell'offerta*; *elasticità di un sistema economico*, capacità di adattarsi al mutare delle condizioni del mercato || **N.** **1.** *Contr.* plasticità **2.** *Sin.* prontezza di riflessi; duttilità, versatilità | *Contr.* goffaggine, lentezza, ottusità, rigidità **3.** *Sin.* adattabilità, dinamicità, variabilità | *Contr.* stabilità.

elasticizzàto [da *elastico*; 1965] **agg.** si dice di un tessuto comune reso elastico mediante l'introduzione di fili di nylon opportunamente trattati, o per mezzo di procedimenti chimici.

elàstico (pl. *-ci*) [dal lat. scient. *elasticus*, tratto dal gr. *elatḗr*, che spinge innanzi; a. 1685] **I** **agg.** **1.** detto di corpo che, sottoposto a deformazione, riprende la forma originaria al cessare della forza deformante: *materiale, tessuto elastico* || *fascia elastica*, benda di tessuto elasticizzato che contrasta l'insorgere di vene varicose || *T.biol.* *fibra elastica*, capace di tendersi e di contrarsi, presente ad es. nei tessuti muscolari e connettivi || *T.sport.* *pallone elastico*, sport praticato in Piemonte e Liguria tra squadre di cinque componenti (*battitore, spalla* e tre *terzini*) in un campo (detto *sferisterio*) con un muro laterale per il gioco di sponda; la palla, del diametro di circa dieci cm, va rimandata nel campo avversario o al di là di esso colpendola col pugno al volo o al primo rimbalzo || *T.fis.* *costante elastica di una molla*, costante di proporzionalità tra la forza di richiamo e la distanza di compressione **2.** *T.fis.* *urto elastico*, in cui l'energia cinetica totale delle particelle che collidono rimane la stessa prima e dopo l'urto **3.** *per estens.* agile, reattivo; *fig.* *ingegno elastico*, versatile, pronto || adattabile alle circostanze e anche, con connotazione negativa, ambiguo, accomodante: *morale elastica*, di non troppo solidi princìpi; *interpretazione elastica di una norma, di un trattato*, volta a violarne lo spirito se non la lettera || *T.mil.* *difesa elastica*, che non mira a conservare rigidamente intatta la linea del fronte || **elasticaménte** **avv.** **II** **sm.** tessuto di materia elastica o striscia di gomma elastica ad anello, che si adopera per stringere, legare pacchi, confezioni e sim. || fettuccia di materia elastica usata nell'abbigliamento: *gli elastici delle calze* || **N.** **I** **1.** *Contr.* plastico **2.** *Contr.* anelastico **3.** *Sin.* duttile; flessibile, molle | *Contr.* intransigente, rigido. **Q.T.** *fisica.*

elastina [comp. di *elast(ico)* e *-ina*; a. 1936] **sf.** *T.biol.* sostanza proteica che costituisce il componente principale del tessuto connettivo elastico.

elastomèrico (pl. *-ci*) [da *elastomero*; 1987] **agg.** di materiale prodotto con elastomeri: *stucchi elastomerici*; *fibre elastomeriche*, dotate di elevata elasticità.

elastòmero [comp. di *elast(ic)o* e *(poli)mero*; 1956] **sm.** *T.chim.* polimero dotato dell'elasticità della gomma.

elatère [dal gr. *elatḗr, elatêros*, che spinge; 1834] **sm.** **1.** *T.biol.* in alcune piante sporifere, cellula sterile situata fra le spore, che, con i suoi movimenti, consente a queste di disperdersi e ne orienta l'espulsione **2.** piccolo coleottero dal corpo ovale di color bruno, allungato, dotato di un organo posto sul dorso che gli permette di rimettersi in piedi se viene rovesciato.

Elatèridi (sing. *-e*) [dal lat. scient. *elateridae*; 1943] **sm.** *pl.* *T.zool.* famiglia di insetti Coleotteri di forma allungata, che saltano facendo scattare l'addome sul torace.

elaterina [comp. di *elaterio* e *-ina*; 1887] **sf.** *T.chim.* sostanza contenuta nel frutto dell'elaterio, ricca di potere lassativo.

elatèrio (pl. *-ri*) [dal gr. *elatḗr*, che spinge innanzi; a. 1320] **sm.** **1.** *T.bot.* pianta delle Cucurbitacee, detta anche *cocomero asinino* **2.** *T.bot.* cellula filiforme presente nelle spore delle piante appartenenti alla classe delle Epatiche.

elativo [dal lat. *elātus*, portato in alto, sul modello di *genitivo, superlativo*; 1956] **agg.** *T.ling.* **1.** detto di caso (esistente ad es. nelle lingue ugro-finniche), che indica il movimento dall'interno di un luogo **2.** detto di forma aggettivale che ha il valore di superlativo assoluto.

elàto [dal lat. *elātus*; 1340] **agg.** *arc.* sollevato || *fig.* altero.

élce [lat. *elix, -icis*; a. 1374] **sf.** e **sm.** *lett.* leccio: *elce antica e negra* (Petrarca).

elcéto [da *elce*; 1573] **sm.** *lett.* bosco di elci.

eldoràdo [dallo sp. *el dorado*, il (paese) dorato; a. 1320] **sm.** *inv.* luogo leggendario d'abbondanza e di delizie ‖ **N.** Bengodi, Eden, paradiso, paese della cuccagna.

Eleagnàcee [dal lat. scient. *Elaeagnaceae*; 1951] **sf.** *pl.* *T.bot.* famiglia di piante dicotiledoni, fra cui l'eleagno.

eleàgno [dal lat. scient. *elaeagnus*; 1820] **sm.** arbusto delle Eleagnacee con foglie lanceolate, fiori profumati e frutti a drupa commestibili.

eleàte [dal n. geogr. *Elea*, città della Magna Grecia; 1970] **agg.** *T.fil.* di Elea: *la scuola eleate.*

eleàtico (pl. *-ci*) [dal lat. *eleaticus*, gr. *eleatikós*; 1861] **agg.** **1.** di Elea, città della Magna Grecia **2.** *T.fil.* della scuola filosofica fiorente nel v sec. a.C., i cui principali esponenti furono Parmenide, Zenone (entrambi di Elea) e Melisso da Samo.

eleatișmo [da *eleatico*, come il fr. *éléatisme*; 1942] **sm.** *T.fil.* insieme delle dottrine filosofiche della scuola eleatica; incentrate sull'affermazione che solo l'essere è e non può non essere, mentre il non-essere non è, tendono — avvalendosi di procedimenti logico-deduttivi (paradosso, riduzione all'assurdo) — alla negazione della realtà di tutto ciò che (come il divenire, il movimento, la molteplicità) implica la compresenza dell'essere e del non-essere.

èlectron o **elèctron** o **èlektron** [dal gr. *élektron*, lega d'oro e d'argento; 1875 *electrum*] **sm.** *inv.* denominazione commerciale di varie leghe di magnesio, con piccole percentuali di manganese, alluminio e zinco, usate in aerotecnica.

elefànte [dal lat. *elephans, -antis*, gr. *eléphas*; fine sec. XIII] **sm.** (f. *-éssa*) **1.** nome di due distinte specie di mammiferi forniti di una lunga proboscide e di lunghe zanne d'avorio; sono i più grandi mammiferi terrestri e vivono l'uno (*elefante indiano*) nell'Asia meridionale e l'altro (*elefante africano*) nell'Africa ‖ *memoria da elefante*, prodigiosa ‖ in varie espr. funge da simbolo di goffaggine o di grossezza: *si muove come un elefante in cristalleria*; *far d'una mosca un elefante*, esagerare **2.** *elefante di mare*, mammifero simile a una grossa foca, abitante dei mari antartici, così chiamato per le dimensioni e perché il maschio è fornito di una corta proboscide **3.** formato di carta di cm 70 × 100, usato spec. per poster e avvisi murali ‖ *dim.* elefantìno ‖ **N.** **1.** mammut, pachiderma | proboscide o tromba, zanne, avorio; barrito | cornac o conduttore. **TAV.** ***mammiferi* p. 1318** 18.

elefantésco (pl. *-schi*) [da *elefante*; a. 1704] **agg.** di grandi dimensioni ‖ goffo; anche *iron. grazia elefantesca.*

elefantìaco (pl. *-ci*) [dal gr. *elephantiakós*; 1750] **I** **agg.** **1.** *T.med.* che si riferisce a elefantiasi **2.** *fig.* smisurato, sproporzionato: *un'azienda elefantiaca* **II** **sm.** (f. *-a*) *T.med.* chi è affetto da elefantiasi.

elefantìași [dal gr. *elephantíasis*; 1587] **sf.** **1.** *T.med.* malattia caratterizzata da un aumento considerevole del volume di un membro o di una parte del corpo e spec. degli arti inferiori, dovuto a un ispessimento ipertrofico della pelle e del tessuto sottocutaneo **2.** *fig.* crescita abnorme e dannosa: *l'elefantiasi degli apparati burocratici.*

elefantìno [da *elefante*; a. 1342] **agg.** **1.** di elefante: *testa elefantina* ‖ *morbo elefantino*, elefantiasi **2.** *lett.* d'avorio.

elegànte [dal lat. *elegans, -antis*; a. 1342] **I** **agg.** **1.** rif. a cose, che si distingue per la finezza e il buon gusto della fattura, la qualità dei materiali, l'originalità dello stile ecc.: *un abito, un mobile, una calligrafia elegante* ‖ *una prosa, un'espressione elegante*, ricercata, accurata ‖ *una teoria, una dimostrazione elegante*, che evita passaggi troppo involuti, che rivela insospettati collegamenti o simmetrie e sim. ‖ *un locale elegante*, frequentato da persone di alta condizione sociale ‖ rif. a persone, comportamenti e sim., che dimostra buon gusto nel vestire, nell'esprimersi ecc.: *tua moglie è sempre molto elegante, atteggiamenti poco eleganti* **2.** brillante, abile: *ha saputo venir fuori in modo elegante da una situazione abbastanza scabrosa* ‖ **elegantemènte** **avv.** **II** usato anche talvolta come **avv.** *pop. vestire, parlare elegante* ‖ **N.** **1.** *Sin.* accurato, fine, leggiadro, raffinato, ricercato; *chic*, distinto, educato, garbato, gentile | *Contr.* di cattivo gusto, dozzinale; inelegante, *kitsch*, rozzo, trasandato, trascurato, volgare.

elegantóne (*accr.* di *elegante*) [1927] **sm.** (f. *-a*) *scherz.* chi veste abitualmente con molta e studiata eleganza, anche *iron.* ‖ **N.** *Sin.* bellimbusto, damerino, *dandy*, gagà, snob.

elegànza [dal lat. *elegantia*; a. 1375] **sf.** qualità di chi o di ciò che è elegante: *eleganza dell'arredamento*; *eleganza del portamento, della dizione*; *l'eleganza di un ragionamento, di un modello teorico* ecc. ‖ *in part.* modo di vestire particolarmente accurato e ricercato: *l'eleganza made in Italy ha conquistato gli Stati Uniti* ‖ *pl.* modi o espressioni raffinati: *le eleganze dello stile, della lingua* ‖ *spreg.* eleganzùccia ‖ **N.** *Sin.* buongusto, delicatezza, disinvoltura, distinzione, finezza, galanteria, garbo, gentilezza, leggiadria, proporzione, raffinatezza, ricercatezza, squisitezza, urbanità | magnificenza, pompa, sfarzo, sfoggio; moda, voga.

elèggere (pres. *-èggo* ecc., come LEGGERE) [lat. *eligere*; a. 1294] **tr.** **1.** scegliere e nominare a un grado, a una carica, perlopiù con votazione: *lo elessero deputato* **2.** *lett.* scegliere, preferire: *molti eleggono di viver soli* ‖ *T.bur.* stabilire: *eleggere il proprio domicilio* ‖ **N.** **1.** *Sin.* designare | acclamare, deputare, investire di, proclamare | *Contr.* destituire.

eleggìbile [da *eleggere*, sul modello del fr. *éligibile*; 1799 *eligibile*] **agg.** che può essere eletto: *l'elettorato passivo è formato da chi è eleggibile.*

eleggibilità [da *eleggibile*, sul modello del fr. *éligibilité*; 1784] **sf.** insieme di requisiti possedendo i quali si può essere validamente eletti.

elegìa (pl. *-gìe*) [dal lat. *elegia*, gr. *elegéia* (*odḗ*), (canto) elegiaco; a. 1375] **sf.** *T.lett.* componimento lirico mesto e doloroso; nell'antichità era composto secondo una particolare forma metrica, detta appunto *distico elegiaco.*

elegìaco (pl. *-ci*) [dal lat. tardo *elegiacus*, gr. *elegeiakós*; a. 1375] **agg.** di elegia, proprio dell'elegia: *stile, poeta elegiaco*; *sentimenti elegiaci* ‖ *distico elegiaco*, nella metrica classica, coppia di versi formata da un esametro e da un pentametro.

elegiàmbo [dal gr. *elegíambos*; 1900] **sm.** nella metrica greca e latina, verso composto di un dimetro giambico acatalettico, preceduto da un pentemimero.

elegișmo [da *elegìa*; 1956] **sm.** tendenza all'elegia, lirismo malinconico.

elèktron o **èlektron** V. ELECTRON.

elementàre [da *elemento*; a. 1519 nel senso 2] **agg.** **1.** che riguarda i primi rudimenti di una scienza, un'arte e sim.: *nozioni elementari di matematica, princìpi elementari della fotografia* ‖ *scuola elementare* (anche *sf. pl. le elementari*), scuola che impartisce i primi fondamentali elementi dell'istruzione ai bambini dai sei agli undici anni ‖ *per estens.* di facilissima comprensione: *non capisci? Ma è elementare!*; fondamentale, di base: *ignorare le più elementari regole del vivere civile* **2.** relativo agli elementi: *analisi chimica elementare* **3.** non scomponibile: *l'elettrone è una particella elementare* ‖ **elementarménte** **avv.** in modo semplice, accessibile ‖ **N.** **1.** *Sin.* banale, facile, semplice; basilare, fondamentale, primario.

elementarità [da *elementare*; 1914] **sf.** l'essere facile, immediatamente comprensibile.

elementarizzàre [da *elementare*; 1963] **tr.** rendere elementare, semplificare.

eleménto [dal lat. *elementum*; 1282] **sm.** **1.** *T.chim.* ciascuna delle sostanze costituite da atomi aventi tutti lo stesso numero di elettroni, da 1 (idrogeno) a 92 (uranio) o oltre (*elementi transuranici*, v. sotto): *tavola periodica degli elementi* ‖ *elementi di transizione*, la maggior parte dei metalli, caratterizzati da una struttura elettronica con un guscio interno incompleto ‖ *elementi radioattivi*, aventi un nucleo instabile, che decade (con tempi brevissimi o estremamente grandi a seconda dei casi) spontaneamente, scindendosi in nuclei atomici più piccoli ‖ *elementi transuranici*, elementi i cui atomi hanno più di 92 elettroni, non presenti in natura ma generati artificialmente; sono tutti estremamente instabili ‖ *elemento nativo*, presente in natura anche allo stato puro e non in composti **2.** ciascuna delle quattro parti (aria, fuoco, terra, acqua) di cui, secondo gli antichi, sarebbe stata composta la materia ‖ *poet. il liquido elemento*, il mare ‖ *la furia degli elementi*, lo scatenarsi delle forze della natura **3.** ambiente naturale: *l'acqua è l'elemento dei pesci* ‖ *essere nel proprio elemento*, trovarsi a proprio agio, tra persone affini **4.** *per estens.* ciascuna parte costitutiva di un congegno, una costruzione e sim.: *gli elementi di un impianto, di una batteria elettrica*; *gli elementi portanti di un edificio* ‖ fattore che concorre a definire una situazione: *è uno degli elementi della prosperità nazionale* ‖ individuo inteso come parte di un gruppo o di una collettività: *è uno degli elementi più promettenti della squadra*; *fam. che elemento!*, che razza di individuo, che tipo ‖ *T.ling.* ciascuno dei costituenti analizzabili in una parola o una frase: *primo elemento di un composto, elemento focalizzato della frase* ‖ *T.mat.* ogni ente singolo appartenente a un insieme: *l'insieme dei numeri primi ha infiniti elementi* **5.** spec. *pl.* dato di fatto, informazione rilevante da cui si possono trarre conclusioni: *occorre prima raccogliere tutti gli elementi di giudizio, non ha portato un solo elemento di prova a sostegno della sua tesi* **6.** *pl.* nozioni fondamentali e introduttive di una teoria scientifica, un'arte e sim.: *elementi di algebra lineare* ‖ **N.** **1.** *Contr.* composto | solidi, liquidi, gassosi; alcalini, alcalino-terrosi, terre rare, alogeni, gas nobili; metalli / non metalli o metalloidi **4.** *Sin.* componente, costituente, fattore, ingrediente, membro, modulo, parte, unità **6.** *Sin.* fondamenti, princìpi, rudimenti. **Q.T.** *chimica.*

elèmi [dall'ar. dial. *al-lēmi*, attr. lo sp. *elemi*; 1498] **sm.** resina oleosa ricavata dal latice di alcune piante tropicali e usata industrialmente per produrre farmaci e vernici.

elèmico (pl. *-ci*) [da *elemi*; 1956] **agg.** proprio dell'olio di elemi; che contiene elemi: *vernice elemica*; *acido elemico*, cristalli incolori ricavati dall'olio di elemi.

elemòșina [dal lat. ecclesiastico *eleemosyna*, gr. *eleēmosýnē*; a. 1342] **sf.** ciò che si dà ai poveri per carità ‖ *far l'elemosina*, dare qualche cosa in elemosina ‖ *T.eccl.* oblazione devoluta a enti religiosi ‖ *per estens.* compenso misero e inadeguato o, più in gen. qualunque favore che ponga chi lo riceve in una condizione di umiliante inferiorità ‖ **N.** *Sin.* carità, obolo, sussidio; contributo, offerta, sovvenzione | accattone, mendicante, mendìco, pitocco, questuante.

elemoșinàre (pres. *-òșino*) [da *elemosina*; 1589] **tr.** chiedere per carità: *elemosinare un* *pezzo di pane, un posto di lavoro* || *fig.* domandare con insistenza e umiliandosi: *non ho bisogno di elemosinare il tuo affetto* || **intr.** (aus. *avere*) andar chiedendo l'elemosina: *elemosina davanti all'ospedale* || **N.** *Sin.* accattare, mendicare.

elemosineria [da *elemosina*; 1932] **sf.** *T.eccl.* ufficio della curia apostolica di Roma, preposto alla raccolta e alla distribuzione delle elemosine e delle elargizioni benefiche del papa.

elemosinière [da *elemosina*; a. 1342] **I sm.** *T.stor.* chi nelle Corti aveva l'ufficio di distribuire l'elemosina || *grande elemosiniere*, prelato responsabile del culto e delle opere assistenziali alla corte di Francia **II agg.** *ant.* che fa molte elemosine: *è una signora elemosiniera.*

elencàbile [da *elencare*; 1956] **agg.** che può essere disposto sotto forma di elenco: *le obiezioni mosse sono elencabili come segue.*

elencàre (pres. *-ènco, -ènchi*) [da *elenco*; 1812] **tr.** disporre in elenco || *per estens.* enumerare: *elenca in ordine alfabetico le regioni d'Italia* || **N.** *Sin.* notare, registrare, rubricare; citare, menzionare.

elencazióne [da *elencare*; 1898] **sf.** atto dell'elencare; elenco: *finiscila con l'elencazione di tutti i suoi difetti!*

elènco (pl. *-chi*) [dal lat. tardo *elenchus*, gr. *élenchos*, riprovazione, dimostrazione; a. 1755] **sm.** catalogo di più cose, registrate con ordine: *l'elenco dei concorrenti; elenco telefonico*, la lista di tutti gli abbonati al telefono || **N.** *Sin.* catalogo, indice, lista, nota, registro, rubrica, ruolo | compilare, stendere; inserire, registrare nell'elenco; depennare dall'elenco.

elènio (pl. *-ni*) [dal lat. *helenium*, gr. *helénion*, letter. la pianta di Elena; 1499] **sm.** pianta erbacea delle Composite i cui fiori di colore giallo sono disposti in pannocchia || **N.** *Sin.* enula campana.

elèo [dal lat. *Eleus*, gr. *Eleîos*; a. 1638] **agg.** *lett.* dell'Elide, regione del Peloponneso dove si celebravano i giochi olimpici: *la palma elea, vittorie elee, i corridori elei* (Carducci).

eleomèle [dal lat. *elaeomeli*, gr. *elaiómeli*; 1563] **sm.** balsamo che si trae da un albero della Siria.

eleoplàsto [comp. di *eleo-* e *-plasto*; 1956] **sm.** *T.bot.* sostanza grassa contenuta nelle cellule di alcune piante.

elètta [f. sost. di *eletto*; a. 1348] **sf.** *lett.* scelta || *concr.* gruppo scelto: *eran l'eletta e il fior d'ogni gagliardo* (Ariosto) || **N.** *Sin.* aristocrazia, crema, *élite.*

elettézza [da *eletto*; a. 1909] **sf.** *raro* squisitezza, eleganza: *elettezza di parole.*

elettivo [dal lat. tardo *electīvus*; 1308] **agg.** **1.** che è nominato per via d'elezione: *carica elettiva* **2.** *T.bur.* che si sceglie per libero atto della volontà: *domicilio elettivo* || *lett. affinità elettiva*, attrazione reciproca, simpatia tra due persone che hanno comunanza di idee, di costumi e di spiriti || **elettivaménte** **avv.** *non com.* per via elettiva.

elètto (*pps.* di *eleggere*) [a. 1306] **I agg.** *lett.* il più pregiato tra i simili: *ingegno eletto* || scelto, elegante: *parole elette; vestir semplice, eletto* (Foscolo) || **elettaménte** **avv.** *lett.* **II sm.** (f. *-a*) chi è stato eletto a qualche carica || *pl.* coloro che Dio ha scelto, destinandoli alla gloria del paradiso.

elettoràle [da *elettore*; 1664] **agg.** **1.** che si riferisce a elezione: *consultazione, propaganda, seggio elettorale; legge elettorale*, che regolamenta lo svolgimento delle elezioni e le modalità di elezione dei candidati; *collegio elettorale*, l'unità territoriale all'interno della quale i residenti votano le stesse liste di candidati; *certificato elettorale*, documento personale recapitato a ogni cittadino in tempo di elezioni, indispensabile per poter votare **2.** *T.stor.* relativo agli elettori del Sacro Romano Impero: *titolo elettorale.* **Q.T.** *politica.*

elettoralismo [da *elettorale*; 1915] **sm.** in politica, la tendenza ad agire in modo scorretto o opportunistico nell'imminenza delle elezioni.

elettoralìstico (pl. *-ci*) [da *elettoralismo*; 1957] **agg.** improntato ad elettoralismo: *provvedimenti elettoralistici.*

elettoràto [da *elettore*; a. 1579 nel senso 3; a. 1883 nel senso 1; 1869 nel senso 2] **sm.** **1.** l'insieme degli elettori **2.** *T.giur.* il diritto di eleggere (*elettorato attivo*) o di essere eletto (*elettorato passivo*) **3.** *T.stor.* carica e dignità di Elettore del Sacro Romano Impero || il territorio soggetto all'Elettore: *l'elettorato del Brandeburgo.* **Q.T.** *politica.*

elettóre [dal lat. tardo *elector, -ōris*; sec. XIII] **sm.** **1.** (f. *-trice*) chi ha il diritto di eleggere: *le donne in Italia sono diventate elettrici a partire dal referendum istituzionale* || *grande elettore*, in un'elezione indiretta chi, eletto con questa funzione dal popolo, partecipa all'elezione di una data carica; *per estens.* chiunque controlli o sia in grado di influenzare una grande quantità di voti in un'elezione **2.** *T.stor. Elettori dell'Impero*, i principi di Germania che avevano il diritto di eleggere l'imperatore: *l'Elettore Palatino.* **Q.T.** *politica.*

elettràuto [comp. di *elettr(ico)* e *auto*; 1959] **sm. inv.** **1.** officina in cui si riparano gli impianti elettrici degli automezzi **2.** lo specialista in questo genere di lavoro.

elettrète [dall'ingl. *electret*; 1963] **sm.** *T.fis.* corpo isolante che, polarizzato dielettricamente, conserva, anche in assenza di un campo elettrico esterno, su due superfici opposte cariche elettriche di segno contrario (in modo analogo al *magnete*).

elettricismo [da *elettrico*; 1747] **sm.** *ant.* elettricità.

elettricista [da *elettrico*; 1886] **s.** operaio o tenico addetto alla installazione o riparazione di impianti e apparecchi elettrici.

elettricità [dall'ingl. *electricity*, attr. il fr. *électricité*; 1739] **sf.** **1.** termine generico, ma scientificamente improprio, con cui si indica il complesso dei fenomeni fisici che coinvolgono cariche elettriche, fenomeni in realtà inseparabili da quelli magnetici, per cui ha senso solo parlare di *elettromagnetismo* **2.** presenza di campi elettrici o cariche elettriche: *prima del temporale l'aria era satura di elettricità; elettricità statica*, presenza di cariche elettriche su corpi isolati || *fam.* energia elettrica: *in quel paese l'elettricità è arrivata dopo la seconda guerra mondiale, è mancata l'elettricità* || *fig. fam.* tensione, nervosismo: *c'è troppa elettricità in questo dibattito.* **Q.T.** *elettricità.*

elèttrico (pl. *-ci*) [dal lat. scient. *electricus*, basato sul lat. *electrum*, gr. *ēlektron*, ambra; a. 1712] **I agg.** **1.** *T.fis. carica elettrica* (positiva, negativa o nulla), proprietà fisica fonda-

ELETTRICITÀ

TEORIA E UNITÀ DI MISURA: v. quadro terminologico FISICA.

ELETTROTECNICA: elettroacustica, elettrochimica, elettromeccanica, *hardware*, illuminotecnica, impiantistica, tecniche elettroterapiche.

IMPIANTI ELETTRICI: centrale eolica, geotermica, idroelettrica (bacino, diga, condotta forzata), nucleare (reattore), solare, termoelettrica (caldaia), linee di trasporto o elettrodotti (a corrente alternata / continua; aeree: catenaria, campata, freccia; in cavo), cabine o sottostazioni di trasformazione (sbarre primarie, secondarie, trasformatori, quadro elettrico), invertitori o mutatori, raddrizzatori (a valvola, ad arco, a semiconduttore o tiristori), reti di distribuzione (allacciamento, derivazione; contatore).

ELETTROACUSTICA: trasduttori; microfoni (sensibilità, risposta in frequenza, direzionalità; a carbone, a condensatore, a bobina, a cristallo), altoparlanti, registratori magnetici, strumenti musicali elettrici ed elettronici, telecomunicazioni.

ELETTROCHIMICA: elemento galvanico, pile (a concentrazione, a secco), accumulatori (al piombo, alcalini; piastre; carica, scarica, rendimento, capacità, durata; solfatazione); batteria (in serie, in parallelo); cella elettrolitica (anodo, catodo, anione, catione, elettrolito), elettrodeposizione, galvanoplastica, galvanostegia.

MACCHINE ELETTRICHE: gruppo elettrogeno; generatori: alternatore (monofase, trifase; a turbina idraulica, a turbina a vapore, a motore Diesel; sincrono a poli lisci, sincrono a poli salienti, a magneti permanenti, a ferro rotante, a sincrono), dinamo; avvolgimenti (induttore, indotto), collettore (ad anelli, a lamelle), rotore, spazzole, statore, traferri; motori a corrente continua / a corrente alternata (sincroni, asincroni; monofase, trifase); trasformatori (monofase, trifase; a colonne, a mantello; avvolgimento primario / secondario).

CIRCUITI E DISPOSITIVI ELETTRICI ED ELETTRONICI: lineari / non lineari (componenti attivi / passivi); maglie, nodi, reti, collegamenti (in serie, in parallelo); messa a terra; generatore (di tensione, di corrente), resistenza, resistenza interna del generatore, caduta di tensione, capacità, induttanza, impedenza, reattanza.

TIPI: amplificatore (a transistor, a tubi, operazionale; banda passante, guadagno), *chopper*, derivatore, filtro (passa-alto, passa-basso, passa-banda, arresta-banda), integratore, moltiplicatore (di frequenza, di tensione), multivibratore (astabile, bistabile o *flip-flop*, monostabile), oscillante, partitore, ponte, raddrizzatore, *relais* o relè (elettromagnetico, elettronico, termico); circuiti magnetici (flusso, forza magnetomotrice, riluttanza); circuiti logici; circuiti stampati, circuiti integrati (monolitici, ibridi; *master, chip*).

MATERIALI: bobina, cavo, coccodrillo, condensatore (armature, dielettrico; cilindrico, piano, sferico; elettrolitico), diodo (a gas, a giunzione, a punta, a vuoto), filo, fusibile, interruttore, morsetto, pentodo, presa, portalampada, potenziometro, reostato, resistore, rocchetto, *shunt*, solenoide, spina, spira, termistore, tetrodo, transistor (base, collettore, emettitore; porta o *gate*, sorgente o *source*, pozzo o *drain*; drogaggio; giunzioni; interdizione / saturazione), triodo (catodo, filamento, griglia, placca), tubo a vuoto o valvola.

STRUMENTI DI MISURA: amperometro, frequenziometro, galvanometro, ohmmetro, oscilloscopio, *tester*, voltmetro, wattmetro.

APPLICAZIONI: v. quadri terminologici AUDIOVISIVI, ELETTRODOMESTICI, FERROVIA, INFORMATICA, TELEFONO E TELEGRAFO.

mentale di ogni particella elementare, che ne determina l'attitudine ad attrarre o respingere le altre particelle secondo una delle quattro interazioni fondamentali della materia (le altre sono quella gravitazionale e le due nucleari, forte e debole) || relativo ai fenomeni che coinvolgono cariche elettriche: *campo elettrico*, funzione vettoriale dello spazio che determina in ogni punto la forza a cui è soggetta una carica elettrica; *energia elettrica*, associata a campi o cariche elettriche; *corrente elettrica*, insieme di cariche elettriche in movimento **2.** che funziona per mezzo dell'energia elettrica: *motore, treno, scaldabagno elettrico* || *sedia elettrica*, supplizio capitale usato negli Stati Uniti d'America || che produce energia elettrica: *centrale elettrica* || *blu elettrico*, azzurro cangiante, come quello della scintilla elettrica **3.** *fig.* teso, irrequieto, nervoso: *sono tutti un po' elettrici stasera* || **elettricaménte** *avv.* **II** *sm.* chi lavora nell'industria elettrica. **TAV.** *ferrovie...* **p. 669** 3.

elettrificàre (pres. *-ìfico, -ìfichi*) [dal fr. *électrifier*; 1931] *tr.* far funzionare con forza motrice elettrica, sostituendo altre forme di energia: *elettrificare le linee ferroviarie*.

elettrificazióne [dal fr. *électrification*; 1917] *sf.* l'atto e l'effetto dell'elettrificare.

elettrizzànte (*ppr.* di *elettrizzare*) [1801] *agg.* eccitante: *una notizia elettrizzante*.

elettrizzàre [dal fr. *électriser*; 1746] *tr.* **1.** *T.fis.* far comparire cariche elettriche statiche su un corpo elettricamente neutro: *elettrizzare per strofinio, per induzione elettrostatica* **2.** *fig.* eccitare fortemente: *basta la sua presenza a elettrizzare la folla* || *intr. pron.* **1.** *T.fis.* acquistare cariche elettriche statiche **2.** *fig.* eccitarsi vivamente per gioia o piacere, commuoversi, accendersi, entusiasmarsi || **N.** *tr.* **2.** *Sin.* entusiasmare, galvanizzare.

elettrizzàto (*pps.* di *elettrizzare*) [a. 1764] *agg. fig.* eccitato: *era elettrizzato per l'inatteso trionfo, molti sono elettrizzati dal ritmo del rock*.

elettrizzatóre [da *elettrizzare*; a. 1764] *agg.* e *sm.* (f. *-trice*) *non com.* che, chi elettrizza.

elettrizzazióne [dal fr. *électrisation*; 1746] *sf.* l'atto e l'effetto dell'elettrizzare.

elèttro [dal lat. *electrum*, gr. *ēlektron*; a. 1333 *elettra* sf.] *sm.* **1.** *lett.* ambra gialla **2.** lega naturale o artificiale di oro e argento: *scudo rotondo di lucente elettro* (Pascoli).

elèttro- [dal lat. *electrum*, ambra] *primo elem.* che, in parole composte scientifiche e tecniche, vale "relativo all'elettricità" (per es. *elettrodotto, elettrologia*); in part. "che funziona grazie all'uso dell'energia elettrica" (per es. *elettrobisturi, elettropompa, elettrotreno*), "ottenuto mediante l'uso dell'energia elettrica" (per es. *elettrocoagulazione, elettroshock*). **Q.T.** *elettricità*.

elettroacùstica [comp. di *elettro-* e *acustica*; 1941] *sf. T.fis.* parte dell'acustica e dell'elettronica che si occupa della trasformazione delle onde elettriche alternate in onde elastiche (spec. sonore) e viceversa, e degli strumenti elettrici che generano, rilevano o ricevono suoni. **Q.T.** *elettricità*.

elettroacùstico (pl. *-ci*) [comp. di *elettro-* e *acustico*; 1936] *agg. T.fis.* relativo all'elettroacustica, proprio dell'elettroacustica.

elettrobìsturi [comp. di *elettro-* e *bisturi*; 1956] *sm. inv. T.chir.* apparecchio chirurgico che utilizza l'effetto termico dovuto a una corrente elettrica ad alta frequenza per sezionare i tessuti e contemporaneamente provocare l'emostasi || **N.** elettrocoagulazione.

elettrocalamìta [comp. di *elettro-* e *calamita*, sul modello del fr. *électro-aimant*; 1875] *sf.* elettromagnete.

elettrocardiografìa [comp. di *elettro-* e *cardiografia*; 1932] *sf. T.med.* l'esame del cuore mediante elettrocardiogrammi.

elettrocardiogràfico (pl. *-ci*) [da *elettrocardiografia*; 1932] *agg. T.med.* relativo all'elettrocardiografia, proprio dell'elettrocardiografia: *esame elettrocardiografico*.

elettrocardiògrafo [comp. di *elettro-* e *cardiografo*, sul modello dell'ingl. *electro-cardiograph*; 1932] *sm. T.med.* apparecchio con cui, mediante elettrodi applicati sul corpo del paziente, si ottiene un elettrocardiogramma.

elettrocardiogràmma [comp. di *elettro-* e *cardiogramma*, sul modello del fr. *électrocardiogramme*; 1913] *sm. T.med.* registrazione, per mezzo dell'elettrocardiografo, dei fenomeni elettrici che avvengono nelle varie fasi dell'attività del cuore; serve per la diagnosi delle malattie cardiache.

elettrochìmica [comp. di *elettro-* e *chimica*, sul modello del fr. *électrochimie*; 1849] *sf.* parte della chimica che studia i rapporti tra i fenomeni chimici e i fenomeni elettrici, e spec. le trasformazioni di energia chimica in energia elettrica e viceversa. **Q.T.** *elettricità*.

elettrochìmico (pl. *-ci*) [comp. di *elettro-* e *chimico*; 1849] **I** *sm.* (f. *-a*) tecnico, esperto di elettrochimica **II** *agg.* che si riferisce all'elettrochimica: *settore elettrochimico* (in questo senso anche *sm. l'elettrochimico*).

elettrochòc o **elettroshòck** (pr. [elettro-ˈʃɔk]) [comp. di *elettro-* e *choc*, come il fr. *électrochoc*; 1942] *sm. T.med.* metodo terapeutico, oggi molto discusso, per curare alcune malattie mentali; consiste nel sottoporre il malato catatonico o depresso ad una scarica elettrica onde produrre una intensa reazione.

elettrocinètica [comp. di *elettro-* e *cinetica*; 1956] *sf. T.fis.* parte dell'elettrologia che si occupa del moto delle particelle sotto l'azione di forze elettriche.

elettrocoagulazióne [comp. di *elettro-* e *coagulazione*; 1920] *sf. T.med.* la tecnica medico-chirurgica con la quale si distruggono i tessuti patologici mediante l'elettrobisturi.

elettrodeposizióne [comp. di *elettro-* e *deposizione*; 1948] *sf. T.tecn.* il ricoprimento di una base, generalmente un metallo o una sostanza plastica, con uno strato sottile di un metallo mediante procedimenti elettrolitici || **N.** cromatura, nichelatura.

elettrodiagnòstica [comp. di *elettro-* e *diagnostica*; 1932] *sf. T.med.* analisi a fini diagnostici della reazione di un nervo o di un muscolo alla stimolazione mediante una scarica elettrica.

elettrodiàlisi [comp. di *elettro-* e *dialisi*; 1956] *sf. T.chim.* produzione di acqua deionizzata per mezzo di corrente elettrica e di due tipi diversi di membrane trattate chimicamente.

elettrodinàmica [comp. di *elettro-* e *dinamica*; 1849] *sf. T.fis.* parte della elettrologia che studia l'azione delle correnti elettriche e in generale i campi generati da cariche elettriche in movimento || **N.** elettrostatica.

elettrodinàmico (pl. *-ci*) [comp. di *elettro-* e *dinamico*; 1849] *agg. T.fis.* che riguarda l'elettrodinamica.

elettrodinamìsmo [comp. di *elettro-* e *dinamismo*; 1887] *sm. T.fis.* complesso dei fenomeni relativi all'elettrodinamica || il carattere elettrodinamico di un fenomeno.

elettrodinamòmetro [comp. di *elettro-* e *dinamometro*; 1932] *sm. T.elettr.* apparecchio con cui si misura l'intensità di una corrente elettrica.

elèttrodo [dall'ingl. *electrode*; 1849] *sm.* ciascuno degli estremi di un elemento conduttore che collegato a un mezzo non metallico (tubi termoionici, celle elettrolitiche, il corpo umano in apparecchiature mediche ecc.) stabilisce insieme a esso un circuito elettrico || *elettrodo bipolare*, elettrodo senza giunzioni metalliche in cui una faccia funge da anodo e l'altra da catodo || **N.** anodo, catodo; conduttore. **TAV.** *macchine utensili* 7.1; *motori* 3.5c.

elettrodomèstico (pl. *-ci*) [comp. di *elettro-* e *domestico*; 1935] **I** *sm.* termine generico che designa qualunque apparecchio, a uso domestico, che funziona per mezzo dell'elettricità **II** anche *agg. meno com. apparecchi elettrodomestici*. **Q.T.** *elettrodomestici* **TAV.** *elettrodomestici*.

elettrodótto [comp. di *elettro-* e *-dotto*; 1936] *sm.* conduttura elettrica per il trasporto di energia elettrica a grandi distanze. **Q.T.** *elettricità*.

elettroencefalografìa [comp. di *elettro-* e *encefalografia*; 1948] *sf. T.med.* l'esame del cervello con l'elettroencefalografo.

elettroencefalogràfico (pl. *-ci*) [da *elettroencefalografia*; 1970] *agg.* relativo all'elettroencefalografia, proprio dell'elettroencefalografia.

ELETTRODOMESTICI

FRIGORIFERO: congelatore (a pozzo o verticale, a cassetti o orizzontale), frigobar, minifrigo; *freezer* o refrigeratore o congelatore, termostato, circuito refrigerante, maniglia, pedale d'apertura, porta, controporta, guarnizioni, balconcino (per bottiglie, portauova), ripiano, griglia estraibile, cella frigorifera, vaschetta del ghiaccio, bacinella raccogligocce, contenitore, cassetto per frutta e verdure, mensola; sbrinare.

LAVATRICE O LAVABIANCHERIA (con carica dall'alto, frontale): pannello di comando, piano d'appoggio, oblò, piedini, tubo (di scarico, d'alimentazione), vasca, cestello, filtro, termostato; programma o ciclo di lavaggio (delicato, a freddo, rapido, economico, antipiega); prelavaggio, lavaggio, risciacquo, centrifuga, trattamenti, candeggio; tasti (economizzatore o di mezzo carico, di esclusione centrifuga), cassetto per detersivo; asciugabiancheria; lavasciugatrice.

LAVASTOVIGLIE: cesto, ripiani, decalcificatore.

FORNO: tasto di accensione elettronica, regolatore di temperatura o termostato, contaminuti o *timer, grill*, girarrosto, piastra elettrica; scaldare, grigliare, gratinare, scongelare; forno a microonde, scaldavivande.

FERRO DA STIRO (a vapore, a secco; da viaggio, pieghevole): termostato, piastra, cordone, serbatoio, spia luminosa, camera di vaporizzazione; asse da stiro, misurino.

LUCIDATRICE, ASPIRAPOLVERE, BATTITAPPETO, ASPIRATORE, MINIASPIRATORE: manico, cordone, pedale d'avviamento, spazzole, disco (abrasivo, di feltro), tubo, bocchetta, spazzole.

ALTRI: termoventilatore, ventilatore, condizionatore d'aria, stufa elettrica o stufetta, asciugacapelli, arricciacapelli, rasoio elettrico, idropulsore, idromassaggio, spazzolino elettrico, pelapatate, spremiagrumi, frullatore, sbattitore, centrifuga, tritatutto, tritacarne, tritaverdure, impastatrice, tostapane, cuociuova, friggitrice, yogurtiera, coltello elettrico, affettatrice (lama, paralama, piatto).

(V. anche tavola ELETTROTECNICA).

1

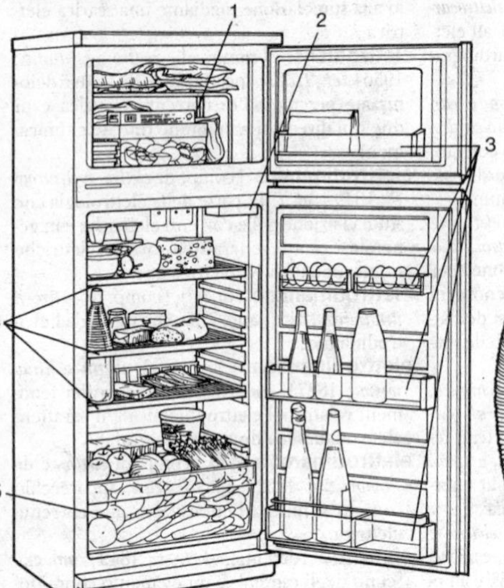
1
2
3
4
5

3

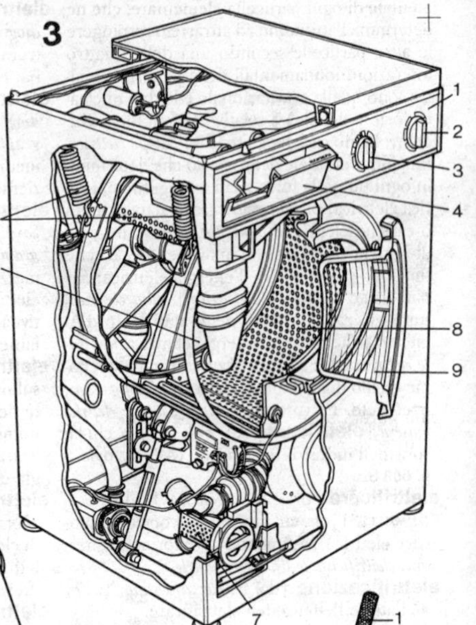
1
2
3
4
5
6
7
8
9

2

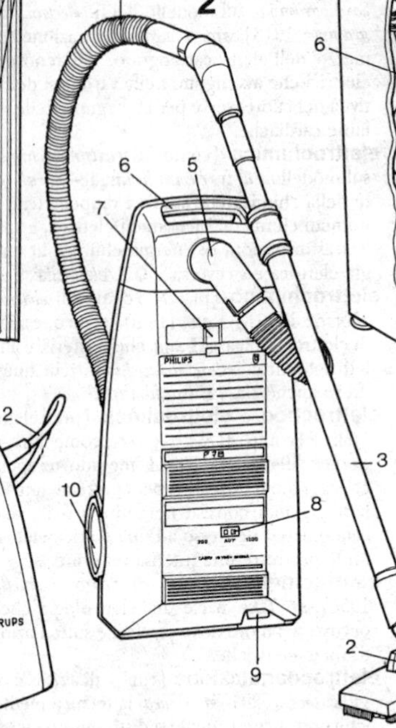
1
2
3
4
5
6
7
8
9
10
PHILIPS

4

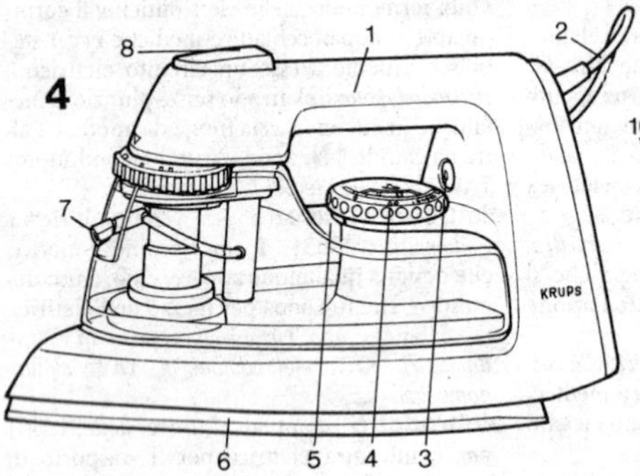
1
2
3
4
5
6
7
8
KRUPS

6

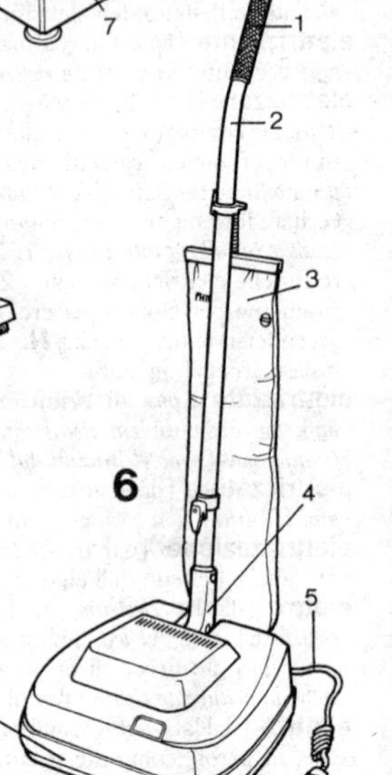
1
2
3
4
5
6

5

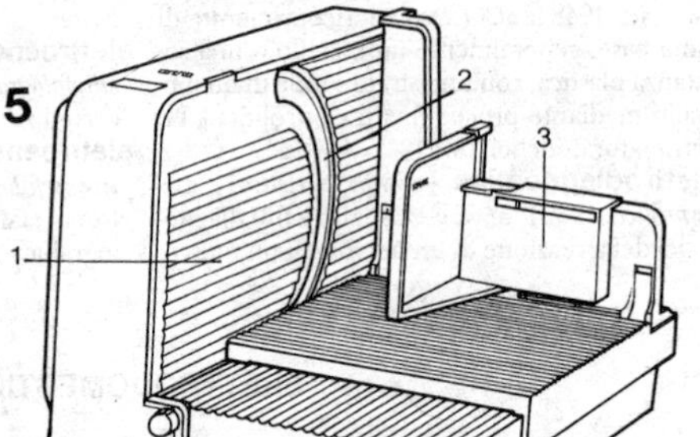
1
2
3

7

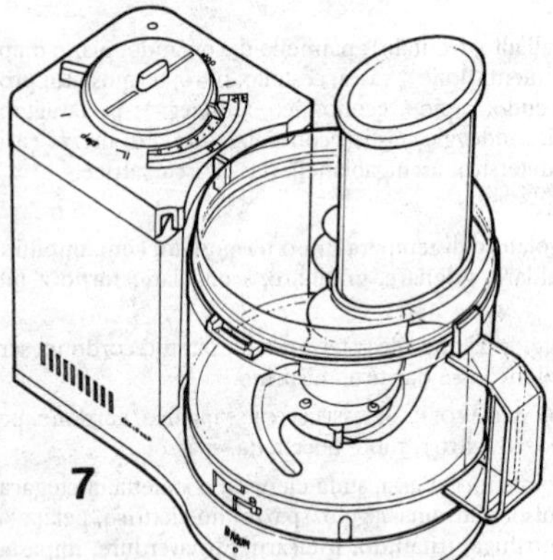

8

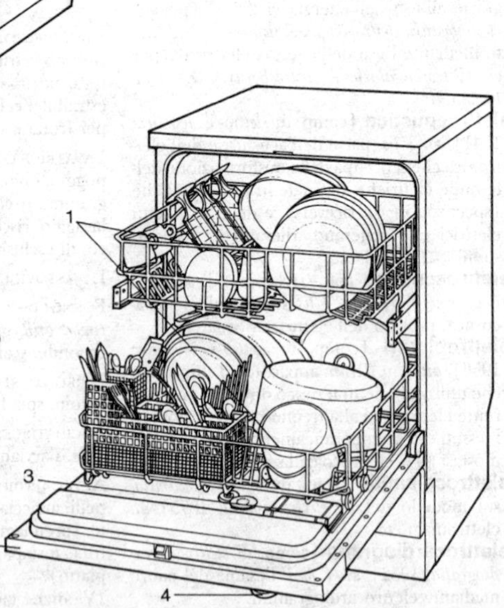
1
2
3
4

1. frigorifero
1.1. *freezer* - 1.2. termostato - 1.3. balconcini - 1.4. griglie estraibili - 1.5. cassetto frutta e verdura

2. aspirapolvere
2.1. spazzola - 2.2. leva inserimento o esclusione spazzola - 2.3. tubo - 2.4. tubo flessibile - 2.5. attacco rotante - 2.6. maniglia - 2.7. interruttore - 2.8. comando avvolgicavo - 2.9. vano di uscita del cavo di alimentazione - 2.10. ruota

3. lavatrice
3.1. pannello comando - 3.2. selettore programmi - 3.3. termostato - 3.4.cassetto con vani porta-detersivo - 3.5. sospensioni - 3.6. filtro - 3.7. cestello - 3.8. sportello a oblò

4. ferro da stiro
4.1. impugnatura - 4.2. cavo di alimentazione - 4.3. spia - 4.4. termostato - 4.5. serbatoio acqua - 4.6. piastra - 4.7. ugello erogazione acqua - 4.8. pulsante erogazione acqua

5. affettatrice
5.1. paralama - 5.2. lama - 5.3. impugnatura del carrello scorrevole

6. lucidatrice
6.1. impugnatura - 6.2. tubo - 6.3. sacco raccolta polvere - 6.4. attacco a posizione variabile - 6.5. cavo alimentazione - 6.6. base con attacchi per le spazzole

7. *robot* da cucina multiuso

8. lavastoviglie
8.1. cestelli estraibili - 8.2. sportello - 8.3.vano porta-detersivo - 8.4. selettore programmi

9. asciugacapelli

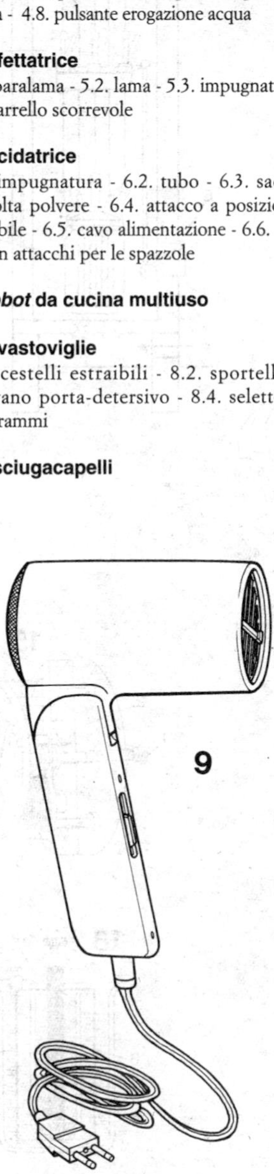

9

elettroencefalògrafo [comp. di *elettro-* e *encefalografo*; 1951] ***sm.*** *T.med.* strumento capace di stabilire la presenza di lesioni o alterazioni del cervello, per mezzo della registrazione dei fenomeni elettrici che vi si svolgono.

elettroencefalogràmma [comp. di *elettro-* e *encefalogramma*, sul modello del fr. *électro-encéphalogramme*; 1948] ***sm.*** rappresentazione grafica prodotta dall'elettroencefalografo: *elettroencefalogramma piatto*, che non registra alcuna differenza di potenziale tra i due elettrodi, indicando assenza di fenomeni elettrici (e quindi di vitalità) nel cervello.

elettroeṣecuzióne [comp. di *elettro-* e *esecuzione*; 1931] ***sf.*** esecuzione delle condanne a morte mediante l'uso della sedia elettrica.

elettròfilo [comp. di *elettro-* e *-filo*; 1956] ***agg.*** *T.chim.* detto di atomo o di molecola che può ricevere elettroni o condividere quelli di un'altra molecola o di uno ione.

elettrofìṣica [comp. di *elettro-* e *fisica*; 1960] ***sf.*** *T.fis.* parte della fisica che studia l'elettricità || **N.** *Sin.* elettrologia.

elettrofiṣiologìa [comp. di *elettro-* e *fisiologia*, sul modello del fr. *électrophysiologie*; 1865] ***sf.*** *T.med.* la parte della fisiologia che tratta delle reazioni degli organismi animali e vegetali ad impulsi elettrici esterni, e anche i fenomeni elettrici interni agli organismi stessi.

elettrofonìa [comp. di *elettro-* e *-fonia*; 1966] ***sf.*** uso di apparecchi elettrici per la produzione di suoni puri e originari.

elettroforèṣi [comp. di *elettro-* e *-foresi*; 1931] ***sf.*** *T.chim.* il fenomeno della migrazione di particelle colloidali sotto l'azione di una differenza di potenziale.

elettroforètico (pl. *-ci*) [da *elettroforesi*; 1948] ***agg.*** *T.chim.* relativo all'elettroforesi, proprio dell'elettroforesi.

elettròforo [comp. di *elettro-* e *-foro*; a. 1798] ***sm.*** **1.** tipo di macchina elettrostatica elementare, che fu inventata dal fisico A. Volta **2.** *T.zool.* pesce dei Cipriniformi che vive nei grandi fiumi dell'America Meridionale, in grado di infliggere potenti scosse elettriche. **TAV.** *elettrotecnica* 11.

elettrogèneṣi [comp. di *elettro-* e *genesi*, come il fr. *électrogenèse*; 1951] ***sf.*** *T.biol.* produzione di elettricità negli organismi viventi e in particolare nell'uomo.

elettrògeno [comp. di *elettro-* e *-geno*; 1820] ***agg.*** che genera o produce energia elettrica: *gruppo elettrogeno*, generatore di energia elettrica a partire da energia termica (per es. tramite un motore a scoppio) o idraulica.

elettrografìa [comp. di *elettro-* e *-grafia*; 1887] ***sf.*** tecnica di fotoriproduzione che utilizza l'attrazione elettrostatica per trasferire l'inchiostro sull'immagine.

elettrogràfico (pl. *-ci*) [da *elettrografia*; 1887] ***agg.*** proprio dell'elettrografia.

elettròliṣi o **elettrolìṣi** [dall'ingl. *electrolysis*; 1849] ***sf.*** *T.chim.* il processo di dissociazione in ioni positivi e negativi di un composto liquido o in soluzione ottenuto mediante il passaggio di corrente elettrica. **Q.T.** *chimica.*

elettrolita V. ELETTROLITO.

elettrolìtico (pl. *-ci*) [dall'ingl. *electrolytic*; 1849] ***agg.*** relativo all'elettrolisi: *dissociazione elettrolitica.*

elettròlito o **elettrolita** [dall'ingl. *electrolyte*; 1841] ***sm.*** ogni composto chimico dissociabile per elettrolisi || *per estens.* la soluzione utilizzata in un processo di elettrolisi.

elettroliẓẓàre [da *elettrolisi*; 1956] ***tr.*** *T.chim.* e *T.fis.* sottoporre una soluzione a un processo di elettrolisi.

elettroliẓẓatóre [da *elettrolizzare*; 1951] ***sm.*** apparecchio in cui si compiono elettrolisi a uso industriale.

elettroliẓẓazióne [da *elettrolizzare*; 1956] ***sf.*** atto o effetto dell'elettrolizzare.

elettrologìa [comp. di *elettro-* e *-logia*; 1828] ***sf.*** *T.fis.* parte della fisica che studia l'elettricità. **Q.T.** *unità di misura.*

elettrològico (pl. *-ci*) [da *elettrologia*; 1943] ***agg.*** che riguarda l'elettrologia.

elettròlogo (pl. *-gi*) [comp. di *elettro-* e *-logo*; 1943] ***sm.*** (f. *-a*) *non com.* studioso di elettrologia.

elettroluminescènza [comp. di *elettro-* e *luminescenza*; 1934] ***sf.*** emissione di energia luminosa prodotta dai gas rarefatti durante una scarica elettrica.

elettromagnète [comp. di *elettro-* e *magnete*; 1869] ***sm.*** dispositivo atto a generare intensi campi magnetici, consistente in un nucleo di ferro dolce avvolto da un filo metallico percorso da corrente elettrica || **N.** *Sin.* elettrocalamita. **TAV.** *elettrotecnica* 9.2.

elettromagnètico (pl. *-ci*) [comp. di *elettro-* e *magnetico*; 1838 *elettro-magnetico*] ***agg.*** *T.fis.* che si riferisce all'elettromagnetismo: *fenomeni elettromagnetici* || *campo elettromagnetico*, qualunque campo di forze generato da cariche in moto; *onde elettromagnetiche*, oscillazioni periodiche del campo elettromagnetico che si propagano nel vuoto alla velocità della luce: in ordine di frequenza crescente, si possono distinguere le onde radio, le radiazioni infrarosse, visibili, ultraviolette, i raggi X, i raggi gamma.

elettromagnetiṣmo [dal gr. mod. *elektromagnētismós*; 1829] ***sm.*** *T.fis.* parte della fisica che studia il complesso dei fenomeni dovuti all'interazione di cariche elettriche in quiete e in moto, correnti elettriche e campi da esse generati. **Q.T.** *fisica, unità di misura.*

elettromeccànica [comp. di *elettro-* e *meccanica*; 1941] ***sf.*** ramo della tecnologia che concerne la progettazione e la costruzione di macchine elettriche.

elettromeccànico (pl. *-ci*) [comp. di *elettro-* e *meccanico*; 1903 come agg.; 1956 come sm.] **I** ***agg.*** detto di macchina in cui si trasformino l'energia meccanica in elettrica o viceversa || che riguarda l'elettromeccanica: *industria elettromeccanica*; anche *sf.*: *l'elettromeccanica* **II** ***sm.*** (f. *-a*) tecnico specializzato nella costruzione o riparazione di macchine elettriche.

elettrometallurgìa [comp. di *elettro-* e *metallurgia*; 1869] ***sf.*** applicazione dell'elettrolisi e degli effetti chimici della corrente elettrica all'estrazione dei metalli e alla loro purificazione.

elettròmetro [comp. di *elettro-* e *-metro*; 1797] ***sm.*** strumento elettrostatico per misurare le differenze di potenziale.

elettromotòre [comp. di *elettro-* e *-motore*; 1812] **I** ***agg.*** (f. *-trìce*) che è in grado di mettere in movimento cariche elettriche || *forza elettromotrice di un generatore di tensione*, la differenza di potenziale da questo fornita a circuito aperto; l'espr. è assai impropria (non si tratta di una *forza* nel senso fisico del termine) **II** ***sm.*** motore elettrico.

elettromotrìce [comp. di *elettro-* e *motrice*; 1948] ***sf.*** vettura ferroviaria o tranviaria azionata da motore elettrico.

elettronarcòṣi [comp. di *elettro-* e *narcosi*; 1934] ***sf.*** **1.** *T.med.* nella cura di alcune psicosi, pratica consistente nel far passare una scarica elettrica di bassa intensità nel cervello del paziente, provocando uno stato di coma della durata di dieci, venti minuti **2.** *per estens.* sistema per anestetizzare gli animali da macello mediante l'impiego di scariche elettriche.

elettróne [dall'ingl. *electron*; 1906] ***sm.*** *T.fis.* particella elementare stabile, portatrice di un'unità elementare di carica negativa, dotata di un momento angolare intrinseco (*spin*), di massa circa 1840 volte minore di quella del protone; insieme al nucleo, carico positivamente, formato da protoni e neutroni, costi-

ELETTROTECNICA

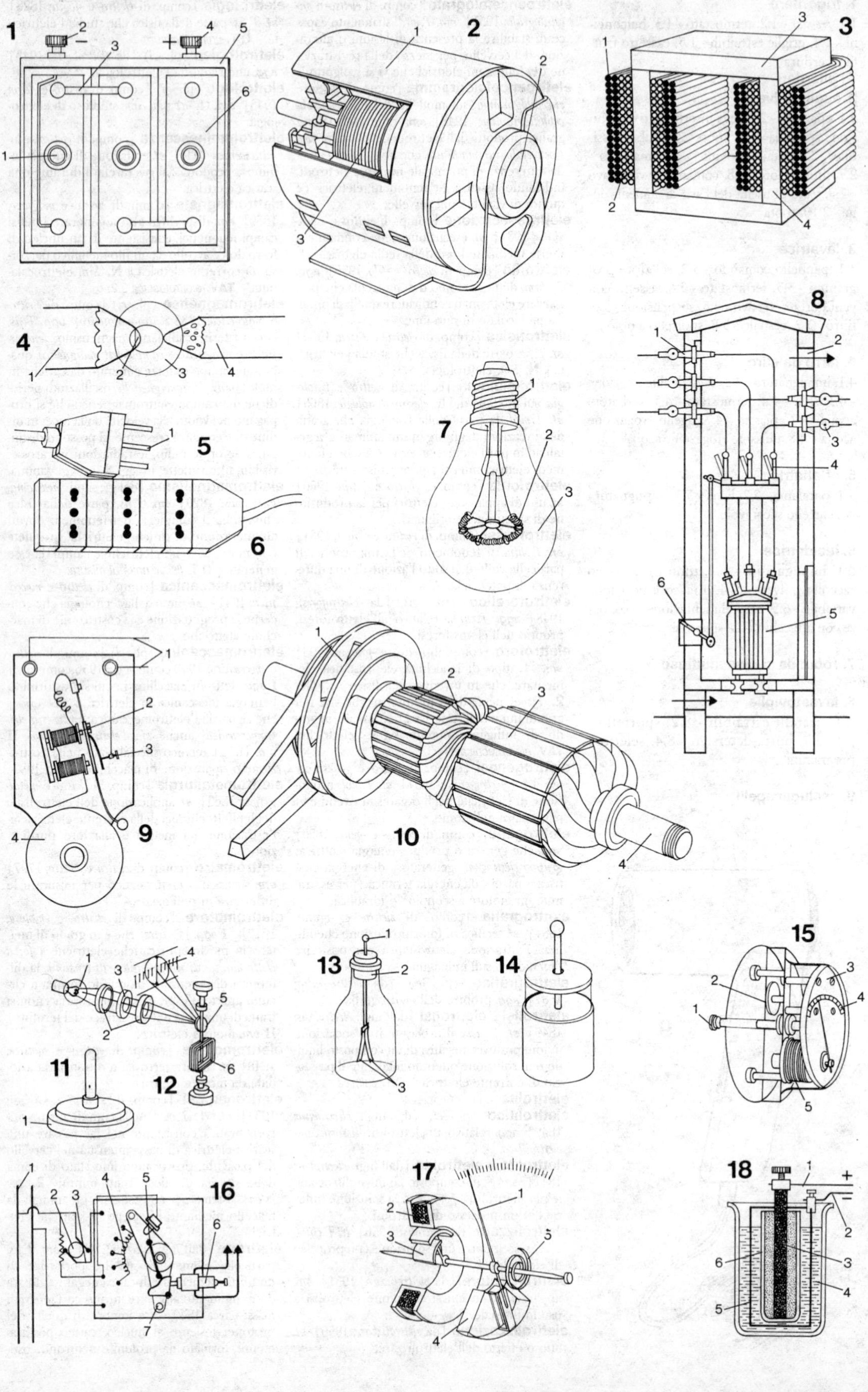

1. batteria di accumulatori
1.1. sfiatatoio - 1.2. catodo - 1.3. accoppiamento - 1.4. anodo - 1.5. custodia - 1.6. cella

2. alternatore
2.1. statore - 2.2. eccitatore - 2.3. rotore

3. sezione di trasformatore
3.1. avvolgimento (bobina) bassa tensione - 3.2. avvolgimento (bobina) alta tensione - 3.3. giogo - 3.4. colonna

4. arco voltaico
4.1. anodo - 4.2. cratere - 4.3. arco - 4.4. catodo

5. spina
5.1. terra

6.ciabatta con prese a doppio passo

7. lampadina
7.1. attacco - 7.2. filamento - 7.3. bulbo

8. cabina di trasformazione
8.1. alta tensione - 8.2. aerazione - 8.3. bassa tensione - 8.4. interruttore a coltelli - 8.5. trasformatore - 8.6. comando interruttore

9. campanello
9.1. linea elettrica - 9.2. elettromagnete - 9.3. contatto - 9.4. campana

10. rotore di dinamo
10.1. ventola - 10.2. avvolgimento - 10.3. collettore - 10.4. albero

STRUMENTI

11. elettroforo
11.1. schiacciata

12. galvanometro
12.1. lampadina - 12.2. lente - 12.3. indice fisso - 12.4. ombra dell'indice - 12.5. specchio - 12.6. bobina mobile

13. elettroscopio
13.1. conduttore - 13.2. tappo isolante - 13.3. foglioline

14. bottiglia di Leyda

15. voltametro
15.1. morsetto - 15.2. resistenza addizionale - 15.3. quadrante - 15.4. indice - 15.5. bobina

16. reostato
16.1. linea entrata bifase - 16.2. motore rotore - 16.3. induttanza - 16.4. resistenza - 16.5. inseritore automatico relè di prima - 16.6. regolazione relè di massima - 16.7. contatto

17. amperometro
17.1. indice - 17.2. bobina - 17.3. lamina - 17.4. smorzamento - 17.5. molla

18. pila
18.1. anodo - 18.2. catodo - 18.3. grafite - 18.4. soluzione elettrolitica - 18.5. cilindro zinco - 18.6. cilindro argilla

tuisce l'atomo, formando intorno al nucleo, in numero variabile a seconda degli elementi, una distribuzione di carica negativa che determina tutte le proprietà chimiche dell'atomo; è anche il responsabile della conduzione elettrica nei metalli || *T.chim. elettrone di valenza* o *periferico*, uno degli elettroni esterni del guscio atomico, che con gli altri dello stesso strato determina le caratteristiche chimiche di un atomo || **N.** protone, positrone, neutrone, nucleo.

elettronegatività [da *elettronegativo*; 1931] ***sf.*** *T.chim.* e *T.fis.* tendenza di un atomo o di un gruppo atomico ad attrarre elettroni || *serie delle elettronegatività*, serie in cui gli elementi vengono classificati in base a tale tendenza.

elettronegativo [comp. di *elettro-* e *negativo*; 1849] ***agg.*** **1.** *T.fis.* si dice di quello dei due elettrodi di un conduttore che ha potenziale elettrico più basso **2.** *T.chim.* detto di elemento o gruppo atomico che ha tendenza ad attrarre elettroni || **N.** *Contr.* elettropositivo.

elettronevòlt o **elettróne-vòlt** V. ELETTRONVOLT.

elettrònica [da *elettronico*; 1950] ***sf.*** disciplina che si occupa della conduzione degli elettroni nel vuoto e (oggi prevalentemente) nei semiconduttori, sia dal punto di vista teorico che soprattutto nelle innumerevoli applicazioni tecnologiche. **Q.T.** *elettricità*.

elettrònico (pl. *-ci*) [da *elettrone*; 1932] ***agg.*** **1.** relativo agli elettroni: *configurazione elettronica di un atomo, carica elettronica* **2.** relativo all'elettronica: *industria elettronica* || detto di qualunque dispositivo che funziona grazie a tecnologie dell'elettronica: *elaboratore, orologio, microscopio elettronico* || *musica elettronica*, che utilizza procedimenti e strumenti elettronici (da soli o insieme a quelli tradizionali) per la produzione e l'elaborazione del suono || *guerra elettronica*, l'insieme delle misure volte a rendere inefficienti i sistemi di comunicazione e di rilevazione del nemico, e a proteggere i propri || **elettronicaménte** ***avv.*** con metodi o strumenti elettronici. **Q.T.** *elettricità*.

elettronvòlt o **elettron-vòlt** o **elettronevòlt** o **elettróne-vòlt** [comp. di *elettrone* e *volt*; 1948 *elettrone-volt*] ***sm. inv.*** *T.fis.* in fisica nucleare, unità di energia pari a quella acquistata da un elettrone libero quando viene accelerato da una differenza di potenziale di un volt || **N.** *Sin.* voltelettrone.

elettroosmòsi e der. V. ELETTROSMOSI e der.

elettropómpa [comp. di *elettro-* e *pompa*; 1930] ***sf.*** pompa messa in funzione da un motore elettrico.

elettropositività [comp. di *elettro-* e *positività*; 1931] ***sf.*** *T.chim.* tendenza di un elemento chimico a cedere elettroni per trasformarsi in ione o gruppo positivo.

elettropositivo [comp. di *elettro-* e *positivo*; 1849] ***agg.*** **1.** *T.fis.* detto di quello dei due elettrodi di un conduttore che ha potenziale elettrico più elevato **2.** *T.chim.* detto di elemento o di gruppo atomico che ha tendenza a perdere elettroni || **N.** *Contr.* elettronegativo.

elettroscòpio (pl. *-pi*) [comp. di *elettro-* e *-scopio*; 1820] ***sm.*** dispositivo elettrostatico che serve a indicare se un corpo è elettrizzato o no. **TAV.** *elettrotecnica* 13.

elettroshòck V. ELETTROCHOC.

elettroshockterapìa [comp. di *elettroshock* e *terapia*; 1975] ***sf.*** terapia effettuata mediante elettrochoc.

elettrosincrotróne [comp. di *elettro(ne)* e *sincrotone*; 1963] ***sm.*** *T.fis.* acceleratore di elettroni o protoni, a camera circolare.

elettroșmòși o **eletroosmòși** [comp. di *elettro-* e *osmosi*; 1956] ***sf.*** *T.fis.* e *T.chim.* passaggio reciproco di liquidi attraverso la membrana porosa che li separa, dovuto alla differenza di potenziale elettrico esistente tra i due liquidi stessi.

elettroșmòtico o **elettrooșmòtico** (pl. *-ci*) [da *elettrosmosi*; 1956] ***agg.*** proprio dell'elettrosmosi, relativo all'elettrosmosi.

elettrostàtica [comp. di *elettro-* e *statica*; 1849] ***sf.*** *T.fis.* parte della elettrologia che studia i fenomeni dovuti all'azione di cariche elettriche in quiete || **N.** *Contr.* elettrodinamica.

elettrostàtico (pl. *-ci*) [comp. di *elettrostatica*; 1882] ***agg.*** *T.fis.* relativo all'elettrostatica || *induzione elettrostatica*, fenomeno per cui avvicinando un conduttore carico a uno neutro, si induce in questo una distribuzione superficiale di cariche non uniforme || *campo elettrostatico*, generato da cariche elettriche in quiete.

elettrotècnica [comp. di *elettro-* e *tecnica*; 1884] ***sf.*** disciplina tecnologica che concerne la produzione, il trasporto e l'utilizzazione in varie applicazioni pratiche dell'energia elettrica. **Q.T.** *elettricità*.

elettrotècnico (pl. *-ci*) [comp. di *elettro-* e *tecnico*; 1915] **I** ***agg.*** relativo all'elettrotecnica **II** ***sm.*** (f. *-a*) operaio o tecnico specializzato in elettrotecnica.

elettroterapìa [comp. di *elettro-* e *terapia*; 1869] ***sf.*** *T.med.* cura di malattie mediante l'azione dell'elettricità sull'organismo.

elettroteràpico (pl. *-ci*) [da *elettroterapia*; a. 1916] ***agg.*** *T.med.* relativo a elettroterapia, proprio di elettroterapia: *trattamento elettroterapico*.

elettrotermìa [comp. di *elettro-* e *-termia*; 1956] ***sf.*** *T.fis.* parte dell'elettrotecnica che si occupa della trasformazione di energia elettrica in energia termica || anche la trasformazione in questione.

elettrotèrmico (pl. *-ci*) [comp. di *elettro-* e *termico*; 1932] ***agg.*** proprio dell'elettrotermia, relativo all'elettrotermia, basato sull'elettrotermia: *riscaldamento elettrotermico*.

elettrotrazióne [comp. di *elettro-* e *trazione*; 1930] ***sf.*** trazione elettrica, spec. di tram o treni.

elettrotrèno [comp. di *elettro-* e *treno*; 1937] ***sm.*** treno a trazione elettrica.

elettrotropìșmo [comp. di *elettro-* e *tropismo*; 1956] ***sm.*** *T.bot.* e *T.zool.* reazione di orientamento nell'accrescimento di un organismo vegetale o nel movimento di un organismo animale acquatico, determinata da una corrente elettrica || **N.** *Sin.* galvanotropismo.

elettrovalènte [comp. di *elettro-* e *valente*; 1967] ***agg.*** *T.chim.* detto di legame chimico caratterizzato da elettrovalenza.

elettrovalènza [comp. di *elettro-* e *valenza*; 1934] ***sf.*** *T.chim.* e *T.fis.* legame chimico ottenuto per attrazione elettrostatica in ioni di segno opposto || **N.** *Sin.* legame ionico, legame eteropolare.

elettuàrio (pl. *-ri*) [dal lat. tardo *electuārium*; prima metà sec. XIV] ***sm.*** nome generico di vari composti farmaceutici degli antichi, in forma di sciroppo o impastati con miele, da prendere per bocca || **N.** elisir, lattovaro.

eleușìno [dal lat. *Eleusīnius*, gr. *Eleusínios*; a. 1533] ***agg.*** *T.stor.* di Eleusi, città greca dell'Attica non lontana da Atene || *misteri eleusini*, sacri riti misterici che si celebravano ad Eleusi ed erano incentrati su Demetra e sul rapimento di sua figlia Persefone ad opera di Plutone || cosa arcana, misteriosa, anche *fig. scherz.*: *i misteri eleusini della diplomazia*.

elevaménto [da *elevare*, sec. XIV] ***sm.*** l'atto e l'effetto dell'elevare; elevazione; rialzo.

elevàre (pres. *èlevo* o *elèvo*) [dal lat. *elevāre*; sec. XIV] ***tr.*** **1.** portare a un'altezza maggiore: *elevare di un piano un edificio* || portare in alto: *elevare le braccia, lo sguardo al cielo* || erigere: *elevare un grattacielo, un monumento* || *fig.* migliorare, portare a un più alto livello: *elevare il proprio tenore di vita, elevare il tono della di-*

scussione **2.** *fig.* innalzare a una carica di maggiore prestigio: *elevare a generale* **3.** *T.mat. elevare un numero alla potenza p,* moltiplicarlo per se stesso *p* volte, se *p* è un intero; estrarne la radice p-esima se *p* è il reciproco di un intero ‖ *in part. elevare al quadrato,* alla seconda potenza; *al cubo,* alla terza potenza **4.** *T.bur. elevare una contravvenzione,* comunicare formalmente un'avvenuta infrazione, invitando il trasgressore a pagare la multa relativa ‖ *elevare una protesta,* protestare vigorosamente ‖ **rifl.** innalzarsi, anche *fig.*: *si è elevato molto al di sopra dei suoi concittadini* ‖ **intr. pron.** aumentare, alzarsi: *il livello del suolo si eleva per un fenomeno di bradisismo, la temperatura si è elevata* ‖ **N.** **tr.** **1.** *Sin.* alzare, innalzare, sopraelevare; accrescere, aumentare; nobilitare, sollevare, sublimare | *Contr.* abbassare; peggiorare; ridurre **2.** *Sin.* promuovere | *Contr.* declassare | **rifl.** *Sin.* ascendere, emergere | **intr. pron.** crescere, salire.

elevatézza [da *elevato*; 1673] **sf.** l'essere elevato, spec. *fig.*: *elevatezza di mente, di pensieri, di stile, d'ingegno* ‖ **N.** *Sin.* dignità, nobiltà.

elevàto (*pps.* di *elevare*) [a. 1342] **agg.** alto: *colle elevato, prezzo troppo elevato* ‖ *fig.* di grande prestigio, nobile: *carica elevata, sentimenti elevati* ‖ **elevataménte** **avv.** ‖ **N.** *Sin.* eletto, eminente.

elevatóre [dal lat. tardo *elevātor, -ōris*; sec. XIV come agg.; 1892 come sm.] **I** **sm.** **1.** (f. *-trìce*) operaio addetto a montacarichi e sim. **2.** *T.tecn.* nome di vari apparecchi capaci di sollevare materiali o oggetti pesanti **3.** nelle armi da fuoco automatiche o semiautomatiche, congegno che riporta dopo ogni colpo un nuovo proiettile in posizione di sparo **II** **agg.** che è in grado di sollevare: *carrello elevatore*; *T.anat. muscolo elevatore,* che consente di sollevare un organo o una parte del corpo.

elevazióne [dal lat. *elevātio, -ōnis*; sec. XIV] **sf.** **1.** atto ed effetto dell'elevare o dell'elevarsi, nei vari sensi del verbo: *elevazione di un edificio*; *elevazione del tenore di vita*; *elevazione a potenza* **2.** *in part. T.eccl.* l'atto del sacerdote che nella Messa eleva l'ostia e il calice dopo la consacrazione; la corrispondente parte del rito: *la Messa è all'elevazione* **3.** *concr.* punto elevato del terreno, rilievo: *la catena si chiude a sud con alcune elevazioni di modesta entità* **4.** *T.sport.* slancio verso l'alto di un atleta; *in part.* in sport come il calcio, la pallacanestro, la pallavolo e sim., lo spazio che separa i piedi da terra quando l'atleta salta in verticale (per es. per colpire la palla di testa, sotto canestro, a muro ecc.): *ha un'elevazione di novanta centimetri* **5.** *T.mil. angolo di elevazione,* l'angolo di cui bisogna elevare l'asse del cannone rispetto alla congiungente col bersaglio perché questo sia colpito dal proietto, tenendo conto che la traiettoria è approssimativamente parabolica e non rettilinea ‖ *T.aer.* l'angolo tra l'asse longitudinale dell'aereo e la proiezione della traiettoria sul piano verticale passante per l'aereo ‖ *T.astr.* l'altezza di un astro sull'orizzonte ‖ **N.** **1.** *Sin.* accrescimento, erezione, innalzamento, miglioramento, sollevamento; promozione; aumento, incremento, crescita | *Contr.* abbassamento, diminuzione, peggioramento, riduzione. **TAV. *armi* p. 649** 20.16.

elevóne [dall'ingl. *elevon,* comp. di *elev(ator)*, elevatore e *(ailer)on,* alettone; 1956] **sm.** *T.aer.* nei velivoli senza coda, superficie mobile dell'ala, che funge da equilibratore se ruotata in senso concorde, da alettone se ruotata in senso contrario.

elezióne [dal lat. *electio, -ōnis*; a. 1292] **sf.** **1.** atto ed effetto dell'eleggere: *l'elezione si farà per alzata di mano*; *l'elezion del presidente, l'elezione a senatore* ‖ *pl.* il procedimento con cui i cittadini di uno stato democratico scelgono liberamente con voto segreto i propri rappresentanti nelle varie istituzioni del paese: *elezioni politiche,* dei deputati e senatori al parlamento; *amministrative,* dei consiglieri regionali, provinciali e comunali ‖ *elezione diretta,* quando i cittadini eleggono direttamente i propri rappresentanti; *indiretta,* quando eleggono un gruppo di delegati (*grandi elettori*) che scelgono a loro volta chi ricoprirà le cariche in oggetto ‖ *elezioni farsa,* nel linguaggio giornalistico, elezioni solo apparentemente libere, il cui esito è predeterminato dal potere **2.** *ant. lett.* scelta; oggi spec. nella loc. agg. *d'elezione*: *patria d'elezione,* luogo non natìo che si sceglie per vivere in quanto conforme alle proprie convinzioni politiche o morali ‖ *vaso d'elezione,* S. Paolo ‖ **N.** **1.** chiamata, designazione, nomina, proclamazione | parziale, generale, suppletiva, a collegio uninominale o plurimo o nazionale, a scrutinio di lista, a suffragio ristretto, limitato o universale; ballottaggio | annullare, contestare, convalidare, indire un'elezione | astensione / voto (bianco, nullo, valido); candidato, comizi elettorali, lista elettorale; contrassegno, scheda; cabina, seggio (presidente, rappresentanti di lista, scrutatori, segretario), urna; broglio, scrutinio. **Q.T.** *politica.*

èlfo[1] [dall'ingl. *elf*; 1828] **sm.** secondo la mitologia nordica, spirito dell'aria, che ama la musica e la danza e si mescola volentieri con gli uomini; folletto benefico ‖ **N.** silfide, silfo.

èlfo[2] [dall'ingl. *elf (owl)*, piccola (civetta); 1965] **sm.** uccello rapace notturno dell'America settentrionale appartenente alla famiglia degli Strigiformi, simile ad una piccola civetta.

èli- [da *eli(cottero)*] **primo elem.** che, in parole composte, ha il valore di "elicottero": *eliambulanza.*

elìaco (pl. *-ci*) [dal gr. *hēliakós*; 1561] **agg.** *T.astr.* detto di astro che sorge e tramonta in congiunzione astronomica con il Sole.

eliambulànza [comp. di *eli-* e *ambulanza*; 1974] **sf.** elicottero fornito delle attrezzature necessarie per il trasporto urgente di malati e feriti.

eliàntemo [comp. del gr. *hḗlios,* sole e *ánthemon,* fiore; 1834] **sm.** pianta erbacea perenne delle Cistacee i cui frutti, raccolti in grappoli o in ombrelle, sono di colore bianco, roseo o giallo dorato.

eliantìna [da *elianto,* per il colore che produce; 1956] **sf.** *T.chim.* sostanza colorante di color rosso-dorato ‖ **N.** *Sin.* metilarancio.

eliànto [dal lat. *helianthes,* gr. *hēlianthés,* il fiore del sole; 1834] **sm.** *T.bot.* genere di piante delle Composite, a cui appartengono il girasole e il topinambur; ve ne sono molte specie.

eliappròdo [comp. di *eli-* e *approdo*; 1985] **sm.** luogo adatto all'atterraggio di emergenza degli elicotteri.

èlibus [comp. di *eli-* e *-bus*; 1963] **sm. inv.** elicottero adibito al trasporto pubblico di passeggeri per brevi tratti.

èlica [dal lat. *helica,* gr. *hélix, hélikos,* spirale; a. 1617 nel senso 1; 1875 *elice* nel senso 2] **sf.** **1.** *T.mecc.* propulsore costituito da due o più pale sagomate disposte a uguali intervalli angolari attorno a un mozzo rotante; nella rotazione, l'elica penetra nell'acqua o nell'aria, avanzandovi come una vite, ed è usata perciò nelle imbarcazioni, nei piccoli aeroplani e negli elicotteri **2.** *T.geom.* linea che s'avvolge su se stessa giacendo su una superficie cilindrica o conica, e incontrandone tutte le generatrici secondo un angolo costante ‖ *rigatura a elica,* incisione elicoidale dell'interno delle canne delle armi da fuoco che imprime al proiettile un moto rotatorio che ne stabilizza la traiettoria **3.** *T.biol. doppia elica,* la conformazione tridimensionale delle macromolecole del DNA e RNA ‖ **N.** **1.** destrorsa, sinistrorsa; passo. **TAV.** *aeronautica* 3.1; ***armi* p. 649** 25.7; ***nave* p. 1327** 5.6, 6.9.

èlice [dal lat. *helix, -icis*; 1499] **sf.** **1.** *T.anat.* la piega esterna del padiglione dell'orecchio **2.** *T.arch.* voluta minore di un capitello corinzio **3.** *lett.* chiocciola ‖ **N.** **1.** antelice.

elìcere (*dif.* usato solo nella terza pers. del pres. ind. *elìce*) [dal lat. *elicere*; 1308] **tr.** *ant.* o *lett.* cavar fuori, spremere.

elicicoltùra [comp. di *elice* e *coltura*; 1963] **sf.** allevamento di lumache commestibili.

Elìcidi (sing. *-e*) [dal lat. scient. *helicidal,* basato sul gr. *hélix, hélixos,* voluta della chiocciola; 1931] **sm. pl.** *T.zool.* famiglia di molluschi Gasteropodi polmonati terrestri, muniti di una piccola conchiglia elicoidale; fra di essi la chiocciola.

elicitàre (pres. *-ìcito*) [dall'ingl. to *elicit*; 1987] **tr.** rendere manifesto, visibile ciò che è nascosto o potenziale ‖ ottenere dati attraverso test e questionari: *nelle risposte elicitate non compaiono clitici* ‖ **N.** *Sin.* ottenere, ricavare.

elicoidàle [da *elicoide*; 1892] **agg.** a forma di elica: *moto elicoidale.*

elicòide [dal gr. *heilikoeidḗs*; 1678] **I** **agg.** che ha forma di elica ‖ *T.bot. cima elicoide,* tipo di infiorescenza in cui le ramificazioni dei fiori sono situate alternatamente a destra e a sinistra dell'asse **II** **sf.** *T.geom.* superficie che si ottiene conducendo un'elica per ogni punto di una curva data (*generatrice*) ‖ **N.** I scorpioide.

elicóna [dal lat. *Helicon, -ōnis,* gr. *Helikṓn,* monte della Beozia che nella mitologia greca era ritenuto sede delle Muse e di Apollo; 1319] **sm.** *lett.* ispirazione poetica, poesia.

elicònio (pl. *-ni*) [dal lat. *Heliconius,* gr. *Helikṓnios*; a. 1416] **agg.** *lett.* del monte Elicona nell'antica Grecia; *per estens.* poetico (poiché questo monte era creduto nella mitologia greca sede delle Muse).

elicotterìsta [da *elicottero*; 1963] **s.** pilota di elicotteri.

elicòttero [dal fr. *hélicoptère*; 1915] **sm.** aeromobile nel quale sostentamento e avanzamento sono dati da una o più eliche con asse verticale e da un rotore di coda con asse trasversale; è in grado di compiere variazioni di traiettoria molto agili, di decollare e atterrare verticalmente e di rimanere fermo in aria. **TAV.** *aeronautica* 8.

elicrìṣo [dal lat. *helichrysus,* gr. *helíchrysos*; 1534] **sm.** pianta delle Composite i cui fiori gialli assumono al sole lucentezze auree.

elìdere (pres. *-ìdo*; p.rem. *-ìṣi* o raro *-idéi, -idésti*; pps. *elìṣo*) [dal lat. *elīdere*; 1498] **tr.** annullare: *gli acidi elidono la forza dell'oppio* ‖ *più com. T.ling.* sopprimere la vocale in fine di parola perché non formi iato con la vocale successiva; al posto della vocale soppressa si mette l'apostrofo: *la "a" dell'articolo femminile viene normalmente elisa davanti ad altra vocale* ‖ **rec.** annullarsi reciprocamente: *due forze uguali e opposte si elidono* ‖ **intr. pron.** subire elisione: *davanti a vocale l'articolo "lo" si elide* ‖ **N.** elisione.

elièa [dal gr. *hēliáia*; 1834] **sf.** *T.stor.* nella Atene classica, massimo tribunale composto da cittadini estratti a sorte annualmente in ugual numero da ognuna delle tribù.

eligere e der. forme ant. di ELEGGERE e der. (v.).

eliminàre (pres. *-ìmino*) [dal lat. *eliminārе,* attr. il fr. *éliminer*; 1716] **tr.** togliere di mezzo, rimuovere: *cerca di eliminare un ostacolo alla volta* ‖ *T.sport.* escludere dai turni successivi di una competizione: *la squadra è stata eliminata da un canestro all'ultimo secondo* ‖ *eufem.* uccidere: *non aveva scrupoli ad eliminare chiunque si frapponesse ai suoi progetti* ‖ **N.** *Sin.* cancellare, far fuori; cacciare, scartare; liquidare, sopprimere.

eliminatòria [f. sost. di *eliminatorio*; 1908]

sf. *T.sport.* gara in cui si fa una selezione dei concorrenti per ammettere al turno successivo solo i vincitori o i classificati ai primi posti.

eliminatòrio (pl. *-ri*) [dal fr. *éliminatoire*; 1908] **agg.** che serve a eliminare, quasi solo come *T.sport.* *gare eliminatorie, girone eliminatorio.*

eliminazióne [dal fr. *élimination*; a. 1835] **sf.** **1.** l'atto e l'effetto dell'eliminare: *procedere per eliminazione*, scartando ad una ad una le ipotesi o le possibilità riconosciute come errate ‖ *eufem.* uccisione **2.** *T.sport.* *torneo ad eliminazione diretta* (contrapposto a *all'italiana*), in cui le squadre o i concorrenti si affrontano a coppie, di cui solo il vincente passa il turno, e si procede in tal modo fino alle semifinali e alla finale ‖ **N. 1.** *Sin.* rimozione; esclusione; liquidazione **2.** *Contr.* qualificazione.

èlio [dall'ingl. *helium*; 1892] **sm.** *T.chim.* elemento leggerissimo, gassoso, chimicamente inerte, presente in grandi quantità nel Sole e in moltissime stelle, in piccolissima parte anche nell'atmosfera terrestre.

èlio- [dal gr. *hḗlios*, sole] ***primo elem.*** che, in parole composte dotte e della terminologia scientifica, vale "sole" (per es. *eliocentrico, eliofobia, elioterapia*).

eliocèntrico (pl. *-ci*) [comp. di *elio-* e *centrico*; a. 1739] **agg.** *T.astr.* che si riferisce all'eliocentrismo: *teoria eliocentrica.*

eliocentrismo [da *eliocentrico*; 1965] **sm.** *T.scient.* sistema astronomico di Copernico, che pone nel centro del nostro sistema planetario il sole; è in opposizione a *geocentrismo.*

eliocòpia [comp. di *elio(grafia)* e *copia*; 1987] **sf.** copia di un originale dattiloscritto, manoscritto o disegnato, ottenuta mediante eliografia.

elioelèttrico (pl. *-ci*) [comp. di *elio-* e *elettrico*; 1974] **agg.** relativo all'elettricità ottenuta dall'energia solare: *centrale elioelettrica.*

eliofilìa [comp. di *elio-* e *-filia*; 1956] **sf.** *T.bot.* caratteristica propria di alcune piante che crescono in maniera ottimale alla luce diretta del sole ‖ **N.** *Contr.* eliofobia, sciafilia.

eliòfilo [comp. di *elio-* e *-filo*; 1932] **agg.** *T.bot.* detto di pianta che predilige la luce diretta del sole ‖ **N.** *Sin.* umbrofobo.

eliofobìa [comp. di *elio-* e *-fobia*; 1797] **sf.** **1.** *T.bot.* caratteristica di talune piante di vegetare in modo ottimale nelle zone in ombra **2.** *T.med.* malattia degli occhi, per la quale non si può tollerare una luce troppo intensa ‖ **N. 1.** *Sin.* sciafilia **2.** *Sin.* fotofobia.

eliòfobo [comp. di *elio-* e *-fobo*; 1834] **I agg.** detto di pianta, che rifugge dalla luce **II sm.** (f. *-a*) *T.med.* affetto da eliofobia ‖ **N. I** *Sin.* fotofobo, sciafilo.

eliografìa [dal fr. *héliographie*; 1839] **sf.** **1.** tecnica che consente di ottenere riproduzione grafiche per mezzo dell'azione chimica della luce solare o artificiale ‖ *per estens.* il disegno così ottenuto **2.** *T.mil.* trasmissione di segnalazioni telegrafiche per mezzo dell'eliografo. **Q.T.** *stampa...*

eliogràfico (pl. *-ci*) [dal fr. *héliographique*; 1887] **agg.** **1.** *T.astr.* che concerne la posizione di un punto sul disco apparente del Sole **2.** relativo all'eliografia: *tecnica eliografica* ‖ ottenuto mediante eliografia: *riproduzione eliografica.*

eliografista [da *eliografia*; 1956] **s.** tecnico specializzato in eliografia.

eliògrafo [comp. di *elio-* e *-grafo*; 1839] **sm.** **1.** apparecchio per l'eliografia **2.** *T.mil.* telegrafo ottico che trasmette segnalazioni luminose servendosi dei raggi solari, riflessi opportunamente per mezzo di specchi.

eliogràmma [comp. di *elio-* e *-gramma*; 1908] **sm.** *non com.* il testo delle segnalazioni trasmesse mediante l'eliografo.

eliomagnetismo [comp. di *elio-* e *magnetismo*; 1956] **sm.** magnetismo solare.

eliomagnetògrafo [comp. di *elio-* e *magnetografo*; 1986] **sm.** *T.astr.* strumento che riproduce su diagrammi l'intensità del campo magnetico del sole.

eliomètrico (pl. *-ci*) [comp. di *elio-* e *metrico*; 1956] **agg.** relativo all'eliometro, proprio dell'eliometro; realizzato con l'eliometro: *misurazione eliometrica*, valore dell'intensità della radiazione solare in un momento determinato.

eliòmetro [dal fr. *héliomètre*; 1771] **sm.** strumento per misurare il diametro apparente del Sole e dei pianeti, e le distanze celesti.

elióne [comp. di *elio* e *-one*[2]; 1956] **sm.** *T.chim.* e *T.fis.* nucleo dell'elio, formato da due protoni e due neutroni ‖ **N.** *Sin.* particella alfa.

elioscòpico (pl. *-ci*) [da *elioscopio*; 1956] **agg.** *T.astr.* che consente di osservare direttamente il Sole: *cannocchiale elioscopico.*

elioscòpio (pl. *-pi*) [comp. di *elio-* e *-scopio*; 1745] **sm.** **1.** cannocchiale con vetro affumicato con cui è possibile osservare direttamente il Sole **2.** *T.top.* dispositivo usato nelle rilevazioni topografiche, che utilizza la riflessione dei raggi solari per emettere segnali visibili a grande distanza.

eliosfèra [comp. di *elio* e *sfera*; 1983] **sf.** *T.astr.* zona circostante il Sole, e a esso concentrica, in cui si manifesta il vento solare.

eliòstato [comp. di *elio-* e *-stato*, come il fr. *héliostat*; 1797] **sm.** *T.astr.* sistema di specchi che permette di mantenere nella medesima posizione rispetto a uno strumento di osservazione l'immagine del Sole.

eliotattismo [comp. di *elio-* e *-tattismo*; 1932] **sm.** *T.biol.* fenomeno per cui alcuni organismi viventi, spec. vegetali, stimolati dalla luce solare, si muovono ‖ **N.** *Sin.* fototattismo.

elioteismo [comp. di *elio-* e *-teismo*; 1940] **sm.** *T.stor.* religione che riconosce nel Sole la divinità fondamentale; culto del Sole.

elioterapìa [comp. di *elio-* e *terapìa*; 1899] **sf.** *T.med.* cura mediante l'esposizione della parte malata all'azione dei raggi solari.

elioteràpico (pl. *-ci*) [da *elioterapia*; 1919] **agg.** *T.med.* basato sull'elioterapia, che riguarda l'elioterapia: *trattamento, centro elioterapico.*

eliotipìa [dall'ingl. *heliotypy*; a. 1886] **sf.** procedimento di stampa fotografica che utilizza la fotosensibilità della gelatina cromata. **Q.T.** *stampa...*

eliotìpico (pl. *-ci*) [da *eliotipia*; 1940] **agg.** di eliotipia; ottenuto mediante eliotipia.

eliotròpia o **elitròpia** [dal lat. *helitropium*, gr. *hēliotrópion*, che si volge verso il sole; a. 1321 *elitròpia*] **sf.** *T.min.* eliotropio.

eliotropìa [comp. di *elio-* e *-tropia*; 1983] **sf.** *T.bot.* eliotropismo.

eliotròpico (pl. *-ci*) [da *eliotropismo*; 1967] **agg.** *T.bot.* proprio dell'eliotropismo, relativo all'eliotropismo; che presenta eliotropismo.

eliotròpio o **elitròpio** (pl. *-pi*) [dal lat. *heliotropium*, gr. *hēliotrópion*; a. 1498] **sm.** **1.** nome antico generico di alcune piante il cui fiore si volge al Sole, come per es. il girasole **2.** *T.bot.* pianta erbacea delle Borraginacee con fiori bianchi imbutiformi **3.** *T.min.* varietà di diaspro, color verde cupo con macchie sanguigne, a cui s'attribuiva la virtù di rendere invisibili.

eliotropismo [dal fr. *héliotropisme*; 1865] **sm.** *T.bot.* la facoltà degli organi di certe piante di orientarsi in direzione delle radiazioni solari, o anche in direzione opposta (*eliotropismo negativo*) ‖ **N.** *Sin.* fototropismo.

eliplàno [comp. di *eli-* e *-plano*; 1963] **sm.** mezzo aereo sperimentale caratterizzato da un elica orizzontale e da ali fisse (e perciò capace di muoversi sia come un elicottero, sia come un aeroplano).

elipòrto [comp. di *eli-* e *porto* sul modello dell'ingl. *heliport*; 1950] **sm.** terreno attrezzato per la partenza e l'arrivo di elicotteri. **TAV.** *aeronautica* 11.12.

eliportuàle [comp. di *eli-* e *portuale*; 1974] **agg.** relativo a eliporto, proprio di un eliporto: *manutenzione, personale eliportuale.*

elipòsta [comp. di *eli-* e *posta*; 1970] **sf.** servizio postale effettuato con gli elicotteri.

elisabettiàno [dal n. proprio *Elisabetta* d'Inghilterra; a. 1916] **agg.** che si riferisce al periodo (1558-1603) in cui Elisabetta I regnava in Inghilterra: *teatro elisabettiano.*

eliscàlo [comp. di *eli-* e *scalo*; 1974] **sm.** eliporto.

elìsio o **elìso** (pl. *-si*) [dal lat. *Elysium*, gr. *Ēlýsion*; 1321 *eliso* come sm.] **I sm.** (perlopiù con iniziale maiuscola) mitico luogo di beatitudine **II agg.** degno dell'Elisio ‖ *Campi Elisi*, l'Elisio.

elisióne [dal lat. *elisio, -ōnis*; 1588] **sf.** l'atto e l'effetto dell'elidere ‖ *più com.* *T.ling.* la caduta di una vocale (generalmente atona) finale di parola, quando è seguita da parola iniziante per vocale; in italiano è segnalata dall'apostrofo, ed è obbligatoria con l'articolo *lo* ‖ **N.** sinalefe.

elisìr o **elixir** (raro *elisìre*) [dall'ar. *al iksīr*, la pietra filosofale; 1563] **sm.** *inv.* **1.** liquore estratto da più sostanze aromatiche, spesso con proprietà farmaceutiche: *elisir di china* **2.** *elisir di lunga vita*, in alchimia, mitica e favolosa panacea ‖ **N. 1.** *Sin.* estratto, quintessenza; sciroppo.

eliski V. HELISKI.

elìso[1] *pps.* di *elidere* (v.).

elìso[2] V. ELISIO.

elitàrio (pl. *-ri*) [da *élite*; 1973] **agg.** proprio di un'élite: che riguarda un'élite: *un circolo elitario* ‖ da *élite*, di chi vuol distinguersi dalla massa: *spirito, atteggiamento elitario.*

elitàxi o **elitassì** [comp. di *eli-* e *taxi*; 1974] **sm.** *inv.* elicottero adibito al trasporto a pagamento di passeggeri su percorsi brevi.

élite (fr., pr. [e'lit]) [propr. azione di scegliere; 1861] **sf.** *inv.* gruppo ristretto di persone che sono o si ritengono superiori alla media per nascita, posizione sociale, capacità intellettuali o altro ‖ *T.pol.* in alcune teorie politiche, gruppo sociale che costituisce una possibile classe dirigente di un paese ‖ **N.** *Sin.* crema, fior fiore.

èlitra [dal gr. *élytra*, neutro pl. di *élytron*, involucro; 1797] **sf.** *T.zool.* rivestimento rigido e duro che racchiude e protegge le ali membranose dei Coleotteri.

elitrasportàre (pres. *-òrto*) [comp. di *eli-* e *trasportare*; 1983] **tr.** *T.mil.* trasportare per mezzo dell'elicottero: *elitrasportare i feriti.*

elitrasportàto (*pps.* di *elitrasportare*) [1971] **agg.** *T.mil.* trasportato per mezzo dell'elicottero: *truppe elitrasportate.*

elitròpia V. ELIOTROPIA.

elitròpio V. ELIOTROPIO.

elivìa [comp. di *eli-* e *-via*; 1963] **sf.** linea di comunicazione aerea utilizzata dagli elicotteri.

elivisióne [comp. di *eli-* e *visione*; 1980] **sf.** *T.cin.* tecnica impiegata per effettuare riprese cinematografiche dall'elicottero.

elixir V. ELISIR.

élla [lat. *illa*; a. 1294] ***pron. pers. f.*** **1.** denota la terza persona singolare riferita a persona umana, soltanto in funzione di soggetto; è oggi gen. in disuso, più ancora del corrispondente maschile *egli*: è sostituito da *lei* in tutti i casi in cui *lui* sostituisce *egli*, ma anche in molti contesti in cui il maschile *egli* sarebbe possibile, al femminile si preferisce *essa* o un pronome dimostrativo ‖ *arc.* o *lett.* ricorre anche con funzione di complemento o rif. ad animali o cose: *Baiardo ancora avea memoria d'ella* (Ariosto); *Erano ignudi, stimolati molto / da mosconi e da vespe ch'eran ivi. / Elle rigavan lor di sangue* *il volto* (Dante) **2.** come pronome cortese di seconda persona, sopravvive solo in usi formali, burocratici ed epistolari, sostituito altrove da *lei*.

èlle [lettura della lettera *l*; a. 1367] ***sf.*** (meno com. *sm.*) *inv.* nome della lettera *l* (v.).

élle ***pron.*** *pers. f. pl.* v. ELLA.

elleborina [comp. di *elleboro* e *-ina*; 1987] ***sf.*** sostanza estratta dalla radice dell'elleboro, dotata di poteri vermifughi e lassativi.

ellèboro [dal lat. *helleborus*, gr. *helléboros*; sec. XIV] ***sm.*** nome di varie specie di piante, considerate dagli antichi come rimedio contro la pazzia.

ellènico (pl. *-ci*) [dal gr. *hellēnikós*; 1745] ***agg.*** greco, non necessariamente rif. alla Grecia classica: *arte ellenica*; *l'esercito ellenico*.

ellenismo [dal gr. *hellēnismós*, imitazione dei modi greci, prob. attr. il fr. *hellénisme*; a. 1640] ***sm.*** **1.** la letteratura, l'arte, la lingua e la civiltà greca del periodo ellenistico, intercorso tra la morte di Alessandro Magno (323 a.C.) e la battaglia di Azio (31 a.C.) **2.** *T.ling.* grecismo.

ellenista [dal gr. *hellēnistḗs*, prob. attr. il fr. *helléniste*; a. 1712] ***s.*** studioso di lingua e letteratura greca, spec. classica || **N.** *Sin.* grecista.

ellenistico (pl. *-ci*) [dal gr. *hellēnistikós*, prob. attr. il fr. *hellénistique*; 1793] ***agg.*** dell'ultimo periodo della storia letteraria greca antica, che va dalla morte di Alessandro Magno alla conquista romana.

ellenizzànte (*ppr.* di *ellenizzare*) [1899] ***agg.*** che si rifà al costume e allo stile ellenico: *una scultura romana decisamente ellenizzante*.

ellenizzàre [dal gr. *hellēnízein*; 1951] ***tr.*** conquistare al mondo ellenico; introdurre usi e costumi ellenici in un paese: *al tempo di Virgilio la cultura romana era già stata ellenizzata* || ***intr.*** (aus. *avere*) *non com.* imitare lo stile e i costumi ellenici.

ellenizzazióne [da *ellenizzare*; a. 1909] ***sf.*** atto o effetto dell'ellenizzare.

élleno [da *elle*, pl. di *ella*, per influsso della desinenza verbale della terza pers. pl.; seconda metà sec. XIII] ***pron.*** *pers. f. pl. arc.* esse.

ellepì [acronimo di *l*(*ong*) *p*(*laying*); 1982] ***sm.*** disco microsolco a trentatré giri || **N.** *Sin.* long playing.

éllera [lat. *hedera*; sec. XIII] ***sf.*** *pop.* o *poet.* edera.

ellisse (meno com. *ellìssi*) [dal gr. *élleipsis*, mancanza; a. 1617 ellipse] ***sf.*** *T.geom.* curva piana chiusa prodotta da una sezione obliqua del cono || *fuochi dell'ellisse*, i due punti dell'asse maggiore, tali che la somma delle loro distanze da un punto qualunque dell'ellisse risulti sempre costante || **N.** conica; assi, centro, eccentricità, direttrice. **TAV.** *geometria* 12.

ellissi [dal lat. *ellīpsis*, gr. *élleipsis*, mancanza; a. 1667 *ellipsi*] ***sf.*** *T.ling.* e *T.ret.* omissione in una frase di una o più parole che possono essere facilmente recuperate, in base a un modello di frase completa, al precedente contesto linguistico o a conoscenze extralinguistiche (come in: *d'estate noi andiamo al mare e i nostri vicini* (*vanno*) *in montagna*) || come figura retorica (frequente anche nella catena parlata), può consistere anche nel tralasciare parti non recuperabili di frase per ricreare la concitazione di un discorso pronunciato sotto la spinta delle passioni (come nel seg. passo di Gadda: *E il cassetto... Addio! E le undicimila lire!*) || **N.** *Sin.* cancellazione, omissione; anafora, coesione, sottinteso | *Contr.* pleonasmo.

ellissògrafo [comp. di *ellisse* e *-grafo*; 1865 *ellipsografo*] ***sm.*** strumento che permette di disegnare un'ellisse.

ellissoidàle [da *ellissoide*; 1953] ***agg.*** che ha forma di ellissoide.

ellissòide [comp. di *ellisse* e *-oide*; 1820] ***sf.*** *T.geom.* superficie chiusa descrivibile in geometria analitica da un'equazione di secondo grado in tre variabili, in cui i coefficienti dei termini di secondo grado hanno tutti lo stesso segno; *in part. ellissoide di rotazione*, superficie generata da un'ellisse rotante intorno a uno dei suoi assi || il solido racchiuso da tale superficie || **N.** quadrica.

ellìttico[1] (pl. *-ci*) [dal gr. *elleiptikós*; 1623] ***agg.*** **1.** che ha forma di ellisse: *foglia ellittica, volta a sezione ellittica* **2.** *T.mat. geometria ellittica*, geometria non euclidea in cui non esistono rette parallele || *T.mat. integrale ellittico*, in cui l'integrando ha la forma del reciproco della radice quadrata di un polinomio di terzo o quarto grado || **N.** **1.** ovale.

ellìttico[2] (pl. *-ci*) [dal gr. *elleiptikós*; a. 1808] ***agg.*** *T.ling.* che presenta ellissi: *frase ellittica* ||

ellitticaménte ***avv.*** in forma ellittica: *esprimersi ellitticamente*.

éllo [lat. *illum*; 1224 ca.] ***pron.*** *pers. m. di terza pers. sing. arc.* egli, lui.

-èllo [lat. *-ellus*] ***suff.*** (f. *-a*) **1.** altera in senso diminutivo il nome o l'aggettivo di base: *cestello, dentello, finestrella, fontanella, pomello, secchiello, somarello*; *ignorantella, saputello* || spesso al valore diminutivo è associata una connotazione affettiva e vezzeggiativa (*paesello, miserello, poverella, tenerello*) o spregiativa (*sbarbatello*) **2.** aggiunto ad aggettivi può avere il valore di "alquanto", "piuttosto": *cattivello, picchiatello*.

elmétto (*dim.* di *elmo*) [1918] ***sm.*** copricapo di metallo che serve di protezione per soldati, minatori e sim.

elminti [dal gr. *hélmins, hélminthos*, verme; 1829] ***sm. pl.*** nome generico dei vermi parassiti del corpo umano o degli animali.

elmintìasi [da *elminti*; 1797] ***sf.*** *T.med.* malattia cagionata dagli elminti parassiti.

elmintologìa [comp. di *elminto-* e *-logia*; 1820] ***sf.*** *T.zool.* la parte della zoologia che studia gli elminti.

elmintològico (pl. *-ci*) [da *elmintologia*; 1956] ***agg.*** relativo all'elmintologia, proprio dell'elmintologia: *ricerche elmintologiche*.

elmintòlogo (pl. *-gi*) [comp. di *elminto-* e *-logo*; 1869] ***sm.*** (f. *-a*) studioso di elmintologia.

elmintòsi [comp. di *elminto-* e *-osi*; 1965] ***sf.*** *T.med.* elmintìasi.

élmo [dal gotico *hilms*; a. 1292] ***sm.*** armatura difensiva del capo, perlopiù di metallo || *dim.* elmétto || **N.** bacinetto, barbuta, casco, celata, cervelliera, galea, morione | barbozza, camaglio, cimiero o pennacchio o pennoncello, cresta, criniera, cuffia, goletta, gorgiera, guanciale, nasale, visiera. **TAV.** ***araldica*** **p. 645** 5.3; ***armi*** **p. 648** 6.2.

elocutio (lat., pr. it. [elo'kuttsjo]) [letter. espressione] ***sf.*** *inv. T.ret.* nella tecnica oratoria classica, elaborazione verbale del materiale raccolto e ordinato in precedenza, mediante l'impiego delle figure e delle parole più efficaci. **Q.T.** *retorica...*

elocutìvo [da *elocuzione*; 1986] ***agg.*** elocutorio.

elocutòrio (pl. *-ri*) [dal lat. tardo *elocutōrius*; a. 1642] ***agg.*** *non com.* dell'elocuzione.

elocuzióne [dal lat. *elocūtio, -ōnis*; inizio sec. XIII] ***sf.*** l'arte di esporre ordinatamente ed efficacemente con parole i propri concetti || *T.ret.* v. ELOCUTIO || **N.** dicitura, discorso, eloquio, stile.

elòdea [dal lat. scient. *helodea*; 1820] ***sf.*** pianta acquatica con piccole foglie, appartenente alla famiglia delle Idrocaritacee.

elodèrma [comp. del gr. *hêlos*, chiodo e *dérma*, pelle; 1951] ***sm.*** *T.zool.* genere di Rettili americani, velenosi, simili a tozzi lucertoloni.

elogiàre (pres. *-ògio*) [da *elogio*; 1865] ***tr.*** lodare, solitamente in pubblico: *li elogiò per la costanza nello studio, elogiare qualcuno per le buone intenzioni* || **N.** *Sin.* encomiare | *Contr.* biasimare, criticare, deplorare, deprecare.

elogiatìvo [da *elogiare*; 1918] ***agg.*** che elogia, di elogio: *tono elogiativo*.

elogiatóre [da *elogiare*; 1885] ***sm.*** (f. *-trìce*) chi elogia.

elògio (pl. *-gi*) [dal lat. *elogium*, propr. iscrizione sepolcrale; 1618] ***sm.*** scrittura o discorso più o meno solenne in lode di qualcuno: *tessere l'elogio di qualcuno, pronunciare l'elogio funebre* || parole di lode: *elogi immeritati, profondersi in elogi* || **N.** *Sin.* apologia, encomio, esaltazione, lode, panegirico, plauso | *Contr.* biasimo, critica.

elogìsta [da *elogio*; 1789] ***s.*** *raro* scrittore di elogi.

elongazióne [dal lat. tardo *elongātio, -ōnis*; sec. XIV] ***sf.*** **1.** *T.astr.* distanza angolare tra due astri; *in part.* differenza fra la longitudine del Sole e quella di un pianeta, visti dalla Terra **2.** *T.fis.* distanza ad un dato istante di un corpo oscillante dalla posizione di equilibrio.

eloquènte [dal lat. *eloquens, -entis*; a. 1342] ***agg.*** **1.** che ha eloquenza **2.** *per estens.* che esprime chiaramente ed efficacemente concetti o sentimenti: *silenzio, occhiata eloquente* ||

eloquenteménte ***avv.*** || **N.** **1.** *Sin.* ben parlante, facondo, efficace, magniloquente | chiacchierone, parolaio **2.** *Sin.* espressivo, significativo.

eloquènza [dal lat. *eloquentia*; a. 1294 *eloquenzia*] ***sf.*** **1.** l'arte e la facoltà di parlare e scrivere in modo da produrre l'impressione desiderata sul pubblico: *quell'uomo ha un'eloquenza irresistibile* || *l'eloquenza greca, umanistica*, l'insieme delle norme tracciate dagli oratori greci o umanistici, o il complesso degli oratori e delle loro opere || *fiume d'eloquenza*, persona eloquentissima **2.** *per estens.* capacità di esprimere o descrivere con efficacia: *l'eloquenza di uno sguardo, l'eloquenza delle cifre* || *scherz.* forza di persuasione: *l'eloquenza del denaro* || **N.** **1.** arte del dire, comunicativa, dialettica, facondia, magniloquenza, oratoria, retorica | accademica, forense, politica, religiosa | affascinante, aurea, chiara, dolce, efficace, felice, fiorita, melliflua, naturale, ornata, potente, rara, robusta, soave, sobria, suadente; ampollosa, artificiosa, gonfia, retorica, tronfia, volgare | affascina, commuove, entusiasma, infiamma, penetra, persuade, scalda, seduce, tocca, trascina, travolge.

elòquio (pl. *-qui*) [dal lat. *eloquium*; sec. XIV] ***sm.*** *lett.* il modo di esprimere le proprie idee || il parlare, il dire: *scioltezza di eloquio* || **N.** espressione, loquela.

Eloziàli [dal lat. scient. *helotiales*; 1956] ***sm.*** *pl. T.bot.* ordine di funghi degli Ascomiceti.

élsa [dall'ant. alto ted. *helza*; 1321] ***sf.*** traversa metallica posta al termine dell'impugnatura della spada, che serve a proteggere la mano; *star con la mano sull'elsa*, stare in guardia, pronto a battaglia || **N.** SPADA. **Q.T.** *scherma* **TAV.** *scherma* 1.1.

èlson [dalla loc. ingl. (*in n*) *elson*, dal n. proprio *Nelson*; 1942] ***sf.*** *inv. T.sport.* presa della lotta greco-romana che consiste nell'infilare sotto l'ascella dell'avversario l'avambraccio sinistro fino a rovesciargli in avanti la nuca spingendola con la mano; *doppia elson*, quando in tale movimento si utilizza anche la mano destra.

elucubràre (pres. *-ùcubro*) [dal lat. *elucubrāre*, lavorare a lume di lucerna; 1855] ***tr.*** rif. a pensiero, opera e sim., elaborare meticolosamente; *più com. scherz.* invischiarsi in pensieri contorti o progetti astrusi: *quali oscure trame andrà elucubrando?*; freq. *ass.*: *passa il suo tempo da solo a elucubrare* || **N.** *Sin.* macchinare, meditare; arzigogolare, ponzare, rimuginare.

elucubrazióne [da *elucubrare*; 1572] ***sf.*** l'elucubrare || prodotto di un lavoro intellettuale artificioso e minuzioso; *più com. scherz.* meditazione astrusa, vacua speculazione intellettuale: *interminabili e sterili elucubrazioni.*

elùdere (pres. *-ùdo*; p.rem. *-ùṣi* o *-udéi*; pps. *-ùṣo*) [dal lat. *elūdere*, finir di giocare, poi schivare un colpo nel gioco; a. 1540] ***tr.*** ingannare schivando astutamente, evitare ingegnosamente: *eluse la vigilanza delle guardie, eludere una questione*; *eludere la legge*, sottrarsi con malizia all'osservanza di essa || **N.** *Sin.* aggirare, defilarsi, schivare, sfuggire a, sottrarsi a.

eluènte (*ppr.* di *eluire*) [1956] **I** ***agg.*** *T.chim.* che eluisce **II** ***sm.*** *T.chim.* liquido usato per eluire una sostanza.

eluìre (pres. *-ìsco*, *-ìsci*) [dal lat. *eluere*; 1965] ***tr.*** *T.chim.* asportare una sostanza con un solvente o con un gas, in modo da separarla da un'altra che resta intatta.

eluizióne [da *eluire*; 1956] ***sf.*** *T.chim.* l'atto e l'effetto dell'eluire.

eluṣióne [dal lat. tardo *elūsio*, *-ōnis*; 1789] ***sf.*** l'eludere, e il suo effetto: *elusione fiscale*, sfruttamento della complessità della legislazione fiscale per evitare il pagamento di imposte che, nell'intenzione del legislatore, sarebbero dovute.

eluṣività [da *elusivo*; 1965] ***sf.*** *non com.* l'essere elusivo.

eluṣìvo [dal lat. *elūsus*; 1855] ***agg.*** che tende a evitare il confronto con gli aspetti spiacevoli di una situazione: *atteggiamento elusivo* || **N.** *Sin.* ambiguo, evasivo, sfuggente.

elùṣo *pps.* di *eludere* (v.).

eluṣòrio (pl. *-ri*) [da *eludere*; a. 1718] ***agg.*** elusivo.

eluviàle [dal lat. *elŭvies*, inondazione; 1951] ***agg.*** *T.geol.* si dice di terreni prodotti dall'alterazione superficiale delle rocce, a causa dell'intervento degli agenti atmosferici: *deposito eluviale.*

eluviazióne [dal lat. *eluvies*, inondazione; 1970] ***sf.*** *T.geol.* nei climi piovosi, asportazione, ad opera della pioggia, dei sali solubili dallo strato attivo del terreno.

elùvio (pl. *-vi*) [dal lat. *eluvies*, inondazione; 1932] ***sm.*** *T.geol.* deposito di detriti accumulati in seguito al disfacimento di rocce preesistenti || il terreno costituito da tale deposito.

elvèlla [dal lat. *helvella*, propr. piccola erba; 1951] ***sf.*** genere di funghi comprendente la spugnola.

elvètico (pl. *-ci*) [dal lat. *Helvēticus*; 1797] **I** ***agg.*** **1.** relativo al popolo antico degli Elvezi, stanziati approssimativamente nelle regioni dell'odierna Svizzera **2.** svizzero, spec. nel linguaggio ufficiale o giornalistico: *Confederazione Elvetica* **II** ***sm.*** (f. *-a*) abitante od originario della Svizzera.

elẓeviriàno [da *elzeviro*; 1876] ***agg.*** relativo alla famiglia degli Elzevier: *caratteri elzeviriani* (v. ELZEVIRO I 1).

elẓevirìsta [da *elzeviro*; 1939] ***s.*** giornalista che scrive elzeviri || *per estens.* scrittore che predilige la forma del racconto breve di tipo bozzettistico o autobiografico.

elẓevìro [dal n. proprio *Elzevier*, 1887 come agg.; 1931 come sm. nel senso 3] **I** ***sm.*** **1.** tipo di carattere da stampa simile a quello usato dagli Elzevier, celebri stampatori olandesi del Seicento **2.** edizione degli Elzevier o di tipo elzeviriano **3.** *più com. T.giorn.* l'articolo principale della rubrica letteraria, che si pubblica nelle prime colonne della terza pagina di un giornale **II** ***agg.*** *non com.* elzeviriano. **TAV. *tipografia* p. 1337 12.10.**

-èma [da (*fon*)*ema*] ***suff.*** che, in parole della terminologia linguistica spec. strutturalista, forma le denominazioni delle unità aventi valore distintivo (per es. *monema, morfema*).

emaciaménto [da *emaciare*; 1750] ***sm.*** *raro* grave dimagrimento.

emaciàre (pres. *-àcio*) [dal lat. *emaciāre*; a. 1712] ***tr.*** far divenire estremamente magro e sfinito di forze || ***intr. pron.*** divenire magro e smunto.

emaciàto (*pps.* di *emaciare*) [1691] ***agg.*** estremamente magro e sfinito di forze: *dopo la malattia era così emaciato che non l'ho riconosciuto* || **N.** macilento, smunto, MAGRO.

emaciazióne [da *emaciare*; prima metà sec. XIV] ***sf.*** *raro* magrezza estrema.

emalopìa [dal gr. *haimálōps*, dall'aspetto sanguinante; 1771] ***sf.*** *T.med.* spandimento di sangue nel globo dell'occhio.

emanàre (pres. *-àno*) [dal lat. *emanāre*; 1433] ***intr.*** (aus. *essere*) avere origine, spandersi: *ogni bene emana da Dio* || ***tr.*** **1.** mandare fuori: *certe rose emanano un delizioso profumo* **2.** *T.bur.* rif. a leggi, ordini e sim., far entrare in vigore, pubblicare: *hanno emanato nuove disposizioni sulla caccia* || divulgare ufficialmente: *il portavoce del presidente ha emanato un nuovo comunicato stampa* || **N.** ***intr.*** *Sin.* derivare, diffondersi, fuoriuscire, promanare, provenire, sgorgare, spargersi, svaporare, trapelare | ***tr.*** **1.** *Sin.* effondere, esalare, sprigionare **2.** *Sin.* emettere, promulgare.

emanatìṣmo [da *emanare*; 1847] ***sm.*** *T.fil.* e *T.rel.* concezione filosofica orientale, fatta propria dal neoplatonismo, in base alla quale gli enti derivano dall'Uno divino non per creazione ma per emanazione, ovvero per una sorta di diffusione spontanea, di continuo irradiamento della sua potenza assoluta, senza che per questo la sostanza divina perda la sua unità e immutabilità.

emanatìsta [da *emanatismo*; 1847] ***s.*** *T.fil.* e *T.rel.* sostenitore dell'emanatismo.

emanatìstico (pl. *-ci*) [da *emanatismo*; 1843] ***agg.*** *T.fil.* e *T.rel.* relativo all'emanatismo.

emanazióne [dal lat. tardo *emanātio*, *-ōnis*; 1669] ***sf.*** **1.** l'atto e l'effetto dell'emanare: *l'emanazione della luce, di vapori, odori* || la cosa emanata: *la sapienza è un'emanazione di Dio* **2.** *T.bur.* emissione, pubblicazione di un provvedimento: *l'emanazione di un nuovo decreto* **3.** *T.chim. disus.* termine con cui si indicava un tempo ciascuno degli isotopi radioattivi del radon prodotti dalla disintegrazione di elementi radioattivi più pesanti (radio, attinio, torio) || **N.** **1.** *Sin.* effluvio, emissione, esalazione, irradiazione, sprigionamento **2.** *Sin.* promulgazione.

emanazionìṣmo [da *emanazione*; 1956] ***sm.*** *T.fil.* emanatismo.

emancipàre (pres. *-àncipo*) [dal lat. *emancipāre*; 1308 nel senso 2] ***tr.*** **1.** *T.giur.* nell'antica Roma, liberare uno schiavo, o un figlio dalla patria potestà || nel diritto moderno, concedere a un minore una parziale autonomia di azione **2.** *per estens.* liberare da un vincolo, da una servitù, da una soggezione, da un legame materiale o morale: *emancipare l'Italia dalle forniture straniere nel settore energetico*; *emancipare una minoranza* || ***rifl.*** sottrarsi a un vincolo, liberarsi da una soggezione qualsiasi: *emanciparsi dalla tradizione* || **N.** **1.** *Sin.* affrancare, LIBERARE.

emancipàto (*pps.* di *emancipare*) [a. 1396] ***agg.*** libero da soggezione || *per estens.* libero, spregiudicato: *modi, costumi emancipati.*

emancipatóre [dal lat. tardo *emancipātor*, *-ōris*; 1846] ***agg.*** e ***sm.*** (f. *-trìce*) *non com.* che o chi emancipa: *un provvedimento emancipatore delle minoranze etniche.*

emancipazióne [dal lat. *emancipātio*, *-ōnis*; a. 1580] ***sf.*** l'atto e l'effetto dell'emancipare || *in part.* *emancipazione della donna*, parificazione della donna all'uomo nei diritti civili e politici.

emangiòma [comp. di *emo-* e *angioma*; 1929] ***sm.*** *T.med.* tumore, gen. benigno, che colpisce la pelle o altri organi e si manifesta con una proliferazione circoscritta dei vasi.

emarginàre (pres. *-àrgino*) [comp. parasint. di *margine*, sul modello del fr. *émarger*, 1877 nel senso 2; 1966 nel senso 1] ***tr.*** **1.** mettere ai margini della società, escludere dalla partecipazione politica o dalla possibilità di affermazione sociale ed economica: *emarginare gli anziani* **2.** *T.bur.* segnare, annotare al margine di carte amministrative.

emarginàto (*pps.* di *emarginare*) [1877] **I** ***agg.*** che ha difficoltà ad inserirsi nella società: *categorie emarginate* **II** ***sm.*** **1.** (f. *-a*) persona emarginata: *certi quartieri si riducono a un ghetto di emarginati* **2.** *T.bur.* annotazione sui margini di carte amministrative.

emarginazióne [da *emarginare*; 1974] ***sf.*** atto ed effetto dell'emarginare: *emarginazione sociale* || l'essere o il sentirsi emarginato: *soffrire d'emarginazione*, non adattarsi all'ambiente.

emàrtro [comp. di *emo-* e gr. *árthron*, giuntura; 1899] ***sm.*** *T.med.* versamento patologico di sangue in una cavità articolare.

emasculazióne [dal lat. tardo *emasculāre*, evirare; 1932] ***sf.*** **1.** *T.chir.* asportazione del pene e dei testicoli dovuta gen. alla presenza di tumori **2.** *T.bot.* soppressione degli stami di un fiore.

ematèmeṣi [comp. di *emato-* e gr. *émesis*, vomito; 1834] ***sf.*** *T.med.* vomito di sangue dallo stomaco.

emàtico (pl. *-ci*) [dal gr. *haimatikós*; 1828] ***agg.*** del sangue, che è proprio del sangue: *cellule ematiche.*

ematìna [comp. di *emato-* e *-ina*; 1834] ***sf.*** *T.chim.* e *T.biol.* sostanza rosso-bruna, azotata, che entra nella costituzione dell'emoglobina.

ematìte [dal lat. *haematītes*, gr. *haimatítēs*; a. 1367] ***sf.*** *T.min.* sesquiossido di ferro che forma cristalli romboedrici, di colore grigio acciaio quando si aggrega in masse compatte, e rosso sangue se in polvere; usata come pietra semipreziosa.

èmato- [dal gr. *haîma*, *háimatos*, sangue] ***primo elem.*** che, in parole composte della terminologia medica, vale "sangue": **ematopatia**.

ematocèle [comp. di *emato-* e *-cele*; 1835] ***sm.*** *T.med.* travaso di sangue in una zona cava del corpo, spec. il peritoneo.

ematodermìa [comp. di *emato-* e *-dermia*; 1956] ***sf.*** *disus.* *T.med.* ogni alterazione della pelle dovuta a una malattia del sangue.

ematòfago (pl. *-gi*) [comp. di *emato-* e *-fago*; 1956] ***agg.*** detto di animale che si nutre succhiando il sangue di altri animali: *pulci ematofaghe, pipistrelli ematofagi.*

ematofobìa [comp. di *emato-* e *-fobia*; 1834] ***sf.*** *T.med.* paura morbosa e ossessiva del sangue || **N.** *Sin.* emofobia.

ematologìa [comp. di *emato-* e *-logia*, prob. sul modello del fr. *hématologie*; 1820] ***sf.*** *T.med.* ramo della medicina che studia il sangue.

ematològico (pl. *-ci*) [da *ematologia*; 1932] ***agg.*** *T.med.* relativo all'ematologia, proprio dell'ematologia.

ematòlogo (pl. *-gi*) [comp. di *emato-* e *-logo*; 1865] ***sm.*** (f. *-a*) studioso di ematologia.

ematòma [comp. di *emato-* e *-oma*; 1828] ***sm.*** *T.med.* raccolta di sangue nella compagine dei tessuti, in seguito a trauma o per processo patologico || **N.** ecchimosi, livido.

ematomielìa [comp. di *emato-* e *-mielia*; 1932] ***sf.*** *T.med.* emorragia del midollo spinale dovuta a traumi e alterazioni vasali.

ematopoièṣi [dal gr. *haimatopóiēsis*; 1828] ***sf.*** *T.fisiol.* processo di formazione del sangue che si compie negli appositi organi || **N.** *Sin.* emopoiesi.

ematopoiètico (pl. *-ci*) [dal gr. *haimatopoiētikós*; 1820] ***agg.*** *T.fisiol.* che genera il sangue: *organo, farmaco ematopoietico.*

ematòṣi [dal gr. *haimátōsis*, prob. attr. il fr. *hématose*; 1771] ***sf.*** *T.fisiol.* trasformazione del sangue venoso in arterioso, mediante ossigenazione nei capillari polmonari.

ematùria [comp. di *emato-* e *-uria*; 1788] **sf.** *T.med.* emissione patologica di sangue insieme con l'orina.

emàzia [dal gr. *haimátia*, attr. il fr. *hématie*; 1899] **sf.** *T.anat.* globulo rosso del sangue || **N.** *Sin.* eritrocito.

embàrgo (pl. *-ghi*) [dallo sp. *embargar*, impedire; a. 1764 *imbargo*] **sm.** **1.** *T.giur.* il sequestro operato da uno degli Stati contendenti sulle navi straniere che si trovano ancorate nei porti del suo territorio **2.** *per estens.* *T.econ.* la proibizione di esportare alcune merci all'estero: *embargo petrolifero* || **N.** *Sin.* fermo, sequestro **2.** blocco; sanzioni.

èmbate [dal gr. *embás, -ádos*; a. 1589] **sm.** nell'antica Grecia, stivaletto molto aderente e allacciato davanti, di origine orientale.

embatèrio (pl. *-ri*) [dal gr. *embatḗrion* (*rythmós* o *mélos*), (canto) di marcia; 1820] **sm.** *T.stor.* fanfara o canto di guerra degli antichi Spartani.

embè v. EBBENE.

emblée (fr., pr. [ɑ̃'ble]) v. D'EMBLÉE.

emblèma [dal lat. *emblēma*, gr. *émblēme*, letter. inserzione; 1582] **sm.** **1.** figura simbolica, spesso accompagnata da un motto: *nello scudo c'è un emblema* || *per estens.* simbolo rappresentativo: *la stella di David è l'emblema di Israele* **2.** *T.stor.* nell'antichità, figurazione di pregio a mosaico montata su una lastra di marmo da inserire in una pavimentazione.

emblemàtico (pl. *-ci*) [dal lat. *emblematicus*; a. 1722] **agg.** fortemente rappresentativo: *un fatto emblematico dell'attuale crisi di valori* || **emblematicaménte** **avv.** || **N.** *Sin.* esemplare, paradigmatico, significativo.

embolìa [da *embolo*; 1892] **sf.** *T.med.* occlusione subitanea di un vaso sanguigno determinata da corpi di varia natura trasportati dalla circolazione sanguigna.

embolismàle [dal lat. tardo *embolismālis*; 1585] **agg.** *T.stor.* detto di mese intercalare che veniva inserito nell'anno dai Greci e dai Romani per far coincidere i cicli lunare e solare.

embolìsmo [da *embolo*; 1875] **sm.** **1.** *T.eccl.* preghiera liturgica intercalata nella Messa dopo il Pater, per chiedere la liberazione da tutti i mali **2.** *T.med.* embolia.

èmbolo o **émbolo** [dal gr. *émbolos*, ostruttore; 1875] **sm.** *T.med.* il corpo estraneo solido, liquido o gassoso, che, penetrato nella circolazione sanguigna, produce l'embolia.

embrassons-nous (fr., pr. [ɑ̃brasɔ̃'nu]) [letter. abbracciamoci; 1942] **loc. m. inv.** invito superficiale a superare disaccordi e contrasti, spec. politici, che elude i reali problemi che hanno originato il dissidio.

embricàre (pres. *émbrico, émbrichi*) [lat. *imbricāre*; a. 1698] **tr.** ricoprire di embrici || **intr. pron.** sovrapporsi come gli embrici.

embricàto [lat. *imbricātus*; a. 1730] **agg.** detto di tetto coperto di embrici || *per estens.* *T.scient.* detto di foglie, o squame di pesci o di rettili, quando si addossano l'una all'altra come gli embrici nel tetto.

embricatùra [da *embrice*; 1958] **sf.** disposizione di elementi a forma di embrice || l'insieme degli elementi che presentano tale disposizione.

émbrice [dal lat. *imbrex, -icis*; a. 1320] **sm.** **1.** lastra di terracotta, a forma di trapezio, con i bordi convergenti rialzati, sui quali vanno sovrapposte le tegole per la copertura dei tetti || *fig. raro scoprire un embrice*, rivelare un segreto **2.** *T.mar.* ciascuna delle corde che, quando la nave è sullo scalo o durante il varo, stringono l'invasatura alla carena della nave stessa || **N.** *Sin.* **2.** trinca.

embriciàta [da *embrice*; 1940] **sf.** *non com.* copertura fatta con embrici.

èmbrio- [dal gr. *émbryon*, embrione] **primo elem.** che, in parole composte della terminologia scientifica, vale "embrione" (per es. *embriologia, embriotomia*).

embriofillo [comp. di *embrio-* e *-fillo*; 1951] **sm.** *T.bot.* cotiledone.

embriogènesi [comp. di *embrio-* e *-genesi*; 1905] **sf.** *T.biol.* formazione e sviluppo dell'embrione.

embriogènico (pl. *-ci*) [comp. di *embrio-* e *-genico*; 1965] **agg.** *T.biol.* proprio dell'embriogenesi, che concerne l'embriogenesi: *sviluppo embriogenico.*

embriologìa [comp. di *embrio-* e *-logia*; 1797] **sf.** parte della biologia che studia la formazione e la crescita dell'embrione: *embriologia animale, vegetale*; *embriologia comparata*, lo studio delle analogie e delle differenze nello sviluppo embrionale di specie diverse (soprattutto di classi diverse di Vertebrati).

embriològico (pl. *-ci*) [da *embriologia*; 1869] **agg.** di embriologia, che concerne l'embriologia.

embriòlogo (pl. *-gi*) [comp. di *embrio-* e *-logo*; 1869] **sm.** (f. *-a*) *T.scient.* studioso di embriologia.

embrionàle [da *embrione*; 1875] **agg.** **1.** dell'embrione: *sviluppo embrionale* **2.** *fig.* appena abbozzato, non compiutamente elaborato: *è un'idea ancora allo stato embrionale.*

embrionàto [da *embrione*; 1956] **agg.** che contiene un embrione, detto spec. di uova di pesci e uccelli.

embrióne [dal gr. *émbryon*, letter. che cresce dentro; 1282] **sm.** **1.** *T.biol.* individuo animale nei primi stadi di sviluppo dopo la fecondazione dell'uovo; *in part.* per l'uomo, fino al momento in cui diventano riconoscibili i caratteri propri della specie || *T.bot.* il germe della pianta, la parte interna essenziale del seme **2.** *fig.* idea che comincia a disegnarsi nella mente; abbozzo || *in embrione*, provvisorio, appena abbozzato || **N.** **1.** feto; germe, germoglio.

embriònico (pl. *-ci*) [da *embrione*; a. 1758] **agg.** *raro* che si riferisce all'embrione.

embriotomìa [comp. di *embrio-* e *-tomia*; 1835] **sf.** *T.med.* operazione con cui si seziona il feto morto in modo da diminuirne il volume e rendere più agevole la sua estrazione dall'utero.

embrocazióne [da un disus. *embrocare*, dal lat. tardo *embroc(h)a*, linimento; prima metà sec. XIV] **sf.** *T.farm.* medicamento liquido per uso esterno, usato spec. per frizioni || **N.** *Sin.* linimento.

emènda [da *emendare*; a. 1364] **sf.** *raro* atto che ripara una colpa.

emendàbile [dal lat. *emendābilis*; 1550] **agg.** *non com.* che si può emendare: *sono difetti emendabili.*

emendaménto [da *emendare*; fine sec. XIV] **sm.** **1.** modificazione, correzione a una proposta di legge: *presentare, respingere un emendamento* **2.** l'atto e il risultato dell'emendare: *emendamento di un testo manoscritto, di una legge* || **N.** **2.** *Sin.* correzione, modificazione, rettifica.

emendàre (pres. *-èndo*) [dal lat. *emendāre*; a. 1292] **tr.** toglier via le imperfezioni; correggere: *emendare i vizi, emendare qualcuno da un difetto* || *emendare una legge*, modificarla su proposta del parlamento || *in part.* *T.filol.* correggere gli errori che si sono infiltrati nella tradizione manoscritta || *T.agr.* di terreno, correggerlo apportandovi gli elementi (argilloso, calcareo, siliceo, umifero) di cui è mancante || **rifl.** *lett.* correggersi: *se non ti emendi, finirai male* || **N.** *Sin.* modificare, purgare, restaurare, rettificare, riformare, riparare.

emendativo [da *emendare*; a. 1595] **agg.** *raro* che tende a emendare: *giustizia emendativa.*

emendatóre [dal lat. *emendātor, -ōris*; fine sec. XIV] **agg.** e **sm.** (f. *-trice*) *non com.* che o chi emenda.

emendazióne [dal lat. *emendātio, -ōnis*; 1288] **sf.** l'emendare e l'emendarsi || *in part.* *T.filol.* correzione degli errori infiltratisi nella tradizione manoscritta.

èmental **sm.** *raro* v. EMMENTAL.

emeralopìa [dal fr. *héméralopie*, basato sul gr. *hēmerálōps*, colui che vede bene con luce diurna; 1820] **sf.** *T.med.* difficoltà patologica nell'adattarsi alla luce crepuscolare || **N.** nictalopia.

emeràlopo [dal gr. *hēmerálōps*; 1932] **agg.** e **sm.** (f. *-a*) *T.med.* che o chi è affetto da emeralopia.

emergènte (*ppr.* di *emergere*) [1340] **agg.** **1.** che emerge dalle acque, o da una superficie || *in part.* che va acquistando maggior rilievo, importanza o successo: *ceti emergenti, i gruppi musicali emergenti degli ultimi anni* (anche *s. un(')emergente*) **2.** *T.giur.* *danno emergente*, effettivamente risultante e che consiste nella privazione di qualche bene. **TAV. *ottica* p. 1329** 2.4.

emergènza [da *emergere*; 1667] **sf.** **1.** caso, accidente impensato, circostanza critica: *fronteggiare l'emergenza; da usarsi in caso di emergenza*, di pericolo grave; *stato di emergenza*, stato di grave pericolo per le istituzioni proclamato dal governo in una regione o in tutto il paese **2.** *concr.* sporgenza || *in part.* *T.bot.* protuberanza sulla superficie del fusto || **N.** *Sin.* calamità, congiuntura, disastro, necessità, pericolo. **TAV. *astronautica* p. 655** 1.1, 7.8; ***automobile* p. 658** 4.1.

emèrgere (pres. *-èrgo, -èrgi*; p.rem. *-èrsi, -ergésti*; pps. *-èrso*) [dal lat. *emergere*; 1321] **intr.** (aus. *essere*) **1.** venire a galla, uscire alla superficie di un liquido **2.** *per estens.* uscir fuori, venire allo scoperto, rendersi percepibile ai sensi: *la vetta emerge dalla catena di monti, il sole emerse dall'orizzonte, tra tutto quel frastuono emergeva la sua voce* || *fig.* di persona, segnalarsi, distinguersi: *emergerà dalla turba* (Foscolo) || **N.** **1.** *Sin.* affiorare; galleggiare | *Contr.* affondare, immergersi **2.** *Sin.* apparire, comparire, levarsi, risaltare, sorgere, stagliarsi; eccellere, spiccare.

emèrito [dal lat. *emeritus*; sec. XIV nel senso 1; 1814 nel senso 2] **agg.** **1.** *T.stor.* presso i Romani, il titolo spettante al soldato che aveva compiuto onoratamente tutto il servizio militare **2.** detto di chi non esercita più un ufficio, ma ne conserva il grado e gli onori: *professore, consigliere emerito* || *per estens.* insigne, famoso; anche *scherz.*: *un emerito cialtrone.*

èmero [dal gr. *hḗmeros*, letter. non selvatico, coltivato; a. 1597] **sm.** piccolo arbusto a fiori gialli e rami resistenti appartenente alla famiglia delle Papilionacee.

èmero- [dal gr. *hēméra*, giorno] **primo elem.** **1.** che, in parole composte dotte, vale "giornale" (per es. *emerografia, emeroteca*) **2.** in parole composte della terminologia scientifica, vale "giorno" (per es. *emerocalle*).

emerocàlle o **emerocàllide** [dal gr. *hēmerokallés*, letter. bellezza di un solo giorno; a. 1498] **sm.** e **sf.** *T.bot.* genere di piante delle Gigliacee con varie specie; così detta perché il suo bel fiore ha breve durata: *la fugace emerocallide* (D'Annunzio).

emerografìa [comp. di *emero-* e *-grafia*; 1942] **sf.** bibliografia di giornali e riviste.

emerològio (pl. *-gi*) [dal gr. *hēmerológion*; 1834] **sm.** antico calendario per usi pratici (per es. navigazione, agricoltura) compilato sulla scorta di osservazioni astrologiche e astronomiche.

emerotèca [comp. di *emero-* e *-teca*; 1923] **sf.** biblioteca di giornali e riviste.

emersióne [da *emerso*; 1754] **sf.** **1.** l'emergere, il venire a galla: *manovra di emersione di un sommergibile* **2.** *T.astr.* riapparizione di un corpo celeste dopo essere stato nascosto dalla Luna || **N.** **1.** *Contr.* immersione | EMERGERE.

emèrso (*pps.* di *emergere*) [a. 1574] **agg.** che si trova sopra il livello dell'acqua: *terre emerse,* quella parte della crosta terrestre non coperta dagli oceani.

emètico (pl. *-ci*) [dal lat. *emeticus,* gr. *emetikós*; 1714] **agg.** e **sm.** detto di sostanza che provoca il vomito: *un potente emetico.*

emetina [comp. del gr. *émetos,* (disposizione al) vomito e *-ina*; 1834] **sf.** alcaloide dell'*Uragoga ipecacuana,* pianta brasiliana, usato come emetico.

emetişmo [dal gr. *émetos,* disposizione al vomito; 1956] **sm.** *T.med.* tendenza patologica a vomitare.

emetiẓẓànte [dal fr. *émétisant*; 1956] **agg.** *T.med.* che provoca sforzi di vomito: *angoscia, tosse emetizzante.*

eméttere (pres. *-étto* ecc., come METTERE) [lat. *emittere*; a. 1803] **tr.** **1.** mandar fuori: *emettere calore, emettere radiazioni, particelle, onde sonore, emettere un grido* **2.** in varie espr. del linguaggio giuridico e burocratico: *emettere una sentenza,* pronunciarla in modo ufficiale; *emettere un provvedimento,* pubblicarlo ufficialmente; *emettere un titolo,* offrirlo sul mercato; *emettere un assegno,* farlo circolare || *non com. emettere un'opinione,* esprimerla, esporla || **N.** **1.** *Sin.* diffondere, effondere, emanare, irraggiare **2.** *Sin.* pronunciare; esprimere, esternare, manifestare.

emettitóre [da *emettere*; 1951] **sm.** **1.** *T.telecom.* trasmettitore **2.** *T.elettron.* uno degli elettrodi del transistor (detto anche all'inglese *emitter*).

èmi- [dal gr. *hêmi-,* mezzo] **pref.** che, in parole composte dotte e della terminologia scientifica, vale "metà", "mezzo" (per es. *emiciclo, emisfero, emistichio*) || in part. in medicina è utilizzato in denominazioni di malattie che colpiscono un solo lato del corpo o una metà di un organo (per es. *emiatrofia, emiparesi, emiplegia*) || **N.** *Sin.* semi-.

-emìa [dal gr. *-aimía,* da *hâima,* sangue] **elem. term.** che, in parole composte della terminologia medica indicanti malattie o disfunzioni, vale "sangue" (per es. *anemia, leucemia, poliemia*).

emianopsìa [comp. di *emi-, an-* e *-opsia*; 1892] **sf.** *T.med.* cecità, di uno o di entrambi gli occhi, che interessa metà del campo visivo.

emiatrofìa [comp. di *emi-* e *atrofia*; 1892] **sf.** *T.med.* atrofia di una metà di un organo simmetrico o della metà del corpo.

emicellulósa [comp. di *emi-* e *cellulosa*; 1932] **sf.** *T.bot.* complesso di polisaccaridi contenuti nella parete delle cellule vegetali, a volte con funzioni di riserva, o nelle parti legnose delle piante con funzione di sostanza cementante.

emiciclo [dal lat. tardo *hemicyclum,* gr. *hēmikýklion,* semicerchio; sec. XIV-XV] **sm.** spazio semicircolare in un complesso architettonico: *emiciclo della camera dei deputati,* lo spazio compreso tra i banchi dei deputati e quello della presidenza || *T.arch.* nella civiltà greca e romana, parte riservata agli spettatori in teatro.

èmico (pl. *-ci*) [dall'ingl. *emic,* estratto da (*phon*)*emic,* fonemico; 1966] **agg.** *T.ling.* che si riferisce ai dati pertinenti, che hanno rilevanza distintiva all'interno del sistema studiato: *la fonologia è emica, mentre la fonetica è etica* || **N.** *Contr.* etico.

emicrània [dal gr. e lat. *hēmikranía*; a. 1547 *emigrania*] **sf.** *T.med.* cefalea che colpisce una sola parte del capo || *per estens.* mal di capo || **N.** cefalea.

emicrànico (pl. *-ci*) [da *emicrania*; 1932] **agg.** *T.med.* proprio dell'emicrania, che concerne l'emicrania.

èmide [dal lat. *emys, -ydis,* gr. *emýs, -ýdos*; a. 1498] **sf.** *T.zool.* testuggine d'acqua dolce appartenente all'ordine dei Cheloni, con guscio nerastro e macchie gialle.

emidràmma [comp. di *emi-* e *dramma,* sul modello del gr. *hēmídrachmon*; 1970] **sf.** *T.num.* moneta del valore di mezza dramma coniata in oro a Cartagine e in Egitto, in argento presso i Greci; nome dato talvolta al triobolo.

emièdrico (pl. *-ci*) [comp. di *emi-* e del gr. *hédra,* base, come il fr. *hémiédrique*; 1940] **agg.** *T.min.* detto di cristallo, che ha la metà del numero delle facce possedute dai cristalli oloedrici corrispondenti.

emifonìa [comp. di *emi-* e *-fonia*; 1887] **sf.** *T.med.* riduzione del volume della voce.

emigrànte (*ppr.* di *emigrare*) [1787] **s.** chi espatria, spec. in cerca di lavoro: *gli emigranti italiani in Germania.*

emigràre [dal lat. *emigrāre*; 1797] **intr.** (aus. *essere*; se non è indicata la meta, talvolta anche *avere*) **1.** lasciare il proprio paese o la propria regione per trasferirsi altrove, spec. per lavoro: *è emigrato in Argentina* **2.** *raro* detto di animali, migrare || **N.** **1.** *Sin.* espatriare | *Contr.* immigrare.

emigràto (*pps.* di *emigrare*) [1535] **sm.** (f. *-a*) chi è emigrato per lavoro o per ragioni politiche: *gli emigrati francesi* || **N.** esule, fuoruscito.

emigratòrio (pl. *-ri*) [da *emigrazione*; 1915] **agg.** *non com.* che riguarda l'emigrazione: *flusso emigratorio.*

emigrazióne [dal lat. tardo *emigrātio, -ōnis*; a. 1375] **sf.** **1.** l'emigrare: *l'emigrazione dei popoli antichi; emigrazione interna,* da una regione all'altra di uno stesso paese **2.** *non com.* il complesso degli emigrati: *un esponente dell'emigrazione antifascista* || **N.** **1.** esilio, espatrio | permanente, periodica o temporanea | *Contr.* immigrazione.

emilateràle [comp. di *emi-* e *laterale*; 1956] **agg.** *T.med.* che investe metà di un lato di un organo o di una parte del corpo: *spasmi emilaterali.*

emimetabolìa [comp. di *emi-* e *metabolia*; 1956] **sf.** *T.zool.* negli insetti, metamorfosi incompleta.

emimetàbolo [comp. di *emi-* e del gr. *metábolos,* cangiante; 1929] **agg.** *T.zool.* detto di insetto che presenta metamorfosi incompleta.

emimorfişmo [comp. di *emi-* e *morfismo*; 1968] **sm.** *T.min.* qualità di alcuni cristalli (come l'emimorfite) che presentano un diverso sviluppo alle estremità dello stesso asse di simmetria.

emimorfite [comp. di *emi-,* del gr. *morphḗ,* forma e *-ite*²; 1968] **sf.** *T.min.* minerale dei silicati i cui cristalli presentano emimorfismo || **N.** *Sin.* calamina.

emìna [comp. di *em(o)-* e *-ina*; 1887] **sf.** *T.chim.* e *T.biol.* sale dell'ematina.

eminènte [dal lat. *eminens, -entis*; 1342] **agg.** **1.** che sopravanza in altezza i luoghi o le cose circostanti: *posizione eminente rispetto alla valle* **2.** *più com. fig.* eccellente, nobile: *ingegno, scrittore eminente* || **eminenteménte** **avv.** in alto grado, in misura molto notevole || **N.** **1.** *Sin.* prominente, sovrastante **2.** *Sin.* alto, eccelso, elevato, illustre, sublime.

eminentìssimo (*superl.* di *eminente*) [a. 1601] **agg.** titolo che si dà ai cardinali.

eminènza [dal lat. *eminentia*; a. 1348] **sf.** **1.** l'essere eminente, nel senso 2 || *Sua Eminenza,* titolo d'onore che spetta ai Cardinali || *eminenza grigia,* espressione che indicava il consigliere del cardinale Richelieu, oggi usata per indicare il consigliere segreto di un alto personaggio, o chiunque svolga un ruolo importante, ma ignoto al pubblico **2.** luogo più elevato di quelli circostanti || **N.** **1.** *Sin.* eccellenza, superiorità **2.** *Sin.* aggetto, altura, poggio, sporgenza.

emiòbolo [dal gr. *hēmióbolon*; 1935] **sm.** *T.num.* moneta greca antica del valore di mezzo obolo.

emiòla V. EMIOLIA.

emiòlia o **emiòla** o **hemiòlia** [dal gr. *hēmiolius,* letter. metà intero; a. 1590] **sf.** *T.mat. disus.* rapporto di 1,5 a 1 || *in part. T.mus.* rapporto di 3/2 fra i valori di durata di due parti polifoniche || cambiamento di scansione ritmica consistente nel passaggio da una suddivisione in due minime col punto a quella in tre minime o viceversa || **N.** *Sin.* sesquialtera.

emiòno o **emiòne** [dal gr. *hēmíonos,* mulo; 1834] **sm.** cavallo selvatico dei Perissodattili che vive nell'Asia centrale.

emiopìa [comp. di *emi-* e *-opia*; 1820] **sf.** *T.med.* cecità parziale, in cui il malato non vede che la metà destra o la metà sinistra degli oggetti che guarda; dipende da una lesione del nervo ottico.

emiparèşi [comp. di *emi-* e *paresi*; 1951] **sf.** *T.med.* paresi di una metà del corpo.

emiplegìa (pl. *-gìe*) [dal gr. *hēmiplēgía,* attr. il fr. *hémiplégie*; 1750] **sf.** *T.med.* paralisi dei muscoli di un solo lato del corpo.

emiplègico (pl. *-ci*) [dal fr. *hémiplégique*; 1875] **sm.** (f. *-a*) *T.med.* chi è ammalato di emiplegia.

emiràto [da *emiro*; 1892] **sm.** **1.** carica, titolo di emiro || durata di tale carica **2.** territorio su cui si estende il governo di un emiro: *gli emirati arabi del Golfo Persico.*

emìro [dall'ar. *amīr,* 1264 *elmire*] **sm.** *T.stor.* governatore musulmano di una provincia || capo di uno stato monarchico dell'Arabia: *l'Emiro del Kuwait* || titolo che spetta ai discendenti del Profeta.

emisfèrico (pl. *-ci*) [da *emisfero*; a. 1600] **agg.** di emisfero, a forma di emisfero: *superficie emisferica.*

emisfèro (arc. *emisfèrio*; pl. *-ri*) [dal lat. *haemisphaerium,* gr. *hēmisphaírion*; 1313 *emisperio*] **sm.** la metà di una sfera: *emisfero celeste,* ciascuna metà della sfera celeste || *per anton.* una metà del globo terrestre: *emisfero occidentale, emisfero boreale, australe* || *T.anat. emisfero cerebrale,* ciascuna delle due masse simmetriche costituenti l'encefalo. **Q.T.** *geografia.*

emissàrio¹ (pl. *-ri*) [dal lat. *emissārius*; 1669] **sm.** (f. *-a*) persona inviata da un governo o un'autorità a stabilire contatti diplomatici, sondare una situazione politica e sim. || *in part.* agente segreto, spia: *un emissario di Cavour.*

emissàrio² (pl. *-ri*) [dal lat. *emissārius*; 1499] **sm.** *T.geogr.* fiume che esce da un lago; canale artificiale che devia parte delle acque di un fiume || *T.idr.* collettore di una fognatura.

emissióne [dal lat. *emissio, -ōnis*; fine sec. XIV] **sf.** l'emettere e il suo effetto, nei vari sensi: *emissione di titoli di Stato, di francobolli, emissione di voce, emissione dell'urina, emissione di energia* || *istituti d'emissione,* le banche autorizzate dallo Stato all'emissione di moneta || *T.telecom.* diffusione nello spazio di onde elettromagnetiche portanti segnali; *in part.* trasmissione radiotelevisiva: *un'emissione di grande successo.* **Q.T.** *filatelia, musica, numismatica.*

emissìvo [dal lat. *emissus*; 1834] **agg.** che può emettere: *potere emissivo* || relativo all'emissione.

emistìchio (pl. *-chi*) [dal lat. tardo *hemistichium,* gr. *hēmistíchion*; 1570] **sm.** *T.metr.* ciascuna delle due metà di un verso || **N.** distico, sticomitia. **Q.T.** *metrica.*

emìtrago (pl. *-ghi*) [comp. di *emi-* e *-trago*;

1930] **sm.** mammifero simile a una grossa capra, dal pelame folto e corna ben sviluppate, diffuso sull'Himalaia.

emittènte (*ppr.* di *emettere*) [sec. XVIII come agg.; 1950 come sf.] **I agg.** *banca emittente,* che fa l'emissione **II sf.** *T.telecom.* stazione radio o televisiva che trasmette a distanza segnali mediante generazione di onde elettromagnetiche: *emittenti locali,* stazioni radio o televisive a diffusione regionale.

emittènza [da *emittente*; 1984] **sf. 1.** l'insieme delle reti radiofoniche e televisive di un paese: *emittenza pubblica, emittenza privata* **2.** diffusione di programmi radiotelevisivi: *diritto di emittenza.*

Emìtteri [comp. di *emi-* e *-ttero*; 1820] **sm. pl.** *T.zool.* ordine d'insetti che hanno le ali anteriori per metà chitinizzate, e per metà invece membranose || **N.** *Sin.* Rincoti. **Q.T.** *zoologia.*

emittóre [da *emettere*; 1984] **sm.** uno degli elettrodi del transistor || **N.** *Sin.* emettitore.

èmme [lettura della lettera *m*; 1319] **sf.** (meno com. *sm.*) *inv.* nome della lettera *m* (v.).

emmenagògo (pl. *-ghi*) [comp. del gr. *émmena,* corsi del mese e *agōgós,* che guida; 1758] **agg.** e **sm.** detto di farmaco o sostanza che provoca le mestruazioni: *decotto emmenagogo, le radici del prezzemolo sono emmenagoghe.*

èmmental [dal n. geogr. *Emmenthal*; 1935 *emental*] **sm.** nome di un formaggio svizzero con pasta gialla dura e molti buchi || **N.** *Sin.* gruviera.

emmètrope [da *emmetropia*; 1908 *emmetropo*] **s.** e **agg.** *T.med.* chi o che presenta emmetropia.

emmetropìa [comp. del gr. *émmetros,* in giusta misura e *-opia*; 1892] **sf.** *T.med.* rifrazione normale dell'occhio; vista considerata normale || **N.** accomodazione, ipermetropia, miopia.

emmetròpico (pl. *-ci*) [da *emmetropia*; 1940] **agg.** *T.med.* di occhio, che ha vista normale.

èmo- [dal gr. *haimo-*, da *hâima,* sangue] ***primo elem.*** che, in parole composte della terminologia scientifica e di quella medica, vale "sangue", "sanguigno": **emofobìa**, **emogrùppo**, **emopatìa**, **emopatologìa**, **emoscopìa**, **emoscòpico** || **N.** *Sin.* emato-.

emocianìna [comp. di *emo-* e *cianina*; 1929] **sf.** *T.biol.* proteina, contenente rame, presente nel sangue di molti invertebrati, che ha la funzione di portare ai tessuti l'ossigeno accumulato dagli organi respiratori.

emocìto [comp. di *emo-* e *-cito*; 1956] **sm.** *T.biol.* negli insetti e in altri invertebrati, cellula del sangue.

emoclàṣia [comp. di *emo-* e *-clasia*; 1940] **sf.** *T.med.* perturbazione dell'equilibrio nei globuli del sangue.

emoclàṣico (pl. *-ci*) [da *emoclasia*; 1929] **agg.** *T.med.* proprio dell'emoclasia, di emoclasia: *crisi emoclasica.*

emocromocitomètrico (pl. *-ci*) [comp. di *emo-*, *cromo-*, *cito-* e *-metrico*; 1956] **agg.** *T.med. esame emocromocitometrico,* esame eseguito in laboratorio per valutare il numero dei globuli rossi, dei globuli bianchi e delle piastrine presenti in un mm^3 di sangue, il contenuto di emoglobina dei globuli rossi e la formula leucocitaria.

emodiàliṣi [comp. di *emo-* e *dialisi*; 1978] **sf.** *T.med.* depurazione del sangue eseguita mediante il rene artificiale.

emodializẓàto [da *emodialisi*; 1983] **agg.** e **sm.** (f. *-a*) *T.med.* che o chi si sottopone a emodialisi.

emodìna [dal gr. *hēmōdón,* Emodo, massiccio centrale dell'Asia, su cui si basa il n. scientifico del rabarbaro; 1933] **sf.** *T.bot.* composto organico derivato dell'antrachinone che costituisce il principio attivo di numerose droghe vegetali come il rabarbaro e viene utilizzato per le sue proprietà lassative.

emodinamòmetro [comp. di *emo-* e *dinamometro*; 1887] **sm.** *T.med.* strumento per misurare la pressione del sangue; sfigmomanometro.

emofilìa [comp. di *emo-* e *-filia*; 1841] **sf.** *T.med.* malattia ereditaria che colpisce quasi solo gli individui di sesso maschile, caratterizzata da allungamento del tempo di coagulazione del sangue; si manifesta con spontanee, frequenti e prolungate emorragie.

emofìliaco (pl. *-ci*) [da *emofilia*; 1932] **I agg.** *T.med.* relativo all'emofilia || affetto da emofilia **II sm.** (f. *-a*) *T.med.* chi è affetto da emofilia.

emofobìa [comp. di *emo-* e *-fobia*; 1970] **sf.** *T.psic.* paura morbosa del sangue o di svenire alla vista di esso || **N.** *Sin.* ematofobia.

emoftalmìa [comp. di *emo(o)-* e *oftalmia*; 1887] **sf.** *T.med.* versamento sanguigno nell'interno dell'occhio, generalmente per contusione.

emoftàlmo [comp. di *emo-* e *-oftalmo*; 1956] **sm.** *T.med.* emoftalmia.

emoglobìna [comp. di *emo-* e *glob(ul)ina,* come il fr. *hémoglobine*; 1875] **sf.** *T.biol.* sostanza che conferisce ai globuli rossi del sangue il colore e la proprietà di fissare ossigeno.

emoglobinòmetro [comp. di *emoglobina* e *-metro*; 1965] **sm.** strumento per determinare la quantità di emoglobina che si trova nel sangue || **N.** *Sin.* emometro.

emoglobinùria [comp. di *emoglobina* e *-uria,* come il fr. *hémoglobinurie*; 1940] **sf.** *T.med.* presenza di emoglobina nelle urine.

emoinnèsto **sm.** *T.med.* innesto di sangue fresco e sano in organismi ormai vecchi e stanchi.

emolìnfa [comp. di *emo-* e *linfa*; 1912] **sf.** *T.zool.* liquido di colore giallo, arancione o verde che circola nel corpo degli insetti.

emòliṣi [comp. di *emo-* e *-lisi*; 1899] **sf.** *T.med.* processo di distruzione normale o patologica dei globuli rossi nel sangue.

emoliṣìna [comp. di *emolisi* e *-ina*; 1911] **sf.** *T.biol.* tossina in grado di provocare la distruzione dei globuli rossi.

emolìtico (pl. *-ci*) [da *emolisi*; 1932] **agg.** *T.biol.* relativo all'emolisi, dell'emolisi: *processo emolitico* || che provoca emolisi: *agente emolitico.*

emolliènte [dal lat. *emolliens, -entis*; a. 1698] **I agg. 1.** *T.farm.* detto di prodotto che protegge le mucose e ne cura le infiammazioni **2.** *T.tess.* detto di varie sostanze atte ad ammorbidire i tessuti **II sm.** prodotto emolliente || **N.** I **1.** antiflogistico, antinfiammatorio | miele, olio, seme di lino **2.** ammorbidente.

emoluménto [dal lat. *emolumentum,* propr. somma pagata per macinare il grano; 1438] **sm.** (spec. *pl.*) profitto, guadagno || *raro* compenso straordinario e occasionale || *ant.* vantaggio, beneficio || **N.** *Sin.* compenso, lucro, mercede, onorario, paga, provvigione, retribuzione, salario, stipendio.

emometrìa [comp. di *emo-* e *-metria*; 1899] **sf.** *T.med.* misura delle caratteristiche degli elementi corpuscolari del sangue || *impropr.* misura dell'emoglobina contenuta nel sangue.

emòmetro [comp. di *emo-* e *-metro*; 1940] **sm.** *T.med.* apparecchio per determinare la quantità di emoglobina contenuta nel sangue || **N.** *Sin.* emoglobinometro.

emònio (pl. *-ni*) [dal lat. *Haemonius*; 1600] **agg.** *lett.* della Tessaglia.

emopoièṣi [comp. di *emo-* e *poiesi*; 1875 *emopoesi*] **sf.** ematopoiesi.

emopoiètico (pl. *-ci*) [comp. di *emo-* e *poietico*; 1875 *emopoetico*] **agg.** ematopoietico.

emorragìa (pl. *-gìe*) [dal lat. *haemorragia,* gr. *haimorragía*; 1491 *emorsagia*] **sf.** *T.med.* fuoriuscita di sangue dai vasi sanguigni o dal cuore || *fig.* perdita copiosa e continua: *l'emorragia di valuta italiana verso le banche svizzere* || **N.** ematemesi, emottisi, epistassi | acido acetico, adrenalina, emostasi, emostatico.

emorràgico (pl. *-ci*) [dal gr. *haimorragikós,* prob. attr. il fr. *hémorragique*; 1828] **agg.** *T.med.* che si riferisce a emorragia; che è accompagnato da emorragia: *febbri emorragiche.*

emorroidàle [da *emorroide*; fine sec. XV] **agg.** *T.med.* di emorroidi, prodotto da emorroidi.

emorroidàrio (pl. *-ri*) [da *emorroide*; 1834] **agg. 1.** *T.med.* emorroidale **2.** *T.anat.* che si trova nelle pareti del retto e dell'ano: *plesso, nervo emorroidario.*

emorròide [dal lat. *haemorrhois, -idis,* gr. *haimorrhoís, -ídos*; a. 1306] **sf.** spec. *pl.* *T.med.* dilatazione varicosa e tumefazione dei vasi sanguigni dell'ano, con uscita di sangue: *avere le emorroidi, soffrire di emorroidi* || **N.** interne, esterne, aperte, chiuse.

emorroìssa [dal lat. tardo *haemorrhoissa,* gr. *haimorrhoûsa,* che soffre per fluire di sangue; a. 1597] **sf.** *raro* donna che ha eccessive perdite sanguigne; quasi soltanto rif. alla donna guarita da Gesù nel Vangelo: *il miracolo dell'emorroissa.*

Emosporìdi (sing. *-io*) [comp. di *emo-* e *sporidio*; 1930] **sm. pl.** *T.zool.* ordine di Sporozoi, tra cui il plasmodio della malaria, parassiti del sangue di Vertebrati.

emostàṣi o **emòstaṣi** [dal gr. *haimóstasis,* prob. attr. il fr. *hémostase*; 1820] **sf.** *T.med.* arresto spontaneo dell'emorragia in seguito alla coagulazione del sangue || l'operazione del fermare l'emorragia con pinze, lacci ecc.

emostàtico (pl. *-ci*) [dal gr. *haimostatikós*; 1820] **I agg.** *T.med.* che arresta un'emorragia: *lacci emostatici* **II sm.** sostanza con proprietà emostatiche: *un potente emostatico.*

emotèca [comp. di *emo-* e *-teca*; 1946] **sf.** frigorifero in cui vengono depositate negli ospedali le ampolle di sangue per trasfusioni || *impropr.* anche il reparto ospedaliero dove si svolgono i servizi trasfusionali.

emoterapìa [comp. di *emo-* e *terapia*; 1956] **sf.** *T.med.* tecnica terapeutica consistente in trasfusioni.

emotìṣi **sf.** *pop.* v. EMOTTISI.

emotività [dal fr. *émotivité*; 1905] **sf.** facilità a commuoversi e ad agitarsi || **N.** *Sin.* impressionabilità, sensibilità, sensitività | *Contr.* freddezza, impassibilità, imperturbabilità, insensibilità.

emotìvo [dal fr. *émotif*; 1897 nel senso 1; 1926 nel senso 2] **I agg. 1.** dovuto a emozione: *reazione emotiva* || *meno com.* che produce emozione **2.** che tende ad agitarsi o a impressionarsi facilmente ed esageratamente || **emotivaménte** **avv.** **II sm.** (f. *-a*) persona emotiva || **N.** I **2.** *Sin.* impressionabile, instabile, ipersensibile.

emotoràce [comp. di *emo-* e *torace*; 1932] **sm.** *T.med.* versamento di sangue nella cavità toracica, dovuto a traumi, lesioni o altre cause.

emotossìna [comp. di *emo-* e *tossina*; 1930] **sf.** *T.biol.* tossina che distrugge i globuli rossi del sangue.

emottìṣi [comp. di *emo-* e del gr. *ptýsis,* lo sputare; 1769] **sf.** *T.med.* emissione di sangue dalla bocca; è sintomo di varie malattie bronchiali o polmonari || **N.** pneumorragia.

emottòico (pl. *-ci*) [dal lat. tardo *haemoptoicus,* gr. *haimoptyikós*; 1820] **agg.** e **sm.** (f. *-a*) *T.med.* che o chi è malato di emottisi.

emozionàbile [da *emozione*; 1986] **agg.** che si emoziona facilmente; emotivo.

emozionàle [dal fr. *émotionnel*; 1911] **agg.** *T.psic.* relativo all'emozione: *trovarsi in stato emozionale, spinta emozionale.*

emozionànte (*ppr.* di *emozionare*) [1897] **agg.** che produce emozione; commovente, appassionante: *spettacolo emozionante.*

emozionàre (pres. *-óno*) [dal fr. *émotionner*, 1897] **tr.** produrre un'emozione in qualcuno: *l'incidente stradale lo emozionò talmente che in seguito non poté più guidare* || *ass.* impressionare, turbare: *una vista che emoziona* || **intr. pron.** turbarsi, agitarsi, commuoversi: *a quelle parole si emozionò talmente che si mise a piangere.*

emozionàto (*pps.* di *emozionare*) [a. 1934] **agg.** eccitato, impressionato, turbato: *era troppo emozionato per riuscire a parlare.*

emozióne [dal fr. *émotion*; a. 1712] **sf.** reazione dell'organismo, manifestata da movimenti, secrezioni ghiandolari, variazioni fisiologiche, a percezioni che lo eccitano: *per l'emozione deglutiva e gli sudavano le mani* || *com.* forte impressione, vivo turbamento.

empatìa [dal gr. *empátheia*, passione; 1968] **sf.** *T.psic.* fenomeno per cui un individuo si pone nella situazione di un altro, fino a identificarsi con lui || *T.fil.* in estetica, la particolare proiezione emotiva e immedesimazione con l'oggetto esterno (spec. l'opera d'arte) attraverso le quali si realizzerebbe la comprensione estetica.

empetìggine V. IMPETIGINE.

empiàstro e der. V. IMPIASTRO e der.

empièma [dal gr. *empýēma*; prima metà sec. XIV] **sm.** *T.med.* raccolta di pus o di siero sanguigno in una cavità dell'organismo, per es. nella pleura.

empiemàtico (pl. *-ci*) [dal gr. *empyēmatikós*; 1821] **agg.** *T.med.* empiematoso.

empiematóso [da *empiema*; 1970] **I agg.** *T.med.* relativo all'empiema || affetto da empiema **II sm.** (f. *-a*) persona affetta da empiema.

émpiere V. EMPIRE.

empietà [dal lat. *impietas, -ātis*; a. 1363] **sf.** **1.** atteggiamento di disprezzo nei confronti della religione o di altri valori universalmente rispettati || *concr.* atto o detto di persona empia: *commise ogni sorta d'empietà* **2.** *per estens.* crudeltà, scelleratezza || **N. 1.** *Sin.* irreligiosità, irriverenza; sacrilegio **2.** *Sin.* efferatezza, ferocia, iniquità, malvagità | *Contr.* bontà, pietà | nefanda, sacrilega.

empiézza [da *empio*[1]; a. 1294] **sf.** *raro* empietà.

empiménto [da *empire*; a. 1311] **sm.** l'empire.

émpio[1] (pl. *-pi*) [lat. *impius*; a. 1292] **agg.** **1.** non pio, irreligioso, contrario alla religione: *filosofia empia* || irrispettoso di valori fondamentali e universalmente riconosciuti **2.** *per estens.* senza pietà, crudele, scellerato: *empio furore* || **empiaménte** **avv.** || **N. 1.** *Sin.* sacrilego **2.** *Sin.* efferato, iniquo, malvagio, spietato.

émpio[2] (pl. *-pi*) [da un disus. *empiere*, empire; sec. XIII-XIV] **agg.** *tosc.* pieno, sazio.

empìre o **émpiere** (pres. *émpio, émpi*; pps. *empìto*, meno com. *empiùto*) [lat. volg. **implīre*, class. *implēre*; sec. XIII] **tr.** occupare completamente il volume a disposizione di un recipiente e sim.: *empire la caraffa fino all'orlo, empire la cassa di libri*; anche *fig.*: *empire la mente di idee, empire qualcuno di benefici* || **rifl.** mangiare a sazietà: *s'empì di ogni cibo fin quasi a scoppiare* || **rifl. indir.** *empirsi la bocca*, anche *fig.* e *iron.* parlare in modo solenne, gonfiarsi di certi paroloni || **intr. pron.** diventare pieno: *la piazza si empì di gente* || **N. tr.** *Sin.* affollare, colmare, completare, coronare, farcire, gonfiare, gremire, imbottire, impinguare, infarcire, ingorgare, inondare, intasare, inzeppare, occupare, riempire, rimpinzare, saturare, saziare | *Contr.* sgombrare, vuotare | **intr. pron.** *Sin.* riboccare, ridondare, rigurgitare, traboccare.

empìreo [dal lat. tardo *empyrius*, di fuoco, gr. *empýrios*, che è nel fuoco; a. 1292 *impirio*] **I sm.** *poet.* nel sistema tolemaico, il più alto dei cieli, immobile; nella teologia scolastica, la sede di Dio e dei beati **II agg.** *poet.* celestiale, sublime.

empireumàtico (pl. *-ci*) [dal gr. *empýreuma, empyréumatos*, carbone coperto di cenere per accendere il fuoco; a. 1698] **agg.** *T.chim.* si dice del particolare odore di zucchero bruciato che determinate sostanze organiche emettono se sottoposte a distillazione a secco.

empirìa [dal gr. *empeiría*, esperienza; 1920] **sf.** *non com. T.fil.* tutto ciò che concerne l'esperienza, spec. in contrapposizione alla teoria e alla scienza.

empìrico (pl. *-ci*) [dal lat. tardo *empīricus*, gr. *empeirikós*, attr. il fr. *empirique*; 1585 come sm.; 1618 come agg.] **I agg.** ricavato dall'esperienza: *dati empirici* || che si fonda esclusivamente sulla pratica, senza cognizioni teoriche e scientifiche: *medicina empirica*; *spreg.* non scientifico, non fondato su basi razionali || **empiricaménte** **avv.** **1.** secondo i dati dell'esperienza **2.** senza basi teoriche: *procedere empiricamente* **II sm.** (f. *-a*) medico empirico: *il malato si fa curare da un empirico* || **N. I** *Sin.* sperimentale; pratico.

empiriocriticìsmo [dal ted. *Empiriokritizismus*; 1951] **sm.** *T.fil.* concezione filosofica originata da R. Avenarius, per cui la scienza è l'organizzazione della esperienza secondo principi di economia.

empiriocriticista [da *empiriocriticismo*; 1988] **I s.** *T.fil.* seguace dell'empiriocriticismo **II agg.** *T.fil.* relativo all'empiriocriticismo.

empirìsmo [dal fr. *empirisme*; 1771 nel senso 1; 1846 nel senso 2] **sm.** **1.** l'essere empirico, anche con una connotazione riduttiva: *i risultati di una ricerca improntata a eccessivo empirismo non sono facilmente generalizzabili* **2.** *T.fil.* atteggiamento filosofico in base al quale ogni conoscenza deriva dall'esperienza || *empirismo logico*, neopositivismo.

empirista [dal fr. *empiriste*; 1892] **s.** **1.** chi dà maggiore importanza ai dati dell'esperienza che a quelli della teoria e della scienza **2.** *T.fil.* assertore dell'empirismo.

empirìstico (pl. *-ci*) [da *empirismo*; a. 1926] **agg.** che riguarda l'empirismo o gli empiristi.

émpito [lat. *impetus*; 1304] **sm.** *lett.* impeto, forza violenta e precipitosa: *un empito d'acqua* (D'Annunzio) || *fig.* impulso dell'animo: *in un empito d'ira lo uccise* || **N.** *Sin.* foga, furia, slancio, veemenza.

empitùra [da *empire*; a. 1566] **sf.** *raro* empimento.

emporètico (pl. *-ci*) [dal lat. tardo *emporētica* (*charta*), gr. *emporeutikós*, commerciale; a. 1564] **agg.** *disus.* detto di carta grossolana che si adopera per avvolgere merci || detto di carta che si usa per filtrare i liquidi e sim.

empòrio (pl. *-ri*) [dal lat. *emporium*, gr. *empórion*; a. 1292 nel senso 2; 1818 nel senso 1] **sm.** **1.** centro commerciale, grande magazzino || negozio fornito delle merci più disparate o di vari tipi della stessa merce || *fig. non com.* gran quantità di cose eterogenee e non sempre ordinate: *quell'uomo è un vero emporio di cognizioni* **2.** spec. nell'antichità, centro abitato, e soprattutto porto o scalo, sede di importanti attività commerciali: *i Fenici fondarono vari empori sulle rive del Mediterraneo* || **N. 1.** bazar, spaccio, supermercato.

emù [prob. voce australiana, attr. il fr. *émeu*; 1797 *eme, emeu*] **sm.** uccello australiano simile allo struzzo africano, ma più piccolo, appartenente all'ordine dei Casuariformi.

emulàre (pres. *èmulo*) [dal lat. *aemulāri*; 1551] **tr.** **1.** cercar d'uguagliare o superare qualcuno in opere degne di lode: *Napoleone emulò i grandi capitani dell'antichità* **2.** *T.inform.* riprodurre le prestazioni di un elaboratore più complesso (V. EMULAZIONE nel senso 2): *alcuni personal sono in grado di emulare grandi calcolatori* || **N. 1.** imitare; competere, concorrere, contendere, gareggiare, rivaleggiare.

emulatìvo [da *emulare*; 1892 nel senso 2; 1965 nel senso 1] **agg.** **1.** *non com.* che tende a emulare **2.** *T.giur. atto emulativo*, atto compiuto con la sola intenzione di nuocere ad altri, pur senza ricavarne alcun vantaggio.

emulatóre [dal lat. *aemulātor, -ōris*; a. 1405] **agg.** e **sm.** **1.** (f. *-trìce*) che o chi emula **2.** *T.inform.* qualunque dispositivo o sistema che permette di riprodurre le funzioni di un elaboratore di maggiori dimensioni (V. EMULAZIONE nel senso 2).

emulazióne [dal lat. *aemulātio, -ōnis*; fine sec. XIV] **sf.** **1.** l'emulare || desiderio di superare gli altri in azioni gloriose o virtuose: *spirito di emulazione* **2.** *T.inform.* l'imitazione, totale o parziale, di un sistema di elaborazione dati da parte di un altro, tale che il sistema imitatore accetta gli stessi dati, esegue gli stessi programmi e ottiene gli stessi risultati del sistema imitato || **N. 1.** imitazione; competizione, rivalità.

emulgènte [da un disus. *emulgere*; 1585] **agg.** *T.anat. vena emulgente*, la vena che riporta in circolo il sangue depurato dai reni.

èmulo [dal lat. *aemulus*; a. 1348] **sm.** (f. *-a*) chi emula || chi è considerato pari a un altro in valore, perizia ecc. || **N.** *Sin.* imitatore; antagonista, competitore, concorrente, rivale.

emulsina [dal lat. *emulsus*, pps. di *emulgēre*, mungere, smungere; 1869] **sf.** *T.chim.* enzima che si trova nelle mandorle amare e in altri semi.

emulsionàbile [da *emulsionare*; 1869] **agg.** che si può emulsionare.

emulsionànte (*ppr.* di *emulsionare*) [1956] **agg.** e **sm.** *T.chim.* detto di sostanza che favorisce o stabilizza un'emulsione.

emulsionàre (pres. *-óno*) [dal fr. *émulsionner*, 1869] **tr.** ridurre a emulsione: *emulsionare il latte.*

emulsionatóre [da *emulsionare*; 1970] **agg.** e **sm.** detto di apparecchio per le emulsioni.

emulsionatrice [da *emulsionare*; 1965] **sf.** *T.chim.* strumento per la preparazione di emulsioni.

emulsióne [dal fr. *émulsion*; 1664] **sf.** **1.** *T.chim.* sistema costituito da due liquidi non mescolabili tra di loro, uno dei quali è distribuito nell'altro sotto forma di minutissime gocce sospese **2.** *in part. T.fot.* preparato chimico sensibile alla luce, applicato sulle pellicole o sulle lastre.

emùngere (pres. *-ùngo* ecc., come UNGERE) [dal lat. *emungere*; a. 1533] **tr.** *lett.* smungere.

emùnto (*pps.* di *emungere*) [a. 1533] **agg.** *lett.* emaciato, smunto.

emuntòrio (pl. *-ri*) [dal lat. tardo *emunctōrium*, propr. smoccolatoio; a. 1313] **agg.** *T.fisiol.* detto di qualsiasi canale o condotto destinato a evacuare gli umori superflui e i rifiuti dell'organismo.

enàllage [dal lat. tardo *enallage*, gr. *enallagḗ*, cambiamento; a. 1563] **sf.** *T.ret.* **1.** figura per cui si adopera una parte del discorso invece di un'altra, o una voce del verbo invece di un'altra (ad es. *canta forte*, invece di *canta fortemente*; *domani vado*, invece di *domani andrò*) **2.** ipallage.

enalòtto [comp. di *ENAL* (Ente Nazionale Assistenza Lavoratori) e *lotto*; 1963] **sm.** *inv.* concorso pubblico a premi giocato settimanalmente, simile al totocalcio, consistente nell'indovinare se il primo estratto di ciascuna delle dieci ruote del gioco del lotto e il secondo estratto delle ruote di Napoli e di Roma è compreso tra i numeri 1 e 30, 31 e 60, 61 e 90.

enàntio- [dal gr. *enantiós*, contrario, opposto] **primo elem.** che, in parole composte della terminologia scientifica, vale "opposizione" (per es. *enantiomorfismo, enantiosemia*).

enantiomeria [comp. di *enantio-* e *-meria*; 1988] **sf.** *T.chim.* proprietà di composto chimico che presenta due forme cristallografiche che hanno simmetria speculare rispetto a un piano esterno ad esse, in modo da risultare una l'immagine speculare dell'altra.

enantiomorfismo [comp. di *enantio-* e *-morfismo*; 1932] **sm.** *T.scient.* rapporto di specularità tra due enti geometrici o anche due parti del corpo umano (per es. il piede destro e il sinistro).

enantiomòrfo [comp. di *enantio-* e *-morfo*; 1931] **agg.** **1.** *T.min.* in cristallografia, detto di due forme semplici non sovrapponibili, quando esse possano disporsi simmetricamente rispetto a un piano **2.** *T.chim.* detto di ciascuna delle due modificazioni, una destrogira e una levogira, di un composto.

enantiosemia [comp. di *enantio-* e *-semia*; 1931] **sf.** *T.ling.* fenomeno linguistico per cui una parola finisce con l'assumere significato opposto a quello etimologico in seguito a una lunga serie di passaggi (per es. *feriale* in italiano).

enantiosèmico (pl. *-ci*) [da *enantiosemia*; 1986] **agg.** *T.ling.* relativo all'enantiosemia; che presenta enantiosemia.

enarmonìa [dal lat. tardo *enarmonius*, gr. *enarmónios*, armonico; a. 1595] **sf.** *T.mus.* **1.** proprietà di quelle coppie di note alterate (per es. *sol diesis* e *la bemolle*) che col sistema naturale avrebbero frequenze leggermente diverse, ma col sistema temperato risultano esattamente coincidenti (pur conservando una duplicità di notazione), il che amplia enormemente le possibilità armoniche e di modulazione **2.** genere musicale della Grecia antica, in cui il tetracordo di base era costituito da una terza maggiore più due intervalli di un quarto di tono.

enarmònico (pl. *-ci*) [da *enarmonia*; 1585] **agg.** *T.mus.* **1.** caratterizzato da enarmonia: *note enarmoniche*; *modulazione enarmonica*, che si vale di note enarmoniche per collegare tonalità molto lontane **2.** detto di uno dei tre generi della musica greca antica, che, a differenza dei generi diatonico e cromatico, faceva uso di intervalli di un quarto di tono || **enarmonicaménte** **avv.**

enarràre [dal lat. *enarrāre*; a. 1348] **tr.** *raro* narrare minutamente.

enarratìvo [dal lat. tardo *enarratīvus*; 1728] **agg.** espositivo: *accorgimento enarrativo, tecnica enarrativa.*

enartròsi [dal gr. *enárthrōsis*; 1745] **sf.** *T.anat.* articolazione in cui le superfici articolari sono a forma emisferica, una concava e l'altra convessa.

encàrpo [dal lat. tardo *encarpa* neutro pl., gr. *énkarpa*; 1834] **sm.** *T.archeol.* ornamento architettonico che spesso ricorre nell'architettura greca antica, spec. nell'ordine corinzio, a festoni in forma di ghirlanda di fiori e frutti.

encàustica [dal lat. *encaustica*, gr. *enkaustikḗ*; 1562] **sf.** arte di dipingere a encausto; pittura a encausto.

encàustico (pl. *-ci*) [dal lat. *encausticus*, gr. *enkaustikós*; 1499] **agg.** proprio di encausto, fatto a encausto.

encàusto [dal lat. *encaustus*, gr. *énkaustos*; 1788] **sm.** tecnica pittorica antica, i cui dettagli non sono tuttora ben chiariti, nella quale i colori erano stemperati con cera liquefatta e fissati nel dipinto col fuoco.

encefàlico (pl. *-ci*) [da *encefalo*; 1828] **agg.** *T.med.* dell'encefalo, attinente all'encefalo.

encefalìte [dal fr. *encéphalite*; 1820 *encefalitide*] **sf.** *T.med.* termine che comprende patologie di diversa origine (batterica, virale ecc.) caratterizzate dall'infiammazione dell'encefalo.

encefalìtico (pl. *-ci*) [da *encefalite*; 1932] **I** **agg.** *T.med.* che riguarda l'encefalite **II** **sm.** (f. *-a*) malato d'encefalite.

encèfalo [dal gr. *enképhalos* (*myelós*), (midollo) spinale, attr. il fr. *encephale*; 1773] **sm.** *T.anat.* tutta la massa cerebrale contenuta nel cranio; comprende il cervello, il cervelletto, il tronco cefalico. **Q.T.** *anatomia.*

encefalografìa [dal fr. *encephalographie*; 1932] **sf.** *T.med.* tecnica radiologica con la quale si mette in evidenza la struttura dell'encefalo.

encefalogràmma [comp. di *encefalo* e *gramma*; 1983] **sm.** *T.med.* lastra radiografica dell'encefalo ottenuta per mezzo di un'encefalografia.

encefalopatìa [comp. di *encefalo* e *-patia*; 1936] **sf.** *T.med.* ogni malattia non infiammatoria che colpisce l'encefalo.

enchanté (fr., pr. [ɑ̃ʃɑ̃'te]) [letter. incantato; 1905] **agg.** *inv.* incantato, entusiasta, equivalente francese di *molto piacere, felicissimo*, usato talvolta anche in italiano come formula di cortesia nelle presentazioni.

enchirìdio (pl. *-di*) [dal lat. tardo *enchiridion*, gr. *encheirídion*, (libro che si tiene) in mano; a. 1729] **sm.** *non com.* manualetto riguardante una data materia || formato tradizionale in cui questi manualetti venivano stampati.

encìclica [dal lat. eccl. (*epistola*) *encyclica*, lettera circolare; 1689] **sf.** lettera solenne che il Papa manda pubblicamente ai vescovi, e questi ai fedeli, con cui la Chiesa prende posizione su questioni dottrinali o più spesso su problemi di natura etica o questioni di rilevanza sociale; s'indicano le encicliche citandone le prime parole: *l'enciclica "Rerum Novarum".*

enciclopedìa [dal gr. *enkýklios paidéia*, educazione ciclica, insieme di dottrine che formano un'educazione compiuta, attr. il fr. *encyclopédie*; a. 1837] **sf.** opera che, attraverso una serie di voci ordinate perlopiù alfabeticamente e provviste di rimandi interni, si propone di organizzare e trattare sistematicamente tutto il complesso delle conoscenze fondamentali del sapere umano, o di fornire un'informazione il più possibile completa relativamente a un dato campo scientifico o culturale: *l'Enciclopedia Britannica, enciclopedia della medicina, della musica, enciclopedia in venti volumi* || *per anton. T.stor.* l'*Encyclopédie* pubblicata in Francia nel sec. XVIII, da Diderot, d'Alembert e altri illuministi || *scherz. enciclopedia ambulante*, persona estremamente erudita, o che fa eccessivo sfoggio di erudizione.

enciclopèdico (pl. *-ci*) [da *enciclopedia*; 1627] **agg.** **1.** di enciclopedia; che ha carattere di enciclopedia: *dizionario enciclopedico* **2.** caratterizzato da una straordinaria quantità di conoscenze || anche con sfumatura negativa: *cultura enciclopedica*, vasta ma eccessivamente dispersa e un po' superficiale || **enciclopedicaménte** **avv.**

enciclopedìsmo [dal fr. *encyclopédisme*; 1902] **sm.** **1.** *T.stor.* il movimento culturale relativo all'Enciclopedia francese (1751-1781) **2.** in un'opera intellettuale, tendenza a includervi ogni campo del sapere, o a far sfoggio di una quantità eccessiva di nozioni o riferimenti culturali disorganici.

enciclopedista [dal fr. *encyclopédiste*; 1770] **s.** collaboratore di un'enciclopedia || *in part. T.stor.* collaboratore dell'Enciclopedia francese di Diderot e d'Alembert, o seguace del movimento illuminista di divulgazione culturale ad essa connesso.

enclave (fr., pr. [ɑ̃'kla:v]) [da *enclaver*, chiudere a chiave; 1892] **sf.** (pl. *enclaves*, pr. [ɑ̃'kla:v]) parte del territorio di uno stato completamente circondata da un altro stato || *per estens.* regione di estensione limitata con caratteristiche culturali, politiche ecc. che la distinguono nettamente da quelle circostanti: *il territorio basco costituisce l'ultima enclave linguistica pre-indoeuropea in Europa occidentale.*

ènclisi [dal gr. *énklisis*, inclinazione; 1892] **sf.** *T.ling.* l'appoggiarsi di alcune particelle prive di accento alla parola precedente, a cui si attaccano come suffissi (per es. *-mi* in *eccomi*) || **N.** *Contr.* proclisi.

enclìsia V. ÈNCLISI.

enclìtico (pl. *-ci*) [dal lat. tardo *encliticus*, gr. *enklitikós*; 1528 ca.] **I** **agg.** *T.ling.* che per l'accento si appoggia alla parola precedente: *pronomi, avverbi enclitici* || in italiano gli elementi enclitici si scrivono uniti alla parola precedente (per es. *-lo, -ci* in *guardalo, esserci*) **II** **sf.** *enclitica*, particella enclitica || **N.** I clitico | proclitico.

encomiàbile [da *encomiare*; 1869] **agg.** degno di encomio: *una condotta poco encomiabile* || **N.** *Sin.* lodevole.

encomiàre (pres. *-òmio*) [da *encomio*; a. 1347] **tr.** lodare pubblicamente e solennemente: *encomiare qualcuno per il suo senso del dovere, encomiare la dedizione di qualcuno* || **N.** *Sin.* elogiare, LODARE.

encomiàste o **encomiàsta** [dal gr. *enkōmiástēs*; a. 1642] **sm.** *non com.* autore di encomi, spec. scritti || **N.** *Sin.* panegirista.

encomiàstico (pl. *-ci*) [dal gr. *enkōmiastikós*, laudativo; 1631] **agg.** di discorso o scritto fatto per encomiare: *componimento, tono encomiastico* || **encomiasticaménte** **avv.**

encomiatóre [da *encomiare*; a. 1787] **agg.** e **sm.** (f. *-trìce*) *raro* che o chi encomia.

encòmio (pl. *-mi*) [dal gr. *enkṓmion*, (lode) che si canta in una festa, in una processione solenne; a. 1566] **sm.** lode perlopiù pubblica e fatta in modo solenne: *parole d'encomio, lettera d'encomio* || ricompensa al valore contemplata dai regolamenti militari: *encomio semplice, solenne* || **N.** *Sin.* elogio, panegirico, plauso, LODE | dispensare, rivolgere, tributare.

encondròma [comp. del gr. *énchondros*, cartilaginoso e *-oma*; 1929] **sm.** *T.med.* tumore benigno di natura cartilaginea, che colpisce particolari zone del sistema osseo, come le ossa della mano, del piede o le vertebre.

encopressìa o **encoprèsi** o **encòpresi** [comp. del gr. *en*, sopra, e del tema di *kópros*, sterco; 1956] **sf.** *T.med.* incontinenza delle feci.

èndeca- [dal gr. *héndeka*, undici] ***primo elem.*** che, in parole composte dotte e della terminologia scientifica, vale "undici", "composto di undici": **endecaèdro**, **endecàgono**.

endecacòrdo [dal lat. tardo *hendecachordus*, gr. *hendekáchordos*; 1581] **sm.** *T.stor.* strumento musicale dell'antica Grecia con undici corde.

endecasillabo [dal lat. *hendecasillabus*, gr. *hendekasýllabos*; a. 1525] **agg.** e **sm.** detto di verso italiano con l'ultimo accento ritmico sulla decima sillaba, e vari possibili schemi accentuali precedenti (tra i più com., gli accenti principali sulla 6ª, sulla 4ª e 8ª, sulla 4ª e 7ª); è normalmente composto di undici sillabe, ma può averne dieci (*endecasillabo tronco*) o dodici (*endecasillabo sdrucciolo*); è il più diffuso nella lirica italiana: *terzine, ottave di endecasillabi*; *endecasillabi sciolti*, senza rima; *endecasillabo a maiore, a minore*, se sembra scomponibile in un settenario e un quinario o in un quinario e un settenario || in altre metriche, verso di undici sillabe: *endecasillabo saffico, falecio.* **Q.T.** *metrica.*

endemìa [dal gr. *endēmía*, dimora, soggiorno, attr. il fr. *endémie*; 1855] **sf.** *T.med.* malattia sporadicamente ma regolarmente presente in un paese o in un popolo.

endemicità [dal fr. *endémicité*; 1859] **sf.**

T.med. l'essere endemico.

endèmico (pl. *-ci*) [dal fr. *endémique*; a. 1730 *endemio*] ***agg.*** **1.** *T.med.* di endemia, che ha carattere di endemia: *malattia endemica, la malaria è endemica nelle zone tropicali* **2.** *T.biol.* detto di specie esclusive di un determinato paese o territorio: *molte piante sono endemiche di alcune vallate alpine.*

endemișmo [dal gr. *éndēmos*, indigeno; 1940] ***sm.*** *T.biol.* fenomeno per cui alcune specie animali o vegetali si possono trovare e si trovano soltanto in un determinato territorio più o meno ristretto.

endèrmico (pl. *-ci*) [comp. del gr. *en*, spora e un der. del gr. *dérma*, pelle; 1829] ***agg.*** *T.med.* che agisce attraverso la cute.

endìadi [dal lat. *hendiadys*; a. 1595 *endiadys*] ***sf.*** *T.ret.* figura, frequentissima negli scrittori latini, per cui un concetto è risolto nei due elementi che lo compongono; per es.: *la gioventù e le forze mi vengono meno*, invece di dire *le forze della gioventù.*

èndica [dal lat. tardo *enthēca*, gr. *enthḗkē*, luogo dove si ammassano le provviste; a. 1363] ***sf.*** *arc.* magazzino di cose da rivendere, fondaco ‖ *fare endica*, fare incetta.

éndice [lat. *index*, *-icis*, indice; a. 1311 nel senso 3] ***sm.*** **1.** uccello vero o finto usato come richiamo dai cacciatori **2.** uovo di marmo o vero che si lascia nel nido delle galline perché vi ritornino a deporre **3.** *arc.* oggetto serbato per ricordo o per segno ‖ **N. 1.** *Sin.* zimbello **2.** *Sin.* guardanidio, nidiandolo.

endìvia v. INDIVIA.

èndo- [dal gr. *éndon*, dentro] ***pref.*** che, in parole composte della terminologia scientifica, vale "dentro", "interno", "posto all'interno" (per es. *endoderma, endogamia*) ‖ **N.** *Sin.* ento- | *Contr.* eso-.

endocàrdio (pl. *-di*) [comp. di *endo-* e *-cardio*; 1865] ***sm.*** *T.anat.* membrana che riveste internamente il cuore.

endocardìte [comp. di *endocardio* e *-ite*; 1841 *endocarditide*] ***sf.*** *T.med.* infiammazione acuta dell'endocardio.

endocàrpo [comp. di *endo-* e *-carpo*; 1820] ***sm.*** *T.bot.* il più interno dei tre strati del pericarpo, cioè della parte del frutto esterna ai semi; può essere membranoso o legnoso (*nocciolo*) ‖ **N.** epicarpo, mesocarpo | pericarpo.

endocrànico (pl. *-ci*) [comp. di *endo-* e *cranico*; 1956] ***agg.*** *T.anat.* e *T.med.* posto all'interno del cranio; che si forma, che avviene all'interno del cranio.

endòcrino [comp. di *endo-* e di un der. del gr. *krínein*, separare; 1912] ***agg.*** *T.anat.* che sercerne internamente: *ghiandole endocrine.* **TAV. *anatomia* p. 641** 5.

endocrinologìa [comp. di *endocrino* e *-logia*; 1914] ***sf.*** *T.med.* parte della fisiologia che studia le funzioni e i rapporti delle ghiandole endocrine (ipofisi, tiroide, paratiroidi, pancreas, capsule surrenali, timo, ghiandola pineale ecc.) che immettono i loro prodotti direttamente nel sangue o nella linfa ‖ **N.** ormoni.

endocrinòlogo (pl. *-gi*) [da *endocrinologia*; 1965] ***sm.*** (f. *-a*) *T.med.* specialista in endocrinologia.

endodèrma o **endodèrmide** [comp. di *endo-* e *-derma*, prob. sul modello del fr. *endoderme*; 1892] ***sm.*** **1.** *T.zool.* il foglietto germinativo interno della gastrula dei Metazoi **2.** *T.bot.* lo strato più interno della corteccia ‖ **N. 1.** ectoderma, mesoderma.

endodèrmico (pl. *-ci*) [da *endoderma*; 1956] ***agg.*** *T.bot.* relativo a endoderma, proprio dell'endoderma: *strato endodermico.*

endodèrmide v. ENDODERMA.

endoenergètico (pl. *-ci*) [comp. di *endo-* e *energetico*; 1985] ***agg.*** *T.chim.* e *T.fis.* detto di reazione o processo che si compie con assorbimento di energia dall'interno.

endofașìa [comp. di *endo-* e *-fasia*; 1956] ***sf.*** **1.** *T.psic.* percezione allucinatoria di voci interne **2.** *T.lett.* nella terminologia della critica letteraria, discorso interiore, articolato solo mentalmente.

endofàșico (pl. *-ci*) [da *endofasia*; 1963] ***agg.*** *T.lett.* relativo all'endofasia, proprio dell'endofasia.

endòfita [comp. di *endo-* e *-fita*; 1956] ***sm.*** animale (spec. insetto) o vegetale che vive come parassita all'interno di una pianta.

endogamìa [comp. di *endo-* e *-gamia*; 1901] ***sf.*** *T.etn.* ordinamento marimoniale secondo il quale gli sposi devono appartenere tutt'e due al medesimo ceppo o tribù ‖ *per estens.* la tendenza a sposare persone che fanno parte del proprio gruppo sociale ‖ **N.** *Contr.* esogamia.

endogàmico (pl. *-ci*) [da *endogamia*; 1932] ***agg.*** *T.etn.* relativo all'endogamia, proprio dell'endogamia.

endògamo [comp. di *endo-* e *-gamo*; 1956] ***agg.*** *T.etn.* che pratica l'endogamia.

endogèneși [comp. di *endo-* e *genesi*; 1908] ***sf.*** generazione, produzione interna.

endògeno [comp. di *endo-* e *-geno*; 1829] ***agg.*** *T.scient.* che si origina all'interno di qualcosa ‖ *T.geol.* *forze endogene*, quelle che agiscono nell'interno del globo terrestre; *rocce endogene*, originatesi all'interno della terra ‖ *T.psic.* *psicosi endogena*, non provocata da fattori esterni, ma con una base costituzionale ‖ **N.** *Contr.* esogeno.

endolìnfa [comp. di *endo-* e *linfa*; 1887] ***sf.*** *T.anat.* liquido trasparente che riempie la cavità del labirinto membranoso nell'orecchio interno dei Vertebrati; produce le sensazioni dell'equilibrio e dell'orientamento.

endomètrio (pl. *-ri*) [comp. di *endo-* e del gr. *mḗtra*, utero; 1951] ***sm.*** *T.anat.* rivestimento mucoso all'interno dell'utero.

endometrìte [comp. di *endometr(io)* e *-ite*; 1887] ***sf.*** *T.med.* infiammazione dell'endometrio.

endomìșio (pl. *-și*) [comp. di *endo-* e del gr. *mŷs*, muscolo; 1940] ***sm.*** *T.anat.* membrana connettivale che avvolge i fasci terziari, secondari e primari dei muscoli del corpo ‖ **N.** perimisio.

endomuscolàre [comp. di *endo-* e *muscolare*; 1960] ***agg.*** intramuscolare.

endoplàșma [comp. di *endo-* e *plasma*; 1906] ***sm.*** *T.zool.* la parte interna degli organismi monocellulari ‖ **N.** ectoplasma.

endoplașmàtico (pl. *-ci*) [da *endoplasma*; 1970] ***agg.*** *T.bot.* proprio dell'endoplasma: *reticolo endoplasmatico.*

Endopròtti (sing. *-a*) [comp. di *endo-* e del gr. *prōktós*, ano; 1956 *endoprocti*] ***sm. pl.*** *T.zool.* tipo di minuscoli animali acquatici con intestino ad ansa e, quindi, con bocca e ano ravvicinati.

endoreattóre [comp. di *endo-* e *reattore*; 1948] ***sm.*** *T.aer.* motore a reazione che porta con sé il combustibile e il comburente, senza ricorrere all'ossigeno atmosferico; è ovviamente indispensabile nei veicoli spaziali ‖ il razzo su cui è montato tale motore ‖ **N.** *Contr.* esoreattore.

endorèico (pl. *-ci*) [comp. di *endo-* e di un der. del gr. *rêin*, scorrere; 1956] ***agg.*** *T.geogr.* si dice di un bacino idrografico le cui acque vanno a gettarsi in un bacino interno; uno specchio d'acqua interno ‖ **N.** *Contr.* esoreico.

endorfìna [comp. di *endo-* e (*mo*)*rfina*; 1983] ***sf.*** *T.biol.* sostanza naturale, sintetizzata e secreta dall'ipofisi, che ha azione narcotica sul cervello.

endoschèletro [comp. di *endo-* e *scheletro*; 1931] ***sm.*** *T.biol.* lo scheletro interno dei Vertebrati ‖ **N.** *Contr.* esoscheletro.

endoscopìa [comp. di *endo-* e *-scopia*; 1903] ***sf.*** *T.med.* esame diretto di un organo o di una cavità, realizzato internamente mediante endoscopio.

endoscòpico (pl. *-ci*) [da *endoscopio*; 1973] ***agg.*** *T.med.* relativo all'endoscopia, proprio dell'endoscopia, attuato mediante endoscopio: *esame endoscopico.*

endoscòpio (pl. *-pi*) [comp. di *endo-* e *-scopio*, come il fr. *endoscope*; 1869] ***sm.*** *T.med.* strumento che permette di esaminare le cavità che hanno l'orifizio strettissimo, come ad es. le fosse nasali.

endoșmòși [comp. di *endo-* e *osmosi*, come l'ingl. *endosmosis*; 1881] ***sf.*** *T.fis.* corrente che si stabilisce tra due liquidi di densità differente separati da una membrana o da un setto poroso; propriamente è quella che va dal liquido meno denso al più denso ‖ **N.** osmosi; esosmosi.

endospèrma [comp. di *endo-* e *sperma*; 1887] ***sm.*** *T.bot.* tessuto nutritivo che ricopre l'embrione nell'interno del seme; *endosperma secondario*, l'albume delle piante.

endòstio (pl. *-sti*) [comp. di *endo-* e di un der. del gr. *ostéon*, osso; 1951] ***sm.*** *T.anat.* membrana connettivale che riveste la superficie delle cavità interne delle ossa.

endotelìale [da *endotelio*; 1956] ***agg.*** *T.anat.* dell'endotelio, che forma l'endotelio: *tessuto endoteliale.*

endotèlio (pl. *-li*) [comp. di *endo-* e (*epi*) *telio*, sul modello del fr. *endothélium*; 1892] ***sm.*** *T.anat.* tessuto connettivale che forma la membrana di rivestimento interno dei vasi sanguigni e linfatici ‖ **N.** epitelio.

endotèrmico (pl. *-ci*) [comp. di *endo-* e *termico*; 1906] ***agg.*** *T.fis.* e *T.chim.* detto di processo termodinamico in cui si ha un assorbimento di calore e perciò anche un abbassamento di temperatura dell'ambiente circostante: *reazione endotermica* ‖ **N.** *Contr.* esotermico.

endotèrmo [comp. di *endo-* e *-termo*; 1987] ***agg.*** **1.** *T.chim.* endotermico: *reazioni endoterme* **2.** *T.biol.* omeotermo (v.) ‖ **N. 1.** *Contr.* esotermo.

endovéna [comp. di *endo-* e *vena*[2]; 1956] **I** ***sf.*** *T.med.* iniezione endovenosa **II** ***avv.*** per mezzo di un'endovena: *iniettare una sostanza endovena.*

endovenóso [da *endovena*; 1930] **I** ***agg.*** *T.med.* d'iniezione, che è fatta dentro la vena, iniettando il liquido direttamente nel sangue **II** ***sf.*** *endovenosa*, iniezione endovenosa.

endurance (ingl., pr. [ɪn'djuərəns]) [letter. resistenza; 1930] ***sf. inv.*** **1.** *T.sport.* resistenza alla fatica, allo sforzo **2.** *T.sport.* nell'automobilismo, gara su un percorso lungo fuori circuito.

endurìsta [da *enduro*; 1983] ***s.*** *T.sport.* motociclista che pratica l'enduro.

endùro [dall'ingl. d'America *enduro*, da *endurance*; 1982] ***sm. inv.*** **1.** *T.sport.* gara motociclistica di regolarità fuori strada su percorsi di lunghezza non inferiore a cento km **2.** *per meton.* motocicletta utilizzata per tali gare.

-ène [dal suff. patronimico gr. *-ḗnē*] ***suff.*** *T.chim.* può indicare idrocarburi alifatici insaturi con un legame doppio (*etilene*) o triplo (*acetilene*), idrocarburi aromatici (*benzene*), composti ciclici (*terpene*), o radicali bivalenti con le valenze libere su due distinti atomi di carbonio.

èneo [dal lat. *āeneus*; 1483] ***agg.*** *lett.* di bronzo ‖ **N.** *Sin.* bronzeo.

eneolìtico (pl. *-ci*) [comp. di *eneo* e *-litico*[1]; 1884] **I** ***agg.*** in paleoetnologia, *periodo eneolitico*, periodo preistorico a cui si fa risalire l'inizio dell'uso del bronzo ‖ relativo a tale periodo: *reperti eneolitici* **II** ***sm.*** *l'Eneolitico*, l'età del bronzo.

energètica [f. sost. di *energetico*; a. 1937] ***sf.***

la scienza e la tecnologia dell'energia e delle sue manifestazioni.

energètico (pl. *-ci*) [dal gr. *energētikós*; a. 1730] **I** ***agg.*** **1.** dell'energia, relativo all'energia, nei sensi 3 e 4 del termine: *bilancio energetico di una reazione* ‖ *T.fis. livello energetico,* stato quantistico di un sistema caratterizzato da un valore definito dell'energia ‖ *fonti energetiche,* che producono energia tecnicamente utilizzabile; *crisi energetica,* dovuta a problemi di approvvigionamento di energia **2.** *T.med.* che rinvigorisce: *dieta energetica* **II** ***sm.*** *T.med.* ricostituente: *gli prescrisse un potente energetico.*

energetiṣmo [da *energetico*; 1932] ***sm.*** *T.fil.* dottrina filosofica che pone l'energia e non la materia come essenza dell'universo.

energìa (pl. *-gìe*) [dal lat. tardo *energīa*, gr. *enérgeia*, attr. il fr. *énergie*; a. 1563] ***sf.*** **1.** vigore fisico: *uomo pieno di energie* **2.** *fig.* vigore dell'animo e risolutezza nell'agire: *governa senza energia* ‖ efficacia, intensità di effetto: *occorrono provvedimenti di grande energia* **3.** *T.fis.* misura dell'attitudine di un sistema a compiere un lavoro; è funzione delle variabili che descrivono il sistema, e in un sistema isolato rimane costante nel tempo (*principio di conservazione dell'energia*); assume forme e descrizioni matematiche diverse a seconda dei sistemi a cui è riferita: *energia cinetica di una particella,* prodotto della sua massa per il quadrato della sua velocità, diviso per due; *energia potenziale di una particella,* quella dovuta alla sua posizione in un campo di forze (elettromagnetiche, gravitazionali, elastiche ecc.); *energia di legame di una molecola,* il lavoro che occorre fornire dall'esterno perché la molecola si scinda nei suoi componenti; *energia di ionizzazione,* la minima quantità di energia necessaria per sottrarre un elettrone a un atomo; *energia interna,* funzione di stato di un sistema termodinamico, costituita dalla somma delle energie cinetiche e potenziali degli elementi del sistema, la cui variazione in un processo è pari alla differenza tra la quantità di calore ceduta e l'energia meccanica assorbita dal sistema **4.** nella tecnica, il termine è usato in rif. alle diverse forme disponibili in natura e utilizzabili a fini pratici dopo opportune trasformazioni: *energia idroelettrica, geotermica, solare, eolica, nucleare*; *energie alternative,* nel linguaggio giornalistico, quelle sfruttabili senza inquinamento e senza consumo di risorse non rinnovabili ‖ **N. 1.** *Sin.* forza, vitalità | *Contr.* debolezza, fiacchezza **2.** *Sin.* carattere, decisione, grinta. **Q.T.** *ecologia, energia, fisica, unità di misura.*

enèrgico (pl. *-ci*) [dal fr. *énergique*; 1771] ***agg.*** che ha o mostra energia, che opera con energia ed efficacia: *persona energica*; *carattere, provvedimento, farmaco energico* ‖ **energicaménte** ***avv.*** ‖ **N.** *Sin.* attivo, deciso, drastico, efficace, forte, grintoso, potente, risoluto, vigoroso, vitale | *Contr.* debole, fiacco, imbelle, inefficace.

energiṣmo [da *energia*; 1951] ***sm.*** energetismo.

energùmeno [dal lat. tardo *energūmenus*, gr. *energóumenos,* forse attr. il fr. *énergumène*; 1600] ***sm.*** **1.** uomo violento e brutale **2.** *raro* indemoniato.

enervàre (pres. *-èrvo*) [dal lat. *enervāre*; prima metà sec. XIV nel senso 2] ***tr.*** **1.** *T.chir.* privare un organo della sua innervazione **2.** *arc.* snervare.

enervazióne [da *enervare*; a. 1800] ***sf.*** **1.** *T.chir.* intervento di recisione o strappamento dei nervi di un organo, per ottenerne l'annullamento della relativa funzione o la desensibilizzazione **2.** *T.mac.* metodo di mattazione dei bovini mediante sezione del midollo allungato.

enfant gâté (fr., pr. [ãfã ga'te]) [letter. bambino viziato; 1892] ***loc. m.*** *inv.* (anche pl. *enfants gâtés,* pr. [ãfã ga'te]) **1.** bambino troppo viziato e coccolato **2.** *per estens.* pupillo, beniamino, persona trattata con eccessivo riguardo; persona che ha conseguito il successo senza alcuna fatica.

enfant prodige (fr., pr. [ãfã prɔ'di:ʒ]) [letter. bambino prodigio; a. 1866] ***loc. m.*** *inv.* (anche pl. *enfants prodige,* pr. [ãfã prɔ'di:ʒ]) **1.** bambino, ragazzo prodigio, in possesso di doti intellettuali o artistiche **2.** *per estens.* chi, in età ancora giovane, si è distinto in un dato campo o vi ha ottenuto una posizione di rilievo: *è l'enfant prodige del partito.*

enfant terrible (fr., pr. [ãfã tɛ'ribl]) [letter. bambino terribile; 1892] ***loc. m.*** *inv.* (anche pl. *enfants terribles,* pr. [ãfã tɛ'ribl]) **1.** bambino, ragazzo irrispettoso e irrequieto **2.** in un ambiente culturale o politico, persona che spicca per la vivacità e l'irriverenza con cui si oppone agli orientamenti dominanti: *era l'enfant terrible dei salotti milanesi.*

ènfaṣi [dal gr. e lat. *émphasis*; 1559] ***sf.*** **1.** calore, spesso esagerato, nei gesti e nella voce: *parlare con enfasi* ‖ modo esagerato di esprimere anche per iscritto il proprio pensiero **2.** *impropr.* preminenza, rilievo, accento: *nell'articolo l'enfasi è posta sugli aspetti economici della questione* ‖ **N. 1.** *Sin.* eccesso, esagerazione, prosopopea, retorica, sovraccarico, veemenza **2.** *Sin.* risalto.

enfàtico (pl. *-ci*) [dal gr. *emphatikós*; a. 1600] ***agg.*** che è detto o fatto con enfasi: *stile enfatico* ‖ che si esprime con enfasi: *oratore enfatico* ‖ *T.ling.* detto di una serie di consonanti tipiche delle lingue semitiche (velarizzate o faringalizzate nel semitico occidentale, eiettive nelle lingue etiopiche) ‖ **enfaticaménte** ***avv.***

enfatiẓẓàre [da *enfatico*; 1953] ***tr.*** **1.** pronunciare, declamare con enfasi **2.** esagerare, ingigantire, accentuare: *è un tipo che, quando racconta, enfatizza ogni particolare.*

enfiagióne [da *enfiare*; a. 1290] ***sf.*** ingrossamento anormale di una parte del corpo ‖ **N.** edema, gonfiore, tumefazione.

enfiaménto [da *enfiare*; a. 1311] ***sm.*** *raro* l'enfiarsi.

enfiàre (pres. *énfio*) [lat. *inflāre*; fine sec. XIII] ***intr.*** (aus. *essere*) *non com.* gonfiare, dilatare: *il vento salso gli enfia le narici* (Pascoli) ‖ ***intr. pron.*** gonfiarsi.

enfiatùra [da *enfiare*; a. 1311] ***sf.*** *raro* l'effetto dell'enfiare e dell'enfiarsi, gonfiore.

énfio (pl. *-fi*) [da *enfiare*; 1553] ***agg.*** *raro* gonfio.

enfiṣèma [dal gr. *emphýsēma*, attr. il fr. *emphysème*; 1752] ***sm.*** *T.med.* presenza anormale di gas nei tessuti dell'organismo ‖ *enfisema polmonare,* malattia caratterizzata dalla presenza di gas negli alveoli del polmone.

enfiṣematóso [dal fr. *emphysémateux*; 1925] **I** ***agg.*** *T.med.* di enfisema ‖ malato di enfisema **II** ***sm.*** (f. *-a*) chi è malato di enfisema.

enfitèuṣi [dal lat. tardo *emphytēusis*, gr. *emphýteusis*; 1606] ***sf.*** *T.giur.* contratto con cui si cede ad altri un fondo agricolo utile in perpetuo o per un lungo periodo, mediante pagamento di un canone annuo (livello) ‖ **N.** laudemio; direttario, utilista.

enfitèuta [dal lat. tardo *emphytēuta*, gr. *em-*

ENERGIA

Acustica o sonora, animale, atomica, biologica o bioenergia, calorica o termica, chimica, del moto ondoso, elastica, elettrica, elettrochimica, elettromagnetica, elettronucleare, elettrosolare, elettrotermonucleare, geotermica, geotermoelettrica, gravitazionale, idraulica o idrica, idroelettrica, luminosa, magnetica, meccanica, muscolare, nucleare, raggiante, solare, termoelettrica, termonucleare.

FONTI: convenzionale / alternativa o complementare o dolce o soffice, primaria / secondaria, rinnovabile / non rinnovabile; combustibili (alcoli, benzina, biogas; biomasse, bitume, carbone, coke, gas artificiali, gas naturali, gasolio, greggio, idrocarburi — benzene, butano, metano, propano ecc. —, idrogeno, kerosene, lignite, oli, petrolio, rifiuti, scisti, torba, vegetali), fiumi, giacimenti geotermali (*geyser,* soffioni), gravità, isotopi fossili (plutonio, torio, uranio), mare (correnti, maree, moto ondoso), radioattività, reazioni chimiche, reazioni nucleari, sole, vento.

VOCI ATTINENTI: costo, disponibilità, diversificazione, esaurimento, utilizzazione, scarsità, sfruttamento.

PROCESSI: accantonamento, accumulazione, allacciamento, approvvigionamento, assorbimento, attacco, coibentazione, combustione, condizionamento, conduzione, conservazione, consumo, conversione, convezione, degradazione, depurazione, dispersione, distribuzione, erogazione, estrazione, fissione / fusione nucleare, gassificazione, generazione, illuminazione, immagazzinamento, irraggiamento, isolamento, perforazione, produzione, propulsione, razionamento, recupero dell'energia dispersa, rifasamento, riscaldamento, sfruttamento, smaltimento delle scorie, sondaggio, teleriscaldamento, trasformazione, trasmissione, trasporto, trivellazione.

STRUMENTI, APPARECCHIATURE E IMPIANTI: accumulatore, aeromotore o motore a vento, alternatore, batteria, bacino, cabina elettrica, caldaia, calorifero, casa solare, cella solare o fotovoltaica o fotocellula, centrale, centralina, condotta forzata, diffusore, diga, dinamo, distillatore solare, elettrodotto, eliche, endoreattore, esoreattore, forno solare, frigorifero, gasdotto, generatore, gruppo elettrogeno, impianto (anemoelettrico, del gas, di illuminazione, di pompaggio, di riscaldamento), lampada (a filamento, a gas), laser, linea (di contatto, di distribuzione), motore (a energia meccanica potenziale, a energia naturale, elettrico, termico), mulino a vento, oleodotto, pannello o collettore solare, pila (chimica, fotoelettrica, termoelettrica), *pipe-line,* pompa di calore, pozzo petrolifero, raddrizzatore, radiatore, reattore nucleare, rete, scambiatore, serpentina, sottostazione, termosifone, traliccio, trasformatore, turbina, turboalternatore, turbodinamo.

UNITÀ DI MISURA: chilowattora, *joule,* tec (tonnellata equivalente di carbone), tep (tonnellata equivalente di petrolio).

VOCI ATTINENTI: assorbimento, *black out,* conservazione, costo, crisi energetica, degradazione, entropia, inquinamento, potenza, potere energetico, potere calorifico, recupero, rendimento, riserve energetiche, spreco, uso (bellico o militare / civile, domestico / industriale, privato / pubblico), utenza.

phyteutḗs; 1673] ***s.*** chi ha un possesso in enfiteusi ‖ **N.** livellario.

enfitèutico (pl. *-ci*) [dal lat. tardo *emphytēuticus*, gr. *emphyteutikós*; sec. XIV-XVI] ***agg.*** di enfiteusi: *canone, vincolo enfiteutico.*

engagé (fr., pr. [ãga'ʒe]) [propr. pps. di *s'engager*, impegnarsi; 1950] ***agg.*** *inv.* impegnato, detto di letterato o artista che si impegna nella lotta politica poiché avverte la responsabilità civile della cultura.

engagement (fr., pr. [ãgaʒ'mã]) [da *engager*, impegnare; 1950] ***sm.*** *inv.* impegno sociale e politico degli intellettuali.

eniàlio (pl. *-li*) [dal gr. *Enyálios*; 1834] ***agg.*** *T.mit.* nella mitologia greca, epiteto di Ares, dio della guerra.

enidrocoltùra [comp. del gr. *énydros*, acquatico e *-coltura*; 1942] ***sf.*** *non com.* coltivazione di piante in soluzione acquosa ‖ **N.** *Sin.* coltura idroponica, idrocoltura.

enìgma [dal lat. *aenĭgma*, gr. *áinigma*; 1319] ***sm.*** **1.** detto oscuro che sotto l'ambiguità nasconde una parola o un concetto da indovinare: *gli antichi sapienti parlavano spesso per enigmi* ‖ *T.gioc.* breve componimento, nel quale, tra ambiguità e oscurità volute, si propone qualcosa da indovinare **2.** *fig.* mistero, evento inspiegabile, cosa oscura di cui non si comprende la ragione ‖ persona dal comportamento sfuggente e imprevedibile: *quell'uomo è un enigma* ‖ **N.** **1.** indovinello, *quiz*; anagramma, crittografia, logogrifo, palindromo, rebus, rompicapo, sciarada, zeppa **2.** *Sin.* arcano, mistero.

enigmàtico (pl. *-ci*) [da *enigma*; sec. XIV] ***agg.*** misterioso, indecifrabile: *frase enigmatica, ragazzo, uomo enigmatico* ‖ **enigmaticaménte** ***avv.*** ‖ **N.** *Sin.* ambiguo, arcano, incomprensibile, impenetrabile, oscuro, sibillino.

enigmatizzàre [da *enigma*; a. 1642] ***intr.*** (aus. *avere*) *raro* parlare per enigmi.

enigmìsta [da *enigma*; 1906] ***s.*** *T.gioc.* chi compone o scioglie enigmi.

enigmìstica [da *enigma*; 1901 *enimmistica*] ***sf.*** *T.gioc.* l'arte di comporre e risolvere quei giochi che in varia forma propongono parole o frasi da indovinare: *un trattato di enigmistica* ‖ **N.** ENIGMA. **Q.T.** *giochi.*

enigmìstico (pl. *-ci*) [da *enigma*; 1886] ***agg.*** che si riferisce agli enigmi o all'enigmistica: *settimanale enigmistico.*

enimma e der. forme disus. di ENIGMA e der. (v.).

enjambement (fr., pr. [ãʒãbə'mã]) [da *enjamber*, oltrepassare in terreno altrui; 1923] ***sm.*** *inv.* (anche pl. *enjambements*, pr. [ãʒãbə'mã]) *T.lett.* procedimento poetico per cui le cesure logiche del periodo non coincidono con la fine del verso (come nei seg. versi di Leopardi: *ma sedendo e mirando, interminati / spazi di là da quella, e sovrumani / silenzi*).

ènna v. HENNA.

ènne [lettura della lettera *n*; inizio sec. XIV] ***sf.*** (meno com. *sm.*) *inv.* nome della lettera *n* (v.).

-ènne [dal lat. *-ennis*, elem. term. con il valore di "anno"] ***suff.*** in agg. indicanti l'età, vale "anno" (per es. *undicenne, ventenne, ottantenne*).

enneacòrdo [dal lat. tardo *enneachordum*, gr. *enneáchordon*; 1581] ***sm.*** antico strumento musicale con nove corde.

ennèade [dal lat. tardo *enneas, -adis*, gr. *enneás, -ádos*; a. 1729] ***sf.*** *non com.* complesso di nove cose o di nove persone ‖ *in part.* gruppo di nove testi: *le Enneadi di Plotino*, insieme di 54 trattati filosofici suddivisi in sei gruppi di nove ciascuno.

enneasìllabo [dal lat. tardo *enneasyllabus*, gr. *enneasýllabos*; a. 1912] ***agg.*** e ***sm.*** *non com.* novenario.

ennèo [dal n. geogr. *Enna*; a. 1938] ***agg.*** *poet.* di Enna: *i narcisi ennei* (D'Annunzio).

ennèṣimo [da *enne*; 1905] ***agg.*** *T.mat.* che si riferisce al numero intero *n* (spesso simbolo di un numero intero indeterminato) o a una quantità contrassegnata dall'indice *n*: *elevare all'ennesima potenza, l'ennesima componente di un vettore* ‖ *fam.* che corrisponde a un numero alto ma non determinato in una successione: *te lo ripeto per l'ennesima volta.*

-ènnio [dal lat. *-ennium*, elem. term. con il valore di "anno"] ***suff.*** forma sostantivi indicanti un periodo determinato dal numero di anni indicati dalla prima parte (per es. *biennio, decennio, quarantennio*).

èno- [dal gr. *ôinos*, vino] ***primo elem.*** che, in parole composte dotte, vale "vino" (per es. *enologo, enoteca, enotecnico*). **Q.T.** *enologia.*

enocianìna [comp. di *eno-* e *cianina*; 1889] ***sf.*** *T.chim.* colorante organico naturale dell'uva nera e del vino rosso; serve a colorare vini chiari e marmellate.

enòfilo [comp. di *eno-* e *-filo*; 1841] ***agg.*** che si occupa della produzione e del miglioramento delle viti e dei vini: *circolo enofilo.*

enòico (pl. *-ci*) [comp. di *eno-* e del suff. agg. *-ico*; 1983] ***agg.*** relativo al vino e alla vite ‖ **N.** *Sin.* enologico.

enòlito [comp. di *eno-* e del gr. *lytós*, sciolto; 1968] ***sm.*** vino medicinale.

enòlo [comp. del gr. *hen*, uno e *-olo*[2], sul modello del fr. *oenol*; 1951] ***sm.*** *T.chim.* tipo di alcol derivato dalle aldeidi o dai chetoni per trasferimento di un atomo di idrogeno da un atomo di carbonio a un atomo di ossigeno.

enologìa [comp. di *eno-* e *-logia*, prob. sul modello del fr. *oenologie*; 1773 *oenologia*] ***sf.*** la tecnica della preparazione e conservazione dei vini e lo studio scientifico delle loro caratteristiche. **Q.T.** *enologia.*

enològico (pl. *-ci*) [da *enologia*, sul modello del fr. *oenologique*; 1861] ***agg.*** che riguarda l'enologia.

enòlogo (pl. *-gi*) [da *enologia*; 1789] ***sm.*** (f. *-a*) chi si occupa di enologia. **Q.T.** *enologia.*

enòmetro [comp. di *eno-* e *metro*; 1820] ***sm.*** strumento che misura il peso specifico dei vini.

enòplio (pl. *-li*) [dal gr. e lat. tardo *enóplios*; 1951] ***agg.*** *T.metr.* metro lirico greco, originariamente tipico delle danze di guerra, con andamento giambico o anapestico.

enopòlio (pl. *-li*) [dal lat. *oenopōlium*, gr. *oinopṓlion*; 1828] ***sm.*** *non com.* negozio all'ingrosso di vini ‖ centro di raccolta dei vini di una determinata zona.

enórme [dal lat. *enormis*, propr. fuori dalla norma; a. 1348] ***agg.*** che oltrepassa la misura ordinaria: *sasso, danno enorme, enormi delitti* ‖

ENOLOGIA

VITE: acino, grappolo (serrato, ramificato, alato; pruinoso), filare (alberata, alberello, a spalliera, cazenave, guyot, pergolato, piantata, sylvoz, tendone), pampino, raspo, tralcio, uva (aromatica, bianca, nera, passita), vigneto, vinacciolo, viticcio, vitigno; allegagione, periodo erbaceo, invaiatura, maturazione, sovramaturazione.

NEMICI: botrite o muffa grigia, fillossera, mal bianco o oidio, peronospora; poltiglia bordolese.

VENDEMMIA: manuale, meccanica; bigoncia, tino, vendemmiatrice.

VINIFICAZIONE E INVECCHIAMENTO: in bianco, in rosato, in rosso; abbonimento, acidificazione, ammostatura o pigiatura, appassimento, arieggiamento, carbonicazione, centrifugazione, chiarificazione, collaggio o collatura, colmatura, concentrazione del mosto, correzione del mosto, defecazione, diraspamento, fermentazione (alcolica, lenta, malolattica, tumultuosa), filtrazione, follatura, imbottigliamento, macerazione, metodo *Champenois* (*pupitres, dégorgement, rémuage*), pastorizzazione, refrigerazione, rifermentazione, rimontaggio, sfecciatura, sgrondatura, solfitazione, spremitura, spumantizzazione, svinatura, taglio, tannizzazione, torchiatura, travaso; camicia della bottiglia, cappello, feccia, fioretta, lieviti, mosto (concentrato, fiore, muto), saccaromiceti, vinaccia.

CANTINA: barile, *barrique*, botte (di castagno, di rovere; cerchio, capruggine o pettine, cocchiume, doga, mezzule, portello, spina, tappo colmatore), bottiglia (sciampagnotta, bordolese, borgognona, fiasco, renana, pulcianella), bottiglione, damigiana, fusto, serbatoio, vasca isotermica, vaso vinario; dischi antifioretta, olio enologico, pevera, tappi.

MACCHINE E ATTREZZI: agitatore, aspiratore per raspi, centrifuga, chiarificatore, diraspatrice, pastorizzatore, filtro, mostimetro, palettizzatore, pigiadiraspatrice, pigiatrice, solfitometro, sciacquabottiglie, tappatrice, torchio, vinificatore.

VINO: alcol, composti fenolici, enocianina, glicerina, tannino, zuccheri; da collezionista, da dessert, d'annata, da pasto, da tavola, D.O.C. (a denominazione d'origine controllata), D.O.C.G. (a denominazione d'origine controllata e garantita), millesimato, novello; abboccato, acidulo, allappante o astringente, amabile, asciutto, *brut*, corposo, dolce, frizzante, fruttato, liquoroso, mandorlato, pastoso, resinato, robusto, rotondo, ruvido, secco, spumeggiante, tannico; aranciato, bianco, chiaretto, giallo paglierino, rosato, rosso (rubino); conciato, moscato, passito, spumante; aroma, *bouquet, goudron*, fondo o residuo, gradazione (alcolica, zuccherina), *perlage*, persistenza, retrogusto.

DIFETTI: acescenza, amarore, filante, girato, intorbidimento, maderizzazione, rottura del colore, sapore di tappo, spunto.

VINI: aleatico, barbaresco, barbera, bardolino, barolo, *beaujolais*, bonarda, *bordeaux, bourgogne*, brachetto, brunello di Montalcino, cabernet, cannonau, carema, *champagne*, chianti, cinque terre, cirò, cortese, dolcetto, donnaz, elba, est!est!est!, frascati, freisa, gattinara, grignolino, gutturnio, lambrusco, madeira, malvasia, marsala, merlot, moscato, nebbiolo, orvieto, picolit, pinot bianco, pinot grigio, pinot nero, porto, prosecco, recioto, refosco, riesling, *rioja*, sangiovese, *sauvignon, sherry*, soave, tocai, traminer, trebbiano, valpolicella, verdicchio, vernaccia, vinsanto, zibibbo.

DEGUSTAZIONE: bere, brindare, centellinare, decantare, mescere, pasteggiare, spillare, versare; bicchiere, calice, caraffa, coppa, *flûte*, tazza bordolese o *tastevin*; *sommelier.*

TERMINI VARI: annata, azienda vinicola, cantina sociale, osteria, vineria; sbornia, sbronza; enologo, tastavino o *tastevin, sommelier*, ubriaco.

1

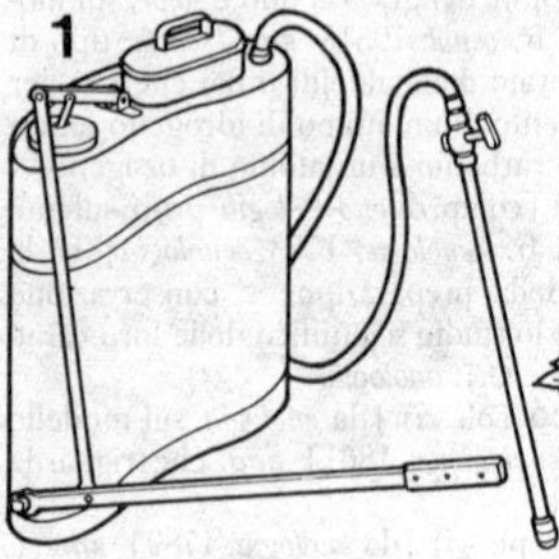

2

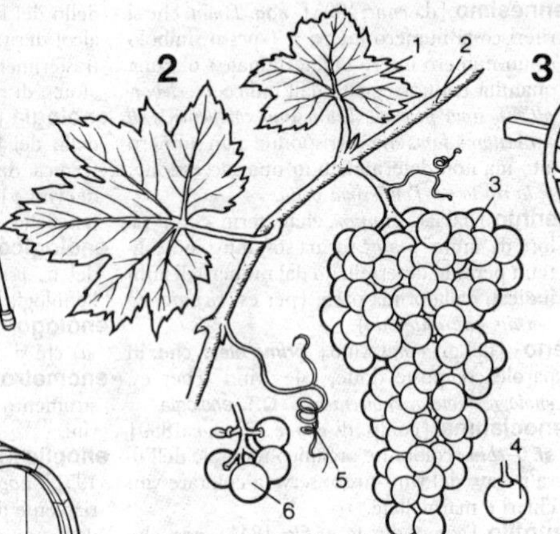

3

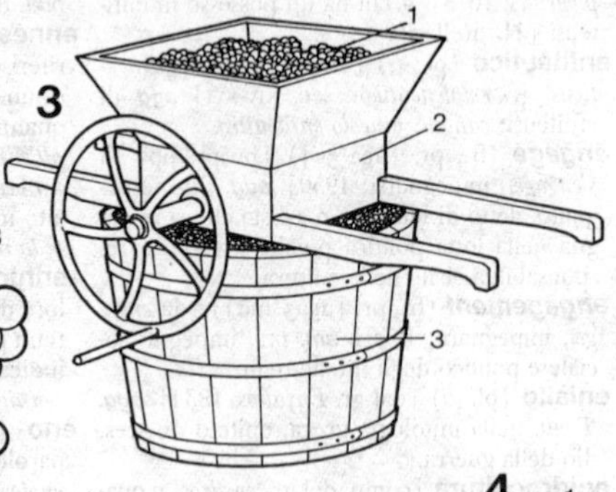

4

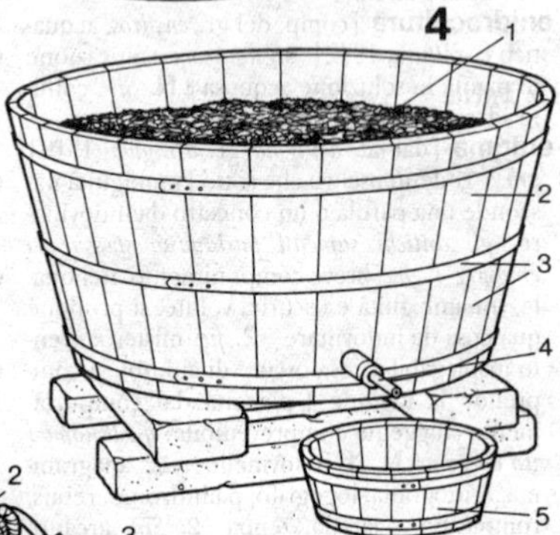

5

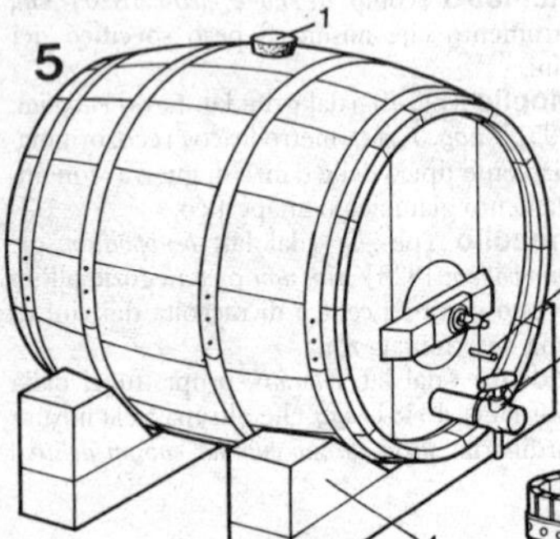

6

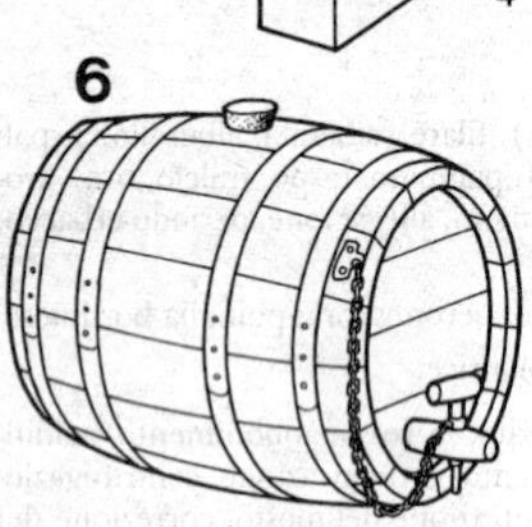

7

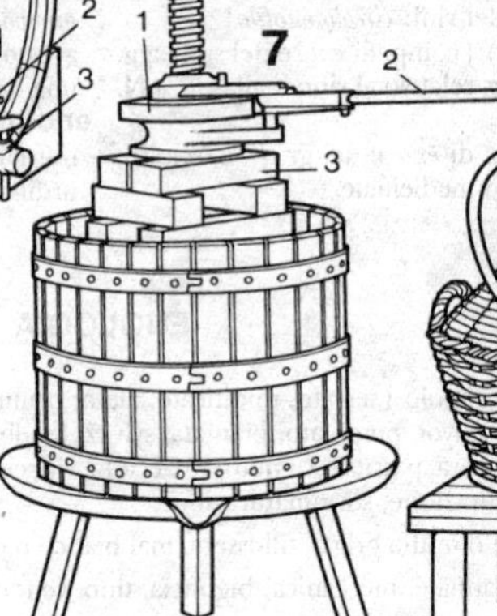

8

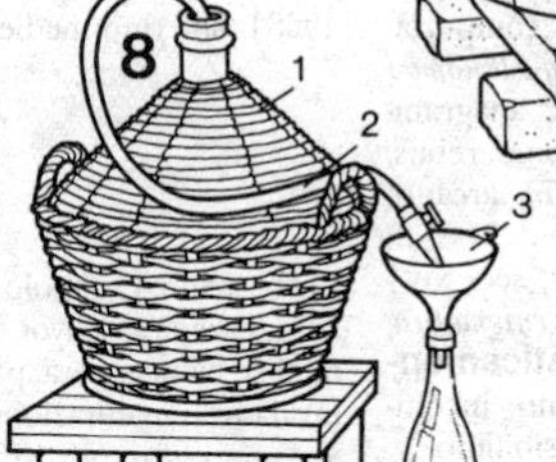

11

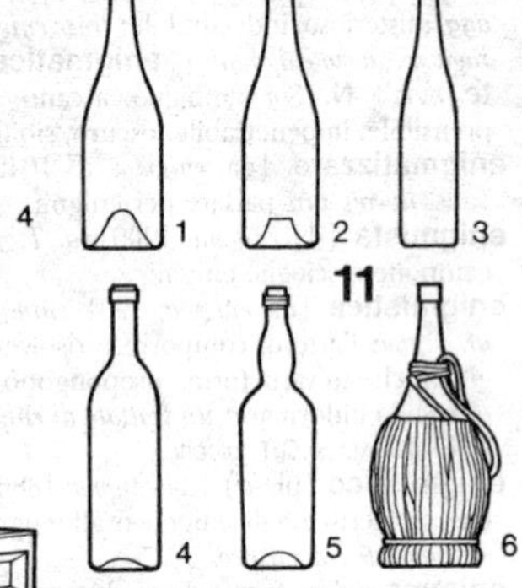

9

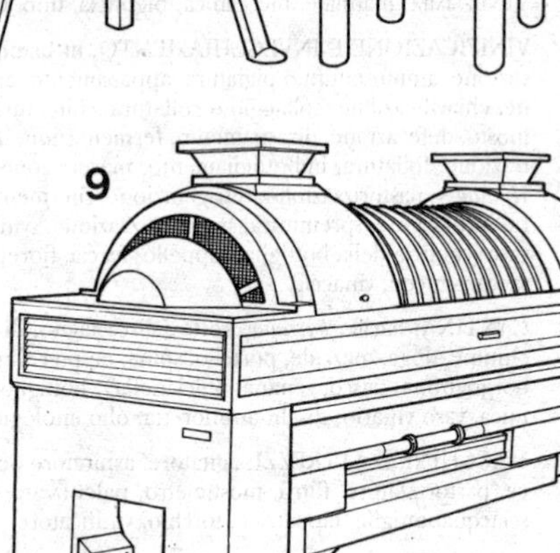

12

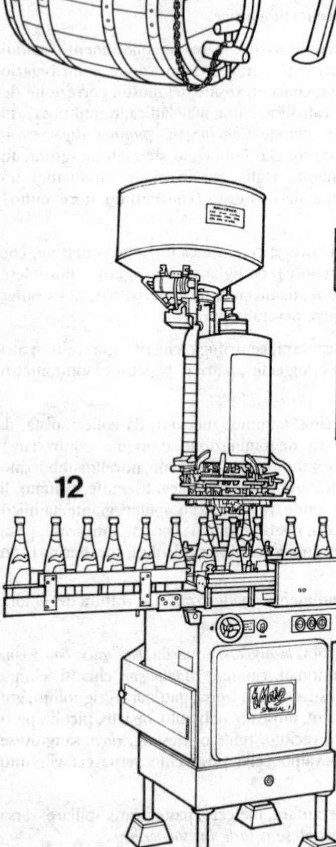

10

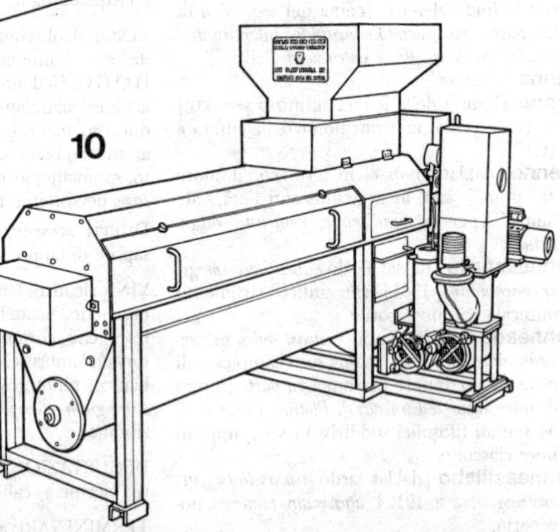

1. irroratrice

2. vite
2.1. foglia - 2.2. tralcio - 2.3. grappolo - 2.4. acino - 2.5. cirro o viticcio - 2.6. racimolo

3. pigiatrice
3.1. bocca - 3.2. cassa dei rulli - 3.3. tinozza

4. tino
4.1. mosto e vinaccia - 4.2. doga - 4.3. cerchio - 4.4. spinotto - 4.5. mastello

5. botte
5.1. zaffo - 5.2. spillo - 5.3. spina - 5.4. sedile

6. barile

7. torchio
7.1. compressore - 7.2. maniglia - 7.3. travetto

8. damigiana
8.1. impagliatura - 8.2. canna da travaso - 8.3. imbuto - 8.4. bottiglia

9. pressa orizzontale

10. pigiadiraspatrice

11. bottiglie
11.1. sciampagnotta - 11.2. borgognona - 11.3. renana - 11.4. bordolese - 11.5. da marsala - 11.6. fiasco

12. tappatrice automatica

13. tappatrice manuale

13

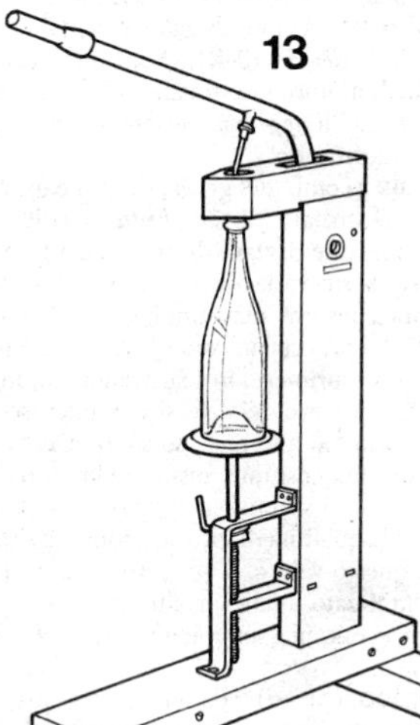

per estens. con valore genericamente superlativo, grandissimo, eccezionale: *un enorme successo, un enorme sviluppo* || **enormeménte** ***avv.***, anche come modificatore di aggettivi: *un fatto enormemente grave* || **N.** *Sin.* ciclopico, colossale, esorbitante, fantastico, favoloso, gigantesco, immane, immenso, imponente, infinito, iperbolico, madornale, maiuscolo, marchiano, mastodontico, mostruoso, smisurato, spropositato, sterminato, stragrande, straordinario.

enormézza [da *enorme*; 1600] ***sf.*** *raro* enormità.

enormità [dal lat. *enormitas, -ātis*; a. 1396] ***sf.*** **1.** l'essere enorme || *concr.* somma di denaro eccessiva: *per il restauro chiedono un'enormità* **2.** *concr.* atto o detto che esce dalla norma, per assurdità o malvagità: *che enormità va dicendo!, ha commesso ogni sorta di enormità* || **N. 2.** *Sin.* assurdità, idiozia, insensatezza, stupidaggine; delitto, infamia, nequizia, scelleratezza.

enoṣigèo [dal lat. *Ennosigoeus*, gr. *En(n)osígaios*; 1822] ***agg.*** *lett.* che scuote la terra, epiteto di Poseidone || *per estens.* di Poseidone: *tridente enosigeo.*

enotèca [comp. di *eno-* e *-teca*; 1963] ***sf.*** raccolta di vini pregiati || luogo di vendita di vini pregiati || mostra di vini locali.

enotècnica [comp. di *eno-* e *tecnica*; 1895] ***sf.*** la tecnica della lavorazione dei vini.

enotècnico (pl. *-ci*) [comp. di *eno-* e *tecnico*; 1956] **I** ***agg.*** relativo all'enotecnica, proprio dell'enotecnica **II** ***sm.*** (f. *-a*) tecnico esperto nella produzione e conservazione del vino.

Enoteràcee [dal lat. scient. *Oenotheraceae*; 1917] ***sf. pl.*** *T.bot.* famiglia di piante dicotiledoni, a cui appartiene la fucsia.

en passant (fr., pr. [ɑ̃ pa'sɑ̃]) [propr. passando; 1905] ***loc. avv.*** **1.** di sfuggita, incidentalmente: *vedi di accennargliene così, en passant* **2.** *T.gioc. presa en passant*, negli scacchi, una particolare mossa che si verifica quando un pedone cattura il pedone avversario che si è appena mosso di due caselle, non nella casella d'arrivo ma in quella di transito, come se ne intercettasse il movimento.

en plein (fr., pr. [ɑ̃'plɛ̃]) [propr. in pieno; 1908] ***loc. m. inv.*** nel gioco della *roulette*, l'uscita del numero singolo su cui si è puntato: *fare, vendere un en plein* || *per estens.* in qualunque sport, il miglior risultato possibile: *l'Italia ha fatto un en plein nei diecimila, piazzando tutti e tre i suoi concorrenti sul podio.*

enroṣadìra [dal ladino dolomitico *enrosadöra* e *rosadüra*, il diventar rosa; 1924] ***sf.*** il lento passaggio dal rosa al viola che si ha sulle Dolomiti all'ora del tramonto.

-ènse [forma dotta derivata dal suff. lat. *-ēnsis*, con cui si formavano perlopiù agg. etnici] ***suff.*** **1.** forma, a partire da toponimi, aggettivi (anche sostantivati) che indicano l'appartenenza a popoli o paesi, città, nazioni e altre entità geografiche: *panamense, statunitense*; talvolta la variante dotta (e rara) in *-ense* si affianca a quella popolare in *-ese*: *cuneese* o *cunense* **2.** forma pochi aggettivi denominali di relazione: *forense, circense* || talora anche a partire da antroponimi: *estense* || **N. 1.** -ano[1], -ese[1], -iano, -igiano, -ita.

ensemble (fr., pr. [ɑ̃'sɑ̃bl]) [letter. insieme; 1965] ***sm. inv.*** **1.** nel linguaggio della moda, completo, insieme, abito femminile con giacca, soprabito e accessori **2.** nella musica leggera, intervento d'assieme di tutti gli strumenti **3.** complesso strumentale o vocale.

ensifórme [comp. del lat. *ēnsis*, spada e *-forme*; a. 1673] ***agg.*** che ha forma di spada: *foglie ensiformi, apofisi ensiforme dello sterno.*

entalpìa [dal gr. *enthálpein*, riscaldare; 1929] ***sf.*** *T.fis.* funzione di stato di un sistema termodinamico, pari alla somma della sua energia interna con il prodotto della pressione per il volume; la sua variazione equivale allo scambio di calore nel caso di un processo a pressione e temperatura costanti.

entàlpico (pl. *-ci*) [da *entalpia*; 1970] ***agg.*** *T.fis.* relativo a entalpia.

èntaṣi [dal gr. *éntasis*, azione di tendere; 1499 *entesi*] ***sf.*** *T.arch.* rigonfiamento dato alla colonna, spec. nella parte centrale del fusto || **N.** rastremazione.

ènte [dal lat. tardo *ēns, entis*, supposto ppr. di *esse*, essere; a. 1555] ***sm.*** **1.** *T.fil.* ogni cosa in quanto esistente || *Ente supremo*, Dio || *T.mat.* oggetto astratto che gode di determinate proprietà, per es. un numero, un vettore, un insieme ecc. **2.** *T.giur. ente morale* o *giuridico*, società o istituzione a cui la legge conferisce la personalità giuridica e che diventa perciò come un individuo rispetto allo Stato || *enti locali*, le regioni, le province, i comuni || **N. 1.** *Sin.* cosa, essere. **Q.T.** *politica.*

-ènte o **-iènte** [dal lat. *-ente(m)*, suff. con cui si formavano i ppr. della II, III e IV coniugazione] ***suff.*** forma, a partire da verbi in *-ere* e in *-ire*, aggettivi (*compiacente, nutriente*) spesso sostantivati (*ascendente, movente*); di frequente il sostantivo indica la persona che compie l'azione espressa dal verbo di base: *dipendente, servente* || **N.** -ante.

entelechìa [dal lat. *entelechīa*, gr. *entelécheia*, propr. l'avere in compimento; a. 1566] ***sf.*** *T.fil.* in Aristotele, lo stato di compiuta attuazione di un essere; in Leibniz, la monade in quanto in grado di conseguire il suo massimo sviluppo in modo autosufficiente.

entèllo [dal lat. *Entellus*, mitico eroe sic.; 1887] ***sm.*** scimmia sacra dell'India appartenente alla famiglia dei Cercopitecidi.

entèrico (pl. *-ci*) [dal gr. *enterikós*; 1820] ***agg.*** *T.med.* intestinale.

enterìte [comp. di *entero-* e *-ite*[1]; 1820 *enteritide*] ***sf.*** *T.med.* infiammazione acuta o cronica dell'intestino.

èntero- [dal gr. *énteron*, intestino] ***primo elem.*** che, in parole composte della terminologia medica e di quella zoologica, vale "intestino": **enteralgìa**, **enterectaṣìa**, **enteropatìa**.

Enterobatteriàcee [comp. di *entero-*, *batterio* e *-acee*; 1956] ***sf. pl.*** *T.bot.* famiglia di batteri saprofiti in grado di decomporre materiali contenenti carboidrati.

enterocèle [comp. di *entero-* e *-cele*; a. 1498] ***sm.*** *T.med.* ernia intestinale.

enterochinàṣi [comp. di *entero-* e *chinasi*; 1931] ***sf.*** *T.biol.* enzima presente nel succo enterico e nella mucosa intestinale, spec. del duodeno, che concorre alla digestione degli alimenti proteici.

enteroclìṣi [comp. di *entero-* e del gr. *klýsis*, lavaggio; 1865] ***sf.*** enteroclisma.

enteroclìṣma [comp. di *entero-* e del gr. *klýsma*, lavanda; 1879] ***sm.*** lavanda intestinale effettuata mediante immissione di liquido nell'intestino || l'apparecchio usato per praticare questa lavanda || **N.** *Sin.* clistere.

enterocolìte [comp. di *entero-* e *colite*, prob. sul modello del fr. *entéro-colite*; 1865] ***sf.*** *T.med.* infiammazione dell'intestino tenue e del colon.

enterologìa [comp. di *entero-* e *-logia*; a. 1800] ***sf.*** *T.med.* settore della medicina che si occupa dell'intestino dal punto di vista anatomico e patologico.

Enteropnèusti [comp. di *entero-* e di un der. del gr. *pnêin*, respirare; 1951] ***sm. pl.*** *T.zool.* gruppo di animali marini vermiformi che hanno una proboscide contrattile.

enterorragìa (pl. *-gìe*) [comp. di *entero-* e *-rragia*; 1887] ***sf.*** *T.med.* emorragia intestinale.

enterotomìa [comp. di *entero-* e *-tomia*, come il fr. *entérotomie*; 1820] ***sf.*** *T.chir.* operazione chirurgica che consiste nell'apertura dell'intestino.

enteròtomo [comp. di *entero-* e *-tomo*, come il fr. *entérotome*; 1951] **sm.** *T.chir.* strumento chirurgico per l'enterotomia.

enterozòo [comp. di *entero-* e *-zoo*; 1968] **sm.** verme intestinale.

entertainer (ingl., pr. [ˌentə'teɪnə]) [letter. intrattenitore; 1978] **s. inv.** comico; artista, spec. di spettacoli di varietà radio-televisivi.

entimèma [dal lat. *enthymēma*, gr. *enthýmēma*, *-atos*; a. 1558] **sm.** *T.fil.* **1.** sillogismo imcompleto, in cui manca una premessa (per es. *sono un uomo, dunque sono mortale*; e si tace: *tutti gli uomini sono mortali*) **2.** nella logica aristotelica, sillogismo imperfetto, che procede da premesse apparenti o da segni.

entimemàtico (pl. *-ci*) [dal lat. *enthymematicus*, gr. *enthymēmatikós*; 1551] **agg.** *T.fil.* che si riferisce a entimema; che ha forma di entimema ‖ *per estens.* di ragionamento, lacunoso.

entità [dal lat. medievale *entitas*, *-ātis*; a. 1563] **sf. 1.** *T.fil.* sin. di *ente* ‖ *disus.* l'essere dell'ente **2.** importanza, valore: *patrimonio di una certa entità, escoriazioni di lieve entità* **3.** *non com.* carattere, natura di un ente giuridico: *l'entità morale di questa istituzione.*

èntomo (pl. *entòmi*, *entòmata*, *entòmati*) [dal gr. *éntomon* (*zôion*), (animale) segmentato; 1319] **sm.** *arc.* insetto.

èntomo- [dal gr. *éntomon* (*zóion*), (animale) segmentato] ***primo elem.*** che, in parole composte della terminologia scientifica, vale "insetto" (per es. *entomofago, entomofauna, entomologia*).

entomocorìa [comp. di *entomo-* e *-coria*; 1956] **sf.** *T.bot.* disseminazione ad opera degli insetti ‖ **N.** anemocoria, zoocoria.

entomòcoro [da *entomocoria*; 1956] **agg.** *T.bot. disseminazione entomocora*, disseminazione ad opera di insetti ‖ *piante entomocore*, piante caratterizzate da entomocoria.

entomòfago (pl. *-gi*) [comp. di *entomo-* e *-fago*; 1865] **I agg.** *T.zool.* detto di animale (o raramente di pianta) che si nutre di insetti **II sm.** *T.zool.* insetto che divora altri insetti ‖ **N. I** *Sin.* insettivoro.

entomofàuna [comp. di *entomo-* e *fauna*; 1983] **sf.** l'insieme degli insetti che vivono in una certa area.

entomofilìa [comp. di *entomo-* e *-filia*; 1939] **sf.** *T.bot.* impollinazione dovuta a insetti.

entomòfilo [comp. di *entomo-* e *-filo*; 1917] **agg.** *T.bot.* detto di piante che affidano l'impollinazione agli insetti.

entomologìa [comp. di *entomo-* e *-logia*, sul modello del fr. *entomologie*; 1797] **sf.** *T.zool.* parte della scienza zoologica che studia gli insetti. **Q.T.** *zoologia.*

entomològico (pl. *-ci*) [da *entomologia*, sul modello del fr. *entomologique*; 1797] **agg.** che concerne l'entomologia.

entomòlogo (pl. *-gi*) [comp. di *entomo-* e *-logo*; 1853] **sm.** (f. *-a*) studioso di entomologia.

entourage (fr., pr. [ɑ̃tu'ra:ʒ]) [der. da *entourer*, stare attorno; 1903] **sm. inv.** (anche pl. *entourages*, pr. [ɑ̃tu'ra:ʒ]) gruppo di persone che attornia o si appoggia a un personaggio importante: *è entrato nell'entourage del ministro* ‖ insieme di persone che frequentano uno stesso ambiente: *l'entourage della moda* ‖ **N.** *Sin.* clientela, codazzo, corteggio, seguito; ambiente, cerchia, giro.

entozòo [comp. del gr. *entós*, dentro e *-zoo*; 1829] **sm.** *T.zool.* animale parassita che si sviluppa e vive dentro il corpo di un altro animale.

entr'acte (fr., pr. [ɑ̃'trakt]) [propr. tra un atto e l'altro; 1905] **loc. m. inv.** intermezzo, intervallo tra un atto e l'altro di uno spettacolo teatrale ‖ piccolo spettacolo inserito nell'intervallo.

entraîneuse (fr., pr. [ɑ̃trɛ'nø:z]) [propr. trascinatrice, der. di *entrainer*, condurre, trainare con sé; 1956] **sf.** (pl. *entraîneuses*, pr. [ɑ̃trɛ'nø:z]) ragazza che intrattiene i clienti nei locali notturni e ha il compito di indurli a consumare bevande.

entràmbi [dal lat. *inter ambos*, tra l'uno e l'altro; sec. XIII] **agg.** (sempre seguito dall'art. determinativo) e **pron. m. pl.** (f. *entràmbe*) tutti e due: *entrambi i ragazzi, sono entrambi in ritardo* ‖ **N.** *Sin.* ambedue.

entrànte (*ppr.* di *entrare*) [a. 1292] **agg.** che entra, che sta per cominciare: *la settimana, il mese entrante.*

entràre (pres. *éntro*) [lat. *intrāre*; 1284 ca.] **I intr.** (aus. *essere*) **1.** andare o venire all'interno di un'area chiusa o comunque delimitata: *entrare in casa, in un bosco, in area di rigore, il proiettile è entrato in un polmone, entrare in acqua* ‖ *entrare in campo*, scendere sul terreno di gioco; *fig.* comparire, acquistare rilievo ‖ *entrare in scena*, comparire sul palcoscenico; *fig.* presentarsi, affacciarsi, intervenire ‖ *ass.* entrare in casa: *non volete entrare un momento a bere qualcosa?* ‖ con vari usi *fig.*: *entrare in mente, in testa*, essere capito e ricordato: *il suo numero di telefono non mi entra in testa*; *entrare in gioco, in ballo*, intervenire: *a questo punto entrano in gioco grossi interessi economici*; *entrare in lizza*, introdursi in una competizione e, *per estens.*, concorrere a un posto e sim.; *entrare nel personaggio*, immedesimarsi in una parte ‖ *per estens.* essere ammesso in un ambiente o un gruppo definito: *entrare in società, entrare in finale, entrare in diplomazia*; *entrare in banca*, essere assunto **2.** passare per un'apertura: *la chiave non entra nella toppa* ‖ poter essere contenuto in un luogo: *quest'abito non entra più nella valigia*; *in part.* di persone, essere in grado di indossare un capo di vestiario: *è così ingrassata che non entra più nella gonna* ‖ *non com.* di numero, essere contenuto in un altro: *il cinque nel diciassette entra tre volte con resto di due* ‖ *fig. entrarci*, avere a che fare, avere relazione: *che c'entri tu con questa faccenda?* ‖ di scarpe, indumenti e sim., calzare, adattarsi: *gli stivali non mi entrano più, quest'anello non mi entra* **3.** passare in una nuova condizione: *entrare in guerra*; *entrare in conflitto, in urto, in collisione con qualcuno*; *entrare nel ventesimo anno*; *entrare in azione*, cominciare ad agire; *entrare in contatto*, stabilire un rapporto; *entrare in carica*, assumerla; *entrare in vigore*, di legge, divenire esecutiva; *entrare in amore*, di animali, trovarsi all'inizio del periodo di fertilità ‖ *non com.* di un periodo di tempo, cominciare: *appena entra l'estate* ‖ delle parti di una composizione musicale, attaccare: *alla quinta battuta entrano le viole* **4.** *T.sport.* nel calcio e in sport affini, intervenire con decisione: *entrare di testa sul pallone, entrare sull'uomo a gamba tesa* ‖ **tr.** *ant.* o *poet.* penetrare: *disse, e la casa entrò* (Pascoli) **II sm.** *non com.* **1.** ingresso, entrata **2.** inizio: *sull'entrar dell'inverno* ‖ **N. I 1.** *Sin.* accedere, addentrarsi, cacciarsi, conficcarsi, ficcarsi, imbrancarsi, immettersi, incastrarsi, infiltrarsi, insaccarsi, insediarsi, inserirsi, insinuarsi, intervenire, internarsi, intromettersi, introdursi, intrudersi, penetrare | *Contr.* emergere, fuoriuscire, uscire, venir fuori **2.** *Sin.* infilarsi, passare, stare **3.** *Sin.* iniziare; mettersi **4.** *Sin.* intervenire.

entràta [f. sost. di *entrato*, pps. di *entrare*; a. 1292] **sf. 1.** l'atto dell'entrare: *proibire l'entrata, entrata libera*; *entrata di favore*, permesso di assistere a uno spettacolo, una manifestazione e sim. senza pagare il biglietto ‖ *concr.* luogo per cui si entra, ingresso: *i biglietti si vendono all'entrata*; in un appartamento, ufficio e sim., la prima stanza che si incontra entrando: *lasciate i cappotti nell'entrata* **2.** inizio: *l'entrata della Messa* ‖ in musica, il momento in cui uno strumento inizia a eseguire la sua parte, e anche le prime battute della parte stessa; in teatro, il momento in cui un attore compare in scena, e anche la sua battuta d'esordio **3.** rendita, guadagno: *ha aumentato di molto le sue entrate* ‖ nell'ippica, sin. di *entratura* (v.) **4.** *T.sport.* nel calcio e in sport affini, intervento deciso: *entrata in gioco pericoloso* ‖ **N. 1.** *Sin.* accesso, imbocco, ingresso; anticamera, atrio, vestibolo | *Contr.* uscita **2.** *Sin.* attacco **3.** *Sin.* incasso, proventi, reddito | *Contr.* spesa, uscita **4.** *Sin.* intervento.

entratùra [da *entrare*; a. 1563] **sf. 1.** *non com.* l'atto dell'entrare ‖ l'essere ammesso in una società, compagnia ecc.: *la tassa d'entratura* **2.** *non com.* tassa di ammissione; *in part.* nell'ippica, la somma che paga il proprietario di una scuderia per aver il diritto di far correre i propri cavalli **3.** facilità di accesso e di contatto con ambienti importanti: *avere entratura col ministro* ‖ **N. 1.** *Sin.* ammissione **3.** *Sin.* familiarità.

entrave (fr., pr. [ɑ̃'tra:v]) [letter. impaccio; 1942] **sf. inv.** (anche pl. *entraves*, pr. [ɑ̃'tra:v]) *T.abb.* nella moda del primo Novecento, restringimento della gonna subito sotto il ginocchio.

entrechat (fr., pr. [ɑ̃trə'ʃa]) [letter. scambietto; 1977] **sm. inv.** passo virtuosistico della danza accademica costituito da un salto verso l'alto durante il quale le gambe tese, con le punte dei piedi tese verso il basso, si cambiano posizione tre o quattro volte, sfiorandosi.

entrecôte (fr., pr. [ɑ̃trə'ko:t]) [propr. pezzo di carne tagliata tra una costola e l'altra; 1905 *entre-côte*] **sf. inv.** (anche pl. *entrecôtes*, pr. [ɑ̃trə'ko:t]) *T.cuc.* taglio di carne usato per bistecche ‖ **N.** *Sin.* controfiletto.

entre-deux (fr., pr. [ɑ̃trə'dø]) [letter. parte posta tra due; 1908] **sm. inv.** ricamo o pizzo cucito tra due lembi di stoffa; incassatura, tramezzo.

entremets (fr., pr. [ɑ̃trə'mɛ]) [letter. piatto fra le portate; 1905] **sm. inv.** *T.cuc.* portata leggera servita prima della frutta.

entrişmo [da *entrare*; 1969] **sm.** tattica politica consistente nell'entrare in un partito o in un'istituzione per indebolirli o modificarne profondamente il comportamento.

éntro [lat. *intro*; a. 1292] **I prep. 1.** usata con espressioni di tempo, prima che il periodo corrispondente finisca: *la domanda va presentata entro la fine del mese* **2.** *arc.* dentro **II avv.** *arc.* dentro.

éntro- [dal lat. *intro*, entro] ***pref.*** preposto ad aggettivi o sostantivi ha il valore di "interno": *entrobordo, entroterra* ‖ **N.** *Contr.* fuori-.

entrobórdo [comp. di *entro-* e *bordo*, sul modello di *fuoribordo*; 1942] **I sm.** imbarcazione fornita di motore interno allo scafo **II** anche in funzione di **agg.** *inv.*: *motore entrobordo* ‖ **N.** *Contr.* fuoribordo.

entropìa [comp. del gr. *én*, dentro e gr. *tropḗ*, rivolgimento, attr. il ted. *Entropie*; 1892] **sf.** *T.fis.* funzione di stato di un sistema termodinamico; la sua variazione in un sistema isolato è sempre positiva, e misura il grado di irreversibilità dei processi in corso ‖ la stessa grandezza si può esprimere, in fisica statistica, in termini del numero dei diversi stati microscopici corrispondenti a uno stesso stato macroscopico, e diventa così una misura del grado di disordine di un sistema: maggiore è l'entropia, minore la quantità di informazione sul sistema ‖ con questo valore, il concetto di entropia è stato utilizzato anche in altre scienze (informatica, economia, semiologia ecc.) ‖ **N.** *Contr.* sintropia.

entròpico (pl. *-ci*) [da *entropia*; 1950] **agg.** proprio dell'entropia, che concerne l'entropia.

entròpion o **entròpio** (pl. *-pi*) [dal gr. *en-*

tropḗ, involgimento; 1834 *entropio*] ***sm.*** *inv.* *T.med.* rovesciamento della palpebra e delle ciglia verso l'interno.

entrotèrra [comp. di *entro* e *terra*, sul modello del ted. *Hinterland*; a. 1861 *entro terra*] ***sm.*** *inv.* territorio che si stende dietro la costa: *i difficili rapporti tra Venezia e le città dell'entroterra.*

entrovàlle [comp. di *entro* e *valle*; 1956] ***sm.*** *inv.* territorio situato nella zona più interna di una valle o di un sistema vallivo.

entuṣiaṣmànte (*ppr.* di *entusiasmare*) [1927] ***agg.*** appassionante: *uno spettacolo entusiasmante.*

entuṣiaṣmàre [dal fr. *enthousiasmer*; 1847] ***tr.*** destare entusiasmo || ***intr. pron.*** farsi prendere dall'entusiasmo: *s'era entusiasmato a quella notizia, si entusiasma per ogni sciocchezza* || **N.** *Sin.* appassionare, esaltare, estasiare.

entuṣiàṣmo [dal gr. *enthousiasmós*, attr. il fr. *enthousiasme*; 1549] ***sm.*** **1.** commozione grande dell'anima, di gioia o d'ammirazione: *ha suscitato l'entusiasmo del pubblico* || sentimento di calda e spontanea approvazione: *ha accettato la proposta con entusiasmo* **2.** presso gli antichi Greci, stato interiore di particolare eccitazione dovuto all'essere posseduti dalla divinità || **N. 1.** *Sin.* ammirazione, ardore, esaltazione, esultanza, estasi, fervore, infatuazione; calore, partecipazione, passione, slancio | destare, suscitare; frenare, smorzare.

entuṣiàsta [dal gr. *enthousiastḗs*, attr. il fr. *enthousiaste*; a. 1642] **I** ***agg.*** pieno di entusiasmo: *il pianista dovette concedere numerosi bis al pubblico entusiasta* || molto soddisfatto: *sono entusiasta dei tuoi ultimi lavori* **II** ***sm.*** *pl. entusiasti*, nome dato un tempo ai membri di alcune sette religiose che si consideravano direttamente ispirate dallo Spirito Santo || **N. I** *Sin.* elettrizzato, infervorato.

entuṣiàstico (pl. *-ci*) [dal gr. *enthousiastikós*; 1579] ***agg.*** che prova, che dimostra entusiasmo: *fu accolto da grida entusiastiche, approvazione entusiastica* || **entuṣiasticaménte** ***avv.***

enucleàre (pres. *-ùcleo*) [dal lat. *enucleāre*, liberare dal nocciolo; 1529] ***tr.*** **1.** spiegare nei suoi termini essenziali: *enucleare una questione* || mettere in evidenza isolando dal resto: *enucleare il punto principale del problema* **2.** *T.med.* asportare una formazione o un organo nettamente distinti rispetto ai tessuti circostanti: *enucleare una cisti, il bulbo oculare.*

enucleazióne [da *enucleare*; a. 1764] ***sf.*** atto dell'enucleare, in entrambi i sensi del verbo.

enueg (provenz., pr. [e'nwetʃ]) [letter. noia; 1966] ***sf.*** *T.lett.* genere di componimento poetico della letteratura provenzale, di argomento doloroso, imitato in Italia con il nome di noia || **N.** *plazer.*

ènula [dal lat. tardo *enula*, class. *inula*; prima metà sec. XIV] ***sf.*** erba delle Composite dai fiori gialli in capolino e foglie ovali || **N.** *Sin.* elenio, enula campana, inula.

enumeràbile [da *enumerare*; 1969] ***agg.*** *T.mat.* di un insieme, che sia finito o infinito, numerabile.

enumeràre (pres. *-ùmero*) [dal lat. *enumerāre*; fine sec. XIV] ***tr.*** esporre una cosa dopo l'altra con ordine e con una certa enfasi: *enumerò tutte le difficoltà che si frapponevano all'arditissima impresa* || **N.** *Sin.* elencare.

enumerazióne [da *enumerare*; 1563] ***sf.*** l'atto e l'effetto dell'enumerare || *T.ret.* la parte di un'orazione in cui si ricapitolano gli argomenti precedentemente enunciati.

enunciàre o **enunziàre** (pres. *-ùncio* o *-ùnzio*) [dal lat. *enunciāre*, prob. attr. il fr. *énoncer*; a. 1498] ***tr.*** esprimere con solennità o rigore formale un argomento o concetto di una certa importanza: *enunciare i princìpi ispiratori dell'azione del governo, enunciare un teorema* || **N.** *Sin.* esporre; proclamare.

enunciatìvo [dal lat. *enunciatīvus*, prob. attr. il fr. *énonciatif*; 1575] ***agg.*** che serve a enunciare; *T.ling. frase enunciativa* (detta anche *dichiarativa*), che constata una realtà o enuncia un'affermazione: si oppone alle frasi *imperative* e a quelle *interrogative.*

enunciàto (*pps.* di *enunciare*) [a. 1873] ***sm.*** **1.** le parole con cui s'enuncia qualcosa: *l'enunciato di un teorema* **2.** *T.ling.* segmento di discorso di varia lunghezza prodotto in una reale situazione comunicativa e come tale contrapposto a *frase*, cioè al costrutto di un modello linguistico: *enunciato completo, frammentario; enunciato monorematico*, composto da una sola parola **3.** *T.fil.* in logica, espressione linguistica di cui ha senso dire che è vera o falsa. **Q.T.** *linguistica.*

enunciatóre (ant. *enunziatóre*) [da *enunciare*; 1899] ***sm.*** (f. *-trìce*) chi enuncia || *T.ling.* chi produce un enunciato.

enunciazióne (raro *enunziazióne*) [dal lat. *enuntiātio*, *-ōnis*, prob. attr. il fr. *énonciation*; 1551] ***sf.*** l'atto dell'enunciare || *T.ling.* il processo che produce un enunciato: *condizioni di enunciazione.*

enunziàre e der. V. ENUNCIARE e der.

enurèṣi [dal gr. *enourêin*, orinare sopra; 1820] ***sf.*** *T.med.* emissione involontaria di urine, spec. notturna, caratteristica dell'infanzia.

-ènza [dal lat. *-entia*, suff. tratto dal tema del participio] ***suff.*** forma sostantivi f. ottenuti a partire da verbi in *-ere*: *credenza, scadenza, tendenza* || **N.** -anza.

enẓìma [comp. del gr. *én*, dentro e gr. *zýmē*, lievito, attr. il ted. *Enzym*; 1892] ***sm.*** sostanza secreta della cellula, che ha la capacità di accelerare le reazioni chimiche del metabolismo cellulare || **N.** *Sin.* fermento | -asi. **Q.T.** *genetica...*

enẓimàtico (pl. *-ci*) [da *enzima*; 1932] ***agg.*** *T.chim.* che riguarda gli enzimi.

enẓimologìa [comp. di *enzima* e *-logia*; 1956] ***sf.*** settore della biochimica che ha per oggetto gli enzimi.

enẓoozìa [comp. del gr. *én*, in e di un der. del gr. *zôion*, animale; 1834] ***sf.*** *T.vet.* ogni malattia infettiva che si diffonda fra un certo numero di animali in un'area circoscritta (stalla, allevamento e sim.).

éo ***pron.*** *arc.* V. IO.

Eocène [comp. del gr. *héōs*, aurora e *-cene*, come l'ingl. *Eocene*; 1879] ***sm.*** *T.geol.* il primo periodo dell'era terziaria o cenozoica || **N.** Miocene, Pliocene.

eocènico (pl. *-ci*) [da *Eocene*; a. 1930] ***agg.*** *T.geol.* dell'Eocene, che si riferisce all'Eocene.

eòlico¹ (pl. *-ci*) [dal n. proprio *Eolo*, dio dei venti nella mitologia greca; 1828] ***agg.*** **1.** di Eolo, dio dei venti **2.** *T.geol.* dovuto al vento: *depositi eolici*, accumulo di materiali sabbiosi operato dal vento, per es. le dune. **TAV.** ***geologia*** **p. 1313** 4.4.

eòlico² (pl. *-ci*) [dal lat. *Aeolicus*, gr. *Aiolikós*; 1529] **I** ***agg.*** **1.** *T.stor.* dell'Eolide, regione dell'Asia Minore || degli antichi Eoli, una delle quattro tradizionali stirpi greche (insieme agli Ioni, agli Achei e ai Dori) **2.** *dialetto eolico*, una delle quattro grandi suddivisioni dialettali del greco antico, diviso in numerose varietà locali parlate soprattutto in Tessaglia e in molte isole dell'Asia Minore; come lingua letteraria fu usato ad es. da Alceo e Saffo **II** ***sm.*** dialetto eolico.

eòlio¹ (pl. *-li*) [dal lat. *Aeolius*, gr. *Aiólios*; a. 1638] ***agg.*** di Eolo, dio dei venti || *arpa eolia*, strumento a corde congegnato in modo che, esposto all'aria, il vento ne faceva uscire un suono gradevole.

eòlio² (pl. *-li*) [dal lat. *Aeolius*, gr. *Aiólios*; a. 1375] ***agg.*** *lett.* dell'Eolide eolico: *la poetessa eolia*, Saffo || *T.mus. modo eolio*, uno dei modi della musica greca antica; con lo stesso nome si indicò uno dei quattro modi introdotti nel sec. XV accanto agli otto tradizionali gregoriani, che corrisponde all'attuale modo minore.

eoliṣmo [da *eolico²*; 1956] ***sm.*** parola, o caratteristica fonetica o morfologica, propria del dialetto eolico: *il problema degli eolismi in Omero.*

eóne [dal lat. tardo *aeōn*, *-ōnis*, gr. *aiṓn*, *-ônos*, propr. età, secolo; a. 1873] ***sm.*** *T.rel.* secondo gli gnostici, ogni essere eterno emanato da Dio, intermedio tra lui e le cose.

eoniṣmo [dal n. proprio Ch. d'*Eon*, cavaliere del sec. XVIII; 1983] ***sm.*** tendenza ad abbigliarsi con abiti femminili da parte di individui di sesso maschile || **N.** *Sin.* travestitismo.

eòo [dal lat. *eōus*, gr. *eoîos*, mattutino; a. 1292] ***agg.*** *poet.* orientale, dell'oriente: *dagli esperii ai lidi eoi* (Ariosto).

eoṣìna [comp. del gr. *ēṓs*, aurora e *-ina*; 1951] ***sf.*** *T.chim.* colorante organico artificiale che serve a tingere tessuti, inchiostri ecc. in giallo, rosso e bluastro.

eoṣinofilìa [da *eosinofilo*; 1934] ***sf.*** **1.** *T.biol.* proprietà di alcune cellule di essere colorabili con l'eosina **2.** *T.med.* eccesso di eosinofili nel sangue.

eoṣinòfilo [comp. di *eosina* e *-filo*; 1929] ***sm.*** *T.biol.* cellula bianca del sangue, che può essere colorata con eosina.

èpa [lat. tardo *hēpar*, fegato; a. 1294] ***sf.*** *arc.* o *lett.* pancia: *epe ingorde* (Ariosto).

épagneul (fr., pr. [epa'ɲœl]) [letter. spagnolo; 1908] ***sm.*** *inv.* cane da ferma con pelo lungo e ondulato e orecchie pendenti.

epagòge [dal lat. tardo *epagōge*, gr. *epagōgḗ*; 1829] ***sf.*** *T.fil.* nella filosofia aristotelica, induzione.

epagògico (pl. *-ci*) [da *epagoge*; a. 1904] ***agg.*** *T.fil.* nella filosofia aristotelica, induttivo: *argomentazione epagogica.*

epanadiplòṣi [dal lat. tardo *epanadiplōsis*, gr. *epanadíplōsis*; 1745] ***sf.*** *T.ret.* figura retorica che consiste nell'iniziare e concludere un verso con una stessa parola.

epanàfora [dal lat. tardo *epanaphora*, gr. *epanaphorá*; a. 1604] ***sf.*** *T.ret.* figura retorica che consiste nel ripetere, per rafforzare o chiarire, una o più parole.

epanafòrico (pl. *-ci*) [da *epanafora*; 1887] ***agg.*** *T.ret.* relativo all'epanafora, che costituisce un'epanafora: *ripetizione epanaforica.*

epanalèssi [dal gr. *epanálēpsis*, ripresa; a. 1595] ***sf.*** *T.ret.* figura in cui si ripete una parola all'interno dello stesso segmento di testo (come in *In verità, in verità vi dico...*); è denominata in latino *geminatio* || **N.** *Sin.* anadiplosi.

epanalèttico (pl. *-ci*) [da *epanalessi*; 1965] ***agg.*** *T.ret.* detto di parola o locuzione che forma un'epanalessi.

epànodo [dal gr. *epánodos*, regressione; 1834] ***sm.*** *T.ret.* figura retorica che consiste nella ripetizione, arricchita di particolari, di una o più parole già enunciate in precedenza.

epàrca V. EPARCO.

eparchìa [dal gr. *eparchéia* o *eparchía*; a. 1652] ***sf.*** *T.stor.* suddivisione amministrativa dei regni dei Seleucidi e dei Tolomei || suddivisione dell'amministrazione ecclesiastica bizantina equivalente alla diocesi occidentale.

epàrco o **epàrca** (pl. *-chi*) [dal gr. *éparchos*; 1834] ***sm.*** *T.stor.* governatore di un'eparchia.

eparìna [dall'ingl. *heparin*, basato sul gr. *hêpar*, fegato; 1932] ***sf.*** *T.chim.* e *T.med.* sostanza di natura polisaccaride, presente in vari organi, spec. nel fegato, dal potere anticoagulante.

épater le bourgeois (fr., pr. [epa'te lə bur'ʒwa]) [letter. stordire i borghesi; 1905] ***loc.*** fare scandalo, sconcertare la gente comune, con affermazioni o atteggiamenti volutamente paradossali o provocatori: *uno spettacolo tradizionale, con qualche trovata dissacrante giusto per épater le bourgeois.*

epàtica [dal lat. *hepatica*, f. di *hepaticus*, epatico; a. 1320] ***sf.*** pianta erbacea delle Ranuncolacee con foglie trilobate e fiori azzurri. **TAV. *botanica* p. 661** 7.3.

Epàtiche [dal lat. scient. *Hepaticae*, lat. *hepaticus*, epatico, perché alcune specie erano usate per curare malattie del fegato; 1828] ***sf. pl.*** *T.bot.* classe di piccole piante delle Briofite, amanti dei luoghi umidi e ombrosi, che formano come dei verdi tappeti.

epàtico (pl. *-ci*) [dal lat. tardo *hepaticus*, gr. *hēpatikós*; a. 1313] ***agg.*** *T.med.* di o del fegato: *macchie, coliche epatiche.* **TAV. *anatomia* p. 642** 8.13, 8.14.

epatìte [dal gr. *hêpar, hḗpatos*, fegato, attr. il fr. *hépatite*; 1750] ***sf.*** *T.med.* infiammazione del fegato: *epatite di tipo A*, contratta per via orale; *epatite di tipo B*, contratta attraverso il contatto con sangue infetto.

epatizzazióne [dal gr. *hêpar, hḗpatos*, attr. il fr. *hépatisation*; 1908] ***sf.*** *T.med.* l'indurimento del polmone, nella polmonite, che lo fa diventare simile al tessuto del fegato.

èpato- [dal gr. *hêpar, hḗpatos*, fegato] ***primo elem.*** che, in parole composte della terminologia medica, vale "fegato": **epatalgìa**, **epatopatìa**, **epatorragìa**, **epatotomìa**.

epatobiliàre [comp. di *epato-* e *biliare*; 1965] ***agg.*** *T.anat.* che concerne il fegato e le vie biliari.

epatomegalìa [comp. di *epato-* e *-megalia*; 1951] ***sf.*** *T.med.* ingrossamento anormale del fegato.

epatoprotettivo [comp. di *epato-* e *protettivo*; 1956] ***agg.*** e ***sm.*** *T.med.* epatoprotettore.

epatoprotettóre [comp. di *epato-* e *protettore*; 1956 *epato-protettore*] ***agg.*** e ***sm.*** *T.med.* detto di sostanza che previene l'insorgere di disturbi epatici e garantisce al fegato la migliore funzionalità.

epatoscopìa [dal gr. *hēpatoskopía*; 1820] ***sf.*** nell'antica Grecia, in Etruria, a Roma e nell'Oriente, esplorazione del fegato delle vittime sacrificate per responsi e predizioni.

epatòṣi [comp. di *epato-* e *-osi*; 1932] ***sf.*** *T.med.* malattia non infiammatoria del fegato.

epatosplenomegalìa [comp. di *epato-*, *spleno-* e *-megalia*; 1956] ***sf.*** *T.med.* ingrossamento sia del fegato che della milza.

epatoterapìa [comp. di *epato-* e *terapia*; 1937] ***sf.*** *T.med.* terapia che si fonda sulla somministrazione di fegato o di estratti epatici.

epàtta [dal lat. tardo *epactae* pl., gr. *epaktái* (*hēmérai*), (giorni) intercalari; a. 1294 *patta*] ***sf.*** *T.astr.* l'età della luna al principio dell'anno, e cioè il numero dei giorni che vanno dall'ultimo novilunio dell'anno precedente al primo gennaio; aggiunti all'anno lunare lo fanno coincidere con quello solare; la Chiesa si serve di tale numero per fissare la Pasqua e le feste mobili dell'anno.

épaulement (fr., pr. [epol'mã]) [da *épaule*, spalla; 1988] ***sm.*** nella danza accademica, termine che indica l'impostazione del busto ed è usato per qualificare la correttezza dell'impostazione delle spalle: *un buon épaulement è uno degli elementi essenziali della calsse nella danza.*

epèira [comp. di *epi-* e di un der. del gr. *éirein*, intrecciare; 1892] ***sf.*** genere di ragni caratterizzati da una croce di macchie bianche sul dorso.

epeirogèneṣi V. EPIROGENESI.

epèndima [dal gr. *epéndyma*, sopravveste; 1892] ***sf.*** *T.anat.* membrana che riveste i ventricoli cerebrali e il canale midollare.

epènteṣi [dal gr. e lat. tardo *epénthesis*; 1540] ***sf.*** **1.** *T.ling.* inserzione di un suono non giustificato etimologicamente nel mezzo di una parola per renderne più agevole la pronuncia (per es. *fantasima* per *fantasma*) **2.** gioco enigmistico in cui si chiede di individuare due parole che differiscono tra loro per una lettera interna (*coro* - *corto*) ‖ **N. 1.** anaptissi.

epentètico (pl. *-ci*) [dal gr. *epenthetikós*, come il fr. *épenthétique*; a. 1764] ***agg.*** *T.ling.* di epentesi, prodotto di epentesi: *fonema epentetico.*

eperlàno [lat. scient. *eperlanus*, dall'ol. *spierline*, per il tramite del fr. *éperlan*; 1834] ***sm.*** sperlano.

epeṣegèṣi [dal lat. tardo *epexegēsis*, gr. *epexḗgēsis*; 1956] ***sf.*** nota esplicativa a una frase o a un'espressione che abbia di per sé senso compiuto.

epeṣegètico (pl. *-ci*) [da *epesegesi*; 1951] ***agg.*** *T.ling.* esplicativo; *in part.* detto di una proposizione che si aggiunge per chiarirne un'altra ‖ *genitivo epesegetico*, nella grammatica latina, complemento al genitivo con la funzione di determinare il sostantivo generico da cui dipende (per es. *arbor mali* "l'albero del melo").

èpi- [dal gr. *epí*, sopra] ***pref.*** vale "sopra", "oltre", "che si aggiunge" e sim. (per es. *epicentro, epidemia, epicardio, epigramma*).

èpica [f. sost. di *epico*; 1766] ***sf.*** genere poetico che consiste nella narrazione celebrativa di fatti eroici ‖ *concr.* l'insieme dei poemi epici di una nazione, di un'epoca ecc.: *l'epica germanica* ‖ *per estens.* poesia non lirica, narrativa ‖ **N.** *Sin.* epopea, epos, poesia eroica, saga. **Q.T.** *letteratura*...

epicànto [comp. di *epi-* e del gr. *kanthós*, angolo dell'occhio; 1887] ***sm.*** *T.med.* anomalia congenita consistente in una piega cutanea che ricopre l'angolo interno dell'occhio.

epicàrdio (pl. *-di*) [comp. di *epi-* e *-cardio*; 1892] ***sm.*** *T.anat.* la membrana esterna del pericardio che riveste il cuore.

epicàrpo [comp. di *epi-* e *-carpo*; 1820] ***sm.*** *T.bot.* il più esterno dei tre strati del frutto, chiamato normalmente *buccia* ‖ **N.** endocarpo, mesocarpo.

epicèdico (pl. *-ci*) [da *epicedio*; 1869] ***agg.*** *T.lett.* di epicedio, che si riferisce a epicedio.

epicèdio (pl. *-di*) [dal lat. *epicedīon*, gr. *epikḗdeion*; 1618] ***sm.*** *T.lett.* presso gli antichi Greci, canto funebre in lode del morto ‖ **N.** elegia, lamentazione, nenia, trenodia.

epicèno [dal lat. tardo *epicoenum*, gr. *epíkoinon*, genere comune; a. 1600] ***agg.*** *T.ling.* detto di nomi di animali che non distinguono il genere maschile dal femminile ‖ **N.** *Sin.* ambigenere.

epicèntro [dal gr. *epíkentros*, che sta al centro; 1892] ***sm.*** *T.geol.* il centro superficiale, da cui partono e si propagano le onde sismiche nei terremoti; è la proiezione sulla superficie terrestre dell'ipocentro ‖ *fig.* il centro da cui s'irradia un'ideologia, un movimento rivoluzionario, un'epidemia.

epicherèma [dal lat. *epichirēma*, gr. *epichéirēma*; 1559] ***sm.*** *T.fil.* ragionamento in cui una più premesse sono nascoste o esposte solo imperfettamente.

epiciclo [dal lat. tardo *epicyclus*, gr. *epíkyklos*, propr. che sta sopra il cerchio; 1282] ***sm.*** *T.astr.* secondo l'astronomia tolemaica, la circonferenza descritta da un pianeta intorno a un punto ideale, il quale punto, a sua volta, descriverebbe un'altra circonferenza (detta *deferente*) intorno alla Terra.

epicicloidàle [da *epicicloide*; 1917] ***agg.*** *T.astr.* che descrive una traiettoria di epicicloide: *moto epicicloidale*, generato da un punto su un cerchio che rotola mantenendosi tangente esternamente a un'altra circonferenza.

epicicloìde [comp. di *epiciclo* e *-oide*; 1718] ***sf.*** *T.mat.* curva descritta da un punto di una circonferenza che rotoli lungo un'altra circonferenza a cui è tangente esternamente ‖ *in part.* la curva descritta dai pianeti, secondo la teoria tolemaica.

èpico (pl. *-ci*) [dal lat. *epicus*, gr. *epikós*; a. 1565] ***agg.*** detto di genere poetico in cui si narrino ed esaltino le gesta degli eroi: *stile, poema epico* ‖ *per estens.* detto di poesia non lirica, narrativa ‖ *per estens.* degno di poema epico, eroico: *compiere gesta epiche* ‖ **epicaménte** ***avv.***

epicontinentàle [comp. di *epi-* e *continentale*; 1965] ***agg.*** *T.geol.* detto di un mare poco profondo posto sulla piattaforma continentale.

epicòrio (pl. *-ri*) [dal lat. *epichōrios*; 1820] ***agg.*** *lett.* indigeno.

epicòtile [comp. di *epi-* e *cotile*(*done*); 1956] ***sm.*** *T.bot.* parte dell'embrione della pianta che dà origine al fusto.

epicrànico [comp. di *epi-* e un der. di *cranio*; 1988] ***agg.*** *T.anat.* relativo al complesso delle parti molli che rivestono il cranio: *aponeurosi epicranica.*

epicràṣi [dal gr. *epíkrasis*, temperamento; 1834] ***sf.*** *T.med.* cura lenta, a piccole dosi, con rimedi mitiganti.

epicràtico (pl. *-ci*) [dal gr. *epikratikós*; a. 1698] ***agg.*** *T.med.* di epicrasi: *metodo epicratico.*

epicriṣi [dal gr. *epíkrisis*; 1828] ***sf.*** giudizio finale derivante da conclusioni parziali ‖ *in part.* *T.med.* ricostruzione cronologica dei motivi che hanno condotto alla morte di un paziente, ottenuta mediante l'autopsia.

epicrìtico (pl. *-ci*) [da *epicrisi*; 1934] ***agg.*** *T.med.* relativo a epicrisi, proprio dell'epicrisi: *relazione epicritica.*

epicureggiàre (pres. *-éggio*) [da *epicureo*; 1865] ***intr.*** (aus. *avere*) *non com.* condurre una vita da epicureo, ricercare solo i piaceri.

epicureìṣmo [dal n. proprio *Epicuro*; 1735] ***sm.*** *T.fil.* l'insieme delle dottrine filosofiche di Epicuro e della scuola da lui fondata ad Atene alla fine del IV sec. a.C., caratterizzato dal sensismo in gnoseologia, dall'atomismo in fisica e dall'eudemonismo nell'etica ‖ *per estens.* visione edonistica dell'esistenza.

epicurèo [dal lat. *Epicurēus*, gr. *Epikóureios*; 1282] **I** ***agg.*** di Epicuro **II** ***sm.*** (f. *-a*) seguace di Epicuro ‖ *per estens.* chi fa vita dedita soltanto ai piaceri ‖ **N. I** edonista **II** crapulone, gaudente.

epidemìa [dal gr. *epidēmía*, da *epídēmos*, generale, pubblico; 1282 *epidimia*] ***sf.*** malattia contagiosa che colpisce un gran numero di persone, derivante da una causa comune e generale sopravvenuta accidentalmente (se fosse abituale, si avrebbe l'*endemia*) ‖ *fig.* fenomeno negativo che si diffonde rapidamente: *un'epidemia di fallimenti* ‖ **N.** contagio, infezione, moria, peste, pestilenza | endemia, pandemia | dilagare, erompere, infestare, infierire, infuriare, propagarsi, scoppiare | cordone sanitario, disinfezione, quarantena; lazzaretto; untore.

epidemicità [dal fr. *épidémicité*; 1859] ***sf.*** l'essere epidemico.

epidèmico (pl. *-ci*) [dal fr. *épidémique*; a. 1508 *epidimico*] ***agg.*** di epidemia, che ha natura di epidemia ‖ **epidemicaménte** ***avv.*** ‖ **N.** contagioso, endemico, infettivo, pandemico | *Contr.* sporadico.

epidemiologìa [comp. di *epidemia* e *-logia*; 1892] ***sf.*** branca della medicina che studia le cause e le modalità di diffusione delle malattie su un determinato territorio.

epidemiològico (pl. *-ci*) [da *epidemiologia*; 1956] ***agg.*** che riguarda l'epidemiologia: *ricerche epidemiologiche.*

epidemiòlogo (pl. *-gi*) [da *epidemiologia*; 1968] ***sm.*** (f. *-a*) medico specializzato in epidemiologia; chi conduce ricerche nel campo dell'epidemiologia.

epidèrmico (pl. *-ci*) [dal fr. *épidermique*; 1828] **agg.** che si riferisce all'epidermide || *fig.* superficiale: *è solo un interesse epidermico.*

epidèrmide [dal lat. tardo *epidermis, -ides*, gr. *epidermís, -ídos*; a. 1673] **sf.** **1.** *T.anat.* lo strato esterno e superficiale della pelle || *fig.* superficie, parte esteriore **2.** *T.bot.* tessuto esteriore di protezione delle piante composto da cellule appiattite e privo di spazi intercellulari || **N.** cute, tegumento, PELLE. **TAV.** ***anatomia* p. 642** 19.5.

epidiascòpio (pl. *-pi*) [comp. di *epi*(*scopio*) e *diascopio*; 1942] **sm.** *T.fot.* apparecchio di proiezione, che serve per proiettare sia per trasparenza che per riflessione. **TAV.** *cinematografia...* 6.

epidìdimo [dal gr. *epididymís*, propr. sopra il testicolo; 1678] **sm.** *T.anat.* piccolo organo posto al di sopra del testicolo, che costituisce la parte iniziale delle vie spermatiche e funge da serbatoio degli spermatozoi.

epidìttico (pl. *-ci*) [dal lat. *epidīcticus*, gr. *epideiktikós*; a. 1640] **agg.** dimostrativo, espositivo || *T.ret.* *genere epidittico*, nella retorica greca, il genere usato dagli oratori nelle cerimonie pubbliche.

epìdoto [dal gr. *epídotos*, da *epididónai*, aggiungere, poiché la base del prisma dei suoi cristalli ha un lato più lungo degli altri; 1834] **sm.** *T.min.* minerale costituito da una miscela composta da un silicato di alluminio e calcio e da un silicato di ferro e calcio, di colore bruno o verdastro, presente nelle rocce metamorfiche ed eruttive.

epifanìa [dal lat. *epiphanīa*; a. 1292] **sf.** **1.** apparizione visibile della divinità; *per anton.* la manifestazione della divinità di Gesù ai Re Magi || *per estens. lett.* apparizione **2.** festa che si celebra il 6 gennaio in commemorazione della visita dei Re Magi a Gesù bambino || **N.** **2.** befana, festa dei Re.

epifànico (pl. *-ci*) [da *epifania*; a. 1952] **agg.** *lett.* proprio di epifania, relativo a epifania.

epifenòmeno [comp. di *epi-* e *fenomeno*; 1820] **sm.** *T.fil.* fenomeno sopraggiunto a una situazione complessiva che non ne risulta modificata || *in part.* *T.med.* sintomo che si aggiunge ai sintomi precedenti, senza che faccia cambiare la diagnosi già riconosciuta.

epifiṣàrio (pl. *-ri*) [da *epifisi*; 1834] **agg.** *T.med.* dell'epifisi.

epìfiṣi [dal gr. *epíphysis*, sostanza aggiunta; 1560 *epiphysis* nel senso 1; 1931 nel senso 2] **sf.** *T.anat.* **1.** estremità delle ossa lunghe **2.** ghiandola a secrezione interna che si trova nella parte superiore posteriore del terzo ventricolo del cervello; viene chiamata anche *ghiandola pineale*. **TAV.** ***anatomia* p. 641** 5.1.

epìfita [comp. di *epi-* e *-fita*; 1829 *epifitee*] **sf.** *T.bot.* pianta che vive sui tronchi o sui rami degli alberi (come il muschio e il lichene).

epifitìa [comp. di *epi-* e di un der. del gr. *phytón*, pianta; 1951] **sf.** *T.bot.* epidemia tra le piante.

epifonèma [dal lat. tardo *epiphonēma*, gr. *epiphṓnēma*, propr. voce aggiunta; a. 1589] **sm.** *T.ret.* sentenza in forma più o meno enfatica, che serve di conclusione al discorso.

epìfora [dal lat. tardo *epīphora*, gr. *epiphorá*, aggiunta; a. 1498] **sf.** **1.** *T.med.* lacrimazione **2.** *T.ret.* ripetizione della stessa parola alla fine di vari periodi || **N.** **2.** *Sin.* epistrofe.

epifràgma [dal gr. *epífragma*, ostruzione; 1813] **sm.** membrana secreta da alcuni molluschi, come per es. la chiocciola, per chiudere temporaneamente l'apertura della loro conchiglia.

epìfrasi [dal gr. *epíphrasis*; 1969] **sf.** *T.ret.* figura logica che consiste nell'amplificare un enunciato mediante un'aggiunta che può accentuare o correggere ciò che si è detto precedentemente: *andate pure subito al cinema, a meno che non vogliate ancora prendere un caffè qui da noi.*

epigamìa [dal gr. *epigamía*; 1834] **sf.** *T.stor.* nella Grecia antica, privilegio concesso a uno straniero di sposare una persona della città, con acquisizione del diritto di cittadinanza per i figli.

epigàstrico (pl. *-ci*) [da *epigastrio*; 1681] **agg.** *T.anat.* che si riferisce all'epigastrio.

epigàstrio o **epigàstro** (pl. *-stri*) [dal gr. *epigástrion*; 1745] **sm.** *T.anat.* la parte superiore dell'addome, corrispondente all'apertura delle costole, detta anche *bocca dello stomaco* || **N.** ipogastrio, mesogastrio, STOMACO.

epigèneṣi [comp. di *epi-* e *genesi*, come il fr. *épigénèse*; 1834] **sf.** *T.biol.* teoria secondo la quale, durante lo sviluppo dell'embrione, i singoli organi si formano per creazione successiva e non sono il risultato di un'evoluzione, cioè di un accrescimento di parti già preesistenti nel germe.

epigenètico (pl. *-ci*) [da *epigenesi*; 1887] **agg.** **1.** *T.biol.* relativo all'epigenesi, proprio dell'epigenesi: *teoria epigenetica* **2.** *T.geol.* di attività vulcanica o apparato vulcanico, posteriore rispetto a precedenti manifestazioni || detto di giacimento minerario formatosi in tempi successivi rispetto alla roccia in cui è racchiuso **3.** *T.geogr.* *alveo epigenetico*, alveo di fiume formatosi accanto all'alveo originario ostruito.

epigenìa [dal gr. *epigénēs*, cresciuto dopo; 1869] **sf.** il processo di fossilizzazione di un organismo per graduale sostituzione dei materiali che lo compongono con nuovi minerali.

epigèo [dal gr. *epígeios*, che sta sopra la terra; 1813] **I agg.** **1.** *T.bot.* detto di pianta o altro organo vegetale che si sviluppa sopra il terreno **2.** *T.zool.* detto di animale che vive sulla superficie del terreno **II sm.** *T.mar.* canapo per l'ormeggio a terra || **N.** **I** aereo | *Contr.* ipogeo.

epìgino [comp. di *epi-* e *-gino*; 1813] **agg.** *T.bot.* detto di fiore che presenta perianzio e androceo in posizione superiore rispetto all'ovario || **N.** *Contr.* ipogino.

epiglòttico (pl. *-ci*) [da *epiglottide*; 1834] **agg.** *T.anat.* proprio dell'epiglottide, che riguarda l'epiglottide.

epiglòttide [dal gr. *epiglōttís, -ídos*, propr. che sta sopra la lingua; sec. XIV *epigloto*] **sf.** *T.anat.* appendice cartilaginosa che sta sopra l'apertura della laringe, a mo' di valvola, e la copre durante la deglutizione per impedire ai cibi di entrare nella trachea. **TAV.** *fonetica...* 1.5.

epìgono [dal gr. *epígonos*, nato dopo; 1769 nel senso 2; 1868 nel senso 1] **sm.** **1.** *lett.* seguace e imitatore di un autore, spesso povero di creatività e personalità **2.** *non com.* discendente; *in part.* *T.mit.* nella mitologia greca, ognuno dei figli dei sette eroi morti nella prima guerra tebana; *T.stor.* ciascuno dei figli dei diadochi succeduti ad Alessandro Magno.

epìgrafe [dal gr. *epigraphḗ*, prob. attr. il fr. *épigraphe*; a. 1727] **sf.** **1.** breve iscrizione da incidersi in pietra o in bronzo per commemorare fatti solenni o le virtù di un morto **2.** dedica posta in fronte a un libro || citazione di un autore famoso all'inizio di uno scritto || **N.** **1.** *Sin.* epitaffio, lapide; ISCRIZIONE.

epigrafìa [da *epigrafe*; 1792 nel senso 2] **sf.** **1.** parte dell'archeologia che studia le epigrafi antiche: *epigrafia semitica* || complesso di epigrafi **2.** l'arte del comporre epigrafi. **Q.T.** *filologia...*

epigràfico (pl. *-ci*) [da *epigrafe*; a. 1836] **agg.** **1.** di epigrafia, proprio dell'epigrafia **2.** *per estens.* conciso: *stile epigrafico* || **N.** **2.** *Sin.* laconico, lapidario, stringato.

epigrafìsta [da *epigrafia*; 1858 nel senso 2; 1869 nel senso 1] **s.** **1.** studioso di epigrafia **2.** scrittore di epigrafi.

epigràmma [dal lat. *epigramma*, gr. *epígramma*; a. 1498] **sm.** *T.lett.* breve componimento poetico arguto, e qualche volta anche pungente.

epigrammàtica [da *epigrammatico*; 1929] **sf.** il genere epigrammatico || l'insieme di epigrammi di una data epoca.

epigrammàtico (pl. *-ci*) [dal lat. tardo *epigrammaticus*; a. 1565] **agg.** di epigramma || *per estens.* arguto || **epigrammaticaménte** **avv.** in modo breve, ma mordace.

epigrammatiẓẓàre [da *epigramma*; 1865] **intr.** (aus. *avere*) *raro* comporre epigrammi.

epigrammista [dal lat. tardo *epigrammista*; a. 1718] **s.** autore di epigrammi.

epilatòrio (pl. *-ri*) [dal fr. *épilatoire*; 1940] **agg.** depilatorio.

epilazióne [dal fr. *épilation*; 1887] **sf.** *raro* depilazione.

epilessìa [dal lat. tardo *epilēpsia*, gr. *epilēpsía*; a. 1320] **sf.** *T.med.* malattia cerebrale cronica che si manifesta per accessi periodici, con perdita di conoscenza e movimenti convulsi dei muscoli || **N.** *Sin.* mal caduco, morbo comiziale | cataptosi.

epilèttico (pl. *-ci*) [dal lat. tardo *epilēpticus*, gr. *epilēptikós*; a. 1320 *epilentico*] **I agg.** *T.med.* di epilessia: *attacco epilettico* || che soffre di epilessia **II sm.** (f. *-a*) *T.med.* chi soffre di epilessia.

epilettifórme [comp. di *epiletti*(*co*) e *-forme*; a. 1928] **agg.** *T.med.* che presenta sintomi analoghi a quelli dell'epilessia.

epilettòide [comp. di *epilett*(*ico*) e *-oide*; 1951] **I agg.** *T.med.* **1.** che ha tendenza all'epilessia **2.** che presenta sintomi analoghi a quelli dell'epilessia: *crisi epilettoide* **II s.** chi ha tendenza all'epilessia.

epilìmnio (pl. *-ni*) [comp. di *epi-* e di un der. del gr. *límnē*, lago; 1956] **sm.** *T.biol.* in un lago, la zona superficiale, che scende fino a dieci metri ca., che, presentando la maggiore quantità di ossigeno, consente agli organismi vegetali un'intensa attività assimilatrice.

epìllio (pl. *-li*) [dal gr. *epýllion*, dim. di *épos*, racconto epico; 1951] **sm.** *T.lett.* breve componimento di soggetto epico e mitologico, con quadretti di vita quotidiana, in uso durante l'età alessandrina.

epilòbio (pl. *-bi*) [dal lat. scient. *Epilobium*; 1834] **sm.** pianta erbacea con foglie lanceolate e grappoli di fiori rosso-violacei, appartenente alla famiglia delle Enoteracee.

epilogàre (pres. *-ìlogo, -ìloghi*) [da *epilogo*; sec. XIV] **tr.** *raro* riepilogare, riassumere, condensare.

epìlogo (pl. *-ghi*) [dal lat. *epilogus*, gr. *epílogos*, conclusione, propr. discorso aggiunto; 1354] **sm.** conclusione di un dramma, di un romanzo ecc. || *per estens.* conclusione: *l'epilogo di una vicenda* || *T.ret.* l'ultima parte di un'orazione. **Q.T.** *teatro.*

epìmaco (pl. *-ci*) [dal gr. *epímachos*, facile ad attaccare; 1887] **sm.** uccello tropicale dei Passeriformi, la cui coda presenta le due penne centrali lunghissime.

epinefrìna [comp. di *epi-*, *nefr*(*o*)- e *-ina*; 1956] **sf.** *T.biol.* adrenalina.

epinìcio (pl. *-ci*) [dal lat. *epinīcium*, gr. *epiníkion*, propr. canto sopra la vittoria; 1631] **I sm.** *T.lett.* componimento lirico che celebra una vittoria nelle competizioni ginniche dell'antica Grecia || *per estens.* scritto celebrativo **II agg.** relativo all'epinicio: *genere epinicio.*

epìploon o **epìploo** [gr. *epíploon*; a. 1800] **sm. inv.** *T.anat.* piega del peritoneo che si estende da un viscere a un altro || **N.** *Sin.* omento.

epirogèneṣi o **epeirogèneṣi** [comp. del gr. *ḗpeiros*, continente e *genesi*; 1931] **sf.**

T.geol. insieme di lenti movimenti verticali della crosta terrestre, che provocano nel tempo l'abbassamento o l'innalzamento di vaste aree.

epiròta [dal lat. *Epirotes*, gr. *Ēpeirṓtēs*; a. 1504] **I** *agg.* dell'antico Epiro **II** *s.* abitante dell'antico Epiro.

epirrèma [dal gr. *epírrēma*, che sta sopra il discorso; 1834] *sm. T.lett.* nella commedia attica antica, parte della parabasi, scritta in tetrametri trocaici, in cui un semicoro si rivolge agli spettatori, di solito con beffe e motteggi.

episcopàle [dal lat. tardo *episcopālis*; 1304 ca.] *agg.* vescovile: *dignità, sede episcopale*; *conferenza episcopale*, assemblea dei vescovi di una regione o nazione || *chiesa episcopale*, ogni chiesa che abbia il vescovo al vertice della gerarchia ecclesiastica, e il corpo dei vescovi come autorità suprema in materia disciplinare e dogmatica; si dice in part. delle varie chiese protestanti derivate dalla chiesa anglicana.

episcopaliàno [dall'ingl. *episcopalian*; 1932] *agg.* e *sm.* (f. *-a*) seguace di una delle diverse chiese episcopali protestanti.

episcopàto [dal lat. tardo *episcopātus*; fine sec. XIII] *sm.* **1.** dignità e ufficio di vescovo **2.** l'insieme dei vescovi di una provincia o di una nazione: *l'episcopato francese, lombardo.*

episcòpio[1] (pl. *-pi*) [dal lat. tardo *episcopium*; a. 1612] *sm. raro* vescovado.

episcòpio[2] (pl. *-pi*) [comp. di *epi-* e *-scopio*; 1917] *sm.* strumento ottico per proiettare su uno schermo oggetti opachi, come pagine stampate o disegni.

epìscopo [dal lat. tardo *episcopus*, gr. *epískopos*; sec. XIII] *sm.* **1.** *T.stor.* nell'antica Grecia, ispettore inviato da Atene nelle città soggette **2.** *ant.* vescovo.

episillogìsmo [comp. di *epi-* e *sillogismo*, sul modello del fr. *épisyllogisme*; a. 1855] *sm. T.fil.* sillogismo in cui una delle premesse è la conclusione di un altro sillogismo.

episinalèfe [comp. di *epi-* e *sinalefe*; 1988] *sf. T.metr.* figura metrica della poesia popolare che consiste nella fusione vocalica tra la vocale finale di un verso e la vocale iniziale di quello successivo, in modo che questo non risulti ipermetro.

episodicità [da *episodico*; 1983] *sf.* l'avere natura episodica.

episòdico (pl. *-ci*) [da *episodio*; 1576] *agg.* **1.** che costituisce un episodio || *per estens.* accidentale, sporadico: *è un evento episodico che non muta il quadro complessivo della situazione* **2.** costituito di episodi più o meno giustapposti: *un poema episodico* || *per estens.* disorganico, frammentario || **episodicaménte** *avv.* || **N.** **1.** *Sin.* occasionale.

episòdio (pl. *-di*) [dal gr. *epeisódion*, propr. entrata aggiuntiva; a. 1551] *sm.* **1.** narrazione secondaria, e comunque in sé conclusa, inserita nell'azione principale di un poema, di un dramma, di un romanzo ecc.: *l'episodio di Ulisse nella Divina Commedia* || digressione dall'argomento principale del discorso || *film a episodi*, costituito di più parti indipendenti, spesso ad opera di registi diversi, normalmente intorno allo stesso tema **2.** *T.lett.* nella tragedia greca, ciascuna delle parti recitate comprese tra due stasimi (le parti liriche) **3.** fatto, avvenimento curioso, avventura considerati in se stessi; *in part.* fatto secondario, occasionale: *è stato un episodio sfortunato nella sua lunga vita di successi* **4.** *T.med.* manifestazione morbosa secondaria: *episodio febbrile* || **N.** **2.** prologo, parodo, stasimi, esodo **3.** *Sin.* caso, vicenda.

episòma (pl. *-i*) [comp. di *epi-* e *-soma*; 1974] *sm. T.gen.* frammento di materiale genetico che in un batterio può riprodursi autonomamente o essere integrato nel cromosoma batterico.

epispàstico (pl. *-ci*) [dal lat. tardo *epispasticus*, gr. *epispastikós*, che attira; 1834] *agg. T.med.* di ogni agente, e spec. di rimedio che, applicato sulla pelle, produce irritazione o vescicazione || **N.** *Sin.* revulsivo.

epistàssi [dal gr. *epístaxis*, sgocciolamento; 1792] *sf. T.med.* emorragia nasale.

epistemàtico (pl. *-ci*) [voce tratta dal gr. *epistḗmē*, propr. ciò che sta sopra, conoscenza; 1951] *agg.* **1.** *T.fil. disus.* deduttivo **2.** *raro* scientifico || **N.** **1.** *Contr.* epagogico.

epistème [dal gr. *epistḗmē*, conoscenza; 1967] *sf. T.fil.* nella filosofia platonica, la conoscenza certa, in contrapposizione con l'opinione individuale || *per estens.* sistema di conoscenze, particolare assetto della conoscenza, spec. scientifica.

epistèmico (pl. *-ci*) [da *episteme*; a. 1910] *agg.* che riguarda la conoscenza.

epistemologìa [dal gr. *epistḗmē*, conoscenza, attr. l'ingl. *epistemology*; 1933] *sf. T.fil.* filosofia della scienza || *meno com.* teoria filosofica della conoscenza in generale; gnoseologia. Q.T. *filosofia.*

epistemològico (pl. *-ci*) [da *epistemologia*; 1965] *agg.* che si riferisce all'epistemologia.

epistemòlogo (pl. *-gi*) [da *epistemologia*; 1956] *sm.* (f. *-a*) studioso di epistemologia.

epistìlio (pl. *-li*) [dal lat. tardo *epistȳlium*, gr. *epistýlion*, che sta sopra la colonna; a. 1465] *sm. T.arch.* architrave.

epìstola [dal lat. *epistola*; a. 1292] *sf.* **1.** lettera di stile e contenuto elevati, o componimento letterario in forma di lettera: *le epistole di Cicerone* || *in part.* la parte della Messa in cui si legge un tratto delle epistole degli Apostoli || *scherz.* lettera, spec. se lunga e solenne **2.** *T.lett.* nella letteratura latina, componimento poetico in versi di carattere satirico o didascalico: *l'Ars Poetica di Orazio è un'epistola* || nel XVII e XVIII sec. in Italia, analogo componimento poetico in versi sciolti o terzine.

epistolàre [dal lat. *epistolāris*; 1497] *agg.* di epistola, di lettera; che consiste di lettere: *corrispondenza, stile epistolare* || *romanzo epistolare*, in cui la narrazione si svolge per mezzo di una serie di lettere scambiate tra i vari protagonisti.

epistolàrio (pl. *-ri*) [dal lat. *epistolārius*; a. 1311 *pistolare* nel senso 2] *sm.* **1.** raccolta di lettere di un autore, o anche di più autori: *l'epistolario di Manzoni* **2.** *T.eccl.* libro liturgico che contiene parte delle epistole e dei Vangeli || **N.** **1.** *Sin.* carteggio.

epistolografìa [comp. di *epistola* e *-grafia*; 1828] *sf.* l'arte di scrivere lettere: *in certe epoche l'epistolografia è diventata esercizio retorico* || l'insieme delle lettere scritte in una determinata epoca e luogo: *epistolografia rinascimentale.*

epistològrafo [comp. di *epistola* e *-grafo*, sul modello del gr. *epistolográphos*; a. 1810] *sm.* (f. *-a*) autore di epistole || *scherz.* chi scrive molte lettere anche senza necessità.

epìstrofe [dal gr. *epistrophḗ*, volgimento; 1745] *sf. T.ret.* figura retorica per cui più versi o periodi terminano con la stessa parola o con lo stesso gruppo di parole || **N.** *Sin.* epifora.

epistrofèo [dal gr. *epistrophéus*, propr. vertebra che ruota sopra un'altra; 1820] *sm. T.anat.* la seconda vertebra cervicale, detta anche *asse*, sulla quale ruota la prima, detta invece *atlante* || **N.** VERTEBRA.

epitàffio o **epitàfio** (pl. *-fi*) [dal gr. *epitáphios*, lat. *epitaphius*, discorso funebre; 1336 ca. *epitafio*] *sm.* **1.** iscrizione sepolcrale **2.** nell'antica Grecia, pubblico discorso funebre in onore di un eroe morto per la patria || **N.** ISCRIZIONE.

epitàgma [dal gr. *epitágma*; 1834] *sm. T.stor.* nell'antica falange greca, corpo di riserva.

epitalàmico (pl. *-ci*) [da *epitalamio*; a. 1722] *agg.* **1.** *T.lett.* di epitalamio: *canto epitalamico* **2.** *T.med.* dell'epitalamo.

epitalàmio (pl. *-mi*) [dal gr. *epithalámios*, lat. *epithalamius*, inno nuziale; sec. XIV] *sm. T.lett.* canto, poesia nuziale.

epitàlamo [comp. di *epi-* e *talamo*; 1931] *sm. T.anat.* zona dorsale del diencefalo, in cui è posta l'epifisi.

epiteliàle [da *epitelio*; 1865] *agg. T.anat.* dell'epitelio: *tessuto epiteliale.*

epitèlio (pl. *-li*) [comp. del gr. *epí*, sopra e *thēlḗ*, capezzolo; 1828] *sm. T.anat.* tessuto che forma il rivestimento delle cavità interne e della superficie esterna del corpo (epidermide) || **N.** endotelio.

epitelióma [comp. di *epitelio* e *-oma*; 1865] *sm. T.med.* tumore maligno dell'epitelio.

epitèma [dal gr. e lat. tardo *epíthēma*, che è posto sopra; 1956] *sm. T.bot.* tessuto costituito da minute cellule incolori, posto sotto l'epidermide della foglia.

epìtesi [dal gr. *epíthesis*, propr. il porre sopra; 1873] *sf. T.ling.* aggiunta di un fonema in fine di parola per ragioni eufoniche (come la *e* del toscano *filme* per *film*) || **N.** *Sin.* paragoge; epentesi.

epitètico (pl. *-ci*) [da *epitesi*; a. 1810] *agg.* di epitesi, che forma epitesi: *vocale epitetica.*

epìteto [dal gr. e lat. *epítheton*, propr. posto in aggiunta; a. 1375] *sm.* **1.** nome, aggettivo o locuzione che s'unisce a un nome proprio per qualificarlo: *"pluvio" è un frequente epiteto di Giove* **2.** *per estens.* insulto, parola spregiativa: *gli affibbiò certi epiteti...*

epitomàre (pres. *-ìtomo*) [dal lat. tardo *epitomāre*; a. 1588] *tr. raro* ridurre in epitome; riassumere, compendiare.

epitomatóre [da *epitomare*; 1716] *sm.* (f. *-trìce*) *non com.* chi riassume, spec. un'opera storica.

epìtome [dal lat. *epitome*, gr. *epitomḗ*; a. 1504] *sf.* riassunto di un'opera, spec. per scopi didattici || **N.** *Sin.* sunto, COMPENDIO.

epìtrito [dal lat. tardo *epitritus*, gr. *epítritos*, sopra il terzo; 1774] *sm. T.metr.* nella poesia greca e latina, piede formato da tre sillabe lunghe e una breve variamente disposte.

epizòico (pl. *-ci*) [comp. di *epi-* e *-zoico*; 1956] *agg. T.bot. disseminazione epizoica*, disseminazione dovuta agli animali sul cui corpo rimangono attaccati gli organi di riproduzione della pianta.

epizòo [comp. di *epi-* e *-zoo*; 1956] *sm.* organismo che si stabilisce sopra un animale, senza tuttavia esserne parassita.

epizootìa V. EPIZOOZIA.

epizoòtico (pl. *-ci*) [dal fr. *épizootique*; 1785] *agg. T.vet.* di epizoozia: *afta epizootica.*

epizoozìa o **epizootìa** [dal fr. *épizootie*, basato sul gr. *zō(i)ótēs*, natura animale; 1785 *epizootia*] *sf. T.vet.* malattia contagiosa che attacca un forte numero di animali di una regione || **N.** epidemia.

època [dal gr. *epochḗ*; 1731] *sf.* **1.** periodo di tempo, solitamente di una certa ampiezza, definito dalla presenza di fenomeni storici o culturali che lo caratterizzano in rapporto ad altri momenti storici: *l'epoca delle invasioni barbariche, della rivoluzione industriale* || *d'epoca*, antico; *dell'epoca*, coevo; *fare epoca*, detto di eventi, spec. culturali, di grande rilievo, considerati degni di assumere un'importanza storica: *è un discorso che farà epoca* || più genericamente, spazio di tempo, momento: *all'epoca del mio matrimonio* **2.** *T.geol.* una delle grandi parti in cui si divide un periodo geologico **3.** *T.comm.* data iniziale a decorrere dalla quale si calcolano le scadenze nei rapporti commerciali e bancari: *epoca di godimento*, data di decorrenza degli interessi || **N.** *Sin.* era, età, evo | cronologia, datazione.

epocàle [da *epoca*; 1965] *agg.* relativo a una

determinata epoca, spec. in storiografia || che segna un'epoca, che costituisce l'inizio di un'epoca.

epochè [dal gr. *epoché*, arresto; a. 1667] **sf.** *T.fil.* sospensione volontaria del giudizio || **N.** fenomenologia, pirronismo, scetticismo.

epòdico (pl. *-ci*) [dal gr. *epōdikós*; a. 1638] **agg.** *lett.* attinente a epodo; in forma di epodo.

epòdo [dal lat. *epōdos* e *epōdon*, gr. *epōdós*, propr. canto aggiunto; 1587] **sm.** **1.** *T.metr.* strofa distica formata da un trimetro e da un dimetro giambici || componimento lirico di argomento morale-satirico in distici giambici inventato da Archiloco e imitato da Carducci nel volume intitolato appunto *Giambi ed Epodi* **2.** *T.lett.* nella lirica corale greca, e spec. nelle parti corali del teatro greco antico, la terza e ultima parte del canto, successiva alla strofe e all'antistrofe.

epònimo [dal gr. *epónymos*, propr. sopra il nome; a. 1604] **sm.** e **agg.** chi o che dà il nome a qualcosa: *il santo eponimo della città, l'eroe eponimo di una nave, il personaggio eponimo di un romanzo* || *per estens.* chi o che è il simbolo, l'emblema di un periodo storico, un movimento e sim. || *in part. T.stor. arconte eponimo*, il primo dei dieci arconti ateniesi, che dava il nome all'anno.

epopèa [dal gr. *epopoiía*; a. 1563] **sf.** **1.** narrazione epica eroica, poema epico || l'insieme della letteratura epica di un popolo o di un periodo storico: *l'epopea germanica* **2.** *per estens.* successione di eventi eroici o di grande rilievo, degni di una narrazione epica: *l'epopea garibaldina*.

eporediése [da *Eporedia*, n. lat. di Ivrea; 1860] **I agg.** di Ivrea **II s.** abitante nativo di Ivrea.

èpos [dal lat. e gr. *épos*; a. 1842] **sm.** *inv. lett.* poema epico, eroico: *l'epos d'Omero* (Carducci) || ciclo di poemi epici, di leggende e tradizioni di un popolo o di un periodo: *l'epos carolingio*.

epòtide [dal gr. *epōtídes*, con orecchie sovrapposte; 1834 *epoptide*] **sf.** **1.** ciascuno dei caponi dell'àncora **2.** spec. *pl. T.stor.* ciascuno dei due spuntoni nelle navi antiche, messi come orecchie tese ai due lati dello sperone per concorrere all'urto: *il rostro e le epotidi* (D'Annunzio).

epperò [comp. di *e(t)* e *però*; seconda metà sec. XIV] **cong.** *lett.* quindi, perciò, con valore conclusivo.

eppùre [da *e pure*; a. 1311] **cong.** **1.** con valore avversativo, nondimeno, tuttavia: *non ci crederete, eppure vi garantisco che è così* **2.** introduce frasi esclamative, per rafforzare la veridicità di un'affermazione che è stata (o si pensa che sarà) messa in dubbio: *eppure non c'è altra via d'uscita!*.

èpsilon [dal gr. *èpsilón*, e semplice, lettura della lettera ε; 1613] **sm.** o **sf.** *inv.* nome della quinta lettera dell'alfabeto greco, che corrisponde all'*e* breve || *epsilon piccolo a piacere*, in analisi matematica, numero reale positivo arbitrariamente piccolo.

epsomìte [dal n. geogr. *Epsom*, località ingl. nelle cui sorgenti si rinviene questo minerale, come l'ingl. *epsomite*; 1875] **sf.** *T.min.* solfato di magnesio di colorazione bianca, conosciuto con il nome di *sale inglese*.

èpta- o **ètta-** [dal gr. *heptá*, sette] **primo elem.** che in parole composte della terminologia scientifica vale "sette", "composto di sette" (per es. *eptasillabo, eptacordo*).

eptacòrdo o **ettacòrdo** [dal lat. tardo *heptachōrdus*, gr. *heptáchordos*, di sette corde; 1826] **sm.** *T.mus.* **1.** antico strumento musicale che aveva sette corde **2.** la successione dei suoni nella scala musicale diatonica.

eptagonàle v. ETTAGONALE.

eptàgono v. ETTAGONO.

eptàno [dall'ingl. *heptane*; 1917 *ettano*] **sm.** *T.chim.* idrocarburo alifatico saturo la cui molecola ha sette atomi di carbonio.

eptasillabo [dal lat. tardo *heptasyllabus*; a. 1550] **agg.** e **sm.** *non com.* settenario.

èptathlon o **èptatlon** [comp. di *epta-* e del gr. *âthlon*, gara; 1964] **sm.** *T.sport.* gara atletica femminile articolata in sette prove (corse sui 200 e sugli 800 metri piani e sui 100 metri a ostacoli; salto in alto e in lungo; getto del peso; lancio del giavellotto), che si effettuano in due giornate consecutive in successione prestabilita.

èptodo [comp. di *epta-* e (*elettr*)*odo*; 1956] **sm.** *T.elettron.* tubo termoelettrico a sette elettrodi, usato nei circuiti convertitori di frequenza.

èpula [dal lat. *epula*; a. 1406] **sf.** *arc.* convito, banchetto.

epùlide [dal gr. *epoulís, -ídos*, sopra la gengiva; 1691] **sf.** *T.med.* tumore benigno della gengiva.

epulóne [dal lat. *epulo, -ōnis*; a. 1498 nel senso 2] **sm.** **1.** *T.stor.* sacerdote dell'antica Roma, che presiedeva ai banchetti in onore degli dèi **2.** persona smodatamente ghiotta, mangione.

epulonésco (pl. *-schi*) [da *epulone*; a. 1694] **agg.** *raro* da epulone, che è degno di un epulone.

epuràre (pres. *-ùro*) [dal fr. *épurer*; 1886] **tr.** **1.** rif. a organizzazioni, società e sim., allontanarne le persone inette, indegue, o politicamente indesiderabili: *epurare un ambiente, un'amministrazione* || rif. a persone, rimuoverle da un ufficio per un'epurazione, spec. politica: *epurare alcuni dipendenti* **2.** *meno com.* depurare: *epurare un metallo, un liquido* || **N. 1.** *Sin.* cacciare, espellere, estromettere.

epuratóre [da *epurare*; a. 1926] **agg.** e **sm.** **1.** (f. *-trìce*) *non com.* che o chi epura, spec. nel senso politico del termine **2.** *non com.* depuratore.

epurazióne [dal fr. *épuration*; 1877] **sf.** l'epurare e il suo effetto; *in part.* processo di allontanamento da una carica o di eliminazione (anche fisica) dalla società degli elementi ritenuti indesiderabili, spec. dal punto di vista politico: *le drammatiche epurazioni staliniane* || **N.** *Sin.* purga.

equàbile [dal lat. *aequābilis*; 1308] **agg.** **1.** *non com.* che si distribuisce in modo uguale o uniforme || *T.mecc. moto equabile*, uniforme || *T.mus. temperamento equabile*, procedimento di intonazione di uno strumento, applicato a partire dal 1700, per cui l'ottava viene divisa in dodici intervalli di un semitono esattamente uguali tra loro, così che le note enarmoniche (per es. do diesis e re bemolle) diventano esattamente coincidenti **2.** *ant.* o *lett.* temperato, equo || **equabilménte** **avv.** || **N. 1.** *Sin.* regolare, uguale **2.** *Sin.* giusto, moderato.

equabilità [dal lat. *aequabilitas, -ātis*; prima metà sec. XIV] **sf.** *raro* l'essere equabile, uniformità.

equalizzàre [dall'ingl. to *equalize*; 1956] **tr.** **1.** equilibrare, livellare, stabilizzare, rendere uguale **2.** *T.econ.* e *T.tecn.* sottoporre a equalizzazione.

equalizzatóre [da *equalizzare*; 1956] **sm.** *T.elettron.* circuito atto a effettuare l'equalizzazione || dispositivo in grado di attenuare o di esaltare separatamente diverse bande di frequenza: *equalizzatore parametrico.* **TAV.** *audiovisivi* 8.3.

equalizzazióne [dall'ingl. *equalization*; 1938] **sf.** **1.** *T.econ.* azione volta a stabilizzare un fenomeno economico **2.** *T.tecn.* nelle telecomunicazioni, eliminazione di disturbi quali la distorsione delle immagini, il fruscio e sim.

equànime [dal lat. tardo *aequanimus*; a. 1292] **agg.** che è di animo sereno e giusto || **equanimeménte** **avv.** || **N.** *Sin.* equo, imparziale, obiettivo, spassionato.

equanimità [dal lat. tardo *aequanimitas, -ātis*; sec. XII-XIV *equanimitade*] **sf.** l'essere equanime.

equànte [dal lat. *aequans, -antis*, che eguaglia; 1561] **sf.** *T.astr.* nel sistema tolemaico, punto situato sull'asse degli apsidi, interno al circolo eccentrico, da cui il moto del pianeta appariva uniforme.

equàre (pres. *èquo*) [dal lat. *aequāre*; prima metà sec. XIV] **tr.** *ant.* uguagliare, pareggiare.

equatóre [dal lat. mediev. *aequātor, -ōris*, che eguaglia (i giorni e le notti); 1282] **sm.** **1.** *T.geogr.* il circolo massimo della Terra, perpendicolare all'asse e ugualmente distante dai poli, che divide il globo terrestre in due emisferi || *equatore magnetico*, linea che unisce i punti della superficie terrestre con inclinazione magnetica nulla **2.** *T.astr. equatore celeste*, il circolo massimo della sfera celeste equidistante dai poli celesti || **N.** *Sin.* linea equinoziale. **Q.T.** *astronomia, geografia* **TAV.** *geografia* 1.6.

equatoriàle [da *equatore*, sul modello del fr. *équatorial*; 1800 come sm.] **I agg.** **1.** dell'equatore, della zona immediatamente a Sud e a Nord dell'equatore: *clima equatoriale, venti equatoriali* **2.** *T.astr.* dell'equatore celeste **II sm.** *T.astr.* telescopio mobile, generalmente collocato sotto una cupola girante, che serve a osservare in cielo qualunque stella.

equazióne [dal lat. *acquātio, -ōnis*; a. 1320] **sf.** **1.** *T.mat.* uguaglianza di due espressioni contenenti una o più quantità variabili, che si verifica solo per particolari (non necessariamente in numero finito) valori di esse: *equazione algebrica di n-esimo grado*, contenente soltanto polinomi di grado minore o uguale a *n* nelle variabili; *equazione trigonometrica*, contenente una o più variabili come argomenti di funzioni trigonometriche; *equazioni funzionali*, in cui le incognite non sono semplicemente variabili, bensì funzioni; *equazioni differenziali di ordine n-esimo*, in cui le funzioni incognite compaiono insieme alle loro derivate fino all'ordine *n* || *equazione di una curva, di una superficie*, in geometria analitica, l'insieme di relazioni che definiscono le condizioni necessarie e sufficienti per le coordinate variabili di un punto, affinché questo appartenga al punto o alla superficie || *T.fis. equazione del moto di un punto materiale*, equazione differenziale che lega tra loro lo spostamento, la velocità e l'accelerazione di una particella al variare del tempo, definendone la traiettoria **2.** *T.chim. equazione stechiometrica*, rappresentazione simbolica del bilancio tra prodotti e reagenti in una reazione **3.** *T.astr.* correzione da apportare a una quantità calcolata o misurata per tener conto di determinati fenomeni: *equazione della luce*, correzione della posizione osservata di un astro per tener conto del suo spostamento nel tempo in cui la sua luce giunge sulla terra; *equazione personale*, correzione sistematica dovuta alle caratteristiche individuali dell'osservatore **4.** *lett.* uguagliamento, pareggiamento || **N. 1.** coefficienti, incognite; membri dell'equazione, radici dell'equazione. **Q.T.** *matematica...*

equèstre [dal lat. *equestris*; sec. XIV] **agg.** di cavaliere, di uomo a cavallo: *statua equestre, milizia equestre* || *circo equestre*, compagnia di saltimbanchi che danno spettacoli di cavallerizzi || *ordine equestre*, ordine cavalleresco; classe sociale dell'antica Roma. **Q.T.** *cavallo*.

èqui- [dal lat. *aequi-*, da *aequus*, uguale] **primo elem.** che, in parole composte dotte e della terminologia scientifica, vale "uguale" (per es. *equidistanza, equipartizione*).

equiàngolo [dal lat. tardo *aequiangulus*; 1578] **agg.** *T.geom.* di figura geometrica, che ha tutti gli angoli uguali.

equicrùre [dal lat. tardo *aequicrūrius*; sec. XIV] **agg.** *T.geom.* *raro* isoscele.

Èquidi (sing. *-e*) [dal lat. *equus*, cavallo; 1875] **sm. pl.** *T.zool.* famiglia di Mammiferi dell'ordine dei Perissodattili, che comprende i cavalli, gli asini, le zebre.

equidistànte [dal lat. tardo *aequidistans, -antis*; sec. XIV] **agg.** *T.geom.* detto di figura geometrica (spec. un punto o una retta) che è ugualmente distante da due altre figure geometriche || *per estens.* che si mantiene in una posizione di equilibrio tra tendenze opposte.

equidistànza [da *equidistante*; a. 1519] **sf.** l'essere equidistante: *una politica di equidistanza dai blocchi.*

equidistàre (pres. *equidistò* o *equidìsto*; dif. del pps. e dei tempi composti) [da *equidistante*; a. 1519] **intr.** *raro* essere ugualmente distante.

equilàtero [dal lat. tardo *aequilaterus*; sec. XIV] **agg.** *T.geom.* di figura geometrica, che ha tutti i lati uguali: *triangolo equilatero.*

equilibràre (pres. *-ìbro*) [dal lat. tardo *aequilibrāre*; 1631] **tr.** mettere o tenere in equilibrio; anche *fig.*: *equilibrare esigenze contrapposte* || **rifl.** stare o mettersi in equilibrio || anche **rec.**: *i pro e i contro si equilibrano* || **N. tr.** *Sin.* bilanciare | *Contr.* squilibrare | **rec.** *Sin.* controbilanciarsi; equivalersi.

equilibràto (*pps.* di *equilibrare*) [a. 1644] **agg. 1.** che è in equilibrio: *uno scafo ben equilibrato* **2.** *fig.* che ha equilibrio, moderazione (contrapposto a *esagerato, squilibrato*): *è un giovane equilibrato, un discorso equilibrato* || armonioso: *una costruzione equilibrata* || **N. 2.** *Sin.* equo, giusto, moderato, savio, temperato; proporzionato.

equilibratóre [da *equilibrare*; 1855] **I sm. 1.** *T. aer.* dispositivo per il controllo dell'equilibrio di un velivolo, costituito da un piano rotante lungo l'asse longitudinale **2.** *T.mil.* nelle artiglierie, congegno dell'affusto che serve a mantenere bilanciato il pezzo indipendentemente dall'angolo di puntamento **II agg.** che mantiene in equilibrio, che serve a equilibrare: *organo equilibratore.*

equilibratùra [da *equilibrare*; 1938] **sf.** *T.mecc.* operazione che permette di ottenere l'equilibrio di un corpo rotante; *in part.* applicazione di piccoli pesi di piombo sul cerchio delle ruote degli autoveicoli, per compensare squilibri delle masse di gomma del copertone.

equilìbrio (pl. *-bri*) [dal lat. *aequilībrium*; 1581] **sm. 1.** *T.fis.* in meccanica, stato di un corpo che si verifica quando le risultanti delle forze applicate e dei loro momenti sono nulle: *equilibrio statico,* se il corpo è in quiete; *equilibrio dinamico,* se il corpo è in moto rettilineo uniforme; *equilibrio stabile,* se il corpo, spostato di poco dalla sua posizione, tende a ritornarvi; *equilibrio instabile,* se tende ad allontanarsi ulteriormente; *equilibrio indifferente,* se mantiene la posizione assunta dopo lo spostamento **2.** *per estens.* *T.scient.* condizione di un sistema caratterizzata dalla costanza nel tempo di uno o più parametri indicativi dello stato del sistema: *equilibrio termico, termodinamico*; *equilibrio chimico di una reazione reversibile,* situazione in cui le concentrazioni dei prodotti e dei reagenti rimangono costanti nel tempo (il loro rapporto definisce la *costante di equilibrio* della reazione) **3.** *per estens.* *equilibrio ecologico,* lo stato di reciproca interdipendenza che si stabilisce in un ambiente naturale tra le varie specie antagoniste animali e vegetali, il cui mantenimento è essenziale per la loro sopravvivenza || *equilibrio economico,* situazione limite in cui la distribuzione delle risorse in una collettività è tale che nessuna componente spinge per una sua modificazione || *equilibrio politico,* condizione di reciproca compensazione tra le forze di diversi stati, all'interno delle forze politiche di un paese e sim. **4.** nell'uomo e negli animali, la capacità di mantenere la stabilità della posizione o la misura dei movimenti: *stare, tenersi in equilibrio*; *perdere l'equilibrio, organi dell'equilibrio* || *asse d'equilibrio,* attrezzo ginnico costituito da una sottile trave di legno su cui vengono eseguiti esercizi in equilibrio; è una delle prove della ginnastica femminile olimpionica || *giochi di equilibrio,* giochi di destrezza caratterizzati dal tenersi in equilibrio in posizioni difficili o dal mantenere in equilibrio oggetti; sono frequenti spec. nei circhi **5.** *fig.* saggezza, senso della misura: *ha dato prova di grande equilibrio nel risolvere una situazione delicatissima*; *mancanza di equilibrio,* tendenza ad avere reazioni incontrollate o eccessive || **N. 3.** *Sin.* armonia, bilanciamento, compensazione, stabilità | *Contr.* sbilanciamento, sproporzione, squilibrio **5.** *Sin.* autocontrollo, moderazione. **Q.T.** *fisica* **TAV.** ***atletica*** **p. 657** 2.8.

equilibrismo [da *equilibrista*; 1901] **sm. 1.** la tecnica dell'equilibrista || il complesso dei giochi di equilibrio **2.** *fig.* capacità di destreggiarsi, spec. in politica, riuscendo a mantenere il potere mediando tra opposte tendenze con abilità e anche spregiudicatezza || **N. 1.** *Sin.* funambolismo **2.** *Sin.* trasformismo.

equilibrìsta [prob. dal fr. *équilibriste*; 1892] **s. 1.** chi in un circo o in un teatro fa giochi d'equilibrio, funambolo; acrobata **2.** *fig.* chi sa bene destreggiarsi.

equinismo [da *equino*, perché ricorda il movimento delle zampe del cavallo; 1935] **sm.** *T.med.* deformità, congenita o acquisita, del piede che presenta la punta rivolta verso il basso mentre il tallone rimane sollevato || **N.** *Sin.* piede equino.

equìno [dal lat. *equīnus*; a. 1512] **agg.** di cavallo: *razze equine* || *macelleria equina,* che vende carne di cavallo || *T.med. piede equino,* equinismo || **N.** cavallino; equestre. **Q.T.** *cavallo* **TAV.** ***mammiferi*** **p. 1318** 1.2.

equinoziàle [dal lat. *aequinoctiālis*; a. 1320] **agg.** dell'equinozio || *linea equinoziale,* l'equatore.

equinòzio (pl. *-zi*) [dal lat. *aequinŏctium*; a. 1292] **sm.** ciascuno dei due giorni dell'anno in cui il giorno ha la stessa durata della notte, e cioè il 21 marzo e il 23 settembre.

equipaggiaménto [da *equipaggiare*; 1780] **sm. 1.** l'atto e l'effetto dell'equipaggiare: *provvedere all'equipaggiamento di una spedizione* **2.** *più com.* *concr.* il complesso degli oggetti in dotazione individuale a un soldato; l'insieme dei capi di vestiario e degli attrezzi per lo svolgimento di un'attività sportiva: *un equipaggiamento completo per lo sci* || **N. 2.** *Sin.* attrezzatura, corredo. **TAV.** ***sci*** **p. 1333** 20.

equipaggiàre (pres. *-àggio*) [da *equipaggio*; 1780] **tr. 1.** fornire di equipaggio una nave **2.** fornire una persona o un gruppo di persone di tutto quanto serve per lo svolgimento della sua attività: *equipaggiare un esercito, una spedizione alpinistica* || **N. 1.** *Sin.* armare **2.** *Sin.* attrezzare, dotare, fornire.

equipaggiàto (*pps.* di *equipaggiare*) [a. 1816] **agg.** fornito di tutto l'occorrente: *una spedizione ben equipaggiata.*

equipàggio (pl. *-gi*) [dal fr. *équipage*; 1669] **sm. 1.** l'insieme del personale a bordo di una nave, esclusi gli ufficiali || *per estens.* il personale a bordo di un aereo o di una navicella spaziale **2.** *T.sport.* l'insieme dei vogatori di un'imbarcazione da gara (più freq. in questo senso *armo*) o dei guidatori di bob o macchine da corsa **3.** l'insieme delle persone addette e il corredo delle cose occorrenti per una partita di caccia **4.** *raro* equipaggiamento **5.** *disus.* carrozza signorile || **N. 1.** *Sin.* ciurma; personale di volo. **Q.T.** *aeronautica, astronautica, nautica...* **TAV.** ***astronautica*** **p. 655** 12.4.

equiparàbile [prob. dal fr. *équiparable*; 1869] **agg.** che si può equiparare: *titolo equiparabile alla laurea* || **N.** *Sin.* comparabile, equivalente, paragonabile.

equiparàre (pres. *-àro*) [dal lat. *aequiperāre*; a. 1375] **tr.** paragonare due cose in modo da trovare in esse perfetta eguaglianza, mettere sullo stesso piano || **N.** *Sin.* pareggiare, perequare.

equiparàto (*pps.* di *equiparare*) [a. 1375] **agg.** reso di pari valore, considerato sul medesimo piano; posto in uguale condizione giuridica: *diritti equiparati.*

equiparazióne [dal lat. *aequiperātio, -ōnis*; a. 1673] **sf.** l'atto e l'effetto dell'equiparare.

equipartizióne [comp. di *equi-* e *partizione*; 1929] **sf.** uguale, equa distribuzione.

équipe (fr., pr. [e'kip]) [in orig. equipaggio; 1908] **sf.** (pl. *équipes*, pr. [e'kip]) gruppo di persone unite da un comune intento: *lavoro di équipe* || squadra sportiva.

equipollènte [dal lat. tardo *aequipollens, -entis*; sec. XIV] **agg.** equivalente, di egual forza e valore: *proposizioni, documenti equipollenti* || *in part.* *T.mecc.* si dice di due sistemi di forze agenti su di un corpo rigido, che abbiano lo stesso effetto sul corpo.

equipollènza [da *equipollente*; 1585] **sf.** l'essere equipollente || *in part.* *T.geom.* relazione di equivalenza che intercorre tra due segmenti orientati paralleli, aventi lo stesso verso e la stessa lunghezza || **N.** *Sin.* equivalenza.

Equisetàcee [comp. di *equiset(o)* e *-acee*; 1951] **sf. pl.** *T.bot.* famiglia di piante delle Pteridofite.

equisèto [dal lat. *equisāetum*; a. 1590] **sm.** *T.bot.* genere di piante assai comuni nei luoghi argillosi e umidi || **N.** *Sin.* asperello, coda cavallina.

equisonànza [dal lat. tardo *aequisonantia*; a. 1754] **sf.** *T.mus.* *raro* identità o analogia di suono tra due note.

equìsono [dal lat. tardo *aequisonus*; 1834] **agg.** *T.mus.* *raro* di suono uguale.

equità [dal lat. *aequitas, -ātis*; a. 1292] **sf. 1.** giustizia, imparzialità **2.** *T.giur.* applicazione delle norme giuridiche secondo princìpi di umanità, valutando le circostanze del singolo caso e discostandosi se necessario dalla lettera della legge || **N. 1.** *Sin.* equanimità.

equitàre (pres. *èquito*) [dal lat. *equitāre*; a. 1488] **tr.** e **intr.** (aus. *avere*) *arc.* cavalcare.

equitatìvo [da *equità*; 1749] **agg.** *non com.* secondo equità, che serve a ristabilire l'equità.

equitazióne [dal lat. *equitātio, -ōnis*, attr. il fr. *équitation*; 1797] **sf.** arte e pratica del cavalcare || attività agonistica a cavallo: *equitazione da corsa, da campagna.*

equivalènte (*ppr.* di *equivalere*) [a. 1406] **I agg. 1.** di valore o significato uguale: *espressioni equivalenti* **2.** *T.mat.* detto di due o più enti tra i quali esista una relazione di equivalenza || *in part.* *T.geom.* detto di due o più figure geometriche piane (o solide) che abbiano uguale area (o volume) pur non essendo identiche: *triangoli, prismi equivalenti* || *T.fil.* *enunciati* (*logicamente*) *equivalenti,* che hanno le stesse condizioni di verità **II sm. 1.** quantità o somma di denaro di ugual valore: *quant'è l'equivalente in rubli?* **2.** *T.chim.* *equivalente chimico di un elemento o di un composto,* quantità in grammi pari alla frazione del peso atomico o molecolare che può combinarsi con un grammo di idrogeno || **equivalenteménte** **avv.** || **N. I 1.** *Sin.* equipollente **II 1.** *Sin.* corrispettivo.

equivalènza [da *equivalente*; 1385] **sf. 1.** rapporto tra due entità che abbiano ugual valore o significato, o possano in qualche modo essere messe in corrispondenza l'una con l'altra **2.** *in part. concr.* esercizio elementare che consiste nell'esprimere una quantità in unità di misura differenti: *da bambino non riusciva a fare le equivalenze* **3.** *T.mat. relazione di equivalenza*, qualunque relazione definita in un insieme (indicata di solito con ≡ oppure ~) che sia riflessiva ($a \equiv a$ per ogni a), simmetrica ($a \equiv b$ implica $b \equiv a$) e transitiva (se $a \equiv b$ e $b \equiv c$, allora $a \equiv c$) || **N. 1.** *Sin.* corrispondenza, equipollenza, parallelismo.

equivalére (pres. *-àlgo* ecc., come VALERE) [comp. di *equi-* e *valere*; a. 1533] ***intr.*** (aus. *avere* ed *essere*; costruito con la prep. *a*) avere lo stesso valore o efficacia di un'altra cosa: *la sua risposta equivale a un netto rifiuto* || anche ***rec.***: *le forze si equivalgono*, si bilanciano.

equivocàre (pres. *-ìvoco, -ìvochi*) [dal lat. tardo *aequivocāre*; 1321] ***intr.*** (aus. *avere*) cadere in un equivoco; interpretare in modo errato, anche volutamente || **N.** *Sin.* fraintendere, prendere un abbaglio.

equivocazióne [dal lat. tardo *aequivocātio, -ōnis*; sec. XIV] ***sf.*** *ant.* l'equivocare || *T.fil.* sofisma che consiste nell'usare una stessa parola in due sensi diversi nelle due premesse di un sillogismo; *per estens.* sfruttamento sofistico di un'ambiguità linguistica.

equivocità [da *equivoco*; 1869] ***sf.*** l'essere equivoco.

equìvoco (pl. *-ci*) [dal lat. tardo *aequivocus*; a. 1498] **I *agg.* 1.** che può essere interpretato in modi diversi: *discorso equivoco, risposta equivoca* || incerto, difficilmente decifrabile: *segni equivoci* || *T.metr. rima equivoca*, formata da parole di identico suono ma di diverso significato **2.** sospetto, di dubbia moralità: *è un uomo equivoco, amicizie equivoche* || **equivocaménte** ***avv.*** **II *sm.*** interpretazione errata: *a scanso di equivoci, cadere in un equivoco, l'equivoco è stato chiarito* || confusione o scambio tra due cose o persone: *la commedia degli equivoci* || **N. I 1.** *Sin.* ambiguo, dubbio, oscuro | *Contr.* chiaro, esplicito, univoco **2.** *Sin.* losco, malfamato, torbido **II** *Sin.* abbaglio, ambiguità, anfibologia, errore, fraintendimento, incomprensione, malinteso, *qui pro quo*, sbaglio, svista.

èquo [dal lat. *āequus*; a. 1504] **I *agg.*** giusto, non solo rispetto all'interpretazione letterale della legge, ma soprattutto rispetto a un sentimento naturale di giustizia: *verdetto, prezzo equo* || proporzionato alle possibilità o alle esigenze di ciascuno: *equa distribuzione delle imposte* || **equaménte** ***avv.*** **II *sm.*** *non com.* ciò che è conforme a equità: *l'equo e l'onesto* || **N.** *Sin.* GIUSTO; equanime.

equòreo [dal lat. *aequoreus*; a. 1595] ***agg.*** *poet.* marino, del mare.

èra [dal lat. tardo *āera*, numero, cifra, poi data dalla quale s'iniziano a contare gli anni; a. 1574] ***sf.*** **1.** periodo di tempo il cui inizio coincide con un avvenimento di grande importanza che serve di riferimento per il computo degli anni: *era cristiana o volgare*, gli anni a partire dalla nascita di Cristo; *era musulmana*, computata a partire dall'Egira (la fuga di Maometto dalla Mecca) || *per estens.* periodo storico memorabile per avvenimenti di particolare importanza: *incomincia una nuova era di civiltà*; tempo comunque memorabile di più o meno lunga durata: *l'era del Risorgimento* **2.** *T.geol.* ciascuna delle grandi divisioni in cui i geologi distinguono la storia della Terra; ogni era è suddivisa in *periodi*, e ogni periodo in *epoche* || **N. 1.** *Sin.* EPOCA.

eradicàre (pres. *-àdico, -àdichi*) [dal lat. tardo *eradicāre*; a. 1311] ***tr.*** *ant.* sradicare.

erariàle [da *erario*; a. 1835] ***agg.*** proprio dell'erario || *avvocatura erariale*, ufficio destinato a sostenere le ragioni dello Stato nelle cause con i privati.

eràrio (pl. *-ri*) [dal lat. tardo *aerārium*; a. 1292 nel senso 1; 1438 nel senso 2] ***sm.*** **1.** il complesso dell'amministrazione finanziaria dello Stato **2.** *T.stor.* nell'antica Roma, il luogo dove si custodiva il denaro dello Stato || **N. 1.** fisco, tesoro.

erașióne [da *eraso*; 1974] ***sf.*** *T.paleogr.* l'operazione di cancellare raschiando da un codice.

erașmiàno [dal n. proprio *Erasmo* da Rotterdam; 1545] ***agg.*** di Erasmo da Rotterdam, celebre umanista || *pronuncia erasmiana del greco antico*, in cui (a differenza della pronuncia bizantina e moderna) la "eta" è pronunciata [e] e non [i], e i dittonghi grafici sono pronunciati come sono scritti.

eràșo o **eràso** [dal lat. *erāsus*, *pps.* di *erādere*, radere via; 1970] ***agg.*** raschiato via, detto spec. di parole cancellate da antichi codici o documenti pergamenacei.

erastianișmo [da *erastiano*; 1931] ***sm.*** *T.fil.* dottrina politico-religiosa che subordina il potere ecclesiastico a quello civile.

erastiàno [da *Erastus*, cognome umanistico del teologo e medico svizzero Th. Lieber (1524-1583), che formulò i principi fondamentali di tale dottrina, sviluppata poi dai suoi seguaci; 1834] **I *agg.*** che si riferisce alle dottrine di Erasto **II *sm.*** (f. *-a*) seguace dell'erastianismo.

eratèma [da *era*; 1938] ***sm.*** *T.geol.* il più antico raggruppamento cronologico delle rocce formatesi in una determinata era.

èrba [lat. *herba*; a. 1226] ***sf.*** **1.** pianta che nella parte che emerge dal terreno non sviluppa fusto legnoso; *erba annua*, se vive un solo anno; *erba bienne*, se vive due anni; *erba perenne*, se vive più anni || terreno coperto d'erba: *campione di tennis su erba* || *in erba*, che è tuttora allo stato erbaceo e non è giunto a maturazione: *grano in erba*; *più com. fig.* di cosa non ancora perfetta; di persona inesperta, agli inizi della propria attività o professione: *dottore in erba* || *mangiarsi il grano in erba*, spendere il compenso di un lavoro prima di averlo guadagnato || *questa non è erba del suo orto*, non è farina del suo sacco, non è cosa che possa provenire da lui || *mala erba*, erbaccia; *fig.* individuo poco raccomandabile; malerba || *far d'ogni erba un fascio*, mescolare il buono col cattivo nel giudicare, confondere cose che vanno tenute distinte || *far l'erba*, falciarla || *non ci cresce un filo d'erba*, detto di terreno arido || *dove passa lui non cresce più l'erba*, si dice di chi rovina tutto irreparabilmente || *veder l'erba dalla parte delle radici*, essere morto e sepolto || *prov. l'erba voglio non nasce neanche nel giardino del re*, si dice ai ragazzi che, quando chiedono, dicono sempre: voglio; *la mala erba cresce presto*, *scherz.* si dice dei ragazzi che si fanno alti; *la mala erba non muore mai*, delle persone cattive che son sempre vegete; *campa cavallo che l'erba cresce*, di promesse rimandate a tempo lontanissimo, e perciò vane o quasi vane; *l'erba del vicino è sempre più verde*, le cose degli altri sembrano sempre più belle delle proprie **2.** *pl.* verdure, ortaggi: *piatto d'erbe, erbe aromatiche*; *piazza delle erbe*, nome regionale della piazza del mercato ortofrutticolo **3.** *gerg.* marijuana **4.** in funzione appositiva: *verde erba*, il verde chiaro e brillante tipico dell'erba fresca || *T.magl. punto erba*, formato da tanti piccoli punti obliqui e parzialmente sovrapposti, adatto per ricamare i contorni **5.** seguito da varie determinazioni, il termine indica numerosissime specie di piante erbacee, talvolta nella terminologia botanica e più spesso nel linguaggio comune; *in part. erba aglio*, scordio; *erba gatta*, ortica pelosa; *erba medica* o *erba Spagna*, leguminosa con foglie trifogliate coltivata come foraggio; *erba fragolina*, sanicola; *erba vetriola*, muraiola; *erba paperina*, filipendola || *dim.* erbétta, erbùccia, erbolìna, erbicìna, erbicciuòla; *pegg.* erbàccia || **N.** fieno, semplici, verdura, verzura | aromatica, folta, fresca, morbida, novella, odorosa, selvatica, tenera, velenosa | barbatella, cespite, cesto, ciuffo, foglia, gambo, germoglio, grumolo, picciolo, radice, stelo | abbarbicare, allignare, appassire, falciare, mietere, sarchiare, sbarbicare, spuntare, svellere, verdeggiare | fascio, festone, mannello, mazzo, prato. **Q.T.** *alimentazione, botanica, erboristeria, giardinaggio...* **TAV.** ***giardinaggio*** **p. 1314** 4, 11; ***maglia...*** **p. 1316** 1.8.

erbàccia (pl. *-ce*) (*pegg.* di *erba*) [a. 1388] ***sf.*** erba che infesta le coltivazioni: *un orto pieno di erbacce.*

erbàceo [dal lat. *herbāceus*; a. 1597] ***agg.*** *T.bot.* che ha natura e qualità d'erba: *pianta erbacea.*

erbàggio (pl. *-gi*) [da *erba*; 1310] ***sm.*** *non com.* ortaggio || **N.** ORTAGGIO.

erbàio (pl. *-ài*) [dal lat. *herbārius*; 1306] ***sm.*** **1.** luogo dove non crescono altre piante che erbe **2.** coltura stagionale di piante da foraggio.

erbaiòlo [da *erba*; 1550 *erbaruolo*] ***sm.*** (f. *-a*) *non com.* chi vende ortaggi || **N.** *Sin.* erbivendolo.

erbàle [da *erba*; a. 1320] ***agg.*** *raro poet.* che ha qualità di erba || erboso: *un erbal fiume silente* (D'Annunzio).

erbàrio (pl. *-ri*) [dal lat. *herbārius*; a. 1577 nel senso 2] ***sm.*** **1.** raccolta di piante seccate per uso scientifico **2.** libro che descrive le piante medicinali e i loro usi || **N. 2.** bestiario, lapidario.

erbàtico (pl. *-ci*) [dal lat. tardo *herbāticus*; seconda metà sec. XIII] ***sm.*** *T.stor.* diritto di far l'erba o di pascolare bestiame nei terreni pubblici e tributo che si pagava per questo diritto.

erbàto [da *erba*; 1738] ***agg.*** *non com.* coperto d'erba: *prode erbate, terreno erbato.*

erbatùra [da *erba*; 1887] ***sf.*** il tempo in cui cresce l'erba, da un taglio all'altro.

erbeggiàre (pres. *-éggio*) [da *erba*; a. 1729] ***intr.*** (aus. *avere* ed *essere*) *raro* verdeggiare come erba.

erbétta (*dim.* di *erba*) [1319] ***sf.*** **1.** erba appena spuntata, tenera e fresca **2.** *region.* prezzemolo **3.** *pl.* erbe aromatiche impiegate in cucina.

erbicida [comp. di *erba* e *-cida*; 1956] ***sm.*** e ***agg.*** *T.chim.* detto di sostanza capace di distruggere le erbe nocive || **N.** *Sin.* diserbante.

erbìfero [comp. di *erba* e *-fero*; a. 1788] ***agg.*** *raro* erboso, ferace.

èrbio [dall'ingl. *erbium*, dal n. geogr. (*Ytt*)*erby*, città della Svezia dove fu scoperto; 1869] ***sm.*** *T.chim.* elemento metallico del gruppo dei lantanidi.

erbìre (pres. *-isco, -isci*) [da *erba*; a. 1893] ***intr.*** (aus. *avere*) *raro* di terreno, coprirsi d'erba.

erbìto (*pps.* di *erbire*) [a. 1912] ***agg.*** *raro* erbato, erboso, coperto d'erba: *campo, terreno erbito*; *strada erbita* (Pascoli).

erbivéndolo [comp. di *erba* e *-vendolo*; sul modello di *fruttivendolo*; 1853] ***sm.*** (f. *-a*) venditore di erbaggi e frutta.

erbìvoro [comp. di *erba* e *-voro*; 1724] ***agg.*** e ***sm.*** (f. *-a*) detto di animale che si ciba di sola erba || **N.** carnivoro, onnivoro.

erbolàto [dal lat. *herbula*, erbetta; a. 1388] ***sm.*** **1.** impiastro di erbe medicinali **2.** torta a base di erbe **3.** erborista.

erboràre (pres. *èrboro*) [da *erba*; 1745] ***intr.*** (aus. *avere*) erborizzare.

erborazióne [da *erborare*; a. 1758] ***sf.*** *raro* l'erborare.

erborinàto [voce milan., da *erborin*, prezzemolo; 1905] ***agg.*** si dice di formaggio venato di muffa verde (come il gorgonzola).

erborìsta [dal fr. *herboriste*; a. 1647] ***s.*** **1.** venditore di erbe medicinali **2.** raccoglitore e studioso di erbe medicinali || **N. 1.** *Sin.* venditore di semplici.

erboristeria [dal fr. *herboristerie*; 1917] **sf.** **1.** negozio di erbe medicinali **2.** collezione di piante aromatiche e medicinali. **Q.T.** *erboristeria* **TAV.** *erboristeria.*

erboristico (pl. *-ci*) [da *erborista*; 1956] **agg.** relativo all'erboristeria, proprio dell'erboristeria: *prodotti erboristici.*

erborizzàre [dal fr. *herboriser*; a. 1783] **intr.** (aus. *avere*) andar cercando erbe per fini di studio ‖ **N.** *Sin.* erborare.

erborizzatóre [dal fr. *herborisateur*; 1874] **sm.** (f. *-trice*) *raro* raccoglitore di piante erbacee.

erborizzazióne [dal fr. *herborisation*; a. 1783] **sf.** **1.** *raro* erborazione **2.** aggiunta di muffe verdi o blu nella preparazione di alcuni formaggi.

erbóso [dal lat. *herbōsus*; a. 1292] **agg.** coperto d'erba: *terreno erboso.*

erbùccia (pl. *-ce*) (*dim.* di *erba*) [1353] **sf.** **1.** erba appena spuntata, tenera e fresca **2.** timo **3.** *pl.* erbe aromatiche usate in cucina come condimento.

ercinìano [dal n. geogr. Selva *Ercinia*, regione montuosa della Germania; 1932] **agg.** *T.geol.* ercinico.

ercìnico (pl. *-ci*) [dal n. geogr. lat. *Hercynia*, catena montuosa in territorio tedesco; 1956] **agg.** *T.geol.* si dice dei fenomeni che si sono verificati tra il periodo Carbonifero e il Permiano: *orogenesi ercinica.*

èrcole [dal n. proprio lat. *Herculis*; a. 1337] **sm.** uomo ben muscoloso e fortissimo: *è un ercole, ha spalle d'ercole* ‖ *colonne d'Ercole*, v. COLONNA ‖ *dim.* ercolino.

ercolino [da *ercole*, con sovrapposizione di *arco*; 1923] **agg.** *raro* detto di gambe leggermente arcuate dal ginocchio in giù, che si ritengono segno di robustezza ‖ detto di persona con tale conformazione.

ercùleo [dal lat. *Herculeus*; a. 1505] **agg.** da Ercole, degno di Ercole: *fatica, forza erculea* ‖ *lett.* di Ercole in quanto nome di persona: *generosa Erculea prole* (Ariosto), rivolgendosi al figlio di Ercole I d'Este.

erèbia [dal lat. *Erebus*, dio delle tenebre; 1953] **sf.** farfalla di colore bruno o rossiccio che vive spec. nelle regioni montuose e depone le larve sulle Graminacee.

èrebo [dal lat. *Erebus*, gr. *Érebos*; sec. XV] **sm.** *T.mit.* nella mitologia greca, la dimora dei morti.

erède [dal lat. *heres, -ēdis*; a. 1292] **sm.** **1.** *T.giur.* chi succede in tutti i diritti e gli obblighi di un defunto, sia in virtù di legge (*erede legittimo*), sia per testamento (*erede testamentario*) ‖ *erede universale*, di tutti i beni; *erede necessario* o *legittimario*, che non può per legge essere del tutto diseredato ‖ *erede al trono*, il successore designato del sovrano regnante ‖ *scherz.* figlio primogenito, spec. maschio **2.** *fig.* chi mantiene le tradizioni o i valori spirituali di un gruppo, una collettività e sim.: *è l'erede delle tradizioni, della gloria degli avi* ‖ chi continua e sviluppa l'opera di una grande personalità storica o culturale, di un movimento e sim.: *un partito che si proclama erede dei valori spirituali del Risorgimento* ‖ **N.** successore | legittimo, fedecommissario, fiduciario, presunto, testamentario | diseredare.

eredità [dal lat. *hereditas, -ātis*; a. 1292] **sf.** **1.** *T.giur.* il complesso dei beni di cui qualcuno diviene padrone per via di successione legittima o testamentaria ‖ *eredità giacente*, il patrimonio di persona morta senza eredi e senza far testamento **2.** *T.biol.* *eredità genetica*, il complesso dei tratti trasmissibili da un organismo vivente ai propri discendenti attraverso le informazioni contenute nei cromosomi **3.** patrimonio spirituale di tradizioni, di ricordi, di esperienze trasmesso ai posteri, ai successori in attività ecc.: *eredità di affetti*; *sarà compito gravoso raccogliere l'eredità della precedente amministrazione* ‖ **N.** **1.** *Sin.* lascito; successione | asse ereditario | accettare, rifiutare un'eredità; aprire la successione | disponibile, legittima | beneficio d'inventario, collazione, delazione, devoluzione, divisione, fedecommesso, legato, maggiorasco, manomorta, rappresentazione **3.** *Sin.* retaggio. **Q.T.** *diritto.*

ereditàre (pres. *-èdito*) [dal lat. tardo *hereditāre*; a. 1337] **tr.** ricevere a titolo di eredità, anche *fig.*: *ha ereditato il patrimonio del padre, ma non ne ha ereditato le virtù.*

ereditarietà [da *ereditario*; 1882] **sf.** **1.** *T.giur.* possibilità di esere lasciato in eredità: *l'ereditarietà di un titolo nobiliare* **2.** *T.biol.* la trasmissione di alcuni caratteri morfologici, fisiologici e psichici da una generazione all'altra ‖ la potenzialità di un carattere a essere trasmesso per via genetica: *l'ereditarietà di una malattia.*

ereditàrio (pl. *-ri*) [dal lat. *hereditārius*; 1342] **agg.** **1.** che si trasmette per eredità: *nobiltà ereditaria* ‖ *principe ereditario*, che è destinato a succedere sul trono **2.** *T.biol.* che si trasmette per via genetica: *malattie ereditarie* ‖ **ereditariaménte** **avv.**

ereditièra [da *eredità*, sul modello del fr. *héritière*; 1846] **sf.** donna che avrà una grande eredità; raro e scherz. il maschile *ereditiero.*

-erellàre [cumulo dei due suff. *-erello* e *-are*[1]] **suff.** verbale che modifica il senso del verbo di base attribuendogli un valore insieme diminutivo o attenuativo e frequentativo: *bucherellare, giocherellare*; alcuni verbi ammettono anche la variante meno com. *-arellàre*: *salterellare* o *saltarellare.*

-erèllo (meno com. *-arèllo*) [ampliamento rafforzativo con *-er-* del suff. diminutivo *-ello*] **suff.** (f. *-a*) altera in senso diminutivo il nome o l'aggettivo di base: *giocherello, pazzerella*; alcuni sostantivi ammettono anche la variante meno com. *-arèllo*: *fatterello* o *fattarello.*

eremita [dal lat. cristiano *eremita*, gr. *erēmítēs*; 1304 ca.] **sm.** **1.** persona devota che vive in un eremo, in luoghi solitari o addirittura desertici ‖ *fig. scherz.* solitario, persona che vive appartata **2.** *T.zool.* *bernardo l'eremita*, paguro ‖ **N.** **1.** anacoreta, cenobita, romito.

eremitàggio (pl. *-gi*) [da *eremita*; 1310 *ermitaggio*] **sm.** luogo di eremiti ‖ *fig.* abitazione isolata, luogo solitario ‖ **N.** EREMO.

eremitàno [da *eremita*; sec. XIII *ermitano*] **agg.** e **sm.** detto di monaco appartenente a una regola di agostiniani di stretta osservanza.

eremìtico (pl. *-ci*) [dal lat. *eremīticus*; a. 1375] **agg.** da eremita.

èremo [dal lat. cristiano *eremus*, gr. *érēmos*, solitario; a. 1320] **sm.** luogo solitario e deserto dove una o più persone si ritirano per far vita contemplativa ‖ monastero o convento di monaci eremitani ‖ *fig.* luogo solitario: *questa villa è un eremo* ‖ **N.** romitorio, eremitaggio, romitaggio, convento.

eresìa [dal lat. *haeresis*, dottrina, gr. *háiresis*, presa, poi scelta; sec. XIII] **sf.** dottrina religiosa che, pur facendo nel complesso riferimento alle concezioni di una religione rivelata, ne nega alcuni dogmi caratterizzanti: *eresia ariana, monofisita* ‖ *per estens.* atto, affermazione, opera che si oppone radicalmente al senso comune o al gusto dominante: *non dire eresie!, un simile impiego delle dissonanze era una vera eresia a quell'epoca* ‖ **N.** eterodossia, miscredenza, riforma, scisma, setta | albigesi, anabattisti, ariani, calvinisti, gnostici, luterani, manichei, pelagiani, protestanti, sabelliani, ussiti, valdesi. **Q.T.** *religione.*

eresiàrca (pl. *-chi*) [dal lat. tardo *haeresiarcha*, gr. *hairesiárchēs*; a. 1292] **sm.** capo di eretici o fondatore di un'eresia.

eresiologìa [comp. di *eresia* e *-logia*; 1956] **sf.** lo studio delle eresie.

eresiòlogo (pl. *-gi*) [comp. di *eresia* e *-logo*; 1956] **sm.** (f. *-a*) studioso, esperto di eresiologia.

ERBORISTERIA

NOMI COMUNI DELLE PRINCIPALI PIANTE USATE IN ERBORISTERIA (E SOSTANZE ATTIVE DA LORO PRODOTTE).

MEDICINALI: arnica (olio essenziale), belladonna (atropina, belladonnina, iosciamina), camomilla (matricina, olio essenziale), canfora (acido laurico, acido miristico), cascara sagrada (crisofanolo, emodina), chaulmoogra (gliceridi dell'acido chaulmougrico), china (chinina, cinconina), coca (cocaina), curaro (curarina), digitale (digitossina), efedra (efedrina), euforbia (euforbone, euforboresene), frangola (antrachinoni), ginseng (ginsenina, panace), ipecacuana (cefelina, emetina), liquirizia (acido glabrico, glicirrizina), melissa (olio essenziale), mirra (gommoresina), oppio (codeina, morfina, narcotina, papaverina, tebaina), peyotl (mescalina, peyotina), rabarbaro (crisofanina, crisofanolo), rauwolfia (corinantina, reserpina), salsapariglia (saponine), stramonio (atropina), tamarindo (acido tartarico, acido malico, acido succinico), tiglio (flavonoidi), timo (olio essenziale), valeriana (olio essenziale), verbasco o tasso barbasso (saponine).

PER PROFUMERIA (da olio essenziale): acacia, bergamotto, calamo aromatico, canfora, citronella, eucalipto, garofano, gelsomino, geranio, giacinto, lavanda, patchouli, rosa, rosmarino, sandalo, spigo, violetta.

PER USO ALIMENTARE (da spezie): aglio, alloro, aneto, angelica, anice, basilico, cannella, cappero, cardamono, cerfoglio, chiodo di garofano, cinnamomo, coriandolo, cren o rafano, cumino, curcuma, dragoncello, fieno greco o trigonella, finocchio, ginepro, maggiorana, menta, noce moscata, pepe, peperone, prezzemolo, rosmarino, ruta, salsapariglia, salvia, sedano, senape, timo, vaniglia, zafferano, zenzero.

TERMINI VARI: flora (aromatica, balsamica, medicinale, officinale); area di distribuzione, calendario dell'erborista raccoglitore, cosmetico, droga, erbario, esame farmacognostico, farmaco vegetale, fitocomplesso, fotoperiodismo, giardino dei semplici, semplice, tempo balsamico.

VOCI ATTINENTI: aromaterapia, cosmesi, culinaria, farmacia, fitoterapia, profumeria; droghiere, erborista, estetista, farmacista, speziale.

(V. inoltre: per le parti della pianta, tutte usate in erboristeria, il quadro terminologico BOTANICA; per i preparati officinali, il quadro terminologico FARMACIA; per gli usi terapeutici dei preparati officinali, il quadro terminologico FARMACIA; per gli strumenti utilizzati nella coltivazione e nella raccolta delle piante, il quadro terminologico GIARDINAGGIO; per gli strumenti utilizzati nella lavorazione delle sostanze officinali, il quadro terminologico FARMACIA).

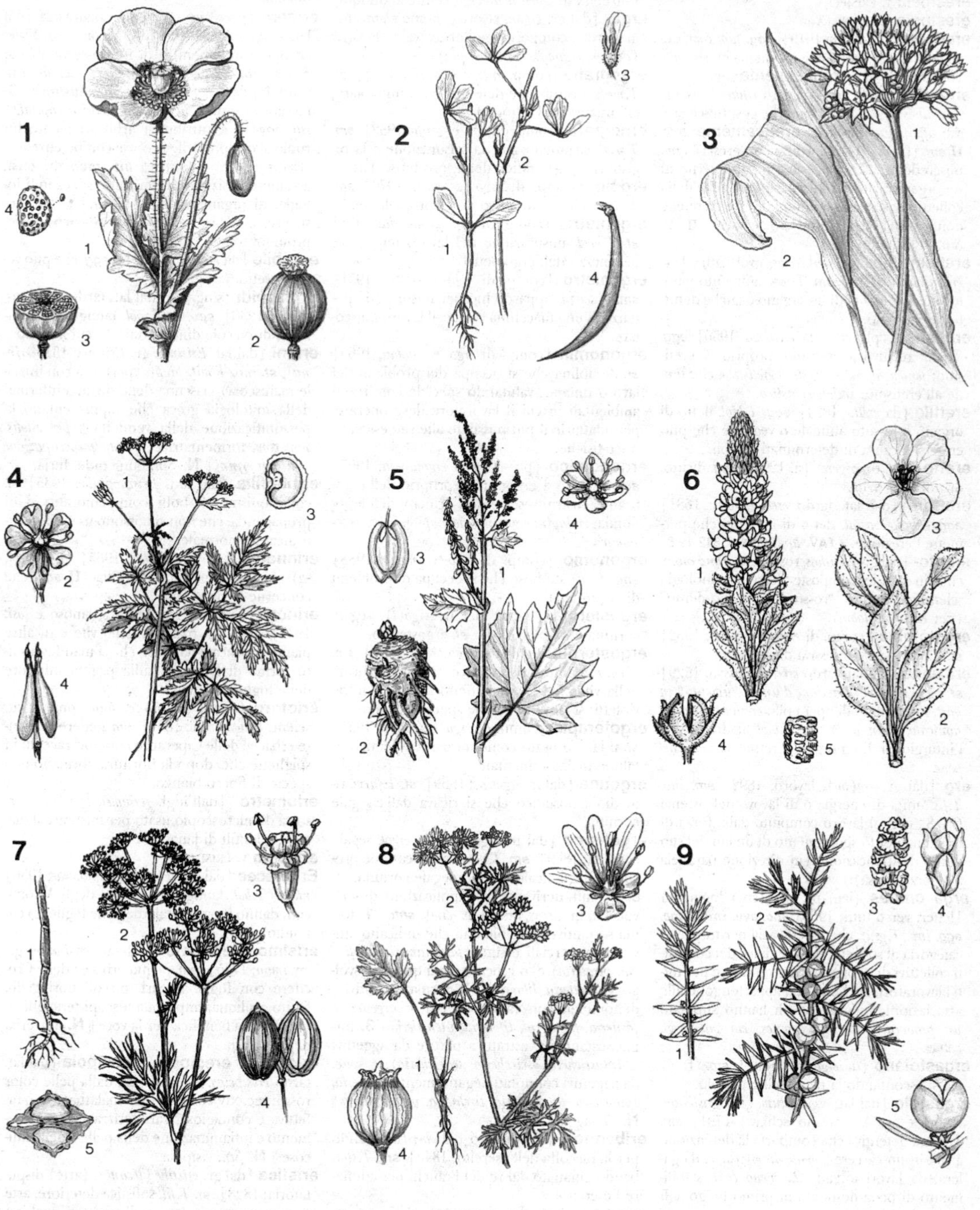

1. papavero (Papaver somniferum)
1.1. parte superiore della pianta - 1.2. capsula - 1.3. sezione della capsula

2. trigonella (Trigonella) o fieno greco (Foenum-graecum)
2.1. parte basale della pianta - 2.2. rametto con fiori - 2.3. fiore - 2.4. legume

3. aglio ursino (Allium ursinum)
3.1. infiorescenza - 3.2. foglia

4. cerfoglio (Anthriscus cerefolium Hoffm.)
4.1. sommità fiorita - 4.2. fiore - 4.3. sezione del seme - 4.4. frutto

5. rabarbaro cinese (Rheum officinale)
5.1. sommità fiorita - 5.2. radice - 5.3. frutto - 5.4. fiore

6. tasso barbasso o verbasco (Verbascum Thapsus)
6.1. racemo - 6.2. foglie - 6.3. fiore - 6.4. frutto - 6.5. seme

7. finocchio fetido (Anethum graveolens)
7.1. parte basale della pianta - 7.2. sommità fiorita - 7.3. fiore - 7.4. frutto - 7.5. frutto sezionato

8. coriandolo (Coriandrum sativum)
8.1. parte basale della pianta - 8.2. sommità fiorita - 8.3. fiore - 8.4. frutto

9. ginepro (Juniperus communis)
9.1. rametto con strobili maschili - 9.2. rametto con galbuli - 9.3. strobilo di fiori maschili - 9.4. strobilo di fiori femminili - 9.5. galbulo

ereșipela v. ERISIPELA.

ereșipola v. ERISIPELA.

ereticàle [da *eretico*; 1619] **agg.** *non com.* degli eretici, da eretici; che propugna eresie: *movimenti ereticali* ‖ **ereticalménte** **avv.**

erètico (pl. *-ci*) [dal lat. tardo *haereticus*, gr. *hairetikós*; a. 1292] **I agg.** che costituisce eresia: *affermazione eretica* ‖ **ereticaménte** **avv.** **II sm.** (f. *-a*) **1.** chi professa un'eresia ‖ *fam.* miscredente **2.** *per estens.* chi, all'interno di un'organizzazione, di un partito o anche della collettività, sostiene opinioni diverse da quelle dominanti ‖ **N.** I eterodosso, settario **II 2.** *Sin.* dissidente.

eretișmo [dal gr. *erethismós*, prob. attr. il fr. *éréthisme*; a. 1803] **sm.** *T.med.* aumento patologico dell'attività di un organo o anche di tutto l'organismo.

eretìstico (pl. *-ci*) [da *eretismo*; 1956] **agg.** *T.med.* relativo a eretismo, proprio di eretismo: *fenomeni eretistici, stato eretistico*; che tende all'eretismo: *indole eretistica.*

erèttile [da *eretto*; 1834] **agg.** *T.biol.* detto di organo o tessuto animale o vegetale che può erigersi a causa di determinati stimoli.

erètto (*pps.* di *erigere*) [a. 1294] **agg.** diritto, dritto: *capo eretto.*

erettóre [dal lat. tardo *erector, -ōris*; 1681] **agg.** e **sm.** *T.anat.* detto di muscolo che permette l'erezione. **TAV. anatomia p. 642** 19.8.

erèuto- [dal gr. *éreuthos*, rossore] **primo elem.** che, in parole composte della terminologia scientifica, indica "rossore", "arrossamento" (per es. *ereutofobia*).

ereutofobìa [comp. di *ereuto-* e *-fobia*; 1932] **sf.** *T.psic.* paura ossessiva di arrossire.

erezióne [dal lat. tardo *erectio, -ōnis*; a. 1529] **sf.** **1.** l'erigere: *l'erezione d'un monumento* ‖ *in part.* fondazione di opera pia: *erezione d'un canonicato, d'un asilo* **2.** *T.biol.* il drizzarsi e l'inturgidirsi di un organo erettile: *erezione del pene.*

èrg [dal gr. *érg(on)*, lavoro; 1892] **sm.** *inv.* *T.fis.* unità di energia o di lavoro del sistema C.G.S., pari al lavoro compiuto dalla forza di una dina per lo spostamento di un cm del suo punto di applicazione (in direzione parallela alla forza stessa).

erga omnes (lat., pr. it. [ˈɛrga ˈɔmnes]) [letter. verso tutti; 1963] **loc. avv.** *inv.* e **loc. agg.** *inv.* *T.giur.* che ha efficacia per tutta una categoria di soggetti; detto in part. dei contratti collettivi di lavoro, che hanno valore per tutti i lavoratori, anche se non appartengono alle associazioni sindacali che li hanno stipulati: *un provvedimento erga omnes, ciò vale erga omnes.*

ergastolàno [da *ergastolo*; 1898] **sm.** (f. *-a*) chi sta scontando la pena dell'ergastolo.

ergàstolo [dal lat. *ergastulum*, gr. *ergastḗrion*, fabbrica ove lavoravano schiavi; 1791] **sm.** **1.** pena detentiva che comporta la detenzione a vita in un carcere ‖ *gente da ergastolo*, da galera, da lavori forzati **2.** *meno com.* stabilimento di pena destinato in primo luogo agli ergastolani.

ergatìvo [dal gr. *ergázomai*, lavorare; 1930] **agg.** e **sm.** *T.ling.* nel basco e in lingue caucasiche, caso che indica l'agente di azioni espresse sia con verbi intransitivi sia con costruzioni corrispondenti al passivo: *uno studio sull'ergativo, lingue ergative.*

èrgere (pres. *èrgo, èrgi*; p.rem. *èrsi, ergésti*; pps. *èrto*) [lat. volg. **ĕrgere*, class. *erigere*; 1313] **tr.** *poet.* innalzare ‖ **intr. pron.** *più com.* drizzarsi: *la statua si erge in tutta la sua imponenza all'ingresso del tempio.*

ergo (lat., pr. it. [ˈɛrgo]) [propr. dunque; fine sec. XII] **I cong.** conclusiva e deduttiva, che si adopera talvolta anche nella nostra lingua, spec. con valore scherz., invece di *dunque*: *gridate, tempestate, ergo avete torto* **II sm.** *raro* nell'espr. *venire all'ergo*, venire al dunque.

èrgo- [dal gr. *érgon*, lavoro] **primo elem.** che, in parole composte moderne, vale "lavoro" (per es. *ergometro, ergoterapia*).

ergografìa [comp. di *ergo-* e *-grafia*; 1935] **sf.** *T.med.* misurazione dell'efficienza muscolare, effettuata con l'ergografo.

ergògrafo [comp. di *ergo-* e *-grafo*; 1932] **sm.** *T.med.* strumento per la misurazione e la registrazione su grafico del lavoro muscolare.

ergòlo [comp. di *ergo-* e *-olo*[3]; 1970] **sm.** *T.chim.* elemento attivo di un propellente.

ergometrìa [comp. di *ergo-* e *-metria*; 1956] **sf.** *T.med.* misurazione del lavoro muscolare per mezzo dell'ergometro.

ergòmetro [comp. di *ergo-* e *-metro*; 1951] **sm.** *T.scient.* apparecchio per misurare la potenza di una macchina e spec. il lavoro muscolare.

ergonomìa [comp. di *ergo-* e *-nomia*; 1965] **sf.** disciplina che si occupa dei problemi del lavoro umano, valutando spec. le condizioni ambientali in cui il lavoratore deve operare, per adattarle il più possibile alle sue esigenze psico-fisiche.

ergonòmico (pl. *-ci*) [da *ergonomia*; 1967] **agg.** relativo a ergonomia, proprio dell'ergonomia, costruito secondo i principi dell'ergonomia: *indagini ergonomiche, impugnatura ergonomica.*

ergònomo [comp. di *ergo-* e *-nomo*; 1983] **sm.** (f. *-a*) studioso che si occupa di problemi di ergonomia.

ergosterìna [comp. del fr. *ergo(t)*, segale cornuta e *sterina*; 1951] **sf.** ergosterolo.

ergosteròlo [dal fr. *ergostérol*; 1951] **sm.** *T.chim.* composto organico che si trasforma nella vitamina D_2 per effetto dei raggi ultravioletti; si trova in alcune specie di funghi.

ergoterapìa [comp. di *ergo-* e *terapia*; 1951] **sf.** il lavoro usato come mezzo terapeutico in talune malattie mentali.

ergotìna [dal fr. *ergotine*; 1869] **sf.** *T.farm.* rimedio emostatico che si ricava dalla segale cornuta.

ergotișmo [dal fr. *ergotisme*, da *ergot*, segale cornuta; 1869] **sm.** *T.med.* intossicazione provocata dagli alcaloidi della segale cornuta.

-erìa [suff. derivante dall'applicazione di *-ìa* a voci lat. in *-ārius*, attr. il fr. *-erie*] **suff.** **1.** forma sostantivi f. denominali che indicano attività commerciali e sim. (*falegnameria, oreficeria, pirateria*) e/o i locali in cui queste si svolgono (*latteria, libreria*) **2.** forma sostantivi f. denominali con valore collettivo: *argenteria, fanteria, posateria, tifoseria, utensileria* **3.** forma sostantivi f. astratti a partire da aggettivi (*fantasticheria, sciccheria, tedescheria*), e spec. da aggettivi connotati negativamente: *furberia, spilorceria, taccagneria, tirchieria, vigliaccheria* ‖ **N. 3.** -aggine.

eribànno [dall'ant. alto ted. *heriban*, bando per la raccolta dell'esercito; 1846] **sm.** *T.stor.* bando emanato dal re dei Franchi per adunare l'esercito.

èrica [dal lat. *erica*, gr. *eríkē*; a. 1577] **sf.** genere di piante delle Ericacee, rappresentato da numerose specie; ha un aspetto cespuglioso, con foglie minute; spesso forma basse ma vaste boscaglie ‖ **N.** *Sin.* scopa.

Ericàcee [comp. di *erica* e *-acee*; 1841] **sf. pl.** *T.bot.* famiglia di piante dicotiledoni tra cui il rododendro. **Q.T.** ***botanica.***

eridologìa [comp. del gr. *éris, éridos*, lotta e *-logia*; 1980] **sf.** *T.psic.* ramo della psicologia che ha per oggetto l'aggressività e la violenza dell'uomo, le loro cause e le loro manifestazioni.

eridòlogo (pl. *-gi*) [da *eridologia*; 1983] **sm.** studioso, esperto di eridologia.

erigèndo [dal lat. *erigendus*; 1905] **agg.** *non com.* di cui è prevista la costruzione: *l'erigendo ospedale.*

erìgere (pres. *-igo* ecc., come DIRIGERE) [dal lat. *erigere*; 1313] **tr.** **1.** innalzare, rif. spec. ad opere imponenti o di interesse pubblico: *erigere una chiesa, un monumento* **2.** *fig.* istituire, fondare: *eresse un impero industriale* **3.** elevare di grado: *la città fu eretta a capitale* ‖ **rifl.** *erigersi a*, attribuirsi arbitrariamente un ruolo al disopra delle proprie competenze: *erigersi a giudice, a censore* ‖ **intr. pron.** drizzarsi, assumere posizione eretta, detto spec., in fisiologia, di organi erettili ‖ **N. tr. 1.** *Sin.* costruire, edificare, elevare **3.** *Sin.* costituire, promuovere.

erigìbile [da *erigere*; a. 1924] **agg.** che può venire eretto.

Erinacèidi (sing. *-e*) [dal lat. tardo *erinăceus*, riccio; 1936] **sm. pl.** *T.zool.* famiglia di Insettivori di piccole dimensioni, tra cui il riccio.

erìnni [dal lat. *Erinnys*, gr. *Erinnýs*; 1313 *erinna*] **sf.** *inv.* *T.mit.* *propr.* (perlopiù con iniziale maiuscola) ciascuna delle divinità infernali della mitologia greca che rappresentano la personificazione della vendetta ‖ *per estens.* *non com.* tormentatrice: *questa preoccupazione è la mia erinni* ‖ **N.** *Sin.* eumenide, furia.

erinnofilìa [dal ted. *Erinnophilie*; 1935] **sf.** collezionismo di bolli commemorativi o di propaganda, che non si possono usare per l'affrancatura normale.

erinnòfilo [da *erinnofilia*; 1965] **I sm.** (f. *-a*) chi si occupa di erinnofilia **II agg.** che concerne l'erinnofilia.

erinòși [comp. del gr. *eríneos*, lanoso e *-osi*; 1932] **sf.** *T.bot.* malattia della vite e di altre piante provocata da acari, che si manifesta sotto forma di lanugine sulla pagina inferiore delle foglie.

eriòforo [comp. di *erio-* e *-foro*, come il lat. scient. *Eriophorum*; 1834] **sm.** genere di piante erbacee delle Ciperacee con fiori raccolti in spighette che, dopo la fioritura, formano una specie di fiocco bianco.

eriòmetro [dall'ingl. *eriometer*; 1887] **sm.** sorta di microscopio usato per misurare il diametro dei fili di lana.

erișamo v. ERISIMO.

Erișifàcee [dal lat. scient. *Erysiphaceae*; 1956] **sf. pl.** *T.bot.* famiglia di funghi degli Ascomiceti: danno luogo a malattie delle foglie tra cui l'oidio.

erìșimo o **erìșamo** [dal lat. *erisimum*, gr. *erýsimon*; 1745] **sm.** pianta erbacea delle Crocifere con foglie lineari, piccoli fiori gialli, frutto a siliqua, impiegata a scopi terapeutici, considerata benefica per la voce ‖ **N.** *Sin.* erba dei cantanti.

erișìpela o **ereșipela** o **ereșìpola** [dal lat. tardo *erysipelas*, gr. *erysípelas*, dalla pelle color rosso; sec. XIV *erisipilla*] **sf.** malattia acuta, infettiva e contagiosa, caratterizzata da arrossamento e infiammazione della pelle e delle mucose ‖ **N.** *Sin.* risipola.

erìstica [dal gr. *eristikḗ* (*téchnē*), (arte) disputatoria; 1828] **sf.** *T.fil.* sofistica deteriore, arte di argomentare a favore di una tesi qualsiasi con argomenti sofistici.

erìstico (pl. *-ci*) [dal gr. *eristikós*; a. 1799] **agg.** riguardante l'eristica, tipico dell'eristica ‖ *filosofi eristici* (anche *sm. gli eristici*), appellativo, connotato negativamente, rivolto da Platone ai sofisti minori, ai cinici e ai megarici, accusati di strumentalizzare capziosamente le tecniche dialettiche e retoriche.

eritèma [dal gr. *erýthēma*, rossore; 1792] **sm.** *T.med.* arrossamento superficiale della pelle: *eritema solare.*

eritematóso [da *eritema*; 1931] **agg.** *T.med.* relativo a eritema, caratteristico dell'eritema: *arrossamento eritematoso* ‖ che si manifesta sotto forma di eritema: *disturbo eritematoso.*

eritremìa [comp. di *eritro-* ed *-emia*; 1932] **sf.**

T.med. malattia del sangue con comparsa di globuli rossi immaturi e anemia.

eritrèo [dal n. geogr. *Eritrea*; prima metà sec. XIV] **I agg. 1.** dell'Eritrea **2.** *non com.* del Mar Rosso **II sm.** (f. *-a*) abitante o nativo dell'Eritrea.

eritrìna [comp. di *eritro-* e *-ina*; 1834] **sf. 1.** *T.bot.* genere di piante tropicali delle Papilionacee i cui fiori hanno colore rosso intenso **2.** *T.chim.* alcaloide estratto dalla corteccia di tale pianta, dotato di lievi poteri sedativi e ipnotici || sostanza ricavata da alcuni licheni tintori.

eritrìte [comp. di *eritro-* e *-ite*[2]; 1865] **sf. 1.** *T.min.* arseniato idrato di cobalto che si presenta in cristalli o incrostazioni globulari rosse o rosa **2.** *T.chim.* alcol alifatico tetravalente a quattro atomi di carbonio, contenuto in vari licheni e alghe.

erìtro- [dal gr. *erythrós*, rosso] **primo elem.** che, in parole composte della terminologia scientifica (spec. biologica e medica), vale "rosso" (per es. *eritrofobia*) o "globulo rosso" (per es. *eritroblasto, eritrocita, eritropoiesi*).

eritroblàsto [comp. di *eritro-* e *-blasto*; 1934] **sm.** *T.biol.* elemento cellulare immaturo da cui prendono origine i globuli rossi.

eritrocìta o **eritrocìto** [comp. di *eritro-* e *-cita* o *-cito*; 1899] **sm.** *T.anat.* globulo rosso.

eritrocitòṣi [comp. di *eritrocita* e *-osi*; 1956] **sf.** *T.med.* aumento patologico del numero di globuli rossi del sangue.

eritrofillìa [comp. di *eritro-* e *-fillia*; 1956] **sf.** *T.bot.* colorazione rossastra assunta in autunno da alcune foglie, tra cui i pampini della vite.

eritrofobìa [comp. di *eritro-* e *-fobia*; 1956] **sf.** *T.psic.* paura ossessiva di arrossire.

eritromicìna [comp. di *eritro-* e *-micina*; 1956] **sf.** *T.farm.* antibiotico ottenuto da un fungo, detto *Streptomyces erythreus*, efficace medicamento contro varie malattie infettive.

eritropoièṣi [comp. di *eritro-* e *-poiesi*; 1956] **sf.** *T.biol.* processo di formazione dei globuli rossi del sangue a opera del midollo osseo.

eritropsìa [comp. di *eritro-* e *-opsia*; 1956] **sf.** *T.med.* alterazione della vista, per cui gli oggetti appaiono colorati in rosso.

eritròṣi [comp. di *eritro-* e *-osi*; 1932] **sf.** *T.med.* arrossamento cutaneo dovuto a infiammazione o a congestione.

erlàng [dal n. del matematico danese A.K. *Erlang* (1877-1929); 1973] **sm. inv.** *T.mis.* unità di misura del traffico telefonico, equivalente al rapporto tra la somma dei tempi relativi all'uso degli apparati telefonici e il tempo durante il quale tale uso è stato osservato.

èrma [dal lat. *herma*, dal gr. *Hermês*, n. del dio Mercurio; 1594] **sf. 1.** *T.stor.* pietra quadrangolare che terminava con la testa di un dio, perlopiù di Ermes **2.** *per estens.* scultura su pilastro che rappresenta una testa umana e parte del busto.

ermafroditiṣmo (non com. *ermafrodiṣmo*) [da *ermafrodito*; 1828 *ermafrodismo*] **sm.** *T.biol.* condizione di ermafrodito, rarissima e patologica nell'uomo, normale in molte specie animali e vegetali || **N.** *Sin.* monoicismo.

ermafrodito o **ermafrodita** [dal lat. *Hermaphrodītus*, gr. *Hermaphróditos*, n. del figlio di *Hermês* e *Aphrodítē*; 1319] **I agg. 1.** *T.biol.* detto di individuo, o specie animale o vegetale, che presenta i caratteri di entrambi i sessi: *le lumache sono animali ermafroditi* **2.** *per estens. raro* e *lett.* ambiguo, ibrido **II sm. 1.** individuo ermafrodito, spec. della specie umana **2.** *per estens. non com.* impropriamente, omosessuale, invertito || **N.** androgino, bisessuato.

ermellinàto o **armellinàto** [da *ermellino*; 1907] **agg. 1.** decorato, arricchito di pelliccе di ermellino **2.** di manto equino, bianco picchiettato di nero **3.** *T.arald.* come l'armellino ma con uno o entrambi i colori diversi dal nero o l'argento.

ermellìno [dal lat. mediev. (*mus*) *armeninus* (topo) dell'Armenia, attr. una voce disus. *armellino*; fine sec. XIII] **sm. 1.** piccolo mammifero dei Mustelidi, di pelo finissimo, che cambia colore secondo le stagioni, castano in estate, bianco candido in inverno (tranne la punta della coda che è nera), di cui si fanno pellicce di valore || *fig. essere candido come un ermellino*, essere innocente, senza macchia, anche iron. **2.** pelliccia di ermellino: *una stola di ermellino; cappa di ermellino*, quella indossata dai magistrati di più alto grado nelle occasioni solenni, per es. all'apertura dell'anno giudiziario **3.** *T.arald.* armellino.

ermenèuta [dal gr. *hermēneutḗs*; 1923] **s.** interprete di testi oscuri || studioso di ermeneutica.

ermenèutica [dal gr. *hermēneutikḗ* (*téchnē*), (arte) interpretativa; 1797] **sf.** l'arte d'interpretare i testi e i documenti antichi || *T.fil.* teoria dell'interpretazione, intesa (per es. in Heidegger) non solo con rif. ai testi letterari ma anche con valore più esteso, come dimensione caratteristica dell'esistenza umana. **Q.T.** *filosofia.*

ermenèutico (pl. *-ci*) [dal gr. *hermēneutikós*; a. 1855] **agg.** relativo all'ermeneutica, interpretativo: *acume, metodo ermeneutico* || **N.** *Sin.* esegetico.

ermeṣino V. ERMISINO.

ermeticità [da *ermetico*; 1940] **sf. 1.** l'essere ermetico: *l'ermeticità di un vaso di vetro* **2.** *fig.* qualità di ciò che risulta difficile da decifrare o comprendere: *l'ermeticità di un discorso.*

ermètico (pl. *-ci*) [dal n. del dio greco *Ermete*; 1684] **agg. 1.** che non consente alcun passaggio di fluidi: *chiusura ermetica, contenitore ermetico* **2.** oscuro, indecifrabile: *un messaggio ermetico, espressione ermetica del viso* **3.** *T.lett.* che concerne la corrente letteraria dell'ermetismo: *poeti ermetici* **4.** *T.fil.* relativo alle dottrine alchimistiche o esoteriche attribuite a Ermete Trismegisto: *libri ermetici* || **ermeticaménte avv. 1.** in modo da impedire ogni passaggio di fluidi: *ermeticamente chiuso* **2.** in modo oscuro e incomprensibile: *parlare ermeticamente* || **N. 1.** *Sin.* a tenuta stagna **2.** *Sin.* enigmatico, impenetrabile, incomprensibile, sibillino.

ermetiṣmo [dal fr. *hermétisme*; 1927 nel senso 3] **sm. 1.** *T.fil.* l'insieme delle dottrine religiose, scientifiche e filosofiche contenute nei libri attribuiti a Ermete Trismegisto **2.** corrente letteraria moderna, che tende a valorizzare l'opera poetica mediante la suggestione fonica di un linguaggio intenso e oscuro, e la svalutazione del significato delle parole **3.** oscurità, impenetrabilità: *mi colpiva l'ermetismo del suo sguardo.*

ermiṣino o **ermeṣino** o **ormeṣino** [dal n. geogr. *Ormuz*, città persiana da cui era originario; 1555] **sm.** drappo leggero e sottilissimo di seta, per vestiti da donna.

èrmo [allotropo pop. di *eremo*; 1225 ca. come sm.] **I agg.** *poet.* solitario: *poggi solitari ed ermi* (Petrarca) **II sm.** *raro* eremo.

èrnia [dal lat. *hernia*; sec. XIV] **sf. 1.** *T.med.* l'uscita di un organo e in part. di un viscere dalla sua cavità naturale, per lacerazione o rilassamento delle pareti, che provoca un rigonfiamento all'esterno || *ernia strozzata*, quando il sangue non può circolare nel viscere fuoriuscito || *ernia del disco* (*intervertebrale*), fuoriuscita del nucleo polposo del disco intervertebrale, che può dar luogo a dolorose sciatalgie **2.** *T.bot.* malattia parassitaria che compare sulle radici di alcune Crocifere || **N. 1.** allentatura, rottura, gastrocele, cistocele | crurale, inguinale, diaframmatica, epigastrica, ombelicale.

erniària [da *ernia*, perché impiegata un tempo come rimedio contro l'ernia; prima metà sec. XIV] **sf.** piccola pianta erbacea delle Cariofillacee, dai rami molto numerosi ricchi di piccoli fiori, diffusa nella regione mediterranea.

erniàrio (pl. *-ri*) [da *ernia*; 1797] **agg.** *T.med.* dell'ernia, attinente all'ernia || *cinto erniario*, che serve a contenere l'ernia.

ernióso [dal lat. *herniōsus*; inizio sec. XIV] **agg.** e **sm.** (f. *-a*) *T.med.* che o chi soffre d'ernia: *operò un vecchio ernioso.*

erniotomìa [comp. di *ernia* e *-tomia*; 1820] **sf.** *T.chir.* l'operazione chirurgica di resezione del viscere nel caso di ernia strozzata.

èro [da *ero*(*ina*); 1979] **sf.** *gerg.* eroina.

ero- [dal gr. *érōs*, amore] **primo elem.** che, in parole composte dotte, vale "erotico", "relativo all'istinto sessuale" (per es. *erogeno*) || **N.** *Sin.* eroto-.

eródere (pres. *-ódo*, come RODERE) [dal lat. *erōdere*, prob. attr. il fr. *éroder*; 1499] **tr.** consumare per erosione: *il fiume erode la valle* || **intr. pron.** consumarsi; anche *fig.*: *i margini di trattativa si sono erosi.*

erodotèo [dal n. proprio *Erodoto*; a. 1837] **agg.** dello storico greco Erodoto di Alicarnasso.

eròe [dal lat. *hērōs, -ōis*, gr. *hḗrōs, hḗrōos*; 1532] **sm.** (f. *eroina*) **1.** nella mitologia classica, uomo che si credeva nato da un mortale e da una divinità, e che dimostrava la sua natura semidivina con magnanime e prodigiose imprese **2.** *per estens.* uomo di gran coraggio e di straordinarie virtù, spec. guerresche: *l'Eroe dei due mondi*, Garibaldi; *fare l'eroe*, ostentare temerarietà e sprezzo del pericolo anche quando non è necessario || *iron. bell'eroe!*, detto di persona pavida **3.** il protagonista di un'opera letteraria o cinematografica: *il nostro eroe*, il protagonista dell'opera di cui si sta parlando; *eroe negativo*, personaggio privo delle qualità positive tradizionali || *per estens.* il principale attore di una impresa: *fu l'eroe della spedizione polare* || *scherz.* chi si mette in evidenza in una particolare situazione, anche frivola: *è l'eroe del momento, era stato l'eroe della festa* || **N. 1.** *Sin.* semidio **2.** martire, paladino **3.** *Contr.* antieroe.

erogàbile [da *erogare*; 1869] **agg.** che si può erogare.

erogabilità [da *erogabile*; 1869] **sf.** l'essere erogabile.

erogàre (pres. *èrogo, èroghi*) [dal lat. *erogāre*; 1330] **tr. 1.** *T.bur.* rif. a somme di denaro, distribuire per un uso determinato, spec. a scopo di beneficenza **2.** fornire in quantità desiderata mediante un impianto di distribuzione: *erogare l'energia elettrica, il gas* || **N. 1.** *Sin.* assegnare, elargire, largire **2.** *Sin.* distribuire.

erogatóre (f. *-trìce*) [dal lat. tardo *erogātor, -ōris*; 1828] **I agg.** che eroga **II sm.** valvola che regola la pressione di uscita di un fluido da un serbatoio, in funzione della pressione esterna.

erogazióne [dal lat. *erogātio, -ōnis*; sec. XIV] **sf.** l'atto dell'erogare: *erogazione di fondi, erogazione dell'acqua potabile* || *concr.* la somma erogata.

erògeno [comp. di *ero-* e *-geno*; a. 1939] **agg.** che produce sensazioni erotiche: *zone erogene*, zone del corpo umano che, se stimolate, provocano eccitazione sessuale || **N.** *Sin.* erotogeno.

eroicità [da *eroico*; a. 1704] **sf.** carattere di chi o di ciò che è eroico.

eroiciẓẓàre [da *eroico*; 1745] **tr.** *raro* reputare, trattare come eroico o come eroe: *eroicizzare un'impresa.*

eròico (pl. *-ci*) [dal lat. *herōicus*, gr. *hērōikós*;

a. 1529] *agg.* **1.** degno di un eroe: *atto eroico, morte eroica* || *per estens.* grande, straordinario: *qui ci vuole una pazienza eroica* **2.** relativo agli antichi eroi: *età eroica,* il tempo in cui sarebbero vissuti gli eroi || *per estens. tempi eroici,* ogni periodo della storia di una nazione, di un movimento, di un'attività umana e sim. in cui si sono superate gravi difficoltà con grande slancio ed entusiasmo: *i tempi eroici dell'aviazione* || *poesia eroica,* che canta vicende di eroi; *verso eroico,* il metro epico per eccellenza, l'esametro dattilico || **eroicaménte** *avv.* || **N.** *Sin.* glorioso, inclito, magnanimo, valoroso.

eroicòmico (pl. *-ci*) [comp. di *eroi(co)* e *comico*; a. 1635] *agg.* che ha del comico e dell'eroico insieme || di poema che tratta un soggetto futile in modo eroico, perché dal contrasto nasca il ridicolo.

eroicosatìrico (pl. *-ci*) [comp. di *eroico* e *satirico*; 1887] *agg. poema eroicosatirico,* poema di tono eroico e satirico nel contempo.

eroìna[1] *sf.* V. EROE.

eroìna[2] [comp. di *eroe* e *-ina*; 1902] *sf.* sostanza stupefacente ricavata dalla morfina.

eroinòmane [comp. di *eroina* e *-mane*; 1983] *agg.* e *s.* affetto da eroinomania.

eroinomanìa [comp. di *eroina* e *-mania*; 1956] *sf.* tossicodipendenza da eroina.

eroìṣmo [da *eroe,* come il fr. *héroisme*; a. 1712] *sm.* qualità di persona eroica || *concr.* atto eroico.

erómpere (pres. *-ómpo* ecc., come ROMPERE) [dal lat. *erumpere*; sec. XIV] *intr.* (aus. *avere*; raro nei tempi composti) venir fuori con impeto: *la folla eruppe dallo stadio*; anche *fig.*: *erompere in un grido, in un imprecazione.*

èros [dal gr. *érōs, érōtos,* amore; 1935] *sm.* **1.** l'istinto dell'amore fisico e sessuale, che i Greci personificavano in Eros, figlio di Afrodite **2.** *T.psican.* secondo Freud, l'istinto del piacere, visto come pulsione fondamentale di vita e contrapposto all'istinto di morte.

eroṣióne [dal lat. *erōsio, -ōnis,* prob. attr. il fr. *érosion*; a. 1698] *sf.* **1.** *T.geol.* l'asportazione continua di sostanza che subisce la superficie terrestre sotto l'azione incessante degli agenti atmosferici, dei ghiacciai, delle acque **2.** *T.med.* lesione circoscritta degli strati superficiali della cute o di una mucosa **3.** sottrazione di una parte del metallo prezioso da una moneta || **N. 1.** eolica, fluviale, glaciale. **Q.T.** *acqua, geologia* **TAV.** ***geologia*** **p. 1313** 4.4, 4.7.

eroṣìvo [da *erosione*; a. 1698] *agg.* che provoca erosione: *l'azione erosiva delle acque.*

eróṣo *pps.* di *erodere* (v.).

eroticità [da *erotico*; a. 1954] *sf.* l'essere erotico.

eròtico (pl. *-ci*) [dal lat. *erōticus,* gr. *erōtikós*; a. 1729] *agg.* di amore, relativo all'amore, inteso spec. come attrazione fisica: *desiderio erotico* || che tratta argomenti attinenti all'amore o al desiderio sessuale: *poesie erotiche, scrittore erotico* || che mira a suscitare desiderio sessuale: *spettacolo erotico* || **eroticaménte** *avv.*

erotìṣmo [da *erotico,* prob. sul modello del fr. *érotisme*; 1869] *sm.* evocazione di immagini e desideri nella sfera del piacere sessuale, spec. attraverso una qualche forma di mediazione culturale: *scene di raffinato erotismo* || il complesso dei motivi erotici in un'opera d'arte, di letteratura e sim., senza connotazione negativa (a differenza di *pornografia*): *l'erotismo nei fumetti, nel romanzo americano moderno, nelle stampe giapponesi.*

erotiẓẓàre [dal fr. *érotiser*, 1963] *tr.* dare valore erotico a qualcosa che di per sé non l'avrebbe.

erotiẓẓazióne [da *erotizzare*; 1963] *sf.* *T.psican.* l'erotizzare inconsciamente qualcosa.

eròto- [dal gr. *érōs, érotos,* amore] *primo elem.* che, in parole composte dotte, vale "erotico", "relativo all'istinto sessuale" (per es. *erotogeno, erotomane*) || **N.** *Sin.* ero-.

erotògeno [comp. di *eroto-* e *-geno*; 1942] *agg.* erogeno.

erotòlogo (pl. *-gi*) [comp. di *eroto-* e *-logo*; 1957] *sm.* (f. *-a*) medico specializzato in problemi relativi al sesso || *per estens. scherz.* persona amante del sesso || **N.** *Sin.* sessuologo.

erotòmane [comp. di *eroto-* e *-mane*; 1956] *agg.* e *s.* *T.med.* che, chi è affetto da erotomania || *per estens. scherz.* incline a facili amori.

erotomanìa [comp. di *eroto-* e *-mania*; 1834] *sf.* *T.med.* eccesso morboso di desiderio sessuale.

èrpes o **èrpete** V. HERPES.

erpètico (pl. *-ci*) [da *erpete*; a. 1758] **I** *agg.* *T.med.* di erpete, che è provocato dall'erpete: *febbre erpetica* **II** *sm.* (f. *-a*) *T.med.* chi è malato di erpete.

erpetofobìa [comp. di *erpeto-* e *-fobia*; 1988] *sf.* *T.psic.* paura patologica di lucertole e rettili.

erpetologìa [dal gr. *herpetón,* rettile attr. il fr. *herpétologie*; 1820] *sf.* *T.zool.* parte della zoologia che studia i rettili e gli anfibi. **Q.T.** *zoologia.*

erpetòlogo (pl. *-gi*) [da *erpetologia*; 1965] *sm.* (f. *-a*) studioso di erpetologia.

erpicaménto [da *erpicare*; 1881] *sm.* *raro* erpicatura.

erpicàre (pres. *érpico, érpichi*) [dal lat. volg. **herpicāre*; a. 1320] *tr.* lavorare il terreno con l'erpice.

erpicatùra [da *erpicare*; a. 1597] *sf.* l'operazione dell'erpicare: *erpicatura delle biade.*

érpice [lat. *hirpex, hirpicis*; a. 1320] *sm.* strumento agricolo, armato di denti di ferro, che serve per tritare il terreno già lavorato, per nettarlo dalle pietre e dalle erbacce, e per uguagliarne la superficie. **TAV.** *agricoltura* 3.

errabóndo [dal lat. *errabundus*; sec. XIV] *agg. lett.* errante; ramingo, vagabondo.

errànte (*ppr.* di *errare*) [fine sec. XIII] *agg.* **1.** che va peregrinando senza una meta precisa: *cavalieri erranti,* nei poemi cavallereschi, i cavalieri che si spostavano da un luogo all'altro alla ricerca di avventure gloriose, pronti ad offrire la loro protezione alle dame e ai deboli || *stelle erranti,* denominazione disus. dei pianeti in quanto opposti alle *stelle fisse* || *sguardo errante,* incerto, vago, smarrito, svagato **2.** che sbaglia, spec. in senso morale (anche *s.,* spec. *pl.*: *perdonare gli erranti, non l'errore*).

erràre (pres. *èrro*) [dal lat. *errāre*; inizio sec. XIII nel senso 2] *intr.* (aus. *avere*) **1.** andare qua e là senza una direzione o una meta definita: *errare per i campi* **2.** cadere in errore (più lett. di *sbagliare*): *se erro, correggimi*; *se non erro,* formula comune per garantirsi in anticipo da eventuali imprecisioni in un'affermazione e sim. || commettere un peccato, macchiarsi di una colpa || *prov. errare è umano, perseverare è diabolico* **3.** *lett.* deviare, allontanarsi, spec. *fig.*: *errare dalla retta via* || *tr. raro* **1.** sbagliare **2.** percorrere vagando || **N.** *intr.* **1.** *Sin.* peregrinare, vagare **2.** *Sin.* aver torto, ingannarsi, prendere un abbaglio o una cantonata o un granchio, sbagliare; mancare, peccare | *Contr.* aver ragione.

errata corrige (lat., pr. it. [er'rata 'kɔrridʒe]) [propr. correggi le cose errate] *loc. m.* (raro *f.*) *inv.* tavola degli errori di stampa con la relativa correzione, che si mette solitamente al principio o alla fine di un libro.

erràtico (pl. *-ci*) [dal lat. *errāticus*; a. 1348] *agg.* che cambia continuamente posto: *fauna erratica* || *T.geol. masso erratico,* che è stato trasportato lontano dalla sua collocazione originaria per l'azione di grandi ghiacciai successivamente ritiratisi || *T.med.* detto di dolori che compaiono e scompaiono o mutano continuamente localizzazione: *febbre erratica*; *dolori erratici,* reumi.

erràto (*pps.* di *errare*) [inizio sec. XIII] *agg.* **1.** sbagliato: *interpretazione errata* **2.** con valore attivo, solo nella loc. *andare errato,* cadere in errore || **errataménte** *avv.* || **N. 1.** *Sin.* erroneo, fallace, scorretto | *Contr.* corretto, esatto, giusto.

èrre [lettura della lettera *r*; a. 1348 *er*] *sf.* (non com. *sm.*) *inv.* nome della lettera *r* (v.).

erroneità [da *erroneo*; 1681] *sf. non com.* l'essere erroneo.

erròneo [dal lat. *erroneus*; 1308] *agg.* **1.** che ha in sé errore, e spec. contrario alla verità logica: *giudizio erroneo* **2.** *ant.* di persona, che commette errore || **erroneaménte** *avv.* || **N.** *Sin.* errato, fallace, falso, infondato, sbagliato.

erróre [dal lat. *error, -ōris*; a. 1292] *sm.* **1.** atto, espressione, comportamento con cui si manca di osservare una norma, una regola (spec. in ambito tecnico o scientifico), una consuetudine largamente condivisa: *fare, commettere un errore*; *un errore di pronuncia, di ortografia, di calcolo, di traduzione, di stampa*; *ha fatto l'errore di svoltare senza segnalare ed è stato subito bocciato all'esame di guida*; *salvo errori od omissioni,* formula frequente nell'uso commerciale per attenuare la responsabilità di quanto affermato precedentemente; con valore *concr.*: *cancellare gli errori di battitura, sottolineare un errore in blu* || comportamento contrario alla morale corrente: *scontare i propri errori, riparare agli errori di gioventù*; comportamento contrario ai precetti religiosi: *vivere, persistere nell'errore* || *T.sport.* esecuzione imperfetta di un gesto atletico che comporta penalità o eliminazione: *il cavallo ha commesso un errore alla siepe*; *un saltatore in alto è eliminato dopo tre errori alla stessa misura* **2.** valutazione, opinione in contrasto con l'effettivo stato delle cose: *credo che tu sia in errore nel giudicarlo così severamente, sarebbe stato un errore fatale ritenersi già in salvo* || *errore giudiziario,* giudizio di innocenza o di colpevolezza che si rivela in seguito non corrispondente ai fatti || azione o scelta inopportuna, o dagli esiti lontani da quanto ci si attendeva: *un errore strategico che ha compromesso l'intera campagna*; *credevo di fargli piacere, ma è stato un errore invitarlo* **3.** *per restr. T.scient. errore di misura,* la differenza tra la misura vera, normalmente solo teorica, di una grandezza fisica e una sua misura reale: *la distanza Terra-Luna è nota con un errore di pochi metri*; *errore sistematico,* dovuto a un difetto costante e individuabile dello sperimentatore, del metodo o dello strumento; *errore accidentale,* dovuto a fenomeni casuali e imprevedibili; iterando le misure si distribuisce però secondo una funzione matematica nota (*gaussiana*) || *T.mat.* o scarto tra il valore reale di una quantità e il suo calcolo numerico approssimato: *calcolare pi greco con l'errore di una parte su un milione* **4.** *lett. raro* l'andar vagando senza meta: *ai tristi errori meta ultima Oporto* (Carducci) || *dim.* errorétto, errorùccio; *pegg.* erroràccio || **N. 1.** *Sin.* assurdità, cantonata, castroneria, eresia, granchio, imperfezione, inesattezza, lapsus, refuso, sbaglio, strafalcione, svarione, svista; mancanza, peccato **2.** *Sin.* abbaglio, disguido, equivoco, incomprensione, malinteso; illusione; inopportunità | clamoroso, grave, imperdonabile, irreparabile, madornale, maiuscolo, marchiano, mastodontico | confutare, correggere, mitigare, rettificare, riconoscere un errore; rimediare, riparare a un errore; indurre in errore **4.** *Sin.* peregrinazione, vagabondaggio. **Q.T.** *filologia...*

èrta [f. sost. di *erto*; 1313] *sf.* **1.** luogo ripido per il quale si sale **2.** nella loc. *stare all'erta,* usare cautela, esser guardinghi, vigilanti || *all'erta!,* attenzione! in guardia! || **N. 1.** *Sin.* salita | *Contr.* china.

ertézza [da *erto*; 1336 ca.] ***sf.*** *raro* la qualità di luogo erto.

èrto (*pps.* di *ergere*) [1282] ***agg.*** in forte pendenza: *montagne erte, un erto sentiero* || **N.** *Sin.* ripido, scosceso.

erubescènte [dal lat. *erubēscens, -entis*; a. 1789] ***agg.*** *raro* **1.** che diventa rosso **2.** di persona, che arrossisce.

erubescènza [dal lat. tardo *erubescentia*; 1354] ***sf.*** *lett.* rossore provocato da vergogna o pudore.

erùca [dal lat. *erūca*; 1570] ***sf.*** **1.** *T.bot.* genere di piante erbacee delle Crocifere diffuse in ambiente mediterraneo; tra di esse la ruchetta **2.** *T.zool.* bruco.

erudìbile [dal lat. tardo *erudībilis*; 1865] ***agg.*** che può essere istruito.

erudiménto [da *erudire*; 1438] ***sm.*** *non com.* l'atto dell'erudire.

erudìre (pres. *-ìsco, -ìsci*) [dal lat. *erudīre*; fine sec. XIV] ***tr.*** *scherz.* informare: *ti hanno erudito su tutti i particolari della faccenda?* || ***intr. pron.*** acquistare erudizione, istruirsi: *erudirsi nelle scienze* || **N.** *Sin.* educare, formare.

eruditìṣmo [da *erudito*; 1908] ***sm.*** *iron.* erudizione intesa come raccolta confusa di nozioni inutili e disorganiche, da cui non si riesce a cavare alcun costrutto.

erudìto (*pps.* di *erudire*) [a. 1375] **I *agg.*** che ha erudizione, dottrina: *uomo erudito in molti campi del sapere* || *lavoro erudito*, che dimostra l'erudizione dell'autore **II *sm.*** (f. *-a*) persona erudita || spesso con senso limitativo, persona minuziosamente informata, ma non colta: *noiose puntualizzazioni da erudito* || **N.** *Sin.* dotto, sapiente.

erudizióne [dal lat. *eruditio, -ōnis*; a. 1504] ***sf.*** l'atto e l'effetto dell'erudire e dell'erudirsi || con valore limitativo, ampio corredo di cognizioni minute e rare intorno a varie discipline e materie: *l'erudizione a volte ammazza l'ingegno, fare sfoggio di erudizione* || *dim.* erudizioncèlla || **N.** cognizione, conoscenza, cultura, dottrina, sapienza, scienza, studio | pedantesca, profonda, rara, vasta.

erùmma ed **erùnna** [dal lat. *aerumna*, tribolazione, affanno; sec. XIV] ***sf.*** *arc.* tristezza; calamità.

eruttaménto [da *eruttare*; a. 1712] ***sm.*** **1.** l'atto dell'eruttare, eruzione **2.** l'atto di ruttare, rutto.

eruttàre (pres. *-ùtto*) [dal lat. *eructāre*; sec. XIV] ***tr.*** di vulcani, mandar fuori materiali (lava, lapilli, ceneri) dal cratere || *fig.* far uscire dalla bocca: *eruttava grida disumane* || ***intr.*** (aus. *avere*) ruttare.

eruttazióne [dal lat. tardo *eructātio, -ōnis*; a. 1320] ***sf.*** emissione attraverso la bocca di aria dallo stomaco.

eruttìvo [dal lat. *eruptus*, prob. attr. il fr. *éruptif*; 1765] ***agg.*** **1.** *T.geol.* che concerne l'eruzione di un vulcano: *fase eruttiva* || detto di materiale di origine vulcanica: *rocce eruttive*, formatesi per raffreddamento di magmi o lave **2.** *T.med.* caratterizzato dalla comparsa sulla pelle di macchie, pustole, vescicole: *fase eruttiva del morbillo*. **Q.T.** *geologia*.

eruzióne [dal lat. *eruptio, -ōnis*; a. 1313 nel senso 3] ***sf.*** **1.** *T.geol.* violenta emissione di lava e di altri materiali dal cratere di un vulcano: *vulcani in eruzione* **2.** *T.astr.* *eruzione solare*, emissione di getti gassosi dall'atmosfera del Sole in concomitanza con l'apparizione delle macchie solari **3.** *T.med.* comparsa sulla pelle di macchie, pustole, vescicole || **N.** **3.** esantema. **Q.T.** *geografia*.

erziàno V. HERTZIANO.

Es [dal ted. *Es*, sostantivazione del pron. neutro di terza pers. sing.; 1935] ***sm.*** *inv.* *T.psican.* nella tripartizione freudiana dell'apparato psichico (Es, Io, Super-Io), termine che designa le componenti istintuali, completamente inconsce, della psiche, in cui rientrano le pulsioni primarie dell'organismo, già presenti alla nascita, e dipendenti dal principio del piacere || **N.** *Sin.* id. **Q.T.** *psicanalisi*.

es- [dal lat. *ex-*] ***pref.*** in molte parole di tradizione dotta, può avere il valore etimologico di "fuori" (*estrarre, espellere, esportare*) indicare privazione (*espropriare*) o avere valore intensivo (*esasperare, esclamare*).

èṣa- [dal gr. *héx*, sei] ***primo elem.*** che, in parole composte della terminologia scientifica, vale "sei", "formato di sei" (per es. *esaedro, esagono, esapodi*) || in chimica è utilizzato nelle denominazioni di composti caratterizzati dalla presenza di sei atomi o di sei radicali uguali (per es. *esano*).

eṣacerbaménto [da *esacerbare*; 1669] ***sm.*** *non com.* l'atto dell'esacerbare e dell'esacerbarsi.

eṣacerbàre (pres. *-èrbo*) [dal lat. *exacerbāre*; fine sec. XIV] ***tr.*** rendere più aspro, più intollerabile: *esacerbare un dolore* || irritare, esasperare: *il suo contegno mi esacerbò* || ***intr. pron.*** irritarsi || aggravarsi || **N.** *Sin.* aggravare, amareggiare, inasprire.

eṣacerbàto (*pps.* di *esacerbare*) [1540] ***agg.*** profondamente amareggiato: *animo esacerbato*.

eṣacerbazióne [dal lat. *exacerbātio, -ōnis*; a. 1342] ***sf.*** atto ed effetto dell'esacerbare e dell'esacerbarsi || recrudescenza: *esacerbazione d'un mal cronico* (Manzoni).

eṣaciṣottaèdro [comp. del gr. *hexákis*, sei volte e *ottaedro*; 1940] ***sm.*** **1.** *T.geom.* solido con quarantotto facce triangolari scalene **2.** *in part.* *T.min.* forma cristallina del sistema monometrico, presentata spesso dal diamante.

eṣacistetraèdro [comp. del gr. *hexákis*, sei volte e *tetraedro*; 1931] ***sm.*** **1.** *T.geom.* solido con ventiquattro facce costituite da triangoli scaleni tutti uguali fra di loro **2.** *T.min.* cristallo del sistema monometrico, con ventiquattro facce triangolari uguali.

eṣacòrdo [dal lat. tardo *hexachordos*; 1561] ***sm.*** *T.mus.* successione di sei suoni contigui racchiudenti un intervallo di sesta maggiore con un semitono tra il terzo e il quarto grado, come nell'attuale sequenza do-re-mi-fa-sol-la; è la base del sistema musicale introdotto da Guido d'Arezzo nel sec. XI.

eṣadactilìa o **eṣadattilìa** [comp. di *esa-* e *-dattilia*; 1929] ***sf.*** *T.med.* malformazione congenita per la quale la mano o il piede presentano sei dita.

esadecimàle [comp. di *esa-* e *decimale*; 1983] ***agg.*** *T.mat.* e *T.inform.* detto di sistema di numerazione in base 16, impiegata nell'elaborazione elettronica dei dati e in dispositivi digitali in genere: *numerazione esadecimale*.

eṣaèdro [dal lat. tardo *hexahedrus*, gr. *hexáedros*; 1607] ***sm.*** *T.geom.* poliedro con sei facce: *esaedro regolare*, il cubo.

eṣafonìa ***sf.*** esatonia.

eṣafònico (pl. *-ci*) [da *esafonia*; 1936] ***agg.*** esatonale.

eṣageràre (pres. *-àgero*) [dal lat. *exaggerāre*, ammassare, poi ingrandire; a. 1535] ***tr.*** descrivere in termini eccessivi e lontani dalla realtà: *esagerare i propri difetti* || ingrandire oltremisura: *esagerare le proporzioni* || ***intr.*** (aus. *avere*) andare al di là dei limiti della verità, delle convenienze, del giusto: *ha un po' esagerato con il whisky stasera; esagerare nei complimenti, nelle critiche* || anche *ass.*: *non esageriamo!*, non facciamo le cose più grandi di quel che sono! || **N.** ***tr.*** *Sin.* amplificare, gonfiare, magnificare | ***intr.*** *Sin.* eccedere, strafare.

eṣagerativo [da *esagerare*; a. 1667] ***agg.*** *raro* che tende a esagerare.

eṣageràto (*pps.* di *esagerare*) [1613] **I *agg.*** che val al di là della misura: *una reazione, un'accusa esagerata* || **eṣagerataménte** ***avv.*** **II *sm.*** (f. *-a*) chi oltrepassa facilmente la misura: *sei proprio un esagerato!* || **N.** **I** *Sin.* eccessivo, iperbolico, smodato, sproporzionato.

eṣageratóre [dal lat. tardo *exaggerātor, -ōris*; a. 1667] ***agg.*** e ***sm.*** (f. *-trìce*) *raro* che o chi esagera.

eṣagerazióne [dal lat. *exaggerātio, -ōnis*, accumulazione di terreno, poi amplificazione retorica; a. 1535] ***sf.*** l'atto e l'effetto dell'esagerare: *senza esagerazione*, loc. con cui si conferma l'effettiva aderenza alla realtà di quanto si sta dicendo: *senza esagerazione, c'erano quaranta gradi ieri in città* || *concr.* affermazione eccessiva: *quest'ultima critica mi pare un'esagerazione*; richiesta o prezzo ingiustificatamente alto: *per quel quadro chiedono un'esagerazione* || *dim.* esagerazioncèlla.

eṣagitàre (pres. *-àgito*) [dal lat. *exagitāre*; 1525 *essagitare*] ***tr.*** *lett.* mettere in stato di grande agitazione: *esagitare gli animi* || **N.** *Sin.* sconvolgere, turbare.

eṣagitàto (*pps.* di *esagitare*) [1499 *exagitato*] ***agg.*** e ***sm.*** (f. *-a*) che o chi è estremamente agitato, che ha perduto il controllo || **N.** *Sin.* concitato, frenetico; sconvolto.

eṣagitazióne [dal lat. tardo *exagitātio, -ōnis*; 1541] ***sf.*** *lett.* forte agitazione, inquietudine intensa, turbamento.

eṣagonàle [da *esagono*; 1585] ***agg.*** *T.geom.* a forma di esagono: *struttura esagonale di una molecola, pianta esagonale di una chiesa* || *T.min.* *sistema esagonale*, uno dei sette sistemi cristallografici fondamentali, caratterizzato da un asse di simmetria senario (come quello di un prisma a base esagonale). **Q.T.** *mineralogia*.

eṣàgono [dal lat. tardo *exagōnus*, gr. *hexágōnos*; 1502] **I *sm.*** *T.geom.* poligono che ha sei lati e sei angoli **II *agg.*** *non com.* esagonale.

eṣalàbile [da *esalare*; a. 1712] ***agg.*** *raro* che può esalare.

eṣalaménto [da *esalare*; a. 1519] ***sm.*** *raro* esalazione.

eṣalàre (pres. *-àlo*) [dal lat. *exhalāre*, soffiare; a. 1320] ***tr.*** mandar fuori, detto di vapori, profumi ecc.: *la palude esalava fetidi miasmi* || *eufem.* *esalare l'anima* o *l'ultimo respiro*, morire || ***intr.*** (aus. *essere*) uscir fuori e spandersi attorno: *da quel luogo esalano vapori sulfurei* || **N.** ***tr.*** *Sin.* diffondere, emanare, emettere, sprigionare | ***intr.*** spandersi, svaporare.

eṣalatóio (pl. *-ói*) [da *esalare*; a. 1502] ***sm.*** piccola apertura posta in un forno o in un edificio per far uscire fumo, gas e sim.

eṣalazióne [dal lat. *exhalātio, -ōnis*; 1319] ***sf.*** l'atto dell'esalare || più com. *concr.* ciò che si esala: *le esalazioni del mare; esalazioni vulcaniche*, i prodotti gassosi emessi da un vulcano in attività || **N.** *Sin.* alito, effluvio, emanazione, lezzo, miasma, odore, olezzo, profumo, vapore.

eṣaltaménto [da *esaltare*; a. 1348] ***sm.*** *raro* esaltazione.

eṣaltàre [dal lat. tardo *exaltāre*; a. 1342] ***tr.*** **1.** magnificare con lodi: *esaltare il lavoro di qualcuno, i pregi di un'opera* **2.** accrescere, potenziare: *un additivo che esalta le proprietà terapeutiche della sostanza* **3.** rendere entusiasta, portare l'animo o la mente in uno stato di grande eccitazione: *temo che certi discorsi lo esaltino troppo* **4.** *non com.* elevare ad un'altissima carica: *esaltare al pontificato* || ***rifl.*** *ant.* vantarsi: *chi si esalta sarà umiliato* || ***intr. pron.*** entusiasmarsi oltremisura: *a leggere queste cose mi esalto* || **N.** ***tr.*** **1.** *Sin.* celebrare, encomiare, lodare **2.** *Sin.* accentuare, incrementare **3.** *Sin.* eccitare, entusiasmare, infervorare **4.** *Sin.* innalzare | ***intr. pron.*** *Sin.* montarsi la testa; infervorarsi.

eṣaltàto (*pps.* di *esaltare*) [sec. XIV] **I *agg.*** che è in uno stato di grande eccitazione, fino a perdere parzialmente il controllo delle proprie azioni: *una mente esaltata* **II** anche ***sm.***

(f. *-a*): *è un esaltato* ‖ **N.** *Sin.* eccitato, fanatico, irresponsabile.

eṣaltatóre [dal lat. tardo *exaltātor, -ōris*; a. 1375] ***agg.*** e ***sm.*** (f. *-trìce*) che o chi esalta.

eṣaltazióne [dal lat. tardo *exaltātio, -ōnis*; a. 1306] ***sf.*** **1.** l'esaltare o l'esaltarsi, nei vari sensi del verbo: *esaltazione delle qualità di qualcuno, esaltazione delle proprietà di una medicina, esaltazione al pontificato* ‖ viva eccitazione, infervoramento: *era in preda alla massima esaltazione* **2.** *ant. T.astr.* punto di maggiore elevazione di un astro ‖ **N. 1.** *Sin.* lode, elevazione; aumento, potenziamento; entusiasmo, infervoramento; fanatismo **2.** *Sin.* culminazione.

eṣàme [dal lat. *exāmen*; a. 1306] ***sm.*** **1.** ponderata considerazione di qualcosa per averne un esatto giudizio, o per prendere una deliberazione: *esame dei documenti, esame di un conto, fare un attento esame della situazione* ‖ *in part.* determinazione di specifiche proprietà per mezzo di opportune tecniche: *esame del sangue, istologico; esame spettroscopico, esame chimico di un composto; esame medico*, qualunque indagine sul paziente che miri a stabilire una diagnosi ‖ *prendere in esame*, sottoporre a una valutazione, considerare ‖ *libero esame*, libertà di coscienza, facoltà di costruire da se stesso il sistema delle proprie credenze senza che un'autorità le imponga ‖ *esame di coscienza*, v. COSCIENZA **2.** prova a cui è sottoposto un candidato per verificarne l'attitudine a un incarico, la preparazione al termine di un corso o di un ciclo di studi e sim.: *esami scritti, orali; concorso per esami; esame di guida*, per ottenere la patente **3.** *T.giur. non com.* interrogatorio: *esame dei testimoni* ‖ *dim.* esamìno, esamùccio; *accr.* esamóne; *pegg.* esamàccio ‖ **N. 1.** *Sin.* analisi, considerazione, critica, disamina, discussione, indagine, valutazione **2.** *Sin.* prova, test | attitudinale, di abilitazione, di ammissione, di laurea, di licenza, di maturità, di riparazione, di Stato, universitario | candidato, concorso, esaminatore, esaminando, promozione | fare, passare, sostenere, subire, superare l'esame.

eṣàmetro [dal lat. *hexametrus*, gr. *hexámetros*; a. 1375] ***sm.*** *T.metr.* verso della poesia greca e latina, detto anche *esametro dattilico*, tipico della poesia epica, composto di sei piedi, di cui i primi cinque sono dattili o spondei e l'ultimo è uno spondeo o un trocheo: *esametro spondaico*, quello che presenta (il che avviene di rado) uno spondeo nel quinto piede ‖ il verso italiano che riproduce approssimativamente il ritmo dell'esametro greco e latino. **Q.T.** *metrica*.

eṣàmina [da *esaminare*; a. 1433] ***sf.*** *non com.* esame giudiziale.

eṣaminàbile [da *esaminare*; 1869] ***agg.*** che si può esaminare.

eṣaminàndo [dal lat. *examinandus*; 1826] ***agg.*** e ***sm.*** (f. *-a*) che deve essere esaminato ‖ **N.** *Sin.* candidato.

eṣaminàre (pres. *-àmino*) [dal lat. *examināre*; a. 1292] ***tr.*** prendere in esame, considerare attentamente: *esaminare un processo, un documento, una stoffa* ‖ sottoporre a una prova d'esame: *esaminare i candidati* ‖ interrogare: *esaminare i testimoni* ‖ **N.** *Sin.* analizzare, considerare, ponderare, vagliare, valutare.

eṣaminatóre [dal lat. tardo *examinātor, -ōris*; 1308] ***agg.*** e ***sm.*** (f. *-trìce*) che o chi esamina: *commissione esaminatrice.*

eṣamotóre [comp. di *esa-* e *motore*; 1950] **I** ***sm.*** *T.aer.* aeroplano munito di sei motori **II** ***agg.*** dotato di sei motori.

eṣàngue [dal lat. *exsanguis*; a. 1494 *exangue*] ***agg.*** che ha perso molto sangue, per ferite o malattie: *il ferito giaceva esangue a terra* ‖ *per estens.* pallido: *volto esangue* ‖ *fig. lett.* privo di nerbo, di vigore: *stile esangue* ‖ **N.** dissanguato; languido, smorto.

eṣanimàre (pres. *-ànimo*) [dal lat. *exanimāre*; 1485 ca.] ***tr.*** *lett.* toglier l'animo, il coraggio ‖ ***intr. pron.*** *lett.* abbattersi, perdersi d'animo ‖ **N.** *Sin.* abbattere, accasciare, avvilire, disanimare, scoraggiare.

eṣànime [dal lat. *exanimis*; a. 1342] ***agg.*** *lett.* che è senza anima, senza vita: *giaceva esanime al suolo* ‖ talvolta detto anche di cose: *abissi esanimi* (Pascoli) ‖ **N.** *Sin.* disanimato, inanimato; morto, svenuto.

eṣàno [comp. di *esa-* e *-ano*²; 1892] ***sm.*** *T.chim.* idrocarburo alifatico saturo la cui molecola contiene sei atomi di carbonio.

eṣanòfele [comp. di *es-* e *anofele*; 1908] ***sm.*** *T.med.* rimedio a base di solfato di chinino, contro le febbri malariche.

eṣantèma [dal lat. tardo *exanthēma*, gr. *exánthēma*; 1749] ***sm.*** *T.med.* eruzione cutanea tipica di un gruppo di malattie il cui carattere comune è un rossore della pelle più o meno vivo ‖ **N.** morbillo, rosolia, scarlattina, varicella; eritema, herpes, orticaria.

eṣantemàtico (pl. *-ci*) [da *esantema*; 1752] ***agg.*** *T.med.* contraddistinto da esantemi: *malattie esantematiche.*

eṣanùmmo [comp. di *esa-* e *nummo*] ***sm.*** *T.num.* moneta bizantina del valore di sei nummi ‖ **N.** pentanummo, decanummo, dodecanummo.

eṣapètalo [comp. di *esa-* e *petalo*; 1834] ***agg.*** *T.bot.* detto di fiore con sei petali.

Eṣàpodi (sing. *-e*) [comp. di *esa-* e *-pode*; a. 1800] ***sm. pl.*** *T.zool.* altro nome della classe degli Insetti.

eṣapodìa [comp. di *esa-* e della radice del gr. *póus, padós*, piede; 1956] ***sf.*** *T.metr.* nella metrica greca e latina, successione di sei piedi: *l'esametro è un'esapodia dattilica catalettica.*

eṣarazióne [dal lat. tardo *exarātio, -ōnis*, il cavar fuori arando; 1929 nel senso 1; 1956 nel senso 2] ***sf.*** **1.** *T.geol.* l'erosione e l'abrasione che i ghiacciai in movimento esercitano sulle rocce che incontrano **2.** *T.paleogr.* cancellatura eseguita con il raschietto ‖ **N.** *Sin.* erasione, rasura.

eṣàrca [dal lat. tardo *exarchus*, gr. *éxarchos*, comandante, propr. che dà principio; a. 1504] ***sm.*** *T.stor.* nell'Alto mdioevo, governatore delle province italiane soggette all'impero romano d'Oriente.

eṣarcàto [dal lat. tardo *exarchatus*; 1525] ***sm.*** *T.stor.* le province sottoposte al governo dell'esarca: *l'esarcato di Ravenna* ‖ dignità di esarca.

eṣarchìa [comp. di *esa-* e *-archia*; 1950] ***sf.*** governo formato da sei uomini o da sei partiti.

eṣàrchico (pl. *-ci*) [da *esarchia*; 1950] ***agg.*** attinente a esarchia, proprio dell'esarchia.

eṣasperaménto [da *esasperare*; 1665] ***sm.*** *raro* esasperazione.

eṣasperànte (*ppr.* di *esasperare*) [sec. XIV] ***agg.*** che esaspera, irritante: *un comportamento esasperante* ‖ **eṣasperanteménte** ***avv.***

eṣasperàre (pres. *-àspero*) [dal lat. *exasperāre*; sec. XIV] ***tr.*** muovere all'indignazione e all'ira con comportamenti fastidiosi e intollerabili: *queste lungaggini mi esasperano* ‖ inasprire, aggravare: *esasperare le sofferenze, la tensione* ‖ ***intr. pron.*** irritarsi molto ‖ **N.** ***tr.*** *Sin.* esacerbare, irritare | ***intr. pron.*** *Sin.* adirarsi, infuriarsi.

eṣasperàto (*pps.* di *esasperare*) [a. 1543] ***agg.*** irritato ‖ portato all'estremo limite: *una concorrenza esasperata* ‖ **eṣasperataménte** ***avv.***

eṣasperatóre [da *esasperare*; a. 1364] ***agg.*** e ***sm.*** (f. *-trìce*) *raro* che o chi esaspera, irrita.

eṣasperazióne [dal lat. tardo *exasperātio, -ōnis*; a. 1337] ***sf.*** l'atto e l'effetto dell'esasperare: *l'esasperazione dei conflitti non giova a nessuno* ‖ esagerazione, uso eccessivo: *nei film dell'orrore, l'esasperazione delle scene a forti tinte finisce per annullare la tensione* ‖ stato di chi è esasperato, profonda irritazione, indignazione: *il suo modo di fare mi ha portato all'esasperazione.*

eṣàstico (pl. *-ci*) [dal lat. *hexastichus*, gr. *hexástichos*; a. 1597 nel senso 2; 1820 nel senso 1] ***agg.*** **1.** *T.metr.* di sei versi: *strofa esastica* **2.** *T.bot.* detto di spighe con sei file di granelli.

eṣàstilo [dal lat. *exastylos*, gr. *hexástylos*; 1758] ***agg.*** *T.arch.* che ha sei colonne sul lato frontale: *tempio esastilo.*

eṣatonàle [comp. di *esa-* e un der. di *tono*; 1939] ***agg.*** *T.mus.* *scala esatonale*, scala di sei gradi che distano uno dall'altro un tono intero ‖ **N.** *Sin.* esafonico.

eṣatonìa [dal gr. *hexátonos*, che ha sei toni; 1940] ***sf.*** *T.mus.* sistema armonico fondato su una scala che divide l'ottava in sei toni interi, largamente usato per es. da Debussy ‖ **N.** *Sin.* esafonia.

eṣattézza [da *esatto*²; 1623] ***sf.*** l'essere esatto ‖ **N.** accuratezza, cura, diligenza, fedeltà, precisione, puntualità | *Contr.* approssimazione, imprecisione, inesattezza.

Eṣattinèllidi (sing. *-e*) [dal lat. scient. *Hexactinellidae*; 1940] ***sm. pl.*** *T.zool.* classe di spugne a scheletro siliceo a struttura radiata.

eṣàtto¹ [a. 1540] *pps.* di *esigere* (v.).

eṣàtto² [dal lat. *exāctus*, propr. pps. di *exigere*, misurare; 1499] **I** ***agg.*** **1.** eseguito senza approssimazioni di calcolo o errori di misura: *di questa equazione non si può trovare la soluzione esatta, una misura della velocità della luce esatta fino alla sesta cifra decimale* **2.** *per estens.* preciso: *le cinque esatte, una descrizione esatta in ogni dettaglio* ‖ che funziona con grande accuratezza: *uno strumento esatto* ‖ *scienze esatte*, denominazione popolare delle discipline matematiche e fisiche, in quanto ritenute (a torto) prive di procedimenti soggetti ad approssimazioni ‖ giusto, conforme al vero: *risposta esatta* ‖ *raro* rif. a persona, scrupoloso, diligente ‖ **eṣattaménte** ***avv.*** **1.** con precisione e accuratezza **2.** con valore di profrase, sì, proprio così: *le cose sono andate così? Esattamente!* **II** ***avv.*** con valore di proenunciato, sì, proprio così: *sei tu che mi hai cercato ieri? Esatto!* ‖ **N.** I **1.** *Contr.* approssimato **2.** *Sin.* accurato, fedele, giusto, ineccepibile, preciso, rigoroso.

eṣattóre [dal lat. *exāctor, -ōris*; 1285 *isattore*] ***sm.*** (f. *-trìce*) chi riscuote le imposte o altre somme dovute ad aziende pubbliche o private: *l'esattore del gas, della luce elettrica.*

eṣattorìa [da *esattore*; 1816] ***sf.*** **1.** ufficio dell'esattore: *esattoria comunale* **2.** *T.giur.* contratto con cui un comune o un consorzio di comuni affida a un ente o una persona fisica il compito di riscuotere le imposte.

eṣattoriàle [da *esattoria*; 1883] **I** ***agg.*** *T.bur.* che concerne l'esattoria o l'esazione **II** ***sm.*** spec. *pl.* addetto ai servizi di esattoria.

eṣaudìbile [da *esaudire*; prima metà sec. XIV] ***agg.*** che può essere esaudito: *un desiderio facilmente esaudibile.*

eṣaudiménto [da *esaudire*; prima metà sec. XIV] ***sm.*** *raro* l'esaudire.

eṣaudìre (pres. *-ìsco, -ìsci*) [dal lat. *exaudīre*, ascoltare pienamente; sec. XIII] ***tr.*** ascoltare benignamente una richiesta e soddisfarla: *hai esaudito la mia preghiera* ‖ **N.** *Sin.* accondiscendere a, accordare, compiacere, soddisfare.

eṣauribile [da *esaurire*; 1771] ***agg.*** che può esaurirsi.

eṣauribilità [da *esauribile*; 1956] ***sf.*** la possibilità di esaurirsi ‖ *T.med.* tendenza dell'organismo a un eccessivo sovraffaticamento.

eṣaurïènte (*ppr.* di *esaurire*) [1900] ***agg.*** che tratta a fondo un argomento, in modo che non resti più altro da dire: *libro esauriente, risposta esauriente* ‖ *per estens.* convincente, decisivo: *prova esauriente* || **eṣaurienteménte** *avv.* || **N.** *Sin.* approfondito, completo, esaustivo.

eṣauriménto [da *esaurire*; a. 1694] *sm.* **1.** l'esaurire e l'esaurirsi: *esaurimento delle risorse energetiche* || *T.med.* indebolimento: *esaurimento nervoso*, condizione di patologica stanchezza, irritabilità e sim. causata da stress di varia origine **2.** *T.mar.* l'atto di estrarre l'acqua dai locali allagati, e l'insieme dei mezzi destinati a tale scopo: *tubolatura, pompe di esaurimento* || **N. 1.** *Sin.* dissolvimento, fine; consunzione, debolezza, spossamento.

eṣaurire (pres. *-isco, -isci*) [dal lat. *exhaurīre*, vuotare completamente; 1589] *tr.* **1.** consumare e finire, vuotare completamente: *esaurire una miniera, una sorgente d'acqua, un patrimonio* || anche *fig.*: *esaurire la pazienza, l'ingegno, le forze* || rif. ad argomento, materia e sim., trattarla compiutamente in ogni suo particolare: *esaurire il tema* **2.** rif. a persone, spossare, condurre all'esaurimento nervoso: *i troppi impegni e responsabilità lo hanno esaurito* **3.** *T.mar.* estrarre l'acqua dai locali interni di una nave || *intr. pron.* **1.** consumarsi completamente: *le scorte di magazzino si sono esaurite* || di miniere e sim., rimanere privo del proprio contenuto: *questo filone va esaurendosi*; anche *fig.*: *la sua vena poetica sembra essersi esaurita* **2.** di persone, logorarsi, ammalarsi di esaurimento nervoso || **N.** *tr.* **1.** *Sin.* dissolvere, terminare **2.** *Sin.* indebolire, logorare.

eṣaurito (*pps.* di *esaurire*) [a. 1797] *agg.* finito, consumato: *edizione esaurita* || *teatro esaurito*, di cui sono stati venduti tutti i posti || rif. a persone, in uno stato di esaurimento, spossato: *è un uomo esaurito.*

eṣaustività [da *esaustivo*; 1983] *sf.* carattere di ciò che è esaustivo || **N.** *Sin.* completezza.

eṣaustivo [dall'ingl. *exhaustive*; 1942] *agg.* che tratta un argomento in modo compiuto || **eṣaustivaménte** *avv.* || **N.** *Sin.* esauriente.

eṣàusto [dal lat. *exhāustus*, pps. di *exhaurīre*, esaurire; 1321] *agg.* **1.** rif. a persone o animali, privo di forze: *soldati esausti dopo la lunga marcia* **2.** svuotato, senza più contenuto: *casse, finanze esauste*; *terreno esausto*, non più in grado di produrre **3.** *lett.* consumato || **N. 1.** *Sin.* a pezzi, a terra, debole, distrutto, logoro, sfinito, smunto, spossato, stanco, stremato, svigorito | *Contr.* energico, in forma, vigoroso **2.** *Sin.* esaurito, impoverito, vuoto | *Contr.* inesausto.

eṣautoraménto [da *esautorare*; a. 1937] *sm.* *raro* esautorazione.

eṣautoràre (pres. *-àutoro*) [dal lat. *exauctorāre*, sciogliere dal giuramento militare, licenziare; a. 1566] *tr.* privare dell'autorità o del prestigio: *esautorare il Parlamento, una teoria* || *per estens.* privare di una carica: *esautorare un funzionario pubblico.*

eṣautorazióne [dal lat. tardo *exauctorātio, -ōnis*; 1843] *sf.* l'atto dell'esautorare e il suo effetto.

eṣavalènte [comp. con *esa-* e *valente*] *agg.* *T.chim.* si dice di elemento con valenza sei.

eṣazióne [dal lat. *exactio, -ōnis*; a. 1304] *sf.* riscossione: *esazione delle imposte* || *concr.* la somma di denaro riscossa.

eṣborsàre (pres. *-órso*) [comp. parasint. di *borsa*; 1483] *tr.* *T.bur.* spendere.

eṣbórso [da *esborsare*; 1642] *sm.* *T.bur.* spesa.

eṣbòsco (pl. *-schi*) [comp. di *es-* e *bosco*; 1962] *sm.* il trasporto dei tronchi d'albero una volta abbattuti al luogo in cui vengono caricati su veicoli.

ésca [dal lat. *ēsca*; a. 1292 nel senso 2] *sf.* **1.** cibo che si mette sull'amo per attirare i pesci e catturarli: *esche vive*, lombrichi, insetti o pesciolini; *esche artificiali*, animali finti o congegni in metallo, plastica e altri materiali || *per estens.* qualunque cibo o altro richiamo usato per catturare animali selvatici || *fig.* allettamento, lusinga **2.** materia vegetale che, posta sopra la pietra focaia battuta dall'acciarino, piglia fuoco; da cui le frasi *pigliar fuoco come l'esca*, esser prontissimo all'ira; *metter l'esca accanto al fuoco*, mettere altri o se stesso in pericolo d'innamorarsi; *dar esca a una passione, all'odio*, provocarli, alimentarli || **N. 1.** adescamento. **Q.T.** *pesca* **TAV.** *pesca* 8.

escalation (ingl., pr. [eskəˈleɪʃən]; pr. it. [eskaˈlɛʃon]) [letter. scalata; 1965] *sf. inv.* **1.** su un fronte di guerra, intensificazione graduale e progressiva delle azioni belliche dei due contendenti **2.** *per estens.* aumento graduale e progressivo di una qualsiasi azione o fenomeno: *l'escalation industriale di un paese, l'escalation della violenza.*

escamotage (fr., pr. [ɛskamoˈta:ʒ]) [da *escamoter*, far sparire una cosa, sostituire una cosa con un'altra; 1905] *sm. inv.* (anche pl. *escamotages*, pr. [ɛskamoˈta:ʒ]) espediente, stratagemma, spesso non del tutto lecito: *con un abile escamotage è riuscito a sottrarsi all'inchiesta.*

escandescènte [dal lat. *excandescens, -entis*; sec. XIV] *agg.* *raro* che dà in escandescenze || **N.** *Sin.* iracondo, rabbioso.

escandescènza [dal lat. *excandescentia*; a. 1566] *sf.* (quasi solo *pl.*) ira subitanea manifestata con atti violenti e parole molto accese: *dare in escandescenze* || **N.** *Sin.* collera, furia, smania.

escapiṣmo [dall'ingl. *escapism*, da *to escape*, scappare; 1980] *sm.* *T.psic.* tendenza a sfuggire da situazioni sgradevoli rifugiandosi nell'immaginazione; fuga dalla realtà.

èscara o **èschera** [dal lat. tardo *eschara*, gr. *eschára*; 1493] *sf.* *T.med.* crosta di tessuto necrotico che si forma sulle bruciature e in gen. su tessuti superficiali danneggiati, destinata a staccarsi progressivamente dal tessuto vivo e ad essere eliminata.

escardinàre (pres. *-àrdino*) [da *incardinare*, con sostituzione di pref.; 1965] *tr.* *T.eccl.* togliere un chierico dal clero di una diocesi.

escardinazióne [da *incardinazione*, con sostituzione di pref.; 1956] *sf.* *T.eccl.* l'atto e l'effetto dell'escardinare.

escarificazióne [comp. di *escara* e *-ficazione*; 1940] *sf.* *T.med.* il formarsi di un'escara.

escaròtico (pl. *-ci*) [dal lat. tardo *escharōticus*, gr. *escharōtikós*; 1691] *agg.* che concerne o produce un'escara.

escàtico (pl. *-ci*) [da *esca*, cibo; a. 1750] *sm.* *T.stor.* tributo che nell'economia feudale veniva corrisposto in cambio del permesso di raccogliere ghiande o far pascolare i porci nel bosco.

escatologìa (pl. *-gìe*) [comp. del gr. *éskata*, le cose estreme e *-logia*, prob. sul modello del fr. *eschatologie*; 1892] *sf.* *T.fil.* e *T.rel.* ogni dottrina che riguardi il destino finale dell'uomo e dell'universo.

escatològico (pl. *-ci*) [da *escatologia*, prob. sul modello del fr. *eschatologique*; 1909] *agg.* dell'escatologia: *teorie escatologiche.*

escavàre (pres. *-àvo*) [dal lat. *excavāre*; sec. XIV] *tr.* scavare, spec. su grande scala con mezzi meccanici.

escavatóre [da *escavazione*; a. 1730] **I** *agg.* atto a scavare **II** *sm.* (f. *-trice*) **1.** chi è addetto a scavare **2.** macchina usata per lavori di scavo **3.** *T.med.* strumento chirurgico usato per chiudere o regolare brecce nelle ossa.

escavatorista [da *escavatore*; 1956] *s.* conducente di macchine escavatrici.

escavatrice o **scavatrice** [da *escavare*; 1956] *sf.* macchina usata per lavori di scavo || **N.** *Sin.* escavatore. **TAV.** *edilizia* **p. 666** 10.

escavazióne [dal lat. *excavātio, -ōnis*; 1680] *sf.* **1.** lo scavare, spec. per riattivare un bacino, scavare pozzi o allargare cavità **2.** *T.med.* il processo di formazione di caverne nella tubercolosi polmonare.

escèrti (pr. [eʃˈʃɛrti] e [esˈtʃɛrti]) [dal lat. *excerpta*, neutro pl. di *excerptus*, pps. di *excerpere*, trarre fuori; 1779 *escerto*] *sm. pl.* *raro* passi, luoghi estratti da un libro.

èschera v. ESCARA.

eschilèo [dal n. proprio *Eschilo*; 1843] *agg.* che si riferisce al poeta tragico greco Eschilo.

eschimése [da una voce degli indiani del Nordamerica *eskimantsik*, mangiatori di carne cruda; 1711 *esquimaci*] **I** *agg.* relativo alle popolazioni indigene dell'Artide americana, stanziate dall'Alaska fino alla Groenlandia || *cane eschimese*, da slitta **II** *sm.* **1.** (anche *sf.*) abitante indigeno dell'Artide americana **2.** (solo *sing.*) la lingua degli eschimesi, distinta in vari dialetti e forse lontanamente imparentata con alcune lingue paleosiberiane.

èschimo v. ESKIMO[1].

eschimotàggio (pl. *-gi*) [dal fr. *esquimautage*, da *esquimau*, eschimese; 1965] *sm.* *T.sport.* v. ESKIMO[2].

èschio (pl. *èschi*) [lat. *aesculus*; 1585] *sm.* specie di quercia, detta anche *farnia.*

escìre e der. v. USCIRE e der.

escissióne [dal lat. *excisio, -ōnis*; 1834] *sf.* *T.chir.* taglio, asportazione di tessuti organici non voluminosi; *escissione della clitoride*, praticata sulle ragazze all'epoca della pubertà in molte popolazioni africane.

escìsso o **escìṣo** [dal lat. *excīsus*, tagliato via; a. 1342] *agg.* *T.chir.* asportato per escissione.

esclamàre (pres. *-àmo*) [dal lat. *exclamāre*; 1308] *tr.* dire ad alta voce e con forza: *"vieni qui!", esclamò* || *intr.* (aus. *avere*) **1.** *non com.* *esclamare contro qualcuno*, pronunciare parole piene di risentimento per qualcuno **2.** *ant.* protestare, reclamare.

esclamativo [da *esclamare*; a. 1406] *agg.* che esprime esclamazione: *frase esclamativa* || *punto esclamativo*, il segno di interpunzione (!) che si mette dopo un'esclamazione o al termine di una frase esclamativa (come in *ah! Era ora che arrivassi!*) || **esclamativaménte** *avv.* *non com.* con tono esclamativo.

esclamazióne [dal lat. *exclamātio, -ōnis*; a. 1375] *sf.* parola o frase pronunciata ad alta voce e con intonazione particolare, per esprimere con intensità e immediatezza una sensazione o uno stato d'animo: *esclamazioni di gioia, di dolore* || *in part.* *T.gram.* interiezione || **N.** epifonema. **Q.T.** *linguistica.*

esclùdere (pres. *-ùdo* ecc., come ACCLUDERE) [dal lat. *exclūdere*, chiudere fuori; 1308] *tr.* tenere al di fuori, non ammettere: *escludere qualcuno dal concorso, escludere un'ipotesi*; in questo senso freq. in costruzioni assolute: *tutti devono contribuire, nessuno escluso* || rendere impossibile: *gli elementi di prova sono tali da escludere ogni incertezza*; impedire: *questa siepe, che da tanta parte / dell'ultimo orizzonte il guardo esclude* (Leopardi) || ritenere impossibile: *escludo che possa aver detto una cosa simile* || *rec.* essere reciprocamente incompatibili: *le due possibilità si escludono a vicenda* || **N.** *Sin.* eccettuare, eliminare, respingere, rifiutare, rigettare, scartare, togliere | *Contr.* accettare, ammettere, consentire; includere.

escluṣióne [dal lat. *exclusio, -ōnis*; 1370] *sf.* l'atto di escludere, e il suo effetto || *procedere per esclusione*, scartando successivamente le ipotesi che via via si dimostrano infondate || *lotta senza esclusione di colpi*, in cui tutto è lecito || *ad esclusione di*, eccetto, tranne || **N.** *Sin.* eliminazione | *Contr.* inclusione.

escluṣiva [f. sost. di *esclusivo*; 1651] *sf.* **1.** facoltà di godere di un diritto escludendone chiunque altro: *aver l'esclusiva nel commercio dei fiammiferi*; *notizie in esclusiva*, in possesso di un solo giornale **2.** *T.stor.* facoltà di proibire l'elezione di una determinata persona al papato ‖ **N. 1.** *Sin.* monopolio, privativa **2.** *Sin.* diritto di veto.

esclusivismo [dal fr. *exclusivisme*; a. 1872] **sm. 1.** l'essere esclusivista: *è di un esclusivismo eccessivo in fatto di amicizie* **2.** in politica e in economia, la tendenza a rilasciare monopoli e privilegi a società private.

esclusivista [da *esclusivismo*, come il fr. *exclusiviste*; a. 1910] **I agg. 1.** che stima valide solo le proprie opinioni o si arroga il diritto di affermare la propria volontà ad ogni costo ‖ che tende a scegliere con molta cura ed eccessivo rigore le proprie amicizie, frequentazioni e sim. **2.** *T.econ.* improntato ad esclusivismo, nel senso 2: *politica economica esclusivista* **II s. 1.** chi ha l'esclusiva di vendita di un prodotto **2.** persona esclusivista, intollerante delle opinioni altrui, intransigente ‖ persona molto selettiva nelle proprie scelte.

esclusivistico (pl. *-ci*) [da *esclusivismo*; 1956] **agg.** tipico di ciò o di chi è esclusivista, caratterizzato da esclusivismo: *atteggiamento esclusivistico.*

esclusività [dal fr. *exclusivité*; 1846] **sf.** l'essere esclusivo.

esclusivo [dal fr. *exclusif*; a. 1683] **agg. 1.** che esclude o tende a escludere: *diritto esclusivo*, che non compete ad altri; *T.fil. disgiunzione esclusiva*, v. DISGIUNZIONE; *T.econ. distribuzione esclusiva di un prodotto*, che ammette un unico intermediario per ogni zona ‖ *modello, abito esclusivo*, che non può essere copiato ‖ *amore esclusivo*, geloso, possessivo ‖ *ambienti esclusivi*, molto riservati o raffinati, in cui è difficile entrare **2.** persona, esclusivista ‖ **esclusivaménte avv.** con esclusione di tutti gli altri, soltanto: *l'accesso è riservato esclusivamente ai soci.*

esclùso (*pps.* di *escludere*) [a. 1342] **I agg.** emarginato: *non è piacevole sentirsi esclusi dal giro* **II sm.** (f. *-a*) chi non è ammesso a partecipare o a godere di qualcosa; chi è stato scartato da una graduatoria: *in caso di rinuncia subentra il primo degli esclusi.*

esclusòrio (pl. *-ri*) [dal lat. tardo *exclusōrius*; 1836] **agg.** *T.giur.* che ha forza di escludere: *clausola esclusoria, eccezione esclusoria.*

-ésco [suff. in cui sono confluiti quello lat. *-iscus* e quello germ. *-isk*] **suff.** forma aggettivi denominali di relazione: *cialtronesco, fiabesco, gigantesco, guerresco, principesco, romanzesco*; spesso è forte la connotazione spregiativa: *avvocatesco, bambinesco, donnesco, libresco, pretesco, sessantottesco* ‖ forma, in part., aggettivi derivati da centinaia, in rif. a un secolo: *trecentesco, novecentesco* ‖ forma, in part., aggettivi tratti da nomi propri, spec. antroponimi: *dantesco, donchisciottesco, michelangiolesco, petrarchesco* ‖ **N.** -iano.

escogitàbile [da *escogitare*; a. 1712] **agg.** che si può escogitare.

escogitàre (pres. *-ògito*) [dal lat. *excogitāre*; a. 1504] **tr.** trovar meditando, ideare (spesso *scherz.*): *escogita sempre nuovi espedienti* ‖ **N.** *Sin.* immaginare, inventare, meditare, pensare.

escogitativo [da *escogitare*; 1940] **agg.** *non com.* che è atto ad escogitare: *facoltà escogitativa.*

escogitatóre [dal lat. tardo *excogitātor, -ōris*; a. 1729] **agg.** e **sm.** (f. *-trìce*) *raro* che o chi escogita.

escogitazióne [dal lat. *excogitātio, -ōnis*; a. 1544] **sf.** l'atto dell'escogitare ‖ *concr.* trovata, invenzione, pensata.

escomiàre (pres. *-òmio*) [voce sett., dal lat. *commeāre*, andar via; 1798 *escomeare*] **tr.** *T.giur.* licenziare mediante escomio.

escòmio (pl. *-mi*) [da *escomiare*; 1858] **sm.** *T.giur.* licenziamento del colono dal fondo, disdetta di locazione.

escoriàre (pres. *-òrio*) [dal lat. tardo *excoriāre*, scorticare; 1707] **tr.** rif. a cute, ledere superficialmente ‖ **rifl.** e *più com.* **rifl. indir.** sbucciarsi: *si è escoriato un ginocchio* ‖ **N. rifl. indir.** *Sin.* graffiarsi, scorticarsi, spellarsi.

escoriazióne [da *escoriare*; sec. XIV] **sf.** lesione superficiale della cute ‖ **N.** *Sin.* abrasione, sbucciatura.

escreàto [dal lat. *excreātus*, da *excreāre*, sputare; a. 1698] **sm.** *T.med.* materiale eliminato dalle vie respiratorie attraverso la bocca: *escreato mucoso, sanguigno, catarroso.*

escrementàle [da *escremento*; a. 1696] **agg.** *raro* escrementizio.

escrementìzio (pl. *-zi*) [da *escremento*; 1628] **agg.** relativo agli escrementi; costituito di escrementi ‖ *linguaggio escrementizio*, che eccede nel far riferimento agli escrementi.

escreménto [dal lat. *excrementum*; a. 1525] **sm.** *lett.* ogni materia di rifiuto espulsa dagli intestini ‖ **N.** deiezioni, feci, meconio, sterco | coprostasi, stitichezza, stipsi | defecazione.

escrescènza [dal lat. *excrescentia*; a. 1597] **sf.** *T.med.* nome generico di tutto ciò che cresce e si alza sulla superficie esterna o in una cavità interna dell'organismo: *escrescenza carnosa, ossea* ‖ *per estens.* ciò che sporge da una superficie liscia ‖ **N.** polipo, porro, tumore.

escretivo [voce tratta dal lat. *excrētus*, pps. di *excernere*, far uscire; 1925] **agg.** relativo all'escrezione.

escrèto [dal lat. *excrētus*, pps. di *excernere*, far uscire; 1956] **I agg.** *T.biol.* eliminato mediante escrezione **II sm.** *T.biol.* la sostanza eliminata.

escretóre [voce tratta dal lat. *excrētus*, pps. di *excernere*, far uscire; 1737] **agg.** (f. *-trìce*) *T.anat.* che serve alla escrezione: *apparato, canale, vaso escretore.* **Q.T.** *anatomia.*

escretòrio (pl. *-ri*) [da *escreto*; a. 1694] **agg.** *T.biol.* escretore.

escrezióne [voce tratta dal lat. *excrētus*, pps. di *excernere*, far uscire; a. 1698] **sf.** *T.med.* funzione naturale per cui vengono espulse dall'organismo materie dannose che in esso si sono formate: *l'escrezione dell'acido carbonico, dell'orina* ‖ *T.bot.* negli organismi vegetali, secrezione ed emissione all'esterno di sostanze di vario genere ‖ *concr.* la materia stessa così espulsa ‖ **N.** secreto, secrezione.

escùbia [da un disus. *escubia*, sentinella; 1898] **sf.** *ant.* cubìa.

escudo (port., pr. [iˈʃkuðu] e sp., pr. [eˈskuðo]) [propr. scudo; 1892] **sm.** (pl. *escudos*, pr. port. [iˈʃkuðuʃ] e pr. sp. [eˈskuðɔs]) unità monetaria del Portogallo e del Cile.

esculènto [dal lat. *exculentus*; a. 1755] **agg.** *non com.* commestibile, detto spec. di vegetali ‖ **N.** *Sin.* edule, mangereccio.

escursióne [dal lat. *excursio, -ōnis*; a. 1530] **sf. 1.** gita fatta a scopo di studio o anche di semplice diletto: *escursioni in montagna* ‖ *T.mil.* esercitazione di marcia di reparti armati, spec. nelle truppe alpine **2.** differenza tra il valore massimo e quello minimo assunti entro un determinato intervallo di tempo da una grandezza variabile: *escursione febbrile*; *escursione termica diurna, annua*, differenza tra la temperatura massima e minima nel periodo corrispondente **3.** *T.mecc.* ampiezza massima di spostamento consentita all'elemento mobile di un congegno: *escursione di un pistone, del pendolo.*

escursionìsmo [da *escursione*; 1942] **sm.** l'attività di chi compie escursioni; spesso contrapposto ad *alpinismo* in quanto lo si può svolgere senza una preparazione tecnica particolare.

escursionista [dal fr. *excursionniste*; 1883] **s.** chi compie escursioni. **Q.T.** *alpinismo.*

escursionìstico (pl. *-ci*) [da *escursionismo*; 1965] **agg.** che concerne le escursioni o l'escursionismo: *itinerario escursionistico.*

escùrso **sm.** *disus.* v. EXCURSUS.

escussióne [dal lat. tardo *excussio, -ōnis*; 1578] **sf.** *T.giur.* **1.** esame dei testimoni **2.** azione legale intentata contro un debitore.

escùsso [a. 1471] *pps.* di *escutere* (v.).

escùtere (pres. *escùto*; p.rem. *escùssi, escutésti*; pps. *escùsso*) [dal lat. *excutere*, propr. scuotere, poi anche esaminare; 1812] **tr.** *T.giur.* **1.** esaminare, interrogare: *escutere i testimoni* **2.** *escutere i debitori*, intimare loro il pagamento dei debiti per via legale.

-ése [forma pop. derivata dal suff. lat. *-ēnsis*, con cui si formavano perlopiù agg. etnici] **suff. 1.** forma, a partire da toponimi, aggettivi (anche sostantivati) che indicano lingue o l'appartenenza a popoli o paesi, città, nazioni e altre entità geografiche: *berlinese, norvegese, piemontese* **2.** *per estens. iron.* o *spreg.* forma, a partire da sostantivi designanti aree politiche, culturali, professionali e sim., sostantivi designanti linguaggi gergali o settoriali: *sinistrese, politichese, burocratese* ‖ **N. 1.** -ano[1], -ense, -iano, -igiano, -ita.

esecràbile [dal lat. *exsecrābilis*; a. 1342] **agg.** degno di essere esecrato ‖ *per estens.* pessimo: *dipinge nature morte in modo esecrabile* ‖ **esecrabilménte avv.** ‖ **N.** *Sin.* abominevole, ripugnante.

esecrabilità [dal lat. tardo *exsecrabilitas, -ātis*; a. 1704] **sf.** l'essere esecrabile.

esecràndo [dal lat. tardo *exsecrāndus*; a. 1566] **agg.** esecrabile (con una sfumatura più solenne): *è un misfatto esecrando.*

esecràre (pres. *-ècro*) [dal lat. *exsecrāri* e *exsecrāre*, propr. togliere il carattere sacro; a. 1292] **tr.** detestare, maledire energicamente e con ripugnanza ‖ **N.** *Sin.* aborrire, ODIARE.

esecratóre [dal lat. tardo *exsecrātor, -ōris*; a. 1681] **agg.** e **sm.** (f. *-trìce*) *non com.* che o chi esecra, abomina, detesta.

esecratòrio (pl. *-ri*) [da *esecrare*; 1686] **agg.** *non com.* di esecrazione: *formula esecratoria*, contenente maledizioni.

esecrazióne [dal lat. *exsecrātio, -ōnis*; a. 1375] **sf. 1.** l'atto e l'effetto dell'esecrare: *è l'oggetto dell'esecrazione generale, un grido di esecrazione* **2.** invocazione che gli antichi rivolgevano alle divinità infernali perché colpissero i loro nemici.

esecutàre (pres. *-ècuto*) [dal fr. *exécuter*; a. 1610] **tr.** *T.giur.* colpire qualcuno, rendendo esecutivo con un atto dell'autorità un provvedimento del magistrato: *esecutare un debitore.*

esecutività [da *esecutivo*; 1965] **sf.** *T.giur.* l'essere esecutivo; il potersi e il doversi immediatamente eseguire: *l'esecutività di un atto notarile.*

esecutivo [voce tratta dal lat. *exsecūtus*, pps. di *exsequi*, eseguire; a. 1498] **I agg.** che dà facoltà di eseguire: *sentenza in forma esecutiva* ‖ *T.giur. giudizio esecutivo*, la procedura necessaria per effettuare la vendita dei beni del debitore ‖ *potere esecutivo*, il potere affidato al governo di dare esecuzione alle leggi ‖ *comitato esecutivo*, in un partito, un'organizzazione e sim., l'organo incaricato di attuare le direttive stabilite dagli organi deliberanti ‖ *progetto esecutivo*, quello completo e definitivo che consente di mettere in esecuzione l'opera ‖ **esecutivaménte avv.** **II sm.** comitato esecutivo: *l'esecutivo di un partito* ‖ governo: *è una decisione che compete all'esecutivo.*

esecutóre [dal lat. tardo *exsecutor, -ōris*; 1305] **sm.** (f. *-trìce*) **1.** chi esegue: *esecutore di ordini* ‖ *in part. T.giur. esecutore testamentario*, colui al quale il testatore affida l'esecuzione delle disposizioni del testamento ‖ *disus. esecutore di giustizia*, carnefice, giustiziere **2.** *in part. T.mus.* chi esegue una composizione musicale ‖ **N. 1.** agente, braccio, ministro **2.**

Sin. interprete. **Q.T.** *musica.*

eṣecutorietà [da *esecutorio*; 1904] **sf.** *T.giur.* l'essere esecutorio: *l'esecutorietà della sentenza.*

eṣecutòrio (pl. *-ri*) [dal lat. tardo *exsecutōrius*; 1745] **agg.** *T.giur.* che dà facoltà di procedere all'esecuzione giudiziaria: *sentenza esecutoria* || **N.** *Sin.* esecutivo.

eṣecuzióne [dal lat. *exsecūtio, -ōnis*; 1308] **sf.** **1.** l'eseguire, il mettere in atto: *il disegno è bello, ma l'esecuzione è difettosa* || *dare esecuzione, mettere in esecuzione*, eseguire, tradurre in atto, effettuare **2.** *in part. T.giur.* attuazione, volontaria o forzata, di un procedimento giudiziario o amministrativo; *andare in esecuzione*, cominciare ad aver vigore: *la legge va in esecuzione il primo giugno* || *esecuzione capitale* (o anche solo *esecuzione*), uccisione del condannato a morte: *esecuzione sommaria*, senza regolare processo; *plotone di esecuzione*, quello incaricato di eseguire una condanna a morte mediante fucilazione **3.** *in part. T.mus.* realizzazione, con la voce o con strumenti, di una composizione musicale: *la musica era bella e l'esecuzione perfetta* **4.** *T.ling.* nella grammatica generativa di N. Chomsky, termine che indica la produzione effettiva di enunciati da parte del parlante, sottoposta a varie costrizioni extralinguistiche e come tale al di fuori del campo di una teoria rigorosa della grammatica, che si basa invece sulla *competenza* (v.) del parlante || **N.** **1.** *Sin.* adempimento, attuazione, effettuazione, realizzazione **3.** *Sin.* interpretazione. **Q.T.** *linguistica, musica.*

eṣèdra [dal gr. e lat. *exédra*, propr. sede esterna; fine sec. XIV] **sf.** **1.** *T.archeol.* nel mondo greco e romano, sala di intrattenimento e conversazione, situata in luogo aperto, con portico o senza, provvista di alcuni sedili mobili o fissi **2.** *T.arch.* piazza semicircolare con colonnati.

eṣegèṣi o **eṣègeṣi** [dal gr. *exḗgēsis*, prob. attr. il fr. *exégèse*; 1797] **sf.** analisi critica ed esplicativa di un testo: *lezioni di esegesi sacra, esegesi biblica* || **N.** commento, ermeneutica, note, spiegazione.

eṣegèta (non com. *esegète*) [dal gr. *exēgētḗs*, prob. attr. il fr. *exégète*; a. 1787] **s.** autore di un'esegesi; interprete e commentatore di una scrittura, di un'opera d'arte e sim.: *il sottile esegeta* (D'Annunzio).

eṣegètica [dal lat. tardo *exegētice*, gr. *exēgētiká*, prob. attr. il fr. *exégétique*; 1797] **sf.** l'arte e la scienza dell'interpretare criticamente i testi, spec. religiosi o giuridici.

eṣegètico (pl. *-ci*) [dal gr. *exēgētikós*; a. 1565] **agg.** proprio dell'esegesi; critico, esplicativo: *note esegetiche.*

eṣeguìbile [da *eseguire*; 1520 ca.] **agg.** che si può eseguire.

eṣeguibilità [da *eseguibile*; a. 1904] **sf.** l'esser eseguibile.

eṣeguire (pres. *-éguo* ecc., come SEGUIRE; meno com. pres. *-isco, -isci*) [lat. *exsequi*, propr. seguire fino in fondo; inizio sec. XIV] **tr.** **1.** realizzare, portare a compimento: *eseguire un lavoro, un compito* || adempiere a un obbligo: *eseguire gli ordini* **2.** *in part. T.mus.* tradurre in atto, con la voce o con strumenti, una composizione musicale: *eseguire una sonata, eseguire Bach* || **N.** **1.** *Sin.* adempiere, attuare, compiere, effettuare, operare.

eṣempigràzia [dal lat. *exempli grātia*; in grazia di esempio; a. 1519] **avv.** *ant. o scherz.* per esempio.

eṣémpio (pl. *-pi*) [lat. *exemplum*; 1306 *esemplo*] **sm.** **1.** caso particolare rappresentativo di un insieme di oggetti o fatti analoghi: *il cavallo è un esempio di mammifero, questo fatto di cronaca è un tipico esempio di delitto passionale, mi dia un esempio di numero trascendente* || fatto particolare che illustra una teoria o un'affermazione di portata più generale || *in part.* frase, d'autore o coniata espressamente, con cui si conferma e illustra una regola grammaticale, o si attesta l'uso di un dato lemma: *un vocabolario ricco di esempi* || *per esempio, ad esempio*, formule con cui si introduce un esempio che renda più chiaro il discorso o ne confermi la validità: *molti mammiferi, per esempio le marmotte, vanno in letargo* **2.** qualunque cosa che si proponga a modello da imitare o da fuggire: *gli esempi dell'antico valore, un triste esempio di insensibilità, essere di esempio per tutti* || *dare buon* (o *cattivo*) *esempio*, spingere al bene (o al male) con il proprio operato || *prendere esempio*, imparare da qualcuno o da qualche cosa, prendere come modello da imitare qualcuno o qualcosa || ammonimento: *che questa esperienza ti serva almeno da esempio per il futuro!*; *dare un esempio*, un castigo esemplare || *non com. senza esempio*, singolare, senza precedenti: *atrocità senza esempio* || **N.** **1.** *Sin.* esemplare, prototipo | addurre, allegare, citare, fare, fornire un esempio; esemplificare **2.** *Sin.* modello; imitare, seguire.

eṣemplàre¹ [dal lat. *exemplāris*; 1340] **agg.** che può servire di esempio: *vita esemplare, punizione esemplare, un sacerdote esemplare* || **eṣemplarménte** **avv.**

eṣemplàre² [dal lat. *exemplar, -āris*; a. 1321] **sm.** **1.** ciascuna copia di un oggetto di cui esistano molte copie identiche o simili: *di quel libro furono tirati cento esemplari* || animale o cosa tipica nella propria specie: *un bell'esemplare di cervo volante* **2.** *non com.* modello da cui trarre esempio: *un esemplare di virtù* || rif. a oggetti, originale: *l'esemplare di un manoscritto.*

eṣemplàre³ (pres. *-èmplo*) [dal lat. *exemplāre*, dare come esempio; a. 1313] **tr.** *non com.* ritrarre, copiare, trascrivere da un originale || *per estens.* ricalcare su un modello: *espressioni esemplate sull'uso inglese.*

eṣemplarità [da *esemplare¹*; fine sec. XIV] **sf.** l'essere esemplare.

eṣemplificàre (pres. *-ìfico, -ìfichi*) [dal lat. mediev. *exemplificāre*; 1336 ca.] **tr.** spiegare o comprovare adducendo esempi.

eṣemplificativo [da *esemplificare*; 1639] **agg.** che serve ad esemplificare.

eṣemplificazióne [dal lat. mediev. *exemplificātio, -ōnis*; sec. XIV] **sf.** spiegazione e illustrazione di una teoria per mezzo di esempi || il complesso degli esempi addotti.

eṣencèfalo [comp. di *eso-²* e *encefalo*; 1968] **sm.** *T.med.* malformazione congenita in seguito alla quale l'encefalo si spinge quasi totalmente fuori del cranio.

eṣentàre (pres. *-ènto*) [lat. volg. **exemptāre*; sec. XIV] **tr.** rendere o dichiarare non soggetto a qualche obbligo: *esentare dalle tasse, da un servizio* || **rifl.** liberarsi, sottrarsi || **N.** *Sin.* dispensare, escludere, esimere, esonerare.

eṣentàsse [da *esent(e dalle) tasse*; 1956] **agg. inv.** nel linguaggio della piccola pubblicità e in quello burocratico, esente da tassazione: *guadagni esentasse.*

eṣènte [dal lat. *exemptus*, pps. di *eximere*, esimere; a. 1306] **agg.** libero per natura o per privilegio da un obbligo o da un male comune: *esente dalla leva, dal contagio* || immune, scevro: *esente da ogni colpa* || *ant. andare esente da una cosa*, non patirla: *se ne va esente da tanto martoro* (Ariosto) || **N.** *Sin.* dispensato, immune, salvo.

eṣenzióne [dal lat. *exemptio, -ōnis*; a. 1406] **sf.** l'esentare e il suo effetto: *ottenere l'esenzione dalle tasse* || **N.** *Sin.* dispensa, esonero, franchigia, immunità.

eṣequiàle [dal lat. *exsequiālis*; a. 1311] **agg.** *raro* relativo alle esequie, delle esequie.

eṣèquie [dal lat. *exsequiae*, da *exsequi*, seguire completamente un corteo funebre; a. 1348] **sf. pl.** il complesso delle cerimonie e delle onoranze funebri tributate a un defunto: *esequie solenni, religiose*; *celebrare le esequie di qualcuno* || *per restr.* funerale.

eṣercènte (*ppr.* di *esercire*) [1869] **s.** chi mantiene in esercizio un negozio, una piccola impresa e sim.: *l'esercente di una tabaccheria, di un cinema* || **N.** *Sin.* gestore.

eṣercire (pres. *-isco, -isci*) [dal lat. *exercēre*; 1672] **tr.** *T.bur.* condurre, amministrare, gestire un negozio, un'azienda e simili.

eṣercitàbile [da *esercitare*; a. 1704] **agg.** che si può esercitare.

eṣercitàre (pres. *-èrcito*) [dal lat. *exercitāre*; 1304 ca.] **tr.** **1.** istruire con l'esercizio: *esercitare gli scolari nel comporre* || tenere in esercizio: *esercitare i muscoli addominali, la memoria* **2.** rif. a un'attività, un mestiere e sim., svolgerlo: *esercitare una professione, il culto, una funzione di grande rilievo* **3.** rif. a facoltà, potere e sim., farne uso: *esercitare un proprio diritto* || *esercitare un'influenza su qualcuno*, condizionarne le scelte **4.** *lett.* tormentare, travagliare: *nei colli sabini esercitati dal piè dell'immortale storia* (Carducci) || **rifl.** tenersi in esercizio; addestrarsi in una cosa: *esercitarsi nella guida* || **N.** **1.** *Sin.* addestrare, allenare **2.** *Sin.* praticare **3.** *Sin.* far valere.

eṣercitazióne [dal lat. *exercitātio, -ōnis*; a. 1332] **sf.** l'atto e l'effetto dell'esercitare e dell'esercitarsi || *in part.* lezione universitaria in cui gli studenti sono chiamati direttamente a risolvere problemi o a compiere attività pratiche (esperienze o sim.) per imparare ad applicare le nozioni apprese: *esercitazioni di matematica, di laboratorio* || *esercitazioni militari*, manovre. **Q.T.** *forze armate.*

eṣèrcito [dal lat. *exercitus*; a. 1292] **sm.** **1.** l'insieme delle forze armate di uno stato || *per restr.* l'insieme delle forze terrestri (in opposizione a *marina* e *aeronautica*): *Capo di Stato Maggiore dell'Esercito* || *per estens.* qualunque complesso di truppe di grandi dimensioni destinato a un determinato compito: *l'esercito americano in Vietnam* **2.** *fig.* gran quantità di persone, animali, cose unite insieme: *un esercito di saltimbanchi* **3.** *T.rel. Esercito di Cristo*, la Chiesa militante || *Esercito della salvezza*, organizzazione sorta in ambiente protestante con scopi filantropici e morali, caratterizzata da una struttura interna di tipo militare. **Q.T.** *forze armate, religione.*

eṣercìzio (pl. *-zi*) [dal lat. *exercitium*; a. 1306] **sm.** **1.** qualunque atto con cui si addestra il corpo o la mente per migliorarne o conservarne una capacità: *esercizi di respirazione, di ginnastica, di matematica, di dizione*; *il moto è un ottimo esercizio per tutto il corpo, questo gioco è un utile esercizio per la memoria* || *fare esercizio, tenersi in esercizio*, mantenersi in efficienza con una pratica costante; *essere fuori esercizio*, non essere allenato || *T.rel. esercizi spirituali*, ritiro temporaneo dedicato alla preghiera e alla meditazione || *concr.* prova in cui si applicano le nozioni apprese: *fare, svolgere, correggere un esercizio* **2.** conduzione di un'attività, di un'impresa e sim.: *esercizio di un impiego, di una professione*; *spese di esercizio dell'azienda* || uso: *l'esercizio dei propri diritti*; *T.giur. esercizio arbitrario delle proprie ragioni*, reato commesso da chi si fa giustizia da sé **3.** *concr.* azienda, negozio: *pubblico esercizio* **4.** periodo di gestione di un ente: *esercizio finanziario dello Stato*, il periodo di tempo concesso dalla legge per riscuotere le entrate e pagare le spese relative a un anno finanziario; *esercizio provvisorio*, autorizzazione del parlamento allo stato di riscuotere le entrate e compiere le spese previste dal bilancio anche prima che questo sia approvato; *esercizio suppletivo*, autorizzazione a protrarre la gestione finanziaria fino al 31 gennaio successivo, per evitare la formazione di residui attivi o passivi || **N.** **1.** *Sin.* allenamento, compito, pratica, prova, test **2.** *Sin.* amministrazione. Q.T. *atletica, commercio...*

eṣèrgo (pl. *-ghi*) [dal fr. *exergue*; a. 1750] **sm.** *T.num.* spazio nelle monete o nelle medaglie in cui si segna la data e l'indicazione della zecca, o un motto. TAV. *numismatica* 2.2.

esfoliàrsi (pres. *-òlio*) [dal lat. tardo *exfoliāre*; 1983] **intr. pron.** *T.med.* sfaldarsi in lamelle, distaccarsi dallo strato superficiale dell'epidermide.

esfoliazióne o **esfogliazióne** [dal lat. *exfoliātio, -ōnis*; 1834] **sf.** *T.med.* sfaldamento a lamelle o scaglie degli strati cutanei superficiali: *esfoliazione epidermica, intestinale.*

eṣibìre (pres. *-ìsco, -ìsci*) [dal lat. *exhibēre*; a. 1498] **tr. 1.** mettere in mostra, ostentare: *esibiva senza ritegno la sua ricchezza* ‖ *T.bur.* detto di documenti, presentarli all'autorità: *esibire la patente* ‖ *T.giur.* presentare in tribunale: *esibire i testimoni* **2.** *raro* offrire: *gli esibì il proprio aiuto* ‖ **rifl.** dare spettacolo, mettersi in mostra: *esibirsi in pubblico* ‖ **N. 1.** *Sin.* mostrare, sfoggiare **2.** *Sin.* porgere, proporre.

eṣibitóre [dal lat. tardo *exhibitor, -ōris*; 1433] **sm.** (f. *-trìce*) *non com.* chi esibisce.

eṣibizióne [dal lat. tardo *exhibitio, -ōnis*, attr. il fr. *exhibition*; a. 1642] **sf. 1.** l'esibire e spec. l'esibirsi: *esibizione dei documenti, un'incredibile esibizione di volgarità* **2.** spettacolo, o numero d'attrazione all'interno di uno spettacolo: *l'esibizione dei giocolieri al circo* ‖ *T.sport.* nel tennis, competizione non valida per le classifiche internazionali; in altri sport, gara senza alcun titolo in palio, con finalità unicamente spettacolari ‖ **N. 1.** *Sin.* ostentazione, sfoggio **2.** *Sin. show.*

eṣibizionìṣmo [dal fr. *exhibitionnisme*; 1894 nel senso 2; 1925 nel senso 1] **sm. 1.** tendenza a far mostra di sé, a farsi notare **2.** *per restr. T.psic.* disturbo del comportamento sessuale di tipo ossessivo, che consiste nell'impulso a mostrare ad altri i propri genitali. Q.T. *psicologia.*

eṣibizionista [dal fr. *exhibitionniste*; 1892 nel senso 2; 1908 nel senso 1] **s.** e **agg. 1.** chi o che tende a far mostra di sé o dei propri averi **2.** *T.psic.* affetto da esibizionismo.

eṣibizionìstico (pl. *-ci*) [da *esibizionismo*; 1952] **agg.** proprio di un esibizionista: *comportamento esibizionistico.*

eṣigènte (*ppr.* di *esigere*) [1554] **agg.** che pretende molto o anche troppo: *è un superiore esigente* ‖ **N.** pignolo.

eṣigènza [dal lat. tardo *exigentia*; 1308] **sf. 1.** ciò che si esige, ciò a cui si ritiene di avere diritto (gen. *pl.*): *ha troppe esigenze* ‖ bisogno, necessità: *si avverte un'esigenza crescente di contatto con la natura, lavora di notte per esigenze di servizio* **2.** *meno com.* qualità di chi è esigente: *è di un'esigenza insopportabile* ‖ **N. 1.** *Sin.* aspirazione, pretesa, richiesta.

eṣìgere (pres. *-ìgo*; p.rem. *-igéi* o *-igètti*; pps. *eṣàtto*, ma è molto raro nei tempi composti) [dal lat. *exigere*, propr. far uscir fuori; a. 1520] **tr.** richiedere una cosa con forza e con autorità: *esigo che tu mi obbedisca* ‖ pretendere, volere: *tu esigi troppo da me* ‖ *T.bur.* riscuotere, rif. a somme dovute all'autorità: *esigere le imposte* ‖ con sogg. non animato, rendere indispensabile, richiedere: *è un lavoro che esige un'estrema attenzione.*

eṣigìbile [da *esigere*; 1673] **agg.** *T.bur.* che si può esigere: *crediti esigibili.*

eṣigibilità [da *esigibile*; 1673] **sf.** l'essere esigibile.

esìglio e der. forme ant. di ESILIO e der.

eṣiguità [dal lat. *exiguitas, -ātis*; 1834] **sf.** l'essere esiguo.

eṣìguo [dal lat. *exiguus*, propr. pesato esattamente; 1336 ca.] **agg.** piccolo, scarso, irrilevante: *un guadagno esiguo* ‖ tenue, esile: *esigue speranze* ‖ **eṣiguaménte** **avv.**

eṣilarànte (*ppr.* di *esilarare*) [1855] **agg.** che provoca grande allegria: *spettacolo esilarante* ‖ ridicolo: *si è messo in una situazione esilarante* ‖ *gas esilarante*, protossido di azoto che, usato come anestetico, dà un senso di ebbrezza ‖ **N.** *Sin.* buffo, comico, divertente, spassoso; inebriante.

eṣilaràre (pres. *-ìlaro*) [dal lat. *exhilarāre*; sec. XIV] **tr.** rendere ilare, allegro; far ridere a crepapelle ‖ inebriare: *lo champagne esilara* ‖ **intr. pron.** divertirsi un mondo, spassarsela.

èṣile [dal lat. *exīlis*; 1342] **agg.** sottile, gracile, detto spec. di parti del corpo umano: *braccia esili, un fungo dal gambo esile* ‖ *fig.* debole: *la sua voce era ancora più esile dopo la malattia*; scarso: *ingegno esile*; *stile esile*, poco efficace; *argomenti esili*, poco convincenti ‖ **eṣilménte** **avv.** ‖ **N.** *Sin.* delicato, minuto, scarno, smilzo.

eṣiliàre (pres. *-ìlio*) [da *esilio*; fine sec. XIII] **tr.** mandare in esilio ‖ *per estens.* mandare in un luogo fuori mano, lontano dai centri del potere e sim.: *fu esiliato in una parrocchia di campagna* ‖ **rifl.** andare spontaneamente in esilio ‖ *per estens.* ritirarsi, allontanarsi da un luogo, da qualcuno o da qualcosa ‖ **N.** *Sin.* bandire, confinare, deportare, proscrivere, relegare.

eṣiliàto (*pps.* di *esiliare*) [1304] **sm.** (f. *-a*) persona mandata in esilio: *un esiliato politico* ‖ **N.** *Sin.* esule.

eṣìlio (pl. *-li*) [dal lat. *exsilium*; 1308] **sm. 1.** allontanamento volontario o forzato dalla patria: *vivere, morire in esilio*; *andare, mandare in esilio*; *richiamare, ritornare dall'esilio* **2.** condizione di esule, e luogo dell'esilio: *Ovidio scrisse dal suo esilio elegie tristissime* ‖ *per estens.* isolamento; lontananza da luoghi, persone, attività a cui si è legati ‖ *T.rel.* il mondo, la vita terrena in contrapposizione a quella celeste ‖ **N.** bando, confino; deportazione, emigrazione, espatrio, ostracismo, proscrizione, relegazione | domicilio coatto | perpetuo, temporaneo | esule.

eṣilità [dal lat. *exilitas, -ātis*; 1560 *essilità*] **sf.** *non com.* l'essere esile, anche *fig.*: *esilità dello stile.*

eṣimènte (*ppr.* di *esimere*) [1963] **I agg.** che dispensa, che esime **II sf.** *T.giur.* circostanza che libera dalla responsabilità penale: *verificare l'esistenza di una esimente.*

eṣìmere (pres. *-ìmo*; p.rem. raro *-iméi*; manca il pps.) [dal lat. *eximere*; 1619] **tr.** liberare da un obbligo ‖ **rifl.** *più com.* sottrarsi a un obbligo, a un impegno morale: *non puoi esimerti dalle tue responsabilità* ‖ **N. tr.** *Sin.* dispensare, esentare.

eṣìmio (pl. *-mi*) [dal lat. *eximius*; a. 1375] **agg.** di rare qualità, straordinario: *un esimio studioso di archeologia*; *lavoro di esimia fattura* ‖ appellativo cortese, usato soprattutto nelle lettere formali; *esimio signore, collega* ‖ *iron. esimio farabutto*, proprio un furfante ‖ **N.** *Sin.* eccellente, egregio.

-éṣimo [variante di *-ismo*] **suff.** variante di *-ismo* (v.) frequente soprattutto nella denominazione di periodi storici, movimenti culturali, di opinione e sim.: *feudalesimo, protestantesimo, umanesimo.*

eṣinanìre [dal lat. *exinanīre*; fine sec. XIII] **tr.** *lett. raro* ridurre a niente, annichilire ‖ **intr. pron.** avvilirsi; ridursi al nulla.

eṣinanizióne [dal lat. *exinanitio, -ōnis*; 1554] **sf.** *lett. raro* il ridursi a niente, il venir meno.

eṣiodèo [dal lat. *Hesiodēus*, gr. *Hēsiódeios*; 1865] **agg.** relativo al poeta greco Esiodo.

èṣipo [dal lat. *oesypum*, gr. *oisýpē*; 1563] **sm.** *disus.* grasso greggio della lana, usato un tempo come medicamento e cosmetico.

eṣistentìvo [da *esistente*; 1956] **agg.** *T.fil.* che concerne l'esistenza individuale.

eṣistènza [dal lat. tardo *exsistentia*; 1304] **sf. 1.** l'esistere: *l'esistenza di Dio, l'esistenza politica d'una nazione* **2.** vita: *ebbe un'esistenza molto travagliata, mi stai rovinando l'esistenza.*

eṣistenziàle [dal lat. tardo *exsistentiālis*; 1869] **agg. 1.** che concerne l'esistenza ‖ *problemi esistenziali, crisi esistenziale*, che coinvolgono il complesso delle esperienze vissute dall'individuo, che manifestano il suo disagio di esistere ‖ *T.fil.* nell'esistenzialismo, che concerne l'esistenza in quanto tale, l'esistenza di ogni uomo (in contrapposizione a *esistentivo*): *angoscia esistenziale* **2.** *T.fil. quantificatore esistenziale*, in logica, l'operatore (simboleggiato solitamente con $\exists$) che indica l'esistenza di almeno un elemento per cui è valida una data proprietà **3.** *T.fil. filosofia esistenziale*, esistenzialismo.

eṣistenzialìṣmo [da *esistenziale*, sul modello del ted. *Existenz(philosophie)*, filosofia dell'esistenza; 1942] **sm.** movimento filosofico contemporaneo sorto negli anni Venti sulla scia della ripresa del pensiero di Kierkegaard, ed estesosi a parte della cultura non filosofica novecentesca; rifiutando ogni inclusione della persona umana in schemi totalizzanti (quali l'hegelismo), gli esistenzialisti rivendicano l'irriducibile originalità dell'esistenza individuale concreta in tutta la sua problematicità.

eṣistenzialista [da *esistenzialismo*; a. 1952 come sm.] **I agg.** esistenzialistico **II s.** aderente all'esistenzialismo: *filosofo, scrittore esistenzialista* ‖ *per estens.* (spesso *iron.* o *spreg.*), persona che si atteggia a moderno *bohémien*, come fosse dominato da una profonda angoscia esistenziale.

eṣistenzialìstico (pl. *-ci*) [da *esistenzialista*; 1956] **agg.** appartenente o relativo all'esistenzialismo o agli esistenzialisti: *corrente esistenzialistica, dramma esistenzialistico.*

eṣìstere (pres. *-ìsto* ecc., come ASSISTERE) [dal lat. *exsistere*, propr. levarsi fuori, apparire; a. 1685] **intr.** (aus. *essere*) **1.** essere presente nel mondo o nell'universo come realtà effettiva: *Dio esiste?*; *animali simili non esistono* ‖ con significato attenuato (spesso preposto al sogg.), esserci: *esistono ancora piccoli dettagli da risolvere* **2.** *per restr.* vivere: *ha cessato di esistere.*

eṣitàbile [da *esitare*[2]; a. 1711] **agg.** *T.bur.* vendibile, smerciabile.

eṣitaménto[1] [da *esitare*[1]; a. 1694] **sm.** *raro* esitazione.

eṣitaménto[2] [da *esitare*[2]; 1956] **sm.** *T.bur.* vendita, smercio.

eṣitànte (*ppr.* di *esitare*) [1834] **agg.** dubbioso, perplesso, titubante: *sembrava esitante ad accettare, esitante fra due possibilità, di fronte alle troppe responsabilità* ‖ **N.** *Sin.* incerto, indeciso, irresoluto | *Contr.* risoluto.

eṣitànza [dal lat. *haesitantia*; 1823] **sf.** *raro lett.* esitazione.

eṣitàre[1] (pres. *èṣito*) [dal lat. *haesitāre*; 1673] **intr.** (aus. *avere*) non sapersi decidere a fare una cosa, rimanere incerto: *esitava a parlare, non è il momento di esitare!* ‖ **N.** *Sin.* dubitare, indugiare, temporeggiare, tentennare, tergiversare, titubare | *Contr.* decidersi, risolversi a.

eṣitàre[2] (pres. *èṣito*) [da *esito*; a. 1642] **tr.** smerciare, spec. vendendo al minuto.

eṣitàre[3] (pres. *èṣito*) [da *esito*, nel senso di uscita; a. 1696] **intr.** (aus. *avere*) nel linguaggio dei medici, detto di malattia, risolversi: *la malattia ha esitato favorevolmente.*

eṣitazióne [dal lat. *haesitātio, -ōnis*; a. 1504] **sf.** stato d'animo o comportamento di chi esita: *agire senza esitazioni*; *troppa esitazione nel rispondere impressiona sfavorevolmente l'esaminatore* ‖ **N.** *Sin.* dubbio, incertezza, indecisione, perplessità, titubanza | *Contr.* decisione, risolutezza.

èṣito [dal lat. *exitus*; fine sec. XIV] **sm. 1.** conclusione: *buon esito di un'impresa, esito infausto di una malattia* ‖ *non com.* conclusione favorevole: *svolgere alcune azioni d'offesa e di di-*

fesa con probabilità di esito (D'Annunzio) **2.** *non com.* uscita, sfogo: *non c'è esito al fumo in questa stanza* || *T.comm.* vendita, possibilità di smercio: *questa merce non ha esito* **3.** *T.ling.* punto d'arrivo dell'evoluzione diacronica di un elemento fonetico o morfologico: *il suono* [i] *è l'esito neogreco di diversi suoni del greco antico* **4.** *T.bur.* risposta: *dare esito a una lettera* || **N. 1.** *Sin.* fine, risultato, riuscita; scioglimento.

eṣiziàle [dal lat. *exitiālis*, agg. di *exitium*, fine, rovina; sec. XV] **agg.** che porta gravissimo danno, rovinoso: *un errore esiziale* || che conduce a morte: *un morbo esiziale* || **N.** *Sin.* catastrofico, disastroso, fatale, tragico; letale, mortale.

eṣìzio (pl. *-zi*) [dal lat. *exitium*; prima metà sec. XIV] **sm.** *ant.* e *lett.* rovina, sterminio.

eṣizióso [da *esizio*; a. 1828] **agg.** *ant.* e *lett.* esiziale.

èskimo[1] o **èschimo** [dall'ingl. *eskimo*, letter. eschimese; 1970] **sm.** *inv.* ampio giaccone pesante con cappuccio, di stoffa impermeabile e fodera in lana, gener. di color verde militare || **N.** parka.

èskimo[2] [dall'ingl. *eskimo* (*roll*), ribaltamento eschimese; 1983] **sm.** *T.sport.* operazione con cui si raddrizzano la canoa o il kayak rovesciati.

eṣlège [dal lat. *ex lege*; a. 1744] **agg.** *inv.* (raro pl. *-i*) non soggetto a legge, fuori legge || *per estens.* fuori della norma, delle consuetudini: *comportamento eslege.*

èṣo-[1] [dal gr. *ésō*, dentro] **pref.** *raro* che, in parole dotte composte, vale "dentro", "all'interno": **eṣoforìa**.

èṣo-[2] (raro *èxo-*) [dal gr. *éxo*, fuori] **pref.** che, in parole composte dotte o della terminologia scientifica, vale "fuori", "esterno" (per es. *esogamia, esogeno, esotermico*) || **N.** *Contr.* endo-.

eṣobiologìa [comp. di *eso-*[2] e *biologia*; 1965] **sf.** *T.biol.* settore della biologia che indaga su possibili forme di vita fuori della terra || **N.** *Sin.* biologia spaziale, cosmobiologia.

eṣocàrpo [comp. di *eso-*[2] e *-carpo*; 1892] **sm.** *T.bot.* il più esterno dei tre strati del frutto || **N.** *Sin.* epicarpo | mesocarpo, endocarpo.

Eṣocètidi (sing. *-e*) [dal lat. scient. *exocoetus*; 1956] **sm.** *pl.* *T.zool.* famiglia di Pesci Beloniformi caratterizzata dal grande sviluppo delle pinne pettorali che consentono loro brevi voli planati; sono chiamati comunemente *pesci volanti.*

eṣòcrino [da *eso-*[2], sul modello di *endocrino*; 1932] **agg.** *T.fisiol.* detto di ghiandole che versano le loro secrezioni in condotti escretori o all'esterno (ad es. le ghiandole sudoripare) || **N.** *Contr.* endocrino.

eṣodèrma [comp. di *eso-*[2] e *-derma*; 1956] **sm.** *T.bot.* tessuto, inizialmente posto sotto l'epidermide, che diventa il rivestimento più esterno quando questa cessa di funzionare.

eṣodinàmica [comp. di *eso-* e *dinamica*; 1956] **sf.** *T.geogr.* insieme delle azioni e dei processi che dall'esterno modificano la superficie terrestre.

eṣòdio (pl. *-di* o *-dii*) [dal lat. *exodium*, gr. *exódion*; prima metà sec. XIV] **sm.** *T.lett.* nel teatro romano, farsa recitata dopo la conclusione di un dramma.

èṣodo [dal lat. tardo *exodus*, gr. *éxodos*, uscita; a. 1342] **sm. 1.** emigrazione di un popolo; *per anton.* l'uscita degli Ebrei dall'Egitto e, con la lettera iniziale maiuscola, il titolo del secondo libro della Bibbia che narra tale partenza || *per estens.* uscita o partenza di cose o persone in gran numero: *l'esodo dei contadini dalle campagne, l'esodo estivo dalle città verso i centri di villeggiatura, dei capitali all'estero* **2.** *T.lett.* l'episodio conclusivo di una tragedia classica greca || in origine, l'ultimo canto del coro.

eṣofagèo [da *esofago*; 1681] **agg.** *T.med.* dell'esofago.

eṣofagìte [comp. di *esofago* e *-ite*[1]; 1820 *esofagitide*] **sf.** *T.med.* infiammazione totale o parziale dell'esofago.

eṣòfago (pl. *-gi*) [dal gr. *oisophágos*; fine sec. XV] **sm.** *T.anat.* canale muscolare rettilineo, che dalla faringe porta il cibo allo stomaco. **TAV.** *fonetica*... 1.11; ***anatomia*** **p. 642** 13.3.

eṣoftàlmo [dal gr. *exóphthalmos*, con l'occhio in fuori; 1953] **sm.** *T.med.* sporgenza eccessiva e patologica del bulbo oculare dalla cavità orbitale.

eṣogamìa [comp. di *eso-*[2] e *-gamia*; 1901] **sf.** *T.etn.* l'usanza di scegliere il coniuge in un clan o in una tribù diversi dal proprio || **N.** *Contr.* endogamia.

eṣogèneṣi [comp. di *eso-*[2] e *genesi*; 1956] **sf.** *T.scient.* formazione dovuta a fattori esterni.

eṣògeno [comp. di *eso-*[2] e *-geno*; 1841] **agg.** *T.scient.* che ha origine all'esterno di qualcosa || *in part.* *T.bot.* *organo esogeno*, che si sviluppa a partire dagli strati esterni della pianta (per es. le foglie); *spore esogene*, che si sviluppano all'esterno dell'apparato riproduttore || *T.geol.* *rocce, fenomeni esogeni*, che si originano sulla superficie della Terra || *T.psic.* *psicosi esogene* o *organiche*, dovute a stati morbosi dell'organismo (alcolismo, traumi, infezioni ecc.) || **N.** *Contr.* endogeno.

eṣometamorfiṣmo [comp. di *eso-*[2] e *metamorfismo*; 1956] **sm.** *T.geol.* esomorfismo.

eṣomorfiṣmo [comp. di *eso-*[2] e *-morfismo*; 1934] **sm.** *T.geol.* processo metamorfico esercitato su una roccia che è già stata consolidata da magma endogeno.

eṣondàre [dal lat. *exundāre*; a. 1375] **intr.** (aus. *avere*) *lett.* traboccare, detto spec. di fiumi; anche *fig.*: *ridondante ed esondante di guerrazziana fierezza* (Carducci).

eṣoneràre (pres. *-ònero*) [dal lat. *exonerāre*; 1812] **tr.** liberare da un obbligo o servizio, o da una spesa: *esonerare dal servizio militare* || *esonerare da una carica* (o anche solo *esonerare*), destituire || **N.** *Sin.* dispensare, esentare.

eṣònero [da *esonerare*; 1812] **sm.** l'esonerare e l'essere esonerato: *chiedere, concedere, ottenere l'esonero dall'educazione fisica.*

eṣonucleàṣi [comp. di *eso-* e *nucleasi*; 1987] **sf.** *T.biol.* enzima che idrolizza alcuni legami nelle molecole degli acidi nucleici (DNA, RNA).

eṣòpico (pl. *-ci*) [dal n. proprio *Esopo*; a. 1803] **agg.** di Esopo o dei suoi imitatori: *favole esopiche.*

eṣoràbile [dal lat. *exorābilis*; prima metà sec. XIV] **agg.** *arc.* clemente; scongiurabile.

eṣorbitànte (*ppr.* di *esorbitare*) [a. 1540] **agg.** eccessivo: *prezzo esorbitante.*

eṣorbitànza [da *esorbitante*; 1483 *exorbitanzia*] **sf.** l'essere esorbitante, eccesso.

eṣorbitàre (pres. *-òrbito*) [dal lat. *exorbitāre*, uscire dalla carreggiata; 1613] **intr.** (aus. *avere*) oltrepassare la giusta misura; uscire dai limiti, dal giusto: *esorbitare dal proprio campo.*

eṣorbitazióne [dal lat. tardo *exorbitātio*, *-ōnis*; sec. XIV] **sf.** *non com.* esorbitanza.

eṣorciṣmo [dal lat. tardo *exorcismus*, gr. *exorkismós*; a. 1342] **sm.** rito, comune in moltissime religioni, che mira ad allontanare presenze maligne da persone o luoghi || *in part.* nelle religioni cristiane, rito con cui si libera dalla presenza diabolica chi deve essere battezzato, o chi è considerato posseduto dal demonio || **N.** scongiuro. **Q.T.** *religione.*

eṣorcìsta [dal lat. tardo *exorcista*, gr. *exorkistḗs*; a. 1342] **s.** chi esorcizza || *in part.* (solo *m.*) *T.eccl.* sacerdote delegato dal vescovo per compiere esorcismi sugli ossessi || *disus.* chi ha ricevuto l'esorcistato.

eṣorcistàto [da *esorcista*; 1673] **sm.** *T.eccl.* nella gerarchia ecclesiastica, il terzo degli ordini minori, col quale si conferiva la facoltà di esorcizzare gli ossessi; è stato soppresso dopo il Concilio Vaticano II.

eṣorcìstico (pl. *-ci*) [da *esorcismo*; 1585] **agg.** che si riferisce ad esorcismo.

eṣorciẓẓàre [dal lat. tardo *exorcizāre*, gr. *exorkízein*; sec. XIV] **tr.** liberare da una presenza maligna per mezzo di esorcismi: *esorcizzare un indemoniato* || scacciare con esorcismi: *esorcizzare il demonio* || *fig.* cercare di tener lontano un evento indesiderato, spesso precariamente e con palliativi: *esorcizzare i propri timori; per esorcizzare la minaccia del crescente indebitamento pubblico, il governo ha varato nuovi provvedimenti economici.*

eṣorciẓẓatóre [da *esorcizzare*; sec. XVI] **sm.** (f. *-trice*) chi esorcizza.

eṣorciẓẓazióne [da *esorcizzare*; a. 1704] **sf.** l'atto e l'effetto dell'esorcizzare.

eṣordiàle [da *esordio*; 1887] **agg.** *raro* di esordio.

eṣordiàre (pres. *-òrdio*) [da *esordio*; a. 1367] **intr.** (aus. *avere*) *ant.* esordire.

eṣordiènte (*ppr.* di *esordire*) [1840] **agg.** e **s.** che o chi è ai suoi inizi in un'attività: *autore, attore esordiente* || **N.** *Sin.* debuttante, principiante. **Q.T.** *sport.*

eṣòrdio (pl. *-di*) [dal lat. *exordium*; a. 1294] **sm. 1.** la parte iniziale e introduttiva di un discorso, spec. pubblico **2.** *per estens. spec. pl.* principio, primordio: *gli esordi della vita, della civiltà* || *in part.* inizio di una attività, spec. artistica o sportiva: *l'esordio di un calciatore, di un pianista* || **N. 1.** *Sin.* introduzione, preambolo, proemio, prologo, protasi **2.** *Sin.* cominciamento, inizio; debutto.

eṣordìre (pres. *-ìsco, -ìsci*) [dal lat. *exordīri*, propr. cominciare a ordire una trama; 1321] **intr.** (aus. *avere*) **1.** incominciare una narrazione, un discorso: *esordì con una battuta divertente* **2.** *per estens.* incominciare l'esercizio di una qualsiasi attività, spec. artistica o sportiva: *esordire nel cinema, sul ring, in una nuova squadra* || **N. 1.** *Sin.* cominciare, iniziare **2.** *Sin.* debuttare.

eṣoreattóre [comp. di *eso-*[2] e *reattore*; 1956] **sm.** *T.aer.* motore a reazione che ricava il comburente dall'ambiente.

eṣorèico (pl. *-ci*) [comp. di *eso-*[2] e di un der. del gr. *rêin*, scorrere; 1956] **agg.** *T.geogr.* si dice di bacino idrografico che riversa le sue acque in mare || **N.** *Contr.* endoreico.

eṣornatìvo [dal lat. *exornātus*; a. 1712] **agg.** che serve ad abbellire || *T.ling.* *epiteto esornativo*, attributo che indica una qualità costante del nome a cui si riferisce, con funzione puramente stilistica (per es. *la candida neve*) || *T.ret.* *genere esornativo*, epidittico.

eṣortàre (pres. *-òrto*) [dal lat. *exhortāri*; a. 1342] **tr.** cercare di persuadere qualcuno, con intensa partecipazione affettiva o con argomenti convincenti, a fare o dire qualcosa: *lo esortai a fuggire, esortare al bene; o Italiani, io vi esorto alle storie* (Foscolo) || **N.** *Sin.* consigliare, incitare, suggerire.

eṣortatìvo [dal lat. *exhortatīvus*; a. 1364] **agg.** atto ad esortare: *discorso esortativo* || *T.gram.* *congiuntivo esortativo*, il congiuntivo indipendente che esprime un invito, un consiglio o anche un comando (alle persone mancanti dell'imperativo).

eṣortatóre [dal lat. tardo *exhortātor*, *-ōris*; 1483 *exortatrice*] **agg.** e **sm.** (f. *-trice*) che o chi esorta, incita, conforta.

eṣortatòrio (pl. *-ri* o *-rii*) [dal lat. tardo *exhortatōrius*; a. 1364] **agg.** *non com.* esortativo.

eṣortazióne [dal lat. *exhortātio*, *-ōnis*; a. 1342] **sf.** l'atto e l'effetto dell'esortare: *il discorso di esortazione del comandante prima della battaglia* || le parole con cui si esorta: *esortazioni allo studio, a redimersi* || *dim.* esortazioncèlla || **N.** *Sin.* consiglio, incitamento, suggerimento.

eṣòrto [dal lat. *exortus*; a. 1642] **sm.** *ant.* il

sorgere di un astro.

eṣoschèletro [comp. di *eso-*² e *scheletro*; 1925] **sm.** *T.zool.* rivestimento duro del corpo di alcuni animali (insetti, crostacei), gen. costituito di chitina e sali calcarei.

eṣosfèra [comp. di *eso-*² e *sfera*; 1956] **sf.** *T.meteor.* la parte più esterna dell'atmosfera di un gruppo celeste || **N.** stratosfera. **TAV. *meteorologia* p. 1321 1.2.**

eṣòṣio (pl. *-ṣi*) o **eṣòṣo**² [comp. di *esa-* e *os(i)o*; 1930] **sm.** *T.chim.* nome generico di diversi carboidrati (sia con un gruppo aldeidico che con uno chetonico) la cui molecola ha sei atomi di carbonio: vi appartengono alcuni zuccheri importanti (glucosio, galattosio, fruttosio).

eṣoṣità [da *esoso*¹; 1831] **sf.** l'essere esoso, avidità, grettezza.

eṣoṣmòṣi [comp. di *eso-*² e *osmosi*; 1881] **sf.** la più debole delle due correnti che attraversano il diaframma poroso separante due liquidi differenti; e propr. quella che va dal liquido più denso al meno denso || **N.** osmosi, endosmosi.

eṣòṣo¹ [dal lat. *exōsus*, che odia, poi che è odiato; fine sec. XV nel senso 2; 1831 nel senso 1] **agg.** **1.** avido di guadagno: *è un commerciante troppo esoso* || *per estens.* di prezzi, esagerato, caro: *è una cifra esosa* **2.** *non com.* odioso || *tosc.* noioso, antipatico || **eṣoṣaménte** **avv.**

eṣòṣo² V. ESOSIO.

eṣostòṣi [dal gr. *exóstōsis*; a. 1758] **sf.** *T.med.* escrescenza ossea di natura non tumorale.

eṣotèrico (pl. *-ci*) [dal gr. *esōterikós*, da *esṓteros*, interiore, intimo; 1785] **agg.** **1.** destinato agli iniziati, agli adepti di un rito segreto, o ai discepoli di una filosofia: *riti esoterici, i libri esoterici di Aristotele* **2.** *per estens.* misterioso, impenetrabile, volutamente oscuro: *linguaggio esoterico* || **eṣotericaménte** **avv.** || **N.** *Contr.* essoterico.

eṣoteriṣmo [da *esoterico*; 1847 *essoterismo*] **sm.** **1.** atteggiamento di chi, in possesso di una qualche sapienza filosofica o religiosa, ne limiti la divulgazione o rivelazione ai soli iniziati **2.** carattere di ciò che è occulto, misterioso, riservato a pochi: *l'esoterismo dei riti orfici, i manuali universitari dovrebbero evitare l'esoterismo specialistico.*

eṣotèrmico (pl. *-ci*) [comp. di *eso-*² e *termico*; 1917] **agg.** *T.fis.* e *T.chim.* detto di processo termodinamico che avviene con emissione o sviluppo di calore: *reazione esotermica* || **N.** *Contr.* endotermico.

eṣotèrmo V. ESOTERMICO.

eṣoticiṣmo [da *esotico*; 1942] **sm.** *non com.* esotismo.

eṣoticità [da *esotico*; a. 1712] **sf.** l'essere esotico.

eṣòtico (pl. *-ci*) [dal lat. *exōticus*, gr. *exōtikós*, attr. il fr. *exotique*; 1499 *exotico*] **agg.** **1.** proveniente da o tipico di paesi lontani: *pianta esotica, lingue esotiche* || di elemento geologico, di provenienza diversa dall'ambiente circostante **2.** *per estens.* singolare, originale, fuori della norma: *gusti esotici*; con questo senso è usato talvolta anche nel linguaggio scientifico: *atomi esotici*, in cui uno o più elettroni sono stati sostituiti da altri leptoni più pesanti.

eṣotiṣmo [dal fr. *exotisme*; 1908] **sm.** **1.** il gusto per elementi culturali estranei alle tradizioni locali, proprio in virtù della loro originalità o apparente stravaganza || aspetto, carattere esotico, esoticità **2.** *T.ling.* detto di parola o espressione ricalcata su un analogo straniero || **N.** **2.** *Sin.* barbarismo, forestierismo.

eṣotiẓẓànte [da *esotico*; 1951] **agg.** e **s.** che, chi esalta o segue ciò che è tipico di luoghi e culture esotiche.

eṣotossina [comp. di *eso-*² e *tossina*; 1956] **sf.** *T.med.* tossina prodotta da batteri che si diffonde nell'organismo e nei mezzi di coltura, indipendentemente dalla presenza dei batteri produttori.

eṣotropia [comp. di *eso-*² e *-tropia*; 1956] **sf.** *T.med.* strabismo convergente.

espadrille V. ESPADRILLES.

espadrilles (fr., pr. [ɛspa'drij]) o ***espadrillas*** (pseudosp., pr. [espa'driʎʎas]) [dal fr. ant. *espardille*, dal provenz. *espart*, sparto; 1983] **sf. pl.** scarpe basse in tela con suola di corda intrecciata.

espàndere (pres. *-àndo* ecc., come SPANDERE; pps. *espànso*) [dal lat. *expandere*; inizio sec. XIV] **tr.** **1.** estendere, allargare: *espandere la propria sfera d'influenza* **2.** *meno com.* spandere, diffondere || **intr. pron.** **1.** occupare un volume crescente: *un gas tende ad espandersi* || *fig.* ingrandirsi politicamente o economicamente: *l'azienda si sta espandendo all'estero* || diffondersi: *se l'uso dei pesticidi non si fosse espanso, avremmo un ambiente più sano* **2.** *fig.* *non com.* confidarsi, sfogarsi || **N.** **tr.** **1.** *Sin.* ampliare, dilatare.

espansibile [da *espanso*, come il fr. *expansible*; a. 1827] **agg.** che ha la proprietà di espandersi: *gas espansibile.*

espansibilità [da *espansibile*; 1869] **sf.** l'esser espansibile.

espansióne [dal lat. tardo *expansio*, *-ōnis*; 1631] **sf.** **1.** l'espandere, e più com. l'espandersi: *espansione di un'industria, di un mercato economico, espansione coloniale* || *in part. T.fis.* aumento di volume: *espansione di un gas, espansione dell'Universo*; *fase di espansione di un motore a scoppio*, quella in cui il gas prodotto dalla combustione della miscela si dilata rapidamente, facendo scendere il pistone **2.** *fig.* calorosa manifestazione d'affetto: *fu accolto con grandi espansioni* **3.** *T.ling.* ogni parola o sintagma che può essere eliminato da una frase senza alterarne la struttura fondamentale **4.** *concr.* parte allargata di un congegno: *le espansioni polari di un magnete* || **N.** **1.** *Sin.* ampliamento, dilatazione, estensione **2.** *Sin.* effusione.

espansioniṣmo [da *espansione*; 1905] **sm.** la tendenza di uno Stato a espandersi economicamente, politicamente o militarmente, senza riguardo per gli interessi di altri stati o nazioni: *espansionismo coloniale.*

espansionista [da *espansionismo*; 1915] **I** **agg.** che tende all'espansionismo: *stato espansionista* **II** **s.** fautore dell'espansionismo.

espansionistico (pl. *-ci*) [da *espansionismo*; 1956] **agg.** di espansionismo: *tendenze espansionistiche.*

espansività [da *espansivo*; 1875] **sf.** l'essere espansivo (nel senso 2) || **N.** *Sin.* affabilità, cordialità.

espansivo [da *espanso*, come il fr. *expansif*; 1697] **agg.** **1.** che ha la proprietà di espandersi **2.** *fig.* rif. a persona, che tende a mostrarsi affettuoso e cordiale nei confronti degli altri || **N.** **2.** *Sin.* affabile, aperto, caloroso, cordiale, estroverso, esuberante | *Contr.* chiuso, introverso, riservato.

espànso (*pps.* di *espandere*) [fine sec. XIV] **agg.** *T.chim.* detto di materiali sintetici a base di polimeri, trattati in modo da risultare estremamente leggeri e utilizzati ad esempio come isolanti termici e negli imballaggi: *polistirolo espanso.*

espatriàre (pres. *-àtrio*) [dal fr. *expatrier*, a. 1797] **intr.** (aus. *essere*, raro *avere*) andar via dalla patria per sempre o per un lungo periodo || **N.** *Sin.* emigrare, esiliarsi | *Contr.* rimpatriare.

espàtrio (pl. *-tri*) [da *espatriare*; 1917] **sm.** l'espatriare; l'uscire dai confini della patria: *espatrio clandestino*, senza i documenti necessari.

espediènte [dal lat. *expediens*, ppr. di *expedīre*, render libero, facile; a. 1476] **I** **sm.** qualunque atto o cosa che, senza essere una vera soluzione, giovi a superare un ostacolo, a trarre d'imbarazzo, o sia opportuno in un dato momento || *vivere di espedienti*, vivere di ripieghi, arrangiarsi **II** **agg.** *disus.* vantaggioso: *essere espediente*, giovare || **N.** **I** *Sin.* accorgimento, mezzuccio, ripiego, stratagemma, trovata.

espedire (pres. *-isco*, *-isci*) [dal lat. *expedīre*; a. 1332] **tr.** *ant.* **1.** spedire, facilitare **2.** sbrigare, terminare.

espedito (*pps.* di *espedire*) [1308] **agg.** *ant.* sciolto, disinvolto || libero || veloce.

espedizióne [dal lat. *expedītio*, *-ōnis*; a. 1405] **sf.** *ant.* **1.** spedizione **2.** disbrigo.

espèllere (pres. *-èllo*; p.rem. *-ùlsi*, *-ellésti*; pps. *-ùlso*) [dal lat. *expellere*, spingere fuori; 1468] **tr.** **1.** cacciare, allontanare: *espellere dalla scuola, dal campo di gioco* **2.** emettere: *espellere escrementi, umori* || **N.** **1.** *Sin.* mandar via, scacciare **2.** *Sin.* mandar fuori.

esperantista [da *esperanto*; a. 1937] **I** **s.** fautore o studioso dell'esperanto **II** **agg.** che riguarda l'esperanto, in esperanto: *utopia, stampa esperantista.*

esperànto [da *Esperanto*, propr. colui che spera, pseudonimo di L.L. Zamenhof; 1905] **sm.** lingua universale inventata da L.L. Zamenhof di Varsavia, caratterizzata da semplicità e regolarità fonetica e grammaticale, e da un lessico basato principalmente sul latino con contributi delle lingue germaniche, slave e del greco || **N.** interlingua, volapük.

espèria [dal lat. *hesperia*, gr. *hespérios*, vespertino; 1834] **sf.** nome di un genere di farfalle diurne di dimensioni medie o piccole, dal corpo tozzo e peloso, le cui ali hanno colori di varie tonalità di marrone.

esperìbile [da *esperire*; 1673] **agg.** *T.giur.* che si può esperire, detto di azione legale, indagine e sim.

esperìdio (pl. *-di*) [voce tratta dal lat. *Hesperides*, ninfe abitanti un'isola dell'Oceano dove possedevano un giardino con mele d'oro; 1828] **sm.** *T.bot.* frutto con epicarpo e mesocarpo fusi insieme e carnosi ed endocarpo membranoso diviso in spicchi, come per es. il frutto degli agrumi.

esperiènza [dal lat. *experientia*; a. 1303] **sf.** **1.** conoscenza acquisita con l'osservazione e la pratica, più che con lo studio: *occorrono anni per acquistare esperienza nel proprio lavoro*; *fare esperienza*, imparare attraverso la pratica || conoscenza pratica del mondo: *avere esperienza della natura umana, un uomo ricco di esperienza* || *parlare per esperienza*, per aver provato di persona || *T.fil.* la conoscenza acquisita attraverso la percezione: *dati d'esperienza*, dati empirici; *esperienza sensibile*, sensazione **2.** vicenda vissuta e in qualche modo istruttiva per il futuro: *è stata un'esperienza drammatica, un anno di studio all'estero è senz'altro un'esperienza consigliabile*; *ha avuto molte esperienze*, ha vissuto numerose vicende (per es. sentimentali) **3.** *T.scient.* esperimento || *dim.* esperienzùccia || **N.** **1.** *Sin.* competenza, padronanza | *Contr.* incompetenza, inesperienza, ingenuità | antica, lunga, provata, vasta **2.** *Sin.* avventura, storia.

esperienziàle [da *esperienza*; 1983] **agg.** relativo all'esperienza, proprio dell'esperienza.

esperimentàre e der. V. SPERIMENTARE e der.

esperiménto [dal lat. *experimentum*; a. 1332] **sm.** **1.** prova con cui si intendono vagliare le capacità di una persona, le possibilità di realizzare qualcosa e sim.: *l'esperimento di automatizzazione delle linee in fabbrica ha dato buoni risultati* || *T.scient.* riproduzione di un fenomeno naturale in laboratorio, o comunque in condizioni ambientali ben determinate e controllabili, per lo studio qualitativo o quantitativo delle correlazioni tra le varie grandezze in gioco **2.** *non com.* *T.giur.* l'esperire: *esperimento delle vie legali* || **N. 1.** *Sin.* esperienza, osservazione, prova, saggio. **Q.T.** *chimica.*

espèrio (pl. *-ri*; lett. *-rii*) [dal lat. *hesperius*, gr. *hespérios*; 1483 nel senso 2] **agg. 1.** *lett.* occidentale: *dagli esperii ai lidi eoi* (Ariosto) **2.** *lett.* italico.

esperìre (pres. *-isco, -isci*) [dal lat. *experīri*; 1308] **tr.** *T.giur.* far valere, mettere in opera, tentare: *esperire le vie legali.*

èspero [dal lat. *hesperus*, gr. *hésperos* (*astḗr*), (astro) della sera; 1342] **sm. 1.** la stella vespertina, Venere **2.** *lett.* occidente **3.** vento di ponente.

espèrto [dal lat. *expertus*, pps. di *experīri*; a. 1306] **I agg.** che ha esperienza della vita e del mondo: *è un uomo esperto di queste faccende* || che è abile per lunga pratica nel suo campo, o gen. nella cosa di cui si tratta: *orefice esperto, essere esperto in fisica* || *T.inform.* *sistema esperto*, sistema in grado di fornire, in un dato campo, prestazioni analoghe a quelle di un esperto umano || **espertaménte** **avv.** **II sm.** (f. *-a*) persona esperta in un dato campo: *rimettiamoci al giudizio degli esperti, esperto legale* || **N. I** *Sin.* capace, competente, consumato, dotto, istruito, navigato, pratico, provato, provetto, sperimentato | Contr. incompetente, inesperto, ingenuo **II** *Sin.* perito, specialista.

espettàre e der. forme arc. di ASPETTARE e der. (v.).

espettorànte (*ppr.* di *espettorare*) [a. 1698] **I agg.** *T.med.* che facilita l'espettorazione **II** anche **sm.**: *un espettorante* || **N.** *Sin.* anticatarrale, bechico, emolliente.

espettoràre (pres. *-èttoro*) [dal lat. *expectorāre*, attr. il fr. *expectorer*; 1797] **tr.** *T.med.* espellere per via orale materie mucose e catarrali || **N.** *Sin:* sputare | scatarrare.

espettoràto (*pps.* di *espettorare*) [1826] **sm.** *T.med.* materiale espulso dall'apparato respiratorio || **N.** *Sin.* escreato | bava, catarro, muco, spurgo, sputo.

espettorazióne [da *espettorare*; a. 1730] **sf.** l'atto dell'espettorare || *concr.* la materia espettorata.

espiàbile [dal lat. *expiābilis*; 1745] **agg.** che può essere espiato.

espiaménto [da *espiare*; 1887] **sm.** *raro* espiazione.

espiantazióne [dall'ingl. *explantation*, da to *explant*, spiantare; 1956] **sf.** *T.biol.* coltura in ambiente artificiale di un organo o frammento di organo asportato da un corpo umano vivente.

espiànto [dall'ingl. *explant*, da to *explant*, spiantare; 1932] **sm. 1.** *T.biol.* frammento di organo o organo prelevato da un corpo e trasportato in un ambiente artificiale, dove viene coltivato in vitro **2.** *T.chir.* asportazione di organi umani da un corpo, per trapiantarli in un altro || **N. 2.** trapianto.

espiàre (pres. *-ìo, -ìi*) [dal lat. *expiāre*; 1306] **tr. 1.** riparare a un peccato, a una colpa, sostenendone la pena o il castigo: *espiare i propri delitti* || *espiare la pena*, scontarla **2.** *T.rel.* nelle religioni antiche, placare con offerte una divinità offesa || **N. 1.** *Sin.* purificarsi da; pagare il fio, scontare.

espiatòrio (pl. *-ri*) [dal lat. tardo *expiatōrius*; 1641] **agg.** che vale ad espiare: *preghiere espiatorie* || *capro espiatorio*, che s'immolava per espiazione dei peccati della comunità; e oggi *fig.* chi patisce innocentemente in luogo dei colpevoli.

espiazióne [dal lat. *expiātio, -ōnis*; sec. XIV] **sf.** l'atto e l'effetto dell'espiare: *l'espiazione dei propri peccati* || **N.** *Sin.* purificazione; riparazione.

espilàre (pres. *-ìlo*) [dal lat. *expilāre*; prima metà sec. XIV] **tr.** *raro lett.* rubare raggirando; appropriarsi di denaro o sostanze altrui che si hanno in deposito o in amministrazione: *espilare il patrimonio del pupillo* || *fig.* carpire.

espiràre (pres. *-ìro*) [dal lat. *exspirāre*; a. 1327] **tr.** e **intr.** (aus. *avere*) *T.fisiol.* mandar fuori l'aria dai polmoni || **N.** *Contr.* inspirare.

espiratòrio (pl. *-ri*) [da *espirare*; 1900] **agg.** che riguarda l'espirazione: *esercizio espiratorio* || che avviene durante l'espirazione: *movimento espiratorio* || *T.ling.* *accento espiratorio*, intensivo || **N.** *Contr.* inspiratorio.

espirazióne [dal lat. *exspirātio, -ōnis*; a. 1563] **sf.** *T.fisiol.* l'atto dell'espirare || **N.** *Contr.* inspirazione.

espletaménto [da *espletare*; 1956] **sm.** *T.bur.* l'atto e l'effetto dell'espletare: *l'espletamento delle proprie funzioni, di una pratica.*

espletàre (pres. *-èto*) [dal lat. *explētus*, pps. di *explēre*, riempire del tutto; 1815] **tr.** *T.bur.* compiere, condurre a termine, esaurire: *espletato il conteggio dei millesimi, si può procedere all'assemblea.*

espletazióne [da *espletare*; 1943] **sf.** *raro* *T.bur.* espletamento.

espletìvo [dal lat. tardo *expletīvus*; 1641] **agg.** *T.gram.* pleonastico: *particelle espletive*, quei pleonasmi che si mettono per dar forza al discorso; per es. *ti* in *eccoti che improvvisamente egli mi appare.*

esplicàbile [da *esplicare*; inizio sec. XIV] **agg.** *non com.* **1.** *lett.* spiegabile, decifrabile **2.** che si può svolgere || **N. 1.** *Contr.* inesplicabile.

esplicàre (pres. *èsplico, èsplichi*) [dal lat. *explicāre*, spiegare; inizio sec. XIV] **tr. 1.** esercitare, svolgere: *esplicare un'attività* **2.** *lett.* chiarire, spiegare: *esplicare una dottrina* || **intr. pron.** svolgersi, realizzarsi: *le sue attività si esplicano in vari campi.*

esplicatìvo [da *esplicare*; 1612] **agg.** che serve a spiegare, che è atto a spiegare: *nota esplicativa* || *T.fil.* *disus.* *giudizio esplicativo* v. ANALITICO nel senso 3 || *T.gram.* *congiunzione esplicativa*, v. DICHIARATIVO nel senso 2.

esplicazióne [dal lat. *explicatio, -ōnis*; 1573] **sf.** *non com.* **1.** svolgimento **2.** spiegazione, chiarimento || *T.fil.* nel neopositivismo, sostituzione di un concetto intuitivo con uno rigorosamente definito.

esplicitàre (pres. *-ìcito*) [da *esplicito*; 1942] **tr.** rendere esplicito, chiarire, chiarificare; esprimere in forma chiara: *ti esplicito i miei propositi.*

esplìcito [dal lat. *explicitus*, pps. di *explicāre*; a. 1342] **agg. 1.** chiaro, senza possibilità di dubbio: *una richiesta esplicita, un esplicito rifiuto* **2.** *T.gram.* *proposizione esplicita*, che ha il verbo di modo finito **3.** *T.mat.* *funzione esplicita di una o più variabili*, in cui la variabile dipendente y può essere espressa nella forma $y = f(x_1, ..., x_n)$ anziché in quella (*implicita*) $F(x_1, ..., x_n, y) = 0$ || **esplicitaménte** **avv.** || **N. 1.** *Sin.* dichiarato, indubitabile, inequivocabile | *Contr.* ambiguo, dubbio, oscuro **2. 3.** *Contr.* implicito.

esplodènte (*ppr.* di *esplodere*) [1877] **sm. pl.** *non com.* *gli esplodenti*, le materie esplodenti, esplosivi.

esplòdere (pres. *-òdo*; p.rem. *-òṣi, -odésti*; pps. *-òṣo*) [dal lat. *explōdere*, cacciar via battendo le mani; a. 1758] **intr.** (aus. *essere*) **1.** scoppiare con gran rumore e violenza: *la granata non è esplosa* || disintegrarsi: *l'aereo è esploso in volo* **2.** *fig.* esclamare in modo brusco e con forza: *all'improvviso esplose in un'invettiva* || manifestarsi violentemente: *la rivolta esplose contemporaneamente in più parti della città* || **tr.** rif. ad arma, scaricare, sparare: *gli esplose contro un'intera raffica* || *non com.* anche *ass.*: *la rivoltella non ha esploso* || **N.** SCOPPIARE.

esploditóre [da *esplodere*; 1917] **sm.** generatore elettrico usato per far brillare le mine.

esploràbile [da *esplorare*; 1869] **agg.** che si può esplorare.

esploràre (pres. *-òro*) [dal lat. *explōrāre*; 1342] **tr. 1.** compiere un'accurata ricognizione di un luogo fino a quel momento mal conosciuto: *esplorare l'Amazzonia, una caverna* **2.** sondare, saggiare, anche *fig.*: *esplorare le intenzioni del nemico* || *T.med.* compiere una indagine diagnostica: *esplorare l'intestino con una sonda* || **N. 1.** *Sin.* ispezionare, perlustrare **2.** *Sin.* indagare, scrutare.

esplorativo [da *esplorare*; 1886] **agg.** atto ad esplorare || di esplorazione: *incarico esplorativo*, nel linguaggio politico, incarico avente lo scopo di saggiare se esistano le condizioni per la formazione di un nuovo governo.

esploratóre [dal lat. *explorātor, -ōris*; a. 1337] **sm. 1.** (f. *-trice*) chi compie esplorazioni: *gli esploratori del Polo Nord* || *giovani esploratori*, v. BOY SCOUT **2.** (f. *-trice*) *T.mil.* soldato con lo speciale compito di localizzare le posizioni del nemico e riferire ai comandi il massimo possibile di informazioni sul suo conto **3.** *T.mar.* nave da guerra leggera e veloce, destinata alle operazioni rapide, agli attacchi di sorpresa e notturni, e a compiti di esplorazione.

esploratòrio (pl. *-ri* e *-rii*) [dal lat. *exploratōrius*; 1554] **agg.** che ha carattere esplorativo || *T.chir.* *atto esploratorio*, operazione che si propone di meglio conoscere la natura e la gravità del male e le possibilità di un intervento.

esplorazióne [dal lat. *explorātio, -ōnis*; a. 1494] **sf. 1.** l'atto e l'effetto dell'esplorare: *le esplorazioni geografiche* || *T.chir.* esame di un malato, anche con atto chirurgico, per meglio conoscere la natura del male e la possibilità di rimedio **2.** *T.mil.* attività militare consistente nel ricavare ogni possibile informazione sul nemico || **N. 1.** *Sin.* perlustrazione, ricognizione, sondaggio. **Q.T.** *archeologia, astronautica.*

esplosióne [dal lat. *explōsio, -ōnis*; 1750] **sf. 1.** reazione violentemente esotermica, con sviluppo di gas che porta a un rapidissimo aumento di pressione: *esplosione di una bomba, esplosione nucleare* **2.** più in gen., l'atto e l'effetto dell'esplodere || *fig.* manifestazione violenta di sentimenti: *esplosione d'ira, di sdegno* || **N.** *Sin.* scoppio.

esplosività [da *esplosivo*; 1927] **sf.** l'essere esplosivo: *questo composto ha un alto grado di esplosività.*

esplosìvo [dal fr. *explosif*; 1834] **I agg. 1.** che è in grado di esplodere: *carica esplosiva* || relativo a un'esplosione: *fase esplosiva di un vulcano* **2.** *fig.* che si manifesta con violenza: *ira esplosiva* **3.** estremamente teso e incontrollabile: *c'è un'atmosfera esplosiva nel paese* **4.** *T.fon.* *consonanti esplosive* (o anche *sf.* *esplosive*), altro nome delle consonanti occlusive, perché il suono in queste articolazioni viene prodotto dalla violenta fuoriuscita dell'aria quando cessa la momentanea occlusione del canale orale **II sm.** sostanza chimica che dà luogo a esplosione: *un potente esplosivo* || **N. II** acido picrico, balistite, cheddite, dinamite, fulmicotone, nitroglicerina, panclastite, tritolo. **TAV.** *armi* **p. 649** 22.7, 25.2.

esponènte (*ppr.* di *esporre*) [a. 1571] **sm. 1.** (anche *sf.*) rappresentante di rilievo di una corrente culturale, di un movimento di opinione e sim.: *uno dei principali esponenti del decadentismo, l'esponente del partito* **2.** *T.mat.* numero o variabile reale, scritto in alto a destra di un'espressione (*base*), che indica a quale potenza debba essere elevata la base || *T.tip.* carattere o sequenza di caratteri stampati in corpo minore più in alto della riga normale (per es. in *Chiar.*^{mo}); in questo senso è sin. di *apice* **3.** *T.ling.* lemma di un dizionario **4.** *T.mar.* *esponente di carico*, il numero che indica il peso di tutto ciò che lo scafo contiene e sopporta (macchine, alberatura, armi e sim.) a carico compiuto, senza tuttavia il peso dello scafo; e com. anche la sola *portata* o il solo peso del carico senza l'armamento e i macchinari.

esponenziàle [da *esponente*; 1748] **I** ***agg.*** *T.mat.* che contiene una variabile all'esponente: *equazione esponenziale* || *in part. funzione esponenziale*, funzione della forma a^x con *a* costante reale positiva (base) e x variabile; per *a* >1, tende molto rapidamente all'infinito, da cui le espressioni usate anche nella lingua comune: *crescita, progressione esponenziale*, rapidissima **II** ***sf.*** funzione esponenziale.

espórre (pres. *-óngo* ecc., come PORRE) [dal lat. *expōnere*; sec. XIV] ***tr.*** **1.** mettere fuori, in mostra: rendere visibile: *esporre la merce sul banco, un avviso in bacheca; esporre un quadro* || *ass.* presentare una mostra di proprie opere: *ha esposto in molte gallerie importanti* || porre all'aria, al sole || *T.rel. esporre il Sacramento*, metterlo in vista sull'altare perché i fedeli lo adorino || *esporre un bambino*, abbandonarlo davanti a un brefotrofio o a un istituto di carità **2.** mettere in una condizione di pericolo o comunque sotto l'influenza di qualcosa: *esporre la propria vita, esporre la pelle ai raggi del sole, quest'affermazione lo espone a ogni sorta di attacchi* || *esporre una pellicola fotografica*, sottoporla all'azione della luce **3.** riferire in modo ampio e ordinato: *esponi ciò che sai* || manifestare: *esporre le proprie opinioni* || illustrare, spiegare: *esporre una dottrina* || ***rifl.*** mettersi in una situazione pericolosa: *esporsi ai pericoli, alle critiche* || *ass.* compromettersi: *in quell'affare si è esposto troppo* || *T.comm.* indebitarsi: *la ditta si è esposta per una grossa cifra* || **N.** ***tr.*** **1.** *Sin.* mostrare **2.** *Sin.* arrischiare, mettere a repentaglio **3.** *Sin.* descrivere, narrare, raccontare; esprimere, esternare.

esportàbile [da *esportare*; 1968] ***agg.*** che può essere esportato.

esportàre (pres. *-òrto*) [dal lat. *exportāre*; 1446 *exportare*] ***tr.*** portare fuori dai confini una merce per rivenderla || *fig.* diffondere al di fuori di una nazione: *la Francia ha esportato questa moda in tutto il mondo* || **N.** *Contr.* importare.

esportatóre [da *esportare*; a. 1928] ***agg.*** e ***sm.*** (f. *-trìce*) che o chi esporta || **N.** *Contr.* importatore.

esportazióne [dal lat. *exportātio, -ōnis*; 1580] ***sf.*** l'esportare || il complesso delle merci vendute all'estero e il loro valore complessivo: *l'esportazione italiana è in aumento* (ma più com. *pl. le esportazioni*) || con uso ellittico: *sigarette, liquori esportazione*, di alta qualità e quindi adatti ad essere esportati.

espoṣìmetro [comp. di *esposi(zione)* e *-metro*; 1942] ***sm.*** *T.fot.* apparecchio dotato di cellula fotoelettrica, che misura l'intensità di illuminazione del soggetto da fotografare, per stabilire il corretto tempo di esposizione. **Q.T.** *fotografia* **TAV.** *cinematografia*... 3.2.

espoṣitìvo [da *esposito*; a. 1406] ***agg.*** che concerne l'esporre: *capacità espositiva; saggio espositivo*, che si limita ad esporre un argomento senza sostanziali contributi originali.

espòṣito ***sm.*** e ***agg.*** variante ant. di *esposto* (v. ESPOSTO II nel senso 2).

espoṣitóre [dal lat. *expŏsĭtor, -ōris*; fine sec. XIV nel senso 2; 1869 nel senso 1] ***agg.*** e ***sm.*** (f. *-trìce*) **1.** che o chi espone, spec. nelle mostre d'arte o nelle fiere industriali e commerciali || (solo *m.*) mobile su cui vengono esposte merci in vendita o oggetti in mostra **2.** che o chi commenta un testo, una dottrina.

espoṣizióne [dal lat. *expositio, -ōnis*; 1308] ***sf.*** **1.** l'atto del mostrare, del mettere in vista: *l'esposizione della bandiera, esposizione delle reliquie* || presentazione pubblica di opere d'arte o di prodotti commerciali || *esposizione di un bambino*, l'abbandonarlo alla carità pubblica **2.** il porre o il porsi sotto l'azione di qualcosa, e spec. in una situazione di pericolo: *esposizione alle radiazioni* || *T.fot.* il prodotto dell'intensità di illuminamento dell'emulsione fotografica per la durata del tempo di posa **3.** relazione, narrazione: *vogliamo una precisa esposizione dei fatti* || spiegazione: *esposizione di una teoria*; manifestazione: *esposizione delle proprie ragioni* || *T.mus.* la prima parte di un movimento in forma-sonata, in cui sono presentati i due temi fondamentali; è seguita dallo *sviluppo* e dalla *ripresa* **4.** collocazione rispetto ai punti cadinali: *l'esposizione a nord di una stanza, del versante di una montagna* **5.** *T.alp.* caratteristica di un passaggio che ha il vuoto da entrambe le parti (in cresta) o da una sola (in parete): *l'esposizione di questo sentiero mi dà le vertigini* **6.** *T.comm. esposizione di una ditta*, il suo indebitamento complessivo verso terzi; *esposizione di una banca*, il complesso dei suoi crediti || **N.** **1.** *Sin.* fiera, mostra, rassegna **3.** *Sin.* descrizione, racconto **4.** *Sin.* orientazione. **Q.T.** *cinematografia.*

espósto (*pps.* di *esporre*) [a. 1527] **I** ***agg.*** **1.** messo in vista, in mostra, in vetrina: *la merce esposta* || *T.med. frattura esposta*, in cui le parti fratturate dell'osso sono visibili all'esterno **2.** soggetto ad azioni esterne: *un incarico pericolosamente esposto alle critiche della gente* **3.** orientato: *una veranda esposta a mezzogiorno* **4.** *T.alp.* detto di passaggio scoperto sul vuoto: *una cresta non difficile ma molto esposta* **II** ***sm.*** **1.** *T.bur.* relazione scritta ad un'autorità, spec. con intenti di reclamo e sim. **2.** fanciullo abbandonato dai genitori || **N.** **I** **3.** *Sin.* rivolto **4.** *Sin.* aereo **II** **1.** *Sin.* petizione **2.** *Sin.* trovatello.

espressióne [dal lat. *expressio, -ōnis*; sec. XIV] ***sf.*** **1.** manifestazione dei propri sentimenti, intenzioni, qualità e sim.: *un comportamento che è l'espressione del suo egoismo, l'espressione della volontà popolare* **2.** *in part.* parola o frase con cui si manifesta il proprio stato d'animo: *espressioni di dolore, d'affetto* || *per restr.* locuzione: *espressione arcaica, gergale* **3.** atteggiamento (soprattutto del volto, dello sguardo), aspetto esteriore indicativo di un particolare stato d'animo: *espressione malinconica, ilare* || detto di opera o esecuzione artistica, capacità espressiva: *un pezzo suonato senza espressione* **4.** *T.mat.* traduzione in simboli di una qualunque relazione o complesso di operazioni || *T.fil.* e *T.mat. espressione ben formata*, ogni successione di simboli conforme alle regole del linguaggio || **N.** **3.** *Sin.* espressività.

espressioniṣmo [prob. dal fr. *expressionnisme*; 1927] ***sm.*** tendenza artistica volta a esaltare la componente soggettiva ed interiore dell'opera d'arte fino alla violenta deformazione del reale; sorta come movimento pittorico, in polemica con gli impressionisti, intorno al 1905 in Germania (Die Brücke) e Francia (fauvismo), si estese poi a molti altri campi, e spec. alla musica (la produzione atonale della Scuola di Vienna), all'architettura, al teatro e al cinema.

espressionista [prob. dal fr. *expressionniste*; 1922] **I** ***s.*** fautore e seguace dell'espressionismo **II** ***agg.*** espressionistico: *cinema espressionista.*

espressionistico (pl. *-ci*) [da *espressionismo*; 1956] ***agg.*** che segue le tendenze dell'espressionismo.

espressiva [f. sost. di *espressivo*; a. 1642] ***sf.*** *non com.* facoltà di esprimere le proprie idee e i propri sentimenti.

espressività [da *espressivo*; 1905] ***sf.*** capacità di esprimere intensamente e con efficacia: *l'espressività di un volto.*

espressivo [prob. dal fr. *expressif*; a. 1498] ***agg.*** **1.** che esprime efficacemente: *parole espressive, gesti espressivi; silenzio, sguardo espressivo* || che ha forza nel rappresentare: *una recitazione espressiva* || *in part.* indicazione sulla partitura musicale che prescrive un'interpretazione del passo di particolare suggestione emotiva || *T.ling.* che esprime affettività, coinvolgimento emotivo: *forma, intonazione espressiva* **2.** di espressione: *capacità espressiva* || **espressivaménte** ***avv.*** || **N.** **1.** *Sin.* comunicativo, efficace, eloquente, fervido, significativo | *Contr.* inespressivo.

esprèsso[1] (*pps.* di *esprimere*) [a. 1294] **I** ***agg.*** dichiarato esplicitamente: *un espresso consenso* || reciso, assoluto: *per ordine espresso* || **espressaménte** ***avv.*** **1.** esplicitamente **2.** apposta: *l'ha costruito espressamente per te* **II** ***avv.*** *ant.* espressamente || **N.** **I** *Sin.* esplicito, inequivocabile.

esprèsso[2] [dall'ingl. *express*, attr. il fr. *exprès*; 1853 *express*] **I** ***agg.*** veloce: *treno espresso* (o anche *sm. espresso*), che ferma solo nei centri più importanti, meno veloce tuttavia del rapido || preparato rapidamente e sul momento: *piatto espresso, caffè espresso* (anche *sm. espresso*) **II** ***sm.*** **1.** francobollo speciale che comporta un recapito più rapido della corrispondenza; lettera affrancata con tale francobollo **2.** *disus.* messo latore di comunicazioni urgenti: *quello stesso giorno arriva un espresso al signor podestà di Lecco* (Manzoni). **Q.T.** *posta.*

esprìmere (pres. *-ìmo*; p.rem. *-èssi, -iméstì*; pps. *esprèsso*) [dal lat. *exprimere*, propr. premere per far uscire; fine sec. XIII] ***tr.*** **1.** manifestare con parole, gesti o comportamenti: *mi ha espresso il desiderio di partire; esprimere disapprovazione, un'opinione; uno sguardo che esprime rassegnazione* || di opere d'arte e sim., rappresentare, tradurre artisticamente un'idea o uno stato d'animo: *quella statua vuole esprimere la Forza, versi che esprimono una profonda angoscia* **2.** *raro lett.* spremere || ***rifl.*** esporre il proprio pensiero: *cerca di esprimerti più chiaramente* || parlare: *in inglese mi esprimo a fatica* || *per estens.* comunicare le proprie idee artistiche: *un musicista che si esprime meglio nelle composizioni da camera che in quelle sinfoniche* || ***intr. pron.*** manifestarsi: *in quest'opera si esprime il rifiuto romantico della ragione* || **N.** ***tr.*** **1.** *Sin.* enunciare, esporre, esternare, mostrare, palesare, significare | ***rifl.*** *Sin.* spiegarsi | ***intr. pron.*** dispiegarsi, rivelarsi.

esprimìbile [da *esprimere*; 1819] ***agg.*** che si può esprimere || **N.** *Contr.* inesprimibile.

espromissàrio (pl. *-ri*) [dal lat. *expromissus*, pps. di *expromittere*, garantire; 1970] ***sm.*** *T.giur.* creditore coinvolto in una espromissione.

espromissióne [dal lat. tardo *expromissio, -ōnis*; 1887] ***sf.*** *T.giur.* assunzione di un debito altrui da parte di un terzo.

espromissóre [dal lat. tardo *expromissor, -ōris*; 1673] ***sm.*** *T.giur.* mallevadore.

espromittènte [dal lat. *expromittens, -entis*, ppr. di *expromittere*, garantire; 1968] ***s.*** *T.giur.* in un'espromissione, chi si assume il debito altrui.

espropriàre (pres. *-òprio*) [dal lat. tardo *expropriāre*; a. 1306] ***tr.*** privare qualcuno di una sua proprietà: *espropriare i latifondisti dei loro terreni*; anche con la cosa che si toglie come ogg. diretto: *espropriare i terreni ai latifondisti* || **N.** *Contr.* appropriarsi.

espropriazióne [da *espropriare*; a. 1484] ***sf.*** l'atto dell'espropriare: *per ampliare la strada si deve procedere all'espropriazione di terre coltivate.*

espròprio (pl. *-pri*) [da *espropriare*; 1584] ***sm.*** *T.bur.* espropriazione.

espugnàbile [dal lat. *expugnābilis*; sec. XIV] ***agg.*** che si può espugnare || **N.** *Sin.* conquistabile, prendibile | *Contr.* inespugnabile.

espugnàre [dal lat. *expugnāre*; a. 1321] ***tr.*** prendere con la forza, spec. un luogo fortificato: *espugnare una fortezza*; anche *fig.*: *col se-*

gno della croce si espugna il demonio || **N.** *Sin.* conquistare.

espugnatóre [dal lat. *expugnātor, -ōris*; seconda metà sec. XIV] ***agg.*** e ***sm.*** (f. *-trice*) *lett. non com.* che o chi espugna.

espugnazióne [dal lat. *expugnātio, -ōnis*; sec. XIV] ***sf.*** l'atto e l'effetto dell'espugnare || **N.** *Sin.* assalto, conquista, presa.

espulsióne [dal lat. *expulsio, -ōnis*; a. 1313] ***sf.*** l'atto e l'effetto dell'espellere || *in part.* provvedimento disciplinare di allontanamento: *espulsione da un partito, dal campo di gioco.*

espulsivo [dal lat. tardo *expulsivus*; a. 1292] ***agg.*** che ha virtù e forza di espellere || *T.med. periodo espulsivo del parto,* l'ultima fase del parto, in cui viene alla luce il feto.

espùlso *pps.* di *espellere* (v.).

espulsóre [dal lat. *expulsor, -ōris*; 1554] ***sm.*** **1.** chi espelle **2.** *in part. T.mil.* congegno delle armi automatiche e semiautomatiche che provvede ad espellere il bossolo.

espulsòrio (pl. *-ri*) [da *espulso*; 1956] ***agg.*** espulsivo: *meccanismo espulsorio.*

espùngere (pres. *-ùngo* ecc., come PUNGERE) [dal lat. *expungere,* pungere completamente, poi cancellare con punti; a. 1704] ***tr.*** **1.** *T.filol.* rif. a frasi, parole o singole lettere di un testo, eliminarle in quanto non autentiche, contrassegnandole con un punto sotto ciascuna lettera || *per estens.* sopprimere parti di un testo **2.** *fig.* allontanare, togliere: *espungere dall'animo i cattivi pensieri* || **N. 1.** *Sin.* cancellare, togliere | *Contr.* interpolare.

espùnto [1816] *pps.* di *espungere* (v.).

espunzióne [dal lat. tardo *expunctio, -ōnis*; 1758] ***sf.*** l'espungere || **N.** *Contr.* interpolazione.

espurgàre (pres. *-ùrgo, -ùrghi*) [dal lat. *expurgāre,* purgare per bene, ripulire; a. 1320] ***tr.*** **1.** togliere da un libro ciò che vi è di non conforme alla morale comune **2.** *raro* ripulire || **N. 1.** *Sin.* censurare, purgare | *ad usum Delphini.*

espurgatòrio (pl. *-ri*) [da *espurgare*; a. 1676] ***agg.*** diretto ad espurgare: *intervento espurgatorio.*

espurgazióne [dal lat. *espurgātio, -ōnis*; inizio sec. XIV] ***sf.*** l'atto e l'effetto dell'espurgare || **N.** *Sin.* censura.

esquimése ***agg.*** *non com.* v. ESCHIMESE.

esquișito e der. v. SQUISITO e der.

éssa ***pron.*** *pers. f.* v. ESSO.

-éssa [dal gr. *-issa,* attr. il lat. volg. *-issa,* usato per nomi f. di persona] ***suff.*** forma sostantivi f. denominali: *dottoressa, duchessa, leonessa, sacerdotessa*; quando si tratta di nomi di mestiere, è talora presente una connotazione ironica o spregiativa: *avvocatessa, medichessa, vigilessa.*

essai (fr., pr. [e'sɛ]) [da *essayer,* provare; 1940] ***sm.*** *inv.* prova, tentativo, quasi solo nelle loc.: *ballon d'essai* (v.); *cinema d'essai,* in cui si proiettano film di interesse culturale, spesso ai margini dei circuiti consueti di distribuzione commerciale; con lo stesso valore si trova anche il solo *essai*: *circuito d'essai.*

èsse [lettura della lettera *s*; a. 1348] ***sf.*** (meno com. *sm.*) nome della lettera *s* (v.).

ésse ***pron.*** *pers. f. pl.* v. ESSO.

essendoché [comp. di *essendo* e *che*; a. 1529] ***cong.*** *ant.* e *lett.* (costr. con l'indicativo) poiché, giacché.

essènico (pl. *-ci*) [da *esseno*; 1877] ***agg.*** degli Esseni.

essèno [dal lat. *Essēni* nominativo pl., gr. *Essēnói*; 1735] ***sm.*** seguace di un'antica setta ebraica che faceva vita monastica.

essènza [dal lat. *essentia*; a. 1300] ***sf.*** **1.** ciò che costituisce la natura di una cosa, l'insieme delle sue proprietà necessarie: *l'essenza divina, umana* || la parte più importante di una cosa: *badiamo all'essenza delle cose, e non a ciò che in esse è accessorio* **2.** sostanza oleosa, volatile, odorosa, solubile nell'alcol, che si estrae dalle piante, usata in farmacia e in profumeria: *essenza di rose* || *la quinta essenza,* v. QUINTESSENZA **3.** specie di pianta: *le essenze di un bosco*; tipo di legno: *il tek è un'essenza particolarmente dura* || **N. 1.** sostanza **2.** distillato, elisir, estratto, olio essenziale, spirito. **Q.T.** *erboristeria.*

essenziàle [dal lat. tardo *essentiālis*; 1308] **I** ***agg.*** **1.** che è intrinseco a qualcosa, che ne forma l'essenza: *l'argomento essenziale del tuo discorso* || indispensabile: *la luce è essenziale per la fotosintesi* **2.** *per estens.* semplice, funzionale, senza orpelli: *uno stile, un arredamento essenziale* **3.** *T.med.* detto di disturbo che non è sintomo o conseguenza di un'altra patologia: *ipertensione essenziale* **4.** di essenza (nel senso 2): *olio essenziale* || **essenzialménte** ***avv.*** **1.** fondamentalmente: *posizioni essenzialmente inconciliabili* **2.** (con valore frasale) in sostanza, in definitiva: *essenzialmente, mi pare si possa dire...* **II** ***sm.*** la cosa più importante, quello che conta veramente: *l'essenziale è godere di una buona salute* || **N. I 1.** *Sin.* capitale, fondamentale, primario, sostanziale; decisivo, necessario | *Contr.* accessorio, accidentale, secondario, superfluo **2.** *Sin.* sobrio | *Contr.* elaborato, lambiccato. **Q.T.** *erboristeria.*

essenzialișmo [da *essenziale*; 1965] ***sm.*** *T.fil.* ogni dottrina filosofica che ammette essenze e proprietà intrinsecamente necessarie delle cose: *essenzialismo aristotelico.*

essenzialità [da *essenziale*; a. 1544] ***sf.*** l'essere essenziale: *l'essenzialità dell'arredamento in stile svedese.*

essenzièro [da *essenza*; 1950] ***agg.*** relativo alla produzione di essenze: *industria essenziera.*

èssere[1] (pres. *sóno, sèi, è, siàmo, siète, sóno*; imp. *èro* (ant. *èra*), *èri, èra, eravàmo, eravàte, èrano*; p.rem. *fùi, fósti, fu, fùmmo, fóste, fùrono* (arc. e poet. *fùro, fuòro*); fut. *sarò, saràì, sarà* (poet. *fia*), *sarémo, saréte, sarànno* (poet. *fiano*); cond. *sarèi* (arc. e poet. *saria, fora*); imper. *sìi, siàte*; pres. cong. *sìa*; imperf. cong. *fóssi*; ppr. *essènte* (raro); pps. *stàto*; pps. arc. *sùto*; ger. *essèndo*; coniugato con l'aus. *essere*) [lat. volg. **essere,* class. *esse*; 1089] **I** come predicato autonomo **1.** afferma l'esistenza in assoluto, la realtà effettiva, la rilevanza di una situazione; in questo valore fondamentale è normalmente unito alla particella *ci* (o più formalmente *vi*): *ci sono moltissime specie di insetti, c'è qualcuno?, vi sono ancora numerose difficoltà, c'è una grave carenza di alloggi, c'è da mangiare per tutti, non c'è alcun dubbio* || senza la particella *ci* si trova soprattutto in alcuni usi irrigiditi: *Dio è*; *penso, dunque sono*; *essere o non essere* || unito a determinazioni di luogo, anche senza la particella *ci,* indica la presenza effettiva, la collocazione nello spazio e nel tempo: *c'erano morti dappertutto, la chiesa è in fondo alla piazza, saranno le tre, il mio compleanno è il cinque novembre, era gennaio*; *quindici giorni or sono,* quindici giorni fa **2.** in molti casi, a seconda del contesto, può essere sostituito da altri verbi di cui è l'equivalente generico; consistere: *l'ostacolo principale è nella sua inaffidabilità* || avere origine, provenire: *di dove siete?*; *sono di Milano*; *essere di buona famiglia* || vivere: *c'era una volta,* formula iniziale delle fiabe; *non c'è più,* è morto: *ei fu* (Manzoni), ha cessato di vivere; *T.bur. del fu* (o anche *fu*), figlio del defunto: *Bianchi Armando* (*del*) *fu Carlo* || accadere: *che ne è stato di lui? sarà quel che sarà*; *che c'è?,* cosa succede?; *può essere,* è possibile || con idea di movimento, arrivare: *sarò a Roma per le due*; nei tempi composti, andare: *sono stato a Torino l'altra settimana* **3.** seguito da un sintagma nominale o preposizionale e poi dalla cong. *che,* serve a mettere in rilievo un costituente della frase introdotta da *che*: *è Mario che l'ha detto, non io!, è con Giovanni che se ne parlava, è per te che lavoro* **4.** usi ellittici particolari: *e sia!, sia pure,* va bene lo stesso, te lo concedo; *sarà!,* potrebbe anche essere come dici, ma ne dubito; *ci sono, ci siamo!,* si è ottenuto un risultato decisivo; *non ci siamo proprio* (rivolto ad altri), siete ben lontani da quanto mi aspettavo; *sono stato io!,* l'ho detto, l'ho fatto io; *quant'è?,* quanto costa?; *com'è, come non è,* in un modo o nell'altro, alla fin fine; *sia... sia,* v. SIA **II** con funzione di copula **1.** esprime l'identità referenziale tra il soggetto e il sintagma nominale seguente (di solito una descrizione definita): *Juan Carlos è l'attuale re di Spagna* || esprime l'identità tra due concetti: *partire è un po' morire* **2.** attribuisce al soggetto l'appartenenza a una classe, o la qualità, categoria, natura, proprietà ecc. espressa dal sintagma seguente, nominale o aggettivale (eventualmente introdotto da una prep.): *il leone è un mammifero, il cielo è nuvoloso, sei tremendamente noioso, non sono di buon umore, è in condizioni disperate, è uno dei maggiori poeti di questo secolo* || *se fossi in te,* al tuo posto; *non è da te,* non è degno di te; *essere in sé,* cosciente || con una proposizione o un inf. per sogg.: *è importante che tu arrivi presto, non è stato gentile andarsene via così*; in questi casi la copula può essere accompagnata da un avverbio: *sarebbe bene evitarlo* || in usi impers.: *è freddissimo oggi, è troppo tardi* **3.** seguito da un aggettivo possessivo o dalla preposizione *di,* può esprimere la relazione di possesso: *la bicicletta è mia, il libro è di Giovanni* **III** come verbo ausiliare **1.** forma i tempi composti di molti verbi intransitivi: *era andato* **2.** forma tutti i tempi della coniugazione passiva (in concorrenza con *venire* per i soli tempi semplici): *fu ucciso, sarebbe stata accettata* **3.** forma i tempi composti di tutti i verbi costruiti con la particella pronominale *si*: riflessivi (*si è vestita*), riflessivi indiretti (*si è lavata le mani*), riflessivi intensivi (*si è bevuto due bottiglie*), intransitivi pronominali (*si sono arrabbiati*), reciproci (*si sono salutati*), riflessivi reciproci (*si sono divisi*) **4.** forma i tempi composti dei verbi costruiti con il *si* impersonale, con regole di concordanza del participio passato diverse rispetto ai casi precedenti: se il verbo è transitivo, il participio concorda gen. con il complemento oggetto (*si è capita la questione*); se il verbo è intransitivo coniugato con *avere,* il participio va al m. sing. (*si è rinunciato alla richiesta*); se invece per un qualunque motivo è coniugato con *essere,* il participio va al pl. (nonostante il verbo sia al sing.): *si è arrivati, si è amati* (nel senso pass. di *si viene amati*), *ci si è lavati la testa, ci si è accorti* **5.** con valore modale, *essere da* seguito dall'inf. equivale a *dovere* seguito da un verbo al passivo: *questo lavoro è da finire per domani* || nella costruzione *c'è da* con l'inf., ha i valori di *bisogna, si può, si rischia di*: *c'è da lavorare tutta la notte, ci sarebbe da pensarci sul serio, c'è da finir male con questa storia* **6.** *essere per* (o più com. *essere lì lì per*) con l'inf., stare per: *era per piovere, ero lì lì per andarmene.*

èssere[2] [sost. di *essere*[1]; a. 1257] ***sm.*** (pl. *èsseri* nel senso 2) **1.** condizione di esistenza in assoluto, spec. come *T.fil.*: *l'essere e il nulla, la perfezione dell'essere, il problema dell'essere* || *non com.* vita: *i genitori ci hanno dato l'essere* || natura profonda, essenza: *conoscere qualcuno nel suo vero essere* || *esserci,* nella terminologia dell'esistenzialismo e dell'idealismo, effettività, esistenza **2.** *concr.* ciò che esiste: *l'Essere supremo,* Dio || qualunque cosa reale: *esseri viventi*; *più com.* creatura vivente: *esseri animati,* l'uomo e gli animali || anche rif. a una singola persona: *è un essere delicato e bisognoso di cure*; spesso con connotazione spreg.: *che essere disgustoso!* || *dim.* esserino.

éssi *pron. pers. m. pl.* v. ESSO.

essiccaménto [da *essiccare*; a. 1816] **sm.** *non com.* essiccazione.

essiccànte (*ppr.* di *essiccare*) [a. 1698] **I agg.** *T.med.* essiccativo, che essicca **II sm.** *T.med.* sostanza che facilita l'assorbimento del catarro bronchiale. **Q.T.** *pittura.*

essiccàre (pres. *-ìcco, -ìcchi*) [dal lat. *exsiccāre*; a. 1597] **tr.** asciugare, togliere l'umidità ‖ sottoporre a processo di essiccazione: *essiccare le fibre tessili, i materiali edilizi* ‖ **intr. pron.** e **intr.** (aus. *essere*) seccarsi, prosciugarsi: *il torrente si è essiccato; uno smalto che essicca rapidamente* ‖ **N.** *Sin.* disidratare.

essiccatìvo [da *essiccare*; a. 1313] **agg.** *T.med.* che è in grado di far essiccare: *cerotto essiccativo.*

essiccatóio (pl. *-ói*) [da *essiccare*; 1922] **sm.** apparecchio, impianto per essiccare: *l'essiccatoio per il riso* ‖ il luogo, il locale dove si compie l'essiccazione.

essiccatóre [da *essiccare*; a. 1646 come sm. nel senso 1; 1892 nel senso 2] **I agg.** che essicca, atto a essiccare **II sm. 1.** (f. *-trìce*) operaio addetto all'essiccazione **2.** macchina o dispositivo che serve per essiccare.

essiccazióne [dal lat. tardo *exsiccātio, -ōnis*; a. 1313] **sf.** operazione consistente nel sottrarre l'acqua o altri liquidi da una sostanza o da un materiale per mezzo di calore o sostanze disidratanti.

essìlio e der. forme ant. di ESILIO e der.

ésso [lat. *ipse*; 1193 *issu*] **I pron. pers. m.** (f. *-éssa*; pl. m. *éssi*, f. *ésse*) denota la terza persona; al m. sing. è rif. solitamente ad animale o cosa, al f. e al pl. (più comuni) è rif. anche a persona umana; ha normalmente valore anaforico; può avere funzione di sogg. (*essi arrivarono*) o di compl. indiretto preceduto da prep. (*vicino ad essa*), ma non di compl. ogg.; in molti casi si omette, analogamente a *egli*; appartiene prevalentemente al registro della lingua scritta (nel parlato è sostituito gen. da *lui, lei, loro* o da un dimostrativo) ‖ *T.bur. chi per esso*, chi ne fa le veci **II** con funzione di **agg.** *ant.* o *lett.* quello stesso, proprio quello: *correr fra i primieri / pallido e scapigliato esso tiranno* (Leopardi) ‖ anche davanti a un pronome: *ma che voglia in aiuto del figliuolo / del re troian con essi lor venire* (Ariosto); spesso anche inv.: *con esso lei.*

essotèrico (pl. *-ci*) [dal lat. *exotĕricus*, gr. *exōterikós*, esteriore; sec. XVI *esoterico*] **agg.** rivolto a tutti, e non solo agli iniziati; detto di dottrine filosofiche o religiose ‖ **N.** *Contr.* esoterico.

essoterismo [da *essoterico*; 1843] **sm.** *non com.* il carattere di ciò che è essoterico.

essudàre (pres. *-ùdo*) [dal lat. *exsudāre*, trasudare; 1966] **intr.** (aus. *avere*) *T.fisiol.* stillare, uscire per essudazione attraverso le pareti dei vasi capillari.

essudatìvo [da *essudare*; 1909] **agg.** *T.med.* che provoca essudazione.

essudatìzio (pl. *-ci*) [da *essudato*; 1956] **agg.** *T.med. liquido essudatizio*; essudato.

essudàto [dal lat. *exsudātus*, pps. di *exsudāre*; 1875] **sm.** *T.med.* liquido che si forma nei tessuti in seguito a processi infiammatori: *essudato sieroso, purulento.*

essudazióne [dal lat. tardo *exsudātio, -ōnis*; 1834] **sf. 1.** *T.med.* nei processi infiammatori, il passaggio attraverso i vasi capillari dell'essudato **2.** *T.metal.* fenomeno per cui un metallo, solidificandosi, libera del liquido alla superficie.

est (pr. [est]) [dall'ingl. *east*, attr. lo sp. *este*; 1561] **I sm. inv. 1.** *T.geogr.* il punto cardinale nella cui direzione sorge il Sole agli equinozi **2.** (con iniziale maiuscola) regione situata ad est rispetto a un riferimento dato: *l'Est dell'Europa; paesi dell'Est*, per anton. quelli dell'Europa orientale **II agg. inv.** (sempre posposto): *zona est* ‖ **N.** *Sin.* levante, oriente | *Contr.* occidente, ovest, ponente.

està [dal lat. *aestas, -ātis*; a. 1400] **sf.** *poet. raro* estate.

establishment (ingl., pr. [ɪs'tæblɪʃmənt]) [da to *establish*, stabilire; 1960] **sm. inv.** classe dirigente, costituita dai detentori del potere economico, culturale e politico.

estàglio (pl. *-gli*) [voce merid. dal lat. tardo *taliāre*; a. 1936] **sm.** *T.giur.* contratto simile al cottimo.

estancia (sp., pr. [es'tanθja]; pr. amer. e it. [es'tansja]) [propr. luogo dove si usa stare, stanza; 1892] **sf.** (pl. *estancias*, pr. sp. [es'tanθjas]; pr. amer. e it. [es'tansjas]) in America meridionale, grande fattoria per l'allevamento del bestiame.

èstasi [dal lat. cristiano *exstasis*, gr. *éktasis*; a. 1342] **sf.** stato dell'anima staccata dai sensi, a causa d'intensa contemplazione di un oggetto straordinario o soprannaturale, spec. religioso; rapimento dello spirito nel quale l'anima umana comunica direttamente con Dio: *le estasi di Santa Teresa* ‖ *andare in estasi*, essere rapito in estasi; e *fig.* andare in visibilio, rimanere sopraffatto dall'eccesso del piacere; *fam.* essere distratto ‖ **N.** *Sin.* esaltazione, rapimento mistico; entusiasmo, visibilio.

estasiàre (pres. *-àsio*) [dal fr. *exstasier*; a. 1808] **tr.** mandare in estasi, spec. *fig.*: *la diva ha estasiato i suoi ammiratori* ‖ **intr. pron.** andare in estasi, in visibilio, entusiasmarsi: *estasiarsi di fronte a un paesaggio alpino, nell'ascoltare la musica* ‖ **N. intr. pron.** *Sin.* bearsi, esaltarsi.

estàte [dal lat. *aestas, -ātis*; a. 1250 *state*] **sf.** la più calda delle quattro stagioni, che nell'emisfero boreale comincia il 21 giugno e finisce il 23 settembre: *un'estate torrida, afosa* ‖ *estate di San Martino*, il breve periodo di bel tempo che si ha poco avanti o poco dopo l'undici novembre ‖ **N.** calura, canicola, solleone.

estàtico (pl. *-ci*) [dal lat. mediev. *estaticus*, gr. *ekstatikós*; 1319] **agg.** che è proprio dell'estasi: *la serenità estatica del plenilunio* (D'Annunzio) ‖ che è in estasi: *rimasi estatico a contemplare* ‖ **estaticaménte avv.** ‖ **N.** *Sin.* affascinato, ammirato, entusiasta, rapito, stupefatto.

estatìno [da *estate*; 1940] **agg.** relativo all'estate ‖ *T.cacc. uccelli estatini*, uccelli che effettuano il passo in estate o che vengono da fuori a passare l'estate in una regione.

estemporaneità [da *estemporaneo*; 1869] **sf.** l'essere estemporaneo.

estemporàneo [dal lat. tardo *extemporāneus*; a. 1698] **agg.** fatto all'improvviso, senza meditazione o preparazione: *discorso estemporaneo* ‖ *poeta estemporaneo*, che improvvisa nel poetare ‖ **estemporaneaménte avv.**

estèndere (pres. *-èndo* ecc., come TENDERE) [dal lat. *extendere*; fine sec. XIV] **tr. 1.** rendere più ampio o più lungo: *estendere le regioni sotto il proprio controllo; estendere una molla* ‖ *fig.* sviluppare: *estendere le proprie conoscenze, il proprio giro d'affari* ‖ applicare a un ambito più vasto dell'originario, a un maggior numero di persone ecc.: *estendere il dominio a nuovi territori, estendere il diritto di voto alle donne* **2.** *non com.* stendere, compilare: *estendere il necrologio* ‖ **intr. pron. 1.** ampliarsi, ingrandirsi: *i suoi domìni si estesero gradualmente a tutta la regione* ‖ occupare una determinata regione di spazio: *la palude si estende per molti chilometri quadrati* ‖ diffondersi, propagarsi: *la sua fama va estendendosi* **2.** *meno com.* dilungarsi ‖ **N. tr. 1.** *Sin.* accrescere, allargare, allungare, ampliare, aumentare, dilatare, espandere, ingrandire | *Contr.* restringere, ridurre **2.** *Sin.* redigere.

estendìbile [da *estendere*; 1719] **agg.** estensibile.

estendiménto [da *estendere*; sec. XIV] **sm.** *raro* l'estendere.

estènse [dal n. proprio (d')*Este*; 1834] **I agg.** che si riferisce alla Casa d'Este: *dinastia estense* **II s.** appartenente alla Casa D'Este: *gli Estensi.*

estensìbile [da *esteso*; 1865] **agg. 1.** che si può estendere: *filo, beneficio estensibile* **2.** che va esteso: *saluti estensibili a tutta la famiglia.*

estensìmetro [comp. di *estensi(one)* e *-metro*; 1913] **sm.** *T.mecc.* apparecchio con cui si misurano le deformazioni elastiche di corpi o strutture soggette a sollecitazioni esterne.

estensionàle [da *estensione*; 1961] **agg.** *T.fil.* proprio dell'estensione, relativo all'estensione ‖ **N.** intensionale.

estensióne [ddal lat. tardo *extensio, -ōnis*; a. 1498] **sf. 1.** aumento di lunghezza o di superficie: *l'estensione di un elastico* ‖ *fig.* espansione: *l'estensione del mercato dell'automobile* ‖ in lessicografia, ampliamento del senso proprio o originario di una parola: *il termine "equipaggio" passa per estensione a designare anche il personale a bordo di un aereo* ‖ applicazione a un ambito più ampio dell'originario: *l'estensione del concetto di potenza ai numeri reali* **2.** dimensione, superficie occupata: *l'impero romano aveva una grande estensione* ‖ ampiezza, anche *fig.*: *in tutta l'estensione del termine* **3.** *T.fisiol.* movimento (di un arto o sim.) che realizza la massima apertura di un'articolazione; in ginnastica, passaggio da una posizione raccolta ad una distesa **4.** *T.mus.* gamma di suoni producibili da uno strumento o da una voce: *l'estensione del flauto è di tre ottave* **5.** *T.fil.* in logica, ciò che è denotato da un segno (in contrapposizione a *intensione*, ciò che il segno esprime); in part., l'estensione di un termine è l'oggetto di cui è nome, quella di un predicato l'insieme degli oggetti che godono di quella proprietà o tra i quali sussiste quella relazione, quella di un enunciato il suo valore di verità **6.** redazione: *estensione di un documento* **7.** *T.inform.* in vari sistemi operativi, l'ultima parte (facoltativa) del nome di un *file*, che può servire a classificarlo o anche a conferirgli particolari proprietà: *il compilatore Fortran legge i file(s) con estensione .FOR* ‖ **N. 1.** *Sin.* accrescimento, allargamento, allungamento, aumento, dilatazione; diffusione, sviluppo | *Contr.* restringimento, riduzione; restrizione **2.** *Sin.* area, distesa, spazio **5.** *Sin.* denotazione | connotazione, intensione **6.** *Sin.* stesura.

estensìvo [dal lat. tardo *extensīvus*; 1525] **agg. 1.** che si estende al di là del significato originario: *applicazione estensiva della legge* **2.** *coltura estensiva*, che è propria del latifondo, dei terreni molto estesi, lasciati prevalentemente a pascolo, coltivando e seminando una parte molto limitata del fondo stesso **3.** *T.fis. grandezza estensiva*, in termodinamica, grandezza direttamente proporzionale al volume del sistema, quando questo sia omogeneo e in equilibrio (per es. l'energia interna o la capacità termica, ma non la temperatura) ‖ **estensivaménte avv.** ‖ **N. 2., 3.** *Contr.* intensivo.

estènso [dal lat. *extēnsus*, pps. di *extendere*, estendere; a. 1332] **agg.** *raro* esteso, spec. nella loc. *per estenso*, per esteso.

estensóre [da *estenso*; a. 1764] **I agg. 1.** *T.anat.* che produce un'estensione: *muscolo estensore del pollice* **2.** che redige: *giudice estensore della sentenza* **II sm. 1.** attrezzo ginnico costituito da una o più molle che vanno estese il più possibile (per mezzo di due impugnaure poste alle estremità) per esercitare i muscoli del petto e delle braccia **2.** (f. raro *estenditrice*) chi redige o compila: *l'estensore di un articolo.* **TAV. anatomia p. 641** 3.4.

estensòrio (pl. *-ri* o *-rii*) **agg.** v. ESTENSORE I nel senso 1.

1
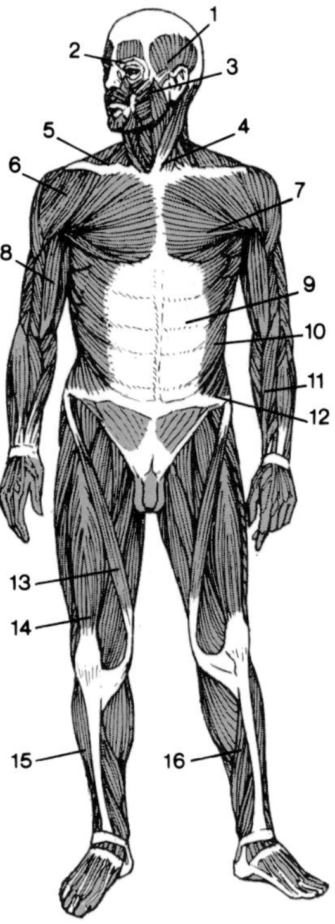

2
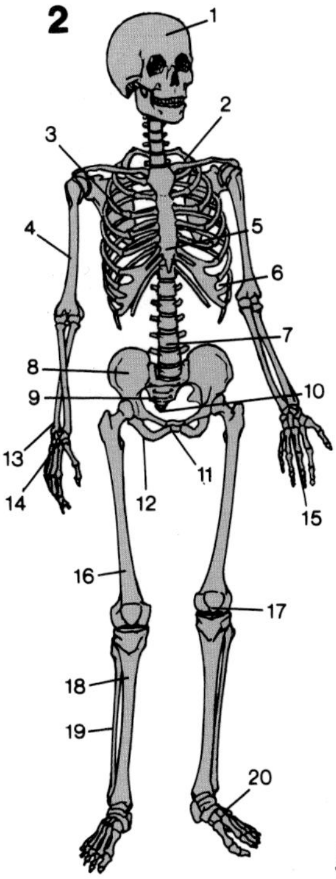

3
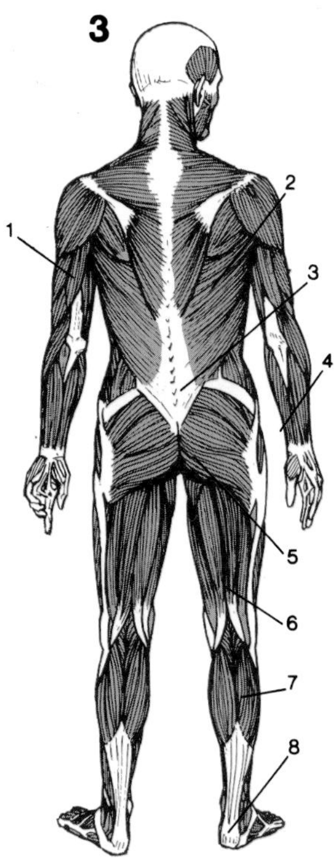

4
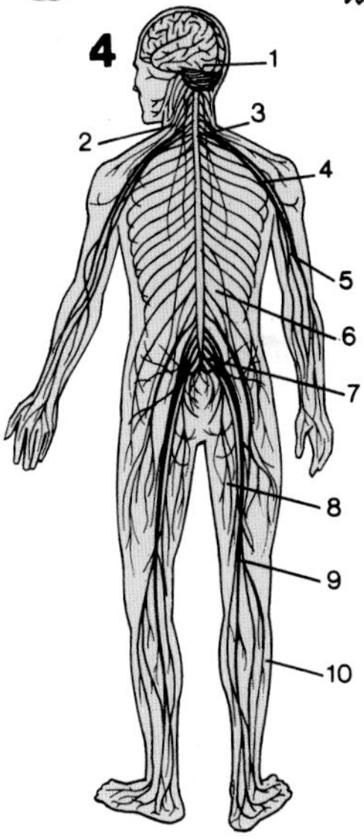

5
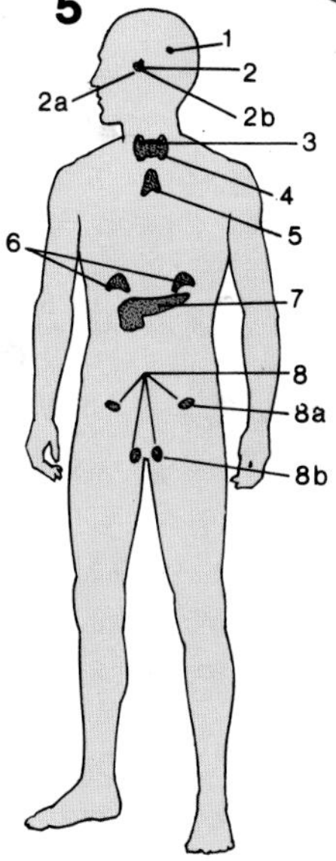

1. muscoli

1.1. m. temporale - 1.2. m. frontale - 1.3. m. zigomatico - 1.4. m. sternocleidomastoideo - 1.5. m. trapezio - 1.6. m. deltoide - 1.7. m. gran pettorale - 1.8. m. bicipite - 1.9. m. retto dell'addome - 1.10. m. gran dentato anteriore - 1.11. m. flessore radiale del carpo - 1.12. m. obliquo esterno dell'addome - 1.13. m. sartorio - 1.14. m. retto del femore - 1.15. m. tibiale anteriore - 1.16. m. gastrocnemio

2. scheletro

2.1. cranio - 2.2. clavicola - 2.3. scapola - 2.4. omero - 2.5. sterno - 2.6. costola - 2.7. colonna vertebrale - 2.8. ilio - 2.9. sacro - 2.10. coccige - 2.11. pube - 2.12. ischio - 2.13. ulna - 2.14. radio - 2.15. mano - 2.16. femore - 2.17. rotula - 2.18. tibia - 2.19. fibula - 2.20. piede

3. muscoli

3.1. m. tricipite - 3.2. m. larghissimo del dorso - 3.3. fascia lombo-dorsale - 3.4. m. estensore comune delle dita - 3.5. m. grande gluteo - 3.6. m. bicipite femorale - 3.7. m. gastrocnemio - 3.8. tendine d'Achille

4. sistema nervoso

4.1. cervello - 4.2. n. facciale - 4.3. plesso cervicale - 4.4. plesso brachiale - 4.5. n. radiale - 4.6. plesso lombare - 4.7. plesso sacrale-coccigeo - 4.8. n. femorale - 4.9. n. sciatico - 4.10. n. tibiale

5. sistema endocrino

5.1. epifisi - 5.2. ipofisi - 5.2a. adenoipofisi - 5.2b. neuroipofisi - 5.3. tiroide - 5.4. paratiroidi - 5.5. timo - 5.6. surreni o capsule surrenali - 5.7. pancreas - 5.8. gonadi - 5.8a. ovaie (nella donna) - 5.8b. testicoli (nell'uomo)

6
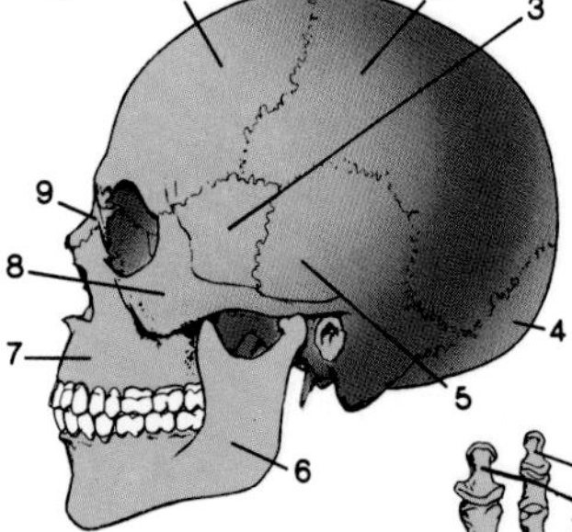

7
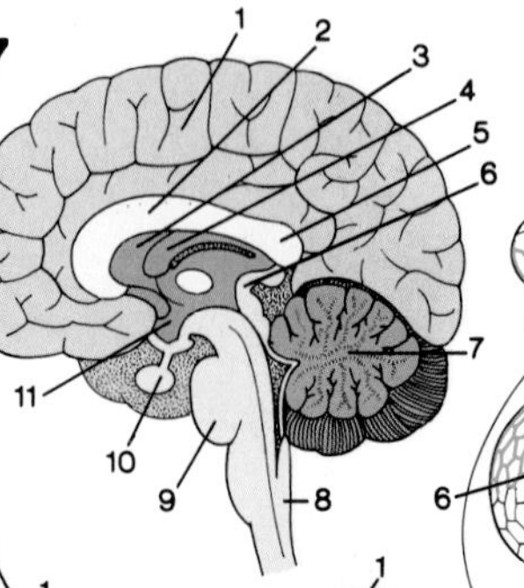

8
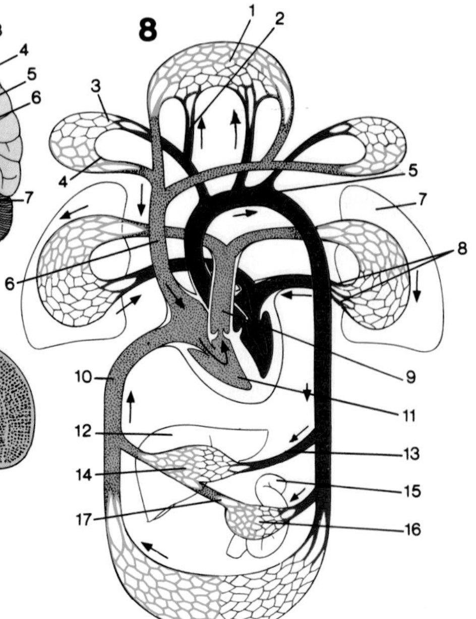

9
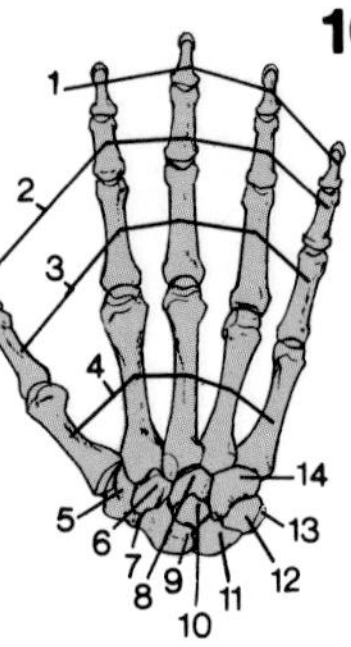

10
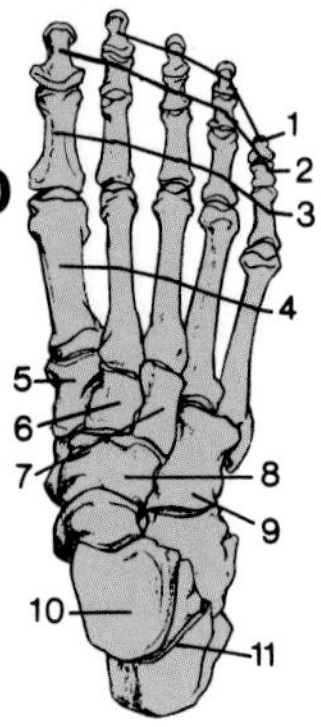

11
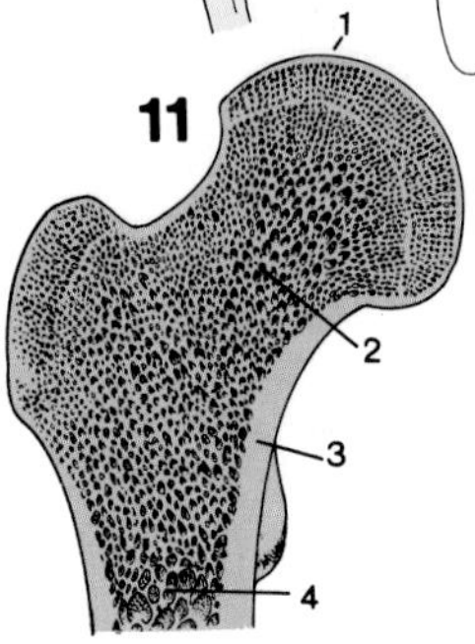

6. cranio
6.1. frontale - 6.2. parietale - 6.3. sfenoide - 6.4. occipitale - 6.5. temporale - 6.6. mandibola - 6.7. mascellare - 6.8. zigomatico - 6.9. nasale

7. cervello
7.1. telencefalo - 7.2. corpo calloso - 7.3. setto pellucido - 7.4. fornice - 7.5. splenio del corpo calloso - 7.6. tubercoli quadrigemini - 7.7. cervelletto - 7.8. midollo allungato - 7.9. ponte di Varolio - 7.10. ipofisi - 7.11. infundibolo

8. sistema circolatorio
8.1. vena giugulare - 8.2. arteria carotide - 8.3. arteria succlavia - 8.4. vena succlavia - 8.5. arteria aorta - 8.6. vena cava superiore - 8.7. polmone - 8.8. vena polmonare - 8.9. arteria polmonare - 8.10. vena cava inferiore - 8.11. cuore - 8.12. fegato - 8.13. arteria epatica - 8.14. circolazione epatica - 8.15. intestino - 8.16. circolazione intestinale - 8.17. vena porta

9. ossa della mano
9.1. falangetta o III falange - 9.2. falangina o II falange - 9.3. falange o I falange - 9.4. metacarpo - 9.5. trapezio - 9.6. trapezoide - 9.7. 9.8. capitato - 9.9. scafoide - 9.10. 9.11. semilunare - 9.12. piramidale - 9.13. pisiforme - 9.14. uncinato

10. ossa del piede
10.1. falangetta o III falange - 10.2. falangina o II falange - 10.3. falange o I falange - 10.4. metatarso - 10.5. I osso cuneiforme - 10.6. II osso cuneiforme - 10.7. III osso cuneiforme - 10.8. scafoide - 10.9. cuboide - 10.10. astragalo - 10.11. calcagno

11. tessuto osseo
11.1. cartilagine articolare - 11.2. tessuto spugnoso - 11.3. tessuto compatto - 11.4. midollo osseo

12. apparato respiratorio
12.1. cavità nasale - 12.2. cavità orale - 12.3. laringe - 12.4. trachea - 12.5. polmone - 12.6. lobo - 12.7. lobulo - 12.8. bronchiolo - 12.9. bronco

13. apparato digerente
13.1. lingua - 13.2. faringe - 13.3. esofago - 13.4. diaframma - 13.5. stomaco - 13.6. milza - 13.7. pancreas - 13.8. intestino crasso - 13.9. intestino tenue - 13.10. intestino retto - 13.11. fegato - 13.12. cistifellea

14. apparato renale
14.1. rene - 14.2. surrene - 14.3. sostanza corticale - 14.4. sostanza midollare - 14.5. calice - 14.6. arteria - 14.7. vena - 14.8. bacinetto - 14.9. uretere - 14.10. vescica

15. cuore
15.1. aorta - 15.2. arteria polmonare - 15.3. vena polmonare - 15.4. atrio sinistro - 15.5. ventricolo sinistro - 15.6. muscolo contrattile - 15.7. setto interventricolare - 15.8. ventricolo destro - 15.9. vena cava inferiore - 15.10 atrio destro - 15.11. vena cava superiore

16. occhio
16.1. palpebra - 16.2. ciglio - 16.3. cornea - 16.4. umor acqueo - 16.5. pupilla - 16.6. iride - 16.7. cristallino - 16.8. nervo ottico - 16.9. coroide - 16.10. retina - 16.11. sclera - 16.12. umor vitreo

17. naso
17.1. regione olfattoria - 17.2. meato superiore - 17.3. meato medio - 17.4. meato inferiore - 17.5. vestibolo

18. orecchio
18.1. padiglione auricolare - 18.2. condotto auditivo - 18.3. timpano - 18.4. martello - 18.5. incudine - 18.6. staffa - 18.7. canali semicircolari - 18.8. nervo acustico - 18.9. chiocciola - 18.10. tromba di Eustachio

19. pelle
19.1. poro - 19.2. ghiandola sebacea - 19.3. pelo - 19.4. strato corneo - 19.5. epidermide - 19.6. derma - 19.7. ipoderma - 19.8. muscolo erettore del pelo - 19.9. bulbo del pelo - 19.10. ghiandola sudorifera - 19.11. nervo sensitivo - 19.12. globuli di grasso

20. dente
20.1. smalto - 20.2. corona - 20.3. radice - 20.4. carie

21. bocca
21.1. labbro - 21.2. gengiva - 21.3. incisivo - 21.4. canino - 21.5. premolare - 21.6. molare - 21.7. faringe - 21.8. tonsilla - 21.9. lingua - 21.10. ugola - 21.11. palato

12

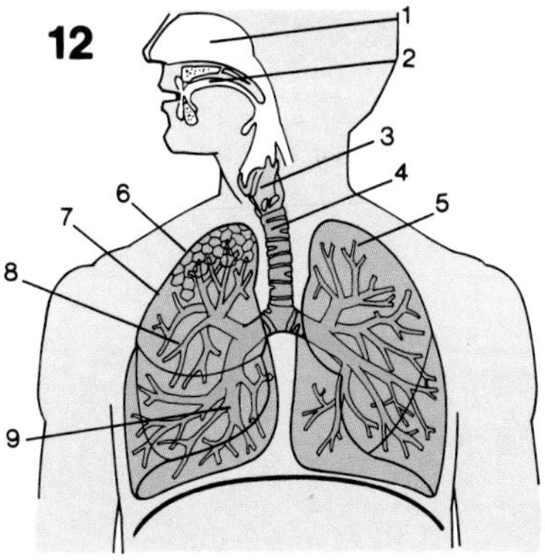

13

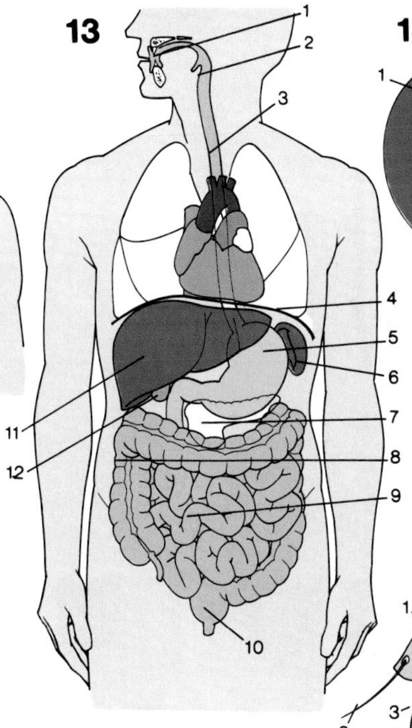

14

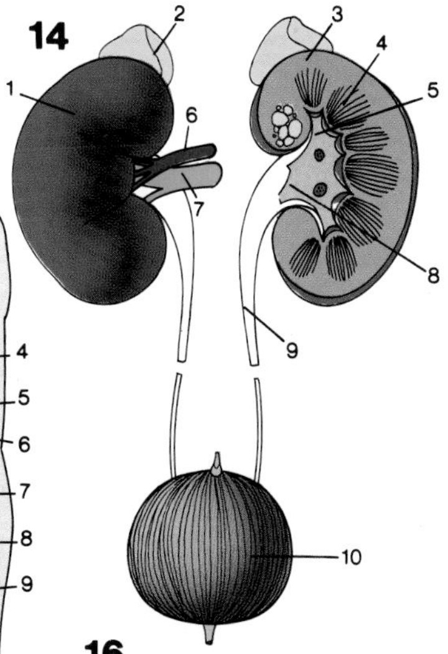

15

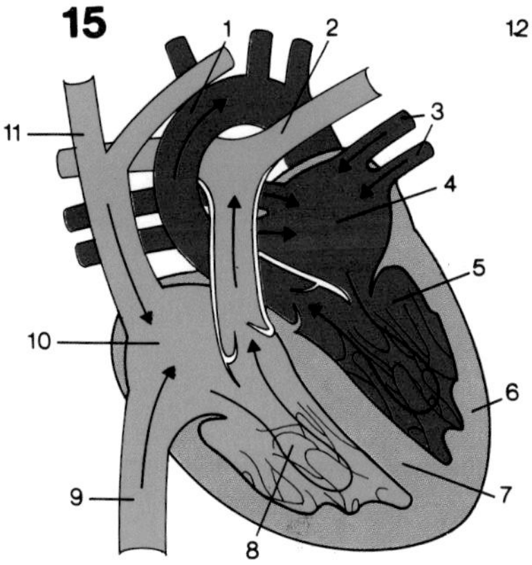

16

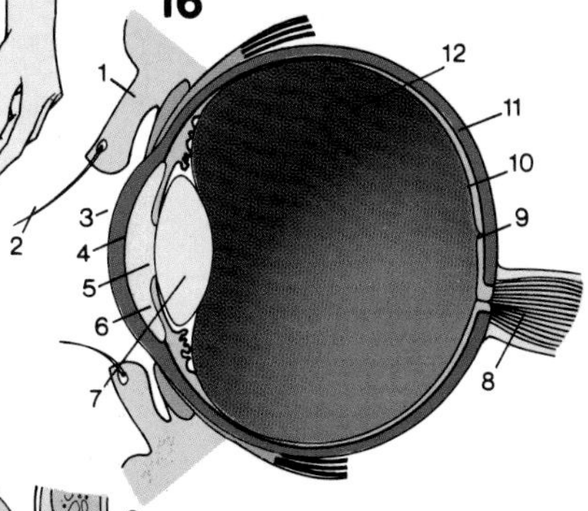

17

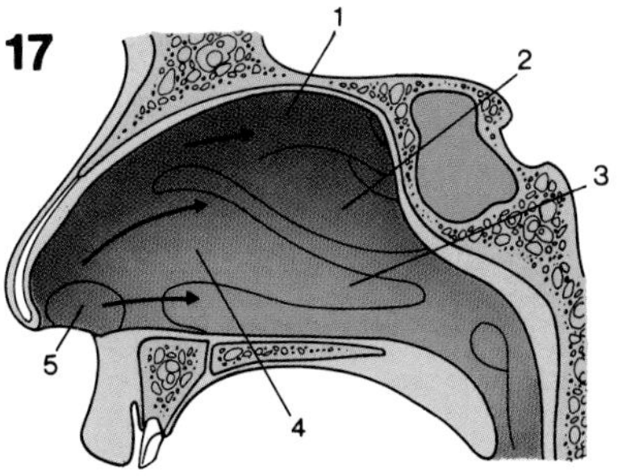

18

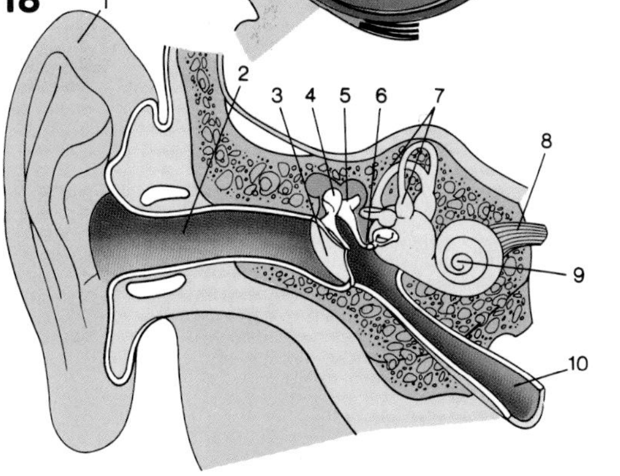

19

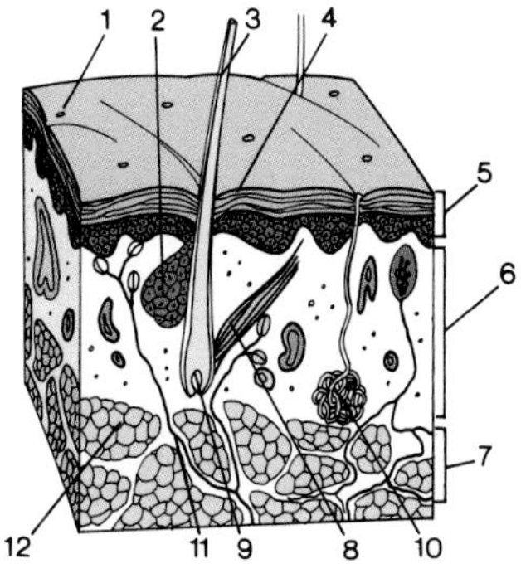

20

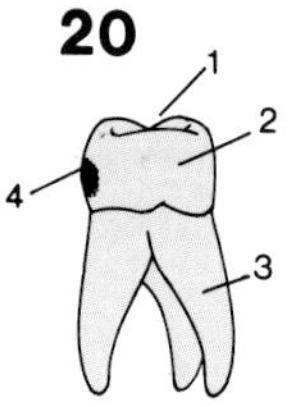

21

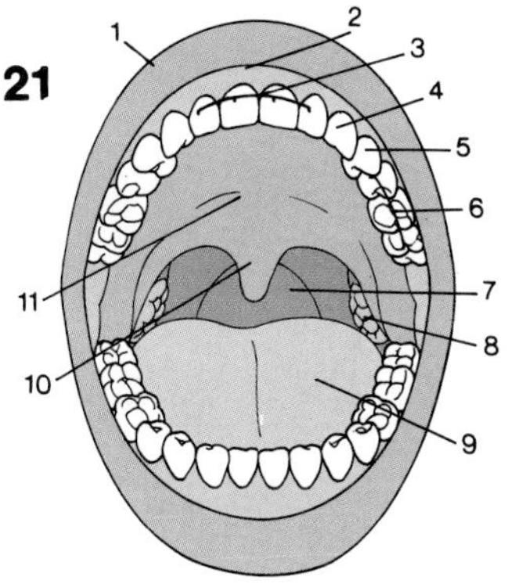

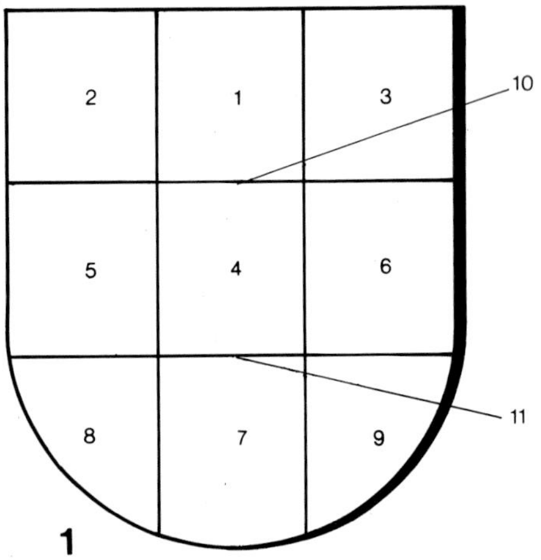
2
1
3
10
5
4
6
8
7
9
11

1

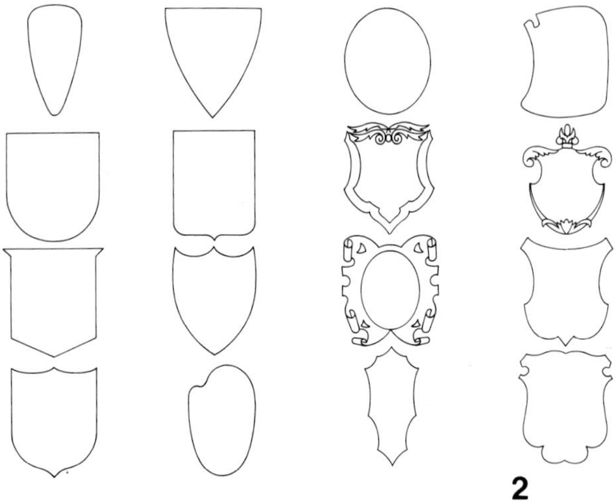

2

1
2
3
4
5
6
7
8
9
10
11
12
13
14
15
16
17
18
19
20
21
22

3

4

11
1
2
3
4
5
6
7
8
9
10
11
12
13
14
15
16
17

1. topografia dello scudo araldico
1.1. punto del capo - 1.4. punto del cuore - 1.1,2,3. capo - 1.4,5,6. fascia o corpo - 1.7,8,9. campagna - 1.2,5,8. fianco destro - 1.3,6,9. fianco sinistro - 1.1,4,7. palo - 1.7,8,9. punta - 1.10. punto d'onore - 1.11. ombelico

2. alcune forme di scudo

3. suddivisioni dello scudo
3.1. partito - 3.2. troncato - 3.3. trinciato - 3.4. tagliato - 3.5. inquartato - 3.6. inquartato in croce di sant'Andrea - 3.7. interzato in palo - 3.8. interzato in fascia - 3.9. scaccato - 3.10. punti equipollenti - 3.11. grembiato - 3.12. fusato - 3.13. croce - 3.14. croce di sant'Andrea - 3.15. banda - 3.16. sbarra - 3.17. scaglione - 3.18. interzato in pergola - 3.19. cantone franco - 3.20. bordura - 3.21. cinta - 3.22. semipartito troncato

4. alcuni soggetti araldici
4.1. torre - 4.2. castello - 4.3. aquila - 4.4. nave - 4.5. corona - 4.6. leoni affrontati - 4.7. aquila bicipite - 4.8. pesci addossati - 4.9. bisanti - 4.10. vepre - 4.11. giglio - 4.12. cinquefoglie - 4.13. chiave - 4.14. drago - 4.15. leopardo o leone passante - 4.16. croce - 4.17. leone rampante

5. arma
5.1. scudo araldico - 5.2. scudetto in palo - 5.3. elmo - 5.4. tenenti - 5.5. sostegno - 5.6. mantello del padiglione - 5.7. bandiera - 5.8. stendardo

1

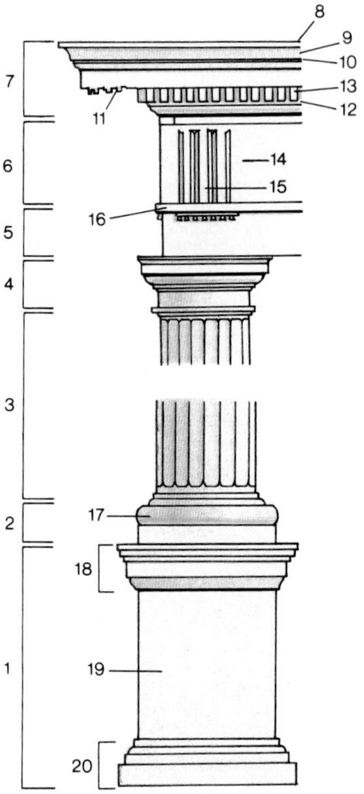

2

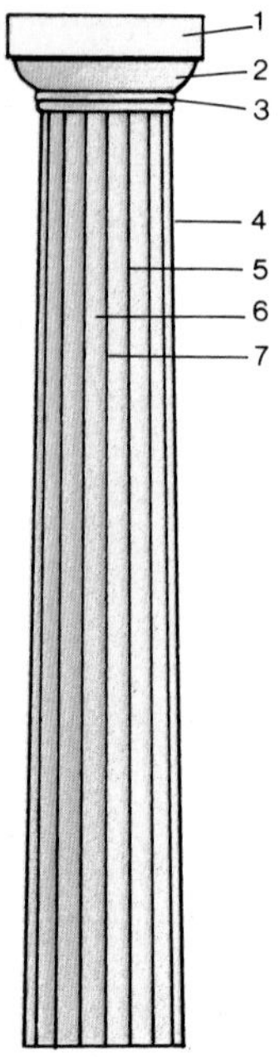

3

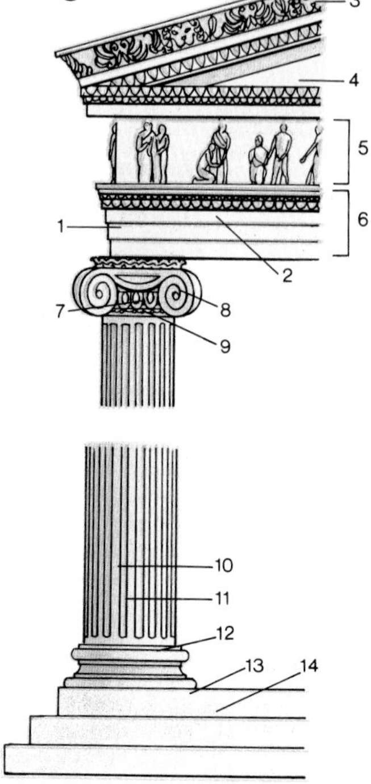

4

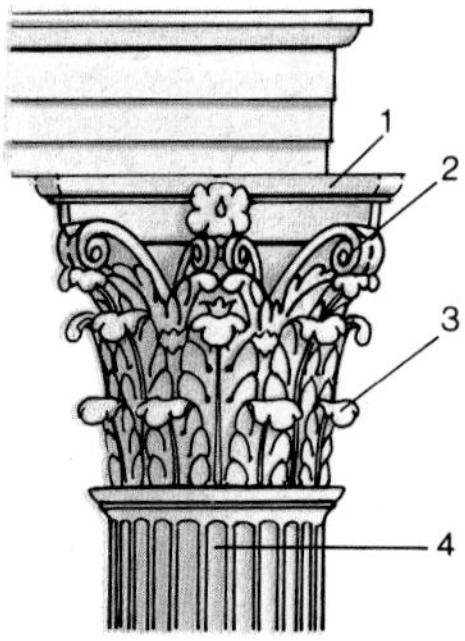

5

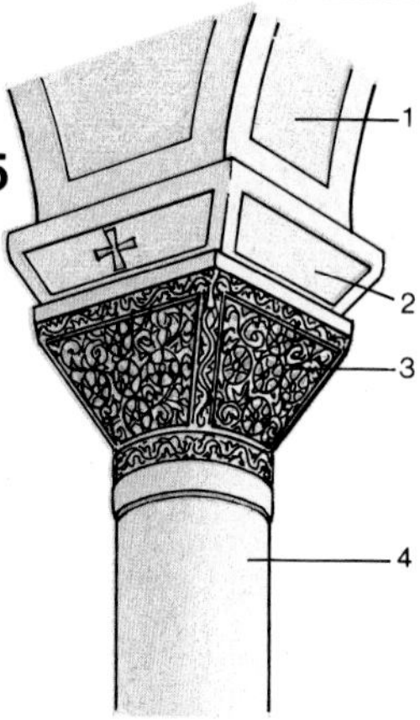

1. ordine dorico romanico

1.1. piedistallo - 1.2. base - 1.3. fusto - 1.4. capitello - 1.5. trabeazione - 1.6. fregio - 1.7. cornice - 1.8. listello - 1.9. gola dritta o lesbia - 1.10. gola rovescia o dorica - 1.11. gocciole - 1.12. metatone - 1.13. dentello - 1.14. metopa - 1.15. triglifo - 1.16. tenia - 1.17. toro - 1.18. cimasa - 1.19. dado - 1.20. basamento

2. colonna dorica

2.1. abaco - 2.2. echino - 2.3. collarino - 2.4. ipotrachelio - 2.5. fusto - 2.6. scanalatura - 2.7. cresta

3. ordine ionico

3.1. fascia - 3.2. guscio - 3.3. cornice - 3.4. frontone - 3.5. fregio - 3.6. trabeazione - 3.7. ovulo - 3.8. voluta - 3.9. collana - 3.10. stria - 3.11. rudente - 3.12. apofige - 3.13. toro - 3.14. plinto

4. capitello corinzio greco

4.1. echino - 4.2. voluta - 4.3. acanto - 4.4. colonna

5. capitello bizantino

5.1. arco - 5.2. pluvino - 5.3. capitello - 5.4. colonna

6. archi

6.1. arco a tutto sesto - 6.1a. chiave - 6.1b. estradosso - 6.1c. reni - 6.1d. imposta - 6.1e. luce - 6.1f. freccia - 6.1g. intradosso - 6.1h. concio - 6.2. arco acuto - 6.3. arco policentrico rialzato - 6.4. arco rampante - 6.5. arco policentrico ribassato - 6.6. arco moresco - 6.7. arco trilobato

7. volte e cupole

7.1. volta a botte - 7.1a. lunetta - 7.1b. estradosso - 7.1c. intradosso - 7.2. volta a crociera - 7.2a. nervatura o costolone - 7.3. volta a padiglione - 7.4. cupola - 7.4a. occhio - 7.4b. volta emisferica o a tazza - 7.4c. tamburo - 7.4d. pennacchio sferico

8. ponte

8.1. parapetto - 8.2. mensola - 8.3. volta - 8.4. rinfianco - 8.5. rostro - 8.6. pila

9. tempio greco periptero

9.1. colonna - 9.2. capitello - 9.3. trabeazione - 9.4. fregio - 9.5. acroterio - 9.6. frontone - 9.7. stilobate

6

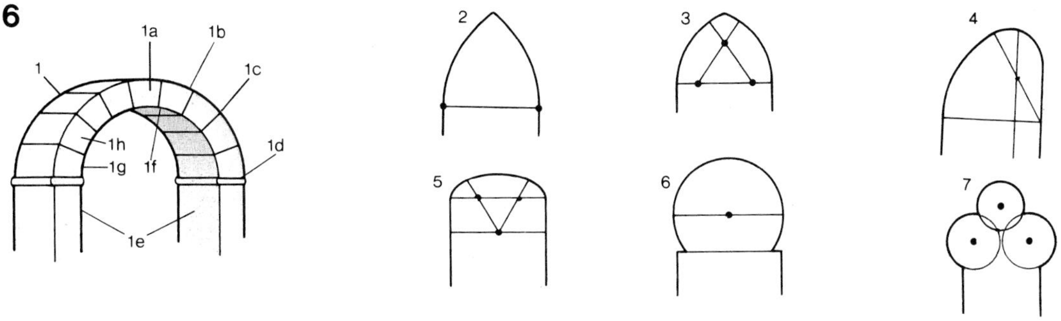

7

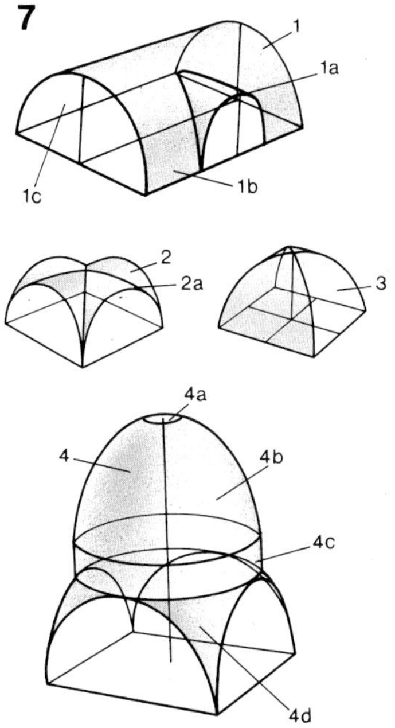

8

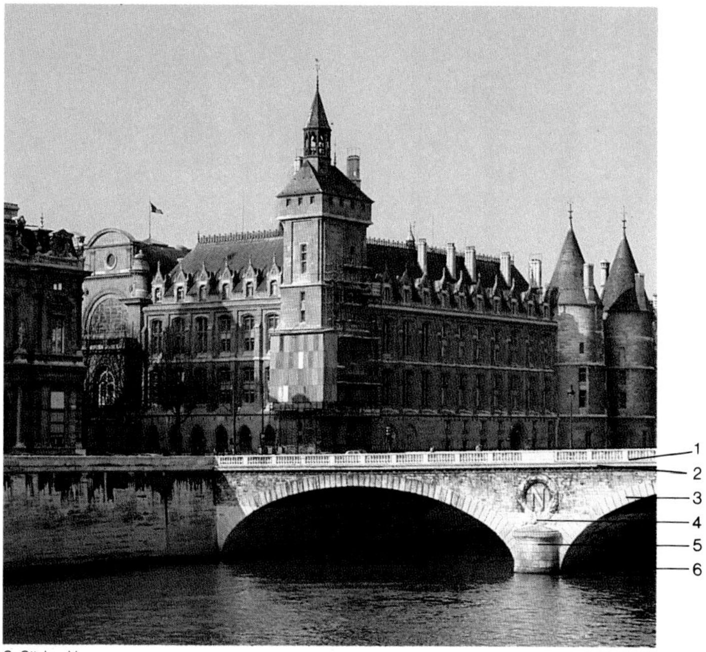

G. Ottolenghi

Scala

9

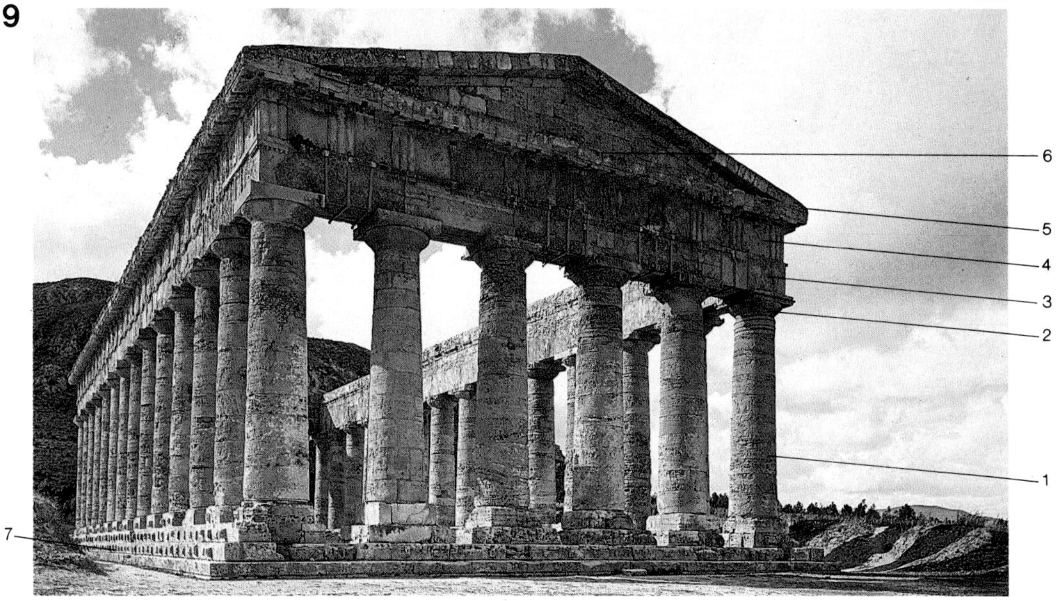

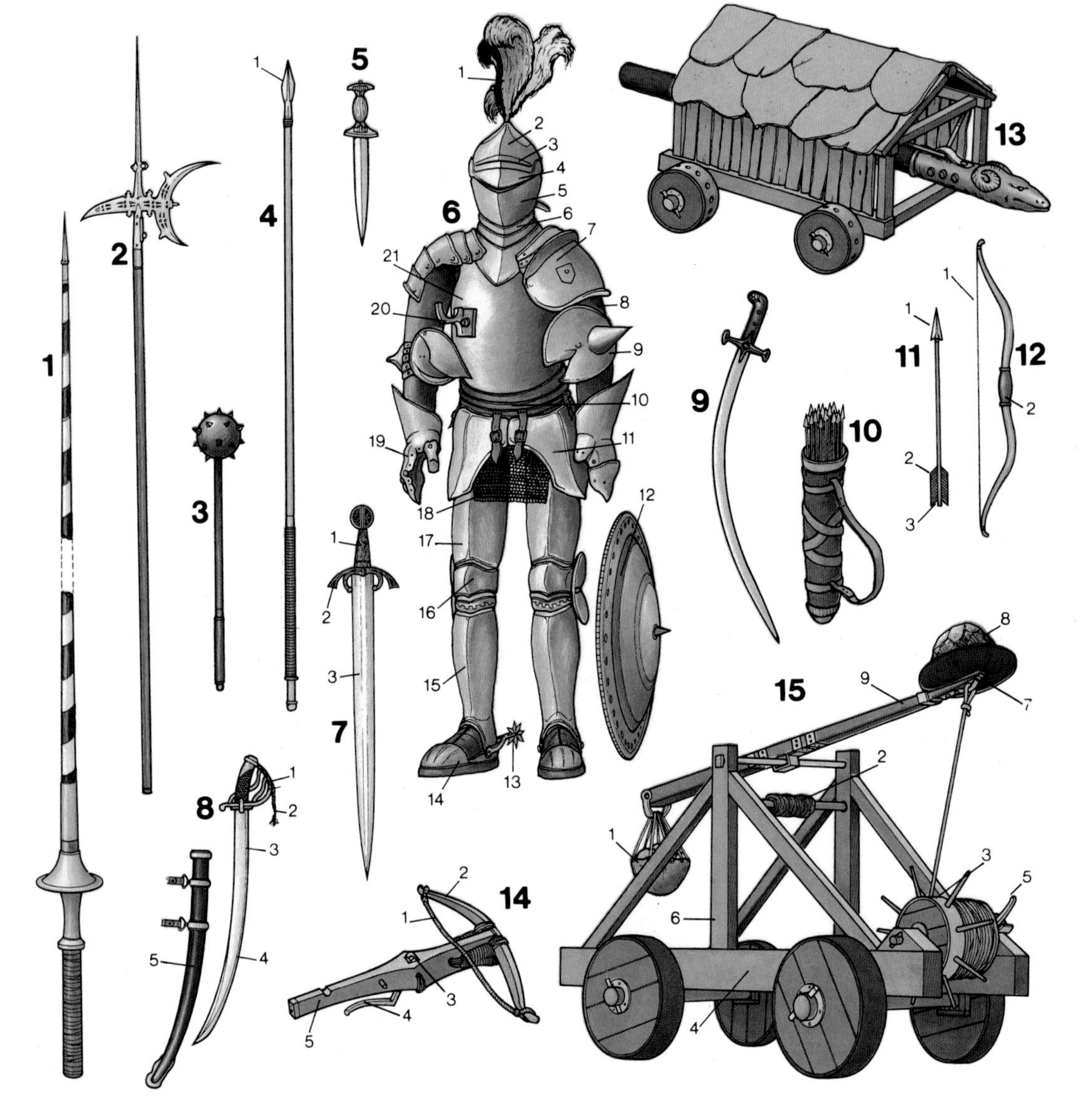

1. lancia da torneo

2. alabarda

3. mazza ferrata

4. lancia
4.1. cuspide

5. pugnale

6. armatura
6.1. pennacchio - 6.2. elmo - 6.3. fessura - 6.4. celata - 6.5. visiera - 6.6. gorgiera o goletta - 6.7. spallaccio - 6.8. bracciale - 6.9. cubitiera - 6.10. panziera - 6.11. fiancata - 6.12. scudo - 6.13. sperone - 6.14. scarpa - 6.15. gambiera o schiniere - 6.16. ginocchiera - 6.17. cosciale - 6.18. cotta - 6.19. manopola - 6.20. resta - 6.21. corazza

7. spada
7.1. impugnatura - 7.2. guardia - 7.3. lama

8. sciabola
8.1. guardia - 8.2. dragona - 8.3. costola - 8.4. filo - 8.5. fodero

9. scimitarra

10. faretra

11. freccia
11.1. punta - 11.2. penna - 11.3. cocca

12. arco
12.1. corda - 12.2. impugnatura

13. ariete

14. balestra
14.1. corda - 14.2. arco - 14.3. noce rotante - 14.4. leva di scatto - 14.5. teniere o fusto

15. mangano
15.1. contrappeso - 15.2. traversa di ferro - 15.3. verricello - 15.4. telaio - 15.5. congegno di scatto - 15.6. armatura - 15.7. cucchiara - 15.8. proiettile - 15.9. stanga bilanciata

16. pistola
16.1. mirino - 16.2. canna - 16.3. sicura - 16.4. cane - 16.5. guancia - 16.6. caricatore - 16.7. grilletto - 16.8. ponticello

17. sezioni canna
17.1. rigatura - 17.2. mirino

18. fucile
18.1. calcio - 18.2. culatta - 18.3. alzo - 18.4. canna - 18.5. mirino - 18.6. trombon-

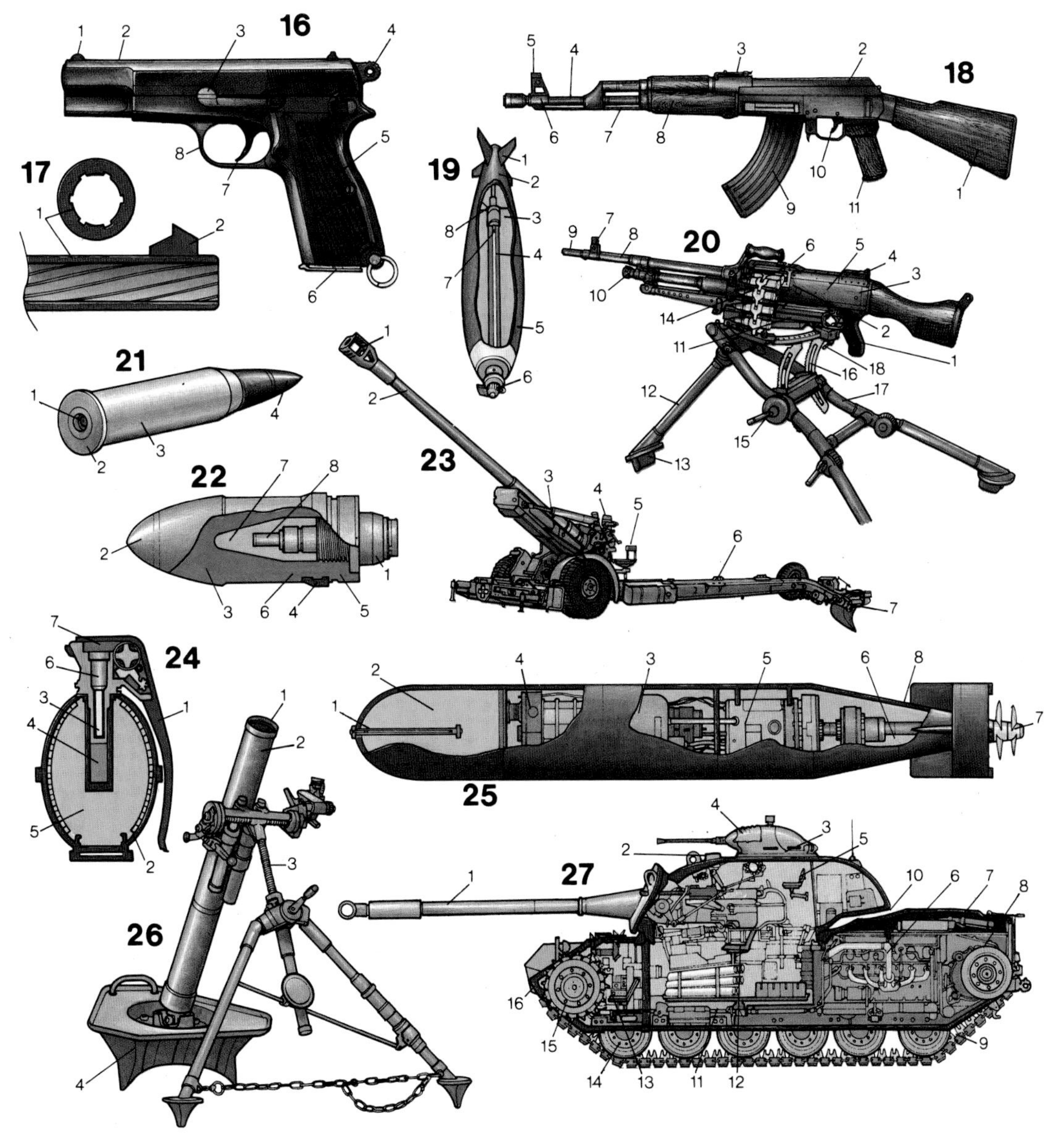

cino lanciabombe - 18.7. presa gas - 18.8. copricanna - 18.9. caricatore - 18.10 grilletto - 18.11. impugnatura

19. bomba aerea

19.1. governale - 19.2. fondello - 19.3. tritolo fuso - 19.4. tritolo compresso - 19.5. involucro - 19.6. spoletta d'ogiva - 19.7. detonatore - 19.8. spoletta di fondello

20. mitragliatrice

20.1. impugnatura - 20.2. percussore - 20.3. otturatore - 20.4. alzo graduato - 20.5. culatta - 20.6. sportello deviabossoli - 20.7. mirino - 20.8. canna - 20.9. spegnifiamma - 20.10. supporto canna - 20.11. castello - 20.12. gamba di forza - 20.13. puntale - 20.14. nastro portaproiettili - 20.15. pignone - 20.16. arco elevazione - 20.17. ritto di forza - 20.18. bloccaggio

21. cartuccia

21.1. capsula - 21.2. fondello - 21.3. bossolo - 21.4. proiettile

22. granata

22.1. spoletta - 22.2. ogiva - 22.3. corona di centramento - 22.4. corona di forzamento - 22.5. fondello - 22.6. bicchiere - 22.7. esplosivo - 22.8. detonatore

23. cannone

23.1. bocca - 23.2. canna - 23.3. culatta - 23.4. cannocchiale - 23.5. seggiolino - 23.6. affusto - 23.7. vomere

24. bomba a mano

24.1. sicurezza - 24.2. involucro di metallo - 24.3. miccia - 24.4. detonatore - 24.5. carica di scoppio - 24.6. capsula - 24.7. percussore

25. siluro

25.1. percussore - 25.2. esplosivo - 25.3. serbatoio aria - 25.4. giroscopio - 25.5. motore - 25.6. asse - 25.7. eliche controrotanti - 25.8. timoni

26. mortaio

26.1. bocca - 26.2. canna - 26.3. alzo - 26.4. affusto

27. carro armato

27.1. cannoncino - 27.2. periscopio - 27.3. torretta - 27.4. cupola - 27.5. sedile del capocarro - 27.6. motore - 27.7. scappamento - 27.8. ruota di rinvio - 27.9. cingolo - 27.10. radiatore - 27.11. trasmissione - 27.12. sedile del cannoniere - 27.13. sedile del pilota - 27.14. ruota di scorrimento - 27.15. ruota motrice - 27.16. corazza

1. cucina

1.1. frigorifero - 1.2. congelatore - 1.3. armadietti a colonna - 1.4. forno elettrico a microonde - 1.5. forno elettrico - 1.6. armadietti pensili - 1.7. asta porta utensili - 1.8. piano di lavoro - 1.9. armadietti pensili a giorno - 1.10. piano di cottura - 1.11. lavastoviglie - 1.12. gruppo miscelatore - 1.13. lavello - 1.13a. sgocciolatoio - 1.13b. vasca - 1.14. sgabelli bar - 1.15. tavolo snack - 1.16. carrello portavivande - 1.17. lampada a sospensione

2. zona soggiorno e pranzo

2.1. angoliera - 2.2. cassettiera - 2.3. mensole - 2.4. televisore - 2.5. videoregistratore - 2.6. mobile con impianto stereo - 2.7. libreria - 2.8. lampada a stelo - 2.9. tende a pacchetto - 2.10. tavolino - 2.11. divano - 2.12. sedie - 2.13. tavolo - 2.14. tappeto - 2.15. libreria a giorno

3. camera da letto matrimoniale

3.1. tenda a pacchetto - 3.2. mobile da toilette con specchiera - 3.3. cassettiera - 3.4. poltroncina - 3.5. lampada a paralume - 3.6. faretti da incasso - 3.7. letto matrimoniale - 3.8. tavolino da notte - 3.9. mobiletto - 3.10. tappeto - 3.11. scendiletto -3.12. mensole - 3.13. guardaroba

2

3

1

2

3

4

5

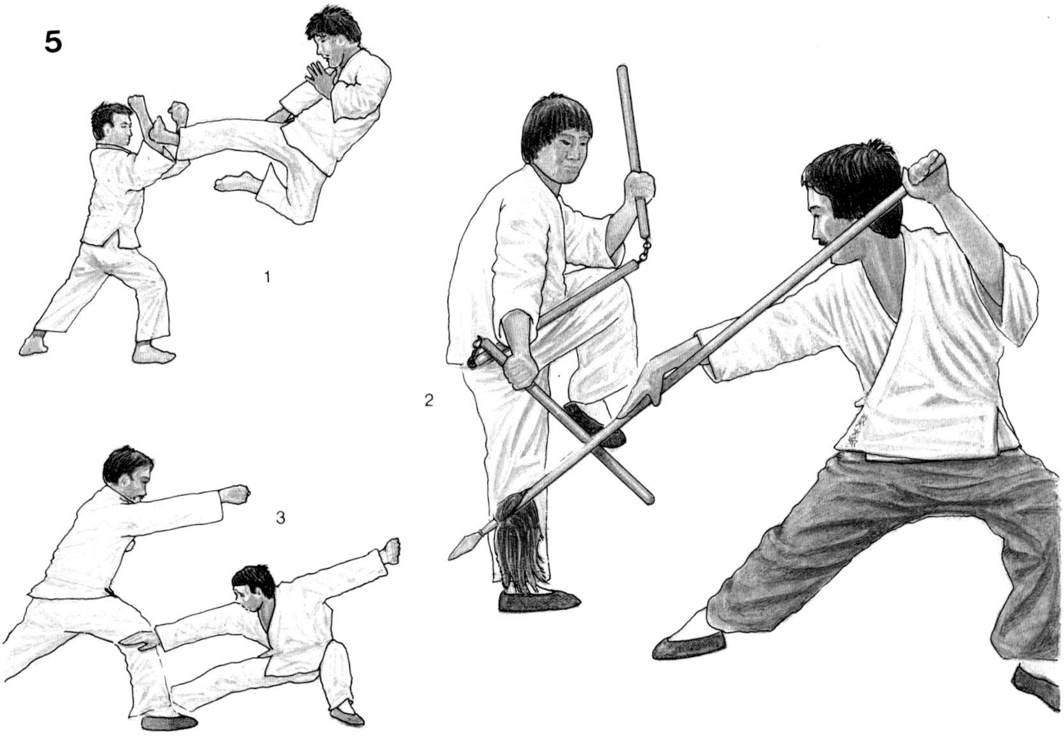

1. karate
1.1. parata di pugno diretto e attacco con calcio frontale - 1.2. attacco con calcio laterale e contrattacco con calcio laterale basso - 1.3. parata di pugno diretto e colpo diretto con la mano al collo

2. judo
2.1. proiezione - 2.2. spazzata di gamba - 2.3. immobilizzazione

3. aikido
3.1. proiezione - 3.2. torsione del braccio - 3.3. squilibramento per mezzo di retroflessione del capo

4. kendo
4.1. equipaggiamento di gara del kendoka - 4.2. combattimento collettivo

5. kung fu
5.1. parata di calcio volante frontale - 5.2. attacco con pugno frontale e contrattacco basso con taglio della mano - 5.3. combattimento con bastone snodato e lancia cinese

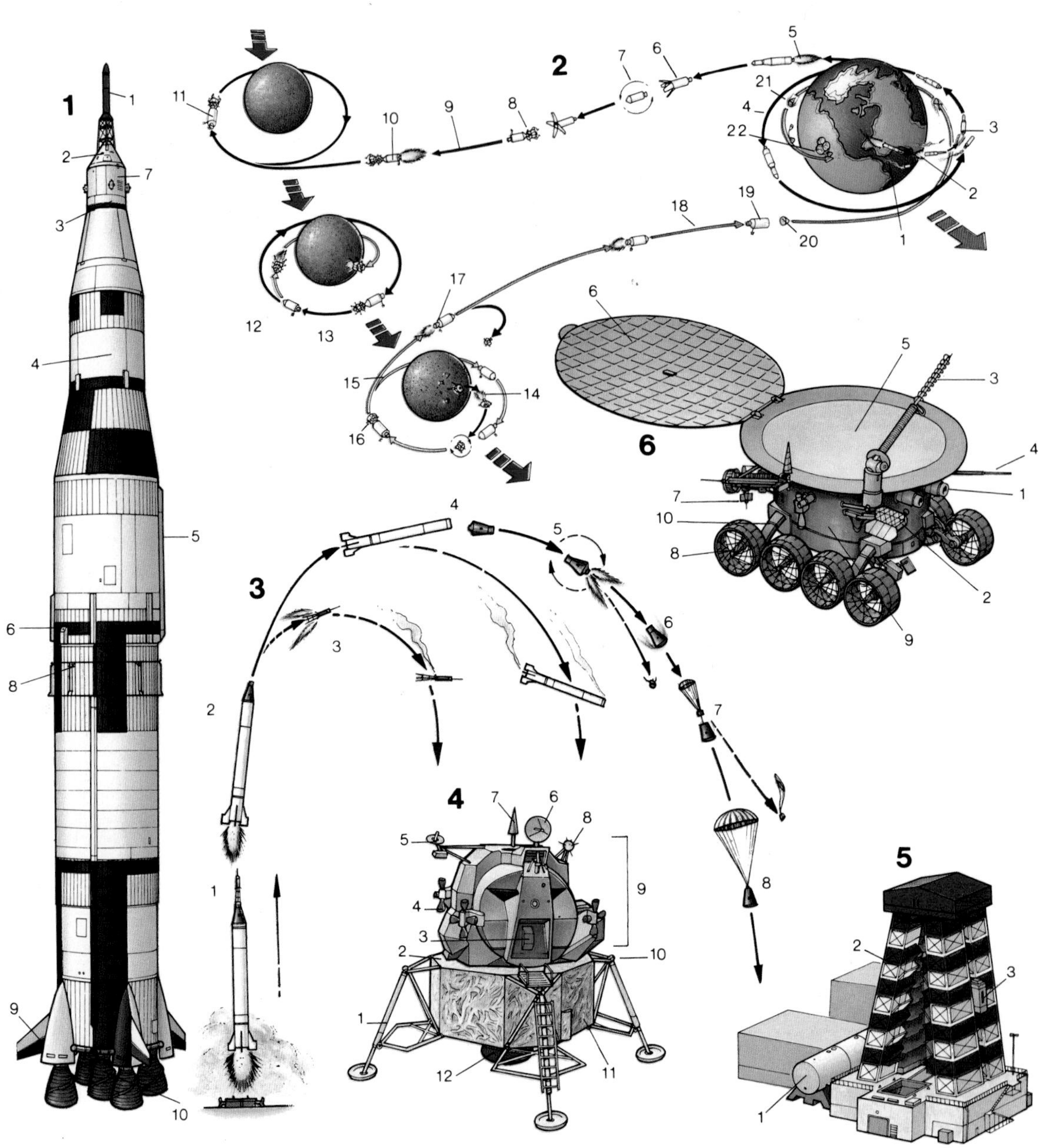

1. razzo vettore

1.1. torre di emergenza - 1.2. capsula - 1.3. retrorazzi capsula - 1.4. serbatoio ossigeno liquido - 1.5. tubo olio - 1.6. retrorazzi - 1.7. apparati radio - 1.8. motori correzione di rotta - 1.9. ala stabilizzatrice - 1.10. motori principali

2. fasi del volo Terra-Luna

2.1. decollo - 2.2. stacco del I stadio - 2.3. stacco del II stadio - 2.4. orbita di parcheggio terrestre - 2.5. passaggio alla rotta lunare - 2.6. stacco del III stadio - 2.7. trasposizione del veicolo - 2.8. estrazione del LEM - 2.9. rotta lunare - 2.10. correzione di rotta - 2.11. inserimento nell'orbita lunare - 2.12. sgancio del LEM - 2.13. allunaggio - 2.14. decollo - 2.15. orbita di parcheggio lunare - 2.16. riaggancio del LEM - 2.17. abbandono del LEM - 2.18. rotta terrestre - 2.19. modulo di servizio - 2.20. modulo di comando - 2.21. rientro nell'atmosfera - 2.22. ammaraggio

3. fasi del lancio e volo suborbitale

3.1. sezione propulsiva partenza - 3.2. salita razzo principale - 3.3. distacco torre emergenza - 3.4. distacco capsula - 3.5. ribaltamento capsula - 3.6. inizio caduta -3.7. apertura paracadute di guida - 3.8. apertura paracadute principale

4. LEM (modulo lunare)

4.1. gambe telescopiche - 4.2. scudo termico - 4.3. portello - 4.4. razzi di manovra - 4.5. antenne radar lunari - 4.6. antenne radar navigazione - 4.7. antenna radio - 4.8. antenna televisione - 4.9. stadio di salita - 4.10. snodo - 4.11. stadio di discesa - 4.12. motore principale di discesa

5. torre di servizio

5.1. serbatoi carburante - 5.2. ponti mobili - 5.3. ascensore

7

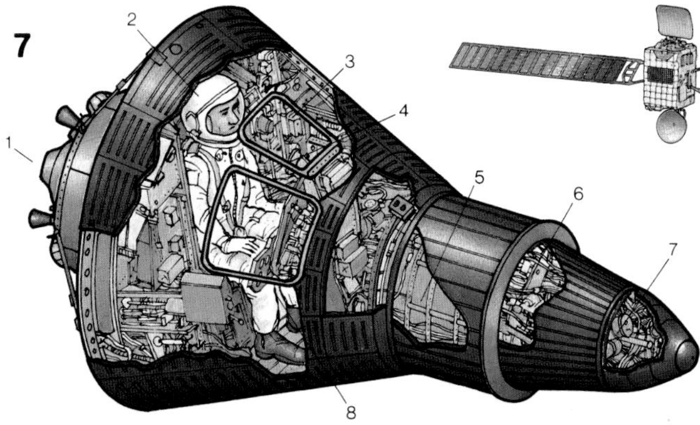

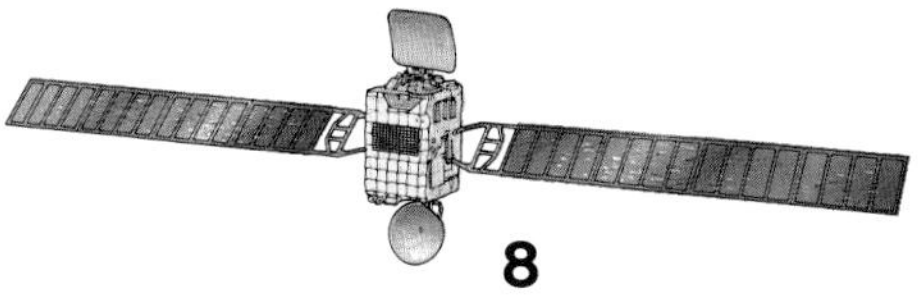

8

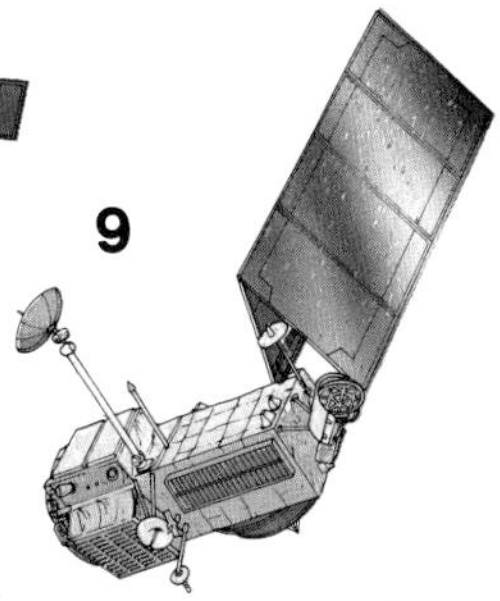

9

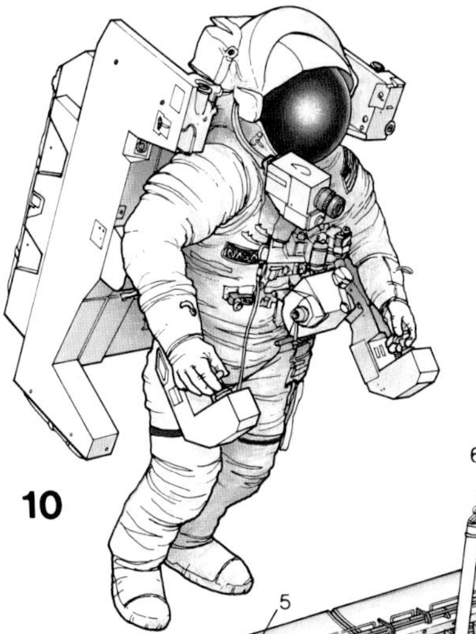

10

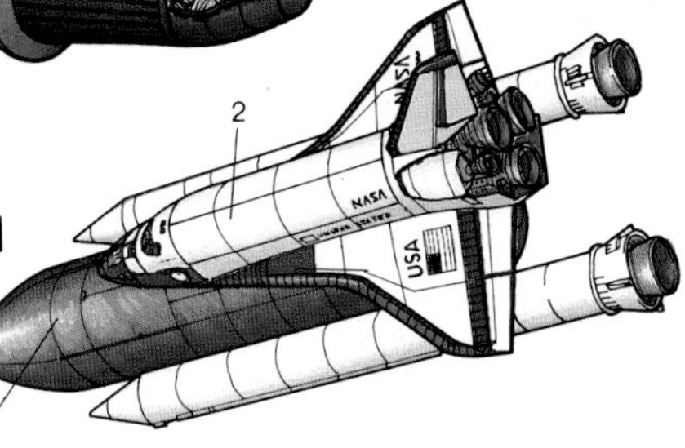

11

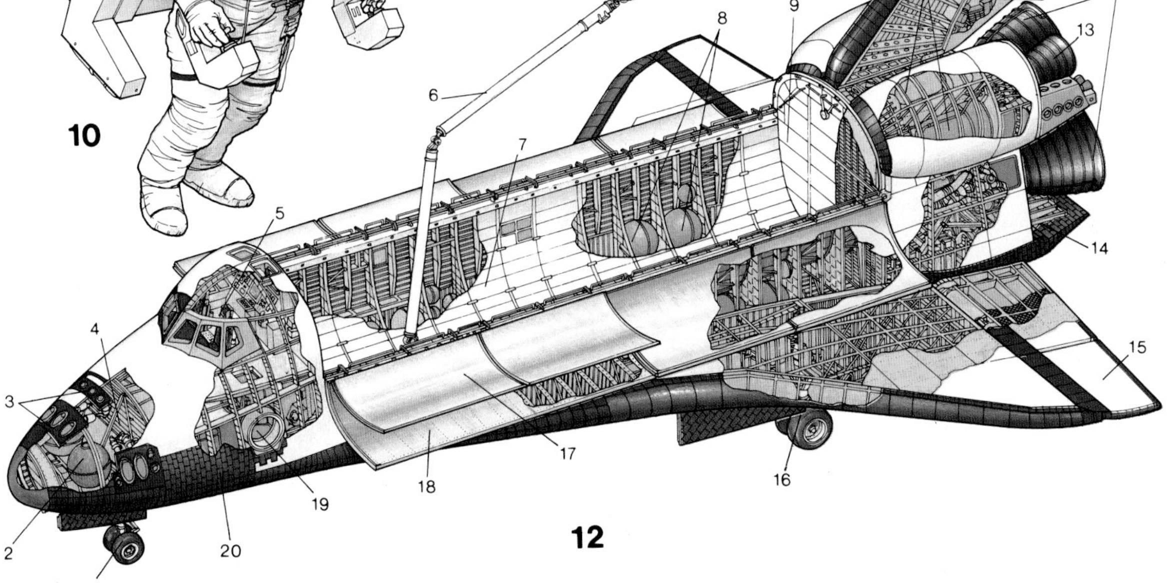

12

6.lunakhod (stazione automatica lunare)
6.1. telecamere - 6.2. riflettore laser - 6.3. antenna radio direzionale - 6.4. antenna radio - 6.5. radiatore refrigeratore - 6.6. pannelli solari - 6.7. sonda per analisi - 6.8. motore elettrico - 6.9. comparto pressurizzato - 6.10. sospensioni oscillanti

7.capsula spaziale
7.1. retrorazzi - 7.2. astronauta - 7.3. finestrino - 7.4. periscopio - 7.5. paracadute principale - 7.6. paracadute di guida - 7.7. congegno di orizzonte - 7.8. portello di emergenza

8.satellite per telecomunicazioni

9.satellite per topografia oceanica

10. unità mobile extraveicolare

11. *shuttle*
11.1. serbatoio esterno - 11.2. *shuttle*

12. schema di navetta *shuttle*
12.1. carrello anteriore - 12.2. serbatoio anteriore per combustibile - 12.3. getti anteriori per il controllo dell'assetto - 12.4. paratia anteriore del modulo dell'equipaggio - 12.5. cabina di comando - 12.6. braccio manipolatore snodato telecomandato - 12.7. vano di carico - 12.8. serbatoio di combustibile per gli equipaggiamenti di bordo - 12.9. paratia posteriore del vano di carico - 12.10. serbatoi di combustibile per i motori principali - 12.11. timoni e aerofreno per atterraggio - 12.12. ugelli dei motori principali - 12.13. ugelli per manovre orbitali - 12.14. *flap* posteriore - 12.15. alettone - 12.16. carrello posteriore - 12.17. radiatore spaziale - 12.18. portello della stiva - 12.19. portello d'accesso dell'equipaggio - 12.20. tegole per l'isolamento superficiale

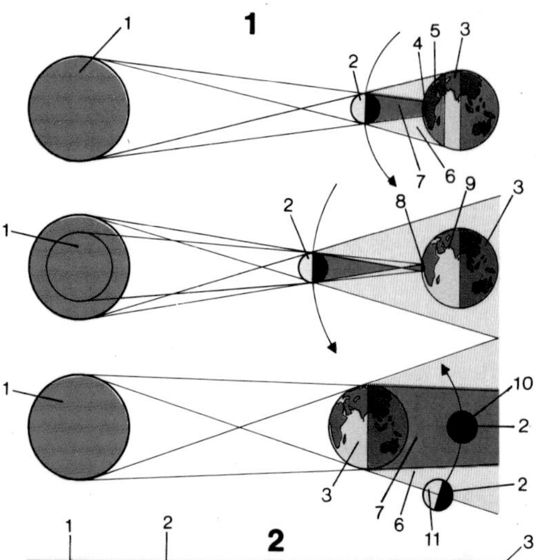

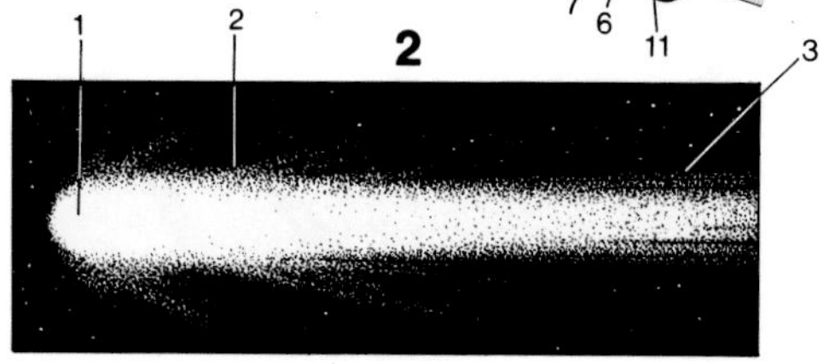

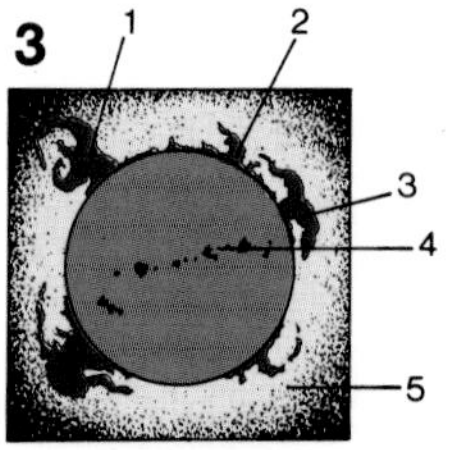

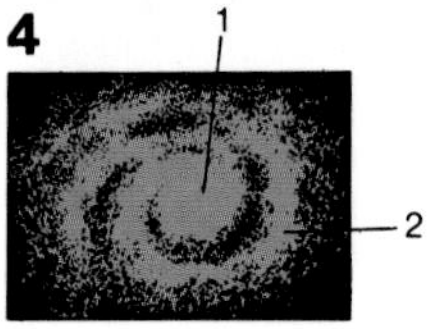

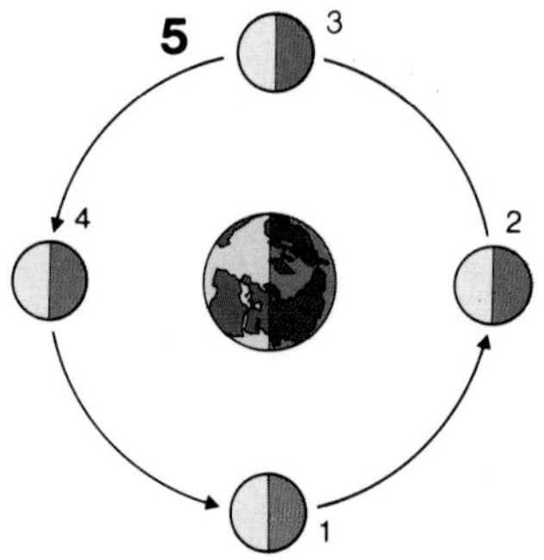

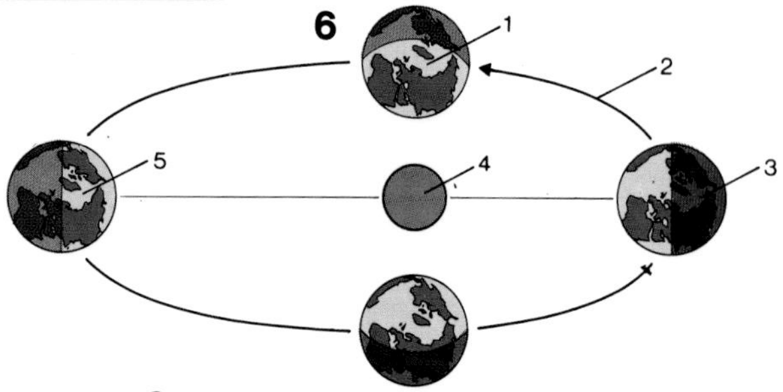

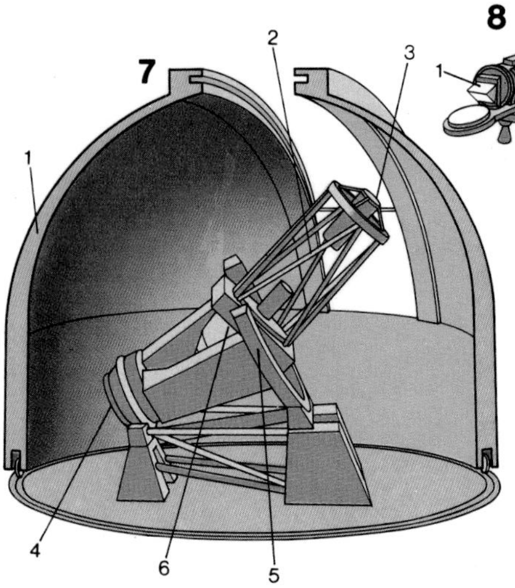

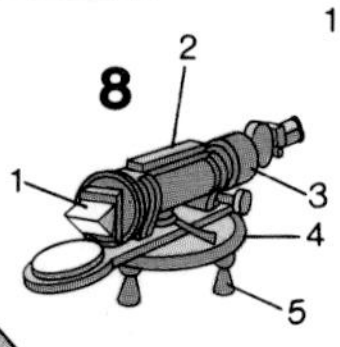

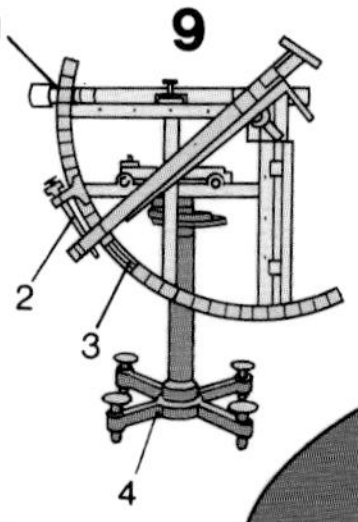

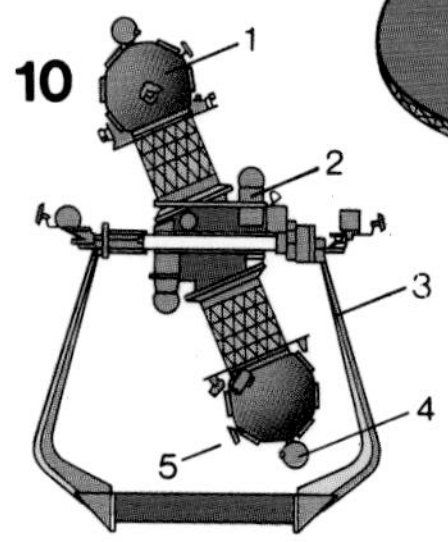

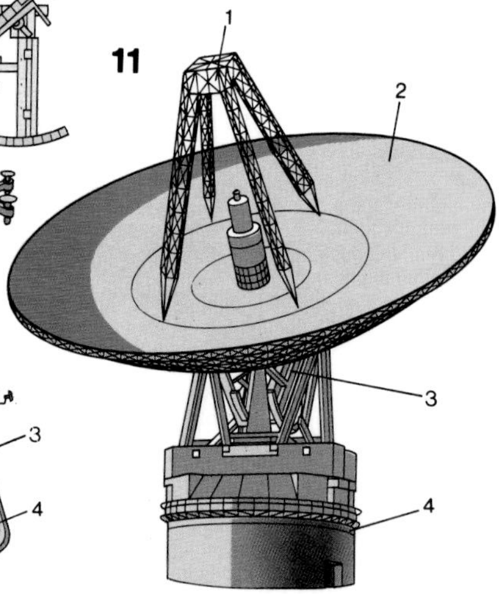

1. eclissi
1.1. Sole - 1.2. Luna - 1.3. Terra - 1.4. eclisse totale di Sole - 1.5. eclisse parziale di Sole - 1.6. penombra - 1.7. ombra - 1.8. eclisse anulare di Sole - 1.9. eclisse parziale di Sole - 1.10. eclisse totale di Luna - 1.11. eclisse parziale di Luna

2. cometa
2.1. nucleo - 2.2. chioma - 2.3. coda

3. Sole
3.1. protuberanza - 3.2. corona - 3.3. fotosfera - 3.4. macchia - 3.5. cromosfera

4. nebulosa
4.1. nucleo - 4.2. spirale

5. fasi lunari
5.1. primo quarto - 5.2. plenilunio - 5.3. ultimo quarto - 5.4. novilunio

6. rivoluzione terrestre
6.1. Terra - 6.2. eclittica - 6.3. perielio - 6.4. Sole - 6.5. afelio

7. osservatorio
7.1. cupola equatoriale - 7.2. telescopio a riflessione - 7.3. oculare con abitacolo - 7.4. asse polare - 7.5. asse di declinazione - 7.6. specchio parabolico

8. astrolabio
8.1. prisma - 8.2. livella - 8.3. cannocchiale - 8.4. cerchio azimutale - 8.5. vite calante

9. quadrante
9.1. quadrante - 9.2. vite micrometrica - 9.3. nonio - 9.4. base a viti calanti

10. planetario
10.1. proiettore per le stelle - 10.2. motori spostamenti periodici Terra - 10.3. castello - 10.4. proiettore per traiettoria Sole - 10.5. proiettore per le nebulose

11. radiotelescopio
11.1. antenna - 11.2. parabola - 11.3. asse di declinazione - 11.4. rotaie

1. atletica leggera

1.1. corsa - 1.2. staffetta - 1.3. ostacoli - 1.4. siepi - 1.5. maratona - 1.6. marcia - 1.7. giavellotto - 1.8. disco - 1.9. martello - 1.10. peso - 1.11. salto in lungo - 1.12. salto in alto - 1.13. salto con l'asta

2. ginnastica

2.1. parallele - 2.2. sbarra orizzontale - 2.3. corpo libero - 2.4. cavallo con maniglie - 2.5. anelli - 2.6. volteggio - 2.7. parallele asimmetriche - 2.8. asse d'equilibrio

3. atletica pesante

3.1. lotta greco-romana - 3.1a. materasso - 3.2. lotta libera - 3.3. lotta giapponese - 3.4. sollevamento pesi

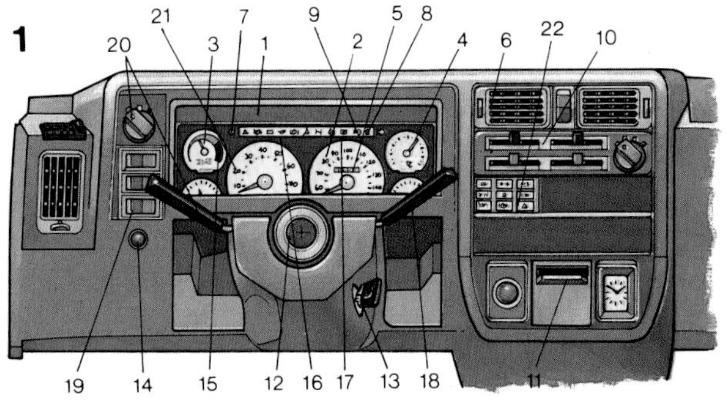

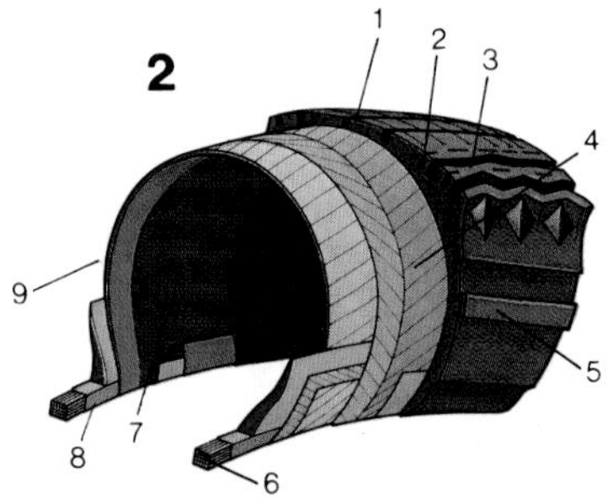

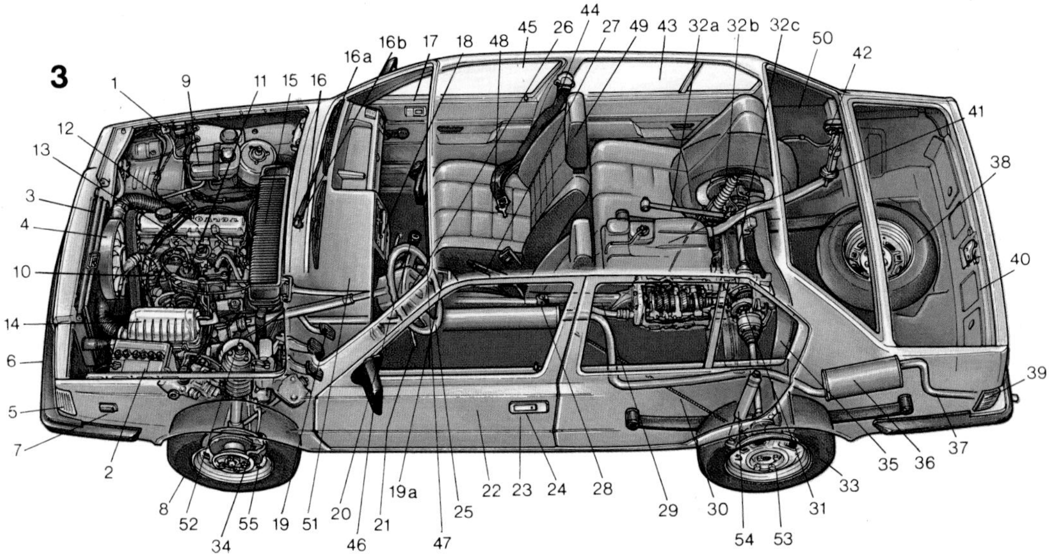

1. cruscotto
1.1. quadro strumenti - 1.2. tachimetro - 1.3. indicatore livello carburante - 1.4. spia temperatura - 1.5. contachilometri - 1.6. bocchetta di ventilazione - 1.7. spia frecce - 1.8. spia luci - 1.9. spia abbaglianti - 1.10. comandi climatizzazione - 1.11. portacenere - 1.12. asse volante - 1.13. chiave accensione e avviamento - 1.14. comando starter (arricchitore di avviamento) - 1.15. spia riserva carburante - 1.16. spia pressione olio - 1.17. spia dinamo - 1.18. comando tergiparabrezza - 1.19. comando luce quadro - 1.20. comando luci - 1.21. contagiri - 1.22. pannello di controllo

2. pneumatico
2.1. battistrada - 2.2. incavo - 2.3. scolpitura - 2.4. tela - 2.5. fianco - 2.6. cerchio metallico - 2.7. risvolto - 2.8. tallone - 2.9. carcassa

3. autovettura
3.1. cofano motore - 3.2. batteria - 3.3. radiatore - 3.4. ventola - 3.5. fanale - 3.6. paraurti - 3.7. indicatore direzione - 3.8. ruota direttrice - 3.9. serbatoio raffreddamento - 3.10. spinterogeno - 3.11. candele - 3.12. motore - 3.13. carburatore - 3.14. filtro aria - 3.15. impianto di climatizzazione - 3.16. tergicristallo - 3.16a. spazzola - 3.16b. racchetta - 3.17. parabrezza - 3.18. cruscotto - 3.19. pedaliera (acceleratore, freno, frizione) - 3.19a. scatola cambio - 3.20. leva cambio - 3.21. comandi delle luci, del tergicristallo e degli indicatori di direzione - 3.22. portiera - 3.23. maniglia - 3.24. serratura - 3.25. volante - 3.26. avvisatore acustico - 3.27. leva freno a mano - 3.28. giunto cardanico - 3.29. albero di trasmissione - 3.30. flessibile freno a mano - 3.31. differenziale - 3.32a. puntone longitudinale - 3.32b. molla sospensione - 3.32c. semiasse - 3.33. ruota motrice - 3.34. freno a disco - 3.35. barra trasversale o antirollio - 3.36. silenziatore dello scappamento - 3.37. tubo di scarico dello scappamento - 3.38. ruota di scorta - 3.39. fanali (posizione, stop, lampeggiatore, retromarcia) - 3.40. cofano o vano bagagli - 3.41. serbatoio carburante - 3.42. tappo - 3.43. finestrino - 3.44. attacco cintura di sicurezza - 3.45. padiglione o tetto - 3.46. specchietto retrovisore esterno - 3.47. specchietto retrovisore interno - 3.48. sedile - 3.49. poggiatesta - 3.50. lunotto - 3.51. plancia - 3.52. scatola guida - 3.53. cerchio - 3.54. ammortizzatore - 3.55. pinza flottante

4. autostrada
4.1. corsia sosta emergenza - 4.2. corsia marcia - 4.3. corsia sorpasso - 4.4. spartitraffico - 4.5. svincolo - 4.6. barriera - 4.7. raccordo rete stradale ordinaria - 4.8. soprappassaggio o cavalcavia - 4.9. raccordo - 4.10. corsia accelerazione - 4.11. corsia uscita - 4.12. siepe - 4.13. isola spartitraffico - 4.14. area di servizio - 4.15. distributori carburante - 4.16. ristoro - 4.17. officina - 4.18. piazzuola

5. motore a benzina
5.1. carburatore - 5.2. collettore d'aspirazione - 5.3. collettore di scarico - 5.4. condotto d'aspirazione - 5.5. condotto di scarico - 5.6. valvola d'aspirazione - 5.7. valvola di scarico - 5.8. guida della valvola - 5.9. molla della valvola - 5.10. albero a camme - 5.11. catena per l'azionamento dell'albero di distribuzione - 5.12. candela d'accensione - 5.13. pistone - 5.14. anelli o segmenti del pistone - 5.15. biella - 5.16. albero a gomiti - 5.17. cuscinetti di biella, bronzine - 5.18. volano - 5.19. pompa dell'acqua - 5.20. termostato - 5.21. ventola - 5.22. cinghia in gomma per l'azionamento - 5.23. coppa dell'olio - 5.24. filtro dell'olio - 5.25. pompa dell'olio - 5.26. condotto di travaso - 5.27. alettatura per il raffreddamento ad aria

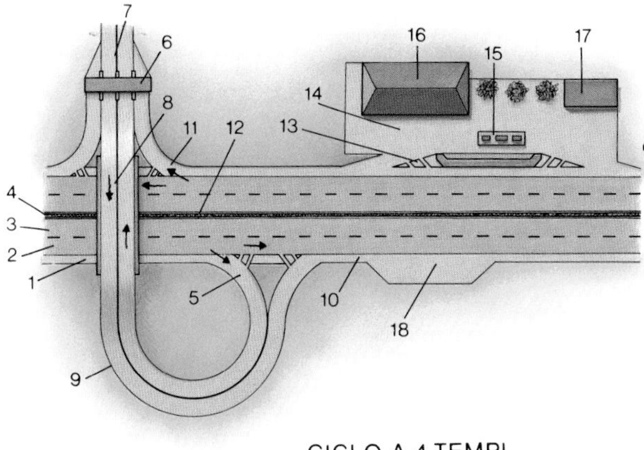

4

CICLO A 2 TEMPI

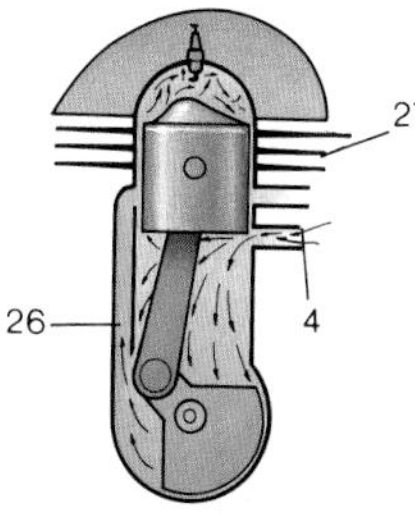

5

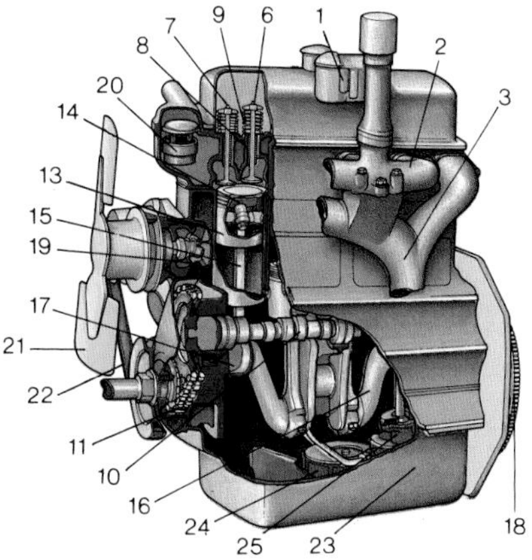

CICLO A 4 TEMPI

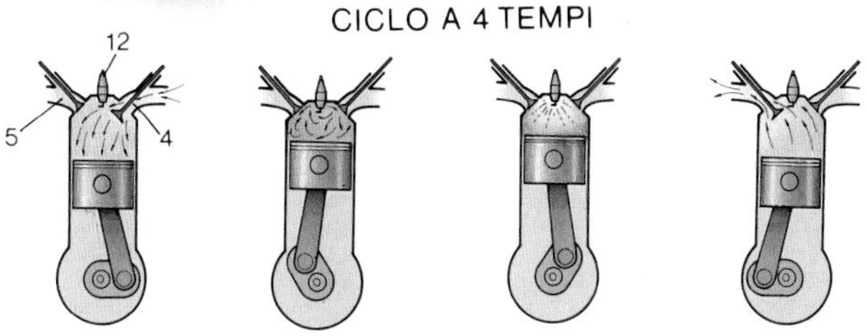

6

7

8

9

10

11

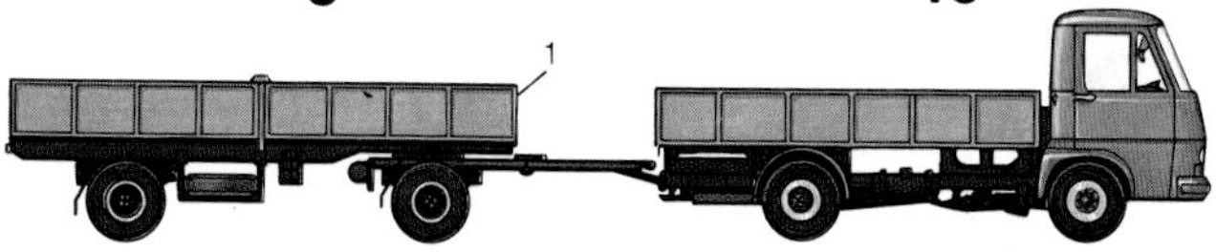

12

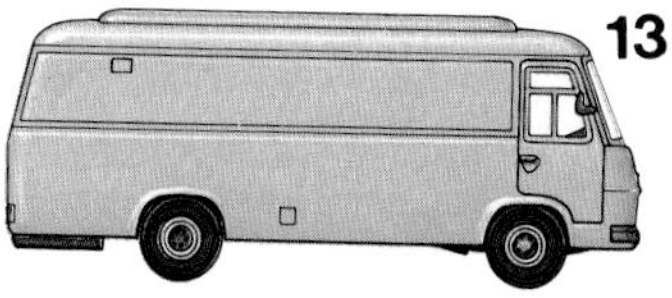

13

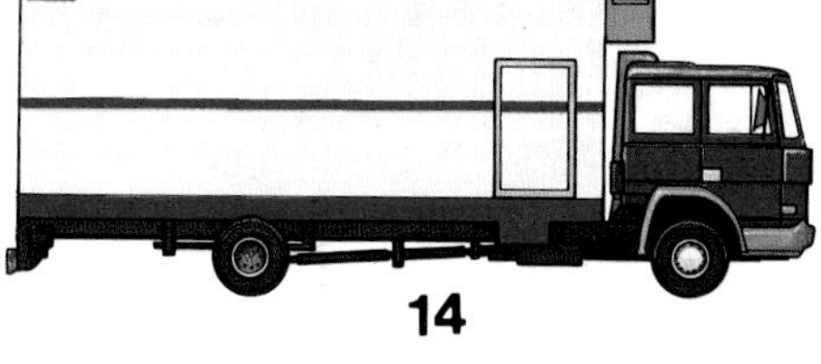

14

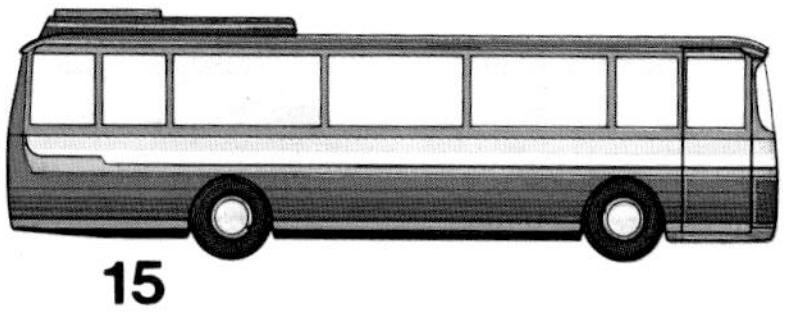

15

16

6. monoposto da corsa
6.1. *roll bar* (arco di protezione)

7. berlina

8. *cuopé*

9. *spider*

9.1. *hard-top* (tettuccio rigido)

10. giardinetta

11. fuoristrada

12. autotreno
12.1. rimorchio

13. furgone

14. autosnodato

15. autocorriera

16. motofurgone

1

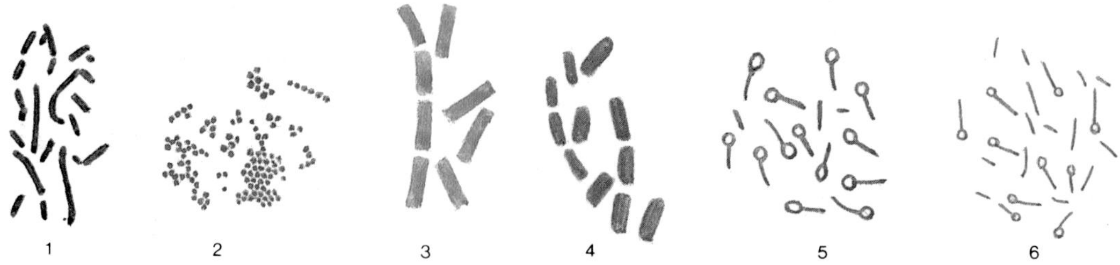

2

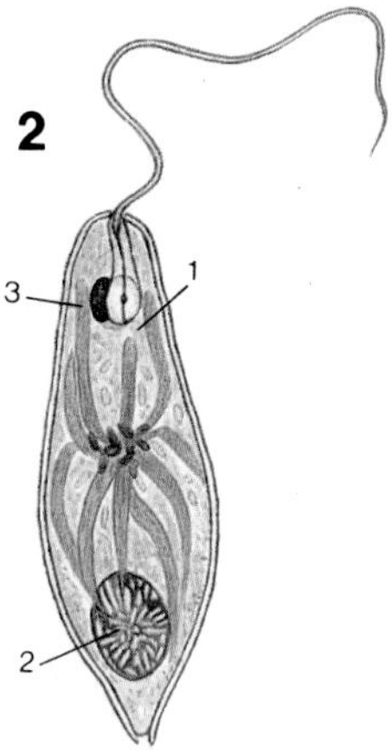

3

4

5

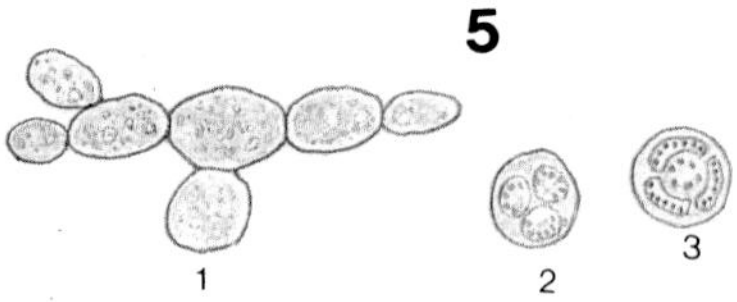

6

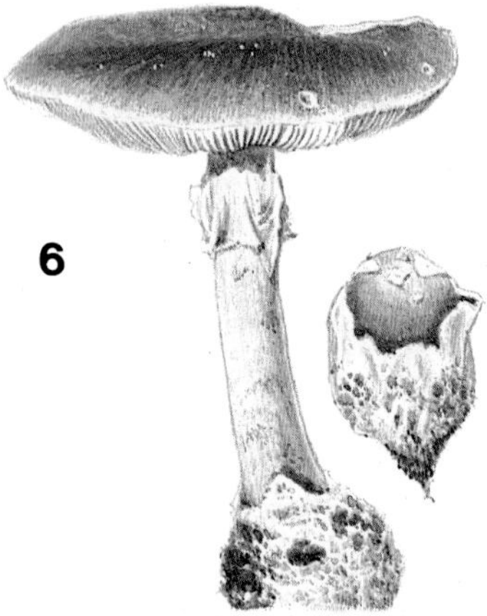

7

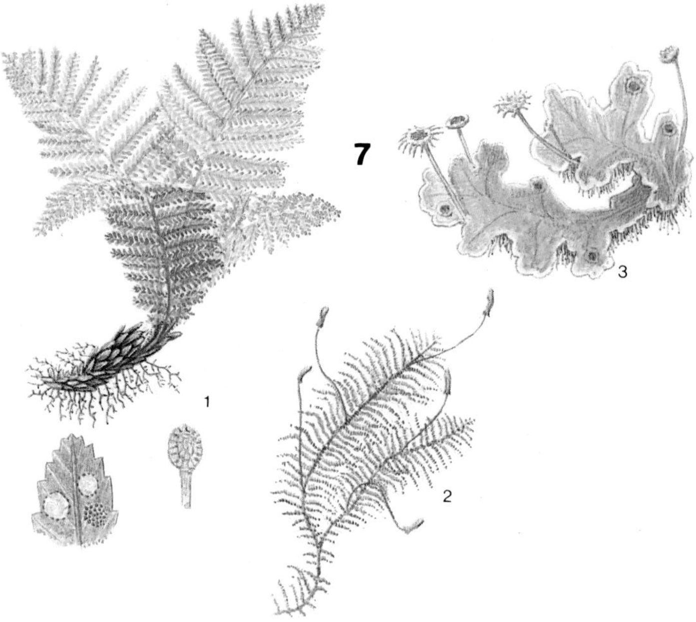

8

1. batteri
1.1. batterio del tifo - 1.2. brucella di malta - 1.3. bacillo del carbonchio - 1.4. bacillo del fieno - 1.5. bacillo dell'acido butirrico - 1.6. bacillo del tetano

2. alga unicellulare
2.1. cromatoforo - 2.2. nucleo - 2.3. stigma

3. alga pluricellulare (sargasso)

4. lichene (lichene d'Islanda)

5. lievito (lievito della birra)
5.1. cellule vegetative gemmanti - 5.2. e 5.3. - aschi con ascospore veduti da lati diversi

6. fungo (amanita verdognola)

7. crittogame
7.1. felce - 7.2. muschio - 7.3. epatica

8. fanerogame
8.1. gimnosperma (pino marittimo) - 8.2. angiosperma dicotiledone (noce) - 8.3. angiosperma monocotiledone (palma)

Alano tedesco arlecchino
Alano tedesco fulvo
Basset-hound
Bassotto
Bobtail
Boxer
Bracco italiano
Bulldog
Chihuahua
Chow chow
Cocker nero
Dalmata
Doberman
Foxterrier
Levriero afgano
Levriero inglese
Levriero italiano
Levriero russo

Mastino napoletano

Pastore bergamasco

Pastore maremmano

Pastore tedesco

Pastore scozzese

Pechinese

Pointer

Schnauzer

Segugio italiano

Setter inglese

Spaniel

Spinone

Terranova

Volpino tedesco

San Bernardo

Husky siberiano

Yorkshire terrier

1

2

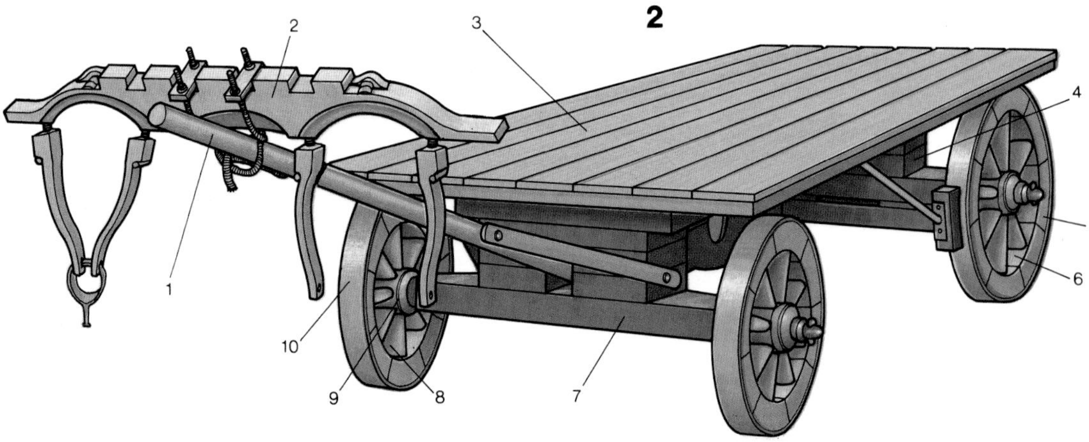

1. diligenza
1.1. portabagagli o imperiale - 1.2. fanale o lanterna - 1.3. cassetta - 1.4. leva del freno - 1.5. bilancino - 1.6. sportello - 1.7. predellino - 1.8. finestrino - 1.9. ceppo del freno

2. carro agricolo
2.1. timone - 2.2. giogo - 2.3. pianale - 2.4. scannello - 2.5. gavello - 2.6. ruota - 2.7. assale - 2.8. raggio - 2.9. mozzo - 2.10. cerchione

3. carrozza victoria

4. carrozza *coupé*

5. *rickshaw*
5.1. molle - 5.2. tendimantice

6. carrozza berlina

7. *cabriolet*
7.1. stanga - 7.2. redini - 7.3. mantice - 7.4. cocchiere - 7.5. parafango - 7.6. balestra

8. carrozza landò

9. barroccio

10. finimenti
10.1. morso - 10.2. capezzina - 10.3. paraocchi - 10.4. frontale - 10.5. sottogola - 10.6. collare - 10.7. selletta - 10.8. redine - 10.9. groppiera - 10.10. sottocoda - 10.11. stanga - 10.12. sottopancia

3

4

5

6

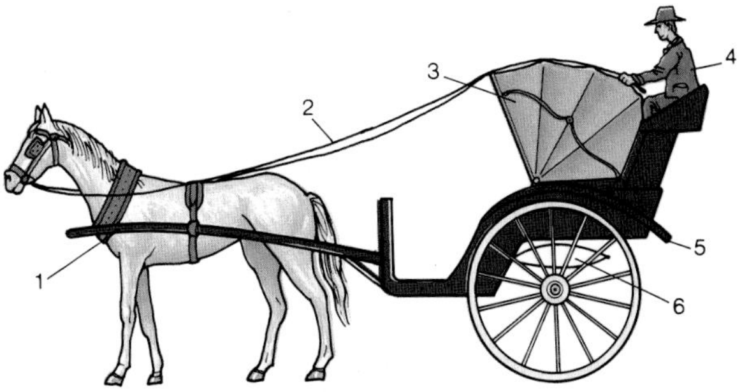

7

8

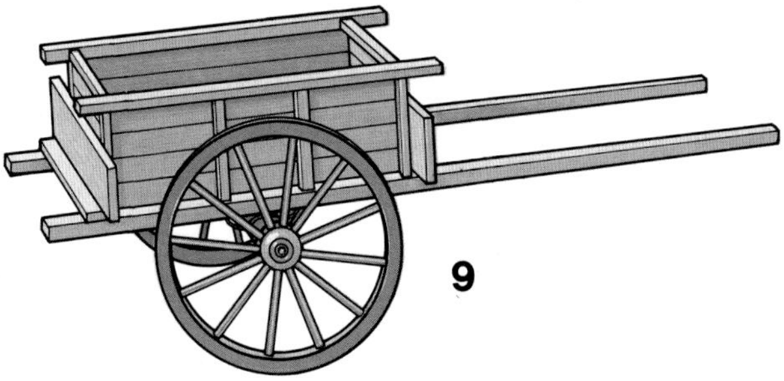

9

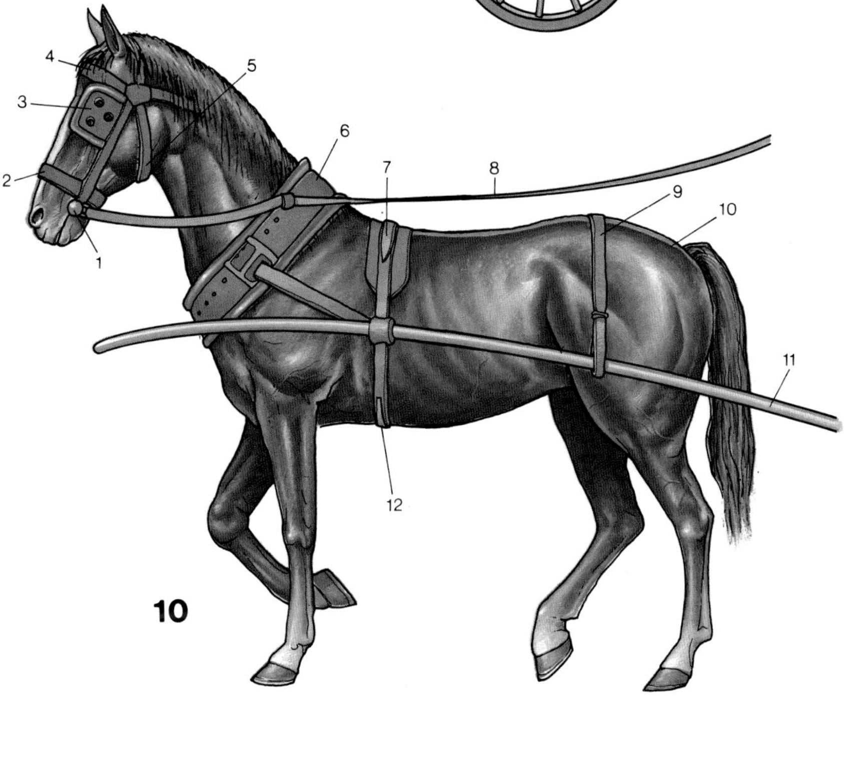

10

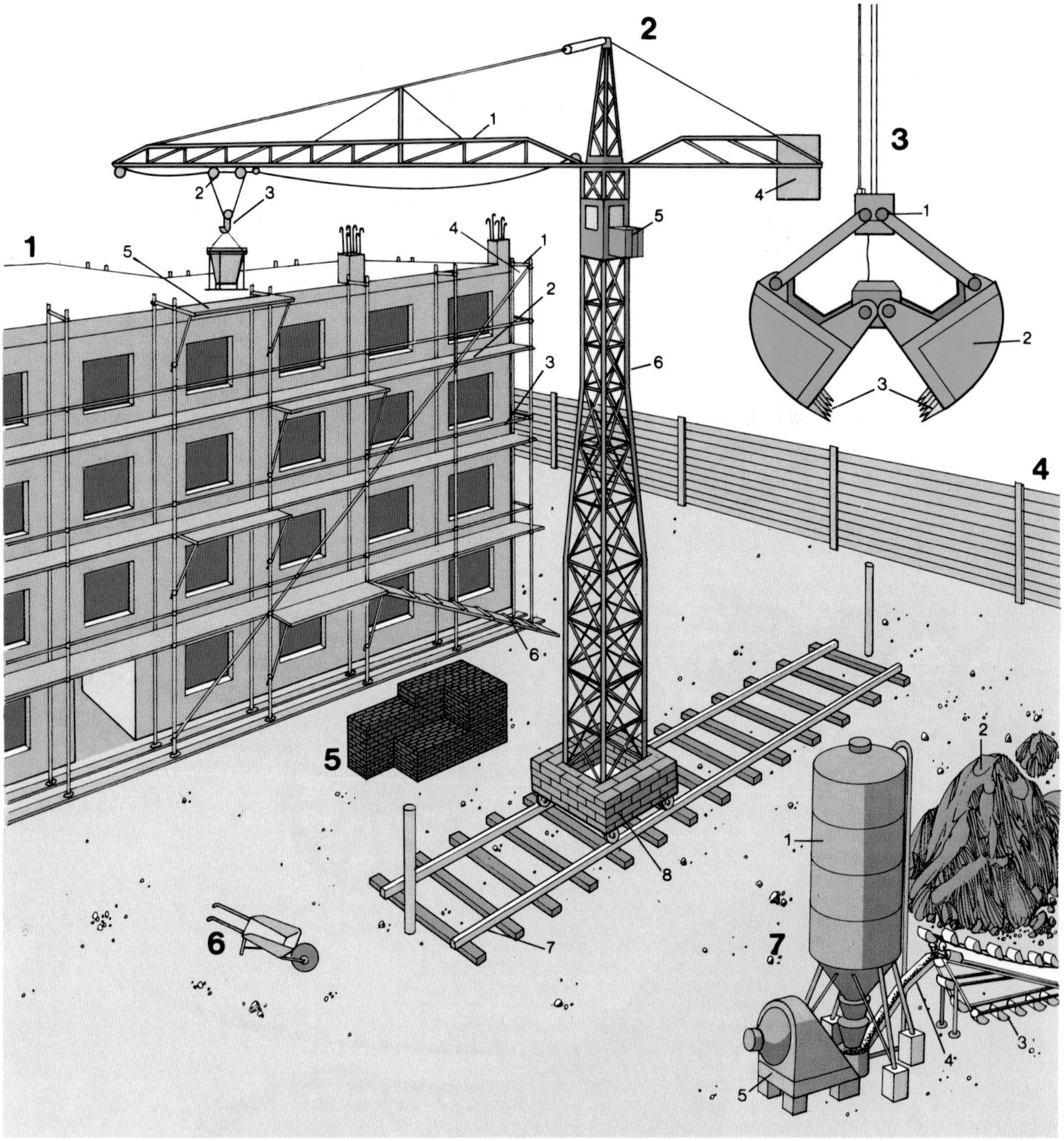

1. edificio in costruzione
1.1. incastellatura - 1.2. battipiede - 1.3. corrimano - 1.4. controvento - 1.5. terrazzino - 1.6. andatoia

2. gru a torre
2.1. braccio girevole - 2.2. carrello - 2.3. benna - 2.4. contrappeso - 2.5. cabina di comando - 2.6. torre - 2.7. binario - 2.8. zavorra

3. benna mordente
3.1. cerniera - 3.2. valva - 3.3. unghie

4. recinzione

5. deposito laterizi

6. carriola

7. centrale di betonaggio
7.1. silo - 7.2. deposito inerti - 7.3. caricatore a catena - 7.4. tramoggia dosatrice - 7.5. impastatrice (betoniera)

8. scavo di fondazione
8.1. scavo generale - 8.2. scavo parziale

9. pala

10. escavatrice a cucchiaio rovescio

11. battipalo

12. utensili da muratore
12.1. frattazzo - 12.2. sparviere - 12.3. cazzuola - 12.4. secchio - 12.5. giornello - 12.6. pennello - 12.7. scalpello - 12.8. mazzetta - 12.9. bocciarda - 12.10. martellina - 12.11. marra - 12.12. piccone - 12.13. mazza - 12.14. livella a bolla d'aria - 12.15. squadra - 12.16. filo a piombo

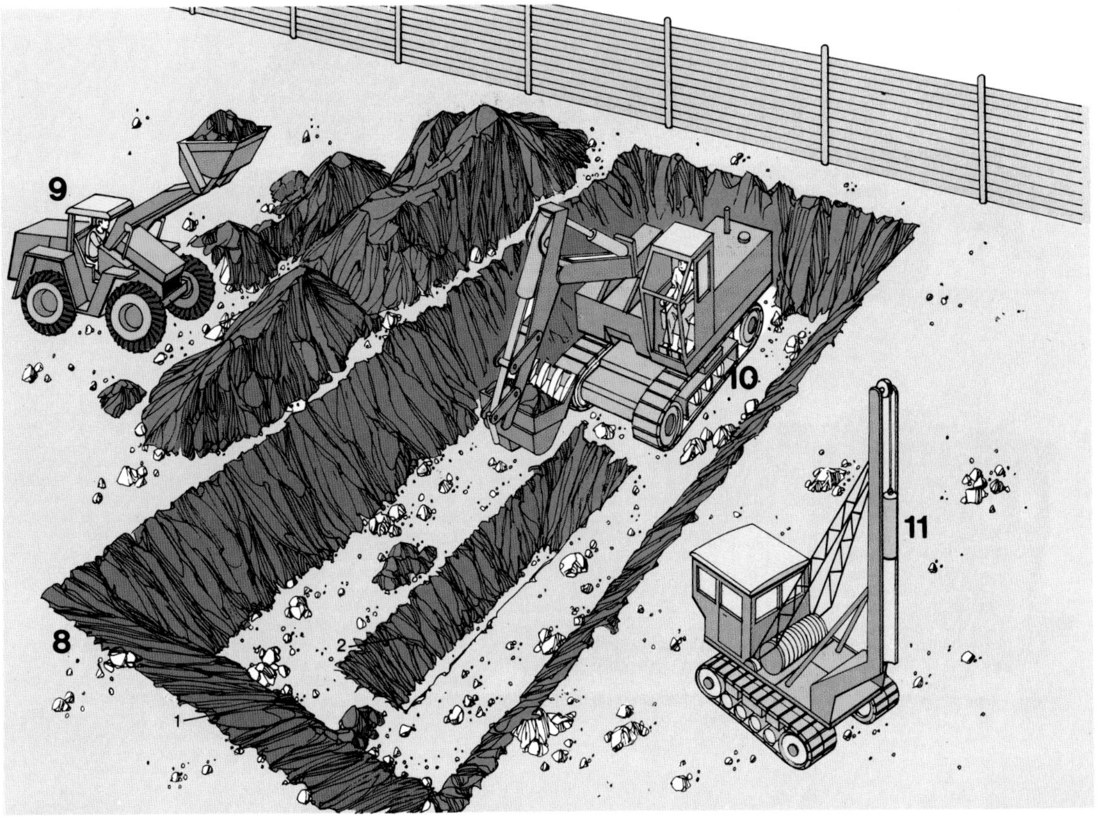
9
10
11
8
2
1

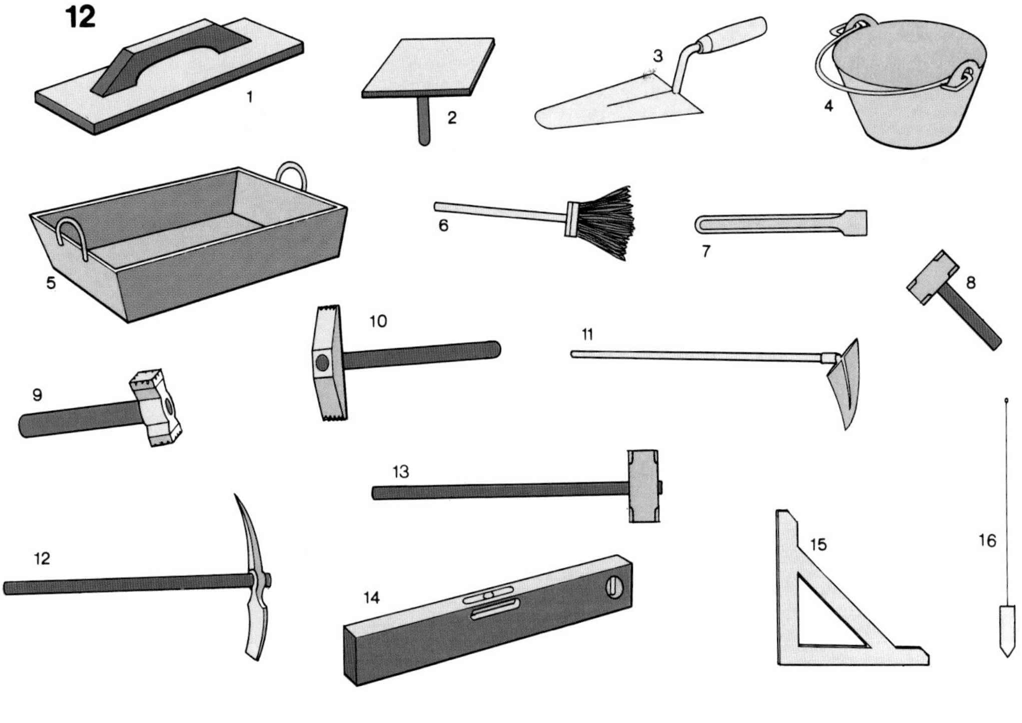
12
1
2
3
4
5
6
7
8
10
11
9
13
12
14
15
16

1

1
2
3
4
5
6
7
8
9
10
11
12
13
14
15
16
17
18

2

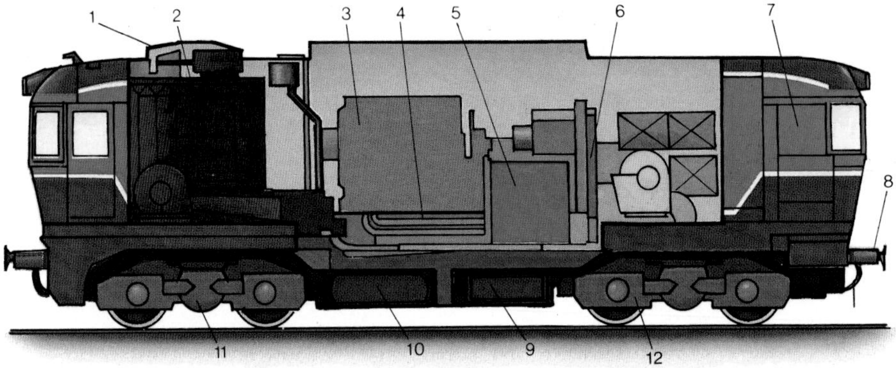
1
2
3
4
5
6
7
8
9
10
11
12

3

1
2
3
4
5

4

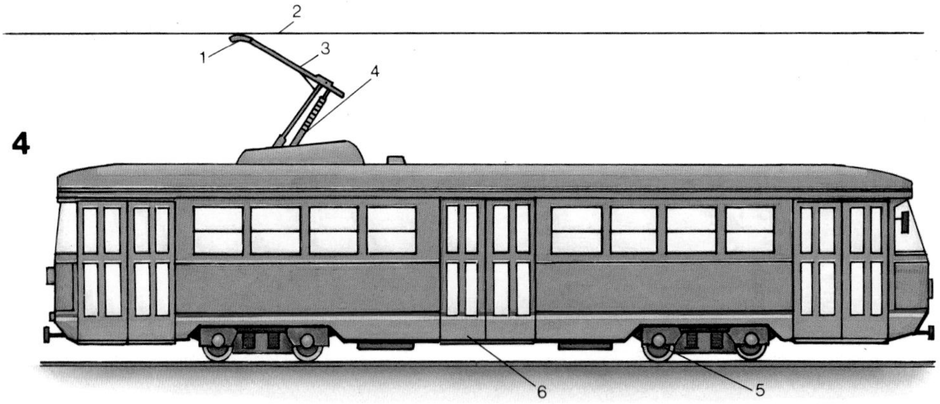
1
2
3
4
5
6

5

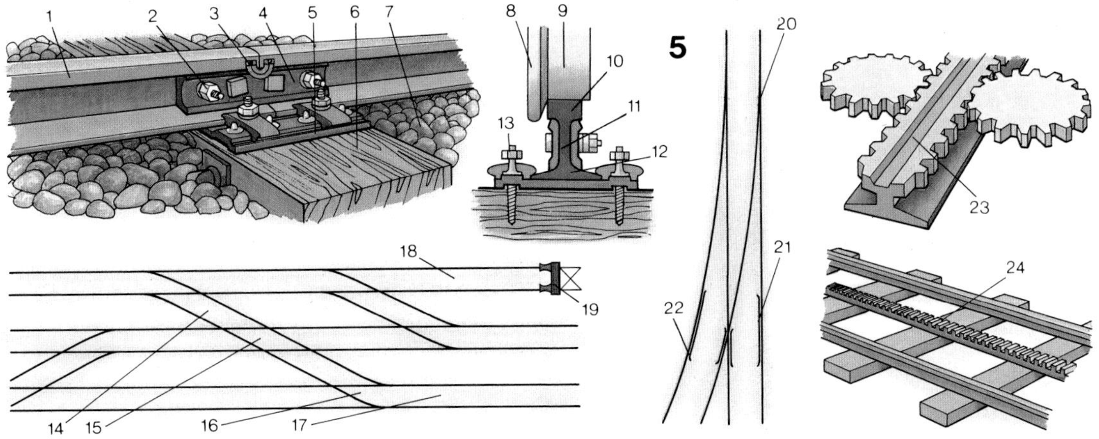

6

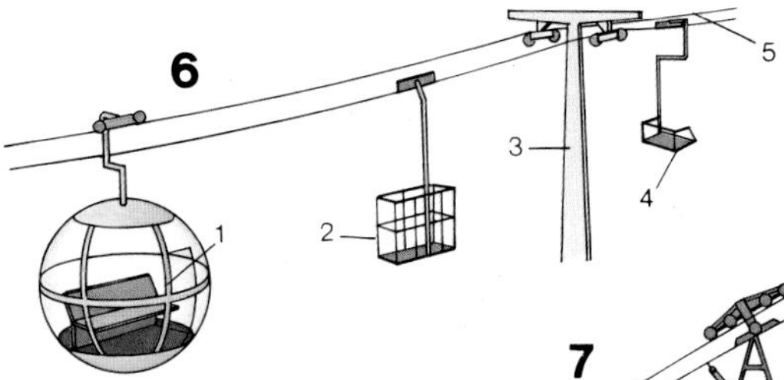

7

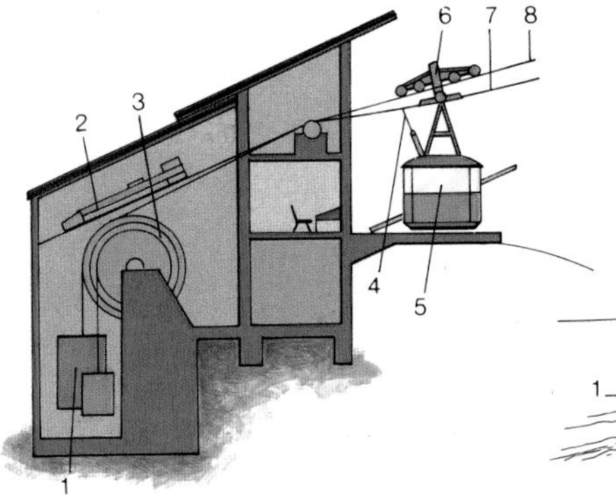
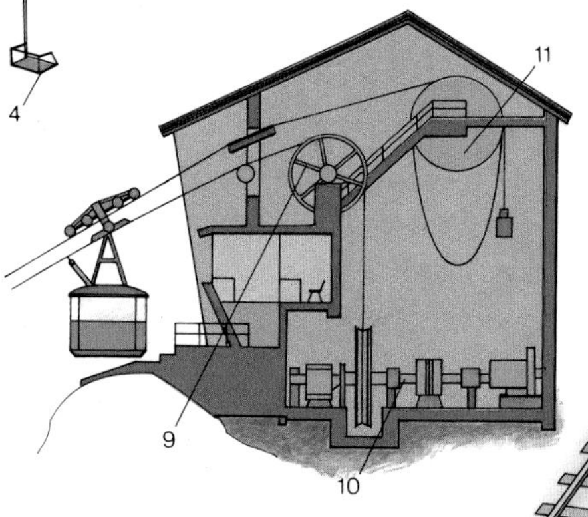

8

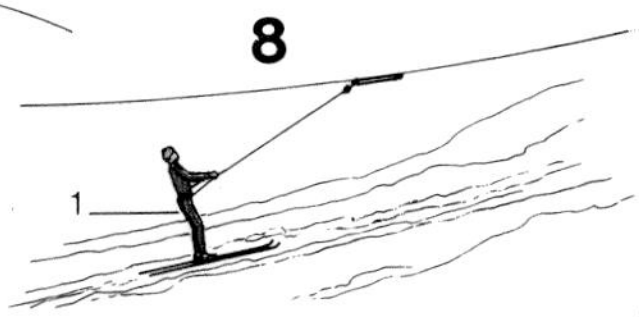

9

1. locomotiva a vapore
1.1. cabina di guida - 1.2. acqua - 1.3. fumi - 1.4. vapore - 1.5. duomo - 1.6. presa di vapore - 1.7. fumaiolo o ciminiera - 1.8. camera a fumo o di scarico - 1.9. surriscaldatore - 1.10. scarico - 1.11. cilindro - 1.12. stantuffo - 1.13. biella - 1.14. biella di accoppiamento - 1.15. ruota motrice - 1.16. focolare - 1.17. griglia - 1.18. cinerario

2. locomotiva diesel-elettrica
2.1. ventilatore - 2.2. radiatore - 2.3. motore Diesel - 2.4. scappamento - 2.5. generatore principale - 2.6. generatore ausiliario - 2.7. cabina di guida - 2.8. respingente - 2.9. batterie o accumulatori - 2.10. serbatoio carburante - 2.11. carrello - 2.12. motore elettrico

3. locomotiva elettrica
3.1. linea aerea di alimentazione - 3.2. presa di corrente o strisciante - 3.3. pantografo simmetrico - 3.4. sabbiera - 3.5. motore elettrico

4. vettura tranviaria urbana
4.1. rotella o carrucola - 4.2. linea di alimentazione - 4.3. asta di presa o *trolley* - 4.4. molla di tensione - 4.5. carrello - 4.6. porta pneumatica a libro

5. armamento ferroviario
5.1. rotaia - 5.2. dado e bullone - 5.3. cavallotto - 5.4. stecca - 5.5. piastra d'appoggio - 5.6. traversina - 5.7. massicciata - 5.8. bordino della ruota - 5.9. fascia o cerchione - 5.10. fungo della rotaia - 5.11. costola o anima - 5.12. suola - 5.13. caviglia - 5.14. binario trasversale - 5.15. incrocio - 5.16. scambio semplice - 5.17. binari di corsa - 5.18. binario morto o di servizio - 5.19. terminale - 5.20. ago mobile - 5.21. controrotaia - 5.22. zampa di lepre - 5.23. cremagliera doppia - 5.24. cremagliera semplice - 5.25. punta del cuore- 5.26. scambio inglese doppio

6. seggiovia o cabinovia
6.1. cabina - 6.2. gabbia - 6.3. pilone - 6.4. seggiolino - 6.5. funi (portante o traente)

7. funivia
Stazione di valle: 7.1. contrappeso - 7.2. puleggia rinvio fune traente - 7.3. tenditore fune portante - 7.4. ammortizzatore - 7.5. cabina - 7.6. carrello - 7.7. fune traente - 7.8. fune portante. Stazione di monte: 7.9. rinvio fune traente - 7.10. argano e motore - 7.11. tenditore fune portante

8. sciovia (*ski-lift*)
8.1. gancio

9. funicolare
9.1. motore - 9.2. argano - 9.3. puleggia - 9.4. fune traente - 9.5. rotaia - 9.6. vettura

1

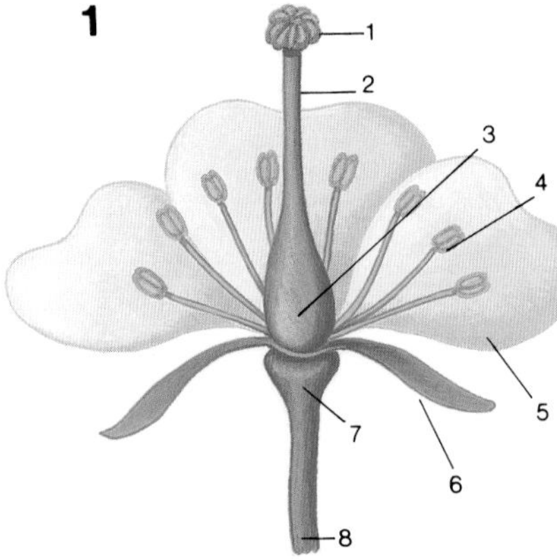

2

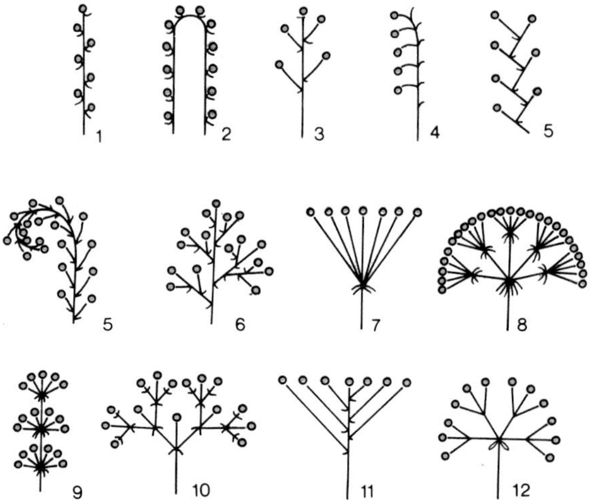

3

4

5

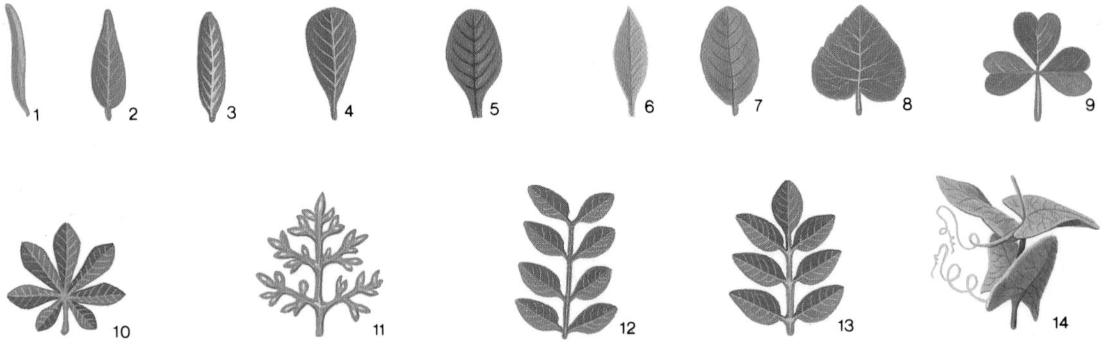

6

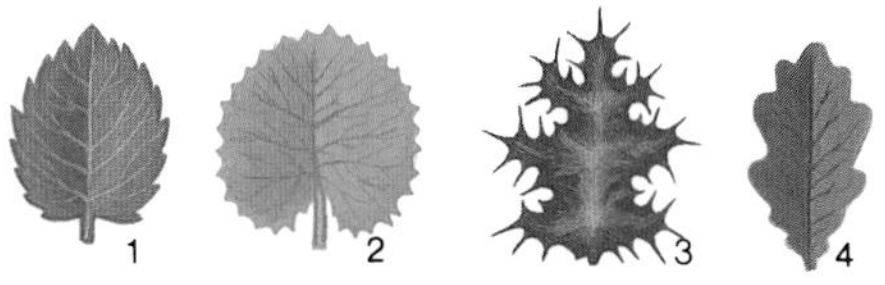

7

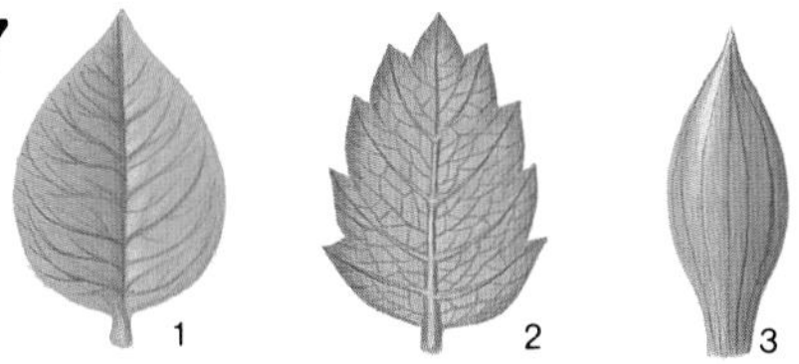

8

9

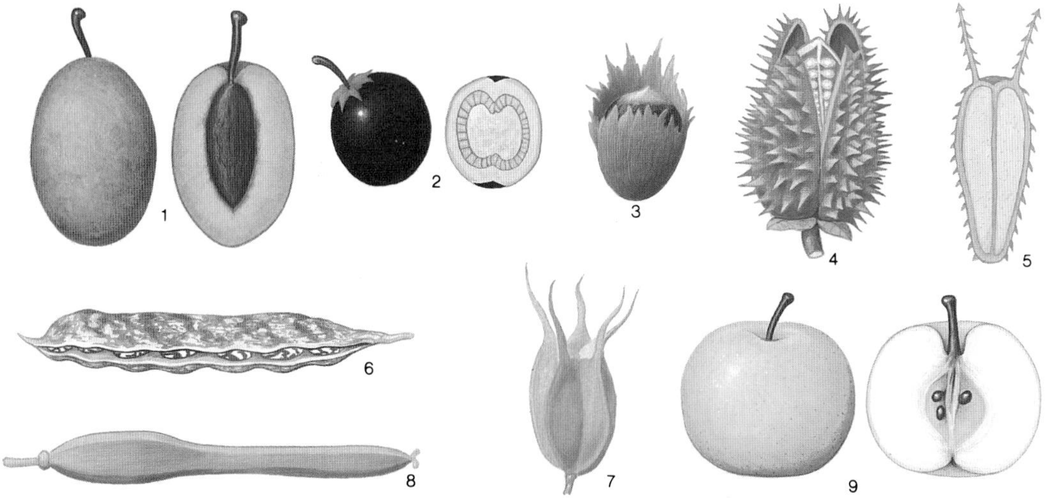

1. parti del fiore
1.1. stigma - 1.2. stilo - 1.3. ovario - 1.4. antera - 1.5. petalo - 1.6. sepalo - 1.7. ricettacolo - 1.8. peduncolo

2. infiorescenze
2.1. spiga - 2.2. spadice - 2.3. grappolo o racemo - 2.4. grappolo unilaterale - 2.5. cima unipara o monocasio - 2.6. pannocchia - 2.7. ombrella con involucro - 2.8. ombrella composta - 2.9. verticilli - 2.10. cima bipara o dicasio - 2.11. corimbo - 2.12. glomerulo

3. fiore
3.1. piatto - 3.2. diapetalo - 3.3. campanulato - 3.4. fiori labiati - 3.5. violetta - 3.6. fiore papilionaceo - 3.7. fiore ligulato - 3.8. fiore tuboloso - 3.9. fiore pendente - 3.10. fiore con fauce

4. parti della foglia
4.1. picciolo - 4.2. nervatura principale - 4.3. nervatura secondaria - 4.4. lembo - 4.5. margine - 4.6.apice

5. lamina fogliare
5.1. aghiforme - 5.2. lanceolata - 5.3. lineare - 5.4. cuneiforme - 5.5. spatolata - 5.6. oblunga - 5.7. ovale - 5.8. cordata - 5.9. tripartita - 5.10. palmata - 5.11. pennata - 5.12. paripennata - 5.13. imparipennata - 5.14. stipole con cirri

6. margine fogliare
6.1. seghettato - 6.2. dentato - 6.3. dentato-spinoso - 6.4. sinuato

7. nervatura
7.1. penninervia - 7.2. retinervia - 7.3. parallelinervia

8. posizione delle foglie sul fusto
8.1. su due file - 8.2. alterne - 8.3. a verticilli - 8.4. decussate

9. frutti
9.1. drupa - 9.2. bacca - 9.3. noce - 9.4. capsula - 9.5. achenio - 9.6. legume - 9.7. follicolo - 9.8. siliqua - 9.9. falso frutto: pomo

Abissino
Angora
Sacro di Birmania
Certosino
Europeo tigrato (Soriano)
Gatto selvatico
Manx
Europeo tricolore
Persiano
Persiano nero
Siamese
Persiano tigrato
Cornish rex

estenuànte (*ppr.* di *estenuare*) [inizio sec. XIV] ***agg.*** spossante, sfibrante, snervante: *caldo estenuante, fatica estenuante.*

estenuàre (pres. *-ènuo*) [dal lat. *extenuāre*; a. 1313] ***tr.*** privare di forze e vigore: *la fatica lo estenua* || ***intr. pron.*** svigorirsi, consumarsi: *si estenua sempre più* || **N.** *Sin.* sfibrare, snervare, spossare.

estenuatìvo [da *estenuare*; a. 1313] ***agg.*** *non com.* che estenua.

estenuàto (*pps.* di *estenuàre*) [prima metà sec. XIV] ***agg.*** sfinito, sfibrato, privo di forza fisica o morale: *dopo tante fatiche inutili mi sento estenuato* || *fig.* languido: *immagini di un estenuato estetismo.*

estenuazióne [dal lat. *extenuātio, -ōnis*; a. 1566] ***sf.*** sfinimento, prostrazione; *fig.* estrema perdita di vigore.

èstere [dal ted. *Ester*, da *Es(sigä)ther*, estere acetico; 1892 *ester*] ***sm.*** *T.chim.* composto chimico derivato dalla sostituzione degli atomi di idrogeno ionizzabili di un acido (organico o inorganico) con radicali alchilici.

esterificàre (pres. *-ìfico, -ìfichi*) [da *estere*; 1956] ***tr.*** *T.chim.* produrre un estere trattando un acido con alcol.

esterificazióne [da *esterificare*; 1932] ***sf.*** *T.chim.* reazione fra un acido e un alcol che provoca la formazione di un estere.

esterióre [dal lat. *exterior, -ōris*; 1336 ca.] ***agg.*** **1.** che è o che appare di fuori, esterno **2.** *fig. più com.* apparente, superficiale, poco indicativo della reale natura di qualcosa: *qualità esteriori che non nascondono gravi difetti* || **esteriorménte** ***avv.*** **1.** in apparenza, a prima vista **2.** esternamente; anche nella *loc. prep. esteriormente a* || **N.** **1.** *Contr.* interno **2.** *Contr.* interiore, profondo.

esteriorità [dal fr. *extériorité*; 1669] ***sf.*** la parte, l'aspetto esteriore: *guardare all'esteriorità delle cose* || l'essere esteriore, superficialità, apparenza (anche *concr.*): *sono tutte vane esteriorità* || **N.** *Contr.* interiorità.

esteriorizzàre [da *esteriore*; 1900] ***tr.*** rendere esteriore, esternare spec. sentimenti, sensazioni e sim. || ***intr. pron.*** esternarsi, rivelarsi all'esterno.

esteriorizzazióne [dal fr. *extériorisation*; 1908] ***sf.*** **1.** l'esternare, il manifestare all'esterno uno stato d'animo interiore || il rivolgere all'esterno le proprie energie e interessi **2.** *T.psic.* l'atto con cui il soggetto proietta fuori di sé le modificazioni della propria coscienza, considerandole come modificazioni delle cose **3.** *T.chir.* estrazione di un organo mobile per agevolare il processo operatorio: *esteriorizzazione dello stomaco.*

esterminàre e der. forme ant. di STERMINARE e der.

esternalità [dall'ingl. *externality*; 1987] ***sf.*** *T.econ.* influenza che l'attività economica di un soggetto privato o pubblico esercita, al di fuori delle transizioni di mercato, sulla produzione o il benessere di un'altra persona, in modo positivo o negativo.

esternàre (pres. *-èrno*) [da *esterno*; 1797] ***tr.*** manifestare ciò che si ha nell'animo: *esternare i propri sentimenti* || ***rifl.*** rivelarsi, confidarsi || ***intr. pron.*** manifestarsi all'esterno || **N.** *Sin.* dichiarare, dimostrare, esprimere, palesare.

esternàto [da *esterno*, sul modello del fr. *externat*; 1942] ***sm.*** la condizione degli allievi che seguono le lezioni di un convitto in qualità di esterni, cioè senza esserne convittori.

esternazióne [da *esternare*; a. 1870] ***sf.*** atto o effetto dell'esternare.

estèrno [dal lat. *externus*; inizio sec. XIV] **I** ***agg.*** **1.** che si trova al di fuori di qualcosa: *scala esterna all'edificio* || che è visibile dal di fuori: *parti esterne del corpo* || che proviene da fuori: *alunni esterni*, nei collegi, quelli che frequentano le lezioni senza essere convittori; *candidato esterno*, privatista; *T.pol. alloggio esterno*, V. APPOGGIO || *per uso esterno*, detto di medicamento da applicare alle parti esterne del corpo || *T.mat. angolo esterno di un poligono*, ciascun angolo adiacente a un angolo interno **2.** *T.sport.* nel linguaggio giornalistico, detto di incontro disputato nel campo dell'avversario: *vittoria esterna* **3.** *ant.* o *lett.* straniero || **esternaménte** ***avv.*** dalla o nella parte esterna, dal di fuori; anche nella *loc. prep. esternamente a*: *esternamente all'edificio*, fuori dall'edificio **II** ***sm.*** **1.** la parte esterna: *l'esterno del palazzo* || *all'esterno*, fuori; *dall'esterno*, da fuori **2.** (f. *-a*) alunno esterno di un collegio **3.** *T.sport.* in vari sport di squadra, giocatore che agisce sulle fasce laterali del campo (spesso sin. di *ala*); nel baseball, ciascuno dei tre giocatori della squadra in difesa che si piazzano all'esterno del diamante **4.** *T.sport.* nel calcio, la parte esterna del piede: *con un preciso tocco di esterno ha spiazzato il portiere* **5.** *T.cin.* (spec. *pl.*) *gli esterni*, le riprese cinematografiche all'aperto || **N.** I **1.** *Contr.* interno **2.** *Sin.* fuori casa, in trasferta | *Contr.* in casa.

èstero [dal lat. *exterus*; 1572] **I** ***agg.*** che viene da un altro paese: *tabacco estero* || straniero: *nazione estera* || *relazioni estere*, che uno stato ha con gli altri stati; *Ministero degli (Affari) esteri*, deputato a regolare le relazioni con i paesi stranieri **II** ***sm.*** *l'estero*, l'insieme dei paesi stranieri: *i commerci con l'estero* || *all'estero*, fuori del nostro paese || **N.** I *Sin.* forestiero II *Contr.* interno; patria.

esterofilìa [comp. di *estero* e *-filia*; 1935] ***sf.*** tendenza a manifestare un'attrazione eccessiva per tutto ciò che è straniero || *Contr.* esterofobia, xenofobia.

esteròfilo [comp. di *estero* e *-filo*; a. 1944] ***agg.*** e ***sm.*** (f. *-a*) che o chi esalta tutto ciò che proviene dall'estero.

esterrefàtto [dal lat. *exterrēre*, terrorizzare, sul modello di *stupefatto*; 1532] ***agg.*** sbalordito, sbigottito || *meno com.* spaventato, atterrito.

-estesìa [dal gr. *áisthēsis*, sensazione] ***elem. term.*** che, in parole composte della terminologia medica, vale "sensazione", "sensibilità" (per es. *macroestesia, iperestesia*).

estèsio- [dal gr. *áisthēsis*, sensazione] ***primo elem.*** che, in parole composte della terminologia medica, vale "sensazione", "sensibilità" (per es. *estesiologia, estesiometro*).

estesiologìa [comp. di *estesio-* e *-logia*; 1887] ***sf.*** *T.med.* la parte dell'anatomia e della fisiologia che studia gli organi dei sensi.

estesiometrìa [comp. di *estesio-* e *-metria*; 1932] ***sf.*** *T.med.* misurazione di varie sensibilità (spec. tattili) effettuata con l'estesiometro.

estesiòmetro [comp. di *estesio-* e *-metro*; 1887] ***sm.*** *T.med.* strumento per misurare la sensibilità tattile.

estéso (*pps.* di *estendere*) [fine sec. XIII] ***agg.*** vasto, ampio: *pianura molto estesa* || *significato esteso*, traslato (v. anche ESTENSIONE) || *voce estesa*, con un registro molto ampio || *per esteso*, in forma intera, non abbreviata || **estesaménte** ***avv.*** ampiamente, diffusamente.

est est est (lat., pr. it. [ɛst ɛst ˈɛst]) [ripetizione di *est*, egli è; a. 1798] ***loc. m.*** vino moscato di Montefiascone dal colore giallo e gusto amabile o asciutto.

estèta [dal gr. *aisthētḗs*, che percepisce, attr. il fr. *esthète*; 1898] ***s.*** **1.** chi ha viva concezione del bello || chi in arte antepone i valori estetici a quelli etici **2.** con connotazione negativa, chi si compiace di un'eccessiva ricercatezza di gusti e di modi.

estètica [dal gr. *aisthētikós*, percettivo, attr. il ted. *Aesthetica*; 1756] ***sf.*** **1.** *T.fil.* a partire dal Settecento, disciplina filosofica del bello e dell'arte; *per estens.* in contesti non prettamente filosofici, concezione del bello nell'arte: *l'estetica musicale del Settecento* || *estetica trascendentale*, con rif. al significato etimologico, in Kant, dottrina della sensibilità **2.** bellezza, aspetto esteriore: *curare l'estetica, l'estetica di un palazzo* || cura della bellezza del corpo: *estetica facciale, centro di estetica.* **Q.T.** *filosofia.*

estètico (pl. *-ci*) [dal gr. *aisthētikós*, percettivo; 1772] ***agg.*** **1.** attinente al bello: *gusto, senso estetico* || che riguarda la bellezza del corpo: *chirurgia estetica* **2.** bello, piacevole a vedersi: *sarà comodo ma non è estetico* **3.** che concerne l'estetica, il punto di vista artistico: *commento estetico*, che prende in considerazione i valori artistici di un'opera || **esteticaménte** ***avv.*** dal punto di vista estetico || **N.** 2. *Contr.* antiestetico.

estetìsmo [dal fr. *esthétisme*; 1908] ***sm.*** la tendenza ad affermare in ogni campo la priorità dei valori estetici || *T.lett.* indirizzo critico che giudica l'opera d'arte coi soli criteri estetici, formali, escludendo i dati storici; e in tal senso si oppone a *storicismo.*

estetìsta [da *esteti(ci)sta*, der. di *estetica*; 1963] ***s.*** persona esperta in prodotti di bellezza e nelle loro applicazioni pratiche || **N.** visagista.

estetìstico (pl. *-ci*) [da *estetismo*; 1913] ***agg.*** *non com.* dell'estetismo, relativo all'estetismo.

estetizzànte (*ppr.* di *estetizzare*) [1902] ***agg.*** che ostenta una compiaciuta raffinatezza di gusti: *atteggiamento estetizzante; ellenismo estetizzante.*

estetizzàre [dal fr. *esthétiser*, a. 1952] ***intr.*** (aus. *avere*) assumere pose improntate a un estetismo deteriore.

estetologìa [comp. di *estet(ica)* e *-logia*; 1965] ***sf.*** *non com.* estetica, nel senso 1.

estimàbile [da *estimare*; a. 1685] ***agg.*** che può essere valutato || **N.** *Contr.* inestimabile.

estimàre (pres. *-ìmo*) [dal lat. *aestimāre*; fine sec. XII] ***tr.*** *non com.* stimare.

estimatìva o **stimativa** [f. sost. di *estimativo*; 1336 ca.] ***sf.*** *non com.* facoltà di ben giudicare, di stimare esattamente.

estimatìvo [da *estimare*; a. 1406] ***agg.*** *raro* volto a stimare, a valutare: *giudizio estimativo* || **N.** *Sin.* valutativo.

estimatóre [dal lat. *aestimātor, -ōris*; inizio sec. XIV] ***sm.*** (f. *-trice*) chi mostra apprezzamento per qualcosa: *un fine estimatore di musica rinascimentale* || **N.** conoscitore, intenditore.

estimatòrio (pl. *-ri* e *-rii*) [dal lat. tardo *aestimātorius*; 1869] ***agg.*** che riguarda la valutazione di prezzi e valori.

estimazióne [dal lat. *aestimātio, -ōnis*; a. 1311] ***sf.*** *lett. raro* stima || valutazione di prezzi e valori.

èstimo [da *estimare*; 1309] ***sm.*** **1.** la stima del valore e della rendita dei beni immobili, spec. per fini fiscali: *estimo catastale, estimo agrario* **2.** *T.econ.* disciplina economica che si occupa della valutazione dei beni || **N.** **1.** *Sin.* perizia, valutazione.

estìnguere (pres. *-ìnguo* ecc., come DISTINGUERE; pps. *estìnto*) [dal lat. *exstinguere*; a. 1276] ***tr.*** spegnere completamente: *estinguere un incendio, la sete* || *fig.* annullare: *estinguere il ricordo, un debito, un conto bancario* || ***intr. pron.*** **1.** cessare di ardere, spegnersi || *fig.* venir meno: *presto si estinse la sua fama* **2.** cessare di esistere, non lasciare discendenti: *la famiglia si estinse, molte specie animali oggi rischiano di estinguersi* || **N.** ***tr.*** *Contr.* accendere, alimentare, attizzare | ***intr. pron.*** **2.** *Sin.* finire, morire, scomparire.

estinguìbile [dal lat. tardo *exstinguibilis*; 1549] ***agg.*** che si può o si deve estinguere: *un debito estinguibile in dieci anni* || **N.** *Contr.* inestinguibile.

estintìvo [da *estinto*; prima metà sec. XIV] ***agg.*** *T.giur.* che è in grado di annullare (un debito, una pena ecc.): *causa estintiva di un reato.*

estìnto (*pps.* di *estinguere*) [a. 1374] ***sm.*** (f. *-a*) chi è morto: *il caro estinto.*

estintóre [dal lat. *exstinctor, -ōris,* prob. attr. il fr. *extincteur;* 1892] ***sm.*** apparecchio per estinguere prontamente gli incendi.

estinzióne [dal lat. *exstinctio, -ōnis;* a. 1566] ***sf.*** **1.** spegnimento: *l'estinzione di un incendio; estinzione della calce,* la sua trasformazione in idrossido di calcio ‖ annullamento: *estinzione del reato* **2.** scomparsa di una specie animale dalla Terra: *le tigri sono in pericolo di estinzione* ‖ scomparsa per mancanza di discendenti: *l'estinzione di una famiglia.*

estirpàbile [da *estirpare;* 1832] ***agg.*** che può essere estirpato.

estirpaménto [da *estirpare;* a. 1320] ***sm.*** l'estirpare.

estirpàre [dal lat. *extirpāre;* a. 1320] ***tr.*** levar via dalla radice: *estirpare la gramigna* ‖ *T.chir.* tagliare e portar via un tumore, una parte malata, un dente ‖ *fig.* fare scomparire completamente: *estirpare il flagello della droga* ‖ **N.** *Sin.* sradicare, svellere; distruggere, eliminare; asportare.

estirpatóre [dal lat. tardo *exstirpātor, -ōris;* a. 1380] **I *agg.*** che estirpa **II *sm.*** **1.** (f. *-trìce*) chi estirpa, spec. *fig.* **2.** *T.agr.* specie di aratro per estirpare le erbe nocive. **TAV. *giardinaggio* p. 1314** 8 e **p. 1315** 17.

estirpatùra [da *estirpare;* 1865] ***sf.*** *T.agr.* l'estirpare le erbacce da un campo coltivato.

estirpazióne [dal lat. tardo *exstirpātio, -ōnis;* a. 1342] ***sf.*** l'atto e l'effetto dell'estirpare, sradicamento.

estispìcio V. EXTISPICIO.

estivàre (pres. *-ìvo*) [dal lat. *aestivāre,* passare l'estate, attr. il fr. *estiver;* 1941] ***tr.*** *non com.* mandare il bestiame al pascolo in alta montagna ‖ ***intr.*** (aus. *avere*) *raro* passare l'estate in un luogo di villeggiatura ‖ **N.** *Sin.* monticare.

estivazióne [dal fr. *estivation;* 1956] ***sf.*** **1.** migrazione estiva del bestiame ai pascoli d'alta montagna **2.** specie di letargo estivo di alcuni animali di zone tropicali desertiche **3.** in bachicoltura, il mantenere le uova da poco deposte a una temperatura costante di 25-30° **4.** lo stesso che *prefiorazione* ‖ **N.** **1.** *Sin.* monticazione; alpeggio **2.** ibernazione.

estìvo [dal lat. *aestīvus;* 1342] ***agg.*** dell'estate, d'estate: *periodo estivo, vacanza, residenza estiva* ‖ tipico dell'estate: *quest'ottobre c'è un caldo estivo* ‖ adatto all'estate: *abbigliamento estivo.*

èsto [lat. *iste;* a. 1249] ***pron.*** e ***agg.*** *dimostr. arc.* questo: *esta selva selvaggia e aspra e forte* (Dante) (cfr. anche QUESTO).

estòllere (pres. *-òllo;* mancano il p.rem. e il pps.) [dal lat. *extollere;* a. 1306] ***tr.*** *poet.* alzare, innalzare; *fig.* celebrare, lodare, esaltare ‖ ***intr. pron.*** *poet.* **1.** innalzarsi, sorgere: *e sovra le sue rive alta s'estolle l'erbetta* (Tasso) **2.** allontanarsi ‖ **N.** ***tr.*** *Sin.* sollevare.

èstone [dal n. geogr. *Estonia;* 1860] **I *agg.*** dell'Estonia **II *sm.*** **1.** (anche *sf.*) abitante dell'Estonia **2.** (solo *sing.*) la lingua degli Estoni, appartenente al gruppo ugro-finnico e affine al finlandese.

estòrcere (pres. *-òrco* ecc., come STORCERE) [dal lat. *extorquēre,* togliere via di forza; a. 1306] ***tr.*** ottenere con la forza o con l'inganno: *estorcere una dichiarazione, una promessa* ‖ **N.** *Sin.* carpire.

estorsióne [dal lat. tardo *extorsio, -ōnis;* sec. XIII] ***sf.*** l'estorcere ‖ *T.giur.* delitto che commette chi per proprio profitto con violenza o minaccia costringe qualcuno a fare qualcosa, e spec. a consegnare una somma di danaro ‖ **N.** *Sin.* rapina; sopruso.

estorsóre o **estortóre** [da *estorsione;* 1800] ***sm.*** *non com.* colpevole di estorsione.

estòrto *pps.* di *estorcere* (v.).

èstra- ***pref.*** variante di *extra-* (v.).

estraconiugàle V. EXTRACONIUGALE.

estracontrattuàle V. EXTRACONTRATTUALE.

estradàre (pres. *-àdo*) [dal fr. *extrader;* 1898] ***tr.*** consegnare per estradizione.

estradizióne [dal fr. *extradition;* 1831] ***sf.*** *T.giur.* l'atto con cui uno stato consegna, a un altro stato che la richieda, una persona che si trovi nel proprio territorio colpita da mandato di cattura dello stato richiedente: *chiedere, concedere l'estradizione.*

estradòsso [dal fr. *extrados;* 1875] ***sm.*** *T.arch.* superficie superiore esterna di un arco o di una volta ‖ **N.** *Contr.* intradosso. **TAV. *architettura* p. 646** 6.1b, 7.1b.

estradotàle o **extradotàle** [comp. di *estra-* e *dotale;* 1673] ***agg.*** detto di beni che non entrano nella dote ‖ **N.** *Sin.* parafernale.

estraeuropèo V. EXTRAEUROPEO.

estragalàttico V. EXTRAGALATTICO.

estragiudiziàle V. EXTRAGIUDIZIALE.

estragóne [dal fr. *estragon;* 1956] ***sm.*** altro nome del dragoncello; usato soprattutto quando si fa riferimento al suo impiego in cucina come condimento aromatico.

estraìbile [da *estrarre;* 1956] ***agg.*** che può essere estratto: *autoradio estraibile,* che si può togliere dall'alloggiamento e portare con sé ad es. quando si lascia l'auto incustodita.

estràle [da *estro;* 1935] ***agg.*** *T.biol.* relativo all'estro, proprio dell'estro: *ciclo estrale.*

estralegàle V. EXTRALEGALE.

estraneità [da *estraneo;* 1911] ***sf.*** l'essere estraneo: *l'accusato riuscì a dimostrare la sua estraneità al delitto.*

estràneo [dal lat. *extrāneus,* di fuori; a. 1313] **I *agg.*** **1.** non conosciuto, non familiare: *persone estranee all'ambiente* ‖ senza rapporto con quanto si tratta: *idee estranee all'argomento* ‖ *corpo estraneo,* oggetto di qualunque natura penetrato in un oganismo animale ‖ *essere, rimanere, mantenersi estranei a un'iniziativa, un'attività* e sim., non averci nulla a che fare **2.** non partecipe, assente, indifferente: *è estraneo a tutto* **3.** *ant.* straniero **4.** *ant.* strano, inconsueto **II *sm.*** (f. *-a*) **1.** persona estranea: *non bisogna mai aprire agli estranei* **2.** *ant.* straniero ‖ **N.** I **1.** *Sin.* alieno.

estraniàre (pres. *-ànio*) [da *estranio;* 1926] ***tr.*** rendere estraneo, allontanare da un ambiente, un'abitudine, un legame: *estraniare qualcuno dallo studio* ‖ ***rifl.*** rendersi estraneo, staccarsi da qualcuno o qualcosa: *estraniarsi dalla realtà,* isolarsi nel proprio mondo.

estrànio o **estràno** ***agg.*** *arc.* V. ESTRANEO.

estraparlamentàre V. EXTRAPARLAMENTARE.

estrapolàre (raro *extrapolàre*) (pres. *-àpolo*) [tratto da *interpolare,* con cambio di prefisso; 1941] ***tr.*** **1.** *T.stat.* effettuare un'estrapolazione: *estrapolando la curva demografica italiana all'anno 2000, si otterrebbe...* ‖ *per estens.* trarre conclusioni non lecite generalizzando arbitrariamente **2.** estrarre dal contesto.

estrapolazióne (raro *extrapolazióne*) [tratto da *interpolazione,* con cambio di prefisso; 1917] ***sf.*** **1.** *T.stat.* procedimento matematico che consente di ottenere una stima approssimata dell'andamento di una funzione per valori delle variabili che siano di poco esterni al campo di quelli di cui è noto l'andamento **2.** nella critica letteraria, estrazione di una frase dal contesto in cui si trova.

estràrre (pres. *-àggo* ecc., come TRARRE) [dal lat. *extrahere;* a. 1337] ***tr.*** **1.** tirare fuori: *estrarre un dente, la pistola dalla fondina* ‖ *in part.* ricavare un minerale da un giacimento: *estrarre il carbone* ‖ *fig.* prendere da un testo: *estrarre una citazione da un poema* ‖ *T.mat. estrarre la radice ennesima di un numero,* calcolarla ‖ *T.chim.* asportare uno o più elementi da un miscuglio **2.** sorteggiare: *estrarre i biglietti vincenti di una lotteria* **3.** *ant.* esportare ‖ **N.** **1.** *Sin.* cavare, far uscire **2.** *Sin.* tirare a sorte.

estrasìstole e der. V. EXTRASISTOLE e der.

estrasoggètto e der. V. EXTRASOGGETTO e der.

estrasolàre V. EXTRASOLARE.

estratemporàle ***agg.*** *raro* V. EXTRATEMPORALE.

estraterritoriàle e der. forme non com. di EXTRATERRITORIALE e der.

estrattìvo [da *estratto;* a. 1320] ***agg.*** che si riferisce all'estrazione dei minerali: *industrie estrattive, procedimenti estrattivi.*

estràtto (*pps.* di *estrarre*) [sec. XIV] ***sm.*** **1.** prodotto concentrato ricavato da materie di vario genere: *estratto di carne, di pomodoro* ‖ in profumeria, essenza **2.** compendio, breve riassunto ‖ pubblicazione parziale di un documento, di un testo e sim.: *estratto dell'atto di nascita,* copia non integrale, ma contenente i dati essenziali; *estratto (di) conto,* stralcio da un conto commerciale o bancario limitato a un determinato periodo di tempo o a un solo cliente ‖ *in part.* fascicolo contenente un articolo di rivista o un capitolo di libro, stampato a parte **3.** numero estratto nelle lotterie e sim. ‖ **N.** **2.** *Sin.* sommario.

estrattóre [da *estratto;* 1588] ***sm.*** **1.** (f. *-trìce*) operaio addetto all'estrazione di minerali **2.** *T.mil.* congegno delle armi a retrocarica per estrarre automaticamente il bossolo **3.** *T.tecn.* macchina per estrarre il pezzo lavorato dalla pressa **4.** *T.chim.* apparecchiatura per l'estrazione di un componente da un miscuglio **5.** *T.chir.* strumento per estrarre i corpi estranei dai tessuti.

estravagànte [dal lat. mediev. *extravagans, -antis;* a. 1396] ***agg.*** **1.** non incluso in una raccolta ufficiale ‖ *in part.* *T.stor.* detto di decretali aggiunte alla raccolta ufficiale del diritto canonico ‖ *T.lett.* detto di scritti non inclusi in una raccolta curata dall'autore: *le rime estravaganti del Petrarca,* quelle non comprese nel Canzoniere **2.** *ant.* stravagante.

estrazióne [dal lat. mediev. *extractio, -ōnis;* sec. XIV] ***sf.*** **1.** l'atto e l'effetto dell'estrarre: *estrazione di un dente, di un minerale; estrazione della radice quadrata* ‖ *in part.* *T.chim.* procedimento di separazione, mediante solventi, di una o più sostanze dai miscugli che le contengono **2.** l'estrarre a sorte: *estrazioni del lotto* **3.** origine sociale: *persona di umile estrazione.* **Q.T.** *metallurgia.*

estrèma [f. sost. di *estremo;* 1965] ***sf.*** *T.sport.* nel calcio, sin. meno com. di *ala.*

estremàle [da *estremo;* 1932] ***agg.*** *T.mat.* **1.** *punti estremali,* in una funzione, i punti di massimo assoluto e di minimo assoluto ‖ relativo a tali punti: *valori, problemi, curve estremali* **2.** *clausola estremale,* quella che, in una definizione, stabilisce che solo gli enti che hanno le proprietà specificate dalle precedenti clausole rientrano in ciò che viene definito.

estremìsmo [dal fr. *extrémisme;* 1942] ***sm.*** in politica, arte, filosofia e sim., la tendenza più radicale, che rappresenta una posizione nel suo grado estremo: *l'estremismo dei Giacobini, del primo Fascismo* ‖ carattere estremo (nel senso 2) di una posizione; anche *concr.* posizione estrema: *ne abbiamo abbastanza dei tuoi estremismi* ‖ l'insieme delle persone e dei gruppi estremisti: *una mappa dell'estremismo.*

estremìsta [dal fr. *extrémiste;* 1917] **I *s.*** seguace dei partiti estremi; sostenitore di teorie estreme **II *agg.*** estremistico.

estremìstico (pl. *-ci*) [da *estremismo;* 1956] ***agg.*** che tende all'estremismo: *posizioni estremistiche.*

estremità [dal lat. *extremitas, -ātis;* 1294] ***sf.*** **1.** la parte estrema, dove una cosa finisce: *in sull'estremità di un'alta ripa* (Dante) ‖ *per anton.* le mani e soprattutto i piedi dell'uomo:

principio di congelamento alle estremità **2.** *fig. non com.* eccesso, estremo: *l'estremità del dolore; passare da un'estremità all'altra,* da un eccesso al suo opposto **3.** *ant.* condizione di indigenza || **N. 1.** capo, cima, coda, confine, fine, fondo, falda, lato, lembo, margine, orlo, punta, sponda, sommità **2.** *Sin.* apice. **Q.T.** *anatomia.*

estremizzàre [da *estremo*; 1962] ***tr.*** **1.** portare ai limiti estremi: *estremizzare una controversia* || *in part.* esasperare le tensioni politiche e sociali **2.** portare all'estremismo, orientare verso posizioni estremistiche: *estremizzare la posizione del partito.*

estremizzazióne [da *estremizzare*; 1971] ***sf.*** l'estremizzare.

estrèmo [dal lat. *extrēmus*; 1308] **I *agg.*** **1.** ultimo nello spazio e nel tempo: *estremo limite, estremo giorno* || *Estremo Oriente,* i paesi dell'Asia Orientale (Cina, Giappone ecc.), opposti a quelli del Medio e Vicino Oriente || *T.eccl. Estrema Unzione,* sacramento dato agli infermi gravi invocando su di essi la benedizione divina || *l'estremo respiro,* l'ultimo, prima di morire **2.** radicale, intransigente, spec. in politica: *posizione estreme; estrema destra,* i sostenitori delle posizioni ultrareazionarie; *estrema sinistra,* di quelle più radicalmente rivoluzionarie **3.** di massima grandezza, gravità, intensità ecc.: *pericolo estremo, estrema miseria* || *T.sport.* caratterizzato dalla massima difficoltà tecnica e pericolosità: *arrampicata estrema; sci estremo,* su pendenze fortissime (superiori ai 50°) || *prov. a mali estremi estremi rimedi* || **estremaménte** ***avv.*** in sommo grado, molto (solo come modificatore di aggettivi): *un uomo estremamente avaro* **II *sm.*** **1.** parte estrema, estremità: *gli estremi si toccano, gli estremi di un segmento* **2.** *fig.* il limite ultimo a cui può giungere una cosa: *l'estremo della contentezza* || *essere agli estremi,* in fin di vita || *passare da un estremo all'altro,* di eccesso in eccesso || *all'estremo,* al massimo grado **3.** *T.mat. gli estremi di una proporzione,* il primo e il quarto termine || *estremo superiore di un sottoinsieme di numeri reali,* il minimo numero reale (non necessariamente appartenente al sottoinsieme) maggiore o uguale a tutti gli elementi del sottoinsieme **4.** *pl. T.giur. gli estremi di un reato,* gli elementi necessari perché il reato sussista; *T.bur. gli estremi di un documento,* i dati essenziali **5.** *T.sport.* nel rugby, il giocatore più arretrato, l'ultimo difensore prima della linea di meta **6.** *ant.* miseria, indigenza || **N.** I **1.** *Sin.* ultimo **3.** *Sin.* grandissimo, gravissimo; difficilissimo II **1.** *Sin.* ESTREMITÀ **2.** *Sin.* culmine, eccesso, limite, massimo, stremo. **TAV. *sci* p. 1333** 22.

estrinsecaménto [da *estrinsecare*; 1797] ***sm.*** estrinsecazione.

estrinsecàre (pres. *-ìnseco, -ìnsechi*) [da *estrinseco*; 1642] ***tr.*** manifestare con segni esteriori: *estrinsecare i propri sentimenti* || ***intr. pron.*** manifestarsi: *una grande gioia spesso si estrinseca col pianto* || **N.** *Sin.* esprimere, esternare, palesare.

estrinsecazióne [da *estrinsecare*; 1847] ***sf.*** l'atto e l'effetto dell'estrinsecare || **N.** *Sin.* manifestazione.

estrìnseco (pl. *-ci*) [dal lat. *extrīnsecus*; a. 1364] ***agg.*** che viene dal di fuori, che non appartiene essenzialmente al soggetto: *mosso da una forza estrinseca* || esteriore: *qualità estrinseche* || **estrinsecaménte** ***avv.*** **1.** restando al di fuori, tenendosi all'esteriorità **2.** con manifestazioni esteriori || **N.** *Contr.* intrinseco.

èstro [dal lat. *oestrus*, gr. *óistros*; sec. XIII] ***sm.*** **1.** ispirazione artistica: *scrive con estro* || impulso, stimolo, istinto: *scrive secondo l'estro* **2.** capriccio improvviso, idea estemporanea: *gli è venuto l'estro di vendere tutto* **3.** *T.biol.* nei Mammiferi, la fase dell'ovulazione in cui la femmina è feconda e il desiderio sessuale più vivo **4.** *T.zool.* genere d'insetti dei Ditteri, che succhiano il sangue dei quadrupedi, tafano || **N. 1.** *Sin.* ardore, creatività, impeto, slancio **2.** *Sin.* bizzarria, ghiribizzo **3.** *Sin.* calore.

estroflessióne [comp. di *estra-* e *flessione*; 1956] ***sf.*** *T.med.* sviluppo e ripiegamento verso l'esterno di un organo o di un tessuto.

estroflèttere (pres. *-flètto* ecc., come FLETTERE) [comp. di *estra-* e *flettere*; 1963] ***tr.*** mandar fuori e ripiegare verso l'esterno || ***intr. pron.*** *T.med.* di un organo o di un tessuto, svilupparsi verso l'esterno.

estrògeno [comp. di *estro* e *-geno*; 1950] ***agg.*** e ***sm.*** *T.biol.* detto di sostanza che può indurre la comparsa dell'estro: *ormoni estrogeni,* responsabili dei caratteri sessuali secondari femminili e del ciclo mestruale; sono utilizzati illecitamente anche nell'allevamento di animali da carne, con possibili effetti nocivi: *bistecca gonfiata dagli estrogeni.*

estrométtere [da *intromettere*, con cambio di prefisso; 1942] ***tr.*** espellere, spec. con atto arbitrario o illegittimo: *estromettere da un partito, da una squadra* || ***rifl.*** porsi al di fuori || **N. *tr.*** *Sin.* allontanare, cacciare, mandar via | ***rifl.*** *Contr.* intromettersi.

estromissióne [da *estromettere*; 1942] ***sf.*** atto ed effetto dell'estromettere e dell'estromettersi: *l'inattesa estromissione del fratello dal consiglio di amministrazione* || **N.** *Sin.* allontanamento, esclusione | *Contr.* inserimento; intromissione.

estróne [comp. di *estro* e *(orm)one*; 1950] ***sm.*** *T.biol.* uno degli ormoni estrogeni || **N.** *Sin.* follicolina.

estróso [da *estro*; 1853] ***agg.*** **1.** che agisce per estro, capriccioso: *temperamento estroso* **2.** fatto con estro, ricco d'ispirazione: *un lavoro estroso* || **estrosaménte** ***avv.*** || **N. 1.** *Sin.* bizzarro, strambo **2.** *Sin.* ispirato, originale.

estroversióne [da *introversione*, con cambio di prefisso; a. 1712] ***sf.*** *T.psic.* tendenza a volgersi verso il mondo esteriore, piuttosto che verso il proprio intimo || **N.** *Contr.* introversione. **Q.T.** *psicologia.*

estrovèrso (*pps.* di *estrovertere*) [a. 1685] ***agg.*** e ***sm.*** (f. *-a*) *T.psic.* che o chi è incline all'estroversione || *per estens.* aperto, comunicativo || **N.** *Sin.* espansivo | *Contr.* chiuso, introverso.

estrovèrtere (pres. *-èrto*; pps. *estrovèrso*; dif. del p.rem.) [da *introvertere*, con cambio di prefisso; a. 1694] ***tr.*** volgere verso l'esterno, il mondo esteriore || ***rifl.*** volgersi al mondo esterno.

estrùdere (pres. *-ùdo*; p.rem. *estrùsi*; pps. *estrùso*) [dal lat. *extrūdere*; a. 1512] ***tr.*** **1.** *T.tecn.* sottoporre a estrusione **2.** *ant.* spingere fuori; cacciare via.

estrùere (usato quasi solo al p.rem. *estrùssi, estrùsse* e al pps. *estrùtto*) [dal lat. *extruere*; a. 1566] ***tr.*** *arc.* o *lett.* costruire, innalzare fabbricando.

estrusióne [da *estruso*, pps. di *estrudere*; 1638 nel senso 3; 1933 nel senso 1; 1965 nel senso 2] ***sf.*** **1.** *T.tecn.* procedimento di lavorazione di metalli, materie plastiche ecc., basato sulla compressione del materiale fuso in un cilindro terminante in un orifizio sagomato che ne modella la forma voluta (gen. barre, profilati, tubi) **2.** *T.geol.* fuoriuscita lenta da un vulcano di materiale lavico molto viscoso che tende a solidificarsi già nel condotto **3.** *ant.* espulsione, cacciata.

estrusìvo [da *estrusione*; 1965] ***agg.*** caratterizzato da estrusione (nei sensi 1 e 2): *processo estrusivo, eruzione estrusiva.*

estrusóre [da *estrusione*; 1965] ***sm.*** *T.tecn.* strumento usato per procedere all'estrusione dei pezzi, nella lavorazione di tubi e profilati.

estuàre (pres. *èstuo*) [dal lat. *aestuāre*; a. 1472] ***intr.*** (aus. *essere*) *arc.* o *lett.* ardere dell'animo, ribollire, ondeggiare: *un subito aumento di vita estuò sotto l'imminenza della morte* (D'Annunzio).

estuàrio (pl. *-ri*) [dal lat. *aestuārium*; a. 1566] ***sm.*** *T.geogr.* la foce d'un fiume, quando si allarga a forma di imbuto || **N.** foce, delta.

estumescènza [voce tratta dal lat. tardo *extumescere*, gonfiarsi; 1887] ***sf.*** *raro* rigonfiamento, tumefazione.

estuóso [dal lat. *aestuōsus*; 1793] ***agg.*** *lett.* ardente, fervente, tempestoso: *all'estuoso Ponto discese* (Monti).

esuberànte [dal lat. *exuberans, -antis*, ppr. di *exuberāre*, produrre abbondantemente; a. 1494] ***agg.*** **1.** rigoglioso: *vegetazione esuberante* || *fig.* vivace, espansivo: *carattere esuberante* **2.** *meno com.* sovrabbondante: *esuberante di ricchezza* || *corpo, forme esuberanti,* floride || **esuberanteménte** ***avv.*** in modo espansivo.

esuberànza [dal lat. tardo *exuberantia*; 1481] ***sf.*** **1.** rigoglio || *fig.* vivacità di carattere **2.** sovrabbondanza: *esuberanza di merci in magazzino* || **N. 1.** *Sin.* comunicativa, espansività, vitalità **2.** *Sin.* eccedenza.

esuberàre (pres. *-ùbero*) [dal lat. *exuberāre*; 1735] ***intr.*** (aus. *avere*) sovrabbondare || ***tr.*** *raro* superare.

esùbero [da *esuberare*; 1950] ***sm.*** *T.bur.* eccedenza.

esulàre (pres. *èsulo*) [dal lat. *exsulāre*; 1884] ***intr.*** (aus. *avere*) **1.** essere al di fuori, non essere attinente: *ciò esula dall'argomento, dalle mie competenze* **2.** *non com.* andare in esilio.

esulceraménto [da *esulcerare*; a. 1698] ***sm.*** *raro* esulcerazione.

esulceràre (pres. *-ùlcero*) [dal lat. *exulcerāre*; a. 1364] ***tr.*** **1.** provocare una piaga, un'ulcera **2.** *più com. fig.* esacerbare, inasprire: *il dolore lo esulcera* || ***intr. pron.*** **1.** piagarsi **2.** esacerbarsi || **N. 1.** *Sin.* piagare, ulcerare **2.** *Sin.* addolorare, amareggiare, irritare, tormentare.

esulceratìvo [da *esulcerato* pps. di *esulcerare*; 1745] ***agg.*** *non com.* che provoca piaghe, anche *fig.*

esulceratóre [da *esulcerare*; 1869] ***agg.*** e ***sm.*** (f. *-trìce*) *non com.* che o chi esulcera, spec. *fig.*

esulcerazióne [dal lat. *exulceratio, -ōnis*; a. 1698] ***sf.*** **1.** ulcerazione leggera e superficiale **2.** esacerbazione, inasprimento.

èsule [dal lat. *exsul, -ulis*; a. 1498] ***agg.*** e ***s.*** che o chi è in esilio: *gli esuli siciliani; andar esule,* andare in esilio || **N.** emigrato, fuoruscito, profugo, proscritto.

esultànte (*ppr.* di *esultare*) [1342] ***agg.*** molto lieto: *cuori esultanti per la vittoria.*

esultànza [dal lat. tardo *exsultantia*; 1798] ***sf.*** vistosa manifestazione di gioia || **N.** *Sin.* allegrezza, entusiasmo, gaudio, gioia, letizia, trionfo.

esultàre [dal lat. *exsultāre*, propr. saltare per la gioia; a. 1327] ***intr.*** (aus. *avere*) provare e manifestare grandissima gioia: *esulta a ciò che stai per sentire, esultare di gioia, esultare delle disgrazie altrui* || **N.** *Sin.* entusiasmarsi, gioire, giubilare, godere, imbaldanzire, trionfare, tripudiare.

esultazióne [dal lat. *exsultātio, -ōnis*; sec. XIV] ***sf.*** *non com.* esultanza.

esumàre (pres. *-ùmo*) [dal lat. *inhumare*, con cambio di prefisso, attr. il fr. *exhumer*, 1883] ***tr.*** **1.** dissotterrare, disseppellire (detto però soltanto di salme) **2.** *non com. fig.* togliere dall'oblio (molto più com. in questo senso *riesumare*) || **N. 1.** *Contr.* inumare.

esumazióne [dal fr. *exhumation*; 1673] ***sf.*** l'esumare, e il suo effetto: *l'autorità giudiziaria ha ordinato l'esumazione del cadavere; esumazione ordinaria,* quella che avviene dopo un decennio allo scadere della concessione del loculo.

eṣurire (*dif.* usato solo al gerundio) [dal lat. *esurīre*; 1319] ***intr.*** *poet.* aver fame, voglia, brama; latinismo usato da Dante: *esuriendo sempre quanto è giusto.*

èta [dal gr. *hêta,* lettura della lettera η; 1951] ***sm.*** o ***sf.*** nome della settima lettera dell'alfabeto greco, corrispondente a una *e* lunga.

età [dal lat. *aetas, -ātis*; a. 1294 *etate*] ***sf.*** **1.** ciascuno dei periodi in cui si divide la vita umana: *età infantile, adulta, matura, senile*; *età scolare,* quella in cui i bambini frequentano le scuole elementari; *età evolutiva,* l'infanzia e l'adolescenza; *l'età della ragione,* quando si è raggiunta una certa maturità mentale; *la verde età,* la giovinezza || *poet.* vita: *movesi il vecchierel canuto e bianco / del dolce loco ov'ha sua età fornita* (Petrarca) **2.** gli anni di vita di una persona: *è morto alla veneranda età di novant'anni, abbiamo la stessa età*; *T.bur. maggiore età,* l'età in cui l'individuo diventa pienamente responsabile dei suoi atti di fronte alla legge; *limiti di età,* gli anni al di là dei quali cessa un dato diritto o non si può restare in servizio: *è andato in pensione per raggiunti limiti di età*; *età sinodale,* V. SINODALE || *per estens.* rif. ad animali e piante: *età di un purosangue, l'età di un olivo può arrivare a vari secoli*; rif. anche a cose: *l'età di un monumento, di una nazione, delle rocce, di una stella* || con valore più approssimativo: *avere una bella età, un'età rispettabile*; *essere nel fiore dell'età, ragazza in età da marito, è ancora arzillo per la sua età*; *disus. un uomo d'età,* attempato; *di mezz'età,* quasi anziano; *eufem. avere una certa età,* essere piuttosto anziano; *morire in tenera età,* molto giovane; *in età avanzata, in tarda età,* vecchio **3.** periodo di tempo: *l'età presente, le età passate* || periodo di tempo definito da un qualche fenomeno storico, culturale e sim.: *l'età di Augusto, della Controriforma* || *in part.* ciascuna delle grandi periodizzazioni tradizionali (e approssimative) della storia: *età classica,* l'antichità; *età di mezzo,* il Medioevo; *età moderna,* fino a metà dell'Ottocento; *età contemporanea,* fino ai nostri giorni || in paletnologia, ciascuna delle suddivisioni della preistoria, definite in base alla natura dei manufatti prodotti dalle culture del periodo: *età della pietra, del bronzo, del ferro* || *età dell'oro,* periodo mitico in cui gli uomini sarebbero vissuti nella perfetta felicità || **N. 1.** infanzia, puerizia, fanciullezza, adolescenza, giovinezza, virilità, maturità, vecchiaia, senilità, decrepitezza **2.** coetaneo **3.** *Sin.* epoca, evo, periodo; era | coevo, contemporaneo.

-éta [forma f. di *-eto*] ***suff.*** forma sostantivi f. dello stesso tipo di quelli m. formati con *-eto* (v.): *ontaneta, pineta.*

-età [variante di *-ità*] ***suff.*** variante di *-ità* (v.) applicata ad aggettivi in *-io*: *bonarietà, caparbietà, empietà.*

etacịsmo [da *età*; 1865] ***sm.*** la pronuncia della lingua greca proposta da Erasmo da Rotterdam secondo cui la vocale eta si pronuncia come *e* e non come *i*; è contrapposto a *itacismo* || **N.** *Sin.* pronuncia erasmiana.

etacìsta [da *etacismo*; 1869] ***s.*** sostenitore dell'etacismo.

etacìstico (pl. *-ci*) [da *etacismo*; 1956] ***agg.*** *T.ling.* proprio dell'etacismo; basato, fondato sull'etacismo: *pronuncia etacistica.*

etàde ***sf.*** *arc. poet.* V. ETÀ.

étagère (fr., pr. [etaˈʒɛːr]) [da *étage,* piano, ripiano; 1852] ***sf.*** (pl. *étagères,* pr. [etaˈʒɛːr] o anche *inv.*) mobile a ripiani senza vetri né sportelli, per carte, libri, oggetti ornamentali ecc. || **N.** scaffale, scansia.

étamine (fr., pr. [etaˈmin]) [dal lat. volg. **staminea,* f. sost. di *stamineus,* fatto di filo; 1908] ***sf. inv.*** stamigna, stoffa rada che mostra la trama.

etàno [comp. di *et(ere)* e *-ano*^{2}, come il fr. *éthane*; 1892] ***sm.*** idrocarburo alifatico saturo, gassoso, la cui molecola contiene due atomi di carbonio; contenuto nel petrolio, trova applicazioni come combustibile, come refrigerante e viene anche usato per sintesi organiche.

etanòlo [comp. di *etano* e *-olo*^{2}; 1932] ***sm.*** *T.chim.* alcol etilico.

etàte ***sf.*** *arc. poet.* V. ETÀ.

et cetera (lat., pr. it. [et ˈtʃɛtera]) ***loc.*** *ant.* V. ECCETERA.

etcì e **etciù** V. ECCÌ.

etèra [dal gr. *hetáira*; 1865] ***sf.*** nell'antica Grecia, cortigiana raffinata e di elevata cultura || *eufem.* prostituta.

ètere^{1} [dal lat. *aethera,* gr. *aithḗr, -éros*; 1308 *etera*] ***sm.*** **1.** secondo gli antichi, la parte più pura e più alta dello spazio || *poet.* aria, cielo **2.** *T.fis. disus.* ipotetico fluido leggerissimo che avrebbe riempito tutto lo spazio, introdotto come possibile mezzo di propagazione delle onde luminose in una teoria del primo Ottocento da molto tempo completamente abbandonata **3.** *per estens.* lo spazio in quanto mezzo in cui si propagano le onde elettromagnetiche usate per telecomunicazioni.

ètere^{2} [dal ted. *Äether*; 1771] ***sm.*** *T.chim.* composto organico derivato dalla disidratazione di un alcol || *in part.* nel linguaggio comune, l'etere etilico, usato un tempo come anestetico: *l'hanno addormentato con l'etere.*

etèreo^{1} [dal lat. *aetherius,* gr. *aithérios*; inizio sec. XIV] ***agg.*** dell'etere, celeste: *sedi eteree* || *per estens.* celestiale, spirituale: *bellezza eterea*; diafano, impalpabile, incorporeo: *luci, figure eteree.*

etèreo^{2} [da *etere*^{2}; 1869] ***agg.*** *T.chim.* eterico.

eterìa [dal lat. *hetaeria,* gr. *hetairía*; a. 1904] ***sf.*** *T.stor.* **1.** nell'antica Atene, associazione politica a carattere oligarchico **2.** nella Grecia del primo Ottocento, organizzazione politica e culturale che si proponeva la liberazione della Grecia dal dominio ottomano.

etèrico (pl. *-ci*) [dal fr. *éthérique*; 1869] ***agg.*** *T.chim.* che si riferisce all'etere, nel senso chimico: *tintura eterica.*

eterificàre (pres. *-ìfico, -ìfichi*) [da *etere*^{2}; 1834] ***tr.*** *T.chim.* trasformare un alcol in modo da dare origine a un etere || ***intr. pron.*** trasformarsi in etere.

eterificazióne [dal fr. *éthérification*; 1834] ***sf.*** *T.chim.* processo che conduce alla formazione di un etere.

eterịsmo [da *etere*^{2}; 1940] ***sm.*** *T.med.* insieme dei fenomeni d'intossicazione prodotti dalle inalazioni di etere etilico.

eteriẓẓàre [da *etere*^{2}; 1881] ***tr.*** *T.med.* far respirare vapori di etere etilico a scopo anestetico.

eteriẓẓazióne [da *eterizzare*; a. 1850] ***sf.*** *T.med.* anestesia ottenuta con inalazione di vapori di etere etilico.

eternàle [dal lat. tardo *aeternālis*; a. 1292] ***agg.*** *arc.* o *lett.* eterno, che dura in eterno: *il silenzio eternale della laguna* (D'Annunzio).

eternàre (pres. *-èrno*) [dal lat. *aeternāre*; 1313] ***tr.*** rendere eterno, durevole, perpetuo: *eternare la memoria di un fatto* || ***rifl.*** acquistare fama durevole, immortalarsi: *m'insegnavate come l'uom s'etterna* (Dante) || **N.** *Sin.* immortalare, perpetuare, tramandare ai posteri.

eternit o **èternit** ® [n. commerciale, da *eterno,* con allusione alla lunga durata; 1916] ***sm.*** *inv.* nome commerciale di un materiale da costruzione composto di cemento a presa lenta e fibre d'amianto.

eternità [dal lat. *aeternitas, -ātis*; 1304] ***sf.*** **1.** l'essere eterno: *eternità della materia, di Dio* **2.** periodo di tempo infinito; *in part.* la vita futura in contrapposizione alla presente: *passare all'eternità, entrare nell'eternità* **3.** *iperb.* periodo di tempo intollerabilmente lungo, interminabile: *la conferenza è durata un'eternità* || **N. 1.** *Sin.* perpetuità; immortalità.

etèrno (arc. *ettèrno*) [dal lat. *aeternus*; a. 1292] **I** ***agg.*** che non ha principio né fine: *verità eterne, l'eterno Padre* || che ha avuto principio ma non avrà fine: *la vita eterna dei beati* || *per estens.* che durerà quanto la vita o il mondo: *amicizia eterna, fama eterna*; *la Città Eterna, per anton.* Roma || continuo, ininterrotto: *un'eterna primavera* || *iperb.* che dura (o è durato o durerà) molto tempo: *è la vostra solita eterna disputa, un discorso eterno*; indistruttibile: *una scarpa venduta come eterna, e va già in pezzi dopo pochi mesi!* **II** ***sm.*** ciò che è eterno: *il temporale e l'eterno*; *l'Eterno,* Dio || *in eterno,* fuori d'ogni limite di tempo, in perpetuo, sempre || *ab eterno,* V. AB AETERNO || **eternaménte** ***avv.*** per sempre, anche *iperb.* || **N. I** *Sin.* immortale, infinito, perenne, perpetuo, sempiterno; immarcescibile, incancellabile, incorruttibile; incessante, interminabile.

ètero- [dal gr. *héteros,* altro] ***primo elem.*** che, in parole composte dotte e della terminologia scientifica, vale "altro", "diverso" (per es. *eterociclico, eterosessuale, eterogeneo*) || **N.** *Sin.* allo- | *Contr.* omo-.

eteroallèle [comp. di *etero-* e *allele*; 1988] **I** ***agg.*** *T.biol.* di gene che presenta mutazioni in sedi differenti: *geni eteroalleli* **II** ***sm.*** *T.biol.* gene eteroallele || **N.** *Contr.* omoallele.

eterocariòṣi [comp. di *etero-* e un der. del gr. *káryon,* nucleo; 1974] ***sf.*** *T.biol.* presenza di nuclei geneticamente diversi in una stessa cellula.

eterocèrco (pl. *-chi*) [comp. di *etero-* e *-cerco*; 1931] ***agg.*** *T.zool.* di vertebrato acquatico, dotato di dissimmetria nella struttura della pinna caudale; *coda eterocerca,* tipo di coda che si estende lungo il lobo superiore della pinna, volto verso l'alto (negli squali e negli storioni) o verso il basso (negli ittiosauri).

Eteròceri [comp. di *etero-* e di *-cero*; 1821] ***sm. pl.*** *T.zool.* sezione di Lepidotteri comprendente forme accomunate dal possesso di antenne filiformi o pettinate (e non clavate come nei Ropaloceri).

eterocìclico (pl. *-ci*) [comp. di *etero-* e *ciclico*; 1956] ***agg.*** *T.chim.* detto di composti organici a molecola anulare in cui almeno uno degli atomi che ne costituiscono l'anello è diverso dal carbonio.

eteroclịsìa [da *eteroclito*; 1956] ***sf.*** *T.ling.* flessione di parole eteroclite.

eteròclito [dal lat. tardo *heteroclitos,* gr. *heteróklitos,* propr. di altra declinazione; 1532 nel senso 2] ***agg.*** **1.** *T.ling.* detto di verbi, nomi ecc. che alternano radici diverse nella flessione (per es. *vado,* ma *andiamo*) **2.** *non com.* irregolare, strano, anomalo || **N. 2.** STRANO.

eterocromosòma [comp. di *etero-* e *cromosoma*; 1936] ***sm.*** *T.biol.* ogni cromosoma responsabile della determinazione genetica del sesso; viene anche detto *cromosoma sessuale* || **N.** autosoma.

eterodìna [dal gr. *heterodýnamos,* di forza diversa, attr. l'ingl. *heterodyne*; 1927] ***sf.*** *T.rad.* generatore di segnale a radiofrequenza utilizzato per produrre battimenti con un segnale in ingresso di frequenza differente.

eterodónte [comp. di *etero-* e *-odonte*; 1951] ***agg.*** *T.zool.* detto di specie animale che ha i denti di forme diverse tra loro.

eterodossìa [dal gr. *heterodoxía,* prob. attr. il fr. *hétérodoxie*; 1765] ***sf.*** dottrina religiosa diversa, in alcuni punti, da quella comunemente accettata || *per estens.* dissenso rispetto a ideologie o correnti culturali dominanti || **N.** eresia; dissenso, dissidenza | *Contr.* ortodossia. **Q.T.** *religione.*

eterodòsso [dal gr. *heteródoxos,* d'un'altra

opinione, prob. attr. il fr. *hétérodoxe*; 1739] **agg.** che professa o manifesta eterodossia: *teologo eterodosso, testi eterodossi* || *per estens.* di opinione artistica, filosofica ecc. contraria all'opinione comune o dominante.

eteroeducazióne [comp. di *etero-* e *educazione*; 1956] **sf.** in pedagogia, l'intervento educativo proveniente dall'esterno e non dal soggetto stesso || **N.** *Contr.* autoeducazione.

eterofillìa [da *eterofillo*; 1820] **sf.** *T.bot.* fenomeno per cui alcune piante hanno le foglie di forme diverse.

eterofillo [comp. di *etero-* e *-fillo*; 1834] **agg.** *T.bot.* detto di pianta che presenta eterofillia.

eteroforìa [comp. di *etero-* e *-foria*; 1936] **sf.** *T.med.* tendenza di uno o di entrambi gli occhi a deviare dalla normale direzione dello sguardo, dovuta al disequilibrio dei muscoli che presiedono ai movimenti dell'occhio || **N.** *Sin.* strabismo latente.

eterogamìa [comp. di *etero-* e *-gamia*; 1965] **sf.** *T.biol.* riproduzione sessuata nella quale i due gameti sono diversi tra loro.

eterògamo [comp. di *etero-* e *-gamo*; 1834] **agg.** *T.bot.* di pianta, che presenta due tipi diversi di fiori.

eterogeneità [da *eterogeneo*; a. 1730] **sf.** l'essere eterogeneo: *l'eterogeneità degli elementi.*

eterogèneo [dal gr. *heterogenḗs*; a. 1563] **agg.** **1.** di natura o di qualità differente: *materiali eterogenei* || costituito di elementi disparati non armonizzabili tra loro: *gli invitati formavano un gruppo molto eterogeneo* || *T.chim. equilibrio eterogeneo,* in cui i reagenti e i prodotti non costituiscono tutti un'unica fase (per es. alcuni sono solidi e altri gassosi, oppure formano due liquidi immiscibili ecc.) **2.** *T.gram.* detto di sostantivo che al plurale ha un genere diverso da quello del singolare (per es. *ginocchio, ginocchia*) || **N.** *Sin.* disparato, vario | *Contr.* omogeneo, uniforme.

eterogènesi [comp. di *etero-* e *genesi*; 1887] **sf.** **1.** *T.biol.* anomalia organica, nel numero e nella disposizione degli organi **2.** *T.biol.* teoria che sostiene la discontinuità dell'evoluzione delle specie **3.** *T.fil. eterogenesi dei fini,* il fenomeno per cui un processo storico ha un esito difforme dalle intenzioni con cui era stato avviato.

eterogènico (pl. *-ci*) [da *eterogenesi*; 1851] **agg.** *T.biol.* di eterogenesi, che si riferisce all'eterogenesi.

eterolalìa [comp. di *etero-* e *-lalia*; 1887] **sf.** *T.med.* il vaneggiare come comportamento proprio del delirio.

eterològico (pl. *-ci*) [da *etero-* e *logico*; 1961] **agg.** *T.fil.* in logica, di espressione linguistica che non ha la proprietà che esprime (per es. *monosillabo* che non è essa stessa un monosillabo) in contrapposizione ad *autologico*; questa distinzione ha consentito di formulare l'antinomia consistente nel rispondere alla domanda se l'aggettivo *eterologico* sia o non sia eterologico.

eteròlogo (pl. *-ghi*) [da *etero-*, sul modello di *omologo*; 1965] **agg.** *T.chim.* detto di composti che mediante ben definite modificazioni fisiche derivano reciprocamente l'uno dall'altro.

eteròmane [da *eteromania*; 1939] **s.** chi per vizio si abbandona all'abuso dell'etere etilico.

eteromanìa [comp. di *etero-* e *-mania*; 1939] **sf.** abuso di etere etilico, causa di intossicazione.

eteromèsico [comp. di *etero-* e un der. del gr. *mésos*, mezzo; 1956] **agg.** *T.geol.* di sedimenti o rocce sedimentarie della stessa età, ma formatisi in ambienti diversi: *formazioni eteromesiche; strati eteromesici.*

eterométrico (pl. *-ci*) [comp. di *etero-* e un der. di *metro*; 1973] **agg.** *T.metr.* detto di strofa che consta di versi di misura diversa: *componimento eterometrico* || **N.** *Contr.* isometrico.

eteròmio (pl. *-mi*) [comp. di *etero-* e del gr. *mŷs, myós*, topo; 1951] **sm.** piccolo roditore americano delle zone desertiche.

eteromorfismo [da *eteromorfo*; 1940 nel senso 2] **sm.** **1.** *T.biol.* compresenza in una pianta di organi omologhi di forma diversa **2.** *T.min.* proprietà di certi composti chimici di cristallizzare in forme diverse.

eteromòrfo [dal gr. *heterómorphos*, di forma diversa; 1940] **agg.** di forma diversa.

eteronimìa [comp. di *etero-* e *-onimia*; 1956] **sf.** *T.ling.* fenomeno per cui determinate coppie di nomi designanti persone, animali o cose per natura appaiate hanno temi differenti (per es. *padre - madre, toro - mucca* ecc.).

eterònimo [comp. di *etero-* e *-onimo*; 1956] **agg.** **1.** *T.ling.* detto di nome che presenta con un altro rapporto di eteronimia **2.** detto di opera che passa sotto il nome di un autore diverso dal vero.

eteronomìa [da *etero-*, sul modello di *autonomia*; 1846] **sf.** *T.fil.* nell'etica, dipendenza da leggi esterne al soggetto ed estranee alla sua volontà || **N.** *Contr.* autonomia.

eterònomo [da *etero-*, sul modello di *autonomo*; 1908] **agg.** *T.fil.* che riceve dall'esterno la norma del proprio comportamento || **N.** *Contr.* autonomo.

eteròpico (pl. *-ci*) [comp. da *etero-*, *-op(ia)* e *-ico*; 1956] **agg.** *T.geol.* di sedimenti sincroni, ma che presentano una diversa composizione litologica o paleontologica, in relazione alle condizioni fisiche di formazione: *depositi eteropici; strati eteropici.*

eteropolàre [comp. di *etero-* e *polare*; 1931] **agg.** *T.chim.* detto di legame chimico tra ioni di carica opposta che si attraggono elettrostaticamente || **N.** *Sin.* ionico.

eterosessuàle [comp. di *etero-* e *sessuale*; 1955] **I agg.** **1.** relativo ai rapporti sessuali tra due persone di sesso diverso: *rapporto eterosessuale* **2.** che è sessualmente attratto da persone dell'altro sesso **II s.** persona eterosessuale || **N.** *Contr.* omosessuale.

eterosessualità [da *eterosessuale*; 1983] **sf.** caratteristica di chi è eterosessuale || **N.** *Contr.* omosessualità.

eterosfèra [da *etero-*, sul modello di *atmosfera*; 1967] **sf.** *T.meteor.* la parte più alta dell'atmosfera terrestre, oltre i 100 km di quota.

eterosillàbico (pl. *-ci*) [comp. di *etero-* e *sillabico*; 1956] **agg.** *T.ling.* in fonetica, detto di foni che non fanno parte della stessa sillaba || **N.** *Contr.* tautosillabico.

eterotàllico (pl. *-ci*) [comp. di *etero-* e un der. di *tallo*; 1956] **agg.** *T.bot.* detto di vegetale che presenta organi sessuali distinti e portati da individui differenti.

eterotallismo [comp. di *etero-*, *tallo* e *-ismo*; 1936] **sm.** *T.bot.* presenza di due tipi di talli in una sola specie, per cui gli zigoti si formano soltanto dall'unione di due miceli diversi non per forma, ma per polarità sessuale.

eterotassìa [dall'ingl. *heterotaxy*; 1865 *eterotaxia*] **sf.** *T.biol.* fenomeno patologico, per cui la posizione di taluni organi interni (animali o vegetali) è invertita.

eterotermìa [da *eterotermo*; 1956] **sf.** *T.zool.* caratteristica degli animali eterotermi.

eterotèrmo [comp. di *etero-* e *-termo*; 1913] **agg.** *T.biol.* detto di quegli animali, quali rettili, anfibi, pesci, che hanno una temperatura interna variabile, secondo la temperatura dell'ambiente in cui vivono.

eterotopìa [comp. di *etero-* e di un der. del gr. *tópos*, luogo; 1951] **sf.** *T.anat.* presenza di un tessuto o di un organo in una sede diversa dalla normale.

eterotrofìa [comp. di *etero-* e *-trofia*; 1865] **sf.** *T.biol.* condizione degli organismi eterotrofi || *T.med.* errore o deficienza di nutrizione || *T.geol.* sedimentazione di rocce della stessa era in regioni distanti fra loro.

eteròtrofo [comp. di *etero-* e *-trofo*; 1932] **agg.** e **sm.** *T.biol.* detto di organismo che si nutre di sostanze organiche che siano state già elaborate da altri esseri viventi || **N.** *Contr.* autotrofo.

Eteròtteri (sing. *-o*) [comp. di *etero-* e *-ttero*; 1932] **sm.** *pl.* *T.zool.* sottordine di insetti Emitteri terrestri o acquatici muniti di un rostro molto lungo, di solito rivolto in basso e all'indietro.

eterozigòte [comp. di *etero-* e *zigote*; 1918] **I sm.** *T.biol.* individuo in cui i membri di una coppia di geni allelomorfi (dominante e recessivo), sono dissimili **II agg.** *T.biol.* di tale individuo; che presenta i caratteri di eterozigote || **N.** *Contr.* omozigote.

etèsio (pl. *-sii*) [dal lat. *etesiae*, nominativo pl., gr. *etēsíai* (*ánemoi*), venti che spirano ogni anno; 1542] **agg.** e **sm.** spec. *pl.*, detto dei venti freschi del Nord che spirano ogni anno, per un certo numero di giorni, nel Mediterraneo orientale, durante l'estate.

èthos o **ètos** (pr. ['ɛtos]) [voce greca, *éthos*, costume, carattere; a. 1904] **sm.** *inv.* moralità, costume, spec. in quanto proprio di un popolo, di un gruppo e sim.

ètica [dal lat. *ethica*, gr. *ēthikḗ*; a. 1292] **sf.** **1.** *T.fil.* scienza della morale; parte della filosofia che studia la condotta umana, i moventi che la determinano e le valutazioni morali; *etica normativa,* che si propone di fondare norme etiche **2.** *per estens.* il complesso delle norme di comportamento proprie di una società, di un gruppo ecc.: *l'etica vittoriana, è una questione di etica professionale.* **Q.T.** *filosofia.*

etichétta[1] [dal fr. *étiquette*, marca fissata a un palo, poi cartellino; 1797] **sf.** cartellino che si appone a oggetti di vario genere con sopra scritte le caratteristiche necessarie alla loro identificazione: *l'etichetta di un libro, di una bottiglia* || *T.inform.* gruppo organizzato di caratteri che identifica un insieme di dati || *fig.* definizione sommaria e di comodo: *in questo caso va rifiutata la semplice etichetta di razzismo* || **N.** *Sin.* contrassegno, marchio; classificazione, qualifica.

etichétta[2] [dal fr. *étiquette*, dicitura, attr. lo sp. *etiqueta*, cerimoniale che si osserva nelle corti; fine sec. XVII] **sf.** il complesso di tutte le cerimonie volute dall'uso e dalla cortesia tra persone ragguardevoli || l'osservanza di tali cerimonie: *bada troppo all'etichetta* || *senza etichetta,* alla buona || **N.** cerimoniale, costumanza, formalità, rito; gala, solennità.

etichettàre (pres. *-étto*) [da *etichetta*[1], come il fr. *étiqueter*; 1950] **tr.** munire di etichetta || *fig. più com.* attribuire sommariamente una qualifica a qualcuno: *l'hanno subito etichettato come snob.*

etichettatrìce [da *etichettare*; 1970] **sf.** macchina con cui si applicano meccanicamente le etichette.

etichettatùra [da *etichettare*; 1956] **sf.** l'etichettare, l'operazione di applicare etichette.

eticità [da *etico*[1], prob. sul modello del ted. *Sittlichkeit*; 1911] **sf.** **1.** carattere di ciò che è etico **2.** *T.fil.* nella filosofia hegeliana, la moralità sociale concretizzata in istituti del tipo della famiglia e dello stato.

ètico[1] (pl. *-ci*) [dal lat. *ēthicus*, gr. *ēthikós*; a. 1565] **agg.** **1.** *T.fil.* relativo alla filosofia morale **2.** che concerne il costume, la morale: *un delicato problema etico* **3.** *T.gram. dativo etico,* complemento che esprime la partecipazione emotiva del soggetto all'azione verbale (come *mi* in *stasera mi guardo un bel film*) || **eticaménte** **avv.** dal punto di vista della morale.

ètico[2] (pl. *-ci*) [dal gr. *hektikós*, attributo d'una febbre abituale, continua; fine sec. XIII] **agg.** e **sm.** *ant.* tisico: *faceva lui tener le labbra* *aperte / come l'etico fa* (Dante).

ètico³ (pl. *-ci*) [dall'ingl. *etic*, da (*phon*)*etic*, fonetico; 1966] **agg.** *T.ling.* relativo ai dati oggettivi, registrati dall'esterno senza distinzione di rilevanza || **N.** *Contr.* emico.

etile [dal fr. *éthyle*; 1869 *étilo*] **sm.** *T.chim.* radicale monovalente costituito da due atomi di carbonio e cinque d'idrogeno.

etilène [da *etile*; 1869] **sm.** idrocarburo alifatico non saturo, la cui molecola ha due atomi di carbonio; è il più semplice della serie degli alcheni, ed è contenuto nel gas illuminante.

etilènico (pl. *-ci*) [da *etilene*; 1933] **agg.** *T.chim.* proprio dell'etilene, che riguarda l'etilene: *legame etilenico.*

etìlico (pl. *-ci*) [dal fr. *éthylique*; 1869] **agg.** *T.chim.* detto di composto contenente un radicale etile: *etere etilico; alcol etilico*, quello presente nelle bevande alcoliche (e detto semplicemente *alcol*).

etilismo [dal fr. *éthylisme*; 1950] **sm.** *T.med.* intossicazione cronica da abuso di alcolici || **N.** *Sin.* alcolismo.

etilista [da *etilismo*; 1966] **s.** e **agg.** chi, che è affetto da etilismo || **N.** *Sin.* alcolista.

etilòmetro [comp. di (*alcol*) *etil*(*ico*) e *-metro*; 1991] **sm.** apparecchio in grado di misurare la quantità di alcol etilico ingerita — e, conseguentemente, il grado di ubriachezza — attraverso l'analisi del fiato; in dotazione alla polizia stradale, viene utilizzato nei confronti dei conducenti di autoveicoli.

ètimo [dal gr. e lat. *étymon*, intimo significato della parola; a. 1617] **sm.** *T.ling.* la forma e il significato più antichi a cui si può risalire nella storia di una parola: *la maggioranza delle parole italiane ha etimo latino.* **Q.T.** *linguistica.*

etimologìa (pl. *-gìe*) [dal lat. *etymologia*, gr. *etymología*; sec. XIII] **sf.** *T.ling.* disciplina che ricerca l'origine delle parole di una lingua || *etimologia popolare*, associazione, compiuta dai parlanti ma non scientificamente fondata, di due parole apparentemente simili, ma in realtà di origine completamente diversa || *concr.* etimo. **Q.T.** *linguistica.*

etimològico (pl. *-ci*) [dal lat. *etymologicus*, gr. *etymologikós*; a. 1675] **agg.** di etimologia, appartenente all'etimologia: *studi etimologici; dizionario etimologico*, che riporta o discute le possibili etimologie per ogni parola del lemmario || **etimologicaménte** **avv.** dal punto di vista dell'etimologia.

etimologìsta [da *etimologia*; 1639] **s.** chi si dedica a studi etimologici.

etimologizzàre [da *etimologia*; a. 1375] **intr.** (aus. *avere*) cercare l'etimologia delle parole.

etimòlogo (pl. *-gi*) [dal lat. *etymologus*, gr. *etymológos*; a. 1744] **sm.** (f. *-a*) *non com.* etimologista.

ètio- e der. V. EZIO- e der.

etìope [dal lat. *Aethiops, -opis*, gr. *Aithíops*, propr. dall'aspetto bruciato; a. 1321] **I s.** abitante o nativo dell'Etiopia **II agg.** dell'Etiopia.

etiòpico (pl. *-ci*) [dal lat. *aethiopicus*, gr. *aithiopikós*; a. 1367] **agg.** dell'Etiopia; degli Etiopi: *lingue etiopiche*, gruppo di lingue della famiglia semitica meridionale (le più importanti sono l'amarico e il tigrino) parlate in Etiopia accanto a molte altre lingue di ceppo cuscitico.

etisìa [dal fr. *hectisie*, poi *éthisie*; a. 1712] **sf.** *T.med. disus.* tubercolosi polmonare || **N.** *Sin.* mal sottile, tisi.

etmoidàle [da *etmoide*; 1829] **agg.** *T.anat.* dell'etmoide: *seno etmoidale.*

etmòide [dal gr. *ēthmoeidḗs*; 1771] **sm.** *T.anat.* osso impari del cranio, incassato nell'incisura dell'osso frontale, la cui lamina superiore è crivellata di fori, per cui passano i nervi dell'olfatto.

etnèo [dal lat. *Aetnāeus*, gr. *Aitnâios*; a. 1533] **agg.** dell'Etna o del territorio circostante.

etnìa [dal gr. *éthnos*, razza, popolo; 1945] **sf.** raggruppamento umano individuato sulla base di caratteri fisici, culturali e linguistici.

ètnico (pl. *-ci*) [dal lat. eccl. *ethnicus*, pagano, gr. *ethnikós*, nazionale, pagano; 1822] **agg.** proprio di un popolo, di una nazione: *caratteri etnici* || *minoranze etniche*, gruppi di popolazione che all'interno di uno stato si distinguono per specifiche caratteristiche linguistiche, culturali ecc. || *T.ling. aggettivi, nomi etnici*, quelli che designano l'appartenenza a un popolo, a una città, una regione e sim. (come *italiano, lombardo* ecc.).

ètno- [dal gr. *éthnos*, popolo] **primo elem.** che, in denominazioni di discipline scientifiche vale "popolo" (per es. *etnologia, etnomusicologia*).

etnobotànica [comp. di *etno-* e *botanica*; 1956] **sf.** scienza che ha per oggetto le relazioni tra gli uomini e le piante.

etnocèntrico (pl. *-ci*) [comp. di *etno-* e *-centrico*, sul modello dell'ingl. *ethnocentric*; 1984] **agg.** relativo all'etnocentrismo, ispirato a etnocentrismo.

etnocentrismo [comp. di *etno-* e *-centrismo*, sul modello dell'ingl. *ethnocentrism*; 1974] **sm.** atteggiamento sociale basato sulla solidarietà con il gruppo etnico o sociale di appartenenza e su sentimenti di ostilità o disprezzo verso tutti gli altri gruppi etnici o sociali, che vengono ritenuti inferiori || *per estens.* la tendenza a vedere le cose dal punto di vista della propria cultura di appartenenza: *l'etnocentrismo dell'antropologia occidentale* || **N.** razzismo.

etnografìa [comp. di *etno-* e *-grafia*, come il fr. *ethnographie*; 1829] **sf.** branca dell'etnologia che si propone di descrivere le popolazioni della Terra e le loro manifestazioni culturali e sociali.

etnogràfico (pl. *-ci*) [da *etnografia*, come il fr. *ethnographique*; 1826] **agg.** di etnografia, che si riferisce a etnografia || **etnograficaménte** **avv.** dal punto di vista etnografico.

etnògrafo [comp. di *etno-* e *-grafo*, come il fr. *ethnographe*; 1861] **sm.** (f. *-a*) studioso di etnografia.

etnolinguìstica [comp. di *etno-* e *linguistica*, sul modello dell'ingl. *ethnolinguistics*; 1969] **sf.** parte della linguistica che si occupa delle relazioni fra lingua, pensiero e cultura in senso antropologico ed etnologico.

etnologìa [comp. di *etno-* e *-logia*, come il fr. *ethnologie*; 1865] **sf.** studio delle stirpi umane, delle loro caratteristiche e delle loro relazioni sociali, spec. di quelle prive di una tradizione scritta || **etnologicaménte** **avv.** dal punto di vista dell'etnologia.

etnològico (pl. *-ci*) [da *etnologia*; 1857] **agg.** di etnologia, che si riferisce all'etnologia || **etnologicaménte** **avv.** secondo i criteri dell'etnologia.

etnòlogo (pl. *-gi*) [comp. di *etno-* e *-logo*; 1865] **sm.** (f. *-a*) studioso di etnologia.

etnomusicologìa [comp. di *etno-* e *musicologia*; 1965] **sf.** scienza che studia la musica dei popoli primitivi o le musiche popolari europee.

etnònimo [comp. di *etno-* e *-onimo*; 1956] **sm.** *T.ling.* nome o aggettivo indicante l'appartenenza a una nazione, o a una regione o a una città: *padovano e torinese sono due etnonimi* || **N.** *Sin.* etnico.

-éto [lat. *-ētum*, suff. di nomi collettivi] **suff.** forma sostantivi m. denominali, di valore locativo-collettivo, indicanti luoghi in cui si trovano determinate piante o colture (*agrumeto, canneto, faggeto, frutteto*) o, meno freq., dove c'è abbondanza di qualcosa (*ghiaieto, sasseto, sepolcreto*) || **N.** -eta.

étoile (fr., pr. [e'twal]) [letter. stella; 1988] **sf. inv.** prima ballerina o primo ballerino, artista famoso del mondo della danza o dello spettacolo: *un'étoile dell'Opera di Parigi; un'étoile del cinema.*

etòlico (pl. *-ci*) [dal lat. *Aetōlicus*, gr. *Aitolikós*; 1951] **agg.** dell'Etolia, regione della Grecia nordoccidentale al confine con l'Illiria.

etologìa [dal lat. *ethologia*, gr. *ēthología*; 1820] **sf.** *T.biol.* scienza che studia il comportamento degli animali e soprattutto l'interazione sociale tra i diversi individui di una specie. **Q.T.** *psicologia, zoologia.*

etològico (pl. *-ci*) [da *etologia*; 1857] **agg.** relativo all'etologia; che si riferisce allo studio del comportamento degli animali nei rapporti reciproci e con l'ambiente naturale || **etologicaménte** **avv.** da un punto di vista etologico.

etòlogo (pl. *-gi*) [da *etologia*; 1728] **sm.** (f. *-a*) studioso di etologia.

etopèa [dal lat. *ethopoeia*, gr. *ēthopoiía*; 1639] **sf.** *T.ret.* descrizione del carattere morale di una persona.

ètos V. ETHOS.

ètra [var. poetica di *etera*, disus. per *etere*¹; 1532] **sm.** *arc. poet.* aria, etere, cielo: *immenso e puro l'etra si spande* (Monti).

etrùsco (pl. *-schi*) [dal lat. *etruscus*; sec. XIV] **I agg.** dell'antica Etruria: *arte, civiltà, lingua etrusca* **II sm. 1.** (f. *-a*) abitante dell'antica Etruria: *gli Etruschi* **2.** sola lingua etrusca.

etruscologìa [comp. di *etrusco* e *-logia*; 1914] **sf.** studio della lingua e delle antichità etrusche.

etruscòlogo (pl. *-gi*) [comp. di *etrusco* e *-logo*; 1925] **sm.** (f. *-a*) studioso delle antichità etrusche.

ètta- V. EPTA-.

ettacòrdo V. EPTACORDO.

ettagonàle o **eptagonàle** [da *ettagono*; a. 1589] **agg.** *T.geom.* relativo a un ettagono || a forma di ettagono.

ettàgono o **eptàgono** [lat. tardo *heptagōnus*, dal gr. *heptágōnos*; 1585] **sm.** *T.geom.* poligono con sette lati.

-ettàre [cumulo dei due suff. *-etto* e *-are*¹] **suff.** verbale che modifica il senso del verbo di base attribuendogli un valore insieme diminutivo o attenuativo e frequentativo (*picchiettare, scoppiettare*).

èttaro [dal fr. *hectare*; 1843] **sm.** misura di superficie agraria equivalente a diecimila metri quadrati.

ettasìa V. ECTASIA.

ètte [var. rafforzata della cong. lat. *et*; 1618] **sm.** (solo *sing.*) *fam.* nulla, nonnulla, un minimo: *mancò un ette, non ci capisco proprio un ette.*

ettèrno e der. forme arc. o lett. di ETERNO e der.

ètto [dal fr. *hecto*, abbr. di *hectogramme*, ettogrammo; 1859 *ettò*] **sm.** *fam.* abbr. comune di ettogrammo.

ètto- [dal fr. *hecto-*, basato sul gr. *hekatón*, cento] **primo elem.** che, anteposto a un'unità di misura, ne moltiplica il valore per 100: **ettòmetro**, **èttowatt** || **N.** centi-.

-étto [etim. inc.] **suff.** (f. *-a*) altera in senso diminutivo il nome o l'aggettivo di base: *barchetta, foglietto, freschetto, aspretto* || è frequente l'uso di questo diminutivo non tanto per indicare dimensioni minori quanto per segnalare l'informalità del contesto: *vuoi una birretta?*

ettogràmmo [dal fr. *hectogramme*; 1820 *ectogramma*] **sm.** misura di peso pari a cento grammi.

ettòlitro [dal fr. *hectolitre*; 1800 *ectolitro*] **sm.** misura di capacità pari a cento litri.

èu- (*ev-* davanti a vocale) [dal gr. *êu*, bene] **primo elem.** che, in parole composte dotte o della terminologia scientifica, vale "bene", "buono" (per es. *Eumiceti, eutanasia*).

eubòico (pl. *-ci*) [dal lat. *Euboicus*, gr. *Euboï-*

kós; a. 1375] ***agg.*** **1.** dell'isola greca di Eubea **2.** *lett.* della città di Cuma, fondata da coloni originari dell'Eubea.

eucalìpto [comp. di *eu-* e del gr. *kalyptós*, nascosto, perché il lembo del calice resta chiuso fin dopo la fioritura; 1820] ***sm.*** genere di Mirtacee originarie dell'Australia, che crescono rapidamente e hanno foglie aromatiche medicinali; sono coltivate spec. per la bonifica di terreni palustri.

eucaliptòlo [comp. di *eucalipto* e *-olo*[2]; 1887 *eucalittolo*] ***sm.*** *T.farm.* liquido di odore aromatico, tratto dall'eucalipto, usato in medicina e in profumeria.

eucarestìa v. EUCARISTIA.

eucariòte [comp. di *eu-* e un der. del gr. *káryon*, nucleo; 1983] ***sm.*** *T.biol.* organismo che presenta un nucleo cellulare fornito di una membrana che lo separa dal citoplasma || **N.** *Contr.* procariote.

eucariòtico (pl. *-ci*) [da *eucariote*; 1983] ***agg.*** *T.biol.* proprio dell'eucariote, relativo all'eucariote.

eucaristìa o **eucarestìa** [dal lat. cristiano *eucharistia*, gr. *eucharistía*, riconoscenza, poi eucaristia; sec. XIV] ***sf.*** *T.rel.* nelle chiese cristiane, sacramento della Comunione || l'ostia consacrata || **N.** ciborio, ostia, particola, transustanziazione.

eucarìstico (pl. *-ci*) [dal lat. cristiano *eucharisticon*, gr. *eucharistikós*; 1657] ***agg.*** dell'Eucaristia: *sacramento eucaristico* || *congresso eucaristico*, adunanza religiosa cattolica di pubblica adorazione del Cristo e di glorificazione della Messa.

euclàșio [comp. di *eu-* e del gr. *klásis*, rottura; 1956] ***sm.*** *T.min.* silicato di berillio e alluminio che cristallizza in cristalli azzurri o verde pallido con lucentezza vitrea.

euclidèo [dal n. proprio *Euclide*; a. 1952] ***agg.*** di Euclide: *geometria euclidea*, che accetta il postulato di Euclide sull'esistenza e unicità della retta parallela a una retta data passante per un dato punto || detto di un ente geometrico definito conformemente ai postulati di Euclide: *spazio euclideo, distanza euclidea.* **Q.T.** *matematica...*

eucologìa [comp. del gr. *euché*, preghiera e *-logia*; 1956] ***sf.*** *T.teol.* studio delle formule di preghiera da vari punti di vista.

eucològico (pl. *-ci*) [da *eucologia*; 1956] ***agg.*** che riguarda l'eucologia.

eucològio (pl. *-gi*) [dal gr. tardo *euchológion*; 1716] ***sm.*** libro recante le preghiere rituali della chiesa orientale.

eudemonìa [dal gr. *eudaimonía*, felicità, prob. attr. l'ingl. *eudemony*; 1829] ***sf.*** *T.fil.* la felicità intesa come fine ultimo dell'uomo.

eudemònico (pl. *-ci*) [dal gr. *eudaimonikós*; 1869] ***agg.*** relativo all'eudemonia, proprio dell'eudemonia.

eudemonìșmo [dal gr. *eudaimonismós*; a. 1566] ***sm.*** *T.fil.* qualunque dottrina morale che identifichi la virtù con la felicità.

eudemonìstico (pl. *-ci*) [da *eudemonismo*; a. 1904] ***agg.*** di eudemonismo, che si riferisce a eudemonismo: *morale eudemonistica.*

eudemonologìa [comp. del gr. *eudáimōn*, fortunato e *-logia*; 1829] ***sf.*** *T.fil.* dottrina che tratta degli oggetti e delle ragioni del benessere umano.

eudemonològico (pl. *-ci*) [da *eudemonologia*; a. 1855] ***agg.*** relativo all'eudemonologia, proprio dell'eudemonologia.

eudermìa [comp. di *eu-* e di un der. di *-derma*; 1956] ***sf.*** *T.med.* condizione di normale struttura e funzionalità della pelle.

eudiòmetro [comp. del gr. *éudios*, chiaro e *-metro*; 1788] ***sm.*** *T.chim.* apparecchio usato nelle analisi dei gas.

eufemìa [dal lat. tardo *euphēmia*, gr. *eufēmía*; 1869] ***sf.*** **1.** *lett.* eufemismo **2.** presso gli antichi Greci, il silenzio rituale osservato durante il sacrificio.

eufèmico (pl. *-ci*) [da *eufemia*; 1869] ***agg.*** *raro* eufemistico.

eufemìșmo [dal gr. *euphēmismós*; 1603] ***sm.*** figura retorica per la quale si velano le idee spiacevoli, crude o realistiche, utilizzando espressioni più attenuate o meno esplicite in luogo di quella propria, o alterando leggermente la forma di quest'ultima || *concr.* l'espressione utilizzata in questo modo (ad es. *mancato, scomparso, spirato passato a miglior vita* sono eufemismi per *morto*; l'escl. *cribbio!* è un eufemismo per *Cristo!*).

eufemìstico (pl. *-ci*) [da *eufemismo*; 1887] ***agg.*** usato con valore di eufemismo: *espressione eufemistica* || **eufemisticaménte** ***avv.***

eufonìa [dal lat. tardo *euphōnia*, gr. *euphōnía*; 1585] ***sf.*** piacevole effetto sonoro || *in part.* l'armonia di suoni che si ottiene con un'accurata scelta e unione delle parole o di suoni all'interno di una parola || **N.** *Contr.* cacofonia.

eufònico (pl. *-ci*) [da *eufonia*; 1832] ***agg.*** relativo all'eufonia || che giova all'eufonia: *una consonante eufonica che evita lo iato* || **eufonicaménte** ***avv.***

eufònio v. EUPHONIUM.

eufòrbia [dal lat. *euphorbia*, gr. *euphórbion*, dal n. proprio *Éuphorbos*, medico scopritore del suo succo; inizio sec. XIV *euforbio*] ***sf.*** nome generico di alcune piante nostrane ed esotiche delle Euforbiacee, che contengono un succo lattiginoso molto caustico: *la stella di Natale è un'euforbia.*

Euforbiàcee [comp. di *euforbia* e *-acee*; 1829] ***sf. pl.*** *T.bot.* famiglia di piante dicotiledoni, a cui appartengono le euforbie, il ricino e l'hevea.

eufòrbio (pl. *-bi*) [da *euforbia*] ***sm.*** resina ricavata dal latice di una specie di euforbia, usata un tempo in medicina per le sue proprietà vescicanti.

euforìa [dal gr. *euphoría*, forza di sopportare; 1820] ***sf.*** stato di espansiva allegria e quasi di esaltazione che può essere naturale o indotto da malattie mentali, sostanze stupefacenti ecc. || *com.* allegria, buonumore || attivo fervore, ottimismo: *oggi l'euforia domina gli scambi in Borsa* || **N.** *Contr.* disforia.

eufòrico (pl. *-ci*) [da *euforia*; 1939] ***agg.*** di euforia: *stato euforico* || che è in stato di euforia: *sentirsi euforico*; *mercato euforico*, attivo, con molti scambi || **euforicaménte** ***avv.***

eufràșia [dal gr. *eufrasía*, ilarità, perché si credeva che rendesse lieto l'animo di chi l'usava; prima metà sec. XIII] ***sf.*** pianta aromatica delle Scrofulariacee che cresce spontanea nei prati.

eufuìșmo [da *Euphues*, titolo di un romanzo dell'ingl. J. Lyly, pubblicato nel 1579; 1823] ***sm.*** *T.lett.* maniera letteraria ampollosa e barocca del Seicento inglese, alquanto analoga al marinismo italiano e al gongorismo spagnolo.

eufuìsta [da *eufuismo*; 1968] ***s.*** fautore dell'eufuismo, seguace dell'eufuismo.

eufuìstico (pl. *-ci*) [da *eufuista*; 1930] ***agg.*** tipico dell'eufuismo, che concerne l'eufuismo.

eugàneo [dal lat. *Euganeus*; 1652] ***agg.*** degli Euganei, gli antichi abitanti dell'attuale Veneto || dei colli Euganei: *Venezia Euganea*, altra denominazione del Veneto.

eugèneși [comp. di *eu-* e *genesi*; 1942] ***sf.*** accoppiamento di due persone selezionate secondo criteri scientifici per migliorare la stirpe.

eugenètica [comp. di *eu-* e *genetica*, sul modello dell'ingl. *eugenics*; 1915] ***sf.*** scienza che studia il miglioramento genetico della razza umana.

eugenètico (pl. *-ci*) [da *eugenetica*; 1941] ***agg.*** che si riferisce all'eugenetica: *matrimoni eugenetici*, volti al miglioramento della stirpe || **N.** *Contr.* disgenetico.

eugènica [dall'ingl. *eugenics*; 1939] ***sf.*** eugenetica.

eugènico (pl. *-ci*) [dall'ingl. *eugenic*; 1869] ***agg.*** eugenetico.

eugenìsta [dall'ingl. *eugenist*; 1934] ***s.*** chi si occupa dell'eugenetica e dei problemi ad essa relativi.

eugenòlo [comp. di *eugen(ia)*, pianta delle Mirtacee i cui fiori in boccio, seccati, costituiscono i chiodi di garofano, e *-olo*[2]; 1956] ***sm.*** *T.chim.* liquido ottenuto trattando l'essenza di chiodi di garofano con soda caustica e poi con acido cloridrico; usato in profumeria e anche in medicina come antisettico e antifermentativo.

Euglenòfite [comp. di *euglena*, alga flagellata verde e *-fito*; 1956] ***sf. pl.*** *T.bot.* divisione del regno vegetale che comprende alghe unicellulari flagellate.

eugubìno [dal n. geogr. *Eugubium*, var. mediev. del class. *Iguvium*; 1379 *ogovino*] **I** ***agg.*** della città di Gubbio || *tavole eugubine*, le sette famose tavole di bronzo, scritte in lingua umbra, risalenti probabilmente ai secoli III-II a.C., trovate tra le rovine di un tempio in Gubbio **II** ***sm.*** (f. *-a*) abitante di Gubbio.

eulogìa (pl. *-gìe*) [dal lat. *eulogiae* pl., gr. *eulogíes*, buone parole; 1745] ***sf.*** *T.rel.* qualunque cibo benedetto; *in part.* il pane benedetto che, nei primi tempi della Chiesa, veniva distribuito ai fedeli.

eumène [dal gr. *eumenḗs*, benevolo; 1834] ***sf.*** insetto di colore giallo, nero o rossastro, simile alla vespa, che fa il nido nel fango.

Eumènidi (arc. *eumènide*) [dal gr. *Eumenídes*, letter. le benevole; sec. XIV] ***sf. pl.*** *T.mitol.* nome col quale si indicavano le Erinni, considerate sotto l'aspetto di tutrici benevole dell'ordine naturale.

Eumicèti (sing. *-e*) [comp. di *eu-* e del gr. *mýkētes*, funghi; 1956] ***sm. pl.*** *T.bot.* vegetali privi di clorofilla (funghi) con cellule fornite di pareti e di nuclei; sono tutti eterotrofi.

eunucherìa [da *eunuco*; 1835] ***sf.*** *raro spreg.* debolezza d'animo.

eunuchìșmo [da *eunuco*; 1921] ***sm.*** *T.med.* quadro clinico conseguente a castrazione effettuata prima della pubertà o ad assenza congenita di testicoli.

eunùco (pl. *-chi*) [dal lat. *eunūchus*, gr. *eunôuchos*, propr. guardiano del letto; a. 1342] **I** ***sm.*** **1.** uomo privo degli organi genitali, per evirazione o malattia || *in part.* custode degli harem, nei paesi musulmani **2.** *fig. non com.* persona fiacca e servile **II** ***agg.*** **1.** *non com.* evirato || *T.bot. fiori eunuchi*, che mancano di capacità riproduttiva **2.** *fig. non com.* debole, fiacco.

eupàtride [dal gr. *eupatrídes*, di nobile padre; 1806] ***sm.*** *T.stor.* nell'antica Grecia, discendente di nobile famiglia || *in part.* in Atene, membro della classe dei nobili.

eupepsìa [dal gr. *eupepsía*; 1820] ***sf.*** *T.med.* digestione regolare, buona digestione || **N.** *Contr.* dispepsia.

eupèptico (pl. *-ci*) [dal gr. *éupeptos*, di facile digestione; 1961] ***agg.*** e ***sm.*** *T.med.* detto di rimedio che facilita la digestione || **N.** *Sin.* digestivo.

euphònium (pr. [eu'fɔnjum]) o **eufònio** (pl. *-ni*) [attr. l'ingl. *euphonium*; 1826 *eufonio*] ***sm. inv.*** *T.mus.* tipo di bassotuba usato nelle bande.

eupnèa [comp. di *eu-* e *-pnea*; 1834] ***sf.*** *T.med.* normale svolgimento del processo respiratorio || **N.** *Contr.* dispnea.

eurașiàno [dal n. geogr. *Eurasia*; a. 1916] ***agg.*** **1.** dell'Eurasia **2.** in epoca coloniale, detto dei nati da padre europeo e da madre asiatica.

eurașiàtico o **euroașiàtico** (pl. *-ci*) [dal n. geogr. *Eurasia*; 1923] ***agg.*** dell'Eurasia.

eureka (gr., pr. it. [ˈɛureka]) [propr. ho trovato; 1882] ***escl.*** esclamazione di gioia quando si è trovata la soluzione di un problema.

èuri- [dal gr. *eurýs*, largo] ***primo elem.*** **1.** in parole composte della terminologia medica, vale "largo": **euricefalìa**, **euricèfalo** **2.** in biologia vale "capace di sopportare variazioni notevoli di condizioni ambientali" (per es. *eurifago, euritermo*) ‖ **N.** **1.** *Sin.* brachi- | *Contr.* steno- **2.** *Contr.* steno-.

eurialinità [da *eurialino*; 1970] ***sf.*** *T.biol.* proprietà di organismi eurialini ‖ **N.** *Contr.* stenoalinità.

eurialìno [comp. di *euri-* e gr. *hálinos*, salino; 1933] ***agg.*** *T.biol.* detto di organismo vivente in acqua, in grado di sopportare variazioni anche notevoli del grado di salinità dell'ambiente ‖ **N.** *Contr.* stenoalino.

eurìfago (pl. *-gi*) [comp. di *euri-* e *-fago*; 1956] ***agg.*** detto di organismi che possono nutrirsi di alimenti diversi ‖ **N.** *Sin.* onnivoro | *Contr.* stenofago.

eurignàto [comp. di *euri-* e *-gnato*; 1887] ***agg.*** *T.etn.* detto di razza umana caratterizzata da viso largo a causa degli zigomi sporgenti (per es. quella mongola).

euripidèo [dal n. proprio *Euripide*; 1943] ***agg.*** del tragico greco Euripide; che si rifà ai modi e ai toni della sua poesia.

eurìpiga [comp. del gr. *eurýs*, largo e *pygḗ*, natica; 1887] ***sm.*** *T.zool.* genere di uccelli dell'America centrale, comunemente detti *aironi del sole*.

eurìpo [dal lat. *euripus*, gr. *éuripos*; 1684] ***sm.*** *lett.* stretto di mare, canale: *gli ellesponti e gli euripi* (D'Annunzio).

eurìstica [dal gr. *heurískein*, trovare; a. 1823] ***sf.*** arte e metodologia della ricerca pratica e teorica, del pervenire a nuove scoperte: *euristica filosofica* ‖ *T.inform.* ipotesi restrittiva che serve a semplificare la ricerca della soluzione di un problema; anche la procedura basata sull'ipotesi.

eurìstico (pl. *-ci*) [da *euristica*; 1905] ***agg.*** atto a favorire la scoperta di nuovi risultati: *valore euristico di un'ipotesi; procedimento euristico*, non rigoroso, ma che permette di giungere alla formulazione di tesi fungenti da direttrici per il progredire della ricerca.

euritermìa [comp. di *euri-* e *-termia*; 1940 *eurotermia*] ***sf.*** *T.zool.* la proprietà di alcuni animali di resistere a grandi variazioni della temperatura ambientale ‖ **N.** *Contr.* stenotermia.

euritèrmo [comp. di *euri-* e *-termo*; 1929] ***agg.*** detto di animale che riesce a sopportare bene alti sbalzi di temperatura ‖ **N.** *Contr.* stenotermo.

euritmìa [dal lat. tardo *eurythmia*, gr. *eurythmía*; 1499 nel senso 1; 1820 nel senso 2] ***sf.*** **1.** bellezza che risulta dalla proporzione e disposizione di tutte le parti di un'opera, spec. architettonica **2.** *T.med.* regolarità del battito del polso.

eurìtmico (pl. *-ci*) [da *euritmia*; 1758] ***agg.*** che ha euritmia ‖ **euritmicaménte** ***avv.***

èuro [dal lat. *ēurus*, gr. *êuros*; a. 1292] ***sm.*** *lett.* nome classico di un vento che spira da sud-est, detto più com. *scirocco*.

èuro- [da *Europa*] ***primo elem.*** che, in parole composte dotte, vale "europeo" (per es. *euroasiatico, eurovisione*) ‖ in part. è usato nella lingua politica (per es. *eurocomunismo, euroterrorismo*), spec. in riferimento alle istituzioni della comunità europea (per es. *eurocrate, eurodeputato*), e nella lingua dell'economia (per es. *eurodollaro, eurolira, euromercato*).

euroașiàtico v. EURASIATICO.

eurobbligazióne o **euroobbligazióne** [comp. di *euro-* e *obbligazione*, sul modello dell'ingl. *eurobond*; 1978] ***sf.*** *T.fin.* titolo obbligazionario collocato sul mercato finanziario europeo, fuori del paese di emissione.

eurobond (ingl., pr. [ˈjuərəubɒnd]) [1979] ***sf.*** (pl. *eurobonds*, pr. [ˈjuərəubɒndz]) *T.fin.* eurobbligazione.

eurocèntrico (pl. *-ci*) [comp. di *euro-* e *-centrico*; 1963] ***agg.*** relativo a eurocentrismo, proprio di eurocentrismo ‖ ispirato da eurocentrismo: *tendenze eurocentriche.*

eurocentrìșmo [comp. di *euro-* e *-centrismo*; 1967] ***sm.*** tendenza a considerare l'Europa come il centro politico, culturale ed economico del mondo.

eurochèque (fr., pr. [øroˈʃɛk]) [comp. di *euro-* e *chèque*, assegno; 1977] ***sm.*** (pl. *eurochèques*) *T.banc.* tipo di carta-assegni di circolazione internazionale, con cui si possono acquistare beni nei negozi convenzionati o prelevare denaro nelle banche collegate, anche all'estero.

eurocomunìșmo [comp. di *euro-* e *comunismo*; 1975] ***sm.*** *T.pol.* negli anni Settanta, l'insieme dei principi e delle pratiche politiche di alcuni partiti comunisti dell'Europa occidentale (fra cui il partito comunista italiano) caratterizzato dall'accettazione delle tradizioni liberali e democratiche europee e dell'ordine internazionale allora vigente.

eurocomunìsta [comp. di *euro-* e *comunista*; 1975] ***s.*** *T.pol.* sostenitore e fautore dell'eurocomunismo.

euròcrate [comp. di *euro-* e *-crate*; 1963] ***s.*** funzionario che opera all'interno delle istituzioni europee.

eurodeputàto [comp. di *euro-* e *deputato*; 1980] ***sm.*** (f. *-a*) *T.pol.* membro del Parlamento europeo.

eurodèstra [comp. di *euro-* e *destra*; 1984] ***sf.*** *T.pol.* il complesso dei partiti di destra che operano in Europa occidentale e sono rappresentati nel Parlamento europeo.

eurodivìșa [comp. di *euro-* e *divisa*; 1974] ***sf.*** *T.banc.* divisa, negoziata o investita in paesi europei diversi da quello di emissione ‖ divisa di paesi extraeuropei depositata presso banche europee.

eurodòllaro [comp. di *euro-* e *dollaro*, sul modello dell'ingl. *eurodollar*, 1963] ***sm.*** *T.banc.* dollaro statunitense giacente in banche europee e destinato esclusivamente ad acquisti in Europa.

eurolìra [comp. di *euro-* e *lira*; 1985] ***sf.*** *T.banc.* lira collocata, da non residenti in Italia, sul mercato finanziario europeo al di fuori dell'Italia: *si sta studiando l'emissione di titoli in eurolire, il mercato delle eurolire.*

euromercàto [comp. di *euro-* e *mercato*; 1974] ***sm.*** *T.fin.* mercato finanziario delle eurodivise.

euromissìle [comp. di *euro-* e *missile*; 1979] ***sm.*** missile strategico a testata nucleare e a media gittata installato nei paesi europei dell'alleanza atlantica.

euromonéta [comp. di *euro-* e *moneta*; 1974] ***sf.*** eurodivisa.

euroobbligazióne v. EUROBBLIGAZIONE.

europarlaménto [comp. di *euro-* e *parlamento*; 1983] ***sm.*** parlamento europeo composto da deputati eletti, ogni quinquennio, nei paesi della CEE.

europeìșmo [da *europeo*; 1821 nel senso 2; 1917 nel senso 1] ***sm.*** **1.** tendenza politica favorevole alla creazione di uno stato europeo unitario sovranazionale, o almeno a una più stretta integrazione reciproca tra i vari popoli europei **2.** *T.ling.* parola comune alle diverse lingue di cultura d'Europa (a parte lievi adattamenti fonetici), coniata a partire da elementi greco-latini (per es. it. *analizzare*, fr. *analyser*, ingl. *analyse* ecc.).

europeìsta [da *europeismo*; 1933] ***s.*** e ***agg.*** chi o che sostiene l'unità europea.

europeìstico (pl. *-ci*) [da *europeismo*; 1950] ***agg.*** favorevole all'unità europea: *tendenze europeistiche.*

europeizzàre [da *europeo*; 1908] ***tr.*** ridurre all'uso e al costume europeo ‖ ***rifl.*** e ***intr. pron.*** assumere caratteristiche tipiche degli Europei.

europèo [dal lat. *europāeus*, gr. *eurōpâios*; 1721] **I** ***agg.*** dell'Europa: *civiltà europea* **II** ***sm.*** (f. *-a*) abitante dell'Europa. **TAV.** ***gatti*** **p. 672.**

euròpio [dal fr. *europium*; 1930] ***sm.*** *T.chim.* elemento metallico del gruppo dei lantanidi o terre rare.

europòide [dal n. geogr. *Europa*; 1956] ***agg.*** detto del gruppo razziale a cui appartengono la maggior parte degli europei, ma anche i popoli del Medio Oriente e dell'India, caratterizzato da naso stretto, labbra sottili e muscolatura proporzionata.

eurosinìstra [comp. di *euro-* e *sinistra*; 1980] ***sf.*** *T.pol.* insieme dei gruppi politici europei che si riconoscono in posizioni di sinistra.

eurosocialìșmo [comp. di *euro-* e *socialismo*; 1980] ***sm.*** *T.pol.* l'insieme delle posizioni politiche dei partiti socialisti e socialdemocratici che operano in Europa occidentale e sono rappresentati nel Parlamento europeo.

euroterrorìșmo [comp. di *euro-* e *terrorismo*; 1980] ***sm.*** terrorismo politico frutto del collegamento tra i vari gruppi eversivi di sinistra operanti nei paesi dell'Europa occidentale.

eurovalùta [comp. di *euro-* e *valuta*; 1963] ***sf.*** eurodivisa.

eurovișióne [dall'ingl. *eurovision*, comp. di *Euro(pe)*, Europa e *(tele)vision*, televisione; 1959] ***sf.*** collegamento fra le reti televisive dell'Europa occidentale: *la partita sarà trasmessa in eurovisione* ‖ **N.** intervisione.

eustàtico (pl. *-ci*) [comp. di *eu-* e *statico*; 1956] ***agg.*** *T.geol.* che si riferisce ai mutamenti del livello marino.

eustatìșmo [da *eustatico*; 1970] ***sm.*** *T.geol.* l'insieme delle variazioni del livello marino, dovute principalmente all'intensificazione o all'attenuazione del glacialismo.

eustèle [comp. di *eu-* e *stele*; 1931] ***sf.*** *T.bot.* tipo di struttura del fusto presente nelle Gimnosperme e nella maggior parte delle piante dicotiledoni, caratterizzato da un doppio giro di fasci vascolari aperti nella stele.

eutanașìa [dal gr. *euthanasía*, morte felice; 1892] ***sf.*** morte rapida e non dolorosa procurata per sospensione del trattamento medico (*eutanasia passiva*), o mediante somministrazione di narcotici o sim. (*eutanasia attiva*), su persone affette da malattie incurabili, per abbreviare loro le sofferenze; non ammessa né dalle leggi né dalla morale cristiana.

eutènica [dall'ingl. *euthenics*, dal gr. *euthēnía*, prosperità; 1932] ***sf.*** in genetica, disciplina che si occupa del miglioramento degli individui attraverso il miglioramento dei fattori ambientali ‖ **N.** eugenica.

eutènico (pl. *-ci*) [da *eutenica*; 1983] ***agg.*** relativo all'eutenica, proprio dell'eutenica.

eutèttico (pl. *-ci*) [dal gr. *éutēktos*, ben fuso; 1956] ***agg.*** e ***sm.*** *T.chim.* detto di miscuglio di due o più sostanze che ha una temperatura di fusione inferiore a tutte quelle dei singoli componenti, o anche a quella di una qualunque altra loro miscela a diverse concentrazioni.

eutichiàno [dal n. proprio *Eutiche*; 1575] ***sm.*** (f. *-a*) *T.eccl.* eretico seguace di Eutiche, abate di Costantinopoli del V sec., che credeva che la natura divina di Cristo avesse assorbito la natura umana ‖ **N.** monofisita.

eutimìa [dal gr. *euthimía*; a. 1729] ***sf.*** *non com.* serenità d'animo, tranquillità paziente nel dolore.

eutocìa (pl. *-cìe*) [dal gr. *eutokía*; 1951] ***sf.***

T.med. denominazione scientifica del parto normale.
eutòcico (pl. *-ci*) [da *eutocia*; 1956] **agg.** *parto eutocico*, parto spontaneo, normale.
eutonìa [comp. di *eu-* e *-tonia*; 1983] **sf.** stato di rilassamento psicofisico conseguito, spesso a scopi terapeutici, con tecniche di concentrazione mentale e di precisi movimenti muscolari.
eutònico (pl. *-ci*) [comp. di *eu-* e *-tonico*; 1983] **agg.** proprio dell'eutonia, relativo all'eutonia.
eutrofìa [dal gr. *euthrophía*, buona nutrizione; 1834] **sf.** *T.biol.* stato di buona nutrizione di un organismo o di sue parti: *eutrofia muscolare*; *eutrofia del lattante*, condizione del lattante nutrito regolarmente || **N.** atrofia, distrofia, ipertrofia, trofismo.
eutròfico (pl. *-ci*) [da *eutrofia*; 1956] **agg.** **1.** *T.biol.* che presenta uno stato di eutrofia: *individuo eutrofico* || *T.biol.* *ambiente eutrofico*, ambiente acquatico ricco di sostanze nutritive **2.** *T.farm.* *farmaco eutrofico*, detto di farmaco somministrato per migliorare lo stato di nutrizione dell'organismo.
eutrofiẓẓànte [da *eutrofia*; 1983] **agg.** che favorisce l'eutrofizzazione.
eutrofiẓẓazióne [da *eutrofia*; 1982] **sf.** *T.biol.* arricchimento di un ambiente con sostanze nutritive || *per estens.* eccessiva moltiplicazione di piante acquatiche, dovuta alla presenza nelle acque di quantità troppo elevate di sostanze nutritive: *l'eutrofizzazione dell'Adriatico è dovuta principalmente all'inquinamento dei fiumi che scaricano in mare azoto e fosfati.*
eutropìa [comp. di *eu-* e *-tropia*; 1956] **sf.** *T.chim.* regolare variazione della struttura dei cristalli di un composto chimico, in seguito al cambiamento del numero atomico dell'elemento.
eutròpico (pl. *-ci*) [da *eutropia*; 1956] **agg.** *T.chim.* caratterizzato da eutropia: *composto eutropico.*
euẓòne o **euẓòno** [dal gr. *eúzōnos*, ben cinto; 1942 *euzono*] **sm.** *T.mil.* soldato di fanteria leggera dell'esercito greco moderno, addetto alla guardia presidenziale, la cui caratteristica divisa è costituita dalla fustanella, un gonnellino fittamente pieghettato.
evacuaménto [da *evacuare*; 1599] **sm.** abbandono di un territorio, di uno stabile ecc., per motivi di emergenza.
evacuànte (*ppr.* di *evacuare*) [a. 1698] **agg.** e **sm.** purgante: *medicine evacuanti, gli evacuanti.*
evacuàre (pres. *-àcuo*) [dal lat. tardo *evacuāre*; a. 1313] **tr.** **1.** abbandonare un luogo in modo organizzato e in massa per motivi di emergenza: *gli abitanti hanno dovuto evacuare il paese per timore di una frana* **2.** svuotare: *evacuare gli intestini* e più com. *ass.* *evacuare*, defecare || **intr.** (aus. *avere*) *meno com.* allontanarsi da un luogo abbandonandolo: *evacuare dalla fortezza* || **N.** **tr.** **1.** *Sin.* sgomberare.
evacuatìvo [da *evacuare*; a. 1698] **agg.** *T.med.* che favorisce l'evacuazione.
evacuazióne [dal lat. tardo *evacuātio, -ōnis*; sec. XIV] **sf.** **1.** espulsione delle feci dall'intestino **2.** evacuamento.
evàdere (pres. *-àdo*; p.rem. *-àṣi*; pps. *evàṣo*) [dal lat. *evādere*, andar fuori; 1485 ca.] **intr.** (aus. *essere*) fuggire da un luogo chiuso: *evadere dal carcere* || *fig.* sottrarsi a qualcosa di opprimente: *evadere dalle realtà quotidiane* || **tr.** **1.** sottrarsi a un obbligo: *evadere le imposte* **2.** *T.bur.* sbrigare, dare corso, concludere: *evadere una pratica* || **N.** **intr.** *Sin.* FUGGIRE.
evanescènte [dal lat. *evanescens, -entis*, ppr. di *evanēscere*, dileguare, prob. attr. il fr. *évanescent*; a. 1883] **agg.** che va svanendo, che si dilegua, che si percepisce con difficoltà: *figure evanescenti* || **N.** *Sin.* flebile, indistinto, lieve, sfumato.
evanescènza [da *evanescente*, come il fr. *évanescence*; a. 1916] **sf.** l'essere evanescente || *in part.* *T.rad.* fenomeno (detto anche *fading*) per cui si avverte in un apparecchio radiofonico ricevente un'improvvisa attenuazione e scomparsa della ricezione.
evangeliàrio (pl. *-ri*) [dal lat. cristiano *euangelium*, vangelo; 1727] **sm.** libro che contiene tutti i brani del Vangelo da recitarsi nella Messa lungo l'anno: *un antico evangeliario miniato.*
evangèlico (pl. *-ci*) [dal lat. cristiano *euangelicus*, gr. *euangelikós*; 1306] **agg.** **1.** del Vangelo, conforme al Vangelo: *parabola evangelica, morale evangelica* || che insegna e professa la dottrina del Vangelo: *dottore evangelico* **2.** appartenente a una delle confessioni protestanti che hanno per regola di fede soltanto ciò che insegna il Vangelo, ripudiando la tradizione della Chiesa cattolica: *pastore evangelico* || **evangelicaménte** **avv.** secondo i princìpi del Vangelo || **N.** **2.** *Sin.* calvinista.
evangèlio V. VANGELO.
evangelìṣmo [da *evangelo*; a. 1952] **sm.** *T.rel.* proposta di vita religiosa ispirata fedelmente ai princìpi del Vangelo.
evangelìsta [dal lat. cristiano *euangelista*, gr. *euangelistḗs*; a. 1294] **sm.** **1.** autore di un Vangelo: *i quattro evangelisti*, i quattro autori dei Vangeli canonici (Marco, Matteo, Luca e Giovanni) **2.** diacono che canta o legge il Vangelo nelle messe solenni **3.** predicatore laico valdese.
evangelistàrio (pl. *-ri*) [da *evangelista*; sec. XVI-XVII] **sm.** *non com.* evangeliario, libro dei Vangeli.
evangeliẓẓàre [dal lat. cristiano *euangelizāre*, gr. *euangelízesthai*; a. 1330] **tr.** convertire alla religione cristiana predicando il Vangelo: *evangelizzare le popolazioni dell'Africa* || *fig.* *non com.* convincere al proprio modo di pensare, fare opera di proselitismo, spec. politico || **intr.** (aus. *avere*) *raro* predicare il Vangelo.
evangeliẓẓatóre [da *evangelizzare*; 1663] **agg.** e **sm.** (f. *-trice*) chi o che evangelizza.
evangeliẓẓazióne [da *evangelizzare*; 1905] **sf.** diffusione dei principi evangelici spec. per mezzo della predicazione || conversione delle popolazioni non cristiane ai princìpi del Vangelo.
evangèlo V. VANGELO.
evaporàbile [da *evaporare*; a. 1537] **agg.** *non com.* che evapora facilmente: *materia evaporabile.*
evaporaménto [da *evaporare*; a. 1320] **sm.** *non com.* l'evaporare.
evaporàre (pres. *-àporo*, non com. *-óro*) [dal lat. tardo *evaporāre*; a. 1292] **intr.** **1.** (aus. *essere*) di liquido, trasformarsi in vapore: *la benzina evapora rapidamente* || *fig.* *non com.* svanire **2.** (aus. *avere*) perdere liquido per evaporazione: *il serbatoio ha evaporato* || **tr.** *non com.* trasformare in vapore per evaporazione || **N.** **intr.** **1.** volatilizzarsi; svaporare.
evaporàto (*pps.* di *evaporare*) [1483] **agg.** parzialmente disidratato: *latte evaporato* || di legno, sottoposto a stagionatura artificiale.
evaporatóre [da *evaporare*; 1892] **sm.** **1.** apparecchio che realizza l'evaporazione di un liquido mediante riscaldamento, utilizzato nelle caldaie, nelle macchine frigorifere, nell'industria alimentare ecc. **2.** recipiente pieno d'acqua che si mette sopra le stufe a carbone o che si appende ai radiatori del termosifone, perché l'aria della stanza possa contenere, mediante l'evaporazione, una certa parte di umidità.
evaporazióne [dal lat. tardo *evaporātio, -ōnis*; a. 1320] **sf.** *T.chim.* passaggio lento di un corpo dallo stato liquido allo stato aeriforme, che, a differenza dell'*ebollizione*, avviene soltanto alla superficie del liquido e a qualsiasi temperatura || *concr.* il vapore esalato in seguito a tale processo || **N.** aerificazione, ebollizione, sublimazione.
evaporìmetro [comp. di *evapor(azione)* e *-metro*; 1892] **sm.** strumento usato in meteorologia per misurare il grado di umidità contenuta nell'atmosfera, che si basa sulla quantità d'acqua che evapora in un dato tempo.
evaṣióne [dal lat. tardo *evāsio, -ōnis*; fine sec. XIV] **sf.** **1.** fuga da un luogo in cui si è rinchiusi: *evasione dal carcere* || *per estens.* *evasione fiscale*, il sottrarsi del contribuente all'onere tributario dovuto || *fig.* l'allontanarsi da qualcosa che opprime, da un ambiente insopportabile e sim.: *un gesto di evasione dalla realtà quotidiana*; *letteratura d'evasione*, che evita di trattare temi troppo impegnativi o elevati, proponendosi essenzialmente di distendere e divertire **2.** *T.bur.* esecuzione, disbrigo: *evasione della corrispondenza, dare evasione a una pratica* || **N.** **2.** *Sin.* corso, risposta.
evaṣìvo [da *evadere*, come il fr. *évasif*; 1827] **agg.** che tende a sfuggire a una difficoltà; che non dice né sì né no: *risposta evasiva* || **evaṣivaménte** **avv.** || **N.** *Sin.* ambiguo, elusivo, sfuggente.
evàṣo (*pps.* di *evadere*) [1810] **sm.** (f. *-a*) prigioniero fuggito dal carcere: *un evaso pericoloso.*
evaṣóre [da *evadere*; 1931] **agg.** e **sm.** (f. non com. *evaditrice*) che o chi evade || *in part.* *evasore fiscale*, il contribuente che si sottrae all'onere tributario.
evèllere (pres. *-èllo*; dif. del p.rem.; pps. *evùlso*) [dal lat. *evellere*; prima metà sec. XIV] **tr.** *arc.* svellere, sradicare, estirpare.
evemerìṣmo [dal n. proprio *Evemero*; 1887] **sm.** *T.fil.* tesi (inizialmente sostenuta dallo scrittore greco Evemero, del IV sec. a.C.), secondo cui la mitologia viene spiegata riconducendola alla storia: le narrazioni mitologiche corrisponderebbero alle vicende di antichi eroi successivamente divinizzati.
evenemenziàle [dal fr. *événementiel*, da *événement*, evento; 1983] **agg.** detto di indagine storiografica che si interessa della registrazione di singoli avvenimenti e della loro concatenazione più che di processi di lungo periodo.
eveniènza [da *evenire*; 1812] **sf.** avvenimento possibile: *per ogni evenienza*; *all'evenienza*, nel caso che occorresse || **N.** *Sin.* caso, circostanza, eventualità.
evenìre (pres. *evèngo* ecc., come VENIRE) [dal lat. *evenīre*, venir fuori; a. 1375] **intr.** (aus. *essere*) *ant.* accadere, avvenire.
evènto [dal lat. *eventus*; a. 1343] **sm.** fatto avvenuto o che potrà avvenire, spec. se di grande rilievo: *evento storico, memorabile*; *sono in attesa degli eventi* || *in ogni evento*, in ogni caso || *lieto, fausto evento*, nascita di un bambino || *in part.* *T.stat.* ciascuno dei casi possibili a cui sia associata una determinata probabilità: *eventi equiprobabili* || **N.** *Sin.* avvenimento, circostanza, fatto. **Q.T.** *storiografia.*
eventuàle [da *evento*; a. 1673] **agg.** che può avvenire o no: *eventuali cambiamenti saranno presi in esame in un secondo tempo* || *varie ed eventuali*, (sottinteso, temi o questioni ulteriori da discutere) formula frequente come ultimo punto di un ordine del giorno || **eventualménte** **avv.** **1.** caso mai, se si rivelasse necessario o opportuno: *prova a cercarlo per telefono; eventualmente scrivigli un biglietto* **2.** al più: *si potrebbe eventualmente accettare un compromesso* || **N.** ipotizzabile, pensabile, possibile.
eventualità [da *eventuale*; a. 1712] **sf.** **1.** possibilità che qualcosa accada: *non si può escludere l'eventualità di una catastrofe* **2.** evento possibile: *un'eventualità estremamente improbabile* || **N.** **1.** *Sin.* ipotesi, possibilità **2.** *Sin.* caso, evenienza.
evergreen (ingl., pr. ['evəgri:n]) [letter.

sempreverde; 1983] ***s. inv.*** canzone o cantante che rimane sempre di moda.

eversióne [dal lat. *eversio, -ōnis*; sec. XIV] ***sf.*** **1.** distruzione, abbattimento, rovesciamento: *eversione delle istituzioni* || *per meton.* l'insieme delle forze eversive: *l'eversione nera* **2.** *T.giur.* abolizione **3.** *T.med.* rovesciamento verso l'esterno di un organo o di un tessuto rivestito di mucosa, come condizione patologica o come manovra compiuta dal medico: *eversione di un labbro.*

eversìvo [dal lat. *eversus*; a. 1748] ***agg.*** che mira ad abbattere: *le leggi eversive dell'asse ecclesiastico* || *in part.*, nel linguaggio politico, che si propone di abbattere le istituzioni: *un preciso disegno eversivo.*

evèrso (*pps.* di *evertere*) [a. 1429] ***agg.*** *ant.* o *lett.* **1.** rovesciato, distrutto **2.** contrario, opposto.

eversóre [dal lat. *eversor, -ōris*; a. 1547] ***sm.*** **1.** *lett.* chi abbatte; distruttore: *eversore di mura* (Pascoli) **2.** chi agisce in politica con intenti eversivi.

evèrtere [dal lat. *evertere*; sec. XIV] ***tr.*** *ant.* abbattere, rovinare, distruggere.

evezióne [dal lat. tardo *evectio, -ōnis*; 1797] ***sf.*** *T.astr.* perturbazione periodica del moto della Luna dovuta all'azione del Sole.

èvia [dal lat. *Eu(h)ias, -adis*, gr. *Euiás, -ádos*; a. 1907] ***sf.*** *poet.* baccante.

evidènte [dal lat. *ēvidens, -entis*; sec. XIII] ***agg.*** immediatamente e chiaramente visibile: *tracce evidenti di lotta, accolse con evidente sollievo la notizia* || che non dà adito a dubbi: *la conclusione del ragionamento è evidente* || **evidenteménte** ***avv.*** **1.** con evidenza: *era evidentemente confuso* **2.** come frasale si può parafrasare con *è evidente che...*: *evidentemente non ne sapeva nulla* || usato con valore di profrase, sì, certamente: *ne avete parlato? Evidentemente!* || **N.** *Sin.* chiaro, manifesto, palese, palpabile, patente, tangibile, visibile; indubbio, innegabile, irrefutabile, lampante, ovvio.

evidènza [dal lat. *evidentia*; 1308] ***sf.*** **1.** la qualità di ciò che è evidente: *l'evidenza dei fatti, di una dimostrazione* || *mettere in evidenza*, in primo piano, in risalto || *in part. T.mat. mettere in evidenza un fattore*, scrivere un'espressione, una funzione ecc. come un prodotto in cui compaia esplicitamente quel fattore || *mettersi in evidenza*, distinguersi; farsi notare **2.** efficacia rappresentativa: *l'evidenza dello stile* **3.** *T.bur.* documento trattenuto da un ufficio come prova di un'operazione effettuata o per tenere presente un'operazione da effettuare **4.** prova: *non c'è alcuna evidenza sicura del fenomeno* || **N.** **1.** *Sin.* chiarezza; indisputabilità; preminenza, rilievo.

evidenziàbile [da *evidenziare*; 1956] ***agg.*** che può essere evidenziato.

evidenziàre (pres. *-ènzio*) [da *evidenza*; 1963] ***tr.*** mettere in risalto, sottolineare: *gli ultimi avvenimenti hanno evidenziato la debolezza dell'economia* || mettere in risalto usando l'evidenziatore || in contabilità, mettere in conto specificando la motivazione: *evidenziare una spesa di trasporto.*

evidenziatóre [da *evidenziare*; 1983] ***sm.*** tipo di pennarello dal colore non coprente con cui si passa sopra a una o più parole di un testo per metterle in risalto.

evìncere (pres. *-ìnco* ecc., come VINCERE) [dal lat. *evincere*, vincere completamente; 1690] ***tr.*** *T.giur.* **1.** rivendicare per via legale un bene posseduto da altri **2.** dedurre, ricavare: *si evincono dall'articolo le disposizioni seguenti.*

eviràre (pres. *-ìro*) [dal lat. *evirāre*; 1807] ***tr.*** privare dei testicoli, castrare || *fig. non com.* render debole, svigorire, effeminare.

eviràto (*pps.* di *evirare*) [1807] **I** ***agg.*** *fig. non com.* fiacco, effeminato, debole **II** ***sm.*** **1.** chi ha subito un'evirazione **2.** *per restr.* cantante evirato || **N.** **II** *Sin.* castrato.

evirazióne [dal lat. *evirātio, -ōnis*; 1797] ***sf.*** l'evirare.

evisceràre (pres. *-ìscero*) [dal lat. *eviscerāre*; a. 1527] ***tr.*** *T.chir.* privare dei visceri.

evitàbile [dal lat. *evitābilis*; a. 1667] ***agg.*** che si può evitare || **N.** *Contr.* fatale, inevitabile.

evitàre (pres. *èvito*) [dal lat. *evitāre*; 1483] ***tr.*** **1.** sfuggire, sottrarsi a qualcosa o qualcuno: *evitare un ostacolo, un seccatore, lo sguardo di qualcuno* || *T.mus. cadenza evitata*, v. CADENZA || astenersi da qualcosa, spec. se dannoso: *evitare il fumo, evita di affaticarti troppo* **2.** scongiurare: *con il suo intervento ha evitato un disastro* || liberare qualcuno da un'incombenza e sim.: *ti ho evitato un viaggio inutile* || ***rec.*** fare in modo di non incontrarsi: *da quando si sono lasciati si evitano accuratamente* || **N.** **1.** *Sin.* aggirare, eludere, scampare a, scansare, schivare; fare a meno di, tenersi lontano da **2.** *Sin.* impedire, prevenire; risparmiare.

evìtico (pl. *-ci*) [dal n. proprio *Eva*, sul modello di *adamitico*; 1965] ***agg.*** di Eva; *fig. scherz. in costume evitico*, nuda.

evizióne [dal lat. *evictio, -ōnis*; a. 1565] ***sf.*** *T.giur.* perdita di un diritto acquistato, in seguito a una legittima rivendicazione di un terzo.

èvo [dal lat. *aevum*, tempo (che dura); inizio sec. XIV] ***sm.*** lungo spazio di tempo, spec. uno dei tre periodi della storia: *evo antico, medio evo* (più com. *Medioevo*), *evo moderno* || **N.** epoca, età, periodo, secolo, tempo.

evocàre (pres. *èvoco, èvochi*) [dal lat. *evocāre*, chiamar fuori; 1728] ***tr.*** richiamare da mondi esterni al sensibile, con riti o facoltà medianiche: *evocare gli spiriti dei defunti* || *per estens.* richiamare alla memoria, ricreare in modo suggestivo: *evocare il passato, un ricordo lontano*; *pagine che evocano un'atmosfera apocalittica.*

evocatìvo [dal lat. *evocatīvus*; 1955] ***agg.*** atto a evocare.

evocatóre [dal lat. *evocātor, -ōris*; a. 1827] ***sm.*** (f. *-trice*) chi evoca.

evocatòrio (pl. *-ri*) [da *evocare*; 1948] ***agg.*** che ha potere di evocare: *cerimonie evocatorie.*

evocazióne [dal lat. *evocātio, -ōnis*; a. 1375] ***sf.*** l'atto e l'effetto dell'evocare: *cerimonia, formula di evocazione.*

evoè [dal lat. *euoe* ed *euohe*, gr. *euoî*; 1480] ***escl.*** *lett.* grido di gioia delle Baccanti.

-èvole [sviluppo popolare dei suff. lat. *-ebile(m)* e *-ibile(m)*] ***suff.*** **1.** forma aggettivi deverbali, e indica possibilità e sim., sia in senso passivo (come in *biasimevole*, che può essere biasimato, o in *lodevole*), sia in senso attivo (come in *cedevole, piacevole*, che può cedere, piacere) **2.** può derivare aggettivi anche da sostantivi, e conferirvi il senso della qualità corrispondente al sostantivo di base: *amichevole, colpevole, ragionevole* || **N.** -bile.

evolùire (pres. *-ìsco, -ìsci*) [dal fr. *évoluer*; 1884] ***intr.*** (aus. *avere*) *ant.* compiere evoluzioni, detto spec. di navi o aerei militari.

evolutìvo [dal fr. *évolutif*; 1883] ***agg.*** che riguarda un'evoluzione: *processo evolutivo* || caratterizzato da un'evoluzione: *fase evolutiva*; *età evolutiva*, l'infanzia e l'adolescenza || *in part.* che riguarda l'evoluzione delle specie, dal punto di vista dell'evoluzione naturale: *vantaggio evolutivo.*

evolùto (*pps.* di *evolvere*) [1908] ***agg.*** detto di organismo giunto al suo pieno sviluppo || *fig.* detto di persona o comunità pervenuta alla piena maturità civile e sociale: *ragazza evoluta*, priva di pregiudizi, non condizionata dalle convenzioni sociali || **N.** *Sin.* avanzato, civile, maturo, moderno, progredito.

evoluzióne [dal fr. *évolution*; 1739] ***sf.*** **1.** sequenza di movimenti ordinati a un fine: *evoluzioni di un ginnasta* || *T.mil.* movimento degli eserciti per prendere nuova disposizione; in marina, l'insieme dei percorsi che una o più navi compiono con determinati scopi tattici; in aeronautica, manovra con variazione continua della velocità e della direzione: *evoluzioni acrobatiche* **2.** qualunque processo di trasformazione continua e graduale, spesso (ma non necessariamente) inteso come passaggio a uno stadio più perfezionato, avanzato, moralmente elevato ecc.: *l'evoluzione sociale e culturale di un popolo, l'evoluzione del pensiero filosofico, della sensibilità artistica, della tecnologia occidentale* || *in part. T.biol.* il processo di sviluppo delle forme di vita animali e vegetali attraverso una progressiva differenziazione delle specie, che dà luogo a forme e strutture via via più complesse: *teorie dell'evoluzione* || *in part. T.ling. l'evoluzione di un linguaggio*, il complesso dei mutamenti fonetici, morfologici, sintattici, semantici che una lingua subisce gradualmente nel corso del tempo (in questo caso il termine non ha alcuna connotazione di progresso o miglioramento) || **N.** **1.** *Sin.* manovra, movimento; acrobazia **2.** *Sin.* progresso, sviluppo; cambiamento, mutamento, trasformazione | *Contr.* degenerazione, involuzione. **Q.T.** *antropologia, sociologia.*

evoluzionìsmo [dall'ingl. *evolutionism*, attr. il fr. *évolutionnisme*; 1878] ***sm.*** ogni posizione che, in campo filosofico, teologico o storico, si ispira alla teoria dell'evoluzione espressa in campo biologico da Darwin || *in part. T.fil.* la dottrina di Spencer; *evoluzionismo spiritualistico, quella di Bergson.*

evoluzionìsta [dall'ingl. *evolutionist*, attr. il fr. *évolutionniste*; 1875] ***s.*** **1.** fautore, seguace dell'evoluzionismo **2.** *T.pol.* fautore di una graduale evoluzione delle istituzioni sociali, riformista.

evoluzionìstico (pl. *-ci*) [da *evoluzionismo*; 1920] ***agg.*** attinente all'evoluzionismo.

evòlvere (pres. *-òlvo*; p.rem. *-òlsi, -olvésti*; pps. *evolùto*) [dal lat. *evolvere*; 1516] ***intr. pron.*** e meno com. ***intr.*** svilupparsi, mutare gradualmente: *gli animali, le società si evolvono* || ***tr.*** *raro* sviluppare: *molti popoli primitivi non hanno evoluto una tecnologia dei metalli* || **N.** ***intr. pron.*** *Sin.* progredire, trasformarsi.

evònimo [dal gr. *euṓnymos*, di buon nome; 1534] ***sm.*** *T.bot.* genere di piante arbustive delle Celastracee, di cui fa parte la fusaggine.

evùlso *pps.* di *evellere* (v.).

evvìva [comp. di *e* e *viva*, imp. di *vivere*; a. 1367] **I** ***escl.*** seguita da un nome, esprime caloroso incitamento o plauso per qualcuno, entusiasmo per un ideale e sim.: *evviva il Presidente!, evviva la libertà!* || *ass.* esprime gioia intensa, esultanza: *evviva! Ce l'abbiamo fatta* **II** ***sm.*** *inv.* il grido di evviva: *fare un evviva, gli evviva salivano al cielo* || **N.** **I** *Sin.* viva; urrà | *Contr.* abbasso **II** *Sin.* acclamazione.

ex (pr. [ɛks]) [dal lat. *ex*, da, fuori] **I** ***pref.*** (si scrive unito al nome seguente con un trattino, o spesso anche staccato) con valore di *agg. inv.*, indica che la condizione espressa dal nome non è più attuale: *ex presidente, ex fidanzato* **II** ***s. inv.*** *fam.* persona con cui si è avuto un rapporto amoroso in passato: *uno dei suoi numerosi ex* **III** ***prep.*** **1.** *T.bur.* e *T.comm.* in alcune espr., indica provenienza di un materiale impiegato: *fili ex maglia* **2.** *T.comm. titolo ex dividendo*, quotato senza contare il dividendo || **N.** **I** *Sin.* decaduto, emerito, già, quondam.

ex abrupto (lat., pr. it. [ɛgz a'brupto]) [letter. dal (discorso) spezzato] ***loc. avv.*** all'improvviso; senza preamboli.

ex aequo (lat., pr. it. [ɛgz 'ɛkwo]) [letter. secondo il giusto (merito)] ***loc. avv.*** a pari merito, alla pari: *i due film hanno ottenuto il Leone d'oro ex aequo.*

ex ante (lat., pr. it. [ɛgz 'ante]) [letter. da

prima] **loc. agg.** *inv.* *T.econ.* del valore di una variabile economica (risparmio, investimento, domanda, offerta, prezzo ecc.), programmato o previsto || **N.** *Contr.* *ex post.*

ex cathedra (lat., pr. it. [ɛks 'katedra]) [letter. dalla cattedra (di S. Pietro)] **loc. avv.** usata nelle espr. *definire* o *affermare ex cathedra,* per indicare i pronunciamenti del papa che sono autorevoli per tutti i cattolici || *per estens. iron.* *parlare, sentenziare ex cathedra,* dogmaticamente e con tono professorale, senza ammettere obiezioni.

excèntro (pr. eks'tʃɛntro]) [comp. del lat. *ex,* fuori e *centro;* 1956] **sm.** *T.geom.* punto d'incontro delle bisettrici di due angoli esterni di un triangolo con la bisettrice del terzo angolo interno; è il centro di una circonferenza ex-inscritta al triangolo.

excerpta (lat., pr. it. [eks'tʃɛrpta]) [propr. neutro pl. del pps. di *excerpere,* prendere; a. 1907] **sm.** *pl.* brani tratti da una o più opere di un autore pubblicati separatamente.

exclave (fr., pr. [ɛks'kla:v]) [da *enclave,* con sostituzione di prefisso; 1950] **sf.** *inv.* (o pl. *exclaves,* pr. [ɛks'kla:v]) territorio che politicamente rientra in uno stato, ma che geograficamente è posto fuori dei suoi confini (dal punto di vista dello stato che la circonda, lo stesso territorio è detto *enclave*): *Campione è un'exclave italiana in territorio svizzero.*

excursus (lat., pr. it. [eks'kursus]) [propr. scorreria] **sm.** *inv.* **1.** divagazione in margine all'argomento trattato **2.** rapida rassegna: *il capitolo si apre con un excursus sulla storia della disciplina.*

executive (ingl., pr. [ɪg'zekjʊtɪv]) [da to *execute,* eseguire; 1964] **I agg.** *inv.* proprio di un dirigente, adatto a un dirigente: *linea executive* || *aereo, jet executive,* piccolo aereo privato di dirigenti d'azienda, usato per rapidi spostamenti **II s.** *inv.* dirigente aziendale con poteri operativi || funzionario addetto alla gestione con compiti amministrativi.

exequatur (lat., pr. it. [egze'kwatur]) [dal v. *exsequi,* eseguire; a. 1748] **sm.** *inv.* *T.stor.* decreto dell'autorità governativa, con cui si dava il beneplacito a un atto dell'autorità ecclesiastica, decaduto in Italia dopo il Concordato || **N.** *Sin.* *placet.*

exèreṣi (pr. [eg'zɛrezi]) [dal gr. *exáiresis,* estrazione; 1956] **sf.** *T.med.* asportazione di un organo intero o di una sua parte.

ex-inscritto (pr. [ɛks in'skritto]) [comp. di *ex-* e *inscritto;* 1956] **agg.** *T.geom.* di cerchio tangente a un lato di un triangolo e ai prolungamenti degli altri due.

ex libris (lat., pr. it. [ɛks 'libris]) [propr. dai libri] **loc. m.** *inv.* contrassegno, timbro o etichetta che s'incolla sui libri, per indicarne la proprietà; spesso è ornato con fregi, disegni, motti.

exnòva [comp. di *ex* e *nova;* 1988] **sf.** *T.astr.* stella che, dopo aver aumentato notevolmente la propria luminosità a causa di un'esplosione, è ritornata allo splendore iniziale.

ex novo (lat., pr. it. [ɛks 'nɔvo]) [propr. di nuovo] **loc. avv.** di sana pianta, ricominciando da capo: *questo libro va rifatto ex novo.*

èxo- V. ESO-².

expertise (fr., pr. [ɛksper'ti:z]) [da *expert,* esperto; 1963] **sf.** *inv.* (anche pl. *expertises,* pr. [ɛksper'ti:z]) parere sull'autenticità di un'opera d'arte, redatto da un esperto.

explicit (lat., pr. it. ['ɛksplitʃit]) [riduzione della formula del lat. tardo *explicit* (*liber*), (il libro) finisce qui] **sm.** *inv.* *T.bibl.* le parole finali di un testo || **N.** *Contr.* *incipit.*

exploit (fr., pr. [ɛks'plwa]) [dal lat. volg. **explicitus,* azione compiuta; 1930] **sm.** *inv.* azione brillante; impresa memorabile, spec. nel linguaggio sportivo.

expo (fr., pr. [ɛks'po]) [da *expo(sition),* esposizione; 1970] **sf.** *inv.* esposizione internazionale.

export (ingl., pr. ['ɛkspɔ:t]; pr. it. ['ɛksport]) [dal lat. *exportāre;* 1908] **sm.** *inv.* esportazione; *in part.* il volume delle esportazioni.

export-import (ingl., pr. [ˌɛkspɔ:t 'impɔ:t]; pr. it. [ˌɛksport 'import]) [letter. esportazione-importazione; 1908] **sm.** *inv.* *import-export.*

ex post (lat., pr. it. [ɛks 'pɔst]) [letter. a posteriori] **loc. agg.** *T.econ.* del valore di una variabile economica (risparmio, investimento, domanda, offerta, prezzo ecc.), realizzato || **N.** *Contr.* *ex ante.*

ex professo (lat., pr. it. [ɛks pro'fɛsso]) [letter. da dichiarazione; a. 1580] **loc. avv.** **1.** di proposito, apposta **2.** compiutamente, fondatamente, autorevolmente.

ex tempore (lat., pr. it. [ɛks 'tɛmpore]) [letter. subito, all'improvviso] **loc. avv.** all'improvviso, senza pensarci, improvvisamente || **N.** *Sin.* estemporaneamente.

extispicio o **estispicio** (pl. *-ci*) [dal lat. *extispicium;* a. 1698] **sm.** nella Roma classica, previsione del futuro, mediante pronostici tratti dalle viscere delle vittime sacrificate.

èxtra- [dal lat. *extra*] **pref.** **1.** indica, soprattutto in termini tecnici, un rapporto di non appartenenza (per es. *extraconiugale, extraeuropeo*) **2.** nel linguaggio pubblicitario, dà valore superlativo a un aggettivo o trasforma un nome in aggettivo superlativo (per es. *tessuto extraforte, confezione extralusso*) || **N. 2.** *Sin.* stra-, super-, ultra-.

extraatmosfèrico o **extratmosfèrico** (pl. *-ci*) [comp. di *extra-* e *atmosferico;* 1983] **agg.** posto fuori dell'atmosfera terrestre; che si verifica al di fuori dell'atmosfera terrestre: *fenomeni extraatmosferici* || *T.mil.* *missile extraatmosferico,* missile impiegato per lanciare in orbita satelliti artificiali extraterrestri, sonde o veicoli spaziali.

extracomunitàrio (pl. *-ri*) [comp. di *extra-* e *comunitario;* 1980] **agg.** e **sm.** che si riferisce a paesi che non appartengono alla Comunità Economica Europea: *politica extracomunitaria* || che, chi proviene da tali paesi: *prendere provvedimenti per il problema degli extracomunitari.*

extraconiugàle (meno com. *estraconiugàle*) [comp. di *extra-* e *coniugale;* 1931] **agg.** che si verifica fuori dell'ambito coniugale: *relazione extraconiugale.*

extracontrattuàle (meno com. *estracontrattuàle*) [comp. di *extra-* e *contrattuale;* 1956] **agg.** che non rientra in ciò che è previsto dal contratto.

extracorpòreo [comp. di *extra-* e *corporeo;* 1974] **agg.** *T.med.* esterno al corpo: *circolazione extracorporea,* circolazione del sangue realizzata artificialmente, fuori del corpo del paziente.

extracorrènte [comp. di *extra-* e *corrente;* 1869] **sf.** *T.elettr.* breve corrente che per effetto dell'autoinduzione si verifica all'apertura o alla chiusura di un circuito elettrico.

extracórsa [comp. di *extra-* e *corsa;* 1956] **sf.** lo spazio, eccedente la corsa della cabina di un ascensore, lasciato in alto e in basso per ragioni di sicurezza. **TAV.** *abitazione* 1.49.

extradotàle V. ESTRADOTALE.

extraeuropèo (non com. *estraeuropèo*) [comp. di *extra-* e *europeo,* come il fr. *extra-européen;* 1945] **agg.** che si trova fuori dell'Europa: *nazione extraeuropea.*

extragalàttico (raro *estragalàttico*) (pl. *-ci*) [comp. di *extra-* e *galattico;* 1942] **agg.** *T.astr.* che si trova fuori della nostra galassia: *nebulosa extragalattica.*

extragiudiziàle (meno com. *estragiudiziàle*) [comp. di *extra-* e *giudiziale;* a. 1598] **agg.** *T.giur.* che non rientra negli atti giudiziari: *confessione extragiudiziale.*

extralegàle o **estralegàle** [comp. di *extra-* e *legale;* 1869] **agg.** *T.giur.* non contemplato dalla legge || **N.** eslege.

extraparlamentàre (meno com. *estraparlamentàre*) [comp. di *extra-* e *parlamentàre;* 1832 *extraparlamentario*] **I agg.** *T.pol.* che si produce o che si verifica al di fuori del parlamento: *crisi extraparlamentare* || non rappresentato in parlamento: *sinistra extraparlamentare* **II s.** *T.pol.* esponente o seguace di un gruppo politico non rappresentato in parlamento.

extrapolàre e der. V. ESTRAPOLARE e der.

extrasensìbile [comp. di *extra-* e *sensibile;* 1951] **agg.** *T.fil.* che è fuori dell'ambito delle nostre facoltà percettive: *realtà extrasensibile.*

extrasensoriàle [comp. di *extra-* e *sensoriale;* 1963] **agg.** che si virifica senza l'intervento dei sensi: *percezione extrasensoriale.*

extrasìstole o **estrasìstole** [comp. di *extra-* e *sistole;* 1911] **sf.** *T.med.* contrazione cardiaca che si verifica al di fuori del ritmo normale del cuore e si origina in una sede diversa da quella delle contrazioni normali.

extrasistolìa o **estrasistolìa** [comp. di *extra-* e *sistolia;* 1956] **sf.** *T.med.* alterazione del ritmo cardiaco, dovuta a extrasistole.

extrasistòlico o **estrasistòlico** (pl. *-ci*) [comp. di *extra-* e *sistolico;* 1956] **agg.** *T.med.* proprio di extrasistole, relativo a extrasistole.

extrasoggettìvo o **estrasoggettìvo** [comp. di *extra-* e *soggettivo;* a. 1855] **agg.** *T.fil.* relativo a ciò che è, o si presume sia, fuori del soggetto: *osservazione extrasoggettiva.*

extrasoggètto o **estrasoggètto** [comp. di *extra-* e *soggetto;* 1956] **sm.** *T.fil.* ciò che esiste, o si presume che esista, fuori dal soggetto.

extrasolàre o **estrasolàre** [comp. di *extra-* e *solare*¹; 1956] **agg.** posto al di fuori del Sole o del sistema solare.

extrastallìa [comp. di *extra-* e *stallia;* 1937] **sf.** *pl.* somma supplementare che il noleggiatore di una nave deve pagare all'armatore qualora per le operazioni di carico e scarico si venga a superare il tempo previsto dal contratto o stallia || **N.** *Sin.* controstallia.

extrastrong (ingl., pr. ['ekstrə 'strɒŋ]; pr. it. ['ɛkstra 'strɔŋg]) [da *extra strong (paper),* (carta) extra forte; 1965] **agg.** e **sf.** *inv.* tipo di carta per lettere o documenti molto robusta e resistente: *una risma di extrastrong, un foglio di carta extrastrong.*

extratemporàle [comp. di *extra-* e *temporale;* 1911] **agg.** che è fuori del tempo.

extraterrèstre [comp. di *extra-* e *terrestre;* 1966] **I agg.** posto fuori dalla Terra; che si verifica fuori dalla Terra **II s.** ipotetico abitante di altri pianeti o corpi celesti: *avvistamenti di extraterrestri.*

extraterritoriàle [comp. di *extra-* e *territoriale;* 1921] **agg.** *T.giur.* che gode di extraterritorialità: *acque extraterritoriali* || *sedi extraterritoriali,* occupate da ambasciate, organismi internazionali e sim.

extraterritorialità [comp. di *extra-* e *territorialità;* 1857] **sf.** *T.giur.* nel diritto internazionale, condizione di edifici (spec. sedi diplomatiche), aerei, navi situati all'interno del territorio di uno stato straniero ma sottratti alla sua giurisdizione.

extratmosfèrico V. EXTRAATMOSFERICO.

extraurbàno [comp. di *extra-* e *urbano;* 1963] **agg.** che si trova nelle immediate vicinanze di una città: *parco extraurbano* || che si estende fuori della città, nelle zone circostanti: *trasporti pubblici extraurbani.*

extraurerìno [comp. di *extra-* e *uterino;* 1933] **agg.** *T.med.* che è fuori dall'utero: *gravidanza extrauterina,* gravidanza in cui l'ovulo fecondato si sviluppa fuori dall'utero.

ex voto (lat., pr. it. [ɛks 'vɔto]) [letter. secondo il voto] **loc. m.** *inv.* oggetto offerto a

Dio, alla Vergine, a un Santo per ringraziarli di una grazia ricevuta.

eye-liner (ingl., pr. [ˈaɪˈlaɪnə]) [letter. che segna l'occhio con una linea; 1965] **sm.** *inv.* cosmetico liquido di vario colore e consistenza densa con cui si accentua il contorno degli occhi.

eziandìo [comp. del lat. *etiam*, anche e *Dio*; sec. XIII] **avv.** *ant.* ancora, altresì, anche.

èzio- o **ètio-** [dal gr. *aitía*, causa] **primo elem.** che, in parole composte della terminologia scientifica, vale "causa" (per es. *eziologia, eziotropismo*).

eziolaménto [dal fr. *etiolement*; 1931] **sm.** *T.bot.* processo di ingiallimento e indebolimento di una pianta che, tenuta al buio, manca di clorofilla.

eziolàto [dal fr. *étiolé*, deperito; 1921] **agg.** *T.bot.* di pianta che, tenuta al buio, presenta stelo molto lungo, foglie di dimensioni ridotte e colore giallastro.

eziologìa (pl. *-gìe*) [dal lat. tardo *aetiologia*, gr. *aitiología*, ricerca o esposizione delle cause; 1631 *etiologia*] **sf.** *T.scient.* studio delle cause di un fenomeno ‖ *in part.* in medicina, studio del complesso dei fattori che inducono una data malattia e *com.* la causa stessa: *malattia a eziologia sconosciuta.*

eziològico (pl. *-ci*) [da *eziologia*; 1585] **agg.** diretto a individuare le cause di un fenomeno: *indagine eziologica* ‖ *mito eziologico*, che narra l'origine di un rito, di un costume e sim.

eziopatogènesi o **etiopatogènesi** [comp. di *ezio-* e *patogenesi*; 1956] **sf.** *T.med.* studio delle cause e delle fasi di inizio di una malattia.

eziotropismo o **etiotropismo** [comp. di *ezio-* e *tropismo*; 1956] **sm.** *T.med.* azione terapeutica che un farmaco esercita direttamente sull'agente che scatena un'infezione.

eziòtropo o **etiòtropo** [comp. di *ezio-* e *-tropo*; 1956] **agg.** *T.med.* relativo a eziotropismo, proprio di eziotropismo ‖ che è fornito di eziotropismo: *farmaco eziotropo.*

ezoognosia [comp. del gr. *ek*, fuori, *zoo-* e *-gnosia*; 1942] **sf.** *T.agr.* e *T.zoot.* studio delle forme esterne e delle funzioni economiche di un animale, per valutarne i pregi e i difetti spec. a scopi agricoli.

-ézza [forma pop. derivante dal lat. *-itiam*] **suff.** forma sostantivi f. deaggettivali astratti indicanti la qualità o la condizione corrispondenti alla base: *incertezza, ruvidezza, saggezza, stoltezza* ‖ **N.** -igia, -izia, -ità.

F

f lettera dell'alfabeto italiano. Nome per esteso *effe*, di genere femminile o, più di rado, maschile: *una effe minuscola*, ma anche *un effe minuscolo*; *effe come Firenze*, nella compitazione delle parole ‖ rappresenta in tutti i contesti il suono della consonante fricativa labiodentale sorda [f]; in posizione intervocalica, o compresa tra vocale e [r], [l], [j], [w], può essere semplice (*tufo, africano, mellifluo, cenotafio*) o geminata (*tuffo, affronto, affluente, affiorare*) ‖ per le sigle e le abbreviazioni in cui compare, v. la lista relativa.

fa¹ [prima sillaba del quarto emistichio dell'inno a S. Giovanni, *fa(muli tuorum)*, scelto da Guido d'Arezzo per memorizzare le altezze relative di ciascun suono dell'esacordo; a. 1306] ***sm. inv.*** quarta nota della scala diatonica di do maggiore, indicata con F nella notazione alfabetica ‖ *chiave di fa*, nome di due diverse chiavi (di *basso* e *di baritono*) che collocano il fa sotto il do centrale rispettivamente sul quarto e sul terzo rigo del pentagramma a partire dal basso. **TAV. *musica* p. 1324** 1.3.

fa² [terza pers. sing. ind. pres. di *fare*; 1528] ***avv.*** si usa sempre posposto a espressioni di tempo e indica la distanza temporale nel passato rispetto al momento in cui viene pronunciato: *due minuti fa, secoli fa, qualche tempo fa.*

fabbiṣógno [comp. di *fare* e *bisogno*; 1812] ***sm.*** (raro il pl. *fabbisogni*) quanto occorre per il soddisfacimento di un bisogno, il funzionamento di un meccanismo ecc.: *il fabbisogno quotidiano di zuccheri dell'organismo.*

fàbbrica [lat. *fabrica*, lavorazione; a. 1342] ***sf.*** **1.** complesso di strutture in cui si produce qualcosa su scala industriale: *una fabbrica di bottoni, di armi, di automobili* ‖ *a prezzo di fabbrica*, al costo di produzione ‖ *consiglio di fabbrica*, gruppo di operai eletti dalla comunità aventi il compito di controllare l'adempimento dei contratti e di rappresentare gli operai nelle loro rivendicazioni ‖ *scherz. una fabbrica di menzogne, di pettegolezzi*, ambiente o persona che ne diffonde in continuazione; *la fabbrica dell'appetito*, la necessità di mangiare **2.** *non com.* fabbricazione, costruzione di un edificio: *una casa in fabbrica* ‖ *concr. non com.* edificio in costruzione; *scherz. la fabbrica di San Pietro*, lavoro interminabile **3.** *non com.* edificio in genere, fabbricato **4.** *T.eccl.* fabbriceria ‖ *dim.* fabbrichétta, fabbrichìna, fabbricùccia; *accr.* fabbricóne (*sm.*), fabbricóna; *pegg.* fabbricàccia ‖ **N. 1.** *Sin.* manifattura, opificio, stabilimento | laboratorio, officina.

fabbricàbile [da *fabbricare*; a. 1704] ***agg.*** **1.** che può essere prodotto, costruito, fabbricato **2.** su cui possono sorgere dei fabbricati: *area fabbricabile*, terreno su cui si possono costruire edifici ‖ **N. 1.** *Sin.* producibile **2.** *Sin.* edificabile.

fabbricabilità [da *fabbricabile*; 1985] ***sf.*** in urbanistica, caratteristica di una zona o di un terreno che ha i requisiti giuridici perché vi si possano costruire edifici ‖ **N.** *Sin.* edificabilità.

fabbricànte (*ppr.* di *fabbricare*) [1785] ***s.*** chi produce su scala industriale o anche artigianale: *un fabbricante di orologi.*

fabbricàre (pres. *fàbbrico, fàbbrichi*) [lat. *fabricāre*; a. 1292] ***tr.*** **1.** rif. a edifici, costruirli **2.** produrre su scala industriale o anche artigianale: *fabbricare mobili, un laboratorio in cui si fabbricano strumenti musicali* ‖ *fig.* inventare, architettare: *fabbricare notizie* ‖ **N. 1.** *Sin.* edificare **2.** *Sin.* confezionare, foggiare. **Q.T.** *edilizia.*

fabbricàto (*pps.* di *fabbricare*) [a. 1794] ***sm.*** edificio, spec. se di notevoli proporzioni: *fabbricato civile, industriale, rurale*; *redditi da fabbricati, imposta sui fabbricati.* **TAV. *abitazione.***

fabbricatóre [da *fabbricare*; a. 1292] ***sm.*** (f. *-trìce*) chi o che fabbrica spec. *fig.*: *fabbricatore di notizie, di scandali.*

fabbricazióne [dal lat. *fabricātio, -ōnis*; sec. XIV] ***sf.*** il fabbricare, o il modo di fabbricare, spec. riferito a prodotti industriali: *il processo di fabbricazione della carta, imposte di fabbricazione, difetto di fabbricazione.*

fabbricerìa [da *fabbriciere*; 1807] ***sf.*** *T.eccl.* organo amministrativo che si occupa della manutenzione degli edifici ecclesiastici e dell'amministrazione dei loro beni ‖ **N.** *Sin.* fabbrica, opera.

fabbricière [dal fr. *fabricier*, a. 1550] ***sm.*** *T.eccl.* chi fa parte del consiglio di amministrazione di una fabbriceria.

fabbrìle [dal lat. *fabrīlis*; fine sec. XIII] ***agg.*** *lett.* di fabbro, o di artigiano in genere: *arti fabbrili*, manuali, meccaniche.

fàbbro [lat. *faber*, a. 1294] ***sm.*** **1.** artigiano che lavora il ferro grezzo o i ferramenti **2.** *lett.* artefice: *il fabbro dell'Universo*, Dio ‖ *fig.* creatore, inventore: *fabbro d'inganni.* **Q.T.** *fabbro, metallurgia* **TAV. *utensili* p. 1341** 32.

fabianéṣimo o **fabianiṣmo** [dall'ingl. *fabianism*, da *Fabian Society*, associazione socialista che derivò il suo nome da Quinto Fabio Massimo, per la tattica temporeggiatrice; 1950] ***sm.*** *T.stor.* movimento politico di carattere socialista riformistico, sviluppatosi in Inghilterra nel sec. XIX e da cui prese origine il laburismo.

fabiàno [dall'ingl. *fabian*; 1932] ***agg.*** e ***sm.*** *T.stor.* fautore del fabianismo.

fabliau (fr., pr. [fabli'o]) [da *fable*, fiaba; 1887] ***sm.*** (pl. *fabliaux*, pr. [fabli'o]) *T.lett.* racconto in versi ottonari, di carattere comico, caratteristico della poesia francese medievale; in italiano è detto anche *favolello.*

fàbula [dal lat. *fabula*, favola; 1968] ***sf.*** nella critica formalistica dei testi letterari, complesso dei materiali di una narrazione, organizzati in successione logico-temporale, indipendentemente dalla disposizione in cui l'autore ha voluto presentarli nell'intreccio dell'opera.

fabulóso [dal lat. *fabulōsus*; prima metà sec. XIV] ***agg.*** *arc.* favoloso.

facanàppa [comp. di *fa(re)* e del dial. *canapa*, naso; 1892] ***sm.*** maschera d'origine veronese; ha naso di pappagallo, occhiali verdi, cappello a larghe falde, cravatta rossa, giubbone bianco a gran falda e parla veneto.

faccènda [lat. *facienda*, cose da farsi; 1306] ***sf.*** **1.** affare, situazione, spec. se in qualche modo preoccupante: *è una faccenda seria, delicata, la faccenda ha preso una brutta piega* **2.** cosa da fare: *sbrigare le proprie faccende* ‖ *in part. pl.* lavori domestici: *ho una donna che fa le faccende* ‖ *dim.* faccendìna, faccenduòla; *pegg.* faccendàccia ‖ **N. 1.** *Sin.* grana, questione, rogna.

faccendière [da *faccenda*; 1513] ***sm.*** (f. *-a*) chi si occupa di attività spesso poco lecite per trarne, più o meno chiaramente, profitto ‖ **N.** *Sin.* armeggione, intrallazzatore, intrigante, maneggione, trafficone.

faccendóne [da *faccenda*; a. 1686] ***sm.*** (f. *-a*) chi si dà gran da fare, spesso senza concludere nulla.

faccétta (*dim.* di *faccia*) [a. 1571] ***sf.*** **1.** viso piccolo e grazioso **2.** faccia di una pietra preziosa lavorata: *le faccette di un diamante* ‖ **N. 2.** sfaccettatura. **Q.T.** *oreficeria.*

faccettàre v. SFACCETTARE.

faccettatrìce [da *faccettare*; 1929] ***sf.*** in apicoltura, macchina che imprime sui fogli di cera la forma delle cellette: *faccettatrice a stampo, a cilindri.*

faccettatùra [da *faccettare*; 1878] ***sf.*** tecnica di lavorazione a faccette delle pietre preziose.

facchiàro [comp. di *fa(re)* e *chiaro*; 1834] ***sm.*** *T.metal.* ferro sottile e lungo che s'introduce nel forno per vedere se la lega cola o s'abballotta.

facchinàggio (pl. *-gi*) [da *facchino*; 1837] ***sm.*** trasporto di bagagli eseguito dal facchino ‖ la somma a lui dovuta ‖ *fig.* lavoro aspro e pesante.

facchinàta [da *facchino*; 1876] ***sf.*** *non com.* **1.** azione o parola triviale, da facchino **2.** lavoro faticoso, aspro, pesante ‖ **N. 2.** *Sin.* sfacchinata.

facchinésco (pl. *-schi*) [da *facchino*; a. 1537] **agg.** *non com.* di o da facchino: *modi facchineschi.*

facchìno [prob. dall'ar. *faqīh*, giureconsulto, poi ufficiale di dogana; 1436 *fachino*] **sm.** (f. *-a*) chi per mestiere trasporta oggetti pesanti, per es. bagagli nelle stazioni || *fig. fare una vita da facchino*, lavorare troppo rovinandosi l'esistenza || *spreg. da facchino*, triviale, vile, grossolano || **N.** *Sin.* portatore, portabagagli.

fàccia (pl. *-ce*) [dal lat. volg. **facia*, class. *facies*, figura, aspetto; a. 1292 nel senso 2] **sf.** **1.** la parte anteriore esterna della testa umana: *una faccia ovale, ossuta, angolosa, smunta, emaciata, florida*; (*a*) *faccia a faccia*, l'uno di fronte all'altro, a quattr'occhi; *region. pop. alla faccia tua!*, a tuo dispetto || espressione del volto, con rif. all'umore o all'indole della persona: *faccia allegra, angosciata, simpatica, odiosa, inespressiva*; *fare la faccia feroce*; *non fare quella faccia!* || in varie espr. fig.: *brutta faccia*, individuo losco; *essere* (o *avere*) *una faccia tosta* o *una faccia di bronzo*, non vergognarsi di nulla; *avere la faccia* (o *la faccia tosta*) *di fare qualcosa*, averne l'ardire, la sfrontatezza: *ha avuto la faccia tosta di venirmi a chiedere un favore dopo quel che mi ha fatto!*; *faccia da schiaffi*, arrogante, provocatoria; *salvare la faccia*, uscire in modo quasi accettabile da una situazione spiacevole, evitare gli aspetti più umilianti di una sconfitta (contr. *perdere la faccia*); *in faccia*, apertamente, senza riguardi: *è meglio dirgli subito in faccia tutta la verità*; *ridere in faccia a qualcuno*, reagire sprezzantemente; *non guardare in faccia a nessuno*, non avere riguardi per nessuno; con altro senso *guardare in faccia qualcuno*, sostenerne lo sguardo perché si ha la coscienza tranquilla: *non osa più guardarmi in faccia* **2.** la superficie esterna di qualcosa: *la faccia nascosta della Luna*; *pleon. sulla faccia della Terra*, su tutta la Terra, spec. in frasi iperboliche || ciascuna delle due superfici di un oggetto piatto: *le facce di una moneta, di un foglio* || in geometria, ciascuno dei semipiani di un diedro; ciascuna delle superfici piane che delimitano un poliedro: *l'icosaedro regolare ha venti facce uguali*; *in part.* ciascuna delle superfici piane che delimitano un cristallo; ognuno dei piani che delimitano una gemma tagliata || la parte frontale di un edificio (più com. in questo senso *facciata*); *di faccia*, di fronte, dirimpetto: *abita di faccia alla chiesa* **3.** *fig.* aspetto: *le diverse facce di una questione* || *dim.* faccétta, faccettìna; *accr.* faccióne (*sm.*), faccióna; *pegg.* facciàccia || **N.** **1.** ceffo, cera, effigie, fisionomia, fronte, ghigna, grinta, grugno, muso, sembiante, viso, volto; carnagione, colorito, pallore, rossore | abbronzata, accigliata, affilata, angolosa, arcigna, bieca, birichina, burbera, butterata, crudele, cupa, emaciata, fresca, gioconda, gioviale, goffa, imbronciata, impassibile, impudente, incartapecorita, insolente, limpida, losca, lugubre, maliziosa, olivastra, paffuta, pallida, patibolare, patita, raggiante, rannuvolata, rosea, rubiconda, scavata, schietta, scura, severa, stravolta, terrea, tetra, tonda, torva, truce. **Q.T.** *anatomia* **TAV.** *geometria.*

facciàle o **faciàle** [da *faccia*; 1831] **agg.** **1.** *T.anat.* e *T.scient.* della faccia: *muscolo, nervo, vena facciale* || *indice facciale*, parametro antropologico dato dal rapporto tra l'altezza della faccia e la larghezza tra gli zigomi **2.** detto di oggetti: *valore facciale di un francobollo*, il suo valore nominale, opposto a quello filatelico. **TAV.** *filatelia* 1.5; *numismatica* 2.7; ***anatomia* p. 641** 4.2.

facciàta [da *faccia*; sec. XIV] **sf.** **1.** *T.arch.* la parte anteriore di un edificio, spesso la più curata: *la facciata di una chiesa, di un palazzo* **2.** *fig.* apparenza esteriore, spesso illusoria: *al di là della facciata sfarzosa delle vetrine di lusso si intravede una miseria drammatica* || *di facciata*, formale, solo apparente: *una cordialità di facciata* **3.** ciascuna delle due superfici di una pagina scritta: *una relazione di quattro facciate* || *dim.* facciatìna || **N.** **1.** *Sin.* faccia, fronte, prospetto **2.** *Sin.* esteriorità **3.** *Sin.* pagina.

facciòla [da *faccia*; 1758] **sf.** ciascuna di quelle due liste di tela bianca inamidate, che pendono dal collo, in alcuni abiti religiosi e nella toga dei magistrati.

fàce [dal lat. *fax, facis*; 1321] **sf.** *lett. per estens.* luce, splendore || *dim.* facèlla, facellìna.

facèlla (*dim.* di *face*) [1821] **sf.** *poet.* fiamma piccola ma intensa; *per estens.* luce, splendore, stella: *per entro il cielo scese una facella, / formata in cerchio a guisa di corona* (Dante).

facènte (*ppr.* di *fare*) [prima metà del XIV sec.] **agg.** e **s.** *T.bur. facente funzione*, che o chi, in caso di assenza del legittimo titolare di un ufficio o di una carica, ne svolge le funzioni.

facèto [dal lat. *facētus*, elegante, arguto; fine sec. XIV] **agg.** spiritoso: *uomo faceto, parole facete* || anche *sm.*: *dire una cosa tra il serio e il faceto*, scherzosamente, ma con una intenzione seria || **N.** *Sin.* ameno, arguto, lepido, scherzoso.

facèzia [dal lat. *facētia*; a. 1472] **sf.** **1.** detto arguto e spiritoso: *le facezie del piovano Arlotto* **2.** detto di battuta o motto, e meno com. di persona, l'essere spiritoso, arguto || *dim.* faceziuòla || **N.** **1.** *Sin.* arguzia, barzelletta, battuta, beffa, celia, freddura, frizzo, piacevolezza, scherzo, spiritosaggine.

fachirìsmo [da *fachiro*; a. 1910] **sm.** **1.** la pratica ascetica propria dei fachiri || *per estens. scherz.* disposizione a sopportare prove dure e massacranti **2.** *T.med.* forma di isterismo caratterizzata dalla tendenza a compiere azioni sim. a quelle dei fachiri.

fachìro [dall'ar. *faqīr*, povero; 1721 *fachir*] **sm.** (non com. f. *-a*) asceta, spec. indiano, che si sottopone a prove fisiche di estrema durezza ed è in grado di raggiungere un altissimo grado di insensibilità al dolore || *per estens. scherz.* chi è in grado di sopportare dure sofferenze fisiche: *è un fachiro negli allenamenti.*

faciàle V. FACCIALE.

facies (lat., pr. it. [ˈfatʃes]) [letter. faccia; 1749] **sf.** *inv.* *T.scient.* l'aspetto secondo il quale si presenta una roccia, uno strato geologico, una pianta, un animale, una civiltà in un certo momento della sua storia: *facies fluviale, lagunare, culturale* || *T.med.* l'aspetto del viso di un malato, determinato dalle modificazioni che gl'imprime una malattia (in questo caso entra spesso in loc. latine come *facies tetanica, facies febrilis*).

fàcile [dal lat. *facilis*, che si può fare; a. 1342] **I agg.** **1.** che non richiede grande sforzo o fatica: *una salita facile, una facile vittoria* || che non richiede particolare abilità o capacità intellettuale: *un compito facile, una domandina facile facile, un problema solo apparentemente facile* || *T.alp.* il grado più basso nella scala francese di difficoltà (per gli altri v. DIFFICILE) || seguìto da nomi d'azione: *un lavoro di facile esecuzione, una questione di facile soluzione* || costr. con le prep. *a* e *da*: *facile a dirsi!, un concetto facile da capire* **2.** accessibile: *uno stile facile*, chiaro e comprensibile a tutti; con valore limitativo, *una battuta facile*, troppo ovvia || freq. in espr. come *avere la parola facile, il pianto facile, il bicchiere facile, il grilletto facile* e sim., avere scioltezza di parola, essere inclini per indole al pianto, esagerare nel bere ecc. || detto di persona, assecondante, disponibile: *una donna facile*, di facile conquista; *eufem. donna di facili costumi*, prostituta || seguìto dalla prep. *a*, pronto, disposto per indole: *una persona facile all'ira, facile a commuoversi* **3.** *colloq.* probabile: *è facile che piova, non è facile che ci riesca* || **facilménte** **avv.** **1.** con facilità **2.** *colloq.* con valore frasale, probabilmente: *facilmente arriverà domani* **II sm.** ciò che è facile **III avv.** *fam. non com.* facilmente: *ci si arriva facile* || *dim.* facilìno || **N.** I **1.** *Sin.* agevole, comodo, leggero, lieve, semplice | *Contr.* DIFFICILE **2.** *Sin.* accomodante, condiscendente, corrivo.

facilità [dal lat. *facilĭtas, -ātis*; 1521] **sf.** **1.** l'essere facile: *la facilità di un lavoro, di un problema, di un successo* || *con facilità*, agevolmente, semplicemente; frequentemente: *piange con facilità* **2.** attitudine a fare una cosa: *ha grande facilità di esposizione, nello scrivere, ho poca facilità ad imparare le lingue* **3.** disponibilità, condiscendenza: *gli si può rimproverare la trop-*

FABBRO

PERSONE: battimazza, brunitore, calderaio, chiavaio, chiodaio, chiodaiolo, conciabrocche, fabbro, forgiatore, fucinatore, lattoniere, magnano, maniscalco, ottonaio, ramaio, saldatore, stagnaio.

UTENSILI: allargatoio, arzinca, attizzatoio, banco, bicornia, brunitoio, bulino, cacciabotte, cacciachiodi, calibro, cesoie, chiave inglese, chiodaia, cianfrino, compasso, crocetto, crogiolo, filiera, forno (a riverbero, di ricottura), fucina (aia, camino, cappa, focolare), incudine (ceppo; coda, corni, piano), laminatoio, lima (bastarda, gentile, quadrangolare, sorda, stucca, tonda, triangolare), livella, mandrino, mantice (arcella, boccolare, canna, ceppo, coda, corni, leva o menatoio, palco, perni, spiragli, stecche, tiranti, ugello, valvola), martello (a cuneo, a penna, tondo), mazza, mazzuolo, morsa, palanchino, pinza, presella, punteruolo, punzone, riavolo, ribuzzo, saldatore, scalpello, sega, sgorbia, squadra, stampo, stozzo, tagliolo (a freddo, a caldo), trafila, trapano (a mano, a cricco).

MACCHINE: bilanciere, bronzatrice, curvatrice, fresatrice, maglio (cilindro, controstampo, fondazione, incudine, massa battente, montanti, piastra di posa, stantuffo), mola, piallatrice, piegatrice, pressa, saldatrice, sega elettrica, tornio, trapano elettrico.

MATERIALI: acciaio, alluminio, bronzo, cromo, ferro (fibroso, granulato, ghisa, latta, nichel, ottone, rame, zinco; bandone, bacchetta, barra, lamiera, lastra, latta, massello, piastra, spranga, verga, vergella.

OPERAZIONI: accecatura, acciaiatura, bollatura, brunitura, bucatura, filettatura, fucinatura, imbutitura, incassatura, incisione, impanatura, intelaiatura, limatura, mandrinaggio, massellaggio, nichelatura, piallatura, pulimentatura, ricalcatura, saldatura, smerigliatura, stagnatura, stampaggio, strozzatura, tornitura, torsione; arroventare, avvitare, battere, colare, fondere, indurire, menare il mantice, molare, raffreddare, temprare.

VOCI ATTINENTI: bolla, increspatura, pulica, sbavatura, screpolatura, sfaldatura, spaccatura; limatura, ritaglio, rosticcio, scoria, stozzaccio.

pa facilità a cedere alle pressioni del potere || **N. 1.** *Sin.* semplicità | *Contr.* difficoltà **3.** *Sin.* arrendevolezza.

facilitàre (pres. *-ìlito*) [da *facilità*; a. 1527] ***tr.*** render facile: *il tuo aiuto ci ha molto facilitato il lavoro* || *in part. T.comm. facilitare i pagamenti,* dilazionarne la riscossione, riscuotere la somma a rate || **N.** *Sin.* agevolare, appianare, semplificare.

facilitàto (*pps.* di *facilitare*) [a. 1498] **I *agg.*** reso più facile, semplificato: *parole crociate facilitate,* in enigmistica, cruciverba che presenta già alcune lettere segnate, per rendere più agevole la risoluzione **II *sm.*** (f. *-a*) *T.banc.* cliente di una banca che può godere di un prestito a breve termine.

facilitazióne [da *facilitare*; 1745] ***sf.*** l'atto e l'effetto del facilitare || *in part.*: *T.comm.* rateazione, agevolazione nei pagamenti, per rendere più accessibile o vantaggioso l'acquisto; *T.banc.* concessione di un prestito o un fido.

facilóne [da *facile*; a. 1915] ***sm.*** (f. *-a*) chi considera tutto facile, e quindi agisce o lavora con superficialità, senza impegnarsi e senza dare il giusto peso alle cose.

faciloneria [da *facilone*; 1931] ***sf.*** leggerezza di carattere per cui si trova tutto facile || **N.** *Sin.* dilettantismo, superficialità.

facimàle [comp. di *faci*, fa' (da *facere*) e *male*; sec. XV] ***sm. inv.*** *arc.* chi fa del male; chi combina guai.

facinoróso [dal lat. *facinorōsus*; 1521] ***agg.*** pronto a fare il male, turbolento: *gente facinorosa* || anche come *sm.* (f. *-a*): *un gruppo di facinorosi* || **N.** *Sin.* ribelle, sedizioso, violento.

facitóre [dal lat. *facere*; prima metà sec. XIII] ***sm.*** (f. *-trìce*) *non com.* produttore, creatore, artefice: *facitor di scudi* (Pascoli) || con sfumatura scherz.: *certi facitori di versi.*

facocèro (meno com. *facochèro*) [dal lat. scient. *Phacōchoerus*, basato sul gr. *phakós*, lenticchia e gr. *chôiros*, porco; 1828 *facochero*] ***sm.*** *T.zool.* suino africano, simile al cinghiale, molto grosso, con canini ricurvi verso l'alto e due grosse verruche tra gli occhi e le narici.

fàcola (meno com. *fàcula*) [dal lat. *facula*; 1869] ***sf.*** *T.astr.* regione della fotosfera solare di aspetto molto luminoso che compare nelle vicinanze delle macchie solari.

facoltà (arc. *facultà* o *facultàde*) [dal lat. *facultās, -ātis*, capacità; a. 1292 *facultade*] ***sf.*** **1.** possibilità o capacità di fare qualcosa: *esaudire questa richiesta non rientra nelle mie facoltà* (o *esula dalle mie facoltà*), *facoltà intellettuali, spirituali*; *facoltà d'intendere e di volere*, capacità di essere pienamente responsabile delle proprie azioni **2.** autorità, diritto, permesso: *questo titolo le conferisce facoltà di insegnare, avere facoltà di parlare, di testare* **3.** suddivisione universitaria che raggruppa il complesso degli insegnamenti relativi a un dato settore di studi: *facoltà di lettere, scienze, medicina, ingegneria*; *preside, consiglio di facoltà* || *concr.* la sede delle aule e degli uffici di tale sezione: *ci vediamo in facoltà* || il corpo dei professori che vi insegnano: *la facoltà di medicina ha optato per i semestri* **4.** *pl. non com.* averi, sostanze; *arc.* anche *sing.*: *biscazza e fonde la sua facultade* (Dante) || **N. 1.** *Sin.* attitudine; dote **2.** *Sin.* autorizzazione, potere **4.** *Sin.* beni, patrimonio, ricchezze.

facoltatìvo [da *facoltà*; 1673] ***agg.*** **1.** che è lasciato alla libera scelta di ciascuno: *esame facoltativo*; *fermata facoltativa*, nei mezzi pubblici di trasporto, fermata a richiesta **2.** *T.giur.* che dà la facoltà di fare qualcosa: *diritti facoltativi* || **facoltativaménte** ***avv.*** senz'obbligo || **N. 1.** *Sin.* libero, opzionale | *Contr.* imprescindibile, obbligatorio, tassativo.

facoltóso [da *facoltà*; a. 1563 *facultoso*] ***agg.*** che dispone di molte ricchezze: *persona facoltosa* || **N.** *Sin.* agiato, benestante, ricco.

facóndia [dal lat. *facundia*; 1308 *facundia*] ***sf.*** facilità di parlare, spec. in pubblico || **N.** *Sin.* loquacità, parlantina, ELOQUENZA.

facóndo [dal lat. *facundus*; 1308 *facundo*] ***agg.*** dall'eloquio ricco e abbondante, talvolta fino all'eccesso: *oratore facondo* || **facondaménte** ***avv.***

façonneur (fr., pr. [fasɔ'nœ:r]) [da *façon*; 1983] ***sm. inv.*** *façonniste.*

façonniste (fr., pr. [fasɔ'nist]) [da *façon*; 1985] ***s. inv.*** nell'industria dell'abbigliamento, chi confeziona abiti e indumenti, spec. femminili, in serie.

facsìmile (pl. *facsìmili*) [pseudolat., formato modernamente sulla base di *fac*, imp. di *facere* e *simile*, letter. fa' una cosa simile; 1829] ***sm. inv.*** imitazione, riproduzione esatta dell'originale: *il facsimile di un documento.*

factoring (ingl., pr. ['fæktərıŋ]) [da *factor*, agente commissionario, depositario; 1974] ***sm. inv.*** contratto con il quale un'azienda cede i propri crediti a un'impresa finanziaria, che ne anticipa il pagamento, trattenendo per sé una parte, quale compenso per tale servizio.

factòtum [pseudolat., formato modernamente sulla base di *fac*, imp. di *facere* e *totum*, letter. fa' tutto; 1627] ***s. inv.*** chi, in una comunità, un'azienda e sim., svolge le mansioni più svariate diventando un elemento indispensabile per il suo funzionamento || con valore limitativo, chi si arrangia facendo malamente un po' di tutto; chi pretende con zelo eccessivo di occuparsi di ogni cosa.

fàcula V. FACOLA.

fading (ingl., pr. ['feıdıŋ]) [letter. affievolimento; 1927] ***sm. inv.*** *T.telecom.* affievolimento di un segnale radiotelevisivo || **N.** *Sin.* evanescenza.

fado (port., pr. ['faðu]) [dal lat. *fātum*, destino; 1963] ***sm.*** (pl. *fados*, pr. ['faðuʃ]) canzone popolare malinconica del Portogallo.

faentina [dal lat. *faventīna*, da *Faventia*, Faenza; 1892] ***sf.*** ceramica prodotta a Faenza o a imitazione di quella di Faenza.

faènza [dal n. geogr. *Faenza*; 1892] ***sf.*** tipo di ceramica ricoperta di smalto bianco.

faeṣite [comp. del n. geogr. *Faè*, località in provincia di Belluno, e *-ite*[2]; 1936] ***sf.*** materiale di rivestimento costituito di pasta di legno compressa.

Fagàcee [comp. del lat. *fagus* e *-acee*; 1917] ***sf. pl.*** *T.bot.* famiglia di piante dicotiledoni con fusto arboreo, cui appartengono il faggio, il castagno, la quercia || **N.** *Sin.* Cupulifere.

faggéta o **faggéto** [da *faggio*; 1773] ***sf.*** o ***sm.*** bosco di faggi.

faggina [da *faggio*; 1940] ***sf.*** faggiola.

fàggio (pl. *-gi*) [lat. *fāgeus*, del faggio; a. 1374] ***sm.*** grande albero delle Fagacee con foglie ellittiche e frutti (detti *faggiole* o *faggine*) con pericarpo coriaceo e racchiusi in un involucro legnoso.

faggiòla [da un disus. *faggia*, dal lat. *fāgea* (*glans*); 1563 *faggiuola*] ***sf.*** frutto del faggio.

-fagia (pl. *-gie*) [dal gr. *-phagia*, da *phagêin*, mangiare] ***elem. term.*** che, in parole composte della terminologia scientifica, vale "mangiare" (per es. *aerofagia, antropofagia, onicofagia*).

fagianàia [da *fagiano*; a. 1779] ***sf.*** *non com.* fagianiera.

fagianèlla [da *fagiano*; 1856] ***sf.*** *T.zool.* uccello dei Galliformi simile all'otarda || **N.** *Sin.* gallina prataiola.

fagianièra [da *fagiano*; 1834] ***sf.*** luogo dove si allevano i fagiani.

fagiàno [dal lat. *phasianus*, gr. *phasianós*, letter. (uccello) del Fasi, fiume dell'Asia Minore; a. 1294] ***sm.*** nome di vari gallinacei di origine asiatica, con piumaggio di colori bellissimi nei maschi; il più noto è il *fagiano comune*, diffuso anche in Italia e molto apprezzato dai cacciatori || *dim.* fagianòtto. **TAV. *uccelli* p. 1339** 12.

fagiolàta [da *fagiolo*; a. 1543] ***sf.*** **1.** abbondante mangiata di fagioli **2.** *scherz. pop.* atto, parola o componimento insulso: *scrive certe fagiolate.*

fagiolino (*dim.* di *fagiolo*) [1721 *faggiolino*] ***sm.*** baccello verde e immaturo di una varietà di fagiolo, che si mangia come verdura: *insalata di fagiolini.*

fagiòlo (lett. *fagiuòlo*) [lat. *phaseolus*; a. 1375] ***sm.*** **1.** nome di varie piante delle Leguminose, con fusto volubile e fiori in grappoli; alcune specie sono coltivate per i semi commestibili o per i baccelli immaturi (*fagiolini*) **2.** il seme commestibile del fagiolo: *fagioli freschi, secchi*; *minestrone di fagioli, fagioli alla diavola* || nei modi di dire: *capitare a fagiolo*, al momento giusto; *andare a fagiolo*, andare a genio **3.** *disus.* nel gergo goliardico, studente universitario del secondo anno || *dim.* fagiolétto, fagiolino; *accr.* fagiolóne || **N. 1.** baccello, buccia, filo | sbaccellare, sgranare **2.** bianchi, borlotti, dall'occhio, galletti, gialli, rampicanti, romani, rossi.

fàglia[1] (pl. *-glie*) [dal fr. *faille*; 1892] ***sf.*** *T.geol.* fenditura e spostamento di strati in una formazione rocciosa. **TAV. *geologia* p. 1313** 2.6.

fàglia[2] (pl. *-glie*) [dal fr. *faille*; 1905] ***sf.*** tessuto di seta pesante e rigido.

fàglia[3] (pl. *-glie*) [dal provenz. *falha*; prima metà sec. XIII] ***sf.*** *arc.* fallo, sbaglio.

fagliàre[1] (pres. *fàglio*) [dallo sp. *fallar*; a. 1675] ***tr.*** (anche *ass.*) *raro T.gioc.* in vari giochi di carta, scartare; è meno com. di *sfagliare.*

fagliàre[2] (pres. *fàglio*) [da *faglia*[2]; 1956] ***intr.*** e ***intr. pron.*** *T.geol.* fendersi a faglia.

fàglio V. SFAGLIO.

fàgo- [dal gr. *phagêin*, mangiare] ***primo elem.*** che, in parole composte della terminologia scientifica, vale "che mangia" (per es. *fagocita*).

-fago (pl. *-gi*) [dal gr. *-phagos*, da *phagêin*, mangiare] ***elem. term.*** che, in parole composte della terminologia scientifica, vale "che mangia" (per es. *antropofago, onicofago*).

fagocita V. FAGOCITO.

fagocitàre (pres. *-òcito*) [da *fagocito*; 1948] ***tr.*** **1.** *T.biol.* assorbire per fagocitosi **2.** *fig.* incorporare, assorbire, detto in riferimento alla politica espansionistica di uno Stato, di una industria e sim.

fagocitàrio (pl. *-ri*) [da *fagocita*; 1932] ***agg.*** *T.biol.* relativo ai fagociti e alla fagocitosi: *potere fagocitario*, capacità di una cellula di fagocitare; *indice fagocitario*, numero medio di batteri fagocitati da un leucocito.

fagocito o **fagocita** [comp. di *fago-* e *-cito*; 1908] ***sm.*** *T.biol.* cellula (per es. i leucociti del sangue) in grado di assorbire e distruggere microorganismi, frammenti cellulari o altri corpi estranei.

fagocitòṣi [da *fagocito*; 1899] ***sf.*** *T.biol.* proprietà posseduta da certe cellule, dette *fagociti*, di inglobare e assimilare corpuscoli estranei con finalità nutritive o, negli animali superiori, di difesa dell'organismo.

fagopiriṣmo [da *fagopiro*; 1951] ***sm.*** *T.vet.* malattia della cute che si riscontra soprattutto negli ovini e nei suini in seguito a ingestione di grano saraceno.

fagopìro [dal lat. scient. *Fagopyrum*, basato sul lat. *fagus*, faggio e gr. *pyrós*, frumento; 1726 ca.] ***sm.*** *T.bot.* grano saraceno.

fagòtrofo [comp. di *fago-* e *-trofo*; 1988] ***agg.*** in un ecosistema, si dice di organismo che trae nutrimento dall'ingestione di altri organismi vegetali o animali || **N.** macroconsumatore.

fagottista [da *fagotto*[2]; 1826] ***s.*** *T.mus.* suonatore di fagotto.

fagòtto[1] [dal fr. *fagot*; 1505] ***sm.*** **1.** involto

piuttosto grande e legato alla meglio || *far fagotto,* partire **2.** *fig. non com.* persona rozza e goffa || **N. 1.** *Sin.* fardello, involto, pacco.
fagòtto² [forse da *fagotto*¹; 1585 *phagoto*] **sm.** *T.mus.* strumento musicale a fiato della famiglia dei legni, ad ancia doppia come l'oboe, con un'estensione di circa tre ottave grosso modo corrispondente a quella del violoncello || **N.** dulciana, controfagotto | cannuccia, giunti, piede, padiglione; chiavi. **TAV. *musica* p. 1324** 2.14.
fahrenheit (ted., pr. [ˈfaːrənhaɪt]) [dal n. proprio G.D. *Fahrenheit,* fisico ted.; 1892] ***agg.*** *inv. T.fis.* detto di scala termica in cui la temperatura del ghiaccio fondente corrisponde a 32°, e quella dell'acqua bollente a 212°. **TAV. *meteorologia* p. 1321** 8.2.
fàida [dal longob. *faihida,* diritto alla vendetta privata; a. 1750] **sf. 1.** *T.stor.* presso i popoli germanici, diritto alla vendetta privata **2.** *per estens.* serie di vendette incrociate, spec. nel linguaggio dei giornali: *l'interminabile faida tra le cosche mafiose.*
fài da te [sul modello dell'ingl. *do it yourself;* 1974] ***loc. m.*** *inv.* realizzazione, in ambito domestico, di piccole riparazioni e modesti lavori artigianali, senza bisogno dell'intervento di tecnici o operai specializzati || **N.** *Sin. bricolage.*
faille (fr., pr. [faj]) [letter. velo di abito da donna; 1942] **sf.** *inv.* tessuto di seta a trama grossa, faglia.
faìna [dal lat. volg. **fagīna,* del faggio; sec. XIV] **sf. 1.** piccolo carnivoro dei Mustelidi, di color nero-rossastro col petto bianco; caccia gli animali da cortile **2.** *fig.* persona rinsecchita, cattiva e astuta.
fair-play (ingl., pr. [ˌfeə ˈpleɪ]; pr. it. [ferˈplei]) [letter. gioco leale; 1828] **sm.** *inv.* correttezza, lealtà, rispetto dell'avversario, nel gioco ma anche nei rapporti umani in generale.
fàla [dal lat. *fala;* 1821] **sf.** *T.stor.* in antichi assedi o combattimenti del circo, torre di legno da cui si scagliavano frecce.
fa la [dalle sillabe *fa* e *la* ripetute nel ritornello; 1834] ***loc. m.*** *inv.* canto della fine del '500 caratterizzato da un ritornello in cui venivano ripetute continuamente le sillabe *fa la fa.*
falaise (fr., pr. [faˈlɛːz]) **sf.** *inv.* V. FALESIA.
falànge¹ [dal lat. *phalanx, -angis,* gr. *phálanx, -angos;* a. 1292 *falangia*] **sf. 1.** *T.stor.* disposizione della fanteria greca e poi macedone, fondata su un compatto schieramento di fanti armati di lance, molto efficace nell'urto frontale **2.** *fig.* numero assai grande di cose o di persone **3.** *T.stor.* e *T.pol.* movimento politico spagnolo di tipo fascista, fondato nel 1933 e rimasto al potere in Spagna dal 1939 alla morte di F. Franco nel 1975 || *per estens.* denominazione di altri raggruppamenti paramilitari di ideologia affine: *la falange libanese* **4.** forma di organizzazione sociale teorizzata da Ch. Fourier || **N. 4.** falansterio.
falànge² [dal gr. *phálanx, -angos, falange*¹; 1681] **sf.** *T.anat.* ciascuno dei piccoli ossi che formano lo scheletro delle dita, delle mani e dei piedi. **TAV. *anatomia* p. 642** 9, 10.
falangétta [da *falange*²; 1829] **sf.** *T.anat.* l'ultima falange del dito, quella che porta l'unghia. **TAV. *anatomia* p. 642** 9.1, 10.1.
falangìna [da *falange*²; 1828] **sf.** *T.anat.* la falange del dito che precede la falangetta. **TAV. *anatomia* p. 642** 9.2.
falangìsmo [da *falange*¹; 1939] **sm.** *T.stor.* e *T.pol.* le teorie e il movimento politico della falange spagnola o di altri movimenti ideologicamente affini.
falangìsta [da *falange*¹; 1936] **s.** e **agg.** appartenente alla falange spagnola o a movimenti e organizzazioni consimili.
falangìte [dal lat. e gr. *phalangítēs;* prima metà sec. XIV] **sm.** *T.stor.* soldato facente parte della falange greca.
falanstèrio o **falanstèro** (pl. *-èri*) [dal fr. *phalanstère,* voc. formato dall'economsita Fourier su *phalange* col suff. di *monastère;* 1848] **sm. 1.** nel modello di organizzazione sociale teorizzato da Ch. Fourier, grande edificio destinato a un'ampia comunità di persone (*falange*) dotato di tutti i servizi e di terreni agricoli **2.** *per estens.* edificio per abitazione di parecchie famiglie, spec. di lavoratori, associate in comunità.
falàrica [dal lat. *falărica;* a. 1292] **sf.** *T.stor.* dardo incendiario a forma d'asta, da lanciare con stoppa accesa in cima.
falàsco (pl. *-schi*) [etim. inc.; 1492] **sm.** erba di palude, che serve da lettiera, da combustibile e per impagliare fiaschi e seggiole: *lanuginose canne di falasco* (Pascoli).
falbalà V. FALPALÀ.
fàlbo [dal germ. **falwa,* attr. il provenz. *falb;* a. 1597] **agg.** detto del mantello di un cavallo o di altro quadrupede, biondo, fulvo.
fàlca [prob. dall'ar. *hálqa,* recinto, steccato, attr. lo sp. *falca;* 1561] **sf.** *T.mar.* asse di legno che serve a innalzare la murata nelle navi e imbarcazioni di legno in genere, per evitare di imbarcare acqua col mare grosso.
falcàre (pres. *fàlco, fàlchi*) [dal lat. volg. *falcāre;* 1319] **tr. 1.** rif. al passo, piegare a mo' di falce: *tale per quel giron suo passo falca* (Dante) || *ass.* di cavallo, procedere a falcate: *del palafren che nel galoppo falca* (D'Annunzio) **2.** *T.stor.* rif. a carri da guerra, armarli di falci.
falcàstro [dal lat. *falcastrum,* da *falx, falcis,* falce; XIV sec.] **sm.** arma dell'età classica e medievale, a forma di asta e con spuntoni laterali, simile a una falce.
falcàta [da *falcare;* 1696 nel senso 1; 1954 nel senso 2] **sf. 1.** salto del cavallo che si eleva sulle gambe posteriori e poi si slancia in avanti **2.** *T.sport.* l'estensione di un passo di corsa: *un corridore dall'ampia falcata.*
falcàto [dal lat. *falcātus;* a. 1292 nel senso 2; a. 1597 nel senso 1] **agg. 1.** che ha forma di falce: *luna, foglia falcata* **2.** *T.stor.* munito di falci: *carro falcato,* carro da guerra comune nell'antichità.
falcatùra [da *falcare;* 1956] **sf.** curvatura più o meno accentuata a forma di falce: *costa tutta a falcature.*
fàlce [lat. *falx, falcis;* a. 1292] **sf. 1.** strumento agricolo a lama ricurva che serve per tagliare l'erba (*falce fienaia*) e le messi (*falce messoria*); è un tradizionale attributo iconografico della Morte || *falce e martello,* simbolo di molti partiti di ispirazione marxista || arma antica, a forma di falce **2.** *per estens.* oggetto la cui forma evochi quella di una falce: *falce di luna,* la piccola parte illuminata che si vede nei primi giorni della luna nuova || *T.anat. falce del cervello, del cervelletto,* prolungamenti della dura madre che separano i due emisferi di questi due organi || *dim.* falcétto (*sm.*), falciòla; *accr.* falcióne || **N. 1.** frullana, pennato, roncola | adunca, dentata, manicata, mordente. **Q.T. *agricoltura* TAV. *agricoltura*** 10.11.
falcemìa [comp. di *falce* e *-emia;* 1956] **sf.** *T.med.* anomalia del sangue, ereditaria e caratterizzata dalla presenza di globuli rossi falciformi || **N.** *Sin.* drepanocitemia.
falcèmico (pl. *-ci*) [da *falcemia;* 1956] **agg.** *T.med.* che è affetto da falcemia.
falcétto (*dim.* di *falce*) [1716] **sm.** piccola falce usata per lavori di potatura e di vendemmia || **N.** *Sin.* falciola, potatoio. **TAV. *agricoltura*** 10.3.
falchétta [da *falca;* 1865] **sf.** *T.mar.* l'orlo superiore dei fianchi delle piccole imbarcazioni, dove sono infissi gli scalmi. **TAV. *vela* p. 1342** 2.4.
falchétto (*dim.* di *falco*) [1622 nel senso 2] **sm. 1.** piccolo di falco **2.** nome con cui si indicano diverse specie di Falciformi, come il gheppio, il lodolaio ecc.
falciaménto [da *falciare;* 1956] **sm. 1.** *raro* operazione del falciare **2.** *T.mil. tiro di falciamento,* tiro tipico della mitragliatrice, che si realizza spostando la posizione dell'arma, per colpire in continuazione un'area delimitata.
falciànte (*ppr.* di *falciare*) [1927] **agg.** che abbatte tagliando || *tiro falciante,* tiro di falciamento || *andatura falciante,* andatura con le gambe o le zampe all'infuori.
falciàre (pres. *fàlcio*) [da *falce;* a. 1571] **tr. 1.** tagliare con la falce: *falciare il grano* **2.** *fig.* uccidere, abbattere, spec. con una scarica di colpi: *la mitragliatrice sull'altura falciava gli assalitori a centinaia* || *fig. T.sport.* atterrare un avversario colpendolo alle gambe: *l'attaccante è stato falciato in area* || **N. 1.** *Sin.* mietere.
falciàta [da *falciare;* a. 1566] **sf.** colpo di falce: *lo colpì con una falciata* || azione del falciare: *è necessario dare una falciata al prato.*
falciatóre [da *falciare;* a. 1449] **agg.** e **sm.** (f. *-trìce*) che o chi falcia, spec. fieni.
falciatrìce [da *falciare;* 1892] **sf.** *T.agr.* macchina per falciare: *falciatrice a motore.* **TAV. *agricoltura*** 4, 7.7.
falciatùra [da *falciare;* 1865] **sf.** l'operazione del falciare || l'epoca dell'anno in cui si falcia.
falcìdia [dal lat. *falcidia,* dal n. del tribuno C. Falcidius; a. 1419] **sf.** *T.giur.* **1.** nel diritto romano, parte che si detraeva dai lasciti perché l'erede venisse ad avere la quarta parte almeno dell'asse ereditario || *per estens.* detrazione, defalco **2.** drastica diminuzione, spec. di popolazione; strage, anche *fig.*: *la carestia provocò una falcidia nelle campagne, una falcidia di candidati.*
falcidiàre (pres. *-ìdio*) [da *falcidia;* 1812] **tr. 1.** *non com.* detrarre, defalcare **2.** decimare, fare strage: *l'epidemia ha falcidiato la popolazione.*
falcìfero [dal lat. *falcifer;* 1758] **agg.** *lett.* armato di falce: *il dio falcifero,* attributo di Saturno.
falcifórme [comp. di *falce* e *-forme;* 1834] **agg. 1.** che ha forma di falce **2.** *T.fisiol. cellule falciformi,* globuli rossi di individui affetti da falcemia o drepanocitemia **3.** *T.zool. processo falciforme,* formazione coroidea contrattile dell'occhio dei pesci.
falcinèllo [da *falce;* a. 1684] **sm.** uccello dei Trampolieri, detto anche *chiurlo.*
falciòla (*dim.* di *falce*) [1821 *falciuola,* nel senso 2] **sf.** *T.agr.* piccola falce per tagliare a mano erba, grano e altri cereali || **N.** *Sin.* falcetto.
falcióne (*accr.* di *falce*) [a. 1363] **sm. 1.** grossa falce fissata a un volano per trinciare il foraggio **2.** *T.stor.* arma medievale consistente in un'asta terminante con una lama ricurva utilizzabile sia di taglio che di punta.
fàlco (pl. *-chi*) [lat. tardo *falco, -ōnis;* sec. XIII] **sm.** nome di vari uccelli rapaci col rostro uncinato e coi piedi armati di artigli, che appartengono perlopiù alla famiglia dei Falconidi || *vista da falco, occhio di falco,* vista acutissima || *fig.* persona intelligente, ma astuta e rapace || nel linguaggio politico (opposto a *colomba*), sostenitore di una politica dura e oppressiva || *dim.* falchétto || **N.** astore, falco pellegrino, falco pescatore, gheppio, girifalco, smeriglio, sparviero.
fàlcola [dal lat. *facula;* 1427] **sf.** *ant.* fiaccola.
falconàra [da *falcone;* seconda metà sec. XVI nel senso 3] **sf. 1.** luogo dove si allevano i falconi **2.** *T.stor.* feritoia delle antiche rocche per quelle artiglierie che erano dette falconi o falconati **3.** *T.mar. ant.* trave fortificante la nave a poppa.
falconàre [da *falcone;* a. 1367] **intr.** (aus. *avere*) *ant.* o *lett.* andare a caccia col falcone: *sognava il re di falconar sul greto* (Pascoli).

falcóne [dal lat. tardo *falco, -ōnis*; sec. XIII] **sm. 1.** falco pellegrino, uccello rapace di color grigio usato spec. nel Medioevo per la caccia **2.** *T.stor.* macchina guerresca da assedio, medievale, sim. all'ariete || pezzo d'artiglieria, simile alla colubrina, ma più lungo e di calibro inferiore **3.** *T.arch.* trave che si fa sporgere dal tetto o dalla finestra di una casa o sim. al fine d'innestarvi una carrucola per sollevare pesi || **N. 1.** falconara, falconeria, falconiere, logoro. **Q.T.** *caccia.*

falconerìa [da *falcone*; a. 1684] **sf.** caccia col falcone, molto diffusa nel Medioevo e nel Rinascimento || arte di governare e ammaestrare i falconi alla caccia.

falconétto [da *falcone*; sec. XV *falcunetti* pl.] **sm.** *T.stor.* antico pezzo di artiglieria più piccolo del falcone.

Falcònidi (sing. *-e*) [dal lat. scient. *Falconidae*; 1956] **sm.** *T.zool.* famiglia di uccelli falconiformi, comprendente i falchi.

falconière [da *falcone*; sec. XIII *falconero*] **sm. 1.** chi si occupava dell'allevamento e dell'ammaestramento dei falconi da caccia **2.** *T.arald.* titolo dell'ufficiale di corte che si dedicava all'allevamento dei falconi e all'organizzazione della caccia.

Falconifórmi (sing. *-e*) [comp. di *falcone* e *-forme*; 1968] **sm.** *T.zool.* ordine di uccelli rapaci diurni con forte becco ricurvo, diffusi ovunque. **Q.T.** *zoologia* **TAV.** *uccelli* **p. 1338.**

fàlda [dal got. **falda*, piega di una veste; a. 1304 nel senso 2] **sf. 1.** strato di materia relativamente sottile in rapporto alla larghezza: *una falda di cotone, di ghiaccio* || *nevica a larghe falde,* a fiocchi larghi e sottili || *falda del tetto,* ciascuna delle superfici piane inclinate di cui è composto || *T.geol. falda acquifera,* strato sotterraneo di terreni permeabili impregnati d'acqua, sovrapposto a uno strato di rocce impermeabili (*falda freatica*) o compreso tra due strati impermeabili (*falda artesiana*); *falda detritica,* accumulo di detriti ai piedi di una parete rocciosa; *falda di ricoprimento,* struttura rocciosa di grande estensione che ha subìto una traslazione orizzontale venendo a ricoprire lo strato superficiale autoctono di una regione vicina || *T.geom.* ciascuna delle superfici sconnesse tra loro che costituiscono una quadrica e sim.: *iperboloide a una, a due falde* **2.** lembo dell'abito che pende al di sotto della cintura: *le falde del frac* || *per meton. mettersi in falde,* in abito da cerimonia || veste liturgica di seta bianca indossata dal papa nelle messe pontificali || nelle antiche armature, parte inferiore della corazza, a lamine snodate, a protezione del ventre (*panciera*) o delle reni (*guardareni*) **3.** spec. *pl. T.geogr.* la parte di un rilievo montuoso più vicina al piano: *il Po nasce dalle falde del Monviso* **4.** tesa del cappello **5.** *T.mac.* taglio di carne vicino alla lombata e alla coscia **6.** *pl. non com.* strisce di panno o cuoio per reggere il bambino nei suoi primi passi || **N. 1.** *Sin.* strato | sfaldarsi **2.** *Sin.* lembo **3.** *Sin.* pendici **6.** *Sin.* dande. **Q.T.** *geologia* **TAV.** *abitazione* 3.6.

faldàle [da *falda*; 1988] **sm.** *T.arch.* lamiera di acciaio o rame che serve a proteggere un muro perimetrale dall'acqua piovana o a incanalare l'acqua piovana tra un tetto e l'altro.

faldàto [da *falda*; 1356] **agg.** fatto a falde: *abito faldato.*

faldèlla (*dim.* di *falda*) [sec. XV] **sf. 1.** *T.tess.* piccola quantità di seta (o anche di lana) a matasse, da incannare **2.** batuffolo di tela sfilacciata usato un tempo per medicazioni.

faldìglia (pl. *-glie*) [dallo sp. *faldilla*, piccola falda; a. 1527] **sf.** guardinfante, crinolina.

faldistòrio (pl. *-ri*) o **faldistòro** [dal francone **faldistôl*, seggiola pieghevole; a. 1513] **sm.** sedia bassa con braccioli e senza spalliera, usata dal papa e dai vescovi nei pontificali, invece del trono.

faldóso [da *falda*; 1561] **agg.** conformato a strati: *roccia faldosa.*

falècio o **falèucio** (pl. *-ci*) [dal lat. *phalaecius*; 1549 *faleuco*] **sm.** *T.metr.* verso di undici sillabe composto di uno spondeo, di un dattilo e di tre trochei.

falegnàme [comp. di *fa(re)* e *legname*; a. 1565] **sm.** artigiano che lavora il legno per fare mobili, rivestimenti interni, infissi ecc. **Q.T.** *falegnameria* **TAV.** *utensili* **p. 1341** 30.

falegnamerìa [da *falegname*; 1921] **sf.** l'arte del lavorare il legno || il laboratorio del falegname. **Q.T.** *falegnameria.*

falèna [dal gr. *phálaina*; a. 1730] **sf. 1.** nome generico di varie specie di farfalle notturne || *fig.* donna capricciosa e incostante **2.** *non com.* leggerissimo strato di cenere che si forma sulla legna bruciata, sui carboni e sim.

fàlera [dal lat. *phalerae*; a. 1498] **sf.** *T.stor.* borchia di metallo con varie figure cesellate, che si applicava in segno di onore militare alle corazze dei soldati romani, quando si fossero distinti in qualche azione || borchia o piastra, messa per ornamento sulla bardatura dei cavalli.

faleràto [da *falera*; 1745] **agg.** *T.stor.* decorato di falera.

falèrno [dal lat. *falernus*, da Falerno, territorio della Campania; 1563] **sm.** nome di un celebre vino prelibato della Campania, noto fin dall'antichità.

falèṣia [dal franco **falisa*, rupe, attr. il fr. *falaise*; 1925] **sf.** *T.geogr.* tipo di costa con pareti alte, rocciose e a picco. **TAV.** *geologia* **p. 1313** 4.5.

falèucio v. FALECIO.

fàlla [da *fallare*; 1612] **sf. 1.** *T.mar.* apertura o rottura nella carena per cui l'acqua può penetrare nella nave || apertura che si crea in un serbatoio d'acqua o in un argine, per cui l'acqua trapela || *fig.* rottura di un fronte militare: *la gravissima falla che si aprì a Caporetto* || *fig.* via di uscita e di dispersione di un patrimonio, di beni pubblici e sim.: *ha cercato di sanare le falle della gestione precedente* **2.** lacuna, punto debole: *le gravi falle della sua preparazione* || **N. 1.** *Sin.* breccia.

fallàce [dal lat. *fallax, -ācis*; sec. XIII] **agg.** falso, ingannatore || che non risponde alle attese: *speranze fallaci* || **fallaceménte** **avv.** || **N.** *Sin.* illusorio, ingannevole.

fallàcia (pl. *-cie*) [dal lat. *fallācia*; a. 1294] **sf. 1.** l'essere fallace **2.** *T.fil.* argomentazione sofistica.

fallànza [da *fallare*; prima metà sec. XIII] **sf. 1.** *arc.* errore, mancanza **2.** *arc.* inganno, bugia **3.** *fallanza dei semi,* germinazione fallita.

fallàre [dal tardo *fallāre*, class. *fallere*; sec. XIII] **intr.** (aus. *avere*) **1.** *lett.* sbagliarsi, commettere un fallo: *posso aver fallato* (Manzoni) || *prov. chi non fa non falla* **2.** *ant.* e *lett.* venir meno, mancare || **tr.** *raro* sbagliare || **N. 1.** *Sin.* FALLIRE, SBAGLIARE.

fallàto (*pps.* di *fallare*) [a. 1336 nel senso 1; a. 1348 nel senso 2] **agg. 1.** guasto, rotto || *in part.* di prodotto industriale, spec. tessile,

FALEGNAMERIA

PERSONE: carpentiere, ebanista, falegname, intagliatore, intarsiatore, laccatore, lucidatore, mobiliere, restauratore, tornitore, verniciatore.

LEGNAME DA LAVORARE: abete, acacia, acero, betulla, castagno, cedro, cirmolo, ciliegio, corniolo, *douglas*, ebano, faggio, frassino, *hemlock*, *hickory*, larice, leccio, mansonia, mogano, nocciolo, noce, obece, olivo, olmo, ontano, *paduk*, palissandro, pino, pioppo, *pitch-pine*, platano, quercia o rovere, robinia, salice, sicomoro, tanganica, *teak*, tiglio.

PARTI DEL TRONCO: corteccia, libro, cambio, anelli, alburno, cuore, durame.

CARATTERISTICHE DEL LEGNO: dimensione delle fibre, durezza (legni teneri o dolci, duri, ossei), fendibilità, filo, imbarcatura (ritiro, dilatazione, contrazione), nodosità, peso specifico, umidità (legno verde, stagionato, secco), venatura.

FORMATI COMMERCIALI: abetelle, antenne, assi, assicelle, compensati, fogli, laminati plastici, legni ricostruiti o pannelli in fibra di vetro, listelli, murali, panconi, piallacci o impiallacciature, puntelli, tavole, tavoloni, travetti, travi.

UTENSILI E MATERIALI: accetta, ascia, banco, barletto, cacciavite, calandrino, cane o granchio, capretta, carta vetrata, compasso, falsa squadra, ghimbarda, graffietto, incorsatoio, licciaiola, lima, livella a bolla d'aria, martello, mazza, mazzuola, menarola, morsa, morsetto, punteruolo, quartabuono, raschiatoio, rasiera, raspa, sbozzino, scuffina, scure, sega (maniglia o capitello, telaio, aste, regolo, fune, regoletto, lama; saracco, gattuccio), sgorbia, sergente, sponderuola, squadra, squadretta, squadretta d'angolo, tampone, tenaglia, trivello, truschino; collante, ferramenta, mordente, stucco, sverniciatore, vernice (trasparente a tampone o stoppino, alla nitrocellulosa, alla cera o encausto, poliuretano, poliesteri, sintetiche).

MACCHINARI: calibratrice, cavatrice, essiccatoio, fresatrice, levigatrice, lucidatrice o pulitrice, macchina combinata o multipla, mola, mortasatrice, piallatrice (a filo, a spessore), pressa (a freddo, a caldo), radiale, sagomatrice, sega (circolare, a nastro), sfogliatrice, squadratrice, tenonatrice, trapano, troncatrice, truciolatrice.

LAVORI IN LEGNO: botti, casse, congiunzioni o commettiture (con cavicchi, con tenoni, a incastro), cornici, costruzioni (edili, navali), impalcature, impiallacciature, intagli, intarsi, intelaiature o calettature, mobilio, pavimentazioni (parchettature all'inglese, a *coup de pierre*, a spina di pesce, a mosaico, a pannelli), ponteggi, rivestimenti, serramenti, torniture.

PROCEDIMENTI: addentare, addocciare, allicciare, caprugginare, curvare, forare, incassare, inchiodare / schiodare, incollare / scollare, incorniciare, ingangherare, intaccare, intagliare, intarsiare, levigare, lisciare, ribadire, rifinire, riparare, scanalare, sgrossare, smussare, tagliare (di filo, di testa); apprettare, colorare, disincrostare, dorare, invecchiare, laccare, lavare, lucidare (a cera, a olio), sbiancare, smacchiare, tingere; v. inoltre i procedimenti relativi a materiali, utensili e macchinari citati.

VOCI ATTINENTI: falegnameria, laboratorio, segheria; sciavero, segatura, sfrido, trucioli; ammaccatura, contorsione, imbarcatura, opacizzazione della lucidatura, sollevamento dell'impiallacciatura, spaccatura, tarlatura.

recante difetti che ne determinano una diminuzione di qualità **2.** *ant.* sbagliato, errato.

fallìbile [da *fallire*; a. 1342] ***agg.*** *non com.* soggetto a errare, a sbagliare || **N.** *Contr.* infallibile.

fallibilità [da *fallibile*; 1657] ***sf.*** *non com.* l'esser fallibile.

fallicìsmo [da *fallo*^{2}; 1932] ***sm.*** l'attribuire al fallo significati simbolici o religiosi.

fàllico (pl. *-ci*) [dal lat. tardo *phallicus*; 1549] ***agg.*** relativo al fallo, raffigurante l'organo genitale maschile: *simbolo fallico*; *rito fallico*, celebrante la fecondità della natura, presso i popoli primitivi || *T.psican. fase fallica*, fase di organizzazione infantile della libido, successiva a quella orale e anale, in cui le pulsioni parziali sono, per entrambi i sessi, unificate sotto il primato dell'organo maschile.

fallimentàre [da *fallimento*; 1918] ***agg.*** **1.** *T.giur.* relativo al fallimento, proprio del fallimento: *diritto fallimentare, trattativa, vendita fallimentare*; *asta fallimentare*, vendita all'asta dei beni di una persona che ha fatto fallimento || *prezzo fallimentare*, nella pubblicità commerciale, prezzo estremamente ribassato, tipico di un saldo di fine stagione **2.** *fig.* disastroso, rovinoso: *una relazione fallimentare*.

fallimentarìsta [da *fallimentare*; 1965] ***s.*** *T.giur.* legale o giurista esperto in trattative di diritto fallimentare.

falliménto [da *fallire*; a. 1348] ***sm.*** **1.** insuccesso, esito negativo: *il fallimento di un'iniziativa* || disastro: *la vacanza è stata un fallimento* **2.** *T.giur.* condizione dell'imprenditore commerciale che liquida il proprio patrimonio per fare fronte ai pagamenti ai quali è obbligato || **N.** bancarotta, decozione | doloso, fraudolento, semplice | concordato, curatore, esercizio provvisorio, graduatoria. **Q.T.** *diritto.*

fallìre (pres. *-ìsco, -ìsci*) [lat. *fallere*, sbagliare; a. 1294] ***intr.*** (aus. *avere* ed *essere*) **1.** non raggiungere il proprio scopo: *nella scalata al successo ha fallito ancora una volta* **2.** con soggetto non animato, avere esito negativo: *i suoi tentativi sono falliti* **3.** cadere in una condizione di insolvenza tale da dover liquidare l'impresa: *quel negoziante è fallito* **4.** *non com.* mancare, venir meno: *fallire a una promessa, mi sono fallite le forze* **5.** *ant.* commettere una mancanza || ***tr.*** non colpire, sbagliare: *fallire il bersaglio*; *fig.* non realizzare: *fallire un obiettivo* || **N.** ***intr.*** **1.** *Contr.* farcela, riuscire | ***tr.*** *Sin.* mancare | *Contr.* azzeccare, centrare, cogliere.

fallìto (*pps.* di *fallire*) [a. 1294] **I** ***agg.*** mancato o che non ha realizzato le proprie ambizioni: *poeta fallito* **II** ***sm.*** (f. *-a*) **1.** persona che non ha realizzato le sue ambizioni: *si sente un fallito* **2.** commerciante che è fallito: *l'albo dei falliti.*

fàllo^{1} [da *fallare*; a. 1294] ***sm.*** **1.** *lett.* sbaglio, peccato, ma perlopiù non grave e senza che vi concorra malizia; è frequente in alcune espr.: *cadere, cogliere in fallo*; *mettere il piede in fallo*, inciampare (anche *fig.*); *senza fallo*, senza dubbio **2.** *T.sport.* qualunque infrazione alle regole del gioco: *fallo intenzionale, involontario*; *fallo di mano*, nel calcio, contatto volontario della mano o del braccio di un giocatore (escluso il portiere in aerea) con il pallone; *fallo di piede*, nella pallacanestro, analogo contatto con la gamba o il piede; nel tennis o nella pallavolo, superamento con il piede della linea di fondo nell'azione del servizio; *fallo laterale*, nel calcio, si ha quando la palla oltrepassa le linee laterali del campo (non si tratta in questo caso di una scorrettezza); *doppio fallo*, nel tennis, doppio errore consecutivo alla battuta || in atletica, nei concorsi, prova non valida **3.** difetto, spec. nell'espr. *fare fallo*: *non gli faceva fallo l'impudenza* **4.** imperfezione, difetto di lavorazione, spec. di tessuti, vetri e sim. || *pegg.* fallàccio || **N.** **1.** *Sin.* colpa, debolezza, errore, mancanza **2.** *Sin.* irregolarità, scorrettezza. **Q.T.** *calcio, tennis.*

fàllo^{2} [dal lat. tardo *phallus*; 1630] ***sm.*** membro virile.

fallòcrate [da *fallocrazia*; 1983] ***sm.*** *spreg.* o *scherz.* uomo che pensa e agisce secondo i principi della fallocrazia || **N.** *Sin.* maschilista.

fallocràtico (pl. *-ci*) [da *fallocrate*; 1983] ***agg.*** *spreg.* o *scherz.* mosso da principi di fallocrazia, relativo a fallocrazia: *atteggiamento fallocratico.*

fallocrazìa [comp. di *fallo*^{2} e *-crazia*; 1983] ***sf.*** *spreg.* o *scherz.* concezione che asserisce la supremazia del maschio nella società e il suo predominio sulla donna || comportamento derivato da tale tipo di cultura || **N.** *Sin.* maschilismo.

falloforìa [dal gr. *phallēphória*, con influsso di *fallo*^{2}; 1834] ***sf.*** nella Grecia classica, processione in onore di Dioniso, durante la quale veniva esposto il simbolo fallico.

fallòppa V. FALOPPA.

fallosità [da *falloso*; 1970] ***sf.*** qualità o comportamento di una squadra o di un giocatore che commette numerosi falli durante una competizione sportiva.

fallóso [da *fallo*^{1}; 1940] ***agg.*** **1.** *T.sport.* che commette molti falli: *uno stopper falloso*; che fa molti errori; *un tennista troppo falloso nel servizio* || caratterizzato da molti falli: *partita fallosa* || che costituisce fallo: *intervento falloso* **2.** *non com.* detto di prodotto con difetti di fabbricazione || **N.** **1.** *Sin.* scorretto; impreciso **2.** *Sin.* difettoso.

fall-out (ingl., pr. ['fɔ:laʊt]; pr. it. [fo'laut]) [letter. caduta fuori; 1963] ***sm.*** *inv.* **1.** caduta di polveri radioattive in sospensione in seguito a uno scoppio nucleare **2.** *fig.* conseguenza (anche positiva) di un fenomeno: *il fall-out tecnologico della fisica delle alte energie* || **N.** *Sin.* ricaduta.

falò [forse dal gr. *phanós*, lanterna; a. 1305] ***sm.*** fuoco intenso e breve, spec. per fare segnalazioni; rogo || *fare falò di qualcosa*, distruggerla col fuoco; anche *fig.* cancellare, accantonare: *ha fatto falò di tutti i suoi buoni propositi.*

falòppa (non com. *fallòppa*) [etim. inc.; XIV] ***sf.*** **1.** bozzolo rimasto imperfetto **2.** *non com.* persona bugiarda, millantatore.

falòtico (pl. *-ci*) [dal fr. *falot*, bizzarro; 1539] ***agg.*** *lett.* stravagante.

falpalà (meno com. *falbalà*) [dal fr. *falbala*; 1703 *falbalà*] ***sm.*** guarnizione dei vestiti femminili, fatta con una striscia della stessa stoffa increspata, e cucita perlopiù sull'orlo della gonna || *per estens.* balza applicata a tende, fodere, tovaglie ecc.

falsabràca (pl. *falsebràche*) [comp. di *falso* e *braca*, sul modello del fr. *fausse-braie*; 1618] ***sf.*** *ant.* *T.mil.* terrapieno o bastione basso esterno a un'opera fortificata principale, che ne protegge le parti inferiori.

falsachìglia (pl. *falsechìglie*) [comp. di *falso* e *chiglia*; 1937] ***sf.*** *T.mar.* nelle imbarcazioni a vela, piano longitudinale mobile, di rinforzo della chiglia || **N.** *Sin.* controchiglia, sottochiglia.

falsaménto [da *falsare*; a. 1292] ***sm.*** *raro* il falsare.

falsamonéte [comp. di *falsa*(*re*) e *moneta*; a. 1533] ***sm.*** *inv.* *raro* falsificatore di monete.

falsàre [dal lat. *falsāre*; a. 1250] ***tr.*** **1.** rappresentare in modo non corrispondente al vero: *falsare la realtà, il pensiero di qualcuno* **2.** *T.abb.* guarnire di falsature **3.** *non com.* falsificare || **N.** **1.** *Sin.* deformare, travisare **2.** *Sin.* contraffare.

falsarìga (pl. *falsarìghe*) [comp. di *falso* e *riga*; 1585 *falsa riga*] ***sf.*** **1.** foglio rigato che si pone sotto il foglio bianco su cui si scrive in modo che traspaia, per andar diritto nella scrittura **2.** *fig.* *più com.* modello imitato fedelmente e meccanicamente: *discorsi ricalcati sulla falsariga di quelli del leader.*

falsàrio (pl. *-ri*) [dal lat. *fasārius*; a. 1342] ***sm.*** chi fabbrica documenti e monete false o altera le firme altrui || chi dipinge quadri nello stile di pittori famosi e li spaccia per autentici.

falsatóre [dal lat. *falsātor, -ōris*; 1243 ca.] ***agg.*** e ***sm.*** (f. *-trìce*) *non com.* che o chi falsa, spec. detto di cose non materiali: *falsatore di verità.*

falsatùra [da *falsare*; 1869] ***sf.*** *T.abb.* striscia di trina o di ricamo posta, in un vestito, tra pezzo e pezzo di stoffa.

falseggiàre (pres. *-éggio*) [da *falsare*; 1321] ***tr.*** *ant.* falsificare || ***intr.*** (aus. *avere*) **1.** *non com.* *T.mus.* cantare in falsetto **2.** *ant.* mentire.

falsettìsta [da *falsetto*; 1956] ***sm.*** *T.mus.* chi canta in falsetto || **N.** contraltista, sopranista.

falsétto [da *falso*; 1542] ***sm.*** registro acuto, di testa, della voce maschile, di estensione analoga alla voce femminile || *accr.* falsettóne.

falsettóne (*accr.* di *falsetto*) [1950] ***sm.*** *T.mus.* tipo di falsetto con parziale impiego delle risonanze di petto.

falsificàbile [da *falsificare*; 1869] ***agg.*** **1.** che può essere falsificato, alterato **2.** *T.fil.* che può essere confutato: *ipotesi falsificabile.*

falsificaménto [da *falsificare*; a. 1694] ***sm.*** *non com.* il falsificare.

falsificàre (pres. *-ìfico, -ìfichi*) [dal lat. tardo *falsificāre*; 1308] ***tr.*** **1.** alterare volontariamente e dolosamente: *falsificare una notizia, un documento* || produrre l'imitazione di un oggetto per spacciarlo come autentico: *falsificare una banconota, un francobollo, un quadro* **2.** *T.fil.* dimostrare falso: *falsificare una congettura* || **N.** **1.** *Sin.* alterare, contraffare **2.** *Contr.* verificare.

falsificatóre [da *falsificare*; sec. XIV] ***agg.*** e ***sm.*** (f. *-trìce*) che o chi falsifica.

falsificazióne [da *falsificare*; a. 1595; 1945 nel senso 2] ***sf.*** **1.** l'atto e l'effetto del falsificare: *falsificazione del passaporto* || *concr.* oggetto, prodotto di una falsificazione: *questo quadro è un'abile falsificazione* **2.** dimostrazione di falsità; *T.fil. principio di falsificazione*, il principio secondo cui un'ipotesi o una teoria è genuinamente scientifica solo se è suscettibile di smentita da parte dei fatti empirici.

falsità [dal lat. *falsitas, -ātis*; inizio sec. XIII] ***sf.*** **1.** l'esser falso: *la falsità di un documento, di una teoria* **2.** ipocrisia, mancanza di lealtà: *si è svelata finalmente la sua falsità d'animo* **3.** *concr.* affermazione falsa: *non sono accuse fondate, ma volgari falsità* || **N.** **1.** *Contr.* verità; autenticità **2.** *Sin.* doppiezza, slealtà | *Contr.* schiettezza, sincerità **3.** *Sin.* bugia, calunnia, fandonia, menzogna. **Q.T.** *diritto.*

fàlso [lat. *falsus*; a. 1257] **I** ***agg.*** **1.** non vero, che non risponde alla realtà: *notizia, affermazione falsa*; *falsa testimonianza* || *falso magro*, persona più snella in apparenza di quanto non sia in realtà || *T.bot.* e *T.anat.* detto di organo simile esteriormente a un altro, ma di diversa origine o funzione: *false coste, falso frutto* || *T.bal.* *falso scopo*, V. SCOPO || *T.gram.* *falso diminutivo, falso accrescitivo*, parola che formalmente può apparire come l'alterato di un'altra con la quale non ha in realtà alcun rapporto semantico; per es. *botte, bottino, bottone*; è anche un gioco enigmistico **2.** non giusto, spec. in alcune espr.: *fare un passo falso*, mettere male un piede, e *fig.*, più com., prendere un'iniziativa sbagliata, commettere un errore; *falsa piega*, negli abiti, una piega diversa da quella naturale; *falso allarme*, segnalazione di pericolo dovuta a errore (anche *fig.*: *la flessione della Borsa è stata un falso allarme*); *luce falsa*, che non consente di individuare bene i colori (anche *fig.*, *mettere in falsa luce*, presentare in modo ingannevolmente negativo); *nota falsa*, stonata o fuori tonalità, spec. *fig.* || diverso dalla norma: *falsa guardia*, nel pugilato, quella dei mancini || non valido: *T.sport. falsa partenza*, dichiarata nulla, gen. perché uno dei concorrenti è partito prima del "via" **3.** non autentico, contraffatto: *un francobollo, un documento falso; viaggiare, presentarsi, scrivere sotto falso nome* || *fig. fare carte false*, essere disposto a usare ogni mezzo: *farebbe carte false pur di avere quel posto* **4.** non sincero, spec. detto di persone o atteggiamenti: *un tipo viscido e falso, un dolore falso* || **falsaménte** *avv.* **II** *sm.* **1.** ciò che è falso: *non sa distinguere il vero dal falso* **2.** *T.giur.* ciascuno di vari reati consistenti nella falsificazione materiale di documenti (monete, atti ecc.) o nella produzione di documenti formalmente corretti ma non veritieri (*falso ideologico*) **III** *avv.* falsamente: *le tue parole suonano falso* || **N. I 1.** *Sin.* inattendibile, infondato, inventato, menzognero **2.** *Sin.* errato, erroneo, fallace, sbagliato **3.** *Sin.* apocrifo, falsificato, finto, posticcio, truccato **4.** *Sin.* ipocrita, insincero, simulato. **TAV.** ***fiori...* p. 671** 8.9.

falsobordóne (pl. *falsibordóni*) [comp. di *falso* e *bordone*, sul modello del fr. *fauxbourdon*; 1676 *falso bordone*] *sm. T.mus.* pratica musicale quattrocentesca in cui il *cantus firmus* è contrapposto a due altre voci che procedono parallelamente alla quarta e alla sesta inferiori || nel Seicento, tipo di salmo con un basso ostinato all'organo.

falsobràccio (pl. *falsibràcci*) [comp. di *falso* e *braccio*; 1937] *sm. T.mar.* grosso cavo utilizzato nelle operazioni di ormeggio o di spostamento delle navi.

falsopiàno (pl. *falsipiàni* e *falsopiàni*) [comp. di *falso* e *piano*; 1960] *sm.* ampia zona di terreno apparentemente piana ma in realtà caratterizzata da una lieve pendenza: *i ciclisti affrontano un tratto di falsopiano prima dell'ultima salita.*

falsoscòpo (pl. *falsiscòpi*) o **fàlso scòpo** [comp. di *falso* e *scopo*; 1986] *sm. T.mil.* nelle manovre militari, punto di riferimento a cui si mira quando si deve eseguire un tiro su un bersaglio non visibile.

fàlta [dal lat. volg. **fallita*, pps. di *fallere*, cadere in errore; prima metà sec. XIII] *sf. arc.* mancanza; errore.

fàma [dal lat. *fāma*; inizio sec. XIII] *sf.* **1.** reputazione: *avere una cattiva fama, godere di ottima fama, ha fama di persona severa ma giusta* || *ass.* notorietà, celebrità: *è uno scienziato di fama mondiale* **2.** voce che si diffonde rapidamente e estesamente: *corre fama che...*, si dice che...; *conoscere qualcuno di fama*, per sentito dire ma non di persona || **N. 1.** *Sin.* nomea, stima; credito, popolarità, rinomanza | chiara, duratura, solida; immeritata, usurpata | diffamare.

fàme [lat. *fames*; a. 1290] *sf.* **1.** sensazione di intenso bisogno di cibo: *avere fame, sentire i morsi della fame, avere una fame da lupo, non vederci dalla fame* || nei modi di dire: *lungo come la fame*, interminabile; *brutto come la fame*, orribile **2.** *per estens.* prolungata mancanza o penuria di cibo: *ha patito la fame in gioventù, prendere gli assediati per fame* || *morire di fame*, anche *iperb.* essere ridotti in miseria; *morto di fame*, persona dall'aspetto miserabile || *salari da fame*, bassissimi **3.** *fig.* desiderio smodato, avidità: *fame di gloria, di denaro* || **N. 1.** appetito, ingordigia, voracità; bulimìa | *Contr.* sazietà; inappetenza, anoressìa | affamare, sfamare **2.** carestia, miseria.

famèdio (pl. *-di*) [pseudolat., basato sul lat. *fāma*, fama e lat. *ǣdes*, casa; 1889] *sm. non com.* nei cimiteri, edificio funebre destinato agli uomini illustri.

famèlico (pl. *-ci*) [dal lat. *famēlicus*; a. 1353] *agg.* affamato, detto spec. di animali (di persone solo *scherz.*): *un lupo famelico* || *fig.* avido.

famigeràto [dal lat. *famigerātus*; 1858] *agg.* che ha cattiva fama.

famìglia (pl. *-glie*) [lat. *familia*; a. 1292] *sf.* **1.** insieme di persone legate da vincoli di matrimonio, parentela o affinità e perlopiù conviventi: *famiglia numerosa; metter su famiglia*, sposarsi || in sociologia, *famiglia nucleare*, quella composta da soli padre, madre e figli non sposati; *famiglia estesa*, quella in cui convivono più coppie adulte con la loro prole || *la Sacra Famiglia*, Gesù, Giuseppe e Maria || *figlio di famiglia*, ancora sottoposto alla patria potestà || *padre di famiglia*, chi ha sulle spalle la responsabilità di moglie e figli || *essere tutto casa e famiglia*, dedicarsi interamente ai propri cari || *lavare i panni sporchi in famiglia*, non far conoscere a estranei le cose spiacevoli che riguardano la propria famiglia o cerchia ristretta di amici || *imposta di famiglia*, tassa diretta comunale a carattere progressivo in rapporto al tenore di vita di una famiglia, decaduta nel 1973 || *stato di famiglia*, insieme dei dati anagrafici concernenti una famiglia; *diritto di famiglia*, il complesso delle norme giuridiche che regolano i rapporti tra i componenti della famiglia **2.** *per estens.* l'insieme dei consanguinei di tutte le generazioni presenti e passate: *la famiglia dei Farnese, il capostipite di una famiglia, le tradizioni di famiglia* **3.** *fig.* raggruppamento di persone o spec. di cose aventi determinate caratteristiche in comune: *vidi il maestro di color che sanno / seder tra filosofica famiglia* (Dante) || associazione mafiosa, spesso formata effettivamente da parenti, di ordine inferiore alla *cosca* || *T.ling. famiglia linguistica*, gruppo di lingue aventi un'origine comune: *famiglia romanza, indoeuropea; famiglia di parole*, insieme di vocaboli riconducibili a una stessa radice || *T.mat. famiglia di curve, di funzioni* ecc., insieme di curve o funzioni descrivibili da un'unica equazione al variare di uno o più parametri || in filologia, *famiglia di codici*, insieme di manoscritti raggruppati in base a caratteri che rivelano la derivazione da una fonte comune || *in part.* nella classificazione botanica e zoologica, raggruppamento sistematico compreso tra l'ordine e il genere: *la famiglia delle Rosacee, dei Canidi* **4.** *ant.* complesso dei servitori: *apre terrazzi e logge la famiglia* (Leopardi) **5.** *pl. famiglie*, gioco di carte per quattro o più persone in cui ciascun giocatore deve raccogliere quartetti di carte dello stesso valore chiedendoli a turno agli altri giocatori, fino a ottenere il mazzo completo || *dim.* famigliòla; *accr.* famiglióna; *pegg.* famigliàccia || **N. 1.** capofamiglia, patria potestà; maggiorascato, cadetto **2.** *Sin.* casa, casata, casato, ceppo, dinastia, discendenza, lignaggio, parentado, stirpe | albero genealogico.

famigliàre e der. v. FAMILIARE e der.

famìglio (pl. *-gli*) [da *famiglia*; 1312] *sm.* **1.** *ant.* servo **2.** *non com.* usciere, messo comunale.

famigliòla o **famigliuòla** (*dim.* di *famiglia*) [da *famiglia*; a. 1374] *sf.* **1.** piccola famiglia, usato spec. per indicare una famiglia serena e affiatata: *una famigliola felice* **2.** *T.bot.* nome di vari tipi di funghi delle Agaricacee che crescono a gruppi: *famigliola buona*, armillaria, chiodino.

familiàre (meno com. *famigliàre*, usato solo nel senso 1) [dal lat. *familiāris*; 1308] **I** *agg.* **1.** della famiglia: *vita familiare, patrimonio familiare* || concepito per la famiglia: *confezione familiare*, più grande e conveniente del normale; *auto familiare* (anche *sf. una familiare*), modello con più spazio dietro o addirittura tre ordini di sedili, in grado di accogliere più persone o bagagli ingombranti **2.** che è ben conosciuto per lunga pratica e consuetudine: *la matematica non gli è troppo familiare* || che evoca qualcosa di ben noto: *un paesaggio, un viso familiare* || *meno com. essere familiare con qualcosa*, averci dimestichezza **3.** semplice, confidenziale, senza formalismi: *tono, linguaggio, trattamento familiare* || **familiarménte** *avv.* in modo familiare, nel senso 3 **II** *s.* **1.** persona di famiglia: *al matrimonio c'erano tutti i familiari degli sposi* **2.** *ant.* servo || *sf.* auto familiare || **N. 3.** *Sin.* affabile, cordiale, spontaneo.

familiarità (meno com. *famigliarità*) [da *familiare*; a. 1292] *sf.* **1.** atteggiamento familiare, confidenza: *ci ha subito trattati con grande familiarità* **2.** sicuro controllo di una materia, di uno strumento, di un mestiere ecc., che deriva da una lunga esperienza: *ha scarsa familiarità col latino, con i computer, con i lavori di casa* ecc. || **N. 1.** *Sin.* affabilità, cordialità, naturalezza, spontaneità **2.** *Sin.* consuetudine, dimestichezza.

familiarizzàre (meno com. *famigliarizzàre*) [dal fr. *familiariser*; 1619] *intr.* (aus. *avere*) prendere confidenza, entrare in amicizia con qualcuno: *familiarizzare con i colleghi* || *intr. pron.* acquistare pratica nell'uso di qualche cosa: *familiarizzarsi con le nuove apparecchiature.*

familismo [dall'ingl. *familism*; 1961] *sm.* legame di solidarietà tra i membri di una famiglia, tanto intenso da prevalere sui vincoli con la comunità sociale; rif. anche a famiglie o cosche mafiose, unite dal vincolo di omertà e dal rispetto per il capo.

familìsta [da *familismo*; 1982] *s.* e *agg.* chi o che è strettamente legato da vincoli familiari || ispirato al familismo: *tendenza familista di un gruppo antisociale.*

familìstico (pl. *-ci*) [da *familismo*; 1964] *agg.* relativo al familismo: *cultura familistica del mondo contadino.*

famismo [da *fame*; 1983] *sm.* teoria che ritiene fondamentale per l'esistenza umana il mangiare a sufficienza.

famìsta [da *famismo*; 1983] *s.* e *agg.* chi, che è sostenitore del famismo.

famóso [dal lat. *famōsus*; a. 1292] *agg.* **1.** che ha molta fama: *libro famoso, ladro famoso* || se il contesto non è esplicito, si intende sempre in senso positivo: *è già famoso alla sua età* || *fam.* detto di qualcosa di cui si è già parlato molto: *l'avete poi fatto quel famoso viaggio?* **2.** *ant. libello famoso*, diffamatorio || **N. 1.** *Sin.* celebre, illustre, insigne, memorabile, rinomato.

famulàto [dal lat. *famulātus*; 1673 nel senso 2] *sm.* **1.** *ant.* condizione di servo, spec. nell'antica Roma **2.** *T.giur.* aggravante per un furto commesso approfittando della condizione di domestico o coabitante.

fàmulo [dal lat. *famulus*; a. 1294] *sm. ant.* famiglio, servo, spec. nell'antica Roma.

fan (ingl., pr. [fæn]) [abbr. di *fanatic*, fanatico; 1933] *sm. inv.* (anche pl. *fans*, pr. ['fænz]) tifoso, sostenitore acceso di un cantante, di un attore, di una squadra o di un campione sportivo.

fanàle [dal gr. biz. *phanárion*, lanterna; a. 1348] *sm.* apparecchio di illuminazione costituito da una sorgente luminosa protetta da un involucro trasparente, eventualmente fornito di un dispositivo per dirigere il flusso luminoso in una direzione definita || *in part.* ciascuno di quelli di cui sono dotati automobili, treni, navi, aerei, per segnalare la loro presenza o illuminare il percorso: *fanali di via delle navi, di ingombro degli autotreni* ecc. || *dim.* fanalino, fanalétto. **TAV.** ***aeronautica*** 4.6; ***porto*** 3.3; ***automobile* p. 658** 3.5, 3.39; ***carri...* p. 664** 1.2.

fanalerìa [da *fanale*; 1942] *sf.* **1.** l'insieme dei fanali di un veicolo: *la fanaleria di un'automobile* **2.** *per estens. non com.* apparecchio di illuminazione in genere.

fanalìno (*dim.* di *fanale*) [1927] *sm.* piccolo fanale (spec. di veicoli) || *fanalino di coda*, luce rossa di segnalazione posta nella parte posteriore di un veicolo, e *fig.* chi sta all'ultimo posto in classifiche, graduatorie e sim.: *fare, essere il fanalino di coda, questa squadra è il fanalino di coda del campionato.*

fanalista [da *fanale*; 1891] **s.** addetto alla manutenzione dei fanali o di un faro.

fanàtico (pl. *-ci*) [dal lat. *fanāticus*, ispirato da una divinità; sec. XIV] **I agg. 1.** dominato da un'adesione totale alla propria fede o alle proprie convinzioni, e quindi completamente intollerante verso qualunque altra posizione: *un moralista, un nazionalista fanatico* || *per estens.* smodatamente entusiasta per qualcosa o qualcuno: *essere fanatico del rock, del calcio* || detto anche di comportamenti, sentimenti e sim.: *zelo fanatico, ammirazione fanatica* **2.** *rom.* che si agita troppo, che si dà troppe arie **II sm.** (f. *-a*) persona fanatica || **N.** I 1. *Sin.* esaltato, invasato.

fanatismo [da *fanatico*, sul modello del fr. *fanatisme*; a. 1744] **sm.** fede incondizionata in una religione o una dottrina, tale da portare a comportamenti radicali e intolleranti: *fanatismo religioso, politico* || *per estens.* entusiasmo eccessivo, incontrollato e acritico.

fanatizzàre [dal fr. *fanatiser*, 1802] **tr.** *non com.* indurre al fanatismo: *i discorsi del dittatore fanatizzavano le masse.*

fancèllo [dall'arc. *fanticello*, fanciullo; 1259 *fancillo*] **sm.** (f. *-a*) *arc.* fanciullo, garzone, discepolo di un'arte, servo.

fanciullàccia (pl. *-ce*) (*pegg.* di *fanciulla*) [1924] **sf. 1.** *raro* cattiva fanciulla **2.** *T.bot.* pianta erbacea delle Ranunculacee dai fiori bianchi o azzurrognoli e frutti a capsula contenenti semi neri e piccanti || **N. 2.** *Sin.* nigella.

fanciullàggine [da *fanciullo*; a. 1685] **sf.** comportamento o modo di pensare infantile o ingenuo || **N.** *Sin.* bambinaggine, puerilità, ragazzata.

fanciullàta [da *fanciullo*; 1861] **sf.** fanciullaggine.

fanciulleggiàre (pres. *-éggio*) [da *fanciullo*; 1659] **intr.** (aus. *avere*) comportarsi da fanciullo.

fanciullésco (pl. *-schi*) [da *fanciullo*; 1300 ca.] **agg.** di o da fanciullo || *per estens.* poco serio, leggero || **fanciullescaménte avv.** || **N.** *Sin.* bambinesco, infantile, puerile; ingenuo, leggero, sciocco.

fanciullézza [da *fanciullo*; fine sec. XIII] **sf. 1.** l'età del fanciullo: *ricordi della fanciullezza* **2.** *fig.* gli albori, le prime manifestazioni: *la fanciullezza del movimento sindacale* || **N. 1.** *Sin.* puerizia.

fanciùllo [da *fancello*, con cambio di suff.; a. 1292] **I sm.** (f. *-a*) *lett.* o *scherz.* ragazzino di età compresa tra l'infanzia e l'adolescenza || *eterno fanciullo*, persona adulta ma immatura, o eccessivamente ingenua **II agg.** *lett.* **1.** fanciullesco: *un viso fanciullo* **2.** *fig.* agli inizi, ancora incompiuto o mal definito: *nazione fanciulla* || *dim.* fanciullétto, fanciullìno; *pegg.* fanciullàccio || **N.** bambino, marmocchio, monello.

fanciullóne (*accr.* di *fanciullo*) [a. 1584] **sm.** (f. *-a*) persona ingenua, sempliciotta o sprovveduta || **N.** *Sin.* credulone, sciocco, sempliciotto.

fandàngo (pl. *-ghi*) [dallo sp. *fandango*; 1760] **sm.** danza spagnola a tempo ternario diffusa a partire dal Sei-Settecento || *T.mus.* musica per accompagnare tale ballo.

fandònia [etim. inc.; a. 1590] **sf.** bugia, spec. raccontata per darsi delle arie || **N.** *Sin.* balla, fanfaluca, frottola, menzogna, millanteria, panzana.

fané (fr., pr. [fa'ne]) [pps. di *faner*, far appassire, avvizzire; 1905] **agg.** *inv.* appassito, sfiorito, sciupato: *abito fané, una bellezza ormai un po' fané.*

fanèllo [forse lat. volg. **faganellus*, (uccello) del faggio; a. 1320] **sm.** uccello canoro della famiglia dei Fringillidi, con piumaggio prevalentemente bruno, con fronte e petto rossi nel maschio.

Fanerògame [comp. del gr. *phanerós*, visibile, manifesto e *-gamo*; 1809] **sf. pl.** *T.bot.* raggruppamento che comprende le piante che si riproducono per mezzo di stami e pistilli formanti insieme un fiore || **N.** *Contr.* Crittogame. Q.T. *botanica* **TAV. *botanica* p. 661** 8.

fanfalùca [lat. tardo *fanfalūca*, bolla d'aria; 1536 nel senso 2] **sf. 1.** *propr. raro* carta, paglia, fuscello che, bruciando, si leva in aria **2.** *fig. più com.* ciancia, fandonia || bagattella.

fànfano [voce onom.; 1612] **sm.** (f. *-a*) *tosc.* chiacchierone e armeggione.

fanfàra [dal fr. *fanfare*; 1834] **sf.** banda musicale di soli strumenti d'ottone || composizione musicale per tale banda.

fanfaronàta [dallo sp. *fanfarronada*; 1699] **sf.** atto o discorso da fanfarone || **N.** *Sin.* millanteria, smargiassata, spacconata.

fanfaróne [dallo sp. *fanfarron*; 1699] **sm.** chi vanta qualità e meriti che non possiede || **N.** *Sin.* millantatore, smargiasso, spaccone.

fànga [var. di *fango*; a. 1650] **sf.** *region.* fango abbondante; luogo molto fangoso.

fangàia [da *fango*; 1845] **sf.** *tosc. raro* zona, viottolo o strada assai fangosa.

fangatùra [da *fango*; 1869] **sf.** immersione totale o parziale della persona nei fanghi termali per cura || **N.** *Sin.* fanghi.

fanghìglia (pl. *-glie*) [da *fango*; 1550] **sf.** fango un po' sciolto || **N.** *Sin.* melma, pantano, poltiglia.

fanghìno [da *fango*; 1956] **sm.** negli stabilimenti termali, chi è addetto alle fangature.

fàngo (pl. *-ghi*) [dal germ. **fanga*; a. 1292] **sm. 1.** terra impregnata d'acqua: *affondare nel fango, imbrattarsi di fango* || *fig. gettare fango su qualcuno, coprire di fango qualcuno*, accusarlo di infamie, rovinargli la reputazione, anche calunniosamente || *fig.* condizione di abiezione e miseria morale: *cadere nel fango* **2.** *pl.* *T.geol.* sedimenti acquosi di particelle minutissime di varia origine: *fanghi calcarei, silicei; fanghi rossi abissali*, che ricoprono i fondi oceanici || *T.tecn.* residui melmosi di lavorazione di vari minerali: *fanghi elettrolitici*, sedimenti delle celle elettrolitiche; *fanghi neri*, residui della lavorazione del mercurio; *fanghi rossi*, residui della preparazione dell'allumina || *T.med. fanghi termali*, utilizzati nella cura di molte malattie delle articolazioni; *colloq.* anche la terapia relativa: *fare i fanghi* || **N. 1.** *Sin.* belletta, brago, limo, loto, mota, melma, fanghiglia, poltiglia, pantano | infangare, sfangare | parafango.

fangosità [da *fangoso*; 1869] **sf.** l'essere fangoso.

fangóso [da *fango*; a. 1333] **agg.** pieno di fango: *strada fangosa.*

fangoterapìa [comp. di *fango* e *terapia*; 1956] **sf.** *T.med.* terapia a base di applicazioni di fanghi termali.

fangoteràpico (pl. *-ci*) [da *fangoterapia*; 1986] **agg.** *T.med.* basato sulla fangoterapia, di fangoterapia: *applicazioni, cure fangoterapiche.*

fànnia [dal lat. scient. *Fannia*; 1956] **sf.** *T.zool.* insetto dei Ditteri, molto simile alla mosca comune.

fannullàggine [da un disus. *fannulla*; a. 1928] **sf.** *raro* l'essere fannullone, spec. per abitudine || **N.** *Sin.* pigrizia, poltronaggine.

fannullóne [da un disus. *fannulla*; 1847] **sm.** (f. *-a*) chi o che se ne sta senza far niente || **N.** *Sin.* bighellone, ciondolone, poltrone.

fàno [dal lat. *fānum*; prima metà sec. XIV] **sm.** *T.archeol.* nell'antica Roma, tempio di modeste proporzioni.

fanóne¹ [dal fr. *fanon*; 1887] **sm.** *T.eccl.* veste del Papa in alcune cerimonie solenni, che consiste in due mozzette di seta sovrapposte, a strisce bianche e oro.

fanóne² [da *fanone¹*; 1923] **sm.** *T.zool.* ciascuna delle lamine cornee inserite l'una accosto all'altra sulla mascella della balena; fungono da filtro trattenendo il plancton. **TAV. *mammiferi* p. 1318** 12.1.

fànotron [comp. del gr. *pháinein*, risplendo, e (*elet*)*tron*(*e*), sul modello dell'ingl. *phanotron*; 1956] **sm.** *inv.* tipo di tubo elettronico a gas impiegato come rettificatore della corrente elettrica.

fànta- [da *fantasia*] ***primo elem.*** che, in parole composte dotte, vale "basato su ipotesi fantastiche" (per es. *fantapolitica, fantascienza, fantastoria*).

fantaccino [da *fante*; 1545] **sm.** soldato di fanteria, con sfumatura scherzosa.

fantapolìtica [comp. di *fanta-* e *politica*; 1963] **sf.** genere narrativo che trasferisce elementi reali della politica attuale a situazioni (collocate nell'immediato futuro ma anche nel presente) immaginarie ma concettualmente realizzabili: *un film di fantapolitica* || ipotesi, troppo azzardata e non fondata su dati reali, sui possibili sviluppi di una situazione politica: *non vi sembra di fare della fantapolitica?*

fantapolìtico (pl. *-ci*) [da *fantapolitica*; 1967] **agg.** che si ispira alla fantapolitica, utopistico: *ideali fantapolitici.*

fantascientìfico (pl. *-ci*) [da *fantascienza*; 1963] **agg.** di fantascienza: *racconto fantascientifico* || *per estens.* che comporta novità tecnologiche quasi incredibili per il senso comune: *un progetto, un veicolo fantascientifico.*

fantasciènza [comp. di *fanta-* e *scienza*; 1953] **sf.** genere narrativo in cui si descrivono situazioni immaginarie muovendo da princìpi pseudoscientifici, o traendo le conseguenze logiche di presupposti fantastici.

fantaṣìa [lat. *phantasia*, gr. *phantasía*; 1300] **I sf. 1.** facoltà dell'uomo di creare immagini, narrazioni o altri prodotti dell'intelletto senza un diretto rapporto con la realtà: *mancare di fantasia; lavorare di fantasia*, immaginarsi cose non vere, farsi delle strane idee; *T.abb. tessuto* (*di*) *fantasia*, con disegni vistosi e a colori vivaci e contrastanti **2.** il prodotto di tale facoltà; con connotazione negativa, fantasticheria: *insegue le sue fantasie* || capriccio: *m'è venuta la fantasia di andare a teatro* || *non com. avere fantasia di qualcosa*, desiderarla **3.** *T.mus.* composizione strumentale a carattere rapsodico, non inserita in una struttura formale ben definita **4.** danza rituale o battaglia simulata di fanti o di cavalieri dell'Africa, accompagnata da spari di fucile e da urla per celebrare un avvenimento **II** in funzione di **agg.** *inv.* (sempre posposto): *tessuto fantasia*, a colori e disegni vistosi; *carattere fantasia*, carattere tipografico diverso dai tipi consueti, per usi particolari (titoli, pubblicità e sim.) || **N.** I 1. *Sin.* immaginazione, inventiva | accesa, ardente, balzana, calda, fervida, inesauribile, potente, ricca, sbrigliata | eccitare, stuzzicare.

fantàṣima [da *fantasma*; seconda metà sec. XIII] **sf.** *pop. region.* fantasma.

fantaṣióso [da *fantasia*; a. 1704] **agg.** ricco di estro e di inventiva: *uno spettacolo fantasioso* || **fantaṣiosaménte avv.**

fantaṣìsta [da *fantasia*; 1950] **s.** chi esegue in spettacoli di rivista o sim. brevi numeri comici, o di canto o di recitazione.

fantàṣma [dal lat. e gr. *phántasma*, vana apparenza, visione; a. 1294 sf.] **I sm. 1.** apparizione visibile dello spirito di un defunto: *un castello abitato dai fantasmi, non vorrai credere ai fantasmi!* || *fig.* detto di persona dall'aspetto smunto e malconcio: *si è ridotto a un fantasma* **2.** immagine illusoria: *inseguire i fantasmi del benessere* **3.** *T.fil. disus.* rappresentazione mentale || *T.psican.* scenario immaginario, in cui è presente il soggetto, che costituisce l'appagamento di un desiderio inconscio **II** in funzione di **agg.** *inv.* che manca di consistenza reale, che esiste solo in apparenza: *governo fantasma*; *città fantasma*, abbandonata dagli abitanti; *arto fantasma*, persistenza di illusioni di sensibilità in corrispondenza di un arto amputato || **N. I 1.** *Sin.* larva, ombra, spettro.

fantașmagorìa [comp. di *fantasma* e (*alle*)-*goria*; a. 1803] **sf.** rapido susseguirsi di immagini, colori, o suoni: *una fantasmagoria di luci* || *fig.* insieme di supposizioni infondate: *ha la testa piena di fantasmagorie* || *propr. ant.* successione di illusioni ottiche prodotte dalla lanterna magica.

fantașmagòrico (pl. *-ci*) [da *fantasmagoria*; 1863] **agg.** che costituisce una fantasmagoria: *spettacolo fantasmagorico* || **N.** *Sin.* spettacolare, fantastico.

fantașmàtico (pl. *-ci*) [dal fr. *fantasmatique*; 1983] **agg.** **1.** *raro* relativo ai fantasmi, proprio dei fantasmi **2.** *raro* che deriva da una sensazione.

fantasticàggine [da *fantastico*; a. 1629] **sf.** fantasticheria; stravaganza, atto lunatico: *sapeva* [...] *tollerare a tempo le fantasticaggini del padrone* (Manzoni).

fantasticàre (pres. *-àstico, -àstichi*) [da *fantastico*; 1354] **intr.** (aus. *avere*) andar vagando con la fantasia da una cosa all'altra || **tr.** immaginare cose irreali o almeno impossibili a effettuarsi: *che cosa mai vai fantasticando?* || **N.** *Sin.* almanaccare, arzigogolare, fare castelli in aria, elucubrare, farneticare, vaneggiare.

fantasticherìa [da *fantastico*; a. 1546] **sf.** insieme di pensieri o progetti mal definiti e irrealizzabili: *perdersi in inutili fantasticherie* || **N.** arzigogolo, castello in aria, chimera, elucubrazione, sogno.

fantàstico (pl. *-ci*) [dal lat. tardo *phantasticus*, gr. *phantastikós*; a. 1292] **I agg.** **1.** che è proprio della fantasia: *facoltà fantastica* **2.** che è frutto della fantasia, che non ha rapporto con la realtà: *un racconto, un mondo fantastico* **3.** *iperb.* straordinario, meraviglioso: *persona fantastica* || in funzione di *escl.*, esprime ammirazione, o soddisfazione entusiasta: *hai avuto quel posto? Fantastico!* || **fantasticaménte** **avv.** **1.** con grande fantasia **2.** *più com.* splendidamente, straordinariamente **II** **sm.** ciò che è concepito dalla fantasia: *il fantastico nella narrativa* || ciò che è o appare inverosimile o irreale: *una coincidenza che ha del fantastico* || **N. 1.** *Sin.* immaginativo **2.** *Sin.* bizzarro, chimerico, favoloso, immaginario, irreale **3.** *Sin.* magnifico, splendido, stupendo.

fantasticóne [da *fantasticare*; 1887] **sm.** (f. *-a*) *non com.* chi ama abbandonarsi alla fantasia || **N.** *Sin.* sognatore.

fantastiliàrdo [comp. di *fantasti*(*co*) e (*mi*)*liardo*] **sm.** *scherz.* cifra elevatissima, costituita da un numero imprecisabile di miliardi.

fantastilióne [comp. di *fantasti*(*co*) e (*mi*)*lione*; 1961] **sm.** *scherz.* cifra elevatissima, costituita da un numero imprecisabile di milioni.

fantastòria [comp. di *fanta-* e *storia*; 1961] **sf.** ricostruzione fantastica del passato.

fantasy (ingl., pr. ['fæntəsɪ]; pr. it. ['fantazi]) [letter. fantasia; 1988] **I sf.** *T.lett.* genere letterario di immaginazione che punta sull'effetto creato dalla stranezza e peculiarità dei luoghi (anche altri mondi e dimensioni temporali) e dei personaggi (esseri soprannaturali) **II agg.** *inv.* (sempre posposto) del genere fantasy: *trasposizione cinematografica dell'ultima epopea fantasy.*

fànte [lat. *infans, infantis*, infante; 1261 nel senso 3] **sm.** **1.** soldato di fanteria: *la divisa del fante* **2.** *T.gioc.* nelle carte da gioco sia napoletane che francesi, la figura di minor valore: *il fante di cuori, di spade* || **s.** *ant.* servitore || persona di umile condizione, come nel prov. *scherza coi fanti e lascia stare i santi.*

fanterìa [da *fante*; a. 1363] **sf.** in passato, l'insieme delle truppe che combattevano a piedi (opposto a *cavalleria*) || attualmente, l'insieme delle truppe terrestri deputate al combattimento ravvicinato (opposto per es. ad *artiglieria*): *fanteria alpina, motorizzata, meccanizzata* || *fanteria corazzata*, carristi || *fanteria di marina*, truppe da sbarco. **Q.T.** *forze armate.*

fantésca [da *fante*; 1306] **sf.** *lett.* donna di servizio, domestica.

fantìno (*dim.* di *fante*) [1618] **sm.** **1.** *T.sport.* chi monta i cavalli nelle corse al galoppo o li guida in quelle al trotto **2.** *arc.* bambino. **Q.T.** *cavallo.*

fantòccia (pl. *-ce*) [da *fantoccio*; 1919] **sf.** bambola || *fig.* donna sciocca, pettegola e priva di aspirazioni.

fantocciàio (pl. *-ài*) [da *fantoccio*; 1550] **sm.** *raro* pittore o anche scultore di fantocci o pupazzi.

fantocciàta [da *fantoccio*; a. 1742] **sf.** **1.** rappresentazione con burattini **2.** comportamento da fantoccio.

fantòccio (pl. *-ci*) [da *fante*; 1553] **I sm.** **1.** pupazzo di legno o di cenci, usato come giocattolo, come spaventapasseri, come bersaglio nel tiro a segno ecc. || burattino **2.** *fig.* persona senza polso che si lascia manovrare o condizionare da altri **II** in funzione di *agg. inv.* spec. nell'espr. *governo fantoccio*, senza reale autorità, dipendente da potenze esterne || *dim.* fantoccìno; *accr.* fantoccióne || **N. I 1.** *Sin.* bamboccio, pupazzo.

fantolìno [da *fante*; 1319] **sm.** *lett.* bambino.

fantomàtico (pl. *-ci*) [dal fr. *fantomatique*; 1890] **agg.** simile a un fantasma, tanto inafferrabile da apparire irreale: *un ladro fantomatico.*

fanzine (ingl., pr. [fæn'zi:n]) [comp. di *fan*(*atic*) (*maga*)*zine*, rivista per entusiastici ammiratori; 1965] **sf.** giornaletto spesso ciclostilato e autoprodotto, diffuso in numero limitato tra appassionati di musica, cinema, fantascienza ecc.

fàra [dal longob. *fara*, famiglia; a. 1912] **sf.** **1.** *T.stor.* nome del clan familiare presso i Longobardi: *giunto era qui con la selvaggia fara* (Pascoli) **2.** l'appezzamento di terreno assegnato a uno di tali gruppi; il termine si ritrova in molti toponimi.

farabolóne [da *parabola* con influsso di *favola*; 1808] **agg.** *non com.* chiacchierone, fanfarone; imbroglione.

farabùtto [dal ted. *Freibuter*, predone; a. 1718] **sm.** mascalzone || *Sin.* briccone, canaglia, furfante | *Contr.* galantuomo, onest'uomo.

fàrad [dal n. proprio *Faraday*, fisico ingl.; 1889] **sm.** *inv.* *T.elettr.* unità di misura della capacità elettrostatica nel sistema internazionale.

faràdico (pl. *-ci*) [dall'ingl. *faradic*; 1905] **agg.** *T.elettr.* *corrente faradica*, corrente elettrica indotta, spec. nelle sue applicazioni mediche.

faradizzazióne [dal n. proprio M. *Faraday*, fisico ingl.; 1905] **sf.** *T.med.* impiego a scopo terapeutico di una corrente elettrica indotta.

faraglióne [etim. inc.; sec. XV *fariglione*] **sm.** grosso scoglio alto e scosceso che si innalza davanti a una falesia.

faràndola [dal provenz. mod. *farandoulo*; 1919] **sf.** ballo popolare della Provenza, molto vivace e chiassoso, a suono di tamburello e di zufolo: *la farandola dei fanciulli sul greto / era la vita che scoppia dall'arsura* (Montale).

faraóna [da *faraone*; 1869] **sf.** gallinaceo domestico di origine africana, più grosso della gallina comune, con penne cinerine brizzolate, allevato per le carni saporite.

faraóne [dal lat. *pharao, -ōnis*; inizio sec. XIV] **sm.** **1.** *T.stor.* re dell'antico Egitto **2.** *T.gioc.* gioco d'azzardo con le carte diffuso soprattutto nel Settecento.

faraònico (pl. *-ci*) [da *faraone*; 1843] **agg.** dei faraoni: *dinastia faraonica* || *per estens.* fastoso, monumentale, grandioso: *edificio faraonico*; eccessivamente costoso o ambizioso: *progetti faraonici.*

fàrcia (pl. *-ce*) [dal fr. *farce*, da *farcir*, farcire; 1854] **sf.** *T.cuc.* qualsiasi impasto usato come ripieno.

farcìno [dal lat. *farīmen, -inis*, ciò che serve a riempire; 1830] **sm.** malattia dei cavalli, che si manifesta con tumori e ulcere; morva.

farcìre (pres. *-ìsco, -ìsci*) [dal lat. *farcīre* attr. il fr. *farcir*; 1950] **tr.** imbottire di un qualunque ripieno una vivanda: *farcire un tacchino* || *fig. non com.* riempire: *farcire un compito di errori.*

farcìto (*pps.* di *farcire*) [1905] **agg.** ripieno: *pollo farcito, peperoni farciti* || al **f.**, usato in funzione di **s.**, indica la moneta metallica da 500 lire emessa dalla zecca italiana nel 1982, perché coniata con due metalli di diverso colore (bronzeo e grigio argenteo).

fard (fr., pr. ['fa:r]; pr. it. ['fard]) [da *farder*, imbellettare; 1905] **sm.** *inv.* cosmetico in crema o in polvere, in varie tonalità di rosso, usato per ravvivare il colore delle guance, evidenziare gli zigomi od ombreggiare il viso.

fàrda [dal fr. ant. *fard*, belletto; a. 1494] **sf.** *raro* roba sporca, in genere || sputo catarroso.

fardellàre (pres. *-èllo*) [da *fardello*; a. 1558] **tr.** *raro* affardellare.

fardèllo [dall'ar. *farda*; fine sec. XIV] **sm.** grosso involto || *fig. più com.*: *un fardello di noie, di crucci, di pensieri* || **N.** *Sin.* fagotto.

fàrdo[1] [dall'ar. *fard*, carico del cammello; a. 1347] **sm.** *ant.* *T.merc.* balla cilindrica di pelle, con le testate rotonde, contenente un sacco di tela pieno di cibarie o di spezierie, caffè ecc.

fàrdo[2] v. FARD.

fàre[1] (pres. *fàccio*, raro *fo*, pr. [fɔ], *fài, fa, facciàmo, fàte, fànno*; imp. *facévo*; p.rem. *féci, facésti*; fut. *farò*; cong. *fàccia*; imp. *facéssi*; cond. *farèi*; imper. *fa'*; ppr. *facènte*; pps. *fàtto*) [lat. *facere*; a. 1250] **I tr.** **1.** quando ha come compl. oggetto un nome d'azione, ha il sign. generico di compiere tale azione (non necessariamente materiale o volontaria): *fare un gesto, un movimento, una corsa, una risata*; *fare una scoperta, una riflessione, una scelta*; *fare un sogno* || con pronomi indefiniti: *farebbe tutto per lei*; *e muoviti, fai qualcosa almeno!*; *non c'è niente da fare*, non c'è modo di salvarsi, tutto è perduto || con agg. sostantivati: *fare il possibile, l'impensabile* || praticare un'attività: *fare sci di fondo, fare danza, fare un po' di musica insieme*; compiere una prestazione sportiva: *fa i cento metri in dieci secondi netti* || in usi ass., agire, comportarsi: *non so come fare, fate come volete*; *faccia lei*, decida lei come meglio crede; *fare e disfare*, avere ogni potere || con usi ass. compare anche in vari proverbi: *chi fa da sé fa per tre*; *fare e disfare è tutto un lavorare*; *chi non fa non falla* **2.** produrre, fabbricare, costruire: *fare un abito su misura, fare un mobile di noce*; *fare una casa*; *prov.* *tutto fa brodo*, ogni cosa può rivelarsi utile; *eufem. pop. fare acqua*, urinare || generare, partorire: *l'albero ha fatto pochi frutti quest'anno, la gatta ha fatto sei gattini*; creare: *nudo come Dio l'ha fatto* || comporre, produrre un'opera dell'ingegno: *fare una canzone, una poesia* **3.** causare, provocare, suscitare: *l'ultima sua opera ha fatto grande scandalo, rivederlo così malandato mi ha fatto un'impressione terribile*; *fare compassione, effetto, paura, pena, schifo* || *fa lo stesso, non fa niente*, non importa; *non mi fa né caldo né freddo*, mi lascia del tutto indifferente **4.** ridurre in una data condizione: *che farete di lui?*; *avete fatto un accampamento di casa mia* || con compl. predicativo dell'oggetto, rendere: *l'hai fatto felice con la tua visita*; *fam. fare secco qualcuno*, ucciderlo; *fare fesso qualcuno*, ingannarlo || eleggere, promuovere a una carica: *l'hanno fatto sindaco, cardinale* || avere una certa idea di qualcuno, ritenere, immaginare: *da come me ne avevi parlato lo facevo più intelligente* **5.** raccogliere, accumulare, provvedersi di qualcosa: *andare a far legna*; *far quattrini a palate*; *far benzina*; *fare il pieno*, rifornirsi di carburante o sim. fino alla massima capacità dei serbatoi; *fig. fam.* mangiare fino a essere completamente sazio **6.** seguito da numeri, dare come risultato: *sei per sei fa trentasei*; avere: *una città che farà duecentomila abitanti*; costare: *fanno trentamila lire in tutto* || *fare i duecento all'ora* e sim., raggiungere una data velocità **7.** dire, quando introduce un discorso diretto: *poi mi vede e mi fa come se niente fosse*: *"Come ti vanno le cose?"* **8.** in moltissime espressioni, unito strettamente al suo complemento, assume sign. particolari; si elencano qui le principali (per le altre v. ai singoli lemmi): *fare acqua*, detto di imbarcazioni, imbarcare acqua da una fessura dello scafo, anche *fig.* (*una gestione che fa acqua da tutte le parti*); *fare attenzione*, stare attento; *fare cilecca*, mancare il colpo, anche *fig.*; *fare colpo su qualcuno*, impressionarlo favorevolmente fin dal primo momento; *fare fiasco*, fallire, avere esito disastroso; *fare finta*, fingere; *fare fortuna*, arricchire; *fare il broncio*, imbronciarsi; *fare il callo a qualcosa*, abituarcisi; *fare il gioco di qualcuno*, assecondarne i piani; *fare la fame*, patirla; *fare l'amore* (o *all'amore*), avere rapporti sessuali (*disus.* anche corteggiare, avere una relazione amorosa); *fare le ore piccole*, arrivare svegli fino a molto tardi (anche *fare l'una*, *le due* ecc.); *fare leva su qualcosa*, appoggiarcisi, sfruttarla; *fare l'occhio a qualcosa*, acquisire capacità di valutarla, prenderci confidenza; *fare l'occhiolino a qualcuno*, strizzare l'occhio, ammiccare; *fare Natale, Pasqua, Capodanno* ecc., trascorrerli; *fare notizia*, di avvenimento che acquista grande rilievo nell'opinione pubblica; *fare onore a qualcuno*, onorarlo o procurargli onore; *fare piacere a qualcuno*, renderlo lieto o soddisfatto; *fare scena*, mostrare una reazione eccessiva, comportarsi in modo forzato o innaturale; *fare scuola*, servire da modello, inaugurare una tradizione e sim.; *far caso a qualcosa*, notarla; *far fuoco*, sparare; *far numero*, v. NUMERO; *far parte di qualcosa*, v. PARTE; *far rotta*, detto di nave o aereo, dirigersi verso una località **9.** unito ad avv., o a pronomi clitici: *fam. far fuori*, uccidere, eliminare (anche *fig.*) || *region. far su*, impacchettare, sistemare: *fai su la tua roba e andiamocene* || *farla a qualcuno*, dargliela a bere, ingannarlo; *farla franca*, scampare a un pericolo o a una punizione; *farla grossa*, combinare un grosso guaio || *farci*, modificare in qualche modo la situazione: *non posso farci proprio niente, che ci vuoi fare?* || *farcela*, riuscire in un intento: *ce l'abbiamo fatta!*, *non credo che ce la farà a passare l'esame*; *non ce la faccio più*, sono distrutto, spossato **10.** unito in gen. al pronome clitico *lo*, può sostituire un qualunque verbo al quale si riferisce anaforicamente: *ti ho raccontato una bugia, ma non lo farò più, hai lavorato duro e dovrai farlo ancora per molto!* || con funzione analoga, riferito al verbo seguente: *non ha fatto che piangere tutta la sera* || **intr.** (aus. *avere*) **1.** essere adatto a un dato uso, scopo, persona: *un lavoro che non fa per me*; *questo vestito fa proprio al caso mio*, è quello che cercavo **2.** *fare da*, avere la funzione di: *gli ha fatto da padre*; *fare da garante a un contratto* **3.** con valore copulativo, esercitare un mestiere e sim.: *fa l'idraulico, il professore*; *a tempo perso fa l'alpinista* || *per estens.* comportarsi in un determinato modo: *non fare il furbo, il finto tonto con me*; *quando fai il padreterno non ti sopporto* || recitare una parte a teatro o all'opera: *chi è che fa Don Giovanni in questo allestimento?* || dare una determinata impressione, richiamare una moda, uno stile e sim.: *crede che quel suo tono di voce faccia tanto fine, un vestito che fa anni Venti* **4.** in molte espr., seguito dalla prep. *a*, ha il sign. di svolgere l'attività indicata dal complemento: *fare a pugni, a botte, a palle di neve con qualcuno*; *fare all'amore*, v. *fare l'amore*; *fare a chi arriva primo* **5.** *impers.* in espr. concernenti il clima: *fa caldo, farà brutto tempo tutta la settimana* **6.** in espr. di tempo, essere trascorso: *fanno due settimane che è partito* (v. anche FA[2]) **7.** in alcune espr., assume sign. particolari: *fare a meno di qualcosa*, rinunciarci; *fare a metà di una cosa*, dividerla con qualcuno; *fare presto, fare in fretta*, sbrigarsi; *fare in tempo*, arrivare in tempo; *fare tardi*, essere o arrivare in ritardo; *far bene*, giovare (in senso fisico o morale); *far male*, nuocere, provocare dolore (fisico o morale) **8.** nelle loc. *fare in modo che* (o *da* con l'inf.), *fare sì che, fare che* (o *di* con l'inf.), introduce una prop. consecutiva: *fate in modo da non provocare reazioni eccessive*; *Dio, fa' che piova presto!* **9.** unito ad altri verbi: *avere a che fare con qualcuno, qualcosa*, averci una qualche relazione o un rapporto: *non voglio più avere a che fare con lei, tutto questo non ha niente a che fare con il nostro problema* || *saperci fare*, essere abile in un dato campo: *ci sa fare con le donne* || *darsi da fare*, impegnarsi, mettercela tutta: *bisogna che ci diamo da fare se vogliamo finire in tempo* || **rifl.** **1.** con compl. predicativo del sogg., mettersi in una data condizione, diventare: *si è fatto prete*; *fam. fatti furbo*, smettila di dire o fare sciocchezze || *farsi bello di qualcosa*, vantarsene attribuendosene i meriti || *farsi in quattro*, impegnarsi al massimo **2.** *farsi da sé*, emergere in un campo unicamente grazie alle proprie capacità **3.** *gerg.* drogarsi || **rifl. indir.** **1.** compare in molte espr.: *farsi animo, coraggio, forza*, rincuorarsi; *farsi la barba, i capelli, le unghie*, tagliarseli, curarseli; *farsi largo, farsi strada*, aprirsi un varco, trovare spazio (freq. *fig.* superare con determinazione ostacoli nella vita, nella carriera e sim.); *farsi una ragione di qualcosa*, accettarla, rassegnarcisi **2.** con compl. predicativo dell'ogg.: *se l'è fatto amico per interesse* || **rifl. intens.** **1.** è di uso freq. per rafforzare il semplice uso tr.: *farsi una dormita, una passeggiata, una partita a carte*; *perché non ti fai gli affari tuoi?*, *si è fatto la casa nuova, facciamoci un caffè* **2.** con pronomi clitici: *farsela con qualcuno*, intendersela || *pop. farsela addosso, farsela sotto*, non trattenere l'urina o le feci; *fig.* avere una paura tremenda || **tr. pron.** *volg. farsi qualcuno*, averci rapporti sessuali || **intr. pron.** **1.** con valore copulativo, diventare: *il cielo si sta facendo grigio, la situazione si fa delicata* || anche *impers.*: *si fa buio* **2.** con avverbi di luogo, muoversi, spostarsi: *fatevi avanti!*, *fatti un po' più in là* **II** **1.** unito in un unico predicato all'infinito di un qualunque verbo, ne forma il causativo, esprimendo sia la causazione diretta (*quanto mi hai fatto soffrire!*) che indiretta (*le farò presto avere informazioni più precise tramite una persona di fiducia*); normalmente il soggetto del verbo all'infinito, se espresso, diventa compl. oggetto se il verbo è intransitivo (*non farlo correre troppo*), è introdotto dalle prep. *a* o *da* se il verbo è transitivo (*vorrei far leggere questo articolo ai tuoi colleghi, è meglio farla visitare da uno specialista*), dalla prep. *da* se ha anche un oggetto indiretto (*le farò recapitare al più presto il pacco da un corriere*); sono però possibili anche altre soluzioni, spec. con i pronomi clitici: *fagli scrivere una lettera a Maria* || il predicato composto che ne risulta può essere anche riflessivo diretto e indiretto (*si fa maltrattare da tutti, si è fatto dare lezioni di pianoforte*) o passivo (*una sottile sonda viene fatta passare attraverso l'esofago*) || i verbi rifl. o intr. pron. perdono al causativo la particella *si*: *la fece rivestire in fretta e furia, lo hai fatto proprio arrabbiare* **2.** *fare per* con l'inf., indica essere in procinto di, accennare a compiere un'azione: *quando feci per andarmene, riprese all'improvviso a parlare.*

fàre[2] [lat. *facere*; a. 1294 nel senso 4] ***sm.*** solo *sing.* **1.** modo di comportarsi: *con quel suo fare ambiguo non mi piace affatto* **2.** inizio, nelle loc. *sul far dell'alba, sul far della sera* e sim. **3.** *non com.* maniera: *uno stile sul fare del Carducci* **4.** come inf. sostantivato, l'agire, azione, spec. in alcuni prov.: *tra il dire e il fare c'è di mezzo il mare.*

farèa [dal lat. *parēas*, gr. *pareías*; 1313] ***sf. arc.*** specie leggendaria di serpente libico citata da Lucano e ripresa da Dante.

farètra [lat. *pharetra*, gr. *pharétra*; sec. XIV] ***sf.*** astuccio per le frecce || **N.** *Sin.* turcasso. **TAV.** ***armi* p. 648** 10.

faretràto [da *faretra*; 1581] ***agg.*** che porta la faretra: *il dio faretrato*, Cupido.

farétto (*dim.* di *faro*) [1983] ***sm.*** **1.** faro piccolo o poco luminoso **2.** lampada a incandescenza usata perlopiù in interni, per valorizzare determinati particolari o angoli di un arredamento || **N.** 2. *Sin. spot.* **TAV.** ***arredamento* p. 650** 3.6.

farfàlla [etim. inc., forse voce onom.; a. 1300] ***sf.*** **1.** qualunque insetto dell'ordine dei Lepidotteri: *farfalla diurna, notturna*, attiva nelle ore di luce o durante la notte rispettivamente || *andare a, per farfalle*, disperdersi in attività inutili; nel gergo del calcio si dice di un portiere in uscita arrischiata e inconcludente || *a farfalla*, si dice di vari oggetti di questa forma: *cravatta a farfalla* (e anche *farfalla, farfallino*), cravattino annodato a quattro capi; *valvola a farfalla*, che regola l'afflusso di fluido in un condotto ruotando su se stessa (ad es. quella del carburatore nei motori a benzina) || *nuoto a farfalla*, stile di nuoto in cui le braccia sono portate contemporaneamente in avanti fuori dall'acqua: *è affine al delfino*, ma ne differisce per il movimento delle gambe **2.** *pl.* tipo di pasta a forma di fiocco, stretta e spessa in centro e allargata e sottile ai lati **3.** *fig.* persona volubile e leggera (più com. in questo senso gli alterati *farfallino* e *farfallone*) **4.** *scherz.* cambiale || *dim.* farfallìno (*sm.*), farfallìna, farfallétta; *accr.* farfallóne (*sm.*); *pegg.* farfallàccia || **N.** **1.** antenne, proboscide | larva o bruco, crisalide o pupa, bozzolo | sfarfallare. **Q.T.** *nuoto* **TAV.** *alimentazione* 1.18; *zootecnia* 10.

farfallaménto [da *farfalla*; 1970] ***sm.*** **1.** *T.aut.* oscillazione notevole delle ruote anteriori degli autoveicoli **2.** *T.aut.* vibrazione delle molle delle valvole dei motori a scoppio che si manifesta ad alta velocità di giri del motore.

farfallìna (*dim.* di *farfalla*) [1973 nel senso 2] ***sm.*** **1.** ragazza volubile, poco seria **2.** *pl.* tipo di pasta da minestra, a forma di piccole farfalle.

farfallìno (*dim.* di *farfalla*) [1395 ca.] ***sm.*** **1.** piccola farfalla **2.** (f. *-a*) *fig.* persona volubile, leggera di mente, di cuore, di modi **3.** cravatta a farfalla.

farfallista [da *farfalla*; 1950] ***s.*** nuotatore specialista nello stile a farfalla.

farfallóne (*accr.* di *farfalla*) [a. 1320] ***sm.*** (f. *-a* nel senso 2) **1.** grossa farfalla **2.** persona incostante e superficiale **3.** errore marchiano, sproposito.

farfanìcchio (pl. *-chi*) [dall'ar. *farfār*, folletto, attr. il sic. *farfaricchiu*; a. 1893] ***sm. arc.*** diavolo || uomo sciocco che si dà delle arie.

fàrfara o **fàrfaro** [dal lat. *farfara*; XIV sec.]

sf. *T.bot.* pianta erbacea delle Composite, diffusa in Europa, Asia e Africa, i cui fiori gialli compaiono prima delle foglie; è usata in decotti e infusi contro la tosse.

farfaràccio (pl. *-ci*) [da *farfaro*; 1881] **sm.** *T.bot.* pianta erbacea delle Composite dalle foglie pelose e dai piccoli fiori rosa o bianchi.

farfarèllo [dall'ar. *farfār*, folletto; 1313] **sm.** *lett.* diavoletto, spiritello ‖ nome di uno dei diavoli della Commedia dantesca (Inferno, canto XXI) ‖ *fig.* ragazzo irrequieto, discolo.

fàrfaro v. FARFARA.

farfugliàre (pres. *-ùglio*) [dal lomb. *farfoià*, forse dallo sp. *farfular*; a. 1912] **intr.** (aus. *avere*) borbottare in modo confuso; talora *fig.* detto del vento: *il vecchio tramontano anche lui ruma qua ne' frondai gridando e farfugliando* (Pascoli) ‖ **tr.** dire balbettando: *il vecchio farfugliò un nome incomprensibile.*

fàrgna v. FARNIA.

farina [lat. *farīna*; 1282] **sf.** **1.** prodotto della macinazione di cereali o di legumi: *farina di granturco, d'orzo, di ceci* ‖ *per anton.* la farina di grano; *fior di farina*, con percentuali minime di crusca e tritello ‖ *farina gialla*, di granturco; *farina bianca*, di grano o anche di mais bianco, usata per la polenta nel Veneto ‖ *farina lattea*, alimento per bambini subito dopo lo svezzamento, costituito di farina, zucchero e latte in polvere ‖ *fig. non è farina del suo sacco*, non è opera o idea sua ‖ *prov. la farina del diavolo va in crusca*, le azioni disoneste non pagano **2.** *per estens.* prodotto in polvere ottenuto per macinazione: *farina dolce* o *di castagne*, *farina di pesce*; *farina di patate*, fecola; *farina d'ossa*, fertilizzante ottenuto dalla macinazione di ossa animali; *farina fossile*, materiale farinoso costituito dai resti silicei di diatomee ‖ **N.** abboccatura, abburrattamento; bioccolo, crusca, tritello; fecola, semola | abburattare, impastare, intridere, sfarinare; abbozzolarsi, raggrumarsi. **Q.T.** *pane.*

farinàccio (pl. *-ci*) [da *farina*; a. 1597] **sm.** **1.** spec. *pl.* farina raccattata nella lavorazione del pane e delle paste per farne pastoni alle bestie **2.** *T.bot.* fungo commestibile delle Agaricacee, simile all'ovolo.

farinàceo [dal lat. *farināceus*; a. 1730] **I** **agg.** che ha l'aspetto della farina ‖ che si può ridurre in farina: *semi farinacei* **II** **sm. pl.** alimenti ricchi di amido, come cereali, patate ecc.

farinàio (pl. *-ài*) [da *farina*; 1830] **sm.** *disus.* luogo dove si tiene la farina.

farinaiòla [da *farina*; 1869] **sf.** recipiente di legno per contenere la farina.

farinaiòlo [da *farina*; sec. XV *farinaiuolo*] **sm.** (f. *-a*) venditore di farina.

farinàta [da *farina*; a. 1300] **sf.** **1.** farina di grano o granturco cotta nell'acqua **2.** piatto originario della Liguria a base di farina di ceci cotta in forno.

faringàle [da *faringe*; 1956] **agg.** della faringe ‖ *T.ling. consonanti faringali* (e com. *faringali, sf.*), consonanti fricative, presenti ad es. nell'arabo, realizzate avvicinando la radice della lingua alla parete della faringe.

farìnge [dal gr. *phárynx, pháringos*; 1480] **sf.** *T.anat.* condotto muscolo-membranoso che collega le cavità orali e nasali con la laringe e l'esofago. **Q.T.** *anatomia* **TAV.** *fonetica...* 1.6; *anatomia* **p. 642** 13.2, 21.7.

faringèo [da *faringe*; 1681] **agg.** *T.anat.* della faringe.

faringìte [comp. di *faringe* e *-ite*[1]; 1831] **sf.** *T.med.* infiammazione della faringe ‖ **N.** angina.

faringo- [dal gr. *phárynx, -yngos*] **primo elem.** che, in parole composte della terminologia medica, vale "faringe": **faringoiatrìa**, **faringoscopìa**.

faringotomìa [comp. di *faringo-* e *-tomia*; a. 1800] **sf.** *T.med.* incisione delle pareti della faringe.

farinóso [dal lat. tardo *farinōsus*; a. 1484] **agg.** **1.** che ha o dà molta farina: *semi farinosi* **2.** che ha aspetto o consistenza di farina: *patate farinose, neve farinosa.*

fariṣàico (pl. *-ci*) [dal lat. *pharisaicus*; a. 1564 nel senso 2] **agg.** **1.** *T.stor.* che riguarda i Farisei **2.** *più com.* ipocrita: *discorso farisaico* ‖ **fariṣaicaménte** **avv.** ipocritamente.

fariṣaiṣmo o **fariṣeiṣmo** [da *fariseo*; 1869] **sm.** **1.** *T.stor.* dottrina della setta ebraica dei Farisei **2.** atteggiamento formalista e ipocrita.

fariṣèo [dal lat. tardo *pharisǣus*, gr. *pharisáios*, dall'aramaico *parschi*, separati; a. 1306] **sm.** **1.** *T.stor.* seguace di una setta ebraica che predicava la stretta osservanza della legge **2.** persona ipocrita ed eccessivamente attenta alle forme.

farlòtto [da *averlotto*, piccola averla; 1908] **sm.** voce romagnola per indicare l'averla, uccello della famiglia dei Passeracei: *un nido, ve', di farlotti* (Pascoli).

farmacèutica [da *farmaceutico*; 1683] **sf.** farmacologia.

farmacèutico (pl. *-ci*) [dal lat. *pharmaceuticus*, gr. *pharmakeutikós*; 1587] **agg.** di farmacia: *prodotti farmaceutici* ‖ che riguarda lo studio o la produzione di farmaci: *industria, chimica farmaceutica* ‖ *armadio farmaceutico*, contenente i farmaci più comuni, a uso di una comunità, scuola, collegio e sim.

farmacìa (pl. *-cìe*) [dal gr. *pharmakéia*; 1585] **sf.** **1.** disciplina che studia i farmaci e la loro preparazione ‖ la relativa facoltà universitaria: *si è iscritto a Farmacia* **2.** negozio in cui si vendono (e talvolta ancora si preparano) medicinali. **Q.T.** *erboristeria, farmacia.*

farmacìsta [da *farmacia*; a. 1823] **s.** chi prepara e vende prodotti medicinali ‖ **N.** *Sin.* speziale. **Q.T.** *farmacia.*

fàrmaco (pl. *-ci*, raro *-chi*) [dal gr. *phármakon*; 1585] **sm.** sostanza dotata di virtù terapeutiche ‖ *fig.* rimedio ‖ **N.** *Sin.* medicamento, medicina, medicinale; galenico, placebo. **Q.T.** *farmacia, medicina.*

farmacochìmica [comp. di *farmaco* e *chimica*; 1932] **sf.** branca della chimica che si occupa della composizione chimica delle sostanze medicinali e delle loro proprietà.

farmacodinàmica [comp. di *farmaco* e *dinamica*; 1887] **sf.** *T.farm.* parte della scienza medica che tratta dei meccanismi d'azione dei farmaci.

farmacodipendènte [comp. di *farmaco* e *-dipendente*; 1983] **agg.** e **s.** che, chi è incapace di fare a meno di uno o più farmaci, che ha preso l'abitudine di assumere.

farmacodipendènza [comp. di *farmaco* e *dipendenza*; 1983] **sf.** assuefazione patologica di un soggetto a uno o più farmaci.

farmacognoṣìa [comp. di *farmaco* e *-gnosia*; 1920] **sf.** *T.farm.* parte della farmacologia che studia sostanze medicinali, spec. vegetali.

farmacognòstico (pl. *-ci*) [da *farmacogno-*

FARMACIA

FARMACOLOGIA.

SETTORI: agraria, biologica, chimica, industriale, sociale (o ecologia farmaceutica), veterinaria; biofarmaceutica, chemioterapia, cronofarmacologia, farmacocinetica, farmacodinamica, farmacognosia, farmacologia molecolare, farmacoterapia (allopatica, omeopatica), tossicologia.

DISCIPLINE ATTINENTI: botanica farmaceutica, chimica (farmaceutica, tossicologica), erboristeria, medicina, tecnica farmaceutica, terapeutica.

FABBRICAZIONE DEI PREPARATI FARMACEUTICI.

APPARECCHIATURE, STRUMENTI E MATERIALI: autoclave, bilancia di precisione, bollitore, bruciatore a becco, cartina di tornasole, centrifuga, contagocce, contenitore graduato, crogiolo, densimetro, essiccatore, filtro, imbuto separatore, liofilizzatore, matraccio, mescolatore, microscopio, mortaio, omogeneizzatore, pallone di vetro, pennello per tinture, percolatore, pestello, pilloliere, pinza, polverizzatore, pressa, provetta, riscaldatore, setaccio, spatola, sterilizzatore, storta. V. anche tavola CHIMICA.

TECNICHE E OPERAZIONI VARIE: amalgamazione, analisi, bollitura, calcinatura o calcinazione, carbonizzazione, catalisi, centrifugazione, cheratinizzazione, chiarificazione, colatura (in alveoli, in stampi), combinazione, concentrazione, condensazione, compressione, confettatura, conservazione, coobazione, cristallizzazione, decantazione, decomposizione, decorticazione, decozione, depurazione, dialisi, digestione, diluizione, disidratazione, disinfezione, dissociazione, distillazione, dosaggio, ebollizione, essiccazione, estrazione, estrusione, evaporazione, filtrazione, frantumazione, fusione, gelatinizzazione, granulazione, idratazione, incapsulamento, incorporazione, infialamento, inflaconamento, infusione, lavaggio, liofilizzazione, liquefazione, macerazione, macinazione, manipolazione, microincapsulazione, miscelazione, mondatura, omogeneizzazione, ozonizzazione, pastorizzazione, percolazione, polverizzazione, porfirizzazione, precipitazione, purificazione, quassazione, raffinamento, rettificazione, riduzione, saturazione, setacciatura, sintesi, solidificazione, soluzione, spezzettamento, stemperamento, sterilizzazione, sublimazione, trinciatura, triturazione, vaporizzazione.

CLASSIFICAZIONE DEI PREPARATI FARMACEUTICI: curativo / preventivo o profilattico; causale (etiotropo), patogenetico (patogenotropo, patogenolitico), sintomatico (sintomatotropo, sintomatolitico).

IN BASE ALLE FORME FARMACEUTICHE: acqua, alcolito, *cachet*, candeletta, capsula, cerotto medicato, cialda, collirio, collodio, collutorio, compressa (effervescente, enterica, protetta), confetto, crema, distillato, elisir, emulsione, essenza o alcolato, estratto, gel, giulebbe, gocce, linimento, lozione, mucillagine, ovulo, pasta, perla, pillola, pomata, polvere (aspersoria, dispersibile, solubile), preparazione (granulare, parenterale, per aerosol, per bagni, per cataplasmi o impiastri, per clisteri, per decotti, per frizioni, per gargarismi, per impacchi o fomenti, per inalazioni, per infusi, per iniezioni, per irrigazioni, per lavande, per pediluvi, per pozioni, per sciacqui, per suffumigi, per tisane, pressurizzata), tabloide, tavoletta, tintura, unguento.

IN BASE ALLE MODALITÀ DELL'ASSUNZIONE: ambientale, anale, esterno, interno, nasale, oftalmico od oculare, orale, parenterale (endovenoso, intradermico, intramuscolare, intraspinale, intra-

segue

sia; 1988] **agg.** *T.erb.* che riguarda i medicinali di origine naturale, cioè animale o vegetale; relativo allo studio di tali medicinali.

farmacologìa [comp. di *farmaco* e *-logia*; 1798] **sf.** *T.farm.* scienza che studia i farmaci e i loro effetti. **Q.T.** *farmacia*.

farmacològico (pl. *-ci*) [da *farmacologia*; 1932] **agg.** relativo alla farmacologia, proprio della farmacologia || **farmacologicaménte** **avv.** dal punto di vista farmacologico.

farmacòlogo (pl. *-gi*) [comp. di *farmaco* e *-logo*; 1965] **sm.** studioso, specialista in farmacologia.

farmacomanìa [comp. di *farmaco* e *-mania*; 1988] **sf.** *T.psic.* necessità ossessiva, e talvolta decisamente patologica, di assumere farmaci.

farmacopèa [dal gr. *pharmakopoiía*, preparazione di farmaci; 1585 nel senso 2; 1812 nel senso 1] **sf.** *T.farm.* **1.** catalogo ufficiale dei medicinali, che contiene i nomi dei farmaci riconosciuti dall'autorità medica statale, i loro caratteri, il modo di prepararli, i saggi di purezza e altre notizie **2.** *raro* arte di preparare i farmaci || libro in cui si spiega come prepararli.

farmacopòla [dal gr. *pharmakopṓlēs*, venditore di farmaci; a. 1646] **sm.** *lett.* o *scherz.* farmacista, speziale.

farmacoterapìa [comp. di *farmaco* e *terapia*; 1902] **sf.** **1.** cura per mezzo di farmaci **2.** branca della farmacologia che studia gli effetti terapeutici dei farmaci.

farmer (ingl., pr. [ˈfɑːmə]) [da *farm*; 1905] **sm.** *inv.* (anche pl. *farmers*, pr. [ˈfɑːməz]) fattore, agricoltore.

farneticaménto [da *farneticare*; 1612] **sm.** il farneticare || *concr.* ciò che si dice farneticando.

farneticàre (pres. *-ètico*, *-ètichi*) [da *farnetico*; 1294] **intr.** (aus. *avere*) vaneggiare, delirare || *per estens.* dir cose senza senso.

farneticazióne [da *farneticare*; a. 1936] **sf.** farneticamento.

farnètico (pl. *-ci*) [lat. *phrenēticus*; 1305] **I** **agg.** *raro* che farnetica **II** **sm.** *non com.* il farneticare: *tu parli per farnetico* (D'Annunzio) || smania, capriccio.

farnétto [dal lat. *farnus*, frassino; 1951] **sm.** specie di quercia caratteristica dell'Italia meridionale e della Sicilia.

fàrnia o **fàrgna** [lat. *farnea*, frassino; 1563] **sf.** specie di quercia con grandi foglie a lobi disuguali.

fàro [dal lat. *Pharus*, gr. *Pháros*, n. di un'isola vicino ad Alessandria d'Egitto; a. 1264] **sm.** **1.** edificio a torre sulla cui sommità è posta un'intensa sorgente luminosa, fissa, rotante o intermittente, per guidare nella notte i naviganti || *nave faro*, piccola imbarcazione munita di una forte sorgente luminosa e ancorata stabilmente in un luogo, per segnalare la presenza di secche o altri pericoli per i naviganti **2.** ciascuno dei fanali elettrici posti sugli autoveicoli o sui treni per segnalarne la presenza o illuminare la strada: *fari abbaglianti*, *anabbaglianti*, *antinebbia* **3.** *fig.* guida spirituale, centro di diffusione di cultura e sim. || **N. 1.** focolare, lenti a scaglioni, specchi; radiofaro; PERSONE: fanalista, guardiano. **Q.T.** *porto* **TAV.** *agricoltura* 2.5; *motocicletta...* **p. 1323** 6.6, 6.22.

farraginàre (pres. *-àgino*) [da *farragine*; 1716] **tr.** (aus. *avere*) *arc.* mescolare o ammucchiare confusamente.

farràgine [dal lat. *farrāgo*, *-inis*, miscuglio di biade; a. 1566] **sf.** confusa mescolanza di molte cose disparate; più com. *fig.*: *una farragine di idee*, *di parole* || **N.** confusione, MESCOLANZA.

farraginosità [da *farraginoso*; 1983] **sf.** l'essere farraginoso || **N.** *Sin.* confusione, disordine.

farraginóso [da *farragine*; 1673] **agg.** composto di elementi disorganici messi insieme in modo confuso: *discorso*, *stile farraginoso* || **farraginosaménte** **avv.** || **N.** *Sin.* caotico, disordinato, pasticciato.

fàrro [lat. *fār*, *farris*; sec. XIV] **sm.** specie di frumento molto duro: *minestra di farro* || **N.** spelta.

fàrsa [dal fr. *farce*, carne tritata, poi commedia; a. 1470 nel senso 2] **sf.** **1.** breve commedia buffa, perlopiù in un atto; oggi, con valore normalmente spreg., commedia grossolana, con poche o nessuna ambizione artistica **2.** *fig.* serie di avvenimenti sciocchi o ridicoli || spec. nel linguaggio politico, evento privo di qualunque serietà: *quelle elezioni sono state una farsa* || **N. 2.** *Sin.* buffonata, burletta, pagliacciata.

farsésco (pl. *-schi*) [da *farsa*; 1939] **agg.** di o da farsa || ridicolo, indecoroso; che non si può prendere sul serio.

farsettàio (pl. *-ài*) [da *farsetto*; sec. XV *farsettaro*] **sm.** (f. *-a*) sarto di farsetti.

farsétto [etim. inc.; inizio sec. XIII] **sm.** **1.** corpetto imbottito, tipico dell'abbigliamento maschile popolare nei secoli passati **2.** maglioncino con scollo a V indossato dai militari sopra la camicia || **N.** corpetto, *gilet*, giubbotto, panciotto.

far west (pseudoingl., pr. [farˈwest]) [letter. lontano occidente; 1892] **loc. m.** solo *sing.* il lontano occidente, le praterie che verso la metà del secolo scorso i coloni americani invasero combattendo e sottraendole ai pellerossa: *un'atmosfera da far west*, selvaggia, in cui regna la legge del più forte.

fascèra [da *fascia*; 1956] **sf.** fascia circolare in legno o in metallo in cui viene messa la cagliata per essere tenuta in forma.

fascétta (*dim.* di *fascia*) [1550] **sf.** **1.** piccola fascia **2.** striscia di carta che avvolge banconote per tenerle insieme, o fascicoli e giornali per la spedizione; *fascetta editoriale*, striscia di carta posta intorno a un libro a scopo di pubblicità **3.** busto femminile che stringe la vita e i fianchi **4.** anello metallico che fissa la canna del fusto del fucile || nastro metallico che avvolge e stringe i collegamenti tra tubi flessibili e i loro imbocchi rigidi || ciascuna delle due laminette di metallo che fasciano la guaina della sciabola all'imboccatura, nel mezzo **5.** striscia di tessuto recante i gradi, in cui vanno inserite le spalline dell'uniforme.

fàscia (pl. *-sce*) [lat. *fascia*; 1297] **sf.** **1.** striscia di panno, di carta o altro, per avvolgere e stringere: *la fascia tricolore del sindaco* || *T.med.* *fascia elastica*, di tessuto elastico, per contenere vene varicose o per altri usi || striscia di tela, garza o altro per avvolgere parti del corpo malate o ferite **2.** *in part.* solo *pl.*, le lunghe strisce di tessuto in cui un tempo si avvolgevano i neonati || *in fasce*, nella prima infanzia, anche *fig.*: *un progetto ancora in fasce* || spec. *pl.*, indumento militare, oggi abbandonato, costituito da una striscia di stoffa che si avvolgeva in-

segue FARMACIA

tecale, ipodermico, sottocutaneo), rettale, sottolinguale, topico, vaginale.

IN BASE AL LORO IMPIEGO SPECIFICO: analettico, analgesico, anestetico, anodino, anoressigeno o anoressizzante, ansiolitico, antalgico, antiacido, antiallergico, antianafilattico, antianemico, antiartritico, antiatralgico, antibiotico, antiblastico, anticatarrale, anticoagulante, anticolinergico, anticoncezionale, anticonvulsivante, antidepressivo, antidermopatico, antidiaforetico, antidiarroico, antidrotico, antielmintico, antiemetico, antiemorragico, antiemorroidale, antifecondativo, antiflogistico, antimetralgico, antimetrorragico, antimicotico, antineoplastico, antineuritico, antineurotico, antinevralgico, antinfiammatorio, antipiretico, antireumatico, antisettico, antispasmodico, antispastico, antistaminico, antivirale, assorbente, astringente, balsamico, barbiturico, battericida, bechico, callifugo, calmante, cardiocinetico, cardiotonico, carminativo, catartico, caustico, cicatrizzante, citostatico, colagogo, coleretico, colesterolitico, contraccettivo, anticongestionante, depurativo, diaforetico, digestivo, disinfettante, diuretico, eccitante, emetico, emolliente, emostatico, energetico, epatoprotettore, epatoriducente, espettorante, febbrifugo, galattogogo, galattofugo, ipertensivo, ipnotico, ipertensivo, ipotensivo, lassativo, lenitivo, menoriducente, menorragico, menostatico, midriatico, miorilassante, miotico, narcotico, odontalgico, oxitocico, psicofarmaco, purgante, ricostituente, rivulsivo, scialogogo, sedativo, sonnifero, spasmolitico, splenoriducente, stimolante, stupefacente, tonico, tranquillante, vasocostrittore, vasodilatatore, vasomotore, vermifugo.

VOCI ATTINENTI AI PREPARATI FARMACEUTICI.

COMPONENTI (fondamentali e ausiliari): addensante, antiossidante, aromatizzante, base, colorante, cosolvente, diluente, disintegrante, disperdente, dolcificante, eccipiente, edulcorante, emulsionante, legante, lubrificante, principio attivo, ritardante, tensioattivo.

CONFEZIONI: barattolo, *blister*, bombola pressurizzata, bottiglia, fiala, fialoide, flacone (contagocce), siringa a perdere, spruzzatore, striscia, tappo contenitore, tubetto, vasetto.

VARIE: antidoto, diagnostico, vaccino; droga, farmaco, galenico, medicamento, medicinale, preparato (medicinale, officinale); azione (diretta, indiretta), cessione (graduale, immediata, in ritardo, rapida), controindicazione, data (di preparazione, di scadenza), dose (letale, terapeutica), effetto farmacologico (collaterale, fondamentale, secondario; rapido, tardivo; fugace, persistente; irreversibile, reversibile; selettivo o specifico, universale o protoplasmatico), indicazione, posologia, somministrazione, tempo (di assorbimento, di cessione, di eliminazione), uso, validità.

TERMINI VARI: crisi di astinenza, farmacoabitudine, farmacoallergia, farmacodipendenza, farmacofilia, farmacoinsensibilità, farmacoiposensibilità, farmacoiporeattività, farmacoresistenza, farmacotolleranza, farmacovigilanza, malattia (da medicamento, iatrogena, isatrogena, medeligena), mitridatismo, sindrome da astinenza, tossicodipendenza, tossicomania; erboristeria, farmacia, farmacista, farmacopea, industria farmaceutica, prescrizione medica, ricetta, ricettario.

ARTICOLI SANITARI VENDUTI IN FARMACIA: ago per siringa, catetere, inalatore, insufflatore, irrigatore, pera, sfigmomanometro, siringa, termometro; articoli per neonati (biberon, bilancia, tettarella), bende, calzature ortopediche, calze elastiche, cerotti, cosmetici, cotone idrofilo, fasce elastiche, garze sterili, preservativi, prodotti dietetici, saponi medicinali.

torno alle gambe dalla caviglia al ginocchio **3.** *per estens.* nome di vari oggetti con forma o funzioni che richiamano una fascia: *le fasce metalliche di una botte* || *T.mecc.* anello metallico che garantisce la tenuta tra pistone e cilindro || *T.bal. fascia di centramento,* la fascia anulare al limite anteriore della parte cilindrica di un proiettile, che, con la corona o cintura di forzamento, tiene centrato il proiettile stesso nell'anima del cannone **4.** *T.anat.* nome di alcune formazioni laminari, fibrose, perlopiù con funzione connettiva: *fascia muscolare,* rivestimento connettivo dei muscoli **5.** *T.geogr.* striscia di territorio: *fascia smilitarizzata, costiera, tropicale* || *T.sport. fasce laterali* (o anche *fasce*), le zone laterali del campo di calcio || *T.arald.* striscia disposta orizzontalmente a metà dello scudo **6.** *fig.* suddivisione omogenea rispetto a una determinata caratteristica: *fasce di contribuenti determinate in base al reddito; fasce a rischio,* categorie di popolazione particolarmente esposte a determinati incidenti, malattie ecc. **7.** *T.arch.* modanatura || *dim.* fascétta, fascettìna, fasciòla; *accr.* fascióne, fasciòna || **N. 1.** cintura, sciarpa; benda; mollettiera **5.** *Sin.* striscia, zona **6.** *Sin.* categoria, gruppo, raggruppamento, ripartizione, strato. **TAV.** *motori* 3.9; *araldica* **p. 645** 1.4, 1.5, 1.6, 3.8; *architettura* **p. 646** 3.1.

fasciacóda [comp. di *fascia(re)* e *coda;* 1830] **sm.** *inv.* striscia di tela con la quale si fascia o si tiene ripiegata su sé stessa la coda del cavallo.

fascìale [da *fascia;* a. 1730] **agg.** relativo a una fascia, proprio di una fascia, simile a una fascia || *muscolo fasciale,* sartorio.

fasciàme [da *fascia;* 1798] **sm.** *T.mar.* il complesso delle tavole, nelle navi di legno, e delle lamiere, nelle navi metalliche, che rivestono l'ossatura e formano la superficie interna ed esterna dello scafo; si distinguono perciò il *fasciame esterno* e il *fasciame interno;* a cui va aggiunto il *fasciame dei ponti.* **TAV.** *vela* **p. 1342** 2.8.

fasciànte (*ppr.* di *fasciare*) [1959] **agg.** avvolgente || detto di capo di vestiario molto attillato, spec. sui fianchi, aderente: *abito fasciante, blue jeans fascianti.*

fasciapiède [comp. di *fascia(re)* e *piede;* 1830] **sm.** *inv.* striscia di cuoio che unisce i piedi anteriori del cavallo a quelli posteriori perché la bestia non possa tirare calci.

fasciàre (pres. *fàscio*) [lat. tardo *fasciāre;* a. 1292 nel senso 2] **tr. 1.** avvolgere con una fascia: *fasciare una ferita* || *in part. T.mar. fasciare un cavo,* avvolgergli intorno un canapo o sim., una benda catramata e poi una cordicella per proteggerlo dalle azioni deterioranti dello sfregamento e delle intemperie || *per estens.* avvolgere strettamente: *l'abito le fasciava il corpo;* anche *ass.* aderire **2.** *fig. non com.* circondare: *le mura fasciano la città* **3.** *T.mar.* rivestire di fasciame || **rifl.** avvolgersi in fasce, in abiti attillati ecc. || anche **rifl. indir.** *fasciarsi la testa prima di rompersela,* lamentarsi di qualcosa che si può ancora impedire || **N. 1.** *Sin.* bendare; cingere, rivestire **2.** *Sin.* attorniare, contornare.

fasciàto (*pps.* di *fasciare*) [1304] **I agg.** avvolto, circondato da fasce || *corda fasciata,* corda per strumenti musicali costituita da un'anima metallica o di budello, attorno alla quale è avvolto a spirale un sottile filo metallico **II sm.** *T.arald.* scudo coperto di fasce smaltate a colori alterni.

fasciatóio (pl. *-ói*) [da *fasciare;* 1965] **sm.** apposito ripiano su cui si spogliano, puliscono, fasciano i bambini nei primi mesi di vita.

fasciatùra [da *fasciare;* sec. XIV] **sf.** l'operazione del fasciare, il suo risultato e il modo con cui viene fatta: *una fasciatura troppo stretta* || *concr.* le fasce stesse: *sciogliere una fasciatura* || **N.** *Sin.* bendatura; bendaggio.

fasciazióne [da *fasciare;* 1834] **sf.** *T.bot.* congiungimento a fascia di un certo numero di fusti generati da una pianta.

fascicolàre¹ (pres. *-ìcolo*) [da *fascicolo;* 1983] **tr.** riunire i fogli in fascicoli.

fascicolàre² [dal lat. *fasciculus,* fascetto, dim. di *fascis,* fascio; 1821] **agg. 1.** *T.bot.* proprio del fascio vascolare **2.** *T.anat.* relativo a un piccolo fascio di fibre || *contrazione fascicolare,* contrazione che riguarda un gruppo limitato di fibre nello stesso muscolo.

fascicolàto [da *fascicolo;* 1798] **agg.** *T.bot.* raccolto come in un fascio: *radice fascicolata,* in cui le radici secondarie uguagliano nello sviluppo quella principale || **N.** *Sin.* affastellato.

fascicolatóre o **fascicolatrìce** [da *fascicolare*¹; 1983] **sm.** o **sf.** in una macchina fotocopiatrice, dispositivo che divide automaticamente più copie di una serie di fogli, riunendole in fascicoli uguali all'originale.

fascìcolo [dal lat. *fasciculus;* a. 1498] **sm. 1.** insieme di fogli, documenti ecc., relativi a una pratica: *il fascicolo personale degli impiegati* **2.** ciascuna puntata di una pubblicazione periodica: *è uscito il primo fascicolo di un'enciclopedia* **3.** *T.anat.* fascio di fibre: *fascicolo muscolare* || *dim.* fascicolétto || **N. 1.** *Sin.* dossier **2.** *Sin.* dispensa. **Q.T.** *filologia...*

fascìna [lat. *fascīna;* a. 1214] **sf.** fascio di legna minuta da bruciare || *dim.* fascinòtto, fascinétta || **N.** *Sin.* fastello.

fascinàio (pl. *-ài*) [da *fascina;* 1869] **sm.** (f. *-a*) *raro* chi vende fascine.

fascinàme [da *fascina;* prima metà sec. XVIII] **sm.** *non com.* legna da far fascine.

fascinàre¹ (pres. *fàscino*) [dal lat. *fascināre;* a. 1511] **tr.** *lett.* affascinare; ammaliare.

fascinàre² (pres. *-ìno*) [da *fascina;* a. 1558] **intr.** (aus. *avere*) *non com.* far fascine || *in part. T.mil.* provvedere fascine ad uso di fortificazioni.

fascinàta [da *fascinare*²; 1593] **sf.** opera di difesa dalle acque fatta con terra sostenuta da fascine.

fascinatóre [da *fascinare*¹; a. 1535] **agg.** e **sm.** (f. *-trìce*) che o chi affascina.

fascinazióne [dal lat. *fascinātio, -ōnis;* 1354] **sf.** *lett.* l'esercitare il fascino; malìa.

fàscino [dal lat. *fascinum,* maleficio; 1485 nel senso 2; 1640 nel senso 1] **sm. 1.** capacità di attrarre irresistibilmente: *il fascino della bellezza, del suo sguardo, delle sue parole* **2.** *lett.* influenza malefica, malìa || **N. 1.** *Sin.* attrattiva, incanto, seduzione | adescare, affascinare, ammaliare, conquistare, sedurre.

fascinóso [da *fascino;* a. 1925] **agg.** che incanta, che affascina: *una voce fascinosa* || **N.** *Sin.* affascinante, attraente, seducente.

fàscio (pl. *-sci*) [lat. *fascis;* 1235 ca.] **sm. 1.** quantità di cose riunite e legate insieme: *un fascio d'erba; un fascio di fucili,* più fucili riuniti insieme e appoggiati l'un l'altro per l'estremità della canna || *per estens.* mucchio disordinato di oggetti: *un fascio di documenti* || *far d'ogni erba un fascio,* accostare senza criterio concetti o argomenti diversi; estendere arbitrariamente opinioni o giudizi a situazioni non confrontabili **2.** in molte scienze e tecnologie, insieme di elementi uguali o con analoga funzione; *T.anat.* insieme di fibre disposte longitudinalmente: *fascio nervoso, muscolare; T.bot.* complesso di cellule adibito al trasporto di soluzioni nutritive; *T.geom.* famiglia di curve o superfici definibili collettivamente da una stessa equazione al variare di un parametro (*fascio di rette passanti per un punto, di piani passanti per una retta* ecc.); *T.fis. fascio di particelle,* insieme di particelle uguali e con la stessa energia che si muovono parallelamente l'una all'altra; *fascio di raggi,* radiazione elettromagnetica emessa lungo una direzione ben definita che si diffonde in una regione circoscritta dello spazio **3.** *T.stor.* nell'antica Roma, mazzo di verghe legate insieme a una scure, portato dai littori e simbolo del potere esecutivo dei magistrati || simbolo del potere statale durante la Rivoluzione Francese || simbolo del fascismo italiano **4.** *T.stor.* nome di varie organizzazioni politiche di lavoratori sorte sul finire del XIX sec.: *fasci operai, fasci siciliani* || *fasci di combattimento,* organizzazione fondata nel 1919, nucleo del futuro partito fascista || *il fascio,* il partito fascista: *iscriversi al fascio* || *dim.* fascétto, fascettìno || **N. 1.** *Sin.* fastello, mazzo.

fasciòla [dal lat. *fasciola,* dim. di *fascia,* fascia; 1831] **sf.** *T.zool. fasciola epatica,* verme piatto munito di due ventose, parassita del fegato di bovini, ovini e equini ed eccezionalmente dell'uomo || **N.** *Sin.* distoma.

fascióne (*accr.* di *fascio*) [a. 1406] **sm. 1.** *tosc.* parte esterna del copertone di bicicletta, motocicletta o automobile **2.** *T.carr.* in un autoveicolo, striscia orizzontale di lamiera situata sotto il paraurti posteriore.

fascìsmo [da *fascio;* 1919] **sm.** *T.stor.* e *T.pol.* movimento politico antidemocratico a carattere dittatoriale, con accentuata connotazione nazionalistica, fondato da B. Mussolini e rimasto al potere in Italia dal 1922 al 1943 || *per estens.* nome dato a partiti o a regimi con analoghe caratteristiche: *il fascismo spagnolo, greco* || **N.** corporativismo, dittatura, nazionalismo, totalitarismo. **Q.T.** *politica.*

fascista [da *fascio;* 1915] **I s.** *T.stor.* e *T.pol.* aderente al partito o al regime fascista **II agg.** *T.stor.* e *T.pol.* relativo all'epoca e alla dottrina del fascismo: *il ventennio fascista, regime fascista* || *per estens.* reazionario, dispotico.

fascìstico (pl. *-ci*) [da *fascista;* 1931] **agg.** *non com.* fascista.

fascistizzàre [da *fascista;* 1927] **tr.** rendere fascista.

fascògale [comp. del gr. *phāskō(los),* borsa e *galê,* donnola; 1932] **sm.** *T.zool.* piccolo marsupiale con la coda coperta, nella parte terminale, di lunghi peli neri e con unghie molto robuste.

fàse [dal gr. *phásis,* apparizione di un astro; 1737] **sf. 1.** *T.astr.* ciascuno dei vari aspetti con cui appaiono la Luna e i pianeti interni, secondo che siano più o meno illuminati dal Sole **2.** *per estens.* ciascuno dei periodi in cui si può suddividere un avvenimento o un fenomeno: *le varie fasi della guerra, l'ultima fase di una malattia, le fasi di un'eruzione vulcanica, dello sviluppo di un insetto; fasi di lavorazione,* suddivisioni del processo produttivo in un'industria; *le fasi di un motore a scoppio; motore fuori fase,* non perfettamente a punto; *fig. essere fuori fase,* non essere fisicamente o mentalmente al massimo dell'efficienza || *T.psican. fase fallica,* V. FALLICO; *fase orale,* V. ORALE; *fase sadico-anale* e *fase sadico-orale,* V. SADICO; *fase dello specchio,* V. SPECCHIO **3.** *T.fis.* data una grandezza periodica, l'angolo descritto in un determinato istante dal vettore rotante che la rappresenta; *essere in fase,* detto di due grandezze, oscillanti con la stessa frequenza, che presentano le ampiezze massime e minime negli stessi istanti: *corrente e tensione in questo circuito sono in fase* **4.** *T.fis. spazio delle fasi,* in meccanica statistica, per un insieme di *n* particelle libere, lo spazio euclideo a *6n* dimensioni individuato dalle variabili spostamento e quantità di moto di ciascuna particella **5.** *T.chim.* ciascuna delle parti omogenee di un sistema termodinamico in equilibrio: *la fase liquida e quella gassosa di un liquido contenuto in un recipiente* || **N. 2.** *Sin.* momento, periodo, stadio. **Q.T.** *astronomia, chimica, psicanalisi* **TAV.** *astronomia* **p. 656** 5.

fasèlo [dal lat. *phasēlus,* gr. *phásēlos,* fagiolo;

a. 1550] **sm.** *lett.* presso i popoli antichi, navicella leggera di forma allungata.

fashion (ingl., pr. ['fæʃən]) [dal fr. *façon*, modo; 1808] **sf.** *inv.* moda.

-fașia [dal gr. *phásis*, voce] **elem. term.** che, in parole composte della terminologia medica, vale "parola", "linguaggio" (per es. *afasia*, *disfasia*).

Fașiànidi [dal lat. scient. *phasianidae*; 1956] **sm.** *pl.* *T.zool.* famiglia di uccelli galliformi, con circa 800 specie, diffuse quasi ovunque. **TAV. *uccelli* p. 1339.**

fàșmate [dal gr. *phásme*, *-atos*, apparizione meravigliosa; 1820] **sf.** *pl.* forme colorate nelle nuvole, per effetto della luce solare o lunare.

Fàșmidi (sing. *-e*) [comp. del gr. *phásma*, figura e *-idi*; 1932] **sm.** *pl.* *T.zool.* ordine di insetti con ali posteriori più grandi delle anteriori, caratterizzati da forti capacità di mimetismo.

fașòmetro [comp. di *fase* e *-metro*; 1940] **sm.** strumento per misurare la differenza di fase tra due grandezze periodiche di uguale frequenza (per es. tra corrente e tensione in un circuito elettrico a corrente alternata).

fasservìzi [comp. di *fare* e *servizio*; 1355 *faservizi*] **s.** *inv.* garzone che svolge le mansioni più pesanti.

fassìmile **sm.** *raro* V. FAC SIMILE.

fastèllo (pl. *-i*, raro f. *-a*) [da *fascio*, forse attr. un dim. **fascitello*; 1306] **sm.** grosso fascio, spec. di legna e sim.

fast food (ingl., pr. ['fɑ:st'fu:d]) [comp. di *fast*, veloce e *food*, cibo; 1983] **loc. m.** *inv.* **1.** rapido pasto a base di cibi di facile e veloce preparazione (come panini, hamburger, pollo fritto, patatine fritte), consumato in appositi locali **2.** locale attrezzato appositamente per la vendita e il consumo di tali pasti.

fàsti [dal lat. (*dies*) *fāsti*, giorni nei quali si poteva amministrare la giustizia; 1554] **sm.** *pl.* **1.** *T.stor.* nell'antica Roma, registri dove erano indicati i giorni in cui potevano svolgersi attività commerciali e sim. senza alcun impedimento di carattere religioso || i registri dove erano indicati tali giorni || *fasti consolari*, cataloghi dove si scrivevano i nomi dei magistrati romani **2.** *fig.* memoria di fatti e di imprese gloriose: *testimonianza a' fasti eran le tombe* (Foscolo) || **N. 1.** *Sin.* annali, cronache | *Contr.* nefasti **2.** *Sin.* glorie.

fastidiàre (pres. *-ìdio*) [dal lat. *fastidiāre*, essere, mostrarsi disdegnoso; sec. XIV] **tr.** *arc.* infastidire.

fastidiévole [da *fastidio*; a. 1562] **agg.** *raro* *lett.* fastidioso.

fastìdio (pl. *-di*) [dal lat. *fastīdium*, nausea; a. 1292] **sm.** **1.** molestia, perlopiù materiale: *sentire fastidio allo stomaco, il fumo mi dà un tremendo fastidio* || seccatura, disturbo: *cerchiamo di non dare troppo fastidio* || cruccio, problema assillante: *suo figlio gli ha dato non pochi fastidi* || *meno com.* avversione: *provar fastidio nei confronti di qualcuno* **2.** *arc.* immondizia || **N. 1.** *Sin.* disagio, nausea, noia; affanno, grattacapo | infastidire.

fastidiosàggine [da *fastidioso*; a. 1696] **sf.** *non com.* l'esser fastidioso || *concr.* cosa fastidiosa.

fastidióso [dal lat. *fastidiōsus*; a. 1292] **agg.** **1.** che dà fastidio: *gente fastidiosa* **2.** *meno com.* che si infastidisce facilmente; *lett.* esigente, incontentabile || **fastidiosaménte** **avv.** || *dim.* fastidiosétto || **N. 1.** *Sin.* importuno, molesto, noioso, seccante, spiacevole, urtante **2.** *Sin.* insofferente, intollerante.

fastidìre (pres. *-ìsco*, *-ìsci*) [dal lat. *fastidīre*, provar fastidio; prima metà sec. XIV nel senso 2] **tr.** **1.** *lett.* infastidire **2.** *arc.* avere a fastidio.

fastigiàto [da *fastigio*; 1499] **agg.** **1.** *T.arch.* che è coronato da fastigio, che termina con un fastigio **2.** *T.bot.* detto di albero la cui chioma assume una disposizione conica (per es. il cipresso).

fastìgio (pl. *-gi*) [dal lat. *fastīgium*, inclinazione, pendenza; inizio sec. XIV] **sm.** la sommità d'un edificio || *fig.* apice, sommità, sublimità: *i supremi, i più alti fastigi della gloria.*

fàsto¹ [dal lat. *fastus*; sec. XIV] **sm.** grandiosa ostentazione di ricchezza e magnificenza: *il fasto dei grandi* || **N.** *Sin.* lusso, ostentazione, pompa, sfarzo.

fàsto² [dal lat. *fāstus*; inizio sec. XIV] **agg.** **1.** *T.stor.* nell'antica Roma, detto di giorno in cui non esistevano impedimenti religiosi per la trattazione degli affari **2.** *lett.* fausto, favorevole, propizio || **N. 1.** *Contr.* nefasto.

fastosità [da *fastoso*; 1673] **sf.** l'essere fastoso; ostentazione di lusso.

fastóso [da *fasto¹*; a. 1532] **agg.** pieno di fasto, sfarzoso: *vita fastosa, lusso fastoso* || **fastosaménte** **avv.**

fașùllo [voce giudeo-romanesca, dall'ebr. *pāsūl*, illegittimo; 1942] **agg.** falso, contraffatto: *moneta fasulla* || di persona, incapace o sprovvista dei titoli vantati: *medico fasullo.*

fàta [dal lat. tardo *fāta*; a. 1250] **sf.** **1.** nelle fiabe, figura femminile di solito bellissima e dotata di poteri magici che utilizza per proteggere i buoni e gli innocenti || *ha le mani di fata*, detto di donna abilissima nei lavori di maglia, cucito e sim. **2.** *fig.* donna bellissima e affascinante || donna caritatevole: *è una fata benefica* **3.** *fata morgana*, fenomeno di rifrazione luminosa, per cui si vede nell'aria o nell'acqua un'immagine rovesciata di oggetti lontani; e *fig.* speranze illusorie || *dim.* fatina || **N. 1.** maga, strega.

fatàle [dal lat. *fatālis*; 1313] **agg.** **1.** voluto dal fato, quindi inevitabile: *era la conclusione fatale di questa vicenda* || *poet.* destinato (dal Fato) a grandi imprese: *uomo fatale* il Manzoni chiama Napoleone **2.** mortale: *la caduta gli fu fatale*; anche *fig.* causa di rovina: *quella gaffe gli è stata fatale* **3.** decisivo, determinante (spesso in senso negativo): *un incontro fatale*; *l'ora fatale*, il momento decisivo (e *in part.* il momento della morte) **4.** di grande fascino, irresistibile: *donna, sguardo fatale* || **fatalménte** **avv.** con valore frasale **1.** inevitabilmente: *di questo passo la squadra finirà fatalmente in serie B* **2.** *meno com.* con conseguenze fatali: *rientrò fatalmente in casa un attimo prima del terremoto* || **N. 1.** *Sin.* ineluttabile **2.** *Sin.* esiziale, letale; disastroso, funesto, rovinoso **3.** *Sin.* cruciale **4.** *Sin.* affascinante, ammaliante, incantevole, seducente.

fatalișmo [da *fatale*, sul modello del fr. *fatalisme*; 1745] **sm.** *T.fil.* ogni dottrina filosofica o religiosa che considera tutti gli avvenimenti come inevitabili in quanto soggetti a una necessità assoluta a essi superiore || *per estens.* atteggiamento di rassegnazione di fronte agli eventi.

fatalìsta [da *fatale*, sul modello del fr. *fataliste*; 1745] **s.** e **agg.** chi o che ha un atteggiamento di distacco e rassegnazione di fronte agli eventi.

fatalìstico (pl. *-ci*) [da *fatalismo*; 1895] **agg.** di, da fatalista: *convinzioni fatalistiche.*

fatalità [dal lat. tardo *fatālitas*, *-ātis*; 1576] **sf.** l'essere fatale, inevitabilità || *concr.* avvenimento fatale, funesto || evento imprevedibile, di cui si ritiene responsabile soltanto il caso: *il crollo della diga non è stato una fatalità.*

fatalóne [da *fatale*; 1932] **sm.** (f. *-a*) *scherz.* e *iron.* rubacuori irresistibile, conquistatore.

fatàre [da *fata*; 1304 nel senso 2] **tr.** *non com.* **1.** dotare di poteri magici per mezzo di incantesimi || incantare **2.** *ant.* predire il futuro.

fatàto (*pps.* di *fatare*) [a. 1356] **agg.** **1.** dotato di poteri magici: *bacchetta fatata* **2.** *lett.* destinato, inviato dal destino: *fatati Pelidi* il Foscolo chiama Achille e Pirro, entrambi discendenti di Peleo.

fatatùra [da *fatare*; a. 1535] **sf.** *raro* l'atto e l'effetto del fatare; stregoneria, fattura.

fathom (ingl., pr. ['fæðəm]) [in orig. apertura delle braccia; 1829] **sm.** *inv.* unità di misura dei sistemi inglese e americano pari a m 1,828, usata nella misurazione delle profondità marine.

fatìca [lat. volg. **fatīga*; a. 1292] **sf.** **1.** sforzo fisico o intellettuale che si compie lavorando e che genera stanchezza: *alleggerire la fatica, resistere alla fatica* || sensazione di esaurimento e spossatezza: *comincia ad avvertire la fatica nelle gambe* **2.** *per estens.* lavoro duro e impegnativo: *le fatiche quotidiane, l'ultima fatica di uno scrittore* || *fatica di Sisifo*, lavoro duro e completamente inutile || *è fatica sprecata*, per quanto ci si dia da fare non si otterrà nulla || *uomo di fatica*, addetto a lavori pesanti; *abito di fatica*, da lavoro; *animale da fatica*, robusto, in grado di sopportare pesanti carichi di lavoro **3.** difficoltà, pena: *che fatica seguire i tuoi ragionamenti* || *far fatica* (meno com. *durare fatica*), avere difficoltà: *faccio fatica a capirlo*; *costare fatica*, riuscire difficile o spiacevole: *mi costa fatica ammetterlo, ma è così* || *a fatica*, a stento, a malapena; *senza fatica*, facilmente **4.** *T.tecn.* debolezza di un materiale o macchinario sottoposto a sollecitazioni cicliche, isolatamente non intense, ma in grado di provocarne, ripetendosi, la rottura || *pegg.* faticàccia || **N. 1.** *Sin.* sforzo; affanno, affaticamento, spossatezza, stanchezza | affaticarsi | scansafatiche; infaticabile **2.** *Sin.* impegno, sfacchinata, strapazzo, sudata, *tour de force.*

faticabilità [dal fr. *faticabilité*; 1956] **sf.** **1.** tendenza naturale ad affaticarsi con facilità, spec. nelle attività lavorative **2.** *T.med.* scarsa resistenza all'espletamento di una funzione: *faticabilità muscolare.*

faticàccia (pl. *-ce*) (*pegg.* di *fatica*) [1808] **sf.** fatica grossa e ingrata, perlopiù imposta || **N.** *Sin.* corvé, lavoraccio.

faticànte (*ppr.* di *faticare*) [prima metà sec. XIV] **I agg.** *raro* che sopporta fatiche **II sm.** operaio, lavorante: *con grandissimo danno del faticante si adoperano* (Boccaccio).

faticàre (pres. *-ìco*, *-ìchi*) [lat. *fatigāre*, affaticare; a. 1292] **intr.** (aus. *avere*) **1.** compiere un lavoro o un'attività che costa notevole sforzo: *ho faticato per una giornata a sollevar pesi* **2.** trovare difficoltà, stentare: *fatica a leggere e scrivere* || **N. 1.** *Sin.* affaticarsi, sfacchinare, sgobbare, strapazzarsi **2.** *Sin.* penare, stentare.

faticàta [da *faticare*; fine sec. XIV *fatigata*] **sf.** azione che costa notevole sforzo: *sarà una bella faticata arrivare lassù.*

faticatóre [da *faticare*; 1680 *fatigatore*] **sm.** (f. *-trìce*) chi fa un lavoro duro e resiste alla fatica.

fàtico (pl. *-ci*) [dal gr. *phatikós*, che costituisce una pura affermazione; 1966] **agg.** *T.ling.* *funzione fatica*, delle funzioni del linguaggio, quella orientata sul canale; ha lo scopo di mantenere il contatto tra emittente e destinatario (ad es. nelle formule con cui si aprono le comunicazioni telefoniche, come *pronto*, *sì* ecc.).

faticóne [da *fatica*; 1929] **sm.** (f. *-a*) *fam.* persona che non teme la fatica ed è molto laboriosa.

faticóso [da *fatica*; a. 1292] **agg.** **1.** che costa fatica: *lavoro faticoso a compiersi* || *respiro faticoso*, difficoltoso || *stile, eloquio faticoso*, stentato, involuto, goffo **2.** *raro* che lavora duramente: *gli schiavi faticosi* (D'Annunzio) || **faticosaménte** **avv.** || **N. 1.** *Sin.* duro, gravoso, improbo, penoso, pesante **2.** *Sin.* laborioso, operoso.

fatìdico (pl. *-ci*) [dal lat. *fatidicus*; sec. XIII-XIV] ***agg.*** **1.** che rivela il futuro: *parole fatidiche* **2.** *più com.* fatale, decisivo: *evento fatidico* ‖ **fatidicaménte** ***avv.***

fatiscènte [dal lat. *fatiscens*, *-entis*, ppr. di *fatīsci*, fendersi; 1931] ***agg.*** cadente, che va in rovina, detto spec. di costruzioni: *edificio fatiscente.*

fatiscènza [da *fatiscente*; 1974] ***sf.*** l'essere cadente, decrepito.

fàto (pl. *-i*; pl. arc. f. *le fata*) [dal lat. *fātum*; 1304] ***sm.*** nella cultura classica, potere misterioso e inesorabile che determina le vicende umane e divine ‖ volontà di Dio, provvidenza: *che giova nelle fata dar di cozzo?* (Dante) ‖ *per estens.* destino, spec. avverso: *piegarsi al fato* ‖ *eufem.* morte: *non è mortal che non raggiunga il fato* (Foscolo) ‖ **N.** *Sin.* caso, fatalità, sorte.

fàtta[1] [da *fatto*[1]; inizio sec. XIV] ***sf.*** **1.** specie, qualità, genere, solo in espr. come *di tal fatta, d'ogni fatta* **2.** nella loc. *mala fatta*, v. MALAFATTA ‖ **N. 1.** *Sin.* sorta, tipo.

fàtta[2] [da *fatto*[1]; a. 1484] ***sf.*** *tosc.* escremento di selvaggina, che serve di traccia al cacciatore: *questa è la fatta di una beccaccia.*

fattàccio (pl. *-ci*) (*pegg.* di *fatto*[2]) [a. 1735] ***sm.*** avvenimento spiacevole e delittuoso.

fatterèllo (*dim.* di *fatto*[2]) [a. 1712] ***sm.*** avvenimento, evento di poca importanza ‖ breve racconto, aneddoto divertente.

fattézza [da *fatto*[1]; a. 1250] ***sf.*** (usato quasi sempre al *pl.*) tratto, carattere, spec. del volto: *fattezze delicate* ‖ **N.** *Sin.* lineamenti, sembianze.

fattìbile [da *fare*; a. 1375] **I** ***agg.*** che si può fare: *sembra un progetto fattibile* **II** ***sm.*** ciò che si può fare: *farò il fattibile* ‖ **N. 1.** *Sin.* attuabile, possibile, praticabile.

fattibilità [da *fattibile*; 1983] ***sf.*** qualità di ciò che si può fare o che è facile da fare ‖ *T.tecn.* e *T.bur.* possibilità di essere concretamente realizzato, con risultati positivi ed economicamente convenienti: *fattibilità di un progetto, studio di fattibilità.*

fattìccio (pl. *-ci*) [dal lat. *factīcius*, artificiale; a. 1597] ***agg.*** *non com.* atticciato, tarchiato, robusto ‖ tozzo.

fattispècie [dal lat. *facti species*; a. 1729] ***sf.*** *inv.* *T.giur.* il fatto particolare di cui si tratta; è usato spec. nella loc. *nella fattispecie*, in questo caso.

fattitìvo [dal lat. *facti(ta)tīvus*, da *factitare*, frequentativo di *facere*, fare; 1945] ***agg.*** **1.** *T.ling.* detto di verbi che indicano il ripetersi di un'azione (per es. *riandare*) o di parole o locuzioni formate da due parole ripetute (per es. *zitto zitto, piano piano*) **2.** *T.ling.* detto di verbo che esprime un'azione fatta compiere da altri (per es. *addormentare* rispetto a *dormire*) ‖ **N. 1.** *Sin.* iterativo **2.** *Sin.* causativo.

fattìvo [da *fatto*; 1304] ***agg.*** **1.** operoso, attivo; efficace, produttivo **2.** *T.ling.* detto di predicato che presuppone la verità dell'enunciato che costituisce il suo complemento frasale: per es. l'enunciato *mi dispiace che Giovanni si sia arrabbiato* presuppone la verità di *Giovanni si è arrabbiato*, quindi *dispiacere* è un verbo fattivo.

fattìzio (pl. *-zi*) [dal lat. *facticius*; 1499] ***agg.*** **1.** *raro* artificiale: *il mondo artisticamente fattizio del Rinascimento* (Carducci) **2.** *T.fil.* *idee fattizie*, nella filosofia cartesiana, le idee concepite dal pensiero umano.

fàtto[1] (*pps.* di *fare*) [a. 1292] **I** compare in alcune espr.: *ecco fatto*, indica soddisfazione per aver compiuto un lavoro o un'azione qualunque; *ben fatto!*, escl. di apprezzamento; *detto fatto*, indica un rapido passaggio di un'intenzione alla sua messa in atto; *venir fatto di* (seguito da un verbo all'inf.), capitare, succedere involontariamente: *a lezione mi vien fatto di sbadigliare* **II** ***agg.*** **1.** costituito, formato: *un tubo fatto a U, una statua fatta di bronzo*; *una ragazza ben fatta*, con un bel corpo ‖ che ha un dato carattere: *è fatto così* ‖ *frase fatta*, luogo comune, modo di dire precostituito **2.** adatto: *non è uno sport fatto per me*; di persone, portato: *non mi sembri fatto per questo lavoro* **3.** compiuto: *cosa fatta*, già avvenuta; nel modo di dire *cosa fatta capo ha*, quel che è fatto è fatto; *giorno fatto*, inoltrato; *uomo fatto*, adulto; *frutta fatta*, ben matura ‖ *bell'e fatto*, già fatto, compiuto per intero: *me lo sono trovato bell'e fatto* **4.** *gerg.* detto di chi è sotto l'azione di stupefacenti o alcol ‖ *per estens.* anche ubriaco di stanchezza, fuso.

fàtto[2] [da *fatto*[1]; a. 1292] ***sm.*** **1.** ciò che accade o è accaduto, avvenimento: *un fatto curioso, inaudito, memorabile*; *fatto di cronaca*, avvenimento riportato sui giornali; *fatto di sangue*, delitto con morto o feriti; *fatto d'armi*, azione militare ‖ *mettere qualcuno di fronte al fatto compiuto*, di fronte a una situazione non più modificabile ‖ fenomeno: *è un fatto naturale, i fatti economici* ‖ vicenda o intreccio di un film, un romanzo e sim.: *il fatto si svolge a Capri* ‖ ciò che si sta facendo, spec. nell'espr. *cogliere sul fatto*, in flagrante **2.** ciò che è dotato di realtà concreta: *abbiamo bisogno di fatti e non di chiacchiere*; *venire ai fatti*, passare all'esame delle questioni concrete e fondamentali ‖ *passare alle vie di fatto*, venire alle mani (in un litigio e sim.) ‖ *di fatto*, in concreto, prescindendo dalle teorie o dagli aspetti formali: *di fatto è lui che amministra la società*; anche come loc. agg.: *una dittatura di fatto, travestita da democrazia* (v. anche DE FACTO); *un dato di fatto*, un elemento incontrovertibile ‖ *il fatto di..., il fatto che...*, modi frequenti di introdurre una prop. dichiarativa: *il fatto di dover badare da solo a se stesso lo ha messo in crisi* ‖ *fatto sta che..., il fatto è che..., sta di fatto che...*, la verità è che, in sostanza (spec. colloq.): *fatto sta che non ce la fa più* ‖ *in fatto di*, per quanto riguarda, in materia di: *in fatto di filosofia sono un completo ignorante* ‖ *raro gran fatto*, molto, spec. in frasi negative (sin. quindi di *granché*): *non aveva gran fatto pensato alla questione* **3.** *pl.* vicende personali che non devono riguardare gli altri: *questi sono fatti miei!*; *fatevi i fatti vostri e lasciatemi in pace* ‖ *sing.* compare in alcune espr.: *è uno che sa il fatto suo*, è in gamba e competente nel suo campo; *sei sicuro del fatto tuo?*, hai ben chiaro quello che intendi fare?; *ha avuto, gli ho dato il fatto suo*, quel che si meritava; *parlare per fatto personale*, in quanto coinvolto in prima persona in ciò di cui si discute ‖ *dim.* fatterèllo; *pegg.* fattàccio ‖ **N. 1.** *Sin.* avvenimento, avventura, azione, circostanza, episodio, evento, fenomeno, scena, vicenda **2.** *Sin.* realtà, sostanza **3.** *Sin.* affari, faccende.

fattóra [da *fattore*; a. 1685] ***sf.*** fattoressa.

fattóre [dal lat. *factor*, *-ōris*; a. 1288 nel senso 6] ***sm.*** (f. *-trìce* nei sensi 1 e 2, *-toréssa* nel senso 6) **1.** *lett.* autore, creatore: *il sommo Fattore*, Dio; *Mazzini fu uno dei fattori dell'unità italiana* **2.** *per restr.* animale (spec. di sesso femminile) selezionato per la riproduzione: *quella è una bestia da carne, questa è una fattrice* **3.** *per estens.* ogni causa o condizione che determina un fatto o fenomeno: *fattori sociali, biologici, il benessere è un fattore di civiltà* ‖ *T.sport.* *fattore campo*, nel linguaggio dei giornali, l'influenza del pubblico amico in uno sport di squadra **4.** *per restr.* *T.mat.* ciascuno dei termini di una moltiplicazione: *fattori primi di un numero intero*, i suoi divisori non ulteriormente divisibili **5.** *T.scient.* rapporto tra i valori di due grandezze omogenee, coefficiente: *fattore di assorbimento, fattore di forma* **6.** chi dirige un'azienda agricola ‖ **N. 3.** *Sin.* componente, elemento. **Q.T.** *economia...*

fattoréssa [da *fattore*; a. 1566] ***sf.*** **1.** moglie del fattore **2.** donna che in un'azienda agricola lavora svolgendo le mansioni del fattore.

fattorìa [da *fattore*; 1618] ***sf.*** **1.** tenuta di beni o poderi, azienda agricola ‖ la casa in campagna dove abita il fattore **2.** *raro* amministrazione di una azienda agricola. **Q.T.** *agricoltura.*

fattoriàle [da *fattore*; 1892] **I** ***sm.*** *T.mat.* *fattoriale di un numero intero n* (indicato con il simbolo *n!*), il prodotto di tutti gli interi positivi da 1 a *n* **II** ***agg.*** *T.psic.* che riguarda i vari fattori della personalità umana.

fattorìno [da *fattore*; fine sec. XV] ***sm.*** **1.** (f. *-a*) chi fa alcuni servizi di non grande responsabilità in un ufficio, studio, bottega ecc. ‖ *in part.* dipendente dell'amministrazione delle Poste e Telegrafi che recapita a casa dei destinatari i telegrammi e gli espressi **2.** *ant. raro* cestino per i lavori a maglia dove si tengono i gomitoli. **Q.T.** *telefono...*

fattorizzàre [da *fattore*; 1974] ***tr.*** *T.mat.* esprimere esplicitamente un prodotto nei fattori primi che lo compongono: *fattorizzare un polinomio.*

fattorizzazióne [da *fattorizzare*; 1974] ***sf.*** *T.mat.* scomposizione in fattori primi: *fattorizzazione di un numero intero.*

fattrìce ***sf.*** v. FATTORE nei sensi 1 e 2.

fattuàle [da *fatto*[2]; 1965] ***agg.*** *T.fil.* che riguarda la realtà di fatto.

fattualità [da *fattuale*; 1965] ***sf.*** *T.fil.* l'essere una realtà di fatto.

fattucchière [etim. inc.; a. 1535 *fattucchiera*] ***sm.*** (f. *-a*) mago, stregone, incantatore, maliardo; è usato spec. al f.

fattucchierìa [da *fattucchiere*; a. 1597] ***sf.*** maleficio, stregoneria, incantesimo, malìa.

fattùra [lat. *factūra*; a. 1292] ***sf.*** **1.** lavorazione, creazione, e spec. il modo e la qualità della lavorazione: *un'opera d'arte di squisita fattura, la fattura di un abito* **2.** *T.comm.* conto di lavori fatti o di merci vendute: *mandatemi la fattura e io ve la pagherò* **3.** *pop.* stregoneria, malìa **4.** *poet.* creatura ‖ *dim.* fatturìna ‖ **N. 1.** *Sin.* confezione, esecuzione **2.** *Sin.* conto, nota | emettere, quietanzare, richiedere, rilasciare, saldare.

fatturàre (pres. *-ùro*) [da *fattura*; a. 1712 nel senso 2; 1908 nel senso 1] ***tr.*** **1.** *T.comm.* emettere una fattura per qualcosa: *fatturare una partita di merci*; mettere in conto: *non abbiamo fatturato le spese di viaggio* **2.** *non com.* alterare fraudolentemente una sostanza: *ha fatturato il vino* **3.** *raro* affatturare, compiere una malìa ai danni di qualcuno ‖ **N. 2.** *Sin.* adulterare, manipolare, sofisticare.

fatturàto (*pps.* di *fatturare*) [1956] ***sm.*** *T.comm.* l'ammontare delle vendite di una data industria, in un determinato periodo, come risulta dalle fatture emesse: *il fatturato del primo trimestre di quest'anno.*

fatturatrìce [da *fatturare*; 1968] ***sf.*** macchina usata per compilare fatture e altri documenti contabili.

fatturazióne [da *fatturare*; 1965] ***sf.*** *T.comm.* compilazione di fatture commerciali.

fatturìsta [da *fattura*; 1942] ***s.*** **1.** impiegato che ha il compito di redigere le fatture commerciali **2.** chi svolge servizi di tipo impiegatizio a favore di enti pubblici senza essere assunto, ma sotto forma di lavoro autonomo.

fatuità [da *fatuo*; 1306] ***sf.*** l'essere fatuo ‖ *concr.* atto o detto da persona fatua.

fàtuo [dal lat. *fatuus*; 1304 ca.] ***agg.*** vano, sciocco: *un carattere, un discorso fatuo*, superficiale ‖ *fuoco fatuo*, fiammelle di gas che si vedono talvolta nei cimiteri o nelle paludi, provocate dall'accensione spontanea dei gas prodotti dalla decomposizione; *fig.* entusiasmo o illusione di breve durata ‖ **fatuaménte** ***avv.*** ‖ **N.** *Sin.* insulso, leggero, vacuo.

faucàle [da *fauci*; 1952] ***agg.*** *T.ling.* si dice di quei suoni che si articolano all'altezza delle fauci; ma spesso si preferiscono termini più precisi, come *velare, uvulare, faringale* ecc.

fàuci [dal lat. *fāuces*; sec. XIV] ***sf. pl.*** *T.anat.* parte della gola delimitata dalla base della lingua, dai pilastri del palato e dal palato molle: *questa medicina può provocare secchezza delle fauci*; *più com.* la parte corrispondente degli animali, spec. carnivori: *le fauci della tigre* || *fig.* *cadere nelle fauci di qualcuno*, cadere in suo potere, spec. in balìa di persona avida o crudele || *fig.* apertura che immette in una cavità oscura: *le fauci di una caverna.*

fault (ingl., pr. [fɔːlt]) [letter. difetto; 1942] ***sm.*** *inv.* *T.sport.* nel tennis e in altri sport, fallo.

fàuna [dal lat. *Fauna*, figlia del dio Fauno; 1832] ***sf.*** *T.scient.* l'insieme degli animali che vivono in un paese: *fauna africana, fauna marina* || *scherz.* gruppo di persone che abitano o frequentano un posto: *un tipico esempio della fauna locale* || **N.** avifauna, flora. **Q.T.** *zoologia.*

faunésco (pl. *-schi*) [da *fauno*; 1886] ***agg.*** di o da fauno.

faunìstica [da *fauna*; 1956] ***sf.*** studio sistematico della fauna di un determinato ambiente o territorio. **Q.T.** *zoologia.*

faunìstico (pl. *-ci*) [da *fauna*; 1932] ***agg.*** che riguarda la fauna, proprio della fauna: *il patrimonio faunistico*; *equilibrio faunistico*, equilibrio numerico fra le specie animali di una determinata regione.

fàuno [dal lat. *fāunus*; 1342] ***sm.*** *T.mit.* antichissima divinità romana dei campi, delle selve e delle greggi, più tardi identificata con il dio greco Pan || *fig.* persona astuta e con spiccati appetiti sessuali || **N.** *Sin.* satiro.

faustiàno [dal n. proprio *Faust*, protagonista della omonima tragedia di Goethe; 1942] ***agg.*** di Faust, con riferimento al carattere del protagonista dell'omonima tragedia di Goethe, completamente proteso alla ricerca di nuove esperienze e sensazioni.

fàusto [dal lat. *fāustus*; 1321] ***agg.*** prospero, felice: *in questa fausta ricorrenza* || *divinità fausta*, propizia || **N.** *Sin.* fortunato, lieto, sereno.

fautóre (pl. *-trìce*) [dal lat. *fautor, -ōris*; a. 1342] ***sm.*** chi favorisce, difende e sostiene un'idea, una teoria, una proposta ecc.: *un fervente fautore degli ideali democratici* || **N.** *Sin.* patrocinatore, propugnatore, sostenitore.

fauve (fr., pr. ['foːv]) [letter. selvaggio; 1905] **I** ***sm.*** *inv.* (pl. anche *fauves*, pr. ['foːv]) pittore seguace del fauvismo **II** ***agg.*** *inv.* che concerne il fauvismo.

fauvisme (fr., pr. [fo'vism]) V. FAUVISMO.

fauvìsmo (pr. [fo'vizmo]) [dal fr. *fauvisme*; 1956] ***sm.*** movimento pittorico sorto in Francia agli inizi del Novecento, legato all'apprezzamento dell'arte primitiva spec. africana e caratterizzato dall'uso di un cromatismo violento e senza sfumature.

fàva [lat. *faba*; 1340 ca.] ***sf.*** **1.** pianta delle Leguminose, con fiori bianchi maculati di nero, e frutti grossi, cilindrici, a baccello, contenenti semi ovali e verde-bruni || il frutto di tale pianta || *fave dei morti*, paste di marzapane a forma di fava || *prendere due piccioni con una fava*, ottenere due risultati positivi con un'unica azione **2.** *fava di Sant'Ignazio*, pianta originaria delle Filippine, il cui frutto contiene la stricnina e la brucina **3.** *arc.* voto o suffragio, così detto dalla fava che si adoperava nelle votazioni: *fava nera*, voto sfavorevole; la *fava bianca*, voto favorevole **4.** *volg.* glande; *per estens.* membro virile || *dim.* favétta; *pegg.* favàccia || **N.** **1.** baccello, scorza, guscio, unghia | sgusciare, sgranare.

favagèllo [lat. **fabicella*, piccola fava, perché le sue foglie assomigliano a quelle della fava; a. 1449] ***sm.*** *T.bot.* pianta erbacea delle Ranuncolacee dalle piccole foglie cuoriformi e dai fiori color giallo dorato.

favàggine [dal lat. *fabago, -inis*; 1813] ***sf.*** pianta erbacea della famiglia delle Zigofillacee un tempo usata come vermifugo.

favàra [dall'ar. *fawwāra*; 1932] ***sf.*** nell'isola di Pantelleria, emissione di vapori bollenti dal terreno.

favarèlla V. FAVERELLA.

favàta [da *fava*; a. 1555 nel senso 2] ***sf.*** **1.** *non com.* zuppa di fave **2.** *raro* millanteria.

favèlla [da *favellare*; fine sec. IX *favela*] ***sf.*** **1.** facoltà di parlare: *perdere la favella* (anche *iperb.* non saper cosa dire) || modo di parlare: *la tua chiara favella* (Dante) **2.** *lett.* linguaggio, idioma: *la favella toscana* || **N.** **1.** *Sin.* loquela **2.** *Sin.* lingua, parlata.

favellàre (pres. *-èllo*) [lat. volg. **fabellāre*; fine sec. XII *fabellare*] ***tr.*** e ***intr.*** (aus. *avere*) parlare.

favellatóre [da *favellare*; metà sec. XIII] ***agg.*** e ***sm.*** (f. *-trìce*) *non com.* che o chi ama favellare || **N.** *Sin.* parlatore.

favellìo (pl. *-ìi*) [da *favellare*; 1304] ***sm.*** *lett.* sussurrio, chiacchierio, cicaleccio intenso e continuato.

faverèlla o **favarèlla** [da *fava*; a. 1672] ***sf.*** mangime per cavalli costituito da fave macinate.

favéto [da *fava*; 1563] ***sm.*** campo di fave.

favétta (*dim.* di *fava*) [1931] ***sf.*** **1.** varietà di fava a seme piccolo, utilizzata spec. per il nutrimento del bestiame **2.** arnese per il cesello, con la punta a forma di fava, utile per la rifinitura di parti incavate || **N.** **1.** *Sin.* favino.

favìlla [lat. *favīlla*; 1313] ***sf.*** **1.** frammento minutissimo di materiale incandescente che si stacca da un corpo ardente || particella di brace || *far faville*, avere grande successo; *mandare faville dagli occhi*, avere lo sguardo acceso per ira o gioia **2.** *per estens.* piccola fiamma || *fig.* minima causa da cui può nascere gran disordine: *la favilla dell'odio* || **N.** **1.** *Sin.* monachina, scintilla | sfavillare, scintillare.

favillàre [dal lat. tardo *favillāre*; a. 1406] ***intr.*** (aus. *avere*) *arc.* sfavillare.

favìno (*dim.* di *fava*) [1932] ***sm.*** qualità di fava a seme piccolo, favetta.

favìsmo [da *fava*; 1932] ***sm.*** *T.med.* intossicazione provocata da ingestione di fave crude o da aspirazione di polline di fava.

favìssa [dal lat. *favissae*; 1769] ***sf.*** *T.archeol.* nei templi italici e romani, cella sotterranea per il deposito degli oggetti votivi || **N.** *Sin.* tesoro.

fàvo [lat. *favus*; a. 1342] ***sm.*** **1.** l'insieme delle cellette esagonali di cera in cui le api e le vespe depongono le uova, il miele e il polline **2.** *T.med.* insieme di foruncoli detto anche *vespaio* o *antrace.* **TAV.** *zootecnia* 6, 7.

fàvola [lat. *fābula*; sec. XIII] ***sf.*** **1.** narrazione in prosa o in versi di carattere morale in cui parlano e operano animali o esseri immaginari: *le favole di Esopo, di Fedro* || *fig.* *la morale della favola*, l'insegnamento che si può ricavare da un'esperienza || racconto fantastico di tradizione popolare (meglio in questo senso *fiaba*) || detto di persone, oggetto di dicerie, zimbello: *è diventato la favola del paese* **2.** *per estens.* affermazione inventata, senza fondamento: *sono tutte favole!* **3.** *ant.* composizione teatrale: *favola pastorale* || *fig.* *lett.* il corso dell'esistenza: *la favola breve è finita* (Carducci) **4.** intreccio, trama (oggi è più usato il lat. *fabula*) || *dim.* favolétta, favolìna; *pegg.* favolàccia || **N.** **1.** apologo, parabola; FIABA **2.** *Sin.* ciancia, fandonia, panzana.

favolatóre [da *favola*; metà sec. XIII] ***sm.*** *ant.* (f. *-trìce*) narratore di favole.

favoleggiàre (pres. *-éggio*) [da *favola*; 1321] ***intr.*** (aus. *avere*) **1.** narrare cose fantastiche; immaginare, descrivere come nelle favole: *si è molto favoleggiato di un Eldorado, dell'elisir di lunga vita* **2.** *meno com.* raccontare favole.

favoleggiatóre [da *favoleggiare*; prima metà sec. XIV] ***sm.*** (f. *-trìce*) chi favoleggia.

favolèllo V. FABLIAU.

favolìsta [da *favola*; 1869] ***s.*** scrittore di favole.

favolìstica [da *favolistico*; 1965] ***sf.*** **1.** *T.lett.* l'insieme di una tradizione di favole: *la favolistica persiana* **2.** lo studio delle favole.

favolìstico (pl. *-ci*) [da *favola*; 1956] ***agg.*** *T.lett.* che si riferisce alle favole come genere letterario.

favolosità [da *favoloso*; a. 1597] ***sf.*** *non com.* l'essere favoloso.

favolóso [dal lat. *fabulōsus*; 1525] ***agg.*** **1.** che è degno di una favola, immaginario, fantastico: *il favoloso paese di Gog e Magog* **2.** *per estens.* straordinario, meraviglioso: *sei stato favoloso!* || spropositato: *guadagni favolosi* || **N.** **1.** *Sin.* chimerico, fiabesco, leggendario, mitico **2.** *Sin.* eccezionale, incredibile, magnifico, stupendo.

favònio (pl. *-ni*) [dal lat. *favōnius*; a. 1292] ***sm.*** *lett.* vento caldo di ponente || **N.** *Sin.* *föhn*, zefiro.

favóre [dal lat. *favor, -ōris*; a. 1292] ***sm.*** **1.** disposizione d'animo benevola e incline ad aiutare: *gode del favore dei suoi superiori* || approvazione: *la commedia non ha riscosso il favore del pubblico* || aiuto, protezione, spec. nella loc. *col favore di*: *fuggì col favore delle tenebre, navigare col vento a favore* **2.** atto compiuto disinteressatamente e senza costrizioni per essere utile a qualcuno: *fare, chiedere, rifiutare un favore* || *per favore*, formula di cortesia per chiedere qualcosa: *che ora è, per favore?, rispondi tu, per favore* || *mi faccia il favore*, formula apparentemente cortese, ma in realtà spesso fredda o addirittura brusca: *mi faccia il favore di sbrigarsi!* || nella *loc. agg. di favore*, compare in varie espr.: *prezzo di favore*, più basso del normale; *entrata, biglietto di favore*, gratuito; *non com.* *lettera di favore*, di raccomandazione; *firma di favore*, apposta a garanzia di un impegno altrui; *T.filat.* *annullo di favore*, apposto su affrancature di lettere non effettivamente circolate, per puro interesse collezionistico **3.** beneficio, vantaggio, nelle loc. *a favore* e *in favore*: *votare a favore di una legge* (o ass. *a favore*); *testimonianza a favore* (opposta ad *a carico*); *parlare in favore di un candidato*; *la cosa va a nostro favore* **4.** *pl.* *ant.* o *scherz.* disponibilità ai rapporti amorosi, nelle espr. *godere dei favori, ottenere i favori di una donna, concedere i propri favori a un uomo* || *dim.* favorétto, favorino, favorùccio; *accr.* favoróne; *pegg.* favoràccio || **N.** **1.** *Sin.* aiuto, appoggio, apprezzamento, benevolenza, compiacenza, preferenza, privilegio, simpatia, sostegno | *Contr.* disistima, ostilità | accattivarsi, ingraziarsi, propiziarsi; avere, godere, incontrare, riscuotere il favore **2.** *Sin.* cortesia, piacere, servizio | *Contr.* dispetto.

favoreggiaménto [da *favoreggiare*; 1524; 1892 come T.giur.] ***sm.*** *T.giur.* reato di chi aiuta il colpevole di un delitto a trarne profitto (*favoreggiamento reale*) o a sottrarsi alla giustizia (*favoreggiamento personale*): *favoreggiamento della prostituzione* || *non com.* aiuto.

favoreggiàre (pres. *-éggio*) [da *favore*; sec. XIII] ***tr.*** *T.giur.* commettere il reato di favoreggiamento || *non com.* aiutare con parzialità, favorire.

favoreggiatóre [da *favoreggiare*; a. 1333 *favoreggiatrice*] ***sm.*** (f. *-trìce*) *T.giur.* chi commette il reato di favoreggiamento.

favorévole [da *favore*; a. 1333] ***agg.*** che agevola, che viene in aiuto: *vento favorevole alla navigazione* || che approva, che è in favore: *voto favorevole a un provvedimento, essere favorevole a un'iniziativa* || adatto, opportuno: *è una con-*

giuntura favorevole per le esportazioni; si tratta di cogliere il momento più favorevole || **favorevolménte** *avv.* || **N.** *Sin.* conveniente, propizio, utile | *Contr.* contrario, ostile, sfavorevole.

favorìre (pres. *-ìsco, -ìsci*) [da *favore*; a. 1498] *tr.* **1.** aiutare, appoggiare, spec. con parzialità: *favorire uno scolaro*; avvantaggiare: *la decisione dell'arbitro ha favorito gli avversari* || facilitare, agevolare, *favorire la fuga, una iniziativa* **2.** esprime una richiesta, spesso solo formalmente cortese e sempre un po' fredda o bur.: *favoriscano attendere un momento, prego* || *bur.* esibire, mostrare: *favorisca i documenti, per favore* || può sottintendere verbi di moto: *favorisca alla cassa* || talvolta esprime un'offerta cortese, spec. di cibo: *vuole favorire?* || **N. 1.** *Sin.* compiacere, prediligere, sostenere; caldeggiare, incoraggiare, promuovere, secondare.

favorìta [da *favorito*; 1525] *sf.* amica o amante di un potente || nelle società poligamiche, la moglie preferita.

favoritismo [da *favorire*; 1853] *sm.* trattamento di favore, favore concesso a qualcuno a danno di altri || **N.** parzialità, privilegio, protezione; nepotismo.

favorìto (*pps.* di *favorire*) [sec. XIV] **I** *agg.* **1.** preferito, prediletto: *è il mio pittore favorito* **2.** *T.sport.* che è considerato il più probabile vincitore: *la squadra favorita ai prossimi campionati mondiali* **II** *sm.* **1.** (f. *-a*) chi gode del favore di un potente: *il favorito del direttore* **2.** (f. *-a*) *T.sport.* concorrente o squadra con le maggiori probabilità di vittoria: *non ci sono italiani tra i favoriti* **3.** *pl.* basette folte e lunghe di moda nell'Ottocento || **N. II 1.** *Sin.* cocco **3.** *Sin.* fedine.

favóso [da *favo*; 1834] *agg.* *T.med.* *tigna favosa,* affezione dermatologica che colpisce spec. il cuoio capelluto e si presenta sotto forma di arrossamenti e tumefazioni.

favùle [dal lat. *fabŭlis*, proprio delle fave; sec. XIV] *sm.* **1.** faveto **2.** gambo della fava, quando sia divelto e secco.

fax V. TELEFAX.

fazenda (port., pr. bras. [fa'zẽndɐ]) [dal lat. *facienda*, cose da farsi; 1892] *sf.* (pl. *fazendas*, pr. [fa'zẽndɐs]) tenuta agricola brasiliana.

fazendeiro (port., pr. bras. [fazẽn'deiru]) [da *fazenda*; 1927] *sm.* (pl. *fazendeiros*, pr. [fazẽn'deirus]) in Brasile, conduttore di una tenuta agricola.

fazionàto [pps. di un disus. *fazionare*, dar forma, plasmare, dal fr. *façonner*, 1312] *agg. ant.* conformato.

fazióne [dal lat. *factio, -ōnis*; inizio sec. XIV] *sf.* **1.** gruppo o partito, spec. se eccessivamente aggressivo o intollerante nei confronti di altre formazioni politiche o sociali: *interminabili lotte di fazioni* **2.** *ant.* *T.mil.* fatto d'arme di scarsa importanza **3.** *ant.* *T.mil.* servizio di guardia: *esser di fazione* **4.** *ant.* compimento **5.** *arc.* conformazione, fattezze.

faziosità [da *fazioso*; a. 1937] *sf.* l'esser fazioso; atteggiamento fazioso.

fazióso [dal lat. *factiōsus*; a. 1533] *agg.* che sostiene con intolleranza le proprie tesi, rifiutando a priori le opinioni diverse || *giudice, arbitrio fazioso,* che appoggia manifestamente una delle parti || **N.** *Sin.* partigiano, parziale, settario | *Contr.* equo, imparziale, obbiettivo.

fazzolétto [prob. da *fazzolo*; 1483] *sm.* **1.** pezzo quadro di tela o seta, per soffiarsi il naso, asciugarsi il sudore e sim.: *sventolare il fazzoletto,* per salutare; *fare un nodo al fazzoletto,* per ricordarsi di qualcosa || *fig.* *un fazzoletto di terra,* un appezzamento piccolissimo **2.** foulard || *dim.* fazzolettino, fazzolettùccio; *accr.* fazzolettóne || **N.** moccichino | lembo, cocca, orlo, ricamo.

fazzòlo [dal lat. volg. **faciolum*; sec. XIV-XV *fazzuolo*] *sm. ant.* tela per fazzoletti || fazzoletto.

fe' o **fe** (pr. [fe]) *terza pers. sing. p.rem. ind.* di *fare*, apocope di *fece*.

fé *sf. arc.* o *poet.* apocope di *fede*.

febbràio (pl. *-ài*) [lat. *februārius*, mese dedicato alla purificazione; a. 1288] *sm.* secondo mese dell'anno; si trova tra gennaio e marzo e dura 28 giorni (29 negli anni bisestili).

fèbbre [lat. *febris*; inizio sec. XIII *fevra*] *sf.* **1.** stato patologico caratterizzato da un aumento durevole della temperatura del corpo, dall'accelerazione del polso, dalla diminuzione delle secrezioni: *febbre reumatica, malarica* || *febbre* (o *febbrone*) *da cavallo,* altissima || *febbre da fieno,* pollinosi || *febbre gialla,* grave malattia infettiva, epidemica, contagiosa, che infierisce nei paesi tropicali **2.** *fig.* stato di eccitazione, forte passione: *febbre d'amore, la febbre del sabato sera* || desiderio violento: *febbre di successo, la febbre dell'oro* **3.** *fam.* infezione di tipo erpetico che colpisce le labbra || *dim.* febbrétta, febbrùccia, febbriciàttola; *accr.* febbróne (*sm.*), febbróna; *pegg.* febbràccia || **N.** itterica, epatica, malarica, petecchiale, quartana, reumatica, terzana, tifoidea, traumatica | alta, acuta, bassa, benigna, continua, contagiosa, effimera, essenziale, forte, intermittente, leggera, maligna, ondulante, periodica, ricorrente, sintomatica, violenta | antipiretico, febbrifugo | apiretico, sfebbrato | febbrile; febbricitante.

febbriciàttola (*dim.* di *febbre*) [a. 1684] *sf.* febbre leggera, ma duratura.

febbricitànte [dal lat. *febricitans, -antis*; sec. XIV] *agg.* e *s.* chi o che ha la febbre: *polso da febbricitante.*

febbrìcola [dal lat. *febrĭcula*; 1950] *sf.* febbre leggera, ma insistente.

febbricóso [dal lat. tardo *febbricōsus*; a. 1363] *agg.* **1.** *non com.* febbricitante **2.** *lett.* che provoca febbre: *maremme febbricose* (D'Annunzio).

febbrìfugo (pl. *-ghi*) [comp. di *febbre* e *-fugo*; 1684] **I** *agg.* detto di medicamento atto a vincere la febbre **II** anche *sm.*: *un potente febbrifugo* || **N.** *Sin.* antipiretico.

febbrìle [da *febbre*; a. 1320 nel senso 1; 1690 nel senso 2] *agg.* **1.** *T.med.* di febbre, che indica febbre: *accesso, stato, polso febbrile* **2.** *fig.* agitato, intenso, frenetico: *attività, lavoro febbrile* || **febbrilménte** *avv.*

febbróso [da *febbre*; a. 1543] *agg.* *non com.* **1.** febbricitante **2.** che provoca febbre.

febèo [dal lat. *phoebēus*; a. 1416] *agg. lett.* di Febo, sacro a Febo: *la città febea, alloro febeo* || *estro febeo,* poetico || *poet.* solare: *la febea luce, il febeo splendore.*

fecàle [da *feci*; 1775] *agg.* *T.med.* relativo alle feci, costituito di feci: *materia fecale.*

fecalizzazióne [da *fecale*; 1983] *sf.* immissione di acque ricche di escrementi nel mare, nei laghi e sim.

fèccia (pl. *-ce*) [lat. volg. **fāecea*; a. 1292] *sf.* **1.** residuo della fermentazione alcolica del vino, che si deposita nelle vasche di fermentazione e anche sul fondo delle bottiglie || *bere il calice fino alla feccia,* anche *fig.*, sopportare fino in fondo tutte le umiliazioni o amarezze **2.** *fig.* la parte peggiore di un gruppo, un ambiente e sim.: *la feccia del popolo, degli scrittori* || **N. 1.** *Sin.* deposito, fondiglio, morchia, posatura **2.** *Sin.* gentaglia, marmaglia, teppa | *Contr.* *crème,* fior fiore.

fecciàio (pl. *-ài*) [da *feccia*; sec. XIV] **I** *agg.* relativo alla feccia || *spina fecciaia,* spina che si toglie dalla botte per far uscire la feccia **II** *sf.* *fecciaia,* foro praticato nel mezzule delle botti per far uscire, tramite una cannetta, la feccia.

feccióso [da *feccia*; 1353] *agg.* **1.** pieno di feccia: *vino feccioso* **2.** *fig.* *lett.* vile, spregevole.

fecciùme [da *feccia*; a. 1686] *sm.* **1.** quantità di feccia **2.** *fig.* gentaglia, marmaglia.

fèci [dal lat. *fāeces*, pl. di *fāex*, feccia; sec. XIV] *sf. pl.* *T.med.* escrementi umani: *esame delle feci.*

feciàle V. FEZIALE.

fècola [dal lat. *fāecula*, sul modello del fr. *fécule*; a. 1715 *fecala*] *sf.* **1.** sostanza amidacea farinosa, che si ricava dai tuberi, dai rizomi, dal midollo del fusto di varie piante: *fecola di castagne* **2.** *per anton.* fecola di patate.

fecondàbile [da *fecondare*; a. 1704] *agg.* che può essere fecondato.

fecondabilità [da *fecondabile*; 1956] *sf.* possibilità di una donna o di una femmina di animale di essere fecondata || probabilità che una donna concepisca, quando si trova in condizioni di essere fecondata.

fecondàre (pres. *-óndo*) [dal lat. *fecundāre*; a. 1306] *tr.* **1.** *T.biol.* determinare la formazione del germe di una pianta o dell'embrione di un animale **2.** anche *fig.*: *fecondare l'ingegno* || **N. 1.** *Sin.* ingravidare; impollinare **2.** *Contr.* isterilire.

fecondativo [da *fecondare*; a. 1459] *agg.* *non com.* atto a fecondare.

fecondatóre [da *fecondare*; 1618] *agg.* e *sm.* (f. *-trìce*) che o chi feconda, rende fecondo: *agente fecondatore.*

fecondazióne [da *fecondare*; a. 1730] *sf.* l'atto e l'effetto del fecondare, fenomeno fondamentale della riproduzione sessuale animale o vegetale || *fecondazione artificiale,* pratica che consiste nel portare i semi maschili a contatto con le ovocellule al di fuori del normale rapporto sessuale || **N.** *Sin.* concepimento.

fecondità [dal lat. *fecunditas, -ātis*; 1306 *fecundità*] *sf.* **1.** l'essere fecondo || capacità di fecondare ed essere fecondato **2.** *fig.* fertilità; inventiva || **N. 1.** *Sin.* prolificità **2.** *Sin.* feracità, produttività.

fecóndo [dal lat. *fecundus*; a. 1364] *agg.* **1.** atto a procreare, detto spec. di donna o femmina di animali || *giorni fecondi,* periodo del ciclo di ovulazione in cui è possibile il concepimento || prolifico, che ha prole numerosa: *matrimonio fecondo* **2.** *fig.* che produce abbondantemente: *terreni fecondi*; *ingegno fecondo,* creativo || ricco di sviluppi e conseguenze positive: *idea feconda* **3.** *ant.* che feconda, fecondatore: *pioggia feconda* || **N. 1.** *Sin.* fertile; prolifico | *Contr.* sterile **2.** *Sin.* ferace, fertile, fruttifero, produttivo, ubertoso | *Contr.* arido, improduttivo.

feculènto [dal lat. *faeculentus*; 1340 ca.] *agg.* *raro* che contiene molta feccia, feccioso: *vino, aceto feculento.*

fedaìn forma it. di FEDAYIN (v.).

fedàre (pres. *fèdo*) [dal lat. *foedāre*; 1336 ca.] *tr. arc.* o *poet.* sporcare, macchiare, lordare || anche *fig.*, contaminare, corrompere.

fedayin o ***fidayin*** (ar., pr. [fidɑ:ʔij'ji:n]; pr. it. [feda'in]) [pl. dell'ar. classico *fidā'ī*, che offre volontariamente la sua anima in riscatto della morte; 1963 *fedayin*] *sm. inv.* membro di una organizzazione militare di resistenza palestinese.

féde [lat. *fides*; a. 1250] *sf.* **1.** ferma credenza che si fonda su una convinzione personale o sull'autorità altrui, senza necessità di prove obiettive o dimostrazioni logiche: *aver fede nella giustizia, nella vittoria* || il complesso delle proprie convinzioni, spec. politiche o ideali **2.** *per anton.* *T.teol.* adesione piena, per intervento della grazia divina, alla verità rivelata; è una delle virtù teologali || *perdere la fede,* non credere più in Dio; *articolo di fede,* dogma || *per estens.* il credo religioso cristiano: *conquistare alla fede, martiri della fede* **3.** fiducia in una cosa o persona: *persona degna di fede*; *non prestar fede alle sue parole* || *buona fede,* convinzione di essere nel giusto o di agire correttamente || *mala fede,* V. MALAFEDE || *in fede (mia),* formula che conferma solennemente quanto si è affermato || *persona di poca fede,* che ha scarsa fiducia negli altri, scettico **4.** lealtà, fermezza nella parola data: *fede coniugale, tener fede ad un impegno* **5.** anello nuziale: *portare la fede* **6.** testimonianza, attestazione, nell'espr. *far fede,* dare una prova: *un gesto che fa fede della sua correttezza* || *linea di fede,* in molti strumenti, linea di riferimento per la lettura di una graduazione || *concr. bur.* certificato, attestato: *fede di battesimo, di nascita* || **N. 1.** *Sin.* certezza, convinzione | assoluta, cieca, incrollabile, indiscussa; vacillante **2.** credo, religione | abiurare, rinnegare; convertire | bigotto, credente, devoto, fedele **3.** *Sin.* fiducia **4.** *Sin.* fedeltà, rispetto **5.** *Sin.* vera. **Q.T.** *religione.*

fedecommésso [lat. *fideicommissum,* affidato alla lealtà; 1355] **sm.** *T.giur.* disposizione testamentaria con cui si imponeva all'erede di conservare il patrimonio per trasmetterlo in tutto o in parte ai discendenti.

fedecommèttere (pres. *-mètto* ecc., come METTERE) [da *fedecommesso;* 1821] **tr.** *T.giur.* lasciare qualcosa in fedecommesso.

fedecommissàrio (pl. *-ri*) [dal lat. tardo *fideicommissārius,* da *fideicommissus,* fedecommesso; 1388 come sm.] **I agg.** *T.giur.* relativo a fedecommesso, proprio di fedecommesso, per fedecommesso: *disposizione fedecommissaria; sostituzione fedecommissaria,* fedecommesso **II sm.** (f. *-a*) *T.giur.* persona o ente a cui l'erede deve trasmettere i beni ricevuti in fedecommesso.

fededégno [dal lat. *fide dignus;* 1353] **agg.** *non com.* degno di fede, degno di fiducia || **N.** *Sin.* attendibile, credibile.

fedéle [lat. *fidēlis;* sec. XIII] **I agg. 1.** che rispetta lealmente un impegno, spec. morale: *marito, amico, alleato fedele; essere fedele ai patti* || di animali od oggetti, che non viene meno alle aspettative del proprietario: *un cane fedele, la mia fedele bicicletta* || *per estens.* che mostra attaccamento, affezionato: *rimanere fedele alle tradizioni* || assiduo: *è un fedele frequentatore di concerti, un cliente fedele* **2.** che risponde al vero: *una descrizione fedele* || che riproduce il più esattamente possibile l'originale: *ritratto fedele* (anche *fig.*), *registrazione, traduzione fedele* || detto di persona, che rispetta i fatti, i documenti e sim.: *storico, traduttore fedele;* che si attiene senza riserve alle disposizioni: *un fedele esecutore di ordini* || **fedelménte avv. II s. 1.** seguace di una fede religiosa: *la comunità dei fedeli* **2.** *per estens.* strenuo fautore di una causa politica, di un ideale; collaboratore devoto di un personaggio importante || freq. in questo senso anche il superl. *fedelissimo,* spec. nel linguaggio politico e in quello sportivo: *i fedelissimi dell'Inter,* i suoi tifosi più accesi || **N. I 1.** *Sin.* fidato, fido, leale, schietto, sincero; affezionato, affidabile, attaccato, devoto, ligio | *Contr.* infedele, infido, sleale, traditore **2.** *Sin.* accurato, attendibile, conforme, somigliante, veridico | *Contr.* deformato, distorto, infedele **II 1.** *Sin.* credente, devoto, osservante, praticante **2.** *Sin.* sostenitore; *aficionado, fan,* tifoso, ultrà. **Q.T.** *religione.*

fedeltà [dal lat. *fidelitas, -ātis;* a. 1292] **sf.** qualità dell'essere fedele, nei vari sensi dell'agg.: *fedeltà alla moglie, fedeltà di una riproduzione* || *in part. T.tecn. registratore, giradischi, microfono ad alta fedeltà,* che riproduce il segnale senza distorsioni. **Q.T.** *audiovisivi.*

fèdera [dal long. **federa;* 1354] **sf.** sacchetto di tela che copre il guanciale.

federàle [dal fr. *fédéral;* 1849] **I agg. 1.** che ha una struttura di federazione: *stato federale, Repubblica Federale Tedesca* || che si riferisce a uno stato federale: *governo federale* **2.** proprio di una federazione politica o sportiva: *regolamento, segretario federale del partito* **II sm.** *T.stor.* segretario di una federazione del partito fascista.

federalịsmo [dal fr. *fédéralisme;* 1793] **sm.** *T.pol.* dottrina politica favorevole alla federazione di più stati: *federalismo europeo.*

federalista [dal fr. *fédéraliste;* 1798] **I s.** *T.pol.* fautore e seguace del federalismo **II agg.** *T.pol.* federalistico.

federalistico (pl. *-ci*) [da *federalista;* a. 1952] **agg.** *T.pol.* del federalismo, dei federalisti: *assetto federalistico, movimento federalistico.*

federàre (pres. *fèdero*) [rifatto su *federato;* 1860] **tr.** *non com.* unire in federazione || **rifl. rec.** unirsi in federazione.

federatìvo [dal fr. *fédératif;* a. 1794] **agg. 1.** di federazione, relativo a una federazione **2.** federalista.

federàto [dal lat. *foederātus,* pps. di *foederāre;* a. 1580] **agg. 1.** unito in federazione **2.** *T.stor.* nell'antica Roma, detto di stato legato a Roma da un patto di assistenza militare.

federazióne [dal lat. *foederātio, -ōnis,* attr. il fr. *fédération;* 1798] **sf. 1.** *T.pol.* unione stabile di stati legati da una costituzione comune, che conservano un'ampia autonomia legislativa, demandando però al potere centrale (l'unico dotato di individualità giuridica) tutto quanto concerne i rapporti internazionali (difesa, politica estera) **2.** *T.pol.* unione di più associazioni politiche, operaie, sindacali ecc.: *federazione sindacale* || ente che regola la pratica di una disciplina sportiva: *Federazione Italiana Gioco Calcio* || organismo politico locale: *federazione provinciale del partito.*

federiciàno o **fridericiàno** [dal n. proprio *Federico;* 1956] **agg.** *T.stor.* relativo a ogni personaggio storico di nome Federico, spec. Federico II di Svevia e Fedrico II di Prussia; proprio di tali personaggi storici: *la corte federiciana, gli studi federiciani.*

fedìfrago (pl. *-ghi*) [dal lat. *foedifragus;* 1513] **agg.** *lett.* che rompe la fede ai patti giurati || *scherz.* che non mantiene la parola || infedele || **N.** *Sin.* fellone, rinnegato, spergiuro, traditore.

fedìna[1] [da *fede;* 1773] **sf.** *bur.* certificato penale: *aver la fedina pulita.*

fedìna[2] [da *fede;* 1863] **sf.** ciascuna di quelle strisce sottili di barba che alcuni si fanno crescere lungo le gote || **N.** *Sin.* basette, favoriti, scopettoni.

fedìre (pres. *fièdo, fièdi* o *fedìsco, fedìsci;* p.rem. *fedìi, fedìsti;* pres. cong. *fedìsca* o *fièda;* pps. *fedìto*) [lat. *ferīre,* con dissimilazione; a. 1292] **tr.** *arc.* ferire || **intr.** (aus. *avere*) *arc. poet.* mirare a una fine, indirizzarsi: *per che la gente, che sua guida vede / pur a quel ben fedire ond'ella è ghiotta, / di quel si pasce, e più oltre non chiede* (Dante) || **N. tr.** *Sin.* fiedere.

feditóre [da *fedire;* 1312] **sm.** *arc.* (f. *-trìce*) feritore || *T.stor.* nell'epoca comunale, cavaliere con il compito di attaccar battaglia.

fèdo [dal lat. *foedus;* 1313] **agg.** *arc.* sporco, sozzo: *l'alta calle feda tremò* (Dante).

feed-back o ***feedback*** (ingl., pr. ['fi:dbæk]) [comp. di *feed,* alimentazione e *back,* all'indietro; 1963] **sm.** *inv.* **1.** *T.elettron.* nei dispositivi automatici, operazione del rinviare all'entrata di un processo un'informazione sul processo stesso, per scoprire eventuali errori e apportarvi le dovute modifiche **2.** *T.ling.* effetto retroattivo di un messaggio su colui che formula il messaggio stesso **3.** *fig.* effetto retroattivo di un evento: *osservare il feed-back di una mossa politica* || **N.** *Sin.* retroazione.

feeling (ingl., pr. ['fi:lɪŋ]) [da *to feel,* sentire; 1958] **sm.** *inv.* corrente di simpatia o inclinazione naturale tra due o più persone: *tra quei due c'è un feeling.*

feèrico (pl. *-ci*) [dal fr. *féerique;* 1930] **agg.** *lett.* magico, fiabesco, incantato || *per estens.* particolarmente suggestivo, fantastico, irreale: *uno spettacolo feerico.*

féerie (fr., pr. [fee'ri]) [da *fée,* fata; 1903] **sf.** *inv.* spettacolo coreografico, in cui lo sfarzo e la fantasia dei costumi e degli scenari danno allo spettatore l'illusione di trovarsi quasi in un paese incantato, di fate || **N.** fantasmagorìa.

féerique (fr., pr. [fee'rik]) [da *féerie;* 1857] **agg.** *inv.* v. FEERICO.

fegatàccio (pl. *-ci*) (*pegg.* di *fegato*) [1869] **sm.** *fam. disus.* persona audacissima, che si mette a qualunque impresa rischiosa, anche se poco onesta: *è un fegatàccio!.*

fegatèlla [da *fegato,* per il colore rosso scuro delle foglie; a. 1320] **sf.** *T.bot.* pianta delle Epatiche che cresce in luoghi umidi: ha la foglia verde nella parte superiore e rosso scuro in quella inferiore.

fegatèllo [da *fegato;* a. 1416] **sm.** pezzo di fegato di maiale, avvolto nella sua rete, e cotto in umido o più com. arrosto.

fegatìno (*dim.* di *fegato*) [1864] **sm.** fegato di uccello usato in cucina: *fegatini di pollo.*

fégato [lat. *iecur ficātum,* fegato di animale, ingrassato coi fichi; sec. XIII-XIV] **sm. 1.** *T.anat.* voluminosa ghiandola del corpo umano e animale che secerne la bile, collabora all'assimilazione delle sostanze nutritive e alla disintossicazione dell'organismo; nell'uomo è situata nell'addome, a destra, subito sotto il diaframma || fegato di animale macellato: *fegato alla veneziana, fegato di maiale, fegato arrosto* || *mangiarsi, rodersi il fegato,* consumarsi di rabbia; *farsi venire il mal di fegato,* prendersela troppo **2.** coraggio, in alcune espr.: *uomo di fegato, avere fegato, mancare di fegato, avere il fegato di fare qualcosa, ci vuole un bel fegato!* || *dim.* fegatèllo, fegatìno || **N. 1.** cistifellea, coledoco, iecorina, lobi; calcolo, cisti, colica, epatite, itterizia; bile, fiele | epatico. **Q.T.** *anatomia* **TAV. *anatomia* p. 642** 8.12, 13.11.

fegatóso [da *fegato;* 1798] **I agg.** che soffre di mal di fegato || *fig.* rabbioso, astioso, bilioso, irascibile **II sm.** (f. *-a*) malato di fegato.

félce [lat. *filix, filicis;* fine sec. XIII] **sf.** nome generico di qualunque pianta appartenente a un'importante classe di Pteridofite; le felci sono perenni, di dimensioni molto variabili (fino a decine di metri); prive di fiori e quindi di semi, si riproducono per mezzo di spore: *felce aquilina, felce maschio, felce femmina.* **TAV. *botanica* p. 661** 7.1.

felcéta (o *felcéto* sm.) [da *felce;* 1869] **sf.** *non com.* luogo pieno di felci.

feldispàto e der. forme meno com. di FELDSPATO e der. (v.).

feldmaresciàllo [dal ted. *Feldmarschall,* maresciallo di campo; 1797] **sm.** maresciallo di campo, grado supremo della gerarchia militare nell'impero austro-ungarico, in Germania e anche in Inghilterra.

feldspàtico (pl. *-ci*) [da *feldspato;* 1822] **agg.** *T.min.* di feldspato: *rocce feldspatiche.*

feldspàto [dal germ. *Feldspat,* spato di campo; 1798] **sm.** *T.min.* membro di una famiglia di minerali assai diffusi in natura, costituita da alluminosilicati di potassio, sodio, calcio e bario, che cristallizzano nei sistemi monoclino e triclino || **N.** albite, anortite, ortoclasio.

feldspatòidi [comp. di *feldspato* e *-oide;* 1940] **sm. pl.** *T.min.* gruppo di minerali che hanno composizione chimica analoga a quella dei felspati.

felibrịsmo [dal provenz. mod. *félibrige;* 1923] **sm.** *T.lett.* movimento letterario della seconda metà dell'Ottocento, di cui la figura più nota è F. Mistral, che esaltava la dignità letteraria della lingua provenzale e si proponeva l'unificazione dei suoi dialetti.

felìbro [dal provenz. mod. *félibre;* 1908 *félibre*] **sm.** *T.lett.* ciascuno dei sette poeti che fondarono il felibrismo.

felìce [lat. *felix, felīcis;* 1319] **agg. 1.** detto di persone, che ha o crede di avere tutto ciò che si può desiderare ed è pienamente soddisfatto: *ci vuol poco a farlo felice, non sono mai stato così felice in vita mia* || *e vissero felici e contenti*, formula conclusiva di molte fiabe, talvolta usata iron. in altri contesti || con valore attenuato, in formule di cortesia: *felice di fare la sua conoscenza* || in qualche espr. esclamativa, sin. meno com. di *beato*: *felice te, che te lo puoi permettere!* **2.** detto di periodi di tempo o situazioni in cui si è felici: *un'infanzia felice, un matrimonio felice* || in espr. di augurio, sin. meno com. di *buono*: *felice notte!, felice anno nuovo!* || *per estens.* positivo, favorevole: *la vicenda ha avuto un esito felice* **3.** opportuno, ben concepito o riuscito: *un'idea felice, un'espressione non molto felice* || dotato di particolare abilità: *ha avuto la mano felice* || **feliceménte** *avv.* || **N. 1.** *Sin.* allegro, beato, contento, entusiasta, esultante, giubilante, giulivo, lieto, raggiante, sereno, soddisfatto | *Contr.* infelice, insoddisfatto, scontento, triste **2.** *Sin.* fortunato, piacevole, sereno, soddisfacente, riuscito; fausto, propizio | *Contr.* sfortunato; sfavorevole **3.** *Sin.* appropriato | *Contr.* fuori luogo, inadatto, infelice.

felicità [dal lat. *felicitas, -ātis*; a. 1294] ***sf.*** l'essere felice, nei vari sensi dell'agg.: *una felicità incontenibile, la felicità di questi momenti, la felicità di un'espressione* || *concr.* avvenimento felice: *le auguro ogni felicità* || **N.** *Sin.* beatitudine, benessere, contentezza, delizia, dolcezza, esultanza, fortuna, gioia, letizia, paradiso, prosperità, serenità, soddisfazione.

felicitàre (pres. *-ìcito*) [dal lat. tardo *felicitāre*; 1313] ***intr. pron.*** **1.** gioire, essere soddisfatto: *posso felicitarmi per come è andata* **2.** congratularsi, rallegrarsi: *mi felicito con lei del suo successo* || ***tr.*** rendere felice, quasi solo nella formula augurale *che Dio la feliciti.*

felicitazióne [da *felicitare*; a. 1764] ***sf.*** congratulazione, spec. *pl.*: *vivissime felicitazioni* || **N.** *Sin.* rallegramenti.

Fèlidi (sing. *-e*) [dal lat. scient. *Felidae*, basato sul lat. *fēlis*, gatto; 1956] ***sm. pl.*** *T.zool.* famiglia di mammiferi carnivori a cui appartengono il gatto, il leone, la tigre e sim. **TAV. *mammiferi* p. 1319.**

felìno [dal lat. tardo *felīnus*; 1798] **I *agg.*** di gatto: *razze feline* || da gatto, degno di un gatto: *balzo felino, astuzia felina* **II *sm.*** nome comune di qualunque specie appartenente alla famiglia dei Felidi: *la tigre è il più bello dei felini.*

fellah (ar., pr. [fæl'lɑ:ħ]; pr. it. [fel'la]) [a. 1562] ***sm. inv.*** contadino egiziano o palestinese.

fellatio (pseudolat., pr. [fel'lattsjo]) [dal lat. *fellare*, letter. succhiare il latte; 1956] ***sf. inv.*** coito orale.

fellatóre [dal lat. *fellātor, -ōris*; 1525] ***agg.*** e ***sm.*** (f. *-trice*) chi pratica il coito orale || **N.** *Sin.* bocchinaro.

fellèma [da *fello-*; 1940] ***sm.*** *T.bot.* parte sugherosa della corteccia, nelle piante arboree.

fèllo [dal lat. mediev. *fello, -ōnis*; a. 1294] ***agg.*** *arc.* empio, crudele, scellerato.

fèllo- [dal gr. *phellós*, sughero] ***primo elem.*** che, in parole composte della terminologia botanica, vale "sughero" (per es. *felloderma, fellogeno*).

fellodèrma [comp. di *fello-* e *-derma*; 1931] ***sm.*** *T.bot.* tessuto parenchimatico prodotto, nel fusto e nelle radici, dal lato interno del fellogeno.

fellògeno [comp. di *fello-* e *-geno*; 1931] ***sm.*** *T.bot.* meristema secondario dei fusti e delle radici; produce, con funzione protettiva, sughero verso l'esterno e felloderma verso l'interno.

fellóne [dal lat. mediev. *fello, -ōnis*; a. 1250] ***sm.*** (f. *-a*) *lett.* traditore || *scherz.* briccone.

fellonésco (pl. *-schi*) [da *fellone*; a. 1294] ***agg.*** *lett.* di o da fellone: *ardire fellonesco.*

fellonìa [da *fellone*; a. 1294] ***sf.*** **1.** *T.stor.* nel mondo feudale, tradimento di un patto con i sovrani o il signore del feudo **2.** *lett.* perfidia, slealtà || azione malvagia.

félpa [dal fr. ant. *felpe*; 1598] ***sf.*** tessuto di lana o cotone con pelo lungo da un lato: *una tuta di felpa* || *per meton.* tipo di casacca giovanile sportiva in questo tessuto, spesso con scritte o disegni vivaci: *una felpa firmata.*

felpàto [da *felpa*; a. 1712] ***agg.*** rivestito di felpa: *guanti felpati* || *fig.* *passi felpati*, cauti e silenziosi.

felsìneo [dal lat. *Felsina*, nome di Bologna etrusca; 1483] ***agg.*** bolognese.

feltràio (pl. *-ài*) [da *feltrare*; 1956] ***sm.*** (f. *-a*) operaio addetto alla follatura delle lane e dei peli per ricavare il feltro.

feltràre (pres. *féltro*) [da *feltro*; 1691] ***tr.*** **1.** ridurre a feltro: *feltrare un panno* **2.** rivestire di feltro.

feltratùra [da *feltrare*; 1776] ***sf.*** **1.** trasformazione in feltro di un insieme di fibre vegetali o peli animali **2.** operazione del rivestire con feltro.

féltro [dal francone **filtir*; 1243] ***sm.*** **1.** panno di lana o pelo, non tessuto, ma reso consistente per compressione **2.** *per meton.* pezzo o oggetto di feltro adibito a vari usi; *in part.* il dim. *feltrino* designa i quadratini adesivi di feltro che si applicano alle gambe dei mobili, alle parti d'appoggio di soprammobili e sim. per attutire i rumori ed evitare di rigare le superfici || *per meton.* cappello di feltro: *sotto le larghe falde del feltro* (D'Annunzio) **3.** *arc.* filtro. **Q.T.** *copricapi.*

felùca [dall'ar. *faluwa*, attr. lo sp. *faluca*; 1579 *filuga*] ***sf.*** **1.** *T.mar.* piccola nave a vela con due alberi a vela latina, usata un tempo nel Mediterraneo **2.** cappello a due punte dell'uniforme di gala degli ufficiali di marina, dei diplomatici, degli accademici e sim.

felzàta [dal lat. mediev. *fersata*, stuoia, coperta; 1561] ***sf.*** *arc.* coperta da letto di lana con ordito sottile e ritorto.

félze o **félse** [etim. inc.; 1581] ***sm.*** specie di cabina e che sta nel centro della gondola per offrire riparo ai passeggeri.

femìneo V. FEMMINEO.

feminìno V. FEMMININO.

fémmina [lat. *femina*; sec. XIII] **I *sf.*** **1.** essere umano o animale in grado di essere fecondato e di generare, partorendo figli o deponendo uova: *ha due figli, un maschio e una femmina, la mucca è la femmina del toro* **2.** donna, spesso con sfumatura spreg., o per sottolinearne gli aspetti tipicamente femminili, e spec. l'attrattiva sessuale: *pettegolezzi da femmine*; *mala femmina*, prostituta; *è una gran femmina*, di donna bella e sensuale **3.** *per estens.* parte cava di un congegno destinata a riceverne un'altra al suo interno: *la femmina della vite* **II *agg.*** **1.** di sesso femminile (in questo caso gen. non si concorda in numero): *due canguri femmina*; detto anche di pianta portatrice di soli gameti femminili **2.** detto di donna, attraente, sensuale, dalle caratteristiche tipicamente femminili: *la trovo molto femmina* **3.** detto di parte cava di un congegno a incastro: *gancio, presa femmina* || *dim.* femminèlla, femminétta, femminùccia || **N. I 1., 2.** DONNA | *Contr.* maschio.

femminèlla (*dim.* di *femmina*) [sec. XIII] ***sf.*** **1.** donna debole o di scarse qualità || donna leggera, prostituta **2.** uomo debole e pauroso, donnicciola || *merid.* ragazzo effeminato; omosessuale **3.** germoglio secondario della vite **4.** *T.mar.* parte femmina della cerniera su cui si impernia il timone, nella quale si infila il maschio detto *agugliotto.*

femmìneo (ant. o poet. *femìneo*) [dal lat. *femineus*; a. 1342] ***agg.*** *lett.* da donna: *vesti femminee* || effeminato: *atteggiamento femmineo.*

femminésco (pl. *-schi*) [da *femmina*; prima metà sec. XIV] ***agg.*** *raro spreg.* da femmina.

femminézza [da *femmina*; 1308] ***sf.*** *arc.* l'esser donna, femminilità.

femminìle [da *femmina*; a. 1294] **I *agg.*** **1.** proprio della femmina: *sesso femminile, gameti femminili* **2.** proprio della donna: *grazia, sensibilità femminile* || per donna: *abito femminile* || riservato alle donne: *classe, gara femminile* **3.** *T.gram.* *genere femminile*, uno dei due generi della lingua italiana, in cui rientrano la grande maggioranza dei nomi che designano persone o animali di sesso femminile oltre a moltissimi altri nomi || che è proprio del genere femminile: *desinenza femminile* **4.** *T.metr.* *cesura femminile*, nell'esametro dattilico, quella dopo la prima sillaba breve del terzo piede || **femminilménte** *avv.* **II *sm.*** *T.gram.* genere femminile || forma appartenente al genere femminile: *il femminile degli aggettivi in -o esce in -a* || **N. 2.** donnesco, femmineo, muliebre | *Contr.* maschile, virile.

femminilìsmo [da *femminile*; 1932] ***sm.*** *T.biol.* presenza nel maschio di caratteri secondari femminili.

femminilità [da *femminile*; 1639] ***sf.*** indole e temperamento femminile; fascino femminile || **N.** *Contr.* mascolinità, virilità.

femminìno (raro *feminìno*) [lat. *femenīnus*; 1160] **I *agg.*** *lett.* femminile: *grazia femminina* **II *sm.*** solo nell'espr. *l'eterno femminino*, l'essenza della femminilità che rimane immutata al variare del tempo e dei costumi.

femminìsmo [dal fr. *féminisme*; 1897] ***sm.*** movimento che rivendica l'uguaglianza giuridica, politica e sociale della donna rispetto all'uomo || più recentemente, movimento che tende a valorizzare gli aspetti specifici della sensibilità e della mentalità femminili, in antagonismo con la cultura maschile dominante. **Q.T.** *sociologia.*

femminìsta [dal fr. *féministe*; 1897] **I *s.*** seguace del femminismo **II *agg.*** proprio del femminismo: *ideologia femminista.*

femminùccia (pl. *-ce*) (*dim.* di *femmina*) [sec. XIV] ***sf.*** **1.** donna di poco conto **2.** *più com.* uomo debole e indeciso || ragazzino pauroso e piagnucolone.

femoràle [dal lat. tardo *femorālis*; 1834] ***agg.*** *T.anat.* del femore: *arteria, muscolo, nervo femorale.* **TAV. *anatomia* p. 641** 3.6, 4.8.

fèmore [dal lat. *femur, femuris*; sec. XIV] ***sm.*** *T.anat.* l'osso della coscia, il più lungo del corpo || **N.** collo, fossa intercondiloidea, piccolo e grande trocantere, testa. **Q.T.** *anatomia* **TAV.** *zootecnia* 5.3; ***anatomia* p. 641** 1.14, 2.16.

fèmto- [dal danese *femten*, quindici] ***primo elem.*** che, anteposto a un'unità di misura, ne divide il valore per un milione di miliardi (cioè lo moltiplica per 10^{-15}): **femtòmetro**.

fen (cinese, pr. [fən]) [1932] ***sm.*** moneta della Repubblica Popolare Cinese, corrispondente a un centesimo di yuan.

fenacetìna [comp. di *fen(olo)*, *acet(o)* e *-ina*; 1905] ***sf.*** *T.farm.* sostanza derivata dal fenolo e adoperata come febbrifugo e contro il mal di capo.

fenantrène [comp. di *fen(ile)* e *antr(ac)ene*; 1952] ***sm.*** *T.chim.* idrocarburo aromatico con struttura a tre nuclei benzenici condensati, usato per fabbricare coloranti e prodotti farmaceutici.

fenàto [dal *fen(ico)* con cambio di suff.; 1869] ***sm.*** *T.chim.* sale dell'acido fenico.

fendènte [da *fendere*; sec. XV-XVI] ***sm.*** colpo di sciabola dato di taglio (non di piatto) e dall'alto in basso.

fèndere (pres. *fèndo, fèndi*; p.rem. *fendètti* e *fendéi*; pps. *fendùto* e *fésso*) [lat. *findere*; a. 1294] ***tr.*** **1.** tagliare o spaccare in due con un colpo secco || produrre una fessura dai contorni netti **2.** *fig.* passare aprendosi un varco: *fendere la nebbia, le onde*; *fendere la calca* ||

intr. pron. spaccarsi secondo una linea retta; fessurarsi: *un legno che si fende* || **N.** *Sin.* dividere, incrinare, scindere, screpolare.

fendìbile [da *fendere*; 1679] *agg.* che si può fendere.

fendibilità [da *fendibile*; 1987] *sf.* *T.fal.* tendenza a fendersi; caratteristica propria del legno che lo porta a rompersi sotto l'azione di un duro colpo, vibrato con forza nel senso delle fibre.

fendinébbia [comp. di *fende(re)* e *nebbia*; 1963] *agg.* e *sm.* *inv.* negli autoveicoli, detto di proiettore, spesso a luce gialla, che permette una migliore visibilità in caso di nebbia: *i fendinebbia, fari fendinebbia* || **N.** *Sin.* antinebbia.

fenditóio (pl. *-ói*) [da *fendere*; a. 1859] *sm.* **1.** strumento munito di una lama, talvolta piegata in modo da essere battuta col martello, usato per gli innesti sui rami degli alberi **2.** qualsiasi strumento impiegato per spaccare qualcosa obliquamente.

fenditóre [da *fendere*; a. 1519] *agg.* e *sm.* (f. *-trice*) *non com.* che o chi fende: *aratro fenditore.*

fenditùra [da *fendere*; sec. XIV] *sf.* il fendere e il fendersi; *più com.* rottura, apertura (spec. lunga e sottile): *il ghiaccio ha causato le fenditure della roccia* || **N.** *Sin.* apertura, crepa, fessura, incrinatura, screpolatura, spaccatura.

feneratìzio (pl. *-zi*) [dal lat. tardo *feneratīcius*; 1918] *agg.* *raro* *T.giur.* relativo all'usura; da usuraio.

fenestràto [dal lat. *fenestra*, apertura; 1968 nel senso 2] *agg.* **1.** *T.bot.* detto di organo vegetale dotato di apertura **2.** *T.med.* detto di strumento chirurgico munito di apertura (es. le pinze a branche).

fenestratùra [dal lat. *fenestra*, apertura; 1983] *sf.* **1.** in diverse tecnologie, apertura che permette l'estrazione di campioni di materiale **2.** *T.med.* fenestrazione.

fenestrazióne [dal lat. scient. *fenestratio, -ōnis*; 1963] *sf.* *T.med.* apertura praticata in un organo cavo del corpo o in un apparecchio cavo (ingessatura, corsetto) applicato al corpo.

fenianìsmo [dall'ingl. *fenianism*; 1881] *sm.* movimento rivoluzionario clandestino irlandese del sec. XIX, inteso a rovesciare il dominio inglese || insieme dei principi che ispirarono tale movimento.

feniàno [dall'ingl. *fenian*, dall'irlandese *fiann*, n. di una fazione di irlandesi; 1887] *sm.* (f. *-a*) spec. *pl.* seguaci del fenianismo.

fenicàto [da *fenico*; 1875] *agg.* *T.chim.* che contiene acido fenico: *cotone, alcol fenicato.*

fenìce [dal lat. *phoenix, -īcis*; a. 1250 *fenise*] *sf.* **1.** uccello favoloso d'Arabia (detto anche *araba fenice*), bellissimo e unico, che si diceva rinascesse ogni cinquecento anni dalle proprie ceneri; nella simbologia cristiana indica la resurrezione || *fig.* persona o cosa più unica che rara: *hai trovato l'araba fenice e non te ne rendi conto* **2.** *T.astr.* costellazione australe **3.** *T.bot.* genere a cui appartiene la palma da datteri.

fenìcio (pl. *-ci*) [dal lat. *phoenīcius*; a. 1375] **I** *agg.* della Fenicia, antica regione asiatica sulle coste del Mediterraneo **II** *sm.* **1.** abitante della Fenicia **2.** lingua antica del ramo semitico occidentale, affine all'ebraico, parlata dai Fenici.

fènico (pl. *-ci*) [dal fr. *phénique*; 1869] *agg.* *T.chim.* *acido fenico*, altro nome del fenolo.

Fenicotterifórmi (sing. *-e*) [comp. di *fenicottero* e *-forme*; 1988] *sm. pl.* *T.zool.* ordine di uccelli che comprende la sola famiglia dei fenicotteri. **Q.T.** *zoologia* **TAV.** ***uccelli*** **p. 1338**.

fenicòttero [dal lat. *phoenicopterus*, gr. *phoinikópteros*; sec. XIV] *sm.* nome comune ad alcune specie di uccelli palmipedi migratori, con aspetto di trampolieri, rivestiti di penne bianco-rosee, con ali rosse e becco lungo e adunco. **TAV.** ***uccelli*** **p. 1339** 8.

fenilammìna [comp. di *fenile* e *ammina*; 1929] *sf.* *T.chim.* composto organico liquido estratto dal catrame, utilizzato per la produzione di coloranti artificiali, farmaci e isolanti elettrici || **N.** *Sin.* anilina.

fenìle [comp. di *fen(ico)* e *-ile*, come il fr. *phényl*; 1869 *fenilo*] *sm.* *T.chim.* radicale monovalente derivato dal benzene.

fenìlico (pl. *-ci*) [da *fenile*; 1956] *agg.* *T.chim.* detto di un composto contenente il radicale fenile.

fènnec [dall'ar. *fanak*; 1834 *fennecco*] *sm.* *T.zool.* carnivoro dei Canidi simile ad una piccola volpe, con orecchie molto sviluppate || **N.** *Sin.* volpe del deserto.

fèno- [dal gr. *pháinein*, apparire] *primo elem.* che, in parole composte della terminologia scientifica, vale "manifestazione", "cosa visibile" (per es. *fenocristallo, fenologia*).

fenocristàllo [comp. di *feno-* e *cristallo*; 1932] *sm.* nelle rocce di natura porfirica, cristallo ben distinguibile dalla pasta di fondo per le sue notevoli dimensioni e la morfologia.

fenoftaleìna [comp. di *feno(lo)* e *ftaleina*; 1952 *fenolftaleina*] *sf.* *T.chim.* prodotto derivato dal fenolo che trova applicazioni chimiche come indicatore e farmaceutiche come lassativo.

fenolàto [comp. di *fenolo* e *-ato*; 1956] *sm.* *T.chim.* fenato.

fenòlico (pl. *-ci*) [da *fenolo*; 1929] *agg.* *T.chim.* relativo al fenolo, proprio del fenolo: *resine fenoliche.*

fenòlo [da *fen(ico)* con cambio di suff., come il fr. *phénol*; 1875] *sm.* *T.chim.* composto derivato dal benzene per sostituzione di un atomo di idrogeno con un gruppo ossidrilico || **N.** *Sin.* acido fenico, ossibenzene.

fenologìa [comp. di *feno-* e *-logia*; 1892] *sf.* *T.bot.* settore dell'ecologia che studia i fenomeni della vita animale e vegetale in rapporto al clima.

fenològico (pl. *-ci*) [da *fenologia*; 1956] *agg.* *T.bot.* relativo alla fenologia, proprio della fenologia: *studi, interessi fenologici.*

fenomenàle [dal fr. *phénomenal*; a. 1855] *agg.* che ha del fenomeno, straordinario, mirabile: *uno spettacolo fenomenale.*

fenomenalìsmo [da *fenomenale*; 1958] *sm.* *T.fil.* fenomenismo.

fenomenalità [da *fenomenale*; 1844] *sf.* l'essere fenomenale || **N.** *Sin.* eccezionalità, straordinarietà.

fenomènico (pl. *-ci*) [da *fenomeno*; 1843] *agg.* *T.fil.* e *T.scient.* relativo ai fenomeni, di fenomeno, di ciò che si conosce dall'esperienza: *realtà fenomenica, dati fenomenici* || talora con accezione riduttiva, spec. nel linguaggio filosofico: *l'apparenza fenomenica e la realtà in sé* || **fenomenicaménte** *avv.*

fenomenìsmo [da *fenomeno*; 1911] *sm.* *T.fil.* posizione filosofica che restringe il dominio della realtà conoscibile ai dati d'esperienza (*fenomenismo gnoseologico*) o che, più radicalmente, identifica nei dati di esperienza le sole cose esistenti (*fenomenismo ontologico*).

fenòmeno [dal lat. tardo *phaenomenon*, gr. *phainómenon*; a. 1642] *sm.* **1.** *T.fil.* ciò che si manifesta nell'esperienza **2.** *T.scient.* manifestazione della natura degna di osservazione, e di cui si studiano le cause: *questa malattia si presenta con strani fenomeni; fenomeni atmosferici, ottici* || serie di fatti che complessivamente assumono un rilievo sociale, politico, culturale e sim.: *il fenomeno della criminalità giovanile, del dilagare della pubblicità* **3.** *fam.* persona o cosa eccezionale: *in matematica è un fenomeno, quella macchina è un fenomeno.*

fenomenologìa (pl. *-gìe*) [comp. di *fenomeno* e *-logia*; 1828] *sf.* **1.** descrizione di un insieme di fenomeni, nel loro manifestarsi nel tempo e nello spazio: *una fenomenologia dei sintomi della leucemia; fenomenologia dello spirito*, nel sistema filosofico di G.W.F. Hegel, la "storia romanzata" del percorso dialettico attraverso il quale la coscienza naturale, mediante la piena esperienza di se stessa, giunge all'autocoscienza **2.** *T.fil.* metodo di indagine elaborato all'inizio del Novecento da E. Husserl, e il movimento filosofico che ne seguì; attraverso la riduzione eidetica, cioè la messa tra parentesi (*epoché*) dell'intero complesso dei giudizi scientifici e non, la fenomenologia si propone di cogliere il fenomeno nel suo offrirsi alla coscienza come pura essenza.

fenomenològico (pl. *-ci*) [da *fenomenologia*; 1869] *agg.* **1.** *T.scient.* che si limita alla descrizione quantitativa di un fenomeno (ad es. con un'equazione in cui compaiono parametri o coefficienti determinabili empiricamente), senza inquadrarlo in un modello esplicativo più generale: *per molti problemi di elasticità è necessario un approccio fenomenologico* **2.** *T.fil.* che si riferisce alla fenomenologia: *riduzione fenomenologica.*

fenomenòlogo (pl. *-gi*) [comp. di *fenomeno* e *-logo*; 1966] *sm.* (f. *-a*) *T.fil.* aderente al movimento di pensiero legato alla fenomenologia husserliana.

fenoplàsto [comp. di *feno(lo)* e *-plasto*; 1956] *sm.* *T.chim.* tipo di resina artificiale ricavata per polimerizzazione di fenoli con aldeidi.

fenotìpo [comp. di *feno-* e *tipo*, sul modello dell'ingl. *phenotype*; 1931] *sm.* *T.med.* l'insieme dei caratteri visibili di un individuo, dipendenti non solo dal suo patrimonio genetico (*genotipo*), ma anche da fattori ambientali.

Feofìcee [comp. del gr. *phaiós*, scuro e *-ficee*; 1932] *sf. pl.* *T.bot.* alghe brune.

feràce [dal lat. *ferax, -ācis*; 1321] *agg.* *lett.* fertile, detto di terreno || anche *fig.*: *ingegno ferace* || **N.** *Sin.* fecondo, FERTILE.

feracità [dal lat. *ferācitas, -ātis*; a. 1597] *sf.* *lett.* l'essere ferace.

feràle [dal lat. *ferālis*; a. 1294] *agg.* *lett.* funesto, di morte, di malaugurio: *la ferale notizia* || **feralménte** *avv.*

fèrcolo [dal lat. *ferculum*; a. 1342 *ferculo*] *sm.* *T.stor.* **1.** il vassoio su cui i Romani portavano le vivande a tavola **2.** portantina per trasportarvi in processione le spoglie dei nemici vinti o le immagini degli déi.

ferecratèo o **ferecràzio** [dal lat. *pherecratēus* (*versus*), gr. *pherekráteion* (*métron*), verso di Ferecrate, poeta comico ateniese che l'inventò; 1834 *ferecrazio*] *sm.* *T.metr.* verso greco-latino, composto di uno spondeo, di un dattilo e di un trocheo.

ferentàrio (pl. *-ri*) [dal lat. *ferentārius*; a. 1292] *sm.* *T.stor.* soldato romano armato alla leggera, il cui compito era di provocare il nemico per attaccare battaglia.

fèretro [dal lat. *feretrum*; a. 1342] *sm.* sin. aulico di *bara, cassa funebre*, spec. se ricoperta da un drappo: *seguire il feretro.*

fèria [dal lat. tardo *fēria*; a. 1342 nel senso 3] *sf.* **1.** *T.stor.* nell'antica Roma, giorno di riposo, in cui ogni atto pubblico era vietato **2.** *com.* *pl.* *le ferie*, periodo di riposo annuale, retribuito, che spetta ai lavoratori: *andare in ferie, ferie estive, ferie natalizie* **3.** nel calendario ecclesiastico, tutti i giorni della settimana (in quanto dedicati alla festa di un santo), tranne la domenica e le feste.

ferìale [dal lat. tardo *feriālis*; a. 1342] *agg.* **1.** non festivo: *giorni feriali* || relativo ai giorni non festivi (gen. compreso il sabato): *orario feriale, treno feriale* **2.** *meno com.* relativo al periodo delle ferie || *raro* relativo a un giorno di festa || **N.** **1.** *Sin.* lavorativo.

ferìgno [da *ferino*; a. 1530] ***agg.*** *lett.* ferino.
feriménto [da *ferire*; a. 1472] ***sm.*** l'atto e l'effetto del ferire, spec. in senso proprio.
ferinità [da *ferino*; 1912] ***sf.*** *lett.* l'essere ferino, bestialità.
ferìno [dal lat. *ferīnus*; 1342] ***agg.*** di fiera: *istinto ferino* || *T.zool. denti ferini*, nei Carnivori, l'ultimo premolare superiore e il primo molare inferiore || *fig.* crudele, rozzo, violento || **N.** *Sin.* animalesco, belluino, bestiale.
ferìre (pres. *-ìsco, -ìsci*) [lat. *ferīre*; a. 1249] ***tr.*** **1.** colpire in modo da produrre una ferita: *ferire con un pugnale, con una pistola, superficialmente, a morte* || *prov. chi di spada ferisce, di spada perisce* **2.** *fig.* offendere, addolorare profondamente: *ferire nell'amor proprio, la tua battuta l'ha ferito*; anche *ass.*: *parole che feriscono* **3.** *per estens.* colpire; in senso proprio è ant. o lett., salvo che nell'espr. (con oggetto interno) *senza colpo ferire*, senza far uso delle armi, senza incontrare resistenza || *fig. più com.* causare una sensazione dolorosa: *una luce che ferisce gli occhi, un frastuono che ferisce le orecchie* || ***rifl.*** e ***intr. pron.*** procurarsi una ferita (di solito involontariamente): *si è ferito con il rasoio* || ***rec.*** procurarsi vicendevolmente delle ferite, anche *fig.* || **N.** ***tr.*** **1.** accoltellare, graffiare, infilzare, lacerare, pugnalare, pungere, sbudellare, scalfire, sfregiare, squarciare, trafiggere.
ferìta [da *ferire*; a. 1250 *feruta* nel senso 2] ***sf.*** **1.** lacerazione della cute di origine traumatica, con danni interni più o meno estesi: *ferita infetta, superficiale*; *ferita profonda*, con lesione del tessuto muscolare; *ferita penetrante*, con lesione degli organi interni; *ferita da punta, da taglio, lacero-contusa, da arma da fuoco*; *medicare, fasciare, disinfettare, suturare una ferita* || lesione dei tessuti esterni di una pianta **2.** *fig.* profondo dolore morale: *le ferite d'amore* || grave offesa: *una ferita nell'onore che non si rimarginerà* || **N.** **1.** colpo, contusione, graffiatura, lacerazione, lesione, morsicatura, occhiello, piaga, pugnalata, puntura, sbucciatura, scalfittura, scorticatura, sfregio, squarcio, taglio, trauma | aperta / rimarginata, grave, leggera, mortale | cicatrice | invulnerabile.
ferità [dal lat. *fĕritas, -ātis*; a. 1292 *fiertade*] ***sf.*** *lett.* natura di fiera, crudeltà: *spogliare gli uomini della loro ferità* (Pascoli) || **N.** ferocia.
ferìto (*pps.* di *ferire*) [a. 1257 *feruto*] **I** ***agg.***: *ha un braccio ferito*; anche *fig.*: addolorato, offeso: *è rimasto ferito nell'orgoglio da quel che gli hai detto* **II** ***sm.*** chi ha subìto una ferita: *un ferito grave, un incidente con morti e feriti.*
feritóia [da *ferire*; 1609] ***sf.*** apertura stretta e verticale nelle mura delle fortezze e sim. per tirare contro il nemico || *per estens.* piccola apertura per dar luce a sotterranei e sim.
feritóre [da *ferire*; fine sec. XIII] ***agg.*** e ***sm.*** (f. *-trìce*) che o chi ferisce.
férma [da *fermare*; a. 1363] ***sf.*** **1.** il periodo di tempo che il cittadino deve trascorrere sotto le armi in conformità con gli obblighi di leva, o per decisione volontaria **2.** *T.cacc.* la posizione di immobilità che assume il cane quando giunge in vista della selvaggina: *cane da ferma.* **Q.T.** *caccia.*
fermacapélli [comp. di *ferma(re)* e *capello*; a. 1936] **I** ***sm.*** *inv.* fermaglio di varie forme, spesso ornato, che serve a tenere raccolti i capelli **II** ***agg.*** (sempre posposto) detto di oggetto utilizzato per tenere raccolti i capelli: *un pettinino fermacapelli.*
fermacàrro (pl. *fermacarri*) [comp. di *ferma(re)* e *carro*; 1956] ***sm.*** dispositivo di arresto per i convogli ferroviari composto di una struttura di ferro con respingenti e posto al termine dei binari nelle stazioni.
fermacàrte [comp. di *ferma(re)* e *carta*; 1893] ***sm.*** *inv.* oggetto pesante per tener ferme le carte perché non si disperdano || molletta che tiene insieme più fogli.
fermacravàtta o **fermacravàtte** [comp. di *ferma(re)* e *cravatta*; 1925] ***sm.*** *inv.* spilla o molletta usata per fissare la cravatta alla camicia.
fermadeviatóio (pl. *-ói*) [comp. di *ferma(re)* e *deviatoio*; 1956] ***sm.*** *T.ferr.* fermascambi.
fermàglio (pl. *-gli*) [dal lat. volg. **firmăculum*, attr. il provenz. *fermalh*; 1310] ***sm.*** piccolo congegno di metallo o sim. per tener ferme e unite insieme le parti di un vestito, una cintura, o sim. || *dim.* fermaglino || **N.** *Sin.* borchia, clip, fibbia, fibula, spillone.
fermanèllo [comp. di *ferma(re)* e *anello*; 1925] ***sm.*** anello sottile che si infila al dito per sicurezza, per impedire ad un anello di valore di sfilarsi.
fermapièdi [comp. di *ferma(re)* e *piede*; a. 1909] ***sm.*** *inv.* staffa di metallo fissata al pedale della bicicletta da corsa e nella quale si infila la punta del piede perché nel pedalare non sfugga.
fermàre (pres. *férmo*) [lat. *firmāre*, assicurare, rafforzare; a. 1292] ***tr.*** **1.** interrompere un moto di cose o persone: *fermare un passante, la macchina, l'avanzata del nemico* || anche *fig.*: *fermare il progresso tecnologico, la corsa dell'inflazione* || interrompere lo svolgimento di qualcosa: *fermare i lavori, il gioco* || nel calcio, *fermare un avversario*, interromperne l'azione **2.** *T.giur.* trattenere qualcuno in stato di fermo **3.** rendere stabile: *fermare un bottone, la cravatta*; *fermare sulla carta i propri pensieri*, annotarli, scriverli || *fermare i colori*, nei dipinti a olio, fissarli con la vernice || *fermare la voce*, stabilizzarne l'intonazione || ***intr.*** (aus. *avere*) arrestarsi, fare una fermata, spec. rif. a mezzi pubblici: *questo locale ferma a tutte le stazioni* || *ferma!*, ingiunzione di arrestarsi o di interrompere quanto si sta facendo || ***rifl.*** e ***intr. pron.*** arrestarsi: *ti sei fermato appena in tempo, l'auto non si è fermata allo stop* || rimanere: *fermatevi ancora un po'* || smettere di funzionare: *il suo cuore si è fermato, mi si è fermato l'orologio* || **N.** ***tr.*** **1.** *Sin.* arrestare, bloccare, impedire **3.** *Sin.* assicurare, fissare, stabilizzare, trattenere | ***intr.*** *Sin.* sostare.
fermascàmbio (pl. *-bi*) o, *inv.*, **fermascàmbi** [comp. di *ferma(re)* e *scambio*; 1949] ***sm.*** *T.ferr.* dispositivo meccanico che, bloccando lo scambio ferroviario nella posizione voluta, evita il deragliamento del treno || **N.** *Sin.* fermadeviatoio.
fermàta [da *fermare*; 1639] ***sf.*** il fermarsi: *ha fatto una fermata di un'ora*; *in part.* sosta di un mezzo pubblico per far salire e scendere i passeggeri || il luogo dove ferma un mezzo pubblico: *ci vediamo alla fermata del tram* || secondo il codice della strada, sosta breve senza abbandono della macchina: *qui c'è divieto di sosta ma non di fermata* || *dim.* fermatìna || **N.** *Sin.* pausa, sosta.
fermàto (*pps.* di *fermare*) [1321] **I** ***agg.*** arrestato **II** ***sm.*** (f. *-a*) chi è sottoposto a fermo di polizia.
fermatùra [da *fermare*; fine sec. XIII] ***sf.*** *non com.* **1.** atto del fermare; punto in cui una cosa è fermata **2.** allacciatura, chiusura di un abito, una collana, un bracciale e sim.
fermentàbile [da *fermentare*; 1737] ***agg.*** *non com.* che può fermentare: *pasta fermentabile.*
fermentàre (pres. *-ènto*) [dal lat. *fermentāre*; sec. XIV] ***intr.*** (aus. *avere*) subire un processo di fermentazione || *fig.* ribollire, svilupparsi con crescente intensità: *il malcontento fermentava nella popolazione.*
fermentatìvo [da *fermentare*; a. 1698] ***agg.*** atto a provocare fermentazione || di fermentazione: *processo fermentativo.*
fermentàto (*pps.* di *fermentare*) [sec. XIV] ***agg.*** che ha subito un processo di fermentazione: *formaggio fermentato.*
fermentatóre [da *fermentare*; a. 1730] **I** ***agg.*** che provoca la fermentazione: *enzimi fermentatori* **II** ***sm.*** **1.** (f. *-trìce*) operaio addetto al controllo della fermentazione nella produzione industriale di olio e vino **2.** macchinario nel quale avvengono i processi di fermentazione.
fermentazióne [dal lat. *fermentātio, -ōnis*; 1681] ***sf.*** nome di vari processi chimici con sviluppo di gas, dovuti all'attività di enzimi presenti in microrganismi: *fermentazione alcolica*, trasformazione dello zucchero in alcol; *fermentazione acetica*, dell'alcol in acido acetico; *fermentazione lattica*, di vari carboidrati in acido lattico; *fermentazione malolattica*, dell'acido malico in acido lattico. **Q.T.** *enologia.*
fermentescìbile [dal lat. *fermentescere*, essere in fermento; 1834] ***agg.*** che può essere sottoposto ad un processo di fermentazione || **N.** *Sin.* fermentabile.
fermentìo (pl. *-ii*) [da *fermentare*; 1889] ***sm.*** *raro* rumore prodotto da liquidi in fermentazione.
ferménto [dal lat. *fermentum*; a. 1342] ***sm.*** **1.** sostanza organica prodotta da cellule viventi, capace di provocare reazioni chimiche di fermentazione || *in part.* lievito **2.** *fig. più com.* agitazione, inquietudine: *masse in fermento* || sintomo iniziale di un fenomeno destinato ad acquistare rilievo: *fermenti rivoluzionari in Russia nei primi anni del secolo* || **N.** **1.** *Sin.* enzima.
ferméżza [da *fermo*²; a. 1257] ***sf.*** **1.** costanza, stabilità di atteggiamenti e comportamenti || *in part.* capacità di persistere in una posizione anche dura o sgradevole per sé o per altri: *con i figli ci vuole fermezza* **2.** *concr. region.* congegno a molla per chiudere braccialetti e sim., fermatura, fermo **3.** *arc.* di una legge e sim., validità || **N.** **1.** *Sin.* costanza, decisione, impassibilità, imperturbabilità, intransigenza, intrepidezza, perseveranza, risolutezza, saldezza, stabilità.
férmi [dal n. del fisico E. *Fermi*; 1963] ***sm.*** unità di misura di lunghezza adottata nelle scienze nucleari, pari a 10^{-13} centimetri.
férmio [dal n. proprio E. *Fermi*, fisico it.; 1963] ***sm.*** elemento artificiale transuranico, di numero atomico 100, radioattivo, con un periodo di dimezzamento di pochi giorni.
fermióne [dal n. proprio E. *Fermi*, fisico it.; 1956] ***sm.*** *T.fis.* particella elementare (elettrone, neutrone, protone, neutrino) che obbedisce alle leggi della statistica di Fermi-Dirac.
férmo¹ [lat. *firmus*; a. 1294 nel senso 3] ***agg.*** **1.** che si non si muove: *l'auto è ferma al semaforo, stai fermo un momento!*; *fermi tutti!*, intimazione di arrestarsi || *fig. a bocce ferme*, quando la situazione si sia stabilizzata || *acqua ferma*, stagnante; *aria ferma*, senza un alito di vento || di congegno meccanico e sim., che non funziona: *l'orologio è fermo* || *da fermo*, senza slancio o rincorsa: *saltare da fermo, chilometro su pista con partenza da fermo* || *T.cacc. tirare a fermo*, sparare a un animale fermo || *fig.* che non procede, privo di sviluppi e sim.: *la pratica è ferma, la nuova legge è ferma in commissione, il mercato dei titoli è fermo*; *gioco fermo*, interrotto: *fallo a gioco fermo* **2.** saldo, stabile: *mano ferma, polso fermo*, che non trema (anche *fig.* decisione, autorevolezza); *aspettare qualcuno a piè fermo*, senza tremare (spec. *fig.*); *voce ferma*, che non trema; *terra ferma*, v. TERRAFERMA; *punto fermo*, segno ortografico che indica la fine del periodo || *T.mus. canto fermo*, v. CANTUS FIRMUS **3.** come qualità morale, detto di persone o atteggiamenti, risoluto, deciso, irremovibile: *un uomo fermo nei suoi principi, ho la ferma convinzione che...* || detto di cose, indisputabile, stabilito: *fermo restando che...*, rimanendo inteso

che; *lett. tenere per fermo,* considerare certo, assodato || **fermaménte** *avv.* in modo fermo (spec. nei sensi 2 e 3 dell'agg.) || **N. 1.** *Sin.* immobile, stagnante **2.** *Sin.* incrollabile, irremovibile, saldo, stabile, stazionario **3.** costante, deciso, forte, impassibile, risoluto, tenace.

férmo[2] [1812 nel senso 1; 1877 nel senso 2] *sm.* **1.** l'azione di fermare: *T.banc. mettere il fermo su un assegno,* bloccarne il pagamento; *T.giur. fermo di polizia,* provvedimento di temporanea privazione della libertà personale nei confronti di persone sospettate di delitti gravi; ha durata massima di 48 ore, dopo di che deve essere revocato o tramutato in arresto; *fermo posta,* v. FERMO POSTA **2.** qualunque dispositivo adatto a bloccare un congegno o a fissare un oggetto in una posizione: *fermo automatico del giradischi, fermo di uno sportello.*

férmo pòsta o **fermopòsta** [comp. di *fermo* e *posta*; 1811 *ferma in posta* f.] **I** *loc. avv.* con lettera trattenuta all'ufficio postale e ritirabile solo personamente dal destinatario: *mandare una lettera fermo posta, scrivere fermo posta* **II** *loc. m. inv.* il servizio postale così effettuato || il reparto dell'ufficio postale che svolge il servizio: *ritirare una lettera al fermo posta.* **Q.T.** *posta.*

fernèt [n. commerciale di orig. non chiarita; a. 1859] *sm. inv.* liquore amaro, tonico, fatto di varie sostanze (liquirizia, rabarbaro, aloe, china, assenzio, garofani, zafferano ecc.) sciolte in alcol e acqua.

fernétta [etim. inc.; 1834] *sf. T.tecn. non com.* ciascuna delle tacche che formano il congegno delle chiavi; e ciascuna delle tacche corrispondenti nelle serrature.

fèro *agg. poet.* v. FIERO.

-fero [dal lat. *-fer,* da *ferre,* portare] *elem. term.* che, in parole composte dotte e della terminologia scientifica, vale "che porta", "che produce", "che genera" (per es. *calorifero, sonnifero, vessillifero*).

feróce [dal lat. *ferox, -ōcis*; a. 1294] *agg.* **1.** che ha natura di fiera: *bestie feroci,* i carnivori che assalgono e divorano anche gli uomini || *per estens.* crudele, spietato: *un feroce assassino, una repressione feroce* || con valore attenuato, aspro: *una feroce stroncatura; uno scherzo feroce,* molto pesante **2.** insopportabile, intensissimo: *una sete feroce, un feroce desiderio* **3.** *arc.* o *poet.* fiero, impavido || **feroceménte** *avv.* || **N. 1.** *Sin.* disumano, efferato.

feròcia (pl. *-cie*) [dal lat. *ferōcia*; 1513] *sf.* l'esser feroce, crudeltà.

ferocità [dal lat. *ferocitas, -ātis*; fine sec. XIII] *sf.* **1.** *lett.* ferocia **2.** *arc.* fierezza.

feròdo [marchio di fabbrica, anagramma del n. proprio H. *Frood* con aggiunta di *e*; 1942] *sm.* nome commerciale di un materiale fibroso, con forte potere d'attrito, usato per rivestire i dischi della frizione o i ceppi dei freni nelle automobili e sim. || *per estens.* ciascuno dei ceppi dei freni nelle automobili.

ferormóne o **feromóne** [dall'ingl. *pheromone*; 1974] *sm. T.biol.* sostanza prodotta da un organismo animale che può essere captata da un individuo della stessa specie (come segno di riconoscimento, segnale di pericolo ecc.).

ferràccia (pl. *-ce*) [da *ferro,* per la coda a forma di pugnale; a. 1684] *sf.* nome comune di pesci cartilaginei che hanno la coda come un pugnale seghettato.

ferràccio (pl. *-ci*) (*pegg.* di *ferro*) [a. 1535] *sm.* **1.** ferraglia **2.** il ferro fuso e non ancora raffinato, ghisa.

ferràglia (pl. *-glie*) [dal fr. *ferraille*; a. 1680] *sf.* insieme di rottami di ferro: *portiamo via tutta questa ferraglia.*

ferragostàno [da *ferragosto*; 1963] *agg.* del ferragosto: *negozi chiusi per le vacanze ferragostane.*

ferragósto [dal lat. *feriae augusti,* festa di agosto; a. 1571] *sm.* la festa dell'Assunta, che cade il 15 agosto || il breve periodo che precede e segue questa data: *le vacanze di ferragosto.*

ferràio (pl. *-ài*) [lat. *ferrārius*; a. 1342] **I** *agg.* che lavora il ferro, oggi solo nella loc. *fabbro ferraio* **II** *sm.* (f. *-a*) *ant.* chi lavora il ferro.

ferraiòlo[1] [dall'ar. *fariyūl,* tipo di mantello; 1575] *sm.* ampio mantello, piuttosto corto, con bavero, oggi portato da prelati e cardinali || **N.** cappa, tabarro.

ferraiòlo[2] [da *ferro*; 1956] *sm.* (f. *-a*) operaio addetto alla preparazione delle armature per opere in cemento armato.

ferràme [da *ferro*; a. 1625] *sm.* quantità di oggetti di ferro.

ferraménta v. FERRAMENTO.

ferraménto [dal lat. *ferramentum*; a. 1292; 1807 come sf. pl.] *sm.* ogni oggetto di ferro che occorra per guarnire o rafforzare un dato lavoro: *i ferramenti di una finestra* || *sf. pl. ferramenta,* assortimento di utensili di ferro: *negozio di ferramenta,* oggi perlopiù ellitticamente come *sm. sing.*: *c'è un ferramenta all'angolo.*

ferràre (pres. *fèrro*) [da *ferro*; fine sec. XIII] *tr.* munire di rinforzi o accessori in ferro: *ferrare una porta; ferrare una botte,* cerchiarla; *ferrare un cavallo, un bue,* inchiodare i ferri agli zoccoli. **Q.T.** *cavallo.*

ferrarécccia (pl. *-ce*) [da *ferro*; 1633] *sf. raro* bottega di ferramenta || assortimento di oggetti di ferro.

ferràta [da *ferrare*; sec. XV-XVI] *sf.* **1.** *ant.* inferriata **2.** *T.alp.* via ferrata (v. FERRATO).

ferràto (*pps.* di *ferrare*) [1313] *agg.* **1.** munito di rinforzi o elementi in ferro: *bastone ferrato, cavallo ferrato; disus. strada ferrata,* ferrovia || *mazza ferrata,* arma medievale di legno munita di punte e cunei in ferro || *T.alp. via ferrata,* percorso alpinistico di roccia attrezzato con strutture fisse in metallo (scale, cavi d'acciaio ecc.) per attenuarne la difficoltà; è frequente spec. nelle Dolomiti **2.** *fig. fam.* ben preparato in qualche argomento: *è ferrato in filologia.* **TAV. armi p. 648** 3.

ferratóre [da *ferrare*; a. 1292] *sm.* (f. *-trice*) **1.** *ant.* fabbro, maniscalco **2.** nelle miniere, nei cantieri edili e sim., operaio addetto all'installazione e alla manutenzione dei binari per il transito dei vagoncini che portano il materiale.

ferratùra [da *ferrare*; sec. XIV] *sf.* l'atto e l'effetto del ferrare: *ferratura dei cavalli* || *concr.* i ferri di cui sono ferrate le bestie: *cambiare la ferratura.*

ferravècchio *sm. non com.* v. FERROVECCHIO.

fèrreo [dal lat. tardo *ferreus*; a. 1342] *agg.* di ferro, raro in senso proprio: *corona ferrea,* quella, d'oro con un cerchio di ferro battuto, con cui venivano incoronati i re d'Italia a partire da Berengario I || *T.econ. legge ferrea* (o *bronzea*) *dei salari,* v. BRONZEO || *fig.* compare in varie espr.: *disciplina ferrea,* rigorosissima; *memoria, salute ferrea,* eccellente; *volontà ferrea,* tenacissima, molto decisa.

ferrerìa [da *ferro*; 1550] *sf. ant.* deposito di ferramenta || l'insieme dei ferri di un'arte o mestiere.

ferrettizzazióne [da *ferretto*[2]; 1932] *sf. T.geol.* insieme dei fenomeni che provocano la formazione di un ferretto.

ferrétto[1] (*dim.* di *ferro*) [1476] *sm.* piccolo utensile di ferro.

ferrétto[2] [da *ferro,* sul modello del lomb. *ferrètt*; 1822] *sm. T.geol.* terreno acido detritico di colore giallo-rossastro tipico delle zone moreniche del Piemonte e della Lombardia, ricco di sostanze ferrose, prodotto dalla ferrettizzazione.

fèrrico (pl. *-ci*) [comp. di *ferro* e *-ico*; 1869] *agg. T.chim.* detto di composto del ferro in cui quest'ultimo ha valenza tre.

ferrièra [dal lat. *ferrāria,* attr. il fr. *ferrière*; a. 1564] *sf.* **1.** stabilimento industriale dove si lavora il ferro **2.** *disus.* miniera di ferro || **N.** FERRO | METALLURGIA. **Q.T.** *metallurgia.*

ferrìfero [comp. di *ferro* e *-fero*; 1798] *agg.* che contiene ferro: *terreno, minerale ferrifero.*

ferrìgno [da *ferro*; 1313] *agg. lett.* che ha aspetto e colore di ferro: *un masso ferrigno* || *fig.* saldo, duro, gagliardo, robusto, impenetrabile.

ferrìte [comp. di *ferro* e *-ite*[2]; 1920] *sf.* **1.** soluzione solida di carbonio in ferro alfa, con minime percentuali di carbonio; è un costituente strutturale degli acciai **2.** nome di vari composti chimici costituiti da un ossido doppio di ferro e da un metallo bivalente (manganese, zinco, cobalto, nichel ecc.): hanno varie applicazioni in elettrotecnica per le loro proprietà magnetiche.

fèrro [lat. *ferrum*; a. 1290] *sm.* **1.** metallo bianco argenteo, lucente, duttile e malleabile, raro allo stato nativo ma molto diffuso nei suoi minerali, con importanti proprietà magnetiche; si presenta in varie forme allotropiche (*ferro alfa, gamma, delta*), che si combinano col carbonio in percentuali diverse, dando luogo ai vari tipi di *ghise* e *acciai*: *una sbarra di ferro, filo di ferro, un cancello in ferro battuto; carenza di ferro nel sangue* || *ferro dolce,* con minime percentuali di carbonio || *età del ferro,* periodo preistorico in cui compaiono i primi manufatti in ferro; talora, con altro senso fig., *età, tempi di ferro,* particolarmente tristi, duri, difficili (opposto a *età dell'oro* e sim.) || *ferro vecchio,* v. FERROVECCHIO **2.** in varie espr. fig.: *battere il ferro finché è caldo,* approfittare del momento opportuno; *essere in una botte di ferro,* essere al sicuro; *toccare ferro,* fare gli scongiuri || nella loc. agg. *di ferro,* indica grande forza (fisica e morale), resistenza, energia e sim.: *salute, memoria, stomaco di ferro; uomo di ferro,* che riesce a sopportare durissime sofferenze fisiche e morali; *alibi di ferro,* inattaccabile; *disciplina di ferro,* severissima (per espr. analoghe, v. anche FERREO); *scherz. raccomandato di ferro,* che gode di potenti protezioni || *braccio di ferro,* gara di forza in cui i contendenti cercano di piegarsi l'un l'altro il braccio, tenendolo piegato col gomito su un piano e afferrandosi per la mano; *fig.* dura e prolungata contesa fra due parti opposte, spec. in campo politico: *il braccio di ferro fra laici e cattolici sul divorzio* **3.** *per meton.* oggetto e spec. utensile di ferro (*per estens.* anche di altro metallo): *ferri chirurgici,* bisturi, pinze ecc. (anche ass. *ferri,* in espr. del tipo *essere, morire sotto i ferri*); *ferro da stiro,* utensile per stirare i panni, costituito da una piastra di metallo (oggi riscaldata perlopiù elettricamente) munita di manico; *ferri da calza,* specie di lunghi aghi con cui si lavora a maglia; *ferro di cavallo,* sbarretta metallica a forma di omega maiuscolo, munita di fori, che si fissa agli zoccoli di equini e bovini (è freq. la loc. agg. o avv. *a ferro di cavallo* per indicare svariati oggetti di forma analoga: *tavolo a ferro di cavallo*); *ferro di lancia,* la punta metallica applicata all'asta della lancia; *bistecca ai ferri,* alla griglia || *per estens. ferri del mestiere,* utensili o più in gen. strumenti tipici di un'attività: *fino a qualche anno fa, il regolo calcolatore era il ferro del mestiere dei geometri* || *pl.* catena o altri arnesi per limitare la libertà di movimento ai prigionieri: *mettere uno ai ferri,* incatenarlo o ammanettarlo **4.** *in part.* arma bianca da taglio (spada, sciabola, fioretto, pugnale), spec. nell'uso lett. o in quello tecnico della scherma: *incrociare i ferri* || *mettere a ferro e fuoco,* saccheggiare, devastare || *fig. essere ai ferri corti,* essere al momento decisivo di uno scontro; essere arrivati a un livello molto aspro e irreparabile della contesa || *T.zool. ferro di cavallo,* nome di un genere di pipistrelli || *dim.* ferrétto, ferrettìno, ferrùzzo; *pegg.* ferràccio || **N.** **1.** acciaio, ghisa; limatura, ruggine | ematite, limonite, magnesite, pirite, siderite | battuto, crudo, damaschinato, dolce, rosso, rugginoso, temprato | siderurgia | siderosi **3.** *Sin.* arnese, strumento, utensile. **Q.T.** *cavallo, elettrodomestici, fabbro, maglia...*, *scherma* **TAV.** *elettrodomestici* 4; *macchine utensili*; ***maglia...*** **p. 1316** 3, 5.

fèrro-[1] [dal lat. *ferrum*] ***primo elem.*** che, in parole composte dotte della terminologia scientifica, vale "ferro", "contenente ferro" (per es. *ferrochina, ferrolega*).

fèrro-[2] [da *ferrovia*] ***primo elem.*** che, in parole composte dotte, vale "ferrovia", "ferroviario" (per es. *ferromodellismo, ferrotranviario*). **Q.T.** *ferrovia.*

fèrro-ceménto [comp. di *ferro* e *cemento*; 1968] ***sm.*** *T.arch.* particolare struttura in calcestruzzo armato, in cui la parte in ferro è enormemente maggiore che nei tipi correnti; particolarmente utilizzato per la realizzazione di volte sottili (gusci) e scafi di imbarcazioni di medie dimensioni.

ferrochìna [nome commerciale comp. di *ferro-* e *china*; 1890] ***sf. inv.*** liquore a base di ferro e china, con proprietà toniche e digestive.

ferrofilotranviàrio (pl. *-ri*) [comp. di *ferro-*[2], *filo-*[3] e *tranviario*; 1956] ***agg.*** concernente ferrovie, filovie e tranvie e il relativo personale: *agitazioni ferrofilotranviarie.*

ferrofilotranvièri [comp. di *ferro-*[2], *filo-*[3] e *tranviere*; 1956] ***sm. pl.*** il complesso dei lavoratori impiegati nelle aziende ferroviarie, filoviarie e tranviarie: *sciopero dei ferrofilotranvieri.*

ferroléga (pl. *ferroléghe*) [comp. di *ferro-*[1] e *lega*; 1942] ***sf.*** lega ottenuta in altoforni per fusione di ferro e altri metalli, impiegata spec. nella produzione della ghisa e dell'acciaio.

ferromagnètico (pl. *-ci*) [comp. di *ferro-*[1] e *magnetico*; 1932] ***agg.*** *T.fis.* detto di ogni materiale dalle proprietà magnetiche analoghe a quelle del ferro.

ferromagnetìsmo [comp. di *ferro-*[1] e *magnetismo*; 1930] ***sm.*** *T.fis.* proprietà di particolari materiali (ferro, nichel, cobalto), nei quali, sotto l'azione di un campo magnetico esterno, si genera un campo magnetico interno molto intenso, che permane anche quando il campo esterno si annulla.

ferromodellìsmo [comp. di *ferro-*[2] e *modellismo*; 1965] ***sm.*** passatempo consistente nella costruzione o nella collezione di modellini funzionanti di treni e di attrezzature ferroviarie.

ferromodellìsta [da *ferromodellismo*; 1965] ***s.*** appassionato di ferromodellismo.

ferróso [comp. di *ferro* e *-oso*[1]; 1841] ***agg.*** **1.** *T.chim.* detto di composto del ferro in cui quest'ultimo ha valenza due **2.** *gen.* detto di materiale che contiene ferro.

ferrotipìa [comp. di *ferro-*[1] e *-tipia*; 1956] ***sf.*** *T.fot.* antico procedimento di sviluppo fotografico, comune nell'Ottocento e oggi in disuso, in base al quale si ottenevano le copie positive di una fotografia su lastrine di ferro ricoperte di una emulsione sensibile alla luce.

ferrotranviàrio (pl. *-ri*) [comp. di *ferro-*[2] e *tranviario*; 1942] ***agg.*** che si riferisce alle ferrovie urbane ed alle tranvie: *i servizi ferrotranviari.*

ferrotranvière [comp. di *ferro-*[2] e *tranviere*; 1935] ***sm.*** membro del personale delle ferrovie urbane e delle tranvie: *lo sciopero dei ferrotranvieri.*

ferrovècchio (pl. *ferrivècchi*) [comp. di *ferro* e *vecchio*; a. 1388] ***sm.*** **1.** chi compra e rivende arnesi usati di ferro **2.** arnese inservibile o rottame di ferro || *per estens.* qualunque macchina in pessime condizioni: *quest'auto è ormai un ferrovecchio* || *scherz.* persona molto malandata: *siamo dei vecchioni, noialtri, dei poveri ferrivecchi* (Bassani).

ferrovìa [da *ferroviario*, anche per influsso del ted. *Eisenbahn*; 1852] ***sf.*** percorso provvisto di binari che consente il passaggio dei treni: *ferrovia a doppio binario, a cremagliera, sotterranea, a scartamento ridotto* || l'insieme degli impianti di una linea ferroviaria || sistema e servizio di trasporto per mezzo di convogli su rotaie: *spedire, viaggiare per ferrovia* || spec. *pl.*, l'insieme dei servizi che assicurano le comunicazioni ferroviarie: *Ferrovie dello Stato* (abbr. FS), *lavorare in ferrovia* (o *nelle ferrovie*). **Q.T.** *ferrovia* **TAV.** ***ferrovie...*** **p. 668** sg.

ferroviàrio (pl. *-ri*) [comp. di *ferro* e un der. di *via*, sul modello dell'ingl. *railway* (*train*); 1839] ***agg.*** delle ferrovie: *servizio, orario ferroviario.*

ferrovière [da *ferrovia*; 1890] ***sm.*** (f. *-a*) dipendente delle ferrovie. **Q.T.** *ferrovia.*

ferrugìgno o **ferrugìneo** [dal lat. *ferrugĭneus*; inizio sec. XIV] ***agg.*** *lett.* ferrigno, che ha l'aspetto o altre caratteristiche del ferro || in part., color del ferro.

ferrùgine (ant. *ferrùggine*) [lat. *ferrūgō, -inis*, colore ferrigno, ruggine del ferro; inizio sec. XIV nel senso 1; a. 1625 nel senso 2] ***sf.*** **1.** *ant.* ruggine del ferro **2.** *per estens. ant.* color ruggine **3.** *T.bot.* ruggine **4.** *T.chim.* prodotto composto essenzialmente di solfato ferrico, solubile in acqua, usato nella tintura della seta e del cotone.

ferrugìneo V. FERRUGIGNO.

ferruginosità [da *ferruginoso*; 1540] ***sf.*** l'essere ferruginoso.

ferruginóso [da *ferrugine*; 1600] ***agg.*** che contiene ferro: *sorgenti, acque ferruginose.*

ferruminàre [dal lat. *ferrumināre*, saldare; a. 1730] ***tr. ant.*** saldare a fuoco.

ferruminatòrio (pl. *-ri*) [da *ferruminare*; 1788] ***agg.*** *cannello ferruminatorio*, cannello con cui, soffiandoci dentro, si avviva e si dirige

FERROVIA

VARIE SPECIE: principale, secondaria; locale, regionale, provinciale, interregionale, interprovinciale, internazionale; a scartamento normale, largo / ridotto; economica, *decauville*, vicinale; statale / privata o in concessione, industriale, militare, alpina, suburbana, metropolitana, di circonvallazione, aerea o monorotaia, sotterranea; a ingranaggio o a cremagliera, a trazione indipendente, a trazione elettrica; tranvia; funicolare; filovia.

ARMAMENTO DELLA LINEA: tracciato, piano del ferro, massicciata, letto di ghiaia o *ballast*, traversa o traversina, longarina, rotaia (agio, arpione, chiavarda, giunto, cuscinetto, guida, scambio o deviatoio, ago, contràgo, cuore, zampa di lepre, controrotaia); binario semplice / doppio / quadruplo, pari / dispari, legale / illegale, di raccordo, banalizzato; interbinario, biforcazione, bivio, diramazione, curva, rampa, salita / discesa, livellata; passaggio a livello custodito / incustodito, casello, casa cantoniera; galleria o traforo o tunnel, ponte, argine, diga, viadotto, trincea, scarpata; fermata, stazione; strada ferrata o linea: madre, principale / secondaria, laterale, di grande traffico; tronco, rete; linea di alimentazione aerea, bassa, sotterranea; corda portante, isolatore, filo di contatto, pendìno, sostegno, catenaria, tenditore, zampa di ragno.

STAZIONE: di regresso, di testa, di smistamento, in prosecuzione, principale / secondaria, marittima; di alimentazione; fabbricato viaggiatori / merci, biglietteria, sala d'aspetto, telegrafo, deposito dei bagagli a mano, pronto soccorso, caffè-ristorante, chiosco dei giornali; ufficio del capostazione, del dirigente il movimento, del personale viaggiante; magazzino delle merci, scalo merci, piano caricatore, sagoma di carico o sagoma-limite; deposito delle locomotive, rimessa dei veicoli, officina grandi riparazioni, squadra rialzo; sottopassaggio / soprapassaggio, banchina o marciapiede, tettoia, pensilina; binario di corsa, d'incrocio, morto o di ricovero, di manovra; tronchino, piattaforma girevole, ponte trasbordatore o piattaforma scorrevole; rifornitore o gru idraulica, tubo d'alimentazione; ponte delle segnalazioni, posto di blocco, cabina di manovra (leva, chiavistello, fermascambi, fermasegnali, fermabarriere, collegamento multiplo).

SEGNALAZIONI: segnalazione fissa / mobile, di protezione, alta / bassa o marmotta, diurna / notturna, ottica o luminosa, a luci fisse / lampeggianti, acustica, di soccorso, di entrata / di uscita, di rallentamento, di manovra, di avviso; rosso, verde, bianco, arancione o giallo, blu; avvisatore, bandiera, campana, campanello, cornetta; disco rosso / verde / bianco / arancione o giallo; petardo, semaforo (antenna, ala, vela, braccio girevole); suoneria elettrica, cicalino; via libera / impedita.

PERSONE.

FUNZIONARI E IMPIEGATI: capo compartimento, direttore generale, ispettore, capomovimento, caposervizio, capoufficio, segretario; applicato, assistente, bigliettaio, capoconvoglio o capotreno, capodeposito, capogestione, capomagazzino, capostazione, capotecnico, capoverificatore, cassiere, conduttore, controllore, cuccettista, disegnatore, gestore, sorvegliante.

AGENTI: accenditore, cantoniere o casellante, caposquadra, scambista, frenatore, fuochista, guardabarriere, guardamerci, guardiano, guardasala, lampista, macchinista, manovale, manovratore, verificatore.

OPERAI: aggiustatore, attrezzista, battilastra, calderaio, carradore, elettricista, falegname, fucinatore, meccanico, montatore, tappezziere, tornitore.

UTENTI: abbonato, pendolare, passeggero, viaggiatore con o senza bagaglio o auto al seguito, speditore o mittente, destinatario.

LOCOMOTIVA A VAPORE.

APPARECCHIO GENERATORE: focolare, fronte, porta di caricamento, griglia o graticola, camera di combustione, ceneraio, camino, camera a fumo, tiraggio, soffiante, registro; caldaia a vapore a bassa / media / alta pressione; fascio tubiero, camera d'alimentazione, iniettore, camera d'acqua, superficie di vaporizzazione, camera di vapore.

MECCANISMO MOTORE: cassetto di distribuzione piano / cilindrico, canale d'introduzione, canale di scarico o condotto di scappamento, condensatore; cilindro a semplice / doppio effetto, stantuffo (gambo o stelo, premistoppa); testa a croce, biella motrice, d'accoppiamento, della

segue

la fiamma per saldare i metalli a fuoco.

ferry-boat (ingl., pr. ['feribout]) [letter. nave traghetto; 1883] ***sm.*** *inv.* nave attrezzata per il trasporto di autoveicoli o vagoni ferroviari; è ormai molto meno com. del sin. italiano *nave traghetto* (o solo *traghetto*).

fèrsa V. FERZA.

fèrtile [dal lat. *fertilis*; 1321] ***agg.*** **1.** che produce molto: *terreno fertile* || *fig. ingegno fertile*, creativo **2.** detto di uomini e animali di entrambi i sessi, che è in grado di generare: *l'uomo diventa fertile dopo la pubertà* **3.** *per restr. T.fis.* detto di elemento (come l'uranio o il torio) che può essere indotto a scindersi in nuclei più semplici con bombardamenti di neutroni || **N. 1.** *Sin.* fecondo, ferace, fruttifero, ubertoso | *Contr.* arido, improduttivo **2.** *Contr.* sterile.

fertilità [da *fertile*; 1342] ***sf.*** l'esser fertile: *fertilità di un campo*; *indice di fertilità di una popolazione*, misura della sua attitudine a riprodursi.

fertilizzànte (*ppr.* di *fertilizzare*) [1819] ***agg.*** e ***sm.*** *T.agr.* detto di concime naturale o sintetico che si mette nel terreno per aumentarne la produttività || **N.** azotati, fosfati, potassici. **Q.T.** *agricoltura.*

fertilizzàre [dal fr. *fertiliser*; a. 1686] ***tr.*** rendere fertile || **N.** bonificare, concimare.

fertilizzazióne [da *fertilizzare*; 1867] ***sf.*** **1.** concimazione **2.** *T.fis.* in fisica nucleare, processo di conversione di un materiale fertile in materiale fissile.

fertirrigàre (pres. *-igo, -ighi*) [da *fertirrigazione*; 1957] ***tr.*** *T.agr.* sottoporre un terreno a fertirrigazione.

fertirrigazióne [comp. di *fert(ile)* e *irrigazione*; 1957] ***sf.*** *T.agr.* irrigazione di un terreno con acque che presentano disciolti dei concimi.

fèrula [dal lat. *ferula*, canna; sec. XIV] ***sf.*** **1.** pianta erbacea delle Ombrellifere con fiori gialli **2.** *T.chir.* strumento ortopedico per sostenere un arto fratturato o malato **3.** *ant.* o *lett.* bacchetta usata un tempo per punire gli scolari || *T.eccl.* asta con in cima una croce, portata dal papa in alcune occasioni solenni; è detta anche *croce papale* o *croce astile.*

ferulòsi [comp. di *ferula* e *-osi*; 1956] ***sf.*** *T.vet.* negli ovini e nei bovini, intossicazione causata da ingestione di ferula, che ha effetti emorragici.

ferùta ***sf.*** *ant.* V. FERITA.

fervènte (*ppr.* di *fervere*) [sec. XIII] ***agg.*** **1.** pieno di fervore: *un suo fervente ammiratore, un fervente cattolico, passione fervente* || intenso, animato: *un fervente dibattito* **2.** *propr.* (*arc.* o *lett.*) ardente: *i raggi ferventi del sole* || **ferventeménte** ***avv.*** || **N. 1.** *Sin.* appassionato, caloroso, entusiasta, fervido, focoso, zelante **2.** *Sin.* cocente, rovente.

fervènza [dal lat. tardo *ferventia*; a. 1498 *fervenzia*] ***sf.*** *raro* fervore.

fèrvere (*dif.*, manca il pps.) [dal lat. volg. *fervere*, class. *fervēre*; 1313 nel senso 2; a. 1566 nel senso 1] ***intr.*** **1.** *aul.* svolgersi con grande intensità e impegno: *ferve il lavoro, fervono i preparativi per la partenza* **2.** *propr. lett.* ardere, scottare, essere cocente || ribollire: *il mosto ferve nei tini.*

fèrvido [dal lat. *fervidus*; a. 1306] ***agg.*** **1.** pieno di fervore: *preghiera fervida* || pieno di affettuosa e calda partecipazione: *fervidi auguri* **2.** creativo, estroso: *una fervida fantasia* **3.** *propr. lett.* ardente || **N. 1.** *Sin.* appassionato, caloroso, fervente, intenso, sentito **2.** *Sin.* impetuoso, vivido.

fervóre [dal lat. *fervor, -ōris*; a. 1306] ***sm.*** **1.** intensità di sentimenti, grande impegno: *pregare, lavorare con fervore* || il momento di maggiore intensità in una attività: *nel fervore di una battaglia, fervore di iniziative, il fervore dell'ispirazione* **2.** *lett.* calore ardente || **N. 1.** *Sin.* ardore, eccitazione, entusiasmo, impeto, slancio, zelo | accalorarsi, infervorarsi, infiammarsi.

fervorìno [da *fervore*; 1869] ***sm.*** breve discorso di esortazione o blando ammonimento; paternale || *T.teatr.* discorso introduttivo rivolto al pubblico da un attore o dal capocomico.

fervoróso [da *fervore*; a. 1610] ***agg.*** *non com.* fervente, fervido || **fervorosaménte** ***avv.***

fèrza o **fèrsa** [forse dall'ar. *firṣa*, pezzo di drappo, pannolino; 1306] ***sf.*** *ant.* sferza, frusta.

fèrzo [prob. dall'ar. *firṣa*, pezzo di drappo, pannolino; a. 1484] ***sm.*** *T.mar.* ciascuna delle strisce di tela che nel loro insieme costituiscono la vela || *lett.* ciascuno dei teli che, cuciti insieme, formano le coperte, le lenzuola ecc.

féṣa [voce lomb. di etim. inc.; 1829] ***sf.*** *sett.* taglio scelto di carne: *una fesa di tacchino* || **N.** *Sin.* scannello.

fescennìno [dal lat. *fescennīnus*, dal n. geogr. *Fescennia*, città di provenienza di questi canti; inizio sec. XIV] **I *agg.*** *T.stor. canto fescennino*, genere di canti popolari licenziosi dell'antica Roma || *per estens. lett.* osceno, inverecondo **II *sm.*** spec. *pl.* canto fescennino.

fessacchiòtto (*dim.* di *fesso*²) [1963] ***agg.*** e ***sm.*** (f. *-a*) stupido, facilmente ingannabile: *è un povero fessacchiotto.*

fesserìa [da *fesso*²; 1905] ***sf.*** *pop.* azione o parole da fesso: *smettila di dire fesserie* || *per estens.* sciocchezza, cosa da nulla.

fésso¹ (*pps.* di *fendere*) [1319] **I *agg.*** che è spaccato, screpolato: *una pentola, una campana fessa* || *voce fessa*, di suono acuto e malcerto || diviso in due: *zoccolo fesso* **II *sm.*** *lett.* fessura, spaccatura.

fésso² [voce nap. da *fessa*, vulva; 1905] ***agg.*** e ***sm.*** (f. *-a*) *pop.* sciocco, scemo: *non fare il fesso!* || *fare fesso qualcuno*, ingannarlo || *dim.* fessacchiòtto.

segue FERROVIA

distribuzione; manovella, glifo, copristelo; asse motore, ruote motrici, settore per l'inversione di marcia (eccentrico, asta dell'eccentrico, di comando).

ACCESSORI E UTENSILI VARI: valvola di sicurezza, manometro, indicatore di livello, rubinetto di prova, freno (a mano, continuo, automatico, *Westinghouse*, ad aria compressa, a vuoto, moderabile, a controvapore), fischio, pompa dell'acqua, dell'aria o compressore; pala, lancia diritta / a gancio, tridente, tirabrace.

LOCOMOTIVA ELETTRICA: a corrente continua / alternata (monofase, trifase, a frequenza industriale / ferroviaria), a terza rotaia, a filo aereo, ad accumulatori, a generatore-motore; asta di presa o *trolley* (a rotella, ad archetto, a lira), pantografo simmetrico / asimmetrico, strisciante, stanga, colonna di ghisa, braccio, supporto isolante o isolatore, conduttura ad alta tensione, scaricatore a corna; combinatore (serie / parallelo), reostato, freno elettrico, a recupero, trasformatore, *chopper*, convertitore rotante / statico, *controller*, inversore o invertitore di marcia, regolatore di velocità, banco di manovra.

MOTORE: elettromagnete, polo principale / secondario, resistore; cuscinetto o bronzina, albero motore, commutatore, indotto, induttore, collettore, rotore, spazzola, statore.

LOCOMOTIVA A COMBUSTIONE INTERNA: motore diesel, a ciclo Otto, a nafta, a benzina; scappamento, radiatore, ventola, serbatoio del carburante; frizione, giunto idraulico, generatore principale / ausiliario, cambio di velocità, ponte invertitore, albero cardanico.

VARIE: automotrice, littorina, elettrotreno, elettromotrice, locomotore, automotore, locomotiva ad aria compressa, ad accumulatore di vapore, rimorchiata; nave traghetto o *ferry-boat.*

MATERIALE ROTABILE: carro di scorta o *tender*, bagagliaio, ambulante postale, carrozza o vettura (di lusso, di prima, seconda o terza classe, *pullman*, *sleeping-car* o vagone-letto o carrozza con letti o vettura-letti, a cuccette, carrozza ristorante / bar, vettura salone / a scompartimenti, a due piani, a piano ribassato, semipilota, carrozza barellata, per handicappati; a ingresso laterale / frontale, d'estremità, centrale, paracentrale; a terrazzini, con corridoio laterale / centrale, con intercomunicante scoperto / a mantice); carro merci (aperto / chiuso, bisarca, refrigerante o frigorifero, scoperto, a sponde alte / basse, a stanti, pianale, con serbatoio o carro-cisterna, per trasporti eccezionali), carro-gru, carro-attrezzi, carro-gabbia, a pareti o tetto scorrevoli, telescopico.

VARIE: molla di sospensione (elicoidale / a balestra), boccola, cuscinetto a strisciamento / a rotolamento, ruota con bordino normale / ridotto, senza bordino; riscaldamento, illuminazione, segnale d'allarme o freno d'emergenza, ritirata, scompartimento fumatori / non fumatori, reticella, portabagagli, porta scorrevole, garitta del frenatore, gancio di trazione o tenditore, respingente o repulsore, catena di sicurezza, condotta passante, accoppiatore multipolare, segnale o fanale di coda.

TRENI: accelerato, bis, di lusso, di piacere, d'agenzia, direttissimo, diretto, facoltativo, espresso, giornaliero, locale, misto, navetta, omnibus, ordinario, ospedale, raccoglitore, rapido, superrapido o ad alta velocità, sanitario, speciale, straordinario, supplementare, tradotta, turistico, feriale, festivo, TEE (*Trans Europa Express*), IC (*InterCity*), TGV (*Train Grande Vitesse*); autocorsa sostitutiva.

TERMINI VARI: agganciamento, anticipo, attrito, avaria, blocco, coincidenza, comparto, composizione del treno, corsa, deragliamento o sviamento, disguido, incrocio, manovra, precedenza, ritardo, slittamento, scontro, smistamento, sorpasso, spinta, traffico, transito, trasbordo, trazione (semplice, doppia, multipla), urto, visita doganale; abbonamento, biglietto (andata semplice, andata e ritorno, circolare, chilometrico, combinabile, a prezzo ridotto, concessione speciale), bollettino di consegna / di spedizione, deviazione ammessa, foglio di via, foglio di corsa, itinerario, via, percorrenza, lettera di vettura, ribasso, richiesta, spedizione (ordinaria o a piccola velocità, accelerata o a grande velocità), presa a domicilio, svincolo, sosta o giacenza, tariffa (ordinaria, differenziale, ridotta, militare); agenzia di viaggio, bagaglio, baule, *container* o contenitore unificato, campionario, cassa, cesto, collo, *plaid* o coperta da viaggio, sacca, spolverino, valigia, deposito; orario estivo / invernale, cadenzato, feriale / festivo.

fessùra [lat. *fissūra*; fine sec. XIII] **sf.** spaccatura stretta e allungata: *mettere un chiodo nella fessura della roccia* || spiraglio in una porta o finestra || **N.** *Sin.* crepa, fenditura, incrinatura, screpolatura.

fessuràrsi (pres. *-ùro*) [da *fessura*; 1956] ***intr. pron.*** aprirsi per lungo, determinando fessure: *rocce soggette a fessurarsi.*

fessuraziόne [da *fessurare*; 1956] **sf.** il formarsi di spaccature o di fessure, spec. in una roccia.

fèsta [lat. *festa*, i giorni festivi; a. 1292] **sf.** **1.** giorno in cui si celebra una ricorrenza religiosa o civile: *festa nazionale, festa del redentore; suonare le campane a festa* || *il vestito della festa*, quello più bello, che s'indossava nei giorni di festa || *iron. conciare uno per le feste*, malmenarlo, ridurlo in condizioni pietose || *feste mobili*, che cadono in giorno diverso nei diversi anni; sono la Pasqua e le altre feste ad essa collegate || *pl. le feste*, periodo di più giorni festivi vicini o consecutivi: *feste natalizie, pasquali; buone feste!*, augurio che si fa a Natale o a Pasqua || *fam. è la sua festa*, il suo onomastico o il suo compleanno || *per estens.* vacanza, giorno in cui non si lavora (indipendentemente da una pubblica ricorrenza): *oggi si fa festa; mezza festa*, giorno in cui l'orario di lavoro è ridotto a mezza giornata **2.** manifestazione pubblica o privata per celebrare un avvenimento, o semplicemente per divertimento: *festa danzante o da ballo; invitare, partecipare a una festa; dare, organizzare una festa* || *guastare la festa*, rovinarne l'atmosfera con interventi fuori luogo (anche *fig.*) **3.** *per estens.* occasione e motivo di gioia e di allegria: *sarà una festa per me rivederlo; una festa di fiori, di colori* || manifestazione di gioia, spec. nell'espr. *fare festa a qualcuno*: *i ragazzi fecero molta festa al nuovo arrivato, il cane fa le feste al suo padrone* || *antifr. far la festa a qualcuno*, ammazzarlo; rif. a una donna, toglierle la verginità || *dim.* festicciuòla; *accr.* festóna; *pegg.* festàccia || **N.** **1.** *Sin.* anniversario, celebrazione, ricorrenza **2.** bagordo, baldoria, bisboccia, festino, *party* **3.** *Sin.* gioia, tripudio.

festaiòlo [da *festa*; a. 1484] **agg.** amante delle feste; che fa sempre festa: *un popolo allegro e festaiolo.*

festànte [da *festa*; 1319] **agg.** che è in festa, entusiasta, gioioso: *voci festanti* || *fig.* ridente: *colli per vendemmia festanti* (Foscolo).

festeggiaménto [da *festeggiare*; inizio sec. XIV] **sm.** l'atto e il modo di festeggiare || *più com. pl.*, l'insieme delle manifestazioni per festeggiare qualcuno o qualcosa: *sono stati organizzati grandi festeggiamenti per il suo ritorno* || **N.** FESTA.

festeggiàre (pres. *-éggio*) [da *festa*; a. 1342] **tr.** **1.** celebrare con una festa una ricorrenza o un avvenimento: *festeggiare la domenica, la laurea, le nozze d'argento* **2.** accogliere festosamente: *sono stato molto festeggiato in quella casa* || **N.** **1.** *Sin.* solennizzare.

festeggiàto (*pps.* di *festeggiare*) [a. 1600] **I** **agg.** che è stato oggetto di festeggiamenti **II** **sm.** (f. *-a*) persona che viene festeggiata: *il festeggiato era al centro dell'attenzione.*

festeréccio (pl. m. *-ci*, pl. f. *-ce*) [da *festa*; a. 1333] **agg.** *ant. raro* **1.** festoso; festaiolo **2.** festivo.

festévole [da *festa*; 1342] **agg.** **1.** *lett.* festoso, allegro, piacevole **2.** *arc.* festivo || **festevolménte** ***avv.***

festevolézza [da *festevole*; a. 1910] **sf.** *raro* l'essere festevole.

festinàre (pres. *-ino*) [dal lat. *festināre*; 1319] ***intr.*** (aus. *avere*) *arc.* affrettarsi.

festìno[1] [dal lat. *festīnus*; 1306] **agg.** *arc.* sollecito: *non fui a rimembrar festino* (Dante).

festìno[2] (*dim.* di *festa*) [1601] **sm.** festa elegante e ricca con trattenimenti vari || festa con marcate componenti erotiche o comunque trasgressive.

festival (fr., pr. [festi'val]; pr. it. ['festival]) [dal fr. ant. *festival*, dal lat. mediev. *festivālis*, festivo; 1846] **sm.** *inv.* **1.** festa musicale di carattere popolare **2.** serie di manifestazioni di carattere musicale, teatrale, cinematografico che si organizzano generalmente con carattere periodico in un dato luogo: *festival di Salisburgo, festival del cinema di Venezia.*

festivalière [da *festival*; 1983] **sm.** (f. *-a*) chi partecipa ad un festival, anche *iron.* e *spreg.*: *i soliti fedelissimi festivalieri.*

festivalièro [da *festival*; 1965] **agg.** relativo a un festival, tipico di un festival, anche *iron.* e *spreg.*: *la finta allegria festivaliera.*

festività [da *festivo*; 1304] **sf.** **1.** festa solenne religiosa: *la festività del Natale* **2.** *lett.* festosità, allegrezza.

festìvo [dal lat. *festīvus*; a. 1342] **agg.** **1.** di festa: *giorni festivi* || proprio dei giorni di festa: *riposo festivo, orario festivo* **2.** *lett.* festoso || **N.** **1.** *Contr.* feriale.

fèsto [dal lat. *fēstus*; 1374] **agg.** *arc.* o *lett.* festivo.

festonàto [pps. di un disus. *festonare*, ornare di festoni; 1913] **agg.** ornato di festoni.

festóne [da *festa*; a. 1519] **sm.** ornamento di rami e fiori, veri o finti, che s'appende ai due capi, in segno di festa || *fig.* detto dei tralci di vite che si estendono incurvandosi da un albero all'altro || *T.arch.* motivo decorativo a forma di festone spec. su porte e finestre || *T.magl.* ricamo a linee curve, regolari, che imita il motivo del festone || *dim.* festoncìno. **TAV. *maglia...* p. 1316** 1.11.

festosità [da *festoso*; 1869] **sf.** l'esser festoso.

festóso [da *festa*; sec. XIV] **agg.** che dimostra gioia e allegrezza: *accoglienza festosa* || **festosaménte** ***avv.*** || **N.** *Sin.* allegro, giocondo, gioioso, giulivo, lieto.

festùca [dal lat. *festūca*; 1313] **sm.** *lett.* fuscellino di paglia o sim.: *vedere la festuca nell'occhio del prossimo.*

fetàle [da *feto*; 1834] **agg.** che concerne il feto: *sviluppo fetale* || *posizione fetale*, quella raccolta, tipica del feto.

fetazióne [da *feto*; 1970] **sf.** *T.biol.* formazione del feto.

fetènte [dal lat. *foetens, -entis*, ppr. di *foetēre*, puzzare; a. 1306] **I** **agg.** che manda fetore || *fig. pop.* abbietto, spregevole **II** **sm.** *fig. pop.* persona capace di ogni carognata: *è proprio un fetente.*

fetenzia [da *fetente*; 1963] **sf.** *region.* sporcizia, sudiciume: *che fetenzia è mai questa?* || *fig.* comportamento o azione sleale, vile, abietta.

fetìccio (pl. *-ci*) [dal lat. *factīcius*, "(idolo) falso", attr. il port. *feitiço* e il fr. *fétiche*; 1846 *fetisso*] **sm.** *T.rel.* idolo dei popoli primitivi che si ritiene dotato di poteri magici || *fig.* oggetto di culto o stima esagerati, idolo || **N.** IDOLO.

feticìdio (pl. *-di*) [comp. di *feto* e *-cidio*; 1952] **sm.** *non com.* uccisione del feto.

feticìsmo [dal fr. *fétichisme*; 1834] **sm.** **1.** *T.rel.* forma di religiosità primitiva che consiste nel culto dei feticci || *per estens.* cieco entusiasmo per qualcuno o qualcosa **2.** *T.psic.* deviazione del comportamento sessuale per cui l'attrazione erotica si focalizza su una parte del corpo o un oggetto (spec. un indumento) della persona amata; è usato anche con valore attenuato o scherzoso. **Q.T.** *psicologia.*

feticìsta [dal fr. *fétichiste*; 1888 nel senso 2] **s.** e **agg.** **1.** adoratore di feticci **2.** *T.psic.* affetto da feticismo; anche *scherz.*

feticìstico (pl. *-ci*) [da *feticista*; 1953] **agg.** relativo al feticismo: basato sul feticismo; mosso dal feticismo: *pratiche feticistiche* || proprio del feticista, relativo al feticista: *manie feticistiche.*

fètido [dal lat. *fōetidus*; 1282] **agg.** che manda fetore || *fig. non com.* turpe, disonesto.

fetidùme [da *fetido*; a. 1803] **sm.** *non com.* **1.** quantità di cose fetide **2.** fetore.

fèto [dal lat. *fētus*; 1319] **sm.** il prodotto del concepimento dei mammiferi vivipari, a partire dal momento in cui acquista caratteristiche proprie della specie (nell'uomo dopo circa due mesi) fino al parto; il termine è oggi spesso esteso anche alla fase precedente, detta un tempo *embrione.*

fetologìa [comp. di *feto* e *-logia*; 1983] **sf.** settore della medicina che si occupa dello sviluppo del feto dal secondo mese dal concepimento, fino al parto.

fetòlogo (pl. *-gi*) [comp. di *feto* e *-logo*; 1983] **sm.** medico specialista di fetologia; studioso di fetologia.

fetónte [dal lat. *Phaeton, -ontis*, Fetonte, attr. il lat. scient.; 1820] **sm.** *T.zool.* genere di uccelli dell'ordine dei Pelecaniformi, presenti sulle coste dei mari tropicali.

fetóre [dal lat. *fōetor, -ōris*; a. 1306] **sm.** odore disgustoso e insopportabile || **N.** PUZZO.

fétta [forse da **offetta*, dim. di *offa*; fine sec. XIII] **sf.** **1.** parte (spec. di cibo) larga e sottile, tagliata col coltello: *una fetta di pane, di prosciutto* || *per estens.* porzione tagliata col coltello: *una fetta di torta* || *iperb. fare a fette qualcuno*, ammazzarlo || *per estens.* parte, settore, anche *fig.*: *una fetta di terreno, si è conquistato una bella fetta del mercato* **2.** *pl. pop. le fette*, i piedi || *dim.* fettarèlla, fettìna, fettolìna; *accr.* fettóna || **N.** affettare.

fettìna (*dim.* di *fetta*) [a. 1964] **sf.** piccola fetta: *una fettina di torta* || *in part.* fetta sottile di carne di manzo, vitello o sim.: *una fettina cucinata ai ferri.*

fettóne [da *fetta*; 1585] **sm.** **1.** la parte posteriore e inferiore dello zoccolo degli equini a forma di cuneo **2.** *per estens. pop. scherz.* piede grande.

fettùccia (pl. *-ce*) [da *fetta*; a. 1535] **sf.** nastro di tessuto per orli, rinforzi e sim. || *dim.* fettuccìna.

fettuccìna (*dim.* di *fettuccia*) [1865] **sf.** (spec. *pl.*) pasta all'uovo a strisce lunghe e sottili || **N.** **2.** *Sin.* tagliatella. **TAV.** *alimentazione* 1.4.

fettùnta [comp. di *fetta* e *unto*; 1922] **sf.** *pop. tosc.* fetta di pane tostato strofinata con aglio e condita con sale e olio di frantoio || **N.** bruschetta.

feudàle [da *feudo*; 1585] **agg.** *T.stor.* del feudo: *signore feudale* || del feudalesimo: *età feudale* || *fig.* autoritario e di vedute ristrette: *una mentalità feudale.*

feudalésco (pl. *-schi*) [da *feudale*; a. 1869] **agg.** *spreg.* feudale, da feudatario: *una politica feudalesca.*

feudalésimo (raro *feudalìsmo*) [da *feudo*; 1803 *feudalismo*] **sm.** *T.stor.* forma di organizzazione economica, sociale e politica, prevalente nel Medioevo europeo, ma presente anche in altre epoche e società (per es. in Giappone), secondo la quale il diritto di sovranità coincideva con quello di proprietà fondiaria; i feudatari erano, nei loro feudi, sovrani, in cambio di un giuramento di fedeltà e di assistenza militare verso il re, e del pagamento di alcuni tributi || **N.** allodio, *corvée*, decima, laudemio, valvassore, vassallo | infeudare | beneficio, giurisdizione, immunità, investitura, maggiorasco, omaggio. **Q.T.** *politica.*

feudalità [da *feudo*; 1673] **sf.** *T.stor.* il complesso delle caratteristiche feudali di una società || la classe feudale nel suo insieme || natura feudale: *la feudalità di un possedimento.*

feudatàrio (pl. *-ri*) [da *feudo*; a. 1363] **I** **sm.** *T.stor.* concessionario di un feudo **II** **agg.** *T.stor. non com.* feudale || **N.** **I** barone, castaldo, castellano, conte, marchese, valvassino, valvassore, vassallo.

fèudo [prob. dal germ. **fehu*, beni mobili o bestiame; a. 1442 nel senso 2] ***sm.*** **1.** *T.stor.* dominio di cui un signore era investito, con obblighi e diritti particolari **2.** *T.stor.* il luogo tenuto in feudo || *per estens.* nel linguaggio politico, regione, struttura economica ecc. sotto lo stretto controllo di un personaggio, di un partito politico e sim.: *feudi elettorali* **3.** *T.stor.* il compenso dei pubblici ufficiali nei Comuni italiani.

feuilleton (fr., pr. [fœj'tɔ̃]) [letter. piccolo quaderno; 1819] ***sm.*** *inv.* (anche pl. *feuilletons,* pr. [fœj'tɔ̃]) romanzo popolare pubblicato a puntate su un giornale || *per estens.* qualunque romanzo popolare avventuroso o patetico || *per estens.* programma televisivo a molte puntate con le stesse caratteristiche.

fèz [dal n. geogr. *Fez,* capitale del Marocco; 1892] ***sm.*** *inv.* berretto di lana a forma di tronco di cono, perlopiù rosso, con un fiocco di seta nera che scende dal mezzo, caratteristico dei Turchi, e adottato (con fiocco blu) nell'esercito italiano dai bersaglieri; un analogo berretto nero era portato dai miliziani fascisti.

feziàle o **feciàle** [dal lat. *fetiālis*; prima metà sec. XIV] ***sm.*** *T.stor.* ciascuno dei sacerdoti romani appartenenti a un collegio speciale al quale era affidato l'incarico di dichiarare la guerra, concludere la pace e garantire il rispetto dei trattati.

fi o **phi** [dal gr. *phî,* lettura della lettera φ; 1561] ***sm.*** o ***sf.*** nome della ventunesima lettera dell'alfabeto greco.

fi' ***sm.*** apocope di *figlio.*

fìa, fìano *arc.* o *poet.* forme usate come futuro di ESSERE (v.).

fiàba [lat. volg. **flāba,* class. *fābula*; 1618] ***sf.*** **1.** racconto fantastico di origine popolare in cui l'elemento magico assume grande rilievo: *la fiaba di Cenerentola, di Biancaneve* **2.** *per estens.* cosa non vera, fandonia (più com. in questo senso *favola*) || **N. 1.** favola, leggenda, mito, racconto | befane, castelli, diavoli, draghi, fate, fattucchiere, folletti, elfi, giganti, gnomi, incantesimi, maghi, mostri, nani, orchi, prìncipi, silfi, sirene, streghe **2.** *Sin.* FAVOLA.

fiabésco (pl. *-schi*) [da *fiaba*; 1798] ***agg.*** tipico delle fiabe: *mondo fiabesco* || *per estens.* meraviglioso, incantevole, quasi irreale: *paesaggio fiabesco.*

fiabìstica [da *fiaba*; 1963] ***sf.*** *non com.* l'arte di scrivere fiabe || il complesso di fiabe di un determinato paese o periodo.

fiàcca [da *fiacco*[1]; 1841] ***sf.*** grande stanchezza e svogliatezza: *batter la fiacca,* lavorare poco e senza impegno || *dim.* fiaccherèlla; *accr.* fiaccóna || **N.** *Sin.* debolezza, fiacchezza, spossatezza; indolenza, pigrizia.

fiaccàbile [da *fiaccare*; a. 1704] ***agg.*** che si può fiaccare.

fiaccaménto [da *fiaccare*; sec. XIV] ***sm.*** *non com.* l'atto e l'effetto del fiaccare.

fiaccàre (pres. *-àcco, -àcchi*) [da *fiacco*[1]; inizio sec. XIII nel senso 2] ***tr.*** **1.** privare delle energie fisiche o morali: *la malattia lo ha fiaccato, le continue delusioni hanno finito per fiaccare il suo morale* **2.** rompere o deformare sensibilmente: *il vento ha fiaccato i rami, il peso della nave ha fiaccato il tettuccio dell'automobile* || ***rifl. indir.*** *non com.* spezzarsi: *fiaccarsi le spalle*; detto di animali, anche provocarsi una contusione || **N. 1.** *Sin.* estenuare, indebolire, logorare, spossare **2.** *Sin.* schiantare; ammaccare.

fiaccatùra [da *fiaccare*; 1745] ***sf.*** **1.** l'atto del fiaccare **2.** nei cavalli, ciascuna delle parti del corpo più esposte a contusioni, e la contusione stessa.

fiaccheràio (pl. *-ài*) [da *fiacchere*; 1869] ***sm.*** *tosc. disus.* conducente di un *fiacre.*

fiàcchere ***sm.*** *tosc.* V. FIACRE.

fiacchézza [da *fiacco*[1]; 1505] ***sf.*** l'esser fiacco, mancare di vigore, anche *fig.*

fiacchìte [comp. di *fiacco*[1] e *-ite*[1]; 1970] ***sf.*** *fam.* debolezza, spossatezza, intesa scherz. come una malattia: *oggi ho una fiacchite acuta.*

fiàcco[1] (pl. *-chi*) [lat. *flaccus*; 1505] ***agg.*** debole, senza energie; anche *fig.* privo di efficacia, scarsamente incisivo: *stile, discorso fiacco* || **N.** *Sin.* affaticato, debole, esausto, sfinito, snervato, spossato; indolente, molle, svogliato.

fiàcco[2] (pl. *-chi*) [dal sett. *fracco*; a. 1375] ***sm.*** *ant.* rovina, strage.

fiàccola [lat. volg. **flacula*; fine sec. XIII] ***sf.*** lume costituito da un bastone o altro supporto che regge delle sostanze resinose o altro materiale in grado di bruciare lentamente e di resistere al vento || *fig.* ciò che promuove o simboleggia un ideale: *la fiaccola della civiltà* || *dim.* fiaccolétta, fiaccolìna; *accr.* fiaccolóne (*sm.*), fiaccolóna || **N.** face, facella, fiamma, torcia.

fiaccolàta [da *fiaccola*; 1887] ***sf.*** sfilata di persone con fiaccole, in segno di festa o anche come manifestazione politica.

fiacre (fr., pr. [fjakr]) [da Saint *Fiacre,* raffigurato nell'insegna di una rimessa nella quale si noleggiavano queste vetture; 1766] ***sm.*** *inv.* *disus.* vettura di piazza a cavalli, carrozzella.

fiadóne [dal lat. *flado, -ōnis*; 1983] ***sm.*** **1.** *T.cuc.* dolce rustico trentino con ripieno a base di mandorle e rum **2.** *T.cuc.* dolce abbruzzese di pasta sfoglia ripiena di uova e formaggio, caratteristico del periodo pasquale.

fiàla [lat. volg. **fiala*; 1321 nel senso 2] ***sf.*** **1.** piccolo recipiente di vetro di forma allungata, strozzato alle estremità e sigillato, usato per contenere medicinali e anche profumi **2.** *arc.* ampolla; caraffa || *dim.* fialétta.

fialòide [comp. di *fiala* e *-oide*; 1985] ***sm.*** *T.farm.* piccola fiala per farmaci liquidi, a forma di tubetto cilindrico con tappo di gomma fissato ermeticamente da una reggetta metallica.

fiàmma [lat. *flamma*; a. 1250 nel senso 2] **I** ***sf.*** **1.** massa di gas combustibile, spesso a forma di lingua, che emette luce e calore: *la fiamma di una candela, del fornello a gas* || *andare in fiamme,* prendere fuoco; *essere in fiamme,* ardere; *dare alle fiamme qualcosa,* bruciarla || *color fiamma,* rosso vivo || *fiamma ossidrica, ossiacetilenica,* fiamme ad altissima temperatura in cui i gas combustibili sono rispettivamente l'idrogeno e l'acetilene, alimentati con ossigeno; sono utilizzate per saldare || *T.tecn. ritorno di fiamma,* propagazione di una fiamma all'interno dei condotti del combustibile, in senso opposto a quello di efflusso; *fig.* riapparizione inattesa di un fenomeno, di un fatto, di una moda ritenuti definitivamente conclusi || *fig. far fuoco e fiamme,* agitarsi, fare il diavolo a quattro; tentare ogni mezzo per raggiungere uno scopo **2.** compare in varie espr. fig. che alludono al colore, al calore o alla forma: *diventare di fiamma,* arrossire violentemente; *mandare fiamme dagli occhi,* lanciare sguardi intensi, perforare con lo sguardo, per es. per l'ira || passione ardente: *la fiamma dell'amore, della fede*; *per meton.* la persona amata (spec. *scherz.*): *è la sua nuova fiamma*; *vecchia fiamma,* persona amata in passato || *caduta a fiamma,* col paracadute che esce dal sacco ma non riesce ad aprirsi **3.** detto di vari oggetti che ricordano la forma di una fiamma; *in part.*: bandiera lunga e sottile di forma triangolare con i colori nazionali, alzata sulla cima dell'albero maestro o del pennone delle navi da guerra || mostrina a due o tre punte, che a seconda dei colori contrassegna vari corpi delle Forze Armate; al pl. anche, *per meton.* i corpi corrispondenti: *fiamme verdi,* gli alpini; *fiamme cremisi,* i bersaglieri; *fiamme gialle,* le guardie di finanza || raffigurazione stilizzata di una lingua di fuoco, che compare in vari stemmi araldici o come emblema di partiti politici: in Italia, *il partito della fiamma,* il Movimento Sociale Italiano **4.** tipo di bengala di grandi dimensioni **II** ***agg.*** *inv.* di colore rosso vivo: *un vestito fiamma* || *dim.* fiammèlla, fiammétta, fiammettìna, fiammicèlla, fiammolìna; *accr.* fiammóne (*sm.*), fiammóna || **N.** *Sin.* vampa | brace, faville, scintille; FUOCO **2.** *Sin.* ardore, passione. **TAV.** *bandiere* 3.

fiammànte (*ppr.* di *fiammare*) [da *fiammare*; a. 1347] ***agg.*** risplendente come fiamma; di color rosso acceso; vistoso || *nuovo fiammante,* nuovissimo || **N.** *Sin.* lustro, scintillante, sfavillante, splendente.

fiammàre [lat. *flammāre*; 1321] ***intr.*** (aus. *avere* ed *essere*) *ant.* o *lett.* fiammeggiare.

fiammàta [da *fiammare*; 1699] ***sf.*** fiamma alta, improvvisa e spesso di breve durata || *fig.* manifestazione intensa ma poco duratura di un sentimento o di un fenomeno: *una fiammata di entusiasmo presto spenta* || **N.** falò, vampa.

fiammàto [da *fiammare*; 1731] ***agg.*** e ***sm.*** *T.abb.* si dice di un tessuto o abito fantasia che produce dei riflessi cangianti sim. a fiamme.

fiammeggiànte (*ppr.* di *fiammeggiare*) [1319] ***agg.*** che manda fiamme (anche *fig.*): *sguardo fiammeggiante* || *T.art. gotico fiammeggiante,* evoluzione tardiva (sec. XV-XVI) dello stile gotico, caratterizzata da un accentuato verticalismo e da una esuberanza decorativa; in Italia è detto anche *gotico fiorito.*

fiammeggiàre (pres. *-éggio*) [da *fiamma*; 1313] ***intr.*** (aus. *avere*) mandar fiamme, anche *fig.* || risplendere come fiamma || ***tr.*** *T.cuc.* passare sulla fiamma pollame, fagiani ecc., già spennati, per togliere la peluria prima di cucinarli || **N.** ***intr.*** *Sin.* divampare, risplendere, sfavillare.

fiàmmeo [dal lat. *flammeus*; a. 1729] ***agg.*** *poet.* fiammeggiante: *i fiammei occhi sbarra* (Carducci).

fiammiferàio (pl. *-ài*) [da *fiammifero*; 1870] ***sm.*** (f. *-a*) venditore ambulante di fiammiferi.

fiammìfero [dal lat. *flammifer,* che porta fiamme; 1846] ***sm.*** stecchino di legno o di carta imbevuto di cera (in tal caso è detto anche *cerino*) con una capocchia intrisa in pasta fosforata, che si accende per sfregamento || *fiammifero svedese* o *di sicurezza,* che si accende solo se strofinato su una superficie ricoperta di fosforo rosso || *fig. pigliar fuoco come un fiammifero,* detto di persona irascibile || **N.** *Sin.* cerino, minerva, zolfanello.

fiammìnga [da *fiammingo*[1]; 1798] ***sf.*** *sett.* piatto ovale per servire in tavola le vivande.

fiammìngo[1] (pl. *-ghi*) [dal germ. *flaming*; 1313 come sm.] **I** ***agg.*** delle Fiandre, del Belgio settentrionale: *pittura fiamminga* || detto di una razza di cavalli pesanti da tiro originaria del Belgio **II** ***sm.*** **1.** (f. *-a*) abitante delle Fiandre **2.** (solo *sing.*) l'insieme delle varietà di neerlandese (lingua germanica occidentale di area basso-tedesca) parlate nel Belgio.

fiammìngo[2] (pl. *-ghi*) [dal provenz. *flamenc*; a. 1476 *flamengo*] ***sm.*** altro nome del fenicottero.

fiàmmola [dal lat. *flammula,* dim. di *flamma,* fiamma; XIV sec.] ***sf.*** pianta erbacea della flora boschiva, con fiori bianchi profumati.

fiancàle [da *fianco*; 1476] ***sm.*** *ant.* ciascuna delle parti dell'armatura che servivano a proteggere i fianchi.

fiancàre (pres. *-ànco, -ànchi*) [da *fianco*; a. 1646] ***tr.*** *T.arch.* rinforzare i fianchi di un arco, di una volta e sim.

fiancàta [da *fianco*; a. 1484 nel senso 2] ***sf.*** **1.** la parte laterale di un edificio, di un veicolo, di una nave ecc. **2.** colpo dato nel fianco di un cavallo con lo sperone **3.** *T.mar. ant.* lo sparo di tutti i cannoni che sono in una fiancata della nave, bordata.

fiancheggiaménto [da *fiancheggiare*; 1834] ***sm.*** l'atto e l'effetto del fiancheggiare || *in part. T.mil.* azione che protegge i fianchi di truppe che muovono all'assalto.

fiancheggiàre (pres. *-éggio*) [da *fianco*; a. 1555 nel senso 2] ***tr.*** **1.** esser collocato di fianco a uno o ad una cosa: *bei palazzi fiancheggiano la strada* **2.** *T.mil.* dar sicurezza e protezione al fianco di un'unità militare in manovra o in combattimento || *fig.* appoggiare, aiutare || **N. 2.** *Sin.* sostenere, spalleggiare.

fiancheggiatóre [da *fiancheggiare*; 1849] ***agg.*** e ***sm.*** (f. *-trìce*) che o chi fiancheggia; detto spec. nel linguaggio militare e in quello politico: *organizzazione fiancheggiatrice dei partiti di sinistra.*

fianchétto (*dim.* di *fianco*) [1887] ***sm.*** *T.gioc.* negli scacchi, disposizione in cui un pedone di cavallo (di Re o di Donna) è avanzato di una casella e nella sua posizione originaria viene posto un alfiere, che viene così a incidere sulla diagonale centrale.

fiànco (pl. *-chi*) [dal francone ***hlanka***, attr. il fr. ant. *flanc*; a. 1292] ***sm.*** **1.** ciascuna delle due parti del corpo dell'uomo e dei quadrupedi che sono tra la coscia e le costole: *cingersi la spada al fianco, i fianchi del cavallo, una donna stretta di fianchi, mettersi le mani sui fianchi, tenersi i fianchi dal ridere* || *fig. dare, offrire, prestare il fianco,* esporsi || *per estens.* parte laterale del corpo: *dormire sul fianco*; *fianco destr', sinistr',* comandi militari per far eseguire una svolta ad angolo retto, da fermo o in marcia || zona immediatamente a lato del corpo: *essere, stare al fianco di qualcuno,* rimanergli vicino, anche *fig.* essere dalla sua parte, aiutarlo **2.** *per estens.* parte laterale: *il fianco di un edificio, di un'automobile, di uno schieramento*; *i fianchi di una montagna,* le pendici || nelle loc. avv.: *a fianco, di fianco,* accanto, a lato: *si rivolga allo sportello a fianco*; nelle loc. prep.: *a fianco di, di fianco a,* vicino a: *abita nella casa di fianco alla mia* || **N. 1.** *Sin.* anca | sciancare, sfiancare **2.** *Sin.* canto, lato.

fianconàta [da *fianco*; 1853] ***sf.*** **1.** *T.sport.* nella scherma, stoccata diretta al fianco **2.** *T.mil.* la spalla di un'opera fortificata.

fiàndra [dal n. geogr. *Fiandra,* regione del Belgio; 1967] ***sf.*** qualità di lino pregiata usata per tovaglie e sim.

fiano V. FIA.

fiàsca [da *fiasco*; a. 1530] ***sf.*** *tosc.* piccola damigiana senza manici || *dim.* fiaschétta.

fiascàio (pl. *-ài*) [da *fiasco*; 1449] ***sm.*** (f. *-a*) *non com.* chi vende fiaschi o li riveste.

fiaschétta (*dim.* di *fiasca*) [1834] ***sf.*** **1.** piccolo recipiente di forma schiacciata usato per portare con sé in un'escursione tè, vino, liquori ecc. **2.** piccolo recipiente in corno o in cuoio usato anticamente per tenervi la polvere || *dim.* fiaschettìna || **N. 1.** *Sin.* borraccia.

fiaschetterìa [da *fiaschetto*; 1863] ***sf.*** bottega dove si vende il vino al minuto || **N.** *Sin.* mescita, osteria.

fiàsco (pl. *-schi*) [dal got. *flaskō*; a. 1313] ***sm.*** **1.** recipiente di vetro, col collo stretto e col ventre largo e rotondo, rivestito di paglia o plastica nella parte inferiore || anche il contenuto di un fiasco: *bersi un fiasco di vino rosso* **2.** completo insuccesso: *il suo ultimo libro è stato un fiasco clamoroso*; *fare fiasco,* avere esito disastroso: *la commedia ha fatto fiasco* || *dim.* fiaschétto, fiaschìno, fiaschettìno; *accr.* fiascóne; *pegg.* fiascàccio || **N. 1.** bocca, collo, cappio, fondo, pancia, veste | portafiaschi, reggifiasco | abboccare, impagliare, infiascare, sboccare, scollare, sgrondare. **TAV.** ***enologia*** 11.6.

fiat (lat., pr. it. ['fiat]) [dalla frase biblica *fiat lux,* la luce sia fatta] ***sm.*** *inv.* solo nella loc. *in un fiat,* in un attimo, sùbito.

fiàta [dal fr. ant. *fiée*; a. 1250] ***sf.*** *ant.* o *poet.* volta: *sì che per due fiate li dispersi* (Dante) || *(per) lunga fiata,* per lungo tempo, lungamente.

fiatàre [lat. tardo *flatāre*; a. 1292] ***intr.*** (aus. *avere*) emettere il fiato; usato soprattutto in frasi negative (*non fiatare* e sim.) col senso di tacere, non aprir bocca: *ha accettato i rimproveri senza fiatare.*

fiatàta [da *fiatare*; a. 1802] ***sf.*** *raro* l'atto del fiatare, dell'alitare || zaffata d'alito cattivo.

fiàto [lat. *flātus*; a. 1292] ***sm.*** l'aria che esce dai polmoni: *avere il fiato cattivo, scaldarsi le mani col fiato* || *strumenti a fiato* (o anche *fiati*), strumenti musicali costituiti di un tubo in cui vibra la colonna d'aria immessa dal suonatore, e da un dispositivo di messa in vibrazione (un'imboccatura stretta nei flauti, una o due ance nei clarinetti e negli oboi, le labbra del suonatore applicate a un bocchino negli ottoni) || *avere fiato,* negli sport, avere un'ottima capacità respiratoria, in grado di sostenere uno sforzo prolungato; *fare fiato,* allenarsi per migliorare la resistenza; *essere giù di fiato,* carente di questo allenamento specifico || *fiato grosso* o *corto,* respiro affannoso || *rimanere senza fiato,* per paura, meraviglia o altra causa || *sprecare il fiato,* parlare inutilmente; *risparmiare il fiato,* evitare di parlare perché non ne vale la pena || *riprendere, tirare il fiato,* riposarsi, riaversi; *fig.* riprendere lena, vigore, coraggio || *d'un fiato, tutto d'un fiato,* in un colpo solo, senza interruzioni: *bere un bicchiere d'un fiato, leggere un libro tutto d'un fiato* || *accr.* fiatóne || **N.** alito, respiro, soffio, sospiro | alitare, sbuffare, soffiare; sfiatarsi. **Q.T.** ***musica.***

fiatóne (*accr.* di *fiato*) [1952] ***sm.*** respiro affannoso: *avere il fiatone,* ansimare.

fibbia [lat. *fībula*; a. 1333] ***sf.*** fermaglio di metallo, di osso o altro materiale resistente, con una o più punte, che serve per tenere ferme cinture o sim. || *dim.* fibbiétta, fibbiettìna; *accr.* fibbióna || **N.** anello, ardiglione o puntale, staffa | affibbiare / sfibbiare, allentare.

fibbiàio (pl. *-ài*) [da *fibbia*; a. 1834] ***sm.*** (f. *-a*) chi fa o vende le fibbie.

fiberglass o ***fiber-glass*** (ingl., pr. amer. ['faɪbərglæs]; pr. it. [ˌfiber'glas]) [comp. di *fiber,* fibra e *glass,* vetro; 1970] ***sm.*** *inv.* materiale composito, ad alta resistenza ed elasticità, formato da fibra di vetro e altre sostanze, impiegato nella costruzione di carrozzerie per autoveicoli, scafi e attrezzi sportivi.

fibra [dal lat. *fibra*; a. 1494] ***sf.*** **1.** *T.biol.* termine generico che indica molti elementi di forma allungata o filiformi costitutivi dei tessuti animali o vegetali: *fibre muscolari,* cellule di forma estremamente allungata, che hanno la proprietà di contrarsi o distendersi e che costituiscono il tessuto muscolare; *fibre nervose,* sottili filamenti che uniscono tra loro le cellule nervose, o queste a muscoli, a organi di senso ecc., lungo i quali corrono gli impulsi o stimoli nervosi; *fibre vegetali,* cellule di forma affusolata riunite in fasci che, anche morte, svolgono un ruolo essenziale di supporto **2.** *per estens.* qualunque componente elementare di aspetto filiforme || *fibre tessili,* materiali di origine animale (lana, seta, peli), vegetale (canapa, iuta, lino, cotone) o minerale (vetro, amianto), che si presentano in forma di filamenti e servono a preparare tessuti, feltri e sim. || *fibre tessili artificiali,* ricavate, con opportuna lavorazione, dalla cellulosa, dal vetro ecc. || *fibre sintetiche,* ottenute mediante un processo di polimerizzazione di composti chimici (per es. il nylon, le fibre acriliche) || tipo di cartone trattato in modo da renderlo impermeabile e resistente, usato per valigie, guarnizioni, imballaggi || nella scienza delle costruzioni, componente ideale in cui si suddivide per ragioni di studio qualunque struttura portante || *T.tecn. fibra ottica,* elemento di vetro, cilindrico, sottilissimo e flessibile, riunito in fasci, che funge da guida dell'onda luminosa e ne permette la propagazione lungo percorsi sinuosi; ha importanti applicazioni in medicina (endoscopia) e nelle comunicazioni **3.** *fig.* elemento costitutivo: *nelle più riposte fibre dell'animo,* nei sentimenti più intimi || costituzione fisica: *uomo di forte fibra.* **Q.T.** *anatomia, tessitura.*

fibràto [dal lat. *fibratus*; 1894] ***agg.*** che presenta fibre o venature.

fibreglass ***sm.*** *non com.* V. FIBERGLASS.

fibrìlla [da *fibra,* come il fr. *fibrille*; 1745] ***sf.*** *T.anat.* formazione microscopica di forma allungata che, riunita in fasci, costituisce le fibre; fibra sottilissima.

fibrillàre[1] [da *fibrilla*; 1970] ***intr.*** (aus. *avere*) *T.med.* accusare frequenti attacchi di fibrillazione.

fibrillàre[2] [da *fibrilla*; 1834] ***agg.*** *T.biol.* relativo a fibrilla, proprio di fibrilla: *fasci fibrillari.*

fibrillazióne [da *fibrilla*; 1930] ***sf.*** *T.med.* anomalia nella contrazione dei muscoli; *in part.* anomalia del ritmo cardiaco, con contrazioni rapidissime e irregolari non in grado di garantire la normale circolazione sanguigna: *fibrillazione atriale, ventricolare.*

fibrìna [comp. di *fibra* e *-ina*; 1834] ***sf.*** *T.biol.* sostanza proteica che si forma nel sangue quando ha luogo la coagulazione.

fibrinògeno [comp. di *fibrina* e *-geno*; 1875] ***sm.*** *T.biol.* sostanza proteica contenuta nel plasma sanguigno, dalla quale, per azione di enzimi specifici, si forma la fibrina.

fibrinóso [da *fibrina*; 1834] ***agg.*** *T.biol.* che contiene fibrina.

fibroadenòma [comp. di *fibra* e *adenoma*; 1934] ***sm.*** *T.med.* tumore benigno che colpisce le ghiandole, caratterizzato dall'abbondanza del tessuto fibroso.

fibrocemènto ® [comp. di *fibra* e *cemento*; 1942] ***sm.*** cemento contenente fibre di amianto, usato come isolante termico.

fibròide [comp. di *fibra* e *-oide*; 1940] ***agg.*** *T.tecn.* di sostanza organica che somiglia al tessuto fibroso.

fibroìna [comp. di *fibra* e *-ina*; 1834] ***sf.*** *T.biol.* sostanza proteica che costituisce il componente principale della fibra della seta.

fibròma [comp. di *fibra* e *-oma*; 1875] ***sm.*** *T.med.* tumore benigno del tessuto connettivo fibroso.

fibrosarcòma [comp. di *fibra* e *sarcoma*; 1956] ***sm.*** *T.med.* tumore maligno che colpisce il tessuto connettivo fibroso.

fibròṣi [comp. di *fibra* e *-osi*; 1952] ***sf.*** *T.med.* aumento del tessuto connettivo interstiziale di un organo o di un tessuto, spec. come riparazione di un danno dovuto a lesione o malattia.

fibrosità [da *fibroso*; a. 1730] ***sf.*** l'esser fibroso.

fibróso [da *fibra*; a. 1673] ***agg.*** **1.** che è formato di fibre: *T.biol. tessuto fibroso,* tipo di tessuto connettivo ricco di fibre collagene riunite in fasci, che garantisce grande resistenza **2.** costituito di filamenti difficili da spezzare, legnoso: *carne fibrosa.*

fìbula [dal lat. *fibula*; 1342 nel senso 1; a. 1673 nel senso 2] ***sf.*** **1.** *T.archeol.* tipo di fibbia usata dagli antichi **2.** *T.anat.* osso della gamba, parallelo alla tibia, detto anche *perone.* **TAV.** ***anatomia*** **p. 641** 2.19.

fica o **figa** [etim. inc.; 1313] ***sf.*** *volg.* vulva || *per meton. volg.* donna.

ficàia [dal lat. *ficāria*; sec. XIII] ***sf.*** *tosc.* albero di fico || terreno piantato a fichi.

-ficàre [dal lat. *-ficāre*] ***elem. term.*** che, in verbi composti, vale "fare", "rendere", "fabbricare" (per es. *amplificare, dolcificare, parificare*).

ficàto [dal lat. *ficatus*; a. 1535] ***agg.*** **1.** *pan* *ficato*, pane impastato con la polpa dei fichi **2.** *raro* detto di campo ricco di alberi di fico.

-ficatóre [dal lat. *-ficātōr, -ficatōris*] ***elem. term.*** che forma i sostantivi corrispondenti ai verbi in *-ficare* (per es. *amplificatore, edificatore, panificatore*).

-ficatòrio (pl. *-ri*) [dal lat. *-ficatōrius*] ***elem. term.*** che forma gli agg. corrispondenti ai verbi in *-ficare* (per es. *edificatorio, purificatorio*).

-ficazióne [dal lat. *ficātio, -ficatiōnis*] ***elem. term.*** che forma i sostantivi corrispondenti ai verbi in *-ficare* (per es. *dolcificazione, lubrificazione, parificazione*).

ficcanasàre (pres. *-àso*) [da *ficcanaso*; 1958] ***intr.*** (aus. *avere*) fare il ficcanaso; ingerirsi indiscretamente nelle faccende altrui.

ficcanàso [comp. di *ficca(re)* e *naso*; 1767] ***s. inv.*** (pl. m. anche *ficcanasi*) persona indiscreta per la sua curiosità; chi s'ingerisce nelle faccende altrui ‖ **N.** *Sin.* curioso, indiscreto, intrigante.

ficcànte (*ppr.* di *ficcare*) [a. 1755 nel senso 2] ***agg.*** **1.** *T.sport.* incisivo, penetrante: *azione ficcante, gioco ficcante* **2.** *T.mil. tiro ficcante*, tiro effettuato dall'alto in basso.

ficcàre (pres. *ficco, ficchi*) [lat. volg. **figicāre*, intensivo di *figere*, infiggere; a. 1292] ***tr.*** spinger dentro con forza: *ficcare un picchetto nel terreno, ficcare un dito in un occhio* ‖ *fig. ficcar gli occhi addosso a uno*, guardarlo con intensità; *ficcare il naso negli affari altrui*, intromettersi dove non si deve ‖ in molti casi è un sin. più fam. ed espressivo di *mettere*: *ma dove avrò ficcato le chiavi?, ficcar le mani in tasca* ‖ ***rifl.*** e ***intr. pron.*** mettersi, andare a finire: *dove t'eri ficcato?, sta' attento a non ficcarti nei guai* ‖ anche ***rifl. indir.***: *non ficcarti le dita nel naso!*; *ficcarsi in testa qualcosa*, persuadersi fermamente di qualcosa ‖ **N.** *Sin.* conficcare, configgere, introdurre, piantare; cacciare, mettere.

-fìcee [dal gr. *phŷkos*, alga] ***elem. term.*** che, in parole composte della terminologia botanica, forma le denominazioni delle alghe (per es. *Clorofìcee, Dinofìcee, Rodofìcee*).

fiche (fr., pr. [fiʃ]) [letter. chiodo; 1905] ***sf.*** (pl. *fiches*, pr. [fiʃ]) **1.** gettone usato per puntare nei giochi d'azzardo **2.** scheda.

fichéto [da *fico*; fine sec. XIV] ***sm.*** terreno piantato a fichi.

fichu (fr., pr. [fi'ʃy]) [letter. messo su alla meglio; 1901] ***sm. inv.*** piccolo scialle triangolare da avvolgere attorno al collo; esiste anche l'adattamento it. *fisciù*.

-fìcio (pl. *-ci*) [dal lat. *-ficium*, da *facere*, fare] ***suff.*** che, in parole composte dotte, vale "luogo dove si produce (il prodotto indicato dal primo elem.)" (per es. *colorificio, maglificio, panificio*).

fico¹ (pl. *-chi*) [lat. *fīcus*; 1265] ***sm.*** **1.** pianta delle Moracee, con rami contorti, foglie palmato-lobate, che produce un ricettacolo (*siconio*) contenente piccolissimi fiori, detto impropriamente frutto ‖ *foglia di fico, per anton.* quella apposta in epoca controriformistica sulle nudità maschili o femminili di quadri e statue di epoche precedenti; si dice talvolta anche *fig.* riferendosi a un'ipocrisia inutile o sim. **2.** il ricettacolo, o com. frutto, di tale pianta ‖ *fico secco*, il detto ricettacolo messo a seccare al sole o al forno ‖ *pop. un fico, un fico secco*, nulla: *non vale un fico secco, non me ne importa un fico* ‖ *far le nozze coi fichi secchi*, fare con meschinità una cosa che si dovrebbe fare con larghezza; voler fare cose grandi con pochi mezzi **3.** *fico d'India* o *ficodindia*, pianta delle Cactacee, di origine americana ma diffusa nel Mediterraneo anche inselvatichita, con frutto ovoidale di colore giallo-rosso, con buccia spessa e spinosa e polpa dolce ricca di piccoli semi ‖ **N. 1.** caprifico, sicomoro **2.** brogiotto, dottato, gentile; primaticcio o fiorone o sampiero, settembrino o tardivo | gocciola o lacrima, latte, picciolo.

fico² (pl. *-chi*) o **figo** (pl. *-ghi*) [da *fica*; 1979] ***agg.*** e ***sm.*** (f. *-a*) *fam.* detto di persona o cosa alla moda, elegante, piacevole; detto di persona attraente, dotata di un fisico e di una personalità particolarmente interessanti: *quel tipo è proprio un gran bel fico!*.

fico- [dal gr. *phŷkos*, alga] ***primo elem.*** che, in parole composte della terminologia scientifica, vale "alga" (per es. *ficocianina, ficoeritrina, Ficomiceti*).

-fico (pl. *-ci*) [dal lat. *-ficus*, da *facere*, fare] ***elem. term.*** che, in parole composte dotte, vale "che fa", "che rende" (per es. *benefico, munifico, prolifico*).

ficocianina [comp. di *fico-* e *cianina*; 1940] ***sf.*** *T.bot.* pigmento associato alla clorofilla nelle alghe cianofite, di cui determina il colore azzurro.

ficodìndia v. FICO.

ficoeritrìna [comp. di *fico-* e *eritrina*; 1887] ***sf.*** *T.bot.* pigmento associato alla clorofilla, presente in molte alghe, di cui determina il colore rosso.

Ficomicèti (sing. *-e*) [comp. di *fico-* e *micete*; 1932] ***sm. pl.*** *T.bot.* classe di funghi unicellulari comprendente forme saprofite e parassite di piante o animali. **Q.T.** *botanica*.

fiction (ingl., pr. ['fɪkʃən]) [letter. invenzione, immaginazione; 1984] ***sf.*** *T.lett.* insieme delle opere letterarie di immaginazione quali romanzi, racconti, novelle, contrapposte a saggi, autobiografie e biografie, cioè ad opere che si basano su fatti reali o hanno un contenuto scientifico e informativo.

ficus (lat., pr. it. ['fikus]) [da *fidare*; 1492] ***sm. inv.*** pianta ornamentale delle Moracee con grandi foglie oblunghe, lucide, di colore verde scuro.

fida [da *fidare*; a. 1566] ***sf.*** *T.stor.* nel Medioevo, contratto con cui il proprietario di un terreno ne concedeva ad altri l'uso come pascolo ‖ *region. fida bestiame*, affitto di un pascolo per i mesi estivi.

fidànza [da *fidare*, sul modello del fr. ant. *fiance*, promessa; a. 1243] ***sf.*** *ant.* o *lett.* fiducia: *dar fidanza*, assicurare; *fare fidanza*, fare affidamento.

fidanzaménto [da *fidanzare*; 1898] ***sm.*** promessa di matrimonio: *rompere il fidanzamento*; *anello, festa di fidanzamento* ‖ periodo di tempo in cui si è fidanzati: *si sposarono dopo pochi mesi di fidanzamento*.

fidanzàre [da *fidanza*; 1834] ***rifl.*** impegnarsi a sposare: *si è fidanzata con un tale conosciuto al mare* ‖ ***rifl. rec.*** scambiarsi promessa di matrimonio: *si sono fidanzati* ‖ ***tr.*** *meno com.* promettere in matrimonio: *ha fidanzato la figlia minore*.

fidanzàto (*pps.* di *fidanzare*) [1855] ***sm.*** (f. *-a*) promesso sposo.

fidàre [lat. volg. **fīdāre*, class. *fīdere*, fidarsi; a. 1294] ***intr. pron.*** aver fiducia: *non ti fidare mai di nessuno*; fare assegnamento su qualcosa: *non fidarsi più delle proprie forze* ‖ *prov. fidarsi è bene ma non fidarsi è meglio* ‖ ***intr.*** (aus. *avere*) aver fede: *fidare in Dio* ‖ ***tr.*** *raro* affidare ‖ **N.** ***intr. pron.*** *Sin.* contare su | *Contr.* diffidare.

fidatézza [da *fidato*; a. 1869] ***sf.*** *non com.* l'esser fidato.

fidàto (*pps.* di *fidare*) [a. 1347] ***agg.*** **1.** di cui ci si può fidare: *un giovane fidato* **2.** *disus.* familiare, consueto: *fidato letto* (Ariosto).

fidayin v. FEDAYIN.

fidecommésso e der. forme ant. di FEDECOMMESSO e der.

fideìsmo [dal fr. *fidéisme*; 1942] ***sm.*** dottrina filosofica o religiosa secondo la quale alcuni problemi sono risolubili soltanto attraverso la fede, ma non trovano alcuna soluzione per mezzo della ragione umana; il termine è usato perlopiù con valore negativo e polemico ‖ *per estens.* atteggiamento di adesione acritica a una dottrina morale, un'ideologia politica e sim.

fideìsta [dal fr. *fidéiste*; 1942] ***s.*** chi antepone la fede alla ragione.

fideìstico (pl. *-ci*) [da *fideista*; 1943] ***agg.*** che denota fideismo, anche in senso esteso ‖ **fideisticaménte** ***avv.***

fideiussióne [dal lat. *fideiussio, -ōnis*; a. 1565] ***sf.*** *T.giur.* contratto con cui uno si impegna a soddisfare l'obbligazione di un altro, nel caso in cui questi non vi soddisfi: *fideiussione bancaria* ‖ **N.** *Sin.* garanzia, malleveria.

fideiussóre [dal lat. *fideiussor, -ōris*; a. 1342] ***sm.*** *T.giur.* chi si impegna mediante fideiussione ‖ **N.** *Sin.* garante, mallevadore.

fideiussòrio (pl. *-ri*) [dal lat. tardo *fidejussōrius*; 1673] ***agg.*** *T.giur.* che si riferisce alla fideiussione: *obbligo fideiussorio*.

fidelìni v. FIDELLINI.

fidelità ***sf.*** *ant.* v. FEDELTÀ.

fidellìni o **fidelìni** [da *filo*, attr. **filelli*, con dissimilazione; a. 1862] ***sm. pl.*** *region.* tipo di pasta simile a spaghetti sottilissimi, utilizzati di solito per minestrine in brodo ‖ **N.** *Sin.* capelli d'angelo. **TAV.** *alimentazione* 1.1.

fidènte [dal lat. *fidens, -entis*; 1836] ***agg.*** *lett.* fiducioso: *fidente nell'onestà altrui* ‖ **N.** sicuro, sereno | *Contr.* diffidente.

fidenziàno [dal n. proprio *Fidenzio* Glottocrisio, pseudonimo del poeta cinquecentesco C. Scroffa; 1620] ***agg.*** relativo alla produzione letteraria di Fidenzio Glottocrisio; proprio di tale poeta e del suo stile: *componimenti alla maniera fidenziana* ‖ *per estens.* zeppo di latinismi, pedantesco, artificioso.

fìdiaco (pl. *-ci*) [dal lat. *phidīacus*, gr. *pheidiakós*; 1864] ***agg.*** di Fidia; degno dello scultore greco Fidia.

fidìcine [dal lat. *fidicen, fidicinis*; 1728] ***sm.*** *T.stor.* nella Roma classica, suonatore di strumenti a corde nelle cerimonie religiose.

fìdo¹ [dal lat. *fīdus*; 1313] **I** ***agg.*** *lett.* fidato, fedele: *un fido compagno* ‖ di luogo, familiare **II** ***sm.*** (f. *-a*) persona di fiducia: *ti mando un mio fido*; seguace fedele: *il capo era attorniato dai suoi fidi*.

fìdo² [da *fidare*; 1781] ***sm.*** *T.comm.* credito commerciale: *far fido, vendere a fido*; *fido bancario*, limite di credito concesso da una banca a ogni cliente.

-fido [dal lat. *-fidus*, da *findere*, fendere] ***elem. term.*** che, in parole composte dotte, vale "diviso, che presenta fenditure" (per es. *bifido, trifido*).

fidùcia (pl. *-cie*) [dal lat. *fīdūcia*; a. 1342] ***sf.*** profondo convincimento personale, non necessariamente appoggiato da dati di fatto o considerazioni razionali, in base al quale si crede fermamente che una persona o cosa siano conformi alle proprie attese e speranze: *avere fiducia in una donna, nella giustizia*; *mancare di fiducia in se stesso, perdere la fiducia nella democrazia, aver fiducia che le cose si sistemeranno* ‖ *uomo di fiducia*, a cui si affidano con sicurezza i propri affari o segreti; *medico, avvocato di fiducia*, scelto personalmente ‖ credito, stima: *gode della fiducia generale, ha perso la fiducia dei colleghi* ‖ *T.pol. voto di fiducia*, con cui il parlamento esprime la propria approvazione all'azione del governo; *questione di fiducia*, posta dal governo quando dichiara di condizionare la propria permanenza in carica all'approvazione di una data proposta di legge da parte del parlamento ‖ **N.** *Sin.* assegnamento, convinzione, fede, sicurezza | assoluta, cieca, esagerata, illimitata, incondizionata, piena, relativa, scarsa | avere, nutrire; concedere, dare; godere di, ispirare, meritare fiducia; abusare di, perdere, tradire | *Contr.* diffidenza; scetticismo, sfiducia; disistima.

fiduciàrio (pl. *-ri*) [dal lat. tardo *fiduciārius*; 1673] **I** ***agg.*** che si fonda sulla fiducia: *rapporti fiduciari* || *T.giur. erede fiduciario*, colui che è nominato erede per trasmettere ad altri i beni ricevuti; *circolazione fiduciaria*, di moneta cartacea, quando manchi la relativa copertura in oro o in altro metallo prezioso; *credito fiduciario*, non garantito se non dalla fiducia risposta nel debitore **II** ***sm.*** (f. *-a*) chi rappresenta un ente o una terza persona e ne cura gli interessi.

fiduciόso [da *fiducia*; a. 1861] ***agg.*** pieno di fiducia: *fiducioso di riuscire, nelle* (o *delle*) *proprie capacità, che qualcosa sarebbe cambiato* || **fiduciosaménte** ***avv.***

fièdere (pres. *fièdo*) [da *fedire*; 1547] ***tr.*** *arc. lett.* ferire || **N.** *Sin.* fedire.

fièle [lat. *fel*, ablativo *felle*; a. 1294] ***sm.*** liquido giallastro che è secreto dal fegato; è sin. di *bile*, ma rif. più freq. agli animali: *amaro come il fiele* || *fig.* acrimonia, rancore: *aver del fiele contro qualcuno, fra di loro c'è del fiele, intingere la penna nel fiele* || **N.** *Sin.* bile; astio, livore, malanimo, rabbia, ruggine, odio.

fienagióne [da *fieno*; 1865] ***sf.*** taglio e raccolta del fieno || periodo dell'anno in cui si taglia e raccoglie il fieno.

fienàio (pl. *-ài*) [lat. *fenārius*; a. 1597] ***agg.*** da fieno: *falce fienaia.*

fienaiòla V. FIENAROLA.

fienaiòlo [da *fieno*; a. 1685] **I** ***sm.*** (f. *-a*) *non com.* chi falcia, raccoglie o vende il fieno **II** ***agg.*** da fieno: *erba fienaiola.*

fienaròla o **fienaiòla** [da *fieno*; 1813] ***sf.*** **1.** *T.bot.* graminacea diffusa nei prati e nei boschi **2.** *T.zool.* rettile simile alla lucertola, che vive nel fieno || **N.** **2.** *Sin.* luscengola.

fiengrèco o **fièno grèco** o **fièn grèco** [comp. di *fieno* e *greco*, perché introdotto in Italia dalla Grecia; prima metà XIV sec.] ***sm.*** *T.bot.* pianta erbacea delle Leguminose, simile all'erba medica || **N.** *Sin.* trigonella.

fienicoltùra [comp. di *fieno* e *coltura*; 1983] ***sf.*** coltura e produzione di fieno.

fienìle [lat. *fenīle*; 1798] ***sm.*** locale in cui si ripone il fieno. **TAV.** *zootecnia* 18.1.

fièno [lat. volg. **flēnum*, class. *fēnum*; a. 1306 *feno*] ***sm.*** erba tagliata dai prati, fatta seccare e usata come foraggio per gli animali || *fare il fieno*, raccoglierlo; *fieno ribollito*, di colore bruno perché male essiccato || *raffreddore, febbre da fieno*, denominazione comune di varie allergie provocate dal polline di diverse piante, spec. graminacee || **N.** foraggio, guaime, maggese o maggengo, quartirolo, terzuolo | covone. **TAV.** *zootecnia* 18.2; ***botanica*** **p. 661** 1.4.

fièno grèco V. FIENGRECO. **TAV.** *erboristeria* 2.

fienόso [da *fieno*; a. 1887] ***agg.*** *raro* simile al fieno.

fièra[1] [lat. tardo *fēria*, giorno di festa; 1290] ***sf.*** **1.** grande riunione di venditori tenuta periodicamente in una località, spec. agricola: *la fiera del paese* || *T.gioc. mercante in fiera*, V. MERCANTE **2.** *fig.* grande confusione **3.** *per estens.* grande esposizione commerciale dedicata a uno o più settori produttivi: *la fiera dell'artigianato, del libro*; *fiera campionaria*, in cui si espongono i campioni dei prodotti industriali, per farli conoscere e su quelli avviare trattative di affari **4.** *fiera di beneficenza*, vendita di oggetti raccolti in dono a scopo di beneficenza || **N.** **1.** *Sin.* festa, *kermesse*, mercato, sagra **3.** *Sin.* esposizione, mostra-mercato, salone **4.** lotteria, pesca benefica.

fièra[2] [lat. *fera*, letter. animale selvatico; a. 1294 *fera*] ***sf.*** animale selvaggio e feroce || **N.** *Sin.* belva.

fieraiòlo [da *fiera*[1]; 1794] ***sm.*** (f. *-a*) chi interviene alla fiera per vendere le merci o per curiosare.

fierézza [da *fiero*; a. 1250 *fereza*] ***sf.*** l'esser fiero; sentimento di orgoglio: *fierezza d'animo.*

fieri V. IN FIERI.

fierìstico (pl. *-ci*) [da *fiera*[1]; 1935] ***agg.*** relativo a fiera, a mercato: *zona fieristica.*

fièro [lat. *ferus*; a. 1276 *fero*] ***agg.*** **1.** che mostra in ogni circostanza un atteggiamento di grande dignità e consapevolezza del proprio valore: *un popolo, uno sguardo, un animo fiero* || vivamente compiaciuto di qualcosa: *siamo fieri di avere un concittadino così illustre* **2.** *lett.* (spec. preposto al nome) feroce, crudele || violento, spaventoso: *una fiera battaglia* || **fieraménte** ***avv.*** || **N.** **1.** *Sin.* altero, orgoglioso, sdegnoso **2.** *Sin.* aspro, furioso, terribile.

fièvole [lat. *flēbilis*; a. 1294] ***agg.*** *lett.* debole, ma solo detto di suoni e spec. di voce || **fievolménte** ***avv.*** || **N.** *Sin.* esile, fioco, flebile, sommesso, DEBOLE.

fievolézza [da *fievole*; a. 1292 *fiebolezza*] ***sf.*** *raro* l'esser fievole; debolezza, fragilità di carattere.

fifa [di prob. orig. espressiva; 1918] ***sf.*** *fam.* paura: *morire dalla fifa.*

fifóne [da *fifa*; 1918] ***agg.*** e ***sm.*** (f. *-a*) *fam.* pauroso.

fifóso [da *fifa*; 1940] ***agg.*** e ***sm.*** (f. *-a*) *fam. scherz.* pauroso.

fifty fifty (ingl., pr. [ˈfɪftɪ ˈfɪftɪ]) [letter. cinquanta cinquanta; 1956] ***loc. avv.*** *T.comm.* formula contrattuale per indicare che il capitale sociale o gli utili di un'impresa sono spartiti in parti uguali tra i soci || *per estens.* a metà, in parti uguali: *paghiamo la cena fifty fifty.*

fìga V. FICA.

fìgaro [dal n. proprio *Figaro*, protagonista di due commedie di Beaumarchais e dell'opera *Il barbiere di Siviglia* di Rosmini; 1905] ***sm.*** **1.** *scherz.* barbiere **2.** *T.abb.* giubbettino alla spagnola, con o senza maniche, attillato e corto || **N.** **2.** *Sin.* bolero.

fìggere (pres. *figgo, figgi*; p.rem. *fissi, figgésti*; pps. *fisso* o *fitto*) [lat. *fīgere*; 1313] ***tr.*** *lett.* **1.** fissare, conficcare, anche *fig.*: *io avea già il mio viso nel suo fitto* (Dante) **2.** trafiggere || ***rifl. indir.*** *figgersi in capo o in mente*, persuadersi fermamente di qualcosa || **N.** FICCARE.

fighièra [dal lat. *figere*, ficcare; 1937] ***sf.*** *T.mar.* scanalatura metallica incisa sul pennone per allacciarvi il margine della vela.

fighter (ingl., pr. [ˈfaɪtə]) [letter. combattente; 1933] ***sm. inv.*** (anche pl. *fighters*, pr. [ˈfaɪtəːz]) *T.sport.* pugile che ha più forza che tecnica.

fìglia (pl. *-glie*) [lat. *fīlia*; 1308 nel senso 1; 1773 nel senso 2] ***sf.*** **1.** *f.* di *figlio* (v.) **2.** la cedola che si stacca dalla matrice di un bollettario e vale come ricevuta.

figliàle V. FILIALE.

figliàre (pres. *figlio*) [da *figlio*; 1291] ***tr.*** e *ass.* far figli, rif. solo ad animali.

figliàstro [lat. tardo *filiastrus*; a. 1292] ***sm.*** (f. *-a*) figlio avuto da un precedente matrimonio, considerato rispetto al nuovo coniuge che gli è patrigno o matrigna || **N.** fratellastro, sorellastra.

figliàta [da *figliare*; sec. XV] ***sf.*** l'insieme dei piccoli di un animale nati da un solo parto: *una figliata di conigli* || **N.** *Sin.* covata, cucciolata, nidiata.

figliatùra [da *figliare*; 1395] ***sf.*** *non com.* il figliare.

figliazióne V. FILIAZIONE.

fìglio (pl. *-gli*) [lat. *fīlius*; fine sec. XI *fili* pl.] ***sm.*** (f. *-a*) **1.** chi è generato, in rapporto ai propri genitori; il termine può riferirsi a persona di sesso maschile (e in tal caso è opposto a *figlia*) o indicare (spec. al pl.) persona di sesso non specificato: *è tuo figlio?, ha moglie e figli da mantenere, ha tre figli, due maschi e una femmina*; con rif. all'età e alla parentela: *figlio maggiore, minore, primogenito, cadetto*; *figlio unico*, senza fratelli || con rif. allo status giuridico: *figlio legittimo, illegittimo, naturale, riconosciuto*; *figlio adottivo*, che acquisisce la qualità di figlio legittimo di chi lo adotta, pur non essendone stato generato || *il Figlio di Dio*, Cristo (anche *per anton. il Figlio*, come seconda persona della Trinità: *in nome del Padre, del Figlio e dello Spirito Santo*) || in varie espr.: *figlio d'arte*, artista che segue la stessa carriera del padre (*scherz.* rif. anche ad altre attività); *figlio di famiglia*, che risiede con la famiglia e ne viene mantenuto; *figlio di papà*, che si fa strada nella vita sfruttando la posizione del padre; *figlio di mamma*, giovane di carattere debole che non riesce a rendersi autonomo dalla famiglia; *eufem. disus. figlio dell'amore*, figlio naturale, nato al di fuori del matrimonio; in epiteti ingiuriosi: *figlio d'un cane!, figlio di puttana!* (eufem. *figlio di buona donna*) || *per estens.* discendente: *figli degeneri di una stirpe illustre*; *figli di Adamo, di Eva*, il genere umano || *per estens.* come allocuzione affettuosa e un po' paternalistica rivolta a giovani da persone anziane, a inferiori da superiori e sim. (com. in questo senso anche *figliolo*): *povero figlio!*; *figli dilettissimi*, detto dai religiosi nel rivolgersi ai fedeli || *gerg.* nel linguaggio delle caserme, recluta appena arrivata e inesperta (in opposizione ai *nonni*, gli anziani) **2.** *fig.* indica genericamente provenienza, affinità e sim.: *figlio del popolo*, persona di umili origini; *figlio del suo tempo*, persona perfettamente inserita nella sua epoca, di cui rappresenta tipicamente le tendenze, i gusti, la mentalità e sim. || rif. a nomi astratti, conseguenza: *la violenza è figlia dell'odio* || compare nel nome di varie congregazioni religiose: *Figli della Carità, del Sacro Cuore* || *T.stor. Figli della Lupa*, organizzazione fascista dei bambini dai sei agli otto anni || **N.** **1.** nato, rampollo; figliolanza, progenie, prole; discendenti, posteri; patria potestà, pupillo, tutore; orfano; maggiorasco | adottare, allevare, educare, riconoscere.

figliòccio (pl. m. *-ci*, pl. f. *-ce*) [da *figlio*; 1353] ***sm.*** (f. *-a*) chi è stato tenuto a battesimo, rispetto al padrino o alla madrina.

figliolànza [da *figliolo*; 1583] ***sf.*** **1.** l'insieme dei figli, prole, spec. *scherz.* **2.** *raro* il rapporto di parentela che intercorre tra genitore e figlio.

figliòlo [lat. *filiolus*; a. 1292] ***sm.*** **1.** sin. di *figlio*, con una più forte connotazione affettiva || la seconda persona della SS. Trinità **2.** rif. anche, con amorevolezza spesso non priva di paternalismo, a chi non è figlio: *è un buon figliolo, benedetto figliolo!* || *dim.* figliolìno, figliolétto; *accr.* figliolóne; *pegg.* figliolàccio.

fignolo [dal ted. ant. *finne*, pustola; prima metà sec. XIV] ***sm.*** *tosc.* foruncolo, pustola, tumoretto della pelle || **N.** *Sin.* brufolo.

figo V. FICO.

figulìna [dal lat. *figulīna* (*ars*); 1561] ***sf.*** *lett.* **1.** l'arte del vasaio, l'arte della ceramica **2.** oggetto di terracotta || **N.** *Sin.* CERAMICA.

figulinàio (pl. *-ài*) [da *figulina*; 1908] ***sm.*** (f. *-a*) *lett.* vasaio, ceramista.

figulo [dal lat. *figulus*; sec. XIV] ***sm.*** (f. *-a*) *ant.* o *lett.* vasaio.

figùra [dal lat. *figūra*; fine sec. XII] ***sf.*** **1.** qualunque immagine in due o tre dimensioni che riproduce un oggetto reale o fantastico, e spec. un essere umano: *figura disegnata, scolpita* || *T.gioc.* ciascuna delle carte da gioco che rappresenta una figura stilizzata (re, donna, fante nelle carte francesi; re, cavallo, fante in quelle napoletane) || illustrazione: *un libro con figure a colori* **2.** aspetto esteriore di un oggetto, e spec. l'aspetto complessivo del corpo umano: *avere una figura snella, imponente, sgraziata* || *ritratto a mezza figura*, dalla cintola in su **3.** *T.geom.* qualunque insieme di punti in una, due o tre dimensioni, e la sua rappresentazione: *figura piana*, i cui punti giacciono tutti sullo stesso piano; *figura solida*, porzione di spazio per cui è definibile un volume non nullo **4.** nella danza (e in alcuni sport ad essa in parte analoghi, come il pattinaggio artistico, la ginnastica, il nuoto sincronizzato o il *dressage*), particolare successione di movimenti armonici e coordinati: *figure libere, obbligatorie del pattinaggio, le figure del tango* || *figure acrobatiche*, evoluzioni delle pattuglie acrobatiche dell'aeronautica **5.** personaggio di un'opera narrativa o drammatica: *le figure secondarie del romanzo sono le più riuscite* || *per estens.* protagonista politico o culturale di un periodo storico: *una delle figure di maggior rilievo del Rinascimento, una figura essenziale per capire la rivoluzione russa* **6.** *lett.* simbolo: *l'agnello è figura di Cristo* **7.** *T.mus.* ciascuno dei segni che indicano i valori di durata di una nota o di una pausa **8.** *T.ret.* e *T.ling. figura retorica*, tradizionalmente, ciascuno degli artifici stilistici che contribuiscono ad arricchire il discorso: l'uso delle parole con significati diversi da quello letterale (*tropi*), l'elaborazione di schemi per l'espressione (*figure di parola*) o per l'organizzazione dei contenuti (*figure di pensiero*) **9.** specie, forma: *T.giur. figure di reato*, ciascun tipo di reato in quanto contemplato dal codice || *T.fil. figura sillogistica*, ciascuna delle quattro forme fondamentali del sillogismo, distinte in base alla posizione del termine medio **10.** bella apparenza: *fa la sua figura*, si presenta bene; *per figura*, come ornamento: *il caminetto ci sta solo per figura, ma non funziona* || impressione suscitata sugli altri: *ha fatto una splendida figura, non vorrei fare la figura dello sprovveduto; che figura!*, per commentare un comportamento increscioso o imbarazzante (molto com. in questo senso gli alterati *figurone* e *figuraccia*) || *dim.* figurétta, figurìna, figurettina; *accr.* figuróne (*sm.*), figuróna; *pegg.* figuràccia || **N.** **1.** *Sin.* effigie, immagine, rappresentazione | delineare, tracciare **2.** *Sin.* corporatura, profilo, *silhouette* **5.** *Sin.* personaggio; esponente **7.** breve, semibreve, minima, semiminima, croma, semicroma, biscroma, semibiscroma. **Q.T.** *musica, retorica...* **TAV.** *geometria.*

figuràccia (pl. *-ce*) [da *figura*; a. 1799] **sf.** brutta figura; pessima impressione suscitata negli altri, in seguito a un comportamento maldestro: *ha fatto una figuraccia!* || **N.** *Sin.* gaffe.

figuràle [dal lat. tardo *figurālis*; a. 1364] **agg.** allegorico, soprattutto a proposito della concezione medievale per cui le cose terrene e reali sono simboli di quelle divine: *interpretazione figurale, senso figurale* || **figuralménte** **avv.**

figuralismo [da *figurale*; 1988] **sm.** *T.lett.* interpretazione dei testi letterari in modo simbolico, allegorico, con particolare riferimento alla concezione medievale del mondo come prefigurazione dell'aldilà: *il figuralismo della Divina Commedia.*

figurànte [dal fr. *figurant*; a. 1787] **s.** chi sfila la prima dei carri allegorici o su di essi || *fig.* persona di scarso rilievo.

figuràre (pres. *-ùro*) [dal lat. *figurāre*, letter. dare forma; a. 1294] **tr.** **1.** *lett.* rappresentare con immagini || simboleggiare: *la lupa figura l'avarizia* **2.** *non com.* fingere: *figura di non conoscermi* || **rifl. indir.** rappresentarsi nella mente, immaginare: *non riesco a figuarmelo in veste di austero professore* || *colloq.* introduce frasi dichiarative per sottolineare la singolarità di quel che si sta dicendo: *figurati che sosteneva di non saperne nulla!*; con frasi interrogative indirette, serve a smentire energicamente quanto segue: *figurati se si è ricordato del tuo compleanno*; *è usato anche ass.* come risposta categoricamente negativa: *è arrivato puntuale almeno stavolta? Figuriamoci!* || in formule di cortesia, può avere valore di negazione (*Disturbo? Figurati!*) ma anche talvolta di affermazione (*posso venire con voi? Figurati!*) || **intr.** (aus. *avere*) **1.** apparire, trovarsi: *il suo nome figura accanto al mio, fra gli intervenuti figuravano tutte le autorità militari* **2.** fare figura: *ci tiene molto a ben figurare domani* || **N.** **rifl. indir.** *Sin.* immaginarsi | **intr.** **2.** *Contr.* sfigurare.

figurativismo [da *figurativo*; 1965] **sm.** termine usato in opposizione ad *astrattismo* per definire la tendenza in pittura, scultura ecc. alla rappresentazione sostanzialmente fedele della realtà sensibile.

figuratività [da *figurativo*; 1960] **sf.** il carattere figurativo di un'opera d'arte.

figurativo [dal lat. tardo *figuratīvus*; a. 1364] **agg.** che si esprime per mezzo di figure: *scrittura figurativa*, pittografica; *arti figurative*, pittura, grafica, scultura || che si propone la rappresentazione del reale (opposto in questo senso ad *astratto*): *un pittore figurativo.*

figuràto (*pps.* di *figurare*) [a. 1294 nel senso 2; 1550 nel senso 1] **agg.** **1.** provvisto di figure: *vetri figurati*, dipinti a figure; *libro figurato*, illustrato || *carme figurato*, componimento poetico con versi di diversa lunghezza e disposti in modo da formare figure geometriche o di oggetti **2.** *linguaggio figurato*, che fa uso di metafore o altre figure retoriche; *senso figurato*, metaforico, traslato **3.** *T.mus. musica figurata*, notata con precisi valori di durata (*figure*), in opposizione al canto gregoriano in cui i valori di durata erano liberi.

figuratóre [dal lat. tardo *figurātor, -ōris*; a. 1604] **agg.** e **sm.** (f. *-trìce*) *raro* che o chi dà figura o forma.

figurazióne [dal lat. *figurātio, -ōnis*; inizio sec. XIV] **sf.** **1.** complesso organico di figure, rappresentazione per mezzo di figure: *stanza decorata con figurazioni mitologiche* || nella danza, nel pattinaggio artistico e sim., successione di figure caratterizzate da un'unità tematica **2.** *T.mus.* breve successione di note con un proprio rilievo autonomo che ne consente l'individuazione e il riconoscimento: *figurazioni melodiche, ritmiche.* **Q.T.** *musica, numismatica.*

figurìna (*dim.* di *figura*) [1550] **sf.** piccola figura, nei sensi 1, 2 e 5 || *in part.* statuetta || *in part.* piccolo cartoncino con un'immagine a colori, venduto in bustine, da sistemare in un album da collezione: *le figurine dei calciatori, degli animali.*

figurinàio (pl. *-ài*) [da *figurina*; 1865] **sm.** (f. *-a*) *non com.* venditore ambulante di figurine di gesso e sim.

figurinìsta [da *figurino*; 1942] **s.** ideatore o disegnatore di figurini di moda.

figurìno [da *figura*; 1812] **sm.** disegno d'uomo o donna, che l'ideatore di un capo di abbigliamento traccia per fissarne le caratteristiche || *parere* o *essere un figurino*, si dice di chi veste elegantemente, con una certa pretesa.

figurìsta [da *figura*; a. 1764] **s.** *non com.* pittore o scultore di figure umane.

figùro [da *figura*; a. 1803] **sm.** uomo losco, sinistro.

figuróne (*accr.* di *figura*) [a. 1911] **sm.** gran bella figura, nel senso 10: *con quel vestito fai proprio un figurone.*

fila [da *filo*; sec. XIV] **sf.** **1.** serie di più cose o persone disposte l'una vicino all'altra sulla medesima linea: *una fila di case, una lunga fila di persone in attesa allo sportello*; *poltrone di prima, di seconda fila*, le più vicine al palcoscenico o allo schermo; *in fila*, allineati || *in prima fila*, anche *fig.* in posizione di risalto, in mostra || *fare la fila* (o *la coda*), aspettare il proprio turno l'uno dietro l'altro || nel linguaggio militare, indica esclusivamente l'allineamento in profondità (opposto a *riga* che indica quello trasversale): *per fila destr'!* || *ballerina di fila, violino di fila*, senza parti solistiche || *in fila indiana, in fila per uno*, l'uno dietro l'altro (detto di esseri animati o veicoli in movimento) || *per estens. pl.* l'organizzazione di un movimento: *militare nelle fila di un partito* **2.** *fig.* serie ininterrotta: *proporre una fila di obiezioni* || *di fila*, ininterrottamente: *aspettò cinque ore di fila* || *fuoco di fila*, con una successione rapidissima di colpi; anche fig.: *un fuoco di fila di domande* || **N.** **1.** *Sin.* filare, linea, processione, teoria **2.** *Sin.* serie, sfilza.

filàbile [da *filare*; a. 1704] **agg.** che si può filare.

filàccia (pl. *-ce*) [lat. volg. **filācea*; a. 1695 nel senso 2] **sf.** **1.** filo che si ottiene sfilando panni logori, usata un tempo nelle medicazioni **2.** filo elementare di un cavo di canapa, ottenuto per torsione di più fibre.

filàccica [lat. volg. **flācea*; a. 1597] **sf.** filaccia.

filaccicóso [da *filaccica*; a. 1712] **agg.** che si sfilaccia facilmente || che ha l'aspetto di filamento; che presenta molti filamenti || **N.** *Sin.* filamentoso.

filàccio (pl. *-ci*) [da *filaccia*; a. 1589] **sm.** *T.mar.* filo realizzato sfruttando vecchi cavi disfatti.

filacciòlo o **filacciuòlo** [da *filaccio*; 1956] **sm.** lenza di canapa munita di un amo robusto, usata per pescare pesci grossi.

filaccióne [da *filaccio*: 1825] **sm.** *T.pesc.* grossa lenza da pesca, usata soprattutto di notte, costituita da un filo robusto avente uno o più ami, fissato con l'altro capo alla costa.

filaccióso [da *filaccia*; 1865] **agg.** filaccicoso.

filactèrio **sm.** *raro* v. FILATTERIO.

filàgna [da *fila*; 1609] **sf.** *non com.* traversa di legno tra due pali confitti in terra, posta per ostacolo, riparo o sostegno || **N.** *Sin.* staccionata.

filagràna **sm.** *non com.* v. FILIGRANA.

filaménto (pl. *-énti*; arc. anche pl. f. *-énta*) [dal lat. tardo *filamentum*; 1623] **sm.** elemento filiforme di qualunque natura: *filamenti nervosi* || *in part.*: *T.biol.* ciascuna delle due catene complementari di basi (*filamento positivo* e *negativo*) in cui sono codificate le informazioni genetiche; *filamento di innesco*, la metà di tale catena che, aprendosi momentaneamente a cerniera, sintetizza un altro filamento speculare (*filamento stampato*) che lascerà il nucleo per passare al citoplasma; *T.bot.* il gambo filiforme che sorregge l'antera; *T.astr.* ciascuna delle lunghe linee nere molto nette, che costituiscono l'immagine delle protuberanze solari sullo sfondo della cromosfera, più luminosa; *T.elettr.* catodo di un tubo termoionico, riscaldato tramite il passaggio di corrente; nelle lampadine, filo sottilissimo di tungsteno che, percorso da corrente, diviene incandescente emettendo raggi luminosi. **TAV.** *elettrotecnica* 7.2.

filamentóso [da *filamento*; a. 1730] **agg.** munito o costituito di filamenti.

filànca [da *filo*, sul modello di *helanca*, marchio di fabbrica svizzero; 1965] **sf.** nome commerciale di una fibra sintetica estremamente elastica usata per capi di vestiario: *calze di filanca.*

filànda [da *filare*[1]; 1787] **sf.** stabilimento dove si fila la seta o altre fibre tessili || **N.** filatoio, filiere, setificio | aspo, bacinella, caldaia, filiera, fusi, incannatoio, organzino, rocchetti, strettoio, torcitoio, valico o arcolaio; bavella, bozzolo, cascami, fiocchi, gallettame, sbroccare, sfarfallamento, stracci, stufare. **Q.T.** *tessitura.*

filandàia [da *filanda*; 1952] **sf.** operaia d'una filanda.

filandière [da *filanda*; 1951] **sm.** (f. *-a*) proprietario o direttore di una filanda.

filandina [da *filanda*; 1942] ***sf.*** filandaia.

filàndra [dal fr. *filandre*; 1940] ***sf.*** cascame della filatura e della tessitura.

filànte (*ppr.* di *filare*) [1908] **I *agg.*** *stella filante*, stella cadente; *fig. più com.* striscia di carta di vario colore, arrotolata su se stessa, che si lancia, svolgendola, a Carnevale **II *sm.*** malattia del vino di origine batterica, che dà al vino un aspetto oleoso.

filantropìa [dal gr. *philanthrōpía*, attr. il fr. *philanthropie*; 1771] ***sf.*** sentimento di amore per tutti gli uomini in generale, che si concretizza in attività benefiche e sim. || **N.** altruismo, carità, umanità.

filantròpico (pl. *-ci*) [da *filantropia*, sul modello del fr. *philanthropique*; 1789] ***agg.*** di filantropia; da filantropo || **filantropicaménte** ***avv.*** || **N.** *Sin.* umanitario.

filantropismo [da *filantropia*; 1798] ***sm.*** **1.** tendenza alla filantropia, spesso con una connotazione riduttiva: *uno sterile filantropismo* **2.** movimento pedagogico sviluppatosi in Germania nel 1700.

filàntropo [dal gr. *philánthrōpos*, attr. il fr. *philanthrope*; 1749] ***sm.*** (f. *-a*) persona mossa da filantropia || **N.** *Sin.* altruista | *Contr.* egoista; misantropo.

filàre[1] [lat. tardo *filāre*; 1308] ***tr.*** **1.** trasformare in fili, rif. a fibre tessili (*filare la seta, la canapa, la lana*) o ad altri materiali (*filare l'oro, il vetro*) || anche *ass.* tessere: *al tempo che Berta filava*, al buon tempo antico || *fig. filare il perfetto amore*, amarsi senza la minima incomprensione; *per estens.* andare perfettamente d'accordo; *ass. fam.* avere un flirt, amoreggiare: *filano ormai da qualche mese* || *fig. T.mus. filare una nota*, nel canto, tenerla al minimo di intensità, mantenendo tutta la ricchezza timbrica del suono **2.** *T.mar.* lasciar scorrere gradualmente: *filare un cavo, una catena* || *filare i remi*, lasciar le pale dei remi in acqua tenendo immobili le impugnature, quando si smette di vogare || ***intr.*** (aus. *avere*; nel senso 2 anche *essere*) **1.** formare un filo: *un formaggio che fila*; *la candela fila*, fa una fiamma lunga e sottile **2.** muoversi molto velocemente e senza intoppi: *l'automobile filava a duecento all'ora* || *fam.* andarsene via in tutta fretta: *fila via subito!*; *far filare qualcuno*, farlo obbedire prontamente, farlo rigar dritto || *fig. un discorso, un ragionamento che fila*, che procede con coerenza || ***tr. pron.*** *fam. filarsela*, fuggir via, battersela: *ce la siamo filata appena in tempo!* || **N.** **1.** accoccare, aggomitolare, annaspare, dipanare, sconocchiare, torcere | accia, aguglìata, cascame, filaccia, refe; arcolaio, aspo, conocchia, filatoio, fuso, pennecchio, rocca, rocchetto.

filàre[2] [da *fila*; a. 1311] ***sm.*** fila, spec. di alberi piantati: *un filare di pioppi, di viti* || *dim.* filarétto, filarìno. **Q.T.** *enologia.*

filària [da *filo*; 1834] ***sf.*** *T.zool.* nome generico che designa varie specie di vermi Nematodi parassite dell'uomo e degli animali; sono organismi di corpo sottile e filiforme, da cui il nome.

filarìno [da *filare*[1]; a. 1939] ***sm.*** *fam. scherz.* giovane innamorato, corteggiatore || amore giovanile.

filariòsi [da *filaria*; 1899] ***sf.*** *T.med.* nome di varie malattie dei paesi tropicali, causate dalle filarie.

filarmònico (pl. *-ci*) [comp. di *filo-*[1] e *armonico*; 1543] **I *agg.*** che coltiva la musica classica, e spec. quella sinfonica: *orchestra filarmonica*; *società filarmonica*, (anche *sf. filarmonica*), che organizza concerti sinfonici **II *sm.*** membro di un'orchestra filarmonica: *i Filarmonici di Berlino* || dilettante di musica: *accademia dei filarmonici* || **N.** musicomane.

filastròcca [etim. inc.; a. 1442 nel senso 2] ***sf.*** **1.** poesia per bambini, nella quale si seguono idee e parole accostate dall'assonanza più che dal nesso logico **2.** *fig.* sequenza interminabile e disorganica di parole o di dati || **N.** **1.** cantafavola, tiritera; *limerick*.

filàta [da *fila*; 1869] ***sf.*** **1.** serie regolare di oggetti, persone in fila: *filata di alberi* **2.** serie di fatti o avvenimenti in successione cronologica ininterrotta.

filatelìa [comp. di *filo*[1] e gr. *atéleia*, franchigia, sul modello del fr. *philatélie*; 1892] ***sf.*** attività collezionistica che consiste nel raccogliere e ordinare francobolli o altre carte valori postali. **Q.T.** *filatelia* **TAV.** *filatelia.*

filatèlica [da *filatelico*; 1905] ***sf.*** filatelia.

filatèlico (pl. *-ci*) [da *filatelia*; 1894] **I *agg.*** che riguarda la filatelia **II *sm.*** (f. *-a*) collezionista di francobolli || venditore di francobolli per collezione || **N.** *Sin.* filatelista. **Q.T.** *filatelia.*

filatelista [da *filatelia*; 1942] ***s.*** collezionista di francobolli || venditore di francobolli per collezione || **N.** *Sin.* filatelico.

filatéssa [da *filare*, attr. il pps.; a. 1543] ***sf.*** *ant.* o *lett.* filastrocca, sequela ininterrotta.

filatìccio (pl. *-ci*) [da *filato*; 1550] ***sm.*** filato che si ricava dai bozzoli sfarfallati || tessuto fatto di filaticcio, di cascame.

filàto (*pps.* di *filare*) [1304 come sm.; 1764 come agg. nel senso 2] **I *agg.*** **1.** lavorato in fili: *zucchero filato* || *T.mus. nota filata*, v. FILARE[1] **2.** *fam.* ininterrotto: *ha parlato per due ore filate* || *di filato*, v. DIFILATO || *non com. ragionamento filato*, che procede con ordine e coerenza **3.** spedito, rapido, nell'espr. *dritto filato*: *se n'è andato dritto filato a casa* **II *sm.*** fibra tessile filata: *filato di lana*. **Q.T.** *tessitura* **TAV.** *maglia*... **p. 1316** 12.

filatóio (pl. *-ói*) [da *filato*; 1312] ***sm.*** macchina per filare || reparto della filanda in cui si esegue la torsione del filo. **Q.T.** *tessitura.*

FILATELIA

TIPI DI FRANCOBOLLO: di franchigia, di posta aerea, di posta aerea di servizio, di posta militare o da campo, di posta pneumatica, di servizio, di servizio interno, ordinario, per assegno postale, per avviso (di pagamento, di ricevimento), per bagagli, per busta-lettera postale, per cartolina (illustrata, postale), per espressi, per giornali, per lettere (di ritorno, in ritardo), per pacchi postali, per raccomandate, per raccomandate assicurate, per recapito autorizzato, per stampe, per tessere postali di riconoscimento, per vaglia, per via mare, segnatasse, telefonico, telegrafico, ufficiale; celebrativo, commemorativo, di propaganda, pubblicitario; annullato, corretto / sbagliato, difettoso (assottigliato o spellato, con annulli deturpanti; con dentellatura danneggiata, incompleta, mancante; grinzato, logoro, macchiato, mal centrato, piegato, restaurato, rigommato, ritoccato, sbiadito, sgommato), nuovo (con gomma, senza gomma) / usato, obliterato, passato per posta, preobliterato, senza traccia di linguella, timbrato; autentico / falso (filatelico, postale o dell'epoca), classico, complementare, definitivo / provvisorio, emesso / non emesso, fac-simile, fuori corso / in corso, locale, omaggio o *specimen*, prova (di colore, di lusso, di stampa), ristampa o reimpressione (privata, ufficiale), saggio.

ALTRI TIPI VARI: con appendice, frazionato, sovrastampato; taglio di busta, trittico; blocco-foglietto, blocco mosaico.

PARTI DEL FOGLIO INTERO: fila o riga, margine, quarto di foglio; angolo di foglio, blocco (quartina, quintupletta ecc.), bordo di foglio, coppia (orizzontale, verticale), ponte, striscia o banda (orizzontale, verticale).

PARTI DEL FRANCOBOLLO: angolo, fondo barrato, cornice, dicitura o iscrizione o legenda, fondo, millesimo, recto / verso o retro, soggetto, tassello.

ALTRE EVENTUALI: appendice, firma (del disegnatore, dell'incisore, dello stampatore), perforazione ufficiale, sovrastampa.

CARATTERISTICHE DEL FRANCOBOLLO: carta (a macchina; a mano: costolata o con linee verticali a secco, vergata o inglese; cilindrata od operata o *gauffrée*; colorata: arabescata, punteggiata, uniforme; con fili di seta; fluorescente, patinata o gessata o *glacée*; porosa; velina), centratura, colore, dentellatura, dimensioni, disegno, formato, gommatura (con gomma codronata, con gomma lucida / con gomma opaca), marginatura, nazionalità, perforatura o perforazione (a blocco o a placca, a pettine, lineare), stampa (calcografica, eliografica, litografica, *offset*, rotocalcografica, tipografica; a secco o in rilievo, di sicurezza, in albino, in quadricromia), valore (commerciale, facciale o nominale), vignetta.

ERRORI GENERANTI VARIETÀ: carta ricongiunta, centro capovolto o rovesciato, decalco o stampa decalcata, differenza di colore, differenza o errore nella dentellatura (diversa dal tipo normale dell'emissione, doppia, incompleta, mancante, spostata), doppia incisione, doppia sovrastampa, doppia stampa, filigrana capovolta, fondo di colore spostato, mancanza di una stampa, piegatura, retrostampa o stampa recto-verso, rigatura, sovrastampa capovolta o rovesciata, spostamento di colore, stampa capovolta, stampa spostata, *tête bêche* o coppia invertita, *tête d'ivoire* o testa d'avorio.

PEZZI PER RACCOLTE PARAFILATELICHE: bollettini informativi o illustrativi, bolli chiudi-lettera, buste primo giorno o *first day cover*, carte bollate, cartoline *maximum*, figurine, fiscali postali o marche da bollo, interi postali (buste, cartoline postali, cartoline vaglia, fasce per giornali; aerogrammi), precursori, vignette (commemorative, propagandistiche, pubblicitarie ecc.).

ACCESSORI FILATELICI: album, catalogo, classificatore, filigranoscopio, lampada al quarzo, lente d'ingrandimento, libretto a scelta, linguella, micrometro, odontometro, pinzetta, scatola salvagomma, taschina.

TERMINI TECNICI VARI: affrancatura (insufficiente, mista), annullamento o annullo (a data, a mano, a sbarra; di favore, ordinario, speciale), corrispondenza (viaggiata, non viaggiata), obliterazione, preobliterazione, plus-valore, soprattassa, sovrapprezzo, tariffa, tassa, timbratura; commercio, conservazione, disinfezione, lavaggio, falsificazione, restauro, ritocco, scambio; collezione, emissione, mancolista, raccolta, scelta (extra, prima, seconda, terza), serie, serietta.

PERSONE: bozzettista, collezionista, disegnatore, falsario, filatelico o filatelista, incisore, mastro di posta, perito filatelico, stampatore.

1

2

3

4

5

6

7

8

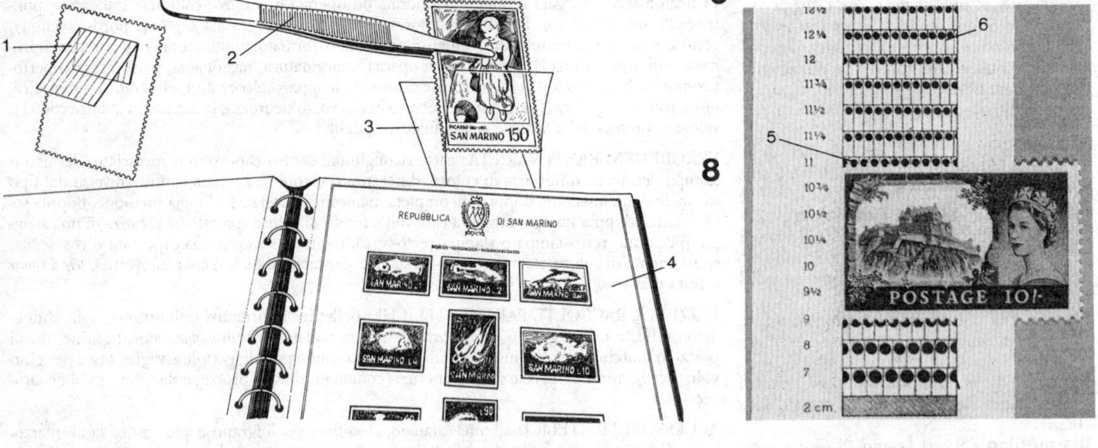

1. francobollo
1.1. dentellatura - 1.2. marginatura - 1.3. gommatura - 1.4. vignetta - 1.5. valore facciale - 1.6. nazionalità

2. tipi di filigrana

3. errori e varietà
3.1. sovrastampa capovolta - 3.2. centro capovolto - 3.3. tête bêche

4. quartina bordo di foglio

5. francobollo con appendice

6. blocco-foglietto

7. busta primo giorno

8. strumenti del filatelista
8.1. linguella - 8.2. pinzette - 8.3. taschina - 8.4. album a taschine - 8.5. uso dell'odontometro - 8.6. odontometro

filatóre [da *filare*[1]; 1376] **I** ***sm.*** (f. *-trìce*) chi fila: *leggenda delle tre filatrici* **II** ***agg.*** che fila: *macchina filatrice*.

filatrìce [da *filare*[1]; 1869] ***sf.*** macchina per filare.

filattèrio (pl. *-ri*) [dal lat. tardo *phylactērium*, gr. phylaktḗrion, difesa, talismano; 1820] ***sm.*** **1.** striscia di pergamena con versetti del Pentateuco, che gli Ebrei portano racchiusa in due capsule di cuoio, l'una legata sulla fronte e l'altra al braccio sinistro durante la preghiera **2.** *T.art.* il nastro svolazzante nelle figure di angeli o santi, sul quale è scritto il loro nome, oppure un detto allegorico e sim. || **N. 2.** *Sin.* cartiglio, fumetto.

filatùra [da *filare*[1]; 1389] ***sf.*** **1.** la serie di operazioni che le fibre tessili subiscono per dar origine ai filati **2.** stabilimento tessile || **N. 1.** arcolaio, aspo, carda, distenditore, filatoio, incannatoio, *ring*, rocchetto, scatola, tavella; ordito, ritorta, titolo, trama; bambagia, bavella, cascami | addoppiare, aggomitolare, cardare, dipanare, macerare, ordire, stagionare, torcere, valicare **2.** *Sin.* filanda | cotonificio, lanificio. **Q.T.** *tessitura*.

file (ingl., pr. [faɪl]) [letter. schedario, archivio; 1972] ***sm. inv.*** *T.inform.* insieme strutturato di informazioni collegate logicamente tra loro, memorizzate su uno stesso supporto.

fileggiàre (pres. *-éggio*) [da *filo*; 1937] ***intr.*** (aus. *avere*) *T.mar.* detto delle vele quando il vento è nella direzione parallela alla loro superficie, sbattere.

filellènico (pl. *-ci*) [comp. di *filo-*[1] e *ellenico*; 1831 *filoellenico*] ***agg.*** che dimostra ammirazione per la civiltà e la cultura della Grecia || del filellenismo come movimento politico.

filellenìsmo [comp. di *filo-*[1] e *ellenismo*; 1918] ***sm.*** amore per la civiltà e la cultura greca: *filellenismo ottocentesco* || *in part.* nell'Europa del sec. XIX, movimento culturale e politico a favore dell'indipendenza della Grecia.

filellèno [dal gr. *philéllēn, philéllēnos*; a. 1604] ***sm.*** *lett.* amante della letteratura e della nazione greca || adepto del filellenismo.

filet (fr., pr. [fi'lɛ]) [letter. rete; 1940] ***sm. inv.*** **1.** *T.magl.* merletto a modano, retino **2.** *T.sport. raro* nel tennis, *net*.

filettàre (pres. *-étto*) [da *filetto*; 1716 nel senso 1; 1922 nel senso 2] ***tr.*** **1.** ornare con filetti, cordoncini e sim. **2.** intagliare con filetti una superficie: *filettare una vite*.

filettàto (*pps.* di *filettare*) [a. 1484] ***agg.*** nei sign. del verbo || *T.tip.* detto di carattere tipografico in cui le singole lettere sono percorse da una linea bianca.

filettatóre [da *filettare*; 1940] ***sm.*** *T.tecn.* utensile per la filettatura.

filettatrìce [da *filettare*; 1930] ***sf.*** *T.mecc.* macchina impiegata per eseguire la filettatura di viti e madreviti.

filettatùra [da *filettare*; 1855] ***sf.*** l'operazione del filettare, nei due sensi del verbo || *concr.* *T.mecc.* la porzione filettata di una vite; filetto. **TAV.** ***utensili* p. 1340** 14.6.

filétto (*dim.* di *filo*) [a. 1380 nel senso 5; 1539 nel senso 1; 1771 nel senso 4; 1892 nel senso 3] ***sm.*** **1.** ornamento costituito da sottili strisce: *scatola con filetto d'oro* || *T.mil.* ciascuno dei cordoncini che sui berretti e sulle maniche degli ufficiali segnano i gradi || *T.tip.* linea o sottile cornice fatta di un fascio di linee di vario spessore, utilizzata per delimitare tabelle, inquadrare pagine, indicare la fine di un capitolo e sim. || nella scrittura a mano, sottile elemento di collegamento tra una lettera e l'altra || *T.arald.* banda di spessore pari a un quinto di quella normale **2.** *T.gioc.* gioco che si fa tra due persone su un tavoliere che rappresenta tre quadrati concentrici divisi da due linee mediane; ciascun giocatore dispone e poi muove nove pedine nei punti d'intersezione delle varie linee; quando riesce a mettere tre pedine in fila, ha diritto di togliere una pedina all'avversario; chi vince riesce a togliere all'avversario sette pedine; il gioco è chiamato anche *tela, tavola a mulino, tria* ecc. || gioco molto più elementare fatto su un campo quadrettato di tre per tre, su cui i due giocatori segnano a turno un tondo o una croce, cercando anche qui di fare una fila di tre (orizzontale, verticale o diagonale) **3.** *T.mecc.* scanalatura elicoidale della vite; pane || *T.orol.* intaccatura circolare della lunetta, negli orologi, su cui è incastrato il vetro **4.** *T.mac.* taglio scelto di carne bovina, molto tenero e saporito, posto sotto la lombata || *per estens.* parte polposa e allungata di altri animali: *filetti d'acciuga* **5.** arnese per condurre a passeggio o addestrare il cavallo senza cavaliere, costituito da un ferro snodato, da introdurre nella bocca del cavallo, attaccato a un sottogola di cuoio **6.** sin. pop. di *frenulo*: *filetto della lingua* **7.** *T.fis.* in un generico campo vettoriale, tubo di flusso di sezione infinitesima; *filetto fluido*, in fluidodinamica, ciascuna delle linee di sezione infinitesima che hanno la direzione della velocità delle singole particelle della corrente, usate per rappresentare, per es., lo scorrere dell'aria sulla superficie di un aereo o dell'acqua su quella di uno scafo. **TAV.** *alimentazione* 3.7; *finimenti* 3, 4.

-filìa [dal gr. *philía*, amore] ***elem. term.*** che, in parole composte dotte, vale "amore", "simpatia", "inclinazione" (per es. *bibliofilia, esterofilia*) o "tendenza" (per es. *emofilia*) || **N.** *Contr.* -fobia.

filiàle[1] o **figliàle** [dal lat. tardo *filiālis*; 1300 ca.] ***agg.*** di o da figlio: *amore filiale* || **filialménte** ***avv.***

filiàle[2] [da *filiale*[1]; 1892] ***sf.*** sezione di un'azienda decentrata rispetto alla sede principale.

filiazióne o **figliazióne** [dal lat. tardo *filiātio, -ōnis*; a. 1342] ***sf.*** **1.** *T.giur.* relazione che corre tra i figli e i genitori: *filiazione legittima*, quando i genitori sono uniti in matrimonio; *filiazione naturale*, negli altri casi **2.** *fig.* riferendosi a idee, istituzioni ecc., derivazione, discendenza.

filibùsta [da *filibustiere*] ***sf.*** consorteria di pirati di varia nazionalità che nel sec. XVII infestavano le coste dei Caraibi.

filibusterìa [da *filibustiere*; 1967] ***sf.*** attività dei filibustieri.

filibustering (ingl., pr. ['fɪlɪbʌstərɪŋ]) [da *to filibuster*, agire da filibustiere; 1967] ***sm. inv.*** *T.pol.* ostruzionismo parlamentare.

filibustière [dal fr. *flibustier*; 1772] ***sm.*** **1.** pirata, e spec. i pirati dei sec. XVII e XVIII che, stretti in associazioni (filibuste), assalivano e depredavano navi spagnole e francesi nei mari d'America **2.** *per estens.* (f. *-a*) avventuriero, affarista senza scrupoli; briccone, furbastro || **N. 1.** *Sin.* bucaniere.

Filicàli [comp. del lat. *filix, filicis*, felce e *-ali*; 1956] ***sf. pl.*** *T.bot.* ordine di piante delle Pteridofite che presentano gli organi riproduttori sulla pagina inferiore delle foglie || **N.** *Sin.* felci.

filicìne [dal lat. *filix, filicis*, felce; 1956] ***sf. pl.*** *T.bot.* felci.

filièra [dal fr. *filière*; 1550 nel senso 2] ***sf.*** **1.** *T.tecn.* piastra forata per la produzione di filati sintetici per estrusione **2.** *T.tecn.* macchina per la trafilatura di materiali metallici, plastici, o anche per la trafilatura della pasta **3.** *T.tecn.* strumento per eseguire la filettatura esterna di viti, tubi ecc. **4.** *T.zool.* organo, tipico dei ragni e dei bachi da seta, da cui esce un liquido viscoso che si consolida in fili **5.** *T.comm.* avviso con cui il venditore comunica al compratore la messa a disposizione della merce e ne richiede il pagamento **6.** *non com.* fila || **N. 2.** *Sin.* trafila. **Q.T.** *oreficeria*.

filifórme [comp. di *filo* e *-forme*; 1813] ***agg.*** che ha forma di filo, di linea: *graffiti neolitici con figure umane filiformi*.

filigràna [comp. di *filo* e *grano*; a. 1704] ***sf.*** **1.** lavoro d'oreficeria, con fili d'oro o d'argento variamente disposti e uniti tra loro **2.** *T.cart.* disegno o scritta, visibile in trasparenza, che viene impresso in alcuni tipi di carta di pregio come marchio di fabbrica, e soprattutto in carte valori (banconote, francobolli), per renderne difficile la falsificazione || *fig.* nella loc. *in filigrana*, per accenni, tra le righe. **Q.T.** *filatelia* **TAV.** *filatelia* 2.

filigranàto [da *filigrana*; 1869] ***agg.*** detto di foglio di carta che abbia la filigrana.

filigranoscòpio (pl. *-pi*) [comp. di *filigrana* e *-scopio*; 1930] ***sm.*** *T.filat.* vaschetta con fondo nero su cui si appoggiano i francobolli inumiditi in benzina rettificata per evidenziarne la filigrana.

filinguèllo ***sm.*** *tosc.* V. FRINGUELLO.

filipèndola o **filipèndula** [comp. di *filo* e *pendulo*, perché i tuberi pendono da un filo; 1499] ***sf.*** *T.bot.* pianta erbacea delle Rosacee dalle foglie palmate e dai fiori bianchi e rosa raccolti in grappoli; diffusa in luoghi umidi, è utilizzata come foraggio || **N.** *Sin.* erba peperina.

filìppica [dal lat. tardo *Philippicae* pl., le orazioni di Demostene contro Filippo II di Macedonia e poi, per analogia, quelle di Cicerone contro Antonio; a. 1647] ***sf.*** invettiva, discorso violento di accusa contro qualcuno.

filippìno[1] [dal n. geogr. *Filippine*, isole del Pacifico; 1860] **I** ***agg.*** delle Filippine **II** ***sm.*** (f. *-a*) abitante delle Filippine.

filippìno[2] [dal n. proprio *Filippo* Neri; 1810] ***sm.*** prete dell'oratorio fondato da San Filippo Neri || **N.** *Sin.* oratoriano.

filìppo [dal n. proprio *Filippo*; a. 1606] ***sm.*** *T.num.* **1.** antica moneta d'oro coniata da Filippo II di Macedonia e diffusa in tutto il mondo ellenistico e romano || *per estens.* qualunque tipo di moneta d'oro emessa nell'Impero Romano fino alla metà del III sec. d.C. **2.** moneta milanese d'argento, fatta coniare da Filippo II di Spagna, del valore di uno scudo.

filisteìsmo [da *filisteo*; a. 1908] ***sm.*** comportamento di chi è grettamente attaccato alla tradizione.

filistèo [dall'ebr. *Pelishtīm*; a. 1374 come sm. nel senso 1; 1884 come sm. nel senso 2] **I** ***sm.*** (f. *-a*) **1.** membro di una popolazione non semitica stanziatasi nel sec. XI a.C. sulle coste della Palestina **2.** persona meschina e conformista **II** ***agg.*** **1.** dei Filistei **2.** retrivo, grettamente conformista e ostile alle novità: *mentalità filistea*.

fillade [dal gr. *phyllás, -ádos*, fogliame; 1817] ***sf.*** *T.geol.* roccia scistosa che si forma dall'alterazione delle argille.

filler (ingl., pr. ['fɪlə]) [letter. riempitivo; 1956] ***sm. inv.*** sostanza aggiunta a diversi materiali, per renderli più compatti e stabili e migliorarne le caratteristiche tecnologiche || **N.** *Sin.* additivo.

fillér (ung., pr. ['fille:r]) [dal medio alto ted. *viever*, moneta del valore di quattro Pfennig; 1932] ***sm. inv.*** moneta ungherese il cui valore è pari alla centesima parte del fiorino.

fìllio (pl. *-li*) [dal gr. *phýllion*, foglietta; 1834] ***sm.*** *T.zool.* genere di insetti dal corpo appiattito e simile a una foglia secca.

fillipsìte o **phillipsìte** [dal n. proprio W. *Phillips*, mineralogista ingl., come l'ingl. *phillipsite*; 1956] ***sf.*** *T.min.* varietà di zeolite dai piccoli cristalli bianchi.

fillirèa [dal gr. *phillyréa*; a. 1577] ***sf.*** *T.bot.* genere di piante delle Oleacee, tipiche della macchia mediterranea, recanti fiori di colore bianco.

fìllo- [dal gr. *phýllon*, foglia] ***primo elem.*** che, in parole composte della terminologia scientifica, vale "foglia" (per es. *fillocladio, fillossera, fillotassi*).

-fillo [dal gr. *phýllon*, foglia] ***elem. term.*** che, in parole composte della terminologia scientifica, vale "foglia" (per es. *antofillo, mesofillo*).

fillocladio (pl. *-di*) [comp. di *fillo-* e del gr. *kládion*, ramoscello; 1956] ***sm.*** *T.bot.* fusto o ramo appiattito e verde, che ha forma e funzioni di foglia, ma porta fiori e frutti.

fillòdia [dal gr. *phyllṓdēs*, simile alla foglia; 1932] ***sf.*** *T.agr. fillodia del cotone*, malattia virale che attacca i fiori delle piante di cotone, rendendoli verdi e sterili.

fillòdio (pl. *-di*) [dal gr. *phyllṓdēs*, simile alla foglia; 1834] ***sm.*** *T.bot.* picciolo di forma allargata e appiattita, simile a una foglia.

fillòfago (pl. *-gi*) [comp. di *fillo-* e *-fago*; 1956] ***agg.*** detto di animale (spec. insetto) che si nutre di foglie.

fillòma [comp. di *fillo-* e *-oma*; 1931] ***sm.*** *T.bot.* nome generico per indicare foglie, brattee e altre appendici laterali del fusto.

fillomania [comp. di *fillo-* e *-mania*; 1834] ***sf.*** *T.bot.* produzione di un numero di foglie superiore al normale.

Fillòpodi (sing. *-e*) [comp. di *fillo-* e *-pode*; 1834] ***sm. pl.*** *T.zool.* sottordine di crostacei Brachiopodi d'acqua dolce caratterizzati da un corpo segmentato molto lungo e da arti toracici poco mobili.

filloptòsi [comp. di *fillo-* e *-ptosi*; 1834] ***sf.*** *T.bot.* caduta delle foglie di una pianta, che può essere dovuta anche a cause patologiche.

fillosòma [comp. di *fillo-* e *-soma*; 1956] ***sm.*** larva dell'aragosta, così detta perché il suo corpo appiattito è simile a una foglia trasparente.

fillòssera [comp. di *fillo-* e gr. *xērós*, secco, sul modello del fr. *phylloxéra*; 1875] ***sf.*** *T.zool.* genere d'insetti, parassiti delle piante, spec. viti.

fillotàssi [comp. di *fillo-* e *-tassi*; 1875] ***sf.*** *T.bot.* la disposizione delle foglie sul fusto ‖ **N.** *Sin.* ortostica.

film [dall'ingl. *film*, letter. membrana animale o vegetale; 1892] ***sm. inv.*** **1.** opera cinematografica: *un film a colori* **2.** pellicola fotografica o cinematografica ‖ *dim.* filmétto, filmino; *accr.* filmóne; *pegg.* filmàccio, filmùcolo. **Q.T.** *cinematografia.*

filmàbile [da *filmare*; 1939] ***agg.*** *T.cin.* che può essere filmato.

filmàre [da *film*; 1916] ***tr.*** *T.cin.* riprendere con una macchina da presa cinematografica: *filmare una partita, un avvenimento.*

filmàto (*pps.* di *filmare*) [1962] ***sm.*** brano cinematografico inserito in trasmissioni e programmi televisivi, gen. a scopo di documentazione: *un filmato sulla guerra del Vietnam.*

filmgiornàle (pl. *filmgiornàli*) [comp. di *film* e *giornale*; 1976] ***sm.*** filmato su argomenti di attualità che viene proiettato in sale cinematografiche ‖ **N.** *Sin.* cinegiornale.

filmico (pl. *-ci*) [da *film*; 1959] ***agg.*** *T.cin.* tipico del film in quanto forma di espressione artistica: *linguaggio filmico.*

filmìna [da *film*; 1959] ***sf.*** *T.cin.* serie di diapositive riprodotte su una pellicola usate prevalentemente a scopi didattici.

filmìstico (pl. *-ci*) [da *film*; 1926] ***agg.*** *non com.* di film: *la produzione filmistica.*

film-loop (ingl., pr. ['fɪlm lu:p]) [comp. di *film*, pellicola e *loop*, circuito; 1980] ***sm. inv.*** pellicola cinematografica a cortissimo metraggio avvolta in una bobina speciale, che permette di proiettarla in continuazione senza bisogno di riavvolgimento.

filmografia [comp. di *film* e *-grafia*, sul modello del fr. *filmographie*; 1950] ***sf.*** elenco cronologico dei film realizzati da un dato autore, o da una data casa produttrice, o relativi a un dato periodo o argomento.

filmologìa [comp. di *film* e *-logia*, sul modello del fr. *filmologie*; 1948] ***sf.*** disciplina che studia tutti i problemi tecnici, storiografici e scientifici che si riconnettono in qualche modo col cinematografo.

film-òpera [comp. di *film* e *opera*; 1983] ***sm.*** *inv.* film che riproduce un'opera lirica, recitata e cantata appositamente per essere ripresa.

filmotèca [comp. di *film* e *-teca*; 1930] ***sf.*** *T.cin.* sin. meno comune di *cineteca*.

filmpack (ingl., pr. ['fɪlmpæk]) [comp. di *film*, pellicola e *pack*, pacchetto; 1932] ***sm.*** *inv.* pacchetto di lastre fotografiche usate per le macchine da presa professionali ‖ **N.** *Sin.* pellicola a pacco.

film-strip (ingl., pr. ['fɪlm ˌstrɪp]) [comp. di *film*, pellicola e *strip*, nastro; 1972] ***sm. inv.*** filmina.

filo [lat. *filum*; a. 1292 nel senso 1; 1532 nel senso 3] ***sm.*** (pl. m. *fili*; pl. f. *fila* solo in alcune loc.) **1.** manufatto di forma molto allungata e sottile, a sezione gen. costante; è costituito di materiali molto vari a seconda delle applicazioni ‖ ritorto di fibre tessili per lavori a maglia, per ricamo, per cucito ecc.: *filo di lana, di cotone, di seta, di nailon*; *filo cucirino* (o anche sempl. *filo*), filo per cucire: *un rocchetto di filo*; *filo di Scozia*, di cotone makò (anche come tessuto); *filo di lana*, il traguardo di una gara sportiva (un tempo segnato appunto da un filo teso): *è stato raggiunto e superato sul filo di lana*; *filo a piombo*, filo di fibra tessile con un peso in fondo, usato per determinare la verticale in topografia e in carpenteria; in varie espr. fig.: *essere appeso, attaccato a un filo*, essere in una posizione estremamente precaria: *le loro vite, le mie speranze sono appese a un filo*; *essere legato a filo doppio con qualcuno*, v. DOPPIO ‖ trafilato metallico, eventualmente rivestito di altro materiale: *fili d'oro, d'argento*; *filo di ferro* (o più com. *fil di ferro*); *filo spinato*, filo di ferro spesso, doppio e intrecciato, qua e là munito di punte acuminate, usato come recinzione di terreni, opera di difesa e sim.; *fig. dare del filo da torcere*, impegnare severamente; *filo elicoidale*, funicella costituita di tre fili d'acciaio attorcigliati ad elica, per tagliare il marmo o le pietre pregiate; *filo elettrico* (in molte loc. anche solo *filo*), filo metallico conduttore di elettricità (gen. di rame), sottile, flessibile, spesso rivestito di materiale isolante, impiegato in innumerevoli applicazioni: *fili della luce, del telefono, della batteria* ecc.; *disus. telegrafo senza fili*, radiotelegrafo; *trasmettere, essere collegato via filo*, telefonicamente (anche *fig. avere il filo diretto con qualcuno*, essere in stretti rapporti, spec. con persone importanti) **2.** materiale naturale di forma sottile e allungata: *un filo d'erba, di paglia*; *i fili della ragnatela*; *fare le fila*, detto di formaggio molle o altro alimento che non si separa subito completamente dal resto prendendone un boccone ‖ *in part.* fibra, spec. nel modo di dire *tagliare di filo* o *secondo il filo*, secondo il verso in cui sono disposte le fibre di legno, stoffa, carne e sim. ‖ detto anche di liquidi che escono con continuità da una piccola apertura, da uno stretto recipiente e sim.: *dalla ferita gli usciva un filo di sangue* **3.** la parte tagliente di una lama: *il filo del coltello*; *rifare il filo alle forbici*, arrotarle; *passare a fil di spada*, uccidere, fare strage a sangue freddo; *fig. essere sul filo del rasoio*, essere in una situazione delicatissima; *ant. a filo*, di taglio, detto di colpo d'arma bianca ‖ *fig. il filo della schiena*, la colonna vertebrale, spec. in espr. come *un brivido mi corse lungo il filo della schiena* ‖ *fig. il filo della cresta*, lo spartiacque ‖ nella tecnica delle costruzioni, spigolo **4.** *fig.* in molte espr., e spec. in frasi negative, indica piccola quantità, esilità, scarsa importanza e sim. (com. anche il dim. *filìno*): *c'è rimasto appena un filo d'insalata, mi rispose con un filo di voce, non c'è un filo d'ombra, non hai qualche volta un filino di umiltà?* **5.** *fig.* in altre espr., dà l'idea di continuità, consequenzialità e sim.: *seguire il filo di un ragionamento*; *perdere, ritrovare il filo del discorso* (o anche solo *il filo*); *il filo conduttore della ricerca*, le sue linee portanti, essenziali; *tessere le fila di una manovra, di un progetto* ecc., esserne l'organizzatore, spec. se nell'ombra ‖ legame, elemento connettore: *mi è impossibile recidere d'un colpo tutti i fili che mi uniscono a lei* ‖ *colloq. fare il filo a qualcuno*, corteggiarlo **6.** *T.mar. filo della ruota* (o *di poppa*), il piano verticale che divide a metà la poppa: *navigare con il vento in fil di ruota*, con il vento dritto di poppa ‖ *ricevere il vento in filo*, parallelamente alla superficie delle vele **7.** *arc.* fila; sopravvive nella loc. *raccontare per filo e per segno*, con ordine ed esaurientemente ‖ *dim.* filétto, filìno; *pegg.* filàccio ‖ **N. 1.** cordino, funicella, spago | bandolo, gomitolo, matassa, nodo | aggrovigliare, arruffare, avvolgere, dipanare, infilzare, intrecciare, sbrogliare, sfilacciare. **Q.T.** *maglia..., tessitura* **TAV.** *scherma* 3.1; *tessitura* 2.4, 2.8; ***armi* p. 648** 8.4; ***edilizia* p. 666** 12.16.

filo-[1] [dal gr. *phílos*, amico] ***primo elem.*** che, in parole composte dotte, vale "che ha amore, simpatia, inclinazione", spec. in ambito politico o ideologico: **filoamericàno**, **filocomunista**, **filofascista**, **filosocialista**, **filosoviètico** ‖ **N.** *Contr.* anti-, miso-.

filo-[2] [dal gr. *phýlon*, stirpe] ***primo elem.*** che, in parole composte della terminologia botanica e zoologica, vale "discendenza" (per es. *filogenesi*).

filo-[3] [da *filo*] ***primo elem.*** che, in parole composte della terminologia tecnica, vale "(trasmissione o trasporto) mediante filo" (per es. *filobus, filodiffusione*).

-filo [dal gr. *phílos*, amico] ***elem. term.*** che, in parole composte dotte, vale "che ha amore, simpatia, inclinazione" (per es. *bibliofilo, esterofilo*) ‖ **N.** *Contr.* -fobo.

filobus [comp. di *filo-*[3] e *bus*, sul modello di *autobus*; 1935] ***sm. inv.*** vettura a trazione elettrica senza rotaie, la cui corrente è fornita da una doppia linea conduttrice aerea di fili distanziati ‖ **N.** filovia.

filodèndro [comp. di *filo-*[1] e *-dendro*; 1865] ***sm.*** *T.bot.* genere di piante della famiglia delle Aracee con grandi foglie incise profondamente.

filodiffusióne [comp. di *filo-*[3] e *diffusione*; 1958] ***sf.*** sistema di trasmissione che attraverso i fili telefonici permette l'ascolto di emissioni radiofoniche.

filodiffùso [comp. di *filo-*[3] e *diffuso*; 1971] ***agg.*** trasmesso per filodiffusione: *programma filodiffuso.*

filodiffusóre [comp. di *filo-*[3] e *diffusore*; 1970] ***sm.*** dispositivo che permette di diffondere i programmi radiofonici mediante i fili telefonici.

filodrammàtica [da *filodrammatico*; 1930] ***sf.*** compagnia di attori dilettanti ‖ sede di tale compagnia. **Q.T.** *teatro.*

filodrammàtico (pl. *-ci*) [comp. di *filo-*[1] e *drammatico*; 1811] **I *agg.*** che si dedica alla recitazione come dilettante ‖ composto di attori non professionisti: *compagnia, società filodrammatica* **II** anche ***sm.*** (f. *-a*) attore, dilettante: *i filodrammatici milanesi.*

filogènesi [comp. di *filo-*[2] e *genesi*; 1875] ***sf.*** il complesso di trasformazioni che hanno condotto alla differenziazione degli esseri viventi nei vari gruppi tassonomici.

filogenètico (pl. *-ci*) [da *filogenesi*; 1956] ***agg.*** che si riferisce alla filogenesi.

filologìa [dal lat. *philologia*, gr. *philología*; 1643 nel senso 1; 1822 nel senso 2] ***sf.*** **1.** disciplina dedita allo studio e all'interpretazione di testi letterari e documenti scritti di un determinato ambito culturale o linguistico: *filologia semitica, slava, italiana* **2.** la scienza e la tecnica della ricostruzione critica di un testo, che mira a riportarlo il più possibile alle condizioni originali **3.** insieme dei filologi e degli studi filologici di un periodo o di un ambiente: *la filologia umanista, alessandrina* || **N. 1.** glottologia, linguistica **2.** critica testuale. **Q.T.** *filologia...*

filològico (pl. *-ci*) [da *filologia*; 1643] **agg.** di filologia || talvolta, con connotazione riduttiva, che si limita alla filologia: *un atteggiamento grettamente filologico* || **filologicaménte** **avv.** dal punto di vista filologico.

filologìșmo [da *filologia*; 1931] **sm.** riduzione della critica letteraria o storica all'esame filologico dei testi o documenti; il termine è usato con valore negativo.

filòlogo (pl. *-gi*) [dal lat. *philologus*, gr. *philólogos*, amante dei discorsi, delle lettere; 1546] **sm.** (f. *-a*) studioso di filologia.

filoncìno (*dim.* di *filone*) [1869] **sm.** forma oblunga di pane, bastoncino.

filondènte o **filundènte** [da *filo in dente*, un filo in ogni dente del pettine; 1598 *filindente*] **sm.** *raro* tessuto rado di canapa, per ricamare || **N.** *Sin.* buratto, canovaccio.

filóne[1] [da *filo*; a. 1537] **sm. 1.** strato di minerali compreso tra rocce, e maggiormente sviluppato nel senso della lunghezza: *filone aurifero* **2.** *fig.* linea di svolgimento di una tradizione culturale, artistica, scientifica, caratterizzata da una continuità di presupposti, d'impostazione e sim.: *un'opera che si inserisce nel collaudato filone del neorealismo, un promettente filone di ricerca* **3.** *T.geogr. filone del fiume*, la parte dove la corrente è più veloce e meno turbolenta **4.** grosso pane a forma di fuso.

filóne[2] [dal fr. *filon*, borsaiolo; a. 1686] **sm.** *sett.* uomo astuto, imbroglione.

filoneìșmo [comp. di *filo-* e del gr. *néos*, nuovo; 1908] **sm.** simpatia e predilezione per ogni novità o innovazione || **N.** *Contr.* misoneismo.

filoneìstico (pl. *-ci*) [da *filoneismo*; 1983] **agg.** tipico del filoneismo, relativo al filoneismo: *tendenza filoneistica.*

filoniàno [da *filone*; 1931] **agg.** *T.geol.* e *T.min.* relativo a un filone: *rocce filoniane.*

filonucleàre [comp. di *filo-* e *nucleare*; 1987] **agg.** e **s.** che, chi è favorevole allo sfruttamento dell'energia nucleare || **N.** *Sin.* nuclearista | *Contr.* antinucleare.

filóso [da *filo*; a. 1684] **agg.** *non com.* che è o appare costituito di fili: *carne filosa*, tigliosa.

filoșofàglia (pl. *-glie*) [da *filosofo*; 1858] **sf.** *spreg.* accozzaglia di filosofi, di filosofanti.

filoșofàle [da *filosofo*; a. 1304] **agg.** *ant.* filosofico || *pietra filosofale*, pietra cercata dagli alchimisti, con l'aiuto della quale si credeva di poter trasformare un metallo in oro || *scherz.* da filosofo.

filoșofànte (*ppr.* di *filosofare*) [a. 1321] **s.** *scherz.* o *spreg.* chi si atteggia a filosofo, filosofastro.

filoșofàre (pres. *-òșofo*) [dal lat. *philosophāri*; a. 1303] **intr.** (aus. *avere*) occuparsi di filosofia; spesso iron. o spreg. || fare considerazioni filosofiche; ragionare filosoficamente.

filoșofàstro [da *filosofo*; a. 1558] **sm.** *spreg.* filosofo di poco valore; persona che si dà arie da filosofo.

filoșofeggiàre (pres. *-éggio*) [da *filosofare*; a. 1729] **intr.** (aus. *avere*) occuparsi di filosofia, discutere di filosofia; usato spesso con tono iron. o spreg. || atteggiarsi, discorrendo, a filosofo.

filoșofèma [dal gr. *philosóphēma*; a. 1595] **sm.** dottrina o formula filosofica || in Aristotele, sillogismo dimostrativo || *iron.* e *spreg.* futile o capziosa sottigliezza da filosofo.

filoșoferìa [da *filosofo*; 1819] **sf.** *spreg.* **1.** ostentazione di un atteggiamento da filosofo **2.** argomentazione astrusa e campata in aria, che pretende di avere un alto valore filosofico.

filoșofésco (pl. *-schi*) [da *filosofo*; a. 1936] **agg.** *scherz.*, *iron.* o *spreg.* di o da filosofo.

filoșoféssa [da *filosofo*; a. 1712] **sf. 1.** *scherz.* studiosa di filosofia **2.** *fig. iron.* donna chiacchierona che ostenta il suo sapere in maniera pedante.

filoșofìa [dal lat. *philosophia*, gr. *philosophía*; a. 1243] **sf. 1.** disciplina che studia, in ciascuna epoca, i problemi considerati fondamentali, e in modo particolare quelli della natura della realtà e della conoscenza, dell'agire umano e delle norme e valori che lo regolano, del destino dell'uomo: *un libro di filosofia, storia della filosofia, i rapporti tra la filosofia e le scienze*; *pover e nuda vai, Filosofia* (Petrarca) || l'insegnamento scolastico della filosofia: *alla prima ora c'è filosofia* || come nome numerabile, pensiero o stile di pensiero proprio di un'epoca, di un singolo filosofo ecc.: *le filosofie postaristoteliche, una filosofia ardua e impegnativa* **2.** l'atteggiamento di saggio distacco che si considera caratteristico del filosofo: *prenderla con filosofia* **3.** concezione, insieme di princìpi a cui si ispira un'istituzione, un progetto ecc.: *la nostra filosofia aziendale è basata sulla collaborazione, la filosofia del piano regolatore.* **Q.T.** *filosofia.*

filoșòfico (pl. *-ci*) [dal lat. tardo *philosophicus*, gr. *philosophikós*; 1308] **agg.** che si riferisce alla filosofia: *argomentazioni, discipline filosofiche* || **filoșoficaménte** **avv. 1.** secondo un metodo filosofico **2.** con sereno distacco e rassegnazione.

filoșofìșmo [da *filosofo*, sul modello del fr. *philosophisme*; 1753] **sm.** tendenza a sopravvalutare il metodo filosofico o a estenderlo a campi impropri.

filòsofo [dal lat. *philosophus*, gr. *philósophos*; a. 1292] **sm.** (f. *-òsofa*, scherz. o spreg. *-osoféssa*) **1.** studioso di filosofia || seguace di una scuola filosofica **2.** *fig. fam.* chi sopporta con serenità le offese e le avversità: *cerca di essere filosofo e non farti cattivo sangue per così poco* || *pegg.* filosofàstro, filosofàccio || **N. 2.** *Sin.* saggio. **Q.T.** *filosofia.*

filoșofùme [da *filosofo*; 1954 nel senso 2] **sm.** *spreg.* **1.** accozzaglia di filosofi da poco, filosofaglia **2.** complesso di idee filosofiche errate, confuse e sim.

filospinàto [comp. di *filo* e *spinato*; 1956] **sm.** filo spinato (v. FILO).

filòssera **sf.** *pop.* v. FILLOSSERA.

filotèa [dal gr. *philotéia*, amore di Dio; 1825] **sf.** libro di preghiere scritto da San Francesco di Sales || qualunque altro libro di preghiere e meditazioni scritto a somiglianza di quello.

filotècnico (pl. *-ci*) [dal gr. *philótechnos*; 1865] **agg.** *raro* che ama e favorisce l'incremento delle arti, solo in espr. come *scuola filotecnica* e sim.

filòtto [da *filo*; 1949] **sm.** *T.gioc.* nel gioco del biliardo, la fila di mezzo dei birilli: *fare filotto*, abbattere con la biglia avversaria o col pallino l'intera fila centrale dei birilli.

filovìa [comp. di *filo-*[3] e *-via*; 1925] **sf.** via munita di filo aereo per la trazione elettrica dei veicoli, senza rotaie.

filoviàrio (pl. *-ri*) [da *filovia*; 1942] **agg.** di o della filovia; che si riferisce a filovia: *linea filoviaria.*

filtràbile [da *filtrare*; 1923] **agg. 1.** che si può filtrare **2.** che può filtrare; in part. *T.med. virus filtrabile*, che è in grado di passare anche attraverso un filtro.

filtràggio (pl. *-gi*) [da *filtrare*; 1979] **sm.** azione del filtrare.

filtrànte (*ppr.* di *filtrare*) [1958] **agg.** che è in grado di fare da filtro: *sostanza filtrante* || di sostanza che consente la filtrazione || *fig.* nel linguaggio sportivo, *passaggio filtrante*, che passa attraverso i difensori avversari.

filtràre [da *filtro*[1], sul modello del fr. *filtrer*, 1612 *feltrare*] **tr.** far passare attraverso un filtro: *filtrare il vino* || *fig.* purificare, chiarificare; vagliare || **intr.** (aus. *essere*) passare attraverso un corpo poroso, stillare: *l'umidità filtrava dalle pareti* || *per estens.* passare attraverso spazi stretti: *un raggio di sole filtrava dalla porta semichiusa* || *fig.* trapelare, diffondersi superando un'opposizione o un divieto: *purtroppo sono filtrate alcune indiscrezioni.*

filtràto (*pps.* di *filtrare*) [1697] **I agg.** passato attraverso un filtro **II sm.** sostanza che è stata sottoposta a filtrazione || *filtrato dolce*, mosto filtrato dopo essere stato fermentato solo parzialmente, in modo da mantenere ancora una certa quantità di zucchero.

FILOLOGIA E PALEOGRAFIA

Bibliologia, codicologia, diplomatica, ecdotica, epigrafia, filologia (biblica, bizantina, classica, dantesca, germanica, greca, italiana, latina, medievale, moderna, neolatina o romanza, umanistica, semitica, slava), filologia testuale o critica del testo o critica testuale, paleografia (classica, medievale, musicale).

CODICI E STAMPE: codice (acefalo, adespoto, anepigrafo, apocrifo, cartaceo, composito, lacunoso, membranaceo, miscellaneo, mutilo, opistografo), manoscritto, palinsesto, papiro, pergamena; cinquecentina, editio princeps, incunabolo, libro (a stampa), stampa popolare; carta (recto / verso), carta di guardia, colofone, fascicolo (duerno, trierno, quaderno, quinterno), explicit, incipit; abbreviatura, ductus, scrittura (cancelleresca, carolina, gotica, libraria, maiuscola / minuscola, mercantesca, umanistica), note tironiane; capolettera, chiosa, didascalia, glossa, miniatura, postilla, rubrica; copista, scriba, scriptorium.

TRASMISSIONE DEL TESTO: testimone, tradizione (diretta / indiretta, meccanica; manoscritta, a stampa, orale), trasmissione (orizzontale / verticale); antigrafo, apografo, archetipo, autografo, capostipite, codice o codex (descriptus, interpositus, optimus, unicus), copia, esemplare, idiografo, originale; aplografia, banalizzazione o trivializzazione, conciero, contaminazione, corruttela, dittografia, errore (congiuntivo / separativo, critico, direttivo o significativo o guida, diretto / indiretto, monogenetico / poligenetico, volontario / involontario), estrapolazione, interpolazione, lacuna, lezione o lectio (facilior / difficilior), omeoarchia, omeoteleuto, usus scribendi, variante (adiafora o equivalente o neutra, d'autore, grafica, interlineare, redazionale, tradizionale).

EDIZIONE (critica, diplomatica, interpretativa), testo critico, vulgata; attribuzione, collazione, congettura, crux, emendamento, espunzione, integrazione, interpretazione, localizzazione, recensione (aperta / chiusa), trascrizione; apparato critico (diacronico (genetico / evolutivo) / sincronico; positivo / negativo); albero genealogico o stemma dei codici (bipartito / tripartito).

filtratóre [da *filtrare*; 1963] **sm.** (f. *-trìce*) e **agg.** addetto alla filtrazione.
filtrazióne [da *filtrare*, sul modello del fr. *filtration*; 1663] **sf.** l'atto e l'effetto del filtrare: *la filtrazione dell'acqua, del vino.*
fìltro¹ [dal fr. *filtre*, letter. feltro attraverso cui si facevano passare i liquidi; 1765] **sm.** **1.** qualunque materiale o dispositivo in grado di trattenere impurità solide presenti in un fluido: *filtro dell'aria, dell'olio, del carburante*, nei motori a scoppio; *filtro del vino, del caffè*; *filtro della sigaretta, della pipa, del bocchino*, rotolino di carta, ovatta o altro materiale poroso che assorbe parte delle sostanze nocive contenute nel fumo **2.** *per estens.* qualsiasi dispositivo atto a eliminare, selezionare, separare le componenti spettrali di un segnale entro una determinata gamma di frequenze: *filtri ottici, elettrici, elettronici, acustici* **3.** *fig.* tutto ciò che opera una distinzione o una selezione: *il filtro di un'indagine accurata, del tempo* || *T.sport.* in alcuni sport di squadra, la capacità collettiva di frenare e bloccare le manovre avversarie: *un centrocampo che non fa abbastanza filtro.* **Q.T.** *elettricità, fotografia* **TAV.** *elettrodomestici* 3.6; *motori* 3.19; ***automobile*** **p. 658** 3.14, 5.24; ***motocicletta...*** **p. 1323** 6.2.

FILOSOFIA

Antica, contemporanea, medievale, moderna, rinascimentale.

PRINCIPALI SETTORI DELLA FILOSOFIA: del diritto, della logica, della matematica, della natura, della politica, della religione, della scienza, della storia, del linguaggio, morale o pratica, teoretica; epistemologia, ermeneutica, estetica, gnoseologia, logica, metafisica, ontologia, teologia.

SCUOLE E CORRENTI FILOSOFICHE: accademia, agostinismo, aristotelismo, averroismo, cartesianismo, cinismo, contrattualismo, criticismo, darwinismo, eleatismo, empiriocriticismo, empirismo, epicureismo, ermetismo, esistenzialismo, fenomenologia, hegelismo, idealismo, illuminismo, kantismo, marxismo, neoaristotelismo, neocontrattualismo, neocriticismo, neohegelismo, neoidealismo, neokantismo, neopitagorismo, neoplatonismo, neopositivismo, neoscolastica, neotomismo, neoutilitarismo, *Nietzsche-renaissance*, occamismo, patristica, pitagorismo, platonismo, positivismo, positivismo logico, pragmatismo, presocratici, scetticismo, scolastica, sofistica, stoicismo, storicismo, tomismo, utilitarismo, vitalismo.

TESI E POSIZIONI FILOSOFICHE RICORRENTI: agnosticismo, animismo, antropocentrismo, associazionismo, ateismo, atomismo, cognitivismo, concettualismo, connessionismo, contingentismo, convenzionalismo, creazionismo, deismo, determinismo, dogmatismo, dualismo, eclettismo, escatologia, etnocentrismo, evoluzionismo, fatalismo, fideismo, finalismo, fisicalismo, ilozoismo, immanentismo, innatismo, intuizionismo, irrazionalismo, materialismo, meccanicismo, mentalismo, migliorismo, misticismo, monismo, naturalismo, nichilismo, nominalismo, olismo, organicismo, ottimismo, panlogismo, panpsichismo, panteismo, pessimismo, pluralismo, possibilismo, psicologismo, razionalismo, realismo, relativismo, relazionismo, riduzionismo, secolarizzazione, sensismo, sincretismo, soggettivismo, solipsismo, spiritualismo, strutturalismo, teismo, teleologia, tolleranza, trascendentalismo.

OGGETTI PRINCIPALI DI INDAGINE: alienazione, altro, altro da sé, anima, apparenza, assoluto, bello, bene, calcolo, certezza, civiltà, classe sociale, completezza, comportamento, concetto, conoscenza, conseguenza logica, contraddizione, convenzione, corpo, coscienza, cosmo, cultura, decidibilità, deduzione, definizione, differenza, dimostrazione, dio, diritto, divenire, diversità, dubbio, ente, esistenza, essere / non essere, evidenza, fallacia, fatto, fede, funzione, giudizio, giustizia, identità, idea, incompletezza, indecidibilità, induzione, inferenza, intelletto, intelligenza, intenzione, interpretazione, intuizione, io, lavoro, legge, libero arbitrio, libertà, linguaggio, male, memoria, mente, metodo, mito, modalità, modello, mondo, morte / vita, natura, norma, nulla / tutto, numero, oggetto, paradosso, pensiero, proposizione, proprietà, ragione, rappresentazione, razionalità, realtà, regola, ricorsività, scelta, scienza, sé, semantica, significato, sintassi, società, soggetto, spazio, spirito, stato, storia, tempo, teoria, tradizione, uguaglianza, umanità, uomo, valore, volontà, verità.

CONCETTI PRINCIPALI E TERMINOLOGIA: abduzione, accidente, affezione, algoritmo, anagogia, analisi, analogia, anamnesi, anapodittico / apodittico, anfibolia, angoscia, anticipazione, antinomia, antitesi / tesi, apofantico / apofatico, aporia, appercezione, a priori / a posteriori, archetipo, assiologia, assioma, astrazione, atarassia, atto, attributo, azione, bicondizionale, caos, caso, catafatico, catarsi, categorematico, categoria, causa, classe, *clinamen*, coerenza, cogito, condizionale, congiunzione, connettivo, connotazione, conseguenza, contenuto, contingenza, corrispondenza, cosa, cosmogonia, cosmologia, credenza, decisione, denotazione, dialettica, didattica, disgiunzione, ecceità, edonismo, educazione, empatia, entelechia, entimema, entusiasmo, enunciato, epoché, eristica, eros, errore, esegesi, esoterico / essoterico, esperienza, esperimento, esplicazione, espressione, essenza, esserci, estasi, estensione / intensione, etica, evidenza, falsificazione, falso / vero, fato, felicità, fenomeno / noumeno, fisiocrazia, fondamento, forma, formalizzazione, forza, genere, genio, gioco, giustificazione, guerra, gusto, ideologia, immaginazione, immanenza, indiscernibilità, individuazione, infinito, introspezione, intuizione, ipostasi, ipotesi, ironia, libero arbitrio, materia, metalinguaggio, metateoria, metempsicosi, metodo, mimesi, mito, modernità, modo, monade, natura, necessità, negazione, opposizione, osservazione, paradigma, paralogismo, passione, percezione, persona, piacere, poetica, possibilità, postmoderno, postulato, potenza, predicato, probabilità, progresso, qualità, quantità, quiddità, rappresentazione, referente, relazione, riflessione, rivoluzione, schema, scrittura, segno, sensazione, senso comune, sentimento, sillogismo, sistema, sofisma, sorite, sostanza, struttura, sublime, trascendentale, trascendente, universale, utopia, verificazione, virtù, vuoto.

PERSONE: epistemologo, filosofo, logico, metafisico, ontologo, pensatore, teologo, teorico.

VOCI ATTINENTI: anarchismo, antipsichiatria, antropologia culturale, comunismo, ecologia, etnolinguistica, etnologia, etnopsichiatria, etologia, grammatica, inconscio, intelligenza artificiale, leninismo, libertinismo, linguistica, magia, mantica, metamatematica, pedagogia, politica, psicanalisi, psichiatria, psicolinguistica, psicologia, religione, retorica, romanticismo, semiologia, semiotica, socialismo, sociobiologia, sociolinguistica, sociologia, tecnologia, umanesimo.

fìltro² [dal lat. *philtrum*, attr. il fr. *philtre*; 1665] **sm.** bevanda con proprietà magiche: *filtro d'amore.*
filtroprèssa (pl. *filtroprèsse*) [comp. di *filtro¹* e *pressa*, sul modello del ted. *Filterpresse*; 1909] **sf.** *T.tecn.* grosso filtro attraverso cui il liquido da depurare viene forzato mediante pressione.
filugèllo [lat. volg. **follicellus*, piccolo sacco, piccola vescica, con influsso di *filo*; a. 1512] **sm.** baco da seta, bombice del gelso.
filundènte V. FILONDENTE.
fìlza [etim. inc.; 1310] **sf.** **1.** serie di cose infilzate insieme || *fig.* serie ininterrotta, sequela: *una filza di parole, di paternostri* **2.** fascio di documenti da riporsi negli archivi **3.** *T.magl. punto a filza*, imbastitura, cucitura a punti larghi || **N.** **1.** *Sin.* fila, serie.
filzétta (*dim.* di *filza*) [1887] **sf.** tipo di salame dalla forma sottile e allungata.
filzuòlo [da *filza*; 1812 *filzolo*] **sm.** *T.tess.* matassina di seta o altro filato.
fìmbria [dal lat. *fimbria*, frangia; sec. XIII nel senso 2; a. 1684 nel senso 1] **sf.** **1.** *T.anat.* nome di varie formazioni anatomiche a forma di frangia o di lamina sfrangiata: *fimbria della tuba*, parte iniziale della tromba uterina **2.** *raro* frangia, orlo ricamato di una veste.
fimìcolo [comp. di *fimo* e *-colo*; 1956] **agg.** detto di animali, spec. insetti, che vivono sul letame o sullo sterco.
fìmo [dal lat. *fimus*; inizio sec. XIV] **sm.** *lett.* sterco, letame.
fimòṣi o **fìmoṣi** [dal gr. *phímōsis*, stringimento; 1561] **sf.** *T.med.* riduzione parziale dell'apertura del prepuzio.
finàle [dal lat. tardo *finalis*; a. 1294] **I agg.** **1.** che sta alla fine, ultimo, conclusivo: *sillaba finale, giudizio finale, esame finale, la battuta finale di una commedia* || definitivo: *decisione, vittoria finale* **2.** che concerne il fine, lo scopo: *T.fil. causa finale*, lo scopo a cui tende la causa efficiente || *T.ling. proposizione finale*, proposizione dipendente, che indica lo scopo dell'azione espressa dalla reggente; *congiunzione finale*, che introduce tali proposizioni (come *perché, affinché* ecc.) || **finalménte** **avv.** con valore frasale **1.** da ultimo, alla fine (spec. rif. all'ultima menzionata di una serie di azioni) || *meno com.* in sostanza, in definitiva **2.** in frasi esclamative, esprime soddisfazione per l'avverarsi di un evento da tempo atteso: *finalmente ce l'ha fatta!*; spesso anche con ellissi del predicato: *finalmente!*, era ora! **II sm.** **1.** episodio conclusivo di un dramma (o di una sua parte), di una composizione musicale, letteraria ecc.: *il finale del terzo atto, di una sonata*; *il film cade molto nel finale* || *T.sport.* la fase conclusiva di una gara: *ha ceduto nel finale* || *T.gioc.* negli scacchi, nella dama e sim., la parte conclusiva di una partita, nel caso in cui siano rimasti pochi pezzi sulla scacchiera: *dopo alcuni scambi forzati si entra in un difficile finale, un finale di torre e pedoni* **2.** parte terminale della lenza, a cui è legato l'amo || **sf.** *T.sport.* (anche superl. *finalissima*) la fase conclusiva e decisiva di un torneo o campionato con eliminatorie || **N.** **I** **1.** *Sin.* conclusivo, estremo, terminale, ultimo | *Contr.* iniziale **II** **1.** conclusione, chiusa, epilogo | *Contr.* esordio, introduzione, prologo; apertura **2.** *Sin.* setale.
finaliṣmo [da *finale*; 1904] **sm.** *T.fil.* concezione filosofica in base alla quale, oltre alla sfera dell'agire intenzionale umano, operano nella realtà fini ultimi (intrinseci ad essa o imposti dal suo esterno) || **N.** *Sin.* teleologismo | meccanicismo.
finalìssima [da *finale*; 1939] **sf.** *T.sport.* gara

conclusiva, di particolare importanza, di un torneo a eliminazione: *la finalissima di Coppa Italia.*

finalista [da *finale*; 1908 nel senso 2; 1939 nel senso 1] **s. 1.** *T.sport.* concorrente di gare sportive che, riuscito vincitore nelle eliminatorie, partecipa alla gara finale **2.** *T.fil.* seguace del finalismo. **Q.T.** *sport.*

finalìstico (pl. *-ci*) [da *finalista*; 1902] **agg.** *T.fil.* che si riferisce al finalismo, conforme al finalismo.

finalità [dal lat. *finālitas, -ātis*; a. 1852] **sf. 1.** caratteristica di ciò che è, o si considera, rivolto verso o guidato da un fine: *principio di finalità* **2.** *pl.* fine, scopo, intenzione: *le finalità di un ente assistenziale.*

finalizzàre [da *finale*; 1966] **tr. 1.** assegnare un fine o uno scopo a un'azione, un'idea e sim.: *finalizzare una vita al successo* **2.** *raro* concludere, terminare.

finànche o **finànco** [comp. di *fino*² e *anche*; 1787] **avv.** *lett.* o *scherz.* persino, anche: *lo detestava finanche in effigie.*

finànza [dal fr. *finance*, letter. risorse pecuniarie; a. 1540] **sf.** il complesso delle spese e delle entrate dello stato e l'amministrazione che vi presiede: *finanza pubblica, locale* || *Guardia di Finanza*, corpo militare che tutela gli interessi finanziari dello Stato Italiano || *Ministero delle Finanze*, quello che si occupa delle entrate e delle spese dello Stato Italiano || *alta finanza*, gli investimenti di capitali privati e le persone che ne dispongono: *il mercato borsistico è controllato dall'alta finanza milanese* || *per meton.* ambiente o gruppo di persone che svolgono attività finanziarie: *la finanza laica* || com. *pl.* anche nel senso di disponibilità o possibilità economiche di un privato: *le mie finanze non me lo permettono.* **Q.T.** *economia...*

finanziaménto [da *finanziare*, sul modello del fr. *financement*; 1926] **sm.** l'atto e l'effetto del finanziare: *finanziamento pubblico dei partiti.*

finanziàre (pres. *-ànzio*) [da *finanza*, sul modello del fr. *financer*; 1918] **tr.** fornire il denaro necessario per una data impresa; dotare: *finanziare un progetto cinematografico, un'impresa sportiva* || **N.** *Sin.* sovvenzionare, sponsorizzare.

finanziària [da *finanziario*; 1965] **sf. 1.** *T.comm.* società che non produce direttamente, ma che finanzia o partecipa alla produzione di altre industrie **2.** legge finanziaria (v. FINANZIARIO).

finanziàrio (pl. *-ri*) [da *finanza*, sul modello del fr. *financier*, a. 1803] **agg.** che riguarda la finanza, le finanze: *politica finanziaria, problemi finanziari* || *T.giur. legge finanziaria*, legge dello Stato che stabilisce i fondamentali indirizzi di spesa pubblica per l'anno in corso || **finanziariaménte** **avv.** dal punto di vista finanziario.

finanziatóre [da *finanziare*; 1951] **sm.** (f. *-trice*) chi finanzia un'impresa || **N.** *Sin.* sovvenzionatore, *sponsor.*

finanzièra [da *finanziere*; 1905] **sf. 1.** *T.abb.* abito da cerimonia dell'Ottocento **2.** *T.cuc.* pietanza a base di fegatini e rigaglie di pollo, usata come condimento e come ripieno || **N. 1.** *Sin. redingote*, stiffelius.

finanzière [da *finanza*; a. 1769 nel senso 1; 1863 nel senso 2] **sm. 1.** chi si occupa professionalmente di reperire e investire i capitali necessari a una attività economica **2.** *pop.* guardia di finanza.

finca [prob. dallo sp. *finca*, letter. debito; 1812] **sf.** *T.bur.* ciascuna colonnina in cui si divide un foglio di registro o sim.

fincàto [da *finca*; 1968] **agg.** *T.bur.* diviso in colonne: *foglio, registro fincato.*

finché [comp. di *fin(o)*² e *che*²; a. 1294] **cong.** fino a quando; regge tanto l'indicativo quanto il congiuntivo; e può essere seguito da *non*, senza che cambi il significato: *finché il sole risplenderà sulle sciagure umane* (Foscolo); *finché morte non vi separi, aspettami finché (non) arrivo.*

fin de siècle (fr., pr. [fɛ̃ dəˈsjɛkl]) [letter. fine di secolo; 1905] **loc. agg. inv.** detto di oggetto, moda, prodotto artistico e sim. appartenente alla fine del sec. XIX o che si ispira al gusto caratteristico di quel periodo.

fìne¹ [lat. *fīnis*, letter. confine; a. 1292 nel senso 3] **sf. 1.** (arc. anche *sm.*) punto o momento che segna il termine di un'azione o cosa, o di un periodo: *dal principio alla fine, non avrà mai un fine, la fine di una commedia, di una strada, del mondo, dell'anno* || *dare, porre, mettere fine a qualcosa*, terminarla || *è in fin di vita*, sta morendo || *in fin dei conti*, tutto sommato || *senza fine*, infinito **2.** esito, conclusione: *fare una bella, una brutta fine; che fine ha fatto?*, come gli sono andate le cose? || *alla fine*, dopo tanto tempo, dopo lunghi sforzi ecc. *alla fine ce l'ha fatta; alla fin fine*, in conclusione, tutto sommato || è *m.* nelle espr.: *a lieto fine*, con esito felice (*un dramma, una storia d'amore a lieto fine*) e *a buon fine* (*condurre a buon fine*; *T.comm. salvo buon fine*, clausola con cui ci si riserva di annullare un'operazione se non si verificano le condizioni presupposte per la sua realizzazione) || conclusione infelice: *è la fine di un sogno, di un mito; il principio della fine*, l'inizio della rovina || caduta, crollo: *la fine dell'impero romano* || *eufem.* morte: *sentiva ormai avvicinarsi la fine* || **sm. 1.** ciò a cui tende un'attività: *persegue fini discutibili* || *secondo fine*, fine recondito e spesso malvagio, diverso da quello apparente || *prov. il fine giustifica i mezzi* **2.** *lett.* confine, limite: *stupida cosa il fermarsi, il conoscersi un fine* (Pascoli) || **N. sf. 1.** *Sin.* cessazione, estremità, termine | *Contr.* inizio, principio **2.** *Sin.* compimento, conclusione, coronamento, esito | **sm. 1.** *Sin.* disegno, intento, intenzione, meta, mira, obbiettivo, proposito, scopo, traguardo.

fine² [lat. *fīnis*, limite, estremo; a. 1250 nel senso 3; a. 1559 nel senso 1] **agg. 1.** sottile: *pasta fine, corda fine* || quasi impalpabile: *sabbia finissima* || *aria fine*, pura, pungente || *T.fis. struttura fine dei livelli atomici*, la loro suddivisione in più livelli con energie molto vicine fra loro, dovuta all'interazione tra il momento angolare dell'atomo e lo spin degli elettroni **2.** *fig.* penetrante, acuto: *udito, olfatto, ingegno fine; fine ironia, un fine intenditore di tappeti* **3.** detto di persona che ha e dimostra squisitezza di modi, eleganza, signorilità, gusti ricercati ecc.: *una signora molto fine ma un po' salottiera* || detto di cosa, di ottima fattura, qualità e gusto: *un tessuto molto fine, un fine lavoro di oreficeria* || *un ambiente molto fine*, elegante, ben frequentato || **fineménte** **avv.** || **N. 1.** *Sin.* minuto | *Contr.* grosso, spesso **2.** *Sin.* arguto, brillante, sagace, sottile; astuto, scaltro | *Contr.* insensibile, ottuso **3.** *Sin.* aggraziato, delicato, distinto, elegante, raffinato, ricercato, signorile, squisito | *Contr.* grossolano, rozzo, volgare.

finecórsa [comp. di *fine* e *corsa*; 1983] **s.** *T.tecn.* in una macchina, sistema in grado di bloccare la corsa di un organo meccanico in qualsiasi momento || **N.** *Sin.* scontro.

fine-settimàna [comp. di *fine* e *settimana*, sul modello dell'ingl. *week end*; 1932] **sm. inv.** il riposo settimanale dei lavoratori che comprende oltre alla domenica tutto o in parte il sabato || **N.** *Sin. weekend.*

finèstra [lat. *fenestra*; sec. XIII] **sf. 1.** apertura fatta nel muro di un edificio per dar aria e luce alle stanze: *affacciarsi alla finestra* || *finestra interna*, che dà su un cortile; *esterna*, che dà sulla strada; *finestra a croce, a bifora, a trifora; finestra finta*, dipinta sul muro per motivi estetici; *finestra inginocchiata*, protetta da una inferriata i cui ferri, anziché scendere diritti a piombo, sono incurvati verso l'esterno || *stare alla finestra*, anche *fig.* stare a vedere come si mettono le cose prima di prendere posizione || *fig. buttare i soldi dalla finestra*, sprecarli || *fig. entrare dalla finestra*, ottenere qualcosa per vie traverse || *prov. o si mangia la minestra, o si salta la finestra*, non ci sono altre alternative **2.** gli affissi e i vetri che chiudono tale apertura: *spalancare, socchiudere la finestra, i ladri hanno forzato la finestra per entrare* || *porta-finestra*, v. PORTA **3.** *per estens.* apertura, con varie accezioni specifiche: *busta con finestra*, con uno spazio trasparente per lasciar leggere l'indirizzo scritto nella lettera || *T.tip.* rettangolo di composizione autonomo dal resto della pagina e incorniciato da filettature || *T.anat.* ciascuna delle due aperture che presenta la parete interna del timpano; l'una è detta *ovale* o *vestibolare*, l'altra *rotonda* o *cocleale* || *T.geol.* la lacerazione di una falda che mette allo scoperto il terreno sottostante || *T.alp.* colle, valico || *pl. scherz.* o *poet.* gli occhi || *T.inform.* sezione dello schermo di un computer che può essere separato dal resto e utilizzato per visualizzare tipi diversi di dati || *dim.* finestrìno (*sm.*), finestrìna, finestrèlla, finestrétta, finestrùcola; *accr.* finestróna, finestróne (*sm.*); *pegg.* finestràccia || **N.** balcone, lucernario, lunetta, mezzaluna, oblò, occhio, porta-finestra, rostra, veranda, vetrata | PARTI: architrave, cornicione, davanzale, fianchi o alette, fregio, luce o vano, mensola, parapetto, soglia, spalletta o strombatura, stipite | avvolgibile, balaustrata, bandella, battenti, cardine, chiavistello, gelosia, grata, impannata, imposta o scuro, inferriata, nasello, persiana, ringhiera, telaio, tendina, veneziana, ventola. **Q.T.** *architettura* **TAV.** *abitazione* 1.6.

finestràta [da *finestra*; 1767] **sf. 1.** il chiudere o lo sbattere la finestra con forza, per ira o in segno di disprezzo contro qualcuno **2.** *raro* squarcio di sole tra le nuvole.

finestràto [da *finestra*; 1956] **agg. 1.** fornito di finestre || *T.arald.* di castelli o altri edifici che appaiono sugli emblemi ed hanno finestre di smalto diverso || *T.arald.* di pezza che presenta il campo attraverso aperture di varia forma **2.** *maniche finestrate*: nei costumi rinascimentali, manica con taglio longitudinale da cui esce la camicia.

finestrìno (*dim.* di *finestra*) [1547 *fenestrino* nel senso 1; 1878 nel senso 2] **sm. 1.** piccola finestra: *il finestrino del ripostiglio* **2.** *in part.* le finestre con vetri scorrevoli o fissi di veicoli di ogni genere, e spec. quelle laterali o posteriori: *i finestrini del treno, dell'autobus, dell'automobile* || **N. 2.** deflettore, lunotto. **TAV.** ***astronautica*** **p. 655** 7.3; ***automobile*** **p. 658** 3.43; ***carri...*** **p. 664** 1.8.

finézza [da *fine*²; sec. XIII] **sf. 1.** l'essere fine, nei vari sensi dell'agg.: *la finezza di un filo, di un tessuto; finezza di stile, di gusti, di modi; finezza d'ingegno* || atto gentile o cortese: *è stata una finezza da parte sua* || spec. *pl. le finezze di un'arte, di un gioco, della lingua*, le tecniche più sottili e raffinate, che solo un esperto intenditore può usare o apprezzare **2.** *T.tecn. coefficienti di finezza*, nelle costruzioni navali, vari indicatori del grado di snellezza della carena, in termini del rapporto tra le aree e i volumi dei suoi elementi con quelli di rettangoli o parallelepipedi a essi circoscritti || *T.aer. finezza aerodinamica*, v. EFFICIENZA || **N. 1.** *Sin.* sottigliezza; eleganza, raffinatezza | *Contr.* grossezza, spessore; grossolanità, rozzezza.

fìngere (pres. *fingo, fingi*; p.rem. *finsi, fingésti*; pps. *finto*) [lat. *fingere*, foggiare; a. 1294 come tr. nel senso 2] **tr. 1.** costr. con *di* e l'inf., cercar di far credere quello che non è: *è inutile che tu finga di non riconoscermi* || con compl. ogg., simulare: *fingere meraviglia, indifferenza* ||

ass. non essere sincero, dissimulare: *è chiaro che finge!* **2.** *lett.* immaginare, rappresentare con la fantasia (anche *rifl. indir.*): *profondissima quiete / io nel pensier mi fingo* (Leopardi) ‖ *lett.* in opere di pittura o scultura, plasmare, modellare, ritrarre ‖ ***rifl.*** voler apparire, farsi credere: *fingersi pazzo, ammalato, allegro* ‖ **N. *tr.* 1.** *Sin.* dare a credere, a intendere, far finta, far mostra, far vista; mentire, ingannare | ***rifl.*** farsi passare per.

fingiménto [da *fingere*; seconda metà sec. XIV] ***sm.* 1.** *non com.* finzione **2.** *lett.* invenzione.

fingitóre [da *fingere*; seconda metà sec. XIV] ***sm.*** (f. *-trice*) *raro* chi finge per abitudine, ipocrita.

finìbile [da *finire*; 1865] ***agg.*** *raro* che si può finire.

finiménto [da *finire*; 1531 nel senso 2] ***sm.* 1.** spec. *pl.* ciascuno degli elementi della bardatura del cavallo o di altri animali da sella o da soma **2.** *non com.* rifinitura. **Q.T.** *cavallo* **TAV.** *finimenti* 6; ***carri...* p. 664** 10.

finimóndo [lat. tardo *finis mundi*, fine del mondo; a. 1584] ***sm.*** la fine del mondo, quasi solo *iperb.* o *scherz.* grande trambusto, scompiglio: *se arriva il padrone di casa qua succede un finimondo!*.

finìre (pres. *-ìsco, -ìsci*) [lat. *finīre*; a. 1292] **I *tr.* 1.** condurre a termine: *il lavoro va finito entro maggio, non ha potuto finire gli studi* ‖ consumare completamente: *ho finito la farina* ‖ far morire, dare il colpo di grazia: *lo finì con un colpo a bruciapelo* **2.** interrompere, far cessare: *cerchiamo di finire questo litigio!* ‖ più com. *finirla*, smettere definitivamente: *è ora di finirla!, finiamola con questa lagna* **3.** *non com.* rifinire **4.** *ant.* soddisfare **5.** costruito con *di* e l'inf. di un qualunque verbo, indica il compimento dell'azione espressa dal verbo (in questa costruzione i pronomi clitici riferiti al verbo all'inf. possono comparire anche prima di *finire*): *finirò di esaminarlo* (o *lo finirò di esaminare*) *dopo le vacanze* ‖ in usi ass.: *conto di finire per domani*; *hai finito?*, detto con insofferenza rivolti a chi insiste eccessivamente in discorsi, rimproveri ecc. ‖ ***intr.*** (aus. *essere*; aus. *avere* nel senso 4) **1.** arrivare al termine: *le vacanze sono finite*; *una requisitoria che non finiva più*, interminabile ‖ *eufem.* arrivare al termine della vita, morire: *finì tra atroci sofferenze* ‖ detto di estensioni nello spazio, avere termine: *tra pochi chilometri finisce l'autostrada* **2.** esaurirsi, essere consumato: *è finito lo zucchero, i soldi stanno per finire* ‖ *tutto è finito tra loro*, la loro relazione sentimentale è definitivamente conclusa ‖ *è finita!*, non c'è più niente da fare **3.** seguìto da complementi con varie prep., avere un determinato termine o punto d'arrivo: *un bastone che finisce a punta, la strada finisce in una grande piazza, una parola che finisce in consonante, ogni discussione finiva con una rissa* ‖ con compl. predicativo del sogg.: *di questo passo finirà abbandonato da tutti*; con avv. o proposizioni modali: *una storia finita male, l'avventura è finita come tutti ci aspettavamo* ‖ in usi *impers.*: *qui finisce a botte, finirà che devo pagare io* **4.** costruito con la prep. *per* o la prep. art. *col* e l'inf. di un verbo, indica la conseguenza di un'azione menzionata in precedenza: *se continua ad andare in giro in maniche corte, finirà per* (o *col*) *prendersi un malanno* **II *sm.*** (solo *sing.*) termine: *sul finire dell'autunno* ‖ **N. I *tr.* 1.** *Sin.* compiere, completare, concludere, terminare, ultimare; esaurire, estinguere | *Contr.* cominciare, iniziare **2.** *Sin.* smettere ‖ ***intr.* 1.** *Sin.* cessare, venir meno.

finis (lat., pr. it. ['finis]) [letter. limite] ***sm.*** *inv. disus.* nella scuola, il termine della lezione: *hanno dato il finis.*

finish (ingl., pr. ['fɪnɪʃ]) [letter. finire; 1905] ***sm.*** *inv.* finale di gara: *foto finish*, v. FOTOFINISH ‖ spunto di un atleta nel finale: *quel ciclista ha un finish formidabile.*

finissàggio (pl. *-gi*) [dal fr. *finissage*, 1942] ***sm.*** insieme dei procedimenti di rifinitura di un prodotto industriale, spec. se eseguiti sul singolo pezzo a mano o con attrezzi più semplici di quelli utilizzati nella fase di produzione in serie.

finitézza [da *finito*; a. 1696] ***sf.* 1.** perfezione, compiutezza: *finitezza di stile* **2.** *non com.* l'esser limitato: *la finitezza della sua mente.*

finìtimo [dal lat. *finitimus*; a. 1292] ***agg.*** *non com.* confinante: *i paesi finitimi* ‖ vicino: *l'un fastidisce l'altro da' finitimi letti* (Carducci).

finìto (*pps.* di *finire*) [a. 1292] ***agg.* 1.** compiuto, pienamente realizzato: *prodotto finito*, pronto per essere immesso sul mercato (in opposizione a *semilavorato*) ‖ *disus.* detto di persone, abilissimo, sperimentato: *un artigiano finito* ‖ *farla finita*, uccidersi, o anche smetterla: *e falla finita una buona volta con le tue lagne!*; *farla finita con qualcuno*, rompere ogni rapporto **2.** detto di persone, che ha perduto ogni energia fisica e morale: *un calciatore finito*; *un uomo finito*, senza più risorse o speranze **3.** *T.mat.* detto di una serie di elementi e sim., che può essere messo in corrispondenza biunivoca con un sottoinsieme limitato dei numeri naturali: *una funzione con un numero finito di valori*; *insieme finito*, che ha un numero finito di elementi: *l'insieme delle potenze negative di due è limitato, ma non finito* **4.** *T.mat.* non infinitesimo: *il rapporto tra queste due grandezze resta finito al tendere di entrambe allo zero* **5.**

FINIMENTI

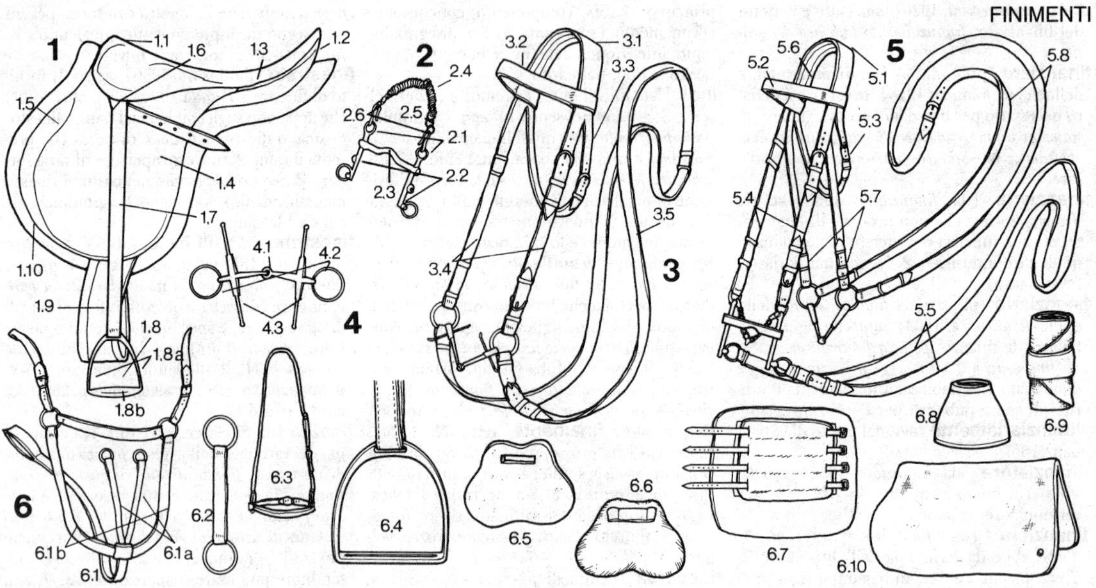

1. sella

1.1. arco anteriore o pomo della sella - 1.2. arco posteriore - 1.3. seggio - 1.4. quartiere - 1.5. appoggio esterno - 1.6. gancio reggistaffile 1.7. staffile - 1.8. staffa - 1.8a. branca - 1.8b. panca - 1.9. cinghia sottopancia - 1.10. feltro di lana

2. morso

2.1. aste superiori o stanghette con occhio per i montanti - 2.2. aste inferiori o guardie con campanelle porta redini - 2.3. cannone rigido - 2.4. barbazzale - 2.5. porta barbazzale - 2.6. uncino per barbazzale

3. filetto completo

3.1. testiera o sopraccapo - 3.2. frontale - 3.3. sottogola - 3.4. montanti - 3.5. redini

4. ferro di filetto

4.1. cannone snodato - 4.2. anelli porta-redini - 4.3. traversini o stanghette

5. briglia completa

5.1. testiera del morso - 5.2. frontale - 5.3. sottogola - 5.4. montanti del morso - 5.5. redini del morso - 5.6. testiera del filetto - 5.7. montanti del filetto - 5.8. redini del filetto

6. finimenti vari

6.1. martingala - 6.1a. pettorale - 6.1b. forchetta - 6.2. falsa martingala - 6.3. capezzina - 6.4. staffa - 6.5. farfalla 6.6. cuscinetto para staffa - 6.7. stinchiera - 6.8. paraglomo - 6.9. fascia - 6.10. copertino sotto sella

T.gram. modi finiti del verbo, quelli che comportano una flessione secondo la categoria della persona (in italiano l'indicativo, il congiuntivo, il condizionale e l'imperativo, opposti all'infinito, al participio e al gerundio) || **finitaménte** ***avv.*** *non com.* || **N. 1.** *Sin.* accurato, rifinito | *Contr.* abbozzato, grezzo **2.** *Sin.* a pezzi, distrutto **3.** *Contr.* infinito **4.** *Contr.* infinitesimo; indeterminato.

finitóre [dal lat. *finītor, -ōris,* letter. che determina i confini; 1965] ***sm.*** (f. *-trìce*) chi esegue i lavori di finitura.

finitrìce [da *finire*; 1956] ***sf.*** macchina con cui viene steso e spianato il bitume per la pavimentazione stradale.

finitùdine [dal lat. *finitūdo, -ūdinis*; 1887] ***sf.*** *T.fil.* condizione di ciò che è finito || qualità di ciò che è finito.

finitùra [da *finito*; a. 1650] ***sf.*** il lavoro necessario per condurre un'opera a perfezione || *pl.* anche *concr.*: *un'auto con finiture molto accurate* || **N.** *Sin.* perfezionamento, rifinitura.

finlandése [dal n. geogr. *Finlandia,* prob. sul modello del fr. *finlandois*; 1561 *finlando*] **I** ***agg.*** della Finlandia **II** ***s.*** abitante della Finlandia || ***sm.*** (solo *sing.*) lingua ugrofinnica parlata in Finlandia.

finlandiẓẓàre [dal n. geogr. *Finlandia*; 1973] ***tr.*** *T.pol.* sottoporre a finlandizzazione.

finlandiẓẓazióne [da *finlandizzare*; 1973] ***sf.*** *T.pol.* condizionamento, da parte di una grande potenza, della politica, spec. estera, di uno stato confinante, che vede tuttavia garantita la propria integrità territoriale.

finn (ingl., pr. [ˈfɪn]) [letter. finlandese; 1965] ***sm.*** *inv.* piccola imbarcazione a una sola vela da regata e da diporto.

fìnnico (pl. *-ci*) [dal nome dei *Finni,* popolazione che diede il nome alla Finlandia; 1834] **I** ***agg.*** **1.** che riguarda i Finni, popolazione non indoeuropea stanziata in tempi storici nell'Europa nordorientale su entrambe le coste del Baltico: *Gli Estoni sono una popolazione finnica* **2.** *impropr.* finlandese **II** ***sm.*** (f. *-a*) **1.** appartenente alla popolazione finnica **2.** abitante o nativo della Finlandia.

fino¹ [lat. *fīnis,* limite estremo; a. 1250] ***agg.*** variante di *fine,* meno com. e più limitata nei significati; è però obbligatoria nell'espr. *oro fino,* puro || *region. lavorare di fino,* accuratamente, di precisione.

fino² [lat. *fīne,* ablativo di *fīnis,* limite; sec. XIII] **I** nelle ***loc. prep.*** *fino a, fino in, fin su,* indica il punto d'arrivo di un'estensione spaziale o temporale: *il treno arriva fino a Venezia, l'ho aspettato fino alle cinque, non pensavo arrivasse fino in cima, mi ha accompagnato fin sul molo* || con alcuni avv. si omette la prep.: *fin qui, fin là, fin dove* || nella loc. prep. *fin da,* indica un punto di partenza nello spazio o nel tempo (spesso sottolineandone la lontananza): *fin dall'America, ci conosciamo fin dall'infanzia* **II** ***avv.*** persino, anche: *un atteggiamento fin troppo accomodante.*

finocchièlla [da *finocchio,* perché gli assomiglia; 1728] ***sf.*** *T.bot.* pianta erbacea aromatica delle Ombrellifere che produce frutti rossi profumati all'anice || **N.** *Sin.* mirride.

finòcchio (pl. *-chi*) [lat. volg. **fenuculum,* class. *feniculum*; sec. XIV] ***sm.*** **1.** pianta delle Ombrellifere, di fusto verde, con foglie superiori ramose, con brattee basali dal picciolo largo e carnoso, commestibili, e con seme aromatico **2.** *pop.* omosessuale || *dim.* finocchiétto, finocchìno; *accr.* finocchióne; *pegg.* finocchiàccio || **N. 1.** dolce, forte o selvatico, marino. **TAV.** ***erboristeria*** 7.

finocchióna [da *finocchio*; 1875] ***sf.*** *tosc.* specie di salame aromatizzato con semi di finocchio.

finóra [comp. di *fino²* e *ora²*; sec. XIV] ***avv.*** fino a questo momento.

fìnta [da *finto*; 1585] ***sf.*** **1.** l'atto del fingere: *fece finta di non vedermi; far finta di niente,* fare come se niente fosse, non mostrare alcuna reazione || *per finta,* non sul serio, per scherzo, per gioco: *l'ha fatto per finta, non voleva offenderti* **2.** *T.sport.* azione o colpo appena accennati per disorientare o sbilanciare l'avversario ed eseguire così più facilmente l'azione voluta: *finta di corpo, di gambe,* nel calcio; *dopo una finta col destro, il pugile ha colpito l'avversario con un violento gancio sinistro* || nel linguaggio militare, azione diversiva per distogliere l'attenzione del nemico dal vero obbiettivo dell'attacco || *per estens.* qualunque manovra o comportamento volto a ingannare altri simulando un'intenzione diversa da quella reale || **N. 1.** *Sin.* simulazione.

fintàggine [da *finto*; a. 1861] ***sf.*** *non com.* vizio del fingere; finzione || **N.** *Sin.* doppiezza, ipocrisia.

fintantoché [comp. di *fin(o)²*, *tanto* e *che²*; a. 1375] ***cong.*** finché.

fintàre [da *finta*; 1956] ***tr.*** e ***intr.*** (aus. *avere*) *T.sport.* fare una finta: *fintare un'azione,* fingere un'azione che poi non si compie, per ingannare l'avversario; *fintare l'avversario,* compiere una finta ai danni dell'avversario.

finterìa [da *finto*; 1869] ***sf.*** *raro* doppiezza, ipocrisia.

fintìno [da *finto*; 1868] ***sm.*** *disus.* mezza parrucca che un tempo le donne usavano e che arrivava sulla fronte.

finto (*pps.* di *fingere*) [fine sec. XIV] ***agg.*** **1.** detto di cosa artificiale che ne imita una naturale: *denti finti, poltrone in finta pelle, ciglia finte* || non reale: *finestra finta,* solo dipinta sul muro || non sincero, ingannevole: *una finta ritirata, una finta compassione* **2.** detto di persone, incline alla simulazione, che manca di sincerità: *è un finto tonto, un uomo finto e meschino* || **N. 1.** *Sin.* FALSO; artificiale, posticcio, sintetico; apparente, fittizio; simulato | *Contr.* autentico, veritiero, vero **2.** *Sin.* doppio, ipocrita | *Contr.* schietto, sincero.

finzióne [lat. *fictio, -ōnis,* con influsso di *finto*; 1304] ***sf.*** **1.** atteggiamento ipocrita: *il loro cordoglio è tutta una finzione* || *concr.* atto o parola usata per fingere **2.** immaginazione, e la cosa immaginata: *è una finzione poetica; finzione scenica,* l'illusione di realtà creata dal teatro || **N. 1.** *Sin.* apparenza, artificio, dissimulazione, doppiezza, falsità, finteria, fingimento, frode, infingimento, impostura, ipocrisia, menzogna, parvenza, simulazione.

fio [dal fr. ant. *fieu,* feudo; 1313] ***sm.*** (non ha *pl.*) **1.** oggi solo nella loc. *pagare il fio,* aver la pena meritata **2.** *arc.* feudo || *per estens.* tributo || **N. 1.** *Sin.* CASTIGO, PENA.

fiocàggine [da *fioco*; sec. XIV] ***sf.*** *raro* l'essere fioco.

fiòcca [da *fiocco¹*; fine sec. XVI] ***sf.*** **1.** *ant.* grande quantità di persone o cose **2.** *ant.* e *region.* fiocco di neve || la neve stessa quando cade.

fioccànte V. FIOCCHISTA.

fioccàre (pres. *-òcca*) [da *fiòcco¹*; a. 1327] ***intr.*** (aus. *essere*) detto di neve, cadere a fiocco a fiocco, e in abbondanza: *lenta fiocca la neve pe 'l cielo cinereo* (Carducci); anche *impers.*: *guarda come fiocca!* || *fig.* detto di cose che cadono e vengono in gran numero: *le domande, le botte fioccavano d'ogni parte.*

fiocchettàre (pres. *-étto*) [da *fiocchetto*; 1879] ***tr.*** *non com.* ornare di fiocchi, trapungere con fiocchi || **N.** *Sin.* infiocchettare.

fiocchétto (*dim.* di *fiocco¹*) [1545] ***sm.*** **1.** piccolo fiocco **2.** *pl.* pasta da brodo a forma di piccoli fiocchi.

fiocchista o **fioccànte** [da *fiocco²*; 1974] ***sm.*** *T.mar.* marinaio che nelle imbarcazioni a vela è addetto alla manovra del fiocco; prodiere.

fiòcco¹ (pl. *-chi*) [lat. *floccus,* fiocco di lana; sec. XV nel senso 2] ***sm.*** **1.** legatura di un nastro, una striscia di tessuto e sim. in modo da formare almeno due cappi: *cravatta a fiocco* || il nastro così legato per ornamento: *portare un fiocco nei capelli* || *fig. coi fiocchi,* eccellente, magnifico: *un pranzo coi fiocchi, un trattamento coi fiocchi* **2.** piccola particella di lana e sim. spiccata dal vello || materia tessile artificiale a fibra corta: *nailon fiocco* **3.** l'ammasso dei cristalli di neve quando cadono (indipendentemente dalle loro dimensioni) **4.** *fiocchi d'avena, di granturco* ecc., sottili scaglie di cereali macinati grossolanamente ed essiccati, da consumarsi gen. col latte a colazione || *dim.* fiocchétto, fiocchettìno; *accr.* fioccóne || **N. 1.** nappa, nodo **2.** *Sin.* bioccolo.

fiòcco² (pl. *-chi*) [dal fr. *foc,* con influsso di *fiocco¹*; a. 1866] ***sm.*** *T.mar.* ciascuna delle vele triangolari poste tra l'albero prodiero e il bompresso, che si distinguono in *trinchettina, gran fiocco, secondo fiocco, controfiocco* ecc. **TAV.** ***vela*** **p. 1343** 5.10c, 6.19.

fioccóso [da *fiocco¹*; a. 1787] ***agg.*** che ha fiocchi; che ha aspetto di fiocco, è soffice come un fiocco: *il sole appariva e spariva fra i nuvoli fioccosi e pigri* (D'Annunzio).

fioccùto [da *fiocco¹*; a. 1597] ***agg.*** *lett.* che ha molti fiocchi: *il levriere dalla coda fioccuta* (D'Annunzio) || **N.** bioccoluto.

fiochézza [da *fioco*; 1691] ***sf.*** *non com.* l'esser fioco.

fiòcina [lat. *fuscina,* tridente; a. 1320] ***sf.*** strumento di ferro che termina con più uncini e serve per la pesca || **N.** *Sin.* arpione, raffio, rampone.

fiocinàre (pres. *fiòcino*) [da *fiocina*; 1846] ***tr.*** colpire con la fiocina || ***intr.*** (aus. *avere*) *meno com.* pescare con la fiocina.

fiocinàta [da *fiocina*; 1940] ***sf.*** colpo di fiocina.

fiocinatóre [da *fiocinare*; 1866] ***sm.*** (f. *-trìce*) pescatore esperto nel lancio della fiocina.

fiòcine [lat. *flōces,* pl., feccia, con influsso di *acinus,* acino; a. 1320] ***sm.*** *tosc.* **1.** vinacciolo, seme dell'uva **2.** la buccia dell'acino dell'uva.

fiocinière [da *fiocina*; 1772] ***sm.*** (f. *-a*) pescatore con la fiocina.

fiòco (pl. *-chi*) [dal lat. *flaccus,* floscio, con influsso di *raucus,* rauco; 1295] ***agg.*** detto di voce, suono o lume, debole: *un fioco lamento, la fioca luce di una candela* || **N.** *Sin.* debole, fievole, flebile, rauco, sommesso, tenue.

fiónda [lat. volg. **flunda*; fine sec. XIII *fonda* nel senso 1; a. 1884 nel senso 2] ***sf.*** **1.** antica arma per lanciare sassi o palle di piombo **2.** strumento con cui i ragazzi lanciano sassi, formato da due elastici fissati alle estremità di un legno biforcuto || **N. 1.** *Sin.* frombola.

fiondàre (pres. *fióndo*) [da *fionda*; 1961] ***tr.*** **1.** *raro* lanciare qualcosa con la fionda **2.** *T.sport.* nel calcio, realizzare un lancio lungo e teso || ***rifl.*** *fam.* spostarsi precipitosamente da un luogo a un altro: *si fiondò in camera sua* || *per estens.* buttarsi a capofitto: *si è fiondato nello studio.*

fiondatóre [da *fionda,* sul modello del lat. tardo *fundātor, -ōris*; prima metà sec. XIV] ***sm.*** *ant.* fromboliere.

fioràio (pl. *-ài*) [da *fiore*; a. 1755] ***sm.*** (f. *-a*) chi vende fiori || **N.** *Sin.* fiorista. **Q.T.** *giardinaggio...*

fioràme [da *fiore*; 1625] ***sm.*** **1.** *pl.* rappresentazione d'uno o più fiori, tessuti, dipinti o stampati: *stoffa a fiorami* **2.** (solo *sing.*) *raro* insieme di fiori.

fioràre (oggi *dif.*, usato solo alla terza persona sing. dell'ind. pres., *fióra*) [da *fiore*; sec. XIII] ***intr.*** (aus. *essere*) *arc.* o *poet.* fiorire.

fioràto [da *fiorare*; sec. XIII-XV] ***agg.*** tessuto o dipinto a fiori o a fiorami: *stoffa fiorata.*

fiordaliṣo [dal fr. *fleur de lis*, letter. fiore di giglio; a. 1313] ***sm.*** **1.** *T.bot.* pianta delle Composite, che fa capolini di un bel celeste carico **2.** *T.arald.* il giglio che figura negli stemmi dei reali di Francia.

fiordilàtte o **fiór di làtte** [comp. di *fiore*, *di* e *latte*; 1909] ***sm.*** **1.** formaggio molle e filoso, con percentuale di grasso pari al 50%, prodotto con latte di vacca **2.** gelato fatto di latte, panna e zucchero.

fiordilìgio o **fiordalìgi** ***sm.*** *ant.* V. FIORDALISO.

fiòrdo [dal norv. *fjord*; 1887] ***sm.*** *T.geogr.* golfo profondo e stretto, limitato da alte pareti rocciose a picco, tipico della Norvegia.

fióre [lat. *flos, flōris*; a. 1226] ***sm.*** **1.** la parte delle piante fanerogame che contiene gli organi della riproduzione, spesso la parte più bella e appariscente della pianta: *fiori di campo, di giardino*; *i fiori del mandorlo, del pesco*; *un mazzo, una ghirlanda, una corona di fiori*; *fiori freschi, appassiti* || *essere in fiore*, detto di piante, essere nel periodo della fioritura: *i mandorli sono già in fiore*; *fig.* essere nel pieno della salute, delle forze, della bellezza ecc. || *fiori artificiali, finti*, fatti in seta, carta o plastica a imitazione dei veri || *fig.* *essere il fiore all'occhiello*, essere il maggior vanto, l'oggetto di maggior pregio e sim. || *la città del fiore*, Firenze, per il suo simbolo (il giglio) e per l'etimologia del nome || *per estens.* la pianta che produce fiori, coltivati per la loro bellezza in vasi e nei giardini: *piantare, innaffiare i fiori* **2.** *fig.* la parte scelta (anche, ripetuto, *il fior fiore*): *il fiore della farina, il fiore della nobiltà, il fior fiore dei cavalieri* || *un fior di galantuomo*, un uomo onestissimo; *un fior di ragazza*, una ragazza bellissima; anche *iron.*: *un fior di birbante* e sim. || gioia, felicità: *cogliere i fiori della vita*; *fam.* *rose e fiori*, una condizione idillica di esistenza: *la vita non è sempre rose e fiori* || scelta dei luoghi più belli di un'opera: *il fiore della Divina Commedia*; *ant.* compendio, sommario: *il fiore della filosofia* **3.** parte superficiale: *il fiore del vino*, V. FIORETTA || *a fior di*, sulla superficie di: *galleggiare a fior d'acqua, radici a fior di terra, esser ferito a fior di pelle*; *avere i nervi a fior di pelle*, essere teso e irascibile || *a fior di labbra*, accostando appena le labbra; muovendo appena le labbra: *bere a fior di labbra, dire una preghiera a fior di labbra* || *T.chim.* sottile strato di sostanza, ottenuto perlopiù tramite sublimazione: *fiori di zolfo* || ornamento, spec. se inessenziale; abbellimento musicale **4.** *pl.* *T.gioc.* uno dei due semi neri delle carte francesi, corrispondente ai bastoni di quelle napoletane **5.** *T.lett.* brevissimo componimento popolare in versi, in cui l'amante è simboleggiato da un fiore **6.** nella loc. *fior di*, grande abbondanza: *guadagna fior di quattrini* **7.** *arc.* o *lett.* spec. in frasi negative o interrogative, una minima quantità: *non ha fior di senno* || *dim.* fiorellino, fioricino, fiorèllo, fiorétto, fiorino; *accr.* fioróne; *pegg.* fioràccio || **N.** **1.** appassire, germogliare, sbocciare, sfiorire | *bouquet*, composizione, corona, ghirlanda, *ikebana*, mazzo. **Q.T.** *botanica, giardinaggio...* **TAV.** *fiori...* **p. 671 1, 2, 3.**

fioreggiàre (pres. *-éggio*) [da *fiore*[1]; 1623] ***intr.*** (aus. *essere*) *raro* fiorire.

fiorènte (*ppr.* di *fiorire*) [a. 1333] ***agg.*** che è in fiore: *giardini fiorenti* || in pieno sviluppo: *città fiorente di studi, un'economia fiorente* || **N.** *Sin.* FLORIDO.

fiorentìna [da *fiorentino*; 1812 nel senso 3] ***sf.*** **1.** *T.cuc.* bistecca o costata di manzo tagliata spessa e cucinata ai ferri **2.** *T.chim.* recipiente dotato di un rubinetto nella parte superiore e di un sifone in quello inferiore, usato per separare due liquidi che si dispongono a strati, come l'acqua e l'olio **3.** lume a olio costituito da tre becchi e un fusto.

fiorentineggiàre (pres. *-éggio*) [da *fiorentino*; 1728] ***intr.*** (aus. *avere*) imitare con affettazione i modi del parlare fiorentino.

fiorentinerìa [da *fiorentino*; sec. XIII] ***sf.*** affettazione del parlare fiorentino || *concr.* termine fiorentino usato con affettazione.

fiorentinìṣmo [da *fiorentino*; a. 1606] ***sm.*** **1.** termine, espressione, uso linguistico tipico del parlare fiorentino **2.** l'atteggiamento di chi vede nel dialetto fiorentino e negli scrittori fiorentini gli unici depositari della lingua italiana || **N.** **1.** *Sin.* ribobolo.

fiorentinìsta [da *fiorentinismo*; 1965] ***s.*** chi sostiene la preminenza linguistica del fiorentino; anche *agg.*

fiorentinità [da *fiorentino*; a. 1565] ***sf.*** l'esser fiorentino: l'insieme delle peculiarità culturali, artistiche, linguistiche di Firenze.

fiorentinizzàre [da *fiorentino*; a. 1606] ***tr.*** tradurre nel volgare fiorentino || *per estens.* italianizzare || ***intr.*** (aus. *avere*) *raro* fiorentineggiare.

fiorentìno [lat. *Florentīnus*; a. 1294] **I** ***agg.*** di Firenze, nativo di Firenze **II** ***sm.*** **1.** (f. *-a*) abitante di Firenze **2.** (solo *sing.*) la parlata, il dialetto, il linguaggio di Firenze.

fiorènza [da *Fiorenza*, n. ant. di Firenze; 1983] ***sf.*** tessuto in seta finissima, usato per capi di biancheria.

fiorerìa o **florerìa** [da *fiore*; 1858 nel senso 2] ***sf.*** **1.** negozio di fiori **2.** *raro* floricoltura.

fiorétta [da *fiore*; 1905] ***sf.*** **1.** malattia del vino causata da microrganismi che provocano la formazione in superficie di un velo biancastro; scuotendo il liquido, il velo si rompe in piccoli pezzi simili a fiori **2.** la pellicola biancastra stessa: *il vino ha fatto la fioretta.*

fiorettàre (pl. *-étto*) [da *fioretto*[1]; 1865] ***tr.*** *non com.* infiorettare.

fiorettatùra [da *fiorettare*; a. 1890] ***sf.*** infiorettatura.

fiorettìsta [da *fioretto*[2]; 1923] ***s.*** chi tira di scherma col fioretto.

fiorétto[1] (*dim.* di *fiore*) [1313 nel senso 1; a. 1912 nel senso 4] ***sm.*** **1.** fiore piccolo e grazioso **2.** parte scelta di qualcosa: *fioretto della lana* || raccolta di passi scelti di un autore, di detti memorabili e sim. || *i Fioretti di San Francesco*, libretto che narra della vita e dei miracoli di San Francesco e dei suoi primi seguaci **3.** ornamento retorico; abbellimento musicale **4.** piccola privazione o sacrificio di una cosa cara che si fa come offerta devota a un Santo o alla Vergine || *dim.* fiorettino.

fiorétto[2] [da *fioretto*[1]; a. 1729] ***sm.*** **1.** *T.sport.* spada sottile senza taglio, a sezione quadrangolare, usata nelle gare di scherma e destinata a colpire solo di punta (a differenza della *sciabola* e della *spada*); è munita in punta di un bottone protettivo detto anch'esso *fioretto* **2.** asta di materiale isolante per manovrare dispositivi sotto tensione **3.** punta di acciaio per perforare la roccia. **Q.T.** *scherma* **TAV.** *scherma* 1.

fiorgallétto [comp. di *fiore* e *galletto*; 1970] ***sm.*** pianta erbacea delle Papilionacee con fiori di colore giallo, stipole grandi e foglie trasformate in cirri || **N.** *Sin.* afaca, mullaghera.

fioricoltóre e der. V. FLORICOLTORE e der.

fiorièra [da *fiore*; 1963] ***sf.*** **1.** cassetta in cui vengono messi fiori e piante ornamentali **2.** recipiente in legno, ceramica o altro materiale, destinato a contenere fiori freschi recisi.

fiorìfero [dal lat. *florifer*, *-feri*; 1768] ***agg.*** *non com.* che porta o produce fiori.

fiorìle [da *fiore*, sul modello del fr. *floréal* e con influsso di *aprile*; 1797] **I** ***sm.*** *T.stor.* l'ottavo mese (20 aprile - 20 maggio) nel calendario repubblicano francese **II** ***agg.*** *lett.* floreale: *amava la fioril vivanda* (Pascoli).

fiorìno [da *fiore*; fine sec. XIII] ***sm.*** **1.** moneta fiorentina del sec. XIII che recava impresso da un lato un giglio e dall'altro l'immagine di San Giovanni Battista **2.** attualmente, unità monetaria dell'Olanda, di alcune sue ex-colonie, e dell'Ungheria.

fiorìre (pres. *-ìsco, -ìsci*) [lat. tardo *florīre*, class. *florēre*; a. 1276] ***intr.*** (aus. *essere*) **1.** detto di piante, produrre fiori: *fiorivano i ciliegi, le primule fioriscono presto in primavera* || detto di luoghi, rivestirsi, adornarsi di fiori: *l'intera campagna fioriva* || *prov.* *se son rose fioriranno*, se una persona ha delle qualità, prima o poi si noteranno; oppure il tempo dirà se la situazione avrà gli sviluppi desiderati **2.** *fig.* essere nel pieno delle forze, della salute e sim. || essere nel periodo di massimo splendore o rigoglio: *fiorivano le arti, i commerci* || detto di personalità celebri, essere attivo, operare: *Dante fiorì sulla fine del Duecento* || essere adorno, venire in fama, produrre rigogliosamente: *Roma fiorì per le armi e per il diritto* || ***tr.*** far fiorire || spargere, ornare di fiori: *fiorì di rose il tabernacolo* || anche *fig.* abbellire, adornare: *fiorì la sua prosa di belle immagini* || **N.** **1.** germogliare, sbocciare | *Contr.* appassire, sfiorire **2.** *Sin.* prosperare; affermarsi.

fiorìsta [da *fiore*, sul modello del fr. *fleuriste*; a. 1712] ***s.*** **1.** chi vende o coltiva fiori || artigiano che fabbrica fiori finti **2.** pittore di fiori || **N.** **1.** *Sin.* fioraio. **Q.T.** *giardinaggio...*

fiorìta [da *fiorire*; a. 1749] ***sf.*** **1.** miscuglio di fiori e foglie che si getta nelle chiese e per le strade, in occasione di processioni e sim. **2.** *non com.* florilegio, raccolta di liriche e sim.: *fiorita di canti popolari* **3.** *ant.* fioritura.

fiorìto (*pps.* di *fiorire*) [fine sec. XIII] ***agg.*** **1.** che è in fiore: *albero fiorito* || cosparso di fiori: *campi fioriti* **2.** ricco di ornamenti, anche in misura eccessiva: *stile fiorito, melodia fiorita*; *conversazione fiorita*, elegante e un po' leziosa; *T.arch.* *gotico fiorito*, V. FIAMMEGGIANTE; *T.mus.* *contrappunto fiorito*, in cui le voci superiori presentano procedimenti di diminuzione o comunque varietà di valori ritmici rispetto al canto dato || *carità fiorita*, fatta largamente, nel modo migliore e nel momento più opportuno **3.** cosparso di muffa o di fioretta: *vino fiorito.*

fioritùra [da *fiorito*; a. 1712] ***sf.*** **1.** il fiorire delle piante || il periodo in cui le piante fioriscono **2.** *fig.* l'affermarsi di una tendenza culturale, uno stile artistico e sim. **3.** ornamento, artificio retorico || *T.mus.* gruppo di note con funzione di abbellimento || **N.** **1.** *Sin.* sboccio. **Q.T.** *musica.*

fiuóne

fióróne (*accr.* di *fiore*) [a. 1581] ***sm.*** **1.** specie di fico primaticcio, che matura in primavera **2.** *T.arch.* motivo decorativo che richiama un fiore variamente stilizzato, tipico dell'arte gotica.

fiorrancìno [da *fiorrancio*; 1643] ***sm.*** piccolo uccello dei Passeriformi, con la sommità del capo giallo-arancione.

fiorràncio (pl. *-ci*) [comp. di *fior(e)* e *(a)rancio*; prima metà sec. XIV] ***sm.*** pianta delle Composite il cui fiore di color giallo si apre solo di giorno e fiorisce tutto l'anno || **N.** *Sin.* calendola.

fiorùme [da *fiore*; a. 1730] ***sm.*** *T.agr.* il tritume del fieno che resta nei fienili.

fiòsso [lat. volg. **flossum*; 1798] ***sm.*** *T.calz.* la parte più stretta della scarpa, vicino al calcagno, tra il tacco e la pianta || **N.** cambriglione, rascia.

fiottàre (pres. *fiòtto*) [da *fiotto*; 1348] ***intr.*** (aus. *avere*) **1.** *lett.* fluttuare, ondeggiare: *e là fiottava un biondo mar di messi* (Pascoli) **2.** *region.* piagnucolare, lamentarsi sommessamente || **N.** **2.** *Sin.* brontolare, frignare, mugugnare.

fiòtto [lat. *fluctus*, onda; a. 1294] ***sm.*** vistoso e impetuoso afflusso di un liquido: *il sangue sgorgava a fiotti.*

firma [da *firmare*; 1618] **sf.** **1.** il nome e cognome con cui si sottoscrive un documento, una lettera e sim.: *apporre, autenticare, mettere, falsificare una firma* || *fam. ci farei la firma*, accetterei ben volentieri **2.** nome, credito di una persona affermata in un determinato campo: *fare onore alla propria firma*, mantenere gli impegni presi || *per onor di firma*, solo per non mancare alla parola data (e quindi senza particolare entusiasmo o impegno): *ha partecipato al concerto giusto per onor di firma* || *una grande firma*, un autore (e più recentemente un sarto o uno stilista) famoso e rinomato **3.** l'atto del sottoscrivere: *la firma del contratto, del trattato di pace* **4.** *raro* impresa commerciale, ditta || **N. 1.** *Sin.* autografo, segnatura, sottoscrizione | firmatario.

firmaiòlo [da *firma*; 1942] **sm.** nel gergo delle caserme, chi volontariamente prolunga il periodo di ferma.

firmaménto [dal lat. *firmāmentum*, letter. sostegno; 1294 *fermamento*] **sm.** cielo, sfera celeste || *metaf.* ambiente culturale o di spettacolo: *una stella del firmamento letterario parigino.* **Q.T.** *astronomia.*

firmàno [dal pers. *firman*, comando; 1700] **sm.** *T.stor.* decreto, editto del sultano o di altri principi musulmani.

firmàre [dal lat. *firmāre*, letter. rendere saldo; a. 1566] **tr.** sottoscrivere con la propria firma: *firmare un documento, un contratto* || *fig. ormai hai firmato la tua rovina*, ti sei rovinato da solo.

firmàrio (pl. *-ri*) [da *firma*; 1964] **sm.** cartella che contiene i documenti da firmare.

firmatàrio (pl. *-ri*) [da *firmare*; 1869] **sm.** (f. *-a*) chi firma un documento e sim.

firmàto (*pps.* di *firmare*) [1951] **agg.** **1.** di opera d'arte con firma dell'autore: *un quadro firmato* **2.** di capo di vestiario o di accessorio, che reca il marchio di un noto stilista: *abito firmato, borsa firmata* || **N. 2.** griffato.

firmware (ingl., pr. ['fə:mweə]) [comp. di *firm*, fermo e *ware*, elemento; 1983] **sm.** *inv.* *T.inform.* insieme delle istruzioni e dei programmi memorizzati di cui un elaboratore è perennemente dotato.

firn (ted. dial., pr. [firn]) [letter. vecchio di un anno; 1932] **sm.** *inv.* neve caduta da lungo tempo e trasformatasi parzialmente in ghiaccio.

-firo [da (*por*)*firo*] **elem. term.** che, in parole composte della terminologia mineralogica, denota rocce a struttura porfirica (per es. *melafiro*).

first lady (ingl., pr. [ˌfə:st 'leɪdɪ]) [letter. prima donna; 1956] **loc. f.** *inv.* **1.** moglie del presidente degli Stati Uniti d'America || *per estens.* moglie del capo di uno stato **2.** *fig.* donna che primeggia in un certo ambiente: *la first lady del cinema italiano.*

fiṣàlia [dal gr. *physaléos*, pieno di vento; 1834] **sf.** Celenterato marino che vive in colonie dall'aspetto di vesciche trasparenti provviste di filamenti urticanti per la cattura del cibo.

fiṣàre [da (*af*)*fisare*; a. 1543] **tr.** *arc.* fissare.

fiṣarmònica [comp. del gr. *phŷsa*, mantice e *harmonikós*, armonico, attr. il ted. *Physarmonika*; 1858] **sf.** strumento musicale, aerofono ad ance di metallo comandate da due tastiere (una, a pianoforte, per la melodia, l'altra, a bottoni, per l'accompagnamento) e messe in vibrazione dall'aria emessa da un mantice a soffietto azionato dalle braccia del suonatore.

fiṣarmonicista [da *fisarmonica*; 1942] **s.** suonatore di fisarmonica.

fiscal drag (ingl., pr. [ˌfɪskəł 'dræg]) [comp. di *fiscal*, fiscale e *drag*, drenaggio; 1981] **loc. m.** *inv.* drenaggio fiscale.

fiscàle [dal lat. *fiscālis*; a. 1504] **agg.** **1.** del fisco, proprio del fisco: *evasione, pressione fiscale; drenaggio fiscale*, v. DRENAGGIO; *cavalli fiscali*, numero convenzionale (di solito inferiore alla potenza reale) associato al motore di ciascun autoveicolo o natante e rilevante ai fini del pagamento della tassa di circolazione; *codice fiscale*, insieme di numeri e lettere associato a ciascun contribuente || *medico fiscale*, medico fiduciario di un'amministrazione ai fini del controllo degli stati di malattia dei dipendenti || *T.giur. avvocato fiscale*, figura corrispondente all'attuale *pubblico ministero* **2.** *fig.* duro, pignolo o vessatorio nell'applicazione di un regolamento o di una norma: *un arbitro troppo fiscale ha innervosito i giocatori* || **fiscalménte** **avv.** **1.** in modo eccessivamente pignolo **2.** dal punto di vista del fisco: *posizione fiscalmente irregolare* || **N. 1.** *Sin.* tributario.

fiscaleggiàre (pres. *-éggio*) [da *fiscale*; a. 1712] **intr.** (aus. *avere*) *non com.* comportarsi in modo eccessivamente pignolo.

fiscalìṣmo [da *fiscale*; 1888] **sm.** **1.** pratica fiscale vessatoria **2.** atteggiamento di eccessiva pignoleria nell'applicazione di un regolamento.

fiscalìsta [da *fiscalismo*; 1970] **s.** **1.** professionista esperto in questioni fiscali || consulente fiscale **2.** *fig.* persona che si comporta con eccessiva rigidezza.

fiscalìstico (pl. *-ci*) [da *fiscalismo*; 1983] **agg.** relativo al fiscalismo, ispirato al fiscalismo.

fiscalità [da *fiscale*; 1869] **sf.** **1.** l'insieme delle norme fiscali (nel senso 1) **2.** l'esser fiscale nel senso 2.

fiscaliẓẓàre [da *fiscale*; 1970] **tr.** porre a carico dello stato dei tributi o delle spese prima gravanti sui privati: *fiscalizzare gli oneri sociali.*

fiscaliẓẓazióne [da *fiscalizzare*; 1970] **sf.** intervento con cui lo stato si assume determinati oneri o spese sociali prima imposti ai privati.

fiscèlla [dal lat. *fiscella*; 1340 ca.] **sf.** cestello di vimini usato dai pastori per mettervi la ricotta.

fischiàre (pres. *fischio*) [lat. tardo *fistulāri*, suonare la zampogna; inizio sec. XIV] **intr.** (aus. *avere*) emettere (dalla bocca, soffiando, o per mezzo di uno strumento apposito detto *fischietto*) un suono acuto e stridulo: *fischiare con le labbra, con due dita in bocca* || *per estens.* detto di animali o cose, produrre un suono analogo: *la marmotta fischiò e scomparve nella tana, la locomotiva fischiava all'ingresso in stazione, il vento fischiava tra i monti* || *mi fischiano le orecchie*, avverto uno spiacevole ronzio; *fig.* mi pare che si parli (o sparli) di me || **tr.** **1.** disapprovare con fischi: *fischiare una commedia* **2.** *T.sport.* detto dell'arbitro di una partita, segnalare od ordinare con un fischio: *l'arbitro ha fischiato una punizione al limite dell'area, il termine del primo tempo* || **N.** **intr.** *Sin.* sibilare, zufolare. **Q.T.** *animali.*

fischiàta [da *fischiare*; a. 1606] **sf.** sequela di fischi come manifestazione di disapprovazione: *fu accolto a fischiate.*

fischiatóre [da *fischiare*; a. 1562] **I sm.** (f. *-trìce*) chi è abile a fischiare || a teatro, chi fischia spesso e abitudinariamente per esprimere disapprovazione **II agg.** *non com.* che fischia, che è in grado di fischiare: *uccello fischiatore.*

fischierellàre (pres. *-èllo*) [da *fischiare*; 1869] **tr.** e **intr.** (aus. *avere*) fischiettare.

fischiettàre (pres. *-étto*) [da *fischiare*; 1819] **intr.** (aus. *avere*) fischiare insistentemente e con allegria: *passeggiava fischiettando* || **tr.** accennare una melodia con il fischio: *fischiettare una canzone di successo.*

fischiettìo (pl. *-ìi*) [da *fischiettare*; 1819] **sm.** il fischiettare continuato o almeno molto frequente: *c'è chi non tollera il mio fischiettio sul lavoro.*

fischiétto [da *fischio*; 1561] **sm.** **1.** strumento per fischiare; è usato spec. per imitare il canto dei vari uccelli, o per dare segnali o comandi: *un fischietto per tordi, il fischietto del vigile urbano, dell'arbitro* **2.** *per meton.* nel linguaggio giornalistico, l'arbitro di una partita **3.** *pl.* tipo di pasta da minestra.

fischio (pl. *-chi*) [da *fischiare*; 1321 nel senso 2] **sm.** **1.** suono acuto e sibilante emesso dalla bocca, da strumenti appositi, o prodotto da animali; può essere usato come segnale di un comando o di avvertimento (*il fischio del capostazione, della sirena*), oppure per esprimere energica disapprovazione (*il terzo atto fu sommerso dai fischi*) || *fig. fam. fammi un fischio*, avvertimi **2.** *non com.* fischietto || **N. 1.** *Sin.* sibilo. **Q.T.** *caccia.*

fischióne [da *fischio*, per il verso che emette; 1773] **sm.** anatra marina dai colori vivaci che vive nell'Europa settentrionale || **N.** *Sin.* anatra matta, bibbio, penelope.

fisciù [dal fr. *fichu*; 1703] **sm.** *inv.* fazzoletto da collo, triangolare, di velo, seta, trina o sim.

fisco (pl. *-chi*) [dal lat. *fiscus*, cesto, poi Cassa dello Stato; a. 1363] **sm.** pubblico erario || parte dell'amministrazione statale che si occupa dell'imposizione e dell'esazione dei tributi: *ispettore del fisco* || **N.** erario, finanze, tesoro; dazio, gabelle, imposte, tasse, tributi; aliquota, dichiarazione dei redditi, drenaggio fiscale, evasione fiscale, imponibile, oneri deducibili, tassazione diretta / indiretta.

fiscolo [dal lat. tardo *fisculus*; a. 1893] **sm.** *T.agr.* gabbia di fibre vegetali in cui si pongono le olive levate dal frantoio per sottoporle alla pressatura.

fiṣetère [dal lat. *physēter, -is*; sec. XV] **sm.** capodoglio.

fisherman (ingl., pr. ['fɪʃəmən]) [letter. pescatore; 1970] **sm.** *inv.* grosso motoscafo dotato di attrezzature specifiche per la pesca d'altura || **N.** *Sin. sport-fisherman.*

fish eye (ingl., pr. ['fɪʃ aɪ]) [letter. occhio di pesce, perché la lente esterna è sporgente e curva come l'occhio di un pesce; 1979] **loc. m.** *inv.* *T.fot.* insieme di lenti poste davanti all'obiettivo della macchina da presa, in modo da allargare il campo dell'immagine e creare una prospettiva sferica; obiettivo grandangolare.

fiṣiàtra [comp. di *fisio-* e *-iatra*; 1978] **s.** medico specializzato in fisiatria.

fiṣiatrìa [comp. di *fisio-* e *-iatria*; 1887] **sf.** complesso dei principi e dei metodi di cura per la riabilitazione motoria (inclusa la riabilitazione del linguaggio, che fa però propriamente parte della foniatria e della logopedia) || **N.** fisioterapia.

fiṣiàtrico (pl. *-ci*) [da *fisiatria*; 1983] **agg.** relativo alla fisiatria, proprio della fisiatria.

fiṣica [dal lat. *physica*, gr. *physikḗ* (*téchnē*), arte della natura; 1310 ca.] **sf.** **1.** scienza che si propone di individuare, a partire dai dati sperimentali e da princìpi teorici fondamentali, dei modelli matematici in grado di descrivere il complesso dei fenomeni naturali (meccanici, elettrici, gravitazionali, nucleari) e spec. di quelli non legati a esseri viventi; in un'accezione riduttiva attualmente in disuso, era esclusa dalla fisica l'indagine sulla struttura interna della materia (terreno della chimica), ma questa distinzione è oggi come tale inapplicabile (si pensi alla fisica nucleare e delle particelle elementari) **2.** *arc.* arte medica. **Q.T.** *fisica, unità di misura.*

fiṣicalìṣmo [dal ted. *Physikalismus*; 1956] **sm.** *T.fil.* indirizzo di pensiero affermatosi, soprattutto per opera di O. Neurath, all'interno dell'empirismo logico, che considerava scientificamente accettabili solo le proposizioni riformulabili nel linguaggio della fisica.

fiṣicità [da *fisico*; 1951] **sf.** l'essere fisico || **N.** *Sin.* corporeità, materialità.

fìṣico (pl. *-ci*) [dal lat. *physicus*, gr. *physikós*;

1321] **I** *agg.* **1.** che concerne i fenomeni naturali o la scienza che li studia: *il mondo fisico, leggi fisiche* || *geografia fisica*, v. GEOGRAFIA || che concerne quelle interazioni tra i corpi che non ne modificano la struttura interna (in questa accezione è opposto a *chimico*): *proprietà fisiche e chimiche dei metalli* **2.** relativo al corpo umano (opposto a *morale, intellettuale, spirituale, mentale* e sim.): *salute fisica e mentale, prestanza fisica, difetto fisico, sofferenze fisiche* || *educazione fisica*, disciplina presente in tutte le scuole, che comprende attività ginniche e sportive || **fiṣicaménte** *avv.* **1.** per quanto riguarda il corpo: *un individuo fisicamente integro* **2.** concretamente, di persona: *non era fisicamente presente alla riunione, ma mandò un messaggio* **3.** dal punto di vista della fisica: *una soluzione matematicamente corretta ma fisicamente inaccettabile* **II** *sm.* **1.** il corpo umano dal punto di vista del suo aspetto e della sua salute: *avere un bel fisico, un fisico gracile, robusto* **2.** (f. *-a*) studioso di fisica **3.** *arc.* medico. **Q.T.** *fisica.*

fiṣicochìmica [comp. di *fisica* e *chimica*; 1932] *sf.* scienza che si occupa dei fenomeni appartenenti al campo della fisica e della chimica.

fiṣicomatemàtico (pl. *-ci*) [comp. di *fisico* e *matematico*; a. 1685] **I** *agg.* che concerne la fisica e la matematica **II** *sm.* (f. *-a*) studioso, esperto di fisica matematica.

fìṣima [etim. inc.; sec. XV] *sf.* capriccio, idea ostinata ma senza fondamento: *questa è un'altra delle sue fisime* || **N.** *Sin.* chiodo fisso, fissazione, ubbia.

fiṣio- [dal gr. *physio-*, da *phýsis*, natura] *primo elem.* che, in parole composte dotte, vale "natura" (per es. *fisiocrazia, fisiologia*) o "fisico" (per es. *fisioterapia*).

fiṣiòcrate [comp. di *fisio-* e *-crate*, sul modello del fr. *physiocrate*; 1834] *s.* economista della scuola fisiocratica.

fiṣiocràtico (pl. *-ci*) [da *fisiocrate*; a. 1869] **I** *agg.* relativo alla fisiocrazia **II** *sm.* (f. *-a*) fisiocrate.

fiṣiocrazìa [comp. di *fisio-* e *-crazia*, sul modello del fr. *physiocratie*; 1803] *sf.* concezione economica sviluppatasi in Francia a opera di Quesnay nella seconda metà del sec. XVIII, che, in opposizione al mercantilismo, considerava la terra e la natura come sola fonte di ricchezza, e quindi l'agricoltura come il solo settore produttivo.

fiṣiognòmica [dal gr. *physiognōmonikḗ*; 1834] *sf.* disciplina che cerca di dedurre dai caratteri esterni del corpo le inclinazioni e le qualità di una persona.

fiṣiognòmico (pl. *-ci*) [dal gr. *physiognōmonikós*; 1816] *agg.* che concerne la fisionomia in quanto può essere indice dell'indole: *caratteri fisiognomici.*

fiṣiògnomo [dal lat. *physiognōmōn, -ōnis*, gr. *physiognṓmōn, -onos*; 1726] *sm.* (f. *-a*) esperto di fisiognomica.

FISICA

SPECIALITÀ FONDAMENTALI: acustica, astrofisica, cromodinamica quantistica, elettrodinamica quantistica, elettromagnetismo, elettronica, fisica atomica, fisica dei plasmi, fisica dello stato solido, fisica nucleare, fisica statistica, gravitazione, meccanica (cinematica, statica, dinamica), meccanica dei fluidi, meccanica quantistica, ottica, spettroscopia, termodinamica.

AGGETTIVAZIONI COMUNI: fisica matematica, sperimentale / teorica, pura / applicata.

PRINCIPALI UNITÀ DI MISURA: fermi, angstrom, micron, metro, anno-luce, parsec; grammo; coulomb; secondo; hertz o ciclo; dina, newton, chilogrammo-peso; elettronvolt, erg, joule, chilowattora; watt, cavallo-vapore; ampère, farad, gauss, henry, ohm, volt, weber; caloria, grado (centigrado, Kelvin, Fahrenheit); bar, atmosfera; litro, roentgen; decibel.

MECCANICA: classica o newtoniana, relativistica, quantistica; equazioni del moto, punto materiale, massa, sistema di riferimento (inerziale, non inerziale o accelerato), coordinate (temporali, spaziali; cartesiane, sferiche, cilindriche), traiettoria, condizioni al contorno, costanti del moto, princìpi di conservazione; velocità, accelerazione, quantità di moto o impulso, momento angolare, energia cinetica; quiete, moto (uniforme, uniformemente accelerato, circolare uniforme, armonico); forza, campo (scalare, vettoriale; centrale, uniforme; conservativo), linee di forza del campo, lavoro, energia potenziale; potenza; gravità, peso; corpo rigido, attrito, vincoli, momento della forza, coppia, momento d'inerzia, velocità angolare, accelerazione angolare, equilibrio (stabile, instabile, indifferente), centro di gravità o baricentro, peso specifico, densità; deformazioni elastiche, tensore degli sforzi, costanti elastiche (modulo di Young, modulo di Poisson), trazione, compressione, torsione, flessione; moto traslatorio, oscillatorio, rotatorio, asse di rotazione; urti, diffusione o *scattering* (elastico / anelastico), parametro d'urto, sezione d'urto; oscillazioni (armoniche, anarmoniche; libere, smorzate, forzate), periodo, frequenza, ampiezza, fase, risonanza.

MECCANICA DEI FLUIDI: principio di Bernoulli, tubo di flusso, viscosità, vortici, portata, regime (laminare, turbolento).

RELATIVITÀ (RISTRETTA): invarianza, trasformazioni di Lorentz, massa a riposo, quadrivettori, covarianza.

ELETTROMAGNETISMO: campo (elettrico, magnetico), flusso, carica elettrica (positiva / negativa), dipolo (elettrico, magnetico), multipoli; corpi conduttori, isolanti, dielettrici, diamagnetici, paramagnetici, ferromagnetici; induzione elettrostatica, elettromagnetica; polarizzazione, magnetizzazione, suscettività (elettrica, magnetica), resistività, conduttività; circuiti elettrici, corrente (continua, alternata), tensione o differenza di potenziale, capacità, resistenza, induttanza, reattanza, impedenza; onde elettromagnetiche (radioonde, raggi infrarossi, luce, raggi ultravioletti, raggi X, raggi gamma), lunghezza d'onda, frequenza; onda piana, monocromatica, polarizzata (linearmente, circolarmente), propagazione, diffrazione, interferenza; coerenza. V. anche quadro terminologico ELETTRICITÀ.

MECCANICA QUANTISTICA: operatore, stato (stazionario; fondamentale / eccitato; simmetrico / antisimmetrico), funzione d'onda, densità di probabilità, principio di indeterminazione, costante di Planck; autostato, autovalore, osservabile, spettro (discreto, continuo) degli autovalori, base o insieme completo di autostati, rappresentazione di un operatore, commutatori;

segue

fiṣiologìa (pl. *-gìe*) [dal lat. *physiologia*, gr. *physiología*, studio della natura; a. 1694] *sf.* studio delle funzioni organiche degli esseri viventi.

fiṣiològico (pl. *-ci*) [dal lat. tardo *physiologicus*, gr. *physiologikós*, relativo alle scienze naturali; 1561] *agg.* **1.** relativo alle funzioni organiche degli organismi viventi **2.** *per estens.* naturale: *riposare è una necessità fisiologica* || *eufem. bisogni fisiologici*, necessità di defecare o urinare || **fiṣiologicaménte** *avv.*

fiṣiòlogo (pl. *-gi*) [dal lat. *physiologus*, gr. *physiológos*, naturalista; a. 1375] *sm.* (f. *-a*) studioso di fisiologia.

fiṣionomìa [dal gr. *physiognōmía*, fisiologia, con influsso di *physiognōmonía*, arte di giudicare dall'aspetto; sec. XIV] *sf.* **1.** l'espressione del volto e i tratti somatici propri di ciascuno: *una fisionomia antipatica, inconfondibile* **2.** *per estens.* aspetto complessivo e caratterizzante: *la fisionomia di un secolo, di un'opera; una città senza una propria fisionomia* || **N.** **1.** espressione, lineamenti, tratti; figura **2.** *Sin.* carattere.

fiṣionòmico (pl. *-ci*) [da *fisionomia*; a. 1617] *agg. non com.* che si riferisce alla fisionomia: *tratti fisionomici.*

fiṣionomìsta [da *fisionomia*; 1917] *s.* chi riesce a riconoscere facilmente persone viste in precedenza solo di sfuggita, ricordando con esattezza i loro tratti caratteristici.

fiṣiònomo [dal lat. *physiognōmōn, -ōnis*, gr. *physiognṓmōn, onos*; prima metà sec. XIV] *sm.* (f. *-a*) *raro* fisionomista.

fiṣiopatologìa [comp. di *fisio-* e *patologia*; 1876] *sf.* parte della medicina che si occupa delle modificazioni delle funzioni organiche causate da una malattia o da un qualsiasi stato patologico || **N.** *Sin.* fisiologia patologica.

fiṣioterapìa [comp. di *fisio-* e *terapia*; 1908] *sf. T.med.* l'insieme delle terapie che fanno uso di mezzi fisici o di pratiche manuali, come l'elettricità, il calore, i massaggi ecc.

fiṣioteràpico (pl. *-ci*) [da *fisioterapia*; 1925] *agg.* che riguarda la fisioterapia o si compie mediante la stessa: *cure fisioterapiche.*

fiṣioterapìsta [da *fisioterapia*; 1970] *s.* tecnico paramedico addetto alle cure fisioterapiche.

fiṣo [var. di *fisso*, di orig. non chiara; a. 1276] **I** *agg. poet.* fisso, intento, detto spec. dello sguardo **II** *avv.* fissamente: *Io mi volsi ver lui e guardail fiso* (Dante).

fìṣo- [dal gr. *phŷsa*, vescica] *primo elem.* che, in parole composte della terminologia scientifica, vale "bolla", "vescica" (per es. *fisofora*): **fiṣoclìsti**.

fiṣòfora [comp. di *fiso-* e *-foro*; 1887] *sf. T.zool.* genere di Celenterati Idrozoi che vivono in colonie caratterizzate dalla presenza di un organo di galleggiamento detto *pneumatoforo.*

fiṣonomìa e der. forme rare di FISIONOMIA e der. (v.).

Fiṣòstomi [comp. di *fiso-* e *stoma*; 1887] *sm. pl. T.zool.* ordine di pesci degli Attinopterigi, forniti di vescica natatoria comunicante, attraverso un dotto pneumatico, con l'apparato digerente.

fissàbile [da *fissare*; 1910] *agg.* che può essere fissato.

fissàggio (pl. *-gi*) [dal fr. *fixage*; 1892] *sm.* l'operazione del fissare: *fissaggio di un pezzo in una morsa, dei colori di un tessuto* || *in part. T.fot.* processo chimico con cui i fotografi, dopo aver sviluppato una lastra o una carta fotografica, la immergono in una soluzione (*bagno di fissaggio*) per renderla inalterabile alla luce.

fissamaiùscole [comp. di *fissa(re)* e *maiuscola*; 1983] *sm. inv.* tasto della macchina da scrivere che fissa il carrello o posiziona l'elemento di scrittura (pallina, margherita ecc.) in modo tale da scrivere con le lettere maiuscole.

fissàre [da *fisso*; a. 1375 come intr. pron. nel senso 1] ***tr.*** **1.** rendere fisso, immobile: *fissare un mobile alla parete* || rendere stabile: *fissare i colori*; *fissare una pellicola fotografica*, v. FISSAGGIO; *fissare l'azoto*, isolarlo dall'aria e combinarlo con altri elementi || tenere fermo: *fissare l'attenzione su un problema, lo sguardo su qualcuno* || osservare con insistenza, senza mai distogliere lo sguardo: *fissava una macchia sul muro, suo padre con ostilità* **2.** stabilire: *fissare un appuntamento, una scadenza, un prezzo, il programma di un convegno* || prenotare: *fissare una stanza d'albergo, un tavolo al ristorante* || ***rifl.*** e ***intr. pron.*** **1.** concentrare l'attenzione su un punto, rimanendo assorti e insensibili a tutto il resto: *si è fissato su quel quadro e non riesce più a staccarsene* || *fig.* ostinarsi, impuntarsi: *fissarsi in un'idea*; mettersi in testa: *si è fissato che lo vogliamo ingannare* **2.** stabilirsi per un lungo periodo di tempo: *ha deciso di fissarsi in città* **3.** in biochimica, formare composti stabili con sostanze organiche: *i metalli pesanti sono pericolosi perché si fissano nel sangue* || **N.** ***tr.*** **1.** *Sin.* bloccare, vincolare; stabilizzare; mantenere **2.** *Sin.* decidere, determinare; pattuire; riservare | ***intr. pron.*** **1.** *Sin.* incaponirsi; convincersi.

fissatìvo [dal fr. *fixatif*; 1892] **I** ***agg.*** che serve a fissare; detto di qualunque sostanza che stabilizzi i colori, protegga i disegni, conservi tessuti organici ecc. **II** ***sm.*** sostanza con tali proprietà.

fissàto (*pps.* di *fissare*) [1925] ***agg.*** e ***sm.*** (f. *-a*) si dice scherz. di chi è affetto da qualche mania innocua.

fissàto-bollàto [comp. di *fissato* e *bollato*; 1931] ***sm.*** *T.banc.* documento di compravendita di titoli.

fissatóre [da *fissare*, sul modello del fr. *fixateur*, 1869] **I** ***agg.*** che è in grado di fissare, di stabilizzare e sim.: *batterio fissatore di azoto*; *T.fot. bagno fissatore*, v. FISSAGGIO **II** ***sm.*** **1.** agente fissatore; *in part.* detto di agenti chimici in grado di conservare nella loro struttura i tessuti organici da esaminare al microscopio, i preparati anatomici ecc. || *fissatore per capelli*, sostanza che mantiene la piega ai capelli **2.** (f. *-trice*) operaio addetto al fissaggio dei colori.

fissazióne [da *fissare*; a. 1519 nel senso 1] ***sf.*** **1.** *non com.* l'atto del fissare: *fissazione di un appuntamento* || il procedimento del fissarsi: *la fissazione dell'azoto* || *in part.* *T.anat.* operazione di conservare la struttura degli elementi anatomici mediante l'uso di certi reattivi (fissatori) || *T.psican.* arresto della energia psichica a una fase di sviluppo **2.** *com.* pensiero fisso, spesso a carattere ossessivo e basato su premesse infondate: *gli è venuta la fissazione che tutti tramino alle sue spalle* || passione eccessiva per qualcosa, mania: *questa della bicicletta sta diventando una fissazione!* || **N.** **2.** *Sin.* fisima, monomania, ticchio; chiodo fisso. **Q.T.** *psicanalisi.*

fìssile [dal lat. *fissilis*; 1745] ***agg.*** facile a fendersi, a dividersi || *T.fis.* detto di nuclide in grado di scindersi per fissione.

fissionàbile [da *fissione*, sul modello dell'ingl. *fissionable*; 1956] ***agg.*** *T.fis.* fissile.

fissionàre (pres. *-óno*) [da *fissione*; 1963] ***tr.*** *T.fis.* provocare una fissione nucleare.

fissióne [dall'ingl. *fission*; 1950] ***sf.*** *T.fis.* processo di suddivisione di un nucleo atomico in due o tre nuclei più leggeri, con emissione di neutroni e raggi gamma; può essere spontanea (come negli elementi transuranici) o indotta da un bombardamento di particelle ad alta energia (soprattutto neutroni); se i neutroni emessi provocano a loro volta altri processi di fissione, si parla di *reazione a catena.* **Q.T.** *chimica.*

fissìparo [dal fr. *fissipare*; 1844] ***sm.*** *T.biol.* detto di organismo che si riproduce agamicamente per scissione.

fissìpede [dal lat. tardo *fissipes, -pedis*; 1825] ***agg.*** *T.zool.* detto di animale che ha l'unghia fessa, ad es. il bue || **N.** bisulco, quadrisulco. **Q.T.** *zoologia* **TAV. *mammiferi* p. 1319**.

fissìsmo [da *fisso*, sul modello del fr. *fixisme*; 1956] ***sm.*** teoria biologica che sostiene l'immutabilità delle specie viventi, in opposizione all'evoluzionismo.

fissìstico (pl. *-ci*) [da *fissismo*; 1956] ***agg.*** *T.biol.* riguardante, concernente il fissismo: *teorie fissistiche.*

fissità [da *fisso*, sul modello del fr. *fixité*; 1832] ***sf.*** l'esser fisso: *la fissità dello sguardo* || *fissità delle specie*, teoria formulata nel secolo XVIII da C. Linneo secondo la quale ogni specie conservava inalterati nel corso dei millenni i propri caratteri originari || **N.** *Sin.* immobilità, immutabilità, invariabilità.

fìsso [lat. *fixus*; 1308] **I** ***agg.*** **1.** che mantiene stabilmente una posizione determinata, che non è in grado di muoversi o di essere spostato: *installazione fissa, un telefono fisso alla parete*; *T.alp. corda fissa*, corda o cavo metallico fissato in un passaggio difficile o esposto per garantirne il superamento in sicurezza || *stelle fisse*, le stelle in contrapposizione ai pianeti, perché si riteneva fossero immobili nel cielo || *fig. chiodo fisso*, pensiero o proposito ostinato, ricorrente, ossessivo **2.** detto di persona, immobile, anche *fig.*: *soldati fissi sull'attenti, rimanere fisso sulle proprie posizioni* || *T.mil. fissi!* comando che si dà a una squadra dopo l'*attenti a*, per riportare i visi nella direzione di marcia || *sguardo fisso, occhi fissi*, puntati stabilmente in una direzione: *tenere lo sguardo fisso davanti a sé* **3.** non soggetto a cambiamenti: *spese fisse, reddito fisso*; *impiego fisso*, regolare, garantito; *senza fissa dimora*, senza un domicilio stabile; *regola fissa*, inderogabile; *prezzo fisso*, non contrattabile; *scadenza fissa*, non dilazionabile **4.** *lett.* detto di persona, intento, concentrato: *ad ascoltarli er'io del tutto fisso* (Dante) || **fissaménte** ***avv.*** **II** ***sm.*** assegno fisso: *ricevere un fisso mensile* **III** ***avv.*** fissamente (detto dello sguardo): *tutti guardavano fisso verso di lui* || **N.** **I** **1.** *Sin.* bloccato, fissato, inamovibile | *Contr.* mobile, trasportabile **2.** *Sin.* irremovibile, rigido, saldo, tenace **3.** *Sin.* costante, immutabile, invariabile, persistente, regolare | *Contr.* modificabile, variabile; precario, provvisorio, saltuario.

fìstola [lat. *fistula*, letter. tubo; a. 1313] ***sf.*** **1.** *T.med.* condotto di natura patologica che collega un viscere cavo o una cavità di origine morbosa con un'altra cavità o con l'esterno, percorso da liquidi ematici, sierosi o purulenti || *arc.* piaga **2.** *T.stor.* tubazione (gen. di piombo) usata nell'antichità e spec. a Roma per le condutture d'acqua **3.** *lett.* siringa,

segue FISICA

teoria delle perturbazioni, livelli energetici, degenerazione dei livelli, numeri quantici, struttura fine / iperfine dei livelli, transizioni, regole di selezione.

FISICA NUCLEARE: interazione forte, debole, elettromagnetica; nucleo (stabile, instabile), isotopi, radioattività, decadimento (alfa, beta, gamma), vita media, fissione, fusione; particelle elementari (elettrone, protone, neutrone, positrone, antiprotone, antineutrone, neutrino, antineutrino; leptoni, adroni; mesoni, barioni, iperoni; fotone, quark, gluone); spin (intero / semi-intero), bosoni, fermioni.

TERMODINAMICA E MECCANICA STATISTICA: sistema termodinamico, equazione di stato del sistema, grandezze termodinamiche (estensive / intensive); temperature, volume, pressione, energia interna, entalpia, entropia, energia libera (di Gibbs, di Helmholtz), potenziale chimico, calore specifico, capacità termica; equivalenza di calore e lavoro, macchine termine, ciclo di Carnot, rendimento di una macchina ciclica, irreversibilità delle trasformazioni reali; propagazione del calore (conduzione, convezione, irraggiamento), conducibilità termica, processo adiabatico; diagramma di stato di un sistema, transizioni di fase, punti critici; gas perfetto; corpo nero, costante di Boltzmann; microstati equiprobabili corrispondenti allo stesso macrostato, spazio delle fasi, funzione di partizione, particelle distinguibili / indistinguibili, distribuzioni (di Gibbs, di Boltzmann, di Fermi-Dirac, di Bose-Einstein); fluttuazioni.

FISICA DELLO STATO SOLIDO: reticolo cristallino, sistemi: cubico (semplice, a corpo centrato, a facce centrate), tetragonale, trigonale, esagonale, ortorombico, monoclino, triclino; cella elementare, reticolo reciproco, zona di Brillouin; energia di coesione; cristalli ionici, covalenti, metallici; vibrazioni reticolari, fononi; gas di Fermi, bande di energia (banda di valenza, banda di conduzione, livello di Fermi); difetti reticolari (vacanze, atomi interstiziali), impurezze (interstiziali, sostitutive; *doping* o drogaggio), semiconduttori, transistor; superconduttori.

ACUSTICA: suono, onde elastiche (compressione, rarefazione, velocità di propagazione, mezzo elastico; risonatori, frequenze di risonanza o formanti; riflessione, diffrazione, interferenza, battimenti; assorbimento del suono, tempo di riverberazione.

ACUSTICA FISIOLOGICA: soglie (di udibilità, del dolore, differenziali di frequenza e di intensità), mascheramento, infrasuoni, ultrasuoni.

ACUSTICA MUSICALE: altezza, intensità, timbro; suono fondamentale, armonici; ottava, intervalli, scala temperata (v. anche quadro terminologico MUSICA).

OTTICA GEOMETRICA: propagazione rettilinea della luce, ombra; cammino ottico, riflessione (angolo d'incidenza, angolo di riflessione), rifrazione (indice di rifrazione del mezzo, angolo di rifrazione).

SISTEMI OTTICI: asse ottico, sistemi ottici centrati, diottro, punti coniugati, immagine (reale, virtuale), fuochi, distanza focale; sistemi stigmatici, aberrazione (cromatica, sferica); specchi (piani, sferici, parabolici; concavi, convessi), lenti (convergenti, divergenti; biconvesse, piano-convesse, menisco-convergenti, menisco-divergenti, biconcave, piano-concave), diottria.

FENOMENI LUMINOSI: luce (bianca, monocromatica), spettro, colori (primari, fondamentali; complementari), corpi trasparenti, traslucidi, opachi; birifrangenza, diffrazione, incandescenza, luminescenza (fosforescenza, fluorescenza).

strumento musicale pastorale, composto di sette canne di lunghezza disuguale congiunte insieme.
fistolizzàre [da *fistola*; 1986] **intr.** (aus. *avere*) e **intr. pron.** *T.med.* dare luogo a una fistola: *la piaga (si fistolizza)*.
fistolizzazióne [da *fistolizzare*; 1983] **sf.** *T.med.* formazione di una fistola.
fistolo [da *fistola*; 1400] **sm.** *arc.* fistola, piaga ‖ *fig.* grave disgrazia; *pop. tosc.* diavolo: *quel ragazzo ha il fistolo addosso.*
fistolóso [dal lat. *fistulōsus*, letter. pieno di buchi; a. 1313] **agg.** **1.** *T.bot.* detto di organo assiale cavo, a forma di tubo **2.** *T.med.* della fistola; che ha natura di fistola; pieno di fistole.
fistùca **sf.** *raro* V. FESTUCA.
fistùco **sm.** *raro* V. FESTUCA.
fistulina [dim. del lat. *fistula*, tubo; 1932] **sf.** fungo commestibile delle Poliporacee a forma di lingua o clava, dal colore rosso intenso, che cresce sui tronchi di castagno e di quercia ‖ **N.** lingua di bue.
-fita V. -FITO.
fitèuma [dal gr. *phýteuma*; 1561] **sm.** *T.bot.* genere di piante erbacee della famiglia delle Campanulacee.
fitìna [comp. di *fito-* e *-ina*; 1909] **sf.** *T.chim.* sale organico fosforato di calcio e magnesio, presente nei semi di molte piante e usato in medicina come ricostituente.
fitness (ingl., pr. [ˈfɪtnɪs]) [letter. idoneità, convenienza, da *fit*, appropriato, conveniente; 1983] **sf.** *inv.* **1.** in genetica, misura della capacità riproduttiva e di sopravvivenza in un determinato ambiente di un organismo in rapporto agli altri organismi della stessa specie **2.** insieme di pratiche ginnastiche e dietetiche volte a raggiungere una perfetta forma fisica ‖ **N.** **1.** *Sin.* valore adattativo.
fito- [dal gr. *phytón*, pianta] **primo elem.** che, in parole composte della terminologia scientifica, vale "pianta" o "relativo al mondo vegetale": **fitobiologia**, **fitochìmica**, **fitofisiologìa**, **fitogeografìa**, **fitopaleontologìa**, **fitopatologìa**. **Q.T.** *botanica.*
-fito o **-fita** [dal gr. *phytón*, pianta] **elem. term.** che, in parole composte della terminologia scientifica, vale "pianta" (per es. *saprofito*, *Tallofite*). **Q.T.** *botanica.*
fitocenòsi [comp. di *fito-* e *cenosi*; 1930] **sf.** *T.biol.* raggruppamento di vegetali che vivono in stretta dipendenza reciproca e con l'ambiente, formando un complesso omogeneo e tipico.
fitocomplèsso [comp. di *fito-* e *complesso*; 1956] **sm.** composto derivante dalla combinazione del principio attivo di una pianta medicinale con un'altra sostanza priva di proprietà terapeutiche.
fitocosmèsi [comp. di *fito-* e *cosmesi*; 1983] **sf.** cosmesi che impiega preparati a base di estratti vegetali.
fitòfago (pl. *-ghi*) [comp. di *fito-* e *-fago*; 1834] **sm.** *T.zool.* mangiatore di piante, detto perlopiù d'insetti dei Coleotteri.
fitofarmacìa (pl. *-cie*) [da *fitofarmaco*; 1956] **sf.** studio e applicazione dei fitofarmaci.
fitofàrmaco (pl. *-ci* o, meno com., *-chi*) [comp. di *fito-* e *farmaco*; 1956] **sm.** *T.agr.* sostanza chimica usata per favorire lo sviluppo delle piante, per prevenire o curarne le malattie, per proteggerle dai parassiti ‖ **N.** diserbante, fungicida, insetticida, pesticida. **Q.T.** *agricoltura.*
fitogènico (pl. *-ci*) [comp. di *fito-* e *-genico*; 1925] **agg.** che ha origine vegetale; si dice spec. di rocce come i carboni fossili ecc.
fitogeologìa [comp. di *fito-* e *geologia*; 1892] **sf.** scienza che si occupa della distribuzione delle specie vegetali nelle ere geologiche.
fitografìa [comp. di *fito-* e *-grafia*; 1834] **sf.** *T.bot.* quella parte della botanica che descrive la morfologia delle singole specie vegetali.
fitolàcca [comp. di *fito-* e *lacca*; 1779] **sf.** erba perenne appartenente alle Fitolaccacee originaria del Nord America, divenuta selvatica in Europa.
Fitolaccàcee [comp. di *fitolacca* e *-acee*; 1956] **sf. pl.** *T.bot.* famiglia di piante dicotiledoni cui appartiene la fitolacca.
fitolito [comp. di *fito-* e *-lito*; 1834] **sm.** *T.geol.* nome generico di tutte le pietre che sono in forma di pianta o portano impressa la figura di organi del mondo vegetale.
fitologìa [comp. di *fito-* e *-logia*; 1748] **sf.** *T.scient. non com.* botanica.
fitòlogo (pl. *-gi*) [comp. di *fito-* e *-logo*; 1803] **sm.** (f. *-a*) *raro* studioso di botanica.
fitònimo [comp. di *fito-* e *-onimo*; 1956] **sm.** *T.ling.* nome di pianta.
fitoplàncton [comp. di *fito-* e *plancton*; 1935] **sm.** *T.biol.* complesso degli organismi vegetali che fanno parte del plancton marino.
fitosanitàrio (pl. *-ri*) [comp. di *fito-* e *sanitario*; 1956] **agg.** che riguarda la cura e la protezione delle piante: *provvedimento fitosanitario.*
fitoterapìa [comp. di *fito-* e *terapia*; 1828] **sf.** modo di curare le malattie con medicamenti estratti da erbe medicinali ‖ *T.agr.* studio dei rimedi contro le malattie delle piante.
fitotróne [dall'ingl. *phytotron*; 1950] **sm.** laboratorio costituito da locali e serre in condizioni di temperatura, umidità e illuminazione controllabili, in cui si può riprodurre artificialmente qualsiasi tipo di clima e che consente lo studio delle reazioni delle piante.
fitozòo [comp. di *fito-* e *-zoo*; 1834] **sm.** *T.zool.* nome generico degli animali acquatici che vivono attaccati al substrato, quasi come piante acquatiche (per es. molti Celenterati ed Echinodermi).
fitta [da *fitto*[1]; inizio sec. XIV nel senso 1; 1846 nel senso 2] **sf.** **1.** dolore acuto e perlopiù di breve durata: *una fitta alla spalla, alla milza*; *fig. una fitta al cuore*, un dolore, un'angoscia improvvisa **2.** *raro* grande quantità di cose o persone: *ha detto una fitta di sciocchezze* **3.** *tosc.* traccia che rimane in un corpo che urti o sia urtato: *un colpo dato nel cappello ci lascia una fitta.*
fittàbile [da *fitto*[2]; a. 1566] **sm.** *region.* fittavolo.
fittaiòlo (ant. *fittaiuòlo*) [da *fitto*[2]; fine sec. XIII] **sm.** (f. *-a*) *tosc.* fittavolo, affittuario.
fittàre[1] e der. forme region. di AFFITTARE e der. (V.).
fittàre[2] [dall'ingl. to *fit*, adattare; 1985] **intr.** (aus. *avere*) in statistica, adattare una curva matematica a una serie di dati.
fittàvolo [da *fitto*[2]; 1877] **sm.** (f. *-a*) chi ha fondi altrui in affitto ‖ **N.** *Sin.* affittuario.
fittézza [da *fitto*[1]; a. 1673] **sf.** *non com.* l'essere fitto.
fittile [dal lat. *fictilis*; sec. XIV] **agg.** di terracotta, di argilla: *vasi, figure fittili.*
fittivo [dal lat. *fictus*, finto; prima metà sec. XIV] **agg.** *raro lett.* che è frutto della fantasia, immaginario, simulato: *vita fittiva* (D'Annunzio).
fittìzio (pl. *-zi*) [dal lat. *fictīcius*; 1308] **agg.** artificioso, simulato, fatto ad arte ‖ più apparente che reale ‖ immaginario.
fitto[1] (*pps.* di *figgere*) [a. 1294 come agg. nel senso 2; a. 1320 come agg. nel senso 1] **I** **agg.** **1.** costituito di elementi vicini l'uno all'altro: *bosco fitto, tessuto fitto, scrittura fitta, pioggia fitta* ‖ denso: *nebbia fittissima* ‖ detto anche di una successione di eventi ravvicinati nel tempo: *una fitta sequenza di spari* ‖ *fig.* impenetrabile: *buio, mistero fitto* **2.** conficcato saldamente: *una spina fitta in un piede* ‖ nella loc. avv. *a capo fitto* (più freq. *a capofitto*) a testa in giù; più com. *fig.* con tutto se stesso, senza precauzioni: *si è gettato a capofitto in quell'avventura* ‖ *fig.* profondamente impresso: *che 'n mente m'è fitta, ed or m'accora / la cara e buona imagine paterna* (Dante) ‖ **fittaménte** **avv.**: *un'area fittamente popolata* **II** **sm.** la zona più fitta: *addentrarsi nel fitto del bosco* **III** **avv.**: *nevicava fitto fitto, cercate di scrivere più fitto* ‖ **N.** I **1.** *Sin.* addensato, compatto, folto | *Contr.* rado, rarefatto, spaziato | infittire **2.** *Sin.* confitto; impresso, radicato.
fitto[2] [da (*canone*) *fitto*[1], canone di locazione fissato; 1280] **sm.** affitto di una casa o di fondi rustici ‖ *più com.* il prezzo dovuto: *sono aumentati i fitti, fitto bloccato* ‖ **N.** canone, nolo.
fittonànte [da *fittone*; 1956] **agg.** *T.bot. radice fittonante*, radice a fittone.
fittóne [da *fitto*[1]; a. 1606] **sm.** *T.bot.* l'asse principale di una radice: *radice a fittone*, che ha un asse primario molto sviluppato, con ramificazioni scarse e sottili (per es. quello della carota).
fiumàle [da *fiume*; sec. XIV] **agg.** *lett. raro* fluviale.
fiumàna [da *fiume*; 1312] **sf.** corrente di un fiume in piena ‖ *fig.* massa di persone o cose in movimento: *una fiumana di popolo, di animali.*
fiumàno [dal n. geogr. *Fiume*; 1860] **I** **agg.** della città di Fiume **II** **sm.** (f. *-a*) abitante di Fiume.
fiumàra [da *fiume*; 1476 *fiomara*] **sf.** corso d'acqua tipico dell'Italia meridionale, con letto molto ampio, regime incostante e lunghi periodi di secca.
fiumaròlo [da *fiume*; 1958] **sm.** *rom.* barcaiolo del Tevere, che svolge attività sportive o ricreative (pesca, canottaggio, nuoto ecc.) nel Tevere: *i ludi piscatorii, cioè la sagra dei pescatori e dei fiumaroli, che aveva luogo nel giugno seguente* (Gadda).
fiumàtico (pl. *-ci*) [da *fiume*; a. 1292] **agg.** *raro* fluviale.
fiùme [lat. *flūmen*; a. 1292] **I** **sm.** corso d'acqua naturale, di portata non trascurabile (in opposizione a *ruscello, rivo*) a regime relativamente regolare e dal letto perlopiù in lieve pendenza (in opposizione a *torrente*): *un fiume navigabile, in piena*; *fiume sotterraneo*; *fiume pensile*, che scorre al di sopra del livello delle terre circostanti ‖ *fig. iperb.* detto di qualunque liquido che scorre impetuosamente: *un fiume di sangue, di lacrime*; *a fiumi*, in grande abbondanza: *il vino scorreva a fiumi* ‖ *fig.* grande folla di persone che si riversano in un luogo: *un fiume di gente accorreva da ogni parte*; sequela di cose che si succedono ininterrottamente: *un fiume di parole inutili* **II** in funzione di **agg.** *inv.* (sempre posposto) lunghissimo, interminabile: *discorso fiume, seduta fiume della Camera* ‖ *dim.* fiumétto, fiumicìno, fiumicèllo, fiumiciàttolo; *pegg.* fiumàccio ‖ **N.** affluente, confluente, emissario, immissario, tributario | ghiaioso, guadabile, impetuoso, navigabile, perenne, profondo, sinuoso, tortuoso | alveo, anse, argine, bacino, banchina, bocche, braccio, cascata, cateratta, chiusa, confluente, corrente, corso, delta, diga, direzione, estuario, foce, ghiareto, greto, guado, letto, livello, meandropelo, , pescaia, proda, rapida, ripa, sorgente, sponda o margine, tonfano, vortice o gorgo; alluvione, inondazione, magra / piena | bagnare, correre, diramarsi, esalveare, fluire, gettarsi in, gonfiarsi, inalveare, irrigare, nascere, sboccare, scaturire, sfociare, sgorgare, versarsi in | fluviale, rivierasco. **Q.T.** *acqua, geografia* **TAV. geologia p. 1313** 4.8.
fiutàre [etim. inc.; 1353] **tr.** **1.** aspirare l'aria col naso per percepire determinati odori: *i segugi hanno fiutato la traccia della selvaggina* ‖ *fiutare tabacco*, aspirare tabacco in polvere dal naso **2.** *fig.* indovinare, intuire: *ha fiutato*

un buon affare || **N. 1.** *Sin.* annusare **2.** *Sin.* subodorare.

fiutàta [da *fiutare*; 1734] ***sf.*** l'atto del fiutare: *dare una fiutata di tabacco* || *dim.* fiutatina || **N.** FIUTO.

fiùto [da *fiutare*; 1520] ***sm.*** **1.** il senso dell'odorato, spec. negli animali: *i cani hanno un fiuto finissimo* || l'atto di fiutare: *tabacco da fiuto* **2.** *fig.* intuizione, prontezza di giudizio: *aver fiuto nel valutare le persone* || **N. 1.** *Sin.* naso, olfatto **2.** *Sin.* acutezza, intuito, perspicacia.

fix (ingl., pr. [fɪks]) [letter. punto fisso; 1978] ***sm.*** *inv.* nel linguaggio dei drogati, dose, iniezione di droga, spec. di eroina.

fixing (ingl., pr. ['fɪksɪŋ]) [da to *fix*, fissare; 1980] ***sm.*** *inv.* *T.fin.* quotazione ufficiale giornaliera di metalli preziosi (spec. oro), valute, titoli e sim. fissata al termine delle contrattazioni in borsa || *per estens.* il momento nel quale si determina tale quotazione.

flabellàto [da *flabello*; 1956] ***agg.*** *T.bot.* detto di organo a forma di ventaglio || **N.** *Sin.* flabelliforme.

flabellìfero [comp. di *flabello* e *-fero*; 1869] ***sm.*** *non com.* portatore di flabello.

flabellifórme [comp. di *flabello* e *-forme*; 1821] ***agg.*** *T.bot.* flabellato: *foglia flabelliforme.*

flabèllo [dal lat. *flabellum*, ventaglio; a. 1484] ***sm.*** ventaglio di foglie o di penne di uccelli, con lungo manico, in uso presso alcuni popoli d'Oriente || *in part.* ciascuno dei due grossi ventagli di penne bianche di pavone che, in cima ad aste dorate, si portano ai lati del Pontefice nelle funzioni solenni.

flaccidézza [da *flaccido*; 1788] ***sf.*** **1.** l'essere flaccido **2.** malattia del baco da seta, che ne determina rapidamente la morte.

flaccidità [da *flaccido*; a. 1730] ***sf.*** l'essere flaccido.

flàccido [dal lat. *flaccidus*; 1623] ***agg.*** floscio, molle e cascante: *tessuti flaccidi, guance flaccide* || *lett.* detto di suoni o luci, fioco || *fig.* detto di persone, debole, privo di carattere.

flacóne [dal fr. *flacon*; 1764 *flaccone*] ***sm.*** bottiglietta di vetro o porcellana, per medicinali o profumi || *dim.* flaconcino.

flagellaménto [da *flagellare*; sec. XIV] ***sm.*** *raro* il flagellare, flagellazione.

flagellànte (*ppr.* di *flagellare*) [a. 1750] ***sm.*** *T.stor.* appartenente a una confraternita religiosa del sec. XIII, diffusasi nell'Umbria, condannata in seguito come eretica, i cui membri per penitenza si flagellavano in pubblico || **N.** disciplinato.

flagellàre (pres. *-èllo*) [lat. *flagellāre*; a. 1294] ***tr.*** percuotere con un flagello || *fig.* reprimere con durezza: *flagellare i vizi* || ***rifl.*** percuotersi con un flagello || **N.** *Sin.* battere, frustare, sferzare, staffilare.

Flagellàti [da *flagello*; 1940] ***sm.*** *pl.* *T.zool.* sottotipo di Protozoi muniti di appendici filamentose (*flagelli*) con funzione di organi di movimento.

flagellatóre [lat. tardo *flagellātor, -ōris*; a. 1342] ***sm.*** (f. *-trice*) chi flagella || *fig.* critico severo: *flagellatore dei costumi.*

flagellazióne [lat. tardo *flagellātio, -ōnis*; sec. XIV] ***sf.*** l'atto e l'effetto del flagellare e del flagellarsi: *la Flagellazione di Cristo.*

flagèllo [lat. *flagellum*; a. 1294 *fragello*] ***sm.*** **1.** frusta costituita di varie cordicelle, sparse di nodi || *per estens.* la pena del flagellare: *condannare al flagello* || *fig. non com.* censore severo e intransigente: *è il flagello dei vizi* **2.** *fig.* rovina, calamità: *il flagello della peste*; *flagello di Dio*, calamità intesa come castigo divino: *Attila era detto flagello di Dio* **3.** *fam.* abbondanza: *di frutta ce n'è un flagello* **4.** *T.biol.* organo di locomozione, di aspetto filiforme, di alcuni organismi unicellulari animali e vegetali || **N. 1.** *Sin.* disciplina, sferza, staffile **2.** *Sin.* disastro; tormento.

flageolet (fr., pr. [flaʒɔ'lɛ]) [dim. del fr. ant. *flajol*, flauto; 1932] ***sm.*** **1.** nome francese di un tipo di flauto diritto, munito di sei fori, quattro anteriori e due posteriori per i pollici || termine spesso usato nelle lingue francese e inglese per indicare in generale i flauti diritti a becco **2.** registro d'organo dal timbro penetrante.

flagìzio (pl. *-zi*) [dal lat. *flagitium*; fine sec. XIV] ***sm.*** *lett. arc.* scelleratezza.

flagizióso [dal lat. *flagitiōsus*; 1476] ***agg.*** *lett.* scellerato, infame.

flagrànte (*ppr.* di *flagrare*) [1833] ***agg.*** manifesto, evidente: *flagrante contraddizione*; *T.giur.* *reato flagrante*; nella loc. avv. *in flagrante*, sul fatto: *lo hanno colto in flagrante.*

flagrànza [dal lat. *flagrāntia*; a. 1936] ***sf.*** *T.giur.* *flagranza di reato*, lo stato di chiunque sia colto nell'atto di commettere un reato.

flagràre [dal lat. *flagrāre*; a. 1374] ***intr.*** (aus. *essere*) *poet.* ardere, avvampare.

flambàggio (pl. *-gi*) [dal fr. *flambage*, da *flamber*, infiammare; 1956] ***sm.*** operazione di laboratorio che consiste nel passare un oggetto sulla fiamma, per sterilizzarlo.

flambàre [dal fr. *flamber*, infiammare; 1956] ***tr.*** **1.** sterilizzare un oggetto passandolo sulla fiamma **2.** *T.cuc.* bruciare la peluria del pollame, passandola sulla fiamma || accendere il liquore con il quale si prepara una vivanda alla fiamma || **N. 2.** *Sin.* fiammeggiare.

flambé (fr., pr. [flɑ̃'be]) [pps. di *flamber*, fiammeggiare; 1973] ***agg.*** *inv.* *T.cuc.* detto di vivanda cosparsa di liquore o altro alcolico, cui si dà fuoco al momento di servirla in tavola: *filetto flambé, pollo flambé, gelato flambé* || **N.** *Sin.* alla fiamma.

flambèrga [dal fr. *flamberge*, n. della spada di Rinaldo da Montalbano, eroe delle canzoni di gesta; 1940] ***sf.*** spada da duello a sezione quadrangolare, in uso in Francia e in Germania nei sec. XVII-XVIII.

flamboyant (fr., pr. [flɑ̃bwa'jɑ̃]) [letter. fiammeggiante; 1950] ***agg.*** (solo *sing.*) nell'espr. *gotico flamboyant*, v. FIAMMEGGIANTE.

flamenco (sp., pr. [fla'meŋko]) [letter. fiammingo; a. 1904] ***sm.*** *inv.* genere di canto e ballo originario dei gitani dell'Andalusia.

flaminàle [dal lat. *flaminālis*; 1834] ***agg.*** *T.stor.* di flamine.

flàmine [dal lat. *flamen, -inis*; a. 1292] ***sm.*** *T.archeol.* e *T.stor.* sacerdote romano destinato al culto di una speciale divinità: *flamine Diale*, sacerdote di Giove; *flamine Marziale*, di Marte; *flamine Quirinale*, di Quirino.

flamìnica [dal lat. *flamminica*; a. 1604] ***sf.*** *T.stor.* la moglie del flamine.

flàmmeo [dal lat. *flammeus*; 1834 come sm.] **I** ***agg.*** *lett.* fiammeggiante, del colore della fiamma **II** ***sm.*** *T.stor.* il velo nuziale giallo indossato dalle spose romane.

flàmmula [dal lat. *flammula*, dim. di *flamma*, fiamma; 1956] ***sf.*** fungo delle Agaricacee, saprofita del legno.

flan (fr., pr. [flɑ̃]; pr. it. [flan]) [di orig. germ.; 1876] ***sm.*** *inv.* **1.** *T.cuc.* sformato cotto a bagnomaria in uno stampo solitamente con un foro centrale: *un flan di spinaci* **2.** *T.tip.* forma per la stereotipia.

flanàre [da *flan*; 1960] ***tr.*** *T.tip.* ricavare da una pagina tipografica la composizione stereoscopica.

flanatùra [da *flanare*; 1965] ***sf.*** *T.tip.* operazione del flanare.

flanèlla[1] [dall'ingl. *flannel*, attr. il fr. *flanelle*; 1750] ***sf.*** tessuto di lana, morbido e fine, per far camicie e abiti maschili e femminili.

flanèlla[2] [dal fr. (*faire*) *flanelle*, da *flaner*, bighellonare; 1952] ***sf.*** *sett.* *disus.* nell'espressione *far flanella*, intrattenersi in una casa di tolleranza senza richiedere alcuna prestazione || *com.* *per estens.* stare senza far niente, essere presente in un luogo senza contribuire all'attività che vi si sta svolgendo.

flanellìna (*dim.* di *flanella*[1]) [1965] ***sf.*** tessuto più leggero e sottile della flanella, impiegato spec. per la biancheria.

flàngia (pl. *-ge*) [dall'ingl. *flange*, bordo; 1905] ***sf.*** *T.mecc.* piastrina a forma di anello con fori per i bulloni; serve come giunzione di tubi.

flàno adattamento it. di *flan* (nel senso 2) (v.).

flap (ingl., pr. [flæp]) [letter. falda; 1942] ***sm.*** *inv.* *T.aer.* qualsiasi tipo di ipersostentatore posteriore. **TAV.** *aeronautica* 4.13; ***astronautica*** **p. 655** 12.14.

flappéggio (pl. *-gi*) [da *flap*; 1956] ***sm.*** *T.aer.* oscillazione o battito delle pale del rotore di un elicottero e sim.

flare (ingl., pr. [flɛə]) [letter. bagliore, lampo; 1987] ***sm.*** *inv.* (anche pl. *flares* [flɛəz]) *T.astr.* guizzo di luce, aumento improvviso di splendore: *stella a flare*, stella variabile che mostra improvvisi guizzi di splendore, della durata di alcuni minuti, in cui l'emissione luminosa aumenta fulmineamente, per ritornare subito a valori normali || **N.** *Sin.* brillamento.

flash (ingl., pr. [flæʃ]) [letter. lampo; 1924] ***sm.*** *inv.* **1.** lampo di luce, un tempo ottenuto con lampadine al magnesio e oggi realizzato elettronicamente, che permette di eseguire una fotografia istantanea anche in condizioni di luce sfavorevoli || il dispositivo che produce tale lampo **2.** notizia molto breve a diffusione immediata: *un flash d'agenzia* || in funzione di ***agg.*** *inv.* (sempre posposto): *telegiornale flash*, brevissimo. **Q.T.** *fotografia* **TAV.** *cinematografia...* 7, 11.4.

flash-back (ingl., pr. ['flæʃ bæk]) [letter. lampo all'indietro; 1959] ***sm.*** *inv.* nella tecnica cinematografica, montaggio che prevede l'interruzione dell'ordine cronologico dei fatti narrati per rievocare un avvenimento accaduto in precedenza; *per estens.* analogo procedimento usato in un testo narrativo || l'episodio rievocato.

flashing (ingl., pr. ['flæʃɪŋ]) [da *flash*, lampo, per la rapidità del procedimento; 1970] ***sm.*** *inv.* *T.chim.* modo di esecuzione di operazioni industriali (per es. evaporazione, distillazione, essiccazione, polverizzazione), effettuate con rapidità grazie all'uso combinato del calore e della pressione.

flàto [dal lat. *flatus*; a. 1651] ***sm.*** *T.med.* gas che si genera nello stomaco e si emette dalla bocca o dal retto || **N.** *Sin.* rutto; peto.

flatulènto [dal fr. *flatulent*; 1750] ***agg.*** *T.med.* che produce flati.

flatulènza [dal fr. *flatulence*; 1745] ***sf.*** *T.med.* formazione di gas nello stomaco e nell'intestino || emissione di gas dalla bocca o dal retto || **N.** *Sin.* meteorismo | peto.

flautàto [da *flauto*; 1816] ***agg.*** *T.mus.* detto di suono dal timbro che evoca quello del flauto: *voce flautata*; *in part.* detto di alcuni armonici prodotti dagli strumenti ad arco.

flautino (*dim.* di *flauto*) [a. 1647] ***sm.*** *T.mus.* flauto piccolo, sia diritto che traverso.

flautista [da *flauto*; 1639] ***s.*** suonatore di flauto.

flàuto [dal provenz. *flaut*; fine sec. XIII nel senso 1; 1663 nel senso 2] ***sm.*** **1.** nome di vari strumenti aerofoni privi di ance, in cui il suono è prodotto dalla vibrazione della colonna d'aria contenuta in un tubo munito di fori, vibrazione provocata dal soffio del suonatore in una stretta fessura (nei flauti a becco), o direttamente contro lo spigolo dell'imboccatura (nei flauti traversi) || *flauti traversi*, tenuti in posizione trasversale, attualmente gen. di metallo, con numerose chiavi e un'estensione di circa tre ottave; *flauti dolci* o *diritti* o *a becco*, di legno, tenuti verticalmente, privi o quasi di chiavi, con un'estensione di circa due ottave; *flauto di Pan*, siringa **2.** *per meton.* suonatore di flauto in un'orchestra: *il primo flauto della Scala* || *dim.* flautino || **N. 1.** piffero, zufolo; ottavino | chiavi, imboccatura, portavoce. **Q.T.** *musica* **TAV.** ***musica*** **p. 1324** 2.8.

flavèdo o **flavèdine** [dal lat. *flavēre*, essere biondo, color oro; 1973] ***sf.*** *T.bot.* nel frutto degli agrumi, la parte più esterna della buccia, di colore giallo.

flavènte [dal lat. *flavens, -ēntis*; a. 1893] ***agg.*** *lett.* flavescente.

flavescènte [dal lat. *flavescens, -ēntis*; a. 1758] ***agg.*** *lett.* biondeggiante, di colore giallo fulvo.

flavìna [da *flavo*; 1952] ***sf.*** nome di varie sostanze coloranti diffuse nel regno vegetale e animale, alcune delle quali fanno parte di molecole costitutive di enzimi.

flavişmo [da *flavo*; 1952] ***sm.*** *T.zool.* anomalia congenita di alcune specie di uccelli caratterizzata da macchie giallastre sul piumaggio.

flavìzie [da *flavo*, sul modello di *canizie*; 1551] ***sf.*** *ant.* il biondeggiare; l'essere biondo, fulvo.

flàvo [dal lat. *flāvus*; a. 1494] ***agg.*** *lett.* biondo, fulvo, giallo: *capelli flavi.*

flavóne [da *flavo*; 1952] ***sm.*** *T.chim.* pigmento organico di colore giallo delle piante e dei fiori.

flèbile [dal lat. *flebilis*; sec. XIV] ***agg.*** detto di voce o suono, tenue, lievemente languido e triste: *flebili lamenti* || **flebilménte** ***avv.*** || **N.** *Sin.* fievole, fioco, sommesso.

flebìte [dal gr. *phléps, phlebós*, vena, attr. il fr. *phlébite*; 1819] ***sf.*** *T.med.* infiammazione di una vena.

flèbo- [dal gr. *phléps, phlebós*, vena] ***primo elem.*** che, in parole composte della terminologia medica, vale "vena" (per es. *fleboclisi, flebografia, flebotomia*).

fleboclìşi [comp. di *flebo-* e del gr. *klýsis*, lavaggio; 1912] ***sf.*** *T.med.* introduzione nelle vene di una soluzione medicinale o nutritiva.

flebografìa [comp. di *flebo-* e *-grafia*; 1956] ***sf.*** *T.med.* esame radiologico di una vena dopo che vi è stato introdotto liquido opaco ai raggi.

fleboscleròşi [comp. di *flebo-* e *sclerosi*; 1940] ***sf.*** *T.med.* indurimento delle pareti delle vene.

flebotomìa [dal lat. tardo *phlebotomia*, gr. *phlebotomía*; sec. XIV *flobotomia*] ***sf.*** *T.med.* incisione di una vena.

flebòtomo [dal lat. tardo *phlebotomus*, gr. *phlebotómos*; 1828 nel senso 1; 1932 nel senso 2] ***sm.*** (raro il f. *-a*) **1.** in passato, chi esercitava il mestiere di eseguire salassi **2.** *T.zool.* genere di insetti Ditteri, com. chiamati *pappataci.*

flèche (fr., pr. [flɛʃ]) [letter. freccia; 1956] ***sf.*** *inv.* *T.sport.* nella scherma, colpo eseguito proiettando il corpo interamente in avanti || **N.** *Sin.* frecciata.

flèmma [lat. tardo *phlegma*, gr. *phlégma*, infiammazione; a. 1294 *fremma* nel senso 2; 1547 nel senso 1] ***sf.*** **1.** tranquillità, imperturbabilità talvolta eccessiva: *affrontare gli imprevisti con troppa flemma* **2.** nella medicina antica, uno dei quattro umori principali del corpo, il cui eccesso era considerato causa di pigrizia e lentezza.

flemmàtico (pl. *-ci*) [lat. tardo *phlegmaticus*, gr. *phlegmatikós*; 1305 nel senso 2; 1602 nel senso 1] ***agg.*** **1.** calmo, che non si scompone mai **2.** nella medicina antica, relativo alla flemma || **flemmaticaménte** ***avv.***

flemmatiẓẓàre [da *flemma*; 1985] ***tr.*** aggiungere a un esplosivo una o più sostanze che lo rendano meno sensibile agli urti.

flèmmone [dal lat. tardo *phlegmone*, gr. *phlegmonḗ*; 1493 *flegmon*] ***sm.*** *T.chir.* infiammazione del tessuto connettivo e adiposo, con suppurazione e febbre alta || **N.** ascesso, bubbone.

flemmonóso [da *flemmone*; 1583] ***agg.*** *T.med.* che ha carattere di flemmone.

flessìbile [dal lat. *flexibilis*; a. 1342] **I** ***agg.*** **1.** che si piega facilmente senza spezzarsi: *ramo, tubo flessibile* **2.** *fig.* che si adatta facilmente al variare delle situazioni: *ingegno flessibile*; *voce flessibile*, che passa agevolmente da un registro all'altro || *orario flessibile*, che permette a ciascun dipendente di variare entro fasce determinate l'ora di ingresso e di uscita, rimanendo costante il numero complessivo di ore lavorative || *T.giur.* *costituzione flessibile*, modificabile con le stesse procedure valide per le leggi ordinarie **3.** disposto al compromesso: *atteggiamento flessibile*; con connotazione negativa, che si lascia troppo influenzare dagli altri, arrendevole: *carattere flessibile* || **flessibilménte** ***avv.*** **II** ***sm.*** *T.mecc.* tubo o cavo flessibile; anche particolare comando realizzato con un cavetto inestensibile scorrente in una guaina flessibile: *il flessibile della frizione* || **N. 1** *Sin.* deformabile, pieghevole | *Contr.* rigido **2.** *Sin.* adattabile, agile, duttile, elastico | *Contr.* immodificabile, rigido **3.** *Sin.* accomodante, cedevole, influenzabile | *Contr.* inflessibile.

flessibilità [dal lat. tardo *flexibilitas, -ātis*; a. 1406] ***sf.*** l'essere flessibile (anche *fig.*): *flessibilità di una molla, di linguaggio.*

flèssile [da *flettere*; 1737] ***agg.*** *lett.* pieghevole, flessibile.

flessìmetro [comp. del lat. *flexus*, pps. di *flectere* e *-metro*; 1942] ***sm.*** strumento che permette di misurare la deformazione per flessione che subisce un corpo.

flessionàle [da *flessione*; 1902] ***agg.*** *T.ling.* flessivo.

flessióne [dal lat. *flexio, -ōnis*; 1308 nel senso 1] ***sf.*** **1.** il piegare, il piegarsi || l'incurvare e l'incurvarsi: *flessione di un arco*; *in part.* tipo di deformazione dovuto all'azione di una forza normale all'asse di un solido sottile rispetto alla lunghezza: *flessione di una trave* || nella ginnastica, movimento con cui una parte del corpo passa da una posizione distesa a una raccolta: *flessioni sulle gambe, sulle braccia* **2.** diminuzione sensibile ma non drastica: *una continua flessione del tasso di natalità* || *in part.* *T.pol.* perdita di consenso elettorale: *il partito teme un'ulteriore flessione nelle prossime elezioni* **3.** *T.ling.* variazione morfologica di una parola, che esprime i diversi valori delle categorie grammaticali (numero, genere, caso; persona, tempo, modo ecc.); il termine è usato spec. quando tale variazione avviene per mezzo di desinenze strettamente fuse al tema nominale o verbale, come in molte lingue indoeuropee: *flessione dei nomi, degli aggettivi, dei pronomi*, declinazione; *flessione del verbo*, coniugazione; *flessione interna*, per modificazione della radice || **N. 1.** *Sin.* incurvamento, piegatura.

flessìvo [dal lat. *flexus*, pps. di *flectere*; 1869] ***agg.*** *T.ling.* *propr.* detto di lingua caratterizzata da flessione; ma più spesso è usato limitatamente alle lingue in cui gli elementi flessionali (affissi e desinenze) sono spesso fusi tra loro e non con la radice, e sono contemporaneamente portatori di più informazioni morfologiche (così avviene ad es. in latino); in questa accezione le lingue *flessive* sono opposte a quelle *agglutinanti.*

flèsso (*pps.* di *flettere*) [a. 1327] **I** ***agg.*** piegato: *ginocchia flesse* || *T.ling.* *forma flessa*, coniugata o declinata, contenente una desinenza: *verbo flesso all'indicativo* **II** ***sm.*** *T.geom.* *punto di flesso*, punto in cui una curva piana attraversa la propria tangente.

flessografìa (meno com. *flexografia*) [comp. del tema *fless-* di *flesso* (o del tema lat. *flex-* di *flectere*) e *-grafia*; 1961] ***sf.*** *T.tip.* procedimento di stampa caratterizzato dall'impiego di cliché in rilievo in materiale flessibile; consente la stampa, oltre che su carta, su qualsiasi supporto, anche non piano, compresi i materiali plastici; tale procedimento era in passato chiamato *stampa all'anilina*, perché si utilizzavano appunto inchiostri all'anilina, oggi sostituiti da inchiostri derivati da altre sostanze, ma sempre molto liquidi e di rapida essiccazione.

flessóre [dal lat. *flexus*, pps. di *flectere*; 1681] ***agg.*** *T.anat.* di muscolo, che serve a piegare certe parti del corpo. **TAV.** ***anatomia*** **p. 641** 1.11.

flessòrio (pl. *-ri*) [dal lat. *flexus*, pps. di *flectere*; 1745] ***agg.*** *T.anat.* flessore.

flessuosità [dal lat. tardo *flexuositas, -ātis*; a. 1704] ***sf.*** l'essere flessuoso.

flessuóso [dal lat. *flexuosus*; 1499 *flexuoso*] ***agg.*** che ha un aspetto elegantemente sinuoso ed elastico: *un corpo flessuoso* || **N.** *Sin.* agile, ondeggiante, snello.

flessùra [dal lat. *flexūra*; 1623 nel senso 2; 1892 nel senso 1] ***sf.*** **1.** *T.geol.* ondulazione dello strato roccioso non molto accentuata **2.** *lett.* piegatura.

flèttere (pres. *flètto*; p.rem. *flettéi*; pps. *flèsso*) [dal lat. *flectere*; 1321; 1416 come intr. pron.; 1869 nel senso 2] ***tr.*** **1.** piegare, incurvare: *flettere le braccia* **2.** *T.ling.* elencare le varie forme di una parola che presenta flessione || ***intr. pron.*** incurvarsi: *il ramo si flette sotto il peso della neve* || **N. 2.** coniugare, declinare.

flexografia V. FLESSOGRAFIA.

fliàci [dal gr. *phlýax, phlýakos*, buffone; 1931] ***sm. pl.*** *T.stor.* presso gli antichi popoli dorici dell'Italia meridionale, attori che rappresentavano farse popolari caratterizzate da una comicità salace e triviale.

fliàcico (pl. *-ci*) [da *fliaci*; 1953] ***agg.*** *T.stor.* proprio dei fliaci, eseguito dai fliaci: *farsa fliacica.*

flicòrno [dal ted. *Flügelhorn*, cornetta; 1908 *fliscorno*] ***sm.*** *T.mus.* strumento aerofono di ottone, a pistoni, affine alla tromba ma dal timbro più caldo e dalla tessitura più grave || **N.** *Sin.* *saxhorn.*

flictène V. FLITTENA.

flight-recorder (ingl., pr. [ˈflaɪt rɪˌkɔːdə]) [comp. di *flight*, volo e *recorder*, registratore; 1979] ***sm. inv.*** *T.aer.* nastro magnetico, posto all'interno di un contenitore resistente agli urti e al fuoco, che registra i principali dati del volo (velocità, accelerazione ecc.) || **N.** *Sin.* registratore di volo, scatola nera.

flint (ingl., pr. [flɪnt]) [letter. selce; 1905] ***sm. inv.*** *T.tecn.* vetro contenente un'alta percentuale di ossido di piombo, utilizzato per cristalli pregiati e lenti ottiche speciali || **N.** *Contr.* *crown.*

flip-flop [voce onom.; 1967] ***sm. inv.*** **1.** *T.elettron.* amplificatore a due strati di funzionamento, impiegato in sistemi elettronici o in sistemi di controllo a fluido **2.** *T.sport.* il saltare e cadere rigirandosi in aria: *il flip-flop del saltatore* || **N. 1.** *Sin.* multivibratore bistabile.

flipper (ingl., pr. [ˈflɪpə]; pr. it. [ˈflipper]) [letter. aletta; 1959] ***sm. inv.*** biliardino elettrico a gettone, in cui bisogna indirizzare la pallina verso bersagli di varia forma e punteggio con l'aiuto di due levette a molla azionate da pulsanti laterali evitando che la pallina cada nella buca posta tra di esse || ciascuna delle levette a molla.

flipperìsta [da *flipper*, 1974] ***s.*** giocatore di flipper || persona che noleggia flipper ai locali pubblici o alle sale da gioco.

flirt (ingl., pr. [fləːt]) [da to *flirt*, corteggiare; 1900] ***sm. inv.*** amore, spec. giovanile, di breve durata e superficiale: *gli si attribuiscono molti flirt.*

flirtàre (pr. [flirˈtare] e [flerˈtare]) [da *flirt*;

1891] **intr.** (aus. *avere*) fare la corte o lasciarsi corteggiare senza impegno || **N.** *Sin.* amoreggiare.

fliscòrno **sm.** *non com.* V. FLICORNO.

flit [n. commerciale, dall'ingl. *fly-tox*, tossico per le mosche; 1931] **sm.** *inv.* liquido insetticida da spruzzare.

flittèna (meno com. *flittène* o *flictène*) [dal gr. *phlýktaina*, pustola; 1835 *flettene*] **sf.** *T.med.* vescichetta formata dall'epidermide sollevata e contenente siero trasparente.

float (ingl., pr. [flout]) [letter. galleggiante; 1983] **agg.** *inv.* detto di un tipo di vetro molto sottile e resistente, usato spec. per i parabrezza delle automobili.

flòcco (pl. *-chi*) [dall'olandese *fok*, attr. il fr. *foc*; 1798] **sm.** *T.mar.* fiocco.

flocculànte (*ppr.* di *flocculare*[1]) [1970] **agg.** *T.chim.* sostanza che favorisce la flocculazione.

flocculàre[1] [da *flòcculo*; 1956] **agg.** *T.chim.* e *T.astr.* relativo a un flocculo.

flocculàre[2] (pres. *flòcculo*) [da *flocculo*; 1956] **intr.** (aus. *avere*) *T.chim.* in un precipitato o in un colloide, prodursi di flocculi.

flocculazióne [dal lat. tardo *flocculus*; 1931 *floculazione*] **sf.** *T.chim.* fenomeno che si verifica nelle soluzioni colloidali in cui le particelle in sospensione tendono a unirsi e a precipitare.

flòcculo [dal lat. tardo *flocculus*; 1956] **sm.** **1.** *T.astr.* formazione che si vede sulla fotosfera solare per mezzo di speciali strumenti ottici a luce monocromatica **2.** *T.chim.* precipitato formatosi per flocculazione || **N.** **1.** *Sin.* facola.

floèma [dal gr. *phloiós*, attr. il fr. *phloème*; 1940] **sm.** *T.bot.* l'insieme dei vasi cribrosi che servono alla circolazione delle sostanze nutritive in una pianta.

flogìstico (pl. *-ci*) [da *flogisto*; 1779] **agg.** *T.med.* di infiammazione: *fatti flogistici* || **N.** *Sin.* infiammatorio.

flogìsto [dal gr. *phlogistós*, arso; 1778] **sm.** elemento immaginario che gli alchimisti ritenevano si sprigionasse dai combustibili e dai metalli a seguito del riscaldamento.

flògoṣi o **flogòṣi** [dal gr. *phlógōsis*; 1734 *flogosi*] **sf.** infiammazione.

flòmide [dal lat. scient. *phomis*, *-idos*; 1834] **sf.** *T.bot.* genere di piante delle Labiate; ne fa parte la salvia selvatica.

flop [voce onom.; 1987] **sm.** *inv.* detto di uno spettacolo, insuccesso: *inatteso flop del varietà più propagandato della stagione* || **N.** *Sin.* fiasco.

floppy disk (ingl., pr. ['flɒpi dɪsk]) [comp. di *floppy*, floscio e *disk*, disco; 1979] **loc. m.** *inv.* *T.inform.* disco di sostanza plastica ricoperto di materiale magnetizzabile, adoperato per la memorizzazione dei dati, spec. in calcolatori elettronici di piccole dimensioni || **N.** *Sin.* dischetto.

flòra [dal n. proprio lat. *Flora*, dea dei fiori; 1638] **sf.** il complesso delle specie vegetali di tutta la terra, o di una particolare regione: *la flora alpina, marina* || *flora batterica*, insieme delle colonie batteriche in una regione del corpo umano || **N.** *Sin.* vegetazione | fauna. **Q.T.** *botanica, erboristeria.*

floràle [dal lat. *florālis*; a. 1564 nel senso 2] **agg.** **1.** *T.bot.* relativo al fiore **2.** *lett.* della dea romana Flora.

floreàle [dal fr. *floréal*; 1804] **I** **agg.** **1.** composto di fiori: *omaggio floreale* || con motivi ornamentali a fiori: *decorazione floreale* **2.** *stile floreale*, stile architettonico e di decorazione caratterizzato da motivi ornamentali di foglie e fiori, affermatosi tra la fine dell'Ottocento e l'inizio del Novecento; è detto anche *liberty* **II** **sm.** *T.stor.* ottavo mese del calendario rivoluzionario francese, detto anche *fiorile*: andava dal 20 aprile al 19 maggio.

florènzio [dal lat. *Florentia*, Firenze, città in cui fu scoperto; 1930] **sm.** *T.chim.* *disus.* elemento chimico facente parte del gruppo delle terre rare, oggi noto col nome di *prometeo*.

flòreo [dal lat. *flōreus*; 1728] **agg.** *lett.* fiorito; fiorente.

florerìa V. FIORERIA.

flòri- o **flòro-** [dal lat. *flōs*, *flōris*, fiore] **primo elem.** che, in parole composte dotte, vale "fiore" (per es. *floricoltura*, *florilegio*): **floriviṣmo**.

florìcolo [comp. del lat. *flōs*, *flōris*, fiore e *-colo*; 1956] **agg.** **1.** relativo alla coltivazione dei fiori: *attività floricola*, *mercato floricolo* **2.** detto di animali (spec. insetti o piccoli uccelli) che vivono o si posano di preferenza sui fiori.

floricoltóre o **floricultóre** o **fioricoltóre** [comp. di *flori-* e *-coltore*; 1875 *fioricultore*] **sm.** (f. *-trìce*) coltivatore di fiori e piante ornamentali. **Q.T.** *giardinaggio...*

floricoltùra e **floricultùra** o **fioricultùra** [comp. di *flori-* e *-coltura*; 1864] **sf.** coltivazione di fiori e piante ornamentali. **Q.T.** *giardinaggio...*

Florìdee [dal lat. scient. *Florideae*, dal lat. *floridus*, fiorito; 1887] **sf.** *pl.* *T.bot.* classe di alghe rosse dalla forma filamentosa o laminare || **N.** *Sin.* Rodoficee.

floridézza [da *florido*; a. 1508] **sf.** l'essere florido.

floridità [da *florido*; a. 1667] **sf.** *non com.* floridezza.

flòrido [dal lat. *flōridus*; 1306] **agg.** **1.** *fig.* prosperoso: *aspetto florido, industria che attraversa un periodo florido* **2.** *propr.* *non com.* che è in fiore **3.** *T.mus.* *non com.* fiorito: *contrappunto florido* || **N.** **1.** *Sin.* fiorente, fresco, rigoglioso, rubizzo, vegeto, vigoroso, vivace.

florilègio (pl. *-gi*) [dal lat. umanistico *florilegium*, composto di *flōs*, fiore e *legere*, raccogliere; a. 1729] **sm.** raccolta di scritti o passi scelti di un autore o di un periodo || **N.** *Sin.* antologia, crestomazia, fiore.

florìstica [da *floristico*; 1956] **sf.** *T.bot.* parte della botanica che classifica le piante di un dato territorio, indica l'area di diffusione di ciascuna specie e ne descrive i caratteri.

florìstico (pl. *-ci*) [da *flora*; 1932] **agg.** **1.** della flora, che si riferisce alla flora: *esemplari floristici* **2.** che riguarda la floristica: *studi floristici.*

floscézza [da *floscio*; a. 1712] **sf.** *non com.* l'essere floscio.

flòscio (pl. *-sci*) [dal lat. *fluxus*, attr. lo sp. *flojo*; 1574] **agg.** privo di consistenza: *cappello floscio, pelle floscia* || *fig.* privo di vigore: *una floscia stretta di mano* || **flosciaménte** **avv.** *non com.* || **N.** *Sin.* cascante, flaccido, molle; fiacco, moscio.

flòsculo [dal lat. *flosculus*, fiorellino; 1779] **sm.** *T.bot.* ognuno dei piccoli fiori che, assieme agli altri, forma il capolino delle Composite.

flòtta [dal fr. *flotte*, attr. lo sp. *flota*; 1506 *frota*] **sf.** **1.** il complesso delle navi mercantili o da guerra, di uno stato: *è l'ammiraglia della flotta italiana*; grande complesso di navi da guerra operativamente autonomo: *la flotta sovietica del Baltico* || l'insieme delle navi di una compagnia di navigazione **2.** *per estens.* l'insieme degli aerei da guerra o da trasporto di uno stato o di una compagnia di trasporti || **N.** **1.** marina; flottiglia, naviglio. **Q.T.** *nautica...*

flottàggio (pl. *-gi*) [dal fr. *flottage*; 1939] **sm.** **1.** ondeggiamento sull'acqua || *in part.* la corsa sull'acqua di un idrovolante in fase di decollo o di ammaraggio **2.** *T.chim.* flottazione.

flottànte [dal fr. *flottant*, ppr. di *flotter*, galleggiare; 1877] **I** **agg.** **1.** *T.banc.* fluttuante: *cambio flottante*, cambio non stabile, lasciato libero di oscillare **2.** *T.mar.* detto di una nave in corso di navigazione **II** **sm.** *T.banc.* *flottante di Borsa*, quantitativo di titoli azionari di una società che viene trattato in Borsa || *a largo flottante*, detto di un titolo di cui quotidianamente vengono trattati in Borsa grossi quantitativi || *di scarso flottante*, detto di un titolo di cui si trattano quantitativi di scarso valore.

flottàre (pres. *flòtto*) [dal fr. *flotter*, 1722] **intr.** (aus. *avere*) galleggiare ondeggiando, detto di imbarcazioni e anche di idrovolanti || **tr.** **1.** *T.chim.* sottoporre a flottazione **2.** detto di tronchi di legname, far scendere lungo la corrente di un fiume.

flottazióne [dall'ingl. *flotation*; a. 1869] **sf.** **1.** *T.mar.* il galleggiare: *linea di flottazione*, linea di galleggiamento **2.** *T.chim.* processo di depurazione di minerali mediante agitazione della ganga in un liquido con opportuni reattivi **3.** fluitazione.

flottìglia (pl. *-glie*) [dallo sp. *flotilla*; 1510] **sf.** *T.mar.* **1.** flotta di navi piccole: *una flottiglia di pescherecci* **2.** *T.mil.* raggruppamento sotto un unico comando di due o più squadriglie di navi leggere. **Q.T.** *nautica...*

flou (fr., pr. [flu]) [lat. *flavus*, giallo; 1905] **agg.** *inv.* detto di fotografia dai contorni volutamente sfumati.

flowchart (ingl., pr. ['floutʃɑ:t]) [letter. carta di flusso; 1983] **sm.** *inv.* *T.inform.* diagramma di flusso.

fluènte (*ppr.* di *fluire*) [a. 1332] **agg.** scorrevole: *acque fluenti*; anche *fig.*: *discorso, barba fluente.*

fluff (ingl., pr. [flʌf]; pr. it. [fluf]) [letter. batuffolo, lanuggine; 1978] **sm.** *inv.* strato di uno speciale tipo di cotone fioccoso, dall'aspetto simile alle particelle morbide che si separano dalla lana lavorata, usato come materiale assorbente nei pannolini.

fluidàle [da *fluido*; 1940] **agg.** *non com.* di fluido.

fluidézza [da *fluido*; 1631] **sf.** *non com.* fluidità.

fluìdica [da *fluido*; 1970] **sf.** *T.tecn.* moderna tecnologia che si serve del movimento di fluidi come acqua, gas e metalli fusi per eseguire operazioni di rilevazione, controllo, regolazione spec. di processi e impianti industriali.

fluidificànte (*ppr.* di *fluidificare*) [1956] **I** **agg.** che rende fluido **II** **sm.** medicamento espettorante in grado di rendere più fluido il catarro bronchiale.

fluidificàre (pres. *-ìfico*, *-ìfichi*) [da *fluido*; 1831] **tr.** **1.** rendere fluido **2.** *fig.* *ass.* nel linguaggio dei giornali sportivi, detto di un difensore che prende parte alla costruzione della manovra, rendendo più scorrevole l'azione.

fluidificazióne [da *fluidificare*; 1831] **sf.** il modo o il procedimento con cui si rende fluida una sostanza.

fluidità [da *fluido*; 1666] **sf.** l'essere fluido; anche *fig.*: *la fluidità dello stile.*

flùido [dal lat. *fluidus*; 1499 nel senso 1; 1620 nel senso 2; 1690 nel senso 3; a. 1642 come sm. nel senso 1; a. 1821 nel senso 2] **I** **agg.** **1.** *T.fis.* *stato fluido*, stato della materia in cui le molecole componenti sono legate da debolissime forze di coesione, e sono quindi libere di muoversi l'una rispetto all'altra: è proprio dei liquidi e dei gas; *corpo fluido*, che si trova allo stato fluido **2.** nella lingua comune, che scorre facilmente, detto spec. di liquidi: *l'olio per il motore è meno fluido dell'olio di oliva* || *fig.* *più com.* scorrevole, sciolto, che procede senza intoppi: *parlata fluida, stile fluido* **3.** *fig.* non stabilizzato, che può evolversi in varie direzioni: *la situazione politica è estremamente fluida* || **fluidaménte** **avv.** *non com.* **II** **sm.** **1.** *T.fis.* corpo allo stato fluido (liquido o gas) **2.** presunta forza metapsichica che consentirebbe a talune persone di trasmettere ad altri il proprio pensiero e la propria volontà || **N.** **1.** *Contr.* solido **2.** *Contr.* viscoso; impacciato

3. *Sin.* instabile, mutevole, variabile | *Contr.* bloccato, definito, stabile. **Q.T.** *fisica.*

fluidodinàmica [comp. di *fluido* e *dinamica*; 1956] ***sf.*** parte della fisica meccanica che ha per oggetto la dinamica dei fluidi.

fluìre (pres. *-ìsco, -ìsci*) [lat. *fluere*; a. 1492] ***intr.*** (aus. *essere*) scorrere: *il sangue fluiva copiosamente dalla ferita* || anche *fig.*: *le parole fluivano incessantemente.*

fluitàre (pres. *flùito*) [dal lat. *fluitāre*; sec. XV] ***intr.*** (aus. *essere*) galleggiare, detto spec. di legname affidato alla corrente di un fiume.

fluitazióne (ant. *fluvitazióne*) [da *fluitare*; 1798] ***sf.*** tecnica di trasporto del legname sfruttando la corrente di un fiume.

fluminènse [dal port. *fluminense*, basato sul lat. *flumen*, fiume, con rif. a *Rio*; 1942] ***agg.*** di Rio de Janeiro.

fluò- [da *fluoro*] ***primo elem.*** che, in parole composte della terminologia chimica, vale "fluoro", "contenente fluoro" (per es. *fluografia*): **fluobòrico, fluosilìcio.**

fluografìa [comp. di *fluo(ro)* e *-grafia*; 1965] ***sf.*** tecnica che permette di fotografare oggetti cosparsi di sostanze fluorescenti, esponendoli a radiazioni ultraviolette.

fluoràto [comp. di *fluoro* e *-ato*; 1956] ***sm.*** *T.chim.* sale dell'acido fluorico: *fluorato d'argento.*

fluorescènte [dal fr. *fluorescent*; 1875] ***agg.*** che presenta o utilizza il fenomeno della fluorescenza: *sostanze, tubi fluorescenti.*

fluorescènza [dall'ingl. *fluorescence*; 1875] ***sf.*** *T.chim.* proprietà di alcune sostanze che, colpite da radiazioni elettromagnetiche o da particelle, emettono a loro volta quasi istantaneamente altre radiazioni di lunghezza d'onda diversa, tipica della sostanza eccitata: *lampada a fluorescenza*, lampada elettrica, formata da un tubo di vetro contenente gas inerti, come neon, argon o sim., i quali, al passaggio della corrente, eccitano la fluorescenza di speciali prodotti chimici di cui è rivestita la parete interna del tubo.

fluòrico (pl. *-ci*) [da *fluoro*; 1834] ***agg.*** *T.chim.* relativo al fluoro, del fluoro: *acido fluorico.*

fluoridràto [dal fr. *fluorhydrate*; 1956] ***sm.*** *T.chim.* composto chimico ottenuto per addizione di acido fluoridrico a una base organica o a un fluoruro alcalino.

fluorìdrico (pl. *-ci*) [dal fr. *fluorhydrique*; 1869] ***agg.*** *T.chim.* *acido fluoridrico*, acido monobasico privo di ossigeno, tossico e corrosivo.

fluorimetrìa [comp. di *fluoro* e *-metria*; 1956] ***sf.*** *T.chim.* metodo di analisi di un composto chimico, fondato sulla misurazione della sua fluorescenza.

fluorimètrico (pl. *-ci*) [da *fluorimetria*; 1983] ***agg.*** *T.chim.* relativo alla fluorimetria, proprio della fluorimetria: *analisi fluorimetrica.*

fluorìte [comp. di *fluoro* e *-ite*[2]; 1875] ***sf.*** *T.min.* minerale composto da fluoruro di calcio, usato per la preparazione dell'acido fluoridrico e per la fabbricazione di lenti speciali.

fluorizzàre [da *fluoro*; 1983] ***tr.*** *T.med.* trattare sostanze con composti del fluoro: *fluorizzare l'acqua potabile*, aggiungere piccole quantità di fluoruri per prevenire la carie dentaria.

fluorizzazióne [da *fluoro*; 1965] ***sf.*** **1.** *T.chim.* aggiunta di fluoro in alcune acque per prevenire le malattie dentarie **2.** processo di ricoprimento di una lente con un sottile strato di fluoruri per attenuare la quantità di luce riflessa.

fluòro [dal lat. *fluor, -ōris*, attr. il fr. *fluor*; 1798 *fluore*] ***sm.*** elemento chimico appartenente al gruppo degli alogeni, di colore giallo, estremamente reattivo per la sua elevata elettronegatività.

fluoruràre (pres. *-ùro*) [da *fluoruro*; 1956] ***tr.*** **1.** ricoprire di fluoruro la superficie esterna di lenti per strumenti ottici **2.** *T.chim.* introdurre in un composto organico uno o più atomi di fluoro.

fluorurazióne [da *fluorurare*; 1956] ***sf.*** *T.chim.* operazione del fluorurare.

fluorùro [da *fluoro*; 1831] ***sm.*** nome dei sali derivati dall'acido fluoridrico: *fluoruro di sodio.*

flussàggio (pl. *-gi*) [dal fr. *fluxage*, da *fluxer*, rendere fluido; 1956] ***sm.*** *T.tecn.* procedimento per rendere fluido il bitume impiegato nelle pavimentazioni stradali.

flussìmetro [comp. di *flusso* e *-metro*; 1983] ***sm.*** strumento che misura l'entità del flusso di un fluido in un condotto || *in part.* *T.med.* apparecchio a ultrasuoni con cui si misura la velocità della circolazione del sangue nelle arterie || **N.** *Sin.* flussometro.

flussióne [dal lat. tardo *fluxio, -ōnis*; a. 1642] ***sf.*** **1.** *T.med.* *disus.* afflusso anormale di sangue in qualche parte del corpo **2.** *T.mat.* *ant.* derivata.

flùsso [dal lat. tardo *fluxus*; a. 1292 nel senso 1; a. 1505 nel senso 2; 1889 nel senso 3] ***sm.*** **1.** lo scorrere di un fluido su una superficie o in un condotto: *il flusso dell'acqua* || flussione, effusione, versamento: *flusso di sangue*; *in part.* emissione di materie liquide dall'organismo: *flusso mestruale* || anche *fig.*: *un flusso di persone, di informazioni contrastanti* **2.** movimento periodico e costante della marea quando cresce dal suo minimo al suo massimo livello, e anche la corrente prodotta dal detto movimento (in contrapposizione a *riflusso*) || *fig.* si dice di qualunque andamento alterno: *il flusso e riflusso della fortuna* **3.** *T.fis.* nella meccanica dei fluidi, volume di fluido che attraversa una superficie nell'unità di tempo; analogamente, *flusso di particelle*, il numero di particelle che attraversa una superficie nell'unità di tempo; *flusso di energia*, rapporto tra l'energia associata a un fascio di radiazioni che attraversa una superficie e il tempo in cui avviene il passaggio **4.** *per estens.* *T.mat.* *flusso di un vettore attraverso una superficie*, l'integrale su tutta la superficie della componente del vettore normale alla superficie **5.** *T.inform.* *flusso di dati*, l'insieme dei dati che intervengono nelle varie fasi dell'elaborazione; *diagramma di flusso*, schema che illustra le diverse fasi di un'elaborazione nella loro concatenazione logica e temporale.

flussòmetro [comp. di *flusso* e *-metro*; 1934] ***sm.*** nome di vari apparecchi misuratori di flusso, nelle varie accezioni del termine || **N.** flussimetro.

flûte (fr., pr. [flyt]) [letter. flauto, per la sua forma allungata; 1970] ***sm. inv.*** bicchiere a forma di calice stretto e allungato, per spumante e *champagne.*

flutter (ingl., pr. [ˈflʌtə]) [letter. vibrazione, da to *flutter*, ondeggiare; 1956] ***sm. inv.*** **1.** *T.med.* aritmia cardiaca che comporta un'alta frequenza di contrazioni (ca. 200-350) che si originano negli atri e si trasmettono solo in parte ai ventricoli **2.** *T.elettrot.* modificazione della frequenza originale di un suono registrato su disco, nastro magnetico o sim., causata da una variazione della velocità di rotazione del supporto su cui è stata incisa.

flùtto [dal lat. *fluctus*; a. 1400] ***sm.*** **1.** *lett.* onda marina || *per meton.* *pl.* mare: *perire tra i flutti* **2.** *T.geogr.* moto ondoso in prossimità della costa: *flutto diretto*, se rivolto verso la spiaggia; *flutto inverso*, se in direzione opposta || **N. 1.** cavallone, maroso.

fluttuànte (*ppr.* di *fluttuare*) [1843 nel senso 1; 1956 nel senso 2] ***agg.*** **1.** *fig.* ondeggiante, oscillante: *popolazione fluttuante*, non stabile; *T.econ.* *debito fluttuante*, non consolidato, in particolare quello che lo stato contrae ed estingue in brevi periodi **2.** *T.anat.* *costole fluttuanti*, non connesse con lo sterno.

fluttuàre (pres. *flùttuo*) [dal lat. *fluctuāre*; a. 1342 nel senso 2; 1550 nel senso 1; 1925 nel senso 3] ***intr.*** (aus. *avere*) **1.** essere agitato dai flutti || ondeggiare **2.** *fig.* essere incerto, oscillare: *il suo stato d'animo fluttua continuamente tra l'euforia e la depressione* **3.** *in part.* *T.banc.* detto delle valute, variare liberamente la propria quotazione: *la lira può fluttuare rispetto al marco entro una fascia definita* || **N. 1.** galleggiare.

fluttuazióne [dal lat. *fluctuātio, -ōnis*; a. 1342 nel senso 1; a. 1796 nel senso 4; 1869 nel senso 3] ***sf.*** **1.** il fluttuare **2.** *fig.* oscillazione, incertezza: *fluttuazione di opinioni* **3.** *T.fis.* oscillazione casuale di una grandezza rispetto al suo valore medio **4.** *T.banc.* *fluttuazione dei titoli, della moneta*, il loro crescere e diminuire di valore al variare della domanda e dell'offerta **5.** *T.med.* movimento di un liquido contenuto in una cavità **6.** *T.med.* *flutter* **7.** fluitazione.

fluviàle [dal lat. *fluviālis*; sec. XIV] ***agg.*** di fiume, relativo ai fiumi: *acque fluviali, porto fluviale, navigazione fluviale*; *valle fluviale*, scavata dall'erosione delle acque di un fiume.

fluvioglaciàle [comp. di *fluvi(ale)* e *glaciale*; 1960] ***agg.*** *T.geol.* si dice dei materiali morenici trasportati e depositati dalle acque di fusione dei ghiacciai.

fluviòmetro [comp. di *fluvia(le)* e *-metro*; 1970] ***sm.*** strumento che misura il livello nelle acque dei fiumi e le sue variazioni.

fluvitazióne V. FLUITAZIONE.

flyby (ingl., pr. [ˈflaɪ baɪ]) [comp. di to *fly*, volare e *by*, vicino; 1983] ***sm. inv.*** **1.** volo di un veicolo spaziale attorno a un pianeta o un satellite, a scopo di osservazione **2.** oggetto non identificato che vola nei pressi di un pianeta o di un satellite.

flying dutchman (ingl., pr. [ˌflaɪɪŋ ˈdʌtʃmən]) [letter. olandese volante; 1965] ***sm. inv.*** imbarcazione da regata dotata di randa, fiocco e fiocco pallone.

flying junior (ingl., pr. [ˌflaɪɪŋ ˈdʒuːnɪə]) [letter. (olandese) volante più giovane; 1973] ***sm. inv.*** imbarcazione da diporto e da regata simile al *flying dutchman*, ma di proporzioni ridotte.

flysch (ted., pr. [flɪʃ]) [voce dial. svizzera; 1929] ***sm. inv.*** *T.geol.* formazione perlopiù detritica, costituita da calcari, rocce scistose, arenarie e sim.

fobìa [dal fr. *phobie*; 1899] ***sf.*** *T.psic.* paura o repulsione violenta di natura patologica, razionalmente infondata e incontrollabile: *fobia degli insetti, dei luoghi chiusi* || *per estens.* violenta avversione o intolleranza per qualcuno o qualcosa. **Q.T.** *psicologia.*

-fobìa [dal gr. *-phobía*, da *phóbos*, timore, paura] ***elem. term.*** **1.** in parole composte della terminologia medica (per es. *agorafobia, claustrofobia*) vale "paura morbosa" **2.** *per estens.* in altre parole vale "avversione", "antipatia": **anglofobìa** || **N.** 2. *Contr.* -filìa. **Q.T.** *psicologia.*

fòbico (pl. *-ci*) [da *fobia*; 1956] **I** ***agg.*** *T.psic.* relativo a una fobia, proprio di una fobia: *sintomi fobici* || che soffre di una fobia: *soggetto fobico* **II** ***sm.*** (f. *-a*) soggetto fobico.

-fobo [dal gr. *-phóbos*, che ha paura] ***elem. term.*** **1.** in parole composte della terminologia medica, vale "che ha paura morbosa" (per es. *claustrofobo*) **2.** *per estens.* in altre parole vale "che prova avversione, ripugnanza (nei confronti di persone o cose)": **anglòfobo** || **N.** 2. *Contr.* -filo.

fòca [dal lat. *phōca*, gr. *phṓkē*; a. 1333 nel senso 1; 1908 nel senso 2] ***sf.*** **1.** nome di varie specie di mammiferi carnivori adattati alla vita acquatica, con testa tondeggiante, lunghi baffi setolosi, e zampe a forma di pinne; sono diffuse nell'Atlantico settentrionale e nei mari artici, e presenti con una specie (*foca monaca*) anche nel Mediterraneo || *per meton.* pelle di foca: *un portafoglio, una borsetta di foca* || *T.sport. pelle di foca*, striscia di materiale (oggi sintetico) che si mette sotto ciascuno sci per permettere la marcia in salita nelle escursioni sci-alpinistiche **2.** *fig. fam.* persona grassa e goffa || **N.** tricheco, vitello marino. **TAV.** ***mammiferi* p. 1318** 11.

focàccia (pl. *-ce*) [lat. tardo *focăcia*; fine sec. XIV] ***sf.*** tipo di pane di forma schiacciata cotto in forno e condito con sale, olio ed eventualmente altri ingredienti: *un pezzo di focaccia alla cipolla* || dolce di forma analoga || nel modo di dire *render pan per focaccia*, render la pariglia || *dim.* focaccìna || **N.** pizza, schiacciata, sfogliata, torta. **TAV.** *alimentazione* 2.5.

focàce [da *f(u)oco*; a. 1388] ***agg.*** *arc.* o *lett.* ardente, focoso, spec. *fig.*: *vento focace quasi battito di febbre* (D'Annunzio).

focàia [lat. tardo *focăria*; a. 1375] ***agg.*** solo *f.* nella loc. *pietra focaia*, varietà di silice, di colore vario che, battuta, dà scintille di fuoco.

focàle [da *f(u)oco*; 1817] ***agg.*** **1.** *T.mat.* relativo al fuoco di un'ellisse, di una parabola o di un'iperbole || *T.fis.* relativo al fuoco di un sistema ottico: *distanza focale* (anche *ass. sf. focale*), distanza tra il fuoco principale e il centro ottico di una lente o di uno specchio curvo **2.** che costituisce il *focus* dell'enunciato.

focalità [da *focale*; 1959] ***sf.*** *T.ott.* l'essere a fuoco: *la focalità di un'immagine* || **N.** *Sin.* focalizzazione.

focalizzàre [da *focale*; 1963] ***tr.*** **1.** *T.fot.* mettere a fuoco **2.** *fig.* mettere bene in chiaro: *focalizzare i punti essenziali della questione* || mettere in rilievo, sottolineare; *in part. T.ling.* porre in risalto nella frase: *l'avverbio "proprio" serve a focalizzare il costituente che segue.*

focalizzazióne [da *focalizzare*; 1967] ***sf.*** *T.ott.* **1.** focalità **2.** il mettere a fuoco.

focàra [lat. volg. *focăria*; fine sec. XIV] ***sf.*** *raro* braciere.

focàtico (pl. *-ci*) [lat. mediev. *focătĭcum*; sec. XIV] ***sm.*** *T.stor.* nel Medioevo, imposta su ciascun focolare, cioè su ciascuna famiglia.

focàto [da *f(u)oco*; a. 1938] ***agg.*** **1.** detto di cavalli, color fuoco: *baio focato*, dal mantello rosso tendente al castano **2.** *ant.* infuocato.

focatùra [da *focato*; 1956] ***sf.*** macchia di colore più intenso nel mantello di alcuni cavalli.

fóce [lat. *faux, faucis*; sec. XIII] ***sf.*** *T.geogr.* **1.** sbocco di un fiume nel mare, in un lago o in un altro fiume: *foce a delta, a estuario* || *mettere foce, fare foce*, sboccare **2.** *non com.* in alcune regioni appenniniche, forcella.

focèna [dal gr. *phṓkaina*, da *phṓkē*, foca; 1828] ***sf.*** mammifero marino dei Cetacei, simile al delfino, fornito di una pinna triangolare sul dorso || **N.** *Sin.* marsovino.

focheggiàre (pres. *-éggio*) [da *f(u)oco*; 1944] ***tr.*** *non com.* mettere a fuoco l'obbiettivo di un apparecchio fotografico.

focheggiatùra [da *focheggiare*; 1965] ***sf.*** *non com.* il focheggiare.

fochìsta V. FUOCHISTA.

focìle [lat. volg. **(petra) focilis*; 1313] ***sm.*** **1.** *ant.* acciarino per la pietra focaia; battifuoco **2.** *arc.* fucile.

fòco V. FUOCO.

focolàio (pl. *-ài*) [lat. tardo *foculāre*; 1875 nel senso 2] ***sm.*** **1.** *T.med.* centro d'infezione **2.** *fig.* punto, centro da cui si irradia un fenomeno (spec. negativo): *il focolaio della ribellione, dell'epidemia.*

focolàre [lat. tardo *foculāre*; sec. XIII nel senso 2; 1869 nel senso 3] ***sm.*** **1.** piano di pietra o di mattone, sotto il camino, per accendervi il fuoco || *per meton.* camino **2.** *fig.* casa, famiglia: *focolare domestico*; *l'angelo del focolare*, la moglie, la madre **3.** *T.tecn.* la parte di una caldaia a vapore dove avviene la combustione **4.** *T.geol. focolare vulcanico*, la regione interna alla Terra in cui si origina il magma eruttato dai vulcani **5.** *T.rel.* comunità di laici consacrati dediti alla carità (detti *focolarini*). **TAV.** ***ferrovie...* p. 669** 1.16.

focomelìa [comp. di *foco* e *-melia*; 1899] ***sf.*** *T.med.* malformazione congenita consistente in arti non sviluppati normalmente e con le estremità di forma irregolare.

focomèlico (pl. *-ci*) [da *focomelia*; 1963] ***agg.*** e ***sm.*** (f. *-a*) *T.med.* che o chi è affetto da focomelia.

focometrìa [comp. di *f(u)oco* e *-metria*; 1986] ***sf.*** *T.fis.* misurazione della distanza focale di una lente o di un sistema ottico.

focòmetro [comp. del lat. *focus*, fuoco e *-metro*; 1917] ***sm.*** strumento per misurare la distanza focale di un sistema ottico.

focóne [da *f(u)oco*; a. 1606] ***sm.*** **1.** *disus.* nelle antiche armi da fuoco ad avancarica, forellino attraverso cui il fuoco dell'innesco si comunicava alla carica, provocando in tal modo l'esplosione della stessa **2.** *dial.* braciere.

focóso [da *f(u)oco*; 1304] ***agg.*** **1.** veemente, impetuoso: *temperamento, cavallo focoso* **2.** *ant. propr.* infuocato || **focosaménte** ***avv.*** || **N.** **1.** *Sin.* ardente, infiammato, iracondo.

focus (lat., pr. it. ['fɔkus]) [letter. focolare; 1956] ***sm.*** (pl. *foci*, pr. it. ['fɔtʃi]) **1.** *T.med.* focolaio di infezione latente, da cui si irradiano i germi o le tossine che provocano un processo patologico evidente **2.** *T.ling.* l'elemento dell'enunciato che si vuole porre maggiormente in rilievo, caratterizzato da un'intonazione ascendente o da una particolare posizione nella frase.

fòdera [da *fodero*; 1427 *fodara*] ***sf.*** ciò che serve a rivestire la parte interna o esterna di qualche cosa: *la fodera della giacca, del libro* || **N.** copertina, custodia, federa, guscio, involucro.

foderàme [da *fodero*; 1901] ***sm.*** *T.abb.* insieme di tessuti di varia natura usati per foderare abiti.

foderàre (pres. *fòdero*) [da *fodero*; 1310] ***tr.*** rivestire con una fodera: *foderare un vestito, un armadio, un libro.*

foderàto (*pps.* di *foderare*) [a. 1300] ***agg.*** munito di fodera: *un vestito foderato* || *fig.* che è ben provvisto di qualche cosa: *uno zio foderato di biglietti da mille* || *fam. avere gli occhi foderati di prosciutto*, non saper o non voler vedere cose che andrebbero viste.

foderatùra [da *foderare*; a. 1356] ***sf.*** il foderare || *concr.* l'insieme delle fodere di un abito.

foderìna (*dim.* di *fodera*) [1963] ***sf.*** **1.** piccola fodera **2.** rivestimento in plastica o in carta usato per libri e quaderni || rivestimento di stoffa con cui si ricoprono i sedili delle auto.

fòdero [dal germ. *fodr*, custodia; fine sec. XIII] ***sm.*** guaina della spada, della baionetta e sim. || **N.** infoderare, rinfoderare, sfoderare, sguainare. **TAV.** ***armi* p. 648** 8.5.

fòdro [dal francone *fodar*, nutrimento, foraggio; 1881] ***sm.*** *T.stor.* nel Medioevo, rifornimento di foraggio che gli abitanti di una determinata regione erano tenuti a dare ai cavalli del seguito imperiale, quando transitavano per il loro territorio.

fóga [lat. *fuga*; a. 1292] ***sf.*** impeto, ardore: *nella foga del dire, della passione*; *discutere, reagire con foga eccessiva* || **N.** *Sin.* accaloramento, slancio.

fòggia (pl. *-ge*) [etim. sconosciuta; a. 1313] ***sf.*** forma, aspetto di un oggetto; detto di vestiti, anche moda, fattura: *una gonna di foggia antiquata.*

foggiàre (pres. *fòggio*) [da *foggia*; a. 1348] ***tr.*** formare, dar forma, anche *fig.*: *foggiare il carattere* || ***rifl. indir.*** formarsi: *egli si è foggiato un mondo a suo modo.*

foggiatùra [da *foggiare*; 1832] ***sf.*** *non com.* l'operazione del foggiare; nell'industria ceramica, formatura.

fòglia (pl. *-glie*) [lat. tardo *folia*; fine sec. XIII] ***sf.*** **1.** *T.bot.* appendice laterale del fusto e dei rami di una pianta, di vario aspetto, ma generalmente laminare, contenente forte quantità di clorofilla, che svolge le funzioni di assimilazione del carbonio per fotosintesi e di traspirazione dell'acqua assorbita dalle radici || con uso improprio, *le foglie del carciofo*, le brattee || *mangiare la foglia*, intuire per tempo un inganno o un tranello || *tremare come una foglia*, visibilmente, in tutto il corpo, per freddo o per paura || *stretta è la foglia, larga è la via, dite la vostra che ho detto la mia*, formula conclusiva delle fiabe || *non muover foglia*, non fare nulla; *prov. non muove foglia che Dio non voglia*, nulla accade contro il volere di Dio **2.** *per estens.* lamina sottilissima di metallo: *foglia d'oro, d'argento* || ciascuna delle lamine d'acciaio che costituiscono la balestra degli autoveicoli || *dim.* fogliẹrèlla, fogliétta, foglìna, fogliolìna, fogliùccia, fogliùzza; *accr.* fogliónа, foglióne; *pegg.* fogliàccia || **N.** cestire, frondeggiare, infogliare, infronzire, sfogliarsi | afillo, fillocladо, fillotassi; stomi; clorofilla. **Q.T.** *botanica* **TAV.** ***fiori...* p. 671** 4, 5, 6, 7.

fogliàceo [dal lat. *foliăceus*; a. 1725] ***agg.*** *T.bot.* che ha consistenza o aspetto simile a quello di una foglia: *il tallo fogliaceo dei licheni.*

fogliàme [da *foglia*; sec. XIV-XV] ***sm.*** il complesso delle foglie d'una o di più piante: *uccelli nascosti nel fogliame* || ammasso di foglie, anche secche.

fogliànte [dal fr. *feuillant*; 1834] ***sm.*** **1.** *T.stor.* monaco cistercense riformato, la cui sede era nel villaggio di *Feuillants*, in Linguadoca **2.** *T.stor.* componente di un circolo politico moderato al tempo della Rivoluzione Francese, così detto perché il circolo si adunava in un convento di foglianti.

fogliàre[1] (pres. *fòglio*) [da *foglia*; sec. XIII] ***intr.*** (aus. *avere*) *lett.* metter foglie: *nel tempo che foglia.*

fogliàre[2] [da *foglia*; 1809] ***agg.*** della foglia, di foglia: *aspetto fogliare* || **N.** *Sin.* fogliaceo.

fogliàta [da *foglio*; a. 1704] ***sf.*** *non com.* quantità avvolta in un foglio di carta.

fogliàto [dal lat. *foliatus*; a. 1698] ***agg.*** **1.** *T.bot.* detto di ramo o fusto coperto, ricco di foglie: *ramo fogliato* **2.** detto di metallo ridotto in foglie, lamine sottili: *oro, argento fogliato.*

fogliazióne [da *fogliare*; 1865] ***sf.*** *T.bot.* lo svilupparsi e l'espandersi delle foglie dalle gemme sbocciate.

fogliétta [dal prov. *folheta*; sec. XV] ***sf.*** *disus.* misura di capacità, pari a un quarto di boccale, in uso soprattutto a Roma.

fogliétto (*dim.* di *foglio*) [a. 1484 nel senso 1; 1892 nel senso 2] ***sm.*** **1.** piccolo foglio **2.** *T.zool. foglietti embrionali*, ciascuna delle lamine cellulari che si formano nei primi stadi dello sviluppo dell'embrione (in numero di due nei Metazoi inferiori e di tre nei Metazoi superiori), da cui si originano in seguito i vari tessuti e organi **3.** *T.filat.* francobollo o insieme di francobolli stampati sullo stesso foglio e contornati di disegni e scritte, a uso dei collezionisti || **N.** **2.** ectoderma, endoderma, mesoderma. **TAV.** *filatelia* 6.

foglìfero [comp. di *fogli(a)* e *-fero*; 1865] ***agg.*** *T.bot.* che dà origine a foglie: *gemma foglifera.*

fòglio (pl. *-gli*) [lat. *folium*; a. 1313 nel senso 1; 1591 nel senso 2] ***sm.*** **1.** carta di forma perlopiù rettangolare, destinata a vari usi: *foglio a righe, protocollo*; *foglio volante*, singolo foglio stampato || *in foglio*, V. IN FOLIO || *colloq.* biglietto di banca: *un foglio da diecimila* || *T.filat.* gruppo di francobolli identici stampati insieme || documento: *foglio di congedo*; *foglio rosa*, autorizzazione temporanea alla guida di autoveicoli in attesa di conseguire la patente, se accompagnati da una persona che ne sia in possesso; *foglio di via obbligatorio,* documento con cui si dispone il rinvio forzato al luogo di residenza nei confronti di persone ritenute pericolose per la pubblica sicurezza; *foglio di famiglia,* modulo usato nel censimento generale della popolazione **2.** *per estens.* giornale, spesso con accezione riduttiva o spregiativa: *un oscuro foglio di provincia;* è com. in questo senso il pegg. *fogliaccio: un fogliaccio scandalistico* **3.** *per estens.* strato sottile di vari materiali: *un foglio di plastica, di compensato* **4.** *T.inform. foglio elettronico, spreadsheet* || *dim.* fogliétto, fogliettìno, fogliolìno; *accr.* foglióne; *pegg.* fogliàccio || **N. 1.** quaderno, quinterno; pagina, sguardia **2.** *Sin.* certificato, formulario, modulo **3.** *Sin.* lamina. **Q.T.** *carta, filatelia.*

fogliolìna (*dim.* di *foglia*) [1340 ca.] ***sf.*** **1.** piccola foglia **2.** *T.bot.* ciascuna delle lamine che formano una foglia composta.

fogliόso [da *foglia;* 1340] ***agg.*** *raro* carico di foglie.

fogliùto [da *foglia;* a. 1349] ***agg.*** *lett.* fronzuto, carico di foglie.

fógna [etim. inc.; sec. XIII] ***sf.*** **1.** condotto sotterraneo per raccogliere acque putride e immondizie || *fig. fam.* luogo sudicio o persona spregevole; persona ingorda **2.** *non com.* canale per smaltire le acque di un campo || *dim.* fognòlo; *accr.* fognóne || **N. 1.** *Sin.* chiavica, cloaca | chiusino, collettore fognario, depuratore, pozzo nero, tombino.

fognaiòlo [da *fogna;* 1834 *fognajuolo*] ***sm.*** (f. *-a*) addetto alla manutenzione delle fogne.

fognàre (pres. *fógno*) [forse dal lat. volg. **fundiare,* scavare; a. 1597] ***tr.*** **1.** *non com.* munire di fogne **2.** *T.giard. fognare un vaso,* munirlo di fognatura **3.** *fig. ant. fognare le noci, le castagne* e sim., quando il venditore, vendendole a misura, lascia a bella posta dei vuoti per darne meno.

fognàrio (pl. *-ri*) [da *fogna;* 1983] ***agg.*** relativo alle fogne, concernente le fogne: *la rete fognaria cittadina.*

fognatùra [da *fognare;* a. 1597] ***sf.*** **1.** spec. *pl.* l'insieme di tutte le fogne di un centro abitato **2.** *T.giard.* pezzo di terracotta ricoperto di foglie secche, posto sul fondo di un vaso per piante ornamentali al fine di garantire un buon drenaggio durante l'innaffiatura.

fogonatùra [da *fogone,* forma veneta per *focone;* 1889] ***sf.*** *T.mar.* apertura praticata nel ponte di una imbarcazione nella quale viene collocato l'albero.

föhn (ted., pr. [føːn]) [1885 *foehn*] ***sm.*** *inv.* **1.** nome del vento caldo secco sul versante sottovento delle catene alpine **2.** apparecchio elettrico che emette aria calda, e serve per asciugare i capelli; è com. anche l'adattamento italiano *fon* || **N. 1.** *Sin.* favonio **2.** *Sin.* asciugacapelli.

fòia [lat. *furia;* a. 1300] ***sf.*** eccitamento sessuale, propr. detto degli animali || *per estens.* desiderio violento, smania.

fòiba [lat. *fovea;* 1869] ***sf.*** *T.geogr.* depressione carsica a forma d'imbuto sul fondo della quale si apre una profonda voragine che inghiotte le acque || **N.** dolina, inghiottitoio.

foie-gras (fr., pr. [fwa'grɑ]) [letter. fegato grasso; 1942] ***sm.*** *inv. T.cuc.* fegato d'oca, reso particolarmente ricco e gustoso mediante un apposito trattamento d'ingrasso dell'animale; viene usato come ripieno o per la guarnizione di tartine || *pâté de foie-gras,* pasticcio di fegato d'oca.

foiòlo [dal lat. *folium,* foglia, attr. il milan. *fojö;* 1942] ***sm.*** *T.cuc.* trippa di manzo.

foióso [da *foia;* a. 1552] ***agg.*** *raro* in preda a eccitazione sessuale, detto spec. di animali || *per estens.* bramoso, desideroso, voglioso.

fòla [lat. *fābula;* 1338] ***sf.*** **1.** fantasticheria || ciancia, frottola, fandonia **2.** *lett.* favola.

fòlade [dal gr. *phōlás, -ádos;* a. 1698] ***sf.*** mollusco dei Foladidi, che perfora rocce e legni sommersi, e perciò dannoso per le navi.

Folàdidi (sing. *-e*) [comp. di *folade* e *-idi;* 1932] ***sm. pl.*** *T.zool.* famiglia di molluschi bivalvi dei Lamellibranchi, provvisti di conchiglia bianca e lamelle sottili, caratterizzati dalla capacità di perforare i fondi marini su cui vivono.

fòlaga [lat. *fulica;* a. 1440 *folca*] ***sf.*** uccello dei Rallidi, di color grigiastro, esteriormente simile all'anatra, ma più piccolo.

folàta [da un ant. *folo,* mantice; 1552] ***sf.*** soffio di vento, rapido e impetuoso: *una folata di bora* || *fig.* detto anche di persone o animali che arrivino in gruppo rapidi e improvvisi: *folate di uccelli solcavano l'aria* || **N.** *Sin.* raffica, ventata.

folcìre (*dif.,* usato solo alla III pers. sing. dell'ind. pres. *fólce*) [lat. *fulcīre,* sostenere; a. 1478] ***tr.*** sostenere, appoggiare.

folclóre (meno com. *folklóre*) [dall'ingl. *folk-lore;* 1884] ***sm.*** **1.** l'insieme delle tradizioni popolari di una regione o di un gruppo etnico, gen. in opposizione alla cultura scritta delle classi colte, quando questa sia presente: *vestiti del folclore siciliano, celtico* **2.** lo studio delle tradizioni popolari, detto anche *demologia.*

folclòrico (pl. *-ci*) [da *folclore;* 1899] ***agg.*** che riguarda il folclore, spec. come oggetto di studio (a differenza di *folcloristico,* non può avere connotazione riduttiva o spreg.).

folclorista [da *folclore;* 1892] ***s.*** studioso o appassionato di folclore.

folclorìstico (pl. *-ci*) [da *folclore;* 1889 *folkloristico*] ***agg.*** **1.** che appartiene al folclore di una regione, di un gruppo etnico e sim.: *spettacoli, canti folcloristici* **2.** *per estens. fam.* vistoso, bizzarro: *un abbigliamento un po' troppo folcloristico per la sua posizione* || con connotazione spreg., poco serio, vacuamente a effetto.

folgorànte (*pps.* di *folgorare*) [a. 1475 *fulgurante*] ***agg.*** *fig.* che provoca grande stupore e ammirazione: *bellezza folgorante* || che lascia di stucco: *un'intuizione folgorante,* che mette di colpo il problema sotto una luce completamente diversa.

folgoràre (pres. *fólgoro*) [lat. *fulgurāre;* 1304 ca.] ***intr.*** (aus. *avere*) **1.** lampeggiare, balenare || *ant.* anche *impers. folgora,* il cielo manda lampi || detto di Giove, vibrare il fulmine **2.** *fig. lett.* piombare con la velocità del fulmine || inveire violentemente || ***tr.*** **1.** detto di Giove, colpire col fulmine **2.** uccidere o colpire con una scarica elettrica: *la scarica di 1000 volt lo ha folgorato all'istante* || *fig.* rendere immobile, paralizzare: *lo folgorò con un'occhiata* || **N.** *tr.* **2.** *Sin.* fulminare.

folgoratóre [da *folgorare;* 1561 come sm.] **I** ***agg.*** *raro* che folgora || *in part.* epiteto di Giove **II** ***sm.*** **1.** *per anton.* Giove **2.** *T.stor.* presso gli Etruschi e nell'antica Roma, l'augure che traeva auspici dalla folgore.

folgoratòrio (pl. *-ri*) [da *folgoratore;* 1970] ***agg.*** relativo al folgoratore, proprio del folgoratore.

folgorazióne [lat. *fulgurātio, -ōnis;* 1917] ***sf.*** **1.** *T.med.* lesione prodotta da una scarica elettrica **2.** *fig.* intuizione o, anche, evento inatteso che rende improvvisamente chiara una situazione: *ho avuto una folgorazione, quella tua battuta è stata per me una folgorazione* || **N. 1.** *Sin.* fulminazione **2.** *Sin.* illuminazione, rivelazione.

fólgore [lat. *fulgur;* a. 1243 *fulgore*] ***sf.*** (ant. anche *m.*) fulmine, in particolare in rapporto al suo carattere visivo: *una folgore accecante.*

folgoreggiàre (pres. *-éggio*) [da *folgorare;* 1319] ***intr.*** (aus. *avere* ed *essere*) *lett.* precipitare con la velocità della folgore.

folgorìte [comp. di *folgore* e *-ite*[2]; 1887] ***sf.*** *T.min.* tubetto o cilindretto siliceo prodotto dal passaggio del fulmine attraverso la sabbia.

foliazióne [dall'ingl. *foliation;* 1983] ***sf.*** **1.** numero complessivo delle pagine di un giornale: *il successo del settimanale è testimoniato dal costante aumento della foliazione* **2.** *T.tip.* impostazione grafica della pagina di un giornale, con opportuna distribuzione degli articoli, delle fotografie e degli annunci pubblicitari || **N. 2.** *Sin.* impaginazione.

fòlico (pl. *-ci*) [dal lat. *folium,* foglio, foglia; 1949] ***agg.*** *acido folico,* fattore vitaminico impiegato nella cura di parecchie anemie.

Folidòti (sing. *-e*) [comp. del gr. *pholís, -idós,* scaglia e gr. *ûs, ōtós,* orecchio; 1834] ***sm. pl.*** *T.zool.* ordine di mammiferi dal corpo coperto di squame cornee, come i pangolini. **TAV.** ***mammiferi* p. 1318.**

fòlio v. IN FOLIO.

folk (ingl., pr. [fouk]; pr. it. [fɔlk]) [letter. popolo; 1970] **I** ***agg.*** *inv.* popolare, detto in part. di manifestazioni musicali: *musica folk, canzone folk* **II** ***sm.*** *inv.* genere musicale folk: *il folk italiano, americano.*

folklóre e der. forme meno com. di FOLCLORE e der. (v.).

folk-singer (ingl., pr. [ˌfouk 'sɪŋə]; pr. it. [folk'siŋger]) [letter. cantante popolare; 1983] ***s.*** cantante, o cantautore, di *folk-songs.*

folk-song (ingl., pr. ['fouk sɒŋ]; pr. it. [fɔlk-'sɔŋg]) [letter. canto popolare; 1970] ***sf.*** *inv.* (ma anche *pl. folk-songs,* pr. ['fouk sɒŋz]) canzone popolare, di solito ispirata a tematiche di protesta sociale.

folkways (ingl., pr. ['fouk weɪz]) [letter. vie popolari; 1981] ***sm. pl.*** complesso dei prodotti culturali che stanno alla base di una società, poiché divengono dominanti e costituiscono l'oggetto di sanzioni obbligatorie.

fòlla o **fólla** [da *follare*[1]; sec. XIV] ***sf.*** moltitudine di persone ammassata in un luogo: *la folla premeva ai cancelli dello stadio* || con connotazione spreg., massa incolta: *tenersi in disparte dalla folla* || anche *fig.,* ammasso: *una folla di angosce, di pensieri* || **N.** *Sin.* assembramento, calca, frotta, massa, pigia-pigia, ressa; accozzaglia, branco, orda, turba, volgo | compatta, immensa, sterminata, strabocchevole, tumultuosa | accalcarsi, addensarsi, affluire, affollarsi, agglomerarsi, assembrarsi, assieparsi, radunarsi; defluire, disperdersi, sfollare.

follàre[1] (pres. *fóllo*) [lat. volg. **fullāre;* 1420] ***tr.*** sottoporre a follatura: *follare i panni, il vino.*

follàre[2] (pres. *fóllo*) [da *folla;* a. 1686] ***tr.*** *ant.* incalzare, premere, accalcare: *follare le schiere nemiche.*

fòllaro [dal biz. *phóllis,* borsa, sacchetto di cuoio; 1405 ca. *folaro*] ***sm.*** *T.num.* moneta di bronzo o di rame; coniata in Italia nell'alto Medioevo da Ostrogoti e Normanni, e in molte zecche dell'Italia Meridionale, in Oriente, a Rodi e a Cipro.

follatóio (pres. *-ói*) [da *follare*[1]; 1834] ***sm.*** *T.enol.* strumento per pigiar l'uva.

follatóre [da *follare*[1]; a. 1544] ***sm.*** **1.** (f. *-trìce*) addetto alla follatura dei tessuti o delle vinacce **2.** *T.enol.* follatoio.

follatrice [da *follare*[1]; 1965] ***sf.*** *T.tess.* macchina per follare.

follatùra [da *follare*[1]; 1771] ***sf.*** **1.** *T.tess.* l'operazione del rassodare la stoffa tessuta bagnandola con appretti e premendola **2.** *T.enol. follatura del vino,* il ricacciare al fondo delle botti, con appositi bastoni incrociati, detti *follatoi,* le vinacce che vengono alla superficie durante la fermentazione, per vivificare, aerandola, la vinificazione del mosto ed evitarne l'acetificazione.

fòlle [lat. *follis;* a. 1250] **I** ***agg.*** **1.** detto di persona, privo di senno: *il dolore l'ha reso folle,* *un folle tiranno* || anche *iperb.*: *essere folle di rabbia* || con senso attenuato, temerario, sconsiderato: *sei stato folle a gettarti di quest'impresa* || detto di comportamenti, pensieri e sim. avventato, irragionevole: *mi sembra un'idea folle* **2.** *T.mecc.* nella loc. *in folle*, detto di un congegno meccanico quando agisce consumando energia senza produrre lavoro utile: per es. in un'automobile ferma, quando è avviato il motore e l'albero di trasmissione è disinnestato: *mettere in folle* || **folleménte** *avv.* **II** *s.* persona malata di mente: *famiglia sterminata da un folle* || **N.** I *Sin.* pazzo, squilibrato; assurdo, dissennato, insensato, pazzesco | *Contr.* assennato, equilibrato, saggio II *Sin.* matto, psicopatico, psicotico.

folleggiaménto [da *folleggiare*; 1836] *sm.* il folleggiare.

folleggiàre (pres. *-éggio*) [da *folle*; fine sec. XII] *intr.* (aus. *avere*) comportarsi da pazzo || *più com. scherz.* divertirsi spensieratamente.

follétto [da *folle*; 1313] *sm.* essere favoloso rappresentato nella tradizione popolare come piccolo, in grado di volare, dispettoso ma gen. benigno; anche come apposizione: *spirito folletto* || *fig.* ragazzo vivacissimo.

follìa [da *folle*; a. 1250] *sf.* **1.** condizione di chi ha perduto la ragione: *cadere nella follia, vittima della follia* || *iperb.* nella loc. avv. *alla follia*, senza limiti, perdutamente: *amare alla follia* || *follia collettiva*, esaltazione e fanatismo di massa che può giungere fino alla violenza || con senso attenuato, sconsideratezza; eccentricità: *la proverbiale follia degli artisti* **2.** atto o comportamento avventato, sconsiderato, irragionevole: *la tua decisione è pura follia, non vorrei aver commesso una follia a fidarmi di lui*; *fare follie per qualcuno*, essere disposto a tutto per accontentarlo: *farebbe follie per quella ragazza* **3.** *T.mus.* tipo di aria di danza in tempo ternario di origine portoghese, di andamento grave, diffusa in Europa nel Cinque-Seicento || **N.** PAZZIA.

follicolàre [dal lat. tardo *folliculāris*; a. 1597] *agg. T.anat.* dei follicoli: *angina, liquido follicolare.*

follicolìna [da *follicolo*; 1932] *sf. T.med.* ormone femminile prodotto dalle ovaie || **N.** *Sin.* estrone.

follicolìte [comp. di *follicolo* e *-ite*[1]; 1887] *sf. T.med.* infiammazione dei follicoli cutanei.

follìcolo [dal lat. *folliculus*, piccolo sacco; sec. XIV *foliculo*] *sm.* **1.** *T.bot.* frutto secco deiscente formato da un solo carpello **2.** *T.anat.* termine generale col quale si designano vari organi a forma di sacco: *follicoli dentari, ghiandolari, sebacei, piliferi*; *follicolo ovarico*, cavità nell'ovario dei mammiferi contenente la cellula uovo **3.** *T.stor.* nelle navi a remi dell'antichità, manicotto di cuoio infilato sul remo per impedire all'acqua di entrare nella nave. **TAV. fiori... p. 671** 8.7.

follicolóso [dal lat. tardo *follicolōsus*; 1970] *agg.* recante follicoli.

follóne [lat. *fullo, -ōnis*; 1853] *sm.* **1.** *T.tess.* macchina usata per la follatura dei tessuti **2.** *ant.* lavoratore e smacchiatore di tessuti.

follonière [da *follone*; 1956] *sm.* (f. *-a*) operaio tessile che lavora sui folloni.

follow-up (ingl., pr. ['fɒloʊ ʌp]) [comp. di *to follow*, seguire e *up*, sopra; 1983] *sm. inv.* assistenza offerta ai nuovi assunti in un'azienda, per aiutarli e indirizzarli durante il periodo di apprendimento.

fólta [da *folto*; a. 1388] *sf. lett.* calca, folla.

foltézza [da *folto*; a. 1557] *sf. raro* l'essere folto.

fólto [lat. *fultus*; a. 1292] **I** *agg.* fitto: *un bosco, un cespuglio folto, una folta capigliatura, un folto gruppo di concorrenti* || detto anche di ciascuno degli elementi addensati: *capelli, rami folti* || **foltaménte** *avv. non com.* **II** *sm.* la parte di maggior addensamento: *il folto del bosco, gettarsi nel folto della mischia* || **N.** *Sin.* denso, fitto, serrato; fronzuto; affollato, gremito | infoltire; sfoltire.

fomentàre (pres. *-énto*) [dal lat. tardo *fomentāre*; a. 1540] *tr.* eccitare, alimentare cose non buone (spec. *fig.*): *fomentare i vizi* || **N.** *Sin.* istigare a, suscitare.

fomentatóre [da *fomentare*; a. 1540] *sm.* (f. *-trìce*) e *agg.* chi o che fomenta, sobillatore: *fomentatore di discordie.*

fomentazióne [dal lat. *fomentātio, -ōnis*; a. 1320 nel senso 2] *sf.* **1.** *non com.* il fomentare **2.** *T.med.* applicazione di un fomento.

foménto (meno com. *fuménto*) [dal lat. *fomentum*; sec. XIV] *sm.* **1.** *T.med.* medicamento caldo e umido che si applica alla parte malata **2.** *lett.* materiale che serve ad attizzare il fuoco || *com. fig.* stimolo, istigazione: *la durezza della repressione è ulteriore fomento alla rivolta popolare.*

fòmite [dal lat. *fōmes, -itis*, esca; a. 1406] *sm. ant.* ogni materia secca che arde facilmente || *fig. lett.* cosa che alimenta una passione, incentivo: *fomite di discordie.*

fòn[1] [adattamento del ted. *Föhn*; 1963] *sm. inv. föhn* (nel senso 2).

fòn[2] [da *fono-*; 1936] *sm. T.fis.* in acustica, unità di misura della sensazione soggettiva di intensità del suono, che non corrisponde necessariamente, al variare della frequenza, all'intensità energetica del suono (misurata in decibel).

fonàre (pres. *fòno*) [da *fon*[1]; 1983] *tr. pop.* asciugare e mettere in piega i capelli servendosi del fon.

fonastenìa [comp. di *fon(o)-* e *astenia*; 1942] *sf. T.med.* abbassamento della voce, per causa nervosa, affaticamento ecc.

fonatòrio (pl. *-ri*) [da *fonazione*; 1942] *agg.* che serve alla fonazione: *apparato fonatorio* || che riguarda la fonazione: *attività fonatoria.* **TAV.** *fonetica...* 1.

fonazióne [dal fr. *phonation*; 1875] *sf. T.med.* il processo fisiologico che causa l'emissione di suoni o rumori attraverso gli organi vocali; *in part.* nell'uomo, il processo di emissione dei suoni articolati del linguaggio.

foncé (fr., pr. [fɔ̃'se]) [letter. (colore) sprofondato; 1905] *agg. inv.* (sempre posposto) di tonalità cupa, scura; in italiano è usato spec. nel linguaggio della moda: *un blu foncé.*

fónda[1] [lat. *funda*, borsellino; a. 1292] *sf. raro* tasca fissata alla sella in cui si tenevano il fucile o altre armi || *arc.* borsa per denari.

fónda[2] [da *fondo*[1]; 1797] *sf.* **1.** *T.mar.* zona di mare con possibilità di ormeggio, spec. nelle espr. *essere, rimanere alla fonda*, di nave ancorata a una certa distanza dalla riva || *posto di fonda*, il punto in cui una nave deve ancorarsi per ordine delle autorità navali o portuali **2.** *arc.* grande abbondanza.

fondàbile [da *fondare*; 1956] *agg. raro* **1.** che può essere fondato **2.** *T.edil.* detto di terreno che può ricevere le fondamenta di un edificio.

fondàccio (pl. *-ci*) (*pegg.* di *fondo*[1]) [1487] *sm.* la feccia, il deposito di un liquido molto impuro || avanzi di mercanzie invendute: *fondaccio di magazzino.*

fóndaco (pl. *-chi*) [dall'ar. *funduq*, alloggiamento per mercanti; 1321] *sm. T.stor.* nel Medioevo e nei secoli successivi, deposito di mercanzia, e anche luogo di commercio e residenza di mercanti: *il Fondaco dei Tedeschi a Venezia.*

fondàle [da *fondo*[1]; sec. XV *fundale* nel senso 2] *sm.* **1.** *T.teatr.* la scena di fondo nei teatri || *T.cin.* lo sfondo di una scena cinematografica **2.** *T.geogr.* la misura della massima profondità dell'acqua di un mare, un fiume e sim.: *il fondale del lago non supera i 30 metri.* Q.T. *teatro.*

fondàme [da *fondo*[1]; 1942] *sm.* fondo, residuo depositato da un liquido dopo aver riposato a lungo in un recipiente.

fondaménta *sf. pl.* V. FONDAMENTO.

fondamentàle [lat. tardo *fundamentālis*; a. 1606] **I** *agg.* **1.** che costituisce la base, l'essenza irrinunciabile di qualcosa: *princìpi fondamentali di una teoria, di una disciplina*; *legge fondamentale di uno stato* || *T.giur. diritti fondamentali*, diritti inviolabili e imprescrittibili dell'uomo (libertà personale, di pensiero e sim.) || *per estens.* essenziale, di grandissima importanza: *la sua presenza è fondamentale per la squadra, una scoperta fondamentale, un testo fondamentale per la comprensione del periodo storico* **2.** *T.mus. nota fondamentale* (e com. *fondamentale*, *sf.*), la nota più grave di una scala; la nota di base su cui è costituito un accordo || in acustica, la componente di frequenza più bassa nello sviluppo spettrale di una vibrazione sonora, che ne determina l'altezza (mentre il timbro dipende dalle componenti di frequenza multipla, dette *armoniche*) **3.** *T.fis. stato fondamentale*, in meccanica quantistica, lo stato di minima energia di un sistema (mentre gli altri si dicono *eccitati*) || **fondamentalménte** *avv.* **1.** nei fondamenti **2.** sostanzialmente, in gran parte: *un atteggiamento fondamentalmente corretto* **II** *sm.* *T.sport.* tecnica di base di uno sport: *i fondamentali della pallacanestro* || **N.** I **1.** *Sin.* basilare, essenziale, imprescindibile, indispensabile, sostanziale, vitale | *Contr.* irrilevante, marginale, secondario, trascurabile.

fondamentalìsmo [dall'ingl. *fondamentalism*; 1956] *sm. T.teol.* dottrina teologica di alcune chiese protestanti, spec. americane, caratterizzate da una stretta aderenza ai principi tradizionali dell'ortodossia cristiana (per es. l'infallibilità della Bibbia, interpretata letteralmente) || anche rif. ad altre religioni: *fondamentalismo islamico.*

fondamentalìsta [dall'ingl. *fondamentalist*; 1946] *agg.* e *s.* **1.** *T.teol.* che o chi aderisce o fa riferimento al fondamentalismo || *fondamentalisti islamici*, gli aderenti alla corrente teologica islamica che sostiene l'applicazione letterale e rigorosa della legge coranica anche nella società odierna **2.** *per estens.* in politica, chi persegue l'attuazione rigorosa e senza compromessi dei principi di un movimento politico || **N.** integralista.

fondamentàre (pres. *-énto*) [da *fondamento*; a. 1294] *tr. ant.* stabilire i fondamenti o le fondamenta.

fondaménto (pl. f. *-énta* nel senso **1**, pl. m. *-énti* nel senso **2**) [lat. *fundamentum*; a. 1294] *sm.* **1.** (usato quasi solo al pl. f.) struttura di sostegno sotterranea di un edificio: *gettare le fondamenta di una casa, distruggere sino alle fondamenta* **2.** *fig.* elemento essenziale, principio di base indispensabile su cui poggia una costruzione mentale, una scienza, un'istituzione e sim.: *i fondamenti della fisica, della religione cattolica, di una società democratica* || ragione solida, elemento su cui si può contare: *ipotesi senza fondamento*; *fare fondamento su qualcuno*, potersene fidare completamente || *non com. lavorare senza fondamento*, senza costrutto || **N.** 2. *Sin.* assioma, base, cardine, presupposto.

fondant (fr., pr. [fɔ̃'dɑ̃]) [letter. che si fonde; 1889] *sm. inv.* (anche pl. *fondants*, pr. [fɔ̃'dɑ̃]) tipo di caramella molto zuccherina, aromatizzata con vari sapori, che fonde rapidamente in bocca.

fondàre (pres. *fóndo*) [lat. *fundāre*; a. 1292] *tr.* **1.** munire di fondamenta: *fondare un edificio* **2.** *per estens.* far sorgere un centro abitato: *Pietroburgo fu fondata ai primi del Settecento* || *fig.* creare stabilmente un'istituzione, o anche un indirizzo culturale o di pensiero: *fon-*

dare un impero, un ordine religioso, una scuola filosofica **3.** *fig.* basare, dare fondamento: *fondare la propria difesa su certi documenti, fondare le proprie speranze su dati concreti* || ***rifl.*** e ***intr. pron.*** trarre sostegno e fondamento: *una ricostruzione storica che si fonda su documenti incontrovertibili* || fare assegnamento: *non fondarti troppo sulle sue assicurazioni* || **N.** ***tr.*** **2.** *Sin.* costruire, inaugurare, istituire **3.** *Sin.* appoggiare | ***rifl.*** poggiare; contare.

fondàta [da *fondo*[1]; 1625] ***sf.*** *tosc.* ciò che resta nel fondo di un recipiente contenente un liquido || **N.** *Sin.* fondo, sedimento.

fondatézza [da *fondare*; 1680] ***sf.*** l'esser fondato: *provò facilmente la fondatezza delle proprie asserzioni.*

fondàto (*pps.* di *fondare*) [a. 1511 *fundato*] ***agg.*** che riposa su buoni argomenti: *discorso fondato, ipotesi ben poco fondata* || **fondataménte** ***avv.*** || **N.** *Contr.* infondato.

fondatóre [lat. *fundātor, -ōris*; 1306] ***agg.*** e ***sm.*** (f. *-trice*) che o chi fonda; iniziatore.

fondazióne [lat. tardo *fundātio, -ōnis*; 1511 nel senso 3] ***sf.*** **1.** l'atto del fondare: *la fondazione di una città, di un giornale* **2.** *concr.*, spec. *pl.*, fondamenta: *fondazioni in cemento armato* **3.** *T.giur.* istituzione privata con personalità giuridica, costituita sulla base di un fondo patrimoniale autonomo (spesso una donazione) e destinata per statuto al conseguimento di un determinato scopo senza fini di lucro. **TAV.** *abitazione* 1.56; ***edilizia* p. 666** 8.

fondèllo (*dim.* di *fondo*[1]) [1585] ***sm.*** **1.** parte di fondo: *il fondello di un bossolo*; *fondelli dei pantaloni*, rinforzi di stoffa applicati nella parte posteriore || *pop.* *prendere per i fondelli*, prendere in giro **2.** anima del bottone. **TAV.** ***armi* p. 649** 19.2, 19.8, 21.2, 22.5

fondènte (*ppr.* di *fondere*) [a. 1730] **I** ***agg.*** che fonde: *cioccolato fondente*, quello amaro, usato anche fuso in cucina (opposto a quello *al latte*) || che si scioglie facilmente in bocca: *polpa fondente di un frutto* **II** ***sm.*** **1.** *T.metal.* nome generico delle sostanze usate in fonderia per abbassare il punto di fusione delle impurità onde separarle più facilmente dal metallo **2.** *T.alim.* V. FONDANT.

fóndere (pres. *fóndo*; p.rem. *fùṣi, fondésti*; pps. *fùṣo*) [lat. *fundere*, versare; sec. XIII] ***tr.*** **1.** far passare dallo stato solido allo stato liquido, gen. per riscaldamento, ma anche per aumento di pressione: *fondere un metallo, il sole ha fuso la neve, i pattini fondono un sottile strato di ghiaccio, fondere il burro* || *fondere le bronzine, il motore*, per surriscaldamento; freq. anche *ass.*: *ho dimenticato di mettere l'olio e ho fuso* **2.** amalgamare due o più sostanze, spec. per riscaldamento, fino a renderle un tutt'uno indifferenziato || *per estens.* unire: *fondere due società, due partiti*; *in part.*, combinare armonicamente in modo da far percepire un risultato unitario: *un compositore abilissimo nel fondere i timbri strumentali più diversi* **3.** ottenere mediante fusione: *fondere una statua, un cannone* **4.** *arc.* effondere, spandere; dissipare || ***intr.*** (aus. *essere*) e *meno com.* ***intr. pron.*** passare dallo stato solido a quello liquido: *il mercurio fonde a – 38 gradi, far fondere il burro a bagnomaria, la neve sta fondendo(si) rapidamente* || ***rifl. rec.*** unirsi: *le due società si sono fuse*; combinarsi, mescolarsi: *in quel quadro i colori si fondono armoniosamente* || **N.** **1.** *Sin.* liquefare **2.** *Sin.* mescolare; riunire, unificare | ***intr.*** *Sin.* sciogliersi.

fonderìa [da *fondere*; a. 1566] ***sf.*** **1.** stabilimento in cui si compiono operazioni di lavorazione dei metalli mediante la loro fusione e la loro colata in contenitori opportunamente sagomati (*forme*), dai quali vengono successivamente separati dopo la solidificazione e il raffreddamento **2.** l'insieme di tali operazioni. **Q.T.** *metallurgia.*

fondiàrio (pl. *-ri*) [dal fr. *foncier*, 1819] ***agg.*** relativo a terreni: *imposta fondiaria*; *credito fondiario*, credito a lunga scadenza concesso a proprietari di immobili o terreni || costituito di terreni o altri beni immobili: *proprietà fondiaria.*

fondìbile [da *fondere*; a. 1565] ***agg.*** che si può fondere.

fondìglio (pl. *-gli*) [da *fondo*[1]; a. 1347 *fondigliuolo*] ***sm.*** posatura di vino o di altro liquido in fondo a un recipiente.

fondìna (*dim.* di *fonda*[1]) [1812] ***sf.*** custodia per la pistola: *estrarre la rivoltella dalla fondina.*

fondìno (*dim.* di *fondo*[1]) [1960] ***sm.*** **1.** *T.teatr.* in una scena teatrale, piccolo fondale collocato dietro un'apertura (una porta, una finestra) per nascondere un retroscena **2.** *T.tip.* sfondo di colore unito, in cui si inseriscono una o più illustrazioni.

fondìṣmo [da *fondo*[1]; 1987] ***sm.*** *T.sport.* nello sci e nel podismo, il complesso delle attività agonistiche relative a gare sulle lunghe distanze: *il crescente interesse per il fondismo* || il complesso degli atleti che praticano il fondo: *i successi del fondismo azzurro* || **N.** discesismo, gare di velocità.

fondìsta [da *fondo*[1]; 1937] ***s.*** **1.** *T.sport.* atleta specializzato in gare di resistenza || *in part.* corridore di sci di fondo **2.** *T.giorn.* chi scrive articoli di fondo || **N.** **1.** *Contr.* scattista.

fóndita [da *fondere*; 1956] ***sf.*** *T.tip.* serie di caratteri dello stesso corpo, che viene ordinata dalla tipografia alla fonderia.

fonditóre [da *fondere*; inizio sec. XIV] ***sm.*** (f. *-trice*) addetto a lavori di fusione.

fonditrìce [da *fondere*; 1952] ***sf.*** macchina per fondere i metalli, e spec. quella che dal piombo fuso forma i caratteri tipografici.

fonditùra [da *fondere*; fine sec. XIV] ***sf.*** *non com.* fusione.

fóndo[1] [lat. *fundus*; 1313] ***sm.*** **1.** la parte più bassa di un oggetto cavo e spec. di un recipiente: *il fondo del pozzo, della caverna, di una bottiglia, di una scatola, di un'imbarcazione*; *raschiare il fondo della pentola, del barile*, anche *fig.*, andare a cercare le ultime e scarse risorse || *doppio fondo*, doppio piano di base di una valigia, un baule, un mobile e sim. che forma un'intercapedine in cui è possibile nascondere qualcosa; nelle costruzioni navali, struttura a fasciame interno parallelo a quello esterno, separato e protetto da un'intercapedine || *in part.* *il fondo del mare, di un lago*, la superficie solida al di sotto della massa liquida: *fondo sabbioso, roccioso*; *basso fondo*, V. BASSOFONDO; *andare a fondo*, affondare, non riuscire a rimanere a galla (anche *fig.*); *dare fondo* (*all'àncora*), gettare l'àncora; *toccare il fondo*, anche *fig.*, arrivare al punto più negativo dell'esistenza, sul lavoro, nei rapporti umani ecc., o arrivare al massimo dell'abiezione, dell'immoralità || strato: *fondo stradale sconnesso, dissestato* || *per estens.* la parte inferiore: *il fondo della valle*, V. FONDOVALLE; *firmare in fondo al foglio* || la parte posteriore: *il fondo dei calzoni*, il cavallo **2.** *concr.* (spec. *pl.*) ciò che rimane al fondo di un recipiente: *i fondi del vino, del caffè*; *fig.* resti, residui: *fondi di magazzino*, scarti o materiali comunque invenduti **3.** *fig.* la parte più intima, la parte essenziale: *un rimprovero che viene dal fondo del cuore, leggere nel fondo dell'anima* || *articolo di fondo* (o anche *fondo*), quello sulle colonne di sinistra della prima pagina, che impegna la responsabilità del giornale **4.** nella loc. *a fondo*, pienamente, con tutte le proprie risorse: *impegnarsi a fondo, studiare a fondo la questione*; *T.mil.* *carica a fondo*, col massimo impeto || *T.sport.* resistenza alla fatica in gare di lunga durata: *un atleta con poco sprint ma grandi doti di fondo*; *gare di fondo*, in atletica, i 5000 m, i 10000 m e la maratona; nel nuoto, i 1500 m; *sci di fondo* (o anche solo *fondo*), attività sciistica praticata su lunghi percorsi con dislivelli di non fortissima pendenza, con sci lunghi, sottili, senza lamine e attacchi che non bloccano la caviglia, permettendo così la salita; *mezzo fondo*, V. MEZZOFONDO **5.** la parte più lontana, o in secondo piano rispetto all'osservatore: *al fondo della strada, il fondo della scena* || *T.sport.* *linea di fondo*, quella che delimita il campo (da calcio, da tennis ecc.) alle estremità (nel calcio anche semplicemente *fondo*: *palla oltre il fondo, rimessa dal fondo*) || sfondo; *in part.*: nei quadri, in motivi decorativi ecc., la tinta unita o il motivo uniforme su cui risaltano le figure in primo piano: *una natura morta su fondo rosso, un mosaico su fondo oro*; *fondo tinta*, V. FONDOTINTA; *per estens.* *suoni, rumori di fondo*, che non fanno parte della trasmissione e disturbano il messaggio **6.** conclusione, compimento: *arrivare al fondo di un racconto, in fondo a un'impresa*; *andare a fondo di una questione* || *da cima a fondo*, dal principio alla fine || *dare fondo a qualcosa*, esaurirla: *dare fondo a un patrimonio, alle proprie energie* **7.** nella loc. avv. *in fondo*, tutto sommato, in definitiva: *in fondo non era poi così difficile* || **N.** **1.** *Sin.* base; strato; fondale **2.** *Sin.* avanzi, fondaccio, fondame, fondiglio, residui, resti, rimasugli **3.** *Sin.* essenza, fondamento, interno, nucleo **4.** *Sin.* tenuta **5.** *Sin.* retro; campo **6.** *Sin.* fine. **Q.T.** *sci* **TAV.** *tennis* 4.1; ***sci* p. 1332** 2, 6, 10, 18 e **p. 1333** 19; ***tipografia* p. 1337** 12.1.

fóndo[2] [lat. *fundus*; 1565] ***sm.*** **1.** appezzamento di terreno, podere: *ha ereditato un fondo di due ettari* || *per estens.* *T.giur.* bene immobile, edificio (*fondo urbano*) o terreno (*fondo rustico*) **2.** *T.econ.* il complesso delle disponibilità finanziarie di un individuo, un ente, un'impresa e sim., destinate a un impiego determinato: *il fondo salari di un'azienda, istituire un fondo di riserva per spese impreviste*; *versamento, prestito a fondo perduto*, di cui non si prevede la restituzione || *pl.* capitale, somma di denaro in genere: *il progetto si è arenato per mancanza di fondi, non mi bastano i fondi per comprarmi la macchina nuova*; *fondi segreti*, stanziamenti nel bilancio statale la cui precisa destinazione è coperta dal segreto di stato; *fondi neri*, nel linguaggio giornalistico, fondi di enti o imprese non iscritti in bilancio, tenuti nascosti perché hanno origine o sono destinati a operazioni illegali **3.** *T.econ.* denominazione di vari istituti e organizzazioni finanziarie: *Fondo comune di investimento*, società finanziaria che investe in titoli diversificati i mezzi finanziari ricevuti dai risparmiatori amministrandoli per loro conto; *Fondo monetario internazionale*, organismo attivo dal secondo dopoguerra con lo scopo di regolare le modalità finanziarie degli scambi internazionali e dei trasferimenti di valuta **4.** nelle biblioteche, gruppo di libri o documenti risalenti a un'unica donazione o lascito || **N.** **1.** *Sin.* tenuta **2.** *Sin.* finanziamenti, mezzi, stanziamenti; patrimonio.

fóndo[3] [lat. *fundus*, con influsso semantico di *profundus*; a. 1349] ***agg.*** sin. di *profondo*, ma con usi più ristretti: *acqua fonda*; *piatto fondo*, con una certa concavità perché possa contenere anche cibi liquidi; è usato per le minestre e in gen. per i primi piatti || *fig.* *notte fonda*, molto buia; nella loc. avv. *a notte fonda*, in piena notte.

fondocàmpo o **fóndo càmpo** [comp. di *fondo* e *campo*; 1986] ***sm.*** *T.sport.* le due estremità, in corrispondenza delle porte, di un campo di calcio: *un lancio da fondocampo* || loc. avv. *a fondocampo*, oltre il limite del campo da gioco: *il pallone finisce a fondocampo.*

fondotìnta (pl. *fonditinta* o inv.) o **fóndo tìnta** [comp. di *fondo* e *tinta*; 1956] ***sm.*** cosmetico consistente in una crema colorata che si stende sul viso e sul collo per uniformare il colorito della pelle, nascondendo eventuali imperfezioni || **N.** *Sin. pancake.*

fondovàlle [comp. di *fondo* e *valle*; 1929] ***sm.*** *inv.* la parte più depressa di una incisione valliva (pianeggiante nelle valli a U): *le abitazioni di fondovalle.*

fondùta [dal fr. *fondue*; 1854] ***sf.*** *piem.* piatto a base di uova, fontina e tartufi.

fonèma [dal lat. *phonēma*, gr. *phṓnēma*, attr. il fr. *phonème*; 1910] ***sm.*** *T.ling.* l'unità minima di un sistema linguistico provvista di valore distintivo, cioè in grado di differenziare diversi significanti opponendosi ad altre unità consimili (nelle trascrizioni i fonemi si rappresentano tra due sbarrette; per es. /p/ e /k/ in italiano sono fonemi diversi perché i due significanti ['pane] e ['kane] si distinguono soltanto per la presenza dei segmenti [p] e [k] rispettivamente).

fonemàtica [da *fonema*; 1963] ***sf.*** *T.ling.* studio del modo in cui i foni di una lingua si organizzano in un sistema di unità distintive dette *fonemi* || **N.** *Sin.* fonemica, fonologia.

fonemàtico (pl. *-ci*) [da *fonema*; 1956] ***agg.*** *T.ling.* di fonema, relativo ai fonemi || *trascrizione fonematica,* che riproduce solo gli elementi distintivi dei segmenti fonici delle lingue (a differenza della trascrizione *fonetica,* che mira a riprodurre le caratteristiche acustico-articolatorie nel modo più completo possibile) || **fonematicaménte** ***avv.*** dal punto di vista fonematico.

fonematizzazióne [da *fonematico*; 1970] ***sf.*** *T.ling.* acquisizione di valore fonematico, cioè distintivo, di un'opposizione tra foni diversi.

fonèmica [dall'ingl. *phonemics*; 1963] ***sf.*** *T.ling.* fonematica.

fonendoscòpio (pl. *-pi*) [comp. di *fono-*, gr. *éndon*, dentro e *-scopio*; 1936] ***sm.*** *T.med.* apparecchio per l'auscultazione del cuore e degli organi respiratori || **N.** stetoscopio. **TAV. *medicina...* p. 1320** 4.

fonèṣi [dal gr. *phṓnēsis*; 1899] ***sf.*** *T.med.* suono che si percepisce mediante l'auscultazione dei polmoni.

-fonèṣi [dal gr. *phṓnēsis*, suono] ***elem. term.*** che, in parole composte della terminologia linguistica, forma le denominazioni di fenomeni fonetici (per es. *anafonesi, metafonesi*).

fonètica [da *fonetico*; 1834] ***sf.*** *T.ling.* lo studio dei suoni di una lingua dal punto di vista articolatorio, acustico o percettivo; per lo studio delle opposizioni distintive tra i segmenti fonici, si preferisce oggi usare i termini *fonologia* o *fonematica.* **Q.T.** *linguistica* **TAV.** *fonetica...*

fonètico (pl. *-ci*) [dal gr. *phōnētikós*; 1834] ***agg.*** che concerne i suoni di cui si compone una parola: *regole, variazioni fonetiche* || *alfabeto fonetico,* serie di segni che tendono a riprodurre con precisione le caratteristiche acustico-articolatorie dei suoni di una lingua; *trascrizione fonetica,* che si vale di un alfabeto fonetico || **foneticaménte** ***avv.*** dal punto di vista della fonetica.

fonetiṣmo [dal fr. *phonétisme*; 1970] ***sm.*** *T.ling.* l'insieme dei caratteri fonetici di una lingua: *ricerca sul fonetismo inglese.*

fonetìsta [da *fonetica*; 1951] ***s.*** studioso di fonetica.

-fonìa [dal gr. *phōnḗ*, suono, voce] ***elem. term.*** che, in parole composte dotte, vale "suono", "voce", "rumore" (per es. *cacofonia, sinfonia, stereofonia, telefonia*).

foniàtra [da *foniatria*; 1963] ***s.*** medico specializzato in foniatria.

foniatrìa [comp. di *fono-* e *-iatria*, sul modello del fr. *phoniatrie*; 1956] ***sf.*** *T.med.* parte della medicina che studia le alterazioni dell'apparato fonatorio.

foniàtrico (pl. *-ci*) [da *foniatria*; 1956] ***agg.*** relativo alla foniatria, proprio della foniatria.

fònico (pl. *-ci*) [dal fr. *phonique*; a. 1764] **I** ***agg.*** che concerne la voce: *emissione fonica* || che concerne le onde sonore (sin. in questo senso di *acustico*): *segnale fonico, amplificazione fonica* || *T.gram. accentazione fonica,* termine improprio con cui talvolta si designa l'uso diacritico degli accenti grave e acuto per segnalare i due diversi gradi di apertura delle vocali *e* e *o* in italiano || **fonicaménte** ***avv.*** per quanto riguarda l'emissione del suono o della voce **II** ***sm.*** (f. *-a*) *T.cin.* il tecnico che cura la sincronizzazione della colonna sonora del film.

-fònico [dal gr. *phōnikós*] ***elem. term.*** che forma agg. corrispondenti a sostantivi in *-fono* (per es. *microfonico, telefonico*) o in *-fonia* (per es. *cacofonico, polifonico, stereofonico*).

fòno [dal gr. *phōnḗ*, suono; 1973] ***sm.*** *T.fon.* suono prodotto dagli organi vocali umani, oggetto di studio linguistico nella misura in cui svolge un ruolo in una lingua naturale; nelle trascrizioni i foni si rappresentano tra parentesi quadre, ad es. [n], [ŋ], [ɱ] || **N.** allofono, fonema, fonetica, fonologia.

fòno- [dal gr. *phōnḗ*, suono, voce] ***primo elem.*** che, in parole composte dotte, vale "suono", "rumore": **fonofobia**, **fonoregistratóre**, **fonoregistrazióne**.

-fono [dal gr. *phōnḗ*, suono, voce] ***elem. term.*** che, in parole composte dotte (per es. *dittafono, grammofono, telefono*), vale "suono", "voce", "rumore" || in linguistica vale "che parla (una data lingua)": **anglòfono**, **dialettòfono**.

fonoassorbènte [comp. di *fono-* e *assorbente*; 1970] ***agg.*** che ha la caratteristica di assorbire suoni e rumori.

fonobàr [comp. di (*grammo*)*fono* e *bar*; 1963] ***sm.*** *inv. disus.* mobile bar con giradischi incorporato.

fonocassétta [comp. di *fono-* e *cassetta*; 1983] ***sf.*** *non com.* caricatore contenente un nastro magnetico preregistrato || **N.** *Sin.* audiocassetta, musicassetta.

fonodettatùra [comp. di (*tele*)*fono* e *dettatura*; 1970] ***sf.*** dettatura di un telegramma per mezzo del telefono.

fonogenìa [comp. di *fono-* e *-genia*; 1958] ***sf.*** qualità naturale di voci, suoni e rumori che danno una buona resa fonografica.

fonogènico (pl. *-ci*) [da *fono-*, sul modello di *fotogenico*; 1933] ***agg.*** di suono o voce, adatto alla riproduzione fonografica.

FONETICA ARTICOLATORIA

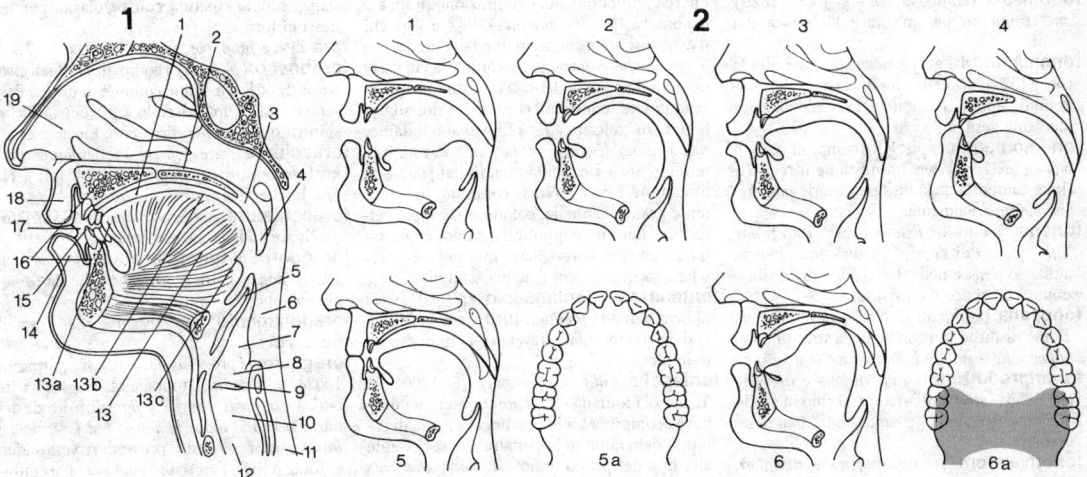

1

2

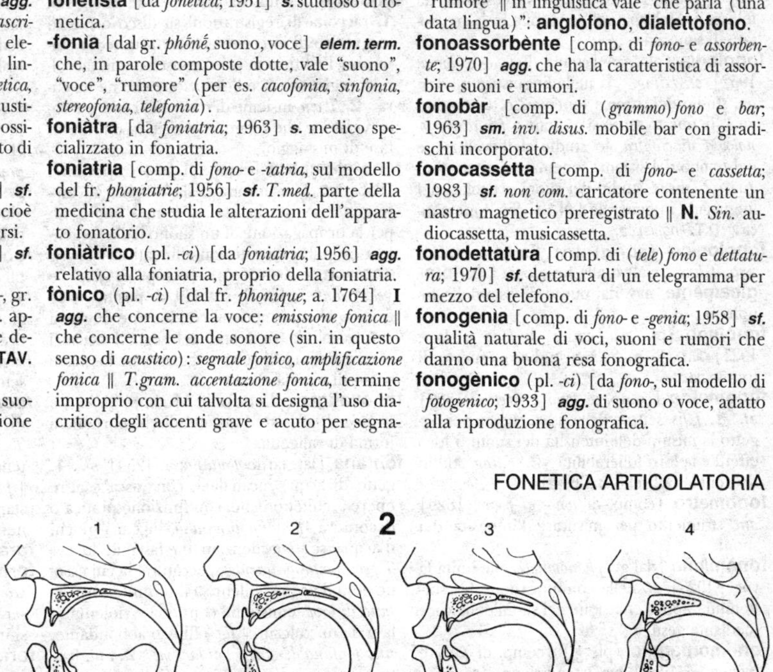

1. apparato fonatorio

1.1. cavità orale - 1.2. palato duro - 1.3. palato molle o velopendulo - 1.4. ugola - 1.5. epiglottide - 1.6. faringe - 1.7. laringe - 1.8. corda vocale superiore - 1.9. fessura o rima vocale - 1.10. corda vocale inferiore - 1.11. esofago - 1.12. trachea - 1.13. lingua - 1.13a. apice - 1.13b. dorso - 1.13c. radice - 1.14. labbro inferiore - 1.15. incisivi - 1.16. alveoli o gengive - 1.17. rima buccale - 1.18. labbro superiore - 1.19. cavità nasale

2. articolazione dei suoni

2.1. vocale centrale di massima apertura [a] - 2.2. vocale anteriore di minima apertura [i] - 2.3. vocale posteriore (con arrotondamento delle labbra) di minima apertura [u] - 2.4. fricative labiodentali sorda [f] e sonora [v] - 2.5. occlusive labiali sorda [p], sonora [b] e nasale [m] (in quest'ultima la posizione del velopendulo è quella tratteggiata) - 2.5a. palatogramma corrispondente - 2.6. occlusive velari sorda [k] e sonora [g] - 2.6a. palatogramma corrispondente (in nero la traccia lasciata dalla lingua)

fonografìa [comp. da *fono-* e *-grafia*; 1936] **sf.** tecnica di registrazione del suono.

fonogràfico (pl. *-ci*) [da *fonografo*; 1949] **agg.** del fonografo ‖ *per estens.* che riguarda la riproduzione dei suoni.

fonògrafo [comp. di *fono-* e *-grafo*; 1875] **sm.** apparecchio che riproduce fedelmente i suoni incisi su dischi ‖ **N.** *Sin.* giradischi, grammofono.

fonogràmma [comp. di *fono-* e *-gramma*; 1908] **sm.** **1.** comunicazione (gen. ufficiale o di servizio) trasmessa per telefono: *è arrivato un fonogramma dei carabinieri* **2.** *T.ling.* segno ideografico usato (come nei rebus) per indicare il suono.

fonoincisióne [comp. di *fono-* e *incisione*; 1956] **sf.** *T.fis.* insieme delle operazioni necessarie per registrare un suono su un disco fonografico.

fonoincisóre [comp. di *fono-* e *incisore*; 1956] **sm.** *T.fis.* apparecchio elettromeccanico con cui viene inciso l'originale di un disco fonografico.

fonolite [comp. di *fono-* e *-lite*; 1819] **sf.** *T.min.* roccia vulcanica effusiva costituita da feldspati e feldspatoidi, divisibile in lastre dotate di sonorità.

fonologìa (pl. *-gìe*) [comp. di *fono-* e *-logia*; 1952] **sf.** *T.ling.* **1.** nella linguistica moderna, studio del sistema fonematico di una lingua (in questo senso si oppone a *fonetica*): *fonologia diacronica*, lo studio dell'evoluzione nel tempo del sistema fonematico di una lingua **2.** *disus.* studio dei suoni articolati del linguaggio in generale ‖ **N.** **1.** *Sin.* fonematica. **Q.T.** *linguistica*.

fonològico (pl. *-ci*) [da *fonologia*; 1952] **agg.** *T.ling.* relativo alla fonologia ‖ **fonologicaménte** **avv.** dal punto di vista della fonologia.

fonòlogo (pl. *-gi*) [comp. di *fono-* e *-logo*; 1925] **sm.** (f. *-a*) *T.ling.* studioso, esperto di fonologia.

fonometrìa [comp. di *fono-* e *-metria*; 1869] **sf.** **1.** *T.fis.* settore della fisica che ha per oggetto la misura dell'intensità dei suoni, i loro effetti e la loro tollerabilità **2.** *T.ling.* studio dei fonemi a livello statistico.

fonòmetro [comp. di *fono-* e *-metro*; 1829] **sm.** strumento per misurare l'intensità dei suoni.

fonomimìa [dal gr. *phōnómimos*, che imita la voce; 1925] **sf.** nella comunicazione fra sordomuti, rappresentazione dei suoni della voce mediante gesti.

fonomontàggio (pl. *-gi*) [comp. di *fono-* e *montaggio*; 1950] **sm.** trasmissione o registrazione composta dalla fusione di varie parti registrate separatamente.

fonóne [comp. di *fono-* e *-one*²; 1967] **sm.** *T.fis.* quanto di energia di un'onda elastica, utilizzato per es. nella descrizione delle vibrazioni di un reticolo cristallino.

fonopatìa [comp. di *fono-* e *-patia*; 1952] **sf.** *T.med.* disturbo funzionale della voce umana: *l'afonia, la blesità, la balbuzie sono fonopatie*.

fonoriproduttóre [comp. di *fono-* e *riproduttore*; 1956] **sm.** qualsiasi apparecchio in grado di riprodurre suoni (grammofono, magnetofono ecc.).

fonorivelatóre [comp. di *fono-* e *rivelatore*; 1948] **sm.** *T.tecn.* in un qualunque fonoriproduttore, il dispositivo che traduce in segnali elettroacustici il segnale inciso (su un disco fonografico, su un nastro magnetico ecc.); nel fonografo è sin. di *pick-up*.

fonosimbòlico (pl. *-ci*) [comp. di *fono-* e *simbolico*; 1945] **agg.** *T.ling.* detto di parola che evoca un oggetto, imitandone o riproducendone il suono ‖ **N.** *Sin.* onomatopeico.

fonosimbolismo [comp. di *fono-* e *simbolismo*; 1927] **sm.** *T.ling.* evocazione di un oggetto tramite l'imitazione o la riproduzione del suono che lo caratterizza ‖ **N.** *Sin.* onomatopea.

fonosintàttico (pl. *-ci*) [comp. di *fono-* e *sintattico*; 1975] **agg.** *T.ling.* detto di un fenomeno linguistico che riguarda sia la fonetica che la sintassi ‖ *raddoppiamento fonosintattico*, raddoppiamento della consonante iniziale di parola, che si verifica quando questa sia preceduta da parola terminante con vocale accentata, dai bisillabi piani *come, dove, sopra, qualche* o anche da alcuni monosillabi deboli (come *e, o, che, se*); diffuso in Toscana e, con modalità in parte diverse, nell'Italia centro-meridionale, è assente nell'Italia settentrionale.

fonospettrògrafo [comp. di *fono-* e *spettrografo*; 1986] **sm.** apparecchiatura elettronica che permette di intercettare i suoni e di trasformarli in impulsi luminosi, visibili su schermo.

fonospettrogràmma [comp. di *fono-* e *spettrogramma*; 1986] **sm.** registrazione fotografica di un processo fonetico, realizzata mediante fonospettrografo.

fonotèca [comp. di *fono-* e *-teca*; 1980] **sf.** **1.** raccolta di registrazioni su disco o nastro magnetico di interesse artistico, storico o culturale ‖ l'edificio in cui si conserva una raccolta di registrazioni o l'istituzione che ne ha cura **2.** *T.cin.* insieme di musiche, rumori e voci registrate che vengono inseriti in un film in fase di missaggio.

fonotelemetrìa [comp. di *fono-* e *telemetria*; 1956] **sf.** *T.fis.* misura della distanza di una sorgente sonora basata sul tempo impiegato per la propagazione di un suono dalla sorgente a tre punti distinti non allineati.

fònotron o **fonotròn** [comp. di *fono-* e *(elet)tron(e)*; 1974] **sm.** *inv.* dispositivo elettronico che permette al conducente di grossi autoveicoli la ricezione dei segnali acustici emessi dai veicoli che viaggiano nello stesso senso di marcia.

fonovalìgia (pl. *-gie* o *-ge*) [comp. di *fono-* e *valigia*; 1959] **sf.** *disus.* giradischi portatile a forma di valigetta.

fontàna [lat. tardo *fontāna*; a. 1250] **sf.** **1.** getto di acqua incanalata, con vasca e altre opere architettoniche, con funzione pratica o decorativa; *fontana luminosa*, in cui i giochi d'acqua sono evidenziati da fasci di luce ‖ *T.geol. fontana ardente*, spaccatura da cui escono getti d'acqua bollente a intermittenza; *fontana di lava*, emissione continua e violenta di lava da un vulcano ‖ *fig.* efflusso abbondante: *una fontana di sangue, di lacrime* **2.** *ant.* fonte, sorgente ‖ *dim.* fontanìna, fontanèlla; *accr.* fontanóne (*sm.*) ‖ **N.** **1.** continua, intermittente | PARTI: cannella, colonnino, coppa, getto, mascherone, nappo, pila, spillo, tazza, vasca | frusciare, gorgogliare, mormorare, scrosciare | acqua, giochi d'acqua, zampillo.

fontanàzzo o **fontanàccio** (pl. *-ci*) [voce di orig. ven., da *fontana*; 1940] **sm.** fuoriuscita di acqua torbida attraverso gli argini durante le piene.

fontanèlla (*dim.* di *fontana*) [a. 1300] **sf.** **1.** piccola fontana **2.** *T.anat.* zona membranacea compresa tra le ossa ancora in via di sviluppo del cranio del neonato, che si richiude alla fine del primo anno **3.** *fontanella della gola*, piccola incavatura nella parte bassa del collo.

fontanière [da *fontana*; 1399] **sm.** (f. *-a*) **1.** *raro* chi soprintende alle fontane, agli acquedotti ecc., o è addetto alla loro manutenzione **2.** *region.* idraulico.

fontanile [da *fontana*; a. 1519] **sm.** *T.geol.* polla d'acqua naturalmente sorgiva attraverso un terreno permeabile; *occhio del fontanile*, la pozzetta dove la polla d'acqua sgorga ‖ **N.** *Sin.* risorgiva.

fontanìno [da *fontana*; a. 1729] **agg.** di fonte, di fontana.

fontàno [dal lat. *fontānus*; 1340 ca.] **agg.** *arc.* di fonte.

fónte [lat. *fons, fontis*; a. 1294] **sf.** (raro *m.*) **1.** sorgente d'acqua, e il luogo dove questa scaturisce: *la fonte di un fiume, bere a una fonte, acqua di fonte* **2.** *fig.* principio, origine, causa: *la fonte di ogni male, la guerra è fonte di sofferenze e distruzioni* ‖ *T.econ. fonte di reddito*, qualunque attività o bene che produca un reddito; *ritenuta alla fonte*, imposta riscossa direttamente al momento in cui si percepisce un compenso, mediante versamento all'esattoria da parte di chi lo corrisponde ‖ *fonti di energia*, qualunque forma di energia disponibile in natura e utilizzabile dopo opportune trasformazioni ‖ *fonte di notizie*, persona, pubblicazione ecc. da cui si possono trarre informazioni: *sapere da fonte ufficiale, sicura, bene informata, attendibile* ‖ *T.giur. le fonti del diritto*, l'insieme dei fatti e degli atti considerati rilevanti per la creazione o la modificazione di un ordinamento giuridico ‖ *T.stor.* gen. *pl.* i documenti scritti necessari alla ricostruzione storica: *esame critico delle fonti*; *T.lett.* i testi letterari precedenti da cui un autore ha tratto materia o ispirazione: *le fonti dell'Orlando Furioso* **3.** *non com.* fontana ‖ **sm.** *fonte battesimale* (o *fonte sacro*), la vasca contenente l'acqua lustrale per il battesimo ‖ *dim.* fonticèlla, fonticìna ‖ **N.** **1.** crenologia. **Q.T.** *diritto, energia, storiografia*.

fontina [etim. inc.; 1891] **sf.** formaggio semi-dolce, grasso, morbido, tipico della valle d'Aosta ‖ **N.** fonduta.

football (ingl., pr. ['futbɔ:ɫ]) [comp. di *foot*, piede e *ball*, piede; 1892] **sm.** *inv.* *T.sport.* **1.** il gioco del calcio **2.** *football americano*, gioco affine al *rugby*, praticato però tra squadre di 11 elementi e in cui è permesso il passaggio in avanti e il placcaggio di un avversario senza palla.

footing (pr. ['futɪŋ]; pr. it. ['futiŋ(g)]) [da *to foot*, muovere i piedi; 1936] **sm.** *inv.* *T.sport.* corsa che ha lo scopo di riscaldare e tenere in esercizio i muscoli in vista della gara ‖ *per estens.* corsa lenta ma su percorsi abbastanza lunghi ripetuta con regolarità per tenersi in forma.

fòra **avv.** e **prep.** *pop. region.* V. FUORI.

forabòsco (pl. *-schi*) [comp. di *fora(re)* e *bosco*; a. 1566] **sm.** nome comune di diversi Passeracei, ad es. lo scricciolo ‖ *fig.* persona che si intrufola ovunque, ficcanaso, intrigante.

foracchiàre (pres. *-àcchio*) [da *forare*; sec. XIV] **tr.** bucare con molti e piccoli fori ‖ **N.** *Sin.* bucherellare, sforacchiare.

foracchiatùra [da *foracchiare*; 1869] **sf.** il foracchiare ‖ **N.** *Sin.* sforacchiatura.

foraggèro o **foraggièro** [da *foraggio*; a. 1926] **agg.** relativo al foraggio; che dà foraggio: *pianta foraggera*.

foraggiaménto [da *foraggiare*; 1834] **sm.** il foraggiare.

foraggiàre (pres. *-àggio*) [dal fr. *fourrager*, 1602] **tr.** rifornire di foraggio: *foraggiare i cavalli* ‖ *per estens.* nutrire ‖ *fig.* rifornire di denaro: *per farlo tacere lo hanno ben foraggiato* ‖ **intr.** (aus. *avere*) *disus.* provvedere vettovaglie e foraggi per l'esercito, anche con requisizioni.

foraggière [da *foraggio*; 1572] **sm.** *ant.* soldato che va in cerca di foraggi per l'esercito.

foraggièro V. FORAGGERO.

foràggio (pl. *-gi*) [dal fr. *fourrage*; a. 1348] **sm.** nome generico di tutti i prodotti che servono da alimento per il bestiame ‖ **N.** mangime; avena, erba, erba medica, fieno, lupinella, paglia, strame, trifoglio, veccia; farina di pesce, panelli oleosi, siero di latte.

foramàcchie [comp. di *fora(re)* e *macchia*;

1881] ***sm. inv.*** scricciolo, forasiepe.

foràme [lat. *forāmen, -minis* buco; a. 1292] ***sm.*** *arc.* o *lett.* foro, apertura || *T.anat.* foro: *forame di Botallo,* orifizio che mette in comunicazione i due atrii nel cuore del feto; si chiude al momento della nascita.

Foraminìferi [comp. di *forame* e *-fero*; 1855] ***sm. pl.*** *T.zool.* ordine di Protozoi, il cui corpo unicellulare è chiuso entro un guscio calcareo o siliceo.

foràneo [dal lat. mediev. *forāneus*; a. 1712] ***agg.*** che sta al di fuori, che viene da fuori, spec. in alcune espr. particolari: *vicario foraneo,* parroco che il vescovo prepone alle parrocchie di campagna comprese in una data zona della sua diocesi; *diga, difesa foranea,* posta al di fuori di un porto; *vento foraneo,* che viene dal largo. **TAV.** *porto* 3.2.

foranéve [comp. di *fora(re)* e *neve*; 1930] ***sm. inv.*** *T.bot.* bucaneve.

foranìa [da *foraneo*; 1965] ***sf.*** *T.eccl. non com.* la carica di vicario foraneo || il territorio su cui si estende la sua giurisdizione.

forapàglie o **forapàglia** [comp. di *fora(re)* e *paglia*; 1856] ***sm. inv.*** piccolo uccello passeraceo dal dorso verde-rossiccio a macchie nere, che vive nei canneti e nei cespugli e si nutre di insetti || **N.** *Sin.* forasiepe, reattino.

foràre (pres. *fóro*) [lat. *forāre*; a. 1292] ***tr.*** attraversare da parte a parte con uno o più fori: *forare una lamiera con un trapano, la pallottola ha forato il parabrezza* || *ass.* subire una foratura alle gomme dell'automobile o della bicicletta: *ho forato appena partito* || **N.** *Sin.* bucare, perforare |sforacchiare, succhiellare, traforare, trapanare, trivellare.

forasàcco (pl. *-chi*) [comp. di *fora(re)* e *sacco*; 1625] ***sm.*** nome comune di alcune Graminacee le cui spighette, rigide e appuntite, possono forare tessuti, oppure ferire l'apparato boccale delle bestie che se ne cibano.

forasièpe [comp. di *fora(re)* e *siepe*; a. 1525] ***sm. inv.*** piccolo uccelletto dei Passeracei, detto anche *scricciolo* o *foramacchie.*

foràstico (pl. *-ci*) [dal lat. *forasticus*; a. 1694] ***agg.*** *ant.* e *tosc.* selvatico, rustico e poco socievole.

forastière ***agg.*** e ***sm.*** *ant.* V. FORESTIERO.

foràta [da *forare*; prima metà sec. XIV] ***sf.*** il forare; foratura || *dim.* foratìna.

foratèrra [comp. di *fora(re)* e *terra*; a. 1320] ***sf. inv.*** *T.giard.* piccolo utensile per far buchi nel terreno || **N.** *Sin.* piantatoio.

foratìno [da *forare*; 1959] ***sm.*** **1.** mattone forato di piccole dimensioni **2.** *pl.* tipo di pasta alimentare da minestra || **N. 2.** *Sin.* bucatini.

foràto (*pps.* di *forare*) [1956] ***sm.*** mattone con larghi spazi vuoti all'interno, usato per la sua leggerezza nei muri divisori.

foratóio (pl. *-ói*) [da *forare*; 1688] ***sm.*** strumento per forare.

foratùra [da *forare*; sec. XIV] ***sf.*** l'atto e l'effetto del forare; *in part.* rif. a pneumatici: *ha perso contatto col gruppo per una foratura.*

fòrbice [lat. volg. **forbicem*; 1297 *forfici*] ***sf.*** **1.** (gen. *pl.*) strumento d'acciaio per tagliare, formato da due lame taglienti verso l'interno, munite ciascuna a un'estremità di un anello per infilare le dita, e collegate da un perno centrale: *le forbici del sarto, del potatore* || *fig. le forbici della censura,* gli interventi della censura; *dare un colpo di forbici a un film, a un articolo,* eliminare una parte, una scena || *per estens. fam.* gli arti a forma di forbici degli scorpioni, dei granchi e sim. (detti *chele* nel linguaggio scientifico) || *T.mar.* due pezzi di legno o di metallo, divaricati come forbici, solidamente fissati a una struttura della nave, per legarvi corde che esercitano forte trazione; sono detti anche *tenaglie* **2.** *sing. T.mil.* opera di difesa che si costruisce davanti a una cortina e assomiglia a forbici aperte rivolte alla campagna **3.** nella loc. *a forbice,* detto di movimento o manovra che evoca quello delle forbici || *T.sport. salto a forbice,* tipo di salto in alto effettuato muovendo le gambe a forbice, ovvero divaricando le due gambe tese, l'una verso l'alto e l'altra verso il basso; nel calcio, sin. meno com. di *sforbiciata* **4.** *sing. fig.* nel linguaggio giornalistico, differenza, divario: *forbice dei prezzi,* differenza tra quelli al minuto e quelli all'ingrosso; *forbice dei salari,* diversità di retribuzione a lavoratori con diverse qualifiche || *dim.* forbicìne, forbicétte; *accr.* forbicióne, forbicióni (*sm. pl.*) || **N. 1.** *Sin.* cesoie | PARTI: calcagno, costole, lame, occhio o anello, punta. **TAV.** ***giardinaggio* p. 1314** 4, 10, 11; ***maglia...* p. 1317** 13, 14, 15.

forbiciàio (pl. *-ài*) [da *forbice*; a. 1589] ***sm.*** (f. *-a*) **1.** chi fabbrica o vende forbici e coltelli **2.** operaio metallurgico che taglia lamiere metalliche.

forbiciàta [da *forbice*; a. 1675] ***sf.*** taglio fatto con le forbici o, più in gen., segno lasciato dalle forbici || colpo dato con le forbici.

forbicìna (*dim.* di *forbice*) [sec. XIV-XV nel senso 1; a. 1730 nel senso 2] ***sf.*** **1.** (spec. *pl.*) piccole forbici, spec. da toeletta: *forbicine per le unghie* **2.** *sing. T.zool.* forfecchia.

forbìre (pres. *-ìsco, -ìsci*) [dal francone *forbian,* pulire le armi; a. 1292] ***tr.*** *lett.* nettare, pulire, far bello: *la bocca sollevò dal fiero pasto / quel peccator, forbendola a' capelli* (Dante) || ***rifl. indir.*** *lett.* nettarsi, asciugarsi: *forbirsi le labbra.*

forbitézza [da *forbito*; a. 1729] ***sf.*** l'esser forbito || più com. *fig.* eleganza di stile, nello scrivere o nel parlare.

forbìto (*pps.* di *forbire*) [a. 1292] ***agg.*** netto, pulito || più com. *fig.* elegante, terso, nitido, puro: *stile forbito, lingua forbita*; con sfumatura spreg., lezioso, affettato || **forbitaménte** ***avv.***

forbottàre (pres. *-òtto*) [dal fr. ant. *forsbouter*, a. 1483] ***tr.*** *ant.* battere, percuotere || *fig.* ingiuriare.

fórca [lat. *furca*; sec. XIII nel senso 2] ***sf.*** **1.** strumento agricolo, con un lungo manico e due o più denti, detti *rebbi*; si adopera per trasportare fieno o sim. || *per estens.* qualunque oggetto che finisca in due o più punte, a forma di forca (per es. ciascuno dei bastoni biforcuti cui si fissava la corda per stendere i panni ad asciugare) || *gerg. tosc. far forca,* marinare la scuola **2.** il patibolo per impiccare, costituito da una o due travi verticali che ne sostengono una orizzontale a cui è fissato il capestro: *morire sulla forca*; *condannare alla forca,* all'impiccagione || *va' sulla forca,* va' al diavolo **3.** *T.geogr.* stretto valico di montagna, freq. spec. come toponimo || *forche caudine,* V. CAUDINO **4.** *T.zool.* nome di due appendici laterali dell'ultimo segmento addominale dei crostacei; organo saltatore degli insetti Collemboli, costituito da un'appendice del quarto segmento addominale || *dim.* forchìna, forchétta, forcìna; *accr.* forcóne (*sm.*) || **N. 1.** bidente, tridente | biforcuta | inforcare. **TAV.** ***giardinaggio* p. 1315** 16.

forcàccio (pl. *-ci*) [da *forca*; 1834] ***sm.*** *T.mar.* ciascuno dei madieri estremi che formano la poppa.

forcaiòlo [da *forca*; 1928] ***sm.*** (f. *-a*) **1.** *spreg.* chi sostiene una politica di governo violenta e repressiva; reazionario **2.** *tosc. scherz.* chi marina la scuola.

forcàta [da *forca*; 1313 nel senso 3] ***sf.*** **1.** quantità sollevata in un colpo da una forca: *una forcata di fieno* **2.** colpo dato con una forca **3.** *arc.* l'inforcatura del corpo umano: *poi è di rame infino alla forcata* (Dante) || *dim.* forcatèlla.

fòrce [dal lat. *forfex, -icis*; 1321] ***sf. pl.*** *arc.* forbici: *lo tempo va d'intorno con le force* (Dante).

forcèlla [lat. *furcilla*; a. 1320] ***sf.*** **1.** nome di parecchi utensili o parti biforcate a forma di Y: *la forcella della carrucola, scalmi a forcella* || *in part.* la parte della bicicletta e dei motocicli formata da due tubi metallici solidali al manubrio, a cui è fissata la ruota anteriore **2.** *T.anat.* V. FORCHETTA **3.** sin. meno com. di *forcina per capelli* **4.** *T.bal. fare forcella,* quando nell'aggiustamento del tiro si riesce a comprendere il bersaglio fra due tiri, uno lungo e uno corto **5.** *T.mus.* segno indicante aumento (<) o diminuzione (>) di intensità dinamica **6.** *T.geogr.* e *T.alp.* varco alpino tra due cime a forma di corno; sella, passo. **Q.T.** *motocicletta* **TAV.** *motori* 12.2; ***motocicletta...* p. 1322** 1.4 e **p. 1323** 6.9.

forchétta [da *forca*; a. 1400] ***sf.*** **1.** utensile da tavola e da cucina, con più denti (o *rebbi*) per infilzare cibi solidi e compatti, tenerli fermi mentre si tagliano e portarli alla bocca || *per meton. essere una buona forchetta,* essere un gran mangiatore || *fig. parlare in punta di forchetta,* con eleganza affettata **2.** *T.anat. forchetta sternale,* incisura mediana dello sterno; *forchetta della vulva,* la zona di congiunzione posteriore delle grandi labbra **3.** *T.orol.* il pezzo che, munito di una spaccatura nella parte inferiore, vi accoglie la spranghetta del pendolo e, comunicandole l'azione della ruota, la fa muovere costantemente in un medesimo piano verticale **4.** *T.gioc.* nella dama o negli scacchi, mossa con la quale si mettono in presa due pezzi dell'avversario, in modo che questi perderà l'uno o l'altro: *forchetta di pedone, di cavallo*; si dice anche *inforcatura* o *occhiali* || *dim.* forchettìna; *accr.* forchettóne (*sm.*) || **N. 2.** *Sin.* forcella.

forchettàta [da *forchetta*; 1865] ***sf.*** **1.** quanto cibo si può prendere in una volta con una forchetta: *mangerei due forchettate di spaghetti* **2.** colpo dato con la forchetta.

forchettièra [da *forchetta*; sec. XIV] ***sf.*** astuccio per tenere forchette.

forchettìna (*dim.* di *forchetta*) [1902] ***sf.*** piccola forchetta; *in part.* piccola forchetta da tavola, usata per antipasti, dolci o frutta: *forchettina per olive, per ciliegie.*

forchétto [da *forca*; seconda metà sec. XV] ***sm.*** asta con rebbi di ferro che serve ai bottegai per attaccare o staccare roba in alto.

forchettóne (*accr.* di *forchetta*) [a. 1673] ***sm.*** **1.** grossa forchetta, a due o tre rebbi, per tener ferma sul tagliere la carne, mescolare e distribuire la pastasciutta ecc. **2.** *per meton. gerg.* politico corrotto.

forchìno [da *forca*; 1869] ***sm.*** forca a tre rebbi, di cui il centrale è il più lungo, usata per caricare o ammucchiare paglia, fieno, grano e sim.

forcìna [da *forca*; 1825] ***sf.*** **1.** piccolo oggetto a forma di U, in metallo, materia plastica ecc., che serve a tener raccolti i capelli **2.** *T.stor.* asta di legno con la parte speriore a lunetta, che gli antichi archibugieri usavano piantare in terra per appoggiarvi l'arma e mirare con più precisione.

forcing (ingl., pr. [ˈfɔːsɪŋ]; pr. it. [ˈfɔrsiŋ(g)]) [letter. forzando; 1936] ***sm. inv.*** **1.** *T.sport.* fase di massimo impegno offensivo di una squadra per volgere a suo favore l'esito di un incontro: *non è bastato il disperato forcing dell'ultimo quarto d'ora per ottenere il pareggio* **2.** *T.mat.* metodo usato in teoria degli insiemi.

forcìno (*dim.* di *forca*) [a. 1646] ***sm.*** pertica di legno con un'estremità terminante a forca, usato per spingere i battelli nelle paludi.

fòrcipe [dal lat. *forceps, forcipis*; 1782 sf.] ***sm.*** *T.chir.* strumento chirurgico, a forma di tenaglia, usato per agevolare l'estrazione del nascituro in un parto difficile. **TAV.** ***medicina...* p. 1320** 9.

fórcola [lat. *furcula*; a. 1488] **sf.** scalmo alto in uso nelle gondole o in altre imbarcazioni in cui il rematore voga in piedi, che consente di appoggiare il remo ad altezze diverse.

forconàta [da *forcone*; a. 1802] **sf.** **1.** colpo di forcone **2.** quantità di roba che si può sollevare col forcone.

forcóne (*accr.* di *forca*) [a. 1306 *forcune*] **sm.** utensile agricolo consistente in una sorta di forca con rebbi di ferro, usata spec. per ammucchiare letame || antica arma in asta che aveva la cima provvista di due o anche tre rebbi. **TAV.** *agricoltura* 10.7.

forcùto [da *forca*; a. 1306] **agg.** che ha forma di forca, che a un certo punto si divide in due parti || **N.** biforcuto.

fordìsmo [dal n. proprio H. *Ford*, industriale statunitense; 1927] **sm.** sistema di organizzazione industriale basato sulla produzione in serie di beni di consumo durevoli, sulla pianificazione delle fasi produttive, sull'uso generalizzato della catena di montaggio, su incentivi economici ai lavoratori.

forènse [dal lat. *forensis*, del foro; sec. XIV] **agg.** del foro, tipico dell'attività giudiziaria: *pratica, linguaggio, eloquenza forense.*

forése [lat. *forēnsis*, avvicinato al lat. *foras*, fuori per etim. pop.; a. 1300] **s.** *ant.* contadino || *dim.* foresèllo, foresétto.

forèsta [lat. tardo (*silva*) *forestis*; a. 1294] **sf.** grande estensione incolta di terreno ricoperta da alberi di alto fusto (accanto ad altri strati di vegetazione): *foresta tropicale, temperata, pluviale, decidua, sempreverde, demaniale*; *foresta vergine*, che non è mai stata esplorata o sfruttata || *fig. una foresta di capelli*, dei capelli fittissimi || **N.** macchione, selva, BOSCO.

forestàle [da *foresta*; 1834] **I agg.** che riguarda la foresta: *scienze forestali, demanio forestale, culture forestali*; *corpo forestale dello Stato* (o, com., *sf. la Forestale*), corpo delle guardie addette alla sorveglianza e alla tutela delle foreste **II s.** guardia forestale.

foresterìa [da *forestiero*; a. 1306 *forestaria*] **sf.** luogo del monastero dove alloggiano i forestieri || *per estens.* nei collegi, nelle caserme ecc., i locali adibiti ad alloggiare gli ospiti || oggi, insieme di locali affittati da una società per ospitarvi personale temporaneamente distaccato presso una sede di lavoro diversa da quella abituale e di residenza: *ho affittato il mio appartamento come foresteria.*

forestieràio (pl. *-ài*) [da *foresteria*; 1550] **sm.** *ant.* monaco incaricato di ricevere i forestieri.

forestierìsmo [da *forestiero*; 1887] **sm.** *T.ling.* parola o locuzione di origine straniera; il termine include sia i casi in cui viene riprodotta più o meno fedelmente la sostanza fonica del termine straniero (*prestiti*), sia quelli in cui si attribuisce a materiale linguistico autoctono un valore semantico mutuato da un modello straniero (*calchi*).

forestièro [dal lat. mediev. *forestarius*, attr. il fr. ant. *forestier*, fine sec. XIII] **I agg.** che è di un paese diverso da quello a cui ci si riferisce o in cui ci si trova: *usanze forestiere* **II sm.** (f. *-a*) persona non nativa del luogo a cui ci si riferisce o in cui ci si trova || *dim.* forestierìno; *pegg.* forestieràccio || **N.** *Sin.* straniero.

forestierùme [da *forestiero*; 1847] **sm.** *spreg. non com.* accozzaglia di forestieri, o di usanze ed espressioni forestiere.

forèsto [da *foresta*; fine sec. XIII] **agg.** **1.** *arc.* remoto, selvaggio **2.** *dial.* forestiero.

forétta [da *forare*; 1974] **sf.** sega a mano sottile, senza telaio. **TAV.** ***utensili* p. 1341** 30.3.

forfait **[1]** (fr., pr. [fɔr'fɛ]) [letter. contratto a prezzo fisso; 1851 *à forfait*] **sm.** *inv.* prezzo fisso globale: *fissare un forfait* || freq. nella loc. *a forfait*, a prezzo fisso o, anche, a prezzo in blocco: *vendere una partita a forfait.*

forfait **[2]** (fr., pr. [fɔr'fɛ]) [letter. misfatto; 1908 *forfeit*] **sm.** *inv.* *T.sport.* mancata partecipazione (volontaria o involontaria) a una gara: *ha dovuto dare* (o *dichiarare*) *forfait per un infortunio*; *vincere per forfait*, per rinuncia dell'avversario; in alcuni sport (per es. nell'ippica), anche la penale che tale rinuncia comporta || *per estens.* al di fuori dell'ambito sportivo *dare forfait*, rinunciare a una possibilità di affermazione.

forfaitàrio V. FORFETTARIO.

forfàre (coniug. come FARE) [dal fr. ant. *for*(*s*)*faire*, agire indebitamente; fine sec. XIII come tr.] **intr.** (aus. *avere*) *arc.* fare od operare fuori dal giusto, recare danno, ingannare || **tr.** *arc.* ingannare, offendere, recare danno a qualcuno.

forfécchia [lat. *forficula*; a. 1492] **sf.** insetto degli Ortotteri dal corpo nero allungato terminante con due appendici a forma di pinza || **N.** *Sin.* forbicina, forficola.

forfeit (ingl., pr. ['fɔ:fɪt]) **sm.** *inv.* V. FORFAIT[2].

forfetàrio V. FORFETTARIO.

forfetizzàre o **forfettizzàre** [da *forfait*[1]; 1942 *forfetizzare*] **tr.** *T.comm.* stabilire un importo unico, cumulativo.

forfettàrio (pl. *-ri*) (meno com. *forfetàrio* o *forfaitàrio*) [da *forfait*[1]; 1942] **agg.** a *forfait* (V. FORFAIT[1]) || **forfettariaménte** **avv.** a *forfait*.

forfìcola o **forfìcula** [dal lat. *forficula*, forfecchia; 1834] **sf.** forfecchia.

fórfora [lat. *furfur, -is*, crusca; a. 1320] **sf.** squamette che si staccano dall'epidermide del capo, sotto i capelli.

forforàceo o **forfuràceo** o **furfuràceo** [dal lat. *furfuraceus*; 1956] **agg.** *T.bot.* detto di pianta coperta di piccole squame simili alla forfora.

forforóso [lat. *furfurōsus*; 1855] **agg.** pieno di forfora.

fòrgia (pl. *-ge*) [dal fr. *forge*; a. 1347] **sf.** apparecchio usato dal fabbro per riscaldare i metalli prima e durante la lavorazione || **N.** *Sin.* fucina.

forgiàbile [da *forgiare*; 1956] **agg.** che può essere forgiato, modellato.

forgiabilità [da *forgiabile*; 1929] **sf.** l'essere modellabile, plasmabile; anche *fig.*: *la forgiabilità di un carattere.*

forgiàre (pres. *fòrgio*) [dal fr. *forger*; 1363] **tr.** *T.metal.* lavorare un metallo per deformazione plastica a caldo || *per estens.* formare, modellare; anche *fig.* plasmare: *una scuola che forgia i caratteri.*

forgiatóre [da *forgiare*; 1853] **sm.** (f. *-trice*) *T.metal.* chi forgia metalli e sim. || *fig.* chi plasma, educa.

forgiatùra [da *forgiare*; 1941] **sf.** *T.metal.* operazione con cui il fabbro lavora a caldo il ferro, mediante deformazione plastica. **Q.T.** *metallurgia.*

fòri **avv.** e **prep.** *pop. region.* V. FUORI.

-forìa [dal gr. *-phoria*, da *phérein*, portare] **elem. term.** che, in parole composte dotte, vale "il portare", "il portarsi" (per es. *euforia*).

-fòrico (pl. *-ci*) [da *-foria*] **elem. term.** che forma gli agg. corrispondenti ai sostantivi in *-foria* (per es. *euforico*).

forièro [dal fr. ant. *fourrier*, foraggiatore; 1570] **agg.** *lett.* che precede, che porta con sé come conseguenza: *vento foriero di pioggia, evento foriero di sventure.*

forint (ung., pr. ['forint]) (dall'it. *fiorino*; 1956] **sm.** *inv.* unità monetaria dell'Ungheria.

forivìa V. FUORIVIA.

forlivése [dal lat. *Forum Livii*, n. classico di Forlì; 1860] **I agg.** di Forlì **II s.** abitante, nativo di Forlì.

fórma [dal lat. *forma*; a. 1292 nel senso 1; 1961 nel senso 9] **sf.** **1.** aspetto esteriore, con particolare riferimento all'estensione spaziale: *la forma di una foglia, di un osso, di un cristallo*; *forma quadrata, cubica, sferica*; *i liquidi assumono la forma del recipiente che li contiene*; *prendere, cambiare forma*; *dare forma a un oggetto*, modellarlo || nelle loc.: *a forma di*: *pianta cittadina a forma di stella*; *in forma di*: *dolce in forma di colomba* || *in part.* in relazione al corpo umano (spec. *pl.*): *persona di belle forme, le forme muscolose di un atleta* **2.** oggetto o corpo di cui si individuino solo vagamente la sagoma e le dimensioni: *nella nebbia mi è sembrato di vedere strane forme muoversi verso di noi* **3.** *per estens.* modo d'essere, di presentarsi, di organizzarsi: *forme di governo, cerimonia in forma privata, nuove forme di investimento* || in varie discipline scientifiche (e spec. in biologia), tipo, fase di sviluppo e sim.: *forma larvale, forme tipiche dell'area mediterranea* || in medicina: *forme influenzali*; *forma infettiva, benigna, atipica* || in letteratura: *forma poetica, drammatica*; *romanzo in forma di epistolario* || *T.fis. fattori di forma*, coefficienti numerici empirici, caratteristici di ciascun tipo di particella, che compaiono nelle equazioni della diffusione di particelle **4.** *T.ling.* e *T.gram.* ciascuna realizzazione concreta, morfologicamente determinata, di una parola: *la forma dell'accusativo, le forme del congiuntivo* **5.** in varie discipline scientifiche, spesso opposto a *sostanza*, struttura, modello, schema concettuale astratto e unitario a cui si riconducono diverse realizzazioni concrete || *psicologia della forma*, V. GESTALTISMO || nel linguaggio comune, l'insieme di convenzioni, riti e sim. che si rispettano nei rapporti sociali: *una questione di forma, violare le forme*; con connotazione negativa, pura esteriorità di modi che non riflette i sentimenti reali: *una risposta di forma impeccabile ma estremamente fredda* || *T.giur.* la veste esteriore di un atto necessaria alla sua validità: *processo annullato per vizio di forma* **6.** *T.fil.* generalmente opposta a *materia* o *contenuto*, con significati diversi in vari autori: in Platone, idea, sostanza, scissa dal mondo delle cose sensibili, loro causa e vera essenza; in Aristotele, essenza dell'essere individuale, a esso immanente, inscindibile e complementare rispetto alla sua materia; in Kant, lo spazio e il tempo (*forme dell'intuizione*) e le categorie dell'intelletto; nella filosofia contemporanea il termine assume significati disparati, talvolta ricollegandosi a quelli della tradizione filosofica, talvolta con valori affini al senso 5 del termine **7.** *concr.* nome di vari oggetti (spesso un solido cavo) che servono a dare l'aspetto voluto a un materiale inizialmente fluido o deformabile: *forma da fonderia, da cappelli, da scarpe, per il budino*; *forma di formaggio*, il recipiente in cui si mette il latte cagliato, e *per estens.* anche il pezzo di formaggio (solitamente di grandi dimensioni) così ottenuto; *forma di stampa*, l'insieme della composizione tipografica pronta per l'inchiostratura **8.** *T.mat. forma algebrica*, polinomio omogeneo; *forma differenziale*, polinomio omogeneo nei differenziali delle variabili, con coefficienti funzioni delle variabili stesse **9.** *T.sport.* condizione fisica di un atleta: *essere in cattiva forma, in forma perfetta, fuori forma* || **N.** **1.** *Sin.* conformazione, configurazione, foggia **2.** *Sin.* figura, immagine **3.** *Sin.* modalità, modulo **5.** *Sin.* etichetta, norma **7.** *Sin.* stampo.

formàbile [da *formare*; a. 1320] **agg.** che si può formare.

formaggèra V. FORMAGGIERA.

formaggétta [da *formaggio*; 1903] **sf.** **1.** *region.* piccola forma di formaggio fresco **2.** *T.mar.* il pomo rotondo e piatto con cui terminano nelle navi le estremità degli alberi e delle aste da bandiera || **N.** **2.** *Sin.* galletta.

formaggiàio (pl. *-ài*) [da *formaggio*; 1585 *for-*

maggiaro] **sm.** (f. *-a*) chi fa o vende formaggi.

formaggièra o **formaggèra** [da *formaggio*; 1925] **sf.** recipiente per contenere il formaggio grattugiato da servire a tavola.

formaggìno (*dim.* di *formaggio*) [1925] **sm.** qualità di formaggio di pasta molle e cremosa confezionato in piccole porzioni.

formàggio (pl. *-gi*) [dal lat. volg. **formāticum,* cacio messo in forma, attr. il fr. *fromage*; a. 1315] **sm.** prodotto alimentare che si ricava dal latte o dalla crema in seguito a coagulazione per mezzo di vari fermenti: *formaggio pecorino, da grattugiare, filato* || *dim.* formaggìno || **N.** *Sin.* cacio | cotto / crudo, fermentato, fresco / stagionato, grasso / magro, molle / duro | caglio, caseo, crosta, forma | caseificazione, salatura, stagionatura. **Q.T.** *alimentazione.*

formàio (pl. *-ài*) [da *forma*; 1846] **sm.** *T.calz.* artigiano che fabbrica forme per calzature.

formaldèide [da *aldeide form(ica)*; 1895] **sf.** *T.chim.* gas di acuto odore, solubile nell'acqua, antisettico || **N.** *Sin.* aldeide formica.

formàle [dal lat. *formālis*; a. 1321] **agg.** **1.** relativo alla forma, spec. nel senso 5 del termine: *i pregi formali di un'opera d'arte, l'addestramento formale delle reclute* **2.** con connotazione limitativa, che riguarda solo la forma, privo di reale significato: *un complimento formale, è un accertamento puramente formale, non si preoccupi* **3.** espresso nelle dovute forme: *dichiarazione formale di guerra*; *promessa formale,* solenne; *colloquio formale,* ufficiale; *riconoscimento formale di un paese,* con piena validità giuridica || *T.giur. istruzione formale di un processo,* svolta dal giudice istruttore su richiesta del pubblico ministero; è la prassi ordinaria, contrapposta all'*istruzione sommaria* **4.** *T.fil.* della forma, che si riferisce alla forma; *in part. causa formale,* in Aristotele, la forma intesa come ciò che porta la materia dalla potenza all'atto || *logica formale,* quella che concerne il puro ragionamento, prescindendo dai contenuti a cui si applica e da considerazioni psicologiche sul soggetto **5.** *T.scient.* che utilizza un apparato di simboli e di operazioni definiti rigorosamente a partire da un insieme di assiomi e di regole di inferenza: *una teoria formale dell'elasticità, linguaggio formale, i complessi strumenti formali della linguistica moderna* ||

formalménte **avv.** **1.** in modo formale: *mi ha salutato molto formalmente* **2.** da un punto di vista formale (opposto a *di fatto, in sostanza* e sim.).

formalìna [dall'ingl. *formalin*; 1894] **sf.** *T.chim.* soluzione acquosa di aldeide formica; è usata in medicina come antisettico e come conservante di materiale anatomico e organico.

formalìsmo [dal fr. *formalisme*; 1869 nel senso 1; a. 1874 nel senso 2] **sm.** **1.** atteggiamento che privilegia, spesso in misura eccessiva, la forma (nel senso 5): *il tipico formalismo burocratico* || *in part.* nella critica letteraria e artistica, il mettere in primo piano la perfezione stilistica e il rigore formale rispetto all'espressività || *formalismo russo,* movimento culturale russo (1916-1930) attento ai valori linguistici e stilistici della letteratura **2.** *T.fil.* concezione che identifica sostanzialmente la teoria matematica con il complesso dei sistemi formali che la descrivono || *concr. T.scient.* l'effettivo apparato formale che descrive una teoria o un fenomeno: *un problema che richiede l'uso di un formalismo matematico complesso.*

formalìsta [dal fr. *formaliste*; 1679] **s.** **1.** chi pecca di formalismo, chi è attaccato eccessivamente alle forme **2.** fautore o esponente del formalismo in filosofia o critica letteraria.

formalìstico (pl. *-ci*) [da *formalismo*; a. 1904] **agg.** che si riferisce al formalismo, che ne rivela i caratteri: *atteggiamento formalistico, critica formalistica.*

formalità [da *formale*; a. 1673] **sf.** forma prescritta per determinate azioni, spec. in cerimonie e sim.: *adempiere alle formalità di rito, non temete, è una semplice formalità* || cerimonia, solennità: *vi ricevo senza tante formalità.*

formalizzàre [dal fr. *formaliser*; 1655] **tr.** rendere formale: *T.giur. formalizzare un'istruttoria*; *T.mat. formalizzare una teoria, un'ipotesi, un linguaggio,* tradurlo in simboli e formule su cui si può operare deduttivamente in base a regole univoche e ben definite || **rifl.** sottilizzare, insistere ostinatamente su dettagli poco rilevanti || *meno com.* risentirsi per il mancato rispetto delle convenienze: *non è il caso di formalizzarsi per così poco.*

formalizzazióne [da *formalizzare*; 1965] **sf.** **1.** l'atto di formalizzare: *la formalizzazione di un'istruttoria* **2.** *T.fil.* nella logica, nella filosofia e nella scienza contemporanea, la trasposizione di un sistema di conoscenze in un complesso di simboli e di regole.

forma mentis (lat., pr. ['fɔrma 'mɛntis]) [letter. forma, struttura della mente] **loc. f.** *inv.* modo di pensare, di valutare o di affrontare le cose, tipico di un individuo.

formànte [dal ted. *Formans,* dal *ppr.* del lat. *formāre,* formare; 1970] **sf.** *T.fis.* in acustica e in fonetica, ciascuna delle frequenze intorno a cui il suono viene rinforzato nel passaggio attraverso una cavità risonante: *le formanti del violino, della vocale u* || **sm.** *T.ling.* elemento che, aggiunto a un radicale, concorre a formare un tema derivato (per es. *-izz-* in *formalizzare* e *formalizzazione*).

formàre (pres. *fórmo*) [dal lat. *formāre*; 1224] **tr.** dare forma a qualcosa, modellare: *formare una statua d'argilla* || *fig.* educare, condurre al pieno sviluppo morale e intellettuale: *formare i giovani, il suo insegnamento ha formato un'intera generazione di studiosi* || costruire, creare: *formare una famiglia, formare una frase, il presidente del Consiglio ha formato il nuovo governo* || costituire: *tre batterie d'artiglieria formano un gruppo, le persone si disposero in modo da formare un semicerchio* || **intr. pron.** **1.** prendere forma, prodursi, nascere: *sulle rocce si è formato un sottile strato di ghiaccio, una tromba d'aria si sta formando all'orizzonte* **2.** detto di esseri viventi, svilupparsi: *la farfalla si forma a partire dal bruco, un ragazzino che comincia appena a formarsi* || *fig.* raggiungere la piena maturità spirituale o intellettuale: *un artista che si sta formando* || **N.** **tr.** abbozzare, comporre, conformare, plasmare, sagomare; fabbricare, fare, foggiare.

formàrio (pl. *-ri*) [da *forma*; 1983] **sm.** volume in cui sono registrate tutte le varianti di forma di un'opera letteraria o di un gruppo di opere letterarie.

formatìvo [da *formare*; a. 1348] **agg.** atto a formare, spec. *fig.,* costruttivo, educativo: *metodo formativo, esperienze formative.*

formàto (*pps.* di *formare*) [sec. XIII] **I agg.** compiuto, sviluppato: *un giovanotto formato*; maturo: *un artista formato*; *ben formato,* che ha le proporzioni convenienti: *una fronte ben formata* **II sm.** dimensioni di un foglio di carta rettangolare (quindi anche di un libro) o di altri oggetti di forma analoga, come lastre o pellicole fotografiche, disegni o dipinti: *un volume di grande formato, un libro formato tascabile, un giornale formato tabloid*; *fotografia in formato tessera,* di piccole dimensioni (circa 3 per 3 cm) per documenti e sim. **Q.T.** *carta.*

formatóre [dal lat. *formātor, -ōris*; a. 1342] **sm.** (f. *-trìce*) chi forma || *in part.* chi fa la forma di gesso di una statua; in fonderia, operaio addetto alla formatura || *bur.* esperto, opportunamente addestrato, che si occupa della formazione e dell'aggiornamento di una categoria di lavoratori.

formatrice [da *formare*; 1965] **sf.** *T.metal.* la macchina che prepara le forme in fonderia.

formatùra [dal lat. *formatūra*; a. 1537] **sf.** *T.metal.* la preparazione delle forme che dovranno accogliere il metallo fuso.

formazióne [dal lat. *formātio, -ōnis*; 1319] **sf.** **1.** l'atto del formare, nei vari sensi del verbo: *la formazione di un nuovo governo, dei dirigenti* || il processo del formarsi: *la formazione dei fossili, di un tumore, di banchi di nebbia*; *T.ling. formazione delle parole,* il processo con cui morfemi lessicali, derivazionali e grammaticali si combinano per dar vita a nuove unità lessicali autonome || *T.psican. formazione di compromesso,* forma assunta dal rimosso per essere ammessa nella coscienza; *formazione reattiva,* atteggiamento di reazione ad un desiderio rimosso; *formazione di sintomo,* termine usato per indicare che il sintomo è il risultato di un processo di elaborazione psichica; *formazione sostitutiva,* battuta di spirito, atto mancato ed ogni altro sintomo che sostituisca un contenuto inconscio **2.** *T.mil.* modo di disporsi: *formazione di marcia, di combattimento*; *navigare in formazione,* mantenendo inalterate le distanze e la disposizione delle varie navi; *concr.* reparto militare: *sono state accerchiate alcune formazioni nemiche isolate* || il modo di disporsi di una squadra in campo: *formazione aggressiva, difensiva, a tre punte*; *concr.* l'elenco dei giocatori che partecipano a un incontro: *non sono ancora note le formazioni*; *per estens.* la squadra stessa **3.** *concr.* struttura, complesso di materiali che hanno avuto origine da uno stesso processo: *formazioni di ghiaccio sulle ali di un aereo, formazioni tumorali* || *in part. T.geol.* complesso di rocce formatesi in uno stesso periodo geologico, secondo uno stesso processo e sim.: *formazione sedimentaria, vulcanica, giurassica, terziaria* || *T.biol. formazione vegetale,* associazione di specie diverse con caratteristiche ambientali comuni. **Q.T.** *aeronautica.*

-fórme [dal lat. *-formis*] **elem. term.** che, in parole composte dotte e della terminologia scientifica, vale "che ha forma di" (per es. *filiforme, proteiforme, cuneiforme*).

formèlla (*dim.* di *forma*) [1340] **sf.** **1.** piccola forma: *formella di cacio* **2.** lastra poligonale di vario materiale (di mattone, marmo, ceramica e sim.) usata per pavimentazione o per scopi decorativi || *per estens.* riquadro decorativo di una porta o di un soffitto (in questo caso sin. di *cassettone*) **3.** materiale combustibile pressato in forma di mattonella **4.** *raro* buca che si fa in terra per piantarvi alberi.

formellàto [da *formella*; 1745] **agg.** diviso in formelle, decorato con formelle.

formentóne [da *frumentone,* per metatesi; a. 1577] **sm.** *region.* granoturco.

formeret (fr., pr. [fɔrmə'rɛ]) [da *forme,* forma; 1956] **sm.** *inv. T.arch.* nelle chiese romaniche e gotiche, ognuno degli archi laterali collocati lungo le navate, con funzione di rinforzo delle volte a crociera.

formiàto [comp. di *formi(co)* e *-ato*; 1795] **sm.** *T.chim.* nome generico dei sali e degli esteri dell'acido formico.

fòrmica ® [forse da *formico*; 1963] **sf.** nome commerciale di un laminato plastico ricavato da una composizione di fenolo, urea e aldeide formica, usata per rivestimenti di mobili, pareti e sim.

formìca [lat. *formīca*; a. 1294] **sf.** **1.** nome generico di numerose specie di insetti Imenotteri (famiglia Formicidi), di dimensioni variabili (fino a qualche cm), con complessa organizzazione sociale e suddivisi in caste contraddistinte da notevole polimorfismo (femmine feconde o *regine,* maschi, femmine sterili o *operaie*): *formica delle zolle, formica rossa* || in varie espr. ricorre come simbolo di piccolezza, oppure di alacrità o di industriosità: *essere previdente come una formica*; *mangiare come una for-*

mica, pochissimo; *a passi di formica*, piccoli e lenti **2.** *formica bianca*, nome pop. della termite ‖ *dim.* formichétta, formìcola, formicolìna; *accr.* formicóne (*sm.*).

formicàio (pl. *-ài*) [da *formica*; 1304] ***sm.*** nido di formiche; *fig. stuzzicare il formicaio*, andare a cercarsi guai provocando la reazione di chi se ne starebbe tranquillo per conto suo ‖ *fig.* gran numero di persone radunate e in movimento.

formicaleóne [lat. tardo *formicaleon, -ōnis*; 1654] ***sm.*** nome di varie specie di insetti dei Neurotteri, la cui larva voracissima si nutre di formiche e d'altri insetti.

formicàre (pres. *-ìco, -ìchi*) [dal lat. *formicāre*, prudere; a. 1367] ***intr.*** (aus. *essere* e *avere*) *raro* formicolare.

formichière [da *formica*; 1798] ***sm.*** nome di alcune specie di mammiferi, privi di denti, con muso allungato a forma di tubo e lingua vermiforme e viscosa; si nutrono di formiche e termiti ‖ **N.** *Sin.* mangiaformiche. **TAV. *mammiferi* p. 1318** 19.

fòrmico (pl. *-ci*) [dal fr. *formique*; 1795] ***agg.*** *T.chim.* detto di vari composti derivati dal metano: *acido formico*, acido organico di formula HCOOH, acre e di odore penetrante, che si trova in natura in varie piante e in numerosi animali, tra cui le formiche, da cui il nome; *aldeide formica*, V. FORMALDEIDE.

formìcola (*dim.* di *formica*) [a. 1645] ***sf.*** *tosc.* formica.

formicolàio (pl. *-ài*) [da *formica*; 1726] ***sm.*** *pop. tosc.* formicaio ‖ *fig.* gran quantità di cose o persone.

formicolaménto [da *formicolare*; a. 1698] ***sm.*** *raro* formicolio.

formicolànte (*ppr.* di *formicolare*) [1882] ***agg.*** brulicante ‖ *T.med. polso formicolante*, battito debole e molto frequente.

formicolàre (pres. *-ìcolo*) [da *formica*; a. 1367] ***intr.*** (aus. *essere* e *avere*) **1.** detto di una moltitudine di persone, muoversi continuamente in tutte le direzioni: *dall'alto del campanile si vedeva la folla formicolare nella piazza* ‖ *più com.* detto di luoghi, essere pieno di persone che si muovono continuamente qua e là: *la strada formicolava di gente*; anche *fig.*: *quella pagina formicola di spropositi* **2.** detto di parte del corpo, provocare la sensazione del formicolìo: *mi formicola il braccio* ‖ **N. 1.** *Sin.* brulicare.

formicolìo (pl. *-ìi*) [da *formica*; 1612 nel senso 2] ***sm.*** **1.** brulichio **2.** sensazione spiacevole in una parte del corpo, come di una serie di piccole punture, determinate perlopiù da disturbi locali di circolazione o dalla compressione di un nervo ‖ **N. 2.** *Sin.* intorpidimento; prurito.

formidàbile [dal lat. *formidābilis*; 1502 nel senso 2] ***agg.*** **1.** eccezionale, straordinario, ha spesso il valore generico di superlativo: *ha un formidabile appetito, è un tiratore formidabile* **2.** *lett.* spaventoso, terrorizzante ‖ **formidabilménte** ***avv.***

formidabilità [da *formidabile*; 1745] ***sf.*** *non com.* l'essere formidabile.

formidàto [dal lat. *formidātum*, pps. di *formidāre*, temere; 1532] ***agg.*** *ant.* o *lett.* temuto.

formìle [da (*acido*) *formi*(*co*); 1956] ***sm.*** *T.chim.* radicale formato da un atomo di carbonio legato a uno di ossigeno e a uno di idrogeno.

fòrmio (pl. *-mi*) [dal gr. *phormós*, stuoia di giunco; 1834] ***sm.*** pianta erbacea tropicale delle Liliacee con foglie lunghe e coriacee da cui si estrae una fibra tessile ‖ **N.** *Sin.* lino della Nuova Zelanda.

fòrmola e der. forme non com. di FORMULA e der. (V.).

formòlo [comp. di (*alcaleide*) *form*(*ica*) e *-olo*²; 1932] ***sm.*** *T.chim. sin.* meno com. di *formalina.*

formosità [dal lat. *formōsitas, -ātis*; a. 1375] ***sf.*** bellezza, appariscenza di forme, specie femminili.

formóso [dal lat. *formōsus*; a. 1306] ***agg.*** detto di persona (spec. donna) che ha forme pronunciate, piene, appariscenti: *una ragazza formosa* ‖ *eufem.* detto di donna, grassottella.

fòrmula [dal lat. *formula*; sec. XIV] ***sf.*** **1.** enunciato (verbale o scritto) prodotto in una forma rigidamente costante, in quanto fissata da una tradizione o una consuetudine: *formule magiche, rituali, di scongiuro, di cortesia*; *formule giuridiche*, necessarie per dare validità giuridica a un determinato atto (per es. un giuramento o un contratto); *assolvere con formula piena*, per non aver commesso il fatto o perché il fatto non costituisce reato; *assolvere con formula dubitativa*, per insufficienza di prove ‖ *per estens.* frase fatta, espressione priva di originalità: *un resoconto pieno di formule stereotipate* ‖ *T.mus.* procedimento divenuto abituale entro una data tradizione: *il pezzo termina con le consuete formule di cadenza* **2.** complesso di simboli convenzionali che esprimono in modo compatto e non ambiguo relazioni tra enti matematici, grandezze, fenomeni o leggi di varie scienze: *formula di risoluzione dell'equazione di terzo grado* ‖ *in part. formula chimica*, rappresentazione simbolica della costituzione della molecola di un composto: *formula bruta*, che indica soltanto i rapporti quantitativi tra i vari elementi componenti; *formula di struttura*, che indica anche (schematicamente) i legami tra gli atomi componenti e la loro disposizione nello spazio; *formula razionale*, rappresentazione, intermedia tra le precedenti, che isola i gruppi atomici più significativi ‖ *T.mat.* in logica, ogni successione di simboli a cui è attribuito un valore di verità ‖ *formula dentaria*, V. DENTARIO **3.** *per estens.* insieme delle dosi dei vari ingredienti che entrano nella composizione di un prodotto: *la formula di una vernice* ‖ *fig.* insieme dei requisiti essenziali per la realizzazione di un'attività: *la formula vincente per il successo* ‖ *fig.* composizione di un'alleanza di governo: *la formula del centro-sinistra* ‖ *fig.* insieme di parametri tecnici che individuano varie categorie di auto da corsa: *formula uno* ‖ *dim.* formulétta ‖ **N. 2.** *Sin.* espressione **3.** *Sin.* ricetta; cifra; categoria. **Q.T. *chimica.***

formulàre¹ (pres. *fòrmulo*) [da *formula*; 1858] ***tr.*** esprimere per mezzo di una formula o secondo schemi prescritti: *formulare una proposta di legge* ‖ *per estens.* esprimere, manifestare: *formulare un desiderio, un augurio.*

formulàre² [da *formula*; 1956] ***agg.*** che si basa su formule, che si svolge per mezzo di formule: *processo, stile formulare.*

formulàrio (pl. *-ri*) [dal lat. tardo *formulārius*; a. 1519] ***sm.*** **1.** raccolta di formule, prescrizioni, modelli e sim.: *un formulario farmaceutico* **2.** modulo parzialmente prestampato da compilare per determinate operazioni burocratiche: *il formulario della dichiarazione dei redditi.*

formulàto [dall'ingl. *formulated*, composto secondo una determinata formula; 1987] ***sm.*** *T.chim.* miscela di più sostanze avente uno scopo applicativo non raggiungibile per altre vie.

formulazióne [da *formulare*; a. 1827] ***sf.*** il formulare.

fornàce [lat. *fornax, -ācis*; fine sec. XIII] ***sf.*** forno in cui si cuociono calce, mattoni, ceramiche e sim. ‖ l'intero impianto industriale adibito alla cottura di tali materiali: *lavorare in una fornace* ‖ *iperb.* luogo caldissimo ‖ *dim.* fornacìna, fornacèlla, fornacétta; *accr.* fornacióne (*sm.*) ‖ **N.** PARTI: aia, bocca, bozzo, camicia, focolare, fossa, gola, occhio, tamburo | biscotto, cotta.

fornaciàio (pl. *-ài*) [da *fornace*; fine sec. XIII] ***sm.*** (f. *-a*) **1.** proprietario o gestore di una fornace **2.** chi lavora in una fornace.

fornaciàta [da *fornace*; 1550] ***sf.*** quantità di materiale che si mette a cuocere in una volta sola nella fornace ‖ **N.** *Sin.* cotta.

fornàio (pl. *-ài*) [lat. tardo *furnārius*; 1211] ***sm.*** (f. *-a*) padrone o lavoratore di un forno in cui si cuoce il pane o altri alimenti derivati dalla farina; gestore di un negozio per la vendita del pane con il forno annesso ‖ *dim.* fornarìno, fornaìno, fornarétto. **Q.T. *pane.***

fornarétto o **fornarìno** (*dim.* di *fornaio*) [a. 1336] ***sm.*** giovane fornaio; figlio di fornaio: *Il fornaretto di Venezia*, dramma di F. Dell'Ongaro.

fornàta [da *forno*; a. 1712] ***sf.*** *non com.* infornata.

fornellàta [da *fornello*; 1887] ***sf.*** *non com.* la quantità di carbone che può stare in un fornello.

fornèllo (*dim.* di *forno*) [a. 1502] ***sm.*** **1.** apparecchio per la cottura di cibi o per altri usi, nel quale si bruciano combustibili di vario genere come gas, legna, carbone; *fornello elettrico*, alimentato dalla corrente elettrica che riscalda uno o più resistori situati sotto la piastra **2.** il piccolo forno che i chimici usano per fondere, stillare, lambiccare ‖ parte della caldaia a vapore dove ha luogo la combustione ‖ *per estens. fornello della pipa*, la parte concava in cui si mette e si accende il tabacco **3.** *fornello* (o *foro*) *da mina*, la cavità della roccia in cui si inserisce la carica di esplosivo ‖ *dim.* fornellìno, fornellétto ‖ **N.** graticola, sportellìno, ventola.

fornicàre (pres. *fòrnico, fòrnichi*) [dal lat. tardo *fornicāre*; a. 1294] ***intr.*** (aus. *avere*) *non com.* commettere atti contrari alla castità tra persone non sposate.

fornicatóre [dal lat. tardo *fornicātor, -ōris*; a. 1347] ***agg.*** e ***sm.*** (f. *-trìce*) *non com.* che o chi fornica.

fornicatòrio (pl. *-ri*) [da *fornicare*; XIV sec.] ***agg.*** *lett.* relativo alla fornicazione, riguardante la fornicazione; osceno.

fornicazióne [dal lat. tardo *fornicātio, -ōnis*; a. 1292] ***sf.*** il fornicare.

fòrnice [dal lat. *fornix, -icis*; a. 1375] ***sf.*** **1.** *T.arch.* grande apertura ad arco di edifici monumentali, sotto la quale è possibile il transito **2.** *T.anat.* nome di varie formazioni ad arco: *fornice cerebrale, vaginale.* **TAV. *anatomia* p. 642** 7.4.

forniménto [da *fornire*; a. 1313] ***sm.*** *non com.* il fornire ‖ *concr.* tutto ciò che serve di ornamento o di corredo, equipaggiamento.

fornìre (pres. *-ìsco, -ìsci*) [dal francone **frumjan*, eseguire, attr. il fr. *fournir*; sec. XIII] ***tr.*** **1.** distribuire o produrre a vantaggio di qualcuno: *questa centrale fornisce l'energia necessaria all'intera città, un'industria che fornisce macchine utensili a vari paesi, fornire informazioni riservate* **2.** con il ricevente come compl. ogg., provvedere di qualcosa: *lo hanno fornito di denaro e di viveri* **3.** *arc.* o *lett.* compiere, terminare: *s'adopra / di fornir l'opra anzi il chiarir dell'alba* (Leopardi) ‖ ***rifl.*** provvedersi di qualcosa: *fornirsi di tutto l'occorrente* ‖ **N.** ***tr.*** **1.** *Sin.* procurare **2.** *Sin.* equipaggiare, munire, rifornire.

fornìto (*pps.* di *fornire*) [a. 1292] ***agg.*** provvisto, munito di quanto occorre: *ha una cantina fornitissima.*

fornitóre [da *fornire*; 1330] ***agg.*** e ***sm.*** (f. *-trice*) che o chi fornisce; *in part.* chi provvede un'azienda o un negoziante o un privato di una data merce: *il negozio ha cambiato fornitore, ditta fornitrice della Real Casa.*

fornitùra [dal fr. *fourniture*; 1598] ***sf.*** il fornire ‖ *concr.* le merci che sono fornite: *forniture militari* ‖ il contratto per la somministrazione di una data merce: *assumere la fornitura del* *vitto in una colonia.*

fórno [lat. *furnus*; 1219] ***sm.*** **1.** costruzione in muratura in cui si produce un'elevata temperatura per usi diversi: *forni a combustione* (*a legna, a carbone, a gas* ecc.), *elettrici*; *forno a microonde*, V. MICROONDA; *forno solare*, V. SOLARE; *cuocere il pane, la pizza in forno* ‖ *forni industriali*, per la fusione e la raffinazione dei metalli (*forni metallurgici*) o la cottura delle terre (*forni ceramici*) ‖ *forno crematorio*, per l'incinerazione dei cadaveri ‖ *per estens.* parte di una cucina domestica, costituita da una cavità riscaldata a temperatura regolabile, in cui si cuociono varie vivande; *al forno*, cotto nel forno: *lasagne, arrosto, patate al forno*‖ *concr.* la quantità di pane cotta in una singola volta, infornata: *fa tre forni al giorno* **2.** *per meton.* il negozio del fornaio **3.** *T.med.* apparecchio riscaldato elettricamente, usato per la cura dei reumatismi o delle artriti **4.** *iperb.* luogo insopportabilmente caldo: *quest'automobile è un forno* ‖ *scherz.* bocca spalancata ‖ nel linguaggio del teatro, platea vuota o semivuota: *ieri è stato un forno*; *fare forno*, fare fiasco. **Q.T.** *elettrodomestici, fabbro, metallurgia, pane* **TAV.** ***arredamento*** **p. 650** 1.4, 1.5.

fóro [da *forare*; a. 1292] ***sm.*** buco, apertura (con una connotazione più formale o elevata): *praticare un foro in una parete, foro d'uscita di un proiettile, un flauto dolce ha sette fori più uno retrostante* ‖ *foro da mina*, V. FORNELLO ‖ *dim.* forellino.

fòro [dal lat. *forum*; a. 1374] ***sm.*** **1.** *T.stor.* nelle città della Roma repubblicana e imperiale, la piazza principale, sede di varie attività pubbliche e commerciali ‖ *per estens.* nome di vari complessi moderni destinati a usi pubblici: *il Foro Italico a Roma* ‖ *foro boario*, complesso di recinti ed edifici destinati al mercato del bestiame **2.** *T.giur.* l'ufficio giudiziario competente per un determinato territorio: *il foro di Milano* ‖ il complesso di tutti coloro che esercitano la professione legale; *principe del foro*, avvocato di grande rinomanza e notorietà ‖ *T.eccl. foro ecclesiastico*, il complesso degli organi di giurisdizione della Chiesa. **Q.T.** *diritto.*

-foro [dal gr. *-phóros*] ***elem. term.*** che, in parole dotte composte, vale "che porta", "che produce", "che genera" (per es. *semaforo, termoforo, necroforo*).

Foronìdei [comp. del lat. *Phorōnis*, epiteto di Io, mitica figlia di Foroneo e *-idei*; 1932] ***sm. pl.*** *T.zool.* gruppo di piccoli animali marini viventi dentro un tubo di sostanza chitinosa secreta da loro stessi, e aventi la bocca cinta da tentacoli.

forosèlla [da *forosetta*, con cambio di suff.; a. 1912] ***sf.*** forosetta.

forosétta [da *forese*; a. 1300 *foresetta*] ***sf.*** *ant.* e *lett.* contadinella.

fórra [forse dal gotico *fauhrs*, spazio fra i solchi; 1255] ***sf.*** *T.geol.* scoscendimento stretto e profondo tra monte e monte formato dall'erosione delle acque ‖ **N.** *canyon*, gola.

fórse [lat. *forsit*; sec. XIII] **I** ***avv.*** **1.** con valore frasale, indica che l'evento espresso dall'enunciato in cui compare ha solo una certa probabilità (gen. non troppo alta) di verificarsi: *forse pioverà, forse ce l'ha fatta* ‖ *forse che sì forse che no*, può darsi, chissà ‖ seguito da numerali, circa, poco meno di: *saranno forse due chilometri di strada* **2.** nelle interrogative retoriche, rafforza l'attesa di una risposta contraria da parte dell'interlocutore: *l'hai forse dimenticato? Certo che no, non sei forse tu il responsabile? Purtroppo sì* ‖ con lo stesso valore nel costrutto *forse che*: *forse che non te l'abbiamo detto?* **II** ***sm. inv.*** dubbio, incertezza: *un progetto con troppi forse*; *essere in forse*, essere in dubbio; *disus. senza forse*, certamente.

forsennatézza [da *forsennato*; a. 1685] ***sf. non com.*** l'essere forsennato ‖ comportamento da forsennato ‖ **N.** PAZZIA.

forsennàto [pps. di un ant. *forsennare*, uscire di senno; a. 1294] ***agg.*** e ***sm.*** (f. *-a*) che o chi è fuori di senno ‖ freq. soprattutto in usi *iperb.*: *urlare, correre come un forsennato* ‖ **forsennataménte** ***avv.*** ‖ **N.** PAZZO.

forsìzia o **forsỳthia** (pr. [for'sittsja]) [dal n. proprio W. *Forsyth*, botanico ingl.; 1932 *forsythia*] ***sf.*** genere di piante arbustacee a foglia caduca, cespugliose, con i fiori di color giallo-oro distribuiti lungo i rami, originarie dell'Europa meridionale e dell'Asia.

fòrte[1] [lat. *fortis*; a. 1292] **I** ***agg.*** **1.** detto di persona o animale, capace di compiere sforzi muscolari intensi: *è così forte da sollevarti sopra la testa, un forte cavallo da tiro, essere forte come un leone, come un toro* ‖ detto di parti del corpo: *braccia, gambe, denti forti*; *dare man forte*, V. MANFORTE ‖ che ha grande resistenza alla fatica: *un forte camminatore* ‖ *sesso forte*, il sesso maschile (espr. oggi soprattutto scherz.) ‖ *eufem.* nel linguaggio di sartoria, grosso, grasso: *una donna un po' forte, taglie forti* ‖ *per estens.* potente, energico, autoritario: *un governo forte*; *ricorrere alle maniere forti*, usare metodi energici o anche violenti ‖ *T.gioc. essere forte a picche*, avere buone carte in quel seme ‖ detto di monete, con elevato potere d'acquisto: *il marco è tra le più forti valute europee* ‖ detto di azioni, dato o fatto con forza: *un forte pugno, una forte spallata* **2.** che ha fermezza morale: *essere forti nei momenti difficili, un carattere forte* **3.** solido, che non si rompe o logora facilmente: *un tessuto forte, scarpe forti* ‖ *colori forti*, tenaci, resistenti al lavaggio ‖ *una forte posizione difensiva*, in grado di resistere agli attacchi ‖ *T.econ. moneta forte*, quella in cui il valore legale risulta inferiore al valore commerciale **4.** bravo, capace: *è fortissimo in matematica, a scacchi* ‖ efficace: *medicamento forte, una mossa molto forte*; convincente: *un forte argomento* ‖ principale, di maggior impegno o importanza: *pezzo forte*, V. PEZZO; *piatto forte*, V. PIATTO **5.** che colpisce con intensità i vari sensi: *una luce forte, un forte rumore, un profumo fortissimo*; *un sapore forte*, piccante; *caffè forte*, carico; *liquore forte*, di elevata gradazione alcolica; *dolce e forte*, agrodolce ‖ *T.mus. tempo forte*, quello su cui cade l'accento della battuta (e analogamente, nella metrica classica, la sillaba accentata del piede) ‖ *T.ling.* in fonetica, *consonanti forti* (in opposizione a *leni*), articolate con maggiore energia e tensione dell'apparato fonatorio: *in italiano le sorde sono generalmente forti, le sonore leni* ‖ detto di sentimenti: *una forte emozione, una forte delusione* ‖ detto di sensazioni fisiche (spec. dolorose), acuto, violento: *un forte mal di testa, una forte fitta al fegato* ‖ detto di fenomeni naturali: *un sole fortissimo, un forte vento, forti ondate* **6.** con valore generico, di volta in volta precisato dal contesto, grande, rilevante, elevato: *correre a forte velocità, una forte somma di denaro, nutrire forti dubbi, avere forti interessi* ‖ con nomi d'agente: *un forte fumatore*, uno che fuma molto ‖ *pop.* esprime genericamente approvazione o entusiasmo per qualcosa: *che forte quel concerto!, quel tuo amico è proprio forte* **7.** *T.ling.* termine che designa un tipo di flessione basato su alternanze vocaliche, o comunque (in opposizione a *debole*) un tipo di flessione meno regolare, con morfemi meno segmentabili e sim.: *verbi forti*, nelle lingue germaniche, quelli con alternanza vocalica (come in inglese *sing*, preterito *sang*); in greco, *aoristo forte*, senza suffisso e con alternanza vocalica nella radice; *aoristo fortissimo*, senza vocale tematica tra radice e desinenza **8.** *T.fis. interazione forte*, una delle quattro interazioni fondamentali della natura, a corto raggio, con una elevata costante d'accoppiamento, responsabile dell'attrazione tra protoni e neutroni che tiene unito il nucleo atomico **9.** *T.scient. forma forte di un enunciato, di un'ipotesi* e sim. (opposto a *debole*), che richiede condizioni più restrittive per essere verificata ‖ **forteménte** ***avv.*** **1.** con forza, intensità, energia, efficacia, violenza **2.** come modificatore di aggettivi, molto; *sono fortemente preoccupato* **II** ***sm.*** (solo *sing.* nei sensi 1, 2, 3) **1.** la parte più forte, più resistente, più rilevante: *il forte dell'esercito*; *il forte delle scarpe*, il rinforzo ‖ *disus. il forte del bosco*, la parte più folta **2.** (spec. preceduto da un agg. poss.) materia, campo, attività, in cui si è particolarmente abili, competenti e sim.: *la botanica è il suo forte*; qualità che si possiede in buona misura: *la pazienza non è il mio forte* **3.** sapore inacidito, fermentato: *il forte del vino* **4.** persona forte, nei vari sensi: *il diritto del più forte, la calma dei forti* **III** ***avv.*** **1.** con forza, violenza, energia, intensità: *stringere, picchiare forte*; *piove forte* ‖ *mangiare forte*, molto; *giocare, puntare forte*, giocare grosse somme di danaro **2.** ad alto volume: *non tenere la radio così forte, parlate più forte, per favore!* ‖ *in part. T.mus.* notazione dinamica (indicata con *f*) che prescrive un pieno volume di suono; per un volume ancora maggiore si usano le indicazioni *fortissimo* e *più che fortissimo* (abbreviati *ff* e *fff*); anche *sm.*; *mezzo forte* (o *mezzofòrte*) (indicato con *mf*) prevede un'esecuzione di intensità intermedia fra il mezzo piano e il forte; anche *loc. m.* **3.** ad alta velocità: *corrono troppo forte in macchina*; *andar forte*, andar veloce o, *fig. fam.*, avere grande successo **4.** come modificatore di aggettivi, molto (nella lingua attuale è *fam.* e posposto al nome): *è carina forte* ‖ **N.** I **1.** *Sin.* forzuto, muscoloso, nerboruto, poderoso, robusto, vigoroso; duro, energico, potente, violento | *Contr.* debole, fiacco; molle **2.** *Sin.* coraggioso, saldo, tetragono | *Contr.* emotivo, fragile, insicuro **3.** *Sin.* duraturo, resistente, robusto | *Contr.* delicato, fragile **4.** *Sin.* abile, in gamba; valido **5.** *Sin.* intenso **6.** *Sin.* notevole **8.** adroni, gluoni, *quark*; cromodinamica quantistica.

fòrte[2] [lat. *fortis*; fine sec. XIII] ***sm.*** *T.mil.* opera difensiva, di solito in muratura, di limitata estensione, posta a guardia di una località di importanza strategica o facente parte di una linea difensiva più ampia ‖ *dim.* fortino ‖ **N.** *Sin.* fortezza. **Q.T.** *fortificazioni.*

fòrte-piàno (pl. *fortepiani*) [comp. di *forte* e *piano*; 1826] **I** ***sm.*** strumento a tastiera settecentesco, dal funzionamento molto simile al pianoforte moderno **II** ***avv.*** *T.mus.* indicazione dinamica (abbreviata *fp*) che prescrive un attacco del suono con forte intensità, seguito da un'immediata attenuazione di volume; anche *sm. inv.*

fortéto [da *forte*[1]; 1777] ***sm.*** boscaglia fitta e bassa, intricata e selvaggia; si dice spec. nella Maremma Toscana.

fortézza [da *forte*[1]; a. 1292] ***sf.*** **1.** forza, quasi esclusivamente in senso morale: *fortezza d'animo*; *in part.* una delle quattro virtù cardinali della teologia cattolica **2.** *concr.* tutto ciò che serve a render più resistente o stabile una cosa: *le fortezze di un vestito*, pezzi di tela inseriti come rinforzo ‖ *T.mar.* rinforzo cucito alle vele nei punti di maggiore sforzo e logorio, detto anche *gherone* **3.** opera fortificata permanente, spesso inserita in un sistema difensivo di grandi proporzioni ‖ *arresti in fortezza*, la forma più grave di arresto per gli ufficiali ‖ *fig. fortezza volante*, grande aeroplano da bombardamento (rif. in origine ai B-17 americani nella seconda guerra mondiale) ‖ **N.** **1.** FORZA **3.** caposaldo, castello, forte, mastio. **Q.T.** *fortificazioni.*

forticcio (pl. m. *-ci*, pl. f. *-ce*) [da *forte*[1]; seconda metà sec. XV] ***agg.*** e ***sm.*** *non com.* detto di gusto che ha del forte, dell'acido, dell'agro.

fortièra [da *forte*[1]; 1889] ***sf.*** *T.mar.* tratto del fondo marino, quando è molto scoglioso.

fortificàbile [da *fortificare*; 1745] **agg.** che può essere fortificato.

fortificaménto [da *fortificare*; 1353] **sm.** *ant. raro* il fortificare.

fortificànte (*ppr.* di *fortificare*) [1868] **agg.** e **sm.** ricostituente: *abusa di fortificanti*; anche *fig.*

fortificàre (pres. *-ìfico, -ìfichi*) [lat. tardo *fortificāre*; a. 1306] **tr.** **1.** rendere forte, sia in senso fisico che morale: *lo sport fortifica il corpo, un'esperienza che lo ha fortificato nell'animo* **2.** munire di opere di difesa: *fortificare una città* ‖ **rifl.** e **intr. pron.** rendersi, diventare forte ‖ **rifl.** mettersi sotto la protezione di un luogo fortificato: *fortificarsi su un'altura* ‖ **N.** **tr.** **1.** *Sin.* irrobustire, rafforzare, rinvigorire; corroborare **2.** *Sin.* munire | **rifl.** barricarsi, trincerarsi. **Q.T.** *fortificazioni.*

fortificatìvo [da *fortificare*; a. 1342] **agg.** *raro* atto a fortificare.

fortificatòrio (pl. *-ri*) [da *fortificare*; 1956] **agg.** relativo alle fortificazioni: *arte fortificatoria* ‖ *meno com.* adatto a fortificare: *materiale fortificatorio.*

fortificazióne [lat. tardo *fortificātio, -ōnis*; sec. XIV] **sf.** **1.** l'operazione del fortificare (nel senso 2): *provvedere alla fortificazione di un punto strategico* ‖ *concr. più com.* le opere con cui si fortifica un luogo: *fortificazione in muratura, interrata, permanente* **2.** *non com.* rafforzamento, consolidamento spirituale: *fortificazione della fede.* **Q.T.** *fortificazioni.*

fortìgno [da *forte*¹; a. 1597] **agg.** *non com.* detto per es. di vino, di sapore forte o inacidito ‖ *lett.* di profumo, acuto: *l'anace fortigno* (D'Annunzio).

fortilìzio (pl. *-zi*) [da *forte*²; 1546 *fortilizie* f. pl.] **sm.** piccola fortezza.

fortìno (*dim.* di *forte*²) [1624] **sm.** opera di fortificazione di piccole dimensioni, resistente solo al fuoco di armi portatili e tipica perciò delle guerre coloniali.

fortiori (lat., pr. it. [for'tsjɔri]) V. A FORTIORI.

fortìssimo (*superl.* di *forte*¹) [1825] **avv.** *T.mus.* V. FORTE¹ nel senso III 2.

fortitùdine [dal lat. *fortitūdo, -inis*; a. 1294] **sf.** *lett.* fortezza d'animo.

fortóre [da *forte*¹; 1535] **sm.** **1.** sapore od odore piccante, forte, di sostanza alimentare inacidita o fermentata (vino, aceto, senape ecc.) **2.** *pl. non com. fortori di stomaco,* acidità.

fòrtran [acronimo dell'ingl. *for(mula) tran(slator)*, traduttore di formula; 1967] **sm. inv.** *T.inform.* linguaggio di programmazione, adatto in particolare per problemi tecnico-scientifici.

fortùito [dal lat. *fortuĭtus*; 1304] **agg.** che avviene per caso: *coincidenza fortuita* ‖ **fortuitaménte** **avv.** per caso ‖ **N.** *Sin.* casuale.

fortùme [da *forte*¹; sec. XIV] **sm.** *raro* sapore acido e forte, fortore.

fortùna [lat. *fortūna*; a. 1249] **sf.** **1.** destino favorevole o sfavorevole visto come indipendente dalla volontà e dalle azioni dell'uomo e del tutto imprevedibile razionalmente: *fortuna propizia, avversa, le alterne fortune del suo casato, la fortuna è cieca* ‖ fama, risonanza di un autore in un determinato periodo storico successivo: *la fortuna di Dante nel Cinquecento* **2.** sorte favorevole: *avere fortuna al gioco, ci vuole fortuna per riuscire* ‖ *avere la fortuna di...*, trovarsi nella favorevole situazione di...: *ha avuto la fortuna di arrivare in tempo*; in espr. di cortesia: *non ho avuto la fortuna di conoscerlo* ‖ *per fortuna*, per buona sorte, per una circostanza casualmente favorevole: *per fortuna sono rimasto a casa, con quel che è successo*; *colloq.* con senso analogo, *fortuna che...*: *fortuna che me ne sono ricordato* ‖ *colpo di fortuna*, successo insperato ‖ *portare fortuna*, detto di cosa o avvenimento che si crede possa influenzare favorevolmente il futuro: *si dice che il quadrifoglio porti fortuna* ‖ *cercar fortuna*, tentare di migliorare le proprie condizioni di vita: *è andato a cercar fortuna in America* ‖ occasione favorevole: *gli è capitata una bella fortuna* ‖ successo: *un libro che ha avuto un'inaspettata fortuna* **3.** *concr.* ricchezze: *ha dilapidato un'immensa fortuna*; *fare fortuna*, arricchirsi **4.** *T.mar.* e *T.aer.* nella loc. *di fortuna*, d'emergenza: *atterraggio di fortuna*; *vela, timone di fortuna*, tenuti a bordo per sostituire quelli perduti in una tempesta o comunque danneggiati ‖ *per estens.* di ripiego, improvvisato: *ha dovuto proseguire con mezzi di fortuna* **5.** *lett.* tempesta, fortunale ‖ *accr.* fortunàccia ‖ **N.** **1.** caso, destino, fato, provvidenza, sorte, ventura **2.** cuccagna | *Contr.* disdetta, disgrazia, malasorte, sfortuna | amica, sfacciata | essere nato con la camicia, vincere un terno al lotto | amuleto, portafortuna; iettatore, malocchio.

fortunàle [da *fortuna*; sec. XIV] **sm.** *T.mar.* tempesta, burrasca ‖ **N.** tempesta.

fortunàto [da *fortuna*; 1319] **agg.** **1.** favorito dalla fortuna: *essere fortunato in amore* ‖ *fortunato te!*, beato te ‖ in espr. di cortesia: *fortunato di fare la sua conoscenza!*; anche *ass.*: *fortunatissimo!* ‖ dovuto alla fortuna: *una fortunata coincidenza* **2.** che ha esito favorevole: *un'iniziativa fortunata* ‖ **N.** *Contr.* sfortunato.

fortunèllo [dal n. proprio *Fortunello*, personaggio del Corriere dei Piccoli; 1935] **sm.** (f. *-a*) *fam.* persona particolarmente fortunata.

fortunóso [da *fortuna*; 1336] **agg.** **1.** dovuto al caso, fortuito: *ha segnato dopo un fortunoso rimpallo* **2.** *lett.* sventurato, drammatico: *tempi fortunosi* **3.** *ant.* tempestoso.

forum (ingl., pr. ['fɔ:rəm]; pr. it. ['fɔrum]) [dal lat. *forum*, piazza; 1956] **sm.** *inv.* **1.** riunione pubblica in cui si discutono argomenti di natura sociale, culturale e sim. **2.** lunga intervista a un personaggio importante (uomo politico, imprenditore ecc.) tenuta nella redazione di un quotidiano o di un periodico e condotta dai giornalisti più rappresentativi del giornale: *nelle pagine interne pubblichiamo il forum con il presidente del consiglio.*

forùncolo [dal lat. *furunculus*; sec. XIV *foroncolo*] **sm.** *T.med.* infiammazione di un follicolo pilifero della cute, causata da uno stafilococco ‖ *dim.* foruncolétto ‖ **N.** *Sin.* fignolo, PUSTOLA.

foruncolòsi [dal fr. *furonculose*; 1905] **sf.** *T.med.* comparsa simultanea di molti foruncoli in diverse parti del corpo umano.

forviàre **tr.** e **intr.** *non com.* V. FUORVIARE.

fòrza [lat. tardo *fortia*; a. 1292] **I sf.** **1.** vigore muscolare del corpo umano o degli animali: *avere forza nelle gambe, avere la forza di un bue, non avere più la forza di muovere un dito, riprendere forza*; *ritornare in forze*, ristabilirsi dopo una malattia e sim.; *forza bruta*, senza la guida e il controllo della ragione ‖ l'impiego della capacità muscolare per compiere uno sforzo: *fare forza sui pedali, arrampicarsi a forza di braccia*; *correre a tutta forza*, il più veloce possibile; *per estens.* detto anche di mezzi meccanici: *la nave procedeva a tutta forza* **2.** *per estens.* potere, capacità di influenzare gli eventi: *la forza del ragionamento, della legge*; *T.giur. forza maggiore*, causa insormontabile e indipendente dalla volontà del soggetto che determina il mancato adempimento di un obbligo, senza colpa ‖ efficacia: *la forza di un discorso, di un provvedimento, di un'iniziativa* ‖ *in forza di*, nel linguaggio burocratico e legale, a norma di, avvalendosi di: *in forza dell'articolo 7 della Costituzione* **3.** prepotenza, violenza: *il ricorso alla forza fu inevitabile* ‖ *fare forza a qualcuno*, andare contro la sua volontà ‖ *di forza*, *a viva forza*, con la violenza; *per amore o per forza*, in un modo o nell'altro, con le buone o con le cattive ‖ *per forza*, perché si è obbligati, perché non se ne può fare a meno: *ha dovuto accettare per forza le loro proposte*; necessariamente: *doveva per forza succedere un giorno o l'altro*; a tutti i costi: *ha voluto per forza esserci* **4.** fermezza o determinazione morale: *forza d'animo, di volontà, di carattere*; *bisogna farsi forza* **5.** *T.fis.* nella meccanica newtoniana, grandezza vettoriale (caratterizzata pertanto da un'intensità, una direzione, un verso e un punto d'applicazione) che descrive qualunque causa in grado di provocare il mutamento dello stato di quiete o di moto di un corpo, inducendone l'accelerazione rispetto a un sistema di riferimen-

FORTIFICAZIONI

SINONIMI E SPECIE VARIE: acropoli, arce, *alcazar*, bastia, bicocca, *bunker*, casamatta, castelliere, castello, catena di forti, cittadella, caposaldo, difese, forte, fortezza, fortilizio, fortino, fronte continuo, isola, muraglia, nuraghe, piazzaforte, poligoni, propugnacolo, quadrilatero, rocca, ridotta; blindate o corazzate, espugnabili, imbattibili, imprendibili, inattaccabili, inespugnabili, interrate, invincibili, irregolari, mascherate, mobili, murali, permanenti, regolari, scoperte, soprelevate.

INSEDIAMENTI FORTIFICATI: antemurale, antiporta, bastione, cinta, contrafforte, controguardia, contrapproccio, corno, corona, cortina (a denti, a forbice, a saliente, a tenaglia, concava, convessa, d'ordine rinforzato, morta); angoli, fianchi, falsabraca, fianconata, forbice, fossato, lunetta, mezzaluna, orecchione, palizzata, scarpa, scarpata, sperone, tamburo, terrapieno; accollo, ala, balestriera, ballatoio, baluardo, barbacane, barbetta, battifredo, bertesca, caditoia, cammino di ronda, cannoniera, coda di rondine, cunicolo, feritoia, garitta, mastio o maschio, merlo, parapetto, ponte levatoio, postierla, risega, rivellino, rondello, saracinesca, spalto, sperone, torre (angolare, sporgente, pensile), torrione, trabocchetto.

FORTIFICAZIONI CAMPALI: barricata, bocca di lupo, camminamento, cavallo di Frisia, dente, fascinata, filo spinato, gabbione, galleria, graticcio, palizzata, parallelo, piattaforma di tiro, reticolato, steccato, tagliata, triboli, trincea, vallo.

AZIONI: abbattere, aggirare, approcciare, armare, arrendersi, assaltare, assediare, asserragliare, attaccare, barricare, bastionare, battere (in breccia, in ritirata), blindare, bloccare, bombardare, capitolare, circonvallare, demolire, diroccare, disarmare, espugnare, fascinare, fiancheggiare, fortificare, guarnire, incamiciare, incastellare, munire, penetrare, presidiare, rafforzare, rincalzare, rompere l'assedio, sbarrare, sbloccare, sbrecciare, sguarnire, smantellare, spazzare, spianare, trincerare.

VOCI ATTINENTI: approccio, assedio, blinda, blocco, breccia, circonvallazione, cordone, incastellamento, parco d'assedio, pluteo, pomerio, resa (a bandiere spiegate, a discrezione, con l'onore delle armi), rifugio, riparo, sortita, testa (di ponte, di sbarco); ossidionale.
(V. anche quadro terminologico ARCHITETTURA).

to inerziale: *forza peso, forze d'attrito, forze elastiche* || *forze apparenti*, che non rappresentano azioni fisiche reali, ma compaiono quando l'osservatore compie la misura rispetto a un sistema di riferimento non inerziale (per es. la *forza centrifuga* in un sistema rotante) || *forza elettromotrice*, altro nome (improprio) della tensione in un circuito || *forza viva*, denominazione ant. dell'energia cinetica || nella fisica delle particelle elementari, interazione, ovvero azione reciproca tra due particelle mediata dai quanti dell'interazione: *forza gravitazionale, debole, forte, elettromagnetica* **6.** *concr.*, spec. *pl.*, gruppo di persone unite da una comune funzione, ruolo sociale, obbiettivi e sim.: *forze lavorative, rivoluzionarie, politiche, sindacali* || *in part.* formazione di uomini armati: *circondare le forze del nemico; Forze Armate*, l'insieme delle organizzazioni armate destinate alla difesa dello stato || al sing., *T.mil.* contingente di truppa: *forza arruolata, forza in congedo, presentare la forza* **7.** qualità dell'esser forte, in vari sensi dell'agg.: *la forza di un vino*, la sua gradazione alcolica || *T.chim. la forza di un acido*, la sua maggiore o minore tendenza a dissociarsi in ioni || *T.meteor. forza del mare, forza del vento*, misura di intensità del moto ondoso e di velocità del vento secondo un'opportuna scala: *mare (a) forza sette* || *T.tip. forza di corpo di un carattere*, le sue dimensioni misurate in punti || *di prima forza*, di alta qualità, eccellente || *fam. che forza!, è una vera forza!* e sim., per indicare apprezzamento entusiasta per qualcuno o qualcosa **8.** nella loc. *a forza di*, per indicare un'azione ripetuta e insistente: *a forza di tentare c'è riuscito, a forza di raccomandazioni ha ottenuto quel posto* **II** ***escl.*** di incitamento, orsù, dài: *forza che siamo quasi arrivati!* || **N. 1.** *Sin.* energia, gagliardia, nerbo, robustezza | *Contr.* debolezza **2.** *Sin.* autorità, facoltà, potenza **4.** *Sin.* fierezza, fortezza, saldezza, tempra **7.** *Sin.* intensità. **Q.T.** *astronomia, fisica, forze armate, sociologia, unità di misura* **TAV. *tipografia* p. 1336** 1.2.

forzàglia [da *forza*; 1585] ***sf.*** *T.abb.* tela a trama fitta e solida usata in sartoria per rivestimenti degli abiti.

forzaménto [da *forzare*; sec. XIV] ***sm.*** *non com.* il forzare. **TAV. *armi* p. 649 22.4.**

forzàndo V. SFORZANDO.

forzàre (pres. *fòrzo*) [lat. volg. **fortiāre*; fine sec. XIII nel senso 3] ***tr.*** **1.** agire su qualcosa con più forza di quanto sarebbe opportuno: *hai forzato il tappo dentro il collo della bottiglia e non riesci più a toglierlo, non forzare la vite nel bullone, altrimenti si spana* || *in part. forzare una porta, una serratura*, scassinarla || *fig.* nel linguaggio militare, *forzare le linee nemiche*, sfondarle; *forzare la consegna*, trasgredirla || *per estens. forzare un blocco stradale*, superarlo di forza, senza arrestarsi **2.** *per estens.* portare al di là delle normali prestazioni, possibilità e sim.: *forzare l'andatura, il passo, il motore* || *ass.* nelle gare sportive, produrre il massimo sforzo || *fig. forzare i tempi*, far di tutto per concludere un'azione prima del previsto; *forzare il senso di un discorso, di una parola*, travisarlo volutamente per i propri fini || *T.agr. forzare una pianta*, intervenire su di essa con trattamenti speciali perché dia i suoi prodotti prima del tempo **3.** rif. a persona, costringerla, con pressioni, minacce e sim., a fare qualcosa che altrimenti non farebbe: *lo hanno forzato col ricatto a firmare quella confessione*; *forzare la mano a qualcuno*, spingerlo al di là delle sue intenzioni originarie || *T.gioc.* imporre all'avversario una data mossa non gradita, non lasciandogli alternative migliori: *forzare lo scambio delle torri, la presa con l'asso* || ***intr.*** (aus. *avere*) detto di oggetti, fare resistenza: *questo cassetto forza: non riesco ad aprirlo; la scarpa forza sul piede*, è troppo stretta || **N. 3.** *Sin.* obbligare, sforzare.

forzàto (*pps.* di *forzare*) [fine sec. XIII, nel senso 2; a. 1805 come sm.] **I** ***agg.*** **1.** fatto con sforzo, senza naturalezza o spontaneità: *riso forzato; nota forzata*, al di fuori delle possibilità naturali della voce o dello strumento; *marce forzate*, di durezza e rapidità superiori alla norma || *interpretazione forzata*, capziosa || *T.sport. tiro forzato*, fatto in condizioni difficili (pressati da un avversario, con scarsa coordinazione ecc.) **2.** fatto per costrizione, contro la propria volontà: *lavori forzati*, a titolo di pena; *risparmio, prestito forzato*, imposto ai cittadini dallo Stato || *T.gioc. mossa forzata*, senza alternative valide || *T.fis. oscillazioni forzate*, in presenza di una forza esterna che ne determina il periodo || *condotta forzata*, in cui viene convogliata acqua ad alta pressione per essere poi utilizzata come fonte di energia || **forzataménte** ***avv.*** **1.** in modo forzato: *ridere forzatamente* **2.** di necessità, ineluttabilmente: *dopo una lunga resistenza ha dovuto forzatamente cedere davanti al più quotato avversario* **II** ***sm.*** (f. *-a*) condannato ai lavori forzati || **N.** I **1.** *Contr.* naturale, spontaneo **2.** *Sin.* forzoso, obbligato | *Contr.* libero, volontario.

forzatóre [da *forzare*; sec. XIII] ***sm.*** (f. *-trice*) **1.** *non com.* chi fa violenza **2.** *raro* chi si esibisce in spettacoli di forza nei circhi e sim.

forzatùra [da *forzare*; 1832] ***sf.*** **1.** atto ed effetto del forzare: *forzatura di una porta* **2.** affermazione o interpretazione non aderente al vero, ma rivolta a confermare una tesi precostituita: *un'analisi sostanzialmente corretta, pur con qualche forzatura* **3.** *T.agr.* qualunque pratica agricola che mira ad ottenere prodotti fuori stagione.

forzière [dal fr. *forcier*, fine sec. XIII] ***sm.*** cofano o cassa blindata per chiudervi dentro de-

FORZE ARMATE

RIPARTIZIONE DELLE FORZE ARMATE.

AERONAUTICA MILITARE: armata, squadra, divisione, brigata, stormo, gruppo, squadriglia, sezione. Arma aeronautica. CORPI: del genio aeronautico, di commissariato aeronautico, sanitario aeronautico.

ESERCITO: armata, corpo d'armata, divisione, brigata, battaglione, gruppo artiglieria (o, in Cavalleria, gruppo squadrone), compagnia (o, in Cavalleria, squadrone), plotone, sezione, squadra.
Arma dei Carabinieri: battaglione artiglieria.
Arma di Fanteria: alpini, bersaglieri, fanti, lagunari, meccanizzati, motorizzati, paracadutisti.
Arma di Cavalleria: cavalleggeri, dragoni, lancieri.
Arma di Artiglieria: artiglieria a cavallo, artiglieria contraerea o missili, artiglieria controcarro, artiglieria corazzata, artiglieria da campagna, artiglieria da montagna, artiglieria pesante, artiglieria pesante campale.
Arma del Genio: ferrovieri, guastatori, pionieri, pontieri.
Arma delle Trasmissioni: centralinisti, marconisti, operatori ponti radio, radiotelegrafisti, telefonisti, telescriventisti.
Servizi: servizio di amministrazione, servizio di commissariato, servizio sanitario, servizio tecnico chimico-fisico, servizio tecnico del genio, servizio tecnico delle trasmissioni, servizio tecnico di artiglieria, servizio tecnico geografico, servizio veterinario.
Varie suddivisioni ulteriori: assaltatori, bombardieri, cannonieri, capifila, capipezzo, capisquadra, carristi, conducenti, elettricisti, esploratori, fucilieri, guastatori, guide, meccanici automezzi, minatori, mitraglieri, mortaisti, motociclisti, operatori elettronici, piloti carri, serventi.

MARINA MILITARE: flotta, armata, squadra, divisione, flottiglia, squadriglia.
Varie suddivisioni ulteriori: cannonieri, carpentieri, ecogoniometristi, elettricisti, fuochisti, furieri, meccanici, motoristi navali, nocchieri, palombari, radaristi, radiotelegrafisti, segnalatori, siluristi, sommozzatori, specialisti direzione tiro, telemetristi, torpedinieri.

ALTRI CORPI ARMATI: corpo degli agenti di custodia, corpo della guardia di finanza, corpo delle guardie di pubblica sicurezza.

GERARCHIE MILITARI

AERONAUTICA MILITARE: truppa (graduati e militari semplici): aviere, aviere scelto, primo aviere; sottufficiali: sergente, sergente maggiore, maresciallo di III classe, maresciallo di II classe, maresciallo di I classe; ufficiali: sottotenente, tenente, capitano, maggiore, tenente colonnello, colonnello, generale di brigata aerea, generale di divisione aerea, generale di squadra aerea, generale di squadra aerea con incarichi speciali, generale d'armata aerea.

ESERCITO: truppa: soldato, caporale, caporal-maggiore; sottufficiali: sergente, sergente maggiore, maresciallo ordinario, maresciallo capo, maresciallo maggiore, maresciallo maggiore aiutante; ufficiali subalterni: sottotenente, tenente; ufficiali inferiori: capitano; ufficiali superiori: maggiore, tenente colonnello, colonnello; ufficiali generali: generale di brigata, generale di divisione, generale di corpo d'armata, generale di corpo d'armata con incarichi speciali, generale d'armata.
(Arma dei Carabinieri: allievo carabiniere, carabiniere, carabiniere scelto, appuntato; sottufficiali: vicebrigadiere, brigadiere, maresciallo ordinario, maresciallo capo, maresciallo maggiore; ufficiali: come nelle altre armi).

MARINA MILITARE: marinaio comune di II classe, marinaio comune di I classe, sottocapo; sottufficiali: sergente, secondo capo, capo di III classe, capo di II classe, capo di I classe; ufficiali: guardamarina, sottotenente di vascello, tenente di vascello, capitano di corvetta, capitano di fregata, capitano di vascello, contrammiraglio, ammiraglio di divisione, ammiraglio di squadra, ammiraglio di squadra con incarichi speciali, ammiraglio d'armata.

SERVIZIO MILITARE.

POSIZIONE DI SERVIZIO DEL PERSONALE MILITARE: a disposizione, di complemento, di riserva, in aspettativa, in ausiliaria, in congedo, in congedo assoluto, in congedo illimitato, in ferma volontaria o in rafferma, in servizio di leva o in ferma di leva, in servizio permanente, in servizio temporaneo, richiamato in servizio, sospeso dalle funzioni del grado, trattenuto in servizio.

segue

naro od oggetti preziosi || *dim.* forzierino || **N.** *Sin.* scrigno.

forzóso [da *forza*; sec. XVI-XVII] **agg.** forzato, reso obbligatorio dalla legge: *corso forzoso dei biglietti di banca, prestito forzoso.*

forzùto [da *forza*; 1525] **agg.** che ha molta forza muscolare: *un forzuto buttafuori* || *prov. donna barbuta, donna forzuta* || **N.** *Sin.* robusto, FORTE.

fosburista [da *Fosbury*; 1938] **s.** *T.sport.* atleta che esegue il salto in alto con lo stile fosbury.

fosbury (ingl., pr. ['fɒzbərɪ]) [dal n. proprio D. *Fosbury*, atleta statunitense che lo ideò; 1938] **agg.** e **sm.** *inv.* *T.sport.* stile di salto in alto in cui l'atleta scavalca l'asticella inarcando il busto all'indietro || **N.** *Sin.* dorsale.

foschia [da *fosco*; 1883] **sf.** atmosfera caliginosa, spec. all'orizzonte, dovuta ad addensamento di vapore acqueo, pulviscolo o fumo.

fósco (pl. *-schi*) [lat. *fuscus*; 1313] **agg.** **1.** che tende al colore scuro: *non fronda verde, ma di color fosco* (Dante) || *T.ipp. morello fosco,* v. MORELLO || *fig. un ritratto a fosche tinte,* una descrizione eccessivamente negativa o pessimistica di una persona o di una situazione || *fig.* cupo, minaccioso: *uno sguardo fosco, un fosco avvenire* **2.** velato, caliginoso: *luce fosca, cielo fosco* || **foscaménte** **avv.** || **N.** **1.** *Sin.* scuro | *Contr.* luminoso **2.** *Sin.* affumicato, torbido | *Contr.* limpido.

fosfàtico (pl. *-ci*) [da *fosfato*; 1817] **agg.** relativo al fosfato || che contiene fosfati: *concime fosfatico.*

fosfatizzazióne o **fosfatazióne** [da *fosfato*; 1952] **sf.** *T.chim.* trattamento del ferro e di altri metalli per cui se ne ricopre la superficie con fosfati poco solubili, per impedirne la corrosione e l'ossidazione.

fosfàto [dal fr. *phosphate*; 1795] **sm.** *T.chim.* qualunque sale dell'acido fosforico.

fosfatùria [dal fr. *phosphaturie*; 1909] **sf.** *T.med.* presenza di abbondanti fosfati nell'urina.

fosfène [comp. del gr. *phōs, phōtós,* luce e di un der. di *phainesthai,* apparire; 1888] **sm.** *T.med.* l'immagine luminosa che viene percepita dall'occhio umano quando si comprime forte e a lungo il globo oculare.

fosfìna [comp. di *fòsf(oro)* e *-ina*; 1869] **sf.** *T.chim.* composto gassoso di fosforo e idrogeno, di formula PH_3 || **N.** *Sin.* idrogeno fosfato.

fosfìto [dal fr. *phosphite*; 1795] **sm.** *T.chim.* qualunque sale dell'acido fosforoso.

fosfolipìde [comp. di *fòsfo(ro)* e *lipide*; 1930] **sm.** *T.chim.* sostanza grassa (come la lecitina, la cefalina e la sfingomielina) che contiene fosforo sotto forma di acido fosforico.

fosforàto [da *fòsforo*; 1869] **agg.** *T.chim.* che contiene fosforo: *olio fosforato.*

fosforeggiàre (pres. *-éggio*) [da *fosfòro*; a. 1928] **intr.** (aus. *avere*) *non com.* emettere luce fosforica.

fosforemìa [comp. di *fòsforo* e *-emia*; 1956] **sf.** *T.med.* quantità di fosforo contenuta nel sangue.

fosfòreo [da *fòsforo*; 1921] **agg.** **1.** di fosforo **2.** fosforescente.

fosforescènte [dal fr. *phosphorescent*; 1817] **agg.** che presenta il fenomeno della fosforescenza.

fosforescènza [dal fr. *phosphorescence*; 1817] **sf.** emissione luminosa da parte di varie sostanze colpite da radiazioni elettromagnetiche, anche dopo che è cessata l'esposizione alle radiazioni || *per estens.* luminescenza, bagliore: *la fosforescenza del mare al tramonto.*

fosfòrico (pl. *-ci*) [dal fr. *phosphorique*; 1788] **agg.** *T.chim.* detto di qualunque composto del fosforo pentavalente: *acido fosforico, anidride fosforica.*

fosforilàre (pres. *-òrilo*) [da *fosforile*; 1956] **tr.** *T.chim.* aggiungere a una molecola organica uno o più gruppi dell'acido fosforico.

fosforilazióne [da *fòsforo*; 1956] **sf.** *T.chim.* reazione biologica che consiste nella introduzione di uno o più radicali dell'acido fosforico (*fosforili*) in una molecola di determinati composti organici.

fosforìle [comp. di *fòsforo* e *-ile*; 1956] **sm.** *T.chim.* radicale trivalente ottenuto per sottrazione di tre gruppi ossidrili dall'acido ortofosforico.

fosforìsmo [da *fòsforo*; 1940] **sm.** *T.med.* intossicazione causata da fosforo.

fosforìte [dal fr. *phosphorite*; 1875] **sf.** *T.min.* minerale composto di calcio e fosforo mescolato con sostanze organiche.

fosfòro [dal gr. *phōsphóros,* che porta luce; 1956] **sm.** *T.chim.* qualunque materiale artificiale utilizzato per le sue proprietà di luminescenza.

fòsforo [dal fr. *phosphore*; a. 1730] **sm.** elemento chimico non metallico, presente in natura sotto forma di sali (*fosfati*) e anche in vari composti organici; allo stato puro si trova in varie forme allotropiche (*fosforo giallo, rosso, nero*) || *fam. ha* (*poco*) *fosforo nel cervello,* è (poco) intelligente.

fosforóso [dal fr. *phosphoreux*; 1798] **agg.** *T.chim.* detto di qualunque composto del fosforo trivalente: *acido fosforoso.*

fosfùro [dal fr. *phosphure*; 1795] **sm.** *T.chim.* qualunque composto chimico binario del fosforo coi metalli.

fosgène [dal fr. *phosgène*; 1835 *fosgeno*] **sm.** *T.chim.* gas tossico, usato come asfissiante in guerra, e nella preparazione di vari prodotti chimici (coloranti, insetticidi, materie plastiche ecc.).

segue FORZE ARMATE

VOCI ATTINENTI: arruolamento, biglietto (d'alloggio, d'entrata, d'ingresso in luogo di cura, di passaggio, d'uscita), brevetto, casermaggio, classe, codice militare (di guerra, di pace), comandata, congedo (anticipato, assoluto, illimitato), consegna, contingente, corvé, coscrizione obbligatoria, decade, dotazione, ferma (di leva, pluriennale, speciale), foglio di viaggio, foraggiamento, giuramento, indennità (di marcia, di missione), leva, libera uscita, libretto del corredo, licenza (breve, di convalescenza, di fine corso, ordinaria, premio, speciale), matricola, mobilitazione generale, parola d'ordine, permesso, rafferma, rancio, razione, reclutamento, requisizione, ruolino di marcia, saluto militare, scaglione, servizi logistici, soprassoldo, tradotta; capitano d'ispezione, capoposto, comandante della guardia, corpo di guardia, guardia (alle armerie, alle camerate, ai depositi ecc.), piantone, picchetto, ronda, scorta, sentinella, sottufficiale d'ispezione, ufficiale di giornata, ufficiale di picchetto, ufficiale di picchetto armato ordinario, ufficiale di servizio, vedetta; accasermare, acquartierare, addestrare, appiedare, arruolare, assoldare, attendere, chieder visita, comandare, congedare, consegnare, decorare, denunciare, distaccare, graduare, incorporare, indrappellare, ingaggiare, manovrare, montar di guardia, passare in rassegna, promuovere, punire, richiamare, riformare, suonare a raccolta, trattenere.

SEGNALI E COMANDI: adunata, allarme, alzabandiera, ammainabandiera, appello, contrappello, libera uscita, raccolta, rapporto, ritirata, silenzio, sveglia, visita medica; allineati, alt, attenti, bracci'arm, cadenza, conversione (a destra, a sinistra), coperti, dietrofront, fianco (destro, sinistro), fronte (a destra, a sinistra), fuoco, ispezion'arm, march, passo, pied'arm, presentat'arm, riposo, segnare il passo, spall'arm, squadra (compagnia, plotone) a destra, squadra (compagnia, plotone) a sinistra.

DISCIPLINA.
MANCANZE: contro il buon contegno (fuori servizio, in servizio), contro il servizio, contro la morale, contro la subordinazione, contro la via gerarchica, contro l'uniforme.
PUNIZIONI: arresto (di rigore, in fortezza), camera di punizione di rigore, consegna in caserma o consegna semplice, dispensa dal servizio, retrocessione dal grado, richiamo, rimprovero (semplice, solenne), rimozione dal grado.

REATI MILITARI: rivelazione di segreti militari, spionaggio, tradimento; abbandono di posto, allontanamento illecito, ubriachezza in servizio, violazione di consegna; abuso di autorità, ammutinamento, disobbedienza, insubordinazione, rivolta, sedizione; diffamazione, falso, furto militare, ingiurie, lesioni, peculato, percosse; codardia, diserzione, renitenza alla chiamata, resa; atti illeciti di guerra, violazione dei doveri (verso feriti o infermi, verso morti o naufraghi, verso il personale sanitario.

PENE: morte per fucilazione (alla schiena, al petto) (solo in tempo di guerra), reclusione militare, degradazione, rimozione dal grado, sospensione dall'impiego, sospensione dal grado, pubblicazione della sentenza di condanna.

RICOMPENSE: encomio (semplice, solenne), croce di guerra al valor militare, nastrino della campagna, medaglia al valor militare (di bronzo, d'argento, d'oro; nastrino), decorazione dell'Ordine Militare d'Italia, promozione straordinaria per meriti di guerra, promozione per meriti speciali.

CORREDO MILITARE: diagonale, divisa, drop, tenuta (da campagna, da combattimento, da fatica, da ginnastica, da parata), tuta mimetica, uniforme (da cerimonia, di servizio, ordinaria; estiva, invernale); calzature (anfibi, scarpe, scarpe da ginnastica, scarponi, stivaletti, stivali), cappotto, copricapi (basco, berretto, cappello, casco, elmetto, fez, képi, passamontagna), cravatta, farsetto a maglia, giacca a vento, giubba, giubbotto, guanti, impermeabile, indumenti intimi (calze, canottiere, mutande), maglione, mantellina, mantello, pantavento, sciarpa; alamaro, bandoliera, cinturino, cinturone, coccarda, distintivo, fiamme, fregio, gallone, giberna, grado, guarnizioni, mostrine, nappina, scudetto, spalline, stellette; bagaglio, borraccia, borsa di pulizia, borsa tattica, buffetteria, coperta da campo, cucchiaio, dragona, equipaggiamento, forchetta, gamella, materassino, sacco a pelo, tascapane, tela da tenda, zaino, zaino affardellato.

MEZZI E INSTALLAZIONI BELLICI.
Autoblinda, carro armato, cingolato leggero, elicottero, semicingolato, semovente; aerosilurante, antisommergibile, bombardiere, caccia (intercettore), cacciabombardiere, ricognitore, silurante, tuffatore; cacciatorpediniere, cannoniera, corazzata, corvetta, dragamine, fregata, incro-

segue

fòssa [lat. *fossa*; a. 1306] ***sf.*** **1.** scavo praticato nel terreno per scopi diversi (scolo delle acque, messa a dimora di piante ecc.) || *in part.* scavo nel terreno per catturare o tenere in cattività animali feroci: *la fossa dei leoni, dei serpenti* || *fossa biologica* o *settica*, sistema di vasche interrate in cui si raccolgono i rifiuti organici solidi di abitazioni isolate o di piccoli centri privi di fognature, che vengono poi dispersi gradualmente nel terreno **2.** *in part.* buca in cui si seppelliscono i cadaveri; *fossa comune*, in cui sono sepolte le salme di chi non ha una tomba propria || in varie espr. *fig.*: *avere un piede nella fossa*, essere vicino alla morte; *scavarsi la fossa sotto i piedi*, esser causa della propria rovina || *prov.* *del senno di poi son piene le fosse*, tutti sanno vedere quello che era da fare, dopo aver sbagliato **3.** *T.anat.* nome di alcune depressioni sulla superficie di parecchie ossa: *fosse frontali* || *fosse nasali*, i due condotti del naso che dalle narici portano alla faringe || incavatura nel viso di persona molto magra **4.** *T.geol.* area di sprofondamento della crosta terrestre compresa tra faglie parallele: *fossa tettonica* || *fosse oceaniche*, strette e profonde depressioni sul fondo degli oceani || *dim.* fossétta, fossettìna, fossicèlla, fosserèlla, fossicìna; *accr.* fossóna; *pegg.* fossàccia || **N.** **1.** *Sin.* buca, fosso, pozzo | affossare, infossare **3.** *Sin.* cavità **4.** forra. **Q.T.** *anatomia.*

fossàto [lat. tardo *fossātum*; 1281] ***sm.*** **1.** fosso lungo, spec. per lo scolo delle acque || *in part.* nelle fortificazioni antiche, scavo artificiale, perlopiù riempito d'acqua, che circondava le mura per impedire agli assalitori di avvicinarvisi **2.** *per meton.* *raro* torrentello || *dim.* fossatèllo. **Q.T.** *fortificazioni.*

fossétta (*dim.* di *fossa*) [a. 1597] ***sf.*** **1.** piccola fossa **2.** *fossetta del mento, delle guance*, le piccole depressioni che si formano sul viso di alcune persone, spec. quando ridono || *dim.* fossettìna.

fòssile [dal lat. *fossilis*, attr. il fr. *fossile*; a. 1565 come sm. nel senso 2] **I** ***agg.*** detto di qualunque materiale di remota origine organica estratto dalla crosta terrestre: *carbon fossile, conchiglia fossile* || *fig.* irrimediabilmente superato dai tempi: *un'istituzione ormai fossile* **II** ***sm.*** **1.** qualunque resto di organismi animali o vegetali sepolti negli strati terrestri anteriori al presente periodo geologico || *fossili viventi*, specie viventi con caratteristiche particolarmente arcaiche che le apparentano a gruppi sistematici in gran parte estinti da lungo tempo || *fig.* persona superata dai tempi: *è un vecchio fossile* **2.** *T.ling.* qualunque elemento lessicale o morfologico residuo di periodi più arcaici della lingua, e non più bene integrato nel sistema attuale || **N.** carbonizzazione, pietrificazione | paleofitologia, paleontologia. **Q.T.** *archeologia, geologia.*

fossilìfero [comp. di *fossile* e *-fero*; 1956] ***agg.*** *T.geol.* detto di terreno sedimentario che contiene fossili.

fossilizzàre [dal fr. (*se*) *fossiliser*; 1866] ***tr.*** rendere fossile || ***intr. pron.*** *più com.* diventare fossile || *fig.* ostinarsi e immobilizzarsi in idee arretrate.

fossilizzazióne [dal fr. *fossilisation*; 1866] ***sf.*** processo naturale di conservazione dei resti di organismi viventi entro rocce sedimentarie, con o senza fenomeni di mineralizzazione || *fig.* il rimanere ancorati a idee e pregiudizi arretrati.

fòsso [da *fossa*; a. 1292] ***sm.*** fossa estesa in lunghezza, naturale o artificiale, usata soprattutto per lo scolo delle acque || nelle fortificazioni, sin. meno com. di *fossato* || *fig.* *saltare il fosso*, decidersi bruscamente per un passo, un'azione difficile dopo lunghi tentennamenti || *dim.* fossétto, fossettìno, fosserèllo, fossìno, fossicìno, fossicèllo; *accr.* fossóne || **N.** solco; borro, canale, gora, rio, roggia, scolo.

fossóre [dal lat. *fossor, -ōris*; 1909] ***sm.*** *T.stor.* becchino nei sepolcri delle catacombe.

fòt o **phòt** (pr. [fɔt]) [dal gr. *phôs, phōtós*, luce; 1956] ***sm.*** *T.fis.* unità di illuminamento, oggi poco com., corrispondente a 10000 lux.

fòto [abbreviazione di *fotografia*; 1931 *fotò*] ***sf.*** *inv.* fotografia, nel senso 2.

fòto-[1] [dal gr. *phôs, phōtós*, luce] ***primo elem.*** che, in parole composte della terminologia scientifica e di quella tecnica, vale "luce" (per es. *fotoallergia, fotosensibile, fototropismo*).

fòto-[2] [da *fotografia*] ***primo elem.*** che, in parole composte della terminologia tecnica, vale "fotografia" o "fotografo" (per es. *fotocamera, fotomontaggio, fotoreporter*). **Q.T.** *fotografia.*

fotoallergìa (pl. *-gìe*) [comp. di *foto-*[1] e *allergia*; 1956] ***sf.*** *T.med.* allergia alla luce solare, che si manifesta con eruzioni cutanee e orticaria.

fotoamatóre [comp. di *foto-*[2] e *amatore*; 1983] ***sm.*** (f. *-trìce*) fotografo dilettante.

fotobatterìa [comp. di *foto-*[1] e *batteria*; 1985] ***sf.*** generatore di elettricità costituito da numerose cellule fotovoltaiche.

fotobiologìa [comp. di *foto-*[1] e *biologia*; 1974] ***sf.*** parte della biologia che studia gli effetti delle radiazioni luminose e ultraviolette sugli organismi biologici.

fotobiològico (pl. *-ci*) [da *fotobiologia*; 1974] ***agg.*** relativo alla fotobiologia: *prove fotobiologiche* || che riguarda gli effetti delle radiazioni luminose sugli esseri viventi: *reazione fotobiologica.*

fotocalcografìa [comp. di *foto-*[2] e *calcografia*; 1932] ***sf.*** incisione in incavo su lastre o cilindri di rame, ottenuta a partire da una fotografia, sfruttando la proprietà della gelatina

segue FORZE ARMATE

ciatore (da battaglia, leggero), mezzi da sbarco, mezzi d'assalto, nave-ospedale, nave-scuola, portaerei, posamine, sommergibile, sottomarino.
Abbattuta, barricata, bunker, camminamento, cavallo di Frisia, filo spinato, fortificazione, reticolato, ridotta, trincea.

LUOGHI: accampamento, accantonamento, alloggiamento, avamposto, baraccamento, base, bivacco, bunker, camminamento, campo (d'arme, di battaglia, di esercitazione, estivo, invernale, minato), caposaldo, caserma (camera di punizione, camerata, cella, circolo (ufficiali, sottufficiali), comandi di compagnia o di battaglione o di batteria o di gruppo, cucina, fureria, infermeria, maggiorità, sala convegno, sala rapporto, spaccio), comando (di tappa, militare di stazione), deposito, distretto, fronte, garitta, guarnigione, linea (prima, seconda ecc.), ospedale (da campo, militare), osservatorio, parco mezzi, piazza d'armi, postazione, posto (di guardia, d'imbarco, di sosta, di vedetta), quartier generale, retrovie, ricovero, ridotta, stazione (di smistamento, di vettovagliamento), tappa, teatro (delle operazioni, delle ostilità, degli scontri ecc.), zona di guerra.

ESERCITAZIONI, MANOVRE DI ADDESTRAMENTO E SIM.: adunata, allineamento, ammassamento, armamento, attendamento, carica, centro d'attacco, coda, colonna (di centro, di coda, di fianco, di testa), conversione (a perno fisso, a perno mobile), esercitazione di tiro, esplorazione, fila indiana, inversione, manovra (a fuoco, a partiti contrapposti, coi quadri, logistica, strategica, tattica), marcia, marcia forzata, massa, operazione, ordine sparso, parata, rassegna, quadrato, rapporto, rivista, schieramento, servizio (esterno, interno; in guerra, in pace), sfilata.

MANOVRE, FATTI ED EPISODI ATTINENTI ALLA GUERRA: aggiramento (verticale), allarme, appoggio, assalto, assedio, attacco, avanzata, azione (a sorpresa, difensiva, dimostrativa, offensiva), battesimo del fuoco, blocco, bombardamento, capitolazione, carica, cattura (di ostaggi, di prigionieri), collisione, colpo di mano, combattimento (a corpo a corpo), conquista, consiglio di guerra, contrassalto, contrattacco, conversione, defezione, dichiarazione di guerra, difesa, dimostrazione o azione dimostrativa, disarmo, disfatta, dislocamento, diversione, embargo, escursione, esplorazione, finta battaglia, formazione, fortificazione, fuga, governo dei quadrupedi, grandi manovre, guardia (grande, piccola), imboscata, impiego (deterrente, massivo), impresa, incursione, inseguimento, insidia, intercettazione, intimazione, invasione, investimento, irruzione, leva in massa, linea, mascheramento, mimetizzazione, mitragliamento, neutralità, occupazione, offensiva, operazione, ordinanza, ordine (del giorno, di operazioni), osservazione, pattugliamento, perlustrazione, piano di guerra, preda, presa, rappresaglia, razzia, resa, ricognizione, rinforzo, ripiegamento, riscatto, riscossa, ritirata, rotta, sabotaggio, saccheggio, sbandamento, sbarco (aereo, navale), schieramento (a scacchiere, concavo, convesso, obliquo, perpendicolare), sconfitta, scontro, scoperta, sfondamento, siluramento, soccorso, sortita, spedizione, spionaggio / controspinaggio, spezzonamento, strage, stratagemma, tappa, tradimento, trattativa, tregua, ultimatum, vittoria.

TERMINI VARI.

ATTINENTI AI MILITARI: abile, a disposizione, arruolato, coscritto, inabile, mobilitato, reclutato, reduce, riformato, riservista, rivedibile, veterano, volontario; agguerrito, battagliero, combattivo, coraggioso, disciplinato, glorioso, imbelle, indisciplinato, insubordinato, valoroso; aiutante (di campo, maggiore), camerata, capo di stato maggiore, cappellano militare, commilitone, compagno d'arme, coscritto, disertore, graduato, marmittone, medico militare, portabandiera, recluta, richiamato, serrafila, stratega, tamburino, ufficiale (di carriera, di complemento).

ATTINENTI ALL'ESERCITO (IN SENSO GENERICO): effettivi, forze armate, milizia, truppa; avanguardia, retroguardia.
Addestrato, agguerrito, allenato, debole, disordinato, disorganizzato, forte, grande, mercenario, numeroso, piccolo, raccogliticcio, resistente, temprato; di occupazione, di prima linea, di riserva, di sbarco, di seconda linea, campale, federale, invasore, irregolare (corpi franchi, franchi tiratori, partigiani), liberatore, mobilitato, permanente, regolare, scaglionato, schierato a battaglia, stanziale, sul piede di guerra, territoriale.

VOCI ATTINENTI: Accademia Militare, armamenti, bellicosità, belligeranza, comando supremo, Corte Marziale, militarismo, militarizzazione, scuola militare, spirito di corpo, stato maggiore, Tribunale Militare.
(V. inoltre il quadro terminologico e la tavola ARMI).

bicromatata di divenire insolubile in acqua se esposta alla luce.

fotocalcogràfico (pl. *-ci*) [da *fotocalcografia*; 1933] ***agg.*** relativo alla fotocalcografia: *procedimento fotocalcografico, riproduzione fotocalcografica.*

fotocalcògrafo [da *fotocalcografia*; 1956] ***sm.*** (f. *-a*) tecnico specializzato in fotocalcografia.

fotocàmera [comp. di *foto-*^{2} e *camera*^{2}; 1965] ***sf.*** macchina fotografica.

fotocàtodo [comp. di *foto-*^{1} e *catodo.* 1967] ***sm.*** *T.elettr.* elettrodo che emette elettroni se esposto alla luce o ad altre radiazioni; è usato ad es. nei fototubi e nei tubi catodici della televisione.

fotocèllula [calco del ted. *Photozelle*; 1931 *fotocella*] ***sf.*** cellula fotoelettrica (v. FOTOELETTRICO).

fotoceràmica [comp. di *foto-*^{2} e *ceramica*; 1940] ***sf.*** *T.tecn.* arte di fissare a fuoco sullo smalto e sui metalli le immagini fotografiche.

fotocettóre v. FOTORECETTORE.

fotochìmica [comp. di *foto-*^{1} e *chimica*; 1892] ***sf.*** studio delle reazioni chimiche influenzate dalle radiazioni luminose.

fotochìmico (pl. *-ci*) [comp. di *foto-*^{1} e *chimico*; 1950] ***agg.*** relativo alla fotochimica: *processi fotochimici*, reazioni chimiche indotte dalle radiazioni luminose.

fotocollografia [dal fr. *photocollographie*; 1956] ***sf.*** fototipia.

fotocòlor (meno com. *fotocolóre*) [comp. di *foto-*^{2} e *color(e)*; 1963] ***sm. inv.*** tecnica fotografica per ottenere fotografie o diapositive a colori || fotografia realizzata con tale procedimento.

fotocompórre (pres. *fotocompóngo* ecc., come PORRE) [comp. di *foto-*^{2} e *comporre*; 1983] ***tr.*** *T.tip.* comporre un testo con il procedimento della fotocomposizione.

fotocompositóre [comp. di *foto-*^{2} e *compositore*; 1966] ***sm.*** (f. *-trice*) *T.tip.* tecnico specializzato nella fotocomposizione.

fotocompositrice [comp. di *foto-*^{2} e *compositrice*; 1965] ***agg.*** e ***sf.*** detto di macchina per la composizione di testi a stampa su pellicola o carta fotografica. **Q.T.** *tipografia.*

fotocomposizióne [comp. di *foto-*^{2} e *composizione*; 1942] ***sf.*** *T.tip.* procedimento di composizione della pagina (testo e immagini) che attraverso videoterminali e stampanti, consente di ottenere testi e immagini su carta o pellicola da utilizzare per la preparazione delle forme stampanti (matrici) per i vari sistemi di stampa.

fotoconducibilità [comp. di *foto-*^{1} e *conducibilità*; 1956] ***sf.*** *T.fis.* variazione della conducibilità elettrica di un materiale fotoconduttivo.

fotoconduttività [comp. di *foto-* e *conduttività*; 1956] ***sf.*** *T.fis.* proprietà di elementi conduttori che presentano una variazione della conducibilità elettrica in relazione alla loro illuminazione || **N.** fotoconduzione.

fotoconduttivo [comp. di *foto-*^{1} e *conduttivo*; 1956] ***agg.*** *T.fis.* relativo alla fotoconduttività || che presenta fotoconduttività: *solido fotoconduttivo.*

fotoconduttóre [comp. di *foto-* e *conduttore*; 1956] ***sm.*** (f. *-trice*) sostanza o corpo che presenta il fenomeno della fotoconduttività || anche *agg. materiale fotoconduttore.*

fotoconduzióne [comp. di *foto-* e *conduzione*; 1974] ***sf.*** *T.fis.* fenomeno presentato da alcune sostanze solide, la cui conduttività elettrica varia al variare dell'illuminamento da parte di radiazioni elettromagnetiche.

fotocòpia [dal fr. *photocopie*; 1917] ***sf.*** copia di un documento, un testo, un disegno ecc. ottenuta un tempo con una riproduzione fotografica e attualmente con procedimento xerografico.

fotocopiàre (pres. *-òpio*) [da *fotocopia*; 1952] ***tr.*** riprodurre in fotocopia || *ass.* eseguire fotocopie.

fotocopiatóre [da *fotocopiare*; 1983] ***sm.*** fotocopiatrice.

fotocopiatrice [da *fotocopiare*; 1973] ***sf.*** macchina per realizzare fotocopie.

fotocopiatùra [da *fotocopiare*; 1987] ***sf.*** atto o processo del fotocopiare: *è proibita la fotocopiatura dei libri antichi.* **Q.T.** *stampa...*

fotocromìa [comp. di *foto-*^{1} e *-cromia*; 1940] ***sf.*** proprietà di alcune sostanze che cambiano colore se esposte a una radiazione luminosa di sufficiente intensità.

fotocrònaca [comp. di *foto-*^{2} e *cronaca*; 1935] ***sf.*** *T.giorn.* servizio giornalistico basato soprattutto su una serie di fotografie, con brevi commenti.

fotocronista [da *fotocronaca*; 1956] ***s.*** *T.giorn.* giornalista che realizza servizi o inchieste fotografiche.

fotodegradàbile [comp. di *foto-*^{1} e *degradabile*; 1983] ***agg.*** detto di sostanza che, colpita dai raggi del sole, può essere alterata o distrutta.

fotodermatòsi [comp. di *foto-*^{1} e *dermatosi*; 1948] ***sf.*** *T.med.* irritazione della pelle provocata da raggi luminosi naturali o artificiali.

fotodinàmico (pl. *-ci*) [comp. di *foto-*^{1} e *dinamico*; 1956] ***agg.*** detto di stimolazione esercitata dalla luce sulle cellule: *effetto fotodinamico.*

fotodisintegrazióne [comp. di *foto-*^{1} e *disintegrazione*; 1949] ***sf.*** *T.fis.* disintegrazione di un nucleo atomico bombardato con raggi gamma.

fotoelasticità [comp. di *foto-*^{1} e *elasticità*; 1956] ***sf.*** *T.fis.* fenomeno proprio di alcuni corpi trasparenti che sottoposti a deformazione elastica per spinte esterne diventano birifrangenti.

fotoelèttrica [da *fotoelettrico*; 1939] ***sf.*** nella loc. *stazione fotoelettrica* (o *ass. sf. fotoelettrica*), impianto di illuminazione composto da uno o più proiettori alimentati da gruppi elettrogeni autonomi: *la zona disastrata è illuminata dalle fotoelettriche dell'esercito.*

fotoelettricità [dall'ingl. *photoelectricity*; 1909] ***sf.*** *T.fis.* proprietà di certe sostanze, nelle quali, sotto l'azione della luce, si determina una emissione di elettroni.

fotoelèttrico (pl. *-ci*) [dall'ingl. *photoelectric*; 1907] ***agg.*** **1.** *T.fis.* relativo alla fotoelettricità: *effetto fotoelettrico* || *cellula fotoelettrica*, dispositivo che permette di trasformare le variazioni d'intensità luminosa in variazioni d'intensità di corrente elettrica **2.** *stazione fotoelettrica*, V. FOTOELETTRICA.

fotoelettróne [comp. di *foto-*^{1} e *elettrone*; 1932] ***sm.*** *T.fis.* elettrone emesso dalla superficie di un corpo per effetto fotoelettrico.

fotoeliografia [comp. di *foto-*^{2} e *eliografia*; 1887] ***sf.*** **1.** procedimento con cui da un originale opaco o trasparente si ricavano copie su carta eliografica **2.** *T.astr.* scienza e tecnica che si occupa della realizzazione di fotografie del Sole.

FOTOGRAFIA

MATERIALE SENSIBILE: carta sensibile, emulsione, gelatina, lastra, pellicola (a colori, diapositiva, *filmpack*, in bianco e nero, in caricatore, in rulli, negativa, piana, *polaroid*, positiva; a contrasto, a grana fine, grossa, morbida; lenta, rapida), sali di bromuro e cloruro d'argento, supporti in carta.

MACCHINA FOTOGRAFICA: attacco sincro XeM, bottone e leva per il riavvolgimento della pellicola, camera (automatica, con motore, con trascinatore o *winder*, elettronica, manuale, meccanica, *reflex*, semiautomatica), contafotogrammi, diaframma (a iride, fisso), esposimetro, leva dell'autoscatto, leva di caricamento, messa a fuoco, obiettivo (acromatico, aplanatico, apocromatico, *autofocus*, grandangolare, a lunga focale, normale, occhio di pesce o *fish-eye*, simmetrico, teleobiettivo, *zoom*; ghiera di messa a fuoco; apertura, luminosità, lunghezza focale), otturatore (a tendina, centrale), pulsante di controllo della profondità di campo, pulsante di scatto, pulsante per doppie esposizioni, scala (dei diaframmi, delle rapidità, delle sovra- e sottoesposizioni, dei tempi di otturazione), soffietto, telemetro, tiraggio.

ACCESSORI: bolla, cellule fotoelettriche, *cuboflash*, esposimetro fotoelettrico a mano, filtri (a banda stretta / larga, di compensazione, di contrasto, di conversione, di correzione, di polarizzazione, effetto notte, *flou*, per effetti speciali, ultravioletto), *flash* (a lampadine, elettronico), lampo stroboscopico, lenti addizionali, paraluce, scatto flessibile, tubi di prolunga, vetri smerigliati.

ATTREZZATURA: bandiere, braccetti snodati, cavalletto, *chassis*, cinepresa, contasecondi, diffusore, fondali, generatore *flash*, lampade, moviola, pannelli riflettenti, portarulli, proiettore, sagomatore, schermo, *spot*, stativo, termocolorimetro, testa panoramica, torcia flash, treppiede, visore; armadio essiccatore, bacinelle, bromografo, fornetto essiccatore, ingranditore, luce inattinica, marginatore, orologio contaminuti, pesini, pinzette, smaltatrice, spirali, taglierina, *timer*, torchietto, vaschette.

OPERAZIONI VARIE: basculaggio, decentramento, duplicato, formato, inquadratura, internegativo, istantanea, posa, provino, riproduzione, stampa, sviluppo variato.

PROCESSO NEGATIVO: arresto, essiccazione, fissaggio, indebolimento, indurimento, inversione, lavaggio, rinforzo, ritocco, sbianca, sviluppo; negativi contrastati, deboli, morbidi, sfocati, sottoesposti, sovraesposti, velati.

PROCESSO POSITIVO: arresto, essiccazione, fissaggio, ingrandimento, lavaggio, rifilatura, sbianca, smaltatura, spuntinatura, stampa per contatto, sviluppo, viraggio; copie o stampe contrastate, morbide, velate.

PROCESSO DIAPOSITIVO: arresto, essiccazione, fissaggio, indurimento, primo sviluppo (in bianco e nero), sbianca, secondo sviluppo (a colori); diapositive bilanciate, con dominanti di colori, corrette, sottoesposte, sovraesposte.

TECNICHE ED APPLICAZIONI FOTOGRAFICHE: autocromia, callotipia, cianotipia, collotipia, cromolitografia, dagherrotipia, eliotipia, fototipia, lastra al collodio umido, lastra alla gelatina, negativo all'albumina, solarizzazione, stampa su carta salata, talbotipia; fotomacrografia, fotomicrografia, fotomontaggio, fotoriproduzione grafica, macrofotografia, metallografia, microfilm, microfotografia, radiografia.

fotoeliògrafo [comp. di *foto-*[2] e *eliografo*; 1931] **sm.** *T.astr.* apparecchio per fotografare il Sole.

fotofinish (semiingl., pr. [foto'finiʃ]) **sm.** *inv.* *T.sport.* parziale adattamento dell'ingl. *photo finish* (v.).

fotofobìa [comp. di *foto-*[1] e *-fobia*; 1820] **sf.** *T.med.* sensazione di fastidio per la luce, sintomo di malattie nervose e anche di certe malattie infettive.

fotòfobo [comp. di *foto-*[1] e *-fobo*; 1834] **agg.** *T.med.* che non sopporta la luce.

fotoforèṣi [comp. di *foto-*[1] e *-foresi*; 1956] **sf.** *T.fis.* movimento, gen. elicoidale, di particelle sospese in un gas o nel vuoto, dovuto all'azione della luce o di particelle elettromagnetiche.

fotòforo [comp. di *foto-*[1] e *-foro*; 1950] **sm.** **1.** *T.zool.* organo produttore di luce, dal funzionamento non completamente chiarito, presente in numerose specie di pesci e cefalopodi abissali **2.** lampada elettrica che si fissa sul capo mediante un casco o una fascia metallica ed è usata da speleologi, dentisti, minatori.

fotogèneṣi [comp. di *foto-*[1] e *genesi*; 1956] **sf.** *T.biol.* la proprietà che hanno alcuni animali e vegetali di emettere luce.

fotogenètico (pl. *-ci*) [da *fotogenesi*; 1940] **agg.** *T.biol.* relativo alla fotogenesi.

fotogenìa [dall'ingl. *photogeny*; 1942] **sf.** l'essere fotogenico || **N.** *Sin.* fotogenicità.

fotogenicità [da *fotogenico*; 1956] **sf.** l'essere fotogenico || **N.** *Sin.* fotogenia.

fotogènico (pl. *-ci*) [dall'ingl. *photogenic*; 1935] **agg.** particolarmente adatto a essere fotografato o ripreso in un film: *una ragazza fotogenica, un viso fotogenico.*

fotògeno [comp. di *foto-*[1] e *-geno*; 1887 nel senso 2] **agg.** **1.** causato dalla luce: *effetto fotogeno* **2.** che genera luce, detto spec. di organismi vegetali e animali: *pesce fotogeno.*

fotogiornàle [comp. di *foto-*[2] e *giornale*; 1956] **sm.** giornale o rivista periodica ricca di fotografie.

fotogoniòmetro [comp. di *foto(gramma)* e *goniometro*; 1932] **sm.** in fotogrammetria, strumento che misura angoli di posizione di coppie di punti della zona di terreno compresa in un fotogramma.

fotografàre (pres. *-ògrafo*) [da *fotografo*; 1863] **tr.** riprodurre un'immagine di cosa o persona per mezzo della fotografia || *fig.* descrivere con grande efficacia e precisione: *hai fotografato benissimo la situazione.* **Q.T.** *fotografia.*

fotografìa [dall'ingl. *photography*, attr. il fr. *photographie*; 1840] **sf.** **1.** processo fotochimico mediante il quale si riproduce un'immagine su lastre o carte chimicamente preparate **2.** *concr.* l'immagine così riprodotta: *una fotografia ben riuscita, sottoesposta.* **Q.T.** *archeologia, fotografia.*

fotogràfico (pl. *-ci*) [dal fr. *photographique*; 1839] **agg.** di fotografia: *studio fotografico*; *macchina fotografica*, per fare fotografie || che è riprodotto per mezzo di fotografia: *immagine fotografica* || provvisto di fotografie: *servizio fotografico* || **fotograficaménte** **avv.** **1.** per mezzo della fotografia **2.** *fig.* con molta precisione. **TAV.** *cinematografia*... 11.

fotògrafo [dal fr. *photographe*; 1855] **sm.** (f. *-a*) chi fa fotografie, per lavoro o passatempo: *fa il fotografo di moda, è un ottimo fotografo.* **Q.T.** *fotografia.*

fotogràmma [dal fr. *photogramme*; 1926] **sm.** ciascuna delle immagini che compongono una pellicola fotografica o cinematografica. **TAV.** *cinematografia*... 9.4.

fotogrammetrìa [comp. di *fotogram(ma)* e *-metria*; 1892] **sf.** rilevamento fotografico della planimetria e altimetria di un luogo mediante fotografie scattate da un aeroplano.

fotogrammètrico (pl. *-ci*) [da *fotogrammetria*; 1917] **agg.** relativo alla fotogrammetria, proprio della fotogrammetria.

fotogrammetrista [da *fotogrammetria*; 1956] **s.** tecnico specializzato nella tecnica di rilevamento della fotogrammetria.

fotoincisióne [comp. di *foto-*[1] e *incisione*, sul modello del fr. *photogravure*; 1883] **sf.** nome generico di tutti i procedimenti d'incisione che utilizzano materiali fotosensibili, spec. quelli di preparazione di *clichés* a incavo o a rilievo. **Q.T.** *stampa*...

fotoincisóre [comp. di *foto-*[1] e *incisore*; 1956] **sm.** tecnico della fotoincisione.

fotoionizzazióne [comp. di *foto-*[1] e *ionizzazione*; 1974] **sf.** *T.elettr.* ionizzazione di un gas per irraggiamento di luce visibile o ultravioletta.

fòtokit o **fotokit** [comp. di *foto-*[2] e dell'ingl. *kit*, attrezzatura, sul modello di *identikit*; 1983] **sm.** *inv.* ricostruzione dei lineamenti del volto di una persona da identificare, effettuata dalla polizia sulla base delle testimonianze raccolte, accostando elementi tratti da fotografie di soggetti diversi || *per estens.* l'immagine così ottenuta: *la polizia ha diffuso il fotokit del presunto assassino.*

fotolaboratòrio (pl. *-ri*) [comp. di *foto-*[2] e *laboratorio*; 1983] **sm.** laboratorio per lo sviluppo e la stampa di fotografie.

fotolìbro [comp. di *foto-*[2] e *libro*; 1983] **sm.** libro costituito quasi esclusivamente da fotografie che documentano fatti di attualità, inchieste e sim.

fotolìṣi [comp. di *foto-*[1] e *-lisi*; 1932] **sf.** *T.chim.* decomposizione di un composto chimico o di una sostanza mediante l'azione della luce.

fotolìtico (pl. *-ci*) [da *fotolisi*; 1956] **agg.** *T.chim.* che riguarda la fotolisi, proprio della fotolisi: *azione fotolitica.*

fotolìto [abbr. di *fotolitografia*; 1942] **sf.** *inv.* *T.tip.* matrice trasparente destinata alla stampa in offset, con parti stampanti che si presentano in positivo e ottenuta con processo fotomeccanico su pellicola fotografica.

fotolitografìa [dal fr. *photolithographie*; 1865] **sf.** **1.** procedimento per cui i disegni o le fotografie vengono stampati su carta col procedimento litografico, trasportando il disegno o la fotografia sia su pietra sia anche su rulli di gomma (*offset*) **2.** *concr.* l'immagine così riprodotta.

fotolitogràfico (pl. *-ci*) [da *fotolitografia*; 1934] **agg.** relativo a fotolitografia, proprio della fotolitografia || realizzato per mezzo della fotolitografia: *stampa fotolitografica.*

fotolitògrafo [da *fotolitografia*; 1956] **sm.** (f. *-a*) tecnico specializzato in fotolitografia.

fotoluminescènza [comp. di *foto-*[1] e *luminescenza*; 1928] **sf.** *T.fis.* fenomeno tipico di alcune sostanze che, se vengono illuminate, emettono luce propria, diversa da quella che le ha colpite.

fotomeccànica [comp. di *foto-*[2] e *meccanica*; 1952] **sf.** insieme dei procedimenti di incisione di *clichés* mediante matrici fotografiche.

fotomeccànico (pl. *-ci*) [comp. di *foto-*[2] e *meccanico*; 1891] **agg.** basato sulla fotomeccanica.

fotometrìa [dal fr. *photométrie*; 1798] **sf.** scienza e tecnica della misura delle grandezze legate alla luce (intensità, flusso luminoso, illuminamento ecc.).

fotomètrico (pl. *-ci*) [da *fotometria*; 1865] **agg.** che concerne la fotometria: *grandezze fotometriche.*

fotòmetro [dal fr. *photomètre*; 1798] **sm.** *T.ott.* strumento per misurare la intensità della luce || *in part.* *T.fot.* esposimetro.

fotomodèllo [comp. di *foto-* e *modello*; 1973; 1967 *fotomodella*] **sm.** (più usato il *sf.* *fotomodella*) chi posa per fotografie pubblicitarie, di moda e sim.

fotomontàggio (pl. *-gi*) [dal fr. *photomontage*; 1933] **sm.** composizione fotografica ottenuta riunendo e sovrapponendo immagini fotografiche diverse, talvolta in modo da creare l'impressione che si tratti di una sola fotografia.

fotóne [comp. di *foto-*[1] e (*elettr*)*one*; 1935] **sm.** *T.fis.* particella elementare di massa e carica nulla, portatrice della minima quantità di energia elettromagnetica a una determinata frequenza.

fotoperiodiṣmo [comp. di *foto-*, *periodo* e *-ismo*; 1948] **sm.** reazione delle piante al mutare della durata del periodo di illuminazione diurna, che ha grande influenza sulla loro fioritura, sulla forma e caduta delle foglie, sull'accrescimento e la forma degli organi apogei, e sulla ripresa vegetativa.

fotoràma [comp. di *foto-*[2] e (*pano*)*rama*, come il fr. *photorama*; 1956] **sm.** *inv.* proiettore di fotografie panoramiche, in uso alla fine del sec. XIX.

fotoreazióne [comp. di *foto-*[1] e *reazione*; 1956] **sf.** *T.chim.* reazione chimica provocata dall'azione della luce.

fotorecettóre o **fotocettóre** [comp. di *foto-*[1] e (*re*)*cettore*; 1952] **agg.** e **sm.** *T.fisiol.* detto di ogni elemento sensoriale destinato alla ricezione degli stimoli luminosi e alla loro trasformazione in impulsi nervosi.

fotorecezióne [comp. di *foto-*[1] e *recezione*; 1956] **sf.** *T.biol.* recezione degli stimoli luminosi da parte di piante e animali.

fotoreportage (semifr., pr. [fotorəpɔr'ta:ʒ]) [comp. di *foto-*[2] e del fr. *reportage*, servizio; 1956] **sm.** *inv.* servizio giornalistico costituito prevalentemente da fotografie || **N.** *Sin.* fotocronaca, fotoservizio.

fotorepòrter [comp. di *foto-*[2] e *reporter*; 1956] **s.** *inv.* chi fotografa avvenimenti di cronaca per conto di giornali o di agenzie di informazione.

fotoriproduttóre [comp. di *foto-*[2] e *riproduttore*; 1970] **sm.** apparecchio che esegue copie di documenti mediante procedimenti fotografici.

fotoriproduzióne [comp. di *foto-*[2] e *riproduzione*; 1974] **sf.** procedimento fotografico per la realizzazione di copie di documenti, stampati e sim. || *concr.* la copia fotografica realizzata con tale procedimento.

fotoromànzo [comp. di *foto-*[2] e *romanzo*; 1956] **sm.** romanzo o racconto popolare narrato per mezzo di fotografie accompagnate da fumetti e da didascalie.

fotosafàri [comp. di *foto-*[2] e *safari*; 1983] **sm.** *inv.* viaggio organizzato in parchi naturali ricchi di animali, spec. feroci, con l'obiettivo di fotografarli nel loro ambiente naturale || **N.** *Sin.* safari fotografico.

fotosensìbile [comp. di *foto-*[1] e *sensibile*; 1956] **agg.** sensibile alla luce; detto in part. di pellicole fotografiche.

fotosensibilità [da *fotosensibile*; 1970] **sf.** proprietà dei corpi o sostanze fotosensibili.

fotoservìzio (pl. *-zi*) [comp. di *foto-*[2] e *servizio*; 1985] **sm.** servizio giornalistico interamente costituito da fotografie || **N.** *Sin.* fotocronaca, *fotoreportage.*

fotosfèra [dal fr. *photosphère*; 1829] **sf.** *T.astr.* strato dell'atmosfera del Sole o di altre stelle da cui proviene la maggior parte della radiazione, e che è quindi l'unica parte visibile in condizioni normali || **N.** corona, cromosfera. **TAV.** ***astronomia* p. 656** 3.3.

fotosfèrico (pl. *-ci*) [da *fotosfera*; 1956] **agg.** *T.astr.* relativo alla fotosfera, che concerne la fotosfera.

fotosìnteṣi [comp. di *foto-*[1] e *sintesi*; 1931] **sf.** *T.bot.* processo biochimico che si svolge nelle parti verdi delle piante per cui, sotto l'azione della luce solare, si formano i composti organici del carbonio a partire dall'acqua e dall'anidride carbonica.

fotosintètico (pl. *-ci*) [da *fotosintesi*; 1932] **agg.** *T.bot.* relativo alla fotosintesi clorofilliana: *processo fotosintetico.*

fotostàtico (pl. *-ci*) [dall'ingl. *photostatic*; 1950] **agg.** detto di un procedimento di riproduzione a secco di documenti o stampati su una speciale carta sensibile; *copia fotostatica,* ottenuta con tale procedimento ‖ **fotostaticaménte** **avv.** con procedimento fotostatico.

fotosùb [comp. di *foto-*² e *sub*; 1983] **s. inv.** chi fa fotografie subacquee.

fototàssi [comp. di *foto-*¹ e *-tassi*; 1937] **sf.** *T.biol.* fototattismo.

fototattiṣmo [comp. di *foto-*¹ e *-tattismo*; 1940] **sm.** *T.biol.* reazione degli organismi animali a uno stimolo luminoso ‖ **N.** *Sin.* eliotattismo, fototassi | fototropismo.

fototèca [comp. di *foto-*² e *-teca*; 1939] **sf.** archivio in cui si conservano fotografie.

fototècnico (pl. *-ci*) [comp. di *foto-*² e *tecnico*; 1956] **sm.** tecnico specializzato nella riproduzione di scritti e immagini mediante procedimenti fotochimici.

fototelegrafia [comp. di *foto-*² e *telegrafia*; 1937] **sf.** trasmissione a distanza di immagini fotografiche mediante corrente elettrica o ponte radio ‖ **N.** *Sin.* telefotografia | telefoto.

fototelegràfico (pl. *-ci*) [comp. di *foto-* e *telegrafico*; 1937] **agg.** relativo a fototelegrafia, realizzato mediante fototelegrafia.

fototelegràmma [comp. di *foto-* e *telegramma*; 1985] **sm.** immagine trasmessa e ricevuta per mezzo di un apparecchio fototelegrafico ‖ **N.** *Sin.* telefoto.

fototerapia [dal fr. *phototherapie*; 1901] **sf.** *T.med.* cura di malattie per mezzo della luce (bagni di sole, lampade al quarzo ecc.).

fototipia [dal fr. *phototypie*; 1891] **sf.** riproduzione fotomeccanica con inchiostri di stampa. **Q.T.** *stampa...*

fototipista [da *fototipia*; 1956] **s.** chi esegue riproduzioni fotografiche per mezzo della fototipia.

fotòtrofo [comp. di *foto-* e *-trofo*; 1987] **agg.** in biologia, detto di organismi che utilizzano l'energia fornita da radiazioni luminose per sintetizzare sostanze organiche.

fototropiṣmo [comp. di *foto-*¹ e *tropismo*; 1917] **sm.** *T.biol.* proprietà di certe piante di orientarsi a seconda della provenienza degli stimoli luminosi ‖ **N.** *Sin.* eliotropismo | fototattismo.

fototùbo [comp. di *foto-* e di *tubo*; 1956] **sm.** *T.elettrot.* cellula fotoelettrica a vuoto o a gas capace di trasformare in segnali elettrici le radiazioni luminose che la colpiscono.

fotovoltàico (pl. *-ci*) [comp. di *foto-* e *voltaico*; 1956] **agg.** *T.fis.* *effetto fotovoltaico,* formazione di un campo elettrico in un materiale non omogeneo (spec. una giunzione di due semiconduttori) colpito da radiazioni elettromagnetiche.

fotozincografia o **fotoẓincografia** [comp. di *foto-* e *zincografia*; 1937] **sf.** procedimento di stampa in cui vengono utilizzate matrici in rilievo, realizzate fotografando gli originali su lastre di zinco ‖ *concr.* stampa ottenuta con tale procedimento.

fotozincotipia o **fotoẓincotipia** [comp. di *foto-* e *zincotipia*; 1940] **sf.** incisione in rilievo sullo zinco, ottenuta con metodi fotografici e da riprodursi tipograficamente.

fótta [prob. da *fottere*; 1887] **sf.** *region.* **1.** collera, ira, rabbia, stizza **2.** errore, malefatta **3.** pretesto, scusa: *escogita delle fotte incredibili!*

fóttere (pres. *fótto*) [dal lat. volg. **futtere*, class. *futuere*; sec. XIV] **tr.** **1.** *volg.* possedere sessualmente ‖ *ass.* avere un rapporto sessuale ‖ *fig.* *mandare qualcuno a farsi fottere,* mandarlo al diavolo, a quel paese **2.** *pop. fig.* imbrogliare, ingannare: *lo hai fottuto per bene!* ‖ rubare: *m'hanno fottuto la bicicletta* ‖ **intr. pron.** non curarsi di qualcuno o qualcosa, infischiarsene: *me ne fotto dei tuoi discorsi!*

fottìo (pl. *-ii*) [da *fottere*; a. 1936] **sm.** *pop.* quantità eccessiva, gran numero: *un fottio di persone, di cose.*

fottùto (*pps.* di *fottere*) [a. 1535] **agg.** *pop. volg.* dannato, detestabile, maledetto, odioso: *naja fottuta!, maledetta la volta che ho accettato questo fottuto lavoro!*

foulard (fr., pr. [fu'la:r]) [1765] **sm.** *inv.* **1.** tessuto leggerissimo di seta **2.** *più com.* fazzoletto di seta o altro tessuto leggero da portare in testa o al collo.

fòvea [dal lat. *fovea*, fossa; 1931] **sf.** piccola depressione sulla superficie di alcuni organi, che può essere anche provocata artificialmente con la compressione digitale della cute e del tessuto sottocutaneo per evidenziare la presenza di edemi superficiali ‖ leggero infossamento situato nell'area centrale della retina dei vertebrati, che rappresenta il centro della più acuta visione dell'occhio.

foxhound (ingl., pr. ['fɒkshaʊnd]) [comp. di *fox*, volpe e *hound*, cane; 1956] **sm.** *inv.* cane a pelo fitto e liscio, veloce e resistente nella corsa, spesso impiegato nella caccia alla volpe.

fox-terrier (ingl., pr. [ˌfɒks'terɪə]) [comp. di *fox*, volpe e *terrier*; 1905] **sm.** *inv.* cane di piccola statura, adoperato un tempo per la caccia alla volpe. **TAV.** ***cani*** **p. 662.**

fox-trot o ***foxtrot*** (ingl., pr. ['fɒkstrɒt]) [letter. passo della volpe; 1919] **sm.** *inv.* ballo di ritmo pari di tipo *ragtime*, affermatosi in America e poi in Europa nei primi decenni del secolo.

foyer (fr., pr. [fwa'je]) [letter. *focolare*; 1838] **sm.** *inv.* *T.teatr.* sala dove si riuniscono gli spettatori negli intervalli tra un atto e l'altro d'uno spettacolo ‖ **N.** *Sin.* ridotto.

fra¹ [lat. *infra*; 1312] **prep.** ha gli stessi impieghi e gli stessi valori di *tra* (v.), con il quale si alterna gen. per ragioni eufoniche, per evitare la vicinanza di suoni identici: *fra Trento e Trieste, fra tre avversari* (ma: *tra francesi e inglesi*).

fra² o **fra'** [da *fra(te)*; a. 1306] **sm.** troncamento di *frate* davanti a nome proprio, spec. se comincia per consonante: *fra Gerolamo, fra Galdino.*

fra- [lat. *in(fra)*, sotto] **pref.** compare in pochi verbi, indicando di solito inserimento o scambio (*frapporre, frammischiare, fraintendere*); la consonante iniziale del verbo si raddoppia.

frac (fr., pr. [frak]) [dal fr. *froc*, abito; 1766] **sm.** *inv.* *T.abb.* abito da cerimonia maschile, con giacca corta davanti e lunga dietro, a due falde ‖ **N.** *Sin.* marsina.

fracassaménto [da *fracassare*; 1563] **sm.** *non com.* il fracassare o il fracassarsi.

fracassàre [dal lat. *frangere*, sovrapposto al lat. *quassāre*; a. 1306] **tr.** ridurre in pezzi una cosa, colpendola violentemente: *il vento ha fracassato tutti i vetri* ‖ *fracassare le ossa a uno,* picchiarlo violentemente ‖ **rifl. indir.** fratturarsi: *mi sono fracassato una spalla* ‖ **intr. pron.** ridursi in pezzi in un urto violento: *la barca è andata a fracassarsi sugli scogli* ‖ **N.** **tr.** *Sin.* distruggere, rompere, schiantare, sconquassare, spaccare.

fracassatóre [da *fracassare*; a. 1694] **sm.** (f. *-trìce*) *non com.* chi fracassa.

fracassìo [da *fracassare*; a. 1606] **sm.** *non com.* fracasso intenso e continuato o almeno frequente.

fracàsso [da *fracassare*; a. 1306] **sm.** **1.** il rumore prodotto da una cosa che si fracassi ‖ *per estens.* rumore intenso, spec. se molesto: *non sopporto il fracasso delle motociclette* ‖ *fig.* gran quantità di commenti: *è un fatto che ha suscitato un gran fracasso* **2.** *fam. non. com.* gran quantità di roba: *c'era un fracasso di gente* ‖ **N.** **1.** *Sin.* schianto; baccano, fragore, frastuono, sconquasso.

fracassóne [da *fracassare*; 1957] **sm.** (f. *-a*) *fam.* **1.** persona abitualmente rumorosa **2.** persona che fracassa roba spesso e volentieri.

fracassóso [da *fracassare*; 1669] **agg.** *non com.* che fa fracasso.

fràcco (pl. *-chi*) [lat. volg. **fragicāre*; 1889] **sm.** *dial. sett.* gran quantità: *un fracco di legnate.*

fràcido e der. forme arc. o region. di FRADICIO e der. (v.).

fracòsta [comp. di *fra* e *costa*, sul modello del fr. *entrecôte*; 1965] **sf.** *T.mac. region.* controfiletto ‖ *rom.* sottospalla. **TAV.** *alimentazione* 4.3.

fràdicio (pl. m. *-ci*, pl. f. *-ce* o *-cie*) [da *fracido*, per metatesi; 1563] **agg.** **1.** completamente bagnato, spec. per la pioggia: *togliti questi vestiti fradici, terreno fradicio* ‖ *sudato fradicio,* inzuppato di sudore; *fig.* *ubriaco fradicio,* completamente ubriaco, quasi inzuppato di vino **2.** guasto: *pere fradicie* ‖ *fig.* corrotto: *società fradicia* ‖ **N.** **1.** *Sin.* inzuppato, madido, zuppo **2.** *Sin.* marcio, putrefatto, putrido.

fradiciùme [da *fradicio*; a. 1584 *fracidume*] **sm.** *non com.* **1.** quantità di cose andate a male ‖ *fig.* corruzione morale **2.** terreno intriso d'acqua; luogo molto umido.

fragàglia (pl. *-glie*) [connesso col lat. *frangere*, spezzare; a. 1927] **sf.** *merid.* insieme di piccoli pesci di scarso pregio, usati per le fritture miste.

fràgile [dal lat. *fragilis*; a. 1292] **agg.** **1.** che si rompe facilmente: *il vetro è duro ma fragile* ‖ *fig.* caduco, inconsistente: *speranze fragili, un'ipotesi alquanto fragile* **2.** detto di persona, che sopporta poco il dolore o lo sforzo: *è molto fragile di costituzione; fragile di nervi,* che perde facilmente il controllo ‖ **fragilménte** **avv.** *raro* debolmente ‖ **N.** **1.** *Contr.* infrangibile **2.** *Sin.* debole, delicato, gracile | *Contr.* forte, robusto, solido.

fragilità [dal lat. *fragilitas, -ātis*; a. 1342] **sf.** l'essere fragile, in tutti i sensi dell'agg.: *la fragilità del vetro, fragilità di costituzione, morale.*

fràglia (pl. *-glie*) [lat. volg. **fratālia*; 1283] **sf.** *ant.* *T.stor.* corporazione di arti e mestieri nel Veneto medievale.

fràgno [dal lat. *farneus*, da *farnus*, farnia o frassino; 1932] **sm.** specie di quercia con foglie di forma simile a quella del castagno, ma più piccole e lucide.

fràgola [lat. volg. **fragula*; 1342 *fravola*] **I** **sf.** pianta delle Rosacee, serpeggiante, con foglie trilobate, fiori bianchi, e falso frutto carnoso, dolce e profumato, di colore scarlatto, sparso di acheni detti com. semi, che in realtà sono i veri frutti ‖ il cosiddetto frutto della fragola **II** in funzione di **agg.** *inv.* (sempre posposto) **1.** nella loc. *rosso fragola,* della tonalità di rosso tipica del falso frutto della fragola ‖ del colore tipico del falso frutto della fragola: *un vestito fragola* **2.** *region.* *uva fragola,* uva americana ‖ *dim.* fragolina, fragolétta; *accr.* fragolóne (*sm.*) ‖ **N.** **I** briciolina, da giardino, moscadella, selvatica.

fragolàia [da *fragola*; 1759] **sf.** *non com.* fragoleto.

fragolàio (pl. *-ài*) [da *fragola*; 1940] **sm.** (f. *-a*) *non com.* chi vende fragole.

fragolàta [da *fragola*; 1908] **sf.** *raro* mangiata, scorpacciata di fragole.

fragoléto [da *fragola*; 1550] **sm.** *non com.* terreno coltivato a fragole ‖ **N.** *Sin.* fragolàia.

fragolicoltùra [comp. di *fragola* e *coltura*; 1983] **sf.** coltivazione delle fragole.

fragolino¹ [da *fragola*; a. 1936] **I** **agg.** simile al falso frutto della fragola per forma e colore **II sm.** vino rosso amabile e vellutato, ricavato dall'uva fragola.

fragolino² [da *fragola*, per il colore; 1561] **sm.** pesce dei Teleostei dal dorso rosso, diffuso nel Mediterraneo, le cui carni bianche sono molto pregiate || **N.** *Sin.* pagello.

fragóre [dal lat. *fragor, -ōris*; a. 1292] **sm.** rumore assordante: *il fragore del tuono, di una cascata* || **N.** *Sin.* fracasso, frastuono, RUMORE.

fragoróso [da *fragore*; 1765] **agg.** che fa gran rumore: *applausi fragorosi* || *fig.* che desta sensazione: *caduta fragorosa* || **fragorosaménte** **avv.**

fragrànte [dal lat. *fragrans, -āntis*; 1342 *flagrante*] **agg.** che ha fragranza: *pane fragrante, aria fragrante d'incenso* || **N.** *Sin.* profumato.

fragrànza [dal lat. *fragrāntia*; fine sec. XIV] **sf.** odore soave e vivo || **N.** *Sin.* aroma, profumo.

fragràre [dal lat. *fragrāre*; a. 1527] **intr.** (aus. *avere*) *lett.* aver fragranza, olezzare.

fràina [dal lat. *farrāgo, -inis*; 1823] **sf.** *region.* cereale, detto anche *grano saraceno*, dal quale si ricava una farina scura.

fraintèndere (pres. *-èndo* ecc., come TENDERE) [comp. di *fra* e *intendere*; 1438 *frantendere*] **tr.** intendere male, a rovescio: *fraintendi ogni mia parola, fraintendere le intenzioni di qualcuno* || anche *ass.* equivocare: *spero che tu non fraintenda* || **rec.** non capirsi a vicenda: *quei due si sono fraintesi.*

fraintendiménto [da *fraintendere*; 1951] **sm.** il fraintendere || **N.** *Sin.* equivoco, incomprensione.

fràle [dal lat. *fragilis*, attr. il fr. ant. *fraile*; 1294 *fraile*] **I agg.** *lett.* fragile, delicato **II sm.** *raro poet.* il corpo umano visto nella sua fragilità.

fralézza [da *frale*; a. 1292] **sf.** *poet.* l'essere frale.

framboèșia [dal fr. *framboise*, lampone, per il colore delle eruzioni cutanee; 1887] **sf.** *T.med.* malattia contagiosa tropicale che provoca eruzioni cutanee di colore violaceo.

frame (ingl., pr. [freɪm]) [letter. struttura; 1983] **sm. inv.** *T.inform.* struttura dati in cui, per una serie di parametri (*slots*) che rappresentano proprietà, vengono determinati sia archi di valori possibili, sia un valore medio o caratteristico (*default*).

fràmea [lat. *framea*; 1552] **sf.** *T.stor.* asta a punta corta e aguzza usata dagli antichi Germani.

framescolàre V. FRAMMESCOLARE.

framéttere e der. forme meno com. di FRAMMETTERE e der. (V.).

framèẓẓo e der. forme meno com. di FRAMMEZZO e der. (V.).

frammassóne [dal fr. *francmaçon*, libero muratore; a. 1744 *frammassone*] **s.** massone.

frammassonerìa [dal fr. *franc-maçonnerie*; 1774 *framassoneria*] **sf.** massoneria.

frammentàre (pres. *-énto*) [da *frammento*; 1886] **tr.** dividere in tante piccole parti, spezzare, spezzettare || **intr. pron. 1.** ridursi in frammenti **2.** *T.biol.* riprodursi per frammentazione.

frammentarietà [da *frammentario*; 1932] **sf.** mancanza di coerenza e di organicità: *frammentarietà di un discorso.*

frammentàrio (pl. *-ri*) [da *frammento*; a. 1872] **agg. 1.** di opera e sim., ridotta a frammenti, fatta a frammenti, che ha carattere di frammento: *manoscritto frammentario* **2.** *fig.* disorganico, privo di uno svolgimento unitario: *è un racconto frammentario* || **frammentariaménte** **avv.**

frammentàto [da *frammentare*; a. 1498] **agg. 1.** fatto a frammenti, che è in frammenti **2.** *fig. più com.* spezzettato, disorganico: *un'esposizione frammentata.*

frammentazióne [da *frammentare*; 1499 *fragmentazione*] **sf.** il suddividere o suddividersi in frammenti: *bombe a frammentazione*, che nell'esplosione si suddividono in schegge di dimensioni prestabilite || *T.med. frammentazione del miocardio*, suddivisione delle fibre miocardiche che si verifica per es. nella fibrillazione ventricolare || *in part. T.biol.* riproduzione asessuata tipica delle spugne che avviene per scissione.

frammentìșmo [da *frammento*; 1938] **sm.** gusto letterario dei primi anni del '900, che prediligeva il frammento, cioè brevi componimenti in poesia o in prosa, ed esaltava, quali valori poetici, la brevità, l'immediatezza, l'intensità lirica.

frammentìsta [da *frammento*; 1936] **s.** rappresentante della corrente letteraria del frammentismo.

framménto [dal lat. *fragmentum*; a. 1313] **sm. 1.** pezzo di un oggetto rotto: *frammenti di vaso* || *per estens.* parte staccata: *un frammento del fregio del Partenone* **2.** *fig.* brano di un'opera letteraria, musicale, cinematografica e sim. che non è stata completata dall'autore o ci è stata tramandata solo parzialmente: *i frammenti di Saffo* || *per estens.* passo, brano di un'opera: *all'interno del racconto si trovano frammenti di intenso lirismo* || **N. 1.** *Sin.* coccio, spezzone **2.** *Sin.* passaggio, squarcio.

frammescolàre o **framescolàre** (pres. *-éscolo*) [comp. di *fra* e *mescolare*; 1650] **tr.** *non com.* mescolare con una o più cose || **N.** *Sin.* frammischiare.

framméssо (*pps.* di *frammettere*) [a. 1647] **sm.** *non com.* intermezzo di un'opera lirica.

framméttere (pres. *-étto* ecc., come METTERE) [comp. di *fra* e *mettere*; fine sec. XIII] **rifl.** e **intr. pron.** mettersi o trovarsi in mezzo, anche *fig.*: *non ti frammettere nei nostri affari, prima di una conclusione positiva si frammettono ancora non pochi ostacoli* || **tr.** *raro* mettere una cosa in mezzo a un'altra o ad altre || **N. rifl.** *Sin.* frapporsi, interporsi; intromettersi.

frammeẓẓàre (pres. *-èẓẓo*) [da *frammezzo*; a. 1549] **tr.** *non com.* mettere una cosa in mezzo a un'altra || **N.** *Sin.* frammettere, inframmezzare, insinuare, introdurre.

frammèẓẓo [comp. di *fra* e *mezzo*; a. 1529 come prep.] **I avv.** *non com.* nel mezzo **II** *non com.* nella **loc. prep.** *frammezzo a*, tra, in mezzo a.

frammischiàre (pres. *-ìschio*) [comp. di *fra* e *mischiare*; a. 1529] **tr.** frammescolare, mescolare.

frammìsto [comp. di *fra* e *misto*; a. 1765] **agg.** unito, mescolato con altre cose o persone: *un prezioso manoscritto frammisto a carte di nessun valore.*

fràna [lat. volg. **fragina*; 1554] **sf. 1.** distacco di materiali rocciosi o terrosi lungo i fianchi di una montagna o di una collina, causato normalmente dall'azione erosiva delle acque || il materiale caduto || il vuoto lasciato dal materiale caduto || *per estens.* quantità di materiali solidi che precipitano dall'alto: *il ribaltamento del camion ha causato una frana di arance sull'autostrada* **2.** *fig.* rovina, esito disastroso di qualcosa: *il suo compito è stato una frana* || *fam.* anche detto di persone: *con le donne è proprio una frana* || **N. 1.** crollo, rovina, smottamento. **Q.T.** *alpinismo, geografia.*

franàbile [da *franare*; a. 1742] **agg.** che può franare: *roccia franabile.*

franaménto [da *franare*; 1869] **sm.** il franare.

franàre [da *frana*; a. 1527] **intr.** (aus. *essere*) smuoversi, precipitare per una frana: *è franato l'intero costone della montagna* || *per estens.* crollare: *il muro marcio è franato rovinosamente*; anche *fig.* svanire definitivamente: *sono franate anche le ultime illusioni* || **N.** *Sin.* cedere, crollare, rovinare, smottare.

francàre e der. forme lett. disus. di AFFRANCARE e der. (V.).

francescanéșimo [da *francescano*; 1931] **sm.** movimento religioso iniziato da S. Francesco d'Assisi e dai suoi seguaci.

francescàno [da *S. Francesco* d'Assisi; a. 1600 come sm.] **I agg.** che appartiene a San Francesco o al suo ordine: *centenario, frate francescano* || *per estens.* ispirato alla semplicità e povertà della vita di S. Francesco: *conduce un'esistenza francescana* || **francescanaménte** **avv. II sm.** (f. *-a*) frate o suora francescani: *era un francescano* || **N.** cappuccini, clarisse, conventuali, minori osservanti, riformati, terzo ordine o terziari | missioni.

francésco (pl. *-schi*) [al lat. tardo *Franciscus*; a. 1294] **sm.** (f. *-a*) e **agg.** *ant.* o *lett.* francese.

francescóne [dal n. proprio *Francesco I*, granduca di Toscana che la fece coniare; 1751] **sm.** *T.num.* moneta d'argento del granducato di Toscana, del valore di dieci paoli.

francéșe [dal fr. ant. *franceis*; a. 1310 *franzese*] **I agg.** della Francia: *popolo, cucina francese* || *nasino alla francese*, piccolo e all'insù || *disus. mal francese*, sifilide **II s. 1.** abitante della Francia **2.** *sm.* (solo *sing.*) la lingua del gruppo romanzo parlata in Francia e in alcuni altri paesi (Belgio, Canada, Svizzera, Haiti), e usata come lingua di cultura nei rapporti internazionali || la lingua (e la letteratura) francese come materia di insegnamento: *laurearsi in francese.*

franceșeggiàre (pres. *-éggio*) [da *francese*; a. 1770] **intr.** (aus. *avere*) imitare i Francesi nei costumi, nei vezzi e nella lingua (detto in gen. con tono spreg.).

franceșerìa [da *francese*; a. 1765] **sf.** *spreg.* imitazione di modi o parole tipici dei Francesi.

franceșìna [da *francese*; 1956] **sf. 1.** panino tondo con taglio in mezzo **2.** tipo di scarpa femminile allacciata e con collo alto.

franceșìșmo [da *francese*; a. 1712 *franzesismo*] **sm.** *T.ling.* locuzione o parola prese a prestito o calcate sulla lingua francese || **N.** *Sin.* gallicismo.

franceșìsta [da *francese*; 1942] **s.** studioso, esperto di lingua e letteratura francese.

franceșiẓẓàre [da *francese*; 1832] **tr.** far adottare usi e gusti francesi; dare forma francese: *francesizzare la moda, la lingua* || **rifl.** e **intr. pron.** adeguarsi al gusto francese, assumere modi e atteggiamenti tipici dei Francesi.

franceșiẓẓazióne [da *francesizzare*; 1983] **sf.** atto o effetto del francesizzare o del francesizzarsi.

franceșùme [da *francese*; 1869] **sm.** *raro spreg.* modi, usanze, parole francesi, imitate con servilità: *smettete con codesti francesumi!*

francheggiàre (pres. *-éggio*) [da *franco¹*; 1313] **tr.** *arc.* **1.** rendere franco, sicuro **2.** liberare, affrancare.

franchézza [da *franco¹*; sec. XIII] **sf. 1.** l'essere sincero, schietto: *parlare, comportarsi con franchezza, in tutta franchezza, devo dirti che la tua amica non mi piace per niente* || *non com.* con sfumatura negativa, eccessiva disinvoltura: *franchezza di linguaggio* **2.** *non com.* coraggio, ardimento **3.** *ant.* libertà || franchigia || **N. 1.** *Sin.* lealtà, schiettezza, sincerità.

franchìa [da *franco¹*; 1937] **sf.** *T.mar.* condizione della nave che, allontanatasi da terra, può considerarsi libera da pericoli di navigazione o da insidie guerresche.

franchìgia (pl. *-gie* o *-ge*) [dal fr. ant. *franchise*; a. 1348] **sf. 1.** *T.giur.* privilegio, esenzione che deriva da leggi o da trattati, spec. di tasse e imposte: *franchigia postale, doganale*; *copie, scatti telefonici in franchigia*, esenti dal pagamento || *pl. franchigie costituzionali*, leggi che assicurano la libertà civile e politica **2.** *T.mar.* il permesso di allontanarsi per diporto che sulle navi si concede agli uomini liberi dal servizio e non puniti; anche il tempo che, in conseguenza, gli uomini passano a terra.

franchising (ingl., pr. [ˈfræntʃaɪzɪŋ]; pr. it. [frenˈtʃaiziŋ(g)]) [da *franchise*, privilegio, franchigia; 1979] **sm.** *inv. T.econ.* contratto commerciale in base al quale un'azienda concede ad altre i propri prodotti e la facoltà di servirsi del suo marchio o del suo nome.

franchìsmo [da *franchista*; 1963] **sm.** *T.stor.* la politica e il regime del generale F. Franco, dittatore in Spagna dal 1939 al 1975.

franchìsta [dallo sp. *franquista*; 1938] **I s.** seguace di F. Franco, sostenitore della sua dittatura: *i franchisti vinsero la guerra civile nel 1939* **II agg.** di F. Franco e del franchismo: *regime franchista.*

franciàno [dal fr. *francien*; 1956] **sm.** (solo *sing.*) e **agg.** *T.ling.* detto di dialetto parlato anticamente nell'Ile-de-France e costituente la base del francese moderno.

fràncico (pl. *-ci* o *-chi*) [dal lat. tardo *francicus*, di Francia, attr. il fr. *francique*; a. 1873] **agg. 1.** *lett.* proprio degli antichi Franchi: *lingua, cultura francica* **2.** francone.

fràncio [da *Francia*, perché scoperto da una scienziata francese; 1952] **sm.** *T.chim.* elemento chimico naturale radioattivo, facente parte del gruppo dei metalli alcalini.

franciόso [dal fr. ant. *françois*; 1312] **agg.** e **sm.** (f. *-a*) francese (oggi solo *scherz.* o *spreg.*).

frànco¹ (pl. *-chi*) [dal fr. *franc*, libero; a. 1292 nel senso 2] **I agg. 1.** sincero, che esprime apertamente il suo pensiero senza eccessivi riguardi o cautele: *preferisco le persone franche a chi fa troppi complimenti, risposta, linguaggio franco* || *fig. vino franco*, senza sapori che emergano in un secondo momento **2.** libero, esente da imposizioni o sanzioni: *T.mar. guardia, squadra franca*, libera dal servizio; *fam. farla franca*, cavarsela senza danni o pene da un'azione non troppo lecita; *zona franca, porto franco*, in cui si possono introdurre o scaricare merci senza pagare dazi e imposte; *T.comm.* con senso analogo in molte clausole dei contratti di vendita, per indicare esenzione dell'acquirente dalle spese di trasporto fino al punto menzionato: *franco vagone partenza, franco vagone arrivo, franco molo, franco (a) bordo, franco a domicilio* || *ant.* indipendente, autonomo: *tra tirania si vive e stato franco* (Dante); oggi sopravvive nelle espr. *franco tiratore* (v. TIRATORE) e *franco muratore*, sin. non com. di *massone* || *T.arald.* attributo del quarto o del cantone quando sono isolati nel campo dello scudo || *T.sport. calcio franco*, calcio di punizione o di rimessa (quindi libero da interventi di disturbo degli avversari) **3.** *non com.* libero da impacci, spigliato; sicuro di sé: *un piglio franco e deciso* || **francaménte avv. 1.** con schiettezza: *è meglio parlare subito francamente* **2.** com. con valore frasale, a voler essere sincero: *francamente, non mi sembra una buona idea* **II sm. 1.** *T.tecn.* la minima distanza ammissibile tra la parte sospesa di un impianto e il suolo o altre strutture: *il franco dal suolo di un elettrodotto*; la distanza tra il ciglio superiore di una diga o un argine e il livello massimo previsto dell'acqua || *T.agr. franco di coltivazione*, strato di terreno compreso tra il suolo e il livello ordinario delle falde freatiche **2.** *T.agr.* pianta ottenuta per seme e utilizzata come portainnesto **III avv.** francamente: *parlare franco* || **N. 1.** *Sin.* schietto, senza peli sulla lingua | *Contr.* complimentoso, formalista; ipocrita **2.** *Sin. duty-free* **3.** *Sin.* ardito, baldanzoso, disinvolto.

frànco² (pl. *-chi*) [dal francone **frank*, libero; a. 1348] **I agg. 1.** proprio dei Franchi, popolo germanico stanziatosi in Gallia nel sec. V: *regno franco, dominazione franca*; *scrittura franca*, carolina **2.** *per estens.* termine usato all'epoca delle crociate da Greci, Arabi e Turchi per designare gli europei occidentali di religione cattolica || *lingua franca*, lingua semplificata usata nei rapporti commerciali tra Arabi, Turchi ed Europei occidentali a partire dal Medioevo; *per estens.* qualunque lingua mista usata per la comunicazione di base e gli scambi commerciali tra etnie profondamente diverse a contatto **3.** (solo *sing.*) *per estens. lett.* francese; per l'uso di *franco-* in composizione, v. FRANCO- **II sm.** (f. *-a*) chi appartiene al popolo dei Franchi.

frànco³ [dal fr. *franc*; a. 1363] **sm. 1.** denominazione di varie monete coniate in Francia a partire dal Medioevo || attualmente, l'unità monetaria della Francia, del Belgio, della Svizzera e del Lussemburgo (con diversi valori nei vari paesi) **2.** *pl. fam.* lire italiane, denaro: *gli ha fruttato un sacco di franchi.*

frànco- [da *franco²*] **primo elem.** che, in parole composte, vale "relativo agli antichi Franchi" o, più spesso, "francese": **francogàllico**, **francofobìa**.

francobollàre (pres. *-óllo*) [da *francobollo*; 1963] **tr.** nel gergo di alcuni sport di squadra, marcare strettamente, controllare costantemente da vicino un attaccante.

francobóllo [comp. di *franco¹* e *bollo*; 1850] **sm.** carta-valore (spesso filigranata) che serve per l'affrancatura della corrispondenza; è solitamente di forma quadrata o rettangolare, di qualche cm di lato; dentellata e gommata su di una faccia, reca sull'altra la riproduzione a stampa di un soggetto figurato, l'indicazione dello stato emittente e del valore nominale, e spesso diciture commemorative: *francobollo di posta ordinaria, di posta aerea, espresso, segnatasse, commemorativo, sovrastampato.* **Q.T.** *filatelia, posta* **TAV.** *filatelia* 1, 5.

francofilìa [comp. di *franco-* e *-filia*; a. 1937] **sf.** simpatia nei confronti della Francia e dei Francesi.

francòfilo [comp. di *franco-* e *-filo*; 1904] **agg.** e **sm.** (f. *-a*) che o chi ha simpatia per la Francia e i Francesi.

francòfobo [comp. di *franco-* e *-fobo*; a. 1937] **agg.** e **sm.** (f. *-a*) che o chi ha odio per la Francia e per i Francesi.

francòfono [comp. di *franco-* e *-fono*; 1970] **I agg.** detto di comunità nel cui repertorio linguistico è compreso il francese: *popolazioni africane francofone* || detto di Stato, o di parte di esso, in cui la lingua ufficiale è il francese: *le regioni francofone del Canada* **II sm.** (f. *-a*) chi parla francese, detto di parlante appartenente a una comunità che ha, nel suo repertorio linguistico, il francese: *i francofoni del Belgio.*

francoitaliàno o **frànco-italiàno** [comp. di *franco-* e *italiano*; 1932] **I agg.** detto di letteratura didascalica e cavalleresca diffusasi in Italia settentrionale (spec. nel Veneto) tra il XIII e il XIV sec., in una lingua ibrida costituita da elementi italiani e francesi **II sm.** (solo *sing.*) lingua in cui venne composta questa letteratura || **N.** *Sin.* francolombardo, francoveneto.

francolìno [etim. inc.; a. 1367] **sm.** uccello dei Fasianidi, simile alla starna.

francolombàrdo o **frànco-lombàrdo** [comp. di *franco-* e *lombardo*; 1976] **agg.** e **sm.** (solo *sing.*) francoitaliano, francoveneto.

fràncone o **francóne** [dal francone **frank*, libero; 1932] **I agg.** della Franconia, regione storica della Germania centro-meridionale: *dialetti franconi* **II sm.** (solo *sing.*) *T.ling.* ciascuna delle varietà linguistiche del ceppo germanico occidentale parlate a partire dall'alto Medioevo in Franconia: *in part. basso francone*, fase antica dell'attuale neerlandese.

franconormànno o **frànco-normànno** [comp. di *franco-* e *normanno*; 1934] **agg.** e **sm.** (solo *sing.*) dialetto parlato nelle isole normanne, ora in notevole regresso nei confronti dell'inglese.

francoprovenzàle o **frànco-provenzàle** [comp. di *franco-* e *provenzale*; 1932] **I agg.** relativo a un gruppo di dialetti parlati in zone di confine tra Italia, Francia e Svizzera (Val d'Aosta, alcune vallate piemontesi, Savoia, Delfinato ecc.) che presentano caratteristiche linguistiche intermedie tra il francese e il provenzale **II sm.** (solo *sing.*) il gruppo dei dialetti franco-provenzali.

francovèneto o **frànco-vèneto** [comp. di *franco-* e *veneto*; 1932] **I agg.** detto della lingua scritta, diffusasi nell'Italia nel Nord, e spec. nel Veneto, tra il XIII e il XIV sec., sommante caratteri linguistici francesi e veneti e impiegata spec. in poemi cavallereschi || detto anche della letteratura scritta in tale lingua **II sm.** (solo *sing.*) la lingua francoveneta || **N.** *Sin.* francoitaliano, francolombardo.

frangènte (*ppr.* di *frangere*) [fine sec. XIII] **sm. 1.** onda marina che si frange contro un ostacolo e spec. contro moli, secche o scogli affioranti || il punto dove le onde si rompono **2.** *fig.* situazione difficile e delicata: *ed ora mi trovo in questi frangenti per colpa tua.*

fràngere (pres. *fràngo, fràngi*; p.rem. *frànsi, frangésti*; pps. *frànto*) [lat. *frangere*; a. 1250] **tr.** rompere, spezzare || com. nell'espr. *frangere le olive*, metterle sotto la macina per frantumarle ed estrarne l'olio || **intr. pron.** rompersi, detto in particolare delle onde || **N.** *Sin.* frantumare, infrangere, ROMPERE.

frangétta (*dim.* di *frangia*) [1962] **sf.** tipo di pettinatura, spec. di donne e bambini, che consiste in capelli corti che cadono sulla fronte || *dim.* frangettìna.

fràngia (pl. *-ge*) [dal lat. volg. **frimbia*, attr. il fr. *frange*; sec. XIV] **sf. 1.** striscia di tessuto a fili o a cordoncini sciolti o intrecciati, che si mette per ornamento a tende, coperte e sim. **2.** *fig.* quel che di falso o di esagerato si aggiunge a un racconto **3.** frangetta **4.** *T.anat. frangia ovarica*, fimbria delle tube **5.** *T.geogr. non com.* fascia costiera: *frangia sabbiosa, corallina* **6.** *T.pol.* gruppo marginale all'interno di un movimento politico, spec. se su posizioni estreme e in contrasto con la maggioranza: *le residue frange staliniste del partito* **7.** *T.fis.* in ottica, *frange di diffrazione, di interferenza*, ciascuna delle fasce sottili, distinte come colore o luminosità da quelle contigue, in cui si suddivide il campo di illuminazione a causa di tali fenomeni || *dim.* frangétta, frangettìna, frangiolìna; *accr.* frangióne (*sm.*), frangióna || **N. 1.** fiocco, grillotti, macramè, nappa, penero **2.** *Sin.* fronzolo, orpello.

frangiàio (pl. *-ài*) [da *frangia*; sec. XIV] **sm.** (f. *-a*) *raro* chi fa o vende frange di tessuto.

frangiàre (pres. *fràngio*) [dal fr. *franger*; a. 1410] **tr.** *non com.* ornare, contornare con frangia.

frangiatùra [da *frangiare*; a. 1712] **sf.** il frangiare.

frangibiàde [comp. di *frang(ere)* e *biada*; 1940] **sm.** *inv. T.agr.* strumento che sminuzza, stritola, frantuma granelli e semi diversi || **N.** *Sin.* schiacciabiade.

frangìbile [da *frangere*; a. 1320] **agg.** *non com.* che si può rompere facilmente || **N.** *Sin.* fragile | *Contr.* infrangibile.

frangibilità [da *fragibile*; a. 1311] **sf.** *raro* l'essere frangibile.

frangiflùtti [comp. di *frang(ere)* e *flutto*; 1883] **sm.** *inv.* diga o molo costruito per riparare dalle onde la bocca di un porto, di una rada, o un qualsiasi specchio d'acqua || **N.** *Sin.* frangimare, frangionde. **TAV.** *porto* 3.6.

frangimàre [comp. di *frange(re)* e *mare*; a. 1965] **agg.** (sempre posposto) e **sm.** *inv.* frangiflutti: *diga frangimare.*

frangiónde [comp. di *frange(re)* e *onda*; 1946] **agg.** (sempre posposto) e **sm.** *inv.* frangiflutti.

frangipàni [dal n. proprio M. *Frangipane*, nobile rom.; 1932] **sm.** albero tropicale dai grandi fiori rosa o bianchi dal profumo intenso simile a quello del gelsomino.

frangisóle [comp. di *frange(re)* e *sole*; 1970] **agg.** (sempre posposto) e **sm.** *inv.* struttura costituita da liste parallele fisse od orientabili che viene applicata sulla facciata di un edificio, per ripararlo dai raggi solari: *pannello frangisole*.

frangitóre [da *frangere*; 1935] **sm.** macchina che esegue la spremitura preliminare e grossolana delle olive.

frangitùra [da *frangere*; 1865] **sf.** l'operazione del frangere: *frangitura delle olive*.

frangivalànghe [comp. di *frange(re)* e *valanga*; 1983] **agg.** (sempre posposto) e **sm.** *inv.* detto di ostacolo (cumulo di terra, barriera di cemento armato e sim.) collocato lungo il percorso delle valanghe, con lo scopo di frantumarle e di rallentarne la corsa: *barriera frangivalanghe*.

frangivènto [comp. di *frang(ere)* e *vento*; 1933] **agg.** (sempre posposto) e **sm.** *inv.* detto di riparo naturale o artificiale per proteggere le coltivazioni dal vento.

frangizòlle o **frangizòlle** [comp. di *frang(ere)* e *zolla*; 1937] **sm.** *inv.* *T.agr.* strumento agricolo che frantuma le zolle di terra dopo l'aratura. **TAV.** ***giardinaggio* p. 1315** 19.

fràngola [forse da *frangere*; a. 1577] **sf.** nome comune di una pianta delle Ramnacee, specie di ontano, che fa piccole bacche nere.

frankfurter (ted., pr. ['fraŋkfurtɐ]) [letter. di Francoforte; 1965] **sm.** *inv.* salsiccia affumicata e aromatizzata con varie spezie, che si mangia bollita o arrostita, gen. insaporita con senape.

franklin [1] (ingl., pr. ['fræŋklɪn]) [dal nome proprio B. *Franklin*, scienziato statunitense; 1956] **sm.** *inv.* unità di misura di carica elettrica nel sistema C.G.S.

franklin [2] (ingl., pr. ['fræŋklɪn]) [dal nome proprio B. *Franklin*, scienziato statunitense; 1846 *franklino*] **sm.** *inv.* tipo di caminetto in terracotta, posto a una certa distanza dalla parete per evitare un'eccessiva dispersione del calore attraverso di essa.

franóso [da *franare*; 1861] **agg.** facile a franare: *terreno franoso*.

frantèndere **tr.** *tosc.* V. FRAINTENDERE.

frànto (*pps.* di *frangere*) [1942] **agg.** *T.metr.* verso che ha un ritmo frammentato, spezzato.

frantóio (pl. *-ói*) [da *frangere*; a. 1347] **sm.** **1.** macchina per la frantumazione di minerali: *frantoi a mascelle, rotativi, a martelli* **2.** macchina per la frangitura delle olive: *olio di frantoio*, genuino, senza manipolazioni ‖ lo stabilimento in cui si compie la frangitura: *lavorare in un frantoio*.

frantoista [da *frantoio*; 1956] **s.** operaio addetto ai frantoi.

frantumàre (pres. *-ùmo*) [da *frangere*; 1609] **tr.** rompere in piccolissimi pezzi; anche *fig.*: *frantumare ogni resistenza* ‖ **intr. pron.** ridursi in piccolissimi pezzi ‖ **N.** **tr.** *Sin.* sminuzzare, spezzettare, stritolare, ROMPERE.

frantumazióne [da *frantumare*; 1910] **sf.** l'atto e l'effetto del frantumare o del frantumarsi, anche *fig.*

frantùme [da *frantumare*; 1657] **sm.** (quasi solo *pl.*) ciascuno dei piccoli frammenti in cui si riduce un oggetto frantumato: *mandare uno specchio in frantumi*.

fràppa [dal fr. ant. *frape*; 1427 nel senso 2] **sf.** **1.** la rappresentazione del fogliame dipinto o intagliato **2.** *ant.* frangia **3.** *region.* spec. *pl.* dolce di pasta sfoglia fritta e zuccherata, a forma di nastro, tipico dell'Italia centrale.

frappàre [da *frappa*; 1427] **tr.** *non com.* **1.** rifinire con frange **2.** *ass.* rappresentare motivi ornamentali con fogliame **3.** *ant.* tagliuzzare.

frappé (fr., pr. [fra'pe]; pr. it. [frap'pe] e [frap'pɛ]) [letter. battuto; 1942] **sm.** *inv.* bibita preparata emulsionando latte con ghiaccio tritato e aromi o sciroppi vari: *frappé alla menta, all'amarena*; è diverso dal frullato, per il quale si usano pezzi di frutta tritati.

frappórre (pres. *-óngo* ecc., come PORRE) [comp. di *fra* e *porre*; sec. XIV] **tr.** mettere in mezzo ‖ **rifl.** e **intr. pron.** intromettersi, interporsi: *frapporsi tra i due litiganti, si frappongono ostacoli* ‖ **N.** *Sin.* frammettere, interporre, intromettere.

frapposizióne [da *frapporre*; 1630] **sf.** *non com.* l'atto e l'effetto del frapporre e del frapporsi.

frasàio (pl. *-ài*) [da *frase*; 1940] **sm.** (f. *-a*) *non com.* chi accozza frasi senza costrutto ‖ **N.** *Sin.* parolaio.

frasaiòlo [da *frase*; 1869] **I** **sm.** (f. *-a*) *non com.* chi si compiace di belle frasi senza reale significato **II** **agg.** che abbonda di tali frasi: *retorica frasaiola*.

frasàle [da *frase*; 1988] **agg.** *T.ling.* relativo alla frase, che riguarda la frase: *costruzione frasale* ‖ *avverbio frasale*, avverbio il cui ambito d'azione non è limitato al predicato, ma investe l'intera frase (ad es. *probabilmente, forse*).

frasàrio (pl. *-ri*) [da *frase*; 1722] **sm.** **1.** raccolta ordinata di frasi tratte da un'opera o un autore: *frasario dantesco* ‖ raccolta di espressioni comuni di una lingua straniera con le relative traduzioni, a uso di turisti e sim. **2.** insieme di termini, locuzioni, modi di dire tipici di una persona o di un determinato gruppo di persone: *non sopporto il suo frasario involuto e pretenzioso, frasario burocratico* ‖ **N.** **2.** *Sin.* fraseologia, gergo, terminologia.

fràsca [etim. inc.; 1313] **sf.** **1.** ramoscello fronzuto: *un mucchio di frasche* ‖ *fig.* *saltar di palo in frasca*, passare da un argomento a un altro senza un filo logico ‖ *in part.* ramoscello che serve di insegna a un'osteria di campagna ‖ *T.agr.* mazzo di stipe che si prepara perché i bachi da seta ci vadano a fare il bozzolo **2.** *fig.* persona (spec. donna) leggera e capricciosa (più com. in questo senso il dim. *fraschetta*) ‖ *pl.* *raro* vanità, sciocchezze, fronzoli: *ha sempre il capo alle frasche* ‖ *dim.* fraschétta, fraschettina, frascherèlla; *accr.* frascóna, frascóne.

frascàme [da *frasca*; a. 1424] **sm.** quantità di frasche.

frascàta [da *frasca*; fine sec. XIV] **sf.** cortina di frasche per mascherare strade, cannoni ecc.

frascàti [dal n. geogr. *Frascati*, città del Lazio; 1923] **sm.** *inv.* vino bianco notissimo, secco e piuttosto forte.

frascàto [da *frasca*; fine sec. XIV] **sm.** tettoia fatta di frasche a riparo dal sole ‖ **N.** *Sin.* pergolato.

frascheggiàre (pres. *-éggio*) [da *frasca*; a. 1525] **intr.** (aus. *avere*) **1.** di frasche agitate, stormire **2.** *fig.* comportarsi con leggerezza.

frascherìa [da *frasca*; a. 1498] **sf.** *non com.* ornamento vano, fronzolo ‖ bagattella, capriccio: *queste sono tutte frascherie e nulla più*.

fraschétta (*dim.* di *frasca*) [1313] **sf.** **1.** ramoscello: *se tu tronchi / qualche fraschetta d'una d'este piante* (Dante) **2.** *fig.* donna volubile e capricciosa **3.** *T.tip.* nel torchio a mano, telaietto cui è fissato un foglio di carta traforato in corrispondenza di quelle parti della forma tipografica che devono essere inchiostrate.

frasconàia [da *frasca*; seconda metà sec. XV] **sf.** **1.** terreno dove si trovano molte frasche; spec. quello in cui si tendono le reti per la caccia **2.** *non com.* *fig.* ornamenti e addobbi eccessivi ‖ quantità di inezie, di chiacchiere insignificanti.

frascóne (*accr.* di *frasca*) [sec. XIV] **sm.** **1.** spec. *pl.* frasche usate per la copertura o il sostegno di piante (per es. i fagioli) ‖ *fig.* *pop.* *avere, portare, seminare i frasconi*, detto di animali da cortile e uccelli di gabbia che trascinano le ali per terra, come frasche e, *per estens.*, detto di persona che trascina le gambe per debolezza o malattia **2.** *T.mar.* grosso paranco fissato alle sartie, da utilizzare in caso di necessità per sbarcare o imbarcare oggetti pesanti ‖ **N.** **2.** *Sin.* candeletta, candelizza.

fràse [dal lat. *phrăsis* e dal gr. *phrásis*, espressione; a. 1556] **sf.** **1.** *T.gram.* e *T.ling.* elemento costitutivo del periodo, dotato di una almeno parziale autonomia sintattica; in questo senso è sin. di *proposizione*: *frase principale, secondaria, relativa, concessiva* ‖ *frase nominale*, sprovvista di verbo (per es. *formidabili quegli anni, all'ovest niente di nuovo*) **2.** periodo: *una frase con una proposizione principale e molte secondarie* **3.** *T.ling.* in alcune scuole linguistiche, unità fondamentale della comunicazione, provvista di un contorno intonativo, una modalità (assertiva, imperativa ecc.), un'articolazione tra tema (ciò di cui si parla) e predicato (ciò che si attribuisce al tema) ‖ in altre scuole, costruzione teorica della grammatica, contrapposta a *enunciato*, che è l'effettiva produzione del parlante **4.** *per estens.* espressione: *non trovo le frasi giuste*; *frase sgarbata, gentile* ‖ *frase idiomatica*, modo di dire tipico di una lingua, di solito non comprensibile a partire dai significati letterali delle parole che lo compongono ‖ *frase fatta*, luogo comune ‖ *non com.* *spreg.* chiacchiere gonfie e vuote: *è un uomo tutto frasi* **5.** *T.mus.* elemento costitutivo della composizione musicale (di ampiezza intermedia tra il *motivo* e il *periodo*), gen. concluso da una cadenza ‖ **N.** **4.** abusata, accademica, enfatica, gonfia, idiomatica, incisiva, scultoria, sonora, trita, vuota | coniare, inventare, rigirare. **Q.T.** ***linguistica***.

fraseggiaménto [da *fraseggiare*; a. 1684] **sm.** *raro* il fraseggiare.

fraseggiàre (pres. *-éggio*) [da *frase*; 1651] **intr.** *non com.* (aus. *avere*) **1.** comporre frasi e connetterle tra di loro secondo uno stile caratteristico: *fraseggiare con ampollosità* **2.** *T.mus.* articolare l'esecuzione di una composizione musicale dando il giusto rilievo alle varie frasi e periodi che lo compongono ‖ in funzione di *sm.*, fraseggio.

fraseggiatóre [da *fraseggiare*; a. 1704] **sm.** (f. *-trice*) *non com.* chi eccede nell'usare espressioni elaborate e retoriche ma povere di significato.

fraséggio [da *fraseggiare*; a. 1883] **sm.** **1.** *T.mus.* il modo di conferire l'adeguata espressione alle diverse frasi di una composizione musicale, per es. mediante legature, accenti, variazioni dinamiche, sfumature timbriche ecc. **2.** il modo di comporre e connettere le frasi di un discorso **3.** *T.sport.* nella scherma, corretta sequenza di movimenti che lo schermidore deve rispettare affinché una stoccata sia valida.

fraseologìa (pl. *-gìe*) [comp. del gr. *phrásis*, espressione e *-logia*; 1813 *frasologia*] **sf.** l'insieme delle espressioni caratteristiche di una lingua, di un linguaggio specialistico, di un gergo e sim.

fraseològico (pl. *-ci*) [da *fraseologia*; 1841] **agg.** relativo alla fraseologia: *ricerca fraseologica* ‖ idiomatico.

-fraṣìa [dal gr. *phrásis*, favella] **elem. term.** che, in parole composte della terminologia medica, vale "linguaggio", "strutturazione della lingua" (per es. *parafrasia*).

frassinèlla o **frassinèllo** [da *frassino*; prima metà sec. XIV] *sf.* o *sm.* erba odorosa, detta anche *dittamo.*

frassinéto [dal lat. tardo *fraxinētum*; a. 1320] *sm.* luogo piantato a frassini, bosco di frassini.

fràssino [lat. *fraxinus*; 1282] *sm.* pianta arborea delle Oleacee con chioma ovale, foglie lanceolate e frutto a samara.

frastagliaménto [da *frastagliare*; sec. XIV] *sm.* l'essere frastagliato: *il frastagliamento della costa.*

frastagliàre (pres. *-àglio*) [comp. di *fra* e *stagliare*; a. 1400] *tr.* tagliare irregolarmente ai margini || ornare con frastagli.

frastagliàto (*pps.* di *frastagliare*) [a. 1400] *agg.* di andamento irregolare, con molte sporgenze e rientranze: *costa, cresta, foglia frastagliata*; *terreno frastagliato*, rotto da siepi, fossi, muri || ornato di frastagli.

frastagliatùra [da *frastagliare*; 1864] *sf.* il frastagliare e l'essere frastagliato || *concr.* parte frastagliata, zona frastagliata: *le ampie frastagliature del golfo.*

frastàglio (pl. *-gli*) [da *frastagliare*; a. 1400] *sm.* lavoro d'intaglio, complicato e minuzioso con linee sporgenti e rientranti || *fig.* spec. *pl.* orpello artificioso.

fràstico (pl. *-ci*) [dal gr. *phrásis*, frase; 1983] *agg.* *T.ling.* relativo alla frase, che concerne la frase: *analisi limitata al livello frastico* || **N.** transfrastico.

frastornaménto [da *frastornare*; 1773] *sm.* *non com.* l'atto e l'effetto del frastornare.

frastornàre (pres. *-órno*) [comp. di *fra* e *stornare*; 1353] *tr.* **1.** disturbare, distogliere l'attenzione, provocare confusione: *le continue domande hanno finito col frastornare l'oratore* || intontire: *il volume della musica in discoteca mi frastorna* **2.** *arc.* ostacolare.

frastornàto (*pps.* di *frastornare*) [1661] *agg.* che si trova in una condizione di disagio fisico, di nervosismo e intontimento: *frastornato per le domande dell'esaminatore* || **N.** *Sin.* confuso, sconcertato, stordito.

frastornìo (pl. *-ìi*) [da *frastornare*; a. 1704] *sm.* *tosc.* motivo di fastidio continuato o frequente.

frastórno [da *frastornare*; 1921] *sm.* *raro* disturbo.

frastuòno [comp. di *fra*, con sovrapposizione di *tras-*, e *tuono*; 1552] *sm.* rumore forte e confuso || **N.** chiasso, RUMORE.

fratacchióne (accr. di *frate*) [a. 1444] *sm.* *scherz.* frate grosso e paffuto.

fratàglia [da *frate*; a. 1576] *sf.* *spreg.* gruppo, moltitudine di frati.

frataiòlo [da *frate*; 1887] *agg.* *spreg.* molto amico dei frati.

fràte [lat. *frater*; a. 1226 nel senso 4; a. 1294 nel senso 1; 1811 nel senso 3] *sm.* **1.** religioso che soggiace a una regola: *frate francescano, domenicano* || *frate laico*, quello che, non investito degli ordini sacri, attende ai servizi manuali del convento || *sto coi frati e zappo l'orto*, faccio quel che mi dicono di fare **2.** *T.tip.* parte di uno stampato rimasta bianca o male impressa e quasi illeggibile per difetto d'inchiostratura **3.** il baco da seta che, per non essere stato mandato per tempo alla frasca, non fa bozzolo e si raggrinza tutto, così che la pelle gli fa sulla testa una specie di cappuccio **4.** *T.orol.* scatto snodato che fa alzare le sonerie negli orologi che le possiedono **5.** *arc.* fratello || *dim.* fraticèllo, fratìno, fratùcolo; *accr.* fratóne, fratacchióne; *pegg.* fratàccio || **N.** **3.** infratire.

fratellàme [da *fratello*; a. 1735] *agg.* *non com.* *spreg.* insieme di fratelli, tutti i fratelli: *allora il fratellame si oppose a quel matrimonio.*

fratellànza [da *fratello*; 1308] *sf.* **1.** rapporto di amicizia, solidarietà e benevolenza come tra fratelli: *un sincero sentimento di fratellanza* || *propr.* *non com.* il rapporto di parentela che intercorre tra fratelli **2.** associazione umanitaria o di mutuo soccorso.

fratellàstro [da *fratello*; 1861] *sm.* fratello da parte di uno solo dei genitori.

fratellésco (pl. *-schi*) [da *fratello*; prima metà sec. XIV] *agg.* *arc.* fraterno.

fratellévole [da *fratello*; 1353] *agg.* *arc.* fraterno.

fratèllo [lat. volg. **fratellus*; a. 1294] **I** *sm.* **1.** chi è nato dai medesimi genitori || *fratelli siamesi*, V. SIAMESE || *pl.* può indicare sia fratelli maschi, sia collettivamente i figli di entrambi i sessi di una stessa famiglia: *siamo quattro fratelli, due maschi e due femmine* || *per estens.* *fratello uterino*, chi è nato dalla stessa madre, ma da altro padre; *fratello consanguineo*, nato dallo stesso padre, ma da madre diversa || *fratello di latte*, chi ha avuto il latte dalla stessa balia **2.** *per estens.* chi è legato ad altri da un vincolo d'affetto, da una origine comune e sim.: *fratelli in Gesù Cristo, essere fratelli nella sventura* || ciascuno dei soci di una fratellanza, confraternita e sim. || frate: *Fratelli del Sacro cuore*; *fate-bene-fratelli*, l'ordine di S. Giovanni di Dio **II** in funzione di **agg.** (sempre posposto) legato da un vincolo di fratellanza: *movimenti, paesi fratelli* || *dim.* fratellìno, fratellùccio; *accr.* fratellóne; *pegg.* fratellàccio || **N.** adottivo, gemello, germano o carnale, naturale; fraterno, fratricida | maggiorascato | affratellare, fraternizzare.

fratèlmo [a. 1375] *sm.* *ant.* fratello mio.

fraterìa [da *frate*; 1536] *sf.* molti frati insieme, spec. dello stesso ordine o convento (spesso *spreg.*).

fraternàle [da *fraterno*; a. 1347] *agg.* *raro* fraterno.

fraternàre (pres. *-èrno*) [da *fraterno*; sec. XIV] *intr.* (aus. *avere*) trattare come fratello; fraternizzare.

fraternità [dal lat. *fraternitas, -ātis*; 1313] *sf.* **1.** l'esser fratelli, spec. *fig.*: *la fraternità dei popoli* **2.** confraternita.

fraternizzàre [dal fr. *fraterniser*, 1663 *fraternizare*] *intr.* (aus. *avere*) stringere rapporti amichevoli e di solidarietà (spec. partendo da ruoli contrapposti): *la popolazione ha subito fraternizzato con gli occupanti.*

fratèrno [dal lat. *fratērnus*; a. 1333] *agg.* di fratello: *amor fraterno* || *per estens.* come tra fratelli, improntato a grande solidarietà e affetto: *amicizia fraterna, aiuto fraterno* || **fraternaménte** *avv.*

fratésco (pl. *-schi*) [da *frate*; fine sec. XIV] *agg.* da frate (spesso *spreg.*).

fraticèllo (*dim.* di *frate*) [sec. XIII] *sm.* **1.** giovane frate || spec. *pl.*, francescani spirituali appartenenti a comunità staccatesi dall'ordine, che nei sec. XIII-XV sostenevano e praticavano la più rigorosa povertà **2.** *T.zool.* piccolo uccello marino dei Laridi, di colore bianco e con cappuccio nero sul capo.

fratìna [da *frate*; 1892] *sf.* **1.** acconciatura dei capelli alla maniera dei frati, con frangetta **2.** tavola stretta e lunga simile a quella usata dai frati.

fratìno[1] (*dim.* di *frate*) [a. 1556 nel senso 1; 1829 nel senso 3] *sm.* **1.** giovane frate || giovane che sta per entrare in un ordine religioso **2.** bambino che per un certo periodo andava vestito di un piccolo saio da frate, in seguito a un voto fatto dai genitori **3.** *T.zool.* piccolo uccello migratore dei Caradriformi che vive sulle spiagge o sulle sponde di laghi e fiumi, veloce corridore.

fratìno[2] [da *frate*; sec. XVI] *agg.* **1.** *raro* fratesco **2.** *tavolo fratino*, fratina (nel senso 2).

fràtria o **fratrìa** [dal gr. *phratría*, parentado; a. 1748] *sf.* *T.stor.* suddivisione della tribù in Atene: ogni tribù comprendeva tre fratrie, ogni fratria trenta genti || *T.etn.* nelle società esogamiche, ciascuna delle classi all'interno delle quali è vietato il matrimonio.

fratricìda [dal lat. *fratricīda*; a. 1416] **I** *s.* chi uccide il fratello o la sorella || *per estens.* chi uccide una persona a cui è legato da vincoli di affetto, da origine comune e sim. **II** *agg.* che si riferisce a fratricidio: *armi fratricide* || *per estens.* *guerra fratricida*, guerra civile.

fratricìdio (pl. *-di* o *dii*) [dal lat. *frātricīdium*; sec. XIV] *sm.* uccisione di un fratello o di una sorella || *per estens.* delitto contro persone a cui si è particolarmente legati.

fràtta [etim. inc.; sec. XIV] *sf.* **1.** macchia intricata; terreno scosceso e ingombro di arbusti e di sterpi **2.** *region.* siepe: *bianche le fratte, bianchi erano i prati* (Pascoli).

frattàglie [da *fratto*; 1618] *sf.* *pl.* le viscere di bovini, ovini, suini macellati, già estratte dal corpo: *friggere le frattaglie* || **N.** rigaglie.

frattàle [dal fr. *fractal*, coniato nel 1975 dal matematico fr. H. Mandelbrot partendo dal lat. *fractus*, spezzato; 1978] **I** *sm.* *T.mat.* curva piana ottenuta come configurazione limite di una successione di curve; da ogni curva si ricava la successiva per mezzo di una determinata regola **II** *agg.* detto di, riferito ai frattali. **Q.T.** *matematica...* **TAV.** *geometria* 27.

frattànto [comp. di *fra* e *tanto*; sec. XIV] *avv.* nel frattempo, nel mentre: *frattanto gli amici erano andati via.*

frattazzàre [da *frattazzo*; 1987] *tr.* *T.edil.* stendere e lisciare l'intonaco con il frattazzo.

frattàzzo o **fratàzzo** [da *frettare*; 1942] *sm.* arnese usato per spianare la malta su una superficie || *dim.* frattazzìno. **TAV.** ***edilizia* p. 666** 12.1.

frattèmpo [comp. di *fra* e *tempo*; a. 1529] *sm.* solo nella loc. *nel frattempo* e (meno com.) *in quel frattempo*, nel periodo di tempo menzionato in precedenza: *vai a prendere il giornale, nel frattempo finisco di lavare i piatti.*

fràtto [lat. *fractus*; 1321 nel senso 1; 1834 nel senso 2] *agg.* **1.** *lett.* spezzato, rotto || *T.mus.* *canto fratto*, canto polifonico caratterizzato dall'uso di precise figure di durata, e quindi da scansioni ritmiche regolari **2.** *T.mat.* che contiene un'espressione in forma di frazione: *equazione fratta* || diviso: *sette fratto tre.*

frattùra [dal lat. *fractūra*; fine sec. XIII] *sf.* **1.** il rompersi || *in part.* *T.med.* rottura di un osso: *frattura cranica, di una costola*; *frattura completa*, con totale distacco dei monconi; *frattura multipla*, in più sedi vicine; *frattura esposta*, quando l'osso lacera anche i tessuti cutanei e appare in vista all'esterno; *ridurre una frattura*, riportare i monconi nella posizione corretta || *T.geol.* qualunque forma di interruzione della continuità della crosta terrestre **2.** *fig.* il venir meno di un rapporto positivo di intesa o di collaborazione tra persone, gruppi sociali o politici, nazioni ecc.: *i rapporti tra marito e moglie sono vicini alla frattura definitiva*; dissidio profondo: *c'è una frattura insanabile tra le nostre valutazioni* || *T.ling.* in alcune lingue germaniche, nome di vari fenomeni fonetici di dittongazione di una vocale in prossimità di particolari suoni vocalici o consonantici || **N.** **1.** *Sin.* rottura **2.** *Sin.* contrapposizione, contrasto, distacco, interruzione, separazione.

fratturàre (pres. *-ùro*) [da *frattura*; 1798] *tr.* provocare la frattura delle ossa: *gli ha fratturato un braccio* || *rifl. indir.*: *si è fratturato due costole nell'incidente* || *intr. pron.* detto di ossa, rompersi: *l'osso si è fratturato all'altezza del gomito.*

fraudatòrio (pl. *-ri*) [dal lat. tardo *fraudatōrius*; 1887] *agg.* *raro* che tende a frodare; che concerne la realizzazione di una frode || **N.** *Sin.* fraudolento.

fràude [dal lat. *fraus, fraudis*; prima metà sec. XIII] *sf.* *ant.* frode.

fraudolènto [lat. *fraudolentus*; a. 1292 *frodo-*

lentissimo] **agg.** che opera con frode, che è fatto con frode: *bancarotta fraudolenta* || **fraudolentemente** *avv.*

fraudolènza [lat. *fraudulentia*; a. 1306 *frado-lenza*] **sf.** *non com.* l'operare con frode || *concr.* atto di persona fraudolenta.

Fräulein (ted., pr. ['frɔylaɪn]) [letter. signorina; 1905] **sf.** *inv. disus.* governante o istitutrice tedesca.

fràvola **sf.** *raro* v. FRAGOLA.

frazionàbile [da *frazionare*; 1965] **agg.** che può essere frazionato.

frazionàle [da *frazione*; 1970] **agg.** *T.econ. moneta frazionale*, moneta che costituisce una frazione dell'unità monetaria || **N.** *Sin.* divisionale, frazionario.

frazionaménto [dal fr. *fractionnement*; 1866] **sm.** il frazionare.

frazionàre (pres. *-óno*) [dal fr. *fractionner*; 1848] **tr.** dividere in varie parti: *frazionare un itinerario in più tappe, un pagamento in rate* || **intr. pron.** suddividersi: *il gruppo dei ciclisti si è frazionato in più tronconi.*

frazionàrio (pl. *-ri*) [dal fr. *fractionnaire*; a. 1872] **agg.** *T.mat.* che costituisce una frazione: *numero frazionario* || **N.** frazionale.

frazionàto (*pps.* di *frazionare*) [1970] **agg.** *T.filat.* si dice di un francobollo tagliato per la metà o per un terzo del suo valore facciale e usato in caso di mancanza di francobolli di valore minore.

frazióne [dal lat. tardo *fractio, -ōnis*; sec. XIV nel senso 2] **sf.** **1.** ciascuna delle parti in cui è divisa un'entità unitaria: *ha vinto per frazioni di secondo, una cospicua frazione del prodotto interno lordo di uno stato* || parte del territorio di un comune che comprende un nucleo abitato separato dal centro, e gode talora di autonomie amministrative || *T.sport.* nelle gare a staffetta, il tratto compiuto da ciascun atleta || *T.mat.* numero razionale espresso nella forma *m/n*, con *m* (detto *numeratore*) e *n* (detto *denominatore*) interi: *frazione propria*, col numeratore minore del denominatore; *frazione impropria*, nel caso opposto; *frazione apparente*, quando il numeratore è multiplo del denominatore, e la frazione si riduce quindi a un numero intero; *frazione decimale*, quando il denominatore è una potenza di 10; *frazione algebrica*, qualunque espressione algebrica della forma A/B **2.** *lett.* l'atto di spezzare, rottura; *in part. T.eccl. frazione del pane*, il rito dello spezzare l'ostia durante la messa. **Q.T.** *matematica..., religione.*

frazionìsmo [da *frazione*; 1944] **sm.** *T.pol.* tendenza scissionistica all'interno di un partito.

frazionìsta [da *frazione*; 1963] **I** **s.** **1.** *T.pol.* chi tende a creare scissioni all'interno di un partito **2.** *T.sport.* nelle gare a staffetta, ciascuno degli atleti che disputa una frazione **II** **agg.** *T.pol.* relativo al frazionismo, proprio del frazionismo: *tendenza frazionista.*

frazionìstico (pl. *-ci*) [da *frazionismo*; 1956] **agg.** *T.pol.* relativo al frazionismo, proprio del frazionismo: *tattica frazionistica.*

freak (ingl., pr. [fri:k]) [letter. capriccio, poi, con passaggio al verbo, eccitarsi, spec. per effetto della droga; infine, spostato] **s.** e **agg.** *inv.* nei primi anni Settanta, individuo che esprimeva la sua contestazione della società con un comportamento anticonformista e stravagante, vivendo alla giornata, vestendo in modo trasandato, teorizzando e praticando l'uso di alcol e droghe || **N.** *Sin.* fricchettaro, fricchettone.

freàtico (pl. *-ci*) [dal fr. *phréatique*; 1905] **agg.** *T.geol. falda freatica*, v. FALDA || *livello freatico*, l'altezza delle acque in una falda freatica. **Q.T.** *geologia.*

freatologìa [comp. del gr. *phréar, phréatos* pozzo e *-logia*; 1754] **sf.** settore della geologia che studia i fenomeni freatici.

fréccia (pl. *-ce*) [dal fr. *flèche*; 1344] **sf.** **1.** arma da getto usata in ogni epoca (nelle nostre culture fino all'avvento delle armi da fuoco), lanciata per mezzo di archi, balestre o cerbottane, costituita da un'asticciola gen. in legno munita di una punta di pietra, osso o metallo e di un'impennatura in coda per stabilizzarne la traiettoria: *incoccare, scoccare una freccia; frecce incendiarie, avvelenate* || l'analoga arma dell'attuale sport del tiro con l'arco, in lega metallica || il proiettile a forma di freccia sparato dai fucili subacquei || *fig. avere ancora molte frecce al proprio arco*, molte risorse o possibilità || *correre come una freccia*, a gran velocità; *fig.* è freq. come denominazione di veicoli veloci (treni rapidi, automobili da corsa e sim.): *la Freccia dei due mari; Frecce Tricolori*, nome della pattuglia acrobatica dell'Aeronautica italiana || *fig.* motto pungente e maligno, frecciata **2.** nome di vari oggetti a forma di freccia: *la freccia della bussola; frecce di direzione*, dispositivi a forma di freccia che negli autoveicoli di un tempo sporgevano per indicare il cambiamento di direzione; oggi sono sostituiti da lampeggiatori elettrici, che conservano lo stesso nome: *mettere la freccia a destra* || nei cartelli stradali o altre segnalazioni, disegno stilizzato che rappresenta una freccia (→), per indicare la direzione (obbligatoria o consigliata) del moto: *seguire la freccia*; analogo segno utilizzato, ad esempio, in matematica come simbolo di limite, in chimica per indicare la direzione di una reazione, in logica come simbolo di implicazione, in tipografia come rinvio || *T.orol.* lancetta **3.** *T.aer. angolo di freccia*, l'angolo formato tra il profilo anteriore dell'ala e l'asse longitudinale dell'aereo **4.** *T.geom. freccia di un arco di curva*, saetta || nelle costruzioni, la distanza tra il piano di imposta e l'altezza massima dell'intradosso di un arco o di una volta; analogamente, in una struttura a campate (per es. una linea elettrica aerea), la distanza tra la congiungente dei punti di sospensione e il punto più basso della catenaria **5.** *T.astr.* altro nome della costellazione della Saetta **6.** *T.mar.* controranda || *dim.* freccétta, freccìna || **N.** **1.** *Sin.* dardo, saetta, strale | PARTI: cocca, penna, punta; faretra; arciere **2.** ago, lancetta. **TAV.** ***architettura* p. 646** 6.1f; ***armi* p. 648** 11; ***vela* p. 1343** 6.3.

frecciàre (pres. *fréccio*) [da *freccia*; a. 1557] **tr.** *non com.* tirare frecce.

frecciàta [da *freccia*; a. 1304] **sf.** **1.** colpo di freccia || *fig.* battuta o commento pungente e malizioso: *è un lavoro pieno di frecciate polemiche* **2.** *T.sport.* nella scherma, *flèche* || **N.** *Sin.* stoccata.

frecciatóre [da *frecciare*; 1723] **sm.** (f. *-trice*) **1.** *T.sport.* tiratore con l'arco **2.** *fig.* chi lancia frecciate polemiche.

freddàre (pres. *fréddo*) [dal tardo *frigidāre*; inizio sec. XIV] **tr.** **1.** far diventare freddo (meno com. in questo senso di *raffreddare*): *freddare il brodo*; anche *fig.*: *freddare gli entusiasmi* **2.** *più com. per restr.* uccidere volontariamente: *il killer lo ha freddato con un colpo di pistola.*

freddézza [da *freddo*; 1342 nel senso 2] **sf.** **1.** *propr. non com.* l'esser freddo: *la freddezza dell'acqua impediva i bagni* **2.** *fig.* indifferenza, mancanza d'entusiasmo, mancanza di cordialità: *ci ha accolti con evidente freddezza* **3.** *fig.* controllo delle proprie azioni, sangue freddo: *il vincitore ha dimostrato grande freddezza nello scontro decisivo.*

freddìccio (pl. m. *-ci*; pl. f. *-ce*) [da *freddo*; 1943] **agg.** *non com.* alquanto freddo.

fréddo [lat. tardo *frigdus*; a. 1292] **I** **agg.** **1.** detto di qualunque corpo che ha temperatura bassa rispetto a quel che lo circonda, o relativamente alla temperatura tipica di corpi a esso simili: *lavarsi con l'acqua fredda, doccia fredda* (anche *fig.*, v. DOCCIA); *stelle fredde*, con temperature superficiali relativamente basse (ma comunque dell'ordine di qualche migliaio di gradi); *avere le mani fredde; sudore freddo*, per malattia, spavento improvviso e sim. || detto di cibi e bevande, non riscaldato: *latte, arrosto freddo; piatti freddi*, cibi che si mangiano abitualmente senza cuocerli o riscaldarli; *buffet freddo*, a base di tali cibi || detto di clima o ambiente: *una giornata fredda, una cantina freddissima* || *animali a sangue freddo*, con temperatura interna dipendente da quella dell'ambiente, eterotermi; *fig. sangue freddo*, impassibilità e serenità di valutazione (gen. in circostanze difficili): *avere, mostrare sangue freddo* || *per estens. muscoli freddi*, ancora intorpiditi dopo un periodo di inattività, non ancora pienamente efficienti; detto talvolta anche dell'intero corpo: *ha forzato quando era ancora freddo e si è stirato* **2.** *fig.* detto di persone, comportamenti e sim., che non manifesta o suscita sentimento, affetto, emozione: *mostrarsi freddo con qualcuno, è una proposta che mi lascia freddo; a mente fredda*, con calma e lucidità, senza farsi tradire dall'emozione || detto di espressioni artistiche: *un dipinto freddo, un'esecuzione fredda* || *colori freddi*, tendenti al verde, all'azzurro e al violetto (contrapposti ai *colori caldi*, il giallo, l'arancione, il rosso) || *T.pol. guerra fredda*, situazione di forte tensione politica tra due stati o blocchi di stati, con atti di ostilità reciproca in campo diplomatico, economico ecc., ma senza il ricorso alle armi || **freddaménte** **avv.** solo *fig.* senza partecipazione affettiva, senza tradire emozioni: *mi accolse freddamente, lo ha ucciso freddamente con un colpo alla nuca* **II** **sm.** condizione di bassa temperatura: *un freddo pungente, umido, polare; molti uccelli migrano ai primi freddi, che freddo!; fam. fa un freddo cane*, intenso; *industria, tecnologia del freddo*, che si occupa di impianti frigoriferi, di condizionamento e sim. || sensazione di bassa temperatura: *avere, sentire freddo, patire il freddo* || (*far*) *venire freddo*, dare (o ricevere) un'impressione di raccapriccio, di orrore: *mi viene freddo solo a pensarci* || *non mi fa né caldo né freddo*, mi lascia completamente indifferente || *a freddo*, a bassa temperatura: *un piatto che si prepara a freddo, lavorazione a freddo dei metalli; fig.* improvvisamente, senza avere il tempo di adattarsi: *subire un gol a freddo*, nei primi minuti della partita; *meno com.* freddamente, a sangue freddo || *dim.* freddino, freddolìno, freddùccio; *pegg.* freddàccio || **N.** **I** **1.** algido, fresco, gelido, ghiacciato, rigido | *Contr.* caldo **2.** *Sin.* insensibile, scostante; calmo, obbiettivo, inespressivo | *Contr.* affettuoso, espansivo; agitato, emotivo **II** gelo, rigore | assiderato, congelato, intirizzito, intorpidito, rattrappito.

freddolìna [da *freddo*, perché fiorisce d'inverno; a. 1921] **sf.** altro nome del colchico.

freddolóso [da *freddo*; a. 1698] **agg.** e **sm.** (f. *-a*) che o chi patisce molto il freddo || **freddolosaménte** *avv.*

freddùra [da *freddo*; a; 1635] **sf.** **1.** battuta più o meno spiritosa basata su un gioco di parole **2.** *arc.* rigidezza del clima.

freddurìsta [da *freddura*; 1881] **s.** chi ama dire freddure.

free climber (ingl., pr. [ˌfri: 'klaɪmə]; pr. it. [fri 'klaimber]) [letter. arrampicatore libero; 1987] **loc. s.** *inv.* chi pratica il *free climbing*, arrampicatore.

free climbing (ingl., pr. [ˌfri: 'klaɪmɪŋ]; pr. it. [fri 'klaimbiŋ(g)]) [letter. arrampicata libera; 1987] **loc. m.** *inv.* pratica sportiva che consiste nell'arrampicarsi sulla parete di una montagna, o anche su una parete artificiale, senza l'aiuto di attrezzi, sfruttando solo gli ap-

pigli naturali || **N.** *Sin.* arrampicata libera.
free lance (ingl., pr. [ˈfri:lɑ:ns]; pr. amer. [ˈfri:læns]) [letter. lancia libera, cioè soldato mercenario; 1962] **loc. agg.** e **s. inv.** detto di chi esercita una professione, spec. nel campo della moda, del giornalismo, della pubblicità, prestando la propria opera a varie società o aziende, senza essere legato da contratti esclusivi di lavoro: *indossatrice free lance, fotografo free lance.*
free rider (ingl., pr. [ˈfri:ˌraɪdə]) [letter. cavaliere libero; 1985] **loc. s. inv.** *T.econ.* chi beneficia gratuitamente di un bene pubblico.
free shop (ingl., pr. [ˈfri: ʃɒp]) [accorciamento di *duty free shop*, negozio franco di tasse; 1983] **loc. m. inv.** negozio che ha sede in aeroporti, navi e sim., dove si acquistano merci non gravate da tasse doganali || **N.** *Sin. duty free.*
freezer (ingl., pr. [ˈfri:zə]; pr. it. [ˈfrizer]) [1963] **sm. inv.** lo scomparto del frigorifero di casa dove si ottengono le temperature più basse, e si possono conservare prodotti surgelati || cella frigorifera a temperature particolarmente basse || **N.** *Sin.* congelatore. **TAV.** *elettrodomestici* 1.1.
fréga [da *fregare*; a. 1765] **sf.** **1.** *pop.* voglia, desiderio sessuale smanioso: *andare in frega,* detto di animali, spec. pesci, che vanno in calore **2.** *raro* massaggio || *fig. far le freghe,* burlare, prendere in giro.
fregagióne [lat. tardo *fricātio, -ōnis*; a. 1313 *fregazione*] **sf.** **1.** *tosc.* frizione, massaggio **2.** *arc.* moina, complimento.
fregaménto [da *fregare*; a. 1320] **sm.** l'atto del fregare, sfregamento.
fregàre (pres. *frégo, fréghi*) [lat. *fricāre*; a. 1313] **tr.** **1.** strofinare energicamente: *fregare il pavimento con lo straccio* **2.** *pop.* truffare, imbrogliare: *sta' attento a non farti fregare da quello lì* || superare, sconfiggere con mezzi più o meno leciti: *gli è stato a ruota per tutta la fuga e lo ha fregato in volata* **3.** *pop.* rubare: *mi hanno fregato l'orologio* || **rifl. indir.**: *fragarsi le mani,* strofinarle l'una contro l'altra per riscaldarsele, in segno di soddisfazione o altro || **intr. pron.** *pop. fregarsene,* non darsi cura di, non dare peso a: *devi fregartene di questi pettegolezzi* || con altra costruzione, *non me ne frega niente,* non me ne importa nulla || **N.** **tr.** *Sin.* grattare, sfregare, strigliare, stropicciare, strusciare | **intr. pron.** *Sin.* infischiarsene.
fregaròla o **fregaròlo**[1] [da *fregare,* depositare le uova; 1965] **sf.** nome comune di due pesci d'acqua dolce dei Cipriniformi, la sanguinerola e il vairone.
fregaròlo[2] [da *fregare*; 1986] **sm.** *region.* ladro.
fregàta[1] [da *fregare*; a. 1537] **sf.** **1.** il fregare (nel senso 1): *diamo una fregata al pavimento* **2.** *pop. non com.* fregatura: *quel mobile che ci hanno venduto è stato una bella fregata.*
fregàta[2] [etim. inc.; 1353] **sf.** *T.mar.* nave da guerra, in uso nei sec. XVIII-XIX, con tre alberi a vele quadre, più grande della corvetta, più piccola del vascello || *capitano di fregata,* grado della marina militare, corrispondente al tenente colonnello dell'esercito. **Q.T.** *nautica...*
fregàta[3] [dal fr. *frégate*; 1875] **sf.** palmipede marino dotato di una grande potenza di volo, con lunghe ali, becco lungo e ricurvo.
fregatùra [lat. *fricatūra*; sec. XIV-XV] **sf.** *pop.* inganno, imbroglio, truffa: *dare, prendere una fregatura.*
fregiàre (pres. *frégio*) [da *fregio*; 1313] **tr.** ornare con fregi || *fig.* onorare, decorare || **rifl.** spec. *fig.*, onorarsi, farsi bello di: *fregiarsi di numerosi riconoscimenti.*
fregiatùra [da *fregiare*; a. 1348] **sf.** *non com.* ornamento.
frégio (pl. *-gi*) [lat. (*opus*) *phrygium,* lavoro frigio; 1291] **sm.** elemento architettonico dei templi antichi, generalmente a carattere ornamentale, posto tra la cornice e l'architrave || *per estens.* ornamento in genere, spec. con sviluppo orizzontale || *fig. lett.* pregio, fama, vanto, decoro: *Achille, che di fama ebbe gran fregi* (Petrarca) || *dim.* fregétto || **N.** *Sin.* abbellimento, decorazione | glifo, metopa. **Q.T.** *architettura* **TAV. architettura p. 646** 1.6, 3.5, 9.4.
frégna [etim. inc.; sec. XIV] **sf.** **1.** *rom. volg.* vulva **2.** *pop.* cosa da nulla, stupidaggine, banalità, fandonia: *stai raccontando fregne?* **3.** spec. *pl.* fastidi, pensieri, preoccupazioni, seccature: *aver le fregne,* essere preoccupato, di cattivo umore e sim. || *pegg.* fregnàccia || **N.** *Sin.* fresca.
fregnàccia (pl. *-ce*) (*pegg.* di *fregna*) [a. 1927] **sf.** *rom. pop.* stupidaggine: *dire fregnacce* || *per estens.* oggetto di poco valore, impegno di scarsa importanza: *ho da fare quattro fregnacce* || **N.** *Sin.* frescaccia.
fregnacciàro [da *fregnaccia*; a. 1964] **sm.** (f. *-a*) *rom. pop.* chi racconta menzogne, bugiardo.
fregnóne [da *fregna*; 1927] **sm.** (f. *-a*) *rom.* stupido, babbeo.
frégo (pl. *-ghi*) [da *fregare*; 1433] **sm.** **1.** segno lineare tracciato con fretta, spec. per cancellare: *è meglio tirare un frego su tutto il capoverso e riscriverlo da capo* || traccia lineare lasciata su una qualunque superficie: *il pavimento è pieno dei freghi neri delle tue scarpe* || *fig. tirare un frego su qualcosa,* perdonare, fare come se niente fosse **2.** *pop.* nella loc. avv. *un frego,* moltissimo, un sacco || *pegg.* fregàccio; *accr.* fregóne.
frégola [da *fregare*; a. 1494] **sf.** stato di eccitazione degli animali all'epoca della riproduzione || *per estens. volg.* bramosia sessuale negli esseri umani; *fig.* passione, desiderio incontenibile per qualcosa.
fregolatóio (pl. *-ói*) [da *fregola*; 1935] **sm.** *T.zool.* luogo in cui i pesci vanno per deporre le uova: *fregolatoio naturale, artificiale.*
fregolìṣmo [dal n. proprio L. *Fregoli,* famoso illusionista; 1932] **sm.** atteggiamento di chi, in politica, cambia continuamente idea o effettua improvvisi voltafaccia || **N.** *Sin.* trasformismo.
frégolo [da *fregola*; 1688] **sm.** l'insieme delle uova deposte dalla femmina del pesce.
frèiṣa [dal n. geogr. *Freis,* località in provincia di Alessandria; 1892] **sm.** o **sf.** vino rosso del Piemonte, dolce e frizzante.
fremebóndo [dal lat. *fremebundus*; 1499] **agg.** *lett.* fremente, con una sfumatura più intensa.
freménte (*ppr.* di *fremere*) [1342] **agg.** che freme: *il mare fremente, il cuore fremente di sdegno.*
frèmere (pres. *frèmo*; raro il pps. *fremùto*) [lat. *fremere*; inizio sec. XIV] **intr.** (aus. *avere*) **1.** essere agitato o alterato da un sentimento violento, in parte trattenuto: *fremere di sdegno, d'odio* || tremare per l'empito dei sentimenti: *fremeva tra le sue braccia* || di liquido, essere sottoposto ad una tensione superficiale (che precede l'ebollizione) **2.** *lett.* rumoreggiare, detto anche di fenomeni naturali: *si udiva fremere il mare grosso in lontananza.*
fremìre (pres. *-ìsco, -ìsci*) [variante di *fremere*; seconda metà sec. XIII] **intr.** (aus. *avere*) *arc.* fremere.
frèmito [lat. *fremitus*; inizio sec. XIV] **sm.** **1.** commozione o turbamento profondo che non esplode, ma è comunque esteriormente percepibile: *un fremito di indignazione* || brivido, tremito: *un fremito di paura* || *fig.* scossa: *fremito di libertà* **2.** *lett.* rumore vibrante e prolungato: *il fremito del bosco.*
frenàbile [da *frenare*; a. 1816] **agg.** che si può frenare (spec. in frasi negative) || **N.** *Sin.* coercibile, controllabile | *Contr.* irrefrenabile.
frenàggio (pl. *-gi*) [da *frenare*; 1942] **sm.** **1.** il complesso dei meccanismi che consentono a un veicolo di frenare **2.** *T.mil. azione di frenaggio,* operazioni di combattimento durante un ripiegamento, per rallentare l'avanzata del nemico.
frenàre (pres. *frèno* o *fréno*) [lat. *frenāre*; 1300 ca. nel senso 2] **tr.** **1.** ridurre la velocità di un corpo in movimento, eventualmente arrestandolo: *il paracadutista viene frenato nella sua discesa dalla resistenza dell'aria* || *ass.* detto di conducenti di veicoli: *il macchinista non ha potuto frenare in tempo per evitare lo scontro* || *per estens.* rallentare l'andamento di un processo qualsiasi: *occorrerebbe frenare l'incremento del deficit pubblico* **2.** *fig.* trattenere, moderare: *frenare un impeto d'ira*; *frenare la lingua,* non lasciarsi sfuggire parole inopportune || **rifl.** trattenersi: *non ho saputo frenarmi* || **intr.** (aus. *avere*) detto di veicoli, diminuire la propria velocità per l'azione dei freni: *l'auto frena male sul bagnato* || **N.** **1.** *Sin.* rallentare | *Contr.* accelerare **2.** *Sin.* attenuare, contenere, controllare, domare, raffrenare, smorzare | *Contr.* liberare, scatenare.
frenastenìa [comp. di *fren(o)-* e *astenia*; 1892] **sf.** *T.med. disus.* debolezza mentale determinata da arresto di sviluppo || **N.** *Sin.* oligofrenia.
frenastènico (pl. *-ci*) [da *frenastenia*; 1893] **I agg.** *T.med. disus.* **1.** tipico della frenastenia **2.** affetto da frenastenia **II sm.** (f. *-a*) *T.med. disus.* chi è affetto da frenastenia.
frenastèrzo [comp. di *frena(re)* e *sterzo*; 1956] **sm.** *T.mecc.* dispositivo applicato ad alcune motociclette, per bloccare lo sterzo nei rettilinei.
frenàta [da *frenare*; 1946] **sf.** l'atto del frenare: *una frenata improvvisa, tracce di frenata sull'asfalto.*
frenàto (*pps.* di *frenare*) [sec. XIV] **agg.** trattenuto con un freno: *automobile frenata* || *pallone frenato,* pallone, gen. da osservazione, ancorato a terra per mezzo di cavi || *detersivo a schiuma frenata,* detersivo che produce una quantità ridotta di schiuma.
frenatóre [lat. *frenātor, -ōris*; 1602] **sm.** (f. *-trice*) addetto a un impianto frenante || in part.: *T.ferr.* manovratore dei freni manuali dei vagoni in manovra; *T.sport.* nel bob, il membro dell'equipaggio che siede in coda e controlla i freni.
frenatùra [da *frenare*; 1941] **sf.** **1.** atto ed effetto del frenare || *tempo di frenatura,* tempo impiegato per frenare un veicolo in corsa **2.** in un veicolo, l'intera strumentazione che consente il funzionamento dei freni.
frenèlla [da *freno*; 1821] **sf.** ferro ricurvo che si mette in bocca al cavallo per obbligarlo a piegare la testa.
frenèllo (*dim.* di *freno*) [a. 1348 nel senso 3] **sm.** **1.** *T.mar.* legatura del remo allo scalmo || collegamento metallico tra la barra e la ruota del timone **2.** *T.anat.* frenulo **3.** *arc.* nastro portato un tempo dalle donne come ornamento intorno alla fronte per fermare i capelli.
freneṣìa [lat. *phrenēsis*; a. 1306 *fernosia*] **sf.** **1.** delirio furente **2.** *fig. più com.* brama smaniosa e irragionevole: *gli è venuta la frenesia di viaggiare* || **N.** **2.** *Sin.* furia, mania, smania.
frenètico (pl. *-ci*) [lat. *phrenēticus*; a. 1342] **agg.** **1.** *propr.* che si trova in uno stato di frenesia **2.** *fig. più com.* agitato, convulso: *un ritmo frenetico, un frenetico viavai di persone* **3.** *fig.* appassionato, entusiasta: *applausi frenetici* || **freneticaménte** **avv.**
-frenìa [dal gr. *phrḗn, phrenós,* mente, animo] **elem. term.** che, in parole composte della terminologia medica, in part. psichiatrica, vale "mente" ed è utilizzato nella denominazione di disturbi mentali (per es. *ebefrenia, oligofre-*

nia, schizofrenia).

freniàtra [comp. di *freno-* e *-iatra*; 1881] **s.** *T.med. disus.* medico delle malattie mentali || **N.** *Sin.* psichiatra.

freniatrìa [da *freniatra*; 1881] **sf.** *T.med. disus.* la cura delle malattie mentali || **N.** *Sin.* psichiatria.

freniàtrico (pl. *-ci*) [da *freniatra*; 1909] **agg.** *T.med. disus.* psichiatrico.

frènico (pl. *-ci*) [dal gr. *phrḗn, phrenós*, mente; 1681] **agg.** *T.anat.* relativo al diaframma: *nervo frenico.*

frèno o **fréno** [lat. *frenus*; inizio sec. XIII nel senso 2; a. 1250 nel senso 3; 1869 nel senso 1] **sm.** **1.** qualunque dispositivo per rallentare e arrestare il movimento di un veicolo, o anche più in gen. di un qualche organo meccanico: *freni meccanici* (*a ceppi*, sulle biciclette; *a pattini*, sugli ascensori; *a tamburo, a disco*, sugli autoveicoli), *idraulici* (per es. quelli che ammortizzano il rinculo nelle artiglierie), *aerodinamici* (negli aviogetti, superfici che accrescono la resistenza dell'aria), *elettromagnetici*; *freno a mano, a pedale* || *freni dinamometrici*, dispositivi utilizzati per misurare la potenza di un motore **2.** il morso del cavallo; compare quasi solo in espr. fig., come *mordere, rodere il freno*, essere impazienti e insofferenti di un'autorità, un'imposizione e sim. || *ant.* le redini, spec. nella loc. *a freno sciolto*, a briglie sciolte **3.** *fig.* qualunque forza o intervento che limiti una libertà o, con valore positivo, moderi o regoli un eccesso, un'attività disordinata e sim.: *un energico freno alla libertà di stampa, mettere un freno agli sperperi, alla diffusione della pornografia*; *tenere a freno*, controllare: *tenere a freno gli oppositori*; *tenere a freno la lingua*, moderare i termini; *stringere* (o, al contrario, *allentare*) *i freni*, irrigidire (o attenuare) la disciplina || *T.psic. freni inibitori*, meccanismi psichici che bloccano (coscientemente o no) l'attuarsi di un altro processo psichico o neurofisiologico || **N.** **3.** *Sin.* blocco, controllo, dominio, moderazione, ritegno. **Q.T.** *automobile, ferrovia, motocicletta* **TAV.** ***automobile*** **p. 658** 3.19, 3.27, 3.34; ***carri...*** **p. 664** 1.4, 1.9; ***motocicletta...*** **p. 1322** 1.3, 1.18.

frèno-[1] [dal gr. *phrḗn, phrenós*, mente] ***primo elem.*** che, in parole composte della terminologia medica, vale "mente" (per es. *frenologia, frenopatia*).

frèno-[2] [dal gr. *phrḗn, phrenós*, diaframma] ***primo elem.*** che, in parole composte della terminologia medica, vale "diaframma": **frenospàsmo**.

frenocòmio (pl. *-mi*) [comp. di *freno-* e *-comio*; 1881] **sm.** *non com.* manicomio, ospedale psichiatrico.

frenologìa [dal fr. *phrenologie*; 1828] **sf.** **1.** dottrina ottocentesca, oggi abbandonata, che riteneva di poter determinare il carattere di una persona dallo studio quantitativo della conformazione del cranio **2.** *non com.* psichiatria.

frenològico (pl. *-ci*) [dal fr. *phrenologique*; 1865] **agg.** relativo alla frenologia.

frenologista [da *frenologo*; 1865] **s.** frenologo.

frenòlogo (pl. *-gi*) [dal fr. *phrenologue*; 1834] **sm.** (f. *-a*) **1.** studioso di frenologia **2.** *disus.* psichiatra.

frenopatìa [comp. di *freno-* e *-patia*; 1865] **sf.** *T.med.* malattia mentale.

frenotomìa [comp. di *fren(ul)o* e *-tomia*; 1956] **sf.** *T.chir.* taglio chirurgico del frenulo.

frènulo [dim. del lat. *frenum*; 1834] **sm.** *T.anat.* plica cutanea che unisce due parti di uno stesso organo: *frenulo linguale, prepuziale* || **N.** *Sin.* filetto.

frèon ® [n. commerciale; 1948] **sm.** ogni composto gassoso non infiammabile, composto da carbonio, cloro, bromo e fluoro, impiegato come fluido nei frigoriferi e come propellente nelle bombolette spray.

frequentàbile [da *frequentare*; 1869] **agg.** che si può frequentare.

frequentàre (pres. *-ènto*) [dal lat. *frequentāre*; sec. XIII] **tr.** andare spesso in uno stesso luogo o ambiente: *frequentare assiduamente i teatri*; *frequentare la scuola, le lezioni*, esservi regolarmente presente || essere spesso in compagnia di una persona: *frequentare gli amici, cattive compagnie* || *per estens. frequentare i Sacramenti*, accostarvisi con frequenza; *frequentare i classici*, leggerli e studiarli con assiduità || anche **rec.**: *si frequentano da dieci anni* || **intr.** (aus. *avere*) *raro* recarsi con frequenza: *frequentare in luoghi eleganti* || **N.** **tr.** *Sin.* praticare.

frequentativo [dal lat. *frequentatīvus*; 1561] **agg.** e **sm.** *T.ling.* detto di verbi derivati da altri verbi, che esprimono azione ripetuta: *"saltellare" è un frequentativo di "saltare"*.

frequentàto (*pps.* di *frequentare*) [a. 1348] **agg.** di luogo, che ha molti frequentatori: *teatro, caffè assai frequentato.*

frequentatóre [dal lat. tardo *frequentātor, -ōris*; 1613] **sm.** (f. *-trice*) chi frequenta abitualmente un luogo o una persona: *un frequentatore di concerti* || **N.** *Sin.* assiduo, *habitué.*

frequentazióne [dal lat. *frequentātio, -ōnis*; a. 1342] **sf.** il frequentare: *una frequentazione assidua* || *in part.* consuetudine di studio, lettura: *frequentazione di testi sacri.*

frequènte [dal lat. *frequens, -entis*; 1308] **agg.** **1.** che si verifica molte volte in un intervallo di tempo relativamente breve: *visite frequenti, quest'anno ci sono state frequenti nevicate* || *polso frequente*, con battiti di frequenza più alta del normale || loc. avv. *di frequente*, spesso **2.** *lett.* popoloso: *questo securo e gaudioso regno frequente in gente antica ed in novella* (Dante) || **frequenteménte** **avv.** spesso || **N.** **1.** *Sin.* assiduo, continuo, diffuso, ripetuto | *Contr.* raro.

frequènza [dal lat. *frequentia*; a. 1342] **sf.** **1.** ripetizione a brevi intervalli di tempo: *questo mese ci siamo visti con una certa frequenza* **2.** il frequentare: *la frequenza alle lezioni è obbligatoria* || l'essere frequentato, affluenza di persone: *una mostra con una bassa frequenza di visitatori* **3.** il numero di volte in cui un evento si verifica entro un dato intervallo di tempo: *i treni Torino-Milano hanno frequenza oraria* || *T.scient.* il numero di volte in cui un fenomeno periodico si ripete nell'unità di tempo: *frequenza del battito cardiaco, di una corrente alternata*; *onde radio ad alta, bassa frequenza*; *modulazione di frequenza*, V. MODULAZIONE || *T.stat.* rapporto tra il numero di volte in cui un caso presenta una determinata caratteristica e il numero dei casi esaminati: *questa anomalia genetica si presenta con la frequenza di un caso su centomila* || *T.gen. frequenza genica*, quella con cui si riscontra un certo allele nel propro locus genico, in una data popolazione || **N.** **1.** *Sin.* assiduità | *Contr.* rarità **2.** *Sin.* partecipazione, presenza **3.** *Sin.* cadenza, ritmo | cicli, hertz.

frequenziòmetro o **frequenzìmetro** [comp. di *frequenza* e *-metro*; 1930] **sm.** *T.fis.* apparecchio che misura la frequenza di una corrente elettrica alternata.

frèṣa [dal fr. *fraise*; 1898] **sf.** *T.mecc.* utensile per la lavorazione a freddo di metalli, legnami o altri materiali mediante asportazione di truciolo: è costituita da un solido di rivoluzione, di forma e dimensioni variabili a seconda dell'impiego, la cui superficie presenta un certo numero di spigoli taglienti; viene innestata sulle grandi fresatrici da officina come anche sui trapani (per es. odontoiatrici). **TAV.** ***giardinaggio*** **p. 1315** 19; ***medicina...*** **p. 1320** 19.

freṣàre (pres. *frèṣo*) [dal fr. *fraiser*, 1905] **tr.** lavorare con la fresatrice: *fresare un ingranaggio, un campo.*

freṣatóre [da *fresare*; 1916] **sm.** (f. *-trìce*) addetto alla fresatrice.

freṣatrìce [da *fresare*; 1898] **sf.** *T.mecc.* macchina che per mezzo della fresa opportunamente scelta permette di sagomare nel modo più svariato legni o metalli || *fresatrice agricola*, macchina dotata di frese per la sarchiatura del terreno. **TAV.** *macchine utensili* 4.

freṣatùra [da *fresare*; 1898] **sf.** lavorazione compiuta alla fresatrice o con la fresatrice agricola.

frésca [da *fregna*, con influsso di *fresco*; 1970] **sf.** *pop. eufem.* fregna.

frescàccia (pl. *-ce*) [da *fregnaccia*, con influsso di *fresco*; 1927] **sf.** *pop. eufem.* fregnaccia.

frescànte [da *fresco*; a. 1696] **s.** *lett.* pittore di affreschi || **N.** *Sin.* freschista.

frescàre (pres. *-ésco, -éschi*) [da *fresco*; 1910] **tr.** *T.pitt.* ornare di affreschi, affrescare.

frescheggiàre (pres. *-éggio*) [da *fresco*; 1858] **intr.** (aus. *avere*) *tosc. raro* stare a prendere il fresco.

freschézza [da *fresco*; a. 1292] **sf.** l'essere fresco, nei vari sensi dell'agg., ma spec. nel senso 2: *la freschezza dell'aria di montagna, dei cibi, di un atleta, della gioventù, dello stile.*

freschìsta [da *fresco*; 1967] **s.** artista che dipinge affreschi || **N.** *Sin.* frescante.

frésco (pl. *-schi*) [dal francone *frisk*; inizio sec. XIII nel senso 2] **I** **agg.** **1.** moderatamente (e perlopiù gradevolmente) freddo: *una fresca brezza, acqua, bibita fresca*; detto di climi e ambienti: *una fresca radura, un'estate fresca e piovosa* || *fam. star fresco*, finire nei guai: *se se ne accorgeva stavo fresco*; *stai fresco!*, per disilludere qualcuno: *stai fresco se pensi che ti dia una mano!* **2.** detto di alimenti, appena preparato, prodotto, raccolto o sim.: *pane fresco, pasta fresca, uova fresche di giornata*; *pesce fresco*, appena pescato (o non surgelato); *salumi, formaggi freschi*, non stagionati; *frutta fresca*, non conservata (o anche opposta *a frutta secca*, noci, nocciole, mandorle e sim.) || non stantìo o guasto: *questa carne non mi sembra più tanto fresca*; *fiori freschi*, non appassiti || *per estens.* fatto di recente, appena accaduto e sim.: *vernice fresca*, applicata da poco, non ancora seccata; *tracce fresche*, lasciate da poco; *notizie fresche*, appena ricevute; *neve fresca*, caduta di recente || seguito dalla prep. *di*, appena uscito da: *un avvocato fresco di studi, giornale fresco di stampa* || detto dell'aspetto fisico, giovane, florido, non segnato dalla vita: *un visetto fresco e colorito*; detto di sportivi, senza segni di stanchezza: *nonostante la durezza della prova, è arrivato fresco al traguardo*; *truppe, forze fresche*, tenute di riserva, non ancora provate dalla battaglia; *a mente fresca*, con la lucidità che si ha quando si è ben riposati || *stile fresco*, vivace e naturale **II** **sm.** **1.** temperatura moderatamente fredda dell'ambiente, e spec. la sensazione di solito piacevole che se ne riceve: *godersi il fresco del giardino, fa freschetto di sera qui, farsi fresco con un ventaglio* || *col fresco*, nelle ore più fresche della giornata (al mattino presto o alla sera): *è meglio partire col fresco* || *mettere, tenere al fresco* (o *in fresco*), rif. a cibi e bevande, in luogo fresco per conservarli; anche *fig.* tenere di riserva per un momento successivo; *scherz. stare, mandare al fresco*, in prigione **2.** nella loc. avv. *di fresco*, recentemente, da poco: *è stato dipinto di fresco, è tornato di fresco* || *dipingere a fresco*, sull'intonaco ancora fresco; di qui anche il *sm. ant. fresco*, affresco **3.** tessuto di lana leggero per abiti estivi || *dim.* freschétto, freschino, frescolìno || **N.** **I** **2.** *Sin.* florido, rigoglioso; riposato; recente | *Contr.* appassito, avvizzito, guasto, marcio, passato, rancido, secco, sfatto, stanco, stantìo, vecchio **II** **1.** *Sin.* frescura | *Contr.* calura.

frescóne [da *fregnone*, con influsso di *fresco*; 1927] **sm.** (f. *-a*) *pop. eufem.* fregnone, stupido.

frescùra [da *fresco*; a. 1257] **sf.** aria fresca: *godersi la frescura della sera.*

frèṣia [dal n. proprio Fr. H.Th. *Freese*, medico tedesco; 1923] **sf.** pianta delle Iridacee, che produce fiori profumatissimi.

frétta [etim. inc.; a. 1292] **sf.** **1.** necessità di far presto: *ho molta fretta, finisci con calma, senza fretta, nella fretta di partire ho dimenticato il biglietto*; *mettere, fare fretta a qualcuno*, sollecitarlo perché si sbrighi; *essere di fretta*, aver poco tempo a disposizione **2.** rapidità nei movimenti o negli atti, spesso eccessiva e quindi affannosa, non meditata: *parlare in fretta, fare le valigie in fretta e furia* || **N.** **1.** *Sin.* premura, sollecitudine, urgenza | sbrigarsi, spicciarsi **2.** *Sin.* affanno, foga, furia, precipitazione.

frettàre (pres. *frétto*) [lat. volg. **frictāre*; 1614] **tr.** *T.mar.* strofinare con il frettazzo.

frettàzzo o **frettàzza** [da *frettare*; 1772] **sm.** o **sf.** *T.mar.* spazzola di setole vegetali dure e folte, dotata di un manico di legno, che si usa sulle navi per la pulizia dei ponti e del fasciame.

frettolóso [da *fretta*; a. 1313] **agg.** che ha fretta, che agisce con fretta spesso eccessiva: *sei stato frettoloso nel rifiutare quell'offerta* || che dimostra fretta, tipico di chi ha fretta: *un saluto frettoloso, evitiamo conclusioni frettolose* || **frettolosaménte** **avv.** || **N.** *Sin.* affannato, avventato, precipitoso, sommario, superficiale.

freudiàno (pr. [froi'djano]) [dal n. proprio Sigmund *Freud*; 1925] **I** **agg.** di S. Freud, fondatore della psicanalisi, e *per estens.* relativo alle sue teorie || interpretabile secondo le teorie di Freud o gen. secondo una teoria psicanalitica: *lapsus freudiano* **II** **sm.** (f. *-a*) seguace delle teorie di Freud (spec. in opposizione ad altre teorie psicanalitiche).

freudiṣmo (pr. [froi'dizmo]) [dal n. proprio Sigmund *Freud*; 1925] **sm.** il complesso delle teorie e dei metodi di Freud, fondatore della psicanalisi.

friàbile [dal lat. *friābilis*; 1499] **agg.** che con poca pressione si riduce facilmente in polvere o in briciole: *roccia friabile.*

friabilità [da *friabile*; a. 1712] **sf.** l'esser friabile.

fricandò [dal fr. *fricandeau*; 1747 *frigandò*] **sm.** **inv.** *T.cuc.* carne prima rosolata e poi cotta con salsa || *fig. fam. fare un fricandò*, combinare un pasticcio.

fricassèa [dal fr. *fricassée*; a. 1548 *fracassea*] **sf.** *T.cuc.* pietanza di carne fatta a piccoli pezzi e cotta con salsa d'uova e limone || *fig. fare una fricassea di una cosa*, ridurla a pezzi, in frammenti.

fricatìvo [dall'ingl. *fricative*; 1887] **agg.** e **sf.** *T.ling.* in fonetica, detto di qualunque consonante che si articoli mediante il restringimento del canale vocale, senza la sua completa occlusione, in modo che l'aria, nel passaggio, produca un rumore come di fruscìo (con caratteristiche diverse a seconda del punto di articolazione): *la* [f] *è una fricativa labiodentale sorda.* **TAV.** *fonetica...* 2.4.

fricchettàro [comp. dell'ingl. *freak* e dei suff. *-etto* e *-aro*; 1977] **agg.** e **sm.** (f. *-a*) *region. freak.*

fricchettóne [comp. dell'ingl. *freak* e dei suff. *-etto* e *-one*; 1977] **agg.** e **sm.** (f. *-a*) *spreg. scherz. freak* || *per estens.* giovane dall'atteggiamento balordo o strambo.

fridericiàno v. FEDERICIANO.

frigànea [dal gr. *phrýganon*, legno secco da bruciare, per l'aspetto delle larve; 1834] **sf.** *T.zool.* genere di insetti dei Tricotteri simili a piccole farfalle, le cui larve, acquatiche, si costruiscono una conchiglietta cilindrica nella quale compiono la metamorfosi.

friggere (pres. *friggo, friggi*; p.rem. *frìssi, friggésti*; pps. *fritto*) [lat. *frīgere*; a. 1320] **tr.** cuocere in padella nell'olio o in altro grasso bollente || *eufem. colloq. andare, mandare a farsi friggere*, alla malora || **intr.** (aus. *avere*) **1.** bollire, detto dell'olio o di altro grasso, con un lieve rumore prodotto dalle bollicine che scoppiano || *per estens.* sfrigolare, come fa il ferro rovente nell'acqua **2.** *fig.* detto di persone, essere impazienti, struggersi: *son qui che friggo, e lui non viene!*; *meno com. friggere di rabbia*, rodersi || **N.** **tr.** rosolare, soffriggere | **intr.** crepitare.

friggiménto [da *friggere*; a. 1943] **sm.** il friggere.

friggìo (pl. *-ìi*) [da *friggere*; a. 1712] **sm.** *non com.* il tipico rumore del grasso che frigge || **N.** *Sin.* sfrigolìo.

friggitóre [da *friggere*; 1765] **sm.** (f. *-trìce* o ant. *-tóra*) gestore di una friggitoria.

friggitorìa [da *friggere*; 1901] **sf.** bottega dove si preparano e vendono cibi fritti.

friggitrìce [da *friggere*; 1974] **sf.** *T.cuc.* recipiente per friggere, con cestello bucherellato estraibile, che serve a scolare le vivande fritte nell'olio.

frigidàrio (pl. *-ri*) [dal lat. *frigidārium*; a. 1502] **sm.** *T.arch.* camera del bagno freddo nelle terme romane.

frigidézza [da *frigido*; 1340] **sf.** **1.** *lett.* freddezza **2.** *non com.* frigidità.

frigidità [dal lat. tardo *frigiditas, -ātis*; 1306 nel senso 2] **sf.** **1.** *T.med.* nelle donne, incapacità di provare piacere sessuale, o almeno di raggiungere l'orgasmo **2.** *lett.* freddezza; apatia. **Q.T.** *psicologia.*

frìgido [dal lat. *frīgidus*; sec. XIII-XIV nel senso 2] **agg.** **1.** *T.med.* detto spec. di donne, insensibile agli stimoli sessuali, o perlomeno incapace di raggiungere l'orgasmo **2.** *lett. fig.* insensibile; apatico.

frìgio (pl. *-gi*) [dal lat. *phrygius*; inizio sec. XIV] **I** **agg.** della Frigia, regione dell'Asia minore || *lett.* troiano || *berretto frigio*, floscio, conico con la punta ripiegata sul davanti, adottato dai repubblicani francesi della Rivoluzione come simbolo di libertà || *T.mus. modo frigio*, uno dei modi della musica greca antica e di quella medievale **II** **sm.** **1.** (f. *-a*) abitante della Frigia **2.** (solo *sing.*) antica lingua indoeuropea parlata dai Frigi.

frignàre [voce onom.; a. 1850] **intr.** (aus. *avere*) detto spec. di bambini piccoli, piangere in modo continuo e fastidioso || *per estens.* lagnarsi, lamentarsi: *alla sua età frigna ancora per un nonnulla* || **N.** *Sin.* piagnucolare.

frignìo (pl. *-ìi*) [da *frignare*; 1887] **sm.** *raro* piagnucolio sommesso, ma insistente e lamentoso: *il frignio di un neonato.*

frignóne [da *frignare*; 1887] **agg.** e **sm.** (f. *-a*) chi frigna continuamente || **N.** *Sin.* piagnucolone.

frìgo [da *frigo(rifero)*; 1942] **sm.** **inv.** *colloq.* frigorifero.

frìgo- [dal lat. *frīgus, frīgoris*, freddo] **primo elem.** che, in parole composte della terminologia scientifica e di quella tecnica, vale "freddo" (per es. *frigoconservazione, frigoterapia*) || in alcune parole composte è abbr. di *frigorifero* (per es. *frigobar*).

frigobàr [comp. di *frigo-* e *bar*; 1971] **sm.** **inv.** mobile bar frigorifero, di piccole dimensioni, usato spec. nelle camere d'albergo.

frigoconservazióne [comp. di *frigo-* e *conservazione*; 1974] **sf.** insieme dei procedimenti che utilizzano il freddo per conservare alimenti o altre sostanze deperibili.

frigorìa [dal fr. *frigorie*; 1930] **sf.** *T.tecn.* unità di misura usata nella tecnica degli impianti frigoriferi per indicare la quantità di calore sottratta || **N.** caloria.

frigorìfero [comp. del lat. *frīgus, -oris*, freddo e *-fero*; 1834] **I** **agg.** che produce artificialmente un abbassamento della temperatura: *impianto frigorifero, cella frigorifera* **II** **sm.** impianto frigorifero domestico per la conservazione dei cibi a bassa temperatura. **Q.T.** *elettrodomestici* **TAV.** *elettrodomestici* 1; *arredamento* p. 650 1.1.

frigorìfico (pl. *-ci*) [comp. del lat. *frīgus, -oris*, freddo e *-fico*; 1937] **agg.** che provoca una sensazione di freddo || relativo al freddo prodotto in maniera artificiale || che utilizza le basse temperature prodotte artificialmente: *procedimento frigorifico.*

frigorìgeno [comp. del lat. *frīgus, -oris*, freddo e *-geno*; 1970] **agg.** che genera freddo: *fluido frigorigeno.*

frigorìsta [da *frigorifero*; 1950] **s.** tecnico specializzato nell'installazione e nella manutenzione di impianti frigoriferi.

frigoterapìa [comp. di *frigo-* e *terapia*; 1931] **sf.** *T.med.* cura basata sull'impiego del freddo || **N.** *Sin.* crioterapia.

frimàio (pl. *-ài*) [dal fr. *frimaire*; 1797] **sm.** *T.stor.* terzo mese del calendario repubblicano francese, che andava dal 20 novembre al 20 dicembre.

frìne [dal n. proprio *Frine*, famosa etera greca; 1834] **sf.** *lett.* cortigiana, prostituta.

fringe benefits (ingl., pr. ['frɪndʒ ˌbenəfɪts]) [lett. benefici di frangia; 1987] **loc. m. pl.** *T.econ.* remunerazione, consistente in benefici di varia natura (uso dell'automobile, pagamento di assicurazioni, borse di studio per i figli e sim.) che si aggiungono alla retribuzione principale spec. dei dirigenti di imprese private.

Fringìllidi (sing. *-e*) [comp. del lat. *fringĭlla* e *-idi*; 1951] **sm. pl.** *T.zool.* famiglia di Passeriformi composta da uccelli canori come il fringuello, il canarino, il cardellino.

fringuèllo (raro *filinguèllo*) [lat. tardo *fringuillus*; 1342] **sm.** uccello dei Passeracei, buon cantatore || *fig. cantare come un fringuello*, con gioia || *dim.* fringuellétto, fringuellino.

frinìre (pres. *-ìsco, -ìsci*) [lat. *fritinnīre*; a. 1556] **intr.** (aus. *avere*) emettere il rumore caratteristico della cicala: *la cicala friniva sugli ornelli* (Pascoli).

frinzèllo [dal fr. ant. *frenge*, frangia; 1869] **sm.** **1.** rammendo o cucitura mal fatta **2.** *fig.* cicatrice deturpante di ferite, bolle, piaghe e sim.: *ha la faccia tutta piena di frinzelli.*

friṣàre [dal fr. *friser*; 1889] **tr.** *T.gioc.* nel biliardo o nelle bocce, rasentare, toccandola lievemente da lato, la palla dell'avversario.

friṣàta [dal ven. *friso*, fregio; 1942] **sf.** *T.mar.* nella costruzione degli scafi delle navi, l'elemento che unisce, correndo sul fianco della murata, le parti superiori delle coste.

frisbee® (ingl., pr. ['frɪzbɪ]) [dal n. proprio J.P. *Frisbie*, inventore statunitense, con grafia distorta; 1971] **sm.** **inv.** disco di plastica col quale si gioca lanciandolo, prendendolo al volo e rilanciandolo con le mani || il gioco stesso: *giocare a frisbee.*

friscèllo [lat. volg. **froscellus*; 1340] **sm.** il fiore della farina che s'innalza nel mulino, durante la macinazione; spolvero.

frisé (fr., pr. [fri'ze]) [pps. di *friser*, arricciare; 1942] **agg.** **inv.** crespato, detto di capelli trattati in modo tale da essere resi crespi.

frìṣo [da *frisare*; 1887] **sm.** *T.gioc.* nel biliardo, tiro che sfiora appena la biglia dell'avversario: *colpire di friso.*

friṣóne[1] [dal n. geogr. *Frisia*, regione dei Paesi Bassi; 1313] **I** **agg.** della Frisia, regione che dà sul Mare del Nord || *cavallo frisone* (o *ass. sm. frisone*), cavallo da tiro o da lavoro, molto pregiato || *vacca frisona* (o *frisona, sf.*), mucca olandese dal manto nero pezzato **II** **sm.** **1.** (f. *-a*) abitante, nativo della Frisia || *per estens.* olandese **2.** (solo *sing.*) lingua del gruppo germanico occidentale, parlata in Frisia **3.** tipo di manto pesante, anticamente usato a Venezia.

frisóne[2] [dal lat. tardo *friso, frisōnis*; a. 1530] **sm.** frosone, frusone.

fritillària [dal lat. *fritillus*, bossolo per giocare ai dadi, per la forma dei fiori; a. 1725] **sf.** pianta erbacea delle Liliacee con fiori penduli a forma di campana di color arancio o screziato.

frìtta [da *fritto*; sec. XIV-XV] **sf.** **1.** impasto vetroso costituito da sabbia e soda, impiegato per la produzione dello smalto della maiolica **2.** *T.metal.* agglomerato di polveri metalliche ‖ **N. 1.** *Sin.* marzacotto.

frittàggio [da *fritta*; 1988] **sm.** processo di produzione del vetro mediante compressione o riscaldamento di polveri metalliche o ceramiche a una temperatura vicina a quella del punto di fusione ‖ **N.** *Sin.* sinterizzazione.

frittàta [da *friggere*; 1484] **sf.** vivanda d'uova sbattute e cotte in padella in olio o burro bollente, spesso con altri ingredienti (verdure, riso o altro) ‖ *scherz. far la frittata*, lasciar cadere le uova; *com. fig.* commettere un errore irreparabile; *fig. rigirare la frittata*, volgere un discorso o una situazione a proprio favore ‖ *dim.* frittatìna; *accr.* frittatóne (*sm.*), frittatóna. **Q.T.** *alimentazione.*

frittèlla [da *friggere*; sec. XIV] **sf.** **1.** cucchiaiata di pasta semiliquida, sola o ripiena, che si frigge in padella con olio o grasso: *fritelle di mele* **2.** *fig. fam.* macchia d'unto nel vestito ‖ *dim.* frittellétta, frittellìna; *accr.* frittellóne (*sm.*), frittellóna ‖ **N. 1.** *bigné, krapfen*, tortello.

frittellóne (*accr.* di *frittella*) [1869] **sm.** **1.** grossa frittella **2.** (f. *-a*) *non com.* chi abitualmente va in giro con vestiti macchiati.

frittellóso [da *frittella*; a. 1921] **agg.** *raro* pieno di macchie di unto.

fritto (*pps.* di *friggere*) [1353] **I agg.** preparato tramite cottura in olio o grasso bollente: *carciofi fritti* ‖ *fig. fam. esser fritto*, essere rovinato, perduto ‖ *fig. cose fritte e rifritte*, dette e ridette; *aria fritta*, chiacchiere vuote, senza sostanza **II sm.** pietanza cotta in padella nell'olio bollente e sim.: *un fritto di pesce, un fritto misto.*

frittùme [da *fritto*; metà sec. XIV] **sm.** *non com.* sgradevole quantità di cibi fritti.

frittùra [da *fritto*; 1499] **sf.** cottura in olio o altro grasso bollente ‖ *più com. concr.* pietanza di cibi fritti: *frittura di pesce* ‖ *fig. non com.* accozzaglia di cose o persone di poco pregio ‖ *dim.* fritturìna.

friulàno [dal n. geogr. *Friuli*; 1761] **I agg.** del Friuli **II sm.** **1.** (f. *-a*) abitante del Friuli **2.** (solo *sing.*) dialetto ladino parlato in Friuli.

frivoleggiàre (pres. *-éggio*) [da *frivolo*; a. 1883] **intr.** (aus. *avere*) *raro* dire o fare cose frivole: *ragazze che frivoleggiano.*

frivolézza [da *frivolo*; a. 1642] **sf.** l'essere frivolo ‖ *più com. concr.* discorso o comportamento poco serio o di scarso rilievo: *non perdiamoci in frivolezze.*

frìvolo [dal lat. *frīvolus*; 1338] **agg.** privo di serietà o importanza: *un comportamento, un discorso, un ambiente frivolo; una ragazza frivola*, leggera, superficiale ‖ **N.** *Sin.* fatuo, futile | *Contr.* serio.

frizionàle [da *frizione*; 1956] **agg.** **1.** *T.fis.* che si riferisce all'attrito marginale prodotto da determinati movimenti **2.** *T.econ.* detto della disoccupazione derivante da scarsa mobilità dei lavoratori da un luogo a un altro o da un'occupazione a un'altra.

frizionàre (pres. *-óno*) [da *frizione*; 1921] **tr.** massaggiare, fare una frizione: *frizionare vigorosamente i capelli.*

frizióne [dal lat. *frictio, -ōnis*; 1282 *frezione* nel senso 2] **sf.** **1.** massaggio, sfregamento: *una frizione di alcol* ‖ *per estens.* liquido con cui si esegue il massaggio: *una frizione per capelli* **2.** *T.tecn.* attrito radente tra due corpi in movimento relativo ‖ *in part. innesto a frizione* (e più com. ass., *frizione*), congegno meccanico dei veicoli a motore che consente di innestare e disinnestare l'albero motore dall'albero di trasmissione, permettendo i cambi di marcia; *per estens.* il pedale o la leva che comanda tale congegno: *schiaccia bene la frizione* **3.** *fig.* dissidio, tensione: *si sono acuite le frizioni tra i partiti della coalizione.* **Q.T.** *automobile, motocicletta* **TAV. *automobile*** **p. 658** 3.19.

frizzànte (*ppr.* di *frizzare*) [1544] **agg.** **1.** detto di vino, acqua minerale e sim., che dà una sensazione di solletico al palato per il gas disciolto che vi è naturalmente presente o viene aggiunto ‖ detto di vento e sim., pungente: *l'aria frizzante del mattino* **2.** *fig.* mordace, pungente: *battuta, comicità frizzante* ‖ **N. 1.** effervescente, gassato **2.** arguto, brillante.

frizzàre [lat. volg. **frictiāre*; a. 1597] **intr.** (aus. *avere* ed *essere*) **1.** detto di bibite, solleticare il palato: *un vino che frizza un po' troppo* ‖ dare la sensazione di molte e sottili punture: *quest'aceto mi fa frizzare la ferita* **2.** detto del ferro rovente immerso in acqua, sfrigolare **3.** *fig. non com.* detto di motti di spirito e sim., essere pungente ‖ **N. 1.** *Sin.* pizzicare.

frizzo [da *frizzare*; 1726] **sm.** battuta pungente e maliziosa ‖ **N.** *Sin.* arguzia, motteggio.

fròcio (pl. *-ci*) [etim. inc.; 1955] **sm.** *gerg. rom.* maschio omosessuale.

fròda [lat. *fraus, fraudis*; sec. XIV] **sf.** *arc.* frode, inganno.

frodàbile [da *frodare*; 1931] **agg.** che si può frodare.

frodàre (pres. *fròdo*) [lat. *fraudāre*; a. 1292] **tr.** **1.** sottrarre con l'inganno: *frodare il fisco di una somma ingente* (o *frodare una somma ingente al fisco*) **2.** ingannare qualcuno: *frodare gli acquirenti* ‖ **N. 1.** *Sin.* derubare, defraudare **2.** *Sin.* imbrogliare, truffare.

frodatóre [lat. *fraudātor, -ōris*; sec. XIII] **sm.** (f. *-trìce*) chi commette frodi ‖ **N.** *Sin.* truffatore.

fròde [lat. *fraus, fraudis*; a. 1294] **sf.** *T.giur.* atto o comportamento diretto a ingannare una persona o un ente per trarne un guadagno illecito: *frode alimentare*, falsificazione di un prodotto mediante ingredienti non previsti a norma di legge; *frode fiscale*, falsificazione nella denuncia dei redditi per sottrarsi al pagamento di una parte delle tasse ‖ *lett.* inganno, raggiro ‖ **N.** *Sin.* elusione, evasione, sofisticazione, truffa. **Q.T.** *diritto.*

fròdo [da *frodare*; a. 1367] **sm.** evasione all'obbligo di pagamento di un'imposta; è freq. nella loc. agg. *di frodo*, illegale: *merci di frodo*, di contrabbando; *cacciatore, pescatore di frodo*, che caccia o pesca senza licenza, oppure in luogo, tempo o con metodi proibiti ‖ **N.** bracconiere, contrabbando.

frodolènto e der. forme ant. di FRAUDOLENTO e der. (v.).

froebeliàno (pr. [frøbe'ljano]) [dal n. proprio F.W.A. *Fröbel*, pedagogista tedesco; a. 1907] **agg.** detto di metodo pedagogico che si attiene agli insegnamenti di F. Fröbel, fondato sulla concezione del gioco come lavoro.

frògia (pl. *-ge* o *-gie*) [etim. inc.; 1525] **sf.** la narice del cavallo, e spec. la sua estremità carnosa.

frollaménto [da *frollare*; a. 1698] **sm.** il frollare.

frollàre (pres. *fròllo*) [da *frollo*; a. 1597] **tr.** rif. a carne, spec. di animali selvatici, tenere a riposo per qualche tempo dopo la morte dell'animale per rendere la carne più morbida e saporita: *frollare una lepre* ‖ **intr.** (aus. *essere*) perdere la durezza e l'eccessivo odore di selvatico con una breve stagionatura: *il fagiano deve frollare qualche giorno.*

frollatùra [da *frollare*; 1891] **sf.** il lasciar frollare ‖ periodo di tempo in cui le carni sono lasciate a frollare.

frollìno [da *frollo*; 1963 *frollina*] **sm.** biscotto di pasta frolla.

fròllo [etim. inc.; a. 1468] **agg.** **1.** detto di carne (spec. selvaggina), lasciata stagionare per qualche tempo perché diventi più tenera e saporita ‖ *fig. raro* molle, snervato **2.** *pasta frolla*, pasta di farina, uova, zucchero e burro, molto friabile ‖ *fig. uomo di pastafrolla*, debole nel fisico o nel carattere.

frómba [da *frombola*; prima metà sec. XIV] **sf.** *lett.* frombola.

frómbola [forse sovrapposizione di *fionda* a un ant. *rombola*, fionda; inizio sec. XIV] **sf.** fionda.

frombolàre (pres. *frómbolo*) [da *frombola*; a. 1470] **intr.** (aus. *avere*) *lett.* tirare con la frombola ‖ **tr.** *lett.* scagliare con forza, come con una frombola.

frombolière [da *frombola*; sec. XIV] **sm.** soldato armato di frombola: *un ottimo fromboliere* ‖ *fig. T.sport.* nel gergo calcistico, giocatore molto efficace e potente nel tiro a rete.

fromentìno [da *fromento*, var. arc. di *frumento*; 1956] **agg.** detto del manto di alcuni bovini, color biondo dorato.

frónda[1] [lat. *frons, frondis*; a. 1290] **sf.** **1.** ramoscello con foglie: *una corona di fronde di alloro* ‖ *più com. pl.* l'intera chioma di un albero: *un nido nascosto tra le fronde* **2.** *pl. non com.* elementi ornamentali o abbellimenti letterari ridondanti ‖ **N. 1.** *Sin.* frasca.

frónda[2] [dal fr. *fronde*, fronda; 1655] **sf.** **1.** *T.stor.* nome di un partito politico francese della metà del Seicento che insorse contro Mazarino **2.** *per estens.* movimento di opposizione all'interno di un'organizzazione o istituzione politica, che non si manifesta apertamente, ma agisce con manovre sotterranee e di corridoio; *vento di fronda*, aria di ribellione, di opposizione.

frondàio (pl. *-ài*) [da *fronda*[1]; a. 1903] **sm.** *lett.* mucchio di foglie secche, accumulate dal vento: *le crinelle empite ne' frondai* (Pascoli).

frondeggiànte (*ppr.* di *frondeggiare*) [a. 1617] **agg.** *lett.* frondoso.

frondeggiàre (pres. *-éggio*) [da *fronda*[1]; a. 1585] **intr.** (aus. *avere*) *lett.* essere ricoperto di fronde.

frondènte [dal lat. *frondens, -ĕntis*; prima metà sec. XIV] **agg.** *lett. raro* frondoso: *il frondente colonnato degli agili tronchi* (Carducci).

frondìfero [dal lat. *frondiferus*; sec. XIV] **agg.** *lett.* che produce fronde, che ha fronde, frondoso, fronzuto.

frondìre (pres. *-ìsco, -ìsci*) [dal lat. *frondēre*; a. 1257] **intr.** (aus. *avere*) *raro* frondeggiare, metter fronde.

frondista [da *fronda*[2]; 1905] **s.** **1.** *T.stor.* appartenente al movimento della Fronda **2.** oppositore politico che agisce al coperto e dall'interno di un movimento.

frondosità [da *frondoso*; 1846] **sf.** *lett.* abbondanza di fogliame ‖ *fig. non com.* abbondanza esagerata di ornamenti vani in qualche opera d'arte.

frondóso [lat. *frondōsus*; sec. XIII-XIV] **agg.** detto di albero, carico di fronde ‖ *fig. non com.* detto di stile, carico di ornamenti e povero di concetti ‖ **N.** *Sin.* fronzuto, ramoso.

fronduto [da *fronda*[1]; sec. XIII] **agg.** *lett. ant.* fronzuto.

frónt [da *fronte*; 1942] *T.mil.* e *T.sport.* comando, impartito a militari e ginnasti, di voltarsi verso la parte indicata: *dietro front!, fronte destr! front!*

frontàle[1] [lat. tardo *frontālis*; a. 1400] **agg.** **1.** *T.anat.* della fronte: *osso frontale* **2.** che si trova dalla parte anteriore di qualcosa, che si trova di fronte a un osservatore: *morena fron-*

tale di un ghiacciaio, lato frontale di un edificio || disposto con la fronte rivolta all'osservatore: *figura, fotografia frontale*; *attacco frontale*, contro la fronte dello schieramento nemico || *scontro frontale*, tra due veicoli che cozzano l'un contro l'altro nelle loro parti anteriori (quindi in gen. con velocità relativa particolarmente alta); anche *fig.* contrasto o conflitto violento, senza possibilità di mediazione || **frontalménte** *avv.* di fronte. **TAV. *anatomia* p. 641** 1.2 e **p. 642** 6.1.

frontàle² [dal lat. *frontāle*; a. 1406] **sm.** **1.** parte anteriore o rivolta verso chi osserva: *il frontale della chiesa* **2.** antico ornamento costituito da un cerchio di metallo prezioso che cingeva la fronte e fermava i capelli **3.** parte della briglia che passa sulla fronte del cavallo. **TAV.** *finimenti* 3.2, 5.2; ***carri...* p. 664** 10.4.

frontalière o **frontalièro** [dal fr. *frontalier*, dal prov. *frountalié*, limitrofo; 1963] **agg.** e **sm.** (f. *-a*) abitante in una zona di confine che lavora come pendolare oltre la frontiera.

frontalìno (*dim.* di *frontale²*) [1965] **sm.** *T.arch.* la parte dello scalino che sorregge la pedata.

frónte [lat. *frons, frontis*; inizio sec. XIII] **sf.** **1.** (arc. anche *sm.*) la parte della faccia compresa tra le sopracciglia e i capelli: *fronte bassa, spaziosa, solcata da rughe profonde, madida di sudore*; *bacio in fronte* || *non com.* l'aspetto del viso come espressione di uno stato d'animo: *fronte altera, turbata*; *andare a fronte alta*, non aver nulla di cui vergognarsi **2.** *per estens.* la parte anteriore, rivolta verso chi guarda: *la fronte di un palazzo*; *fronte di un ghiacciaio*, la parte terminale (a valle) della lingua || il lato anteriore di una formazione militare o ginnastica disposta su più righe; nei comandi militari *fronte a dest', dietro front*, la parte anteriore del corpo || *T.mar.* sulle navi da guerra, la zona dove sono collocate le armi di bordo **3.** *T.metr.* nella canzone antica o petrarchesca, la prima delle tre parti in cui è divisa la strofa || **sm.** **1.** *T.mil.* lo schieramento delle truppe a contatto col nemico: *la linea del fronte, il fronte occidentale*; *andare, mandare al fronte*; *combattere su due fronti*, anche *fig.*, dover fronteggiare critiche o difficoltà di segno opposto || *fig.* raggruppamento o coalizione di forze politiche, sociali e sim. per il conseguimento di uno scopo comune: *fronte democratico, patriottico*; *fronte popolare*, coalizione di diversi partiti della sinistra in vari momenti della storia politica italiana e francese; nella loc. *fare fronte a qualcosa*, resistere con successo, affrontare con decisione: *far fronte alle avversità, a un imprevisto*; *fare fronte a un impegno*, mantenerlo || *T.meteor.* superficie di separazione tra masse d'aria con caratteristiche di temperatura e umidità diverse || *T.fis.* *fronte d'onda*, luogo dei punti che vibrano in concordanza di fase **2.** loc. avv. *di fronte* (e loc. prep. *di fronte a*), davanti: *me lo sono trovato di fronte all'improvviso, la casa di fronte alla chiesa*; anche *fig.*, in presenza di: *di fronte a una richiesta così esplicita non ho potuto rifiutare*; anche loc. agg.: *il negozio di fronte* || loc. avv. *a fronte* (e meno com. loc. prep. *a fronte di*) di rimpetto, a confronto: *mettere a fronte due testimoni, a fronte di un comportamento simile la mia reazione è stata fin troppo blanda*; *traduzione con testo a fronte*, con l'originale nella pagina accanto || loc. avv. *in fronte* (e loc. prep. *in fronte a*), sul davanti: *in fronte al libro*, sulla copertina || *dim.* fronticìna; *accr.* frontóna (nel senso 1) || **N.** **sf.** **1.** aggrottare, corrugare, increspare | bernoccolo, grinza, ruga **2.** *Sin.* facciata | *Contr.* retro. **TAV. *meteorologia* p. 1321** 10.5, 10.7.

fronteggiàre (pres. *-éggio*) [da *fronte*; 1313] **tr.** **1.** opporsi efficacemente a un attacco o a un pericolo; resistere a un'avversità: *fronteggiare il nemico, essere in grado di fronteggiare ogni esperienza* **2.** trovarsi di fronte: *la casa che fronteggia il monumento* || **rifl. rec.** affrontarsi, contrastarsi: *i due contendenti si fronteggiarono a lungo* || **N.** **1.** *Sin.* affrontare, contrastare, sostenere, tener testa a.

frontespìzio (meno com. *frontispìzio*) (pl. *-zi*) [lat. tardo *frontispicium*; fine sec. XIII *frontispiçio* nel senso 2] **sm.** **1.** la prima pagina di un libro, dove sono di norma indicati il titolo, l'autore e l'editore **2.** *ant.* frontone; timpano. **TAV. *tipografia* p. 1337** 11.4.

frontièra [dal fr. *frontière*; sec. XIII] **sf.** linea di confine che delimita uno stato: *passare, varcare la frontiera*; *incidenti di frontiera*, scontri di lieve entità al confine tra due stati || *fig.* limite, separazione: *la frontiera tra il bene e il male* || **N.** *Sin.* CONFINE; discrimine.

frontino [da *fronte*; 1869] **sm.** **1.** *T.teatr.* piccola parrucca a frangetta che copre la stempiatura, usata dagli attori **2.** colpo dato sulla fronte col palmo della mano.

frontismo [da *fronte*; 1951] **sm.** *T.pol.* tendenza di alcuni partiti, spec. di quelli di sinistra, a presentarsi uniti alle elezioni o a elaborare e sostenere un programma comune.

frontispìzio v. FRONTESPIZIO.

frontista [da *fronte*; a. 1835 nel senso 2] **I** **s.** **1.** *T.pol.* chi è favorevole a una stretta intesa elettorale o di programma tra due o più partiti **2.** *T.giur.* chi possiede case o poderi che fronteggiano un fiume o una strada **II** **agg.** *T.pol.* favorevole al frontismo: *politica frontista*.

frontóne [da *fronte*; a. 1475] **sm.** *T.arch.* ornamento architettonico, di forma perlopiù triangolare o ad arco ribassato, che si pone a finimento di un edificio, o sopra le porte, finestre e sim. || **N.** *Sin.* timpano. **TAV. *architettura* p. 646** 3.4, 9.6.

frónza [lat. volg. **frondia*; sec. XV] **sf.** **1.** *ant.* le prime foglie verdeggianti del grano **2.** *arc.* fronda.

fronzire (pres. *-ìsco, -ìsci*) [da *fronza*; a. 1356] **intr.** (aus. *avere*) *ant.* frondeggiare.

frónzolo [da *fronza*; 1625] **sm.** ornamento superfluo dell'abbigliamento || *fig.* ornamento inutile in un discorso, dettaglio irrilevante e sim.: *raccontami tutto in breve e senza tanti fronzoli*.

fronzùto [da *fronza*; fine sec. XIII] **agg.** *lett.* ricco di fronde, frondoso; ricco di foglie.

frosóne v. FRUSONE.

fròtta [dal fr. ant. *flotte*; 1344] **sf.** gruppo di persone in movimento disordinato: *frotte di ragazzi accorrevano da ogni parte* || nelle loc. avv. *a frotte* e, meno com., *in frotta*, in gruppi e in gran numero || **N.** FOLLA.

frottage (fr., pr. [frɔ'ta:ʒ]) [letter. strofinamento; 1966] **sm.** *inv.* *T.pitt.* procedimento adottato da M. Ernst nel 1925, consistente nello strofinare la matita su un foglio appoggiato su una superficie irregolare, in modo da ottenere una figura casuale, secondo il principio surrealista della scrittura automatica.

fròttola [da *frotta*; inizio sec. XIV nel senso 2] **sf.** **1.** affermazione inventata e infondata **2.** *T.lett.* canzone popolare e scherzosa, dove pensieri e fatti bizzarri si affastellano senza nesso, in metro irregolare **3.** *T.mus.* composizione musicale, perlopiù a quattro voci, di genere popolaresco, fiorita in Italia nel sec. XV e seg. || **N.** **1.** *Sin.* bugia, fandonia **3.** madrigale, strambotto, villanella, villotta.

frottolóne [da *frottola*; 1887] **agg.** e **sm.** (f. *-a*) che, chi racconta spesso frottole || **N.** *Sin.* bugiardo, fanfarone.

frou-frou (pr. [fru'fru]) v. la forma italianizzata FRU FRU.

fru fru [dal fr. *frou-frou*; 1768] **I** voce onom. che riproduce il fruscìo delle vesti, delle ali e sim. **II** **sm.** *inv.* **1.** fruscìo **2.** *pl.* *disus.* ornamenti femminili svolazzanti (nastri, pizzi e sim.) **III** **agg.** *inv.* (sempre posposto) *scherz.* svolazzante, leggero, vezzoso: *una ragazza un po' fru fru*.

frugacchiàre (pres. *-àcchio*) [da *frugare*; seconda metà sec. XV] **intr.** (aus. *avere*) *non com.* andar frugando qua e là.

frugàle [dal lat. *frugālis*; sec. XIV] **agg.** sobrio, spec. nel mangiare: *un uomo frugale, abitudini frugali* || detto di cibi, modesto, semplice e senza pretese: *una colazione frugale* || **frugalménte** *avv.* || **N.** *Sin.* misurato, parco.

frugalità [dal lat. *frūgālitās, -ātis*; sec. XIV] **sf.** l'esser frugale || **N.** *Sin.* sobrietà.

frugàre (pres. *frùgo, frùghi*) [lat. volg. **furicāre*; 1313 nel senso 2] **intr.** (aus. *avere*) cercare affannosamente mettendo in disordine ogni cosa: *è inutile frugare a caso nei cassetti, non troverai nulla* || **tr.** **1.** rovistare accuratamente per cercare qualcosa: *frugare una stanza*; rif. a persona, perquisire || *fig.* *frugare uno con lo sguardo*, esaminarlo minutamente, scrutarlo come per leggergli nell'animo **2.** *arc.* tormentare: *la rigida giustizia che mi fruga* (Dante) || **N.** **intr.** CERCARE.

frugàta [da *frugare*; a. 1597] **sf.** ricerca sommaria e confusa || *dim.* frugatìna.

frugatóio (pl. *-ói*) [da *frugare*; a. 1400] **sm.** *T.pesc.* pertica usata dai pescatori per frugare il fondo di uno specchio d'acqua e mandare in tal modo i pesci verso la rete.

frugìfero [dal lat. *frugifer*; sec. XIV] **agg.** *lett.* che produce messi e frutti.

frugìvoro [comp. del lat. *frux, frugis* e *-voro*; 1743] **agg.** *T.zool.* di animale, che si pasce di prodotti della terra.

frugnolàre (pres. *frùgnolo*) [da *frugnolo*; 1618] **intr.** (aus. *avere*) *tosc.* andare a caccia o a pesca col frugnolo || *fig.* cercare con la lanterna cose o persone proiettando la luce in faccia alla gente.

frugnòlo [lat. volg. **furneolus*; 1484] **sm.** *tosc.* fanale a riverbero per pesca e caccia notturna.

frugolàre (pres. *frùgolo*) [da *frugare*; a. 1525] **intr.** (aus. *avere*) *non com.* **1.** andar frugando qua e là **2.** detto del maiale, grufolare.

frùgolo [forse da avvicinare a *frugare*; a. 1525] **sm.** (f. *-a*) bambino vivace e simpatico; più com. nelle forme dei dim. || *dim.* frugolino, frugolétto.

fruìbile [da *fruire*; fine sec. XVI] **agg.** di cui si può fruire, godibile.

fruibilità [da *fruibile*; 1973] **sf.** la possibilità di essere goduto, fruito: *la fruibilità di un diritto*.

fruire (pres. *-ìsco, -ìsci*) [lat. volg. **fruīre*; a. 1294] **intr.** (aus. *avere*) **1.** disporre di qualcosa: *fruire di una convenzione* || avere diritto a: *fruire di un trattamento privilegiato* **2.** *fruire di un'opera d'arte*, esserne in qualche modo l'utente, in quanto spettatore, ascoltatore o lettore || **tr.** *non com.* godere: *fruire le gioie della vita* || **N.** **intr.** **1.** *Sin.* avvalersi, giovarsi, godere.

fruitóre [da *fruire*; 1965 nel senso 2] **sm.** (f. *-trice*) **1.** chi fruisce di qualcosa (un bene, un diritto, un servizio): *fruitore di una rendita, di un servizio pubblico, di un prodotto* **2.** chi recepisce e interpreta un prodotto artistico o letterario: *buffo personaggio questo fruitore, il quale, senza sforzi, si sostituisce all'autore e crea, lui, l'opera d'arte* (Montale) || **N.** **1.** *Sin.* beneficiario, utente.

fruizióne [dal lat. tardo *fuitio, -ōnis*; a. 1342] **sf.** il fruire: *la fruizione di un'opera d'arte*.

frullàna [metatesi pop. di *furlana*; 1803] **sf.** falce fienaia.

frullàre [voce onom.; a. 1367] **intr.** (aus. *avere*) **1.** fare il rumore degli uccelli quando si levano in volo **2.** girare rapidamente intorno al proprio asse: *ruota che frulla* || *fig.* *gli frullano strane idee in testa*, gli si agitano nella mente; *far frullare uno*, farlo rigar dritto || ***tr.*** sbattere, agitare col frullino o col frullatore: *frullare le uova, la panna.*

frullàto (*pps.* di *frullare*) [1941] ***sm.*** bibita preparata frullando ghiaccio, pezzi di frutta e latte || **N.** *frappé.*

frullatóre [da *frullare*; 1959] ***sm.*** apparecchio elettrico per frullare frutta, uova e altro.

frullino [da *frullare*; 1798] ***sm.*** **1.** utensile da cucina usato per sbattere uova, creme e sim., dotato di parti dentate che si immergono nelle sostanze da frullare e si fanno ruotare su se stesse mediante una manovella || analogo apparecchio elettrico, detto più com. *frullatore* **2.** *T.zool.* uccello simile al beccaccino **3.** *T.carr.* cilindretto girevole che serve per far scorrere il vetro negli sportelli delle carrozze.

frullìo (pl. *-ìi*) [da *frullare*; 1887] ***sm.*** un frullare continuato.

frùllo [da *frullare*; 1612] ***sm.*** il rumore dello sbatter d'ali degli uccelli || nella loc. *a frullo*: *sparare a frullo*, mentre gli uccelli si levano in volo; *fig. capire a frullo*, subito, al volo.

frullóne [da *frullare*; a. 1601] ***sm.*** **1.** arnese per separare la farina dalla crusca **2.** *ant.* specie di carrozza || *dim.* frulloncino || **N. 1.** *Sin.* buratto.

frumentàceo [dal lat. tardo *frumentaceus*, da *frūmentum*; 1759] ***agg.*** *non com.* che produce frumento: *piante frumentacee.*

frumentàrio (pl. *-ri*) [dal lat. *frumentārius*; a. 1547] **I *agg.*** del frumento: *commercio frumentario* || *nave frumentaria*, nell'antica Roma, usata per il trasporto del frumento **II *sm.*** *T.stor.* nell'antica Roma, soldato addetto al vettovagliamento.

fruménto [lat. *frumentum*; a. 1292] ***sm.*** grano || *per estens.* il frutto del frumento, cariosside || *pl. i frumenti*, ogni genere di granaglie.

frumentóne [da *frumento*; a. 1566] ***sm.*** *non com.* granoturco.

frusciàre (pres. *frùscio*) [voce onom.; a. 1742] ***intr.*** (aus. *avere*) fare un fruscìo.

frusciò (pl. *-ìi*) [da *frusciare*; a. 1729] ***sm.*** rumore di vesti che si muovono, di frasche smosse, di acque scorrenti o sim.

frùscolo [lat. tardo *frustulum*, pezzetto, con probabile influsso di *bruscolo*; 1340] ***sm.*** *non com.* ramoscello secco, fuscello.

fruṣinàte [dal lat. *Frusinas, -atis*; 1860] **I *agg.*** di Frosinone **II *s.*** abitante, nativo di Frosinone.

fruṣóne o **froṣóne** [lat. tardo *frisio, -ōnis*, della Frisia; 1336 ca.] ***sm.*** uccello dei Fringillidi, con grosso becco conico.

frùsta [da *frustare*; sec. XIV] ***sf.*** **1.** bacchetta con una cordicella in cima, che serve per incitare i cavalli: *schioccare la frusta* || analogo strumento usato in passato sull'uomo per punizione o tortura; oggi ricorre in alcune espr. per indicare punizione, severa disciplina e sim.: *qui ci vorrebbe la frusta* || *mettere alla frusta qualcuno*, sollecitarlo con metodi energici a dare il meglio di sé **2.** arnese da cucina, formato di uno o più fili in lega metallica piegati ad arco e ricongiunti a un manico; serve per montar la panna, il bianco d'uovo e sim. || *dim.* frustino (*sm.*); *accr.* frustóne (*sm.*) || **N. 1.** *Sin.* scudiscio, sferza, staffile; disciplina, flagello, gatto a nove code, *knut*, nerbo; PARTI: codetta, manico, sverzino o mozzone.

frustàgno ***sm.*** *disus.* V. FUSTAGNO.

frustàio (pl. *-ài*) [da *frustare*; 1869] ***sm.*** (f. *-a*) *non com.* chi fa o vende fruste.

frustàre [lat. tardo *fustāre*, bastonare; a. 1288] ***tr.*** percuotere con la frusta: *frustare il cavallo, frustare a sangue* || *fig.* censurare aspramente || **N.** *Sin.* scudisciare, sferzare.

frustàta [da *frustare*; fine sec. XIII] ***sf.*** colpo dato con la frusta || sensazione dolorosa simile al colpo di frusta || *fig.* sollecitazione energica, stimolo; *le sue parole sono state una frustata per me* || *fig.* censura severa || *dim.* frustatina.

frustatóre [da *frustare*; 1313] ***agg.*** e ***sm.*** (f. *-trice*) che o chi frusta: *critica frustatrice.*

frustatùra [da *frustare*; 1612] ***sf.*** *non com.* l'atto del frustare ripetutamente.

frustino (*dim.* di *frusta*) [1781] ***sm.*** bastoncino flessibile, spesso ricoperto di pelle e terminato da una strisciolina di pelle piegata a occhio, usato da chi va a cavallo per incitare l'animale.

frùsto[1] [dal lat. *frustum*; 1321] ***sm.*** *arc.* piccolo pezzo, brandello, boccone: *mendicando sua vita a frusto a frusto* (Dante).

frùsto[2] [pps. contratto di un ant. *frustare*, consumare; 1524] ***agg.*** detto spec. di panni, logoro, quasi consumato: *un cappotto frusto* || *fig. non com. una battuta frusta*, troppe volte ripetuta, trita, scontata || **N.** *Sin.* consunto, liso.

frustràneo [dal lat. *frustra*, invano; a. 1568] ***agg.*** *raro* vano, inutile.

frustràre [dal lat. *frustrāre*; a. 1420] ***tr.*** **1.** mandare a vuoto, rendere inutile, senza effetto: *frustrare un tentativo, un progetto* || deludere: *ha frustrato ogni mia speranza* **2.** indurre in qualcuno uno stato di frustrazione.

frustràto (*pps.* di *frustrare*) [a. 1363] **I *agg.*** che è in uno stato di frustrazione || vanificato: *un'aspirazione frustrata* **II *sm.*** (f. *-a*) chi si trova in uno stato di abbattimento dovuto a una frustrazione.

frustrazióne [dal lat. *frustrātio, -ōnis*; 1950] ***sf.*** *T.psican.* stato di profondo abbattimento che nasce in seguito al mancato o inibito soddisfacimento di un bisogno || *per estens. com.* stato di profonda depressione conseguente a ripetute delusioni, a umiliazioni, o al mancato superamento di certe difficoltà; e anche ciò che produce un tale stato: *questo lavoro è una frustrazione perpetua.* **Q.T.** *psicanalisi, psicologia.*

frutescènte [dal lat. tardo *frutescens, -entis*; 1956] ***agg.*** *T.bot. pianta frutescente*, arbusto.

frùtice [dal lat. *frutex, -ticis*, arbusto; 1485 ca.] ***sm.*** *T.bot.* pianta perenne, legnosa, ramificata sin dalla base, e di non grande altezza.

fruticéto [dal lat. *fruticētum*; 1887] ***sm.*** *T.bot.* luogo dove crescono molti arbusti || **N.** *Sin.* boscaglia, macchia.

fruticóso [da *frutice*; 1563] ***agg.*** *T.bot.* che ha natura di frutice: *pianta fruticosa*, arbusto.

frùtta [lat. tardo *fructa*, class. *fructum*; 1282] ***sf.*** (com. *sing.*, *disus.* il pl. *le frutte*) nome collettivo dei frutti commestibili: *frutta fresca, matura, acerba, di stagione, sciroppata, candita; succo di frutta, gelato alla frutta* || *frutta secca*, quella con guscio legnoso (noci, nocciole, mandorle, arachidi ecc.) || *fig. essere alla frutta*, essere alla fine (della vita, di un'esperienza ecc.) || per il pl. *le frutta*, V. FRUTTO. **Q.T.** *alimentazione.*

fruttàio (pl. *-ài*) [lat. *fructuārius*, dei frutti; a. 1826] ***sm.*** *non com.* locale dove si conservano i frutti raccolti.

fruttaiòlo [da *frutta*; fine sec. XV] ***sm.*** (f. *-a*) *non com.* fruttivendolo.

fruttàre [da *frutto*; a. 1292] ***tr.*** rendere: *quel libro gli frutta molti soldi*; anche *ass.*: *un lavoro che gli frutta bene* || *fig.* produrre un risultato positivo: *un'esperienza che mi ha fruttato molto* || ***intr.*** (aus. *avere*) *non com.* detto di piante, produrre frutti, fruttificare.

fruttàto (*pps.* di *fruttare*) [a. 1571 come agg. nel senso 2] **I *sm.*** **1.** *T.econ.* rendita di un capitale **2.** *T.agr.* il complesso dei frutti prodotti da un albero, un campo e sim. **II *agg.*** **1.** *T.enol.* detto di vino o vitigno che abbia il sapore di frutta **2.** *non com.* piantato ad alberi da frutto.

fruttescènza [dal lat. tardo *fructescens, fructescentis*, ppr. di *fructescere*, iniziare a mettere frutti; 1920] ***sf.*** *T.bot.* *raro* raggruppamento naturale dei frutti derivati da un'infiorescenza, talvolta uniti in modo da sembrare un frutto unico || **N.** *Sin.* infruttescenza.

fruttéto [dal lat. tardo *fructētum*; 1770] ***sm.*** luogo piantato ad alberi da frutto.

frutticolo [da *frutto*; 1955] ***agg.*** che si riferisce alle piante da frutto o alla frutta: *mercato frutticolo.*

frutticoltóre o **frutticultóre** [comp. di *frutto* e *coltore*; 1881] ***sm.*** (f. *-trice*) chi coltiva alberi da frutto || **N.** ortolano.

frutticoltùra o **frutticultùra** [comp. di *frutto* e *coltura*; 1877] ***sf.*** la coltivazione degli alberi da frutto || parte della scienza agraria che si occupa degli alberi da frutti.

fruttidòro [comp. di *frutto* e gr. *dôron*, dono, sul modello del fr. *fructidor*; 1796] ***sm.*** *T.stor.* il dodicesimo mese del calendario repubblicano francese, dal 18 agosto al 16 settembre.

fruttièra [da *frutto*; 1598] ***sf.*** vassoio per portare o mettere la frutta a tavola.

fruttìfero [dal lat. *fructifer, -eri*; 1308] ***agg.*** **1.** che ha frutto: *albero fruttifero* **2.** *fig.* che dà una rendita: *capitale fruttifero* || *meno com.* fruttuoso: *è stato un viaggio fruttifero* || **N. 2.** *Sin.* redditizio.

fruttificàre (pres. *-ìfico, -ìfichi*) [dal lat. *fructificāre*; a. 1294] ***intr.*** (aus. *avere*) produrre frutti: *molte piante fruttificano in estate* || anche *fig.*: *ho messo i miei risparmi a fruttificare.*

fruttificazióne [da *fruttificare*; a. 1320] ***sf.*** il fruttificare.

fruttìfico (pl. *-ci*) [dal lat. *fructificus*; a. 1320] ***agg.*** *raro* fruttifero.

fruttino (*dim.* di *frutto*) [1973] ***sm.*** **1.** confezione di marmellata solida alla frutta, in cubetto **2.** porzione imbottigliata di succo di frutta **3.** caramella zuccherosa al gusto di frutta || gelatina di frutta.

fruttivéndolo [comp. di *frutto* e *-vendolo*; 1829] ***sm.*** (f. *-a*) negoziante che vende frutta o verdura.

fruttìvoro [comp. di *frutto* e *-voro*; a. 1730] ***agg.*** *non com.* che si nutre di frutti.

frùtto (pl. m. *frùtti*; pl. f. *le frùtta* solo nel senso collettivo e detto frutti commestibili) [lat. *fructum*; 1224 ca. nel senso 2] ***sm.*** **1.** *T.bot.* nelle piante fanerogame, l'ovario modificato dopo la fecondazione, che contiene i semi fino a maturazione, e infine li libera o si stacca insieme a essi dalla pianta || *frutto secco, carnoso*, a seconda della percentuale d'acqua che contiene; *falso frutto*, derivato non dall'ovario ma da altre parti del fiore; *frutto deiscente*, che si apre spontaneamente quando i semi sono maturi || nel linguaggio com., indica spec. qualunque frutto o falso frutto commestibile, gen. dolce, che si possa consumare crudo: *alberi da frutto, frutto di stagione* || *fig. frutto proibito*, qualunque cosa che diventi tanto più desiderata proprio perché è proibita || *fig. saper cogliere il frutto quand'è maturo*, saper cogliere un'occasione al momento più opportuno **2.** *per estens.* qualunque prodotto della terra || *per estens.* prodotto in genere: *vivere dei frutti del proprio lavoro* || prole: *benedetto il frutto del seno tuo* (nell'*Ave Maria*); *eufem. frutto dell'amore*, figlio illegittimo || *frutti di mare*, nome generico di alcuni animali marini commestibili, spec. di quelli che vivono attaccati agli scogli o al fondo (cozze, ricci ecc.) **3.** risultato, conseguenza: *ecco i frutti di un'educazione bigotta!, la catastrofe è il frutto di una colpevole incuria; senza frutto, con poco frutto*, con risultati scarsi e insoddisfacenti || *T.econ.* qualunque bene prodotto da altri beni; *in part.* reddito da capitale, interesse: *un investimento che dà buon frutto; mettere a frutto un capitale*, investirlo vantaggiosamente || *fig. mettere a frutto la propria esperienza, le proprie conoscenze*, impiegarle proficuamente || *dim.* frutterèllo, frutticino, fruttino || **N. 1.** PARTI: acino, buccia, capsula, celletta, chicco, corteccia, drupa, endocarpo, epicarpo, fusto, gambo, guscio, lanugine, mallo, mesocarpo, occhio, orbacca, pappo, pericarpo, polpa, picciolo, ricettacolo, seme, spicchio, torsolo, valva; ciocca, grappolo | maturare; candire, cogliere, sbucciare, spiccare | composta, conserva, gelatina, marmellata **3.** rendita, usufrutto, utile, GUADAGNO. **Q.T.** *botanica, pesca* **TAV.** *fiori...* **p. 671** 8, 8.9.

fruttòsio [comp. di *frutto* e *-osio*; 1895] **sm.** *T.chim.* zucchero, isomero levogiro del glucosio, presente in molti frutti || **N.** *Sin.* levulosio.

fruttosùria [comp. di *fruttos(io)* e *-uria*; 1956] **sf.** *T.med.* eliminazione del fruttosio attraverso le urine, tipica di alterazioni ereditarie e benigne del metabolismo.

fruttuóso [dal lat. *fructuōsus*; a. 1292] **agg.** che dà buoni frutti, usato quasi solo in senso fig.: *ricerche fruttuose, una discussione interessante e fruttuosa* || **fruttuosaménte** **avv.** || **N.** *Sin.* produttivo, redditizio, utile, vantaggioso | *Contr.* infruttuoso.

ftalàto [comp. di *ftal(ico)* e *-ato*; 1949] **sm.** *T.chim.* sale o estere dell'acido ftalico.

ftaleìna [comp. di *ftal(ico)* e *-ina*; 1932] **sf.** *T.chim.* sostanza organica, ottenuta condensando anidride ftalica con fenoli, avente gen. proprietà coloranti.

ftàlico (pl. *-ci*) [da *(na)ftalico*; 1932] **agg.** *T.chim.* si dice di acido organico derivato dalla naftalina, che nell'industria trova applicazioni nella preparazione di coloranti, prodotti farmaceutici e profumi.

ftàlo- [da *ftalico*] **primo elem.** che, in parole composte della terminologia chimica, indica relazione con l'acido ftalico (per es. *ftalato, ftaleina*).

ftanìte [etim. inc.; 1819] **sf.** *T.geol.* roccia silicea sedimentaria costituita da scheletri di radiolari.

ftirìași [dal lat. *phthiriasis*, gr. *phtheiríasis*; a. 1564] **sf.** *T.med.* infestazione da pidocchi || **N.** *Sin.* pediculosi.

fu [prob. dal fr. *feu*, defunto; a. 1512] **agg.** *inv. bur.* (sempre preposto) defunto: *Ugo del fu Vincenzo* (o anche *Ugo fu Vincenzo*).

Fucàcee [comp. di *fuco*[2] e *-acee*; 1887] **sf. pl.** *T.bot.* famiglia di alghe brune caratterizzate talvolta da un tallo con vesciche piene d'aria che ne consentono il galleggiamento.

fucàto [dal lat. *fucātus*, tinto di rosso; a. 1529 nel senso 2] **agg.** *lett.* **1.** impiastricciato di fuco, imbellettato **2.** finto; affettato, artificioso.

fùchsia V. FUCSIA.

fuchsite [dal n. proprio J. *Fuchs*, chimico ted., attr. il ted. *Fuchsite*; 1956] **sf.** *T.min.* minerale di color verde smeraldo, presente nelle Alpi orientali.

fuciàcca **sf.** *pop. non com.* V. FUSCIACCA.

fucilàre (pres. *-ìlo*) [da *fucile*, sul modello del fr. *fusiller*; 1798] **tr.** uccidere un condannato a morte mediante fucilazione.

fucilàta [da *fucile*; 1744 *focilata*] **sf.** colpo di fucile; anche il rumore dello sparo || *fig. T.sport.* nel linguaggio calcistico, tiro improvviso e violento || **N.** *Sin.* schioppettata.

fucilatóre [da *fucilare*; a. 1883] **sm.** (f. *-trìce*) chi fucila; chi fa fucilare.

fucilazióne [da *fucilare*; 1800] **sf.** esecuzione di una condanna a morte mediante una scarica di fucili || **N.** alla schiena, al petto.

fucile [lat. volg. **focile*, acciarino; 1313 *focile* nel senso 3; a. 1680 nel senso 1] **sm.** **1.** arma da fuoco portatile, con canna lunga: *fucile da caccia, da guerra, a due canne, ad avancarica, a retrocarica*; *fucile automatico*, che espelle il bossolo e carica il nuovo proiettile automaticamente, sfruttando l'energia cinetica dei gas prodotti nello sparo || *per meton.* tiratore di fucile: *è il miglior fucile della compagnia* **2.** *per estens.* arma non da fuoco, ma che presenta affinità di forma e funzione con il fucile propriamente detto: *fucile ad aria compressa*, per tiro a segno; *fucile subacqueo*, per la pesca subacquea, con un meccanismo a molla o ad aria compressa che lancia una fiocina **3.** *ant.* acciarino || *dim.* fucilìno; *accr.* fucilóne; *pegg.* fucilàccio. **Q.T.** *armi, caccia, pesca* **TAV.** *caccia* 1, 2; *pesca* 12; ***armi*** **p. 648** 18.

fucilerìa [da *fucile*; a. 1889] **sf.** complesso di fucilieri: *il fuoco di sbarramento della fucileria nemica* || azione di fuoco continuato e quasi contemporanea di più fucili.

fucilièra [da *fucile*; 1865] **sf.** **1.** rastrelliera per fucili **2.** feritoia nelle fortificazioni per tirare col fucile.

fucilière [da *fucile*, sul modello del fr. *fusilier*; 1699] **sm.** soldato armato di fucile e specializzato nel tiro con quest'arma.

fucina [lat. *officīna*, officina; a. 1306] **sf.** **1.** focolare dei fabbri, dove il fuoco è tenuto vivo col mantice || *per meton.* officina del fabbro **2.** *fig.* luogo o ambiente in cui si creano o formano personalità, idee ecc.: *una fucina di ingegni* || luogo in cui si macchina qualche cosa: *fucina di menzogne* || *dim.* fucinétta; *accr.* fucinóna || **N.** **1.** PARTI: aia, boccolare, camino, cappa, focolare, mantice. **Q.T.** *fabbro.*

fucinàre (pres. *-ìno*) [da *fucina*; 1885] **tr.** lavorare alla fucina, cioè per deformazione plastica a caldo || *fig.* forgiare, formare.

fucinatóre [da *fucinare*; 1952] **sm.** (f. *-trìce*) addetto alla fucinatura.

fucinatrice [da *fucinare*; 1896] **sf.** pressa che sagoma i metalli resi incandescenti e malleabili nella forgia.

fucinatùra [da *fucinare*; 1941] **sf.** *T.metal.* insieme delle diverse operazioni con cui si lavorano i metalli a caldo. **Q.T.** *metallurgia.*

fùco[1] (pl. *-chi*) [dal lat. *fūcus*; a. 1320] **sm.** il maschio dell'ape || **N.** *Sin.* pecchione. **TAV.** *zootecnia* 1.

fùco[2] (pl. *-chi*) [dal lat. *fūcus*, gr. *phŷkos*, alga; a. 1508] **sm.** **1.** *T.bot.* alga marina da cui si estrae la soda; anticamente se ne otteneva una sostanza colorante tinta porpora **2.** *ant.* o *lett.* belletto.

fucòide [comp. di *fuco*[2] e *-oide*; 1931] **sm.** impronta fossile, reperibile in rocce calcaree di diversa era geologica, che ha forma di filamenti cilindrici ramificati.

fùcsia (meno com. *fùchsia*) [dal n. proprio L. *Fuchs*, botanico bavarese; 1813 *fuchsia*] **I** **sf.** pianta delle Enoteracee, dell'America, con fiori penduli vistosi, rossi e violetti || **sm.** il colore fucsia: *la moda del fucsia nell'abbigliamento sportivo* **II** in funzione di **agg.** *inv.* (sempre posposto) di colore rosa carico, tendente al viola: *pantaloni fucsia.*

fucsìna [dal fr. *fuchsine*; 1869] **sf.** *T.chim.* sostanza colorante rossa e violetta estratta dall'anilina || **N.** *Sin.* rosanilina.

fueghìno [da *Fuegia*, n. dotto della Terra del Fuoco; 1901] **I** **agg.** della Terra del Fuoco **II** **sm.** (f. *-a*) abitante autoctono della Terra del Fuoco.

fuétto [dal fr. *fouet*, dal fr. ant. *fou*, faggio; 1953] **sm.** **1.** *T.ipp.* frustino impiegato nelle corse al trotto e al galoppo **2.** *T.mar.* sottile cavetto di canapa || **N.** **2.** matafione.

fùga [dal lat. *fŭga*; a. 1292 nel senso 1; a. 1617 nel senso 3; 1581 nel senso 4] **sf.** **1.** l'atto di fuggire: *darsi alla fuga, tentare la fuga, mettere in fuga*; *la Fuga in Egitto*, la partenza di Giuseppe e Maria da Betlemme con Gesù bambino (anche come soggetto iconografico) || *T.sport.* nel ciclismo, azione di uno o più corridori che si avvantaggiano sul resto del gruppo || *fig.* *fuga in avanti*, il comportamento di chi, per evitare di misurarsi con i problemi immediati, si pone traguardi lontani e irraggiungibili || evasione: *la fuga dal carcere*; anche *fig.*: *la fuga dalla realtà, dalle proprie responsabilità* **2.** fuoriuscita rapida e incontrollata: *c'è una fuga di gas dalle condutture* || compare anche in varie espr. fig., spec. del linguaggio giornalistico: *fuga dei cervelli*, emigrazione di scienziati verso un paese che offra loro migliori possibilità di lavoro e di ricerca; *fuga di capitali*, trasferimento massiccio (e non sempre legale) di capitali all'estero; *fuga di notizie*, diffusione incontrollata di notizie che avrebbero dovuto restare riservate **3.** *T.arch.* serie di elementi architettonici uguali disposti l'uno di seguito all'altro: *una fuga di colonne* || *punto di fuga*, in una prospettiva, il punto in cui è proiettato sul piano il punto all'infinito di una retta (e in cui convergono quindi tutte le rette parallele a essa) **4.** *T.mus.* forma musicale contrappuntistica, basata essenzialmente su un unico tema principale (*soggetto*) esposto da una voce e ripreso dalle successive, che entrano quando la precedente ha finito di intonarlo (e prosegue con un tema secondario detto *controsoggetto*); all'esposizione segue uno svolgimento basato su episodi (*divertimenti*) e riesposizioni, infine uno *stretto* **5.** *T.fis.* *velocità di fuga*, la minima velocità con cui deve essere lanciato un oggetto che parta dalla superficie di un corpo celeste per sfuggire alla sua attrazione gravitazionale || *dim.* fughétta; *accr.* fugóna || **N.** **1.** *Sin.* ritirata, rotta **2.** *Sin.* emissione, perdita. **Q.T.** *musica.*

fugàce [dal lat. *fugax, -ācis*; sec. XIV] **agg.** **1.** di poca durata, che passa presto: *uno sguardo fugace, l'attimo fugace* || *T.bot.* detto di organo che cade o scompare presto **2.** *propr. lett.* che è in fuga || **fugaceménte** **avv.** || **N.** **1.** *Sin.* effimero, fuggevole, labile, momentaneo, transitorio; caduco | *Contr.* durevole, stabile.

fugacità [dal lat. tardo *fugācitas, -tātis*; 1565] **sf.** l'esser fugace.

fugàpi [comp. di *fug(are)* e *ape*; 1929] **sm.** *T.zool.* in apicoltura, strumento di varia forma che impedisce il passaggio delle api dalla camera di covata al melario || **N.** *Sin.* apiscampo.

fugàre (pres. *fùgo, fùghi*) [dal lat. *fugāre*; sec. XIII] **tr.** *lett.* mettere in fuga || *fig. più com.* disperdere, dissipare: *fugare ogni dubbio* || **N.** *Sin.* cacciare, sbandare, sbaragliare, spazzare.

fugàto (*pps.* di *fugare*) [a. 1647 come sm.] **I** **agg.** *T.mus.* composto almeno parzialmente in forma di fuga: *un finale fugato* **II** **sm.** *T.mus.* composizione con caratteristiche analoghe a quelle della fuga, ma con vincoli formali meno rigidi.

fugatóre [dal lat. *fugātor, -ōris*; 1336 ca. nel senso 2] **sm.** **1.** canale che convoglia le acque di scarico in un bacino **2.** (f. *-trìce*) *ant.* o *lett.* chi mette in fuga; anche *agg.*

fuggènte (*ppr.* di *fuggire*) [fine sec. XIII] **agg.** fugace, che fugge: *cogliere l'attimo fuggente.*

fuggévole [da *fuggire*; a. 1333] **agg.** che passa presto || **fuggevolménte** **avv.** || **N.** *Sin.* FUGACE.

fuggevolézza [da *fuggevole*; 1869] **sf.** *non com.* l'esser fuggevole.

fuggiàsco (pl. *-schi*) [da *fuggire*; inizio sec. XIV] **I** **agg.** che va fuggendo qua e là **II** **sm.** (f. *-a*) chi è costretto a lasciare i luoghi dove abitualmente vive: *i fuggiaschi si rifugiarono nel bosco* || **N.** **I** *Sin.* fuggitivo, ramingo **II** *Sin.* esule, profugo.

fuggifatìca [comp. di *fuggi(re)* e *fatica*; 1573] **s.** *inv. non com.* scansafatiche, fannullone.

fùggi-fùggi [reduplicazione dell'imper. di *fuggire*; 1898] **sm.** *inv.* scompiglio, gran confusione di gente che fugge: *gli spari provocarono un fuggi-fuggi generale.*

fuggiménto [da *fuggire*; 1300 ca.] **sm.** *ant.* il fuggire.

fuggìre (pres. *fùggo, fùggi*) [lat. tardo *fugīre*, class. *fugere*; a. 1250] **intr.** (aus. *essere*) allontanarsi da un luogo correndo o comunque di fretta per evitare qualche pericolo: *fuggire dalla casa in fiamme, fuggì all'estero per evitare l'arresto* || *iperb.* andarsene via per gran fretta o per insofferenza: *non fuggirai via così presto!, quel film noiosissimo ha fatto fuggire metà degli spettatori prima della fine* || *fam. a scappa e fuggi*, in fretta e furia || *fig.* passare velocemente: *il tempo fugge* || **tr.** scansare, schivare: *fuggir la fatica* || *T.mar. fuggire il tempo*, di nave che durante un fortunale si allontana col vento in poppa || rif. a persone, tenersi lontano da: *fuggire i cattivi consiglieri, fuggire uno come il demonio* || **N. intr.** *Sin.* alzare i tacchi, battere in ritirata, darsela a gambe, dileguarsi, filare, prendere il volo, scampare, scappare, sgattaiolare, sparire, svignarsela | **tr.** *Sin.* evitare, sfuggire.

fuggìta [da *fuggire*; a. 1292] **sf.** *arc.* fuga.

fuggitìvo [dal lat. *fugitīvus*; a. 1292] **I agg.** che è in fuga || *fig.* fugace **II sm.** (f. *-a*) chi è in fuga: *inseguite i fuggitivi.*

-fugo [dal lat. *-fugus*] **elem. term. 1.** in parole composte della terminologia scientifica, vale "che fa fuggire" (per es. *callifugo, ignifugo, vermifugo*) **2.** in altre parole composte della terminologia scientifica vale "che fugge da" (per es. *centrifugo*) || **N. 2.** *Contr.* -peto.

Führer (ted., pr. ['fy:rɐ]; pr. it. ['fyrer]) [letter. guida; 1935] **sm.** *inv.* titolo del dittatore nazista Adolf Hitler || *per estens.* capo di un regime dispotico.

fùio [forse lat. volg. *fūrius*; 1313] **agg.** *arc.* di ladro: *non è ladron né io anima fuia* (Dante) || *fig.* nascosto, segreto.

fulcrànte [da *fulcro*; 1956] **agg.** *T.bot.* detto di organo vegetale che ha funzione di sostegno.

fùlcro [dal lat. *fulcrum*, sostegno, piede del letto; a. 1505 nel senso 2; 1749 nel senso 1] **sm. 1.** *T.fis.* punto di appoggio di una leva: *nel remo il fulcro è dato dallo scalmo* **2.** *fig.* punto essenziale: *il fulcro del problema* **3.** *T.bot.* organo di attacco a un sostegno.

fulgènte (*ppr.* di *fulgere*) [a. 1306] **agg.** *lett.* splendente, rilucente.

fùlgere (*dif.*, manca del pps.; pres. *fùlgo, fùlgi*; p.rem. *fùlsi, fulgésti*) [dal lat. *fulgere*; 1321] **intr.** *poet.* splendere, rifulgere: *fulgeami già in fronte la corona* (Dante).

fulgidézza [da *fulgido*; sec. XIV] **sf.** *non com.* l'esser fulgido.

fulgidità [da *fulgido*; sec. XIV *fulgiditade*] **sf.** *raro* fulgidezza.

fùlgido [dal lat. *fulgidus*; 1321] **agg.** *lett.* splendente, luminoso || *fig.* brillante, pieno di successi: *una fulgida carriera* || **fulgidaménte avv.**

fulgóre [dal lat. *fulgor, -ōris*; 1321] **sm.** *lett.* splendore vivissimo || **N.** SPLENDORE.

Fulgòridi (sing. *-e*) [comp. di *fulgore*, poiché erano creduti fosforescenti e *-idi*; 1932] **sm. pl.** *T.zool.* famiglia di insetti degli Omotteri, con livrea di colore vivace e capo molto sviluppato, che vivono in climi caldo-umidi.

fulguràle [dal lat. *fulgurālis*; 1756] **agg.** *lett.* relativo alle folgori, ai fulmini || *arte fulgurale*, presso Etruschi e Romani, scienza che prevedeva il futuro mediante l'osservazione dei fulmini || *libri fulgurali*, presso Etruschi e Romani, libri contenenti la codificazione dell'arte fulgurale.

fùlgure forme ant. di FOLGORE e der. (v.).

fulìggine [lat. *fulīgo, -īginis*; a. 1292] **sf. 1.** materia nera, impalpabile, lasciata dal fumo nelle gole di camini e stufe **2.** golpe del grano || **N. 1.** *Sin.* nerofumo.

fuligginóso [lat. *fuliginōsus*; a. 1484] **agg.** sporco di fuliggine.

full (ingl., pr. [fʊɫ]) [letter. completo, da *full (house)* in americano e da *full (hand)* in ingl.; 1948] **sm.** *inv. T.gioc.* nel poker, combinazione che consiste nell'avere contemporaneamente una coppia e un tris.

full contact (ingl., pr. ['fʊɫ 'kɒntækt]) [letter. contatto pieno; 1984] **loc.** *inv. T.sport.* si dice di arte marziale che comporta un contatto tra i contendenti.

fullóne **sm.** *ant.* v. FOLLONE.

full-time (ingl., pr. ['fʊɫtaɪm]) [letter. tempo pieno; 1965] **I sm.** *inv.* impiego per tutto l'orario di lavoro: *lavorare, assumere a full time* **II agg.** *inv.* a pieno orario: *un impiego full-time*; che lavora a pieno orario: *professore full-time* || **N.** *Sin.* tempo pieno | *Contr. part-time.*

fulmàro [dall'ingl. *fulmar*, 1988] **sm.** *T.zool.* genere di uccelli Procellaridi simili per aspetto al gabbiano e comuni nelle regioni circumpolari boreali.

fulmicotóne [comp. di *fulmi(nante)* e *cotone*, sul modello del fr. *fulmicoton*; 1869] **sm.** esplosivo ottenuto trattando il cotone con acido nitrico || *fig.* nel gergo dei giornali sportivi, *tiro, pugno al fulmicotone*, violentissimo.

fulminànte (*ppr.* di *fuminare*) [1734 come agg. nel senso 2; 1869 come agg. nel senso 1] **I agg. 1.** di malattia, a decorso rapido e micidiale: *polmonite fulminante* **2.** *T.tecn.* che scoppia facilmente producendo una detonazione: *carica fulminante* **II sm. 1.** *region.* fiammifero di legno **2.** capsula esplosiva.

fulminàre (pres. *fùlmino*) [dal lat. *fulmināre*; inizio sec. XIV] **tr. 1.** colpire col fulmine: *che Dio ti fulmini!, si è riparato sotto un albero ed è stato fulminato* || *per estens.* uccidere con una scarica elettrica: *i fili dell'alta tensione l'hanno fulminato* || *fig.* ridurre al silenzio o all'impotenza: *lo fulminò con uno sguardo* **2.** *fig.* scagliare, rif. a scomuniche, invettive e sim. || **intr.** (aus. *essere* e *avere*) *impers.* cader fulmini: *tuonava e fulminava da far paura* || **intr. pron.** cessare di funzionare per un sovraccarico di corrente elettrica: *la lampadina si è fulminata* || **N. 1.** *Sin.* folgorare; incenerire **2.** *Sin.* saettare.

fulminàto[1] (*pps.* di *fulminare*) [a. 1375] **agg.** folgorato, incenerito.

fulminàto[2] [da *fulmin(ico)* con suff. *-ato*; 1853] **sm.** *T.chim.* sale dell'acido fulminico: *fulminato di mercurio, d'argento*, sostanze esplosive usate come innesco per cartucce.

fulminatóre [dal lat. *fulminātor, -ōris*; 1569] **agg.** e **sm.** (f. *-trìce*) *non com.* chi o che fulmina: *Giove fulminatore*; talvolta *fig.*: *uno sguardo fulminatore.*

fulminazióne [dal lat. *fulminātio, -ōnis*; sec. XIV] **sf.** *non com.* **1.** caduta del fulmine **2.** *T.med.* folgorazione **3.** l'atto di fulminare.

fùlmine [dal lat. *fulmen, -inis*; a. 1292] **sm. 1.** scarica elettrica molto violenta tra due nubi, all'interno di una stessa nube o tra una nube e la terra || in varie espr. fig.: *correre come un fulmine, essere un fulmine*, correre, essere velocissimi; *fulmine a ciel sereno*, avvenimento imprevisto e gen. doloroso || *colpo di fulmine*, innamoramento improvviso; *fulmine di guerra*, condottiero brillante e imprevedibile **2.** *fig.* minaccia, invettiva; manifestazione d'ira; reazione punitiva: *i fulmini della Chiesa, con quell'intervista si è attirato i fulmini del direttore*; *mandare fulmini dagli occhi*, essere furibondo || **N. 1.** *Sin.* folgore, saetta; lampo.

fulmineità [da *fulmineo*; 1915] **sf.** *raro* l'essere fulmineo || **N.** *Sin.* immediatezza, rapidità.

fulmìneo [dal lat. *fulmineus*; 1532] **agg. 1.** *fig.* veloce e imprevisto come il fulmine: *un'azione fulminea, un tracollo inatteso e fulmineo* **2.** *propr. non com.* del fulmine; che ha natura di fulmine || *fig. sguardo fulmineo*, folgorante || **fulmineaménte avv.** con estrema rapidità.

fulmìnico (pl. *-ci*) [da *fulmine*; 1853] **agg.** *T.chim. acido fulminico*, acido isomero dell'acido cianico, di odore penetrante, molto instabile, che genera sali esplosivi.

fulminìo (pl. *-ii*) [da *fulminare*; fine sec. XIII] **sm.** *raro* il fulminare intenso, frequente o continuato.

fulminóso [da *fulmine*; a. 1667] **agg.** *lett.* fulmineo.

fùlvido [dal lat. tardo *fulvidus*; 1321] **agg.** *poet.* fulgido.

fùlvo [dal lat. *fulvus*; 1342] **agg.** di color giallo tendente al rossiccio, spec. detto del pelo degli animali, dei capelli e sim.: *criniera fulva* || **N.** *Sin.* biondo caldo, biondo rame, cùpreo, lionato.

fumàcchio (pl. *-chi*) [da *fumo*; prima metà sec. XVIII nel senso 2] **sm. 1.** *T.geol.* getto di fumo da terreno vulcanico **2.** *tosc.* tizzone non ben carbonizzato che, messo sul fuoco, manda fumo.

fumàggine [da *fumo*, per il colore delle macchie che forma; 1929] **sf.** *T.agr.* malattia, provocata da funghi parassiti, che colpisce il tronco e i rami di alcune piante, formandovi delle incrostazioni nerastre || **N.** *Sin.* nero.

fumaiòlo [lat. volg. **fumariŏlum*, lat. tardo *fumariolum*; a. 1348] **sm. 1.** torricella sul tetto da cui esce il fumo dei camini || *più com.* analogo impianto di grandi dimensioni nelle fabbriche || tubo di scarico verticale delle navi, delle locomotive a vapore ecc. **2.** *fumaiolo di un vulcano*, l'apertura da cui un vulcano emette gas || **N. 1.** *Sin.* comignolo; ciminiera. **TAV.** ***ferrovie...*** **p. 669** 1.7; ***nave*** **p. 1327** 5.18

fumàna [da *fumo*; a. 1460] **sf. 1.** nebbia rada, nebbiolina || *per estens. pop.* caligine, sottile coltre di fumo **2.** *ant.* esalazione di vapori da stagni, pantani, cime di monti e sim. **3.** *ant.* segnale di fumo, fumata **4.** alta quantità di vapore acqueo presente in certi ambienti industriali, molto dannosa alla salute.

fumànte (*ppr.* di *fumare*) [sec. XIV] **agg.** che fuma: *ecco un caffè caldo fumante.*

fumàre [lat. *fumāre*; fine sec. XIII come intr.; 1699 come tr.] **intr.** (aus. *avere*) emettere fumo: *i camini fumano* || *per estens.* emettere vapori che abbiano l'apparenza di fumo: *la terra fuma* (Carducci); *la minestra fuma* || *fig. gli fuma la testa*, è esausto per il troppo lavoro mentale || **tr.** aspirare e riemettere il fumo del tabacco o di altre sostanze: può prendere come oggetto lo strumento (*fumare la pipa, un sigaro*) o la sostanza stessa (*fumare tabacco, hashish*) || anche *ass.*: *vietato fumare*; *fam. fumare come un turco*, moltissimo.

fumària [da *fumo*; 1563] **sf.** pianta delle Papaveracee, adoperata come medicinale.

fumàrio (pl. *-ri*) [da *fumo*; 1943] **agg.** del fumo: *canna fumaria*, che porta all'esterno il fumo dei camini.

fumaròla [lat. volg. **fumariŏlum*, lat. tardo *fumariolum*, attr. il nap.; a. 1597 *fumaruola*] **sf.** *T.geol.* emanazione di gas dai terreni vulcanici || **N.** *Sin.* fumacchio.

fumàta [da *fumo*; 1588] **sf. 1.** ondata di fumo naturale o artificiale: *le grandi fumate di una locomotiva a vapore* || segnale dato col fumo; *in part.* uno di quelli fatti in Vaticano durante un conclave dopo ciascuna votazione: *fumata nera*, indica votazione senza esito; *fumata bianca*, indica l'elezione di un nuovo papa (anche *per estens.* nel linguaggio dei giornali, l'esito positivo di un'elezione, di una trattativa e sim.) **2.** l'atto del fumare tabacco o sim. || *dim.* fumatina.

fumatóre [da *fumare*; 1839] **sm.** (f. *-trìce*) chi fuma per abitudine: *un forte fumatore.*

fumé (fr., pr. [fy'me]) [pps. di *fumer*, fumare; 1940 come sm.] **I agg.** *inv.* color del fumo: *calze fumé* || affumicato: *lenti fumé* **II sm.** *inv. T.inc.* prova di un'incisione (un tempo annerita col nerofumo) impressa sulla carta.

fumèa [dal fr. ant. *fumée*, fumata; 1623] **sf.** *raro* o *region.* fumo, caligine, esalazione di fumo, vapori ecc.: *nella fumea del vespro* (D'Annunzio).

fumeggiàre (pres. *-éggio*) [da *fumare*; 1550 come tr.] **intr.** (aus. *avere*) fumigare || **tr.**

T.pitt. non com. sfumare.

fuménto V. FOMENTO.

fùmeo [dal lat. *fūmeus*; a. 1729] **agg.** *raro lett.* fumoso, fumante: *s'apriva il fumeo doglio e si saggiava il vino* (Pascoli).

fumerìa [dal fr. *fumerie*; 1939] **sf.** locale in cui si fumano droghe, spec. oppio || *per estens.* locale pieno di fumo.

fumettìsta [da *fumetto*; 1963] **s.** disegnatore o ideatore di storie a fumetti || *spreg.* scrittore di poco valore.

fumettìstico (pl. *-ci*) [da *fumetto*; 1953] **agg.** di fumetti || *spreg.* detto di romanzo o film convenzionale e banale.

fumétto (*dim.* di *fumo*) [1870 nel senso 2; 1942 nel senso 1] **sm.** **1.** nelle vignette, spazio contornato, talvolta a foggia di nuvola di fumo uscente dalla bocca dei personaggi, entro il quale sono scritte le battute da loro pronunciate: *giornale, racconto a fumetti* || *per estens.* (spec. *pl.*) un'intera storia o raccolta di storie così costruita: *i fumetti di Topolino, fumetti satirici, per ragazzi, legge solo fumetti* || *sing.* il genere, l'insieme della produzione a fumetti: *il fumetto d'autore, erotico* || *fig. spreg.* (più com. in questo senso l'accr. *fumettone*) opera narrativa o cinematografica di scarso valore, con situazioni stereotipe, personaggi schematici e così via: *quel film è il solito fumettone rosa a lieto fine* **2.** liquore d'anice molto forte, che mescolato all'acqua la rende opaca.

fumettóne (*accr.* di *fumetto*) [1970] **sm.** *spreg.* opera letteraria, teatrale, cinematografica e sim. poco impegnativa, che rappresenta situazioni di facile presa sul vasto pubblico in forma convenzionale e stereotipata.

fumicàre **intr.** e **tr.** *ant.* V. FUMIGARE.

fùmido [dal lat. *fūmidus*; sec. XIV] **agg.** *lett.* che getta fumo, fumante || pieno di fumo, fumoso.

fumigàre (pres. *-ùmigo, -ùmighi*) [dal lat. *fumigāre*; sec. XIV] **intr.** (aus. *avere*) emettere o esalare fumo o vapore || **tr.** *ant.* affumicare.

fumigatóre [da *fumigare*; 1965] **sm.** apparecchio con cui si diffondono, spec. sul terreno, fumi e vapori contenenti antiparassitari.

fumigatòrio (pl. *-ri*) [da *fumigare*; 1956] **agg.** usato per le fumigazioni, utile per le fumigazioni: *prodotti fumigatori.*

fumigazióne [dal lat. tardo *fumigātio, -ōnis*; a. 1320 *fumicazione*] **sf.** esposizione a fumi o vapori di varia natura || *in part. T.med.* suffumigio; *T.agr.* produzione di fumi nei campi con funzione antiparassitaria.

fumìsmo [da *fumista*[2]; 1938] **sm.** fumisteria.

fumista[1] [dal fr. *fumiste*, prob. attr. i dialetti sett.; 1830] **s.** operaio che lavora a stufe, camini e sim.

fumista[2] [dal fr. *fumiste*; 1925] **s.** chi si diverte a sbalordire, burlone, persona di poca serietà.

fumisterìa [dal fr. *fumisterie*; 1915] **sf.** discorso o progetto roboante e pretenzioso ma ben poco concreto: *sono tutte fumisterie* || *meno com.* gusto di far burle, atteggiamento scherzoso e leggero.

fumìvoro [comp. di *fumo* e *-voro*; 1863] **agg.** *T.tecn.* detto di apparecchi o di camini in grado di assorbire il fumo.

fùmmo **sm.** *arc.* V. FUMO.

fùmo [lat. *fūmus*; a. 1292 come sm. nel senso 1; 1562 come sm. nel senso 2] **I sm.** **1.** il complesso dei residui gassosi e solidi della combustione: *il fumo del carbone, di un incendio, un filo, una nuvola di fumo, segnali di fumo*; *sapere di fumo*, detto di cibo cotto con troppo fumo, che ne aquista il sapore || in varie espr. *fig.*: *andare in fumo*, svanire, andare definitivamente perduto: *tutto il suo progetto è andato in fumo*; *essere tutto fumo e niente arrosto*, avere poca o nessuna sostanza nonostante la bella apparenza; *mandare in fumo*, dissolvere, distruggere: *mandare in fumo un patrimonio*; *vedere qualcuno come il fumo negli occhi*, non poterlo soffrire; *vendere fumo*, millantare capacità e conoscenze che non si possiedono **2.** *per anton.* il fumo del tabacco: *non sopporto l'odore del fumo* || la pratica e l'abitudine di fumare tabacco: *il fumo fa male* **3.** *per estens.* qualunque esalazione visibile di gas o vapore: *il fumo della pentola, di una palude* || *fig.* *i fumi del vino, dell'alcol*, l'ebbrezza, vista un tempo come il prodotto di esalazioni che emanavano da tali sostanze; con analogo valore, *i fumi dell'ira, della gelosia* ecc., lo stato di annebbiamento della razionalità che deriva da queste passioni **4.** *non com.* fumacchio **II** nella **loc. agg.** *grigio fumo*, del colore grigio del fumo || nella *loc. m.* usata come *loc. agg.* *color fumo*, del colore del fumo || *pegg.* fumàccio.

fumògeno [comp. di *fumo* e *-geno*; 1942] **I agg.** che produce fumo: *una cortina fumogena, candelotto fumogeno* **II sm.** sostanza o strumento che produce fumo: *bisogna proibire i fumogeni allo stadio.*

fumoir (fr., pr. [fy'mwa:r]) [letter. ambiente nel quale si affumicano le carni e il pesce; 1884] **sm.** *inv.* sala dove è permesso fumare: *il fumoir di un teatro.*

fumosità [da *fumoso*; a. 1292] **sf.** l'essere fumoso, anche *fig.*

fumóso [dal lat. *fumōsus*; a. 1333] **agg.** **1.** pieno di fumo: *un ambiente fumoso* || che manda fumo: *legno fumoso* **2.** *fig.* oscuro, involuto: *stile fumoso* || vacuo, poco concreto: *un progetto fumoso.*

funàio (pl. *-ài*) [da *fune*; sec. XIV] **sm.** (f. *-a*) *non com.* chi fa o vende funi || **N.** *Sin.* cordaio, funaiolo.

funaiòlo [da *fune*; sec. XIV] **sm.** (f. *-a*) funaio, cordaio.

funambolésco (pl. *-schi*) [da *funambolo*; a. 1926] **agg.** di o da funambolo, spec. *fig.*: *una politica funambolesca.*

funambòlico (pl. *-ci*) [da *funambolo*; 1954] **agg.** funambolesco: *abilità funambolica.*

funambolìsmo [da *funambolo*; 1905] **sm.** acrobatismo sulla corda, equilibrismo || *fig. più com.* capacità di destreggiarsi con abilità e opportunismo, spec. in politica e sim.: *il funambolismo di certi finanzieri.*

funàmbolo [dal lat. *funambulus*, che cammina sulla corda; sec. XIV] **sm.** (f. *-a*) chi balla o fa altri esercizi sulla corda tesa || *per estens.* in vari sport, chi abbia particolari doti di agibilità e destrezza: *un funambolo del dribbling* || *fig.* chi riesce a cavarsela in situazioni delicate, a mediare con successo tra tendenze opposte, spec. in politica e sim. || **N.** *Sin.* acrobata, equilibrista.

funàme [da *fune*; a. 1374] **sm.** *non com.* insieme di funi di varie specie e qualità || **N.** *Sin.* cordame.

funàta [da *fune*; a. 1850] **sf.** *non com.* colpo dato con una fune.

fùne [lat. *fūnis*; a. 1292] **sf.** grossa corda fatta di fili attorcigliati di vario materiale: *fune di canapa, d'acciaio* || *in part.* nelle funivie e sim., il cavo metallico fisso su cui scorrono le cabine (*fune portante*) e quello scorrevole che serve alla loro trazione (*fune traente*) || *tiro alla fune*, gioco in cui due squadre tirano una stessa fune in direzioni opposte, cercando di trascinare gli avversari al di là di una linea segnata sul terreno; *salita alla fune*, nella ginnastica, esercizio di arrampicata lungo una fune di canapa sospesa dall'alto e oscillante || *dim.* funicèlla || **N.** *Sin.* canapo, capestro, cavo, cima, corda, gomena, pastoia, ritorta, tirante | capo, cappio, nodo | allentare, avvolgere, calare, tendere, tirare | cordaio, funaio, funziolo; corderia, torcitoio. **TAV. *ferrovie...* p. 669** 6.5, 7.7, 7.8, 9.4.

fùnebre [dal lat. *fūnebris*; a. 1375] **agg.** **1.** che concerne il morto o il funerale: *rito funebre, pompe funebri, monumento, corteo funebre; carro funebre*, veicolo per il trasporto delle salme al cimitero; *marcia funebre*, musica composta originariamente per essere eseguita durante un funerale solenne **2.** *fig.* mesto, doloroso: *tono, aspetto funebre* || **N.** **1.** *Sin.* mortuario **2.** *Sin.* funereo.

funeràle [dal lat. tardo *funerālis*, funebre; a. 1504] **I sm.** cerimonia di accompagnamento del morto alla sepoltura: *funerale modesto, solenne, in forma privata* || al pl. indica gen. maggiore solennità: *funerali di stato* || *avere un'aria, una faccia da funerale*, essere mesto, addolorato, di pessimo umore; *fig.* *essere un funerale*, triste senza brio: *quel ricevimento era un vero funerale* **II agg.** *lett.* funebre; funereo || *dim.* funeralìno; *accr.* funeralóne || **N.** I *Sin.* corteo funebre, esequie, estremi onori, onoranze funebri | lutto, necrologio.

funeràrio (pl. *-ri*) [dal lat. tardo *funerārius*; 1815] **agg.** attinente alla sepoltura: *cippo funerario, lapide funeraria.*

funeratìzio (pl. *-zi*) [dal lat. tardo *funeraticius*; 1956] **agg.** nell'antica Roma, relativo ai riti funebri: *collegi funeratizi.*

fùnere [dal lat. *funere*, ablativo di *funus, funeris*, funerale, morte; a. 1907] **sm.** *lett.* strage, uccisione, eccidio: *e dal funere nefando / egli solo ritornò* (Carducci).

funèreo [dal lat. *funereus*; a. 1374] **agg.** **1.** triste, lugubre: *aspetto funereo, voce funerea* **2.** *lett.* che riguarda i defunti, funebre: *drappo funereo.*

funestàre (pres. *-èsto*) [dal lat. *funestāre*, profanare; a. 1525] **tr.** causare grave lutto o dolore o danno (rif. spec. a cose e usato prevalentemente al passivo): *la manifestazione è stata funestata da un grave incidente.*

funèsto [dal lat. *funēstus*; a. 1374] **agg.** **1.** che è causa di grave dolore o danno o lutto: *guerra funesta, annuncio funesto* **2.** infausto, infelice, contraddistinto da gravi sciagure: *il periodo più funesto della sua esistenza* || **N.** **1.** *Sin.* dannoso, deleterio, luttuoso, rovinoso **2.** *Sin.* tragico.

fùnga [da *fungo*; 1869] **sf.** *tosc.* muffa per umidità: *questo muro ha preso la funga.*

fungàia [da *fungo*; a. 1712] **sf.** luogo umidissimo e pieno di muffa || *fig.* quantità di cose o di persone della stessa specie, cresciute rapidamente insieme; gen. con valore *spreg.* || **N.** *Sin.* fungheto.

fùngere (pres. *fùngo, fùngi*; p.rem. *fùnsi*; pps. *fùnto*) [dal lat. *fungi*; 1869] **intr.** (aus. *avere*) adempiere a un ufficio senza averne il grado e la nomina, in sostituzione e per incarico del titolare: *fungeva da sindaco* || *per estens.* avere un determinato ruolo o funzione.

funghéto [da *fungo*; 1834] **sm.** luogo in cui crescono o si coltivano funghi || **N.** *Sin.* fungaia.

funghétto (*dim.* di *fungo*) [a. 1676] **sm.** **1.** piccolo fungo **2.** *T.cuc.* nella loc. agg. *al funghetto*, cucinato a piccoli pezzi con olio, aglio e prezzemolo, come si fa spesso con i funghi: *melanzane al funghetto* **3.** piccola torta tipica della cucina marchigiana, a forma di cappello di fungo, al gusto d'anice.

funghìcolo o **fungìcolo** [comp. di *fungo* e *-colo*; 1956] **agg.** relativo ai funghi e alla loro coltivazione: *produzione funghicola.*

funghicoltóre o **funghicultóre** o **fungicoltóre** [comp. di *fungo* e *coltore*; 1956] **sm.** (f. *-trice*) chi si dedica alla coltivazione dei funghi.

funghicoltùra o **funghicultùra** o **fungicoltùra** [comp. di *fungo* e *coltura*; 1956] **sf.** attività e tecnica di coltivazione dei funghi per scopi commerciali o di ricerca scientifica.

funghìre (pres. *-ìsco, -ìsci*) [da *fungo*; 1865] **intr.** (aus. *essere*) *tosc.* coprirsi di muffa.

fungìbile [da *fungere*; 1869] **agg.** *T.giur.* detto di bene che si può sostituire con altro dello stesso genere (per es. il denaro).

fungibilità [da *fungibile*; 1958] ***sf.*** *T.giur.* l'essere fungibile.

fungicida [comp. di *fungo* e *-cida*; 1912] ***agg.*** detto di sostanza chimica atta a rallentare o ad eliminare lo sviluppo di funghi.

fungicolo v. FUNGHICOLO.

fungicoltóre v. FUNGHICOLTORE.

fungicoltùra v. FUNGHICOLTURA.

fungifórme [comp. di *fungo* e *-forme*; a. 1755] ***agg.*** *T.scient.* a forma di fungo.

fungìno [da *fungo*; 1952] ***agg.*** **1.** tipico dei funghi, proprio dei funghi, con le caratteristiche dei funghi: *sostanza fungina* **2.** causato da funghi: *infezione fungina.*

fungistàtico (pl. *-ci*) [comp. di *fungo* e *-statico*; 1956] ***agg.*** detto di sostanza che rallenta o impedisce lo sviluppo dei funghi.

fùngo (pl. *-ghi*) [dal lat. *fungus*; a. 1313] ***sm.*** **1.** nome generico di un vasto gruppo di piante crittogame, di varia forma, colore e dimensioni, prive di clorofilla ‖ *com.* il corpo fruttifero delle specie più complesse, costituito spesso da un gambo e da un cappello (ma anche di forme assai diverse: quasi sferica, a imbuto, a forma di lingua ecc.): *funghi commestibili, velenosi, andare per funghi, funghi fritti, secchi, trifolati, sott'olio* ‖ *crescere, spuntare come i funghi*, in fretta e in gran numero; *in una notte nasce un fungo*, da un momento all'altro può accadere la cosa che si aspetta **2.** *in part.* ciascuna delle specie microscopiche responsabili di varie patologie (*micosi*) nell'uomo, e *com.* le affezioni stesse: *prendersi i funghi in piscina, mi è venuto un fungo nella mano* **3.** nome generico dato ad oggetti di varia natura a forma di fungo: *fungo della rotaia*, la parte superiore della sezione trasversale di una rotaia ferro-tranviaria; *fungo atomico*, la caratteristica forma della nuvola di gas e polvere prodotta dall'esplosione di una bomba atomica **4.** *T.orol.* utensile di cui si servono gli orologiai per raddrizzare la cassa degli orologi ‖ *accr.* fungóne; *pegg.* fungàccio ‖ **N. 1.** PARTI: anello, cappello, gambo, lamelle, spore, tubuli, volva; corpo fruttifero, micelio | FUNGHI MANGERECCI: agarico, boleto, chiodino, colombina, ditola, famigliola, gallinaccio, mazza da tamburo, ovolo, porcinello, porcino, prataiolo, prugnolo, spugnola, tartufo, trombetta da morto, vescia | micologia. **Q.T.** *botanica* **TAV.** *motori* 3.23b; ***botanica* p. 661** 6; ***ferrovie...* p. 669** 5.10.

fungosità [da *fungoso*; 1640] ***sf.*** l'essere fungoso ‖ *T.med.* escrescenza carnosa che si sviluppa sulle ferite, o sui tessuti animali e vegetali malati.

fungóso [dal lat. *fungōsus*; a. 1320] ***agg.*** che ha aspetto di fungo: *legname fungoso*, marcescente, ammuffito.

funicolàre [da *funicolo*, sul modello del fr. *funiculaire*; 1766 come agg. nel senso 1; 1861 come agg. nel senso 2] **I *sf.*** **1.** sistema di trazione nelle forti pendenze, per mezzo di funi metalliche, di una coppia di veicoli gen. su rotaie che si muovono in direzioni opposte **2.** funivia **II *agg.*** **1.** che ha aspetto di fune: *curva funicolare*, la linea secondo cui si dispone un filo soggetto a carichi **2.** che avviene per mezzo di funi: *trazione funicolare.* **TAV.** ***ferrovie...* p. 669** 9.

funicolite [comp. di *funicolo* e *-ite*[1]; 1956] ***sf.*** *T.med.* infiammazione del funicolo.

funìcolo [dal lat. *funiculus*, cordicella; a. 1730] ***sm.*** *T.anat.* formazione allungata a forma di cordone: *funicolo ombelicale, spermatico* ‖ *T.bot.* il peduncolo dell'ovulo delle piante angiosperme.

funivìa [comp. di *fun(e)* e *via*, con influsso di *ferrovia*; 1942] ***sf.*** impianto a trazione, mediante fune metallica, per il trasporto di persone su veicoli sospesi nel vuoto ‖ **N.** *Sin.* funicolare | cabinovia, ovovia, seggiovia. **Q.T.** *alpinismo* **TAV.** ***ferrovie...* p. 669** 7.

funiviàrio (pl. *-ri*) [da *funivia*; 1983] ***agg.*** relativo alla funivia, proprio della funivia: *sistema funiviario.*

funk (ingl., pr. [fʌŋk]) [letter. paura, stato depressivo; 1984] **I *sm.*** *inv.* **1.** corrente del jazz degli anni Cinquanta, che si rifaceva direttamente al blues, caratterizzata da uno stato d'animo di profonda tristezza e da un'espressività rude e aspra **2.** corrente dell'arte americana che si esprimeva attraverso sculture in cui prevalevano materiali poveri e combinazioni policrome dal gusto ironico e antiaccademico **II *agg.*** *inv.* (sempre posposto) funky.

funky (ingl., pr. [fʌŋkɪ]) [da *funk*; 1981] ***agg.*** *inv.* (sempre posposto) proprio della musica funk: *complesso funky.*

funzionàle [da *funzione*, sul modello del fr. *fonctionnel*; 1908] ***agg.*** **1.** che concerne la funzione, nei vari sensi del termine: *l'edificio deve rispondere alle esigenze funzionali e non solo a quelle estetiche* ‖ *privilegi, qualifiche funzionali*, associate a una data carica o ufficio ‖ *T.med.* che riguarda le funzioni di un organo e non la sua struttura anatomica (gen. in contrapposizione a *organico*): *alterazioni funzionali* ‖ *T.mat.* che concerne le funzioni: *analisi funzionale; equazioni funzionali*, che hanno funzioni come incognite ‖ *T.ling.* *elementi funzionali del lessico*, classe chiusa di termini di una lingua (spec. articoli, preposizioni, congiunzioni) che svolgono una funzione puramente grammaticale o sintattica **2.** che risponde pienamente agli scopi per cui è concepito: *arredamento funzionale*, che soddisfa le esigenze di praticità e comodità ‖ anche seguito dalla prep. *a*: *un abbigliamento funzionale alla vita movimentata di oggi* ‖ **funzionalménte** ***avv.*** con criteri funzionali; nella *loc. prep.* *funzionalmente a*, in funzione di: *funzionalmente alle circostanze*; in modo funzionale a: *funzionalmente allo scopo* ‖ **N. 2.** *Sin.* efficiente, pratico, razionale.

funzionalìsmo [da *funzionale*; 1933] ***sm.*** atteggiamento culturale, scientifico o estetico che tende a privilegiare le funzioni, i meccanismi d'azione, le prestazioni di ciò che si considera, piuttosto che i valori astrattamente formali e strutturali: *il funzionalismo in antropologia, in linguistica, in architettura.* **Q.T.** *linguistica.*

funzionalità [da *funzionale*; 1886] ***sf.*** **1.** l'essere funzionale (nel senso 2): *la funzionalità di un arredamento* **2.** *T.fisiol.* attitudine di un organo a funzionare: *riattivare la funzionalità dell'arto leso.*

funzionaménto [da *funzionare*, sul modello del gr. *fonctionnement*; 1900] ***sm.*** l'atto, l'effetto e il modo di funzionare.

funzionàre (pres. *-óno*) [da *funzione*, sul modello del fr. *fonctionner*; 1848] ***intr.*** (aus. *avere*) **1.** adempiere in modo soddisfacente alla propria funzione, detto di congegni ma anche di organizzazioni, strutture o parti di organismi viventi: *il telefono non funziona, le nuove tecniche di produzione sembrano funzionare benissimo, l'intestino gli funziona male* ‖ dare buoni frutti, risultare efficace, *è un'idea che non può funzionare* **2.** *non com.* fungere: *gli funziona da segretario* **3.** *T.eccl.* celebrare una funzione.

funzionàrio (pl. *-ri*) [da *funzione*, sul modello del fr. *fonctionnaire*; 1793] ***sm.*** (f. *-a*) chi esercita un compito rappresentativo per conto di un ente pubblico o privato, spesso con potere e responsabilità intermedie tra quelle di un impiegato e quelle di un dirigente: *funzionario di banca, d'ambasciata.*

funzióne [dal lat. *functio, -ōnis*; a. 1584 nel senso 1; a. 1754 nel senso 3; 1607 nel senso 4] ***sf.*** **1.** attività che un individuo o un gruppo svolge in quanto è di sua competenza nell'ambito di un determinato sistema od organizzazione; carica, ufficio: *esercitare la funzione di sindaco, la funzione legislativa compete al Parlamento, pubblico ufficiale nell'esercizio delle sue funzioni* ‖ *fare le funzioni di qualcuno*, esserne il sostituto in sua assenza; *bur.* *il facente funzione* (abbr. *f. f.*), il sostituto temporaneo ‖ *T.biol.* detto di un organo o un apparato all'interno di un organismo più complesso, la sua attività specifica: *funzione digestiva, funzioni psichiche, funzione clorofilliana* ‖ con senso analogo, detto di parti di un congegno, un dispositivo, una struttura ecc.: *qual è la funzione degli alettoni in una macchina da corsa?* ‖ *essere, mettere in funzione*, in attività: *ormai il servizio di teleselezione è in funzione dappertutto, mettere in funzione il motore principale del razzo* ‖ *T.ling.* ruolo determinato e caratterizzante di un qualunque elemento costituente della frase o della parola: *una proposizione con funzione di soggetto; la funzione distintiva dei fonemi* /p/ *e* /k/ *nella coppia minima "pane"* / *"cane"* **2.** *per estens.* compito, scopo: *la funzione sociale della scuola, la televisione non deve dimenticare la sua funzione di formazione culturale* ‖ *in funzione di*, allo scopo di, in vista di: *provvedimenti presi in funzione dello sviluppo industriale della regione* ‖ *T.ling.* *le funzioni del linguaggio*, i compiti essenziali che la comunicazione linguistica è in grado di assolvere; nella teoria di R. Jakobson se ne distinguono sei (*referenziale, emotiva, conativa, fàtica, poetica, metalinguistica*) **3.** *T.mat.* qualunque legge che associa a ogni elemento di un insieme (*dominio*) uno e un solo elemento di un altro insieme (*immagine* o *codominio*): *funzione di variabile reale, complessa, funzione continua, derivabile, l'esponenziale è una funzione monotona crescente, grafico di una funzione* ‖ *T.fis.* *funzione d'onda*, in meccanica quantistica, funzione matematica che descrive lo stato di un sistema; *funzione di stato*, in un sistema termodinamico, grandezza che dipende unicamente dallo stato del sistema ‖ *T.elettr.* sin. di *segnale* ‖ *T.mat.* con diverso senso, l'elemento stesso dell'immagine considerato come variabile dipendente dall'elemento del dominio (detto *argomento* o *variabile indipendente*): *l'intensità della forza gravitazionale è funzione della distanza, esprimere la velocità in funzione del tempo*; talora anche nel linguaggio com., *in funzione di*, in dipendenza da ‖ *T.inform.* operazione specificata da un'istruzione **4.** cerimonia religiosa: *il vescovo celebrerà una funzione solenne, assistere a una funzione funebre* **5.** *T.chim.* gruppo atomico o radicale che determina le proprietà di una serie di composti ‖ *dim.* funzioncèlla, funzioncìna ‖ **N. 1.** *Sin.* carica, mansione, ufficio; azione **2.** *Sin.* incombenza, obbiettivo, ragione, ruolo **3.** *Sin.* applicazione **4.** *Sin.* rito. **Q.T.** *linguistica, matematica...*

fuochista (ant. *fochista*) [da *fuoco*; 1759 nel senso 2] ***s.*** **1.** chi alimenta il fuoco della caldaia nelle macchine a vapore ‖ chi accende e sorveglia la caldaia degli impianti di riscaldamento nei condomini **2.** *raro* fabbricante o venditore di fuochi artificiali.

fuòco (ant. *fòco*) (pl. *-chi*) [lat. *focus*, focolare domestico; 1224 ca. *focu* nel senso 1; a. 1642 nel senso 4] ***sm.*** **1.** sviluppo simultaneo di calore e di luce che si produce alla combustione: *fuoco di legna, di carbone, accendere, attizzare il fuoco, scaldarsi al fuoco del caminetto*; *lingue di fuoco*, fiamme lunghe e sottili; *al fuoco!*, grido d'aiuto in caso d'incendio ‖ *dar fuoco a qualcosa*, bruciarla (e *fig.* distruggerla); *prendere fuoco*, accendersi, cominciare a bruciare, e *fig.* adirarsi: *prende fuoco per un nonnulla*; *andare a fuoco*, essere distrutto da un incendio; *hai del fuoco?*, hai da accendere una sigaretta?

|| *fuoco sacro*, a Roma, quello tenuto perennemente acceso dalle Vestali || *fuoco eterno*, l'inferno || *a fuoco*, a caldo, alla fiamma: *lavorare, saldare un pezzo a fuoco, cuocere a fuoco vivo, lento, mettere la pentola sul* (o *al*) *fuoco*; *fig. mettere troppa carne al fuoco*, impegnarsi in troppe attività contemporaneamente, introdurre troppi argomenti a un tempo ecc. || in vari modi di dire *fig.*: *scherzare col fuoco*, affrontare con leggerezza un pericolo serio; *fig. fuoco di paglia*, passione, entusiasmo molto intenso ma di breve durata; *soffiare sul fuoco*, alimentare tensioni, inimicizie, passioni ecc.; *gettare acqua sul fuoco*, ridurre la tensione, minimizzare, sdrammatizzare; *fare fuoco e fiamme*, fare l'impossibile per ottenere qualcosa; *mettere a ferro e fuoco*, saccheggiare, devastare; *prova del fuoco*, *propr.* giudizio di Dio consistente nell'esporre parti del corpo alle braci o ai carboni ardenti, e *fig.* prova difficile e decisiva; *mettere la mano sul fuoco per qualcosa*, esserne assolutamente sicuro; *buttarsi nel fuoco per qualcuno*, fare qualunque cosa per lui || in alcuni giochi infantili in cui si ricerca un oggetto nascosto o si cerca di indovinare una parola, indica che si è vicini all'obiettivo, in contrapposizione ad *acqua* (è usato anche il dim. *fuochino*) **2.** *T.astrol. segni di fuoco*, Ariete, Leone e Sagittario **3.** *fig.* sensazione di calore intenso: *sentirsi il fuoco nelle viscere, un liquore che mette il fuoco nelle vene*; *diventare di fuoco*, arrossire violentemente || ardore, stato di vivissima emozione: *il fuoco della passione, dell'ira, della missione*; *una donna di fuoco*, sensuale, passionale; *uno sguardo di fuoco*, acceso da una passione intensa; *parole di fuoco*, dette con tutta l'anima, o anche minacciose, vibranti, terribili; *scherz. il sacro fuoco*, l'estro artistico o, anche, entusiasmo e vocazione totali per la propria attività **4.** *per restr.* l'esplosione della polvere da sparo: *armi da fuoco*, che utilizzano l'energia cinetica dei gas prodotti dall'esplosione della polvere da sparo || lo sparo stesso: *far fuoco*, sparare; *fuoco!*, ordine con cui si comanda di sparare; *aprire, cessare il fuoco*; *scontro a fuoco*, sparatoria || l'azione delle armi da fuoco e il loro effetto: *fuoco di fucileria, d'artiglieria*; *fuoco di sbarramento*; *fuoco di fila*, v. FILA; *proteggersi dal fuoco nemico*; *fig. trovarsi tra due fuochi*, dover scegliere tra due situazioni ugualmente pericolose o spiacevoli || *T.stor. fuoco greco*, tipo di miscela incendiaria usata dai bizantini nelle battaglie navali || *fuochi artificiali o d'artificio*, preparati esplosivi che si accendono e bruciano rapidamente descrivendo nel cielo ampie traiettorie luminose di vari colori **5.** *T.fis.* in ottica, punto dell'asse ottico di una lente o di uno specchio in cui convergono i raggi di fascio incidente (*fuoco reale*, in lenti o specchi concavi) o i loro prolungamenti (*fuoco virtuale*, in lenti o specchi convessi) || *mettere a fuoco*, regolare l'obiettivo di una macchina fotografica, le lenti di un cannocchiale o di un altro strumento ottico in modo da ottenere un'immagine nitida di oggetti posti a una determinata distanza; *fig.* chiarire, definire con precisione, puntualizzare: *mettere a fuoco i punti essenziali della questione* **6.** *T.mat. fuoco di una conica*, punto F del piano della conica, tale che per ogni punto P della conica è costante il rapporto (detto *eccentricità*) tra le distanze di P da F e da una retta detta *direttrice* **7.** *fuoco di Sant'Antonio*, nome pop. della malattia cutanea nota come *herpes zoster* **8.** *fuoco di Sant'Elmo*, velo luminoso, dovuto a fenomeni di elettricità atmosferica, che si presenta talvolta di notte sugli alberi delle navi o su aste metalliche in montagna || *fuoco fatuo*, v. FATUO || *dim.* focherèllo o fuocherèllo, focherellino, fochétto o fuochétto, fochettino, focolino, fuochino; *accr.* focóne o fuocóne || **N. 1.** brace, cenere, favilla, fiamma, scintilla, tizzone, vampa; falò, incendio, rogo | ardere, avvampare, crepitare, divampare, scoppiettare, sfavillare, stridere; arroventare, bruciare, carbonizzare, strinare | alari, attizzatoio, braciere, mantice, molle, soffietto | ardente, incandescente, rovente; antincendio, ignifugo, ignivoro, incombustibile, infiammabile **2.** *Sin.* impeto, slancio | focoso, infuocato **3.** pirotecnica. **Q.T.** *armi* **TAV.** *geometria* 12.3, 13.2, 14.2; ***ottica*** **p. 1329** 4.5, 6.4.

fuorché [comp. di *fuor*(*i*) e *che*; 1319 *fuor che*] **I *prep.*** salvo, tranne: *erano tutti imbarazzati fuorché lui, nessuno, fuorché le guide, conosceva la via del ritorno* **II *cong.*** (seguita da un verbo all'infinito) tranne: *potevi fare qualunque cosa fuorché trattarlo in quel modo* || (con il verbo al congiuntivo) *non com.* tranne che: *mi aspettavo di tutto fuorché accettasse quell'offerta.*

fuòri [lat. *fŏris*; a. 1276 *fore*] **I *avv.*** **1.** all'esterno di un luogo: *se non vuoi salire in macchina, aspettami fuori*; *il latte è uscito fuori, il centravanti ha mandato fuori il pallone da due passi* || *in part.* all'esterno di un edificio e spec. di casa propria: *guarda fuori com'è il tempo, sto fuori fino a tardi stasera, pranzare, dormire fuori* || *fuori!*, intimazione perentoria di uscire da una stanza, da una casa e sim., oppure di consegnare o mostrare qualcosa; anche seguito da un nome: *fuori i provocatori!, fuori i soldi!, fuori le prove!* **2.** nella loc. avv. *di fuori*, all'esterno, nella parte esterna: *lava bene la zuppiera anche di fuori*; dall'esterno: *viene di fuori* (anche con valore di *sm.*, *il di fuori*, l'esterno; *dal di fuori*, dall'esterno) || nella loc. avv. *da fuori*, dall'esterno || nella loc. avv. *in fuori*, verso l'esterno: *non sporgerti troppo in fuori, petto, denti in fuori* **3.** unito a vari verbi, forma espr. con particolari: *T.gioc. chiamarsi fuori*, in vari giochi di carte, dichiararsi vincitore prima che sia finita la mano, avendo già raggiunto i punti necessari per vincere; *far fuori*, uccidere, togliere di mezzo; *lasciar fuori*, non includere, tralasciare; *mettere fuori*, esporre; *restare, tenersi fuori*, escludersi o essere escluso da qualcosa, non essere coinvolto: *voglio restar fuori da questa faccenda*; *saltar fuori*, arrivare inaspettatamente: *di dove sei saltato fuori?* (anche fig.: *e poi è saltata fuori quest'idea un po' folle, ma brillante*); detto anche di cose perdute o nascoste che si ritrovano: *sono saltati fuori i miei occhiali, finalmente!*; *tagliare fuori*, isolare (anche *fig.*); *tirare fuori*, far uscire, mostrare, e *fig.* fare un commento inatteso, escogitare qualcosa di sorprendente: *ne ha tirata fuori un'altra delle sue* **II *prep.*** (spec. in espr. irrigidite come *fuori casa*) e nelle loc. prep. *fuori di, fuori da*, all'esterno di: *fuori di casa, uscire fuori dall'acqua*; *fuori di qui!*, andatevene!, vattene! || spesso indica lontananza: *essere fuori strada* (anche *fig.*); *tenersi fuori tiro* || senza rif. a luoghi: *essere fuori dalla stagione fredda, mettersi fuori da ogni norma*; *essere fuori di sé*, non essere in grado di ragionare lucidamente, per una forte emozione, per malattia o altro || *ant.* eccetto: *fuor di lui nessuno venne* || in vari casi indica negazione del concetto espresso dal nome che segue: *esemplare fuori commercio*, non commerciabile; *fuor di dubbio*, con certezza; *andare fuori tempo*, in musica, non tenere il tempo || in alcune loc. agg.: *fuori luogo*, inopportuno; *fuori uso*, danneggiato, inservibile; *fuori corso*, di moneta o banconota, non più in circolazione || per varie altre loc. (*fuori strada, fuori combattimento, fuori dai gangheri, fuori mano, fuori quadro* ecc.), v. i singoli sostantivi, o talvolta l'intera loc. scritta come un'unica parola.

fuòri- [dal lat. *fŏris*, fuori] ***pref.*** preposto ad aggettivi o sostantivi ha il valore di "esterno" (*fuoribordo, fuorilegge, fuoricorso*) o, talora, di "fuori dal comune" (*fuoriclasse, fluoriserie*) || **N.** *Contr.* entro-.

fuoribórdo [comp. di *fuori-* e *bordo*, sul modello dell'ingl. *out-board*; 1889 come sm. nel senso 2; 1931 come sm. nel senso 1] **I *sm. inv.*** **1.** motore solitamente a scoppio che si applica all'esterno delle imbarcazioni || *per meton.* la piccola imbarcazione a cui esso è applicato **2.** tutta la superficie esterna ed emersa dello scafo di una nave **II** anche ***agg. inv.*** (sempre posposto): *motore fuoribordo.*

fuoribórsa [comp. di *fuori-* e *borsa*; 1956] ***agg. inv.*** (sempre posposto) e ***sm. inv.*** detto di operazione borsistica che si svolge fuori dal mercato ufficiale: *contrattazioni fuoriborsa, il fuoriborsa* || **N.** *Sin.* borsino.

fuoribùsta [comp. di *fuori-* e *busta*; 1971] ***agg. inv.*** (sempre posposto) e ***sm. inv.*** detto di compenso che si aggiunge alla paga e che non viene registrato in busta paga, rimanendo così non soggetto a tassazione: *quest'anno ho ricevuto molti fuoribusta, il direttore mi ha promesso un premio fuoribusta.*

fuoricàmpo [comp. di *fuori-* e *campo*; 1970] ***sm. inv.*** *T.cin.* ciò che non rientra nell'inquadratura della cinepresa || *voce fuoricampo*, proveniente da un personaggio che non si vede nella scena.

fuòri che ***prep.*** e ***cong.*** *non com.* v. FUORCHÉ.

fuoriclàsse [comp. di *fuori-* e *classe*; 1911] **I *s. inv.*** persona (e in part. atleta) eccezionalmente dotata: *è un fuoriclasse della racchetta* **II** anche ***agg. inv.*** (sempre posposto): *è un matematico fuoriclasse.*

fuoricombattiménto o **fuòri combattiménto** [comp. di *fuori-* e *combattimento*; 1939] **I *loc. m.*** *T.sport.* nel pugilato, condizione del pugile che, atterrato dall'avversario, rimane a terra per più dei dieci secondi consentiti || *fuori combattimento tecnico*, condizione del pugile che, a causa dei numerosi colpi o ferite, non riesce più a difendersi dall'avversario, pur non essendo stato atterrato **II *loc. avv.*** *T.sport.* detto del pugile che rimane a terra per più di dieci secondi: *mettere fuori combattimento, essere fuori combattimento* || *fig.* in condizione di non nuocere, nell'impossibilità di reagire.

fuoricórso o **fuòri córso** [comp. di *fuori-* e *corso*; 1934 nel senso 3] ***agg. inv.*** (sempre posposto) **1.** detto di francobollo ormai privo di validità postale **2.** detto di moneta non più in circolazione **3.** detto di studente universitario che non ha concluso gli studi entro il termine previsto dal piano di studio: *studente fuoricorso* (anche *s. inv.*: *il problema dei fuoricorso*) || detto di anno di iscrizione all'università oltre l'ultimo regolamentare: *essere iscritto al primo anno fuoricorso.*

fuorigiòco [comp. di *fuori-* e *gioco*, sul modello dell'ingl. *offside*; 1905 *fuori gioco*] ***sm. inv.*** *T.sport.* nel calcio, posizione irregolare di un giocatore che, al momento in cui parte il passaggio di un compagno, si trovi al di là della palla senza che ci siano almeno due avversari tra sé e la linea di fondo || in altri sport di squadra (per es. nel *rugby*), posizione irregolare di un giocatore || **N.** *Sin. offside.*

fuorilégge [comp. di *fuori-* e *legge*, sul modello dell'ingl. *outlaw*; 1948] ***s. inv.*** chi agisce senza tener conto o contro la legge.

fuorimàno o **fuòri màno** [comp. di *fuori-* e *mano*; 1853] **I *avv.*** lontano dall'abitato, in un posto isolato, in un posto scomodo e difficile da raggiungere: *abita fuorimano* **II *agg.*** (sempre posposto): *un'osteria fuorimano.*

fuorimiṣùra o **fuòri miṣùra** o **fuormiṣùra** [comp. di *fuori-* e *misura*] **I *agg. inv.*** **1.** che ha dimensioni inadeguate (per eccesso o per difetto): *un vestito fuorimisura, un lancio fuorimisura* **2.** eccessivo, esagerato: *una reazione fuorimisura* **II *avv.*** in modo esagerato.

fuòripàgina [comp. di *fuori-* e *pagina*; 1970] ***sm. inv.*** articolo giornalistico pubblicato su una pagina diversa dal solito.

fuoripista [comp. di *fuori-* e *pista*; 1983] **agg.** *inv.* (sempre posposto) e **sm.** *inv.* *T.sport.* detto di sci praticato su tracciati liberi, al di fuori delle piste segnate: *sci fuoripista, essere amante del fuoripista.*

fuoriprogràmma o **fuòri progràmma** [comp. di *fuori-* e *programma*; 1966] **I sm.** *inv.* numero di uno spettacolo teatrale, televisivo o sim. non previsto nel programma prefissato: *trasmettere un fuoriprogramma, presentare un fuoriprogramma* || *per estens.* imprevisto: *è successo uno spiacevole fuoriprogramma* **II agg.** *inv.* (sempre posposto) non compreso, non previsto nel programma: *uno spettacolo fuoriprogramma* **III avv.**: *fuoriprogramma, verrà trasmesso un documentario.*

fuorisàcco [comp. di *fuori-* e *sacco*; a. 1930 *fuori sacco*] **I agg.** *inv.* (sempre posposto) detto di corrispondenza che deve esser recapitata il più presto possibile e tenuta al di fuori del sacco postale: *spedizione fuorisacco* **II avv.**: *inviare fuorisacco* **III sm.**: *un fuorisacco urgente.*

fuoriscàlmo o **fuòri scàlmo** [comp. di *fuori-* e *scalmo*; 1956] **sm.** *inv.* *T.sport.* nel canottaggio, imbarcazione veloce da regata, di forma lunga e stretta, con scalmi che sporgono dal bordo.

fuorisède o **fuòri sède** [comp. di *fuori-* e *sede*; 1977] **agg.** *inv.* (sempre posposto) e **sm.** *inv.* detto di studente, spec. universitario, che non risiede nella città in cui ha sede la scuola o l'università che frequenta: *buoni mensa per i fuorisede, studente fuorisede.*

fuorisèrie [comp. di *fuori-* e *serie*; 1950] **I agg.** *inv.* (sempre posposto) detto di un prodotto industriale non fabbricato in serie: *articolo fuoriserie* **II sf.** *inv.* automobile di lusso con carrozzeria e rifiniture speciali, prodotta in pochi esemplari: *si è comprato la fuoriserie.*

fuoristràda [comp. di *fuori-* e *strada*; 1964] **I sm.** *inv.* **1.** autoveicolo o motoveicolo con carrozzeria alquanto rialzata da terra, fornito di pneumatici speciali che gli consentono di viaggiare su terreni accidentati, di guadare fiumi e superare ostacoli **2.** sport automobilistico e motociclistico praticato con tali veicoli su percorsi prefissati **II agg.** *inv.* (sempre posposto) detto di tali veicoli e dei relativi accessori: *moto fuoristrada, auto fuoristrada, pneumatici fuoristrada.* **TAV. *automobile* p. 659** 11.

fuoristradista [da *fuoristrada*; 1977] **s.** pilota d'auto o moto fuoristrada.

fuoritùtto [comp. di *fuori-* e *tutto*; 1937] **sm.** *inv.* *T.mar.* lunghezza massima di una nave, misurata dall'estremo di prua all'estremo di poppa.

fuoriuscìre o **fuoruscìre** (pres. *fuorièsco* ecc., come USCIRE) [comp. di *fuori-* e *uscire*; 1363 *fuoriescire*] **intr.** (aus. *essere*) uscire fuori, sgorgare: *l'acqua fuoriusciva dalla condotta.*

fuoriuscìta o **fuoruscìta** [comp. di *fuori-* e *uscita*; 1942] **sf.** il fuoriuscire: *fuoriuscita di gas*, fuga di gas || *fig.* in politica, abbandono di una ideologia o di un modello economico o tecnologico: *fuoriuscita dal capitalismo, fuoriuscita dal nucleare.*

fuoriuscitìṣmo o **fuoruscitìṣmo** [da *fuoriuscito*; 1949] **sm.** *T.pol.* attività di opposizione politica svolta dagli esuli nei confronti del governo del proprio paese.

fuoriuscìto o **fuoruscìto** (*pps.* di *fuoriuscire*) [fine sec. XV *fuori uscito*] **sm.** (f. *-a*) chi per ragioni politiche esce, spontaneo o espulso, fuori della sua patria: *i fuoriusciti italiani durante il fascismo* || **N.** *Sin.* emigrato, esule, profugo, proscritto.

fuorivìa o **forivìa** [comp. di *fuori-* e *via*; 1887] **I avv.** *ant.* o *region.*, fuori mano || *per estens.* all'estero **II agg.** *inv.* (sempre posposto) *ant.* o *region.* *un cinema fuorivia.*

fuoruscitìṣmo V. FUORIUSCITISMO.

fuorviànte (*ppr.* di *fuorviare*) [1943] **agg.** che conduce fuori strada, che svia; ingannevole: *ipotesi, ragionamento fuorviante.*

fuorviàre (pres. *-io*) [da *fuori via*, fuori strada; sec. XIV *forviare*] **tr.** allontanare dalla strada giusta (gen. *fig.*): *non farti fuorviare da certi discorsi* || **intr.** (aus. *avere*) *meno com.* perdere la strada (anche *fig.*).

furàce [dal lat. *furax, -ācis*; 1539] **agg.** *lett.* incline al furto.

furàno [comp. dal lat. *furfur*, forfora, crusca e *-ano*[2]; 1931] **sm.** *T.chim.* composto organico impiegato come solvente industriale e come materia prima di sintesi, sotto forma di derivato idrogenato.

furàre [dal lat. *furāri*; a. 1292] **tr.** *ant.* **1.** rubare, predare **2.** nascondere.

furbacchióne [da *furbo*; 1858] **sm.** (f. *-a*) *fam.* persona molto furba, che la sa lunga || **N.** *Sin.* dritto.

furbàstro [da *furbo*; 1949] **agg.** e **sm.** (f. *-a*) che, chi pretende di fare il furbo, ma agisce in modo maldestro, senza ottenere successo.

furberìa [da *furbo*; a. 1562] **sf.** l'esser furbo || *più com. concr.* atto di persona furba, espediente astuto, spec. con una connotazione negativa: *con queste furberie non andrai lontano* || **N.** *Sin.* astuzia, furbizia, scaltrezza, sottigliezza; accorgimento, *escamotage*, imbroglio, malizia.

furbésco (pl. *-schi*) [da *furbo*; 1560] **agg.** da furbo, con sfumatura spreg. o scherz. || *parlata, lingua furbesca*, gergo della malavita.

furbìzia [da *furbo*; 1853] **sf.** l'essere furbo (senza la connotazione negativa di *furberia*).

fùrbo [dal fr. *fourbe*, ladro, ingannatore; a. 1552] **I agg.** abile nel trarre vantaggio da una situazione, anche grazie ad espedienti non troppo leciti, ma che mostrano comunque prontezza e ingegno || detto anche di comportamenti, azioni ecc.: *non è stata una trovata molto furba* || che dimostra astuzia e vivacità: *occhi furbi, ha un'aria furba* || *fam.* *farsi furbo*, smetterla di dire o fare sciocchezze, anche come ingiuria: *ma fatti furbo!* **II sm.** (f. *-a*) **1.** persona astuta e svelta a capire la situazione: *è un furbo matricolato* **2.** *ant.* furfante || *dim.* furbétto; *accr.* furbóne, furbacchióne; *pegg.* furbàstro || **N.** I *Sin.* accorto, astuto, destro, malizioso, sagace, scaltro, volpino.

furènte [dal lat. *furens, -ēntis*; 1499] **agg.** che è in preda al furore: *era furente per l'offesa ricevuta* || che dimostra furore: *uno sguardo furente* || **N.** *Sin.* adirato, furibondo, infuriato, invasato, inviperito, rabbioso.

furerìa [da *furiere*; 1887] **sf.** *T.mil.* ufficio amministrativo di una compagnia di soldati o di reparti equivalenti. **Q.T.** *forze armate.*

furétto [lat. volg. **furitus*, da *fur*, ladro; a. 1320] **sm.** mammifero carnivoro, varietà della puzzola.

furfantàggine [da *furfante*; a. 1803] **sf.** *non com.* furfanteria.

furfantàglia (pl. *-glie*) [da *furfante*; 1865] **sf.** *non com. spreg.* insieme di furfanti.

furfantàre [da *furfante*; 1543] **intr.** (aus. *avere*) *raro* furfanteggiare.

furfànte [dal fr. ant. *forfaire*, agire fuori della legge; 1534] **sm.** malfattore, persona pronta a ogni malefatta || **N.** *Sin.* canaglia, delinquente, farabutto.

furfanteggiàre (pres. *-éggio*) [da *furfante*; a. 1803] **intr.** (aus. *avere*) fare il furfante.

furfanterìa [da *furfante*; a. 1535] **sf.** l'esser furfante || *più com.* detto o atto da furfante.

furfantésco (pl. *-schi*) [da *furfante*; 1534] **agg.** da furfante: *vita, azione furfantesca.*

furfantìna [da *furfante*; a. 1665] **sf.** nella loc. *battere la furfantina*, battere i denti per il freddo; *per estens.* trovarsi in assoluta miseria || rumore simile allo scrosciare dell'acqua, prodotto battendo le mani contro le gote gonfiate.

furfantìno [da *furfante*; a. 1565] **agg.** *lett.* di o da furfante || *lingua furfantina*, lingua furbesca, gergo adoperato dalla malavita.

furfuràceo V. FORFORACEO.

furgonàto [da *furgone*; 1983] **agg.** (sempre posposto) (o *ass. sm. furgonato*) detto di autoveicolo con carrozzeria a furgone, destinato al trasporto delle merci.

furgoncìno (*dim.* di *furgone*) [1905] **sm.** piccolo furgone un tempo a pedali, oggi a motore, adibito al trasporto di merci.

furgóne [dal fr. *fourgon*; 1812 *forgone*] **sm.** veicolo chiuso per trasporto di merci || cellulare della polizia || *dim.* furgoncìno. **TAV. *automobile* p. 659** 13.

furgonista [da *furgone*; 1965] **s.** guidatore di furgone.

fùria [dal lat. *furia*; a. 1292 nel senso 2] **sf.** **1.** stato di eccitazione violenta e aggressiva, impeto d'ira; è usato spec. in alcune espr.: *andare su tutte le furie, montare in furia; ma che furia gli è presa?* || *per estens.* violenza impetuosa e incontrollabile: *la furia del mare, del vento, dell'epidemia, del combattimento*; *fig.* *la furia della passione, dell'avidità* || nella loc. *a furia di*, indica un'azione ripetuta e insistente: *farsi largo a furia di spintoni, è andato avanti a furia di raccomandazioni, mi è venuto un crampo a furia di scrivere* **2.** ciascuna delle tre divinità infere femminili romane, personificazioni della vendetta e dei rimorsi || *per estens.* persona in preda a grande e violenta eccitazione, spec. in espr. comparative spesso *iperb.*: *mi piombò in casa come una furia, se le parli male dei figli diventa una furia* **3.** grande fretta, spesso con un'idea di affanno: *hai proprio furia di arrivare, che furia! calmati un momento, non farmi furia che mi confondi* || freq. nell'espr. *in fretta e furia*, con grande precipitazione || **N. 1.** *Sin.* escandescenza, furore, rabbia, smania; impeto, veemenza | adirarsi, andare in bestia, fremere, infuriarsi; infuriare, scatenarsi **2.** *Sin.* belva, erinni **3.** *Sin.* precipitazione, premura.

furiàle [dal lat. *furiālis*; prima metà sec. XIV] **agg.** *lett.* *raro* proprio delle Furie, da furia || *veste furiale*, quella avvelenata che fece infuriare il semidio Ercole.

furiàre (pres. *fùrio*) [dal lat. *furiāre*; a. 1332] **intr.** (aus. *avere*) *ant.* e *poet.* infuriare.

furiàta [da *furiare*; 1683] **sf.** *non com.* impeto furioso, sfuriata: *una furiata di vento, di pioggia.*

furibóndo [dal lat. *furibundus*; a. 1333] **agg.** agitato da furore || proprio di persona furibonda: *atti furibondi, voce furibonda* || **N.** *Sin.* adirato, esasperato, fremebondo, furioso, infuriato, iracondo.

furière [dal fr. ant. *fourrier*, foraggiatore; a. 1565] **sm.** *T.mil.* sottufficiale o soldato di leva dell'esercito che tiene l'amministrazione di una compagnia sotto la direzione del capitano || in marina, chi è destinato ai lavori di contabilità e scritturazione a bordo delle navi e in tutti gli uffici a terra.

furióso [dal lat. *furiōsus*; a. 1292] **I agg.** **1.** in preda a un violento impeto d'ira: *divento furioso solo a vederla, ha un modo di fare che mi rende furioso* || che ha frequenti accessi d'ira incontrollata: *pazzo furioso*, anche *fig.*; *l'Orlando Furioso*, in preda alla pazzia || anche detto di animali: *toro furioso* **2.** detto di atti, comportamenti, espressioni e sim., che dimostra furore: *uno sguardo, una lettera furiosa* || *per estens.* di grandissima (e spesso eccessiva) violenza e intensità: *un amore furioso, una furiosa gelosia, un furioso combattimento, una furiosa grandinata* **3.** *non com.* che ha sempre gran fretta, precipitoso, affannato || **furiosaménte avv.** con furia, con violenza, con energia **II sm.** (f. *-a*) malato di mente soggetto a frequenti accessi di ira violenta || **N. 1.** *Sin.* FURENTE **2.** *Sin.* maniacale; accanito, energico, impetuoso, veemente, violento.

furlàna [da un dialettale *furlano*, friulano; 1720] ***sf.*** antica danza campagnola del Friuli.

fùro [dal lat. *fūr, fūris*; a. 1294] ***sm.*** *arc.* o *poet.* ladro.

furóre [dal lat. *fūror, -ōris*; a. 1292] ***sm.*** **1.** stato di grande eccitazione, provocato gen. dall'ira, con manifestazioni violente: *essere in preda a cieco furore, il furore della vendetta, della gelosia* || *a furor di popolo*, su veemente richiesta popolare, spesso travolgendo le istituzioni o le prassi consolidate: *è stato condannato a furor di popolo*; anche in espr. iperb.: *un bis ottenuto a furor di popolo* || stato di eccitazione spirituale: *furore mistico*; *furore creativo*, dell'artista nel momento dell'ispirazione **2.** *per estens.* violenza, impeto: *il furore della tempesta, il furore giovanile* **3.** ammirazione entusiastica, nell'espr. *fare furore*, avere un successo straordinario || *non com.* brama ardente: *spinto dal furore delle ricchezze* || **N. 1.** *Sin.* escandescenza, rabbia, smania, FURIA **2.** *Sin.* ardore, foga, slancio, veemenza.

furoreggiàre (pres. *-éggio*) [da *furore*; 1876] ***intr.*** (aus. *avere*) far furore, esser molto applaudito: *è una cantante che furoreggia.*

furtìvo [dal lat. *furtīvus*; a. 1342] ***agg.*** **1.** detto o fatto di nascosto: *occhiate furtive, una lacrima furtiva* **2.** *T.giur.* che proviene da un furto || **furtivaménte** ***avv.***

fùrto [dal lat. *furtum*; a. 1292] ***sm.*** *T.giur.* l'impossessarsi di proprietà mobile altrui per trarne profitto, rimuovendola dal luogo dove si trova senza il consenso del proprietario: *esser condannato per furto*; *furto con scasso*, con danni alle cose; *furto d'uso*, commesso da chi intende servirsi temporaneamente della cosa sottratta, per poi restituirla || *per estens.* appropriazione di una produzione dell'ingegno: *furto di un'idea*; *furto letterario*, plagio || *iperb.* somma (pagata o richiesta) che si ritiene scandalosamente eccessiva in rapporto a quanto è offerto: *un prezzo simile per una mediocrissima cena è un vero furto!* || *dim.* furterèllo, furtarèllo || **N.** *Sin.* ladrocinio, ruberia; abigeato | cleptomania, refurtiva | rubare.

fùsa [prob. da un pl. arc. di *fuso*; 1868] ***sf. pl.*** solo nella loc. *far le fusa*, riferito al suono caratteristico emesso dai gatti quando vengono accarezzati o sono comunque soddisfatti.

fuṣàggine o **fusàggine** [dal lat. volg. **fusaginis*, da *fūsus*, fuso, perché dal suo legno si ricavano i fusi; a. 1320] ***sf.*** arbusto delle Celastracee dai fiori verdastri e frutti rossi a capsula di forma simile alla berretta di un prete || **N.** *Sin.* berretta da prete.

fusàglia (pl. *-glie*) [etim. inc.; 1942 *fusaia*] ***sf.*** *rom.* spec. *pl.*, seme del lupino tenuto a bagno e cosparso di sale, per essere mangiato.

fusàio (pl. *-ài*) [da *fuso*; prima metà sec. XIV *fusaro*] ***sm.*** (f. *-a*) *non com.* **1.** chi fabbrica o vende fusi **2.** addetto al funzionamento dei fusi nella filatura meccanica.

fusaiòla o **fusaruòla** [da *fuso*; 1550 *fusarola*] ***sf.*** *T.arch.* ornato architettonico costituito da un'alternanza di elementi sferici e fusiformi.

fusaiólo o **fusaròlo** [da *fuso*; a. 1388] ***sm.*** ciambellina pesante che si infila nella cocca inferiore del fuso, perché questo possa girare più regolarmente.

fusaruòla o **fusaròla** ***sf.*** *non com.* V. FUSAIOLA.

fusàta [da *fuso*; 1803] ***sf.*** **1.** quantità di filo avvolta sul fuso **2.** *non com.* colpo dato con un fuso.

fusàto [da *fuso*; 1611] ***agg.*** *non com.* affusolato. **TAV. *araldica* p. 645** 3.12.

fuscellìno (*dim.* di *fuscello*) [1353] ***sm.*** **1.** piccolo fuscello || *fig. cercare col fuscellino*, andare in cerca di noie e intrighi **2.** spec. *pl.* le aste tracciate dai bambini che imparano a scrivere || *fig. essere ai fuscellini*, essere agli inizi di qualcosa, alle prime armi.

fuscèllo [lat. volg. **fusticellus*, dim. di *fūstis*, bastone; 1353] ***sm.*** sottile ramoscello secco, pagliuzza e sim. || *fare di ogni fuscello una trave*, essere sempre portato ad esagerare le cose || *fig. è un fuscello*, detto di persona magra e fragile || *dim.* fuscellino, fuscellétto || **N.** *Sin.* stecco; festuca.

fusciàcca [da *fusciacco*; 1723] ***sf.*** sciarpa che si annoda ai fianchi lasciandone pendere i capi sul fianco o dietro; parte di costumi tradizionali, è oggi usata come cintura su abiti femminili o è portata sull'alta uniforme o in cerimonie importanti: *la fusciacca del sindaco.*

fusciàcco (pl. *-chi*) [del persiano *fišac*, ombrellino 1727] ***sm.*** sorta di drappo ricamato in oro e in argento, che si stende sopra i grandi crocifissi nelle processioni.

fùscina [dal lat. *fuscina*, tridente; 1499] ***sf.*** nell'antica Roma, arma a forma di tridente, impiegata nella pesca o nella lotta dei gladiatori.

fuseau o ***fuseaux*** (fr., pr. [fy'zo]) [letter. fuso, poi pantaloni a tubo; 1988] ***sm. pl.*** *T.abb.* pantaloni a tubo attillati.

fusèlla [da *fuso*; 1940] ***sf.*** strumento a ruote per torcere funi.

fusellàto [da *fusello*; a. 1787] ***agg.*** fatto a forma di fuso.

fusèllo (*dim.* di *fuso*) [1561 nel senso 1; 1965 nel senso 3] ***sm.*** **1.** piccolo fuso; *in part.* piccolo fuso intorno al quale si avvolge il filo nel lavorare merletti a tombolo **2.** *T.ferr.* nelle carrozze ferroviarie, l'estremità dell'asse che s'infila nel mozzo e intorno a cui gira la ruota **3.** *T.tip.* filetto orizzontale con un piccolo motivo decorativo al centro, usato per la separazione dei capitoli e sim. **4.** *T.tess.* parte della navetta in cui si infila la spola. **TAV. *tessitura*** 3.2; ***maglia...* p. 1317** 20.6.

fusétto [da *fuso*; 1561] ***sm.*** antico pugnale dei bombardieri veneziani, con tacche sulla lama per misurare il calibro delle artiglierie.

fuṣìbile [dal fr. *fusibile*; 1537 come agg.; 1922 come sm.] **I *agg.*** che si può fondere **II *sm.*** *T.elettr.* valvola costituita da un sottile filo metallico che fonde quando la quantità di corrente supera un certo valore, interrompendo automaticamente il circuito: *è saltato un fusibile.*

fuṣibilità [da *fusibile*, sul modello del fr. *fusibilité*; 1795] ***sf.*** l'esser fusibile; facilità di lavorazione di un metallo fuso.

fusièra [da *fuso*; 1854] ***sf.*** arnese delle tessitorie, per tenervi custoditi i fusi vuoti.

fusifórme [comp. da *fuso* e *-forme*; 1813] ***agg.*** che ha forma di fuso || **N.** *Sin.* affusolato.

fusìlli [da *fuso*, attr. i dial. merid.; 1952] ***sm. pl.*** tipo di pasta particolarmente diffusa nel Meridione d'Italia, a forma di nastro attorcigliato a elica. **TAV. *alimentazione*** 1.7.

fusion (ingl., pr. ['fju:ʒən]) [letter. fusione; 1983] ***sf. inv.*** e ***agg. inv.*** mescolanza di generi musicali diversi, in part. jazz e rock.

fuṣióne [dal lat. *fūsio, -ōnis*; sec. XIV] ***sf.*** **1.** il processo o l'operazione per cui una sostanza solida passa allo stato liquido: *temperatura di fusione di una sostanza, la fusione della cera, del ghiaccio, di un metallo* || *T.metal.* la realizzazione di un'opera attraverso il getto di una colata di metallo fuso in una forma: *fusione di una campana, di una statua in bronzo*; *concr.* anche l'opera stessa: *una fusione di pregio* **2.** processo od operazione di aggregazione di elementi in partenza eterogenei: *fusione di due partiti, di due aziende, di tradizioni culturali diverse* || *fig.* accordo: *fusione degli obbiettivi, fusione di suono e colore* || *T.biol. fusione cellulare*, unione di cellule con caratteristiche genetiche differenti || *T.fis. fusione nucleare*, reazione nucleare in cui due nuclei atomici con elevatissima energia cinetica collidono dando origine a un nuovo nucleo atomico più pesante || *T.ling.* processo per cui i vari elementi morfologici di una parola (radice, affissi, desinenze) non sono più pienamente analizzabili e isolabili l'uno dall'altro (a differenza che nell'*agglutinazione*) || *dim.* fusioncìna || **N. 1.** *Sin.* liquefazione **2.** *Sin.* amalgama, commistione, mescolanza, riunione; armonia. **Q.T.** ***chimica, vetro.***

fuṣionìṣmo [da *fusione*, sul modello del fr. *fusionnisme*; a. 1872] ***sm.*** tendenza a unificare partiti, movimenti od organismi affini, per accrescere la loro forza.

fuṣionìsta [da *fusione*, sul modello del fr. *fusionniste*; 1890] **I *s.*** che è fautore del fusionismo **II *agg.*** favorevole al fusionismo: *tendenza fusionista.*

fuṣionìstico (pl. *-ci*) [da *fusionista*; 1948] ***agg.*** relativo al fusionismo o ai fusionisti, proprio del fusionismo o dei fusionisti.

fùṣo (*pps.* di *fondere*) [a. 1363] ***agg.*** **1.** liquefatto: *ferro fuso, burro fuso, neve fusa* **2.** *colloq.* detto di persona, spossato, svuotato di energie: *mi sento completamente fuso* || che è sotto l'effetto di alcol o droghe || **N. 2.** *Sin.* a pezzi, a terra, sfatto; sballato, fatto. **TAV. *vela* p. 1342** 3.7.

fùso (pl. *-si*; arc. pl. f. *le fusa*) [lat. *fūsus*; 1313 nel senso 1; 1639 nel senso 3] ***sm.*** **1.** strumento di legno panciuto nel mezzo, sottile alle estremità, che nella filatura a mano serve per produrre la torsione del filo: *attendere al fuso* || nei modi di dire: *essere dritto come un fuso*, rigido, impalato, impettito; *andare dritto come un fuso*, senza deviare; *far le fusa*, V. FUSA || analogo elemento metallico delle macchine tessili **2.** nome di vari oggetti o parti a forma di fuso; *in part.* negli autoveicoli, l'organo su cui è montata la ruota || *T.mar.* il corpo centrale dell'àncora || attrezzo usato nella pesca dei totani **3.** *T.geom. fuso sferico*, parte della superficie sferica compresa tra due semicircoli massimi aventi gli estremi comuni || *T.geogr. fuso orario*, ognuno dei 24 fusi in cui è divisa la superficie terrestre (ciascuno compreso tra due meridiani distanti tra loro 15°) all'interno del quale (con adattamenti che rispettano i confini degli stati) tutti i paesi adottano per convenzione la stessa ora civile || *T.biol.* struttura che si forma in una prima fase della divisione cellulare, costituita da sottili filamenti di citoplasma disposti a fuso tra i poli della cellula; è detto *acromatico*, in quanto — a differenza dei cromosomi — non si colora con coloranti basici || **N. 1.** PARTI: cocca, punte, ventre | rocchetto | prillare | affusolato. **Q.T.** ***geografia*** **TAV. *geografia*** 1.7; ***geometria*** 22.5.

fusò [da *fuseaux*; 1988] ***sm. pl.*** adattamento italiano del fr. *fuseau* (v.).

fusolièra [dal ven. *fisolo*, uccello acquatico per andare a caccia del quale si usava una barca di forma affusolata; 1433 *fisoliera* nel senso 2; 1910 nel senso 1] ***sf.*** **1.** la parte centrale della barca, di forma affusolata || *T.aer.* la parte centrale dell'aeroplano e dell'idrovolante, che ne costituisce il corpo principale e contiene la cabina di pilotaggio, l'ambiente per i passeggeri e i vani per il carico **2.** *ant.* barca di forma affusolata. **TAV. *aeronautica*** 4.4.

fùsolo [da *fuso*; sec. XIV nel senso 2] ***sm.*** **1.** palo per la coltura dei mitili **2.** *ant.* parte della gamba dal ginocchio al piede || **N. 2.** tibia, stinco.

fuṣóre [dal lat. tardo *fusor, -ōris*; 1499] ***sm.*** *non com.* fonditore.

fuṣòrio (pl. *-ri*) [dal lat. tardo *fusōrius*; 1499] ***agg.*** che si riferisce alla fusione: *forno fusorio.*

fùsta [lat. *fūstis*, bastone, legno; a. 1304] ***sf.*** *T.stor.* piccola nave velocissima a remi e vela, usata nei sec. XIV-XVI dai pirati del Mediterraneo.

fustàgno [etim. inc.; 1314] ***sm.*** tessuto grosso di cotone o lana, vellutato nella parte esterna.

fustàia [da *fusto*; 1865] ***sf.*** bosco costituito da alberi d'alto fusto.

fustanèlla [dal gr. mod. *phoustanélla*, dim. di *phoustán*, fustagno; 1892] ***sf.*** gonna bianca a pieghe, lunga fino al ginocchio, tipica di alcuni costumi tradizionali maschili greci e dell'uniforme della fanteria greca || **N.** euzone.

fustèlla [da *fusto*, sul modello del milan. *fustella*; 1926 nel senso 1; 1963 nel senso 2] ***sf.*** **1.** *T.tecn.* utensile di acciaio che, per pressione, taglia un legno, un metallo, un cartone o altro secondo un profilo determinato **2.** nelle scatolette di prodotti medicinali, talloncino con il prezzo, che, staccato e inviato dal farmacista all'ente mutualistico, dà diritto al rimborso. **TAV. *utensili* p. 1341** 31.1.

fustellàre (pres. *-èllo*) [da *fustella*; 1931] ***tr.*** sagomare per mezzo della fustella.

fustellàto (*pps.* di *fustellare*) [1970] ***agg.*** e ***sm.*** detto di oggetto intagliato e sagomato con la fustella.

fustellatrìce [da *fustellare*; 1926] ***sf.*** nell'industria cartotecnica, macchina usata per fustellare, sagomare cartoni e cartoncini nella produzione di scatole.

fustìbalo [dal lat. tardo *fustibalus*; a. 1502] ***sm.*** arma medievale da lancio, costituita da una specie di fionda, fissata a un bastone.

fusticìno (*dim.* di *fusto*) [1865] ***sm.*** **1.** piccolo fusto **2.** *T.bot.* nell'embrione vegetale, la parte che nella pianta sviluppata si trasformerà poi in fusto.

fustigàre (pres. *fùstigo, fùstighi*) [dal lat tardo *fustigāre*; inizio sec. XIV *fusticare* nel senso 1; 1952 nel senso 2] ***tr.*** **1.** battere con una frusta o una verga **2.** *fig.* censurare severamente dal punto di vista morale: *fustigare i costumi* || **N.** **1.** *Sin.* flagellare, frustare.

fustigatóre [da *fustigare*; 1921] ***sm.*** (f. *-trìce*) chi fustiga, spec. *fig.*

fustigazióne [da *fustigare*; a. 1511] ***sf.*** **1.** la pena del fustigare **2.** *fig.* censura morale.

fustìno (*dim.* di *fusto*) [1865] ***sm.*** **1.** piccolo fusto **2.** recipiente di cartone a forma di cilindro o di parallelepipedo, che contiene gen. detersivo in polvere.

fùsto [lat. *fūstis*, bastone; 1305] ***sm.*** **1.** *T.bot.* la parte delle piante cormofite che si erge verticalmente dal suolo e porta le foglie o i rami: *piante d'alto fusto*, molto sviluppate in altezza **2.** *per estens.* nome di vari elementi a forma di asse cilindrico: *il fusto del candeliere, del remo* || *T.arch.* la parte della colonna tra la base e il capitello || *T.zool.* l'asse principale delle corna dei cervi || la parte cilindrica della chiave || parte della cassa in legno che riveste la canna del fucile || *ant.* affusto del cannone **3.** il tronco del corpo umano || *fam. per meton.* uomo robusto, atletico e prestante: *quel tuo amico è proprio un fusto!* **4.** armatura di un oggetto: *il fusto di una poltrona* **5.** recipiente di legno per liquidi (spec. vino e sim.) || recipiente metallico di grandi dimensioni, di forma cilindrica, per liquidi e spec. per derivati del petrolio: *un fusto di benzina, di nafta* || *dim.* fustèllo, fusticèllo, fusticìno, fustìno; *pegg.* fustàccio || **N.** **1.** *Sin.* caule, tronco; gambo, stelo **3.** *Sin.* busto, torso **4.** *Sin.* intelaiatura, ossatura, sostegno **5.** *Sin.* barile, tanica. **Q.T. *botanica*** **TAV. *architettura* p. 646** 1.3, 2.5; ***armi* p. 648** 14.6; ***fiori...* p. 671** 7.

fùta[1] [lat. volg. **fugita*; a. 1292] ***sf.*** *arc.* fuga: *la donna mia la volse in tanta futa* (Dante).

fùta[2] [dall'ar. *fūṭa*, tovaglia, grembiale; 1908] ***sf.*** o ***sm.*** *inv.* veste caratteristica di alcune popolazioni africane, costituita da una pezza di cotone, colorata o bianca, che è portata in modo vario: *sotto il largo futa i muscoli le si palesavano come sotto un lino bagnato e aderente* (D'Annunzio).

fùtile [dal lat. *fūtilis*; a. 1459] ***agg.*** di scarso rilievo, serietà o valore: *argomento, pretesto futile* || **futilménte** ***avv.*** || **N.** *Sin.* frivolo, inconsistente, irrilevante, insulso.

futilità [dal lat. *futilitas, -ātis*; 1763] ***sf.*** l'esser futile || *concr.* cosa futile, bagattella, inezia.

futurìbile [da *futuro*; a. 1873] **I** ***agg.*** che può accadere, realizzarsi solo in un futuro indeterminato: *progetto futuribile* **II** ***sm.*** ciò che avverrà, si potrà verificare in futuro: *il vasto campo del futuribile* || ***s.*** *non com.* studioso di avvenimenti o fenomeni futuri || **N.** ***s.*** *Sin.* futurologo.

futurìsmo [da *futuro*; 1909] ***sm.*** movimento artistico e letterario fondato agli inizi del '900 da F.T. Marinetti che, rinnegando ogni forma artistica e culturale del passato, basa il suo credo estetico sull'esaltazione anche provocatoria del dinamismo e della meccanizzazione proprie della civiltà moderna.

futurìsta [da *futurismo*; 1909] **I** ***s.*** fautore e seguace del futurismo **II** ***agg.*** ispirato o relativo al futurismo: *pittura futurista.*

futurìstico (pl. *-ci*) [da *futurismo*; 1920] ***agg.*** *non com.* **1.** del futurismo e dei futuristi **2.** avveniristico.

futùro [dal lat. *futūrus*, che sarà; a. 1294] **I** ***agg.*** **1.** che avverrà in un tempo successivo a quello cui ci si sta riferendo nel discorso: *solo gli sviluppi futuri della situazione ci diranno chi aveva ragione, le future scoperte della scienza*; *la vita futura*, la vita ultraterrena || seguito da un nome che indica un titolo, un ruolo e sim., che assumerà tale ruolo: *il futuro primo ministro, la sua futura sposa* **2.** *T.ling.* e *T.gram.* *tempo futuro* (e com. *ass. sm. futuro*), tempo verbale che colloca l'azione in un momento successivo al presente; in molte lingue può servire anche per esprimere una categoria modale di probabilità e sim. (come in italiano *Che ora è? Saranno le cinque*) || *futuro perfetto* o *anteriore*, tempo verbale che colloca l'azione in un momento successivo al presente, ma precedente rispetto a un altro momento futuro a cui ci si è riferiti nel discorso **II** ***sm.*** **1.** il tempo che verrà, ciò che succederà in seguito: *predire il futuro, un futuro pieno di problemi*; *in futuro*, nel tempo che verrà || *senza futuro*, senza prospettive o speranze di un esito positivo: *un progetto, un partito, un mestiere senza futuro* **2.** *pl. non com.* i posteri || **N.** **I** **1.** *Sin.* venturo **II** **1.** *Sin.* avvenire, destino | preconizzare, presagire, presentire, prevedere.

futurologìa [comp. di *futuro* e *-logia*; 1970] ***sf.*** scienza che si occupa della previsione degli eventi futuri in campo biologico, economico, politico, sociale || *per estens.* nel linguaggio giornalistico, previsione delle evoluzioni degli avvenimenti, in base a interpretazioni personali.

futurològico (pl. *-ci*) [comp. di *futuro* e *-logico*; 1971] ***agg.*** relativo alla futurologia, proprio della futurologia.

futuròlogo (pl. *-gi* o *-ghi*) [comp. di *futuro* e *-logo*; 1967] ***sm.*** (f. *-a*) chi si occupa di futurologia || **N.** *Sin.* futuribile.

G

g lettera dell'alfabeto italiano. Nome per esteso *gi*, di genere femminile o, più di rado maschile: *una g corsiva*, ma anche *un gi corsivo*; *g come Genova*, nella compitazione delle parole ‖ analogamente a *c*, rappresenta due suoni consonantici distinti: l'occlusiva velare sonora [g] e l'affricata palatoalveolare sonora [dʒ]. Il suono [g] è scritto semplicemente *g* davanti ad *a, o, u, r*, e *l* seguita da vocale diversa da *i*: *gatto, goffo, gufo, grido, globo*; davanti ad *e* e *i*, invece, tale suono si scrive ricorrendo al digramma *gh*: *ghiro, ghetto*. In posizione intervocalica, o compreso tra vocale e [r], [l], [j], [w], il suono [g] può essere semplice (*lego, magro, sigla, seghiate, seguite*) o geminato (*leggo, aggrottare, agglomerato, mugghiare, agguantare*). Il suono [dʒ] è rappresentato graficamente con *g* davanti ad *e, i* (*giro, getto*) e con il digramma *gi* davanti alle altre vocali (*giallo, gioco, giusto*). In posizione intervocalica, anche [dʒ] può essere semplice (*fagiolo*) o geminato (*faggio*). La *g* fa inoltre parte dei digrammi *gn* e *gl*, per i quali v. le lettere *n* e *l* rispettivamente ‖ per il plurale dei nomi in *-gia*, e le particolarità ortografiche della coniugazione dei verbi in *-gare, -giare, -gere*, si rimanda alla lettera *c*, che ha un comportamento del tutto analogo ‖ *T.mus.* nei paesi anglosassoni e germanici, indica la nota corrispondente al *sol* ‖ per le sigle e abbreviazioni in cui compare, v. la lista relativa.

gabardìna v. GABARDINE.

gabardine (fr., pr. [gabar'din]) [dallo sp. *gabardina*; 1918] ***sf. inv.*** *T.abb.* stoffa di lana o di cotone tessuta gen. a costine diagonali ‖ ***sm.*** *per meton.* impermeabile fatto con questa stoffa.

gabàrra [dal provenz. ant. *gabarra*; 1869] ***sf.*** *T.mar.* sorta di zattera usata nei porti per carico e scarico di navi.

gabbacristiàni [comp. di *gabba(re)* e *cristiano*; 1869] ***s. inv.*** *non com.* ingannatore del prossimo.

gabbadèo [comp. di *gabba(re)* e *deo*, dio; a. 1444] ***sm.*** *arc.* gabbamondo.

gabbaménto [da *gabbare*; seconda metà sec. XIV] ***sm.*** *raro* il gabbare; inganno, truffa.

gabbamóndo (pl. *gabbamóndi*, o *inv.*) [comp. di *gabba(re)* e *mondo*; 1633] ***sm.*** chi vive gabbando il prossimo ‖ **N.** *Sin.* IMBROGLIONE.

gabbàna [dall'ar. *gabā'*, tunica da uomo dalle maniche larghe; a. 1400 *gabbano* sm.] ***sf.*** **1.** ampio soprabito da viaggio, gen. con cappuccio ‖ veste da lavoro dei contadini ‖ ampio impermeabile di tela cerata usato dai marinai **2.** nell'espr. *fig. voltar gabbana*, cambiare improvvisamente opinione per opportunismo ‖ **N. 1.** giubbone, palandrana, pastrano, tabarro, zimarra.

gabbanèlla [da *gabbana*; 1798] ***sf.*** **1.** camice bianco, lungo oltre il ginocchio, che portano i medici e gli infermieri negli ospedali **2.** semplice veste da camera.

gabbàno v. GABBANA.

gabbàre [da *gabbo*; a. 1294] ***tr.*** ingannare per scherzo o frode: *si è fatto gabbare come un pollo* ‖ *prov. avuta la grazia, gabbato lo santo*, di persona ingrata che, ricevuto il beneficio, non si ricorda più del benefattore; *passata la festa, gabbato lo santo*, si dice quando, non senza malizia, si è lasciata o fatta passare l'occasione di render onore o fare doni a qualcuno ‖ ***intr. pron.*** *meno com.* farsi beffe di qualcuno o qualcosa: *tutti si gabbano della sua ingenuità* ‖ **N. *tr.*** *Sin.* imbrogliare, raggirare | ***intr. pron.*** *Sin.* beffare, deridere, schernire; ridersela di.

gabbasànti [comp. di *gabba(re)* e *santo*; 1688] ***s. inv.*** *non com.* **1.** ipocrita **2.** chi riesce a farsi gioco anche dei santi, cioè un imbroglione molto scaltro.

gabbatóre [da *gabbare*; a. 1311 *gabbatrice*] ***agg.*** e ***sm.*** (f. *-trice*) *non com.* chi o che gabba, inganna.

gabbèo [forse da *gabbia*; 1834] ***sm.*** tavola su cui si asciuga il sale, nelle saline.

gàbbia [lat. *cavea*; 1182 *gabia*] ***sf.*** **1.** arnese di varia forma e grandezza, perlopiù di vimini o di fili di ferro disposti a graticcio, usato per rinchiudervi animali vivi, spec. uccelli: *la gabbia dei cardellini, del criceto* ‖ recinto simile ma più grande e robusto, con sbarre di ferro, per rinchiudervi animali feroci: *la gabbia dei leoni* ‖ *per estens.* ambiente recintato in cui sono rinchiusi gli imputati durante i processi ‖ *fig.* prigione: *se non hai giudizio ti mettono in gabbia* ‖ *gabbia di matti*, compagnia di persone che non vanno d'accordo; o anche una compagnia di gente molto allegra e chiassosa ‖ *gabbia dell'ascensore*, recinto in rete metallica dentro il quale scorre l'ascensore ‖ *T.sport.* nell'atletica leggera, recinto di rete metallica posto alle spalle dell'area del lancio del martello per proteggere gli spettatori da eventuali lanci fuori settore ‖ *T.fis. gabbia di Faraday*, struttura isolante di lamiera o rete metallica, che funziona da schermo elettrostatico, annullando al suo interno un campo elettrico prodotto da cariche esterne **2.** *T.mil.* specie di garitta in cima ai baluardi per la sentinella **3.** *T.mar.* piattaforma semicircolare con ringhiera, in alto sugli alberi, dove sta la vedetta; è detta anche *coffa*; *per estens.* ciascuna delle tre vele (gabbia, parrocchetto, contromezzana) che in un bastimento a tre alberi si spiegano sopra le tre gabbie **4.** *T.anat. gabbia toracica*, il complesso delle ossa e cartilagini che contornano la cavità toracica **5.** *T.sport.* nei concorsi ippici, ostacolo artificiale formato da un doppio sbarramento di tronchi d'albero; *doppia gabbia*, ostacolo analogo con tre sbarramenti **6.** museruola per i buoi ‖ *dim.* gabbiétta, gabbìna, gabbiùccia, gabbiòla, gabbiolìna, gabbiettìna; *accr.* gabbióne (*sm.*); *pegg.* gabbiàccia ‖ **N. 1.** aviario, uccelliera | bacchettine o ballatoi o posatoi o saltatoi, bagnatoio, beverino, casottini, cassette o beccatoi, cosce, covino o cova, cupola, fondo da scorrere, gretole, nottolino, ossatura, staggi o regoletti, usciolino o sportellino. **Q.T.** *caccia* **TAV.** *zootecnia* 20.1; ***vela*** **p. 1343** 6.7.

gabbiàio (pl. *-ài*) [da *gabbia*; 1618] ***sm.*** (f. *-a*) *raro* chi fa e vende gabbie per uccelli.

gabbianèllo [da *gabbiano*; 1856] ***sm.*** uccello marino simile al gabbiano.

gabbiàno [lat. volg. **gabbia*, class. *gavia*; 1669] ***sm.*** nome comune di varie specie di uccelli acquatici marini, lacustri o fluviali e in particolare di una specie dei Laridi, di colore predominante bianco, dal grido rauco; appare spec. in tempo di burrasca ‖ **N.** alcione, martin pescatore.

gabbiàta [da *gabbia*; seconda metà sec. XIV] ***sf.*** *non com.* quantità di volatili contenuta in una gabbia.

gabbière [da *gabbia*; 1314] ***sm.*** *T.mar.* sulle navi a vela, marinaio sceltissimo, particolarmente addestrato a lavorare con rapidità e destrezza sull'alberata ‖ il marinaio di vedetta sulla gabbia.

gabbiétta (*dim.* di *gabbia*) [a. 1446 ca.] ***sf.*** **1.** piccola gabbia **2.** cassetta formata con assicelle leggere di legno, usata per il trasporto della frutta **3.** filo di ferro intrecciato che assicura il tappo di sughero alla bottiglia di spumante ‖ **N. 2.** *Sin. plateau.*

gabbiòla (*dim.* di *gabbia*) [a. 1320] ***sf.*** **1.** piccola gabbia **2.** *T.mar.* piccola vela quadra di gabbia issata sull'albero di trinchetto di alcuni bastimenti a vele latine, per la navigazione col vento in poppa.

gabbionàta [da *gabbione*; 1606] ***sf.*** opera di difesa idraulica o fortificazione costituita da un insieme di gabbioni.

gabbióne (*accr.* di *gabbia*) [a. 1543] ***sm.*** **1.** grossa gabbia; *in part.* la grande gabbia dentro cui si chiudono gli accusati dinanzi alla Corte d'Assise **2.** cesto di vimini e di pali o di rete metallica, di forma cilindrica, che riempito di sassi serve a far parapetti, argini, traverse e altri sim. lavori d'ingegneria.

gàbbo [dal fr. antico *gab*, beffa; fine sec. XIII] **sm.** burla, beffa ‖ *pigliare a gabbo*, prendere in giro; rif. a cosa, infischiarsene.

gàbbro [lat. *glaber*, liscio; 1701] **sm.** roccia eruttiva perlopiù di color verdastro, costituita prevalentemente da plagioclasi e pirosseni.

gabèlla [dall'ar. *qabāla*, cauzione, tributo; 1340] **sf.** *ant.* **1.** imposta statale o comunale: *fare il gonzo per non pagar gabella*, di chi si finge ignorante di qualche cosa, per evitar brighe e dispiaceri **2.** ufficio dove si riscuotevano le imposte ‖ **N. 1.** *Sin.* imposta, DAZIO.

gabellàre (pres. *-èllo*) [da *gabella*; a. 1363] **tr. 1.** *ant.* sottoporre a gabella **2.** *fig. più com.* spacciare, far passare per: *mi gabella per antitedesco* (Giusti) **3.** *non com.* dare per buono, credere: *questa non ve la gabello davvero.*

gabellière [da *gabella*; a. 1349] **sm.** *ant.* chi stava alle porte della città per riscuotere la gabella ‖ *scherz.* doganiere.

gabellìno [da *gabella*; a. 1462] **sm.** *ant.* **1.** casotto alle porte della città dove stavano i gabellieri **2.** *spreg.* gabelliere.

gabellòtto [da *gabella*; 1352] **sm. 1.** in Sicilia, affittuario di un latifondo che lo subaffitta a piccoli lotti **2.** *ant. spreg.* gabelliere.

gabìna **sf.** *pop.* V. CABINA.

gabinétto [dal fr. *cabinet*; 1582 *cabinetto*] **sm. 1.** stanza appartata, nelle case signorili o nei palazzi pubblici, riservata ai colloqui privati e personali, alla lettura ecc. ‖ studio di un professionista: *gabinetto dentistico, fotografico* ‖ nei musei, sala riservata a collezioni particolari: *il gabinetto delle stampe* ‖ *non com.* nelle scuole, locale destinato ad esperimenti di materie scientifiche: *gabinetto di chimica* **2.** locale in cui si trovano i servizi igienici ‖ l'impianto igienico destinato alla raccolta e al convogliamento nelle fogne dei rifiuti organici umani: *gabinetto alla turca*, costituito da una grande piastrella di ceramica forata su cui ci si accoscia **3.** *T.pol.* il complesso dei ministri: *riunione, crisi di gabinetto*; *il primo gabinetto Giolitti*, dal nome del presidente del consiglio ‖ ufficio personale di un ministro: *capo di gabinetto*, il funzionario che dirige l'ufficio di segreteria particolare del ministro e sim. ‖ *ant.* l'insieme dei consiglieri personali di un sovrano ‖ **N. 1.** *Sin.* studio **2.** *Sin.* cesso, *toilette*; latrina **3.** *Sin.* esecutivo, governo.

gadget (ingl., pr. ['gædʒɪt]) [etim. inc.; 1970] **sm.** *inv.* accessorio originale e curioso, perlopiù inutile: *gadget pubblicitario.*

Gadifórmi (sing. *-e*) [dal lat. scient. *Gadiformes*, basato sul gr. *gádos*, nasello e lat. *-formis*, -forme; 1965] **sm.** *pl. T.zool.* ordine di pesci fra i quali si annoverano il merluzzo e il nasello.

gaditàno [dal lat. *Gaditanus*, da *Gades*, Cadice; a. 1406] **I agg.** di Cadice, relativo a Cadice: *stretto gaditano*, stretto di Gibilterra **II sm.** (f. *-a*) abitante, nativo di Cadice.

gadolìnio [da *gadolinite*; 1932] **sm.** *T.chim.* elemento chimico metallico, delle terre rare.

gadolinìte [comp. del n. proprio J. *Gadolin*, fisico finlandese e *-ite*[2]; 1817] **sf.** *T.min.* silicato di ittrio, ferro e berillio in forma di cristalli neri.

gaèlico (pl. *-ci*) [dall'ingl. *gaelic*; 1846 come sm.] **I agg. 1.** relativo alle popolazioni celtiche dell'Irlanda e della Scozia **2.** relativo al gruppo di lingue celtiche parlate da tali popolazioni **II sm.** (solo *sing.*) ramo delle lingue celtiche che comprende l'irlandese, e le lingue celtiche parlate nella Scozia e (un tempo) nell'isola di Man ‖ *in part.* il gaelico di Scozia.

gaétto V. GAIETTO.

gaettóne [da un antico *guaita*, guardia; 1889 *gavettone*] **sm.** *T.mar.* sulle navi da guerra, i due turni di guardia, di due ore ciascuno, dalle ore sedici alle venti.

gàffa [prob. dal fr. *gaffe*; 1813 *gaffe*] **sf.** *T.mar.* ferro a due ganci in cima a un'asta di legno, che serve per avvicinare un'imbarcazione all'approdo e tenervela, oppure per guidarsi navigando in luoghi strettissimi o tra altre imbarcazioni ‖ **N.** *Sin.* alighiero.

gaffe (fr., pr. [gaf]) [letter. gancio; 1905] **sf.** *inv.* (anche pl. *gaffes*, pr. [gaf]) comportamento maldestro o parole inopportune dette per goffaggine o distrazione: *hai fatto una bella gaffe* ‖ **N.** *Sin.* figuraccia, sproposito, topica.

gaffeur (fr., pr. [ga'fœ:r]) [da *gaffe*; 1918] **sm.** (f. *gaffeuse*, pr. [ga'fø:z]) *inv.* persona che fa spesso delle gaffes.

gaffinàre [etim. inc.; 1940] **tr.** *T.oref.* di argento, fonderlo per purificarlo.

gag (ingl., pr. [gæg]) [letter. chiudere la bocca a qualcuno con una battuta inattesa; 1863] **sf.** *inv.* trovata divertente che suscita immediata ilarità: *un film comico con alcune gag irresistibili.*

gagà [dal fr. *gaga*, rimbambito; 1932] **sm.** *inv.* elegantone, zerbinotto ‖ *accr.* gagaróne ‖ **N.** *Sin.* bellimbusto.

gagàte (pl. *-àti*) [dal gr.-lat. *gagátēs*, da *Gagas*, città della Licia; a. 1327] **sf.** giaietto.

gaggìa (pl. *-gìe*) [dal gr. *akakía*, acacia; 1759] **sf. 1.** nome comune di alcune Acacie e particolarmente di una, originaria dell'America del Nord, naturalizzata e diffusa in Italia come pianta da giardino per i suoi fiorellini gialli riuniti in capolini di odore gradevole ‖ il fiore di questa pianta **2.** *com.* robinia.

gàggio (pl. *-gi*) [dal fr. ant. *gage*; a. 1311] **sm.** *arc.* **1.** pegno, caparra ‖ ostaggio **2.** stipendio e spec. soldo militare.

gagliàrda [da *gagliardo*; a. 1535 (*ballare alla*) *gagliarda*] **sf.** danza di corte rinascimentale a ritmo ternario puntato, piuttosto vivace, spesso abbinata alla pavana come controdanza.

gagliardétto [da *gagliardo*; a. 1470] **sm. 1.** *T.mar.* banderuola che si metteva in cima agli alberi delle galee ‖ bandiera a due punte, che si mette in senso verticale sugli alberi delle navi **2.** piccola bandiera a una o a due punte che costituisce l'insegna di alcuni reparti militari o di associazioni politiche o sportive: *lo scambio dei gagliardetti prima della partita.*

gagliardézza [da *gagliardo*; sec. XIII] **sf.** *raro* gagliardia.

gagliardìa [da *gagliardo*; sec. XIV] **sf.** forza, vigore fisico e morale, non privo di una certa baldanza esteriore ‖ *concr. ant.* azione da gagliardo, prodezza ‖ **N.** FORZA.

gagliàrdo [dal provenz. ant. *galhart* o fr. ant. *gaillard*; 1310] **agg.** che ha forza, coraggio, energia e la mostra con fierezza ‖ prode, valoroso: *un guerriero gagliardo* ‖ detto di azioni, compiuto con coraggio e vigore: *un'impresa gagliarda* ‖ detto di cose, energico: *vento gagliardo*; *rimedio gagliardo*, drastico; *vino gagliardo*, ad alta gradazione alcolica ‖ nella loc. avv. *alla gagliarda*, gagliardamente, con vivacità, impeto ‖ **gagliardaménte** **avv.** ‖ **N.** *Sin.* FORTE.

gaglioffàggine [da *gaglioffo*; a. 1566] **sf.** l'essere gaglioffo ‖ *concr.* azione o detto da gaglioffo.

gaglioffería [da *gaglioffo*; 1385] **sf.** *non com.* gaglioffaggine.

gagliòffo [forse da *gagliardo*, con influsso di *goffo*; a. 1342] **agg.** e **sm.** (f. *-a*) buono a nulla ‖ manigoldo, ribaldo ‖ *accr.* gaglioffóne; *spreg.* gaglioffàccio ‖ **N.** *Sin.* briccone, cialtrone.

gàgno [lat. *gāneum*, bettola, taverna; 1483] **sm.** *ant.* covo: *e però, bestia, ritorna nel gagno* (Pulci).

gagnolaménto [da *gagnolare*; a. 1698] **sm.** il gagnolare.

gagnolàre (pres. *gàgnolo*) [lat. volg. **gannīāre*, class. *gannīre*, guaire; sec. XIV] **intr.** (aus. *avere*) guaire, mugolare, detto del cane e della volpe ‖ *fig.* di persone, lagnarsi continuamente, piagnucolare.

gagnolìo (pl. *-ìi*) [da *gagnolare*; sec. XIV] **sm.** *non com.* un gagnolare prolungato, insistente o frequente.

gaiétto [dal provenz. ant. *caiet*, screziato; 1313 *gaetto*] **agg. 1.** *arc.* o *lett.* chiazzato, di colore vivace, variegato **2.** detto del mantello del cavallo, nero lucido.

gaiézza [da *gaio*; sec. XIII] **sf.** l'essere gaio.

gàio (pl. *gài*) [dal provenz. ant. *gai*; sec. XIII] **agg. 1.** *lett.* allegro, festoso: *gaia compagnia*; *temperamento gaio* ‖ che mette allegria, rasserenante, leggiadro: *luogo gaio* ‖ di colore, chiaro, vivace ‖ *gaia scienza*, l'arte della poesia d'amore, spec. trovadorica **2.** *tosc.* abbondante, ricco ‖ **N. 1.** ALLEGRO.

gal [dal n. proprio *Galileo Galilei*; 1942] **sm.** *inv. T.scient.* unità di misura dell'accelerazione nel sistema C. G. S., pari a un centimetro al secondo per secondo; non è molto usata.

gàla[1] [dal fr. ant. *gale*, piacere, divertimento; 1495] **sf. 1.** lusso, sfarzo, spec. nella loc. agg. *di gala*, solenne, lussuoso e con un preciso cerimoniale: *pranzo di gala, serata di gala*; *abito di gala*, da cerimonia ‖ *mettersi in gala*, in abiti sfarzosi ‖ *raro parlare in gala*, in modo elegante e cerimonioso **2.** (anche *sm.*) ricevimento sontuoso ed elegante: *gran gala di corte* **3.** *T.mar.* *gala, gran gala, gala di bandiere*, ornamento di bandiere e fiamme d'ogni forma e colore che si dispone a festone tra gli alberi e le cime dei pennoni, tra poppa e prua ‖ **N. 1.** *Sin.* pompa **3.** *Sin.* pavese.

gàla[2] [dal fr. *galon*, attr. un disus. *galone*; sec. XIII] **sf. 1.** striscia più o meno larga, di trina o di stoffa increspata, attaccata a un abito femminile, intorno al collo e alle maniche o intorno alla gonna **2.** *non com.* cravatta a farfalla ‖ **N. 1.** nastro, trina.

galà [dal fr. *gala*; 1983] **sm.** *inv.* spettacolo, festa, ricevimento molto elegante o solenne.

galabìa [dall'ar. *halabieh*; 1953] **sf.** ampia veste aperta davanti, composta da due rettangoli combacianti, in uso presso gli egiziani.

galagóne [dal lat. scient. *Galago*, basato su una voce africana; 1952] **sm.** *T.zool.* piccola proscimmia africana, appartenente all'ordine dei Primati.

galalìte [comp. del gr. *gála*, latte e *-lite*; 1932] **sf.** *T.chim.* materia plastica ottenuta coi residui della lavorazione del latte, e propr. con caseina indurita mediante aldeide fòrmica.

galàna [voce veneta; a. 1502] **sf.** *non com.* testuggine.

galàno [dallo sp. *galano*, guarnizione; 1658] **sm. 1.** *non com.* fiocco elegante, cappio, annodatura a ornamento **2.** *pl. region.* dolci veneziani di carnevale fatti di nastri di pastasfoglia fritta ‖ **N. 2.** cenci, chiacchiere, frappe.

galànte [dal fr. *galant*; 1513] **I agg. 1.** manieroso nel conversare, complimentoso, spec. con donne: *è galante con le signore, vecchio galante*; *fare il galante con una donna*, corteggiarla ‖ rif. anche a comportamenti: *atteggiamenti, parole galanti* ‖ attinente all'amore: *letterina galante, racconti galanti*; *segretario galante*, in passato, libro contenente modelli di lettere d'amore ‖ *eufem.* *avventura galante*, relazione sessuale breve e superficiale **2.** *non com.* elegante, raffinato: *T.mus.* *stile galante*, ricco di ornamenti e fioriture, tipico di certa produzione cembalistica del Settecento ‖ **galanteménte** **avv.** **II sm.** *pop.* giovane innamorato ‖ **N. II** adone, bellimbusto, cascamorto, cicisbeo, civettuolo, damerino, ganimede, vagheggino, zerbinotto.

galanteggiàre (pres. *-éggio*) [da *galante*; 1726] **intr.** (aus. *avere*) *raro* fare il galante.

galanterìa [da *galante*; sec. XV] **sf. 1.** l'essere galante ‖ atto o espressione galante; *in* *part.* complimento cerimonioso e un po' ardito rivolto a una donna: *sta esagerando con le sue galanterie* **2.** *concr. ant.* cosa bella e graziosa: *questo anello è una galanteria* || cosa squisita || **N. 1.** *Sin.* civetteria, cortesia, eleganza, garbo, gentilezza, grazia.

galantina [dal raguseo *galatina*, prob. attr. il fr. *galantine*; 1841] ***sf.*** piatto freddo fatto con carne tenera di pollo o di vitello, insaporita con droghe, pistacchi, tartufi; si serve di solito tagliata a fette con contorno di gelatina.

galantomismo [da *galantuomo*; 1799] ***sm.*** *non com.* qualità o comportamento di chi è galantuomo.

galantuòmo (pl. *-uòmini*) [comp. di *galante* e *uomo*; a. 1535] ***sm.*** uomo dabbene e onesto: *è il fior dei galantuomini* || *disus.* o *scherz.* modo di chiamare qualcuno di cui non si sappia il nome: *ehi, galantuomo, venite qua* || *prov. il tempo è galantuomo*, la verità viene a galla col tempo || in funzione di *agg.*, sempre posposto al s.: *Re Galantuomo*, Vittorio Emanuele II.

galàssia [dal lat. *galaxia*, gr. *galaxías*; 1282] ***sf.*** **1.** *T.astr.* (in questo senso si scrive di solito con l'iniziale maiuscola) l'ammasso di miliardi di stelle, dalla forma schiacciata di disco a spirale, del diametro di circa 80.000 anni luce e spessore medio di 10-15.000 anni luce, in cui si trova il nostro Sole || *per estens.* ogni altro simile agglomerato di stelle: *galassie ellittiche, a spirale* **2.** *fig.* gruppo di persone composito e mal definito. **Q.T.** *astronomia.*

galatèo [dal libro *Galateo* di G. Della Casa; 1585] ***sm.*** libro che illustra le buone maniere di comportarsi a tavola e in società: *consultare un galateo* || *per estens.* le norme della buona educazione: *insegnare il galateo, agire contro il galateo* || **N.** convenienze sociali, creanze, etichetta, urbanità.

galattagògo (pl. *-ghi*) [comp. di *galatto-* e del gr. *agōgós*, che conduce; 1841] ***agg.*** *T.farm.* detto di farmaco che aumenta la secrezione del latte || **N.** *Sin.* galattogeno.

galàttico (pl. *-ci*) [da *galassia*; 1940] ***agg.*** *T.astr.* relativo alla Galassia: *equatore galattico* || che riguarda le galassie: *evoluzione galattica.*

galattìte [dal lat. e gr. *galaktítēs*; inizio sec. XIV *galatida*] ***sf.*** pietra di color latteo.

galàtto- (raro *galàcto-*) [dal gr. *gála, gálaktos*, latte] ***primo elem.*** che, in parole composte della terminologia scientifica, vale "latte", "simile al latte" (per es. *galattogeno, galattometro, galattopoiesi*).

galattòfago (pl. *-gi*) [dal gr. *galaktofágos*, mangiatore di latte; a. 1686] ***sm.*** e ***agg.*** chi o che si ciba solo o principalmente di latte e di latticini: *pastori galattofagi.*

galattòforo [dal gr. *galaktophóros*, che porta latte; 1820] ***agg.*** *T.anat.* detto dei condotti mammarii del latte.

galattòfugo (pl. *-ghi*) [comp. di *galatto-* e *-fugo*; 1970] ***agg.*** e ***sm.*** *T.farm.* detto di ciò che riduce o elimina la secrezione lattea.

galattògeno [comp. di *galatto-* e *-geno*; 1956] ***agg.*** *T.farm.* detto di farmaco che stimola la secrezione del latte || **N.** *Sin.* galattagogo.

galattòmetro [comp. di *galatto-* e *-metro*; 1834] ***sm.*** strumento per misurare la densità del latte.

galattopoièsi [comp. di *galatto-* e *-poiesi*; 1834] ***sf.*** *T.fisiol.* nelle femmine dei Mammiferi, processo attraverso cui si forma il latte.

galattopoiètico (pl. *-ci*) [comp. di *galatto-* e *-poietico*; 1834] ***agg.*** *T.med.* che è atto a produrre il latte o a facilitarne la produzione: *organi galattopoietici, sostanze galattopoietiche.*

galattòsio [comp. di *galatto-* e *-osio*; 1892] ***sm.*** *T.chim.* carboidrato a 6 atomi di carbonio.

galattùria [comp. di *galatto-* e *-uria*; 1834] ***sf.*** *T.med.* escrezione di urine di color lattiginoso.

galavèrna o **calavèrna** [voce dial. sett. e centr.; a. 1750] ***sf.*** *region.* sottile strato di ghiaccio che si deposita sugli alberi e su altri oggetti all'aperto.

gàlbano [dal lat. *galbanum*; fine sec. XIV] ***sm.*** **1.** nome comune di grandi erbe annue delle Ombrellifere che allignano in Persia || gomma di odor balsamico che si ricava da questa pianta, ed ha proprietà revulsive **2.** *T.stor.* veste romana di stoffa rasa e trasparente, color giallo.

gàlbula [dal lat. *galbulus*, nome di un uccello, da *galbus*, giallastro; 1834] ***sf.*** *T.zool.* nome di un genere di uccelli sudamericani dei Piciformi.

gàlbulo [dal lat. *galbulus*, bacca; 1932] ***sm.*** *T.bot.* strobilo con squame carnose, tipico del cipresso e di altre conifere || **N.** *Sin.* coccola. **TAV.** *erboristeria* 9.2, 9.5.

galdére [dalla voce ant. *gaudere*; a. 1294] ***intr.*** *arc.* godere.

gàlea [dal lat. *galea*, casco di cuoio; sec. XIV] ***sf.*** **1.** *T.stor.* elmo di cuoio del soldato romano **2.** *T.anat.* *galea aponeurotica*, membrana fibrosa che ricopre la volta cranica.

galèa [dal gr. *galéa*, nave bizantina da guerra; sec. XIII] ***sf.*** *T.stor.* nave lunga, di bordo assai basso, a due alberi con vele latine, fornita di remi, per solo uso di guerra; usata nell'antichità, nel Medioevo e ancora fino al XVIII sec. || **N.** galeazza, galeone, galeotta, galera | aguzzino, ciurma, morlacchi, scapolo.

galeàre (pres. *gàleo*) [dal provenz. *galiar*, ingannare; a. 1294] ***tr.*** *ant.* ingannare.

galeàto [dal lat. *galeātus*; a. 1527] ***agg.*** *non com.* che ha in testa l'elmo chiamato gàlea: *guerriero galeato.*

galeàzza [voce veneziana, da *galea*; a. 1433] ***sf.*** *T.stor.* grande galea, in uso prevalentemente nel secolo XVII, con alto bordo, tre alberi latini, trentadue remi per fianco, armata di trentasei cannoni.

gàlega [voce dial. sett.; 1563] ***sf.*** pianta erbacea delle Leguminose || **N.** *Sin.* capraggine.

galèna [dal lat. *galēna*; 1562] ***sf.*** *T.min.* minerale, solfuro di piombo, costituito da cristalli cubici od ottaedrici || *in part.* cristallo di tale minerale, usato un tempo come rivelatore delle onde elettromagnetiche in piccoli radioricevitori: *apparecchio a galena.*

galènico (pl. *-ci*) [dal n. proprio *Galeno*, medico gr.; a. 1698] ***agg.*** *T.med.* di Galeno: *arte galenica*, medicina || *medicamenti galenici*, formati dalla mescolanza di più sostanze di origine essenzialmente vegetale; vengono preparati dal farmacista sotto sua responsabilità; anche *sm.*: *un galenico.* **Q.T.** *farmacia.*

galenismo [dal n. proprio *Galeno*, medico gr.; 1834] ***sm.*** il complesso delle dottrine del medico greco Galeno, dominanti per tutto il Medioevo e il Rinascimento.

galeóne [da *galea*; sec. XIII] ***sm.*** *T.stor.* galea simile alla galeazza, ma di più alto bordo, più grande, con quattro alberi e senza remi, impiegata per la navigazione oceanica nei sec. XVI e XVII. **Q.T.** *vela.*

galeopitèco (pl. *-chi*) [comp. del gr. *galéē*, donnola e *-piteco*; 1825] ***sm.*** *T.zool.* nome delle due sole specie di mammiferi dell'ordine dei Dermotteri, delle dimensioni di un gatto, caratterizzate da una membrana alare posta tra gli arti anteriori e posteriori, che permette loro lunghi salti fra gli alberi; vivono nelle Indie Orientali e nelle isole della Sonda.

galeòtta [da *galea*; 1346] ***sf.*** *T.stor.* galea da guerra, in uso prevalentemente nei sec. XVII e XVIII, sottile, a un solo albero con vela latina, e remi || *galeotta bombardiera*, bastimento da guerra del sec. XVIII, a due alberi, armato di mortai da bombe.

galeòtto¹ [da *galea*; 1313; 1657 nel senso 2] ***sm.*** **1.** *T.stor.* chi era condannato a remare su una galea **2.** chi è condannato alla galera, ai lavori forzati; uomo cattivo, malvivente, degno della galera; anche *scherz.* furbacchione, briccone || **N. 2.** *Sin.* ergastolano, forzato. **Q.T.** *nautica...*

galeòtto² [dal n. proprio *Galehaut*, personaggio del ciclo bretone; 1321] ***sm.*** mezzano in amore: *galeotto fu il libro e chi lo scrisse* (Dante).

galèra [var. di *galea*; a. 1433] ***sf.*** **1.** *T.stor.* galea || pena del remare sulle galee **2.** *per estens.* pena dei lavori forzati, dell'ergastolo || *più com.* pena della reclusione in generale || *concr.* carcere: *andare, mandare in galera* || *pezzo di galera, avanzo di galera*, uomo degno della galera, delinquente || *fig. questa è una galera*, una vita o un lavoro materialmente e moralmente insopportabile **3.** pesante spazzolone con manico snodabile per lucidare i pavimenti || **N. 2.** bagno penale, carcere, ergastolo, prigione.

galèro [dal lat. *galērus*; a. 1673] ***sm.*** **1.** *T.stor.* nell'antica Roma, berretto tondeggiante fatto di pelli o di grossa lana, usato da campagnoli, marinai e sim. **2.** nome di vari cappelli ecclesiastici del papa, dei cardinali e dei vescovi.

galerucèlla [comp. del lat. *galea*, elmo e lat. *eruca*, bruco; 1887] ***sf.*** piccolo insetto coleottero parassita dell'olmo.

galestrìno [da *galestro*; 1857] ***agg.*** detto di terreno che contiene galestro in abbondanza.

galèstro [da una voce prelatina *gala* (*cala*), sasso; sec. XV] ***sm.*** **1.** roccia sedimentaria argillosa, terreno ottimo per le viti **2.** vino bianco, leggero e frizzante, prodotto in alcuni terreni galestrosi della Toscana centrale.

galestróso [da *galestro*; 1857] ***agg.*** galestrino.

galilèa [dal lat. mediev. *galilāea*; 1932] ***sf.*** *T.arch.* nei monasteri medievali, specie di ampio vestibolo posto davanti alla chiesa.

galileiàno o **galileàno** [dal n. proprio *Galileo Galilei*; 1745 *galileano*] ***agg.*** dello scienziato italiano Galileo Galilei: *satelliti galileiani*, i quattro maggiori satelliti di Giove, scoperti da Galileo || relativo alle sue dottrine; *T.fis. trasformazioni galileiane*, relazioni che legano le coordinate di due sistemi di riferimento in moto uniforme l'uno rispetto all'altro, nell'ipotesi che esista un tempo assoluto, indipendente dal sistema di riferimento dell'osservatore.

galilèo [dal lat. *galilāeus*; 1834] **I *sm.*** (f. *-a*) abitante della Galilea || *per anton. il Galileo*, Gesù Cristo; *per estens. i Galilei*, i cristiani **II *agg.*** della Galilea.

galiòtto [da *galia*, var. di *galèa*, forse per la forma affusolata; 1932] ***sm.*** pesce dei Perciformi di dimensioni molto piccole e privo di pinne, ospite abituale dell'intestino delle oloturie.

gàlla¹ [lat. *galla*, noce di galla; a. 1320] ***sf.*** **1.** escrescenza perlopiù rotonda e leggerissima che nasce sui rami della quercia e di altri alberi ed è prodotta dalla puntura di certi insetti || *noce di galla*, la galla della quercia, usata per tinture nere e inchiostri **2.** vescichetta sierosa della pelle causata da scottature, sfregamenti e sim. **3.** *arc.* ghianda **4.** nella loc. avv. *a galla*, alla superficie dell'acqua: *stare, tenersi a galla* || *fig. venire a galla*, rendersi evidente, manifestarsi: *finalmente sono venuti a galla i suoi misfatti*; *rimanere a galla*, riuscire a cavarsela in una situazione difficile || **N. 1.** *Sin.* cecidio.

gàlla² [etim. inc.; 1929] **I *agg. inv.*** dei Galla, relativo ai Galla **II *s.*** **1.** appartenente al popolo cuscitico che vive in Etiopia **2.** *sm.* (solo *sing.*) lingua cuscitica parlata dai Galla.

gallàre¹ [da *galla*; 1313] ***intr.*** (aus. *avere*) *arc.* galleggiare || *fig.* insuperbire: *di che l'animo vostro in alto galla?* (Dante).

gallàre[2] [da *gallo*; a. 1698] ***tr.*** rif. al gallo, fecondare l'uovo della gallina || ***intr.*** (aus. *avere*) rif. alle uova, rimanere fecondate.

gallastróne [da *gallastro*, spreg. di *gallo*; a. 1698] ***sm.*** grosso gallo non bene accapponato.

gallàto[1] (*pps.* di *gallare*[2]) [a. 1565] ***agg.*** di uovo, che è stato fecondato.

gallàto[2] [da *gallico*[2]; 1834] ***sm.*** *T.chim.* sale o estere dell'acido gallico.

gallatùra [da *gallare*[2]; 1619] ***sf.*** fecondazione delle uova da parte del gallo.

galleggiabilità [da *galleggiare*; 1917] ***sf.*** *T.scient.* capacità di un corpo di mantenersi a galla sopra un liquido.

galleggiaménto [da *galleggiare*; a. 1642] ***sm.*** il galleggiare || *T.mar.* *linea di galleggiamento*, V. LINEA; *piano di galleggiamento*, il piano orizzontale di una nave che contiene la linea di galleggiamento. **TAV. *vela* p. 1342** 2.19.

galleggiànte (*ppr.* di *galleggiare*) [1589] **I *agg.*** che galleggia: *ponte galleggiante*, ponte di barche; *isola galleggiante*, ammasso di vegetali intrecciati che galleggiano su acque paludose **II *sm.*** qualunque corpo che galleggia, di natura diversissima a seconda delle applicazioni || *in part.* pontone, zattera, qualunque mezzo privo di sistema di propulsione autonomo, usato come deposito o rimorchio per trasportare materiale su corsi d'acqua; *T.aer.* ciascuna delle casse vuote a tenuta stagna che gl'idrovolanti portano in numero e forme diversi come mezzo d'appoggio sull'acqua; boa o altro dispositivo di segnalazione marina di superficie; *T.tecn.* regolatore di afflusso del liquido in un recipiente, costituito da un involucro vuoto di metallo che galleggia alla superficie del liquido; *T.pesc.* sughero che tiene a un determinato livello l'amo con l'esca. **TAV. *aeronautica*** 3.2; ***pesca***.

galleggiàre (pres. *-éggio*) [da *gallare*[1]; sec. XIV] ***intr.*** (aus. *avere*) mantenersi alla superficie di un liquido: *il ferro galleggia sul mercurio* || *per estens.* di aerostato, stare sospeso in aria senza salire né scendere || *fig.* risultare percepibile su uno sfondo indistinto: *poche luci galleggiavano nella nebbia* || *non com.* *sentirsi galleggiare lo stomaco*, provare un senso di nausea || **N.** *Sin.* stare a galla; emergere, flottare | *Contr.* affondare.

gallègo (pl. *-ghi*) [dal port. ant. *gallego*; a. 1533] **I *agg.*** della Galizia **II *sm.*** **1.** (f. *-a*) abitante della Galizia **2.** (solo *sing.*) la lingua neolatina parlata in tale regione, molto più affine al portoghese che al castigliano.

gallerìa [dal fr. *galerie*; 1554] ***sf.*** **1.** tratto scavato, a sezione gen. costante, di una via di comunicazione, che consente il superamento di un ostacolo naturale senza troppe curve o forti pendenze: *galleria autostradale, ferroviaria*; *in galleria accendere i fari* || nelle miniere, passaggio sotterraneo per l'accesso dei minatori, il trasporto del materiale e la ventilazione; nelle fortificazioni, passaggio sotterraneo o coperto, protetto dal fuoco nemico || cunicolo scavato da un animale: *le gallerie della marmotta* || *foresta a galleria*, tipo di vegetazione arborea che si sviluppa nei paesi tropicali lungo le rive dei fiumi, in cui i rami delle piante ad alto fusto delle due sponde si intrecciano tra di loro al di sopra del corso d'acqua **2.** ampio ambiente di forma allungata, con volte gen. ad arco, che collega diverse ali di un edificio monumentale, di un palazzo signorile e sim.; passaggio pedonale coperto, dalle volte altissime spesso vetrate, con negozi, caffè ecc., nel centro di alcune grandi città: *la Galleria di Milano*; *galleria di testa*, nelle stazioni terminali, il grande atrio interno, dalla fronte disposta perpendicolarmente ai binari || *galleria aerodinamica* o *del vento*, impianto in grado di produrre correnti d'aria di forte velocità dirette contro un aeromobile fermo o un suo modello in scala (o anche un veicolo terrestre); è usata per studiare il comportamento aerodinamico di un corpo in movimento con maggior precisione e minor spesa rispetto a prove effettive di volo **3.** *per estens.* complesso di ambienti di grandi dimensioni adibiti all'esposizione permanente di opere d'arte: *la Galleria degli Uffizi, Galleria d'arte moderna* || sala o complesso di sale per l'esposizione e la contemporanea vendita di opere d'arte: *un giovane pittore espone in una piccola galleria del centro* **4.** nelle chiese preromaniche e romaniche, loggiato ad archi al di sopra delle navate laterali **5.** nei teatri e nei cinema, serie di posti disposti a balconata o a gradinata, situati al di sopra della platea ed eventualmente dei palchi || **N.** **1.** *Sin.* traforo, tunnel | arco rovescio, piedritti, strozzo, volta **3.** *Sin.* museo, pinacoteca **4.** *Sin.* matroneo **5.** *Sin.* loggione. **Q.T. *pittura, teatro***.

gallerìsta [da *galleria*; 1943] ***s.*** chi gestisce una galleria d'arte.

gallése [dal n. geogr. *Galles*, come il fr. *gallois*; a. 1837 come sm.] **I *agg.*** del Galles, regione della Gran Bretagna **II *sm.*** **1.** (anche *sf.*) abitante del Galles **2.** (solo *sing.*) lingua celtica tuttora parlata in Galles.

gallétta[1] [da *gallo*; a. 1597] ***agg.*** (solo *f.*) **1.** *uva galletta* (o *sf.* *galletta*), varietà di uva dagli acini lunghi e curvi, detta anche *corniola* o *pizzutello* **2.** *erba galletta*, erba delle Leguminose usata come foraggio per cavalli e ovini.

gallétta[2] [dal fr. *galette*; 1771 *galetta*] ***sf.*** **1.** tipo di pane biscottato a lunga conservazione, senza lievito, di forma rotonda e schiacciata, per uso dei marinai e dei soldati || *per estens.* semplice biscotto dolce, da mangiare spec. col caffelatte a colazione; biscotto piatto, salato, consumato in luogo del pane a fini dietetici **2.** *T.mar.* il pomo rotondo e piatto con cui terminano le estremità degli alberi e delle bandiere; è detto anche *formaggetta*.

gallétta[3] [da *galla*; 1585 *galetta*] ***sf.*** *region.* bozzolo dei bachi da seta.

gallettàme [da *galletta*[3]; a. 1794] ***sm.*** *T.tess.* seta di bassa qualità ricavata dai bozzoli difettosi.

gallétto (*dim.* di *gallo*) [a. 1313] ***sm.*** **1.** gallo giovane: *galletto marzuolo, un galletto arrosto* || *fare il galletto*, alzar la cresta, imbaldanzirsi; mostrarsi intraprendente con le donne **2.** *T.mecc.* madrevite con due alette che facilitano l'avvitamento manuale **3.** fungo commestibile a forma di imbuto, di colore giallo vivo, detto anche *gallinaccio*. **TAV. *motocicletta...* p. 1322** 1.5; ***utensili* p. 1340** 15.

galliàmbo [dal lat. *galliambus*, gr. *galliambikòn* (*métron*); 1728] ***sm.*** *T.metr.* verso greco e latino, tetrametro ionico catalettico, usato nei loro inni religiosi dai sacerdoti di Cibele (chiamati galli).

gallicanìsmo [da *gallicano*; 1848] ***sm.*** *T.stor.* movimento ecclesiastico e politico che si sviluppò nella Chiesa di Francia dal sec. XV al XIX, tendente a rivendicare l'autonomia dall'autorità pontificia, in sostegno alla monarchia assoluta.

gallicàno [dal lat. tardo *gallicānus*, della Gallia, attr. il fr. *gallican*; a. 1562] ***agg.*** *T.stor.* **1.** proprio del gallicanismo: *dottrine gallicane* **2.** dell'antica Chiesa di Francia: *liturgia gallicana*, diversa da quella romana, in uso in Gallia prima di Carlo Magno.

gallicìnio (pl. *-ni*) [dal lat. *gallicinium*, canto del gallo; a. 1530] ***sm.*** *lett.* parte della notte, prossima al giorno, in cui canta il gallo: *primo gallicinio*, dopo la mezzanotte || *T.stor.* presso i Romani, una delle quattro vigilie in cui era suddivisa la notte.

gallicìsmo [da *gallico*[1], come il fr. *gallicisme*; a. 1803] ***sm.*** voce, locuzione o costruzione sintattica formata in un'altra lingua su modello francese || **N.** *Sin.* francesismo.

gallicizzàre [da *gallico*[1]; a. 1847] ***tr.*** *raro* francesizzare || ***intr.*** (aus. *avere*) *non com.* adoperare francesismi || imitare i costumi francesi.

gàllico[1] (pl. *-ci*) [da *gallo*[2]; sec. XIV] ***agg.*** *T.stor.* della Gallia, degli antichi Galli: *lingua gallica, la guerra gallica di Cesare* || *poet.* francese.

gàllico[2] (pl. *-ci*) [da *galla*; 1834] ***agg.*** *T.chim.* *acido gallico*, acido aromatico che si trova nelle noci di galla e nelle foglie di tè, dalle forti proprietà riducenti; è usato come antisettico in medicina, e anche per preparare inchiostri.

Gallifórmi (sing. *-e*) [comp. di *gallo* e *-forme*; 1956] ***sm. pl.*** *T.zool.* ordine di uccelli, diffusi in tutto il mondo, comprendente tra gli altri gallo, fagiano e pernice. **Q.T. *zoologia* TAV. *uccelli* p. 1338**.

gallìna [lat. *gallīna*; 1308] ***sf.*** **1.** la femmina del gallo || *fam.* *avere un cervello di gallina*, essere di scarsissima intelligenza || *latte di gallina*, bibita calda composta di uovo, latte e zucchero; e *fig.* cibo squisito e quasi impossibile a trovarsi || *andare a letto con le galline*, prestissimo, appena il sole tramonta || *raspatura di gallina, scrittura a zampa di gallina*, scritto mal formato, illeggibile || *zampe di gallina*, piccole rughe intorno agli occhi || *prov.* *chi di gallina nasce convien che raspi* (o *razzoli*), i figli somigliano ai genitori nei difetti || *gallina che canta ha fatto l'uovo*, chi troppo s'affanna a scusarsi, è perlopiù colpevole; *meglio un uovo oggi, che una gallina domani*, è meglio accontentarsi del poco, ma sicuro; *gallina vecchia fa buon brodo*, di persona o cosa vecchia, ma utile **2.** *gallina faraona*, V. FARAONA || *gallina prataiola*, fagianella || *dim.* gallinèlla; *accr.* gallinóna; *pegg.* gallinàccia || **N.** chioccia, pollastra, POLLO | agostina, nana, padovana | acchiocciarsi, appollaiarsi, chiocciare, covare, crocchiare, far coccodè, raspare, razzolare, ruspare, starnazzare.

gallinàccia (pl. *-ce*) [da *gallina*; 1965] ***sf.*** *pop.* beccaccia.

gallinàccio (pl. *-ci*) [da *gallina*; a. 1625] ***sm.*** **1.** *region.* tacchino **2.** fungo mangereccio a forma di imbuto, di colore giallo vivo; è detto anche *galletto* o *cantarello*.

gallinàceo [da *gallina*; 1879] **I *agg.*** *non com.* di gallina **II *sm. pl.*** sin. di *Galliformi* nel linguaggio comune.

gallinàio (pl. *-ài*) [da *gallina*; a. 1656 *gallinaro*] ***sm.*** *raro* **1.** pollaio **2.** (f. *-a*) chi vende galline e sim.

gallinèlla (*dim.* di *gallina*) [1282 nel senso 4] ***sf.*** **1.** gallina piccola o giovane **2.** nome comune (con diverse specificazioni) di varie specie di uccelli; *in part.* *gallinella d'acqua*, uccello acquatico di piccole dimensioni, dei Rallidi, con placca cornea frontale rossa e ali grigie macchiate di nero; *gallinella terrestre* o *palustre*, V. SCHIRIBILLA **3.** pesce commestibile dei Teleostei comune nel Mediterraneo **4.** *T.bot.* altro nome del centonchio **5.** *pl.* *Gallinelle*, nome popolare dato alla costellazione delle Pleiadi.

gàllio [dal n. proprio P.E. Lecoq latinizzato in *Gallium*; 1892] ***sm.*** *T.chim.* elemento chimico, metallo grigio-azzurrognolo, raro in natura, usato in odontoiatria o per termometri ad alta temperatura, data la sua bassa temperatura di fusione (30° C) e la sua elevata temperatura di ebollizione.

gallìsmo [da *gallo*[1]; 1946] ***sm.*** comportamento attribuito agli uomini dell'Europa meridionale, caratterizzato da galanteria e talvolta da aggressività nei confronti delle donne, unita ad una vanitosa ostentazione delle proprietà qualità virili.

gàllo[1] [lat. *gallus*; sec. XIII] ***sm.*** **1.** il maschio adulto del pollo domestico e di altre specie affini dell'ordine dei Galliformi, con alta cresta carnosa, frastagliata, rossa e due bargigli pendenti alla gola, il becco forte, la coda falciforme, le piume di vivaci colori, i tarsi muniti di speroni || *al canto del gallo,* avanti giorno || *essere il gallo della Checca,* essere ricercato e vezzeggiato dalle donne; *fare il gallo,* alzare la cresta, imbaldanzirsi, fare l'orgoglioso; fare il galante con le donne || *per estens.* insegna mobile usata sui campanili come banderuola, per indicare la direzione del vento **2.** seguìto da diverse specificazioni, indica vari altri uccelli: *gallo cedrone,* grosso uccello di montagna dei Tetraonidi, presente, ma raro, anche nelle nostre Alpi orientali (è detto anche *urogallo*); *gallo forcello,* fagiano di monte; *ant. gallo d'India,* tacchino **3.** in funzione di *agg. inv.*, *T.sport. peso gallo,* categoria di peso tra le più leggere nel pugilato, nella lotta, nel sollevamento pesi; atleta che appartiene a una delle categorie più leggere; *per meton.* atleta appartenente a tale categoria: *incontro fra due pesi gallo* || *dim.* gallétto, gallettìno. **TAV. *uccelli* p. 1339** 11.

gàllo[2] [dal lat. *Gallus*; a. 1348] **I** ***sm.*** *T.stor.* abitante della Gallia **II** ***agg.*** *T.stor.* relativo o appartenente alla Gallia, gallico.

gàllo[3] [dal lat. *Gallus*; a. 1484] ***sm.*** *T.stor.* nell'antichità greco-romana, sacerdote di Cibele.

gàllo[4] [da *gallo*[1]; prima metà sec. XIII] ***sm.*** **1.** *ant.* gioia, baldanza **2.** alterigia, superbia, nelle loc. *metter su gallo, avere il gallo.*

gallòccia (pl. *-ce*) [dal venez. *gallozza*; a. 1800] ***sf.*** *T.mar.* specie di caviglia di ferro a due corna, fissata ai fianchi o sui ponti di una nave, per legarvi scotte o altre corde.

gallofilìa [comp. di *gallo*[2] e *-filia*; 1965] ***sf.*** simpatia nei confronti della Francia, dei Francesi e di tutto ciò che è francese || **N.** *Sin.* francofilia; gallomania.

gallòfilo [comp. di *gallo*[2] e *-filo*; 1912] ***agg.*** e ***sm.*** (f. *-a*) chi o che nutre gallofilia || **N.** *Sin.* francofilo.

gallofobìa [comp. di *gallo*[2] e *-fobia*; 1909] ***sf.*** avversione e disprezzo per i Francesi e per ciò che è francese.

gallòfobo [comp. di *gallo*[2] e *-fobo*; 1862] ***agg.*** e ***sm.*** (f. *-a*) chi o che odia o disprezza le cose francesi.

galloitàlico o **gàllo-itàlico** (pl. *galloitàlici* o *gallo-itàlici*) [comp. di *gallo*[2] e *italico*; 1910 nel senso 2] ***agg.*** **1.** *T.ling.* detto di alcuni dialetti dell'Italia Settentrionale (piemontesi, lombardi, emiliani, romagnoli) che presentano caratteri dovuti all'influsso del sostrato celtico **2.** *T.ling.* detto dei dialetti di origine settentrionale parlati in aree circoscritte dell'Italia meridionale (spec. della Sicilia), in cui si stanziarono in epoca medievale popolazioni provenienti dal Nord.

gallomanìa [dal fr. *gallomanie*; 1800] ***sf.*** ammirazione e predilezione eccessiva per le cose francesi.

gallonàio (pl. *-ài*) [da *gallone*[1]; 1869] ***sm.*** (f. *-a*) *raro* chi fa o vende galloni, gale e sim.

gallonàre (pres. *-óno*) [da *gallone*[1]; 1834] ***tr.*** *non com.* ornare o guarnire di galloni.

gallonàto (*pps.* di *gallonare*) [a. 1712] ***agg.*** ornato con gallone: *abito gallonato*; *fig.* carico di onori e di successi (anche non meritati): *ignoranza gallonata,* ignoranza onorata di titoli e di ricchezze.

gallóne[1] [dal fr. *galon*; 1688] ***sm.*** sorta di guarnizione d'oro, d'argento o di seta, tessuta in forma di nastro o ricamata || *T.mil.* guarnizione simile che serve come segno di grado al berretto e sulle maniche dei militari: *i galloni di caporale, di sergente*; *guadagnarsi i galloni,* meritarsi una promozione o *fig.* la stima e il riconoscimento delle proprie capacità.

gallóne[2] [dall'ingl. *gallon*; 1798] ***sm.*** misura di capacità in uso nei paesi anglosassoni, che equivale a 4,54 litri in Gran Bretagna, a 3,78 litri negli Stati Uniti; è anche un'antica misura inglese di superficie, pari forse all'area di terreno seminato con un gallone di frumento.

gallonèa V. VALLONEA.

gallòria [incrocio di *gallo*[4] con *gloria*; 1353] ***sf.*** *ant. arc.* o *lett.* allegria rumorosa || **N.** baldoria, ALLEGRIA.

galloriàre (pres. *-òrio*) [da *galloria*; 1612] ***intr.*** (aus. *avere*) *arc.* o *lett. non com.* far galloria, far baldoria.

galloromànzo [comp. di *gallo*[2] e *romanzo*[1]; 1932] **I** ***sm.*** *T.ling.* complesso degli idiomi romanzi parlati nel territorio dell'antica Gallia **II** ***agg.*** *T.ling.* detto di tale insieme di parlate: *dialetti galloromanzi.*

gallòzza (*dim.* di *galla*) [a. 1364 nel senso 3] ***sf.*** **1.** piccola galla **2.** vescichetta che viene sulla pelle in seguito a scottatura **3.** bolla sulla superficie di un liquido.

gallòzzola [da *gallozza*; a. 1375] ***sf.*** *non com.* gallozza.

gallùto [da *gallo*[1]; a. 1859] ***agg.*** *T.mar.* detto di nave che abbia la poppa molto rilevata.

galluzzàre [da *gallo*[3]; a. 1484] ***intr.*** (aus. *avere*) *arc.* far baldoria.

galop (fr., pr. [ga'lo]) [1905] ***sm.*** *inv.* danza molto vivace, in ritmo binario puntato, diffusa in Germania e Austria all'inizio del XIX secolo.

galoppànte (*ppr.* di *galoppare*) [1892] ***agg.*** *fig.* che si evolve rapidamente e senza controllo: *inflazione galoppante, tisi galoppante.*

galoppàre (pres. *-òppo*) [dal fr. *galoper*; sec. XIV] ***intr.*** (aus. *avere*) andar di galoppo, detto tanto del cavallo quanto del cavaliere || *per estens.* correre, andare di buon passo, darsi molto da fare; essere continuamente in movimento e indaffarato: *ho dovuto galoppare di qua e di là tutto il giorno* || *fig. galoppare con la fantasia,* pensare con eccessiva immaginazione.

galoppàta [da *galoppare*; 1798] ***sf.*** corsa al galoppo || *per estens.* corsa affannosa; corsa veloce, spec. di un atleta: *il ciclista è arrivato al traguardo dopo una galoppata solitaria di cento chilometri.*

galoppatóio (pl. *-ói*) [da *galoppare*; 1913] ***sm.*** pista adatta a praticare l'equitazione.

galoppatóre [da *galoppare*; 1828] ***sm.*** (f. *-trìce*) **1.** cavallo addestrato alle corse al galoppo **2.** persona che corre a lungo senza sfiancarsi.

galoppìno [dal fr. *galopin*; a. 1757 *galuppino*] ***sm.*** (f. *-a*) *scherz.* **1.** chi, per servizio di altri, corre qua e là: *galoppino elettorale* **2.** cavallo che galoppa al fianco dei cavalli trottatori negli allenamenti, per stimolarli **3.** *T.mecc.* piccola puleggia montata in folle che serve a tener tesa una cinghia di trasmissione.

galòppo [da *galoppare*; 1313 *di galoppo*] ***sm.*** **1.** andatura veloce del cavallo, in tre tempi, con un lungo periodo senza appoggi sul terreno || nelle loc. avv. *di galoppo, al galoppo, a gran galoppo*: *mandare il cavallo al galoppo, corsa al galoppo*; *per estens.* di corsa, di gran carriera: *vai di galoppo a chiamare il medico* **2.** *non com.* galop.

galòsa [etim. inc.; 1925] ***sf.*** berretto con calotta alta e morbida, indossato dai contadini romagnoli fino ai primi del Novecento.

galòscia o **calòscia** (pl. *-sce*) [dal fr. *galoche*; 1771] ***sf.*** soprascarpa impermeabile per proteggere la scarpa e il piede dall'acqua.

galùppo [da *galùp*, ragazzo, monello, voce dial. sett.; a. 1470] ***sm.*** *arc.* uomo al seguito di soldati per aiutare e per badare ai bagagli || **N.** *Sin.* bagaglione, saccardo.

galvànico (pl. *-ci*) [dal n. proprio L. *Galvani*; a. 1828] ***agg.*** **1.** relativo al galvanismo || *corrente galvanica,* corrente continua a debole tensione usata in elettroterapia **2.** relativo alle tecniche di ricoprimento con metalli mediante l'elettrolisi: *bagno galvanico.*

galvanìsmo [dal n. proprio L. *Galvani*; 1834] ***sm.*** **1.** l'insieme delle teorie di L. Galvani sull'elettricità animale || i fenomeni di elettricità animale, supposti un tempo diversi da quelli elettrostatici **2.** *disus.* parte dell'elettrologia che studia le correnti prodotte da una pila voltaica.

galvanìsta [da *galvanismo*; 1970] ***s.*** galvanotipista.

galvanizzaménto [da *galvanizzare*; 1879] ***sm.*** *non com.* galvanizzazione.

galvanizzàre [dal fr. *galvaniser*; 1834 nel senso 3] ***tr.*** **1.** rivestire un corpo con uno strato sottilissimo e aderente di metallo, per via elettrolitica **2.** sottoporre una parte del corpo umano o animale all'azione di una (debole) corrente elettrica continua: *galvanizzare un muscolo* **3.** *fig. più com.* entusiasmare, infondere slancio ed energia: *l'imprevisto pareggio ha galvanizzato la squadra* || **N. 3.** *Sin.* eccitare, elettrizzare.

galvanizzazióne [da *galvanizzare*; 1874] ***sf.*** il galvanizzare, nei vari sensi del verbo.

galvàno [da *galvano(tipia)*; 1956] ***sm.*** *T.tip.* il cliché in rame o altro metallo ottenuto mediante galvanotipia.

galvàno- [dal n. proprio L. *Galvani*] ***primo elem.*** che, in parole composte della terminologia scientifica e di quella tecnica, vale "corrente elettrica", "effettuato o ottenuto per mezzo della corrente elettrica" (per es. *galvanometro, galvanoplastica, galvanotecnica*) || **N.** *Sin.* elettro-.

galvanocàustica [comp. di *galvano-* e *caustica(zione)*; 1887] ***sf.*** *T.med.* tecnica di cauterizzazione lenta dei tessuti patologici per mezzo dell'energia elettrica.

galvanocautèrio (pl. *-ri*) [comp. di *galvano-* e *cauterio*; 1909] ***sm.*** *T.med.* strumento simile all'elettrobisturi, per la cauterizzazione dei tessuti, in cui la punta viene resa incandescente dal passaggio di corrente elettrica.

galvanocromìa [comp. di *galvano-* e *-cromia*; dal gr. *chrôma,* colore; 1909] ***sf.*** *T.metal.* tecnica di colorazione dei metalli per via galvanica, mediante ossidazione.

galvanolìsi [comp. di *galvano-* e *-lisi*; 1909] ***sf.*** *disus.* elettrolisi.

galvanomètrico (pl. *-ci*) [da *galvanometro*; 1879] ***agg.*** *T.fis.* relativo al galvanometro; eseguito col galvanometro: *misure galvanometriche.*

galvanòmetro [comp. di *galvano-* e *-metro*; 1828] ***sm.*** *T.fis.* strumento che serve a misurare l'intensità di una debole corrente elettrica, gen. continua || **N.** amperometro. **TAV.** *elettrotecnica* 12.

galvanoplàstica [comp. di *galvano-* e *plastica*; 1851 nel senso 2] ***sf.*** **1.** tecnica con cui si ottengono oggetti formati di metallo mediante la deposizione elettrolitica del metallo entro uno stampo di materiale plastico che funge da catodo; è usata per clichés tipografici, matrici di dischi fonografici ecc. **2.** tecnica di rivestimento metallico di oggetti non metallici.

galvanoplàstico (pl. *-ci*) [da *galvanoplastica*; 1879] ***agg.*** relativo alla galvanoplastica.

galvanoscòpio (pl. *-pi*) [comp. di *galvano-* e *-scopio*; 1840] ***sm.*** *T.fis.* strumento che rivela il passaggio di una debole corrente elettrica senza essere in grado di misurarla quantitativamente.

galvanostegìa [comp. di *galvano-* e *-stegia*, dal gr. *stégein,* coprire; 1892] ***sf.*** tecnica per depositare, mediante l'elettrolisi, uno strato sottile di metallo sopra un altro metallo immerso in una cella elettrolitica nella quale funge da catodo || **N.** elettrodeposizione; bagno galvanico; argentatura, cromatura, doratura, nichelatura, zincatura.

galvanostegìsta [da *galvanostegia*; 1956] **s.** tecnico specializzato in galvanostegia.

galvanotècnica [comp. di *galvano-* e *tecnica*; 1940] **sf.** insieme delle tecniche di formatura e ricoprimento di oggetti per mezzo della deposizione elettrolitica dei metalli: comprende la galvanoplastica e la galvanostegia.

galvanoterapìa [comp. di *galvano-* e *terapia*; 1874] **sf.** *T.med.* utilizzazione di deboli correnti elettriche continue a scopo terapeutico.

galvanotipìa [comp. di *galvano-* e *-tipia*; 1840] **sf.** *T.tip.* procedimento galvanoplastico per ottenere a partire dalla matrice originaria in piombo una copia in rame o altro metallo più resistente alle alte tirature. **Q.T.** *tipografia.*

galvanotipìsta [da *galvanotipia*; 1956] **s.** chi prepara matrici per la stampa mediante la galvanotipia.

galvanotropìṣmo [comp. di *galvano-* e *tropismo*; 1909] **sm.** *T.biol.* influenza esercitata dalla corrente elettrica sulla direzione di accrescimento di un organismo vegetale o sul movimento di organismi animali (per es. protozoi) || **N.** *Sin.* elettrotropismo.

gàmba [lat. tardo *gamba*; 1306] **sf.** **1.** *propr.* il segmento dell'arto inferiore dell'uomo compreso tra il ginocchio e il piede; *com.* tutto l'arto inferiore: *gambe lunghe, robuste, snelle, ben tornite, storte, a X*; *un bel paio di gambe*; *accavallare, distendere, mostrare le gambe*; *viola da gamba*, v. VIOLA || *gamba di legno*, protesi dell'arto inferiore || *per estens. non com.* ciascun arto di un animale, zampa: *le gambe di un cane* || entra in molte loc. ed espr. idiomatiche: *avere buone gambe* (o *essere di gamba buona*), essere un buon camminatore; *esser di gamba lesta*, svelto; *darsela a gambe, fuggire a gambe levate*, scappare di gran carriera (con lo stesso valore l'escl. *gambe!*, filiamocela!); *gambe in spalla!*, escl. che incita a muoversi con decisione: *gambe in spalla, se no arriviamo in ritardo*; *stare in gamba*, essere in forze, spec. nell'augurio: *sta' in gamba*; *essere in gamba*, essere molto abile nel proprio campo, avere ottime qualità e sim., spesso in funzione di loc. agg.: *è proprio un tipo in gamba* (possibile anche, nel parlato, il superl. *in gambissima*); *tagliare le gambe*, togliere ogni energia, nel fisico o nel morale: *bere vino in salita ti taglia le gambe*; *andare a gambe all'aria*, cadere, e *fig.* fallire: *tutto il progetto è andato a gambe all'aria*; *fare il passo più lungo della gamba*, andare al di là delle proprie forze o possibilità; *prendere sotto gamba*, sottovalutare; *tenere la coda fra le gambe*, essere mortificato, avvilito; *voler raddrizzare le gambe ai cani*, pretendere l'impossibile **2.** *per estens.* ciascun elemento di sostegno con cui un mobile poggia su un piano: *le gambe del tavolo, del letto* || ciascuna asta verticale di un segno grafico: *le gambe della emme, la gamba di una semiminima* || *dim.* gambétta, gambìna, gambìno (*sm.*), gambùccia; *accr.* gambóna, gambóne (*sm.*); *pegg.* gambàccia || **N.** **1.** cianca; zampa | anca, caviglia, coscia, garretto, ginocchio, polpaccio, stinco; femore, malleolo, perone, rotula, tibia | accavallare, divaricare, sgranchirsi, strascicare le gambe | sciancato, zoppo.

gambacórta [comp. di *gamba* e *corto*; 1879] **s.** *inv. non com.* persona zoppa o dalle gambe corte || *l'ultimo a comparire fu gambacorta*, frase scherzosa che si riferisce a chi arriva ultimo in qualche riunione e sim.

gambàle [da *gamba*; 1526] **sm.** **1.** parte dello stivale che fascia la gamba e può anche essere un pezzo a sé, separato dalla scarpa e chiuso con fibbie poste ai lati || parte delle antiche armature che proteggeva la gamba, gambiera **2.** forma di legno della gamba, usato dai calzolai per adattarvi lo stivale || *dim.* gambalétto.

gambalèsta [comp. di *gamba* e *lesto*; 1956] **s.** *inv.* persona agile e veloce nella corsa.

gambalétto (*dim.* di *gambale*) [1974] **sm.** **1.** *T.ipp.* gambale di protezione per i cavalli nelle corse al trotto **2.** calza che arriva fin sotto il ginocchio.

gambalùnga [comp. di *gamba* e *lungo*; 1965] **s.** *inv.* persona molto alta e dalle gambe lunghe.

gambàta [da *gamba*; a. 1535] **sf.** **1.** colpo dato con la gamba o preso sulla gamba: *ho picchiato una gambata in uno scalino* **2.** *tosc.* sgambetto, anche in senso fig.

gambécchio (pl. *-chi*) [da *gamba*; 1834] **sm.** piccolo uccello, bianco e grigio, tipico dei luoghi salmastri, appartenente all'ordine dei Caradriformi.

gamberàna [da *gambero*; 1905] **sf.** *T.pesc.* rete quadrilatera per la pesca dei gamberi.

gamberétto (*dim.* di *gambero*) [a. 1705] **sm.** nome comune di vari tipi di piccoli crostacei commestibili: *gamberetti sgusciati, congelati.*

gàmbero [lat. tardo *cambarus, gambarus*, per il class. *cammarus*, gr. *kámmaros*; sec. XIII] **sm.** nome comune di vari crostacei dell'ordine dei Decapodi, dal corpo lungo coperto da tegumento, con due chele anteriori e cinque paia di arti; molte specie sono commestibili e prelibate: *gambero di fiume, di mare* || *far come i gamberi, andar come i gamberi*, camminare all'indietro; *fig.* non fare progressi, regredire || *diventare rosso come un gambero*, arrossire vivamente e improvvisamente || *dim.* gamberétto; *accr.* gamberóne.

gamberóne (*accr.* di *gambero*) [1745] **sm.** nome comune di alcune specie di grossi gamberi commestibili e squisiti.

gambétta (*dim.* di *gamba*) [a. 1529] **sf.** **1.** gamba di bambino, o magra e sottile **2.** nome region. di varie specie di uccelli, e spec. del combattente (v.) **3.** *T.bot.* piantina di olivo da mettere a dimora **4.** *disposizione a gambetta*, nelle industrie di laterizi, disposizione dei pezzi ad alveare per favorirne l'aerazione in varie fasi di lavorazione.

gambettàre (pres. *-étto*) [var. di *sgambettare*; a. 1348] **intr.** (aus. *avere*) *ant.* sgambettare, dimenar le gambe.

gambétto [da *gamba*; sec. XIV] **sm.** **1.** *non com.* sgambetto, anche *fig.* **2.** *T.gioc.* mossa nel gioco degli scacchi che consiste nel dare in presa in apertura un pedone per acquistare un attacco più potente col rapido sviluppo dei pezzi.

gambièra [da *gamba*; fine sec. XIII] **sf.** armatura di ferro o di cuoio a difesa della gamba, tipica dei guerrieri greci, romani e medioevali || protezione degli stinchi del portiere di hockey || *per estens.* piastra di metallo a protezione degli arti del cavallo || **N.** schiniere, gambale. **TAV.** ***armi*** **p. 648** 6.15.

gambìno [dal bolognese *gambén*; 1965] **sm.** **1.** in una risaia, fosso di regolamentazione dell'acqua **2.** parte posteriore della tomaia che copre il tarso e il metatarso.

gambìsta [da (*viola da*) *gamba*; 1956] **s.** *T.mus.* suonatore di viola da gamba.

gambitto [var. di *gambetto*; 1840] **sm.** *T.gioc.* variante meno com. di *gambetto* nel senso 2.

gambiẓẓàre [da *gamba*; 1978] **tr.** atto terroristico, consistente nel ferire alle gambe con colpi d'arma da fuoco.

gambiẓẓazióne [da *gambizzare*; 1979] **sf.** atto o effetto del gambizzare.

gàmbo [da *gamba*; a. 1320] **sm.** **1.** stelo sul quale si reggono le foglie e i fiori || parte più sottile del fungo, che sostiene il cappello **2.** *per estens.* in vari congegni o manufatti, parte sottile, gen. con funzioni di sostegno: *gambo di una vite, di una valvola*; *gambo del calice*; *gambo della rotaia*, la parte più sottile che congiunge la base (*suola*) con la parte su cui poggiano le ruote (*fungo*) || **N.** **1.** peduncolo, picciolo **2.** costola.

gambùṣia [dal lat. scient. *gambusia*, dallo sp. d'America *gambusino*; 1930] **sf.** *T.zool.* genere di pesci vivipari d'acqua dolce, originari dell'America settentrionale, avidi di larve di anofeli.

gambùto[1] [da *gamba*; a. 1560] ***agg.*** *non com.* che ha le gambe molto lunghe.

gambùto[2] [da *gambo*; a. 1449] ***agg.*** *T.arald.* detto di foglie e fiori disegnati negli stemmi con gambo di colore diverso.

game (ingl., pr. [geɪm]) [letter. gioco; 1935] **sm.** *inv.* *T.sport.* ciascuna delle frazioni di un set di tennis, nella quale è sempre lo stesso giocatore a battere; è detto anche, all'italiana, *gioco.* **Q.T.** *tennis.*

gamèlla [dal fr. *gamelle*, sp. *gamella*, bacinella; 1798] **sf.** recipiente di latta, custodito da ciascun soldato, in cui veniva consumato il rancio || *dim.* gamellìno || **N.** *Sin.* gavetta.

gamellìno (*dim.* di *gamella*) [1886] **sm.** *T.mar.* la scodella metallica che usano al rancio i militari della Marina.

gamète [dal gr. *gamétēs*, coniuge; 1932] **sm.** *T.biol.* negli organismi a riproduzione sessuata, cellula mediante la quale si realizza il processo di fecondazione: *gamete maschile, femminile.*

gametòfito [comp. di *gamete* e *-fito*; 1956] **sm.** *T.bot.* negli organismi vegetali, l'individuo aploide (ridotto a poche cellule nelle piante più evolute) sviluppatosi da una spora e in grado di produrre i gameti.

gametogamìa [comp. di *gamete* e *-gamia*; 1965] **sf.** *T.biol.* forma di riproduzione sessuata che si realizza mediante fusione di due gameti.

gametogèneṣi [comp. di *gamete* e *genesi*; 1956] **sf.** *T.biol.* il processo di formazione dei gameti, che provoca la differenziazione delle cellule maschili e femminili.

gamìa [dal gr. *gamêin*, sposarsi; 1932] **sf.** *T.biol.* riproduzione di animali e vegetali per mezzo di gameti; riproduzione sessuale.

-gamìa [dal gr. *-gamía*, da *gamêin*, sposarsi] ***elem. term.*** **1.** in parole composte della terminologia biologica, vale "riproduzione sessuale" (per es. *agamia, eterogamia, gametogamia*) **2.** in parole composte dotte vale "nozze", "matrimonio" (per es. *endogamia, monogamia, poligamia*). **Q.T.** *antropologia.*

gàmico (pl. *-ci*) [da *gamia*; 1932] ***agg.*** *T.biol.* proprio di gamia, relativo a gamia: *riproduzione gamica.*

gàmma[1] [dal gr. *gámma*, lettura della lettera γ; 1561] **I** **sm.** o **sf.** *inv.* nome della terza lettera dell'alfabeto greco, che rappresenta normalmente l'occlusiva velare sonora [g], ma anche la nasale velare [ŋ] davanti ad occlusiva velare **II** in funzione di ***agg. inv.*** **1.** *T.fis.* *raggi gamma*, fotoni di altissima frequenza emessi in vari processi di decadimento radioattivo **2.** *T.mat.* *funzione gamma*, funzione integrale di variabile reale che coincide con il fattoriale quando il suo argomento è un numero intero.

gàmma[2] [da *gamma*[1]; 1598] **sf.** **1.** in musica, l'estensione di uno strumento: *la gamma del flauto è di tre ottave* || *per estens.* serie graduata di sfumature di colore: *il quadro presenta l'intera gamma dei verdi*; *fig.* insieme di elementi che sfumano gradualmente l'uno nell'altro: *un'ampia gamma di sentimenti*; serie organica e completa: *l'intera gamma dei prodotti di bellezza* **2.** *T.rad.* sin. di *banda, campo*: *la gamma di frequenze di un amplificatore* **3.** *T.mus.* nella teoria musicale medioevale, il più grave dei suoni considerati, corrispondente al *sol* sulla prima riga in chiave di basso || in epoche successive, l'intera scala || **N.** **1.** *Sin.* tessitura.

gamma-globulina [comp. di *gamma*^{1} e *globulina*; 1974] ***sf.*** *T.biol.* globulina del sangue legata alla produzione di anticorpi.

gammaterapia [comp. di *gamma*^{1} e *terapia*; 1956] ***sf.*** *T.med.* impiego di raggi gamma a scopo terapeutico.

gammàto [da *gamma*^{1}; 1834] ***agg.*** piegato a forma di gamma maiuscolo: *croce gammata*, svastica.

gammaùt (o *gammaùtte*) [comp. di *gamma* e *ut* che si riferisce alla prima nota, cioè il *do*; 1679] ***sm. inv. ant.*** **1.** *T.mus.* la nota più grave del sistema esacordale di Guido d'Arezzo **2.** *T.chir.* tipo di bisturi ricurvo usato in passato.

gammùrra v. GAMURRA.

gàmo- [dal gr. *gámos*, matrimonio] ***primo elem.*** che, in parole composte della terminologia biologica, vale "riproduttore sessuale" (per es. *gamopetalo, gamosepalo*).

-gamo [dal gr. *gámos*, matrimonio] ***elem. term.*** **1.** in parole composte della terminologia biologica, vale "organo riproduttore" (per es. *Fanerogame*) **2.** in parole dotte vale "che si sposa" (per es. *monogamo, poligamo*).

gamopètalo [comp. di *gamo-* e *-petalo*; 1829] ***agg.*** *T.bot.* che ha i petali in tutto o parzialmente saldati insieme ‖ **N.** *Contr.* dialipetalo.

gamosèpalo [comp. di *gamo-* e *sepalo*; 1932] ***agg.*** *T.bot.* detto di fiore il cui calice presenta sepali in parte congiunti tra di loro ‖ **N.** *Sin.* monofillo.

gamotèpalo [comp. di *gamo-* e *tepalo*; 1956] ***agg.*** *T.bot.* detto di fiore che presenta i tepali congiunti tra di loro.

gamùrra [dall'ar. *ḥumūr*, pl. di *ḥimār*, velo da donna, vestimento; fine sec. XIII] ***sf. ant.*** antica veste da donna ‖ *dim.* gamurrìno ‖ **N.** *Sin.* camora.

ganàscia (pl. *-sce*) [lat. tardo *ganathus*, con influsso di mascella; sec. XIII] ***sf.*** **1.** nell'uomo, la mascella e la guancia considerate insieme: *dimenar le ganasce*, mangiare ‖ *mangiare a due, a quattro ganasce*, molto e avidamente; anche *fig.* arricchirsi con avidità ‖ negli animali, parte del muso che comprende il margine inferiore della mandibola e la mascella **2.** *T.mecc.* elemento di tenuta di vari congegni meccanici, in part. l'elemento mobile di una morsa o del freno a tamburo; l'elemento di collegamento in vari tipi di giunzioni in legno e metallo (per es. tra due rotaie) ‖ *dim.* ganascìno. **TAV. *mammiferi* p. 1318** 1.6; ***utensili* p. 1340** 6.1 e **p. 1341** 17.2.

ganascìno (*dim.* di *ganascia*) [a. 1802] ***sm.*** quasi solo nell'espr. *prendere* (*per*) *il ganascino*, stringere amorevolmente la guancia di qualcuno tra l'indice e il medio, scuotendola poi leggermente, come carezza.

ganascióne (*accr.* di *ganascia*) [1657] ***sm.*** *non com.* colpo dato con la mano nella ganascia ‖ **N.** *Sin.* ceffone, scapaccione, schiaffo, sganascione.

ganciàta [da *gancio*; 1834] ***sf.*** *non com.* l'atto di afferrare qualcosa con un gancio.

gàncio (pl. *-ci*) [etim. inc.; a. 1470] ***sm.*** **1.** strumento metallico ripiegato a uncino, per collegare o sospendere qualche cosa ‖ *in part. gancio di trazione*, che collega due vagoni ferroviari; *gancio di traino*, negli autoveicoli a rimorchio; *gancio doppio* o *a favone*, composto di due ganci semplici volti in senso contrario; *gancio a scrocco*, con chiusura ad attrito da aprirsi con un colpo di martello; *gancio automatico*, che si libera automaticamente dall'oggetto che vi sta sospeso, appena cessa l'azione del peso di questo; *T.mar. gancio d'accosto*, v. GAFFA ‖ nelle costruzioni in cemento armato, la piegatura metallica all'estremità delle barre di armatura **2.** *T.sport.* nel pugilato, colpo portato col braccio piegato ad angolo retto, detto anche *hook* o *crochet* ‖ nella pallacanestro, tiro a canestro effettuato con un solo braccio teso all'indietro, facendo passare il pallone sopra la testa **3.** antica arma in asta usata negli assedi **4.** *pop. non com.* furbastro; ladro ‖ *dim.* gancétto, gancìno ‖ **N. 1.** *Sin.* arpione, ganghero, rampino. **TAV. *ferrovie*... p. 669** 8.1.

gànda [voce alpina; 1956] ***sf.*** *T.alp.* ammasso di pietre instabili accastellate ai piedi delle pareti rocciose, formato dal loro incessante disfacimento.

gandùra [dall'ar. *qandūra*; 1956] ***sf.*** camice orientale senza maniche.

gang (ingl., pr. [gæŋ]; pr. it. [gɛŋg]) [letter. squadra, gruppo; 1940] ***sf. inv.*** banda di malfattori ‖ *scherz.* combriccola.

gànga^1 (pl. *-ghe*) [dal ted. *Gang*, filone; a. 1729] ***sf.*** la parte pietrosa che accompagna i minerali metallici nei filoni, e che va eliminata nei procedimenti metallurgici di arricchimento.

gànga^2 (pl. *-ghe*) [dall'ingl. *gang*; 1912] ***sf.*** adattamento, oggi meno com., di *gang* (v.).

gàngama [da *gangamo*; 1934] ***sf.*** rete con apertura larga e fondo stretto usata per la pesca delle ostriche.

gàngamo (o *gàngama sf.*) [dal gr. *gángamon*, rete per la pesca delle ostriche; 1834] ***sm.*** *T.pesc.* rete a sacca di maglia ben fitta, nella cui apertura è attaccato un mezzo cerchio di legno per tenerla spalancata; serve anche per rastrellare il fondo del mare e catturare in tal modo piccoli pesci, crostacei, frutti di mare ecc. ‖ **N.** *Sin.* angamo.

gàngava [forse da *gangamo*, per dissimilazione; 1937] ***sf.*** *T.pesc.* rete a sacco, trapezoidale, con bocca rettangolare tenuta aperta da un telaio, usata nella pesca delle spugne, che viene fatta scivolare sul fondo marino.

gangheràre (pres. *gànghero*) [da *ganghero*; 1573] ***tr.*** *raro* munire di gangheri.

gangherèlla [da *ganghero*; 1869] ***sf.*** piccolo occhiello di metallo in cui si introduce il gangherino nelle allacciature di abiti, spec. femminili.

gangherèllo (*dim.* di *ganghero*) [sec. XIV] ***sm.*** **1.** piccolo ganghero **2.** uncinetto di metallo, munito di due occhielli che servono a cucirlo alla stoffa, che, infilato nella gangherella, permette di allacciare indumenti, spec. femminili ‖ **N.** *Sin.* gangherino.

gangherìno (*dim.* di *ganghero*) [a. 1704 nel senso 1; a. 1859 nel senso 3] ***sm.*** **1.** piccolo ganghero **2.** gangherello (nel senso 2) **3.** *pl.* l'insieme del gangherello e della gangherella.

gànghero [lat. volg. **canchalus*, gr. tardo *kánchalos*, anello della porta; 1312] ***sm.*** **1.** perno metallico che, fissato allo stipite o al telaio, si infila nell'anello dell'imposta costituendone la cerniera ‖ *fig. essere, andare, uscire fuori dai gangheri*, essere furibondo, perdere la pazienza e la calma **2.** *non com.* gangherello ‖ *dim.* gangherìno, gangherùccio; *accr.* gangheróne; *pegg.* gangheràccio ‖ **N. 1.** *Sin.* cardine | bandella.

ganghìsta [da *gang*; 1950] ***s.*** *scherz. non com.* chi appartiene a una combriccola di amici.

gangliàre (pr. [gaŋ'gljare] o [gaŋgli'are]) [da *ganglio*; 1956] ***agg.*** *T.anat.* relativo al ganglio o ai gangli: *cellula gangliare, catena gangliare.*

gangliförme (pr. [gaŋgli'forme]) [comp. di *ganglio* e *-forme*; a. 1758] ***agg.*** *T.anat.* a forma di ganglio.

gànglio (pr. ['gaŋgljo]) (pl. *gàngli*, pr. ['gaŋgli]) [dal gr. e lat. tardo *gánglion*, ghiandola; 1775] ***sm.*** **1.** *T.anat.* termine che indica formazioni diverse per struttura e funzione, di piccole dimensioni e dalla forma tondeggiante: *gangli nervosi, linfatici* **2.** *fig.* punto vitale di un sistema: *questa stazione è uno dei gangli della rete di comunicazione metropolitana* **3.** *T.med.* formazione cistica che si sviluppa soprattutto nelle articolazioni del piede e della mano.

gangliòma (pr. [gaŋ'gljɔma]) [comp. di *ganglio* e *-oma*; 1892] ***sm.*** *T.med.* tumore dei gangli del gran simpatico.

ganglionàre (pr. [gaŋgljo'nare]) [dal fr. *ganglionaire*; a. 1855] ***agg.*** *T.med.* e *T.anat.* gangliare.

ganglioplègico (pr. [gaŋgljo'pledʒiko]) (pl. *-ci*) [comp. di *ganglio* e *plegico*; 1956] ***agg.*** *T.med.* detto di medicamento che paralizza i gangli del sistema nervoso vegetativo, allo scopo di combattere efficacemente l'ipertensione arteriosa.

gàngola [lat. *glandula*, con influsso di *ganglion*, prima metà sec. XIII] ***sf.*** *pop. tosc.* linfoghiandola infiammata.

gangrèna e der. forme ant. di CANCRENA e der.

gangster (ingl., pr. ['gæŋstə]; pr. it. ['gɛŋgster]) [1932] ***sm. inv.*** chi fa parte di una banda di malviventi, rapinatore ‖ *per estens.* persona priva di scrupoli: *quel politico è un vero gangster.*

gangsterismo (pr. [gɛŋgste'rizmo] o [gɛnste'rizmo]) [da *gangster*; 1942] ***sm.*** attività del gangster; comportamento, azione da gangster.

ganimède [dal n. proprio *Ganimede*, coppiere di Giove; 1542] ***sm.*** giovane ricercato nel vestire e dai modi leziosi ed effeminati ‖ **N.** *Sin.* bellimbusto, damerino, vagheggino, zerbinotto.

gannìre (pres. *-isco, -isci*) [dal lat. *gannīre*; a. 1419] ***intr.*** (aus. *avere*) *raro* guaire, mugolare, detto del cane e della volpe ‖ **N.** *Sin.* gagnolare.

Ganòidi (sing. *-e*) [dal lat. scient. *ganoidei*, basato sul gr. *gános*, splendore; 1940] ***sm. pl.*** *T.zool.* gruppo di pesci dallo scheletro in parte cartilaginoso e in parte osseo; il termine non è più utilizzato nella sistematica zoologica.

gànzo [lat. mediev. *gangia*, meretrice; 1798] ***sm.*** (f. *-a*) **1.** *spreg.* amante **2.** *pop.* persona astuta, dritto: *è un vero ganzo!* ‖ anche in funzione di *agg.*, bello, simpatico, in gamba: *un tipo ganzo*; talvolta rif. anche a cose ‖ *dim.* ganzerìno.

gap (ingl., pr. [gæp]) [dal norvegese ant. *gap*, crepaccio; 1966] ***sm. inv.*** **1.** divario, scarto, squilibrio: *gap tecnologico*, scarto tecnologico e scientifico tra due o più paesi **2.** nell'elaborazione elettronica di dati, spazio di nastro lasciato libero tra due blocchi successivi ‖ **N. 2.** *Sin.* interblocco.

gappìsta [1943] ***s.*** *T.stor.* chi apparteneva a un G.A.P. (Gruppo di Azione Patriottica), nucleo partigiano di pochi elementi che compiva rischiose azioni di guerriglia nelle zone maggiormente controllate dai tedeschi e dai fascisti (per es. nei centri urbani) durante la Resistenza (1943-45).

gàra [etim. inc.; 1312] ***sf.*** competizione tra due o più persone o gruppi che cercano di superarsi l'un l'altro per ottenere una vittoria sportiva, un premio, un riconoscimento e sim.: *gare di atletica, di sci, di scacchi*; *gara di cucina, letteraria*; *iscriversi, partecipare a una gara, entrare in gara*; *essere fuori gara*, detto di atleta che, pur partecipando ad una prova sportiva, non viene incluso nella classifica competitiva (anche *fig.* essere tagliato fuori) ‖ *fare a gara*, impegnarsi al massimo per fare meglio degli altri: *hanno fatto a gara per aiutarlo* ‖ *gara d'appalto*, concorso pubblico per l'assegnazione di un lavoro a chi fa l'offerta più vantaggiosa ‖ **N.** *Sin.* certame, competizione, contesa, duello, incontro, *match*, partita, tenzone; campionato, torneo; concorso. **Q.T.** *atletica, canottaggio, sport.*

garage (fr., pr. [ga'ra:ʒ]) [letter. magazzino di deposito, autorimessa; 1908] **sm.** *inv.* (anche pl. *garages*, pr. [ga'ra:ʒ]) **1.** grande autorimessa per più auto **2.** vano seminterrato o al pianterreno di uno stabile, di proprietà di uno degli inquilini e utilizzato per parcheggiare l'auto.

garagista [da *garage*; 1927] **s.** operaio meccanico addetto a un'autorimessa || padrone o gestore di un'autorimessa.

gàramond [dal n. proprio C. *Garamond*, inventore del carattere; 1681] **sm.** *inv. T.tip.* tipo di carattere di stampa.

garànte [dal fr. ant. *g(u)arant*; a. 1712] **s.** chi garantisce, mallevadore: *garante di un contratto*; anche *fig.*: *mi faccio garante della sua lealtà.*

garantìa **sf.** *arc.* V. GARANZIA.

garantìre (pres. *-ìsco, -ìsci*) [prob. dal fr. *garantir*, 1792] **tr.** assicurare con la propria garanzia, anche per conto d'altri: *garantire un prestito* || *fig.* assicurare: *chi mi garantisce che la cosa andrà così?* || *in part.* dare per sicuro il perfetto funzionamento di una macchina e sim., obbligandosi a ripararla gratuitamente finché dura il periodo di garanzia: *garantire un orologio, un'automobile.*

garantìsmo [da *garantire*; 1969] **sm.** principio giuridico che contempla una stretta osservanza dei diritti costituzionali relativi alle libertà individuali contro ogni possibile arbitrio da parte del potere pubblico.

garantìsta [da *garantismo*; 1970] **s.** fautore, sostenitore del garantismo.

garantìstico (pl. *-ci*) [da *garantista*; 1983] **agg.** proprio del garantismo, relativo al garantismo: *rivendicazioni garantistiche.*

garantìto (*pps.* di *garantire*) [1743] **agg.** assicurato mediante garanzia: *è un prodotto garantito per dieci anni* || *per estens.* sicuro: *l'unico avversario pericoloso s'è ritirato; la vittoria è garantita*; *fam.* anche come predicato nominale e spesso con ellissi del verbo: *garantito che non si fa vedere neppure oggi!*

garànza [dal fr. *garance*; 1785] **sf.** *ant.* robbia.

garanzia [dal fr. ant. *g(a)rantie*; 1670 *garancia*] **sf.** **1.** l'assicurare con mezzi adeguati l'adempimento di un impegno, di una promessa e sim., a nome proprio o di altri: *dare, offrire, esigere garanzie sicure del pagamento* || *garanzie costituzionali*, norme sancite dalla Costituzione a tutela dei diritti fondamentali del cittadino || *per estens.* certezza o fondata probabilità: *una manovra con buone garanzie di riuscita*; *un tipo che non dà garanzie*, poco affidabile **2.** *in part.* nei rapporti commerciali, l'assicurazione da parte del venditore che il prodotto è esente da difetti all'origine, e l'impegno a sostituirlo o a ripararlo gratuitamente qualora si riveli difettoso; anche il periodo di tempo in cui tale impegno è valido: *un televisore con la garanzia di un anno* || **N. 1.** *Sin.* malleveria; certezza, sicurezza. **Q.T.** *diritto.*

garbage collection (ingl., pr. ['gɑ:bɪdʒ kʌ'lekʃən]) [letter. raccolta dei rifiuti] **loc. f.** *T.inform.* rimozione di dati indesiderati dalla memoria, in modo da creare spazio per nuovi dati.

garbàre [da *garbo*; a. 1484] **intr.** (aus. *essere*; raro *avere*) piacere, riuscir gradito: *questi discorsi non mi garbano affatto* || **tr.** *T.mar.* incurvare un elemento dello scafo di una nave || **N. intr.** PIACERE.

garbatézza [da *garbato*; 1668] **sf.** *non com.* l'essere o il mostrarsi garbato || *concr. raro* atto garbato, favore || **N.** GARBO.

garbàto (*pps.* di *garbare*) [a. 1311] **agg.** che ha garbo: *atti garbati, un ragazzo molto garbato* || **garbataménte** **avv.** || **N.** *Sin.* aggraziato, cavalleresco, cortese, gentile.

garbìno [dall'ar. *garbī*, occidentale; sec. XIII] **sm.** vento che soffia da sud-ovest, libeccio.

gàrbo[1] [forse dall'ar. *qālib*, modello; a. 1537 nel senso 2] **sm.** **1.** cortesia ed eleganza di modi nel trattare con le persone: *rispondere, intervenire con garbo*; *mancare di garbo* || *per estens.* modo aggraziato di fare qualcosa: *suonare, muoversi con garbo* || nella loc. avv. *a garbo*, per bene, a modo: *un lavoro fatto a garbo*; nella loc. agg. *di garbo*, che ha garbo, grazia, eleganza: *persone di garbo* **2.** rif. a cose, forma definitiva, rifinitura: *dare il garbo a un vestito, a una statuetta in creta* **3.** *T.mar.* curvatura dello scafo in legno di un'imbarcazione || **N. 1.** *Sin.* cortesia, educazione, finezza, galanteria, gentilezza, grazia, urbanità | *Contr.* inciviltà, maleducazione, sgarbatezza **2.** *Sin.* aspetto, conformazione, contorno, curva, figura, forma, modello, sagoma, struttura esteriore.

gàrbo[2] [etim. inc.; a. 1488] **agg.** *ant.* acre, acerbo; detto di vino o di frutta.

garbugliàre [etim. inc.; a. 1589] **tr.** ingarbugliare, scompigliare, perturbare.

garbùglio (pl. *-gli*) [da un disus. *garbugliare*, ingarbugliare; a. 1470] **sm.** viluppo, intrico; anche *fig.* affare intricato: *fare, creare garbugli*, creare confusione per trarne vantaggio || **N.** *Sin.* imbroglio, intrigo, pasticcio.

garbuglióne [da un disus. *garbugliare*, ingarbugliare; 1869] **sm.** (f. *-a*) *non com.* persona confusionaria, arruffone.

garçon (fr., pr. [gar'sɔ̃]) [letter. ragazzo; 1905] **sm.** (pl. *garçons*, pr. [gar'sɔ̃]) cameriere, inserviente.

garçonne (fr., pr. [gar'sɔn]) [letter. ragazza; 1923] **sf.** (pl. *garçonnes*, pr. [gar'sɔn]) ragazza dalla vita libera e indipendente || *capelli alla garçonne*, molto corti, alla maschietta.

garçonnière (fr., pr. [garso'njɛ:r]) [da *garçon*, celibe; 1905] **sf.** (pl. *garçonnières*, pr. [garso'njɛ:r]) piccolo appartamento usato per incontri amorosi || *disus.* piccolo appartamento da scapolo.

gardènia [dal n. proprio Alex *Garden*, botanico scozzese; 1813] **sf.** nome di varie piante di un genere delle Rubiacee, con foglie sempreverdi e lucide, coltivato nei giardini per i suoi bei fiori bianchi, vellutati, di profumo soave || fiore della gardenia.

garden-party (ingl., pr. ['gɑ:dn ˌpɑ:tɪ]) [letter. trattenimento in giardino; 1892] **sm.** *inv.* (anche pl. *garden-parties*, pr. ['gɑ:dn ˌpɑ:tɪz]) festa, ricevimento mondano in giardino, all'aperto.

gardeṣàno [comp. del n. geogr. *Garda* e di *-esano*, forma dial. per *-igiano*; 1932] **agg.** relativo al Lago di Garda: *strada gardesana.*

gareggiaménto [da *gareggiare*; 1551] **sm.** *non com.* il gareggiare.

gareggiàre (pres. *-éggio*) [da *gara*; sec. XIV] **intr.** (aus. *avere*) fare a gara; partecipare a una gara || *per estens.* misurarsi con qualcuno || **N.** *Sin.* competere, concorrere, contendere, emulare, misurarsi, scendere in lizza.

gareggiatóre [da *gareggiare*; 1869] **sm.** (f. *-trìce*) *non com.* chi gareggia || **N.** *Sin.* concorrente, contendente.

garènna [dal fr. *garenne*; 1655] **sf.** allevamento di conigli in luogo aperto.

garentìa e der. forme arc. di GARANZIA e der.

garenzìa e der. forme rare di GARANZIA e der.

garétta V. GARITTA.

garétto V. GARRETTO.

gargàme [ampliamento da una base **garga*, gola; 1638] **sm.** *T.tecn.* in idraulica, doppia guida in profilato d'acciaio, su cui può scorrere una paratoia piana.

garganèlla [forse da **garg*, voce onom.; 1733] **sf.** solo nella loc. avv. *bere a garganella*, bere senza accostare il bicchiere o recipiente alle labbra, lasciandosi cascare dall'alto il liquido nella bocca e mandandolo giù senza riprendere fiato; *per estens.* bere abbondantemente o smodatamente.

garganèllo [forse da **garg*; voce onom.; a. 1871] **sm.** nome pop. di vari uccelli acquatici, come lo smergo e la marzaiola.

gargantuésco (pl. *-schi*) [dal n. proprio *Gargantua*; gigante protagonista di un romanzo di Rabelais; 1919] **agg.** enorme, spropositato, eccessivo: *appetito gargantuesco*, insaziabile, smodato || **N.** *Sin.* pantagruelico.

gargarìṣmo [dal lat. tardo *gargarīsmus*, gr. *gargarismós*; sec. XIV] **sm.** sciacquo con soluzioni di natura diversa, per lenire un'infiammazione della bocca e della gola, che si fa tenendo la testa indietro, in modo che il liquido venga fatto gorgogliare a lungo in gola e poi sputato || il medicamento liquido stesso da usarsi in tale modo || *scherz.* canto o vocalizzo male eseguito || **N.** *Sin.* collutorio, sciacquo.

gargarizzàre [dal lat. *gargarizzare*, gr. *gargarízein*; a. 1320] **intr.** (aus. *avere*) e **rifl.** fare i gargarismi, risciacquarsi la gola con gargarismi.

gargaròzzo [forse dal lat. tardo *gargala*, trachea; a. 1342] **sm.** *pop.* gola.

gargiòlo (lett. *gargiuòlo*) [dal lat. volg. **cardiāre*; 1953] **sm.** fibra grezza della canapa.

gàrgo (pl. *-ghi*) [dal ted. antico *Karg*; a. 1676] **agg.** *ant.* malizioso.

gargòlla adattamento it. di *gargouille* (v.).

gargòtta [dal fr. *gargote*; 1864] **sf.** *non com.* bettola, osteria.

gargouille (fr., pr. [gar'guj]) [dal fr. ant. *gargoule*, comp. di *goule*, gola e della radice onom. *garg-*; 1956] **sf.** *inv.* nell'architettura gotica e neogotica, canale di scolo delle acque piovane, che sporge dalle grondaie ed è spesso scolpito a forma di drago, serpente o altro animale fantastico || **N.** *Sin.* doccione.

gargùglia adattamento it. di *gargouille* (v.).

garibaldìno [dal n. proprio G. *Garibaldi*; 1861] **I agg.** di Garibaldi: *schiere garibaldine* || degno di Garibaldi, eroico, impetuoso, baldo: *audacia garibaldina* || *alla garibaldina*, audacemente e un po' avventatamente **II sm.** soldato di Garibaldi.

garìglio (pl. *-gli*) [var. di *gheriglio*; a. 1730] **sm.** *non com.* gheriglio.

garitta [dal fr. *guérite*, forse attr. lo sp. *garita*; 1617] **sf.** **1.** torretta rotonda o poligonale, di legno o in muratura, con feritoie, per tenervi riparata la sentinella **2.** nelle ferrovie, analogo riparo per lo scambista **3.** *T.mar.* passaggio a tenuta d'acqua che attraversa un interponte dello scafo || **N. 1.** *Sin.* casotto, guardiola.

garnett (ingl., pr. ['gɑ:nɪt]) [da *Garnett*, nome dell'inventore; 1956] **sm.** *inv.* nell'industria tessile, macchina sfilacciatrice per cascami.

garnettàre (pres. *-ètto*) [dall'ingl. *garnett*; 1963] **tr.** *T.tess.* sfilacciare con il garnett.

garnettatrìce [da *garnettare*; 1970] **sf.** *T.tess.* garnett.

garnettatùra [da *garnettare*; 1956] **sf.** *T.tess.* operazione del garnettare.

garòfana [da *garofano*; a. 1811] **sf.** pera che matura in ottobre e ha odore di garofano; anche come *agg.*

garofanàia [da *garofano*; 1956] **sf.** pianta erbacea perenne delle Rosacee dai piccoli fiori gialli e dal rizoma il cui succo profuma di garofano.

garofanàto [da *garofano*; seconda metà sec. XIII] **agg.** profumato al garofano.

garòfano [lat. *caryophyllum*, gr. *karyóphyllon*; sec. XIV] **sm.** **1.** pianta delle Cariofillacee, con foglie verdi cenerognole, calice tubolato dentato e corolla di cinque petali; se ne coltivano nei giardini infinite varietà a fiori doppi dei più svariati colori || il fiore di tale pianta:

portava un garofano all'occhiello; partito del garofano, il partito socialista italiano **2.** albero delle Mirtacee, originario delle Molucche, i cui fiori rossicci di sapor acre e piccante vengono seccati e messi in commercio come aroma, sotto il nome di *chiodi di garofano*, per uso di profumeria e di cucina **3.** *garofano di mare*, nome com. dell'attinia || **N.** **1.** a mazzetti, barbato, muschiato, screziato.

garopèra [dal port. del Brasile *garoupeira*; 1872] **sf.** piccola imbarcazione brasiliana, adoperata per la pesca.

garóso [da *gara*; a. 1562] **agg.** *ant.* **1.** litigioso **2.** di azione e sim., fatto per polemica, per animosità.

garrése [celtico **garra*, parte della gamba; 1585 *garese*] **sm.** la parte più elevata del dorso del cavallo e di altri quadrupedi, corrispondente alla sommità delle spalle tra il dorso propr. detto e il collo: *un cavallo da tiro alto due metri al garrese.* **TAV.** ***mammiferi*** **p. 1318** 1.10.

garrétto [celtico **garra*, parte della gamba; a. 1320] **sm.** **1.** nel cavallo e in altri quadrupedi, la parte di ciascun arto posteriore che corrisponde all'articolazione della tibia col metatarso **2.** *per estens.* nell'uomo, la parte immediatamente sopra il calcagno; *fig. avere buoni garretti*, essere un ottimo corridore. **TAV.** ***mammiferi*** **p. 1318** 1.14.

garrire (pres. *-ìsco, -ìsci*) [lat. *garrīre*, ciarlare; a. 1294 nel senso 3] **intr.** (aus. *avere*) **1.** emettere un verso stridulo caratteristico di alcuni uccelli: *le rondini garriscono* **2.** *per estens. lett.* sbattere al vento, rif. spec. a bandiere e sim. **3.** *per estens. non com.* rif. a persone, gridare con voce stridula, spec. rimproverando qualcuno || **tr.** *arc.* o *lett.* sgridare, rimproverare gridando || **N.** **intr.** **1.** *Sin.* stridere **3.** *Sin.* strepitare, strillare.

garrito [da *garrire*; a. 1375] **sm.** il verso stridulo di alcuni uccelli.

garròccio (pl. *-ci*) [etim. inc.; 1972] **sm.** *T.mar.* sulle imbarcazioni a vela, ciascuno degli elementi rigidi fissati lungo la caduta prodiera delle vele per la loro inferitura.

garròtta o **garròta** [dallo sp. *garrote*; 1864] **sf.** strumento che uccide per strangolamento per mezzo di un cerchio di ferro serrato progressivamente; è stato usato in Spagna per le esecuzioni capitali fino al 1976.

garrottaménto o **garrotaménto** [da *garrottare*; 1936] **sm.** esecuzione capitale eseguita mediante la garrotta.

garrottàre o **garrotàre** (pres. *-òto*) [da *garrotta*; 1918] **tr.** giustiziare con la garrotta || *per estens.* strangolare premendo sulla gola un oggetto rigido, ad es. una spranga, una lama e sim.

garrulità [da *garrulo*; a. 1406] **sf.** *non com.* l'essere garrulo.

gàrrulo [lat. *garrulus*; a. 1311 nel senso 2] **agg.** *lett.* **1.** *propr.* che garrisce **2.** *fig.* ciarliero; pettegolo || allegro, chiassoso || **N.** **2.** *Sin.* chiacchierone, loquace; petulante.

gàrẓa[1] [dallo sp. *garza*; 1450 ca.] **sf.** *region.* nome di varie specie di aironi.

gàrẓa[2] [da *garzare*; a. 1704] **sf.** sorta di velo di seta o di cotone, a trama molto larga || *in part.* tessuto leggero, a trama larga, di cotone idrofilo adoperato per medicazioni: *compresse di garza* || **N.** idrofila, medicata, sterilizzata | cerotto; benda, fascia.

garẓàia [da *garza*[1]; 1888] **sf.** *ant.* luogo intricato, paludoso e di difficile accesso.

garẓàre [da *garzo*; a. 1621] **tr.** sollevare col garzo il pelo ai tessuti di cotone o di lana, durante la manifattura.

garẓatóre [da *garzare*; a. 1498] **sm.** (f. *-trice*) addetto alla garzatura dei panni.

garẓatrice [da *garzare*; 1956] **sf.** *T.tess.* macchina per garzare i tessuti.

garẓatùra [da *garzare*; 1798] **sf.** *T.tess.* l'operazione del garzare i tessuti: *garzatura a umido, a secco.*

garẓèlla [da *garzo*; 1853] **sf.** *T.tess.* strumento in legno con più file di garzi, usato dai lanaioli per rendere pelosi i tessuti.

garẓétta [da *garza*[1]; inizio sec. XIV] **sf.** piccolo airone bianco dei Ciconiformi || **N.** *aigrette.*

gàrẓo [lat. volg. **cardeus*, class. *carduus*; 1562] **sm.** **1.** cardo selvatico, a squame lunghe, acutissime e uncinate, con cui si garzano i panni **2.** garzatura: *dare il garzo.*

garẓonàto [da *garzone*; a. 1874] **sm.** *non com.* condizione di garzone e sua durata || *per estens. non com.* qualunque periodo di faticoso tirocinio.

garẓóne [dal fr. ant. *garçun*; 1300 ca.] **sm.** (f. *-a*) **1.** giovane che fa i servizi, e spec. quelli di minore responsabilità, in una bottega o sim.: *il garzone del fornaio* || *T.mar.* mozzo **2.** *ant.* e *lett.* ragazzo || scapolo || *dim.* garzoncèllo, garzoncìno, garzonétto; *pegg.* garzonàccio || **N.** **1.** *Sin.* apprendista, commesso, fattorino, lavorante | tirocinio.

garẓuòlo[1] [lat. **cardiolum*; 1340 ca.] **sm.** la parte più interna, il cuore, degli ortaggi a cesto, come il cavolo || **N.** *Sin.* grumolo.

garẓuòlo[2] [da *garzo*; 1551] **sm.** canapa cardata e pulita.

gas [deformazione dotta del lat. *chaos*, materia informe; 1683] **sm.** *inv.* **1.** *T.fis.* e *T.chim.* in gen., qualunque sostanza che si trovi in un particolare stato di aggregazione (detto appunto *gassoso* o *aeriforme*), nel quale tende ad espandersi occupando tutto il volume disponibile e raggiungendo una densità uniforme || con varie determinazioni, designa particolari sostanze: *gas illuminante* o *gas di città*, gas combustibile un tempo impiegato per l'illuminazione, oggi per il riscaldamento e la cucina; *gas naturale*, metano e altri idrocarburi gassosi presenti nel sottosuolo; *gas nobili*, gruppo di elementi gassosi (elio, argo, neon, cripto, xeno, radon) presenti in piccole quantità nell'atmosfera e caratterizzati da un'estrema riluttanza a combinarsi con altri elementi; *gas esilarante*, protossido d'azoto, usato come anestetico; *gas delle miniere*, grisou; *gas asfissianti, vescicanti, nervini, lacrimogeni*, varie sostanze nocive o letali utilizzate in guerra, per reprimere manifestazioni ecc.; *gas liquefatto* o più com. *liquido*, miscela di propano e butano, conservati allo stato liquido in bombole ad alta pressione con gli stessi impieghi del gas di città **2.** *ass.* nel linguaggio corrente, il gas combustibile per cucina, riscaldamento, illuminazione: *fornello, scaldabagno, lampada a gas; contatore, bolletta del gas* || *per meton. fam.* cucina, fornello a gas: *spegnere il gas, peperoni cotti sul gas* **3.** *ass.* la miscela di aria e benzina che costituisce il combustibile dei motori di un veicolo, spec. in espr. come *dare gas*, accelerare; *andare a tutto gas*, alla massima velocità, anche *fig.* **4.** *ass.* gas venefico, nell'espr. *camera a gas* (V. CAMERA) || **N.** **1.** diffusione, esalazione, espansione, inalazione | becco, bocchettone, bombola, contatore, gasometro, presa, reticella, rubinetto, tubazione.

gaṣàre [da *gas*; 1974] **tr.** **1.** gassare **2.** *fig. fam.* elettrizzare, mandare su di giri || rendere tronfio e pieno di sé: *il successo l'ha gasato un po' troppo* || **rifl.** *fig. fam.* montarsi la testa: *non ti gasare per così poco.*

gaṣàto (*pps.* di *gasare*) [1959] **agg.** **1.** gassato **2.** *fig. fam.* sovreccitato || presuntuoso, pieno di sé: *adesso è gasatissimo per la sua moto nuova.*

gaschétte [etim. inc.; 1798] **sf.** *pl.* *T.mar.* trecce di spago che servono a vari usi e spec. per serrare le vele ai pennoni.

gàsco (pl. *-schi*) [prob. var. di *casco*; 1798] **sm.** *T.mar.* specie di ornamento con cui terminava l'estremità superiore del tagliamare || **N.** polena.

gascromatografìa [comp. di *gas* e *cromatografia*; 1967] **sf.** *T.chim.* tecnica di analisi per determinare la composizione di miscele di sostanze.

gasdinàmica [comp. di *gas* e *dinamica*, sul modello di *aerodinamica*; 1956] **sf.** parte dell'aerodinamica che si occupa della dinamica dei fluidi compressibili.

gasdótto [comp. di *gas* e *-dotto*; 1940] **sm.** condüttura per il trasporto di gas naturali o artificiali dai luoghi di produzione a quelli di consumo.

gaṣificàre e der. V. GASSIFICARE e der.

gaṣindio (pl. *-di*) o **gaṣindo** [dal lat. mediev. *gasindius* di or. long.; a. 1750] **sm.** *T.stor.* nel mondo germanico, persona libera ma con un particolare rapporto di fedeltà e soggezione al re o a un signore, che a sua volta gli conferiva privilegi e benefici.

gaṣista o **gassista** [da *gas*; 1901 *gassista*] **s.** operaio che lavora alla produzione del gas illuminante || addetto alla manutenzione degli apparecchi a gas.

gaṣògeno o **gassògeno** [comp. di *gas* e *-geno*; 1902] **sm.** *T.tecn.* apparecchio che serve a produrre gas combustibili.

gaṣolina [dall'ingl. *gasoline*; 1940 *gazolina*] **sf.** *T.chim.* tipo di benzina leggera.

gaṣòlio [dall'ingl. *gasoil*; 1942] **sm.** miscela di idrocarburi usata spec. come combustibile per riscaldamento e carburante per motori Diesel.

gaṣòmetro (meno com. *gassòmetro*) [dal fr. *gazomètre*; 1798] **sm.** grande serbatoio per conservare i gas (spec. quelli combustibili per riscaldamento e cucina), da cui partono gli impianti di distribuzione || *per estens.* impianto di produzione del gas illuminante.

gaṣósa V. GASSOSA.

gaṣóso V. GASSOSO.

gàssa [dallo sp. *gaza*; 1798] **sf.** *T.mar.* qualunque anello formato all'estremo di una corda || *gassa d'amante*, nodo fatto in modo da non stringersi sotto trazione.

gassàre [da *gas*; 1950 nel senso 2] **tr.** **1.** immettere gas in qualche cosa: *gassare l'acqua* **2.** uccidere somministrando gas velenosi.

gassàto (*pps.* di *gassare*) [1942] **agg.** che contiene gas; in cui è stato immesso gas: *acqua molto gassata.*

gassendista [dal n. proprio Petrus *Gassendi*, filosofo e matematico francese; 1722] **agg.** e **s.** *T.fil.* seguace di Gassendi, filosofo francese del sec. XVII, il cui sistema rinnova in parte l'atomismo di Epicuro.

gassificàre (pres. *-ìfico, -ìfichi*) [da *gas*; 1835] **tr.** ridurre allo stato gassoso || **intr.** **pron.** trasformarsi in gas.

gassificazióne [da *gassificare*; 1828 *gasificazione*] **sf.** riduzione di una sostanza allo stato gassoso.

gassista V. GASISTA.

gassògeno V. GASOGENO.

gassòmetro **sm.** *non com.* V. GASOMETRO.

gassósa (anche *gaẓẓósa, gaẓósa, gaṣósa*) [da (*acqua*) *gassosa*; 1868] **sf.** bibita fatta con uno sciroppo diluito in acqua contenente anidride carbonica.

gassóso [da *gas*; 1787 *gazoso*] **agg.** **1.** che ha natura di gas: *sostanza, miscela gassosa; stato gassoso* **2.** che contiene gas, gassato.

gastàldo V. CASTALDO.

gàstero- V. GASTRO-.

Gasteromicèti o **Gastromicèti** (sing. *-e*) [comp. di *gastero-* e *-miceti*; 1887] **sm.** *pl.* *T.bot.* ordine di funghi dei Basidiomiceti con corpo fruttifero sferico che contiene al suo interno le spore.

Gasteròpodi o **Gastròpodi** (sing. *-e*) [dal fr. *gastéropodes*, comp. del gr. *gastḗr*, ventre e *póus, podós*, piede; 1820] **sm. pl.** *T.zool.* classe di molluschi che hanno normalmente una espansione carnosa appiattita la quale serve per la locomozione; il loro corpo è generalmente munito di una vistosa conchiglia avvolta a spirale ‖ **N.** chiocciola, lumaca, patella. **Q.T.** *zoologia.*

Gasterosteifórmi (sing. *-e*) [comp. del lat. scient. *gasterosteus*, basato dal gr. *gastḗr*, ventre e *ostéon*, osso, e di *-forme*; 1970] **sm. pl.** *T.zool.* ordine di pesci ossei a cui appartiene lo spinarello. **TAV.** ***pesci*** **p. 1331.**

gastigàre e der. forme region. di CASTIGARE e der.

gastóne [var. di *castone*; a. 1783] **sm.** fiore dell'ontano.

gastràle [da *gastro-*; 1931] **agg.** *T.zool.* relativo all'apparato digerente degli animali inferiori, quali spugne e celenterati: *cavità gastrale.*

gastralgìa (pl. *-gìe*) [comp. di *gastro-* e *-algìa*; 1829] **sf.** *T.med.* sensazione dolorosa allo stomaco.

gastràlgico (pl. *-ci*) [da *gastralgia*; 1940] **agg.** che si riferisce a gastralgia.

gastrectaṣìa [comp. di *gastro-* e *-ectasìa*; 1892] **sf.** *T.med.* dilatazione dello stomaco.

gastrectomìa [comp. di *gastro-* e *-ectomia*; 1912] **sf.** *T.med.* resezione chirurgica dello stomaco.

gastriciṣmo [da *gastrico*; 1834] **sm.** *T.med. non com.* termine generico per indicare tutti i disturbi funzionali dello stomaco.

gàstrico (pl. *-ci*) [dal gr. *gastḗr, gastrós*, ventre, stomaco; a. 1673] **agg.** *T.med.*, *T.anat.* e *T.fisiol.* relativo allo stomaco: *mucosa, ulcera gastrica, sonda gastrica*; *succo gastrico*, secrezione acida delle ghiandole che si trovano nelle pareti dello stomaco; serve alla digestione ‖ *lavanda gastrica*, lavaggio dello stomaco mediante sonda, spec. in casi di avvelenamento ‖ **N.** acido cloridrico, chimosina, pepsina.

gastrìte [comp. di *gastro-* e *-ite*[1]; 1835] **sf.** *T.med.* infiammazione della mucosa dello stomaco.

gàstro- e **gàstero-** [dal gr. *gastḗr, gastrós*, stomaco] ***primo elem.*** che, in parole composte della terminologia scientifica e spec. di quella medica, vale "stomaco", "ventre": **gastrologìa, gastropatìa, gastroresezióne, gastroptòṣi, gastrorragìa, gastroscopìa, gastroscòpio, gastrospàṣmo, gastrostomìa, gastrotomìa.**

-gàstro [dal gr. *gastḗr, gastrós*, stomaco] ***elem. term.*** che, in parole composte della terminologia scientifica, vale "stomaco" (per es. *brevigastro*).

gastrocèle [comp. di *gastro-* e del gr. *kḗlē*, ernia; 1834] **sm.** *T.med.* ernia di una parte dello stomaco.

gastrocnèmio (pl. *-mi*) [comp. di *gastro-* e del gr. *knḗmē*, gamba; 1681] **sm.** *T.anat.* ciascuno dei due muscoli del polpaccio, detti anche *gemelli.* **TAV.** ***anatomia*** **p. 641 1.16, 3.7.**

gastroduodenàle [comp. di *gastro-* e *duodenale*; 1834] **agg.** *T.anat.* e *T.med.* relativo allo stomaco e al duodeno.

gastroectaṣìa **sf.** v. GASTRECTASIA.

gastroentèrico (pl. *-ci*) [comp. di *gastro-* e *enterico*; 1869] **agg.** *T.med.* e *T.anat.* relativo allo stomaco e all'intestino: *tubo gastroenterico, chirurgia gastroenterica.*

gastroenterìte [comp. di *gastro* e *enterite*; 1829] **sf.** *T.med.* infiammazione simultanea delle mucose dello stomaco e dell'intestino.

gastroenterocolìte [comp. di *gastro-* e *enterocolite*; 1834] **sf.** *T.med.* gastroenterite a cui partecipa anche il colon.

gastroenterostomìa [comp. di *gastro-*, *entero-* e *-stomia*; 1905] **sf.** *T.chir.* operazione chirurgica che mette in comunicazione per altra via l'intestino con lo stomaco, in caso di ostruzione del piloro.

gastroepàtico (pl. *-ci*) [comp. di *gastro-* e *epatico*; 1829] **agg.** *T.anat.* e *T.med.* relativo allo stomaco e al fegato: *infiammazione gastroepatica.*

gastroepatìte [comp. di *gastro-* e *epatite*; 1829] **sf.** *T.med.* infiammazione dello stomaco e del fegato.

gastrointestinàle [comp. di *gastro-* e *intestinale*; 1829] **agg.** *T.anat.* e *T.med.* gastroenterico.

Gastromicèti v. GASTEROMICETI.

gastronomìa [comp. di *gastro-* e *-nomìa*, come il fr. *gastronomie*; 1828] **sf.** **1.** l'arte di preparare i cibi **2.** negozio dove si preparano o si vendono specialità gastronomiche ‖ **N. 1.** *Sin.* culinaria. **Q.T.** *alimentazione.*

gastronòmico (pl. *-ci*) [da *gastronomia*; 1860] **agg.** proprio della gastronomia: *trattato gastronomico, le specialità gastronomiche di una regione* ‖ **N.** *Sin.* culinario.

gastrònomo [da *gastronomia*; 1842] **sm.** esperto della buona cucina, sia nella preparazione che nella valutazione della qualità dei cibi ‖ **N.** *Sin.* buongustaio, *gourmet.* **Q.T.** *alimentazione.*

Gastròpodi v. GASTEROPODI.

gastrovascolàre [comp. di *gastro-* e *vascolare*; 1956] **agg.** *T.zool.* detto di apparato, caratteristico dei Celenterati, che ha funzione insieme d'intestino e di apparato circolatorio.

gàstrula [dal lat. scient. *gastrula*, piccola coppa; 1892] **sf.** *T.biol.* stadio successivo alla blastula nello sviluppo dell'embrione animale, in cui le cellule sono ripartite e differenziate nei tre strati di ectoderma, mesoderma ed endoderma.

gastrulazióne [da *gastrula*; 1932] **sf.** *T.biol.* nello sviluppo embrionale dei Metazoi, formazione della gastrula.

gâteau (fr., pr. [ga'to]) [letter. dolce; 1905] **sm.** (pl. *gâteaux*, pr. [ga'to]) torta, pasta, dolce.

gàtta [lat. tardo *catta*; fine sec. XIII] **I sf. 1.** la femmina del gatto ‖ compare in molte espr. fig. e prov. (in cui indica spesso l'animale in genere senza distinzioni di sesso): *avere una brutta gatta da pelare*, un problema difficile da risolvere; *gatta ci cova!*, c'è qualcosa sotto di poco chiaro; *fare la gatta morta*, v. GATTAMORTA; *tanto va la gatta al lardo che ci lascia lo zampino*, chi insiste nel comportarsi in modo illecito prima e poi viene punito; *la gatta frettolosa fece i gattini ciechi*, la fretta fa fare le cose male **2.** *region.* gattuccio **II** usato come **agg.** nella loc. *erba gatta*, v. GATTAIA ‖ *dim.* gattìna; *accr.* gattóna; *pegg.* gattàccia.

gattabùia [forse comp. di *gatta*(*iola*) e *buia*; a. 1850] **sf.** *fam. scherz.* prigione.

gattàia [da *gatto*; 1869 nel senso 2] **sf. 1.** erba rizomatosa delle Labiate con foglie cuoriformi pelose; è detta anche *erba gatta* **2.** *non com.* luogo da gatti, e in genere angusto e sudicio; topaia.

gattaiòla [da *gatto*; a. 1400] **sf. 1.** buco praticato nella parte bassa degli usci perché vi possa passare il gatto **2.** *fig. ant.* ripiego, scappatoia.

gattamòrta (pl. *gattemòrte*) [comp. di *gatta* e *morto*; a. 1492] **sf.** *fam.* persona che simula bontà e semplicità, ma è tutt'altro ‖ **N.** *Sin.* acqua cheta, ipocrita, santarellina.

gatteggiaménto [da *gatteggiare*; 1817] **sm.** il gatteggiare.

gatteggiànte (*ppr.* di *gatteggiare*) [1761] **agg.** di colore, che cambia a seconda del punto da cui si guarda ‖ **N.** *Sin.* allocroico, cangiante, iridescente.

gatteggiàre (pres. *-éggio*) [da *gatto*; sul modello del fr. *chatoyer*; 1798] **intr.** (aus. *avere*) emettere riflessi cangianti, come fanno gli occhi del gatto; si dice di stoffa, o di pietre preziose.

gattèllo (*dim.* di *gatto*) [a. 1537] **sm.** *T.arch.* mensola che serve a sostenere le parti che sporgono.

gattésco (pl. *-schi*) [da *gatto*; 1520 ca.] **agg.** da gatto: *astuzia gattesca* ‖ **gattescaménte** **avv.** ‖ **N.** *Sin.* felino.

gàttice [da *gatto*; 1340 ca.] **sm.** una specie di pioppo, detto anche *pioppo bianco* ‖ **N.** *Sin.* albaro, albogatto.

gattigliàre (pres. *-iglio*) [da *gatto*; 1853] **intr.** (aus. *avere*) *tosc.* altercare volgarmente ‖ **N.** *Sin.* accapigliarsi, bisticciare, litigare.

gattinàra [dal n. geogr. *Gattinara*, cittadina in provincia di Vercelli; 1851] **sm.** pregiato vino piemontese di color rosso granato, profumato, prodotto con uva del vitigno nebbiolo nella zona di Gattinara.

gàtto [dal lat. tardo *cattus*; sec. XIII] **I sm. 1.** (f. *-a*) mammifero carnivoro della famiglia dei Felidi, snello, agilissimo, con occhi fosforescenti, artigli retrattili, pelo di colore e lunghezza molto variabili da razza a razza; un tempo tenuto in casa per catturare i topi, è oggi soprattutto utilizzato come animale da compagnia: *essere agile, sornione come un gatto*; *vederci al buio come un gatto* ‖ *giocare con uno come il gatto col topo*, ritardare con compiacimento il momento di colpire definitivamente uno, sapendo che non ha scampo; *essere come cane e gatto*, non potersi sopportare; *avere sette vite come i gatti*, uscire illeso dalle situazioni più pericolose; *essere in quattro gatti*, in pochissimi ‖ *prov. quando il gatto non c'è i topi ballano*, v. TOPO ‖ *sciopero a gatto selvaggio*, attuato senza preavviso da singoli gruppi, senza il consenso dei sindacati organizzati ‖ con opportune specificazioni, nome di altre specie di felini selvatici di dimensioni analoghe: *gatto viverrino, gatto del Bengala, gatto delle steppe* **2.** *T.tecn.* battipalo, berta, e spec. il maglio della berta **3.** *T.stor.* specie di ariete munito di un riparo per i serventi, usato nel Medioevo **4.** *T.min. occhio di gatto*, varietà pregiata di quarzo di colore giallo-oro gatteggiante **5.** *gatto a nove code*, frusta con nove strisce di cuoio usata un tempo in Inghilterra **6.** *gatto delle nevi*, mezzo cingolato in grado di muoversi su terreno innevato in forte pendenza, usato anche per la battitura delle piste da sci **II** usato come **agg.** *inv.* (sempre posposto) nella loc. *pesce gatto*, pesce d'acqua dolce dei Cipriniformi, dai caratteristici lunghi barbigli intorno alla bocca ‖ *dim.* gattìno, gattùccio; *accr.* gattóne; *pegg.* gattàccio ‖ **N. I 1.** *Sin.* micio | d'Angora, persiano, selvatico, soriano | vibrisse | fare le fusa, miagolare, ronfare. **TAV.** ***gatti*** **p. 672.**

gattomammóne o **gàtto mammóne** [comp. di *gatto* e di *mammone*, scimmia; a. 1331] **sm. 1.** nome che gli antichi davano a una specie di scimmia **2.** mostro che compare nelle fiabe raccontate ai bambini.

gattonàre (pres. *-óno*) [da *gatto*; 1598] **tr.** appostare la preda strisciando sul terreno per non farsi scorgere; si dice dei mammiferi predatori e *per estens.* dei cacciatori ‖ **intr.** (aus. *avere*) **1.** accostarsi alla preda strisciando per terra senza farsi scorgere **2.** muoversi carponi sul pavimento, detto dei bambini che non hanno ancora imparato a camminare.

gattóni[1] [dal lat. volg. **gauta*, gota, con influsso di *gatto*; sec. XIV] **sm. pl.** *pop.* orecchioni, parotite.

gattóni[2] [da *gatto*; sec. XV] **avv.** in espr. del tipo *andare, avanzare gattoni*, camminando con le mani e coi piedi, quatto quatto (è usato anche nella forma *gatton gattoni*) ‖ **N.** carponi.

gattopàrdo [comp. di *gatto* e *pardo*; a. 1646] **sm. 1.** grosso felino africano, con corpo snello, testa lunga e stretta e pelliccia giallastra macchiata di nero; servàlo ‖ *gattopardo ameri-*

cano, ocelot **2.** nome di un pesce cartilagineo simile al gattuccio.

gattùccio (pl. *-ci*) (*dim.* di *gatto*) [a. 1449 nel senso 1; a. 1698 nel senso 2] **sm.** **1.** piccolo gatto **2.** pesce cartilagineo con la pelle rossastra macchiata di nero, commestibile **3.** *T.mecc.* sega a lama sottile e con manico ricurvo; serve per tagliare là dove una sega comune a telaio non potrebbe entrare e spec. per tagli curvi. **TAV. *utensili* p. 1341** 30.3.

gauche (fr., pr. [go:ʃ]) [letter. sinistro; 1905] **sf.** *inv.* *T.pol.* sinistra, intesa come movimento di opinione più che come organizzazione politica: *un tipico atteggiamento di certa gauche intellettuale.*

gauchisme (fr., pr. [go'ʃism]) [da *gauche*, sinistra; 1972] **sm.** *inv.* *T.pol.* il complesso dei movimenti extraparlamentari di sinistra ‖ ideologia e azione politica di tali movimenti.

gauchiṣmo (pr. [goʃ'ʃizmo]) V. GAUCHISME.

gauchìsta (pr. [goʃ'ʃista]) V. GAUCHISTE.

gauchiste (fr., pr. [go'ʃist]) [da *gauche* sinistra; 1972] **s.** e **agg.** *inv.* (anche pl. *gauchisters*, pr. [go'ʃist]) che, chi fa parte della sinistra extraparlamentare o ne riflette l'ideologia.

gaucho (sp., pr. ['gautʃo]) [dallo sp. *gaucho*; 1887 *gauchos* pl.] **sm.** (pl. *gauchos*, pr. ['gautʃos]) mandriano o pastore di cavalli e bestiame nelle Pampas ‖ **N.** buttero, *cowboy*.

gaudènte [dal lat. *gaudēre*; a. 1237] **agg.** e **s.** detto di persona che ami il viver bene, le comodità, i passatempi: *è un vero gaudente* ‖ *frati gaudenti*, o Cavalieri di Santa Maria, istituiti dal papa Urbano IV, in Bologna (sec. XIV); costituivano un ordine monastico-militare.

gàudio (pl. *-di*) [dal lat. *gaudium*; a. 1272] **sm.** *lett.* gioia, piacere vivo, spec. dello spirito ‖ *prov.* *mal comune mezzo gaudio*, quando un male colpisce insieme con noi altre persone, sembra quasi di soffrir meno ‖ **N.** *Sin.* allegria, giocondità, gioia, giubilo, letizia, tripudio.

gaudióso [da *gaudio*; a. 1294] **agg.** *lett.* gioioso ‖ *misteri gaudiosi*, i primi cinque misteri del Rosario che ricordano le gioie della Madonna ‖ **gaudiosaménte** **avv.**

gaufré (fr., pr. [go'fre]) [letter. pps. di *gaufrer*, goffrare; 1939] **agg.** *inv.* V. GOFFRATO.

gaufrette (fr., pr. [go'frɛt]) [letter. biscotto wafer; 1905] **sf.** (pl. *gaufrettes*, pr. [go'frɛt]) biscotto fatto con uno stampo; cialda.

gaulliṣmo (pr. [gol'lizmo]) **sm.** V. GOLLISMO.

gaullìsta (pr. [gol'lista]) **s.** V. GOLLISTA.

gàuss (pr. [gaus]) [dal n. proprio K.F. *Gauss*, matematico e fisico ted.; 1956] **sm.** *inv.* *T.fis.* unità di misura dell'induzione magnetica nel sistema C.G.S.

gaussiàno [del n. proprio K.F. *Gauss*, matematico e fisico ted.; 1956] **agg.** relativo a Gauss: *sistema gaussiano* ‖ *T.mat.* *curva gaussiana* o *sf.* *gaussiana*, curva piana a forma di campana simmetrica, che rappresenta la distribuzione degli errori di misura in funzione della loro entità.

gavaìna [lat. volg. **gabalīna*; 1798] **sf.** *T.metal.* specie di grossa tenaglia da fabbro per abbrancare longitudinalmente i ferri roventi.

gavazzaménto [da *gavazzare*; a. 1698] **sm.** *lett.* il gavazzare.

gavazzàre [dalla voce antica, ora dial., *gavazza*, gozzo, poi gozzoviglia; sec. XV] **intr.** (aus. *avere*) *lett.* abbandonarsi senza freno ai divertimenti ‖ **N.** *Sin.* bagordare, gozzovigliare | baldoria, bisboccia.

gavazzatóre [da *gavazzare*; inizio sec. XIV] **agg.** e **sm.** (f. *-trice*) *lett.* chi o che gavazza: *turba gavazzatrice.*

gavàzzo [da *gavazzare*; prima metà sec. XIV] **sm.** *ant.* gavazzamento.

gavétta[1] [lat. *gabata*, scodella; a. 1347] **sf.** recipiente di latta con coperchio e manico usato dai soldati, per contenere il cibo e mangiarvi, nelle esercitazioni o in guerra ‖ *venire dalla gavetta*, *propr.* detto di ufficiale che ha percorso tutti i gradi da soldato semplice in su; e *fig.* di chiunque s'è fatto strada venendo dal niente ‖ *dim.* gavettino (*sm.*); *accr.* gavettóne (*sm.*) ‖ **N.** *Sin.* gamella, gamellino | rancio.

gavétta[2] [forse dal lat. *cavus*, fune; a. 1442] **sf.** matassina di canapa, di corde di minugia e sim.

gavettìno (*dim.* di *gavetta*) [1965] **sm.** piccolo recipiente di metallo usato dai soldati per bere.

gavettóne (*accr.* di *gavetta*) [1889] **sm.** **1.** recipiente di metallo molto capiente, da cui si attinge il rancio da distribuire alla truppa **2.** scherzo, in uso presso i militari, consistente nel lanciare un sacchetto o un secchio pieno d'acqua addosso ad un commilitone **3.** *T.mar.* ciascun turno di guardia della durata di due ore, che si fa in mare dalle 16 alle 20: *primo gavettone, secondo gavettone.*

gaviàle [dall'indostano *ghariyāl*, prob. attr. il fr. *gavial*; 1802 *gavial*] **sm.** *T.zool.* rettile del Gange e di altri fiumi indiani, simile al coccodrillo.

gavigliàno [etim. inc.; 1956] **sm.** nel fioretto, la stecca d'acciaio, tenuta da due archetti, che è all'interno della coccia. **TAV.** *scherma* 1.6.

gavignàre [da *gavigne*; 1552] **tr.** *ant.* agguantare sotto le ascelle, aggavignare.

gavìgne [forse dal lat. *cavus*, cavo; 1344] **sf.** *pl.* *ant.* ascelle.

gavìna[1] [dal lat. *gavia*, gabbiano; a. 1508] **sf.** uccello dell'Europa settentrionale e dell'Asia simile a un piccolo gabbiano.

gavìna[2] [dal lat. *cavus*, cavo; sec. XIV] **sf.** spec. *pl.* *pop.* tumefazione delle ghiandole del collo.

gavinóso [da *gavina*[2]; a. 1336] **agg.** *ant.* affetto da gavina.

gavitèllo [etim. inc.; 1614] **sm.** *T.mar.* piccolo galleggiante di legno, sughero o metallo, che si assicura sul fondo per indicare il posto dove è affondata un'àncora, o per altre segnalazioni (secche, bassifondi, oggetti da ricuperare), usato anche come punto d'ormeggio per piccole imbarcazioni ‖ **N.** *Sin.* boa.

gavòcciolo [dalla voce prelatina **gaba*, gozzo, gorgia; a. 1348] **sm.** **1.** *ant.* *tosc.* gonfiore causato dalla peste **2.** *T.med.* varice sporgente di forma tondeggiante ‖ **N.** **1.** *Sin.* bubbone.

gavóne [etim. inc.; 1561] **sm.** *T.mar.* ciascuno dei due spazi liberi, all'estrema prua e all'estrema poppa, e limitati da una paratia, dove non si sistema carico.

gavòtta [dal fr. *gavotte*; 1598] **sf.** *T.mus.* danza francese di ritmo binario, originariamente lenta, poi più vivace, in voga nel XVII e XVIII secolo ‖ la musica che l'accompagnava; era in part. frequente come tempo della *suite* strumentale barocca.

gay (ingl., pr. [geɪ]) [letter. gaio; 1959] **s.** e **agg.** *inv.* omosessuale.

Gaẓània [lat. scient. *Gazania*] **sf.** *T.bot.* nome creato da Plukenet nel 1705, in onore di Teodoro di Gaza, per un genere di piante erbacee delle Asteracee, comprendente piante perlopiù perenni, con fiori simili a margherite, coltivate a scopo ornamentale.

gaẓàre [da *gaz*, var. di *gas*; 1956] **tr.** *T.tess.* sottoporre un filato alla gazatura.

gaẓatóre [da *gazare*; 1956] **sm.** (f. *-trice*) *T.tess.* operaio addetto alla gazatura.

gaẓatrice [da *gazare*; 1931] **sf.** *T.tess.* macchina con cui si esegue la gazatura dei tessuti ‖ **N.** *Sin.* bruciapelo.

gaẓatùra [da *gazare*; 1956] **sf.** *T.tess.* trattamento dei filati che consiste in un rapido passaggio su una fiamma a gas per togliere la peluria e aumentare la lucentezza.

gazebo (ingl., pr. [gə'zi:boʊ]; pr. it. [gad'dzɛbo]) [forse comp. di to *gaze*, guardare fissamente e del lat. (*vid*)*ebo*, vedrò; 1963] **sm.** (pl. *gazebos*, pr. [gə'zi:boʊz]) chiosco da giardino di legno o metallo.

gaẓolina V. GASOLINA.

gaẓometrìa V. GASSOMETRIA.

gaẓòmetro V. GASSOMETRO.

gaẓósa V. GASSOSA.

gaẓóso V. GASSOSO.

gàẓẓa [lat. tardo *gāia*; fine sec. XIII] **sf.** **1.** uccello dei Passeriformi con piume bianche e nere splendenti, lunga coda, ali corte; è detto anche *gazza ladra* per l'abitudine di prendere e portar via gli oggetti brillanti **2.** nome com. di altri uccelli: *gazza ciarliera*, ghiandaia marina; *gazza marina*, uccello dell'Atlantico del Nord che si ciba di pesci.

gaẓẓàrra [dall'ar. *ğazāra*, mormorio, forse attr. lo sp. *algazara*; a. 1363] **sf.** **1.** clamore e confusione di gente chiassosa **2.** *ant.* strepito d'armi o di fuochi artificiali come manifestazione di giubilo ‖ **N.** **1.** *Sin.* baccano, baraonda, RUMORE.

gaẓẓèlla [dall'ar. *ğazāl*; fine sec. XIV] **sf.** nome di numerose specie di mammiferi ruminanti degli Artiodattili, con forme eleganti, agilissime, corna cave e persistenti che divergono in forma di lira, occhi grandi: *correre, essere agili come una gazzella* ‖ **N.** antilope.

gàẓẓera [da *gazza*; 1427] **sf.** *tosc.* gazza.

gaẓẓerino [da *gazza*; 1786] **agg.** *tosc.* di un colore simile a quello degli occhi della gazza, ceruleo: *occhi gazzerini.*

gaẓẓétta [prob. da *gazzetta*, moneta del valore di due soldi coniata a Venezia dal sec. XVI; 1585] **sf.** **1.** *disus.* giornale; rimane come titolo di alcuni quotidiani (*Gazzetta dello Sport*) ‖ *Gazzetta Ufficiale*, giornale che pubblica gli atti, i decreti, le leggi della Repubblica italiana **2.** *fig.* *disus.* detto di persona che sa tutte le notizie, pettegola: *essere la gazzetta del quartiere* ‖ *dim.* gazzettìna, gazzettìno; *spreg.* gazzettàccia, gazzettùccia.

gaẓẓettière [da *gazzetta*; 1598] **sm.** (f. *-a*) chi scrive nelle gazzette; oggi quasi solo *spreg.* giornalista di poca serietà.

gaẓẓettìno (*dim.* di *gazzetta*) [a. 1698] **sm.** **1.** giornaletto ‖ rubrica specifica di un giornale; notiziario: *gazzettino teatrale, di moda* **2.** *fig.* persona pettegola, che gode nel raccontare i fatti altrui.

gaẓẓettìstico (pl. *-ci*) [da *gazzetta*; 1965] **agg.** di gazzetta ‖ più com. *spreg.* di scarso livello giornalistico.

gaẓẓósa V. GASSOSA.

gè [dal fr. *jais*; 1918] **sm.** giaietto ‖ colore nero lucente.

geàstro [dal lat. scient. *Geaster*, basato sul gr. *gê*, terra e *astêr*, stella; 1834] **sm.** *T.bot.* genere di funghi dei Basidiomiceti, comprendente varie specie di vesce che, mature, si aprono a forma di stella.

gèbel [dall'ar. *ğábal*, montagna; 1942] **sm.** soprattutto nella toponomastica delle regioni di lingua araba, picco roccioso, montagna isolata, altura, altipiano.

gèco (pl. *-chi*) [dalla voce malese *gēkoq*, attr. il fr. o l'ingl.; 1839] **sm.** nome di vari rettili della famiglia dei Sauri, crepuscolari e notturni.

gedanite [comp. del lat. mediev. *Gedanum*, Danzica e *-ite*[2]; 1940] **sf.** *T.min.* resina fossile simile all'ambra.

geènna o **gehènna** [dal lat. eccl. *gehenna*, dall'ebr. *ge-hinnom*, valle di Ennom, attr. il gr. *géenna*; sec. XIV] **sf.** **1.** valle presso Gerusalemme, dove era praticato il culto del dio Moloch con sacrifici umani; poi luogo dove venivano inceneriti i rifiuti e le carogne degli animali **2.** *per estens.* nel Nuovo Testamento, l'inferno e i suoi tormenti || *fig. lett.* luogo o situazione di atroci sofferenze.

geiger (ted., pr. ['gaigɐ]) [da (*contatore di*) *Geiger* (*-Müller*), dai nomi degli inventori; 1967] **sm.** *inv.* apparecchio rilevatore di radiazioni nucleari || anche *agg. inv.* sempre posposto: *contatore geiger.*

geisha (giapp., pr. [ge'eʃa]; pr. it. ['geiʃa]) [dal giapponese *gēiša*, danzatrice, artista, attr. l'ingl.; 1905] **sf.** (pl. *geishe*, pr. it. ['geiʃe]) **1.** fanciulla giapponese istruita nella danza e nella musica, che interviene a rallegrare riunioni e ritrovi, e spesso fornisce anche prestazioni sessuali || *maniche alla geisha*, maniche tutte di un pezzo con l'abito **2.** *per estens. eufem.* prostituta.

gèl [dall'ingl. *gel*(*atin*); 1956] **sm.** **1.** *T.chim.* e *T.fis.* sistema colloidale allo stato semisolido o gelatinoso **2.** *in part.* sostanza colloidale usata per il fissaggio dei capelli.

gelàda [da una voce abissina; 1951] **sm.** grossa scimmia africana dei Primati, con lunga coda che termina in ciuffo.

gelaménto [da *gelare*; inizi sec. XIV] **sm.** *raro* il gelare.

gelàre (pres. *gèlo*) [lat. *gelāre*; a. 1292] **intr.** (aus. *essere*) diventare ghiaccio: *l'acqua gela a zero gradi*; *per estens.* di altri liquidi, solidificarsi per raffreddamento: *l'olio gela più facilmente dell'acqua* || *per estens.* diventare freddo come il ghiaccio (spesso *iperb.*): *mi gelano le mani*; soffrire intensamente il freddo: *qui si gela* || *impers.* (anche con aus. *avere*) detto di un forte abbassamento di temperatura con formazione di ghiaccio: *stanotte è gelato* || *fig. sentirsi gelare* o *sentirsi gelare il sangue*, provare un forte spavento o raccapriccio || **tr.** rendere ghiacciato o freddissimo: *il freddo gelava l'acqua, il vento mi gela le orecchie* || *fig.* far ammutolire, far sparire ogni buonumore, vivacità e sim.: *una battuta infelice che ha gelato i presenti* || **N.** **intr.** *Sin.* ghiacciare | *Contr.* sgelare | **tr.** *Sin.* congelare, ghiacciare, refrigerare; assiderare; agghiacciare, raggelare | *Contr.* disgelare, sgelare.

gelàta [da *gelare*; sec. XIII] **sf.** freddo intenso, più o meno improvviso, che gela: *la gelata primaverile ha rovinato le colture* || *concr.* zona, superficie ghiacciata || **N.** brinata.

gelatàio (pl. *-ài*) [da *gelato*; 1893] **sm.** (f. *-a*) chi fa o vende gelati.

gelaterìa [da *gelato*; 1901] **sf.** locale pubblico dove si fanno e si vendono i gelati || **N.** *Sin.* cremeria, sorbetteria.

gelatièra [da *gelato*; 1909] **sf.** macchina per fare i gelati.

gelatière [da *gelato*; 1901] **sm.** *non com.* gelataio.

gelatìna [da *gelato*; sec. XIII] **sf.** **1.** brodo ristretto di carne o di pesce, fatto rapprendere per raffreddamento e aggiunta di sostanze solidificanti come la colla di pesce: *pollo in gelatina* || *gelatina di frutta*, conserva alimentare ottenuta facendo rapprendere succhi di frutta e zucchero per ebollizione (diversa gen. dalla marmellata perché non contiene pezzi di frutta) || *gelatina reale*, pappa reale **2.** *per estens.* qualunque sostanza dalla consistenza semisolida; *in part. T.chim.* miscela collosa di proteine ricavabili dal collageno animale o da tessuti vegetali, usata anche come terreno colturale in microbiologia; *gelatina fotografica*, sospensione in gelatina trasparente di cristalli di alogenuro d'argento, sensibile alla luce; *gelatina esplosiva*, miscuglio di nitroglicerina e cotone collodio **3.** *arc.* gelata, strato ghiacciato: *ombra degna più d'esser fitta in gelatina* (Dante).

gelatinifórme [comp. di *gelatina* e *-forme*; 1869] **agg.** di forma e consistenza gelatinose.

gelatiniẓẓàre [da *gelatina*; 1914] **tr.** ridurre allo stato gelatinoso || **intr. pron.** diventare gelatinoso.

gelatiniẓẓazióne [da *gelatinizzare*; 1955] **sf.** atto o effetto del gelatinizzare o del gelatinizzarsi.

gelatinóso [da *gelatina*; a. 1698] **agg.** rappreso come la gelatina, che ha aspetto di gelatina: *massa gelatinosa* || *per estens. non com.* molle, flaccido, senza consistenza (talora anche *fig.*).

gelàto (*pps.* di *gelare*) [lat. *gelatus*; sec. XIII come agg.; a. 1803 come sm.] **I agg.** ghiacciato: *acqua gelata* || *iperb.* molto freddo: *doccia gelata, mani gelate* **II sm.** dolce che si scioglie in bocca, composto, a seconda dei gusti, di latte, succhi e polpa di frutta, cioccolata, uova e altri ingredienti congelati ed emulsionati in modo da formare una pasta omogenea priva di ghiaccioli: *gelato alla panna, al cioccolato, al limone*; *una coppa, un cono di gelato* || *dim.* gelatìno; *accr.* gelatóne; *pegg.* gelatàccio || **N.** **I** *Sin.* gelido | *Contr.* bollente **II** sorbetto; cassata, pezzo duro, semifreddo, zuccotto; cono, coppa | misto. **Q.T.** *alimentazione.*

gèldra [dal provenz. *gelda*, con influsso di *squadra*; 1618] **sf.** *ant.* gentaglia, canaglia.

gelicìdio (pl. *-di*) [dal lat. tardo *gelicīdium*; a. 1320] **sm.** fenomeno meteorologico poco comune, per cui l'acqua piovana caduta a una temperatura inferiore a zero gradi si gela immediatamente a contatto degli oggetti colpiti.

gelidézza [da *gelido*; a. 1566] **sf.** *non com.* l'essere gelido, spec. *fig.*

gèlido [dal lat. *gelidus*; a. 1321] **agg.** **1.** freddo come il gelo: *vento gelido, mani gelide* **2.** *fig.* del tutto privo di partecipazione emotiva: *un tipo, un carattere gelido*; *ricevere un'accoglienza gelida*; *un saluto, un incontro gelido*, formalmente corretto ma carico di ostilità || **gelidaménte** **avv.** spec. *fig.* || **N.** **1.** *Sin.* gelato, ghiacciato | *Contr.* bollente, torrido **2.** *Sin.* freddo, glaciale, ostile, scostante | *Contr.* affettuoso, appassionato, caloroso.

gelificànte (*ppr.* di *gelificare*) [1987] **agg.** e **sm.** detto di sostanza capace di far passare un colloide allo stato di gel.

gelificàre (pres. *-ìfico, -ìfichi*) [da *gel*; 1956] **tr.** *T.chim.* ridurre allo stato di gel || **intr.** (aus. *essere*) e **intr. pron.** *T.chim.* trasformarsi in gel.

gelificazióne [da *gelificare*; a. 1956] **sf.** *T.chim.* il gelificare.

gelìvo [da *gelo*; 1956] **agg.** detto di roccia o materiale per costruzioni soggetto a disgregarsi per effetto del gelo.

gèlo [lat. *gelum*; a. 1292] **sm.** **1.** freddo intenso che fa ghiacciare l'acqua || *concr.* formazione ghiacciata: *la campagna era coperta di gelo* **2.** *fig.* sensazione di brivido, per angoscia, paura, raccapriccio e sim.: *mi sentii un gelo nelle ossa*; *farsi di gelo*, raggelare **3.** *fig.* silenzio improvviso dovuto a sconcerto, imbarazzo, paura ecc.: *a quell'annuncio scese il gelo nell'assemblea* || totale mancanza di simpatia, di calore umano e sim.: *il tangibile gelo di certe riunioni di famiglia* **4.** *concr. ant.* glassa di zucchero || **N.** **1.** *Sin.* freddo; gelata | brina, galaverna, gelicidio, ghiacciolo, verglas | *Contr.* afa, calura, canicola **2.** *Sin.* brivido; sbigottimento, sgomento **3.** *Sin.* distacco, freddezza, ostilità | *Contr.* affetto, partecipazione, simpatia.

gelóne [da *gelo*; 1822] **sm.** **1.** infiammazione della pelle, con bruciore e rossore, e talvolta con ulcerazione, che viene, a causa del freddo, nelle mani, nei piedi, nell'orecchio **2.** fungo commestibile bruno-giallastro con gambo laterale; cresce sui tronchi degli alberi.

gelosìa[1] [da *geloso*; a. 1250] **sf.** **1.** stato emotivo tormentoso in cui si trova chi teme, con o senza fondati motivi, che la persona amata provi attrazione o amore per un'altra persona: *essere torturato dalla gelosia, fare una scenata di gelosia alla moglie* || *per estens.* sentimento di rancore verso chi gode di un affetto o anche di un favore, di una posizione privilegiata e sim. che si vorrebbero avere per sé: *la tipica gelosia del fratello maggiore per il minore, la reciproca gelosia fra suocera e nuora, il suo successo troppo rapido ha suscitato le gelosie dei colleghi* **2.** *meno com.* cura scrupolosa: *conserva ogni lettera con gelosia* || **N.** **1.** assillo, cruccio, rovello; invidia, risentimento, rivalità **2.** *Sin.* scrupolo, zelo.

gelosìa[2] [prob. da *gelosia*[1], per il sentimento che si presume abbia dato loro origine; 1536] **sf.** *region.* serramento esterno della finestra, gen. con stecche di legno inclinate parallelamente verso il basso (talora orientabili), che consente di aerare la stanza senza far entrare troppa luce, e di guardare verso l'esterno senza essere visti || in alcune regioni, la sola parte inferiore di questo serramento (distinta in tal caso da *persiana*), che può essere tenuta più o meno sollevata verso l'esterno || **N.** *Sin.* persiana.

gelóso [lat. ecclesiastico *zelōsus*, pieno di zelo, pieno di zelante amore; a. 1250] **I agg.** **1.** che prova gelosia, anche nei sensi estesi del termine: *moglie gelosa*; *suocera gelosa, colleghi gelosi*; si costruisce con la prep. *di*, sia per indicare la persona che sottrae o può sottrarre ciò a cui si tiene (*geloso degli amici della moglie, dei colleghi fortunati*), sia (meno freq.) per indicare la persona o cosa che si vorrebbe solo per sé: *geloso della fidanzata, del successo dei colleghi* || rif. a comportamento e sim., che rivela gelosia: *sguardo geloso* **2.** che difende con grande cura e impegno ciò a cui tiene: *essere geloso dei propri principi, delle proprie abitudini* || molto (o troppo) attaccato alle cose che possiede, e restìo a prestarle o a farle vedere ad altri: *è terribilmente geloso dei suoi libri, della sua macchina* **3.** *non com.* rif. a cose, estremamente delicato, che va trattato con cura (anche *fig.*): *uno strumento, un segreto geloso* || **gelosaménte** **avv.** **1.** con estrema cura: *conserva ancora gelosamente la sua fotografia* **2.** *raro* con gelosia **II sm.** (f. *-a*) persona gelosa: *è un geloso insopportabile* || *dim.* gelosétto; *accr.* gelosóne; *pegg.* gelosàccio || **N.** **I** **1.** *Sin.* invidioso, sospettoso **2.** *Sin.* attento, sollecito; possessivo.

gèlsa [da *gelso*; 1913 ca.] **sf.** *lett.* frutto del gelso.

gelsèmio (pl. *-mi*) [da *gelsomino*; attr. il lat. scient. *gelsemium*; 1951] **sm.** *T.bot.* genere di piante arbustive sempreverdi delle Loganiacee; dai rizomi e dalle radici di alcune sue specie si ricavano alcaloidi.

gelséto [da *gelso*; 1835] **sm.** luogo piantato a gelsi.

gelsicoltóre o **gelsicultóre** [da *gelsicoltura*; 1956] **sm.** (f. *-trìce*) chi si occupa di gelsicoltura.

gelsicoltùra o **gelsicultùra** [comp. di *gelso* e *coltura*; 1870] **sf.** coltivazione del gelso.

gèlso [lat. (*morus*) *celsa*, moro alto, rispetto alla più bassa mora di rovo; 1319] **sm.** pianta delle Moracee, originaria dell'Asia, con foglie dentate, glabre, di cui si nutrono i bachi da seta; dà piccoli frutti dolci, di colore bianco, rosso o nero || **N.** arancino, bianco, moro, romano, selvatico, spagnolo | sfogliatura | brucare, sfogliare.

gelsolìno [comp. di *gelso* e *lino*; 1942] **sm.** fibra tessile ricavata dall'interno della corteccia del gelso, impiegata per la produzione di biancheria.

gelsomìno [dal persiano *yāsamīn*, con influsso di *gelso*; 1353] **sm.** genere di piante arbustive rampicanti delle Oleacee, dai fiori piccoli, bianchi e profumatissimi.

gemebóndo [dal lat. *gemebundus*; 1513] **agg.** *lett.* che geme molto.

gemellàggio (pl. *-gi*) [dal fr. *jumelage*; 1963]

sm. simbolica relazione di fraternità tra due comuni di stati diversi volta a favorirne gli scambi culturali ed economici ‖ la cerimonia in cui si instaura tale relazione.

gemellànza [da *gemello*; 1956] ***sf.*** rapporto di consanguineità esistente tra i gemelli.

gemellàre¹ [da *gemello*; 1909] ***agg.*** di, relativo a gemelli: *parto gemellare.*

gemellàre² (pres. *-èllo*) [da *gemello*; 1970] ***tr.*** unire mediante gemellaggio: *gemellarono Genova a Odessa* ‖ ***rifl. rec.*** unirsi in gemellaggio.

gemellarità [da *gemellare*¹; 1956] ***sf.*** il concepimento o la nascita di gemelli.

gemellìpara [dal lat. *gemellipara*; 1717] **I** ***agg.*** (solo *f.*) che ha partorito dei gemelli: *femmina gemellipara* **II** ***sf.*** donna, o femmina di animale, gemellipara.

gemèllo [lat. *gemellŭs*, dim. di *geminus*; a. 1292] **I** ***agg.*** **1.** di ciascuno degli individui nati da un'unica gravidanza, in quelle specie di Mammiferi nelle quali normalmente viene concepito un solo individuo alla volta: *fratello gemello* **2.** *per estens.* di cosa molto simile a un'altra e perlopiù accoppiata con questa: *letti gemelli, torri gemelle, muscoli gemelli* ‖ *anime gemelle*, persone che rivelano particolari affinità di gusti, carattere e sim. **II** ***sm.*** **1.** (f. *-a*) ciascuno degli individui gemelli di un altro o di altri: *gemelli monocoriali* (o *monovulari* o *monozigotici*), *bicoriali* (o *biovulari* o *dizigotici*), a seconda che derivino dalla fecondazione di un solo uovo o di due uova distinte da parte di due distinti spermatozoi; *ha avuto tre gemelli, i gemelli, alla nascita, sono spesso insufficientemente sviluppati, lui è il mio gemello, si somigliano come gemelli* **2.** *pl.* (perlopiù con iniz. maiuscola) *T.astr.* costellazione dello zodiaco tra Toro e Cancro ‖ *T.astrol.* terzo segno zodiacale, dal 22 maggio al 21 giugno ‖ *per meton.* persona nata in tale periodo: *una Gemelli* **3.** *per estens. pl.* coppia di cose uguali e simmetriche; *in part.* doppi bottoni usati, spec. in passato, per chiudere i polsini delle camicie da uomo; *T.anat.* due o più muscoli appartenenti allo stesso distretto muscolare o simili per forma, struttura o funzione ‖ **N.** **I** **1.** *Sin.* gemino **2.** *Sin.* compagno; affine, simile | *Contr.* diseguale, diverso. **TAV.** *astrologia* 1.3.

gemellologìa [comp. di *gemello* e *-logia*; 1956] ***sf.*** parte della biologia e della medicina che si occupa dei problemi della gemellarità.

gèmere (pres. *gèmo*; p.rem. *geméi* o *gemètti*, *gemésti*, pps. *gemùto*) [lat. *gemere*; 1313] ***intr.*** (aus. *avere* nel senso 1 e 2, *essere* nel senso 3) **1.** emettere gemiti (in tutti i sensi): *il ferito, il mare gemeva*; *fig. far gemere i torchi*, v. TORCHIO ‖ stridere, cigolare **2.** emettere un verso lamentoso: *i colombi e le tortore gemono* **3.** *raro* gocciolare, stillare, trasudare: *la macchia d'umidità geme, il vino geme dalla botte* ‖ ***tr.*** **1.** emettere: *la ferita gemeva sangue* **2.** *poet.* lamentare: *gemendo / il fior de' tuoi gentili anni caduto* (Foscolo) ‖ **N.** ***intr.*** **1.** *Sin.* lagnarsi, lamentarsi, piagnucolare **2.** gemitio.

gemicàre (pres. *gèmico, gèmichi*) [dal lat. volg. **gemicāre*; a. 1799] ***intr.*** (aus. *avere*) *lett. raro* gemere (nel senso 3).

geminàre (pres. *gèmino*) [dal lat. *gemināre*; a. 1492] ***tr.*** *non com.* raddoppiare, duplicare: *geminare una consonante* ‖ ***intr. pron.*** raddoppiarsi, duplicarsi.

geminàto [dal lat. *geminatus*; a. 1375] ***agg.*** doppio, accoppiato, raddoppiato ‖ *in part. T.ling.* di segno grafico che si ripete immediatamente o, anche, di consonante o vocale di maggiore intensità e durata della corrispondente semplice ‖ *T.min. cristallo geminato* (o, come *sm.*, *geminato*), aggruppamento regolare di due o più cristalli della stessa specie, riuniti intorno a un asse di geminazione o a un piano di contatto ‖ *T.archeol. lettere geminate*, lettere contigue di un'iscrizione che sono saldate in modo da utilizzare entrambe un unico segno.

geminatùra [da *geminare*; 1887] ***sf.*** *raro* geminazione.

geminazióne [dal lat. *geminātio, -ōnis*; 1468] ***sf.*** atto ed effetto del geminare ‖ *in part. T.ling.* raddoppiamento di una consonante ‖ *T.min.* accorpamento di due o più cristalli secondo una determinata legge di orientamento ‖ **N.** **1.** *Sin.* duplicazione, raddoppiamento, ripetizione.

gèmino [dal lat. *geminus*; 1374 nel senso 2] ***agg.*** *lett.* **1.** gemello **2.** *per estens.* doppio, duplice.

gemitìo (pl. *-ii*) [da *gemito*; seconda metà sec. XV] ***sm.*** *lett. raro* stillamento, gocciolamento, trasudamento di liquido.

gèmito [lat. *gemitus*; 1313] ***sm.*** **1.** flebile lamento **2.** *fig.* suono lamentoso: *il gemito del vento.*

gèmma [lat. *gemma*; a. 1294 nel senso 3] ***sf.*** **1.** *T.bot.* estremità del fusto costituita dall'apice (o cono) vegetativo, dalle bozze fogliari e dai primordi dei rami: *gemma apicale, laterale* (o *ascellare*), a seconda della posizione in cui è situata **2.** *T.biol.* nella riproduzione per gemmazione, protuberanza emessa dalla cellula madre, costituente l'abbozzo di un nuovo individuo **3.** pietra preziosa ‖ *per estens.* stella, astro ‖ *fig. lett.* tutto ciò che risplende per rarità e bellezza, capacità, fama ecc.: *è una gemma di bontà, Venezia è la gemma dell'Adriatico* ‖ **N.** **1.** *Sin.* boccio, bocciolo, bottone, occhio **3.** *Sin.* splendore, vanto; perla. **Q.T.** *oreficeria* **TAV.** *gemme.*

gemmànte [da *gemmare*; a. 1608] ***agg.*** *lett. non com.* splendente come una gemma: *aprivano i paoni le gemmanti code* (D'Annunzio).

gemmàre (pres. *gèmmo*) [dal lat. *gemmāre*; a. 1320] ***intr.*** (aus. *avere*) di pianta, mettere le gemme ‖ ***tr.*** **1.** ornare di gemme **2.** generare per gemmazione ‖ ***rifl.*** ornarsi, adornarsi.

gemmàrio (pl. *-ri*) [lat. tardo *gemmarius*; 1471] **I** ***agg.*** delle gemme (nel senso 1 o 3): *arte, mutazione gemmaria* **II** ***sm.*** (f. *-a*) *raro* intagliatore di gemme.

gemmazióne [da *gemmare*; 1869] ***sf.*** **1.** *T.biol.* tipo di riproduzione asessuale nella quale sulla superficie della cellula madre si forma una protuberanza (*gemma*) che a un certo punto si stacca e si sviluppa in una nuova cellula; è tipica dei Saccaromiceti ma avviene anche in altri tipi di funghi, in alcuni batteri e in vari organismi animali (Protozoi, Celenterati, Poriferi, Platelminti) **2.** *fig. T.geogr.* il formarsi, a una certa distanza da un centro abitato originario, di un nuovo centro ‖ *concr.* il centro stesso ‖ *per estens.* anche di altri processi di formazione di istituzioni: *gemmazione di un'università.*

gèmmeo [dal lat. *gemmeus*; 1798] ***agg.*** *lett.* di gemma, che ha splendore di gemma.

gemmìfero [dal lat. *gemmifer*; 1745] ***agg.*** *raro* che produce o ha gemme.

gemmiparità [da *gemmiparo*; 1940] ***sf.*** **1.** *T.biol.* moltiplicazione cellulare dovuta a gemmazione **2.** *T.bot.* produzione anomala di gemme dalle radici o dalle foglie.

gemmìparo [comp. di *gemma* e *-paro*; 1844] ***agg.*** che si riproduce per mezzo di gemme.

gemmologìa [comp. di *gemma* e *-logia*; 1956] ***sf.*** scienza che studia le pietre preziose. **Q.T.** *mineralogia.*

gemmóso [dal lat. tardo *gemmōsus*; 1634] ***agg.*** *raro* ricco di gemme.

gèmmula [dal lat. tardo *gemmula*; 1932] ***sf.*** **1.** *T.bot.* gemma apicale contenuta nell'embrione **2.** *T.biol.* corpo riproduttivo asessuale dei Poriferi ‖ **N.** **1.** *Sin.* oosfera, piumetta.

gemmulàrio (pl. *-ri*) [da *gemmula*; 1956] ***sm.*** *T.bot.* l'ovario delle piante.

gemònie [dal lat. *gemoniae* (*scalae*); a. 1569] **I** ***agg.*** *pl.* solo nella loc. *scale gemonie*, nell'antica Roma, scalinata che dal Foro Romano saliva sul Campidoglio, sulla quale si esponevano i cadaveri dei giustiziati, gettati poi nel Tevere **II** ***sf.*** *pl.* *fig.* pena infamante: *condannare alle gemonie.*

gèna [dal lat. *gena*; 1321] ***sf.*** *arc.* guancia: *diffuso era per li occhi e per le gene / di benigna letizia* (Dante).

gendàrme [dal fr. *gendarme*, da *gent d'armes*, letter. gente d'armi; 1676] ***sm.*** **1.** oggi, spec. in Francia, soldato con compiti di polizia civile e militare ‖ *T.stor.* nel Quattrocento, membro di un corpo di cavalleria ad armatura pesante **2.** *fig. iperb.* persona dai modi bruschi, fieri e autoritari: *quel gendarme di sua moglie* **3.** *fig. T.alp.* torrione roccioso che sporge isolato su una cresta o su un costone ‖ **N.** **1.** carabiniere.

gendarmerìa [dal fr. *gendarmerie*; 1796] ***sf.*** **1.** corpo di gendarmi: *gendarmeria a cavallo*; *gendarmeria pontificia*, corpo delle forze armate pontificie dipendenti dal governatore generale dello Stato Vaticano **2.** caserma dei gendarmi.

gendarmésco (pl. *-schi*) [da *gendarme*; a. 1876] ***agg.*** *spreg.* da gendarme ‖ **N.** poliziesco, sbirresco.

gène [dal ted. *Gen*, basato sul gr. *gén*(*esis*), generazione; 1932] ***sm.*** *T.biol.* unità del cromosoma, responsabile della manifestazione di un carattere ereditario. **Q.T.** *genetica...*

genealogìa (pl. *-gìe*) [dal lat. e gr. *genealogía*, letter. scienza della nascita; 1438] ***sf.*** **1.** studio dei rapporti di parentela nell'ambito di una famiglia, e in part. delle discendenze e delle ascendenze **2.** *concr.* serie dei discendenti da un capostipite; discendenza: *ricostruire la genealogia di una stirpe principesca.*

genealògico (pl. *-ci*) [da *genealogia*; a. 1729] ***agg.*** della genealogia: *albero genealogico*, schema ad albero costituente la rappresentazione dei rapporti di parentela nell'ambito di una famiglia.

genealogista [da *genealogia*; a. 1686] ***s.*** studioso e ricostruttore di genealogie.

genepì [voce fr. di provenienza savoiarda; 1833 *genèpì*] ***sm.*** **1.** nome di alcune piante erbacee perenni nane, del genere artemisia e della fam. delle Asteracee, tipiche di alcune montagne (tra cui Alpi, Pirenei, Carpazi), distillate per ricavarne un'essenza impiegata in liquoreria e in erboristeria **2.** liquore aromatizzato con genepì.

generàbile [dal lat. *generabilis*; sec. XIV] ***agg.*** *raro* che si può generare.

generalàto [da *generale*; sec. XIV] ***sm.*** **1.** dignità e carica del generale (spec. di un ordine religioso) ‖ *per estens.* sede del generale ‖ durata in carica di un generale **2.** *T.giur.* rappresentanza in Roma di un ordine religioso esistente all'estero.

generàle [dal lat. *generālis*; a. 1292] **I** ***agg.*** **1.** che concerne tutti gli elementi di una determinata classe o categoria: *princìpi generali*, universalmente validi all'interno di una teoria, di un gruppo sociale ecc.; *elezioni generali*, estese a tutta la popolazione; *assemblea generale*, di tutti i soci; *indice generale*, di tutta la materia trattata; come *sm. il generale*, ciò che ha validità universale in un dato ambito (opposto a *il particolare*) **2.** che sovrintende a tutta l'attività di un'organizzazione: *comando generale, direzione generale di un ministero* ‖ rif. a persona, che occupa il grado più alto in una gerarchia: *direttore generale*; *procuratore generale*, v. PROCURATORE **3.** senza riferimenti particolari, generico: *vorrei limitarmi a qualche osservazione generale*; come *sf. pl.*, *tenersi sulle generali*, non scendere in dettagli **4.** nella loc. avv. (con valore frasale) *in generale*, normalmente, perlopiù, di solito: *in generale non accettiamo asse-*

gni, ma si può fare un'eccezione || **generalménte** ***avv.*** (con valore frasale) normalmente, di solito **II *sm.*** **1.** *T.mil.* ciascun ufficiale del più alto ordine di gradi (designati complessivamente come *ufficiali generali*, al di sopra degli *ufficiali inferiori* e *superiori*) nell'Esercito e nell'Aeronautica; per es. nell'Esercito si hanno, in ordine crescente di grado: *generale di brigata, di divisione, di corpo d'armata, d'armata* **2.** *T.eccl.* la massima autorità di un ordine o di una congregazione religiosa: *il generale dei gesuiti* || **N.** I **1.** *Sin.* collettivo, complessivo, globale, universale | *Contr.* particolare, speciale; ristretto **3.** *Sin.* vago | *Contr.* puntuale, specifico. **Q.T.** *forze armate.*

generalésco (pl. *-schi*) [da *generale*; a. 1642] ***agg.*** *scherz.* o *iron.* da generale: *atteggiamento generalesco.*

generalèssa [da *generale*; 1801] ***sf.*** **1.** moglie di un generale **2.** superiora generale di un ordine religioso **3.** *scherz.* o *iron.* donna dal carattere imperioso e autoritario.

generalissimo [da *generale*; a. 1332] ***sm.*** **1.** il supremo capo di tutto un esercito o di più eserciti che combattano insieme **2.** titolo del dittatore spagnolo F. Franco.

generalità [da *generale*; sec. XIV nel senso 2] ***sf.*** **1.** la quasi totalità: *nella generalità dei casi questo intervento ha esito positivo* **2.** caratteristica dell'essere comune a tutti: *la generalità di un principio etico* **3.** *non com.* genericità: *la generalità della sua trattazione del problema* **4.** *pl. T.bur.* insieme dei dati anagrafici che servono a identificare un individuo: *declinare le proprie generalità* || **N.** **1.** *Sin.* maggioranza **2.** *Sin.* universalità | *Contr.* particolarità **3.** *Sin.* banalità, superficialità.

generalìzio (pl. *-zi*) [da *generale*; 1658] ***agg.*** di generale di un esercito o di un ordine religioso.

generalizzàre [da *generale*; 1775] ***tr.*** **1.** estendere, rendere comune, diffondere: *generalizzare un'usanza, un metodo* **2.** considerare come valido in generale sulla base della validità in un certo numero di casi particolari (anche *ass.*): *non si può generalizzare il risultato di una singola esperienza, non generalizziamo!* || ***intr. pron.*** diffondersi, diventare abituale: *un malvezzo che si sta generalizzando* || **N.** **1.** *Contr.* limitare, restringere, specializzare.

generalizzazióne [da *generalizzare*; a. 1798] ***sf.*** atto ed effetto del generalizzare.

generaménto [da *generare*; seconda metà sec. XIII] ***sm.*** *raro* il generare, generazione.

generàre (pres. *gènero*) [dal lat. *generāre*; 1308] ***tr.*** **1.** dar vita a individui della stessa specie; procreare: *generarono due bellissimi gemelli* **2.** *per estens.* dar vita: *l'Italia ha generato molti figli illustri* || *fig.* produrre, dar luogo, far sorgere: *un punto in movimento genera una linea, l'attrito genera calore, il suo comportamento generò dei sospetti* || ***intr. pron.*** prodursi, crearsi: *negli ambienti umidi si generano muffe* || **N.** **1.** *Sin.* dare alla luce, far nascere, mettere al mondo **2.** *Sin.* cagionare, creare, provocare, suscitare | ***intr. pron.*** *Sin.* formarsi, nascere, sorgere.

generativismo [da *generativo*; 1984] ***sm.*** *T.ling.* corrente di pensiero linguistico che propugna la teoria elaborata dal linguista americano N. Chomsky (n. 1928), in base alla quale la grammatica è considerata come lo studio della facoltà umana di produrre e comprendere espressioni linguistiche in numero illimitato sulla base di un numero limitato di regole fondamentali che consentono di assegnare a ogni nuova espressione un'appropriata descrizione strutturale. **Q.T.** *linguistica.*

generativista [da *generativismo*; 1971] ***s.*** *T.ling.* linguista che segue i principi del generativismo.

generativo [da *generare*; 1308] ***agg.*** che genera, atto a generare: *forza generativa* || *T.ling. grammatica generativa*, insieme di regole concepite come un meccanismo in grado di generare tutte le infinite frasi grammaticali di una lingua (e solo quelle), che i parlanti sono in grado di distinguere da quelle non grammaticali in base alla loro competenza.

generatóre [da *generare*; 1308] **I *agg.*** che genera: *un principio generatore di ambiguità, l'ipotesi di una mente generatrice dell'universo* || *T.geom. retta generatrice*, generatrice || *T.aritm. frazione generatrice*, generatrice **II *sm.*** *T.tecn.* dispositivo atto a trasformare energia di un dato tipo in energia di tipo diverso (o in energia dello stesso tipo ma con caratteristiche diverse) o, anche, apparecchio nel quale avvengono trasformazioni chimiche: *generatore di energia elettrica* (o, ass., *generatore*), dinamo o alternatore, pila, accumulatore ecc.; *generatore di suono*, apparecchio che riceve energia di ti-

GEMME

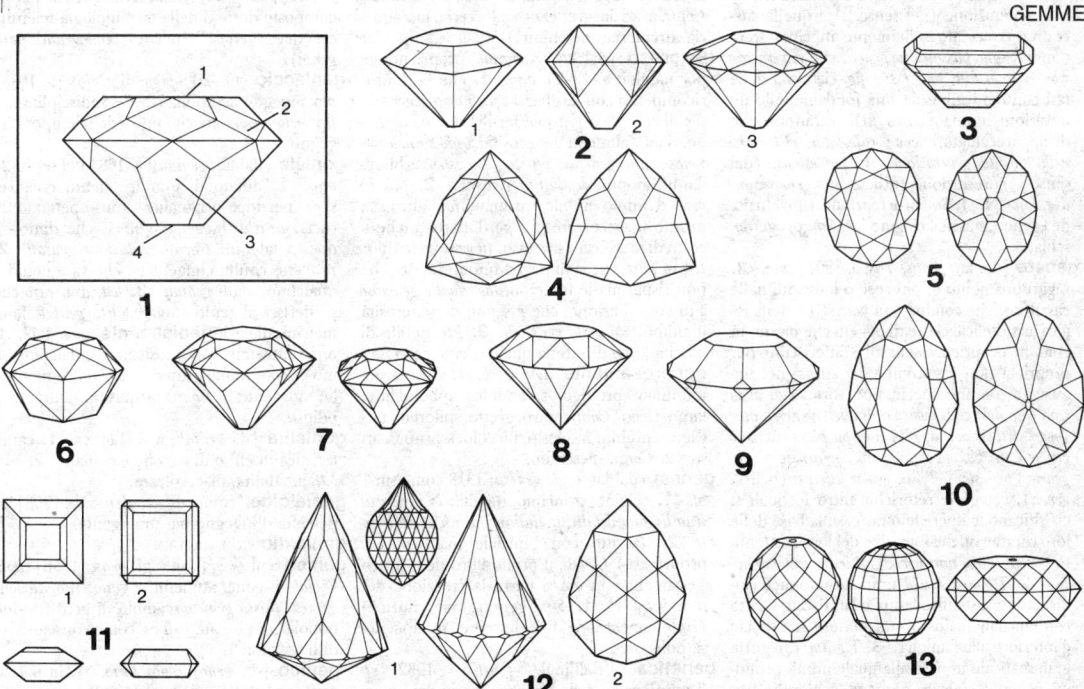

1. parti della gemma tagliata
1.1. tavola - 1.2. cintura - 1.3. padiglione - 1.4. tavola inferiore

2. taglio a brillante
2.1. semplice - 2.2. doppio - 2.3. triplo

3. taglio a smeraldo a contorno ottagonale

4. taglio triangolare (faccia superiore e inferiore)

5. taglio ovale (faccia superiore e inferiore)

6. taglio a stella francese

7. taglio a croce
7.1. a croce di malta - 7.2. a croce frecciata

8. taglio a sedici facce

9. taglio a otto facce

10. taglio a *pendeloque* (faccia superiore e inferiore)

11. taglio a tavola (faccia superiore e laterale)
11.1. a profilo quadrato - 11.2. a profilo ottagonale

12. taglio a rosa
12.1. a *briolette* (tre tipi) - 12.2. a navette

13. taglio a boccia (tre tipi)

po non sonoro e la trasforma in energia sonora; *generatore elettrostatico*, macchina che produce una differenza di potenziale tra due sue estremità (*poli*); *generatore di vapore*, caldaia; *generatore di gas*, gassogeno || **N.** I *Sin.* causativo, creatore, generativo, produttore. **Q.T.** *elettricità* **TAV.** ***ferrovie...*** **p. 669** 2.5, 2.6.

generatrice [da *generare*; 1909] ***sf.*** **1.** *T.geom.* retta che, muovendosi nello spazio attorno a un asse di rotazione, genera una superficie (per es. un cilindro, un cono ecc.) **2.** *T.aritm.* frazione che, trasformata in numero, produce un decimale periodico. **TAV.** *geometria* 20.4.

generazionàle [da *generazione*; 1963] ***agg.*** relativo a una generazione, proprio di una generazione: *atteggiamento generazionale*; *conflitti, contrasti generazionali*, conflitti tra due generazioni, gen. tra padri e figli.

generazióne [dal lat. *generātio, -ōnis*; 1282] ***sf.*** **1.** il generare individui della propria specie: *la generazione degli animali*; *generazione spontanea*, abiogenesi, autogenesi **2.** *per meton.* stirpe, discendenza, razza: *la generazione di Adamo* || più com., l'insieme delle persone di una famiglia che hanno lo stesso grado di discendenza dal comune capostipite: *usi tramandati di generazione in generazione*; *la prima generazione*, i figli; *la seconda generazione*, i nipoti || *per estens.* l'insieme degli individui che hanno pressappoco la stessa età o, meno com., che appartengono alla stessa epoca: *una generazione di sbandati, la generazione che è vissuta tra le due guerre mondiali* **3.** *per estens.* il periodo di tempo intercorrente mediamente tra una generazione (nel senso 2) e quella successiva (calcolato solitamente in circa trent'anni): *sono passate due generazioni ma ancora non si sono fatti progressi* || *fig.* ciascuna delle fasi contraddistinte da una fondamentale innovazione in una tecnica, nelle caratteristiche di apparecchiature ecc.: *calcolatori elettronici della quinta generazione* **4.** *per estens.* (dal senso 1), produzione, formazione: *generazione di calore* || **N. 1.** *Sin.* procreazione, riproduzione | genesi, nascita, origine **2.** *Sin.* progenie, schiatta.

gènere [dal lat. *genus, -eris*; a. 1294] ***sm.*** **1.** raggruppamento di più cose o individui dalle caratteristiche comuni || *in part. T.fil.* nella logica aristotelica, classe di oggetti che hanno in comune proprietà essenziali e differiscono per proprietà non essenziali || *per estens.* nel linguaggio comune, specie, tipo, sorta: *mai vista una cosa del* (o *di questo* o *di quel*) *genere!*, *quel genere di persona, di vita non mi piace, nel suo genere è un piccolo capolavoro, mercanzie d'ogni genere* || *per estens. T.lett. generi letterari* (o, ass., *generi*), categorie retoriche entro le quali si classificano le opere letterarie, sulla base delle loro caratteristiche formali e dei loro contenuti: *genere epico, narrativo, poliziesco, autobiografico* **2.** *T.biol.* e *T.zool.* unità tassonomica (indicata con sostantivo latino o latinizzato scritto con l'iniziale maiuscola) superiore alla specie e inferiore alla famiglia **3.** *T.gram.* categoria grammaticale in base alla quale nomi, pronomi, aggettivi e alcuni numerali assumono forme diverse per indicare il maschile, il femminile e, in alcune lingue, il neutro: *il genere di un nome si distingue perlopiù dalla desinenza* || *per estens.* l'essere maschio o femmina: *discriminazioni basate sul genere* **4.** *in part.* tipo di merce, di prodotto commerciale: *generi di consumo, di prima necessità, alimentari* **5.** nella loc. avv. (con valore frasale) *in genere*, generalmente, perlopiù, nella maggioranza dei casi: *in genere le donne sono più meticolose degli uomini, in genere mi corico tardi* **6.** nella loc. agg. *di genere*, di pittura, opera letteraria ecc., realistica, che rappresenta scene di vita quotidiana || **N. 1.** *Sin.* categoria, classe, gruppo, maniera, modo, stile, tipo, varietà | congenere, eterogeneo / omogeneo. **Q.T.** *letteratura..., linguistica.*

genericìṣmo [da *generico*; 1956] ***sm.*** genericità.

genericità [da *generico*; 1869] ***sf.*** caratteristica di ciò che è generico || **N.** *Sin.* imprecisione, indeterminatezza, vaghezza | *Contr.* determinatezza, particolarità, precisione, puntualità, specificità.

genèrico (pl. *-ci*) [da *genere*; a. 1563] **I *agg.*** **1.** proprio di un genere di cose o individui, non specifico: *caratteri generici* || *per estens.* approssimativo, impreciso, vago, indeterminato (spec. con valore limitativo): *discorsi generici, critiche troppo generiche* **2.** di ruolo professionale, che non richiede preparazione specifica: *operaio, medico generico*; *attore generico, attrice generica*, di secondo piano, cui vengono affidati personaggi minori privi di elementi fortemente caratterizzanti || **genericaménte** ***avv.*** **II** ***sm.*** **1.** (solo *sing.*) ciò che è vago, impreciso e sim.: *cadere nel generico* **2.** (f. *-a*) attore generico o attrice generica || **N.** I *Contr.* specifico.

gènero [dal lat. *gener, -eris*, parente; a. 1292] ***sm.*** marito della figlia || **N.** nuora, suoceri.

generóne [propr. accr. scherz. di *genere*; 1929] ***sm.*** nella Roma di fine '800, la nuova borghesia che ostentava ricchezza in forte antagonismo con l'aristocrazia.

generosità [dal lat. *generōsitas, -ātis*; a. 1320] ***sf.*** caratteristica di chi o di ciò che è generoso || **N.** *Sin.* larghezza, munificenza, prodigalità; liberalità, magnanimità, nobiltà, signorilità | *Contr.* avarizia, grettezza, spilorceria, taccagneria, tirchieria; meschinità.

generóso [dal lat. *generōsus*, propr. nobile per nascita; a. 1292] ***agg.*** **1.** che fa doni o ricompensa con larghezza: *un uomo generoso* || *fig.* di cose: *terre generose*, fertili || di cosa o azione, data, fatta con generosità: *una mancia generosa, una generosa offerta* || *per estens.* abbondante, ampio: *scollatura generosa* **2.** *più in gen.* d'animo nobile, magnanimo, altruista, pronto a soccorrere e a perdonare, anche a costo di sacrificare se stesso: *fu generoso coi vinti* || *in part.* che si impegna fino in fondo, che non risparmia le forze: *atleta, cavallo generoso* || di cosa o azione, che è segno di generosità d'animo: *un gesto generoso* **3.** *lett.* nobile di nascita || *fig.* di ottima qualità: *vino generoso* || **generosaménte** ***avv.*** || **N. 1.** *Sin.* largo, munifico, prodigo, splendido; abbondante, largo, ricco | *Contr.* avaro, gretto, spilorcio, taccagno, tirchio; modesto, piccolo, scarno, scarso **2.** *Contr.* meschino.

gèneṣi [dal lat. e gr. *génesis*; 1313 come sm.] ***sf.*** **1.** origine, principio, nascita: *la genesi di una lingua, del diritto italiano, di un'opera d'arte* **2.** (scritto con l'iniziale maiuscola e, propr., *sm.*) *Genesi*, il primo libro dell'Antico Testamento, in cui si narra la creazione del mondo || **N. 1.** *Sin.* generazione, inizio | *Contr.* conclusione, fine, termine | monogenesi, poligenesi.

genètica [dall'ingl. *genetics*; 1932] ***sf.*** *T.scient.* parte della biologia che studia i meccanismi di trasmissione, da una generazione all'altra, dei caratteri ereditari negli animali e nei vegetali. **Q.T.** *genetica...*

genètico (pl. *-ci*) [dal gr. *genetikós*, proprio della nascita; 1861] ***agg.*** **1.** di, della genetica: *patrimonio genetico*, V. PATRIMONIO; *codice genetico*, V. CODICE; *ingegneria genetica*, V. INGEGNERIA **2.** della genesi || **N. 1.** acquisto, ereditario.

genetìsta [dall'ingl. *geneticist*, con aplologia; 1932] ***s.*** studioso di genetica.

genetlìaco [dal lat. *genethliacus*, gr. *genethliakós*, pertinente all'ora della nascita; a. 1472 come sm.] **I *agg.*** *lett.* della nascita di qualcuno: *giorno genetliaco* || che si basa sui dati relativi alla nascita, per determinare oroscopi, divinazioni e sim.: *arte genetliaca* || *lett.* scritto per onorare un compleanno: *carme genetliaco* **II** ***sm.*** *lett.* giorno della nascita di qualcuno (spec. di personaggio illustre), compleanno.

genétta [dal fr. *genette*; 1892] ***sf.*** *T.zool.* genere di Carnivori dei Viverridi, simili a grossi gatti, con corpo lungo e sottile, muso appuntito, arti corti, coda lunga e anellata, predatori notturni abili e feroci, diffusi nell'Europa sud-occidentale, in gran parte dell'Africa e in Asia minore.

géngero V. ZENZERO.

géngevo o **géngiovo** [lat. *zingiber, -eris*; a. 1324 *giengievo*] ***sm.*** *ant.* zenzero.

gengìva [lat. *gingīva*; 1282 *gengia*] ***sf.*** parte della mucosa boccale che riveste esternamente le due arcate dentarie e si prolunga poi tra i denti, aderendo fortemente al loro colletto. **TAV.** *fonetica...* 1.16; ***anatomia*** **p. 642** 21.2.

gengivàle [da *gengiva*; 1918] ***agg.*** *T.anat.* relativo alla gengiva, proprio della gengiva: *disturbi gengivali.*

gengivàrio (pl. *-ri*) [da *gengiva*; 1910] ***agg.*** *T.farm.* medicamento per la cura delle gengive.

gengivìte [comp. di *gengiva* e *-ite*[1]; 1900] ***sf.*** *T.med.* infiammazione delle gengive.

genìa (pl. *-ìe*) [dal gr. *genéa*; a. 1400 *genea* nel senso 2] ***sf.*** **1.** *spreg.* gruppo di persone spregevoli, poco raccomandabili ecc.: *una genia di ladri, di ipocriti* **2.** *propr. lett. ant.* razza, stirpe.

-genìa [da *-geno*] ***elem. term.*** che, in parole composte dotte o della terminologia scientifica, vale "genesi" (per es. *endogenia, patogenia*).

genìaccio (pl. *-ci*) (*pegg.* di *genio*) [a. 1698] ***sm.*** ingegno acuto ma ribelle, indisciplinato || *per meton.* persona che possiede tale tipo d'ingegno.

geniàle [dal lat. *geniālis*; a. 1683 nel senso 2] ***agg.*** **1.** dotato di grande talento creativo, spec. per idee originali e di insospettata efficacia: *artista, inventore geniale*, che dimostra questo talento: *trovata, soluzione geniale* **2.** *raro* che risulta congeniale, che va a genio a qualcuno: *studi geniali* **3.** *lett. ant. raro* che si riferisce al genio tutelare || *letto geniale*, letto matrimoniale || **genialménte** ***avv.*** || **N. 1.** *Sin.* acutissimo, ingegnosissimo, intelligentissimo | *Contr.* idiota, stupido **2.** *Sin.* connaturale; attraente | *Contr.* acquisito; antipatico, odioso.

genialità [da *geniale*; a. 1712] ***sf.*** **1.** caratteristica di chi o di ciò che è geniale **2.** *raro lett.* amabilità, piacevolezza.

genialòide [comp. di *geniale* e *-oide*; 1908] ***s.*** persona d'ingegno ma stravagante.

genicìdio V. GENOCIDIO.

gènico (pl. *-ci*) [dall'ingl. *genic*; 1956] ***agg.*** *T.biol.* di gene, attinente a gene: *riproduzione genica*; *flusso genico*, scambio di geni fra due popolazioni isolate (ad es. come conseguenza di migrazioni).

-gènico [da *-geno*] ***elem. term.*** **1.** in parole composte dotte e della terminologia scientifica, vale "che dà origine", "che produce" (per es. *patogenico*) **2.** in parole composte dotte vale "che si presta ad essere riprodotto (con mezzi audiovisivi)" (per es. *fotogenico, telegenico*).

genicolàto [dal lat. *geniculātus*; a. 1590] ***agg.*** **1.** *T.zool.* piegato ad angolo come un ginocchio: *antenne genicolate* **2.** *T.anat. corpi genicolati*, piccole masse nervose poste alla base posteriore del talamo **3.** *T.bot.* detto di fusto, caule o altro asse che presenta nodi distinti o che è piegato ad angolo.

genìcolo [dal lat. *geniculum*, piccolo ginocchio; 1759] ***sm.*** *T.bot.* nel fusto o nelle radici di alcune piante, nodosità a forma di ginocchio.

genière [da *genio* (militare); 1939] ***sm.*** *T.mil.* soldato del genio.

geniétto (*dim.* di *genio*) [a. 1793] ***sm.*** **1.** piccolo genio **2.** *raro* piccola immagine di genio alato e nudo; amorino **3.** *per estens.* bambino o ragazzo dall'ingegno e dalle capacità singolari.

gènio¹ (pl. *-ni* e *-nii*) [dal lat. *genius*, spirito che accompagna ogni individuo; a. 1484 nel senso 4] ***sm.*** **1.** persona dotata di eccezionali facoltà intellettive, e spec. di creatività, intuito e sim.: *Leonardo fu un grande genio, un genio della letteratura, un genio incompreso* || *iperb.* persona dotata di un ingegno vivace, brillante: *quel ragazzino è un piccolo genio* **2.** talento, abilità specifica per qualcosa e, in part., specifica attitudine innata per un'arte o spiccata facoltà inventiva: *ha il genio degli affari, un uomo di genio*; *lampo di genio*, trovata geniale **3.** indole, inclinazione, gusto personale; *com.* solo nel modo di dire *andare a genio*, essere di proprio gusto: *quel tipo, questa soluzione non mi va a genio* **4.** *fig.* essere spirituale che si ritiene influisca sulle scelte e sugli eventi della vita di un individuo: *il suo genio l'ha ispirato*; *essere il genio buono, cattivo di qualcuno*, esercitare buona o cattiva influenza su qualcuno || *in part.* (con l'iniziale maiuscola) nella mitologia classica, nume che presiede alla generazione della vita di ogni uomo, influisce sulla sua nascita e lo accompagna in vita come protettore: *sacrificare al proprio Genio nel genetliaco* **5.** *per estens. fig.* (con l'iniziale maiuscola) nella mitologia classica, dio tutelare di un luogo, di una città, di un popolo, di una collettività: *il Genio di Roma, di una legione* || *per estens.* nella tradizione fantastica popolare, essere magico vagante in un ambiente naturale (aria, boschi ecc.); folletto, demone: *il genio della lampada di Aladino*; *geni benefici, malefici* || *dim.* geniétto; *pegg.* geniàccio || **N. 2.** acutezza, creatività, ingegno, intelligenza, intuizione **4.** *Sin.* nume protettore, nume tutelare **5.** *Sin.* nume protettore, nume tutelare; gnomo, ondine, silfidi.

gènio² (pl. *-ni* e *-nii*) [dal fr. *génie*; 1768] ***sm.*** corpo di tecnici impiegati nella progettazione e nell'esecuzione di opere civili o militari. **Q.T.** *forze armate.*

gènio- [dal gr. *géneion*, mento] ***primo elem.*** che, in parole composte della terminologia medica, vale "mento", "mandibola" (per es. *genioglosso, geniospasmo*).

genioglòsso [comp. di *genio-* e gr. *glôssa*, lingua; a. 1758] ***agg.*** *T.anat.* *muscolo genioglosso*, il più grande dei muscoli della lingua.

genioioidèo [comp. del gr. *géneion*, mento e *ioide*; 1834] ***sm.*** *T.anat.* muscolo del pavimento della bocca teso dalla spina mentale della mandibola all'osso ioide.

geniospàsmo [comp. di *genio-* e *spasmo*; 1970] ***sm.*** *T.med.* totale irrigidimento della mandibola in seguito a contrazione e irrigidimento dei muscoli masticatori.

genipì v. GENEPÌ.

genitàle [dal lat. *genitālis*; a. 1342] **I** ***agg.*** **1.** *T.anat.* e *T.fisiol.* atto alla generazione: *organi genitali*, gli organi adibiti alla riproduzione sessuale; *apparato genitale*, il complesso di tali organi || relativo agli organi genitali; *T.psican.* *fase genitale*, l'ultima fase dello sviluppo della sessualità, che ha inizio nella pubertà **2.** relativo alla generazione; *T.mit.* *divinità genitali*, i geni **II** ***sm.*** *pl.* *T.anat.* e *T.fisiol.* organi genitali.

genitìvo [dal lat. (*casus*) *genitīvus*; 1531] ***sm.*** *T.gram.* caso della declinazione di alcune lingue indoeuropee corrispondente, in italiano, al complemento di specificazione e di possesso.

gènito [dal lat. *genitus*; a. 1290] **I** ***agg.*** *lett.* *non com.* generato, procreato **II** ***sm.*** (f. *-a*) *raro* figlio, discendente || **N.** primogenito, secondogenito, unigenito.

genitóre [dal lat. *genitōris*; 1151 *ienitore*] ***sm.*** (f. *-trìce*) **1.** *com.* *pl.* chi genera o ha generato, il padre e la madre insieme: *rispetta i genitori* || *sing.* *lett.* *bur.* o *iron.* il padre (o *f.*, la madre) **2.** *ant.* progenitore || **N. 2.** antenato, avo, capostipite.

genitourinàrio (pl. *-ri*) [comp. di *genit*(*ale*) e *urinario*; 1834] ***agg.*** *T.anat.* relativo all'apparato genitale e a quello urinario: *vie genitourinarie.*

genitùra [dal lat. *genitūra*; a. 1306] ***sf.*** *lett.* **1.** atto ed effetto del generare; generazione **2.** *concr.* *ant.* discendenza, prole.

gennàio [lat. tardo *ienuārius*, class. *ianuārius*; mese di Giano; a. 1288] ***sm.*** primo mese dell'anno nel calendario giuliano e gregoriano.

-geno [dal lat. *-gena*, *-genus*, gr. *-genḗs*, affine a *gígnomai*, nascere, generare] ***elem. term.*** che, in parole composte dotte e della terminologia scientifica e tecnica, vale "che dà origine", "che produce" (per es. *alogeno, lacrimogeno, patogeno*) || in altre parole composte dotte e della terminologia scientifica ha valore passivo e vale "che è prodotto", "che ha origine da" (per es. *endogeno, indigeno*).

gènoa v. GENOVA.

genoàno [dal n. della squadra di calcio del *Genoa*; 1940 nel senso 2] ***agg.*** e ***sm.*** (f. *-a*) **1.** che, chi gioca nella squadra di calcio del Genoa **2.** che, chi è tifoso del Genoa.

genocìdio (pl. *-di*) [dall'ingl. *genocide*; 1950] ***sm.*** distruzione in massa di un gruppo etnico, nazionale o religioso: *il genocidio degli ebrei durante il nazismo* || **N.** *Sin.* sterminio.

genòma [comp. di *gene* e *-oma*; 1967] ***sm.*** *T.biol.* corredo dei cromosomi di una cellula con relativi geni.

genotìpico (pl. *-ci*) [da *genotipo*; 1956] ***agg.*** *T.biol.* relativo al genotipo: *complesso ereditario genotipico.*

genotìpo [dall'ingl. *genotype*; 1940] ***sm.*** *T.biol.* insieme dei caratteri ereditari di un individuo, non ancora modificati dall'ambiente esterno || **N.** fenotipo.

gènova o **gènoa** [dall'ingl. *Genoa*, Genova, propr. vela di Genova; 1974] ***sf.*** *T.mar.* grande fiocco tesato molto arretrato rispetto all'albero.

genovése [dal n. geogr. *Genova*; 1313] **I** ***agg.*** di Genova: *specialità genovesi* **II** ***sm.*** **1.** (anche *sf.*) abitante o nativo di Genova **2.** dialetto di Genova.

genovìna [dal n. geogr. *Genova*, città in cui si coniava la moneta; a. 1714] ***sf.*** moneta d'oro genovese del sec. XVIII.

gentàglia (pl. *-glie*) [dal fr. antico *gentaille*; sec. XIV] ***sf.*** gente spregevole || **N.** *Sin.* canaglia, genia, marmaglia.

gentàme [da *gente*; sec. XIV] ***sm.*** *arc.* moltitudine di gente da poco.

GENETICA E BIOLOGIA MOLECOLARE

DISCIPLINE ATTINENTI: citogenetica, genetica (agraria o agronomica, animale, di popolazioni, molecolare, animale), immunogenetica; biochimica, biochimica fisica, bioetica, biologia, cromatografia, elettroforesi, embriologia, immunologia, istologia, statistica, virologia.

STRUTTURA E COMPOSIZIONE DEL MATERIALE GENETICO E INFORMAZIONE GENETICA: acido nucleico, acido desossiribonucleico o DNA, acido ribonucleico o RNA, allele o allelomorfo, autosoma / eterocromosoma, bande (principali, satelliti), basi azotate (adenina, guanina, citosina, timina, uracile), batterio (auxotrofo, lisogeno, prototrofo), caratteri (antigenici, poligenici, sessuali secondari), cellula (aneuploide, aploide, diploide, triploide, tetraploide; atipica, germinale, madre, somatica), cistrone, clone, conidio, cromatidio, cromatina, cromomero, cromosomi (a bastoncello, a RNA, autosomi, circolari, omologhi, politenici), enzima, episoma, fenotipo / genotipo, gamete, gene (costitutivo, letale, regolatore, repressore, reprimibile, strutturale), geni (associati, soppressori; eteroalleli, omoalleli; eterozigoti / omozigoti), istone nucleolo, nucleoide, nucleotide, polinucleotide, protamina, struttura (primaria, secondaria, terziaria, quaternaria), tautomero, virus (oncogeno, tumorale, virulento).

ATTIVITÀ DINAMICHE DEL MATERIALE GENETICO E MUTAGENESI: meiosi (profase — leptonema o leptotene, zigotene, pachinema o pachitene, diplonema o diplotene, diacinesi —, metafase, anafase, telofase, interfase), mitosi (profase, metafase, anafase, telofase, interfase); *crossing-over, cross-over*, delezione, mutazione (allelica, biochimica, condizionale, non senso, nutrizionale, omeiotica, polare, somatica, spontanea / indotta, visibile), ricombinazione, riparazione, replicazione, traslocazione; centriolo, centromero o cinetocoro, fuso, microtubulo cromosomico, polo; morula, blastula, gastrula; allele (dominante, recessivo), catalizzatore, ceppo (costitutivo, donatore, intermediario), chiasmo, ciclo cellulare, clone, eliche (parentali, ricombinanti), enzimi (endonucleasi, esonucleasi, ligasi, polimerasi o replicasi), fenotipo / genotipo, forma di replicazione, gamete, genoma, ibrido, marcatore genetico, mesonoma, oocita, proteine di despiralizzazione, razza, substrati (filamento di innesco, filamento negativo, filamento positivo, filamento stampo), tetrade, zigote.

SINTESI PROTEICA E MAPPATURA GENETICA: allungamento, aminoacido, attivazione, biosintesi, blastomero, citocromo, codice genetico, codone, cromomero, ibridismo, inattivazione, mappa (citologica, cromosomica, fisica, genetica, mitotica), marcatore genetico, nucleoide, operone (batterico, virale), peptide, pleiotropia o polifenia, polipeptide, poliribosoma, proliferazione, proteine, ribosoma, RNA messaggero, sito, sistema di lettura, trascrizione, tripletta di lettura.

GENETICA DELLE POPOLAZIONI: adattamento, ambiente, attività, cambiamento, categoria, coefficiente di selezione, comparsa, convergenza, corteggiamento, deriva genetica, differenziamento, discontinuità, dissomiglianza, distinzione, distribuzione, eliminazione (in massa, selettiva), *fitness*, flusso genico, fossilizzazione, frequenza genica, gradiente, isolamento (ecologico, etologico), melanismo industriale, migrazione, mimetismo, nicchia ecologica, ominazione, polimorfismo (bilanciato, genetico, transeunte), popolazione (ideale, in equilibrio, mendeliana, naturale, stazionaria), pressione di mutazione, radiazione adattiva, resistenza, ritmo biologico o bioritmo, scomparsa, selezione (artificiale, divergente, naturale, sessuale), sesduzione, somiglianza, speciazione, stimolo, tasso (di mutazione, di sopravvivenza), tempo geologico, variazione (interspecifica, intraspecifica).
(V. quadro terminologico ECOLOGIA).

gènte[1] [lat. *gens, gentis*; a. 1250] ***sf.*** **1.** *com.* le persone nel loro insieme; gli altri: *non mi piace stare in mezzo alla gente, non dar retta alla gente, la gente mormora* || *in part.* una certa quantità di persone: *far sfollare la gente dalla piazza, c'è gente alla porta, una festa con un sacco di gente* || *in part.* le persone appartenenti a una certa categoria: *è gente stupida, povera gente, gente di campagna; la gente bene,* (in tono iron.) di elevata condizione sociale, benestante, e perbene; *gente di mare,* che vive sulle coste e/o svolge un'attività che ha attinenza col mare; *ant. gente d'arme,* i militari **2.** spec. *pl.* popolo, nazione: *i diritti delle genti, la pace tra le genti* **3.** gruppo di persone con un capostipite in comune; famiglia, parentado: *la mia gente,* i miei parenti || *in part. T.stor.* nel mondo classico, stirpe composta da più famiglie che si riteneva avessero un comune progenitore (spesso un dio o un semidio) e del quale portavano il nome || *pegg.* gentàccia, gentàglia, gentùcola || **N. 1.** accozzaglia, adunanza, assembramento, banda, brigata, calca, capannello, crocchio, folla, frotta, massa, moltitudine, plebe, popolo, pubblico, schiera, stuolo, volgo.

gènte[2] [dal lat. *genitus,* attr. il fr. ant. e provenz. ant. *gens*; fine sec. XII] ***agg.*** *arc.* gentile, nobile: *gioven donna gente* (Cino da Pistoia).

gentildònna [comp. di *gentile*[1] e *donna*; sec. XIII] ***sf.*** donna di alta condizione e di nobili costumi || **N.** *Sin.* dama, nobildonna, signora.

gentile[1] [lat. *gentīlis,* che appartiene alla stessa schiatta; a. 1294 nel senso 3] ***agg.*** **1.** rif. a persona, che dimostra premura e attenzione verso gli altri: *è stato davvero gentile ad accompagnarmi, sii gentile!*; *grazie, molto gentile, troppo gentile!,* come formule di ringraziamento || rif. anche a caratteri, atteggiamenti, comportamenti e sim.: *un animo gentile; maniere, parole gentili; un pensiero gentile, opporre un gentile rifiuto alla richiesta* **2.** delicato, grazioso: *lineamenti gentili; disus.* o *scherz. il gentil sesso,* le donne || *meno com.* delizioso, pregiato: *profumo gentile, vino gentile*; tenero, facile da lavorare: *legno gentile, terra gentile* **3.** *arc.* o *lett.* di stirpe nobile; di sentimenti nobili ed elevati: *Amor, ch'al cor gentil ratto s'apprende* (Dante) || **gentilménte** ***avv.*** || **N. 1.** *Sin.* affabile, amabile, cortese, educato, garbato, premuroso, urbano | *Contr.* cafone, incivile, inurbano, maleducato, rozzo, scortese, villano **2.** *Sin.* elegante, fine, squisito.

gentile[2] [dal lat. *gentīlis,* usato nel lat. dei Vangeli come traduzione del gr. *ethnikós,* da *éthnos,* gente; a. 1292] ***sm.*** **1.** nel Nuovo Testamento, chiunque non abbia conosciuto il vero Dio, detto in part. di persone di cultura greco-romana **2.** presso gli Ebrei, persona di religione non israelita.

gentilésco[1] (pl. *-schi*) [da *gentile*[1]; inizio sec. XIV] ***agg.*** *ant.* fine, signorile.

gentilésco[2] (pl. *-schi*) [da *gentile*[2]; a. 1588] ***agg.*** *ant.* dei gentili, dei pagani.

gentilèṣimo [da *gentile*[2]; a. 1635] ***sm.*** *arc.* religione pagana, dei popoli non cristiani e non ebrei || *T.eccl.* il complesso delle civiltà che precedono o ignorano Cristo.

gentilézza [da *gentile*; a. 1250] ***sf.*** **1.** caratteristica di chi o di ciò che è gentile: *un uomo di una squisita gentilezza, gentilezza di modi* **2.** *concr.* atto, espressione o comportamento gentile: *mi faccia questa gentilezza, gli hanno usato un sacco di gentilezze* || nella loc. avv. *per gentilezza,* per favore, per cortesia || **N. 1.** *Sin.* amabilità, cortesia, garbo **2.** *Sin.* attenzione, cortesia, favore, premura | *Contr.* sgarbo.

gentiliàno [dal n. proprio Giovanni *Gentile,* filosofo; a. 1926] **I** ***agg.*** relativo a G. Gentile e al suo pensiero filosofico: *idealismo gentiliano* **II** ***sm.*** (f. *-a*) seguace della filosofia gentiliana.

gentilità [dal lat. *gentilitas, -ātis*; sec. XIV] ***sf.*** *arc.* gentilezza, nobiltà.

gentilìzio (pl. *-zi*) [dal lat. *gentilicius*; 1766] ***agg.*** della casata, della prosapia: *nome, stemma gentilizio* || **N.** *Sin.* aristocratico, nobiliare, patrizio.

gentiluòmo (pl. *gentiluòmini*) [dal fr. ant. *gentilhomme*; a. 1292] ***sm.*** **1.** uomo di nobile origine || *in part.* in passato, titolo di dignitari di corte || *fig.* uomo che si comporta in modo educato, leale e signorile **2.** malattia del riso, causata da un fungo, che determina l'annerimento del culmo e della guaina della pianta sommersa || **N. 1.** *Sin.* aristocratico, galantuomo, *gentleman,* nobiluomo | *Contr.* plebeo, zoticone.

gentleman (ingl., pr. ['dʒentəłmən]) [letter. uomo bennato; 1788] ***sm.*** *inv.* (anche pl. *gentlemen,* pr. ['dʒentəłmən]) **1.** gentiluomo **2.** *T.sport. gentleman driver* (pr. [ˌdʒentəłmən 'draɪvə]) (o, ass., *gentleman*), chi partecipa, da dilettante, a gare automobilistiche; *gentleman rider* (pr. [ˌdʒentəłmən 'raɪdə]) (o, ass., *gentleman*), chi partecipa a gare ippiche dilettantistiche.

gentùca [da *gente*; sec. XIV *gentucca*] ***sf.*** *raro* gentucola.

gentùcola (*pegg.* di *gente*) [a. 1767] ***sf.*** *spreg.* gente di poco conto.

genuflessióne [dal lat. mediev. *genuflexio, -ōnis*; sec. XIV] ***sf.*** atto ed effetto del genuflettersi: *una profonda genuflessione* || *fig.* umiliazione || **N.** inchino.

genuflessòrio (pl. *-ri*) [dal lat. mediev. *genuflexorium*; 1673] ***sm.*** *raro* inginocchiatoio.

genuflèttersi (pres. *genuflètto* ecc., come FLETTERSI) [dal lat. tardo *genuflectere,* piegare il ginocchio; 1727] ***intr. pron.*** flettere un ginocchio portando il piede indietro, come accenno d'inchino || inginocchiarsi, piegare un ginocchio o le due ginocchia a terra per riverenza, devozione o sim. || *fig.* umiliarsi.

genuinità [da *genuino*; 1806] ***sf.*** caratteristica di ciò che è genuino || **N.** *Sin.* autenticità, naturalezza, schiettezza, sincerità | *Contr.* artificiosità, sofisticazione.

genuìno [dal lat. *genuīnus*; 1806] ***agg.*** **1.** naturale, non adulterato, non sofisticato: *vino, formaggio genuino* **2.** *fig.* sincero, schietto, non artefatto: *sentimento, sorriso genuino* || **genuinaménte** ***avv.*** || **N. 1.** *Contr.* adulterato, sofisticato **2.** *Sin.* semplice, spontaneo | *Contr.* falso, mendace, menzognero.

genziàna [dal lat. *gentiāna,* dal n. proprio *Gentius* cui è attribuito il ritrovamento dalla tradizione lat.; a. 1320] ***sf.*** genere di piante erbacee della fam. delle Genzianacee, con fiori a corolla regolare, a campana o a imbuto, di colori vari (azzurra o violetta nelle specie alpine).

Genzianàcee [comp. di *genziana* e *-acee*; 1869] ***sf. pl.*** *T.bot.* famiglia di piante perlopiù erbacee, annue o perenni, comuni nelle zone temperate o nei territori montani tropicali, cui appartengono, tra l'altro, i generi *Gentiana, Eritrea, Swertia.*

genzianèlla [da *genziana*; 1833] ***sf.*** *T.biol.* pianta erbacea delle Genzianacee diffusa in ambiente alpino, caratterizzata da un fiore solitario a campanula di colore azzurro intenso.

GEOGRAFIA

RIPARTIZIONI DELLA MATERIA: antropogeografia, biogeografia, cartografia, climatologia, ecologia, geografia commerciale, economica, medica, storica, fitogeografia, geolinguistica, geomorfologia, idrologia, meteorologia, limnologia, oceanografia, paleogeografia, potamologia, talassografia, zoogeografia.

MORFOLOGIA TERRESTRE: acqua (dura, ferruginosa, fossile, freatica, magmatica, meteorica, minerale, vadosa), alloctono, barra (di foce, di frangente, di porto, litoranea), conglomerato (arenarie, brecce, puddinghe), continente, corrugamento (alpino, ercinico, orogenetico), crosta terrestre, dorsale oceanica, faglia, fossa oceanica, mantello terrestre, orogenesi, pavimento abissale, penepiano, piattaforma (abissale, d'abrasione), piega, pilastro tettonico, roccia (eruttiva o ignea, metamorfica, sedimentaria), scarpata (continentale, fluviale, sottomarina), strato, stratificazione, superficie, terra, terrazzamento.

CORSI D'ACQUA: affluente, alveo, argine, bacino, canale, cascata, cateratta, cattura fluviale, deflusso, delta (digitato / piatto), emissario, estuario, falda, fiumara, fiume, fiordo, foce, immissario, letto, meandro, piena, portata, rapida, regime (compensato / costante / torrentizio), risorgenza, rivo, ruscello, secca, sorgente, subaffluente, terrazzo fluviale, torrente.

COSTE (alte, basse, frastagliate, incise, unite): baia, barena, cala, capo, golfo, insenatura, istmo, lido, litorale, lingua, penisola, promontorio, punta, rada, rientranza, riva, scogliera, spartiacque, spiaggia.

DESERTO (ghiaioso, pietroso, sabbioso, salino): barcana, duna, oasi.

FENOMENI: alluvionamento, bradisismo, deriva dei continenti, erosione (carsismo), eruzione, frana, slavina, terremoto, tracimazione, valanga, vulcanismo.

GHIACCIAIO: bacino (ablatore, collettore, d'essudazione), circo glaciale, crepaccio, deglacializzazione, fronte, morena, nevaio, nevato, seraccata, seracco, transfluenza, vallone, vedretta; banchisa, *iceberg* (tabulare, turrito), *pack.*

MARE, OCEANO: abisso, bocca, braccio di mare, *canyon* sottomarino, corrente, fóndale, marea (flusso, riflusso), mareggiata, moto ondoso, regressione marina, sfiatatoio, stretto, trasgressione marina; arcipelago (a festoni, a frangia, irregolare), atollo, barriera corallina, isola.

PIANURE: bacino di deflazione, bassa, conca, depressione, landa, piana, territorio, valle (a U, a V; fondo, sbocco, testa; aperta / chiusa / cieca; d'erosione, di frattura, fluviale, glaciale, pensile, secca, sommersa, tettonica).

RILIEVI: acrocoro, alpe, altopiano, bassopiano, burrone, calanco, *canyon,* catena, cava, caverna, colle, collina, contrafforte, cordigliera, corridoio, cresta, dolina, galleria, gola, massiccio, montagna, monte, passo, picco, precipizio, sella, sierra, spelonca, sperone, stretta, tavolato, tavoliere, valico, versante, vetta, voragine.

SPECCHI D'ACQUA: acquitrino, lago, laguna, maremma, palude, pozzo artesiano, stagno.

VEGETAZIONE: bosco, brughiera, campo coltivato, foresta (a conifere, a latifoglie, muschiosa; decidua / sempreverde; monsonica, pluviale; a galleria), giungla, macchia, mangrovia, pampa,

segue

gèo- [dal gr. *geō-*, da *gê*, terra] ***primo elem.*** che, in parole composte dotte o della terminologia scientifica, vale "Terra", "superficie terrestre" (per es. *geocentrismo, geofisica, geotropismo*) || in alcuni composti è abbreviazione di *geografia* (per es. *geolinguistica, geomedicina, geopolitica*). **Q.T.** *geografia, geologia.*

geobiologìa [comp. di *geo-* e *biologia*; 1970] ***sf.*** studio biologico degli organismi che vivono sulle terre emerse.

geocèntrico (pl. *-ci*) [comp. di *geo-* e *-centrico*; a. 1739] ***agg.*** che ha per centro la Terra: *sistema geocentrico*, sistema cosmologico che, come quello tolemaico, considera la Terra come il centro immobile dell'universo || *T.astr. coordinate geocentriche*, coordinate che hanno origine nel centro della Terra || **N.** eliocentrico.

geocentrìsmo [comp. di *geo-* e *-centrismo*; 1932] ***sm.*** sistema scientifico o filosofico che poneva la Terra come centro dell'universo || **N.** eliocentrismo.

geochìmica [comp. di *geo-* e *chimica*; 1932] ***sf.*** *T.scient.* la scienza che si propone lo studio della costituzione chimica della crosta terrestre.

geòde [dal gr. *geṓdes*, terrestre; 1563 come sf.] ***sm.*** **1.** *T.min.* raggruppamento di cristalli impiantati lungo la parete interna di una cavità chiusa **2.** *T.med.* le caverne tubercolari del polmone, quando, per malformazioni o degenerazione, si presentano irregolari, frastagliate e tappezzate internamente da materia caseosa. **Q.T.** *mineralogia.*

geodeṣìa [dal gr. *geōdaisía*, divisione della terra; a. 1762] ***sf.*** *T.geom.* scienza che studia la configurazione e la misurazione del globo terrestre e ne cura la rappresentazione grafica || **N.** tacheometria, topografia, trigonometria | biffa, livella, quadrante, squadra geodetica, stadia, teodolite, traguardo. **Q.T.** *geologia.*

geodèta [dal gr. *geōdaítēs*, sovrintendente alla divisione della terra; 1892] ***s.*** studioso di geodesia.

geodètica [da (*linea*) *geodetica*; 1892] ***sf.*** *T.geom.* la linea più breve che unisce due punti di una superficie.

geodètico (pl. *-ci*) [da *geodesia*; 1780] ***agg.*** **1.** relativo alla geodesia || *base geodetica*, il lato su cui poggia la triangolazione geodetica o topografica di una regione **2.** *T.geom. linea geodetica*, V. GEODETICA.

geodinàmica [comp. di *geo-* e *dinamica*; 1892] ***sf.*** lo studio dei molteplici agenti naturali (acque, venti, vulcanismo, sismi) che tendono a modificare continuamente l'aspetto e le condizioni attuali della Terra; anche *dinamica terrestre.*

geodinàmico (pl. *-ci*) [da *geodinamica*; 1909] ***agg.*** che si riferisce alla geodinamica.

geofagìa (pl. *-gìe*) [comp. di *geo-* e *-fagìa*; 1940] ***sf.*** **1.** *T.med.* tendenza a mangiare la terra, come patologia mentale o anche come caratteristica infantile **2.** *T.etnol.* abitudine di alcune popolazioni di ingerire varie specie di terre all'interno delle normali consuetudini alimentari || **N. 1.** pica.

geofàuna [comp. di *geo-* e *fauna*; 1970] ***sf.*** fauna che vive sulle terre emerse.

geofìṣica [comp. di *geo-* e *fisica*; 1908] ***sf.*** scienza che studia le proprietà fisiche della Terra, la densità, la gravità, le maree, ecc.

geofìṣico (pl. *-ci*) [da *geofisica*; 1945] **I** ***agg.*** che riguarda la geofisica: *osservatorio geofisico* **II** ***sm.*** (f. *-a*) studioso di fisica terrestre.

geoflòra [comp. di *geo-* e *flora*; 1970] ***sf.*** flora che vive sulle terre emerse.

geòfono [comp. di *geo-* e *-fono*; 1934] ***sm.*** **1.** apparecchio di ascolto atto a captare un'onda sonora che si propaga nel suolo, usato per esempio per localizzare minatori isolati da frane e, in passato, spec. nel corso della prima guerra mondiale, per rilevare i lavori di mina del nemico **2.** sismografo, generalmente elettrico, usato per registrare le onde sismiche prodotte nelle operazioni di prospezione sismica.

geofotogrammetrìa [comp. di *geo-* e *fotogrammetria*; 1970] ***sf.*** studio della geologia di una regione e raccolta di dati geologici mediante osservazione stereoscopica di foto aeree.

geognoṣìa [comp. di *geo-* e *-gnosìa*; 1817] ***sf.*** *disus.* studio delle modificazioni subite dalla Terra nei periodi geologici, e della distribuzione superficiale delle masse rocciose. **Q.T.** *mineralogia.*

geogonìa [comp. di *geo-* e *-gonìa*; 1828] ***sf.*** scienza che studia l'origine e la formazione della Terra.

geogònico (pl. *-ci*) [da *geogonia*; 1843] ***agg.*** *non com.* che si riferisce alla geogonia.

geografìa [dal lat. *geographia*, gr. *geōgraphía*; 1546] ***sf.*** **1.** scienza che studia, descrive e rappresenta le diverse parti della superficie terrestre, quale è attualmente, sia nelle sue caratteristiche fisiche (*geografia fisica*) che in relazione con l'uomo e con la vita vegetale e animale (*geografia biologica, sociale, umana o politica*) || *geografia astronomica*, scienza che studia la Terra in rapporto al sistema solare || *geografia linguistica*, V. GEOLINGUISTICA **2.** *per estens.* configurazione, conformazione: *la complessa geografia delle valli alpine* || *fig.* modo di presentarsi, quadro: *la geografia politica del Parlamento* || **N. 1.** corografia, cosmografia, etnografia, geodinamica, geologia, idrografia, orografia, topografia | atlante, carta (corografica, geografica, topografica), mappa, mappamondo, planisfero; scala; cartografia. **Q.T.** *geografia* **TAV.** *geografia.*

geogràfico (pl. *-ci*) [dal lat. tardo *geographicus*, gr. *geōgraphikós*; a. 1642] ***agg.*** relativo alla geografia: *carte geografiche* || **geograficaménte** ***avv.*** dal punto di vista geografico; con metodi o criteri geografici.

geògrafo [dal lat. tardo *geographus*, gr. *geōgráphos*; a. 1504] ***sm.*** (f. *-a*) studioso di geografia.

geòide [dal ted. *Geoid*, dal gr. *geoeidḗs*; 1922] ***sm.*** la particolare forma della Terra, considerata idealmente come priva di rilievi montuosi, che si avvicina a quella di un ellissoide di rivoluzione, ma ne differisce per alcuni schiacciamenti e rigonfiamenti dovuti alla densità non uniforme e alla rotazione. **Q.T.** *geologia.*

geolinguìstica [comp. di *geo-* e *linguistica*; 1956] ***sf.*** *T.ling.* studio della distribuzione geografica di determinati fenomeni linguistici, spec. di un dialetto o di più dialetti appartenenti ad uno stesso gruppo linguistico || **N.** atlante linguistico | isoglossa.

geologìa [comp. di *geo-* e *-logìa*; 1603 *giologia*] ***sf.*** scienza che studia la composizione, la struttura e le modificazioni della crosta terrestre nel corso delle ere passate. **Q.T.** *geologia* **TAV.** ***geologia*** **p. 1313.**

geològico (pl. *-ci*) [da *geologia*; 1792] ***agg.*** relativo alla geologia: *ere geologiche* || **geologicaménte** ***avv.*** dal punto di vista geologico.

geòlogo (pl. *-gi*) [comp. di *geo-* e *-logo*; 1819] ***sm.*** (f. *-a*) studioso di geologia. **Q.T.** *geo-*

segue GEOGRAFIA

pascolo, prateria, prato, savana, steppa, taiga, tundra.

VULCANO (a recinto, a scudo, a strato, detritico; monogenico / poligenico): caldera, cratere, cupola, fenomeno vulcanico secondario (*geyser*, mofeta, putizza, solfatara), fumarola, lava, magma.

CLIMATOLOGIA: agente atmosferico, brezza (di mare, di monte, di terra, di valle), ciclone, clima (equatoriale, desertico caldo, freddo continentale, freddo oceanico, mediterraneo, polare, subequatoriale, temperato continentale, temperato oceanico, tropicale), escursione termica, fattori di variazione (altitudine, correnti marine, distanza dal mare, esposizione topografica, latitudine, stato del manto vegetale), massa d'aria, piovosità, precipitazione, pressione atmosferica, stagione, temperatura, umidità, uragano, vento (aliseo, antialiseo, bora, monsone), zona (fredda, temperata, torrida).

ANTROPOGEOGRAFIA.

ATTIVITÀ UMANE: agricoltura, allevamento, bonifica, coltivazione (a bacino, a strisce, a terrazza), drenaggio, imboschimento, industria, irrigazione (a bacini, a pioggia, marcita, perenne), monticazione, pastorizia, pesca, produzione di energia, rimboschimento, turismo.

OPERE: aeroporto, diga, frangiflutti, ponte, porto, rete (ferroviaria, idrografica, stradale), strada (campestre, carreggiabile, comunale, mulattiera, provinciale, sentiero, statale, tratturo; autostrada, superstrada), traforo.

POPOLAZIONE: agglomerato (rurale / urbano; borgo, città, metropoli, villaggio), anecumene, *apartheid*, ecumene, emigrazione, immigrazione, insediamento, nomadismo, subecumene, transumanza, urbanesimo; aborigeno, indigeno, minoranza etnica, razza (australoide, europoide, mongoloide, negroide); dimora (capanna, casa, tenda), lingua, religione; densità (demografica, urbanistica), società, tasso (di natalità, di mortalità, di produzione).

COORDINATE E SUDDIVISIONI TERRESTRI: antimeridiano, antipodi, calotta, circolo, emisfero (australe, boreale), equatore (magnetico, termico), fuso orario, latitudine, longitudine, meridiano, parallelo, polo (Nord, Sud, magnetico), punto cardinale, tropico (del Cancro, del Capricorno).

RAPPRESENTAZIONI GRAFICHE: atlante, carta (corografica, economica, fisica, geografica o topografica, geomorfologica, meteorologica, muta, nautica, politica, storica), cartografia, curva (di livello, ipsometrica), linea (del cambiamento di data; isobara, isobata, isocinetica, isocrona, isoelia, isogona, isoipsa, isosisma, isoterma), lumeggiamento, mappa, mappamondo, planimetria, planisfero, plastico, proiezione cartografica (centrografica o gnomonica, cilindrica, conica, equidistante, equivalente, ortografica, poliedrica, prospettica, stereografica), reticolato geografico, rosa dei venti, scala.

STRUMENTI: altimetro, anemometro, barometro, bussola (giroscopica o magnetica), cannocchiale (astronomico, terrestre), eliopantografo, gravimetro, igrometro, lisimetro, planimetro, pluviometro, sismografo, termometro.

logia.

geomagnètico (pl. *-ci*) [comp. di *geo-* e *magnetico*; 1956] **agg.** *T.scient.* relativo al magnetismo terrestre: *campo geomagnetico.*

geomagnetiṣmo [comp. di *geo-* e *magnetismo*; 1956] **sm.** *T.scient.* il magnetismo terrestre.

geomànte [dal gr.-lat. *geōmantis*; 1321] **s.** chi praticava la geomanzia.

geomàntico (pl. *-ci*) [da *geomanzia*; 1726] **agg.** attinente alla geomanzia.

geomanzìa [dal lat. tardo *geomantīa*, gr. *geōmantéia*; a. 1311] **sf.** pretesa divinazione del futuro mediante alcuni segni naturali o tracciati in terra.

geomedicina [comp. di *geo-* e *medicina*; 1956] **sf.** disciplina che studia le influenze provocate dal clima e dall'ambiente di una regione sulla salute dell'uomo.

geòmetra [dal lat. *geometra*, gr. *geōmétrēs*; 1313 *geomètra*] **s.** **1.** chi, in possesso di un diploma di istituto tecnico, esercita la professione di eseguire rilievi topografici, misurazioni di terreni, e di progettare costruzioni civili di modesta entità **2.** *ant.* o *scherz.* studioso di geometria. **Q.T.** *edilizia.*

geometrìa [dal lat. *geometria*, gr. *geōmetría*; a. 1294] **sf.** **1.** scienza che studia le misure e le proprietà delle linee, delle figure piane e dei solidi: *geometria piana, solida*; *geometria euclidea*; *geometria analitica*, descrizione e studio di entità geometriche con strumenti algebrici; *geometria proiettiva*, studio di quelle proprietà delle forme spaziali che sono invarianti rispetto alla proiezione ‖ *per estens.* nella matematica moderna, lo studio di qualunque proprietà di invarianza degli elementi di uno spazio astratto rispetto a date trasformazioni: *geometria differenziale, algebrica* **2.** disposizione, configurazione spaziale di un oggetto: *studiare le geometrie più aerodinamiche per un veicolo* ‖ movimento, figura realizzati con precisione: *le impeccabili geometrie del pattinatore.* **Q.T.** *matematica..., unità di misura* **TAV.** *geometria.*

geometricità [da *geometrico*; 1945] **sf.** l'essere geometrico: *una composta geometricità di segni.*

geomètrico (pl. *-ci*) [dal lat. *geometricus*, gr. *geōmetrikós*; sec. XIV] **agg.** **1.** che si riferisce alla geometria, che utilizza la geometria: *figura geometrica, risoluzione geometrica di un problema* ‖ *T.mat. media geometrica*, v. MEDIA; *luogo geometrico*, v. LUOGO; *progressione geometrica*, v. PROGRESSIONE **2.** *fig.* preciso, limpido, rigoroso ‖ **geometricaménte** **avv.** **1.** con metodi geometrici **2.** *fig.* con estremo rigore e precisione.

Geomètridi (sing. *-e*) [dal lat. scient. *Geometridae*; 1951] **sm. pl.** *T.zool.* famiglia di farfalle notturne, i cui bruchi si muovono quasi a compasso.

geometrizzàre [dal *geometria*; 1561] **tr.** ridurre a forme geometriche; stilizzare ‖ risolvere in base a principi geometrici.

geòmide [comp. di *geo-* e del gr. *mŷs*, *myós*, topo; 1932] **sm.** *T.zool.* genere di piccoli roditori dell'America centro-settentrionale dal corpo tozzo e tasche nelle guance, che scavano nel terreno e si nutrono di radici.

geomorfologìa [comp. di *geo-* e *morfologia*; 1903] **sf.** lo studio della configurazione della superficie terrestre e dei vari fenomeni che la modificano.

geopolìtica [comp. di *geo-* e *politica*; a. 1937] **sf.** **1.** studio dei problemi politici e delle aspirazioni dei popoli in funzione della loro situazione geografica **2.** nel linguaggio giornalistico, politica attenta a non urtare gli interessi delle diverse regioni che compongono uno stato e anche (con valore *spreg.*) a favorire manovre clientelari di particolari centri di potere locale. **Q.T.** *politica.*

geopolìtico (pl. *-ci*) [da *geopolitica*; 1939] **agg.** attinente alla geopolitica; mosso da considerazioni di geopolitica.

georgette (fr., pr. [ʒɔr'ʒɛt]) [dal n. della sarta *Georgette* de la Plante; 1970] **sf.** *inv.* tessuto crespato in lana o in seta molto leggero e trasparente, usato spec. per abiti femminili.

georgiàno [dal n. geogr. *Georgia*; prima metà sec. XIV] **I agg.** **1.** della Georgia, regione storica del Caucaso **2.** della Georgia, stato degli Stati Uniti d'America ‖ *T.geol.* relativo al Cambriano (tracce del quale caratterizzano i terreni della Georgia americana) **II sm.** (f. *-a* nei sensi 1 e 3) **1.** abitante o nativo della Georgia caucasica **2.** (solo *sing.*) lingua del gruppo caucasico parlata in Georgia **3.** abitante o nativo della Georgia americana.

geòrgico (pl. *-ci*) [dal lat. *georgicus*, gr. *geōrgikós*, agricolo; 1759] **agg.** appartenente all'agricoltura, che tratta di agricoltura: *poesia georgica*, ispirata ad una vita campestre idealizzata.

georgòfilo [comp. del gr. *geōrgós*, agricoltore e *-filo*; 1789 come sm.] **I agg.** *lett.* che ama l'agricoltura **II sm.** (f. *-a*) *Accademia dei Georgofili*, accademia fiorentina che si occupa di scienza agraria.

geoscòpio (pl. *-pi*) [comp. di *geo-* e *-scopio*; 1956] **sm.** apparecchiatura ottica installata sugli aerei, per consentire la visione dall'alto del terreno sottostante.

geosfèra [comp. di *geo-* e *sfera*; 1970] **sf.** sfera terrestre.

geosinclinàle [comp. di *geo-* e *sinclinale*; 1951] **sf.** *T.geol.* lunga depressione della crosta terrestre, caratterizzata da una intensa sedimentazione che genera instabilità.

geosolàre [comp. di *geo-* e *solare*; 1956] **agg.** relativo ai rapporti tra Terra e Sole.

geostazionàrio (pl. *-ri*) [comp. di *geo-* e *stazionario*; 1978] **agg.** detto di satellite artificiale in rotazione sincronica col movimento terrestre, impiegato spec. per ritrasmettere programmi televisivi ‖ detto dell'orbita descritta da tali satelliti.

geostereoplàstica [comp. di *geo-*, *stereo-* e *plastica*; 1970] **sf.** rappresentazione in rilievo di zone della superficie terrestre.

GEOGRAFIA

1. mappamondo

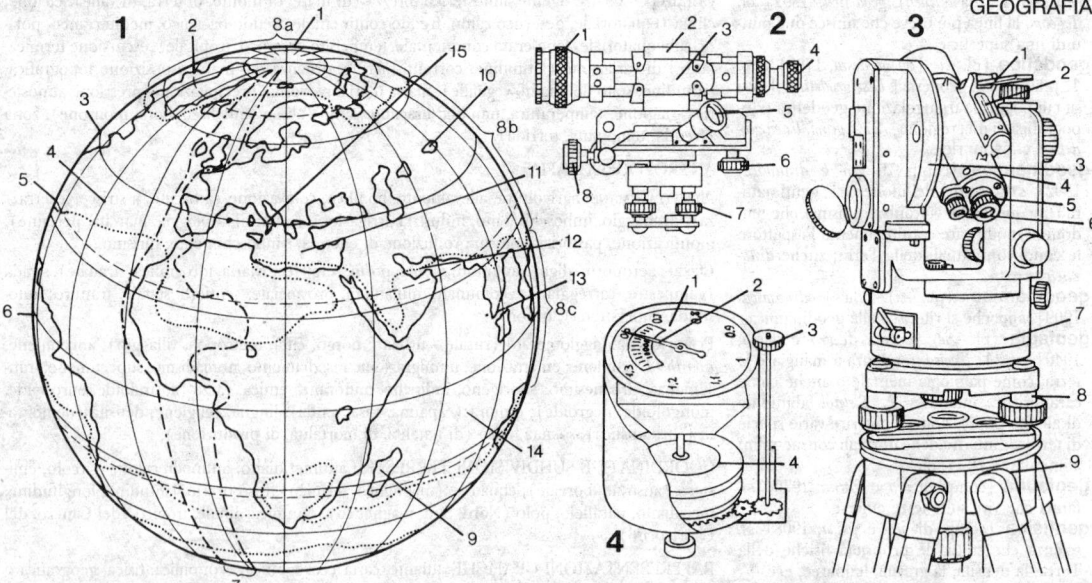

1.1. polo - 1.2. circolo polare - 1.3. parallelo - 1.4. meridiano - 1.5. tropico - 1.6. equatore - 1.7. fuso orario - 1.8. zone climatiche - 1.8.a zona glaciale - 1.8.b zona temperata - 1.8.c zona torrida - 1.9. isola - 1.10. oceano - 1.11. stretto - 1.12. golfo - 1.13. mare - 1.14. lago - 1.15. penisola

2. livella

2.1. obiettivo - 2.2. bolla - 2.3. cannocchiale - 2.4. oculare - 2.5. nonio - 2.6. comando zenitale - 2.7. base a viti calanti - 2.8. comando azimutale

3. teodolite

3.1. specchio - 3.2. bolla - 3.3. quadrante (cerchio vert.) - 3.4. cannocchiale - 3.5. oculare del cannocchiale - 3.6. oculare letture - 3.7. cerchio orizzontale - 3.8. base a viti calanti - 3.9. cavalletto

4. altimetro

4.1. quadrante - 4.2. indice - 4.3. comando taratura - 4.4. polmone

geotassìa [comp. di *geo-* e di un der. del gr. *táxis*, ordinamento; 1970] ***sf.*** *T.biol.* spostamento di organismi vegetali secondo la direzione della forza di gravità ‖ **N.** *Sin.* geotropismo.

geotassìṣmo [comp. di *geo-* e *tassismo*; 1937] ***sm.*** *T.biol.* geotassia.

geotècnica [comp. di *geo-* e *tecnica*; 1956] ***sf.*** studio delle proprietà meccaniche, idrologiche del suolo e del sottosuolo, soprattutto riguardo alle opere di fondazione.

geotermàle [comp. di *geo-* e *termale*; 1956] ***agg.*** detto di falda acquifera che, grazie al calore degli strati profondi del terreno, acquista una temperatura superiore alla media.

geotermìa [comp. di *geo-* e *-termia*; 1970] ***sf.*** **1.** misura del calore terrestre **2.** scienza che studia le sorgenti sotterranee di calore.

geotèrmica [comp. di *geo-* e *termica*; 1909] ***sf.*** *T.scient.* scienza che studia le variazioni di temperatura, sia esterna, sia interna della Terra.

geotèrmico (pl. *-ci*) [da *geotermica*; 1940] ***agg.*** che si riferisce alla temperatura del suolo e del sottosuolo ‖ che sfrutta il calore interno della Terra: *centrale geotermica*.

geotettònica [comp. di *geo-* e *tettonica*; 1887] ***sf.*** *T.geol.* tettonica.

geotròpico (pl. *-ci*) [da *geotropismo*; 1932] ***agg.*** *T.bot.* che presenta geotropismo.

geotropìṣmo [comp. di *geo-* e *tropismo*; 1892] ***sm.*** *T.bot.* proprietà che hanno le piante di orientarsi secondo la forza di gravità terrestre ‖ **N.** *Sin.* geotassia.

geotrùpe [comp. di *geo-* e di un der. del gr. *trypân*, forare; 1834 *geotrupo*] ***sm.*** *T.zool.* scarabeo dal corpo tozzo, di colore nero con riflessi metallici, che scava gallerie sotterranee e si nutre degli escrementi di animali erbivori ‖ **N.** *Sin.* scarabeo stercorario.

geovìsta [da *Geova*; 1982] ***agg.*** relativo ai testimoni di Geova.

Geraniàcee [dal lat. scient. *Geraniaceae*; 1829] ***sf. pl.*** *T.bot.* famiglia di piante dicotiledoni di cui fa parte il geranio.

gerànio (pl. *-ni*) [dal gr.-lat. *geránion*; 1563] ***sm.*** genere di piante con fiori vistosi e regolari, di cinque petali, coltivate nei giardini ‖ *per estens.* nome comune del pelargonio.

gèrano [dal gr. *géranos*, gru; 1834] ***sm.*** *T.stor.* danza vivace, accompagnata da canto, che raffigurava la fuga della gru e si danzava di notte alla luce di fiaccole, in Delo.

geràrca [dal gr. tardo *hierárchēs*, capo delle funzioni sacre; 1657] ***sm.*** **1.** *propr.* chi ha una posizione di preminenza in una struttura ecclesiastica: *supremo gerarca*, il papa **2.** *T.stor.* dirigente del partito fascista ‖ *per estens. spreg.* persona autoritaria e rozza ‖ **N.** **1.** *Sin.* capo, comandante, direttore, dirigente, primate.

gerarcàto [da *gerarca*; 1865] ***sm.*** dignità e grado di gerarca; durata di questa carica.

gerarchésco (pl. *-schi*) [da *gerarca*; 1952] ***agg.*** *spreg. non com.* degno di un gerarca fascista.

gerarchìa [dal gr. tardo *hierarchía*; sec. XIV] ***sf.*** **1.** ordine di dignità nei diversi gradi ecclesiastici ‖ *per estens.* rapporto di subordinazione tra i diversi gradi di una qualunque istituzione civile o militare **2.** *concr.* spec. *pl.* l'insieme delle persone che occupano i diversi gradi di tali istituzioni: *il malcontento delle gerarchie militari* ‖ *T.rel.* ordine dei cori angelici: *pareva che tutte le gerarchie degli angeli quivi fossero scese a cantare* (Boccaccio) **3.** *per estens.* scala, rapporto di ordinamento e di dipendenza tra una serie di fenomeni e sim. ‖ **N.** **1.** *Sin.* graduatoria, ordinamento | civile, ecclesiastica, militare, politica | subalterno, superiore.

geràrchico (pl. *-ci*) [dal gr. tardo *hierarchikós*; sec. XIV] ***agg.*** relativo a una gerarchia ‖ *per via gerarchica*, procedendo di ufficio in ufficio, dall'inferiore al superiore immediato, sino all'ufficio di grado più alto ‖ **gerarchicaménte** ***avv.*** secondo un ordinamento gerarchico.

gerarchiẓẓàre [da *gerarchia*; 1914] ***tr.*** disporre in ordine gerarchico.

gerarchiẓẓazióne [da *gerarchizzare*; 1983] ***sf.*** atto o effetto del gerarchizzare.

gèrba[1] [forse dal lat. *acerba*, tagliente al tatto; a. 1871] ***sf.*** *pop.* giunco, erba o canna tipica degli acquitrini ‖ **N.** *Sin.* sala.

gèrba[2] [dal fr. *gerbe*, fascio di grano tagliato; a. 1798] ***sf.*** getto d'acqua composto da vari zampilli che escono da un fascio di cannelli.

gèrbera [dal n. proprio Traugott *Gerber*, naturalista ted.; 1834] ***sf.*** genere di piante ornamentali delle Composite, con fiori simili a margherite.

gèrbido [ampliamento della voce sett. *gerbo*, luogo incolto; 1950] ***sm.*** *piem.* terreno brullo ed incolto, come la brughiera: *lasciare un terreno in gerbido*, lasciarlo incolto.

gerbóne [da *erbone*, con sovrapposizione di *gerba*; 1887] ***sm.*** trifoglio.

geremìade [dal fr. *jérémiade*, dal nome del profeta biblico Geremia; 1850] ***sf.*** lamentela; *per estens.* discorso lungo e noioso ‖ **N.** *Sin.*

GEOLOGIA

SCIENZE CONNESSE: aerofotogrammetria, antropologia, batimetria, biostratigrafia, corografia, cronostratigrafia, dendrocronologia, fotogeologia, geobiologia, geochimica, geocronologia, geodesia, geodinamica, geofisica, geognosia, geogonia, geologia applicata, geomorfologia, geoscopia, geotecnica, geotettonica, glaciologia, gravimetria, idrologia, limnologia, litologia, litostratigrafia, micropaleontologia, mineralogia, oceanografia, orografia, paleontologia, pedologia, petrografia, petrologia, sedimentologia, sismologia, speleologia, stratigrafia, tettonica, topografia, vulcanologia.

PARTIZIONI E FENOMENI PRINCIPALI: crosta, geoide, idrosfera, ionosfera, litosfera, mantello, nucleo, stratosfera, troposfera.

VULCANOLOGIA: batolite, bomba vulcanica, cenere vulcanica, filone, lapillo, lava, magma, vulcano (bacino magmatico, condotto o camino, cratere); fumarola, *geyser*, soffione, solfatara.

GEOMORFOLOGIA: calanco, circo, colata, depressione, dolina, falda freatica, falesia, foiba, fontanile, frana, grotta, impluvio, inghiottitoio, lanca, marmitta, risorgiva, tavolato, terrazzo.

ALTRI FENOMENI: affioramento, ammasso, anticlinale, diaclasi, diapiro, epicentro, *facies*, falda, flessura, formazione, geosinclinale, giacitura, inclinazione, ipocentro, litoclasi, masso erratico, oolite, piega, pisolite, plutone, scaglia tettonica, sedimento, sinclinale, stalagmite, stalattite, strato, subsidenza, zoccolo.

ERE GEOLOGICHE: era, periodo, epoca, piano, età; eratema, sistema, serie.

PRECAMBRIANA. Periodi: Archeano, Algonchiano.

PRIMARIA O PALEOZOICA. Periodi: Cambriano, Ordoviciano, Siluriano, Devoniano, Carbonifero, Permiano.

SECONDARIA O MESOZOICA. Periodi: Triassico, Giurassico, Cretacico.

TERZIARIA O CENOZOICA. Periodi: paleogenico (Paleocene, Eocene, Oligocene), neogenico (Miocene, Pliocene).

QUATERNARIA O NEOZOICA. Periodi: pleistocenico, olocenico. Epoche: Pleistocene (età paleolitica), Olocene (età mesolitica, neolitica, del bronzo, del ferro).

FOSSILI.

MODI DI FOSSILIZZAZIONE: carbonificazione, congelamento, conservazione, conservazione dell'impronta, incrostazione, inglobamento in ambra, sostituzione.

ALCUNI FOSSILI ANIMALI: alveolina, ammoniti, belemnita, belodonte, brachiopode, brontosauro, brontoterio, crinoide, dinosauro, dinoterio, foraminifero, globigerina, iguanodonte, ittiosauro, labirintodonte, lingula, mastodonte, megaterio, mesopiteco, nautilo, nummolite, paleantropo, parantropo, pitecantropo, plesiosauro, pterodattilo, radiolare, rudista, trilobite.

ALCUNI FOSSILI VEGETALI: lepidodendro, sigillaria, stigmaria.

ROCCE: composte / semplici, cristalline (ipocristalline, olocristalline, microcristalline, macrocristalline), effusive, eoliche, eterogenee, friabili, idriche, intrusive, lamellari, omogenee, saccaroidi, scistose, sfaldabili, silicee, stratificate, vetrose.

SEDIMENTARIE: arenarie; argille (marne, galestri); calcari (alabastro, dolomie, travertino); conglomerati (brecce, puddinghe); sedimenti (eteropici, isopici; eteromesici, isomesici); scisti (ardesia). Dune, gesso, massi erratici, molasse, morene, sabbie, stalagmiti, stalattiti.

ERUTTIVE: graniti (feldspato, mica, quarzo). Basalto, pomice, porfido, riolite, trachite.

METAMORFICHE (metamorfismo regionale, di contrasto): gneiss, marmo, micascisto.

PROPRIETÀ E PARTICOLARITÀ DELLE ROCCE: compressibilità, permeabilità, rigonfiamento, solubilità di equilibrio; diaclasi, dicco, faglia, frattura, laminazione, leptoclasi, paraclasi, stratificazione (regolare, irregolare, a ventaglio, concordante, discordante).

FENOMENI GEOLOGICI VARI: alluvioni, bradisismi, cordoni litorali, deflazione, deltazione (delta, estuario), diagenesi, erosione (cascate, marmitte dei giganti, rapide, rocce montonate), fenomeni carsici (doline), movimenti sismici, orogenesi (anticlinale, monoclinale, isoclinale, sinclinale), piogge di sabbia, scoscendimenti, vulcani.

ACQUE: artesiane, filtranti, freatiche, *geyser*, risorgive, soffioni, subalvee, termali, vadose.

MARE E SUOI MOVIMENTI: densità, temperatura, salsedine; corrente (del Golfo, equatoriale, nera, profonda, superficiale), marea, mareggiata, onda.

GHIACCIAI: bacini di ablazione, crepacci, morene (frontali, laterali), nevi perpetue, seracchi, slavine, valanghe; esarazione, oscillazione.

lagna, piagnisteo.

gerènte [dal lat. *gerens, -entis*, sul modello del fr. *gérant*; 1839] **s.** chi ha l'amministrazione di affari altrui, di una società ecc. ‖ *disus. gerente responsabile*, chi rappresentava un giornale nelle eventuali azioni giudiziarie (oggi sostituito da *direttore responsabile*).

gerènza [da *gerente*; 1836] **sf.** ufficio e carica di gerente ‖ amministrazione, gestione.

gerfàlco (pl. *-chi*) [dal fr. antico *gerfalc*; a. 1292] **sm.** *ant.* girifalco.

gergàle [da *gergo*; 1825] **agg.** caratteristico di un gergo: *espressione gergale*.

gergaliṣmo [da *gergale*; 1950] **sm.** parola o locuzione di origine gergale ‖ tendenza a usare voci gergali, o più in gen. forme linguistiche di non facile comprensione: *il gergalismo dei politici*.

gergalìsta [da *gergalismo*; 1942] **s.** studioso di gerghi.

gèrgo (pl. *-ghi*) [da una voce antica *gergone*, dal fr. antico *jergon*, linguaggio degli uccelli; 1534] **sm.** linguaggio convenzionale, per non farsi intendere da altri: *il gergo della malavita* ‖ *per estens.* ogni linguaggio che si allontana dall'uso comune, facendo eccessivo uso di espressioni specifiche di una data professione o categoria sociale, e risultando fastidioso o anche incomprensibile ai non specialisti: *gergo filosofico, avvocatesco, burocratico* ‖ *per estens. meno com.* modo di parlare allusivo, enigmatico ‖ **N.** *argot*, lingua furbesca, *slang*.

geriàtra [comp. di *gero-* e *-iatra*; 1970] **s.** medico specialista in geriatria ‖ **N.** *Sin.* gerontoiatria.

geriatrìa [comp. di *gero-* e *-iatria*; 1950] **sf.** *T.med.* branca della medicina che si occupa delle condizioni, più o meno patologiche, proprie della vecchiaia.

geriàtrico (pl. *-ci*) [da *geriatria*; 1968] **agg.** relativo alla geriatria, proprio della geriatria: *ospedale geriatrico*.

gèrla [lat. *gerula*, che serve per portare; a. 1537] **sf.** cesto in forma di cono rovesciato, con due cinghie in cui si infilano le braccia per portarlo sulla schiena ‖ **N.** canestro, cesto, paniere.

gèrlo [prob. var. di *gherlino*; 1869] **sm.** *T.mar.* sottile cavo con cui si stringono e legano le vele quando, dopo averle imbrogliate, si serrano.

germanéṣimo [dal fr. *germanisme*; 1874 nel senso 2] **sm.** **1.** insieme degli elementi propri della cultura e della civiltà della Germania **2.** *non com.* germanismo.

germànico (pl. *-ci*) [dal lat. *germanicus*; 1540 nel senso 2; a. 1873 nel senso 1] **I agg.** **1.** degli antichi Germani: *diritto, territorio germanico* ‖ *lingue germaniche*, gruppo di lingue indoeuropee parlate originariamente dagli antichi Germani; le loro attuali discendenti possono suddividersi nei gruppi *occidentale* (inglese, tedesco, neerlandese, frisone, *afrikaans*) e *settentrionale* (norvegese, danese, svedese, islandese) **2.** *meno com.* della Germania moderna, tedesco: *Confederazione germanica, esercito germanico* **II sm.** *T.ling.* in linguistica storica, sistema linguistico ricostruibile a partire dai dati delle lingue germaniche antiche, con una sua specifica individualità in rapporto ad altri rami dell'indoeuropeo.

germànio [dal ted. *Germanium*, da *Germania* n. lat. della patria dello scopritore; 1932] **sm.** *T.chim.* elemento chimico, metallico, molto raro; usato spec. in elettronica nella preparazione di dispositivi a semiconduttore.

germaniṣmo [dal fr. *germanisme*; 1798] **sm.** **1.** *T.ling.* voce o espressione presa a prestito da una lingua germanica **2.** usanza tipica o originaria della Germania.

germanista [dal fr. *germaniste*; 1940] **s.** studioso di germanistica.

germanìstica [da *germano*; 1942] **sf.** lo studio della lingua, della letteratura, delle antichità, del diritto e della storia dei popoli di stirpe germanica nei secoli.

germaniẓẓàre [dal fr. *germaniser*; 1864] **tr.** adattare alla mentalità o ai costumi tedeschi; anche *rifl.* e *intr. pron.* ‖ **intr.** (aus. *avere*) *raro* imitare usi, modi, espressioni tipici della Germania.

germaniẓẓazióne [da *germanizzare*; 1970] **sf.** atto o effetto del germanizzare.

germàno¹ [prob. dal n. proprio S. *Germano*, alla cui data (21 febbraio) l'uccello usa ripassare le Alpi; sec. XIV] **sm.** nome comune di varie specie di anitre selvatiche ‖ **N.** germanello, germano maggiore, germano marino, germano reale.

germàno² [dal lat. *Germānus*; a. 1504] **I sm.** *T.stor.* appartenente a un gruppo di popolazioni indoeuropee stanziate nel II millennio a.C. nell'Europa settentrionale (inclusa la Scandinavia), che poi migrarono in ondate successive in tutte le direzioni **II agg.** *lett.* germanico.

germàno³ [dal lat. *germanus*; a. 1321] **I agg.** nato dagli stessi genitori: *fratello germano, sorella germana* **II sm.** (f. *-a*) *lett.* fratello (o sorelle).

germàno- [dal lat. *Germānus*, germano] *primo elem.* che, in parole composte dotte, vale "tedesco", "Germania": **germanofilìa**, **germanòfilo**, **germanofobìa**, **germanòfobo**.

gèrme [dal lat. *germen*; sec. XIV] **sm.** **1.** il primo stadio di sviluppo dell'embrione **2.** *fig.* ciò che è causa od origine di una cosa: *i germi della civiltà*; *germe di solidificazione*, in fisica, corpuscolo intorno al quale inizia il processo di solidificazione; *germe dentario*, il primo abbozzo di un dente in formazione ‖ *in germe*, che sta nascendo, che è allo stato embrionale: *un progetto in germe* **3.** *per restr.* microrganismo che è causa di malattia: *un mare inquinato e pieno di germi* **4.** *lett.* germoglio; *fig. poet.* figlio ‖ **N.** **2.** *Sin.* causa, fondamento, lievito, principio **3.** *Sin.* bacillo, batterio, microbo.

germicìda [comp. di *germe* e *-cida*; 1956] **agg.** e **sm.** detto di sostanza che uccide i germi: *un potente germicida in polvere*.

germìle [da *germi(na)le*; 1802] **agg.** e **sm.** *non com.* germinale, nel senso II.

germinàbile [dal lat. tardo *germinābilis*; 1869] **agg.** di seme, che può germinare.

germinabilità [da *germinabile*; 1956] **sf.** l'essere germinabile.

germinàle [dal fr. *germinal*; 1799 come sm.] **I agg.** *T.biol.* relativo al germe: *cellule germinali*, gameti **II sm.** *T.stor.* settimo mese del calendario repubblicano francese, al tempo della Rivoluzione, che andava dal 21 marzo al 19 aprile.

germinàre (pres. *gèrmino*) [dal lat. *germināre*; 1321] **intr.** (aus. *essere* e *avere*) di seme, produrre il germoglio ‖ *fig.* avere origine, svilupparsi ‖ **tr.** *raro* far nascere, anche *fig.* ‖ **N.** *Sin.* GERMOGLIARE.

germinatìvo [da *germinare*; a. 1320] **agg.** **1.** *T.biol.* relativo al germe; **2.** *T.bot.* relativo alla germinazione ‖ che fa germinare: *facoltà germinativa*.

germinatóio (pl. *-ói*) [da *germinare*; 1956] **sm.** attrezzatura atta a favorire la germinazione dei semi o a stabilirne la germinabilità.

germinazióne [dal lat. *germinatio, -ōnis*; a. 1597] **sf.** il germinare.

gèrmine [dal lat. *germen, -inis*; sec. XIV] **sm.** *lett.* germe.

germogliàbile [da *germogliare*; a. 1704] **agg.** *non com.* che è in grado di germogliare.

germogliaménto [da *germogliare*; a. 1320] **sm.** *non com.* l'atto e l'effetto del germogliare.

1. punto

2. linee

2.1. linea retta - 2.1a. segmento - 2.2. parallele - 2.3. linea curva - 2.4. linea spezzata - 2.5. linea mistilinea

3. angoli

3.1. acuto - 3.2. retto - 3.3. ottuso - 3.4. piatto - 3.5. concavo - 3.6. convesso - 3.7. giro

FIGURE PIANE

4. cerchio

4.1. circonferenza - 4.2. tangente - 4.3. raggio - 4.4. settore - 4.5. diametro - 4.6. secante - 4.7. corda - 4.8. corona

5. quadrato

5.1. lato - 5.2. diagonale

6. rettangolo

6.1. lati - 6.2. diagonale

7. parallelogramma

7.1. lati - 7.2. altezza - 7.3. diagonale

8. trapezio

8.1. base minore - 8.2. altezza - 8.3. base maggiore - 8.4. lati obliqui

9. triangolo rettangolo

9.1. cateti - 9.2. ipotenusa

10. triangolo

10.1. mediana - 10.2. bisettrice

11. rombo

11.1. lato - 11.2. diagonali

12. ellisse

12.1. asse maggiore - 12.2. asse minore - 12.3. fuoco

13. iperbole

13.1. assi - 13.2. fuoco - 13.3. vertice - 13.4. asintoti

14. parabola

14.1. vertice - 14.2. fuoco - 14.3. asse

15. diedro

15.1. facce - 15.2. spigolo

SOLIDI

16. cubo

16.1. faccia - 16.2. lato o spigolo - 16.3. vertice

17. parallelepipedo

18. cono retto

18.1. vertice - 18.2. altezza - 18.3. base - 18.4. asse - 18.5. apotema

19. piramide

19.1. vertice - 19.2. altezza - 19.3. apotema - 19.4. base - 19.5. spigolo

20. cilindro retto

20.1. base - 20.2. altezza - 20.3. raggio - 20.4. generatrice

21. prisma

21.1. base - 21.2. faccia laterale - 21.3. altezza - 21.4. spigolo

22. sfera

22.1. centro - 22.2. raggio - 22.3. calotta - 22.4. zona sferica - 22.5. fuso sferico - 22.6. segmento sferico a una base - 22.7. segmento sferico a due basi - 22.8. settore sferico

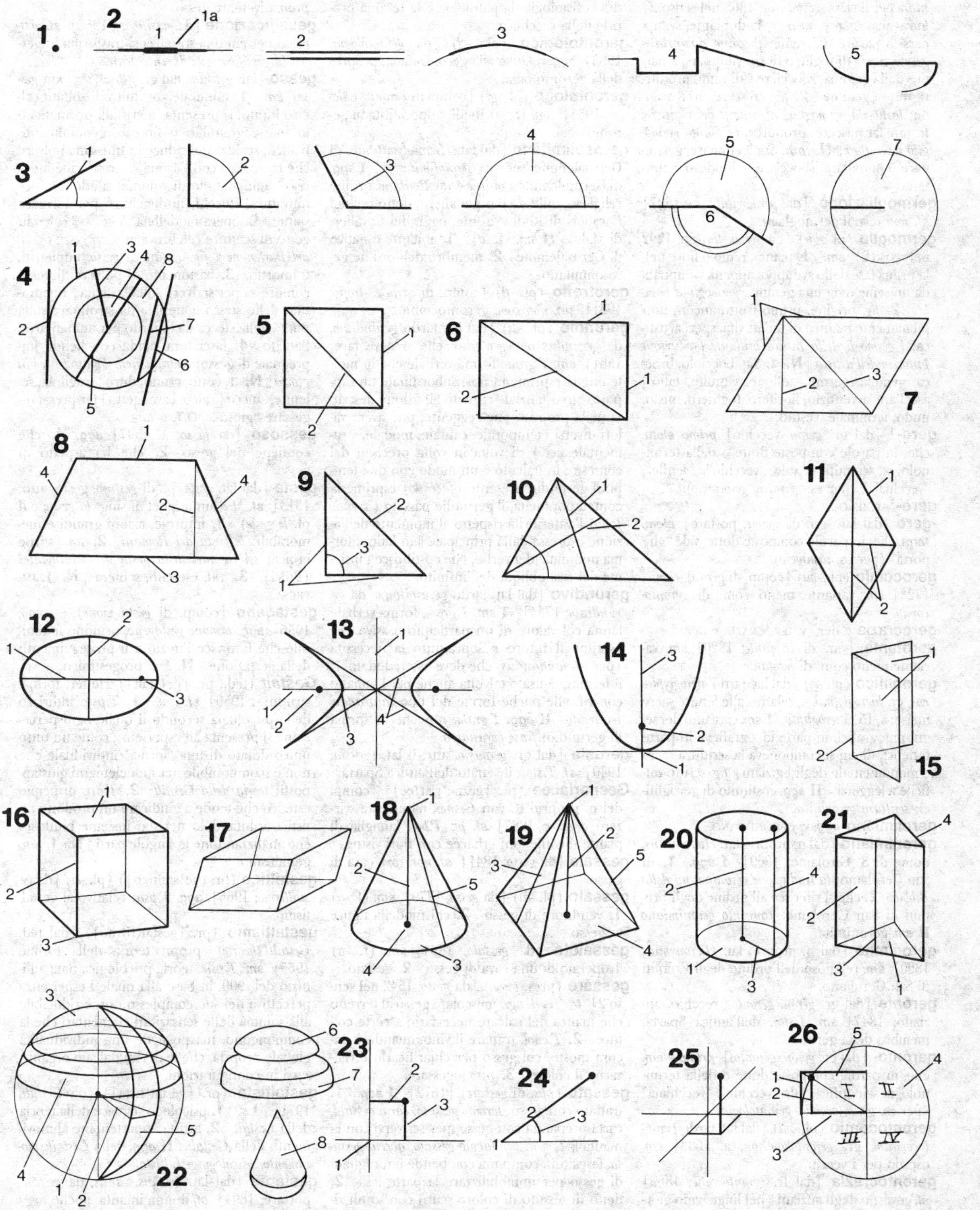

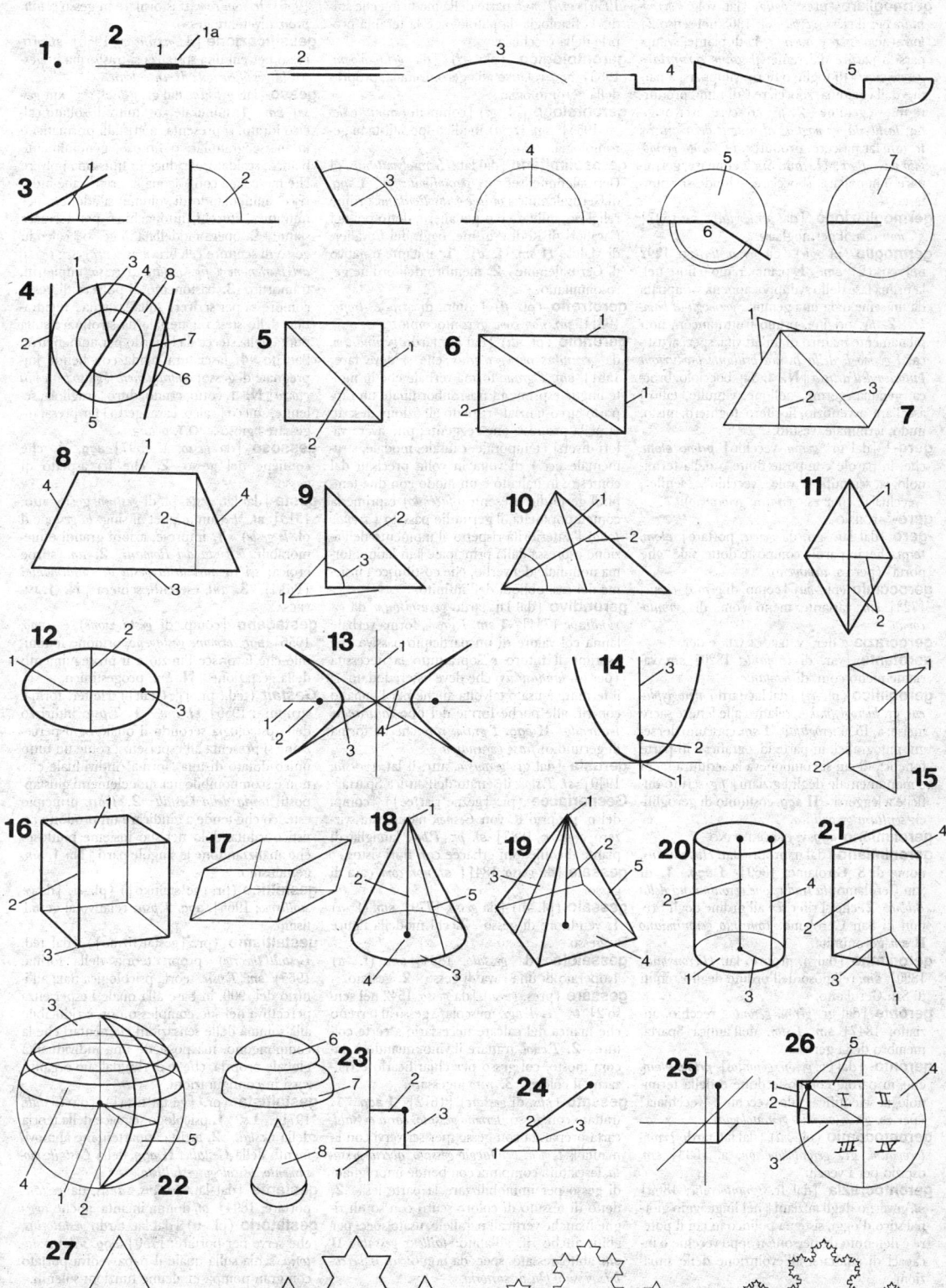

23. coordinate cartesiane nel piano
23.1. origine - 23.2. ascissa - 23.3. ordinata

24. coordinate polari nel piano
24.1. origine - 24.2. raggio vettore - 24.3. anomalia

25. coordinate cartesiane nello spazio

26. cerchio trigonometrico
26.1. tangente - 26.2. seno - 26.3. coseno - 26.4. quadrante - 26.5. cotangente

27. procedimento ricorsivo di costruzione di un frattale

germogliàre (pres. *-óglio*) [lat. volg. **germināre* per il class. *germināre*; 1308 nel senso 2] ***intr.*** (aus. *essere* e *avere*) **1.** di piante, svilupparsi a partire dal seme: *il grano comincia a germogliare* || di foglie o fiori, svilupparsi a partire dalla gemma, sbocciare || di rami, produrre nuove gemme **2.** *fig.* crescere, aver origine: *la libertà germogliò dal sangue dei martiri* || ***tr.*** *raro* far nascere, produrre: *la pianta germogliò molti fiori* || **N.** ***intr.*** *Sin.* gemmare, germinare, rampollare, sbocciare, schiudersi, spuntare.

germogliazióne [da *germogliare*; a. 1597] ***sf.*** *non com.* il germogliare.

germóglio (pl. *-gli*) [da *germogliare*; a. 1292 nel senso 2] ***sm.*** **1.** pianta, ramo o fiore nella prima fase dello sviluppo, appena sviluppata da un seme o da una gemma: *germogli di bambù* **2.** *fig.* origine, primo frutto ancora non pienamente maturo di un'attività, spec. artistica: *i germogli della futura brillante produzione pittorica dell'artista* || **N.** **1.** *Sin.* bocciolo, brocca, gemma, germe, pollone, virgulto, tallo | ascellare, avventizio, fiorifero, foglifero, misto, nudo, terminale, vestito.

géro-¹ [dal gr. *gérōn*, vecchio] ***primo elem.*** che, in parole composte dotte o della terminologia scientifica, vale "vecchio", "senile", "vecchiaia" (per es. *geriatra*, *gerocomio*).

géro-² V. IERO-.

-gero [dal lat. *-ger*, da *gerere*, portare] ***elem. term.*** che, in parole composte dotte, vale "che porta" (per es. *armigero*).

gerocòmio (pl. *-mi*) [comp. di *gero-* e *-comio*; 1723] ***sm.*** variante meno com. di *gerontocomio*.

gerocrazìa e der. V. IEROCRAZIA e der.

gerofànte [var. di *ierofante*; 1820] ***sm.*** variante meno com. di *ierofante*.

geroglìfico (pl. *-ci*) [dal lat. tardo *hieroglyphicus*, gr. *hieroglyphikós*, relativo alle lettere sacre incise; a. 1555 *ieroglifo*] **I** ***sm.*** ciascuno dei segni pittografici, in parte ideografici e in parte fonetici, di cui si componeva la scrittura sacra e monumentale degli Egiziani || *fig.* scritto difficile a leggersi **II** ***agg.*** costituito di geroglifici: *scrittura geroglifica*.

gerolimiàno ***agg.*** V. GERONIMIANO.

geronimiàno [dal n. proprio lat. *Hieronymus*, nome di S. Girolamo; 1869] **I** ***agg.*** **1.** di San Gerolamo: *la traduzione geronimiana della Bibbia* **2.** che si riferisce all'ordine degli Eremiti di San Gerolamo: *convento geronimiano* **II** ***sm.*** geronimita.

geronimìta [dal n. proprio lat. *Hieronymus*; 1820] ***sm.*** religioso dell'ordine degli Eremiti di San Gerolamo.

gerónte [dal gr. *gérōn*, *gérontos*, vecchio, anziano; 1847] ***sm.*** *T.stor.* nell'antica Sparta, membro della gerusia.

gerónto- [dal gr. *gérōn*, *gérontos*] ***primo elem.*** che, in parole composte dotte o della terminologia scientifica, vale "vecchio", "vecchiaia" (per es. *gerontocomio*, *gerontologia*).

gerontocòmio (pl. *-mi*) [dal lat. tardo *gerontocomium*, gr. *gerontokomêion*; a. 1603] ***sm.*** ospizio per i vecchi.

gerontocrazìa [dal fr. *gérontocratie*; 1869] ***sf.*** governo degli anziani || nel linguaggio giornalistico d'oggi, sistema politico in cui il potere è detenuto da persone troppo vecchie e incapaci di adattarsi all'evoluzione delle situazioni.

gerontofilìa [comp. di *geronto-* e *-filia*; 1946] ***sf.*** attrazione sessuale di un giovane verso persone anziane.

gerontoiàtra [comp. di *geronto-* e *-iatra*; 1956] ***s.*** medico specialista in gerontoiatria || **N.** *Sin.* geriatra.

gerontoiatrìa [comp. di *geronto-* e *-iatria*; 1950] ***sf.*** *T.med.* sin. poco com. di *geriatria*.

gerontologìa [comp. di *geronto-* e *-logia*; 1950] ***sf.*** *T.med.* parte della medicina che studia della vecchiaia dia la fisiologia, la patologia e la terapia proprie della vecchiaia.

gerontològico (pl. *-ci*) [da *gerontologia*; 1983] ***agg.*** relativo alla gerontologia, proprio della gerontologia.

gerontòlogo (pl. *-gi*) [comp. di *geronto-* e *-logo*; 1955] ***sm.*** (f. *-a*) medico specialista in gerontologia.

gerosolimitàno [dal lat. *Hierosolymitānus*, di Gerusalemme; sec. XIV *ierosolimitano*] **I** ***agg.*** di Gerusalemme || *ordine gerosolimitano*, ordine religioso, militare e ospedaliero, detto poi dei Cavalieri di Rodi e infine, oggi, dei Cavalieri di Malta **II** ***sm.*** (f. *-a*) **1.** abitante o nativo di Gerusalemme **2.** membro dell'ordine gerosolimitano.

gerotròfio (pl. *-fi*) [comp. di *gero-* e *-trofio*; 1931] ***sm.*** *non com.* gerontocomio.

gerùndio (pl. *-di*) [dal lat. tardo *gerundium*, da *gerundus* per *gerendus*, che si deve fare; 1561] ***sm.*** *T.gram.* forma verbale che in molte lingue esprime in frasi subordinate un rapporto circostanziale rispetto all'azione descritta nella proposizione reggente; può avere valori diversi (temporale, causale, modale, strumentale ecc.) di volta in volta precisati dal contesto; in italiano è un modo con due tempi: il gerundio presente (*facendo*) esprime la contemporaneità, il gerundio passato (*avendo fatto*) l'anteriorità rispetto al momento dell'azione espressa dalla principale || in latino, forma nominale del verbo, che costituisce l'insieme dei casi obliqui dell'infinito.

gerundìvo [dal lat. tardo *gerundivum*, da *gerundium*; 1734] **I** ***sm.*** *T.gram.* forma verbale latina col valore di un participio passivo che esprime il futuro e soprattutto la necessità (per es. *laudandus* "che deve essere lodato"); il termine è usato talvolta anche per l'italiano con rif. alle poche forme del tipo *laureando*, *reverendo* **II** ***agg.*** *T.gram.* *raro* che ha forma di gerundio: *frase gerundiva*.

gerusìa [dal gr. *gerousía*, attr. il lat. *gerusia*; 1940] ***sf.*** *T.stor.* il senato dell'antica Sparta.

Gesneriàcee (pr. [gezne'rjatʃee]) [comp. del n. proprio R. von *Gesner*, naturalista svizzero e *-acee*; 1887] ***sf. pl.*** *T.bot.* famiglia di piante dicotiledoni erbacee con fiori vistosi.

gessàia [da *gesso*; 1841] ***sf.*** *non com.* cava di gesso.

gessàio (pl. *-ài*) [da *gesso*; 1779] ***sm.*** (f. *-a*) **1.** venditore di gesso **2.** chi modella figure in gesso.

gessaiòlo [da *gessaio*; 1834] ***sm.*** (f. *-a*) **1.** operaio di una cava di gesso **2.** gessaio.

gessàre (pres. *gèsso*) [da *gesso*; 1542 nel senso 2] ***tr.*** **1.** *T.agr.* mescolare gesso al terreno che manca del calcare necessario a certe colture **2.** *T.enol.* trattare il vino, quando è ancora mosto, col gesso per chiarificarlo e rialzarne il colore **3.** *raro* ingessare.

gessàto (*pps.* di *gessare*) [1612] **I** ***agg.*** **1.** trattato con gesso: *terreno gessato*; *carta gessata*, carta preparata con gesso, per scrivervi con la matita || *T.med.* *bendaggio gessato*, *doccia gessata*, fasciatura compiuta con bende impregnate di gesso per immobilizzare la parte lesa **2.** detto di tessuto di colore scuro con sottili righe bianche verticali parallele, usato spec. per abiti; anche rif. all'abito: *tailleur gessato* **II** ***sm.*** abito gessato, spec. da uomo: *un impeccabile gessato blu di sartoria*.

gessatùra [da *gessare*; 1867] ***sf.*** operazione del gessare, nei vari sensi.

gessétto (*dim.* di *gesso*) [1869] ***sm.*** **1.** piccolo bastoncino di gesso, bianco o colorato, per scrivere sulla lavagna **2.** pezzo di steatite usato dai sarti per fare segni sulla stoffa nel confezionare gli abiti. **TAV.** ***maglia...*** **p. 1316** 11.

gessificàre (pres. *-ìfico*, *-ìfichi*) [da *gesso*; 1956] ***tr.*** *non com.* trasformare in gesso || ***intr. pron.*** diventare gesso.

gessificazióne [da *gessificare*; 1956] ***sf.*** processo per cui una sostanza si trasforma in gesso: *la gessificazione di un calcare*.

gèsso [lat. *gypsum*, dal gr. *gýpsos*; sec. XIII *gesse*] ***sm.*** **1.** minerale costituito di solfato calcico idrato; si presenta in cristalli prismatici o in masse granulari o fibrose, generalmente bianco; scaldato, si riduce in finissima polvere che mescolata con l'acqua fa presa, cioè indurisce, aumentando di volume; si adopera per muratura, stucchi, intonachi, e per formare statue **2.** opera modellata in gesso || calco in gesso di sculture celebri: *museo dei gessi*; *i gessi del Partenone* || *fig.* *restare di gesso*, impietriti, tramortiti **3.** bastoncino di polvere di gesso compressa per scrivere sulla lavagna || quadratino dello stesso materiale da strofinare sulla punta della stecca da biliardo per aumentarne l'attrito **4.** fasciatura rigida con bende impregnate di gesso: *dovrai tenere il gesso per venti giorni* || **N.** **1.** cotto, crudo, duro | scagliola, selenite, stucco | calco, cava, getto | far presa, ingessare | gipso-. **Q.T.** *pittura*.

gessóso [da *gesso*; a. 1597] ***agg.*** **1.** che contiene del gesso **2.** che ha aspetto di gesso.

gèsta [dal lat. *gesta*, pl. di *gestum*, gesto, atto; 1313] ***sf. pl.*** (ant. e poet. il sing. *la gesta*, e il pl. *le geste*) **1.** imprese, azioni grandi e memorabili: *le gesta dei Romani* **2.** *ant.* stirpe eroica: *sei tu quel della gesta di Chiarmonte?* (Pulci) **3.** *ant.* esercito, schiera || **N.** **1.** IMPRESA.

gestàgeno [comp. di *gesta(zione)* e *-geno*; 1956] ***agg.*** *ormone gestageno*, ormone femminile che favorisce l'inizio e il proseguimento della gestazione || **N.** *Sin.* progestinico.

Gestalt (ted., pr. [geʃ'talt]) [letter. forma, struttura; 1956] ***sf. inv.*** **1.** *T.psic.* indirizzo della psicologia secondo il quale ogni percezione si presenta all'esperienza come un tutto unico dotato di una "forma" individuale che non è scomponibile nei suoi elementi giustapposti: *teoria della Gestalt* **2.** *T.art.* principio estetico che tende a giudicare un prodotto artistico valutandolo nel suo insieme piuttosto che analizzandone le singole parti || **N.** **1.** *Sin.* gestaltismo.

gestàltico (pr. [ge'staltiko]) (pl. *-ci*) [da *gestaltismo*; 1965] ***agg.*** *T.psic.* relativo al gestaltismo.

gestaltìsmo (pr. [gestal'tizmo]) [dal ted. *Gestalt(theorie)*, propr. teoria della forma; 1965] ***sm.*** *T.psic.* teoria psicologica nata all'inizio del '900, in base alla quale l'esperienza percettiva nel suo complesso non è riducibile alla somma delle sensazioni elementari che la compongono, ma possiede una individualità globale propria, che le deriva dal suo organizzarsi in configurazioni.

gestaltìsta (pr. [gestal'tista]) [da *Gestalt*; 1971] **I** ***s.*** **1.** psicologo seguace della teoria della *Gestalt* **2.** artista appartenente al movimento della *Gestalt* **II** ***agg.*** della *Gestalt*: *movimento, psicologo gestaltista*.

gestànte [dal lat. *gestans*, *-antis*, da *gestāre*, portare; 1894] ***sf.*** donna incinta; anche *agg.*

gestatòrio (pl. *-ri*) [dal lat. tardo *gestatōrius*, che serve per portare; 1750] ***agg.*** *sedia gestatoria*, sedia sulla quale il papa veniva portato con gran pompa in alcune funzioni solenni.

gestazióne [dal lat. *gestātio*, *-ōnis*; 1765] ***sf.*** **1.** *T.fisiol.* il periodo della gravidanza **2.** *fig.* fase di elaborazione di un progetto, un'opera e sim.: *quello scrittore ha un libro in gestazione* || **N.** **1.** *Sin.* gravidanza **2.** *Sin.* incubazione, preparazione.

gestìbile [da *gestire*; 1983] ***agg.*** che può essere gestito: *attività facilmente gestibile*.

gesticolaménto [da *gesticolare*; a. 1647]

sm. il gesticolare.

gesticolàre (pres. *-ìcolo*) [dal lat. *gesticulāri*; 1598 *gesticcolare*] **intr.** (aus. *avere*) far gesti, in modo concitato ‖ **N.** *Sin.* agitarsi, scalmanarsi.

gesticolatóre [dal lat. *gesticulātor, -ōris,* pantomimo; 1585] **agg.** e **sm.** (f. *-trìce*) *non com.* chi o che gesticola per abitudine.

gesticolazióne [dal lat. *gesticulātio, -ōnis*; 1470 ca. *gesticulazione*] **sf.** il gesticolare.

gesticolìo (pl. *-ìi*) [da *gesticolare*; 1965] **sm.** un gesticolare continuato.

gestionàle [da *gestione*; 1960] **agg.** proprio della gestione aziendale, relativo alla gestione aziendale: *verifiche gestionali periodiche.*

gestióne [dal lat. *gestio, -ōnis,* attr. il fr. *gestion*; 1802] **sf.** amministrazione, trattazione giornaliera e minuta degli affari: *gestione di un'impresa; dare in gestione un negozio,* delegare a persona diversa dal proprietario la sua conduzione e amministrazione ‖ *per estens.* direzione e organizzazione di un'attività: *gestione di una spedizione polare*; modo di affrontare una situazione: *la difficile gestione della crisi politica* ‖ la durata di questa attività, il suo risultato complessivo: *durante la precedente gestione* ‖ **N.** *Sin.* amministrazione, conduzione, direzione, organizzazione.

gestire[1] (pres. *-ìsco, -ìsci*) [dal lat. *gestīre*; 1877] **tr.** **1.** amministrare e condurre un'azienda, gen. senza esserne il proprietario: *gestire un bar, un'autorimessa* **2.** *per estens.* organizzare e dirigere un'attività e sim.: *gestire un progetto, gestire i rapporti politici con l'opposizione* ‖ *saper gestire il proprio corpo, la propria immagine,* essere in grado di valorizzare al meglio le proprie risorse.

gestire[2] (pres. *-ìsco, -ìsci*) [dal lat. *gestīre*; a. 1527] **intr.** (aus. *avere*) fare gesti o movimenti della persona, accompagnando un discorso o per meglio rappresentare un concetto: *un modo di gestire tipicamente italiano* ‖ **N.** *Sin.* gesticolare.

gèsto [dal lat. *gestus,* maniera di comportarsi, gesto; a. 1249] **sm.** **1.** movimento del corpo, e spec. del capo o della mano, con cui si esprime (non sempre volontariamente) un pensiero o una volontà; può essere completamente autonomo o accompagnare la parola per darle maggior rilievo ed espressione: *gesto di stizza, di approvazione, interrogativo, di diniego; gesto osceno* (o *gestaccio*), *comunicare a gesti* **2.** *per estens.* modo di atteggiarsi: *una signora dal gesto elegante* ‖ movimento tipico di un'attività: *l'apprendista osserva i gesti sicuri dell'artigiano* **3.** azione, impresa, spec. lodevole: *un gesto disinteressato; è stato davvero un bel gesto* (anche *iron.*) ‖ *pegg.* gestàccio ‖ **N.** **1.** *Sin.* cenno, mossa | brusco, declamatorio, elegante, imperioso, istrionico, minaccioso, parco, sgangherato, sguaiato, studiato, verecondo, vivace **2.** *Sin.* atteggiamento, mimica, posa.

gestóre [dal lat. *gestor, -ōris,* propr. portatore; 1834] **sm.** (f. raro *-trìce*) chi amministra un'impresa, un'azienda ecc., spec. se non ne è anche il proprietario: *gestore di un negozio, di un cinema* ‖ *gestore di stazione,* capo del servizio delle merci nelle stazioni ferroviarie.

gestòsi [comp. di *gest(azione)* e *-osi*; 1956] **sf.** *T.med.* ogni forma di intossicazione dovuta alla gravidanza.

gèstro [da *gesto,* forse con influsso di *estro*; 1534 come sf.] **sm.** *tosc.* atto smorfioso, smanceria; è usato spec. al pl.: *questi gestri!*

gestróso [da *gestro*; 1918] **agg.** *tosc.* lezioso, smorfioso.

gestuàle [da *gesto*; 1963] **agg.** fondato sui gesti: *linguaggio gestuale* ‖ detto di arte che valorizza l'immediatezza espressiva del gesto: *pittura, teatro gestuale* ‖ **gestualménte** **avv.** per mezzo di gesti: *comunicare gestualmente.*

gestualità [da *gestuale*; 1964] **sf.** aspetto, carattere gestuale ‖ l'insieme dei gesti di una persona, intesi come mezzo di comunicazione, di espressione: *studio della gestualità corporea, la gestualità di un attore.*

geṣuàto [dal n. di *Gesù*; a. 1484] **sm.** *T.stor.* frate di un ordine istituito nel sec. XIV dal beato Giovanni Colombini, ordine che fu poi soppresso nel 1668.

geṣuìta [dal n. di *Gesù,* a cui era dedicato l'ordine religioso; 1583] **sm.** **1.** religioso della Compagnia di Gesù, fondata da Sant'Ignazio di Loyola **2.** *spreg.* persona astuta, ipocrita: *fare il gesuita.*

geṣuìtico (pl. *-ci*) [da *gesuita*; 1609] **agg.** **1.** di o da gesuita: *educazione gesuitica* **2.** *spreg.* astuto, falso, ipocrita.

geṣuitìṣmo [da *gesuita*; 1668 nel senso 2] **sm.** **1.** il pensiero e le dottrine dei gesuiti **2.** *spreg.* ipocrisia.

Geṣummarìa o **Geṣù Marìa** [comp. di *Gesù* e *Maria*; 1823] **escl.** *pop.* esprime meraviglia, stupore, spavento: *Gesummaria, cos'è successo!*

Geṣummìo o **Geṣù mio** [comp. di *Gesù* e *mio*; a. 1828] **escl.** *pop.* esprime meraviglia o spavento.

gèto [dal fr. ant. *jet*; sec. XIII] **sm.** strisciolina di cuoio che s'adattava alle zampe degli uccelli rapaci adoperati per la caccia.

gettaióne [dal lat. tardo *gittus,* nigella; a. 1320 *gitterone*] **sm.** specie di erbaccia con grandi fiori rosso porpora, che cresce in mezzo al grano ‖ **N.** *Sin.* agrostemma, mazzettone.

gettàme [da *gettare*; a. 1729] **sm.** cosa da gettar via.

gettàre (pres. *gètto*) [lat. volg. **iectāre,* class. *iactāre*; fine sec. XIII *gittare*] **tr.** **1.** lanciare con una certa energia: *gettare un sasso nello stagno, i vestiti sulla sedia; gettare l'àncora, le reti; gettare la spugna,* v. SPUGNA; *gettare le armi,* buttarle a terra in segno di resa (e *fig.* arrendersi, rinunciare definitivamente a un progetto e sim.) ‖ in unione ad avverbi (gen. meno com. delle stesse espr. con *buttare*): *gettar giù,* abbattere; con altro sign.: *gettar giù due appunti,* scriverli alla buona; *gettar via,* liberarsi di qualcosa di inutile o inservibile: *un abito da gettar via; gettar lì una frase, una proposta e sim.,* dirla o farla con noncuranza, senza troppa convinzione ‖ in molte espr. particolari: *gettare uno sguardo, un'occhiata,* guardare di sfuggita o con superficialità; *gettare l'occhio su qualcuno,* provare interesse o desiderio per qualcuno; *gettare le braccia al collo a qualcuno,* abbracciarlo con entusiasmo; *gettare la colpa addosso a qualcuno,* accusarlo per discolparsi; *gettare un ponte,* costruirlo; *gettare luce, ombra,* proiettarle (anche *fig.*) ‖ *per estens.* spingere o sbattere violentemente: *lo ha gettato a terra nella lotta; la tempesta ha gettato la barca sugli scogli*; anche *fig.*: *quella lettera l'ha gettato nella disperazione* **2.** emettere: *la ferita gettava sangue; il vulcano getta lava; gettare un urlo,* gridare; *non com.* rif. a odori, emanare **3.** versare materiali fusi o liquidi in uno stampo, in modo che, solidificandosi, acquistino la forma voluta: *gettare una statua in bronzo, gettare le fondamenta in calcestruzzo*; anche *ass.* **4.** *non com. ass.* mettere i germogli ‖ *T.fin.* fruttare, dare un determinato ricavo: *si pensa che la nuova imposta getterà cento miliardi* ‖ **rifl.** e **intr. pron.** **1.** rif. a persona, lasciarsi cadere: *gettarsi col paracadute; si è gettato dal terzo piano* ‖ precipitarsi con impeto verso qualcosa o qualcuno: *gli si gettò addosso con furia; gettarsi nella mischia,* anche *fig.*; *gettarsi sul letto,* quando si è stanchissimi ‖ *gettarsi ai piedi, alle ginocchia di qualcuno,* supplicarlo; *gettarsi tra le braccia di qualcuno,* correre ad abbracciarlo con slancio; *fig.* abbandonarsi, affidarsi interamente a lui **2.** di corso d'acqua, confluire: *il Ticino si getta nel Po*; sfociare: *il Danubio si getta nel Mar Nero* ‖ **N.** **tr.** **1.** *Sin.* buttare, lanciare, proiettare, scagliare, scaraventare, tirare **3.** gettata **4.** *Sin.* germogliare; rendere | gettito | **intr. pron.** **1.** *Sin.* avventarsi, balzare, fiondarsi, piombare, precipitarsi, scagliarsi, slanciarsi.

gettàta [da *gettare*; a. 1292] **sf.** **1.** l'atto di gettare, nel senso 3: *gettata del cemento, delle fondamenta* ‖ *concr.* la colata del materiale fuso delle opere di getto **2.** diga a protezione dei porti, fatta con grosse pietre **3.** *T.med. gettata cardiaca,* la quantità di sangue arterioso immessa in circolo dal cuore nell'unità di tempo **4.** *non com. T.bal.* gittata **5.** *non com.* germoglio.

gettàto (*pps.* di *gettare*) [fine sec. XIII] **I** **agg.** nella loc. *maglia gettata,* ottenuta passando il filo sul ferro, in modo da creare un vuoto **II** **sm.** *T.mus.* negli strumenti ad arco, tecnica che consiste nel produrre una serie di note veloci facendo rimbalzare ripetutamente l'arco sulle corde.

gettatóre (arc. *gittatóre*) [da *gettare*; 1319 *gittator*] **agg.** e **sm.** (f. *-trìce*) **1.** chi o che getta: *quanto un buon gittator trarria con mano* (Dante) **2.** fonditore di metalli.

gèttito [da *gettare*; a. 1667] **sm.** **1.** *T.fin.* entrata complessiva derivante da un tributo: *il gettito annuo dell'imposta sul reddito* **2.** *raro* il gettare: *far gettito di qualcosa,* buttarla via.

gètto[1] [da *gettare*; 1313] **sm.** **1.** l'atto di gettare, nel senso 1: *getto di un sasso, getto della spugna* ‖ *armi da getto,* lance, frecce e sim. (opposte alle armi da fuoco e da taglio) **2.** emissione: *propulsione a getto,* a reazione ‖ *concr.* la materia liquida o gassosa emessa: *un getto di sangue dalla ferita, un violento getto d'acqua* ‖ *a getto continuo,* senza interruzione, anche *fig.*: *sforna articoli a getto continuo*; *fig. di getto,* di slancio, senza esitazioni o ripensamenti: *una poesia scritta di getto* **3.** la tecnica del gettare metallo fuso o materiale cementizio: *opera di getto* ‖ *concr.* l'oggetto o la struttura edilizia ottenuta **4.** germoglio di una pianta ‖ **N.** **1.** *Sin.* lancio, tiro **2.** *Sin.* fuoriuscita, sbocco; fiotto, zampillo **3.** *Sin.* gettata **4.** *Sin.* pollone. **Q.T.** *armi, scultura.*

gètto[2] [dall'ingl. *jet,* (avio)getto; 1956] **sm.** **1.** *T.aer.* flusso molto veloce di gas scaricati da un motore a combustione interna continua **2.** velivolo dotato di propulsione a getto, aviogetto. **TAV.** ***astronautica*** **p. 655** 12.3.

gettonàre (pres. *-óno*) [da *gettone*; 1950] **tr.** **1.** *colloq.* telefonare a qualcuno da un telefono a gettoni **2.** fare eseguire da un apparecchio automatico a gettoni: *gettonare una canzone,* inserire un gettone in un "juke-box" perché venga suonato un determinato disco; da cui *fam. gettonato,* richiesto, apprezzato: *un cantante molto gettonato.*

gettóne [dal fr. *jeton,* pezzo di metallo o altro materiale, usato dapprima per calcolare; 1598 nel senso 2] **sm.** **1.** piccolo disco di metallo, corrispondente a un valore in denaro, che, introdotto nelle macchine automatiche, ne permette il funzionamento: *il gettone del telefono, della macchina del caffè* **2.** pezzo di metallo, d'avorio, plastica ecc. di varia forma, a cui si attribuisce un valore convenuto, che viene usato nei giochi, spec. d'azzardo, per segnare i punti o le vincite ‖ pezzo di metallo o altro materiale che serve come contrassegno per ritirare date quantità di denaro o di merce **3.** *gettone di presenza,* compenso dato a commissari o amministratori di azienda che intervengono a una seduta della commissione o dell'amministrazione; *per estens.* compenso dato a personaggi di rilievo per una loro comparsa straordinaria a spettacoli, trasmissioni televisive ecc. **4.** fusione posteriore di alcune medaglie **5.** spec. *pl.* zuccherino o caramella, ravvolto in stagnola, con code di carta colorata, che a carnevale viene gettato da chi sta sui balconi o sui carri mascherati ‖ **N.** **2.** *Sin. fi-*

che; contrassegno **3.** *Sin.* *cachet.* **Q.T.** *telefono...* **TAV.** *telefono* **p. 1334** 7.

gettonièra [da *gettone*; 1970] **sf.** **1.** distributore automatico di gettoni **2.** in un telefono o in un altro apparecchio a gettoni, dispositivo in cui va inserito il gettone.

gettopropulsióne [comp. di *getto*² e *propulsione*; 1965] **sf.** *T.aer.* propulsione a getto.

Gev [comp. di *G(iga)* e *e(lettrone)* *V(olt)*; 1956] **sm.** unità di misura di energia usata in fisica nucleare, pari a un miliardo di elettronvolt.

geyser (ingl., pr. [ˈgiːzə]; pr. amer. [ˈgaɪzər], pr. it. [ˈgaizer]) [dall'isl. *geysir*, letter. pozzo ad eruzione spontanea, in orig. n. geogr. di una regione termale; 1875] **sm.** *inv.* *T.geol.* nelle regioni vulcaniche, getto intermittente di acqua calda e vapore.

geyserite (pr. [gaizeˈrite]) [comp. di *geyser* e *-ite*²; 1905] **sf.** *T.min.* varietà di opale, presente intorno alle bocche dei geyser.

ghébbio (pl. *-bi*) [voce tosc., da *(in)ghebbiare*, ingoiare; a. 1936] **sm.** *tosc.* gozzo.

ghebì [dall'amarico *gebbi*; a. 1889] **sm.** in Etiopia, abitazione dei ceti benestanti, circondata da palizzata ‖ residenza dell'imperatore etiopico.

ghèiscia V. GEISHA.

ghèmme [dal n. geogr. *Ghemme*, centro in provincia di Novara; 1905] **sm.** pregiato vino rosso piemontese, di Ghemme (Novara).

ghènga [adattamento di *gang*; a. 1936] **sf.** *fam.* combriccola, compagnia: *una ghenga di amici.*

ghepàrdo [dal fr. *guépard*; 1874] **sm.** *T.zool.* felino asiatico e africano, simile al leopardo, ma più alto e snello, e con unghie non completamente retrattili; è corridore velocissimo.

ghéppio (pl. *-pi*) [lat. volg. **(ae)gypius*, dal gr. *aigypiós*, avvoltoio; 1336 ca.] **sm.** piccolo uccello dei Falconidi, piuttosto comune, che ha piume di color cinerino e nidifica sulle torri e nei vecchi edifici.

gherbino **sm.** *ant.* V. GARBINO.

gheriglio (pl. *-gli*) [lat. volg. **carīlium*, da *caryon*, noce; a. 1574] **sm.** la parte interna, commestibile, della noce ‖ **N.** *Sin.* anima | NOCE.

gherlino [dal fr. *guerlin*, cordame più sottile della gomena; 1806] **sm.** *T.mar.* cavo di fibra vegetale che serve per ormeggio su ancorotto, per tonneggio e per rimorchio.

gherminèlla [forse da *ghermire*; sec. XIII *guormenella*] **sf.** furberia, inganno astuto ‖ birichinata ‖ **N.** *Sin.* astuzia, raggiro; marachella.

ghermire (pres. *-ìsco, -ìsci*) [dal long. **krimmjan*, afferrare; 1313] **tr.** **1.** di uccelli rapaci, afferrare con gli artigli: *il falco ghermì la preda* **2.** *per estens.* rif. a persone, afferrare con forza, portar via ‖ **N.** **1.** *Sin.* artigliare **2.** *Sin.* abbrancare, agguantare, carpire, rapire.

ghermitóre [da *ghermire*; a. 1638] **agg.** e **sm.** (f. *-trice*) *raro* chi o che ghermisce, afferra.

gheròfano [var. di *garofano*; 1550] **sm.** *arc.* garofano.

gheronàto [da *gherone*; 1940] **sm.** *T.arald.* detto di scudo diviso in otto gheroni uguali ‖ *vela gheronata*, cui sono stati applicati dei rinforzi nei punti di maggior usura.

gheróne [dal long. **gairo*, punta del giavellotto; a. 1300] **sm.** **1.** striscia triangolare di stoffa, con la punta verso l'alto, cucita ai lati delle camicie o di altra veste, per dar loro maggior ampiezza ‖ *arc.* falda, lembo **2.** *T.mar.* il rinforzo che si cuce alle vele nei punti dove più sono soggette a sforzo e a logorio; è detto anche *fortezza* **3.** *T.arald.* triangolo limitato da due linee che si intersecano nel cuore dello scudo.

ghétta [dal fr. *guêtre*; 1780] **sf.** gambiera bassa di panno, feltro, o materiale sintetico impermeabile, abbottonata da un lato con lacci o cerniera lampo e fissata alla scarpa, per proteggere il piede dall'acqua o dalla neve; in uso nell'abbigliamento maschile del primo Novecento, è oggi parte dell'equipaggiamento delle truppe di montagna e degli alpinisti ‖ **N.** *Sin.* uosa.

ghettizzàre [da *ghetto*; 1976] **tr.** rinchiudere in un ghetto ‖ *per estens.* costringere all'isolamento sociale, politico, culturale e sim.

ghettizzazióne [da *ghettizzare*; 1977] **sf.** atto o effetto del ghettizzare: *la ghettizzazione delle minoranze etniche.* **Q.T.** *sociologia.*

ghétto [dal veneziano *ghèto*, propr. getto, e poi fonderia, perché nell'isola in cui, a Venezia, furono relegati gli ebrei si trovava una fonderia per bombarde; 1516] **sm.** **1.** nelle principali città europee fino al secolo scorso (e ancora in questo secolo nell'Europa orientale e durante l'occupazione nazista), quartiere in cui erano costretti ad abitare gli Ebrei ‖ *per estens.* quartiere squallido e malsano in cui è relegata una comunità emarginata per ragioni etniche, socioeconomiche ecc.: *i ghetti negri di New York, i tristi ghetti delle periferie urbane* ‖ *fig.* qualunque condizione di isolamento ed emarginazione **2.** *raro* baccano, chiasso, clamore: *fare un ghetto.*

ghézzo [lat. *(ae)gyptius*, dal gr. *aigýptios*, egiziano; a. 1294] **agg.** *raro* di colore, nero pallido, come la carnagione dei Mori di Barberia; si dice spec. dell'uva che comincia a maturare.

ghìa [dallo sp. *guia*, guida; 1806] **sf.** *T.mar.* insieme formato da una corda e una carrucola per sollevare un peso o vincere una resistenza; *ghia doppia*, sistema analogo con una seconda carrucola collegata al peso.

ghiaccésco (pl. *-schi*) [da *ghiaccio*; sec. XIV] **agg.** *raro* di ghiaccio; che ha natura di ghiaccio.

ghiàccia (pl. *-ce*) [da *ghiaccio*¹; a. 1294] **sf.** **1.** *ant.* ghiaccio; gelata: *quando vien la ghiaccia* **2.** in pasticceria, variante non com. di *glassa.*

ghiacciàia [da *ghiaccia*¹; 1681] **sf.** luogo o mobile, rivestito di materiali isolanti, dove si conservava il ghiaccio, per mantenere a bassa temperatura le sostanze alimentari, prima della diffusione del frigorifero ‖ *iperb.* luogo freddissimo: *questa stanza è proprio una ghiacciaia.*

ghiacciàio (pl. *-ài*) [da *ghiacciaia*; a. 1836] **sm.** grande ammasso di ghiaccio perpetuo, formato dall'accumulo e dalla compressione delle nevi, che con moto lento ma continuo cala dai monti verso il piano: *ghiacciai alpini, polari*; *fronte del ghiacciaio*, limite del ghiacciaio verso valle; *bocca* (o *porta*) *del ghiacciaio*, l'apertura del fronte del ghiacciaio dalla quale escono le acque di fusione che si raccolgono a formare un torrente ‖ **N.** vedretta | bacino ablatore, bacino collettore, bocca, fronte, lingua; crepaccio, morena, seracco. **Q.T.** *alpinismo, geografia, geologia* **TAV.** *geologia* **p. 1313** 5.

ghiacciàre (pres. *-àccio*) [lat. *glaciāre*; 1282] **intr.** (aus. *essere*) e **intr. pron.** trasformarsi in ghiaccio: *il Po non ghiaccia facilmente* ‖ rif. ad altri liquidi, solidificarsi: *si è ghiacciato l'olio nella bottiglia* ‖ *iperb.* diventare freddo: *senza guanti mi si ghiacciano le mani, non far ghiacciare la minestra*; *fig.* *sentir ghiacciare il sangue dalla paura* ‖ *impers.* gelare: *stanotte è ghiacciato* ‖ **tr.** rendere ghiacciato, gelido, anche *fig.*: *il freddo ghiaccia le orecchie* ‖ **N.** *Sin.* congelare, freddare, raffreddare.

ghiacciàta [da *ghiacciare*; 1892] **sf.** bibita fatta di sciroppi vari versati sul ghiaccio tritato ‖ **N.** *Sin.* gremolata, granita.

ghiacciàto (*pps.* di *ghiacciare*) [a. 1292] **agg.** di liquido, trasformato in ghiaccio: *pattinare sul lago ghiacciato* ‖ di solido, ricoperto di ghiaccio: *il vetro della macchina era ghiacciato* ‖ *per estens.* freddo come il ghiaccio: *bibita ghiacciata*; *iperb.* freddissimo: *il letto era ghiacciato* ‖ **N.** *Sin.* congelato; gelido | *Contr.* bollente.

ghiacciatóre [da *ghiacciare*; 1986] **sm.** (f. *-trice*) *T.alp.* specialista in scalate di pareti o cascate ghiacciate.

ghiàccio¹ (pl. *-ci*) [lat. volg. **glacia*, class. *glacies*; a. 1292] **sm.** **1.** stato solido dell'acqua quando, alla pressione atmosferica, si trova a una temperatura minore di zero gradi: *lastra di ghiaccio, ramponi da ghiaccio, hockey su ghiaccio*; *palazzo del ghiaccio*, impianto sportivo con pista ghiacciata per il pattinaggio e l'hockey; *ghiacci eterni*, quelli polari o alpini ‖ *fig.* *rompere il ghiaccio*, rompere il silenzio, la freddezza di una conversazione; aprir la via, vincere le prime difficoltà, risolversi a fare una cosa ‖ *fig.* *essere di ghiaccio*, insensibile, o anche con i nervi saldi in ogni circostanza; *avere il cuore, l'animo di ghiaccio*, essere insensibile e crudele; *occhi, sguardo di ghiaccio*, duri, raggelanti; *restare di ghiaccio*, allibito, senza parole **2.** *ghiaccio secco*, anidride carbonica solida, che serve per conservare alimenti (per es. gelati) o altro a temperature molto più basse di zero gradi ‖ **N.** **1.** banchisa, ghiacciaio, *iceberg, pack*; brina, galaverna, grandine. **Q.T.** *pattinaggio.*

ghiàccio² (pl. m. *-ci*, pl. f. *-ce*) [da *ghiacci(at)o*; seconda metà sec. XIII] **agg.** ghiacciato, gelido.

ghiacciòlo [da *ghiaccio*¹; sec. XIV] **I** **sm.** **1.** cannello di ghiaccio che si forma negli stillicidi di fontane, grondaie ecc. **2.** sorbetto di ghiaccio aromatizzato con sciroppi vari, che si consuma tenendolo in mano per un bastoncino di legno: *un ghiacciolo alla menta* **3.** macchia bianca, difetto delle pietre preziose **II** **agg.** *non com.* fragile come il ghiaccio: *pera ghiacciola*, varietà di pera che si sgretola sotto i morsi ‖ **N.** I **1.** *Sin.* candelotto, stalattite di ghiaccio **2.** *Sin.* stick.

ghiaccióso [da *ghiaccio*; 1533] **agg.** *raro* ghiacciato, pieno di ghiaccio: *riva ghiacciosa.*

ghiàdo¹ [da *ghiado*²; seconda metà sec. XIV] **sm.** *arc.* gelo, clima ridigissimo.

ghiàdo² [lat. volg. **glādus*, class. *glādius*; inizio sec. XIV] **sm.** *arc.* arma bianca, spec. nell'espr. *morire a ghiado*, morire ammazzato di coltello e sim.

ghiàia [lat. *glarea*; 1353] **sf.** insieme di piccoli frammenti di rocce, trasportati dai fiumi e dai torrenti e da essi arrotondati, o erosi dal mare in forme discoidali; è usata per ricoprire il fondo di viali e giardini e nella preparazione del calcestruzzo ‖ *dim.* ghiaiétta, ghiaiétto, ghiaino; *accr.* ghiaióne ‖ **N.** ghiareto, greto.

ghiaiàta [da *ghiaia*; a. 1600] **sf.** *non com.* ghiaia sparsa per assodare i terreni fangosi.

ghiaiàto [da *ghiaia*; a. 1903] **agg.** cosparso, coperto di ghiaia: *cortile ghiaiato* ‖ mescolato con ghiaia: *asfalto ghiaiato.*

ghiaióne (*accr.* di *ghiaia*) [a. 1519 *ghiarone*] **sm.** deposito di materiali rocciosi, di varie dimensioni, alla base delle pareti rocciose, originato dalla loro disgregazione ‖ **N.** *Sin.* sfasciume; macereto.

ghiaióso [da *ghiaia*; a. 1320] **agg.** pieno di ghiaia: *terreno ghiaioso, strada ghiaiosa.*

ghiànda [lat. *glans, glandis*; a. 1294] **sf.** **1.** frutto della quercia o di altro albero dello stesso genere, ovoidale, rivestito alla base da un involucro a forma di scodella, detto *cupola* **2.** *per estens.* detto di vari oggetti a forma di ghianda; *in part.* ciascuna delle pallottoline di legno o metallo, talora rivestite di stoffa, che si attaccano alle frange di tende, mobili ecc.; *ant.* *T.mil.* proiettile di piombo da lanciare con la fionda ‖ *dim.* ghiandina.

ghiandàia [lat. *glandāria*; fine sec. XIII] **sf.** uccello dei Corvidi con la testa ornata da un ciuffo di piume bianche e nere.

ghiandìfero [dal lat. *glandifer*; a. 1375] **agg.** *lett.* che produce ghiande.

ghiàndola [dal lat. *glandula*; a. 1694 *glandula* nel senso 2] **sf.** **1.** *T.anat.* nome generico di organi secretori di varia dimensione e importanza: *ghiandole esocrine,* che riversano i loro prodotti all'esterno o in un viscere cavo; *ghiandole endocrine,* che riversano i loro prodotti direttamente nel sangue **2.** *T.bot.* nelle piante, cellula in grado di secernere vari tipi di sostanze ‖ **N.** **1.** ormone. **Q.T.** *anatomia* **TAV.** *rettili* 1.2; ***anatomia*** **p. 642** 19.2, 19.10.

ghiandolàre (raro *glandolàre, glandulàre*) [da *ghiandola*; 1950 *glandulare*] **agg.** *T.anat.* e *T.med.* proprio delle ghiandole, relativo alle ghiandole: *infiammazione, disfunzione ghiandolare.*

ghiandóne [da *ghianda*, per la forma dei cristalli; 1943] **sm.** *T.min.* roccia eruttiva intrusiva ritenuta una varietà di granito, costituita da una massa granulare grigia su cui spiccano grossi cristalli rosa di ortoclasio.

ghiàra [dal lat. *glārea*; a. 1367] **sf.** ghiaia.

ghiaréto [da *ghiara*; a. 1519] **sm.** *non com.* luogo dove è naturalmente depositata ghiaia ‖ **N.** greto.

ghibellinismo [da *ghibellino*; 1869] **sm.** **1.** *T.stor.* partito, idee, sentimenti propri dei ghibellini **2.** *per estens.* atteggiamento di chi è energicamente fautore della piena laicità dello stato.

ghibellino [dal ted. mediev. *Wībelingen*, dal n. del castello di *Wībeling*, oggi *Weibling*, in Franconia; a. 1294] **I sm.** (f. *-a*) **1.** *T.stor.* in Germania, partigiano degli Hohenstaufen contro i duchi di Baviera; in Italia, nei sec. XII e XIII, chi parteggiava per l'imperatore contro i guelfi o partigiani del pontefice **2.** *per estens.* chi è favorevole al prevalere dell'autorità dello stato sul potere ecclesiastico **II agg.** **1.** dei ghibellini: *armi ghibelline* ‖ *T.arch.* *merli ghibellini*, quelli a coda di rondine **2.** *per estens.* anticlericale.

ghìbli [dall'ar. *qiblī*, meridionale; 1918] **sm.** vento caldo, forte e secco, che spira dal sud, talvolta con grande violenza, in Tripolitania e in Cirenaica.

ghièra [lat. *viria*, piccolo braccialetto; sec. XIV] **sf.** **1.** cerchietto di ferro o di ottone che si mette per rinforzo intorno all'estremità di alcuni arnesi, per es. di un bastone o di un ombrello ‖ cerchietto che tiene stretta la canna del fucile alla cassa; anche quello che, nella sciabola, fascia l'estremità del manico **2.** *T.mecc.* anello metallico filettato internamente, per collegare tra loro elementi meccanici **3.** *T.arch.* estradosso sporgente di spessore uniforme ‖ **N.** **1.** *Sin.* puntale **3.** *Sin.* archivolto.

ghieràto [da *ghiera*; 1584] **agg.** fornito di ghiera.

ghìglia (pl. *-glie*) [dal fr. *agouille*, ago; 1956] **sf.** **1.** spec. *pl.* cordone con un puntone all'estremità, posto come ornamento su alcune divise militari **2.** spec. *pl.* cordone usato come chiusura del colletto in mantelli maschili e femminili ‖ **N.** **1.**, **2.** *Sin.* cordelline.

ghigliottìna [dal fr. *guillotine*, dal n. proprio *Guillotin*, medico fr. che ne propose l'uso; 1798] **sf.** macchina per decapitare, composta di due assi scanalate, tra le quali scorre una mannaia, e di una lunetta in basso, dentro la quale si mette la testa del condannato ‖ *a ghigliottina*, detto di sportelli o finestre che si chiudono calandoli dall'alto verso il basso.

ghigliottinàre (pres. *-ino*) [da *ghigliottina*; 1794 *guillotinare*] **tr.** decapitare per mezzo della ghigliottina.

ghìgna [da *ghignare*; 1863] **sf.** *region.* faccia arcigna e sinistra ‖ *pegg.* ghignàccia ‖ **N.** *Sin.* ceffo, grinta, grugno, muso.

ghignàre [voce espr.; sec. XIV] **intr.** (aus. *avere*) fare un ghigno, ridere sarcasticamente ‖ **N.** *Sin.* sghignazzare, sogghignare, RIDERE.

ghignàta [da *ghignare*; sec. XIII] **sf.** risata beffarda, sghignazzata.

ghìgno [da *ghignare*; 1427] **sm.** riso beffardo o maligno: *fare un ghigno, gli rispose con un ghigno satanico* ‖ *non com.* sorriso malizioso, ma senza cattiveria: *il dì cadente con un ghigno pio tra i verdi cupi roseo brillò* (Carducci) ‖ *pegg.* ghignàccio ‖ **N.** *Sin.* sogghigno, RISO.

ghignóso [da *ghigno*; prima metà sec. XIV] **agg.** permaloso, facile a crucciarsi; *bambino ghignoso*, noioso ‖ *region.* antipatico ‖ **ghignosaménte** **avv.**

ghimbàrda [dal fr. *guimbarde*; 1853] **sf.** *T.fal.* arnese per uguagliare il fondo delle incavature fatte nel legno.

ghimbèrga [dall'ant. alto ted. *wintberga*, parte di costruzione adatta per proteggere dal vento; 1940] **sf.** *T.arch.* frontespizio triangolare fiancheggiato da guglie, tipico dello stile gotico.

ghìnda [da *ghindare*; 1889] **sf.** *T.mar.* cavo che serve per ghindare ‖ **N.** *Sin.* cavobuono.

ghindàggio (pl. *-gi*) [dal fr. *guindage*; 1806] **sm.** *T.mar.* l'operazione di ghindare.

ghindàre [dal fr. *guinder*; 1556] **tr.** *T.mar.* sollevare un oggetto mobile lungo un sostegno fisso, per sistemarvelo sopra: *ghindare gli alberi di gabbia, gli alberetti, le aste di fiocco e di controfiocco* ‖ più genericamente, innalzare: *ghindare le vele, una bandiera* ‖ **N.** *Sin.* alzare, drizzare, issare.

ghindàzzo [dal fr. *ghindas*; 1806] **sm.** *T.mar.* il paranco con il quale si fa forza sul cavo, per ghindare un albero.

ghinèa (pl. *-èe*) [dall'ingl. *guinea*, n. di una moneta fatta coniare nel 1663 dal re Carlo II con l'oro della Guinea; 1666] **sf.** **1.** antica moneta inglese d'oro del valore di ventun scellini, oggi solo unità di conto **2.** tessuto grosso di cotone, di bassa qualità, usato per lenzuola e sim.

ghìngheri [forse da *agghindare*; 1869] **sm.** *pl. fam. scherz.* usato solo nella loc. avv. *in ghingheri*, in fronzoli, in gala, con eleganza ricercata: *essere, mettersi in ghingheri*; *è uscita di casa tutta in ghingheri.*

ghiòmo [lat. *glomus*; a. 1406] **sm.** *ant.* gomitolo.

ghiótta [da *ghiotto*; a. 1548] **sf.** *T.cuc.* recipiente di metallo che si mette sotto allo spiedo per raccogliere il sugo della carne e servirsene poi per condimento ‖ **N.** *Sin.* leccarda.

ghiotterìa [da *ghiotto*; 1728] **sf.** *raro* ghiottoneria.

ghiótto [lat. *gluttus*; 1225 ca.] **I agg.** **1.** avido di cibi gustosi e saporiti; goloso o ingordo: *la zia è ghiotta di panna montata, un bambino ghiotto* ‖ *fig.* avido, bramoso: *è ghiotto di libri di fantascienza* **2.** di cibo, appetitoso, che solletica la gola: *una ghiotta pietanza* ‖ *fig.* che suscita interesse o desiderio: *una lettura ghiotta, un ghiotto caso* ‖ **ghiottaménte** **avv.** **II sm.** (f. *-a*) persona ghiotta ‖ *dim.* ghiottarèllo; *accr.* ghiottóne; *pegg.* ghiottàccio ‖ **N.** I **2.** *Sin.* gustoso, prelibato, squisito, succulento.

ghiottóne (*accr.* di *ghiotto*) [sec. XIV] **sm.** (f. *-a*) **1.** persona molto ghiotta: *è un gran ghiottone, quel ghiottone si è mangiato tutta la torta* **2.** *T.zool.* mammifero dei Mustelidi, simile ad un orsacchiotto, che vive nelle regioni nordiche ‖ *dim.* ghiottoncèllo; *pegg.* ghiottonàccio.

ghiottonerìa [da *ghiottone*; 1598 *ghiottonarie* nel senso 2] **sf.** **1.** caratteristica di chi è ghiotto: *la tua ghiottoneria va oltre l'immaginabile* **2.** *concr.* cibo ghiotto: *ti ho preparato una ghiottoneria* ‖ *fig.* cosa o fatto che suscita grande interesse o desiderio: *questa notizia sarà una ghiottoneria per i pettegoli, un francobollo che è una vera ghiottoneria per i collezionisti* ‖ **N.** **1.** *Sin.* avidità, bramosia, golosità, ingordigia **2.** *Sin.* bocconcino, prelibatezza, squisitezza.

ghiottornìa [lat. volg. **glutturnīa*; a. 1484] **sf.** *ant. lett.* ghiottoneria.

ghiottùme [da *ghiotto*; 1869] **sm.** *raro* cibo ghiotto, spec. in grande quantità.

ghiòzzo [lat. *gobius*; a. 1480] **sm.** **1.** nome comune dei Gobiidi, genere di pesci che comprende numerose specie sia marine sia d'acqua dolce **2.** *fig.* persona sciocca, gonzo.

ghìrba [dall'ar. *girba*, otre; 1902] **sf.** **1.** otre, recipiente di pelle o di tela impermeabile, usato nell'Africa settentrionale per trasportare l'acqua ‖ vaso o secchio di legno usato in Africa **2.** *gerg.* nel gergo militare, la vita, la pelle: *salvare la ghirba*; *portare a casa la ghirba*, salvare la pelle.

ghiribizzàre [da *ghiribizzo*; a. 1555] **tr.** e **intr.** (aus. *avere*) *non com.* fare ghiribizzi, arzigogolare, fantasticare.

ghiribìzzo [forse dall'alto ted. antico *krebiz*, gambero; a. 1449] **sm.** idea improvvisa e bizzarra: *mi è venuto il ghiribizzo di mascherarmi, gli è saltato il ghiribizzo di comporre poesie*; *fare ghiribizzi*, fantasticare ‖ **N.** *Sin.* arzigogolo, bizzarria, estro, fantasia, grillo, stravaganza, ticchio, CAPRICCIO.

ghiribizzóso [da *ghiribizzo*; 1548 nel senso 2] **agg.** *non com.* **1.** di persona, pieno di ghiribizzi, stravagante **2.** di azione, idea o opera, bizzarro, fantasioso: *una trovata ghiribizzosa, una composizione artistica ghiribizzosa* ‖ **ghiribizzosaménte** **avv.** *raro* ‖ **N.** **1.** *Sin.* bizzarro, capriccioso, estroso **2.** *Sin.* fantasioso, originale, stravagante.

ghirigòro [etim. inc.; 1525] **sm.** intreccio di linee curve tracciate a capriccio: *la sua firma è un ghirigoro illeggibile* ‖ *fig. raro* confuso avvicendarsi di sentimenti ‖ **N.** arabesco, intreccio; scarabocchio.

ghirlànda [etim. inc.; sec. XIII] **sf.** **1.** corona di fiori o di fronde: *intrecciare una ghirlanda di margherite* **2.** *fig. lett.* insieme di cose o persone disposte in cerchio: *la città è cinta da una bella ghirlanda di colli*; *fare ghirlanda*, fare corona, sistemarsi in cerchio ‖ *dim.* ghirlandétta, ghirlandìna, ghirlandùccia ‖ **N.** **1.** *Sin.* serto; cerchio, diadema; CORONA; inghirlandare.

ghirlandàio (pl. *-ài*) [da *ghirlanda*; 1887] **sm.** (f. *-a*) *non com.* chi fa o vende ghirlande.

ghirlandàre [da *ghirlanda*; 1481] **tr.** *poet.* inghirlandare.

ghìro [lat. volg. **glīrus*, class. *glis, gliris*; a. 1320] **sm.** piccolo roditore dal pelame fitto e morbido, color grigio cenere; ha una lunga coda a spazzola e passa l'inverno in letargo ‖ *dormire come un ghiro*, profondamente e a lungo.

ghirónda o **girónda** [da un ant. *girondare*, far girare; a. 1698] **sf.** antico strumento musicale a corde, il cui suono, nasale e poco variato, era prodotto dallo strofinamento sulle corde di una ruota di legno spalmata di resina, che veniva fatta girare per mezzo di una manovella ‖ **N.** *Sin.* organistrum.

ghìsa [dal fr. *gueuse, guise*, di orig. ted.; 1819] **sf.** lega di ferro e carbonio; è generalmente dura e fragile e serve per fare tubi, cancelli ecc. e per produrre acciai; *ghisa bianca*, nella quale il carbonio è combinato come cementite; *ghisa grigia*, più malleabile, in cui il carbonio si presenta sotto forma di grafite.

ghost story (ingl., pr. [ˈgoust stɔːri]) [comp. di *ghost*, fantasma e *story*, storia; 1980] **loc. f. inv.** genere cinematografico di ispirazione letteraria, che comprende i film del mistero con protagonisti i fantasmi.

ghost writer (ingl., pr. [ˈgoust raitə]) [comp. di *ghost*, fantasma e *writer*, scrittore; 1967] **loc. m. inv.** (o pl. *ghost writers*, pr. [ˈgoust raitəz]) chi scrive libri o articoli per conto di un'altra persona, che poi li firma assumendosene la paternità ‖ **N.** *Sin.* negro.

gi [lettura della lettera *g*; 1737] **sf.** (meno com. *sm.*) *inv.* nome della lettera *g* (v.).

già [lat. *iam*; a. 1294] **avv.** **1.** indica che l'azione è ormai compiuta o un fatto si è ormai verificato nel momento a cui ci si riferisce: *i ragazzi sono già vestiti*; *quando arriveremo, sarà già andato via*; davanti a un participio passato, rafforza l'idea della compiutezza dell'azione: *ti ho già detto di no!* **2.** indica che un fatto avviene, sta avvenendo o è avvenuto prima del previsto, talora esprimendo stupore, gioia o rammarico: *sono già le quattro!*, *sei già di ritorno?* || anche nella loc. avv. *di già*: *è giunta l'ora di salutarci. Di già?* || sin d'ora, sin da quel momento: *avevo appena cominciato, e già ero stanco*; *io vo già della vittoria altero* (Petrarca) **3.** *ant.* o *bur.* in precedenza, un tempo: *fu già un principe*; *il Quirinale, già palazzo pontificio*; *il signor Tale, già ministro* **4.** con valore affermativo, assumendo varie sfumature di significato (ironiche, di concessione, d'impazienza, di disprezzo, di dubbio, di rammarico, di rassegnazione ecc.) a seconda dei casi e del tono: *sai che ti hanno derubato l'alloggio? Già*; *andiamo a cena fuori? Già, e chi paga?*; *eh già, dovevo prevederlo*; si usa anche ripetuto: *già già, hai ragione* || indica l'improvviso affiorare alla mente di qualcosa: *ah già, ora mi ricordo* **5.** con valore rafforzativo, preceduto da *non*: *ci vado non già perché voglio, ma perché devo* **6.** nella loc. cong. *già che*, V. GIACCHÉ.

giàcca [dal fr. *jaque*; 1853] **sf.** *T.abb.* indumento da uomo o da donna, di stoffa, di pelle o di pelliccia, fornito di maniche e aperto sul davanti, che copre la parte superiore del corpo fino al bacino, e si porta gen. sopra i vestiti: *giacca a un petto, a doppio petto, sportiva, elegante*; *giacca a vento*, giacca di tessuto impermeabile, talvolta imbottita e con cappuccio, che protegge dal freddo, dal vento e dalla neve || *per meton. giacche* (o *giacchette*) *nere*, gli arbitri delle partite di calcio, che indossano una divisa di colore nero || *dim.* giacchétta, giacchétto (*sm.*), giacchìno (*sm.*), giacchettino (*sm.*); *accr.* giaccóna, giaccóne (*sm.*) || **N.** bolero, casacca, farsetto, giubba, marsina, smoking | asola, bavero, bottoniera, cappuccio, dorso, fodera, maniche, mostra, occhiello, paratasche, patte, petto, risvolti, sprone, tasche. **Q.T.** *abbigliamento* **TAV.** ***sci*** **p. 1333** 20.2.

giacché o **già che** [comp. di *già* e *che*; a. 1342] **cong.** con valore causale, poiché, siccome: *ti spedirò quelle carte, giacché ci tieni*; dal momento che: *giacché te ne vai, saluta almeno la mamma*; *già che vai al mercato, compra della frutta*.

giacchétta (*dim.* di *giacca*) [1829] **sf.** **1.** *T.abb.* giacca corta e leggera **2.** *T.sport. giacchette nere*, gli arbitri delle partite di calcio || *dim.* giacchettìna; *accr.* giacchettóna, giacchettóne; *pegg.* giacchettàccia || **N.** GIACCA.

giacchétto[1] (*dim.* di *giacca*) [a. 1586] **sm.** giacca corta e attillata, tipicamente femminile || *dim.* giacchettino.

giacchétto[2] [dal fr. *jacquet*; 1930] **sm.** *T.gioc.* variante della tavola reale, che si gioca in due, con due dadi e trenta pedine; il gioco consiste nel far compiere alle pedine il giro del tavoliere, facendole avanzare di tante frecce quanti sono i punti segnati dai dadi.

giacchiàre (pres. *-àcchio*) [da *giacchio*; 1923] **tr.** e **intr.** (aus. *avere*) *T.pesc.* pescare con il giacchio.

giacchiàta [da *giacchio*; 1728] **sf.** *T.pesc.* gettata di giacchio || la presa di pesci con il giacchio || **N.** retata.

giàcchio o **giàccio**[1] (pl. *-chi* o *-ci*) [lat. *iaculum*, oggetto da lanciare; a. 1320] **sm.** *T.pesc.* rete tonda, sottile e fitta, con il perimetro piombato; si apre a ombrello quando è gettata in acqua dal pescatore e, raggiunto il fondo, si chiude imprigionando i pesci che si trovano al suo interno || **N.** *Sin.* rezzaglio.

giàccio[2] [dal lat. *iacēre*, giacere; a. 1386] **sm.** *ant.* addiaccio || in part. *T.cacc.* il giaciglio, il covo del cervo.

giaccóne (*accr.* di *giacca*) [1933] **sm.** ampia giacca pesante lunga fino a metà coscia, che sostituisce il cappotto: *un giaccone di renna*.

giacènte (*ppr.* di *giacere*) [sec. XIV] **agg.** **1.** che giace, sdraiato, coricato: *il malato giacente in un letto d'ospedale* **2.** fermo, inutilizzato: *eredità giacente*, provvisoriamente amministrata da un curatore, quando l'erede non sia ancora stato nominato o non abbia accettato; *affare, causa giacente*, che non ha corso, in sospeso; *lettera, pacco giacente*, che rimane all'ufficio postale perché non ritirato o non consegnato **3.** *fig. lett.* abbattuto, prostrato, vinto, inerte: *a i pigri cuori, a gli animi giacenti* (Carducci).

giacènza [da *giacente*; 1840 nel senso 2] **sf.** **1.** condizione di ciò che giace, spec. rif. a merci, capitale ecc.: *tempi di giacenza della merce al porto d'arrivo, giacenza del capitale in deposito*; *rischi di giacenza*, nelle assicurazioni contro i rischi del trasporto di merci, quelli a cui la merce è soggetta durante la permanenza nei luoghi di carico e scarico **2.** (gen. al pl.) *concr.* ciò che è giacente; rimanenza, avanzo presso un deposito: *le giacenze di magazzino, giacenze di cassa*.

giacére (pres. *giàccio, giàci, giàce, giacciàmo* o *giaciàmo, giacéte, giàcciono* o *giàciono*; imp. *giacévo*; p.rem. *giàcqui, giacésti, giàcque, giacémmo, giacéste, giàcquero*; pres. cong. *giàccia, giacciàmo* o *giaciàmo, giacciàte, giàcciano*; fut. *giacerò*; pps. *giaciùto*) [lat. *iacēre*; a. 1292] **intr.** (aus. *essere*, raro *avere*) **1.** di persona, stare con il corpo disteso: *giacere sull'erba*; *giacere ammalato, infermo*, essere a letto per malattia || *eufem.* essere sepolto: *giace nella tomba di famiglia*; nelle iscrizioni funebri: *qui giace...* || *ant.* o *lett. giacere* o *giacersi con*, avere rapporti sessuali: *si è giaciuto con lei*; *amo una donna con cui mai non giacqui* (Saba) **2.** *ant.* o *lett.* di cosa o luogo, essere posto, trovarsi: *la valle giaceva tra due monti* || *T.geom.* essere situato, appartenere a: *retta che giace sul piano* **3.** *fig.* rif. a persona, trovarsi in una situazione disagiata o sgradevole: *giacere nella miseria, nell'ignoranza, in stato di totale abbandono*; o in una condizione di inerzia o inoperosità: *giacere nell'ozio*; o in uno stato di abbattimento: *cadde, risorse e giacque* (Manzoni) || rif. a cosa, essere abbandonata, trascurata, inutilizzata: *questa pratica giace da lungo tempo* || **N.** **1.** *Sin.* adagiarsi, coricarsi, distendersi, estendersi, sdraiarsi, stagnare, stendersi | bocconi, immobile, supino.

giacìglio (pl. *-gli*) [lat. volg. **iacīlium*; a. 1364] **sm.** misero lettino, o luogo o cosa su cui si dorme o si giace: *giaciglio di paglia, di stracci, di foglie* || **N.** branda, cuccetta, cuccia, lettuccio, pagliericcio, saccone, strame, LETTO.

giaciménto [da *giacere*; 1806] **sm.** **1.** *T.geol.* deposito naturale di minerali all'interno della crosta terrestre: *giacimento aurifero, giacimento di petroli* || *T.archeol.* luogo in cui sono state trovate testimonianze di civiltà preistoriche **2.** *non com.* l'atto e il modo del giacere, giacitura. **Q.T.** *archeologia*.

giacintìno [dal lat. *hyacinthinus*, gr. *hyakínthinos*; sec. XIV] **agg.** di giacinto; del colore del giacinto, tendente al rosso: *la cupola del cielo s'era tinta d'una pallidità giacintina* (D'Annunzio).

giacìnto [dal lat. *hyacinthus*, gr. *hyákinthos*; a. 1364 *iacinto*] **sm.** **1.** pianta delle Liliacee, con bulbo coperto da molte tuniche, foglie lineari lisce e fiori odorosi, di vario colore || il fiore di tale pianta **2.** *T.min.* varietà di zircone, di color arancione o rosso granata, usata come gemma.

giacitùra [da *giacere*; 1353] **sf.** **1.** l'atto e il modo del giacere: *giacitura comoda, scomoda, innaturale* || *ant. lett.* l'atto sessuale **2.** posizione rispetto agli oggetti o elementi circostanti: *giacitura delle parole*, disposizione nella frase || *T.geom. giacitura di un piano*, la totalità delle direzioni delle rette che appartengono al piano || *T.geol.* l'insieme dei rapporti spaziali di una massa rocciosa, relativamente omogenea, con le rocce circostanti: *giaciture concordanti, discordanti*.

giaciùto *pps.* di *giacere* (v.).

giàco (pl. *-chi*) [dal fr. *jaque*; a. 1400] **sm.** indumento in maglia di ferro o d'ottone, in uso nel Rinascimento, che i soldati portavano a difesa del petto, delle reni e delle braccia || **N.** *Sin.* cotta | armatura, corazza, usbergo.

giacobinìsmo [dal fr. *jacobinisme*; 1793 *giacobbinismo*] **sm.** **1.** *T.stor.* il movimento politico e l'ideologia dei giacobini **2.** *per estens.* atteggiamento politico radicale, estremista.

giacobìno [dal fr. *jacobin*; 1793] **I sm.** (f. *-a*) **1.** *T.stor.* chi, ai tempi della rivoluzione francese, aderiva alla fazione repubblicana più intransigente **2.** *per estens.* chi sostiene idee di libertà e uguaglianza in modo estremista, radicale, violento **II agg.** dei giacobini: *circolo giacobino*; da giacobino, caratteristico dei giacobini: *idee, atteggiamenti giacobini*.

giacobìta[1] [dall'ingl. *jacobite*; 1822] **s.** *T.stor.* partigiano del re d'Inghilterra Giacomo II Stuart, esiliato dopo la rivoluzione inglese del 1688.

giacobìta[2] [dal n. proprio *Jacob*; 1577] **s.** *T.stor.* eretico seguace delle idee di Jacob Baradeo, vescovo di Edessa (sec. VI), il quale sostenne la dottrina eutichiana o monofisita; anche *agg.* sempre posposto: *Chiesa giacobita*, dei giacobiti.

giàcomo [etim. inc.; 1633 *jacomo jacomo*] **sm.** solo nella loc. fam. scherz. *fare giacomo giacomo*, detta delle gambe o delle ginocchia quando tremano o si piegano per la paura, o per debolezza ecc.

giaconétta [dal fr. *jaconas, jaconat*, dal n. geogr. *Jagannāth*, attr. l'ingl. *jaconet*; 1839] **sf.** tessuto di cotone leggero, di ottima qualità, usato per confezionare abiti estivi || **N.** batista, mussola, percalle.

giaculatòria [dal lat. tardo *iaculatoria* (*prece*); a. 1603] **sf.** **1.** breve preghiera che si ripete più volte: *recitare sommessamente una giaculatoria* **2.** *iron.* elenco noioso, monotona ripetizione di parole sempre uguali || discorso enfatico fatto per muovere a compassione: *smettila con quelle giaculatorie!* **3.** *antifr.* imprecazione, bestemmia || **N.** **1.** *Sin.* PREGHIERA.

giàda [dal fr. *jade*; 1770 *iade*] **sf.** nome di due minerali molto simili, la *nefrite* e la *giadeite*, di colore bianco, azzurro e spec. verde, duri e compatti, che sono usati per la fabbricazione di ornamenti preziosi; nella loc. agg. *verde giada*, di colore verde chiaro tendente all'azzurro.

giadeìte [comp. di *giada* e *-ite*[2]; 1940] **sf.** *T.min.* silicato di sodio e alluminio, detto com. *giada*.

giafètico V. IAFETICO.

giaggiòlo [lat. *gladiolus*, piccola spada; sec. XIV *ghiaggiuolo*] **sm.** pianta delle Iridacee, con grosso rizoma, foglie a spada e fiori di colore azzurro, blu-viola o bianco, grandissimi, odorosi, con sei lobi, tre dei quali rovesciati; dal rizoma si ricava una polvere profumata, detta *ireos* || **N.** *Sin.* giglio fiorentino, ireos, iris.

giaguàro [dal tupì-guaranì *yaguarà*, attr. il fr. *jaguar*; 1772 *jaguar*] **sm.** grosso felino americano, con pelliccia di color giallo rossiccio a macchie scure, simile al leopardo africano || *amico del giaguaro, scherz.*, chi, invece di sostenere le ragioni di un amico, sembra piuttosto parteggiare per i suoi avversari.

giaiétto [dal fr. *jaiet*; 1798] **sm.** varietà di lignite di colore nero, lucida, compatta e omogenea, usata per bottoni, ornamenti ecc. || perla ottenuta da tale varietà di lignite || **N.** *Sin.* gagate, gè, giavazzo.

giàina o **jàina** [dal sanscrito *jaini*, religione indiana; a. 1916] **I** *agg.* proprio del giainismo, relativo al giainismo **II** *s. inv.* seguace del giainismo.

giainiṣmo o **jainiṣmo** [da *giaina*; 1933] *sm.* religione nata in India nel VI sec. a.C. che crede nella reincarnazione dell'anima, nella redenzione del mondo in epoche successive e predica la non violenza e l'ascetismo. **Q.T.** *religione.*

gialàppa (pop. *scialàppa*) [dallo sp. *jalapa*; 1695 *jalapa*] *sf.* pianta perenne messicana della famiglia delle Convolvulacee; produce tuberi da cui viene ricavata una sostanza purgativa, usata in farmacia.

giàlda [dal fr. ant. *jaude*; a. 1388] *sf. T.stor.* lancia con asta molto lunga, usata nel Medioevo.

gialdonière [da *gialda*; a. 1348] *sm. T.stor.* soldato a cavallo armato di gialda.

giallàstro [da *giallo*; 1598] *agg.* di colore tendente al giallo, ma sgradevole, che dà l'idea di malsano o di sporco: *viso giallastro, lenzuola rimaste giallastre dopo il bucato.*

gialleggiàre (pres. *-éggio*) [da *giallo*; a. 1519] *intr.* (aus. *avere*) *non com.* essere di colore tendente al giallo || emanare luce gialla.

giallétto (*dim.* di *giallo*) [1340 ca.] **I** *agg.* di colore che tende lievemente al giallo **II** *sm. T.cuc.* pasta di farina di granturco con uva passa.

giallézza [da *giallo*; a. 1519] *sf. non com.* qualità di chi o di ciò che è giallo.

gialliccio (pl. m. *-ci*, pl. f. *-ce*) [da *giallo*; a. 1406] *agg.* di colore che tende al giallo pallido: *carnagione gialliccia.*

gialligno [da *giallo*; a. 1537] *agg. non com.* di colore giallo sbiadito, smorto: *una faccia gialligna* || **N.** *Sin.* giallognolo.

giallista [da (*libro*) *giallo*; 1942] *s.* autore di romanzi gialli.

giallistica [da *giallo*, sul modello di *saggistica*; 1983] *sf.* genere letterario costituito dai romanzi gialli, cioè di argomento poliziesco.

giàllo [dal fr. antico *jalne*, dal lat. *galbinus*, verde pallido; a. 1276] **I** *agg.* del colore della buccia del limone; anche seguito da agg. o s. che ne specificano la tonalità e l'intensità: *giallo limone, giallo oro*; *giallo pallido, carico, intenso* || di carnagione o volto di persona, pallido, smorto || *farina gialla*, di granturco || *romanzo, film, dramma giallo*, di genere poliziesco || *pagine gialle*, elenco telefonico in cui gli abbonati sono suddivisi a seconda dell'attività esercitata || *febbre gialla*, V. FEBBRE || *razza gialla*, la razza mongolide || *sindacato giallo*, associazione di lavoratori controllata o manovrata dal datore di lavoro || *pericolo giallo*, per il mondo occidentale, quello rappresentato dallo sviluppo politico ed economico e dall'espansionismo dei popoli asiatici || *bandiera gialla*, bandiera issata sulle navi che trasportano malati contagiosi **II** *sm.* **1.** il colore giallo: *un bel giallo intenso, quest'anno è di moda il giallo* || *il giallo dell'uovo*, il tuorlo **2.** romanzo, film o dramma poliziesco: *sto leggendo un avvincente giallo* || *per estens.* avvenimento della vita reale avvolto dal mistero: *la polizia sta indagando sul giallo di via Settembrini* **3.** (f. *-a*) individuo di razza mongolide **4.** *T.chim.* materiale o sostanza colorante, pigmento che conferisce colore giallo: *giallo di cadmio, di cobalto* || *dim.* giallino, giallétto, giallùccio; *pegg.* giallàccio || **N.** I **1.** aranciato, arancio, arancione, biondo, canarino, dorato, falbo, flavo, fulvo, impagliatino, paglierino, rancio | brillante, corallino, del Giappone, di antimonio, di cromo, di Napoli, di zinco, giallo aladino, lacca gialla, terra di Siena | limone, ocra, oro, paglia, zafferano | ingiallire.

giallògnolo o **giallógnolo** [da *giallo*; sec. XVI] *agg.* di colore giallo scolorito, smorto.

giallóna [da *giallo*; 1956] *sf.* qualità di pesca duracina a polpa gialla; anche *agg.* sempre posposto: *pesca giallona.*

giallóne [da *giallo*; 1906] *sm.* **1.** (f. *-a*) *fam. spreg.* persona di colorito giallo **2.** altro nome dell'uccello rigogolo **3.** baco da seta colpito da giallume **4.** *ven.* farina di granturco di aspetto granuloso.

giallóre [da *giallo*; seconda metà sec. XIII] *sm. non com.* colore o colorito giallo, giallastro: *il cielo appariva di un giallore sinistro* || *concr. ant.* materia gialla.

giallorò̩sa [comp. di *giallo* e *rosa*; 1958] *agg. inv.* detto di romanzo, film, commedia e sim. di argomento poliziesco con un intreccio amoroso a lieto fine.

gialloróṣso [comp. di *giallo* e *rosso*, i colori della squadra; 1940] **I** *agg.* e *sm.* che, chi gioca nella squadra di calcio della Roma o del Catanzaro **II** *agg.* tifoso o simpatizzante di tali squadre di calcio.

giallùme [da *giallo*; a. 1406] *sm.* **1.** colore giallo troppo intenso o sporco || *concr.* materia gialla, macchia gialla: *c'è del giallume sul cuscino* **2.** *T.bot.* malattia virale delle piante che provoca l'ingiallimento e l'accartocciamento delle foglie **3.** *T.zool.* malattia virale dei bachi da seta, che assumono colore giallastro || **N. 3.** giallone.

giallùria [da *giallo*; 1869] *sf. raro* polline delle rose.

giamaicàno [dal n. geogr. *Giamaica*; 1965] **I** *agg.* della Giamaica **II** *sm.* (f. *-a*) abitante o nativo della Giamaica.

giambàre [da *giambo*; a. 1543] *tr. ant.* burlare.

giambèlego (pl. *-ghi*) [dal lat. tardo *iambelegus*, gr. *iambelegos*; a. 1912] *sm. T.metr.* verso latino composto di un dimetro giambico acatalettico e di un trimetro dattilico catalettico || **N.** elegiambo.

giambèrga [dallo sp. (*casaca*) *chamberga*; 1841] *sf. pop. disus.* abito maschile a lunghe falde || **N.** *Sin.* finanziera, redingote.

giamberlùcco (pl. *-chi*) [var. di *zamberlucco*; sec. XVI] *sm.* zamberlucco.

giàmbico (pl. *-ci*) [dal lat. *iambicus*, gr. *iambikós*; 1586] *agg.* **1.** *T.metr.* costituito di giambi: *versi giambici, metro giambico* || *strofe giambiche*, nella poesia italiana di imitazione classica, strofe di endecasillabi sdruccioli o di endecasillabi alternati con settenari sdruccioli **2.** *fig. lett.* che ha carattere satirico e tono polemico: *spirito giambico.*

giàmbo [dal lat. *iambus*, gr. *íambos*; 1600] *sm.* **1.** *T.metr.* piede della poesia greca e latina, composto di una sillaba breve e di una lunga **2.** metro in cui domina il giambo || poesia satirica in versi giambici **3.** *per estens.* componimento satirico || *fig. ant.* scherno, burla.

giammài [comp. di *già* e *mai*; sec. XIII *già mai*] *avv.* **1.** *lett.* o *enf.* e *scherz.* accompagnato da negazione, in nessun tempo (più forte del semplice mai): *non fia giammai*; anche come risposta: *ti scuserai con lui? Giammai!* **2.** *ant.* talvolta, una qualche volta: *di quanto amor giammai soffersi ed aggio a soffrir anco* (Petrarca).

gianchétto *sm.* (in gen. *pl.*) var. region. di *bianchetto* (V. BIANCHETTO nel senso 4).

gianduia [voce piem., da *Gioan d'la douja*, letter. Giovanni della brocca; 1887] *sm.* **1.** nome di una maschera del teatro popolare piemontese **2.** (solo *sing.*) tipo di cioccolato alla nocciola a pasta molle, specialità torinese; anche in posizione attributiva: *pasta gianduia.*

gianduiòtto [da *gianduia*; 1887] *sm.* cioccolatino di pasta gianduia, tenero e fondente.

giannèllo [dal n. proprio *Gianni*, Giovanni; a. 1912] *sm. fam. tosc.* baco o verme delle ciliegie e in gen. della frutta: *le ciliegie erano andate, per San Giovanni avevano i giannelli* (Pascoli).

giannétta[1] [dallo sp. *jineta*; a. 1484] *sf.* **1.** arma simile ad una lancia, in uso nei sec. XIV-XV **2.** bastone da passeggio, di solito di canna d'India.

giannétta[2] [dal n. proprio *Gianna*; 1956] *sf. rom.* vento gelido, tramontana: *s'era levata una giannetta fresca, che gelava tutto* (Pasolini).

giannétta[3] [dal n. proprio ingl. *Jenny*; 1956] *sf.* tipo di filatoio per il cotone e la lana.

giannétto V. GINNETTO.

giannìzzero [dal turco *yeniçeri*, letter. nuovo reparto militare; a. 1470 *giannizzo*] *sm.* **1.** *T.stor.* soldato scelto della fanteria dell'impero ottomano, guardia del corpo del sultano **2.** *per estens. spreg.* o *scherz.* chi è al seguito di personaggi potenti o importanti: *è sempre circondato dai suoi giannizzeri* || *non com.* attivista fanatico di un partito o di un'associazione politica || **N. 2.** *Sin.* accolito, guardia del corpo, scagnozzo, seguace.

giàno [dal lat. *Ianus*, n. di una divinità romana raffigurata come bifronte; a. 1416] *sm.* **1.** *fig. giano bifronte*, persona falsa, ipocrita **2.** *T.arch.* arco romano con quattro facce uguali || passaggio fra portici.

giansenianò [dal n. proprio *Giansenio*, adattamento di (Cornelis) *Jansen*; 1785] *agg. raro* giansenistico.

gianseniṣmo [dal fr. *jansénisme*; 1717] *sm. T.fil.* corrente filosofico-teologica ispirata alla dottrina dell'olandese Cornelis Jansen (sec. XVII), che negava all'uomo la possibilità di conquistarsi la salvezza eterna, ritenuta un dono di Dio basato su scelte imperscrutabili; tale dottrina fu condannata dalla Chiesa cattolica come eretica. **Q.T.** *religione.*

giansenista [dal fr. *janséniste*; a. 1694] **I** *s.* seguace del giansenismo **II** *agg.* giansenistico: *dottrina giansenista.*

giansenistico (pl. *-ci*) [da *giansenista*; 1791] *agg.* del giansenismo, relativo al giansenismo: *la concezione giansenistica della grazia* || *per estens.* ispirato a principi morali rigorosi e intransigenti: *spirito giansenistico, morale giansenistica.*

giapètico *agg. non com.* V. IAFETICO.

giapètide *agg. non com.* V. IAFETIDE.

giapponése [dal n. geogr. *Giappone*, trascrizione del n. cinese *Jihpên*; 1589] **I** *agg.* del Giappone, che proviene dal Giappone: *la tradizione giapponese* || *T.sport. lotta giapponese*, tipo di lotta di origine giapponese, basata sull'agibilità e sulla destrezza dei lottatori **II** *sm.* **1.** (anche *sf.*) abitante, nativo del Giappone **2.** (solo *sing.*) la lingua che si parla in Giappone || **N.** I *Sin.* nipponico | judo, jujutsu. **TAV.** *alfabeti* 5; *atletica* **p. 657** 3.3.

giapponeseria [dal fr. *japonaiserie*; 1929] *sf.* suppellettile giapponese o di imitazione giapponese.

giappònico (pl. *-ci*) [da *Giappone*; 1847] *agg. raro* giapponese.

giàra[1] [dall'ar. *ǧárra*, brocca; a. 1405 *giarra*] *sf.* **1.** grande vaso di terracotta usato per conservare acqua, olio, vino, granaglie ecc. || *raro* la quantità di liquido contenuto in una giara **2.** vaso di cristallo o di maiolica, con due manici, senza piede || **N. 1.** *Sin.* orcio, ziro, VASO.

giàra[2] [lat. *glārea*, ghiaia; 1956] *sf. T.geol.* rilievo dalla sommità pianeggiante e dai versanti scoscesi, costituito da rocce basaltiche, caratteristico della Sardegna.

giàrda [dall'ar. *ǧarad*; a. 1320] *sf.* **1.** *ant.* beffa, burla; bugia **2.** *T.vet.* escrescenza ossea sul lato esterno del garretto e dello stinco di equini e bovini.

giardinàggio (pl. *-gi*) [dal fr. *jardinage*; a. 1798] **sm.** l'arte e l'attività di impiantare e coltivare i giardini: *un esperto di giardinaggio, dedicarsi al giardinaggio.* **Q.T.** *giardinaggio*... **TAV.** *giardinaggio* **p. 1314 sg.**

giardinàio (pl. *-ài*) [da *giardino*; a. 1547] **I** **sm.** (f. *-a*) *non com. ant.* giardiniere **II** **agg.** ricco di fiori, nel prov.: *maggio giardinaio non empie il granaio.*

giardinétta [da *giardiniera*[2] nel senso di carrozza; 1950] **sf.** **1.** nome commerciale di autovettura ora fuori commercio, simile a un furgoncino, con carrozzeria talvolta parzialmente in legno, grandi finestrini e un ampio portello posteriore **2.** *per estens.* ogni automobile di tale forma. **TAV.** *automobile* **p. 659 10.**

giardinétto (*dim.* di *giardino*) [1353 nel senso 1; 1863 nel senso 3; 1969 nel senso 4] **sm.** **1.** giardino piccolo e grazioso ‖ *pl.* giardini pubblici: *portare i bambini a giocare ai giardinetti* **2.** *T.mar.* ciascuna delle due parti laterali dell'estremità di poppa della nave, dove un tempo si trovavano balconi adornati con piante: *vento al giardinetto* **3.** assortimento di frutta o verdura mista ‖ piatto di salumi e antipasti vari **4.** *T.econ.* in borsa, portafoglio di titoli diversificato per ridurre i rischi di investimenti sbagliati.

giardinièra[1] [f. di *giardiniere*; 1607 come sf.; a. 1903 come agg.] **I** **sf.** **1.** donna che per mestiere, cura i giardini **2.** *ant.* moglie del giardiniere **II** **agg.** (sempre posposto) *disus. maestra giardiniera,* maestra di scuola materna.

giardinièra[2] [dal fr. *jardinière*, da *jardin*, giardino; 1866 nel senso 2; a. 1879 nel senso 4; 1908 nel senso 1; 1948 nel senso 5] **sf.** **1.** *T.cuc.* assortimento di verdure conservate sott'aceto ‖ zuppa composta di molte qualità di verdura **2.** mobile di varia forma usato per sostenere vasi con fiori e piante ornamentali **3.** *T.carr.* carretto a due o quattro ruote usato un tempo dagli ortolani ‖ carrozza signorile a cavalli, con quattro ruote e sedili laterali, scoperta, assai diffusa nel sec. XIX e all'inizio del XX **4.** *per estens. T.ferr.* vettura tranviaria o ferroviaria, ora non più in uso, aperta ai lati o con la piattaforma a balcone **5.** *per estens. T.aut.* giardinetta.

giardinière [dal fr. *jardinier*, fine sec. XIII] **sm.** (f. *-a*) chi cura e coltiva i giardini per mestiere. **Q.T.** *giardinaggio*...

giardino [dal fr. *jardin*; sec. XIII] **sm.** **1.** luogo, gen. delimitato da muro, steccato, siepi e sim., adibito alla coltivazione di fiori e piante ornamentali; *giardino pensile,* piccolo giardino su terrazza; *giardino alla francese,* con un tracciato simmetrico a linee rette con aiuole, specchi d'acqua e nicchie; *giardino all'inglese,* che tende a mantenere intatto o a riprodurre l'ambiente naturale; *giardino all'italiana,* elaborato secondo regole architettoniche, in cui le piante sono disposte in forme geometriche e potate in modo artificioso; *piante da giardino,* ornamentali ‖ *giardino botanico,* orto botanico ‖ *giardino pubblico* (spesso *pl. giardini pubblici*), ampia zona verde destinata al passeggio e allo svago degli abitanti delle città ‖ *giardino zoologico,* parco in cui sono tenuti in cattività animali esotici ‖ *disus. giardino d'infanzia,* asilo infantile, scuola materna ‖ in funzione appositiva, *città giardino,* quartiere residenziale ed elegante caratterizzato da ricchezza di verde **2.** *fig.* luogo ridente e bello: *l'Italia è il giardino d'Europa* ‖ *dim.* giardinétto ‖ **N.** **1.** *Sin.* brolo, parco, verde. **Q.T.** *città, giardinaggio*...

giàrra [var. di *giara*[1]; a. 1405] **sf.** giara.

giarrettièra [dal fr. *jarretières*; a. 1749 *ghiartiera*] **sf.** fascia elastica usata per sostenere le calze da donna, all'altezza delle coscie, o meno com. le calze da uomo sotto il ginocchio ‖ ognuno dei nastri elastici fissati a busti e reggicalze, che si agganciano alle calze femminili per tenerle tese ‖ *Ordine della Giarrettiera,* ordine cavalleresco inglese istituito nel sec. XIV, che ha per insegna una giarrettiera azzurra.

giàspide [dal lat. *iaspis, -idis*; a. 1332] **sm.** iaspide.

giaurro [dal turco *ĝâvur*; a. 1787] **sm.** *spreg.* nome col quale i Turchi musulmani chiamavano un tempo chi non era della loro religione e spec. i cristiani ‖ **N.** *Sin.* infedele.

giàva[1] [dal n. geogr. *Java*, Giava, attr. il fr. *java*; 1960] **sf.** ballo in voga dopo la prima guerra mondiale.

giàva[2] [etim. inc.; 1532] **sf.** *T.mar.* ripostiglio nella stiva delle antiche galee.

giavanése [dal n. geogr. *Giava*; 1860] **I** **agg.** dell'isola di Giava **II** **sm.** **1.** (anche *sf.*) abitante di Giava **2.** (solo *sing.*) la lingua parlata a Giava.

giavazzo [dall'ar. *sabağ, zabağ*, attr. lo sp. *azabache*; prima metà sec. XVII] **I** **sm.** varietà di lignite di colore nero, adoperata per fare bottoni, collane e ornamenti da lutto **II** **agg.** si dice del mantello del cavallo quando è nero e lucente: *morello giavazzo* ‖ **N.** **I** *Sin.* gagate, gé, giaietto **II** *Sin.* corvino.

giavellottista [da *giavellotto*; 1947] **s.** *T.sport.* atleta che pratica lo sport del lancio del giavellotto.

giavellòtto [dal fr. *javelot*; a. 1348] **sm.** **1.**

GIARDINAGGIO E ORTICOLTURA

SPECIE E QUALITÀ: boschetto, brolo, giardinetto, giardino, orticello, orto, orto botanico, parco, verziere; giardino alla francese, all'inglese, all'italiana, d'inverno, pensile, pubblico, roccioso.

PARTI DELL'ORTO E DEL GIARDINO: aiuola, *berceau* o bersò, bordura, cancello, capanno degli attrezzi, cascata, cassone, cerchiata, cespuglio, chiosco, controspalliera, cordonata, esedra, filare, fontana, ghiaia, graticolato, grotta, laghetto, padiglione, palizzata, panchina, *parterre*, pergola, pergolato, praticello, prato, prato inglese, rocce, rosta, scalea, scherzi o giochi d'acqua, seccatoio, semenzaio, serra, spalliera; steccato, tepidario, uccelliera o voliera, vasca, vialetto, viottolo, vivaio.

PERSONE: fioraio, fiorista, floricoltore, giardiniere, orticoltore, ortolano, ortovivaista, vivaista.

ARNESI E PRODOTTI: annaffiatoio o innaffiatoio (manico, beccuccio), badile, beccastrino, carriola, cesoie, decespugliatore, distributore di fertilizzante, falcetto, forbici (per erba, per potare), forcone, frangizolle, graticcio, impianto d'irrigazione automatico, innestatoio, irroratrice, pala, piantabulbi, piantatoio, piolo, pompa, potatoio, raspatoio, rastrello, roncola, sarchiello, sarchio, seminatrice, spandiconcime, tagliabordi, tagliasiepi, tosaerba o tosaprato o tosatrice, trapiantatoio, tutore, vanga, vaso, zappa, zappetta; anticrittogamici, antiparassitari, concime, fertilizzante, humus, lucidante fogliare, terra (d'erica, di castagno), torba, verderame.

OPERAZIONI: aerazione, cimatura, drenaggio o fognatura, idrocoltura, incrocio, ingrasso, innesto, messa a dimora, moltiplicazione (per margotta, propaggine, talea), pacciamatura, sarchiatura, semina, sfalcio, spollonatura, terricciamento, trapianto; aggiardinare, concimare, diradare, diserbare, estirpare, fertilizzare, infrascare, inghiaiare, innaffiare, invasare, letamare, piantare, potare, rastrellare, sfoltire, svasare, zappettare.

ANIMALI NOCIVI: afide, bruco, cocciniglia, dorifora, formica, grillotalpa, lumaca, ragno, talpa, tingide, vermi di terra.

FIORI E PIANTE ORNAMENTALI: acacia, acanto, achillea, agave, agrifoglio, alloro, amaranto, amarillide, anemone, aquilegia, artemisia, asfodelo, aster, azalea, bambù, begonia, bella di notte, biancospino, bocca di leone, bosso, bucaneve, cactus, calceolaria, calicanto, calla, camelia, campanula o campanello, capelvenere, caprifoglio, cedrina, cedronella, ciclamino, cipresso, citiso, clematide, clivia, colchico, convolvolo o bella di giorno, crisantemo, croco, dalia, digitale, dionea, dittamo, *edelweiss* o stella alpina, edera, erica, felce, *ficus*, filodendro, fiordaliso, forsizia, frassinella, fucsia, gaggìa, gardenia, garofano, gazania, gelsomino, genziana, geranio, gerbera, giacinto, giaggiolo o iris o ireos, giglio, ginepro, ginestra, girasole, giunchiglia, gladiolo, glicine, ibisco, lavanda o spigo, ligustro, lillà, lobelia, lupus, magnolia, maranta, margherita, mimosa, miosotide o nontiscordardimé, mirto o mortella, mughetto, narciso, nasturzio, ninfea, oleandro, orchidea, ortensia, palma, papavero, papiro, passiflora, pelargonio, peonia, pervinca, petunia, portulaca, potus, primula, pungitopo, ranuncolo, reseda, rododendro, rosa (altea, canina, damascena, doppia, muschiata, tea), rosolaccio, salice piangente, salvia, sanguinaria, sansevieria, saponaria, sassifraga, stella di Natale, sterlizia, tagete, tamerice, tasso, timo, tradescanzia, tuberosa, tuia, tulipano, verbena, veronica, viburno, violacciocca, viola (del pensiero, mammola), vitalba, vite americana, yucca, zinnia.

VOCI ATTINENTI: arbusto, *bonsai*, boccio, *bouquet*, brocco, erba, fiorame, fiori, fiori recisi, ghirlanda, mazzo, mazzolino, piante (acquatiche, bulbose, da appartamento, decidue, grasse, perenni, sempreverdi, stagionali), pollone, verzura.

ORTAGGI: primizie, tardizie, verdure; aglio, asparago, barbabietola, bietola, broccolo, carciofo, cardo, carota, cavolfiore, cavolini di Bruxelles, cavolo (cappuccio, nero, verza), cece, cetriolo, cipolla, fagiolino, fagiolo, fava, finocchio, indivia, lattuga, lenticchia, lupino, melanzana, patata, peperone, pisello, pomodoro, porro, rafano, rapa, ravanello, scalogno, sedano rapa, spinacio, zucca, zucchina.

ERBE AROMATICHE: acetosa, aneto, anice, basilico, borragine, cappero, cerfoglio, comino, coriandolo, dragoncello, maggiorana, menta, origano, pimpinella, prezzemolo, rosmarino, ruchetta, salvia, santoreggia, timo, zafferano, zenzero.

ALBERI E PIANTE DA FRUTTA: albicocco, alchechengi, anguria, arancio, ananas, banana, cachi, carrubo, castagno, cedro, ciliegio (amarena, durona, visciola), corbezzolo, cotogno, fico, fragola, *kiwi* o actinidia, lampone, limone, mandarino, mandorlo, melograno, melo, melone, mirtillo, nespolo, nocciolo, noce, olivo, palma da cocco, pero, pesco, pesco noce o nettarino, pistacchio, pompelmo, ribes, rovo, sorbo, susino, uva spina, vite.

(V. anche quadri terminologici AGRICOLTURA, BOTANICA).

T.stor. arma da lancio, costituita da un'asta all'estremità della quale era fissata una punta aguzza di metallo **2.** *T.sport.* asta di legno terminante con una punta d'acciaio, usata per gare di lancio || *lancio del giavellotto*, la relativa disciplina sportiva || **N.** **1.** asta, zagaglia, LANCIA. **TAV. *atletica* p. 657** 1.7.

giavóne (*accr.* di *giava*) [forma sett. del lat. *clāva*, mazza; 1887] ***sm.*** **1.** pianta erbacea annua delle Graminacee con fiori a spiga riuniti in pannocchia, molto diffusa nelle risaie **2.** seme di tale pianta, presente nel riso || **N.** **1.** *Sin.* panicastrella.

giazz e der. V. JAZZ e der.

gibbo [dal lat. *gibbus*; fine sec. XIII nel senso 1; 1321 nel senso 2] ***sm.*** **1.** gobba || *T.med.* deformazione della colonna vertebrale consistente nella marcata sporgenza di una o più vertebre **2.** *ant. lett.* altura, dosso: *e fanno un gibbo che si chiama Catria* (Dante).

gibbóne [dal fr. *gibbon*, voce importata dall'India; 1772] ***sm.*** nome comune delle scimmie Pongidi della sottofamiglia Ilobatini, diffuse in Asia, di medie dimensioni, senza coda, con lunghi arti, agilissime.

gibbosità [da *gibboso*; 1292] ***sf.*** *non com.* **1.** la caratteristica di ciò che è gibboso **2.** *concr.* gobba, protuberanza, dosso: *le gibbosità del terreno.*

gibbóso [dal tardo lat. *gibbōsus*; 1342] ***agg.*** *non com.* che presenta una gobba, delle gobbe, delle protuberanze: *animale, uomo, naso gibboso* || di terreno, irregolare, ondulato: *campagna gibbosa.*

gibbùto [da *gibbo*; a. 1573] ***agg.*** *lett.* gibboso.

gibèrna [lat. tardo *zaberna*, sacca, tasca, forse attr. il fr. *giberne*; 1798] ***sf.*** *T.mil.* custodia di cuoio o tela che i soldati portano alla cintola per tenervi le munizioni.

gibétto o **giubbétto** [dal fr. *gibet*; 1313] ***sm.*** *arc.* patibolo, forca: *Io fei gibetto a me de le mie case* (Dante).

gibigiàna o **gibigiànna** [dal lomb. *gibigianna*; 1875] ***sf.*** **1.** il riverbero della luce riflessa su una superficie dall'acqua o da uno specchio, vetro o sim.: *si divertiva a farmi la gibigiana negli occhi con l'orologio, abbagliandomi* **2.** *scherz. non com.* donna che fa sfoggio della sua bellezza o della sua eleganza || **N.** **1.** *Sin.* luminello, vecchia.

gìbus [voce fr., dal n. proprio *Gibus* che lo inventò nel 1834; 1846 *cappello alla gibus*] ***sm.*** *inv.* cappello a cilindro, ora in disuso, fornito di molle che permettono di ripiegarlo e appiattirlo.

gìcaro V. GIGARO.

gìchero V. GIGARO.

gicleur (fr., pr. [ʒi'klœːr]) [da *gicler*, far zampillare; 1933] ***sm.*** *inv. ant. T.aut.* dispositivo consistente in un tubo terminante con un foro calibrato, che spruzza il carburante, in dosi opportune, nella camera di carburazione || **N.** *Sin.* dosatore, spruzzatore.

giddàp [dall'ingl. *get up*, alzati; 1970] comando con cui un fantino stimola o incita il cavallo da corsa.

gìga[1] [dal provenz. ant. *giga*; 1321] ***sf.*** *T.mus.* **1.** antico strumento a corde, simile alla viola **2.** danza vivace e briosa, di origine forse irlandese, simile alla gavotta, in tempo ternario || la musica che accompagna tale danza || **N.** **2.** saltarello.

gìga[2] ***sm.*** *inv.* forma abbr. di *gigabyte*.

giga- [dal gr. *gígas*, gigante] ***primo elem.*** che, anteposto a un'unità di misura, ne moltiplica il valore per un miliardo: **gigaelettronvòlt** || **N.** nano-.

gigànte [dal lat. *gigas, -antis*, a sua volta dal gr.; sec. XIII *gigante* pl.] **I** ***sm.*** (f. *-éssa*, non com.) **1.** *T.mit.* nella letteratura popolare e nella Bibbia, esseri di statura e forza straordinaria; nella mitologia greca, ciascuno dei figli della Terra e di Urano, di smisurata grandezza **2.** *per estens.* uomo di grande statura e corporatura || *fig.* uomo che sovrasta tutti gli altri per il talento: *Michelangelo è un gigante della pittura* || *passi da gigante*, lunghissimi e veloci; *fig.* rapidi progressi: *in carriera ha fatto passi da gigante* **II** ***agg.*** (sempre posposto) di corporatura o dimensioni eccezionalmente grandi: *conigli giganti, un albero gigante*; *formato gigante*, più grande del normale || *T.sport. slalom gigante*, o *ass. sm. gigante*, gara sciistica che si disputa su tracciati più lunghi e con porte in numero minore e più distanziate rispetto allo slalom speciale; *slalom supergigante*, o *ass. sm. supergigante*, con porte ancora più distanziate || *T.astr. stelle giganti*, o *ass. sf. le giganti*, stelle a bassa densità elettronica e di grandi dimensioni, quindi ad alta intensità luminosa: *una gigante rossa* || **N.** I **2.** *Sin.* ciclope, colosso, omaccione, titano | *Contr.* nano **II** *Sin.* ciclopico, colossale, enorme, gigantesco, smisurato.

giganteggiàre (pres. *-éggio*) [da *gigante*; a. 1673] ***intr.*** (aus. *avere*) **1.** sovrastare come gigante: *quelle cime giganteggiano sulle altre* **2.** *fig.* primeggiare, eccellere per ingegno, virtù, doti intellettuali, artistiche ecc.: *Dante giganteggia tra i poeti* || **N.** **2.** *Sin.* eccellere, primeggiare, sovrastare.

gigantèo [da *gigante*; prima metà sec. XIV] ***agg.*** **1.** di, relativo ai giganti **2.** gigantesco.

gigantésco (pl. *-schi*) [da *gigante*; sec. XIV] ***agg.*** da gigante, di dimensioni o entità fuori dal normale: *statura gigantesca, sforzo gigantesco*; anche *fig.*: *ha una fantasia gigantesca* || **gigantescaménte** ***avv.*** *raro* in modo gigantesco, da gigante.

gigantismo [da *gigante*; 1874] ***sm.*** **1.** *T.med.* anomalia dello sviluppo, caratterizzata dall'eccessivo accrescimento corporeo, spec. in lunghezza **2.** *per estens.* sviluppo esagerato o indesiderato: *il gigantismo dell'apparato burocratico* **3.** la tendenza a progettare o attuare imprese grandiose, talvolta al di là delle proprie capacità o possibilità.

gigantista [da *gigante*; 1983] ***s.*** *T.sport.* nello sci, specialista in slalom gigante.

gigantografìa [comp. di *gigante* e (*foto*) *grafia*; 1970] ***sf.*** ingrandimento fotografico di notevoli dimensioni, gen. su legno o cartone appositamente trattati.

gigantogràfico (pl. *-ci*) [da *gigantografia*; 1965] ***agg.*** proprio di gigantografia, relativo a gigantografia.

gigantomachìa [dal gr. *gigantomachía*; 1499] ***sf.*** *T.mit.* la battaglia dei giganti contro gli dei, titolo e soggetto di varie opere d'arte.

gìgaro o **gìchero** o **gìcaro** [lat. tardo *gigaro*; a. 1320 *gichero*] ***sm.*** pianta erbacea velenosa delle Aracee, che cresce nei boschi e lungo i fossi; produce fiori gialli o violetti avvolti da spate || **N.** *Sin.* aro, pan di serpe.

gigionàta [da *gigione*; 1946] ***sf.*** atto, detto, comportamento da gigione.

gigióne [dal n. proprio *Gigi*, personaggio della farsa-rivista *Il Minestron*; 1905] ***sm.*** (f. *-a*) **1.** nel gergo teatrale, attore o cantante di scarso valore e presuntuoso, che recita in modo ridicolmente enfatico per fare effetto sul pubblico **2.** *per estens.* persona mediocre che fa di tutto per porsi al centro dell'attenzione: *fare il gigione.*

gigioneggiàre (pres. *-éggio*) [da *gigione*; 1956] ***intr.*** (aus. *avere*) nella recitazione, atteggiarsi a gigione, cercare l'effetto facile || *com.* assumere pose teatrali.

gigionésco (pl. *-schi*) [da *gigione*; 1963] ***agg.*** di, da gigione: *atteggiamento gigionesco, recitazione gigionesca* || **gigionescaménte** ***avv.***

gigionismo [da *gigione*; 1923] ***sm.*** comportamento di chi assume atteggiamenti teatrali.

Gigliàcee [comp. di *giglio* e *-acee*; 1834] ***sf. pl.*** *T.bot.* famiglia di piante dette più com. *Liliacee* (V.).

gigliàceo [dal lat. *liliăceus*; a. 1730] ***agg.*** di giglio, simile a giglio: *profumo, candore gigliaceo.*

gigliàto [da *giglio*; sec. XIII nel senso 2] **I** ***agg.*** **1.** *non com.* ornato, disseminato di gigli **2.** che ha un giglio come emblema o come marchio: *stemma, moneta gigliata*; *la città gigliata*, Firenze **3.** *T.arald.* si dice delle figure e delle pezze di tessuto stampato a gigli, o che hanno le estremità a forma di giglio araldico **II** ***sm.*** **1.** *T.num.* moneta antica della città di Firenze || antica moneta napoletana **2.** *T.sport.* gen. *pl. i gigliati*, i calciatori della Fiorentina, che portano l'emblema del giglio sulla maglia viola.

gigliéto [da *giglio*; 1340 ca.] ***sm.*** appezzamento di terreno seminato a gigli.

gìglio (pl. *-gli*) [lat. *līlium*; sec. XII *gillu*] ***sm.*** **1.** *T.bot.* pianta delle Liliacee, con bulbo formato da molte squame carnose, fusto alto, foglie lanceolate, fiori gen. bianchi, odorosi, grandi, di sei petali; è il simbolo del candore e della purezza: *bianco, puro come un giglio* || *giglio gentile*, V. MARTAGONE **2.** nome di altre piante: *giglio delle convalli*, mughetto; *giglio caprino*, pan di cuculo; *giglio cimiciattolo*, varietà di orchidea; *giglio d'acqua*, ninfea bianca; *giglio dorato, giglio turco*, varietà di emerocallidi; *giglio fiorentino*, giaggiolo con fiore bianco; *giglio giallo*, acoro; *giglio dei morti*, pianta erbacea rizomatosa dall'odore molto sgradevole; *giglio persiano*, erba ornamentale delle Liliacee con fiori violacei **3.** *fig.* persona o cosa straordinariamente candida, casta, pura: *quella fanciulla è un giglio* **4.** *T.arald.* riproduzione stilizzata di un giglio, che è l'emblema di molte famiglie, città e nazioni: *il giglio di Firenze*; *i gigli d'oro*, della Francia regale **5.** *T.zool. giglio di mare*, comatula || **N.** **1.** bianco, candido, gentile, martagone, rosso, selvatico | liliale **3.** candido, casto, innocente, puro **4.** giglio col piede nutrito, di Firenze, di Francia, dimezzato, d'oro **5.** *Sin.* garofano di mare, narciso di mare. **TAV. *araldica* p. 645** 4.11.

giglióne [da *girone*, con accostamento a *giglio*; 1889] ***sm.*** *non com. T.mar.* l'impugnatura del remo || **N.** *Sin.* girone.

gigliùccio (pl. *-ci*) (*dim.* di *giglio*) [1956 nel senso 2] ***sm.*** **1.** piccolo giglio **2.** tipo di orlo ricamato su un tessuto dove, sfilati alcuni fili paralleli, vengono riuniti con un motivo a X i fili perpendicolari rimasti.

gigolette (fr., pr. [ʒigɔ'lɛt]) [letter. ragazza che ama saltellare; 1905] ***sf.*** *inv.* ragazza della malavita o dai facili costumi.

gigolo (fr., pr. [ʒigɔ'lo]) [letter. ballerino maestro di sala; 1935] ***sm.*** *inv.* **1.** *ant.* il ballerino che nei balli pubblici faceva ballare le donne a pagamento, per mestiere **2.** uomo che si fa mantenere da un'amante molto più anziana di lui || uomo che si prostituisce alle donne || uomo di aspetto elegante e dai modi galanti, ma di dubbia onestà.

gigot (fr., pr. [ʒi'go]) [da *gigue*, gamba; 1567 *cigotto*] ***sm.*** *inv. T.cuc.* cosciotto di agnello o di capretto.

gilbert (ingl., pr. ['gɪlbət]) [dal n. proprio *W. Gilbert*, fisico ingl.; 1956] ***sm.*** *inv. T.fis.* unità di misura della forza magnetomotrice e della differenza di potenziale magnetico nel sistema C.G.S. elettromagnetico.

gilda [dal lat. mediev. *gilda*; 1846] ***sf.*** *T.stor.* associazione medievale anglosassone e germanica di commercianti e artigiani, a sfondo religioso, che prevedeva speciali diritti e doveri di mutua assistenza e che svolgeva funzioni analoghe a quelle delle corporazioni delle arti e dei mestieri.

gilè [dal fr. *gilet*; a. 1798 *giletto*] ***sm.*** *T.abb.* indumento tipicamente maschile, corto, senza maniche, di stoffa o di lana, abbottonato sul davanti, talvolta con il dorso in tessuto da fodera, che si porta gen. sopra la camicia e sotto la giacca || *dim.* gilerino || **N.** *Sin.* corpetto, panciotto.

gill (ingl., pr. [dʒɪł]) [dal fr. ant. *gelle*, vaso per liquidi; 1956] ***sm. inv.*** unità di misura di capacità per liquidi usata in Gran Bretagna e negli Stati Uniti, equivalente rispettivamente a 0,118 e a 0,142 litri.

gillette ® (ingl., pr. [dʒɪ'let]) [dal n. K.G. *Gillette*, inventore statunitense; 1926] **I** ***sm. inv.*** rasoio di sicurezza con lama a due tagli || ***sf. inv.*** lametta a due tagli applicata all'omonimo rasoio **II** ***agg. inv.*** (sempre posposto): *lama, lametta gillette, rasoio gillette.*

gimcàna o **gimkàna** e der. v. GINCANA e der.

gimno- o **ginno-** [dal gr. *gymnós*, nudo] ***primo elem.*** che, in parole composte della terminologia biologica, vale "nudo" (per es. *gimnocarpo, Gimnosperme*).

gimnocàrpo o **ginnocàrpo** [comp. di *gimno-* e *-carpo*, frutto; 1834] ***agg.*** *T.bot.* detto dei funghi Ascomiceti e Basidiomiceti forniti di un imenio aperto alla superficie del ricettacolo.

gimnosofista o **ginnosofista** [dal lat. *gymnosophista*, gr. *gymnosophistés*, filosofi nudi; a. 1533 *ginnosofista*] ***sm.*** nome con cui gli antichi Greci indicavano i filosofi mistici indiani, che vivevano nudi nei boschi, con riferimento alla loro sapienza e alle loro pratiche ascetiche.

Gimnospèrme [dal gr. *gymnóspermos*, che ha il seme nudo; 1833] ***sf. pl.*** e ***agg.*** *T.bot.* divisione del regno vegetale comprendente piante legnose Fanerogame a infiorescenze unisessuali e con semi nudi, cioè visibili, in quanto non rinchiusi in un ovario; vi appartengono le Conifere || **N.** *Contr.* Angiosperme. **Q.T.** *botanica* **TAV.** *botanica* p. 661 8.1.

gimnòto o **ginnòto** [dal lat. scient. *gymnōtum*, basato sul gr. *gymnós*, nudo e gr. *nôtos*, dorso; 1787] ***sm.*** **1.** pesce simile all'anguilla, che vive nelle acque dolci dell'America centrale, dotato di organi che trasmettono potenti scosse elettriche, anche mortali **2.** *T.mil.* torpedine o bomba da fondo marino che viene fatta esplodere a distanza, ora in disuso || **N.** **1.** *Sin.* anguilla elettrica.

gin [abbr. di *geneva*, dall'olandese medio *genever*, ginepro; 1823] ***sm. inv.*** acquavite, gen. di grano, aromatizzata con ginepro: *comprare del gin, bere, ordinare un gin.*

ginandrìa [dal gr. *gýnandros*, ermafrodito; 1933] ***sf.*** **1.** in patologia, anomalia congenita per cui un individuo di sesso femminile presenta anche caratteri anatomici esterni simili a quelli maschili **2.** *T.bot.* disposizione del fiore ginandro || **N.** **1.** *Sin.* ermafroditismo.

ginàndro [dal gr. *gýnandros*, ermafrodito; 1914] ***agg.*** *T.biol.* che presenta caratteri maschili e femminili assieme || relativo alla compresenza di caratteri maschili e femminili || **N.** *Sin.* ermafrodito.

gincàna o **gimcàna** o **gimkàna** o **gymkhàna** [dalla voce indostana *gendkhāna*, luogo dove si gioca a palla, attr. l'ingl.; 1905 *gymkana*] ***sf.*** gara o gioco sportivo su percorsi disseminati di ostacoli artificiali, che prevede il superamento di passaggi obbligati bizzarri e di inconsuete prove di abilità per raggiungere il traguardo: *una gimcana di nuoto, automobilistica, motociclistica* || *per estens.* percorso difficoltoso, tortuoso, costellato di ostacoli: *ho dovuto fare la gincana per uscire dal parcheggio.*

gincanista o **gimcanista** o **gimkanista** o **gymkhanista** [da *gincana*; 1970] ***s.*** chi partecipa a gare di gincana.

ginecèo [dal lat. *gynaecēum*, gr. *gynaikêion*; a. 1300 *gineccio*] ***sm.*** **1.** *T.sport.* presso i Greci, la parte interna della casa, riservata alle donne **2.** *per estens. scherz.* luogo riservato alle donne, o abitato o frequentato prevalentemente da donne: *vive in un gineceo, con la moglie, quattro figlie e la gatta* **3.** *T.bot.* la parte femminile del fiore, composta da uno o più pistilli || **N.** **2.** harem **3.** apocarpico, sincarpico.

gineco- [dal gr. *gyné*, *gynaikós*, donna] ***primo elem.*** che, in parole composte della terminologia medica, vale "donna" (per es. *ginecofobia, ginecologia, ginecomastia*).

ginecocrazìa [comp. di *gineco-* e *-crazia*; 1822] ***sf.*** presunta fase della società primitiva in cui il potere politico e sociale spettava esclusivamente alle donne || **N.** *Sin.* matriarcato.

ginecofobìa [comp. di *gineco-* e *-fobia*; 1940] ***sf.*** *T.psic.* senso patologico di paura o repulsione nei confronti delle donne || **N.** *Sin.* misoginia.

ginecologìa [comp. di *gineco-* e *-logia*; 1828] ***sf.*** *T.med.* ramo della medicina che studia la fisiologia e la patologia dell'apparato genitale femminile || **N.** *Sin.* ostetricia.

ginecològico (pl. *-ci*) [da *ginecologia*; 1933] ***agg.*** **1.** attinente all'apparato genitale femminile: *problemi, malattie ginecologiche; visita ginecologica* **2.** di ginecologia: *clinica ginecologica, studio ginecologico* || concernente la visita ginecologica: *lettino ginecologico, posizione ginecologica, strumenti ginecologici* || **ginecologicaménte** ***avv.*** dal punto di vista ginecologico.

ginecòlogo (pl. *-gi*) [da *ginecologia*; 1905] ***sm.*** (f. *-a*) medico specialista in ginecologia || **N.** ostetrico.

ginecomanìa [comp. di *gineco-* e *mania*; 1834] ***sf.*** *T.psic.* attrazione morbosa verso la donna.

ginecomastìa [dal gr. *gynaikómastos*, che ha il petto come di donna; 1956] ***sf.*** *T.med.* eccessivo sviluppo delle mammelle maschili.

ginefobìa [comp. di *gine(co)-* e *-fobia*; 1956] ***sf.*** *T.psic.* ginecofobia.

ginepràio (pl. *-ài*) [da *ginepro*; 1535 ca.] ***sm.*** **1.** luogo in cui crescono molti ginepri, fitti e folti **2.** *fig.* situazione intricata, difficile: *essere, trovarsi, cacciarsi, entrare, ficcarsi, mettersi in un ginepraio, uscire, tirarsi fuori da un ginepraio* || **N.** **2.** *Sin.* intrico, garbuglio, guaio, pasticcio, IMBROGLIO.

ginepréto [da *ginepro*; a. 1563] ***sm.*** *raro* ginepraio, nel senso 1.

ginépro [lat. volg. **ieniperus*, class. *iuniperus*; a. 1342] ***sm.*** **1.** arbusto delle Conifere con foglie lineari e pungenti e bacche nero-azzurrognole (dette *coccole*) carnose e aromatiche, usate in cucina, in farmacia e in liquoreria **2.** l'essenza estratta dalle bacche del ginepro. **TAV.** *erboristeria* 9.

ginèstra [lat. tardo *genesta*, class. *genista*; 1353] ***sf.*** arbusto delle leguminose Papilionacee, che cresce nei luoghi aridi e pietrosi e produce fiori gialli e odorosi, a grappolo; dai suoi rami macerati si ricava una fibra tessile || *ginestra spinosa*, ginestrone || **N.** ginestrella, ginestrone; ginfiocco.

ginestrèlla (*dim.* di *ginestra*) [a. 1590] ***sf.*** pianta delle Leguminose Papilionacee, simile alla ginestra, da cui un tempo si ricavava un'essenza usata per tingere di giallo i tessuti.

ginestréto [da *ginestra*; a. 1444] ***sm.*** luogo in cui crescono molte ginestre.

ginestrina o **ginestrino** [da *ginestra*; 1822] ***sf.*** **1.** *T.bot.* pianta erbacea perenne delle Leguminose dai fiori gialli **2.** tessuto fabbricato con foglie di ginestra || **N.** **1.** *Sin.* trifoglina.

ginestrìno [da *ginestra*; 1779] ***agg.*** di ginestra; *tessuto ginestrino*, fatto con le fibre lavorate della ginestra.

ginestróne (*accr.* di *ginestra*) [1834] ***sm.*** arbusto delle Leguminose Papilionacee, più grande e spinoso della ginestra comune, a fiori gialli.

ginétto v. GINNETTO.

ginevrìno [dal n. geogr. *Ginevra*; a. 1827] **I** ***agg.*** della città di Ginevra **II** ***sm.*** (f. *-a*) persona nativa o abitante di Ginevra.

ginfiòcco (pl. *-chi*) [comp. di *gin(estra)* e *fiocco*; 1942] ***sm.*** il fiocco tessile che viene ricavato dalle fibre lavorate della ginestra.

gin-fizz (ingl., pr. [dʒɪn 'fɪz]) [comp. di *gin* e della voce onom. *fizz* che indica effervescenza; 1963] ***sm. inv.*** cocktail a base di gin, succo di limone, bianco d'uovo, sciroppo di zucchero e selz.

ginger (ingl., pr. ['dʒɪndʒə]; pr. it. ['dʒindʒer]) [letter. zenzero; 1979] ***sm. inv.*** bibita analcolica e gassata, a base di acqua, zucchero, acido citrico ed estratti vegetali.

gingillàre [da *gingillo*; 1798] ***tr.*** *non com.* intrattenere con gingilli || *fig.* prendere in giro, raggirare || ***intr. pron.*** perdere il tempo in facezie, giocherellare: *invece di lavorare, passa il tempo a gingillarsi; si gingilla con i giocattoli, come un bambino* || ***intr.*** (aus. *avere*) *tosc.* gingillarsi || **N.** ***intr. pron.*** *Sin.* baloccarsi, trastullarsi.

gingillìno (*dim.* di *gingillo*) [1846] ***sm.*** **1.** piccolo gingillo || *fig.* ragazza minuta e graziosa **2.** (f. *-a*) persona che si gingilla, che perde tempo in occupazioni inutili: *quel gingillino, non combinerà mai nulla!*

gingìllo [prob. voce onom.; a. 1712] ***sm.*** **1.** oggetto piccolo e grazioso, di scarso valore, usato come ornamento: *ha riempito la casa di gingilli inutili* **2.** *fig.* occupazione inutile: *perdere tempo in gingilli* **3.** giocattolino, passatempo: *trastullarsi con gingilli* || *per estens.* strumento, congegno ben funzionante, facile e comodo da usare: *una macchinetta che è un gingillo* || *dim.* gingillino || **N.** **1.** *Sin.* ciondolo, ninnolo **2.** *Sin.* inezia **3.** *Sin.* balocco, giocattolo, trastullo.

gingillóne (*accr.* di *gingillo*) [1957] ***sm.*** (f. *-a*) persona che passa il tempo a gingillarsi || **N.** *Sin.* gingillino, ozioso, perdigiorno, perditempo.

gingìva ***sf.*** *ant.* v. GENGIVA.

gìnglimo (pr. ['dʒiŋglimo]) [dal gr. *gínglymos*, cardine, giuntura; 1792] ***sm.*** *T.anat.* tipo di articolazione di due ossa, che consente movimenti "a cardine", ossia su un piano solo: *ginglimo angolare*, se i movimenti sono di flessione e estensione; *ginglimo laterale*, se sono rotatori.

ginkgo (pr. ['dʒiŋko]) [dal giapponese *gin-icho*, attr. l'ingl.; 1815] ***sm.*** pianta ornamentale ad alto fusto, originaria della Cina, con foglie a ventaglio e frutti a drupa.

Ginkgoàcee (pr. [dʒiŋko'atʃee]) [da *ginkgo*; 1933] ***sf. pl.*** *T.bot.* famiglia di piante gimnosperme, comparse nel Paleozoico e sviluppatesi nel Giurassico; vi appartiene il gingko, l'unica specie attualmente vivente.

ginnàre [adattamento dell'ingl. to *gin*, da (*cotton-*) *gin*, macchina per il cotone; 1956] ***tr.*** *T.tess.* sgranare il cotone prima della lavorazione.

ginnaṣiàle [da *ginnasio*; 1818] **I** ***agg.*** del ginnasio, relativo al ginnasio: *corso ginnasiale* **II** ***s.*** studente o studentessa di ginnasio.

ginnaṣiàrca [dal lat. tardo *gymnasiarca*; prima metà sec. XIV] ***sm.*** *T.stor.* presso gli antichi Greci e Romani, chi dirigeva e amministrava un ginnasio.

ginnàṣio (pl. *-ṣi*) [dal lat. *gymnasium*, gr. *gymnásion*, in origine esercizi del corpo, luogo di tali esercizi; sec. XIV] ***sm.*** **1.** *T.stor.* presso gli antichi Greci e Romani, scuola dove i giovani si esercitavano nella ginnastica; era anche centro culturale e di ritrovo **2.** fino al 1940, nome di due corsi di studi, uno corrispondente all'attuale scuola media (*ginnasio inferiore*) e uno biennale preparatorio al liceo (*ginnasio superiore*) || il nome è oggi usato per indicare il primo biennio del liceo classico (*quarta e quinta ginnasio*): *professore, materia di ginnasio; fare, frequentare il ginnasio; andare al ginnasio,* frequentare il ginnasio || l'edificio dove ha sede il ginnasio: *ti aspetto davanti al ginnasio* || *dim.* e *spreg.* ginnasiétto, ginnasiùccio, ginnasiùcolo || **N. 2.** pareggiato, parificato, privato, statale.

ginnàsta [dal gr. *gymnastḗs*, istruttore ginnico; 1598] ***s.*** **1.** chi pratica la ginnastica a livello agonistico **2.** *T.stor.* nell'antichità greca e romana, maestro di ginnasio || **N. 1.** *Sin.* atleta | ballerino, funambolo, saltimbanco.

ginnastèrio (pl. *-ri*) [dal gr. *gymnastḗrion*, ginnasio; 1834] ***sm.*** palestra in cui si praticavano gli esercizi ginnici.

ginnàstica [dal lat. (*ars*) *gymnastica*, gr. *gymnastikḗ* (*téchnē*); 1551] ***sf.*** **1.** pratica consistente nell'esecuzione metodica di sequenze di esercizi fisici programmati; tende a sviluppare e irrobustire i muscoli, e, in gen., a migliorare le condizioni psico-fisiche dell'organismo: *fare ginnastica, corso di ginnastica; ginnastica svedese,* che cura lo sviluppo di tutte le parti del corpo; *ginnastica da camera,* che si pratica in casa con attrezzi molto semplici o senza attrezzi; *ginnastica a corpo libero,* senza attrezzi; *ginnastica aerobica,* v. AEROBICA; *ginnastica dolce,* basata sulla coordinazione dei movimenti e sul controllo della respirazione, senza sforzo fisico; *ginnastica di riscaldamento,* serie di esercizi che sciolgono e tonificano i muscoli, preparatori a sforzi fisici impegnativi per l'organismo **2.** *fig. ginnastica della mente* o *del pensiero,* attività che sviluppa e tiene in costante allenamento le facoltà intellettuali || **N. 1.** *Sin.* educazione fisica, sport | ginnastica acquatica, acrobatica, artistica, attrezzistica, correttiva, di mantenimento, di rieducazione, isometrica, militare, passiva, preatletica, preparatoria al parto, presciistica, ritmica; cinesiterapia | addominali, di riscaldamento, dorsali; corsa, flessioni, movimenti, passi, piegamenti, saltelli, salti, stretching, torsioni | accademia, centro sportivo, club ginnico-sportivo, palestra, stadio; agilità, allenamento, armonia, equilibrio, forma fisica, forza, grazia, linea, relax, rilassamento, scioglimento, vigore. **Q.T.** *atletica* **TAV. *atletica* p. 657** 2.

ginnàstico (pl. *-ci*) [dal lat. *gymnasticus*, gr. *gymnastikós*; 1551] ***agg.*** *non com.* ginnico.

ginnatrice [da *ginnare*; 1956] ***sf.*** *T.tess.* macchina per ginnare il cotone.

ginnatùra [da *ginnare*; 1956] ***sf.*** *T.tess.* l'operazione di ginnare il cotone a livello industriale || **N.** *Sin.* sgranatura.

ginnétto o **giannétto** [dallo sp. (*caballo*) *jinete*, originario della tribù dei berberi Zeneti; a. 1470] ***sm.*** cavallo di razza spagnola, piccolo, snello e agile || *per estens.* cavallo da corsa: *I bei ginnetti italici han pettinati crini* (Carducci) || **N.** CAVALLO.

ginnico (pl. *-ci*) [dal lat. *gymnicus*, gr. *gymnikós*; sec. XIV] ***agg.*** di ginnastica, relativo alla ginnastica: *esercizi, giochi, attrezzi ginnici; competizione ginnica, saggio ginnico, centro ginnico-sportivo.*

ginno- v. GIMNO-.

ginnocàrpo v. GIMNOCÀRPO.

ginnosofista v. GIMNOSOFISTA.

ginnospèrme v. GIMNOSPERME.

ginnòto v. GIMNOTO.

-gino [dal gr. *-gynos*, da *gynḗ*, donna] ***elem. term.*** che, in parole composte dotte e della terminologia scientifica, vale "donna" (per es. *androgino, misogino*).

ginocchiàta [da *ginocchio*; 1869] ***sf.*** colpo di ginocchio: *dare, prendersi una ginocchiata; ha dato involontariamente una ginocchiata contro la porta.*

ginocchiàto [lat. *geniculātus*; sec. XIV] ***agg.*** **1.** *disus.* inginocchiato **2.** *T.bot.* si dice di organo vegetale che presenta una piegatura a ginocchio: *fusto ginocchiato, spiga ginocchiata.*

ginocchièllo [da *ginocchio*; 1806] ***sm.*** **1.** cuscino di cuoio imbottito che si mette ai ginocchi del cavallo per proteggerlo nelle cadute || ferita del ginocchio del cavallo, provocata da caduta **2.** *T.stor.* piastra delle antiche armature, che proteggeva le ginocchia **3.** *T.mac.* il ginocchio del maiale **4.** piega, deformazione della stoffa dei pantaloni all'altezza del ginocchio **5.** *T.bal.* l'altezza dal suolo della bocca di un'arma da fuoco || **N. 2.** *Sin.* ginocchiera, ginocchietto.

ginocchièra [da *ginocchio*; 1924] ***sf.*** **1.** fascia o cuscinetto di pelle, stoffa o altro materiale, che serve a proteggere il ginocchio nelle cadute, usata in part. nelle attività sportive || nelle antiche armature, l'elemento snodabile che difendeva il ginocchio **2.** rinforzo applicato sui pantaloni all'altezza del ginocchio || **N. 1.** ginocchiera elastica, gessata, ortopedica, sportiva; ginocchietto. **TAV. *armi* p. 648** 6.16.

ginocchiétto (*dim.* di *ginocchio*) [a. 1449] ***sm.*** **1.** ginocchio piccolo e minuto **2.** nelle antiche armature, ginocchiera.

ginòcchio (pl. *ginòcchi* o f. *ginòcchia*, se di persona) [lat. *genuculum*; fine sec. XIII] ***sm.*** **1.** segmento dell'arto inferiore, posto tra la coscia e la gamba, comprendente l'articolazione che unisce il femore, la tibia e la rotula: *sbucciarsi un ginocchio, piegare, flettere le ginocchia* || *T.med. ginocchio valgo,* che sporge verso l'esterno della gamba; *ginocchio varo,* sporgente verso l'interno; *ginocchio della lavandaia,* infiammazione della sacca sierosa posta davanti alla rotula || *in ginocchio,* con le ginocchia a terra, ginocchioni; *fig.* a terra, in difficoltà, economicamente o spiritualmente || *fig. gettarsi alle ginocchia di qualcuno,* mettersi in ginocchio davanti a qualcuno come atto di devozione o di supplica; *fig. mettere in ginocchio,* costringere l'avversario alla resa e alla sottomissione; *fig. piegare le ginocchia,* umiliarsi || *sentirsi piegare le ginocchia,* sentirsi instabili per debolezza o per paura || *far venire il latte alle ginocchia,* annoiare fino all'esasperazione || *prov. l'avvenire giace sulle ginocchia di Giove,* il futuro è imprevedibile **2.** la parte dei pantaloni che copre il ginocchio: *rammendare il ginocchio, ho il ginocchio strappato* **3.** *T.mar.* la parte centrale del remo che si appoggia allo scalmo **4.** struttura in legno o in metallo piegata o piegabile come un ginocchio || *dim.* ginocchiétto, ginocchino; *accr.* ginocchióne || **N. 1.** capsula, condili, legamenti, membrana sinoviale, menisco, poplite, rotula | genuflettersi, inginocchiarsi | carponi, ginocchioni. **TAV. *canottaggio*** 7.2.

ginocchióni [da *ginocchio*; a. 1274 *giungion*] ***avv.*** in ginocchio, con le ginocchia piegate a terra: *mettersi, buttarsi, camminare ginocchioni;* anche nella loc. avv. *in ginocchioni.*

ginsèng [dal cin. *gên-scên*, pianta con radici a forma d'uomo; a. 1698] ***sm.*** *T.bot.* pianta erbacea delle Araliacee diffusa in Asia nord-orientale, la cui radice tuberosa e molto aromatica è sfruttata a scopi terapeutici || la radice stessa.

gioachimismo [dal n. proprio *Gioacchino* da Fiore, attr. il lat. *Ioachim*; 1956] ***sm.*** movimento spirituale fondato da Gioacchino da Fiore, monaco calabrese del sec. XII, che profetizzava una nuova incarnazione dello spirito santo; i suoi libri di profezie furono condannati dalla Chiesa come eretici.

gioachimita [dal n. proprio *Gioacchino* da Fiore, attr. il lat. *Ioachim*; 1834] **I *agg.*** di Gioacchino da Fiore: *le profezie gioachimite* || del gioachimismo **II *s.*** seguace del gioachimismo.

giòbbe [dal n. del patriarca biblico *Giobbe*; 1553] ***sm.*** *raro* persona molto paziente e tollerante, che sopporta ogni sventura con rassegnazione.

giocàbile [da *giocare*; 1970] ***agg.*** *T.sport.* nel calcio, detto del pallone che può essere rilanciato con profitto.

giocàre (pres. *giòco, giòchi*) [lat. volg. **iocāre*, class. *iocāri*; a. 1292] ***intr.*** (aus. *avere*) **1.** intrattenersi in attività creative, divertenti, piacevoli e fantasiose, da soli o in gruppo, detto spec. di bambini e ragazzi: *Maria gioca con la creta, Claudio gioca a pallone con Bruno, i ragazzi stanno giocando in giardino;* simulare per divertimento: *giocare alle streghe, giocare a essere papà e mamma; per estens. spreg.* svolgere una mansione in modo poco serio: *sta giocando a fare il ministro* || *fig.* non considerare con la dovuta importanza: *sta giocando con i sentimenti, con il suo futuro* **2.** competere, più o meno amichevolmente, per esercizio o svago o guadagno, in attività che richiedano fortuna, ingegno, forza, destrezza: *giocare a carte, a dama, a calcio, alle bocce* || *giocare d'azzardo,* dedicarsi al gioco d'azzardo; anche *ass.*: *se continua a giocare, finirà sul lastrico* || *giocare sul sicuro* o *sul velluto,* con la certezza obiettiva di vincere; *fig.* avere il successo assicurato o comunque molto probabile || *giocare a carte scoperte,* mostrando le carte agli avversari; *fig.* agire in modo trasparente, senza secondi fini || *prov. fortunato in amor non giochi a carte* || *a che gioco giochiamo?,* espressione di rimprovero o impazienza rivolta a chi si crede voglia ingannare o beffare || *giocare in borsa,* comprare e vendere titoli a scopo puramente speculativo **3.** *ass.* avere la mano, il turno nel gioco: *gioca tu per primo!* || *fig.* agire, avere peso, influenza, essere, entrare in gioco: *qui gioca la paura* **4.** *fig.* usare un mezzo o una capacità per raggiungere i propri scopi: *ha dovuto giocare d'astuzia per riprendersi il denaro* || *giocare di schiena,* detto di cavallo o sim., alzare la groppa per tirare calci || *giocare di mano,* rubare o picchiare **5.** *fig.* sfruttare una caratteristica, una situazione o un fatto per raggiungere un fine o per ottenere un certo effetto: *sta giocando sulla tua debolezza; quel poeta gioca sull'ambiguità di alcune parole* **6.** *non com.* riferito a pezzi di un meccanismo, avere gioco, muoversi lievemente all'interno della propria sede || ***tr.*** **1.** impegnarsi in una competizione: *giocare una partita* **2.** immettere nel gioco, mettere in tavola: *giocare una carta,* anche *fig.* sfruttare una propria capacità o possibilità: *ha giocato l'ultima carta tentando di sedurlo* **3.** scommettere al gioco: *gioca forti somme* || *fig. giocare il tutto per tutto,* correre un forte rischio per ottenere qualcosa che si desidera intensamente || *ci giocherei la testa,* ne sono sicuro **4.** ingannare, truffare: *mi ha giocato!* || *giocare un brutto tiro,* fare uno scherzo di cattivo gusto, ingannare || ***tr. pron.*** **1.** affidare alla sorte del gioco, perdere giocando: *si è giocato tutto ciò che possedeva;* anche *fig.* perdere o rischiare di perdere per propria colpa: *si è giocato l'impiego, la salute, la vita; si sta giocando la reputazione; si è giocato l'ultima carta,* non ha più alcuna possibilità || *giocarsi l'anima,* essere un appassionato e arrischiato giocatore **2.** *giocarsi una persona,* manipolarla e sottometterla al proprio volere con arti maliziose || **N. *intr.* 1.** *Sin.* balocarsi, dilettarsi, divertirsi, fingere, giocherellare, ruzzare, scherzare, trastullarsi **2.** *Sin.* competere, gareggiare **5.** *Sin.* far leva, sfruttare | ***tr.*** **1.** *Sin.* disputare **3.** *Sin.* perdere, puntare, rischiare **4.** *Sin.* beffare, burlare, celiare, prendere in giro. **Q.T.** *giochi.*

giocarellàre ***intr.*** *ant.* v. GIOCHERELLARE.

giocàta [da *giocare*; a. 1712] ***sf.*** **1.** l'atto del giocare || turno al gioco: *in due giocate perse tut-*

to || partita di gioco: *facciamo una giocata a poker?* || modo di giocare; azione di gioco, mossa: *con una giocata inattesa ha spiazzato la difesa* **2.** posta, puntata o scommessa del gioco: *ha fatto una giocata assai misera*; *ha raddoppiato la giocata* || nel lotto, totocalcio e sim., combinazione di numeri o risultati su cui si punta una somma: *questa settimana ho fatto tre giocate* || *dim.* giocatìna; *accr.* giocatóna; *pegg.* giocatàccia.

giocatóre [da *giocare*; fine sec. XIII] **sm.** (f. *-trice*) chi gioca, chi partecipa ad un gioco: *abbiamo bisogno di un quarto giocatore* || chi pratica regolarmente un tipo di gioco: *è un grande giocatore di biliardo* || *per restr.* chi gioca a soldi per abitudine, chi ha il vizio del gioco: *è un giocatore accanito* || chi pratica un gioco sportivo a livelli agonistici: *un giocatore di calcio, di pallacanestro.* **Q.T.** *giochi, sport.*

giocattolàio (pl. *-ài*) [da *giocattolo*; a. 1886] **sm.** (f. *-a*) chi fabbrica o vende giocattoli.

giocàttolo [da *gioco*, prob. attr. il veneziano *zugatolo*; 1846] **sm.** **1.** qualsiasi oggetto che possa costituire un divertimento per i bambini: *negozio di giocattoli* **2.** *fig.* persona completamente assoggettata alla volontà altrui: *non è che un giocattolo nelle mani dei suoi superiori* || *dim.* giocattolino || **N.** **1.** *Sin.* balocco, gingillo, gioco, ninnolo, trastullo | aquilone, automobiline, bambola, burattino, cavallo a dondolo, cerchio, costruzioni, decalcomanie, palla, puzzle, soldatini, trenino, trottola, volano; ricreazione, divertimento. **Q.T.** *giochi.*

GIOCHI

VARIE SPECIE: giochi infantili / per adulti; giochi agonistici, competitivi, creativi, d'azzardo, di addestramento operativo, di carte, di destrezza, di parole, di pazienza, di prestigio, di ruolo, di simulazione strategica, di società, di tavoliere, educativi, enigmistici, numerici, psicologici, scientifici, sportivi; di gruppo, di squadra, individuali, solitari.

GIOCHI INFANTILI: belle statuine, bolle di sapone, canzoncina, filastrocca (iterativa, cumulativa, a intercalare, senza fine, a contrari incatenati, a simili incatenati), girotondo, giuramento, indovinello, madama pollaiola, maria giulia, ninnananna, ombre cinesi, penitenza, rima mnemonica, salincervo, scampanìo, scegliere la più bella, scioglilingua, schiaffetto, seggiolina d'oro, stacciaburatta, tira e molla, tiritera, volta la carta.

GIOCHI DI PAZIENZA: cubo magico, giochi coi fiammiferi, *puzzle*, rompicapo, quadrato del quindici, *solitaire*, solitari con le carte.

GIOCHI DI MOVIMENTO, DI DESTREZZA, DI FORZA: salti e saltelli (gallo zoppo, giochi con la corda, gioco dell'elastico, gioco del mondo o campana o settimana, saltamontone); corsa (semplice, nei sacchi, con le uova, col cerchio), acchiappino o ce l'hai, bandiera, guardie e ladri, mosca cieca, nascondino, quattro cantoni, staffetta, terra sollevata; braccio di ferro, tiro alla fune; morra, morra cinese, ripiglìno; astragali; biglie, pulci; biliardo (all'italiana, alla goriziana, boccette, carambola); *shangai*; birilli, bocce, *bowling*, cerchietti, *croquet*, lippa, ping-pong o tennis da tavolo, tamburello, volano o *badminton*; giochi con la palla (assedio, il gioco del sette, palla al cestino, palla avvelenata, palla catturata, palla chiamata, palla chiamata a muro, palla esclusa, palla parallela, palla salta, passa la palla; per calcio, pallavolo ecc., v. quadro terminologico SPORT e quadri terminologici specifici).

GIOCHI AGONISTICI: v. quadro terminologico SPORT.

GIOCHI D'AZZARDO: *bingo*, lotteria, lotto, riffa, totocalcio, totip; giochi di casinò: baccarà, *black jack*, *boule*, *chemin de fer*, *craps*, punto banco, roulette, *slot machines*, *trente et quarante*, *tout va*.

GIOCHI CON I DADI (SENZA TAVOLIERE): assi sul piatto, dadi bugiardi, dadi monegaschi, dadi morti, dieci, girlo, nave e comandante, pari e dispari, quattrocentoventuno, sette, speranza, trentasei, zanzi, zara.

GIOCHI DI TAVOLIERE: alma, *backgammon*, battaglia navale, biribissi, *cluedo*, dama (internazionale, italiana, turca), dama cinese, filetto, gioco dell'oca, *go*, ludo, *master mind*, monopoli, paroliere, reversi, *risiko*, scacchi, scacchi cinesi, scacchi giapponesi o *shogi*, scarabeo, scarica l'asino, serpi e scale, *solitaire*, tabula, tavola reale, tombola, tric-trac, *wargames*.

GIOCHI DI RUOLO: *Dungeons and Dragons*.

GIOCHI DI CARTE: asino, baccarà, bassetta, battaglia, bazzica, bestia, *bridge*, briscola, briscola chiamata, calabresella o terziglio, camicia, canasta, *chemin de fer*, cirulla, cucù, dòmino, dubito, *écarté*, famiglie, faraone, gilé, lanzichenecco, macao, *mah-jong*, mediatore, memoria, mercante in fiera, minchiate, mitigati, ombre, picchetto, pinnacolo, *poker*, primiera, quintiglio, ramino, rovescino o traversone o tressette a non prendere, rubamazzo, scala quaranta, scopa, scopone, sette e mezzo, tarocchi, tarocchino, teresina o telesina, tressette, trionfo, uomo nero, ventuno, *whist*, zecchinetta.

TERMINI E AZIONI GENERALI: mazziere, mazzo, carte (francesi; piemontesi, genovesi; trevigiane, piacentine, napoletane; tarocchi), figure (re, regina, cavallo, fante), asso, semi (fiori, quadri, picche, cuori; bastoni, denari, spade, coppe); mano; tallone, bazza; presa; aprire, lisciare, rispondere al seme, scartare, surtagliare, tagliare; puntare; tagliare il mazzo; barare.

GIOCHI ENIGMISTICI E DI PAROLE: abbecedario, acrostico, allitterazione, anagramma, antipodo, bastimento, bifronte, biscarto, bisenso, bisticcio, *calembour*, cambio, cambio d'accento, cerniera, crittogramma, cruciverba o parole incrociate, enigma, eteroletterale, falso derivato, fiori-frutta-mari-monti, gioco del vocabolario, incastro, indovinello, lipogramma, logogrifo, lucchetto, metagramma, metanagramma, monoverbo, monovocalico, palindromo, pangramma, panvocalico, parola valigia, parola sepolta, paroliere, polisenso, quadrato magico, rebus, scambio, scarto, sciarada, spostamento dell'accento, tautogramma, trìolo, zeppa.

GIOCATTOLI E ATTREZZI DA GIOCO: aquilone, aeroplanino, arco, automobilina, bambola, bicchierino, bilbocchetto, *boomerang*, burattini, cerbottana, decalcomanie, diabolo, figurine, freccette, *frisbee*, giochi elettronici, lanterna magica, marionette, misirizzi, monopattino, *transformer*, paleo, pattini a rotelle, *peluche*, trottola, *skate-board*, soldatini, teatrino, trampoli, trasferelli, trenino, triciclo.

ATTREZZI DA SALA GIOCHI E PARCO DIVERTIMENTI: altalena, autoscontro, calciobalilla, giostra, flipper, minigolf, otto volante, scivolo, toboga, videogiochi.

Per i termini specifici dei giochi più importanti, v. le nomenclature dei singoli lemmi.

giocherellàre (pres. *-èllo*) (non com. *giocarellàre*) [da *giocare*; 1843] **intr.** (aus. *avere*) **1.** gingillarsi, trastullarsi distrattamente: *mentre pensa, giocherella con la penna* **2.** *non com.* giocare saltuariamente, senza particolare abilità o impegno: *giocherella a rugby, a poker.*

giocherellóne [da *giocherellare*; 1946] **sm.** (f. *-a*) chi si diverte a giocherellare: *quel micio è un simpatico giocherellone* || *per estens.* persona allegra che ama divertirsi o che scherza volentieri.

giochétto (*dim.* di *gioco*) [a. 1566] **sm.** **1.** gioco semplice, non impegnativo || *per estens.* attività che non richiede impegno o fatica: *sollevare quel masso per lui è un giochetto, trovare la soluzione è stato un giochetto da ragazzi* **2.** scherzo di cattivo gusto, imbroglio, inganno: *mi ha fatto un giochetto che da lui non mi aspettavo* || **N.** **2.** *Sin.* tiro mancino, tranello, truffa.

giochicchiàre (pres. *-icchio*) [da *giocare*; 1869] **intr.** (aus. *avere*) giocare saltuariamente o con poco impegno || darsi al gioco d'azzardo senza puntare molto.

giòco (ant. *giuòco*; pl. *-chi*) [lat. *iocus*; a. 1292] **sm.** **1.** l'azione di giocare: *il gioco è un'importante attività formativa per i bambini* **2.** ogni attività che viene svolta per divertimento o svago, da soli o in gruppo, improvvisata o svolta secondo regole prestabilite, con o senza carattere di competizione: *il gioco delle bambole, delle carte, degli scacchi, del domino* || il complesso delle regole che costituiscono un singolo gioco: *conoscere, capire, insegnare, apprendere un gioco* || *fig.* l'insieme delle leggi o delle consuetudini che vigono in un certo contesto: *adesso che ho capito il gioco, farò anch'io così* || *stare al gioco*, rispettarne le regole o accettare di buon grado uno scherzo || la strategia di gioco: *il suo gioco tende a sconcertare l'avversario* || *fig.* il piano, il disegno nascosto che determina un certo modo di agire: *si è scoperto il suo gioco* || *fare il gioco di qualcuno*, assecondarlo nei suoi scopi, anche involontariamente || *fare il doppio gioco*, comportarsi in modo ambiguo, dando a intendere a ciascuna delle due parti di stare parteggiando per lei || *prov. chi sa il gioco non l'insegni*, non è prudente svelare le proprie strategie di gioco || *per estens.* compito facile, che non richiede grande impegno o particolari abilità: *è stato un gioco da ragazzi* || *gioco d'azzardo*, il cui esito, legato a una vincita in denaro, è affidato al caso, senza che intervenga l'abilità del giocatore; anche *ass.*: *il gioco e le donne sono i suoi unici interessi*; *vincere, perdere al gioco* || *gioco di società*, passatempo ricreativo adatto alle riunioni mondane || *gioco di prestigio*, in cui chi si esibisce provoca nel pubblico l'illusione di poter compiere o far accadere cose incredibili, soprannaturali (far comparire o scomparire oggetti ecc.) || *gioco di parole*, doppio senso || *casa da gioco*, bisca || *prov. un bel gioco dura poco* **3.** disciplina sportiva, spec. del tipo in cui ci si contende, tra singoli avversari o tra squadre, un oggetto (palla, disco ecc.): *gioco del calcio, del tennis, dell'hockey su ghiaccio*; *gioco sportivo, gioco a squadre* || serie di gare sportive, torneo (gen. *pl.*): *giochi olimpici, giochi della gioventù* || il modo di giocare, di disputare una competizione sportiva: *quel tennista ha un gioco veloce, brusco*; *il suo gioco è scorretto*; *gioco di testa, di gambe* **4.** l'insieme degli oggetti che servono per praticare un certo gioco: *in quella scatola c'è il gio-*

co dell'oca; giocattolo: *giochi educativi, elettronici* || *per estens.* assortimento di oggetti della stessa specie, o che servono al medesimo scopo; set: *un gioco di bandiere, di chiavi inglesi* **5.** turno di una partita di gioco, giocata: *a te il gioco!*; combinazione di gioco || situazione in cui si trova un giocatore: *ho un pessimo gioco in mano* || *T.sport.* nel tennis, forma italianizzata, meno com., di *game* (v.) || *fig.* *avere buon gioco su qualcuno,* poterlo battere o sottomettere facilmente; *fare buon viso a cattivo gioco,* rassegnarsi || *disus.* *fare* (*buon*) *gioco,* giovare: *questa somma di denaro mi fa buon gioco* || la posta del gioco, la puntata: *raddoppiare il gioco, fare un gioco forte* || *fig.* *entrare in gioco,* intervenire, avere peso, influenza: *in questi casi entra in gioco l'orgoglio* || *essere in gioco,* essere coinvolto, essere a rischio: *è in gioco la sua reputazione* || *mettere in gioco,* arrischiare: *ha messo in gioco la sua vita* **6.** scherzo, beffa: *non devi offenderti: è un gioco!* || *pigliarsi gioco di qualcuno,* ingannarlo o prenderlo in giro || *prov.* *gioco di mano, gioco da villano* **7.** vicenda intricata, affare losco, rischioso: *è uno sporco gioco, è un gioco pericoloso* || *alla fine del gioco,* alla fine, da ultimo: *alla fine del gioco si vedrà chi aveva ragione* **8.** *fig.* effetto che la luce, le ombre, i chiaroscuri, i riflessi, i colori ecc. producono in un ambiente: *il gioco della luce nella stanza; giochi d'acqua* **9.** *T.mecc.* piccolo spazio compreso tra i pezzi articolati di un meccanismo; il movimento, lo spostamento che tale spazio consente: *bisogna lasciare un po' di gioco tra due tratti di rotaia consecutivi; questa vite ha troppo gioco* **10.** *T.mat.* *teoria dei giochi,* disciplina che studia da un punto di vista logico-matematico le strategie di successo in situazioni di conflitto tra due o più parti, di cui un esempio tipico è un gioco svolto tra due o più giocatori **11.** *gioco di borsa,* attività di speculazione sul rialzo e il ribasso dei titoli || *dim.* giocherèllo, giochétto, giochìno. **Q.T.** *calcio, giochi, sport, tennis.*

giocofòrza [comp. di *gioco* e *forza,* nel senso che il gioco sforza e costringe; a. 1565] ***sm.*** *inv. non com.* solo nella loc. *essere giocoforza,* essere necessario, inevitabile: *è stato giocoforza accettare.*

giocolàre[1] (pres. *giòcolo*) [lat. volg. **ioculāre*; a. 1470] ***intr.*** (aus. *avere*) *raro* **1.** fare giochi di destrezza o di prestigio **2.** giocherellare, trastullarsi.

giocolàre[2] [lat. *ioculāris*; fine sec. XII - prima metà sec. XIII] ***sm.*** *ant.* giocoliere, buffone, giullare, acrobata e sim.

giocolière [lat. *iaculāris,* attr. il fr. ant. *joculer*; 1623] ***sm.*** (f. *-a*) **1.** chi si esibisce in giochi di destrezza o equilibrio, in pubblici spettacoli (circo, varietà ecc.) **2.** *per estens.* persona dotata di grande padronanza di una certa attività; in part., calciatore molto abile nel controllo della palla.

giocondàre (pres. *-óndo*) [lat. tardo *iucundāre*; a. 1294 *giocundare*] ***tr.*** *lett.* rendere giocondo, allietare || ***intr. pron.*** *lett.* *giocondarsi,* rallegrarsi, divertirsi.

giocondità [lat. *iucunditas, -ātis*; a. 1294 *giocundità*] ***sf.*** **1.** la condizione d'animo di chi è giocondo, gioia serena: *non perde mai la sua giocondità, nemmeno nelle situazioni difficili* **2.** *non com.* caratteristica di ciò che rende giocondi, allieta: *la giocondità di un paesaggio* || **N. 1.** *Sin.* allegrezza, contentezza, letizia, serenità, GIOIA | *Contr.* mestizia, tristezza.

giocóndo [lat. *iocundus*; a. 1250] ***agg.*** **1.** che prova o manifesta una gioia serena, pacata: *una persona gioconda, aspetto, viso giocondo* **2.** piacevole, che apporta gioia, felicità: *un luogo, un periodo giocondo* **3.** *pop.* stupidotto, sciocco || **giocondaménte** ***avv.*** || **N. 1.** *Sin.* allegro, felice, gioioso, lieto, spensierato | *Contr.* addolorato, infelice, mesto, triste **2.** *Sin.* ameno, dilettevole, gradevole | *Contr.* sgradevole.

giocosità [da *giocoso*; 1599] ***sf.*** caratteristica di ciò che è giocoso.

giocóso [lat. *iocōsus*; 1333] ***agg.*** **1.** che ama il gioco, lo scherzo, le facezie: *carattere, temperamento giocoso* || vivace, pronto: *un ingegno giocoso* **2.** fatto o detto per scherzo, per far divertire: *parole giocose* || di brano musicale, allegro, brioso; *opera giocosa,* opera buffa || di poesia, burlesca, comica: *scrisse opere serie e giocose* || **giocosaménte** ***avv.***

giogàia[1] [lat. volg. **iug(ul)āria*; a. 1320] ***sf.*** la pelle che pende sotto il collo dei bovini || *per estens.* doppio mento, pappagorgia || **N.** *Sin.* pagliolaia.

giogàia[2] [da *giogo*; a. 1555] ***sf.*** serie di gioghi montani, catena montuosa: *una lunga giogaia di monti.*

giogàtico (pl. *-ci*) [da *giogo*; sec. XVIII] ***sm.*** un tempo, tipo di contratto di locazione di bovini o altri animali da lavoro || il compenso corrisposto per tale locazione.

giogatùra [dall'ant. *giogare,* aggiogare; 1945] ***sf.*** giogatico.

giòglio (pl. *-gli*) [lat. tardo *iolium,* class. *lolium*; a. 1294] ***sm.*** *ant.* loglio.

giógo (pl. *-ghi*) [lat. *iugum*; sec. XIII] ***sm.*** **1.** arnese di legno, curvo e pesante, che si sistema al collo di una coppia di buoi o altri animali da tiro per trainare il carro o l'aratro **2.** *fig.* oppressione, servitù, soggezione: *essere sotto il giogo straniero, liberarsi dal giogo della famiglia* **3.** sommità lunga e tondeggiante di montagna: *i gioghi alpini* || valico **4.** nell'antica Roma, asta sostenuta da due altre piantate in terra, sotto cui si faceva passare l'esercito vinto per umiliarlo || *fig.* *passare sotto il giogo,* subire o sottomettersi a una dura umiliazione **5.** *T.mus.* la sbarretta che congiungeva i due bracci della lira o della cetra **6.** *T.tecn.* la barra orizzontale che sostiene i due piatti della bilancia || **N. 1.** giogo a collare, aperto di collo, di garrese, di nuca, ferrato, spezzato; anello, chiovolo, giuntoie, sottogola, timone | accollare, aggiogare **2.** *Sin.* oppressione, peso, schiavitù, servitù, soggezione, tirannia | antico, aspro, dolce, duro, grave, insopportabile, pesante; coniugale, familiare, maritale; imporre, portare, scuotere. **TAV.** ***carri...*** **p. 664** 2.2.

giòia[1] [lat. *gāudia,* attr. il fr. ant. *joie*; sec. XIII] ***sf.*** **1.** stato d'animo di pieno e vivo godimento, soddisfazione, grande allegria: *la gioia traspariva dal suo volto, ha accettato con gioia la mia proposta, piangere per la gioia*; *darsi alla pazza gioia,* abbandonarsi senza freno al divertimento || *antifr.* *iron.* amarezza, dolore o noia: *che gioia! Non potrò andare in vacanza, quest'anno* **2.** cosa o persona che è fonte di gioia: *le gioie della vita, della maternità*; *quel ragazzo è la gioia dei suoi genitori* || **N. 1.** *Sin.* allegria, contentezza, diletto, esultanza, felicità, gaiezza, gaudio, giubilo, godimento, letizia, piacere, soddisfazione, tripudio | ardente, breve, festosa, grande, immensa, indicibile, instabile, intensa, pacata, perversa, raggiante, serena, sfrenata, soave, temperata, tranquilla, viva | *Contr.* amarezza, cordoglio, disperazione, dispiacere, dolore, infelicità, mestizia, patema, sconforto, sofferenza, tristezza **2.** *Sin.* conforto, consolazione, felicità, piacere.

giòia[2] [da *gioia*[1]; a. 1250] ***sf.*** **1.** spec. *pl.* gioiello: *il cofanetto delle gioie di famiglia* || *disus.* pietra preziosa **2.** *fig.* cosa o persona da tenere in gran pregio: *questo bimbo è una gioia* || *vezz.*: *vieni dalla mamma, gioia!, non piangere, gioia mia!* **3.** *T.bal.* rinforzo di metallo che circondava come una cornice la bocca dei cannoni || *dim.* gioiétta || **N. 1.** *Sin.* gemme, ori, preziosi.

gioiàre (pres. *-òio, -òi*) [da *gioia*[1]; 1321] ***intr.*** (aus. *avere*) *ant. lett.* gioire || ***intr. pron.*** *ant. lett.* dilettarsi.

gioiellàre (pres. *-èllo*) [da *gioiello*; a. 1712] ***tr.*** *raro* ornare di gioielli, ingioiellare.

gioielleria [da *gioiello*; 1561] ***sf.*** **1.** l'arte di lavorare i gioielli **2.** negozio di gioielli **3.** assortimento di gioielli: *fare sfoggio della propria gioielleria* || **N. 1.**, **2.** *Sin.* oreficeria **3.** *Sin.* gioie, gioielli, ori, preziosi; bigiotteria.

gioiellière [da *gioiello*; sec. XIV] ***sm.*** (f. *-a*) chi lavora o vende gioielli; esperto di gioielli || **N.** *Sin.* orefice.

gioièllo [dal fr. *jo(i)el*; sec. XIII] ***sm.*** ornamento di metallo prezioso, spesso ornato con una o più pietre preziose, che si porta addosso (al collo, alle mani, alle orecchie, sui vestiti ecc.) || *fig.* persona dotata di grandi qualità, da tenersi in gran pregio: *un gioiello di ragazza* || oggetto o opera d'arte di particolare finezza e bellezza: *un quadretto che è un gioiello, questa composizione è un gioiello della lirica* || di congegno, meccanismo e sim., ben rifinito e di funzionamento perfetto: *una macchina che è un gioiello* || *dim.* gioiellétto, gioiellìno || **N.** *Sin.* gemma, gioia, monile | astuccio, custodia, scrigno; *parure* | bigiotteria.

gioióso [lat. *gaudiōsus,* attr. il fr. ant. *goius* poi *joiüs*; a. 1249] ***agg.*** **1.** allegro, pieno di gioia: *un temperamento gioioso, una persona gioiosa* **2.** che esprime un sentimento di gioia: *canti gioiosi* **3.** che procura gioia: *avvenimento gioioso* || **gioiosaménte** ***avv.*** || **N.** *Sin.* ALLEGRO, LIETO.

gioire (pres. *-ìsco, -ìsci*; manca il ppr.) [dal fr. ant. *joïr*; a. 1249] ***intr.*** (aus. *avere*) provare gioia, rallegrarsi: *ho gioito quando ho saputo che avevi vinto, quell'uomo gioisce delle disgrazie altrui, gioire per la vittoria* || **N.** *Sin.* esultare, giubilare, godere, rallegrarsi, tripudiare | *Contr.* dispiacersi, soffrire.

giolito [dall'espr. marinaresca catalana *en jòlit*; a. 1698] ***sm.*** *ant. lett.* **1.** *T.mar.* *stare, essere in giolito,* di nave che dondola dolcemente, cullata dalle onde **2.** *per estens.* riposo ameno, stato di piacevole rilassamento.

giolittismo [dal n. proprio G. *Giolitti,* statista it.; a. 1964] ***sm.*** metodo politico e sistema di governo che furono propri di G. Giolitti || *per estens.* *spreg.* sistema di governo basato sul trasformismo e sul clientelismo.

giordàno [dal n. geogr. *Giordania*; 1956] **I** ***agg.*** della Giordania **II** ***sm.*** (f. *-a*) nativo o abitante della Giordania.

giorgina [dal n. dello scienziato russo J.G. *Georgi*; 1815 *georgina*] ***sf.*** nome comune di alcune specie di dalie.

giorgionésco (pl. *-schi*) [dal n. proprio *Giorgione,* pittore it.; 1934] ***agg.*** relativo al pittore Giorgione, proprio del pittore Giorgione: *la produzione giorgionesca* || della scuola del Giorgione: *tendenze giorgionesche.*

giornalàio (pl. *-ài*) [da *giornale*; a. 1890] ***sm.*** (f. *-a*) venditore di giornali || **N.** *Sin.* edicolante, strillone | carrello, chiosco, edicola. **Q.T.** *giornale.*

giornàle [dal disus. *giornale,* giornaliero; 1394] ***sm.*** **1.** pubblicazione quotidiana di notizie di attualità e articoli di vario genere: *comprare, leggere il giornale*; *leggere una notizia sul giornale*; *giornale di partito, indipendente, sportivo* || *giornale murale,* manifesto che si affigge ai muri per comunicare al pubblico informazioni, spec. di carattere politico || *giornale radio,* trasmissione radiofonica che fornisce agli ascoltatori le notizie del giorno; notiziario **2.** *per estens.* qualsiasi pubblicazione periodica a stampa: *giornale di moda, illustrato, letterario, scientifico* **3.** *fam.* la redazione, la sede in cui il giornale viene redatto: *ha immediatamente telefonato al giornale per smentire la notizia* **4.** libro sul quale si registrano quotidianamente o a intervalli regolari fatti o dati notevoli; diario: *giornale di viaggio, tenere il giornale* || in part., *giornale contabile* o *libro-giornale*, registro sul quale i commercianti devono annotare giorno per giorno le operazioni contabili; *T.mar. giornale di bordo* o *giornale nautico*, il diario ufficiale in cui deve essere riportato tutto ciò che riguarda la nave e la navigazione || *dim.* giornalétto, giornalìno; *spreg.* giornalàccio, giornalùcolo; *accr.* giornalóne || **N. 1.** *Sin.* notiziario, quotidiano **2.** *Sin.* gazzetta, rivista, periodico, pubblicazione **4.** *Sin.* diario, registro. **Q.T.** *giornale, nautica...* **TAV.** ***tipografia*** **p. 1337** 12.

giornalétto (*dim.* di *giornale*) [1798] ***sm.*** **1.** piccolo giornale; giornale di dimensioni ridotte **2.** giornale a fumetti per ragazzi.

giornalièro [dal disus. *giornale*, giornaliero; a. 1603 come sm.; a. 1675 come agg.] **I *agg.*** **1.** d'ogni giorno: *abitudine giornaliera, lavoro giornaliero* || che si compie in un giorno: *alcune farfalle hanno un ciclo di vita giornaliero* || che vale un giorno: *biglietto di viaggio giornaliero* **2.** *non com.* che varia di giorno in giorno; *è d'umore giornaliero* **II *sm.*** **1.** (f. *-a*) lavoratore assunto a giornata **2.** biglietto, abbonamento valido un giorno, spec. per impianti sciistici || **N. I 1.** *Sin.* quotidiano **II 1.** bracciante.

giornalìno (*dim.* di *giornale*) [1869] ***sm.*** **1.** piccolo giornale; giornale di dimensioni ridotte **2.** *fam.* giornale a fumetti per ragazzi **3.** giornale di poche pretese, diffuso all'interno di comunità, enti ecc.: *giornalino scolastico.*

giornalìṣmo [da *giornale*; 1837] ***sm.*** **1.** l'attività di scrivere sui giornali, la professione di giornalista: *dedicarsi al giornalismo, esercitare il giornalismo* || l'insieme delle attività connesse con la compilazione, la redazione, la pubblicazione e la diffusione dei giornali: *storia del giornalismo* **2.** *concr.* il complesso dei giornali; la categoria dei giornalisti: *un esponente del giornalismo milanese* || **N. 2.** *Sin.* stampa. **Q.T.** *giornale.*

giornalista [da *giornale*; a. 1730] ***s.*** **1.** chi per professione scrive su un giornale, o ne cura la redazione: *giornalista sportivo, di cronaca* **2.** *per estens.* chi per professione raccoglie le notizie per un organo di informazione: *giornalista televisivo, radiofonico.* **Q.T.** *giornale.*

giornalistico (pl. *-ci*) [da *giornalista*; a. 1803] ***agg.*** di giornale, di o da giornalista: *servizio, stile giornalistico; professione giornalistica* ||

giornalisticaménte ***avv.*** *non com.* in modo giornalistico, con linguaggio o stile giornalistico.

giornalmàstro [comp. di *giornal(e)* e *mastro*; 1970] ***sm.*** *T.comm.* libro contabile che riunisce il giornale e il mastro.

giornalménte [dal disus. *giornale*, giornaliero; 1525] ***avv.*** tutti i giorni, quotidianamente: *fare la spesa giornalmente.*

giornànte [da *giorno*; a. 1907] **I *sf.*** *ant.* domestica che presta servizio a giornata **II *s.*** confratello della Compagnia della Misericordia di Firenze, che assolve, a turno e per la durata di un giorno, i suoi obblighi di assistenza.

giornàta [da *giorno*; a. 1249] ***sf.*** **1.** il periodo compreso tra la mattina e la sera, considerato rispetto alle condizioni meteorologiche, o rispetto agli avvenimenti della vita umana e in part. al lavoro: *una giornata piovosa, afosa; una giornata faticosa, ricca di novità* || *giornata nera*, quando ogni cosa va male o si è di cattivo umore || *vivere alla giornata*, giorno per giorno, senza preoccuparsi dell'avvenire || *di giornata*, del giorno stesso: *uova di giornata* **2.** il lavoro di un operaio in un giorno e il salario che per esso gli spetta: *lavorare a giornata*, con assunzione giornaliera; *ha da riscuotere dieci giornate; guadagnarsi la giornata*, anche *iron.*, quando si è avuto un danno || *giornata magra* o *grassa*, a seconda dei guadagni scarsi o lauti **3.** il cammino che si può percorrere in un giorno: *quel paese è a due giornate da qui; ant. a grandi giornate*, a tappe forzate **4.** giorno dedicato a una speciale iniziativa, a propaganda, a raccolta di fondi ecc.: *la giornata del libro, delle missioni* **5.** *T.lett.* la ripartizione in giorni di certe opere letterarie o teatrali: *la prima giornata del Decamerone, il dramma è diviso in cinque giornate* **6.** *T.agr. ant.* antica misura di superficie usata nelle campagne del Piemonte, che equivale a 3810 metri quadrati, corrispondente alla superficie che una coppia di buoi può arare in un giorno || più genericamente, la porzione di terreno che si può lavorare in una giornata: *ha due giornate di terra* **7.** giorno caratterizzato da fatti d'armi: *le cinque giornate di Milano, una giornata gloriosa* || *dim.* giornatìna; *accr.* giornatóna; *pegg.* giornatàccia || **N. 1.** GIORNO.

giornèa [dal fr. ant. *journée*; a. 1444] ***sf.*** **1.** *T.stor.* sopravveste militare corta che, nel Medioevo, si indossava sopra l'armatura **2.** *ant.* specie di toga indossata dai giudici nelle adunanze solenni || *fig. scherz. non com. indossare, affibbiarsi, mettersi la giornea*, assumere un tono autorevole e solenne, atteggiarsi a giudice; *mettersi la giornea di filosofo*, darsi arie da filosofo, da sapiente.

giornèllo [etim. inc.; 1868] ***sm.*** **1.** *T.mur.* specie di vassoio a tre sponde, nel quale viene impastata la calce **2.** *T.pesc.* dispositivo per la pesca fluviale, consistente in un'elica a due o quattro pale terminanti con una rete a cucchiaio, che vengono fatte girare dalla corrente || **N. 1.** cazzuola, mestola, nettatoia, sparviero. **TAV. *edilizia* p. 666** 12.5.

giórno [lat. *diurnus*; sec. XII *iurnu*] ***sm.*** **1.** *T.astr.* tempo impiegato dalla Terra per compiere una rotazione completa intorno al proprio asse, stabilito prendendo come riferimento un punto della volta celeste, cioè una stella (*giorno siderale*) o il sole (*giorno solare vero*); *giorno solare medio*, periodo della durata di ventiquattr'ore esatte **2.** periodo di ventiquattr'ore: *il viaggio durò due giorni; hai due giorni di tempo, a partire da adesso* || l'arco di tempo di ventiquattr'ore che corre da una mezzanotte all'altra, anche chiamato *giorno civile*: *mese di ventotto, di trenta, di trentun giorni, la settimana è di sette giorni; giorno festivo*, di festa; *giorno feriale*, lavorativo || *T.bur. giorno utile*, in cui si è ancora in tempo a svolgere una pratica burocratica || *otto giorni oggi*, tra una settimana || *dare gli otto, i quindici giorni*, licenziare o licenziarsi con tale preavviso || *del giorno*, relativo al giorno a cui ci si riferisce: *menu del giorno*; *uomo* o *fatto del giorno*, che spicca, che è oggetto di ammirazione o di discussioni

GIORNALE

VARIE SPECIE: annuario, bollettino, cinegiornale, corriere, effemeride, ebdomadario, foglio, fumetto, gazzetta, gazzettino, giornale (a fumetti, a rotocalco, illustrato, murale ecc.), *magazine*, monitore, pubblicazione, rassegna, radiogiornale o giornale radio, rivista, rotocalco, telegiornale, stampa.

Artistico, cinematografico, commerciale, elettorale, finanziario, letterario, musicale, politico, religioso, satirico, scientifico, sportivo, tecnico, umoristico; annuale, bimensile, bimestrale, mensile, numero unico, periodico, quindicinale, quotidiano (del mattino, del pomeriggio, della sera, della notte), settimanale, trimestrale; accreditato, aggressivo, battagliero, clandestino, fazioso, imparziale / parziale, indipendente, bene / male informato, prudente, ricattatorio, scandalistico, screditato, serio, settario, tendenzioso, ufficiale, ufficioso, venduto, violento.

PARTI: annuncio (economico, funebre, matrimoniale, pubblicitario ecc.), appendice, articolo (di apertura, di fondo, di spalla, di taglio; letterario, sportivo ecc.), asterisco, attualità, avviso economico, capocronaca, cappello, caricatura, colonna, commento, comunicato, contornato, copertina, corrispondenza, corsivo, critica, cronaca (bianca, nera, rosa; giudiziaria, mondana, parlamentare ecc.), didascalia, eco di cronaca, elzeviro, *flash* d'agenzia, fondo o editoriale, fregio, finestrina, fotografia, *fotoreportage*, giro, illustrazione, inchiesta, inserto, inserzione, intervista, lettera (al direttore, aperta), *manchette*, necrologio, nota, notiziario, occhiello o occhio, pagina (prima, seconda, terza ecc.; finanziaria, sportiva ecc.), pastone, piccola cronaca, piccola pubblicità, piedino, polemica, polpettone, pubblicità, recensione, *reportage*, resoconto, rubrica (artistica, cinematografica, musicale ecc.), servizio (di apertura, di spalla, di testata; teatrale, sportivo ecc.), soffietto, sommario, sottotitolo, spigolature, stelloncino, stroncatura, taglio (alto, basso, medio), testata, titolo, trafiletto, velina.

PERSONE: consiglio di amministrazione, direzione, redazione. Archivista, articolista, capocronista, caposervizio, collaboratore, compositore, condirettore, correttore (in bozza, in piombo), corrispondente, corsivista, cronista, critico (artistico, letterario, musicale, teatrale, televisivo), direttore, editorialista, giornalista (praticante, professionista, pubblicista), grafico, illustratore, impaginatore, informatore, intervistatore, inviato speciale, linotipista, paparazzo, polemista, proto, redattore, redattore capo, *reporter*, scompositore, segretario di redazione, stenografo, tipografo, tirabozze, usciere, zincografo; distributore, editore, speditore; edicolante, edicolista, giornalaio, strillone.

LOCALI: agenzia di stampa o giornalistica, archivio (biografico, fotografico), direzione, redazione (interna, esterna; cronaca, cultura, economia e finanza, estero, interni, provincia, spettacolo, sport, terza pagina), sala spedizioni, segreteria di redazione, tipografia, uffici amministrativi.

COMPOSIZIONE E STAMPA: v. nel quadro terminologico TIPOGRAFIA.

DIFFUSIONE E VENDITA: abbonamento, campagna d'abbonamento, censura, conto corrente postale, distribuzione, edizione (prima, ultima; della sera, del mattino, domenicale, tascabile), fuorisacco, numero (arretrato, doppio), piazza, resa, sequestro, sottofascia, spedizione, supplemento, tiratura.

TERMINI VARI: annuario della stampa, associazione della stampa (nazionale, regionale), giornalismo, ordine dei giornalisti, quarto potere, sindacato giornalistico, stampa, tessera giornalistica. Diritto all'informazione, diritto di cronaca, libertà di stampa, reato di stampa. Colpo giornalistico o *scoop*, esclusiva, indiscrezione, primizia. Cablogramma, dispaccio, fonogramma, telefoto; telefono, telescrivente, videoterminale o VDT.
(V. quadro terminologico TIPOGRAFIA).

nel giorno o nel periodo di cui si parla; *moda del giorno*, corrente; *ordine del giorno*, elenco degli argomenti da trattare in una riunione: *il primo punto dell'ordine del giorno dell'assemblea condominiale di domani*; *fig. essere all'ordine del giorno*, attuale **3.** giornata dedicata a festeggiare una ricorrenza: *il giorno della mamma, dei defunti* **4.** il periodo durante il quale il sole sta sopra l'orizzonte (contrapposto a *notte*): *i giorni d'estate sono lunghi, lavora tutto il giorno*; *sul far del giorno*, all'alba || *di giorno*, durante il giorno, alla luce del giorno: *di giorno ci vedo bene, la sera meno* || *giorno e notte*, di continuo || *in pieno giorno, a giorno fatto*, quando il sole è già alto || *fare di notte giorno*, detto di chi passa la notte al lavoro o a divertirsi e dorme di giorno; *fare di giorno notte*, di chi dorme per la maggior parte del giorno || *illuminato a giorno*, quasi da uguagliare la luce del giorno || *per estens. a giorno*, detto di oreficerie, strutture, ricami ecc., fatti in modo che vi passi la luce attraverso; *punto a giorno*, punto a lunga gettata, adatto per cucire gli orli **5.** *pl.* periodo indeterminato: *ho passato dei brutti giorni* || *pl.* il corso della vita umana: *passerà il resto dei suoi giorni in carcere*; *avere i giorni contati*, essere prossimi alla morte || *un giorno*, una volta nel passato o nel futuro: *un giorno lo incontrai al mercato*; *non mi dai retta, ma un giorno te ne pentirai* || *pare, sembra un giorno*, sembra essere passato pochissimo tempo: *pare un giorno che ci siamo lasciati, e sono dieci anni* || *un giorno o l'altro*, in un futuro indeterminato, prima o poi: *un giorno o l'altro gli telefonerò* || *da un giorno all'altro*, improvvisamente || *l'altro giorno*, l'altroieri o, più genericamente, alcuni giorni fa || *è questione di giorni*, è imminente || *a giorni*, tra pochi giorni: *verrà da me a giorni*; in modo discontinuo, ora sì e ora no: *a giorni è malinconico, a giorni allegro* || *giorno per giorno*, giornalmente; senza preoccuparsi del domani: *vivere giorno per giorno* || *di giorno in giorno, giorno dopo giorno*, in graduale progressione: *migliora di giorno in giorno* || *di tutti i giorni*, ordinario, consueto: *non è di tutti i giorni vedere un ippopotamo nel centro della città* || *al giorno d'oggi*, oggigiorno || *i nostri giorni*, il tempo attuale || *essere, tenersi a giorno*, essere informato, al corrente || **N. 2.** alba, aurora, mattina, mezzogiorno, pomeriggio, tramonto, sera, notte; lunedì, martedì, mercoledì, giovedì, venerdì, sabato, domenica; oggi, ieri, domani, dopodomani. **TAV.** ***arredamento*** **p. 650** 1.9, 2.15.

giòstra [dal provenz. ant. e fr. ant. *joste*; a. 1311] ***sf.*** **1.** apparecchio per il divertimento di bambini e adulti, consistente in una piattaforma girevole sulla quale sono sistemati sedili a forma di animali, automobiline, carrozzelle sospese ecc. || *fig. fare la giostra*, girare intorno a un luogo || *pl. fam. le giostre*, il complesso dei giochi in un luna park: *portare i bambini alle giostre* **2.** *T.stor.* nel Medioevo, gara cavalleresca, nella quale due cavalieri si correvano incontro con la lancia in resta, ognuno cercando di colpire l'avversario e di disarcionarlo || più genericamente, torneo cavalleresco || *per estens. non com.* scaramuccia, scontro || oggi, rievocazione storica, in costume, delle antiche giostre: *la giostra del saracino* **3.** *per estens.* piattaforma o altra struttura girevole: *giostra di collegamento, mungitrice a giostra* **4.** *fig.* rapido e confuso avvicendarsi di eventi, di cose, di persone o di sentimenti: *è stata una continua giostra di avvenimenti, oggi* **5.** gara popolare in cui i giocatori, correndo a piedi, a cavallo o su carri, cercano di colpire un bersaglio con sassi, lance ecc.: *la giostra dell'oca, dell'anello* || **N. 1.** carosello, girotondo **2.** quintana, torneo.

giostrànte (*ppr.* di *giostrare*) [sec. XIV] **I** ***agg.*** *non com.* che giostra **II *s.*** **1.** chi giostra **2.** giostratore.

giostràre (pres. *-òstro*) [dal provenz. ant. e fr. ant. *joster*; 1313] ***intr.*** (aus. *avere*) **1.** partecipare ad una giostra cavalleresca || *per estens.* combattere, contrastare, anche *fig.*: *con questo pensiero un altro giostra* (Petrarca) **2.** avvicendarsi rapidamente e tumultuosamente: *mi giostravano in testa sentimenti confusi e contraddittori* || ***intr. pron.*** destreggiarsi abilmente: *si giostra bene tra le difficoltà* || ***tr.*** e ***rifl. intens.*** *giostrarsi*, sfruttare con destrezza un mezzo o un'opportunità: *è molto abile a giostrare le sue risorse, aveva pochi mezzi, ma ha saputo giostrarseli bene.*

giostratóre [da *giostrare*; a. 1348] ***sm.*** *non com.* **1.** cavaliere che prende parte a una giostra **2.** (f. *-trìce*) chi partecipa a una giostra popolare || *fig.* chi si destreggia con astuzia: *un abile giostratore.*

giottésco (pl. *-schi*) [dal n. del pittore *Giotto*; a. 1810] ***agg.*** **1.** caratteristico del pittore Giotto e della sua scuola, relativo alla sua arte: *stile giottesco, paesaggio giottesco* **2.** di pittore, scolaro o seguace di Giotto; anche *sm.*: *un ignoto giottesco.*

giovaménto [lat. tardo *iuvamentum*; 1336 ca.] ***sm.*** l'atto e l'effetto del giovare || vantaggio, beneficio: *trarre, ricevere giovamento da una cura*; *il tuo aiuto mi ha recato giovamento, mi è stato di gran giovamento* || **N.** *Sin.* beneficio, pro, utilità, vantaggio.

giovanàglia (pl. *-glie*) [da *giovane*; a. 1292] ***sf.*** *ant. spreg.* moltitudine di giovani.

gióvane (ant. *gióvine*) [lat. volg. **iŏven, -enis*, class. *iuven, -enis*; a. 1292] **I *agg.*** **1.** di persona, che è nell'età intermedia tra l'adolescenza e la maturità: *uomo, donna giovane*; *persona giovane di età*; *da giovane*, in gioventù: *da giovane era molto bella* || con sign. più ampio, non vecchio: *è morto ancora giovane, a quarant'anni si è ancora giovani* || con sign. rel. *più giovane*, di età minore: *sei più giovane di me*; *troppo giovane*, che non ha ancora l'età adatta o prescritta in relazione a una determinata azione o attività: *sei troppo giovane per capire, è ancora troppo giovane per sposarsi* || *il Giovane*, attributo del nome di un personaggio, che si usa per distinguerlo da un omonimo più vecchio (detto *il Vecchio*): *Plinio il Giovane* **2.** *per estens.* che sembra giovane, che ha le caratteristiche fisiche, la freschezza, la vivacità, l'ingenuità proprie di un giovane: *mantenersi giovani, pelle, viso giovane, giovane di mente, di cuore* || posposto, nel linguaggio della pubblicità, adatto a un giovane, che piace ai giovani: *moda giovane, vestito, auto giovane* **3.** che è nato o sorto da poco tempo: *pianta, animale giovane*; *uno stato, un'associazione ancora giovane* || *vino, formaggio giovane*, fresco, non stagionato **II *s.*** persona giovane di età: *un bel giovane*; *i giovani del paese*; *i giovani d'oggi*, talvolta *spreg.*, la gioventù di oggigiorno || aiutante, garzone: *giovane di bottega, di banco*; *giovane di studio*, apprendista in uno studio legale **III *avv.*** (sempre posposto) nel linguaggio della moda, in modo adatto ai giovani, che piace ai giovani: *vestire giovane* || *dim.* giovanétto, giovinétto, giovincèllo; *accr.* giovanòtto, giovinòtto; *spreg.* giovinàccio, giovinàstro || **N. I 1.** *Sin.* di primo pelo, di verde età | *Contr.* anziano, vecchio **2.** fresco, giovanile, vivace | *Contr.* antiquato, sciupato **3.** *Sin.* recente | *Contr.* antico, invecchiato, maturo **II** *Sin.* adolescente, fanciullo, ragazzo | *Contr.* vecchio.

giovaneggiàre (pres. *-éggio*) [da *giovane*; a. 1604] ***intr.*** *raro* (aus. *avere*) comportarsi da giovane.

giovanésco (pl. *-schi*) [da *giovane*; 1342] ***agg.*** *raro* giovanile.

giovanétto o **giovinétto** (*dim.* di *giovane*) [a. 1321 come sm.] **I *agg.*** **1.** molto giovane, adolescente **2.** *lett.* appena iniziato, nato da poco: *l'ombra crociata del gheppio pare ignota / ai giovinetti arbusti* (Montale) **II *sm.*** (f. *-a*) adolescente: *un giovanetto per bene.*

giovanile [lat. *iuvenīlis*; a. 1294] ***agg.*** **1.** da giovane, caratteristico di chi è giovane: *età, entusiasmo giovanile, bollori giovanili* || relativo ai giovani: *disoccupazione giovanile* || relativo al periodo della giovinezza propria o di altri: *è stato un errore giovanile* **2.** adatto ai giovani, fatto per i giovani: *abito di taglio giovanile, circolo giovanile* || **giovanilménte** ***avv.***

giovanilìsmo [da *giovanile*; 1978] ***sm.*** **1.** comportamento di una persona che, non più giovane, si ostina a voler sembrare tale, adottando una serie di atteggiamenti o di modi di vestire tipicamente giovanili **2.** tendenza, in una società, a favorire esigenze e gusti dei giovani.

giovanilìstico (pl. *-ci*) [da *giovanilismo*; 1980] ***agg.*** del giovanilismo; che si ispira al giovanilismo, dovuto al giovanilismo: *eccessi giovanilistici dei ceti intellettuali.*

giovannèo [da *Giovanni*; 1933] ***agg.*** **1.** di S. Giovanni, relativo al vangelo di S. Giovanni **2.** relativo al papato di Giovanni XXIII e alle riforme da questi promosse: *spirito giovanneo.*

giovannìsmo [dal n. dell'evangelista S. *Giovanni*; 1970] ***sm.*** teoria e dottrina teologica che si ispira al Vangelo di S. Giovanni.

giovanottàta [da *giovanotto*; 1940] ***sf.*** *non com.* azione sconsiderata, fatta per dare prova di scaltrezza o spavalderia || **N.** *Sin.* bravata, ragazzata.

giovanòtto (*accr.* di *giovane*) [sec. XV] ***sm.*** (f. *scherz. -a*) **1.** giovane robusto, vigoroso: *un aitante giovanotto, s'è fatto un giovanotto grande e grosso* **2.** appellativo rivolto a giovani uomini e, in modo scherz., anche a bambini, da persone più anziane, con l'intento di sottolineare la differenza di età e richiamare al rispetto: *ehi, giovanotto! non crederai di prendermi in giro!* **3.** *fam.* scapolo || *dim.* giovanottìno; *accr.* giovanottóne; *pegg.* giovanottàccio || **N.** GIOVANE.

giovàre (pres. *gióvo*) [lat. *iuvāre*, far piacere a qualcuno; a. 1292] ***intr.*** (aus. *avere* e *essere*) essere utile, vantaggioso: *mi è giovato il tuo aiuto*; *non giova a nessuno lamentarsi*; arrecare beneficio: *la ginnastica giova alla salute* || ***intr. pron.*** *giovarsi* di qualcosa, servirsene, utilizzarla: *giovarsi degli studi precedenti, giovarsi di un'opportunità* || ***tr.*** *raro* aiutare, favorire: *giovò la famiglia, la patria* || **N. *intr.*** *Sin.* fare bene, servire; essere bene, d'aiuto, di beneficio, opportuno, utile, vantaggioso | *Contr.* nuocere | ***intr. pron.*** *Sin.* approfittare, avvalersi, servirsi, sfruttare, valersi.

giòve [dal lat. (*Iuppiter*), *Iovis*; 1308 nel senso 2] ***sm.*** **1.** (spesso con iniz. maiuscola) nella mitologia greca e romana, il padre di tutti gli dei: *Giove pluvio*, perché mandava la pioggia || *per Giove!*, escl. di meraviglia, stupore, entusiasmo: *per Giove, quanto ben di Dio!*; può esprimere anche ira, stizza, contrarietà: *per Giove, come sei insistente!* **2.** (sempre con iniz. maiuscola) il quinto e maggior pianeta del sistema solare. **TAV.** *astrologia* 2.6.

giovedì [lat. *Iovis dies*, letter. giorno (*dies*) di Giove (*Iovis*); 1292 *giuovedie*] ***sm.*** il quarto giorno della settimana: *ci vediamo giovedì, il giovedì è una giornata faticosa per me* || *giovedì grasso*, l'ultimo giovedì di carnevale || *Giovedì santo*, il giovedì che precede la Pasqua.

giovènca [lat. *iuvenca*; a. 1333] ***sf.*** giovane vacca.

giovènco (pl. *-chi*) [lat. *iuvencus*; a. 1333] ***sm.*** giovane bue, intorno all'anno di età.

giovenile ***agg.*** *lett.* V. GIOVANILE.

gioventù [lat. *iuventus, -ūtis*; sec. XIII *giovantude*] ***sf.*** **1.** quella parte della vita di una persona (raramente di animali o piante) che si svolge tra l'adolescenza e la maturità: *la gioventù è il periodo più bello della vita*; *in gioventù*, durante la gioventù, da giovane; *la prima gioventù*, l'adolescenza; *errore di gioventù*, relativo all'età giovanile e dovuto ad inesperienza ‖ *fig.* freschezza, vivacità: *la gioventù dell'ingegno* **2.** *concr.* moltitudine di giovani: *che bella gioventù!* ‖ i giovani, considerati complessivamente: *la gioventù del paese, spettacoli per la gioventù* ‖ *gioventù bruciata*, quella turbolenta e contestatrice, ma ancora priva di un orientamento politico ben definito, cresciuta negli Stati Uniti e in altri paesi industrializzati negli anni che seguirono la seconda guerra mondiale ‖ **N. 1.** *Sin.* anni verdi, età verde, giovinezza | *Contr.* vecchiaia.

gioveréccio (pl. *-ci*) [da *giovare*; a. 1803] ***agg. fam. tosc.*** **1.** giovevole, atto a giovare **2.** di aspetto sano, fresco e piacente.

giovévole [da *giovare*; 1526] ***agg.*** che giova, che apporta giovamento ‖ **giovevolménte** ***avv.*** con giovamento ‖ **N.** *Sin.* benefico | *Contr.* nocivo; UTILE.

gioviàle [lat. tardo *iovialis*, letter. di Giove; a. 1321] ***agg.*** **1.** di persona, abitualmente serena, socievole, espansiva **2.** di comportamento, caratteristico di persona gioviale: *un'accoglienza gioviale* **3.** *arc.* proprio del dio Giove ‖ *accr.* giovialóne ‖ **giovialménte** ***avv.*** ‖ **N. 1.** *Sin.* allegro, amabile | *Contr.* scontroso **2.** LIETO, PIACEVOLE.

giovialità [da *gioviale*; 1652] ***sf.*** l'essere gioviale, temperamento o comportamento gioviale.

giovialóne (*accr.* di *gioviale*) [a. 1698] ***sm.*** (f. *-a*) persona molto gioviale, di un'allegria espansiva.

gioviàno [da *Giove*; 1952] **I *agg.*** relativo al pianeta Giove **II *sm.*** (f. *-a*) ipotetico abitante di Giove.

giovinàstro (*pegg.* di *giovane*) [a. 1480] ***sm.*** giovane di cattivi costumi ‖ **N.** scapato, scapestrato.

giovincèllo (*dim.* di *giovane*) [1310] ***sm.*** (f. *-a*) persona molto giovane, adolescente; talvolta *scherz.* o *spreg.*: *ah, questi giovincelli moderni!*

gióvine ***agg.*** e ***sm.*** *lett.* V. GIOVANE.

giovinétto (*dim.* di *giovine*) [1313] ***agg.*** e ***sm.*** (f. *-a*) persona molto giovane, adolescente.

giovinézza [da *giovine*; fine sec. XIII] ***sf.*** **1.** l'età o la qualità di chi o di ciò che è giovane: *essere nel fiore della giovinezza, la sua giovinezza lo giustifica, la giovinezza di un animale, di una pianta, di una nazione* **2.** *fig.* la freschezza e l'energia tipiche di chi è giovane: *conservare la giovinezza dello spirito, del cuore* ‖ **N. 1.** *Sin.* gioventù | *Contr.* vecchiaia.

gip [1950] ***sf.*** *raro* forma italianizzata dall'ingl. *jeep* (V.) ‖ *accr.* gippóne.

gipèto [comp. del gr. *gýps, gypós*, avvoltoio e gr. *aetós*, aquila; a. 1871] ***sm.*** *T.zool.* grosso rapace diurno dei Falconiformi, detto anche *avvoltoio degli agnelli*.

gippóne (*accr.* di *gip*) [1947] ***sm.*** grossa jeep, usata perlopiù dall'esercito e dalla polizia.

gipsìcolo [comp. di *gipso-* e *-colo*; 1956] ***agg.*** *T.bot.* detto di pianta che cresce preferibilmente su terreni ricchi di gesso.

gipso- [dal lat. *gypsum*, gr. *gýpsos*, gesso] ***primo elem.*** che, in parole composte dotte o della terminologia scientifica, vale "gesso" (per es. *gipsoteca*).

gipsòfilo [comp. di *gipso-* e *-filo*; 1956] ***agg.*** *T.bot.* gipsicolo.

gipsotèca [comp. del gr. *gýpsos*, gesso e *-teca*; 1885] ***sf.*** collezione di statue e bassorilievi in gesso ricavati con calchi su originali di bronzo, marmo, terracotta e sim.

gira [da *girare*; 1970] ***sf.*** rete da pesca della tonnara, a forma di semicerchio, che si chiude appena sono entrati i tonni.

girabacchìno o **girabecchìno** [dal medio ol. *wimmelkijn*, attr. il fr. *vilebrequin*, con l'influsso di *girare*; 1918 *girabecchino*] ***sm.*** **1.** tipo di trapano a mano **2.** attrezzo usato per fissare punte di trapano e per allentare o stringere bulloni.

giràbile [da *girare*; 1499] ***agg.*** che può essere girato, detto in part. di titolo di credito: *assegno, vaglia, cambiale girabile.*

giracàpo [comp. di *gira(re)* e *capo*; a. 1604] ***sm. inv.*** **1.** giramento di testa; anche *fig.*: *far venire il giracapo*, di cosa che arrechi grande fastidio o preoccupazioni **2.** narciso ‖ **N. 1.** *Sin.* capogiro, vertigine.

giradischi [comp. di *gira(re)* e *disco*; 1950] ***sm. inv.*** apparecchio che riproduce i suoni registrati su un disco fonografico; è costituito da un piatto rotante sul quale viene posto il disco, e da un braccio che sorregge una puntina che scorre nel solco del disco; le vibrazioni della puntina vengono trasformate in segnali elettrici per mezzo di un trasduttore, e amplificati mediante uno o più altoparlanti; *giradischi stereofonico*, V. STEREOFONICO ‖ **N.** *Sin.* grammofono, hi-fi, mangiadischi, stereo. **Q.T.** *audiovisivi* **TAV.** *audiovisivi* 8.8.

giradito (pl. *-ti*) [comp. di *gira(re)* (intorno al) *dito*; 1869] ***sm.*** infiammazione della punta di un dito o di più dita ‖ **N.** *Sin.* paronichia, patereccio.

giràffa [dall'ar. *zarāfa*; a. 1300] ***sf.*** **1.** ruminante africano dotato di piccole corna, arti e collo lunghissimi, pelo corto giallastro con macchie irregolari rosso brune ‖ come es. di altezza sproporzionata o collo troppo lungo: *essere, sembrare una giraffa*; *avere un collo da giraffa*; *passi da giraffa*, passi lunghi e sgraziati **2.** carrello dotato di un lungo braccio mobile, usato nelle riprese radiofoniche, televisive e cinematografiche per sostenere e spostare microfoni o lampade.

giraffìsta [da *giraffa*; 1970] ***s.*** tecnico addetto al funzionamento della giraffa nelle riprese televisive.

girafilière [comp. di *gira(re)* e *filiera*; 1959] ***sm. inv.*** nelle operazioni di filettatura di viti, bulloni e sim., strumento a due manici con cui si guida la rotazione della madrevite.

giràle [da *giro*; 1887] ***sm.*** *T.arch.* decorazione costituita dalla raffigurazione, dipinta o scolpita, di un elemento vegetale (foglia, tralcio di vite ecc.) avvolgentesi a voluta su se stesso.

giramàschio (pl. *-schi*) [comp. di *gira(re)* e *maschio*; 1956] ***sm.*** utensile da officina (usato anche in oreficeria) che serve per trattenere e far girare un maschio nel metallo, per filettare fori, tubi ecc.

giraménto [da *girare*; a. 1348] ***sm.*** *non com.* l'atto, il fatto e l'effetto del girare; *giramento di capo, di testa*, capogiro, vertigine ‖ *pop. eufem. giramento di scatole*, scocciatura.

giramóndo [comp. di *gira(re)* e *mondo*; 1500] ***s. inv.*** chi va girando il mondo senza una meta e senza un fine determinato ‖ *per estens. scherz.* persona che ama viaggiare e conoscere nuove località: *chissà dove andrà in vacanza quest'anno quel giramondo di Carlo!*

giràndola [da *girandolare*; 1536] ***sf.*** **1.** ruota su cui sono applicati fuochi artificiali, che gira velocemente quando questi vengono accesi **2.** giocattolo per bambini costituito da un'elica di carta, celluloide o plastica, che gira al vento **3.** banderuola segnavento **4.** *fig.* persona incostante, volubile: *essere, sembrare una girandola* **5.** *fig.* tumultuoso susseguirsi di eventi: *una girandola di avvenimenti, di sentimenti* **6.** *fig. non com.* arzigogolo, fantasticheria ‖ *dim.* girandolìna, girandolétta ‖ **N. 1.** fuoco artificiale, pirotecnica **2.** *Sin.* mulinello.

girandolàre o **girondolàre** (pres. *-àndolo* o *-óndolo*) [da *girare*, con influsso di *andare*; 1542] ***intr.*** (aus. *avere*) girare qua e là senza un fine determinato ‖ **N.** *Sin.* GIRELLARE.

girandolóne o **girondolóne** [da *girandola*; 1759] ***sm.*** (f. *-a*) chi si sposta abitualmente e volentieri ‖ **N.** *Sin.* girellone, VAGABONDO.

girandolóni [da *girandolone*; 1869] ***avv.*** a zonzo, gironzolando senza meta e senza scopo: *se ne andava girandoloni per le strade della città*; anche nella loc. avv. *a girandoloni.*

girànio ***sm.*** *non com.* V. GERANIO.

girànte (*ppr.* di *girare*) [a. 1332] ***sf.*** **1.** (anche *sm.*) *T.bur.* chi esegue la girata di un titolo di credito (assegno, cambiale ecc.) **2.** *T.mecc.* la parte rotante di una macchina rotativa: *la girante del ventilatore, del compressore, della turbina.*

giràre [lat. *gyrāre*; a. 1250] ***tr.*** **1.** muovere in giro, imprimere moto rotatorio: *girare una ruota, girare la chiave nella toppa* ‖ mescolare: *girare la minestra* **2.** far cambiare di direzione, volgere: *girare la testa*; voltare dalla parte opposta: *girare le pagine* ‖ *fig. T.giur. girare un assegno, una cambiale, un titolo di credito*, cederli ad un'altra persona mediante girata ‖ *fig.* passare, trasferire a qualcun altro: *ti giro la domanda* ‖ *fig.* esaminare una questione da un nuovo punto di vista, o sotto un'altra forma: *girare un argomento*; spec. nelle espressioni: *girala come vuoi, giratela come volete*, da qualunque parte si affronti il problema **3.** andare intorno a un luogo, muovendosi lungo il perimetro: *girare un edificio, una collina* ‖ di cosa, circondare, correre intorno: *la loggia gira tutta la casa* **4.** percorrere in lungo e in largo, esplorare sistematicamente: *girare il mondo, ho girato tutti i negozi per trovare un vestito che mi piacesse* **5.** *T.cin.* filmare, riprendere con la cinepresa: *girare una scena, un film*; *ho girato mille metri di pellicola* ‖ ***rifl.*** voltarsi da un altro lato: *girati, e vedrai*; *si girava e rigirava nel letto, agitatissimo* ‖ ***intr.*** (aus. *avere* o *essere*) **1.** muoversi circolarmente intorno a un centro: *la Terra gira intorno al Sole* ‖ *fig. girare col discorso intorno a un argomento*, alludervi senza affrontarlo direttamente **2.** ruotare intorno a un asse: *la trottola gira, la Terra gira su se stessa* ‖ *fig. mi gira la testa*, ho le vertigini, il capogiro; *far girare la testa*, far perdere la ragione, far innamorare ‖ *fam. eufem. far girare le scatole*, disturbare, innervosire, scocciare **3.** di persona, andare qua e là senza una meta sicura: *ho girato tutto il giorno per trovarti, ho passato il pomeriggio girando per la città* ‖ circolare, propagarsi: *girano voci strane sul suo conto, pare che girino banconote false* **4.** deviare, cambiare direzione: *al bivio, devi girare a destra, il viottolo gira lungo il fiume* **5.** turbinare, agitarsi vorticosamente: *mille pensieri mi girano per il capo* ‖ *fam.* frullare nella testa: *che ti gira?*; venire l'estro, il capriccio: *se mi gira, partirò per il Canada tra una settimana*; *mi è girato di rispondere male, e l'ho fatto* ‖ di situazione, evolversi in un determinato modo: *se le cose girano bene, fra qualche anno sarò ricco* **6.** *non com.* di luogo, estendersi ‖ **N.** ***tr.*** **1.** *Sin.* roteare, ruotare; mescolare, rimestare **2.** *Sin.* rivolgere, rivoltare, volgere, voltare; trasferire **3.** *Sin.* accerchiare, attorniare, circondare; aggirare **4.** *Sin.* esplorare, percorrere **5.** *Sin.* filmare, riprendere | ***intr.*** **3.** *Sin.* aggirarsi, girellare, gironzolare, passeggiare, ronzare, vagare; circolare **4.** *Sin.* deviare, svoltare **5.** *Sin.* frullare, mulinare, turbinare.

girarròsto [comp. di *gira(re)* e *arrosto*; a. 1712] ***sm.*** *T.cuc.* apparecchio che serve a far girare lentamente lo spiedo sul fuoco o nel forno, per far arrostire i cibi ‖ **N.** a molla, orologio, a peso; leccarda, schidione, spiedo.

girasóle [comp. di *gira(re)* e *sole*, sul modello del *hēliotrópion*; sec. XIV] ***sm.*** pianta delle Composite con fusto alto, ampie foglie seghettate a forma di cuore e grandissime infiorescenze gialle, che si svolgono verso il sole o verso la fonte di illuminazione; *olio di girasole*, ricavato dai semi e usato in cucina e nell'industria.

giràta [da *girare*; a. 1529] ***sf.*** **1.** l'atto e l'effetto del girare una volta: *dare una girata al risotto, ho dato una girata alla chiave* **2.** l'andare in giro, passeggiata: *ho fatto una girata in piazza* **3.** *T.gioc.* la distribuzione delle carte ai giocatori **4.** *T.giur.* la cessione di un titolo di credito (cambiale, assegno ecc.) effettuata dal possessore attuale (detto *girante*) a favore di un'altra persona (detta *giratario*), mediante una firma apposta a tergo del titolo stesso **5.** *fam.* sgridata, strapazzata: *gli ho dato una girata che si ricorderà finché vive* || *dim.* giratìna.

giratàrio (pl. *-ri*) [da *girata*; 1673] ***sm.*** (f. *-a*) *T.giur.* persona a favore della quale è effettuata la girata di un titolo di credito.

giràto (*pps.* di *girare*) [1505] ***agg.*** **1.** *T.giur.* di titolo di credito, trasferito mediante girata **2.** *T.enol.* *vino girato*, alterazione del vino causata da batteri, che lo rendono torbido e di odore e sapore sgradevoli; anche *sm.*: *il girato* **3.** *T.mus.* *suono girato*, nella tecnica vocale, suono che sfrutta a pieno le risonanze della maschera facciale.

giratòrio (pl. *-ri*) [da *girare*; a. 1779] ***agg.*** che gira attorno a un punto, rotatorio || *coppa giratoria*, calotta, spesso luminosa, posta sulla carreggiata e destinata a segnare il centro del crocevia || *senso giratorio*, traiettoria obbligata che i veicoli debbono seguire attorno al centro di una piazza.

giratùbi [comp. di *gira(re)* e *tubo*; 1956] ***sm.*** *inv.* strumento con cui si avvitano o si svitano i tubi.

girautensìli [comp. di *gira(re)* e *utensile*; 1956] ***sm.*** *inv.* attrezzo costituito da un morsetto e due manubri, al quale si fissano gli utensili per farli girare.

giravìte [comp. di *gira(re)* e *vite*²; 1853] ***sm.*** *inv.* cacciavite.

giravòlta [comp. di *gira(re)* e *volta(ta)*; a. 1419] ***sf.*** **1.** giro completo su se stessi: *i ragazzi fanno giravolte sul prato, la macchina sbandò e fece due giravolte prima di arrestarsi* || rotazione intorno al proprio asse: *fece una giravolta e fuggì via* **2.** *per estens.* tortuosità, curva: *quella strada è tutta giravolte* **3.** *fig.* improvviso cambiamento di umore, di idee o di programmi: *con una repentina giravolta, ci disse che la cosa non lo interessava più* || **N.** **1.** *Sin.* capovolta, capriola, giro, piroetta, testacoda, volteggiamento **2.** *Sin.* anfratto, curva, meandro, serpentina, sinuosità, tortuosità **3.** dietrofront, tradimento, voltafaccia.

giravoltàre (pres. *-òlto*) [da *giravolta*; a. 1910] ***intr.*** (aus. *avere*) *non com.* **1.** fare giravolte, rotolare **2.** *fig.* gironzolare, vagabondare.

giravòltola [da *giravolta*; 1945] ***sf.*** *pop.* giravolta.

gìre (dif. pres. *giàmo, gìte*; ind. imp. *gìvo, gìvi, gìva, gìvano*; p.rem. *gì, gimmo*; fut. *girò, girài, girà, giréte, girànno*; cong. imp. *gìssi*; pps. *gìto*) [lat. *īre*; fine sec. XII] ***intr.*** (aus. *essere*) *poet.* andare || **N.** gita.

girèlla [da *girare*; a. 1348] ***sf.*** **1.** carrucola **2.** *ant.* la stella dello sperone **3.** gioco per ragazzi, consistente in una ruota scannellata a cui si avvolge una funicella che, sfilata con forza, imprime alla ruota un veloce moto su se stessa **4.** *per estens.* qualunque oggetto a forma rotonda: *una girella di cacio* || ***sm.*** *inv.* *fig.* *non com.* persona volubile, spec. in ambito politico || **N.** **1.** CARRUCOLA | ***sm.*** *Sin.* banderuola, voltafaccia, voltagabbana | VOLUBILE.

girellàre (pres. *-èllo*) [da *girare*; 1598] ***intr.*** (aus. *avere*) andare attorno qua e là, senza una meta fissa o un fine determinato || **N.** *Sin.* andare a spasso, a zonzo, girelloni, in giro; bighellonare, girandolare, girare, gironzolare, girovagare, passeggiare, vagabondare, vagare.

girellìno (*dim.* di *girello*) [1887] ***sm.*** *T.calz.* strumento, con rotelle dentate, usato per tracciare i segni delle cuciture.

girellìo (pl. *-ìi*) [da *girellare*; 1945] ***sm.*** via vai continuo e ozioso.

girèllo [da *girare*; sec. XIV] ***sm.*** **1.** qualsiasi oggetto a forma di piccolo disco **2.** *T.mac.* taglio di carne bovina, di forma cilindrica, corrispondente alla parte posteriore della coscia della bestia macellata **3.** *T.cuc.* la parte carnosa del carciofo, senza le squame e il gambo **4.** struttura di legno, di plastica o di metallo, poggiante su rotelle, che serve a sorreggere i bambini ai primi passi o gli infermi, e a facilitare la deambulazione || *dim.* girellìno, girellétto || **N.** **1.** cerchietto, dischetto, rotella. **TAV.** *alimentazione* 4.6.

girellóne [da *girellare*; 1808] ***sm.*** (f. *-a*) chi suole girellare || **N.** *Sin.* bighellone, girandolone, VAGABONDO.

girétto (*dim.* di *giro*) [a. 1803] ***sm.*** **1.** breve passeggiata: *ho fatto un giretto nel parco* **2.** *raro* nastro di capelli posticci che cinge le tempie, usato per acconciature.

girévole [da *girare*; 1581] **I** ***agg.*** che può girare, che può essere girato: *carrello, piattaforma, sedia girevole* **II** ***sm.*** piattaforma circolare incorporata nel palcoscenico, per facilitare i cambi di scena.

girifàlco (ant. *grifàlco*; pl. *-chi*) [dal fr. ant. *gerfalc*; a. 1292] ***sm.*** grosso uccello dei Falconidi che vive nell'Europa settentrionale; ha il piumaggio grigio-bruno sul dorso, bianco a macchie scure sul ventre.

girigogolàre (pres. *-ògolo*) [da *girigogolo*; 1865] ***intr.*** (aus. *avere*) fare girigogoli.

girigògolo [da *giro* con influsso di *ghirigoro*; 1661] ***sm.*** capriccioso disegno o tratto di penna a linee curve || *fig.* discorso contorto o sconclusionato: *un girigogolo di parole* || **N.** *Sin.* arabesco, ghirigoro, scarabocchio, svolazzo.

girìno¹ [dal lat. *gyrīnus*, gr. *gyrînos*; a. 1498] ***sm.*** *T.zool.* **1.** larva degli anfibi anuri (rana, rospo ecc.), dall'aspetto di piccolo pesce; fino alla metamorfosi vive nell'acqua e respira per mezzo di branchie **2.** *girino nuotatore*, insetto acquatico dei Coleotteri, di piccole dimensioni, che nuota sulla superficie dell'acqua, immettendo aria nelle trachee attraverso le antenne; ha occhi che gli permettono di vedere contemporaneamente sopra e sotto la superficie dell'acqua.

girìno² [da *Giro* d'Italia; 1952] ***sm.*** *T.sport.* *pop.* ciclista che partecipa al Giro d'Italia.

girìo (pl. *-ìi*) [da *girare*; 1887] ***sm.*** il girare continuo e insistente nello stesso luogo.

girl (ingl., pr. [gəːɫ]) [dall'ingl. *chorus girl*, ballerina di varietà; 1918] ***sf.*** *inv.* (anche pl. *girls*, pr. [gəːɫz]) ballerina in spettacoli di rivista e varietà.

gìrlo [forse dal lat. **gyrulus*, dim. di *gyrus*, giro; a. 1653 nel senso 1] ***sm.*** **1.** *T.gioc.* dado con l'orlo sfaccettato in 6, 8, 10 o 12 facce, contraddistinte da numeri o lettere o istoriate, e che, mediante un'asticciola che lo attraversa, vien fatto girare come una trottola **2.** *tosc.* mochi.

gìro [lat. *gȳrus*, gr. *gŷros*; a. 1292] **I** ***sm.*** **1.** movimento circolare, o per lo meno che segue una linea chiusa, ritornando al punto di partenza: *il giro della Terra attorno al Sole, il giro del mondo in 80 giorni, fare un giro di pista, il giro delle mura*; *T.sport.* *giro d'onore*, giro di pista del concorrente vittorioso che saluta trionfalmente il pubblico; *giro della morte*, acrobazia motociclistica consistente nel percorrere ad alta velocità un tratto di pista ad anello verticale, mantenendo l'aderenza grazie alla forza centrifuga; lo stesso tipo di evoluzione compiuta nell'aria da un aereo || movimento di rotazione di 360° attorno a un asse: *il giro delle lancette dell'orologio, chiudere con due giri di chiave; dischi a 33, a 45 giri (al minuto)*; *giro di vite*, anche *fig.* provvedimento restrittivo, punitivo || *in part.* *giri (del motore)*, numero di giri al minuto dell'albero motore: *il motore è su (giù) di giri, è fuori giri*, l'albero motore ruota a una frequenza più (o meno) alta di quella consentita; *fig.* *essere su di giri*, essere eccitato o euforico **2.** *per estens.* percorso non necessariamente chiuso con cui si esplora sistematicamente un luogo: *fare il giro di una città, di un museo, dei negozi*; *giro d'ispezione, un giro turistico della Spagna* || *T.sport.* gara (spec. ciclistica) in linea o a tappe che percorre una regione determinata: *Giro di Francia, Giro delle Fiandre*; *per anton.* *il Giro*, il Giro d'Italia, la più importante corsa ciclistica a tappe italiana **3.** *per estens.* evento considerato nel suo ciclo completo: *giro di maglia*, completamento di una riga del lavoro in corso; *un giro di poker*, un complesso di mani tale che tutti i giocatori diano una volta le carte; *un giro di telefonate*, catena di telefonate per organizzare qualcosa tra un gruppo di persone || periodo di tempo, ciclo: *nel giro di qualche stagione* **4.** *concr.* linea chiusa, perimetro: *cappello stretto di giro*; *giro manica*, l'attaccatura della manica alla spalla, scalfo || nelle *loc. agg.* *a giro collo* (o *a girocollo*), con scollatura rotonda, che segue la linea di base del collo: *maglietta, maglione a giro collo*; *a giro panca*, soluzione d'arredamento di angoli da pranzo in cui una panca circonda due lati del tavolo || *fig.* ambiente, cerchia di persone: *giro di amici, della gente che conta*; *è fuori del nostro giro* **5.** circolazione, passaggio di mano in mano: *giro di una pratica*, il suo passaggio dai vari uffici; *giro degli affari*, il volume complessivo delle vendite; *partita di giro*, operazione finanziaria registrata contemporaneamente in entrata e in uscita per un ammontare coincidente || *fig.* *giro di parole*, modo di esprimere un concetto indirettamente, con più parole o frasi di quanto sarebbe strettamente necessario, perifrasi **6.** *non com.* raggiro **7.** nella loc. avv. *in giro*, assume vari significati a seconda del verbo a cui si accompagna: *andare, mandare, essere in giro*, a spasso, fuori casa; *lasciare in giro*, fuori posto, in disordine; *prendere in giro qualcuno*, farsi beffe di lui **II** ***agg.*** *inv.* (sempre posposto) *T.mat.* *angolo giro*, angolo di 360°, che coincide con l'intero piano || *dim.* girétto, girettìno; *accr.* giróne || **N.** **I** **1.** *Sin.* avvitamento, rivoluzione, rotazione, roteamento **2.** *Sin.* esplorazione, passeggiata, viaggio, visita **3.** *Sin.* ciclo **4.** *Sin.* cerchio, circolo, circonferenza, perimetro. **TAV.** *geometria* 3.7.

girò [dal catalano *giró*, vitigno e vino che ne deriva; 1940] ***sm.*** varietà di vitigno sardo e il vino che se ne ricava.

gìro- [da *giro*] ***primo elem.*** che, in parole composte della terminologia scientifica, vale "rotazione", "movimento rotatorio" (per es. *girobussola, giroscopio*).

-giro [da *giro*] ***elem. term.*** **1.** in parole composte della terminologia scientifica, vale "rotazione", "movimento rotatorio" (per es. *aerogiro*) **2.** nella terminologia finanziaria vale "trasferimento contabile" (per es. *postagiro*).

girobùssola [comp. di *giro(scopio)* e *bussola*; 1937] ***sf.*** *T.mar.* bussola marina non magnetica, costituita da un giroscopio il cui asse di rotazione è mantenuto, tramite un sistema di controllo, sul piano orizzontale, ed è in questo modo vincolato a disporsi nella direzione Nord-Sud || **N.** *Sin.* bussola giroscopica.

girocòllo (pl. *girocòlli*) [da *giro (di) collo*; 1970] **I** ***sm.*** **1.** la circonferenza del collo di un indumento **2.** in magliette, pullover e vestiti, scollatura rotonda priva di colletto e aderente al collo: *un girocollo ampio, maglione a girocollo* ‖ maglietta o pullover con tale scollatura **3.** collana o monile che fa appena il giro del collo: *un girocollo d'oro sbalzato* **II** ***agg.*** *inv.* (sempre posposto) detto di indumento con tale scollatura: *maglione girocollo.*

girocónto [da *giro* (*di*) *conto*; 1950] ***sm.*** *T.banc.* operazione mediante la quale la banca trasferisce una somma da un conto ad un altro, in esecuzione dell'ordine ricevuto dal primo correntista ‖ **N.** *Sin.* bancogiro.

girodirezionàle [comp. di *giro*(*scopio*) e *direzionale*; 1956] ***sm.*** *T.aer.* giroscopio montato su un aereo, con cui si valutano gli spostamenti azimutali dell'aereo stesso.

girolètto (pl. *girolètti*) [da *giro* (*di*) *letto*; 1983] ***sm.*** mobile composto dal letto con testiera e due comodini incorporati.

giromànica [da *giro* (*di*) *manica*; 1967] ***sm.*** *inv.* **1.** la circonferenza della manica di un indumento **2.** in un indumento, parte che circonda l'ascella, a cui di solito è attaccata la manica.

giròmetro [comp. di *giro* e *-metro*; 1940] ***sm.*** *T.tecn.* apparecchio per misurare la velocità angolare di rotazione di un corpo in movimento.

girométta [dalla canzone «La bella *Girometta*»; a. 1726] ***sf.*** *region.* antica canzone popolare in lode delle varie parti del vestito di una donna ‖ *per estens.* donna che parla e veste con affettazione: *la bella girometta.*

girónda V. GHIRONDA.

girondìno [dal fr. *girondin*; 1834] ***agg.*** e ***sm.*** (f. *-a*) *T.stor.* chi apparteneva al gruppo politico in cui erano numerosi i deputati del dipartimento della Gironda, che rappresentò, durante la rivoluzione francese, l'ala moderata della Convenzione.

girondolàre V. GIRANDOLARE.

girondolóne V. GIRANDOLONE.

giróne (*accr.* di *giro*) [1313] ***sm.*** **1.** ampio giro, gran cerchio ‖ ampia curva (per es. di una strada o di un fiume) ‖ *ant.* cinta di mura intorno a una fortezza o a una città fortificata ‖ ciascuna delle suddivisioni dell'Inferno e del Purgatorio dantesco, cerchio **2.** *T.sport.* in un campionato o in un torneo, serie di gare o partite nelle quali ogni squadra o atleta si incontra con tutte le altre squadre o tutti gli altri atleti partecipanti: *girone di andata, girone di ritorno* ‖ *per estens.* insieme di squadre o di atleti che partecipano ad un girone **3.** *T.mar.* la parte del remo tra lo scalmo e l'impugnatura ‖ l'impugnatura del remo. **TAV.** *canottaggio* 7.3.

giróni [da *giro*; a. 1588] ***avv.*** *tosc.* *raro* a zonzo.

gironzàre V. GIRONZOLARE.

gironzolàre o **gironzolàre** (pres. *-ónzolo* o *-ónzolo*) [da *girare*; a. 1698 *gironzare*] ***intr.*** (aus. *avere*) andare in giro senza uno scopo determinato: *mi piace gironzolare per le vie della città* ‖ aggirarsi intorno a un luogo o una persona celando le proprie intenzioni: *prima del furto, i ladri hanno gironzolato a lungo intorno alla casa* ‖ **N.** *Sin.* GIRELLARE.

giropilòta (pl. *giropilòti*) [comp. di *giro*(*scopio*) e *pilota*; 1937] ***sm.*** *T.mar.* e *T.aer.* apparecchio elettromeccanico che, utilizzando proprietà giroscopiche, consente la manovra automatica del timone nelle navi e negli aeroplani ‖ **N.** *Sin.* autopilota, pilota automatico.

giroplàno (pl. *giroplàni*) [comp. di *giro* e (*aereo*)*plano*; 1939] ***sm.*** *T.aer.* sorta di elicottero dei primi del '900.

giroscòpico (pl. *-ci*) [da *giroscopio*; 1940] ***agg.*** del giroscopio, relativo al giroscopio: *proprietà giroscopiche* ‖ di congegno, che utilizza proprietà giroscopiche: *bussola giroscopica, stabilizzatore giroscopico.*

giroscòpio (pl. *-pi*) [comp. di *giro* e *-scopio*, sul modello del fr. *gyroscope*; 1902] ***sm.*** dispositivo costituito da un disco pesante che gira su di un asse (*asse giroscopico*), il quale a sua volta è imperniato in una corona girevole, in modo da consentire ogni orientamento dell'asse e ogni moto del disco intorno al suo baricentro. **TAV.** ***armi*** **p. 649** 25.4.

girostabilizzatóre [comp. di *giro*(*scopio*) e *stabilizzatore*; 1937] ***sm.*** *T.mar.* dispositivo giroscopico che viene installato a bordo delle navi per limitarne il rollio.

girostàtico (pl. *-ci*) [da *girostato*; 1940] ***agg.*** di girostato, relativo a girostato.

giròstato [comp. di *giro* e *-stato*; 1940] ***sm.*** *T.mecc.* stabilizzatore giroscopico di navi, siluri, aeroplani ecc. ‖ **N.** girostabilizzatore.

girotóndo [da *giro* (*in*) *tondo*; 1887] ***sm.*** gioco di bambini che girano in tondo tenendosi per mano e cantando una filastrocca.

giròtta [dal fr. *girouette*, con influsso di *girare*; 1806] ***sf.*** indicatore della direzione del vento, costituito da una lamina metallica girevole posta su campanili, tetti, alberi delle navi ecc. ‖ **N.** *Sin.* banderuola, segnavento.

girovagàre (pres. *-òvago*, *-òvaghi*) [da *girovago*; a. 1686] ***intr.*** (aus. *avere*) andare vagando senza scopo e senza meta ‖ **N.** *Sin.* GIRELLARE.

giròvago (pl. *-ghi*) [lat. tardo *gyrovagus*; sec. XIV] ***agg.*** e ***sm.*** (f. *-a*) chi o che vive girovagando, senza dimora fissa; vagabondo ‖ venditore ambulante.

gissòfila [dal lat. scient. *gypsofila*; 1820] ***sf.*** pianta ornamentale delle Cariofillacee, a fiori bianchi, che cresce nei terreni gessosi.

gìta [f. sost. di *gita*, pps. di *gire*; a. 1306] ***sf.*** **1.** lunga passeggiata, escursione: *fare una gita in montagna* ‖ breve viaggio a scopo ricreativo o culturale: *una gita a Venezia, al mare; gita scolastica, aziendale; andare in gita, fare una gita* **2.** *T.post.* percorso seguito nel distribuire la posta, comprendente, nell'ordine, i recapiti e i punti di raccolta ‖ *dim.* gitarèlla, giterèlla; *pegg.* gitàccia ‖ **N.** **1.** *Sin.* andata, camminata, escursione, giro, ottobrata, passeggiata, scampagnata, scappata, VIAGGIO.

gitàna (f. di *gitano*) [1869] ***sf.*** *T.mus.* aria di un'antica danza spagnola.

gitàno [dallo sp. *gitano*; 1846] **I** ***sm.*** (f. *-a*) zingaro della Spagna **II** ***agg.*** proprio dei gitani: *danze gitane.*

gitànte [da *gita*; 1892] ***s.*** chi partecipa ad una gita: *un gruppo di gitanti.*

gitossìna [comp. da *gito-*, der. dal lat. scient. *Digitalis*, digitale e (*to*)*ssina*; 1956] ***sf.*** *T.farm.* composto organico ricavato dalle foglie di sulla e di digitale, impiegato come cardiotonico.

gittaióne V. GETTAIÓNE.

gittàre e der. forme ant. e poet. di GETTARE e der. (v.).

gittàta [f. sost. di *gittato*, pps. del disus. *gittare*, gettare; a. 1342] ***sf.*** **1.** *ant.* gettata, lancio **2.** *T.tess.* una sola corsa di trama, corrispondente alla larghezza del tessuto **3.** *T.bal.* di un'arma, la distanza a cui essa arriva a colpire: *cannone a lunga gittata* ‖ **N.** **3.** *Sin.* portata.

giù [lat. tardo *iūsum*, in basso; 1313] ***avv.*** **1.** da basso, in basso, verso il basso: *ti aspetto giù, portare giù, guardare giù dal balcone*; anche *pleon.*: *cadere giù dalle scale, calarsi giù per la fune* ‖ *fig.* in cattive condizioni fisiche o morali: *mi è sembrato molto giù, è giù di morale, giù di corda* ‖ *andare giù*, scendere: *andare giù in cantina*; diminuire, calare: *le nostre provviste vanno giù velocemente*; *fig.* perdere di valore: *le azioni sono andate giù* ‖ *buttare giù*, V. BUTTARE ‖ *tirare giù*, tirare dall'alto verso il basso; *tirare giù botte*, picchiare con forza; *fig. fam. tirare giù bestemmie, parolacce*, bestemmiare con foga; *region.* compiere in fretta e malamente: *è un lavoro tirato giù* ‖ *mettere giù*, posare a terra: *metti giù la valigia*; abbassare, calare: *metti giù la maschera, imbroglione!* ‖ *mandare giù*, inghiottire: *non riusciva a mandare giù il boccone*; *fig.* sopportare con rassegnazione: *quest'ingiustizia non la mando giù* ‖ *venire giù*, cadere, crollare: *sta venendo giù acqua a catinelle, è venuto giù un muro della vecchia casa* **2.** *ass.* con ellissi del verbo, intimazione a scendere o ad abbassare qualcosa: *giù di lì!, giù le mani!, giù la maschera!* ‖ con valore raff.: *e giù botte da orbi!, e giù bestemmie a non finire!* **3.** *iter.* *giù giù*, seguitando a scendere: *ci calammo giù giù nel crepaccio*; con valore temporale, continuando a procedere (o, meno com., a retrocedere) nel tempo: *dalle origini, giù giù, fino ai nostri giorni* **4.** nella loc. avv. *in giù*, verso il basso: *guarda più in giù, mettersi a testa in giù* ‖ *fig.* al di sotto di un certo valore numerico: *tutti quelli dai quarant'anni in giù* ‖ *fam.* *giù di lì, su per giù*, all'incirca: *avrà quaranta anni o giù di lì, saranno su per giù cinque chili.*

giùba V. GIUBBA[2].

giùbba[1] [dall'ar. *ğubba*, sottoveste di cotone; 1284 *guba*] ***sf.*** **1.** tunica orientale, portata originariamente come sottoveste **2.** giacca, giacchetta, detto in particolare di casacche di tipo militare ‖ *fig.* *farsi tirare la giubba*, farsi inseguire dai creditori ‖ *fig.* *rivoltare la giubba*, cambiare partito, opinione, soprattutto per interesse **3.** *tosc.* abito maschile da cerimonia, di panno nero con falde: *giubba a coda di rondine*, marsina ‖ *dim.* giubbétta, giubbettìna, giubbétto (*sm.*), giubbìna, giubbìno (*sm.*); *accr.* giubbóna, giubbóne (*sm.*), giubbòtto (*sm.*); *pegg.* giubbàccia ‖ **N.** **2.** *dolman, spencer* **3.** farsetto, *frac*, marsina, *smoking* | GIACCA.

giùbba[2] o **giùba** [dal lat. *iuba*; a. 1566 *iuba*] ***sf.*** *lett.* criniera, spec. del leone e del cavallo.

giubbàto [da *giubba*[2]; a. 1686] ***agg.*** *lett.* che ha una folta criniera.

giubbétto[1] (*dim.* di *giubba*) [1312] ***sm.*** giacchetta corta e attillata, con o senza maniche, da donna e da ragazzo ‖ *dim.* giubbettìno.

giubbétto[2] V. GIBETTO.

giubbilàre e der. forme ant. e pop. di GIUBILARE e der. (v.).

giubbilèo V. GIUBILEO.

giubbóne (*accr.* di *giubba*) [a. 1380] ***sm.*** **1.** giubba di panno grossolano, piuttosto larga ‖ *fig.* *scuotere il giubbone*, bastonare **2.** giaccone pesante, in part. quello di pelle indossato dai motociclisti.

giubbòtto (*accr.* di *giubba*) [1957] ***sm.*** **1.** giacca sportiva corta, gen. aderente in vita, chiusa sul davanti da bottoni o cerniera a lampo **2.** *giubbotto salvagente, di salvataggio*, corpetto di tela impermeabile, gonfiato o imbottito di sughero o materiale espanso, che tiene a galla **3.** *giubbotto antiproiettile*, corpetto corazzato che ripara il busto dai colpi di arma da fuoco.

giubbòx V. JUKE-BOX.

giubilàre (pres. *-ùbilo*) [dal lat. *iubilāre*, gridare, poi gridare di gioia; a. 1342] ***intr.*** (aus. *avere*) provare e manifestare gioia, giubilo ‖ ***tr.*** collocare a riposo, mettere in pensione un impiegato; dimettere da una posizione di responsabilità: *dopo lo scandalo lo hanno giubilato* ‖ **N.** ***intr.*** GIOIRE.

giubilazióne [da *giubilare*; a. 1342] ***sf.*** **1.** *ant.* *lett.* manifestazione di giubilo **2.** collocazione a riposo di un impiegato **3.** riconoscimento ufficiale, senza concreto valore.

giubilèo [dal lat. (*annus*) *iubilāeus*, gr. *iōbēlâios*, dall'ebr. *iōbēl*, capro espiatorio; 1313] ***sm.*** **1.** presso gli antichi Ebrei, periodo che ricorreva ogni cinquant'anni, nel quale i campi erano lasciati incolti, venivano condonati i debiti, liberati gli schiavi e restituite le terre ai proprietari d'origine **2.** per la Chiesa cattolica, anno santo che cadeva un tempo ogni cento anni, oggi ogni venticinque, nel quale il Papa concede la remissione di tutti i peccati ai fedeli che adempiono certi atti prescritti; possono essere concessi anche giubilei straordinari, generali e locali: *prendere il giubileo* **3.** *per estens.* cinquantenario: *giubileo di matrimonio*; *giubileo sacerdotale*, il compiersi del cinquantesimo anno della prima messa di un sacerdote || **N. 2.** *Sin.* anno santo; indulgenza | lucrare.

giùbilo [dal lat. tardo *iūbilum*; a. 1306 *iubelo*] ***sm.*** gioia intensa, manifestata nelle parole e negli atti: *essere in giubilo, grida di giubilo* || **N.** *Sin.* esultanza, gaudio, tripudio, GIOIA.

giuccàta [da *giucco*; 1858] ***sf.*** *tosc.* azione o detto da giucco: *ciò che disse mi parve una giuccata.*

giuccherìa [da *giucco*; a. 1890] ***sf.*** *tosc.* **1.** l'essere sciocco **2.** *concr.* comportamento da giucco, giuccata.

giùcco (pl. *-chi*) [dall'ar. *ǧuḥā*, figura popolare di sciocco; a. 1400] ***agg.*** e ***sm.*** (f. *-a*) *tosc.* sciocco, di poco cervello || *dim.* giuccherèllo, giucchìno; *accr.* giuccóne; *pegg.* giuccàccio.

giùda [dal n. di *Giuda* Iscariota; sec. XIII] ***sm.*** *inv. per anton.* traditore: *è un vero giuda*; *bacio, parole di Giuda*, ipocrita manifestazione d'amicizia o d'affetto da parte di chi sta tramando o ha compiuto un tradimento.

giudaèṣimo V. GIUDAISMO.

giudàico (pl. *-ci*) [dal lat. *iudăicus*, gr. *iūdaikós*; sec. XIV] ***agg.*** relativo ai Giudei o al giudaismo: *legge, fede giudaica.*

giudaìṣmo [dal lat. *iudāismus*, gr. *iūdaïsmós*; a. 1342] ***sm.*** *T.rel.* la religione e la cultura del popolo ebraico in epoca posteriore all'esilio babilonese e al ritorno in Palestina. **Q.T.** *religione.*

giudaiżżàre [dal lat. crist. *iudaizāre*, gr. *ioudaïzein*; a. 1396] ***intr.*** (aus. *avere*) *non com.* imitare i riti o le usanze giudaiche || ***tr.*** *non com.* improntare su modello giudaico.

giudècca [dal lat. *Judaica*, giudea; a. 1750] ***sf.*** in alcune città italiane, quartiere riservato ai soli ebrei || **N.** *Sin.* ghetto.

giudèo [dal lat. *Iudaeus*, gr. *Iudâios*; sec. XIII] ***agg.*** e ***sm.*** (f. *-a*) **1.** nativo o abitante della Giudea **2.** nell'uso com., ebreo, giudaico: *la religione dei Giudei, le tradizioni giudee* **3.** *spreg.* secondo la tradizione antisemitica, avaro, usuraio; traditore || **N.** EBREO.

giudicàbile [lat. tardo *iudicābilis*; a. 1848] **I** ***agg.*** che si può giudicare: *il suo comportamento non è giudicabile* || *T.giur.* che deve essere oggetto di sentenza giurisdizionale: *reato giudicabile da un tribunale speciale* **II** ***s.*** *T.giur.* imputato.

giudicànte (*ppr.* di *giudicare*) [1321] **I** ***agg.*** che giudica, che è chiamato a emettere un giudizio: *il tribunale, l'organo giudicante* **II** ***s.*** *raro* colui che giudica, il giudice.

giudicàre (pres. *-ùdico, -ùdichi*) [lat. *iudicāre*; a. 1294] ***tr.*** **1.** fare oggetto di un giudizio di valore, di merito, di approvazione o biasimo, espresso o formulato interiormente: *giudicare una persona, il suo comportamento, le sue azioni*; *giudicare con severità, giudicare dall'apparenza* || *ass.* esercitare la facoltà del giudizio: *è ancora troppo giovane per giudicare, non sa giudicare con la propria testa* **2.** considerare, reputare: *mi hai giudicato male, lo giudico un galantuomo* || distinguere, discernere: *giudicare ciò che è bene e ciò che è male* || ritenere: *ho giudicato fosse bene partire, giudico opportuno dirtelo subito* **3.** pronunciare una decisione riguardo a un fatto o a una persona: *la commissione lo ha giudicato idoneo* || *T.giur.* fare oggetto di sentenza giurisdizionale: *il tribunale lo ha giudicato colpevole, la controversia è stata giudicata da un tribunale speciale* || ***intr.*** (aus. *avere*) **1.** pronunciare o formulare un giudizio intorno a qualcosa: *giudicare dei peccati altrui, una commissione giudicherà dell'operato di ogni candidato* **2.** *T.mar.* *giudicare bene, male*, detto di un cavo, scorrere più o meno agevolmente, agire senza o con intoppi || **N.** ***tr.*** **1.** *Sin.* valutare **2.** *Sin.* reputare, ritenere, stimare; discernere, distinguere **3.** assolvere, condannare || ***intr.*** **1.** *Sin.* arbitrare, decidere, deliberare, sentenziare; pensare | GIUDICE.

giudicatìvo [da *giudicare*; 1294] ***agg.*** *ant.* concernente il giudicare, il giudizio: *facoltà giudicativa* (Beccaria).

giudicàto¹ (*pps.* di *giudicare*) [sec. XIII] **I** ***agg.*** *T.giur.* *cosa giudicata*, questione che è stata oggetto di sentenza irrevocabile **II** ***sm.*** *T.giur.* **1.** *lett.* sentenza **2.** cosa giudicata || *passare in giudicato*, riferito a sentenza, diventare definitiva, non poter più essere impugnata nei modi ordinari.

giudicàto² [da *giudicare*; sec. XIII] ***sm.*** *T.stor.* ciascuna delle quattro province in cui era divisa la Sardegna nel Medioevo.

giudicatóre [da *giudicare*; sec. XIII] ***agg.*** e ***sm.*** (f. *-trice*) che o chi giudica: *la commissione giudicatrice del concorso.*

giudicatòrio (pl. *-ri*) [da *giudicare*; a. 1565] ***agg.*** *raro* che concerne il giudicare: *facoltà giudicatoria.*

giudicatùra [da *giudicare*; 1688] ***sf.*** **1.** *ant.* ufficio, funzione di giudice || magistratura || il luogo dove il giudice esercita il suo ufficio **2.** *T.stor.* la potestà del giudice nei giudicati in Sardegna.

giùdice [lat. *iūdex, -icis*; a. 1294] ***s.*** (raro f. *giudicéssa*) **1.** chiunque esprime un giudizio su persone, azioni, comportamenti, eventi ecc.: *farsi giudice di una questione*; *erigersi, atteggiarsi a giudice*; *essere buon giudice, cattivo giudice*; *il giudice supremo*, Dio **2.** *per restr.* chi ha il compito o l'autorità di emettere, da solo o in quanto membro di una giuria, un giudizio in merito a questioni particolari: *essere giudice di un concorso, di una competizione*; *la commissione è formata da cinque giudici* || *T.sport.* *giudice di gara*, chi controlla lo svolgimento di una competizione sportiva e decide riguardo alla regolarità dell'operato degli atleti || *T.mil.* *giudice di campo*, ufficiale con funzione di controllo e di arbitraggio nelle esercitazioni e nelle manovre militari a unità contrapposte **3.** *per restr.* *T.giur.* pubblico ufficiale che ha l'ufficio di giudicare in base alle vigenti norme del diritto: *giudice civile, penale*; *giudice istruttore*, magistrato sotto la cui direzione si svolge l'istruttoria di una causa; *giudice conciliatore* o *di pace*, che nel vecchio Codice esaminava e giudicava cause di modesta entità, sostituito nel nuovo Codice dal *giudice onorario*; *giudice togato*, magistrato di carriera; *giudice popolare*, cittadino estraneo all'ordine giudiziario, che viene sorteggiato per giudicare, insieme con i magistrati, i reati di competenza della Corte d'Assise; *giudice delle indagini preliminari*, nel nuovo Codice, giudice che controlla l'operato del Pubblico Ministero durante le indagini preliminari e che poi diventa il *giudice dell'udienza preliminare* || nell'uso com., con sign. generico, magistrato: *vedremo cosa dirà dinanzi al giudice, ricorrere ai giudici* || *T.giur.* organo statale, costituito di più persone (*collegiale*) o di una sola (*monocratico*) che ha la funzione di amministrare la giustizia in determinate occasioni o in determinati procedimenti **4.** *T.stor.* presso gli antichi Ebrei, nome di capi politici e religiosi che si succedettero nei sec. XIII-XI a.C. **5.** *T.stor.* nella Sardegna medievale, governatore di un giudicato || **N. 2.** *Sin.* arbitro **3.** giurato, giuria, giurì d'onore, MAGISTRATO. **Q.T.** *diritto.*

giudichéssa [da *giudice*; a. 1587] ***sf.*** **1.** *ant.* o *scherz.* donna che esercita la funzione di giudice **2.** *disus.* moglie di un giudice **3.** *T.stor.* governatrice di un giudicato della Sardegna.

giudicio e der. forme ant. di GIUDIZIO e der.

giudìo V. GIUDEO.

giudiziàle [lat. *iudiciālis*; 1336 ca.] ***agg.*** *T.giur.* del giudizio; concernente il giudizio: *atto, potere giudiziale*; *spese giudiziali*, relative al processo || *casellario giudiziale*, V. CASELLARIO ||

giudizialménte ***avv.*** per via giudiziaria, mediante giudizio || **N.** *Sin.* giudiziario | *Contr.* extragiudiziale.

giudiziàrio (pl. *-ri*) [lat. *iudiciārius*; sec. XIV] ***agg.*** concernente l'amministrazione della giustizia o un suo procedimento particolare: *atto giudiziario, spese giudiziarie*; *potere giudiziario*, uno dei tre poteri dello stato, esercitato dalla magistratura, che ha il compito di interpretare e applicare le leggi; *ufficiale giudiziario*, impiegato che ha l'ufficio di notificare alle parti gli atti giudiziari; *carcere giudiziario*, dove gli imputati sono rinchiusi nel periodo tra l'arresto e la sentenza || relativo ai giudici, alla magistratura: *attività, carriera giudiziaria*; *ordine giudiziario.*

giudìzio (pl. *-zi*) [lat. *iudĭcium*; a. 1292] ***sm.*** **1.** affermazione che esprime un'opinione, un parere, una valutazione: *dare, esprimere, azzardare un giudizio*; *giudizio buono, cattivo, favorevole, sfavorevole*; *vorrei un tuo giudizio su questo libro*; *giudizio estetico, di valore, morale*; *a mio giudizio*, secondo il mio parere || *in part.* considerazione di tipo morale: *non mi curo dei giudizi altrui*; decisione basata sull'esame dell'operato, delle qualità, dei meriti, del valore ecc. di una persona o di un gruppo; valutazione: *giudizio di idoneità, mi rimetto al tuo giudizio* **2.** la facoltà di formulare giudizi: *esercitare il giudizio, la facoltà del giudizio* || *per estens.* capacità di ragionare, senno, buon senso: *è un uomo senza giudizio, basta un po' di giudizio*; *persona di giudizio*, assennata || *dente del giudizio*, terzo molare della dentatura definitiva, che si sviluppa solo in alcuni e sempre in età adulta **3.** *T.giur.* il verdetto, la sentenza, pronunciata dai giudici: *giudizio di assoluzione, di condanna*; *pronunciare, emettere un giudizio* || *giudizio sommario*, pronunciato senza regolare processo || *T.giur.* *giudizio abbreviato*, giudizio allo stato degli atti la cui accettazione comporta l'attenuante di un terzo della pena; *giudizio direttissimo*, giudizio rapido in caso di evidenza della prova || *per estens.* il verdetto di una persona o di un organo incaricato di giudicare in una competizione, un concorso e sim.: *il giudizio della commissione è insindacabile* || *T.rel.* *giudizio universale*, quello che Dio proferirà su tutti gli uomini alla fine del mondo; anche *ass.*: *il giorno del giudizio*; *fam.* *aspettare fino al giorno del giudizio*, aspettare per un tempo lunghissimo || *T.stor.* *giudizio di Dio*, presso vari popoli, quello che, in mancanza di prove idonee ad assolvere o condannare un accusato, si desumeva dall'esito di prove fisiche (duello, prova del fuoco, del ferro rovente ecc.) a cui questi era sottoposto; è detto anche *ordalia* **4.** *T.giur.* la trattazione di una causa da parte dell'autorità giudiziaria; dibattimento, processo: *intentare un giudizio, citare in giudizio*; *stare, presentarsi in giudizio* **5.** *T.fil.* operazione mentale mediante la quale si attribuisce ad un oggetto un certo predicato, o si stabiliscono relazioni tra oggetti: *i giudizi analitici in Kant* || in Kant, la facoltà di pensare il particolare come contenuto nell'universale || *dim.* giudiziétto; *pegg.* giudiziàccio || **N. 1.** *Sin.* avviso, concetto, idea, opinione, parere, valutazione | affrettato, approssimativo, di parte, disinteressato, equo, erroneo, falso, indulgente / severo, obiettivo, parziale / imparziale, precipitoso, sereno, spassionato, temerario **2.** *Sin.* buon senso, criterio, discernimento, ragione, raziocinio, senno **3.** *Sin.* sentenza, verdetto; arbitrato, decisione, deliberazione, risoluzione **4.** dibattimento, istruttoria, processo; civile / penale, di cognizione, di equità, di esecuzione, di primo, secondo grado ecc., per direttissima; citazione, comparsa, denuncia, querela, ricorso, DIRITTO **5.** analitico / sintetico, a priori / a posteriori, empirico, estetico. **Q.T.** *diritto.*

giudizióso [da *giudizio*; a. 1472] ***agg.*** che ha e dimostra giudizio, buon senso: *un bambino giudizioso* || detto o fatto con giudizio, assennatamente: *un'azione giudiziosa, una scelta giudiziosa* || **giudiziosaménte** ***avv.*** || **N.** *Sin.* accorto, assennato, prudente, ragionevole, saggio, savio, sensato.

giudò e der. V. JUDO e der.

giuggiare (pres. *-ùggio*) [dal provenz. ant. *jutjar*, a. 1294] ***tr.*** *arc.* giudicare.

giùggiola [da *giuggiolo*; a. 1288 *giugiale*] ***sf.*** **1.** frutto del giuggiolo || *fig. andare in brodo di giuggiole*, gongolare, andare in estasi dalla contentezza **2.** *non com.* pasticca a base di decotto di giuggiole, efficace contro la tosse || *per estens.* caramella di gomma arabica **3.** *fig.* inezia, bagatella, spec. in frasi esclamative come: *giuggiole!, altro che giuggiole!*

giuggiolino [da *giuggiola*; 1539] ***agg.*** *raro* del colore della giuggiola, tra il giallo e il rosso.

giùggiolo [lat. *zizyphum*, gr. *zízyphon*; sec. XIV] ***sm.*** arbusto o albero delle Ramnacee che produce frutti a drupa, lucidi, di colore tra il giallo e il rosso e di sapore dolciastro, detti *giuggiole.*

giuggiolóne [da *giuggiola*; a. 1565] ***sm.*** (f. *-a*) persona bonaria, ingenua e sciocca || **N.** *Sin.* bietolone, bonaccione, credulone, SCIOCCO.

giùgnere ***tr.*** e ***intr.*** *ant.* V. GIUNGERE.

giùgno [lat. *iūnius* (*mensis*), (il mese) di Giunone; sec. XIII] ***sm.*** sesto mese dell'anno nel calendario gregoriano.

giugnolino [da *giugnolo*; 1869] ***agg.*** *non com.* di giugno; giugnolo: *mele giugnoline.*

giùgnolo [da *giugno*; 1561] ***agg.*** *non com.* si dice di frutti che maturano nel mese di giugno: *pera giugnola.*

giùgolo V. GIUGULO.

giugulàre[1] [dal lat. *iugulāris*; a. 1712] **I** ***agg.*** *T.anat.* relativo al giugulo, alla parte anteriore del collo, alla gola: *vena giugulare*, ognuna delle vene del collo (quattro per lato) che raccolgono il sangue che rifluisce dalla testa **II** ***sf.*** *T.anat.* vena giugulare: *giugulare esterna, interna, anteriore, posteriore* || **N. I** *Sin.* iugulare. **TAV.** ***anatomia*** **p. 642** 8.1.

giugulàre[2] (pres. *-ùgulo*) [dal lat. *iugulāre*; a. 1494 *iugulare*] ***tr.*** *raro* scannare || *fig.* costringere qualcuno ad accettare o a subire condizioni duramente svantaggiose || **N.** *Sin.* iugulare; coartare.

giugulatòrio V. IUGULATORIO.

giugulazióne [da *giugulare*[2]; 1956] ***sf.*** macellazione mediante recisione delle vene giugulari.

giùgulo o **giùgolo** [dal lat. *iugulum*, clavicola; 1931 *giugulo*] ***sm.*** **1.** *T.anat.* fossetta compresa tra le clavicole e la base del collo **2.** nei bovini e negli equini, ciascuna delle due fossette laterali poste alla base della testa.

giulebbàre (pres. *-èbbo*) [da *giulebbe*; a. 1698] ***tr.*** *non com.* cuocere nello zucchero, rif. spec. a frutta; sciroppare || indolcire come giulebbe || **N.** addolcire, candire, confettare, sciroppare, zuccherare.

giulèbbe [dall'ar. *ğulēb*, class. *ğulāb*, acquarosa; a. 1313] ***sm.*** **1.** sciroppo denso, preparato con zucchero e frutta, fiori o altri aromi vari || *per estens.* rif. a cibo o bevanda troppo dolce: *essere, sembrare un giulebbe* **2.** *fig.* persona sdolcinata **3.** stato di illusoria beatitudine: *essere, vivere nel giulebbe.*

giuliàno[1] [dal lat. *Iuliānus*; a. 1580] ***agg.*** di Giulio Cesare: *calendario giuliano*, introdotto da Giulio Cesare, che fissa la durata dell'anno civile a 365 giorni, con un anno bisestile ogni quattro anni.

giuliàno[2] [dal n. geogr. Venezia *Giulia*; a. 1956] **I** ***agg.*** della Venezia Giulia **II** ***sm.*** (f. *-a*) nativo o abitante della Venezia Giulia.

giùlio[1] (pl. *-li*) [dal n. della *gens Iulia*; 1869] ***agg.*** relativo alla *gens Iulia*, la famiglia romana a cui appartenevano Giulio Cesare e Augusto || di luogo, città, paese e sim., colonizzato da membri della famiglia Giulia: *regione giulia, Alpi Giulie.*

giùlio[2] (pl. *-li*) [dal n. del papa *Giulio II*; 1510] ***sm.*** *T.num.* moneta d'argento del Cinquecento, coniata dal papa Giulio II.

giulìo (pl. *-ìi*) [var. di *giulio*; a. 1484] ***agg.*** *poet. ant.* giulivo: *giulìa ride l'alba* (Carducci).

giulività [da *giulivo*; seconda metà sec. XIII] ***sf.*** *raro* la condizione di chi è giulivo || **N.** GIOIA.

giulivo [dal fr. ant. *jolif*; a. 1294 *gioivo*] ***agg.*** allegro, gioioso || che esprime contentezza: *aspetto giulivo* || *oca giuliva*, donna chiacchierona e sciocca || **giulivaménte** ***avv.*** *non com.* || **N.** LIETO.

giullàre [dal prov. ant. *joglar*, sec. XII *iullare*] ***sm.*** **1.** nel Medioevo, girovago che si esibiva nelle corti e nelle piazze come giocoliere, cantastorie e sim. || *giullari di Dio o sacri giullari*, i primi poeti autori di laude, seguaci di S. Francesco **2.** *fig.* buffone || *spreg.* persona senza dignità || **N. 1.** *Sin.* menestrello | acrobata, ballerino, cantastorie, giocoliere, musico, saltimbanco **2.** *Sin.* ciarlatano, pagliaccio.

giullarésco (pl. *-schi*) [da *giullare*; a. 1311] ***agg.*** di giullare, dei giullari: *poesia giullaresca* || da giullare, buffonesco, anche *spreg.*: *comicità giullaresca.*

giullerìa [da *giullare*; 1304] ***sf.*** **1.** il mestiere del giullare **2.** la corporazione dei giullari; insieme di giullari **3.** *non com.* comportamento, atto o discorso da giullare; buffoneria.

giumèlla [lat. *gemella* (*manus*), mano gemella, con sovrapposizione di *giu*(*nta*); sec. XIII] ***sf.*** *region.* il cavo formato dalle due mani accostate dal lato lungo e leggermente incurvate: *fare giumella* || quanto può essere contenuto in tale cavità: *una giumella di riso.*

giuménta [f. di *giumento*; sec. XIV] ***sf.*** **1.** cavalla da sella **2.** V. GIUMENTO.

giuménto (pl. *-i*; pl. ant. *le giumenta*) [lat. *iumentum*; a. 1292] ***sm.*** (f. *-a*) bestia da soma, spec. asino o mulo.

giùnca [dal malese *djong*, prob. attr. il fr. *jonque*; a. 1525] ***sf.*** *T.mar.* piccola imbarcazione di origine cinese, a fondo piatto, con prua e poppa rialzate e vele di stuoia, cucite su canne.

Giuncàcee [da *giunco*; 1869] ***sf.pl.*** *T.bot.* famiglia di piante erbacee monocotiledoni, con foglie strette munite di guaina e infiorescenze a piccoli fiori poco appariscenti; vi appartiene il giunco.

giuncàceo [da *giunco*; 1940] ***agg.*** *non com.* di giunco, fatto di giunchi || simile al giunco.

giuncàia [da *giunco*; 1607] ***sf.*** luogo dove crescono molti giunchi || **N.** *Sin.* giuncheto.

giuncàre (pres. *giùnco, giùnchi*) [da *giunco*; 1631] ***tr.*** *lett.* coprire o cospargere di giunchi, di fiori di giunco, o *per estens.*, di fiori o fronde in genere.

giuncàta [da *giunco*; sec. XIV] ***sf.*** latte rappreso, non salato, che si usa mettere a scolare in un cestello o su piccole stuoie di giunco.

giunchéto [da *giunco*; a. 1566] ***sm.*** giuncaia.

giunchiglia (pl. *-glie*) [dallo sp. *junquillo*, letter. piccolo giunco; a. 1597] ***sf.*** pianta ornamentale perenne delle Amarillidacee, simile al narciso, con fiori gialli e foglie cilindriche.

giùnco (pl. *-chi*) [lat. *iuncus*; 1319] ***sm.*** pianta perenne delle Giuncacee, che cresce in luoghi palustri, fornita di un lungo fusto, dritto e flessibile, foglie cilindriche munite di guaina e piccoli fiori; il fusto e le foglie forniscono materiale da intreccio || il fusto lavorato del giunco: *una stuoia di giunchi, un cesto di giunco* || *fig.* detto di persona esile, sottile e flessuosa: *quella ragazza è un giunco* || **N.** canestro, cesto, gabbia, sedia, stuoia, tettoia.

giùngere (ant. *giùgnere*) (pres. *giùngo, giùngi*; p.rem. *giùnsi*; *giungésti*; pps. *giùnto*) [lat. *iungere*; a. 1250] ***intr.*** (aus. *essere*) sin. di *arrivare*, perlopiù limitato a registri più elevati: *siamo giunti a Roma, è giunta l'estate*; *è giunto alle più alte cariche*; spingersi fino al punto di: *è giunto a implorarmi in ginocchio*; *fig. giungere in porto*, di attività, lavoro, iniziativa, affare e sim., concludersi con buon esito || ***tr.*** *ant.* o *lett.* **1.** congiungere, accostare; è ancora frequente nell'espr. *giungere le mani*, palma contro palma **2.** *ant.* raggiungere; colpire: *lo giunse sul capo* **3.** *ant. lett.* aggiungere: *giugnendo legne al foco* (Petrarca) || **N.** ***intr.*** *Sin.* arrivare, pervenire, sopraggiungere | ***tr.*** **1.** *Sin.* avvicinare, riunire, unire.

giungiménto [da *giungere*; a. 1306] ***sm.*** *raro* **1.** arrivo **2.** congiungimento.

giùngla o **jùngla** [dall'indiano *gangal*, terreno deserto, attr. l'ingl. *jungle*; 1829 *jungle*] ***sf.*** **1.** formazione vegetale caratteristica delle regioni tropicali, costituita da ammassi intricati di piante fittissime su suolo paludoso **2.** *fig.* ambiente infido, insidioso, violento, in cui si lotta senza scrupoli per ottenere la supremazia: *il mondo degli affari è una giungla, la giungla della politica*; *legge della giungla*, la lotta spietata di tutti contro tutti, considerata come principio dei rapporti sociali **3.** *fig.* situazione intricata, confusa, caotica: *giungla retributiva*, la complessa situazione di disparità di retribuzione che si riscontra nei diversi settori della pubblica amministrazione, a parità di mansioni svolte.

giunònico (pl. *-ci*) [dal n. della dea della mitologia greco-romana *Giunone*; 1342] ***agg.*** si dice di donna o di corpo femminile di forme abbondanti, ma armoniose: *un aspetto giunonico, un seno giunonico* || *eufem.* di forme massicce, corpulento.

giùnta[1] [da *giunta*, pps. di *giungere*; a. 1250] ***sf.*** **1.** *ant.* il giungere, arrivo, oggi solo nelle loc. *a prima giunta, di prima giunta*, appena arrivato, e, in senso fig., all'inizio, in un primo momento **2.** aggiunta, sovrappiù: *fare una giunta a una lettera, a un discorso*; *gli diedi mille lire di giunta* || quantità di derrata che il bottegaio dà al cliente per raggiungere il peso, o come sovrappiù: *il macellaio mi ha dato due etti di giunta, mi ha dato un osso di giunta* || pezzo di stoffa che si applica sopra a un vestito o a un telo troppo corto: *ho dovuto fare la giunta alla gonna* || il vantaggio concesso da un giocatore a una altro meno forte di lui || nella loc. avv. *per giunta*, oltre a ciò, inoltre: *faceva freddo, e per giunta avevo male ai piedi* **3.** *non com.* il punto di giunzione di due pezzi || *dim.* giuntìna, giuntarèlla, giunterèlla || **N. 2.** *Sin.* contentino, mancia, sovrappiù, vantaggio **3.** *Sin.* articolazione, cardine, giuntura.

giùnta[2] [dallo sp. *junta*; 1654] ***sf.*** commissione di più persone, che assolve funzioni consultive o deliberative: *giunta comunale, provinciale, scolastica*; *giunta delle elezioni*, commissione di parlamentari addetti a compiti di accertamento e convalida dei risultati elettorali || *in part.* organo collettivo di governo tipico delle dittature militari, spec. nell'America Latina || **N.** *Sin.* commissione, consulta, organo collegiale. **Q.T.** *politica.*

giuntàre [da *giunto*; sec. XIII] ***tr.*** **1.** congiungere, unire insieme due pezzi, cucendoli, incollandoli ecc.: *giuntare due teli, due assi* **2.** *lett. raro* truffare, gabbare.

giuntàto (*pps.* di *giuntare*) [a. 1492] **agg.** *T.zoot.* di cavallo, si dice che è *giuntato lungo* se la verticale abbassata dal gomito dell'arto anteriore cade molto al di dietro del tallone; analogamente, si dice che è *giuntato corto* o *basso* se la verticale abbassata dall'articolazione dell'anca posteriore cade al di dietro dello zoccolo.

giuntatóre [da *giuntare*; sec. XV nel senso 2] **sm.** (f. *-trìce*, pop. *-tóra*) **1.** addetto a operazioni di giunzione di parti meccaniche e sim. **2.** *raro* truffatore, imbroglione.

giuntatrìce [da *giuntare*; 1966] **sf. 1.** *T.cin.* strumento che serve ad unire l'uno all'altro i pezzi di pellicola, durante il montaggio **2.** nell'industria del legno, macchina usata per giuntare i pezzi in lavorazione.

giunterìa [da *giuntare*; 1534] **sf.** *raro* truffa, inganno.

giuntìno [dal n. del tipografo fiorentino Filippo *Giunti*; 1872] **agg.** *T.libr.* della tipografia dei Giunti, famiglia fiorentina di tipografi e editori dei sec. XV-XVI, che ebbe case editrici in Italia e all'estero: *edizioni giuntine.*

giuntìsta [da *giuntare*; 1952] **s.** operaio addetto al collegamento dei cavi degli impianti di telecomunicazione.

giùnto (*pps.* di *giungere*) [a. 1250] **I agg.** congiunto, unito, spec. nell'espr. *a mani giunte*, congiunte in atto di preghiera o di supplica **II sm.** *T.tecn.* organo di raccordo tra due elementi: *giunto di collegamento*, che congiunge elementi fissi (per es. tubi, o rotaie ecc.) || *T.mecc. giunto di accoppiamento*, dispositivo interposto tra due alberi rotanti di una macchina, che consente la trasmissione del moto dall'uno all'altro; *giunto cardanico*, giunto di accoppiamento snodato che permette la trasmissione tra alberi ad assi inclinati || *T.edil. giunto di dilatazione*, spazio che si lascia tra due elementi di una costruzione, per consentire la dilatazione dovuta alle variazioni termiche || **N.** II a bicchiere, a dischi, a flangia, a manicotto, a molle, a sfere, deformabile, elettromagnetico, fisso / mobile, idraulico, rigido / elastico, semirigido. **TAV.** *motori* 12; ***automobile* p. 658** 3.28.

giuntóia [lat. **iunctoria*; 1869] **sf.** ciascuna delle funi attaccate alla parte interna del giogo per tenerlo fermo sul collo dei buoi.

giuntùra [lat. *iunctūra*; 1313] **sf. 1.** l'operazione e l'effetto di congiungere insieme due pezzi **2.** *concr.* il punto di congiunzione di due elementi || *in part. T.anat.* articolazione || **N. 1.** *Sin.* collegamento, commettitura, congiunzione, connessione, giunzione, unione **2.** *Sin.* articolazione, giunto, giunzione, incastro, snodatura, snodo.

giunzióne [lat. *iunctio, -ōnis*; sec. XIV] **sf. 1.** *non com.* unione, congiunzione **2.** *concr.* punto di collegamento || *T.anat.* punto di unione tra due organi anatomici: *giunzione neuromuscolare, giunzione intercellulare* || *T.elettr.* zona di contatto tra un metallo e un semiconduttore o tra due semiconduttori di natura diversa || *T.mecc.* sin. di *giunto*: *giunzione fissa, snodata.*

giuòco **sm.** *lett.* v. GIOCO.

giurabbàcco [da *giuro a Bacco*; 1791] **escl.** *ant.* esprime meraviglia, irritazione, o rafforza un'affermazione: *giurabbacco! Mi vendicherò!*

giuracchiàre (pres. *-àcchio*) [da *giurare*; 1546] **tr.** e **intr.** (aus. *avere*) *raro* giurare spesso e con leggerezza.

giuraddìo [da *giuro a Dio*; a. 1562 *giuraldio*] **I escl.** esprime meraviglia, stupore, rabbia o irritazione; viene usata per rafforzare una frase: *giuraddio, gliela farò pagare!* **II sm.** l'esclamazione stessa: *gli scagliò contro cento giuraddii di rabbia.*

giuraménto [lat. tardo *iuramentum*; fine sec. XIII] **sm.** l'atto e l'effetto del giurare: *fece solenne giuramento di non farlo mai più*; *dare, pronunciare, proferire giuramento*; *giuramento d'amore, di vendetta, di fedeltà* || dichiarazione solenne, espressa da una formula prestabilita, con la quale si garantisce della verità delle proprie affermazioni o ci si assume un certo impegno dinanzi a un'autorità ufficiale: *prestare giuramento*; *dichiarare, testimoniare sotto giuramento*; *T.giur. deferire il giuramento*, far giurare; *giuramento militare*, prestato da chiunque entri a far parte dell'esercito; *T.giur. giuramento probatorio*, da cui dipende la decisione di una causa processuale || l'impegno, la promessa della quale si è affermata la sincerità giurando: *restare fedele al giuramento*; *osservare, rispettare, rompere, violare, tradire il giuramento*; *sciogliere dal giuramento* || **N.** *Sin.* impegno, promessa, voto | assertorio, promissorio; espresso, falso, giudiziario, inviolabile, sacro, solenne, tacito | cerimonia, formalità, formula, rito; spergiuro.

giuràre [lat. *iurāre*, pronunciare la formula rituale; a. 1292] **tr. 1.** affermare o promettere solennemente qualcosa, invocando la divinità, o ciò che più si rispetta o si ama come testimone e garante della verità o della sincerità di quanto si dice: *giurare di dire la verità, ti giuro che lo farò*; *lo ha giurato sul proprio onore, davanti a Dio, sul vangelo*; *giurare amore, vendetta, fedeltà a qualcuno*; *giurare il falso*, spergiurare; *fam. giurarla a qualcuno*, fare proposito di recargli offesa o danno || *ass.* prestare giuramento solenne dinanzi ad un'autorità militare e civile; *giurare nelle mani di qualcuno*, rivolgendogli il giuramento || *giurare e spergiurare*, affermare o promettere con molti giuramenti, talvolta inopportuni **2.** *per estens.* affermare con certezza: *ti giuro che è andata così* || usato enfaticamente per rafforzare un'affermazione: *giuro, ho avuto una paura...* || al condizionale o nell'espr. *poter giurare*, essere assolutamente sicuro: *potrei giurare che domani piove, penso che le cose siano andate così, ma non ci giurerei* || *giurare, poter giurare sulla parola di qualcuno*, avere fiducia cieca in lui || **N. 1.** *Sin.* attestare, impegnarsi a | spergiuro **2.** *Sin.* assicurare; essere certo, convinto, sicuro; scommettere.

giuràssico (pl. *-ci*) [dal fr. *jurassique*, propr. delle montagne del Giura (*Jura*); 1853] **I agg.** *T.geol.* relativo al secondo dei tre periodi dell'era mesozoica: *il periodo giurassico*; *fossile giurassico* **II sm.** *T.geol.* (con maiuscola) il periodo giurassico || **N.** *Sin.* cretaceo, giurese, triassico.

giuratìvo [lat. *iuratīvus*; 1551] **agg.** *raro* che esprime giuramento: *formula giurativa.*

giuràto (*pps.* di *giurare*) [a. 1348] **I agg. 1.** affermato con giuramento: *deposizione giurata* **2.** di persona, vincolata da giuramento, che ha prestato giuramento: *testimone giurato, guardie giurate* || *fig. nemico giurato*, acerrimo, irriducibile **II sm.** (f. *-a*) *T.giur. disus.* ciascuno dei cittadini (oggi detti *giudici popolari*) chiamati a giudicare sulla sussistenza delle circostanze di fatto nei reati di competenza della Corte d'Assise || nel sistema giudiziario angloamericano, membro di un collegio giudicante || *per estens.* membro di una giuria: *il premio gli è stato assegnato con voto unanime dei giurati* || **N.** II GIUDICE.

giuratòrio (pl. *-ri*) [lat. *iuratōrius*; a. 1396] **agg.** *raro* che è fatto con giuramento: *cauzione giuratoria.*

giùre [lat. *iūs, iūris*, il diritto; 1321 *giura*] **sm.** *lett.* (solo *sing.*) il diritto, la giurisprudenza.

giureconsùlto [lat. *iureconsultus*; a. 1554] **sm.** (f. *-a*) giurista, studioso di giurisprudenza; consulente legale || **N.** *Sin.* giurisperito, giurista.

giurése [dal n. geogr. *Giura*; 1890] **agg.** e **sm.** *T.geol.* giurassico.

giurì [dall'ingl. *jury* attr. il fr. *jury*; 1802] **sm.** *inv.* usato spec. nell'espr. *giurì d'onore*, collegio di persone scelte dalle parti contendenti, chiamate a giudicare in merito a una questione cavalleresca, o comunque in materia d'onore.

giurìa [adattamento del fr. *jury*; 1877] **sf. 1.** *T.giur.* nel processo anglosassone e, un tempo, nelle corti d'assise italiane, organo giudicante costituito dai giurati **2.** collegio di persone chiamate a giudicare e ad assegnare i premi in gare, concorsi, mostre ecc. || **N. 2.** commissione; membro. **Q.T.** *diritto.*

giuridicità [da *giuridico*; 1869] **sf.** l'essere conforme alle leggi: *giuridicità di un provvedimento.*

giurìdico (pl. *-ci*) [dal lat. *iuridicus*; sec. XIV] **agg. 1.** del diritto, relativo al diritto: *stato, atto giuridico*; *uguaglianza giuridica*; *persona giuridica*, v. PERSONA; *questione giuridica*, relativa all'interpretazione e all'applicazione delle leggi **2.** conforme al diritto: *comportamento giuridico* || **giuridicaménte** **avv.** secondo il diritto; dal punto di vista giuridico || **N.** *Sin.* LEGALE **2.** *Contr.* antigiuridico, illegale, illegittimo.

giuriṣdizionàle [da *giurisdizione*; sec. XIV] **agg.** di giurisdizione, attinente alla giurisdizione: *competenza, funzione, sede giurisdizionale.*

giuriṣdizionalìṣmo [da *giurisdizionale*; 1952] **sm.** *T.stor.* dottrina politica, affermatasi nei sec. XVIII-XIX, che tendeva a favorire l'intervento dello Stato nelle attività della Chiesa.

giuriṣdizionalista [da *giurisdizionalismo*; a. 1926] **I s.** fautore del giurisdizionalismo **II agg.** che riguarda il giurisdizionalismo: *concezione giurisdizionalista.*

giuriṣdizionalistico (pl. *-ci*) [da *giurisdizionalismo*; a. 1952] **agg.** relativo al giurisdizionalismo, proprio del giurisdizionalismo.

giuriṣdizióne [dal lat. *iurisdictio, -ōnis*; 1308] **sf. 1.** *T.giur.* il potere, la facoltà di amministrare la giustizia applicando la legge: *giurisdizione civile, penale*; *sottrarre alla giurisdizione di un giudice*; *conflitto di giurisdizione*, quello che si verifica quando lo stesso reato è attribuito alla giurisdizione di più organi giudicanti; *gradi di giurisdizione*, i livelli di esame a cui può essere sottoposta una causa (la prima istanza, l'appello e la cassazione) || l'insieme degli organi che hanno la funzione di amministrare la giustizia **2.** *per estens.* dominio di competenza, sfera d'azione: *questo caso è di giurisdizione del vescovo*; *ciò ricade sotto la giurisdizione della prefettura* || potere, diritto: *non ha nessuna giurisdizione sopra di te* || *concr.* il territorio sul quale si esercita una certa giurisdizione o un certo potere: *la giurisdizione di un comando di polizia* || **N. 1.** amministrativa, civile, comunitaria, costituzionale, ecclesiastica, internazionale, militare, ordinaria / speciale, penale **2.** *Sin.* ambito, competenza, pertinenza, potere, sfera d'azione. **Q.T.** *diritto.*

giurisperìto [dal lat. *iūrisperītus*; a. 1580] **sm.** esperto di diritto || **N.** *Sin.* giureconsulto, giurista.

giurisprudènte [da *giurisprudenza*; 1756] **sm.** *raro* giurisperito.

giurisprudènza [dal lat. *iurisprudentia*; 1608] **sf. 1.** la scienza del diritto e delle leggi: *un esperto in giurisprudenza* || la corrispondente facoltà universitaria: *studente iscritto a Giurisprudenza, laurea in giurisprudenza* **2.** l'insieme delle leggi e dei principi del diritto relativi a un dato periodo storico: *la giurisprudenza romana* || l'insieme delle sentenze emesse da un organo giurisdizionale || *giurisprudenza dottrinale* (o *dottrina*), insieme di scritti o opinioni sul diritto **3.** il complesso dei criteri seguiti da un organo giurisdizionale nell'applicazione delle leggi: *la giurisprudenza del tribunale, della Corte di Cassazione* || *per estens.* l'insieme degli organi giurisdizionali || **N. 2.** agraria, civile, di diritto internazionale, di diritto pubblico, commerciale, costituzionale, ecclesiastica, finanziaria, penale.

giurisprudenziàle [da *giurisprudenza*; 1970] ***agg.*** relativo alla giurisprudenza, proprio della giurisprudenza: *decisione giurisprudenziale*, decisione presa da un organo giurisdizionale nello svolgimento della propria funzione.

giurìsta [da *giure*; 1314] ***s.*** studioso, esperto di diritto ‖ **N.** *Sin.* giureconsulto, giurisperito.

giùro [da *giurare*; a. 1311] ***sm.*** *poet.* giuramento.

giuṣdicènte [comp. del lat. *iūs*, diritto e *dicens, -entis*, ppr. di *dicere*, dire; 1551] ***sm.*** *lett. raro* giudice.

giuṣeppiniṣmo [dal n. proprio *Giuseppe* II d'Asburgo; 1928] ***sm.*** *T.stor.* forma di giurisdizionalismo attuata in Austria nel sec. XVIII ad opera dell'imperatore Giuseppe II d'Asburgo.

giusnaturalìṣmo [comp. del lat. *iūs*, diritto e *naturalismo*; a. 1926] ***sm.*** *T.fil.* dottrina filosofico-giuridica sviluppatasi nel sec. XVII, la quale sostiene l'esistenza di un diritto naturale fondato sulla natura razionale dell'uomo, e perciò valido in assoluto.

giuṣnaturalìsta [da *giusnaturalismo*; 1950] ***s.*** seguace del giusnaturalismo.

giuṣnaturalìstico (pl. *-ci*) [da *giusnaturalismo*; a. 1952] ***agg.*** che concerne il giusnaturalismo o i giusnaturalisti.

giùso [lat. tardo *iūsum*; 1319] ***avv.*** *arc.* giù.

giuspatronàto [dal lat. mediev. *iūs patronātus*, diritto di patronato; a. 1606] ***sm.*** *T.eccl.* la facoltà di conferire benefici ecclesiastici ‖ complesso di oneri e privilegi che, per disposizione dell'autorità ecclesiastica, vengono attribuiti ai fondatori di una chiesa, di una congregazione e sim. o ai loro eredi ‖ **N.** *Sin.* patronato ecclesiastico.

giusquiamìna [da *giusquiamo*; 1952] ***sf.*** alcaloide che si estrae dal giusquiamo e da altre Solanacee, usato in medicina come antinevralgico e antiepilettico ‖ **N.** *Sin.* iosciamina.

giusquìamo [lat. *iusquiămus, hyoscyămus*, gr. *hyoskýamos*, letter. fava di porco; 1340 ca.] ***sm.*** pianta delle Solanacee, con foglie pelose, fiori giallo-violacei, frutto a pisside; dai suoi semi si estrae la giusquiamina.

giùsta [lat. *iuxta*; a. 1292] ***prep.*** **1.** *bur.* o *lett.* secondo, conformemente a: *giusta i vostri meriti, giusta il decreto, giusta quanto stabilito* **2.** *ant.* vicino, presso.

giustacuòre [dal fr. *justaucorps*, letter. aderente al corpo; sec. XVII] ***sm.*** sopravveste da uomo, molto attillata, lunga fino al ginocchio, in uso nei sec. XVII-XVIII.

giustappórre (pres. *-póngo* ecc., come PORRE) [dal fr. *juxtaposer*; 1950] ***tr.*** mettere vicino, accostare due o più elementi, senza unirli o fonderli insieme: *giustapporre due assi, due colori*; anche *fig.*: *giustapporre osservazioni frammentarie senza integrarle in un discorso* ‖ **N.** *Sin.* avvicinare.

giustappoṣizióne [dal fr. *juxtaposition*; a. 1855] ***sf.*** l'atto e l'effetto del giustapporre, anche *fig.*: *giustapposizione di colori, di idee, di immagini* ‖ *T.ling.* accostamento di due o più parole che vengono a formare una locuzione dal significato unitario, anche se le parole non perdono la loro autonomia formale (per es. *giallo limone, porta-finestra*).

giustézza [da *giusto*; a. 1642] ***sf.*** **1.** l'essere legittimo, ben fondato e sim.: *la giustezza di un desiderio, di un ragionamento* **2.** *più com.* esattezza, precisione: *la giustezza di una misura, di un calcolo* **3.** *T.tip.* la lunghezza di una linea di stampa espressa in unità tipografiche ‖ **N. 1.** *Sin.* adeguatezza, assennatezza, convenienza, legittimità, proprietà. **Q.T.** *tipografia.*

giustificàbile [da *giustificare*; a. 1562] ***agg.*** che può essere giustificato: *comportamento giustificabile* ‖ **giustificabilménte** ***avv.*** *non com.*

giustificànte (*ppr.* di *giustificare*) [1585] ***agg.*** *T.rel.* *grazia giustificante*, quella che Dio concede all'uomo per i meriti di Cristo, giustificando il peccatore, cioè rendendolo degno di essere salvato.

giustificàre (pres. *-ìfico, -ìfichi*) [dal lat. *iustificāre*; a. 1342] ***tr.*** **1.** rendere ragione di un comportamento, di un'azione o di un fatto, che all'apparenza sembrerebbe strano o riprovevole: *giustificò la propria condotta dicendo che era stanco*; far sembrare giusto: *riuscì a giustificare la sparizione del denaro, simulando un furto* ‖ anche con soggetto astratto: *la sua distrazione non giustifica il suo comportamento* ‖ *prov. il fine giustifica i mezzi* ‖ *T.bur.* dimostrare la regolarità, la legittimità di una propria azione o omissione: *giustificare una spesa*; *giustificare un'assenza presso il preside dell'istituto*, comprovando che essa è dovuta a cause di forza maggiore **2.** con una persona come compl. ogg., assolverla da una responsabilità o da una colpa: *cerchi sempre di giustificarlo, anche quando ha chiaramente torto!* ‖ *T.teol.* rendere giusto, redimere: *giustificati per fede, non per opere* **3.** motivare un'asserzione, una teoria ecc., esponendo i presupposti su cui essa è fondata: *giustificare una congettura in base ad osservazioni empiriche* **4.** *T.teol.* purificare, redimere dal peccato **5.** *T.tip.* portare la linea di stampa alla giustezza voluta, mediante un'opportuna spaziatura tra le parole del testo ‖ ***rifl.*** discolparsi, adducendo motivazioni al proprio comportamento ‖ **N. 1.** *Sin.* chiarire, legittimare, spiegare **2.** *Sin.* difendere, discolpare, scagionare, scusare **3.** *Sin.* dimostrare, fondare, motivare, provare **4.** *Sin.* perdonare, purificare, redimere.

giustificatìvo [da *giustificare*; a. 1685] **I** ***agg.*** atto a giustificare ‖ *T.bur.* *pezza giustificativa*, documento che attesta l'effettuazione di un pagamento **II** anche ***sm.***: *il giustificativo delle spese* ‖ **N. II** *Sin.* ricevuta.

giustificàto (*pps.* di *giustificare*) [1304 ca.] ***agg.*** **1.** dovuto a valide ragioni: *la tua preoccupazione è pienamente giustificata* ‖ *T.bur.* regolarizzato mediante documento giustificativo: *assenza non giustificata* **2.** *T.teol.* reso giusto, redento ‖ **giustificataménte** ***avv.*** *non com.* con giusti motivi.

giustificatóre [da lat. tardo *iustificātor, -ōris*; a. 1342] ***agg.*** e ***sm.*** (f. *-trice*) *raro* chi, che giustifica.

giustificatòrio (pl. *-ri*) [da *giustificare*; 1869] ***agg.*** *non com.* che mira a giustificare ‖ **N.** *Sin.* giustificativo.

giustificazióne [dal lat. *iustificātio, -ōnis*; a. 1342] ***sf.*** **1.** l'atto e l'effetto del giustificare e del giustificarsi: *lettera di giustificazione, discorso fatto a propria giustificazione* **2.** motivo addotto a discolpa: *ha sempre delle giustificazioni per non lavorare, una giustificazione che non regge* ‖ *concr.* documento giustificativo: *la giustificazione (dell'assenza dell'alunno) deve essere firmata dai genitori* **3.** *T.teol.* la redenzione dell'uomo, ad opera divina **4.** *T.tip.* l'operazione di giustificare una linea di composizione tipografica ‖ **N. 1.** *Sin.* difesa, discarico, discolpa, legittimazione, spiegazione **2.** *Sin.* motivazione, pretesto, prova, scusa **3.** *Sin.* perdono, purificazione.

giustinianèo [dal n. proprio *Giustiniano*; 1869] ***agg.*** dell'imperatore d'Oriente Giustiniano (VI sec. d.C.): *codice giustinianeo.*

giustìzia [dal lat. *iustitia*, secondo il diritto; a. 1294] ***sf.*** **1.** la qualità di giudicare, decidere e operare con imparzialità, riconoscendo a ciascuno i propri meriti e le proprie colpe, assegnando ad ognuno ciò che gli è dovuto e rispettando i diritti altrui: *agire con giustizia, giudicare secondo giustizia* ‖ *per giustizia*, secondo giustizia, a volere essere giusti: *per giustizia, dovrei dartene una parte* **2.** il valore etico-sociale corrispondente: *combattere per la giustizia, l'ideale della giustizia* ‖ *giustizia sociale*, l'equa ripartizione dei beni economici ‖ *giustizia commutativa*, che obbliga a rendere l'equivalente di ciò che si riceve ‖ *giustizia distributiva*, che impone di assegnare a ciascuno secondo i suoi meriti **3.** di atto, comportamento, situazione e sim., l'essere conforme a criteri di giustizia: *la giustizia di una sentenza* **4.** l'azione, l'attività di far prevalere la giustizia in una data situazione: *fare giustizia*; *rendere giustizia*, riconoscere o far riconoscere il valore di una persona o una cosa, ingiustamente disprezzata: *finalmente mi hai reso giustizia* ‖ talvolta connessa all'idea di punizione: *giustizia sommaria*, dura punizione non preceduta da un regolare processo; *fig. scherz.* castigo impartito senza preoccuparsi di stabilire chi è il colpevole: *la mamma ha fatto giustizia sommaria, e li ha puniti entrambi* ‖ *farsi giustizia da sé*, vendicarsi, invece di ricorrere all'autorità giudiziaria **5.** il potere legittimo e l'attività di realizzare il diritto mediante l'interpretazione e l'applicazione delle leggi: *amministrare la giustizia, ministero di Grazia e Giustizia* ‖ *concr.* l'autorità giudiziaria, la magistratura: *il malvivente è caduto nelle mani della giustizia*; *ricorrere alla giustizia* **6.** *T.teol.* una delle quattro virtù cardinali, posseduta in sommo grado da Dio e in modo imperfetto dall'uomo; *la giustizia divina*, l'azione giudicante di Dio ‖ **N. 1.** *Sin.* equanimità, equità, imparzialità, onestà, rettitudine | *Contr.* egoismo, ingiustizia, parzialità | incorrotta, retta **4.** castigo, condanna, giudizio, pena, punizione, vendetta **5.** *Sin.* magistratura | avvocato, cancelliere, carabinieri, giudice, notaio, poliziotto, procuratore, ufficiale giudiziario | amministrativa, civile, militare, penale. **Q.T.** *diritto.*

giustiziàre (pres. *-ìzio*) [da *giustizia*; a. 1292] ***tr.*** sottoporre all'esecuzione di una condanna a morte ‖ **N.** decapitare, fucilare, ghigliottinare, impiccare | camera a gas, forca, ghigliottina, sedia elettrica; boia, plotone di esecuzione.

giustiziàto (*pps.* di *giustiziare*) [a. 1311] ***agg.*** e ***sm.*** (f. *-a*) chi o che è stato giustiziato.

giustizière [dal fr. ant. *justicier*, esecutore delle sentenze della giustizia; a. 1292] ***sm.*** (f. *-a*, non com.) **1.** esecutore di condanne a morte **2.** *ant.* giudice **3.** chi fa valere la giustizia in modo rigoroso e spietato ‖ **N. 1.** *Sin.* boia, carnefice **3.** *Sin.* vendicatore.

giùsto [lat. *iūstus*, conforme al diritto; a. 1294] **I** ***agg.*** **1.** di persona, che giudica e agisce secondo giustizia: *uomo giusto, giudice giusto* **2.** di cosa, azione, comportamento e sim., conforme a criteri di giustizia: *una giusta sentenza, una giusta guerra* ‖ dovuto, meritato, secondo la giustizia distributiva: *un giusto premio, un giusto castigo*; *il giusto corrispettivo* ‖ legittimo, conforme ai principi della morale: *un giusto desiderio, combattere per una giusta causa* ‖ frequente con funzione predicativa (e spesso con ellissi della copula), per approvare energicamente un'affermazione: *(è) troppo giusto; Tu cosa ne pensi? Giustissimo!* **3.** che corrisponde a verità: *fornire la risposta giusta*; ragionevole, ben fondato: *osservazioni giuste* ‖ *dirla giusta*, dire le cose come stanno **4.** opportuno, conveniente: *il giusto rimedio, la misura giusta, considerare il problema nella sua giusta importanza*; *giusto di sale*, di cibo, adeguatamente salato ‖ della misura, della taglia adeguata: *l'abito mi sta giusto*; *le scarpe mi sono appena giuste, la camicia mi è giusta di spalle* **5.** esatto, preciso: *vorrei sapere l'ora giusta, la misura giusta* **6.** *T.mus.* *intervallo giusto*, che non ha alternative di maggiore e minore:

quarta, quinta giusta || **giustaménte** ***avv.*** con giustizia, in modo giusto: *giudicare giustamente* || a ragione: *giustamente, si è offeso* || conformemente al vero: *come giustamente hai detto, i fatti stanno così* **II** ***sm.*** **1.** (f. *-a*) persona giusta, che pensa e agisce rettamente; *per anton.* Dio stesso: *Egli è il Giusto* (Manzoni) || nel linguaggio religioso, persona che osserva i precetti della religione: *i giusti saranno premiati* || *prov. anche il giusto pecca sette volte al giorno* || *fig. dormire il sonno del giusto,* dormire placidamente, con la coscienza tranquilla **2.** ciò che è giusto: *essere nel giusto,* avere ragione || *in part.* ciò che è dovuto o meritato per giustizia: *chiedere, dare, pretendere il giusto*; il reale valore di una cosa: *ho pagato il giusto per quest'oggetto* || la misura, la proporzione giusta: *questo tavolo è più largo del giusto, ti stai preoccupando più del giusto* **III** ***avv.*** **1.** esattamente, precisamente: *colpire giusto*; conformemente al vero, al giusto: *hai detto giusto* **2.** per l'appunto, proprio: *cercavo giusto te, sei arrivato giusto in tempo per goderti lo spettacolo*; rafforzato nella loc. avv. *giust'appunto*: *avrei giust'appunto bisogno del tuo aiuto*; anche come risposta, energicamente affermativa: *sei adirato con me? Giust'appunto!* || talvolta *iron.*: *perché non chiedi consiglio a Giorgio? Sì, giusto a lui, che ne sa meno di me!* **3.** appena: *avevo giusto finito di fare pulizia* || soltanto: *gli telefonerò, giusto per sentire la sua voce* || anche ripetuto, per rafforzare: *ho fatto giusto giusto in tempo a prendere il treno* || **N.** **I** **1.** *Sin.* equanime, equo, imparziale, leale, onesto, retto | *Contr.* disonesto, ingiusto, iniquo, parziale, scorretto, sleale **2.** *Sin.* dovuto, legittimo, meritato, spettante | *Contr.* illegittimo **3.** *Sin.* corretto, vero | *Contr.* errato, falso, inesatto, sbagliato **4.** *Sin.* adatto, adeguato, appropriato, conveniente, opportuno, ragionevole; medio, normale, regolare | *Contr.* inadatto, inadeguato, inappropriato, inopportuno, sconveniente; abbondante, eccedente, scarso **5.** *Sin.* esatto, preciso | *Contr.* approssimato, grossolano **6.** diminuito, eccedente **II** **1.** *Sin.* onesto, pio, probo | *Contr.* disonesto, improbo, peccatore.

glabèlla [dal lat. *glabellus,* lisciatino; a. 1625] ***sf.*** *T.anat.* piccola protuberanza ossea tra le due arcate sopracciliari.

glàbro [dal lat. *glabrus*; a. 1597] ***agg.*** privo di peli, barba o peluria: *viso glabro, foglie glabre* || *per estens.* liscio || **N.** *Sin.* imberbe, LISCIO.

glacé (fr., pr. [gla'se]) [propr. pps. di *glacer,* ghiacciare; 1908] ***agg.*** *inv.* (anche f. *glacée,* pl. m. *glacés,* pl. f. *glacées*) **1.** liscio e lucido come il ghiaccio: *carta glacé, guanti glacé* **2.** glassato, candito: *marrons glacés,* marroni canditi.

glaciàle [dal lat. *glaciālis*; a. 1492] ***agg.*** **1.** di ghiaccio, ricoperto di ghiaccio: *regioni glaciali* || *T.geol. epoca, periodo glaciale,* periodo caratterizzato da grandi glaciazioni; *in part.* il Pleistocene **2.** di caratteristiche simili al ghiaccio: *acido acetico glaciale* || *menta glaciale,* essenza di menta molto forte, usata per aromatizzare liquori e caramelle || freddissimo, gelido: *clima, temperatura glaciale* **3.** *fig.* privo di calore umano, di cordialità, di simpatia: *un uomo glaciale, un'accoglienza glaciale* || agghiacciante, sinistro: *un silenzio, una calma glaciale* || **glacialménte** ***avv.*** con assoluta freddezza || **N.** **2.** polare **3.** *Sin.* distaccato, freddo, gelido, indifferente, insensibile, ostile; agghiacciante, raggelante, sinistro | *Contr.* caloroso, cordiale, entusiasta. **TAV.** *geografia* 1.8a.

glacialìsmo [da *glaciale*; 1956] ***sm.*** *T.geol.* teoria del ciclo delle glaciazioni e dei loro effetti || insieme dei fenomeni relativi alla formazione e al ritiro dei ghiacci e delle azioni da loro prodotte.

glacialità [da *glaciale*; 1890] ***sf.*** l'essere glaciale || *fig.* freddezza.

glaciazióne [dal lat. *glaciāre*; 1912] ***sf.*** *T.geol.* fenomeno di massiccia espansione dei ghiacciai, che ha interessato in varie epoche vaste parti della superficie terrestre che ne conservano le tracce || periodo in cui si è verificata una glaciazione: *grande glaciazione* o *glaciazione quaternaria,* del Pleistocene.

glaciologìa [compl. del lat. *glacies,* ghiaccio e *-logia*; 1956] ***sf.*** scienza che studia la formazione e la struttura dei ghiacciai sulla superficie terrestre.

gladiatóre [dal lat. *gladiātor, -ōris*; sec. XIV] ***sm.*** *T.stor.* nell'antica Roma, schiavo, prigioniero o volontario che combatteva in pubblici spettacoli, armato di gladio, contro uomini o bestie feroci || **N.** andabata, bestiario, mirmillone, reziario | lanista, spoliario; arena, ludi.

gladiatòrio (pl. *-ri*) [dal lat. *gladiatōrius*; sec. XIV] ***agg.*** di, da gladiatore: *feste gladiatorie, gesto gladiatorio, forza gladiatoria* || anche *fig.* e *iron. assumere pose gladiatorie,* assumere atteggiamenti fieri, ma esagerati, inutili o assolutamente fuori luogo.

glàdio (pl. *-di*) [dal lat. *gladium*; sec. XIV] ***sm.*** *T.stor.* spada corta, con lama a doppio taglio, usata nell'antica Roma dai gladiatori.

gladìolo [dal lat. *gladiolus*; 1499] ***sm.*** pianta ornamentale delle Iridacee, con foglie a forma di spada e fiori grandi disposti a spiga, di vari colori || **N.** *Sin.* fil di spada, spadacciola.

glagolìtico (pl. *-ci*) [dall'ant. slavo *glagolŭ,* parola; 1869] ***agg.*** detto di un antico alfabeto slavo, usato a partire dal sec. IX, prima dell'adozione dell'alfabeto cirillico: *caratteri glagolitici*; anche *sm.* || **N.** *Sin.* gerolimiano.

glamour (ingl. ['glæmə]) [letter. magia; 1956] ***sm.*** *inv.* incanto || charme, fascino irresistibile, spec. femminile.

glànde [dal lat. *glans, glandis,* propr. ghianda, per l'aspetto; 1583 come sf.] ***sm.*** *T.anat.* l'estremità del pene, costituita da un rigonfiamento del corpo cavernoso e dall'uretra.

glàndola e der. forme lett. di GHIANDOLA e der. (v.).

glàssa [dal fr. *glace*; 1905] ***sf.*** *T.cuc.* rivestimento a base di zucchero usato per decorare i dolci.

glassàre [dal fr. *glacer*; 1905] ***tr.*** *T.cuc.* **1.** ricoprire un dolce con uno strato di glassa **2.** cospargere una vivanda di una salsa gelatinosa: *glassare l'arrosto.*

glassàto (*pps.* di *glassare*) [1905] ***agg.*** **1.** coperto di glassa: *un dolce glassato* **2.** coperto di gelatina: *vitello glassato* **3.** lucido, brillante, glacé.

glassatùra [da *glassare*; 1968] ***sf.*** *T.cuc.* l'operazione di glassare || lo strato di glassa sui cibi.

glass shot (ingl., pr. ['glɑːs ʃɒt]) [letter. inquadratura su vetro; 1988] ***loc. m.*** *inv.* *T.cin.* ripresa cinematografica o televisiva in cui parte di una scena è realizzata usando una lastra di vetro che ha altre parti di scena dipinte sulla sua superficie.

glàuco (pl. *-chi*) [dal lat. *glaucus,* gr. *glaukós*; sec. XIV] ***agg.*** *lett.* di colore tra il celeste e il verde: *Atena dagli occhi glauchi* || **N.** VERDE.

glaucòma [dal lat. *glaucōma,* gr. *gláukōma*; 1547] ***sm.*** *T.med.* malattia dell'occhio consistente in un aumento della pressione oculare; è caratterizzata dalla dilatazione della pupilla, da alterazione della vista e da dolori locali.

glaucòmio (pl. *-mi*) [comp. del gr. *glaukós,* azzurro chiaro e *mŷs, miós,* topo; 1956] ***sm.*** mammifero roditore americano simile a uno scoiattolo, di color grigio, fornito di patagio che gli consente di effettuare brevi voli planati tra gli alberi || **N.** *Sin.* scioiattolo volante.

glaucòpide [dal gr. *glaukôpis, -ōpidos,* con l'occhio di civetta; a. 1828] ***agg.*** *lett.* che ha gli occhi cerulei o glauchi; epiteto della dea Atena || **N.** *Sin.* occhiceruleo.

glèba [dal lat. *glēba*; 1340 ca.] ***sf.*** **1.** *lett.* zolla di terra || *per estens.* terra, terreno || *T.stor. servitù della gleba,* nel diritto feudale, lo stato del contadino, il quale era considerato parte della proprietà feudale, era obbligato a vita ed ereditariamente a coltivare un determinato fondo, ed era ceduto insieme con la terra nei trasferimenti di proprietà **2.** *T.bot.* parte interna del ricettacolo dei funghi Gastromiceti, che dà origine alle spore.

glebóso [dal lat. *glebōsus*; 1563] ***agg.*** *lett. raro* ricco, pieno di zolle.

gledìssia [dal lat. scient. *Gleditschia,* basato sul n. proprio J.G. *Gleditsch,* botanico ted.; 1957] ***sf.*** *T.bot.* genere di piante delle Papilionacee, spinose con foglie caduche, composte e alterne, fiori verdognoli in racemi o pannocchie, frutto a legume, tipiche delle zone tropicali dell'America, dell'Africa e dell'Asia, ma naturalizzate anche nell'Europa meridionale || **N.** *Sin.* triacanto, spino di Giuda.

glène o **glèna** [dal gr. *glḗnē,* pupilla, poi piccola cavità per ricevere l'articolazione; 1820] ***sf.*** *T.anat.* cavità articolare di un osso, di forma ovoidale || **N.** *Sin.* glenoide, cavità glenoidea | acetabolo, cotile.

glenoidàle [da *glenoide*; 1798] ***agg.*** *T.anat.* glenoideo.

glenòide [dal gr. *glēnoeidḗs*; 1798] **I** ***sf.*** *T.anat.* glene || *in part.* cavità della scapola, nella quale si articola l'omero **II** ***agg.*** (sempre posposto) glenoideo.

glenoidèo [da *glenoide*; 1834] ***agg.*** *T.anat.* di glene, che si riferisce a glene: *cavità glenoidea* || **N.** *Sin.* glenoidale.

gleucòmetro [comp. del gr. *glêukos,* mosto e *-metro*; 1834] ***sm.*** strumento con cui si misura la quantità di zucchero presente nel mosto dell'uva || **N.** *Sin.* mostimetro.

gli[1] [lat. (*il*) *li,* nominativo pl. di *ille,* quello; a. 1294] ***art.*** *det. m. pl.* (sing. *il, lo*) si usa davanti a parole m. pl. che cominciano per vocale, *s* seguita da consonante, *z, x, gn, ps, pn* e per eccezione anche davanti a *dei*; si apostrofa raramente, e soltanto davanti a *i*: *gli amici, gli strepiti, gli zii, gli xenofobi, gl'ingegni, gli gnocchi, gli psicologi*; unito alle prep. semplici *di, a, da, in, con, su, per* forma le prep. articolate *degli, agli, dagli, negli, cogli, sugli, pegli* (poet.).

gli[2] [lat. (*il*) *li,* dativo sing. di *ille,* quello; a. 1290] ***pron. pers.*** *m.* di terza persona *sing.* usato per il compl. di termine *a lui, a esso,* in posizione sia proclitica sia enclitica: *gli dissi che sarei andato a trovarlo, penso di telefonargli domani, scrivigli al più presto*; *me ne andai, dicendogli che avevo fretta* || nel linguaggio fam. si usa anche, scorrettamente, per *a lei, a essa*: *gli scrissi che non volevo più vederla*; è inoltre sempre più diffuso, anche nella lingua scritta, l'uso di *gli* per *a loro,* m. e f., *a essi, a esse*: *i ragazzi verranno da me domani; gli preparerò una sorpresa* || unito ai pronomi *lo, la, li, le, ne* si fonde in un'unica parola, dando origine alle forme pronominali *glielo, gliela, glieli, gliele, gliene,* con possibili elisioni davanti a vocale: *gliel'andò a portare*; usati anche per il compl. di termine f. e m. e f. pl.: *incontrai Maria e gliene dissi di tutti i colori*; *se vedi i tuoi genitori, diglielo.*

gli[3] [da (*e*)*gli*; sec. XIV] ***pron. pers.*** *m.* di terza persona *sing.* in usi fam. e region., aferesi di *egli,* spec. in funzione pleon.: *gli è vero.*

gli[4] [lat. (*il*) *li*; a. 1250] ***pron. pers.*** *m.* di terza persona *pl. tosc.* o *ant.* usato come compl. oggetto, per *li.*

glìa (pr. ['glia]) [dal gr. *glía,* colla; 1933] ***sf.*** *T.anat.* tessuto connettivo che fornisce sostegno e nutrimento ai centri nervosi || **N.** *Sin.* nevroglia. **Q.T.** *anatomia.*

gliadìna (pr. [glia'dina]) [da *glia*; 1834] ***sf.*** proteina semplice di aspetto gelatinoso che costituisce, con la glutenina, il componente principale del glutine di frumento.

gliàle o **gliàre** (pr. [gli'ale] o [gli'are]) [da *glia*; 1956] **agg.** *T.anat.* proprio della glia, relativo alla glia; *cellule gliali*, cellule di Deiters.

glicemìa (pr. [glitʃe'mia]) [comp. del gr. *glykýs*, dolce e *-emia*; 1918] **sf.** *T.med.* la concentrazione di glucosio nel sangue || **N.** iperglicemia, ipoglicemia.

glicèmico (pr. [gli'tʃɛmiko]) (pl. *-ci*) [da *glicemia*; 1933] **sf.** *T.med.* relativo alla glicemia: *tasso glicemico*.

gliceràto (pr. [glitʃe'rato]) [dal fr. *glycérate*; 1869] **sm.** *T.chim.* nome dei sali e degli esteri dell'acido glicerico.

glicèrico (pr. [gli'tʃɛriko]) (pl. *-ci*) [dal fr. *glycérique*; 1869] **agg.** che si riferisce alla glicerina, che ne deriva || *T.chim. acido glicerico*, acido ottenuto per ossidazione dalla glicerina || *aldeide glicerica*, aldeide derivabile dalla glicerina.

glicèride (pr. [gli'tʃeride]) [comp. di *glicero-* e *-ide*; 1911] **sm.** *T.chim.* nome degli esteri della glicerina con acidi grassi; sono costituenti dei grassi animali e vegetali || **N.** semplici / misti; trigliceride.

glicerìna (pr. [glitʃe'rina]) [dal fr. *glycérine*; 1829] **sf.** *T.chim.* alcol alifatico trivalente, che si presenta come un liquido sciropposo e oleoso, di sapore dolciastro; si ottiene dalla saponificazione dei grassi animali e vegetali ed è usata nell'industria chimica, in farmacia e in cosmetica come emolliente, solvente e diluente: *crema per le mani alla glicerina* || **N.** *Sin.* glicerolo.

glìcero- (pr. ['glitʃero]) [dal gr. *glykerós*, dolce] **primo elem.** che, in parole composte della terminologia chimica, vale "glicerina" (per es. *glicerofosfato*, *glicerofosforico*).

glicerofosfàto (pr. [glitʃerofos'fato]) [comp. di *glicero-* e *fosfato*; 1901] **sm.** *T.chim.* sale derivato dalla combinazione di glicerina con acido fosforico, usato in medicina come ricostituente.

glicerofosfòrico (pr. [glitʃerofos'fɔriko]) (pl. *-ci*) [comp. di *glicero-* e *fosforico*; 1959] **agg.** *T.chim. acido glicerofosforico*, acido che si ottiene per esterificazione della glicerina con l'acido fosforico.

gliceròlo (pr. [glitʃe'rɔlo]) [comp. di *glicero-* e *-olo*³; 1940] **sm.** *T.chim.* glicerina.

glicìde (pr. [gli'tʃide]) V. GLUCIDE.

glicìna (pr. [gli'tʃina]) [comp. di *glico-* e *-ina*; 1952] **sf.** *T.chim.* aminoacido acetico, componente delle proteine; è presente nella gelatina e nella colla di pesce || **N.** *Sin.* glicocolla.

glicìne (pr. ['glitʃine]) [voce tratta dal gr. *glykýs*, dolce, per il sapore del tubero della pianta; 1815] **sm.** pianta ornamentale rampicante delle Leguminose, con fiori a grappolo, di color violetto, molto profumati.

glicirrizìna (pr. [glitʃirrid'dzina]) [dal lat. class. *glycyrrhiza*; 1821 *glicirrizzina*] **sf.** *T.chim.* acido tribasico che si trova nella radice delle diverse specie di liquirizia e di altre piante, a cui conferisce il sapore dolce.

glìco- (pr. ['gliko]) o **glùco-** (pr. ['gluko]) [dal gr. *glykýs*, dolce] **primo elem.** che, in parole composte della terminologia chimica o di quella medica, vale "zucchero" "zuccherino" (per es. *glicocolla*, *glicogenesi*).

glicocòlla (pr. [gliko'kɔlla]) [comp. di *glico-* e *colla*; 1869] **sf.** *T.chim.* glicina.

glicogènesi (pr. [gliko'dʒɛnezi]) [comp. di *glico-* e *genesi*; 1940] **sf.** *T.biol.* la trasformazione del glucosio in glicogeno, che ha luogo nel fegato e nei muscoli.

glicògeno (pr. [gli'kɔdʒeno]) [comp. di *glico-* e *-geno*; 1893] **sm.** *T.biol.* polisaccaride del glucosio, che costituisce una sostanza energetica di riserva prontamente utilizzabile dalle cellule; si trova prevalentemente nel fegato e nei muscoli degli organismi animali, ma è presente anche in alcune piante, nei funghi e nei batteri || **N.** *Sin.* amido animale.

glicòl (pr. ['glikol]) [comp. di *glic(erina)* e *(alc)ol(e)*; 1869] **sm.** *T.chim.* alcol alifatico bivalente || *glicol etilenico*, usato come solvente, e come anticongelante nelle automobili.

glicolìpide (pr. [glikoli'pide]) [comp. di *glico-* e *lipide*; 1948] **sm.** *T.biol.* sostanza simile ai grassi, che per idrolisi dà acidi grassi, uno o più componenti azotati e glucidi semplici.

glicòlisi (pr. [gli'kɔlizi]) [comp. di *glico-* e *-lisi*; 1933] **sf.** *T.biol.* processo di metabolizzazione del glucosio nelle cellule, che comporta la liberazione di un'alta quantità di energia e la formazione di anidride carbonica e acqua.

glicometrìa (pr. [glikome'tria]) [comp. di *glico-* e *-metria*; 1950] **sf.** misurazione della quantità di zuccheri presenti nei liquidi organici.

gliconèo (pr. [gliko'nɛo]) (pl. *-èi*) o **glicònio** (pr. [gli'kɔnjo]) (pl. *-ni*) [dal gr. *glykṓneios*; 1586] **agg.** e **sm.** detto di verso molto diffuso nella poesia greca e latina, composto di uno spondeo, di un coriambo e di un pirrichio, oppure di uno spondeo, un dattilo, un trocheo e una sillaba breve o lunga.

glicònio V. GLICONEO.

glicosìde (pr. [gliko'zide]) V. GLUCOSIDE.

glicòsio (pr. [gli'kɔzjo]) V. GLUCOSIO.

glicosùria (pr. [gliko'zurja]) o **glicosurìa** (pr. [glikozu'ria]) [comp. del fr. *glucos(e)*, glucosio e *-uria*; 1881 *glucosuria*] **sf.** *T.med.* eliminazione di glucosio attraverso l'urina; può essere sintomo di diabete.

gliéla, **gliéle**, **gliéli**, **gliélo**, **gliéne** V. GLI².

glifo (pr. ['glifo]) [dal fr. *glyphe*; 1681] **sm.** **1.** *T.arch.* scanalatura verticale ornamentale nel fregio ionico **2.** *T.mecc.* guida rettilinea o curvilinea, entro la quale si muove a moto alterno un cursore; è utilizzato per es. nella trasmissione delle locomotive, per trasformare un moto rotatorio in rettilineo e viceversa || **N.** **1.** diglifo, triglifo; metopa.

gliòma (pr. [gli'ɔma]) [comp. di *gli(a)* e *-oma*; 1887] **sm.** *T.med.* tumore, di forma benigna o maligna, derivante dall'eccessiva proliferazione delle cellule della glia.

gliòmmero (pr. [gli'ɔmmero]) [lat. *glomus*, *-eris*, gomitolo; a. 1389 *glomaro*] **sm.** *T.lett.* componimento poetico napoletano dei sec. XV-XVI, in endecasillabi con rima nel mezzo, di contenuto disparato (proverbi, leggende, storie, fatti del giorno ecc.); era destinato alla recitazione in forma di monologo.

glìptica e der. V. GLITTICA e der.

glipto- V. GLITTO-.

glissàndo (pr. [glis'sando]) [da *glissare*; 1940] **sm.** *T.mus.* particolare effetto che si ottiene facendo scivolare con velocità la mano sulla tastiera o sulle corde di uno strumento || **N.** *Sin.* portamento, strisciando.

glissàre (pr. [glis'sare]) [dal fr. *glisser*; 1983] **intr.** (aus. *avere*) scivolare, passare sopra || sorvolare, passar sopra a un argomento, evitarlo: *ha saputo glissare con abilità sulle domande più imbarazzanti*.

glìttica (pr. ['glittika]) [da *(arte) glittica*; a. 1798] **sf.** l'arte di intagliare e incidere gemme e pietre dure || lo studio delle gemme incise || **N.** cammeo.

glìttico (pr. ['glittiko]) (pl. *-ci*) [dal gr. tardo *glyptikós*, da *glyptós*, inciso; 1869] **agg.** che concerne la glittica: *tecniche glittiche*.

glìtto- (pr. ['glitto]) [dal gr. *glyptós*, inciso] **primo elem.** che, in parole composte dotte, vale "incisione", "intaglio" (per es. *glittografia*, *glittoteca*). **Q.T.** *scultura*.

glittografìa (pr. [glittogra'fia]) [comp. di *glitto-* e *-grafia*; a. 1798] **sf.** lo studio e la descrizione delle pietre intagliate.

glittògrafo (pr. [glit'tɔgrafo]) [da *glittografia*; a. 1798] **sm.** (f. *-a*) studioso, esperto di glittografia.

glittotèca (pr. [glitto'tɛka]) [comp. di *glitto-* e *-teca*; 1869] **sf.** museo o raccolta di pietre incise. **Q.T.** *scultura*.

globàle [dal fr. *global*; 1900] **agg.** generale, complessivo, onnicomprensivo: *una visione globale della situazione*; *imposta globale*, sull'insieme dei redditi || *metodo globale*, nell'insegnamento del leggere e dello scrivere, o di lingue straniere, quello che si basa sulla concezione che l'apprendimento avviene, allo stadio iniziale, attraverso l'assimilazione di strutture complessive (frasi, espressioni, parole ecc.) e che solo in un secondo tempo intervengono la scomposizione e l'analisi delle singole unità (parole, sillabe, lettere ecc.) || *T.inform. variabile globale*, variabile definita in un segmento di programma ma usata nell'intero programma || **globalménte** **avv.** || **N.** *Sin.* totale | *Contr.* limitato, locale, parziale.

globalìsmo [da *globale*; 1963] **sm.** *T.psic.* processo conoscitivo proprio della psicologia infantile, nel quale l'apprendimento avviene attraverso percezioni complessive e generiche della realtà, che solo in un secondo tempo vengono analizzate e scomposte nei loro elementi || in pedagogia, metodo globale.

globalizzazióne [dal fr. *globalisation*; 1956] **sf.** *T.psic.* processo conoscitivo con cui il bambino percepisce un oggetto nel suo insieme ed in seguito lo scompone isolandone gli elementi costitutivi || **N.** *Sin.* globalismo.

globe-trotter (ingl., pr. ['gloʊbtrɒtə]; pr. it. [glob'trɔtter]) [letter. (cavallo) trottatore per il mondo; 1905] **s. inv.** (anche pl. *globetrotters*, pr. ['gloʊbtrɒtəz]) turista che viaggia per il mondo perlopiù con mezzi di fortuna || **N.** *Sin.* giramondo.

globicèfalo [comp. di *globo* e *cefalo*; 1952] **sm** *T.zool.* cetaceo marino simile al delfino, di colore nero con una macchia bianca sul collo, che vive in branchi nei mari boreali; ha la parte anteriore del capo molto convessa e prominente.

globigerìna [dal lat. scient. *globigerina*; 1899] **sf.** *T.zool.* genere di protozoi foraminiferi i cui gusci fossili costituiscono la maggior parte dei sedimenti dei fondali marini.

globìna [da *glob(ul)ina*; 1956] **sf.** *T.biol.* componente proteica dell'emoglobina.

glòbo [dal lat. *globus*; a. 1292] **sm** **1.** corpo sferico || *globo terrestre* o per anton. *il globo*, la Terra: *una specie animale che si è diffusa su tutto il globo* || *globo celeste*, superficie sferica sulla quale sono rappresentate le costellazioni || *globo aerostatico*, pallone aerostatico || palla di vetro o di altro materiale che, posta intorno a una fonte luminosa, ne diffonde uniformemente la luce || *lett.* formazione rotondeggiante: *densi globi di fumo, di fuoco* **2.** *T.anat. globo oculare*, l'occhio nel suo complesso || *dim.* globétto, globettìno, globicìno || **N.** **1.** *Sin.* globulo, palla, sfera | mondo, pianeta, Terra; geoide | paralume, diffusore.

globòide [da *globo*; 1940] **sm.** corpo di forma simile a un globo.

globosità [dal lat. *globōsitas*, *-ātis*; a. 1519] **sf.** *non com.* la caratteristica di ciò che è globoso || *concr.* formazione o prominenza rotondeggiante.

globóso [dal lat. *globōsus*; 1499] **agg.** *non com.* che ha forma di globo || **N.** *Sin.* globulare, rotondo, sferico.

globulàre [da *globulo*; 1788] **agg.** **1.** globoso: *ammasso globulare di stelle* **2.** *T.anat.* e *T.med.* proprio dei globuli rossi del sangue: *valore globulare*, la quantità di emoglobina presente in media in ogni singolo globulo rosso.

globulària [da *globulo*; 1834] **sf.** pianta erbacea delle Globulariacee che produce fiori azzurri raccolti in capolini globosi.

Globulariàcee [da *globularia*; 1952] ***sf. pl.*** *T.bot.* famiglia di piante dicotiledoni, erbacee o arbustacee, con piccoli fiori in capolini o in spighe; il genere più importante è la globularia.

globulìna [da *globulo*; 1869] ***sf.*** *T.chim.* e *T.biol.* sostanza proteica, insolubile in acqua, coagulabile al calore, che si trova prevalentemente nel plasma sanguigno, nei tessuti degli organismi animali, e in alcuni vegetali; le globuline sono utilizzate per la cura e la profilassi delle malattie infettive.

glòbulo [dal lat. *globulus*, piccola palla; a. 1750 nel senso 2] ***sm.*** **1.** *T.biol.* ciascuno degli elementi corpuscolari del sangue: *globuli rossi* (o *emazie*, o *eritrociti*), che contengono emoglobina e hanno funzione di trasporto di ossigeno e anidride carbonica; *globuli bianchi* (o *leucociti*), che producono anticorpi e distruggono germi e particelle eterogenee mediante fagocitosi **2.** piccolo corpo rotondo: *globuli di cristallo* || **N. 1.** drepanociti, fagociti, macrociti, microciti; granulociti, leucociti, linfociti | anemia, drepanocitosi, iperglobulia / ipoglobulia, macrocitemia, microcitemia, oligocitemia, policitemia. **TAV. *anatomia* p. 642 19.12.**

globulóso [da *globulo*; a. 1519] ***agg.*** a forma di globulo, di piccola sfera.

glo glo (pr. [glo'glɔ]) o **glu glu** [di orig. onom.; 1806] voce onom. che imita il rumore di un liquido che esce dal collo stretto di un recipiente e il rumore che si produce in gola quando si beve a grandi sorsi, o anche il verso del tacchino.

gloglottàre (pres. *-òtto*) [da *glo glo*; a. 1924] ***intr.*** *non com.* (aus. *avere*) fare glo glo; di liquido, gorgogliare.

gloglottìo (pl. *-ìi*) [da *gloglottare*; 1942] ***sm.*** rumore di ciò che gloglotta, gorgoglio || il verso del tacchino.

glòmere [dal lat. *glomus*, *-eris*, gomitolo; 1952] ***sm.*** piccolo millepiedi dei Miriapodi, che vive nei luoghi umidi e si appallottola se stimolato.

glomèrulo [dim. del lat. *glomus*, *-eris*, gomitolo; 1906] ***sm.*** globulo, corpuscolo || *T.anat.* *glomeruli renali* o *di Malpighi*, corpuscoli situati nella sostanza corticale del rene, entro i quali avviene la prima filtrazione dell'urina dal sangue || *T.bot.* infiorescenza a palla. **TAV. *fiori...* p. 671 2.12.**

glomerulonefrìte [comp. di *glomerulo* e *nefrite*; 1934] ***sf.*** *T.med.* nefrite || *glomerulonefrite diffusa*, infiammazione renale che colpisce i glomeruli e ne altera la funzione.

glòmo [dal lat. *glomus*, gomitolo; 1598 nel senso 1] ***sm.*** **1.** *ant. lett.* gomitolo **2.** *T.anat.* piccolo agglomerato di vasi sanguigni o di fibre nervose: *glomo carotideo*, piccolo organo altamente vascolarizzato e ricco di terminazioni nervose, posto alla biforcazione della carotide, che partecipa alla regolazione della pressione sanguigna e del respiro **3.** nello zoccolo del cavallo, la parte rotonda del fettone.

glòria[1] [dal lat. *glōria*; sec. XII] ***sf.*** **1.** altissimo riconoscimento, grande onore, fama universale, che si consegue per particolari doti o virtù o per opere insigni: *aspirare alla gloria, ricoprirsi di gloria; gloria passeggera, vana, effimera; gloria eccelsa, eterna, immortale* || *iron.* *lavorare per la gloria*, senza compenso || *gloria mondana*, il successo, la popolarità || lode, esaltazione: *gloria a Dio; questo va a sua gloria*, a sua lode **2.** vanto, orgoglio || azione o fatto che procura gloria: *tra le altre sue glorie c'è anche questa*; anche *iron.*: *bella gloria, avere vinto per la sfortuna altrui!* || persona o cosa che è causa di gloria, di orgoglio, di vanto: *Dante è una gloria italiana*; *vecchie glorie*, personaggi di prestigio ormai consolidato (spec. nel linguaggio sportivo) **3.** grande splendore, bellezza, grandezza, vitalità: *il Rinascimento fu un momento di grande gloria per le arti* || *finire, concludere in gloria*, in bellezza, dando il meglio di sé; anche *iron.*: *ha finito il componimento in gloria, scrivendo "scuola" con la "q"* || giubilo, estasi: *essere, andare in gloria*; *pop.* *essere in gloria*, essere ubriaco || *T.rel.* la beatitudine delle anime in cielo: *la gloria dei santi, salire alla gloria dei cieli* || *la gloria di Dio*, la sua grandezza, il suo splendore || *Dio l'abbia in gloria*, formula di benedizione e rispetto nei riguardi di un defunto: *mio nonno, Dio l'abbia in gloria, diceva che...*; anche *antifr.*, *iron.*: *quell'impostore, Dio l'abbia in gloria, è sparito con tutti i miei soldi* **4.** *T.art.* raffigurazione pittorica o scultorea della maestà divina o della beatitudine celeste || opera artistica in celebrazine di personaggi o famiglie importanti, città, nazioni, eventi ecc.: *la Gloria dei Medici* **5.** con funzione appositiva, *seta gloria*, tessuto misto di seta e cotone || *dim.* gloriétta, gloriòla, gloriùccia, gloriùzza || **N. 1.** *Sin.* celebrità, fama, lustro, nomea, onore, popolarità, prestigio, riconoscimento, rinomanza, successo, trionfo; apoteosi, esaltazione, merito, LODE **2.** *Sin.* compiacimento, orgoglio, superbia, vanto; vanagloria **3.** *Sin.* bellezza, grandezza, magnificenza, splendore; beatitudine.

glòria[2] [dal lat. *glōria*, che ricorre in salmi come prima parola del versetto finale; sec. XIV] ***sm. inv.*** *T.rel.* **1.** *abbr.* per la preghiera *Gloria Patri*: *recitare un gloria; dire un pater, ave e gloria* || *prov.* *tutti i salmi finiscono in gloria*, la conclusione è sempre la stessa || *prov.* *alla fine del salmo si canta il gloria*, è bene attendere l'esito di una vicenda prima di rallegrarsene **2.** inno liturgico recitato o cantato nella prima parte della messa: *intonare il gloria* || *suonare le campane a gloria*, a festa; *fig.* manifestare viva gioia e soddisfazione.

gloriàre (pres. *glòrio*) [da *gloria*[1]; a. 1292] ***intr. pron.*** compiacersi molto di una cosa, un'azione o una situazione ritenendola motivo di orgoglio, di vanto: *mi glorio di appartenere all'esercito* || ***intr.*** *lett.* godere della beatitudine celeste || ***tr.*** *ant. lett.* esaltare, magnificare || **N. *intr. pron.*** *Sin.* essere fiero, essere orgoglioso, lodarsi, millantarsi, pavoneggiarsi, vantarsi | ***tr.*** *Sin.* celebrare, glorificare.

gloriàto (*pps.* di *gloriare*) [a. 1292] ***agg.*** *lett.* lodato, stimato, celebrato.

gloriette (fr., pr. [glɔ'rjɛt]) [letter. dim. di *gloire*, gloria; 1956] ***sf. inv.*** chiosco ornato con piante rampicanti.

glorificàre (pres. *-ìfico, -ìfichi*) [dal lat. tardo *glorificāre*; sec. XII] ***tr.*** **1.** rendere glorioso, riconoscere o affermare come degno di gloria: *glorificare un eroe, un'impresa* || *per estens.* lodare, celebrare, magnificare **2.** *T.rel.* fare partecipe della gloria celeste: *Dio glorificherà i giusti* || celebrare, rendere onore, gloria: *glorificare Iddio, il nome di Dio* || ***rifl.*** **1.** rendersi glorioso, acquistare gloria: *con le sue gesta si è glorificato* **2.** gloriarsi, vantarsi || **N. *tr.* 1.** *Sin.* celebrare, decantare, esaltare, lodare, magnificare, nobilitare.

glorificatìvo [da *glorificare*; sec. XIV] ***agg.*** *raro* atto a glorificare, che serve a glorificare.

glorificatóre [da *glorificare*; 1304 ca.] ***agg.*** e ***sm.*** (f. *-trìce*) *non com.* che o chi glorifica.

glorificazióne [da *glorificare*; a. 1342] ***sf.*** l'atto e l'effetto del glorificare e del glorificarsi || **N.** *Sin.* esaltazione.

glorióso [dal lat. *gloriōsus*; a. 1243 ca.] ***agg.*** **1.** che ha acquistato gloria: *un re grande e glorioso, una stirpe gloriosa* || in senso religioso, che gode della beatitudine celeste: *ora è glorioso tra i beati* || *T.rel.* *misteri gloriosi*, gli ultimi cinque misteri del Rosario, nei quali si celebrano le glorie della Madonna **2.** che apporta gloria: *impresa gloriosa* **3.** orgoglioso, fiero, soddisfatto di sè: *essere glorioso e trionfante*; anche *iron.*, essere soddisfatto di un'azione meschina o di scarso merito || *essere, andare glorioso di qualcosa*, vantarsene || *ant.* vanaglorioso, millantatore || *non com.* *matto glorioso*, megalomane || **gloriosaménte** ***avv.*** || **N. 1.** *Sin.* celebre, famoso, illustre, inclito, insigne, lodato, onorato, rinomato, venerato **3.** *Sin.* compiaciuto, fiero, orgoglioso, soddisfatto.

glòssa [dal gr. *glôssa*; a. 1347] ***sf.*** **1.** *T.stor.* presso gli antichi Greci, parola o locuzione arcaica, rara o comunque di difficile comprensione || *per estens.* nota di spiegazione di tali parole o locuzioni in un testo **2.** *T.stor.* nei codici medievali, annotazione a testi biblici, letterari o giuridici, marginale o interlineare, di spiegazione, commento o parafrasi **3.** *per estens.* nota di interpretazione, spiegazione o commento a un testo || in lessicografia, l'insieme di informazioni che, col lemma, formano la voce || **N. 3.** *Sin.* chiosa, commento, nota, postilla, spiegazione.

glossàre (pres. *glòsso*) [da *glossa*; sec. XIV] ***tr.*** fornire un testo di spiegazione, interpretazione o commento, apponendovi delle glosse || **N.** *Sin.* annotare, chiosare, commentare, postillare.

glossàrio (pl. *-ri*) [dal lat. *glossārium*; 1664] ***sm.*** raccolta di parole e locuzioni rare, arcaiche o oscure, tecniche o specialistiche, accompagnate da glosse esplicative || **N.** *Sin.* DIZIONARIO.

glossatóre [da *glossare*; 1471] ***sm.*** (f. *-trìce*) chi commenta un testo apponendovi glosse || *in part.* *T.stor.* commentatore medievale di testi giuridici.

glossèma [dal lat. *glossēma*, gr. *glṓssema*; 1720] ***sm.*** **1.** parola o locuzione arcaica, rara o comunque oscura, che abbisogna di una spiegazione || nota di spiegazione, glossa **2.** *T.ling.* unità semantica irriducibile || **N. 2.** *Sin.* semantema.

glossemàtica [dall'ingl. *glossematics*; 1963] ***sf.*** *T.ling.* dottrina linguistica elaborata dalla scuola danese di L. Hjelmslev, secondo la quale ogni sistema linguistico è caratterizzato dalle relazioni che intercorrono tra un numero finito di elementi (detti *glossemi*), che costituiscono le più piccole unità linguistiche portatrici di significato. **Q.T.** ***linguistica.***

glossemàtico (pl. *-ci*) [da *glossema*; 1887] ***agg.*** *T.ling.* relativo ai glossemi e alla glossematica, proprio dei glossemi e della glossematica.

glossìna [dal gr. *glôssa*, lingua, per il rostro somigliante ad una lingua; 1914] ***sf.*** *T.zool.* genere di insetti dei Ditteri, tipici dell'Africa equatoriale, che si nutrono succhiando il sangue dei vertebrati, nel quale possono inoculare germi patogeni; vi appartiene la mosca tsetse.

glossìte [comp. di *glosso-* e *-ite*[1]; 1853] ***sf.*** *T.med.* infiammazione acuta o cronica della lingua.

glòsso- [dal gr. *glôssa*, lingua] ***primo elem.*** che, in parole composte spec. della terminologia medica, vale "lingua", "linguaggio" (per es. *glossofaringeo, glossolalia*) || **N.** glotto-.

-glòsso [dal gr. *glôssa*, lingua] ***elem. term.*** che, in parole composte della terminologia medica e linguistica vale "lingua", "linguaggio" (per es. *genioglosso*).

glossofaringèo o **glossofarìngeo** [comp. di *glosso-* e *faringeo*; 1820] ***agg.*** *T.anat.* relativo alla lingua e alla faringe || *nervi glossofaringei*, il nono paio di nervi cranici, che innervano la lingua, il palato e la faringe.

glossografìa [da *glossografo*; 1834] ***sf.*** nella tradizione greca e latina, lo studio delle glosse, cioè dei vocaboli rari, arcaici o oscuri || **N.** lessicografia.

glossogràfico (pl. *-ci*) [da *glossografia*; 1834] **agg.** relativo alla glossografia: *tradizione glossografica.*

glossògrafo [dal gr. *glōssográphos*; a. 1729] **sm.** nella tradizione greca e latina, chi si occupava della raccolta di vocaboli e locuzioni difficili, e della compilazione delle relative glosse.

glossolalìa [comp. di *glosso-* e *-lalia*; 1931] **sf.** **1.** *T.psic.* in alcuni psicopatici, alterazione che consiste nel pronunciare parole senza senso, formate accostando sillabe a caso **2.** *T.rel.* facoltà particolare concessa dallo Spirito Santo al cristiano, con cui il fedele può lodare Dio in una lingua umanamente incomprensibile || dono concesso agli Apostoli dopo la Pentecoste, che consentiva loro di parlare e di essere compresi contemporaneamente in diverse lingue. **Q.T.** *psicologia.*

glossòpetra o **glossopètra** o **glossopiètra** [dal lat. *glōssopetra*; a. 1498 nel senso 1; a. 1730 nel senso 2] **sf.** **1.** aerolite di forma allungata, usata come amuleto, al quale si attribuiva la proprietà di ridare la memoria e che si credeva cadesse nelle notti senza luna **2.** *T.zool. ant.* dente di pesce fossile (spec. di pescecane) che si credeva una lingua di serpente pietrificata.

glossoplegìa (pl. *-gìe*) [comp. di *glosso-* e *-plegia*; 1828] **sf.** *T.med.* paralisi che colpisce la lingua.

glottàle [dal fr. *glottal*; 1959] **agg.** **1.** *T.anat.* relativo alla glottide, proprio della glottide **2.** *T.ling.* detto di suono articolato con l'intervento della glottide || **N.** 2. *Sin.* glottidale.

glottidàle [da *glottide*; 1974] **agg.** *T.fon.* della glottide || *in part. approssimanti glottidali*, i foni [h] e [ɦ], caratterizzati da due particolari posizioni delle corde vocali, quelle del bisbiglio e del mormorio || **N.** *Sin.* glottale.

glòttide [dal gr. *glôttis, glōttídos*, da *glôtta*, lingua; 1757] **sf.** *T.anat.* apertura superiore della laringe, di forma triangolare, compresa fra le corde vocali || **N.** respiratoria, vocale | corde vocali, epiglottide, laringe, trachea.

glòtto- [dal gr. *glôtta*, lingua] **primo elem.** che, in parole composte della terminologia linguistica, vale "lingua", "linguaggio" (per es. *glottodidattica, glottologia*) || **N.** glosso-.

-glòtto [dal gr. *glôtta*, lingua] **elem. term.** che, in parole composte della terminologia linguistica, vale "che parla una lingua" (per es. *alloglotto*). **Q.T.** *linguistica.*

glottocronologìa [comp. di *glotto-* e *cronologia*; 1967] **sf.** *T.ling.* metodo di analisi comparatistica tra due lingue imparentate tra di loro, fondato sulla valutazione dei tempi di evoluzione delle singole unità lessicali.

glottodidàttica [comp. di *glotto-* e *didattica*; 1969] **sf.** branca della linguistica che si occupa dell'insegnamento delle lingue (spec. quelle straniere).

glottologìa [comp. di *glotto-* e *-logia*; 1867] **sf.** lo studio scientifico dei sistemi linguistici || *in part.* l'analisi dell'evoluzione storica di una lingua || **N.** *Sin.* linguistica; etimologia, filologia, fonetica, grammatica, lessicografia, semantica, sintassi. **Q.T.** *linguistica.*

glottològico (pl. *-ci*) [da *glottologia*; a. 1912] **agg.** che si riferisce alla glottologia: *studio glottologico.*

glottòlogo (pl. *-gi*) [da *glottologia*; 1876] **sm.** (f. *-a*) esperto, studioso di glottologia || **N.** *Sin.* linguista.

glottotècnica [comp. di *glotto-* e *tecnica*; 1942] **sf.** disciplina che, conciliando la linguistica storica con quella funzionale, stabilisce quali neologismi sono conformi al sistema linguistico in cui si inseriranno.

gloxinia [dal n. del botanico ted. B.P. *Gloxin*; 1967] **sf.** pianta ornamentale delle Gesneriacee, con fiori a corolla tubolosa, di color bianco e rosso o viola.

glucide o **glicide** (pr. [gli'tʃide]) [comp. di *glic(erina)* e *-ide*; 1869 *glicide*] **sm.** *T.chim.* ciascuno dei composti appartenenti a una classe di sostanze organiche formate da carbonio, idrogeno e ossigeno; svolgono un'importante funzione nel metabolismo degli organismi animali e vegetali, costituendo sostanze di riserva energetica (come il glicogeno negli animali e l'amido nelle piante) || **N.** *Sin.* carboidrati, idrati di carbonio, saccaridi, zuccheri | disaccaridi, monosaccaridi, oligosaccaridi, polisaccaridi. **Q.T.** *chimica.*

glucìdico (pl. *-ci*) [da *glucide*; 1973] **agg.** relativo ai glucidi, proprio dei glucidi.

glucìnio (pl. *-ni*) [dal lat. scient. *glucinium*; 1834] **sm.** *T.chim. non com.* berillio.

glùco- V. GLICO-.

glucòmetro [comp. di *gluco-* e *-metro*; 1940] **sm.** apparecchio per misurare la concentrazione di zucchero presente nel mosto e nel vino.

glucoṣide o **glicoṣide** [comp. di *glucosio* e *-ide*; 1869] **sm.** *T.chim.* composto organico vegetale costituito da uno zucchero, gen. glucosio, facilmente isolabile per idrolisi, combinato con un alcol o con un fenolo.

glucòṣio o **glicòṣio** (pr. [gli'kɔzjo]) [dal fr. *glucose*; 1869] **sm.** *T.chim.* monosaccaride a sei atomi di carbonio, presente in tutti gli organismi viventi, in forma libera (nei frutti dolci) o combinata (amido, cellulosa, saccarosio, glicogeno); viene prodotto artificialmente mediante idrolisi di amidi, e usato nell'industria farmaceutica e dolciaria.

glucoṣurìa V. GLICOSURIA.

glu glu (pr. [glu'glu]) V. GLO GLO.

glùma [dal lat. *glūma*; 1765] **sf.** *T.bot.* ciascuna delle brattee che avvolgono le spighette e le cariossidi del grano e di altre graminacee || *dim.* glumèlla, gluméttta || **N.** *Sin.* lolla, loppa, pula.

gluméttta o **glumèlla** (*dim.* di *gluma*) [1906] **sf.** *T.bot.* ciascuna delle due piccole brattee, interne alle glume, situate alla base dei fiori delle graminacee; sono spesso provviste di un prolungamento filiforme detto *arista* o *resta.*

gluóne [dall'ingl. *gluon*, da *glue*, colla; 1983] **sm.** *T.fis.* particella subnucleare per mezzo della quale si possono descrivere le interazioni forti tra gli adroni, che svolge un ruolo analogo a quello del fotone nelle interazioni elettromagnetiche.

glutammàto [da (*acido*) *gluttamm(ico)*; 1956] **sm.** *T.chim.* sale dell'acido glutammico || *glutammato di sodio*, sale impiegato per esaltare l'aroma in certi prodotti alimentari.

glutàmmico (pl. *-ci*) [dall'ingl. *glutamic*; 1906] **agg.** *T.chim. acido glutammico*, amminoacido presente in molte proteine, usato sotto forma di sale nell'industria alimentare, e in farmacia come tonificante del sistema nervoso.

glutammìna [comp. di (acido) *glutamm(ico)*; 1929] **sf.** *T.chim.* amminoacido presente in molte proteine alimentari, come la caseina del latte.

glùteo [der. dal gr. *gloutós*, natica; 1681] **sm.** **1.** *T.anat.* ciascuno dei tre muscoli che formano la natica: *grande, piccolo, medio gluteo*; anche *agg.*: *muscoli glutei, regione glutea* **2.** *lett.* o *scherz.* gen. *pl. i glutei*, le natiche. **TAV. *anatomia* p. 641** 3.5.

glutinàre (pres. *glùtino*) [dal lat. *glutināre*; 1563] **tr.** **1.** arricchire di glutine (gen. una pasta alimentare) **2.** *raro* incollare.

glutinàto (*pps.* di *glutinare*) [1909] **agg.** si dice di alimento integrato con aggiunta di glutine: *pasta glutinata*, che contiene più glutine della pasta comune.

glùtine [dal lat. *glūten, -inis*; sec. XIV *gluten*] **sm.** **1.** *T.chim.* complesso di sostanze proteiche presente nei cereali e soprattutto nel grano; a contatto dell'acqua si gonfia, assumendo l'aspetto di una sostanza bianca, gommosa e appiccicosa; si usa per l'integrazione alimentare, per apprettare i tessuti, nella preparazione di collanti ecc. **2.** *disus.* materia viscosa, adesiva o cementante; colla, cemento.

glutinosità [da *glutinoso*; a. 1758] **sf.** *non com.* la caratteristica di ciò che è glutinoso.

glutinóso [dal lat. tardo *glutinōsus*; sec. XIV] **agg.** **1.** che contiene glutine: *materia glutinosa* **2.** viscoso come il glutine || *fig. non com.* di persona, appiccicosa || **N.** 2. *Sin.* adesivo, appiccicaticcio, appiccicoso, attaccaticcio, colloso.

gnàffe o **gnaffé** [alterazione di *mia fé*, in fede mia; 1353] **escl.** *pop. arc.* in fede mia.

gnàgnera [di orig. espressiva; a. 1712] **sf.** *ant.* o *dial.* prurito, pizzicore || *fig.* capriccio, voglia.

gnàis V. GNEISS.

gnào [voce espr.; a. 1400] voce onom. che riproduce il miagolio del gatto.

gnàto- [dal gr. *gnáthos*, mascella] **primo elem.** che, in parole composte della terminologia scientifica, vale "mascella": **gnatodinìa.**

-gnàto [dal gr. *gnáthos*, mascella] **elem. term.** che, in parole composte della terminologia scientifica, vale "mascella" (per es. *Agnati, Chetognati, prognato*).

gnaulàre (pres. *gnàulo*) [da *gnao*; a. 1698 *gnagulare*] **intr.** (aus. *avere*) miagolare, spec. in modo fastidioso || *per estens.* frignare, lamentarsi in modo irritante, detto spec. di bambini: *e smettila di gnaulare!*

gnaulàta [da *gnaulare*; 1869] **sf.** *non com.* miagolata || *per estens.* lamento fastidioso e monotono.

gnaulìo (pl. *-ìi*) [da *gnaulare*; 1734] **sm.** uno gnaulare continuo; miagolio.

gnàulo [da *gnaulare*; 1869] **sm.** *raro* miagolio.

gnèiss (pr. [gneis] o [ɲɛis]) o **gnàis** (pr. [gnais] o [ɲais]) [dal fr. *gneiss*; 1798] **sm.** *T.geol.* roccia composta di quarzo, feldspato e mica, a struttura scistosa, di colore rossastro, grigio o giallognolo, adoperata come pietra da taglio per balconi, giardini, marciapiedi ecc.

Gnetàcee [dal lat. scient. *gnetaceae*; 1940] **sf.** *pl. T.bot.* famiglia di piante arboree o arbustacee, con foglie grandi e coriacee, infiorescenze a pannocchia, semi commestibili in alcune specie; sono tipiche dei paesi caldi.

Gnetàli [dal lat. *Gnetum*; 1951] **sf. pl.** *T.bot.* ordine di piante gimnosperme comprendente la Gnetacee e le Efedracee.

gnòcco (pl. *-chi*) [forma ven. di *nocco, nocca*; a. 1492] **sm.** **1.** *T.cuc.* gen. *pl. gli gnocchi*, piatto costituito da bocconcini di pasta di farina e patate, fatti lessare e conditi in vari modi || *gnocchi alla romana*, di semolino e latte, cotti al forno **2.** *pop.* bernoccolo, protuberanza **3.** (f. *-a*) *fig.* persona sciocca, goffa; sempliciotto || *dim.* gnocchétto, gnocchettino; *accr.* gnoccolóne, gnoccóne; *pegg.* gnoccàccio.

gnòme (pr. ['gnɔme] o ['ɲɔme]) [dal lat. tardo *gnōme*, gr. *gnṓmē*; a. 1643] **sf.** *lett.* massima, sentenza, aforisma.

gnòmica [f. sost. di *gnomico*; 1940] **sf.** *T.fil.* forma di sapienza non sistematizzata in una teoria, che si esprime in sentenze e aforismi.

gnòmico (pl. *-ci*) [dal lat. tardo *gnōmicus*, gr. *gnōmikós*; 1843] **I agg.** sentenzioso || *poesia gnomica*, presso i Greci, poesia a contenuto moraleggiante, espresso in forma sentenziosa || *poeta gnomico*, autore di poesie gnomiche || *T.ling.* di forma verbale in cui si esprimono tipicamente motti e sentenze (come l'aoristo greco) **II sm.** (f. *-a*) poeta gnomico.

gnòmo [dal lat. umanistico *gnōmum*, tratto prob. dal gr. *gnṓmē*, intelligenza; a. 1739] **sm.**

1. (raro il f. *gnòmide*) secondo la mitologia nordica e la tradizione popolare, piccolo essere di aspetto simile a un uomo, talvolta deforme, che vive nei boschi e nelle grotte, custode di tesori, di miniere ecc., spesso autore di dispetti e burle a danno degli uomini **2.** nel linguaggio giornalistico, operatore finanziario: *gli gnomi di Zurigo* || **N. 1.** *Sin.* folletto.

gnomologia [dal gr. *gnōmología*; 1675] **sf.** genere di oratoria ricca di sentenze e aforismi || *raro* raccolta di sentenze.

gnomóne [dal lat. *gnōmon, -onis*; 1561] **sm. 1.** *ant.* strumento rudimentale, costituito da un'asta piantata verticalmente nel suolo, che serve a stabilire, dalla lunghezza dell'ombra proiettata dall'asta, l'altezza del Sole sull'orizzonte e quindi a determinare l'ora del giorno **2.** l'asta o lo stilo che svolge la stessa funzione nella meridiana || **N. 1.** *Sin.* meridiana, orologio solare.

gnomònica [dal lat. tardo *gnomonica* (*arte*), gr. *gnōmonikḗ* (*téchnē*); 1556] **sf.** l'arte di costruire gli orologi solari o meridiane.

gnomònico (pl. *-ci*) [dal lat. *gnomōnicus*; a. 1557] **agg.** relativo agli gnomoni o alla gnomonica: *tecniche gnomoniche.*

gnornò [aferesi di *signornò*; a. 1802] **avv.** *pop.* con valore di profrase, signornò, spesso usato in un contesto scherzoso.

gnòrri [da *gnoro* per (*i*)*gnorante*; a. 1698] **s.** *inv.* solo nella loc. *fare lo gnorri*, fingere di non sapere o di non capire || **N.** *Sin.* fare il nesci, fare l'indiano.

gnorsì [aferesi di *signorsì*; a. 1850] **avv.** *pop.* con valore di profrase, signorsì, spesso usato in un contesto scherzoso.

gnoseologìa (pr. [ɲozeolo'dʒia] o [gnozeolo'dʒia]) [comp. del gr. *gnôsis, gnóseōs*, conoscenza e *-logia*; 1903] **sf.** *T.fil.* parte della filosofia che si occupa dell'origine, del valore, della natura e dei limiti della facoltà umana del conoscere || teoria della conoscenza: *la gnoseologia empiristica* || **N.** epistemologia. **Q.T.** *filosofia.*

gnoseològico (pr. [ɲozeo'lɔdʒiko] o [gnozeo'lɔdʒiko]) (pl. *-ci*) [da *gnoseologia*; 1912] **agg.** relativo alla gnoseologia: *dottrina gnoseologica, punto di vista gnoseologico* || **N.** *Sin.* conoscitivo, epistemologico.

gnòsi (pr. ['ɲɔzi] o ['gnɔzi]) [dal gr. *gnôsis*, conoscenza; 1869] **sf.** *T.fil.* **1.** secondo lo gnosticismo, la conoscenza perfetta del divino e del vero, raggiungibile soltanto mediante la rivelazione **2.** lo gnosticismo.

gnosìa (pr. [ɲo'zia] o [gno'zia]) [dal gr. *gnôsis*, conoscenza; 1952] **sf.** *T.psic.* e *T.med.* la capacità di riconoscere gli oggetti attraverso informazioni sensoriali (visive, tattili e acustiche).

-gnosìa (pr. [ɲo'zia] o [gno'zia]) [dal gr. *-gnōsía*, da *gnōsis*, conoscenza] **elem. term.** che, in prole composte dotte, in part. denominazioni di discipline o parti di discipline, vale "conoscenza" (per es. *ezoognosia, farmacognosia, mineralognosia*) || **N.** *Sin.* -logia.

gnòstica (pr. ['ɲɔstika] o ['gnɔstika]) [dal lat. *gnōstice*, gr. *gnostikḗ* (*epistḗmē*), (scienza) conoscitiva; 1865] **sf.** settore della medicina che si occupa della natura delle malattie.

gnosticìsmo (pr. [ɲosti'tʃizmo] o [gnosti'tʃizmo]) [da *gnostico*; 1844] **sm.** *T.fil.* corrente filosofico-religiosa, diffusasi nel sec. II d.C. in contatto con il cristianesimo (ma rinviante anche a elementi mitici, neoplatonici e orientali), secondo la quale la beatitudine e la salvezza dipendono dal raggiungimento della gnosi || **N.** gnosi.

gnòstico (pr. ['ɲɔstiko] o ['gnɔstiko]) (pl. *-ci*) [dal gr. *gnostikós*; 1619] **I agg.** *T.fil.* relativo alla gnosi e allo gnosticismo: *dottrine gnostiche, sette gnostiche* **II sm.** (f. *-a*) seguace dello gnosticismo. **Q.T.** *religione.*

gnu [dal fr. *gnou*; 1802 *gniu*] **sm.** grossa antilope africana, simile a un cavallo, provvista di corna schiacciate alla base, di una folta criniera, e di ciuffi di pelo lungo sul muso, che formano una specie di barba.

gnùcca [da *nuca* con influsso di *zucca*; a. 1700] **sf.** *fam. region.* nuca, testa || *fig.* ingegno.

go (giap., pr. [gɔ]) [voce giapp.; 1930] **sm.** *T.gioc.* antico gioco giapponese e cinese, in cui ciascun giocatore dispone a turno una pedina in una scacchiera di 18 caselle per lato, con l'obiettivo di delimitare alla fine la maggior estensione di territorio possibile.

goal (ingl., pr. [goʊł]; pr. it. ['gɔl]) [letter. traguardo; 1904] **sm.** *inv.* (anche pl. *goals*, pr. [goʊłz]) *T.sport.* nel gioco del calcio, punto segnato da una squadra quando il pallone entra nella porta avversaria: *fare, segnare, subire un goal; andare in goal* || **N.** *Sin.* rete. **Q.T.** *calcio.*

gòbba [f. di *gobbo*[1]; 1563] **sf. 1.** protuberanza della schiena o, meno com., del torace, prodotta da una deformazione della colonna vertebrale || *pop. spianare la gobba a qualcuno*, picchiarlo violentemente **2.** protuberanza sulla groppa del cammello e del dromedario, costituita da tessuto connettivo e da riserve di grasso **3.** *per estens.* prominenza, rigonfiamento, curvatura: *la gobba del naso, una strada tutta gobbe*; la parte convessa della luna quando non è piena: *gobba a ponente, luna crescente; gobba a levante, luna calante* || *dim.* gobbìna, gobbétta; *accr.* gobbóne (*sm.*); *pegg.* gobbàccia || **N. 1.** *Sin.* gibbo | cifosi, lordosi, petto carenato, scoliosi **3.** *Sin.* convessità, curvatura, dosso, enfiatura, gibbosità, prominenza, protuberanza, rigonfiamento.

góbbia [lat. tardo *gubia*; sec. XIV-XV] **sf.** *ant.* sgorbia.

gobbìsta [da *gobbo*[2]; 1983] **s.** in uno studio cinematografico o televisivo, operatore addetto al gobbo.

gòbbo[1] [lat. volg. **gubbus*, class. *gibbus*; sec. XIV] **I agg. 1.** di persona, che ha la gobba: *un uomo gobbo* || *per estens.* con la schiena curva: *non stare gobbo!* || *fig.* malriuscito, sbagliato, sfortunato: *un'impresa nata gobba* || *fig. colpo gobbo*, azione astuta o sleale **2.** *non com.* di cosa, che presenta una gibbosità: *un naso gobbo* || curvo, convesso **II sm. 1.** (f. *-a*) persona gobba **2.** gobba, gibbosità, protuberanza || *fig. fam. avere qualcuno sul gobbo*, sopportarlo a stento; *togliersi qualcuno o qualcosa dal gobbo*, liberarsene **3.** (gen. *pl.*) germogli di carciofo, incurvati e fatti maturare al riparo di terra o paglia perché si conservino teneri **4.** *region.* nome del cardo commestibile || *dim.* gobbìno, gobbétto, gobbettìno, gobbùccio; *accr.* gobbóne; *pegg.* gobbàccio || **N. I 1.** *Sin.* gibboso, scrignuto **II 2.** *Sin.* GOBBA.

gòbbo[2] [dall'ingl. d'America *gobo*; di orig. sconosciuta; 1942] **sm.** *T.cin.* **1.** nelle riprese cinematografiche e televisive, cartellone o rullo mobile, non inquadrato dalla macchina da presa, sul quale sono scritte battute del copione, che servono agli attori come ausilio mnemonico **2.** pannello in legno nero usato durante le riprese di un film come schermo contro la luce dei proiettori **3.** *T.teatr.* drappo di panno scuro posto dietro elementi della scena per impedire il passaggio della luce || **N. 2.** *Sin.* bandiera.

gobbóni (raro *gobbóne*) [da *gobbo*[1]; 1951] **avv.** *non com.* con le spalle curve come un gobbo: *stare gobboni, camminare gobboni.*

gobelin (fr., pr. [gɔ'blɛ̃]) [dal n. della famiglia dei *Gobelins*, celebri tintori; 1892] **sm.** *inv.* **1.** *non com.* arazzo **2.** punto di ricamo per lavori di tappezzeria; anche in funzione attributiva (sempre posposto): *punto gobelin.*

Gobiìdi o **Gòbidi** [dal lat. *gobius*, ghiozzo; 1974] **sm.** *pl.* famiglia di pesci Perciformi, di piccole dimensioni, con capo tozzo e grandi occhi sporgenti, diffuso in tutte le acque || **N.** ghiozzo.

gobióne [lat. *gobio, -ōnis*; sec. XV] **sm.** piccolo pesce commestibile d'acqua dolce dei Gobiidi; ha corpo allungato e testa appiattita.

góccia (pl. *-ce*) [lat. volg. **guttia*; sec. XIV] **sf. 1.** piccolissima porzione d'acqua o di altro liquido, di forma tondeggiante, che si distacca dalla massa di liquido di cui faceva parte, o si raccoglie su un piano: *gocce di sudore, di sangue, di pioggia; gocce di grasso nell'acqua* || *ass.* goccia di pioggia: *sta cominciando a cadere qualche goccia* || l'umore che cola dai fichi maturi: *fichi con la goccia* || il muco che cola dal naso: *avere la goccia al naso* || *fig. somigliarsi come due gocce d'acqua*, essere identici || *fig. a gocce, a goccia a goccia, una goccia dopo l'altra*, a poco a poco || *T.farm.* unità di misura per piccole dosi di medicinali liquidi: *quindici gocce al dì*; *per estens.* il medicinale somministrato in gocce: *prendere le gocce per la tosse* **2.** *fig.* piccola quantità di liquido: *versami una goccia di vino* || *fig. la goccia che fa traboccare il vaso*, il fatto di lieve importanza che porta all'esasperazione, provocando una violenta reazione **3.** *T.arch.* nell'ordine dorico, ciascuno degli elementi di forma conica, cilindrica o piramidale, pendenti in corrispondenza dei triglifi, sotto l'epistilio **4.** ornamento pendente a forma di goccia (in lampadari, orecchini ecc.) || *dim.* goccìna, goccétta, goccettìna || **N. 1.** *Sin.* gocciola, lacrima, stilla | gocciolare, sgocciolare, stillare | contagocce.

gocciàre (pres. *góccio*) [lat. volg. **guttiāre*; 1313] **tr.** e **intr.** (aus. *avere* o *essere*) sin. meno com. di *gocciolare.*

góccio (pl. *-ci*) [da *goccia*; 1553] **sm.** piccola quantità di liquido: *va aggiunto un goccio di vino* || piccolo sorso di una bevanda: *berrei un goccio di caffè.*

gócciola [da *goccia*; a. 1292] **sf. 1.** goccia || ornamento a forma di goccia **2.** *ant.* e *pop.* colpo, apoplessia || *dim.* gocciolina, gocciolétta; *accr.* gocciolóne || **N. 1.** gocciolo, GOCCIA. **TAV.** ***architettura*** **p. 646 1.11.**

gocciolaménto [da *gocciolare*; sec. XIV] **sm.** l'atto e l'effetto del gocciolare; gocciolìo || **N.** *Sin.* stillicidio.

gocciolàre (pres. *gócciolo*) [da *gocciola*; a. 1342] **intr. 1.** (aus. *essere*) uscire, cadere a gocce: *il vino è gocciolato sulla tovaglia* **2.** (aus. *avere*) mandare fuori, emettere, versare a gocce: *gocciolare di sudore; il rubinetto ha gocciolato tutta la notte; avere il naso che gocciola*, che emette muco liquido || **tr.** far cadere, mandare fuori a gocce: *la ferita gocciola sangue* || **N. intr. 1.** *Sin.* colare, defluire, gemere, sgocciolare, stillare, trasudare **2.** *Sin.* emettere, grondare, stillare, VERSARE | **tr.** *Sin.* sgocciolare.

gocciolatóio (pl. *-ói*) [da *gocciolare*; a. 1502] **sm.** parte del cornicione di un edificio, con molto aggetto e provvista di una scanalatura nella parte inferiore, che serve a far sì che l'acqua piovana goccioli senza bagnare i muri || *T.arch.* la parte della cornice, variamente decorata e sagomata, che sta sotto la modanatura, avente la funzione di proteggere dalla pioggia il piano del fregio. **TAV.** *abitazione* 1.31.

gocciolatùra [da *gocciolare*; 1806] **sf. 1.** gocciolamento || *concr.* il liquido gocciolato: *la gocciolatura della cera*; la traccia, la macchia delle gocce cadute **2.** *T.art.* tecnica di pittura consistente nel far sgocciolare il colore sulla tela stesa per terra || **N. 1.** *Sin.* sgocciolatura **2.** *Sin. dripping.*

gocciolìo (pl. *-ìi*) [da *gocciolare*; 1869] **sm.** gocciolamento frequente o continuato: *il gocciolio del rubinetto non mi ha lasciato dormire.*

gócciolo [da *gocciola*; 1313] **sm.** piccola

quantità di liquido: *dammi un gocciolo di caffè* || *dim.* gocciolino; *accr.* gocciolóne || **N.** *Sin.* goccia, goccio, sorsetto.

gocciolóne (*accr.* di *gócciolo*) [1353] ***sm.*** **1.** grossa goccia, spec. di pioggia: *pioveva a goccioloni* **2.** (f. *-a*) persona a cui gocciola sempre il naso: *una vecchia gocciolona* || *fig. ant.* sciocco, semplicione.

goccioloso [da *gocciola*; a. 1554] ***agg.*** *non com.* gocciolante: *naso goccioloso.*

godè [1940] ***sm.*** *inv. T.abb.* forma italianizzata del fr. *godet* (v.).

godére (pres. *gòdo*; p.rem. *godéi* o *godètti, godésti, godé* o *godètte*; fut. *godrò*; cond. pres. *godrèi*) [lat. *gaudēre*; a. 1237] ***intr.*** (aus. *avere*) **1.** provare gioia, piacere o benessere: *godo al solo pensiero di andare al mare, godere delle disgrazie altrui, godo nel sentire questa notizia* || *ass.* condurre una vita spensierata, gustandosi ogni piacere || *ass.* provare l'orgasmo sessuale || ricevere vantaggio, utilità, nel *prov. tra i due litiganti il terzo gode* **2.** possedere qualcosa di gradito o di utile; beneficiare: *godere di buona salute, di una buona reputazione, di un diritto, di un privilegio* || anche rif. a beni materiali: *godere di una proprietà, di una rendita* || ***tr.*** **1.** trarre piacere fisico o diletto spirituale da qualcosa o dalla presenza di qualcuno: *godere la compagnia di un amico, stare a godere il tepore vicino alla stufa* || *godere la vita, o godersela,* darsi ai divertimenti **2.** possedere qualcosa di utile o di gradito, o usufruirne: *godere buona salute, godere l'affetto di tutti* || ***rifl. intens.*** *godersi qualcosa,* ricavarne piacere: *godersi un concerto, uno spettacolo; godersi i propri figli*; anche *iron.*: *ha voluto sposarlo a tutti i costi, adesso se lo goda!* || **N.** ***intr.*** **1.** *Sin.* compiacersi, GIOIRE | far festa, fare la bella vita, gavazzare, gozzovigliare, sgavazzare, spassarsela | gaudente **2.** *Sin.* avere, beneficiare, essere titolare, fruire, usufruire | ***tr.*** **1.** *Sin.* assaporare, degustare, gustare **2.** *Sin.* avere, possedere.

goderéccio (pl. m. *-ci*; pl. f. *-ce*) [da *godere*; a. 1580] ***agg.*** **1.** che procura godimento: *attività godereccie* **2.** di persona, che si dedica abitualmente ai piaceri materiali.

godet (fr., pr. [gɔ'dɛ]) [da *godet,* piccolo vaso da bere senza piede nè ansa; 1901] ***sm.*** *inv. T.abb.* allargamento a campana di un capo di vestiario: *gonna a godet* || **N.** *Sin.* svasatura; gherone.

godèzia [dal n. del botanico svizzero C.H. *Godet*; 1956] ***sf.*** pianta erbacea ornamentale delle Enoteracee, con fiori rosei, rossi o bianchi e foglie lanceolate.

godìbile [da *godere*; a. 1673] ***agg.*** che si può apprezzare, godere: *uno spettacolo godibile* || di cui si può fruire, usufruire: *beni godibili.*

godiménto [da *godere*; sec. XIII] ***sm.*** **1.** sentimento di felicità e di benessere, di appagamento dei sensi o dello spirito: *trarre, ricevere godimento dalla lettura; provare godimento a stare sdraiati al sole; godimento fisico, intellettuale* **2.** *concr.* ciò che procura piacere, gioia: *i godimenti della vita, è un vero godimento sentirlo suonare* **3.** *T.giur.* la facoltà di usufruire di un bene o di avvalersi di un diritto: *godimento di una proprietà, dei diritti civili* || il beneficio di percepire la rendita relativa a titoli di credito: *godimento pieno, parziale, regolare* || **N.** **1.**, **2.** *Sin.* delizia, GIOIA, PIACERE **3.** *Sin.* possesso, usufrutto.

goditóre [da *godere*; a. 1342] ***agg.*** e ***sm.*** (f. *-trice*) *non com.* **1.** chi o che gode di un bene, di un possesso **2.** gaudente || **N.** **1.** *Sin.* fruitore, utente.

godronàre (pres. *-óno*) [da *godrone*; 1983] ***tr.*** *T.mecc.* zigrinare col godrone organi di comando (come bottoni, viti, manopole) di macchinari per renderne ruvida la superficie e favorire così la presa.

godronatùra [da *godronare*; 1937] ***sf.*** *T.mecc.* atto o effetto del godronare.

godróne [dal fr. *godron,* increspatura; 1967] ***sm.*** *T.mecc.* utensile a rulli girevoli, con cui si pratica la godronatura di elementi metallici.

godùria [da *godere,* sul modello di *belluria* e simili; 1942] ***sf.*** *scherz.* godimento: *è una vera goduria!*; anche *antifr. iron.*: *sai che goduria, stare qui a lavorare mentre tutti se la spassano!*

godùta [da *godere*; a. 1388] ***sf.*** *non com.* un gran godere, divertimento: *una bella goduta.*

goffàggine [da *goffo*[1]; 1532] ***sf.*** la qualità di chi è goffo || *concr.* atto o detto goffo: *fare, dire una goffaggine.*

goffeggiàre (pres. *-éggio*) [da *goffo*[1]; 1639] ***intr.*** (aus. *avere*) *non com.* agire, comportarsi goffamente.

gofferìa [da *goffo*[1]; 1550] ***sf.*** *non com.* goffaggine.

goffétto [da *goffo*[2]; 1905] ***sm.*** *T.gioc.* gioco di carte simile al goffo.

goffézza [da *goffo*[1]; 1536] ***sf.*** *non com.* goffaggine.

gòffo[1] [etim. inc.; a. 1480] ***agg.*** **1.** di comportamento, maldestro, sgraziato: *movimenti goffi, andatura goffa* || di persona, che ha scarso controllo dei propri movimenti: *è talmente goffo che appena si muove rompe qualcosa* || *per estens.* che manca di disinvoltura e sicurezza, impacciato: *una persona goffa, cercò di consolarla con modi goffi*; privo di delicatezza, di tatto: *una frase goffa* **2.** di cosa, priva di eleganza, grossolana: *un vestito, un abbigliamento goffo* || **goffaménte** ***avv.*** || **N.** **1.** *Sin.* impacciato, imbarazzato, imbranato, inetto, insicuro, timido | *Contr.* abile, disinvolto, sicuro **2.** *Sin.* inelegante, ridicolo, rozzo, sgraziato | *Contr.* aggraziato, armonioso, elegante, raffinato.

gòffo[2] [etim. inc.; 1643] ***sm.*** *T.gioc.* **1.** il gioco della primiera **2.** combinazione di quattro carte dello stesso seme nel gioco della primiera: *fare goffo.*

goffràggio (pl. *-gi*) [dal fr. *gaufrage*; 1933] ***sm.*** goffratura.

goffràre (pres. *gòffro*) [dal fr. *gaufrer*; 1933] ***tr.*** imprimere disegni in rilievo su carta, tessuti o altri materiali, mediante una speciale calandra.

goffràto (*pps.* di *goffrare*) [1956] ***agg.*** che è stato sottoposto a goffratura: *tessuto goffrato.*

goffratrìce [da *goffrare*; 1933] ***sf.*** macchina per eseguire la goffratura.

goffratùra [da *goffrare*; 1933] ***sf.*** l'operazione di imprimere, per pressione mediante speciali calandre, disegni a rilievo su stoffa, carta o altri materiali.

goffrè [dal fr. *gaufré*; 1970] ***agg.*** *inv.* goffrato: *tessuto, carta goffrè.*

gógna [dal disus. *gonghia,* collare di ferro con sovrapposizione di *vergogna*; sec. XIV] ***sf.*** il collare di ferro che veniva stretto alla gola dei rei esposti alla berlina || *per estens.* la pena stessa della berlina: *condannare alla gogna* || *fig. mettere in gogna, alla gogna,* svergognare, additare al pubblico scherno o disprezzo.

gogo (fr., pr. [go'go]) [da *à gogo,* abbondantemente; 1963] solo nella ***loc. avv.*** *a gogo,* in abbondanza, a volontà: *whisky a gogo, divertimenti a gogo.*

go-kart (ingl., pr. ['goʊkɑ:t]; pr. it. [go'kart]) [letter. veicolo per andare; 1962] ***sm.*** *inv. T.aut.* piccolo veicolo monoposto a quattro ruote, senza carrozzeria, usato per competizioni sportive.

gòl [1936] ***sm.*** *inv. T.sport.* adattamento it. dell'ingl. *goal* (v.).

góla [lat. *gula*; a. 1294] ***sf.*** **1.** termine generico che indica la parte posteriore della cavità orale e il complesso di organi cavi situati nella parte interna e anteriore del collo, comprendenti l'esofago, la faringe e la laringe: *mal di gola, sentirsi la gola secca; schiarirsi la gola,* tossire leggermente, per rendere più nitida la voce; *fig. avere, sentire un nodo, un groppo in gola,* essere lì lì per piangere dalla commozione || *fig. ricacciare un'offesa in gola a qualcuno,* vendicarsene umiliando l'offensore || *mentire per la gola,* sfacciatamente || *tornare a gola,* si dice di cibi non ben digeriti; *fig.* scontare un piacere con un dolore: *quel po' di divertimento mi è ritornato a gola* || *fig. un osso in gola,* una difficoltà, un fastidio, una preoccupazione: *il suo successo è un osso in gola per il suo rivale* || *gridare a piena gola, con tutto il fiato che si ha in gola,* il più forte possibile **2.** *fig.* avidità di cibi, golosità: *avere il vizio della gola, peccati di gola* || *per estens.* desiderio, bramosia: *prendere per la gola,* attirare con cibi succulenti; con sign. differente, imporre a qualcuno le proprie condizioni, approfittando del suo stato di necessità || *fare gola,* si dice di cosa che susciti grande bramosia, desiderio di possesso: *un impiego che fa gola a molti* || *prov. ne uccide più la gola che la spada* **3.** *fam.* la parte esterna anteriore del collo: *avere la gola gonfia, ripararsi la gola con la sciarpa* || *fig. avere l'acqua alla gola,* essere stretti da estrema necessità || *fig. costringere col coltello alla gola,* con minacce e ricatti **4.** *T.geogr.* valle stretta e profonda, con pareti ripide **5.** *per estens.* apertura o passaggio stretto; tubo, condotto: *la gola dell'acquaio, del camino, del pozzo* || *T.bal.* la canna di un'arma da fuoco **6.** *T.arch.* doppia modanatura di una cornice, con un arco concavo e uno convesso **7.** *T.geom. linea di gola* di una superficie, la sua sezione piana di area minima **8.** *T.mus.* la parte superiore del gambo di una nota: *una nota con un taglio in testa e uno in gola* || *dim.* golétta; *pegg.* golàccia || **N.** **1.** *Sin.* gargarozzo, gorgozzule, strozza | bocca, collo, corde vocali, epiglottide, esofago, faringe, giugulare, glottide, laringe, lingua, pomo d'Adamo, tiroide, tonsille, trachea | deglutire, inghiottire, ingoiare, ingollare, tracannare, trangugiare | raschiare, scannare, schiarirsi, sgolarsi, sgozzare, strangolare, tossire | angina, crup, difterite, disfagia, faringite, laringite; acquolina, catarro, rantolo, singhiozzo, tosse | collutorio, gargarismo | golino, sergozzone **2.** *Sin.* bramosia, ghiottoneria, ingordigia, GOLOSITÀ. **TAV.** ***architettura*** **p. 646** 1.9, 1.10; ***geologia*** **p. 1313** 3.8.

golàggine [da *gola*; 1858] ***sf.*** *raro* golosità.

golàre (pres. *gólo*) [da *gola*; 1321] ***intr.*** (aus. *avere*) *raro* agognare.

golden (ingl., pr. ['goʊłdən]; pr. it. ['gɔlden]) [letter. d'oro; 1986] ***agg.*** e ***sf.*** *inv.* golden delicious: *un chilo di mele golden, un chilo di golden.*

golden delicious (ingl., pr. [,goʊłdən dɪ'lɪʃəs]) [letter. delizia d'oro; 1970] ***loc. f.*** *inv.* mela dalla scorza gialla e grinzosa, molto dolce e pastosa.

gold-exchange standard (ingl., pr. ['goʊłd ɪks,tʃeɪndʒ 'stændəd]) [letter. base a cambio aureo; 1942] ***loc. m.*** *inv. T.econ.* sistema monetario in cui la moneta nazionale è convertibile in una moneta estera a sua volta convertibile in oro.

goldoniàno [dal n. proprio C. *Goldoni*; 1874] ***agg.*** che si riferisce al commediografo veneziano Carlo Goldoni, alle sue opere e al suo stile.

gold standard (ingl., pr. ['goʊłd ,stændəd]) [letter. base aurea; 1942] ***loc. m.*** *inv. T.econ.* sistema monetario fondato sulla circolazione di monete d'oro, o di biglietti di banca o di stato liberamente convertibili in monete d'oro e viceversa, con piena libertà di coniazione e fusione, nonché di importazione ed esportazione del metallo.

goleada (sp., pr. [gole'aða]; pr. it. [gole'ada]) [voce sp. der. da *golear,* segnare reti; 1967] ***sf.*** nel gioco del calcio, serie numerosa di reti messa a segno in una partita da una delle squadre: *l'incredibile goleada dei padroni di casa.*

goleador (sp., pr. [golea'ðor]; pr. it. [golea'dɔr]) [voce sp. der. da *golear*, segnare reti; 1945] **sm.** *inv.* *T.sport.* nel gioco del calcio, attaccante che segna molti goal || **N.** *Sin.* cannoniere.

gòlem [dall'ebraico *golèm*, embrione; 1950] **sm.** secondo la tradizione ebraica orientale, automa di sembianze umane, creato dall'argilla ad opera di un rabbino di Praga nel sec. XVI, per difendere gli Ebrei dai loro nemici || *per estens.* il potere della macchina che, creata dall'uomo, può sfuggire al suo controllo con effetti catastrofici.

golèna [etim. oscura; a. 1710] **sf.** *T.geogr.* porzione del letto di un fiume che è invasa dalle acque soltanto nei periodi di piena.

golenàle [da *golena*; 1956] **agg.** proprio di una golena, relativo a una golena: *argine golenale*, argine costruito nell'interno di una golena parallelamente all'argine principale.

golerìa [da *gola*; 1869] **sf.** *raro* golosità; anche *concr.* cibo ghiotto.

golétta[1] (*dim.* di *gola*) [a. 1449] **sf.** **1.** gola piccola **2.** *T.abb. non com.* la parte del vestito che copre il collo; goletto || striscia usata come guarnizione della scollatura **3.** *T.stor.* parte dell'armatura che copre il collo **4.** *T.mac. non com.* taglio di carne bovina corrispondente alla parte anteriore del collo || *dim.* golettina || **N.** **2.** *Sin.* colletto, solino **3.** *Sin.* gorgiera. **TAV.** *alimentazione* 4.13; ***armi* p. 648** 6.6.

golétta[2] [dal fr. *goëlette*; 1824 *goeletta*] **sf.** *T.mar.* veliero con bompresso e due alberi a vele auriche || *goletta a palo*, con bompresso e tre alberi a vele auriche o quadre || *goletta a gabbiola*, con una vela quadra all'albero di trinchetto. **Q.T.** *vela* **TAV.** ***vela* p. 1343** 5.6.

golétto [da *gola*; a. 1665] **sm.** *tosc.* solino, colletto || striscia di tessuto, ricamata o di merletto, che le donne portavano intorno al collo.

gòlf[1] [dall'ingl. *golf*; 1825] **sm.** *inv.* gioco all'aperto nel quale ogni giocatore cerca di mandare, con il minor numero di colpi possibile, una pallina in una serie di buche successive, colpendola con un'apposita mazza: *giocare a golf*; *mazza, campo da golf* || **N.** aiutante, buca d'arrivo, buche, buche di vantaggio, campo, fallo, giocatore, mazza, percorso | minigolf.

gòlf[2] [dall'ingl. *golf-coat*, giacca da golf; 1915] **sm.** *inv.* *T.abb.* indumento di maglia, gen. di lana, chiuso o abbottonato sul davanti, con maniche lunghe, che di solito si porta sulla camicia o sulla camicetta || *dim.* golfétto, golfino, golfettino; *accr.* golfóne || **N.** *Sin. blazer, cardigan*, giacca, giacchetta, maglia, maglione, *pullover*.

golfàre [dal gr. *gompharion*, dim. di *gómphos*, cavicchio; 1889] **sm.** *T.mar.* anello di metallo infisso nei ponti o nelle strutture interne di una nave per legarvi corde o agganciarvi carrucole e paranchi || **N.** *Sin.* anello.

golfìsta [da *golf*; 1955] **s.** *T.sport.* giocatore di golf.

golfìstico (pl. *-ci*) [da *golfista*; 1956] **agg.** *T.sport.* reativo al golf, proprio del golf.

gólfo [dal gr. tardo *kólphos*, class. *kólpos*; 1321] **sm.** **1.** ampia rientranza della terraferma rispetto al mare: *il golfo di Genova* || *corrente del Golfo*, la corrente calda che proviene dal Golfo del Messico, giungendo attraverso l'oceano Atlantico fino alle coste nord-europee **2.** *per estens.* *golfo mistico*, lo spazio destinato all'orchestra nelle moderne sale teatrali, posto ad un livello più basso rispetto alla platea e al palcoscenico || *dim.* golfétto || **N.** **1.** *Sin.* ansa, baia, cala, insenatura. **Q.T.** *porto* **TAV.** *geografia* 1.12.

goliardìa [da *goliardo*; 1947] **sf.** **1.** la spensieratezza, l'allegria caratteristiche dei goliardi || la tradizione goliardica **2.** *non com.* l'insieme dei goliardi.

goliàrdico (pl. *-ci*) [da *goliardo*; 1905] **agg.** di o da goliardo: *inno goliardico, spirito goliardico*; *poesia goliardica*, poesia medievale in latino, di carattere satirico, che esaltava la gioventù, l'amore, il vino e la natura; *berretto goliardico*, quello usato un tempo dagli studenti universitari, con la parte anteriore appuntita e di colori diversi a seconda della facoltà di appartenenza || **goliardicaménte** **avv.**

goliàrdo [dal n. del personaggio biblico *Golia*; sec. XIV] **sm.** **1.** *T.stor.* nel Medioevo, studente ecclesiastico che, trasferitosi nei centri cittadini per compiere gli studi universitari, conduceva vita irregolare e gaudente; ai goliardi sono attribuite poesie d'amore o satiriche, che esaltano le gioie mondane **2.** oggi, studente universitario, con riferimento alla vita libera e spensierata e allo spirito gaudente e canzonatorio che si ritiene caratteristico del periodo degli studi **3.** *per meton.* il berretto goliardico.

golìno [da *gola*; 1869] **sm.** *fam. tosc.* colpo dato alla gola, con il pollice e l'indice allargati || **N.** *Sin.* sergozzone.

gollìşmo [dal n. del generale C. De *Gaulle*; 1950] **sm.** movimento politico francese che si richiama alla concezione politica del generale Charles de Gaulle, fautore di una politica estera di stampo nazionalistico e di una politica interna tendente all'accentramento del potere nelle mani del presidente della Repubblica.

gollìsta [da *gollismo*; 1942 *gaullista*] **I s.** sostenitore del gollismo **II agg.** (sempre posposto) proprio di De Gaulle e del gollismo: *partito gollista, concezione gollista.*

goloserìa [da *goloso*; 1933] **sf.** *raro* golosità.

golosità [da *goloso*; a. 1292 *golositade*] **sf.** **1.** la caratteristica di chi è goloso: *se è grasso, lo deve alla sua golosità* || *fig. non com.* avidità, intenso desiderio di possedere: *golosità di letture, di pettegolezzi* **2.** *concr. non com.* cibo goloso, gustoso: *questa torta è una vera golosità* || **N.** **1.** *Sin.* appetito, avidità, bramosia, fame, ghiottoneria, gola, ingordigia | *Contr.* moderatezza, morigeratezza, sobrietà **2.** *Sin.* bocconcino, ghiottoneria, ghiottume, leccornia, prelibatezza, squisitezza | agognare, appetire, ingolosirsi | fare gola.

golóso [lat. *gulōsus*; 1300 ca.] **agg.** **1.** avido di mangiare cibi gustosi e prelibati: *Pietro è goloso di dolci*; *ass.* che ha il vizio della gola: *sei la persona più golosa che io conosca*; anche *sm.* (f. *-a*): *il secondo cerchio dell'Inferno dantesco è quello dei golosi* || *fig.* avido, bramoso: *è goloso di libri gialli*; concupiscente: *le rivolse uno sguardo goloso* **2.** *non com.* di cibo, particolarmente buono, che stuzzica l'appetito: *un piatto goloso* || *dim.* golosino, golosétto; *accr.* golosóne; *pegg.* golosàccio || **golosaménte** **avv.** con golosità || **N.** **1.** *Sin.* avido, bramoso, buongustaio, cùpido, desideroso, diluvione, divoratore, epicureo, famelico, gastronomo, ghiotto, ghiottone, ingordo, insaziabile, intemperante, voglioso, vorace | crapulone, epulone, mangione | *Contr.* morigerato, parco, sobrio **2.** *Sin.* appetitoso, buono, ghiotto, gustoso, prelibato, saporito, squisito, succulento | *Contr.* cattivo, insipido, sciapo. **Q.T.** *alimentazione.*

golpàto [da *golpe*; 1605] **agg.** *T.bot.* si dice di grano o altro cereale guastato dalla golpe.

gólpe [forma tosc. per *volpe*; a. 1749] **sf.** *T.bot.* nome generico che indica varie malattie dei cereali causate da funghi parassiti || **N.** carbonchio, carbone, carie del grano.

golpe (sp., pr. ['gɔlpe]) [letter. colpo; 1970] **sm.** *inv.* colpo di stato, spec. se organizzato e attuato da militari.

golpìşmo [da *golpe*; 1978] **sm.** tendenza di una categoria sociale o di una parte politica ad organizzare o favorire golpe.

golpìsta [da *golpe*; 1966] **I s.** autore o sostenitore di un golpe **II agg.** (sempre posposto) del golpista, relativo al golpe: *un tentativo golpista.*

golpìstico (pl. *-ci*) [da *golpista*; 1983] **agg.** relativo a un golpe, proprio di un golpe: *il piano golpistico.*

gómbina [var. del disus. *combina*, da *combinare*; 1353] **sf.** *ant.* o *region.* striscia di cuoio che congiunge i due bastoni del correggiato (detti *vetta* e *manfano*), per battere il grano.

gómena o **gomèna** [etim. inc.; 1445 *gumena*] **sf.** *T.mar.* **1.** grossa e robusta corda di canapa, lunga circa 200 metri, composta di diverse corde attorcigliate, usata per operazioni di ormeggio, rimorchio ecc. **2.** misura lineare ora in disuso, corrispondente a un decimo di miglio marino (182 metri) || **N.** **1.** *Sin.* cavo torticcio, gherlino.

gomitàta [da *gomito*; 1525] **sf.** colpo di gomito: *dare, ricevere una gomitata* || *farsi avanti a gomitate*, per farsi largo tra la folla; *fig.* procedere verso il raggiungimento dei propri scopi senza badare agli interessi e alle esigenze altrui.

gomitièra [da *gomito*; 1959] **sf.** fascia di cuoio o di tela imbottita, che, in alcuni sport (per es. la scherma), gli atleti applicano ai gomiti per proteggerli da colpi o cadute.

gómito (pl. *-i*; pop. tosc. *le gómita*) [lat. *cubitum* e *cubitus*; a. 1342] **sm.** **1.** l'articolazione che unisce il braccio con l'avambraccio: *una frattura al gomito* || nell'uso com., la parte posteriore del braccio che si trova in corrispondenza di tale articolazione: *avere il gomito screpolato, appoggiare i gomiti sul tavolo* || *fig. alzare il gomito*, bere troppo, ubriacarsi || *fig. fam. scherz. olio di gomiti*, forza, energia nei lavori manuali: *ci vuole olio di gomiti per tener pulita una casa!* || *T.med. gomito del tennista*, infiammazione dell'articolazione del gomito, frequente nei tennisti || *farsi avanti a forza di gomiti*, avanzare dando gomitate; anche *fig.*: *ha fatto carriera a forza di gomiti* || *fig. gomito a gomito*, in stretto contatto: *ho lavorato gomito a gomito con lui per dieci anni* || *per estens.* parte della manica di un indumento che copre il gomito: *mettere una pezza al gomito* **2.** *per estens.* curva stretta, ad angolo acuto: *in quel punto il fiume fa gomito* **3.** *T.tecn.* raccordo curvo tra due tubi: *gomito a due maschi, a maschio e femmina* || *T.mecc. albero a gomito*, in una macchina alternativa, elemento rotante, a cui sono collegati i pistoni, che trasforma il moto rettilineo alterno degli stantuffi in un moto rotatorio || **N.** **1.** omero, radio, ulna **2.** *Sin.* angolo, ansa, curva, svolta. **TAV.** *motori* 3.16; ***automobile* p. 658** 5.16.

gomìtolo [lat. *glomus*, attr. la var. *g(hi)omo*; sec. XIII] **sm.** palla di filo o spago avvolto ordinatamente: *un gomitolo di lana* || *per estens.* qualsiasi cosa o insieme di cose avvoltolato o aggrovigliato in forma sferica: *rannicchiarsi a gomitolo, sciame d'api che fa gomitolo*; groviglio, intreccio: *un gomitolo di strade* || *dim.* gomitolétto, gomitolino; *accr.* gomitolóne || **N.** arcolaio, capo o bandolo, matassa; aggomitolare, arrotolare, avvolgere, dipanare, raggomitolarsi, rannicchiarsi. **TAV.** ***maglia...* p. 1316** 12.1.

gómma [lat. tardo *gumma*, class. *cummi, gummi*, dal gr. *kómmi*; sec. XIV] **sf.** **1.** materiale dotato di alta indeformabilità ed elasticità, ricavato dal latice che stilla dalla corteccia incisa di alcune piante tropicali: *una palla di gomma, suole di gomma* || *gomma vulcanizzata*, lavorata con una certa quantità di zolfo per renderla più elastica e resistente, non adesiva, insolubile, isolante; si usa per fare tubi, pneumatici, spugne, impermeabili e sim. || *gomma sintetica*, nome di diversi prodotti artificiali ottenuti per polimerizzazione, che hanno caratteristiche analoghe a quelle della gomma naturale: *gomme allo stirolo, al nitrile, al butile, poliuretaniche* **2.** pezzo di gomma naturale o sintetica che serve per cancellare: *gomma da cancellare; gomma da matita, da inchiostro; gomma pane,* particolarmente morbida **3.** pneumatico della bicicletta, dell'automobile e sim.: *mi si è sgonfiata una gomma; gomme da neve, gomme chiodate* **4.** *fam.* tubo di gomma: *comprare una gomma per innaffiare il giardino* **5.** *pop. volg.* profilattico maschile **6.** nome di altre sostanze colloidali, viscose e adesive, ottenute per incisione da alcune piante, semi, radici e alghe: *gomma arabica,* derivata da diverse specie di acacie africane e asiatiche, usata nell'industria dolciaria, farmaceutica, degli adesivi ecc. ‖ *gomma lacca,* secrezione delle cocciniglie, che contiene un elemento colorante rosso e viene utilizzata per preparare ceralacca e vernici ‖ *per estens.* nell'uso com., colla: *attaccare con un po' di gomma* **7.** *gomma da masticare* o *gomma americana,* striscia o pallina di gomma rivestita di zucchero, che si mastica **8.** *T.med.* nodulo necrotico della pelle o di altri tessuti, di consistenza gommosa: *gomma sifilitica, tubercolare* ‖ **N. 1.** *Sin.* caucciù, para, plastomero | artificiale, elastica, impermeabile, naturale, sintetica, termoplastica | ingommare, vulcanizzare **6.** gommoresina; adragante, destrina | canfora, colla, ebanite, guttaperca, mucillaggine, resina **7.** *Sin.* chewing-gum.

gommagùtta [dal fr. *gommegutte,* letter. goccia di gomma; a. 1698] ***sf.*** gommoresina prodotta da alcune piante tropicali, usata in medicina come purgante ed emostatico e nell'industria come colorante giallo.

gommapiùma ® [comp. di *gomma* e *piuma;* 1950] ***sf.*** gomma lavorata in modo da risultare spugnosa, soffice e leggera; è usata come imbottitura in materassi, cuscini ecc.

gommàre (pres. *gómmo*) [da *gomma;* a. 1519] ***tr.*** **1.** ricoprire con uno strato di gomma: *gommare della carta, un tessuto* **2.** *fam. non com.* munire di pneumatici: *gommare l'automobile* ‖ **N. 1.** impermeabilizzare.

gommarèṣina V. GOMMORESINA.

gommaspùgna [comp. di *gomma* e *spugna;* 1935] ***sf.*** gommapiuma.

gommàto (*pps.* di *gommare*) [a. 1519] ***agg.*** **1.** ricoperto di uno strato di gomma o colla: *impermeabile gommato, carta gommata* **2.** fornito di pneumatici: *ruota gommata, una macchina ben gommata.*

gommatùra [da *gommare;* 1956] ***sf.*** **1.** l'operazione industriale di gommare carta, tessuti ecc.: *la gommatura del francobollo* **2.** il complesso degli pneumatici di un autoveicolo: *la gommatura di un autocarro.* **Q.T.** *filatelia* **TAV.** *filatelia* 1.3.

gommìfero [comp. di *gomma* e *-fero;* a. 1597] ***agg.*** di pianta, che produce gomma: *albero gommifero.*

gommifìcio (pl. *-ci*) [comp. di *gomma* e *-ficio;* 1963] ***sm.*** stabilimento in cui si lavora la gomma.

gommìno [da *gomma;* 1963] ***sm.*** piccolo oggetto di gomma; in part., piccolo tappo interno che chiude ermeticamente le bottiglie di profumi e medicinali.

gommìsta [da *gomma;* 1959] ***s.*** chi, per mestiere, vende, monta e ripara pneumatici per autoveicoli.

gommóne [da *gomma;* 1964] ***sm.*** canotto pneumatico in gomma, a remi o a motore fuori bordo.

gommorèṣina [comp. di *gomma* e *resina;* 1754] ***sf.*** prodotto vegetale solido, ottenuto da varie piante, che contiene elementi gommosi, resine e oli essenziali; è impiegato in farmacia, in profumeria e nella preparazione di adesivi ‖ **N.** GOMMA.

gommòṣi [comp. di *gomm(a)* e *-osi;* 1940] ***sf.*** *T.bot.* processo patologico di molti vegetali, dovuto a predisposizione, a traumi o alla presenza di parassiti, che si manifesta con la formazione e l'essudazione di sostanze gommose (dette *gomme*): *gommosi dell'ulivo.*

gommosità [da *gommoso;* 1576] ***sf.*** la caratteristica di ciò che è gommoso.

gommóso [da *gomma;* 1499] ***agg.*** che contiene gomma ‖ di aspetto e consistenza simili alla gomma: *sostanze gommose, caramella gommosa.*

gònade [voce tratta dal gr. *gónos,* riproduzione col suff. *-ade;* 1933] ***sf.*** *T.biol.* ghiandola sessuale, maschile o femminile, produttrice di gameti ‖ **N.** testicolo, ovario. **TAV.** ***anatomia*** **p. 641** 5.8.

gonadectomìa [comp. di *gonade* e *-ectomia;* 1956] ***sf.*** *T.chir.* asportazione delle gonadi; castrazione.

gonadostimolìna [comp. di *gonade* e *stimolina;* 1956 *gonadostimulina*] ***sf.*** *T.biol.* gonadotropina.

gonadotropìna [comp. di *gonade, -tropo* e *-ina;* 1948] ***sf.*** *T.biol.* ormone, prodotto dall'ipofisi, che promuove lo sviluppo delle gonadi.

gonadòtropo [comp. di *gonade* e *-tropo;* 1935] **I** ***agg.*** *T.biol. ormone gonadotropo,* gonadotropina **II** ***sm.*** *T.biol.* gonadotropina.

gonàgra [dal lat. tardo *gonagra;* a. 1698] ***sf.*** *T.med. disus.* forma di gotta localizzata nell'articolazione del ginocchio.

gonalgìa (pl. *-gie*) [comp. del gr. *góny,* ginocchio e *-algia;* 1834] ***sf.*** *T.med.* dolore del ginocchio.

gonartrìte [comp. del gr. *góny,* ginocchio e *artrite;* 1940] ***sf.*** *T.med.* artrite dell'articolazione del ginocchio.

góndola [etim. inc.; 1314] ***sf.*** **1.** tipica imbarcazione veneziana, di forma allungata e sottile, a fondo piatto, con copertura nel mezzo (detta *felze*), prua e poppa rialzate e arcuate ‖ *fig. a gondola,* si dice di oggetti con le estremità sollevate e incurvate **2.** *T.aer. gondola motore,* parte carenata dell'aereo, che contiene uno o più motori ‖ *dim.* gondolétta ‖ **N. 1.** gondoliere **2.** *Sin.* carlinga. **TAV.** *aeronautica* 1.7.

gondolièra [da *gondoliere;* 1930] ***sf.*** *T.mus.* composizione lenta e melodiosa simile alla barcarola, ispirata all'ambiente veneziano.

gondolière [da *gondola;* 1585] ***sm.*** chi conduce la gondola, vogando in piedi, da poppa, con l'unico remo.

gonfalóne [dal fr. ant. *gonfalon;* a. 1292] ***sm.*** *T.stor.* lo stendardo adottato come insegna nei comuni medievali ‖ *fig. tenere il gonfalone,* primeggiare; *portare il gonfalone,* essere a capo di un'impresa ‖ oggi, vessillo militare o stendardo di corporazioni civili o religiose, città, province, regioni ‖ **N.** BANDIERA. **TAV.** *bandiere* 5.

gonfalonieràto [da *gonfaloniere;* a. 1527] ***sm.*** *T.stor.* titolo, dignità di gonfaloniere ‖ la durata di questa carica.

gonfalonière [dal fr. ant. *gonfanonier;* a. 1292] ***sm.*** *T.stor.* **1.** *propr.* chi portava il gonfalone **2.** capo supremo di una magistratura: *gonfaloniere di giustizia,* magistrato istituito nella repubblica di Firenze per tutelare i diritti del popolo, in seguito capo del governo civile ‖ *gonfaloniere della Chiesa,* nel Medioevo, dignità conferita dalla Chiesa ai suoi difensori e benefattori ‖ **N. 1.** *Sin.* alfiere, portainsegna, vessillifero.

gonfiàggine [da *gonfiare;* sec. XIV] ***sf.*** **1.** alterigia, boria **2.** *disus.* gonfiore, gonfiezza.

gonfiàggio (pl. *-gi*) [da *gonfiare;* 1939] ***sm.*** gonfiatura.

gonfiagióne [da *gonfiare;* a. 1704] ***sf.*** *raro* enfiagione.

gonfiagòte [comp. di *gonfia(re)* e *gote;* 1726] ***s. inv.*** persona boriosa, superba, spocchiosa.

gonfiaménto [da *gonfiare;* a. 1348] ***sm.*** *non com.* **1.** l'atto e l'effetto del gonfiare e del gonfiarsi: *il gonfiamento di un pneumatico, del fiume in piena* ‖ *concr. raro* gonfiore, rigonfiamento **2.** *fig.* adulazione ‖ **N. 1.** *Sin.* gonfiatura.

gonfianùvoli [comp. di *gonfia(re)* e *nuvolo;* 1618] ***s. inv.*** *non com.* persona vanagloriosa e spaccona ‖ persona che fa grandi promesse senza mantenerle ‖ **N.** *Sin.* MILLANTATORE.

gonfiàre (pres. *gónfio*) [lat. *conflāre;* 1313] ***tr.*** **1.** riempire di fiato, d'aria o di gas un oggetto cavo dalle pareti elastiche, dilatandolo: *gonfiare un pallone, le gomme dell'automobile, le guance* ‖ *per estens.* tendere a incurvare una superficie cedevole soffiandovi contro: *il vento gonfia le vele* **2.** *per estens.* aumentare di volume: *la pioggia ha gonfiato il torrente, il vino gonfia lo stomaco* ‖ *gonfiare qualcuno di botte,* picchiarlo tanto violentemente da causargli gonfiori **3.** ricoprire di lodi o adulazioni una persona, facendola insuperbire: *quel ragazzo lo avete gonfiato troppo* **4.** esagerare l'importanza di un avvenimento, una notizia ecc.: *hanno gonfiato questo fatto per farsi propaganda* ‖ ***intr. pron.*** **1.** ingrossarsi, dilatarsi: *le assi del pavimento si sono gonfiate per l'umidità, alla sera mi si gonfiano le mani* **2.** *fig.* insuperbirsi, riempirsi di boria: *udendo quelle lodi si gonfiava tutto* ‖ ***intr.*** (aus. *essere*) **1.** crescere di volume, dilatarsi: *aspettare che la pasta col lievito gonfi* **2.** *fig. raro* sbuffare, dare segni di stizza: *è un pezzo che gonfia* ‖ **N.** ***tr.*** **1.** *Sin.* dilatare, enfiare; pompare, soffiare | *Contr.* sgonfiare **2.** *Sin.* accrescere, ingrossare **3.** *Sin.* adulare, lodare **4.** *Sin.* caricare, distorcere, montare | ***intr. pron.*** **1.** *Sin.* espandersi; inturgidirsi, tumefarsi **2.** *Sin.* inorgoglirsi | ***intr.*** **1.** *Sin.* crescere, rigonfiare **2.** *Sin.* spazientirsi.

gonfiàto (*pps.* di *gonfiare*) [sec. XIV] ***agg.*** **1.** riempito d'aria o di gas; dilatato, gonfio ‖ *fig. pallone gonfiato,* persona piena di sé, boriosa; anche, persona che gode di una reputazione molto superiore al suo reale valore **2.** di fatto, racconto ecc., presentato in modo da esagerarne la portata: *una notizia molto gonfiata* ‖ **N. 1.** *Sin.* enfiato, rigonfio, tumefatto, tumido, turgido; GONFIO **2.** *Sin.* caricato, distorto, montato, pompato.

gonfiatóio (pl. *-òi*) [da *gonfiare;* sec. XV] ***sm.*** strumento per gonfiare ‖ **N.** *Sin.* cannello, pompa.

gonfiatóre [da *gonfiare;* 1618] ***sm.*** (f. *-trice*) **1.** *raro* chi gonfia **2.** *fig.* adulatore ‖ chi abitualmente esagera l'importanza dei fatti nei propri resoconti.

gonfiatùra [da *gonfiare;* 1563] ***sf.*** **1.** l'atto e l'effetto del gonfiare e del gonfiarsi: *la gonfiatura del vetro, la gonfiatura della pasta lievitata* **2.** *fig.* fatto che è stato intenzionalmente esagerato: *è una gonfiatura dei giornali* **3.** *fig. non com.* lode esagerata, adulazione ‖ **N. 1.** *Sin.* gonfiamento **2.** *Sin.* esagerazione, montatura.

gonfiétto (*dim.* di *gonfio*) [a. 1601] ***sm.*** *tosc.* gonfiatoio.

gonfiézza [da *gonfio;* a. 1565] ***sf.*** **1.** la qualità di ciò che è gonfio: *la gonfiezza delle palpebre* **2.** *fig.* ampollosità, turgidezza: *gonfiezza di stile* **3.** superbia, vanità ‖ **N.** *Sin.* **1.** gonfiore, pienezza, tumidezza, turgore **3.** *Sin.* alterigia, boria, millanteria, presunzione, superbia, vanagloria, vanità.

gónfio (pl. *-fi*) [da *gonfiare;* sec. XIV] **I** ***agg.*** **1.** pieno di aria o di gas: *pallone gonfio, pneumatico ben gonfio* ‖ *per estens.* pieno, ingrossato: *il fiume è gonfio, occhi gonfi di pianto, avere le caviglie gonfie* ‖ *pop.* di donna, gravida ‖ *fig. avere il cuore gonfio,* sentire il bisogno di piangere dalla commozione ‖ *fig. andare, procedere a gon-*

fie vele, di attività che si svolge nel migliore dei modi: *gli affari mi stanno andando a gonfie vele* **2.** tronfio, superbo: *gonfio d'orgoglio, andava gonfio e impettito* **3.** di stile, turgido, ampolloso || **gonfiaménte** *avv. raro* **II** *sm. raro* gonfiore, gobba, prominenza || **N.** I **1.** *Sin.* appesantito, dilatato, in piena, pieno, rigonfio, traboccante, tumefatto, tumido, turgido **2.** *Sin.* altero, borioso, orgoglioso, pieno di sé | *Contr.* modesto **3.** retorico, ridondante II *Sin.* edema, enfiagione, protuberanza, rigonfiamento, tumefazione.

gonfióne [da *gonfio;* 1869] *sm.* (f. *-a*) *spreg. non com.* **1.** persona grassa e sformata **2.** persona boriosa, vanagloriosa.

gonfióre [da *gonfio;* 1734] *sm.* **1.** la caratteristica di ciò che è gonfio, gonfiezza: *soffro di gonfiore alle mani* **2.** *concr.* rigonfiamento, enfiagione: *ho un gonfiore sul naso* || **N. 2.** *Sin.* edema, enfiagione, rigonfiamento, tumefazione.

gòng [voce malese, attr. l'ingl.; 1823] *sm. inv.* strumento musicale di origine cinese consistente in un piatto metallico sospeso che, urtato con una mazza felpata, produce un suono potente e diffuso; è usato nelle case signorili per chiamare la servitù o annunciare che il pranzo è servito; nel pugilato, segna l'inizio e la fine di una ripresa || il suono del gong: *la ripresa avrà inizio al gong.*

gongolaménto [da *gongolare;* 1869] *sm.* il sentimento di gioia proprio di chi gongola e la sua manifestazione esteriore || **N.** *Sin.* estasi, giubilo, godimento, soddisfazione, GIOIA.

gongolànte (*ppr.* di *gongolare*) [a. 1803] *agg.* che prova un mal celato sentimento di soddisfazione e contentezza: *dopo la promozione, era tutto gongolante.*

gongolàre (pres. *góngolo*) [prob. di orig. imitativa; 1364] *intr.* (aus. *avere*) provare e manifestare esteriormente un sentimento di viva soddisfazione o contentezza: *la madre, a sentirlo lodare, gongolava* || **N.** *Sin.* bearsi, giubilare, rallegrarsi, GIOIRE.

gongorismo [dallo sp. *gongorismo;* 1910] *sm. T.lett.* stile barocco e prezioso, presente nella letteratura spagnola del sec. XVII, che si ispira a quello del poeta spagnolo Luis de Góngora || scuola, tendenza letteraria che si richiama a Góngora || **N.** *Sin.* culteranesimo, cultismo | barocchismo, eufuismo, marinismo, preziosismo, secentismo.

gongorista [da *gongorismo;* a. 1869] **I** *s.* seguace del gongorismo **II** *agg. raro* gongoristico.

gongorìstico (pl. *-ci*) [da *gongorismo*] *agg.* proprio del gongorismo: *tematiche gongoristiche.*

góngro v. GRONGO.

-gonia [dal gr. *-gonía,* generazione, affine a *gígnomai,* nascere, generare] *elem. term.* che, in parole composte dotte e della terminologia scientifica, vale "generazione", "origine" (per es. *cosmogonia, geogonia, sporogonia*).

gonidio (pl. *-di*) [dal gr. *gónos,* seme; 1887 *gonidie* sf. pl.] *sm. T.bot.* cellula verde del tallo dei licheni, formata da un'alga unicellulare.

gònio- [dal gr. *gōnía,* angolo] *primo elem.* che, in parole composte della terminologia scientifica, vale "angolo" (per es. *goniografo, goniometro*).

-gònio [da *-gonia*] *elem. term.* che, in parole composte della terminologia scientifica, vale "organo riproduttivo" (per es. *ascogonio, oogonio, sporogonio*).

goniògrafo [comp. di *gonio-* e *grafo;* 1933] *sm.* strumento usato per tracciare e misurare graficamente gli angoli.

goniometrìa [comp. di *gonio-* e *-metria;* 1820] *sf. T.scient.* il complesso dei principi matematici e dei procedimenti tecnici relativi alla misurazione degli angoli.

goniomètrico (pl. *-ci*) [da *goniometria;* 1869] *agg.* relativo alla misurazione degli angoli: *tecniche goniometriche.*

goniòmetro [comp. di *gonio-* e *-metro;* 1828] *sm.* nome di diversi strumenti atti a misurare gli angoli: *goniometro rapportatore, da officina, di applicazione, a riflessione.* **TAV.** *disegno* 11.

gònna o **gónna** [lat. tardo *gunna;* 1321] *sf.* capo di vestiario femminile che, dalla cintola, scende a ricoprire il corpo per una lunghezza variabile, secondo la moda: *gonna svasata, lunga, a tubo; gonna-pantalone,* gonna che con le pieghe maschera la divisione in pantaloni || **N.** *Sin.* sottana. **Q.T.** *abbigliamento.*

gonnèlla (*dim.* di *gonna*) [1182] *sf.* **1.** gonna, sottana, nelle espr. *stare sempre attaccato alla gonnella della mamma,* non staccarsi mai da lei, esserne succube || *per meton.* donna: *in quella casa comandano le gonnelle; correre dietro alle gonnelle,* essere un donnaiolo **2.** *ant.* tunica maschile || *dim.* gonnellìna, gonnellìno (*sm.*); *accr.* gonnellóna, gonnellóne (*sm.*).

gonnellino (*dim.* di *gonnella*) [a. 1446] *sm.* gonna corta che indossano le donne per praticare alcune discipline sportive (per es. tennis e pattinaggio) || gonna che fa parte di alcuni costumi tradizionali maschili: *gonnellino scozzese, greco, albanese* || vestitino che indossavano un tempo i bambini nella prima infanzia.

gòno- (o, davanti a voc., *gon-*) [dal gr. *gónos,* seme] *primo elem.* che, in parole composte della terminologia scientifica, vale "seme" o "relativo agli organi della generazione" (per es. *gonococco, gonocito*).

-gono [dal gr. *-gōnos,* da *gōnía,* angolo] *elem. term.* che, in parole composte della terminologia geometrica, vale "angolo" (per es. *esagono, ottagono, poligono*).

gonocìto [comp. di *gono-* e *-cito;* 1936] *sm. T.biol.* cellula germinale maschile e femminile da cui trae origine la cellula sessuale.

gonocòcco (pl. *-chi*) [comp. di *gono(rrea)* e *cocco;* 1885] *sm. T.med.* batterio che provoca la gonorrea.

gonorrèa [dal lat. tardo *gonorr(h)ōea,* gr. *gonórroia;* 1561] *sf. T.med.* infiammazione delle mucose uro-genitali maschili e femminili dovuta al gonococco || **N.** *Sin.* blenorragia.

gonorròico (pl. *-ci*) [dal lat. tardo *gonorr(h)oicus,* gr. *gonorroïkós;* 1834] *agg.* di gonorrea, che riguarda la gonorrea: *affezione gonorroica.*

gónzo [etim. sconosciuta; 1554] *agg.* e *sm.* (f. *-a*) detto di persona che, per la sua semplicità, può essere facilmente ingannato || **N.** *Sin.* credulone, sciocco, sempliciotto.

good bye (ingl., pr. [gʊd'baɪ]) [letter. buon addio; 1923 *god bye*] formula di saluto che corrisponde all'italiano *arrivederci.*

gòra [etim. inc.; 1281] *sf.* **1.** canale che conduce l'acqua dal fiume al mulino || *per estens.* canale di irrigazione || deposito d'acqua per far funzionare il mulino || *lett.* acqua stagnante, palude, pozzanghera; *morta gora,* anche *fig.,* condizione di squallida inattività **2.** alone che rimane su un tessuto in seguito a smacchiatura o lavaggio malfatti || macchia prodotta dall'acqua sulle pagine di un libro o su altra superficie || traccia lasciata sul viso sporco o impolverato da lacrime o sudore || **N. 1.** *Sin.* bottaccio **2.** *Sin.* chiazza.

górbia [lat. *gulbia;* sec. XIV] *sf.* **1.** piccolo ferro a forma di piramide o di cono che si infila al fondo di bastoni o aste per conficcarli in terra **2.** *ant.* scalpello a sezione semicircolare usato per intagliare || **N. 1.** *Sin.* calza, calzuolo, ghiera **2.** *Sin.* sgorbia.

gordiàno [dal lat. tardo *Gordiānus,* di *Gordium,* Gordio, capitale dell'antica Frigia; 1798] *agg.* solo nell'espr. *nodo gordiano,* nodo inestricabile che Alessandro Magno tagliò con la spada; *fig.* questione, situazione intricata e difficile che richiede decisione e risolutezza.

gòretex ® (pr. ['gɔreteks]) [dal n. della ditta W.L. *Gore* & Associates; 1988] *sm. inv.* sottile membrana caratterizzata da una fitta struttura microporosa, impermeabile e tale da favorire la traspirazione, utilizzata spec. per la confezione di indumenti e accessori sportivi (spec. per gli sport montani).

górga [lat. tardo *gurga;* sec. XIV] *sf. ant.* **1.** canna della gola, strozza **2.** gorgia (nel senso 2).

gorgàta [da *gorga;* a. 1853] *sf. non com.* quantità di liquido che si può mandare giù in una sola volta; sorsata: *bere a gorgate,* avidamente.

gorgerétta (*dim.* di *gorgiera*) [a. 1543] *sf.* **1.** piccola gorgiera **2.** in araldica, ornamento dell'elmo gentilizio.

gorgheggiaménto [da *gorgheggiare;* 1635] *sm.* l'atto del gorgheggiare; *concr.* susseguirsi di gorgheggi.

gorgheggiàre (pres. *-éggio*) [da *gorga;* a. 1562 ca.] *intr.* (aus. *avere*) modulare il canto con agilità, facendo rapidi passaggi su una stessa sillaba || *per estens.* rif. ad alcuni uccelli, cantare emettendo suoni simili a gorgheggi: *l'usignolo gorgheggia* || *tr. non com.* cantare, perlopiù con gorgheggi: *gorgheggiare una romanza.*

gorgheggiatóre [da *gorgheggiare;* 1618] *sm.* (f. *-trìce*) *non com.* chi gorgheggia.

gorghéggio (pl. *-gi*) [da *gorgheggiare;* a. 1704] *sm.* nella tecnica vocale, rapido passaggio di suoni sopra una stessa sillaba, eseguito con effetto virtuosistico soprattutto nell'opera lirica: *i gorgheggi del soprano* || *per estens.* canto spensierato e trillante: *i gorgheggi dell'usignolo, del bambino.*

gorgheggìo (pl. *-ìi*) [da *gorgheggiare;* 1869] *sm.* gorgheggiare frequente e continuo.

gòrgia (pl. *-ge*) [dal fr. *gorge,* gola; sec. XIII nel senso 2; 1717 nel senso 1] *sf.* **1.** *T.ling. gorgia toscana,* nella pronuncia toscana e in part. fiorentina, fenomeno fonetico di spirantizzazione delle consonanti occlusive sorde ([k], [t] e in minor misura [p]) in posizione intervocalica (per es. *poco* pr. ['pɔxo] o ['pɔho], *dito* pr. ['diθo] o ['diho]) **2.** *T.mus.* nella musica vocale del sec. XVII, coloratura, gorgheggio **3.** *ant.* gola.

gorgièra [da *gorgia;* 1287 *chorgiere*] *sf.* **1.** parte dell'armatura antica che copriva e difendeva la gola || applicazione di tela imbottita che, posta sotto la maschera dello schermitore, serve per proteggere il collo **2.** nell'abbigliamento femminile medievale, striscia di tela posto attorno al collo e al mento || alto colletto di tela finissima o di pizzo, increspato a fitti cannelli e ricamato, in uso nell'abbigliamento maschile e femminile nel Cinquecento e nel Seicento **3.** *ant.* gola || *dim.* gorgerétta, gorgierìna, gorgierìno (*sm.*) || **N. 1.** *Sin.* goletta. **TAV.** *armi* **p. 648** 6.6.

górgo (pl. *-ghi*) [lat. tardo **gurgus,* class. *gurges;* 1313] *sm.* **1.** vortice o mulinello che forma l'acqua in corrispondenza di un punto più profondo: *scomparire in un gorgo* || il punto del letto di un corso d'acqua in cui la profondità si fa improvvisamente maggiore: *un torrente pieno di gorghi* || *fig.* vortice: *essere preso nel gorgo della passione* **2.** *per estens. poet.* corso d'acqua, fiume || **N.** risucchio.

gorgogliaménto [da *gorgogliare;* a. 1698] *sm. non com.* l'atto, l'effetto e il suono del gorgogliare.

gorgogliàre (pres. *-óglio*) [lat. volg. **gurguliāre,* da *gurgulio,* gorgozzule; 1313] *intr.* (aus. *avere*) detto di liquido che esce da una stretta apertura, che bolle o che scorre su un terreno accidentato, e produce un rumore sordo e discontinuo: *il torrente gorgogliava tra i sassi* || *per* *estens.* (anche *tr.*) emettere suoni tenendo un liquido in bocca (per es. facendo i gargarismi) || *per estens.* rif. agli intestini, brontolare per il passaggio di aria.

gorgóglio (pl. *-ìi*) [da *gorgogliare*; 1547] **sm.** il rumore prodotto dal gorgogliare di un liquido || il brontolio degli intestini.

gorgoglìo (pl. *-glìi*) [da *gorgogliare*; 1717] **sm.** gorgogliare frequente e continuo.

gorgoglióne [lat. *gurgulio, -ōnis*; sec. XIV] **sm.** sin. di *afide* nel linguaggio comune.

gorgóne o **gòrgone** [dal lat. *Gorgona*, gr. *Gorgóna*; 1313] **sf.** **1.** *lett.* (spec. maiuscolo) nella mitologia greca, nome di mostri femminili alati, con serpenti al posto dei capelli che impietrivano con lo sguardo **2.** *fig.* donna scarmigliata e sciatta, dall'aspetto orrendo || **N.** **1.** arpia.

gorgòneo [dal lat. *Gorgoneus*, gr. *Gorgónios*; 1340 ca.] **agg.** *lett.* proprio delle Gorgoni || *fig.* terrificante, orribile.

gorgònia [dal lat. *gorgonia*, da *gorgoneus*, proprio della Gorgone; a. 1498] **sf.** *T.zool.* celenterato con scheletro a ventaglio, di natura cornea, dai colori vivaci, che vive in colonie sul fondo dei mari tropicali.

gorgonzọla [dal n. geogr. *Gorgonzola*, in Lombardia; 1884] **sm. inv.** formaggio di latte di vacca, di pasta più o meno molle, molto saporito e talvolta piccante, caratteristico per le macchie verdastre prodotte da una muffa che si sviluppa in seguito a perforazione delle forme con aghi di rame.

gorgozzùle [dal disus. *gorgozzo*, gola; sec. XIV] **sm.** *scherz.* canna della gola, esofago || *per estens.* la gola stessa.

gorilla [dal gr. *gorílla*; 1875] **sm. inv.** **1.** grande e robusta scimmia africana antropomorfa, dotata di grande forza ma scarsa aggressività **2.** *fig.* uomo robusto e sgraziato, grossolano dall'aspetto scimmiesco **3.** guardia del corpo dalla corporatura robusta e possente, che ha il compito di sorvegliare e proteggere luoghi e persone: *il boss viaggiava accompagnato dai suoi gorilla, l'ingresso del night era sorvegliato da due gorilla.* **TAV. mammiferi p. 1318** 6.

goriziàna [dal n. geogr. *Gorizia*; 1964] **sf.** *T.gioc.* gioco del biliardo fra due o più giocatori che si differenzia dalla partita all'italiana per il numero dei birilli (9) e per il loro valore (da 2 a 30), che viene raddoppiato quando un giocatore, con la propria biglia, tocca una sponda prima dell'impatto con la palla dell'avversario.

goscìsmo e der. adattamenti di GAUCHISME e der. (v.).

gospel (ingl., pr. ['gɒspəl]) [da *gospel* (*song*), letter. canto del Vangelo; 1936] **sm. inv.** *T.mus.* canto religioso dei neri statunitensi, sviluppatosi nel sec. XVIII nelle grandi città (affiancandosi così allo *spiritual*, che si sviluppò invece nelle chiese rurali); a uno o più voci, è caratterizzato da brevi frasi ritmiche ripetute, ed è sovente strutturato secondo lo schema domanda-risposta.

gòta [dal gallico **gauta*; a. 1292] **sf.** **1.** *tosc. lett.* guancia: *gote pallide, infuocate* || *non com.* parte carnosa del muso di animali macellati || *dim.* gotìna, gotìno (*sm.*); *accr.* gotóna **2.** *fig. ant.* lato, parte.

gotàta [da *gota*; 1304 ca.] **sf.** *ant.* colpo dato con la mano aperta sulla gota, schiaffo.

gótha (pr. ['gota]) [dal n. della città tedesca *Gotha*; 1925 *almanacco di Gotha* nel senso 2] **sm. inv.** **1.** *ellitt.* per *almanacco di Gotha* (v. *almanacco*), l'insieme degli aristocratici **2.** *per estens.* i più importanti esponenti di un gruppo: *il gotha del crimine.*

gòtico (pl. *-ci*) [dal lat. *Gothicus*; 1554] **I agg.** **1.** dei Goti, antico popolo di razza germanica: *civiltà gotica; lingua gotica*, lingua appartenente al ramo orientale del gruppo germanico || *per estens.* germanico, tedesco; in passato il termine è stato spesso usato in varie denominazioni con il significato spregiativo di "barbarico" || *scrittura gotica*, carattere di scrittura e di stampa, diffuso un tempo in Europa e talvolta usato ancora oggi in Germania, dal tratto spezzato e angoloso **2.** *T.art.* relativo all'arte diffusa in Europa occidentale tra i secoli XII e XV, e in part. all'architettura, caratterizzata dal prevalere della dimensione verticale, dall'impiego dell'arco a sesto acuto e della volta ogivale: *cattedrale gotica, stile gotico* **3.** *T.lett. romanzo gotico*, genere narrativo nato in Inghilterra alla fine del Settecento, caratterizzato da vicende terrificanti e misteriose, scenario medievale e atmosfera cupa **4.** *T.stor. linea gotica*, linea difensiva creata dai Tedeschi nel 1944 per impedire l'avanzata delle truppe alleate, che attraversava l'Italia da Rimini alla Versilia **II sm.** (solo *sing.*) **1.** la lingua gotica **2.** lo stile gotico con riferimento ai canoni artistici e ai diversi aspetti stilistici: *gotico fiammeggiante, internazionale* **3.** la scrittura gotica: *un documento scritto in gotico* || *fig.* scrittura o linguaggio incomprensibile, anche in funzione avverbiale: *scrivere gotico* || **N.** I **1.** *Sin.* barbaro **2.** *Sin.* ogivale.

gòto [dal lat. *Gothus*; a. 1504] **sm.** (f. *-a*) *T.stor.* appartenente all'antico popolo germanico che nel IV sec. scese dalla penisola scandinava in Europa continentale, la conquistò e si assimilò poi alla civiltà romana: *Goti orientali*, Visigoti; *Goti occidentali*, Ostrogoti.

gótta o **gòtta** [lat. *gutta*, goccia, perché si riteneva che la malattia dipendesse da una goccia scesa dal cervello; sec. XIII] **sf.** *T.med.* malattia a carattere costituzionale ed ereditario, causata da un eccesso di acido urico nel sangue e nei tessuti, che colpisce le articolazioni spec. della mano, del ginocchio e del piede || **N.** artrite, chiragra, gonagra, podagra.

gottàre (pres. *gótto*) [da *gotto*; 1614] **tr.** e **intr.** (aus. *avere*) aggottare.

gottàzza o **gotàzza** [da *gotto*, nel senso di vaso per aggottare; sec. XIV] **sf.** *T.mar.* sassola.

gòtto [lat. *guttus*, vaso dal collo molto stretto; sec. XIV] **sm.** *region.* grosso bicchiere con manico; *in gen.* bicchiere || *per meton.* il contenuto del bicchiere, spec. vino: *beviamo un gotto.*

gottóso [da *gotta*; a. 1347] **I agg.** *T.med.* relativo alla gotta: *attacco gottoso* || affetto da gotta **II sm.** (f. *-a*) ammalato di gotta.

gouache v. GUAZZO.

governàbile [da *governare*; 1855] **agg.** che si può governare (nei vari sensi): *una nave facilmente governabile*; *un paese che non è più governabile.*

governabilità [da *governabile*; 1979] **sf.** l'essere governabile || possibilità di governare durevolmente.

governàle [dal provenz. *governal*, timone; sec. XIII] **sm.** **1.** nelle bombe, nei siluri o nei proiettili, elemento metallico fisso che serve per stabilizzare la traiettoria **2.** *ant.* timone. **TAV. armi p. 649** 19.1.

governaménto [da *governare*; a. 1292] **sm.** *non com.* l'atto e il modo di governare; governo.

governànte (*ppr.* di *governare*) [sec. XIV] **sm.** (spec. *pl.*) chi governa un popolo o una nazione; chi partecipa all'attività di governo: *manifestazioni di protesta contro i governanti* || **sf.** donna a cui è affidata, dietro compenso, la cura dei bambini o l'andamento della casa || **N.** **sm.** reggente | **sf.** *Sin.* bambinaia, istitutrice.

governàre (pres. *-èrno*) [lat. *gubernāre*, reggere il timone; a. 1292] **tr.** **1.** avere la direzione politica o amministrativa di uno Stato; essere alla guida di un popolo: *governare un paese*; freq. *ass.*: *governare con giustizia* **2.** dirigere, amministrare: *governare un'azienda, una banca, una diocesi*; *governare la famiglia*, provvedere al suo buon andamento || rif. a legge, reggere, regolare: *leggi che governano uno Stato, i rapporti fra privati* || *fig.* guidare, dominare: *il caso governa gli avvenimenti*; *governare le passioni* **3.** *T.mar.* dirigere un'imbarcazione manovrando opportunamente timone, vele o motore || *per estens.* rif. ad altri veicoli, manovrare: *governare una macchina, un aereo* **4.** aver cura di qualcosa o di qualcuno: *governare un bambino, un malato* || rif. ad animali, custodire dando da mangiare e da bere: *governare i buoi, il bestiame* || *governare il terreno*, concimarlo || *governare il vino*, migliorarlo aggiungendo mosto di uve pregiate || **intr.** (aus. *avere*) *T.mar.* detto di un'imbarcazione, rispondere più o meno prontamente all'azione del timone, mantenere la rotta || **rifl.** regolarsi, comportarsi: *non sapeva come governarsi in quell'occasione* || **N.** **1.** *Sin.* reggere **2.** *Sin.* comandare, guidare, presiedere; regolare; dominare **3.** *Sin.* manovrare, pilotare **4.** *Sin.* curare, custodire.

governatìvo [da *governo*; a. 1617] **agg.** del governo, che dipende dal governo: *ufficio governativo, decreto governativo*; *impiegato governativo*, statale; *stampa governativa*, che appoggia il governo.

governàto (*pps.* di *governare*) [a. 1400 ca.] **agg.** e **sm.** chi o che è governato, custodito, guidato, assistito.

governatoràto [da *governatore*; 1581] **sm.** **1.** ufficio e carica di governatore || la durata di tale carica **2.** il territorio sottoposto alla giurisdizione di un governatore.

governatóre [da *governare*; a. 1333] **sm.** (f. *-trìce*) **1.** *non com.* chi governa || *in part.* chi esercita funzioni di governo su un dato territorio in rappresentanza dell'autorità centrale: *governatore di una colonia, di una provincia* || negli Stati Uniti d'America, chi è a capo del potere esecutivo in ciascuno degli stati: *il governatore del Texas* || *per estens.* il massimo dirigente di un grande istituto finanziario: *il governatore della Banca d'Italia* **2.** precettore di un principe o di un nobile || **N.** **1.** *Sin.* reggente; direttore, soprintendente | civile, generale, militare | amostante, bano, *bey*, esarca, nababbo, pascià, prefetto, *ras*, satrapo, viceré.

governatoriàle [da *governatore*; 1942] **agg.** proprio del governatore o del governatorato: *funzioni governatoriali, sede governatoriale.*

governatùra [da *governare*; 1869] **sf.** l'atto e l'effetto di governare gli animali, il terreno, il vino; governo.

governìme [da *governo*; 1803] **sm.** cibo per gli animali domestici || **N.** *Sin.* becchime, mangime.

govèrno [da *governare*; sec. XIII] **sm.** **1.** l'atto e il modo di governare, in part. di guidare politicamente o moralmente uno Stato, un organismo economico, una comunità o un popolo: *il governo di una nazione, di un'azienda, di una famiglia, di un paese*; *avere responsabilità di governo*; *governo debole, forte* || la guida di un'imbarcazione e *per estens.* di un qualsiasi mezzo di trasporto: *il governo di una nave, perdere il governo dell'auto* **2.** *per meton. T.pol.* organo costituzionale statale che esercita il potere esecutivo e concorre a conferire l'indirizzo politico alla nazione: *il governo sta mettendo a punto la riforma fiscale*; *governo misto*, composto da rappresentanti di vari partiti; *governo di coalizione*, basato su alleanze fra partiti; *governo monocolore, provvisorio*; *governo fantoccio, governo ombra, governo balneare* (v. i singoli lemmi); *crisi di governo*, quando le forze politiche che sostenevano il governo ritirano il loro appoggio; in Italia il governo è costituito dal Consiglio dei ministri e dal presidente del

Consiglio, e prende gen. il nome da quest'ultimo: *governo Moro* || *per estens.* il periodo in cui tale organismo rimane in carica: *durante il primo governo Andreotti* **3.** *T.pol.* forma di organizzazione politica con cui si regge uno Stato: *governo assoluto, legittimo* **4.** custodia, cura di cose, animali, persone: *il governo della casa, del bestiame* || *governo del terreno,* concimazione || *governo del vino,* aggiunta di mosti di uve pregiate per ottenere un prodotto migliore **5.** *T.inform.* capacità di un elaboratore di interpretare ed eseguire le istruzioni e di operare in base ad esse: *unità di governo* **6.** *ant.* modo di comportarsi || *dim.* governìno, governùccio; *pegg.* governàccio || **N. 1.** *Sin.* amministrazione, comando, controllo, direzione, gestione, guida | affidare, assumere, prendere, rifiutare, tenere; andare, sedere, stare al governo **2.** appoggiare, costituire, far cadere, formare, presentare, rovesciare **3.** assoluto, costituzionale, monarchico, repubblicano (parlamentare, presidenziale); aristocratico, demagogico, democratico, dispotico, dittatoriale, illegittimo, legittimo, militare, oligarchico, nazionale, popolare, rivoluzionario, teocratico, tirannico, totalitario **4.** *Sin.* assistenza, cura. **Q.T.** *diritto, politica.*

govóne v. GAVONE.

gozzàia [da *gozzo*[1]; a. 1494] *sf. ant.* gozzo molto grosso.

gozzaniàno [dal n. proprio G. *Gozzano,* poeta it.; 1970] *agg.* relativo al poeta G. Gozzano, alla sua produzione e al suo stile.

gózzo¹ [etim. inc.; a. 1300] *sm.* **1.** parte dilatata dell'esofago degli uccelli, che serve da serbatoio per il cibo e in cui ha inizio la digestione || *per estens. fam.* stomaco, gola: *riempirsi il gozzo,* mangiare abbondantemente e con ingordigia; *fig. avere qualcosa nel gozzo,* non riuscire a dimenticare un affronto, un'offesa e sim.; *non tenere nulla nel gozzo,* dire ciò che si pensa **2.** *T.med.* ingrossamento della parte anteriore del collo, causato dall'aumento di volume della tiroide || **N. 1.** *Sin.* ingluvie | ingozzare **2.** ipertiroidismo.

gózzo² [etim. inc.; 1774] *sm.* piccola barca a remi, talvolta munita di vela, da diporto o usata per la pesca.

gozzovìglia [forse da *gozzo*[1], con influsso del disus. *godoviglia*; 1353] *sf.* festa in cui si mangia e beve abbondantemente facendo chiasso e baldoria: *darsi alle gozzoviglie* || **N.** *Sin.* bagordo, baldoria, bisboccia, crapula, stravizio.

gozzovigliàre (pres. *-iglio*) [da *gozzoviglia*; 1598 *gozzavigliare*] *intr.* (aus. *avere*) fare baldoria, mangiando e bevendo smodatamente: *gozzovigliare con gli amici.*

gozzùto [da *gozzo*[1]; a. 1375] *agg.* **1.** detto di persona, che ha il collo ingrossato da una tiroide gonfia **2.** rif. a uccelli, che ha il gozzo prominente: *colombo gozzuto.*

gràcchia [da *gracchiare*; a. 1484] *sf. ant. fig.* chiacchierone.

gracchiaménto [da *gracchiare*; 1639] *sm.* l'azione e il suono del gracchiare continuo.

gracchiàre (pres. *gràcchio*) [da *gracchio*[1]; a. 1348] *intr.* (aus. *avere*) **1.** detto della cornacchia, del corvo e della gazza, emettere il loro verso rauco e stridulo || *per estens.* rif. anche alle rane **2.** *fig.* di persona, parlare con voce sgradevole o in tono petulante e fastidioso: *la vuoi finire di gracchiare?* || *per estens.* di apparecchi per la trasmissione del suono, emettere rumori stridenti: *il mio vecchio giradischi funziona ancora ma gracchia un po'* || **N. 1.** gracidare, stridere **2.** *Sin.* blaterare, cianciare, ciarlare, cicalare.

gracchiàta [da *gracchiare*; a. 1749] *sf. non com.* il gracchiare una o più volte di seguito.

gracchiatóre [da *gracchiare*; a. 1604] *agg.* e *sm.* (f. *-trìce*) che, chi gracchia, in senso proprio e fig.

gràcchio¹ (pl. *-chi*) [lat. *graculus*; a. 1512 *graccio*] *sm.* nome comune di vari uccelli Passeracei dei Corvidi, che vivono sui rilievi montuosi, caratterizzati da folto piumaggio nero lucente; il *gracchio corallino* ha zampe rosse, becco rosso e ricurvo; il *gracchio comune* ha il becco giallo e diritto.

gràcchio² (pl. *-chi*) [da *gracchiare*; a. 1449] *sm.* il verso del corvo, della cornacchia e della gazza.

gracchióne [da *gracchio*[1]; a. 1543] *sm.* (f. *-a*) *non com. fig.* brontolone.

gracidaménto [da *gracidare*; a. 1893] *sm.* l'atto e l'effetto del gracidare prolungato.

gracidàre (pres. *gràcido*) [lat. *grac(c)itāre,* propr. gridare dell'oca; 1313] *intr.* (aus. *avere*) **1.** detto della rana e della raganella, emettere il loro verso rauco e intermittente || *per estens. non com.* rif. anche ad altri animali, spec. polli e corvi **2.** *fig.* rif. a persona, parlare a vanvera e in modo fastidioso || **N. 2.** *Sin.* GRACCHIARE.

gracidatóre [da *gracidare*; sec. XIII] *agg.* e *sm.* (f. *-trìce*) *non com.* che, chi gracida, in senso proprio e fig.

gracidìo (pl. *-ii*) [da *gracidare*; 1869] *sm.* il gracidare insistente, prolungato e continuo.

gracilària [dal lat. *gracilis,* gracile, sottile; 1929] *sf.* **1.** *T.bot.* genere di alghe rosse delle Rodoficee da cui si estrae l'agar-agar **2.** *T.zool.* genere di Lepidotteri di piccolissime dimensioni e dai vivaci colori, una specie dei quali presenta delle larve che si cibano delle foglie dei larici e dei pioppi.

gràcile [lat. *gracilis*; 1336 ca.] *agg.* detto di persona, dalla costituzione fisica debole e delicata, incapace di sopportare disagi e fatiche: *un bambino gracile; aspetto gracile* || *per estens.* rif. a cosa, esile, sottile: *un gracile fiorellino* || *fig.* privo di sostanza e vigore: *un romanzo dalla trama gracile* || *dim.* graciletto, gracilino || **N.** *Sin.* cagionevole, debole, delicato, magro, malaticcio, mingherlino, minuto; esile, fragile, sottile | *Contr.* forte, robusto.

gracilènto [dal lat. *gracilentus*; 1869] *agg. lett.* gracile.

gracilità [da *gracile*; a. 1555] *sf.* l'essere gracile, debolezza anche in senso fig. || **N.** *Sin.* cagionevolezza, debolezza, delicatezza, esilità, fragilità.

gracimolàre *tr. tosc.* v. RACIMOLARE.

gracìmolo [var. di *racimolo,* prob. con influsso di *grappolo*; 1726] *sm.* racimolo.

gràcola o **gràcula** [dal lat. tardo *gracula,* gracchia; 1963] *sf.* uccello dei Passeracei di origine indiana dal piumaggio nero a riflessi violacei che, addomesticato, riesce ad imitare la voce dell'uomo.

gràda [var. di *grata*; 1321] *sf. ant.* graticola.

gradàre [da *grado*; sec. XIV] *tr.* **1.** graduare, ordinare per gradi **2.** stabilire la gradazione alcolica: *gradare il mosto* || *intr.* (aus. *avere*) *lett.* digradare: *ti appoggia alli origlieri i quali, lenti gradando, all'omero ti fan molle sostegno* (Parini).

gradassàta [da *gradasso*; a. 1861] *sf.* azione e comportamento da gradasso || **N.** *Sin.* bravata, millanteria, smargiassata, spacconata.

gradàsso [dal n. proprio *Gradasso,* re saraceno dei poemi cavallereschi; a. 1708] *sm.* chi si vanta eccessivamente della propria forza e delle proprie capacità: *non fare il gradasso* || **N.** *Sin.* millantatore, smargiasso, spaccone.

gradàto [da *gradare*; fine sec. XIII] *agg. non com.* diviso per gradi; graduale || **gradataménte** *avv.* poco alla volta, per gradi.

gradazióne [dal lat. *gradātio, -ōnis*; a. 1574] *sf.* **1.** passaggio per gradi, successione di elementi in crescendo o in decrescendo: *gradazione di luce, di suono; disporre gli oggetti in gradazione dal più grande al più piccolo; gradazione di colore,* passaggio dolce da una sfumatura all'altra di uno stesso colore o da un colore a un altro di tonalità affine || *gradazione vocalica,* apofonia || *T.mus.* disposizione graduata delle parti di una composizione musicale || *T.geol.* struttura di rocce sedimentarie caratterizzata dalla variazione graduale, in senso verticale, della composizione dei granuli **2.** *T.ret.* figura retorica che consiste in una successione di termini di intensità sempre maggiore oppure decrescente **3.** *T.fot.* capacità di un'emulsione di rendere più o meno efficacemente i chiaroscuri **4.** *gradazione alcolica,* percentuale di alcol, espressa in gradi, contenuta nei vini e nei liquori: *grappa ad alta gradazione alcolica* || **N. 1.** *Sin.* gamma, scala, sequenza; sfumatura **2.** anticlimax, climax. **Q.T.** *pittura.*

gradèlla [da *grada*; sec. XIV] *sf.* graticolato di cannucce con cui i pescatori di fiume o di palude impediscono la fuga ai pesci di passaggio, per catturarli o creare dei vivai.

gradévole [lat. volg. **gratibilis*; sec. XIV] *agg.* che riesce gradito, dà soddisfazione e piacere: *bevanda, spettacolo, compagnia gradevole* || **gradevolménte** *avv.* || **N.** *Sin.* attraente, desiderabile, piacevole | *Contr.* ripugnante, sgradevole.

gradevolézza [da *gradevole*; 1869] *sf.* l'essere gradevole.

gradiènte [dal fr. *gradient*; 1930] *sm.* **1.** *T.fis.* variazione per unità di lunghezza di una grandezza, considerata nello spazio, lungo una certa direzione: *gradiente barico,* rapporto fra la differenza di pressione di due isobare e la loro distanza; *gradiente termico,* variazione della temperatura atmosferica in rapporto al variare dell'altitudine, misurata su una verticale in gradi centigradi; *gradiente goetermico,* rapporto tra la differenza di temperatura di due punti, posti sulla stessa verticale all'interno della superficie terrestre, e la loro distanza; *gradiente elettrico,* rapporto fra il potenziale elettrico e la differenza di quota in due punti dell'atmosfera **2.** *T.mat. gradiente di una funzione scalare,* nell'analisi vettoriale è il vettore che ha per componenti cartesiane le derivate parziali della funzione rispetto a ciascuna delle coordinate.

gradiménto [da *gradire*; 1661] *sm.* sentimento di piacere procurato da ciò che suscita soddisfazione e approvazione: *il pranzo è stato di nostro gradimento, mostrare gradimento per un'iniziativa* || *per estens.* accettazione da parte di autorità e superiori: *il presidente ha espresso il suo gradimento per la nomina dell'ambasciatore* || *indice di gradimento,* nei sondaggi d'opinione, percentuale che indica l'approvazione di un determinato programma da parte degli spettatori || **N.** *Sin.* approvazione, compiacimento, favore, simpatia; accettazione, accoglienza | *Contr.* disapprovazione, rifiuto.

gradìna¹ [da *grado*[1]; 1550] *sf.* tipo di scalpello a più denti usato in scultura per lavorare il marmo o la pietra || *disus.* il solco lasciato da tale attrezzo.

gradìna² [dal serbocroato *gradina*; 1963] *sf.* abitazione preistorica diffusa nelle zone collinari della Dalmazia e nelle Marche.

gradinaménto [da *gradinare*[2]; 1956] *sm.* in alpinismo, il ricavare gradini nel ghiaccio con una piccozza || **N.** *Sin.* scalinatura.

gradinàre¹ (pres. *-ìno*) [da *gradina*[1]; 1550] *tr.* scolpire con la gradina.

gradinàre² (pres. *-ìno*) [da *gradino*; 1956] *intr.* (aus. *avere*) in alpinismo, tagliare gradini nel ghiaccio con la piccozza, per facilitare e rendere più sicura l'ascensione.

gradinàta [da *gradino*; 1630] *sf.* **1.** successione di più gradini di una certa ampiezza, che conferisce carattere di monumentalità: *la gradinata dell'altare, della basilica* **2.** negli stadi e nei teatri, ordine di posti a sedere in file digradanti: *la gradinata centrale dello stadio* || *per* *meton.* gli spettatori che si trovano in tali posti: *la gradinata fischiava per sollecitare l'inizio dello spettacolo* || **N. 1.** *Sin.* scalinata.

gradinatùra [da *gradinare*[1]; 1550] ***sf.*** l'operazione di lavorare il marmo con la gradina || *concr.* il segno lasciato dalla gradina sulla pietra.

gradino [da *grado*[1]; 1630] ***sm.*** **1.** ripiano costruito o scavato per collegare due piani di diverso livello; disposto in successione rappresenta l'elemento costitutivo di una scala: *i gradini del trono, di un monumento; per arrivare a quella spiaggia bisogna scendere 63 gradini* **2.** nella tecnica della coltivazione su pendii, ripiano, sostenuto da muretti, ricavato nel terreno || in alpinismo, intaccatura praticata con la piccozza nel ghiaccio o nella neve dura **3.** *fig.* in una gerarchia o in una scala di valori, livello, grado: *essere al primo gradino della carriera,* essere agli inizi; *salire, scendere i gradini della scala sociale,* conquistare o perdere posizioni di prestigio **4.** *T.mar.* discontinuità trasversale sul fondo di idrovolanti e natanti veloci per migliorarne l'emersione e il governo || **N. 1.** *Sin.* scalino; alzata, pedata **2.** *Sin.* terrazza, terrazzamento **3.** *Sin.* posizione, stadio. **TAV.** *abitazione* 1.39.

gradiòmetro [comp. di *gradi* (*ente*) e *-metro*; 1949] ***sm.*** strumento usato per misurare un gradiente (per es., nella prospezione geofisica, il gradiente di gravità o il gradiente magnetico).

gradire (pres. *-isco, -isci*) [lat. volg. **gradīre*; a. 1294] ***tr.*** **1.** accettare, accogliere con piacere: *gradire un regalo, la visita di un amico; non gradire certi comportamenti* || usato come formula di cortesia nell'offrire o nell'accettare qualcosa: *gradirebbe un caffè?*; anche *ass. vuol gradire?; tanto per gradire,* quando si vuole esprimere apprezzamento e non si vuole offendere rifiutando l'offerta; anche in formule di commiato formale: *voglia gradire i miei sentiti ringraziamenti* **2.** (spec. al condizionale) volere, desiderare come cosa gradita: *gradirei la tua compagnia, una limonata; gradirei sapere chi ha frugato nella mia borsa* || ***intr.*** (aus. *essere* e *avere*) *non com.* essere gradito, far piacere: *non mi gradisce affatto che tu frequenti quella gente* || **N.** ***tr.*** **1.** *Sin.* apprezzare, godere, gustare | ***intr.*** *Sin.* andare a genio, garbare, piacere.

gràdo[1] [lat. *gradus*; 1312] ***sm.*** **1.** il punto, lo stadio intermedio in cui si considera qualcosa suscettibile di accrescimento o di diminuzione: *grado di cultura, di civiltà, di benessere; raggiungere un buon grado di preparazione nella professione* || *andare, procedere per gradi, a grado a grado,* passando progressivamente, con lentezza e regolarità, da uno stadio a un altro || *in sommo grado, al massimo grado,* nella misura massima possibile **2.** nella loc. avv. *in grado,* nello stato, nella condizione o possibilità: *essere, mettere in grado di agire; non sono in grado di parlare* **3.** in una successione ordinata in base al valore, l'intensità, l'importanza, la gravità e sim., ciascuno dei livelli (gen. espresso da un numero ordinale): *scuola di primo, di secondo grado; ustioni di terzo grado; un sesto grado,* in alpinismo, una scalata difficilissima; *terremoto del settimo grado della scala Mercalli* || *interrogatorio di terzo grado* (anche *ass. terzo grado*), interrogatorio poliziesco condotto con metodi particolarmente duri; *fig.* serie di domande incalzanti: *al ritorno dalla discoteca i miei genitori mi hanno fatto il terzo grado* || *grado di parentela,* rapporto più o meno stretto che lega persone accomunate da vincoli di sangue: *cugini di secondo grado* || *T.giur. giudizio di primo, secondo, terzo grado,* i vari dibattimenti a cui può essere sottoposta una causa || *T.gram. grado dell'aggettivo, dell'avverbio,* misura con cui un aggettivo o un avverbio, tramite variazioni morfologiche o aggiunta di elementi lessicali, può esprimere l'intensità di una qualità; *grado di subordinazione,* rapporto di dipendenza di una proposizione direttamente dalla principale (*subordinata di primo grado*) o da una subordinata (*subordinata di secondo, terzo, quarto grado* ecc.) || *T.mus.* nella scala diatonica, ciascuna nota considerata rispetto alla distanza dalla tonica (*primo grado*) e numerata a partire da questa: *secondo, terzo* ecc. *grado della scala* **4.** in un ordinamento gerarchico civile o militare, la posizione occupata: *avere il grado di generale, di colonnello; il grado di ispettore; passare di grado,* avanzare nella carriera || *concr.* (spec. *pl.*) il simbolo distintivo del grado militare applicato all'uniforme: *ho capito dai gradi che era un sergente; guadagnarsi i gradi da capitano,* essere promosso capitano **5.** nel linguaggio tecnico-scientifico, la misura dell'intensità di un fenomeno, del livello raggiunto in un'operazione e sim.: *grado di dispersione, di dissociazione; grado di durezza di un'acqua; grado di raffinazione di un olio* || *in part.* termine con cui si indica un'unità di misura (gen. espressa da un numero cardinale con un piccolo cerchio posto in alto a destra); unità di misura dell'angolo: *grado centesimale,* la centesima parte dell'angolo retto; *grado sessagesimale,* la novantesima parte dell'angolo retto (a sua volta divisa in 60 primi e 3600 secondi), usata in geografia come misura lineare di arco sulla superficie terrestre per determinare latitudine e longitudine; *T.fis.* unità di misura della temperatura, variabile a seconda del sistema adottato: *gradi centigradi, Réaumur, Fahrenheit, Kelvin; fa molto freddo, siamo a 10° sotto zero; avere 39° di febbre* || unità di misura della gradazione alcolica: *un vino di 14 gradi* **6.** *T.mat.* in algebra, *grado di una potenza,* il suo esponente; *grado di un monomio,* la somma degli esponenti delle variabili che lo compongono; *grado di un polinomio,* quello del monomio di maggior grado fra quelli che lo compongono; *grado di un'equazione,* il grado del polinomio che, eguagliato a zero, costituisce l'equazione **7.** *ant.* gradino || **N. 1.** *Sin.* livello, stadio; misura **3.** GRADI DELL'AGGETTIVO E DELL'AVVERBIO: comparativo (di maggioranza, di minoranza, di uguaglianza), positivo, superlativo (assoluto, relativo) **4.** *Sin.* posizione, posto; carica, dignità, ufficio | acquistare, assumere, conferire, conservare, ottenere, perdere, prendere, raggiungere; privare del grado; destituire, rimuovere dal grado; reintegrare nel grado | degradare, promuovere **5.** coefficiente, fattore, misura. **Q.T.** *alpinismo, linguistica* **TAV.** ***meteorologia*** **p. 1321** 8.2, 8.3.

gràdo[2] [lat. *gratus,* grato, gradito; a. 1294] ***sm. ant.*** **1.** gradimento, piacere, ancora usato nelle espr. *di buon grado,* volentieri; *non com. andare a grado,* piacere; *avere a grado,* gradire **2.** riconoscenza, gratitudine: *saper grado a qualcuno di qualcosa,* essergli riconoscente per qualcosa.

-grado [dal lat. *gradi,* camminare] ***elem. term.*** che, in parole composte della terminologia scientifica, vale "che cammina (nel modo specificato dal primo elem.)" (per es. *plantigrado, tardigrado*).

gradonaménto [da *gradone*; 1970] ***sm.*** sistemazione a gradoni di terreni posti in declivio || **N.** *Sin.* banchinamento, terrazzamento.

gradóne (*accr.* di *grado*) [a. 1306] ***sm.*** **1.** sui campi in forte pendio, terrazza piana ricavata per consolidare e sfruttare meglio il terreno **2.** largo gradino: *piramide a gradoni* || **N. 1.** *Sin.* ripiano, terrazzo.

graduabile [da *graduare*; 1869] ***agg.*** che si può graduare: *asta graduabile; esercizi graduabili.*

graduabilità [da *graduabile*; 1869] ***sf.*** l'essere graduabile.

graduàle [dal lat. *gradus,* scalino; sec. XIV] **I** ***agg.*** che procede per gradi: *perfezionamento graduale, processo di graduali riforme* || **gradualménte** ***avv.*** per gradi, progressivamente **II** ***sm.*** *T.eccl.* nella messa, salmo che i fedeli recitano o cantano dopo la prima lettura biblica || *per estens.* il libro che contiene i canti della messa || **N.** I *Sin.* progressivo | *Contr.* discontinuo.

gradualiṣmo [da *graduale*; 1942] ***sm.*** tendenza a procedere per gradi, spec. in campo politico e sociale || **N.** *Sin.* riformismo | *Contr.* estremismo, massimalismo.

gradualista [da *gradualismo*; 1955] ***agg.*** e ***s.*** che, chi procede per gradi: *tendenza gradualista.*

gradualistico (pl. *-ci*) [da *gradualismo*; 1963] ***agg.*** proprio del gradualismo e dei gradualisti.

gradualità [da *graduale*; 1869] ***sf.*** il procedere in modo graduale, l'essere graduale: *gradualità dell'apprendimento.*

graduàre (pres. *gràduo*) [dal lat. *gradus,* scalino; sec. XIV] ***tr.*** **1.** disporre, ordinare per gradi: *graduare le difficoltà di un testo, l'aumento dei prezzi* **2.** segnare la divisione in gradi su uno strumento di misura: *graduare un termometro* **3.** distribuire secondo una graduatoria: *graduare i vincitori del concorso* **4.** *non com.* conferire un grado militare, detto spec. dei livelli più bassi della gerarchia: *lo graduarono caporale.*

graduàto (*pps.* di *graduare*) [1340] **I** ***agg.*** **1.** suddiviso in gradi: *scala graduata; lenti graduate,* correttive **2.** ordinato per gradi: *dosi graduate di un farmaco* **II** ***sm.*** nell'esercito, militare di truppa che nella gerarchia è superiore al soldato semplice ma inferiore al sottufficiale (per es. caporale, caporalmaggiore). **Q.T.** *forze armate* **TAV.** ***meteorologia*** **p. 1321** 3.1.

graduatòria [f. sost. di *graduatorio*; a. 1742] ***sf.*** elenco di persone disposte in ordine in base a criteri di anzianità, merito, competenza ecc., che viene compilato spec. in occasione di concorsi, esami, assegnazioni d'impiego e sim.: *graduatoria provinciale degli aspiranti supplenti*; l'ordine della successione: *essere primo in graduatoria.* **Q.T.** *sport.*

graduatòrio (pl. *-ri*) [da *graduare*; 1777] ***agg.*** *non com.* che determina, stabilisce una graduazione.

graduazióne [da *graduare*; a. 1566] ***sf.*** **1.** l'operazione di ordinare, disporre per gradi: *graduazione delle pene, dei premi; graduazione degli sfratti,* distribuzione nel tempo, fatta dall'autorità competente **2.** *concr.* indicazione dei gradi sulla scala di uno strumento di misura.

grafèma [comp. del gr. *gráphein* e di *-ema*; 1956] ***sm.*** *T.ling.* la più piccola unità di scrittura, non suscettibile di ulteriori suddivisioni, che in un sistema grafico ha carattere distintivo.

grafemàtica [da *grafema*; 1970] ***sf.*** *T.ling.* settore della linguistica che si occupa dello studio dei grafemi.

grafemàtico (pl. *-ci*) [da *grafema*; 1978] ***agg.*** *T.ling.* proprio del grafema, relativo al grafema.

gràffa [dal long. **krapfo,* uncino; 1940] ***sf.*** **1.** segno grafico ({ }) che serve a unire uno scritto disposto su più righe oppure, in matematica, a racchiudere un'espressione; anche in funzione di *agg.*: *parentesi graffa* **2.** sbarra di ferro, grappa **3.** gancio metallico, griffa || *dim.* graffétta.

graffàre [da *graffa*; 1956] ***tr.*** aggraffare.

graffatrice [da *graffare*; 1956] ***sf.*** aggraffatrice.

graffatùra [da *graffare*; 1956] ***sf.*** **1.** l'atto e l'effetto del graffare; *in part.* unione di lamie-

re metalliche mediante aggraffatrice **2.** cucitura delle cinghie piatte di trasmissione per mezzo di griffe || **N.** *Sin.* aggraffatura.
grafftétta (*dim.* di *graffa*) [1956 nel senso 2] ***sf.*** **1.** piccola graffa **2.** piastrina in metallo di forma semicircolare, usata per fissare cavi elettrici o telefonici alla parete **3.** punto metallico.
graffiaménto [da *graffiare*; sec. XVI] ***sm.*** il graffiare.
graffiànte (*ppr.* di *graffiare*) [sec. XIV] ***agg.*** che graffia || *fig.* caustico, mordace, pungente; che lascia il segno: *una satira graffiante.*
graffiàre (pres. *gràffio*) [lat. volg. **graphiāre*; a. 1294] ***tr.*** **1.** lacerare più o meno profondamente la pelle con le unghie: *gli ho involontariamente graffiato il braccio*; anche *ass.*: *è un gatto che graffia* || *per estens.* detto di oggetti appuntiti, incidere, rigare: *le spine delle rose mi hanno graffiato le mani*; *graffiare con un chiodo la carrozzeria delle auto parcheggiate* **2.** *fig.* pungere, colpire con parole mordaci: *le sue critiche graffiano sempre* **3.** *fam. non com.* rubare, sgraffignare || ***intr. pron.*** riportare dei graffi: *la cartella nuova si è tutta graffiata* || **N. 1.** *Sin.* lacerare; incidere, intaccare, raschiare, rigare, scalfire.
graffiàta [da *graffiare*; sec. XIV] ***sf.*** l'atto e l'effetto del graffiare; graffio || *dim.* graffiatina.
graffiatóre [da *graffiare*; a. 1686] ***sm.*** (f. *-trìce*) chi graffia, spec. a parole.
graffiatùra [da *graffiare*; a. 1304] ***sf.*** il segno lasciato da un graffio sulla pelle || *per estens.* ferita leggera e superficiale: *non ti sei fatto niente, è solo una graffiatura* || incisione su un oggetto o una superficie || **N.** *Sin.* graffio.
graffiétto (*dim.* di *graffio*[1]) [1681 nel senso 2] ***sm.*** **1.** piccolo graffio **2.** arnese, dotato di ago o punta metallica, usato per incidere o far segni su legno, pietra, metallo o altro materiale da lavorare || **N. 2.** *Sin.* truschino. **TAV. *utensili* p. 1341** 28.4.
graffignàre V. SGRAFFIGNARE.
gràffio[1] (pl. *-fi*) [da *graffiare*; 1313] ***sm.*** solco lasciato sulla pelle o su una superficie dalle unghie o da un oggetto che incide: *questo graffio mi brucia molto*; *ogni giorno la macchina ha un graffio nuovo* || *per estens.* ferita lieve: *nell'incidente non si è fatto neppure un graffio* || *dim.* graffiettìno, graffiétto || **N.** *Sin.* graffiatura, lacerazione; incisione, scalfittura.
gràffio[2] (pl. *-fi*) [dal long. **krapfo*, uncino; a. 1294] ***sm.*** *ant.* arnese di ferro fatto a uncino per afferrare oggetti || **N.** *Sin.* raffio, uncino.
graffióne [etim. inc.; 1869] ***sm.*** *region.* ciliegia dalla polpa bianca, dura e buccia giallo-rossa.
graffìre (pres. *-ìsco, -ìsci*) [da *graffito*; a. 1952] ***tr.*** eseguire un graffito incidendo con una punta.
graffìto [da *graffio*[1]; 1550] **I *sm.*** **1.** disegno o iscrizione ottenuti tramite l'incisione di una superficie con una punta acuminata: *graffiti preistorici, graffiti di Pompei* || tecnica per eseguire decorazioni tramite incisione, che consiste nel far apparire in superficie uno strato sottostante di colore diverso **2.** pittura murale, e in gen. su vaste superfici (vagoni della metropolitana ecc.), eseguita con varie tecniche ma spec. con vernici a spruzzo, caratteristica di gruppi giovanili socialmente emarginati, spec. nelle grandi città degli USA || *per meton.* (spec. *pl.*) segno, documento del modo di vivere e del costume di un'epoca trascorsa ma non lontana, oggetto di rievocazione nostalgica: *i graffiti degli anni Cinquanta* **II *agg.*** inciso, scolpito: *un disegno graffito sulla ceramica.*
grafìa [dal fr. *graphie*; 1864] ***sf.*** modo di scrivere le parole: *grafia errata, antiquata, corretta*; *grafia fonetica*, trascrizione convenzionale della pronuncia di una parola || *per estens.* scrittura: *grafia illeggibile* || **N.** ortografia; calligrafia.
-grafìa [dal gr. *-graphía*, da *gráphein*, scrivere, disegnare] ***elem. term.*** **1.** in parole composte dotte, vale "scrittura" (per es. *dattilografia, stenografia*), "stampa, riproduzione" (per es. *fotografia, litografia*), "racconto, studio, descrizione" (per es. *agiografia, biografia, geografia*) **2.** nella terminologia medica può essere abbreviazione di *radiografia* (per es. *angiografia, stratigrafia, tomografia*); *per estens.* entra a formare le denominazioni di tecniche diagnostiche basate sull'ottenimento di immagini con sistemi diversi da quello radiologico (per es. *ecografia*).
gràfica [f. sost. di *grafico*, sul modello del ted. *Graphik*; 1820] ***sf.*** **1.** tecnica di produzione, presentazione e impostazione tipografica di libri, disegni, stampe e in gen. di opere grafiche: *grafica pubblicitaria* || *per estens.* il complesso delle arti grafiche **2.** il complesso delle opere grafiche di un artista: *la grafica di Guttuso* || **N. 1.** incisione, litografia, serigrafia.
gràfico (pl. *-ci*) [dal lat. *graphicus*, gr. *graphikós*; a. 1600] **I *agg.*** **1.** che concerne la scrittura: *segni grafici, variante grafica di una parola*, diverso modo di scrivere una parola **2.** che si esprime con un disegno: *schema grafico, rappresentazione grafica* || *T.mat. calcolo grafico*, risoluzione di problemi per mezzo di disegni e costruzioni geometriche **3.** relativo alla tecnica di produzione e riproduzione di stampati: *arti grafiche*, il complesso delle tecniche di stampa (tipografia, litografia, serigrafia, incisione, fotocomposizione ecc.) || *opera grafica*, incisione, realizzata con diverse tecniche su materiale vario, da cui si ottiene la riproduzione a stampa || **graficaménte** ***avv.*** **1.** dal punto di vista della grafia: *parole graficamente uguali* **2.** per mezzo di un disegno o di un diagramma: *esprimere graficamente lo sviluppo della produzione* **II *sm.*** **1.** rappresentazione sotto forma di disegno geometrico dell'andamento di un fenomeno: *il grafico rappresenta il livello di scolarizzazione degli abitanti* **2.** (f. *-a*) tecnico che lavora nel campo delle arti grafiche: *grafico pubblicitario*; *le rivendicazioni dei grafici* || **N. II 1.** diagramma, istogramma **2.** disegnatore, impaginatore, incisore, litografo, tipografo. **Q.T.** *giornale, tipografia.*
-gràfico [da *-grafo*] ***elem. term.*** che forma gli agg. corrispondenti a sostantivi in *-grafia* e *-grafo* (per es. *biografico, fotografico, radiografico*).
grafìṣmo [da *graf(ico)*; 1965 nel senso 2] ***sm.*** *non com.* **1.** il segno e il modo in cui esso è tracciato **2.** preponderanza di elementi grafici in un'opera d'arte **3.** *T.tip.* parte stampante del cilindro della macchina per la stampa in rotocalco.
grafitàggio (pl. *-gi*) [da *grafitare*; 1974] ***sm.*** *T.mecc.* lubrificazione di organi meccanici, spec. organi di trasmissione di un autoveicolo, con una miscela di olio e grafite.
grafitàre [da *grafite*; 1963] ***tr.*** **1.** lubrificare organi meccanici con miscele di olio e grafite: *grafitare le sospensioni di un'auto* **2.** rendere conduttrice di elettricità la superficie di un oggetto, ricoprendola con polvere di grafite.
grafitazióne o **grafitiẓẓazióne** [da *grafitare*; 1930] ***sf.*** **1.** *T.elettr.* l'operazione di rivestire un oggetto con un sottile strato di grafite, per migliorarne la capacità di conduzione elettrica **2.** *T.geol.* processo di trasformazione in grafite del carbonio presente nel carbon fossile.
grafìte [dal ted. *Graphit*; 1817] ***sf.*** minerale grigio-scuro, tenero, untuoso, costituito da carbonio quasi puro in forma cristallizzata, usato per la preparazione di mine da matita; nell'industria metallurgica serve per preparare crogioli, viene usato in elettrotecnica, nei reattori nucleari e, ridotto in polvere, come lubrificante. **TAV.** *elettrotecnica* 18.3.
grafitiẓẓazióne V. GRAFITAZIONE.
gràfo [dal gr. *graphêin*, attr. l'ingl. *graph*; 1969] ***sm.*** *T.mat.* figura costituita da punti (*vertici*) e da segmenti rettilinei (o anche archi di curve) che li uniscono (*spigoli*).
gràfo- [dal gr. *gráphein*, scrivere] ***primo elem.*** che, in parole composte dotte, vale "scrittura" (per es. *grafologia, grafomania, grafospasmo*).
-grafo [dal gr. *-graphos*, da *gráphein*, scrivere] ***elem. term.*** che, in parole composte dotte, vale "che scrive", "che disegna" e forma le denominazioni di persone che svolgono le attività indicate dai corrispondenti composti in *-grafia* (per es. *biografo, dattilografo, geografo*) o quelle di strumenti di registrazione (per es. *cronografo, sismografo, tachigrafo*) || col valore passivo di "scritto" forma agg. (per es. *autografo, chirografo, olografo*). **Q.T.** *architettura.*
grafòfono [dall'ingl. *graphophone*; 1899] ***sm.*** apparecchio, non più in uso, per la registrazione e la riproduzione del suono || **N.** *Sin.* fonografo.
grafologìa [dal fr. *graphologie*; 1878] ***sf.*** studio della scrittura come rivelatrice dell'identità, della personalità, del carattere, delle condizioni psichiche di una persona.
grafològico (pl. *-ci*) [comp. di *grafo-* e *-logico*, come il fr. *graphologique*; 1930] ***agg.*** che riguarda la grafologia: *perizia grafologica* || **grafologicaménte** ***avv.*** in modo grafologico; dal punto di vista grafologico.
grafòlogo (pl. *-gi*) [da *grafologia*, come il fr. *graphologue*; 1920] ***sm.*** (f. *-a*) chi studia o pratica la grafologia.
grafòmane [comp. di *grafo-* e *-mane*; 1905] ***s.*** persona affetta da grafomania || spesso *spreg.* chi scrive molto e gen. produce testi di scarso valore.
grafomanìa [comp. di *grafo-* e *mania*; 1881] ***sf.*** tendenza morbosa allo scrivere, caratteristica di alcuni disturbi psichici || *com.* mania di scrivere continuamente e in modo prolisso.
grafomanzìa [comp. di *grafo-* e *-manzia*; 1956] ***sf.*** arte di prevedere il futuro mediante l'analisi della scrittura.
grafòmetro [dal fr. *graphomètre*; 1834] ***sm.*** strumento topografico munito di un cerchio graduato, usato in marina per effettuare rilevamenti polari.
grafospàṣmo [comp. di *grafo-* e *spasmo*; 1908] ***sm.*** *T.med.* crampo ai muscoli della mano e dell'avambraccio causato dallo scrivere a lungo.
gragnòla (lett. *gragnuòla*) [lat. volg. **grandeola*, chicco di grandine; a. 1292] ***sf.*** **1.** precipitazione atmosferica, grandine fitta e minuta; *prov. suocera e nuora, tempesta e gragnola* **2.** *fig.* successione fitta di cose o parole spiacevoli: *gragnola di colpi, di sassi, di ingiurie* || **N. 2.** *Sin.* scarica, sequela.
gragnolàre (pres. *-gnòla*) [da *gragnola*; a. 1646] ***intr. impers.*** (aus. *avere* o *essere*) *non com.* grandinare.
gragnuòla ***sf.*** *lett.* V. GRAGNOLA.
gramàglia (pl. *-glie*) [dallo sp. *gramalla*, specie di veste lunga; 1528] ***sf.*** *lett.* **1.** (spec. *pl.*) abito da lutto: *vestire in gramaglie* **2.** *non com.* drappo funebre per coprire catafalchi o per addobbare le chiese in occasione di funerali.
gramàtica e der. forme arc. di GRAMMATICA e der. (v.).
gramìgna [lat. *graminea*; 1319] ***sf.*** **1.** erba perenne delle Graminacee, molto comune e infestante, perché si propaga rapidamente e si rigenera anche da un breve frammento; ha rizoma sottile e ramoso, foglie lineari e porta in cima una lunga spiga || *fig.* detto di cosa che si diffonde con rapidità e che si elimina a fatica: *essere, crescere come la gramigna* || *fig.* detto di persona fastidiosa e molesta: *si attacca come*

la gramigna **2.** pasta corta da minestra.

Graminàcee [lat. scient. *graminaceus,* da *grāmen, -inis,* erba, foraggio; 1809 *gramignacee*] **sf.** *pl. T.bot.* famiglia di piante monocotiledoni, perlopiù erbacee, che conta circa 5000 specie diverse diffuse in tutto il mondo; hanno rizoma strisciante o sotterraneo, fusto cilindrico cavo (*culmo*), foglie solitarie lunghe e strette, fiori piccoli riuniti in spighe e frutti a cariosside; comprende la maggior parte dei cereali e la canna da zucchero. **Q.T.** *botanica.*

graminàggio (pl. *-gi*) [fr. *égraminage*; 1931] **sm.** *T.pell.* nella concia delle pelli, operazione consistente nello stendere la pelle bagnata su uno speciale cavalletto, con la parte carnosa rivolta in alto, e nello strisciarvi sopra con forte pressione uno speciale coltello ricurvo, allo scopo di completarne il rinverdimento.

graminatùra [da *graminaggio,* con cambio di suff.; 1974] **sf.** *T.pell.* graminaggio.

gràmma **sm.** *disus.* V. GRAMMO.

-gràmma [dal gr. *gramma,* da *gráphein,* scrivere] **elem. term.** che, in parole composte dotte, vale "dispaccio" (per es. *cablogramma, fonogramma, telegramma*) || nella terminologia medica, come abbr. di *diagramma,* vale "grafico" (per es. *elettrocardiogramma*).

grammàtica [dal lat. *grammatica,* gr. *grammatikḗ* (*téchnē*), (arte) dello scritto; a. 1292] **sf.** **1.** l'insieme degli aspetti fonologici, morfologici e sintattici e della tradizione grafica di una lingua o di un dialetto, considerati nella loro totalità sulla base delle singole espressioni linguistiche: *la grammatica dell'italiano, del tedesco* || *com.* la morfologia e la sintassi di una lingua o di un dialetto **2.** disciplina che studia la struttura interna di una lingua e ne dà una descrizione sistematica: *grammatica descrittiva* (o *sincronica*), descrive uno stato della lingua in un determinato momento storico; *grammatica storica* (o *diacronica*), considera la formazione e l'evoluzione storica delle strutture linguistiche; *grammatica normativa,* formula le norme che regolano l'uso della lingua; *grammatica comparata,* studia i rapporti fra lingue appartenenti a una stessa famiglia; *grammatica generativo-trasformazionale,* teoria linguistica fondata da N. Chomsky che considera la grammatica come un insieme finito di regole capaci di generare un numero infinito di frasi || *concr.* il manuale che descrive le strutture di una lingua: *una grammatica in due volumi* **3.** nel linguaggio comune, conoscenza delle regole di una lingua, il saper parlare e scrivere correttamente: *fare errori di grammatica* || *prov. val più la pratica che la grammatica,* l'esperienza ha più valore della teoria **4.** *per estens.* insieme di nozioni elementari che sono alla base di un'arte, una scienza, una disciplina ecc.: *grammatica del cinema* **5.** *ant.* la lingua latina contrapposta al volgare || *dim.* grammatichétta, grammatichìna; *pegg.* grammaticàccia; *accr.* grammaticóna; *spreg.* grammaticùccia || **N.** **1.** norme, regole **2.** etimologia, fonologia, lessicologia, morfologia, semantica, sintassi **3.** correttezza, ortografia.

grammaticàle [dal lat. tardo *grammaticālis*; sec. XIII] **agg.** che concerne la grammatica: *errore, regola grammaticale; esercizio grammaticale; analisi grammaticale,* che studia e descrive le singole parti del discorso || conforme alle regole della grammatica: *costrutto grammaticale* ||

grammaticalménte **avv.** secondo le regole della grammatica: *enunciato grammaticalmente corretto.*

grammaticalità [da *grammaticale*; 1969] **sf.** *T.ling.* rispondenza di un sintagma o di una frase alle regole grammaticali comunemente accettate, sotto l'aspetto morfologico, sintattico, logico.

grammaticalizzàre [da *grammaticale*; 1988] **tr.** **1.** *T.ling.* rendere grammaticale, cioè attribuire a un termine o elemento lessicale carattere e funzione di elemento grammaticale **2.** inserire nella grammatica, istituzionalizzare || **N.** **1.** lessicalizzare.

grammaticherìa [da *grammatica*; a. 1729] **sf.** *spreg.* pedanteria nella ricerca e nell'applicazione di sottigliezze grammaticali || *concr.* minuzia grammaticale.

grammàtico (pl. *-ci*) [dal lat. *grammaticus,* gr. *grammatikós*; a. 1294] **I** **sm.** (f. *-a*) **1.** studioso o insegnante di grammatica **2.** *spreg.* chi, spec. nella critica letteraria, si attiene alle regole grammaticali con eccessiva pedanteria badando più alla forma che al contenuto: *è un puro grammatico* || *dim.* grammaticùccio, grammaticùzzo; *pegg.* grammaticàstro **II** **agg.** *non com.* grammaticale || **N.** I **2.** *Sin.* pedante.

grammatìsta [dal gr. *grammatistḗs,* maestro che insegna le lettere dell'alfabeto; 1587] **s.** **1.** studioso di grammatica elementare || nell'antica Grecia, maestro elementare **2.** scrivano.

grammatìstica [da *grammatista*; a. 1729] **sf.** insegnamento della grammatica elementare.

grammatologìa [comp. del gr. *grámma, grámmatos,* lettera dell'alfabeto e *-logia*; 1887] **sf.** studio delle lettere dell'alfabeto || **N.** grafematica.

grammatològico (pl. *-ci*) [da *grammatologia*; 1887] **agg.** relativo alla grammatologia, proprio della grammatologia.

grammatùra [da *grammo*; 1942] **sf.** il peso della carta o della stoffa espresso in grammi per metro quadrato.

grammelot (fr., pr. [gram'lo]) [etim. inc.; 1983] **sm.** *inv.* tipo di linguaggio teatrale nel quale l'attore emette una sequenza di suoni che, pur non dando luogo a parole di senso compiuto, imita, nell'intonazione e nel ritmo, le espressioni di una lingua o di un dialetto.

gràmmo [dal fr. *gramme*; 1802 *gramma*] **sm.** **1.** nel sistema metrico decimale, unità di misura (espressa dal simbolo *g.*), uguale al peso di un centimetro cubo di acqua distillata alla temperatura di 4 gradi centigradi: *una bustina di funghi secchi da 25 grammi* || *grammo-massa,* nel sistema centimetro grammo secondo (CGS), unità fondamentale di misura della massa, uguale a un millesimo della massa del chilogrammo campione || *grammo-peso,* unità di misura delle forze, pari alla millesima parte del peso del chilogrammo campione || *grammo equivalente,* V. EQUIVALENTE **2.** *fig.* quantità minima: *non hai un grammo di riconoscenza* || **N.** **1.** milligrammo, centigrammo, decigrammo, decagrammo, ettogrammo, chilogrammo, miriagrammo, quintale, tonnellata **2.** *Sin.* briciolo, minimo.

gràmmo- [da *grammo*] **primo elem.** che, in parole composte della terminologia chimica e fisica, indica, espresso in grammi, il peso di quanto è espresso dall'elem. term. (per es. *grammoatomo, grammomolecola*).

-gràmmo [da *grammo*] **elem. term.** che, in metrologia, forma le denominazioni di multipli e sottomultipli del grammo (per es. *decagrammo, decigrammo, ettogrammo*).

grammoàtomo (pl. *grammoàtomi*) [comp. di *grammo* e *atomo*; 1930] **sm.** *T.chim.* e *T.fis.* quantità di un elemento, espressa in grammi, numericamente uguale al peso atomico di questo.

grammofònico (pl. *-ci*) [da *grammofono*; 1952] **agg.** di, per grammofono: *impianto grammofonico, disco grammofonico* || **N.** *Sin.* fonografico.

grammòfono [dal fr. *grammophone,* letter. scrittura del suono; 1908] **sm.** apparecchio per la riproduzione acustica di dischi incisi, diffuso soprattutto in passato e gen. munito di tromba acustica || **N.** *Sin.* fonografo, giradischi.

gràmmo-màssa [comp. di *grammo* e *massa*; 1957] **sm.** *T.fis.* unità di misura delle masse, equivalente alla millesima parte del chilogrammo-massa, cioè della massa del campione internazionale conservato a Parigi.

grammomolècola [comp. di *grammo* e *molecola*; 1956] **sf.** *T.chim.* quantità espressa in grammi di un elemento o di un composto chimico, numericamente uguale al peso molecolare || **N.** *Sin.* mole.

grammomolecolàre [da *grammomolecola*; 1965] **agg.** *T.chim.* di grammomolecola.

gràmmo-péso [comp. di *grammo* e *peso*; 1970] **sm.** *T.fis.* unità di misura delle forze, e in part. delle forze-peso, equivalente a 980,665 dine o 9,80665 · 10^{-3} newton.

gràmo [prob. dal germ. **gram,* affanno, cordoglio; sec. XIII] **agg.** doloroso, misero, meschino: *vita grama, tempi grami* || debole, gracile: *salute grama* || **N.** *Sin.* infelice, povero, stentato, travagliato, tribolato, triste.

gràmola [etim. inc.; a. 1406] **sf.** **1.** macchina che serve a separare le fibre tessili della canapa e del lino dalla parte legnosa **2.** arnese di varie forme che serve ai pastai per battere e rassodare la pasta: *gramola a rulli.*

gramolàre (pres. *gràmolo*) [prob. da *gramola*; sec. XIV] **tr.** **1.** maciullare con la gramola la canapa o il lino per estrarne le fibre tessili **2.** lavorare le paste alimentari con la gramola.

gramolàta [da *gramolare*; 1791] **sf.** granita.

gramolàto [da *gramolare*; 1918] **sm.** ghiaccio granuloso biancastro che riveste la parte superiore dei ghiacciai alpini.

gramolatrice [da *gramolare*; 1940] **sf.** gramola.

gramolatùra [da *gramolare*; a. 1826] **sf.** l'operazione di gramolare, nei due sensi del verbo || **N.** *Sin.* maciullatura.

gramolista [da *gramolare*; 1950] **s.** nei pastifici e nei molini, operaio addetto alla gramolatura.

gramsciàno [dal n. proprio A. *Gramsci*; 1963] **agg.** relativo al filosofo e politico comunista italiano A. Gramsci e alle sue opere: *posizioni, teorie gramsciane.*

gran **agg.** forma tronca di *grande* (v.).

gràna[1] [lat. *grāna,* neutro pl. di *grānum,* grano; a. 1465 ca.] **sf.** **1.** la grandezza e la composizione degli elementi che costituiscono la struttura superficiale (o interna e perciò visibile quando viene tagliato o spezzato) di un oggetto o di un materiale: *la grana di un metallo, di un foglio di carta, di un tessuto, di un formaggio, del marmo, della pelle; materiale a grana fine, grossa* || *fig. di grana grossa,* grossolano, volgare || *T.fot.* la struttura granulosa dei sali d'argento di cui è composta l'emulsione fotografica, visibile spec. negli ingrandimenti **2.** *fig. pop.* seccatura, noia: *avere delle grane, non voglio grane nel lavoro; piantare, far scoppiar la grana,* sollevare una questione spiacevole e fastidiosa; *essere pieno di grane,* trovarsi nei guai **3.** *ant.* i corpi secchi della coccinìglia, simili a granelli, da cui si estraeva una tinta simile al carminio || *per estens.* la tinta stessa e il tessuto di tale colore: *un altr'uomo che vestia di grana* (Pascoli) || **N.** **1.** granulosità | compatta, grossolana, liscia, minuta, porosa, ruvida, sottile **2.** *Sin.* complicazione, fastidio.

gràna[2] [da *grana*[1], nel significato ant. di moneta del regno delle due Sicilie; 1952] **sf.** *gerg.* denaro, soldi: *è pieno di grana, ho bisogno di grana; scucire la grana,* sborsare quattrini.

gràna[3] [da (*formaggio di*) *grana,* per la struttura granulosa; 1851] **sm.** *inv.* formaggio di pasta dura e aspetto granuloso prodotto nella pianura Padana a nord del Po, che si consuma come formaggio da tavola o grattuggiato per condire primi piatti: *grana padano* || **N.** parmigiano.

granadìglia (pl. *-glie*) [dallo sp. *granadilla*, dim. di *granada*, melograno; a. 1645] ***sf.*** nome di alcune piante delle Passifloracee dai frutti mangerecci simili alla melagrana ‖ **N.** passiflora.

granàglia (pl. *-glie*) [da *grano*; a. 1388] ***sf.*** **1.** (spec. *pl.*) l'insieme dei grani alimentari, dei cereali usati nell'alimentazione: *negozio di granaglie* **2.** in oreficeria, fusione di oro e d'argento in grani per la lavorazione.

granagliàre (pres. *-àglio*) [da *granaglia*; a. 1571] ***tr.*** *T.oref.* ridurre in grani l'oro e l'argento.

granàio (pl. *-ài*) [lat. *granārium*; sec. XIV *granari* pl.] ***sm.*** **1.** locale in cui si ripone il grano e in gen. tutte le biade ‖ *per estens.* sottotetto che serve da magazzino e dispensa **2.** *fig.* regione o paese che produce molto grano: *la Sicilia era il granaio d'Italia.*

granaiòlo [da *grano*; a. 1698] **I *agg.*** rif. a uccelli, che si ciba di grano **II *sm.*** (f. *-a*) *non com.* venditore al minuto di grano e altri cereali ‖ **N.** I *Sin.* granivoro.

granàrio (pl. *-ri*) [da *grano*; a. 1311] ***agg.*** del grano: *produzione granaria.*

granàta¹ [dal n. della pannocchia di saggina con semi rotondi con cui è fatta; 1364] ***sf.*** *tosc.* arnese per spazzare, costituito da un bastone alla cui estremità è legato un mazzo di saggina; scopa ‖ *fig. disus. pigliare la granata*, mandare via tutti; *benedire col manico della granata*, bastonare.

granàta² [lat. *granāta* (*māla*), frutti granosi; sec. XIV] **I 1.** *sf.* melagrana **2.** *sf.* pietra preziosa di colore rosso scuro, granato **3.** *sm. inv.* (spec. *pl.*) giocatore o tifoso della squadra di calcio del Torino: *i granata festeggiavano lo scudetto* **II *agg. inv.*** di colore rosso scuro, come i semi della melagrana: *una maglia, una gonna granata.*

granàta³ [da *granata²*, per la somiglianza; 1612] ***sf.*** **1.** *T.bal.* palla cava di ferro, riempita di polvere e munita di miccia, che veniva in passato usata come bomba a mano ‖ oggi, proiettile d'artiglieria cilindrico a forma ogivale, di vario tipo, munito di spoletta a percussione o a tempo **2.** *per estens.* fuoco d'artificio lanciato molto in alto che scoppia formando raggi di diverso colore ‖ **N. 1.** ad alto esplosivo, a doppio effetto, a pallette, a percussione, dirompente, fumogena, illuminante, incendiaria, perforante. **Q.T.** *armi* **TAV.** ***armi*** **p. 649** 22.

granatière [dal fr. *grenadier*, a. 1680] ***sm.*** **1.** soldato che in passato lanciava le granate a mano ‖ militare appartenente a un corpo scelto di fanteria composto da uomini di alta statura **2.** (*non com.* f. *-a*) *fig.* persona alta e robusta: *hai sposato un granatiere.*

granatìglio (anche sf. *granatiglia*) [dallo sp. *granadillo*; a. 1646] ***sm.*** legno pregiato, duro e pesante, di colore rosso scuro, usato in ebanisteria e per la costruzione di strumenti musicali.

granatìna [da *granata²*; 1905] ***sf.*** **1.** sciroppo fatto col succo della melagrana **2.** bibita a base di ghiaccio tritato e sciroppo ‖ **N. 2.** *Sin.* gramolata, granita.

granatìno [da *granata¹*; a. 1597] ***sm.*** fascetto di saggina per pulire ‖ *non com.* la scopa degli spazzini.

granàto¹ [lat. *granātus*; 1336 ca.] **I *agg.*** **1.** formato da granelli: *melo granato*, melograno **2.** di colore rosso scuro: *tessuto color granato* **II *sm.*** *ant.* melograno.

granàto² [da *grano*; a. 1294] ***agg.*** *ant.* che ha messo i grani, granito: *spighe granate.*

granàto³ [da *granato¹*, per il colore; prima metà sec. XIV] ***sm.*** pietra preziosa di colore rosso cupo ‖ (spec. *pl.*) *T.min.* gruppo di minerali molto diffusi, silicati in forma cristallina di varia composizione e colori diversi, alcuni dei quali, grazie alla loro limpidezza e trasparenza, sono utilizzati come pietre preziose ‖ **N.** *Sin.* piropo.

granbéstia [comp. di *gran*(*de*) e *bestia*; sec. XIV] ***sf.*** *ant.* alce ‖ *unghia della granbestia*, usata un tempo come amuleto e rimedio alle malattie.

grancancellieràto [da *grancancelliere*; 1842] ***sm.*** la carica e il grado di grancancelliere.

grancancellière (anche *gran cancellière*) [comp. di *gran*(*de*) e *cancelliere*; a. 1573] ***sm.*** titolo di antichi dignitari nella diplomazia, nelle magistrature o in alcune corti.

grancàssa [comp. di *gran*(*de*) e *cassa*, nel senso di tamburo; 1841] ***sf.*** strumento musicale a percussione, costituito da un grande tamburo che viene suonato con un mazzuolo imbottito ‖ *fig. battere la grancassa*, attirare l'attenzione su cose o persone facendo una pubblicità chiassosa. **TAV.** ***musica*** **p. 1324** 2.22 e **p. 1325** 16.1, 16.2.

grancèlla [da *granchio*; a. 1548] ***sf.*** nome generico attribuito a piccoli granchi di mare.

grancèvola o **grancèola** [dal veneziano *granséola*; 1563] ***sf.*** grosso granchio marino commestibile ricercato per le sue carni pregiate e saporite.

granché o **gran che** [comp. di *gran*(*de*) e *che*; a. 1704] **I *pron. indef.*** cosa notevole, particolarmente interessante, usato spec. in espressioni litotiche: *questo libro non è un granché* **II *avv.*** molto (solo in frasi negative): *quel film non è granché bello.*

granchiàio (pl. *-ài*) [da *granchio*; 1834] ***sm.*** *region.* pescatore e venditore di granchi.

granchiésco (pl. *-schi*) [da *granchio*; 1869] ***agg.*** *non com.* da granchio, proprio del granchio.

grànchio (pl. *-chi*) [lat. *cancer*, *-cri*; fine sec. XIII] ***sm.*** **1.** nome generico di crostacei decapodi marini e di acqua dolce, con ampio torace rivestito di corazza pentagonale, addome ripiegato sotto di esso, otto zampe e due chele; molte specie sono commestibili **2.** *T.fal.* ferro a forchetta conficcato nel piano da lavoro, usato per tener fermo il legno da piallare ‖ penna del martello usata per togliere i chiodi **3.** *fig. fam.* errore, sbaglio grossolano che nasce da un equivoco: *prendere un granchio* **4.** *fig. pop.* crampo **5.** *ant.* la costellazione del Cancro ‖ *dim.* granchiétto, granchiolìno; *accr.* granchióne ‖ **N. 3.** *Sin.* abbaglio, cantonata.

grància V. GRANGIA.

grancipòrro [dal veneziano *gransiporo*; a. 1535] ***sm.*** **1.** nome di vari granchi marini di notevoli dimensioni **2.** *fig. non com.* errore madornale, abbaglio.

grancollàre [comp. di *gran*(*de*) e *collare*; 1869] ***sm.*** distintivo del più alto grado di alcuni ordini cavallereschi ‖ la persona che riveste tale grado.

grancordóne [comp. di *gran*(*de*) e *cordone*; 1869] ***sm.*** insegna dei gradi superiori degli ordini cavallereschi.

grancróce [comp. di *gran*(*de*) e *croce*; 1590] ***sf.*** il grado più elevato della maggior parte degli ordini cavallereschi ‖ la persona che ne è insignita.

grandangolàre [comp. di *gran*(*de*) e *angolo* con suff. agg.; 1956] ***agg.*** e ***sm.*** *T.fot.* di obiettivo con lunghezza focale inferiore al normale e ampio angolo di campo.

grandàngolo [comp. di *grande* e *angolo*; 1973] ***sm.*** grandangolare.

grànde [lat. *grandis*; sec. XII *grant*] **I *agg.*** (può presentare la forma elisa *grand'* davanti a vocale; davanti a consonante o a gruppi consonantici si tronca spesso in *gran*, per es. *un gran trambusto, un gran chiasso*; l'elisione e la posizione dell'agg. rispetto al nome spesso trasmettono variazioni di significato per es. *un gran dolore* e *un grande dolore, un uomo grande* e *un grand'uomo*) **1.** di dimensioni superiori a una norma perlopiù imprecisata: *una grande casa, una città grande, una grande montagna, occhi grandi, un armadio molto grande*; *camminare a grandi passi*, in fretta; in questo senso, freq. nella toponomastica: *la Grande Muraglia, Canal Grande, il Gran Paradiso* ‖ di dimensioni maggiori rispetto ad un'altra cosa della stessa specie (e in tal caso è posposto): *prendi il quaderno grande* ‖ nei paragoni, nelle misurazioni e nelle proposizioni interrogative indica la misura della superficie: *questo prato è più grande di quello; quanto è grande il tuo appartamento?* ‖ rif. a persona, di alta statura e più com. di età maggiore: *un uomo grande e grosso; il fratello più grande ha cinque anni più di lui*; adulto: *da grande farà il pilota d'aereo* **2.** di notevole importanza e rilievo: *incontrare grandi difficoltà; una grande occasione, fare grandi cose, un uomo di grande spirito; una gran mente*, una persona molto intelligente ‖ *gran cosa*, cosa eccezionale, pregevole, spec. in frasi negative: *lo spettacolo non mi è parso gran cosa* ‖ di notevole entità, intensità, forza o gravità: *subire grandi perdite, un gran vento, essere di grande aiuto, chiamare a gran voce, andare a gran velocità; una gran folla*, numerosa ‖ solenne, sontuoso: *messa grande, un gran ricevimento* ‖ preposto all'espressione che determina, ha spesso significato affine a *molto*: *non fa una gran differenza; se ne fa un gran parlare, avere una gran fame, ti voglio un gran bene* ‖ premesso a un sostantivo lo rafforza: *sei un gran farabutto, un gran bugiardo* ‖ premesso a un aggettivo lo rende superlativo: *una gran bella donna* **3.** rif. a persona, che eccelle sugli altri per doti, ingegno, capacità, autorità e sim.: *un grand'uomo, un poeta grande, un grande attore; rendere, fare grande*, rendere famoso, illustre ‖ posposto al nome di personaggi storici come appellativo di gloria: *Pietro il Grande*; preposto a titoli e insegne, indica grado elevato: *gran cancelliere* ‖ *per estens.* rif. a cosa, di pregio e valore: *un gran libro, un grande quadro; il gran mondo*, l'alta società; *una grande nazione*, forte e potente ‖ **grandeménte** ***avv.*** molto, assai: *apprezzo grandemente il tuo gesto* **II *sm.*** **1.** persona adulta: *i grandi devono dare il buon esempio; un film per grandi e piccini* **2.** (spec. *pl.*) persona di grande fama, potenza, ricchezza e sim.: *i grandi della storia, della politica* ‖ in Spagna, titolo conferito ai nobili: *i grandi di Spagna* **3.** (solo *sing.*) grandezza: *nella sua poesia c'è qualcosa di grande* ‖ *alla grande*, con fasto, con magnificenza ‖ *in grande*, in dimensioni o quantità superiori al normale: *commerciare, riprodurre in grande; fare le cose in grande*, senza badare a spese ‖ *dim.* grandétto, grandicèllo, grandìno; *accr.* grandóne, grandòtto; *pegg.* grandàccio ‖ **N. I 1.** *Sin.* alto, ampio, esteso, grosso, largo, lungo, vasto; ciclopico, colossale, enorme, gigantesco, immenso, imponente, mastodontico, monumentale, sconfinato, smisurato, sterminato; maturo | *Contr.* piccolo; bambino **2.** *Sin.* considerevole, importante, notevole, ragguardevole, rilevante; forte, intenso; abbondante, copioso, cospicuo, ingente, numeroso | *Contr.* insignificante, irrilevante, trascurabile **3.** *Sin.* eminente, esimio, famoso, illustre, sommo; autorevole, glorioso, potente; eccellente, straordinario | *Contr.* mediocre **II 2.** *Sin. big, vip* | *Contr.* nullità.

grandeggiàre (pres. *-éggio*) [da *grande*; a. 1313] ***intr.*** (aus. *avere*) **1.** essere, apparire grande, elevarsi sulle persone o cose circostanti, anche *fig.*: *la torre grandeggia sui monumenti della città; Dante grandeggia su tutti i poeti* **2.** vivere con sfarzo, ostentare ricchezza, darsi delle arie: *ha la mania di grandeggiare* ‖ **N. 1.** *Sin.* distinguersi, eccellere, emergere, imporsi.

grandézza [da *grande*; inizio sec. XIII *grande-*

zi] **sf.** **1.** l'insieme delle dimensioni di un oggetto, di una superficie: *la grandezza di una piazza, di un bicchiere, di un fiume; ritratto a grandezza naturale* || misura: *scatole di tutte le grandezze* **2.** *T.mat.* e *T.fis.* ogni ente, di qualsiasi natura, suscettibile di misurazione: *grandezze omogenee,* quando appartengono alla stessa specie; *grandezze commensurabili,* quando ammettono un sottomultiplo comune || *T.astr. grandezza stellare,* magnitudine: *stelle di prima grandezza,* quelle che hanno luminosità maggiore; *fig. è una stella di prima grandezza nel mondo dello spettacolo,* è un attore famoso e bravo **3.** proporzioni e dimensioni superiori alla media o alla normalità: *la grandezza del parco mi ha stupito;* anche *fig.*: *la grandezza di un delitto, di un'idea, di un'impresa, di un sentimento* **4.** condizione di persona o cosa che eccelle per potenza, fama, valore, autorità, pregio e sim.: *la grandezza di un monarca, di un artista, di un impero, di un'opera d'arte; grandezza d'animo,* magnanimità **5.** *ass.* fasto, pompa, sfarzo: *avere manie di grandezza,* ostentare potenza e ricchezza || **N.** **1.** *Sin.* mole, misura; ampiezza, capacità, estensione, larghezza, lunghezza, superficie, volume **3.** *Sin.* vastità; eccezionalità, gravità, importanza | *Contr.* piccolezza **4.** *Sin.* altezza, eccellenza, elevatezza, magnificenza, nobiltà, sublimità; perfezione **5.** *Sin.* lusso, onori. **Q.T.** *fisica.*

grandezzàta [da *grandezza*; 1869] **sf.** *non com.* atto con cui si ostenta grandezza || **N.** *Sin.* millanteria, spacconata.

grandezzóso [da *grandezza*; 1869] **agg.** detto di persona che si dà molte arie, spaccone.

grand-guignol (fr., pr. [grɑ̃ gi'ɲɔl]) [n. di un teatro di Parigi, da *Guignol,* n. di una marionetta; 1918] **sm.** *inv.* genere teatrale nato in Francia all'inizio del '900, caratterizzato dalla forte presenza di scene truculente o terrificanti.

grandguignolésco (pr. [grangiɲɲo'lesko]) V. GRANGUIGNOLESCO.

grandiflòra [comp. del lat. *grandis,* grande e un der. del lat. *flos, floris,* fiore; 1813] **agg.** (solo *f.*) detto di pianta che fa fiori più grandi del comune.

grandìgia (pl. *-gie* o *ge*) [da *grande*; sec. XIII] **sf.** *lett.* ostentazione di ricchezza e potenza || **N.** *Sin.* alterigia; pompa, sfarzo.

grandiglióne [dallo sp. *grandillon*; 1869] **sm.** (f. *-a*) *fam. tosc.* ragazzo già adulto nel fisico, ma che si comporta e ragiona ancora come un bambino.

grandiloquènte [comp. del lat. *grandis,* grande e *loquens, -entis,* ppr. di *loqui,* parlare; a. 1823] **agg.** *lett.* magniloquente, che si esprime con solennità.

grandiloquènza [comp. del lat. *grandis,* grande e di un der. del lat. *loqui,* parlare; a. 1803] **sf.** *lett.* l'esprimersi con uno stile elevato e solenne, anche *spreg.* || **N.** *Sin.* ampollosità, enfasi, magniloquenza.

grandinàre (pres. *gràndina*) [lat. *grandināre*; 1353] **intr.** *impers.* (aus. *essere* o *avere*) cadere la grandine: *grandina da dieci minuti* || *fig.* cadere in gran quantità e con forza come grandine: *le bombe grandinavano sulla popolazione* || **tr.** *ant.* scagliare in gran quantità: *i difensori a grandinar le pietre (...) incominciaro* (Tasso).

grandinàta [f. sost. di *grandinato,* pps. di *grandinare*; a. 1779] **sf.** caduta di grandine: *la grandinata ha rovinato la frutta* || *fig.* scarica: *grandinata di legnate, di insulti* || **N.** gragnola.

gràndine [lat. *grando, -inis*; 1282] **sf.** **1.** precipitazione atmosferica, più frequente in estate, costituita da chicchi di ghiaccio di dimensioni variabili: *chicchi di grandine grossi come noci* **2.** *fig.* serie di oggetti che cadono o vengono scagliati con forza: *grandine di sassi, di pugni, d'ingiurie* || *dim.* grandinìna || **N.** **2.** *Sin.* scarica, sequela. **Q.T.** *meteorologia.*

grandinìfugo (pl. *-ghi*) [comp. di *grandine* e *-fugo*; 1935] **agg.** detto di qualsiasi mezzo usato contro la grandine; *in part. razzo grandinifugo,* razzo che gli agricoltori sparano affinché, scoppiando all'interno delle nubi, impedisca la formazione della grandine.

grandinìna (*dim.* di *grandine*) [1940] **sf.** pasta da minestra a forma di piccoli chicchi pieni.

grandinìo (pl. *-ii*) [da *grandinare*; 1934] **sm.** il grandinare fitto, insistente, che dura a lungo.

grandinóso [dal lat. *grandinōsus,* carico di grandine; a. 1698] **agg.** misto a grandine: *pioggia grandinosa.*

grandiosità [da *grandioso*; 1696] **sf.** **1.** l'essere grandioso: *la grandiosità di uno spettacolo, di un monumento* **2.** (spec. *pl.*) ostentazione di grandezza: *le sue grandiosità gli sono costate care.*

grandióso [da *grande*; 1573] **I agg.** **1.** che colpisce l'attenzione per l'imponenza, la maestosità, l'importanza, il fasto e sim.: *una manifestazione grandiosa; un edificio, uno spettacolo grandioso* || che si propone realizzazioni importanti e imponenti, talvolta superiori alle possibilità: *idea, progetto grandiosi* **2.** rif. a persona, che fa sfoggio di ricchezza e di lusso: *dimostrarsi grandioso* || **grandiosaménte** **avv.** **II sm.** (f. *-a*) chi manifesta generosità e larghezza nello spendere, spesso superiori alle proprie possibilità: *fare il grandioso* || **N.** **I** **1.** *Sin.* colossale, imponente, lussuoso, maestoso, monumentale, pomposo, sfarzoso.

grand marnier ® (fr., pr. [grɑ̃ mar'nje]) [n. commerciale; 1988] **loc. m.** *inv.* *T.alim.* liquore francese a base di cognac e succo di arance amare.

grandùca (pl. *-chi*) [comp. di *gran(de)* e *duca*; a. 1590] **sm.** **1.** titolo di alcuni principi regnanti su un territorio costituito in granducato: *granduca di Toscana* **2.** in Russia, titolo onorifico concesso ai membri della famiglia reale || *dim.* granduchìno.

granducàle [da *granduca*; 1587] **agg.** proprio del granduca o del granducato.

granducàto [da *granduca*; 1581] **sm.** **1.** territorio governato da un granduca: *granducato di Lussemburgo* **2.** carica e titolo di granduca || periodo in cui un granduca resta in carica.

granduchéssa [comp. di *gran(de)* e *duchessa*; a. 1590] **sf.** **1.** moglie o figlia di un granduca **2.** sovrana di un granducato **3.** titolo che spettava alle principesse imperiali di Russia.

granduffìciàle o **grand'ufficiàle** [comp. di *grand(e)* e *ufficiale*; 1869] **sm.** titolo di grado elevato negli ordini cavallereschi || **N.** commendatore.

gràndula o **gràndule** [etim. inc., a. 1871] **sf.** genere di uccelli dei Columbiformi, simili a un piccione, con piumaggio prevalentemente grigio-verde o giallastro.

granellàre (pres. *-èllo*) [da *granello*; a. 1675] **tr.** **1.** ridurre in granelli **2.** ricoprire torte o pasticcini di mandorle tritate.

granèllo (pl. *-i*; tosc. con valore collettivo *le granella*) [da *grano*; 1308] **sm.** **1.** chicco di grano o di altri cereali: *un granello di miglio* || *per estens.* seme di alcuni frutti, in part. mele e pere || *meno com.* chicco d'uva **2.** *per estens.* qualsiasi cosa piccola e rotonda: *granello di sale, di polvere, di sabbia* || *fig.* quantità minima: *granello di buon senso, di pazzia* **3.** (solo *m. pl.*) in gastronomia, testicoli di animali da macello || *dim.* granellìno || **N.** **1.** *Sin.* chicco, seme; acino **2.** *Sin.* briciolo, pizzico.

granellosità [da *granelloso*; 1599] **sf.** l'essere granelloso.

granellóso [da *granello*; 1340 ca.] **agg.** *non com.* pieno di granelli, composto di granelli: *impasto, formaggio granelloso* || *superficie granellosa,* ruvida, scabra || **N.** *Sin.* granulare, granuloso.

grànfia [dal long. **krampf(a)*, uncino; 1499] **sf.** *non com.* zampa munita di artigli, grinfia; anche *fig.*: *cadere nelle granfie di qualcuno,* essere in suo potere || **N.** *Sin.* grinfia.

granfiàre (pres. *-ànfio*) [da *granfia*; 1869] **tr.** *non com.* afferrare con gli artigli, anche *fig.*

granfiàta [da *granfia*; 1869] **sf.** *non com.* **1.** il colpo dato con gli artigli e il segno che ne rimane **2.** *fig. raro* quanto si può afferrare con una mano, manata: *granfiata di monete.*

granghignolésco V. GRANGUIGNOLESCO.

gràngia o **grància** (pl. *-ge* o *-ce*) [dal fr. ant. *grancia,* luogo di deposito del grano; 1363] **sf.** **1.** *T.stor.* nel Medioevo, complesso rurale, comprendente persone, edifici e terreni, adiacente a un'abbazia benedettina, sotto la direzione dei monaci **2.** fabbricato rustico comprendente stalla e fienile per l'alpeggio estivo **3.** capannone adibito a deposito di attrezzi o prodotti agricoli.

grangière o **grancière** [da *grangia*; 1379] **sm.** fattore di una grangia.

gran guàrdia (meno com. *granguàrdia*) [comp. di *gran(de)* e *guardia*; 1512] **sf.** *T.mil.* in passato, nucleo di soldati agli avamposti, in servizio di guardia, per opporre una prima resistenza al nemico.

granguignolésco (pr. [graŋgiɲɲo'lesko]) o **grand guignolésco** o **granghignolésco** (pl. *-schi*) [da *grand guignol*; 1935] **agg.** macabro, orribile, terrificante, truculento.

granìcolo [da *grano*; 1956] **agg.** che riguarda la produzione e la coltivazione del grano.

granicoltùra [comp. di *grano* e *coltura*; 1955] **sf.** la coltivazione del grano.

granìfero [comp. di *grano* e *-fero*; 1557] **agg.** di terreno, che produce molto grano.

granigióne [da *granire*; 1803] **sf.** il granire dei cereali e il tempo in cui avviene.

granìglia [da *grano*; 1936] **sf.** pietra triturata, che impastata con cemento e altri materiali viene utilizzata nella produzione di piastrelle e sanitari.

granìre[1] (pres. *-ìsco, ìsci*) [da *grano*; sec. XIII] **intr.** (aus. *essere*) **1.** di cereali, e *per estens.* di altre piante, formare il chicco, il seme: *i piselli graniscono* **2.** *tosc.* detto di denti dei bambini, formarsi nelle gengive **3.** *fig. lett.* formarsi, prodursi || **tr.** *fig.* nel canto, *granire un suono, la voce,* dargli corpo, rotondezza.

granìre[2] (pres. *-ìsco, ìsci*) [da *grano*; sec. XV] **tr.** **1.** ridurre in grani **2.** rendere scabra una superficie di metallo, di vetro o una lastra tipografica.

granìsta [da *grana*; 1956] **s.** *pop.* piantagrane.

granìta [da *granire*[2]; 1863] **sf.** specie di gelato di consistenza granulosa ottenuto da succhi di frutta, caffè o sciroppi agitati durante il congelamento: *granita al limone* || *com.* bibita a base di ghiaccio triturato e sciroppo || **N.** *Sin.* gramolata, granatina.

granìtico (pl. *-ci*) [da *granito*[2]; 1817] **agg.** **1.** fatto di granito o che ha natura di granito: *roccia, monumento granitico* **2.** *fig.* forte, saldo, inflessibile: *volontà, onestà granitica.*

granìto[1] (*pps.* di *granire*[1]) [a. 1364] **agg.** **1.** detto di cereale, che ha messo i grani **2.** *fig. non com.* rif. a persona, in part. a donna, ben fatta, dalle forme procaci **3.** ridotto in granelli: *polvere granita,* polvere da sparo **4.** detto di superficie, ruvida, granulosa.

granìto[2] [da *granire*[1]; a. 1502] **sm.** roccia eruttiva durissima, a struttura granulare, formata in prevalenza da feldspati alcalini, quarzo e mica, usata in edilizia come materiale da rivestimento || *fig.* per simboleggiare saldezza, tenacia, resistenza: *fede, volontà di granito; un uomo forte, duro come il granito.*

granitóio (pl. *-ói*) [da *granire*²; 1868] **sm.** attrezzo simile a un cesello per granire superfici metalliche.
granitóre [da *granire*²; 1834] **sm.** (f. *-trice*) operaio addetto a lavori di granitura.
granitùra¹ [da *granire*¹; 1798] **sf.** il granire dei cereali e il periodo in cui avviene.
granitùra² [da *granire*²; a. 1571 nei sensi 2 e 3] **sf.** **1.** operazione di ridurre in grani una sostanza, in part. un esplosivo: *granitura della polvere da sparo* **2.** operazione di rendere granulosa una superficie metallica o di vetro, in part. una lastra tipografica **3.** in alcune monete, orlo rilevato costituito da tanti piccoli granelli. **Q.T.** *oreficeria.*
granìvoro [comp. di *grano* e *-voro*; 1887] **agg.** che si nutre di grano o di altri cereali: *uccelli granivori.*
granlàsco o **gràn làsco** v. LASCO.
gràno [lat. *grānum*; sec. XIV] **sm.** **1.** pianta erbacea annua delle Graminacee, che conta numerose specie, il cui frutto, contenuto in spighe, viene ridotto in farina e costituisce un elemento fondamentale dell'alimentazione umana in Occidente: *un campo di grano, mietere il grano* || *per estens.* denominazione di altre piante della stessa famiglia: *grano saraceno,* pianta da cui si ricava una farina grigiastra, di qualità meno pregiata, usata come foraggio; *grano turco,* v. GRANTURCO **2.** *per estens.* il frutto di tale pianta: *un sacco di grano, macinare il grano* || *grano tenero,* varietà maggiormente adatta alla produzione di pane; *grano duro,* varietà, meno friabile, di preferenza usata per produrre paste alimentari || *pl. non com.* cereali, granaglie **3.** granello, chicco: *un grano di pepe, di sabbia* || *per estens.* qualsiasi elemento piccolo e tondeggiante che fa parte di qualcosa: *i grani del rosario* || *fig.* quantità minima: *non hai un grano di buon senso* **4.** unità di misura di peso usata in farmacia e per i preziosi, equivalente in oreficeria a un quarto di carato **5.** (spec. *pl. le grana*) *T.num.* antica moneta di rame del Regno delle due Sicilie || **N.** **1.** *Sin.* frumento; barba, chicco o granello, culmo, gluma, pula o lolla o loppa, rachide, resta, spiga | accestire, accovonare, battere, granire, insaccare, macinare, maturare, mietere, ondeggiare, seminare, spulare, tallire, trebbiare | bica, covone | golpe, ruggine **2.** *Sin.* biada, frumento; cereali, granaglie, messe | granaio, mulino, silos, trebbiatrice, vaglio | crusca, farina, semola, semolino; farinacei; pane, pasta | amido, glutine.
granóne [da *grano*; 1799] **sm.** *region.* granturco.
granóso¹ [dal lat. *granōsus*; sec. XIV] **agg.** *non com.* **1.** pieno di grani **2.** che abbonda di grano: *campo granoso.*
granóso² [da *grana*²; 1957] **agg.** *gerg.* pieno di soldi, facoltoso: *un amico granoso.*
grantùrco o **granotùrco** [comp. di *grano* e *turco,* nel senso di esotico; 1687] **sm.** pianta erbacea delle Graminacee, originaria dell'America, con stelo grosso e alto, larghe foglie, frutti commestibili a cariosside gialli, bianchi o rossicci, raccolti in grosse spighe dette *pannocchie,* da cui si ricava una farina usata spec. per preparare la polenta || **N.** *Sin.* frumentone, granone, mais, meliga | scartocciare, sgranare | barba, cartoccio, chicco o granello, gambo, pannocchia, pennacchio, tutolo | polenta, pop corn.
granturìṣmo [comp. di *gran(de)* e *turismo*; 1970] **sf.** *inv.* autovettura sportiva coupé a due posti.
granulàre¹ [da *granulo*; 1798] **agg.** formato da piccoli granelli, ridotto in grani: *magnesia granulare; rocce a struttura granulare,* formate da cristalli tondeggianti più o meno della stessa grandezza.
granulàre² (pres. *grànulo*) [da *granulo*; 1798] **tr.** ridurre in granelli || **intr.** (aus. *essere*) e **intr. pron.** *T.med.* detto di ferita, formare il tessuto di granulazione proprio della fase iniziale di cicatrizzazione.
granulàto (*pps.* di *granulare*) [1968] **I agg.** ridotto in grani **II sm.** preparato farmaceutico per uso orale costituito da piccoli granelli ottenuti per agglomerazione di polveri.
granulatóre [da *granulare*²; 1956] **sm.** (f. *-trice*) **1.** operaio addetto alla riduzione in granuli di particolari sostanze; *in part.* frantoista **2.** frantoio per produrre graniglia o sabbia artificiale.
granulazióne [da *granulare*²; 1834] **sf.** **1.** riduzione in granelli di un materiale solido tramite frantumazione, oppure formazione di granelli di una sostanza in polvere tramite compattazione: *granulazione di un metallo; granulazione di un fertilizzante, di un farmaco, di un esplosivo* **2.** *T.med.* il complesso di granuli che si formano sulle lesioni nella fase iniziale del processo di cicatrizzazione: *tessuto di granulazione* **3.** *T.astr.* l'insieme dei granuli luminosi in risalto su un fondo scuro che costituiscono l'immagine della fotosfera solare **4.** *T.oref.* antica tecnica decorativa che utilizzava piccolissimi grani d'oro. **Q.T.** *oreficeria.*
grànulo [dal lat. tardo *grānulum*; 1901] **sm.** **1.** piccolo grano, granello **2.** *T.farm.* piccola pillola che contiene dosi minime di un farmaco.
granulocìto o **granulocita** [comp. di *granulo* e *-cito*; 1914] **sm.** *T.biol.* leucocito del sangue caratterizzato da granulazioni specifiche e da nucleo a più lobi.
granulòma [da *granulo* e *-oma*; 1881] **sm.** *T.med.* formazione nodulare di origine infiammatoria che istologicamente assomiglia al tessuto di granulazione: *granuloma tubercolare, apicale.*
granulomatòṣi [comp. di *granuloma* e *-osi*; 1956] **sf.** *T.med.* denominazione di varie forme morbose di varia origine, caratterizzate dalla formazione di numerosi granulomi, diffusi o localizzati in vari organi o sistemi.
granulomatóso [da *granuloma*; 1978] **agg.** *T.med.* che è proprio del granuloma, che ne ha l'aspetto e le proprietà.
granulometrìa [comp. di *granulo* e *-metria*; 1948] **sf.** **1.** determinazione della misura e della forma dei granuli che costituiscono una miscela incoerente **2.** distribuzione dei granuli di una miscela incoerente in base alla loro dimensione.
granulosità [da *granuloso*; 1926] **sf.** l'essere granuloso, costituzione granulosa.
granulóso [da *granulo,* sul modello del fr. *granuleux*; a. 1779] **agg.** formato da granelli, che contiene granuli: *impasto, struttura granulosa; superficie granulosa,* ruvida, scabra || **N.** *Sin.* granulare.
graphic design (ingl., pr. [ˌgræfɪk dɪˈzaɪn]) [comp. di *graphic,* grafico e *design,* disegno; 1983] **loc. m. inv.** nel settore della pubblicità e dell'editoria, progettazione e realizzazione grafica.
graphos (pr. it. [ˈgrafos]) [n. commerciale; 1985] **sf.** *inv.* penna per disegno a china con serbatoio per l'inchiostro e pennini intercambiabili con punte di varie dimensioni.
gràppa¹ [dal germ. **krappa,* uncino; 1598] **sf.** **1.** *T.edil.* asta di ferro ripiegata alle estremità, usata per collegare tra loro elementi di una struttura muraria o assicurare strutture pericolanti **2.** gancio metallico || *dim.* grappétta || **N.** **2.** *Sin.* griffa.
gràppa² [dal dial. sett. *grapa*; 1876] **sf.** acquavite ad alta gradazione alcolica che si ottiene dalla distillazione delle vinacce.
grappàre [da *grappa*¹; a. 1294] **tr.** *ant.* aggrappare.
grappétta (*dim.* di *grappa*¹) [1956] **sf.** **1.** piccola grappa **2.** *T.alp.* piccolo rampone applicato al tacco degli scarponi per muoversi meglio sul ghiaccio **3.** *T.med.* punto metallico con cui si tengono uniti i lembi di una ferita.
grappìno¹ [da *grappa*¹; a. 1798] **sm.** **1.** *T.mar.* ancorotto a quattro marre, senza ceppo, usato per ormeggiare imbarcazioni, in part. barche da pesca, o per rastrellare il fondo del mare alla ricerca di oggetti sommersi || *grappino d'arrembaggio,* specie di gancio usato in passato per agganciare le navi nemiche durante l'arrembaggio **2.** amo a più punte usato nella pesca con la lenza || **N.** **2.** *Sin.* ancoretta.
grappìno² [da *grappa*²; 1905] **sm.** bicchierino di grappa.
gràppolo [dal disus. *grappo,* grappolo; sec. XIV] **sm.** **1.** tipo di infiorescenza e di infruttescenza costituito da molti fiori e frutti riuniti per mezzo di peduncoli a un asse centrale allungato, in modo da formare una specie di piramide capovolta: *grappolo di acacia, di robinie, d'uva, di banane* **2.** *fig.* gruppo di persone, animali o cose che hanno l'aspetto di un grappolo: *grappolo di bambini, di api, di palloncini* || *dim.* grappolétto, grappolino, grappolùccio; *accr.* grappolóne || **N.** **1.** *Sin.* racemo; casco. **Q.T.** *enologia* **TAV.** *enologia* 2.3; *fiori...* **p. 671** 2.3, 2.4.
Graptolìti [comp. del gr. *graptós,* scritto e *líthos,* pietra; 1933 come sf.] **sm.** *pl.* *T.zool.* classe di organismi coloniali fossili marini diffusi nel periodo siluriano, utilizzati come fossili-guida per i terreni paleozoici.
grascèlla v. GRASSELLA.
grascéta [da *grascia*; 1803] **sf.** *ant.* e *region.* zona da pascolo ricca d'erba.
gràscia (pl. *-sce*) [lat. volg. **crassia,* neutro pl. di **crassius,* class. *crassus,* grasso; sec. XIV] **sf.** **1.** *ant.* grasso, spec. di maiale **2.** *T.stor.* nel Medioevo, denominazione generica dei viveri di prima necessità, in part. cereali || le imposte di consumo che gravavano sulla fornitura di tali vettovaglie **3.** *fig. ant.* abbondanza, ricchezza.
grascière [da *grascia*; 1683] **sm.** *T.stor.* ufficiale che sovrintendeva agli approvvigionamenti alimentari.
grasciòla v. GRASSELLA.
gràṣer (pr. [ˈgrazer]) [sigla di *g(amma) ra(y) (la)ser,* laser a raggi gamma; 1983] **sm.** *inv.* tipo di laser in grado di emettere un flusso di raggi gamma tanto intenso da folgorare a distanza un essere vivente o da innescare una bomba a neutroni.
gràspo [dal germ. **raspōn,* raccogliere alla rinfusa, mettere assieme, prob. con l'influsso di *gra(ppolo)*; sec. XIV] **sm.** **1.** raspo **2.** *ven.* grappolo.
grassàggio (pl. *-gi*) [da *grasso*²; 1955] **sm.** lubrificazione mediante grasso delle parti snodate di un autoveicolo, ingrassaggio.
grassatóre [dal lat. *grassātor, -ōris*; 1673] **sm.** (f. *-trice*) *non com.* chi compie aggressioni a mano armata a scopo di rapina || brigante, predone di strada.
grassazióne [dal lat. *grassātio, -ōnis*; 1673] **sf.** *non com.* aggressione a mano armata a scopo di rapina.
grassèlla o **grascèlla** o **grasciòla** [etim. inc.; a. 1548 ca.] **sf.** nell'arto posteriore dei quadrupedi, parte corrispondente alla rotula.
grassèllo [da *grasso*²; a. 1698] **sm.** **1.** pezzetto di grasso di carne, spec. di maiale, cotta o cruda: *grassello di salame* **2.** calce spenta mista ad acqua, che, miscelata con sabbia, viene utilizzata per preparare malte.
grassétto [da *grasso*¹; 1905] **agg.** e **sm.** *T.tip.* carattere di stampa a tratti grossi e più scuro, molto visibile || **N.** *Sin.* neretto.
grassézza [da *grasso*¹; 1353] **sf.** **1.** rif. a

persone e animali, l'essere grasso || rif. a terreno, fertilità, ricchezza di sostanze nutritive **2.** *fig. non com.* abbondanza, ricchezza || **N. 1.** *Sin.* adiposità, corpulenza, obesità, pinguedine.

gràsso[1] [lat. *grassus*, var. di *crassus*; a. 1292] ***agg.*** **1.** rif. a persone e animali, che ha il tessuto adiposo molto sviluppato e abbondante: *un tacchino bello grasso, devo mettermi a dieta perché sono troppo grassa, avere le gambe grasse* || *fam. spreg. grasso come un porco, un maiale*, eccessivamente grasso || *per estens. piante grasse*, piante, tipiche dei luoghi aridi, con fusto e foglie rigonfi e carnosi per la presenza di tessuto acquifero molto sviluppato || *per estens.* rif. a terreno, fertile, produttivo **2.** rif. a cibo, che contiene grassi animali o vegetali: *brodo grasso, carne grassa*; *formaggi grassi*, fatti con latte non scremato; *cucina grassa*, nella quale si fa molto uso di condimenti || *fig. settimana grassa, giovedì, martedì grasso*, l'ultima settimana e in part. gli ultimi giorni di carnevale, in cui si poteva consumare liberamente carne prima della Quaresima **3.** che ha aspetto untuoso: *pelle grassa, capelli grassi* || denso: *vapore, olio grasso* **4.** *fig.* lauto, abbondante: *fare grassi guadagni*; *annata grassa*, in cui il raccolto è stato abbondante; *promesse grasse*, utili, vantaggiose || *a farla grassa*, a dir molto, nella migliore delle ipotesi || *grasse risate*, sfrenate, smodate || *per estens.* agiato: *grassa borghesia*, le classi borghesi più ricche; *popolo grasso*, a Firenze, nel periodo dei Comuni, gli appartenenti alle arti maggiori **5.** *fig.* licenzioso, osceno: *discorsi grassi, barzellette grasse* || anche in funzione avverbiale: *parlare grasso*, in modo sboccato **6.** *T.chim. acidi grassi*, acidi organici monocarbossilici a catena lineare, contenenti numero pari di atomi di carbonio; possono essere saturi o insaturi || *serie grassa*, serie alifatica || *dim.* grassétto, grassìno, grassettìno, grassottìno, grassottèllo; *accr.* grassòccio, grassòtto, grassóne; *pegg.* grassàccio || **grassamènte** ***avv.*** **1.** con abbondanza: *vivere grassamente* **2.** in modo volgare o sguaiato || **N. 1.** *Sin.* adiposo, ciccione, corpulento, massiccio, obeso, paffuto, pasciuto, pingue, tondo | balena, maiale, pancione; taglie forti, taglie robuste | arrotondarsi, impinguarsi, impolparsi, ingrassare, metter su ciccia, pancia | *Contr.* esile, magro, snello **3.** *Sin.* oleoso, unto, untuoso; viscoso | *Contr.* secco **4.** *Sin.* opulento, ricco; vantaggioso **5.** *Sin.* sboccato, spinto, volgare.

gràsso[2] [da *grasso*[1]; 1310] ***sm.*** **1.** tessuto adiposo di uomini e animali: *grasso d'oca, di maiale*; *grasso sottocutaneo* || *fig. il grasso gli schizza dagli occhi*, si dice di chi è molto grasso || rif. a cibi, la parte grassa: *togliere il grasso dalla carne, dal prosciutto* || *fig. giorni di grasso*, quelli in cui la Chiesa permetteva il consumo di carne **2.** (spec. *pl.*) *T.chim.* sostanza organica, composto di carbonio, idrogeno e ossigeno, insolubile nell'acqua, derivata prevalentemente da esterificazione della glicerina con acidi grassi saturi e insaturi (*gliceridi*) || *in part.* trigliceride a consistenza solida o semisolida, di origine animale o vegetale (quelli a consistenza liquida sono più propriamente detti *oli*), per uso alimentare o industriale: *grassi naturali* || *grasso idrogenato*, grasso solido derivato da idrogenazione di oli non saturi, spec. vegetali, usato come grasso alimentare **3.** qualunque sostanza untuosa: *una macchia di grasso* || **N. 1.** *Sin.* adipe **2.** *Sin.* lipide | cere, gliceridi | burro, lardo, margarina, olio, strutto, sugo **3.** *Sin.* unto. **TAV. *anatomia*** **p. 642 19.12.**

grassòccio (pl. m. *-ci*; pl. f. *-ce*) (*accr.* di *grasso*) [1473] ***agg.*** piuttosto grasso: *un bimbo grassoccio* || *fig.* detto di discorso, lascivo, licenzioso.

grassóne (*accr.* di *grasso*) [1585] ***agg.*** e ***sm.*** (f. *-a*) persona molto grassa, spesso in senso spreg.: *non la smette mai di mangiare, quella grassona!* || **N.** *Sin.* ciccione, pancione, trippone.

grassùme [da *grasso*[2]; a. 1311] ***sm.*** **1.** *spreg.* quantità eccessiva di grasso o, rif. a persona, di adipe: *sarà difficile togliere tutto questo grassume dalle pentole* **2.** *non com.* concime animale.

gràta [lat. *cratis*, graticcio; 1353] ***sf.*** pannello traforato o struttura costituita da sbarre incrociate, piccole e fitte, di metallo o di legno, che consente il passaggio dell'aria e della luce: *la grata della finestra*; *in gen.* ogni struttura a intreccio posta a parziale chiusura o a protezione di un vano: *la grata del parlatorio, del confessionale* || *dim.* gratèlla.

gratèlla (*dim.* di *grata*) [1391 *gradela*] ***sf.*** **1.** piccola grata: *la gratella del lavandino* **2.** utensile da cucina, formato da un telaio di ferro a sbarre incrociate, munito di manico, usato per arrostire i cibi direttamente sulla fiamma || *dim.* gratellìna || **N. 2.** *Sin.* graticola, griglia.

gratìccia (pl. *-ce*) [da *graticcio*; sec. XIV] ***sf.*** **1.** soffitto del palcoscenico **2.** *T.pesc.* nassa.

graticciàre (pres. *-ìccio*) [da *graticcio*; 1834] ***tr.*** chiudere, coprire con un graticcio.

graticciàta [da *graticcio*; 1681] ***sf.*** copertura, sostegno fatto con graticci, in part. per rinforzare terreni in pendenza.

graticciàto (*pps.* di *graticciare*) [1617] ***sm.*** ripiano fatto con graticci su cui si mette la frutta per farla seccare o per conservarla.

gratìccio (pl. *-ci*) [lat. *cratīcius*; a. 1306] ***sm.*** **1.** struttura costituita da listelli intrecciati di legno, canne o altro materiale, usata come chiusura, copertura o sostegno: *casa a graticcio*, casa tipica dell'Europa del Nord, costruita con un'intelaiatura di travi di legno intrecciate || *muro a graticcio*, divisorio o recinzione costituiti da un muro di mattoni disposti a distanza regolare uno dall'altro in modo da lasciare degli spazi vuoti e formare disegni geometrici **2.** stuoia di canne o vimini intrecciati, usata per seccare la frutta e allevare bachi da seta.

gratìcola [da *grata*; sec. XIV] ***sf.*** **1.** arnese da cucina formato da una grata di ferro o da una lamiera ondulata per arrostire i cibi sulla fiamma: *cuocere il pesce sulla graticola* || strumento di tortura costituito da una grata di ferro su cui venivano bruciati i condannati **2.** piccola grata per chiudere aperture nei muri **3.** telaio di fili incrociati ad angolo retto, che, sovrapposto a un quadro o a un disegno, permette di riprodurlo esattamente variando o mantenendo le stesse dimensioni || **N. 1.** *Sin.* gratella, griglia, *grill* **2.** *Sin.* grata, inferriata.

graticolàre (pres. *-ìcolo*) [da *graticola*; prima metà sec. XVI] ***tr.*** **1.** formare o disporre un reticolato su un quadro per poterlo riprodurre **2.** *non com.* chiudere con una graticola.

graticolàto (*pps.* di *graticolare*) [a. 1498] **I** ***agg.*** **1.** chiuso con una graticola **2.** a forma di graticola **II** ***sm.*** **1.** chiusura perlopiù metallica o lignea fatta a forma di grata **2.** struttura di legni incrociati per sostenere piante o formare pergolati || **N. 2.** *Sin.* spalliera.

gratìfica [da *gratificare*; 1950] ***sf.*** compenso che si aggiunge alla retribuzione ordinaria, concesso dal datore di lavoro in particolari occasioni e circostanze: *gratifica natalizia, concedere una gratifica.*

gratificàre (pres. *-ìfico, -ìfichi*) [dal lat. *gratificāri*; a. 1527] ***tr.*** **1.** dare una gratifica, premiare con un compenso, spec. in denaro: *gratificare con una cifra consistente*; anche *iron.*, affibbiare gratuitamente e ingiustamente: *gratificare qualcuno di improperi, di legnate* **2.** procurare intima soddisfazione, appagamento, far crescere la stima di sé: *un lavoro di grande responsabilità che lo gratifica molto*; *sentirsi gratificato*, provare compiacimento e soddisfazione di sé || ***tr. pron.*** *lett.* ingraziarsi qualcuno || ***intr.*** (aus. *avere*) *ant. lett.* fare cosa gradita.

gratificazióne [da *gratificare*; 1598] ***sf.*** **1.** soddisfazione, appagamento: *i successi sportivi del figlio costituiscono un'importante gratificazione per lui* **2.** *ant.* gratifica.

gratìle [etim. inc.; 1607] ***sm.*** *T.mar.* cavo cucito nell'orlo intorno alle vele per aumentarne la resistenza || **N.** *Sin.* ralinga.

gratin (fr., pr. [gra'tɛ̃]) [da *gratter*, grattare; 1926] ***sm.*** *inv.* nella loc. *al gratin* indica una particolare maniera di cucinare i cibi al forno, cosparsi di besciamella, pane e formaggio grattugiato, che cuocendo formano una crosta dorata e croccante: *pasta al gratin* || la vivanda così cucinata: *gratin di verdure.*

gratinàre (pres. *-ino*) [da *gratin*; 1965] ***tr.*** cuocere al gratin.

gràtis [dal lat. *gratiis*, per le grazie, graziosamente; a. 1498] ***avv.*** gratuitamente, senza pagare o ricevere denaro: *viaggiare gratis sui treni, assistere gratis gli anziani* || rafforzato, spesso iron. nella loc. *gratis et amore Dei*, gratuitamente e per amor di Dio: *lavoro tutto il giorno gratis et amore Dei.*

gratitùdine [dal lat. **gratitudo, -inis*; a. 1348] ***sf.*** sentimento dell'animo per cui si riconosce un beneficio ricevuto e, conservandone il ricordo, ci si mostra disposti a contraccambiarlo: *provare, nutrire gratitudine per qualcuno*; *dimostrare la propria gratitudine*; *un segno di sincera gratitudine* || **N.** *Sin.* riconoscenza | *Contr.* ingratitudine.

gràto [lat. *grātus*; a. 1292] ***agg.*** **1.** che prova gratitudine, riconoscente: *animo grato*; *ti sono grato per l'aiuto che mi hai offerto* **2.** bene accetto, che procura piacere: *un grato ricordo, una grata compagnia, accoglienza*; *un sapore, un suono grato* || **N. 1.** *Sin.* obbligato **2.** *Sin.* caro, gradevole, gradito, piacevole.

grattabùgia (pl. *-gie* o *-ge*) [dal provenz. ant. *grataboyssa*; 1540] ***sf.*** *raro* grattapugia.

grattacàcia (pl. *-cie*) (meno com. *grattacàcio*; pl. *-ci*) [comp. di *gratta(re)* e *cacio*; 1354] ***sf.*** *region.* grattugia.

grattacàpo [comp. di *gratta(re)* e *capo*; a. 1530] ***sm.*** fastidio, preoccupazione: *questo ragazzino mi dà un sacco di grattacapi* || **N.** *Sin.* briga, cruccio, noia, pensiero, seccatura.

grattacièlo [comp. di *gratta(re)* e *cielo*, sul modello dell'ingl. *sky-skrapers*; 1908] ***sm.*** edificio altissimo, con molti piani, per abitazioni o per uffici: *i grattacieli di New York.*

grattaménto [da *grattare*; a. 1635] ***sm.*** *non com.* l'atto e l'effetto del grattare e del grattarsi || il rumore che si fa grattando.

grattapùgia (pl. *-gie* o *-ge*) [dal provenz. ant. *grataboyssa*; a. 1492] ***sf.*** **1.** *T.oref.* pennello di fili di ottone usato per pulire i metalli prima della doratura **2.** *T.tip.* pennello simile usato dai fonditori di caratteri per pulire i punzoni.

grattàre [dal germ. **krattōn*, prob. attr. il provenz. *gratar*, a. 1311] ***tr.*** **1.** sfregare la pelle con le unghie per eliminare il prurito: *grattare il naso, le braccia, la schiena* || *fig. grattar la pancia alla cicala*, provocare qualcuno a parlare; *grattar dove prude*, parlare di cose che interessano chi ascolta **2.** *per estens.* raschiare, graffiare: *grattare la tappezzeria da un muro, la vernice con la carta vetro* || rif. a formaggio, pane e simili, grattugiare || *scherz.* rif. a strumento musicale a corde, suonarlo male: *grattare il violino* **3.** *fig. pop.* rubare: *mi hanno grattato il portafoglio sull'autobus* || ***rifl.*** e ***rifl. indir.*** passarsi le unghie sulla pelle o strofinarsi contro qualcosa per togliere il prurito: *devi cercare di non grattarti*; *gli orsi si grattano contro gli alberi* || *grattarsi la testa, il capo*, anche per mostrare imbarazzo o preoccupazione; *fig. pop. grattarsi* *la pancia, le ginocchia,* stare senza far niente || ***intr.*** (aus. *avere*) detto di meccanismi, stridere, provocare attrito: *la puntina del giradischi gratta* || *in part.* provocare un rumore stridulo ingranando male le marce di un autoveicolo || **N. 2.** *Sin.* fregare, raspare, sfregare; strimpellare **3.** *Sin.* fregare, sgraffignare.

grattàta [da *grattare*; 1565] ***sf.*** **1.** l'atto del grattare o del grattarsi: *dammi una bella grattata alla schiena* **2.** il rumore prodotto dall'innesto difettoso di una marcia in un autoveicolo, dovuto allo sfregamento degli ingranaggi || *dim.* grattatina.

grattàto (*pps.* di *grattare*) [prima metà sec. XV] ***agg.*** grattugiato: *formaggio grattato; pan grattato* (o *pangrattato*), pane ridotto in minutissime briciole, usato spec. per impanare i cibi.

grattatóre [da *grattare*; a. 1686] ***agg.*** e ***sm.*** (f. *-trice*) *non com.* chi, che gratta.

grattatùra [da *grattare*; a. 1449] ***sf.*** **1.** il grattare e il segno che resta sulla superficie grattata **2.** *non com.* l'operazione di grattugiare e la sostanza grattugiata: *una grattatura di limone.*

grattino [da *grattare*; 1869] ***sm.*** **1.** strumento d'acciaio con lama triangolare usato dagli incisori per togliere il riccio lasciato dal bulino **2.** raschietto per cancellare uno scritto.

grattonismo [dal n. del musicista udinese del XVIII sec. Pietro *Grattoni* d'Alcano; 1839] ***sm.*** *T.mus.* in composizioni bipartite, spec. nel '700, anomalia consistente nella mancata modulazione di dominante alla fine della 1^a parte || *per estens.* errore grossolano nel comporre musica.

grattùgia (pl. *-gie* o *-ge*) [dal provenz. ant. *gratusa*, da *gratar*, grattare; a. 1388] ***sf.*** arnese da cucina, di lamiera, di vetro o di plastica, leggermente ricurvo, con numerosi buchi dall'orlo rilevato o punte in rilievo, su cui si sfregano pezzi di formaggio, di pane, frutta, verdura o altro, per ridurli in briciole o in scaglie || *dim.* grattugétta, grattugìna.

grattugiaformàggio (pl. *-gi*) [comp. di *grattugia(re)* e *formaggio*; 1983] ***sm.*** elettrodomestico per grattugiare il formaggio, spec. il grana.

grattugiàre (pres. *-ùgio*) [da *grattugia*; 1353] ***tr.*** ridurre in briciole o in scaglie con la grattugia: *grattugiare una tavoletta di cioccolato, la scorza del limone.*

gratuità [dal lat. *gratuitas, -ātis*; 1598] ***sf.*** **1.** l'essere gratuito: *la gratuità del servizio ospedaliero* **2.** *fig.* l'essere senza fondamento, senza giustificazione: *la gratuità di un'affermazione, di un'offesa.*

gratùito [dal lat. *gratuītus*; 1321] ***agg.*** **1.** che non richiede alcuna spesa o alcun compenso: *ingresso, servizio, insegnamento gratuito* || *T.giur. gratuito patrocinio,* assistenza legale a spese dello Stato concessa ai poveri || *prestito gratuito,* senza interesse **2.** privo di fondamento, senza motivo o giustificazione: *una supposizione, un giudizio gratuito; insulti, accuse gratuite* || **gratuitaménte** ***avv.*** **1.** senza spesa, senza compenso, gratis **2.** senza ragione, senza prove: *dici tutto ciò gratuitamente* || **N. 2.** *Sin.* arbitrario, immeritato, immotivato, infondato, ingiustificato.

gratulàre (pres. *gràtulo*) [dal lat. *gratulāri*, render grazie; 1321] ***intr.*** (aus. *essere*) e ***intr. pron.*** *poet.* congratularsi, rallegrarsi.

gratulatòrio [dal lat. tardo *gratulatōrius*; a. 1547] ***agg.*** *lett.* di congratulazione: *lettera gratulatoria.*

gràva [dal preromano **grava*; 1834] ***sf.*** nel Veneto, terreno piatto e ghiaioso di natura alluvionale lungo le rive del mare o di un fiume.

gravàbile [dal lat. tardo *gravābilis*; a. 1290] ***agg.*** *non com.* che può essere gravato d'imposta o di ipoteca: *bene, reddito gravabile.*

gravàme [dal lat. tardo *gravāmen*; 1483] ***sm.*** **1.** peso, obbligo che grava su una persona: *gravame di lavoro* || tassa, ipoteca: *gravame fiscale, una proprietà libera da gravami* **2.** *T.giur.* atto con cui si impugna una sentenza o un'ordinanza || **N. 1.** *Sin.* aggravio, carico; imposta, ipoteca, tributo.

gravaménto [da *gravare*; sec. XIV] ***sm.*** **1.** *non com.* l'atto e l'effetto del gravare; peso, gravezza **2.** *ant.* pignoramento dei mobili di un debitore insolvente.

gravàre [dal lat. *gravāre*; fine sec. XIII] ***intr.*** (aus. *avere*) premere col proprio peso su qualcuno o qualcosa, in senso proprio e fig.; opprimere: *l'arcata grava su due pilastri; il peso della famiglia grava tutto sulla vecchia madre; una spesa che grava fortemente sul bilancio; una terribile colpa grava sulla sua coscienza* || esercitare una pressione fiscale: *su quel fondo grava un'ipoteca* || *lett.* affliggere, dispiacere || ***tr.*** **1.** opprimere con pesi, obblighi, tributi: *gravare gli scolari di compiti, i cittadini di tasse* **2.** *ant.* pignorare i mobili di un debitore insolvente || ***rifl.*** assumersi un peso, spec. *fig.*: *gravarsi di una responsabilità* || **N. *intr.*** *Sin.* pesare, premere | ***tr.*** **1.** *Sin.* appesantire, caricare, opprimere | *Contr.* alleggerire, sgravare.

gravàto (*pps.* di *gravare*) [a. 1292] ***agg.*** su cui grava un peso, spec. *fig.*: *essere gravato di responsabilità* || caricato di imposta, tassa e sim.: *pacco postale gravato di assegno, fondo gravato da ipoteca.*

gràve [lat. *gravis*, pesante; a. 1250] **I** ***agg.*** **1.** che ha peso notevole: *carico, fardello grave* || *per estens.* carico, appesantito, che dà un senso di pesantezza: *occhi gravi dal sonno, sentirsi la testa grave; cibo grave,* difficile da digerire; *aria grave,* che opprime il respiro; *uomo grave d'anni,* anziano, vecchio **2.** *fig.* difficile da sopportare: *fatica, disagio grave; un grave dolore; disgrazia, perdita grave* || che affligge: *grave rimprovero* **3.** che richiede impegno e responsabilità, che comporta rischio o pericolo, che è motivo di apprensione per le conseguenze che può avere: *gravi preoccupazioni, difficoltà; prendere decisioni gravi, la situazione è grave, un grave incidente diplomatico, un grave intervento chirurgico; malato grave,* in pericolo di vita || di notevole entità, considerevole (gen. preposto al sostantivo): *grave errore, colpa, danno, pericolo; gravi spese, perdite* **4.** serio, austero: *atteggiamento, contegno grave; parlare in tono grave* || *stile grave,* solenne, sostenuto; *T.mus.* (anche *sm.*) nell'esecuzione di un passo musicale, detto di movimento in tempo lento e dal carattere solenne **5.** lento, tardo: *passi, movimenti gravi* **6.** *T.ling. accento grave,* in italiano, indica l'accento tonico spec. in parole tronche (per es. *verità, schiavitù, bontà*) e su monosillabi (*là, ciò, dì*) oppure indica il timbro aperto di *e, o* toniche (per es. *pèsca* contrapposto a *pésca, bòtte* contrapposto a *bótte*) **7.** *T.mus. nota, suono grave,* basso (contrapposto ad *acuto*) || **graveménte** ***avv.*** **1.** in modo grave, in misura considerevole: *si è infortunato gravemente* **2.** in modo solenne: *esprimere gravemente un giudizio* **II** ***sm.*** **1.** corpo soggetto alla forza di gravità, quindi dotato di peso: *la caduta dei gravi* **2.** cosa grave, seria nell'espr. *il grave è*: *il grave è che sai benissimo di agire male* || **N. 1.** *Sin.* greve, pesante; appesantito, gravato | *Contr.* leggero **2.** *Sin.* angoscioso, doloroso, duro, opprimente; molesto, spiacevole **3.** *Sin.* importante, minaccioso, pericoloso, preoccupante, serio; considerevole, notevole, rilevante | *Contr.* lieve **4.** *Sin.* autorevole, dignitoso, posato, severo **5.** *Sin.* pigro, stanco.

graveolènte [dal lat. *graveolentis*; 1793] ***agg.*** *lett.* che ha un odore spiacevole e nauseante.

graveolènza [da *graveolente*; 1714] ***sf.*** *lett.* odore forte e nauseabondo.

gravettiàno [dal fr. *gravettien*, da *La Gravette*, n. di un importante giacimento preistorico nel Périgord; 1956] ***agg.*** in paletnologia, termine usato per indicare quegli aspetti culturali del paleolitico superiore (in Europa) nel quale sono molto diffuse le punte e le lame a dorso ribattuto (dette appunto "di La Gravette").

gravézza [da *grave*; a. 1294] ***sf.*** **1.** la qualità di ciò che è grave, pesantezza: *gravezza di un cibo* || senso di peso: *avvertire gravezza allo stomaco* **2.** *lett.* molestia, disagio **3.** *ant.* tributo, imposta.

gravicémbalo [var. di *clavicembalo*, con influsso di *grave*; sec. XV] ***sm.*** *ant.* clavicembalo.

gravidànza [da *gravido*; sec. XIV] ***sf.*** condizione in cui si trova la donna e ogni altra femmina dei mammiferi dal momento della fecondazione al parto: *gravidanza gemellare, extrauterina; una gravidanza difficile* || **N.** *Sin.* gestazione.

gravidico (pl. *-ci*) [da *gravido*; 1958] ***agg.*** **1.** *T.biol.* di gravidanza, derivante da gravidanza: *ingrassamento gravidico* **2.** *T.fis.* gravitazionale: *la massa gravidica.*

gravidismo [da *gravido*; 1970] ***sm.*** *T.med.* insieme dei sintomi accusati nel corso della gravidanza.

gràvido [dal lat. *gravidus*; 1282 *graveda*] ***agg.*** **1.** rif. a donna e a femmina di mammifero che è in stato di gravidanza: *essere gravida per la seconda volta; una cavalla gravida* **2.** *fig.* carico, pieno: *un periodo storico gravido di ripensamenti ideologici; parole gravide di oscuri significati* || *tosc. panino gravido,* panino imbottito || **N. 1.** *Sin.* incinta, pregna; gestante **2.** *Sin.* pregno, saturo.

gravimetria [comp. di *gravi(tà)* e *-metria*; 1933] ***sf.*** **1.** *T.fis.* parte della geofisica che si occupa dello studio e della misurazione della gravità terrestre in tutte le sue variazioni **2.** *T.chim.* complesso dei metodi per determinare la densità di una sostanza e il peso degli elementi che la costituiscono.

gravimètrico (pl. *-ci*) [da *gravimetria*; 1907] ***agg.*** *T.fis.* relativo alla gravimetria: *osservazione, stazione gravimetrica* || *T.chim. analisi gravimetrica,* analisi quantitativa per determinare la percentuale in peso di un elemento in un composto, ottenuta facendo precipitare detto elemento in un altro composto definito di cui si determina il peso.

gravìmetro [comp. di *gravi(tà)* e *-metro*; 1869] ***sm.*** strumento per misurare l'accelerazione di gravità e lievi variazioni tra un punto e l'altro della superficie terrestre.

gravina[1] [etim. inc.; a. 1566] ***sf.*** specie di piccone con manico di legno il cui ferro da una parte serve come zappa e dall'altra parte termina a punta.

gravina[2] [dal preromano **grava*; 1952] ***sf.*** vallone di erosione profondamente scavato dalle acque in rocce calcaree, con pareti scoscese.

gravióne V. GRAVITONE.

gravità [dal lat. *gravitas, -ātis*; a. 1311] ***sf.*** *inv.* **1.** l'essere grave, serio, preoccupante: *la gravità di una malattia, di un terremoto, di un provvedimento, di un pericolo; la gravità del momento* || *per estens.* l'essere insopportabile, spiacevole: *la gravità di un rimprovero, di un'offesa* **2.** l'essere austero, serietà, compostezza: *la gravità di un uomo, di un volto; parlare con gravità* || *per estens.* solennità: *la gravità dello stile* **3.** *T.fis.* forza che attrae tutti i corpi verso il centro della Terra e conferisce loro la proprietà di cadere verticalmente al suolo: *legge, forza di gravità* || *a gravità,* detto di impianti e dispositivi che per funzionare sfruttano la forza di gravità **4.** *T.mus.* rif. a suono, l'essere a bassa frequenza || **N. 1.** *Sin.* importanza, pericolosità, serietà **2.** *Sin.* austerità, autorevolezza; decoro, dignità, fierezza, imponenza, sussiego; solennità, sostenutezza.

gravitàre (pres. *gràvito*) [da *gravità*; a. 1642] ***intr.*** (aus. *avere*) **1.** muoversi attorno a un punto o tendere ad esso per effetto della gravitazione: *i pianeti gravitano attorno al Sole* || *fig.* subire l'attrazione e l'influenza di un'idea, una persona, un organismo politico o economico e muoversi nella sua orbita: *i paesi della cintura gravitano attorno al centro urbano*; *associazioni di intellettuali che gravitano nell'area di un partito* **2.** premere col proprio peso: *l'architrave gravita sui pilastri* || **N. 1.** *Sin.* orbitare **2.** *Sin.* gravare, pesare, poggiare.

gravitazionàle [dall'ingl. *gravitational*; 1933] ***agg.*** *T.fis.* relativo alla gravitazione: *energia, campo gravitazionale.*

gravitazióne [dall'ingl. *gravitation*; 1731] ***sf.*** *T.fis.* attrazione che si esercita reciprocamente fra i corpi in misura direttamente proporzionale al prodotto delle loro masse e inversamente proporzionale al quadrato della loro distanza: *legge di gravitazione terrestre.*

gravitóne o **gravióne** [comp. di *gravi(tà)* e *-one*[3]; 1956] ***sm.*** *T.fis.* particella elementare del campo gravitazionale.

gravosità [da *gravoso*; a. 1729] ***sf.*** l'essere gravoso, molesto, difficile da sopportare: *gravosità dei rincari, di un incarico, delle condizioni di pace.*

gravóso [da *grave*; a. 1292] ***agg.*** che costituisce un peso, opprimente, duro da sopportare: *impegno, lavoro, obbligo gravoso*; *patti, studi gravosi* || *non com.* rif. a persona, molesto || **gravosaménte** ***avv.*** || **N.** *Sin.* faticoso, oneroso, penoso, pesante.

gràzia [lat. *grātia*; 1250 *gracia*] ***sf.*** **1.** qualità di ciò che piace per una certa spontanea e delicata bellezza, semplicità e armonia: *la grazia del portamento, dei lineamenti, di un volto*; *la grazia di un verso, di un balletto*; *muoversi, parlare con grazia* || *Vostra Grazia*, titolo che in Inghilterra si dà ai nobili e ai sovrani || (*pl.*) rif. a donna, insieme di gesti, atteggiamenti e attributi fisici: *sedurre con le proprie grazie, concedere le proprie grazie a qualcuno* || (*pl.*) *T.mit.* *le Grazie*, le tre divinità dispensatrici di bellezza e leggiadria agli uomini e alla natura; in tono spesso iron. rif. a ragazze che si credono carine **2.** contegno garbato, maniere gentili: *accogliere qualcuno, porgere qualcosa con grazia*; *con buona, mala grazia*, con o senza garbo; *essere senza garbo né grazia*, si dice di cosa malfatta o di persona sgradevole e sgarbata **3.** disposizione d'animo benevola verso gli altri: *gode la grazia del sovrano*; *essere, entrare nelle (buone) grazie di qualcuno*, riuscirgli gradito, accattivarsene il favore; *avere qualcuno nelle proprie grazie*, essere ben disposto nei suoi confronti **4.** concessione straordinaria che costituisce un atto di generosità: *fare grazia a qualcuno di qualcosa*, dispensarlo da un obbligo, una responsabilità, un fastidio; *per estens.* beneficio, privilegio: *in tutto il giorno non ho avuto la grazia di vederti* || nelle formule di cortesia, *di grazia*, per favore; *con vostra buona grazia*, con il vostro permesso || *colpo di grazia*, in un'esecuzione capitale il colpo che si dà al condannato per aver certezza della sua morte o per troncare la sua agonia; *fig.* avvenimento che, dopo una serie di fatti negativi, determina il tracollo definitivo: *avevamo avuto parecchi guai quest'anno, ma l'incendio del negozio è stato il colpo di grazia* || *T.giur.* condono totale o parziale della pena accordato dal capo dello Stato al singolo individuo: *fu condannato all'ergastolo ma gli è stata concessa la grazia, inoltrare domanda di grazia* **5.** concessione richiesta dal credente, come dono miracoloso, direttamente a Dio o per intercessione della Madonna o dei Santi: *prego Dio che mi faccia la grazia di guarire*; *la Vergine, San Gennaro mi ha fatto la grazia*; *per grazia ricevuta*, formula con cui si accompagnano gli ex-voto || *troppa grazia (Sant'Antonio)!*, per indicare un beneficio concesso in abbondanza; spec. *iron.*; *grazia di Dio*, abbondanza di beni utili all'uomo; *fam.* *per grazia di Dio*, per fortuna || *T.teol.* dono soprannaturale che Dio elargisce gratuitamente agli uomini come aiuto verso la salvezza: *grazia abituale*, che risiede nell'animo di ciascun uomo; *stato di grazia*, condizione dell'anima libera da peccato mortale; *fig.* condizione di particolare benessere spirituale e fisico || *fig.* *essere fuori dalla grazia di Dio*, essere molto arrabbiato || *morire in grazia di Dio*, liberi dal peccato; *fig.* *in grazia di Dio*, come si deve: *vestiti un po' in grazia di Dio* || *per grazia di Dio*, per fortuna || *anno di grazia*, in passato, formula per indicare gli anni dell'era volgare **6.** (spec. *pl.*) riconoscenza: *rendere grazie a qualcuno*, ringraziarlo, dimostrargli gratitudine per un beneficio ricevuto **7.** nella loc. *in grazia di*, per merito, in considerazione, in virtù di: *ha ottenuto quel posto in grazia delle sue conoscenze* **8.** (*pl.*) *T.tip.* estremità sottili e ornamentali delle aste di alcuni caratteri tipografici || *dim.* graziétta, graziettìna; *pegg.* graziàccia || **N. 1.** *Sin.* armonia, attrattiva, eleganza, gradevolezza, incanto, leggiadria, piacevolezza, soavità **2.** *Sin.* amabilità, cortesia, delicatezza, finezza, garbo, gentilezza **3.** *Sin.* benevolenza, favore, predilezione, simpatia, stima **4.** *Sin.* beneficio, dono, favore | accordare, avere, chiedere, concedere, domandare, elargire, impetrare, implorare, ottenere, ricevere, supplicare **5.** abituale, attuale, battesimale, giustificante, sacramentale, santificante, sufficiente **6.** *Sin.* gratitudine, ringraziamento. **Q.T.** *religione.*

graziàbile [da *graziare*; a. 1705] ***agg.*** che può essere graziato; meritevole di grazia.

graziàre (pres. *gràzio*) [da *grazia*; sec. XIV] ***tr.*** **1.** concedere la grazia a un condannato condonandogli o commutandogli la pena: *lo hanno graziato dopo trent'anni di galera* **2.** spec. al passivo *essere graziato*, ottenere una grazia da Dio, dalla Madonna: *è stato graziato dalla Vergine di Lourdes* **3.** *non com.* concedere, elargire qualcosa per grazia, per cortesia: *graziare qualcuno di un sorriso, di un saluto, di un beneficio.*

graziàto (*pps.* di *graziare*) [a. 1600] ***agg.*** e ***sm.*** (f. *-a*) **1.** che, chi ha avuto un condono della pena **2.** chi ha ottenuto una grazia, miracolato: *un lebbroso graziato.*

gràzie [pl. di *grazia*; 1801] **I** formula cortese di gratitudine e ringraziamento: *grazie del passaggio, del caffè*; *grazie per l'invito*; *dire grazie*, ringraziare; usata spec. nelle risposte: *sì, no, grazie!, grazie tanto!, grazie di cuore, di tutto* || talvolta mantiene il valore di sf. pl.: *grazie mille, grazie infinite!*; *grazie tante!*, si dice ironicamente in riferimento a cosa ovvia e universalmente condivisa: *vorresti vincere al Totocalcio? grazie tante!* **II** nella ***loc. prep.*** *grazie a*, per merito di: *grazie al tuo interessamento ho avuto subito una risposta*; *grazie a Dio, al cielo*, espressioni per manifestare soddisfazione e compiacimento per la buona riuscita di qualcosa **III** ***sm.*** *inv.* ringraziamento: *un grazie particolare a chi mi è stato vicino in questo triste momento.*

graziòla [da *grazia*, per le qualità terapeutiche; 1563] ***sf.*** pianta erbacea delle Scrofulariacee dalle foglie lamellate e dai fiori di colore giallastro, diffusa in zone acquitrinose || **N.** *Sin.* tossicaria.

graziosità [da *grazioso*; sec. XIV *graziositade*] ***sf.*** *non com.* l'essere grazioso.

grazióso [dal lat. *gratiōsus*; a. 1257 ca.] **I** ***agg.*** **1.** che ha grazia, fatto con grazia: *una graziosa bambina*; *un sorriso, un braccialetto grazioso* || piacevole: *una canzone, una storiella graziosa* **2.** affabile e disposto a concedere benefici, rif. spec. a prìncipi: *il nostro grazioso sovrano*; anche come titolo di cerimonia: *sua maestà graziosissima* **3.** *lett.* gratuito, concesso per generosità e benevolenza: *per graziosa intercessione* || **graziosaménte** ***avv.*** con grazia || *lett.* con cortesia e benevolenza: *la sala è stata graziosamente concessa dal Comune* **II** ***sm.*** (f. *-a*) nell'espr. *fare il grazioso*, usare maniere affettate per accattivarsi le simpatie di qualcuno || **N. 1.** *Sin.* aggraziato, attraente, carino, fine, garbato, leggiadro, soave; divertente, gradevole, simpatico **2.** *Sin.* amabile, bendisposto, benevolo, cortese.

grèca [f. sost. di *greco*; 1869] ***sf.*** **1.** motivo ornamentale costituito da una linea spezzata che procede a zig-zag formando angoli retti a intervalli regolari || *in part.* ricamo in oro e argento a forma di greca che indica il grado di ufficiali generali e ammiragli **2.** antico abito da donna con maniche corte e larghe ricamate a motivi geometrici sui bordi.

grecàggio (pl. *-gi*) [dal fr. *grecage*; 1956] ***sm.*** in legatoria, l'operazione di praticare sul dorso dei libri le intaccature in cui passano gli spaghi.

grecalàta [da *grecale*; 1889] ***sf.*** colpo di vento grecale e conseguente mareggiata.

grecàle [dal lat. tardo *Graecālis*; 1584] ***agg.*** e ***sm.*** vento mediterraneo che spira da nord-est, fra la tramontana e il levante || la direzione cardinale corrispondente al nord-est.

grecànico (pl. *-ci*) [dal lat. *Graecānicus*; 1546] ***agg.*** non propriamente greco, ma che ha attinenza con la Grecia per origine o per imitazione: *pittura, arte grecanica*; *re grecanico di Sicilia* || **N.** italiota.

grecàre (pres. *grèco, grèchi*) [dal fr. *grecquer*; 1956] ***tr.*** fare sul dorso dei libri le intaccature per gli spaghi che tengono la cucitura.

grecàto [da *greca*; 1983] ***agg.*** che ha forma di greca: *lamiera grecata*, dal profilo a greca.

grecheggiàre (pres. *-éggio*) [da *greco*; seconda metà sec. XIV] ***intr.*** (aus. *avere*) imitare i Greci e i loro costumi || usare voci e locuzioni proprie della lingua greca.

grechésco (pl. *-schi*) [da *greco*; a. 1294] ***agg.*** *ant.* della Grecia; alla maniera greca.

grechétto [da *greco*, nel senso di vino di Grecia; a. 1698] ***sm.*** uva dorata a piccoli grappoli e con acini fitti || il vino dolce che se ne ricava || **N.** *Sin.* malvasia.

grecile o **gricile** [etim. inc.; 1959] ***sm.*** *rom.* ventriglio di pollo.

grecìṣmo [da *greco*; a. 1600] ***sm.*** parola, locuzione, costrutto propri della lingua greca trasportati in un'altra lingua.

grecìsta [da *greco*; a. 1712] ***s.*** studioso della civiltà, lingua e letteratura della Grecia classica.

grecità [dal lat. tardo *graecitas, -ātis*; 1821] ***sf.*** **1.** l'essere conforme all'uso linguistico greco: *una locuzione di dubbia grecità* **2.** l'insieme delle espressioni artistiche, letterarie, culturali della civiltà greca nel suo sviluppo storico: *un'opera della grecità classica.*

greciẓẓàre [dal lat. tardo *graecizāre*; a. 1527] ***tr.*** dare forma greca a voci di un'altra lingua: *i poeti dell'Arcadia grecizzavano il loro nome* || assimilare alla civiltà e alla cultura greca: *gran parte dell'Italia meridionale fu grecizzata* || ***intr.*** (aus. *avere*) imitare usi e costumi greci || usare modi e costrutti della lingua greca.

grèco (pl. *-ci*) [lat. *Graecus*; sec. XIII] **I** ***agg.*** proprio della Grecia classica o moderna: *civiltà, lingua, letteratura, mitologia greca*; *arcipelago, popolo greco* || *rito greco*, quello dei cristiani greci rimasti fedeli alla chiesa di Roma dopo lo scisma d'Oriente; *Chiesa greca*, sia la chiesa autonoma ortodossa, sia la chiesa cattolica di rito greco || *profilo greco*, in cui il naso continua la linea della fronte senza rientrare all'altezza delle sopracciglia || *croce greca*, a bracci uguali || *fede greca*, slealtà, falsità || *alla greca*, secondo l'uso dei greci || **grecaménte** *avv.* secondo lo stile e il modo greco **II** *sm.* **1.** (f. *-a*) nativo, abitante della Grecia **2.** la lingua greca antica e moderna: *studiare, parlare il greco* **3.** grecale **4.** vitigno a uva bianca e nera diffuso nell'Italia meridionale || il vino liquoroso che se ne ricava || *dim.* grechétto, grechìno; *spreg.* grecàstro, grecùccio; *pegg.* grecàccio || **N. I** *Sin.* ellenico; alessandrino, ellenistico **II 2.** koinè, neogreco. **TAV.** *alfabeti* 4; *architettura* **p. 646** 4, 9.

grecòfono [comp. di *greco* e *-fono*; 1983 come sm.] **I** *agg.* che parla greco: *le comunità grecofone del Salento* **II** *sm.* (f. *-a*) chi parla greco.

grèco-ortodòsso o **grecoortodòsso** (pl. *grèco-ortodòssi*) [comp. di *greco* e *ortodosso*; a. 1835] **I** *agg.* relativo alla chiesa cristiana d'Oriente **II** *sm.* appartenente alla chiesa cristiana d'Oriente.

grèco-romàno (pl. *grèco-romàni*) [comp. di *greco* e *romano*; a. 1798] *agg.* relativo alla civiltà greca e romana: *religione greco-romana* || *T.sport. lotta greco-romana,* tipo di lotta che si disputa parte in piedi e parte coi ginocchi a terra, in cui le prese possibili tra i lottatori sono più ridotte rispetto alla lotta libera. **TAV.** *atletica* **p. 657** 3.2; *tempio* **p. 1335** 3.

grèculo [dal lat. *Graeculus*; a. 1597] *agg.* e *sm. spreg.* appellativo usato nell'antica Roma per indicare i retori e i filosofi troppo pedanti giunti dalla Grecia.

green (ingl., pr. [gri:n]) [propr. verde, poi prato; *putting-green,* 1933] *sm. inv. T.sport.* nel campo da golf, il tratto di prato rasato attorno alla buca.

gregàle [dal lat. *gregālis*; 1557] *agg. non com.* proprio del gregge: *istinto gregale* || che vive in gregge: *animali gregali.*

gregàrio (pl. *-ri*) [dal lat. *gregārius,* che appartiene al gregge; a. 1347] **I** *sm.* (f. *-a*) **1.** soldato semplice || *per estens.* chi fa parte di un'organizzazione o di un partito senza avere responsabilità direttive o prendere decisioni autonome: *in quell'associazione non è che un semplice gregario* **2.** *T.sport.* corridore, spec. ciclista, che ha il compito di aiutare il capitano della squadra ad ottenere un buon piazzamento **II** *agg.* **1.** privo di autonomia, che tende a seguire le iniziative altrui: *spirito gregario* **2.** *T.biol.* detto di animale che vive in gruppo o di pianta che cresce in molti esemplari nello stesso luogo || *istinto gregario,* che spinge uomini e animali a unirsi in gruppo || **N. I 1.** *Sin.* subalterno.

gregarịsmo [da *gregario*; 1959] *sm.* **1.** tendenza ad adattarsi passivamente alle direttive altrui o alle convenzioni sociali senza assumere iniziative personali **2.** *T.biol.* tendenza di alcuni animali e piante a vivere riuniti in gruppi più o meno numerosi.

grégge [lat. *grex, gregis*; sec. XIII] *sm.* **1.** quantità notevole di ovini radunati sotto la guida di un pastore: *portare al pascolo un gregge di pecore*; *gregge stazionario,* che vive sempre nella stessa località; *gregge transumante,* che trascorre l'estate in montagna e l'inverno in pianura **2.** *fig.* nel linguaggio religioso, l'insieme dei fedeli posti sotto la guida spirituale del sacerdote (*pastore*): *il gregge del Signore* **3.** *fig. spreg.* moltitudine di persone prive di autonomia e iniziativa, che ubbidiscono e si adeguano passivamente alle direttive altrui: *quel popolo è un gregge di schiavi*; *il gregge degli imitatori* || *uscire dal gregge,* distinguersi dalla massa || **N. 1.** armento, branco, mandria **3.** *Sin.* branco, massa, torma.

gréggia (pl. f. *-ge*) [pl. disus. di *gregge*; sec. XIV] *sf. lett.* gregge: *andavan li altri de la trista greggia* (Dante).

gréggio (pl. m. *-gi,* pl. f. *-ge*) [etim. inc.; a. 1600] **I** *agg.* si dice di ogni materiale allo stato naturale, non ancora lavorato, trattato o raffinato: *tessuto, metallo, cuoio, petrolio greggio*; *lana, seta greggia* || *fig.* che richiede ancora lavoro, non perfettamente elaborato: *il tuo romanzo è ancora materia greggia*; *ingegno greggio,* rozzo, ancora da educare **II** *sm.* il petrolio non ancora raffinato: *il prezzo del greggio* || **N. I** *Sin.* grezzo, naturale; grossolano.

gregoriàno [dal n. proprio *Gregorio*; a. 1597] *agg.* relativo a un pontefice di nome Gregorio: *canto gregoriano* (anche *sm. gregoriano*), canto monodico liturgico ufficiale della chiesa cattolica, il cui repertorio è stato fissato e ordinato da Gregorio I; *calendario gregoriano,* quello introdotto dopo la riforma di Gregorio XIII nel 1582 e tuttora in uso; *riforma gregoriana,* quella attuata da Gregorio VII in merito all'ordinamento religioso, giuridico e politico del clero.

grè grè [voce onom.; a. 1912] **1.** voce onom. imitante il verso della rana **2.** anche *sm.*: *un grè grè assordante.*

grembiàta [da *grembio*; 1305 ca.] *sf. non com.* quanta roba sta in grembo: *una grembiata di fave.*

grèmbio (pl. *-bi*) [var. di *grembo*; sec. XIII ca.] *sm. tosc.* grembo.

grembiulàta [da *grembiule*; 1883] *sf.* quanta roba può essere contenuta in un grembiule: *una grembiulata di piselli.*

grembiùle [da *grembio*; 1353] *sm.* **1.** indumento di tela, cotone, cuoio o tela cerata che si tiene sul davanti del corpo legato alla vita, per non sporcare il vestito durante il lavoro domestico o artigianale || *per estens.* specie di camice, gen. provvisto di maniche, che indossano scolari e commessi **2.** *per meton.* quantità di roba che si può mettere in un grembiule, grembiulata: *ho raccolto un grembiule di ciliegie* || *dim.* grembiulìno; *accr.* grembiulóne; *pegg.* grembiulàccio.

grèmbo [lat. *gremium*; 1353] *sm.* **1.** in una persona seduta, lo spazio compreso tra il ventre e le ginocchia (rif. spec. a donna): *una donna con un bimbo in grembo*; *le posò il capo in grembo* || *per estens.* il ventre della donna incinta: *avere, portare un figlio in grembo* **2.** *fig.* la parte più interna di qualcosa: *il grembo della terra* || *in grembo, nel grembo,* all'interno, in seno: *tornare in grembo alla famiglia*; *morire nel grembo della Chiesa,* in grazia di Dio; *gettarsi in grembo a qualcuno,* affidarsi completamente a lui **3.** *lett.* avvallamento, rientranza **4.** *ant.* grembiule.

gremìre (pres. *-ìsco, -ìsci*) [dal long. **kramjan,* riempire; 1598] *tr.* riempire in modo fitto, detto spec. di una moltitudine di persone: *la folla gremiva la piazza, i tifosi gremivano lo stadio* || *intr. pron.* riempirsi, affollarsi: *il teatro si gremì di spettatori.*

gremìto (*pps.* di *gremire*) [1605] *agg.* pieno zeppo: *un'aula gremita di scolari*; *un libro gremito di errori.*

gréppia [dal francone **krippja*; a. 1484] *sf.* **1.** rastrelliera, posta sopra la mangiatoia, in cui si mette il fieno per gli animali || *per estens.* mangiatoia **2.** *fig.* fonte di lucro, impiego che consente facili guadagni: *ha trovato una buona greppia, mangiare alla greppia dello Stato.*

gréppo [da una voce preromana **krepp-,* luogo scosceso; 1313] *sm. lett.* fianco ripido e scosceso di un'altura; ciglio di un fosso: *le capre si arrampicano sui greppi* || **N.** *Sin.* ripa.

grès [dal fr. *grès*; 1819] *sm.* specie di ceramica a pasta opaca, colorata, densa, durissima, ottenuta mediante cottura ad alta temperatura, che si adopera per fare tubature, piastrelle, rivestimenti murali e sim. || **N.** *Sin.* litoceramica.

gréto [riduzione di *ghiareto,* terreno coperto di ghiaia; sec. XIII] *sm.* la parte del letto di un fiume che è lasciata scoperta dalle acque in periodo di siccità ed è coperta di ciottoli e ghiaia.

grétola [lat. volg. **cretulum,* graticcio; a. 1449] *sf.* **1.** ciascuna delle asticelle di legno o di metallo che compongono una gabbia **2.** *fig. tosc.* cavillo, scappatoia, pretesto.

gretterìa [da *gretto*; a. 1704] *sf. non com.* grettezza e spec. l'atto con cui la grettezza si manifesta || **N.** *Sin.* meschinità.

grettézza [da *gretto*; 1551] *sf.* **1.** ristrettezza di idee, meschinità, piccineria: *grettezza nel giudicare*; *grettezza d'animo* **2.** parsimonia eccessiva nello spendere || **N. 1.** *Sin.* angustia | *Contr.* apertura, larghezza, liberalità **2.** *Sin.* spilorceria, tirchieria | *Contr.* generosità, munificenza.

grétto [dalla voce merid. *cretto,* magro; 1554] **I** *agg.* **1.** molto restio a spendere, a dare con generosità **2.** *fig.* di persona o cosa, meschino, limitato, ristretto: *un uomo gretto di idee*; *animo gretto, mentalità gretta* || **grettaménte** *avv.* **II** *sm.* **1.** (f. *-a*) persona gretta **2.** *non com.* grettezza, meschinità || **N. I 1.** *Sin.* avaro, spilorcio, taccagno, tirato, tirchio **2.** *Sin.* angusto, piccino, ristretto.

grève [lat. volg. **grevis,* class. *gravis*; a. 1300] *agg.* **1.** che produce una sensazione di oppressione, pesante: *atmosfera greve, aria greve,* opprimente **2.** *fig.* molesto, noioso, importuno: *un uomo greve* || *battuta, espressione greve,* volgare, grossolana || **grevemente** *avv.*

grézẓo [var. di orig. dial. di *greggio*; 1559] *agg.* greggio, non lavorato: *tela grezza*; spec. in usi fig.: *colore grezzo,* bianco sporco; *materia grezza,* che necessita una più compiuta elaborazione; *persona grezza,* rozza, grossolana.

griccio[1] (pl. m. *-ci*; pl. f. *-ce*) [da *riccio,* con influsso di altra voce; a. 1712] *agg. ant.* o *region.* increspato, arricciato.

griccio[2] (pl. *-ci*) [da *griccio*[1]; a. 1386] *sm. ant.* capriccio, ghiribizzo.

gricìle v. GRECILE.

grìda [da *gridare*; 1353] *sf. inv.* **1.** *T.stor.* bando, editto che veniva gridato al pubblico dal banditore: *le grida del governatore* **2.** *ant.* grido || *fig.* fama.

gridacchiàre (pres. *-àcchio*) [da *gridare*; sec. XVII] *intr.* (aus. *avere*) alzare ripetutamente la voce ma per breve tempo, spec. in segno di sfogo o di rimprovero.

gridàre [lat. volg. **critāre,* class. *quiritāre*; a. 1292] *intr.* (aus. *avere*) emettere la voce con tono alto e forte, per farsi sentire, per esprimere irritazione, dolore, rimprovero, minaccia, per invocare aiuto e sim.: *gridava con quanto fiato aveva in gola per farsi sentire, gridò di dolore* || *gridare allo scandalo,* manifestare apertamente il proprio sdegno || *tr.* **1.** dire ad alta voce: *gridare aiuto, evviva*; *gridare al ladro, gli gridò di smetterla* || *gridare una notizia ai quattro venti,* divulgarla, renderla nota **2.** proclamare, affermare: *gridare il proprio dolore, la propria rabbia* || *fig. gridare vendetta,* detto di azione criminosa o ingiusta che merita un'aspra punizione: *una strage che grida vendetta* || *fig. gridare vittoria,* comportarsi come se si fosse certi del successo **3.** *fam.* sgridare, rimproverare || **N.** *intr. Sin.* abbaiare, sbraitare, sgolarsi, strepitare, strillare, tuonare, urlare, vociare | a gran voce, a perdifiato, a più non posso, a squarciagola, come un pazzo | *tr.* **1.** *Sin.* invocare **2.** dichiarare. **Q.T.** *animali.*

gridàrio (pl. *-ri*) [da *grida*; a. 1873] *sm. ant.* raccolta di gride.

gridàta [da *gridare*; prima metà sec. XIV] *sf.* **1.** sgridata, rimprovero **2.** *disus.* grido.

gridatóre [da *gridare*; a. 1334] *sm.* (f. *-trice*) **1.** *non com.* chi grida **2.** *ant.* banditore.

gridellìno o **grisellìno** [dal fr. *gris de lin,* letter. grigio (proprio di una filaccia) di lino; 1668] *agg.* e *sm.* di colore fra il grigio e il rosa, cioè viola pallido o lilla.

grìdio (pl. *-ìi*) [da *gridare*; a. 1587] *sm.* il gridare insistente e prolungato, spec. di molte voci insieme.

grido (pl. f. *le grida*, se di persone; pl. m. *i gridi*, se di animale, o comunque se considerati come singoli suoni) [da *gridare*; 1319] **sm.** **1.** vigorosa emissione di voce, gen. acuta; propr. di persona, ma si dice anche di animali: *cacciare, emettere, lanciare, levare un grido*; *grido di rabbia, di gioia, di dolore*; *i gridi dell'aquila* || *grido di guerra*, grido di esortazione a combattere || *fig.* vigoroso manifestarsi di un sentimento: *il grido dell'animo, il grido dei popoli oppressi* || in borsa, *contrattazione alle grida*, tipo di negoziazione in cui gli agenti di cambio annunciano ad alta voce, o mediante segni convenzionali, denominazione, quantità e prezzo dei titoli che intendono acquistare o vendere **2.** *ant.* fama, successo: *ed ora ha Giotto il grido* (Dante) || d'uso com. nelle loc.: *l'ultimo grido della moda*, l'ultima novità; *all'ultimo grido*, alla moda: *è sempre vestita all'ultimo grido*; *di grido*, famoso: *è un medico di grido* **3.** *pl. fam. le grida*, rimproveri || *dim.* gridolìno || **N. 1.** *Sin.* gemito, strillo, urlo; verso; invocazione | acuto, alto, assordante, debole / forte, disperato, fioco, minaccioso, risonante, soffocato, spaventoso, stridulo, strozzato | *Contr.* bisbiglio, sussurro **2.** *Sin.* moda, rinomanza.

grifàgno [dal provenz. *grifanh*, accigliato, minaccioso; a. 1292] **agg.** *lett.* **1.** di uccello, rapace: *sparviero grifagno, aquila grifagna* **2.** *fig.* minaccioso, fiero: *sguardo grifagno, occhi grifagni*.

grifàlco v. GIRIFALCO.

grifàre [da *grifo*[1]; 1353] **tr.** *ant.* **1.** del maiale, trangugiare avidamente, immergendo il grugno nel cibo **2.** *fig. scherz.* godersi una cosa con piacere animalesco || **N. 1.** *Sin.* grufare, grufolare.

griffa [dal long. *grifan*, prendere; sec. XIV] **sf.** **1.** *T.tecn.* gancio o altro elemento metallico, di varia forma, che serve come elemento di giunzione o di trascinamento || *T.cin.* nella macchina da presa e nel proiettare, dispositivo a dentelli per far avanzare la pellicola cinematografica **2.** *T.sport.* gancio per fissare il pattino alla scarpa || chiodo ricurvo che si applica alla suola delle scarpe da montagna, per aumentare l'aderenza al terreno **3.** *region.* artiglio, grinfia || **N. 2.** rampone.

griffàto [da *griffe*; 1987] **agg.** detto di un capo di vestiario o di un accessorio che porta il marchio di uno stilista di prestigio.

griffe [1] (fr., pr. [grif]) [letter. artiglio; 1987] **sf.** *inv.* in capi di vestiario o accessori, marchio o etichetta di uno stilista di prestigio.

griffe [2] (fr., pr. [grif]) [letter. artiglio; 1983] **sf.** *inv.* corona di punte metalliche che tengono legata una pietra preziosa || **N.** castone.

griffóne [dal fr. *griffon*, letter. grifone; 1882] **sm.** nome di razze di cani da caccia, simili agli spinoni.

grifo[1] [lat. tardo *grȳpus*, nasone con influsso di *grifare*; a. 1294] **sm.** **1.** *ant. lett.* il muso del maiale o del cinghiale **2.** *fig. spreg.* o *scherz. disus.* il viso dell'uomo: *ti rompo il grifo!*; *torcere il grifo*, per disgusto o disprezzo; *ungersi il grifo*, mangiare lautamente || **N. 1.** *Sin.* grugno **2.** *Sin.* muso, grugno.

grifo[2] [dal gr. *grîphos*, nassa, poi barca da pesca con le nasse; 1728] **sm.** tipo di rete da pesca.

grifo[3] [dal lat. *grȳphus, -ōnis*; 1312] **sm.** *lett.* grifone.

grifóne [dal lat. *grȳphus, -ōnis*; a. 1292] **sm.** **1.** grosso uccello rapace, simile a un avvoltoio, che vive nell'Europa meridionale, in Africa e in Asia; ha collo e capo ricoperti di piumino biancastro; si nutre prevalentemente di carogne **2.** animale favoloso delle antiche mitologie orientali e successivamente dell'arte greca, aquila nella parte anteriore e leone nella posteriore, alato e quadrupede; in araldica simboleggia la vigilanza **3.** griffone || **N. 2.** *Sin.* grifo; ippogrifo.

grifòsi o **gripòsi** [comp. del gr. *grypós*, adunco e *-osi*; 1820] **sf.** *T.med.* incurvamento anomalo di un organo, spec. delle unghie che crescono ad uncino ripiegandosi sul polpastrello.

grigiàstro [da *grigio*, sul modello del fr. *grisâtre*; 1772] **agg.** di colore che tende al grigio, sgradevole, che dà l'idea di sporco: *lenzuola grigiastre*.

grìgio (pl. m. *-gi*; pl. f. *-gie* o *-ge*) [dal germ. **grīsi*; 1292] **I agg.** **1.** del colore della cenere: *abito grigio, nuvole grigie, cielo grigio*; *occhi, capelli grigi*; anche seguito da agg. o s. che ne specificano la tonalità e l'intensità: *grigio chiaro, scuro*; *grigio azzurro, acciaio, cenere, piombo, topo*; *grigio perla*, grigio con riflessi bianchi o biancastri; *grigio verde*, v. GRIGIOVERDE || brizzolato, detto di persona che comincia a incanutire: *un vecchio grigio*; *diventare, farsi grigio* || *T.anat. materia* o *sostanza grigia*, il tessuto nervoso che costituisce il cervello; *per estens. fam.* intelligenza, buon senso: *gli manca un po' di materia grigia* **2.** *fig.* triste, malinconico: *una giornata grigia, essere di umore grigio, vedere tutto grigio* **3.** monotono, privo di elementi salienti: *un'esistenza grigia*; mediocre, poco interessante: *un personaggio grigio* **II sm.** il colore grigio: *quest'anno è di moda il grigio* || *dim.* grigétto, grigiolìno; *accr.* grigióne || **grigiaménte** **avv.** in modo monotono, scialbo || **N. I 1.** *Sin.* bigio, bigiognolo, brizzolato, cenerino, cenerognolo, cinereo, ferrigno, livido, perlaceo, plumbeo, sale e pepe **2.** *Sin.* cupo, malinconico, tetro, triste | *Contr.* ALLEGRO, LIETO **3.** *Sin.* insignificante, mediocre, meschino, noioso, scialbo, squallido, uniforme | *Contr.* entusiasmante, di rilievo, di spicco, interessante, originale, rilevante.

grigiolàto [da *grigio*; sec. XIV] **agg.** *non com.* macchiettato di grigio: *fagioli grigiolati*.

grigióne [da *grigio*, per il colore del pelo; 1933] **sm.** piccolo mammifero dei Mustelidi simile alla martora, molto feroce ed aggressivo.

grigióre [da *grigio*; 1917] **sm.** **1.** *non com.* aspetto, qualità di ciò che è grigio: *il grigiore del cielo, degli occhi* **2.** *fig.* monotonia, tristezza: *giornate trascorse nel grigiore* || mediocrità, mancanza di originalità, di entusiasmo: *il grigiore del carattere di una persona, le opere di quel pittore spiccano nel grigiore generale della mostra* || **N. 1.** GRIGIO.

grigiovérde (inv. o pl. *-di*) [comp. di *grigio* e *verde*; 1918] **I agg.** di colore grigio tendente al verde **II sm.** **1.** il colore grigioverde **2.** *disus.* la divisa militare: *indossare il grigioverde*.

grìglia (pl. *-glie*) [dal fr. *grille*; a. 1798] **sf.** **1.** struttura metallica a sbarre o a reticolato, che permette il passaggio di aria, luce, calore e di alcuni corpi o materiali, trattenendone altri || *T.cuc.* graticola per arrostire i cibi sulla fiamma: *carne, pesce alla griglia* || *griglia di protezione*, posta all'ingresso di condotti idraulici per impedire che vi entrino corpi estranei || *griglia di carenaggio*, sostenuta da una piattaforma, che permette il carenaggio di una nave durante la bassa marea **2.** *T.elettron.* elettrodo interposto tra l'anodo e il catodo di un tubo elettronico, che consente di modificare e modulare il flusso di corrente **3.** *per estens.* struttura o tracciato a reticolo: *griglia interpretativa*, in critica letteraria, gli elementi più importanti di un'opera, che servono per interpretare gli altri || *T.sport. griglia di partenza*, nelle gare automobilistiche o motociclistiche, la disposizione dei veicoli alla partenza, determinata dall'esito delle prove di qualificazione; *per estens.* l'ordine di partenza dei concorrenti || **N. 1.** *Sin.* cancello, grata, gratella, graticola, graticolato, *grill*, inferriata, saracinesca; filtro **2.** griglia di comando, di controllo, di soppressione | triodo **3.** *Sin.* reticolato, reticolo. **TAV.** *ferrovie...* **p. 669** 1.17.

grigliàre (pres. *griglio*) [da *griglia*; 1966] **tr.** cucinare alla griglia: *grigliare il pesce*.

grigliàta [da *griglia*; 1980] **sf.** piatto di carne, pesce o verdure di vario tipo, cucinati alla griglia: *una grigliata mista*.

grigliàto [da *griglia*; 1889] **sm.** **1.** pannello, copertura a griglia **2.** *T.mar.* nei boccaporti, portello a griglia che consente il passaggio dell'aria **3.** tipo di pavimentazione per giardini, cortili e sim., costituito da lastre di porfido o di cotto posate in modo da creare una griglia, nei cui vuoti cresce l'erba.

grignolìno [dal piem. *grignulìn*, da *grignola*, vinacciolo; 1887] **sm.** pregiato vino piemontese, rosso chiaro, da pasto || il vitigno da cui tale vino è ricavato.

grill (ingl., pr. [grɪł]) [da *grill-room*, stanza da griglia; 1963] **sm.** *inv.* **1.** *T.cuc.* graticola per arrostire vivande sulla fiamma || la vivanda stessa cotta sul grill || in un forno, dispositivo elettrico (serpentina a incandescenza) per cuocere o abbrustolire vivande mediante calore diffuso dall'alto **2.** abbr. di *grill-room* **3.** abbr. di *autogrill* || **N. 1.** gratella, graticola, griglia **2.** *Sin.* rosticceria **3.** *Sin.* posto di ristoro.

grillàia [da *grillo*; 1552] **sf.** *non com.* **1.** *propr.* luogo popolato da grilli **2.** *fig. scherz.* terreno incolto, sterile.

grillànda [var. di *ghirlanda*; sec. XIII] **sf.** *ant.* o *pop.* ghirlanda.

grillàre [lat. tardo *grillāre*; sec. XIV] **intr.** (aus. *avere*) **1.** *non com.* emettere il verso del grillo **2.** per analogia, stridere, rif. a olio, burro e sim. quando cominciano a friggere || gorgogliare, rif. a vino quando ribolle nei tini **3.** *fig. non com.* avere grilli, capricci per la testa || **N. 2.** *Sin.* grillettare.

grillàstro [da *grillo*; 1956] **sm.** piccola cavalletta giallo-rossastra dei Saltatori.

grillettàre (pres. *-étto*) [da *grillare*; 1869] **intr.** (aus. *avere*) di alimenti che friggono, stridere, crepitare || **tr.** friggere nell'olio bollente || **N.** **intr.** *Sin.* grillare.

grillétto (*dim.* di *grillo*) [1771] **sm.** levetta sporgente dalla cassa del fucile o della pistola che, premuta col dito, fa scattare il cane o il percussore, facendo partire il colpo. **TAV.** *caccia* 1.4; *armi* **p. 648** 16.7, 18.10.

grillo [lat. *grīllus* e *grȳllus*; a. 1294] **sm.** **1.** insetto degli Ortotteri, con antenne filiformi, corpo nero e tozzo, zampe posteriori lunghe, adatte al salto; i maschi, sfregando le elitre una contro l'altra, emettono un suono stridulo e acuto || *saltare come un grillo*, essere molto vivaci, in continuo movimento || *mangiare come un grillo*, pochissimo || *grillo parlante*, persona saccente e noiosa || *indovinala grillo*, espr. usata per indicare che non si sa cosa succederà **2.** *fig.* capriccio, estro, ghiribizzo: *ha troppi grilli per la testa*; *gli è saltato il grillo di andare a pescare* **3.** *T.gioc. tosc.* nel gioco delle bocce e del biliardo, il pallino; *pagare il grillo*, pagare l'uso del campo di bocce o del tavolo da biliardo al proprietario: *chi perde paga il grillo* **4.** *T.mar.* ferro ad U con perno a vite, usato per unire pezzi di catena o per agevolare il maneggio delle manovre volanti || *dim.* grillìno, grillùccio, grillétto, grillettìno; *accr.* grillóne; *pegg.* grillàccio || **N. 1.** grillo campestre o canterino, grillo del focolare, grillotalpa, saltamartino | cantare, grillare, stridere **2.** *Sin.* stravaganza, ticchio.

Grilloblattoidèi [comp. di *grillo* e *blattoidei*; 1956] **sm.** *pl.* *T.zool.* ordine di insetti privi di ali, dal corpo allungato e depresso.

grillóne [etim. inc.; sec. XIV] **sm.** ciascuno di quei peli morbidi che compaiono sulle guance degli adolescenti, prima della barba.

grillotàlpa (pl. f. *le grillotàlpe*; meno com. m. *i grillitàlpa*) [comp. di *grillo* e *talpa*, sul modello del fr. *taupe-grillon*; a. 1698] **sf.** o **sm.** specie di grillo di color terreo, dotato di larghe zampe anteriori con cui scava gallerie nel terreno; danneggia gli orti rodendo le radici delle piante || **N.** *Sin.* rufola, zuccaiola.

grillòtti [dal fr. *grillots*, in orig. sonagli; 1869] **sm.** *pl. raro* fili intrecciati d'oro, d'argento o di seta, per spalline da ufficiali o per frange di parati || **N.** frangia, penero.

grill-room (ingl., pr. ['grɪł ru:m]) [letter. stanza da griglia; 1905] **sm.** *inv.* locale dove si cucina alla griglia; rosticceria.

grimaldèllo [dal n. proprio *Grimaldo*; a. 1338] **sm.** ferro ritorto ad un'estremità, usato per aprire serrature senza usare le chiavi.

grimpeur (fr., pr. [grɛ̃'pœ:r]) [letter. arrampicatore; 1905] **sm.** *inv.* *T.sport.* **1.** *disus.* arrampicatore su roccia **2.** ciclista molto forte in salita || **N. 1.** *Sin.* crodaiolo, rocciatore **2.** *Sin.* scalatore.

grìnfia [dall'ant. alto ted. *grîfan*, afferrare con influsso di *granfia*; 1623] **sf.** artiglio, zampa fornita di artigli || spec. *fig. pl.*: *essere, finire, cadere nelle grinfie di qualcuno*, in suo potere.

gringo (sp., pr. ['griŋgo]) [alterazione di *griego*, greco; 1905] **sm.** (pl. *gringos*, pr. ['griŋgɔs]) *spreg.* appellativo con cui vengono chiamati gli stranieri, e spec. i nordamericani, nell'America latina.

grìnta [dal got. **grimmitha*, che fa paura; a. 1850] **sf.** **1.** espressione del volto dura, corrucciata, truce: *con quella grinta lì c'è poco da scherzare* **2.** *fig.* coraggio, decisione, sicurezza: *un pugile che ha grinta, affrontare la vita con grinta* **3.** *non com.* faccia tosta || *pegg.* grintàccia || **N. 2.** *Sin.* aggressività, combattività, forza, risolutezza, tenacia, volontà | *Contr.* debolezza, indecisione, insicurezza, paura, timidezza.

grintóso [da *grinta*; 1546] **agg.** che ha grinta, combattivo, aggressivo: *un pilota grintoso*; che dà prova di grinta: *comportamento grintoso* || **grintosaménte** **avv.** || **N.** GRINTA.

grinza [dal long. *grimmisōn*, corrugare la fronte; a. 1484] **sf.** **1.** piega che si forma su una superficie liscia, detto spec. di tessuto, abiti ecc.: *stirare i pantaloni senza lasciare una sola grinza*; *non fare una grinza*, di abito, stare a pennello || *per estens.* ruga profonda della pelle: *fare le grinze*, invecchiare; *fig. tosc. levarsi le grinze dal corpo*, mangiare abbondantemente dopo un digiuno **2.** *per estens. fig.* difetto, incoerenza di un ragionamento: *il tuo discorso non fa una grinza*, è ben articolato **3.** *per estens. fig.* segno esteriore di paura, debolezza, disappunto o vergogna: *quando gli ho detto che me ne sarei andata, non ha fatto una grinza* || *dim.* grinzétta, grinzettìna || **N. 1.** *Sin.* corrugamento, increspatura, piega, ruga | appassire, avvizzire, corrugarsi, incresparsi, raggrinzire, sgualcirsi **2.** *Sin.* difetto, incoerenza, inesattezza, lacuna, neo **3.** *Sin.* piega.

grìnzo [da *grinza*; a. 1375] **agg.** *non com.* grinzoso.

grinzosità [da *grinzoso*; 1869] **sf.** caratteristica di ciò che è grinzoso: *grinzosità della pelle, di un tessuto* || *concr.* grinza, insieme di grinze.

grinzóso [da *grinza*; a. 1471] **agg.** che ha grinze, pieno di grinze: *vestito grinzoso, viso grinzoso, un vecchio grinzoso* || *dim.* grinzosétto, grinzosìno || **N.** *Sin.* avvizzito, corrugato, crespo, grinzuto, incartapecorito, rugoso, stropicciato | *Contr.* liscio.

grinzùme [da *grinza*; a. 1850] **sm.** *spreg. raro* insieme di grinze o di cose grinzose.

grinzùto [da *grinza*; 1570] **agg.** *raro* grinzoso, rugoso.

gripòṣi V. GRIFOSI.

grippàggio (pl. *-gi*) [dal fr. *grippage*; 1941] **sm.** *T.mecc.* nei motori a scoppio, l'arrestarsi del pistone nel cilindro, per dilatazione dovuta a riscaldamento o a mancanza di lubrificazione.

grippàre [dal fr. *gripper*; 1939] **intr.** (aus. *avere*) e **intr. pron.** *T.mecc.* di motore, fermarsi per grippaggio || **tr.** provocare un grippaggio: *ho grippato il motore*; anche *ass.*: *ho grippato.*

grippe (fr., pr. [grip]) [forse da *gripper*, afferrare; 1848 *gripp*] **sf.** *inv.* (anche pl. *grippes*, pr. [grip]) *T.med. disus.* influenza.

grìppia [etim. inc.; 1607] **sf.** *T.mar.* fune che unisce l'àncora al grippiale || **N.** àncora, diamante, grippiale.

grippiàle [da *grippia*; 1889] **sm.** *T.mar.* il gavitello, collegato al diamante dell'àncora, che indica il punto dove questa è sommersa.

griṣàglia (pl. *-glie*) [dal fr. *grisaille*; 1913] **sf.** stoffa di lana o di cotone pettinato, tessuta a piccoli punti bianchi e neri, che producono l'effetto complessivo di grigio.

grisaille (fr., pr. [gri'za:j]) [da *gris*, grigio; 1950] **sf.** *inv.* **1.** *T.pitt.* tecnica pittorica che imita il bassorilievo mediante il chiaroscuro in varie tonalità di grigio **2.** grisaglia.

griṣatóio (pl. *-ói*) [dal fr. *grésoir*; 1550] **sm.** strumento di ferro a tacche, con il quale i vetrai limano i margini delle lastre di vetro, per ridurle ai contorni voluti.

griṣèlla [dal genovese *grisela*, propr. graticola; 1798] **sf.** *T.mar.* ognuna delle cordicelle di canapa o delle sbarre di ferro fissate orizzontalmente alle sartie, che servono da scalini per salire sull'alberatura || **N.** *Sin.* staggio, tarozzo | biscaglina.

griṣellìno [dal fr. *gris-de-lin*, letter. (del colore) grigio del lino; 1869] **agg.** *non com.* gridellino.

griṣétta [dal fr. *grisette*; 1789] **sf.** *disus.* stoffa leggera di lana o di lana mista a seta.

grisette (fr., pr. [gri'zet]) [in orig. vestito di stoffa grigia, poi giovane vestita di grisette; 1940] **sf.** *inv.* donna di condizioni modeste e di facili costumi; sartina.

grisou (fr., pr. [gri'zu]) [dal vallone (*feu*) *grisou*, (fuoco) greco; 1875] **sm.** *inv.* miscela gassosa di metano e aria, che si sviluppa nelle miniere di carbone ed è causa di esplosioni || **N.** *Sin.* gas delle miniere.

grissinificio (pl. *-ci*) [da *grissino* e *-ficio*; 1963] **sm.** fabbrica di grissini.

grissìno [dal piem. *grissìn* e *ghersìn*; 1858 *griscini*] **sm.** **1.** bastoncello di pasta da pane, sottile e croccante **2.** *fig.* persona molto magra: *quella ragazza è un grissino.* **TAV.** *alimentazione* 2.4.

griṣù **sm.** adattamento it. di *grisou* (v.).

griṣùmetro [comp. di *grisù* e *-metro*; 1970] **sm.** strumento, gen. portatile, usato dai minatori per misurare la quantità di grisù presente in miniera.

grizzly (ingl., pr. ['grɪzlɪ]) [letter. grigiastro; 1875] **sm.** *inv.* orso grigio-bruno dell'America settentrionale || anche *agg. inv.* posposto: *orso grizzly.*

grò **sm.** adattamento it. di *gros* (v.).

gròfi [etimo inc.; 1921] **sm.** *pl. tosc. raro* le incrostazioni di sale che rimangono nelle caldaie delle saline.

grog (ingl., pr. [grɒg]) [dal soprannome Old *Grog* dell'ammiraglio ingl. E. Vernon che aveva ordinato di diluire con acqua la razione di rum distribuita ai marinai; 1828] **sm.** *inv.* bevanda calda costituita da un terzo di cognac, rum o altro liquore e da due terzi di acqua bollente, con zucchero e buccia di limone || **N.** ponce.

groggy (ingl., pr. ['grɒgɪ]) [propr. chi è malfermo sulle gambe; 1939] **agg.** *inv.* *T.sport.* detto del pugile che, stordito dai colpi ricevuti, non è più in grado di reagire || *per estens.* di persona stanca, affaticata o fisicamente indebolita: *essere, sentirsi groggy* || **N.** *Sin.* cotto, stordito, suonato.

gròlla [dal valdostano *gròla*; 1963] **sf.** coppa di legno tornito, con coperchio, tipica della Valle d'Aosta.

gròma [dal lat. *grōma*; 1834] **sf.** *T.stor.* strumento per le misurazioni agrarie in uso presso i Romani, fino al sec. III d.C.; serviva anche per tracciare i cardini e i decumani delle città.

gromàtico (pl. *-ci*) [da *groma*; 1929 come sm.] **I** **agg.** relativo alla misurazione dei terreni **II** **sm.** *T.stor.* nell'esercito romano, agrimensore militare.

grómma [etim. inc.; 1321] **sf.** incrostazione che il vino lascia nelle botti; tartaro, gruma || incrostazione calcarea formata dall'acqua nelle tubazioni || incrostazione che si forma nella pipa.

grommàre (pres. *grómmo*) [da *gromma*; 1313] **intr.** (aus. *avere*) *non com.* incrostarsi di gromma.

grommàto (*pps.* di *grommare*) [1313] **agg.** ricoperto, incrostato di gromma: *grommato di una muffa verdastra* (D'Annunzio).

grómmo [da *grumo*, prob. con influsso di *gromma*; a. 1685] **sm.** *non com.* grumo, coagulo.

grommóso [da *gromma*; 1336 ca.] **agg.** incrostato, ricoperto di gromma.

grónda [lat. tardo *grunda*; sec. XIII] **sf.** **1.** l'estremità del tetto che sporge all'esterno di un edificio perché la pioggia scoli senza bagnare il muro **2.** *per estens.* superficie inclinata che permette lo scolo delle acque: *fare gronda* || *a gronda*, simile ad una gronda, sporgente come una gronda: *portava un cappellaccio a gronda* || **N. 1.** grondaia | doccia, doccione. **TAV.** *abitazione* 1.17, 1.30, 3.5.

grondàia [da *gronda*; a. 1449] **sf.** **1.** il canale, di lamiera o di plastica, sospeso lungo la gronda di un tetto per raccogliere l'acqua piovana e convogliarla ai tubi di scarico || *per estens.* gronda: *ripararsi sotto la grondaia* **2.** lo spazio lasciato tra due filari di embrici o tegoli del tetto, per fare scorrere l'acqua || **N. 1.** *Sin.* doccia, doccione.

grondànte (*ppr.* di *grondare*) [a. 1597] **agg.** gocciolante, intriso: *vestito grondante di pioggia, essere grondante di sudore* || **N.** *Sin.* bagnato, imbevuto, inzuppato, zuppo.

grondàre (pres. *gróndo*) [da *gronda*; sec. XIII] **intr.** (aus. *avere*) **1.** *propr.* dell'acqua piovana, cadere dalle gronde **2.** *per estens.* detto di qualunque liquido, cadere o fuoriuscire in grande quantità: *il sangue gronda dalla ferita, il sudore gronda dalla fronte* || **tr.** essere intriso di acqua o altro liquido al punto da gocciolare abbondantemente; versare: *gli occhi grondavano lacrime, la ferita grondava sangue*; anche *ass.*: *i tetti grondano* || **N.** **intr.** **2.** *Sin.* colare, defluire, docciare, gocciolare, scendere, sgocciolare | **tr.** gocciolare, stillare, VERSARE.

grondatùra [da *grondare*; 1869] **sf.** *non com.* **1.** l'atto e l'effetto del grondare **2.** *concr.* il liquido che gronda || **N. 1.** *Sin.* sgrondatura.

grondóne [da *gronda*; 1879] **sm.** canale di terracotta o di lamiera applicato sotto le gronde || **N.** *Sin.* doccia, doccione, grondaia.

grondón grondóni [da *grondare*; 1869] **loc. avv.** *tosc. raro* camminando curvi, con andatura lenta e dondolante: *andare grondon grondoni.*

grióngo (pl. *-ghi*) o **góngro** [lat. *grongus*, gr. *góngos*; 1598] **sm.** pesce degli Anguilliformi, molto lungo, di colore grigio; è apprezzato per le sue carni.

groom (ingl., pr. ['gru:m]) [in orig. servo, poi garzone addetto specialmente ai cavalli; 1828] **sm.** *inv.* giovane servitore in livrea, in case signorili e alberghi || **N.** *Sin.* paggetto, staffiere, valletto.

gròppa [dal germ. **kruppa*, massa rotonda; fine sec. XIII] ***sf.*** **1.** la parte posteriore del dorso delle bestie da soma o da tiro, dai lombi alla coda: *la groppa del cavallo, salire in groppa a un asino* **2.** *per estens. fam. scherz.* la schiena dell'uomo || *fig. avere tanti anni sulla groppa*, essere molto anziano || *fig. restare sulla groppa*, di cosa di cui non ci si riesce a sbarazzare **3.** *per estens. non com.* prominenza, cima di forma tondeggiante || *accr.* groppóne (*sm.*) || **N. 1.** schiena **2.** *Sin.* spalle. **TAV. *mammiferi* p. 1318** 1.11.

groppàta [da *groppa*; 1883] ***sf.*** *T.ipp.* **1.** salto che il cavallo fa inarcando la groppa per disarcionare il cavaliere **2.** aria dell'equitazione d'alta scuola || **N. 1.** *Sin.* gropponata, sgroppata, sgropponata.

groppièra [da *groppa*; 1534] ***sf.*** **1.** parte della bardatura medievale del cavallo, che copriva la groppa e scendeva in due falde ai lati delle zampe posteriori **2.** finimento del cavallo, consistente in una striscia di cuoio che va dalla sella al sottocoda || **N. 1.** *Sin.* gualdrappa. **TAV. *carri...* p. 664** 10.9.

gróppo o **gròppo** [dal germ. **kruppa*, massa rotonda; 1313] ***sm.*** **1.** viluppo, nodo intricato: *un groppo di nubi*; *fare groppo*, ingarbugliarsi || *fig.* senso di oppressione, di pesantezza: *un groppo allo stomaco*; *avere, sentire un groppo alla gola*, avvertire la sensazione di non poter deglutire, spec. per commozione || *fig.* intrico di pensieri: *un groppo di idee*; *lett.* dubbio, problema: *il groppo solvi* (Dante) **2.** *T.mus.* nella musica vocale del XVII sec., abbellimento simile al gruppetto **3.** *T.meteor.* raffica di vento violenta e improvvisa, di breve durata, spesso accompagnata da acquazzoni o turbini di neve o grandine || **N. 1.** *Sin.* garbuglio, groviglio, imbroglio, intreccio, intrico, nodo, pasticcio.

gropponàta [da *groppone*; a. 1890] ***sf.*** *non com.* colpo dato con la groppa.

groppóne (*accr.* di *groppa*) [1313] ***sm.*** *fam. scherz.* sin. di *groppa*, detto perlopiù dell'uomo: *avere ottant'anni sul groppone, prendersi una legnata sul groppone*; *fig. piegare il groppone*, lavorare duramente; umiliarsi.

groppóso [da *groppo*; fine sec. XIV] ***agg.*** *ant.* o *region.* nodoso, nocchiuto.

gros (fr., pr. [gro]) [da *gros* (*grain*), (a grana) grossa; 1905] ***sm.*** *inv.* tessuto di seta pesante, a trama fitta, di consistenza granulosa.

groschen (ted., pr. ['grɔʃən]) [dall'ant. alto ted. *grōs*, "grosso"; 1952] ***sm.*** *inv.* antica moneta tedesca || oggi sottodivisione dello scellino austriaco.

gros grain (fr., pr. [gro'grɛ̃]) [lett. (a) grana grossa; 1549 *grograno*] ***sm.*** *inv.* **1.** stoffa pesante, di seta, a coste rilevate **2.** nastro di tessuto rigido cordonato, usato per sostenere gli abiti femminili intorno alla vita.

gròssa [dal fr. *grosse*, nel senso di (misura) grande; 1582] ***sf.*** **1.** insieme di dodici dozzine di unità: *una grossa di uova* **2.** la terza, ultima e più lunga dormita di bachi da seta || *fig. dormire della grossa*, profondamente.

grossàggine [da *grosso*; a. 1475] ***sf.*** *ant.* goffaggine || ignoranza.

grossagràna [adattamento del fr. *gros-grain*; sec. XIV] ***sf.*** *disus.* gros grain.

grossatóre [lat. mediev. *grossatōr*, *-ōris*, addetto alla scrittura grossa; 1956] ***sm.*** nelle cancellerie medievali, funzionario addetto alla trascrizione degli atti su pergamena, in caratteri grandi e chiaramente leggibili.

grosserìa [dal fr. *grosserie*; 1550] ***sf.*** **1.** lavorazione in oro e argento di oggetti di grosse dimensioni || *per estens.* gli oggetti stessi così lavorati **2.** *disus.* scempiaggine || **N. 1.** minuteria.

grossézza [da *grosso*; a. 1292] ***sf.*** **1.** l'essere grosso, più grande di quanto sia comune: *mi colpì la grossezza del suo naso* **2.** la dimensione, il volume di un oggetto: *aveva la grossezza di una mela* || altezza, spessore: *la grossezza di un muro* || di corpi cilindrici, diametro: *un bastone di notevole grossezza* || di fiume, l'essere in piena, gonfiezza **3.** *non com.* grossolanità, ottusità: *grossezza d'intelletto*; *grossezza d'udito*, durezza, sordità || **N. 1.** *Sin.* ampiezza, enormità, estensione, grandezza, immensità, imponenza, mole; importanza, rilevanza | *Contr.* piccolezza; irrilevanza, trascurabilità **2.** *Sin.* altezza, diametro, dimensione, larghezza, massa, spessore, volume **3.** *Sin.* ignoranza, rozzezza, volgarità | *Contr.* acutezza, finezza, intelligenza, perspicacia, sottigliezza.

grossière [dal fr. (*marchand*) *grossier*, 1380 ca. *grosera* come agg.] **I** ***sm.*** (f. *-a*) *disus.* **1.** orefice che fa lavori di grosseria **2.** chi vende all'ingrosso, grossista **II** ***agg.*** *disus.* grossolano, ignorante.

grossìsta [da (*all'in*) *grosso*; 1869] ***s.*** chi commercia all'ingrosso || **N.** *Contr.* dettagliante.

gròsso [lat. *grossus*; 1282] **I** ***agg.*** **1.** di cosa materiale, che ha dimensioni (spec. larghezza, circonferenza, capacità, spessore) notevoli, superiori all'ordinario: *un grosso cocomero, una grossa fune, avere il naso grosso*; *fiato grosso*, affannoso; *fare la voce grossa*, usare un tono burbero || di animale o persona, ben sviluppato, robusto: *un grosso gatto, un grosso omone, un ragazzo grande e grosso* || di territorio, molto esteso o popolato: *una grossa palude, una grossa città* || numeroso: *un grosso esercito* || di liquido, denso: *olio, vino grosso* **2.** di dimensioni maggiori rispetto ad altre cose della stessa specie: *dito grosso*, il pollice; *bestie grosse*, mucche e buoi, rispetto a maiali, pecore ecc., che si dicono *minute*; *sale grosso*, a grana grossa || *fam. essere grossa*, di donna, essere incinta || *caccia grossa*, quella che ha lo scopo di uccidere grossi animali, spec. belve || nei paragoni, equivale a *grande*, indica la dimensione in modo generico: *un cavallo grosso come un cane, un diamante grosso quanto una noce* **3.** *fig.* di notevole entità, anche *fig.*: *un grosso guadagno, uno sbaglio molto grosso*; *dirla, farla grossa*, dire o fare uno sproposito; *raccontarle, spararle grosse*, raccontare bugie incredibili; *questa è grossa!*, si dice di cosa inaudita || *parole grosse*, gravemente offensive || molto importante, famoso: *un grosso avvenimento, un grosso centro commerciale, un grosso personaggio della pittura*; *pezzo grosso*, persona che ricopre un'alta carica o comunque importante e potente **4.** *non com.* grossolano, rozzo: *uomo grosso* o *di grossa pasta*, volgare, semplice o ignorante || *grosso d'udito*, sordo || nelle *loc. avv. alla grossa*, rozzamente, superficialmente; *in grosso*, approssimativamente: *calcolare in grosso*; all'ingrosso: *vendita in grosso* || **grossaménte** ***avv.*** *non com.* in modo grossolano, approssimato **II** ***sm.*** la parte maggiore o più numerosa: *il grosso del lavoro, il grosso dell'esercito*; la parte più rilevante: *il grosso del merito è tuo* || *loc. avv. di grosso*, di molto: *stai sbagliando di grosso* **III** ***avv.*** in modo grosso, spesso: *una penna che scrive grosso* || *fig. sparare grosso*, chiedere un prezzo molto alto (più in gen., esagerare); *fig. bere grosso*, credere a qualsiasi cosa || *dim.* grossétto, grossìno, grossettìno, grosserèllo; *accr.* grossóne, grossòtto; *pegg.* grossàccio || **N. I 1. 2.** *Sin.* corpulento, esteso, gonfio, imponente, largo, massiccio, robusto, spesso, voluminoso, GRANDE; numeroso | *Contr.* esiguo, esile, fine, minuto, smilzo, snello, sottile, stretto, PICCOLO | gonfiare, ingrossare **3.** *Sin.* arduo, difficile, forte, grave, gravoso, intenso, oneroso, serio; considerevole, notevole, ragguardevole; autorevole, famoso, importante, potente | *Contr.* facile, insignificante, irrilevante, lieve, trascurabile **4.** *Sin.* approssimato, grossolano, ignorante, rozzo, semplicione | *Contr.* acuto, delicato, intelligente, raffinato | digrossare.

grossolanità [da *grossolano*; 1639] ***sf.*** la caratteristica di chi o ciò che è grossolano || *concr.* atto o detto grossolano || **N.** *Sin.* goffaggine, indelicatezza, rozzezza, volgarità, zotichezza; approssimazione, imprecisione, superficialità | *Contr.* buongusto, finezza; accuratezza, cura, precisione.

grossolàno [da *grosso*; sec. XIV] ***agg.*** **1.** di cosa, poco lavorata, poco rifinita, o costituita di materiale poco pregiato: *stoffa grossolana, vivande grossolane* || poco accurato: *un lavoro grossolano*; approssimato: *un calcolo grossolano* **2.** *fig.* inelegante, privo di grazia e di delicatezza: *uomo grossolano, animo grossolano*; *comportamento, atto grossolano*; *parole grossolane* || che manca di articolazione e di sottigliezza di pensiero; *errore grossolano*, madornale, inconcepibile || **grossolanaménte** ***avv.*** || **N. 1.** *Sin.* alla buona, dozzinale, grezzo, inaccurato, ordinario, rustico; approssimativo, impreciso | *Contr.* accurato, lavorato, rifinito; esatto, preciso **2.** *Sin.* basso, di cattivo gusto, goffo, indelicato, inelegante, maleducato, materiale, plebeo, rozzo, rude, sgarbato, sgraziato, villano, volgare, zotico | *Contr.* elegante, fine, raffinato.

grossomòdo o **gròsso mòdo** [dal lat. mediev. *grosso modo*, in maniera generica; 1657] ***loc. avv.*** pressappoco, a grandi linee, approssimativamente: *ti riferisco grossomodo ciò che ha detto.*

grossulària [dal lat. scient. *grossularia*, uva spina, prob. per il colore; 1869] ***sf.*** *T.min.* minerale del gruppo dei granati, silicato di alluminio e calcio, di colore gen. verdognolo o rosso; è usato come gemma di poco pregio.

gròtta [lat. tardo *crupta*, class. *crypta*; fine sec. XIII] ***sf.*** **1.** cavità naturale o artificiale nella pendice di un monte o sottoterra **2.** *region.* cantina; osteria **3.** *disus.* luogo scosceso || *dim.* grottìna, grotticìna, grotterèlla, grotticèlla; *accr.* grottóne (*sm.*); *pegg.* grottàccia || **N. 1.** antro, caverna, spelonca | speleologia, stalagmite, stalattite. **TAV. *geologia* p. 1313** 4.9.

grotteggiàre (pres. *-éggio*) [da *grotta*; 1881] ***intr.*** (aus. *avere*) nel gioco del biliardo, colpire la palla in maniera che arrivi a rasentare la sponda.

grottésca [dalle *grotte* romane; 1550] ***sf.*** decorazione pittorica in voga nel Rinascimento, con figure bizzarre e mostruose, forme vegetali, umane e animali con armi e maschere, inserite in prospettive architettoniche a stucco o affrescate, sul modello di motivi ritrovati nelle rovine dell'antica Roma.

grottésco (pl. *-schi*) [da *grottesca*; 1587] **I** ***agg.*** ridicolo per bizzarria, deformità o innaturalezza: *una figura grottesca, uno spettacolo grottesco*; spesso *spreg.*: *un abbigliamento grottesco* || **grottescaménte** ***avv.*** **II** ***sm.*** **1.** ciò che è grottesco, e l'effetto che produce: *cadere nel grottesco, un'opera drammatica che tende al grottesco* **2.** *T.teatr.* componimento teatrale, gen. satirico, che unisce elementi tragici e comici in un insieme paradossale, che muove al riso senza rallegrare || **N. I** *Sin.* bizzarro, goffo, paradossale, ridicolo, strano, strambo, stravagante, tragicomico; brutto, deforme, mostruoso.

gròtto [da *grotta*; a. 1406] ***sm.*** **1.** *ant.* o *lett.* luogo scosceso, dirupo **2.** *region.* cantina, osteria.

ground (ingl., pr. [graund]) [propr. suolo, superficie; 1931] ***sm.*** *inv.* **1.** *T.sport.* campo da gioco in alcuni giochi (per es. nel golf) **2.** *T.mus.* composizione musicale a variazioni sul basso ostinato, diffusa nella musica barocca inglese || **N. 2.** *Sin.* basso ostinato.

grovièra o **gruvièra** (ant. *gruèra*) [dal n. geogr. *Gruyère*, regione svizzera; 1887] ***sm.*** o *sf. inv.* formaggio di origine francese, a pasta dura con buchi || *per estens.* emmental, e ogni formaggio di caratteristiche simili.

groviglio (pl. *-gli*) [da *roviglia*, specie di pisello, con influsso di *groppo*; sec. XV] **sm.** gruppo di fili ingarbugliati || *per estens.* ammasso intricato di oggetti: *un groviglio di rami* || *fig.* insieme caotico, incoerente: *un groviglio di pensieri, di idee, di sentimenti, di frasi*; *ass.* situazione complicata, contorta: *chi ci capisce qualcosa in questo groviglio!* || **N.** *Sin.* garbuglio, groppo, intrico, nodo, viluppo; caos, confusione, disordine | aggrovigliare, sgrovigliare.

grovigliolo [da *groviglio*; sec. XIV] **sm.** *tosc.* **1.** pisello selvatico **2.** piccolo nodo di fili che compare talvolta nei tessuti.

grrr [voce onom.; 1936] **1.** onom. che riproduce il ringhio di un animale **2.** onom. che esprime rabbia, aggressività.

gru (ant. *grùe*, f. o m.) [lat. *grūs, grūis*; a. 1292 *grue*] **sf.** *inv.* **1.** grosso trampoliere dei Gruiformi, con piumaggio gen. grigio, che emigra dall'Europa in Africa durante l'inverno **2.** grossa macchina per sollevare pesi, costituita da un lungo piede metallico e da un braccio (fisso o girevole) alla cui estremità è fissata una carrucola || *gru a ponte*, carroponte || *gru scorrevole*, in cui l'organo di sollevamento è montato su un carrello che scorre su guide **3.** *T.stor.* macchina da guerra medievale, costituita da una trave terminante in un uncino; serviva a distruggere le macchine da guerra nemiche || **N.** **2.** elettrica, fissa / girevole, galleggiante, idraulica, scorrevole | argano, carrello, gancio | binda, paranco. **TAV.** *porto* 3.12, 3.28; ***edilizia*** **p. 666** 2.

grùccia (pl. *-ce*) [etim. inc., forse dal germ. **krukkja*; a. 1311] **sf.** **1.** bastone di legno o di metallo che reca ad un'estremità una traversina concava per appoggio dell'ascella; serve come aiuto nella deambulazione per chi non può reggersi sulle gambe || *fig. reggersi sulle grucce*, si dice di chi si trova in cattive condizioni, o di ragionamento che presenti lacune **2.** *per estens.* nome di vari oggetti a forma di gruccia; in part.: arnese di legno o di plastica, a forma di T, con un gancio in cima, usato per tenere appesi gli abiti negli armadi || trespolo per pappagalli, civette ammaestrate e sim.; *in part. T.cacc.* strumento su cui si posa la civetta ammaestrata nella caccia fatta con essa || *tosc.* maniglia di ottone a forma di gruccia || **N.** **1.** *Sin.* bastone, stampella.

grucciàta [da *gruccia*; 1853] **sf.** *raro* colpo di gruccia.

gruccióne [forse da *gruccia*; 1831] **sm.** uccello dei Coraciformi, snello, con becco lungo e sottile e piumaggio variopinto || **N.** *Sin.* merope, vespiere.

grùe **sm.** o **sf.** *ant.* V. GRU.

gruèra V. GROVIERA.

grufàre [forse dal lat. volg. **grūphus*, var. di *gryphus*, grifo del maiale; 1483] **intr.** (aus. *avere*) *ant. lett.* grufolare || **tr.** *ant. lett. scherz.* rubare, sgraffignare.

grufolàre (pres. *grùfolo*) [da *grufare*; a. 1400] **intr.** (aus. *avere*) **1.** si dice dei porci quando frugano, razzolano col grugno nel cibo **2.** *fig. scherz.* mangiare così voracemente da mettere quasi il naso nel piatto || frugare, rovistare: *sta grufolando tra quelle vecchie carte* || **intr. pron.** rotolarsi nel sudiciume; *fig.* trovarsi a proprio agio in situazioni torbide || **N.** **intr.** **1.** *Sin.* grifare, grufare **2.** *Sin.* razzolare | **intr. pron.** *Sin.* sguazzare.

grugàre (pres. *grùgo, grùghi*) [di orig. onom.; 1869] **intr.** (aus. *avere*) *non com.* detto dei piccioni in amore, fare il caratteristico suono *gru gru* || **N.** *Sin.* tubare.

grugnìre (pres. *-isco, -isci*) [lat. *grunnīre*; 1353] **intr.** (aus. *avere*) **1.** detto del maiale, del cinghiale e anche dell'orso, emettere il caratteristico verso **2.** *fig. spreg.* di persona, brontolare, borbottare a denti stretti || **tr.** dire qualcosa in modo burbero, fra i denti: *l'uomo grugnì un'imprecazione.*

grugnìto [da *grugnire*; 1532] **sm.** **1.** il verso del maiale e del cinghiale **2.** *fig.* suono confuso, inintelligibile emesso da persona, che esprime malumore, rabbia, dolore, timidezza ecc.: *emettere un grugnito di dolore.*

grùgno [lat. tardo *grunium*; 1340 ca.] **sm.** **1.** il muso del maiale e del cinghiale **2.** *fig. spreg.* il volto umano: *gli voglio rompere il grugno*; *dire sul grugno*, in faccia, apertamente: *gli ho detto sul grugno quello che pensavo* || espressione del viso denotante dispetto; broncio: *fare, tenere il grugno* || *dim.* grugnétto, grugnìno; *accr.* grugnóne; *pegg.* grugnàccio || **N.** **1.** *Sin.* grifo **2.** *Sin.* faccia, muso; BRONCIO.

grugnóne [da *grugno*; 1869] **sm.** **1.** (f. *-a*) persona che sta sempre col grugno **2.** *disus.* colpo nel grugno, sgrugnata || **N.** **1.** *Sin.* musone.

Gruifórmi (sing. *-e*) [lat. scient. *gruiformes*, comp. del lat. class. *grus, gruis*, gru, e *-formis*, -forme; 1933] **sm. pl.** *T.zool.* ordine di uccelli piuttosto eterogeneo, comprendente forme da alcuni studiosi considerate come appartenenti a ordini diversi; si tratta però perlopiù di buoni camminatori e corridori e cattivi volatori. **Q.T.** *zoologia.*

gruìsta [da *gru*; 1950] **s.** operaio addetto al funzionamento di una gru.

grullàggine [da *grullo*; 1869] **sf.** grulleria, stupidità abituale; anche *concr.* sciocchezza || **N.** *Sin.* dabbenaggine, semplicioneria.

grullerìa [da *grullo*; 1856] **sf.** la caratteristica di chi è grullo || *concr.* atto o detto da grullo: *fare, dire una grulleria.*

grùllo [di orig. sconosciuta; 1598] **agg.** sciocco, semplicione; sventato || *non com.* intontito: *mi lasciò lì mezzo grullo* || *dim.* grullerèllo, grullìno; *accr.* grullóne; *pegg.* grullàccio || **N.** *Sin.* citrullo, credulone, sventato, SCIOCCO; istupidito, rimbambito | *Contr.* furbo, scaltro; sveglio, vigile.

grùma [lat. volg. **gruma*; 1612] **sf.** tartaro che il vino lascia sulle pareti delle botti || incrostazione che lascia l'acqua nei condotti || incrostazione che si forma nel fornello della pipa || **N.** *Sin.* gromma, incrostazione, tartaro | grommare, incrostare, ingrommare.

grumèllo [dal n. geogr. *Grumello*, in Valtellina; 1905] **sm.** vino rosso della Valtellina dal profumo di fragola, gusto asciutto e morbido, di gradazione pari a circa 15 gradi.

grumeréccio (pl. *-ci*) [etim. inc.; 1803] **sm.** fieno tardivo, più corto e tenero del maggese; anche *agg.* (pl. f. *-ce*) sempre posposto: *fieno grumereccio.*

grùmo [lat. *grūmus*; 1563] **sm.** piccola quantità di liquido rappreso: *un grumo di sangue, di latte* || *per estens.* piccolo ammasso di sostanze non ben amalgamate in un impasto: *crema piena di grumi* || *dim.* grumétto, grumettino || **N.** *Sin.* coagulo, gnocco, grommo.

grùmolo [dal lat. *grūmulus*; a. 1597] **sm.** la parte più interna, tenera e compatta del cespo di una pianta (per es. insalata, carciofo ecc.) || del cocomero, la parte più interna, senza semi || *dim.* grumolétto, grumolìno || **N.** *Sin.* cuore, garzuolo.

grumóso[1] [da *grumo*; a. 1698] **agg.** costituito di grumi, pieno di grumi: *impasto grumoso.*

grumóso[2] [da *gruma*; 1563] **agg.** incrostato, coperto di gruma: *pipa grumosa.*

grup V. CRUP.

gruppettàro [da *gruppetto*; 1969] **sm.** (f. *-a*) chi fa parte di un gruppuscolo || chi aderisce a un movimento della sinistra extraparlamentare.

gruppétto (*dim.* di *gruppo*) [1535 ca.] **sm.** **1.** gruppo poco numeroso **2.** *T.mus.* abbellimento che consiste nella rapida successione di tre o quattro note contigue, che precedono una nota principale || **N.** **2.** acciaccatura, appoggiatura, mordente.

gruppìsta [da *gruppo*; 1980] **s.** **1.** *T.cin.* durante le riprese in esterno, tecnico addetto alla conduzione dei gruppi elettrogeni **2.** intermediario tra l'imprenditore ed il lavoratore a domicilio.

grùppo [dal germ. **kruppa*; 1536 *groppo*] **sm.** **1.** insieme di più cose o persone radunate nello spazio: *un gruppo di alberi, di persone*; *gruppo montuoso*, insieme di montagne contigue; *foto di gruppo*, fotografia che ritrae un gruppo di persone; *T.sport.* in alcune competizioni sportive, la maggior parte dei concorrenti, che procedono insieme: *un corridore cerca di staccarsi dal gruppo* **2.** insieme di cose o persone accomunate da un certo punto di vista, secondo una certa classificazione: *un gruppo di vertebrati, un gruppo di avvenimenti, il gruppo dei filosofi empiristi* || insieme di persone legate da un rapporto affettivo o da scopi, idee o interessi comuni: *gruppo familiare, gruppo di amici*; *gruppo di studio*; *gruppo di potere, di pressione, di interesse*; *gruppo sportivo, letterario, politico*; *gruppo parlamentare*, costituito dai parlamentari che appartengono allo stesso partito; *gruppo di riferimento*, quello ai cui comportamenti, idee, posizioni, costumi ecc. un individuo si conforma e con cui si confronta; *terapia di gruppo*, metodo psicoterapeutico che utilizza le dinamiche di gruppo per la cura dei disagi psichici individuali || T.mil. unità organica elementare nelle armi di artiglieria e cavalleria; *gruppo tattico*, unione di più reparti per assolvere un particolare compito || *T.biol. gruppo sanguigno*, ciascuna delle classi in cui gli uomini vengono suddivisi in base a caratteristiche immunitarie del loro sangue || *T.tecn.* complesso di elementi che concorrono alla stessa funzione: *gruppo elettrogeno, gruppo motore* || *T.chim. gruppo funzionale*, insieme di atomi che si mantiene inalterato in molte reazioni chimiche **3.** *T.econ.* complesso di imprese che fanno capo allo stesso proprietario o alla stessa società capogruppo: *il gruppo FIAT* **4.** *T.art.* opera di pittura o di scultura che ha come soggetto più cose o persone riunite: *gruppo marmoreo* **5.** *T.mat.* struttura algebrica costituita da un insieme su cui è definita un'operazione binaria associativa, rispetto alla quale esistono l'elemento neutro e, per ogni elemento, il suo inverso: *gruppo abeliano, additivo, commutativo*; *teoria dei gruppi* **6.** *T.mus.* groppo **7.** *ant.* e *lett.* nodo, groviglio: *e le donne ripresero a filare, sfacendo i gruppi a or a or coi denti* (Pascoli) || *dim.* gruppétto, gruppettino; *accr.* gruppóne || **N.** **1.** *Sin.* complesso, totalità, UNIONE | raggruppare, RACCOGLIERE **2.** *Sin.* categoria, classe, suddivisione; associazione, coalizione, fazione, partito, società. **Q.T.** *antropologia, linguistica, sociologia.*

gruppuscolàre [da *gruppuscolo*; 1973] **agg.** relativo ai gruppuscoli || appartenente a un gruppuscolo.

gruppuscolarìsmo [da *gruppuscolare*; 1982] **sm.** tendenza a riunirsi in piccoli gruppi.

gruppùscolo [dal fr. *groupuscule*, gruppetto; 1968] **sm.** piccola formazione politica di estrema sinistra.

gruvièra V. GROVIERA.

grùzzolo [dal disus. *gruzzo*, gruppo; a. 1400] **sm.** mucchietto di soldi; quantità di denaro accumulata poco per volta: *ha vinto tutta la serata, e si è portato via un bel gruzzolo* || *dim.* gruzzolétto || **N.** *Sin.* malloppo, somma.

gua' [da *gua(ta)* imp. di *guatare*, guardare; 1618] **escl.** *tosc.* esprime meraviglia: *gua' chi vedo!*; o anche rassegnazione: *gua', con lui ci vuole pazienza!*

guàcco (pl. *-chi*) [di orig. onom.; 1956] ***sm.*** uccello della famiglia Ardeidi, simile a un piccolo airone, con piumaggio scuro sul dorso e sulla testa, color crema su un'ampia porzione delle ali, e con becco giallastro che si fa rosso durante la riproduzione ‖ **N.** *Sin.* nonnotto, tarabusino.

guàco (pl. *-chi*) [dallo sp. *guaco*; 1598] ***sm.*** pianta delle Composite dell'America centrale e meridionale, con proprietà curative.

guàda¹ [dal long. *wada*; a. 1523] ***sf.*** *T.pesc.* rete da pesca quadrata, a maglie larghe.

guàda² [dal germ. **walda*, reseda, con influsso di *guado²*; 1813] **I *sf.*** *T.bot.* guaderella **II *agg.*** (sempre posposto) *T.bot.* *erba guada*, guaderella.

guadàbile [da *guadare*; 1582] ***agg.*** che si può guadare: *fiume guadabile.*

guadagnàbile [da *guadagnare*; a. 1348] ***agg.*** **1.** *non com.* che si può guadagnare **2.** *ant.* atto a dare guadagno.

guadagnàre [dal francone **waidanjan*; a. 1292] ***tr.*** **1.** ricavare un compenso come retribuzione o profitto dal proprio lavoro o da un'attività: *guadagna un milione al mese, guadagna il dieci per cento su ogni capo venduto, non pensa ad altro che a guadagnare*; *guadagnare bene*, molto; anche *ass.*: *lui sì che guadagna!* **2.** ottenere come ricavo netto, detraendo le spese (spesso con la particella pronominale *ci*): *togliendo le spese di materiale, la benzina, le tasse, ci guadagno ben poco*; anche *ass. fig.*, ricevere di più di quanto si è dato: *da questo scambio chi ci guadagna sei tu* ‖ trarre vantaggio, utilità: *ci guadagni soltanto a stare zitto*; *è tutto guadagnato!*, *tanto di guadagnato!*, tanto meglio!, con rif. a vantaggi non previsti: *ti aspetto per le otto; se vieni prima, tanto di guadagnato*; *se vuoi aiutarmi, è tutto guadagnato* ‖ presentare meglio, fare miglior figura: *un panorama che, visto di sera, ci guadagna* **3.** *per estens.* conseguire, procurarsi come ricompensa in seguito ad un'azione o un comportamento, a un impegno ecc.: *guadagnare fama, guadagnare la stima di tutti* ‖ *guadagnare terreno*, occuparlo (detto di soldati); distaccare gli inseguitori (detto di corridori, ciclisti e sim.); *fig.* acquistare credito, consenso e sim.: *un'idea che ha guadagnato terreno negli ultimi anni* ‖ *guadagnare tempo*, risparmiarlo; rimandare nel tempo, temporeggiare ‖ *antifr.* ottenere come effetto indesiderato: *volevo aiutarlo, e tutto quello che ho guadagnato è stata una sfuriata* ‖ raggiungere un luogo con difficoltà: *guadagnò la cima del monte* **4.** vincere: *guadagnare una partita, una scommessa*; *ha guadagnato una coppa al concorso di pittura* ‖ ***tr. pron.*** ottenere meritatamente, con fatica e impegno: *si è guadagnato la promozione, mi sono guadagnato la sua fiducia* ‖ *guadagnarsi il pane, la vita*, ricavare dal proprio lavoro tanto da soddisfare le proprie necessità di vita ‖ ***intr.*** (aus. *avere*) migliorare: *con l'ultima stesura, il tuo scritto ha guadagnato in eleganza e concisione* ‖ **N. *tr.*** **1.** *Sin.* prendere; fare denaro, profittare, lucrare, speculare | *Contr.* perderci, rimetterci **2.** ricavare **3.** acquistare, conquistare, meritare, ottenere, raggiungere **4.** *Contr.* perdere | ***intr.*** *Sin.* avvantaggiarsi.

guadagnàto (*pps.* di *guadagnare*) [a. 1306] ***sm.*** *non com.* la cosa guadagnata, il guadagno: *gli portò via tutto il guadagnato.*

guadagnatóre [da *guadagnare*; a. 1292] ***sm.*** (f. *-trice*) *raro* chi guadagna molto.

guadàgno [da *guadagnare*; 1274] ***sm.*** **1.** il guadagnare: *pensa soltanto al guadagno* **2.** ciò che si ricava come retribuzione o profitto da un lavoro, da un commercio, dall'esercizio di una professione o da altra attività: *guadagno lauto, magro, misero*; *deposita in banca tutto il guadagno*; *trarre guadagno da una propria capacità* **3.** la differenza tra il ricavo lordo e i costi derivanti da un'attività economica: *il guadagno netto è del cinquanta per cento* **4.** *per estens.* vantaggio: *non è stato un gran guadagno per me cambiare città* ‖ *antifr. iron.* conseguenza spiacevole, svantaggio: *sai che guadagno ho avuto dall'essere stato sincero con lui, ora non mi rivolge più la parola!* **5.** *T.elettron.* in un amplificatore, rapporto tra l'intensità del segnale di uscita e quella del segnale d'entrata **6.** *T.tecn.* *guadagno di antenna*, rapporto fra l'intensità di campo prodotta dall'antenna nella direzione di massima irradiazione e l'intensità che si avrebbe a pari potenza con un'antenna uniformemente radiante in tutte le direzioni ‖ *dim.* guadagnétto, guadagnùccio; *accr.* guadagnóne; *pegg.* guadagnàccio ‖ **N. 2.** *Sin.* compenso, emolumento, frutto, introiti, lucro, mancia, paga, percentuale, prebenda, proventi, reddito, remunerazione, rendita, ricavo, salario, stipendio, utile | grande / scarso, forte, incerto / sicuro, lauto, lecito / illecito, magro, misero, onesto / disonesto **3.** *Sin.* profitto, utile | *Contr.* perdita, spesa | affarista, speculatore | trarre guadagno; dividere, procacciare un guadagno **4.** *Sin.* beneficio, interesse, tornaconto, utilità | *Contr.* danno, scapito.

guadagnucchiàre (pres. *-ùcchio*) [da *guadagnare*; 1869] ***tr.*** *non com.* guadagnare poco e a stento; anche *ass.*: *solo ora comincio a guadagnucchiare.*

guadàre [lat. tardo *vadāre*; a. 1292] ***tr.*** attraversare un corso d'acqua a piedi, a cavallo o su un veicolo, toccando il fondo, senza nuotare e senza uso di imbarcazioni ‖ **N.** *Sin.* passare a guado; traghettare.

guaderèlla (*dim.* di *guada²*) [1798] ***sf.*** erba delle Resedacee dai cui fiori gialli in racemi si ricava una sostanza colorante usata in tintoria ‖ **N.** *Sin.* guada, luteola, reseda dei tintori.

guadinàre (pres. *-ìno*) [da *guadino*; 1978] ***tr.*** *T.pesc.* rif. al pesce, portarlo all'asciutto mediante il guadino.

guadìno [da *guada¹*; 1936] ***sm.*** *T.pesc.* rete da pesca di forma conica, con un lungo manico, che viene usata per tirare fuori dall'acqua pesci di grandi dimensioni catturati con l'amo. **TAV. *pesca*** 10.

guàdo¹ [lat. *vadum*; a. 1292] ***sm.*** **1.** il punto in cui un corso d'acqua è guadabile: *cercare un guado* ‖ *fig. lett.* passaggio difficile ‖ *fig. essere in mezzo al guado*, in una situazione di transizione (perlopiù sentita come rischiosa) **2.** l'atto di guadare: *tentare il guado di un fiume*; *guado facile, difficile*; *passare, attraversare a guado*, guadare ‖ *altezza di guado*, di un autoveicolo, la massima profondità d'acqua in cui può essere immerso senza danneggiarsi ‖ **N. 1.** passaggio, passo, varco.

guàdo² [dal long. **waid*, erba colorante; 1274] ***sm.*** pianta delle Crocifere, con fiori gialli, dalle cui foglie si ricava un'essenza azzurra usata un tempo in tintoria ‖ l'essenza stessa ricavata dal guado: *dare il guado a una stoffa.*

guadóso [lat. *vadōsus*; a. 1547] ***agg.*** *ant.* che si può guadare, che ha molti guadi.

guaglióne [voce nap.; 1905] ***sm.*** (f. *-a*) *nap.* ragazzo ‖ *dim.* guaglioncèllo.

guagnèle [dal lat. *(E)vangelia*; a. 1292] ***sf.*** *pl.* vangeli, solo nell'*escl. ant. alle guagnele!*, per i vangeli!

guài [dal germ. *wai*; 1224 ca.] ***escl.*** esprime minaccia: *guai ai vinti!*, *guai a te se lo ripeti ancora una volta!* ‖ con sign. attenuato, indica generiche conseguenze spiacevoli che potrebbero derivare da un'azione o da uno stato (spesso seguito dalla preposizione *a* e dal verbo all'infinito o da *se* e il verbo al congiuntivo): *è un tipo buono e mite, ma guai a suscitare la sua collera!*; *guai se non avesse un carattere forte!* ‖ *ant.* ahimè.

guaiàco (pl. *-chi*) [dallo sp. *guayaco*; 1499] ***sm.*** albero delle Zigofillacee, con fusto di legno duro e fiori azzurri, che fornisce una resina medicinale.

guaiacòlo [da *guaiaco*; 1902] ***sm.*** liquido oleoso che si ottiene distillando la resina di guaiaco o per sintesi dalla distillazione del catrame del legno di faggio; è un potente disinfettante delle vie respiratorie ‖ **N.** creosoto.

guaìme [dal fr. ant. *guaïn*, prov. *gaïm*; sec. XIV] ***sm.*** *raro* l'erba tenera che rinasce nei prati dopo l'ultima falciatura ‖ **N.** FIENO.

guaìna [lat. *vagīna*; 1300 ca.] ***sf.*** **1.** fodero, perlopiù di pelle o di metallo, per le armi da taglio: *un pugnale con guaina d'argento, sfilare la spada dalla guaina* ‖ *per estens.* custodia, astuccio che aderisce all'oggetto contenuto: *la guaina della bandiera, dell'ombrello* ‖ orlo nel quale si passa un nastro o un cordoncino per stringere la sottana alla vita o per chiudere una borsa ecc. ‖ rivestimento flessibile di cavi o fili elettrici: *guaina isolante* **2.** *T.abb.* indumento intimo femminile, di tessuto elastico, che comprime e modella il corpo; *a guaina*, si dice di indumento molto aderente **3.** *T.bot.* espansione della parte inferiore delle foglie, che avvolge in parte il fusto **4.** *T.mar.* rinforzo del contorno delle vele, sul cui orlo si cuce il gratile **5.** *T.anat.* membrana che riveste un organo: *guaina del pelo*; *guaina mielinica*, rivestimento delle fibre nervose ‖ **N. 1.** *Sin.* astuccio, contenitore, custodia, involucro, rivestimento | inguainare, sguainare, sfoderare **2.** *body*, busto, corpetto, *guêpière*, panciera **5.** *Sin.* rivestimento.

guainànte [da *guaina*; 1906] ***agg.*** *T.bot.* *foglia guainante*, foglia che abbraccia il fusto come una guaina.

guainàto [da *guaina*; 1813] ***agg.*** *non com.* provvisto di guaina, usato in spec. come *T.bot.*: *fusto, seme guainato.*

guainóne [etim. inc., forse da *guaina*; a. 1859] ***sm.*** nei finimenti del cavallo, ciascuna delle due strisce di cuoio che congiungono le tirelle al collare.

guàio (pl. *guài*) [sost. di *guai*; a. 1292] ***sm.*** **1.** situazione difficile, gen. imprevista: *essere, cacciarsi in un brutto guaio, essere in un mare di guai* ‖ con sign. attenuato, inconveniente, fatto scomodo: *è un bel guaio per chi va a dormire presto la sera avere una discoteca sotto casa!* **2.** danno provocato da un'azione maldestra: *guarda che guaio hai combinato!*; anche *fig.*: *temo di avere fatto un guaio a dirgli la verità* **3.** *arc.* lamento: *quivi sospiri, pianti ed altri guai* (Dante) ‖ **N. 1.** *Sin.* avversità, contrarietà, difficoltà, disgrazia, fastidio, impiccio, intrico, malanno, ostacolo, pasticcio, IMBROGLIO **2.** *Sin.* disastro, pasticcio.

guaiolàre (pres. *guàiolo*) [da *guaire*; a. 1406] ***intr.*** (aus. *avere*) guaire sommessamente ‖ *fig.* di persona, lamentarsi.

guaìre (pres. *-ìsco, -ìsci*) [da *guaio*; sec. XV] ***intr.*** (aus. *avere*) emettere acuti mugolii di dolore, detto spec. del cane quando soffre; *per estens. scherz.* lamentarsi: *quella botta mi ha fatto guaire per mezz'ora* ‖ **N.** *Sin.* gagnolare, gemere, gridare, lamentarsi, piangere, strillare, ululare, urlare.

guàita [dal fr. ant. *guaite*; 1158] ***sf.*** *ant.* **1.** luogo adatto per appostarsi; posto di guardia **2.** guardia, sentinella ‖ **N. 1.** *Sin.* appostamento.

guaìto [da *guaire*; 1867] ***sm.*** il verso acuto del cane (meno com. di altri animali) quando si lamenta ‖ *per estens.*, talvolta *scherz.* o *spreg.* gemito di dolore emesso da una persona ‖ **N.** gemito, grido, mugolio, strillo, ululato, urlo.

gualcaménto [da *gualcare*; 1803] ***sm.*** *T.tess.* *raro* l'operazione di gualcare pelli o tessuti ‖ **N.** *Sin.* follatura.

gualcàre (pres. *guàlco, guàlchi*) [dal long.

walkan*, rotolare; 1305] ***tr.* *T.tess. raro* frizionare e comprimere pelli o tessuti (spec. di lana) con la gualchiera, perché acquistino maggiore consistenza e durezza || **N.** *Sin.* follare, sodare.

gualchièra [da *gualcare*; 1265] ***sf.*** *T.tess. ant.* macchina tessile ad acqua, in cui la stoffa, insaponata e inumidita, viene compressa e frizionata per mezzo di magli, e resa in questo modo più soda e più dura || **N.** *Sin.* follone | a cilindro, a pressione, a urto.

gualchieràio (pl. *-ài*) [da *gualchiera*; 1305] ***sm.*** (f. *-a*) *ant.* **1.** proprietario di una gualchiera **2.** operaio addetto al funzionamento delle gualchiere || **N. 2.** *Sin.* follatore.

gualcire (pres. *-isco, -isci*) [dal long. **walkjan*, var. di **walkan*, rotolare; a. 1562 ca.] ***tr.*** *non com.* sgualcire || ***intr. pron.*** sgualcirsi.

guàlda [dal germ. **walda*, reseda; 1869] ***sf.*** *T.bot.* guaderella.

gualdàna [prop. da *gualdo*; a. 1292] ***sf.*** *arc.* scorreria, razzia nel territorio nemico.

guàldo [dal germ. **wald*; a. 1348] ***sm.*** *arc.* bosco.

gualdràppa [prob. dal disus. *guardanappa*, asciugatoio, con influsso di *drappo*; 1533] ***sf.*** drappo che si stende sotto la sella del cavallo per protezione e spec. per ornamento: *una gualdrappa ricamata* || **N.** *Sin.* coperta, groppiera | bardatura.

gualèrcio (pl. *-ci*) [comp. di *gua(tare)* e *lercio*; 1300 ca.] ***agg.*** *arc.* **1.** guercio || losco **2.** sudicio, lercio.

gualìvo [lat. **aequalīvus*; a. 1389] ***agg.*** *arc.* uguale.

guanàco (pl. *-chi*) [dallo sp. *guanaco*; 1546] ***sm.*** **1.** mammifero dei Camelidi, simile al lama, che vive sulle montagne dell'America meridionale **2.** la pelliccia del guanaco.

guància (pl. *-ce*) [prob. dal long. **wankja*; sec. XIII] ***sf.*** **1.** ognuna delle due regioni della faccia, comprese tra lo zigomo e la mandibola: *avere le guance rosee, paffute, incavate, sode, cascanti* || *fig. porgere l'altra guancia*, sopportare le offese senza reagire || ciascuna delle pareti laterali interne della bocca: *mordersi la guancia* **2.** *per estens. T.mac.* la parte carnosa della testa delle bestie macellate: *guancia di maiale* **3.** *per estens. non com.* ciascuna delle parti laterali simmetriche di un oggetto: *le guance dell'aratro; le guance delle tenaglie*, ganasce **4.** la parte sinistra del calcio del fucile, alla quale il tiratore appoggia il viso || *dim.* guancìna, guancétta; *accr.* guancióna, guancióne || **N. 1.** *Sin.* gota | *couperose*, fossette, lanugine, pomelli, viso, zigomi; belletto, cipria, *fard*; ceffone, schiaffo **3.** *Sin.* costa, faccia, fianco, lato, parte. **TAV. *armi* p. 648** 16.5.

guancialàio (pl. *-ài*) [da *guanciale*; a. 1923] ***sm.*** (f. *-a*) *disus.* chi vende o noleggia guanciali.

guancialàta [da *guanciale*; 1618] ***sf.*** *non com.* colpo dato con un guanciale: *prendersi a guancialate.*

guanciàle [da *guancia*; sec. XIII] ***sm.*** **1.** involucro rettangolare di stoffa, chiuso da tutti i lati e imbottito di lana, piuma, gommapiuma e sim., che serve per appoggiarvi il capo quando si dorme o si riposa || *per estens.* cuscino, per qualunque uso || *fig. dormire tra due guanciali*, vivere tranquillo, senza preoccupazioni **2.** *T.arm.* la parte dell'elmo che proteggeva le guance **3.** *region.* lardo ottenuto salando la guancia del maiale || *dim.* guancialétto, guancialìno, guancialùccio; *accr.* guancialóne; *pegg.* guancialàccio || **N. 1.** *Sin.* capezzale, cuscino, origliere, piumaccio; federa, imbottitura | infederare, sfederare, spiumacciare, sprimacciare.

guancialétto (*dim.* di *guanciale*) [a. 1375] ***sm.*** **1.** piccolo guanciale **2.** imbottitura posta sulla gruccia per la civetta ammaestrata come zimbello nella caccia alle allodole **3.** imbottitura di un indumento, che serve a coprire il difetto di qualche parte del corpo **4.** cuscinetto imbevuto di inchiostro, per timbri.

guancialìno (*dim.* di *guanciale*) [a. 1498] ***sm.*** **1.** piccolo guanciale **2.** piccolo cuscino nel quale si tengono conficcati spilli e aghi per averli a portata di mano || **N. 2.** *Sin.* puntaspilli, torsello.

guanciàta [da *guancia*; seconda metà sec. XIII] ***sf.*** *tosc. ant.* colpo dato a mano aperta sulla guancia || *T.eccl.* il lieve colpo sulla guancia dato dal vescovo ai cresimati || **N.** *Sin.* SCHIAFFO.

guanidìna [da *guanina*; 1869] ***sf.*** *T.chim.* composto organico azotato ottenuto dalla guanina, usato in terapie disinfettanti e preventive.

guanièra [da *guano*; 1956] ***sf.*** deposito naturale di guano.

guanìna [da *guano*; 1869] ***sf.*** *T.biol.* base purinica azotata, che fa parte di composti di grande importanza biologica, quali gli acidi nucleici.

guàno [dallo sp. *guano*; 1864] ***sm.*** prodotto formato dalla decomposizione di accumuli di escrementi di uccelli marini; è ricco di fosforo e azoto ed è usato come fertilizzante.

guantàio (pl. *-ài*) [da *guanto*; 1561] ***sm.*** (f. *-a*) chi fabbrica o vende guanti.

guanterìa [da *guanto*; 1844] ***sf.*** fabbrica di guanti || *non com.* negozio di guanti.

guantièra [da *guanto*; 1618] ***sf.*** **1.** vassoio o scatola elegante in cui si tengono i guanti **2.** *per estens.* vassoio per servire dolci, sorbetti e sim.

guànto [dal francone *want*; 1265] ***sm.*** **1.** indumento di stoffa, pelle, gomma o altro materiale che riveste la mano fino al polso o al gomito; può separare le dita una dall'altra, o solo il pollice dalle altre dita (in questo caso si dice *guantone, manopola* o *muffola*); è usato come protezione della mano, per igiene o per eleganza: *un paio di guanti; calzare, infilarsi i guanti; guanti di lana, di capretto, imbottiti; guanti da sera, eleganti, sportivi; mezzi guanti*, che lasciano scoperte le dita; *guanti lunghi*, che coprono quasi interamente il braccio; *guanti di gomma*, usati per proteggere le mani dal contratto con sostanze nocive, o per igiene, per es. dai medici || *T.sport. guanti da sci, da scherma, da boxe, da baseball*, i guanti usati in ciascuna disciplina sportiva a protezione delle mani || *guanto di paraffina*, V. PARAFFINA || *T.eccl. guanti liturgici*, quelli portati dal vescovo durante le cerimonie religiose || *morbido come un guanto*, si dice di pelle o calzatura molto morbida || *calzare come un guanto*, aderire perfettamente || *fig. trattare qualcuno con i guanti*, con molte attenzioni e premure: *va trattato con i guanti, perché è molto suscettibile* || *fig. gettare il guanto*, sfidare a duello, e, *fig.*, provocare; *raccogliere il guanto*, accettare la sfida || *mano di ferro in guanto di velluto*, di azione energica, ma con modi dolci e gentili || *fig. in guanti gialli*, con abbigliamento e modi signorili: *ladro in guanti gialli* || *T.arm. guanto d'armi* o *di ferro*, parte dell'armatura che proteggeva la mano **2.** *gerg.* preservativo maschile || *dim.* guantìno; *accr.* guantóne || **N. 1.** di camoscio, di daino, di filo, di lana, di pizzo, di refe, di seta; da sera, eleganti, sportivi; a bottoni, a cerniera, corti / lunghi, foderati / sfoderati, imbottiti, traforati; da donna, da uomo | dito, dorso, palma | calzare, indossare, infilare, levarsi, mettersi, portare, sfilarsi, togliersi i guanti.

guantóne (*accr.* di *guanto*) [1598] ***sm.*** guanto di grosse dimensioni || *in part. T.sport.* guanto di cuoio imbottito, usato dai pugili || *fig. incrociare i guantoni*, disputare un incontro di pugilato; *appendere i guantoni al chiodo*, cessare l'attività di pugile.

guapperìa [da *guappo*; 1841] ***sf.*** *nap.* **1.** compagnia di guappi; l'insieme dei guappi **2.** azione da guappo.

guàppo lat. *vappa*, uomo corrotto; 1841] **I** ***sm.*** (f. *-a*) *nap.* **1.** camorrista **2.** *per estens.* persona arrogante e senza scrupoli **II *agg.*** (sempre posposto) **1.** da guappo, sfrontato, spavaldo: *un'aria guappa* **2.** di eleganza vistosa e troppo esibita || **N. I 2.** *Sin.* prevaricatore, teppista.

guaracha (sp., pr. [gwa'ratʃa]) [da una voce indigena; 1965] ***sf.*** *inv.* danza di origine afrocubana, gen. in tempo binario.

guaràna e **guaranà** [dallo sp. *guaraná*; 1887] ***sf.*** pasta di color bruno rossastro, ricca di caffeina, che si ricava dai semi di una liana del Brasile; è usata come stimolante.

guaranì [dallo sp. *guaraní*, dal n. del popolo *Guaranis*; 1869] **I *agg.*** appartenente o relativo ad una popolazione indigena del Paraguay **II *sm.*** **1.** (anche *sf.*) persona appartenente alla popolazione guaranì **2.** (solo *sing.*) la lingua parlata dai guaranì **3.** unità monetaria dal Paraguay.

guardabarrière [comp. di *guarda(re)* e *barriera*; a. 1956] ***s.*** *inv. T.ferr.* chi ha l'incarico di aprire e chiudere le barriere nei passaggi a livello lungo le ferrovie || chi ha il compito di controllare l'accesso a strade private chiuse da barriere || **N.** *Sin.* cantoniere, casellante; custode.

guardabòschi [comp. di *guarda(re)* e *boschi*; 1771] ***s.*** *inv.* chi è addetto alla custodia dei boschi, per evitare accensione di fuochi, caccia di frodo, tagli abusivi ecc. || **N.** *Sin.* guardia forestale.

guardabuòi [comp. di *guarda(re)* e *bue*; 1952] ***sm.*** *inv.* uccello appartenente all'ordine dei Ciconiformi, simile all'airone, con piumaggio bianco, che vive in Africa e nell'Europa meridionale, di preferenza vicino ai pascoli ricchi dove si trovano anche bovini domestici o grossi mammiferi allo stato brado.

guardacàccia o **guardiacàccia** [comp. di *guarda(re)* e *caccia*, con influsso di *guardia*; 1886] ***s.*** *inv.* chi è incaricato di far rispettare le norme sulla caccia e di vigilare sulle condizioni degli animali nelle riserve pubbliche o private.

guardacànapo [comp. di *guarda(re)* e *canapo*; 1885] ***sm.*** *inv. T.mar.* anello di metallo che protegge una corda dall'attrito e ne agevola lo scorrimento.

guardacaténa [comp. di *guarda(re)* e *catena*; 1868] ***sm.*** *inv.* **1.** *T.tess.* guardatrama **2.** *T.orol.* guardacorda.

guardacòrda [comp. di *guarda(re)* e *corda*; 1798] ***sm.*** *inv. T.orol.* pezzo del dispositivo di carica dell'orologio da tasca, che ferma la molla quando questa è tesa.

guardacòrpo [comp. di *guarda(re)* e *corpo*, come il fr. *garde-corps*; 1889] ***sm.*** *inv. T.mar.* cavo disteso da un punto all'altro della coperta di una nave per sostenervisi quando il mare è grosso.

guardacòste [comp. di *guarda(re)* e *costa*, sul modello del fr. *garde-côte*; a. 1683] ***sm.*** *inv.* **1.** corpo militare addetto alla sorveglianza delle coste || soldato appartenente a tale corpo **2.** nave militare adibita alla sorveglianza e alla difesa delle coste; anche *agg.*: *motovedetta guardacoste* || **N. 1.** *Sin.* guardia costiera.

guardadìghe [comp. di *guarda(re)* e *diga*; 1956] ***s.*** *inv.* chi è addetto alla sorveglianza di una diga e degli impianti ad essa connessi.

guardafili o **guardiafili** [comp. di *guarda(re)* e *filo*, con influsso di *guardia*; 1923] ***s.*** *inv.* chi è addetto alla sorveglianza e alla riparazione delle linee elettriche, telegrafiche e telefoniche.

guardafrèni o **guardafréni** [comp. di *guar-*

da(re) e *freno*; 1974] **s.** *inv.* *T.ferr.* chi è addetto al controllo dei freni nei convogli ferroviari || frenatore.

guardainfànte v. GUARDINFANTE.

guardalàto [comp. di *guarda(re)* e *lato*, sul modello del ven. *guardalai*; 1869] **sm.** *inv.* *T.mar.* *non com.* ciascuna delle protezioni (pneumatici, fasci di corde e sim.) sospese lungo il bordo esterno delle imbarcazioni per attutire gli urti contro la banchina e le altre navi || **N.** *Sin.* parabordo.

guardalìnee o **guardialìnee** [comp. di *guarda(re)* e *linea*; 1930 *guardialinee*] **s.** *inv.* **1.** *T.sport.* nel gioco del calcio, ciascuno dei due giudici che sorvegliano lo svolgimento del gioco dalle linee laterali di demarcazione del campo, coadiuvando l'arbitro **2.** *T.ferr.* chi è addetto alla sorveglianza di un tratto di linea ferroviaria || **N. 1.** *Sin.* segnalinee.

guardamàcchine o **guardiamàcchine** [comp. di *guarda(re)* e *macchina*, con influsso di *guardia*; 1966] **s.** *inv.* persona addetta alla sorveglianza di un parcheggio per autoveicoli.

guardamàno [comp. di *guarda(re)* e *mano*; 1869] **sm.** *inv.* **1.** parte dell'impugnatura della spada e sim. che protegge la mano **2.** nelle armi da fuoco, ponticello metallico che ripara il grilletto **3.** *T.mar.* ognuno dei cordoni posti ai due lati delle scale di bordo per appoggiarsi o sostenersi **4.** guanto da lavoro, che protegge la mano || **N. 1.** *Sin.* coccia, guardia **3.** *Sin.* corrimano, mancorrente **4.** guardapalma. **TAV.** *caccia* 1.7.

guardaménto [da *guardare*; a. 1292] **sm.** *ant.* il guardare; sguardo || custodia, riguardo.

guardanìdio (pl. *-di*) [comp. di *guarda(re)* e *nidio*, var. tosc. di *nido*; 1869] **sm.** *non com.* endice.

guardapàlma [comp. di *guarda(re)* e *palma*; 1940] **sm.** *inv.* specie di manopola costituita da una piastra metallica, che protegge il palmo della mano nei lavori di cucitura di cuoio, tela da vele e sim.

guardapésca o **guardiapésca** [comp. di *guarda(re)* e *pesca*, come il fr. *garde-pêche*, con influsso di *guardia*; 1965] **s.** *inv.* agente o guardiano incaricato di far rispettare le norme sulla pesca.

guardapètto [comp. di *guarda(re)* e *petto*; 1869] **sm.** piastra di legno o di metallo, che viene adattata al petto, per protezione, da chi lavora col trapano.

guardapìnna [comp. di *guarda(re)* e *pinna*; 1728] **sm.** *inv.* *T.zool.* piccolo granchio che vive dentro la conchiglia di alcuni molluschi bivalvi, spec. della pinna || **N.** *Sin.* pinnotero.

guardapòrta [comp. di *guarda(re)* e *porta*, sul modello del fr. *garde-porte*; 1880] **s.** *inv.* *merid.* portiere, portinaio.

guardapòrto [comp. di *guarda(re)* e *porto*; 1869 *guardaporti*] **sm.** *inv.* *T.mar.* imbarcazione o galleggiante situato all'ingresso di un porto, che ospita il personale addetto alla sorveglianza; anche *agg.*: *nave guardaporto.*

guardaportóne [comp. di *guarda(re)* e *portone*; a. 1744] **sm.** *inv.* portiere di palazzi signorili, teatri, edifici pubblici, alberghi di lusso e sim.

guardàre [dal germ. **wardōn*, osservare, stare in guardia; a. 1257 ca.] **tr.** **1.** rivolgere intenzionalmente l'occhio in una direzione o verso qualcosa: *guardare davanti a sé, guardare le stelle, guardare un film; guardare intensamente, fissamente, distrattamente* || *guardare di traverso, in cagnesco, storto*, con ostilità; *guardare di buon occhio*, con benevolenza || *guardare con la coda dell'occhio*, senza voltare la testa, in modo che nessuno se ne accorga || *guardare dall'alto in basso*, con superbia o disprezzo || *fig.* *guardare in faccia*, affrontare con sicurezza, senza paura: *guardare in faccia il pericolo* || *per estens.* in frasi negative, fare oggetto di interesse, di considerazione: *nessuno lo guarda* **2.** *per estens.* esaminare: *guarda questo conto, e dimmi se è giusto*; appurare, controllare: *affacciati alla finestra e guarda se il lattaio è aperto* **3.** custodire, avere in guardia: *guardami il bambino mentre sono fuori, gli alpini guardano il passo*; *guardare a vista*, vigilare rigorosamente **4.** *non com.* preservare: *guardare qualcuno da un pericolo*; *escl. Dio me ne guardi!, Dio guardi!*, detto relativamente a qualcosa o a qualcuno che si vuole evitare **5.** *escl.* *guarda!*, o ripetuto: *guarda, guarda!*, esprime stupore, meraviglia: *guarda chi si vede!, ma guarda un po' cosa mi doveva capitare!*; *guarda caso!*, esprime sorpresa per una combinazione fortuita; talvolta *iron.*: *sono andato a portargli il conto, e guarda caso era appena uscito* || **rifl.** **1.** osservare il proprio corpo: *guardarsi allo specchio* **2.** seguito dalla prep. *da*, astenersi: *guardati dal bere troppo, digli di guardarsi bene dal presentarsi di nuovo al mio cospetto!* || diffidare, difendersi: *guardati da lui: è un tipo pericoloso* **3.** *guardarsi alle spalle*, vigilare su ciò che accade dietro di sé; anche *fig.*, essere pronto a difendersi dalle insidie: *un uomo della sua posizione deve sempre guardarsi alle spalle* || **rec.** rivolgersi scambievolmente lo sguardo: *si guardavano fissamente negli occhi*; *fig. pop. disus.* avere una relazione amorosa, non proclamata ufficialmente: *prima di fidanzarsi si sono guardati per due anni* || *non guardarsi più*, aver rotto ogni rapporto || **intr.** (aus. *avere*) **1.** badare, fare attenzione, procurare: *guarda di non farti male; guarda che stai sbagliando* || *non guardare a spese, al pericolo*, non curarsene || rivolgersi con la mente: *guardano a lui come ad un nuovo messia* || *non guardare in faccia a nessuno*, essere imparziale, non fare distinzioni tra persona e persona: *la legge non deve guardare in faccia a nessuno* **2.** *fig.* di edificio, stanza, finestra e sim. essere rivolto, avere la vista verso una certa direzione: *la finestra guarda verso la valle; questo lato della casa guarda a mezzogiorno* || **N.** **tr.** **1.** *Sin.* fissare, ispezionare, osservare, rimirare, sbirciare, scrutare, sogguardare, spiare, squadrare, studiare, vedere; considerare | biecamente, con la coda dell'occhio, di sbieco, di sottecchi, in cagnesco, in tralice, storto **2.** *Sin.* appurare, controllare, esaminare, verificare **3.** *Sin.* custodire, fare la guardia, sorvegliare, vigilare **4.** *Sin.* preservare, salvaguardare | **rifl.** **1.** *Sin.* osservarsi, rimirarsi **2.** *Sin.* astenersi, difendersi, diffidare, evitare, stare in guardia | **intr.** **1.** *Sin.* badare, cercare, fare attenzione, fare in modo, procurare, vedere **2.** *Sin.* dare, essere esposto, essere rivolto.

guardaròba [dal fr. *garde-robe*; sec. XIII] **sm.** *inv.* **1.** grande armadio o stanza in cui si custodiscono vestiario e biancheria || nei locali pubblici (teatri, ristoranti e sim.), luogo dove si depositano, entrando, soprabiti, cappelli, ombrelli, borse ecc. **2.** *per meton.* l'insieme degli abiti posseduti da una persona: *guardaroba estivo, invernale; rinnovare il guardaroba.* **Q.T.** *abbigliamento* **TAV.** *arredamento* **p. 650** 3.13.

guardarobière [da *guardaroba*; 1598 *guardarobbiero*] **sm.** (f. *-a*) **1.** nelle case signorili, persona (gen. di sesso femminile) che provvede alla pulizia, alla stiratura, al riordino e in gen. alla cura di vestiario e biancheria **2.** persona addetta al guardaroba di locali pubblici.

guardasàla o **guardiasàla** [comp. di *guarda(re)* e *sala*, sul modello del fr. *garde-salle*, con influsso di *guardia*; 1885] **s.** *inv.* sorvegliante di una sala (per es. di un museo) || *in part.* *T.ferr.* impiegato che sorveglia le sale d'aspetto nelle stazioni ferroviarie.

guardasigìlli [comp. di *guarda(re)* e *sigillo*; sul modello del fr. *garde des sceaux*; 1630] **s.** *inv.* **1.** *T.stor.* un tempo, gran cancelliere che custodiva e apponeva i sigilli reali **2.** oggi, titolo del ministro di Grazia e Giustizia, in quanto ha il compito di munire del sigillo di stato tutte le leggi all'atto della loro promulgazione; spesso si trova in funzione appositiva: *ministro guardasigilli.*

guardaspàlle [comp. di *guarda(re)* e *spalla*; 1879] **sm.** *inv.* **1.** guardia del corpo **2.** *T.mar.* cavo teso posto tra gli amantigli come protezione dei marinai che lavorano alle vele.

guardastìnco (pl. *-chi*) [comp. di *guarda(re)* e *stinco*; a. 1859] **sm.** *T.calz.* *disus.* rinforzo posto all'interno dello stivale a protezione dello stinco || **N.** parastinchi.

guardàta [da *guardare*; 1660] **sf.** l'atto di guardare, perlopiù velocemente o superficialmente: *ho dato una guardata al libro che mi hai prestato, e mi sembra interessante* || *dim.* guardatìna; *pegg.* guardatàccia || **N.** *Sin.* occhiata, sbirciata, sguardo.

guardatóre [da *guardare*; a. 1292] **sm.** (f. *-trice*) **1.** *non com.* chi guarda **2.** *ant.* guardiano || **N. 2.** *Sin.* custode, guardia, guardiano, sentinella, vedetta.

guardatràma [comp. di *guarda(re)* e *trama*; 1965] **sm.** *inv.* *T.tess.* dispositivo del telaio meccanico che ne arresta automaticamente il movimento quando si rompe un filo della trama.

guardatùra [da *guardare*; a. 1294] **sf.** *raro* il modo di guardare: *guardatura torva, dolce, fiera* || **N.** *Sin.* cipiglio, espressione, piglio, sguardo.

guardavìa [comp. di *guarda(re)* e *via*, sul modello dell'ingl. *guardrail*; 1963] **sm.** *inv.* guardrail.

guardavivànde [comp. di *guarda(re)* e *vivanda*; 1798] **sm.** *inv.* *non com.* copripiatti, coprivivande.

guàrdia [dal germ. *wardja*; a. 1292] **sf.** **1.** l'azione e l'ufficio del custodire: *fu messo a guardia del castello; la poca guardia delle sentinelle permise l'ingresso dei nemici, cane da guardia; fare la guardia*, vigilare, sorvegliare || *T.mil.* il servizio di vigilanza della caserma, affidato a turno ai soldati: *essere di guardia; montare, smontare la guardia; corpo di guardia*, l'insieme dei soldati di guardia in un certo turno, e il luogo dove essi stanno durante gli intervalli di riposo; *cambio della guardia*, cambio dei soldati di guardia, alla fine di un turno di vigilanza; *fig.* sostituzione di più persone che operano in un certo settore: *molti auspicano un cambio della guardia al governo* || *per estens.* turno di servizio notturno o festivo per medici e infermieri, negli ospedali: *essere di guardia* || *T.mar.* l'insieme dei servizi nautici ordinari che vengono svolti a turno dall'equipaggio, in navigazione o in porto; in part. il servizio di direzione e sorveglianza che adempiono a turno ufficiali e graduati **2.** persona deputata a guardia di qualcosa, guardiano; *per estens.* si dice anche di animali: *il cane è una buona guardia* || corpo militare adibito a vigilare o a custodire qualcosa: *guardia nazionale, guardia di pubblica sicurezza; guardia a cavallo, guardia reale, guardia svizzera*, ciascuno dei militari appartenenti a tali corpi; *fam. disus.* agente di polizia, vigile urbano || soldato temporaneamente destinato a servizio di guardia || *guardia giurata*, privato che svolge attività di vigilanza, custodia e protezione nei confronti di beni o persone || *guardia di finanza*, corpo militare che ha il compito di far osservare le disposizioni statali in campo finanziario, di reprimerne le violazioni e di vigilare le frontiere || *guardia del corpo*, chi ha il compito di proteggere una persona da aggressioni fisiche: *le guardie del corpo di un ministro*; *fig.* fedele, accolito: *è sempre circondato dalle sue guardie del corpo* || ogni persona che svolge un servizio di vigilanza, di custodia o di protezione: *guardia campestre, forestale, carceraria, daziaria* || *T.stor. la vecchia guardia*, corpo scelto di veterani nell'esercito napoleonico; *per estens. essere della vecchia guardia*, essere tra i più anziani e fedeli seguaci di un partito, un'associazione e sim. || *guardia medica*, servizio di immediata assistenza medica, pronto soccorso; *per estens.* il luogo dove tale soccorso viene prestato: *l'hanno portato subito alla guardia medica* **3.** *T.sport.* la parte dell'elsa della spada che difende la mano || posizione dello schermidore, con l'arma rivolta verso l'avversario, pronto a difendersi || nel pugilato, posizione di difesa: *guardia alta, guardia bassa; mettersi, disporsi, stare in guardia; in guardia!*, esortazione ad assumere la posizione di guardia, prima di un combattimento || *fig.* allarme: *essere, stare in guardia*, cautelarsi contro un pericolo, diffidare: *stai in guardia dalle cattive compagnie; mettere in guardia*, avvertire qualcuno di un pericolo a cui può andare incontro: *l'ho messo in guardia contro le insidie della città; mettersi in guardia*, allarmarsi, preoccuparsi; *abbassare la guardia*, allentare la vigilanza **4.** *per estens. linea, livello di guardia* o *guardia*, linea lungo l'argine di un fiume che segna l'altezza massima a cui le acque possono giungere senza pericolo di inondazione: *il fiume ha superato la guardia; fig.* raggiungere un livello pericoloso: *la tensione tra gli scioperanti ha raggiunto il livello di guardia* **5.** *T.ipp.* parte del morso che sta fuori dalla bocca del cavallo, fornita di anelli a cui sono attaccate le redini **6.** *T.tip.* i due fogli bianchi all'inizio e alla fine di un libro rilegato, immediatamente sotto la copertina, che proteggono rispettivamente il frontespizio e l'ultima pagina **7.** *T.tess.* dispositivo del telaio automatico che ha la funzione di mantenere dritta la spola || **N. 1.** *Sin.* custodia, difesa, vigilanza, protezione **2.** *Sin.* piantone, ronda, scorta, sentinella, vedetta, vigile; gorilla **6.** *Sin.* risguardo. **Q.T.** *pugilato* **TAV.** *finimenti* 2.2; *scherma* 1.3; ***armi* p. 648** 7.2, 8.1.

guardiacàccia v. GUARDACACCIA.

guardiafili v. GUARDAFILI.

guardialìnee v. GUARDALINEE.

guardiamàcchine v. GUARDAMACCHINE.

guardiamarìna [comp. di *guardia* e *marina*, sul modello del fr. *garde-marine*, o dello sp. *guardia-marina*; 1769 *guardia della marina*] ***sm. inv.*** *T.mar.* primo grado di ufficiale nella Marina Militare, che corrisponde al grado di sottotenente nell'esercito.

guardianàto [da *guardiano*; a. 1562] ***sm.*** ufficio di padre guardiano nei conventi.

guardianìa [da *guardiano*; 1881 nel senso 2] ***sf.*** **1.** servizio di custodia e di vigilanza di un edificio, spec. pubblico **2.** guardianato || all'interno di un ordine francescano, territorio e persone su cui si estende l'autorità di un padre guardiano.

guardiàno [da *guardia*; a. 1342] **I *sm.*** (f. *-a*) **1.** chi è addetto alla sorveglianza di persone, di animali, di luoghi, o alla custodia di beni: *la cella era sorvegliata da un guardiano, guardiano della casa, dei cavalli, guardiano notturno* **2.** nei conventi di frati francescani, il padre superiore; anche in posizione attributiva: *padre guardiano* **3.** *guardiano del coccodrillo*, uccello africano, oggi rarissimo, che vive sul dorso dei coccodrilli, beccando insetti e parassiti ed estraendo pezzi di carne rimasti tra i loro denti **II *agg.*** *T.mar. ancora guardiana*, ancora supplementare, che viene gettata solo in caso di burrasca || **N. I 1.** *Sin.* custode, guardia, sentinella.

guardiapésca v. GUARDAPESCA.

guardiasàla v. GUARDASALA.

guardina [dal milanese *guardinna*; 1905] ***sf.*** *disus.* presso gli uffici di questura, i commissariati di polizia o i comandi dei carabinieri, cella nella quale vengono trattenute le persone fermate o arrestate, durante le prime indagini || *fam.* carcere, prigione: *essere, andare, finire in guardina* || **N.** *Sin.* camera di sicurezza.

guardinfànte o **guardainfànte** [dallo sp. *guardainfante*; a. 1665] ***sm.*** *ant.* intelaiatura a campana, costituita da una serie di cerchi di metallo o di legno, che le donne portavano un tempo sotto la gonna perché rimanesse gonfia || **N.** *Sin.* crinolina, faldiglia.

guardìngo (pl. *-ghi*) [da *guardare*; 1336 ca.] ***agg.*** detto di chi procede o agisce con cautela, guardandosi intorno per timore di essere sorpreso o colto in fallo: *il ladro camminava guardingo, in punta di piedi, lungo il corridoio* ||

guardingaménte ***avv.*** *raro* || **N.** *Sin.* cauto, circospetto, oculato, riflessivo, PRUDENTE; diffidente, sospettoso.

guardiòla [da *guardia*; a. 1442] ***sf.*** **1.** stanza o casotto dove stanno i soldati di guardia **2.** cabina a vetri situata nell'atrio di ingresso di edifici pubblici e privati, dalla quale il custode sorveglia chi entra **3.** nelle fortezze medievali, torretta munita di feritoie, da cui le vedette controllavano i dintorni || **N. 1.** *Sin.* garitta **2.** *Sin.* portineria.

guàrdo [da *guardare*; sec. XIII] ***sm.*** *poet.* sguardo.

guàrdolo [da *guardare*; 1561] ***sm.*** *T.calz.* rinforzo di cuoio cucito tra la suola e la tomaia della scarpa.

guardóne [da *guardare*; 1964] ***sm.*** (raro il f. *-a*) *pop.* persona che prova un piacere morboso ad osservare gli altri nell'intimità, e in part. ad assistere alle effusioni erotiche e agli atti sessuali compiuti da altri || **N.** *Sin.* voyeur.

guardrail (ingl., pr. ['gɑːdreɪl]) [letter. rotaia di sicurezza; 1961] ***sm. inv.*** sbarra di protezione, in metallo o materiale plastico, posta lungo i margini delle strade nei tratti di maggior pericolo, per evitare che i veicoli escano di strada, o posta fra le due corsie perché chi sbanda non invada l'altro senso di marcia || **N.** *Sin.* barriera di sicurezza, guardavia.

guarentìgia (pl. *-gie* o *-ge*) [da *guarentire*; 1357] ***sf.*** *T.giur.* assicurazione data solennemente, mediante giuramento, pegno o documento scritto: *dare, offrire, presentare, prestare guarentigia; guarentigie costituzionali*, quelle che la Costituzione stabilisce a tutela della libertà del cittadino || *T.stor. legge delle guarentigie*, legge emanata dal governo italiano nel 1871, intesa ad assicurare al pontefice l'immunità personale e la piena libertà nell'esercizio del suo ministero spirituale || **N.** *Sin.* assicurazione, garanzia, mallevadoria.

guarentìre (pres. *-ìsco, -ìsci*) [dal fr. ant. *guarantir*; sec. XII-XIII] ***tr.*** *lett. raro* garantire.

guàri [dal fr. ant. *guaires*; sec. XIII] *ant.* o *lett.* (quasi sempre preceduto da negazione) **I *agg. inv.*** molto **II *avv.*** molto, molto lontano, molto tempo: *non andò guari, non stette guari; non ha guari*, non molto tempo fa.

guarìbile [da *guarire*; a. 1712] ***agg.*** che può guarire, che può essere guarito: *il ferito è stato giudicato guaribile in dieci giorni, una malattia guaribile* || **N.** *Sin.* curabile, sanabile | *Contr.* cronico, incurabile, inguaribile, insanabile.

guarigióne [da *guarire*; fine sec. XIII] ***sf.*** il guarire; il recupero, la restituzione della salute: *il malato è in via di guarigione, ti auguro una pronta guarigione, un medico che opera molte guarigioni, quella cura mi ha dato la guarigione* || **N.** convalescenza.

guarìre (pres. *-ìsco, -ìsci*) [dal germ. **warjan*, mettere riparo, difendere; a. 1272 *guariri*] ***intr.*** (aus. *essere*) **1.** riacquistare la salute fisica o psichica: *spero di guarire presto, sono appena guarito dalla scarlattina* **2.** di male, avere fine, passare: *una malattia che non guarisce, la ferita è guarita perfettamente* **3.** *fig.* liberarsi da un vizio, da una passione: *guarire dal vizio del fumo, guarire da un innamoramento* || ***tr.*** **1.** curare un malato in modo da fargli recuperare la salute: *un medico che ha guarito parecchi casi difficili* || di cura o rimedio, restituire la salute: *quelle pastiglie mi hanno guarito in pochi giorni* **2.** provocare il completo superamento di una malattia: *guarire il cancro è una delle mete per i medici di oggi* **3.** *fig.* liberare da un vizio o da un male morale: *lo guarisco io della sua prepotenza* || **N. *intr.* 1.** *Sin.* riaversi, rifiorire, rimettersi, risanarsi, ristabilirsi, salvarsi **3.** *Sin.* disassuefarsi, disintossicarsi, liberarsi, rinsavire | ***tr.* 1.** *Sin.* risanare, sanare; curare | convalescenza.

guaritóre [da *guarire*; sec. XIV] ***sm.*** (f. *-trice*) **1.** chi opera guarigioni **2.** *per restr.* chi guarisce o pretende di guarire usando metodi non scientificamente riconosciuti || **N. 2.** *Sin.* empirico, medicone.

guarnàcca [dal prov. ant. *guarnacha*; a. 1292] ***sm.*** **1.** nel Medioevo, lunga sopravveste da uomo e da donna, simile a un mantello, con fodera di pelle o di pelliccia, per ripararsi dal freddo e dalla pioggia **2.** veste da lavoro del contadino || *spreg.* giacca || *dim.* guarnacchino (*sm.*); *accr.* guarnaccóne (*sm.*); *pegg.* guarnaccàccia || **N. 1.** zimarra.

guarnèllo [da *guarnacca*, forse con influsso di *gonnello*; a. 1300] ***sm.*** **1.** *ant.* tessuto misto di cotone e accia, usato per abiti modesti o per fodere **2.** sottana o sottoveste scollata, portata un tempo dalle contadine || *dim.* guarnellétto, guarnellìno.

guarnigióne [da *guarnire*, forse sul modello del fr. ant. *garnison*; fine sec. XIII] ***sf.*** il complesso di truppe stanziate in una località: *la guarnigione di Milano; essere di guarnigione in una città*, appartenere a tale guarnigione || il luogo che è sede di una guarnigione: *il soldato torna alla guarnigione, lasciare la guarnigione* || **N.** *Sin.* distaccamento, presidio, stanza; caserma. **Q.T.** *forze armate.*

guarniménto [da *guarnire*; fine sec. XII] ***sm.*** **1.** *non com.* l'operazione di guarnire || *concr.* ciò che è necessario a guarnire: *guarnimento di un abito* **2.** *ant.* il complesso di armi, uomini, costruzioni ecc. che servono a difendere o a presidiare una località **3.** *T.mar. non com.* il complesso di accessori (anelli, ganci, cavi ecc.) che servono a sistemare e a manovrare alberi, pennoni, vele ecc. || **N. 1.** *Sin.* corredo, equipaggiamento, fornimento, guarnizione.

guarnìre (pres. *-ìsco, -ìsci*) [dal germ. **warnjan*, preparare; sec. XIII] ***tr.*** **1.** fornire di tutto ciò che è necessario: *guarnire di cannoni una fortezza, guarnire di mobili una stanza* **2.** ornare: *guarnire un vestito di frange, la torta di candeline*; anche ass.: *i fiori in tavola guarniscono sempre* **3.** accompagnare una vivanda con uno o più contorni o altri alimenti, talvolta disposti nello stesso piatto in modo decorativo: *guarnire l'arrosto con patate, guarnire il pesce con maionese* || **N. 1.** *Sin.* corredare, equipaggiare, munire, provvedere, rifornire **2.** abbellire, adornare, decorare, ORNARE **3.** arricchire, contornare.

guarnito (*pps.* di *guarnire*) [a. 1292] ***agg.*** munito, dotato: *cavallo guarnito*, cavallo munito dei finimenti; *essere ben guarnito*, avere con sé parecchio denaro || adornato, abbellito: *una torta guarnita.*

guarnitóre [da *guarnire*; a. 1347] ***agg.*** e ***sm.*** (f. *-trice*) *raro* che o chi guarnisce, rifinisce con guarnizioni.

guarnitùra [da *guarnire*; a. 1571] ***sf.*** *raro* l'operazione di guarnire || *concr.* guarnizione.

guarnizióne [da *guarnire*; 1533] ***sf.*** **1.** il complesso di ornamenti che guarniscono: *una bella guarnizione di trine* || contorno di una pietanza: *arrosto con una guarnizione di puré di patate* **2.** elemento di gomma, cuoio, materiale plastico e sim. che si interpone tra due superfici per assicurarne la perfetta aderenza e la tenuta rispetto a un fluido: *guarnizione della caffettiera, del rubinetto* **3.** l'operazione di guarnire ‖ **N. 1.** *Sin.* rifinitura. **Q.T.** *abbigliamento.*

guasconàta [dal fr. *gasconnade*; a. 1675] **sf.** millanteria, spacconata.

guascóne [dal lat. *Vasco, -ōnis*; fine sec. XIII *guasco*] **I agg.** della Guascogna **II sm.** (f. *-a*) **1.** *propr.* abitante della Guascogna **2.** *fig.* gradasso, spaccone (perché tali sono considerati i Guasconi secondo una tradizione popolare francese) ‖ **N. 2.** *Sin.* fanfarone, gradasso, millantatore, smargiasso, spaccone, spavaldo, spericolato.

guastàda [lat. volg. **gastrāta*; metà sec. XIII] **sf.** *arc.* caraffa.

guastafèste [comp. di *guasta(re)* e *festa*; 1618] **s. inv.** chi rovina l'atmosfera gioiosa di un ambiente con comportamenti o frasi inopportuni ‖ *fig.* chi manda a monte dei progetti sopraggiungendo indesiderato: *fare il, essere un guastafeste; stavano cenando romanticamente a lume di candela, quando sopraggiunse quella guastafeste di Piera* ‖ **N.** *Sin.* scocciatore.

guastaménto [da *guastare*; a. 1292] **sm.** *non com.* l'atto, il processo e l'effetto del guastare o del guastarsi ‖ *fig.* corruzione ‖ **N.** *Sin.* devastazione, deterioramento, guasto, rottura.

guastamestièri [comp. di *guasta(re)* e *mestiere*; 1618] **s. inv. 1.** chi esercita un mestiere, un'arte o una professione senza le capacità necessarie **2.** chi danneggia gli altri facendo loro concorrenza ‖ *per estens.* chi intralcia l'operato altrui.

guastàre (pps. *guastàto*, arc. *guàsto*) [lat. *vastāre*; 1282] **tr. 1.** ridurre in cattive condizioni, danneggiare una cosa in modo da privarla della sua funzione: *guastare un orologio, un elettrodomestico*; privare della bellezza, rovinare: *quel grattacielo guasta il paesaggio*; rif. a progetto, impedirne l'effettuazione; *guastare l'appetito*, farlo passare ‖ interrompere, disturbare, turbare: *quel rumore continuo mi ha guastato il sonno, l'incidente ha guastato la festa*; *ass. non guasta*, non nuoce, non disturba: *un po' di pepe nel minestrone non guasta* **2.** far andare a male: *una mela marcia ne guasta cento* ‖ *fig.* corrompere: *le cattive compagnie l'hanno guastato, gli hanno guastato l'animo* **3.** *non com.* disfare per rifare diversamente o per fare qualcos'altro: *guastare un lavoro a maglia, guastare un lenzuolo per fare delle fasce* ‖ **rifl. indir.** rovinare, danneggiare a proprio scapito: *guastarsi lo stomaco, la vita, la salute*; *fig. guastarsi il fegato, il sangue*, amareggiarsi, addolorarsi fino a perdere la salute: *non voglio guastarmi il sangue con queste sciocchezze* ‖ **intr. pron. 1.** cessare di funzionare, diventare inservibile: *l'orologio si è guastato*; sciuparsi, rimanere danneggiato: *il dipinto si è guastato per l'umidità*; peggiorare: *il tempo si sta guastando* ‖ di persona, perdere una qualità, una dote; cambiare in peggio: *quel ragazzo aveva talento per la musica, con quell'insegnante si è guastato* **2.** putrefarsi, andare a male: *la carne si è guastata* ‖ **rec.** *guastarsi con qualcuno*, cessare di essere amici ‖ **N. tr. 1.** *Sin.* danneggiare, deformare, deteriorare, deturpare, devastare, distruggere, disturbare, insudiciare, intaccare, manomettere, nuocere, peggiorare, rompere, rovinare, scassare, sgualcire, spaccare, strappare, turbare **2.** *Sin.* contaminare, corrompere, depravare, pervertire, viziare | **intr. pron. 1.** rompersi **2.** *Sin.* alterarsi, cagliare, inacidire, irrancidirsi, marcire, putrefarsi.

guastatóre [da *guastare*; sec. XIII] **agg.** e **sm.** (f. *-trìce*) **1.** che o chi guasta **2.** *T.mil.* soldato specializzato nel neutralizzare postazioni nemiche, mediante azioni di assalto o opere di sabotaggio ‖ **N. 1.** *Sin.* disturbatore, perturbatore **2.** *Sin.* geniere; sabotatore.

guàsto [da *guastare*; a. 1292] **I agg. 1.** che è stato guastato o che si è guastato: *l'ascensore è guasto* ‖ di dente, malato, cariato **2.** marcio, andato a male: *vino guasto, carne guasta* **3.** *fig.* corrotto: *gioventù guasta* **II sm. 1.** l'atto e spec. l'effetto del guastare o del guastarsi, detto perlopiù di congegno, meccanismo e sim.: *c'è un guasto al motore, il televisore ha subìto un guasto; si è prodotto un guasto nel circuito elettrico* **2.** *fig.* corruzione, marciume: *c'è del guasto nella società* **3.** *fig.* discordia, contrasto: *c'è del guasto tra quei due* ‖ **N. I 1.** *Sin.* inservibile, rotto, rovinato; fuori servizio, fuori uso; malato, malconcio | GUASTARE **2.** *Sin.* bacato, putrefatto, rancido | *Contr.* ben conservato, integro, sano **3.** *Sin.* depravato, pervertito | *Contr.* incorrotto, puro, sano **II 1.** *Sin.* avaria, danno, rottura, rovina **2.** *Sin.* depravazione, putridume, vizio | *Contr.* purezza **3.** *Sin.* astio, dissapore, inimicizia | *Contr.* concordia, intesa.

guatàre [dal francone *wahten*, essere di guardia; sec. XIII] **tr.** *lett.* **1.** guardare attentamente, manifestando un particolare sentimento quale curiosità, interesse, paura, sospetto, disprezzo ecc. **2.** *ant.* considerare, vedere: *Cavalcando poi meglio la guata / molto esser bella e di maniere accorte* (Ariosto) ‖ **N. 1.** *Sin.* fissare, scrutare.

guatemaltèco (pl. *-chi*) [dallo sp. *guatemalteco*; 1955] **I agg.** proprio del Guatemala, relativo al Guatemala **II sm.** (f. *-a*) abitante, nativo del Guatemala.

guàttero [var. di *sguattero*; a. 1406 *guattari*] **sm.** (f. *-a*) *raro* sguattero.

guattìre (pres. *-ìsco, -ìsci*) [da *guaire* con influsso di *squittire*; 1723] **intr.** (aus. *avere*) abbaiare, detto spec. dei cani da caccia quando hanno fiutato la preda ‖ *per estens.* guaire, gemere ‖ **N.** *Sin.* scagnare.

guàzza [lat. volg. **aquācea* o **aquātia*; a. 1484] **sf.** rugiada copiosa, che bagna come pioggia ‖ **N.** *Sin.* serena | sguazzare.

guazzabugliàre (pres. *-ùglio*) [da *guazzabuglio*; 1586] **intr.** (aus. *avere*) *non com.* fare guazzabugli.

guazzabùglio (pl. *-gli*) [da *guazzare* con influsso di *bugliare*; a. 1484] **sm. 1.** mescolanza confusa di cose eterogenee: *un guazzabuglio di colori*; anche rif. a cose astratte: *un guazzabuglio di idee, di concetti, di sentimenti* **2.** *propr.* miscuglio di acqua e di neve ‖ **N. 1.** *Sin.* caos, accozzaglia, confusione, garbuglio, miscuglio, pasticcio.

guazzabuglióne [da *guazzabuglio*; 1887] **sm.** (f. *-a*) *raro* chi fa abitualmente guazzabugli ‖ **N.** *Sin.* confusionario, pasticcione.

guazzaménto [da *guazzare*; 1678] **sm.** *raro* il guazzare, diguazzamento.

guazzàre [da *guazzo*; a. 1444] **intr.** (aus. *avere*) *non com.* sguazzare, detto spec. di liquido che si agita quando viene mosso in un recipiente e fa spruzzi ‖ **tr.** *raro* guadare ‖ *guazzare un cavallo*, condurlo al fiume a rinfrescarsi ‖ **N. intr.** *Sin.* diguazzare, sguazzare.

guazzàta [da *guazza*; 1869] **sf.** *non com.* il formarsi della guazza; la guazza stessa.

guazzatóio (pl. *-ói*) [da *guazzare*; a. 1389] **sm. 1.** corso d'acqua o pozza dove si portano a bere e a guazzare le bestie **2.** luogo dove si lava la lana delle pecore vive.

guazzétto [da *guazzo*; 1314] **sm.** *T.cuc.* intingolo nel quale vengono cotte, in umido, alcune vivande: *tordi in guazzetto, pesce in guazzetto* ‖ *per estens.* la vivanda così cucinata: *un guazzetto di coniglio.*

guàzzo [prob. lat. *aquātio*, luogo provvisto d'acqua; 1313] **sm. 1.** quantità di acqua o di altro liquido cosparsa su una superficie: *un guazzo di sangue, guarda che guazzo hai fatto per terra* **2.** *tosc.* guado: *passare un fiume a guazzo* **3.** *tosc. ciliegie, pesche in guazzo*, conservate sotto spirito **4.** *T.pitt.* tecnica di pittura in cui i colori vengono stemperati in acqua e gomma arabica: *dipingere a guazzo, pittura a guazzo, colori a guazzo* ‖ *per meton.* opera dipinta a guazzo ‖ **N. 1.** *Sin.* gora, lago, pozza, pozzanghera **4.** tempera. **Q.T.** *pittura.*

guazzóso [da *guazza*; a. 1375] **agg.** *non com.* bagnato dalla guazza ‖ di terreno, coperto di guazza, umido, molle.

guazzùme [da *guazzo*; 1940] **sm.** *non com.* quantità di liquido sudicio sparso su una superficie.

guèffa[1] [prob. di orig. germ.; sec. XIV] **sf.** *ant.* gabbia, prigione; anche *fig.*

guèffa[2] [dal long. **wiffa*; 1313] **sf.** *ant.* matassa ‖ *far gueffa*, aggiungersi, sovrapporsi ad altro.

guelfeggiàre (pres. *-éggio*) [da *guelfo*; 1869] **intr.** (aus. *avere*) *raro* avere idee da guelfo, parteggiare per il guelfismo.

guelfìsmo [da *guelfo*; 1869] **sm. 1.** *T.stor.* il partito e l'ideologia dei guelfi ‖ neoguelfismo **2.** *per estens.* tendenza politica di carattere clericale ‖ **N.** ghibellinismo.

guèlfo [dal ted. *Welfen*, n. di una nobile famiglia bavarese; sec. XIII] **sm.** (f. *-a*) e **agg. 1.** *T.stor.* nella Germania medievale, sostenitore della casa di Baviera contro gli Hohenstaufen nella lotta per la corona dell'impero **2.** *T.stor.* in Italia nei sec. XII-XIV, sostenitore del potere temporale del papato; i guelfi si distinsero a Firenze in *guelfi bianchi*, moderati, e *guelfi neri*, più intransigenti **3.** *per estens.* persona favorevole al potere temporale del papato; clericale **4.** *T.arch. merlatura guelfa*, a profilo superiore rettilineo ‖ **N. 2.** ghibellino **4.** merlo ghibellino, a coda di rondine.

guêpière (fr., pr. [gɛ'pjɛ:r]) [da *guêpe*, vespa; 1963] **sf. inv.** *T.abb.* bustino o guaina per stringere la vita, di uso femminile ‖ **N.** *Sin.* GUAINA.

guercézza [da *guercio*; prima metà sec. XIV] **sf.** *raro* la caratteristica di chi è guercio.

guèrcio (pl. m. *-ci*, pl. f. *-ce*) [etim. inc.; 1306] **I agg.** che guarda storto, strabico: *uomo guercio, occhio guercio* ‖ privo di un occhio: *è guercio da un occhio* ‖ *per estens. spreg.* detto di chi ci vede poco: *ma sei guercio?* **II sm.** (f. *-a*) persona guercia ‖ **N. I** cieco, miope, orbo.

guerèẓa [dall'amarico *gu(i)rēza*, scimmia dalla coda bianca; 1931] **sf.** *T.zool.* scimmia africana dei Cercopitecidi con muso bianco e corpo con pelo nero, cacciata per la sua pregiata pelliccia ‖ **N.** *Sin.* colobo abissino, colobo nero.

guéridon (fr., pr. [geri'dɔ̃]) [etim. inc.; 1905] **sm. inv.** tavolino rotondo con un unico piede centrale.

guernìre (pres. *-ìsco, -ìsci*) [var. di *guarnire*; 1300 ca.] **tr.** *ant.* guarnire.

guèrra [dal germ. *werra*, mischia; a. 1294] **sf. 1.** situazione di conflitto dichiarato tra due o più stati, che si esprime nel confronto armato dei rispettivi eserciti: *essere, entrare in guerra; dichiarare, intimare, muovere guerra; guerra di conquista, di indipendenza; guerra offensiva, difensiva; guerra terrestre, navale, aerea; stato di guerra; vincere, perdere la guerra; fare una guerra*, prendere parte ai combattimenti: *ha fatto la prima guerra mondiale; essere sul piede di guerra, in assetto di guerra*, pronti per intraprendere una guerra ‖ *guerra di religione, guerra santa*, condotta in nome della religione; *guerra di posizione*, combattuta tra eserciti stanziati in postazioni fortificate; *guerra mondiale*, combattuta tra le maggiori potenze del mondo ‖ *guerra civile, intestina, partigiana*, scontro armato tra fazioni di cittadini dello stesso stato, o tra un gruppo eversivo e il potere costituito ‖ *guerra di logoramento*, che mira a logorare, a stremare il nemico; *guerra lampo*, che si risolve velocemente; *guerra atomica, nucleare,* che fa uso di armi nucleari; *guerra chimica,* in cui sono impiegati aggressivi chimici (gas velenosi, defolianti ecc.); *guerra batteriologica,* che mira a indebolire il nemico propagando malattie contagiose e letali; *guerre spaziali,* lotte per la supremazia nello spazio, al fine di decidere con armi spaziali un conflitto terrestre; *guerra elettronica,* basata sull'uso di apparecchiature e armi elettroniche, e volta a neutralizzare le analoghe apparecchiature nemiche || *consiglio di guerra,* organo costituito da personalità politiche e militari di stati in guerra; *legislazione di guerra,* complesso di leggi straordinarie che vigono in stato di guerra; *tribunale di guerra,* tribunale straordinario che esercita la giustizia militare in guerra || *zona di guerra,* parte del territorio nazionale soggetta alla legislazione di guerra; più genericamente, zona direttamente coinvolta nelle operazioni di guerra || *criminale di guerra,* militare colpevole di delitti, spec. contro civili, in stato di guerra **2.** *per estens.* situazione di ostilità tra stati, che si esprime su piani diversi da quello militare: *guerra economica, commerciale, doganale,* che mira a danneggiare l'economia di uno stato bloccando le importazioni, elevando dazi doganali, imponendo divieti sul commercio ecc.; *guerra fredda,* situazione di tensione e ostilità tra due potenze, che si manifesta sul piano politico, economico e di propaganda, senza che si giunga ad un conflitto armato; in part. con riferimento ai rapporti tra stati occidentali e Unione Sovietica dopo la seconda guerra mondiale; *guerra dei nervi, psicologica,* complesso di azioni propagandistiche che mirano a deprimere il morale dell'avversario **3.** *fig.* violento dissidio, contrasto, lotta privata tra persone o gruppi: *tra lui e sua moglie c'è guerra aperta; gli scienziati, invece di aiutarsi, sono sempre in guerra tra loro* || lotta accanita: *fare guerra ai pregiudizi* || *dim.* guerricciòla || **N. 1.** campagna, conflagrazione, conflitto, crociata, lotta armata, ostilità, spedizione militare; naumachia, pugna; guerriglia | *Contr.* pace **3.** *Sin.* combattimento, contesa, contrasto, discordia, disputa, dissenso, dissidio, inimicizia, litigio, lotta, opposizione, polemica, scontro; rissa, zuffa | *Contr.* accordo, armonia, concordia, consenso, unanimità. **Q.T.** *armi, diritto, fortificazioni.*

guerrafondàio (pl. *-ài*) [dalla loc. *guerra a fondo*; 1905] ***agg.*** e ***sm.*** (f. *-a*) *spreg.* che o chi è fautore della guerra ad ogni costo || **N.** *Sin.* bellicista, guerraiolo, militarista | *Contr.* pacifista.

guerraiòlo [da *guerra*; a. 1926] ***agg.*** e ***sm.*** (f. *-a*) *spreg.* guerrafondaio.

guerreggiànte (*ppr.* di *guerreggiare*) [sec. XIV] ***agg.*** e ***s.*** chi, che fa la guerra; chi, che è in guerra || **N.** *Sin.* belligerante, combattente, guerriero.

guerreggiàre (pres. *-éggio*) [da *guerra*; a. 1292] ***intr.*** (aus. *avere*) fare guerra: *guerreggiò per dieci anni; guerreggiare con, contro il nemico* || ***tr.*** combattere, osteggiare: *mi guerreggia in tutti i modi* || ***rec.*** contrastarsi, ostacolarsi reciprocamente: *quei due si sono sempre guerreggiati* || **N.** ***intr.*** *Sin.* battagliare, rivaleggiare | ***tr.*** *Sin.* contrastare, ostacolare, osteggiare | ***rec.*** *Sin.* affrontarsi, assalirsi, azzuffarsi.

guerreggiàto (*pps.* di *guerreggiare*) [1582] ***agg.*** perseguitato, combattuto: *i suoi amici furono cacciati e guerreggiati* || *guerra guerreggiata,* combattuta apertamente e con ogni mezzo.

guerreggiatóre [da *guerreggiare*; prima metà sec. XIV] ***agg.*** e ***sm.*** (f. *-trice*) che, chi guerreggia || che, chi ha natura bellicosa || **N.** *Sin.* guerreggiante, guerriero, GUERRESCO.

guerrésco (pl. *-schi*) [da *guerra*; a. 1348] ***agg.*** **1.** di guerra, relativo alla guerra: *preparativi, atti guerreschi* **2.** bellicoso, incline alla guerra: *animo guerresco* || **guerrescaménte** ***avv.*** *raro* || **N. 1.** *Sin.* bellico | *Contr.* pacifico **2.** *Sin.* aggressivo, agguerrito, attaccabrighe, battagliero, combattivo, guerriero, riottoso, rissoso | *Contr.* arrendevole, docile, mite, pacifico, remissivo, tranquillo.

guerrièro [dal fr. ant. *guerrier*; a. 1292] **I** ***sm.*** (f. *-a*) uomo di guerra, rif. spec. ai tempi antichi: *i guerrieri greci, una tribù di guerrieri*; spesso associato all'idea di coraggio, valore, forza: *un gran guerriero, un prode, un nobile guerriero* **II** ***agg.*** **1.** dedito alla guerra: *un re guerriero* || *per estens.* bellicoso, combattivo: *spirito guerriero* **2.** *ant.* ostile, nemico || **N. I** *Sin.* armigero, combattente, uomo d'arme; militare, soldato **II 1.** *Sin.* GUERRESCO | *Contr.* imbelle, fiacco, vile.

guerrìglia (pl. *-glie*) [dallo sp. *guerrilla,* piccola guerra; 1573] ***sf.*** forma di lotta armata, gen. condotta da formazioni clandestine contro l'esercito regolare, fatta di azioni brevi e improvvise, attacchi a sorpresa, sabotaggi, attentati ecc.: *la guerriglia partigiana* || **N.** lotta partigiana | bande armate.

guerriglièro [dallo sp. *guerrillero*; 1839] ***sm.*** (f. *-a*) combattente militare o civile che pratica la guerriglia || **N.** partigiano, ribelle.

gufàggine [da *gufo*; 1841] ***sf.*** caratteristica di chi ama la vita solitaria ed appartata || **N.** *Sin.* asocialità, misantropia, orsaggine, scontrosità | *Contr.* socievolezza.

gufàre [da *gufo*; a. 1480] ***intr.*** (aus. *avere*) fare, imitare il verso del gufo || ***tr.*** *arc.* beffare, burlare.

gùfo [lat. *būfo*; a. 1313] ***sm.*** **1.** uccello rapace notturno degli Strigiformi, di dimensioni medie, con capo grosso e tondeggiante fornito di due lunghi ciuffi laterali, occhi frontali gialli e tondi, becco ricurvo, piumaggio fulvo striato di nero, tarsi e dita ricoperti di penne **2.** *fig.* persona poco socievole, tetra || *dim.* gufètto; *pegg.* gufàccio || **N. 1.** allocco, barbagianni, strige **2.** *Sin.* asociale, misantropo, orso | *Contr.* cordialone. **TAV.** ***uccelli*** **p. 1339** 10.

gùglia (pl. *-glie*) [dal disus. *aguglia,* ago; 1306] ***sf.*** **1.** *T.arch.* elemento di forma conica o piramidale molto allungata, variamente decorato, usato come ornamento della copertura di edifici, spec. nell'architettura gotica: *le guglie del Duomo di Milano* **2.** *per estens.* cima rocciosa appuntita || **N. 1.** *Sin.* cuspide, pinnacolo **2.** *Sin.* cima, punta, vetta.

gugliàta [dal disus. *aguglia,* ago; a. 1304] ***sf.*** la quantità di filo che si infila nella cruna di un ago di volta in volta, per cucire: *dammi una gugliata di seta* || *dim.* gugliatina.

guglielmìno [dal n. proprio *Guglielmo*; a. 1937] ***agg.*** relativo a Guglielmo II, imperatore di Germania e re di Prussia all'inizio del sec. XX, e alla sua epoca.

guìda [da *guidare*; 1313] **I** ***sf.*** **1.** l'azione e spec. la funzione di guidare un'attività: *è alla guida dell'organizzazione, il ragazzo fa i compiti sotto la guida del babbo* || l'azione di guidare un veicolo: *non disturbarmi durante la guida, prendere lezioni di guida, scuola di guida* (o *scuola guida*) || il modo di guidare: *ha una guida veloce, sportiva, imprudente* || il complesso dei comandi di un autoveicolo: *automobile con guida a sinistra, a destra* **2.** chi, per mestiere od occasionalmente, guida una persona o un gruppo lungo un percorso: *assoldammo una guida indigena per attraversare la foresta, Carlo mi ha fatto da guida per raggiungere casa tua*; *guida alpina,* alpinista munito di licenza, che accompagna e assiste escursionisti e scalatori dilettanti, conducendo la cordata in parete, su neve o ghiaccio || chi, per mestiere, accompagna i turisti nella visita ad una località; cicerone **3.** *fig.* persona che, essendo dotata di particolari competenze, capacità o virtù, ha la funzione di guidare l'attività o il pensiero di una o più persone, consigliando e additando il comportamento da tenere: *io ti sarò da guida nei primi studi; quell'uomo è stato la mia guida spirituale* || *per estens.* tutto ciò che serve a dirigere chi è in cammino: *la stella polare è la guida dei naviganti*; anche *fig.*: *la coscienza sia la guida di ogni tuo atto* || *procedere senza guida,* a casaccio, a tentoni **4.** libro o opuscolo che intende fornire norme e consigli per svolgere una certa attività, praticare una disciplina o un'arte: *la guida del cacciatore* || libro che descrive le attrattive naturali e artistiche di una città o di una regione, consigliando itinerari da seguire: *guida d'Italia, guida di Roma* || *guida del telefono,* elenco degli abbonati telefonici, per ordine alfabetico o per categorie **5.** ogni elemento o dispositivo che serve a guidare il movimento di un oggetto; rotaia: *le tende scorrono sulle loro guide*; *T.ferr.* pezzo di rotaia mobile che serve per lo scambio di binario; *T.fal.* ciascuna delle due strisce di legno applicate ai lati di un cassetto, che lo sostengono e ne permettono lo scorrimento; *T.rad. guida d'onda,* tubo metallico che serve a limitare e a controllare la propagazione di onde elettromagnetiche; *T.mar. guida d'inferitura,* tondino di ferro fissato ai pennoni per legarvi le vele || striscia di tappeto che attraversa una stanza da un uscio all'altro, o è distesa lungo un corridoio o una scala **II** ***agg. inv.*** (sempre posposto) si dice di chi o ciò che indica la via da seguire, imponendo o consigliando norme o princìpi di comportamento: *uomo guida, stato guida* || **N. I 1.** *Sin.* accompagnamento, ammaestramento, comando, conduzione, direzione, governo, indirizzo, manovra, orientamento, sorveglianza **2.** *Sin.* accompagnatore, cicerone, punto di riferimento, scorta | accorta, pratica, sicura **3.** capo, conduttore, consigliere, direttore, *leader,* maestro, mentore, pedagogo, pilota, timoniere; direttiva, esempio, ispirazione, lume, modello, norma, regola, traccia **4.** *Sin.* bedeker, manuale **5.** *Sin.* carreggiata, binario; passatoia. **Q.T.** *alpinismo, astronautica, automobile* **TAV.** *abitazione* 1.27; *disegno* 10.2; *macchine utensili* 1.4.

guidàbile [da *guidare*; 1579] ***agg.*** che può essere guidato.

guidafili [comp. di *guida(re)* e *filo,* sul modello del fr. *guide-fil*; 1940] ***sm. inv.*** *T.tess.* regolo munito di gancetti che guidano i fili sugli aspi del telaio meccanico.

guidaiòlo [da *guida*; seconda metà sec. XIV] ***sm.*** (f. *-a*) in un branco, l'animale che precede e guida gli altri; anche *agg.*: *pecora guidaiola.*

guidalescàto [da *guidalesco*; 1688] ***agg.*** che ha guidaleschi, pieno di guidaleschi.

guidalésco (pl. *-schi*) [dal long. **widarrist,* garrese; sec. XIV] ***sm.*** *non com.* **1.** piaga sulla pelle del cavallo o di altre bestie da soma, provocata dal continuo strofinare dei finimenti **2.** *per estens.* piaga sul corpo umano || *fig.* malanno fisico o morale.

guidaménto [da *guidare*; seconda metà sec. XIII] ***sm.*** *raro* il guidare || **N.** *Sin.* guida.

guidapòpolo [comp. di *guida(re)* e *popolo*; a. 1729] ***s. inv.*** *raro* capopopolo; demagogo, caporione.

guidàre [dal germ. **wītan,* indirizzare; a. 1292] ***tr.*** **1.** accompagnare una persona o un gruppo lungo un percorso impervio o pericoloso, o una via ad essi ignota, in modo da condurli incolumi a destinazione: *quell'uomo era pratico del luogo, e ci guidò alla meta* || di cosa, servire da punto di riferimento: *le stelle guidano i naviganti* **2.** comandare, dirigere: *guidare l'esercito alla vittoria, la nazione verso la pace; il direttore guida l'orchestra* || indirizzare e coordinare, in modo non autoritario, l'attività pratica, intellettuale, spirituale, o il comportamento morale di una o più persone: *il maestro lo guidava nello studio dei testi classici*; ispirare, indirizzare: *l'intuito mi ha guidato verso questa scoperta* **3.** manovrare un veicolo a motore: *guidare l'automobile, la moto, il camion*; anche ass.: *sai guidare?, non guida bene* || *ant.* dirigere un cavallo adoperando le redini **4.** vincolare un elemento a percorrere una traiettoria definita: *guidare la mano di qualcuno, guidare uno strumento* || **rifl.** *non com.* regolarsi, condurre saggiamente la propria vita: *è in grado di guidarsi da sé* || **N. tr. 1.** *Sin.* avviare, condurre, fare strada, menare, mettere sulla via, mostrare il cammino, portare, scortare **2.** *Sin.* ammaestrare, consigliare, educare, governare, indirizzare, instradare, ispirare, orientare, reggere; amministrare **3.** *Sin.* condurre, governare, pilotare | **rifl.** *Sin.* condursi, regolarsi. **Q.T.** *automobile.*

guidasilùri [comp. di *guida(re)* e *siluro*; 1937] **sm. inv.** *T.mar.* congegno giroscopico che serve a mantenere la rotta del siluro nella direzione impressagli al momento del lancio, evitando gli scarti laterali.

guidatóre [da *guidare*; a. 1292] **sm.** (f. *-trìce*) **1.** chi guida un autoveicolo: *è un guidatore provetto* **2.** *non com.* chi fa da guida || **N. 1.** *Sin.* conducente, pilota.

guide-lines (ingl., pr. [ˈgaɪdlaɪnz]) [letter. linee guida; 1982] **loc. f. pl.** *T.econ.* complesso di direttive di massima che i poteri pubblici impartiscono o concordano con le parti sociali, entro le quali possono variare gli interventi degli operatori economici.

guiderdonàre (pres. *-óno*) [da *guiderdone*; fine sec. XII-prima metà sec. XIII] **tr.** *raro* dare il guiderdone, ricompensare, ricambiare secondo il merito || **N.** *Sin.* premiare, punire, remunerare, retribuire, ricompensare, ripagare.

guiderdóne [dal germ. **widarlōn*; 1211 *quiderdone*] **sm.** *lett.* ricompensa, premio || *antifr.* punizione || **N.** *Sin.* RICOMPENSA.

guidóne[1] [da *guida*; a. 1565] **sm. 1.** *ant.* insegna militare || *per estens.* l'insieme dei soldati raccolti sotto tale insegna **2.** banderuola triangolare, usata come segnale, distintivo o ornamento, su navi, imbarcazioni, autoveicoli ecc. **3.** *ant.* guida || *dim.* guidoncìno. **TAV.** *bandiere* 3.

guidóne[2] [etim. inc.; 1545] **sm.** *ant.* mascalzone, furfante.

guidoṣlitta [comp. di *guida(re)* e *slitta*, sul modello dell'ingl. *bob-sleigh*; 1952] **sf.** *T.sport. disus.* bob.

guidrigildo [dal long. **widregild*; a. 1876] **sm.** *T.stor.* secondo l'antico diritto germanico, l'indennità, dapprima in natura e poi in denaro, che l'uccisore di un uomo libero doveva pagare ai familiari della vittima per riscattarsi dalla vendetta.

guìggia (pl. *-ge*) [dal fr. ant. *guige*; 1325 ca.] **sf.** *ant.* **1.** striscia di cuoio per allacciare i sandali || ognuna delle bande di cuoio che costituiscono la parte superiore dei sandali, degli zoccoli, delle ciabatte **2.** striscia di cuoio per imbracciare lo scudo || **N. 1.** *Sin.* laccio.

guigne (fr., pr. [giɲ]) [da *guigner*, propr. far segno con l'occhio; 1905] **sf. inv.** disdetta, sfortuna, iella.

guinàre [dal port. *guiñar*, straorzare; 1889] **intr.** (aus. *avere*) *T.mar.* oscillare violentemente con la prua verso dritta o sinistra, a causa del vento o delle correnti.

guinàta [da *guinare*; 1934] **sf.** *T.mar.* oscillazione della prua di una nave verso dritta o sinistra || **N.** guizzata.

guìndolo [dal medio alto ted. *winde*; sec. XIV] **sm.** bindolo, arcolaio.

guinzagliàre (pres. *-àglio*) [da *guinzaglio*; 1887] **tr.** *non com.* legare al guinzaglio || **N.** *Contr.* sguinzagliare.

guinzàglio (pl. *-gli*) [dal medio alto ted. *wintseil*, fune per tener ferma la tenda; sec. XIII] **sm. 1.** laccio di cuoio o catena metallica, che si aggancia al collare del cane per tenerlo legato: *portare il cane al guinzaglio* || *fig.* freno, impedimento: *mettere il guinzaglio a qualcuno*, tenerlo a freno, controllarlo; *farsi portare al guinzaglio*, sottomettersi passivamente alla volontà altrui **2.** *per estens. non com.* imbracatura di cuoio usata per sostenere e aiutare il bambino nei primi passi, o per sicurezza.

guipure (fr., pr. [gi'py:r]) [da *guiper*, rivestire di seta; 1905] **sf. inv.** specie di trina con disegno costituito da finissimi fascetti di seta o di refe, intrecciati in modo da formare bastoncini a rilievo di varie forme.

guiṣa [dal germ. **wīsa*; a. 1294] **sf.** *lett.* **1.** maniera, modo, forma: *in tal guisa, in altra guisa, in diverse guise*; *a guisa, in guisa di*, a somiglianza: *scatola fatta a guisa di libro*; *in guisa che, di guisa che*, di modo che, sicché **2.** *arc.* foggia, moda, costume: *la ammirazione per le tue guise fu unanime* (D'Annunzio) || **N. 1.** *Sin.* aspetto, genere, specie, MODO **2.** *Sin.* costume, foggia, usanza, uso.

guitterìa [da *guitto*; a. 1650] **sf.** *non com.* l'essere guitto || *concr.* azione da guitto; meschinità.

guitto [etim. inc.; 1566] **I agg.** *non com.* **1.** povero, sordido, sporco **2.** *fig.* avaro, gretto **II sm.** (f. *-a*) *non com.* **1.** persona che vive nella miseria e nello squallore **2.** attore comico di scarso valore, che fa vita girovaga e misera || *spreg.* attore da strapazzo.

guizzaménto [da *guizzare*; a. 1685] **sm.** *non com.* l'atto e l'effetto del guizzare; guizzo.

guizzànte (*ppr.* di *guizzare*) [1336 ca.] **agg.** che guizza: *occhi guizzanti.*

guizzàre [di orig. espressiva; 1313] **intr.** (aus. *essere*) muoversi a scatti e vivacemente, detto dei pesci e, per analogia, anche di altri animali o cose: *guizzano i lampi, la fiammella del lume guizzò, gli occhi del vecchio guizzarono* || scattare: *l'uomo guizzò in piedi* || sfuggire dimenandosi: *mi è guizzato tra le mani*; anche *fig.* eludere una domanda, un discorso || *T.mar.* della prua di una nave, oscillare violentemente di lato a causa del mare agitato || **N.** *Sin.* balzare, contorcersi, dimenarsi, scivolare, schizzare, scattare, scuotersi, sfuggire, sgusciare, sguizzare.

guizzàta [da *guizzare*; a. 1375] **sf.** l'atto del guizzare; guizzo || *dim.* guizzatina.

guìzzo [da *guizzare*; 1313] **sm. 1.** l'atto del guizzare, movimento rapidissimo: *il pesce si allontanò con un guizzo* **2.** sprazzo di luce: *un guizzo di luce illuminò la sala* || **N. 1.** *Sin.* balzo, scatto, sussulto **2.** *Sin.* bagliore, balenio.

gulag (russo, pr. [ˈguɫək]) [da *G(lavnoe) U(pravlenie) ispravitel'notrudovych Lag(erei)*, amministrazione generale dei campi di lavoro correzionale; 1974] **sm. inv. 1.** campo di lavoro forzato sovietico **2.** *per estens.* luogo di isolamento || sistema politico repressivo.

gulasch (ted., pr. [ˈgu:laʃ]) [propr. mandriano; 1892] **sm. inv.** *T.cuc.* piatto nazionale ungherese, costituito da uno spezzatino di vitello stufato con lardo, cipolle e paprica, spesso accompagnato con patate.

gulp (ingl., pr. [gʌlp]; pr. it. [gulp]) [voce onom.; 1930] onom. che riproduce il rumore di una deglutizione fatta per stupore, sorpresa e sim.

gùrge [dal lat. *gurges*; 1321] **sm.** *poet.* gorgo, gurgite; anche *fig.*: *inebriate dagli odori riprofondavan sé nel miro gurge* (Dante).

gùrgite [dal lat. *gurges, -itis*; fine sec. XIII-prima metà sec. XIV] **sm.** *poet.* gorgo, vortice.

gùru [dall'indostano *gurū*, maestro, prete; 1956] **sm. inv. 1.** in India, maestro spirituale, personalità religiosa || *per estens.* capo carismatico **2.** abito maschile tipico dell'India, casacca lunga quasi fino alle ginocchia, accollata e con maniche lunghe.

gùscio (pl. *-sci*) [forse dal gr. *kýstion*, piccola vescica; a. 1311] **sm. 1.** involucro, perlopiù duro, che riveste semi o frutti di alcuni vegetali, contiene l'uovo di alcuni animali, o riveste e protegge alcuni organismi: *il guscio delle mandorle, dei piselli*; *il guscio dell'uovo, il guscio della tartaruga, della lumaca* || *fig. guscio di noce*, abitazione o imbarcazione molto piccola; in part. barchetta da fiumi o da paludi **2.** *fig.* la casa, l'ambiente in cui una persona è cresciuta, e in cui si sente sicuro e protetto: *quell'uomo vive rintanato nel suo guscio*; *è salutare uscire dal proprio guscio per fare nuove esperienze* || *chiudersi, ritirarsi nel proprio guscio*, in se stessi **3.** *T.tecn. struttura a guscio*, struttura rigida e resistente, di scarso spessore, usata come copertura di edifici, e nella costruzione di veicoli, navi ecc. **4.** *T.arch.* modanatura a profilo concavo, la cui sezione è un quarto di cerchio || *dim.* guscétto, guscettìno, gusciolìno; *accr.* guscióne || **N. 1.** baccello, buccia, conchiglia, corazza, corteccia, involucro, loppa, rivestimento, scorza | sbucciare, sgranare, sgusciare; aprire **2.** *Sin.* ambiente, casa, tana **4.** *Sin.* cavetto, sguscio. **TAV.** ***architettura*** **p. 646** 3.2.

gùṣla V. GUZLA.

gustàbile [da *gustare*; 1563] **agg.** che si può gustare.

gustaménto [da *gustare*; 1551] **sm.** *non com.* il gustare.

gustàre [lat. *gustāre*; a. 1294] **tr. 1.** distinguere, con il senso del gusto, il sapore di una vivanda: *sono talmente raffreddato che non riesco a gustare i cibi* || mangiare o bere lentamente e a piccole quantità, per apprezzare meglio il sapore: *lasciami gustare il caffè in pace* || assaggiare: *gusta un po' di questo vino!* **2.** *fig.* apprezzare, trarre godimento da qualcosa: *gustare la musica classica* || **rifl. intens. 1.** ricavare piacere dal sapore di un cibo, assaporare: *gustarsi un gelato* **2.** *fig.* ricavare diletto, soddisfazione o godimento spirituale da qualcosa: *gustarsi una scenetta, gustarsi un film* || **intr.** (aus. *essere*) piacere, essere gradito: *questa cosa mi gusta poco, la sua compagnia non mi gusta affatto* || **N. tr.** e **rifl. intens. 1.** *Sin.* assaggiare, assaporare, degustare, mangiare **2.** *Sin.* assaporare | **intr.** *Sin.* garbare | *Contr.* dispiacere. **Q.T.** *alimentazione.*

gustatìvo [da *gustare*; a. 1406] **agg.** relativo al senso del gusto: *sensazioni gustative*; *T.anat. papille gustative*, formazioni anatomiche della lingua che permettono di percepire i sapori.

gustatóre [dal lat. tardo *gustātor, -ōris*; 1336 ca.] **sm.** (f. *-trìce*) chi gusta; intenditore.

gustatòrio (pl. *-ri*) [dal lat. *gustatōrius*; 1678] **agg.** che riguarda il senso del gusto: *nervo gustatorio* || **N.** *Sin.* gustativo.

gustazióne [da *gustare*; a. 1330] **sf.** *raro* il gustare || **N.** *Sin.* assaggio, degustazione.

gustévole [da *gustare*; a. 1535] **agg.** *non com.* piacevole al gusto || *fig.* gradevole.

gùsto [lat. *gustus*; a. 1294] **sm. 1.** uno dei cinque sensi, mediante il quale si percepiscono i sapori; è localizzato nella zona orale e spec. sulla lingua: *con l'età si perde il senso del gusto*; *un cibo gradevole al gusto* **2.** ogni tipo di sensazione percepita dal gusto: *sostanza di gusto dolce, amaro, acido, buono, cattivo*; *una pietanza che non ha gusto* || *in part.* piacere procurato dal cibo: *mangiare di gusto, con gusto* **3.** *fig.* diletto, godimento, soddisfazione: *lavorare senza gusto, provare gran gusto a fare qualcosa, questo bimbo mangia che è un gusto*; *non c'è gusto a giocare con te: perdi sempre*; *prenderci gusto*, si dice di chi, trovando gradevole un'attività, seguita a ripeterla: *è tutti i giorni qui, si vede che ci ha preso gusto*; *gusto matto*, intensa soddisfazione; *di gusto, con gusto*, con molto piacere: *mi misi a lavorare di gusto* || *escl. che gusto!, che bel gusto!*, esprime godimento; e come *antifr.* disinteresse, sensazione sgradevole: *sai che bel gusto, starsene lì fuori sotto la pioggia!* || voglia, capriccio: *togliersi, cavarsi un gusto* **4.** modo personale di giudicare esteticamente: *ciascuno ha i suoi gusti, è questione di gusto, ce n'è per tutti i gusti; gusti rozzi, semplici, raffinati* || il complesso dei canoni estetici in vigore in una data epoca o corrente culturale: *gusto classico, barocco, ottocentesco* **5.** la facoltà di saper distinguere e apprezzare le cose belle, eleganti o raffinate: *il suo appartamento è arredato con gusto; ha buon gusto per le opere d'arte; si veste con buon gusto, con cattivo gusto* || *fig.* senso dell'opportunità, decoro: *si comporta sempre con buon gusto, uno scherzo di pessimo gusto* || *pegg.* gustàccio || **N.** **1.** acuto, delicato, fine | educare, esercitare, perdere, raffinare, stuzzicare il gusto | papille gustative **2.** *Sin.* sapore; appetito | *Contr.* disgusto, nausea; inappetenza **3.** *Sin.* piacere, GIOIA; desiderio **4.** *Sin.* inclinazione, preferenza, simpatia; stile, tendenza, tenore **5.** *Sin.* buongusto, classe, eleganza, raffinatezza, sensibilità, stile; contegno, decoro, distinzione. **Q.T.** ***anatomia.***

gustosità [da *gustoso*; 1869] ***sf.*** la qualità di ciò che è gustoso.

gustóso [da *gusto*; 1613] ***agg.*** **1.** gradevole al gusto: *una pietanza gustosa* **2.** *fig.* piacevole, divertente: *una scenetta gustosa* || **gustosaménte** ***avv.*** in modo gustoso; di gusto: *ridere gustosamente* || **N.** **1.** *Sin.* appetitoso, buono, saporito | *Contr.* cattivo, disgustoso, insipido, ripugnante, scipito **2.** *Sin.* ameno, gradevole.

guttapèrca [comp. del malese *jĕtah*, gomma e *pĕrcáh*, nome dell'albero, attr. l'ingl. e fr. *gutta-percha*; 1861] ***sf.*** sostanza gommosa e resinosa che si estrae per incisione da vari alberi delle Sapotacee, tipici della regione indomalese; è modellabile al calore e usata in odontotecnica, nella fabbricazione di cavi isolanti, recipienti per corrosivi, mastici ecc.

guttazióne [dal lat. *gutta*, goccia, attr. il ted. *Guttation*; 1906] ***sf.*** *T.bot.* nelle piante, processo di essudazione dell'acqua assorbita in eccesso || **N.** *Sin.* traspirazione, trasudazione.

Guttiferàcee [comp. di *guttifere* e *-acee*; 1988] ***sf. pl.*** famiglia di piante delle Guttiferali || **N.** *Sin.* Guttifere.

Guttifere [dal lat. scient. *Guttiferae*; 1869] ***sf.*** *T.bot.* piante dicotiledoni, legnose, diffuse soprattutto ai tropici; dall'incisione della loro corteccia si ricavano gommoresine || **N.** *Sin.* Ipericacee.

gutturàle [dal lat. *guttur, -uris*, gola; 1643] ***agg.*** **1.** della gola, relativo alla gola **2.** *in part.* di suono, voce e sim., pronunciato in gola, rauco: *emettere suoni gutturali, grida gutturali* || *T.fon. disus.* velare o uvulare; anche *sf.*: *una gutturale*, una consonante velare o uvulare || **gutturalménte** ***avv.***

gutturalismo [da *gutturale*; a. 1733] ***sm.*** tendenza a pronunciare i suoni in gola.

guttùrnio [lat. *gutturnium*; 1955] ***sm.*** *T.enol.* vino rosso prodotto nel piacentino, carico, lievemente ammandorlato, profumato di lampone e fragola.

gùzla (pr. ['guzla]) o **gùsla** [dal serbo-croato *gusla*; a. 1803] ***sf.*** *T.mus.* specie di violino a una sola corda, tipico dei popoli serbo-croati: *gli accordi della viola e della guzla* (Pascoli).

gymkhana (ingl., pr. [dʒɪm'kɑːnə]; pr. it. [dʒiŋ'kana]) V. GINCANA.

gymkhanista V. GINCANISTA.

H

h lettera dell'alfabeto italiano. Nome per esteso *acca*, di genere femminile o, più di rado, maschile: *un'h corsiva*, ma anche *un h corsivo*; *h come Haiti*, nella compitazione delle parole || *per metaf.* da "lettera di poco conto" passa, in alcune loc. negative, al significato di "nulla": *non ci capisco un'acca, non vale un'acca* || nelle parole italiane non rappresenta alcun suono proprio: è puro segno diacritico nelle voci *ho, hai, ha, hanno* del verbo "avere" e in molte esclamazioni (*ah, ahi, ohimè, mah* ecc.); compare nei digrammi *ch* e *gh* per segnalare la pronuncia velare ([k] e [g] rispettivamente) davanti ad *e, i* (*inchino, schema, ghetto, ghiro*) || si trova in numerose parole straniere di varia origine (*hotel, hamburger, harem*), dove normalmente non viene pronunciata; talvolta può conservare il valore di fricativa laringale [h] (*hot jazz*). Numerosissimi anche i digrammi o trigrammi stranieri in cui compare: *ch* (ingl. e sp. [tʃ], fr. [ʃ], ted. [x]); *sh* (ingl. [ʃ]); *sch* (ted. [ʃ]) ecc. || *T.mus.* nei paesi germanici (esclusa la Gran Bretagna), indica la nota musicale corrispondente al *si* naturale (che nei paesi di lingua inglese è invece indicata con *b*) || per le sigle e abbreviazioni in cui compare, v. la lista relativa.

habanera (sp., pr. [aβa'nera]) [letter. (ballo) dell'Avana, capitale di Cuba; 1933] ***sf. inv.*** danza spagnola di origine cubana, di ritmo binario e movimento moderato.

habeas corpus (lat., pr. it. ['abeas 'kɔrpus]) [letter. che tu abbia la tua persona] ***loc. m. inv.*** *T.giur.* nei paesi anglosassoni, il principio dell'inviolabilità personale, che si traduce nel diritto dell'arrestato di conoscere le ragioni del suo arresto e di essere condotto davanti al giudice.

habemus papam (lat., pr. it. [a'bɛmus 'papam]) [letter. abbiamo il papa] ***loc.*** l'espressione con cui il cardinale decano annuncia al popolo l'avvenuta elezione del Papa || *fam.* e *scherz.* si dice anche in occasione di qualunque altra carica o impegno occupato da un nuovo titolare.

habitat (lat., pr. it. ['abitat]) [letter. (esso) abita; 1933] ***sm. inv.*** *T.biol.* l'ambiente proprio di una specie animale o vegetale; l'insieme di condizioni fisiche che ne favoriscono la vita || *per estens.* il complesso delle condizioni ambientali e delle strutture di un insediamento umano: *i problemi dell'habitat urbano* || *fig.* ambiente in cui ci si trova a proprio agio: *è tornato nel suo habitat.*

habitué (fr., pr. [abi'tɥe]) [letter. abituato; 1883] ***s. inv.*** (anche pl. *habitués*, pr. [abi'tɥe]) frequentatore assiduo di uno spettacolo, di un locale e sim.: *è un habitué dell'opera.*

habitus (lat., pr. it. ['abitus]) [letter. aspetto; 1929] ***sm. inv.*** *T.biol.* insieme dei caratteri che distinguono, anche a prima vista, una specie vegetale o animale || *fig. habitus mentale*, mentalità, complesso di atteggiamenti stabilmente acquisiti, *forma mentis.*

hacienda (sp., pr. [a'θjenda]; pr. amer. e it. [a'sjenda]) [dal lat. *facienda*, letter. cose da farsi, poi faccende, ricchezze, amministrazione dei beni; 1905] ***sf.*** (pl. *haciendas*; pr. sp. [a'θjendas]; pr. amer. e it. [a'sjendas]) grande fattoria dell'America Meridionale.

hacker (ingl., pr. ['hækə]) [letter. specializzato in revisioni; 1990] ***s. inv.*** chi si inserisce illegalmente in una rete informatica per accedere alle informazioni in essa contenute.

hadróne (pr. [a'drone]) v. ADRONE.

hàfnio (pr. [(h)afnjo]) v. AFNIO.

hag ® (pr. [ag]) [dalle iniziali della ditta tedesca (*Koffee*)-*H*(*andels*) *A.G.*; 1956] ***sm. inv.*** nome commerciale di un tipo di caffè decaffeinato.

hàhnio (pr. ['anjo] e ['hanjo]) [dal n. proprio O. *Hahn*, chimico ted.; 1970] ***sm.*** *T.chim.* elemento artificiale transuranico, ottenuto bombardando un isotopo del californio con nuclei di azoto.

haiku (giap., pr. [ha'ikɨ]) o ***haikai*** (giap., pr. [ha'iqai]) [voce giap.; 1923 *hai-kai*] ***sm. inv.*** tipo di componimento lirico giapponese, composto di 17 sillabe ripartite in tre gruppi di 5, 7 e 5.

haitiàno (pr. [ai'tjano]) [dal n. geogr. *Haiti*; 1933] **I *agg.*** di Haiti **II *sm.*** (f. *-a*) abitante, nativo di Haiti.

hàkka [etim. inc.; 1931] ***s.*** **1.** appartenente a una popolazione di montanari migrata nella pianura del Fiume Giallo durante la dinastia T'ang **2.** *sm.* (solo *sing.*) dialetto parlato da tale popolazione stanziata nel sud-est della Cina.

halibut (ingl., pr. ['hælɪbət]; pr. it. ['alibut]) [letter. pesce che si mangia nei giorni di festa; 1956] ***sm. inv.*** ippoglosso.

hall (ingl., pr. [hɔːɫ]) [orig. portico, loggia di mercanti; 1749] ***sf. inv.*** grande sala d'ingresso, spec. negli alberghi.

hallali (fr., pr. it. [alla'li]) [di orig. onom.; 1887] ***escl.*** antico grido francese di caccia e di guerra.

hallo o ***hello*** (ingl., pr. ['həloʊ]) [di orig. onom.; 1963] ***escl.*** serve per richiamare l'attenzione su qualche cosa o come formula di saluto; usato talvolta al telefono, invece del nostro *pronto!*, molto più frequente.

hamada o ***hammada*** (ar., pr. [ħæ(m)'mɑːdæ]) [dall'ar. *ḥamada*; 1927] ***sm. inv.*** tipo di deserto roccioso, caratteristico del Sahara, costituito da blocchi di roccia modellati dall'erosione del vento e da grossi frammenti aguzzi.

hamburger (ingl., pr. ['hæmbəːgə]; pr. it. [am'burger]) [letter. (bistecca) amburghese; 1963] ***sm. inv.*** polpetta di carne tritata e condita, piatta e tondeggiante, cotta in padella o alla piastra e servita gen. dentro un panino.

hammada v. HAMADA.

hammerless (ingl., pr. ['hæmələs]) [letter. senza cane; 1930] ***sm. inv.*** fucile da caccia a cani interni.

hammerlock (ingl., pr. ['hæmələk]) [letter. bloccaggio a martello; 1964] ***sm. inv.*** *T.sport.* nel *wrestling*, presa in cui un braccio dell'avversario è piegato dietro la sua schiena.

hamster (ingl., pr. ['hæmstə]) [prob. dal persiano *hamaēstar*, che si getta sul terreno; 1956] ***sm. inv.*** criceto; il termine è usato in it. soprattutto per indicarne la pelliccia.

handicap (ingl., pr. ['hændɪkæp]; pr. it. ['ɛndikap] o ['andikap]) [letter. (porre) la mano nel cappello, in orig. nome di un gioco d'azzardo; 1898] ***sm. inv.*** **1.** *T.sport.* nell'ippica, corsa in cui i valori dei singoli competitori vengono pareggiati mediante opportune disposizioni, come abbuoni di spazio o aumento di peso **2.** *per estens.* lo svantaggio imposto ai concorrenti ritenuti superiori, nelle corse ippiche o in gare sportive d'altro genere: *corsa ad handicap* **3.** *fig.* svantaggio, condizione di partenza sfavorevole: *non è mai riuscito a superare l'handicap di un'istruzione insufficiente*; *l'handicap tecnologico dei paesi in via di sviluppo* || *in part.* menomazione fisica o psichica (congenita o acquisita), che rende difficile a una persona il normale inserimento nella vita sociale: *portatore di handicap*, handicappato.

handicappàre (pr. [endikap'pare] o [andikap'pare]) [da *handicap*; 1908] ***tr.*** **1.** *T.sport.* gravare di un handicap **2.** *fig.* mettere in condizione svantaggiata rispetto agli altri: *è sempre stato handicappato dalla sua estrema timidezza.*

handicappàto (pr. [endikap'pato] e [andikap'pato]) (*pps.* di *handicappare*) [1973] ***sm.*** (f. *-a*) persona che soffre di una grave menomazione fisica o psichica con conseguenti difficoltà di inserimento nell'ambiente sociale: *il pericolo dell'emarginazione degli handicappati.*

handling (ingl., pr. ['hændlɪŋ]) [letter. trattamento; 1983] ***sm. inv.*** **1.** l'insieme delle operazioni di assistenza a terra agli aerei e ai passeggeri, durante la sosta negli aeroporti

2. in un magazzino, l'insieme delle operazioni di prelievo e preparazione all'imballo delle merci in vista della spedizione.

hangar (fr., pr. [ã'ga:r]; pr. it. ['aŋgar]) [letter. tettoia; 1908] ***sm.*** *inv.* rimessa per aeroplani. **TAV.** ***aeronautica*** 11.11.

hanseniàno (pr. [(h)anse'njano]) [dal n. proprio G.H. *Hansen,* medico norvegese; 1963] **I** ***agg.*** *T.med.* relativo alla lebbra **II** ***sm.*** (f. *-a*) *T.med.* malato di lebbra.

hapax ***sm.*** *inv.* V. HAPAX LEGOMENON.

hapax legomenon (gr., pr. it. ['apaks le'gɔmenon]) [letter. detto una sola volta] ***loc. m.*** (pl. *hapax legomena,* pr. it. ['apaks le'gɔmena]) voce o espressione attestata una sola volta in un testo, o nell'intera documentazione di una lingua (si usa spesso la forma abbreviata *hapax*): *un hapax* (*legomenon*) *dantesco.*

happening (ingl., pr. ['hæpənɪŋ]; pr. it. ['(h)ɛppeniŋ(g)]) [letter. avvenimento; 1967] ***sm.*** *inv.* forma di spettacolo d'avanguardia, basata sull'improvvisazione e costituito da azioni di tipo teatrale, mimico, pittorico, musicale, che vengono eseguite con il coinvolgimento attivo degli spettatori || *per estens.* qualunque manifestazione artistica, festa, incontro che si svolga senza schemi prestabiliti.

happy end (ingl., pr. ['hæpɪ end]) [letter. fine lieta; 1967] ***loc. m.*** *inv.* in film o romanzi, lieto fine.

harakiri (giap., pr. [ha'rakiri]; pr. it. [ara'kiri], pop. [kara'kiri]) [letter. (atto di) tagliare il ventre; 1889 *kara-kiri*] ***sm.*** *inv.* in Giappone, forma di suicidio rituale, praticato squarciandosi il ventre con la spada, tradizionale nella casta dei samurai || *fare harakiri,* suicidarsi; anche *fig.* rovinarsi con le proprie mani.

haras (fr., pr. [a'rɑ]) [letter. stazione di monta equina] ***sm.*** *inv.* stabilimento per l'allevamento dei cavalli.

hard (ingl., pr. [hɑ:d]; pr. it. [(h)ard]) [letter. duro, rigido; 1980] ***agg.*** *inv.* duro, rigido; che ha toni forti, violenti: *musica hard, film hard* || **N.** *Contr. soft.*

hardcopy (ingl., pr. ['hɑ:dkɒpɪ]) [letter. copia rigida; 1987] ***sf.*** *inv.* documento stampato da un elaboratore elettronico.

hard-core (ingl., pr. ['hɑ:dkɔ:]) [letter. nucleo duro; 1975] ***agg.*** *inv.* di pubblicazione o film pornografico, in cui gli atti erotici vengono descritti o rappresentati con assoluto realismo || **N.** *Contr. soft-core.*

hard-cover (ingl., pr. ['hɑ:dkʌvə]) [letter. copertina dura; 1983] ***sm.*** *inv.* libro con copertina rigida.

hard disk (ingl., pr. ['hɑ:d dɪsk]; pr. it. [ar'disk]) [letter. disco rigido; 1985] ***loc. m.*** *inv. T.inform.* disco magnetico di materiale rigido, usato per la registrazione dei dati || **N.** floppy disk.

hard rock (ingl., pr. ['hɑ:d rɒk]) [letter. rock duro; 1982] ***loc. m.*** *inv.* stile di musica rock caratterizzato da una sonorità molto violenta, ottenuta mediante l'amplificazione e la distorsione del suono.

hard top (ingl., pr. ['hɑ:d tɒp]) [letter. tetto rigido; 1963] ***loc. m.*** *inv.* tettuccio di metallo o di plastica che può essere applicato su un autoveicolo decapottabile in sostituzione della capote di tela. **TAV.** ***automobile*** **p. 659** 9.1.

hardware (ingl., pr. ['hɑ:dwɛə]; pr. it. ['ardwɛr]) [letter. oggetti di metallo; 1970] ***sm.*** *inv.* **1.** *T.inform.* l'insieme delle parti meccaniche, elettroniche ed elettriche di un sistema di elaborazione dati **2.** l'insieme delle macchine necessarie per una determinata attività industriale || **N. 1.** software. **Q.T.** *informatica.*

hare krishna (sanscrito, pr. ['ɦare 'kr̥ʂɳa]; pr. it. ['are 'kriʃna]) [dal sanscrito *Hare,* che evoca il concetto di Dio potente e oggetto di devozione e *Krishna,* l'infinitamente affascinante; 1983] ***loc. s.*** *inv.* aderente ad una comunità religiosa, di origine indiana e di cultura vedica, che raggruppa i devoti di Krishna, una delle incarnazioni del dio Visnù considerato come il sommo e l'unico dio.

harem (turco, pr. [hɑ'rɛm]; pr. it. ['arem]) [dall'ar. *harām,* proibito, attr. il turco; a. 1764 *haremme*] ***sm.*** *inv.* **1.** nelle società musulmane tradizionali, la parte dell'abitazione riservata alle donne e ai bambini **2.** *scherz.* gruppo di donne legate affettivamente allo stesso uomo || **N. 1.** gineceo.

harmònium (pr. [ar'mɔnjum]) [dal fr. *harmonium;* 1883] ***sm.*** *inv.* variante di *armonium.*

harris tweed (ingl., pr. [ˌhærɪs 'twi:d]) [comp. del n. geogr. *Harris,* isola delle Ebridi e *tweed;* 1983] ***loc. m.*** *inv.* nome commerciale di un tipo di tweed proveniente dalle isole Ebridi.

hascemita o **hashimita** (pr. [aʃe'mita] e [aʃi'mita]) [dal n. proprio *Hashim* ibn 'Abd Manaf, antenato di Maometto; 1956 *hashimita*] ***agg.*** detto di una dinastia araba, oggi regnante in Giordania; nei giornali, *il sovrano hascemita,* il re di Giordania.

hashish o ***hascisc*** (ar., pr. [ħæ'ʃi:ʃ]; pr. it. [aʃ'ʃiʃ]) [dall'ar. *ḥašīš,* erba (secca), poi canapa indiana; 1863] ***sm.*** *inv.* estratto della canapa indiana, ridotto a pasticche che si masticano o si fumano, con effetto inebriante e eccitante || **N.** DROGA.

hasìdico (pr. [has'sidiko]) e der. V. CASSIDICO e der.

haute (fr., pr. ['o:t]) [letter. alta (società); 1905] ***sf.*** *inv.* alta società; spec. *iron.*

haute-couture (fr., pr. ['o:t ku'ty:r]) [letter. alta sartoria; 1965] ***sf.*** *inv.* alta moda || l'ambiente della sartoria di lusso.

hawaiàno (pr. [awa'jano] e [ava'jano]) [dal n. geogr. *Hawaii;* 1940] **I** ***agg.*** relativo alle isole Hawaii || *chitarra hawaiana,* strumento musicale simile alla chitarra, che dà un suono nasale, dolce e ovattato || *T.geol. fase hawaiana di un vulcano,* caratterizzata dall'emissione di lava dal cratere senza manifestazioni esplosive **II** ***sm.*** **1.** (f. *-a*) abitante delle Hawaii **2.** (solo *sing.*) lingua polinesiana parlata nelle Hawaii.

headline (ingl., pr. ['hɛdlaɪn]) [letter. linea di testa; 1972] ***sf.*** o ***sm.*** *inv.* motivo centrale di una campagna pubblicitaria, messo gen. in risalto dagli slogan.

hearing (ingl., pr. ['hɪərɪŋ]) [da to *hear,* udire, ricevere notizie; 1973] ***sm.*** *inv.* indagine conoscitiva.

heavy metal (ingl., pr. [ˌhevɪ 'metəł]) [letter. metallo pesante; 1983] ***loc. m.*** *inv.* genere di musica rock contraddistinta da sonorità violente e metalliche || **N.** hard rock.

hegelianìsmo (pr. [(h)egelja'nizmo]) [da *hegeliano;* 1956] ***sm.*** hegelismo.

hegeliàno (pr. [(h)ege'ljano]) [dal n. proprio G.W.F. *Hegel,* filosofo ted.; 1908 come sm.] **I** ***agg.*** *T.fil.* relativo al pensiero di G.W.F. Hegel o che ne segue l'insegnamento: *la scuola hegeliana; la destra, la sinistra hegeliana* **II** ***sm.*** (f. *-a*) filosofo seguace di Hegel: *gli hegeliani di Napoli.*

hegelìsmo (pr. [(h)ege'lizmo]) [dal n. proprio G.W.F. *Hegel,* filosofo ted.; 1931] ***sm.*** *T.fil.* il sistema filosofico di G.W.F. Hegel e spec. il vasto movimento di pensiero ad esso ispiratosi: *hegelismo di destra, di centro, di sinistra.*

hei (pr. [(h)ei]) [voce espressiva; a. 1406] ***escl.*** si usa per attirare l'attenzione o per esprimere stupore: *hei, guarda che ti è caduto un guanto.*

helànca ® (pr. [e'laŋka]) [nome commerciale; 1970] ***sm.*** *inv.* nome commerciale di un filato di nylon elasticizzato.

helisky (fr., pr. [eli'ski]) [comp. di *héli-* (*coptère*), elicottero e *ski,* sci; 1983] ***sm.*** *inv.* forma di sci praticata su campi di neve fresca posti ad alta quota, raggiunti servendosi dell'elicottero.

heller (ted., pr. ['hɛlɐ]) [letter. moneta di Hall, località del Württemberg; 1956] ***sm.*** *inv.* antica moneta d'argento tedesca || moneta cecoslovacca, frazione della corona.

hello (ingl., pr. ['həloʊ]) V. HALLO.

hem (pr. [həm], [hm̩:]) [voce espressiva; a. 1525] ***escl.*** gen. ripetuta, serve per attirare l'attenzione o esprime turbamento, disagio, dolore: *hem, hem, posso interrompervi?*

hemiòlia V. EMIOLIA.

hemlock (ingl., pr. ['hemlɒk]) [letter. cicuta; 1952] ***sm.*** *inv.* denominazione commerciale attribuita genericamente al legno di tre specie del genere Tsuga (fam. Pinacee) dell'America settentrionale, di colore bruniccio, talora con tonalità tendenti al roseo, di scarsa resistenza meccanica, rapidamente alterabile in ambienti umidi, impiegato per lavori di falegnameria non di pregio (infissi interni, imballaggi ecc.) o per la fabbricazione della cellulosa.

hènna (pr. ['ɛnna]) [dall'ar. *ḥinnā';* 1548 *chena*] ***sf.*** pianta delle Litracee, diffusa nei paesi orientali, le cui foglie venivano usate per la preparazione di cosmetici e tinture; è detta anche *alcanna* || **N.** henné.

henné (fr., pr. [e'ne]; pr. it. [(h)en'ne]) [dall'ar. *ḥinnā';* a. 1557] ***sm.*** *inv.* nome francese della pianta *henna,* usato in it. per indicare la tintura e i cosmetici che se ne ricavano.

hènry (pr. ['(h)ɛnri]) [dal n. proprio J. *Henry,* fisico statunitense; 1905] ***sm.*** *inv. T.elettr.* unità di induttanza nel sistema M.K.S., pari a quella di un circuito in cui una variazione di intensità di corrente pari a 1 ampere al secondo genera una tensione di autoinduzione di un volt.

hermitiàno [dal n. del matematico fr. C. *Hermite* (1822-1901); 1934] ***agg.*** di C. Hermite; *T.mat. matrice hermitiana* (o anche *sf. hermitiana*), matrice quadrata i cui elementi, simmetrici rispetto alla diagonale principale, sono fra loro complessi coniugati; *polinomi hermitiani,* polinomi di grado *n,* usati per approssimare il valore di funzioni continue in intervalli non compatti.

herpes (lat., pr. it. ['ɛrpes]) [dal gr. *hérpēs, -ētos;* 1493] ***sm.*** *T.med.* malattia virale caratterizzata da vescicole cutanee o mucose.

hèrtz (pr. ['(h)ɛrts]) [dal n. proprio H.R. *Hertz,* fisico ted.; 1937] ***sm.*** *inv. T.fis.* unità di misura di frequenza di un fenomeno periodico, pari ad un ciclo al secondo.

hertziàno (pr. [(h)er'tsjano]) [dal n. proprio H.R. *Hertz,* fisico ted., sul modello dell'ingl. *hertzian;* 1905] ***agg.*** *T.fis. onde hertziane,* onde elettromagnetiche di frequenza minore di 10^{11} hertz circa, usate in tutti i tipi di radiotelecomunicazioni (e dette pertanto anche *radioonde*).

hesitation (ingl., pr. [hezɪ'teɪʃən]) [letter. esitazione; 1923 *hexitation*] ***sm.*** *inv.* tipo di valzer lento detto anche *all'inglese.*

hevèa (pr. [e'vɛa]) [dal quechua *hevé;* 1933] ***sf.*** *T.bot.* genere di alberi della famiglia delle Euforbiacee, di cui è un importante esemplare il caucciù, per la produzione della gomma naturale.

hi (pr. [(h)i] o [ʔi]) [voce espressiva; 1358] ***escl.*** esprime disprezzo o repulsione: *hi, che schifo!*

hiatus (lat., pr. it. [i'atus]) [letter. apertura; 1956] ***sm.*** *inv.* **1.** *T.med.* termine anatomico designante un'apertura o una soluzione di continuità in un tessuto o in un viscere: *hiatus aortico* **2.** *T.geol.* in stratigrafia, lacuna di sedimentazione.

hic et nunc (lat., pr. it. ['ik et 'nuŋk]) [letter. qui e ora] **loc. avv.** qui e ora, immediatamente.

hickory (ingl., pr. ['hɪkərɪ]) [dall'algonchino *pohickory*; 1933] **sm.** *inv.* albero tipico dell'America Settentrionale che produce un legno pregiato adatto alla costruzione di sci.

hidalgo (sp., pr. [i'ðalɣo]; pr. it. [i'dalgo]) [letter. figlio di qualcuno, cioè figlio di persona valente o con beni di fortuna; 1506 *fidalgo*] **sm.** (pl. *hidalgos*, pr. [i'ðalɣos]; pr. it. [i'dalgos]) gentiluomo, nobile spagnolo.

hi-fi (ingl., pr. [ˌhaɪ 'faɪ]) [abbr. di *high fidelity*, alta fedeltà; 1963] **sf.** *inv.* alta fedeltà ‖ **sm.** *inv.* impianto stereofonico ad alta fedeltà. Q.T. *audiovisivi.*

highball (ingl., pr. ['haɪbɔ:ɫ]) [letter. palla alta, in orig. specie di poker giocato con delle palle; 1963] **sm.** *inv.* **1.** bevanda alcolica allungata con bibite gasate e ghiaccio **2.** *per estens.* bicchiere molto capiente in cui si servono bevande di questo tipo.

high fidelity (ingl., pr. [ˌhaɪ fɪ'delɪtɪ]) [letter. alta fedeltà; 1962] **loc. f.** *inv.* alta fedeltà.

high life (ingl., pr. ['haɪ laɪf]) [letter. alta vita; 1875] **loc. f.** *inv.* bel mondo, alta società.

high society (ingl., pr. [ˌhaɪ sə'saɪətɪ]) [letter. alta società; 1966] **loc. f.** *inv.* alta società.

himalayàno (pr. [imala'jano]) o **imalaiàno** [dal n. geogr. *Himalaya*; 1958] **agg.** relativo all'Himalaya, appartenente all'Himalaya: *massiccio himalayano*; *alpinismo himalayano*, alpinismo che utilizza pratiche e mezzi sperimentati nelle ascensioni di vette sopra gli 8000 metri.

hindi (pr. ['(h)indi]) [dal persiano *hindi*, indiano; 1956] **I sm.** *inv.* lingua neoindiana parlata (con diverse varietà dialettali) nelle regioni centrali della pianura indogangetica; è la più importante tra le lingue nazionali dell'India per numero di parlanti, ed è la lingua ufficiale dell'Unione Indiana dal 1949 **II agg.** *inv.* relativo a tale lingua: *letteratura hindi.*

hindustàni (pr. [(h)indus'tani]) [dal persiano *hindūstānī*; 1956] **sm.** *inv.* dialetto hindi caratterizzato da una maggiore presenza di termini arabo-persiani nel lessico, e quindi intermedio tra l'hindi propriamente detto e l'urdu.

hinterland (ted., pr. ['hɪntɐlant]; pr. it. ['interland]) [letter. regione (che sta) dietro; 1900] **sm.** *inv.* la regione retrostante su cui una città costiera esercita la sua influenza economica e sociale ‖ *per estens.* il territorio che circonda una grande città e gravita economicamente nella sua orbita: *l'hinterland industriale della metropoli.*

hip (ingl., pr. [hɪp]; pr. it. [ip]) [voce onom.; 1939] **escl.** usata nella loc. *hip hip hip hurrà*, grido di esultanza collettiva.

hippy o ***hippie*** (ingl., pr. ['hɪpɪ]; pr. it. ['ippi]) [etim. inc. 1967] **I agg.** *inv.* che appartiene o si riferisce a un movimento degli anni 60 che si contrapponeva alla società dei consumi e alla cultura di massa e ricercava, attraverso esperienze di vita comunitaria e talvolta anche attraverso l'uso di allucinogeni, il recupero di valori interiori **II s.** *inv.* (anche pl. *hippies*, pr. ['hɪpɪz]) chi appartiene al movimento hippy.

hit (ingl., pr. [hɪt]) [letter. colpo, poi colpo messo a segno; 1970] **sm.** *inv.* nell'industria discografica, canzone che ha un grande successo di vendite in dischi e cassette o di ascolto nelle emittenti radiofoniche.

hitleriàno (pr. [(h)itle'rjano]) [dal n. proprio A. *Hitler*, dittatore ted.; 1935 come sm.] **I agg.** relativo al dittatore tedesco A. Hitler, alla sua politica o al suo regime **II sm.** (f. *-a*) seguace di Hitler, nazista.

hitlerismo (pr. [(h)itle'rizmo]) [dal n. proprio A. *Hitler*, dittatore ted.; 1938] **sm.** la politica di Hitler e il regime da lui instaurato; nazismo.

hit-parade (ingl., pr. ['hɪt ˌpəreɪd]; pr. it. [it pa'reid]) [letter. parata di cose di successo; 1970] **sf.** *inv.* classifica delle canzoni di maggior successo di un determinato periodo, stabilita sulla base dei dischi venduti o delle richieste di ascolto giunte a una emittente radiofonica.

hittita (pr. [it'tita]) V. ITTITA.

Hoabiniàno [dal n. della località *Hoa-Binh*, nel Vietnam; 1933] **sm.** in paletnologia, cultura litica indocinese del Paleolitico finale, caratterizzata dal passaggio dalla tecnica della pietra scheggiata a quella della pietra levigata.

hobbista (pr. [(h)ob'bista]) [da *hobby*; 1966] **s.** chi pratica con continuità un hobby.

hobbistica (pr. [(h)ob'bistika]) [da *hobby*; 1968] **sf.** l'industria, l'artigianato e il commercio di articoli da hobby.

hobbistico (pr. [(hob'bistiko)]) (pl. *-ci*) [da *hobby*; 1968] **agg.** relativo a un hobby o agli hobby.

hobby (ingl., pr. ['hɒbɪ]; pr. it. ['ɔbbi]) [orig. piccolo cavallo di razza irlandese, poi bastone con una testa da cavallo (gioco per bambini), poi idea fissa; 1956] **sm.** *inv.* interesse o passione per un'attività secondaria diversa da quella della propria occupazione; passatempo favorito, mania, pallino: *il suo hobby sono i francobolli, coltiva rose per hobby.*

hockeista (pr. [okke'ista] o [oke'ista]) [da *hockey*; 1955] **s.** *T.sport.* giocatore di hockey.

hockeistico (pl. *-ci*) [da *hockey*; 1956] **agg.** *T.sport.* di hockey: *incontro, torneo hockeistico.*

hockey (ingl., pr. ['hɒkɪ]; pr. it. ['ɔkei]) [da *hockey*; 1956] **sm.** *inv.* *T.sport.* nome di tre diversi sport di squadra: *l'hockey su prato*, gioco simile al calcio in cui i giocatori (11 per parte) devono cercar di mandare la palla (piccola, di legno ricoperto di cuoio) nella porta avversaria, colpendola con dei bastoni ricurvi; l'*hockey su ghiaccio*, con regole simili, ma disputato su una pista ghiacciata, con le porte lontane almeno due metri dal fondo, tra due squadre di 6 giocatori (con molte sostituzioni possibili) muniti di pattini; al posto della palla si usa un disco di gomma dura; *l'hockey su pista* o *a rotelle*, analogo all'hockey su ghiaccio ma disputato con una palla di sughero e gomma tra squadre di cinque uomini muniti di pattini a rotelle.

hodie mihi, cras tibi (lat., pr. it. ['ɔdje 'mii 'kras 'tibi]) [letter. oggi a me, domani a te] **loc.** equivalente latino, usato talora anche in it., di "oggi a me domani a te".

holding (ingl., pr. ['hoʊɫdɪŋ]; pr. it. ['(h)ɔlding]) [da *holding company*, letter. società di possesso; 1931] **sf.** *inv.* società finanziaria che controlla altre società detenendone in tutto o in parte il capitale: *le grandi holding internazionali.*

hollywoodiàno (pr. [(h)ollivu'djano]) [dal n. geogr. *Hollywood*, come l'ingl. *hollywoodian*; 1952] **agg.** di Hollywood, dei film lì prodotti e del gusto commerciale e scenografico che vi predomina: *un tipico prodotto hollywoodiano* ‖ *fig.* sontuoso, di uno sfarzo volgare, di cattivo gusto: *arredamento hollywoodiano.*

hòlmio (pr. ['ɔlmjo]) V. OLMIO.

home base (ingl., pr. [ˌhoʊm 'beɪs]) [letter. base di casa; 1970] **loc. f.** *inv.* *T.sport.* nel baseball, casa base, base da cui si effettuano le battute.

home computer (ingl., pr. [ˌhoʊm kəm'pju:tə]) [letter. computer da casa; 1983] **loc. m.** *inv.* *T.inform.* semplice elaboratore elettronico per uso familiare ‖ **N.** personal computer.

home video (ingl., pr. [ˌhoʊm 'vɪdɪoʊ]) [letter. video da casa; 1984] **loc. m.** *inv.* la produzione e il commercio di apparecchiature e materiali di registrazione, come videoregistratori e videocassette, che permettono di assistere a spettacoli di propria scelta a domicilio.

homing (ingl., pr. ['hoʊmɪŋ]) [da *home*, casa; 1983] **sm.** *inv.* **1.** *T.zool.* l'istinto che spinge talune specie animali, gen. uccelli o pesci, a ritornare in un luogo noto, da cui si siano o siano state allontanate **2.** *T.mil.* guida automatica di un missile, un siluro e sim. verso un bersaglio, basata sugli impulsi emessi dal bersaglio stesso.

homo faber (lat., pr. it. ['ɔmo 'faber]) [letter. uomo artefice] **loc. m.** solo *sing.* l'uomo come artefice della realtà, che è in grado di trasformare secondo le sue esigenze.

homo homini lupus (lat., pr. it. ['ɔmo 'ɔmini 'lupus]) [letter. l'uomo è lupo per l'uomo] **loc.** l'uomo, con il suo egoismo, è il peggior nemico dei suoi simili.

homo novus (lat., pr. it. ['ɔmo 'nɔvus]) [letter. uomo nuovo] **loc. m.** (pl. *homines novi*, pr. it. ['ɔmines 'nɔvi]) **1.** presso gli antichi romani, chi per primo nella propria famiglia raggiungeva il consolato o una delle magistrature curuli **2.** *per estens.* chi raggiunge una notevole posizione avendo origini sociali modeste.

homo oeconomicus (lat., pr. it. ['ɔmo eko'nɔmikus]) [letter. uomo economico] **loc. m.** (solo *sing.*) il soggetto ideale dell'attività economica, concepito astrattamente al di fuori di limiti cronologici e spaziali determinati.

homo sapiens (lat., pr. it. ['ɔmo 'sapjens]) [letter. uomo sapiente] **loc. m.** (solo *sing.*) nella classificazione di Linneo, specie di Primati comprendente le razze umane; nella tassonomia moderna, comprende le forme ominidi a partire dall'uomo di Neandertal.

homunculus (lat., pr. it. [o'muŋkulus]) [letter. omuncolo] **sm.** *inv.* **1.** piccolo essere vivente simile all'uomo, dotato di poteri straordinari o soprannaturali, che gli antichi alchimisti pensavano di poter creare in laboratorio **2.** *T.fisiol.* schema che rappresenta la distribuzione delle aree motorie e sensitive della corteccia cerebrale umana.

hondurégno (pr. [ondu'reɲɲo]) [dallo sp. *hondureño*; 1983] **agg.** dell'Honduras.

honduriàno (pr. [ondu'rjano]) [dal n. geogr. *Honduras*; 1983] **agg.** dell'Honduras.

honoris causa (lat., pr. it. [o'nɔris'kauza]) [letter. a titolo di onore] **loc. avv.** e **agg. inv.** detto di laurea conferita per meriti particolari nel campo culturale, senza adempimento del regolare corso di studi ‖ **N.** *ad honorem.*

hook (ingl., pr. [hʊk]) [letter. uncino; 1935] **sm.** *inv.* *T.sport.* nel pugilato, sin. di *gancio* o *crochet.*

hoplà (pr. [(h)op'la]) V. OPLÀ.

hornpipe (ingl., pr. ['hɔ:n paɪp]) [letter. piffero di corno; 1923] **sf.** *inv.* **1.** strumento popolare, simile a una cornamusa, in uso in Scozia e nel Galles nel sec. XIII **2.** danza ad andamento moderato, della stessa epoca dello strumento omonimo, eseguita da marinai inglesi e successivamente inserita nella *suite* strumentale e come tale usata dai maggiori compositori barocchi.

horror (ingl., pr. ['hɒrə]; pr. it. ['ɔrror]) [letter. orrore; 1977] **sm.** *inv.* genere letterario o cinematografico che mira a provocare violente sensazioni di spavento o raccapriccio.

hors-d'œuvre (fr., pr. [ɔr'dœ:vr]) [letter. fuori d'opera, aggiunta non essenziale; 1901] **sm.** *inv.* antipasto.

hostaria (pr. [osta'ria]) [var. di *osteria*; 1970] **sf.** nel linguaggio commerciale, trattoria con una certa pretesa di eleganza.

hostess (ingl., pr. ['houstɪs]; pr. it. ['ɔstes]) [dal fr. ant. *hostesse*, ostessa; 1950] ***sf.*** *inv.* sugli aerei di linea, persona di sesso femminile con compiti di assistenza ai passeggeri durante il volo ‖ più in gen. addetta all'accoglienza e all'assistenza di viaggiatori, comitive e sim.; accompagnatrice turistica.

hot-dog (ingl., pr. ['hɒtdɒg]) [letter. cane caldo; 1950] ***sm.*** *inv.* panino imbottito con würstel e senape, tipico dei paesi anglosassoni.

hotel (meno com. *hôtel*) (pr. [o'tɛl]) [dal fr. ant. *hostel*; 1883] ***sm.*** *inv.* albergo; *hotel meublé*, V. MEUBLÉ.

hôtel garni (fr., pr. [o'tɛl gar'ni]) [letter. albergo guarnito, cioè ammobiliato; 1905] ***sm.*** *inv.* albergo che fornisce soltanto l'alloggio e non il servizio di ristorante.

hot jazz (ingl., pr. ['hɒt dʒæz]) [letter. jazz caldo; 1950] ***loc. m.*** *inv.* stile di jazz caratterizzato da particolare tensione espressiva e accentuata improvvisazione ritmica.

hot pants (ingl., pr. ['hɒt pænts]) [letter. pantaloni caldi; 1971] ***loc. m.*** *pl.* pantaloncini da donna molto corti e attillati.

house boat (ingl., pr. ['haus bout]) [letter. imbarcazione casa; 1956] ***loc. f.*** *inv.* imbarcazione sulla quale è costruita una casa di legno, utilizzata per abitarvi abitualmente o temporaneamente.

hovercraft (ingl., pr. ['hɒvəkrɑ:ft]) [comp. di *to hover*, librarsi e *craft*, da (*vessel of small*) *craft*, natante di piccola potenza; 1961] ***sm.*** *inv.* veicolo che si muove su cuscino d'aria a distanza minima dalla superficie dell'acqua o del suolo, usato per collegamenti rapidi soprattutto attraverso bracci di mare ‖ **N.** *Sin.* aeroscivolante. **TAV. *nave* p. 1326** 1.

hùi (pr. ['(h)ui]) [voce espressiva; 1319] ***escl.*** esprime rammarico, dolore, meraviglia.

hula o **hula hula** (pr. ['ula 'ula]) [voce hawaiana entrata in uso nell'ingl. d'America, spec. nella forma iterata; 1933] ***sf.*** *inv.* danza tipica polinesiana.

hully gully (ingl., pr. [ˌhʌlɪ 'gʌlɪ]) [di orig. inc.; 1967] ***loc. m.*** *inv.* ballo negro-americano caratterizzato da figure collettive.

hum (pr. [hm̩:]) [voce espressiva od onomatopeica; 1906] ***escl.*** esprime perplessità, dubbio, sospetto: *hum, questa spiegazione non mi convince.*

humour (ingl., pr. ['hju:mə]) [letter. umore; 1766] ***sm.*** *inv.* umorismo, senso del comico: *uno humour tipicamente inglese.*

humus (lat., pr. it. ['umus]) [letter. terra, suolo, attr. il fr.; 1798] ***sm.*** *inv.* **1.** parte del terreno che contiene gran copia di sostanze organiche in decomposizione **2.** *fig.* ambiente, complesso di condizioni favorevoli allo sviluppo di una concezione, al realizzarsi di un'impresa e sim.

hunter (ingl., pr. ['hʌntə]) [letter. cacciatore; 1930] ***sm.*** *inv.* razza equina da caccia, allevata particolarmente in Irlanda, e usata anche per le corse.

huronìano (pr. [uro'njano]) [dal n. geogr. *Huron*, uno dei grandi laghi dell'America sett.; 1940] ***agg.*** *T.geol.* detto di uno dei periodi dell'era arcaica.

hurrà (pr. [ur'ra]) V. URRÀ.

husky (ingl., pr. ['hʌskɪ]) [letter. eschimese; 1973] ***sm.*** *inv.* razza di cani da slitta, piccoli e robusti, a pelo ruvido e fitto. **TAV. *cani* p. 663.**

hussìta e der. V. USSITA e der.

hydroforming (ingl., pr. [ˌhaɪdrə'fɔ:mɪŋ]) [comp. di *hydro*(*genation*), *idrogenazione* e (*re*)*forming*, riforma, trasformazione; 1983] ***sm.*** *inv. T.chim.* processo di raffinazione del petrolio per produrre benzine ad alto numero di ottani.

hysteron proteron (gr., pr. it. ['ysteron 'prcteron]) [letter. l'ultimo (posto per) primo] ***loc. m.*** *inv. T.ret.* figura consistente nel disporre due o più costituenti o frasi in un ordine lineare che non rispecchia la successione temporale degli eventi descritti.

I

i lettera dell'alfabeto italiano, di genere femminile o, più di rado, maschile: *una i maiuscola*, ma anche *un i maiuscolo*; *i come Imola*, nella compitazione delle parole || *fig. mettere i puntini sulle i*, essere precisi fino alla pignoleria || rappresenta due suoni distinti: la vocale anteriore non arrotondata di apertura minima [i] (*vino, rione*) e la approssimante palatale sonora [j] (detta anche semiconsonante), possibile solo davanti a vocale diversa da *i* (*iodio*) e rappresentata anticamente (e ancora oggi in alcune parole) con *j*. Compare in vari digrammi e trigrammi per indicare una pronuncia palatale (*ci, gli, sci, gi*; v. alle relative lettere) || la *i* può fungere da vocale prostetica, specie davanti a parola iniziante per *s* seguita da un'altra consonante, per evitare incontri consonantici inconsueti al confine di parola: *per istrada, in Ispagna*. Quest'uso, facoltativo, è oggi generalmente in decadenza; sopravvive meglio in alcune locuzioni irrigidite, come *per iscritto* || i verbi che terminano all'infinito in *-gnare, -gnere* conservano in ogni caso le *i* delle desinenze, e quindi anche alla prima persona pl. dell'ind. pres.: *spegniamo, bagniamo* ecc. || i nomi che al singolare escono in *-io* (con l'*i* non accentata) fanno oggi il plurale in *-i*: *ozio*, pl. *ozi*; le grafie *ozii* e *ozî* sono entrambe antiquate. Invece i nomi uscenti in *-ìo*, come *rinvìo*, fanno al pl. regolarmente *rinvii* || nella numerazione romana I = 1 (II = 2, III = 3, IIII o IV = 4) || per le sigle e le abbreviazioni in cui compare, v. la lista relativa || *i greca* (meno com. *i greco*), nome della lettera *y* (v.) || *i lunga* (meno com. *i lungo*), nome della lettera *j* (v.).

i[1] [lat. (*ill*)*i*, quelli; a. 1290] ***art. det. m. pl.***, forma corrispondente al sing. *il*; si usa davanti a parole che iniziano per consonante ad eccezione di *s* seguita da consonante, *z, x, gn, ps*: *i gatti, i libri, i sandali* || unito alle prep. *a, con, da, di, in, per, su*, forma le prep. art. *ai, coi, dai, dei, nei, pei* (lett.), *sui* || premesso ai cognomi indica tutti gli appartenenti a una famiglia: *i De Filippo*.

i[2] [lat. (*ill*)*i*, a quello; a. 1294] **I *pron. pers. m.*** e ***f. sing.*** var. arc. di *gli* o *le*: *come i piacque; cortese i fu* (Dante) **II *pron. pers. m. pl.*** var. arc. di *li*: *e tu allor li priega / per quello amor che i mena* (Dante).

i' [lat. volg. *eo, class. *ego*; sec. XIII] ***pron. pers. m.*** e ***f.*** *poet.* o *pop. tosc.* forma tronca di *io*.

-ia [dal gr. *-ia*, attr. il lat. *-ia*(*m*)] ***suff.*** **1.** forma sostantivi f. deaggettivali che indicano la qualità espressa dalla base: *concordia, miseria, perfidia, superbia* **2.** con valore locativo, è frequente in toponimi: *Germania, Macedonia* || **N.** -ia.

-ìa [dal gr. *-ía*] ***suff.*** **1.** forma sostantivi f. perlopiù di origine dotta, che indicano attività professionali, discipline ecc. (*chirurgia, filosofia*) **2.** forma sostantivi f. deaggettivali che indicano la qualità espressa dalla base: *allegria, follia, gelosia, villania* **3.** con valore locativo, è frequente in nomi di locali tratti da nomi in *-tore* (*esattoria, trattoria*) e in toponimi: *Lombardia, Ungheria* || **N.** -ia.

iacére [dal lat. *jacēre*; a. 1306] ***intr.*** (aus. *essere* e *avere*) var. lett. di *giacere* (v.).

iacintèo [dal lat. *hyacinthaeus*; 1883] ***agg.*** *poet.* che ha il colore del giacinto: *parvemi bere in coppa iacintèa* (D'Annunzio).

iacintino [dal lat. *hyacinthinus*; a. 1498] ***agg.*** *poet.* del colore del giacinto.

iacìnto v. GIACINTO.

iàculo [dal lat. *jaculus*, serpente; 1313] ***sm.*** nome antico del serpente saettone.

iafètico o **giafètico** o **iapètico** (pl. *-ci*) [da *Iafet*, personaggio biblico; 1956] ***agg.*** **1.** relativo a Iafet, il patriarca la cui discendenza popolò l'Europa e l'Asia || *razza iafetica*, antico nome della razza caucasica ed europea **2.** *T.ling. raro* nella teoria del linguista russo Marr, proprio di ogni lingua caucasica.

iafètide o **giafètide** [da *Iafet*, personaggio biblico; 1956] ***s.*** discendente del patriarca Iafet.

ialino [dal lat. tardo *hyalinus*; 1539] ***agg.*** **1.** *lett.* che ha la trasparenza del vetro **2.** *T.min.* detto di minerali limpidi e trasparenti, incolori: *quarzo ialino*; in petrografia, sin. di *vetroso* || *T.biol.* detto di formazione trasparente e dall'aspetto vitreo: *cartilagine ialina* || **N. 1.** *Sin.* diafano, trasparente, vitreo.

ialite [dal ted. *Hyalit*; 1819] ***sf.*** **1.** *T.min.* varietà di opale dura e trasparente **2.** varietà di vetro, particolarmente dura, usata in sostituzione del marmo per rivestimenti.

ìalo- [dal gr. *hýalos*, vetro, cristallo] ***primo elem.*** che, in parole composte della terminologia scientifica e tecnica, vale "vetro" (per es. *ialografia, ialotipia*). **Q.T.** *vetro.*

ialografìa [comp. di *ialo-* e *-grafia*; 1841] ***sf.*** antica tecnica di incisione su vetro a fini di stampa. **Q.T.** *vetro.*

ialòide [dal lat. *hyaloidēs*; 1819] ***sm.*** *T.anat.* la membrana che riveste il corpo vitreo dell'occhio.

ialoidèo [da *ialoide*; 1834] ***agg.*** trasparente come il vetro || *T.anat. umore ialoideo*: umore vitreo dell'occhio; *membrana ialoidea*: la membrana che, nell'occhio, avvolge il corpo vitreo || **N.** *Sin.* vitreo.

ialòmero [comp. di *ialo-* e *-mero*; 1956] ***sm.*** *T.med.* parte incolorabile delle piastrine.

ialoplàsma [comp. di *ialo-* e *plasma*; 1956] ***sm.*** *T.biol.* parte del citoplasma dalla colorazione più chiara e dalla consistenza fluida ed omogenea.

ialotipìa [comp. di *ialo-* e *-tipia*; 1956] ***sf.*** *T.tip.* tecnica di stampa nella quale disegni e figure vengono prima incisi su lastre di vetro col sistema della ialografia e poi riportati su lastre di zinco.

ialurgìa [comp. di *ialo-* e *-urgia*; 1887] ***sf.*** arte di fabbricare e lavorare il vetro. **Q.T.** *vetro.*

ialurònico (pl. *-ci*) [comp. di *ialo-* e (*glic*)*uronico*; 1956] ***agg.*** *T.chim. acido ialuronico*, sostanza proteica complessa che partecipa alla costituzione di strutture connettivali dell'organismo.

ialuronidàṣi [comp. di *ialuron*(*ico*), *-ide* e *-asi*; 1956] ***sf.*** *T.biol.* enzima che idrolizza l'acido ialuronico contenuto specie nel tessuto connettivo aumentando così la permeabilità dei tessuti.

iamatologìa [comp. del n. geogr. *Yamato*, città del Giappone e *-logia*; 1935] ***sf.*** studio della lingua, letteratura e civiltà giapponese.

iamatòlogo (pl. *-gi*) [da *iamatologia*; 1956] ***sm.*** (f. *-a*) studioso, esperto di iamatologia.

iàmbo [dal lat. *iambus*; a. 1472] ***sm.*** var. lett. di *giambo* (v.).

iannizzero ***sm.*** *arc.* v. GIANNIZZERO.

-iàno [variante ampliata di *-ano*] ***suff.*** forma, a partire da nomi propri, aggettivi (anche sostantivati), sia antroponimi (*byroniano, ciceroniano, kantiano, cristiano*), sia toponimi (*hollywoodiano, iraniano, israeliano*) || **N.** -esco.

iapètico v. IAFETICO.

iàrda [dall'ingl. *yard*; 1790] ***sf.*** unità di misura lineare corrispondente a m 0,91 circa, usata in Gran Bretagna e in altri paesi anglosassoni.

-ìaṣi [dal gr. *-iasis*] ***suff.*** che nella terminologia medica, forma le denominazioni di malattie dovute a parassiti (per es. *amebiasi, ossiuriasi*).

iàspide [dal lat. *iaspis, -ĭdis*; a. 1342] ***sm.*** nome classico del diaspro.

iatagàn v. YATAGAN.

iàto [dal lat. *hiātus*, apertura della bocca; a. 1292] ***sm.*** **1.** successione di due o più vocali che fanno parte di sillabe diverse (per es. *svi-are, pa-ese*) o di due parole consecutive **2.** *fig.* soluzione di continuità, frattura nello svolgimento di un'azione o di un processo storico: *uno iato fra due epoche* **3.** *T.anat.* apertura, orifizio: *iato aortico* || **N. 1.** *Sin.* dieresi; dialefe; dittongo, sinalefe. **Q.T.** *linguistica.*

-ìatra [dal gr. *iatrós*, medico] ***elem. term.*** che, in parole composte dotte, vale "medico" (per

es. *odontoiatra, pediatra, psichiatra*).
-iatria [dal gr. *iatreía*, cura] ***elem. term.*** che forma le denominazioni di diverse branche della medicina (per es. *odontoiatria, pediatria, psichiatria*).
-iàtrico [da *-iatria*] ***elem. term.*** che forma gli agg. corrispondenti ai sostantivi in *-iatra* e *-iatria*.
iàtro- [dal gr. *iatrós*, medico] ***primo elem.*** che, in parole composte della terminologia medica, vale "medicina" (per es. *iatrogeno*).
iatrògeno [comp. di *iatro-* e *-geno*; 1973] ***agg.*** *T.med.* che è in relazione con una terapia medica || *malattia iatrogena*, malattia dovuta all'effetto nocivo di un farmaco o di una terapia praticata per un'altra malattia.
iattànza [dal lat. *iactāntia*; 1321] ***sf.*** ostentazione di superiorità, eccessiva sicurezza di sé || **N.** *Sin.* tracotanza, MILLANTERIA.
iattazióne [dal lat. *iactātio, -ōnis*; a. 1342 nel senso 2] ***sf.*** **1.** *T.psic.* gesticolazione disordinata e immotivata, tipica degli stati ansiosi **2.** *ant.* vanteria.
iattùra [dal lat. *jactūra*, getto; 1321] ***sf.*** *lett.* disgrazia, sfortuna || **N.** *Sin.* iella, scalogna, sventura, DANNO.
ibèrico (pl. *-ci*) [dal lat. *Ibēricus*; 1718 nel senso 2] **I *agg.*** **1.** riferito all'antica popolazione degli Iberi e al territorio su cui era stanziata: *civiltà iberica* || *penisola iberica*, la penisola europea che comprende la Spagna e il Portogallo **2.** *per estens.* delle nazioni della penisola iberica (cioè della Spagna e del Portogallo): *le tradizioni iberiche, i successi delle squadre iberiche nelle coppe internazionali* **II *sm.*** l'insieme delle lingue parlate anticamente dagli Iberi.
iberismo [da *iberico*; a. 1956] ***sm.*** *T.ling.* parola, locuzione o costrutto delle lingue iberiche passati in un'altra lingua (per es. *autodafé, marmellata, nostromo, recluta*).
ibernaménto [da *ibernare*; 1956] ***sm.*** ibernazione.
ibernànte (*ppr.* di *ibernare*) [1824] ***agg.*** **1.** *T.zool.* di animale che d'inverno cade in letargo **2.** *T.bot.* di gemma, o altro organo, provvista di particolari protezioni che le permettono di superare l'inverno.
ibernàre (pres. *-èrno*) [dal lat. *hibernāre*, svernare; a. 1939] ***intr.*** (aus. *avere*) *T.zool.* svernare in letargo || ***tr.*** **1.** *T.med.* sottoporre a ibernazione **2.** *fig.* bloccare una situazione, spec. politica, per impedire che si evolva; congelare.
ibernazióne [dall'ingl. *hibernation*; 1824] ***sf.*** **1.** *T.zool.* condizione di rallentamento delle funzioni vitali a cui sottostanno numerose specie di animali per affrontare i rigori dell'inverno **2.** *T.med.* in chirurgia, tecnica di abbassamento della temperatura corporea per ridurre le attività organiche **3.** nella produzione di laterizi e ceramiche, esposizione dell'argilla agli agenti atmosferici per ottenere maggiore plasticità e purezza || **N. 1.** *Sin.* letargo **2.** ipotermia.
ibèrnico (pl. *-ci*) [dal lat. *Hibernia*, Irlanda; a. 1498] ***agg.*** *lett.* irlandese.
ibero- [da *iberico*] ***primo elem.*** che, in parole composte dotte, vale "iberico", "relativo alla penisola iberica, alle sue popolazioni e alle relative lingue", "originario della penisola iberica": **iberoamericàno** || **N.** ispano-.
ibi v. IBIS.
ìbice [dal lat. *ibex, -ĭcis*; a. 1498] ***sm.*** *ant. lett.* stambecco.
ibicèo [dal lat. *ibycium*, gr. *ibýkeion*, di Ibico; 1956] ***agg.*** e ***sm.*** *T.metr.* verso dell'antica metrica greca composto di otto sillabe di base dattilica e usato dal poeta Ibico.
ibidem (lat., pr. it. [i'bidem]) [letter. in quello stesso luogo] ***avv.*** nello stesso luogo; si usa (abbr. *ib.* o *ibid.*) nelle citazioni bibliografiche per non ripetere per esteso il titolo o il luogo di un'opera già citata immediatamente prima.
ibis [dal lat. *ibis*; a. 1292 *ibes*] ***sm.*** uccello dei Ciconiformi, dal becco lungo, sottile, incurvato e lunghe zampe || *ibis sacro*, ibis dalle piume bianche, testa e collo neri privi di penne, adorato dagli antichi Egizi.
ibìsco (pl. *-schi*) [dal lat. *hibiscum*; a. 1484] ***sm.*** genere di piante delle Malvacee coltivate a fini ornamentali o per ricavarne fibre tessili.
ibis redibis (lat., pr. it. ['ibis re'dibis]) [letter. andrai ritornerai, parte iniziale di un ambiguo responso oracolare] ***loc. m. inv.*** *non com.* discorso o azione ambigua, oscura, incomprensibile.
iblèo [dal lat. *hyblaeus*; a. 1561] ***agg.*** *poet.* dei monti Iblei di Sicilia, zona rinomata per l'abbondanza di fiori e api: *miele ibleo*.
ibridàre (pres. *ìbrido*) [da *ibrido*; 1884] ***tr.*** incrociare individui di specie diverse per ottenere gli ibridi.
ibridazióne [da *ibridare*; 1875] ***sf.*** *T.biol.* pratica di incrocio tra razze diverse per migliorare la specie, o anche tra specie diverse ma affini.
ibridismo [da *ibrido*; 1839] ***sm.*** **1.** *T.scient.* teoria e prassi della generazione di ibridi **2.** *fig.* mescolanza disorganica di elementi di origini diverse: *ibridismo culturale, ibridismo linguistico, di stile* || **N. 2.** *Sin.* commistione.
ìbrido [dal lat. *hybrida*; a. 1498] **I *agg.*** **1.** *T.biol.* prodotto dall'accoppiamento di due specie o varietà differenti di animali o di piante **2.** *fig.* formato da elementi diversi: *stile ibrido* || formato da elementi eterogenei, non in armonia fra loro: *amicizie ibride*, maleassortite; *T.inform.* *calcolatore ibrido*, calcolatore che include componenti analogici e componenti digitali; *T.chim.* *orbitale ibrido*, orbitale molecolare formato dalla combinazione di orbitali atomici con simmetrie diverse; *T.ling.* *composto ibrido*, v. II (nel senso 2); *trazione ibrida*, nella tecnica automobilistica, trazione dovuta a un sistema propulsivo che sfrutta insieme l'energia termica e l'energia elettrica **II *sm.*** **1.** animale o vegetale generato attraverso un processo di ibridazione: *il mulo è un ibrido* **2.** *fig.* mescolanza: *quel dipinto è un ibrido di scuole diverse* || *T.ling.* termine composto da elementi appartenenti originariamente a sistemi linguistici diversi (per es. *megahertz, microfilm*) || **N. II 1.** *Sin.* incrocio; meticcio **2.** commistione.
icàrio (pl. *-ri*) [dal lat. *icarius*, gr. *ikários*, di Icaro; a. 1749] ***agg.*** *lett.* proprio di Icaro, il mitico figlio di Dedalo; relativo a Icaro: *volo icario*.
icàstica [dal gr. *eikastikḗ* (*téchnē*); 1869] ***sf.*** *lett.* l'arte di rappresentare efficacemente la realtà per mezzo di immagini, descrizioni e sim.
icasticità [da *icastico*; 1967] ***sf.*** l'essere icastico: *l'icasticità di una descrizione* || **N.** *Sin.* evidenza, incisività, realismo.
icàstico (pl. *-ci*) [dal gr. *eikastikós*; 1586] ***agg.*** *lett.* che ritrae la realtà con efficacia e incisività: *stile icastico* || **icasticaménte** ***avv.*** || **N.** *Sin.* evidente, incisivo, perspicuo, realistico.
icchese [a. 1388 *icchesi*] ***sm.*** e ***f.*** *ant.* e *pop.* per *ics* (v.).
-icchiàre [comp. del suffisso nominale *-icchio* e di *-are*] ***suff.*** verbale che modifica il senso del verbo di base attribuendogli un valore insieme diminutivo o attenuativo e frequentativo (*tossicchiare, dormicchiare*) o peggiorativo (*lavoricchiare*) || **N.** -acchiare.
-ìcchio [dal lat. *-ĭculus*] ***suff.*** alterativo diminutivo presente soprattutto in forme meridionali con connotazione spregiativa: *avvocaticchio, governicchio*.
-ìccio [dal lat. *-īcius*] ***suff.*** che altera aggettivi (*malaticcio, molliccio, rossiccio*) e pochi sostantivi (*chiacchiericcio, terriccio*), ed esprime approssimazione, somiglianza imperfetta e sim., talora con una valenza negativa, spregiativa.
-icciòlo (arc. *-icciuòlo*) [cumulo dei suff. dim. *-iccio* e *-olo*[1]] ***suff.*** (f. *-a*) altera in senso diminutivo (e talora spregiativo) il nome di base: *donnicciola, porticciolo*.
iceberg (ingl., pr.['aɪsbəːg]; pr. it. ['aisberg]) [dall'olandese *ijsberg*; 1887] ***sm. inv.*** **1.** blocco di ghiaccio di notevoli dimensioni staccatosi dai ghiacci polari **2.** *fig.* *la punta dell'iceberg*, la parte o aspetto evidente di un fenomeno le cui dimensioni sono molto maggiori di ciò che se ne vede: *è solo la punta dell'iceberg delle relazioni tra mafia e politica*.
ice-boat (ingl., pr. ['aɪsbout]; pr. it. [ais'bot]) [letter. battello da ghiaccio; 1952] ***sm.*** battello adatto a navigare fra i ghiacci.
icefield (ingl., pr. ['aɪsfiːɫd]) [letter. campo di ghiaccio; 1937] ***sm.*** *T.geogr.* banco di ghiaccio che ricopre parte delle regioni nordiche || **N.** *Sin.* banchisa.
-icèllo [ampliamento con *-ic-* del suff. diminutivo *-ello*] ***suff.*** (f. *-a*) di valore identico a quello di *-ello* (v.): *assicella, fiumicello, funicella, fraticello, ponticello, reticella, venticello; grandicello*.
-iciàttolo [cumulo dei suff. dim. *-atto* e *-olo*[1] ampliato con l'infisso *-ic-*] ***suff.*** (f. *-a*) altera in senso diminutivo-spregiativo il nome di base: *febbriciattola, omiciattolo*.
-icìno [ampliamento con l'infisso *-ic-* del suff. diminutivo *-ino*[1]] ***suff.*** (f. *-a*) di valore identico a quello di *-ino*[1] (v.): *conticino, corpicino, lumicino, ossicino, pellicina, posticino*.
icnèumone [dal lat. *ichneumon, -ōnis*; a. 1494] ***sm.*** *T.zool.* mammifero carnivoro, diffuso in Africa e in Asia, simile alla mangusta, che aggredisce ratti, uccelli e soprattutto serpenti.
Icneumònidi (sing. *-e*) [comp. di *icneumone* e *-idi*; 1834] ***sm. pl.*** *T.zool.* famiglia di insetti degli Imenotteri muniti di lunghe antenne sottili e di zampe esili, parassiti, allo stato larvale, di altri insetti.
icnografìa [dal lat. *ichnographia*; a. 1502] ***sf.*** rappresentazione grafica di un edificio in proiezione orizzontale || **N.** *Sin.* pianta.
icnogràfico (pl. *-ci*) [dal fr. *ichnographique*; 1754] ***agg.*** che riguarda l'icnografia: *piante icnografiche*, rappresentazioni in proiezione orizzontale.
-ico [lat. *-icus*, gr. *ikós*] ***suff.*** **1.** frequente e produttivo che forma aggettivi da sostantivi, indicando relazione e appartenenza; si aggiunge direttamente alla base (*atomico, igienico* da *atomo* e *igiene*) o si sostituisce ad altri suffissi (*esotico* da *esotismo*) **2.** in chimica organica indica acidi organici (*acetico, butirrico*); in chimica inorganica indica, tra i composti di un elemento a valenza variabile, quello a valenza superiore (*ferrico* in contrapposizione a *ferroso*) || **N. 2.** -oso.
icòna o **ìcona** (non com. *icòne* nel senso 1) [dal gr. *eikṓn, -ónos*; a. 1500] ***sf.*** **1.** effigie di santi dipinta su tavola, caratteristica dell'arte religiosa bizantina e russa || *per estens.* qualsiasi immagine sacra dipinta o scolpita **2.** in semiologia, segno che è in un rapporto non completamente arbitrario con la realtà denotata, in quanto ne evoca alcune caratteristiche (per es. i segnali stradali, gli ideogrammi, le onomatopee). **Q.T.** *pittura*.
iconicità [da *iconico*; 1975] ***sf.*** proprietà di ciò che è iconico.
icònico (pl. *-ci*) [dal gr. *eikonikos*; 1669] ***agg.*** **1.** nella critica d'arte, detto di pittura o scultura che ha uno stretto rapporto di somiglianza o corrispondenza formale con la realtà rappresentata **2.** in semiologia, di segno che mantiene un rapporto non arbitrario con la realtà denotata: *gli elementi iconici del linguaggio* || **iconicaménte** ***avv.*** || **N. 1.** *Sin.* figu-

rativo.

icòno- [dal gr. *eikṓn, eikónos*, immagine] **primo elem.** che, in parole composte dotte e della terminologia scientifica, vale "immagine (part. sacra)", "ritratto" (per es. *iconoclastia, iconologia, iconoscopio*).

iconoclàsta [dal gr. *eikonoklástēs*; a. 1694] **I** *s.* **1.** *T.stor.* distruttore di immagini sacre, appartenente al movimento religioso dell'*iconoclastia* (v.) **2.** *fig.* chi è ostile a miti, convenzioni, opinioni e tradizioni radicate in una società e quindi le combatte aspramente **II** anche **agg.**: *scrittore, regista iconoclasta, furore iconoclasta.* **Q.T.** *religione.*

iconoclastìa [da *iconoclasta*; 1833] **sf.** **1.** *T.stor.* movimento religioso, sviluppatosi nell'impero bizantino nei sec. VIII e IX, che avversava il culto delle immagini sacre e ne propugnava la distruzione **2.** *fig.* polemica e lotta, spesso accesa e violenta, contro le tradizioni e le convinzioni radicate in una società.

iconoclàstico (pl. *-ci*) [da *iconoclasta*; 1869] **agg.** relativo all'iconoclastia; anche *fig.*: *eresia iconoclastica; atteggiamenti iconoclastici.*

iconografìa [dal gr. *eikonographía*; 1798] **sf.** **1.** disciplina che studia le immagini delle opere figurative analizzando i particolari rappresentativi per individuare i soggetti e i significati simbolici dell'opera d'arte e cogliere i rapporti con le altre opere e con la cultura del tempo **2.** l'insieme delle rappresentazioni figurative riguardanti uno stesso soggetto o appartenenti a una stessa epoca storica, o a uno stesso periodo artistico: *l'iconografia di Dante, l'iconografia romana, fascista* || *non com.* l'insieme delle illustrazioni di un testo.

iconogràfico (pl. *-ci*) [da *iconografia*; 1798] **agg.** relativo all'iconografia || **iconograficaménte** **avv.** dal punto di vista dell'iconografia.

iconògrafo [da *iconografia*; 1869] **sm.** (f. *-a*) *non com.* esperto di iconografia || *in part.* nella produzione editoriale, che ha il compito di ricercare le immagini destinate ad illustrare i testi.

iconolàtra [comp. di *icono-* e *-latra*; 1835] **I** *s.* chi ha un culto idolatrico per le immagini sacre **II** anche **agg.**: *cattolico iconolatra.*

iconolatrìa [comp. di *icono-* e *-latria*; 1839] **sf.** *T.rel.* adorazione superstiziosa e idolatrica di immagini sacre.

iconologìa [dal gr. *eikonología*; a. 1686] **sf.** interpretazione dei simboli allegorici, delle immagini contenute nelle rappresentazioni artistiche con particolare riguardo al significato dell'opera figurativa.

iconològico (pl. *-ci*) [da *iconologia*; 1956] **agg.** relativo all'iconologia, proprio dell'iconologia.

iconologìsta [da *iconologia*; a. 1686] **s.** esperto d'iconologia.

iconoscòpio (pl. *-pi*) [comp. di *icono-* e *-scopio*; 1942] **sm.** *T.rad.* tubo elettronico che trasforma le immagini luminose in segnali elettrici, usato per le riprese televisive.

iconostàṣi [dal gr. mod. *eikonostásis*; 1939] **sf.** *T.arch.* e *T.eccl.* tramezzo, decorato da immagini sacre e statue, che divide il presbiterio dalla navata, presente in alcune antiche chiese cristiane e attualmente in quelle di rito greco.

iconotèca [comp. di *icono-* e *-teca*; 1965] **sf.** raccolta di riproduzioni di opere d'arte figurativa, e il luogo in cui si conserva.

icóre o **ìcore** [dal gr. *íchōr*; 1583 nel senso 2] **sm.** **1.** *T.mit.* il sangue degli dei **2.** *T.med. ant.* secrezione purulenta dei processi cancrenosi.

icoróso [da *icore*; seconda metà sec. XVI] **agg.** *disus.* nel ling. medico, che ha l'aspetto dell'icore: *essudato icoroso.*

icoṣaèdrico (pl. *-ci*) [da *icosaedro*; 1681] **agg.** *T.mat.* relativo all'icosaedro, proprio dell'icosaedro || a forma di icosaedro.

icoṣaèdro [dal lat. tardo *icosahedrum*, gr. *eikosáedros*; a. 1617] **sm.** *T.geom.* poliedro che ha venti facce: *icosaedro regolare*, uno dei cinque poliedri regolari possibili, con venti facce uguali a forma di triangolo equilatero.

ics [lettura della lettera *x*; 1887] **sf.** (meno com. *sm.*) nome della lettera *x* (v.).

ictiosàuro V. ITTIOSAURO.

ictiòṣi V. ITTIOSI.

ictus (lat., pr. it. ['iktus]) [1905] **sm.** **1.** nella metrica classica, l'accento ritmico del verso, arsi || in musica, il tempo accentato della battuta **2.** *T.med.* colpo apoplettico da emorragia cerebrale || manifestazione improvvisa di sindromi patologiche: *ictus laringeo, ictus bronchiale.*

idàlio (pl. *-li*) [dal lat. *idalius*, gr. *idálios*; a. 1646] **agg.** proprio dell'ant. città di Idalio, nell'isola di Cipro, in cui veniva praticato diffusamente il culto di Afrodite || *per estens.* di Venere: *il pianeta idalio*, il pianeta Venere; *il fanciullo idalio*, Eros, figlio di Afrodite.

idàtide [dal gr. *hydatís, -ídos*, goccia; 1684] **sf.** **1.** *T.med.* nome generico di formazioni cistiche o tumorali di varia natura, localizzate perlopiù negli organi genitali dell'uomo o della donna **2.** *T.zool.* forma larvale cistica di alcuni vermi platelminti parassiti, spec. della tenia echinococco, che si può trovare negli organi dei mammiferi, uomo compreso (spec. nel fegato).

idatidèo [da *idatide*; 1931] **agg.** *T.med.* relativo all'idatide || *cisti idatidea*, cisti da echinococco.

idàtodo [comp. del gr. *hýdōr, hýdatos*, acqua e *hodós*, strada; 1956] **sm.** *T.bot.* apparato escretore di alcune piante che elimina dalle foglie l'acqua in eccesso, sotto forma di goccioline.

Iddìo (pl. non com. *-ìi*) [da *Dio*; fine sec. XIII] **sm.** var. solenne e enfatica di *Dio*: *Santo Iddio!, Signore Iddio!*

-ìde [dal fr. *-ide*, tratto da (*ox*)*ide*] **suff.** che, nella terminologia chimica, forma le denominazioni di composti di diversa natura (per es. *ammide, anidride, glucoside*).

idèa [dal lat. *idea*; 1308] **sf.** **1.** ogni rappresentazione mentale di cosa reale o immaginaria: *l'idea di Dio, dello spazio; idee astratte o concrete; avere un'idea precisa, confusa* || *per restr.* rappresentazione incompleta e approssimativa: *non so ancora bene cosa farò, ne ho appena un'idea, hai idea di quello che hai detto?; farsi un'idea di qualche cosa*, concepirla sommariamente, nei caratteri generali; *dare un'idea di qualche cosa*, darne un abbozzo: *non avere la minima idea, la più pallida idea*, non conoscere affatto; riferito a cose di portata eccezionale: *è stato un temporale così violento da non averne idea* || impressione: *mi dà l'idea di essere un tipo simpatico* || lontana somiglianza: *quel ragazzo ha un'idea di suo fratello; in questo dipinto c'è un'idea di Picasso* || *fig. fam.* quantità minima: *metti lo zucchero nel caffè? grazie, solo un'idea* (freq. il dim. *un'ideina*); *spostatevi un'idea a sinistra* **2.** *per restr.* rappresentazione prodotta dall'immaginazione, prospettiva: *sono terrorizzata alla sola idea di un simile disastro, mi sorride l'idea, l'idea di rivederlo ti elettrizza* || *ho l'idea che*, ho il timore, il sospetto **3.** intenzione, proposito: *abbandonare, vagheggiare, carezzare un'idea; avrei una mezza idea di uscire stasera* || progetto: *come ti è venuta l'idea del libro?, mi sta frullando in testa l'idea di un viaggio* || immaginazione, fantasia: *neanche per idea*, neanche per sogno, assolutamente no **4.** teoria (spec. schematica e generale), modo di vedere: *esporre le proprie idee, ognuno ha le sue idee, qual è la tua idea in proposito?*; opinione, parere: *secondo la mia idea, cambiare idea; essere dell'idea*, ritenere; specialmente *pl.*, convinzione politica o religiosa: *essere di idee liberali* **5.** pensiero: *seguire la concatenazione delle idee, confondere le idee, un tema povero di idee; associazione di idee*, quando un'idea ne richiama un'altra per somiglianza o affinità; *idea fissa*, pensiero ricorrente, ossessione; concetto ispiratore, spunto: *suggerire un'idea, l'idea è buona, cerca di svilupparla* || concetto fondamentale, contenuto di un discorso o di uno scritto: *l'idea dominante di un saggio; ho letto tutto l'articolo ma non ne ho colto l'idea*; contenuto teorico fondamentale di un'ideologia o di un programma politico: *l'idea liberale, l'idea marxista* || prodotto dell'immaginazione senza rispondenza nella realtà, opinione fallace: *è solo una tua idea, son tutte idee*; capriccio, mania: *hai delle strane idee per la testa, che idea!, idee di grandezza* || prodotto dell'ingegno, trovata: *un'idea geniale, grandiosa, mi è balenata un'idea*; *concr.* nel linguaggio pubblicitario, oggetto proposto come adatto a una data funzione (precisata dal nome che segue): *idea regalo, idea casa* **6.** *T.fil.* l'essenza intelligibile che accomuna una classe di cose e ne costituisce la forma e il modello; in Cartesio e in molta filosofia moderna, ogni contenuto mentale || *mondo delle idee*, in Platone, il luogo ove esistono le idee delle cose; *com.* mondo immaginario, regno della pura possibilità: *essere nel mondo delle idee*, non essere (ancora) nato || *per estens.* dal significato in Platone, modello astratto e ideale: *l'idea del bello* || *dim.* ideìna, ideùccia; *accr.* ideóna; *pegg.* ideàccia || **N.** **1.** *Sin.* abbozzo, barlume, nozione, sembianza **2.** *Sin.* congettura, illuminazione, immaginazione, intenzione, ispirazione, pensiero, percezione, supposizione **4.** *Sin.* credenza, convinzione, fede, ideale, opinione **5.** *Sin.* chimera, concetto, fisima, illusione, pensiero, principio, spunto, ubbia, utopia | approssimativa; astratta, avanzata, bella; bislacca; buona, chiara, concreta; confusa, errata; esatta, feconda, felice, geniale, grandiosa, precisa; ridicola, ristretta, sconnessa, strana, stravagante, vaga | associazione, analisi, concatenazione, enunciazione, espressione, sintesi | dichiarare, difendere, dire, esporre, esprimere, mostrare, proclamare, rivelare, suggerire un'idea. **Q.T.** *filosofia.*

ideàbile [da *ideare*; 1869] **agg.** che si può ideare, concepibile.

ideàle [dal lat. tardo *ideālis*; 1321] **I** **agg.** **1.** che esiste solo nell'immaginazione, che non ha esistenza reale: *mondo ideale; moneta ideale*, moneta di conto non effettivamente coniata || frutto della fantasia: *personaggi ideali* **2.** *com.* che riunisce in sé tutte le perfezioni, che risponde pienamente al nostro gusto, alle nostre necessità, aspirazioni, esigenze, sogni: *bellezza ideale, donna ideale, sistemazione ideale, una casa ideale* **3.** in contrapp. a *materiale*, che riflette valori spirituali e morali: *i motivi ideali del Risorgimento italiano* || **idealménte** **avv.** **1.** (anche frasale) da un punto di vista ideale, nel caso ideale: *idealmente, dovremmo partire alle 5* **2.** nell'idea, nell'immaginazione: *vive idealmente in un altro secolo* **II** **sm.** **1.** ciò che esiste solo nel pensiero: *la sfera dell'ideale* **2.** modello di perfezione, che l'uomo concepisce e tende a realizzare: *ideale politico, religioso; perseguire il proprio ideale, l'ideale democratico* || *in gen.* ciò che soddisfa i propri desideri e le proprie aspirazioni: *il mio ideale di vita, quella villetta sarebbe il suo ideale!* || aspirazione etica, valore: *essere animato da grandi ideali, società povera di ideali* || *T.psican. ideale dell'io*, modello cui un soggetto cerca di conformarsi e che risulta dalla convergenza di istanze narcisistiche, identificazione con i genitori o con figure di riferimento e ideali collettivi || **N.** **I** **1.** *Sin.* astratto, immaginario | *Contr.* effettivo, materiale, reale **2.** *Sin.* perfetto **II** **2.** *Sin.* chimera, modello, utopia;

aspirazione, desiderio, fede, sogno.

idealismo [da *ideale*; 1828] ***sm.*** **1.** *T.fil.* orientamento di pensiero, ricorrente in tutta la storia della filosofia, che considera la sostanza spirituale, il pensiero come ontologicamente primario rispetto alla materia: *l'idealismo platonico, hegeliano* **2.** atteggiamento di fede nella forza di un ideale: *l'idealismo di un pacifista* || tendenza a interpretare la realtà secondo concezioni idealistiche, non come effettivamente è; mancanza di concretezza: *essere vittima di un eccessivo idealismo.*

idealista [da *ideale*; a. 1754] **I** ***s.*** **1.** *T.fil.* seguace dell'idealismo **2.** chi ha fede in un ideale e tenta di realizzarlo: *gli idealisti dell'Illuminismo* || *com.* chi crede nel valore dei principi ideali: *tua sorella è un'idealista*; in senso riduttivo, chi si attiene a ideali troppo lontani dalla realtà, chi manca di senso pratico, utopista: *è un grande idealista, non fare l'idealista!* **II** anche ***agg.***: *uno scrittore, un filosofo, un politico idealista.*

idealistico (pl. *-ci*) [da *idealismo*; 1872] ***agg.*** **1.** relativo all'idealismo filosofico: *le correnti idealistiche di pensiero* **2.** che riflette concezioni e comportamenti ispirati a principi ideali, svincolati dalla realtà effettiva: *una visione idealistica del mondo, atteggiamento idealistico* || poco concreto: *velleità idealistiche* || **idealisticaménte** ***avv.***

idealità [da *ideale*; 1845] ***sf.*** proprietà di ciò che è ideale || *concr.* pensiero e sentimento nobile, elevato: *è un uomo senza idealità.*

idealizzàbile [da *idealizzare*; 1970] ***agg.*** che può essere idealizzato.

idealizzàre [da *ideale*; 1869] ***tr.*** rendere ideale; nella letteratura e nell'arte, dare una rappresentazione ideale di un soggetto, lontana dalla realtà di fatto: *lo stilnovismo idealizza la donna* || *com.* attribuire alle cose reali caratteri di perfezione ideale, nobilitare: *idealizzare l'amore, l'amicizia* || **N.** *Sin.* esaltare, mitizzare.

idealizzazióne [da *idealizzare*; a. 1872] ***sf.*** azione ed effetto dell'idealizzare.

ideàre (pres. *-èo*) [da *idea*; sec. XIII] ***tr.*** concepire con la mente, immaginare: *ideare un romanzo*; progettare: *ideare uno scherzo, ideare (di fare) un viaggio* || **N.** *Sin.* concepire, escogitare, immaginare, inventare, proporsi.

ideativo [da *ideare*; 1956] ***agg.*** che riguarda l'ideazione: *attività ideativa.*

ideatóre [da *ideare*; 1877] ***sm.*** (f. *-trìce*) chi concepisce l'idea di una cosa; inventore.

ideazióne [da *ideare*; 1673] ***sf.*** l'azione e il modo di ideare || il processo psicologico per cui si formulano e si organizzano le idee nella mente: *disturbi dell'ideazione* || **N.** *Sin.* attività di pensiero, processi cognitivi.

idem (lat., pr. it. ['idem]) [letter. la stessa cosa] **I** ***avv.*** ugualmente, allo stesso modo (spesso con valore di profrase): *mi hanno bocciato, e tu? Idem* **II** ***pron. dimostr.*** *inv.* lo stesso, nelle enumerazioni e nelle indicazioni bibliografiche (abbr. *id.*).

identicità [da *identico*; 1812] ***sf.*** *non com.* identità.

idèntico (pl. *-ci*) [dal lat. mediev. *identicus*; 1639] ***agg.*** **1.** esattamente uguale: *sei identico a tuo fratello, copia identica all'originale*; come raff.: *la stessa identica cosa*; *è identico*, è lo stesso || in fisica, *particelle identiche*, uguali e concettualmente indistinguibili **2.** *T.mat.* in un insieme in cui sia definita un'operazione, è detto dell'elemento neutro rispetto a tale operazione: *matrice identica* || **identicaménte** ***avv.*** || **N.** *Sin.* equivalente, medesimo, stesso, UGUALE | *Contr.* altro, differente, diverso.

identificàbile [da *identificare*; 1956] ***agg.*** che si può identificare: *questi due problemi sono identificabili, l'autore di quell'opera è identificabile con Giotto* || riconoscibile: *una fisionomia facilmente identificabile.*

identificàre (pres. *-ìfico, -ìfichi*) [da *identico*; a. 1640 come rifl.] ***tr.*** **1.** giudicare identico, riconoscere come identico; porre come identico, far coincidere: *identificare due concetti* **2.** riconoscere l'identità di una persona o una cosa, individuare: *identificare un cadavere, identificare la causa di un fenomeno* || ***rifl.*** immedesimarsi, sentirsi identico o tutt'uno con un'altra persona: *identificarsi nel ruolo del personaggio, identificarsi col protagonista* || ***intr. pron.*** essere identico: *la sua vicenda personale s'identifica con la storia recente del paese* || **N.** ***tr.*** **2.** *Sin.* individuare, riconoscere, scoprire | ***rifl.*** calarsi | ***intr. pron.*** coincidere.

identificatóre [da *identificare*; 1972] ***sm.*** **1.** dispositivo delle centrali telefoniche teleselettive che, in base alle cifre del prefisso, individua la località verso cui deve essere diretto il collegamento **2.** *T.inform.* simbolo che ha la funzione di individuare un certo insieme di dati.

identificazióne [da *identificare*; a. 1855] ***sf.*** l'identificare || *T.giur.* l'attività volta a stabilire l'identità di un soggetto: *l'identificazione di un imputato* || *T.psican.* processo psicologico costitutivo della personalità per cui un individuo assimila un aspetto, una proprietà o un attributo di un'altra persona trasformandosi parzialmente o totalmente in essa. **Q.T.** *psicanalisi, psicologia.*

identikit (ingl., pr. [aɪ'dentɪˌkɪt]; pr. it. [identi'kit], [i'dentikit]) [letter. apparecchiatura per l'identificazione; 1963] ***sm.*** *inv.* metodo per l'identificazione di una persona usato dalla polizia; consiste nella ricomposizione dei tratti somatici sovrapponendo disegni o diapositive dei diversi particolari del volto, sulla base delle indicazioni del testimoni || *fig.* l'insieme dei caratteri che danno l'immagine-tipo di chi appartiene a una determinata categoria: *l'identikit dell'automobilista modello* || **N.** *Sin.* photofit.

identità [dal lat. tardo *identitas, -ātis*; 1385] ***sf.*** **1.** l'essere identico: *l'assoluta identità di due concetti* || *T.fil. principio d'identità*, in logica, principio (espresso gen. nella forma A = A) che asserisce l'identità di una cosa con se stessa e ne esclude l'identità con altro || *T.mat.* uguaglianza tra due membri che è verificata per ogni valore delle variabili presenti nei due membri **2.** l'insieme dei caratteri peculiari che rendono qualcosa o qualcuno quello che è, diverso da ogni altro: *l'identità di una malattia, stabilire l'identità di una persona* || *carta d'identità*, documento d'identità personale ufficialmente riconosciuto, che attesta i dati anagrafici di una persona || *T.psic.* consapevolezza di sé come un insieme stabile e strutturato: *cercare la propria identità*; *crisi d'identità*, condizione momentanea oppure patologica di perdita del senso d'identità con conseguenti conflitti di natura psicologica e sociale: *quell'adolescente attraversa una crisi d'identità.*

idèo- [da *idea*] ***primo elem.*** che, in parole composte della terminologia scientifica, vale "idea", "che si riferisce alle idee" (per es. *ideocrazia, ideografia, ideogramma*).

ideocrazìa [comp. di *ideo-* e *-crazia*; 1950] ***sf.*** sistema politico dove l'ideologia condiziona la prassi subordinando spesso le esigenze individuali ai principi ideologici.

ideografìa [comp. di *ideo-* e *-grafia*; 1869] ***sf.*** **1.** rappresentazione grafica delle idee; scrittura non alfabetica che rappresenta le idee con simboli (*ideogrammi*) **2.** in logica, linguaggio simbolico per rappresentare concetti, proposizioni e relazioni logiche tra di essi.

ideogràfico (pl. *-ci*) [da *ideografia*; 1833] ***agg.*** basato sull'ideografia: *la scrittura cinese è ideografica.*

ideogràmma [comp. di *ideo-* e *-gramma*; 1895] ***sm.*** **1.** segno che rappresenta graficamente un'idea, non un valore fonologico: *gli ideogrammi cinesi*; *le cifre 1, 2 sono ideogrammi* **2.** *T.stat.* rappresentazione grafica di dati attraverso figure la cui quantità o dimensione traducono l'intensità di un fenomeno.

ideologìa (pl. *-gìe*) [comp. di *ideo-* e *-logia*, sul modello del fr. *idéologie*; a. 1855] ***sf.*** **1.** il sistema di principi teorici e finalità che è alla base di un movimento politico o culturale, dottrina: *l'ideologia cristiana, liberale*; in senso spreg., complesso di idee astratte, senza riscontro nella realtà: *è pura ideologia* || rappresentazione fallace della realtà propria di una classe sociale, condizionata dalla sua situazione economica e sociale e volta a giustificare interessi particolari: *l'ideologia borghese*; in gen. complesso di valori e credenze propri di un'epoca, un popolo, un gruppo sociale: *l'ideologia fascista, l'ideologia americana* **2.** *T.fil.* scienza del pensiero inteso come analisi delle sensazioni e delle idee, escludendo l'indagine psicologica e metafisica.

ideològico (pl. *-ci*) [da *ideologia*; a. 1876] ***agg.*** che riguarda l'ideologia o le idee: *conflitto ideologico, nesso ideologico* || *falso ideologico*, v. FALSO || **ideologicaménte** ***avv.*** **1.** in modo ideologico **2.** del punto di vista ideologico.

ideologismo [da *ideologia*; 1846] ***sm.*** tendenza ad affrontare problemi di natura politica e sociale sotto il profilo esclusivamente ideologico, trascurando o deformando i dati concreti.

ideologista [da *ideologia*; a. 1827] ***s.*** *non com.* chi dà troppo peso all'ideologia.

ideologizzàre [da *ideologia*; 1968] ***tr.*** nel linguaggio politico e sindacale, affrontare i problemi politici e sociali esclusivamente da una prospettiva ideologica.

ideologizzazióne [da *ideologizzare*; 1966] ***sf.*** atto o effetto dell'ideologizzare.

ideòlogo (pl. *-gi*) [da *ideologia*; a. 1872] ***sm.*** chi elabora un'ideologia: *l'ideologo del partito*; con sfumatura spreg., chi esagera nelle astrazioni teoriche e manca di realismo.

ideoplasìa [comp. di *ideo-* e *-plasia*; 1987] ***sf.*** *T.psic.* **1.** attività ideativa che si svolge in un soggetto ipnotizzato per effetto della suggestione **2.** realizzazione di una condizione somatica per un meccanismo di suggestione o di autosuggestione.

idest (lat., pr. it. [i'dest] o ['idest]) [letter. ciò è] ***avv.*** *non com.* (anche abbr. *i.e.*) cioè: *fu a' sette d'agosto, idest d'estate* (Berni).

idi [dal lat. *idus*; sec. XIV] ***sf.*** (meno com. *m.*) *pl.* nel calendario romano, il giorno 15 dei mesi di marzo, maggio, luglio, ottobre; e il 13 degli altri mesi || *guardati dalle idi di marzo*, espressione proverbiale che invita a prevenire un pericolo incombente.

-idi [dal gr. *-ís, -ídos*, suff. patronimico] ***suff.*** che, nella sistematica zoologica, indica una famiglia (per es. *Bovidi, Canidi, Felidi*).

idillìaco (pl. *-ci*) [da *idillio*; 1869] ***agg.*** **1.** proprio dell'idillio come genere poetico: *versi idilliaci*; pastorale, che rispecchia l'atmosfera campestre: *paesaggio idilliaco* **2.** *fig.* tranquillo, sereno: *amore idilliaco, ambiente idilliaco*; con sfumatura neg., che vagheggia una serenità immaginaria: *visione idilliaca della vita* || **idilliacaménte** ***avv.***

idìllico (pl. *-ci*) [da *idillio*; 1882] ***agg.*** idilliaco, spec. nel senso 2: *rapporti idillici* || **idillicaménte** ***avv.***

idìllio (pl. *-li*) [dal lat. *idyllium*; a. 1590 *idili*] ***sm.*** **1.** breve componimento poetico di argomento pastorale: *gli idilli di Teocrito* **2.** *per estens.* condizione di vita serena e tranquilla, caratterizzata da armonia e pacifica convivenza: *un perfetto idillio*; intesa (anche iron.): *l'idillio fra i partiti è destinato a finire* || rapporto affettivo caratterizzato da dolcezza e tenerezza: *tessere, intrecciare un idillio.*

idio- [dal gr. *ídios,* proprio] ***primo elem.*** che, in parole composte della terminologia scientifica, vale "proprio", "particolare" (per es. *idioblasto, idioelettrico, idioletto*).

-idio [dal gr. *-ídion*] ***suff.*** che, nella terminologia biologica, ha valore diminutivo (per es. *anteridio, ommatidio*).

idioblàsto [comp. di *idio-* e *-blasto*; 1932] ***sm.*** **1.** *T.bot.* cellula vegetale isolata che differisce per funzioni e struttura da quelle del tessuto che la circonda **2.** *T.min.* cristallo dalla forma più o meno perfetta e distinta (per es. granati, magnetite, zircone).

idiocultùra [comp. di *idio-* e *cultura*; 1983] ***sf.*** cultura propria di una minoranza: *l'idiocultura degli zingari.*

idioelèttrico (pl. *-ci*) [comp. di *idio-* e *elettrico*; 1816] ***agg.*** *T.fis. disus.* isolante, in quanto elettrizzabile per strofinamento || **N.** *Contr.* anelettrico.

idiogràfico (pl. *-ci*) [comp. di *idio-* e *-grafico*; 1983] ***agg.*** *T.fil.* termine introdotto dal filosofo tedesco Windelband per qualificare le scienze storiche o dello spirito, in contrapposizione alle scienze nomotetiche o della natura, ed esteso ad indicare anche le scienze che hanno come oggetto di studio casi singoli e particolari e non leggi e teorie generali (ad es., la medicina) || **N.** *Contr.* nomotetico.

idiògrafo [comp. di *idio-* e *-grafo*; 1834 nel senso 2, 1979 nel senso 1] ***sm.*** **1.** segno o tratto caratteristico di un individuo **2.** *T.giur.* documento scritto di proprio pugno.

idiolètto [dall'ingl. *idiolect,* comp. del gr. *ídios,* proprio e (*dia*)*lect*; 1966] ***sm.*** *T.ling.* l'insieme degli usi linguistici personali di un dato individuo in un dato momento.

idiòma [dal lat. tardo *idiōma,* gr. *idíōma*; 1321] ***sm.*** *lett.* lingua propria di una nazione, di un popolo: *l'idioma italiano*; *per estens.* dialetto, parlata: *l'idioma toscano, l'idioma materno* || **N.** dialetto, parlata, LINGUA.

idiomàtico (pl. *-ci*) [da *idioma*; 1824] ***agg.*** tipico di una determinata lingua o di un dialetto: *i caratteri idiomatici dell'italiano*; *frasi idiomatiche,* locuzioni proprie e particolari di una lingua o di un dialetto, modi di dire frequenti e spesso non completamente comprensibili a partire dal significato letterale dei costituenti (per es. *fare il diavolo a quattro, sbarcare il lunario* ecc.).

idiomatìṣmo [da *idioma*; 1887] ***sm.*** sin. di *idiotismo,* nel senso 1.

idiomòrfo [dal gr. *idiómorphos*; a. 1730] ***sm.*** *T.min.* detto di minerale, presente nelle rocce eruttive, dotato di forma propria e ben definita.

idiopàtico (pl. *-ci*) [dal fr. *idiopathique*; a. 1686] ***agg.*** *non com.* nel ling. medico, si dice di malattia primitiva, che non deriva da altre.

idiosincraṣìa [dal gr. *idiosynkrasía*; a. 1730] ***sf.*** incompatibilità, avversione incontrollabile per cose, situazioni, persone, caratteristica di un individuo: *idiosincrasia per le lingue straniere, per gli odori* || *T.med.* reattività esagerata e abnorme, specifica di un organismo a sostanze medicinali, alimentari o inquinanti: *idiosincrasia per i sulfamidici* || **N.** *Sin.* allergia, incompatibilità, ripugnanza.

idiosincràtico (pl. *-ci*) [da *idiosincrasia*; 1914] ***agg.*** proprio di idiosincrasia, relativo a idiosincrasia || che presenta idiosincrasia.

idiòta [dal lat. *idiōta*; a. 1306] **I** ***s.*** **1.** persona di scarsa intelligenza: *sei un povero idiota* || *T.med.* imbecille per congenita infermità mentale **2.** *ant.* persona non istruita e rozza || **idiotaménte** ***avv.*** **II** ***agg.*** stupido: *un comportamento, una risposta idiota* || **N.** II *Sin.* cretino, deficiente, imbecille, STUPIDO.

idiotàggine [da *idiota*; sec. XIV] ***sf.*** *non com.* stupidaggine, imbecillità || *concr.* azione o parola da idiota; idiozia.

idiotìṣmo [dal lat. *idiotismus,* gr. *idiōtismós*; 1573] ***sm.*** **1.** costruzione o locuzione particolare di un dato idioma o dialetto, o ambiente sociale: *un idiotismo toscano* **2.** *ant.* idiozia.

idiotizzàre [dal fr. *idiotiser*; 1639] ***intr.*** (aus. *avere*) *raro* usare idiotismi.

idiozìa [dal fr. *idiotie*; 1908] ***sf.*** stupidità: *dimostri tutta la tua idiozia* || *concr.* azione, comportamento, discorso idiota: *basta con queste idiozie!* || *T.med.* sindrome psichica di grave insufficienza mentale, frenastenia.

Idnàcee [comp. del gr. *hýdnon,* tubero e *-acee*; 1956] ***sf. pl.*** *T.bot.* famiglia di funghi Basidiomiceti, che crescono sul terreno, sui tronchi d'albero o sul legname da costruzione.

idocràṣio [dall'ingl. *idocrase*; 1819 *idocrasia*] ***sm.*** *T.min.* vesuvianite.

idolàtra [dal lat. *idololatres,* gr. *eidōlolátrēs*; 1313] ***s.*** e ***agg.*** adoratore d'idoli: *un popolo idolatra* || *fig.* ammiratore eccessivo di qualcosa: *idolatra delle ricchezze.*

idolatràre (pres. *-àtro*) [da *idolatra*; 1354] ***tr.*** adorare gli idoli || *fig.* amare svisceratamente: *idolatrare il padre, il denaro.*

idolatrìa [dal lat. *idololatria,* gr. *eidōlolatréia*; a. 1292] ***sf.*** adorazione degli idoli: *combattere l'idolatria* || *fig.* amore sviscerato, ammirazione fanatica: *idolatria per un divo del rock* || **N.** *Sin.* fanatismo, feticismo. **Q.T.** *religione.*

idolàtrico (pl. *-ci*) [da *idolatria*; 1721] ***agg.*** di o da idolatra: *atto, tempio idolatrico.*

idoleggiaménto [da *idoleggiare*; a. 1952] ***sm.*** *raro* l'idoleggiare.

idoleggiàre (pres. *-éggio*) [da *idolo*; a. 1808] ***tr.*** *lett.* **1.** amare, adorare come idolo, vagheggiare con la fantasia: *idoleggiare una speranza, un'illusione* **2.** *lett.* rappresentare con immagini: *idoleggiare un concetto* || **N.** *Sin.* idolatrare, vagheggiare.

ìdolo [dal lat. *idolum,* immagine; sec. XII] ***sm.*** **1.** oggetto o immagine adorata come divinità: *inchinarsi a un idolo* || *fig.* persona o cosa per la quale si prova entusiasmo o ammirazione senza limiti: *l'idolo delle folle,* chi è oggetto di venerazione collettiva; *infrangere un idolo,* dimostrarne l'inconsistenza **2.** *lett.* rappresentazione di un oggetto, immagine || *T.fil. pl.* nel pensiero di Bacone, pregiudizi che ostacolano la vera conoscenza (più com. la forma lat. *idòla*) || *dim.* idolétto || **N.** *Sin.* dio, feticcio, simulacro, totem.

idoneità [dal lat. tardo *idoneitas, -ātis*; sec. XIV] ***sf.*** l'essere idoneo, il possedere i requisiti necessari per svolgere una determinata attività: *l'idoneità al servizio militare*; *esami di idoneità,* esami sostenuti dai privatisti per essere ammessi nelle classi intermedie delle scuole statali || **N.** *Sin.* abilità, attitudine, capacità, disposizione, inclinazione.

idòneo [dal lat. *idōneus*; a. 1292] ***agg.*** che ha le qualità necessarie a una data cosa: *idoneo al servizio militare*; *ass.* si dice di chi ha superato un esame di idoneità || adatto, conveniente: *cercare un luogo idoneo per campeggiare* || **idoneaménte** ***avv.*** || **N.** *Sin.* abile, capace; adatto, appropriato, conveniente, opportuno.

ìdra [dal lat. *hydra*; sec. XIV] ***sf.*** **1.** *T.mit.* serpente mostruoso della palude di Lerna, con sette teste, che, una volta tagliate, rinascevano; fu ucciso da Ercole || *fig.* ogni male che si moltiplica e crea grave danno alla società: *l'idra della violenza* **2.** *T.zool.* piccolo animale dei Celenterati, che vive nelle acque dolci.

idràcido [comp. di *idr*(*o*)- e *acido*; 1820] ***sm.*** *T.chim.* acido inorganico non contenente atomi d'ossigeno (per es. l'acido cloridrico) || **N.** -idrico.

idragògo (pl. *-ghi*) [comp. di *idro-* e gr. *agōgós,* conduttore; 1684] ***agg.*** *T.farm.* di farmaco che favorisce l'espulsione d'acqua.

idralcòlico (pl. *-ci*) [comp. di *idro-* e *alcolico*; 1983] ***agg.*** composto di acqua e alcool: *soluzione idralcolica.*

idràmnio (pl. *-ni*) [comp. di *idro-* e *amnio*(*tico*); 1933] ***sm.*** *T.med.* aumento anormale del liquido amniotico.

idrànte [dall'ingl. *hydrant*; 1895] ***sm.*** **1.** presa o bocca d'acqua, collegata a una rete di distribuzione, in cui si innesta un tubo flessibile sia per spegnere incendi, sia per innaffiare le strade || il tubo usato per lanciare getti d'acqua **2.** autobotte con impianto autonomo di presa e getto dell'acqua.

idrargìrio (pl. *-ri*) [dal lat. *hydrargyrus*; 1563 *idrargiro*] ***sm.*** *ant.* mercurio.

idrargirìṣmo [da *idrargirio*; 1906] ***sm.*** *T.med.* avvelenamento cronico da mercurio || **N.** *Sin.* mercurialismo.

idràrtro [comp. di *idr*(*o*)- e gr. *árthron,* articolazione; 1820] ***sm.*** *T.med.* versamento di liquido sieroso in una cavità delle articolazioni, spec. nel ginocchio.

idrartròṣi [da *idrarto*; 1834] ***sf.*** *T.med.* alterazione delle funzioni di un'articolazione, dovuta a versamento sieroso.

idratàbile [da *idratare*; 1887] ***agg.*** che può essere idratato.

idratànte (*ppr.* di *idratare*) [1869] ***agg.*** *T.chim.* che serve a fissare l'acqua || *crema idratante* o *sm. un idratante,* prodotto cosmetico che aiuta la pelle a mantenere il giusto grado di umidità, evitando che si inaridisca.

idratàre (pres. *-àto*) [da *idrato*; 1869] ***tr.*** *T.chim.* combinare con acqua una sostanza anidra, per ottenere il composto idrato || *per estens.* rendere più ricco d'acqua, facilitarne l'assorbimento nei tessuti: *idratare la pelle.*

idratazióne [da *idratare*; 1869] ***sf.*** **1.** assunzione di acqua da parte di un tessuto **2.** *T.chim.* reazione che dà origine a idrati e idrossidi || **N.** **1.** *Contr.* disidratazione.

idràto [dal fr. *hydrate*; 1820, come sm.] **I** ***agg.*** *T.chim.* detto di composto legato labilmente a un certo numero di molecole d'acqua (che può essere facilmente eliminata per riscaldamento): *solfato di rame idrato* **II** ***sm.*** *T.chim.* **1.** sin. improprio di *idrossido*: *idrato alcalino,* calce spenta **2.** *idrati di carbonio,* carboidrati || **N.** I *Contr.* anidro.

idràulica [da *idraulico*; a. 1710] ***sf.*** scienza, a carattere soprattutto sperimentale e tecnologico, che studia il moto e l'equilibrio delle acque e affronta tutti i problemi relativi alla loro utilizzazione (acquedotti, sistemi di irrigazione, impianti idroelettrici, dighe, canali) || **N.** idrodinamica, idrometria, idrostatica | acquedotto, argine, bacino, bonifica, canale, cateratta, chiusa, collettore, conca, diga, irrigazione, modulo, paratoia, presa, serbatoio, tromba, turbina | avviare, deviare, essiccare, incanalare, irrigare | ACQUA.

idràulico (pl. *-ci*) [dal lat. *hydraulicus*; a. 1375] **I** ***agg.*** che concerne l'acqua e i liquidi: *scienza idraulica*; *energia idraulica,* energia potenziale gravitazionale posseduta da masse d'acqua; *calce idraulica,* calce che fa presa anche nell'acqua || relativo all'idraulica: *leggi idrauliche*; *ingegnere idraulico,* esperto in idraulica || che funziona in base a congegni che utilizzano l'acqua o un altro liquido: *pressa idraulica, freno idraulico* **II** ***sm.*** tecnico che si occupa dell'installazione e della manutenzione di impianti idraulici, igienici e sanitari.

idraẓìna [comp. di *idr*(*ogeno*), *az*(*oto*) e *-ina*; 1905] ***sf.*** *T.chim.* composto di idrogeno e di azoto, sotto forma di liquido incolore stabile a temperatura ambiente ma violentemente esplosivo se riscaldato, usato per sintesi organiche e soprattutto come propellente nei motori a razzo.

idremìa [comp. di *idr*(*o*)- e *-emia*; 1957] ***sf.*** *T.med.* aumento patologico della componente liquida del sangue.

ìdria [dal lat. *hydria*; a. 1342] **sf.** *T.archeol.* grande vaso greco per l'acqua, dal corpo grosso e collo stretto, dotato in particolare di tre manici, due laterali orizzontali e uno al di sopra della bocca.

ìdrico (pl. *-ci*) [dal gr. *hýdōr*, 1905] **agg.** dell'acqua: *impianto idrico*; *dotazione idrica*, quantità di acqua destinata a un utente o a una superficie di terreno || *dieta idrica*, a base quasi esclusivamente di acqua.

-idrico [comp. di *idr(ogeno)* e *-ico*] **elem. term.** che, in parole composte della terminologia chimica, designa un idracido (per es. *bromidrico, cloridrico, solfidrico*).

ìdro- [dal gr. *hýdōr*, acqua] **primo elem.** **1.** in parole composte dotte o della terminologia scientifica, vale "acqua" (per es. *idrofobia, idromassaggio, idroscalo*) **2.** *T.chim.* indica presenza di idrogeno (per es. *idrocarburo*). **Q.T.** *acqua.*

idroaeroplàno [comp. di *idro-* e *aeroplano*; 1918] **sm.** *disus.* idrovolante.

idroaeropòrto [comp. di *idro(volante)* e *aeroporto*; 1970] **sm.** *non com.* idroscalo.

idroalcòlico (raro *idroalcoòlico*) (pl. *-ci*) [comp. di *idro-* e *alcolico*; 1965] **agg.** si dice di una soluzione di acqua e alcol.

idrobiologìa [comp. di *idro-* e *biologia*; 1909] **sf.** branca della biologia che si occupa degli organismi vegetali e animali viventi nelle acque.

idrobiològico (pl. *-ci*) [da *idrobiologia*; 1945] **agg.** relativo all'idrobiologia, proprio dell'idrobiologia: *patrimonio idrobiologico.*

idrobiòlogo [comp. di *idro-* e *biologo*; 1945] **sm.** (f. *-a*) studioso, esperto in idrobiologia.

idrobròmico (pl. *-ci*) [comp. di *idro(geno)*, *bromo* e suff. agg., sul modello del fr. *hydrobromique*; 1970] **agg.** *T.chim.* bromidrico.

idrocarbùrico (pl. *-ci*) [da *idrocarburo*; 1956] **agg.** *T.chim.* relativo agli idrocarburi, proprio degli idrocarburi: *catena idrocarburica* || *gruppo idrocarburico*, gruppo che presenta la struttura di un idrocarburo privato di un atomo di idrogeno || *resine idrocarburiche*, resine ricavate dalla polimerizzazione degli idrocarburi insaturi e impiegate nella preparazione di vernici, adesivi e mescole di gomma.

idrocarbùro [comp. di *idr(ogeno)* e *carburo*; 1847] **sm.** *T.chim.* nome generico dei composti chimici costituiti di solo carbonio e idrogeno; sono presenti in natura in numero elevato, sia allo stato gassoso, sia allo stato liquido, sia allo stato solido, e sono variamente impiegati, come solventi, carburanti, combustibili e nella preparazione di numerosi prodotti industriali || **N.** alcani, alcheni, alchini, idrocarburi aromatici. **Q.T.** *chimica.*

Idrocaritàcee [dal gr. *hydrocharḗs*, che gioisce nell'acqua; 1933] **sf. pl.** *T.bot.* famiglia di piante monocotiledoni gen. acquatiche, sommerse o galleggianti.

idrocefalìa [da *idrocefalo*; 1899] **sf.** *T.med.* condizione patologica caratterizzata da idrocefalo.

idrocefàlico (pl. *-ci*) [da *idrocefalo*; 1918] **agg.** **1.** relativo all'idrocefalo: *grido idrocefalico* **2.** malato di idrocefalia; anche *sm.*

idrocèfalo [dal gr. *hydroképhalos*; a. 1698] **sm.** *T.med.* **1.** versamento anormale di liquido sieroso nella cavità cranica, interno o esterno al cervello, accompagnato spesso da dilatazione del cranio **2.** chi è affetto da idrocefalia.

idrocèle [comp. di *idro-* e *-cele*; 1939] **sm.** *T.med.* versamento sieroso nella tunica vaginale del testicolo.

idroceràmica [comp. di *idro-* e *ceramica*; 1957] **sf.** ceramica a pasta porosa, usata spec. per fabbricare vasi o brocche in cui conservare fresca l'acqua o altri liquidi.

idrochinóne [comp. di *idro-* e *chinone*; 1869] **sm.** *T.chim.* composto chimico appartenente alla serie dei fenoli bivalenti, usato nello sviluppo fotografico come rivelatore.

idrocinètico (pl. *-ci*) [comp. di *idro-* e *cinetico*; 1957] **agg.** relativo al movimento dei fluidi.

idrocoltùra [comp. di *idro-* e *coltura*; 1963] **sf.** sistema di coltivazione in cui le radici delle piante vengono immerse in una soluzione acquosa contenente le sostanze nutritive necessarie || **N.** *Sin.* coltura idroponica, enidrocoltura. **Q.T.** *giardinaggio...*

Idrocoràlli [comp. di *idro-* e *corallo*; 1933] **sm. pl.** *T.zool.* ordine di idrozoi marini provvisti di scheletro calcareo.

idrocorìa [comp. di *idro-* e *-coria*; 1957] **sf.** *T.bot.* dispersione e spargimento dei semi operati dall'acqua || **N.** antropocoria.

idrocòro [comp. di *idro-* e *-coro*; 1932] **agg.** *T.bot.* di pianta la cui disseminazione avviene per mezzo dell'acqua || **N.** zoocoro.

idrocortisóne [comp. di *idro-* e *cortisone*; 1974] **sm.** *T.chim.* composto organico derivato dal cortisone, del quale ha le stesse proprietà farmacologiche, ma minore tossicità.

idrocràcking (semiingl., pr. [idro-ˈkrɛkiŋ(g)]) [comp. di *idro(geno)* e *cracking*; 1974] **sm.** *inv.* *T.chim.* processo di *cracking* catalitico realizzato nell'industria petrolifera per ottenere benzine e prodotti leggeri.

idrodegradazióne [comp. di *idro-* e *degradazione*; 1983] **sf.** l'insieme dei processi di degradazione chimica operati dall'acqua.

idrodinàmica [comp. di *idro-* e *dinamica*; a. 1764] **sf.** *T.scient.* parte della meccanica dei fluidi che studia il moto dei liquidi.

idrodinàmico (pl. *-ci*) [da *idrodinamica*; 1775] **agg.** **1.** che si riferisce all'idrodinamica: *pressione idrodinamica*, pressione che si esercita sulla superficie di un corpo investito da una corrente liquida **2.** detto di scafi molto veloci, costruiti in modo da offrire all'acqua la minima resistenza.

idroelèttrico (pl. *-ci*) [comp. di *idro-* e *elettrico*; 1905] **agg.** detto di impianto che trasforma l'energia di una corrente d'acqua in elettricità e dell'energia così prodotta: *centrale idroelettrica.*

idroemìa v. IDREMIA.

idroestrattóre [comp. di *idro-* e un der. di *estrarre*; 1950] **sm.** dispositivo usato per eliminare l'acqua da materiali solidi || *in part.* il meccanismo centrifugo che elimina l'acqua dalla biancheria dopo il lavaggio.

idrofilìa [comp. di *idro-* e *-filia*; 1956] **sf.** **1.** *T.bot.* impollinazione operata dall'acqua, caratteristica delle piante acquatiche **2.** *T.chim.* proprietà di alcune sostanze di assorbire e trattenere l'acqua || **N.** **1.** *Sin.* idrogamia.

idròfilo [comp. di *idro-* e *-filo*; 1820 *idrofillo* nel senso 2] **I agg.** **1.** che si imbeve facilmente di acqua o altro liquido: *cotone idrofilo* **2.** *T.bot.* di piante nelle quali il trasporto del polline avviene per mezzo dell'acqua **II sm.** *T.zool.* grosso coleottero acquatico.

idròfita [comp. di *idro-* e *-fita*; 1829] **sf.** *T.bot.* pianta acquatica che può vivere interamente sommersa durante la stagione invernale.

idrofobìa [dal lat. *hydrophobia*; 1494] **sf.** **1.** *T.med.* sintomo della malattia della rabbia, consistente in spasmi provocati dalla vista o dal contatto con l'acqua || *per estens.* la malattia della rabbia **2.** *T.chim.* proprietà di sostanze repellenti all'acqua || **N.** **1.** *Sin.* lissa, rabbia.

idrofòbico (pl. *-ci*) [da *idrofobia*; 1970] **agg.** *T.med.* relativo a idrofobia, proprio di idrofobia || *spasmo idrofobico*, spasmo faringeo tipico del malato di rabbia quando desidera o tenta di bere.

idròfobo [dal lat. tardo *hydrophobus*; a. 1730] **agg.** **1.** che è affetto da idrofobia; *un cane idrofobo* || *fig.* rabbioso, furente: *diventare idrofobo* **2.** *T.chim.* detto di sostanza che non ha affinità per l'acqua, o di gruppo atomico che non si lega con l'acqua || **N.** **1.** *Sin.* arrabbiato, collerico, furente, furioso, incollerito, rabbioso **2.** *Sin.* idrorepellente | *Contr.* idrofilo.

idrofònico (pl. *-ci*) [da *idrofono*; 1965] **agg.** *T.mar.* relativo all'idrofono, proprio dell'idrofono: *boa idrofonica.*

idrofonista [da *idrofono*; 1937] **s.** *T.mar.* persona addetta all'impiego dell'idrofono.

idròfono [comp. di *idro-* e *(tele)fono*; 1937] **sm.** *T.mar.* apparecchio acustico sensibilissimo che, mediante l'uso degli ultrasuoni, è atto a rilevare segnalazioni acustiche subacquee o a determinarne la direzione di provenienza.

idròforo [dal gr. *hydrophóros*; 1869] **agg.** che porta o trasporta acqua: *macchina idrofora.*

idroftàlmo [comp. di *idro-* e del gr. *ophtalmós*, occhio; 1957] **sm.** *T.med.* glaucoma congenito dell'infanzia, caratterizzato da aumento di volume dei liquidi dell'occhio.

idròfugo (pl. *-ghi*) [comp. di *idro-* e *-fugo*; 1869] **agg.** di sostanza che è o rende impermeabile: *materiali idrofughi*, usati nell'edilizia perché in grado di proteggere dall'umidità || **N.** *Sin.* idrorepellente.

idrogamìa [comp. di *idro-* e *-gamia*; 1957] **sf.** *T.bot.* impollinazione, propria delle piante acquatiche, operata dall'acqua || **N.** *Sin.* idrofilia.

idrogenàre (pres. *-ògeno*) [da *idrogeno*; 1869] **tr.** *T.chim.* combinare con idrogeno una sostanza, spec. per derivarne un composto organico saturo: *idrogenare gli oli vegetali*, al fine di trasformarli in grassi saturi (come ad es. la margarina); *idrogenare i carboni*, per ottenere benzine.

idrogenazióne [da *idrogenare*; 1829] **sf.** *T.chim.* reazione di un elemento o un composto con l'idrogeno.

idrogenióne [comp. di *idrogen(o)* e *ione*; 1957] **sm.** *T.chim.* ione di idrogeno, costituito dal nucleo atomico dell'idrogeno con la sua carica positiva, quando si trova in soluzione in acqua o in altri liquidi.

idrògeno [comp. del gr. *hýdōr*, acqua e *-geno*; 1795] **sm.** elemento chimico di simbolo H, incolore, inodore, infiammabile, molto leggero, diffusissimo nell'universo; si trova sia allo stato libero, in vari gas naturali e nell'atmosfera, sia allo stato combinato, principalmente nell'acqua e poi in svariati composti inorganici e in tutte le sostanze organiche; può essere prodotto in laboratorio e viene usato nell'industria chimica e come propellente: *bomba all'idrogeno*, v. BOMBA || *legame idrogeno*, legame che si instaura tra molecole in cui un atomo di idrogeno sia presente fra due atomi di elementi elettronegativi.

idrogeologìa [comp. di *idro-* e *geologia*; 1978] **sf.** *T.geol.* settore della geologia che si occupa delle acque superficiali e sotterranee, del loro ciclo e del loro sfruttamento.

idrogètto [comp. di *idro-* e *getto*; 1970] **sm.** sistema di propulsione marino ottenuto per mezzo di un getto di acqua aspirata da prua e pompata fuori violentemente da poppa || **N.** *Sin.* idroreattore.

idrografìa [comp. di *idro-* e *grafia*; a. 1555] **sf.** **1.** scienza che studia la natura e il comportamento delle acque che sono sulla Terra, e cioè i mari, i fiumi, i laghi ecc. **2.** *per restr.* rilevamento, descrizione, rappresentazione cartografica di come sono distribuite le acque terrestri e marine in una data regione: *idrografia dell'Italia, idrografia mondiale.*

idrogràfico (pl. *-ci*) [da *idrografia*; 1771] **agg.** che concerne l'idrografia: *studi, rilievi idrografici* || *bacino idrografico*, v. BACINO; *carta idrografica*, ogni carta speciale usata nella navigazione marittima || **idrograficaménte** *avv.* dal punto di vista idrografico.

idrògrafo [comp. di *idro-* e *-grafo*; 1614] **sm.** (f. *-a*) studioso di idrografia.

idroguida [comp. di *idro-* e *guida*; 1983] **sf.** *T.aut.* nelle autovetture, servosterzo idraulico.

idrolàbile [comp. di *idro-* e *labile*; 1957] **agg.** *T.med.* che presenta idrolabilità.

idrolabilità [comp. di *idro-* e *labilità*; 1957] **sf.** *T.med.* tendenza di un organismo a disidratarsi.

idrolàto [comp. di *idro-* e *(distil) lato*; 1887] **sm.** *T.chim.* soluzione contenente i principi attivi di alcune piante aromatiche, ottenuta distillando in acqua radici, rizoma, corteccia o altre parti di tali piante.

idròlisi [comp. di *idro-* e *-lisi*; 1911] **sf.** *T.chim.* reazione chimica per cui l'acqua determina la scissione di un composto || *in part.* nella chimica organica, ogni reazione in cui l'acqua provoca la dissociazione di un composto in due o più altri (per es. la reazione di saponificazione); nella chimica inorganica, la reazione di un sale con l'acqua per dare l'acido e la base da cui esso deriva.

idrolitico (pl. *-ci*) [da *idrolisi*; 1933] **agg.** che si riferisce all'idrolisi: *processo idrolitico.*

idròlito [comp. di *idro-* e *-lito*[2]; 1957] **sm.** *T.farm.* soluzione di sostanze medicamentose sciolte in acqua.

idrolizzàre [da *idrolisi*; 1956] **tr.** *T.chim.* sottoporre a idrolisi || **intr. pron.** subire l'idrolisi: *a contatto con l'acqua l'amido si idrolizza.*

idrologìa [comp. di *idro-* e *-logia*; 1754] **sf.** scienza che studia le caratteristiche chimico-fisiche delle acque || *in part.* studio delle acque continentali, dall'andamento delle precipitazioni alle modalità di evaporazione, e di penetrazione e circolazione nel sottosuolo: *idrologia superficiale, idrologia sotterranea* || *idrologia medica,* scienza che studia le qualità terapeutiche e medicinali delle acque minerali e termali.

idrològico (pl. *-ci*) [da *idrologia*; 1779] **agg.** che si riferisce all'idrologia: *ciclo idrologico; cura idrologica.*

idròlogo (pl. *-gi*) [da *idrologia*; 1835] **sm.** (f. *-a*) studioso d'idrologia.

idromànte [dal lat. tardo *hydromantis*; a. 1327] **s.** chi esercita l'idromanzia || **N.** indovino.

idromanzìa [dal lat. *hydromantia*; 1354] **sf.** nell'antichità classica, tecnica divinatoria basata sull'osservazione e interpretazione dei movimenti di un oggetto nell'acqua.

idromassàggio (pl. *-gi*) [comp. di *idro-* e *massaggio*; 1983] **sm.** *T.med.* massaggio distensivo e tonificante eseguito con getti d'acqua calda o fredda || *per estens.* il dispositivo che produce tale getto: *vasca con idromassaggio.*

idromeccànica [comp. di *idro-* e *meccanica*; 1970] **sf.** *T.fis.* meccanica dei liquidi.

idromedùsa [dal gr. *hydromédousa*; 1887] **sf.** *T.zool.* **1.** medusa degli Idrozoi, che si muove grazie alle contrazioni di un velo posto sul margine dell'ombrello **2.** genere di rettile dei Chelidi, presente soprattutto nelle acque stagnanti del Brasile e dell'Argentina.

idromèle [dal lat. *hydrŏmĕli*; 1340 ca.] **sm.** bevanda alcolica, aromatizzata, fatta con acqua e miele fermentato.

idrometèora [comp. di *idro-* e *meteora*, fenomeno atmosferico; 1915] **sf.** *T.meteor.* nome di vari fenomeni atmosferici provocati dal vapor acqueo presente nelle masse d'aria: *idrometeora di condensazione,* meteora costituita da particelle di acqua liquida in sospensione (per es. la nebbia o la foschia); *idrometeora di precipitazione,* meteora costituita da particelle d'acqua liquide o solide, che cadono oppure sono trasportate dal vento (per es. la pioggia, la neve, la grandine).

idròmetra[1] [comp. di *idro-* e un der. del gr. *metrêin*, misurare; 1754] **s.** chi si occupa di idrometria.

idròmetra[2] [comp. di *idro-* e un der. del gr. *metrêin*, misurare; 1820] **sf.** *T.zool.* genere di insetti degli Emitteri, comuni anche in Italia, dal corpo sottile e zampe lunghissime che possono spostarsi sulla superficie delle acque.

idrometrìa [comp. di *idro-* e *-metria*; 1660 ca.] **sf.** parte dell'idraulica che studia la portata, la velocità e il livello delle acque correnti.

idromètrico (pl. *-ci*) [da *idrometria*; a. 1710] **agg.** che concerne l'idrometria: *scienza idrometrica; altezza idrometrica,* altezza del livello dell'acqua, misurata per determinare la portata di un corso d'acqua.

idròmetro [comp. di *idro-* e *-metro*; 1908] **sm.** strumento per misurare il livello delle acque rispetto a una quota di riferimento, costituito per es. da un'asta graduata o da una scala incisa sulla sponda del corso d'acqua: *idrometro a galleggiante,* costituito da un tubo comunicante con il corso d'acqua provvisto di un galleggiante al suo interno, che, alzandosi e abbassandosi, trasmette l'indicazione del livello a una lancetta posta su un quadrante || **N.** misuraflusso.

idròmide [comp. di *idro-* e di un der. del gr. *mŷr, myòs*, topo; 1965] **sm.** *T.zool.* mammifero roditore il cui aspetto ricorda il ratto, oggetto di caccia per via della pelliccia e quindi in pericolo di estinzione.

idromielìa [comp. di *idro-* e *-mielia*; 1934] **sf.** *T.med.* dilatazione congenita o patologica del canale centrale del midollo spinale, che altera gravemente la mobilità e la sensibilità.

idromotóre [comp. di *idro-* e *motore*; 1940] **sm.** *non com.* idrogetto.

idrònimo [comp. di *idro-* e *-(o) nimo*; 1957] **sm.** *T.ling.* nome di laghi o corsi d'acqua.

idrònio (pl. *-ni*) [comp. di *idro-* e *-onio*; 1957] **sm.** ione monovalente formato da un idrogenione associato a una molecola d'acqua.

idronomìa [comp. di *idro-* e *-nomia*; 1983] **sf.** studio dei sistemi di rimboschimento e di difesa dei terreni e delle acque montani.

idrópe [dal lat. *hydrōps, -ōpis*, gr. *ydrōps, -ōpos*; seconda metà sec. XVI] **sm.** *T.med.* raccolta anormale di liquido nelle cavità sierose: *idrope generalizzata,* quando il versamento interessa più cavità || **N.** anasarca, ascite, idrocefalo, idrotorace | paracentesi.

idròpico (pl. *-ci*) [dal lat. *hydrōpicus*; a. 1292] **I agg.** relativo a idrope **II sm.** (f. *-a*) malato di idropisia.

idropìnico (pl. *-ci*) [comp. di *idro-* e un der. del gr. *pínein*, bere; 1931] **agg.** si dice di cure fatte bevendo acque minerali.

idropinoterapìa [comp. di *idro-*, un der. del gr. *pínein*, bere e *terapia*; 1963] **sf.** *T.med.* terapia consistente nell'uso di acque minerali.

idropisìa [dal gr. *hýdrōps*; a. 1306 *ydropesia*] **sf.** *T.med. disus.* anasarca.

idroplanaménto [comp. di *idro-* e *planamento*; 1929] **sm.** lo scivolare dell'idroplano sull'acqua || **N.** *Sin.* idroscivolamento.

idroplàno [comp. di *idro-* e *-plano*; 1907] **I agg.** che consente di scivolare sull'acqua: *carena idroplana, alette idroplane* **II sm.** natante munito di carena idroplana o alette laterali che permettono allo scafo di sollevarsi durante il moto facendolo strisciare sulla superficie dell'acqua, e consentono quindi di raggiungere alte velocità grazie alla diminuzione della resistenza al moto || **N.** *Sin.* aliscafo, idroscivolante.

idropneumàtico (pl. *-ci*) [comp. di *idro-* e *pneumatico*; a. 1861] **agg.** **1.** *T.mecc.* di meccanismi, apparecchiature, dispositivi e sim., azionati dall'interazione di mezzi liquidi e gassosi **2.** *T.chim. bagno idropneumatico,* dispositivo che consente di raccogliere e mantenere inalterato il gas prodotto in una reazione chimica in un recipiente contenente un liquido non reattivo **3.** *T.mil. freno idropneumatico,* sistema di frenatura delle artiglierie navali, fondato sullo sfruttamento dell'energia di rinculo.

idropneumotoràce [comp. di *idro-* e *pneumotorace*; 1986] **sm.** *T.med.* presenza di aria e di liquido sieroso nella cavità pleurica, che si verifica durante alcuni stati morbosi polmonari.

idropònica [comp. di *idro-* e del gr. *(geo) ponikòs*, relativo alla coltivazione della terra; 1950] **sf.** coltivazione artificiale dei vegetali, mediante immersione delle loro radici in una soluzione chimica adatta || **N.** *Sin.* enidrocoltura, idrocoltura.

idropònico (pl. *-ci*) [da *idroponica*; 1955] **agg.** che si riferisce all'idroponica: *giardino, orto idroponico, coltivazione idroponica.*

idropòrto [comp. di *idro(volante)* e *(aero)-porto*; 1940] **sm.** *non com.* idroscalo.

idropulsóre [comp. di *idro-* e un der. del lat. *pulsāre*, spingere; 1988] **sm.** apparecchio che produce getti d'acqua, usato principalmente nel trattamento fisioterapico dell'idromassaggio.

idroreattóre [comp. di *idro(volante)* e *reattore*; 1970] **sm.** *T.mar.* idrogetto.

idrorepellènte [comp. di *idro-* e *repellente*; 1949] **agg.** qualità di una sostanza che non ha affinità per l'acqua: *il silicone è idrorepellente* || *in part.* detto di tessuti e materiali resi impermeabili all'acqua grazie al trattamento con sostanze idrorepellenti || *gruppo idrorepellente,* in chimica organica, gruppo atomico di natura idrocarburica che non ha affinità per l'acqua || **N.** *Sin.* idrofobo, idrofugo.

idrorepellènza [comp. di *idro-* e *repellenza*; 1974] **sf.** *T.chim.* e *T.fis.* proprietà dei corpi e dei materiali idrorepellenti || **N.** *Sin.* idrofobia.

idroscàlo [comp. di *idro(volante)* e *(aero)-scalo*; 1927] **sm.** aeroscalo per il decollo e l'ammaraggio degli idrovolanti; si trova sul mare, sui fiumi, sui laghi || **N.** *Sin.* idroporto.

idroscì [comp. di *idro-* e *sci*; 1935] **sm.** *non com.* sci d'acqua.

idrosciatóre [comp. di *idro-* e *sciatore*; 1957] **sm.** (f. *-trice*) *raro T.sport.* chi pratica lo sci nautico.

idrosciìstico (pl. *-ci*) [comp. di *idro-* e *sciistico*; 1970] **agg.** *T.sport.* relativo allo sci nautico: *manifestazione idrosciistica.*

idroscivolànte [comp. di *idro-* e *scivolante*; 1929] **sm.** natante dotato di carena idroplana e propulsione per mezzo di elica aerea, usato soprattutto nelle competizioni sportive.

idroscòpio (pl. *-pi*) [comp. di *idro-* e *-scopio*; 1940] **sm.** cannocchiale a tenuta stagna usato per esplorare il fondo del mare.

idrosfèra [comp. di *idro-* e *sfera*; 1869] **sf.** *T.geogr.* l'insieme delle acque che sono sulla superficie terrestre sia allo stato liquido (mari, fiumi, laghi), sia allo stato solido (neve, ghiacci), sia allo stato aeriforme (vapor acqueo atmosferico). **Q.T.** *geologia.*

idrosiluránte [comp. di *idro(volante)* e *silurante*; 1942] **sm.** idrovolante lanciasiluri.

idrosolfito [comp. di *idro(geno)* e di un der. di *solfo*, zolfo; 1957] **sm.** *T.chim.* sale dell'acido idrosolforoso, le cui soluzioni, grazie alle loro proprietà riducenti, vengono usate per la sbiancatura e la stampa dei tessuti || **N.** *Sin.* iposolfito.

idrosolforóso [comp. di *idro(geno)* e *solforoso*; 1970] **agg.** *T.chim. acido idrosolforoso,* ossiacido dello zolfo non conosciuto allo stato libero ma solo in composti (*idrosolfiti*).

idrosolùbile [comp. di *idro-* e *solubile*; 1937] **agg.** *T.chim.* di sostanza solubile in acqua.

idròssido [comp. di *idro(geno)* e *ossido*; 1873] ***sm.*** *T.chim.* **1.** composto inorganico contenente uno o più ioni ossidrili **2.** *non com.* ossidrile.

idrossìle [comp. di *idro(geno)*, *ossi(geno)* e *-ile*; 1957] ***sm.*** *non com. T.chim.* ossidrile.

idrostàtica [comp. di *idro-* e *statica*; a. 1685] ***sf.*** parte della meccanica dei fluidi, che studia le condizioni e le leggi di equilibrio delle acque e di altri liquidi.

idrostàtico (pl. *-ci*) [dal gr. *hydrostátēs*; 1697] ***agg.*** che si riferisce all'idrostatica: *leggi idrostatiche*; *spinta idrostatica*, spinta che un fluido esercita su un corpo in esso immerso || *bilancia idrostatica*, apparecchio per misurare la spinta idrostatica di un corpo immerso in un fluido e quindi la densità di solidi e liquidi o il loro volume.

idroterapèutico (pl. *-ci*) [comp. di *idro-* e *terapeutico*; 1869] ***agg.*** idroterapico.

idroterapìa [comp. di *idro-* e *terapia*; 1852] ***sf.*** sistema di cura che si avvale delle proprietà fisiche dell'acqua, mediante bagni, docce, spugnature ecc. || **N.** abluzione, fanghi, frizione, impacco.

idroteràpico (pl. *-ci*) [da *idroterapia*; 1863] ***agg.*** che concerne l'idroterapia: *cura idroterapica*.

idrotermàle [comp. di *idro-* e *termale*; 1907] ***agg.*** **1.** che riguarda le acque termali: *sorgente idrotermale* **2.** *stadio idrotermale*, in vulcanologia, fase conclusiva del processo di consolidamento del magma.

idrotimetrìa [comp. del gr. *hydrótēs*, umidità e *-metria*; 1869] ***sf.*** *T.chim.* misurazione, ottenuta con vari metodi, della quantità di sali di magnesio e di calcio contenuta nelle acque.

idrotimètrico (pl. *-ci*) [da *idrotimetria*; 1887] ***agg.*** *T.chim.* relativo all'idrotimetria, proprio dell'idrotimetria: *grado idrotimetrico*, grado di durezza dell'acqua.

idrotoràce [comp. di *idro-* e *torace*; a. 1888] ***sm.*** *T.med.* versamento di liquido sieroso nella cavità pleurica || **N.** idrope.

idrotropìsmo [comp. di *idro-* e *tropismo*; 1940] ***sm.*** *T.bot.* fenomeno di incurvamento di certi organi vegetali in crescita, che si orientano in direzione della maggiore umidità || **N.** fototropismo.

idrovìa [comp. di *idro-* e *-via*; 1942] ***sf.*** via di comunicazione costituita da corsi e specchi d'acqua navigabili collegati fra di loro.

idroviàrio (pl. *-ri*) [da *idrovia*; 1948] ***agg.*** che si riferisce ad idrovia: *rete idroviaria* || che avviene per mezzo di idrovie: *trasporto idroviario*.

idrovolànte [comp. di *idro-* e *volante*; 1917] ***sm.*** velivolo in grado di decollare e ammarare sull'acqua, grazie allo scafo idroplano oppure ad appositi galleggianti che sostituiscono le ruote del carrello || **N.** *Sin.* idroplano; idroscalo | ammarare, decollare.

idròvoro [comp. di *idro-* e *-voro*; 1869] ***agg.*** in grado di smaltire con rapidità grandi masse di acqua: *pompa idrovora* (anche *idròvora* sf.), pompa aspirante per il sollevamento e la rimozione dell'acqua; *impianti idrovori*, usati nelle bonifiche per irrigare o per consentire lo scolo delle zone più basse || *T.geogr.* detto di terreno o roccia che assorbe acqua e la fa scorrere in profondità || **N.** bindolo, noria, turbina.

Idrozòi (sing. *-òo*) [comp. di *idro-* e *-zoo*; 1957] ***sm.pl.*** *T.zool.* classe di Celenterati d'acqua marina o dolce aventi forma di polipo o di medusa.

idrùro [comp. di *idro(geno)* e *-uro*; 1795] ***sm.*** *T.chim.* combinazione di idrogeno con un altro elemento, e spec. con un metallo: *idruro di litio*.

ièlla [voce romanesca; 1927] ***sf.*** *colloq.* sfortuna, scalogna: *avere, portare iella*; *che iella! abbiamo perso per un punto*.

iellàto [da *iella*; 1962] ***agg.*** *colloq.* sfortunato: *con le carte sono proprio iellato*.

iemàle [dal lat. *hiemālis*; a. 1375] ***agg.*** *lett.* invernale: *immune dai venti iemali* (D'Annunzio) || *T.bot. pianta iemale*, sempreverde.

iemalizzàre [da *iemale*; 1963] ***tr.*** *T.agr. non com.* vernalizzare.

ièna [dal lat. *hyāena*; a. 1292] ***sf.*** genere di carnivori notturni, proprio dell'Africa e dell'Asia, che si cibano principalmente di cadaveri: *iena striata, iena macchiata* || *fig.* persona crudele e vile: *quell'uomo è una iena*.

-ièra (o *-èra*, quando la *i* di *-iero* viene assorbita da un suono palatale precedente, come in *messaggero*) [f. di *-iere* e di *-iero*] ***suff.*** **1.** forma (come le corrispondenti forme m. *-iere* e *-iero*; v.) sostantivi f. denominali: *cassiera, consigliera, infermiera, locandiera* **2.** forma sostantivi f. denominali denotanti oggetti (*bandiera, lamiera, spalliera, specchiera, vaporiera, zanzariera*), e in part. sostantivi in cui è implicito un valore collettivo-locativo (*bottoniera, dentiera, scacchiera*), spec. indicanti contenitori di ciò che il nome di base designa (*acquasantiera, bomboniera, uccelliera, zuccheriera*) || **N.** -iere, -iero.

ieraticità [da *ieratico*; 1956] ***sf.*** l'esser ieratico.

ieràtico (pl. *-ci*) [dal lat. *hieraticus*; 1499] ***agg.*** sacerdotale, con riferim. ai popoli antichi: *scrittura ieratica*, usata dai sacerdoti dell'antico Egitto, corsiva, in cui il valore pittografico dei geroglifici non è più riconoscibile || *per estens.* solenne, improntato a dignità sacerdotale: *figura, gesti ieratici*; anche *iron.*: *atteggiamento, tono ieratico* || **ieraticaménte** ***avv.***

-ière (o *-ère*, quando la *i* di *-iere* viene assorbita da un suono palatale precedente, come in *ingegnere*) [dal suff. lat. *-ārius*, attr. il fr. *-ier*] ***suff.*** **1.** (f. *-a*) forma sostantivi m. denominali indicanti chi svolge un mestiere o genericamente un'attività connessi a ciò che la base designa: *arciere, banchiere, contrabbandiere, faccendiere, ferroviere, giustiziere, paciere, pompiere, portiere, usciere* || forma nomi di animali derivati da sostantivi che designano qualcosa avente relazione con caratteristiche dell'animale: *formichiere, trampoliere* **2.** meno freq. forma, sempre a partire da nomi, sostantivi m. denotanti oggetti, e in part. sostantivi in cui è implicito un valore collettivo-locativo (*braciere, candeliere, incensiere, medagliere, pallottoliere, paniere, scacchiere*) || **N.** -ario, -iera, -iero.

ièri [dal lat. *herī*; 1313] **I** ***avv.*** nel giorno immediatamente precedente a quello in cui si sta parlando o scrivendo: *è partito ieri, ieri era martedì*; *ieri mattina, ieri sera, ieri notte* (meno com. *iermattina, iersera, iernotte*) || *ier l'altro, l'altro ieri*, nel giorno precedente a ieri || *ieri a otto*, una settimana prima, a partire da ieri || *da ieri a oggi*, in pochissimo tempo || *fig. essere nato ieri*, essere ingenuo e inesperto **II** ***sm.*** **1.** il giorno che precede oggi: *è il giornale di ieri, non ti sento da ieri, fino a ieri non ne sapevo nulla, prima di ieri non ero mai venuto* **2.** *fig.* un'epoca trascorsa, un passato abbastanza recente: *è un modello di ieri, fino a ieri non era nessuno*.

ierlàltro o **ièri l'àltro** o **ièr l'àltro** [comp. di *ieri* e *l'altro*; a. 1311 *ieri l'altro*] ***avv.*** nel giorno precedente a ieri, l'altro ieri || **N.** *Sin.* avantieri.

ièro- [dal gr. *hierós*, sacro] ***primo elem.*** che, in parole composte dotte, vale "sacro", "sacerdotale" (per es. *ierocrazia, ierofania, ieroscopia*).

-ièro (o *-èro*, quando la *i* di *-iero* viene assorbita da un suono palatale precedente, come in *messaggero*) [variante di *-iere*, dovuta all'attrazione della classe di nomi maschili più produttiva, quella in *-o*] ***suff.*** **1.** forma aggettivi denominali di relazione: *alberghiero, battagliero, costiero, cotoniero, giornaliero, laniero, mattiniero, menzognero, petroliero, vacanziero* **2.** (f. *-a*) forma pochi sostantivi m. denominali indicanti chi svolge un mestiere o genericamente un'attività connessi a ciò che la base designa: *guerrigliero, messaggero* || **N.** **2.** -iera, -iere.

ierocràtico (pl. *-ci*) [da *ierocrazia*; a. 1937] ***agg.*** relativo alla ierocrazia, proprio della ierocrazia.

ierocrazìa [comp. di *iero-* e *-crazia*; a. 1869] ***sf.*** ordinamento politico fondato sull'egemonia della classe sacerdotale.

ierofanìa [comp. di *iero-* e *-fania*; 1957] ***sf.*** *T.rel.* manifestazione soprannaturale del sacro.

ierofànte [dal gr. *hierophántēs*; 1797] ***sm.*** nella Grecia antica, il primo sacerdote che presiedeva ai misteri eleusini || *fig. iron.* personaggio dotato di autorità e dottrina: *gli ierofanti della diplomazia, della scienza, della politica*.

ieroglìfico ***sm.*** *ant.* v. GEROGLIFICO.

ieromànte [dal gr. *hierómantis*; 1957] ***s.*** *T.rel.* nell'antichità classica, chi praticava la ieromanzia.

ieromanzìa [comp. di *iero-* e *-manzia*; 1957] ***sf.*** *T.stor.* nell'antichità classica, forma di divinazione fondata sull'osservazione delle viscere degli animali sacrificati.

ieroscopìa [comp. di *iero-* e *-scopia*; 1957] ***sf.*** *T.stor.* ieromanzia.

iettàre (pres. *iètto*) [lat. *eiectāre*, attr. il centro-meridionale *iettare*, versare; 1841] ***tr.*** *region.* gettare il malocchio su qualcuno.

iettàto (*pps.* di *iettare*) [1931] ***agg.*** soggetto a iettatura, vittima della iettatura; *per estens.* disgraziato, scalognato, iellato.

iettatóre [da *iettare*; 1788] ***sm.*** (f. *-trice*) persona che si ritiene eserciti, anche suo malgrado, un influsso malefico, e porti sfortuna: *guardati da quello, è un vero iettatore*.

iettatòrio (pl. *-ri* o *-rii*) [da *iettare*; 1923] ***agg.*** da iettatore: *modo di fare iettatorio*.

iettatùra [da *iettare*; 1787] ***sf.*** influsso malefico che una superstizione molto diffusa crede venga esercitato, volontariamente o meno, da determinate persone o cose || *per estens.* sfortuna || **N.** *Sin.* disdetta, iella, malocchio, scalogna, sfortuna | amuleto, scaramanzia, scongiuro, talismano.

ifa [dal gr. *hyphḗ*, tessuto; 1813] ***sf.*** *T.bot.* filamento del micelio di un fungo composto da una o più cellule.

-ificàre [dal lat. *-ficare*, tratto dalla radice di *facere*, fare] ***suff.*** forma verbi denominali transitivi (*personificare, pianificare, saponificare*) e, meno freq., intransitivi (*nidificare, ramificare*); tali verbi assumono fondamentalmente il valore di "rendere" o "provvedere di dare" quanto espresso dal nome di base.

ifomicèti [comp. del gr. *hýphos*, tessuto e gr. *mýkētes*, funghi; 1957] ***sm.pl.*** *T.bot. in gen.* denominazione di tutti i funghi il cui micelio è provvisto di ife || *in part.* ordine di Deuteromiceti.

-igia [dal lat. *-itiam*, attr. il fr. *-ise*] ***suff.*** non più produttivo, di pochi sostantivi f. deaggettivali astratti, indicanti la qualità o la condizione corrispondenti alla base: *alterigia, cupidigia, grandigia, ingordigia* || **N.** -ezza, -izia.

-igiàno [cumulo dei due suff. lat. *-ēnsis* e *-ānus*] ***suff.*** forma aggettivi denominali (anche sostantivati), perlopiù a partire da toponimi, che indicano l'appartenenza a popoli o paesi, città, nazioni e altre entità geografiche: *astigiano, marchigiano, valligiano* || **N.** -ano[1], -ense, -ese[1], -iano, -ita.

igiène [dal gr. *hygieinḗ* (*téchnē*), (arte) salutare; 1820] ***sf.*** **1.** branca della medicina che studia i fattori che determinano le condizioni di salute fisica e mentale dell'uomo e le misure atte a conservarla, salvaguardarla e migliorarla: *igiene pubblica*; *igiene del lavoro*, che studia le cause di malattia, infortunio, assenteismo inerenti una determinata professione; *igiene mentale*, che tende a preservare l'equilibrio psichico della popolazione e a curare eventuali stati morbosi con norme educative e interventi sulle condizioni socio-ambientali; *Ufficio d'igiene*, ufficio sanitario comunale che si occupa di vigilare sulle condizioni ambientali della città e prevenire l'insorgere di epidemie o malattie endemiche nella cittadinanza, con esami periodici, vaccinazioni preventive ecc. **2.** il complesso delle norme igieniche, con particolare riguardo alla pulizia personale e degli ambienti: *occorre curare l'igiene delle scuole*; *l'igiene intima, l'igiene della casa* || **N. 1.** prevenzione, profilassi **2.** pulizia.

igiènico (pl. *-ci*) [da *igiene*; 1829] **agg. 1.** che concerne l'igiene: *norme igieniche, condizioni igieniche* **2.** conforme alle prescrizioni e alle esigenze dell'igiene: *impianto igienico* (o *impianto igienico-sanitario*), complesso di attrezzature destinate alla pulizia personale e allo scarico dei rifiuti; *carta igienica*, usata per l'igiene intima || sano, salubre: *vita igienica*; *prima di mangiare è più igienico lavarsi le mani* || *fig. scherz.* conveniente, consigliabile: *non è igienico parlargli adesso* || **igienicaménte** **avv.**

igienista [da *igiene*; 1857] **s. 1.** chi studia l'igiene e ne divulga e fa rispettare le norme: *medico igienista*; *igienista dentale*, tecnico dell'igiene orale **2.** chi ha la mania dell'igiene e ne applica le norme con scrupolo addirittura eccessivo || **N.** *Sin.* salutista.

igloo (ingl., pr. ['ɪglu:]; pr. it. [i'glu]) [dall'eschimese *iglu*, casa; 1942] **sm. inv.** abitazione invernale degli Eschimesi, a forma di cupola, costruita con blocchi di neve disposti a spirale decrescente e dotata di una galleria d'accesso e, alla sommità, di un foro per la ventilazione.

iglù **sm. inv.** adattamento dell'ingl. *igloo* (v.).

ignàme [dallo sp. (*i*)*ñame*; a. 1557] **sm.** *T.bot.* pianta dai frutti commestibili simili alla patata, coltivata soprattutto in Oriente.

ignàro [dal lat. *ignārus*; sec. XIV] **agg. 1.** che non sa, che non ha esperienza: *ignaro dell'accaduto, ignaro del pericolo, giovane ignaro della vita*; anche *ass.*: *un fanciullo ignaro* || *non ignaro*, fornito di una conoscenza non superficiale: *non era ignaro di quel mestiere* **2.** *lett. raro* ignorante || **N. 1.** *Sin.* inconsapevole, inesperto.

ignàvia [dal lat. *ignāvia*; a. 1292] **sf.** *lett.* pigrizia, fiacchezza nell'agire || **N.** INDOLENZA, VILTÀ.

ignàvo [dal lat. *ignāvus*; 1525] **agg.** e **sm.** (f. *-a*) *lett.* pigro, fiacco, privo di volontà e forza morale.

ìgneo [dal lat. *igneus*; a. 1320] **agg. 1.** *lett.* di fuoco, ardente; anche *fig.*: *ignei alipedi* (Carducci) **2.** *T.geol.* *rocce ignee*, eruttive, effusive, che sono state originate da vulcani in eruzione || **N. 1.** *Sin.* infiammato, infuocato **2.** *Sin.* magmatico.

ignìcolo [dal lat. *ignĭculus*; sec. XIV] **sm.** *lett. ant.* corpuscolo di fuoco.

ignìfero [dal lat. *ignifer*; a. 1714] **agg.** *lett.* che porta il fuoco.

ignifugàre (pres. *-ìfugo, -ìfughi*) [da *ignifugo*; 1942] **tr.** rendere incombustibile un materiale, spec. il legno, mediante ignifugazione.

ignifugazióne [da *ignifugare*; 1942] **sf.** trattamento protettivo con cui si rende resistente al fuoco un materiale combustibile, grazie all'impregnazione o al rivestimento con sostanze ignifughe (per es. acido borico, miscele di borace, acido fosforico oppure amianto e gesso).

ignìfugo (pl. *-ghi*) [comp. del lat. *ignis*, fuoco e *-fugo*; 1942] **agg.** detto di sostanza, preparato o sim., che ostacola o riduce la combustione di materiali facilmente infiammabili.

ignipuntùra [comp. del lat. *ignis*, fuoco e *puntura*; 1940] **sf.** *T.med.* metodo di cauterizzazione che consiste nell'applicare in più punti, sul tessuto malato, un piccolo cauterio incandescente.

ignìto [dal lat. *ignītus*; 1321] **agg.** *lett.* infuocato, acceso; *fig.* ardente, impetuoso; splendente.

ignitron (meno com. *ignitróne*) [comp. del lat. *ignis*, fuoco ed (*elet*)*trone*; 1957] **sm. inv.** *T.fis.* tubo elettronico a gas usato per raddrizzare una corrente alternata, soprattutto in presenza di elevati livelli di potenza; in esso il catodo è costituito da una vaschetta di mercurio e l'anodo è un cilindro di grafite; è inoltre dotato di un elettrodo di accensione che pesca direttamente nel mercurio.

ignìvomo [dal lat. *ignivomus*; a. 1600] **agg.** *lett.* che vomita fuoco.

ignizióne [dall'ingl. *ignition*; 1609] **sf. 1.** *T.chim.* inizio di combustione con emissione di fiamma; *temperatura d'ignizione*, temperatura caratteristica di ogni sostanza combustibile, al raggiungimento della quale essa inizia a bruciare **2.** in etnologia, pratica funeraria che consiste nella cremazione totale o parziale della salma.

-igno [dal lat. *-ĭneus* o *-īgnus*] **suff. 1.** forma aggettivi che indicano il possesso di una certa qualità in grado attenuato rispetto a quello indicato dall'aggettivo da cui derivano: *asprigno* **2.** forma aggettivi denominali di relazione: *benigno, ferrigno, maligno, sanguigno*.

ignòbile [dal lat. *ignōbilis*; a. 1342 nel senso 2] **agg. 1.** privo di dignità, che denota o dimostra bassezza d'animo e meschinità: *un essere ignobile, un sentimento, un'azione ignobile* **2.** *lett.* che non è nobile di nascita, di bassa estrazione sociale: *provenire da ignobile famiglia* || **ignobilménte** **avv.** in modo moralmente riprovevole || **N. 1.** *Sin.* abietto, basso, gretto, infame, meschino, spregevole, turpe, vile, volgare **2.** *Sin.* plebeo.

ignobiltà [dal lat. *ignobilitas, -ātis*; 1308 *ignobilitade*] **sf. 1.** volgarità, meschinità: *ignobilità di linguaggio* **2.** *lett.* bassa condizione sociale.

ignomìnia [dal lat. *ignōminia*; a. 1342] **sf. 1.** condizione di disprezzo generale in cui si trova chi ha compiuto un'azione vergognosa: *coprirsi d'ignominia, cadere nell'ignominia* **2.** *concr.* azione, cosa, fatto che disonora: *ha commesso un'ignominia* || persona che è causa di infamia: *quell'uomo è l'ignominia del paese* || *fig.* cosa assai brutta, che offende il senso estetico: *quel dipinto è un'ignominia* || **N. 1.** *Sin.* disonore, disprezzo, infamia, vergogna **2.** *Sin.* obbrobrio.

ignominióso [dal lat. *ignominiōsus*; sec. XIV] **agg.** *lett.* **1.** che è causa di disonore, disprezzo, vergogna: *un comportamento ignominioso* **2.** *non com.* coperto di ignominia, svergognato || **ignominiosaménte** **avv.**

ignoràbile [dal lat. *ignorabilis*; 1869] **agg.** che si può ignorare: *non è un provvedimento ignorabile*.

ignorantàggine [da *ignorante*; 1612] **sf.** *non com.* ignoranza abituale: *agire per ignorantaggine* || *concr.* atto o detto da ignorante.

ignorànte (*ppr.* di *ignorare*) [a. 1311] **I** **agg. 1.** che non conosce una determinata materia: *essere ignorante di geografia* || che non sa ciò che dovrebbe sapere, soprattutto con riferimento a un'attività o a una professione: *un professore ignorante* || *non com.* che non è a conoscenza di un fatto, un avvenimento e sim. **2.** in tono spregiativo, che non ha istruzione, cultura: *gente ignorante* || *per restr.* che non ha educazione **II** **s. 1.** persona incompetente: *istruire gli ignoranti* **2.** in tono spregiativo, persona incolta, spesso presuntuosa: *sei un povero ignorante, solo gli ignoranti vogliono sapere sempre tutto* || *meno com.* persona maleducata: *brutto ignorante!, taci, ignorante!* || *dim.* ignorantèllo; *accr.* ignorantóne; *pegg.* ignorantàccio || **ignoranteménte** **avv.** *raro* || **N. 1.** *Sin.* ignaro, incapace, incompetente, inconsapevole, inesperto, somaro **2.** *Sin.* analfabeta, asino, idiota, incolto, insipiente; maleducato, villano.

ignorantèllo (*dim.* di *ignorante*) [a. 1620] **I** **agg.** piccolo ignorante **II** **sm.** membro dei Fratelli delle Scuole Cristiane, congregazione fondata dal beato Giambattista de La Salle, così detti perché era loro proibito lo studio del latino.

ignorànza [dal lat. *ignōrantia*; 1319] **sf. 1.** il non sapere determinate cose, riguardo a una disciplina o a un argomento: *la legge non ammette ignoranza, ignoranza del codice stradale, confessare la propria ignoranza* **2.** mancanza di cultura e di istruzione: *vivere nell'ignoranza, ignoranza grossolana*; *beata ignoranza!*, loc. esclamativa con cui si esalta la condizione di coloro che, ignorando molte cose, non si pongono problemi e vivono in serenità e semplicità **3.** *meno com.* mancanza di educazione: *rifiutarsi di cedere il posto alle persone anziane è questione di ignoranza* || **N. 1.** *Sin.* incompetenza, inconsapevolezza, insipienza **2.** *Sin.* bestialità, rozzezza | beata, cieca, crassa, grossolana, profonda, santa, vergognosa **3.** *Sin.* maleducazione, villania.

ignoràre (pres. *-òro*) [dal lat. *ignōrāre*; a. 1348] **tr. 1.** non sapere, non conoscere: *ignorare un fatto, ignorare le più elementari leggi della fisica, ignoravo che ti fossi laureato* **2.** rif. a persona, fingere di non conoscere, non badarvi o evitare: *tutti lo ignoravano* **3.** trascurare, non tener conto di: *hai ignorato tutti i miei suggerimenti* || **rec.** far finta di non conoscersi: *si sono ostentatamente ignorati durante tutto il ricevimento*.

ignòto [dal lat. *ignōtus*; 1321] **I** **agg.** non conosciuto: *un autore ignoto al grande pubblico, denaro di provenienza ignota, destinazione ignota* || *Milite Ignoto*, il soldato sconosciuto, vittima della prima guerra mondiale, la cui salma fu sepolta sotto l'Altare della Patria, a Roma, per onorare il sacrificio di tutti i caduti || **ignotaménte** **avv.** **II** **sm. 1.** ciò che non si conosce, di cui non si sa nulla: *andare incontro all'ignoto, il terrore dell'ignoto* **2.** persona sconosciuta: *figlio di ignoti*; *i soliti ignoti*, gli autori non identificati di un'azione criminosa || **N. I** *Sin.* ignorato, oscuro, sconosciuto.

ignudàre (pres. *-ùdo*) [da *ignudo*; 1723] **tr.** *lett.* spogliare, denudare.

ignùdo [dal lat. *nudus*; sec. XIII] **I** **agg.** *lett.* nudo: *corpo ignudo*; *ignudo nato*, completamente nudo || *fig. ferro ignudo*, spada sguainata; *terra ignuda*, priva di vegetazione, spoglia; *raro essere ignudo di idee*, esserne privo || **ignudaménte** **avv.** **II** **sm.** (f. *-a*) persona nuda: *vestire gli ignudi*, una delle opere di misericordia rivolta a coloro che vivono in miseria.

ìgro- [dal gr. *hygrós*, umido] **primo elem.** che, in parole composte della terminologia scientifica, vale "acquosità", "umidità" (per es. *igrofilo, igrometro, igroscopia*).

igròfilo [comp. di *igro-* e *-filo*; 1957] **agg.** e **sm.** *T.biol.* di organismo vivente, spec. vegetale, che predilige gli ambienti molto umidi.

igròfita [comp. di *igro-* e *-fita*; 1933] **sf.** *T.bot.* pianta che vive in ambienti molto umidi.

igrògrafo [comp. di *igro-* e *-grafo*; 1957] **sm.** *T.scient.* strumento per la registrazione delle variazioni di umidità (per es. atmosferica) nel tempo.

igròma [dal fr. *hygrome*; 1834] **sm.** *T.med.* qualsiasi forma infiammatoria delle borse sierose, soprattutto se accompagnata da ispessimento della parete.

igrometrìa [comp. di *idro-* e *-metria*; 1816] ***sf.*** insieme di tecniche, utilizzate soprattutto in meteorologia, per la misurazione dell'umidità assoluta e relativa dell'aria. **Q.T.** ***meteorologia.***

igromètrico (pl. *-ci*) [da *igrometria*; a. 1811] ***agg.*** relativo all'igrometria: *misure igrometriche*; *stato igrometrico dell'atmosfera*, valore dell'umidità relativa in un dato momento e in una data località.

igròmetro [comp. di *igro-* e *metro*; 1681] ***sm.*** nome dato a strumenti di vario tipo, atti a misurare l'umidità, assoluta o relativa, di un gas o di un vapore, utilizzati soprattutto in meteorologia: *igrometro ad assorbimento, a condensazione, elettrico, fotoelettrico.* **Q.T.** ***meteorologia*** **TAV.** ***meteorologia*** **p. 1321** 6.

igroscopìa [comp. di *igro-* e *scopia*; 1828] ***sf.*** *non com.* igrometria.

igroscopicità [da *igroscopico*; 1869] ***sf.*** *T.scient.* proprietà che hanno alcune sostanze di assorbire l'umidità diffusa nell'atmosfera, sia per combinazione chimica, sia per assorbimento superficiale: *sale da cucina a bassa igroscopicità.*

igroscòpico (pl. *-ci*) [da *igroscopia*; 1869] ***agg.*** **1.** relativo all'igroscopia: *osservazione igroscopica* **2.** dotato di igroscopicità: *materiali igroscopici* **3.** in botanica, *movimento igroscopico*, movimento che si compie in tessuti vegetali morti, in seguito a modificazione del contenuto idrico delle pareti cellulari.

igroscòpio (pl. *-pi*) [comp. di *igro-* e *-scopio*; 1681] ***sm.*** strumento per la misurazione approssimativa dell'umidità ambientale, basato sulla variazione di colore e sulla deformazione che alcune sostanze subiscono per effetto dell'umidità.

igròstato [comp. di *igro-* e *-stato*; 1957] ***sm.*** *T.tecn.* negli impianti di condizionamento, strumento che regola automaticamente l'umidità dell'aria in un ambiente.

igrotropìsmo [comp. di *igro-* e *tropismo*; 1940] ***sm.*** *T.biol.* proprietà di certi organismi animali e vegetali di essere attirati dall'umidità || **N.** *Sin.* idrotropismo.

iguàna [dall'araucano *iwana*; 1600] ***sf.*** nome di vari rettili diffusi nell'America Centrale e Meridionale, simili a una lucertola di notevoli dimensioni, caratterizzati da una cresta di aculei sul dorso e da una tasca cutanea sotto la gola.

iguanodónte [comp. di *iguana* e (*masto*)*donte*; 1887] ***sm.*** *T.paleont.* genere di dinosauri vissuti nel Cretaceo inferiore, che popolavano le zone umide accanto alle paludi.

iguvino [dal lat. *Iguvīnus*, di Gubbio; a. 1757] ***agg.*** *lett.* di Gubbio: *tavole iguvine*, sette tavole in bronzo, documento fondamentale della lingua e civiltà degli antichi Umbri || **N.** *Sin.* eugubino.

ih (pr. [ʔi(:)]) [voce onom.; a. 1716] ***escl.*** esprime stupore, raccapriccio, contrarietà, noia, disgusto: *ih, che schifo!, ih, che barba!*; quando è ripetuta, esprime derisione e disprezzo: *ih, ih, non ce l'hai fatta, ti hanno beccato!* || funge anche da rappresentazione grafica di una risata sardonica, un ghigno o un lamento prolungato.

ikebana (giap., pr. [iˈkebana]; pr. it. [ikeˈbana]) [letter. fiore vivente; 1963] ***sm. inv.*** l'arte giapponese di disporre rami, foglie e fiori a scopo decorativo e simbolico || *concr.* la composizione così ottenuta.

il[1] [lat. *ille*; a. 1250] ***art. det. m. sing.*** usato davanti a parole che cominciano per consonante, ad eccezione di *s* seguita da consonante, *z, x, gn, ps, sc* (*il treno, il foglio, il soldato*) || unito alle prep. *a, con, da, di, in, per, su* forma le prep. art. *al, col, dal, del, nel, pel* (lett.), *sul.* **1.** è premesso a nomi (eventualmente modificati da aggettivi) che denotano qualcosa a cui si sia già fatto riferimento nel discorso (*è stato travolto da un camion. Il pesante veicolo non si era fermato allo stop*); a nomi che denotano oggetti, animali o persone supposti noti all'interlocutore o da lui identificabili (*il gatto sta male*); a nomi che designano entità universalmente note o uniche del loro tipo (*il Papa, il sole*) || insieme a *più* e a un agg. forma il superlativo relativo: *il più alto di tutti, il professionista più pagato*; precede l'antecedente di una relativa restrittiva, di un participio e sim., con valore affine a quello di *tutti, ogni*: *il candidato che abbia superato la prova scritta sarà avvertito per lettera* || è sempre premesso a cognomi preceduti da un titolo (eccetto *san, don, mastro, fra', ser*): *il geometra Cavalli, il conte Lorenzini*; può essere premesso a cognomi di personaggi illustri: *il Boccaccio, il Bernini*; in usi region. è premesso a qualunque cognome (*il Rossi viene a cena stasera*) e anche ai nomi di battesimo (*chiamami il Felice*) **2.** indica l'appartenenza del referente del nome a una data specie o categoria: *il delfino è un mammifero*; preposto a un agg. indica ciascun individuo della categoria espressa dall'agg.: *il povero va aiutato, l'emarginazione del tossicodipendente* || si premette a nomi di massa (*il sale, il latte*) e a nomi astratti di qualità e sim. (*il trionfalismo*); preposto all'agg. può indicare la qualità astratta da questo espressa (*il bello, il giusto*, la bellezza, la giustizia) **3.** con valore dimostrativo, vale *questo, quello*: *guardalo, il poveretto!* || con valore distributivo, vale *ogni, ciascuno*: *costano mille lire il pezzo* || compare, non preceduto da prep., in alcune espr. temporali che indicano la durata: *tornerò il mese prossimo, studia il giorno e la notte.*

il[2] [lat. *ille*; a. 1250] ***pron.*** *pers.* e *dimostr. m. sing. arc.* forma usata in poesia per *lo, ciò* (come compl. ogg.): *il vidi*; *donde ei venga, infelici, il sapete* (Manzoni).

ìla [dal gr. *hýlē*, regione boscosa; 1820] ***sf.*** genere di anfibi, cui appartiene anche la raganella.

ilare [dal lat. *hilaris*; 1485 ca.] ***agg.*** *lett.* che mostra letizia e buon umore || **N.** ALLEGRO.

ilarità [dal lat. *hilaritas, -ātis*; a. 1293 *ilaritate*] ***sf.*** stato d'animo di chi è contento, allegro || manifestazione collettiva di allegria, scoppio di risa: *suscitare l'ilarità generale.*

ilarodìa [dal gr. *hilarōidía*; 1834] ***sf.*** *T.stor.* nell'età alessandrina, rappresentazione popolare, gen. accompagnata dal flauto.

-ile[1] [dal lat. *-ile*, forma neutra del suff. aggettivale *-īlis*] ***suff.*** **1.** forma pochi sostantivi m. denominali di valore locativo-collettivo, indicanti luoghi destinati a custodire animali o cose: *campanile, canile, fienile, porcile* **2.** forma aggettivi denominali di relazione: *giovanile, mercantile, primaverile.*

-ile[2] [dal gr. *hýle*, materia, sostanza, come il fr. *-yle*] ***suff.*** che, nella terminologia chimica organica, forma le denominazioni dei radicali idrocarburici monovalenti (*metile*) o dei radicali acidi (*acetile*). **Q.T.** ***chimica.***

ileite [comp. di *ileo* e *-ite*[1]; 1887] ***sf.*** *T.med.* infiammazione dell'ileo intestinale.

ìleo [dal lat. *īleum*, gr. *eileós*; 1493 *yleos*] ***sm.*** **1.** *T.anat.* segmento terminale dell'intestino tenue, fra l'intestino digiuno e l'intestino cieco **2.** *T.anat.* osso del bacino che, con il pube e l'ischio, forma l'osso iliaco, di cui costituisce la parte superiore e più estesa **3.** *T.med.* occlusione intestinale.

ileocecàle [comp. di *ileo* e un der. di *c*(*i*)*eco*; 1833] ***agg.*** *T.anat.* che interessa la regione intestinale dell'ileo e del cieco: *valvola ileocecale.*

ileotifo [comp. di *ileo* e *tifo*; 1891] ***sm.*** *T.med.* tifo addominale.

ilìaco[1] (pl. *-ci*) [dal lat. tardo *iliacus*; 1681] ***agg.*** *T.anat.* relativo all'ileo: *cresta, spina iliaca*; *osso iliaco*, osso del bacino originato dalla fusione di ilio, pube e ischio.

ilìaco[2] (pl. *-ci*) [dal lat. *Iliacus*, gr. *Iliakós*; 1807] ***agg.*** *lett.* troiano: *le iliache donne* (Foscolo); *le mura iliache*, le mura di Troia.

ilìade [dal lat. *Ilias, -adis*, gr. *Iliás, -ádos*; 1554] ***sf.*** *fig.* *non com.* lunga serie di sventure || **N.** odissea.

ilice [dal lat. *ilex, -ĭcis*; a. 1347] ***sf.*** *lett.* elce.

ilio [dal lat. *īlum*; sec. XIV] ***sm.*** *T.anat.* ileo, nel senso 2. **TAV.** ***anatomia*** **p. 641** 2.8.

illacrimàbile [dal lat. *illacrimābilis*; 1869] ***agg.*** *poet.* non degno di lacrime.

illacrimàto [dal lat. *illacrimātus*; 1803] ***agg.*** *poet.* non pianto, non rimpianto: *a noi prescrisse il fato illacrimata sepoltura* (Foscolo).

illaidire (pres. *-isco, -isci*) [comp. parasint. di *laido*; 1639] ***tr.*** *lett.* *raro* rendere laido; insozzare || ***intr.*** (aus. *essere*) *lett. raro* diventare brutto.

illanguidiménto [da *illanguidire*; a. 1712] ***sm.*** l'atto e l'effetto dell'illanguidire e dell'illanguidirsi || **N.** languore.

illanguidire (pres. *-isco, -isci*) [comp. parasint. di *languido*; 1630 *inlanguidire*] ***tr.*** render languido, indebolire: *illanguidire le forze* || ***intr.*** (aus. *essere*) diventare languido, fiacco || ***intr. pron.*** infiacchirsi, anche *fig.*: *i nostri sogni si sono illanguiditi* || **N.** ***tr.*** *Sin.* fiaccare, indebolire | ***intr. pron.*** *Sin.* scemare, LANGUIRE.

illaqueàre (usato all'inf. e al pps.) [dal lat. *illaqueāre*; a. 1342] ***tr.*** *lett. raro* cogliere nel laccio; *fig.* allettare.

illatìvo [dal lat. *illatīvus*; 1669] ***agg.*** **1.** che costituisce un'illazione: *ragionamento illativo* || che serve a trarre una conclusione: *T.gram. congiunzioni illative*, congiunzioni conclusive (per es. *quindi, dunque, perciò, pertanto*) **2.** *T.ling. complemento o caso illativo*, che indica penetrazione in un luogo; *"in-" illativo*, il prefisso derivativo che equivale a "dentro" (*inscatolare, immettere*) || **illativaménte** ***avv.***

illaudàbile [dal lat. *illaudābilis*; sec. XIV] ***agg.*** *raro* che non è degno di lode.

illaudàto [dal lat. *illaudātus*; 1547] ***agg.*** *lett.* non lodato.

illazióne [dal lat. *illātio, -ōnis*; 1363] ***sf.*** **1.** il processo mentale di deduzione di una conseguenza logica da una premessa: *procedere per illazione* **2.** il giudizio dedotto: *trarre un'illazione* || *com.* congettura non giustificata, supposizione: *un'illazione arbitraria, fare delle illazioni, queste sono pure illazioni* || **N.** **1.** *Sin.* inferenza **2.** *Sin.* conseguenza, deduzione; congettura, ipotesi, supposizione.

illècebra [dal lat. *illecebra*; a. 1342] ***sf.*** *ant.* allettamento, lusinga.

illécito [dal lat. *illicitus*; 1308 *illicito*] **I** ***agg.*** che non è lecito, che non è consentito dalle norme morali, giuridiche o religiose: *guadagno, traffico illecito*; *relazione illecita*; *negozio giuridico illecito*, in contrasto con norme imperative di legge, con il buon costume, con l'ordine pubblico **II** ***sm.*** ciò che non è lecito; *T.giur.* atto che viola le norme del diritto: *illecito civile, internazionale, penale* || **illecitaménte** ***avv.*** || **N.** I *Sin.* disonesto, illegale; sconveniente.

illegàle [da *legale*; 1728] ***agg.*** non consentito dalla legge: *atto illegale, procedura illegale* || **illegalménte** ***avv.*** || **N.** *Sin.* illecito.

illegalìsmo [da *illegale*; 1927] ***sm.*** comportamento politico che contrasta con le leggi dello stato: *illegalismo di massa.*

illegalità [dal fr. *illégalité*; 1787] ***sf.*** **1.** l'essere illegale, contrario alla legge: *dimostrare l'illegalità di un atto amministrativo* || situazione illegale: *vivere nell'illegalità* **2.** *concr.* azione illegale: *commettere un'illegalità, rilevare le illegalità della procedura.*

illeggiadrire (pres. *-isco, -isci*) [comp. parasint. di *leggiadro*; a. 1604 *inleggiadrire*] ***tr.*** *lett.* render leggiadro || ***intr.*** (aus. *essere*) e ***intr.***

pron. *non com.* diventare leggiadro || **N.** ABBELLIRE.

illeggìbile [da *leggibile*; 1817] ***agg.*** che non si può leggere o si legge a fatica: *parola illeggibile, firma illeggibile* || *per estens.* detto di uno scritto (o di un autore) che si stenta a leggere per la tortuosità dello stile, per la difficoltà della materia trattata o per la pessima qualità del contenuto: *un romanzo illeggibile, un saggista illeggibile* || **illeggibilménte** ***avv.*** || **N.** *Sin.* indecifrabile, oscuro.

illegittimità [da *illegittimo*; 1757] ***sf.*** l'essere illegittimo: *illegittimità di un contratto, illegittimità di un figlio*; *in part.* *T.giur.* non conformità di una legge alle norme della costituzione.

illegìttimo [dal lat. *illegitimus*; a. 1342] **I** ***agg.*** **1.** non legittimo, non conforme alle norme giuridiche, quindi non legalmente valido: *possesso, atto illegittimo* || *disus.* *figlio illegittimo,* nato da genitori non uniti in matrimonio (oggi si preferisce l'espr. *figlio naturale*) || *nome illegittimo,* nella classificazione botanica, nome scientifico di un gruppo sistematico applicato arbitrariamente a un altro **2.** non conforme a ciò che è giusto, logico, giustificato: *considerazioni illegittime, una pretesa illegittima* **3.** in botanica, *impollinazione illegittima* e *fecondazione illegittima,* autoimpollinazione e autofecondazione || **illegittimaménte** ***avv.*** **II** ***sm.*** (f. *-a*) *disus.* figlio illegittimo: *il riconoscimento degli illegittimi.*

illéṣo [dal lat. *illaesus*; 1342] ***agg.*** non leso, non danneggiato; detto di persona, incolume: *uscì illeso dall'incidente* || **N.** *Sin.* immune, incolume, indenne, salvo, sano.

illetteràto [dal lat. *illitterātus*; a. 1342] ***agg.*** e ***sm.*** (f. *-a*) che o chi non sa né leggere né scrivere || *per estens.* che o chi non ha sufficiente cultura || **N.** *Sin.* analfabeta; ignorante.

illibatézza [da *illibato*; a. 1729] ***sf.*** integrità; rif. a donna, verginità || **N.** castità, purezza, purità.

illibàto [dal lat. *illibātus*; a. 1306] ***agg.*** puro, senza macchia né vergogna: *una vita illibata* || rif. a donna, vergine || **N.** *Sin.* incorrotto, intatto, integro, onesto, puro.

illiberàle [dal lat. *illiberālis*; sec. XIV nel senso 2] ***agg.*** **1.** che non rispetta i principi di libertà: *governo illiberale, concezione illiberale*; oppressivo, autoritario: *provvedimento illiberale* **2.** *lett.* privo di generosità e liberalità: *animo illiberale*; *per estens.* rozzo, meschino || *ant.* *arti illiberali,* arti manuali || **illiberalménte** ***avv.***

illiberalità [dal lat. *illiberālitas, -ātis*; sec. XIV] ***sf.*** l'essere illiberale.

illiceità [da *liceità*; a. 1855] ***sf.*** l'essere illecito: *illiceità di un atto.*

illico et immediate (lat., pr. it. ['illiko et imme'djate]) [letter. lì per lì e immediatamente] ***loc. avv.*** subito e immediatamente.

illimitatézza [da *illimitato*; a. 1926] ***sf.*** l'essere illimitato.

illimitàto [dal lat. tardo *illimitātus*; 1686] ***agg.*** **1.** che non è limitato nello spazio o nel tempo: *spazi illimitati, fantasia illimitata* || *congedo illimitato,* quello rilasciato a chi ha assolto gli obblighi di leva || *T.mat.* detto di un insieme non limitato; *in part.* di un insieme di numeri reali tale che, fissato un qualunque numero reale N (anche esterno all'insieme), esiste sempre un numero dell'insieme maggiore di N; oppure di un insieme di punti dello spazio euclideo che non può essere contenuto in una sfera || *T.giur.* *società a responsabilità illimitata,* quella in cui i soci rispondono senza limite delle obbligazioni sociali **2.** *fig.* *iperb.* grandissimo, esteso: *numero illimitato di persone*; *fiducia, stima illimitata,* assoluta, piena || **illimitataménte** ***avv.*** || **N.** **1.** INFINITO.

illiquidìre (pres. *-ìsco, -ìsci*) [comp. parasint. di *liquido*; sec. XIII] ***intr.*** (aus. *essere*) e ***intr. pron.*** *raro* liquefarsi.

illìrico (pl. *-ci*) [dal lat. *illyricus*; a. 1320] **I** ***agg.*** *T.stor.* relativo all'antica popolazione degli Illiri e al paese da essi abitato: *la civiltà, l'arte illirica, le guerre illiriche* || *per estens.* *lett.* riferito alla costa adriatica della penisola balcanica: *monti illirici* **II** ***sm.*** la lingua indoeuropea parlata dagli Illiri.

illividiménto [da *illividire*; 1773] ***sm.*** atto o effetto dell'illividire.

illividìre (pres. *-ìsco, -ìsci*) [comp. parasint. di *livido*; a. 1694] ***intr.*** (aus. *essere*) e ***intr. pron.*** farsi livido || ***tr.*** rendere livido.

illocutìvo [dall'ingl. *illocutive*; 1977] ***agg.*** *T.ling.* illocutorio.

illocutòrio (pl. *-ri*) [dall'ingl. *illocutionary*; 1974] ***agg.*** *T.ling.* *atto illocutorio*: l'aspetto dell'atto linguistico per cui, parlando, si compiono determinate azioni e si instaurano vincoli sociali (per es. si fanno promesse, si danno ordini ecc.); *forza illocutoria,* di un'enunciazione, l'azione compiuta mediante l'enunciazione.

illogicità [da *illogico*; 1952] ***sf.*** l'essere illogico || *concr.* ragionamento o affermazione illogici.

illògico (pl. *-ci*) [da *logico*; 1833] ***agg.*** contrario alla logica, privo di logica e coerenza: *ragionamento, comportamento illogico* || **illogicaménte** ***avv.*** || **N.** irragionevole.

illo tempore (lat., pr. it. ['illo 'tempore]) [letter. in quel tempo] ***loc. avv.*** anticamente, in un tempo molto remoto.

illùdere (pres. *-ùdo* ecc., come ALLUDERE) [dal lat. *illudere*; 1598] ***tr.*** ingannare con false apparenze o creare in qualcuno illusioni, vane speranze: *tu lo illudi prospettandogli questo lavoro* || ***rifl.*** ingannarsi, sperare invano: *illudersi di arrivare al successo, mi illudevo che fosse mio amico*; *c'è poco da illudersi, non c'è da illudersi,* bisogna moderare le proprie attese, e speranze, in quanto è probabile che siano infondate || **N.** *Sin.* lusingare, INGANNARE | *Contr.* deludere; disilludere, disingannare.

illuminàbile [dal lat. tardo *illumināblis*; 1869] ***agg.*** che può essere illuminato.

illuminaménto [da *illuminare*; a. 1292] ***sm.*** **1.** atto ed effetto dell'illuminare **2.** *T.fis.* in fotometria, rapporto, misurato in lux, tra il flusso luminoso che incide su una superficie e l'area di tale superficie; *quantità d'illuminamento,* il prodotto dell'illuminamento per il tempo di esposizione al flusso luminoso.

illuminànte (*ppr.* di *illuminare*) [1321] ***agg.*** **1.** che illumina: *gas illuminante,* usato un tempo per l'illuminazione stradale; *corpo illuminante,* qualsiasi corpo che, portato a una certa temperatura, emette luce; *proiettili illuminanti,* dotati di dispositivi che, esplodendo a una certa altezza, illuminano zone di terra o di mare **2.** *fig.* che aiuta la mente a comprendere fatti o concetti confusi, poco chiari: *un intervento, una spiegazione illuminante* || *T.teol.* *grazia illuminante,* la grazia concessa da Dio all'uomo per distinguere il bene dal male.

illuminàre (pres. *-ùmino*) [dal lat. *illuminare*; a. 1292] ***tr.*** **1.** rischiarare con la propria luce o con luce artificiale: *il sole illumina la terra*; *illuminare a giorno,* con luce d'intensità pari a quella solare **2.** *fig.* rif. al viso e in part. agli occhi di una persona, rendere luminoso, radioso: *il sorriso ti illumina il volto* **3.** *fig.* rif. alla mente o a una persona, liberare dall'ignoranza, far capire e conoscere con chiarezza: *questo libro mi ha illuminato, che il cielo ti illumini!* || *per estens.* informare: *mi ha illuminato sui pericoli che corro* **4.** *lett.* rendere la vista: *Gesù illuminò i ciechi* || ***intr. pron.*** **1.** diventare luminoso **2.** *fig.* dimostrare allegria, entusiasmo e sim.: *alla vista della bambola la bambina si illuminò di gioia* || **N.** ***tr.*** **1.** *Sin.* rischiarare | *Contr.* oscurare **2.** *Sin.* ravvivare **3.** *Sin.* chiarire, informare.

illuminatìvo [da *illuminare*; a. 1342] ***agg.*** *non com.* che ha potere d'illuminare: *grazia illuminativa.*

illuminàto (*pps.* di *illuminare*) [1308] **I** ***agg.*** **1.** rischiarato, reso luminoso: *facciata illuminata, strada scarsamente illuminata* **2.** *fig.* che ha raggiunto la verità per mezzo della fede: *spirito illuminato* || equilibrato, saggio, perspicace: *uno dei politici più illuminati d'Europa* || *in part.* che si comporta in modo conforme ai princìpi dell'Illuminismo: *i sovrani illuminati,* i prìncipi riformatori del XVIII sec. **II** ***sm.*** (f. *-a*) (spec. *pl.*) *T.stor.* **1.** seguace di un'eresia spagnola, dei sec. XVI e XVII, i cui membri sostenevano di aver contemplato l'essenza di Dio e rivendicavano perciò l'impeccabilità **2.** membro di una società segreta bavarese, del sec. XVIII, che si opponeva alle religioni rivelate in nome di una religione razionale e rivendicava in politica il diritto naturale dell'individuo **3.** nella primitiva Chiesa cristiana, chi era stato battezzato.

illuminatóre [dal lat. *illuminātor, -is*; sec. XIV] ***sm.*** (f. *-trice*) e ***agg.*** *non com.* chi o che illumina.

illuminazióne [dal lat. *illuminātio, -ōnis*; sec. XIV nel senso 2] ***sf.*** **1.** l'illuminare: *illuminazione di una chiesa, di una piazza* || *concr.* l'insieme dei dispositivi che servono ad illuminare: *c'è un guasto all'illuminazione stradale* || *T.fis.* illuminamento **2.** *fig.* l'insorgere di un'intuizione, di un'idea e sim.: *è stata un'illuminazione improvvisa* || *T.fil.* *teoria dell'illuminazione,* dottrina per cui la conoscenza è possibile solo in quanto l'intelletto divino illumina quello umano || **N.** **1.** luminaria | a gas, al neon, artificiale, elettrica, naturale, pubblica **2.** *Sin.* folgorazione, idea, intuizione.

illuminèllo [da *illuminare*; 1910] ***sm.*** *raro* luminello, nel senso 4.

illuminìṣmo [dal fr. *illuminisme*; 1913] ***sm.*** *T.stor.* movimento di pensiero che improntò la cultura, la politica, la filosofia, la scienza e la religione dell'Europa nel sec. XVIII e che intendeva combattere la superstizione e l'ignoranza in ogni campo del sapere e del vivere, affidandosi esclusivamente alla forza della ragione || il periodo in cui tale movimento fu attivo: *prosatori dell'Illuminismo* || *per estens.* ogni movimento culturale e politico a carattere razionalistico.

illuminìsta [dal fr. *illuministe*; 1919] **I** ***s.*** seguace dell'illuminismo, diffusore delle teorie illuministiche **II** ***agg.*** illuministico.

illuminìstico (pl. *-ci*) [da *illuminista*; 1932] ***agg.*** che si riferisce all'illuminismo o agli illuministi: *il pensiero illuministico* || **illuministicaménte** ***avv.***

illuminòmetro [comp. di *illumin(are)* e *-metro*; 1942] ***sm.*** strumento che serve a misurare l'illuminamento || **N.** *Sin.* luxmetro.

illuminotècnica [comp. di *illumin(are)* e *tecnica*; 1942] ***sf.*** tecnica della illuminazione; *in part.* studio dello sfruttamento razionale delle sorgenti luminose. **Q.T.** *teatro.*

illuminotècnico (pl. *-ci*) [comp. di *illumina(re)* e *tecnico*; 1984] ***sm.*** esperto in illuminotecnica.

illùne [dal lat. *illūnis*; 1912] ***agg.*** *lett.* senza luna: *notte, paesaggio illune.*

illuṣióne [dal lat. *illūsio, -ōnis*; sec. XIV *inlusione*] ***sf.*** **1.** errore dei sensi o della mente che dà una percezione ingannevole della realtà: *percorrendo una strada sotto il sole si ha l'illusione che l'asfalto sia bagnato, la prospettiva dà l'illusione della profondità, illusione ottica* || in psicologia, associazione di elementi soggettivi agli stimoli sensoriali, tale da fornire una percezione falsata della realtà **2.** rappresentazione ingannevole della mente che modella la realtà sui propri desideri e speranze: *vivere di* *illusioni, perdere le illusioni della giovinezza; farsi delle illusioni,* illudersi, coltivare speranze vane || **N. 1.** *Sin.* apparenza, miraggio **2.** *Sin.* chimera, inganno, miraggio, sogno, utopia | *Contr.* delusione; disillusione, disinganno.

illusionìsmo [dal fr. *illusionnisme*; 1936] ***sm.*** **1.** arte e tecnica di spettacolo basata sull'abilità di produrre, mediante trucchi di vario tipo, fenomeni apparentemente impossibili **2.** nell'arte, effetto di una rappresentazione che crea l'illusione di essere di fronte alla realtà || **N. 1.** *Sin.* magia, prestidigitazione.

illusionista [dal fr. *illusioniste*; 1901] ***s.*** chi si esibisce in spettacoli di illusionismo || **N.** *Sin.* mago, prestigiatore.

illusionìstico (pl. *-ci*) [dall'ingl. *illusionistic*; a. 1952] ***agg.*** che si riferisce all'illusionismo.

illusìvo [da *illuso*; 1669] ***agg.*** *lett.* illusorio, fallace.

illùso (*pps.* di *illudere*) [a. 1446] ***agg.*** e ***sm.*** (f. *-a*) che o chi si fa delle illusioni e nutre false speranze: *sei un povero illuso* || **N.** *Sin.* deluso, beffato, ingannato; sognatore, utopista.

illusóre [dal lat. *illusor, -ōris*; a. 1342] ***sm.*** (f. *raro illuditrice*) *lett.* **1.** chi illude ingannando gli altri **2.** *ant.* derisore.

illusorietà [da *illusorio*; 1983] ***sf.*** proprietà di ciò che è illusorio || **N.** *Sin.* apparenza, fallacia.

illusòrio (pl. *-ri*) [dal lat. tardo *inlusōrius*; a. 1686] ***agg.*** che illude oppure è effetto d'illusione: *promesse illusorie, un miglioramento illusorio* || **N.** *Sin.* apparente, fallace, falso, immaginario, ingannevole.

illustràbile [da *illustrare*; 1957] ***agg.*** che può essere illustrato.

illustràre [dal lat. *illustrāre*; 1308 nel senso 4] ***tr.*** **1.** chiarire con spiegazioni o esempi, commentare: *illustrare una teoria, illustrare Dante* **2.** corredare di illustrazioni un testo: *illustrare un libro* **3.** *non com.* onorare, rendere illustre: *illustrare la patria col proprio valore* **4.** *lett.* illuminare: *il sole illustra le cime* (Carducci) || **N. 1.** *Sin.* commentare, delucidare, spiegare **3.** *Sin.* dar lustro.

illustratìvo [da *illustrare*; 1869] ***agg.*** che serve a illustrare, commentare, chiarire: *documenti, fatti illustrativi* || *corredo illustrativo,* l'insieme di disegni e figure che accompagnano uno scritto.

illustràto (*pps.* di *illustrare*) [1869] **I *agg.*** corredato di figure: *un giornale illustrato, cartoline illustrate* **II *sm.*** giornale illustrato.

illustratóre [dal lat. tardo *illustrātor, -ōris*; 1576 nel senso 2] ***sm.*** (f. *-trìce*) **1.** chi cura le illustrazioni di un testo **2.** *non com.* commentatore di un'opera letteraria o artistica.

illustrazióne [da *illustrare*; a. 1667] ***sf.*** **1.** l'atto e l'effetto dell'illustrare: *una dotta illustrazione filologica, l'illustrazione delle bellezze artistiche di una città* **2.** *concr.* il disegno o la fotografia che accompagna un testo, per chiarirlo o abbellirlo: *un libro corredato di magnifiche illustrazioni* **3.** *non com. scherz.* persona che dia fama a una città, a una professione ecc.: *è un'illustrazione del foro, della scienza* || **N. 1.** *Sin.* chiarimento, commento, spiegazione **2.** *Sin.* disegno, figura, fotografia, incisione, stampa, vignetta. **TAV. *tipografia*** **p. 1337 12.11.**

illùstre [dal lat. *illustris*; a. 1294] ***agg.*** **1.** che gode di meritata fama: *un compositore illustre, uno scienziato illustre* || *opere illustri,* che procurano fama || *iron. un illustre sconosciuto,* detto di persona di cui non si è mai sentito parlare prima || nobile: *famiglia, stirpe illustre* || *illustrissimo,* titolo d'onore usato talvolta come forma allocutiva soprattutto negli indirizzi e nelle intestazioni delle lettere || *volgare illustre,* per Dante, l'italiano usato per l'alta lirica e visto come possibile mezzo di espressione letteraria dell'Italia intera; oggi il termine illustre è talvolta usato per indicare un registro scritto, letterario, rigorosamente codificato di una lingua di cultura **2.** *ant.* o *lett.* rilucente, luminoso || **N. 1.** *Sin.* celebre, eccellente, egregio, eminente; famoso, glorioso, insigne, nobile, noto, rinomato, sommo **2.** *Sin.* chiaro, splendente.

illutazióne [dall'ant. *illutare*, impiastrare di fango; 1834] ***sf.*** *T.med. disus.* applicazione di fanghi a scopo terapeutico.

illuviàle [da *illuvio*; 1972] ***agg.*** *T.geol.* proprio dell'illuvio, relativo all'illuvio; che dipende dall'illuvio.

illuviazióne [da *illuvio*; 1983] ***sf.*** *T.geol.* il complesso dei processi che determinano la precipitazione o la flocculazione delle sostanze nell'illuvio.

illùvie [dal lat. *illuvies*; 1499 nel senso 2] ***sf.*** *raro* **1.** sporcizia, sudiciume **2.** inondazione, invasione; anche *fig.*

illùvio (pl. *-vi*) [dal lat. *illuvies*, inondazione di melma; 1972] ***sm.*** *T.geol.* orizzonte del suolo in cui avvengono le precipitazioni o le flocculazioni delle sostanze provenienti dal soprastante orizzonte eluviale.

illuvióne [dal lat. tardo *illŭvio, -ōnis*; a. 1527] ***sf.*** *non com.* alluvione || *fig.* invasione.

ilmenite [comp. del n. geogr. *Il 'men'*, gruppo montuoso negli Urali e *-ite*[2]; 1957] ***sf.*** *T.min.* minerale, ossido di ferro e di titanio, che si presenta perlopiù in masse compatte di colore nero lucente, ed è utilizzato industrialmente per l'estrazione del titanio.

ilo [dal lat. *hilus*; 1798] ***sm.*** **1.** *T.bot.* il punto in cui l'ovulo è attaccato al funicolo ed anche la cicatrice che si forma, in corrispondenza di tale punto, sulla superficie del seme una volta giunto a maturazione **2.** *T.anat.* infossatura posta sulla superficie di un organo, attraverso la quale penetrano o escono i vasi sanguigni, i canali e i nervi: *ilo del fegato, del rene, del polmone.*

ilòta [dal lat. *ilōta*; 1551] ***s.*** *T.stor.* presso gli Spartani, schiavo || *fig.* persona oppressa materialmente e moralmente || **N.** *Sin.* paria, sfruttato.

ilozoìsmo [comp. del gr. *hýlē*, materia e gr. *zōḗ*, vita; 1820] ***sm.*** *T.fil.* qualunque dottrina che riponga il principio della vita nella materia stessa || ogni visione del mondo (spec. di popoli primitivi) che consideri la natura come animata, popolata di spiriti.

ilozoista [da *ilozoismo*; 1933] ***agg.*** e ***s.*** *T.fil.* seguace dell'ilozoismo.

ilozoìstico (pl. *-ci*) [da *ilozoismo*; 1898] ***agg.*** relativo all'ilozoismo: *principi ilozoistici.*

imàgine e der. forme lett. di IMMAGINE e der.

imagìsmo [dall'ingl. *imagism*; 1950] ***sm.*** movimento poetico anglo-americano, sviluppatosi nel secondo decennio del Novecento, cui aderì per un periodo E. Pound; collocava il valore estetico e la sostanza stessa della poesia nell'immagine, il più possibile nitida e precisa.

imagista [da *imagismo*; 1960] ***s.*** *T.lett.* seguace dell'imagismo.

imàgo [dal lat. *imāgo, -āginis*; 1319] ***sf.*** **1.** *poet.* immagine, forma **2.** *T.psican.* rappresentazione idealizzata di una persona amata, soprattutto un genitore, formatasi nell'infanzia e conservata nell'età adulta.

imàm [dall'ar. *imām*, superiore; 1562] ***sm.*** nel mondo islamico sunnita, la massima autorità politica e religiosa; per gli Sciiti, ciascuno dei dodici eredi del Profeta || lettore di testi sacri islamici, e spec. chi dirige la preghiera.

imanàto [da *imam*; 1869] ***sm.*** carica e dignità di imam || durata di tale ufficio.

imàno [dall'ar. *imām*, superiore; 1562] ***sm.*** adattamento it. dell'arabo *imam* (v.).

imàtio [dal gr. *imátion*; veste; 1903] ***sm.*** *T.stor.* veste di lana, a forma di mantello drappeggiato, portata nella Grecia antica da uomini e donne: *chiusa nelle innumerevoli pieghe dell'imatio* (D'Annunzio).

imbacàre (pres. *-àco, -àchi*) [da *bacare*; 1625] ***tr.*** *raro* bacare || ***intr.*** (aus. *essere*) *raro* bacarsi.

imbacchettonìre (pres. *-ìsco, -ìsci*) [comp. parasint. di *bacchettone*; 1869] ***tr.*** e ***intr.*** (aus. *essere*) *non com.* rendere o diventare bacchettone.

imbachìre (pres. *-ìsco, -ìsci*) [comp. parasint. di *baco*; 1799] ***intr.*** (aus. *essere*) *raro* bacarsi.

imbacuccàre (pres. *-ùcco, -ùcchi*) [comp. parasint. di *bacucco*; a. 1549] ***tr.*** coprire la testa o in gen. la persona con indumenti pesanti, per riparare dal freddo: *imbacuccare il bambino* || ***rifl.*** coprirsi bene: *oggi fa molto freddo, bisogna imbacuccarsi bene* || **N.** *Sin.* infagottare, intabarrare.

imbacuccàto (*pps.* di *imbacuccare*) [a. 1535] ***agg.*** avvolto in abiti pesanti: *eri così imbacuccato che non ti ho riconosciuto.*

imbalconàto [comp. parasint. di *balco*, violaciocca, con influsso di *balcone*; prima metà sec. XIV] ***agg.*** *raro* di colore incarnato, detto spec. di rosa.

imbaldanzìre (pres. *-ìsco, -ìsci*) [comp. parasint. di *baldanza*; a. 1367] ***intr.*** (aus. *essere*) e ***intr. pron.*** prendere baldanza, diventare baldanzoso: *imbaldanzire per la vittoria* || ***tr.*** *non com.* rendere baldanzoso || **N. *intr.*** *Sin.* inorgoglire, insuperbire, ringalluzzire.

imballàggio (pl. *-gi*) [dal fr. *emballage*; 1798 nel senso 2] ***sm.*** **1.** l'azione e l'effetto dell'imballare: *carta da imballaggio* || *concr.* gli involucri che si usano per imballare: *imballaggio in polistirolo, si è rotto l'imballaggio* **2.** nell'industria tessile, l'insieme delle operazioni per ottenere le balle: *imballaggio della lana* || **N. 1.** *Sin.* confezione, protezione | carta, cassa, ceralacca, fascia, sacchetto, sacco, spago, tela.

imballàre[1] [dal fr. *emballer*; 1534] ***tr.*** **1.** sistemare una cosa o una merce in appositi involucri e contenitori in modo che si possa caricare e trasportare senza danni: *imballare i mobili e le stoviglie prima del trasloco* **2.** raccogliere in balle: *imballare il cotone* || **N. 1.** *Sin.* avviluppare, confezionare, impaccare | *Contr.* sballare.

imballàre[2] [dal fr. *s'emballer*; 1918] ***tr.*** *imballare il motore,* portarlo a un numero di giri troppo elevato, che non si traduce in un aumento di velocità || ***intr. pron.*** **1.** di motore, girare troppo velocemente rispetto al regime consentito **2.** *fig.* detto di atleta, nel linguaggio sportivo, subire un tracollo, perdere la scioltezza dei movimenti in seguito ad uno sforzo eccessivo: *si è imballato poco prima del traguardo.*

imballàto (*pps.* di *imballare*[2]) [1869 nel senso 2] ***agg.*** **1.** detto di atleta che ha perso la scioltezza dei movimenti **2.** *fam.* fuori fase, senza lucidità; ubriaco || **N. 2.** *Sin.* fuso, suonato.

imballatóre [da *imballare*[1]; 1598] ***sm.*** (f. *-trìce*) chi si occupa d'imballare le merci.

imballatrìce [da *imballare*; 1970] ***sf.*** **1.** macchina per imballare le merci **2.** *T.agr.* macchina con cui si comprime il fieno o la paglia per farne delle balle di forma regolare || **N. 2.** *Sin.* pressaforaggio.

imballatùra [da *imballare*[1]; 1882] ***sf.*** *non com.* imballaggio.

imbàllo [da *imballare*[1]; 1940] ***sm.*** **1.** imballaggio **2.** tessuto di iuta per imballaggi.

imbalordìre (pres. *-ìsco, -ìsci*) [comp. parasint. di *balordo*; a. 1544] ***intr.*** (aus. *essere*) *non com.* diventar balordo || ***tr.*** *raro* rendere balordo || **N. *tr.*** *Sin.* confondere, intontire, istupidire.

imbalsamàre (pres. *-àlsamo*) [comp. parasint. di *balsamo*; a. 1342 *imbalsimare*] ***tr.*** **1.** trattare con opportune sostanze un cadavere umano o di animali, per preservarlo dalla decomposizione organica || *per estens.* imbottire di paglia le pelli di certi animali per conservarli nella forma originaria: *uno scoiattolo imbalsamato* **2.** *fig.* rendere una dottrina o un'ideologia fissa e ripetitiva: *imbalsamare il marxismo* || **N. 1.** *Sin.* impagliare, mummificare.

imbalsamatóre [da *imbalsamare*; 1941] ***sm.*** (f. *-trìce*) chi imbalsama || **N.** *Sin.* tassidermista.

imbalsamatùra [da *imbalsamare*; a. 1869] ***sf.*** *non com.* imbalsamazione.

imbalsamazióne [da *imbalsamare*; a. 1758] ***sf.*** **1.** l'operazione e la tecnica di trattare un cadavere con sostanze balsamiche o chimiche per impedire la decomposizione degli organi **2.** *per estens.* la pratica di imbottire la pelle di un animale per mantenerne intatta la forma e l'aspetto originari || **N. 2.** *Sin.* tassidermia.

imbambolàrsi (pres. *-àmbolo*) [comp. parasint. di *bambolo*; a. 1910] ***intr. pron.*** fissarsi, rimanere assorto e inespressivo: *non imbambolarti davanti alla televisione!*

imbambolàto (*pps.* di *imbambolarsi*) [a. 1484] ***agg.*** detto di chi, essendo stupito o assorto col pensiero, rimane con gli occhi fissi e senza espressione: *stare imbambolato a guardare* || **N.** *Sin.* assorto, incantato; inebetito.

imbambolìre (pres. *-ìsco, -ìsci*) [comp. parasint. di *bambolo*; a. 1808] ***intr.*** (aus. *essere*) *lett.* rimbambire.

imbandieraménto [da *imbandierare*; 1956] ***sm.*** atto, effetto dell'imbandierare || *non com.* l'insieme delle bandiere esposte.

imbandieràre (pres. *-èro*) [comp. parasint. di *bandiera*; a. 1557] ***tr.*** ornare di bandiere, spec. in occasione di una festa o di una ricorrenza civile || **N.** *Sin.* pavesare.

imbandigióne [da *imbandire*; a. 1292] ***sf.*** *lett.* l'atto dell'imbandire || *concr.* le vivande imbandite: *una sontuosa imbandigione.*

imbandìre (pres. *-ìsco, -ìsci*) [da *bandire*; a. 1548] ***tr.*** **1.** preparare sontuosamente la tavola e i cibi per un pranzo **2.** *fig. scherz.* ammannire un discorso non gradito: *imbandire una dissertazione, una conferenza noiosa agli ascoltatori* || **N. 2.** *Sin.* propinare, rifilare.

imbanditóre [da *imbandire*; a. 1548] ***sm.*** (f. *-trìce*) *non com.* chi imbandisce.

imbàndo [dalla loc. (*mollare*) *in bando*, in abbandono; 1889] ***sm.*** *T.mar.* nella manovra, parte di cavo che viene allentato e resta libero: *lasciare l'imbando, mollare l'imbando*, allentare un cavo, lasciare libera una cima.

imbarazzànte (*ppr.* di *imbarazzare*) [a. 1729] ***agg.*** che mette in imbarazzo: *domanda, situazione imbarazzante*; *sarebbe imbarazzantissimo incontrarlo qui.*

imbarazzàre [dallo sp. *embarazar*, a. 1600] ***tr.*** **1.** fare ostacolo, impedimento: *questa gonna troppo stretta mi imbarazza nei movimenti* || *per estens. imbarazzare lo stomaco*, appensantirlo con cibo troppo abbondante o indigesto **2.** mettere in imbarazzo, a disagio: *sono domande che imbarazzano* || ***intr. pron.*** **1.** sentirsi in imbarazzo **2.** impicciarsi || **N. *tr.* 1.** *Sin.* imbrogliare, impacciare, impedire, ingombrare, intralciare, ostacolare, ostruire **2.** *Sin.* sconcertare, turbare.

imbarazzàto (*pps.* di *imbarazzare*) [1535 ca.] ***agg.*** **1.** che non sa come comportarsi: *mi sentivo imbarazzato su come affrontare la questione* || che si sente in colpa, a disagio, fuori posto: *era imbarazzatissimo perché era l'unico ad aver dimenticato la cravatta* **2.** impedito: *essere imbarazzato di stomaco*, non aver digerito bene.

imbaràzzo [dallo sp. *embarazo*; 1535 ca.] ***sm.*** **1.** impedimento, molestia, impiccio che ostacola il movimento e lo svolgersi di un'attività: *vorrei fermarmi un po' da te, se non ti sono d'imbarazzo* || *imbarazzo di stomaco*, pesantezza e difficoltà di digestione **2.** stato di disagio dovuto all'incertezza su come comportarsi: *tra tanta gente sconosciuta mi sono trovato in imbarazzo*; *avere l'imbarazzo della scelta*, esitare fra alternative equiparabili; usato per sottolineare la disponibilità di molte alternative ugualmente valide: *ordina quello che vuoi, hai (solo) l'imbarazzo della scelta!* || sentimento di leggera vergogna, soggezione, inadeguatezza e sim.: *si vestiva in modo provocante senza provare il minimo imbarazzo* || **N. 1.** *Sin.* disturbo, imbroglio, impedimento, impiccio, inciampo, incomodo, ingombro, intoppo, intralcio, ostacolo **2.** *Sin.* difficoltà, fastidio, impaccio, perplessità; pudore, turbamento.

imbarbariménto [da *imbarbarire*; 1724] ***sm.*** decadimento a un livello più rozzo di civiltà, cultura e sim.: *l'imbarbarimento della lingua* || *imbarbarimento dell'esercito romano*, arruolamento massiccio di barbari.

imbarbarìre (pres. *-ìsco, -ìsci*) [comp. parasint. di *barbaro*; a. 1604] ***intr.*** (aus. *essere*) e ***intr. pron.*** diventare barbaro, rozzo, decadendo a un livello inferiore di civiltà: *a contatto con un ambiente naturale ostile, le popolazioni si imbarbariscono* || di lingua, corrompersi (da un punto di vista puristico e non linguistico) accogliendo barbarismi || ***tr.*** rendere barbaro, incivile: *imbarbarì tutto il paese.*

imbarbogìre (pres. *-ìsco, -ìsci*) [comp. parasint. di *barbogio*; a. 1563] ***intr.*** (aus. *essere*) *raro* diventar barbogio, rimbambire.

imbarcadèro [dallo sp. *embarcadero*, attr. il fr. *embarcadère*; 1858] ***sm.*** luogo cui si accostano le navi per imbarcare o sbarcare passeggeri e merci || **N.** approdo, banchina, molo, pontile. **Q.T.** *porto.*

imbarcaménto [da *imbarcare*; 1957] ***sm.*** **1.** *T.fal.* incurvamento subito da tavole di legno fresco nel corso dell'essiccazione **2.** curvatura, flessione di una trave leggera, a causa del peso eccessivo che la carica **3.** *non com.* imbarco.

imbarcàre (pres. *-àrco, -àrchi*) [comp. parasint. di *barca*; a. 1276 come rifl. nel senso 2] ***tr.*** **1.** ricevere persone o caricare merci a bordo di un natante: *imbarcare i passeggeri, imbarcare i containers*; *imbarcare acqua*, di natante in cui penetri acqua per una falla o a causa del mare grosso || *per estens.* far salire su un aereo o *scherz.* anche su un qualsiasi altro mezzo di trasporto: *imbarco i bambini in macchina e vengo a trovarti* **2.** *fig.* mettere o coinvolgere in un'impresa difficile **3.** *fig. fam.* rimorchiare, adescare || ***rifl.*** **1.** salire su una nave come passeggero o come membro dell'equipaggio: *imbarcarsi su un transatlantico per una crociera nei mari del Sud* || *per estens.* montare su un aereo o *scherz.* su un qualunque mezzo di trasporto **2.** *fig.* mettersi in un'impresa difficile o rischiosa: *ti sei imbarcato in una brutta faccenda* **3.** *fig. fam.* prendersi una cotta: *ti sei imbarcata di quel tipo senza neanche conoscerlo*; iniziare una relazione: *si è imbarcato con Sara* || ***intr. pron.*** **1.** di assi e tavole di legno, deformarsi arcuandosi: *con il riscaldamento si sono imbarcate le porte* **2.** *T.aer.* eseguire una picchiata tale da portare l'aereo in posizione di volo rovesciato || **N. 1.** *Sin.* caricare, far salire, prendere a bordo **2.** *Sin.* cacciare, ficcare | ***intr. pron.*** **1.** *Sin.* deformarsi, incurvarsi.

imbarcàta [da *imbarcare*; 1957] ***sf.*** **1.** *T.aer.* disposizione rovesciata di un aereo, in cui l'azione dei timoni non è più efficace **2.** *fig. fam.* cotta.

imbarcatóio (pl. *-ói*) [da *imbarcare*; a. 1800] ***sm.*** *non com.* imbarcadero.

imbarcatóre [da *imbarcare*; 1871] ***sm.*** (f. *-trice*) chi imbarca || *fig.* chi mette se stesso o altri in un'impresa pericolosa.

imbarcatùra [da *imbarcare*; 1887] ***sf.*** *T.fal.* incurvamento subito da tavole di legno.

imbarcazióne [dallo sp. *embarcacion*; sec. XVIII] ***sf.*** **1.** nome generico di piccoli galleggianti (a remi, a vela o a motore) che si adoperano per le comunicazioni delle navi fra loro e con la terra o per diporto; *in part.* piccolo natante che le navi tengono a bordo || *per estens.* qualsiasi piccolo natante da regata o da diporto **2.** *non com.* imbarco. **Q.T.** *canottaggio, pesca, vela* **TAV. *vela* p. 1343** 5.

imbàrco (pl. *-chi*) [da *imbarcare*; 1602] ***sm.*** **1.** l'imbarcare e l'imbarcarsi: *ricevuta d'imbarco della merce*; *carta d'imbarco*, documento che attesta il diritto a essere imbarcato su un determinato aereo **2.** il prendere servizio a bordo di una nave e anche la durata del servizio: *ottenere un imbarco di un anno* **3.** luogo dove ci si imbarca: *l'imbarco è a Olbia.*

imbardàre[1] [comp. parasint. di *barda*; prima metà sec. XIII] ***tr.*** mettere la barda ai cavalli e sim. || ***intr. pron.*** innamorarsi: *Calandrino subitamente di lei s'imbardò* (Boccaccio).

imbardàre[2] [dal fr. *embarder*, 1929] ***intr.*** (aus. *avere*) e ***intr. pron.*** *T.aer.* di velivolo in volo o in fase di rullaggio, girare improvvisamente su se stesso.

imbardàta [da *imbardare*[2]; 1929] ***sf.*** *T.aer.* rotazione che un velivolo compie intorno al proprio asse, che si può verificare in volo o durante il rullaggio; *per estens.* movimento analogo compiuto da un autoveicolo || brusca oscillazione della prora della nave rispetto alla rotta seguita, alambardata.

imbarilàre (pres. *-ìlo*) [comp. parasint. di *barile*; 1887] ***tr.*** mettere il vino o un altro liquido nei barili.

imbaṣaménto [da *imbasare*; a. 1502] ***sm.*** **1.** base, zoccolo di un edificio, di una statua e sim.: *imbasamento in marmo* **2.** *T.geol.* strato roccioso che costituisce la base d'appoggio delle rocce superficiali **3.** *T.ing.* strato di materiale pietroso che, gettato e spianato sul fondale marino, costituisce la base di posa di elementi prefabbricati di opere marittime.

imbaṣàre (pres. *-àṣo*) [comp. parasint. di *base*; 1706] ***tr.*** *non com.* sistemare, poggiare su una base.

imbasciàta [var. di *ambasciata*; a. 1342] ***sf.*** *ant.* e *tosc.* notizia riservata da riferire a qualcuno per incarico di un'altra persona.

imbasciatóre [var. di *ambasciatore*; a. 1342] ***sm.*** (f. *-trìce*) *tosc.* chi porta un'imbasciata.

imbastardiménto [da *imbastardire*; a. 1589] ***sm.*** l'atto e anche l'effetto dell'imbastardire.

imbastardìre (pres. *-ìsco, -ìsci*) [comp. parasint. di *bastardo*; a. 1320] ***tr.*** **1.** far diventare bastardo: *imbastardire una razza*, modificarne i caratteri attraverso fecondazioni incrociate con elementi di altre razze **2.** *fig.* corrompere: *imbastardire una civiltà, una lingua*, introdurvi elementi stranieri che la snaturano || ***intr.*** (aus. *essere*) e ***intr. pron.*** **1.** perdere le qualità caratteristiche della propria razza **2.** degenerare || **N. 1.** *Sin.* incrociare **2.** *Sin.* alterare, corrompere, degenerare, guastare, inquinare.

imbastàre (pres. *-àsto*) [comp. di *in-*[1] e *basto*; a. 1597] ***tr.*** *raro* mettere il basto a una bestia da soma: *imbastare l'asino.*

imbastìre (pres. *-ìsco, -ìsci*) [da *bastire*; 1420] ***tr.*** **1.** unire insieme con una cucitura provvisoria i pezzi che formano un lavoro di cucito, per poi cucirli per bene: *cotone da imbastire*, filo di cotone per imbastire || *T.capp.* nella produzione dei cappelli di feltro, avvolgere il pelo sul tamburo dell'imbastitrice per ridurlo in falde || *T.mecc.* montare provvisoriamente i pezzi di una costruzione **2.** *fig.* tracciare a sommi capi il disegno di un'opera: *imbastire un racconto* || stabilire la linea di svolgimento: *imbastire una trattativa, un affare, la difesa di un imputato* || mettere insieme lì per lì: *mi ha imbastito una scusa qualsiasi.*

imbastitrìce [da *imbastire*; 1940] **sf.** macchina attrezzata per eseguire l'imbastitura || *T.capp.* macchina usata dai cappellai per l'imbastitura meccanica del pelo.

imbastitùra [da *imbastire*; a. 1665] **sf.** **1.** l'operazione di imbastire || *concr.* la cucitura a punti lunghi che si fa imbastendo: *togliere l'imbastitura* **2.** *fig. non com.* traccia, schema, abbozzo **3.** nel gergo sportivo, sfinimento improvviso di un atleta in seguito a uno sforzo prolungato, che si manifesta con l'irrigidimento dei muscoli. **TAV. maglia... p. 1316** 1.3.

imbàttersi (pres. *-àtto* ecc., come BATTERE) [da *battersi*; a. 1327] **intr. pron.** incontrare per caso: *imbattersi in un amico che non si vedeva da anni*; *fig. imbattersi in una difficoltà* || *per estens.* avere in sorte: *imbattersi in un direttore scrupoloso, in un professore esigente*, anche in usi ass.: *imbattersi bene, imbattersi male* || **N.** *Sin.* incappare, incontrare; capitare.

imbattìbile [dal fr. *imbattable*; 1923] **agg.** che non può essere battuto: *un atleta imbattibile*; *prezzi imbattibili*, convenientissimi.

imbattibilità [da *imbattibile*; 1966] **sf.** l'essere imbattibile || *T.sport.* condizione di una squadra o di un atleta che, durante una stagione o un certo lasso di tempo, non è mai stato sconfitto.

imbàtto [da *imbattersi*; sec. XV-XVI] **sm.** **1.** *ant.* incontro o ostacolo fortuito **2.** *T.mar.* brezza locale che spira dal mare verso la costa **3.** in balistica, impatto.

imbattùto [comp. di *in-*³ e *battuto*; 1959] **agg.** che non ha mai subito sconfitte: *un pugile imbattuto* || *T.sport. campo, terreno imbattuto*, terreno di gioco sul quale la squadra di casa non è mai stata sconfitta.

imbaulàre (pres. *-aùlo*) [comp. parasint. di *baule*; a. 1756] **tr.** *raro* mettere nel baule: *imbaulare la roba.*

imbavagliàre (pres. *-àglio*) [comp. parasint. di *bavaglio*; a. 1370] **tr.** **1.** legare con un bavaglio qualcuno perché non possa gridare **2.** *fig.* impedire la libertà di parola, d'azione e di espressione del pensiero: *imbavagliare la stampa.*

imbavàre (pres. *-àvo*) [comp. parasint. di *bava*; a. 1543] **tr.** e **rifl.** *non com.* imbrattare e imbrattarsi di bava.

imbeccàre (pres. *-écco, -écchi*) [comp. parasint. di *becco*; a. 1292] **tr.** **1.** mettere il cibo nel becco a uccelli che non beccano da soli **2.** *fig.* istruire qualcuno di nascosto su ciò che deve dire o su come deve comportarsi: *imbeccare il testimone* || insegnare in modo nozionistico e ripetitivo || **N. 1.** *Sin.* imboccare **2.** *Sin.* SUGGERIRE.

imbeccàta [da *imbeccare*; a. 1342] **sf.** **1.** quantità di cibo che si mette in una volta nel becco di un uccello: *i cardellini aspettano l'imbeccata* **2.** *fig.* istruzione data ad altri su ciò che devono dire o fare: *gli diedero l'imbeccata, aspettare l'imbeccata* || **N. 2.** *Sin.* SUGGERIMENTO.

imbeccatóio (pl. *-ói*) [da *imbeccare*; a. 1597] **sm.** in gabbie, pollai e sim., recipiente che contiene il becchime.

imbecheràre (pres. *-échero*) [etim. inc.; a. 1543] **tr.** *tosc. pop.* indurre qualcuno con chiacchiere e lusinghe ad agire a proprio favore, anche contro il suo interesse || **N.** *Sin.* infinocchiare, raggirare.

imbecillàggine [da *imbecille*; 1869] **sf.** l'essere imbecille || *concr.* atto o detto da persona imbecille.

imbecìlle [dal lat. *imbecillis*; 1735] **agg.** e **s.** che, chi, per difetto naturale, per età, per malattia e sim., difetta di intelligenza || *com.* che, chi si dimostra stupido: *una proposta imbecille, fare la figura dell'imbecille* || spesso è usato come insulto: *sei un perfetto imbecille, taci imbecille!* || *dim.* imbecillòtto; *accr.* imbecillóne; *pegg.* imbecillàccio || **N.** *Sin.* citrullo, deficiente, ebete, grullo, idiota, scemo, scimunito, sciocco, stupido.

imbecillìre (pres. *-ìsco, -ìsci*) [da *imbecille*; 1865] **intr.** (aus. *essere*) diventare imbecille || **N.** *Sin.* istupidire, rimbambire, rimbecillire, rincitrullire, rincretinire.

imbecillità [dal lat. *imbecillitas, -ātis*; 1438] **sf.** **1.** l'essere imbecille || *concr.* atto o detto da imbecille **2.** *T.psic. non com.* condizione patologica di scarso sviluppo psichico.

imbèlle [dal lat. *imbellis*; 1532] **agg.** *lett.* non atto o riluttante alla guerra || *per estens.* debole, timido, vile || **N.** *Sin.* vile.

imbellettaménto [da *imbellettare*; a. 1595] **sm.** *raro* imbellettatura.

imbellettàre (pres. *-étto*) [comp. parasint. di *belletto*; 1546] **tr.** dare il belletto: *imbellettare il viso* || *fig.* adornare con artifici: *imbellettare le frasi* || **rifl.** e **rifl. indir.** truccarsi col belletto || *fig. non com.* dare a vedere di possedere qualità che non si hanno.

imbellettatùra [da *imbellettare*; 1869] **sf.** l'atto d'imbellettarsi || *concr.* il belletto; *fig.* ornamento artificioso; miglioramento puramente superficiale.

imbellìre (pres. *-ìsco, -ìsci*) [comp. parasint. di *bello*; a. 1292] **tr.** rendere bello || **intr.** (aus. *essere*) e **intr. pron.** diventare bello o più bello || **N.** **tr.** *Sin.* abbellire, adornare.

imbèrbe [dal lat. *imberbis*; 1598] **agg.** senza barba: *un volto imberbe* || rif. a persona, che non ha ancora barba sul viso || *meno com.* che non porta la barba || *fig.* inesperto: *un giovane imberbe.*

imberciàre (pres. *-èrcio*) [dal fr. ant. *berser*, bersagliare; a. 1388] **tr.** *tosc. non com.* colpire proprio l'oggetto su cui è posta la mira; *fig.* imbroccare, azzeccare.

imberrettàre (pres. *-étto*) [comp. parasint. di *berretto*; a. 1803] **tr.** e **rifl.** mettere e mettersi la berretta.

imbertescàre (pres. *-ésco*) [comp. parasint. di *bertesca*; sec. XIV] **tr.** *T.stor.* fortificare con bertesche.

imbertonìre (pres. *-ìsco, -ìsci*) [comp. parasint. di *bertone*; 1620] **intr.** (aus. *essere*) e **intr. pron.** *arc.* innamorarsi eccessivamente.

imbestialìre (pres. *-ìsco, -ìsci*) [comp. parasint. di *bestiale*; 1598] **intr.** (aus. *essere*) e **intr. pron.** diventare una bestia, o come una bestia || *fig.* andare in bestia, adirarsi fortemente perdendo il controllo di sé: *la sua pigrizia mi fa imbestialire* || **tr.** mandare in bestia: *continuando a contraddirlo lo imbestialisci* || **N.** **intr.** *Sin.* arrabbiarsi, inferocirsi | **tr.** *Sin.* adirare, incollerire.

imbestiàre (pres. *-éstio*) [comp. parasint. di *bestia*; 1319] **intr.** (aus. *essere*) e **intr. pron.** *lett.* trasformarsi in bestia || *fig.* abbrutirsi, degradarsi || **tr.** trasformare in bestia.

imbeṣuìto [dal lomb. *imbesüì*, instupidire; 1967] **agg.** *lomb.* intontito, ottuso, istupidito.

imbévere (pres. *-évo* ecc., come BEVERE) [lat. *imbibere*; sec. XV] **tr.** far assorbire a qualcosa un liquido: *imbevere i savoiardi nel* (o *di*) *caffè* || **intr. pron.** **1.** impregnarsi di un liquido: *la spugna s'imbeve subito* **2.** *fig.* assimilare profondamente: *imbevuto di pregiudizi* || **N.** **tr.** **1.** *Sin.* bagnare, impregnare, intingere, intridere, inzuppare.

imbiaccàre (pres. *-àcco, -àcchi*) [comp. parasint. di *biacca*; a. 1446] **tr.** spargere, tingere di biacca || *per estens.* cospargere il viso di cosmetici.

imbiancaménto [da *imbiancare*; a. 1364] **sm.** l'imbiancare e l'imbiancarsi.

imbiancàre (pres. *-ànco, -ànchi*) [comp. parasint. di *bianco*; a. 1292 come intr. pron.] **tr.** **1.** rendere bianco: *imbiancare una stanza*, verniciare le pareti di bianco o di altra tinta chiara; *imbiancare i panni*, metterli a lavare; *imbiancare un tessuto*, candeggiarlo || *fig.* illuminare **2.** *tosc. non com.* non approvare, non ammettere, respingere: *imbiancare una proposta, una legge* || **intr.** (aus. *essere*) e **intr. pron.** diventare bianco: *nella notte il paesaggio s'è imbiancato di neve, di brina* || *in part.* incanutire: *sono passati gli anni e sei imbiancato*; rischiararsi: *il cielo s'imbianca*, albeggia || *fig.* impallidire (più com. *sbiancare*): *s'è imbiancato dalla paura* || **N.** **tr.** **1.** *Sin.* intonacare; lavare; rischiarare.

imbiancàto (*pps.* di *imbiancare*) [a. 1292] **agg.** reso bianco || *sepolcro imbiancato*, espressione con cui nel Vangelo Gesù definisce gli Scribi e i Farisei, paragonandoli ai sepolcri, bianchi e belli esteriormente, ma pieni di marciume all'interno; *per estens.* ipocrita, falso.

imbiancatóre [da *imbiancare*; a. 1494 nel senso 2] **sm.** (f. *-trìce*, pop. *-tóra*) **1.** addetto al candeggio o all'imbiancamento dei tessuti **2.** *non com.* imbianchino.

imbiancatrìce [da *imbiancare*; 1957] **sf.** macchina per eliminare la pula dal riso || **N.** *Sin.* sbiancatrice.

imbiancatùra [da *imbiancare*; 1550 nel senso 2] **sf.** **1.** l'operazione di imbiancare i tessuti **2.** l'operazione di imbiancare, o anche tinteggiare con colori tenui, i muri e le pareti degli edifici.

imbianchiménto [da *imbianchire*; a. 1829] **sm.** l'imbianchire e l'imbianchirsi || *T.ind.* trattamento effettuato su sostanze di tipo diverso al fine di decolorarle: *imbianchimento della carta, del vino, dello zucchero* || *T.agr.* pratica di rendere chiari e teneri determinati ortaggi, facendoli crescere al riparo dalla luce || **N.** *Sin.* candeggio, decolorazione, sbianca.

imbianchìno [da *imbianchire*; 1817] **sm.** (f. *-a*) **1.** chi fa il mestiere di imbiancare i muri **2.** *iron.* cattivo pittore.

imbianchìre (pres. *-ìsco, -ìsci*) [comp. parasint. di *bianco*; a. 1468] **tr.** imbiancare; rendere chiara la carne o la verdura passandola prima in acqua bollente e poi in acqua fredda || *T.ind.* rendere incolore una sostanza || **intr.** (aus. *essere*) di capelli e sim., divenire bianco, incanutire || **N.** *Sin.* candeggiare, decolorare, sbiancare.

imbibìre (pres. *-ìsco, -ìsci*) [dal lat. *imbibere*; sec. XIV-XV] **tr.** *T.scient.* assorbire o fare assorbire un liquido da parte di un corpo solido || **intr. pron.** imbeversi.

imbibizióne [da *imbibire*; a. 1694] **sf.** *T.scient.* assorbimento di un liquido da parte di un corpo solido, senza che avvengano reazioni chimiche: *imbibizione molecolare, capillare, osmotica.*

imbiellàggio (pl. *-gi*) [da *biella*, sul modello del fr. *embiellage*; 1957] **sm.** **1.** montaggio e messa a punto delle bielle **2.** nei motori a stella o a più file di cilindri, sistema a due o più bielle montate su un unico bottone a manovella.

imbietolìre (pres. *-ìsco, -ìsci*) [comp. parasint. di *bietola*; 1643] **intr.** (aus. *essere*) *raro* diventare un bietolone, uno sciocco || *per estens.* intenerirsi.

imbiettàre (pres. *-étto*) [comp. parasint. di *bietta*; a. 1685] **tr.** *T.mecc.* rendere fisso un collegamento per mezzo di biette.

imbigottàre (pres. *-òtto*) [comp. parasint. di *bigotta*; 1834] **tr.** *T.mar.* sistemare le bigotte per tendere le manovre dormienti (per es. le sartie degli alberi e i paterazzi).

imbiondàre (pres. *-óndo*) [comp. di *in-*¹ e *biondo*; a. 1568] **tr.** e **intr. pron.** *lett.* imbiondire: *il sole imbionda sì la viva lana / che quasi dalla sabbia non divaria* (D'Annunzio).

imbiondìre (pres. *-ìsco, -ìsci*) [comp. parasint. di *biondo*; a. 1348] **tr.** rendere biondo: *imbiondire i capelli con la camomilla*; *imbiondire la cipolla*, farla rosolare a fuoco basso fino a che diventi dorata || ***intr.*** (aus. *essere*) e ***intr. pron.*** diventare biondo: *il grano, le messi imbiondiscono.*

imbirbonire (pres. *-ìsco, -ìsci*) [comp. parasint. di *birbone*; a. 1850] ***intr.*** (aus. *essere*) *non com.* diventare birbone.

imbitumàre (pres. *-ùmo*) [comp. parasint. di *bitume*; a. 1800] ***tr.*** *non com.* spargere, impiastrare, coprire di bitume || **N.** *Sin.* asfaltare, calafatare, catramare.

imbiẓẓarriménto [da *imbizzarrire*; sec. XIV] ***sm.*** *raro* atto o effetto dell'imbizzarrire o dell'imbizzarrirsi.

imbiẓẓarrìre (pres. *-ìsco, -ìsci*) [comp. parasint. di *bizzarro*; a. 1348] ***intr.*** (aus. *essere*) e ***intr. pron.*** diventare bizzarro, irrequieto || spec. di cavalli, adombrarsi, impennarsi || *fig.* adirarsi, mostrarsi irrequieto || ***tr.*** *raro* rendere irrequieto o collerico.

imbiẓẓìre (pres. *-ìsco, -ìsci*) [comp. parasint. di *bizza*; 1716 ca.] ***intr.*** (aus. *essere*) e ***intr. pron.*** stizzirsi, adirarsi; di cavalli, imbizzarrirsi, impennarsi.

imboccaménto [da *imboccare*; 1565] ***sm.*** *non com.* **1.** l'imboccare **2.** *T.tecn.* l'incastrarsi dei denti di due ruote accoppiate.

imboccàre (pres. *-ócco, -ócchi*) [comp. parasint. di *bocca*; a. 1363] ***tr.*** **1.** mettere il cibo in bocca, come si fa ai bambini, ai malati e in generale a chi non è in grado di mangiare da solo || *fig.* suggerire a qualcuno le parole che deve dire o le cose che deve fare **2.** rif. a strumento a fiato, porselo in bocca per suonarlo **3.** entrare in un luogo per percorrerlo o attraversarlo: *la nave imboccò il porto, imboccare il corridoio*; anche *fig.*: *imboccare una strada pericolosa, imboccare la via del successo* **4.** *T.mil.* centrare con un proiettile una feritoia, una bocca da fuoco ecc. || ***intr.*** (aus. *essere*) **1.** di arnesi e sim., incastrarsi nella bocca di altri oggetti: *questo pezzo di condotto imbocca in un altro* **2.** *raro* di strada, fiume ecc., sboccare || **N.** ***tr.*** **1.** *Sin.* alimentare, imbeccare; istruire, suggerire **3.** *Sin.* entrare, immettersi, penetrare in | ***intr.*** **1.** *Sin.* adattarsi, incastrarsi.

imboccatùra [da *imboccare*; 1631 nel senso 3] ***sf.*** **1.** passaggio, apertura attraverso cui si entra: *all'imboccatura del traforo* **2.** parte di un congegno o di un oggetto qualsiasi, in cui si inserisce qualcosa: *imboccatura di un tubo* **3.** parte di strumento musicale a fiato, a cui si applica la bocca per suonarlo || la maniera di adattare la bocca allo strumento: *avere una buona imboccatura* **4.** la parte del morso che si mette in bocca al cavallo.

imbocciàre (pres. *-òccio*) [comp. parasint. di *boccio*; 1802] ***intr.*** (aus. *avere*) *lett.* fare il boccio, detto di pianta o fiore: *apre corolle che imbocciar non vide* (Pascoli); *marzo imboccia*, all'inizio della primavera i fiori formano il bocciolo.

imbócco (pl. *-chi*) [da *imboccare*; a. 1739] ***sm.*** imboccatura, punto d'accesso: *ci troviamo all'imbocco dell'autostrada* || **N.** *Contr.* sbocco.

imbolàre (pres. *-ólo*) [lat. *involāre*; a. 1292] ***tr.*** var. tosc. arc. di *involare* (v.).

imbolsiménto [da *imbolsire*; sec. XIV] ***sm.*** *non com.* l'imbolsire.

imbolsìre (pres. *-ìsco, -ìsci*) [comp. parasint. di *bolso*; a. 1320] ***intr.*** (aus. *essere*) e ***intr. pron.*** *non com.* di cavallo, divenir bolso || *fig.* infiacchire.

imbonàre (pres. *-òno*) [comp. parasint. di *b(u)ono*; 1889] ***tr.*** durante la costruzione di uno scafo spec. di legno, portare alla misura esatta un pezzo, togliendo il materiale in eccesso o aggiungendo quello mancante.

imboniménto [da *imbonire*; 1912] ***sm.*** il discorso che fa l'imbonitore per attirare la gente e convincerla a fare o a comprare qualcosa || *per estens.* qualunque discorso che vuol dare valore a cosa o persona che non ne ha.

imbonìre (pres. *-ìsco, -ìsci*) [comp. parasint. di *b(u)ono*; 1640 nel senso 2] ***tr.*** **1.** invitare il pubblico a comprare qualcosa o ad assistere ad uno spettacolo esaltandone pregi e qualità **2.** *non com.* rabbonire, placare || ***rifl. intens.*** *imbonirsi qualcuno*, cercare di accattivarsi il suo favore.

imbonitóre [da *imbonire*; a. 1905] ***sm.*** (f. *-trìce*) chi imbonisce || *in part.* il venditore ambulante che esalta i pregi della sua merce per indurre il pubblico a comprarla, o lo strillone che, all'ingresso di un locale o di un circo, invita la gente a partecipare allo spettacolo || *per estens.* chi esalta con discorsi ad effetto le qualità spesso inesistenti di qualcosa.

imbòno [da *imbonàre*; 1889] ***sm.*** *T.mar.* nella costruzione di uno scafo in legno, il materiale che manca e va aggiunto o che eccede e va tolto, per portare i vari pezzi alla misura esatta.

imborgheṣiménto o **imborghesiménto** [da *imborghesire*; a. 1952] ***sm.*** il processo dell'imborghesirsi.

imborgheṣìre o **imborghesìre** (pres. *-ìsco, -ìsci*) [comp. parasint. di *borghese*; 1882] ***intr.*** (aus. *essere*) e ***intr. pron.*** acquistare modi e consuetudini di vita borghese; *per estens.* con valore spreg., abituarsi alle comodità, infiacchirsi: *raggiunto il benessere economico ti sei presto imborghesito* || ***tr.*** *meno com.* rendere borghese, infiacchire: *le troppe comodità lo hanno imborghesito.*

imborsàre (pres. *-órso*) [comp. parasint. di *borsa*; sec. XIV] ***tr.*** *raro* mettere nella borsa || *T.stor.* nel Medioevo, introdurre in un'urna i nomi dei candidati a varie cariche, prima di procedere all'estrazione a sorte.

imboscaménto [da *imboscare*; a. 1304] ***sm.*** **1.** l'imboscare e l'imboscarsi: *l'imboscamento di un genere di prima necessità* **2.** *T.set.* il periodo corrispondente alla quinta età del baco da seta, in cui esso si porta sulle ramaglie per tesservi il bozzolo.

imboscàre (pres. *-òsco, -òschi*) [comp. parasint. di *bosco*; 1374 come rifl.] ***tr.*** **1.** *propr.* nascondere in un bosco **2.** *fig. più com.* nascondere, sottrarre qualcuno a un obbligo o a un rischio, in part. al servizio militare o all'invio al fronte || nascondere materiali e prodotti per sottrarli a requisizione o ammasso **3.** *non com.* imboschire || ***rifl.*** **1.** addentrarsi in un bosco per nascondersi || mettersi in agguato in un bosco, o dietro altro riparo || rif. ai bachi da seta, andare al bosco **2.** *rif.* sottrarsi agli obblighi militari, facendosi esonerare o facendosi assegnare compiti meno impegnativi o meno rischiosi: *bell'alpino!, ti sei imboscato in un ufficio* || *per estens.* sottrarsi a obblighi e impegni nascondendosi: *quando è ora di dare una mano, Sandro si imbosca*; trovare un'occupazione tranquilla e poco impegnativa || ***intr. pron.*** rif. a pianta, infoltirsi disordinatamente di rami e foglie.

imboscàta [da *imboscare*; 1554] ***sf.*** agguato, insidia che coglie di sorpresa in un luogo e in un momento inatteso: *tendere un'imboscata.*

imboscàto (*pps.* di *imboscare*) [1916] ***sm.*** (f. *-a*) chi si sottrae al servizio militare oppure riesce, durante la guerra, ad evitare il fronte facendosi assegnare compiti meno rischiosi || *per estens.* chi si sottrae a un impegno gravoso assumendo compiti di scarsa responsabilità.

imboscatóre [da *imboscare*; 1918] ***sm.*** (f. *-trìce*) *raro* chi offre il suo aiuto ai soldati che si devono imboscare || chi imbosca prodotti o materiali.

imboschiménto [da *imboschire*; 1779] ***sm.*** l'imboschire e l'imboschirsi.

imboschìre (pres. *-ìsco, -ìsci*) [comp. parasint. di *bosco*; a. 1459] ***intr.*** (aus. *essere*) e ***intr. pron.*** di terreno, coprirsi di bosco || ***tr.*** ridurre un terreno a bosco.

imbottaménto [comp. parasint. di *botte*; 1983] ***sm.*** *T.ing.* nelle città, l'insieme delle opere di ingegneria idraulica che consentono di far passare sottoterra le canalizzazioni e le tubature || **N.** *Sin.* sifonamento.

imbottàre (pres. *-ótto*) [comp. parasint. di *botte*; 1353] ***tr.*** mettere nella botte || *fig. non com.* *imbottar nebbia* o *fumo*, stare senza far niente, o darsi l'aria di fare molto, senza in realtà concludere nulla.

imbottatóre [da *imbottare*; 1887] ***sm.*** (f. *-trìce*) chi mette vino o altri liquidi nelle botti || chi mette le foglie di tabacco nella botte, per trasportarle alla manifattura.

imbottatùra [da *imbottare*; 1625] ***sf.*** l'imbottare.

imbottavìno [comp. di *imbotta(re)* e *vino*; 1834] ***sm.*** *inv.* grande imbuto di legno che serve per imbottare il vino || **N.** *Sin.* pevera, IMBUTO.

imbótte [da *botto*; 1681] ***sf.*** *T.arch.* superficie interna e concava di un arco, di una volta, di una finestra || **N.** *Sin.* intradosso.

imbottigliaménto [da *imbottigliare*; 1887] ***sm.*** **1.** l'imbottigliare e l'essere imbottigliato: *l'imbottigliamento del vino* **2.** *fig.* afflusso disordinato e contemporaneo di troppi veicoli in una strada, col risultato di bloccarla: *i soliti imbottigliamenti del sabato pomeriggio* || **N. 2.** ingorgo.

imbottigliàre (pres. *-iglio*) [comp. parasint. di *bottiglia*; 1789] ***tr.*** **1.** mettere in bottiglie un liquido, in part. il vino, per venderlo o conservarlo; anche *ass.*: *bisogna imbottigliare con la luna giusta* **2.** *fig.* *T.mar.* chiudere in un porto o in un canale le navi nemiche in modo che non possano uscire; *per estens.* bloccare al nemico ogni via d'uscita: *imbottigliare il reparto nella gola* || impedire a una persona o a un veicolo la libertà di movimento: *imbottigliare un avversario, i dimostranti, essere imbottigliato dal traffico* || ***intr. pron.*** di veicoli, ammassarsi con molti altri in luogo stretto, tanto da impedirsi reciprocamente la circolazione.

imbottigliatóre [da *imbottigliare*; 1956] ***sm.*** **1.** (f. *-trìce*) chi imbottiglia vino o altri liquori **2.** strumento con cui si riempiono le bottiglie.

imbottigliatrìce [da *imbottigliare*; 1940] ***sf.*** macchina per imbottigliare il vino o altro liquido.

imbottinàre (pres. *-ìno*) [comp. parasint. di *bottino*; 1887] ***tr.*** concimare con bottino.

imbottìre (pres. *-ìsco, -ìsci*) [forse parallelo di *imbottare*; 1553] ***tr.*** **1.** riempire materassi o elementi di arredamento con uno strato di lana, crine o gommapiuma per renderli più soffici || applicare uno strato di ovatta tra la stoffa e la fodera di coperte e indumenti, per renderli più caldi o evidenziare alcuni particolari: *imbottire le spalle di una giacca, imbottire il copriletto* || *per estens.* coprire con molti indumenti per riparare dal freddo: *imbottire qualcuno di maglie* || *per estens.* riempire gli spazi vuoti di una struttura a scopo protettivo: *imbottire lo scafo di una nave* **2.** *per estens.* riempire con un ripieno: *imbottire un panino* || *fig.* riempire eccessivamente: *imbottire qualcuno di medicine, imbottire un cervello di sciocchezze* || **N. 1.** *Sin.* coprire, ovattare, riempire **2.** *Sin.* farcire; colmare, rimpinzare.

imbottìta [da *imbottire*; 1869] ***sf.*** coperta pesante da letto, riempita di cotone, bambagia, piume ecc. || **N.** *Sin.* piumone, trapunta.

imbottitùra [da *imbottire*; 1598 nel senso 2] ***sf.*** **1.** l'azione dell'imbottire **2.** materiale usato per imbottire: *il divano ha perso l'imbottitura* || nell'industria, materiale usato per colmare i vuoti nelle costruzioni metalliche o per proteggere cavi elettrici sommersi **3.** nell'industria tessile, punto di ricamo, impuntura.

imboẓẓacchìre (pres. *-ìsco, -ìsci*) [comp. parasint. di *bozzacchio*; 1853] ***intr.*** (aus. *essere*) di frutti, intristire, non riuscire a maturare || *fig. non com.* rif. ad animali e persone, crescere a stento.

imbozzàre (pres. *imbòzzo*) [comp. di *in-*[1] e *bozza*; 1813 *imbossare*] **tr.** *T.mar.* ormeggiare solidamente una nave di prora o di poppa, in modo che non venga spostata dalle correnti o dalle onde.

imbozzatùra [da *imbozzare*; 1889] **sf.** *T.mar.* ogni ormeggio realizzato per imbozzare.

imbozẓimàre (pres. *-òẓẓimo*) [comp. parasint. di *bozzima*; 1308 *imbozimare*] **tr.** *non com. T.tess.* cospargere i filati con sostanze collanti per renderli più resistenti e prepararli alla tessitura || *per estens.* imbrattare con materie appiccicose || **rifl.** *scherz. raro* imbellettarsi: *s'imbozzima tutta prima di andare a teatro* || **N.** *Sin.* inamidare, incollare.

imbozẓimatóre [da *imbozzimare*; 1834] **sm.** (f. *-trìce*, e *-tóra*) chi imbozzima.

imbozẓimatrìce [da *imbozzimare*; 1957] **sf.** *T.tess.* macchina per imbozzimare i filati.

imbozẓimatùra [da *imbozzimare*; 1919] **sf.** *T.tess.* operazione dell'imbozzimare i filati || *fig.* pasticcio, guazzabuglio.

imbozzolàrsi [comp. parasint. di *bozzolo*; 1869] **rifl.** del baco da seta, chiudersi nel bozzolo || *fig. lett.* chiudersi, come dentro un bozzolo.

imbràca o **imbràga** [da *imbracare*; 1743 nel senso 2] **sf.** **1.** parte del finimento del cavallo da tiro, che consiste in una lunga cinta di cuoio attaccata sotto la groppiera, che passa intorno alle cosce, e serve a trattenere il carro in discesa; *buttarsi sull'imbraca*, detto del cavallo che si appoggia per stanchezza all'imbraca; *fig.* detto di persona, scansare la fatica, trascurare il proprio lavoro **2.** *T.tecn.* fascia, corda o cintura di sicureza che sostiene chi lavora sospeso nel vuoto; l'insieme di cavi e catene con cui si legano oggetti pesanti da sollevare e trasportare **3.** *region. non com.* fasciatura dei neonati || **N. 2.** *Sin.* imbracatura. **Q.T.** *cavallo.*

imbracàre o **imbragàre** (pres. *-àco, -àchi*) [comp. parasint. di *braca*; 1798] **tr.** **1.** legare un oggetto con funi, cavi o catene per poterlo sollevare e spostare || assicurare una persona con funi affinché, sollevandola, non rischi di cadere **2.** *T.cacc.* formare con spago una specie di braca intorno al corpo degli zimbelli, per trattenerli fermi al posto di caccia loro assegnato || *T.libr. non com.* imbrachettare **3.** *non com.* mettere la fasciatura a un neonato || **rifl.** indossare un'imbracatura.

imbracatóre o **imbragatóre** [da *imbracare*; 1957] **sm.** *non com.* operaio addetto all'imbracatura delle merci.

imbracatùra o **imbragatùra** [da *imbracare*; 1589 nel senso 2] **sf.** **1.** operazione dell'imbracare **2.** l'insieme di cavi, funi e cinghie con cui s'imbraca o ci si imbraca: *assicurare l'imbracatura, l'imbracatura del paracadutista, dell'alpinista.*

imbracciàre (pres. *-àccio*) [comp. parasint. di *braccio*; sec. XIV] **tr.** adattare al braccio: *imbracciare lo scudo*; *imbracciare il fucile*, sistemarlo contro la spalla nella posizione adatta a sparare; *fig.* prepararsi a uno scontro.

imbracciatùra [da *imbracciare*; a. 1527] **sf.** atto e modo di imbracciare || *concr.* le striscie di cuoio che servono per imbracciare.

imbrachettàre (pres. *-étto*) [comp. parasint. di *brachetta*; 1863] **tr.** *T.libr.* fissare su un libro tavole stampate a parte o pagine staccate, per mezzo di striscioline di carta o tela ripiegate a metà (v. BRACHETTA nel senso 3).

imbrachettatùra o **imbraghettatùra** [da *imbrachettare*; 1945] **sf.** *T.libr.* operazione dell'imbrachettare.

imbràga e der. v. IMBRACA e der.

imbragàre e der. v. IMBRACARE e der.

imbranàto [etim. inc.; 1945] **agg.** e **sm.** (f. *-a*) nel gergo militare indica il soldato impacciato nei movimenti, lento, inesperto; *in gen.* che, chi è impacciato, maldestro: *sei proprio un imbranato!* || **N.** *Sin.* salame.

imbrancàre (pres. *-ànco, -ànchi*) [comp. parasint. di *branco*; a. 1722] **tr.** riunire in branco || **rifl.** entrar nel branco; *fig.* unirsi al gruppo: *m'imbrancai fra i letterati.*

imbrandìre (pres. *-ìsco, -ìsci*) [da *brandire*; 1607] **tr.** *raro* impugnare, brandire.

imbrascatùra [forse dal lomb. *imbrascadura*; 1957] **sf.** alterazione del formaggio grana, per cui la pasta si sfalda o presenta delle macchie.

imbrattacàrte [comp. di *imbratta(re)* e *carta*; 1563] **s. inv.** *spreg.* cattivo scrittore; scribacchino senza valore.

imbrattafògli [comp. di *imbratta(re)* e *foglio*; 1869] **s. inv.** *spreg.* imbrattacarte.

imbrattaménto [da *imbrattare*; a. 1539] **sm.** l'atto e l'effetto dell'imbrattare.

imbrattamùri [comp. di *imbratta(re)* e *muro*; 1869] **s. inv.** *spreg.* cattivo decoratore o affrescatore.

imbrattàre [etim. inc.; 1342] **tr.** insudiciare: *imbrattare il muro, il vestito, il pavimento, la strada* || *fig. imbrattare tele, muri, carte*, essere un cattivo pittore, decoratore o scrittore; *imbrattare il proprio onore*, macchiarlo || **rifl.** e **rifl. indir.** sporcarsi: *imbrattarsi di colla*; *fig. imbrattarsi le mani di sangue*, commettere un delitto || **N.** *Sin.* insozzare, insudiciare, lordare, macchiare, sporcare.

imbrattatèle [comp. di *imbratta(re)* e *tela*; 1868] **s. inv.** *spreg.* cattivo pittore.

imbrattatóre [da *imbrattare*; a. 1571] **sm.** (f. *-trìce*) *non com.* chi imbratta.

imbrattatùra [da *imbrattare*; a. 1400 ca.] **sf.** *raro* atto o effetto dell'imbrattare.

imbràtto [da *imbrattare*; a. 1400] **sm.** **1.** *non com.* imbrattamento || *fig.* pittura o scritto privo di valore **2.** *non com.* il cibo che si dà ai maiali; *per estens.* vivanda malfatta, che fa schifo a vederla.

imbrecciàre (pres. *-éccio*) [comp. parasint. di *breccia*; a. 1798] **tr.** spargere la breccia su una strada.

imbrecciàta [da *imbrecciare*; 1869] **sf.** strato di breccia o ghiaia che si sparge nelle strade sterrate.

imbrecciatùra [da *imbrecciare*; 1869] **sf.** preparazione del letto stradale con uno strato di breccia o ghiaia prima di asfaltare.

imbreviàre (pres. *-èvio*) [comp. di *in-*[1] e *breve*; a. 1312] **tr.** **1.** *ant.* abbreviare, spec. una scrittura **2.** *per estens.* protocollare.

imbreviatùra [da *imbreviare*; 1309] **sf.** *T.stor.* la minuta degli antichi notai; protocollo in cui venivano registrate tali minute.

imbriacàre (pres. *-àco, -àchi*) [da *imbriaco*; prima metà sec. XIV] **tr.** *pop.* ubriacare || **rifl.** ubriacarsi || *fig. imbriacarsi di qualcuno*, concepirne tanta stima da non vederne più i difetti.

imbriacatùra [da *imbriacare*; a. 1536] **sf.** *pop.* ubriacatura.

imbriàco (pl. *-chi*) [var. di *ubriaco*; a. 1327] **agg.** e **sm.** *pop.* ubriaco.

imbricàto [dal lat. *imbricātus*; 1798] **agg.** embricato || *T.geol. struttura imbricata*, assetto tettonico caratterizzato da scaglie rocciose accavallate a embrice.

imbricconìre (pres. *-ìsco, -ìsci*) [comp. parasint. di *briccone*; 1707] **intr.** (aus. *essere*) e **intr. pron.** diventare briccone || **tr.** *raro* far diventare briccone.

imbrìfero [dal lat. *imbrifer*; a. 1484] **agg.** *T.geogr.* di bacino, che raccoglie le acque piovane.

imbrigliaménto [da *imbrigliare*; a. 1598] **sm.** l'imbrigliare.

imbrigliàre (pres. *-ìglio*) [comp. parasint. di *briglia*; a. 1431] **tr.** **1.** mettere la briglia: *imbrigliare un cavallo* || *fig.* tenere a freno: *imbrigliare la fantasia* **2.** rinforzare con briglie e sostegni: *imbrigliare un muro pericolante, imbrigliare la nave affondata per riportarla in superficie* || *T.tecn. imbrigliare un terreno*, sistemarlo in modo da impedire l'azione erosiva delle acque o del vento || *imbrigliare un torrente*, regolarne il flusso delle acque mediante dighe e sbarramenti eseguiti nell'alveo || *T.mar.* rinforzare con briglie un albero o un'asta || **intr. pron.** rif. a cavallo, impigliarsi con le gambe nelle briglie || **N. 1.** *Sin.* frenare, ostacolare, sottomettere **2.** *Sin.* consolidare, rinforzare | briglia.

imbrigliatùra [da *imbrigliare*; sec. XIV] **sf.** **1.** *non com.* l'atto e il modo d'imbrigliare || *concr.* le redini con cui si imbriglia un animale e *per estens.* l'insieme dei mezzi con cui si imbriglia qualcosa: *l'imbrigliatura di un aquilone* **2.** *T.mar.* operazione di rinforzo con briglie di elementi dell'alberatura di una nave.

imbrillantinàre (pres. *-ìno*) [comp. parasint. di *brillantina*; 1950] **tr.**, **rifl.** e **rifl. indir.** ungere di brillantina.

imbroccàre[1] (pres. *-òcco, -òcchi*) [comp. parasint. di *brocca*, centro del bersaglio; 1532] **tr.** **1.** *propr.* colpire nel centro del bersaglio || *più com. fig.* indovinare, azzeccare: *non ne imbrocchi una!* || *non com. imbroccare un amico*, imbattersi in lui per caso **2.** *sett.* entrare in un luogo || **intr.** (aus. *avere*) **1.** di olivo, mettere i germogli; *per estens.* mettere le gemme, detto di qualsiasi pianta da frutto **2.** *T.cacc.* di uccelli, posarsi sui rami degli alberi || **N. tr. 1.** *Sin.* colpire nel segno, indovinare **2.** *Sin.* imboccare | **intr. 1.** mignolare.

imbroccàre[2] (pres. *-òcco, -òcchi*) [comp. parasint. di *brocco*, chiodo; 1309] **tr.** *T.calz.* fermare la tomaia della scarpa sulla forma con delle brocche.

imbroccàta [da *imbroccare*[1]; sec. XVI] **sf.** *T.sport.* nella scherma, colpo di punta inferto dall'alto in basso.

imbrodàre (pres. *-òdo*) [comp. parasint. di *brodo*; a. 1492] **tr.** e **rifl.** *non com.* imbrattare o imbrattarsi di broda o di brodo || *prov. chi si loda s'imbroda*, chi si vanta da sé, alla fine si danneggia || **N.** *Sin.* imbrodolare; sbrodolare.

imbrodolaménto [da *imbrodolare*; 1869] **sm.** *non com.* l'imbrodolare e l'imbrodolarsi.

imbrodolàre (pres. *-òdolo*) [da *imbrodare*; a. 1528] **tr.** e **rifl.** *non com.* macchiare o macchiarsi di brodo o altri liquidi || *fig.* immischiare o immischiarsi in cose disonorevoli || **N.** *Sin.* impiastricciare, sbrodolare, sporcare.

imbrodolatùra [da *imbrodolare*; a. 1672] **sf.** *non com.* macchia di liquido, sbrodolatura.

imbrogliàre (pres. *-òglio*) [da *brogliare*; 1531] **tr.** **1.** avviluppare, arruffare alterando la disposizione e l'ordine: *imbrogliare una matassa* || *fig.* rendere complicato (o più complicato) tanto da turbare il regolare svolgimento: *imbrogliare una faccenda*; *imbrogliare le carte*, creare volutamente confusione **2.** *fig.* raggirare con l'inganno qualcuno per trarne vantaggio: *l'hai imbrogliato sulla convenienza di questo affare* || confondere qualcuno, fargli perdere il filo del ragionamento: *con tutte queste interruzioni mi stai imbrogliando* **3.** *T.mar. imbrogliare le vele*, chiuderle rapidamente, per sottrarle all'azione del vento, mediante quelle corde che si chiamano genericamente imbrogli || **intr. pron.** **1.** ingarbugliarsi: *si sono imbrogliati i fili del lavoro a maglia* || *fig.* complicarsi: *la faccenda s'imbroglia*; *il tempo s'imbroglia*, si guasta **2.** non riuscire a raccapezzarsi: *con tutti questi calcoli m'imbroglio*; confondersi nel parlare: *imbrogliarsi per l'emozione a un esame* **3.** *non com.* invischiarsi: *in quest'affare non mi ci voglio imbrogliare* || **N. tr. 1.** *Sin.* avvolgere, complicare, confondere, ingarbugliare, mescolare **2.** *Sin.* abbindolare, accalappiare, frodare, ingannare, raggirare, truffare; turbare | **intr. pron. 2.** confondersi, impappinarsi; pasticciare **3.** *Sin.* impelagarsi.

imbròglio (pl. *-ògli*) [da *imbrogliare*; a. 1311 nel senso 2] **sm. 1.** azione illegale e disonesta, raggiro: *qui sotto c'è un imbroglio, essere vittima di un imbroglio* **2.** cosa imbrogliata, groviglio: *un imbroglio di funi* **3.** situazione confusa e complicata: *cacciarsi in un imbroglio* || difficoltà improvvisa che costituisce un ostacolo: *ci sono stati degli imbrogli, perciò i documenti non sono ancora pronti* **4.** *T.mus.* confusione, fatta ad arte, di ritmi e di melodie, frequente nell'opera buffa **5.** *T.mar.* denominazione generica dei cavi attaccati alle vele e disposti in modo da avvilupparle e sottrarle rapidamente all'azione del vento in caso di necessità || **N. 1.** *Sin.* frode, inganno, sotterfugio, tresca, truffa **2.** *Sin.* garbuglio, intreccio, intrico, nodo, viluppo **3.** *Sin.* complicazione, confusione, difficoltà, impiccio, intoppo, intralcio, intrigo, ostacolo.

imbroglióne [da *imbrogliare*; 1585 *imbroglion*a f.] **sm.** (f. *-a*) chi suole imbrogliare il prossimo; anche con valore attributivo: *un negoziante imbroglione* || **N.** *Sin.* impostore, truffatore.

imbroncàre (pres. *-ónco, -ónchi*) [etim. inc.; 1889] **tr.** *T.mar.* inclinare i pennoni delle navi, in modo che formino un angolo acuto con l'albero.

imbronciàre (pres. *-óncio*) [comp. parasint. di *broncio*; a. 1573] **intr.** (aus. *essere*) e **intr. pron.** mettere su il broncio, corrucciarsi: *ha un carattere! si imbroncia per niente* || *fig. il cielo si è imbronciato,* si è rannuvolato.

imbroncìre (pres. *-ìsco, -ìsci*) [var. di *imbronciare*; 1755] **intr.** (aus. *essere*) *raro* imbronciarsi.

imbrunàre (pres. *-ùno*) [comp. parasint. di *bruno*; 1319] **intr.** (aus. *essere*) *poet.* diventar bruno; imbrunire.

imbruniménto [da *imbrunire*; 1930] **sm. 1.** *T.bot.* alterazione patologica della colorazione, spec. di foglie e frutti, caratterizzata da macchie scure più o meno estese, dovuta ad agenti parassitari o scompensi organici **2.** modificazione del colore di certi alimenti, più scuri del normale.

imbrunìre (pres. *-ìsco, -ìsci*) [comp. parasint. di *bruno*; a. 1292] **I intr.** (aus. *essere*) diventare scuro, detto spec. dell'aria e del cielo dopo il tramonto; nella forma impers., farsi sera: *comincia a imbrunire* || *T.bot.* di pianta, essere soggetto a imbrunimento || **tr.** *raro* **1.** rendere bruno, scuro **2.** *ant.* rif. ai metalli, brunire **II sm.** *inv.* tramonto, crepuscolo, spec. nelle espr. *sull'imbrunire, all'imbrunire,* verso sera.

imbrutiménto [da *imbrutire*; 1869] **sm.** *raro* abbrutimento.

imbrutìre (pres. *-ìsco, -ìsci*) [comp. parasint. di *bruto*; a. 1315] **intr.** (aus. *essere*) e **intr. pron.** *non com.* diventare simile a un bruto || **tr.** *raro* abbrutire.

imbruttiménto [da *imbruttire*; 1869] **sm.** l'imbruttire.

imbruttìre (pres. *-ìsco, -ìsci*) [comp. parasint. di *brutto*; a. 1380] **tr.** rendere più brutto: *quel trucco ti imbruttisce* || **intr.** (aus. *essere*) e **intr. pron.** diventare brutto: *nell'età dello sviluppo i ragazzi imbruttiscono* || **N. tr.** *Sin.* abbruttire, deturpare, rovinare | *Contr.* imbellire | **intr.** e **intr. pron.** *Sin.* abbruttire.

imbubbolàre (pres. *-ùbbolo*) [comp. parasint. di *bubbola*; a. 1698] **tr.** *non com.* ingannare con bubbole o fandonie || **intr. pron.** *tosc.* non curarsi affatto di una cosa o persona, infischiarsene.

imbucàre (pres. *-ùco, -ùchi*) [comp. parasint. di *buca*; 1325 ca.] **tr. 1.** mettere nella buca: *imbucare la palla,* nel gioco del biliardo, mandarla in buca || *in part.* mettere nella buca delle lettere, impostare (anche *ass.*): *vado a imbucare* **2.** *meno com.* nascondere in un buco o in qualsiasi posto difficile da scoprire: *dove hai imbucato le chiavi?* || **rifl.** nascondersi: *quando è ora di andare dal dentista s'imbuca sempre* || intrufolarsi; rintanarsi: *imbucarsi in un bar.*

imbudellàre (pres. *-èllo*) [comp. parasint. di *budello*; a. 1584] **tr.** mettere la carne tritata in un budello per farne salsicce, salami, cotechini ecc. || **N.** *Sin.* insaccare.

imbuggeràrsi (pres. *-ùggero*) [comp. di *in-*[1] e *buggerare*; a. 1802] **intr. pron.** *pop.* non curarsi, infischiarsi di qualcuno o qualcosa.

imbullettàre (pres. *-étto*) [comp. parasint. di *bulletta*; 1631] **tr.** fermare con bullette o con borchie.

imbullettatùra [da *imbullettare*; 1957] **sf.** atto o effetto dell'imbullettare.

imbullonàre (pres. *-óno*) [comp. parasint. di *bullone*; 1956] **tr.** fissare per mezzo di bulloni || **N.** *Contr.* sbullonare.

imburràre [comp. parasint. di *burro*; 1863] **tr.** spalmare di burro: *imburrare i crostini, la teglia* || *non com.* condire col burro: *imburrare il riso.*

imbuscheràrsi (pres. *-ùschero*) [da *buscherare*; 1858] **intr. pron.** *pop.* non curarsi di una cosa o persona, infischiarsi.

imbusecchiàre (pres. *-ècchio*) [comp. parasint. di *busecchia*; a. 1698] **tr.** *tosc.* mettere la carne tritata dentro le busecchie o budelli per farne salsiccia || *fig.* rimpinzare di cibo o di nozioni: *imbusecchiati di filosofia* (Carducci) || **N.** *Sin.* imbudellare, insaccare, riempire.

imbussolàre (pres. *-ùssolo*) [comp. parasint. di una var. dial. di *bossolo*; 1447] **tr.** metter dentro il bossolo: *imbussolare la polvere da sparo*; *in part.* introdurre in un'urna schede o numeri da tirare a sorte.

imbustàre[1] [comp. parasint. di *busto*; 1970] **tr.** stringere in un busto, cingere con un busto.

imbustàre[2] [comp. parasint. di *busta*; 1970] **tr. 1.** confezionare buste **2.** mettere, chiudere in una busta.

imbustatrìce [da *imbustare*; 1970] **sf.** macchina automatica per imbustare la corrispondenza o per confezionare oggetti in busta.

imbustinatrìce [comp. parasint. di *bustina*; 1983] **sf.** macchina automatica per dosare e confezionare in bustine di carta prodotti in polvere come lo zucchero.

imbutifórme [comp. di *imbuto* e *-forme*; a. 1730] **agg.** detto di ogni cosa che ha forma d'imbuto.

imbutìre (pres. *-ìsco, -ìsci*) [dal fr. *emboutir*, tirare a capo; 1957] **tr.** *T.tecn.* dare a un disco di lamiera forma concava.

imbutitùra [da *imbutire*; 1952] **sf.** *T.tecn.* deformazione plastica, ottenuta per mezzo di presse o di torni, che consente di trasformare una lamiera metallica piana in un pezzo concavo o convesso.

imbùto [lat. tardo *imbūtum*; a. 1320] **sm. 1.** arnese a forma di cono rovesciato, con un cannello in fondo, che serve per versare un liquido in un vaso a bocca stretta, senza che si sparga || *per estens.* indica un oggetto o una conformazione che ricorda la forma dell'imbuto: *il fiume in quel punto forma un imbuto*; frequente nella loc. *a imbuto*: *una strada a imbuto* || *in part. imbuto eruttivo,* in vulcanologia, la parte terminale di un camino di esplosione; *imbuto diamantifero,* camino diamantifero; *imbuto separatore,* apparecchio usato nei laboratori chimici per separare due liquidi tra loro immiscibili o i componenti di una soluzione || *fig. mangiare con l'imbuto,* molto rapidamente, per abitudine o necessità **2.** *T.zool.* organo dei molluschi Cefalopodi, che espelle acqua e sostanze di rifiuto dal mantello, e funge anche da locomotore || **N. 1.** *Sin.* imbottavino, pevera. **TAV.** *enologia* 8.3.

imbuzzàre [comp. parasint. di *buzzo*; 1951] **tr.** e **rifl.** *tosc.* riempire di cibo, rimpinzare.

imbuzzìrsi (pres. *-ìsco, -ìsci*) [comp .parasint. di *buzzo*; a. 1698] **intr. pron.** *pop. tosc.* mettere il broncio, crucciarsi.

imenàico (pl. *-ci*) [dal lat. tardo *Hymenāicus*; 1869] **agg.** *lett.* che si riferisce all'imeneo, alle nozze || *dimetro imenaico,* verso usato nei carmi nuziali da greci e latini.

imène[1] [dal lat. *hymen, -is*, gr. *hymḗn*, membrana fina; a. 1730] **sm.** *T.anat.* membrana ricoperta di mucosa, posta tra la vulva e la vagina, di cui chiude parzialmente l'ingresso, che generalmente si lacera al primo contatto sessuale.

imène[2] [dal lat. *Hymen, -is*, dio dei matrimoni; 1761] **sm.** *poet.* nozze.

imenèo [dal lat. *Hymenāeus*, gr. *Hyménaios*; a. 1503] **sm. 1.** *T.lett.* componimento lirico, caratteristico della poesia greca, che veniva cantato in coro mentre si accompagnava la sposa in casa dello sposo **2.** *lett.* (spec. *pl.*) nozze, matrimonio.

imènio (pl. *-ni*) [dal gr. *hyménion*, piccola membrana; 1813] **sm.** *T.bot.* in molti funghi ascomiceti e basidiomiceti, l'insieme delle cellule che portano le spore e le ife.

Imenomicèti (sing. *-e*) [comp. di *imenio* e *-micete*; 1957] **sm. pl.** *T.bot.* ordine di funghi basidiomiceti in cui i basidi si sviluppano su un ricettacolo aperto.

Imenòtteri [dal gr. *hymenópteroi*; 1798 *imenóptero*] **sm. pl.** *T.zool.* ordine di insetti con quattro ali membranose, trasparenti, venate, apparato boccale masticatore, addome mobile provvisto talvolta nelle femmine di pungiglione; vi appartengono api, formiche, vespe e moltissime altre specie di insetti sociali.

imitàbile [dal lat. *imitābilis*; a. 1492] **agg.** che si può imitare; *non imitabile,* che non si deve imitare || **N.** *Sin.* ripetibile, riproducibile | *Contr.* inimitabile.

imitàre (pres. *ìmito*) [dal lat. *imitāri*; 1342] **tr. 1.** riprodurre in modo uguale o simile: *imitare il raglio dell'asino, imitare i gesti, lo stile di qualcuno*; *imitare una firma,* contraffarla || cercare di conformarsi il più possibile a un modello: *imitare il proprio fratello, imitare un artista* || rif. a un soggetto inanimato, essere simile nell'aspetto: *un materiale sintetico che imita la pelle* **2.** *T.mus.* di una voce, ripetere una frase già annunciata da altre || **N. 1.** *Sin.* emulare, scimmiottare, seguire; contraffare, copiare, falsificare, plagiare, riprodurre, simulare | alla lettera, pedissequamente, senza criterio, spudoratamente.

imitatìvo [dal lat. tardo *imitatīvus*; 1798] **agg.** di imitazione, che tende a imitare: *atteggiamento imitativo* || *T.ling. suoni, voci imitative,* onomatopeiche, fonosimboliche.

imitatóre [dal lat. *imitātor, -ōris*; a. 1375] **sm.** (f. *-trìce*) chi imita: *avere molti imitatori*; *non com.* con val. attributivo: *un artista imitatore* || *in part.* attore specializzato nell'imitare versi, rumori, voci e personaggi|| **N.** *Sin.* contraffattore, pappagallo, plagiario.

imitatòrio (pl. *-ri*) [dal lat. tardo *imitatōrius*; 1728] **agg.** *raro* imitativo.

imitazióne [dal lat. *imitātio, -ōnis*; a. 1311] **sf. 1.** l'atto e l'effetto di imitare: *l'imitazione dei classici nella letteratura umanista, opera d'imitazione* || *T.psic.* processo, tipico dell'età evolutiva, di adozione di modelli comportamentali propri di altre persone || *T.mus.* ripetizione da parte di una voce in contrappunto di una frase già espressa da altra voce || *T.giur. imitazione servile,* nella produzione di un oggetto, atto di concorrenza sleale consistente nell'imitazione di un altro prodotto || numero di varietà in cui un attore imita rumori, voci, gesti:

è un artista specializzato nelle imitazioni **2.** *concr.* riproduzione, generalmente di minor valore, di qualcos'altro: *un'imitazione della ceramica antica; non si tratta di un mobile autentico, ma di un'imitazione* || copia contraffatta: *una volgare imitazione, bisogna diffidare delle imitazioni* || **N. 1.** *Sin.* copiatura, riproduzione; scimmiottata **2.** contraffazione, copia, falso, plagio, riproduzione. **Q.T.** *musica.*

immacchiàrsi (pres. *-àcchio*) [comp. parasint. di *macchia*; a. 1566] *rifl. lett.* nascondersi nel folto di una macchia; *per estens.* nascondersi.

immacolàto [dal lat. *immaculātus*; a. 1243 *immaculato*] *agg.* **1.** che è senza macchia, puro: *una vita immacolata, avere la coscienza immacolata* || *T.rel. Immacolata Concezione,* dogma della religione cattolica, secondo il quale la Madonna fu concepita senza peccato originale; anche la festività dell'8 dicembre in cui si celebra la santificazione di Maria || *per anton. l'Immacolata,* la Madonna **2.** candido: *neve immacolata, un grembiulino immacolato* || **immacolataménte** *avv.* || **N. 1.** *Sin.* incontaminato, puro.

immagazzinàbile [da *immagazzinare*; 1970] *agg.* che può essere immagazzinato.

immagazzinaménto [da *immagazzinare*; 1957] *sm.* atto o effetto dell'immagazzinare || **N.** *Sin.* stoccaggio.

immagazzinàre (pres. *-ìno*) [dal fr. *emmagasiner*, 1841] *tr.* **1.** riporre in un magazzino: *immagazzinare la merce* **2.** *per estens.* raccogliere, accumulare in un luogo ristretto: *immagazzinare aria nei polmoni, immagazzinare energia; immagazzinare dati,* inserirli nella memoria di un computer || *fig.* accumulare dentro di sé anche in modo disordinato: *ha immagazzinato molte idee, cognizioni.*

immaginàbile [dal lat. tardo *imaginābilis*; a. 1332] **I** *agg.* che si può immaginare: *gli ho dato tutti i suggerimenti immaginabili* || spesso usato in espressioni enfatiche: *non è neppure immaginabile che accada una cosa simile* **II** *sm.* tutto quello che si può pensare e immaginare: *ho fatto il possibile e l'immaginabile* || **N.** I *Sin.* concepibile, pensabile, presumibile, prevedibile | *Contr.* inimmaginabile.

immaginaménto [da *immaginare*; fine sec. XIII] *sm. raro* l'atto e l'effetto dell'immaginare.

immaginàre (pres. *-àgino*) [dal lat. *imagināre*; a. 1294 nel senso 2] **I** *tr.* **1.** rappresentare alla mente qualcosa di reale in forma di immagine, dar corpo con la fantasia: *immaginare un tramonto sul mare, immaginare di essere su un'isola deserta* || *colloq.* figurarsi: *immagina che faccia ho fatto!* **2.** escogitare con la mente: *immaginare un nuovo metodo di lavoro, immaginare la trama di un film* **3.** elaborare nella mente, con l'aiuto della fantasia e per mezzo di intuizioni o congetture, un'idea, che si ritiene veritiera, di ciò che non si conosce realmente: *immagino il motivo del tuo ritardo, posso immaginare quello che mi dirà; non ha mantenuto la promessa, dovevo immaginarlo!* || pensare, supporre: *immagino che vorrai scherzare;* supporre a torto: *non è vero che ho detto questo: te lo sei immaginato tu!* || illudersi: *non immaginare di passarla liscia* || *rifl. intens.* (freq. in ogni significato) figurarsi: *te lo immagini chiuso in un ufficio?; ass.* nelle risposte, come formula di cortesia: *disturbo? s'immagini!* || credere, intuire: *da te non me lo sarei mai immaginato; non so cosa sia successo, ma me lo immagino* || illudersi: *s'immagina di essere un grande attore* **II** *sm. lett.* la facoltà e l'attività dell'immaginazione || **N.** I **1.** *Sin.* fantasticare, figurarsi, rappresentare **2.** *Sin.* creare, escogitare, ideare, inventare **3.** *Sin.* congetturare, credere, intuire, pensare, presagire, prevedere, stimare, supporre.

immaginàrio (pl. *-ri*) [dal lat. tardo *imaginārius*; 1354] **I** *agg.* **1.** che è effetto d'immaginazione e non ha rispondenza nella realtà: *personaggio, pericolo, mondo immaginario; malato immaginario,* chi si crede malato ma non lo è **2.** *T.mat. numero immaginario,* numero complesso che è la radice quadrata di un numero reale negativo; *unità immaginaria* (indicata con i), il numero complesso il cui quadrato è −1 || **immaginariaménte** *avv.* **II** *sm.* l'insieme delle rappresentazioni mentali che derivano e appartengono all'immaginazione di un individuo o di una società: *la sfera dell'immaginario, l'immaginario infantile; l'immaginario collettivo,* patrimonio di miti e fantasie proprio di una società || **N.** I *Sin.* apparente, fantastico, finto, fittizio, illusorio, inesistente, simulato.

immaginatìva [da *immaginare*; 1308 *imaginativa*] *sf.* facoltà d'immaginare: *un pittore dotato di grande immaginativa* || **N.** *Sin.* immaginazione, inventiva.

immaginatìvo [da *immaginare*; sec. XIV] *agg.* **1.** che appartiene all'immaginazione: *facoltà, forza immaginativa* **2.** rif. a persona, dotato di immaginazione: *un bambino molto immaginativo.*

immaginatóre [da *immaginare*; a. 1571] **I** *sm. raro* (f. *-trìce*) chi immagina **II** *agg. raro* immaginativo: *virtù immaginatrice.*

immaginazióne [dal lat. *imaginātio, -ōnis*; a. 1294 *imaginazione*] *sf.* **1.** facoltà propria del pensiero di elaborare o riprodurre liberamente immagini: *un uomo privo di immaginazione; esercitare, stimolare l'immaginazione; la visione fu un effetto della sua immaginazione; opera di immaginazione,* opera d'arte di pura fantasia || *per estens.* la mente stessa in quanto immagina: *sono cose che esistono solo nella sua immaginazione, nella mia immaginazione talvolta rivivo episodi che credevo dimenticati* **2.** l'atto di immaginare: *l'immaginazione di un'opera narrativa, abbandonarsi all'immaginazione* || la cosa immaginata: *è una tua immaginazione,* è una fantasticheria senza riscontro nella realtà || **N. 1.** *Sin.* fantasia, immaginativa, inventiva; estro; memoria | calda, feconda, fertile, fervida, ricca, viva; debole, povera, scarsa, stanca | idealista, sognatore, utopista, visionario **2.** *Sin.* congettura, idea, invenzione, supposizione; chimera, fantasticheria, fisima, illusione, sogno, ubbia.

immàgine (lett. *imàgine*) [dal lat. *imāgo, -inis*; 1291 *maggine* nel senso 3] *sf.* **1.** forma esteriore dei corpi che può essere percepita dalla vista oppure può essere riflessa o riprodotta fotograficamente: *un'immagine nitida, chiara, sfocata; l'immagine degli oggetti riflessa nello specchio* || *T.fis. immagine ottica,* riproduzione, reale o virtuale, di un oggetto, data dalla convergenza dei raggi luminosi che partono dall'oggetto (o dei loro prolungamenti geometrici), dopo essere stati riflessi da una superficie speculare o rifratti da un sistema di lenti || *T.fot. immagine latente,* immagine invisibile a occhio nudo ma che può essere rivelata dal bagno di sviluppo || *T.telecom. trasmissione di immagini,* processi di decomposizione e ricomposizione di un'immagine compiuto da un apparato ricetrasmittente **2.** figura o aspetto di una persona o di una cosa che può essere riprodotto o preso a modello: *siamo fatti a immagine di Dio* || riproduzione esatta o simile di qualcosa o di qualcuno: *quel bambino è l'immagine di sua madre; una descrizione che dà un'immagine fedele della vita dei campi* || *per restr.* aspetto esteriore con cui un soggetto (persona, organizzazione, prodotto) si presenta agli altri: *l'immagine di un'azienda, curare, tutelare, difendere la propria immagine* **3.** rappresentazione artistica di un oggetto reale o fantastico: *immagine dipinta, scolpita; in part.* figura di santi o divinità: *immagine votiva, sacra; culto delle immagini* || *diritto all'immagine,* diritto, tutelato dalla legge, che consente di impedire l'esposizione e la pubblicazione della propria immagine senza autorizzazione preventiva || *lett.* apparenza, parvenza: *immagini di ben seguendo false* (Dante) **4.** rappresentazione mentale di cosa reale o astratta ottenuta con l'aiuto della memoria o della fantasia: *nella mente mi è fitta / la cara e buona immagine paterna* (Dante), *conservo l'immagine del cortile in cui giocavo da bambino, tormentarsi con immagini funeste* **5.** rappresentazione concreta e simbolica di una realtà astratta: *sei l'immagine della felicità, essere l'immagine della salute* || *T.ret.* traduzione concreta ed efficace in parole di un concetto poeticamente trasfigurato: *un'immagine suggestiva; scrivere, parlare per immagini,* in modo metaforico **6.** (anche nella forma *imàgine*) *T.zool.* ultimo stadio delle metamorfosi di un insetto, corrispondente all'età adulta e al raggiungimento della maturità sessuale **7.** *T.mat.* data un'applicazione f da un insieme A a un insieme B, è detto *immagine di un elemento* x di A l'elemento $f(x)$ di B che ad esso corrisponde; *immagine dell'applicazione* f, l'insieme degli elementi di B a cui corrisponde almeno un elemento di A || *dim.* immaginìna, immaginétta; *spreg.* immaginùccia || **N. 1.** *Sin.* aspetto, figura, forma **2.** *Sin.* modello, somiglianza **3.** *Sin.* copia, disegno, effigie, emblema, figura, icona, riproduzione, ritratto, sembianza; apparenza, parvenza **4.** *Sin.* ricordo, visione; fantasma, ombra **5.** *Sin.* simbolo; metafora. **Q.T.** *pubblicità.*

immaginétta (*dim.* di *immagine*) [1936] *sf.* figurina devozionale: *un'immaginetta della Madonna.*

immaginìfico (pl. *-ci*) [comp. del lat. *imāgo, -inis* e *-fico*; 1728] **I** *agg. lett.* che crea o suscita immagini: *uno stile immaginifico* **II** *sm.* *l'Immaginifico, per anton.* il poeta Gabriele D'Annunzio.

immaginìsmo [da *immagine*; 1927] *sm.* tendenza stilistica a servirsi con eccessiva frequenza di immagini figurate, scrivendo o parlando.

immaginóso [dal lat. *imaginōsus*; 1532 nel senso 2 *imaginoso*] *agg.* **1.** dotato di molta immaginazione: *una mente immaginosa* **2.** ricco d'immagini: *stile immaginoso* || **immaginosaménte** *avv.*

immalinconìre (pres. *-ìsco, -ìsci*) [comp. parasint. di *malinconia*; a. 1342] *tr.* rendere malinconico: *è un ricordo che mi immalinconisce* || *intr.* (aus. *essere*) e *intr. pron.* diventare malinconico: *s'immalinconisce facilmente al pensiero dei figli lontani* || **N.** *tr. Sin.* rattristare | *intr.* e *intr. pron. Sin.* incupirsi, intristire.

immalizzìre (pres. *-ìsco, -ìsci*) [comp. parasint. di *malizia*; 1869] *tr. non com.* rendere malizioso || *intr.* (aus. *essere*) e *intr. pron.* diventare malizioso o più scaltro.

immancàbile [dal fr. *immanquable*; a. 1770] *agg.* che non può mancare, abitualmente presente: *aspettiamo a Pasqua l'immancabile invito degli zii*; anche in senso iron. || sicuro, garantito, inevitabile: *l'immancabile successo* || **immancabilménte** *avv.* con valore frasale, senza eccezione; certamente, inevitabilmente: *ogni giorno viene immancabilmente a trovarmi.*

immàne [dal lat. *immānis*; a. 1472 nel senso 2] *agg.* **1.** di enormi proporzioni: *statura immane*; anche *fig.*: *fatica immane* || di eccezionale rilievo o gravità: *immane sciagura* **2.** *arc.* o *lett.* crudele, feroce: *Ezzelino, immanissimo tiranno* (Ariosto) || **N. 1.** *Sin.* gigantesco, grandissimo, enorme, smisurato; gravissimo, terribile **2.** *Sin.* inumano, spietato.

immanènte [dal lat. *immānens, -ĕntis*; 1798] *agg.* **1.** che è insito, inerente a qualcosa: *proprietà immanente a una sostanza, principio immanente a una realtà* || che non è al di fuori della storia e dell'uomo: *giustizia immanente* **2.** *T.fil.* che non esiste al di fuori e indipendentemente da una realtà, della cui essenza partecipa || **N. 1.** *Sin.* connaturato, insito, intrinseco **2.** *Contr.* trascendente.

immanentismo [da *immanente*; 1908] ***sm.*** **1.** *T.fil.* qualsiasi posizione che ponga il principio della realtà, comunque inteso, in seno alla realtà stessa **2.** *T.rel.* orientamento cattolico modernista che cerca l'origine e il fondamento della trascendenza di Dio nell'intima esigenza e necessità dell'uomo.

immanentista [da *immanente*; 1940] ***s.*** seguace dell'immanentismo.

immanentistico (pl. *-ci*) [da *immanente*; 1911] ***agg.*** che si riferisce all'immanentismo o all'immanenza.

immanènza [da *immanente*; 1865] ***sf.*** *T.fil.* carattere di ciò che, partecipando dell'essenza di una realtà, non può sussistere separato e indipendente da essa || *T.rel. metodo dell'immanenza*, metodo apologetico che pone l'interiorità dell'uomo, coi suoi bisogni e le sue esigenze, a fondamento delle verità religiose || **N.** *Contr.* trascendenza.

immanére [dal lat. tardo *immanēre*; 1936] ***intr.*** (usato solo nelle terze persone sing. e pl. dell'ind. pres. *immàne, immàngono*, in quelle dell'imp. e all'inf.) *lett.* essere immanente.

immangiàbile [da *mangiabile*; 1895] ***agg.*** che non si può mangiare poiché è avariato o mal cucinato: *pietanza immangiabile.*

immanicàto¹ [comp. parasint. di *manica*; a. 1566] ***agg.*** *ant.* dotato di maniche.

immanicàto² [comp. parasint. di *manico*; inizio sec. XIII] ***agg.*** *non com.* fornito di manico, di impugnatura.

immanicàto³ ***agg.*** *non com.* v. AMMANICATO.

immanità [dal lat. *immānitas, -ātis*; a. 1472 nel senso 2] ***sf.*** **1.** l'essere immane: *l'immanità del disastro aereo* **2.** *lett.* azione mostruosa e inumana || **N. 1.** *Sin.* enormità, grandiosità **2.** *Sin.* atrocità, efferatezza.

immansuèto [dal lat. *immansuētus*; a. 1533] ***agg.*** *lett.* non mansueto, indomito.

immantinènte [dal fr. ant. *maintenant*, subito; sec. XIII *inmantinente*] ***avv.*** *lett.* subito, senza indugio.

immarcescìbile [dal lat. *immarcescibilis*; a. 1597] ***agg.*** *non com.* che non può marcire; *fig. più com.* inalterabile, imperituro (anche *scherz.*).

immascheràre (pres. *-àschero*) [comp. parasint. di *maschera*; a. 1511] ***tr.*** e ***rifl.*** *lett. raro* mascherare.

immascheratùra [da *immascherare*; 1679] ***sf.*** *lett. raro* mascheratura: *immascherature diaboliche* (Carducci) || *fig.* finzione.

immaterìale [dal lat. tardo *immateriālis*; sec. XIV] ***agg.*** che non è materiale: *virtù, sostanza immateriale* || che oltrepassa i limiti della materia: *bellezza immateriale* || *T.giur. beni immateriali*, beni che pur non avendo una consistenza materiale, sono tutelati dalla legge e sono valutati economicamente (per es. invenzioni, prodotti letterari) || **immaterialménte** ***avv.*** || **N.** *Sin.* astratto, incorporeo, spirituale.

immaterialismo [da *immateriale*; 1847] ***sm.*** *T.fil.* dottrina filosofica di G. Berkeley, che nega l'esistenza della materia in sé, la cui realtà risiede nell'essere percepita.

immaterialista [da *immaterialismo*; 1834] ***s.*** *T.fil.* propugnatore o seguace dell'immaterialismo.

immaterialìstico (pl. *-ci*) [da *immaterialismo*; 1834] ***agg.*** *T.fil.* relativo all'immaterialismo.

immaterialità [da *immateriale*; a. 1642] ***sf.*** l'essere immateriale: *l'immaterialità del pensiero.*

immatricolàre (pres. *-ìcolo*) [dal fr. *immatriculer*; 1853] ***tr.*** iscrivere in un pubblico registro, assegnando un numero di matricola: *immatricolare un'automobile, uno studente* || ***rifl.*** iscriversi; *in part.* di studente, iscriversi al primo anno di Università.

immatricolazióne [dal fr. *immatriculation*; 1885] ***sf.*** l'atto e l'effetto dell'immatricolare: *tassa d'immatricolazione*; *immatricolazione di un veicolo*, iscrizione nei registri dell'Ispettorato della motorizzazione civile; *immatricolazione consolare*, registrazione dei cittadini italiani residenti all'estero.

immaturità [dal lat. *immatūritas, -ātis*; 1598] ***sf.*** **1.** l'essere immaturo, acerbo **2.** *fig.* scarso sviluppo intellettuale e culturale: *dare prova di immaturità, rilevare l'immaturità del candidato*; *immaturità politica, sociale* **3.** *T.med.* insufficienza di peso di un neonato alla nascita || *T.psic.* ritardo dello sviluppo mentale e affettivo in rapporto all'età.

immatùro [dal lat. *immatūrus*; a. 1511] **I** ***agg.*** **1.** *non com.* detto di frutto non ancora maturo || *fig. più com.* di persona, che non ha raggiunto un sufficiente e adeguato sviluppo fisico e mentale: *uno studente ancora immaturo* **2.** che avviene anzitempo: *morte immatura* || non ancora opportuno: *i tempi erano immaturi per un cambiamento così radicale* **3.** *T.med.* detto di neonato che alla nascita presenta peso inferiore alla norma || **immaturaménte** ***avv.*** prima del tempo giusto o opportuno **II** ***sm.*** (f. *-a*) **1.** individuo che non ha ancora raggiunto la maturità, soprattutto psichica: *questo ragazzo è un immaturo* **2.** *T.med.* bimbo nato sotto peso: *reparto immaturi* || **N. I 1.** *Sin.* acerbo **2.** *Sin.* prematuro, precoce.

immedesimàre (pres. *-ésimo*) [comp. parasint. di *medesimo*; 1728] ***tr.*** far di due o più cose una cosa sola || ***rifl.*** *fig. più com.* calarsi nello stato d'animo di un'altra persona, o in una situazione, partecipandovi emotivamente: *l'attore si immedesima col* (o *nel*) *personaggio che rappresenta* || **N.** ***tr.*** *Sin.* fondere, unificare, unire; identificare | ***rifl.*** *Sin.* identificarsi, mettersi nei panni di.

immedesimazióne [da *immedesimare*; 1747] ***sf.*** l'immedesimare e l'immedesimarsi || **N.** *Sin.* empatia, identificazione.

immediatézza [da *immediato*; 1819 ca.] ***sf.*** la qualità di ciò che è immediato o diretto: *l'immediatezza di una risposta*; *con immediatezza*, subito.

immediàto [dal lat. tardo *immediātus*; 1308 nel senso 2] **I** ***agg.*** **1.** che è in relazione diretta, senza interposizioni di spazio o di persona: *nelle immediate vicinanze, stabilire un contatto immediato, alle immediate dipendenze*; *superiore, discendente immediato*, in una gerarchia, colui che precede o segue direttamente || *T.fil.* che si manifesta nella realtà o nel pensiero senza intermediari: *i dati immediati della coscienza* **2.** che accade senza intervallo di tempo dal momento presente o da quello menzionato: *pagamento immediato, guarigione immediata, decorrenza immediata* || **immediataménte** ***avv.*** **1.** direttamente: *immediatamente al di sopra nella gerarchia* **2.** subito: *alzati immediatamente!* **II** ***sm.*** il presente, ciò che viene ora o tra poco; spec. nelle loc. avv. *nell'immediato, per l'immediato, all'immediato* || **N. I 1.** *Sin.* diretto **2.** *Sin.* istantaneo, pronto; impulsivo, incontrollato, istintivo, spontaneo.

immedicàbile [dal lat. *immedicābilis*; a. 1543] ***agg.*** *lett.* che non si può medicare || **N.** *Sin.* incurabile, insanabile.

immedicàto [dal lat. *immedicātus*; a. 1837] ***agg.*** *raro* non medicato, non curato; anche *fig.* senza sollievo: *immedicati affanni* (Leopardi).

immeditàto [dal lat. tardo *immeditātus*; 1618] ***agg.*** *lett.* non meditato || **N.** *Sin.* avventato.

immelanconire v. IMMALINCONIRE.

immelensire (pres. *-ìsco, -ìsci*) [comp. parasint. di *melenso*; 1849] ***tr.*** *non com.* rendere melenso || ***intr.*** (aus. *essere*) *non com.* diventare melenso.

immelmàre (pres. *-élmo*) [comp. parasint. di *melma*; a. 1367] ***tr.*** *non com.* sporcare di melma || ***intr. pron.*** *non com.* affondare nella melma, anche *fig.*

immemoràbile [dal lat. *immemorābilis*; 1598] ***agg.*** che non si può ricordare perché troppo lontano nel tempo: *un evento immemorabile*; spec. nella loc. *da tempo immemorabile*, da tempo remotissimo || *T.giur. diritto immemorabile*, insieme di rapporti giuridici stabiliti in un'epoca molto antica, dei quali si può solo presumere la legittimità.

immèmore [dal lat. *immemor, -oris*; a. 1511] ***agg.*** **1.** che non ricorda o non vuole ricordare ciò che dovrebbe: *immemore dei propri doveri, immemore della nostra amicizia* **2.** *poet.* privo di coscienza || **N. 1.** *Sin.* dimentico.

immemoriàle [dal fr. *immémorial*; 1683] ***agg.*** **1.** *lett. non com.* di cui si è persa la memoria **2.** *T.giur.* immemorabile.

immensità [dal lat. *immēnsitas, -ātis*; a. 1306 *emmensetate*] ***sf.*** **1.** l'essere immenso; anche *fig.*: *l'immensità dell'universo*; *l'immensità delle risorse umane, l'immensità della nostra felicità* **2.** *concr.* (spesso *iperb.*) quantità grandissima: *un'immensità di spropositi.*

immènso [dal lat. *immensus*; 1319] ***agg.*** **1.** che non si può misurare, che è senza limiti: *un'immensa distesa di prati*; *lett.* anche sostantivato: *m'illumino / d'immenso* (Ungaretti) **2.** *iperb.* molto esteso o molto grande: *una sala immensa, una folla immensa, immense ricchezze* || *fig.* molto intenso: *un'emozione, un dolore, una gioia immensi* || **immensaménte** ***avv.*** smisuratamente; *iperb.* moltissimo, assai: *amare immensamente* || anche come modificatore di *agg.*: *immensamente felice* || **N. 1.** *Sin.* illimitato, incommensurabile, sconfinato, smisurato **2.** *Sin.* ampio, copioso, grande, vasto; forte, profondo.

immensuràbile [dal lat. tardo *immensurābilis*; 1308] ***agg.*** *lett.* che non può essere misurato.

immensurabilità [da *immensurabile*; 1887] ***sf.*** *raro* l'essere immensurabile.

immèrgere (pres. *-èrgo* ecc., come EMERGERE) [dal lat. *immergere*; a. 1539] ***tr.*** **1.** mettere dentro un liquido: *immergere il bucato nell'acqua, immergere la pellicola nel bagno di sviluppo* **2.** far penetrare con forza, cacciare dentro: *immergere un pugnale nel fianco* || *fig.* far sprofondare: *il guasto elettrico ha immerso la città nel buio, la perdita del figlio l'ha immerso in una profonda depressione* || ***rifl.*** e ***intr. pron.*** **1.** entrare in un liquido: *immergersi in piscina*; di galleggiante, scendere sotto il livello dell'acqua: *il sommergibile si sta immergendo* **2.** addentrarsi, penetrare in qualcosa fino ad esserne avvolto o scomparire: *immergersi nel buio, nella nebbia, nell'oscurità* || *fig. immergersi nel sonno*, addormentarsi profondamente **3.** *fig.* darsi interamente a un'occupazione o attività: *immergersi nello studio* || **N.** ***tr.*** **1.** *Sin.* affondare, bagnare, intingere, sommergere, tuffare **2.** *Sin.* conficcare, infiggere; gettare | ***rifl.*** e ***intr. pron.*** **1.** *Sin.* calarsi, tuffarsi **2.** *Sin.* addentrarsi; sprofondare **3.** *Sin.* consacrarsi, dedicarsi, sprofondarsi.

immergìbile [da *immergere*; a. 1628] ***agg.*** **1.** *raro* che può essere immerso **2.** *T.mar.* di natante che gen. naviga in superficie, ma che all'occorrenza può immergersi.

immeritàto [da *meritato*; 1694] ***agg.*** non meritato; ingiusto: *promozione immeritata*; *rimprovero immeritato* || **immeritataménte** ***avv.***

immeritévole [da *meritevole*; 1427] ***agg.*** *non com.* non meritevole, indegno || **immeritevolménte** ***avv.***

immersióne [dal lat. tardo *immĕrsio*, *-ōnis*; a. 1642] **sf.** **1.** l'atto dell'immergere e dell'immergersi: *battesimo per immersione*, quello praticato immergendo completamente il battezzato in acqua || per i palombari e i sommergibili, l'atto e l'effetto del discendere sott'acqua: *effettuare l'immersione*, *manovra d'immersione* || *T.sport. gara d'immersione*, prova subacquea di resistenza sott'acqua **2.** *T.mar.* la misura della parte immersa di una nave, dal pelo dell'acqua alla superficie inferiore della chiglia **3.** *T.astr.* lo scomparire di un astro nel cono d'ombra di un altro nei fenomeni di eclissi od occultazione **4.** *T.geol.* inclinazione e pendenza degli strati rocciosi rispetto al piano orizzontale || **N. 1.** *Sin.* bagno, tuffo | *Contr.* affioramento, emersione.

imméttere (pres. *-étto* ecc., come METTERE) [dal lat. *immittere*; 1340 ca.] **tr.** far entrare, mandare dentro, spec. per alimentare, riempire o far diffondere: *immettere acqua in un condotto*; *immettere gente nuova nel partito*, *un prodotto sul mercato* || *T.giur. immettere qualcuno nel possesso di un bene*, conferirgliene legittimamente il possesso || **rifl.** entrare: *seguendo la tangenziale ti immetti direttamente sull'autostrada* || **intr. pron.** confluire: *un condotto che si immette nella fogna principale* || **intr.** (aus. *essere*) condurre, sboccare: *una scorciatoia che immette nel centro del paese*.

immezzìre (pres. *-ìsco*, *-ìsci*) [comp. parasint. di *mézzo*; 1834] **intr.** (aus. *essere*) e **intr. pron.** *raro* di frutta, maturare eccessivamente.

immigrànte (*ppr.* di *immigrare*) [1858] **agg.** e **s.** chi o che si trasferisce in un luogo diverso da quello d'origine, spec. per ragioni di lavoro.

immigràre [dal lat. *immigrāre*; 1869] **intr.** (aus. *essere*) trasferirsi in un paese o in una regione diversa da quella d'origine, gen. per cercare un'occupazione che consenta di stabilirvisi || **N.** *Contr.* emigrare, espatriare.

immigràto (*pps.* di *immigrare*) [1869] **agg.** e **sm.** (f. *-a*) che, chi per ragioni soprattutto di lavoro si è trasferito in un paese o in una regione diversi da quelli di origine: *operai meridionali immigrati a Milano*; *una comunità di immigrati*.

immigratòrio (pl. *-ri*) [da *immigrare*; 1970] **agg.** relativo all'immigrazione e agli immigrati: *flusso immigratorio*.

immigrazióne [dal fr. *immigration*; 1851] **sf.** **1.** l'atto e l'effetto dell'immigrare; afflusso di popolazione straniera nel territorio di uno stato: *una forte immigrazione dai paesi del Terzo Mondo* || *per estens.* trasferimento di capitali all'estero **2.** *T.biol.* insediamento di specie animali o vegetali dove prima non esistevano.

immillàrsi [comp. parasint. di *mille*; 1321] **intr. pron.** *lett.* diventare migliaia, crescere a migliaia.

imminchionìre (pres. *-ìsco*, *-ìsci*) [comp. parasint. di *minchione*; 1958] **intr.** (aus. *essere*) e **intr. pron.** *pop.* rimbecillire, rimbecillirsi.

imminènte [dal lat. *imminens*, *-ĕntis*; a. 1363 nel senso 2] **agg.** **1.** che è prossimo ad accadere: *una sciagura imminente*, *la sua venuta è imminente* **2.** *lett.* che è sopra di noi, che pende sul nostro capo: *l'imminente luna* (Carducci) || **N. 1.** *Sin.* incombente, prossimo, vicino **2.** *Sin.* soprastante.

imminènza [dal lat. tardo *imminĕntia*; a. 1667] **sf.** l'essere imminente, prossimo: *stanno allestendo l'illuminazione nell'imminenza delle festività natalizie*.

immischiàre (pres. *-ìschio*, *-ìschi*) [da *mischiare*; a. 1729] **tr.** far partecipare indebitamente qualcuno a un affare o a un'attività: *ti hanno immischiato nei loro loschi traffici* || **intr. pron.** ingerirsi arbitrariamente in un affare altrui: *non voglio immischiarmi in questa faccenda* || **N.** **tr.** *Sin.* coinvolgere, implicare | **intr. pron.** *Sin.* impicciarsi, intromettersi.

immiscìbile [da *miscibile*; 1957] **agg.** *T.chim.* e *T.fis.* di due o più liquidi che, mescolandosi, non possono formare una soluzione omogenea: *l'olio è immiscibile con l'acqua*.

immiscibilità [da *immiscibile*; 1957] **sf.** *T.chim.* e *T.fis.* l'essere immiscibile.

immiṣeriménto [da *immiserire*; 1839] **sm.** l'immiserire.

immiṣerìre (pres. *-isco*, *-isci*) [comp. parasint. di *misero*; 1848] **tr.** render misero, anche *fig.*: *l'aumento delle tasse immiserisce le fasce a reddito minore*; *immiserire la cultura* || **intr.** (aus. *essere*) e **intr. pron.** diventare misero sia materialmente che spiritualmente.

immissàrio (pl. *-ri*) [dal lat. *immissārium*; 1697] **sm.** *T.geogr.* corso di acqua che sfocia in un lago o affluisce ad un altro corso d'acqua maggiore per ampiezza o portata || **N.** *Sin.* affluente | *Contr.* emissario.

immissióne [dal lat. *immissio*, *-ōnis*; a. 1683 nel senso 2] **sf.** **1.** l'atto e l'effetto dell'immettere: *immissione in ruolo*, assunzione stabile alle dipendenze di un'amministrazione, spec. pubblica **2.** *T.giur.* propagazione intollerabile di fumo, calore, rumore, esalazioni da una proprietà a quella vicina || **N. 1.** *Sin.* inserimento, introduzione.

immistióne [dal lat. tardo *inmixtio*, *-ōnis*; a. 1342 nel senso 2] **sf.** **1.** *non com.* il mescolare o il mescolarsi **2.** ingerenza, intromissione arbitraria.

immiṣuràbile [da *misurabile*; a. 1321] **agg.** *non còm.* che non si può misurare, spec. in senso proprio || **N.** incommensurabile.

immìte [dal lat. *immītis*; a. 1470] **agg.** *lett.* non mite, quindi spietato, rigido, severo.

immòbile [dal lat. *immōbilis*; a. 1311] **I agg.** che non si muove: *rimanere immobile al proprio posto* || che non si può muovere: *T.giur. beni immobili*, beni che non possono essere trasportati (case, terreni e sim.) **II sm.** bene immobile: *investire in immobili* || *com.* edificio: *vendere un immobile* || **N. I** *Sin.* fermo, fisso, inerte, stabile.

immobiliàre [dal fr. *immobilier*; a. 1835] **I agg.** *T.econ.* che riguarda i beni immobili: *espropriazione*, *proprietà*, *patrimonio*, *reddito*, *imposta immobiliare*; *agenzia immobiliare*, che si occupa della compravendita di immobili || *credito immobiliare*, concesso al proprietario di un immobile dietro ipoteca **II sf.** società immobiliare, che si occupa di compravendita di immobili.

immobiliṣmo [dal fr. *immobilisme*; 1850] **sm.** *T.pol.* linea politica conservatrice, che fa resistenza o si oppone ad ogni innovazione, sia in campo politico che economico e tende a conservare inalterato lo stato delle cose || *per estens.* tendenza a mantenere immutato lo stato delle cose in ogni campo.

immobilìsta [da *immobilismo*; 1983] **s.** sostenitore dell'immobilismo.

immobilìstico (pl. *-ci*) [da *immobilismo*; 1965] **agg.** ispirato ad immobilismo.

immobilità [dal lat. tardo *immobilitas*, *-ātis*; a. 1375] **sf.** **1.** l'essere immobile: *essere costretti da una malattia all'immobilità* **2.** *per estens.* situazione stagnante, priva di sviluppi: *immobilità politica*, *economica*.

immobilitàre (pres. *-ìlito*) [da *immobilità*; a. 1639] **tr.** *raro* immobilizzare.

immobiliẓẓàre [dal fr. *immobiliser*; 1853] **tr.** **1.** rendere immobile: *immobilizzare un arto*, costringerlo all'immobilità con una fasciatura o un'ingessatura || *per estens.* mettere nell'impossibilità di agire: *immobilizzare il nemico* **2.** costringere all'immobilismo: *provvedimenti fiscali che immobilizzano gli investimenti* **3.** *T.econ.* investire capitali in beni che non procurano reddito immediato.

immobiliẓẓazióne [dal fr. *immobilisation*; 1905] **sf.** **1.** atto ed effetto dell'immobilizzare || *in part.* *T.chir.* pratica di soppressione temporanea dei movimenti di un organo o di un'articolazione mediante mezzi di contenzione **2.** *concr.* *T.econ.* parte del capitale di un'azienda, oppure in gen. investimento, destinato ad avere un impiego durevole nel tempo e non trasformabile in breve tempo, senza perdita, in denaro contante. **TAV.** ***arti marziali*** **p. 653** 2.3.

immobiliẓẓo [da *immobilizzare*; 1963] **sm.** *T.econ.* immobilizzazione, spec. rif. a capitali.

immoderatézza [da *immoderato*; 1853] **sf.** *non com.* l'essere immoderato || **N.** *Sin.* eccesso, smoderatezza.

immoderàto [dal lat. *immoderātus*; sec. XIV] **agg.** rif. a persona, privo di moderazione e misura: *immoderato nel bere* || rif. a una cosa, eccessivo: *ambizione immoderata* || **immoderataménte** **avv.** || **N.** *Sin.* eccessivo, smodato.

immodèstia [dal lat. *immodestia*; 1607] **sf.** **1.** mancanza di modestia **2.** *non com.* mancanza di pudore || **N. 1.** *Sin.* presunzione **2.** *Sin.* sfacciataggine, sfrontatezza.

immodèsto [dal lat. *immodestus*; a. 1533] **agg.** **1.** privo di modestia **2.** *non com.* privo di pudore || **N. 1.** *Sin.* borioso, presuntuoso **2.** *Sin.* sfacciato, sfrontato.

immodificàto [comp. di *in-*[2] e *modificato*; 1968] **agg.** non modificato, invariato.

immolàre (pres. *-òlo*) [dal lat. *immolāre*; sec. XIV] **tr.** **1.** *T.rel.* nelle religioni antiche, cospargere la vittima sacrificale con farro macinato e sale || *per estens.* sacrificare agli dei **2.** *fig.* offrire in sacrificio: *immolare la propria vita per salvare quella di un altro* || **rifl.** sacrificarsi, anche *fig.*

immolatóre [dal lat. *immolātor*, *-ōris*; a. 1694] **sm.** (f. *-trìce*) *raro* chi immola.

immolazióne [dal lat. *immolātio*, *-ōnis*; sec. XIV] **sf.** *raro* sacrificio.

immollaménto [da *immollare*; a. 1320] **sm.** *non com.* l'atto e l'effetto dell'immolare e dell'immollarsi.

immollàre (pres. *-òllo*) [comp. parasint. di *molle*; a. 1292] **tr.** *non com.* rendere molle bagnando in un liquido || **rifl.** e **intr. pron.** inzupparsi || **N.** **tr.** *Sin.* ammollare, bagnare, inzuppare, tuffare.

immondézza [lat. *immunditia*; 1582 nel senso 2] **sf.** **1.** qualità di ciò che è immondo **2.** *meno com. region.* immondizia || **N. 1.** *Sin.* bruttura, oscenità.

immondezzàio (pl. *-ài*) [da *immondezza*; 1846] **sm.** **1.** luogo dove si getta la spazzatura || *in part.* locale sotterraneo di un edificio in cui si raccolgono le immondizie **2.** *fig.* ambiente corrotto. **TAV.** *abitazione* 1.42.

immondìzia [dal lat. *immunditia*; 1306 *immunditia*] **sf.** **1.** sporcizia || *in part.* i rifiuti urbani e la spazzatura sulle strade che vengono raccolti e rimossi dal personale addetto **2.** *fig. non com.* turpitudine, oscenità || **N. 1.** *Sin.* pattume; sudiciume.

immóndo [lat. *immundus*; 1306] **agg.** **1.** sudicio; che vive nella sporcizia: *bestia immonda* **2.** impuro: *animali immondi*, quelli che nella religione ebraica non si possono né toccare né mangiare (per es. il maiale) || *fig.* corrotto: *un essere immondo* || **N. 1.** *Sin.* lordo, repellente, sozzo, sporco **2.** *Sin.* contaminato, impuro; corrotto, indecente, turpe.

immoràle [da *morale*; 1726] **I agg.** contrario alla morale: *un comportamento immorale*; *un film*, *un libro immorale* || che agisce consapevolmente violando le norme della morale: *un individuo immorale* || **immoralménte** **avv.** *non com.* **II s.** individuo immorale || **N. I** *Sin.* corrotto, disonesto; licenzioso, osceno, scandaloso, scostumato, turpe, vizioso.

immoraliṣmo [da *immorale*; 1843] **sm.** *T.fil.*

dottrina filosofica che nega la legittimità di ogni canone etico, esaltando l'espansione incontrollata delle energie individuali; si dice specialmente della teoria etica di Nietzsche || *per estens.* atteggiamento o concezione che rifiuta ogni norma morale.

immoralista [da *immoralismo*; a. 1952] ***s.*** *T.fil.* sostenitore dell'immoralismo.

immoralità [da *immorale*; 1793] ***sf.*** l'essere immorale || *concr.* atto o detto immorale.

immorbidire (pres. *-isco, -isci*) [comp. parasint. di *morbido*; a. 1292] ***tr.*** e ***intr.*** (aus. *essere*) *non com.* ammorbidire.

immorsàre[1] (pres. *-òrso*) [comp. parasint. di *morso*; a. 1580] ***tr.*** *non com.* mettere il morso al cavallo: *era cinghiato già e immorsato* (D'Annunzio).

immorsàre[2] (pres. *-òrso*) [comp. parasint. di *morsa*; 1834] ***tr.*** collegare un pezzo con un altro, in modo che la parte sporgente dell'uno entri in quella rientrante dell'altro.

immorsatùra [da *immorsare*[2]; a. 1570 nel senso 2] ***sf.*** **1.** atto dell'immorsare **2.** *T.tecn.* incastro tra due elementi, dei quali uno sporgente e uno rientrante nell'altro **3.** *T.edil.* nella costruzione di una struttura muraria, il complesso delle sporgenze e delle rientranze lasciate per consentire successivamente il collegamento con un altro muro.

immortalàre [da *immortale*; a. 1543] ***tr.*** rendere immortale, nella memoria: *immortalare un eroe in un'opera letteraria*; *scherz. facciamoci immortalare dal fotografo* || ***rifl.*** rendere il ricordo di sé immortale, con detti o azioni memorabili || **N.** *Sin.* eternare, perpetuare.

immortàle [dal lat. *immortālis*; sec. XIII] **I** ***agg.*** **1.** che non può morire: *l'anima è immortale* **2.** *per estens.* che non avrà fine: *fama immortale* || anche di persona, che avrà una fama perpetua: *eroe, artista immortale* **II** ***sm.*** (spec. *pl.*) *gli Immortali*, gli dei || **N.** **I** **1.** *Sin.* imperituro **2.** *Sin.* eterno, perenne, perpetuo.

immortalità [dal lat. *immortālitas, -ātis*; 1308] ***sf.*** l'essere immortale || *per estens.* fama durevole, imperitura: *Dante con la Divina Commedia ha acquistato l'immortalità.*

immotivàto [da *motivato*; 1931] ***agg.*** che è senza motivo, privo di motivazione: *è una reazione totalmente immotivata.*

immòto [dal lat. *immōtus*; 1321] ***agg.*** *lett.* che non si muove || **N.** *Sin.* IMMOBILE.

immucidire (pres. *-ìsco, -ìsci*) [comp. parasint. di *mucido*; a. 1597] ***intr.*** (aus. *essere*) *non com.* diventare mucido || **N.** *Sin.* ammuffire.

immùne [dal lat. *immūnis*; a. 1306] ***agg.*** *lett.* **1.** libero da obblighi, oneri, autorità: *immune da imposte* || *per estens.* privo, libero: *immune da difetti* **2.** *T.med.* chi per natura o grazie ai farmaci gode di una certa refrattarietà, o immunità, a determinate malattie infettive || **N.** **1.** *Sin.* esente, franco, libero, salvo **2.** *Sin.* immunizzato, vaccinato.

immunità [dal lat. *immūnitas, -ātis*; a. 1348 nel senso 2] ***sf.*** **1.** esenzione da obblighi e oneri particolari: *godere di un'immunità* || *T.stor.* privilegio goduto un tempo da persone, enti e beni ecclesiastici che consisteva in part. nell'esenzione dalle imposte; franchigia **2.** *T.giur.* complesso di garanzie e privilegi (e in part. spesso l'esenzione dalla giurisdizione ordinaria) concessi a chi ricopre una determinata carica pubblica: *immunità parlamentare, diplomatica, internazionale* **3.** *T.med.* la facoltà naturale o acquisita che hanno certi organismi di non subire l'azione di determinati agenti patogeni || **N.** **1.** *Sin.* franchigia, ESENZIONE.

immunitàrio (pl. *-ri*) [da *immunità*; 1928] ***agg.*** **1.** *T.giur.* che si riferisce all'immunità: *concessione immunitaria* **2.** *T.med.* relativo all'immunità di un organismo: *reazione immunitaria*; *sistema immunitario*, sistema di difesa dell'organismo contro gli agenti patogeni.

immunizzàre [dal fr. *immuniser*, 1900] ***tr.*** **1.** *T.med.* rendere un organismo immune da malattie mediante vaccinazione **2.** *fig.* salvaguardare; sottrarre all'influenza di qualcosa || ***rifl.*** rendersi immune, anche *fig.*

immunizzazióne [dal fr. *immunisation*; 1893] ***sf.*** **1.** atto ed effetto dell'immunizzare, del salvaguardare **2.** *T.med.* creazione di uno stato di immunità verso una malattia infettiva.

immùno- [da *immuni(tà)*] ***primo elem.*** che, in parole della terminologia medica, indica condizione di immunità di un organismo (per es. *immunoterapia, immunochimica*).

immunochìmica [comp. di *immuno-* e *chimica*; 1957] ***sf.*** *T.med.* lo studio chimico delle sostanze che possiedono proprietà immunologiche.

immunologìa [comp. di *immuno-* e *-logia*; 1921] ***sf.*** *T.med.* studio dei fenomeni immunitari negli organismi animali e vegetali.

immunològico (pl. *-ci*) [da *immunologia*; 1957] ***agg.*** *T.med.* relativo a immunologia, proprio di immunologia: *indagine immunologica.*

immunòlogo (pl. *-gi*) [da *immunologia*; 1956] ***sm.*** (f. *-a*) *T.med.* studioso, esperto in immunologia.

immunoterapìa [comp. di *immuno-* e *terapia*; 1936] ***sf.*** *T.med.* terapia basata sulla somministrazione di sostanze immunizzanti.

immunsièro o **immunosièro** [comp. di *immuno-* e *siero*; 1918] ***sm.*** *T.med.* siero immunizzante.

immuraménto [da *immurare*; a. 1797] ***sm.*** *T.stor.* pena di morte usata anticamente, che consisteva nel murare vivo il condannato in uno spazio ristretto senza aria né cibo.

immuràre [comp. parasint. di *muro*; a. 1816] ***tr.*** sottoporre al supplizio dell'immuramento.

immuṣìre (pres. *-ìsco, -ìsci*) [comp. parasint. di *muso*; 1869] ***intr.*** (aus. *essere*) *raro* mettere il muso, fare il broncio.

immuṣonìrsi (pres. *-ìsco, -ìsci*) [comp. parasint. di *musone*; 1956] ***intr. pron.*** *fam.* assumere un'espressione imbronciata, scontenta; mettere o fare il muso || **N.** *Sin.* corrucciarsi, imbronciarsi.

immuṣonìto (*pps.* di *immusonirsi*) [1929] ***agg.*** imbronciato.

immutàbile [dal lat. *immutābilis*; 1342] ***agg.*** che non muta o non può mutare: *un giudizio immutabile* || **immutabilménte** ***avv.*** || **N.** *Sin.* costante, durevole, fisso, invariabile, stabile.

immutabilità [dal lat. *immutabilitas, -ātis*; a. 1364] ***sf.*** l'essere immutabile: *l'immutabilità dei propositi.*

immutàre (pres. *-ùto*) [dal lat. tardo *immutāre*; a. 1342] ***tr.*** *raro* modificare.

immutàto [dal lat. *immutātus*; sec. XIV] ***agg.*** che non è mutato, che è sempre il medesimo: *la classifica è immutata* || **N.** *Sin.* costante, inalterato, invariato.

ìmo [dal lat. *īmus*; 1313 come sm. lett.] **I** ***agg.*** *lett.* **1.** basso, profondo **2.** *fig.* rif. a persona, appartenente a bassa condizione sociale; rif. a cosa, infimo **II** ***sm.*** **1.** *lett.* la parte più bassa: *da sommo a imo*, dall'alto in basso **2.** *fig.* persona di umile condizione sociale: *gl'imi che comandano ai potenti* (Parini).

imoscàpo [comp. del lat. *īmus*, inferiore e *scapus*, tallo; sec. XVIII] ***sm.*** *T.arch.* l'estremità inferiore di una colonna || **N.** *Sin.* ratta inferiore | fusto, sommoscapo.

impaccàggio (pl. *-gi*) [da *impaccare*; 1964] ***sm.*** l'impaccare.

impaccaménto [da *impaccare*; 1970] ***sm.*** *T.inform.* nell'elaborazione elettronica, tecnica per aumentare la densità di informazioni registrate su un nastro magnetico.

impaccàre (pres. *-àcco, -àcchi*) [comp. parasint. di *pacco*; 1640] ***tr.*** mettere in un pacco; confezionare in pacchi: *impaccare i giornali.*

impaccatóre [da *impaccare*; 1945] ***sm.*** (f. *-trìce*) persona addetta a confezionare i pacchi.

impaccatrìce [da *impaccare*; 1986] ***sf.*** macchina automatica per confezionare pacchi.

impaccatùra [da *impaccare*; 1926] ***sf.*** operazione dell'impaccare.

impacchettàre (pres. *-étto*) [comp. parasint. di *pacchetto*; 1561] ***tr.*** **1.** mettere in un pacchetto: *è un regalo, glielo impacchetto?* || confezionare in pacchetti **2.** *fig. fam.* arrestare.

impacchettatóre [da *impacchettare*; 1957] ***sm.*** (f. *-trìce*) operaio addetto ad impacchettare i prodotti.

impacchettatrìce [da *impacchettare*; 1980] ***sf.*** macchina che confeziona automaticamente in pacchetti un prodotto.

impacciàre (pres. *-àccio*) [dal lat. tardo *impedicāre*, impastoiare, impedire, attr. il fr. ant. *empeechier* e il provenz. ant. *empachar*; a. 1292 come intr. pron.] ***tr.*** **1.** essere di impedimento: *le vesti impacciano la corsa*; essere d'ostacolo: *gli avversari lo impacciano* **2.** *fig.* mettere a disagio: *la tua presenza mi impaccia* || ***intr. pron.*** **1.** diventare impacciato **2.** *non com.* occuparsi dei fatti altrui (molto più com. *impicciarsi*) || **N.** ***tr.*** **1.** *Sin.* disturbare, ingombrare, intralciare, ostacolare **2.** *Sin.* imbarazzare, molestare | ***intr. pron.*** **2.** *Sin.* immischiarsi.

impacciàto (*pps.* di *impacciare*) [a. 1292] ***agg.*** **1.** impedito nei movimenti **2.** *fig.* non disinvolto: *uomo impacciato, maniere impacciate* || **N.** *Sin.* esitante, goffo.

impàccio (pl. *-ci*) [da *impacciare*; 1353 nel senso 2] ***sm.*** **1.** l'essere imbarazzato, a disagio: *non riusciva a nascondere il suo impaccio* **2.** impedimento, ostacolo: *essere di impaccio a qualcuno, sgombra la stanza da ogni impaccio* **3.** *fig.* situazione difficile, problematica: *trovarsi in un impaccio*; *trarsi d'impaccio*, togliersi da una situazione difficile **4.** nella moda femminile di fine Ottocento, stretta fascia che veniva inserita nelle gonne all'altezza delle caviglie, trattenendone l'ampiezza e costringendo a piccoli passi || **N.** **1.** *Sin.* disagio, imbarazzo **2.** *Sin.* impedimento, impiccio, ingombro, intralcio, ostacolo **3.** *Sin.* briga, impiccio **4.** *Sin. entrave.*

impacciόso [da *impaccio*; 1688 nel senso 2] ***agg.*** *tosc. raro* **1.** di cosa, che dà impaccio **2.** di persona, che si intromette negli affari altrui || **N.** **1.** *Sin.* fastidioso **2.** *Sin.* impiccione, intrigante.

impàcco (pl. *-chi*) [da *impaccare*; 1876] ***sm.*** **1.** *T.med.* applicazione più o meno estesa, su parti del corpo, di garze o panni imbevuti di acqua calda o fredda o di soluzioni medicamentose, fatta a scopo terapeutico e decongestionante: *impacchi di acqua vegetominerale* **2.** l'azione di impaccare, spec. nella loc. *carta da impacco*, carta adatta a confezionare pacchi.

impadronìrsi (pres. *-ìsco, -ìsci*) [comp. parasint. di *padrone*; 1563 nel senso 2] ***intr. pron.*** **1.** farsi padrone di qualcosa con l'inganno o la forza: *ti sei impadronito di ciò che era mio*; *impadronirsi del potere, i guerriglieri si impadronirono della città*; anche *fig.*: *impadronirsi dell'animo di qualcuno* **2.** *fig.* acquistare padronanza di qualcosa: *si è impadronito della lingua* || **N.** **1.** *Sin.* appropriarsi di, impossessarsi di; rubare, sottrarre **2.** *Sin.* acquisire, imparare.

impagàbile [calco del fr. *impayable*; 1640] ***agg.*** che vale più di quanto possa essere pagato, inestimabile, di gran pregio (spesso enfatico): *un favore impagabile* || *per estens.* di notevoli qualità, straordinario: *uno spettacolo impagabile, un tipo impagabile* || **impagabilménte** ***avv.*** || **N.** *Sin.* inestimabile, prezioso;

eccezionale, impareggiabile, incomparabile, straordinario.

impaginàre (pres. *-àgino*) [comp. parasint. di *pagina*; 1798] **tr.** **1.** *T.tip.* distribuire la composizione tipografica in modo da farne pagine delle dimensioni volute: *impaginare un testo, un articolo* **2.** in legatoria, disporre in ordine le pagine o i fascicoli per legarli in volume || **N.** **2.** *Contr.* scompaginare. **Q.T.** *tipografia.*

impaginatóre [da *impaginare*; 1869] **sm.** (f. *-trìce*) il tipografo o il redattore di un giornale, di una rivista e sim. che si occupa dell'impaginazione. **Q.T.** *tipografia.*

impaginatrìce [da *impaginare*; 1957] **sf.** *T.tip.* macchina che esegue automaticamente l'impaginazione.

impaginatùra [da *impaginare*; 1742] **sf.** *non com.* impaginazione.

impaginazióne [da *impaginare*; 1895] **sf.** **1.** *T.tip.* progettazione della struttura generale dello stampato e sistemazione dei suoi vari componenti, attraverso la preparazione del menabò || operazione dell'impaginare, disposizione del testo nella pagina secondo le indicazioni del menabò **2.** in legatoria, disposizione ordinata delle pagine da legare in volume. **Q.T.** *tipografia.*

impagliàre (pres. *-àglio*) [comp. parasint. di *paglia*; 1640] **tr.** **1.** coprire e ricoprire di paglia: *impagliare seggiole* || imballare con paglia oggetti fragili, per evitare che si rompano durante un trasporto: *impagliare i soprammobili* **2.** riempire di paglia la pelle di animali morti per conservarne la forma: *ha impagliato il pappagallo* || **N.** **2.** imbalsamare.

impagliàta[1] [da *impagliato*; 1970] **sf.** in capanne o baracche rustiche, rivestimento in paglia per riparare dal vento e dal freddo.

impagliàta[2] [da *impagliare*; 1803] **sf.** mangime misto a paglie.

impagliàta[3] [da *impagliata*[1], per la consuetudine di rivestire di paglia le pareti della stanza della puerpera, perché i venti non le portassero danno; 1565 nel senso 3] **sf.** **1.** *merid.* servizio in ceramica, gen. formato da tazza, piatto, scodella e saliera, che veniva donato alla puerpera **2.** *merid.* modesto rinfresco offerto in occasione di un parto **3.** *ant.* puerpera.

impagliatìno [da *impagliare*; 1869] **sm.** *tosc.* il piano delle seggiole impagliate.

impagliàto (*pps.* di *impagliare*) [1340 ca.] **agg.** *raro* di mangime per il bestiame, mescolato con paglia.

impagliatóre [da *impagliare*; 1869] **sm.** (f. *-trìce*) **1.** chi fa il mestiere di rivestire di paglia oggetti vari (sedie e sim.) || chi confeziona oggetti di paglia (cappelli, ceste ecc.) **2.** chi per mestiere impaglia animali || **N.** **2.** *Sin.* imbalsamatore, tassidermista.

impagliatùra [da *impagliare*; 1862] **sf.** l'atto e l'effetto dell'impagliare, nei vari sensi || *concr.* rivestimento, copertura di paglia: *l'impagliatura della sedia è rovinata.* **TAV.** *enologia* 8.1.

impàla [da una voce indigena; 1932] **sm.** *inv.* tipo di antilope africana con il muso sottile e allungato, il corpo snello, il pelo fulvo-rossiccio, che spicca lunghissimi salti || **N.** *Sin.* melampo.

impalaménto [da *impalare*; 1869] **sm.** antico supplizio, usato spec. dai popoli orientali, consistente nell'uccidere una persona infilzandola con un palo aguzzo, dal basso in alto.

impalancàto [comp. parasint. di *palanca*; a. 1956] **sm.** chiusura fatta con panconi e assi || **N.** *Sin.* assito.

impalàre (pres. *-àlo*) [comp. parasint. di *palo*; a. 1484] **tr.** **1.** uccidere infilzando con un palo **2.** munire di pali di sostegno: *impalare le viti* || **rifl.** *fig.* di persona, mettersi fermo e diritto, come un palo: *impalarsi sull'attenti.*

impalàto (*pps.* di *impalare*) [a. 1745] **agg.** *fig.* dritto e fermo: *non restare lì impalato, vieni ad aiutarmi!.*

impalatùra [da *impalare*; a. 1735] **sf.** **1.** *non com.* impalamento **2.** la sistemazione dei pali di sostegno in una vigna.

impalcaménto [da *impalcare*; sec. XVIII] **sm.** *non com.* l'impalcare.

impalcàre (pres. *-àlco, -àlchi*) [comp. parasint. di *palco*; a. 1696] **tr.** **1.** fare il palco alle stanze con assi e travi **2.** *T.agr.* tagliare il tronco e i rami di un albero in modo che crescano all'altezza e nella direzione voluta.

impalcàto (*pps.* di *impalcare*) [a. 1685] **I** **agg.** fornito di palco **II** **sm.** **1.** insieme di travi e tavolati che formano la struttura di un solaio o di un soffitto **2.** struttura formata da travi longitudinali e travi trasversali che costituiscono il sostegno orizzontale del piano stradale di un ponte.

impalcatùra [da *impalcare*; 1550] **sf.** **1.** *T.edil.* struttura provvisoria, costituita da pali e tavole di legno o da tubi di metallo, che serve a sostenere gli operai e i materiali necessari per la costruzione o il restauro di un edificio **2.** *T.arch.* struttura portante stabile che sostiene una struttura non resistente || *per estens.* struttura portante di ogni tipo || *fig.* il sostegno principale, l'ossatura di qualcosa: *l'impalcatura di un trattato, di un sistema economico* **3.** *T.agr.* la disposizione dei rami di un albero allo stesso livello **4.** *T.zool.* la ramificazione delle corna del cervo || **N.** **1.** *Sin.* incastellatura, ponteggio **2.** *Sin.* impalcato; base, ossatura, struttura.

impallàre [comp. parasint. di *palla*; 1863] **tr.** *T.gioc.* nel gioco del biliardo, obbligare l'avversario a un tiro di sponda, collocando la propria palla dietro i birilli o il pallino; anche *ass.* e *rifl.* || *essere impallato, fig.* trovarsi in difficoltà.

impallidìre (pres. *-ìsco, -ìsci*) [comp. parasint. di *pallido*; sec. XIV] **intr.** (aus. *essere*) **1.** diventare improvvisamente pallido: *è impallidito dallo spavento* || *fig.* turbarsi fortemente: *impallidire di fronte a una realtà così orrenda* **2.** detto di una sorgente luminosa o di una cosa colorata, perdere luminosità, sbiadire: *il sole impallidisce* || *iperb.* di cosa molto strana o vergognosa: *cosa da far impallidire le stelle* || *fig.* perdere importanza: *il suo prestigio è impallidito* || **N.** **1.** *Sin.* sbiancare; allibire, sbigottire **2.** *Sin.* offuscarsi, sbiadire; attenuarsi, oscurarsi.

impallinaménto [da *impallinare*; 1931 nel senso 2] **sm.** **1.** atto o effetto dell'impallinare **2.** *T.bot.* presenza in un grappolo d'uva di acini molto piccoli o acidi || **N.** **2.** *Sin.* acinellatura.

impallinàre (pres. *-ìno*) [comp. parasint. di *pallino*; 1713 *impallinato*] **tr.** colpire con pallini da caccia: *per sbaglio ha impallinato l'amico invece della lepre* || *fig.* spec. in politica, attaccare inaspettatamente, a parole o col voto, portando ad una sconfitta non prevista || **intr. pron.** *fig. fam.* ostinarsi, fissarsi su qualcosa.

impallinàta [da *impallinare*; 1983] **sf.** l'impallinare o l'essere impallinato || scarica di pallini con cui qualcuno o qualcosa viene colpito.

impallinatùra [da *impallinare*; a. 1920] **sf.** impallinata.

impalmàre[1] [comp. parasint. di *palma*; sec. XIV] **tr.** *lett.* o *scherz.* sposare, prendere in moglie || **intr. pron.** **1.** *non com.* di donna, andare in sposa **2.** *ant.* promettere, toccando la mano, congiungendo palma con palma; spec. *rec.*: *s'impalmarono e giurarono insieme* (Sacchetti).

impalmàre[2] [dallo sp. *empal(o)mar*; 1937] **tr.** **1.** avvolgere e legare con uno spago le estremità di un cavo perché non si sfilacci **2.** unire fra loro cavi metallici intrecciando i trefoli.

impalmatùra [da *impalmare*[2]; 1937] **sf.** **1.** *T.mar.* legatura con spago che si fa all'estremità di un cavo o di una fune perché non si sfiocchi || *concr.* la parte di cavo così fasciata **2.** *T.mecc.* unione di due funi metalliche realizzata svolgendo e poi riavvolgendo insieme, intrecciandoli, i trefoli.

impalpàbile [dal lat. tardo *impalpābilis*; 1385] **agg.** che quasi non si avverte al tatto: *un velo impalpabile di polvere* || *fig.* tenue, appena percettibile: *sfumature impalpabili* || **N.** *Sin.* fine, incorporeo, sottile; inafferabile, lieve.

impalpabilità [da *impalpabile*; a. 1537] **sf.** l'essere impalpabile.

impaludaménto [da *impaludare*; 1754] **sm.** atto ed effetto dell'impaludare e dell'impaludarsi.

impaludàre (pres. *-ùdo*) [comp. parasint. di *palude*; 1313] **tr.** *non com.* far diventare palude || **intr. pron.** e *raro* **intr.** (aus. *essere*) **1.** trasformarsi in palude **2.** *fig.* *più com.* (solo *intr. pron.*) impegolarsi, invischiarsi.

impaludàto [da *paludato*; 1909] **agg.** vestito in modo sontuoso, agghindato.

impanàre[1] (pres. *-àno*) [comp. parasint. di *pane*[1]; 1829] **tr.** avvolgere nel pane grattato prima di friggere.

impanàre[2] (pres. *-àno*) [comp. parasint. di *pane*[2]; 1899] **tr.** *T.tecn.* fare l'impanatura di una vite || **intr.** (aus. *avere*) rif. alla vite, penetrare nella madrevite.

impanatùra [da *impanare*[2]; 1788] **sf.** *T.tecn.* filettatura.

impancàrsi (pres. *-ànco, -ànchi*) [comp. parasint. di *panca*; 1737 nel senso 2] **intr. pron.** *non com.* **1.** mettersi a sedere su una panca **2.** *fig.* mettersi alla pari con gente di più alta condizione || *più com.* pretendere di giudicare e insegnare con aria d'autorità, atteggiarsi: *s'impanca a filosofo.*

impaniàre (pres. *-ànio*) [comp. parasint. di *pania*; a. 1320] **tr.** **1.** impiastrare di vischio **2.** catturare con la pania: *impaniare un uccello* || **intr. pron.** detto di uccello, rimanere preso alla pania || *fig.* di persone, restare impigliato in una situazione difficile.

impaniatóre [da *impaniare*; 1728] **sm.** e **agg.** (f. *-trìce*) chi, che caccia tenendo le panie || *fig.* ingannatore, lusingatore.

impaniatùra [da *impaniare*; 1724] **sf.** atto o effetto dell'impaniare.

impannàre [comp. parasint. di *panno*; 1504] **tr.** **1.** mettere l'impannata alle finestre **2.** *non com.* tessere.

impannàta [da *impannare*; a. 1519] **sf.** telaio mobile in legno su cui venivano tesi panni o carta resistente e che costituiva l'infisso di chiusura delle finestre || *per estens.* infisso a vetri.

impannatùra [da *impannare*; 1869] **sf.** atto o effetto dell'impannare.

impannellàre (pres. *-èllo*) [comp. parasint. di *pannèllo*; 1869] **tr.** coprire con un panno di tela la pasta del pane perché lieviti.

impantanàre (pres. *-àno*) [comp. parasint. di *pantano*; sec. XIII] **tr.** ridurre a pantano || *per estens.* sporcare con fango e terra: *impantanare il pavimento* || **intr. pron.** **1.** diventare pantano **2.** *più com.* entrare in un pantano, affondare nel fango: *la macchina si è impantanata* || *fig.* mettersi in una situazione difficile o rischiosa: *impantanarsi nei debiti* || *fig.* arenarsi: *la pratica si è impantanata.*

impaperàrsi (pres. *-àpero*) [comp. parasint. di *papera*; 1905] **intr. pron.** commettere una papera; confondersi nel parlare: *quell'annunciatrice si impapera spesso.*

impapocchiàre (pres. *-òcchio*) [dal nap. *'mpapucchià*, da *papocchia*, pappa molle, poi imbroglio, pasticcio; 1841] **tr.** *merid.* **1.** abbindolare, imbrogliare, raggirare **2.** pasticciare, impastocchiare; eseguire maldestramente.

impappinàrsi (pres. *-ìno*) [comp. parasint. di *pappina*, miscuglio; 1863] ***intr. pron.*** confondersi nel parlare, tanto da dire una cosa per un'altra, o cose senza senso, perdendo il filo del discorso: *durante l'esame a un certo punto si è impappinato e non è più riuscito ad andare avanti* || **N.** *Sin.* confondersi, IMBROGLIARSI.

impappolàre (pres. *-àppolo*) [comp. parasint. di *pappola*, dim. di *pappa*; a. 1859] ***tr.*** **1.** impiastrare, imbrattare di pappa **2.** *fig. tosc.* ingannare dicendo bugie.

imparàbile [da *parabile*; 1912] ***agg.*** *T.sport.* che non si può parare: *tiro imparabile*; *matto imparabile*, negli scacchi, matto contro il quale non c'è alcuna difesa.

imparacchiàre (pres. *-àcchio*) [da *imparare*; a. 1606] ***tr.*** *non com.* imparare a stento, poco e male.

imparadișàre (pres. *-ìșo*) [comp. parasint. di *paradiso*; 1321] ***tr.*** *poet.* mettere in paradiso; colmare di gioia paradisiaca: *quella che imparadisa la mia mente* (Dante).

imparagonàbile [da *paragonabile*; a. 1694] ***agg.*** **1.** che non si può paragonare: *è una situazione imparagonabile alla nostra* **2.** che non ha o non ammette paragone || **N. 2.** *Sin.* impareggiabile, inarrivabile, incomparabile.

imparàre (pres. *-àro*) [lat. volg. **imparāre*; 1319] ***tr.*** **1.** acquisire nuove conoscenze con lo studio, l'osservazione o la pratica: *imparare un mestiere, una lingua straniera*; *va a scuola ma non ha voglia di imparare*; *prov. impara l'arte e mettila da parte*, apprendere può sempre servire per il futuro || mandare a memoria: *imparo la lezione, ho imparato la poesia* || *per estens.* detto di animali, apprendere grazie all'addestramento e alla ripetizione di azioni **2.** diventare con l'esperienza in grado di agire in un certo modo o di fare qualcosa: *devi imparare a vivere con gli altri, imparare a proprie spese come comportarsi, imparare a guidare la macchina, c'è sempre tempo per imparare, sbagliando si impara*; spec. accompagnando un castigo o un rimprovero: *così impari!* **3.** *region.* venire a sapere: *ho imparato solo oggi che sei partito* **4.** *region. pop.* insegnare: *chi ti ha imparato l'educazione?* || **N. 1.**, **2.** *Sin.* apprendere, impratichirsi, istruirsi | *Contr.* disimparare.

imparatìccio (pl. *-ci*) [da *imparare*; a. 1712] ***sm.*** **1.** complesso di nozioni non ben assimilate; lavoro o componimento scolastico che rivela un apprendimento frettoloso e superficiale **2.** *non com.* lavoro fatto da un principiante per addestramento.

imparchettatùra [dal fr. *parquet*, intelaiatura; 1965] ***sf.*** telaio formato da un intreccio di listelli in legno o in metallo, applicato sul retro dei dipinti su tavola per evitare che si deformino.

impareggiàbile [da *pareggiabile*; a. 1663] ***agg.*** di così grande valore e pregio, che non ha pari: *una bellezza impareggiabile* || **N.** *Sin.* eccezionale, imparagonabile, inarrivabile, incomparabile, singolare, straordinario, unico.

imparentàre (pres. *-èntо*) [comp. parasint. di *parente*; sec. XIV] ***tr.*** far diventare parente || ***rifl. rec.*** diventare parente di qualcuno attraverso le nozze.

ìmpari [dal lat. *imparis*; sec. XIII] ***agg. inv.*** **1.** non pari, non uguale || inferiore di forze o di capacità: *essere impari di forze, di numero* || non equilibrato: *una lotta impari* || inadatto: *dimostrarsi impari al proprio compito* **2.** *T.anat.* detto di organo o di osso non appaiato, che si trovi in una sola metà del corpo o in posizione mediana || **N. 1.** *Sin.* differente, disuguale; inadatto, inadeguato, inferiore **2.** *Contr.* pari.

ìmpari- [dal lat. *imparis*] ***primo elem.*** che, in numerose parole composte della terminologia scientifica vale "dispari", "in numero dispari" (per es. *imparipennato, imparisillabo*).

imparidigitàto [comp. di *impari* e *digitato*; 1940] ***agg.*** *T.zool.* di animale, che ha dita in numero dispari.

imparipennàto [comp. di *impari* e *pennato*; 1813] ***agg.*** *T.bot.* di foglia, composta da un numero dispari di foglioline disposte ai lati dell'asse centrale. **TAV. *fiori...* p. 671** 4.13.

imparisìllabo [comp. di *impari* e *sillaba*; a. 1810] ***agg.*** *T.gram.* **1.** di parola che cambia il numero di sillabe nella flessione; *in part.* nella grammatica latina, di sostantivi e aggettivi che variano il numero di sillabe nei casi obliqui rispetto al nominativo (per es. *mens, mentis*) **2.** *T.metr.* detto di verso formato da un numero dispari di sillabe.

imparità [dal lat. tardo *impāritas, -ātis*; 1551] ***sf.*** *non com.* disuguaglianza, disparità || **N.** inferiorità.

imparruccàre (pres. *-ùcco, -ùcchi*) [comp. parasint. di *parrucca*; a. 1914] ***tr.*** *non com.* mettere la parrucca || anche *fig.*: *la neve imparrucca le montagne.*

imparruccàto (*pps.* di *imparruccare*) [1694 *imperruccato*] ***agg.*** **1.** che porta la parrucca|| *fig.* coperto, rivestito: *cime imparruccate di neve* **2.** *fig.* antiquato e retorico: *stile imparruccato.*

impartìre (pres. *-ìsco, -ìsci*) [dal lat. *impertīre*; 1320 ca.] ***tr.*** assegnare, dare; si usa solo in pochi contesti, come: *impartire gli ordini, la benedizione, una lezione.*

imparucchiàre (pres. *-ùcchio*) [da *imparare*; 1869] ***tr.*** imparacchiare.

imparziàle [da *parziale*; 1726] ***agg.*** **1.** di persona, che giudica con obiettività, senza lasciarsi influenzare da interessi particolari o pregiudizi: *un magistrato imparziale* **2.** di azione, atteggiamento e sim., che rivela giustizia ed equanimità: *un giudizio imparziale* || **imparzialménte** ***avv.*** || **N.** *Sin.* equanime, equo, giusto, neutrale, obiettivo, spassionato | *Contr.* fazioso, parziale.

imparzialità [dal fr. *impartialité*; 1782] ***sf.*** l'essere imparziale: *l'imparzialità della critica, dell'arbitro.*

impasse (fr., pr. [ɛ̃'pas]) [letter. (strada) senza sbocco; 1905] ***sf. inv.*** **1.** vicolo cieco, via senza uscita, solo *fig.*: *mi trovo in un'impasse*, in una situazione intricata e senza rimedio **2.** *T.gioc.* nel bridge, manovra che consiste nel giocare una carta che potrebbe essere presa dagli avversari, contando sul fatto che la carta in grado di prenderla si trovi in mano al difensore che gioca per primo piuttosto che all'altro.

impassìbile [dal lat. tardo *impassibilis*; a. 1342] ***agg.*** **1.** che si mostra insensibile a dolori ed emozioni: *impassibile ai tormenti del suo corpo ustionato, rimanere impassibile di fronte a una scena tanto crudele* || che non lascia trasparire i suoi sentimenti: *ascoltò impassibile la sua condanna*; *volto, sguardo impassibile* **2.** *lett.* che non è soggetto a dolore, detto in part. di Gesù Cristo nella concezione del docetismo || che non è soggetto ad alterazione || **impassibilménte** ***avv.*** || **N. 1.** *Sin.* insensibile; freddo, impenetrabile, imperturbabile, indifferente.

impassibilità [dal lat. tardo *impassibilitas, -ātis*; a. 1342] ***sf.*** l'essere impassibile || **N.** *Sin.* freddezza, imperturbabilità, indifferenza, insensibilità.

impastaménto [da *impastare*; a. 1712] ***sm.*** **1.** atto o effetto dell'impastare **2.** *T.tip.* difetto di stampa per cui i caratteri risultano poco nitidi **3.** *T.elettr.* in un microfono a carbone, guasto per cui i granuli perdono mobilità **4.** *T.med.* tipo di massaggio fisioterapico, eseguito con movimenti simili a quelli di chi impasta il pane.

impastàre [comp. parasint. di *pasta*; 1431 ca.] ***tr.*** **1.** amalgamare, a mano o a macchina, una sostanza solida mescolata con un liquido per ottenere una pasta: *impastare il cemento, la creta*; *in part.* mescolare la farina con acqua o con altri ingredienti e manipolarla per fare pane, pasta, dolci e sim. || *impastare i colori*, mescolarli e fonderli per ottenere le sfumature volute || *fig. non com.* fondere insieme: *impastare sapientemente i timbri di un'orchestra* **2.** *non com.* incollare, cospargendo di pasta adesiva || ***intr. pron.*** mescolarsi, amalgamarsi in un impasto || ***rifl.*** sporcarsi di pasta o di altra sostanza densa e appiccicosa.

impastàto (*pps.* di *impastare*) [a. 1363] ***agg.*** **1.** ridotto in pasta **2.** imbrattato di pasta o di altra sostanza densa e appiccicosa || *avere la lingua, la bocca impastata*, sentire in bocca come una patina densa e appiccicosa **3.** *fig.* composto, costituito: *una lettera impastata di calunnie*; *essere impastato di pregiudizi*, esserne profondamente permeato || *essere impastato di sonno, avere gli occhi impastati di sonno*, essere intontito dal sonno, essere ancora mezzo addormentato.

impastatóre [da *impastare*; a. 1704] ***sm.*** (f. *-trìce*) operaio che, nei vari settori dell'industria, è addetto a impastare.

impastatrìce [da *impastare*; 1940] ***sf.*** macchina per impastare, realizzata per usi domestici o industriali. **TAV. *edilizia* p. 666** 7.5.

impastatùra [da *impastare*; a. 1667] ***sf.*** l'impastare || *non com.* impasto.

impasticcàrsi (pres. *-ìcco, -ìcchi*) [comp. parasint. di *pasticca*; 1971] ***intr. pron.*** *gerg.* fare uso di sostanze stupefacenti || *per estens. scherz.* fare grande uso di farmaci in pasticche.

impasticcàto [da *impasticcarsi*; 1967] ***agg.*** e ***sm.*** (f. *-a*) *gerg.* che, chi fa uso di sostanze stupefacenti.

impasticciàre (pres. *-ìccio*) [comp. parasint. di *pasticcio*; a. 1704] ***tr.*** **1.** *non com.* mescolare insieme sostanze diverse per fare un pasticcio **2.** *fig.* fare qualcosa disordinatamente e male, mettere insieme alla meglio: *impasticciare un lavoro, un discorso* || ingarbugliare, confondere: *impasticciare una faccenda* **3.** *non com.* imbrattare || **N. 2.** *Sin.* abborracciare, raffazzonare.

impàsto[1] [da *impastare*; 1821] ***sm.*** **1.** l'atto e l'effetto dell'impastare **2.** *concr. più com.* il miscuglio che si ottiene mescolando e amalgamando sostanze diverse: *un impasto morbido, preparare l'impasto per la torta* || *T.pitt.* lo strato di colore che forma la superficie di un dipinto || *fig.* mescolanza indissolubile di elementi eterogenei: *quel ragazzo è un impasto di buone e cattive qualità*; *il raffinato impasto timbrico dell'orchestra.*

impàsto[2] [dal lat. *impāstus*; a. 1533] ***agg.*** *ant. lett.* digiuno: *come impasto leon* (Ariosto).

impastocchiàre (pres. *-òcchio*) [comp. parasint. di *pastocchia*; 1612] ***tr.*** inventare scuse e pretesti per imbrogliare qualcuno o togliersi d'impaccio || *non com. impastocchiare qualcuno*, ingannarlo.

impastoiàre (pres. *-óio, -ói*) [comp. parasint. di *pastoia*; a. 1342 nel senso 2] ***tr.*** **1.** metter le pastoie a un animale **2.** *per estens.* impedire i movimenti d'una persona || *fig.* intralciare, frenare ponendo vincoli: *impastoiare il progresso tecnologico* || **N. 2.** *Sin.* impacciare, intralciare; frenare, limitare, ostacolare.

impataccàre (pres. *-àcco, -àcchi*) [comp. parasint. di *patacca*; a. 1767] ***tr.*** insudiciare con patacche || ***rifl.*** macchiarsi: *ti impatacchi sempre quando mangi!*

impattàre[1] [comp. parasint. di *patta*; 1533] ***tr.*** *T.sport.* e *T.gioc.* concludere una partita o una gara alla pari, senza né vincere né perdere; anche *ass.*: *le squadre hanno impattato* || **N.** *Sin.* pareggiare.

impattàre[2] [da *impatto*; 1988] ***tr.*** **1.** urtare, colpire **2.** avere un determinato impatto o effetto.

impàtto [dall'ingl. *impact*; 1950] **sm.** **1.** urto di un corpo in movimento contro una superficie || *T.bal.* il punto in cui il proiettile incontra il bersaglio: *angolo d'impatto*, l'angolo formato, nel punto dell'urto, dalla traiettoria del proiettile con il piano tangente alla superficie colpita || *T.astron.* atterraggio di un veicolo spaziale sul suolo di un corpo celeste || *per estens.* urto, collisione: *l'impatto fra i due treni è stato violento* || *fig.* contatto brusco, cozzo: *affrontare il primo impatto con una nuova realtà* **2.** *fig.* influsso, effetto: *le iniziative per la salvaguardia dell'ambiente hanno un forte impatto sui giovani* || *impatto ambientale*, l'influenza di una causa fisica conosciuta sull'ambiente naturale || **N.** **1.** *Sin.* collisione, cozzo, scontro **2.** *Sin.* impressione, influenza.

impaurìre (pres. *-ìsco, -ìsci*) [comp. parasint. di *paura*; 1336 ca.] **tr.** mettere paura: *la storia dell'uomo nero serve solo a impaurire i bambini* || **intr. pron.** essere preso da paura: *s'impaurì per le minacce ricevute* || **N.** *Sin.* atterrire, intimorire, sgomentare, spaventare, terrorizzare.

impaveṣàre (pres. *-éṣo*) [comp. parasint. di *pavese*; 1470] **tr.** *T.mar.* **1.** dotare un bastimento di impavesata **2.** issare il pavese su una nave || *per estens.* imbandierare a festa.

impaveṣàta [da *impavesare*; 1614] **sf.** *T.mar.* **1.** parapetto formato dalle murate di una nave che si elevano al di sopra del ponte di coperta **2.** sulle antiche navi a vela, cassone nel quale si riponevano durante il giorno le brande dell'equipaggio, che veniva posto sul ponte per rinforzare la murata e proteggere dai tiri del nemico. **TAV. *vela* p. 1342** 2.5.

impàvido [dal lat. *impavidus*; 1598] **agg.** *lett.* senza paura: *mostrarsi impavido davanti al pericolo*; *uno sguardo impavido*, che dimostra coraggio || **impavidaménte** **avv.** || **N.** *Sin.* coraggioso, intrepido | *Contr.* pauroso, pavido, timoroso.

impazientàrsi (pres. *-ènto*) [da *impaziente*[1]; 1684] **intr. pron.** *raro* impazientirsi.

impazïènte[1] [dal lat. *impatiens, -ëntis*; a. 1342] **agg.** **1.** che non ha pazienza, che perde subito la pazienza: *un genitore impaziente coi propri figli*; *per estens.* che rivela impazienza: *gesti impazienti* **2.** che è mosso dal desiderio di fare qualcosa e sopporta a fatica l'attesa: *sono impaziente di partire* **3.** *lett.* che non sopporta: *essere impaziente di indugi* || **impazienteménte** **avv.** || **N.** **1.** *Sin.* irrequieto, insofferente, nervoso **2.** *Sin.* ansioso, bramoso, desideroso **3.** *Sin.* intollerante.

impazïènte[2] [da *impaziente*[1]; 1834] **sf.** genere di piante cui appartiene la balsamina.

impazientìre (pres. *-ìsco, -ìsci*) [da *impaziente*[1]; a. 1705] **tr.** *non com.* rendere impaziente || **intr. pron.** e *raro* **intr.** (aus. *essere*) perdere la pazienza || **N.** **intr. pron.** *Sin.* innervosirsi, irritarsi, spazientirsi.

impazïènza [dal lat. *impatientia*; a. 1342] **sf.** **1.** l'essere impaziente: *aspettare con impazienza, dar segni di impazienza* **2.** *lett.* incapacità di sopportare || **N.** **1.** *Sin.* ansia, desiderio, insofferenza, smania **2.** *Sin.* intolleranza.

impazzàre [comp. parasint. di *pazzo*; a. 1294 nel senso 2] **intr.** (aus. *essere*; nel senso 2 anche *avere*) **1.** *lett.* diventare pazzo, impazzire || *raro* smaniare per il desiderio di qualcosa: *impazza dietro quell'automobile, dietro quella fanciulla* **2.** manifestarsi in maniera tumultuosa e frenetica: *il carnevale impazza per le strade* || scatenarsi, infuriare: *il vento e la neve impazzano.*

impazzàta [da *impazzare*; 1525 *alla 'mpazzata*] **sf.** *ant.* azione da pazzo || *com.* nella *loc. avv.*: *all'impazzata*, con furia da pazzo, senza riflettere: *correre, sparare all'impazzata.*

impazziménto [da *impazzire*; a. 1908] **sm.** *non com.* l'impazzire || *per estens.* briga, faccenda che fa impazzire.

impazzìre (pres. *-ìsco, -ìsci*) [comp. parasint. di *pazzo*; a. 1306 *'mpascire*] **intr.** (aus. *essere*) **1.** diventare pazzo: *la morte della moglie lo ha fatto impazzire* || *com.* essere fuori di sé, perdere la testa, spec. in usi iperbolici: *ma cosa fai?, sei impazzito?, quel ragazzino mi fa impazzire*; rif. a sensazioni di grande intensità: *impazzire di dolore*; *ho un mal di denti da impazzire* || non avere pace per il desiderio di qualcosa, avere una grande passione: *impazzire per una donna, per una moto, per i film western* **2.** snervarsi, logorarsi in un lavoro o un'attività: *impazzisco tutto il giorno al computer, sono impazzito per decifrare la tua calligrafia* **3.** detto di strumenti e congegni spec. per misurare, non fornire più indicazioni esatte per qualche anomalia di funzionamento; *in part.* detto di bussola, non essere più in grado di segnare il nord || *per estens.* avere un andamento del tutto irregolare e imprevedibile: *in città il traffico è impazzito* **4.** *T.cuc.* detto di salse o creme a base di uova, non amalgamarsi e formare dei grumi: *la maionese è impazzita* || **N.** **1.** *Sin.* ammattire, insanire; infatuarsi **2.** *Sin.* ammattire, scervellarsi.

impeachment (ingl., pr. [ɪm'pi:tʃmənt]) [da to *impeach*, mettere sotto accusa; 1974] **sm.** *inv.* nel diritto anglosassone, procedura di incriminazione di un ufficiale appartenente alla pubblica amministrazione, colpevole di azioni illecite nell'esercizio delle proprie funzioni; in part. negli Stati Uniti incriminazione del presidente, del vicepresidente o di un ministro.

impeccàbile [lat. tardo *impeccābilis*; a. 1342] **agg.** **1.** privo di difetti: *uno stile, un abito, un lavoro impeccabile* **2.** *non com.* non soggetto a peccare || **impeccabilménte** **avv.** in modo impeccabile, ineccepibile || **N.** **1.** *Sin.* inappuntabile, ineccepibile, irreprensibile, perfetto **2.** *Sin.* infallibile.

impeccabilità [da *impeccabile*; 1674] **sf.** **1.** l'essere impeccabile: *da notare l'impeccabilità del suo abbigliamento* **2.** *non com.* impossibilità di peccare.

impecettàre (pres. *-étto*) [comp. parasint. di *pecetta*; 1869] **tr.** *pop.* mettere delle pecette, coprire con cerotti || *per estens.* impiastricciare con sostanze appiccicose.

impeciaménto [da *impeciare*; a. 1589] **sm.** *raro* impeciatura.

impeciàre (pres. *-écio*) [comp. parasint. di *pece*; 1306] **tr.** impiastrare con pece o con altra materia appiccicosa.

impeciatùra [da *impeciare*; 1562] **sf.** l'operazione di impeciare || lo strato di pece spalmato su una superficie.

impecorìre (pres. *-ìsco, -ìsci*) [comp. parasint. di *pecora*; 1584] **intr.** (aus. *essere*) *non com.* diventare timido, servile come una pecora || **tr.** *raro* far diventare pavido e vile: *che è questo che vi frulla in fantasia d'impecorirci i cuori ed i cervelli?* (Carducci).

impedantìre (pres. *-ìsco, -ìsci*) [comp. parasint. di *pedante*; a. 1883] **intr.** (aus. *essere*) *non com.* diventare pedante || **tr.** *raro* rendere pedante.

impedènza [dal fr. *impédance*; 1905] **sf.** *T.elettr.* grandezza fisica, di simbolo *z*, che lega l'andamento nel tempo della tensione di un circuito, in funzione della corrente che lo percorre; in generale è funzione della resistenza, dell'induttanza e della capacità del circuito; nel caso di corrente e tensione costanti nel tempo, si riduce alla resistenza || *per estens.* *impedenza acustica*, rapporto fra la pressione acustica che si esercita su una superficie e il flusso sonoro che la attraversa; *impedenza meccanica*, in un sistema meccanico, rapporto fra la forza applicata e la velocità lineare che ne deriva.

impedenzìmetro [comp. di *impedenza* e *-metro*; 1957 *impedentimetro*] **sm.** in elettronica, strumento che iniettando corrente alternata in un bipolo e misurandone la tensione in modulo e fase ne determina l'impedenza.

impedìbile [da *impedire*; a. 1729] **agg.** *non com.* che può essere impedito.

impediménto [da *impedire*; a. 1294] **sm.** **1.** l'atto e l'effetto dell'impedire: *fare impedimento a qualcuno* || *concr.* *più com.* ciò che impedisce: *frapporre impedimenti all'approvazione del progetto, è trattenuto da un grave impedimento* **2.** *in part.* *T.eccl.* (spec. *pl.*) nel diritto canonico, circostanza che ostacola la validità o la liceità di un atto giuridico, in part. del matrimonio: *impedimenti dirimenti* **3.** minorazione o alterazione della funzionalità di un organo: *avere degli impedimenti all'udito* **4.** *T.chim.* *impedimento sterico*, situazione per cui un atomo o un gruppo chimico in una molecola non può muoversi o reagire perché è impedito da altri atomi o gruppi vicini **5.** *ant.* *lett.* i bagagli che un esercito porta con sé || **N.** **1.** *Sin.* contrattempo, difficoltà, intoppo, intralcio, ostacolo.

impedìre (pres. *-ìsco, -ìsci*) [lat. *impedīre*; 1306 nel senso 2] **tr.** **1.** fare in modo che un'azione non si compia, togliere la possibilità di qualcosa: *impedire il passaggio, i soprusi*; *nessuno ti impedisce di andare dove vuoi, impedisci che un litigio tronchi la vostra amicizia*; *impedire un luogo a qualcuno*, vietargli l'accesso **2.** rendere difficoltoso, frapporsi come ostacolo: *questa gonna troppo stretta mi impedisce i movimenti* || *non com.* detto di malattia o infermità, rendere inabile: *sono stato impedito da una lunga degenza in ospedale* || **N.** **1.** *Sin.* contrastare, negare, precludere, proibire, trattenere, vietare | *Contr.* costringere, obbligare **2.** *Sin.* imbrogliare, impacciare, intralciare, ostacolare, ostruire.

impeditìvo [da *impedito*; a. 1459] **agg.** atto a impedire.

impedìto (*pps.* di *impedire*) [a. 1321] **agg.** **1.** detto di una parte del corpo, che per infermità è resa inabile: *ha un braccio impedito* || *per estens.* *scherz.* incapace, maldestro (anche sostantivato): *sei proprio un impedito!* **2.** *meno com.* occupato: *il direttore oggi è impedito e non riceve nessuno.*

impedonatùra [comp. parasint. di *pedina*; 1957] **sf.** *T.gioc.* nel gioco degli scacchi, posizione di due pedoni dello stesso colore sulla stessa colonna dopo che uno di essi ha effettuato una presa sull'avversario.

impegnàre (pres. *-égno*) [comp. parasint. di *pegno*; sec. XIII] **tr.** **1.** dare in pegno a garanzia di un prestito: *impegnare i gioielli della nonna*; *impegnare un immobile*, accendervi un'ipoteca || *fig.* offrire come garanzia morale: *impegnare il proprio onore, la propria parola* **2.** vincolare a un comportamento o a una prestazione: *l'amicizia che c'è fra noi mi impegna ad aiutarti*; *impegnare una persona*, vincolarla a una promessa || farsi riservare: *impegnare una stanza in albergo* **3.** tenere occupato in un'attività: *la costruzione dello stadio ha impegnato molti tecnici e operai, la tesi mi ha impegnato per più di un anno* || *T.bur.* occupare materialmente: *impegnare un incrocio* || investire: *ha impegnato molto denaro nella società, nell'acquisto della casa* || *T.mil.* *impegnare un reparto*, impiegarlo in una determinata azione di guerra; *impegnare il nemico*, costringerlo a combattere; *impegnare il combattimento*, iniziarlo **4.** richiedere concentrazione, applicazione, sforzo e sim.: *un lavoro che impegna molto* || *T.sport.* *impegnare un avversario*, costringerlo a produrre il massimo sforzo || **rifl.** **1.** assumersi un obbligo: *mi impegno a farti avere l'articolo entro domani* **2.** dedicarsi a un'attività con energia e risolutezza: *impegnarsi a fondo nel lavoro*; fare sforzi per riuscire: *mi sono impegnato molto per superare* *l'esame* **3.** *non com.* indebitarsi || **N.** ***tr.*** **1.** *Sin.* pignorare; ipotecare **2.** *Sin.* costringere, forzare, obbligare, vincolare; fissare, prenotare, riservare **3.** *Sin.* impiegare, occupare; ingaggiare | ***rifl.*** **1.** promettere **2.** *Sin.* darsi da fare, mettercela tutta.

impegnatìva [da *impegnativo*; 1983] ***sf.*** *T.bur.* nel sistema sanitario pubblico, documento con cui un ente mutualistico autorizza un proprio assistito a servirsi di un privato convenzionato per una prestazione sanitaria (visita specialistica, analisi di laboratorio, ricovero ospedaliero) che l'ente non è in grado di fornire direttamente.

impegnatìvo [da *impegnare*; a. 1712] ***agg.*** **1.** che impegna, che crea un obbligo: *una promessa impegnativa* || *un abito impegnativo,* adatto ad occasioni importanti oppure da indossare in circostanze formali **2.** che esige impegno, applicazione, energia, capacità: *un lavoro impegnativo, una via alpinistica molto impegnativa.*

impegnàto (*pps.* di *impegnare*) [da *impegnare*; a. 1685] ***agg.*** **1.** dato in pegno **2.** vincolato, prenotato: *tutte le stanze sono impegnate; quella ragazza è già impegnata,* legata da una promessa di matrimonio o comunque sentimentalmente legata **3.** occupato: *mi dispiace ma stasera sono già impegnato, è impegnato in* (*con*) *questa faccenda* **4.** di persona, movimento o prodotto culturale, che dimostra interesse attivo e prende posizione in relazione ai problemi politici e sociali del suo tempo: *gli intellettuali impegnati, il cinema impegnato* || *T.pol. paesi non impegnati,* non allineati.

impégno [da *impegnare*; 1640] ***sm.*** **1.** obbligo che si assume verso se stessi o verso gli altri: *rispettare un impegno, assumersi l'impegno di fare qualcosa, sottrarsi a un impegno troppo gravoso; senza impegno,* senza obblighi precisi || *in part.* obbligo economico o finanziario: *la ditta non è più in grado di far fronte agli impegni* **2.** incombenza, occupazione: *questa settimana ho molti impegni* **3.** pieno impiego delle proprie forze ed energie nel fare qualcosa: *lavora con impegno, dimostra scarso impegno nello studio; mettersi d'impegno,* applicarsi con volontà e risolutezza || *un lavoro d'impegno,* che richiede concentrazione e sforzo **4.** *per restr.* atteggiamento dell'intellettuale che si interessa attivamente dei problemi politici e sociali del suo tempo e si assume col suo operato pubbliche responsabilità: *l'impegno degli intellettuali dissidenti, letteratura d'impegno* || **N. 1.** *Sin.* promessa, vincolo **2.** *Sin.* compito **3.** *Sin.* applicazione, diligenza, fervore, solerzia, zelo.

impegolàre (pres. *-égolo*) [comp. parasint. di *pegola*; sec. XIV] ***tr.*** *raro* impiastrare di pegola o pece || ***rifl.*** *raro* impiastrarsi di pece || *fig. più com.* mettersi negli impicci, cacciarsi in una situazione difficile o compromettente: *mi sono impegolato in una brutta faccenda.*

impelagàrsi (pres. *-èlago, -èlaghi*) [comp. parasint. di *pelago*; a. 1574] ***rifl.*** cacciarsi in una situazione complicata, in un mare di guai.

impelàre (pres. *-élo*) [comp. parasint. di *pelo*; 1319] ***tr.*** *raro* coprire di peli: *ho tenuto in braccio il cane e mi ha tutto impelato.*

impellènte (*ppr.* di *impellere*) [a. 1416] ***agg.*** di causa, motivo e sim., che spinge a una azione immediata: *una necessità impellente,* anche *eufem.* per indicare un bisogno fisiologico urgente || **N.** *Sin.* imperioso, pressante, urgente.

impellènza [da *impellente*; a. 1904] ***sf.*** bisogno urgente, forte necessità.

impèllere (pres. *-èllo*; p.rem. *impùlsi*; pps. *impùlso*) [dal lat. *impellere*; 1321] ***tr.*** *lett. raro* spingere innanzi con forza: *e il diede al Sire che l'impulse verso Roma* (D'Annunzio) || **N.** *Sin.* sospingere.

impellicciàre[1] (pres. *-iccio*) [comp. parasint. di *pelliccia*; a. 1600] ***tr.*** *non com.* coprire di pelliccia || foderare di pelliccia || ***rifl.*** *scherz.* indossare una pelliccia: *la signora si è impellicciata!*

impellicciàre[2] (pres. *-iccio*) [comp. parasint. di *piallaccio,* con influsso di *pelliccia*; 1863] ***tr.*** alterazione frequente di *impiallacciare* (v.).

impellicciatùra[1] [da *impellicciare*[1]; 1970] ***sf.*** atto o effetto dell'impellicciare.

impellicciatùra[2] [da *impellicciare*[2]; 1933] ***sf.*** impiallacciatura.

impèndere (pres. *-èndo* ecc., come PENDERE) [dal lat. *impendere*; a. 1294] ***tr.*** *lett. arc.* impiccare.

impenetràbile [dal lat. *impenetràbilis*; a. 1494] ***agg.*** **1.** che non può essere penetrato: *corpi impenetrabili; sostanza impenetrabile all'aria, alla luce* || *per estens.* di luogo attraverso cui non si può passare: *bosco impenetrabile* || *difesa impenetrabile,* insuperabile **2.** *fig.* di persona, chiuso in sé stesso, che non lascia trasparire i propri sentimenti: *un ragazzo impenetrabile* || *per estens.* indecifrabile: *sguardo, espressione impenetrabile*; che non si può capire e spiegare: *i giudizi di Dio sono impenetrabili* || **impenetrabilménte** ***avv.*** || **N. 1.** impermeabile; insuperabile, inviolabile **2.** *Sin.* chiuso, riservato; enigmatico, ermetico, imperscrutabile, incomprensibile, indecifrabile, misterioso, oscuro.

impenetrabilità [da *impenetrabile*; a. 1642] ***sf.*** **1.** condizione e qualità di ciò che è impenetrabile || *T.fis. impenetrabilità dei corpi,* proprietà per cui nessun corpo solido può occupare lo spazio di un altro **2.** *fig.* enigmaticità: *l'impenetrabilità di uno sguardo.*

impenitènte [dal lat. tardo *impaenitens, -èntis*; a. 1498] ***agg.*** **1.** che non si pente: *peccatore impenitente*; talora rif. anche ad azione, senza pentimento: *una morte impenitente* **2.** *per estens.* che persiste in un comportamento, in una condizione o in un vizio: *un donnaiolo impenitente, scapolo impenitente, fumatore, bevitore impenitente* || **N. 2.** *Sin.* incallito, incorreggibile, ostinato.

impenitènza [dal lat. *impaetentia*; a. 1342] ***sf.*** *non com.* l'essere impenitente: *morì nell'impenitenza finale.*

impennacchiàre (pres. *-àcchio*) [comp. parasint. di *pennacchio*; a. 1570] ***tr.*** *non com.* ornare di pennacchio || ***rifl.*** *scherz.* vestirsi in modo appariscente.

impennàggio (pl. *-gi*) [da *impennare*[2], sul modello del fr. *empennage*; 1919] ***sm.*** *T.aer.* l'insieme delle superfici fisse e mobili disposte nella parte posteriore di un aeroplano o di un ordigno aereo (frecce, missili, bombe ecc.), che assicurano la stabilità e il controllo durante il volo. **Q.T.** *aeronautica.*

impennàre[1] (pres. *-énno*) [comp. parasint. di *penna*; a. 1321] ***tr.*** **1.** *non com.* rivestire di penne, detto di giovani uccelli: *impennare le ali,* renderle adatte al volo; *fig. lett.* elevare spiritualmente: *impennare le ali al genio* || coprire di penne **2.** *T.aer. non com.* dotare di impennaggio **3.** *ass. ant.* prendere la penna per scrivere.

impennàre[2] (pres. *-énno*) [dallo sp. *empinar*, a. 1543 come intr. pron.] ***tr.*** *T.aer.* alzare bruscamente la prua dell'aereo passando dall'assetto orizzontale di volo a quello verticale: *il pilota acrobatico impennò l'aereo* || ***intr. pron.*** **1.** detto di cavallo, rizzarsi bruscamente sulle zampe posteriori **2.** *fig.* di persona, risentirsi e reagire in modo brusco e improvviso: *la critica non era rivolta a te, ma ti sei subito impennato* **3.** detto di imbarcazioni, aerei e veicoli, sollevare improvvisamente la parte anteriore verso l'alto || **N.** ***tr.*** *Sin.* cabrare | ***intr. pron.*** **2.** *Sin.* arrabbiarsi, inalberarsi, risentirsi, stizzirsi.

impennàta [da *impennare*[2]; 1696] ***sf.*** **1.** l'impennare e l'impennarsi nei vari sensi del verbo: *il cavallo ha fatto una brusca impennata, l'impennata dell'aereo; fig. un'impennata d'orgoglio* || *fig. non com.* scatto d'ira **2.** *fig.* brusco rialzo: *in febbraio i prezzi hanno subito una forte impennata, l'impennata del dollaro.*

impennatùra [da *impennare*[1]; a. 1572] ***sf.*** **1.** le penne disposte all'estremità della freccia, che assicurano l'equilibrio **2.** *non com.* l'insieme delle penne di un uccello.

Impénni (sing. *-e*) [da *penna,* sul modello di *implume*; 1933] ***sm. pl.*** *T.zool.* ordine di uccelli marini non volatili, con stazione eretta, zampe palmate e ali trasformate in pinne per il nuoto; tra di essi i pinguini || **N.** *Sin.* Sfenisciformi.

impensàbile [da *pensabile*; a. 1565] ***agg.*** che non si può nemmeno pensare o immaginare: *è una soluzione, una mossa impensabile, è impensabile che tu riesca a superare il concorso* || **N.** *Sin.* assurdo, inconcepibile, incredibile, inimmaginabile.

impensàto [da *pensato*; a. 1476] ***agg.*** inaspettato, imprevisto: *la notizia ha avuto su di te un effetto impensato* || nelle *loc. avv. all'impensata,* inaspettatamente || **impensataménte** ***avv.*** inaspettatamente; senza pensarci sopra, non di proposito.

impensierìre (pres. *-ìsco, -ìsci*) [comp. parasint. di *pensiero*; 1548] ***tr.*** mettere in pensiero, rendere ansioso e preoccupato: *queste continue febbri mi impensieriscono* || ***intr. pron.*** preoccuparsi || **N.** *Sin.* crucciare, inquietare, preoccupare, tormentare, turbare.

impepàre (pres. *-épo*) [comp. parasint. di *pepe*; 1598] ***tr.*** *non com.* condire con il pepe; *fig.* rendere mordace.

imperànte (*ppr.* di *imperare*) [seconda metà sec. XIV] ***agg.*** **1.** che detiene la suprema autorità: *casa imperante, dinastia imperante* **2.** *fig.* che va per la maggiore: *il gusto, la moda imperante* || che è dovunque: *la corruzione imperante* || **N. 2.** *Sin.* diffusa, generale, predominante.

imperàre (pres. *-èro*) [dal lat. *imperāre*; sec. XIII] ***intr.*** (aus. *avere*) **1.** avere l'autorità imperiale: *in quegli anni imperava Traiano* || *per estens.* avere il potere, dominare: *qui impera la legge, la flotta inglese ha a lungo imperato sui mari* **2.** *fig.* essere molto diffuso, avere il predominio: *una fascia d'età su cui imperano le mode; negli anni sessanta imperavano le canzoni dei Beatles* || **N. 1.** *Sin.* comandare, dominare, regnare **2.** *Sin.* predominare, prevalere.

imperativàle [da *imperativo*; 1957] ***agg.*** *T.ling.* che esprime un comando: *frase imperativale* || che contiene un comando: *composto imperativale,* composto formato dall'unione di un verbo all'imperativo e di un sostantivo oppure un infinito (per es. *rompighiaccio, lasciapassare*).

imperatività [da *imperativo*; 1898] ***sf.*** l'essere imperativo || *T.giur.* caratteristica delle norme giuridiche obbligatorie per i loro destinatari.

imperatìvo [dal lat. tardo *imperatīvus*; sec. XIV come sm.] **I** ***agg.*** che esprime comando: *tono imperativo* || *T.giur. norma imperativa,* che impone un obbligo preciso e inderogabile; *mandato imperativo,* mandato che obbliga i rappresentanti eletti ad attenersi strettamente alla volontà degli elettori || *T.gram. modo imperativo,* modo del verbo che esprime comando perentorio oppure invito, esortazione, ammonimento, invocazione || **imperativaménte** ***avv.*** in modo imperativo e autoritario **II** ***sm.*** **1.** *T.gramm.* il modo imperativo del verbo **2.** *T.fil.* proposizione che esprime una determinazione della volontà e diventa una norma etica; nel pensiero di Kant, *imperativo categorico,* proposizione che, imponendo un'azione buona in sé, costituisce un obbligo morale assoluto e incondizionato; *imperativo ipotetico,* proposizione che consiglia un'azione come mezzo per ottenere un dato fine || **N.** I *Sin.* autoritario, imperioso; rigido, severo.

imperatóre [dal lat. *imperātor, -ōris*; 1248 *emperatore* nel senso 2] **sm.** **1.** *T.stor.* titolo che i Romani davano al capo supremo dell'esercito, e che veniva attribuito per acclamazione al generale vittorioso **2.** *T.stor.* dal principato di Ottaviano Augusto, titolo con cui era indicato il capo dello Stato romano || in epoche più recenti, il sovrano di un'impero || **N. 2.** *Sin.* despota, gran khan, kaiser, mikado, monarca, negus, scià, sovrano, sultano, zar.

imperatòrio (pl. *-ri*) [dal lat. *imperatōrius*; sec. XV] **agg.** **1.** da imperatore, proprio dell'imperatore: *leggi, insegne imperatorie* **2.** imperioso, autoritario: *modi imperatori.*

imperatrìce [da *imperatore*; a. 1282] **sf.** **1.** sovrana di un impero **2.** moglie di un imperatore.

impercepìbile [da *percepibile*; 1869] **agg.** *raro* impercettibile.

impercettìbile [da *percettibile*; a. 1581] **agg.** che non si può percepire, o che si percepisce a stento: *differenza impercettibile* || *per estens.* minimo: *il dollaro ha subito un rialzo impercettibile* || **impercettibilménte** **avv.** || **N.** *Sin.* debole, impalpabile, invisibile, lieve, leggero, microscopico, minimo, piccolo.

impercettibilità [da *impercettibile*; a. 1694] **sf.** l'essere impercettibile.

imperché [comp. di *in* e *perché*; metà sec. XIII] **I** **cong.** *arc.* perché **II** **sm.** *arc.* ragione, motivo: *e lo imperché non sanno* (Dante).

imperciocché [comp. di *in*, *perciò* e *che*; sec. XIII] **cong.** *ant. lett.* giacché, poiché.

impercorrìbile [da *percorribile*; 1983] **agg.** che non si può percorrere.

imperdonàbile [da *perdonabile*; 1620] **agg.** che non si può perdonare: *un peccato imperdonabile* || *per estens.* molto grave, senza scusanti: *un errore, una dimenticanza imperdonabile* || **imperdonabilménte** **avv.**

imperdonabilità [da *imperdonabile*; 1945] **sf.** l'essere imperdonabile.

imperfettìbile [da *perfettibile*; 1849] **agg.** che non può raggiungere la perfezione o essere reso perfetto || **N.** *Contr.* perfettibile.

imperfettibilità [da *imperfettibile*; 1849] **sf.** l'essere imperfettibile || **N.** *Contr.* perfettibilità.

imperfettìvo [da *imperfetto*; 1869] **agg.** *T.gram.* aspetto verbale in cui l'azione viene considerata nel suo svolgimento, senza che si possa far riferimento ad un suo punto terminale (per es. *stavo dormendo*) || **N.** *Contr.* perfettivo.

imperfètto [dal lat. *imperfectus*; 1308 nel senso 2] **I** **agg.** **1.** non finito, incompiuto || *T.gram. tempo imperfetto,* tempo del verbo al modo indicativo e congiuntivo; nell'indicativo esprime la duratività e la ripetizione nel passato (*dormiva da molte ore, lo incontravo ogni giorno*), mentre nel congiuntivo è usato sia in frasi subordinate, per esprimere contemporaneità in dipendenza da un tempo passato (*non pensavo che fosse già a casa*), o in dipendenza da un condizionale (*mi piacerebbe che nevicasse ancora, non avrei detto che fosse così abile*), oppure nel periodo ipotetico (*mangerei, se avessi fame*), sia in proposizioni indipendenti per esprimere desiderio o augurio, spec. irrealizzabile (*potessi vederlo subito!*) **2.** che non è perfetto: *l'uomo è imperfetto*; che ha qualche difetto: *una dizione imperfetta, un meccanismo imperfetto* || *ant. T.mus. tempo imperfetto,* ritmo binario (mentre *perfetto* era detto quello ternario) **3.** *T.econ. mercato imperfetto,* mercato di cui gli operatori non conoscono esattamente le condizioni a causa dell'estrema mobilità dei prodotti e dei fattori produttivi; *moneta imperfetta,* il cui valore intrinseco non coincide con quello legale || **imperfettaménte** **avv.** **II** **sm.** *T.gram.* il tempo imperfetto del verbo || **N.** I **1.** *Sin.* incompleto **2.** *Sin.* difettoso, insufficiente, manchevole.

imperfezióne [dal lat. tardo *imperfectio, -ōnis*; 1308] **sf.** **1.** l'essere imperfetto **2.** *concr.* difetto, manchevolezza: *avere un'imperfezione fisica, c'è qualche imperfezione di stile* || *dim.* imperfezioncèlla.

imperforàbile [da *perforabile*; a. 1909] **agg.** che non si può perforare.

imperforabilità [da *imperforabile*; 1983] **sf.** l'essere imperforabile.

imperforàto [da *perforato*; 1684 nel senso 2] **agg.** **1.** non perforato **2.** *T.anat.* di canale od orifizio ostruito per malformazione congenita.

imperforazióne [da *imperforato*; 1834] **sf.** *T.anat.* occlusione, dovuta a malformazione congenita, di un orifizio o di un canale esterno del corpo umano: *imperforazione nasale.*

impergolàre (pres. *-èrgolo*) [comp. parasint. di *pergola*; seconda metà sec. XIII] **tr.** tendere i tralci sull'intelaiatura del pergolato || tendere a pergolato i rami di una pianta rampicante.

imperiàle[1] [dal lat. *imperiālis*; 1308] **I** **agg.** **1.** relativo all'impero o all'imperatore: *autorità imperiale; dominio, politica imperiale* || nei titoli con cui ci si rivolge all'imperatore o ai membri della sua famiglia: *maestà, altezza imperiale* **2.** *fig.* maestoso: *un incedere imperiale* **II** **sm.** **1.** seguace dell'imperatore || (spec. *pl.*) appartenente alle truppe del Sacro Romano Impero **2.** *T.num.* denominazione delle monete d'oro o d'argento emesse dagli imperatori del Sacro Romano Impero, poi estesa anche ad altre monete di peso e valore equivalente **3.** formato di carta da stampa adottato fin dai primordi della stampa, di dimensioni cm 60 × 80, negli stampati dello Stato assume le dimensioni cm 58 × 78 || **imperialménte** **avv.**

imperiàle[2] [dal fr. *impériale*; 1790] **sm.** la parte superiore del tetto di diligenze e carrozze, su cui venivano collocati i bagagli ed eventualmente i passeggeri. **TAV.** ***carri...*** **p. 664** 1.1.

imperialésco (pl. *-schi*) [dal *imperiale*[1]; a. 1556] **agg.** *non com. spreg.* da imperatore: *trattava i dipendenti con fare duramente imperialesco.*

imperialìsmo [dall'ingl. *imperialism*; 1901] **sm.** **1.** *T.pol.* tendenza di uno Stato a stabilire un'egemonia politica o economica su altre nazioni: *l'imperialismo napoleonico* **2.** *fig.* tendenza ad imporre i propri modelli, valori, gusti, ideali ad altri popoli e culture: *l'imperialismo culturale dell'Occidente.*

imperialìsta [da *imperiale*, sul modello dell'ingl. *imperialist*; 1869 nel senso 2] **I** **s.** **1.** seguace, fautore dell'imperialismo **2.** sostenitore dell'impero o dell'imperatore **II** **agg.** imperialistico: *politica imperialista.*

imperialìstico (pl. *-ci*) [da *imperialista*; 1903] **agg.** proprio dell'imperialismo o che tende all'imperialismo: *ambizioni imperialistiche.*

imperialità [da *imperiale*; a. 1566] **sf.** *raro* l'essere imperiale.

imperialrègio (pl. *-gi*) [comp. di *imperial(e)* e *regio*; a. 1945] **agg.** *T.stor.* appellativo che designava gli enti politici e amministrativi dell'impero austroungarico.

impèrio (pl. *-ri*) [lat. *imperium*; 1225 ca.] **sm.** **1.** var. ant. lett. di *impero* nel senso 1: *potestà, atto d'imperio* || comando: *il concitato imperio, e il celere ubbidir* (Manzoni) **2.** *T.econ. prezzi d'imperio,* fissati e imposti dall'autorità statale.

imperiosità [da *imperioso*; 1549] **sf.** l'essere imperioso: *l'imperiosità di un comando.*

imperióso [dal lat. *imperiōsus*; 1364] **agg.** **1.** che comanda con alterigia: *un generale imperioso* || rif. a comportamenti e sim., che esprime autorità e perentorietà: *tono, gesto imperioso, un fare imperioso* **2.** *fig.* che obbliga a fare qualcosa, irresistibile: *ho il bisogno imperioso di muovermi* || **imperiosaménte** **avv.** || **N.** **1.** *Sin.* altero, arrogante, autoritario, superbo **2.** *Sin.* impellente, pressante, urgente.

imperìto [dal lat. *imperītus*; a. 1342] **agg.** *lett.* non pratico di ciò che dovrebbe saper fare || **N.** *Sin.* inabile, inesperto, inetto, incapace.

imperitùro [da *perituro*; 1861] **agg.** *lett.* destinato ad avere lunga durata, a non perire: *fama imperitura* || **N.** *Sin.* eterno, IMMORTALE.

imperìzia [dal lat. *imperitia*; a. 1498] **sf.** **1.** mancanza di capacità e di esperienza, spec. in un'attività professionale: *l'operazione non è riuscita a causa dell'imperizia del chirurgo* || nel diritto penale, è una delle cause che possono generare colpa **2.** *lett.* inesperienza.

imperlàre (pres. *-èrlo*) [comp. parasint. di *perla*; 1374] **tr.** **1.** *non com.* adornare con perle **2.** *fig.* cospargere, ricoprire di goccioline: *la rugiada imperla le erbe del mattino* || **intr. pron.** ricoprirsi di gocce: *imperlarsi di sudore.*

impermaliménto [da *impermalire*; 1869] **sm.** *raro* l'impermalirsi e l'essere impermalito.

impermalìre (pres. *-ìsco, -ìsci*) [da (*aversene*) *per male*; 1824] **tr.** provocare stizza o risentimento in qualcuno: *la sua arroganza mi impermalisce* || **intr. pron.** aversela a male, provare e dimostrare risentimento e stizza: *appena le hanno chiesto l'età si è impermalita* || **N.** **tr.** *Sin.* indispettire, offendere | **intr. pron.** *Sin.* risentirsi, stizzirsi.

impermeàbile [dal lat. tardo *impermeābilis*; 1816] **I** **agg.** **1.** non permeabile, che non lascia passare liquidi o gas: *terreno impermeabile, tessuto impermeabile all'acqua*; *orologio impermeabile,* la cui cassa protegge il meccanismo dalle infiltrazioni d'acqua **2.** *fig. non com.* refrattario, indifferente: *è un tipo impermeabile ad ogni rimprovero* **II** **sm.** soprabito confezionato in tessuto impermeabile, usato per ripararsi dalla pioggia.

impermeabilità [da *impermeabile*; a. 1647] **sf.** la proprietà di essere impermeabile.

impermeabilizzànte (*ppr.* di *impermeabilizzare*) [1943] **agg.** e **sm.** di prodotto usato per operazioni di impermeabilizzazione. **Q.T.** *edilizia.*

impermeabilizzàre [da *impermeabile*; 1929] **tr.** rendere impermeabile: *impermeabilizzare una terrazza.*

impermeabilizzazióne [da *impermeabilizzare*; 1942] **sf.** complesso di operazioni e trattamenti volti a diminuire o eliminare la permeabilità di materiali e sostanze ai liquidi o ai fluidi.

impermutàbile [dal lat. tardo *impermutābilis*; 1353] **agg.** *non com.* **1.** che non si può permutare **2.** immutabile.

impermutabilità [da *impermutabile*; a. 1698] **sf.** l'essere impermutabile.

impernàre **tr.** *ant.* v. IMPERNIARE.

imperniàre (pres. *-èrnio*) [comp. parasint. di *perno*; sec. XIV-XV *impernare*] **tr.** **1.** fissare su un perno, fissare con perni **2.** fondare, basare: *imperniare il proprio discorso in un'idea di base* || **intr. pron.** avere come fondamento: *il nostro rapporto si impernia sulla fiducia.*

imperniatùra [da *imperniare*; 1550] **sf.** l'operazione dell'imperniare || *concr.* il complesso dei perni di una struttura o di un meccanismo.

impèro [lat. *impĕrium*; 1308] **I** **sm.** **1.** *lett.* potere assoluto, autorità incontrastata: *esercitare l'impero sulle divinità dei boschi, l'impero della legge* || *fig.* sfera in cui si esercita una profonda influenza e supremazia: *l'impero della mafia, l'impero finanziario delle grandi banche* **2.** organismo politico, che comprende di solito paesi e popolazioni diverse, con a capo un'unica autorità monarchica, ereditaria o talvolta elettiva, che assume gen. il titolo di *imperatore*: *l'impero austro-ungarico, l'impero napoleonico; conquistare, fondare un impero, assistere al crollo di un impero; gli Imperi centrali*, la Germania e l'Austria-Ungheria durante la prima guerra mondiale || *per anton.* con l'iniziale maiuscola, può indicare l'impero romano (*Impero d'Oriente, d'Occidente*), il Sacro Romano Impero (*scontro tra papato e Impero*), oppure gli imperi di Napoleone I e Napoleone III (*Primo Impero* e *Secondo Impero*), o l'Impero italiano in epoca fascista || *impero coloniale*, complesso di colonie poste sotto la giurisdizione di uno stato **3.** dignità di imperatore: *innalzare all'impero il proprio erede, assumere l'impero* || *per estens.* periodo di regno e territorio su cui si estende l'autorità imperiale: *il lungo impero di Francesco Giuseppe, durante l'impero; allargare i confini dell'impero* **II** in funzione di **agg. inv.** (sempre posposto): *stile impero*, fase dello stile neoclassico, che si manifestò nelle arti figurative e nell'arredamento agli inizi del sec. XIX, caratterizzato da linee semplici e forme austere; *abito impero*, abito femminile che non segna i fianchi, di linea sciolta.

imperocché [comp. di *in, però* e *che*; metà sec. XIII] **cong.** *ant. lett.* giacché, poiché.

imperscrutàbile [dal lat. *imperscrutābilis*; a. 1342] **agg.** incomprensibile alla mente umana: *i disegni di Dio sono imperscrutabili* || *per estens.* misterioso, oscuro: *ragioni imperscrutabili, uno sguardo imperscrutabile* || **N.** *Sin.* IMPENETRABILE.

imperscrutabilità [da *imperscrutabile*; 1869] **sf.** l'essere imperscrutabile.

impersonàle [dal lat. *impersonālis*; 1561 nel senso 3] **agg. 1.** che non riguarda, non si riferisce a una persona determinata: *critiche impersonali* **2.** privo di originalità: *stile, recitazione impersonale* **3.** *T.gram.* di verbo che si coniuga solo alla terza persona singolare o ai modi non finiti, in quanto non c'è un soggetto determinato (per es. i verbi che indicano fenomeni meteorologici: *piove, tuona, grandina*) || *forma impersonale del verbo*, quando non è espresso un soggetto determinato (per es. *non si sa, l'hanno detto alla radio*) || **impersonalménte avv.** || **N. 1.** *Sin.* generico, indeterminato **2.** *Sin.* banale, comune, piatto, scialbo | *Contr.* espressivo, originale, personale.

impersonalìsmo [da *impersonale*; 1957] **sm.** *T.fil.* dottrina che nega la personalità.

impersonalità [da *impersonale*; a. 1582] **sf. 1.** l'essere impersonale: *impersonalità dell'arte*, principio proprio del naturalismo e del verismo che tende a eliminare dall'opera letteraria e artistica ogni elemento soggettivo **2.** mancanza di originalità: *l'impersonalità di uno stilista.*

impersonàre (pres. *-óno*) [comp. parasint. di *persona*; 1884] **tr. 1.** rappresentare come persona una qualità o un concetto astratto: *Otello impersona la gelosia* **2.** interpretare come attore: *impersonare Romeo* || fingere di essere un'altra persona || **intr. pron.** incarnarsi: *in lui s'impersona la lealtà* || **rifl.** immedesimarsi in un personaggio o in una parte || **N. 1.** *Sin.* incarnare, personificare, rappresentare, simboleggiare.

impersuadìbile e **impersuasìbile** [dal lat. tardo *impersuasibilis*; 1594] **agg.** *non com.* che non si lascia persuadere.

impertèrrito [dal lat. *imperterritus*; 1546] **agg.** che non si lascia spaventare || indifferente: *nonostante i miei consigli, continui imperterrito a fare di testa tua* || **N.** *Sin.* impassibile, imperturbabile.

impertinènte [dal lat. tardo *impertinens, -ēntis*; a. 1342 nel senso 2] **agg. 1.** che non ha il dovuto riguardo verso gli altri: *un ragazzino impertinente* || che esprime insolenza, mancanza di rispetto o sconvenienza: *una domanda impertinente* **2.** *ant.* non pertinente, inadatto || **N. 1.** *Sin.* arrogante, sfacciato, tracotante, INSOLENTE.

impertinènza [da *impertinente*; a. 1566] **sf.** l'essere impertinente || *concr.* atto o detto insolente || **N.** *Sin.* insolenza, irriverenza, sfacciataggine, villania; ingiuria, offesa.

imperturbàbile [dal lat. tardo *imperturbābilis*; a. 1364] **agg. 1.** che non può essere perturbato: *una quiete imperturbabile* **2.** che non si turba né si commuove: *una persona, un carattere imperturbabile* || **imperturbabilménte avv.** senza scomporsi || **N. 1.** *Sin.* costante, invariabile **2.** *Sin.* impassibile, imperterrito.

imperturbabilità [da *imperturbabile*; a. 1667] **sf.** l'essere imperturbabile, impassibilità.

imperturbàto [dal lat. *imperturbātus*; sec. XIV] **agg. 1.** *lett.* non perturbato (usato talvolta anche nel linguaggio scientifico) **2.** di persona, calmo, sereno, impassibile.

imperversaménto [da *imperversare*; a. 1704] **sm.** *non com.* l'imperversare.

imperversàre (pres. *-èrso*) [comp. parasint. di *perverso*; 1353 nel senso 2] **intr.** (aus. *avere*) **1.** manifestarsi e diffondersi in modo violento e improvviso, detto spec. di elementi naturali o di fenomeni e situazioni che recano danno: *la tempesta imperversa, imperversa un'epidemia d'influenza, la guerra, la violenza* || *iron.* o *scherz.* avere molto successo: *imperversa la moda delle minigonne* **2.** *meno com.* di persona, infierire con violenza: *imperversa contro i figli* || **N. 1.** *Sin.* infuriare, propagarsi, scatenarsi **2.** *Sin.* accanirsi, infierire.

impervietà [da *impervio*; 1951] **sf. 1.** l'essere impervio **2.** *T.med.* totale o parziale riduzione del lume di un organo cavo.

impèrvio (pl. *-vi*) [dal lat. *impervius*; 1640] **agg. 1.** detto di luogo senza vie di accesso, o attraverso il quale è difficile transitare: *montagne impervie* **2.** *T.med.* detto di organo cavo, del tutto o in parte ostruito || **N. 1.** *Sin.* impraticabile, inaccessibile.

impestàre (pres. *-ésto*) [comp. parasint. di *peste*; a. 1525] **tr.** *pop.* appestare.

impetìgine [dal lat. tardo *impetīgo, -inis*; a. 1320] **sf.** *T.med.* malattia della pelle caratterizzata da eruzione di piccole pustole superficiali, raggruppate, che si trasformano in croste giallastre, le quali poi cadono senza lasciare cicatrice || **N.** crosta lattea, lattime, volatica.

impetiginóso [dal lat. tardo *impetiginōsus*; a. 1557] **I agg.** relativo a impetigine, proprio di impetigine: *infezione impetiginosa* || che è affetto da impetigine **II sm.** (f. *-a*) chi è affetto da impetigine.

ìmpeto [dal lat. *impetus*; 1308] **sm. 1.** moto violento di cosa o persona che si scaglia con forza contro qualcuno o qualcosa: *l'impeto del vento ha scoperchiato i tetti, l'impeto della folla, del nemico; fare impeto contro qualcuno*, assalirlo || *per estens.* la forza stessa: *scagliarsi con impeto contro il ladro, colpire con impeto* **2.** *fig.* moto improvviso dell'animo: *impeto d'ira, di generosità, d'amore; agire d'impeto*, senza riflettere; *di primo impeto*, di slancio || concitazione: *nell'impeto del discorso, della passione* || **N. 1.** *Sin.* assalto, furore, irruenza, veemenza, violenza; forza, slancio, spinta **2.** *Sin.* accesso, impulso; calore, concitazione, foga, furia, raptus.

impetràbile [dal lat. *impetrābilis*; 1554] **agg.** *non com.* che può essere ottenuto: *è un favore non impetrabile.*

impetràre[1] (pres. *-ètro*) [dal lat. *impetrāre*; fine sec. XIII nel senso 2] **tr. 1.** *lett.* ottenere con preghiere ciò che si desidera **2.** *più com.* chiedere supplicando.

impetràre[2] (pres. *-ètro*) [da *pietra*; sec. XIII] **intr.** (aus. *essere*) *lett. arc.* impietrire: *io non piangea, sì dentro impetrai* (Dante).

impetratòrio (pl. *-ri*) [da *impetrare*; a. 1694] **agg.** *lett. raro* volto a impetrare.

impetrazióne [dal lat. *impetrātio, -ōnis*; a. 1348] **sf.** *lett.* l'atto dell'impetrare || *per estens.* preghiera, supplica.

impettìrsi (pres. *-ìsco, -ìsci*) [comp. parasint. di *petto*; a. 1842] **intr. pron.** spingere il petto in fuori || *fig.* insuperbirsi, inorgoglirsi.

impettìto [comp. parasint. di *petto*; prima metà sec. XVII] **agg.** rif. a persona che stia diritta e rigida, col petto in fuori, spec. per motivi di orgoglio e vanità o in segno di presunzione: *camminava tutto impettito* || **N.** *Sin.* diritto, impalato; tronfio.

impetuosità [da *impetuoso*; sec. XIV] **sf.** l'essere impetuoso || **N.** *Sin.* foga, irruenza, veemenza.

impetuóso [dal lat. *impetuōsus*; 1313] **agg. 1.** pieno d'impeto, che ha grande forza e violenza: *torrente impetuoso, un assalto impetuoso* **2.** *fig.* rif. a persona, che si lascia facilmente trasportare dai propri impulsi e agisce senza riflettere: *un ragazzo dal carattere impetuoso* || *per estens.* rif. a comportamenti e sim., che si manifesta con foga e veemenza: *un discorso impetuoso, una passione impetuosa* || **impetuosaménte avv.** || **N. 1.** *Sin.* furioso, travolgente, veemente **2.** *Sin.* focoso, impulsivo, irruente, precipitoso, rabbioso, veemente.

impiagaménto [da *impiagare*; a. 1587] **sm.** *raro* atto o effetto dell'impiagare o dell'impiagarsi.

impiagàre (pres. *-àgo, -àghi*) [comp. parasint. di *piaga*; a. 1580] **tr.** *non com.* causare piaghe || **intr. pron.** coprirsi di piaghe || **N.** *Sin.* piagare.

impiagatùra [da *impiagare*; a. 1556] **sf. 1.** impiagamento **2.** *raro* ferita, piaga.

impiallacciàre (pres. *-àccio*) [comp. parasint. di *piallaccio*; a. 1597] **tr. 1.** *T.fal.* nella fabbricazione di mobili, ricoprire legno di qualità inferiore con una lastra sottile di legno pregiato: *mobile impiallacciato* **2.** rivestire con lastre di marmo un pilastro o la facciata di un edificio.

impiallacciatóre [da *impiallacciare*; 1869] **sm.** (f. *-trìce*) falegname che esegue lavori di impiallacciatura.

impiallacciatùra [da *impiallacciare*; 1574] **sf.** l'atto e l'effetto dell'impiallacciare; *in part.* tecnica per cui un mobile, realizzato con legno di scarso valore, viene rivestito con fogli sottili di legni pregiati || *concr.* i fogli di legno che servono per impiallacciare.

impianellàre (pres. *-èllo*) [comp. parasint. di *pianella*; 1681] **tr.** rivestire con pianelle un pavimento o un tetto.

impianellàto (*pps.* di *impianellare*) [sec. XIV-XVI] **I agg.** coperto con pianelle **II sm.** rivestimento a pianelle per tetti o pavimenti.

impiantàre [dal lat. tardo *implantāre*; 1508] **tr. 1.** disporre gli elementi di base di un congegno o di una struttura, prima di avviarne il funzionamento o la costruzione: *impiantare una giostra al Luna Park, impiantare un'impalcatura* || installare: *impiantare il telefono, la caldaia* **2.** *per estens.* avviare un'azienda, un ufficio e sim.: *impiantare una catena di negozi* || *fig. non com.* impostare: *impiantare una questione, un dibattito; impiantare la contabilità di un'azienda*, avviarla nelle sue linee essenziali **3.** *region.* mettere a dimora una pianta || **N. 2.** *Sin.* fondare, iniziare, istituire.

impiantìre (pres. *-ìsco, -ìsci*) [comp. parasint. di *pianta*; 1803] **tr.** *raro* **1.** imboschire **2.** dotare di impiantito.

impiantìsta [da *impianto*; 1957] **s.** e **agg.** tecnico specializzato in impiantistica: *ingegnere impiantista.*

impiantìstica [da *impianto*; 1971] **sf.** *T.tecn.* settore dell'ingegneria che si occupa della progettazione, costruzione e gestione di impianti e attrezzature industriali.

impiantito [da un ant. *impiantire*; 1838] **sm.** il pavimento d'una stanza, realizzato prendo con materiali diversi un fondo di malta: *impiantito alla veneziana, a scacchi, di cemento, di laterizi, di legno* (o *intavolato*); *a mosaico, a spina, a rete* || **N.** *Sin.* PAVIMENTO.

impiànto [da *impiantare*; 1698] **sm.** **1.** l'impiantare: *l'impianto di una nuova centrale termica*; *spese d'impianto*, le spese sostenute da un'impresa per la sua costituzione e organizzazione iniziale **2.** *concr.* complesso di apparecchiature e attrezzature necessarie per produrre determinati beni o servizi: *rinnovare gli impianti, impianto elettrico, edile, agricolo, industriale*; *impianto sportivo*, complesso di locali, attrezzature e campi da gioco adibiti all'esercizio di una o più attività sportive **3.** *fig.* struttura, assetto interno: *un romanzo di impianto classico* **4.** *T.med.* sostituzione di un organo o di una sua parte con strutture artificiali, o con parti organiche prelevate da un donatore: *l'impianto di un pace-maker* **5.** *T.farm. impianto sottocutaneo*, somministrazione sotto pelle di farmaci che devono essere assorbiti lentamente dall'organismo **6.** *T.mar.* installazione di cannone di grosso o di medio calibro || **N.** **1.** *Sin.* allestimento, installazione **2.** *Sin.* apparecchiature, complesso **4.** espianto, trapianto. **Q.T.** *abitazione, audiovisivi, elettricità, energia.*

impiastramento [da *impiastrare*; a. 1692] **sm.** l'impiastrare.

impiastràre [lat. tardo *emplastrāre*; sec. XIV] **tr.** **1.** spalmare con materia appiccicosa: *impiastrare di colla, di catrame* **2.** *per estens.* insudiciare: *impiastrare la cravatta di sugo* || *spreg. impiastrare i fogli, le tele, le carte*, scrivere o dipingere molto male || **rifl.** sporcarsi, insudiciarsi: *impiastrarsi il viso*, *spreg.* imbellettarsi || **N.** **1.** *Sin.* impeciare, impiastricciare **2.** *Sin.* imbrattare, insozzare, insudiciare, sporcare, ungere.

impiastratóre [da *impiastrare*; a. 1571] **sm.** (f. *-trice*) *non com.* chi impiastra.

impiastricciaménto [da *impiastricciare*; a. 1568] **sm.** *non com.* l'impiastricciare e l'impiastricciarsi.

impiastricciàre (pres. *-iccio*) [da *impiastro*; a. 1528] **tr.** impiastrare qua e là con sostanze appiccicose e unte || *T.spreg.* dipingere o scrivere male: *impiastriccia le tele, i fogli.*

impiàstro [lat. *emplastrum*, gr. *émplastron*; a. 1292] **sm.** **1.** medicamento emolliente, preparato per fusione con sostanze di vario tipo (miscele di resine, cere, saponi di piombo), che si applica sulla parte malata al cui contatto rammollisce aderendo || *per estens.* rimedio di scarsa efficacia: *è una malattia che non si guarisce con impiastri* **2.** *fig.* persona fastidiosa, noiosa: *toglimi di torno quell'impiastro*; *sei un bell'impiastro!*, detto anche (meno com.) di persona malaticcia che ha sempre bisogno di cure **3.** *fig. non com.* lavoro mal fatto || *dim.* impiastrino || **N.** **1.** *Sin.* cataplasma, erbolato, vescicante.

impiccagióne [da *impiccare*; a. 1907] **sf.** l'impiccare e l'essere impiccato come forma di esecuzione capitale.

impiccaménto [da *impiccare*; 1879] **sm.** *non com.* l'impiccare e l'impiccarsi || *T.med.* in medicina legale, asfissia di tipo meccanico, che produce effetti anche sul sistema circolatorio e nervoso.

impiccàre (pres. *-icco, -icchi*) [comp. parasint. di *picca*, palo appuntito; a. 1292] **tr.** **1.** sospendere per la gola con un cappio, in modo da provocare la morte: *i prigionieri furono impiccati alla forca, impiccare a un albero, a un traliccio*; anche *pleon.*: *impiccare per la gola* || *iperb. non lo farebbe neanche a impiccarlo*, per nessuna ragione || *per estens.* stringere eccessivamente al collo: *questa camicia m'impicca* || *fig.* vincolare: *si è trovato impiccato a una promessa fatta molti anni prima* **2.** *non com.* sospendere, appendere || **rifl.** uccidersi appendendosi per la gola a un cappio: *si è impiccato alla trave del soffitto* || usato in varie imprecazioni: *impiccati!, ma che s'impicchi!, vatti a impiccare!* || *fig. non com.* impegnarsi a obblighi gravosi, vincolarsi || **N.** **tr.** **1.** *Sin.* appendere per la gola, strangolare | capestro, forca, laccio, nodo scorsoio.

impiccàto (*pps.* di *impiccare*) [sec. XIV] **I** **sm.** (f. *-a*) **1.** persona sottoposta a impiccagione o suicida per impiccagione || *prov. parlare di corda in casa dell'impiccato*, parlare di cose che procurano vergogna, dolore o imbarazzo in chi ascolta **2.** *fam. gioco dell'impiccato*, consiste nell'indovinare la parola pensata dall'avversario cercando di individuare via via le lettere di cui è composta, prima che quest'ultimo completi l'immagine grafica di un impiccato, alla quale aggiunge un particolare ad ogni sbaglio **3.** *ant.* ribaldo, scellerato **II** **agg.** *iperb.* di persona che indossa vesti troppo strette al collo: *impiccato in un colletto rigido.*

impiccatóre [da *impiccare*; a. 1342] **sm.** (f. *-trice*) *non com.* chi impicca; chi condanna molti alla forca || **N.** *Sin.* boia, carnefice.

impiccatùra [da *impiccare*; a. 1311] **sf.** *raro* impiccagione.

impicciàre (pres. *-iccio*) [dal fr. ant. *empedechier*, fine sec. XIII] **tr.** dare impiccio, essere di ostacolo: *questi scatoloni impicciano il passaggio, il vestito mi impiccia*; *ass. levati che qui impicci*, dai fastidio || **intr. pron.** interessarsi a sproposito perlopiù di cose e fatti altrui: *s'impiccia sempre di cose che non lo riguardano, impicciati degli affari tuoi!* || **N.** **tr.** *Sin.* imbarazzare, impacciare, ingombrare, intralciare, ostacolare | **intr. pron.** *Sin.* immischiarsi, ingerirsi, interessarsi, intrigarsi, intromettersi, occuparsi; ficcare il naso.

impiccinìre (pres. *-ìsco, -ìsci*) [comp. parasint. di *piccino*; a. 1597] **tr.** rendere o far sembrare piccino; anche *fig.* far apparire insignificante: *impiccinire una faccenda* || **intr.** (aus. *essere*) *non com.* diventare più piccolo || **N.** *Sin.* rimpicciolire; minimizzare.

impiccio (pl. *-ci*) [da *impicciare*; a. 1565 nel senso 2] **sm.** **1.** ostacolo, impedimento: *togliamo dalla stanza tutti questi impicci, i suoi genitori sono un impiccio ai suoi progetti*; *dare impiccio, essere d'impiccio*, causare intralcio e fastidio **2.** situazione imbrogliata, fonte di guai: *trovarsi in un brutto impiccio*; *per estens.* faccenda complicata o noiosa, difficoltà: *ho un sacco di impicci da sbrigare, questa situazione mi ha procurato solo impicci* || **N.** **1.** *Sin.* impaccio, impedimento, ingombro, intralcio, ostacolo **2.** *Sin.* fastidio, guaio, imbroglio, noia, seccatura.

impicciolìre (pres. *-ìsco, -ìsci*) [comp. parasint. di *picciolo*[1]; a. 1787] **intr.** (aus. *essere*) e **intr. pron.** *raro* rimpicciolire, impiccolire.

impiccióne [da *impicciare*; 1817] **sm.** (f. *-a*) chi ha l'abitudine di impicciarsi dei fatti altrui || **N.** *Sin.* ficcanaso, indiscreto.

impiccolìre (pres. *-ìsco, -ìsci*) [comp. parasint. di *piccolo*; 1629] **tr.** *non com.* rendere o far apparire più piccolo || **intr.** (aus. *essere*) e **intr. pron.** *non com.* diventare più piccolo || **N.** *Sin.* rimpicciolire.

impidocchiàre (pres. *-òcchio*) [comp. parasint. di *pidocchio*; 1900] **tr.** attaccare i pidocchi a qualcuno || **intr. pron.** riempirsi di pidocchi.

impidocchìre (pres. *-ìsco, -ìsci*) [comp. parasint. di *pidocchio*; a. 1597] **intr.** (aus. *essere*) e **intr. pron.** *non com.* riempirsi di pidocchi || *fig.* cadere in uno stato di miseria, abbrutirsi fisicamente e moralmente.

impiegàbile [da *impiegare*; 1673] **agg.** che può essere impiegato: *capitale non impiegabile.*

impiegàre (pres. *-ègo, -èghi*) [lat. *implicāre*, allacciare; 1353] **tr.** **1.** usare per uno scopo: *impiegare bene, male il proprio tempo*; *impiegare sostanze pericolose e inquinanti* || rif. a denaro, spenderlo, investirlo: *impiegare il proprio capitale nell'acquisto di immobili* || rif. al tempo, consumare, trascorrere: *ho impiegato un'ora in macchina per attraversare il centro* **2.** rif. a persona, servirsene in qualche lavoro, destinare a un incarico: *un settore che impiega molti giovani* || assumere: *ha impiegato mio figlio nella sua azienda* || **rifl.** ottenere un impiego: *si è impiegato da poco in banca* || **N.** **1.** *Sin.* adoperare, sfruttare, usare, utilizzare; investire, spendere **2.** *Sin.* assumere, occupare.

impiegatìzio (pl. *-zi*) [da *impiegato*; 1922] **agg.** degli impiegati: *ceto impiegatizio* || da impiegato: *mentalità impiegatizia.*

impiegàto (*pps.* di *impiegare*) [a. 1771] **sm.** (f. *-a*) chi presta la propria opera, in forma continuativa e dietro retribuzione, alle dipendenze di un'azienda pubblica o privata, con attività non manuali a carattere prevalentemente intellettuale e di collaborazione: *fare l'impiegato*; *impiegato amministrativo*, addetto alla contabilità o alla vendita; *impiegato tecnico*, addetto alla produzione; *impiegato d'ordine*, con mansioni esecutive; *impiegato di concetto*, con mansioni che comportano responsabilità decisionali; *impiegato di ruolo*, impiegato pubblico con occupazione stabile e garantita || *dim.* impiegatùccio, impiegatùcolo || **N.** *Sin.* burocrate, colletto bianco, funzionario, pubblico ufficiale, stipendiato | amministrativo, civile, di concetto, d'ordine, di ruolo, effettivo, incaricato, locale, parastatale, privato, provvisorio, pubblico, statale, straordinario, subalterno, supplente | aspettativa, attribuzioni, carriera, concorso, congedo, destituzione, diaria, dimissione, disciplina, gerarchia, gratificazione, licenza, licenziamento, orario, pensione, promozione, servizio, stipendio, straordinario, turno.

impiègo (pl. *-ghi*) [da *impiegare*; 1581] **sm.** **1.** l'impiegare, l'uso: *l'impiego del denaro, del tempo, dei macchinari, di manodopera* || *impiego di capitali*, investimento **2.** occupazione generalmente fissa e retribuita presso un'amministrazione pubblica o privata, con mansioni di impiegato: *cercare, trovare un impiego, offrire un impiego, licenziarsi dall'impiego, perdere, lasciare l'impiego*; *pubblico impiego*, insieme di rapporti di tipo giuridico e sindacale esistenti tra gli impiegati e l'amministrazione pubblica da cui dipendono || *per estens.* occupazione, lavoro, generalmente alle dipendenze altrui: *essere alla ricerca del primo impiego, essere senza impiego* || *pieno impiego*, assorbimento totale della forza-lavoro da parte dei datori di lavoro || *dim.* impiegùccio; *pegg.* impiegàccio || **N.** **1.** *Sin.* utilizzazione **2.** *Sin.* carica, funzione, mansione, posto, servizio, ufficio.

impietosìre (pres. *-ìsco, -ìsci*) [comp. parasint. di *pietoso*; a. 1667] **tr.** muovere a pietà || **intr. pron.** lasciarsi commuovere: *impietosirsi alle lacrime di qualcuno* || **N.** *Sin.* intenerire, COMMUOVERE.

impietóso [da *pietoso*; 1550] **agg.** senza pietà, crudele, disumano, spietato: *giudizio impietoso.*

impietràre (pres. *-ètro*) [comp. parasint. di *pietra*; 1313] **tr.** e **intr.** *non com.* impietrire.

impietriménto (o meno com. *impietraménto*) [da *impietrire*; a. 1730] **sm.** pietrificazione || *fig.* indurimento, indifferenza, insensibilità.

impietrìre (pres. *-ìsco, -ìsci*) [comp. parasint. di *pietra*; a. 1597 come intr. pron. nel senso 1] **tr.** **1.** convertire in pietra **2.** *fig.* rendere insensibile: *l'odio e il rancore lo hanno impietrito* || *fig.* immobilizzare, irrigidire, spec. per forte emozione: *il terrore lo impietrì* || **intr.** (aus. *esse-*

re) e **intr. pron.** **1.** trasformarsi in pietra **2.** *fig.* diventare insensibile: *il cuore gli si impietrì dal dolore* || restare inerte per una forte emozione: *si impietrì dallo spavento* || **N.** **1.** *Sin.* pietrificare **2.** *Sin.* indurire.

impigliàre (pres. *-ìglio*) [da *pigliare*; a. 1280] **tr.** *non com.* trattenere avviluppando || **intr. pron.** rimanere preso, avviluppato: *la lenza si è impigliata nelle alghe, la gonna si è impigliata negli sterpi* || *fig.* rimanere preso, intricato: *restò impigliato nelle difficoltà* || **N.** *Sin.* aggrovigliare, avviluppare, avvolgere.

impignoràbile [da *pignorabile*; 1963] **agg.** che non può essere soggetto a pignoramento: *bene impignorabile.*

impignorabilità [da *impignorabile*; 1938] **sf.** *T.giur.* condizione di un bene impignorabile.

impigrìre (pres. *-ìsco, -ìsci*) [comp. parasint. di *pigro*; a. 1332] **tr.** far diventare pigro: *impigrire il fisico nell'ozio* || **intr.** (aus. *essere*) e **intr. pron.** diventare pigro: *con la vecchiaia ci si impigrisce* || **N.** *Sin.* impoltronirsi, infiacchire, intorpidirsi.

impìgro [dal lat. *impiger*, a. 1543] **agg.** *lett.* non pigro, solerte, sollecito, operoso.

impilàggio (pl. *-gi*) [da *impilare*, sul modello del fr. *empilage*; 1957] **sm.** il disporre a pila una serie di oggetti || *concr.* la pila di cose sovrapposte.

impilàre (pres. *-ìlo, -ìli*) [comp. parasint. di *pila*; 1957] **tr.** collocare una serie di oggetti l'uno sull'altro, formando una pila: *impilare dei libri.*

impilatùra [da *impilare*; 1928] **sf.** sovrapposizione di più oggetti in modo da formare una pila, spec. come procedimento industriale || *non com. concr.* pila di oggetti: *un'impilatura di mattoni.*

impillaccheràre (pres. *-àcchero*) [comp. parasint. di *pillacchere*, schizzi di fango attaccatisi ai panni; 1854] **tr.** *region.* sporcare con schizzi di fango.

impinguaménto [da *impinguare*; sec. XVII] **sm.** *non com.* l'impinguare e l'impinguarsi.

impinguàre (pres. *-ìnguo*) [dal lat. ecclesiastico *impinguāre*; 1321 come intr. pron. nel senso 1] **tr.** **1.** *non com.* rendere pingue **2.** *più com. fig.* rendere ricco, abbondante: *impinguare le proprie sostanze, le casse dello Stato* || rendere pieno, completo: *impinguare un articolo di citazioni dotte* || **intr.** (aus. *essere*) e **intr. pron.** **1.** diventare grasso **2.** *fig.* arricchirsi: *impinguarsi coi soldi altrui* || *ant. lett.* arricchirsi spiritualmente: *u' ben s'impingua se non si vaneggia* (Dante) || **N.** **tr.** **1.** *Sin.* impolpare, ingrassare **2.** *Sin.* arricchire; farcire, riempire.

impinguiménto [da *impinguire*; 1970] **sm.** impinguamento.

impinguìre (pres. *-ìsco, -ìsci*) [comp. parasint. di *pingue*; 1598] **intr.** (aus. *essere*) e **intr. pron.** diventare pingue.

impinzàre [lat. volg. **impinctiāre*; 1554] **tr.** *non com.* riempire a forza con qualche cosa, e spec. cibo || anche **rifl.**: *impinzarsi di pastasciutta* || **N.** *Sin.* rimpinzare.

impiombàre (pres. *-ómbo*) [comp. parasint. di *piombo*; 1550] **tr.** **1.** fermare con piombo; *in part.* sigillare con piombo: *impiombare un pacco postale, una cassa, un carro* **2.** riempire di piombo: *pop. impiombare un dente*, otturarlo con lo speciale amalgama || *non com. impiombare qualcuno*, impallinarlo con un'arma da fuoco **3.** *T.mar.* fare una impiombatura, cioè unire due cavi intrecciandoli alle estremità per i rispettivi legnoli.

impiombatùra [da *impiombare*; 1715 nel senso 2] **sf.** **1.** l'impiombare || *concr.* il piombo adoperato per impiombare || *pop. impiombatura dei denti*, otturazione **2.** *T.mar.* tipo di collegamento di due cavi ottenuto mediante l'intreccio dei rispettivi legnoli.

impiotàre (pres. *-òto*) [comp. parasint. di *piota*; 1957] **tr.** ricoprire con zolle erbose un terreno, spec. un giardino o un'aiola, a scopo ornamentale o per proteggerlo dalle frane.

impipàrsi (pres. *-ìpo*) [comp. parasint. di *pipa*; 1842] **intr. pron.** *pop.* infischiarsi, non curarsi di qualcosa: *dei suoi rimbrotti io me ne impipo.*

impippiàre (pres. *-ìppio*) [comp. parasint. di *pippio*, becco; a. 1698] **tr.** *tosc. pop.* imbeccare uccelli, pollame e sim. || *per estens.* riempire || *fig.* suggerire || **intr. pron.** *tosc. pop.* rimpinzarsi.

impiumàre (pres. *-ùmo*) [comp. parasint. di *piuma*; 1561] **tr.** **1.** coprire di piume **2.** *T.tint.* immergere i tessuti in un bagno colorante leggerissimo || **intr. pron.** rif. agli uccelli, mettere le piume.

impiumatùra [da *impiumare*; 1869] **sf.** *T.tint.* atto ed effetto dell'impiumare.

impiùmo [da *impiumare*; sec. XIX] **sm.** *T.tint.* base, corpo o fondo di tinta che si dà ai panni per tingerli: *alla sciarpa d'Isabella Inghirami egli aveva dato l'impiumo con un po' di roseo* (D'Annunzio).

implacàbile [dal lat. *implacābilis*; a. 1342] **agg.** che non si può placare, che non dà tregua: *odio implacabile, nemico implacabile* || **implacabilménte** **avv.** || **N.** *Sin.* accanito, inesorabile, ostinato; spietato.

implacabilità [dal lat. *implacabilitas, -ātis*; a. 1547] **sf.** l'essere implacabile.

implacàto [dal lat. *implacātus*; 1810] **agg.** *lett.* non placato.

implantologìa [comp. del lat. tardo *implantāre*, impiantare e *-logia*; 1972] **sf.** **1.** innesto di capelli sulla cute, come rimedio contro le calvizie **2.** *T.med.* in odontoiatria, studio delle tecniche volte alla sostituzione di denti mancanti con protesi fisse assicurate alle ossa della mandibola e del mascellare superiore con dei supporti metallici.

implantòlogo (pl. *-gi*) [da *implantologia*; 1983] **sm.** (f. *-a*) odontoiatra specializzato in implantologia.

implementàre (pres. *-énto*) [dall'ingl. to *implement*; 1983] **tr.** **1.** *T.tecn.* rendere attivo, operante **2.** *T.inform.* rif. a un algoritmo, realizzare mediante un programma di calcolatore.

implementazióne [da *implementare*; 1983] **sf.** *T.tecn.* e *T.inform.* atto o effetto dell'implementare.

implicàre (pres. *ìmplico, ìmplichi*) [dal lat. *implicāre*; a. 1498 nel senso 3] **tr.** **1.** impegnare o trascinare qualcuno in una situazione che possa arrecargli danno o fastidio: *m'ha implicato in un processo fastidioso, implicare in una rapina, in una truffa* **2.** avere come conseguenza: *il fatto che tu sia maggiorenne non implica che ti debba comportare così avventatamente* || in logica, *A implica B*, se A è vero, B è vero **3.** *lett.* avviluppare, avvolgere: *un rosario che le man t'implichi* (Carducci) || **intr. pron.** **1.** invischiarsi in una situazione difficile e rischiosa **2.** *lett.* avvolgersi, intricarsi || **N.** **1.** *Sin.* coinvolgere, compromettere, impegolare, trascinare **2.** *Sin.* comportare.

implicàto (*pps.* di *implicare*) [a. 1311] **agg.** **1.** coinvolto, compromesso **2.** *T.ling. vocale implicata*, vocale in sillaba chiusa **3.** che è conseguenza: *se A implica B, B è implicato da A.*

implicazióne [dal lat. *implicātio, -ōnis*; a. 1406] **sf.** **1.** conseguenza di un fatto, rapporto tra due ordini distinti di fenomeni: *l'episodio è destinato ad avere gravi implicazioni politiche, le implicazioni culturali di un provvedimento legislativo* **2.** in logica, la relazione che intercorre tra due enunciati A e B (spesso indicata con una freccia, $A \rightarrow B$), quando A implica B **3.** *T.min. struttura di implicazione*, struttura di una roccia ignea caratterizzata da compenetrazione di minerali diversi per dimensione e natura || **N.** **1.** *Sin.* connessione, conseguenza.

implìcito [dal lat. *implicitus*; 1585] **agg.** **1.** che non è espresso ma può tuttavia essere facilmente inteso perché è logicamente connesso o sottinteso: *consenso implicito, un invito implicito* || *T.gram. proposizioni implicite*, quelle il cui predicato è un verbo di modo indefinito (infinito, gerundio, participio) **2.** *T.mat. funzione implicita*, funzione rappresentata non esprimendo direttamente la variabile dipendente *y* in termini delle variabili indipendenti, ma attraverso una o più relazioni che legano *y* alle variabili indipendenti || **implicitaménte** **avv.** || **N.** **1.** *Sin.* sottinteso | *Contr.* esplicito.

implòdere (pres. *-òdo* ecc., come ESPLODERE) [da *esplodere*, con cambio di pref.; 1983] **tr.** rompersi per implosione.

imploràbile [dal lat. tardo *implorābilis*; 1745] **agg.** *non com.* che si può implorare.

implorànte (*ppr.* di *implorare*) [1664] **agg.** che esprime implorazione: *tono implorante.*

imploràre (pres. *-òro*) [dal lat. *implorāre*; a. 1368] **tr.** chiedere con molte preghiere: *implorare la grazia, il perdono* || supplicare: *implorava i rapitori di lasciarlo libero*; *implorare Dio* || **N.** PREGARE.

implorazióne [dal lat. *implorātio, -ōnis*; 1639] **sf.** l'implorare || *concr.* preghiera con cui s'implora || **N.** *Sin.* supplica, PREGHIERA.

implosióne [da *esplosione*, con cambio di pref.; 1932 nel senso 2] **sf.** **1.** *T.fis.* rottura improvvisa delle pareti di un recipiente sottoposto a una pressione esterna superiore a quella interna **2.** *T.fon.* articolazione di una consonante occlusiva senza esplosione finale udibile (come avviene per le occlusive inglesi in fine di parola).

implosìvo [da *esplosivo*, con cambio di prefisso; 1957] **agg.** *T.fon.* **1.** articolato con implosione: *consonante implosiva* **2.** iniettivo.

implùme [dal lat. *implūmis*; 1819] **agg.** che non ha messo ancora le piume: *un uccellino implume* || *fig. giovane implume*, inesperto, sprovveduto.

implùvio (pl. *-vi*) [dal lat. *implūvium*; 1875] **sm.** **1.** *T.archeol.* nel cortile interno della casa romana, bacino dove si radunava l'acqua piovana **2.** *T.edil. linea di impluvio*, compluvio, conversa || *T.geogr. linea di impluvio*, insieme dei punti più depressi di un bacino idrografico, dove si convogliano le acque meteoriche che vi scorrono.

impoètico (pl. *-ci*) [da *poetico*; 1823] **agg.** *lett.* non poetico: *verso impoetico.*

impolìtico (pl. *-ci*) [da *politico*, sul modello del fr. *impolitique*; 1798] **agg.** contrario all'accortezza politica, che non è politicamente opportuno o efficace: *discorso, provvedimento impolitico* || *per estens.* inopportuno, controproducente || **impoliticaménte** **avv.**

impollinàre (pres. *-òllino*) [comp. parasint. di *polline*; 1940] **tr.** *T.bot.* depositare il polline sullo stigma, affinché avvenga la fecondazione del fiore.

impollinatóre [da *impollinare*; 1957] **agg.** e **sm.** (f. *-trice*) *T.zool.* di animale, spec. insetto, o agente naturale che provoca l'impollinazione.

impollinazióne [da *impollinare*; 1874] **sf.** *T.bot.* trasporto dei granuli di polline, ad opera del vento, dell'acqua, di insetti o di uccelli, sullo stigma o sull'ovulo del fiore per permettere la fecondazione || **N.** anemofilia, zoogamia.

impolpàre (pres. *-ólpo*) [comp. parasint. di *polpa*; a. 1685] **tr.** far ingrassare || *fig.* arricchire: *ha impolpato il suo discorso di citazioni* || **intr.** (aus. *essere*) e **intr. pron.** metter carne, rimpolpare || **N.** *Sin.* impinguare, ingrassare; arricchire.

impoltronìre (pres. *-ìsco, -ìsci*) [comp. parasint. di *poltrone*; a. 1363] ***tr.*** far diventare poltrone || ***intr.*** (aus. *essere*) e ***intr. pron.*** diventare poltrone || **N.** *Sin.* impigrire.

impolveràre (pres. *-ólvero*) [comp. parasint. di *polvere*; a. 1320] ***tr.*** **1.** coprire di polvere qualche cosa: *camminando sulla sabbia ho impolverato le scarpe* || *fig. non com.* ricoprire con un velo leggero: *la neve ha impolverato i tetti delle case* **2.** *T.agr.* trattare le piante con antiparassitari || ***intr. pron.*** imbrattarsi, coprirsi di polvere: *andando ai giardini ti sei tutto impolverato.*

impolveratrìce [da *impolverare*; 1970] ***sf.*** *T.agr.* macchina usata per spargere prodotti antiparassitari in polvere || **N.** *Sin.* solforatrice.

impomatàre (pres. *-àto*) [comp. parasint. di *pomata*; 1869] ***tr.*** ungere con pomata o brillantina: *impomatare i capelli* || ***rifl.*** ungersi i capelli con brillantina || *per estens. spreg.* curare eccessivamente e con cattivo gusto la propria persona: *è sempre davanti allo specchio a impomatarsi* || **N.** *Sin.* imbrillantinare.

impomatàto (*pps.* di *impomatare*) [1716] ***agg.*** unto con pomata || *fig. spreg.* o *scherz.* azzimato: *era tutto bello e impomatato.*

impomicìare (pres. *-ómicio*) [comp. parasint. di *pomice*; a. 1573] ***tr.*** strofinare con pomice || **N.** *Sin.* pomiciare.

imponderàbile [da *ponderabile*; 1858] **I** ***agg.*** **1.** *propr.* che non si riesce a pesare, per la sua leggerezza **2.** *fig. più com.* difficilmente valutabile: *per ragioni imponderabili* **II** ***sm.*** ciò che sfugge alla previsione, al controllo, alla valutazione: *l'imponderabile degli eventi* || **N.** I **2.** *Sin.* imprevedibile, incontrollabile, indeterminabile, misterioso.

imponderabilità [da *ponderabilità*; 1869] ***sf.*** l'essere imponderabile, qualità di ciò che è imponderabile || *T.fis. stato di imponderabilità*, assenza di forza di gravità che si riscontra sui veicoli spaziali posti in orbita, o all'interno di un qualunque sistema di riferimento in caduta libera.

imponderàto [da *ponderato*; 1869] ***agg.*** *raro* non meditato, impulsivo: *un gesto imponderato.*

imponènte (*ppr.* di *imporre*) [a. 1810] ***agg.*** **1.** che si impone all'attenzione per l'eccezionalità delle dimensioni o per la grandiosità e solennità: *una corporatura, un edificio imponente; una folla, uno spettacolo imponente* || *per estens.* ingente, grave: *perdite imponenti* **2.** che incute rispetto o soggezione: *un personaggio imponente, un vecchio dall'aspetto imponente* || **imponentemménte** ***avv.*** || **N.** **1.** *Sin.* enorme, grandioso, maestoso, solenne; grande, grave, ingente, rilevante **2.** *Sin.* autorevole.

imponènza [da *imporre*; 1530 *imponentia*] ***sf.*** **1.** grandiosità, maestosità, solennità: *l'imponenza di una cattedrale* **2.** rif. a persona, austerità, gravità.

imponìbile [da *imporre*; a. 1835 come sm.] **I** ***agg.*** **1.** che si può imporre: *obbligo imponibile* **2.** che può essere soggetto a imposta: *reddito imponibile*; *minimo imponibile*, l'ammontare minimo di un reddito perché sia soggetto a imposta **II** ***sm.*** **1.** il reddito o il patrimonio netto, che costituisce la base su cui viene calcolato l'ammontare d'imposta che il contribuente deve pagare **2.** *T.econ. imponibile di manodopera*, quantità di lavoratori che un imprenditore è obbligato ad assumere in periodi di grave disoccupazione.

imponibilità [da *imponibile*; a. 1861] ***sf.*** **1.** l'essere imponibile **2.** limite di tassabilità di un reddito o di un patrimonio.

impopolàre [da *popolare*; 1787] ***agg.*** **1.** non gradito all'opinione pubblica o al popolo: *una politica, un sovrano impopolare* || *per estens.* non gradito nel proprio ambiente: *un professore impopolare tra gli studenti* **2.** *non com.* poco diffuso o poco noto: *arte impopolare, scrittore impopolare.*

impopolarità [da *popolarità*; 1828] ***sf.*** l'essere impopolare: *affrontare l'impopolarità.*

impoppàre v. APPOPPARE.

impoppàta [da *impoppare*; 1937] ***sf.*** *T.mar.* l'effetto di un forte vento in poppa su una nave a vela, che aumenta notevolmente la velocità.

imporporàre (pres. *-órporo*) [comp. parasint. di *porpora*; a. 1575] ***tr.*** tingere di porpora || ***intr. pron.*** diventare del colore rosso vivo della porpora: *il cielo s'imporpora* || di persona, arrossire.

imporràre (pres. *-òrro*) [dal fr. ant. *empourrir*; a. 1604] ***intr.*** (aus. *essere*) di alberi e legnami, e per estens. di altre cose, che per l'umidità cominciano a marcire || **N.** *Sin.* ammuffire, imputridire, marcire.

impórre (pres. *-óngo* ecc., come PORRE) [dal lat. *imponere*; fine sec. XIII *imponere*] ***tr.*** **1.** far osservare o eseguire d'autorità: *imporre un dovere, un obbligo, una legge, una tassa, imporre la disciplina* || costringere ad accettare, far valere: *imporre la propria presenza, la propria volontà* || comandare con autorità: *gli impose di partire*; *imporre la restituzione di un prestito*; *imporre il silenzio*, ordinare di tacere **2.** esigere, rendere necessario: *le circostanze impongono il massimo riserbo, è una professione che impone molti sacrifici* **3.** *lett.* porre sopra: *imporre un peso sulle spalle di qualcuno* || *T.eccl. imporre le mani sul capo*, nelle cerimonie liturgiche, per consacrare o benedire || *imporre un nome*, dare un nome, spec. nell'atto del battesimo || ***rifl.*** far valere la propria autorità e superiorità: *un genitore che sa imporsi, imporsi ai propri dipendenti* || ***intr. pron.*** **1.** avere successo: *una moda che si sta largamente imponendo, imporsi sul mercato*; *imporsi all'attenzione di qualcuno*, suscitare interesse **2.** rendersi necessario, prospettarsi con urgenza: *si impongono provvedimenti immediati per salvaguardare l'ambiente* || **N.** ***tr.*** **1.** *Sin.* ingiungere, prescrivere; comandare, intimare, obbligare, ordinare **2.** *Sin.* richiedere **3.** *Sin.* sovrapporre; attribuire, conferire | ***intr. pron.*** **1.** *Sin.* affermarsi, diffondersi **2.** *Sin.* premere, urgere.

imporrìre (pres. *-ìsco, -ìsci*) [dal fr. ant. *empourrir*; a. 1936] ***intr.*** (aus. *essere*) *non com.* imporrare.

import (ingl., pr. [ˈɪmpɔ:t]) [da *to import*, importare; 1983] ***sm. inv.*** *T.econ.* l'importare; l'insieme delle operazioni di importazione || **N.** *import-export.*

importàbile¹ [da *importare²*; 1839] ***agg.*** di merce, che si può importare.

importàbile² [da *portabile*; a. 1320] ***agg.*** **1.** che non si può portare, indossare: *un completo importabile* **2.** *arc.* insopportabile.

importànte (*ppr.* di *importare¹*) [1484] **I** ***agg.*** **1.** che è di particolare interesse e rilievo: *una questione, una scelta importante, un'importante mostra d'arte, per me è importante superare questa difficoltà* || di un certo tono, che lo distingue dalla quotidianità: *una riunione importante, un pranzo importante*; *un abito importante*, elegante, impegnativo || *meno com.* che si nota: *un naso importante* **2.** rif. a persona, che ha molto prestigio e autorità: *un importante uomo politico straniero* || *fare l'importante*, darsi delle arie **II** ***sm.*** la cosa essenziale: *l'importante è che arrivi subito* || **N.** I **1.** *Sin.* considerevole, essenziale, fondamentale, notevole, rilevante, serio, significante, significativo **2.** *Sin.* autorevole, famoso, influente, insigne, potente, prestigioso, ragguardevole; sussiegoso.

importànza [da *importante*; sec. XV] ***sf.*** **1.** l'essere importante, per il valore in sé o per gli effetti che può avere: *l'importanza di un discorso, di un avvenimento, di una proposta, di una scoperta scientifica*; *questo aspetto della faccenda è di primaria importanza* || *avere importanza*, essere importante; *annettere, dare importanza*, attribuire valore **2.** rif. a persona, autorevolezza, prestigio: *vantare la propria importanza*; *darsi importanza*, darsi delle arie, ostentare superiorità e autorità || **N.** **1.** *Sin.* entità, interesse, peso, rilevanza, rilievo, serietà, valore **2.** *Sin.* autorità, considerazione, credito, fiducia, influenza, stima | capitale, decisiva, primaria, somma; risibile, secondaria, trascurabile.

importàre¹ (pres. *-òrto*) [dal lat. *importāre*; 1308 come tr.] ***intr.*** (aus. *essere*) **1.** avere importanza, stare a cuore: *queste cose non importano a nessuno, importa poco quello che dici, a noi importa che l'affare si concluda vantaggiosamente, ma che t'importa?* || in espressioni fam. per esprimere disinteresse: *non me ne importa niente, un accidente, un corno, un fico secco* || *non importa!*, pazienza, non è niente di grave **2.** essere necessario: *non importava che si scomodasse, non importa che venga anche tu* || ***tr.*** *lett.* avere come conseguenza, comportare || *disus.* richiedere come costo: *l'iscrizione importa una spesa di trentamila lire* || **N.** **1.** *Sin.* interessare, premere **2.** *Sin.* occorrere.

importàre² (pres. *-òrto*) [dal lat. *importāre*; 1828] ***tr.*** introdurre in uno stato merci provenienti da altri paesi: *importare petrolio, materie prime, manufatti* || *per estens.* far venire dall'estero: *importare capitali, manodopera, tecnologia*; *importare usanze, mode, costumi*; *importare ideologie, mentalità* || **N.** *Contr.* esportare.

importatóre [da *importare²*; 1757] ***agg.*** e ***sm.*** (f. *-trìce*) chi o che importa merci: *la ditta importatrice* || **N.** *Contr.* esportatore.

importazióne [da *importare²*; a. 1547] ***sf.*** l'importare e l'essere importato: *importazione di manufatti, di nuove mode* || *in part.* immissione di merci nel mercato interno di uno stato: *permesso di importazione, società d'importazione, prodotti d'importazione* || *concr.* l'entità, il valore globale dei beni importati: *lo scorso anno le importazioni sono aumentate del 4%* || **N.** *Contr.* esportazione.

import-export (ingl., pr. [ˌɪmpɔ:t ˈekspɔ:t]; pr. it. [ˌimport ˈeksport]) [letter. importazione-esportazione; 1962] **I** ***sm. inv.*** attività di importazione ed esportazione; il volume di tale attività **II** ***loc. agg. inv.*** che si occupa di importazioni ed esportazioni: *ditta import-export.*

impòrto [da *importare¹*; 1812] ***sm.*** ammontare, spesa: *l'importo complessivo è di cento milioni* || *concr.* somma di denaro: *versare l'importo dovuto, accreditare un importo* || *T.fin. importo compensativo*, montante compensativo.

importunàre (pres. *-ùno*) [da *importuno*; a. 1481] ***tr.*** dar fastidio con domande insistenti o con richieste assillanti || *importunare una donna*, molestarla con un eccesso di galanteria inopportuna o sconveniente || **N.** *Sin.* annoiare, disturbare, infastidire, molestare, seccare, scocciare, tormentare.

importunità [dal lat. *importunitas, -ātis*; a. 1342] ***sf.*** l'essere importuno.

importùno [dal lat. *importūnus*; sec. XIII *enportuna*] **I** ***agg.*** che arreca fastidio e disturbo: *un ospite importuno, sei importuno con tutte queste domande, un vento importuno* || *per estens.* inopportuno: *una domanda importuna* || **importunaménte** ***avv.*** *non com.* **II** ***sm.*** (f. *-a*) persona importuna, seccatore || **N.** *Sin.* fastidioso, molesto, noioso, seccante; inadatto, inopportuno, intempestivo.

importuóso [dal lat. *importuōsus*; sec. XIV] ***agg.*** *non com.* che è scarso o privo di porti: *costa importuosa.*

imposizióne [dal lat. *impositio, -ōnis*; a. 1342] ***sf.*** **1.** atto ed effetto dell'imporre nei vari sensi del verbo: *l'imposizione di una corona, di un nome, di un obbligo, di una tassa* || *T.eccl. imposizione delle mani*, rito liturgico per benedire o consacrare || l'atto di sottoporre beni o redditi ad imposta; *per estens.* nome generico di ogni imposta: *ricorrere a imposizioni straordinarie* **2.** ciò che è imposto, spec. se frutto di arbitrio e prepotenza: *non tollero imposizioni, ribellarsi a imposizioni ingiuste* **3.** *T.tip.* impostazione || *dim.* imposizioncèlla || **N. 2.** *Sin.* comando, ingiunzione, intimazione, ordine, prepotenza, sopraffazione.

impossessaménto [da *impossessarsi*; 1961] ***sm.*** ***non com.*** l'atto e l'effetto di impossessarsi.

impossessàrsi (pres. *-èsso*) [comp. parasint. di *possesso*; a. 1500] ***intr. pron.*** **1.** prendere possesso, perlopiù in modo illecito o con la forza: *impossessarsi del potere, dei beni altrui, di un segreto*; anche *fig.*: *la passione si è impossessata di lui* **2.** acquistare piena cognizione, conoscenza: *impossessarsi di una scienza, di una materia, di un argomento, di una lingua* || **N.** *Sin.* appropriarsi, impadronirsi.

impossìbile [dal lat. *impossibilis*; a. 1294 *impossibele*] **I** ***agg.*** **1.** che non è possibile, che non può attuarsi: *la traversata era impossibile*; *un sogno, un amore impossibile*; *mi è impossibile venire, impossibile a farsi, a dirsi*; *iperb.* molto difficile: *oggi è impossibile trovare un posto tranquillo, mi ha dato un compito impossibile* || *pare impossibile*, si stenta a credere; *non è impossibile*, non è escluso che accada o che si verifichi || *T.giur. reato impossibile*, che non sussiste perché mancano le condizioni che lo rendono possibile **2.** difficile da accettare o da sopportare: *fare una vita impossibile, fa un caldo impossibile, avere gusti impossibili, un carattere impossibile* || rif. a persona, che, avendo un carattere difficile o irascibile, si sopporta a fatica: *un uomo, un bambino impossibile* || *colloq.* rif. a cibo o bevanda, di cattiva qualità, disgustoso: *un vino, un caffè impossibile* **3.** *T.mat. equazione, sistema impossibile*, che non ammette soluzioni || **impossibilménte** ***avv.*** *raro* **II** ***sm.*** ciò che non è possibile: *chiedere, volere l'impossibile*; *fare, tentare l'impossibile*, fare ogni sforzo || **N. 1.** *Sin.* impraticabile, inattuabile, irrealizzabile | *Contr.* certo, inevitabile, sicuro; facilissimo **2.** *Sin.* gravoso, inaccettabile, inammissibile, insostenibile, intollerabile; bizzoso, difficile, insopportabile, intrattabile; cattivo, pessimo, sgradevole.

impossibilità [dal lat. tardo *impossibilitas, -ātis*; 1308 *impossibilitade*] ***sf.*** l'essere impossibile: *l'impossibilità di una soluzione* || *più com.* la condizione di non poter fare: *trovarsi, mettere nell'impossibilità di agire* || **N.** *Sin.* inattuabilità, irrealizzabilità; impotenza, incapacità.

impossibilitàre (pres. *-ìlito*) [da *impossibile*; a. 1653] ***tr.*** *T.bur.* rendere impossibile || mettere qualcuno nell'impossibilità di fare qualcosa || **N.** *Sin.* impedire.

impossibilitàto (*pps.* di *impossibilitare*) [a. 1729] ***agg.*** che è nell'impossibilità di fare qualcosa, impedito: *impossibilitato a raggiungervi, vi saluto.*

impòsta[1] [da *imporre*; a. 1574] ***sf.*** **1.** ciascuno dei (due) pannelli di legno, girevoli sui cardini o scorrevoli su binari, con cui si chiude internamente e talvolta esternamente una finestra: *aprire, chiudere, spalancare, sbatacchiare le imposte* **2.** *T.arch.* superficie di contatto fra due strutture sovrapposte, una orizzontale e una verticale: *piano di imposta, linea di imposta*; *in part.* membratura sporgente sulla quale appoggia l'arco || **N. 1.** *Sin.* anta, battente, persiana, scuro, sportello | abboccatura, anima, arpione, bandella, cardine, contrafforte, intelaiatura, nottolino, paletto, saliscendi, spranghe, stipite, telaio. **TAV. *architettura* p. 646** 6.1d.

impòsta[2] o **impósta** [da *imporre*; a. 1292] ***sf.*** *T.econ.* prestazione obbligatoria in denaro prelevata dagli enti pubblici in base alla legge, in ragione della capacità contributiva del cittadino, volta a finanziare servizi destinati non al singolo ma all'intera collettività (non ha quindi come corrispettivo un vantaggio particolare per il contribuente, come la *tassa*, v.): *calcolare, pagare un'imposta*; *imposta diretta*, quella che grava sul reddito o sul patrimonio; *imposta indiretta*, quella che grava sulle manifestazioni indirette della ricchezza, per es. consumi, vendite, affari, monopoli, fabbricazione; *imposta proporzionale*, il cui ammontare è proporzionale alla ricchezza imponibile; *imposta progressiva*, il cui ammontare cresce in misura più che proporzionale alla crescita della ricchezza imponibile || **N.** *Sin.* aggravio, balzello, canone, carico, contributo, contribuzione, gravame, imposizione, tassa, tributo | aliquota, fonte, ritenuta; oggetto, soggetto | contribuente, esattore | accertamento, elusione, esazione, estinzione, evasione, liquidazione, pagamento, requisizione, ripartizione, riscossione, sanzione | catasto, erario, finanza, fisco, sistema fiscale, sistema tributario. **Q.T.** *economia*...

impostàre[1] (pres. *-òsto*) [comp. parasint. di *posto*; 1550] ***tr.*** **1.** stabilire i punti essenziali e il tracciato di base per giungere alla realizzazione o alla soluzione di qualcosa: *impostare un lavoro, un'attività, un problema, una questione*; *impostare una discussione*, individuarne gli argomenti; *impostare la pagina di un giornale*, stabilire la disposizione degli articoli || *T.fin. impostare una spesa di bilancio*, iscriverla nei vari capitoli di bilancio **2.** *impostare la voce*, educare al controllo dei muscoli diaframmatici e al pieno uso delle cavità di risonanza per ottenere un'emissione vocale ottimale, per il canto o la recitazione: *una voce bene, male impostata*; anche, impiegare tale tecnica: *un cantante, un attore che imposta bene la voce* **3.** in edilizia, sistemare la base di una struttura per dare inizio alla costruzione: *impostare una cupola, una scala, un arco, un pilastro* || *per estens.* costruire le strutture essenziali di un edificio || *impostare una nave*, avviarne la costruzione || *fig.* cominciare a costruire, a organizzare: *impostare un'azienda, uno spettacolo* || ***rifl.*** atteggiare il corpo nella posizione conveniente per una data azione: *impostarsi per effettuare un salto in alto.* **Q.T.** *musica.*

impostàre[2] (pres. *-òsto*) [comp. parasint. di *posta*; 1805] ***tr.*** mettere la corrispondenza nella buca delle lettere || **N.** *Sin.* imbucare.

impostatùra [da *impostare*[1]; 1681] ***sf.*** *non com.* **1.** l'atto e il modo dell'impostare: *l'impostatura di una nave, d'un arco* **2.** *lett.* modo di atteggiare la persona.

impostazióne [da *impostare*[1]; 1839] ***sf.*** **1.** l'impostare, il disporre gli elementi di partenza per avviare la realizzazione, la soluzione o la costruzione di qualcosa: *impostazione di un programma, di un articolo, di un lavoro, di un arco* || *impostazione di bilancio*, iscrizione di una partita nel bilancio di una ditta || *impostazione della voce*, disposizione degli organi vocali e controllo della pressione espiratoria per ottenere un'emissione ottimale nel canto e nella recitazione **2.** *T.tip.* disposizione sul telaio delle matrici delle singole pagine di modo che, una volta stampato e ripiegato il foglio, esse risultino in ordine progressivo **3.** *fig.* modo in cui vengono insegnati e di conseguenza assimilati i fondamenti di una disciplina, una tecnica o un'arte: *avere una buona impostazione, correggere l'impostazione.* **Q.T.** *musica.*

impostóre [dal lat. tardo *impostor, -ōris*; a. 1342] ***sm.*** (f. *-óra*) chi ricorre abitualmente a menzogne per proprio vantaggio, o diffonde false dottrine || **N.** *Sin.* bugiardo, ciarlatano, imbroglione.

impostùra [dal lat. tardo *impostūra*; 1598] ***sf.*** abitudine alla menzogna, all'inganno || *più com.* inganno, azione da impostore || **N.** *Sin.* bugia, falsità, finzione, imbroglio, inganno, ipocrisia, menzogna, raggiro.

imposturàre (pres. *-ùro*) [da *impostura*; a. 1767] ***tr.*** *raro* ingannare con imposture e bugie.

impotènte [dal lat. *impotens, -ĕntis*; a. 1342] **I** ***agg.*** **1.** che non ha la capacità, la forza o i mezzi per compiere una data azione: *sentirsi impotente a fronteggiare la situazione, le forze dell'ordine si dimostrano impotenti contro la droga* || rif. a cosa, inefficace, insufficiente: *leggi impotenti* **2.** *per restr.* si dice di uomo che non è in grado di compiere il coito, o *meno com.* è impossibilitato a generare **II** ***sm.*** uomo affetto da impotenza || **N. I 1.** *Sin.* debole, fiacco, imbelle, inabile, incapace, inetto; inefficace, insufficiente.

impotènza [dal lat. *impotentia*; a. 1342] ***sf.*** **1.** l'essere impotente || *ridurre all'impotenza*, mettere nell'impossibilità di agire **2.** *T.med.* incapacità di un organo a compiere una funzione; *in part. impotenza sessuale* (e com. *impotenza*), incapacità di compiere l'atto sessuale o *meno com.* di generare. **Q.T.** *psicologia.*

impoveriménto [da *impoverire*; a. 1499] ***sm.*** l'atto e l'effetto dell'impoverire e dell'impoverirsi: *l'impoverimento dei paesi coloniali, l'impoverimento della cultura*; *impoverimento del terreno* || **N.** *Sin.* depauperamento, pauperizzazione | *Contr.* arricchimento.

impoverire (pres. *-ìsco, -ìsci*) [comp. parasint. di *povero*; a. 1342] ***tr.*** rendere povero (anche *fig.*): *impoverire la famiglia, la popolazione, l'arte* || *impoverire un terreno*, privarlo degli elementi nutritivi; *impoverire un corso d'acqua*, diminuirne la portata; *impoverire una lega*, ridurre la presenza di un particolare elemento || ***intr.*** (aus. *essere*) e ***intr. pron.*** diventare povero (anche *fig.*).

impraticàbile [da *praticabile*; a. 1503 *impracticabile*] ***agg.*** **1.** di luogo, dove non si può andare o passare: *strada impraticabile* || che, per circostanze occasionali, non è in grado di permettere lo svolgimento di attività o funzioni consuete: *aeroporto impraticabile*; *T.sport. campo impraticabile*, dove non si può svolgere una gara o una partita **2.** che non si può mettere in pratica: *progetto impraticabile* || di cosa, che non si può usare: *mezzo, rimedio, cura impraticabile* **3.** *non com.* di persona, con cui non si riesce ad avere familiarità, intrattabile || **N. 1.** *Sin.* disagevole, impervio, inaccessibile; inagibile, inservibile **2.** *Sin.* impossibile, inattuabile **3.** *Sin.* inavvicinabile, infrequentabile.

impraticabilità [da *impraticabile*; 1673] ***sf.*** l'essere impraticabile: *impraticabilità del campo.*

impratichire (pres. *-ìsco, -ìsci*) [comp. parasint. di *pratico*; 1561] ***tr.*** rendere pratico per mezzo dell'esercizio || ***rifl.*** diventar pratico, esperto: *impratichirsi nel lavoro, di un luogo* || **N.** *Sin.* addestrare, esercitare.

imprecàre (pres. *-èco, -èchi*) [dal lat. *imprecā-ri*, pregare contro; a. 1342] ***intr.*** (aus. *avere*) lanciare insulti, bestemmie o maledizioni: *imprecare contro qualcuno* || ***tr.*** *non com.* augurare il male a qualcuno: *imprecare la rovina a uno* || **N. *intr.*** *Sin.* bestemmiare, insultare, inveire | ***tr.*** *Sin.* maledire.

imprecatìvo [da *imprecare*; a. 1694] ***agg.*** che ha senso d'imprecazione: *formula imprecativa.*

imprecatóre [da *imprecare*; 1693] ***agg.*** e ***sm.*** (f. *-trìce*) *non com.* chi o che impreca.

imprecatòrio (pl. *-ri*) [da *imprecare*; a. 1907] ***agg.*** *non com.* che contiene un'imprecazione: *giuramento imprecatorio, formula imprecatoria.*

imprecazióne [dal lat. *imprecātio, -ōnis*; 1554] ***sf.*** l'imprecare || *concr.* parola o frase con cui s'impreca || **N.** *Sin.* bestemmia, esecrazione, insulto, invettiva, maledizione, moccolo | lanciare, mandare, proferire, prorompere in, scagliare, uscire in imprecazioni.

imprecisàbile [da *precisabile*; 1939] ***agg.*** che non si può precisare, indeterminato: *l'ammontare dei danni è imprecisabile.*

imprecisàto [da *precisato*; 1936] ***agg.*** non precisato, che non si conosce con esattezza: *una somma imprecisata, un numero imprecisato* || **N.** *Sin.* incerto, indefinito, indeterminato, vago.

imprecisióne [da *precisione*; 1869] ***sf.*** **1.** mancanza di precisione: *imprecisione nel disegnare* **2.** *concr.* inesattezza, errore di lieve entità: *hai commesso delle imprecisioni, un tema con qualche imprecisione di lingua.*

imprecìso [da *preciso*; 1869] ***agg.*** **1.** non preciso, indeterminato: *idee imprecise*; *contorno impreciso, sei impreciso nell'esprimerti* **2.** non esatto: *un orologio impreciso,* che non segna l'ora giusta; *un calcolo impreciso,* molto approssimato || **imprecisaménte** ***avv.*** || **N.** **1.** *Sin.* confuso, generico, indefinito, indeterminato, vago **2.** *Sin.* approssimato, inesatto | *Contr.* preciso.

impregiudicàbile [da *pregiudicabile*; 1869] ***agg.*** *non com.* che non si può pregiudicare.

impregiudicàto [da *pregiudicato*; 1869] ***agg.*** **1.** *T.giur.* detto di una controversia sulla quale il giudice non si è ancora pronunciato **2.** *per estens.* che non è ancora stato risolto o compromesso, per il quale sono ancora aperte soluzioni: *resta impregiudicata la possibilità dell'accordo*; *lasciare impregiudicata una questione,* non anticipare un giudizio in merito || **N.** *Contr.* pregiudicato.

impregnaménto [da *impregnare*; a. 1304 nel senso 2; 1881 nel senso 1] ***sm.*** **1.** atto o effetto dell'impregnare o dell'impregnarsi; assorbimento, inzuppamento **2.** *ant.* concepimento, gravidanza.

impregnàre (pres. *-égno*) [dal lat. tardo *impregnāre*; 1319 nel senso 2] ***tr.*** **1.** fare penetrare un liquido in un solido poroso: *impregnare il fazzoletto di profumo* **2.** *per estens.* riempire, saturare (anche *fig.*): *impregnare l'aria di gas, di fumo* **3.** rif. spec. ad animali, ingravidare || ***intr. pron.*** **1.** imbeversi: *la moquette si è impregnata di acqua* **2.** riempirsi: *il locale si è impregnato di esalazioni maleodoranti* || **N.** **1.** *Sin.* imbevere, intridere, inzuppare **2.** *Sin.* colmare **3.** *Sin.* fecondare.

impregnazióne [da *impregnare*; a. 1468] ***sf.*** *non com.* l'impregnare || *in part.* trattamento cui vengono sottoposti materiali di vario tipo (carta, legno, tessuti ecc.) affinché assumano determinate caratteristiche di resistenza.

impremeditàto [dal lat. tardo *impraemeditātus*; a. 1472] ***agg.*** *non com.* non premeditato: *delitto impremeditato.*

impremeditazióne [da *premeditazione*; 1869] ***sf.*** *non com.* mancanza di premeditazione.

imprèndere (pres. *-èndo* ecc., come PRENDERE) [lat. volg. **impraehendere*, a. 1292] ***tr.*** **1.** *non com.* intraprendere, incominciare **2.** *ant.* imparare; comprendere.

imprendìbile [da *prendibile*; a. 1817] ***agg.*** che non si può prendere: *un tiro imprendibile,* imparabile; *una fortezza imprendibile,* inespugnabile.

imprendibilità [da *imprendibile*; 1983] ***sf.*** l'essere imprendibile.

imprenditóre [da *imprendere*; a. 1348] ***sm.*** (f. *-trìce*) chi avvia ed esercita professionalmente un'attività economica produttiva: *imprenditore agricolo, commerciale*; *piccolo imprenditore,* chi esercita un'attività professionale organizzata prevalentemente con il lavoro proprio, dei familiari e (al più) di pochi dipendenti || *per estens.* chi gestisce un'impresa.

imprenditorìa [da *imprenditore*; 1984] ***sf.*** **1.** la categoria degli imprenditori: *esponenti di spicco dell'imprenditoria milanese* **2.** l'attività degli imprenditori.

imprenditoriàle [da *imprenditore*; 1953] ***agg.*** degli imprenditori: *classe imprenditoriale* || **imprenditorialménte** ***avv.*** dal punto di vista imprenditoriale; per quanto riguarda l'attività imprenditoriale.

imprenditorialità [da *imprenditoriale*; 1979] ***sf.*** **1.** l'insieme dei requisiti necessari per svolgere il ruolo di imprenditore, cioè la capacità di organizzare un'impresa, promuovendo iniziative ed affrontando i rischi connessi **2.** *raro* insieme di imprenditori; imprenditoria.

imprènta [dal fr. ant. *empreinte*; 1321] ***sf.*** *arc.* impronta: *non si muove la sua imprenta quand'ella sigilla* (Dante).

imprentàre (pres. *-ènto*) [da *imprenta*; 1321] ***tr.*** *arc.* improntare || ***intr. pron.*** *arc.* imprimersi: *cotale amor convien che in me s'imprenti* (Dante).

impreparàto [dal lat. tardo *impraeparātus*; a. 1527] ***agg.*** che non è preparato a qualche evenienza, che non se la aspetta o non è in grado di affrontarla: *sentirsi impreparato ad iniziare la vita in comune, la notizia lo colse impreparato* || che manca di preparazione specifica in un determinato campo o attività (anche *ass.*): *un insegnante impreparato, un candidato impreparato all'esame.*

impreparazióne [da *impreparato*; 1910] ***sf.*** qualità e condizione di chi è impreparato: *l'impreparazione di un candidato*; *l'impreparazione dell'esercito allo scoppio della guerra.*

imprésa [da *imprendere*; a. 1276 nel senso 3] ***sf.*** **1.** azione di ampia portata che presenta rischi e difficoltà e richiede impegno: *affrontare, tentare un'impresa, fallire nell'impresa, un'impresa eccezionale*; *fam. enf.* azione che non si sa se intraprendere perché si preannuncia difficile e rischiosa: *sarà un'impresa convincerlo!* || *prov. è più la spesa che l'impresa,* di cosa il cui vantaggio non compensa la fatica || spec. *pl.*, azione eroica e gloriosa soprattutto militare: *le imprese di Carlo Magno* **2.** organismo economico che, con l'apporto di capitali, risorse e lavoro, produce o scambia beni o servizi: *impresa di trasporti, di costruzioni, di pubblicità*; *impresa a partecipazione statale,* di cui lo Stato detiene la maggioranza delle azioni **3.** *ant.* ciò che si comincia o si ha in animo di fare **4.** *T.arald.* nei blasoni e negli stemmi, figura simbolica accompagnata da un motto: *ha per impresa un'aquila col motto "noli me tangere"* || **N.** **1.** *Sin.* compito, iniziativa, lavoro, opera, progetto | ardua, audace, difficile, disperata, eroica, facile, fortunata, gloriosa, leggendaria, magnanima, pericolosa, rischiosa, trionfale **2.** *Sin.* azienda, società | agricola, collettiva, commerciale, familiare, individuale, industriale, marginale, mista, privata, pubblica, societaria, specializzata. **Q.T.** *commercio..., economia...*

impresàrio (pl. *-ri*) [da *impresa*; 1714] ***sm.*** (f. *-a*) chi si occupa dell'organizzazione, del finanziamento e dell'allestimento di spettacoli || *per estens.* chi gestisce un'impresa: *impresario di pompe funebri* || **N.** *Sin. promoter.*

imprescindìbile [da *prescindibile*; a. 1797] ***agg.*** da cui non si può prescindere; che non si può tralasciare: *necessità, dovere imprescindibile* || **imprescindibilménte** ***avv.***

impresciuttìre v. IMPROSCIUTTIRE.

imprescrittìbile [da *prescrittibile*; 1644] ***agg.*** *T.giur.* che non è soggetto a prescrizione: *diritto imprescrittibile* || **imprescrittibilménte** ***avv.***

imprescrittibilità [da *imprescrittibile*; 1869] ***sf.*** *T.giur.* qualità d'essere imprescrittibile.

impresentàbile [da *presentabile*; 1954] ***agg.*** che non può essere presentato: *una richiesta impresentabile* || *per estens.* che è in condizioni tali da non poter apparire in pubblico: *così conciata, sono davvero impresentabile.*

impressionàbile [da *impressionare*; 1869] ***agg.*** **1.** che s'impressiona e si lascia turbare molto facilmente: *un temperamento impressionabile* **2.** *T.fot.* di pellicola che può essere impressionata dalla luce || **N.** **1.** *Sin.* emotivo, suggestionabile.

impressionabilità [da *impressionabile*; a. 1866] ***sf.*** caratteristica di chi si emoziona o si impressiona facilmente || **N.** emotività.

impressionànte (*ppr.* di *impressionare*) [a. 1934] ***agg.*** tale da impressionare, che spaventa: *uno spettacolo impressionante* || *iperb.* grandissimo, eccezionale: *ha una lucidità, una intelligenza impressionante.*

impressionàre (pres. *-óno*) [da *impressione*; a. 1712] ***tr.*** **1.** provocare turbamento, apprensione o viva emozione: *quel fatto di cronaca ha impressionato vivamente l'opinione pubblica* **2.** suscitare un giudizio positivo o negativo: *impressionare bene, male*; *la sua facilità di esposizione impressionò favorevolmente la commissione* **3.** *T.fot.* detto della luce, agire sulla sostanza sensibile di una lastra o di una pellicola: *questa lastra è già stata impressionata* || ***intr. pron.*** **1.** ricevere un'impressione || *più com.* rimanere turbato: *s'impressiona facilmente alla vista del sangue* **2.** *T.fot.* di pellicola, subire l'azione della luce || **N.** **1.** *Sin.* allarmare, colpire, commuovere, sconcertare, scuotere, spaventare, suggestionare.

impressionàto (*pps.* di *impressionare*) [a. 1566] ***agg.*** colpito, scosso, turbato: *bene, male impressionato*; *era visibilmente impressionato.*

impressióne [dal lat. *impressio, -ōnis*; 1282] ***sf.*** **1.** l'atto dell'imprimere; *concr.* l'impronta lasciata: *l'impressione del sigillo* || in etologia, *imprinting* (v.) || *non com.* l'azione e il modo dello stampare: *iniziare l'impressione di un libro, un'impressione chiara e nitida*; edizione, ristampa: *la seconda impressione del vocabolario* || *concr.* in legatoria, fregio o dicitura impresso a caldo sulla copertina di un libro: *un'edizione con impressioni in oro* **2.** *fig.* effetto prodotto da agenti esterni sugli organi di senso, viva sensazione fisica: *impressione di caldo, di morbido, impressioni visive, accarezzare un serpente dà un'impressione sgradevole* || *per estens.* effetto prodotto sulla coscienza dalla realtà esterna: *provare un'impressione di disgusto, di piacere, di sollievo*; *mettere per iscritto le impressioni di viaggio*; *fare una buona, cattiva impressione,* fare in modo di essere giudicati positivamente o negativamente || *in part.* turbamento dell'animo provocato da fatti o cose che suscitano ansia, paura o raccapriccio: *il fatto ha destato una grande impressione, la velocità mi fa impressione, vincere l'impressione provata alla vista del sangue* **3.** opinione soggettiva formata per istinto: *è solo una mia impressione, ho l'impressione che mi nasconda qualcosa*; *fondarsi sulle prime impressioni* || *dim.* impressioncèlla || **N.** **1.** *Sin.* segno **2.** *Sin.* effetto, percezione, sensazione, suggestione; agitazione, commozione, costernazione, eccitazione, emozione, stupore, turbamento; raccapriccio, ripugnanza, sbigottimento, shock | avere, dare, lasciare, provare, ricevere, suscitare **3.** *Sin.* convinzione, idea, opinione | buona, eccellente, favorevole, forte, grata, ottima, piacevole, potente, profonda; cattiva, debole, dolorosa, negativa, penosa, sfavorevole, sgradevole, vaga, violenta.

impressionìsmo [dal fr. *impressionnisme*; 1905] ***sm.*** corrente artistica sorta in Francia nella seconda metà dell'Ottocento, che si proponeva di rendere di un oggetto o di un paesaggio la prima impressione riportatane, facendo ricorso perciò a un uso più libero degli effetti di luce e di colore; preferiva la pittura all'aria aperta a quella in studio || in musica, tendenza artistica di fine Ottocento legata essenzialmente al nome di C. Debussy, caratterizzata dal rifiuto delle regole formali accademiche, dalla valorizzazione degli elementi armonici e timbrici, e dall'uso di scale modali non tradizionali (in part. quella esatonale) || in letteratura, tecnica espressiva che ricerca effetti di vivacità, suggestione e colore.

impressionista [dal fr. *impressioniste*; 1895] **s.** artista seguace dell'impressionismo; anche *agg.*: *scuola impressionista.*

impressionistico (pl. *-ci*) [da *impressionista*; 1912] **agg.** **1.** che si riferisce all'impressionismo e agli impressionisti: *stile impressionistico* **2.** basato su dati non ancora compiutamente verificati, non totalmente rigoroso: *valutazione, descrizione impressionistica di un fenomeno* || **impressionisticaménte** **avv.**

imprèsso *pps.* di *imprimere* (v.).

impressóre [da *imprimere*; a. 1525] **sm.** operaio addetto alle macchine tipografiche o ad imprimere marchi di fabbrica, punzonature ecc. sui prodotti.

imprestàre (pres. *-èsto*) [da *prestare*; sec. XIV] **tr.** *colloq.* dare in prestito || **N.** *Sin.* PRESTARE.

imprèstito [da *prestito*; a. 1547] **sm.** *non com.* prestito || *T.ling.* prestito linguistico.

impreterìbile [da *preteribile*; 1737] **agg.** *lett.* che non si può omettere o tralasciare.

imprevedìbile [da *prevedibile*; 1804] **agg.** che non può essere previsto: *un fatto, un contrattempo imprevedibile*; rif. a persona, di cui non si può prevedere il comportamento: *un tipo imprevedibile* || **imprevedibilménte** **avv.** spec. con valore frasale, contro ogni previsione || **N.** *Sin.* impensabile, inaspettato, inimmaginabile; sorprendente.

imprevedibilità [da *prevedibilità*; 1983] **sf.** l'essere imprevedibile.

imprevedùto [da *preveduto*; sec. XIV] **agg.** *non com.* imprevisto.

imprevidènte [da *previdente*, sul modello del fr. *imprévoyant*; 1819] **agg.** non previdente; incauto, sventato: *sei stato imprevidente ad accettare subito la proposta* || **imprevidenteménte** **avv.**

imprevidènza [da *previdenza*, sul modello del fr. *imprévoyance*; 1841] **sf.** l'essere imprevidente || **N.** *Contr.* previdenza.

imprevìsto [da *previsto*; 1858] **I agg.** non previsto, che coglie di sorpresa: *un arrivo imprevisto, una spesa imprevista* **II sm.** ciò che non è previsto o che non è possibile prevedere: *è successo un imprevisto e non sono arrivato in tempo*; *salvo imprevisti, la riunione si terrà domani* || **N.** I *Sin.* impensato, inaspettato, inatteso; improvviso, subitaneo.

impreziosìre (pres. *-ìsco, -ìsci*) [comp. parasint. di *prezioso*; a. 1705] **tr.** rendere prezioso o più prezioso; anche *fig.* arricchire, ornare: *impreziosire il proprio stile* || **intr. pron.** *scherz.* fare il prezioso.

imprigionaménto [da *imprigionare*; a. 1835] **sm.** l'imprigionare, l'essere imprigionato || **N.** *Sin.* arresto, carcerazione.

imprigionàre (pres. *-óno*) [comp. parasint. di *prigione*; 1312] **tr.** **1.** mettere in prigione: *imprigionare un malvivente*; *imprigionare un uccellino*, chiuderlo in gabbia **2.** *fig.* tenere rinchiuso in un luogo impedendo l'uscita: *la neve mi ha imprigionato in casa* || *per estens.* impedire nei movimenti: *le macerie gli imprigionavano le gambe* || **N.** **1.** *Sin.* arrestare, incarcerare **2.** *Sin.* rinchiudere, segregare, serrare; bloccare, trattenere.

imprimatur (lat., pr. it. [impri'matur]) [letter. si stampi; 1869] **sm.** *inv.* la licenza della censura o dell'autorità ecclesiastica di stampare un libro sottoposto al suo giudizio: *apporre, negare, ottenere l'imprimatur* || *fig.* approvazione, consenso: *il direttore ha dato l'imprimatur al tuo articolo.*

imprimé (fr., pr. [ɛ̃pri'me]) [letter. stampato; 1939] **sm.** *inv.* *T.abb.* tessuto di seta o cotone stampato a disegni.

imprìmere (pres. *-imo* ecc., come COMPRIMERE) [dal lat. *imprimere*; a. 1342] **tr.** **1.** lasciare l'impronta premendo su una superficie: *imprimere le orme sul terreno, imprimere un marchio, un sigillo*; anche *fig.*: *imprimere in un'opera il proprio temperamento* || *fig.* fissare in modo indelebile: *imprimere nella memoria, nella mente, nell'animo* **2.** dare, comunicare un impulso: *imprimere velocità al proiettile* **3.** *non com.* stampare || **intr. pron.** fissarsi saldamente: *quelle parole mi si impressero nell'animo per sempre* || **N.** **1.** *Sin.* improntare, marcare, segnare, suggellare; fissare. **Q.T.** *tipografia.*

imprimitùra [da *imprimere*; a. 1519] **sf.** *T.pitt.* preparazione della tavola o della tela da dipingere per renderla più idonea a ricevere e mantenere inalterato il colore.

imprinting (ingl., pr. [ɪm'prɪntɪŋ]) [letter. impressione, stampa; 1961] **sm.** *inv.* in etologia, condizionamento precoce del comportamento animale, caratteristico degli Uccelli e dei Mammiferi a prole precoce, che porta a reazioni costanti e irreversibili, assimilabili a un comportamento istintivo, di fronte a situazioni ben delimitate e specifiche (per es. la reazione di inseguimento, per cui un piccolo posto subito dopo la nascita accanto ad un individuo di un'altra specie o accanto ad un oggetto in movimento, continua a seguirlo anche se in seguito ha la possibilità di scegliere tra quello e la propria madre).

improbàbile [dal lat. *improbābilis*; 1598] **agg.** che ha scarse probabilità di accadere: *è un accordo improbabile, ritengo improbabile la vittoria della nostra squadra*; *non è improbabile*, è probabile || inverosimile: *un film dalla trama improbabile* || **N.** *Sin.* dubbio, incerto.

improbabilità [dal lat. *improbabilitas, -ātis*; 1598] **sf.** l'essere improbabile || *concr.* *non com.* fatto, cosa improbabile.

improbità [dal lat. *improbitas, -ātis*; a. 1342] **sf.** *lett.* l'essere improbo || **N.** *Sin.* disonestà, MALVAGITÀ.

ìmprobo [dal lat. *improbus*; sec. XIV] **agg.** **1.** *lett.* disonesto, malvagio: *azione improba* **2.** *più com.* che comporta impegno e dispendio di energie superiori al profitto che se ne trae: *lavoro improbo*; *fatica improba*, difficile da sopportare || **N.** **2.** *Sin.* arduo, difficoltoso, duro, faticoso, ingrato, pesante.

improcedìbile [da *procedibile*; 1963] **agg.** *T.giur.* di azione giudiziaria che non può avere corso.

improcedibilità [da *improcedibile*; 1963] **sf.** *T.giur.* condizione per cui un procedimento giudiziario, a causa dell'inosservanza delle leggi processuali, non può avere corso.

improducìbile [da *producibile*; 1965] **agg.** che non può essere prodotto || *T.giur.* che non può essere presentato in giudizio.

improduttività [da *improduttivo*, attr. il fr. *improductivité*; 1919] **sf.** l'essere improduttivo.

improduttìvo [da *produttivo*, attr. il fr. *improductif*; 1857] **agg.** non produttivo, che non produce frutto (anche *fig.*): *terreno improduttivo, lavoro improduttivo* || *investimenti improduttivi*, che non danno utili || **improduttivaménte** **avv.**

impromptu (fr., pr. [ɛ̃prɔ̃p'ty]) [dalla loc. lat. *in promptu*, sottomano; 1923] **sm.** (pl. *impromptus*, pr. [ɛ̃prɔ̃p'ty]) *T.mus.* improvviso || improvvisazione letteraria.

imprónta[1] [da *improntare*[1]; 1554] **sf.** **1.** segno che si lascia esercitando una pressione su una superficie: *lasciare un'impronta sulla sabbia, cancellare, seguire le impronte* || *impronte digitali*, segni lasciati dai polpastrelli delle dita, che costituiscono un mezzo di identificazione personale in quanto differiscono da individuo a individuo || *T.num.* prova di conio di medaglie e monete || nelle prove tecniche, segno lasciato sull'oggetto in esame dallo strumento o dal dispositivo impiegato per la prova **2.** *fig.* segno evidente, carattere inconfondibile: *l'impronta del genio, l'impronta del vizio* || **N.** **1.** *Sin.* calco, effigie, impressione, marchio, orma, segno, sigillo, stampo, traccia **2.** *Sin.* caratteristica, contrassegno, segno, traccia.

imprónta[2] [da *impronto*; 1968] **sf.** solo nella *loc. avv. non com. all'impronta*, immediatamente, a prima vista: *tradurre, suonare all'impronta.*

improntàre[1] (pres. *-ónto*) [variante di un ant. *imprentare*; sec. XIV] **tr.** **1.** lasciare un'impronta, segnare con un marchio **2.** *più com. fig.* imprimere una nota, un tono particolare: *improntare il volto a tristezza*; *che Italia improntasti di tua gloria* (Carducci) || **intr. pron.** atteggiarsi: *il suo volto s'improntò a tenerezza.*

improntàre[2] (pres. *-ónto*) [comp. parasint. di *pronto*; 1319] **tr.** *ant.* approntare, preparare.

improntàre[3] (pres. *-ónto*) [dal fr. ant. *emprunter*; a. 1294] **tr.** *ant.* dare o prendere in prestito.

improntitùdine [da *impronto*; sec. XIII] **sf.** insistenza indiscreta, sfacciataggine, sfrontatezza.

imprónto [dal lat. *in prōmptu*, sottomano; a. 1294] **I agg.** *lett.* importuno, sfacciato **II sm.** solo nella *loc. avv. all'impronto*, all'improvviso, a prima vista.

impronunciàbile o **impronunziàbile** [da *pronunciabile*; a. 1651] **agg.** **1.** che non si può o è difficile da pronunciare: *un cognome impronunciabile* **2.** che non è lecito pronunciare per ragioni morali o religiose.

impropèrio (pl. *-ri*) [dal lat. tardo, *improperium*; 1308] **sm.** **1.** ingiuria: *coprire uno d'improperi* **2.** *pl.* versetti cantati, che esprimono il rimprovero di Dio al popolo ebraico per la sua ingratitudine || **N.** **1.** *Sin.* insulto, invettiva, villania, INGIURIA.

improponìbile [da *proponibile*; 1764] **agg.** **1.** che non si può proporre o non è il caso di proporre **2.** *T.giur.* di un atto giudiziario che non può produrre alcun effetto, perché manca dei requisiti richiesti dalla legge: *appello improponibile.*

improprietà [dal lat. *improprietas, -ātis*; a. 1576] **sf.** mancanza di proprietà nell'esprimersi: *improprietà di linguaggio* || *concr.* locuzione impropria.

impròprio (pl. *-pri*) [dal lat. *improprius*; sec. XIV *impropio*] **agg.** **1.** inopportuno, inadatto: *fare un uso improprio, comportarsi in modo improprio* || *in part.* che difetta di proprietà e precisione linguistica: *vocabolo, locuzione, modo di dire improprio*, che esprime altro da quel che si intende esprimere **2.** che non è il tipico rappresentante di una data classe di oggetti: *arma impropria*, oggetto, usato occasionalmente come arma, la cui funzione primaria non è quella di offendere || *T.gram.* *preposizioni improprie*, costituite da parole appartenenti originariamente ad altre categorie grammaticali, ma usate come preposizioni (per es. *durante, eccetto, oltre, salvo* ecc.); *dittongo improprio*, che graficamente rappresenta più suoni, ma foneticamente corrisponde a uno solo (per es. in fr. *ou, eau*) || *T.mat.* *frazione impropria*, quella in cui il numeratore è maggiore del denominatore || *T.geom.* *elementi impropri*, elementi all'infinito; *punto improprio*, di una retta, la sua direzione; *retta impropria di un piano*, la sua giacitura; *piano improprio* || **impropriaménte** **avv.**

improrogàbile [da *prorogabile*; 1869] **agg.** che non si può prorogare: *data improrogabile* || **improrogabilménte** **avv.** senza possibilità di proroga.

improrogabilità [da *improrogabile*; 1983] **sf.** l'essere improrogabile.

improsciuttìre (pres. *-ìsco, -ìsci*) [comp. parasint. di *prosciutto*; a. 1928 *improsciuttito*] ***intr.*** (aus. *essere*) *non com.* diventare secco come un prosciutto || **N.** *Sin.* dimagrire.

improsciuttito (*pps.* di *improsciuttire*) [1808 *impresciuttito*] ***agg.*** diventato magro, asciutto; rinsecchito.

improvvidènza [dal lat. *improvidentia*; a. 1294] ***sf.*** *raro* l'essere improvvido || **N.** *Sin.* imprevidenza, imprudenza, sconsideratezza.

impròvvido [dal lat. *imprŏvidus*; 1300 ca.] ***agg.*** *lett.* che manca di previdenza || intempestivo, fuori luogo, sconsiderato: *un intervento improvvido* || **improvvidaménte** ***avv.*** || **N.** *Sin.* imprevidente, incauto, malaccorto.

improvviṣàre (pres. *-ìṣo*) [da *improvviso*; 1547] ***tr.*** **1.** dire, comporre o scrivere all'improvviso senza preparazione: *improvvisare versi, musica, discorsi*; anche *ass.*: *prese la chitarra e cominciò a improvvisare* **2.** *per estens.* organizzare, preparare all'ultimo momento, di solito per far fronte a un imprevisto: *c'improvvisò una buona colazione* || ***rifl.*** assumere senza preparazione un aspetto, un carattere, una funzione, un ruolo che non sono i propri: *improvvisarsi pittore, poeta.*

improvviṣàta [da *improvvisare*; 1827] ***sf.*** cosa o avvenimento che giunge inaspettato e costituisce una piacevole sorpresa: *la tua venuta è stata proprio una bella improvvisata*; *fare un'improvvisata a qualcuno*, recarsi senza preavviso a fargli visita pensando di fargli piacere.

improvviṣatóre [da *improvvisare*; 1722] ***sm.*** (f. *-trìce*) chi improvvisa, spec. versi, discorsi e sim. || *spreg.* chi assume ruoli o funzioni per i quali non ha la necessaria preparazione || **N.** poeta estemporaneo.

improvviṣazióne [da *improvvisare*; 1877] ***sf.*** **1.** l'improvvisare: *improvvisazione di una poesia* || *ass.* il comporre versi o musica di getto, senza preparazione preliminare: *darsi all'improvvisazione* || *spreg.* attività che mira a realizzare qualcosa frettolosamente e con superficialità: *lavoro frutto di improvvisazione* **2.** *concr.* la cosa improvvisata: *le improvvisazioni di un musicista, di un poeta*; *assistere a delle divertenti improvvisazioni.*

improvvìṣo [dal lat. *improvīsus*; a. 1348] **I** ***agg.*** che sopraggiunge senza preavviso, inaspettato: *un temporale improvviso, una improvvisa disgrazia* || che si manifesta d'un tratto: *un movimento improvviso, un sentimento improvviso* || **improvviṣaménte** ***avv.*** inaspettatamente; tutto a un tratto **II** ***sm.*** **1.** nelle loc. avv. *d'improvviso, all'improvviso*, inaspettatamente e da un momento all'altro: *partire all'improvviso, cambiare umore all'improvviso* || *comporre all'improvviso*, improvvisare; *recitare, cantare, suonare, interpretare all'improvviso*, sul momento, senza preparazione **2.** *T.mus.* composizione improvvisata a schema libero, prevalentemente per pianoforte, tipica dell'età romantica; *impromptu*: *gli improvvisi di Chopin* || **N. 1.** *Sin.* impensato, imprevisto, inaspettato, inatteso, insperato, sorprendente; brusco, fulmineo, istantaneo, pronto, rapido, repentino, subitaneo.

improvvìsto [da *provvisto*; a. 1494] ***agg.*** *ant.* sprovveduto, impreparato || *all'improvvisto* (e *all'improvvista*), di sorpresa; improvvisamente.

impruàrsi (pres. *-ùo*) [comp. parasint. di *prua*; 1890] ***intr. pron.*** inclinarsi eccessivamente di prua || scivolare verso la prua: *il carico si è impruato.*

imprudènte [dal lat. *imprūdens, -ĕntis*; sec. XIV] **I** ***agg.*** che manca di prudenza, che agisce in modo avventato: *un ragazzo imprudente, siamo stati imprudenti ad avventurarci in neve fresca con una giornata così calda* || *per estens.* che rivela imprudenza: *decisione, consiglio imprudente* || **imprudenteménte** ***avv.*** **II** ***s.*** persona imprudente: *sei sempre il solito imprudente* || **N. I** *Sin.* avventato, azzardato, incauto, inconsiderato, malaccorto, sconsiderato, temerario.

imprudènza [dal lat. *imprudentia*; a. 1332 *imprudenzia*] ***sf.*** mancanza di prudenza: *guidare con imprudenza* || *concr.* azione che non valuta i rischi e le conseguenze che può avere: *commettere un'imprudenza, non fare imprudenze* || **N.** *Sin.* avventatezza, imprevidenza, leggerezza, temerarietà.

imprunàre (pres. *-ùno*) [comp. parasint. di *pruno*; metà sec. XIII] ***tr.*** *raro* chiudere o cingere con pruni e sim.: *maggior aperta spesse volte impruna con una forcatella di sue spine l'uom della villa* (Dante) || *fig.* frapporre ostacoli e difficoltà.

impùbere (lett. *impùbe*) [dal lat. *impūbes, -eris*; 1388 *impube*] ***agg.*** e ***s.*** che o chi non è ancora giunto alla pubertà || **N.** *Sin.* preadolescente | *Contr.* pubere.

impudènte [dal lat. *impudens, -ĕntis*; a. 1342] **I** ***agg.*** senza pudore e ritegno: *una menzogna impudente* || **impudenteménte** ***avv.*** **II** ***s.*** persona impudente || **N. I** *Sin.* inverecondo, petulante, sfacciato, sfrontato, spudorato, svergognato.

impudènza [dal lat. *impudentia*; sec. XIV *impudenzia*] ***sf.*** l'essere impudente, sfacciataggine, sfrontatezza: *la sua impudenza non ha limiti* || *concr.* atto o detto di persona impudente.

impudìcizia [dal lat. *impudicitia*; sec. XIV] ***sf.*** mancanza di pudore || *concr.* atto o detto di persona impudica || **N.** *Sin.* immoralità, indecenza, inverecondia, licenziosità, spudoratezza.

impudìco (pl. *-ìchi*) [dal lat. *impudīcus*; sec. XIV] ***agg.*** che manca di pudore, che offende il pudore: *un uomo impudico*; *un discorso, un comportamento impudico* || **impudicaménte** ***avv.*** || **N.** *Sin.* disonesto, immorale, impudente, indecente, inverecondo, lascivo, licenzioso, osceno, procace, sconcio, sfacciato, sfrontato, spudorato, svergognato.

impugnàbile [da *impugnare*[2]; 1673] ***agg.*** *T.giur.* che si può impugnare, contestare, invalidare: *sentenza impugnabile* || **N.** *Sin.* contestabile, contrastabile, discutibile, oppugnabile | *Contr.* incontestabile, indiscutibile, inoppugnabile.

impugnabilità [da *impugnabile*; 1957] ***sf.*** *T.giur.* l'essere impugnabile: *l'impugnabilità di un testamento.*

impugnàre[1] [lat. volg. **impugnāre*; sec. XIV] ***tr.*** stringere in pugno: *impugnare una lancia, un bastone, impugnare la racchetta*; *impugnare le armi*, accingersi a combattere.

impugnàre[2] [dal lat. *impugnāre*, combattere contro; a. 1292] ***tr.*** **1.** avversare, contrastare: *impugnare una teoria, un'opinione* **2.** *T.giur.* opporsi a una decisione giudiziaria o a un atto giuridico chiedendone il riesame o l'annullamento: *impugnare una sentenza, un testamento* **3.** *ant.* combattere.

impugnativa [da *impugnare*[2]; 1933] ***sf.*** *T.giur.* ricorso, citazione, appello diretto a impugnare un atto, una sentenza ecc.

impugnativo [da *impugnare*[2]; a. 1683] ***agg.*** *T.giur.* volto a impugnare: *azione impugnativa.*

impugnatóre [dal lat. *impugnātor, -ōris*; a. 1363] ***sm.*** (f. *-trìce*) *non com.* *T.giur.* chi impugna, contrasta, avversa.

impugnatùra [da *impugnare*[1]; 1640 nel senso 2] ***sf.*** **1.** l'atto e il modo di impugnare: *un'errata impugnatura del fioretto* **2.** *concr.* *più com.* la parte dove si impugna un'arma o un attrezzo: *l'impugnatura della spada, della racchetta, del remo, della carabina* || **N.** elsa, guardia, manico, manubrio. **TAV.** *scherma* 1.2.

impugnazióne [dal lat. *impugnātio, -ōnis*; a. 1342] ***sf.*** **1.** *T.giur.* atto dell'impugnare, del fare ricorso **2.** *ant.* contrasto, lotta || **N. 1.** *Sin.* appello, impugnativa. **Q.T.** *diritto.*

impulciàre (pres. *-ùlcio*) [comp. parasint. di *pulce*; 1887] ***tr.*** riempire di pulci, infestare di pulci || ***intr. pron.*** riempirsi di pulci, prendere le pulci.

impulito [dal lat. *impolītus*; a. 1565] ***agg.*** *non com.* **1.** non pulito, non rifinito **2.** *ant.* non delicato, rozzo.

impulsàre [da *impulso*, sul modello dell'ingl. to *impulse*; 1974] ***tr.*** *T.elettron.* far funzionare a impulsi un apparecchio, uno strumento o sim.

impulsatóre [da *impulsare*; 1957] ***sm.*** *T.elettron.* apparecchio o circuito che genera impulsi elettrici.

impulsióne [dal lat. *impulsio, -ōnis*; a. 1321] ***sf.*** *ant.* **1.** spinta che comunica il moto **2.** *fig.* impulso, slancio.

impulsività [da *impulsivo*; 1905] ***sf.*** l'essere impulsivo; carattere impulsivo: *l'impulsività di un adolescente.*

impulsivo [da *impulso*; sec. XIV nel senso 2] **I** ***agg.*** **1.** di persona, che agisce d'impulso, che non si domina: *uomo impulsivo* || *per estens.* che è conseguenza immediata di un impulso, fatto senza riflettere: *scatto, gesto impulsivo* **2.** *non com.* che dà o può dare impulso o movimento **3.** *T.fis.* *dinamica impulsiva*, parte della meccanica che studia l'azione di forze che si esercitano su di un sistema per tempi brevissimi e causano brusche variazioni di velocità || *moto impulsivo*, moto di un corpo in cui, in un intervallo di tempo molto breve, varia moltissimo la velocità senza che ci sia un cambiamento di posizione apprezzabile **II** ***sm.*** (f. *-a*) persona impulsiva || **impulsivaménte** ***avv.*** || **N. 1.** *Sin.* immediato, irriflessivo, istintivo, passionale, precipitoso.

impùlso [dal lat. *impulsus*; sec. XIV] ***sm.*** **1.** spinta comunicata da una forza o da un corpo in movimento a un altro || *fig.* stimolo, incitamento: *dare impulso al commercio, agli studi* **2.** *fig.* spinta irrefrenabile ad agire: *cedere a un impulso di generosità, provare l'impulso di fuggire, reagire d'impulso* || tendenza istintiva, disposizione naturale: *assecondare il proprio impulso naturale* || *T.psic.* spinta che induce all'azione, pulsione **3.** *T.fis.* *impulso elementare*, in meccanica, grandezza fisica pari al prodotto di una forza che agisce su un punto per un tempo brevissimo, per il tempo in cui essa agisce || più in gen., quantità di moto (v. MOTO) || in elettrotecnica e elettronica, *impulso di tensione, impulso di corrente*, prodotto della tensione tra due punti di un circuito, o dell'intensità di corrente in un circuito, per l'intervallo di tempo in cui si stabilisce || in acustica, *impulso sonoro*, fenomeno sonoro di breve durata caratterizzato da notevole aumento della pressione sonora || **N. 1.** *Sin.* propulsione, spinta, urto; incremento, sviluppo **2.** *Sin.* istinto, moto, slancio, stimolo; disposizione, inclinazione, tendenza.

impùne [dal lat. *impūnis*; 1581] **I** ***agg.*** *lett.* non punito, impunito || **impuneménte** ***avv.*** senza essere punito: *ha truffato impunemente per anni* || senza alcun danno: *ha affrontato il pericolo impunemente* **II** ***avv.*** *ant.* impunemente.

impunìbile [da *punibile*; a. 1729] ***agg.*** non punibile || *T.giur.* che, pur avendo commesso un reato, non è perseguibile a norma di legge: *è impunibile perché ha ucciso per legittima difesa.*

impunibilità [da *impunibile*; 1957] ***sf.*** *T.giur.* l'essere impunibile, detto di persona o di fatto.

impunità [dal lat. *impūnitas, -ātis*; 1363] ***sf.*** l'essere impunito || esenzione da pena: *garantire, concedere l'impunità.*

impunìto [dal lat. *impunītus*; a. 1342] **I** ***agg.*** non punito: *la strage è rimasta impunita* **II**

sm. (f. *-a*) *region. scherz.* e *iron.* birbante, briccone, sfrontato: *che impunito!*

impuntaménto [da *impuntare*; a. 1712] **sm.** **1.** atto o effetto dell'impuntare o dell'impuntarsi **2.** *T.tecn.* in una macchina per la lavorazione dei pezzi metallici, difetto di funzionamento per cui l'utensile striscia sulla superficie già lavorata, surriscaldandosi e danneggiandosi.

impuntàre [comp. parasint. di *punta*; 1534] **intr.** (aus. *avere*) *non com.* urtare con la punta del piede, inciampare: *impuntare in un sasso* || *raro fig.* incespicare nel parlare: *ha il difetto d'impuntare parlando* || **intr. pron.** **1.** rif. spec. ad animali e talvolta a bambini, puntare i piedi in terra per non procedere **2.** *fig.* di persona, ostinarsi cocciutamente: *si è impuntato a voler fare il meccanico e non c'è verso di fargli cambiare idea* || non cedere, tener fermo (con una sfumatura *spreg.*): *sul salario si sono impuntati* **3.** *non com.* balbettare || **N.** **intr. pron.** **1.** *Sin.* recalcitrare.

impuntatùra [da *impuntare*; a. 1850] **sf.** *non com.* l'impuntarsi, l'ostinarsi in un'idea, un proposito e sim.

impuntigliàrsi (pres. *-iglio*) [comp. parasint. di *puntiglio*; a. 1879] **intr. pron.** *raro* ostinarsi, mettersi con puntiglio.

impuntìre (pres. *-ìsco, -ìsci*) [comp. parasint. di *punto*; 1750] **tr.** cucire con punti distanti passando con l'ago da una parte all'altra, su un tessuto raddoppiato e imbottito, come materassi, baveri e sim. || unire con punti fitti due strati di panno o di cuoio: *impuntire le suole* || **N.** trapungere, trapuntare.

impuntitùra [da *impuntire*; 1798] **sf.** l'atto e l'effetto dell'impuntire.

impuntùra [da *puntura*; 1605] **sf.** **1.** cucitura a punti molto fitti che trapassa più tessuti allo scopo di tenerli uniti || il punto di cucito che si presenta uguale sia al diritto che al rovescio, usato come rifinitura **2.** *T.mar.* *angolo d'impuntura*, ciascuno degli angoli delle vele che vengono legati all'estremità di pennoni e di antenne, detto anche *angolo d'inferitura*.

impunturàre (pres. *-ùro*) [da *impuntura*; 1957] **tr.** cucire con impunture.

impupàrsi (pres. *-ùpo*) [comp. parasint. di *pupa*; a. 1936] **intr. pron.** *T.zool.* trasformarsi in pupa, in crisalide.

impurézza [da *purezza*; 1869] **sf.** impurità; spec. *concr.* elemento estraneo che altera la purezza di un liquido, di un metallo, di una lega || *in part.* detto di elemento estraneo aggiunto in piccole quantità a un semiconduttore per variarne la conduttività.

impurità [dal lat. *impūritas, -ātis*; 1308 *impuritade*] **sf.** **1.** l'essere impuro, in quanto composto di elementi eterogenei: *impurità di un composto, di un cristallo* || *concr.* (spec. *pl.*) ciò che altera la purezza di una sostanza: *le impurità dell'aria, purgare un liquido dalle sue impurità* || *le impurità della lingua*, le parole o locuzioni che alterano l'integrità della lingua considerata da un punto di vista puristico **2.** condizione di mancanza di purezza spirituale e morale: *l'impurità dei costumi* || *concr.* atto impuro.

impùro [dal lat. *impūrus*; a. 1342 nel senso 3] **agg.** **1.** non puro, che è contaminato dalla presenza di altri elementi: *gas, liquido, sostanza impura* || *lingua impura*, ricca di parole straniere o dialettali, in una concezione puristica della lingua; *locuzione impura*, non conforme alle caratteristiche proprie della lingua **2.** *T.gram.* *esse impura*, seguita da un'altra consonante **3.** che non è conforme alla purezza morale o spirituale o alla castità: *atti, desideri impuri, coscienza impura* || in alcune religioni, contaminato in seguito all'infrazione di tabù o dal contatto con particolari elementi, persone, avvenimenti || **impuraménte** **avv.** || **N.** **1.** *Sin.* infetto, inquinato, torbido | *Contr.* incontaminato, puro **3.** *Sin.* disonesto, immorale, impudico, lascivo, osceno, vizioso; contaminato, immondo.

imputàbile [da *imputare*; 1673 nel senso 2] **agg.** **1.** che si può imputare, attribuire a qualcuno o a qualcosa: *il furto è imputabile al commesso, l'incidente è imputabile alla negligenza della compagnia aerea* **2.** rif. a persona, che si può ritenere responsabile di qualcosa: *il ragazzo è imputabile di oltraggio, un direttore imputabile di scarsa efficienza* || *T.giur.* *persona imputabile* (anche sostantivato), che può ricevere un'imputazione.

imputabilità [da *imputabile*; a. 1835] **sf.** l'essere imputabile || *T.giur.* l'insieme delle condizioni previste dal diritto penale (e in part. la capacità di intendere e di volere) necessarie perché un soggetto possa essere ritenuto responsabile delle proprie azioni e possa essere chiamato a risponderne.

imputàre (pres. *ìmputo*, raro *impùto*) [dal lat. *imputāre*; a. 1292] **tr.** **1.** attribuire, ascrivere, rif. a cosa spiacevole: *imputare a colpa, a disonore, imputare al conducente la responsabilità del disastro ferroviario, imputare la colpa al caso, alla distrazione* **2.** ritenere colpevole o responsabile di qualcosa: *imputare il marito del delitto* || *in part.* promuovere azione penale contro qualcuno: *imputare di furto, di omicidio* **3.** *T.econ.* in contabilità, attribuire una spesa a un prodotto o assegnare a una determinata partita di bilancio: *imputare in conto capitale* || **N.** **1.** *Sin.* addebitare **2.** *Sin.* accusare, incolpare, incriminare **3.** *Sin.* conteggiare.

imputazióne [dal lat. tardo *imputātio, -ōnis*; a. 1348] **sf.** **1.** l'imputare || *T.giur.* attribuzione a una persona della responsabilità penale di un fatto che costituisce reato: *capo d'imputazione*, ciascuno dei reati di cui uno è accusato **2.** *T.econ.* in contabilità, attribuzione di spese a determinati prodotti o a determinati capitoli di bilancio || **N.** **1.** *Sin.* incriminazione, ACCUSA.

imputrescìbile [da *putrescibile*; 1869] **agg.** *lett.* che non è suscettibile di putrefazione.

imputridiménto [da *imputridire*; 1869] **sm.** l'imputridire.

imputridìre (pres. *-ìsco, -ìsci*) [comp. parasint. di *putrido*; 1310] **intr.** (aus. *essere*) diventare putrido: *la carogna di un animale lasciata a imputridire sull'asfalto* || *fig. lett.* corrompersi || **tr.** *raro* rendere putrido || **N.** *Sin.* corrompersi, decomporsi, guastarsi, marcire, putrefarsi.

impuzzìre (pres. *-ìsco, -ìsci*) [comp. parasint. di *puzza*; a. 1364] **tr.** *non com.* diffondere puzzo: *questa frutta fradicia ha impuzzito tutta la stanza* || **intr.** (aus. *essere*) *non com.* prendere cattivo odore: *la roba chiusa impuzzisce.*

impuzzolentìre (pres. *-ìsco, -ìsci*) [comp. parasint. di *puzzolente*; 1957] **tr.** rendere puzzolente, diffondere cattivo odore: *con quel sigaro hai impuzzolentito tutta la casa.*

impuzzolìre (pres. *-ìsco, -ìsci*) [comp. parasint. di *puzzo*; a. 1320] **intr.** (aus. *essere*) e **intr. pron.** prendere un cattivo odore || **tr.** riempire di cattivo odore; rendere puzzolente.

in¹ [lat. *in*; fine sec. XI - inizio sec. XII] **prep.** con gli art. det. forma le prep. art. *nel, nello, nella, nei, negli, nelle*, indica collocazione nello spazio e nel tempo || introduce diversi complementi: — di stato in luogo, anche fig.: *resto in casa, il suo comportamento in ufficio, tenere in mano; sei in errore, ho fiducia in lui*; su, sopra: *tenere un bambino in braccio*; *lett. pleon.* *in sul verone* | — di moto a luogo, anche fig.: *vado in America, salire in auto; che cosa ti sei messo in testa?, andare in collera, entrare in coma*; indica movimento entro uno spazio circoscritto: *passeggiare nel parco*; con verbi che esprimono cambiamento: *cambiare lire in marchi, trasformare un uomo in bestia, ridurre in mille pezzi*; contro: *inciampare in un sasso*; verso: *volgersi in una direzione*; su: *salire in cima, portare in tavola* | — di moto per luogo, anche fig.: *tante idee mi passano nella mente* | — di tempo determinato: *in aprile andrò a Parigi*; *lett.* pleon. davanti a *su*: *in sul principio* | — di tempo continuato, indica il periodo entro cui si svolge una determinata azione: *in tre mesi finirai la tua preparazione, un libro che si legge in poco tempo* | — di modo: *parlare in fretta, ascoltare in silenzio, trasmettere in diretta, dipingere in verde*; indica la condizione: *essere in miseria, stare in ansia, passare una giornata in tranquillità*; con i nomi di vestiario: *sono in pigiama, vengo in calzoncini*; indica il modo in cui si cucina un cibo: *agnello in umido*; indica partizione, divisione: *tagliare in tre parti*; si prepone al cognome del marito per indicare lo stato coniugale di una donna: *Lucia Ferrero in Lombardi* | — di limitazione: *bravo in matematica, dottore in filosofia, commerciare in stoffe* | — di mezzo: *verrò in aereo, pagare in contanti* | — di materia: *mobili in frassino, iscrizioni in oro* | — di fine: *correre in aiuto di qualcuno, inviare fiori in omaggio, dare in prestito* | — di stima: *tenere in grande considerazione, avere in odio* | — complemento predicativo: *prendere in moglie* | in correlazione con la prep. *di* indica passaggio: *di città in città, di ora in ora, di bene in meglio*; con valore distributivo: *di dieci in dieci* | indica una quantità: *intervenire in massa, sono venuti in sei* | con valore asseverativo: *in verità, in fede, in coscienza* | con valore temporale, seguita da un infinito, equivale a un gerundio: *nel venire da te, ho avuto un incidente* | concorre a formare numerose locuzioni: — preposizionali (per i sensi v. i singoli lemmi): *in cima a, in base a, in relazione a, in rapporto a, in proporzione a, in confronto a, in seguito a, in quanto a, in mezzo a, in fondo a, in ragione di, in compagnia di, in virtù di, in cambio di, in conseguenza di* ecc. | — avverbiali: *in qua, in là, in su, in giù, in basso, in alto, in dentro, in fuori, in avanti, in fondo, in conclusione, in apparenza, in realtà, in effetti, in breve, in fretta e furia, di tanto in tanto, di quando in quando, di mano in mano, in teoria, in pratica* ecc. | — congiuntive: *in quanto che, nel caso che, nel tempo che, in modo che, nel senso che, nella maniera che, nell'istante che* ecc.

in² [dall'ingl. *in*, dentro; 1965] **avv.** nella locuzione *essere in*, far parte degli ambienti che contano, spec. culturali e mondani; essere di moda, attuale; anche in funzione aggettivale: *la gente in, un ricevimento molto in* || **N.** *Contr.* out.

in-¹ [dal lat. *in*, in] **pref.** verbale || la *n* si assimila davanti a parole che cominciano con *l-, m-, r-* (*illustrare, immedesimare, irraggiare*), diventa *m* davanti a *b-* e *p-* (*imbacuccare, impigrire*) e può raddoppiare davanti a vocale (*innalzare, innamorarsi*); si riduce spesso a *i-* davanti a *s* + consonante (*iscrivere, istradare*, ma *inscatolare, installare*) **1.** forma verbi derivati da altri verbi, in cui mantiene spesso il valore di "dentro" (*immettere, importare*) **2.** forma verbi parasintetici a partire da sostantivi, con valori diversi; mantiene valore locativo in derivati col sign. di "mettere in o su" (*imbottigliare, incarcerare, imbarcare, intavolare*) e in altri col valore di "ricoprire o riempire di" (*imburrare, incipriare, impagliare*); in altri casi ha piuttosto il valore di "trasformare in" (*incenerire, infiammare*) o "diventare" (*incartapecorire, incancrenire*) || forma verbi parasintetici a partire da aggettivi, di solito coi valori di "rendere" o "diventare" (*intorbidare, inasprire, intenerire; imputridire, impallidire*) || rarissimi i derivati da avverbi (*inoltrare*).

in-² [dal lat. *in-*] **pref.** aggettivale || come il precedente si assimila davanti a *l-, m-, r-* (*illeggibile, immaturo, irrispettoso*), diventa *im-* davanti a *b-* e *p-* (*imbattuto, impietoso*), ma la *n* non raddoppia mai davanti a vocale e non scompare davanti a *s* + consonante (*inspiegabile, instabile*) || ha valore negativo; si premette ad aggettivi (*impossibile, illogico, incapace*), a participi presenti o passati (*inadeguato, inesistente, inconcludente*), più di rado a sostantivi (*incolore, inodore, informe*) || quando contrasta con un derivato col pref. *-a*, indica gen. non solo assenza di una qualità, ma possesso della qualità oppota (*immorale / amorale*) || in rari casi, con lo stesso valore semantico, ha la funzione di prefisso nominale: *insuccesso, inazione*.

-ìna[1] [lat. *-ina*] ***suff.*** forma numerali collettivi: *decina, ventina*.

-ìna[2] [dal suff. f. lat. *-īna*] ***suff.*** che, nella terminologia chimica, indica ammine o sostanze di natura basica (per es. *adrenalina, morfina, cocaina*).

inabbordàbile [da *abbordabile*; 1914] ***agg.*** **1.** di nave, che non si può abbordare || di costa, a cui non ci si può accostare **2.** *più com. fig.* detto di persona che per il suo carattere scontroso è difficilmente avvicinabile || **N. 1.** *Sin.* inaccessibile, inaccostabile, inavvicinabile **2.** *Sin.* altero, intrattabile, scontroso, scortese, scostante.

inàbile [dal lat. *inhabilis*; a. 1420] **I *agg.*** non abile, che non ha le qualità richieste per svolgere qualche compito: *inabile allo studio* || non idoneo per malattia o costituzione: *inabile al lavoro, al servizio militare*; anche *ass.*: *l'assicurazione lo ha riconosciuto inabile* **II *s.*** persona inabile || **N. I** *Sin.* inadatto, incapace; inetto, maldestro.

inabilità [da *inabile*; a. 1540] ***sf.*** l'essere inabile, incapacità || *per estens.* invalidità: *inabilità temporanea, permanente*.

inabilitàndo (*gerundivo* di *inabilitare*) [1963] ***sm.*** (f. *-a*) *T.giur.* persona nei confronti della quale è in corso un procedimento di inabilitazione.

inabilitàre (pres. *-ìlito*) [da *inabile*; 1673] ***tr.*** **1.** rendere inabile: *l'incidente lo ha inabilitato alla guida* **2.** *T.giur.* dichiarare parzialmente o totalmente incapace || ***rifl.*** *non com.* rendersi inabile.

inabilitàto (*pps.* di *inabilitare*) [a. 1835] ***sm.*** (f. *-a*) *T.giur.* persona che è stata dichiarata parzialmente incapace di agire.

inabilitazióne [da *inabilitare*; 1673] ***sf.*** l'inabilitare e l'essere inabilitato || *T.giur.* dichiarazione dell'autorità giudiziaria che attesta l'incapacità giuridica di una persona e le vieta di compiere da solo gli atti eccedenti la ordinaria amministrazione.

inabissaménto [da *inabissare*; a. 1712] ***sm.*** l'atto e l'effetto dell'inabissare e dell'inabissarsi.

inabissàre [comp. parasint. di *abisso*; a. 1306] ***tr.*** gettare in un abisso: *la violenza delle onde inabissò la nave* || ***intr. pron.*** piombare nell'abisso, sommergersi, sprofondarsi (anche *fig.*): *inabissarsi nei debiti, inabissarsi in profonde meditazioni* || **N.** *Sin.* affondare, sommergere, sprofondare.

inabitàbile [dal lat. *inhabitābilis*; sec. XIV] ***agg.*** non abitabile, privo dei requisiti adatti a consentire la vita dell'uomo: *una terra inabitabile; casa, locale inabitabile*, antigienico o pericolante.

inabitabilità [da *inabitabile*; 1940] ***sf.*** l'essere inabitabile: *l'inabitabilità della casa*.

inabitàto [da *abitato*; 1342] ***agg.*** *lett.* senza abitanti || **N.** *Sin.* disabitato, DESERTO.

inabrogàbile [da *abrogabile*; 1957] ***agg.*** che non può essere abrogato: *un provvedimento inabrogabile*.

inaccessìbile [dal lat. tardo *inaccessibilis*; a. 1364] ***agg.*** **1.** di luogo, non accessibile: *paesi inaccessibili* **2.** *fig.* di persona, che non si può avvicinare: *tuo fratello si è fatto ormai inaccessibile*; che non si lascia influenzare: *inaccessibile alle lodi, alle preghiere, alla pietà* || di cosa, il cui costo è superiore alle proprie possibilità economiche: *spesa, bene inaccessibile* **3.** che non si può capire o comprendere: *idea, teoria inaccessibile* || **inaccessibilménte** ***avv.*** || **N. 1.** *Sin.* impervio, irraggiungibile **2.** *Sin.* inaccostabile, inavvicinabile **3.** *Sin.* impenetrabile, incomprensibile.

inaccessibilità [dal lat. tardo *inaccessibilitas, -ātis*; a. 1738] ***sf.*** qualità e condizione di ciò che è inaccessibile.

inaccèsso [dal lat. *inaccēssus*; 1598] ***agg.*** *lett.* inaccessibile, non raggiunto da nessuno.

inaccettàbile [da *accettabile*; 1749] ***agg.*** che non si può accettare: *condizioni, proposte inaccettabili, un comportamento inaccettabile* || **inaccettabilménte** ***avv.*** || **N.** *Sin.* inammissibile, intollerabile.

inaccettabilità [da *inaccettabile*; 1945] ***sf.*** l'essere inaccettabile.

inacciaiàre V. ACCIAIARE.

inaccordàbile [da *accordabile*; a. 1683] ***agg.*** **1.** che non può essere accordato, che non può essere concesso: *la proroga che ha richiesto è inaccordabile* **2.** di strumento musicale, che non può essere accordato.

inaccòrto [da *accorto*; a. 1533] ***agg.*** *lett.* privo di avvedutezza e di esperienza; sprovveduto, incauto.

inaccostàbile [da *accostabile*; 1640 *inacostabile*] ***agg.*** che non può essere avvicinato: *un personaggio inaccostabile* || *fig. prezzi inaccostabili*, proibitivi.

inaccuṣàbile [dal lat. *inaccusābilis*; a. 1494] ***agg.*** *non com.* non accusabile.

inacerbìre (pres. *-ìsco, -ìsci*) [comp. parasint. di *acerbo*; 1312] ***tr.*** rendere acerbo o più acerbo; *fig.* esasperare: *inacerbire gli animi, inacerbire un rimpianto* || ***intr. pron.*** diventare acerbo, inasprirsi (anche *fig.*) || **N.** *Sin.* esacerbare, esasperare, INASPRIRE.

inacetìre (pres. *-ìsco, -ìsci*) [comp. parasint. di *aceto*; a. 1320] ***intr.*** (aus. *essere*) farsi, diventare aceto || ***tr.*** rendere aceto: *certi contenitori di plastica inacetiscono il vino*.

inacidiménto [da *inacidire*; 1887] ***sm.*** l'inacidire.

inacidìre (pres. *-ìsco, -ìsci*) [comp. parasint. di *acido*; a. 1597] ***tr.*** rendere acido || *fig.* rendere acido, cioè dolentemente malevolo: *il dolore lo ha inacidito* || ***intr.*** (aus. *essere*) e ***intr. pron.*** diventare acido: *il latte, il vino si è inacidito* || *fig.* diventare aspro, intrattabile: *vivendo sempre sola si è inacidita* || **N.** ***tr.*** *Sin.* acidificare; inacerbire, inasprire | ***intr.*** inacetire.

inacquàre e der. forme ant. di ANNACQUARE e der. (v.).

inacutìre (pres. *-ìsco, -ìsci*) [comp. parasint. di *acuto*; a. 1642] ***tr.*** *non com.* rendere più acuto: *inacutire il dolore* || ***intr. pron.*** diventare acuto || **N.** *Sin.* acuire.

inadattàbile [da *inadatto*; a. 1712] ***agg.*** non adattabile a un determinato uso o funzione || rif. a persona, che manca della capacità di adattamento: *è un tipo assolutamente inadattabile alla mancanza di comodità*.

inadattabilità [da *inadattabile*; a. 1712] ***sf.*** l'essere inadattabile.

inadàtto [da *adatto*; 1858] ***agg.*** **1.** non adatto: *un abbigliamento inadatto a una gita in campagna, parlare in tono inadatto* **2.** rif. a persona, non idoneo a fare qualcosa: *essere inadatto a comandare* || **N. 1.** *Sin.* disadatto, inadeguato, insufficiente; inopportuno, sconveniente.

inadeguatézza [da *inadeguato*; 1945] ***sf.*** l'essere inadeguato: *inadeguatezza di mezzi e possibilità* || **N.** *Sin.* insufficienza, sproporzione.

inadeguàto [da *adeguato*; 1657] ***agg.*** non adeguato, inferiore a quanto è necessario (anche *ass.*): *mezzi inadeguati allo scopo, una preparazione inadeguata, stipendio inadeguato* || **inadeguataménte** ***avv.***; nella *loc. prep. inadeguatamente a*: *inadeguatamente alle esigenze* || **N.** *Sin.* inadatto, insufficiente.

inadempìbile [da *adempibile*; a. 1712] ***agg.*** *non com.* non adempibile, a cui non si può adempiere.

inadempiènte [da *adempiente*; 1940] ***agg.*** e ***s.*** che o chi non adempie quanto ha promesso o convenuto: *essere inadempiente a un obbligo; punire gli inadempienti*.

inadempiènza [da *inadempiente*; 1877] ***sf.*** l'essere inadempiente: *inadempienza contrattuale*.

inadempiménto [da *adempimento*; 1723] ***sm.*** il non adempiere quanto si è promesso o convenuto || **N.** *Sin.* inadempienza, inosservanza.

inadempiùto (meno com. *inadempìto*) [da *adempiuto*; 1869] ***agg.*** che non ha avuto adempimento.

inadopràbile [da *adop(e)rabile*; 1869] ***agg.*** *non com.* non adoperabile, che non si può adoperare || **N.** *Sin.* inservibile, inutilizzabile.

inafferràbile [da *afferrabile*; 1925] ***agg.*** **1.** che non si può afferrare: *un criminale inafferrabile* **2.** *fig.* che non si riesce a comprendere, o a comprendere pienamente: *significato, concetto inafferrabile* || **N. 1.** *Sin.* imprendibile **2.** *Sin.* inaccessibile, incomprensibile, oscuro; sfuggente.

inafferrabilità [da *inafferrabile*; 1936] ***sf.*** l'essere inafferrabile.

inaffidàbile [da *affidabile*; 1980] ***agg.*** di persona o cosa di cui non ci si può fidare, che non dà garanzia di sicurezza: *non si può far conto su di lui, è inaffidabile*.

inaffidabilità [da *inaffidabile*; 1983] ***sf.*** l'essere inaffidabile.

inaffondàbile [da *affondabile*; 1972] ***agg.*** che non può affondare o essere affondato: *un veliero inaffondabile*.

inagguagliàbile [da *agguagliabile*; a. 1803] ***agg.*** *non com.* ineguagliabile.

inagìbile [da *agibile*; 1980] ***agg.*** *T.bur.* di struttura pubblica (teatro, campo sportivo o sim.) temporaneamente priva dei requisiti previsti dalla legge per poter essere utilizzata: *il teatro è ancora inagibile a causa dei lavori* || *per estens.* impraticabile, inutilizzabile.

inagibilità [da *inagibile*; 1980] ***sf.*** *T.bur.* caratteristica di ciò che è inagibile.

inagrestìre (pres. *-ìsco, -ìsci*) [comp. parasint. di *agresto*; a. 1347] ***intr.*** (aus. *essere*) **1.** detto spec. di uva, non giungere a maturazione **2.** *fig. ant.* diventare agro, aspro; inasprirsi.

inagrìre (pres. *-ìsco, -ìsci*) [comp. parasint. di *agro*; a. 1320] ***tr.*** *raro* rendere agro || ***intr.*** (aus. *essere*) diventare agro o più agro || **N.** *Sin.* inacetire, inasprire.

inalànte (*ppr.* di *inalare*) [1813] **I *agg.*** **1.** usato per fare inalazioni: *un prodotto inalante* **2.** *T.bot. vasi inalanti*, in una pianta, canali attraverso i quali avviene il trasporto dell'acqua o delle sostanze in essa disciolte **II *sm.*** prodotto farmaceutico che si assume mediante inalazione: *un inalante contro il raffreddore*.

inalàre (pres. *-àlo*) [dal lat. *inhalāre*; 1940] ***tr.*** introdurre o assorbire un medicamento nebulizzato o gassoso attraverso le vie respiratorie || *per estens.* inspirare sostanze gassose.

inalatóre [da *inalare*; 1886] ***sm.*** apparecchio per l'inalazione di sostanze medicamentose; *inalatore di ossigeno*, respiratore || **N.** *Sin.* nebulizzatore, polverizzatore, vaporizzatore.

inalatòrio (pl. *-ri*) [da *inalare*; sec. XIX] **I *agg.*** *T.med.* relativo a inalazione: *terapia inalatoria* **II *sm.*** luogo attrezzato per la terapia delle inalazioni.

inalazióne [da *inalare*; 1905] ***sf.*** l'azione e

l'effetto di inalare || *T.med.* metodo di cura, per cui si aspirano sostanze medicamentose polverizzate, nebulizzate o vaporizzate perché agiscano sugli organi della respirazione || **N.** *Sin.* aerosol.

inalbàre [dal lat. *inalbāre*; a. 1311] ***tr. lett.*** far diventare bianco || ***intr.*** (aus. *essere*) e ***intr. pron.*** *lett.* diventare bianco; imbiancare.

inalberaménto [da *inalberare*; 1834] ***sm.*** l'inalberare, l'inalberarsi.

inalberàre (pres. *-àlbero*) [comp. parasint. di *albero*; a. 1400 come intr. pron.] ***tr.*** **1.** issare sull'albero di una nave || *per estens.* innalzare in luogo elevato: *inalberare la bandiera, le insegne* **2.** di un'arma, brandirla: *inalberare una lancia* || ***intr. pron.*** **1.** del cavallo, alzarsi sulle zampe posteriori, impennarsi **2.** *fig.* adirarsi, montare in collera (con una sfumatura di ribellione orgogliosa): *è un tipo che si inalbera per niente* || **N.** ***tr.*** **1.** *Sin.* alzare, erigere, issare | ***intr. pron.*** **2.** *Sin.* adirarsi, arrabbiarsi, irritarsi, offendersi.

inalberàta [da *inalberare*; 1920] ***sf.*** impennata.

in albis (lat., pr. it. [in 'albis]) [letter. in bianche (vesti)] ***loc. agg.*** *inv.* si dice dei giorni della settimana successiva alla Pasqua, nei quali i neofiti indossavano la veste bianca: *domenica in albis*, la domenica dopo Pasqua.

inalidìre (pres. *-ìsco, -ìsci*) [comp. parasint. di *alido*, arido; a. 1580] ***tr.*** e ***intr.*** (aus. *essere*) *tosc.* disseccare e disseccarsi || **N.** *Sin.* inaridire.

inalienàbile [da *alienabile*, sul modello del fr. *inaliénable*; 1679] ***agg.*** *T.giur.* che non si può cedere o vendere ad altri: *diritti inalienabili*; anche *fig.*: *diritti inalienabili dell'uomo.*

inalienabilità [da *alienabilità*, sul modello del fr. *inaliénabilité*; a. 1712] ***sf.*** *T.giur.* l'essere inalienabile: *l'inalienabilità del feudo.*

inalteràbile [da *alterabile*; 1561] ***agg.*** **1.** che non può subire alterazioni: *metallo, colore, tessuto inalterabile* **2.** *fig.* che non cambia nel tempo: *amicizia, affetto inalterabili* || di persona, che non può essere turbato || **inalterabilménte** ***avv.*** || **N.** **2.** *Sin.* costante, duraturo, immutabile, invariabile; impassibile, imperturbabile, sereno.

inalterabilità [da *alterabilità*; 1631] ***sf.*** l'essere inalterabile, anche *fig.*

inalteràto [da *alterato*; a. 1642] ***agg.*** che non ha subito mutamenti o alterazioni: *la situazione è inalterata* || **N.** *Sin.* costante, immutato, invariato.

inalveàre (pres. *-àlveo*) [comp. parasint. di *alveo*; a. 1739] ***tr.*** far entrare le acque di un fiume o di un lago in un alveo || *fig.* indirizzare || **N.** *Sin.* incanalare | *Contr.* disalverare.

inalveazióne [da *inalveare*; a. 1710] ***sf.*** l'inalveare.

inalzàre e der. forme ant. o lett. di INNALZARE e der. (v.).

inamàbile [dal lat. *inamābilis*; a. 1630] ***agg.*** *lett.* non amabile || **N.** *Sin.* sgradevole, sgradito, spiacevole.

inamabilità [da *inamabile*; 1869] ***sf.*** *lett.* l'essere inamabile.

inamarire (pres. *-ìsco, -ìsci*) [comp. parasint. di *amaro*; a. 1565] ***tr.*** **1.** *ant.* rendere amaro **2.** *lett.* amareggiare, turbare, affliggere || ***intr. pron.*** *lett.* amareggiarsi, affliggersi.

inàmbu [dal tupì *inambú*, pernici; 1967] ***sm.*** *T.zool.* uccello del Sud America simile a una grossa faraona, dalle carni molto pregiate || **N.** *Sin.* pernice grande.

inamèno [dal lat. *inamoenus*; sec. XIV] ***agg.*** *raro* non ameno || **N.** *Sin.* desolato, triste.

inamidàre (pres. *-àmido*) [comp. parasint. di *amido*; 1640] ***tr.*** dare l'amido alla biancheria perché acquisti rigidità con la stiratura: *inamidare i centrini.*

inamidàto (*pps.* di *inamidare*) [1618] ***agg.***: *colletto inamidato* || *fig. scherz.* detto di persona, rigido, impettito.

inamidatùra [da *inamidare*; a. 1742] ***sf.*** l'operazione dell'inamidare e il suo effetto.

inammaccàbile [da *ammaccabile*; 1942] ***agg.*** *non com.* di materiale, su cui le ammaccature non lasciano tracce: *tessuto inammaccabile.*

inammissìbile [da *ammissibile*; 1798 *inamissibile*] ***agg.*** che non è ammissibile, che non si può accettare o riconoscere valido: *proposta inammissibile, comportamento inammissibile* || *T.giur.* che non è riconosciuto valido perché privo dei requisiti stabiliti dalla legge: *prova inammissibile* || **N.** *Sin.* inaccettabile; intollerabile.

inammissibilità [da *inammissibile*; 1798] ***sf.*** l'essere inammissibile.

inamovìbile [da *amovibile*; a. 1750] ***agg.*** **1.** detto di impiegato, magistrato ecc., che non può essere né trasferito né tolto dal suo ufficio **2.** di oggetti, che non possono essere rimossi: *protesi inamovibile.*

inamovibilità [da *amovibilità*; 1800] ***sf.*** l'essere inamovibile || *in part.* garanzia di cui godono alcuni pubblici impiegati, in base alla quale essi non possono essere rimossi dal loro ufficio se non col loro consenso o in seguito a procedimento disciplinare.

inàne [dal lat. *inānis*; a. 1332] ***agg.*** *lett.* vano, vuoto, inutile.

inanellaménto [da *inanellare*; a. 1862] ***sm.*** atto o effetto dell'inanellare || applicazione di un anellino alla zampa degli uccelli, per studiarne gli spostamenti.

inanellàre (pres. *-èllo*) [comp. parasint. di *anello*; 1319 nel senso 2] ***tr.*** **1.** dare forma di anello: *inanellare i capelli* **2.** ornare di anelli: *inanellare le dita delle mani* || *ant.* dar l'anello da sposa, sposare: *colui che inanellata pria, / disposando, m'avea con la sua gemma* (Dante) || applicare un anello di riconoscimento alla zampa di un uccello migratore per seguirne gli spostamenti **3.** *fig.* sciorinare l'uno dopo l'altro, come anelli di una catena: *inanellava innumerevoli aneddoti* || ***intr. pron.*** *non com.* prendere forma di anello, avvolgersi ad anello || *fig.* susseguirsi come anelli di una catena: *nel suo racconto si inanellavano le disgrazie* || **N.** **1.** arricciare.

inanimàre (pres. *-ànimo*) [dal lat. tardo *inanimāre*; a. 1324] ***tr.*** *lett.* incoraggiare, infondere animo || ***intr. pron.*** rincuorarsi.

inanimàto [dal lat. tardo *inanimātus*; 1294] ***agg.*** **1.** non animato, privo di vita animale: *esseri inanimati* **2.** che non dà segni di vita: *un corpo inanimato giaceva sull'asfalto* **3.** *T.ling.* categoria linguistica che solitamente denota gli oggetti in opposizione a uomini e animali: *l'opposizione animato-inanimato nel genere, nei pronomi interrogativi* || **N.** **1.** *Sin.* inorganico **2.** *Sin.* esanime, morto.

inànime [dal lat. *inanimus*; 1669] ***agg.*** *lett.* senz'anima; esanime.

inanimìre (pres. *-ìsco, -ìsci*) [comp. parasint. di *animo*; a. 1527] ***tr.*** *lett.* inanimare.

inanità [lat. *inānitās, -ātis*; a. 1712] ***sf.*** *lett.* l'essere inane; vacuità || **N.** *Sin.* inutilità.

inanizióne [da *inane*; 1583] ***sf.*** *T.med.* esaurimento per mancanza o insufficienza di nutrizione || **N.** *Sin.* denutrizione, inedia, sfinimento.

inanònimo [da *anonimo*; 1931] ***agg.*** e ***sm.*** *T.bur.* non anonimo.

in antis (lat., pr. it. [in 'antis]) [letter. sui pilastri] ***loc. agg.*** *inv.* *T.archeol.* di tempio greco arcaico il cui portico presenta sul davanti due colonne e due pilastri al termine dei muri laterali.

inappagàbile [da *appagabile*; a. 1694] ***agg.*** che non si può appagare: *desiderio inappagabile* || rif. a persona, che non riesce ad appagarsi || **N.** *Sin.* inesaudibile; incontentabile.

inappagaménto [da *appagamento*; a. 1926] ***sm.*** condizione di chi non si sente appagato, soddisfatto || **N.** *Sin.* insoddisfazione.

inappagàto [da *appagato*; 1903] ***agg.*** insoddisfatto: *fame inappagata*; *sentirsi inappagato*, insoddisfatto, deluso.

inappannàbile [da *appannabile*; a. 1704] ***agg.*** che non si può appannare: *vetro inappannabile.*

inappellàbile [da *appellabile*; a. 1588] ***agg.*** *T.giur.* che non ammette appello: *sentenza inappellabile* || *per estens.* che non ammette discussioni o modifiche: *decisione, giudizio inappellabile* || **inappellabilménte** ***avv.*** senza possibilità di appello; in modo definitivo || **N.** *Sin.* definitivo, indiscutibile.

inappellabilità [da *appellabilità*; 1869] ***sf.*** l'essere inappellabile || *T.giur.* proprietà di una sentenza di escludere il ricorso in appello.

inappetènte [da *appetente*; 1618] ***agg.*** senza appetito, che soffre di inappetenza.

inappetènza [da *appetenza*; 1583] ***sf.*** diminuzione o mancanza di appetito || **N.** anoressia, disappetenza.

inapplicàbile [da *applicabile*; a. 1739] ***agg.*** che non si può applicare: *norma, provvedimento inapplicabile.*

inapplicabilità [da *applicabilità*; 1848] ***sf.*** l'essere inapplicabile: *inapplicabilità della legge.*

inapprendìbile [da *apprendibile*; 1803] ***agg.*** *non com.* che non si può apprendere, imparare.

inapprensìbile [dal lat. tardo *inapprehensībilis*; a. 1642] ***agg.*** *non com.* che non si riesce a comprendere, ad afferrare.

inapprezzàbile [da *apprezzabile*, sul modello del fr. *inappréciable*; 1712] ***agg.*** **1.** di così alto valore, che non si può apprezzare degnamente **2.** difficilmente valutabile, data la sua esiguità: *c'è una differenza inapprezzabile* || **N.** **1.** *Sin.* inestimabile **2.** *Sin.* trascurabile.

inappuntàbile [da *appuntabile*; 1750] ***agg.*** che non può essere criticato, privo di difetti: *un comportamento inappuntabile, vestito così sei inappuntabile* || **inappuntabilménte** ***avv.*** || **N.** *Sin.* incensurabile, irreprensibile, perfetto.

inappuràbile [da *appurabile*; a. 1712] ***agg.*** che non si può appurare, accertare, dimostrare.

inaràto [dal lat. *inarātus*; a. 1595] ***agg.*** *lett.* non arato.

inarcaménto [da *inarcare*; a. 1730] ***sm.*** l'atto e l'effetto dell'inarcare e dell'inarcarsi || *in part.* deformazione dello scafo di una nave, quando si trova sulla cresta di un'onda.

inarcàre (pres. *-àrco, -àrchi*) [comp. parasint. di *arco*; a. 1597] ***tr.*** piegare ad arco: *inarcare la schiena*; *inarcare le sopracciglia*, sollevarle ad arco per esprimere stupore o irritazione || ***rifl.*** e ***intr. pron.*** piegarsi o deformarsi ad arco.

inarcatùra [da *inarcare*; a. 1681] ***sf.*** **1.** inarcamento; arco **2.** *T.metr.* enjambement.

inargentàre (pres. *-ènto*) [da *argentare*; a. 1544 nel senso 2] ***tr.*** **1.** coprire con un sottile strato di argento **2.** *fig. lett.* dare splendore e riflessi d'argento: *la luna inargenta i colli, il mare, la campagna* || ***intr. pron.*** assumere riflessi argentei.

inargentatùra [da *inargentare*; a. 1755] ***sf.*** *non com.* argentatura.

inaridiménto [da *inaridire*; 1862] ***sm.*** atto o effetto dell'inaridire o dell'inaridirsi.

inaridire (pres. *-ìsco, -ìsci*) [comp. parasint. di *arido*; a. 1356] ***tr.*** rendere arido; anche *fig.*: *inaridire il cuore* || ***intr.*** (aus. *essere*) e ***intr. pron.*** diventare arido: *il pozzo si è inaridito* || **N.** *Sin.* disseccare, prosciugare, seccare; impoverire, isterilire.

inarmònico (pl. *-ci*) [da *armonico*; a. 1816] ***agg.*** *lett.* non armonico || **N.** *Sin.* disarmonico.

inarrendévole [da *arrendevole*; a. 1704] ***agg.***

non com. che non si arrende facilmente || **N.** *Sin.* ostinato.

inarrestàbile [da *arrestabile*; 1600] ***agg.*** che non si può arrestare: *un pianto inarrestabile, l'inarrestabile crescita dei prezzi* || **inarrestabilménte** ***avv.*** || **N.** *Sin.* irrefrenabile.

inarrivàbile [da *arrivabile*; 1632] ***agg.*** **1.** a cui non si può arrivare, difficile da raggiungere **2.** *fig.* di persona o qualità, che non ha pari: *una comicità inarrivabile*; *nella sua arte è inarrivabile* || **N. 1.** *Sin.* inaccessibile, impervio, impraticabile, irraggiungibile **2.** *Sin.* impareggiabile, ineguagliabile, insuperabile.

inarsicciàre (pres. *-iccio*) [da *arsicciare*; a. 1405] ***tr.*** *lett.* abbruciacchiare, rendere arsiccio.

inarticolàto [dal lat. tardo *inarticulātus*; a. 1565] ***agg.*** **1.** non articolato, indistinto: *grida inarticolate* **2.** *raro* privo di articolazioni, disarticolato.

in articulo mortis (lat., pr. it. [in ar'tikulo 'mɔrtis]) [letter. sul punto di morte] ***loc. agg. inv.*** *T.rel.* dell'assoluzione impartita dal sacerdote al fedele in punto di morte.

inascoltàbile [da *ascoltare*; 1627] ***agg.*** che non può essere ascoltato; assai sgradevole all'ascolto.

inascoltàto [da *ascoltato*; 1640] ***agg.*** non ascoltato: *suggerimento inascoltato.*

inasinire (pres. *-isco, -isci*) [comp. parasint. di *asino*; prima metà sec. XV] ***intr.*** (aus. *essere*) diventare asino, ignorante || ***tr.*** *raro* rendere asino: *la pigrizia lo ha inasinito.*

inaspàre V. INNASPARE.

inaspettàto [da *aspettato*; 1525] ***agg.*** non aspettato, non previsto: *una visita inaspettata* || **inaspettataménte** ***avv.*** all'improvviso || **N.** *Sin.* imprevisto, inatteso, IMPROVVISO.

inaspriménto [da *inasprire*; a. 1642 *innasprimento*] ***sm.*** l'atto e l'effetto dell'inasprire e dell'inasprirsi || **N.** *Sin.* recrudescenza.

inasprire (pres. *-isco, -isci*) [comp. parasint. di *aspro*; 1300 ca.] ***tr.*** rendere aspro o più aspro; spec. *fig.*: *inasprire un dolore, una piaga*; *inasprire il carattere, l'animo*; *inasprire le tasse*, aumentarle || ***intr.*** (aus. *essere*) *non com.* farsi aspro, asciutto, inaridire: *poderi che ora inaspriscono al sole* (Pascoli) || ***intr. pron.*** diventar aspro o più aspro: *il vino si è inasprito*; *più com. fig.* peggiorare, aumentare d'intensità: *la lotta si è inasprita*; *la stagione si inasprisce*, diventa più fredda || **N.** ***tr.*** *Sin.* acuire, aggravare, aumentare, esacerbare, esasperare, irritare, peggiorare.

inassimilàbile [da *assimilabile*; a. 1952] ***agg.*** che non può essere assimilato.

inastàre [comp. parasint. di *asta*; a. 1476 *innastare*] ***tr.*** porre sulla sommità di un'asta: *inastare la baionetta*, applicarla alla estremità del fucile.

inattaccàbile [da *attaccabile*; 1699] ***agg.*** **1.** che non si può attaccare o espugnare: *fortezza inattaccabile* || *per estens.* resistente alle sostanze corrosive: *materiale inattaccabile dagli acidi* **2.** *fig.* che non può essere criticato o messo in discussione: *una persona, una fama inattaccabile* || **N. 1.** *Sin.* inespugnabile **2.** *Sin.* inappuntabile, incensurabile, irreprensibile; integro.

inattaccabilità [da *inattaccabile*, sul modello del fr. *inattaquable*; 1945] ***sf.*** l'essere inattaccabile.

inattendìbile [da *attendibile*; 1798] ***agg.*** non attendibile, a cui non si può prestare fede: *notizia, prova, testimone inattendibile* || **N.** *Sin.* improbabile, inaccettabile, inaffidabile, inammissibile, incredibile.

inattendibilità [da *inattendibile*; 1855] ***sf.*** l'essere inattendibile.

inattènto [da *attento*; 1869] ***agg.*** *raro* disattento.

inattenzióne [da *attenzione*; 1834] ***sf.*** *non com.* mancanza di attenzione.

inattéso [da *atteso*; a. 1807] ***agg.*** non atteso; inaspettato: *una notizia inattesa* || **N.** *Sin.* imprevisto, IMPROVVISO.

inattingìbile [da *attingibile*; 1960] ***agg.*** *raro* che non si può attingere: *fonte inattingibile* || *per estens. lett.* irraggiungibile: *l'inattingibile felicità terrena.*

inattìnico (pl. *-ci*) [da *attinico*, sul modello del fr. *inactinique*; 1940] ***agg.*** *T.fis.* di radiazione elettromagnetica, non capace di produrre effetti chimici su emulsioni sensibili || **N.** *Contr.* attinico.

inattitùdine [da *attitudine*; a. 1555] ***sf.*** l'essere inadatto, mancanza di disposizione e di capacità per una determinata attività: *inattitudine al comando.*

inattivàre (pres. *-ivo*) [da *attivare*; 1831] ***tr.*** **1.** rendere inattiva una sostanza, privarla della capacità di agire **2.** disattivare.

inattivazióne [da *attivazione*; 1932] ***sf.*** il rendere inattivo || il risultato del rendere inattivo.

inattività [da *attività*; a. 1758] ***sf.*** l'essere inattivo || **N.** *Sin.* inazione, inerzia, inoperosità.

inattìvo [da *attivo*; 1831] ***agg.*** **1.** non attivo: *rimanere inattivo a causa di una malattia, di un infortunio*; *vulcano inattivo* **2.** *T.chim.* detto di sostanza che, a causa di alterazioni, ha perduto determinate proprietà: *catalizzatore inattivo* || **inattivaménte** ***avv.*** || **N. 1.** *Sin.* inerte, inoperoso.

inattuàbile [da *attuabile*; 1869] ***agg.*** non attuabile: *un progetto inattuabile* || **N.** *Sin.* ineseguibile, irrealizzabile, IMPOSSIBILE.

inattuabilità [da *attuabilità*; 1869] ***sf.*** l'essere inattuabile.

inattuàle [da *attuale*; 1932] ***agg.*** che non corrisponde alle esigenze e agli interessi del momento: *riforma inattuale, spettacolo inattuale.*

inattualità [da *attualità*; 1920] ***sf.*** l'essere inattuale: *inattualità di un argomento.*

inaudìto [dal lat. *inaudītus*; a. 1342] ***agg.*** mai udito prima || *per estens. più com.* straordinario, incredibile: *con ferocia inaudita* || *è inaudito!*, escl. che esprime stupore o biasimo || **N.** *Sin.* inconcepibile, incredibile.

inauguràle [da *inaugurare*; 1754] ***agg.*** che si riferisce a inaugurazione, che serve a inaugurare: *discorso inaugurale.*

inauguràre (pres. *-àuguro*) [dal lat. *inaugurāre*; 1872] ***tr.*** **1.** celebrare con solennità l'inizio di un'attività, lo scoprimento di un'opera artistica o commemorativa, l'apertura di una manifestazione o la costruzione di un'opera di interesse e uso pubblico: *inaugurare l'anno accademico, un monumento, una mostra d'arte, una linea ferroviaria, un locale* **2.** *fig.* dare inizio: *inaugurare un periodo di pace, una nuova era tecnologica* || *per estens.* usare per la prima volta: *inaugurare la macchina, un vestito nuovo* **3.** *T.stor.* presso i Romani, consacrare solennemente al culto dopo che gli auguri avevano consultato il volere degli dei || **N. 2.** *Sin.* avviare, incominciare, iniziare, instaurare.

inaugurativo [da *inaugurare*; 1869] ***agg.*** *non com.* inaugurale.

inauguràto [da *augurato*; 1830] ***agg.*** *poet.* malaugurato: *inaugurate imagini dell'Orco* (Foscolo).

inauguratóre [da *inaugurare*; 1852] ***agg.*** e ***sm.*** (f. *-trice*) chi o che inaugura.

inaugurazióne [dal lat. *inaugurātio, -ōnis*; 1877] ***sf.*** l'atto e l'effetto dell'inaugurare || la cerimonia con cui s'inaugura qualcosa.

inauràre (pres. *-àuro*) [dal lat. *inaurāre*; a. 1569] ***tr.*** *poet.* dorare, rendere dorato || ***intr. pron.*** *poet.* assumere i riflessi dell'oro: *il viso più s'inaura quanto più ridono gli occhi* (D'Annunzio).

inauspicàto [dal lat. *inauspicātus*; a. 1808] ***agg.*** *lett.* non auspicato || **N.** *Sin.* infausto, malaugurato.

inavvedutézza [da *avvedutezza*; a. 1639] ***sf.*** l'essere inavveduto || *concr.* azione malaccorta, sbadataggine || **N.** *Sin.* disattenzione, imprevidenza, inavvertenza, malaccortezza.

inavvedùto [da *avveduto*; 1618] ***agg.*** non avveduto, che manca di prudenza e accortezza || **inavvedutaménte** ***avv.*** senza accorgersi || **N.** *Sin.* disattento, distratto, incauto, malaccorto, sbadato.

inavvertènza [da *avvertenza*; a. 1446] ***sf.*** il non accorgersi di una cosa; mancanza di attenzione; *ho commesso un errore per inavvertenza* || *concr.* azione incauta: *è stata una grave inavvertenza* || **N.** *Sin.* disattenzione, distrazione, inavvedutezza, sbadataggine.

inavvertìto [da *avvertito*; a. 1529] ***agg.*** **1.** che è sfuggito all'attenzione, che non è stato colto: *un rumore che passa inavvertito* **2.** *non com.* di persona, distratto, sbadato || **inavvertitaménte** ***avv.*** senza accorgersi || **N. 1.** *Sin.* inosservato.

inavvicinàbile [da *avvicinabile*; a. 1930] ***agg.*** che non si fa avvicinare o si fa avvicinare con difficoltà: *un attore inavvicinabile* || di cosa che non è alla portata di tutti: *ci sono in giro prezzi inavvicinabili* || **N.** *Sin.* inabbordabile, INACCOSTABILE.

inazióne [dal fr. *inaction*; a. 1712] ***sf.*** l'essere inattivo, soprattutto per cause di forza maggiore || **N.** *Sin.* inattività, inerzia, inoperosità.

inazzurràre [comp. parasint. di *azzurro*; a. 1817] ***tr.*** tingere di azzurro || ***intr. pron.*** *lett.* diventare azzurro: *dopo quel temporale il cielo subito s'inazzurrò.*

inbreeding (ingl., pr. [ɪn'bri:dɪŋ]) [da *to breed*, generare, procreare; 1985] ***sm. inv.*** in genetica, riproduzione sessuale tra individui consanguinei.

inca [dall'etnico *Inca*; 1825] ***agg. inv.*** incaico: *la civiltà inca.*

incacchiàrsi var. eufem. di INCAZZARSI (v.).

incadaveriménto [da *incadaverire*; 1887] ***sm.*** atto o effetto dell'incadaverire.

incadaverire (pres. *-isco, -isci*) [comp. parasint. di *cadavere*; 1673] ***intr.*** (aus. *essere*) diventare cadavere; prendere l'aspetto di cadavere.

incagliaménto [da *incagliare*; 1736] ***sm.*** *non com.* l'incagliare e l'incagliarsi.

incagliàre (pres. *-àglio*) [dallo sp. *encallar*; a. 1557] ***intr.*** (aus. *essere*) e *più com.* ***intr. pron.*** **1.** di nave, toccare con la chiglia il fondo e rimanere bloccata **2.** *fig.* arrestarsi davanti a un ostacolo, non procedere: *i negoziati si sono incagliati* || *non com.* *incagliarsi nel parlare*, incespicare, balbettare || ***tr.*** *non com.* impedire, intralciare: *la guerra incaglia il commercio* || **N.** ***intr.*** **1.** *Sin.* andare in secca, arenarsi **2.** *Sin.* bloccarsi, interrompersi. **Q.T.** *nautica...*

incàglio (pl. *-gli*) [da *incagliare*; a. 1698 nel senso 2] ***sm.*** **1.** l'incagliarsi di un'imbarcazione **2.** *fig.* ostacolo, impedimento || **N. 2.** *Sin.* complicazione, difficoltà, intoppo.

incagnàrsi [comp. parasint. di *cagna*; a. 1536] ***intr. pron.*** *pop.* arrabbiarsi, diventare stizzito come un cane.

incagnire [comp. parasint. di *cagna*; a. 1342] ***intr.*** (aus. *essere*) e ***intr. pron.*** *region. raro* incagnarsi.

incàico (pl. *-ci*) [dall'etnico *Inca*; 1957] ***agg.*** *T.stor.* della civiltà precolombiana degli Inca: *dinastia incaica.*

incalappiàre (pres. *-àppio*) [comp. parasint. di *calappio*; a. 1523] ***tr.*** *non com.* accalappiare.

incalcàre (pres. *-àlco, -àlchi*) [da *calcare*; a. 1320] ***tr.*** *ant.* spingere dentro con forza.

incalciatùra [comp. parasint. di *calcio*; 1887] ***sf.*** *non com.* forma del calcio del fucile: *è un'in-*

calciatura grossa.

incalcinàre (pres. *-ìno*) [comp. parasint. di *calcina*; sec. XIV-XV] ***tr.*** **1.** coprire con calcina: *incalcinare un muro* **2.** nella pratica agricola, bagnare con calce diluita il tronco delle piante o le sementi per preservarle dai parassiti.

incalcinatùra [da *incalcinare*; 1681] ***sf.*** atto o effetto dell'incalcinare o dell'essere incalcinato.

incàlco (pl. *-chi*) [da *incalcare*; 1868] ***sm.*** *T.metal.* spinta che si dà alla forma, dopo che vi si è gettato il metallo, perché il getto la riempia completamente.

incalcolàbile [da *calcolabile*, sul modello del fr. *incalculable*; 1516] ***agg.*** che non si può calcolare: *distanze incalcolabili* || *iperb.* enorme: *danni incalcolabili* || **incalcolabilménte** ***avv.***

incalliménto [da *incallire*; a. 1698] ***sm.*** *non com.* l'incallire.

incallìre (pres. *-ìsco, -ìsci*) [comp. parasint. di *callo*; a. 1519] ***intr.*** (aus. *essere*) e ***intr. pron.*** **1.** fare il callo **2.** *fig.* contrarre un'abitudine: *incallire nel vizio* || ***tr.*** rendere calloso || *fig.* rendere insensibile || **N.** ***intr.*** **1.** *Sin.* indurire | ***intr. pron.*** **2.** *Sin.* abituarsi, assuefarsi.

incallìto (*pps.* di *incallire*) [1543 nel senso 2] ***agg.*** **1.** reso calloso, indurito: *mani incallite* || *fig.* duro, insensibile: *cuore incallito* **2.** *fig. più com.* che ha un'abitudine inveterata: *bevitore incallito* || **N.** **1.** *Sin.* calloso **2.** *Sin.* accanito, incorreggibile, irriducibile, ostinato, pervicace.

incalmàre [comp. parasint. di *calmo*²; a. 1380] ***tr.*** *ant.* innestare.

incaloriménto [da *incalorire*; 1765] ***sm.*** l'atto e l'effetto dell'incalorire e dell'incalorirsi.

incalorìre (pres. *-ìsco, -ìsci*) [comp. parasint. di *calore*; a. 1644 nel senso 2] ***tr.*** **1.** provocare una sensazione molesta di calore, o un'infiammazione: *cibi che incaloriscono* **2.** *fig.* accalorare, entusiasmare || ***intr. pron.*** riscaldarsi, infiammarsi, anche *fig.*: *per quella faccenda si sono incaloriti oltre il prevedibile* || **N.** ***tr.*** **1.** *Sin.* infiammare **2.** *Sin.* infervorare, infiammare, riscaldare.

incalvìre (pres. *-ìsco, -ìsci*) [comp. parasint. di *calvo*; sec. XIV] ***intr.*** (aus. *essere*) *non com.* diventare calvo o più calvo.

incalzaménto [da *incalzare*; prima metà sec. XIV] ***sm.*** *non com.* l'incalzare.

incalzàndo (*ger.* di *incalzare*) [1983] ***sm.*** *T.mus.* accelerando.

incalzànte (*ppr.* di *incalzare*) [a. 1673] ***agg.*** che urge, che incalza: *pericolo incalzante* || insistente: *sollecitazioni incalzanti* || **N.** *Sin.* imminente, incombente, pressante, prossimo, urgente; insistente, ripetuto.

incalzàre [lat. volg. **incalciāre*; a. 1250 *incalciare*] ***tr.*** **1.** inseguire da vicino qualcuno che fugge: *incalzare le truppe nemiche* || *fig.* spingere con insistenza a fare qualcosa **2.** *fig. ass.* essere urgente, imminente, susseguirsi con rapidità: *il tempo incalza, gli avvenimenti incalzano* || ***rec.*** *non com.* succedersi a ritmo accelerato (di fatti, notizie e sim.) || **N.** **1.** *Sin.* stare alle calcagna, stare alle costole; sollecitare, spingere, spronare **2.** *Sin.* incombere, premere, urgere.

incameràbile [da *incamerare*; 1869] ***agg.*** che si può incamerare: *beni non incamerabili.*

in camera charitatis (lat., pr. it. [iŋ 'kamera kari'tatis]) [letter. nella camera della carità] ***loc. avv.*** di atti o discorsi (spec. ammonizioni, rimproveri e sim.) fatti con discrezione, mantenendo la riservatezza: *parlare a qualcuno in camera charitatis.*

incameraménto [da *incamerare*; 1647] ***sm.*** l'atto e l'effetto dell'incamerare, rif. a beni.

incameràre (pres. *-àmero*) [comp. parasint. di *camera*; a. 1478] ***tr.*** **1.** trasferire all'erario pubblico, con un atto d'autorità, beni di privati, di enti pubblici, di società **2.** *per estens.* appropriarsi di beni altrui || **N.** **1.** *Sin.* confiscare, espropriare.

incamiciàre (pres. *-ìcio*) [comp. parasint. di *camicia*; 1609] ***tr.*** rivestire una cosa di uno strato di materiale protettivo o di rinforzo: *incamiciare un muro, una parete, un cilindro del motore* || *T.mar. incamiciare le vele*, ricoprirle con un involucro apposito, dopo averle ben legate, per proteggerle dalle intemperie.

incamiciàta [da *camicia*; a. 1563] ***sf.*** *T.stor.* nel Medioevo, assalto notturno di soldati incamiciati, rivestiti cioè di un camice per essere meno visibili.

incamiciatùra [da *incamiciare*; 1630] ***sf.*** **1.** l'atto e l'effetto dell'incamiciare **2.** *concr.* rivestimento o involucro posto a protezione di un oggetto.

incamminàre (pres. *-ìno*) [comp. parasint. di *cammino*; a. 1389 come intr. pron. *encaminarsi*] ***tr.*** **1.** mettere in cammino **2.** *fig.* indirizzare, avviare: *incamminare uno in una professione* || ***intr. pron.*** mettersi in cammino: *se vogliamo arrivare in tempo dobbiamo incamminarci* || *fig.* avviarsi: *si è incamminato verso il successo* || **N.** ***tr.*** **1.** *Sin.* avviare **2.** *Sin.* dirigere, guidare, indirizzare, istradare.

incanaglìre (pres. *-ìsco, -ìsci*) [comp. parasint. di *canaglia*; a. 1964] ***intr.*** (aus. *essere*) e ***intr. pron.*** diventare una canaglia || *per estens.* abbrutirsi: *incanaglire nel vizio* || ***tr.*** *ant.* rendere una canaglia.

incanalaménto [da *incanalare*; 1761] ***sm.*** l'atto e l'effetto dell'incanalare, anche *fig.*: *l'incanalamento delle acque*; *incanalamento del traffico.*

incanalàre (pres. *-àlo*) [comp. parasint. di *canale*; 1728] ***tr.*** **1.** raccogliere le acque correnti in canali: *incanalare le acque di un torrente* **2.** *fig.* avviare in una certa direzione, dirigere: *incanalare un affare, incanalare il traffico, incanalare l'opinione pubblica* || ***intr. pron.*** **1.** confluire in un canale **2.** *fig.* detto di un folto gruppo di persone, muoversi in una determinata direzione formando come un flusso continuo: *la folla si incanalò verso l'uscita* || **N.** ***tr.*** **1.** *Sin.* canalizzare, convogliare, immettere, inalveare **2.** *Sin.* avviare, dirigere, guidare, indirizzare, instradare, orientare.

incanalàto (*pps.* di *incanalare*) [a. 1797] ***agg.*** **1.** raccolto, immesso in un canale o in un alveo **2.** *T.geogr. acque incanalate*, acque che scorrono in superficie in un alveo naturale o artificiale.

incanalatùra [da *incanalare*; 1869] ***sf.*** l'incanalare || *concr.* l'alveo stesso del canale.

incancellàbile [da *cancellabile*; a. 1673] ***agg.*** che non si può cancellare, spec. *fig.*: *traccia, ricordo incancellabile* || **N.** *Sin.* indelebile.

incancherìre (pres. *-ìsco, -ìsci*) [comp. parasint. di *canchero*; a. 1548] ***intr.*** (aus. *essere*) e ***intr. pron.*** *non com.* incancrenire, anche *fig.*

incancrenìre (pres. *-ìsco, -ìsci*) [comp. parasint. di *cancrena*; 1691] ***intr.*** (aus. *essere*) e ***intr. pron.*** **1.** diventare cancrenoso: *la ferita si è incancrenita* **2.** *fig.* radicarsi, peggiorare || ***tr.*** *raro* corrompere moralmente.

incandescènte [dal lat. *incandescens, -ĕntis*; 1869] ***agg.*** **1.** che per l'innalzarsi della temperatura si fa bianco e luminoso: *ferro incandescente* **2.** *fig.* molto acceso e animato: *atmosfera incandescente* || **N.** **1.** *Sin.* arroventato, infuocato, rovente **2.** *Sin.* accalorato, appassionato, ardente, esplosivo, impetuoso, teso, vivace.

incandescènza [da *incandescente*, sul modello del fr. *incandescence*; 1788] ***sf.*** *T.fis.* emissione di radiazioni luminose da parte di un corpo portato a temperatura molto elevata: *lampada a incandescenza*, lampada con sottile filo di metallo, reso incandescente dalla corrente elettrica.

incanìre (pres. *-ìsco, -ìsci*) [comp. parasint. di *cane*; a. 1602] ***intr.*** (aus. *essere*) *lett.* diventare furente: *i mietitori incanivano* (D'Annunzio).

incannàggio (pl. *-gi*) [da *incannare*; 1869] ***sm.*** operazione dell'incannare.

incannàre [comp. parasint. di *canna*; a. 1449] ***tr.*** *T.tess.* avvolgere il filato su cannelli, bobine o rocchetti.

incannàta [da *incannare*; 1869] ***sf.*** **1.** *T.tess.* quantità di filo che sta sull'incannatoio **2.** *T.pesc.* attrezzo da pesca formato da una rete e da un tramaglio, usato spec. per la pesca dei muggini **3.** graticcio di canne.

incannatóio (pl. *-ói*) [da *incannare*; 1798] ***sm.*** *T.tess.* strumento per incannare || **N.** *Sin.* incannatrice.

incannatóre [da *incannare*; 1714] ***sm.*** (f. *-trìce*) chi fa il mestiere d'incannare.

incannatrìce [da *incannare*; 1940] ***sf.*** macchina per incannare || **N.** *Sin.* incannatoio.

incannatùra [da *incannare*; a. 1808] ***sf.*** l'operazione dell'incannare.

incannellàre (pres. *-èllo*) [comp. parasint. di *cannello*; 1887] ***tr.*** far entrare in un cannello.

incannicciàta [da *canniccio*, tessuto di cannucce; a. 1652] ***sf.*** **1.** graticcio fatto con canne intrecciate **2.** in fiumi o canali, chiusa realizzata con un graticcio di canne, per prendere i pesci.

incannicciatùra [da *incannicciata*; 1688] ***sf.*** *T.edil.* stuoia di canne intonacata, applicata sotto il soffitto per nascondere le travi.

incannucciàre (pres. *-ùccio*) [comp. parasint. di *cannuccia*; inizio sec. XV] ***tr.*** **1.** coprire con un riparo fatto di cannucce intrecciate insieme **2.** sorreggere con cannucce una pianta debole o rampicante.

incannucciàta [da *incannucciare*; a. 1652] ***sf.*** **1.** struttura di cannucce intrecciate insieme per fungere da riparo, recinzione o sostegno **2.** fasciatura con stecche di un arto fratturato o slogato.

incannucciatùra [da *incannucciare*; 1692] ***sf.*** l'atto e l'effetto dell'incannucciare.

incantagióne o **incantazióne** [dal lat. tardo *incantātio, -ōnis*; a. 1342] ***sf.*** *ant.* o *lett.* incantesimo: *era un orto posseduto da una incantazione lunatica* (D'Annunzio).

incantaménto [da *incantare*¹; a. 1292] ***sm.*** **1.** lo stato di chi s'incanta **2.** *arc.* incantesimo.

incantàre¹ [dal lat. *incantāre*; sec. XIII-XIV] ***tr.*** **1.** privare della volontà, soggiogare, gen. in virtù di incantesimi e arti magiche: *le sirene avevano incantato i marinai di Ulisse*; *incantare i serpenti* || conferire proprietà magiche: *incantare un giardino* **2.** *fig.* suscitare in una persona sentimenti di incondizionata ammirazione e rapimento, fino a privarla di ogni ragionevolezza e obiettività di giudizio, con la bellezza, con altre qualità o con lusinghe: *quella donna lo ha incantato*; *non lasciarti incantare dalle sue chiacchere* || con valore attenuato, suscitare ammirazione, colpire intensamente (anche *ass.*): *con le sue parole ci ha incantati, una grazia, una musica che incanta* || ***intr. pron.*** **1.** rimanere attonito, fisso per meraviglia, stupore o perché assorto in un pensiero: *incantarsi davanti a un gioiello, davanti alla televisione* **2.** rif. a un congegno o a un meccanismo, bloccarsi (spec. temporaneamente): *si è incantata la serratura* || **N.** ***tr.*** **1.** *Sin.* affatturare, stregare **2.** *Sin.* ammaliare, sedurre, stregare; abbindolare, irretire, lusingare, raggirare; affascinare, attrarre, avvincere, estasiare, rapire, sbalordire | ***intr. pron.*** **1.** *Sin.* imbambolarsi **2.** *Sin.* incepparsi.

incantàre² [da *incanto*²; a. 1361] ***tr.*** *raro* mettere all'incanto: *incantare una casa, un podere.*

incantàto (*pps.* di *incantare*¹) [a. 1332] ***agg.***

1. dotato di proprietà magiche: *castello, giardino incantato* **2.** *fig. meno com.* incantevole: *paesaggio incantato* **3.** *fig.* stupito, trasognato: *restammo incantati ad ascoltarlo* || imbambolato: *muoviti, non restare lì incantato* **4.** inceppato.

incantatóre [da *incantare*[1]; sec. XIII come sm.] **I** ***agg.*** che incanta, affascina: *sguardo incantatore* **II** ***sm.*** (f. *-trice*) **1.** chi fa incantesimi: *incantatore di serpenti,* chi li soggioga con la musica **2.** *fig.* chi esercita fascino sugli altri || **N.** I *Sin.* affascinante, ammaliante, seducente II **1.** *Sin.* fattucchiera, mago, negromante, strega, stregone **2.** *Sin.* ammaliatore, seduttore.

incantazióne V. INCANTAGIONE.

incantésimo [da *incantare*[1]; a. 1348] ***sm.*** **1.** l'arte e l'operazione dell'incantare: *fare un'incantesimo* || *fig.* fascino: *l'incantesimo della musica classica* || *concr.* formula magica: *pronunciare un incantesimo* || *per estens.* l'effetto dell'incantare e *fig.* stato di estatico rapimento: *liberare dall'incantesimo; rompere l'incantesimo,* porvi fine; *fig.* riportare alla realtà, interrompendo uno stato di felicità illusoria **2.** *per estens.* (spec. *pl.*) artificio di seduzione: *ricorrere a tutti i propri incantesimi per conquistare un uomo* || **N. 1.** *Sin.* incanto; fattura, magia, sortilegio, stregoneria.

incantévole [da *incantare*[1]; 1858] ***agg.*** che incanta, spec. *fig.*, che desta grande ammirazione: *voce, paesaggio, bimbo incantevole* || **incantevolménte** ***avv.*** || **N.** *Sin.* affascinante, bellissimo, delizioso, grazioso, piacevole, seducente.

incànto[1] [da *incantare*[1]; a. 1306 *encanto*] ***sm.*** **1.** l'atto e l'effetto dell'incantare || frequente nelle loc. *per incanto, come per incanto,* miracolosamente, all'improvviso: *mi è sbucato davanti come per incanto* **2.** *fig.* attrattiva che incanta, fascino: *l'incanto della poesia, di un tramonto sul mare; è un incanto vederla ballare* || nella loc. *d'incanto,* meravigliosamente: *un tailleur che le sta d'incanto; come stai? d'incanto,* benone || *concr.* la persona o la cosa stessa che è incantevole: *questo panorama è un incanto, quel viso è un incanto* || **N. 1.** *Sin.* incantesimo, magia, miracolo, sortilegio **2.** *Sin.* attrattiva, *charme,* fascino, magnetismo, seduzione; delizia, meraviglia.

incànto[2] [dal lat. mediev. *inquantum,* a quanto?; a. 1292] ***sm.*** vendita pubblica al migliore offerente || **N.** *Sin.* ASTA.

incantucciàre (pres. *-ùccio*) [comp. parasint. di *cantuccio*; a. 1827] ***tr.*** *non com.* mettere in un cantuccio || ***intr. pron.*** *più com.* rincantucciarsi.

incanutiménto [da *incanutire*; sec. XIV] ***sm.*** l'incanutire.

incanutìre (pres. *-ìsco, -ìsci*) [comp. parasint. di *canuto*; sec. XIV] ***intr.*** (aus. *essere*) diventare canuto || ***tr.*** rendere canuto.

incapàce [dal lat. tardo *incapācis*; 1533] **I** ***agg.*** che non è capace di fare qualcosa: *è incapace di mentire* || *ass.* con connotazione negativa, che non sa svolgere la propria attività: *un medico incapace* || *T.giur.* detto di persona a cui la legge non riconosce la capacità di compiere alcuni atti giuridici: *essere incapace di intendere e di volere* **II** ***s.*** persona inetta, buono a nulla: *è un incapace* || *T.giur.* chi è privo della capacità di agire autonomamente, per infermità psichica o minore età: *circonvenzione di incapace* || **N.** I *Sin.* inabile, inesperto, inetto, interdetto.

incapacità [dal lat. tardo *incapacitas, -ātis*; a. 1540] ***sf.*** l'essere incapace; mancanza di abilità e attitudine: *ammettere la propria incapacità* || *T.giur.* mancanza della capacità di agire o della capacità di avere diritti e obblighi.

incapannàre [comp. parasint. di *capanna*; 1887] ***tr.*** *non com.* mettere, custodire dentro una capanna: *incapannare il fieno.*

incapannatùra [da *incapannare*; 1887] ***sf.*** atto o effetto dell'incapannare.

incaparbìre (pres. *-ìsco, -ìsci*) [comp. parasint. di *caparbio*; 1536] ***intr.*** (aus. *essere*) e ***intr. pron.*** diventare caparbio || **N.** *Sin.* incaponirsi, intestardirsi, OSTINARSI.

incapatùra [comp. parasint. di *capo*; 1940] ***sf.*** *T.capp.* l'esatta misura e conformazione della circonferenza interna del cappello.

incapestràre (pres. *-èstro*) [dal lat. tardo *incapistrāre*; a. 1320] ***tr.*** *non com.* mettere il capestro a cavalli e altri animali || ***rifl.*** rif. ad animale, avvilupparsi nel capestro.

incapestratùra [da *incapestrare*; seconda metà sec. XVI] ***sf.*** *non com.* ferita che il cavallo si fa cercando di liberare le zampe dal capestro.

incaponiménto [da *incaponirsi*; 1943] ***sm.*** atteggiamento di chi si incaponisce || **N.** *Sin.* fissazione, ostinazione.

incaponìrsi (pres. *-ìsco, -ìsci*) [comp. di *in-*[1] e *capone,* accr. di *capo,* nel senso di "testone"; 1639] ***intr. pron.*** ostinarsi in un proposito || **N.** *Sin.* intestardirsi; impuntarsi.

incaponìto (*pps.* di *incaponirsi*) [1683] ***agg.*** incaparbito, ostinato.

incappàre [comp. parasint. di *cappa*; sec. XIV] ***intr.*** (aus. *essere*) incorrere in cosa o persona dannosa o molesta, in un'insidia, in un tranello: *incappare in un errore, in una difficoltà, in un imbroglione* || ***tr.*** *non com.* coprire con la cappa || ***rifl.*** *non com.* mettersi la cappa || ***rec.*** *non com.* urtarsi a vicenda || **N.** ***intr.*** *Sin.* imbattersi; cascare.

incappellàggio (pl. *-gi*) [da *incappellare*; 1937] ***sm.*** *T.mar.* collare in metallo o in corda che cinge l'estremità di un albero e lo collega al cavo o ai cavi che lo sostengono.

incappellàre (pres. *-èllo*) [comp. parasint. di *cappello*; a. 1336] ***tr.*** **1.** *ant.* mettere il cappello **2.** *T.mar.* disporre le manovre dormienti (sartie, stralli, paterazzi, briglie) all'estremità dell'albero || disporre la gassa di un cavo attorno a una bitta d'ormeggio || ***intr. pron.*** **1.** *ant.* mettersi il cappello **2.** *fam.* impermalirsi.

incappellàta [da *cappello*; 1937] ***sf.*** *T.mar.* colpo di mare che da prua si abbatte sul ponte.

incappellatùra [da *incappellare*; a. 1861] ***sf.*** *T.mar.* incappellaggio.

incappiàre (pres. *-àppio*) [comp. parasint. di *cappio*; a. 1500] ***tr.*** *non com.* annodare con cappio.

incappottàre (pres. *-òtto*) [comp. parasint. di *cappotto*; 1869] ***tr.*** e ***rifl.*** coprire e coprirsi bene col cappotto || **N.** *Sin.* imbacuccare, intabarrare.

incappucciaménto [da *incappucciare*; 1585] ***sm.*** **1.** atto o effetto dell'incappucciare o dell'incappucciarsi **2.** *T.agr.* infezione batterica del trifoglio che colpisce spec. le foglie **3.** copertura con sacchetti di plastica dei fiori delle piante, per evitare la fecondazione con polline di altre piante.

incappucciàre (pres. *-ùccio*) [comp. parasint. di *cappuccio*; a. 1400 nel senso 3] ***tr.*** coprire con un cappuccio: *incappucciare un falco;* anche *fig.*: *la neve incappuccia le montagne* || ***rifl.*** **1.** coprirsi con un cappuccio **2.** rif. al cavallo, spingere la testa contro il petto per sottrarsi al morso **3.** *ant.* farsi frate.

incaprettaménto [da *incaprettare*; 1983] ***sm.*** tecnica di uccisione di tipo mafioso, consistente nell'annodare caviglie e braccia dietro le spalle con una corda che passa attorno al collo, provocando la morte per autostrangolamento.

incaprettàre (pres. *-étto*) [comp. parasint. di *capretto*; 1984] ***tr.*** uccidere mediante incaprettamento.

incapricciàrsi (pres. *-ìccio*) [comp. parasint. di *capriccio*; 1598 *incappricciarsi*] ***intr. pron.*** farsi venire il capriccio di avere o di fare una cosa || *incapricciarsi di una persona,* invaghirsene, innamorarsene.

incapriccìrsi (pres. *-ìsco, -ìsci*) [comp. parasint. di *capriccio*; 1613] ***intr. pron.*** *non com.* incapricciarsi, invaghirsi.

incapsulaménto [da *incapsulare*; 1957] ***sm.*** l'atto e l'effetto dell'incapsulare.

incapsulàre (pres. *-àpsulo*) [comp. parasint. di *capsula*; 1915] ***tr.*** **1.** rivestire con una capsula: *incapsulare un dente* **2.** effettuare la capsulatura di bottiglie e sim.

incarboniménto [da *incarbonire*; 1886] ***sm.*** l'incarbonire || macchia di carbone.

incarbonìre (pres. *-ìsco, -ìsci*) [comp. parasint. di *carbone*; 1623] ***tr.*** *non com.* far diventare carbone || ***intr.*** (aus. *essere*) e ***intr. pron.*** diventare carbone || **N.** *Sin.* carbonizzare.

incarceraménto [da *incarcerare*; sec. XIV] ***sm.*** **1.** *non com.* l'incarcerare, l'essere incarcerato **2.** *T.med.* imprigionamento e compressione patologica di un organo: *incarceramento dell'ernia, dell'utero* || **N. 1.** *Sin.* carcerazione, detenzione, prigionia, reclusione.

incarceràre (pres. *-àrcero*) [dal lat. tardo *incarcerāre*; 1308] ***tr.*** **1.** mettere in carcere **2.** *fig. non com.* rinchiudere come in un carcere: *la neve mi ha incarcerato in casa;* reprimere: *incarcerare la fantasia* || **N. 1.** *Sin.* carcerare, imprigionare **2.** *Sin.* confinare, segregare; bloccare, frenare, reprimere.

incarcerazióne [da *incarcerare*; a. 1363] ***sf.*** *non com.* l'incarcerare, l'essere incarcerato: *incarcerazione preventiva* || **N.** *Sin.* carcerazione, imprigionamento, reclusione.

incàrco ***sm.*** *poet.* V. INCARICO.

incardinàre (pres. *-àrdino*) [dal lat. tardo *incardināre*; 1865 come intr. pron.] ***tr.*** **1.** *non com.* mettere sopra i cardini **2.** *fig. più com.* fondare sopra un principio che faccia da cardine: *ha incardinato il suo discorso su una rigorosa analisi della situazione economica attuale* || *T.giur. incardinare un processo,* compiere le operazioni preliminari per iniziare una causa civile **3.** *T.eccl.* ascrivere un ecclesiastico a una diocesi || ***intr. pron.*** imperniarsi: *la sua vita s'incardina su saldi princìpi morali* || **N. 1.** *Contr.* scardinare **2.** *Sin.* basare, fissare, fondare, imperniare, incentrare, poggiare.

incardinazióne [da *incardināre*; a. 1748] ***sf.*** **1.** *non com.* l'incardinare **2.** *T.eccl.* l'assegnazione di un chierico a una diocesi.

incaricàre (pres. *-àrico, -àrichi*) [da *caricare*; sec. XIV] ***tr.*** **1.** affidare un incarico: *incaricare qualcuno di un affare, mi ha incaricato di rispondere al telefono* **2.** *ant.* caricare **3.** *ant.* incolpare || ***rifl.*** prendersi la cura: *mi incarico io di consegnare la merce* || *region. non incaricarsene,* non preoccuparsene, non darsene pensiero || **N.** ***rifl.*** *Sin.* impegnarsi, obbligarsi, promettere.

incaricàto (*pps.* di *incaricare*) [1757] **I** ***agg.*** che ha ricevuto un incarico: *Presidente del Consiglio incaricato, professore incaricato,* nell'amministrazione scolastica, professore non di ruolo **II** ***sm.*** (f. *-a*) colui a cui è affidato un incarico: *consegnare i documenti all'incaricato* || chi è stato assegnato temporaneamente a un ufficio: *l'incaricato del Comune* || *incaricato d'affari,* agente diplomatico che tutela gl'interessi del suo governo presso i governi esteri, in mancanza di un ambasciatore || **N.** II *Sin.* commesso, delegato, deputato, impiegato, inviato, rappresentante.

incàrico (pl. *-chi*) [da *incaricare*; a. 1333] ***sm.*** **1.** compito, ruolo particolare assegnato a qualcuno: *gli hanno affidato un incarico di responsabilità* || l'ufficio, l'insegnamento temporaneo che è affidato fuori ruolo: *ha ottenuto l'incarico al liceo* || *T.pol. incarico esplorativo,* v.

ESPLORATIVO **2.** atto dell'affidare un compito: *agire per (o su) incarico di qualcuno* **3.** *ant.* peso, onere || imposizione fiscale **4.** *ant.* ingiuria, offesa || **N. 1.** *Sin.* carica, cura, funzione, incombenza, mansione, onere, ufficio | delicato, di fiducia, difficile, doloroso, grave, gravoso, ingrato, oneroso, onorevole, penoso, rappresentativo, speciale | accettare, adempiere, affidare, assumere, condurre a termine, conferire, dare, eseguire, esercitare, espletare, praticare, prendere, ricevere, rifiutare, sbrigare, svolgere un incarico **2.** *Sin.* delega, mandato.

incarnàre [dal lat. eccles. *incarnāre*; 1305 come intr. pron.] **tr. 1.** personificare, essere il rappresentante vivente e sensibile di un'entità astratta: *incarnare un ideale*; *incarnare un personaggio*, impersonarlo **2.** *ant.* far penetrare nella carne **3.** *arc. fig.* incorporare, far divenire un tutt'uno: *amor m'ha priso ed incarnato tutto* (Guittone) **4.** *ant.* dipingere dando il colore della carne || **rifl.** *T.rel.* detto spec. della seconda persona della Trinità, prendere carne e vita umana: *Gesù s'è incarnato per redimere gli uomini* || **intr. pron. 1.** *fig.* concretarsi: *in lui s'incarna l'aspirazione alla libertà* **2.** incarnirsi || **N. tr. 1.** *Sin.* impersonare, personificare, rappresentare.

incarnàto [da *incarnare*; fine sec. XIV] **I agg.** di colore simile a carne **II sm.** il colore della carne: *un bell'incarnato* || *dim.* incarnatìno || **N. I** *Sin.* carnicino **II** *Sin.* carnagione, colorito.

incarnazióne [dal lat. tardo *encarnātio, -ōnis*; a. 1292] **sf. 1.** *T.rel.* l'assunzione di natura umana da parte di un essere spirituale o divino || *in part.* nel cristianesimo, l'unione della natura umana e di quella divina nella persona di Cristo **2.** *fig.* rappresentazione viva ed efficace di un'idea, un concetto, un sentimento e sim., personificazione: *una figura che è l'incarnazione degli ideali risorgimentali.*

incarnìre (pres. *-ìsco, -ìsci*) [comp. parasint. di *carne*; 1589] **intr.** (aus. *essere*) e **intr. pron.** penetrare nella carne || *in part.* di unghia, crescere in modo anomalo penetrando parzialmente nella carne e provocando infiammazione.

incarognìre (pres. *-ìsco, -ìsci*) [comp. parasint. di *carogna*; a. 1742 nel senso 3] **intr.** (aus. *essere*) e **intr. pron. 1.** diventare un mascalzone **2.** di animale da lavoro, diventare inservibile, per vecchiaia o altro; talora anche di persone, impigrirsi **3.** (solo *intr. pron.*) intestardirsi; *non com.* di malattie e sim., diventare cronico, radicarsi.

incarrucolàre (pres. *-ùcolo*) [comp. parasint. di *carrucola*; 1681] **tr.** mettere nella carrucola: *incarrucolare una corda, una catena* || **intr. pron.** uscire dal canale del disco girevole incastrandosi nella cassa della carrucola: *il canapo s'era incarrucolato.*

incartaménto [da *incartare*, sul modello dello sp. *encartamiento*; 1399] **sm. 1.** *T.bur.* l'insieme delle carte che si riferiscono a un affare, a una pratica **2.** prima fase di essiccazione delle paste alimentari.

incartapecorìre (pres. *-ìsco, -ìsci*) [comp. parasint. di *cartapecora*; 1869] **intr.** (aus. *essere*) e **intr. pron. 1.** detto della pelle umana, diventare arido, grinzoso e giallognolo come cartapecora **2.** *fig.* inaridirsi: *il cervello ti si è incartapecorito.*

incartàre [comp. parasint. di *carta*; 1598] **tr.** avvolgere nella carta || **intr. pron. 1.** in alcuni giochi di carte (per es. il bridge), perdere la possibilità di fare presa per non aver realizzato al meglio la collaborazione col compagno **2.** *fig.* confondersi nel fare qualcosa || **N. tr. 1.** incartonare; confezionare | *Contr.* scartare.

incartàta [da *incartare*; 1940] **sf.** l'incartare alla meglio: *dammi un'incartata a questa scatola.*

incartatóre [da *incartare*; 1957] **sm.** (f. *-trìce*) operaio addetto ad incartare merci.

incartatrìce [da *incartare*; 1964] **sf.** macchina con cui si esegue l'incarto delle merci.

incàrto [da *incartare*; 1869 nel senso 4] **sm. 1.** l'operazione dell'incartare || *per estens.* foglio di carta per avvolgere prodotti **2.** *T.bur.* incartamento, pratica contenente carte e documenti **3.** *T.tip.* foglio semplice o doppio, stampato a parte, e poi cucito o incollato su una segnatura **4.** *tosc.* rigidezza della biancheria trattata con amido.

incartocciàre (pres. *-òccio*) [comp. parasint. di *cartoccio*; 1598] **tr. 1.** mettere in un cartoccio **2.** accartocciare.

incartonàre (pres. *-óno*) [comp. parasint. di *cartone*; 1868] **tr. 1.** mettere in involucri di cartone **2.** nella rilegatura dei libri, applicare i cartoni alla coperta **3.** *T.tess.* inserire cartoni tra le falde di un tessuto prima di sottoporlo a pressatura.

incartonatrìce [da *incartonare*; 1972] **sf.** *T.tess.* macchina con cui si esegue l'incartonatura dei tessuti.

incartonatùra [da *incartonare*; 1933] **sf. 1.** *T.tess.* atto o effetto dell'incartonare un tessuto **2.** in legatoria, applicazione dei cartoni di rinforzo alla coperta di un libro.

incascolìto [comp. parasint. di *cascolo*; 1869] **agg.** *T.agr.* detto di uva non ben matura.

incasellaménto [da *incasellare*; 1972] **sm.** atto o effetto dell'incasellare.

incasellàre (pres. *-èllo*) [comp. parasint. di *casella*; 1887] **tr. 1.** mettere nelle caselle, o in un casellario: *incasellare i numeri, le lettere* **2.** *fig.* ordinare come in un casellario: *incasellare ogni elemento narrativo in una trama organica e ben congegnata.*

incasellatóre [da *incasellare*; 1957] **sm.** (f. *-trìce*) impiegato delle poste addetto ad incasellare la corrispondenza.

incaṣermàre (pres. *-èrmo*) [comp. parasint. di *caserma*; 1869] **tr.** *non com.* collocare in una caserma o come in una caserma, intruppare.

incasinàre (pres. *-ìno*) [comp. parasint. di *casino*; 1983] **tr.** *gerg.* creare confusione, disordine, al punto da non riuscire più a raccapezzarsi: *hai incasinato tutti gli appunti!* || provocare intralci a un'attività già programmata: *il suo arrivo mi ha incasinato i programmi del fine settimana* || **N.** *Sin.* disordinare, scombussolare, scompigliare.

incasinàto (*pps.* di *incasinare*) [1983] **agg.** *gerg.* **1.** pieno di confusione, di disordine: *mi hai scritto una lettera davvero incasinata* **2.** di persona che si trova in una situazione complicata o disordinata, in un momento difficile: *sto passando un periodaccio, sono tanto incasinata!* || **N. 1.** *Sin.* confuso, disordinato, intricato **2.** *Sin.* impegolato, impelagato.

incassaménto [da *incassare*; sec. XVI] **sm. 1.** *non com.* l'incassare, il mettere in cassa **2.** *T.ling.* posizione, condizione di frase incassata.

incassàre [comp. parasint. di *cassa*; 1495] **tr. 1.** mettere in casse: *incassare porcellane*; *non com. incassare un defunto*, chiudere nella cassa mortuaria **2.** inserire, sistemare qualcosa in un vano apposito: *incassare una serratura, un armadio a muro, la montatura di un orologio* || *incassare un fiume*, chiuderlo fra due argini || *incassare una pietra preziosa*, incastonarla **3.** ottenere in pagamento, riscuotere (anche *ass.*): *incassare un assegno*; *oggi abbiamo incassato molto* **4.** *T.sport.* spec. nel pugilato, ricevere colpi dall'avversario senza accusare grave danno: *il campione ha incassato bene un diretto al viso* || *fig.* sopportare critiche, contrarietà e offese con disinvoltura: *ha incassato in silenzio le insinuazioni malevole* || *fig. incassare una rete*, nel gioco del calcio, subirla **5.** *T.ling.* rif. a frase o a sintagma, inserire all'interno di un'altra frase o sintagma || **intr.** (aus. *essere*) *non com.* combaciare: *il coperchio incassa bene con la scatola* || **intr. pron.** correre tra due alture: *la strada si incassa nella gola.* **Q.T.** *pugilato.*

incassàto (*pps.* di *incassare*) [1568 nel senso 3; a. 1597 nel senso 1; 1963 nel senso 2] **agg. 1.** circondato o racchiuso da alti muri, argini e sim.: *un vicolo incassato nel centro storico* || *occhi incassati*, scavati nelle orbite; *testa incassata nelle spalle*, con il collo corto o contratto **2.** *T.ling. frase, sintagma incassati*, inseriti all'interno di un'altra frase o sintagma (come la relativa all'interno della frase *la proposta che hai avanzato è stata respinta*) **3.** *arc.* sistemato in casse.

incassatóre [da *incassare*; 1927 nel senso 2] **sm.** (f. *-trìce*) **1.** chi incassa; operaio addetto all'incassatura di merci **2.** *T.sport. essere un buon incassatore*, di pugile, incassare bene i colpi; *fig.* subire un oltraggio e sim. senza accusare il colpo.

incassatùra [da *incassare*; a. 1597 nel senso 2] **sf. 1.** l'incassare **2.** incavo in cui s'incassa una cosa: *ricavare un'incassatura nel muro* **3.** *T.ling.* collocazione di frase o sintagma incassati **4.** *T.orol.* piano incavato nel castello degli orologi, per collocarvi una ruota o altro pezzo || **N. 1.** incastonatura.

incassettatrìce [comp. parasint. di *cassetta*; 1974] **sf.** macchina che dispone automaticamente le bottiglie in cassette o cestelli contenitori.

incàsso [da *incassare*; 1812] **sm. 1.** il denaro incassato: *realizzare un buon incasso* || l'operazione di incassare denaro: *presentare una cambiale all'incasso* **2.** incassatura, freq. nella *loc. agg. da incasso*, predisposto per essere inserito in una cavità: *mobili, elettrodomestici da incasso* || **N. 1.** *Sin.* introiti, proventi, ricavi; esazione, riscossione. **Q.T.** *banca* **TAV. *arredamento* p. 650** 3.6.

incastellaménto [da *incastellare*; 1889] **sm.** *T.stor.* l'insieme delle torri di legno che servivano alla difesa militare.

incastellàre (pres. *-èllo*) [comp. parasint. di *castello*; a. 1363] **tr. 1.** formare l'armatura, lo scheletro di una macchina e sim. **2.** *ant.* fortificare una regione o una posizione con castelli o fortini.

incastellàto (*pps.* di *incastellare*) [a. 1363] **agg. 1.** *ant.* ricco di castelli, di fortificazioni **2.** *T.mar. ant.* di navi, provvisto di castelli di poppa e castelli di prua: *dove sono le vostre navi incastellate?* (D'annunzio) **3.** *T.vet. piede incastellato*, del cavallo, piede difettoso perché troppo stretto al tallone.

incastellatùra [da *incastellare*; 1767] **sf. 1.** impalcatura di sostegno in legno o in metallo **2.** *T.vet.* restringimento anormale del piede del cavallo, in corrispondenza del tallone || **N. 1.** *Sin.* armatura, intelaiatura, scheletro. **TAV. *edilizia* p. 666** 1.1.

incastonàre (pres. *-óno*) [comp. parasint. di *castone*; 1612] **tr. 1.** inserire nel castone: *incastonare uno smeraldo, una pietra dura* **2.** *fig.* collocare in un contesto per conferire preziosità e ricercatezza: *incastonare una citazione nel discorso* || **N. 1.** *Sin.* incassare, legare, montare.

incastonatóre [da *incastonare*; 1957] **sm. 1.** (f. *-trice*) artigiano che incastona pietre preziose **2.** strumento, costituito da un ferro a squadra fissato in un manico di legno, impiegato nel montaggio degli articoli di pelletteria.

incastonatùra [da *incastonare*; sec. XIV] **sf.** l'atto e l'effetto dell'incastonare una pietra preziosa || **N.** incassatura, legatura.

incastraménto [da *incastrare*; a. 1673] **sm.** *non com.* l'incastrare e l'incastrarsi.

incastràre [lat. volg. **incastrāre*; a. 1537 come intr. pron.] **tr.** **1.** unire stabilmente mediante incastro: *incastrare le estremità di due travi* || inserire a forza una cosa dentro l'altra: *incastrare un asse nel muro* **2.** *fig. fam.* costringere in una situazione senza via d'uscita, mettere alle strette; intrappolare: *incastrare l'accusato con prove schiaccianti, mi ha incastrato con quell'invito* || *farsi incastrare,* essere indotto al matrimonio senza esserne del tutto convinto || **intr.** (aus. *avere*) aderire perfettamente in una cavità: *un ingranaggio che incastra bene* || **intr. pron.** *più com.* inserirsi saldamente (anche *ass.*): *si è incastrata la punta dell'ombrello in un tombino, la chiave si è incastrata nella toppa* || **N. tr. 1.** *Sin.* conficcare, inserire, introdurre **2.** *Sin.* impegolare, invischiare.

incastratùra [da *incastrare*; fine sec. XIV] **sf.** l'atto e l'effetto dell'incastrare || il punto dove le due cose s'incastrano l'una nell'altra.

incàstro [da *incastrare*; a. 1654] **sm.** **1.** l'incastrare: *fare un incastro, gioco a incastro* || *unione a incastro,* ottenuta inserendo la parte sporgente di un elemento nelle cavità corrispondenti di un altro || *concr.* il vano dove una cosa s'incastra; oggetto composto da più parti incastrate: *i vari pezzi di un incastro* **2.** *T.gioc.* in enigmistica, gioco consistente nell'inserire una parola in un'altra per comporne una terza (per es. *prete, pre-leva-te*) **3.** *T.tip.* inserzione di un brano in un pezzo già composto || **N. 1.** *Sin.* apertura, cavità, intaglio; *puzzle.*

incatarràre o **incatarrìre** (pres. *-ìsco, -ìsci*) [comp. parasint. di *catarro*; 1734] **intr.** (aus. *essere*) e **intr. pron.** *non com.* diventare catarroso.

incatenaménto [da *incatenare*; sec. XVI] **sm.** l'incatenare e il suo effetto.

incatenàre (pres. *-éno*) [comp. parasint. di *catena*; sec. XIV] **tr.** **1.** legare con catene: *incatenare un animale, incatenare i prigionieri* **2.** *fig.* tenere impegnato, soggiogare togliendo libertà e disponibilità: *non vuole farsi incatenare dai doveri famigliari* || togliere la libertà d'espressione: *incatenare la stampa* **3.** dotare di catene: *incatenare un muro,* rafforzarlo || *incatenare un porto, una strada,* tirare una catena attraverso l'imboccatura per impedire il passaggio **4.** congiungere insieme con fili o anelli le varie parti che compongono una cosa: *incatenare i grani del rosario; incatenare le maglie,* lavorarle intrecciandole || **rifl.** legarsi con catene a qualcosa: *alcuni dimostranti si sono incatenati al cancello dell'ambasciata* || **rifl. rec.** congiungersi, allacciarsi con un'altra persona in modo da formare una catena || **N. tr. 1.** imprigionare **2.** *Sin.* asservire, legare, soggiogare, vincolare **4.** *Sin.* concatenare.

incatenàto (*pps.* di *incatenare*) [a. 1388] **agg.** legato con catene: *prigionieri incatenati* || *fig.* privo di libertà, impegnato, soggiogato: *sono rimasto incatenato in ufficio tutto il giorno* || *T.metr. rima incatenata,* tipica ad es. delle terzine dantesche, dove il primo verso rima col terzo e quello centrale anticipa il primo della terzina successiva.

incatenatùra [da *incatenare*; a. 1519] **sf.** rafforzamento di opere murarie mediante catene || l'insieme delle catene usate.

incatorzolìre (pres. *-ìsco, -ìsci*) [comp. parasint. di *catorzolo*; a. 1597] **intr.** (aus. *essere*) di frutti, raggrinzarsi e indurire senza giungere a maturazione || **N.** *Sin.* imbozzacchire.

incatramàre (pres. *-àmo*) [comp. parasint. di *catrame*; 1612] **tr.** spalmare di catrame: *incatramare lo scafo di una barca* || **intr. pron.** sporcarsi di catrame.

incattivìre (pres. *-ìsco, -ìsci*) [comp. parasint. di *cattivo*; 1300 ca.] **tr.** far diventare cattivo: *le dure condizioni di vita lo hanno incattivito* || **intr.** (aus. *essere*) e **intr. pron.** diventare cattivo: *se non riesce a dormire si incattivisce* || *non com.* guastarsi: *il vino si è incattivito* || **N. tr.** *Sin.* esacerbare, esasperare, inasprire, irritare.

in cauda venenum (lat., pr. it. [iŋ 'kauda ve'nɛnum]) [letter. nella coda (sta) il veleno] **loc.** si dice per indicare che il carattere polemico o la malizia è contenuta nelle ultime parole di un discorso o di uno scritto; in gen. significa che il momento peggiore e più difficile di qualcosa viene per ultimo || **N.** *Contr. dulcis in fundo.*

incàuto [dal lat. *incautus*; a. 1374] **agg.** non cauto, non avveduto: *mostrarsi incauto nell'affrontare un pericolo, una risposta incauta* || *T.giur. incauto acquisto,* reato di chi acquista o riceve in pegno oggetti senza aver prima accertato la loro legittima provenienza || **incautaménte** **avv.** || **N.** *Sin.* avventato, imprudente, irriflessivo, sconsiderato, temerario.

incavalcàre (pres. *-àlco, -àlchi*) [da *cavalcare*; a. 1685] **tr.** *non com.* accavallare || *T.mil.* mettere un cannone sul suo affusto.

incavalcatùra [da *incavalcare*; 1834] **sf.** *non com.* l'incavalcare; e spec. il saltare una maglia.

incavallàre [comp. parasint. di *cavallo*; 1834] **tr.** *non com.* accavallare.

incavàre (pres. *-àvo*) [dal lat. *incavāre*; 1546] **tr.** rendere cavo, fare un solco più o meno profondo, nel legno, nella pietra e sim. || **intr. pron.** diventare cavo: *il tronco si è incavato* || **N. tr.** *Sin.* avvallare, infossare, scanalare, SCAVARE.

incavàto (*pps.* di *incavare*) [1598] **agg.** caratterizzato da una depressione, scavato: *occhi incavati,* infossati; *guance incavate,* smunte.

incavatùra [da *incavare*; a. 1557] **sf.** l'atto e l'effetto dell'incavare || *concr.* cavità, incavo.

incavernàre (pres. *-èrno*) [comp. parasint. di *caverna*; a. 1646] **tr.** *non com.* sistemare in caverne || **intr. pron.** *non com.* entrare in una caverna, rintanarsi || detto di acque, scorrere sottoterra.

incavernàto (*pps.* di *incavernare*) [1438] **agg.** *occhi incavernati,* occhi incavati, infossati profondamente.

incavezzàre (pres. *-ézzo*) [comp. parasint. di *cavezza*; 1958] **tr.** legare con la cavezza, mettere la cavezza: *incavezzare un cavallo.*

incavicchiàre (pres. *-ìcchio*) [comp. parasint. di *cavicchio*; a. 1416] **tr.** *non com.* assicurare con cavicchi.

incavigliàre (pres. *-ìglio*) [comp. parasint. di *caviglia*; fine sec. XIII] **tr.** **1.** nelle costruzioni navali, collegare con viti di legno, dette *caviglie,* gli elementi dello scafo **2.** *non com.* avvolgere a una caviglia || **N. 1.** *Sin.* accavigliare.

incavigliatrice [da *incavigliare*; 1974] **sf.** *T.ferr.* macchina con cui si avvitano le caviglie destinate a fissare le rotaie alle traversine.

incavigliatùra [da *incavigliare*; 1834] **sf.** *T.mar.* l'incavigliare || il mezzo usato per incavigliare.

incàvo (meno corretto *ìncavo*) [da *incavare*; 1550] **sm.** **1.** parte incavata, vano: *aprire un incavo nel muro, nella roccia; l'incavo della spalla, dell'ascella; l'incavo della manica,* l'apertura dove viene cucita la manica **2.** atto o operazione dell'incavare: *lavoro d'incavo,* lavoro di incisione su pietre dure o altro materiale per ottenere immagini in rilievo su cera, ceralacca e sim. || *stampa in incavo,* calcografia || **N. 1.** *Sin.* avvallamento, cavità, infossamento, scanalatura, solco, vano.

incavogràfico (pl. *-ci*) [comp. di *incavo* e *-grafico*; 1983] **agg.** di sistema di stampa in cui l'elemento stampante è dato dalle parti incavate del cilindro nelle quali si raccoglie l'inchiostro || **N.** rotocalcografico.

incavolàrsi (pres. *-àvolo*) [comp. parasint. di *cavolo*; 1963] **intr. pron.** *eufem.* arrabbiarsi; andare in collera, incazzarsi.

incavolàto (*pps.* di *incavolarsi*) [1970] **agg.** *eufem.* arrabbiatissimo, con un diavolo per capello: *oggi è proprio incavolato nero!*

incavolatùra [da *incavolarsi*; 1970] **sf.** *eufem.* arrabbiatura.

incazzàrsi [comp. parasint. di *cazzo*; 1908] **intr. pron.** *volg.* adirarsi, arrabbiarsi || **tr.** *raro* esaltare, eccitare.

incazzàto (*pps.* di *incazzarsi*) [1921] **agg.** *volg.* molto arrabbiato: *essere incazzato nero.*

incazzatùra [da *incazzarsi*; 1970] **sf.** *volg.* grossa arrabbiatura.

incazzottàre (pres. *-òtto*) [comp. parasint. di *cazzotto*; 1937] **tr.** **1.** *non com.* prendere a cazzotti **2.** *T.mar.* arrotolare e avvolgere la bandiera, fermandola con una sagola, in modo da poter essere spiegata di colpo || **rec.** prendersi a cazzotti.

incèdere (pres. *-èdo* ecc., come CEDERE) [dal lat. *incēdere*; a. 1568] **I intr.** (aus. *avere*) *lett.* avanzare camminando con andatura solenne **II sm.** (solo *sing.*) modo di camminare: *un incedere elegante* || **N. I** *Sin.* procedere; CAMMINARE **II** *Sin.* andatura, portamento.

incedìbile [da *cedibile*; 1957] **agg.** che non può essere ceduto || *T.giur.* di bene o diritto che non può subire cessioni.

incelàre V. INCIELARE.

incelebràto [da *celebrato*; a. 1707] **agg.** *raro* non celebrato.

incèndere (pres. *-èndo* ecc., come ACCENDERE) [dal lat. *incendere*; a. 1320] **tr.** e **intr.** (aus. *essere*) *lett.* mettere o appiccare fuoco; ardere, bruciare: *e della gente ch'entro v'era incensa* (Dante); *libica estate a me le membra incende* (Carducci) || *fig.* infiammare, suscitare una viva passione || **intr. pron.** infiammarsi, accendersi.

incendiàre (pres. *-èndio*) [da *incendio*; 1680] **tr.** **1.** dar fuoco a qualcosa, suscitare un incendio: *incendiare una casa* || dar fuoco a materie esplosive: *incendiare i fuochi d'artificio* **2.** *fig.* infiammare, eccitare: *incendiare gli animi* || **intr. pron.** prendere fuoco: *il pagliaio s'incendiò* || **N. tr. 1.** *Sin.* accendere, ardere, bruciare, dare alle fiamme; mettere a ferro e fuoco **2.** *Sin.* eccitare, elettrizzare, entusiasmare, esasperare, infervorare, infiammare.

incendiàrio (pl. *-ri*) [dal lat. *incendārius*; a. 1292] **I agg.** **1.** atto a incendiare: *materie incendiarie* **2.** *fig.* che suscita passioni e reazioni violente: *discorsi incendiari* **II sm.** (f. *-a*) **1.** chi volontariamente si fa autore d'incendi **2.** *fig. ant.* chi fomenta rivolte || **N. I 2.** *Sin.* acceso, ardente, rovente | **II 1.** *Sin.* piromane **2.** *Sin.* agitatore, sovversivo.

incèndio (pl. *-di*) [dal lat. *incendium*; sec. XIII] **sm.** **1.** fuoco che divampa con grande fiamma e distrugge: *l'incendio di un bosco, di un edificio; incendio doloso,* provocato volontariamente per scopi illeciti **2.** *fig.* lo scatenarsi di una passione ardente || *non com.* l'esplodere improvviso di un evento tragico: *l'incendio della guerra* || **N. 1.** *Sin.* combustione, conflagrazione | alimentare, appiccare, causare, circoscrivere, destare, divampare, divorare, domare, estinguere, provocare, ravvivare, spegnere, suscitare un incendio | autopompa, estintore, idrante, pompa, pompiere **2.** *Sin.* ardore, entusiasmo, fervore, trasporto.

inceneràre (pres. *-énero*) [comp. parasint. di *cenere*; a. 1292] **tr.** **1.** *non com.* spargere di cenere **2.** *ant.* convertire in cenere || **intr. pron.** ridursi in cenere || **N. tr. 2.** *Sin.* incenerire.

inceneriménto [da *incenerire*; a. 1683] **sm.** l'incenerire e l'incenerirsi: *l'incenerimento dei rifiuti urbani* || *T.chim.* combustione completa delle sostanze organiche di un composto per recuperare i minerali utili in esso presenti.

incenerìre (pres. *-ìsco, -ìsci*) [comp. parasint. di *cenere*; a. 1544] **tr.** ridurre in cenere: *il fulmine l'incenerì* || *T.chim.* sottoporre un composto di sostanze organiche e minerali a incenerimento || *fig. iperb.* annientare: *incenerire con* *un'occhiata* || **intr. pron.** ridursi in cenere.

inceneritóre [da *incenerire*; 1970] **sm.** impianto per la distruzione di rifiuti mediante combustione.

incensaménto [da *incensare*; 1554] **sm.** **1.** l'incensare **2.** *fig. più com.* adulazione, lode eccessiva.

incensàre (pres. *-ènso*) [comp. parasint. di *incenso*; sec. XIV] **tr.** **1.** spargere il fumo dell'incenso nelle cerimonie religiose **2.** *fig.* adulare, lodare eccessivamente: *incensare i potenti* || **N. 2.** *Sin.* adulare, blandire, lisciare, lusingare, piaggiare.

incensària [da *incenso*[1]; 1813] **sf.** *T.bot.* pianta erbacea detta comunemente *menta selvatica.*

incensàta [da *incensare*; a. 1704] **sf.** **1.** l'incensare **2.** *fig.* lode smaccata || *dim.* incensatìna.

incensatóre [da *incensare*; 1566] **sm.** (f. *-trìce*) chi incensa; spec. *fig.*

incensatùra [da *incensare*; 1673] **sf.** *non com.* l'incensare in senso proprio e fig.

incensazióne [da *incensare*; 1680] **sf.** *T.eccl.* rito liturgico con cui si incensano persone o cose sacre.

incensière [da *incenso*[1]; prima metà sec. XIV] **sm.** vaso in cui si fa bruciare l'incenso || **N.** *Sin.* turibolo. **Q.T.** *chiesa...*

incènso[1] [dal lat. *incensum*; sec. XIII] **sm.** **1.** resina aromatica di alcuni alberi aromatici dell'Africa orientale e dell'Arabia, che si fa bruciare spec. nelle cerimonie religiose: *bruciare l'incenso, grani d'incenso* **2.** il vapore e il profumo dell'incenso || *poet.* profumo in genere **3.** *fig. non com.* lode, adulazione || **N. 1.** *Sin.* olibano.

incènso[2] *pps.* di *incendere* (v.).

incensuràbile [da *censurabile*; a. 1729] **agg.** che non si può censurare: *comportamento, funzionario incensurabile* || **N.** *Sin.* inappuntabile, irreprensibile.

incensurabilità [da *incensurabile*; 1931] **sf.** l'essere incensurabile.

incensuràto [da *censurato*; 1940] **agg.** non censurato || *T.giur.* che non ha mai riportato condanne penali.

incentivàre (pres. *-ìvo*) [da *incentivo*; 1963] **tr.** stimolare attraverso aiuti e facilitazioni economiche: *incentivare la produzione agricola* || **N.** *Sin.* favorire, incoraggiare, incrementare, stimolare.

incentivazióne [da *incentivare*; 1963] **sf.** atto o effetto dell'incentivare || *in part.* misura economica, spec. di carattere fiscale, atta a favorire insediamenti industriali e sim. in determinate zone || *fondo di incentivazione,* in un'industria o in una amministrazione pubblica, fondo destinato ad incrementare il salario o lo stipendio di dipendenti impegnati in progetti speciali o in aumenti della produttività || **N.** *Sin.* aumento, incremento.

incentìvo [dal lat. *incentīvum*; a. 1342] **sm.** stimolo, incitamento: *incentivo all'azione, essere d'incentivo* || *T.econ.* agevolazione concessa per promuovere lo sviluppo di determinati settori produttivi o di determinate attività: *dare incentivi all'industria, agli investimenti* || **N.** *Sin.* impulso, spinta, sprone.

incentràre (pres. *-èntro*) [comp. parasint. di *centro*; a. 1306 come intr. pron.] **tr.** **1.** porre, collocare nel centro **2.** *fig.* basare, imperniare: *ha incentrato l'intero discorso sull'urgenza dell'intervento* **3.** *raro* accentrare || **intr. pron.** **1.** basarsi, fondarsi, imperniarsi: *il dramma si incentra sui due protagonisti* **2.** *raro* riunirsi in un punto considerato come centro.

incèntro [comp. di *in* (*scritto*) e *centro*; 1937] **sm.** *T.geom.* centro della circonferenza inscritta in un triangolo, che è il punto dove si incontrano le bisettrici degli angoli interni.

inceppaménto [da *inceppare*; 1765] **sm.** l'inceppare || *concr.* ciò che inceppa, ostacolo || **N.** *Sin.* impedimento, intoppo, intralcio.

inceppàre (pres. *-éppo*) [comp. parasint. di *ceppo*; 1420 nel senso 2] **tr.** **1.** impedire, porre ostacoli gravi: *inceppare le trattative* **2.** *propr. non com.* mettere in ceppi **3.** *non com. T.mar.* mettere il ceppo all'ancora || **intr. pron.** di armi, motori e sim., cessare improvvisamente di funzionare: *la mitragliatrice si è inceppata* || **N. tr. 1.** *Sin.* bloccare, frenare, intralciare, ostacolare **2.** *Sin.* incarcerare | **intr. pron.** *Sin.* arrestarsi, bloccarsi.

inceppàto (*pps.* di *inceppare*) [1965] **agg.** bloccato || *stile inceppato,* non scorrevole, poco fluido || di persona, impacciata, titubante.

inceppatùra [da *inceppare*; 1860] **sf.** *raro* inceppamento.

inceralaccàre (pres. *-àcco, -àcchi*) [comp. parasint. di *ceralacca*; 1887] **tr.** *non com.* dare la ceralacca, chiudere, suggellare con ceralacca.

inceràre (pres. *-éro*) [dal lat. tardo *incerāre*; a. 1484] **tr.** **1.** spalmare di cera: *incerare una corda; incerare un pavimento,* lucidarlo con la cera **2.** macchiare di cera: *incerare il tappeto.*

inceràta [da *incerare*; 1437] **sf.** **1.** tela resa impermeabile **2.** soprabito impermeabile || *in part.* mantello o completo impermeabile usato dai marinai.

inceratìno (*dim.* di *incerato*) [a. 1803] **sm.** **1.** striscia di cuoio cucita all'interno dei cappelli maschili **2.** pezzo di tela cerata che si mette talvolta nel letto dei bambini.

inceràto (*pps.* di *incerare*) [a. 1375] **I agg.** spalmato di cera: *tela incerata,* tela resa impermeabile con cera o altre sostanze **II sm.** *non com.* tela incerata.

inceratóio (pl. *-ói*) [da *incerare*; 1868] **sm.** bastone incerato con cui si lisciava la peluria dell'ordito di seta.

inceratùra [da *incerare*; 1535] **sf.** l'incerare || *concr.* lo strato di cera steso su una superficie.

incerchiàre (pres. *-érchio*) [comp. parasint. di *cerchio*; a. 1320] **tr.** **1.** cingere con un cerchio: *incerchiare una ruota* **2.** *non com.* curvare a forma di cerchio || **N. 1.** *Sin.* cerchiare.

inserconiménto [da *incerconire*; 1889] **sm.** malattia del vino, causata da un bacillo che ne altera il colore e il gusto.

incerconìre (pres. *-ìsco, -ìsci*) [comp. parasint. di *cercone*; a. 1604] **intr.** (aus. *essere*) *ant.* di vino, guastarsi.

incernieràre (pres. *-èro*) [comp. parasint. di *cerniera*; 1983] **tr.** *T.tecn.* collegare con cerniere.

inceronàre (pres. *-óno*) [comp. parasint. di *cerone*; 1939] **tr.** nel linguaggio teatrale, spalmare di cerone.

incerottàre (pres. *-òtto*) [comp. parasint. di *cerotto*; a. 1921] **tr.** coprire con un cerotto: *incerottare una ferita; taci, o ti incerotto la bocca!*

incertézza [da *certezza*; a. 1364] **sf.** **1.** mancanza di certezza, di stabilità o di prevedibilità: *l'incertezza di una notizia, del tempo, di un risultato* || mancanza di precisione e di proprietà: *incertezza di stile, di linguaggio* **2.** mancanza di sicurezza, condizione di dubbio: *vivere nell'incertezza* || esitazione: *ha avuto qualche incertezza nel rispondere* **3.** nel linguaggio scientifico, nella misura di grandezze, sin. di *errore* (v.) || **N. 1.** *Sin.* indeterminatezza, instabilità; approssimazione, imprecisione **2.** *Sin.* indecisione, irresolutezza, perplessità, titubanza.

incèrto [dal lat. *incertus*; 1319] **I agg.** **1.** detto di cosa, non sicuro, che può essere messo in dubbio: *notizia di incerta provenienza, etimologia, attribuzione incerta* || non prevedibile: *una partita dall'esito incerto, avere un futuro incerto; tempo incerto,* variabile || non definito o determinato: *immagine incerta, confine incerto; la data delle nozze è ancora incerta* || non distinto: *luce incerta, suono incerto* **2.** che rivela esitazione e instabilità: *passo incerto, scrittura, guida incerta* **3.** detto di persona, che non sa, che manca di decisione o risolutezza: *mostrarsi incerto sul da farsi, essere incerto se partire o no* || che non ha completa padronanza o pratica di qualcosa: *essere incerto nel parlare una lingua straniera, nella guida* **4.** *T.edil. opera incerta,* V. OPERA **II sm.** **1.** ciò che non è certo, sicuro: *lasciare il certo per l'incerto* || spec. *pl.* ciò che può accadere, ma non può essere previsto: *gli incerti del mestiere* || *T.econ. incerto per certo,* metodo di quotazione dei cambi sull'estero, in base a cui si esprime una quantità variabile di valuta nazionale in termini di una quantità fissa di valuta estera **2.** spec. *pl.* guadagno che si aggiunge alla retribuzione fissa: *un lavoro in cui gli incerti sono considerevoli* ||

incertaménte **avv.** *non com.* in modo insicuro ed esitante || **N. I 1.** *Sin.* aleatorio, discutibile, dubbio, indefinito, indeterminato, insicuro, vago; fioco, indistinto **2.** *Sin.* esitante, instabile, malsicuro, vacillante **3.** *Sin.* dubbioso, esitante, indeciso, insicuro, irresoluto, perplesso, titubante; incapace, inesperto, maldestro **II 1.** *Sin.* accidente, eventualità, imprevisto, inconveniente, rischio.

incespicàre (pres. *-éspico, -éspichi*) [da *cespicare*; 1354] **intr.** (aus. *avere*) **1.** urtare coi piedi contro qualche ostacolo: *incespicare in un sasso* **2.** *fig.* mostrarsi impacciato o incerto nel fare qualcosa: *incespicare nella lettura* || **N. 1.** *Sin.* inciampare.

incessàbile [dal lat. tardo *incessābilis*; sec. XIV] **agg.** *lett.* che non può cessare; che non cessa, incessante || **incessabilménte** **avv.**

incessànte [dal lat. *incēssans, -āntis*; sec. XIV] **agg.** che non cessa, senza sosta: *pioggia incessante* || **incessanteménte** **avv.** || **N.** *Sin.* continuo, infinito, ininterrotto, perpetuo, persistente.

incèsso [dal lat. *incēssus*; a. 1342] **sm.** *lett.* l'incedere || passo o portamento maestoso.

incestàre[1] (pres. *-ésto*) [comp. parasint. di *cesto*; 1618] **tr.** *non com.* mettere nella cesta.

incestàre[2] (pres. *-èsto*) [da *incesto*; a. 1561] **tr.** *lett.* **1.** possedere commettendo incesto **2.** *fig.* profanare, contaminare.

incèsto [dal lat. *incestus*; a. 1348] **sm.** rapporto sessuale tra persone legate da stretti vincoli di parentela || *lett.* rapporto sessuale, a carattere sacrilego e profanatorio, con persona in qualche modo legata alla divinità.

incestuóso [dal lat. *incestuōsus*; sec. XIV] **agg.** **1.** che costituisce incesto: *relazione incestuosa* **2.** che commette o ha commesso incesto: *fratello incestuoso* **3.** che è frutto di incesto: *figlio incestuoso* || **incestuosaménte** **avv.**

incètta [da *incettare*; 1582] **sf.** acquisto di tutta la quantità disponibile di una merce con intenzione di venderla a maggior prezzo: *fare incetta di generi di prima necessità* || *in gen.* l'azione di accaparrare, anche *fig.*: *fare incetta di voti* || **N.** *Sin.* accaparramento, raccolta, requisizione.

incettàre (pres. *-ètto*) [lat. volg. **inceptāre*; sec. XV] **tr.** *non com.* **1.** fare incetta **2.** procurarsi in larga misura.

incettatóre [da *incettare*; sec. XV] **sm.** (f. *-trìce*) chi incetta || **N.** *Sin.* accaparratore, bagarino.

inchiavacciàre (pres. *-àccio*) [comp. parasint. di *chiavaccio*; 1869] **tr.** *tosc.* chiudere con il chiavistello.

inchiavardàre [comp. parasint. di *chiavarda*; a. 1729] **tr.** fermare con chiavarde.

inchiavàre (pres. *-àvo*) [comp. parasint. di *chiave*; a. 1561] **tr.** *ant.* e *region.* chiudere a chiave.

inchièdere [dal lat. volg. **inquaerere*; 1319] **tr.** *arc.* o *lett.* domandare con insistenza e minuzia || **N.** *Sin.* investigare.

inchièsta [da *inchiedere*; a. 1332] **sf.** **1.** raccolta minuziosa di dati e notizie utili per conoscere e accertare la natura di fatti, avvenimenti e situazioni: *fare, svolgere un'inchiesta sulla delinquenza minorile; inchiesta sociologica, linguistica* ‖ anche in funzione di *agg.*: *film inchiesta* ‖ *in part.* investigazione promossa e condotta da un'autorità competente per accertare la condizione o lo svolgimento di fatti e fenomeni: *commissione d'inchiesta* **2.** *T.giorn.* articolo o serie di articoli in cui viene approfondito un problema a scopo informativo: *pubblicare un'inchiesta sulla mafia* ‖ **N. 1.** *Sin.* esame, indagine, investigazione, ricerca, studio | amministrativa, giudiziaria, internazionale, parlamentare, politica, sui sinistri | aprire, chiudere, disporre, ordinare, procedere a un'inchiesta.

inchinaménto [da *inchinare*; a. 1578] **sm.** **1.** *raro* l'inchinare e l'inchinarsi **2.** *arc.* propensione, inclinazione.

inchinàre (pres. *-ino*) [lat. *inclināre*; a. 1294] **tr.** **1.** abbassare piegando giù: *inchinare gli occhi, la testa* **2.** *fig. lett.* rendere umile; *inchinare l'animo*, piegarlo, costringerlo **3.** *lett.* ossequiare con un inchino: *inchinò l'Innominato* (Manzoni) ‖ **intr.** (aus. *avere*) **1.** *lett.* volgere a qualcosa, essere propenso: *inchinare all'indulgenza* **2.** *lett.* di astri, declinare ‖ **rifl.** **1.** piegarsi con la persona in segno di riverenza: *inchinarsi di fronte al papa* ‖ *fig.* rendere omaggio: *mi inchino alla tua sapienza* **2.** *fig.* cedere, sottomettersi: *inchinarsi al destino* ‖ **N. tr.** **1.** *Sin.* abbassare, chinare, piegare **2.** *Sin.* assoggettare, sottomettere, umiliare **3.** *Sin.* ossequiare, riverire, salutare | **intr.** **1.** *Sin.* inclinare a, volgere a | **rifl.** **2.** *Sin.* accondiscendere, assoggettarsi.

inchinévole [da *inchinare*; sec. XIV] **agg.** *lett.* disposto a fare qualcosa: *inchinevole a pietà* ‖ **N.** *Sin.* condiscendente, incline, propenso.

inchino[1] [da *inchinare*; a. 1328] **sm.** l'inchinarsi, segno di riverenza che si fa piegando la persona: *fare un inchino.*

inchino[2] [da *inchinare*; 1548] **agg.** *lett.* inchinato, piegato.

inchiodacristi [comp. di *inchioda(re)* e *Cristo*; 1834] **sm.** *inv.* pianta della famiglia Solanacee, con fiori violetti e bacche rosse, detta anche *agutoli, spina cristi, spinosanto.*

inchiodaménto [da *inchiodare*; 1746] **sm.** *raro* atto o effetto dell'inchiodare.

inchiodàre (pres. *-òdo*) [comp. parasint. di *chiodo*; a. 1306] **tr.** **1.** fissare o unire con chiodi: *inchiodare una cassa, una finestra* ‖ *fig. T.mil. inchiodare un pezzo d'artiglieria*, renderlo inutilizzabile asportandone una parte (un tempo piantando un chiodo nel focone) **2.** *fig.* rif. a persona, fermarla, costringerla a stare in un luogo senza potersi più muovere: *m'inchioda tutto il giorno a tavolino* ‖ impedire di sottrarsi a qualcosa: *inchiodare uno alle proprie responsabilità* **3.** *per estens.* arrestare di colpo, bloccare: *inchiodare l'automobile* (anche *ass. inchiodare*); *inchiodare i prezzi* ‖ *T.gioc.* negli scacchi, *inchiodare un pezzo*, rendergli impossibile il movimento perché altrimenti esporrebbe alla cattura immediata un altro pezzo di maggior valore o addirittura il re ‖ **intr. pron.** **1.** bloccarsi: *si è inchiodato il motore* **2.** *fig.* fissarsi, imprimersi: *un'immagine che si è inchiodata nella mente* ‖ **rifl.** *fam.* indebitarsi ‖ **N. tr.** **2.** *Sin.* immobilizzare, paralizzare, tener fermo; costringere, legare, obbligare **3.** *Sin.* bloccare, fermare; congelare.

inchiodàto (*pps.* di *inchiodare*) [a. 1306] **agg.** **1.** fissato con un chiodo **2.** *fig.* immobile; bloccato: *prezzi inchiodati, rimanere inchiodato al lavoro* ‖ nel gioco degli scacchi, di pezzo che non viene mosso per proteggere il re.

inchiodatóre [da *inchiodare*; a. 1646] **agg.** e **sm.** (f. *-trice*) che, chi inchioda.

inchiodatùra [da *inchiodare*; 1550 *inchiovatura*] **sf.** **1.** l'atto e l'effetto dell'inchiodare e dell'inchiodarsi ‖ l'insieme dei chiodi che tengono uniti due elementi di una struttura **2.** *T.gioc.* posizione in cui un pezzo è inchiodato: *liberare il cavallo dall'inchiodatura dell'alfiere avversario.*

inchiostràre (pres. *-óstro*) [da *inchiostro*; 1598] **tr.** **1.** *non com.* sporcare d'inchiostro **2.** *T.tip.* spalmare d'inchiostro la pagina composta in piombo, o i rulli della macchina tipografica, per procedere poi alla stampa ‖ **rifl. indir.** sporcarsi d'inchiostro: *inchiostrarsi le mani.*

inchiostratóre [da *inchiostrare*; 1937] **I** **agg.** atto a inchiostrare **II** **sm.** *T.tip.* **1.** (f. *-trice*) operaio addetto ad inchiostrare **2.** rullo per stendere l'inchiostro.

inchiostrazióne [da *inchiostrare*; 1937] **sf.** *T.tip.* stesura di un velo di inchiostro sulla matrice ‖ *complesso di inchiostrazione*, in una macchina da stampa, il complesso dei congegni e dei rulli che distribuiscono uniformemente l'inchiostro sulla matrice.

inchiòstro [lat. *encaustrum*, gr. *énkauston*, bruciato dentro; a. 1294] **sm.** **1.** composto liquido o pastoso, nero o colorato che s'adopera per scrivere o per stampare ‖ *inchiostro di China*, fatto con nerofumo, vernice, gomma e canfora; serve spec. per disegnare ‖ *inchiostro simpatico*, che non lascia traccia visibile sulla carta, finché questa non sia sottoposta a reagenti chimici o all'azione del calore ‖ *fig. versare fiumi di inchiostro*, scrivere moltissimo ‖ *nero come l'inchiostro*, nerissimo **2.** umore filaccioso, nero, che le seppie e altri cefalopodi spruzzano da una loro borsa per intorbidare le acque e nascondersi in caso di pericolo **3.** *T.bot. mal dell'inchiostro*, malattia del castagno causata da un fungo parassita, che si manifesta con annerimento della base del fusto e delle radici ‖ **N. 1.** denso, fluorescente, grasso, indelebile, liquido, litografico, oleoso, scorrevole, stilografico, tipografico. **Q.T.** ***stampa...***

inchiùdere (pres. *-chiùdo* ecc., come CHIUDERE) [dal lat. *includere*, rinchiudere; sec. XIII] **tr.** *lett.* includere, racchiudere.

inciampàre [comp. parasint. di *ciampa*; a. 1342] **intr.** (aus. *avere* ed *essere*) **1.** urtare col piede un ostacolo camminando: *ho inciampato nel gradino e sono caduto* **2.** *fig.* incontrare una persona fastidiosa o una difficoltà: *inciampare in uno scocciatore, in un contrattempo* **3.** *fig.* incespicare nel leggere o nel parlare ‖ **N. 1.** *Sin.* incespicare **2.** *Sin.* imbattersi, incappare, incorrere.

inciampàta [da *inciampare*; 1869] **sf.** *non com.* l'atto dell'inciampare: *dare una forte inciampata.*

inciampicàre (pres. *-àmpico, -àmpichi*) [da *inciampare*; a. 1698] **intr.** (aus. *avere*) camminare incespicando.

inciampicóne [da *inciampare*; a. 1921] **sm.** **1.** urto molto violento, preso inciampando **2.** (f. *-a*) persona che inciampa spesso mentre cammina ‖ *per estens.* persona goffa e maldestra.

inciàmpo [da *inciampare*; a. 1367 nel senso 2] **sm.** **1.** ostacolo contro cui c'è il rischio di inciampare: *togli via questo inciampo* **2.** *più com. fig.* impedimento a proseguire: *essere d'inciampo*, essere d'ostacolo; *senza inciampi*, senza difficoltà o impedimenti ‖ **N. 2.** *Sin.* contrarietà, contrattempo, difficoltà, intoppo.

incidentàle [da *incidere*[1]; a. 1872 nel senso 2] **agg.** **1.** che avviene per caso: *fatto, disgrazia incidentale* **2.** di importanza marginale e secondaria: *osservazione incidentale* ‖ *T.gram. proposizione incidentale*, proposizione che entra nel periodo come elemento accessorio e non necessario, senza stabilire con esso un legame sintattico; nello scritto compare tra parentesi, virgole o trattini ‖ *T.giur. questione incidentale*, questione particolare che richiede procedimento e decisione separata ‖ **incidentalménte** **avv.** **1.** per caso: *colpire incidentalmente* **2.** per inciso: *dire incidentalmente* (anche *fras. incidentalmente, ti sei ricordato di telefonargli?*) ‖ **N. 1.** *Sin.* accidentale, casuale, fortuito, occasionale **2.** *Sin.* accessorio, marginale, secondario; parentetico.

incidentàto [da *incidente*[2]; 1963] **agg.** **1.** colpito da un incidente **2.** di veicolo, coinvolto in un incidente: *effettuare la rimozione delle auto incidentate.*

incidènte[1] [dal lat. *incidens, -entis*; a. 1455] **agg.** **1.** che viene a cadere sopra una cosa o nel mezzo di essa: *raggio incidente*, in fisica, raggio luminoso che cade sopra una superficie ‖ *rette incidenti*, rette che hanno un punto in comune **2.** *T.gram. raro* incidentale: *proposizione incidente* ‖ **incidenteménte** **avv.** *ant.* incidentalmente. **TAV. *ottica* p. 1329** 2.1.

incidènte[2] [da *incidere*[2]; a. 1693] **sm.** **1.** caso, episodio inatteso, gen. a carattere negativo, che interrompe il corso di un avvenimento: *morire in un incidente stradale, gli incidenti sul lavoro* ‖ *fig. incidente di percorso*, contrattempo, infortunio che interrompe un'azione senza pregiudicarne però l'esito **2.** disputa che si accende durante una discussione su questioni personali o comunque estranee all'argomento di cui si tratta: *chiudere l'incidente* **3.** *T.giur.* questione accessoria che si propone durante un giudizio e necessita una decisione separata ‖ **N. 1.** *Sin.* accidente, contrattempo; disgrazia, infortunio, sciagura **2.** *Sin.* contesa, questione | aprire, chiudere, creare, esaurire, sollevare.

incidènza [dal lat. tardo *incidentia*; a. 1519 nel senso 2] **sf.** **1.** l'incidere, il cadere sopra: *punto d'incidenza*, punto d'incontro di due rette incidenti ‖ *T.fis. angolo d'incidenza dei raggi*, angolo che un raggio incidente forma con la normale alla superficie nel punto d'incidenza **2.** l'incidere, il far sentire il proprio peso o influsso: *l'incidenza di una spesa sul bilancio dell'azienda, l'incidenza dell'assenteismo sulla produttività* ‖ il manifestarsi di un fenomeno e la sua frequenza: *l'incidenza di una malattia* ‖ *T.econ. incidenza sul reddito, sul patrimonio*, effettiva diminuzione in conseguenza di un aggravio fiscale **3.** *ant.* digressione ‖ *lett.* nella *loc. avv. per incidenza*, incidentalmente ‖ **N. 2.** *Sin.* effetto, influenza, influsso, peso, ripercussione. **TAV. *ottica* p. 1329** 2.6.

incìdere[1] (pres. *-ido*; p.rem. *incisi, incidésti*; pps. *inciso*) [dal lat. *incīdere*; 1319 nel senso 2] **tr.** **1.** tagliare più o meno profondamente con taglio netto e sottile: *incidere il tronco d'un albero; incidere un ascesso* **2.** intagliare, spec. un metallo o una pietra o anche un legno per tracciarvi lettere o figure: *incidere il (su) rame, incidere un gioiello* ‖ *fig.* imprimere profondamente e in modo duraturo: *incidere le parole di qualcuno nella memoria* **3.** *T.tecn. incidere un disco, un nastro*, fare sì, mediante vari dispositivi, che un suono imprima una traccia su un disco o su un nastro magnetico affinché possa essere riprodotto; si dice anche del cantante, del complesso e sim. che esegue il brano: *incidere una canzone* **4.** *non com.* cominciare a consumare: *incidere i propri risparmi* **5.** *ant.* recidere, tagliare ‖ **N. 1.** *Sin.* tagliare **2.** *Sin.* graffiare, graffire, intagliare, scalfire, scolpire; fissare, imprimere **3.** *Sin.* registrare **4.** *Sin.* intaccare.

incìdere[2] (pres. *-ido* ecc., come INCIDERE[1]) [dal lat. *incidere*, cadere sopra; 1931] **intr.** (aus. *avere*) **1.** cadere sopra: *un raggio luminoso che incide su una superficie riflettente* ‖ *fig.* ricadere, gravare: *tasse che incidono sui lavoratori dipendenti* **2.** *fig.* lasciare una traccia profonda: *incidere sul carattere, sulla vita di qualcuno* || **N.** **1.** *Sin.* colpire, gravare, pesare, ricadere **2.** *Sin.* condizionare, influire, segnare.

incielàre o **incelàre** (pres. *incièlo*) [comp. parasint. di *cielo*; 1260] ***tr.*** *poet.* collocare in cielo, innalzare alla beatitudine celeste: *alto merto inciela donna più su* (Dante).

incignàre [lat. tardo *encaeniāre*, inaugurare; sec. XV *ingegnare*] ***tr.*** *lett.* o *tosc.* usare per la prima volta: *incignava quel giorno anzi un guarnello* (Pascoli); *incignare una botte*, cominciare a prenderne il liquido.

incile [dal lat. *incīle*, fosso di scolo; 1550] ***sm.*** l'apertura per cui l'acqua è derivata in un canale da un lago, da un fiume e sim. || **N.** *Sin.* apertura, imbocco.

incimurrìre (pres. *-ìsco, -ìsci*) [comp. parasint. di *cimurro*; a. 1936] ***intr.*** (aus. *essere*) *non com.* prendere il cimurro || *scherz.* di persona, prendere il raffreddore.

incincignàre [da *incignare*, con influsso di *cencio*; 1869] ***tr.*** *tosc.* di stoffe e sim., piegare malamente, spiegazzare, sgualcire.

incineràre (pres. *-ìnero*) [dal lat. tardo *incinerāre*; 1598] ***tr.*** **1.** cremare **2.** *non com.* bruciare, incenerire.

incinerazióne [da *incinerare*; sec. XIV nel senso 2] ***sf.*** **1.** *disus.* l'incendiare stoppie o sim. sopra un campo per concimarlo con la cenere **2.** cremazione || **N.** **1.** *Sin.* abbruciamento, debbio.

incìngere (pres. *-ìngo, -ìngi*) [dal lat. *incingere*; 1260] ***intr.*** (aus. *essere*) e ***intr. pron.*** *ant.* rimanere incinta: *benedetta colei che in te s'incinse* (Dante) || ***tr.*** *raro* cingere, circondare || **N.** ***intr.*** *Sin.* concepire.

incinta [lat. tardo *incincta*, var. pop., per influsso di *cincta*, cinta, del class. *inciens*, gravida; a. 1306] ***agg.*** (solo *f.*) di donna, gravida: *essere incinta di cinque mesi, incinta di due gemelli*; *mettere incinta*, fecondare; *rimanere incinta*, venir fecondata, dare inizio a una gravidanza || **N.** *Sin.* in stato interessante, pregna.

incipiènte [dal lat. *incipiens, -entis*; a. 1698] ***agg.*** che incomincia, che è agli inizi: *paralisi, calvizie incipiente* || **N.** *Sin.* nascente.

incipit (lat., pr. it. ['intʃipit]) [letter. comincia; 1957] ***sm.*** *inv.* *T.filol.* nei codici antichi, formula che si poneva all'inizio dell'opera || più gen. indica le parole iniziali di un testo || *T.mus.* le note o le battute iniziali di un brano || **N.** **1.** *Contr.* explicit.

incipitàrio (pl. *-ri*) [da *incipit*; 1963] ***sm.*** *T.lett.* e *T.mus.* raccolta degli *incipit* di un *corpus* di componimenti poetici o musicali: *incipitario della lirica italiana delle origini.*

incipollatùra [da *incipollare*; 1834] ***sf.*** spaccatura sottile del legname, di una tavola e sim. || **N.** *Sin.* cipollatura.

incipollìre (pres. *-ìsco, -ìsci*) [comp. parasint. di *cipolla*; 1869] ***intr.*** (aus. *essere*) di legname, sfaldarsi, sfogliarsi come una cipolla.

incipriàre (pres. *-ìprio*) [comp. parasint. di *cipria*; 1869] ***tr.*** coprire di cipria || ***rifl.*** e ***rifl. indir.*** darsi la cipria.

inciprignìre (pres. *-ìsco, -ìsci*) [etim. sconosciuta; a. 1565] ***intr.*** (aus. *essere*) e ***intr. pron.*** **1.** *non com.* di piaghe e sim., irritarsi, inasprirsi **2.** *fig.* irritarsi, diventare cattivo || ***tr.*** *raro* irritare, inasprire || **N.** ***intr.*** **1.** *Sin.* aggravarsi, peggiorare **2.** *Sin.* adirarsi, esasperarsi, incattivire, indispettirsi.

incirca [comp. di *in* e *circa*; a. 1499] ***avv.*** circa (posposto alla cifra a cui si riferisce) || *più com.* nella *loc. avv. all'incirca*, pressappoco: *è andata all'incirca così.*

incirconcìșo [dal lat. tardo *incircumcīsus*; fine sec. XIV] ***agg.*** (solo *m.*) *lett.* che non è stato circonciso, rif. a chi non è di religione giudaica.

incircoscrittìbile [da *circoscrittibile*; a. 1342] ***agg.*** che non può essere limitato o circoscritto, detto di Dio nella teologia scolastica.

incircoscrìtto [dal lat. tardo *incircumscrīptus*; a. 1311] ***agg.*** *lett.* non circoscritto, illimitato.

incișióne [dal lat. *incīsio, -ōnis*; 1499] ***sf.*** **1.** l'atto e l'effetto dell'incidere || taglio netto e sottile: *fare un'incisione profonda, praticare un'incisione chirurgica* **2.** l'arte di tracciare le linee di un disegno su legno (*xilografia*), su metalli (*calcografia*), su pietra (*litografia*) ecc. in modo da poterne ottenere delle riproduzioni per mezzo della stampa: *incisione a bulino* || *concr.* figura o immagine incisa e impressa: *un'incisione del Tiepolo* **3.** registrazione di suoni su disco o nastro magnetico: *sala di incisione* || *concr.* anche il disco inciso: *collezionare vecchie incisioni.*

incișività [da *incisivo*; 1954] ***sf.*** l'essere incisivo: *incisività di stile.*

incișìvo [da *incidere*[1]; a. 1320] **I** ***agg.*** **1.** che ha la forza e la capacità d'incidere: *dente incisivo*, ciascuno degli otto denti impiantati nella parte anteriore della mascella, a forma di scalpello, che servono a incidere il cibo **2.** *T.fot.* si dice di obiettivo che fornisce immagini dai contorni nitidi || detto anche di immagine particolarmente nitida o di disegno dai contorni marcati: *tratti, lineamenti incisivi* **3.** *fig.* caratterizzato da precisione, nettezza, efficacia rappresentativa: *stile, giudizio incisivo; scrittore incisivo* || **incișivaménte** ***avv.*** **II** ***sm.*** dente incisivo: *gli incisivi superiori e inferiori* || **N.** **I** **1.** *Sin.* tagliente **2.** *Sin.* marcato, nitido **3.** *Sin.* efficace, evidente, icastico, netto, penetrante, preciso, vivo. **TAV.** *fonetica*... 1.15; ***anatomia*** **p. 642** 21.3.

incìșo [dal lat. *incīsus*; 1559] ***sm.*** **1.** *T.gram.* breve proposizione o sintagma inserito in un altro costrutto da cui è sintatticamente indipendente || nella *loc. avv. per inciso*, incidentalmente, tra parentesi: *sia detto per inciso* **2.** *T.mus.* combinazione ritmica elementare, parte costitutiva di una frase musicale.

incișóre [da *incidere*[1]; 1598] ***sm.*** artista che fa incisioni || **N.** acquafortista, calcografo, cesellatore, intagliatore, litografo, niellatore, xilografo, zincografo.

incișorìa [da *incisore*; 1943] ***sf.*** laboratorio di incisioni.

incișòrio (pl. *-ri*) [da *incidere*[1]; 1787] ***agg.*** relativo all'incisione: *arte incisoria* || *sala incisoria*, quella dove si fanno le sezioni anatomiche.

incistaménto [da *incistarsi*; 1940] ***sm.*** **1.** *T.biol.* l'incistarsi **2.** *T.med.* processo di reazione di un tessuto, che consiste nella formazione di una cisti attorno a un corpo estraneo o a un ascesso.

incistàrsi [comp. parasint. di *cisti*; 1950] ***intr. pron.*** **1.** *T.biol.* di Protozoi e Metazoi, chiudersi in una cisti, passando a uno stato di vita latente **2.** *T.med.* di un corpo estraneo o un ascesso, formare una cisti.

incișùra [dal lat. tardo *incisura*; 1834] ***sf.*** *T.med.* depressione della superficie di un organo || **N.** *Sin.* fessura, incisione, intaglio, solco.

incitàbile [dal lat. *incitābilis*; 1834] ***agg.*** che si può incitare.

incitaménto [dal lat. *incitāmentum*; a. 1347] ***sm.*** l'incitare e il suo effetto: *essere sordo ad ogni incitamento* || **N.** *Sin.* esortazione, impulso, incentivo, incoraggiamento, sollecitazione, spinta, sprone, stimolo.

incitàre (pres. *ìncito*, raro *incìto*) [dal lat. *incitāre*; a. 1342] ***tr.*** stimolare ad agire: *incitare all'azione, alla riscossa, incitare la propria squadra* || **N.** *Sin.* aizzare, esortare, incoraggiare, indurre, istigare, provocare, pungolare, spingere, spronare.

incitatóre [dal lat. *incitātor, -ōris*; sec. XIV] ***agg.*** e ***sm.*** (f. *-trìce*) che, chi incita || **N.** *Sin.* esortatore, istigatore, provocatore, stimolatore.

incitazióne [dal lat. *incitātio, -ōnis*; a. 1363] ***sf.*** *non com.* incitamento.

incitrullìre (pres. *-ìsco, -ìsci*) [comp. parasint. di *citrullo*; 1869] ***intr.*** (aus. *essere*) e ***intr. pron.*** diventare citrullo || ***tr.*** *non com.* rendere citrullo || **N.** *Sin.* rimbecillire, rincitrullire, rincretinire.

inciuccàre (pres. *-ùcco, -ùcchi*) [comp. parasint. di *ciucca*, sbornia; 1958] ***tr.*** *pop.* ubriacare, anche *fig.*: *mi ha inciuccato di chiacchere* || ***intr. pron.*** *pop.* ubriacarsi.

inciuchìre (pres. *-ìsco, -ìsci*) [comp. parasint. di *ciuco*; 1869] ***intr.*** (aus. *essere*) e ***intr. pron.*** diventare simile a un ciuco, per ignoranza e stupidità || **N.** *Sin.* inasinire.

incivettìre (pres. *-ìsco, -ìsci*) [comp. parasint. di *civetta*; a. 1566] ***intr.*** (aus. *essere*) e ***intr. pron.*** *non com.* divenire civetta, in senso *fig.*: *da quando va con quelle compagne, è incivettita* || ***tr.*** *raro* far diventare civetta: *distrae, raffredda, incivettisce l'anima* (Carducci).

incivile [dal lat. tardo *incivīlis*; sec. XIV] **I** ***agg.*** **1.** non civile, che appartiene a una civiltà non evoluta: *popoli incivili* **2.** indegno di una società civile: *legislazione incivile* || *per estens. più com.* contrario alle norme della buona educazione e del vivere civile: *avere modi incivili; un individuo incivile* || **incivilménte** ***avv.*** **II** ***s.*** persona incivile: *comportamento da incivile* || **N.** **I** **1.** *Sin.* selvaggio, BARBARO | *Contr.* civile, civilizzato, evoluto **2.** *Sin.* grossolano, maleducato, rozzo, sgarbato, villano | *Contr.* educato.

inciviliménto [da *incivilire*; 1773] ***sm.*** l'incivilire e l'incivilirsi || **N.** *Sin.* civilizzazione | *Contr.* imbarbarimento.

incivilìre (pres. *-ìsco, -ìsci*) [comp. parasint. di *civile*; 1598] ***tr.*** rendere civile: *incivilire una popolazione selvaggia* || *per estens.* ingentilire, dirozzare: *incivilire i costumi* || ***intr. pron.*** diventare civile, ingentilirsi: *frequentando questo ambiente si è incivilito* || **N.** ***tr.*** *Sin.* civilizzare | *Contr.* imbarbarire.

inciviltà [dal lat. *incivilitas, -ātis*; 1598] ***sf.*** **1.** l'essere incivile, mancanza di civiltà o condizione di civiltà non evoluta **2.** mancanza di educazione: *l'inciviltà dei vandali che deturpano i locali pubblici* || *concr.* atto di persona incivile || **N.** **1.** *Sin.* barbarie **2.** *Sin.* grossolanità, maleducazione, rozzezza, scortesia; villania.

inclassificàbile [da *classificabile*; 1957] ***agg.*** **1.** che non si può classificare, che non rientra in nessuna classificazione: *persona politicamente inclassificabile* **2.** nel linguaggio scolastico, che non può essere valutato, gen. perché troppo scadente: *compito inclassificabile* || *per estens.* di infimo livello, estremamente scorretto: *contegno inclassificabile* || **N.** **1.** *Sin.* indefinibile **2.** *Sin.* pessimo, scorretto; indegno, inqualificabile, offensivo.

inclemènte [dal lat. *inclemens, -entis*; a. 1535] ***agg.*** **1.** non clemente, estremamente severo: *una sentenza inclemente, essere inclemente nel giudicare* **2.** *fig.* di condizioni atmosferiche, non favorevole: *stagione inclemente* || **N.** **1.** *Sin.* crudele, duro, impietoso, inesorabile, inflessibile, severo, spietato **2.** *Sin.* avverso, rigido | *Contr.* mite.

inclemènza [dal lat. *inclementia*; sec. XIV] ***sf.*** **1.** l'essere inclemente, duro: *inclemenza di un giudice* **2.** l'essere avverso, rigido: *l'inclemenza del tempo* || **N.** **1.** *Sin.* crudeltà, durezza, inesorabilità, severità **2.** *Sin.* asprezza, avversità.

inclinàbile [da *inclinare*; sec. XIII *inclinebile*] ***agg.*** che si può inclinare.

inclinàre [dal lat. *inclināre*; sec. XIV] ***tr.*** **1.** piegare verso una direzione, perlopiù in giù: *inclinare il capo* **2.** *fig.* disporre, rendere incline: *la natura l'ha inclinato al male* || ***intr.***

(aus. *avere*) **1.** *non com.* pendere, essere piegato **2.** *più com. fig.* propendere, essere disposto: *inclina all'ozio; inclinare a credere* || ***intr. pron.*** piegarsi da una parte || **N.** ***tr.*** **1.** *Sin.* abbassare, flettere, reclinare | *Contr.* raddrizzare **2.** *Sin.* indirizzare, indurre, predisporre, spingere | ***intr.*** **1.** *Sin.* pendere **2.** *Sin.* avere un debole, propendere, tendere.

inclinàto (*pps.* di *inclinare*) [sec. XIII] ***agg.*** **1.** piegato verso una direzione || *piano inclinato,* superficie piana che forma un angolo non retto e non nullo col piano dell'orizzonte, lungo la quale i corpi sono trasportati più facilmente che non in direzione verticale **2.** *fig.* disposto, incline: *è inclinato al male* || **N. 1.** *Sin.* pendente, piegato **2.** *Sin.* dedito, portato, proclive, propenso, tagliato.

inclinazióne [dal lat. *inclinātio, -ōnis*; sec. XIV nel senso 3] ***sf.*** **1.** l'essere inclinato: *l'inclinazione del tetto* **2.** *in part. T.geom. inclinazione di una retta, di un piano,* angolo formato con il piano orizzontale || *T.fis. inclinazione magnetica,* l'angolo che, in ogni punto della superficie terrestre, il vettore del campo magnetico terrestre forma con il piano dell'orizzonte || *T.astr. angolo d'inclinazione,* angolo che il piano dell'orbita di un astro forma con il piano dell'eclittica || *T.geol. inclinazione di uno strato,* angolo compreso tra piano di stratificazione e piano orizzontale || nei mezzi di trasporto, assetto longitudinale o laterale del mezzo rispetto alla superficie su cui si muove **3.** *fig.* tendenza dell'animo, propensione: *ha inclinazione allo studio, alla musica* || attrazione, simpatia: *avere un'inclinazione per qualcuno* || **N. 1.** *Sin.* pendenza **3.** *Sin.* attitudine, bernoccolo, disposizione, indole, interesse, predisposizione, talento, tendenza, vocazione | *Contr.* avversione.

incline [dal lat. *inclīnis*; 1908] ***agg.*** *lett.* disposto, propenso: *incline alla comprensione.*

inclinòmetro [comp. di *inclin(azione)* e *-metro*; 1893] ***sm.*** **1.** strumento per la misura dell'inclinazione di un veicolo, spec. un aereo o una nave **2.** strumento per misurare l'inclinazione magnetica terrestre.

ìnclito [dal lat. *inclitus*; 1321] ***agg.*** *lett.* glorioso, illustre || usato in passato come titolo di cerimonia: *l'inclita corte* || come *sf.* nella *loc. scherz. il colto (pubblico)* e *l'inclita (guarnigione)*, un tempo usata nella presentazione di spettacoli teatrali di basso livello; oggi nel senso di "tutti", il grande pubblico: *posizioni gradite al colto e all'inclita* || **N.** *Sin.* famoso, insigne, nobile.

inclùdere (pres. *-ùdo* ecc., come ACCLUDERE) [dal lat. *inclūdere*; sec. XIII nel senso 2] ***tr.*** **1.** chiudere dentro, accludere: *includere un vaglia nella lettera* **2.** comprendere in un gruppo o in una classe: *mi hanno incluso tra i soci, il buono-pasto non include le bevande* **3.** contenere, racchiudere: *il suo discorso includeva nuove proposte politiche* || **N. 1.** *Sin.* allegare, inserire, introdurre **2.** *Sin.* annettere, annoverare, inserire | *Contr.* escludere **3.** *Sin.* comportare, contenere, implicare, racchiudere.

inclusióne [dal lat. *inclūsio, -ōnis*; a. 1540] ***sf.*** **1.** l'atto dell'includere: *l'inclusione di un nome nell'elenco* **2.** *T.geol.* la presenza di corpi estranei nell'interno dei cristalli; il corpo estraneo stesso così incluso **3.** *T.mat.* relazione che sussiste tra due insiemi quando tutti gli elementi di un insieme fanno parte dell'altro || **N. 1.** *Sin.* inserimento | *Contr.* esclusione.

inclusìvo [da *includere*; a. 1458] ***agg.*** che include, contiene, implica: *il prezzo è inclusivo del trasporto* || *T.ling.* *"noi" inclusivo,* pronome personale che vale "io e te (più eventualmente altre persone)"; è distinto in molte lingue dal "noi" esclusivo, che esclude l'ascoltatore || *T.fil.* in logica, *disgiunzione inclusiva,* V. DISGIUNZIONE || **inclusivaménte** ***avv.*** *non com.* con inclusione (posposto al termine a cui si riferisce): *dal 10 al 15 gennaio inclusivamente* || **N.** *Contr.* esclusivo.

inclùso (*pps.* di *includere*) [a. 1250] **I *agg.*** **1.** contenuto: *la lettera inclusa* (anche *sf.*: *l'inclusa*) || *T.mat. insieme incluso in un altro,* tale che tutti i suoi elementi appartengono anche all'altro **2.** compreso: *studiare da pag. 5 a pag. 56 inclusa* **II *sm.*** *T.biol.* corpo, sostanza estranea inserita o conglobata in altri corpi o cellule || **N.** I **1.** *Sin.* accluso, allegato, inserito, introdotto **2.** *Contr.* escluso.

incoagulàbile [da *coagulabile*; 1957] ***agg.*** che non si coagula.

incoagulabilità [da *incoagulabile*; 1957] ***sf.*** *raro* l'essere incoagulabile.

incoàre (usato solo nell'inf., nel pps. e nei tempi composti) [dal lat. *incohāre,* incominciare; a. 1874] ***tr.*** *raro T.giur.* incominciare, avviare, rif. a un procedimento legale.

incoatìvo [dal lat. tardo *incohatīvus*; 1561] ***agg.*** *T.ling.* che esprime l'inizio, l'avviarsi di un'azione o un processo: *verbi incoativi; il suffisso -sc- in latino ha spesso valore incoativo.*

incoccàre (pres. *-òcco, -òcchi*) [comp. parasint. di *cocca*; 1561] ***tr.*** **1.** mettere la freccia e sim. nella cocca dell'arco, per scagliarla **2.** fermare il filo alla cocca del fuso **3.** *T.mar.* infilare un anello o avvolgere l'estremità di un cavo attorno alla cima di un albero, un'asta e sim. || ***intr. pron.*** *non com.* ingarbugliarsi nel parlare: *s'incocca prima il parlar che uscir voglia di bocca* (Ariosto) || **N. 1.** *Contr.* scoccare **3.** *Sin.* incappellare.

incoccatùra [da *incoccare*; 1889] ***sf.*** *T.mar.* estremità di un pennone o di un albero in cui vengono incoccati i cavi e gli anelli.

incocciàre (pres. *-òccio*) [comp. parasint. di *coccia*; 1602 nel senso 2] ***tr.*** **1.** *region.* sbattere, urtare contro qualcosa: *incocciare un muro* || imbattersi in qualcuno **2.** *T.mar.* agganciare, unire un gancio a un anello metallico o ad una gassa: *Incoccia! Trinca!* (D'Annunzio) || ***intr.*** (aus. *essere*) **1.** *region.* sbattere, urtare violentemente: *è andato a incocciare nella trave* || imbattersi, capitare: *incocciare bene, male* **2.** *tosc. fam.* impermalirsi, stizzirsi || ***intr. pron.*** *region.* ostinarsi, intestardirsi.

incocciatùra [da *incocciare*; 1660] ***sf.*** **1.** *fam.* ostinazione **2.** *tosc.* l'impermalirsi.

incodardìre (pres. *-ìsco, -ìsci*) [comp. parasint. di *codardo*; a. 1704] ***intr.*** (aus. *essere*) *non com.* diventare codardo.

incoercìbile [da *coercibile*; 1816] ***agg.*** **1.** che non può essere trattenuto o represso, spec. *fig.*: *desiderio incoercibile* **2.** che non si può comprimere: *gas incoercibile* || **N. 1.** *Sin.* inarrestabile, irrefrenabile, irreprimibile.

incoercibilità [da *incoercibile*; 1848] ***sf.*** l'essere incoercibile.

incoerènte [dal lat. *incohǣrens, -entis*; a. 1694 nel senso 2] ***agg.*** **1.** che manca di coesione: *rocce incoerenti,* non compatte **2.** *fig.* non coerente, pieno di contraddizioni: *idee incoerenti, condotta incoerente* || *T.mat.* e *T.fil.* contraddittorio: *teoria incoerente* **3.** *T.fis.* detto di fenomeni oscillatori tra i quali non è costante nel tempo la differenza di fase: *fascio di radiazioni incoerenti* || **incoerenteménte** ***avv.***; anche nella *loc. prep. incoerentemente con* || **N. 2.** *Sin.* assurdo, contraddittorio, discordante, discrepante, illogico, incongruente, sconclusionato, sconnesso, slegato.

incoerènza [da *incoerente*; a. 1694 nel senso 2] ***sf.*** **1.** mancanza di coesione e compattezza **2.** *fig.* mancanza di coerenza e connessione logica: *incoerenza di un discorso* || *T.mat.* contraddittorietà || *concr.* atto o detto incoerente, contraddittorio **3.** *T.fis.* proprietà di fenomeni oscillatori la cui differenza di fase non è costante nel tempo || **N. 2.** *Sin.* contraddittorietà, discordanza, discrepanza, illogicità, incongruenza, irrazionalità, sconclusionatezza; contraddizione.

incògliere (pres. *-òlgo* ecc., come COGLIERE) [da *cogliere*; a. 1348] ***intr.*** (aus. *essere*) *lett. non com.* avvenire, sopraggiungere in modo inatteso, oggi quasi solo *scherz.* in espressioni come *mal gliene incolse* || ***tr.*** *raro* cogliere di sorpresa.

incògnita [da (*quantità*) *incognita*; a. 1754] ***sf.*** **1.** *T.mat.* grandezza non conosciuta, che si cerca di determinare nella soluzione di un problema; si indica di solito con una *x, y* o *z* **2.** *per estens.* situazione o fatto il cui sviluppo non è prevedibile: *l'avvenire è pieno d'incognite* || persona di cui non si riesce a immaginare il modo di pensare o di reagire: *quel ragazzo per me è un'incognita* || **N. 2.** *Sin.* mistero.

incògnito [dal lat. *incŏgnitus*; 1321] **I *sm.*** **1.** stato di chi nasconde la propria identità: *conservare l'incognito; viaggiare in incognito,* spec. rif. a personaggi pubblici, in forma privata, senza farsi riconoscere **2.** l'ignoto, ciò che non si conosce **II *agg.*** *non com.* non conosciuto || **N.** II *Sin.* anonimo, ignoto, sconosciuto.

incoiàre V. INCUOIÀRE.

ìncola [dal lat. *incola*; a. 1375] ***sm.*** *arc.* o *lett.* abitante.

incolàto [dal lat. tardo *incolātus*; sec. XIV] ***sm.*** *T.giur.* nel diritto romano, condizione giuridica di chi è domiciliato in luogo diverso da quello d'origine.

incollàggio (pl. *-gi*) [da *incollare*[1]; 1957] ***sm.*** operazione, procedimento tecnico dell'incollare.

incollaménto [da *incollare*[1]; 1550] ***sm.*** l'atto e l'effetto dell'incollare e dell'incollarsi.

incollàre[1] (pres. *-òllo*) [comp. parasint. di *colla*; a. 1320] ***tr.*** **1.** far aderire con colla: *incollare le figurine nell'album, i manifesti al muro* **2.** spalmare di colla o collante: *incollare carta, tele, tessuti* || ***intr. pron.*** **1.** appiccicarsi per mezzo della colla: *l'etichetta non si è incollata bene* || *per estens.* aderire: *a causa della pioggia le si erano incollati i vestiti addosso* **2.** *fig.* stare molto vicino a qualcosa o a qualcuno come se non si riuscisse a staccarsene: *incollarsi davanti alla televisione, quel tipo noiosissimo le si è incollato addosso per tutto il viaggio* || **N.** ***tr.*** **1.** *Sin.* appiccicare, attaccare | *Contr.* scollare.

incollàre[2] (pres. *-òllo*) [comp. parasint. di *collo*; a. 1940] ***tr.*** *region. non com.* rif. a pesi, metterli in collo, caricarli sulle spalle || **N.** *Sin.* accollare.

incollatóre [da *incollare*[1]; 1834] ***sm.*** (f. *-trice*) chi incolla; spec. l'operaio addetto ai lavori di incollaggio.

incollatrice [da *incollare*[1]; 1965] ***sf.*** macchina per l'incollaggio.

incollatùra[1] [da *incollare*[1]; a. 1537] ***sf.*** l'atto e l'effetto dell'attaccare con colla || *concr.* il punto che unisce due superfici incollate.

incollatùra[2] [da *incollare*[2]; a. 1803] ***sf.*** **1.** il punto in cui il collo s'attacca alle spalle, detto spec. di cavallo **2.** *T.sport.* nell'ippica, la differenza della lunghezza della testa e del collo, all'arrivo, tra un cavallo e l'altro in corsa: *vincere di un'incollatura* (anche *fig.* in altri sport, per un soffio).

incollerìre (pres. *-ìsco, -ìsci*) [comp. parasint. di *collera*; 1583 *incollorire*] ***intr.*** (aus. *essere*) e ***intr. pron.*** andare in collera || **N.** *Sin.* adirarsi, arrabbiarsi, infuriarsi, irritarsi, stizzirsi.

incolmàbile [comp. parasint. di *incolmare*; 1921] ***agg.*** che non può essere colmato, spec. *fig.*: *morendo, ha lasciato un vuoto incolmabile* || nello sport, irrecuperabile: *la squadra prima in classifica ha un vantaggio incolmabile.*

incolonnaménto [da *incolonnare*; 1940] ***sm.*** l'atto e l'effetto dell'incolonnare e dell'incolonnarsi.

incolonnàre (pres. *-ónno*) [comp. parasint.

di *colonna*; 1905] ***tr.*** ordinare in colonna: *incolonnare i numeri di una tabella, soldati, automezzi* || ***rifl.*** disporsi in colonna.

incolonnatóre [da *incolonnare*; 1957] ***sm.*** il dispositivo che nelle macchine per scrivere serve a incolonnare lo scritto, perché arresta il carrello in un punto prefissato || **N.** *Sin.* tabulatore.

incolóre (meno com. *incolóro*) [dal lat. *incolor, -ōris*, attr. il fr. *incolore*; 1871 nel senso 2] ***agg.*** **1.** senza colore: *liquido incolore* **2.** *fig.* privo di vivacità, monotono: *una vita, una personalità, uno stile incolore* || **N. 1.** *Sin.* trasparente; scolorito **2.** *Sin.* banale, impersonale, insignificante, mediocre, monotono, piatto, scialbo.

incolpàbile[1] [da *incolpare*; a. 1292] ***agg.*** che può essere incolpato || **N.** *Sin.* imputabile, incriminabile.

incolpàbile[2] [dal lat. tardo *inculpābilis*; sec. XIV] ***agg.*** *lett.* che non può essere incolpato; senza colpa || **N.** *Sin.* incolpevole, innocente.

incolpabilità[1] [da *incolpabile*[1]; 1869] ***sf.*** *non com.* il poter essere incolpato.

incolpabilità[2] [da *incolpabile*[2]; 1869] ***sf.*** incolpevolezza.

incolpaménto [da *incolpare*[1]; a. 1294] ***sm.*** *non com.* l'incolpare.

incolpàre (pres. *-ólpo*) [dal lat. tardo *inculpāre*; a. 1250] ***tr.*** attribuire una colpa a qualcuno, non necessariamente con un'accusa esplicita: *non gli diceva nulla, ma in cuor suo lo incolpava per* (o *di*) *quanto era successo* || accusare: *incolpare qualcuno di furto, di assassinio* || ***rifl.*** attribuirsi una colpa || ***rec.*** darsi la colpa a vicenda || **N.** ***tr.*** imputare, incriminare, ACCUSARE.

incolpàto[1] *pps.* di *incolpare*.

incolpàto[2] [dal lat. tardo *inculpātus*; a. 1694] ***agg.*** *lett.* scevro di colpa; incolpevole || *T.giur.* *incolpata tutela*, legittima (non colpevole) difesa.

incolpazióne [dal lat. tardo *inculpātio, -ōnis*; prima metà sec. XIV] ***sf.*** *raro* l'atto e l'effetto dell'incolpare.

incolpévole [dal lat. tardo *inculpābilis*; a. 1543] ***agg.*** non colpevole: *dichiarare incolpevole* || **N.** *Sin.* innocente.

incolpevolézza [da *incolpevole*; 1939] ***sf.*** l'essere incolpevole.

incoltézza [da *incolto*; a. 1685] ***sf.*** *raro* l'essere incolto, anche *fig.* || **N.** *Sin.* incultura, IGNORANZA, ROZZEZZA.

incoltivàbile [da *coltivabile*; a. 1498] ***agg.*** che non può essere coltivato.

incólto [dal lat. *incultus*; sec. XIV] ***agg.*** **1.** non coltivato: *campo incolto* **2.** *fig.* negletto, trasandato: *capelli incolti* **3.** *fig.* che manca di cultura: *persona incolta ma intelligente* || **N. 1.** *Sin.* abbandonato, deserto **2.** *Sin.* sciatto, trascurato **3.** *Sin.* grossolano, ignorante, rozzo | *Contr.* colto.

incòlume [dal lat. *incolumis*; a. 1484] ***agg.*** sano e salvo: *uscire incolume da un incidente* || *non com.* rif. a cosa, intatto; anche *fig.*: *mantenere incolume il proprio onore* || **N.** *Sin.* illeso, indenne, integro.

incolumità [dal lat. *incolumitās, -ātis*; sec. XIV] ***sf.*** l'essere o il rimanere fisicamente integri: *essere responsabile dell'incolumità degli operai.*

incombènte (*ppr.* di *incombere*) [a. 1642 *incumbente*] **I** ***agg.*** che incombe, che sovrasta: *pericolo, obbligo incombente* **II** ***sm.*** (spec. *pl.*) *T.giur.* mezzo istruttorio.

incombènza [dal lat. *incumbentia*; 1541 *incumbenza*] ***sf.*** incarico: *la dolorosa incombenza del riconoscimento della salma* || **N.** *Sin.* commissione, compito, mandato.

incombenzàre [da *incombenza*; a. 1517] ***tr.*** *raro* incaricare.

incómbere [dal lat. *incumbere*, giacere; 1. 3: *incumber* nel senso 2] ***intr.*** (non ha tempi composti) **1.** sovrastare in modo più o meno minaccioso: *nube che incombe* || anche *fig.* essere imminente: *una decisiva scadenza incombe su di noi* **2.** *T.bur.* essere obbligo d'ufficio, spettare: *incombe al Comune la manutenzione del verde pubblico* || **N. 1.** *Sin.* incalzare, sovrastare **2.** *Sin.* competere, spettare, toccare.

incombustìbile [da *combustibile*; a. 1537] ***agg.*** non combustibile, che non brucia.

incombustibilità [da *incombustibile*; 1795] ***sf.*** l'essere incombustibile.

incombùsto [da *combusto*; a. 1514] ***agg.*** *lett.* non combusto, non bruciato.

incominciaménto [da *incominciare*; a. 1250] ***sm.*** *lett.* l'incominciare || **N.** *Sin.* avvio, inizio, PRINCIPIO.

incominciàre (pres. *-íncio*) [da *cominciare*; a. 1249 *incuminciato*] ***tr.*** dare inizio a una cosa, a un'attività: *incominciare un lavoro, un discorso* || rif. a periodi di tempo, viverne l'inizio: *incominciare bene la giornata, l'anno nuovo* || costruito con *a* e l'infinito (talvolta può prendere l'ausiliare *essere* del verbo all'infinito): *incomincio ora a studiare; gli è incominciato a venir meno l'entusiasmo* || *ass.* cominciare a dire: *incominciò il poeta tutto smorto* (Dante) || ***intr.*** (aus. *essere*) avere inizio: *l'anno incomincia col primo gennaio* || **N.** *Sin.* accingersi, avviare, iniziare, intraprendere, COMINCIARE.

incommensuràbile [dal lat. tardo *incommensurābilis*; a. 1572 nel senso 2] ***agg.*** **1.** che non si può commisurare, confrontare: *spazi incommensurabili* || *iperb.* al di là di ogni valutazione: *ricchezze incommensurabili* **2.** *T.mat.* di due grandezze omogenee tali che il rapporto tra le loro misure è un numero irrazionale (per es. la diagonale e il lato di un quadrato) || **incommensurabilménte** ***avv.*** || **N. 1.** *Sin.* immenso, incalcolabile, infinito, sconfinato, smisurato.

incommensurabilità [da *incommensurabile*; a. 1642] ***sf.*** qualità dell'essere incommensurabile, anche come *T.mat.*

incommerciàbile [da *commerciabile*; 1869] ***agg.*** non commerciabile || che non può essere oggetto di rapporti giuridici privati.

incommerciabilità [da *incommerciabile*; 1957] ***sf.*** l'essere incommerciabile.

incòmmodo ***agg.*** *ant.* V. INCOMODO.

incommutàbile [dal lat. *incommūtābilis*; a. 1342] ***agg.*** **1.** non commutabile: *pena incommutabile, la libertà è un bene incommutabile* **2.** *lett.* immutabile, costante || **incommutabilménte** ***avv.***

incommutabilità [dal lat. *incommutabilitas; -ātis*; a. 1364] ***sf.*** l'essere incommutabile.

incomodàre (pres. *-òmodo*) [dal lat. *incommodare*; 1545] ***tr.*** dare fastidio o disturbo: *mi scuso di averla incomodata*; nelle formule di cortesia: *incomodo?, no, entri pure* || ***rifl.*** pigliarsi incomodo, procurarsi un fastidio (spec. nelle formule di cortesia): *la prego, non s'incomodi* || **N.** ***tr.*** *Sin.* disturbare, importunare, infastidire, scomodare, seccare.

incomodàto (*pps.* di *incomodare*) [1655] ***agg.*** **1.** disturbato **2.** *non com.* lievemente indisposto.

incomodità [dal lat. *incommoditas, -ātis*; sec. XIII] ***sf.*** *non com.* **1.** l'essere incomodo, mancanza di comodità **2.** disagio non troppo grave: *è una casa piena d'incomodità* || **N. 2.** *Sin.* difficoltà, disagio, impiccio, incomodo, inconveniente, scomodità.

incòmodo [dal lat. *incommodus*; sec. XIV come sm.] **I** ***agg.*** non comodo, che dà noia o disturbo: *avere l'appuntamento a un'ora incomoda* || *il terzo incomodo*, chi con la sua presenza disturba due che vorrebbero restare soli **II** ***sm.*** **1.** cosa che reca disturbo o molestia, fastidio: *mi levò l'incomodo, essere d'incomodo a qualcuno*; nelle formule di cortesia: *togliere l'incomodo*, accomiatarsi **2.** *non com.* leggera infermità: *pieno d'acciacchi e d'incomodi* || **N. I** *Sin.* disagevole, scomodo; fastidioso, inopportuno, molesto **II 1.** *Sin.* disagio, disturbo, fastidio, noia, seccatura **2.** *Sin.* acciacco, indisposizione, malanno.

incomparàbile [dal lat. *incomparābilis*; sec. XIV] ***agg.*** che non si può comparare, che è senza paragone || *iperb.* eccezionale, splendido, eccellente: *una festa, un'amicizia, un'esecuzione incomparabile* || **incomparabilménte** ***avv.*** senza paragone || **N.** *Sin.* impareggiabile, ineguagliabile, straordinario, unico.

incomparabilità [da *incomparabile*; 1869] ***sf.*** *non com.* l'essere incomparabile.

incompatìbile [da *compatibile*; a. 1540] ***agg.*** **1.** che è in contrasto e non si può conciliare con altro: *una proposta incompatibile con la disponibilità economica dell'azienda* || *caratteri incompatibili*, che non vanno d'accordo || *cariche incompatibili*, che non possono essere ricoperte dalla stessa persona || *T.chim.* *sostanze incompatibili*, che non possono coesistere senza alterarsi a vicenda || *T.mat.* si dice di un sistema di equazioni o di relazioni che non possono essere verificate contemporaneamente **2.** *non com.* insopportabile || **incompatibilménte** ***avv.***; nella *loc. prep.* *incompatibilmente con*, in rapporto di incompatibilità con: *incompatibilmente con le premesse del discorso* || **N. 1.** *Sin.* contrastante, discorde, inconciliabile **2.** *Sin.* inammissibile, ingiustificabile, insopportabile, intollerabile.

incompatibilità [da *compatibilità*; a. 1540] ***sf.*** **1.** l'essere incompatibile: *incompatibilità di carattere, di idee, di cariche pubbliche*; *incompatibilità politica* || *T.med.* *incompatibilità farmacologica*, condizione per cui la somministrazione contemporanea di determinati farmaci risulta inefficace oppure dannosa; *incompatibilità materno-fetale*, condizione immunologica alla base della malattia emolitica del neonato **2.** *T.bot.* incapacità del polline di germinare, allorché sia posto sullo stimma del fiore che lo ha prodotto o di altro fiore appartenente alla sua stessa specie || **N. 1.** idiosincrasia.

incompàtto [da *compatto*; 1869] ***agg.*** *raro* non compatto.

incompenetràbile [da *compenetrabile*; 1782] ***agg.*** in fisica, di sostanze che non possono compenetrarsi.

incompenetrabilità [da *incompenetrabile*; 1951] ***sf.*** *T.fis.* la proprietà per la quale due sostanze non possono occupare contemporaneamente il medesimo spazio.

incompensàbile [da *compensabile*; a. 1667] ***agg.*** *non com.* che non si può compensare.

incompetènte [da *competente*; 1657] **I** ***agg.*** **1.** non competente, che non sa, non conosce a sufficienza: *dichiararsi incompetente in materia* || *ass.* che non sa svolgere bene il proprio mestiere: *un ingegnere incompetente* **2.** *T.giur.* che non ha la facoltà di compiere certi atti giuridici: *giudice incompetente* **3.** *T.geol.* di roccia che, in seguito a sollecitazioni e tensioni, si piega con estrema facilità || **incompetenteménte** ***avv.*** *non com.* **II** ***s.*** chi non ha competenza o non si intende di qualcosa: *in fatto di musica sei un incompetente; che razza d'incompetenti!* || **N. I 1.** *Sin.* ignaro, ignorante, impreparato, profano; inabile, incapace, inesperto.

incompetènza [da *competenza*; 1337 nel senso 2] ***sf.*** **1.** l'essere incompetente, mancanza di conoscenza o di pratica: *dimostrare la propria incompetenza* **2.** *T.giur.* mancanza di competenza, da parte di un organo giudiziario o amministrativo, a compiere determinati atti giuridici || **N. 1.** *Sin.* impreparazione, inabilità, inesperienza.

incompiànto [da *compianto*; 1822] ***agg.*** *lett.* che non è pianto o compianto.

incompiutézza [da *incompiuto*; 1897] ***sf.*** l'essere incompiuto, non finito, mancanza di compiutezza.
incompiùto [da *compiuto*; 1304] ***agg.*** **1.** non compiuto, non portato a termine: *capolavori incompiuti di Michelangelo* **2.** *meno com.* insufficiente, imperfetto || **incompiutaménte** ***avv.*** imperfettamente.
incompletézza [da *incompleto*; 1945] ***sf.*** l'essere incompleto.
incomplèto [dal lat. tardo *incomplētus*; a. 1758] ***agg.*** non completo, privo di qualche parte: *una trattazione incompleta, una personalità incompleta* || *T.fil.* di teoria, in cui non è possibile dimostrare tutte le proposizioni che sono vere nel suo modello || **incompletaménte** ***avv.***
incomportàbile [da *comportabile*; 1353] ***agg.*** *lett.* insopportabile || **incomportabilménte** ***avv.***
incomportabilità [da *incomportabile*; 1959] ***sf.*** *lett.* insopportabilità.
incompostézza [da *incomposto*; a. 1705] ***sf.*** *non com.* l'essere, lo stare incomposto.
incompósto [dal lat. *incompositus*; a. 1375] ***agg.*** **1.** scomposto, disordinato: *capelli incomposti* **2.** *fig.* privo di compostezza e decoro: *atteggiamento incomposto* || **incompostaménte** ***avv.*** || **N. 1.** *Sin.* arruffato, disordinato **2.** *Sin.* indecente, indecoroso, sconveniente, sguaiato.
incomprensìbile [dal lat. *incomprehensibilis*; a. 1292] ***agg.*** che non si riesce a capire: *parole incomprensibili, hai preso una decisione per me incomprensibile* || **incomprensibilménte** ***avv.*** **1.** in maniera incomprensibile **2.** anche con valore frasale, senza un motivo comprensibile a chi parla: *incomprensibilmente è arrivato tardi il giorno dell'esame* || **N.** *Sin.* astruso, enigmatico, impenetrabile, imperscrutabile, indecifrabile, inesplicabile, oscuro; assurdo, irragionevole.
incomprensibilità [da *incomprensibile*; sec. XIV] ***sf.*** l'essere incomprensibile.
incomprensióne [da *comprensione*; 1572] ***sf.*** mancanza di comprensione, spec. con riferimento alla sfera sentimentale e affettiva: *incomprensione tra coniugi.*
incompréso [dal lat. tardo *incomprehēnsus*; 1598] **I** ***agg.*** non compreso, non capito o apprezzato: *sentirsi incompreso* || *iron. genio incompreso*, si dice di chi si crede un genio e si lamenta che gli altri non lo ritengano tale **II** anche ***sm.*** (f. *-a*): *sono un incompreso.*
incompressìbile [da *compressibile*; 1697] ***agg.*** *T.fis.* incomprimibile.
incompressibilità [da *compressibilità*; 1869] ***sf.*** *T.fis.* proprietà di ciò che è incompressibile.
incomprimìbile [da *comprimibile*; 1957] ***agg.*** **1.** che non si può comprimere, contenere, frenare: *entusiasmo incomprimibile* **2.** *T.fis.* rif. a corpo che, sottoposto a pressione, non diminuisce di volume || **N. 1.** *Sin.* incontenibile, irrefrenabile.
incomprimibilità [da *incomprimibile*; 1957] ***sf.*** l'essere incomprimibile.
incomputàbile [da *computabile*; 1858] ***agg.*** *non com.* che non si può o che non vale la pena di calcolare || **N.** *Sin.* incalcolabile; inapprezzabile, irrilevante, trascurabile.
incomunicàbile [dal lat. tardo *incommunicābilis*; 1686 *incommunicabile*] ***agg.*** **1.** che non si può trasmettere: *beni incomunicabili* **2.** che non si può esprimere ad altri: *sentimenti incomunicabili* || **N. 2.** *sm.* indicibile, ineffabile, inesprimibile.
incomunicabilità [da *incomunicabile*; 1957] ***sf.*** **1.** l'essere incomunicabile **2.** l'incapacità e l'impossibilità di una comunicazione piena, di una conoscenza reale di chi ci sta vicino.
inconcepìbile [da *concepibile*; 1573] ***agg.*** che non si riesce a concepire o immaginare: *condizioni di miseria per noi inconcepibili* || *iperb.* difficile a credersi o inammissibile: *è inconcepibile che esistano scandali di questo genere* || **inconcepibilménte** ***avv.*** anche con valore frasale || **N.** *Sin.* assurdo, illogico, impensabile, incredibile, inimmaginabile, inspiegabile, strano; inaccettabile, intollerabile.
inconcepibilità [da *concepibilità*; a. 1712] ***sf.*** l'essere inconcepibile.
inconcèsso [da *concesso*; a. 1511] ***agg.*** *lett.* non concesso, negato || **N.** *Sin.* illecito, negato, proibito, vietato.
inconcilìàbile [da *conciliabile*; 1786] ***agg.*** non conciliabile, che non si può accordare: *due caratteri inconciliabili, le nostre opinioni sono inconciliabili* || **inconciliabilménte** ***avv.*** || **N.** *Sin.* contrastante, incompatibile; irriducibile.
inconciliabilità [da *conciliabilità*; 1869] ***sf.*** l'essere inconciliabile || **N.** *Sin.* incompatibilità.
inconcludènte [da *concludente*; 1611] **I** ***agg.*** che non raggiunge il suo scopo: *parole, sforzi inconcludenti* || rif. a persona, che non porta mai a termine ciò che intraprende || **inconcludenteménte** ***avv.*** **II** ***s.*** persona inconcludente || **N. I** *Sin.* inutile, sconclusionato, vano; dispersivo, incapace, inetto.
inconcludènza [da *inconcludente*; 1951] ***sf.*** l'essere inconcludente, l'essere privo di efficacia.
inconclùso [da *concluso*; 1618] ***agg.*** *non com.* non concluso.
inconcùsso [dal lat. tardo *inconcussus*; 1509] ***agg.*** *lett.* stabile, fermo, quasi sempre *fig.*: *verità inconcussa, diritti inconcussi* || **N.** *Sin.* fisso, incrollabile, irremovibile, saldo.
incòndito [dal lat. tardo *inconditus*, non riposto, disordinato; a. 1530] ***agg.*** *T.lett.* disordinato, sgraziato, grossolano; non modulato secondo i dettami della tecnica poetica.
incondizionàto [da *condizionato*; 1866] ***agg.*** senza alcuna condizione: *una resa incondizionata* || pieno e intero, assoluto: *appoggio incondizionato* || **incondizionataménte** ***avv.*** || **N.** *Sin.* completo, illimitato; libero, totale.
inconfessàbile [da *confessabile*; 1899] ***agg.*** che non si ha il coraggio di confessare: *desideri inconfessabili* || *eufem.* turpe; disonesto.
inconfessàto [da *confessato*; 1898] ***agg.*** non confessato, talvolta neppure a se stessi: *speranze inconfessate.*
inconfèsso [dal lat. *inconfessus*; 1686] ***agg.*** *lett.* che non ha confessato: *reo inconfesso.*
inconfondìbile [da *confondibile*; 1905] ***agg.*** che non si può confondere, in quanto presenta caratteristiche particolari: *uno stile inconfondibile* || **inconfondibilménte** ***avv.*** || **N.** *Sin.* caratteristico, particolare, peculiare, tipico | *Contr.* indistinguibile.
inconfortàbile[1] [da *confortabile*; 1869] ***agg.*** *raro* che non può ricevere conforto.
inconfortàbile[2] [dall'ingl. *umcomfortable*, non confortevole; 1970] ***agg.*** *raro* scomodo.
inconfutàbile [da *confutabile*; 1869] ***agg.*** che non si può confutare: *argomento inconfutabile* || **inconfutabilménte** ***avv.*** anche con valore frasale, senza dubbio || **N.** *Sin.* indiscutibile, innegabile, inoppugnabile, irrefutabile.
inconfutàto [da *confutato*; 1910] ***agg.*** *non com.* non confutato || **N.** *Sin.* indiscusso.
incongelàbile [dal lat. tardo *incongelābilis*; 1598] ***agg.*** che non si congela; che non si può congelare.
incongiungìbile [da *congiungibile*; a. 1530] ***agg.*** *non com.* che non si può congiungere.
incongruènte [dal lat. *incongruens, -ēntis*; a. 1642] ***agg.*** non congruente, privo di coerenza: *un'affermazione incongruente con l'impostazione generale del discorso* || **incongruenteménte** ***avv.*** || **N.** *Sin.* assurdo, contraddittorio, illogico, incoerente.
incongruènza [dal lat. tardo *incongruentia*; a. 1642] ***sf.*** **1.** l'essere incongruente **2.** *concr.* atto, detto, comportamento incongruente: *un resoconto pieno d'incongruenze* || **N. 1.** *Sin.* contraddittorietà, incoerenza, illogicità **2.** *Sin.* contraddizione.
incongruità [dal lat. *incongruitas, -ātis*; 1598] ***sf.*** *non com.* l'essere incongruo.
incòngruo [dal lat. tardo *incongruus*; 1521] ***agg.*** **1.** non adeguato: *compenso incongruo* **2.** *non com.* incongruente, incoerente || **incongruenteménte** ***avv.*** || **N. 1.** *Sin.* inadatto, sproporzionato.
inconocchiàre (pres. *-òcchio*) [comp. parasint. di *conocchia*; 1342] ***tr.*** mettere sulla conocchia per filare.
inconoscìbile [dal lat. *inconoscibilis*; a. 1595] **I** ***agg.*** che non si può arrivare a conoscere: *verità inconoscibile* **II** ***sm.*** *T.fil.* ciò che per sua natura non può essere oggetto di conoscenza, ciò che trascende la mente e l'intelligenza umana || **N. I** *Sin.* impenetrabile, imperscrutabile, inaccessibile, misterioso, trascendentale.
inconoscibilità [da *inconoscibile*; a. 1698] ***sf.*** l'essere inconoscibile.
inconsapévole [da *consapevole*; 1818] ***agg.*** non consapevole, che non è a conoscenza, o più freq. non ha coscienza, di qualcosa: *essere inconsapevole di un pericolo, dei propri difetti* || **inconsapevolménte** ***avv.*** senza consapevolezza || **N.** *Sin.* ignaro, inconscio, incosciente.
inconsapevolézza [da *consapevolezza*; 1869] ***sf.*** l'essere inconsapevole || **N.** *Sin.* ignoranza, incoscienza.
incònscio (pl. *-sci*) [dal lat. tardo *incōnscius*; 1353 come agg.; a. 1909 come sm.] **I** ***agg.*** **1.** di impulso, atto o istinto di cui la coscienza non ha consapevolezza **2.** *non com.* rif. a persona, inconsapevole, ignaro || **inconsciaménte** ***avv.*** **II** ***sm.*** *T.psic.* la sfera dell'attività psichica che non raggiunge la soglia della coscienza e della consapevolezza dell'individuo || *inconscio collettivo*, la parte dell'inconscio in cui sono depositate le immagini e le esperienze fondamentali della specie umana, che sono patrimonio comune a tutte le generazioni. **Q.T.** *psicanalisi, psicologia.*
inconseguènte [dal lat. tardo *inconsequens, -entis*; a. 1686] ***agg.*** che non è conseguente alle premesse || che non è coerente: *uomo inconseguente* || **inconseguenteménte** ***avv.*** || **N.** *Sin.* contraddittorio, contrastante, incoerente, illogico, incongruente.
inconseguènza [dal lat. *inconsequentia*; a. 1604] ***sf.*** l'essere inconseguente, mancanza di connessione logica || **N.** *Sin.* contraddittorietà, illogicità, incongruenza.
inconsideràbile [da *considerabile*; a. 1330] ***agg.*** **1.** *ant.* non considerabile **2.** *non com.* che non merita alcuna considerazione || **N.** *Sin.* insignificante, irrilevante, trascurabile.
inconsideratézza [da *inconsiderato*; a. 1642] ***sf.*** *non com.* l'essere inconsiderato || **N.** *Sin.* avventatezza, imprudenza, leggerezza, sconsideratezza.
inconsideràto [dal lat. *inconsiderātus*; a. 1292] ***agg.*** **1.** rif. a persona, che agisce senza riflettere **2.** che è fatto senza considerazione: *parole inconsiderate* || **inconsiderataménte** ***avv.*** || **N. 1.** *Sin.* avventato, imprudente, impulsivo, incauto, precipitoso, sconsiderato.
inconsiderazióne [dal lat. tardo *inconsiderātio, -ōnis*; a. 1400] ***sf.*** mancanza di considerazione || **N.** *Sin.* avventatezza, sconsideratezza.
inconsistènte [da *consistente*; a. 1642] ***agg.*** **1.** che non ha consistenza: *materiale inconsi-*

stente || *fig.* rif. a persona, privo di nerbo e personalità **2.** *fig.* privo di fondamento e validità: *ragioni inconsistenti* || **N. 1.** *Sin.* debole, fragile **2.** *Sin.* infondato; vano, vuoto.

inconsistènza [da *consistenza*; 1572] **sf.** l'essere inconsistente, anche fig.: *l'inconsistenza di una proposta* || **N.** *Sin.* debolezza, fragilità.

inconsolàbile [dal lat. *inconsōlābilis*; 1598] **agg.** che non si può consolare: *dolore inconsolabile*; *vedova inconsolabile* || **inconsolabilménte** **avv.** || **N.** *Sin.* desolato, disperato, sconfortato, sconsolato.

inconsolàto [da *consolato*; 1618] **agg.** *non com.* disperato, sconfortato.

inconsuèto [dal lat. *inconsuētus*; a. 1508] **agg. 1.** non consueto, fuori dell'ordinario: *un fatto inconsueto* **2.** *lett.* non conosciuto || **inconsuetaménte** **avv.** || **N. 1.** *Sin.* curioso, insolito, inusitato, sorprendente, strano | *Contr.* abituale, diffuso **2.** *Sin.* ignoto.

inconsùlto [dal lat. *inconsultus*; a. 1363] **agg.** *non com.* non meditato || incontrollato: *movimento inconsulto* || **inconsultaménte** **avv.** || **N.** *Sin.* avventato, imprudente, impulsivo, sconsiderato, temerario.

inconsumàbile [da *consumabile*; a. 1638] **agg.** non consumabile || *T.giur. bene inconsumabile*, il cui godimento si protrae nel tempo || **N.** *Sin.* duraturo, eterno, indistruttibile.

inconsumàto [dal lat. tardo *inconsummātus*; a. 1588] **agg.** *non com.* non consumato.

inconsùnto [dal lat. *inconsumptus*; 1822] **agg.** *lett.* non consunto, intatto: *e l'inconsunta fiaccola nella tua destra accese* (Manzoni) || **N.** *Sin.* inalterato, integro, intero.

inconsùtile [dal lat. *inconsutilis*; a. 1342] **agg.** *lett.* che non ha cucitura, che è tessuto d'un sol pezzo; si dice della veste di Gesù Cristo, che simbolicamente rappresenta l'indivisibilità e l'universalità della Chiesa.

incontaminàbile [dal lat. *incontaminābilis*; sec. XIV] **agg.** *non com.* non contaminabile.

incontaminatézza [da *incontaminato*; a. 1694] **sf.** *non com.* l'essere incontaminato || **N.** *Sin.* purezza.

incontaminàto [dal lat. *incontaminātus*; sec. XIV] **agg.** non contaminato || **N.** *Sin.* intatto, integro, puro.

incontanènte [dal lat. *incontinenti* (*tempore*), in un tempo immediato; sec. XIII] **avv.** *ant.* senza por tempo in mezzo.

incontenìbile [da *contenibile*; 1946] **agg.** che non può essere contenuto, trattenuto o represso: *un assalto incontenibile, un bisogno, una gioia incontenibile* || **N.** *Sin.* inarrestabile, irrefrenabile, travolgente.

incontentàbile [da *contentabile*; sec. XIV] **I agg.** che non si contenta mai, eternamente insoddisfatto: *un cliente incontentabile* || estremamente esigente con se stesso, perfezionista: *un artista incontentabile* **II** anche **s.**: *sei proprio un incontentabile* || **N.** *Sin.* esigente, pretenzioso, scontento; insaziabile.

incontentabilità [da *contentabilità*; a. 1729] **sf.** l'essere incontentabile || **N.** *Sin.* insoddisfazione, pretenziosità, scontentezza.

incontestàbile [da *contestabile*; a. 1712] **agg.** che non si può contestare: *affermazioni incontestabili* || **incontestabilménte** **avv.** anche con valore frasale: *incontestabilmente ha detto la verità* || **N.** *Sin.* certo, evidente, inconfutabile, indiscutibile, innegabile, inoppugnabile, irrefutabile, sicuro.

incontestabilità [da *incontestabile*; 1940] **sf.** l'essere incontestabile.

incontestàto [da *contestato*; a. 1909] **agg.** non messo in dubbio da nessuno || *per estens.* indiscutibile, incontestabile.

incontinènte [dal lat. *incontinens, -entis*; sec. XIV] **I agg. 1.** che non sa moderare le proprie passioni o i propri desideri **2.** *T.med.* affetto da incontinenza **II s. 1.** chi pecca d'incontinenza **2.** *T.med.* chi è incapace di controllare i propri sfinteri || **N. I 1.** *Sin.* dissoluto, intemperante, sfrenato, smodato.

incontinènza [dal lat. *incontinentia*; 1313 *incontenenza*] **sf. 1.** l'essere incontinente: *peccato d'incontinenza* **2.** *T.med.* emissione involontaria di feci o di urina, per debolezza patologica degli sfinteri || **N. 1.** *Sin.* intemperanza, sfrenatezza, smoderatezza **2.** enuresi.

incóntra [lat. tardo *incontra*; 1525] **avv.** *ant.* incontro.

incontràre (pres. *-óntro*) [lat. tardo *incontrāre*; fine sec. XII *encontrare*] **tr. 1.** trovare casualmente per via: *ho incontrato in piazza un amico che non vedevo da anni*; *fig. incontrare lo sguardo di qualcuno*, incrociare lo sguardo || *fig.* trovare, imbattersi in qualcosa senza volerlo: *nel fare questo lavoro ho incontrato molte difficoltà*; *incontrare delle spese*, doverle necessariamente sostenere || *incontrare il favore del pubblico*, avere successo (talvolta anche *ass.*: *è un articolo che incontra molto*) || *incontrare bene, male*, capitare bene o male in una scelta **2.** avere un colloquio precedentemente stabilito con qualcuno: *incontrare il sindaco, lo incontrerò domani per discutere della faccenda* **3.** *T.sport.* affrontare in competizione un avversario: *il pugile italiano incontrerà stanotte il campione mondiale*; *nell'ultima partita di campionato il Napoli incontrerà l'Inter* **4.** *T.mat.* avere uno o più punti in comune: *quella retta incontra il piano in un punto* || **intr.** (aus. *essere*) *non com.* capitare, accadere || **intr. pron. 1.** vedersi deliberatamente con qualcuno: *fra un'ora mi incontro con l'assistente sociale* **2.** *non com.* imbattersi, avere in sorte || **rec. 1.** trovarsi di fronte o insieme a qualcuno per caso o deliberatamente: *ci siamo incontrati ieri senza volerlo* || *in part.* conoscersi: *mio marito ed io ci siamo incontrati ad una festa* **2.** *T.sport.* affrontarsi in una competizione: *i due fiorettisti si sono incontrati nella finale del campionato europeo* **3.** *fig.* coincidere: *i nostri gusti s'incontrano* || di due persone, avere gli stessi gusti, le stesse opinioni: *ci siamo incontrati nel preferire la montagna* **4.** unirsi, confluire: *due rette, due strade che si incontrano* || **N. tr. 1.** *Sin.* imbattersi, incappare, incrociare; trovare **4.** *Sin.* intersecare | **intr. pron. 1.** *Sin.* trovarsi | **rec. 2.** *Sin.* misurarsi, scontrarsi **3.** concordare, convenire **4.** *Sin.* convergere.

incontràrio [da *contrario*; a. 1777] **avv.** *fam.* nella loc. *all'incontrario*, al contrario, a rovescio, all'opposto: *fai tutto all'incontrario di quello che ti dico!*

incontrastàbile [da *contrastabile*; 1294 *incontastabile*] **agg.** che non si può contrastare: *forza incontrastabile* || a cui è necessario soggiacere, ineluttabile: *destino incontrastabile* || che non si può mettere in dubbio: *verità incontrastabile* || **N.** *Sin.* irresistibile; INCONTESTABILE.

incontrastàto [da *contrastato*; a. 1729] **agg.** non contrastato: *una vittoria incontrastata* || **N.** *Sin.* indiscusso.

incontrista [da *incontro*²; 1955 nel senso 2] **s. 1.** *T.sport.* nel pugilato, atleta abile nel colpire d'incontro **2.** *T.sport.* nel calcio, giocatore abile nel contrastare l'azione dei giocatori avversari in possesso di palla.

incóntro¹ [da *incontrare*; 1530] **sm. 1.** l'incontrare e l'incontrarsi: *ricordo ancora il nostro primo incontro*; *fare un brutto incontro*, imbattersi in malviventi o in persone sgradite || *per estens.* il punto in cui due cose s'incontrano, incrocio: *all'incontro delle due strade c'è una splendida chiesetta* || *T.mat. punto d'incontro*, fra due rette convergenti, il punto in comune; *fig.* accordo, posizione comune: *cercare un punto d'incontro fra sindacati e imprenditori* || nel linguaggio sportivo e in part. nel pugilato *colpo d'incontro*, colpo che anticipa l'attacco dell'avversario; *per estens. giocare d'incontro*, usare tale colpo **2.** riunione prevista e deliberata: *fissare un incontro con la delegazione estera, incontro al vertice*; *incontri bilaterali*, quelli che si svolgono fra due controparti **3.** competizione sportiva: *disputare un incontro di calcio, di tennis, di pugilato* || *non com.* scontro tra forze armate o duellanti **4.** *non com.* favore, buona accoglienza: *una commedia che ha avuto molto incontro* **5.** *raro* circostanza, occasione, evenienza || **N. 1.** bello, brutto, casuale, felice, fortuito, fortunato, impensato, imprevisto, inevitabile, interessante, noioso, piacevole, sgradito **2.** *Sin.* appuntamento, colloquio, convegno, riunione **3.** *Sin.* competizione, gara, *match*, partita **4.** *Sin.* favore, gradimento, successo. **Q.T.** *sport.*

incóntro² [lat. tardo *incontra*; 1319] **I** nella **loc. prep.** *incontro a* **1.** indica movimento verso qualcuno (o qualcosa) spec. se rivolto a sua volta nella direzione di chi compie il movimento: *appena mi ha visto mi è venuto incontro, correre incontro all'ospite, a una macchina* || *fig.* indica l'avvicinamento nel tempo, l'imminenza di un evento e sim.: *andavano inconsapevoli incontro alla catastrofe, andare incontro a spese*, doverle affrontare || *andare* (o *venire*) *incontro a qualcuno*, dare una mano, aiutare: *mi potrebbe venire incontro nel prezzo?, bisognerebbe andare incontro ai suoi desideri* **2.** *non com.* contro, indica ostilità e minaccia: *muovere incontro a uno armati di spranghe* **II avv. 1.** *non com.* con verbi di stato, dirimpetto, di fronte: *la sua casa è qui incontro* **2.** nella *loc. avv. all'incontro*, *fam.* al contrario; *ant.* in cambio.

incontrollàbile [da *controllabile*; 1954] **agg. 1.** che non può essere controllato, che non si riesce a frenare; *un furore incontrollabile* **2.** che non si può verificare: *voci, notizie incontrollabili* || **incontrollabilménte** **avv.** || **N. 1.** *Sin.* incontenibile, irrefrenabile.

incontrollabilità [da *incontrollabile*; 1975] **sf.** l'essere incontrollabile.

incontrollàto [da *controllato*; 1921 nel senso 2] **agg. 1.** che sfugge al controllo, che nasce per impulso: *un movimento, un gesto incontrollato* **2.** non pienamente attendibile in quanto non verificato: *notizia incontrollata* || **incontrollataménte** **avv.** *non com.* || **N. 1.** *Sin.* impulsivo, involontario, istintivo, spontaneo **2.** *Sin.* inattendibile, infondato.

incontrovèrso [dal lat. *incontroversus*; 1786] **agg.** *non com.* non controverso o contrastato || **N.** *Sin.* incontrastato, indiscusso, sicuro.

incontrovertìbile [da *controvertibile*; a. 1704] **agg.** che non può essere messo in discussione || **incontrovertibilménte** **avv.** anche con valore frasale || **N.** *Sin.* certo, inconfutabile, incontestabile, indiscutibile, indubbio, indubitabile, sicuro.

incontrovertibilità [da *incontrovertibile*; 1968] **sf.** l'essere incontrovertibile.

inconveniènte [dal lat. *inconveniens, -ēntis*; 1308] **I agg.** *lett.* poco opportuno, sconveniente **II sm. 1.** ostacolo non grave, circostanza che reca disturbo o danno: *sono sorti alcuni inconvenienti che ritarderanno le consegne* **2.** risvolto negativo: *gli inconvenienti del successo* || **inconvenienteménte** **avv.** *non com.* || **N. I** *Sin.* disdicevole, inopportuno **II 1.** *Sin.* avversità, contrattempo, difficoltà, guaio, intoppo, ostacolo **2.** *Sin.* svantaggio.

inconveniènza [dal lat. *inconvenentia*; a. 1342] **sf.** *non com.* l'essere inconveniente || *concr.* atto o detto sconveniente || **N.** *Sin.* sconvenienza.

inconvertìbile [dal lat. *inconvertibilis*; a. 1498] **agg.** che non si può convertire; *in part. T.econ.* di valuta, che non può essere convertita in oro o in divise estere: *il rublo è inconvertibile* || *T.banc.* di titolo, che non può essere cambiato in valuta.

inconvertibilità [dal lat. *inconvertibilitas, -ātis*; 1869] **sf.** l'essere inconvertibile.
inconvincìbile [da *convincibile*; 1834] **agg.** *non com.* che non si può convincere.
incoordinazióne [da *coordinazione*; 1952] **sf.** mancanza di coordinazione || *T.med.* *incoordinazione motoria*, mancanza di capacità di coordinare i movimenti.
incoraggiaménto [da *incoraggiare*; sec. XIV] **sm.** l'atto di incoraggiare: *premio d'incoraggiamento*, premio concesso in una competizione o in un concorso a chi non è risultato vincitore ma ha dimostrato buona volontà || *concr.* (spec. *pl.*) le parole con cui s'incoraggia: *aver fiducia negli incoraggiamenti dell'allenatore* || **N.** *Sin.* esortazione, incitamento, stimolo.
incoraggiànte (*ppr.* di *incoraggiare*) [1919] **agg.** tale da infondere coraggio e sicurezza, determinando a proseguire: *parole incoraggianti*; *gli sviluppi della situazione sono incoraggianti* || **N.** *Sin.* confortante, consolante, favorevole, lusinghiero.
incoraggiàre (pres. *-àggio*) [comp. parasint. di *coraggio*; sec. XIII] **tr.** **1.** dar coraggio, infondere fiducia: *lo incoraggiai a sostenere la prova*; anche *ass.*: *è un ragazzo che va incoraggiato* **2.** *fig.* essere d'incentivo per qualcosa: *incoraggiare un'iniziativa, incoraggiare il consumo di stupefacenti* || **intr. pron.** *non com.* prendere coraggio: *dopo molte insistenze s'incoraggiò ad esprimere i suoi sentimenti* || **N.** **tr.** **1.** *Sin.* animare, incitare, rincuorare, spronare **2.** *Sin.* appoggiare, assecondare, caldeggiare, favorire, promuovere.
incoraggiatóre [da *incoraggiare*; 1831] **agg.** e **sm.** (f. *-trice*) non com. chi o che incoraggia.
incoràre V. INCUORARE.
incordaménto [da *incordare*; 1635] **sm.** *non com.* incordatura.
incordàre (pres. *-òrdo*) [comp. parasint. di *corda*; sec. XIV] **tr.** mettere le corde a uno strumento musicale o a una racchetta || *non com.* legare con corde || **intr. pron.** *pop.* di muscoli, irrigidirsi, non potersi piegare, spec. per effetto di reumi.
incordatùra [da *incordare*; sec. XIV nel senso 2] **sf.** **1.** l'atto dell'incordare: *l'incordatura della racchetta da tennis* || *concr.* l'insieme delle corde di uno strumento o di un attrezzo **2.** contrazione e rigidità dei muscoli per reumatismo e sim.
incordonàre (pres. *-óno*) [comp. parasint. di *cordone*; 1957] **tr.** *T.mar.* impiombare.
incornàre (pres. *-òrno*) [comp. parasint. di *corna*; 1506 come intr. pron.] **tr.** **1.** colpire, ferire con le corna: *il toro ha incornato il torero* || *fig.* nel gioco del calcio, colpire di testa; anche *ass.*: *incornare (il pallone) in rete* **2.** *non com.* prendere per le corna, afferrare alle corna un animale per abbatterlo **3.** *fig. pop.* tradire il coniuge, fargli le corna || **intr. pron.** *pop.* intestardirsi, ostinarsi.
incornàta [da *incornare*; 1968] **sf.** **1.** colpo dato con le corna da un animale: *il torero è stato ferito da un'incornata del toro* **2.** *fig.* nel gergo calcistico, forte colpo di testa.
incornatùra [da *incornare*; a. 1767] **sf.** **1.** caparbietà, ostinazione **2.** *fig.* indole.
incorniciàre (pres. *-ìcio*) [comp. parasint. di *cornice*; 1605] **tr.** **1.** mettere in cornice: *incorniciare un ritratto* || *T.tip.* contornare con due linee parallele in modo da formare una cornice: *incorniciare un frontespizio, una pagina* **2.** *fig.* ornare, circondare come una cornice: *la barba gli incorniciava il volto.*
incorniciatùra [da *incorniciare*; a. 1686] **sf.** **1.** l'operazione dell'incorniciare **2.** la cornice.
incoronaménto [da *incoronare*; a. 1431] **sm.** *non com.* incoronazione.
incoronàre (pres. *-óno*) [comp. parasint. di *corona*; sec. XIII] **tr.** **1.** mettere una corona o una ghirlanda in capo: *incoronare il vincitore, incoronare d'alloro* || *in part.* conferire dignità regale o imperiale imponendo la corona, durante una cerimonia solenne **2.** *fig.* cingere come una ghirlanda: *le torri incoronano la città* **3.** *pop. scherz.* tradire il coniuge || **rifl.** cingersi di corona: *Napoleone s'incoronò da sé re d'Italia.*
incoronazióne [da *incoronare*; a. 1527] **sf.** l'incoronare || la cerimonia con cui s'incorona un sovrano, un papa ecc.
incorporàbile [da *incorporare*; a. 1320] **agg.** che si può incorporare.
incorporàle [dal lat. tardo *incorporālis*; a. 1294] **agg.** *non com.* incorporeo; che non è percepibile al tatto || **N.** *Sin.* astratto, immateriale, spirituale.
incorporaménto [da *incorporare*; sec. XIV] **sm.** l'incorporare e l'incorporarsi || **N.** *Contr.* scorporamento.
incorporànte (*ppr.* di *incorporare*) [1963] **agg.** **1.** che incorpora || *T.giur.* di stato o società commerciale che ingloba in sé un altro ente **2.** *T.ling.* *lingua incorporante*, lingua che unisce i vari elementi lessicali di una frase in una espressione unica || **N.** **2.** *Sin.* polisintetica.
incorporàre (pres. *-òrporo*) [dal lat. tardo *incorporāre*; 1305 nel senso 3] **tr.** **1.** mescolare e unire insieme più materie, in modo che formino un sol corpo: *incorporare le uova all'impasto per fare una torta* **2.** inserire in un organismo più vasto: *incorporare i vecchi ordinamenti nel nuovo codice, le reclute in un reggimento* **3.** assorbire in sé: *l'intonaco ha incorporato la tinta* || annettere: *la grossa azienda ha incorporato le ditte minori* || **rifl. rec.** di più materie, mescolarsi e unirsi insieme: *questi colori non sono facili a incorporarsi* || **N.** **tr.** **1.** *Sin.* amalgamare, fondere, miscelare, unire **2.** *Sin.* aggregare, assorbire, inglobare, ritenere **3.** *Sin.* annettere, includere.
incorporatóre [da *incorporare*; a. 1565] **agg.** e **sm.** (f. *-trice*) che, chi incorpora.
incorporazióne [dal lat. tardo *incorporātio, -ōnis*; 1529] **sf.** l'incorporare e l'essere incorporato || *T.giur.* in diritto internazionale, annessione del territorio e della popolazione di uno stato ad un altro || *T.ling.* fenomeno per cui un costituente lessicale può assorbirne un altro ad esso sintatticamente subordinato formando un'unica parola || *T.psican.* processo tipico della fase orale, con cui il soggetto introduce e conserva un oggetto all'interno del proprio corpo || **N.** *Sin.* amalgama, fusione, miscela, unione; annessione; incorporo.
incorporeità [da *incorporeo*; 1614] **sf.** l'essere incorporeo || **N.** *Sin.* immaterialità, spiritualità.
incorpòreo [dal lat. tardo *incorporeus*; 1309] **agg.** non corporeo, immateriale: *spirito incorporeo* || **N.** *Sin.* etereo, evanescente, invisibile, spirituale.
incòrporo [da *incorporare*; 1701] **sm.** *T.bur.* incameramento di beni o di rendite in un'altra proprietà.
incòrre **intr.** *ant.* V. INCOGLIERE.
incorreggìbile [dal lat. tardo *incorrigibilis*; a. 1342] **agg.** che non si può correggere: *un difetto incorreggibile* || rif. a persona, che non si riesce a correggere, che insiste nei suoi difetti: *un incorreggibile pignolo, è un ragazzo incorreggibile* || **incorreggibilménte** **avv.** || **N.** *Sin.* impenitente, incallito, irriducibile, ostinato.
incorreggibilità [da *incorreggibile*; a. 1342] **sf.** l'essere incorreggibile, non migliorabile || **N.** *Sin.* irremovibilità, ostinazione.
incórrere (pres. *-órro* ecc., come CORRERE) [dal lat. *incurrere*; sec. XIV] **intr.** (aus. *essere*) **1.** incappare in cosa che provochi danno: *incorrere in una multa* **2.** *ant.* procedere verso un fine || **N.** *Sin.* cadere, cascare, incappare, inciampare, subire.
incorrettézza [da *correttezza*; 1887] **sf.** *non com.* assoluta mancanza di correttezza || **N.** *Sin.* scorrettezza.
incorrètto [dal lat. *incorrēctus*; a. 1388] **agg.** *raro* che non ha subito correzioni: *bozze di stampa incorrette* || *peccatore incorretto*, peccatore che non si è emendato.
incorrezióne [da *correzione*; a. 1798] **sf.** *non com.* condizione di ciò o di chi è poco corretto.
incorrótto [dal lat. *incorruptus*; a. 1311 nel senso 2] **agg.** **1.** non corrotto, non deteriorato: *salma incorrotta* **2.** *fig.* incontaminato: *animo incorrotto* || che non si è lasciato corrompere: *un funzionario incorrotto* || **N.** **1.** *Sin.* intatto, sano **2.** *Sin.* immacolato, integro, puro; onesto, probo, retto.
incorruttìbile [dal lat. tardo *incorruptibilis*; 1308 nel senso 2] **agg.** **1.** non soggetto a corruzione fisica **2.** *più com. fig.* che non si lascia corrompere: *magistrato incorruttibile* || **incorruttibilménte** **avv.** || **N.** **1.** *Sin.* inalterabile **2.** *Sin.* integro, onesto, probo, retto, virtuoso.
incorruttibilità [dal lat. tardo *incorruptibilitas, -ātis*; sec. XIV] **sf.** l'essere incorruttibile, spec. *fig.*
incorsàre (pres. *-órso*) [comp. parasint. di *corso*; 1868] **tr.** *T.tess.* introdurre il filo nella macchina per tessere.
incorsatóio (pl. *-ôi*) [da *incorsare*; 1834] **sm.** strumento del falegname, che serve a fare le scanalature nel legno.
incorsatóre [da *incorsare*; 1957] **sm.** (f. *-trìce*) *T.tess.* chi compie l'azione di incorsare.
incorsatùra [da *incorsare*; 1834] **sf.** *T.tess.* l'azione di incorsare || **N.** *Sin.* rimettaggio.
incortinàre (pres. *-ìno*) [comp. parasint. di *cortina*; 1633] **tr.** *non com.* circondare di cortine: *incortinare il letto.*
incosciènte [da *cosciente*; 1833 *inconsciente*] **I** **agg.** **1.** che non ha consapevolezza di sé e delle proprie azioni: *le piante sono esseri incoscienti* || che ha perso momentaneamente i sensi: *la caduta lo lasciò incosciente per alcuni minuti* **2.** detto di persona incapace di riflettere, di rendersi conto di ciò che fa e delle conseguenze dei propri atti: *un guidatore incosciente* **3.** detto di fenomeni e processi psichici non avvertiti dalla coscienza: *atti incoscienti* || **incoscienteménte** **avv.** senza consapevolezza; da incosciente **II** **s.** chi agisce con leggerezza, in modo irresponsabile: *ha attraversato col rosso con un bambino in braccio; è proprio un'incosciente!* || **N.** **I** **1.** *Sin.* svenuto **2.** *Sin.* imprudente, irresponsabile, sconsiderato **3.** *Sin.* inconsapevole, inconscio.
incosciènza [da *coscienza*; 1884 nel senso 2] **sf.** **1.** l'essere incosciente, mancanza o perdita di coscienza: *rimanere in stato d'incoscienza* **2.** l'essere irresponsabile, l'agire con leggerezza: *dar prova d'incoscienza* || *concr.* atto da persona incosciente || **N.** **2.** *Sin.* imprudenza, irresponsabilità, sconsideratezza.
incostànte [dal lat. *incostans, -āntis*; a. 1327] **I** **agg.** non costante, soggetto a continui mutamenti e variazioni: *clima incostante* || rif. a persone, caratteri e sim., incapace di sentimenti o attività stabili ecc.: *un tipo, un temperamento incostante* || **incostanteménte** **avv.** **II** **s.** persona volubile || **N.** **I** *Sin.* instabile, mutevole, variabile; volubile.
incostànza [dal lat. *incostantia*; a. 1348] **sf.** l'essere incostante || **N.** *Sin.* instabilità, mutevolezza, variabilità; leggerezza, volubilità | *Contr.* costanza, fermezza.
incostituzionàle [dall'ingl. *unconstitutional*, attr. il fr. *inconstitutionnel*; 1797] **agg.** *T.giur.* contrario o non conforme alla costituzione politica che regge uno stato: *una legge incostituzionale* || **incostituzionalménte** **avv.** || **N.** *Sin.* anticostituzionale.
incostituzionalità [dal fr. *inconstitutionnali-*

té; 1799] **sf.** *T.giur.* l'essere incostituzionale, non costituzionale.

incòtto [dal lat. *incoctus*; 1957] **agg.** e **sm.** detto di calcare non ben calcinato durante la cottura.

incravattàre [comp. parasint. di *cravatta*; a. 1921 *incravattato*] **tr.** **1.** fornire di cravatta, usato spec. con tono scherz.: *lo avevano impomatato e incravattato per l'occasione* **2.** *gerg.* prestare denaro a usura, strozzare.

incravattàto (*pps.* di *incravattare*) [a. 1921] **agg.** che porta la cravatta || *scherz.* di persona vestita in modo fin troppo elegante ed impeccabile.

increànza [da *creanza*; 1685] **sf.** *non com.* l'essere screanzato, mancanza di educazione || *concr.* atto o detto screanzato || **N.** *Sin.* malacreanza, maleducazione, villania.

increàto [dal lat. tardo *increātus*; a. 1292] **agg.** *lett.* non creato, come attributo di Dio: *sapienza increata.*

incredìbile [dal lat. *incredĭbilis*; a. 1294 *incredebile* nel senso 2] **agg.** **1.** da non potersi credere: *un racconto incredibile* || in frasi esclamative, indica stupore (anche con ellissi del predicato): *è incredibile!, incredibile!* **2.** *iperb.* fuori del comune, eccezionale: *è di una bellezza incredibile, un'incredibile bravura, una quantità incredibile di persone* || **incredibilménte** **avv.** **1.** in modo incredibile; come modificatore di aggettivi, estremamente: *un dipinto incredibilmente bello* **2.** con valore frasale, esprime lo stupore di chi parla su quanto avviene: *incredibilmente, un gregario ha vinto il Giro d'Italia* || **N.** **1.** *Sin.* assurdo, improbabile, inconcepibile, inverosimile **2.** *Sin.* eccezionale, fantastico, favoloso, grandissimo, straordinario.

incredibilità [dal lat. *incredibilitas, -ātis*; a. 1451] **sf.** l'essere incredibile.

incredulità [dal lat. *incredulitas, -ātis*; sec. XIII] **sf.** l'essere incredulo; atteggiamento di chi è restio a credere: *raccontò come si erano svolti i fatti fra l'incredulità generale* || *in part.* *T.rel.* mancanza di fede || **N.** *Sin.* diffidenza, scetticismo; miscredenza.

incrèdulo [dal lat. *incrēdulus*; a. 1342] **I** **agg.** che non crede o non vuol credere: *si mostrò incredulo* || *in part.* che non ha fede religiosa **II** **sm.** (f. *-a*) chi non ha fede religiosa || **N.** I *Sin.* diffidente, scettico; ateo, eretico, miscredente, non credente.

incrementàle [da *incremento*; 1931] **agg.** relativo a un incremento, proprio di un incremento || *T.mat.* *rapporto incrementale,* rapporto fra l'incremento di una funzione ed il corrispondente incremento della variabile indipendente.

incrementàre (pres. *-ènto*) [dal lat. tardo *incrementāre*; 1513] **tr.** aumentare, accrescere, dare incremento: *incrementare la produzione* || **N.** *Sin.* promuovere, sviluppare.

increménto [dal lat. *incrēmentum*; a. 1498] **sm.** **1.** accrescimento, impulso allo sviluppo di attività economiche, culturali o di altro genere: *l'incremento annuo della produzione* || aumento: *incremento della popolazione* || *T.med.* *periodo d'incremento,* fase di una malattia infettiva in cui si accentua la manifestazione dei sintomi **2.** *T.mat.* la quantità di cui si accresce il valore di una variabile: *incrementi finiti, infinitesimi* || **N.** **1.** *Sin.* crescita, sviluppo, AUMENTO | *Contr.* decremento, diminuzione.

incréscere (pres. *-ésco* ecc., come CRESCERE) [dal lat. *increscere*; sec. XII] **intr.** (aus. *essere*) *lett.* rincrescere: *vedi che non incresce a me* (Dante) || **N.** *Sin.* DISPIACERE.

increscévole [da *increscere*; fine sec. XIV] **agg.** *lett.* increscioso.

increscióso [da *increscere*; 1505] **agg.** assai molesto: *una situazione incresciosa* || che causa dispiacere o disapprovazione: *un increscioso scambio di insulti* || **incresciosaménte** **avv.** || **N.** *Sin.* fastidioso, imbarazzante, molesto, seccante, sgradito, spiacevole; deplorevole, riprovevole.

increspaménto [da *increspare*; 1598] **sm.** l'atto e l'effetto dell'increspare e dell'incresparsi.

increspàre (pres. *-éspo*) [dal lat. tardo *incrispāre*; sec. XIV] **tr.** rendere crespo o ondulato: *il vento increspava la superficie del lago* || *increspare la fronte,* corrugarla; *increspare un tessuto,* farvi delle crespe || **intr. pron.** diventare crespo o ondulato || **N.** *Sin.* ondulare; raggrinzare.

increspàto (*pps.* di *increspare*) [a. 1356] **agg.** che presenta crespe e increspature: *tessuto increspato, superficie increspata.*

increspatóre [da *increspare*; 1940] **sm.** **1.** accessorio della macchina per cucire col quale si può increspare una stoffa e fissarla a una striscia senza bisogno di nessun lavoro preparatorio **2.** (f. *-trìce*) operaio addetto a preparare la carta increspata.

increspatùra [da *increspare*; a. 1584 nel senso 2] **sf.** **1.** l'atto e l'effetto dell'increspare e dell'incresparsi **2.** *più com.* fitta serie di pieghe e crespe: *l'increspatura del corpino di un vestito.*

incretiniménto [da *incretinire*; 1915] **sm.** l'incretinire.

incretinìre (pres. *-ìsco, -ìsci*) [comp. parasint. di *cretino*; 1887] **tr.** far diventare cretino: *questo è un lavoro che ti incretinisce* || **intr.** (aus. *essere*) e *meno com.* **intr. pron.** diventare cretino || **N.** **tr.** *Sin.* istupidire, ottundere | **intr.** *Sin.* rimbecillire.

incrèto [dal lat. *incrētus*; 1957] **sm.** *T.fisiol.* secrezione di ghiandole endocrine || **N.** *Sin.* ormone.

incriminàbile [da *incriminare*; 1884] **agg.** che può essere incriminato || **N.** *Sin.* incolpabile, imputabile.

incriminàre (pres. *-ìmino*) [dal lat. tardo *incrimināre*; 1309] **tr.** accusare di un reato: *incriminare per falsa testimonianza* || *per estens.* considerare come reato: *l'esportazione di capitali all'estero è incriminata dalla legge* || **N.** *Sin.* imputare, incolpare, ACCUSARE.

incriminàto (*pps.* di *incriminare*) [1476] **agg.** di cosa che è servita a commettere il reato: *l'arma incriminata* || *per estens. scherz.* di persona o cosa che costituisce l'oggetto di critiche, di discussioni: *questa è la parola incriminata.*

incriminazióne [da *incriminare*; 1862] **sf.** l'incriminare e l'essere incriminato.

incrinàre (pres. *-ìno*) [dal fr. *encrener*, intagliare; 1550] **tr.** **1.** produrre una fessura sottilissima ma profonda in un materiale fragile in modo che possa facilmente rompersi: *incrinare un vaso di vetro* **2.** *fig.* intaccare la compattezza di qualcosa, mettere in pericolo: *incrinare la reputazione di qualcuno* || **intr. pron.** **1.** fendersi: *questo bicchiere si è incrinato* **2.** guastarsi: *la loro amicizia si è incrinata* || **N.** **tr.** **1.** *Sin.* fendere, screpolare **2.** *Sin.* compromettere, danneggiare, guastare, intaccare, rovinare.

incrinatùra [da *incrinare*; 1869] **sf.** **1.** sottile fessura prodotta sulla superficie di un materiale: *un'incrinatura nel cristallo dell'automobile* || *T.med.* *incrinatura di un osso,* infrazione **2.** *fig.* potenziale motivo di crisi, difficoltà: *il nostro rapporto presenta molte incrinature* || **N.** **1.** *Sin.* crepa, fenditura, fessura, frattura, screpolatura **2.** *Sin.* dissapore, dissenso, screzio, turbamento.

incrisalidàre (pres. *-àlido*) [comp. parasint. di *crisalide*; a. 1718] **intr.** (aus. *essere*) e **intr. pron.** *non com.* in zoologia, diventare crisalide.

incriticàbile [da *criticabile*; a. 1729] **agg.** *non com.* che non dà motivo di critica || **N.** *Sin.* incensurabile.

incrociaménto [da *incrociare*; a. 1667] **sm.** *non com.* l'incrociare e l'incrociarsi || **N.** *Sin.* incrocio.

incrociàre (pres. *-ócio*) [comp. parasint. di *croce*; 1570 come rec.] **tr.** **1.** di due cose, metterne una di traverso all'altra: *incrociare i remi, incrociare le gambe*; *incrociare le braccia,* tenerle conserte, *fig.* non lavorare, scioperare; *incrociare le dita,* per scaramanzia; *incrociare le armi,* iniziare a combattere; *incrociare le spade, i ferri,* venire a duello || *T.mil.* *incrociare il fuoco,* dirigere il tiro in modo che la traiettoria del proiettile attraversi quella di un'altra arma da fuoco || *T.mar.* *incrociare un pennone,* disporlo perpendicolarmente rispetto all'albero **2.** attraversare con la propria traiettoria: *incrociare la rotta di una nave*; *ci troviamo dove la strada incrocia la ferrovia* || *per estens.* incontrare qualcuno o qualcosa che procede nel senso opposto o in altra direzione: *ho incrociato una Ferrari, stamattina abbiamo incrociato tuo fratello* **3.** *T.biol.* accoppiare animali o piante di razze o specie diverse || **intr.** (aus. *avere*) percorrere con una nave o con un aereo uno stesso tratto di mare o di cielo per ragioni di sorveglianza, esplorazione o ricognizione: *la flotta incrociava al largo*; *fig. scherz.* andare avanti e indietro: *incrociava da ore davanti alla scuola* || **rec.** **1.** intersecarsi, incontrarsi: *s'incrociano le strade, le rette, i treni, le linee, i tiri*; *i nostri sguardi si sono incrociati*; *le nostre lettere si sono incrociate,* sono state spedite ciascuna prima che l'altra arrivasse **2.** *T.biol.* accoppiarsi con un individuo di razza diversa || **N.** **tr.** **2.** *Sin.* intersecare, tagliare; incontrare **3.** *Sin.* ibridare.

incrociàto (*pps.* di *incrociare*) [a. 1539] **agg.** *T.magl.* *punto incrociato,* punto di cucito o di ricamo fatto di due punti perpendicolari l'uno all'altro || *T.metr.* *rima incrociata,* in cui il primo verso rima col quarto e il secondo col terzo (schema ABBA) || *T.gioc.* *parole incrociate,* cruciverba || *T.banc.* *assegno incrociato,* assegno sbarrato || *T.mil.* *fuoco incrociato,* quando i tiri provengono da postazioni diverse e convergono sul medesimo obiettivo; anche *fig.*: *fuoco incrociato di domande* || *T.sport.* nel tennis: *diritto, rovescio incrociato,* che attraversa diagonalmente il campo.

incrociatóre [da *incrociare*; 1798] **sm.** *T.mil.* denominazione generica di vari tipi di navi da guerra, caratterizzate soprattutto da velocità, buona autonomia, armamento medio o leggero, usate per missioni isolate o a difesa di altre unità: *incrociatore pesante, leggero, lanciamissili, da battaglia.* **Q.T.** *nautica...*

incrociatùra [da *incrociare*; a. 1616] **sf.** *non com.* l'incrociare e l'incrociarsi || *concr.* il punto dove due cose s'incrociano || **N.** *Sin.* incrocio.

incrocicchiàre (pres. *-ìcchio*) [da *incrociare*, con influsso di *crocicchio*; prima metà sec. XV] **tr.** *non com.* incrociare, detto di cose piccole e sottili: *incrocicchiare i fili.*

incrócio (pl. *-ci*) [da *incrociare*; 1900 nel senso 3] **sm.** **1.** l'atto e l'effetto dell'incrociare e dell'incrociarsi: *l'incrocio di due binari* || *più com. concr.* il punto in cui due cose si incrociano: *metti il chiodo all'incrocio delle assi*; *l'incrocio dei pali,* nel gioco del calcio, ciascuno dei due angoli superiori della porta || *in part.* intersezione di due o più strade: *un incrocio molto pericoloso, ti aspetto all'incrocio* **2.** *T.mus.* in una composizione a più voci, inversione della posizione originaria delle parti (per es. quando la linea melodica del basso supera quella del tenore) || nella tecnica degli strumenti a tastiera, passaggio di una mano sopra l'altra **3.** *T.biol.* accoppiamento di animali o piante appartenenti a razze e specie diverse || *concr.* il risultato di tale accoppiamento: *il mio cane è un incrocio tra un boxer e un mastino napoletano* **4.** *T.ling.* forma che risulta dalla fusione o dall'incontro di due elementi lessicali diversi: *l'inglese "brunch" è un incrocio di "breakfast" e* *"lunch"* || **N. 1.** *Sin.* crocevia, crocicchio **3.** *Sin.* ibridazione; ibrido **4.** *Sin.* contaminazione. **TAV. *ferrovie*... p. 669** 5.15.

incrodàrsi (pres. *-òdo*) [comp. parasint. di *croda*; 1934] ***intr. pron.*** *T.alp.* restare immobilizzato su una parete rocciosa senza poter né salire né scendere.

incrollàbile [da *crollabile*; 1666] ***agg.*** che non può crollare: *mura incrollabili*; anche *fig.*: *fede, certezza incrollabile* || **incrollabilménte** ***avv.*** || **N.** *Sin.* fermo, immobile, irremovibile, saldo, sicuro, stabile.

incrostaménto [da *incrostare*; 1564] ***sm.*** *non com.* incrostazione.

incrostàre (pres. *-òsto*) [dal lat. *incrustāre*; 1550] ***tr.*** **1.** depositare su una superficie uno strato di sedimenti: *il calcare ha incrostato le tubature* **2.** *fig.* rivestire di materiale pregiato: *incrostare un diadema di diamanti* || ***intr. pron.*** rivestirsi di sedimenti simili a una crosta: *il ferro da stiro si è incrostato* || **N. 1.** *Sin.* ingrommare; calcificare | *Contr.* scrostare.

incrostatùra [da *incrostare*; a. 1566] ***sf.*** l'atto dell'incrostare || *concr.* la materia che serve a incrostare: *incrostatura di marmo* || **N.** *Sin.* incrostazione.

incrostazióne [dal lat. tardo *incrustatio, -ōnis*; a. 1555 nel senso 2] ***sf.*** **1.** l'incrostare e l'incrostarsi: *i rubinetti sono soggetti a frequenti incrostazioni* || *concr. più com.* deposito solido che riveste la superficie degli oggetti: *incrostazioni saline, le incrostazioni di una caldaia* **2.** il rivestire con materiale prezioso || *concr.* il materiale stesso usato per tali rivestimenti: *incrostazioni di madreperla* || **N. 1.** *Sin.* concrezione, crosta, deposito, gruma.

incrudeliménto [da *incrudelire*; sec. XIV] ***sm.*** *non com.* l'incrudelire.

incrudelìre (pres. *-ìsco, -ìsci*) [comp. parasint. di *crudele*; 1312] ***intr.*** (aus. *essere*) e ***intr. pron.*** **1.** diventare crudele: *mite al principio del suo regno, è incrudelito con l'andar degli anni* **2.** (aus. *avere*) commettere atti di crudeltà: *ha incrudelito sui nemici vinti* || ***tr.*** *non com.* rendere crudele || **N.** ***intr.*** **1.** *Sin.* inferocire, infuriarsi **2.** *Sin.* imperversare, infierire | ***tr.*** *Sin.* inasprire, incattivire.

incrudiménto [da *incrudire*; 1957] ***sm.*** *T.metal.* processo di deformazione del reticolo cristallino ottenuta con lavorazione a freddo che determina un aumento della elasticità e della resistenza || **N.** ricottura.

incrudìre (pres. *-ìsco, -ìsci*) [comp. parasint. di *crudo*; 1354 come tr.] ***intr.*** (aus. *essere*) e ***intr. pron.*** **1.** farsi crudo, rigido; anche *fig.*: *il tempo incrudisce; gli animi si sono incruditi* || di legumi, tornare duro come crudo || di ferita, diventare più grave o dolorosa **2.** di metalli, perdere parte della duttilità e malleabilità || ***tr.*** **1.** *non com.* rendere crudo, inasprire: *incrudire l'odio* **2.** sottoporre i metalli a incrudimento.

incruènto [dal lat. *incruentus*; 1686] ***agg.*** *lett.* che avviene senza spargimento di sangue: *operazione, battaglia incruenta* || *T.rel. sacrificio incruento,* quello della Messa || *T.med. trattamento incruento,* che non comporta incisione dei tessuti.

incrunàre (pres. *-ùno*) [comp. parasint. di *cruna*; a. 1380] ***tr.*** *non com.* mettere nella cruna, infilare nella cruna dell'ago.

incrunatùra [da *incrunare*; 1899] ***sf.*** foro che si forma in un tessuto nel punto in cui viene fatta ripetutamente passare la cruna di un ago abbastanza grosso.

incruscàre (pres. *-ùsco, -ùschi*) [comp. parasint. di *crusca*; a. 1712] ***tr.*** **1.** coprire o riempire di crusca **2.** *non com. scherz.* adeguare ai dettami dell'Accademia della Crusca: *incruscare lo stile* || ***intr. pron.*** *non com. scherz.* diventare accademico della Crusca || scrivere pedantemente, come vorrebbero i puristi e l'Accademia della Crusca.

incubàre (pres. *incùbo* o *ìncubo*) [dal lat. *incubāre*; 1910] ***tr.*** *non com.* sottoporre a incubazione.

incubatóio o **incubatòrio** (pl. *-òi* o *-ri*) [da *incubare*; 1957 *incubatorio*] ***sm.*** ambiente o locale in cui sono collocati gli impianti di incubazione delle uova.

incubatrìce [dal lat. tardo *incubātrix, -īcis*; 1891 nel senso 2] ***sf.*** **1.** apparecchio che serve all'incubazione artificiale delle uova di gallina, di bachi o di pesci **2.** apparecchio che assicura una temperatura costante ai neonati immaturi e li mette nella condizione di sopravvivere. **TAV.** *zootecnia* 16.

incubazióne [dal lat. tardo *incubātio, -ōnis*; a. 1660] ***sf.*** **1.** *T.biol.* processo di sviluppo dell'embrione dalle uova, attuato mediante calore: *incubazione naturale*; *incubazione artificiale,* quella che avviene nelle incubatrici **2.** *T.med.* nelle malattie infettive, periodo che intercorre tra la penetrazione nell'organismo degli agenti patogeni e il manifestarsi dei primi sintomi della malattia: *il morbillo ha un'incubazione di 10 giorni circa* **3.** *fig.* lenta maturazione, senza riscontri esteriori espliciti, di un avvenimento, un progetto, un proposito: *la sua decisione di cambiare lavoro era in incubazione da tempo* || **N. 1.** *Sin.* cova.

ìncubo [dal lat. tardo *incubus*; 1354] ***sm.*** **1.** sogno angoscioso che causa un senso di oppressione e soffocamento: *stanotte ho avuto un incubo* **2.** *fig.* pensiero angoscioso che inquieta: *vivere con l'incubo dei debiti* || persona che è causa di continue preoccupazioni: *quel ragazzo per me è un incubo* || cosa che ossessiona, che tormenta: *quella musica è diventata un incubo* || **N. 2.** *Sin.* affanno, angoscia, assillo, ossessione, preoccupazione.

incùdine [dal lat. tardo *incus, -ūdinis*; a. 1306] ***sf.*** **1.** attrezzo su cui si battono e si foggiano i metalli; è costituito da un blocco d'acciaio, con la superficie superiore piana e due sporgenze laterali, una conica, l'altra piramidale || *fig. essere tra l'incudine e il martello,* essere soggetto a due forze opposte, entrambe ostili **2.** nei lavori di deformazione plastica di metalli, la parte inferiore del maglio che serve come base d'appoggio per il materiale da fucinare **3.** *T.anat.* uno degli ossicini dell'orecchio medio, compreso tra il martello e la staffa || **N. 1.** *Sin.* bicornia; ceppo, coda, corno, foro, massello, tavola | maglio, martello, mazza. **Q.T.** *fabbro* **TAV.** *macchine utensili* 9.6; ***anatomia* p. 642** 18.5; ***utensili* p. 1340** 9.

inculàre (pres. *-ùlo*) [comp. parasint. di *culo*; 1957] ***tr.*** **1.** *volg.* sodomizzare **2.** *fig. pop.* imbrogliare, raggirare, truffare.

inculàta [da *inculare*; a. 1950] ***sf.*** **1.** *volg.* atto di sodomia **2.** *fig. pop.* imbroglio, truffa.

inculcàre (pres. *-ùlco, -ùlchi*) [lat. *inculcāre*; a. 1498] ***tr.*** imprimere nella mente una cosa a furia di ripeterla: *inculcare nei ragazzi il rispetto per gli altri* || **N.** *Sin.* fissare, imprimere, insegnare.

incùlto [dal lat. *incultus*; a. 1494] ***agg.*** incolto, non coltivato: *le terre inculte e sole* (Carducci).

incultùra [da *cultura*; 1957] ***sf.*** mancanza di cultura.

inculturazióne [da *acculturazione*, con cambio di pref.; 1983] ***sf.*** in sociologia, fenomeno per cui l'individuo nel corso del processo di socializzazione assimila i principi della cultura del gruppo di appartenenza.

incunabolìsta [da *incunabolo*; 1957] ***s.*** studioso o collezionista di incunaboli.

incunabolìstica [da *incunabolista*; 1957] ***sf.*** studio degli incunaboli.

incunàbolo o **incunàbulo** [dal lat. *incunābula*, fasce dei bambini; 1869] ***sm.*** **1.** *T.stor.* libro od opuscolo stampato nei primi anni dopo l'invenzione della stampa (secolo XV) **2.** *lett.* (solo *pl.*) le prime origini: *gli incunaboli della letteratura italiana.*

incuneàre (pres. *-ùneo*) [comp. parasint. di *cuneo*; a. 1730 come intr. pron.] ***tr.*** **1.** conficcare come cuneo **2.** fissare con cunei || ***rifl.*** e ***intr. pron.*** insinuarsi come un cuneo: *incunearsi nelle linee nemiche, nei fiordi il mare s'incunea per decine di chilometri nell'interno* || **N.** ***tr.*** **1.** *Sin.* conficcare, incastrare | ***rifl.*** e ***intr. pron.*** *Sin.* infiltrarsi, inserirsi, penetrare.

incuòcere (pres. *-uòcio* ecc., come CUOCERE) [da *cuocere*; a. 1342] ***tr.*** *lett.* **1.** cuocere leggermente **2.** bruciare, anche *fig.*: *il freddo incuoce gli ulivi.*

incuoiàre o **incoiàre** (pres. *-òio, -òi*) [comp. parasint. di *cuoio*; prima metà sec. XV] ***intr.*** (aus. *essere*) e ***intr. pron.*** *non com.* assumere la durezza del cuoio: *questa tela s'è incuoiata* || ***tr.*** *raro* rivestire di cuoio.

incuoràre o **incoràre** (pres. *-uòro*) [comp. parasint. di *cuore*; metà sec. XIII] ***tr.*** *lett.* incoraggiare, incitare, rincuorare.

incupìre (pres. *-ìsco, -ìsci*) [comp. parasint. di *cupo*; 1797] ***tr.*** rendere cupo o più cupo: *incupire un colore*; anche *fig.*: *il rancore lo incupisce* || ***intr.*** (aus. *essere*) e ***intr. pron.*** farsi cupo, scuro: *il cielo s'incupisce nell'imminenza del temporale* || *fig.* diventare di cattivo umore, *a quelle parole egli di colpo s'incupì* || **N.** ***tr.*** *Sin.* scurire; impensierire, rabbuiare, rattristare.

incuràbile [dal lat. tardo *incurābilis*; a. 1342] **I** ***agg.*** che non si sa curare, che è senza rimedio: *malattia incurabile*; *eufem. un male incurabile,* il cancro || anche *fig.*: *vizio incurabile* || **incurabilménte** ***avv.*** **II** ***s.*** persona affetta da una malattia incurabile: *ospedale degli incurabili* || **N.** I *Sin.* cronico, inguaribile, insanabile; incorreggibile, inveterato, radicato.

incurabilità [da *incurabile*; 1869] ***sf.*** l'essere incurabile.

incurànte [da *curante*; a. 1854] ***agg.*** detto di persona che non si cura di cose che la riguardano: *incurante dei pettegolezzi della gente* || **N.** *Sin.* indifferente, noncurante.

incurànza [da *incurante*; a. 1421] ***sf.*** l'essere incurante; disinteresse, negligenza, indifferenza: *dimostra incuranza delle* (o *per le*) *regole del vivere civile.*

incùria [dal lat. *incūria*; sec. XIV] ***sf.*** trascuratezza nel compiere il proprio dovere: *disservizi dovuti all'incuria del personale* || **N.** *Sin.* noncuranza, NEGLIGENZA.

incuriosìre (pres. *-ìsco, -ìsci*) [comp. parasint. di *curioso*; 1887] ***tr.*** rendere curioso: *il tuo racconto mi incuriosisce* || ***intr. pron.*** diventare o farsi curioso: *si incuriosiva di tutto quel che vedeva* || **N.** ***tr.*** *Sin.* appassionare, attirare, interessare | *Contr.* disinteressare.

incurióso[1] [dal lat. *incuriōsus*; a. 1525] ***agg.*** *lett. raro* che rivela incuria e negligenza.

incurióso[2] [da *curioso*; a. 1647] ***agg.*** *lett. raro* rif. a persona, privo di curiosità || rif. a cosa, che non desta curiosità.

incursióne [dal lat. *incursio, -ōnis*; a. 1504] ***sf.*** *T.mil.* rapida azione di guerra condotta nel territorio nemico: *incursione aerea, navale, terrestre* || *per estens.* irruzione: *i rapinatori hanno fatto incursione nell'ufficio postale* || *fig. T.sport.* nel gioco del calcio, discesa rapida degli attaccanti verso la porta avversaria || **N.** *Sin.* attacco, *raid*, scorreria, scorribanda.

incursóre [da *incursione*, sul modello di *cursore*; 1683 come sm.] **I** ***agg.*** che compie un'incursione **II** ***sm.*** *T.mil.* militare appartenente ai corpi speciali delle forze armate addestrato ad entrare di sorpresa in campo nemico per compiervi azioni di sabotaggio o d'assalto.

incurvàbile[1] [da *incurvare*; 1957] ***agg.*** che si può curvare.

incurvàbile[2] [dal lat. *incurvābilis*; 1623] ***agg.*** *non com.* che non si può curvare.

incurvaménto [da *incurvare*; 1619] **sm.** *non com.* l'atto e l'effetto dell'incurvare e dell'incurvarsi: *incurvamento della colonna vertebrale.*

incurvàre [dal lat. *incurvāre*; 1445] **tr.** rendere curvo: *incurvare un'asta metallica, incurvare la schiena* || **intr. pron.** diventare curvo: *se carichi troppo i ripiani, si incurvano* || descrivere una curva: *la valle s'incurva a destra* || **N. tr.** *Sin.* abbassare, curvare, flettere, piegare.

incurvatùra [da *incurvare*; a. 1519] **sf.** l'effetto dell'incurvare e dell'incurvarsi || **N.** *Sin.* curvatura.

incurvazióne [dal lat. tardo *incurvātio, -ōnis*; a. 1519] **sf.** *raro* incurvatura.

incurvìre (pres. *-ìsco, -ìsci*) [comp. parasint. di *curvo*; 1869] **tr.** *non com.* rendere curvo, rif. a persona || **intr.** (aus. *essere*) e **intr. pron.** di persona, diventare curvo.

incùrvo [dal lat. *incurvus*; a. 1533] **agg.** *lett. non com.* curvo: *le unghie incurve e torte* (Ariosto).

incùṣo [dal lat. *incūsus*; a. 1835] **agg.** *T.num.* di moneta in cui l'impronta del conio è in incavo, anziché in rilievo.

incustodìto [da *custodito*; 1598] **agg.** non custodito, privo di sorveglianza: *lasciare il bambino incustodito*; *passaggio a livello incustodito,* sprovvisto di sbarre o altri dispositivi di chiusura.

incùtere (pres. *-ùto*; p.rem. *-ùssi, -utésti*; pps. *-ùsso*) [dal lat. *incutere*; sec. XIV] **tr.** fare nascere nell'animo di qualcuno un sentimento che gli s'impone e lo domina: *incutere rispetto, paura, terrore, spavento* || **N.** *Sin.* infondere, suscitare.

ìndaco [dal lat. *indicus*, indiano, gr. *indikón*; 1300] **I sm.** (pl. *-chi*) **1.** sostanza colorante azzurra che si ricava da alcune piante o si ottiene per via sintetica **2.** il colore di tale sostanza, che è uno dei sette colori dello spettro solare, compreso tra l'azzurro e il violetto **II agg.** *inv.* (sempre posposto) di colore compreso fra l'azzurro e il violetto: *cielo dai riflessi indaco.*

indaffaràto [comp. parasint. di *daffare*; 1887] **agg.** pieno di lavoro, di faccende: *era molto indaffarata per i preparativi della partenza* || **N.** *Sin.* affaccendato, occupato.

indagaménto [da *indagare*; a. 1681] **sm.** *non com.* l'atto dell'indagare || **N.** *Sin.* indagine.

indagàre (pres. *-àgo, -àghi*) [dal lat. *indagāre*; a. 1504] **tr.** fare sistematiche ricerche per scoprire la verità su un fatto, un fenomeno e sim.: *indagare i misteri della scienza* || **intr.** (aus. *avere*) investigare, spec. in ambito giudiziario: *indagare su una catena di delitti* || anche *ass.*: *la polizia indaga* || **N.** *Sin.* esaminare, ricercare, scrutare, studiare.

indagatóre [dal lat. *indagātor, -ōris*; sec. XV] **agg.** e **sm.** (f. *-trìce*) chi o che indaga: *occhio indagatore.*

indàgine [dal lat. *indāgo, -āginis*; 1631] **sf.** l'indagare, attività sistematica di ricerca: *indagine storica, filologica, stilistica*; *indagine di mercato,* ricerca volta a studiare la validità e la possibilità di commercializzazione di un prodotto || spec. *pl.* investigazione giudiziaria: *sono in corso le indagini della polizia* || **N.** *Sin.* analisi, esame, inchiesta, investigazione, osservazione, ricerca, studio | accurata, campionaria, coscienziosa, febbrile, lunga, minuziosa, paziente, preliminare, scrupolosa, severa | avviare, compiere, concludere, condurre, continuare, dirigere, estendere, iniziare, moltiplicare, promuovere, svolgere, terminare.

indanaiàto [comp. parasint. di *danaio*, denaro; sec. XIII] **agg.** *ant.* maculato: *pelle indanaiata.*

indantrène [comp. di *ind(aco)* e *antr(ac)ene*; 1952] **sm.** *T.chim.* nome commerciale di una classe di coloranti artificiali, gen. di colore indaco, molto stabili alla luce e ai detergenti.

indantrènico (pl. *-ci*) [da *indantrene*; 1983] **agg.** *T.chim.* relativo all'indantrene, proprio dell'indantrene.

indàrno [etim. inc.; inizio sec. XIII] **I avv.** *lett.* invano, inutilmente **II agg.** *inv. lett. essere indarno,* essere inutile.

indebitaménto [da *indebitare*; 1869] **sm.** l'indebitare e l'indebitarsi: *l'indebitamento crescente del Terzo Mondo.*

indebitàre (pres. *-ébito*) [comp. parasint. di *debito*; a. 1294] **tr.** gravare di debiti || **rifl.** *più com.* contrarre debiti: *indebitarsi con* (o *verso*) *qualcuno*; *indebitarsi fino al collo,* molto gravemente.

indébito [dal lat. *indēbitus*; a. 1342] **I agg.** **1.** non dovuto: *pagamento indebito* **2.** non fondato su un effettivo diritto: *pretesa indebita* || non meritato e quindi ingiusto: *onori indebiti* || illecito: *appropriazione indebita* || **indebitaménte** **avv.** **1.** senza averne l'obbligo: *pagare indebitamente* **2.** *più com.* senza averne il diritto o i meriti: *ricoprire indebitamente una carica* **II sm.** importo che non è dovuto: *pretendere la restituzione di un indebito tributario* || **N.** I **2.** *Sin.* immeritato, infondato; abusivo, illegittimo.

indeboliménto [da *indebolire*; a. 1294] **sm.** **1.** l'indebolire e l'indebolirsi, e la condizione che ne deriva: *indebolimento dell'udito, dell'organismo*; *indebolimento del potere dei magistrati* **2.** *T.ling.* articolazione di un fono in modo meno distinto, che provoca l'attenuazione o la scomparsa di alcuni suoi tratti articolatori specifici **3.** *T.fot.* trattamento a cui si sottopongono i positivi o i negativi per ridurne l'opacità o per ottenere effetti particolari || **N. 1.** *Sin.* debilitazione, esaurimento, fiacchezza, infiacchimento, prostrazione, sfinimento **2.** *Sin.* addolcimento, lenizione.

indebolìre (pres. *-ìsco, -ìsci*) [comp. parasint. di *debole*; 1300] **tr.** rendere debole: *le fatiche degli ultimi mesi lo hanno indebolito*; anche *fig.*: *indebolire il prestigio di un'associazione culturale, di uno stato* || **intr. pron.** e *meno com.* **intr.** (aus. *essere*) diventare debole: *si è molto indebolito per la malattia* || **N.** *Sin.* affievolire, debilitare, estenuare, fiaccare, infiacchire, prostrare, sfibrare, spossare, stancare, stremare | DEBOLE | *Contr.* rinforzare, rinvigorire.

indecènte [dal lat. *indecens, -entis*; a. 1498] **agg.** non decente, che offende il pudore: *un modo di esprimersi indecente, uno spacco indecente nella gonna* || che offende il decoro: *una casa indecente*; *un trattamento indecente,* di pessima qualità || *per estens.* inaccettabile: *condizioni di lavoro indecenti, prezzi indecenti* || **indecenteménte** **avv.** || **N.** *Sin.* indecoroso, osceno, sconcio, sconveniente, spudorato.

indecènza [dal lat. *indecentia*; 1598] **sf.** l'essere indecente || *concr.* atto o detto contrario alla decenza o al pudore: *quello spettacolo è un'indecenza!*

indecidìbile [da *decidibile*; 1957] **agg.** che non può essere deciso || *T.fil.* di proposizione, che non può essere determinata come vera o come falsa; di sistema, che ha la proprietà dell'indecidibilità.

indecidibilità [da *indecidibile*; 1959] **sf.** l'essere indecidibile || *T.fil.* proprietà di un sistema formale per cui non esiste un metodo che consenta di determinare, in un numero finito di passi, se una formula qualsiasi appartiene al sistema.

indecifràbile [da *decifrabile*; 1869] **agg.** non decifrabile: *iscrizione indecifrabile*; anche *fig.*: *un personaggio, uno sguardo indecifrabile* || **N.** *Sin.* enigmatico, illeggibile, impenetrabile, incomprensibile, misterioso, oscuro.

indecifràto [da *decifrato*; 1961] **agg.** *non com.* che non è stato decifrato.

indeciṣióne [dal fr. *indécision*; 1806] **sf.** l'essere indeciso, lo stato di chi non sa risolversi fra due alternative: *avere un momento d'indecisione* || **N.** *Sin.* dubbio, esitazione, incertezza, irresolutezza, perplessità, titubanza.

indecìṣo [dal lat. tardo *indecīsus*; 1607] **agg.** **1.** rif. a cosa, non deciso, non definito: *la questione è ancora indecisa* **2.** rif. a persona, incerto, irresoluto: *sono ancora indeciso se accettare o no*; *carattere indeciso* || *per estens.* che rivela incertezza: *passo indeciso, una risposta indecisa* || **N. 1.** *Sin.* impregiudicato, indefinito, irrisolto **2.** *Sin.* esitante, perplesso, titubante.

indeclinàbile [dal lat. *indeclinābilis*; sec. XIV] **agg.** **1.** *T.gram.* nelle lingue con flessione nominale di caso, detto di nome o aggettivo che non presenta tale flessione **2.** *lett.* di condizione e sim., che non si può rifiutare o evitare: *mandato, invito indeclinabile* || **N. 1.** *Sin.* invariabile **2.** *Sin.* imprescindibile, inderogabile, inevitabile.

indeclinabilità [da *indeclinabile*; a. 1712] **sf.** l'essere indeclinabile, nei due sensi dell'agg.

indecomponìbile [da *decomponibile*; a. 1835] **agg.** *non com.* che non può essere scomposto; indivisibile.

indecoróso [dal lat. tardo *indecorōsus*; a. 1604] **agg.** non decoroso, contrario al decoro: *contegno indecoroso* || **indecorosaménte** **avv.** || **N.** *Sin.* disdicevole, sconveniente, INDECENTE.

indefèsso [dal lat. *indefessus*; a. 1381] **agg.** che non si stanca mai: *lavoratore indefesso* || *per estens.* il cui impegno e zelo non viene mai meno: *studio indefesso* || **indefessaménte** **avv.** senza stancarsi, assiduamente || **N.** *Sin.* assiduo, infaticabile, instancabile, perseverante.

indefettìbile [dal lat. eccl. *indefectibilis*; sec. XIV *indiffettibile*] **agg.** *lett.* **1.** che non può mai venire meno: *le leggi indefettibili della natura, dell'onore*; *amicizia indefettibile* **2.** esente da difetti || **indefettibilménte** **avv.** || **N. 1.** *Sin.* eterno, imperituro.

indefettibilità [da *indefettibile*; 1798 *indeffettibilità*] **sf.** *non com.* l'essere indefettibile, spec. nel linguaggio teologico.

indeficiènte [dal lat. eccl. *indeficiens, -ēntis*; a. 1342] **agg.** *lett.* che non viene mai meno, inesauribile.

indefinìbile [da *definibile*; 1623] **agg.** che non si riesce a definire con precisione: *concetto indefinibile* || *per estens.* che non si può esprimere a parole: *sentimento, colore, sapore indefinibile*; *una sensazione indefinibile* || **indefinibilménte** **avv.** || **N.** *Sin.* impreciso, indeterminabile, indicibile, indistinto, inesprimibile, vago.

indefinibilità [da *indefinibile*; 1953] **sf.** l'essere indefinibile: *l'indefinibilità dei sapori.*

indefinitézza [da *indefinito*; a. 1729] **sf.** *non com.* l'essere indefinito, in tutti i significati dell'agg.

indefinìto [dal lat. tardo *indefinītus*; 1294 *indiffinito*] **I agg.** **1.** di spazio, tempo o quantità, non determinato da confini certi: *contorni indefiniti* || vago, impreciso: *una sensazione, un'idea indefinita* **2.** non risolto, non definito: *la questione è indefinita* **3.** *T.gram. aggettivi indefiniti,* indicano genericamente la quantità o la qualità del sostantivo a cui si riferiscono (per es. *qualche, nessuno, molto, certi, qualsiasi* ecc.); *pronomi indefiniti,* designano genericamente una persona, una cosa, una quantità (per es. *uno, qualcuno, qualcosa, niente, alcunché*); *modi indefiniti,* le forme nominali del verbo (infinito, participio, gerundio); *articolo indefinito,* articolo indeterminativo **4.** *T.mat.* detto di relazione e condizione soddisfatta generalmente nel campo in cui la si considera ma non in tutti i punti particolari **5.** *T.mat. integrale indefinito,* v. INTEGRALE || *T.geom.* detto di solidi prolungati all'infinito: *cilindro, prisma indefinito* || **indefinitaménte**

avv. **1.** in modo indefinito **2.** per un tempo indeterminato **II** *sm.* ciò che non è definito o determinato || *T.fil.* ciò che non ha limiti o confini precisi || **N.** I **1.** *Sin.* impreciso, indeterminato, vago.

indeformàbile [da *deformabile*; 1929] *agg.* non soggetto a deformazione: *materiale, tessuto indeformabile.*

indeformabilità [da *indeformabile*; 1950] *sf.* l'essere indeformabile.

indegnità [dal lat. *indignitas, -ātis*; a. 1342] *sf.* l'essere indegno || *concr.* azione indegna.

indégno [dal lat. *indignus*; 1313 nel senso 2] *agg.* **1.** non degno, immeritevole: *essere indegno della stima, della fiducia di qualcuno* || di persona che, per la sua condotta, non può godere di certi diritti o esercitare determinate mansioni: *essere indegno di ricoprire una carica; T.giur. indegno a succedere,* detto di erede escluso dalla successione || *per estens. ass.* spregevole: *un essere indegno* **2.** rif. a cosa, che non si addice e non conviene, in quanto riprovevole: *un comportamento indegno di persone civili; ass. un'azione indegna* || *lett.* ingiusto, immeritato || **indegnaménte** *avv.* **1.** senza merito (anche come formula di modestia) **2.** in modo vergognoso || **N. 1.** *Sin.* immeritevole; abietto, degenere, spregevole **2.** *Sin.* biasimevole, iniquo, riprovevole, sconveniente, spregevole, turpe, vergognoso.

indeiscènte [da *deiscente*; 1869] *agg. T.bot.* di frutto, che, giunto a compiuta maturazione, non si apre spontaneamente per far uscire il seme || **N.** *Contr.* deiscente.

indeiscènza [da *indeiscente*; 1940] *sf. T.bot.* l'essere indeiscente, detto di frutto.

indelèbile [dal lat. *indēlēbilis*; a. 1429] *agg.* che non si può cancellare: *inchiostro, segno indelebile;* anche *fig.*: *ricordo indelebile* || **indelebilménte** *avv.* || **N.** *Sin.* incancellabile; duraturo, eterno, imperituro, perpetuo.

indeliberàto [dal lat. tardo *indeliberātus*; a. 1694] *agg. non com.* **1.** non deliberato, non risolto: *questione indeliberata* **2.** compiuto quasi involontariamente, non di proposito: *un atto indeliberato* || **N. 1.** *Sin.* indefinito, irrisolto **2.** *Sin.* impulsivo.

indelicatézza [da *indelicato*; 1864] *sf.* l'essere indelicato: *l'indelicatezza di certi discorsi* || *concr.* atto indelicato: *chiedere l'età è stata da parte tua un'indelicatezza* || **N.** *Sin.* indiscrezione, sconvenienza, scortesia; sgarbo.

indelicàto [da *delicato*, forse attr. il fr. *indelicat*; 1823] *agg.* che manca di discrezione, tatto o sensibilità: *una persona indelicata, un apprezzamento indelicato* || **indelicataménte** *avv.* || **N.** *Sin.* imbarazzante, indiscreto, inopportuno, sconveniente, scorretto, scortese, sgarbato.

indemagliàbile [dal fr. *indémaillable*; 1942] *agg.* che non si smaglia: *calza indemagliabile.*

indemaniaménto [da *indemaniare*; a. 1928] *sm. non com.* indemaniazione.

indemaniàre (pres. *-ànio*) [comp. parasint. di *demanio*; 1869] *tr. T.giur.* incorporare al demanio || **N.** *Sin.* incamerare.

indemaniazióne [da *indemaniare*; 1965] *sf. T.giur. non com.* azione dell'indemaniare un bene privato; l'essere indemaniato.

indemoniàre (pres. *-ònio*) [comp. parasint. di *demonio*; a. 1305] *intr.* (aus. *essere*) e *più freq. intr. pron.* **1.** essere posseduto dal demonio **2.** *fig.* infuriarsi || *tr. raro* rendere posseduto dal demonio; *fig.* rendere furente.

indemoniàto (*pps.* di *indemoniare*) [a. 1292] **I** *agg.* **1.** invasato dal demonio **2.** *fig.* che è agitato da passione furiosa || *iperb.* molto vivace: *un ragazzino indemoniato* **II** *sm.* (f. *-a*) **1.** persona posseduta dallo spirito maligno: *esorcizzare gli indemoniati;* anche in espr. fig.: *comportarsi da indemoniato, fare l'indemoniato* **2.** *iperb.* persona, soprattutto in giovane età, molto irrequieta: *ho un indemoniato per figlio* || **N.** I **1.** *Sin.* ossesso **2.** *Sin.* furente, furibondo; indiavolato, irrequieto, turbolento, vivace.

indènne [dal lat. *indĕmnis*; a. 1380] *agg.* **1.** che è esente da danno: *uscire indenne da un incidente* **2.** che non è contagiato o infetto: *latte indenne* || **N. 1.** *Sin.* illeso, incolume.

indennità [dal lat. tardo *indemnitas, -ātis*; prima metà sec. XIV nel senso 2] *sf.* **1.** somma riconosciuta a chi ha subito un danno o che la legge assegna a chi, per motivi di pubblico interesse, deve rinunciare ad un proprio diritto: *indennità di espropriazione, di guerra* || compenso, aggiunto alla retribuzione ordinaria, che il datore di lavoro corrisponde al dipendente come rimborso per le spese sostenute, i disagi sopportati o le prestazioni speciali svolte nell'esercizio della professione o in relazione a questa: *indennità di contingenza, di rischio, di trasferta* || *per estens. indennità parlamentare,* retribuzione attribuita ai membri del Parlamento **2.** *non com.* l'essere, il rimanere indenne || **N. 1.** *Sin.* indennizzo, rimborso, risarcimento; compenso.

indennizzàbile [da *indennizzare*; 1965] *agg.* tale da comportare indennizzo || **N.** *Sin.* risarcibile.

indennizzàre [dal fr. *indemniser*; 1629] *tr.* risarcire uno dei danni sofferti tramite il pagamento di un'indennità || **N.** *Sin.* compensare, rifondere, risarcire.

indennizzo [da *indennizzare*; 1812] *sm. T.giur.* rimborso in denaro di danni subiti, disagi, oneri sostenuti o diritti sacrificati || *concr.* la somma corrisposta: *ricevere un forte indennizzo* || **N.** *Sin.* compenso, indennità, risarcimento.

indentàre (pres. *-ènto*) [comp. parasint. di *dente*; 1834 nel senso 2] *intr.* (aus. *avere*) **1.** di ingranaggi, incastrarsi coi propri denti nei denti di un altro congegno **2.** *non com.* detto di bambini, mettere i denti || **N. 1.** *Sin.* ingranare.

indentatùra [da *indentare*; 1889] *sf.* tipo di incastro a denti utilizzato spec. nelle costruzioni in legno.

indentràrsi (pres. *-éntro*) [da *indentro*; a. 1817] *intr. pron. raro* addentrarsi.

indéntro [comp. di *in* e *dentro*; a. 1320] **I** *avv.* nella parte interna: *tagliare più indentro* || *all'indentro,* verso l'interno **II** in funzione di *agg. inv.*: *occhi indentro,* incavati, infossati; *piedi indentro,* rivolti verso l'interno.

indeprecàbile [dal lat. *indeprecābilis*; 1869] *agg. lett.* che non si può scongiurare con preghiere, quindi ineluttabile || **N.** *Sin.* fatale, inesorabile.

inderogàbile [da *derogabile*; 1947] *agg.* a cui non si può derogare, contravvenire, venir meno: *princìpi inderogabili* || **inderogabilménte** *avv.* || **N.** *Sin.* categorico, obbligatorio, perentorio, tassativo.

inderogabilità [da *derogabilità*; 1954] *sf.* l'essere inderogabile.

indescrivìbile [da *descrivibile*; a. 1704] *agg.* che non si può descrivere; spec. *iperb.*: *confusione indescrivibile* || **indescrivibilménte** *avv.* || **N.** *Sin.* indefinibile, indicibile, inimmaginabile.

indesideràbile [da *desiderabile*; 1931] *agg.* **1.** che non è gradito: *una soluzione indesiderabile* || *T.pol. persona indesiderabile,* si dice spec. di uno straniero che per ragioni politiche o di altro genere, non sia gradito al governo della nazione che lo ospita **2.** *meno com.* che non suscita desiderio || **N. 1.** *Sin.* malaccetto, sgradito.

indesideràto [da *desiderato*; 1957] *agg.* non gradito: *ospite, compagno di viaggio indesiderato* || di cosa, che non risponde ai desideri: *effetti indesiderati.*

indessicàle [dall'ingl. *indexical*; 1977] *agg. T.ling.* detto di espressione linguistica il cui valore semantico è determinabile sulla base di indicazioni contestuali relative al parlante e alla situazione nella quale si effettua l'enunciazione (per es. frasi come *vieni qui,* oppure *fa caldo*) || **N.** *Sin.* deittico.

indessicalità [dall'ingl. *indexicality*; 1977] *sf. T.ling.* **1.** proprietà di un'espressione linguistica indessicale **2.** insieme dei fenomeni indessicali || **N. 1.** *Sin.* deitticità **2.** *Sin.* deissi.

indeterminàbile [dal lat. tardo *indeterminābilis*; 1598] *agg.* che non si può determinare: *una quantità indeterminabile* || **N.** *Sin.* imprecisabile, indefinibile.

indeterminabilità [da *indeterminabile*; 1869] *sf.* l'essere indeterminabile || **N.** *Sin.* indefinibilità.

indeterminatézza [da *indeterminato*; 1858] *sf.* l'essere indeterminato || *fig.* mancanza di decisione: *indeterminatezza di propositi* || **N.** *Sin.* imprecisione, indefinitezza; incertezza, irresolutezza.

indeterminativo [da *indeterminato*; 1957] *agg.* che non è in grado di determinare || *T.gram. articolo indeterminativo,* che lascia imprecisato il riferimento dell'oggetto e serve a introdurre nel discorso un'entità non ancora menzionata.

indeterminàto [dal lat. tardo *indeterminātus*; sec. XIV] *agg.* **1.** non determinato: *numero, quantità, tempo indeterminato* || *T.gram. articolo indeterminato,* articolo indeterminativo **2.** che non ha caratteri o confini definiti e precisi: *ho molti progetti, ma tutti indeterminati* **3.** *T.mat. problema indeterminato,* che ammette infinite soluzioni; *successione indeterminata,* che non ammette limite || **indeterminataménte** *avv.* **1.** in modo vago e indeterminato **2.** a tempo indeterminato || **N. 1.** *Sin.* indefinito **2.** *Sin.* confuso, generico, impreciso, incerto, vago.

indeterminazióne [dal lat. tardo *indeterminatio, -ōnis*; a. 1588] *sf.* **1.** *non com.* indeterminatezza || rif. a persona, irrisolutezza **2.** *T.fis. principio di indeterminazione,* nella meccanica quantistica, principio secondo il quale la posizione e la quantità di moto di una particella non possono essere determinate con esattezza nello stesso istante (e lo stesso vale per molte altre coppie di grandezze osservabili).

indeterminismo [da *determinismo*; 1840] *sm. T.fil.* teoria filosofica che nega il determinismo nel mondo naturale o nell'agire umano.

indeterminista [da *indeterminismo*; 1952] *s. T.fil.* seguace dell'indeterminismo.

indeterministico (pl. *-ci*) [da *indeterminismo*; a. 1952] *agg. T.fil.* relativo all'indeterminismo, proprio dell'indeterminismo.

indetonànte [da *detonante*; 1957] *agg.* che non detona: *potere indetonante,* capacità dei carburanti di motori a combustione interna di sopportare alti valori di compressione, senza detonare.

indettàre (pres. *-étto*) [da *dettare*; a. 1390] *tr. non com.* dare l'imbeccata; insegnare a uno ciò che debba dire o fare, spec. per nascondere o alterare la verità || *rec.* mettersi d'accordo su quanto conviene dire e fare: *si sono indettati prima di comparire dinanzi al giudice* || **N.** *Sin.* imbeccare, suggerire.

indétto *pps.* di *indire* (v.).

indeuropèo e der. v. INDOEUROPEO e der.

indi [lat. *inde*; 1313] *avv. lett.* **1.** di là, da quel luogo: *indi traendo poi l'antico fianco* (Petrarca) **2.** poi, quindi, in seguito: *indi s'ascose* (Dante) || anche nelle loc. avv. *indi a poco, da indi in qua, da indi innanzi,* di lì a poco, da allora in poi.

indiamantàre [comp. parasint. di *diamante*; 1940] **tr.** *lett.* coprire di diamanti.

indiàna [dal fr. *indienne*; a. 1698] **sf.** *T.tess.* stoffa di cotone a colori, stampata.

indianismo [da *indiano*; 1957] **sm.** elemento appartenente alla cultura, alla civiltà o alla lingua indiana.

indianista [da *indiano*; a. 1869] **s.** esperto di indianistica.

indianìstica [da *indiano*; 1935] **sf.** disciplina che si occupa della lingua, della storia e della cultura dell'India in un periodo precedente la penetrazione europea || **N.** *Sin.* indologia.

indianìstico (pl. *-ci*) [da *indiano*; 1952] **agg.** che concerne gli studi sull'India.

indiàno [dal lat. tardo *Indianus*; 1336] **I agg. 1.** dell'India: *lingue indiane, popolo indiano* **2.** delle Indie occidentali, perciò dell'America; *tribù indiane*, tribù di pellerossa spec. dell'America settentrionale; nella loc. *in fila indiana*, uno dietro l'altro **II sm.** (f. *-a*) **1.** abitante o nativo dell'India **2.** indigeno dell'America, spec. dell'America del Nord: *un film di indiani e cow-boy* || *fig. fare l'indiano*, fingere di non sapere o di non capire qualcosa || **N.** I **2.** *Sin.* amerindio. **TAV.** ***tempio*** **p. 1335** 6.

indiàre (pres. *-ìo*) [comp. parasint. di *Dio*; 1321] **tr.** *lett.* deificare; far partecipe della beatitudine divina || **intr. pron.** addentrarsi con la contemplazione nella visione di Dio: *com'angel contemplando arde e s'india* (Carducci) || **N.** *Sin.* beatificare, divinizzare, imparadisare.

indiavolaménto [da *indiavolare*; a. 1584] **sm.** *non com.* l'indiavolare e l'indiavolarsi.

indiavolàre (pres. *-àvolo*) [comp. parasint. di *diavolo*; a. 1492] **tr.** *non com.* turbare, sconvolgere, mettere in agitazione || **intr.** (aus. *essere*) e *più com.* **intr. pron.** arrabbiarsi violentemente, mettersi in grande agitazione || *fare indiavolare*, far perdere la pazienza, tenere in uno stato di agitazione: *i bambini di questa classe mi fanno indiavolare.*

indiavolàto (*pps.* di *indiavolare*) [1427] **agg. 1.** infuriato: *la mattina sono sempre indiavolato* || *iperb.* vivace, sfrenato: *un ragazzino indiavolato* **2.** rif. a cosa, frenetico: *una corsa indiavolata* || molto intenso, fino a dare fastidio: *caldo, freddo indiavolato, rumore indiavolato* || **N. 1.** *Sin.* furente; agitato, irrequieto, turbolento **2.** *Sin.* convulso, frenetico, trascinante; eccessivo, fastidioso, infernale, insopportabile, irritante, molesto, terribile.

indiavolìre (pres. *-ìsco, -ìsci*) [comp. parasint. di *diavolo*; 1947] **intr.** (aus. *essere*) e **intr. pron.** diventare furioso, andare su tutte le furie; comportarsi in maniera diabolica.

indicàbile [dal lat. tardo *indicabilis*; 1745] **agg.** tale da potersi indicare; adatto, consigliabile, opportuno.

indicàre (pres. *ìndico, ìndichi*) [dal lat. *indicāre*; 1598] **tr. 1.** mostrare col dito indice: *indicare una persona* || far vedere con cenni o con parole: *per cortesia mi può indicare la strada?* || *per estens.* di strumenti, segnalare: *il contachilometri indica che stai superando il limite di velocità* || *in part.* precisare, rendere noto: *le istruzioni allegate indicano il modo corretto di usare l'apparecchio* **2.** suggerire, consigliare: *potresti indicarmi un buon negozio d'abbigliamento?*; *il medico mi ha indicato la dieta da seguire* **3.** rivelare, lasciar trasparire: *il tuo dissenso indica che non appoggerai la nostra iniziativa* **4.** rif. a vocaboli, designare, fare riferimento a: *"immaginazione" in filosofia indica una facoltà del pensiero* || **N. 1.** *Sin.* accennare, additare, mostrare; precisare, segnalare, segnare, specificare **2.** *Sin.* consigliare, prescrivere, proporre, suggerire **3.** *Sin.* manifestare **4.** *Sin.* denotare.

indicatìvo [dal lat. tardo *indicatīvus*; sec. XIV] **I agg. 1.** che serve a indicare, che costituisce un indizio di qualcosa: *l'indice di ascolto è un fenomeno indicativo del successo di una trasmissione* || *T.gram. modo indicativo*, modo del verbo che esprime un'azione constatata nella sua realtà e oggettività o la presenta come certa e obiettiva || *T.gram. aggettivi indicativi*, aggettivi che specificano il nome cui si riferiscono aggiungendo una determinazione, che può riguardare il possesso, la quantità, il numero ecc. **2.** che segnala in modo approssimativo: *una valutazione indicativa, la cifra richiesta è puramente indicativa* || **indicativaménte** **avv.** in modo approssimativo; come semplice indicazione: *il programma della gita è presentato indicativamente nel dépliant*; anche *fras.*: *indicativamente, verrà a costare sui tre-quattro milioni* **II sm. 1.** *T.gram.* modo indicativo del verbo **2.** nelle telecomunicazioni, gruppo di cifre che seleziona un distretto telefonico o caratterizza una chiamata in teleselezione: *indicativo di nazione* || **N.** I **1.** *Sin.* rappresentativo, significativo, sintomatico **2.** *Sin.* approssimativo, orientativo II **2.** *Sin.* prefisso.

indicàto (*pps.* di *indicare*) [a. 1698] **agg.** particolarmente adatto: *un libro indicato per i ragazzi* || **N.** *Sin.* appropriato, buono, efficace, opportuno.

indicatóre [dal lat. tardo *indicātor, -ōris*; 1526 come agg.] **I sm. 1.** denominazione generica di dispositivi e strumenti che servono a fornire indicazioni o a segnalare valori o misure di grandezze fisiche: *indicatore di livello, di pressione, di velocità*; *indicatore di direzione*, negli autoveicoli, lampeggiatore che segnala il cambiamento di direzione **2.** pubblicazione che fornisce indicazioni utili in vari campi e settori: *indicatore commerciale, ferroviario, farmaceutico* **3.** *T.chim.* sostanza utilizzata nelle analisi, che ha la proprietà di cambiare colore se viene in contatto con soluzioni acide o alcaline **4.** dato variabile che si ritiene indicativo dell'andamento di un fenomeno: *indicatore sociale, indicatore congiunturale* **5.** *T.ling. indicatore sintagmatico*, rappresentazione dei rapporti gerarchici di un sintagma o più com. di una frase; può essere in forma di albero rovesciato con rami e nodi o in forma di espressione lineare con parentesi **II agg.** che indica: *cartello indicatore*, cartello posto sul margine della strada che informa sulla direzione, la località o le norme di circolazione. **TAV.** ***automobile*** **p. 658** 3.7.

indicazióne [dal lat. *indicātio, -ōnis*; 1583] **sf. 1.** l'indicare || *concr.* il segno, il cenno, le parole che indicano qualcosa: *dare delle precise indicazioni, seguire le indicazioni* || *per estens.* consiglio, suggerimento: *dal congresso sono emerse indicazioni sulla nuova immagine del partito* **2.** *in part. T.med.* istruzione circa l'uso di un farmaco e la posologia: *controllare le indicazioni* || **N. 1.** *Sin.* indizio, informazione, precisazione, segnalazione **2.** prescrizione.

ìndice [dal lat. *index, indicis*, indicatore; sec. XIV] **sm. 1.** il secondo dito della mano posto tra il pollice e il medio: *afferrare un insetto tra il pollice e l'indice, puntare l'indice accusatore su qualcuno, l'infermiera portò l'indice alle labbra per avvertire che il paziente dormiva* **2.** elenco, all'inizio o alla fine di un libro, delle varie parti che compongono un'opera, ordinate secondo la loro successione e con l'indicazione della pagina a cui rinviano: *ho cercato nell'indice, ma non ho trovato il capitolo che mi interessa*; *indice delle tavole, delle illustrazioni*; *indice generale, sistematico*; *indice analitico*, in cui le voci, poste in ordine alfabetico, rimandano alle pagine del libro in cui compaiono **3.** *T.stor. Indice dei libri proibiti* (anche *Indice*), catalogo dei libri condannanti dalla Chiesa cattolica per motivi di dottrina o di morale; *fig. mettere all'indice*, mettere al bando o ritenere pericoloso e da evitare **4.** ago, asticella o altro elemento di varia forma, che, muovendosi su una scala graduata, fornisce indicazioni di misure e valori: *indice ottico*, indice costituito da un fascio luminoso **5.** *T.tecn.* e *T.stat.* espressione numerica di un determinato rapporto fra due grandezze o fra due valori rappresentativi di un fenomeno: *indice di rifrazione, di resistenza, indice di produzione*; *indice di natalità*; *indice di gradimento, d'ascolto*, misura dell'accoglienza presso il pubblico di un programma radiotelevisivo **6.** *T.mat.* numero o lettera scritta (in corpo più piccolo) accanto a una lettera o a un simbolo, a destra in basso, per permettere di individuarlo e distinguerlo dagli altri || *indice di un radicale*, esponente a cui va elevato il radicale per ottenere il radicando || *T.mus.* numero posto sotto il nome della nota per indicare l'ottava a cui essa appartiene **7.** *fig.* segno, indizio: *la perdita della memoria è indice di invecchiamento* || **N. 2.** *Sin.* sommario; catalogo, elenco, lista **6.** *Sin.* deponente; apice **7.** *Sin.* espressione, indicazione, manifestazione, segnale, sintomo. **TAV.** ***meteorologia*** **p. 1321** 6.3.

indicìbile [dal lat. tardo *indicibilis*; a. 1342] **agg.** che non si può dire o esprimere adeguatamente, usato spesso in tono enfatico: *una fatica indicibile, un piacere indicibile* || **indicibilménte** **avv.** || **N.** *Sin.* indefinibile, indescrivibile, ineffabile; enorme, straordinario.

indicizzàbile [da *indicizzare*; 1983] **agg.** che può essere indicizzato.

indicizzàre [da *indice*, sul modello del fr. *indexer*; 1976] **tr.** *T.econ.* adeguare automaticamente il valore di un bene o di una prestazione alle variazioni di un indice di riferimento (per es. il tasso di inflazione, il livello dei prezzi, il costo della vita).

indicizzazióne [da *indicizzare*; 1974] **sf.** *T.econ.* operazione dell'indicizzare: *indicizzazione dei salari.*

ìndico (pl. *-chi*) [dal lat. *Indicus*; 1319 come sm.] **I agg.** *lett.* dell'India: *indiche merci son tazze e bevande* (Parini) **II sm.** *ant.* indaco || **N.** I *Sin.* indiano.

in diebus illis (lat., pr. it. [in di'ɛbus 'illis]) [letter. in quei giorni] **loc. avv.** in tempi molto lontani.

indietreggiàre (pres. *-éggio*) [da *indietro*; sec. XIV] **intr.** (aus. *avere* ed *essere*) tirarsi indietro, anche *fig.*: *non indietreggio dinanzi al pericolo* || **N.** *Sin.* arretrare, retrocedere, ripiegare, ritirarsi.

indiètro [lat. volg. **in d(ē)retro*; 1308] **I avv.** indica, in contrapposizione a *avanti, innanzi*, la posizione o la direzione che sta alle spalle di chi parla o della persona (o cosa provvista di un orientamento intrinseco) che fa da punto di riferimento: *tornare indietro, andare avanti e indietro, girarsi indietro* || *marcia indietro*, la retromarcia negli autoveicoli; *far marcia indietro, macchina indietro*, retrocedere con l'automobile o con una nave rispettivamente; *fig.* ritirarsi da un'iniziativa o rimangiarsi una promessa, un'affermazione e sim. || *essere, rimanere indietro in qualcosa*, essere arretrato nel lavoro, nello studio ecc.; *fig. fam.* essere poco intelligente, capire poco || *non andare né avanti né indietro*, stare fermo; *fig.* non fare progressi || *fig. fare un passo avanti e uno indietro*, progredire e regredire continuamente, detto di chi conclude poco o nulla || *dare, rimandare indietro qualcosa*, restituirla; *volere indietro qualcosa*, chiederne la restituzione || *lasciare* (*lasciarsi*) *indietro qualcuno*, superarlo, precederlo; *lasciare indietro qualcosa*, tralasciare, omettere || *fig. tirarsi indietro*, abbandonare un'impresa, sottrarsi a una responsabilità || *fig. fare un passo indietro*, in un racconto o un'esposizione, tornare e riprendere da un punto precedente || di orologio, *andare, stare indietro,* ritardare || *punto indietro,* punto di cucito che si lavora da destra a sinistra || nella loc. avv. *all'indietro,* a ritroso; *cadere all'indietro,* sulla schiena **II** ***escl.*** invito perentorio a retrocedere: *indietro!* || *T.mar. macchina indietro!,* comando impartito sulle navi al personale addetto ai motori.

indifendìbile [da *difendibile*; a. 1451] ***agg.*** che non si può difendere: *una causa, un comportamento indifendibile* || *fig.* insostenibile: *un'affermazione indifendibile.*

indifèso [da *difeso*; 1513] ***agg.*** che è senza difesa o protezione: *la fortezza era indifesa e fu facilmente occupata* || incapace di difendersi: *un vecchio indifeso, essere indifeso contro le malattie* || **N.** *Sin.* incustodito; inerme, vulnerabile.

indifferènte [dal lat. *indifferens, -ĕntis*; sec. XIV come agg. nel senso 1; 1929 come s.] **I** ***agg.*** **1.** rif. a persona, che non dimostra alcun sentimento o emozione: *restare indifferente di fronte alla rovina della propria famiglia* || che non prova alcun coinvolgimento o interesse: *la politica mi lascia del tutto indifferente* || *non com.* che, in un giudizio, si dimostra imparziale **2.** rif. a cosa, che è del tutto equivalente a un'altra, che non è preferibile a un'altra: *un giornale o l'altro, per me è indifferente* || *per estens.* detto di cosa o persona che non desta interesse particolare, a cui non si annette grande importanza: *quel tipo mi è del tutto indifferente; questo anello ha un valore non indifferente,* notevole, rilevante || **indifferenteménte** ***avv.*** senza fare differenza: *mi va bene comprare il vestito bianco o il rosso indifferentemente* **II** ***s.*** persona che non dimostra alcun interesse o partecipazione emotiva verso qualcosa; freq. nella loc. *fare l'indifferente,* ostentare noncuranza || **N.** I **1.** *Sin.* freddo, impassibile, imperturbabile, incurante, insensibile, noncurante **2.** *Sin.* equivalente, identico, uguale; insignificante, irrilevante.

indifferentìṣmo [da *indifferente*; 1838] ***sm.*** atteggiamento di chi si mostra indifferente o evita di prendere posizione in merito a problemi politici, sociali o religiosi.

indifferènza [dal lat. *indifferentia*; sec. XIV] ***sf.*** l'essere indifferente; condizione e comportamento di chi non mostra interesse o partecipazione emotiva: *mostrare indifferenza per qualcuno, assisteva con indifferenza ai suoi tormenti* || *T.econ. curve d'indifferenza,* rappresentazione grafica delle possibili combinazioni fra beni di consumo indifferenti per l'individuo, in quanto gli forniscono la stessa soddisfazione || **N.** *Sin.* abulia, apatia, disinteresse, freddezza, menefreghismo, noncuranza.

indifferenziàto [dal fr. *indifférencié*; 1908] ***agg.*** che non si differenzia da altro || che non possiede differenziazioni al suo interno: *una massa indifferenziata, un pubblico indifferenziato* || **N.** *Sin.* indistinto.

indifferìbile [da *differibile*; a. 1694] ***agg.*** che non si può differire: *un appuntamento indifferibile* || **indifferibilménte** ***avv.*** || **N.** *Sin.* improrogabile.

indigenàto [da *indigeno*; a. 1799] ***sm.*** **1.** *raro* condizione di persona, animale, vegetale o cosa che è indigena di un luogo **2.** insieme degli indigeni di un paese **3.** *T.giur. indigenato internazionale dell'individuo,* i diritti umani (libertà, inviolabilità personale ecc.) di cui ogni individuo gode per il solo fatto di essere un individuo umano.

indigeno [dal lat. *indigena*; 1539] **I** ***agg.*** che è originario del luogo: *popolazioni indigene, specie indigene, tradizioni indigene; truppe indigene,* reclutate nelle colonie; *prodotti indigeni,* prodotti del luogo, non importati **II** ***sm.*** (f. *-a*) chi è nativo del paese in cui vive, in contrapposizione a colonizzatori o immigrati || **N.** I *Sin.* aborigeno, autoctono, locale, nativo | *Contr.* allogeno, forestiero, straniero.

indigènte [dal lat. *indigens, -entis*; a. 1342] ***agg.*** e ***s.*** che o chi vive in condizioni di estrema povertà e manca dell'indispensabile: *un quartiere in cui abitano molte famiglie indigenti* || **N.** *Sin.* bisognoso, misero, nullatenente, POVERO.

indigènza [dal lat. *indigentia*; a. 1342] ***sf.*** condizione di miseria assoluta: *vivere nell'indigenza* || **N.** *Sin.* miseria, POVERTÀ.

indigerìbile [da *digeribile*; sec. XVII] ***agg.*** *non com.* che non si può digerire || *fig.* insopportabile, inaccettabile: *una ramanzina indigeribile.*

indigeribilità [da *indigeribile*; 1879] ***sf.*** *non com.* l'essere indigeribile.

indigestióne [dal lat. tardo *indigestio, -ōnis*; sec. XIV] ***sf.*** il permanere del cibo a lungo nello stomaco con ritardo della digestione e conseguente malessere, dovuto ad alimentazione eccessiva, cibi guasti, freddo o disturbi patologici: *ho fatto un'indigestione di panna montata* || *fig.* leggere, vedere, ascoltare o acquisire qualcosa in quantità eccessiva: *fare indigestione di romanzi, di musica, di formule matematiche* || *dim.* indigestioncèlla || **N.** imbarazzo di stomaco, pesantezza, ripienezza gastrica | colica, crampi, nausea, sonnolenza, vomito.

indigèsto [dal lat. *indigestus*; a. 1320] ***agg.*** **1.** che si digerisce male: *i peperoni mi sono indigesti* || *fig.* difficile da sopportare, noioso: *una materia, una persona indigesta* **2.** *lett.* disordinato, confuso: *mole indigesta di cognizioni* || **N.** **1.** *Sin.* pesante; insopportabile, molesto, tedioso.

indìgete [dal lat. *indiges, -etis*; sec. XIV] ***agg.*** e ***sm.*** *T.lett.* epiteto di eroi patrii divinizzati e adorati come numi tutelari del luogo nativo: *ma tu placavi, indigete comune, italo nume, i vincitori ai vinti* (Carducci).

indigitazióne [dal lat. *digitus,* dito; 1935] ***sf.*** sistema di numerazione, in uso anticamente a Roma e nel bacino mediterraneo e oggi presso alcuni popoli arabi, attuato combinando in vario modo distensioni e piegamenti delle dita.

indignàre [dal lat. *indignāri*; a. 1294 *indegnare*] ***tr.*** provocare risentimento o sdegno: *le sue continue bugie mi indignano* || ***intr. pron.*** risentirsi, sdegnarsi: *indignarsi di fronte all'ingiustizia* || **N.** *Sin.* esacerbare, irritare, sdegnare.

indignàto (*pps.* di *indignare*) [a. 1292 *indegnato*] ***agg.*** risentito, pieno di sdegno: *ero indignato contro di te per il tuo comportamento.*

indignazióne [dal lat. *indignātio, -ōnis*; a. 1294 *indegnazione*] ***sf.*** stato d'animo di vivo risentimento spec. per fatti e situazioni che offendono la moralità e la giustizia: *i frequenti scandali della classe politica suscitano una forte indignazione nei cittadini* || **N.** *Sin.* irritazione, rabbia, risentimento, IRA, SDEGNO.

Indigòfera [dal lat. scient. *indigofera*; 1815] ***sf.*** *T.bot.* genere di piante delle Leguminose, alcune delle quali forniscono l'indaco.

indilatàbile [da *dilatabile*; 1970] ***agg.*** che non è soggetto a dilatazioni.

indilazionàbile [da *dilazionabile*; 1948] ***agg.*** che non si può dilazionare || **N.** *Sin.* improcrastinabile, improrogabile, indifferibile.

indiligènte [dal lat. *indiligens, -entis*; a. 1907] ***agg.*** *raro* non diligente.

indimenticàbile [calco del fr. *inoubliable*; 1786] ***agg.*** che non si può dimenticare; spec. *iperb.* splendido, entusiasmante: *una serata indimenticabile* || **indimenticabilménte** ***avv.*** || **N.** *Sin.* memorabile.

indimostràbile [da *dimostrabile*; 1631] ***agg.*** che non si può dimostrare: *una teoria indimostrabile.*

indimostrabilità [da *indimostrabile*; 1869] ***sf.*** l'essere indimostrabile.

indimostràto [da *dimostrato*; a. 1642] ***agg.*** non dimostrato, dubbio: *ipotesi indimostrata.*

ìndio¹ [dal lat. scient. *Indium*; 1869] ***sm.*** *T.chim.* elemento metallico, bianco, duttile, malleabile, usato spec. nella produzione di leghe facilmente fusibili.

ìndio² (pl. *ìndios*) [dallo sp. *indio,* indiano; 1572] ***agg.*** e ***sm.*** (f. *-a*) nativo o originario dei paesi latino-americani: *la cultura india, un indio del Messico.*

indipendènte [da *dipendente*; 1585 *indepen-dente*] **I** ***agg.*** **1.** che non dipende da altri, che è libero da qualsiasi vincolo: *una donna indipendente, rendersi indipendente dai genitori; un carattere, un giudizio indipendente* || *in part.* che non è soggetto politicamente ad altro stato: *nazione indipendente* || detto di movimento, gruppo o giornale non legato a un determinato partito o associazione: *un giornale indipendente, le proposte della sinistra indipendente* **2.** rif. a cosa, che non è in relazione con altra, che non è condizionata o determinata da un'altra: *la coincidenza è del tutto casuale, i due fatti sono indipendenti* || *in part. T.gram. proposizione indipendente,* che non è retta da un'altra proposizione, al contrario della subordinata || *T.mat. variabile indipendente,* in una funzione, la variabile a cui si possono attribuire valori arbitrari all'interno di un dato dominio || *T.mat. insieme di vettori linearmente indipendenti,* tale che nessuno può essere espresso come combinazione lineare degli altri || **indipendenteménte** ***avv.*** senza alcuna dipendenza: *mi metterò in viaggio indipendentemente dalle condizioni del tempo* **II** ***s.*** politico non ufficialmente legato a un partito: *un indipendente di destra* || **N.** I **1.** *Sin.* autonomo, libero | *Contr.* dipendente, soggetto, subordinato.

indipendentìṣmo [da *indipendente*; 1955] ***sm.*** movimento politico che mira all'indipendenza politica o economica di un paese.

indipendentìsta [da *indipendente*; 1802] ***agg.*** e ***s.*** seguace, fautore di un movimento di indipendenza; che si riferisce all'indipendentismo: *una corrente politica indipendentista.*

indipendentìstico (pl. *-ci*) [da *indipendente*; 1965] ***agg.*** dell'indipendentismo o degli indipendentisti.

indipendènza [da *dipendenza*; 1589 *indepen-denza*] ***sf.*** l'essere indipendente; condizione di chi non dipende da altri finanziariamente, politicamente, militarmente o psicologicamente: *indipendenza economica, di giudizio, di opinioni; conquistare, perdere l'indipendenza* || *per anton. Guerre d'Indipendenza,* le tre guerre combattute dall'Italia contro l'Austria durante il Risorgimento || **N.** *Sin.* autonomia, libertà.

indire (pres. *-ìco* ecc., come DIRE) [dal lat. *indicere*; a. 1527] ***tr.*** ordinare pubblicamente: *indire le elezioni, indire una vendita all'asta* || **N.** *Sin.* bandire, proclamare.

indirètto [dal lat. *indirēctus*; a. 1348] ***agg.*** che non procede in maniera diretta, ma va al suo fine per altre vie: *rimprovero indiretto, agire per vie indirette* || *luce indiretta,* che si ottiene per riflessione o diffusione; *tiro indiretto,* tiro effettuato contro un bersaglio che non è visibile || *T.gram. complemento indiretto,* ogni complemento che è retto da una preposizione (quindi tutti meno il complemento oggetto); *discorso indiretto,* in cui le parole altrui vengono riportate non testualmente, riferendo i pronomi, i tempi verbali, gli avverbi di luogo e di tempo al contesto in cui il discorso viene riportato (e non a quello in cui è stato originariamente pronunciato) || *T.fisc. imposta indiretta,* quella che grava sui consumi, sugli spettacoli, e sui trasferimenti di ricchezza || *T.pol. voto indiretto,* con cui gli elettori nominano altri elettori che procederanno poi all'elezione definitiva || **indirettaménte** ***avv.*** || **N.** *Sin.* mediato, obliquo, traverso.

indirizzaménto [da *indirizzare*; a. 1566] ***sm.*** *non com.* l'atto e l'effetto dell'indirizzare.

indirizzàre [lat. volg. **indirectiāre*; 1336 come

rifl. nel senso 2] **tr.** **1.** dirigere, volgere verso un luogo o una direzione: *indirizzare la classe all'entrata del museo* || mandare qualcuno da una persona o in un determinato luogo: *l'ho indirizzato dal mio medico di fiducia, indirizzare al più vicino distributore* **2.** *fig.* avviare, istradare: *indirizzare un ragazzo a una nuova professione* || rivolgere: *indirizzare il pensiero alle persone care* **3.** scrivere sopra una lettera o un plico l'indirizzo di colui a cui è diretto: *la domanda va indirizzata all'ufficio competente* || **rifl.** **1.** rivolgersi a una persona per avere aiuto e consiglio: *mi sono indirizzato all'avvocato per risolvere la questione* **2.** *non com.* muovere verso un luogo: *m'indirizzai verso Pavia* || **N.** **tr.** **1.** *Sin.* dirigere, incanalare, instradare, inviare **2.** *Sin.* spingere; dedicare | **rifl.** **1.** *Sin.* ricorrere **2.** *Sin.* incamminarsi.

indirizzàrio (pl. *-ri*) [da *indirizzo*; 1942] **sm.** raccolta, registro, schedario d'indirizzi.

indirizzo [da *indirizzare*; 1546 nel senso 2] **sm.** **1.** il complesso delle indicazioni necessarie per trovare una persona o per recapitarle la corrispondenza: *scrivere l'indirizzo del destinatario* || *all'indirizzo di*, verso, contro: *lanciare insulti all'indirizzo dell'arbitro* || *T.inform.* gruppo di caratteri che identifica la fonte o la destinazione di un dato in memoria: *indirizzo fisico, logico* **2.** *fig.* linea di condotta o di svolgimento di un'attività, di un comportamento, di un modo di vivere: *l'indirizzo della politica economica, cambiare indirizzo alla propria vita, dare un indirizzo artistico ai propri allievi, seguire un buon indirizzo di studi* **3.** messaggio, discorso rivolto a un personaggio politico importante, a un'assemblea e sim.: *leggere un indirizzo d'augurio al capo dello Stato* || **N.** **1.** *Sin.* recapito **2.** *Sin.* avviamento, direttiva, direzione, impostazione, norma, orientamento, regola, tendenza; meta. **Q.T.** *posta.*

indiscernìbile [da *discernibile*; a. 1519] **agg.** *lett.* che non si riesce a individuare o a percepire: *forme indiscernibili* || *T.fil. principio di identità degli indiscernibili*, quello per cui due cose che condividono tutte le proprietà sono la stessa cosa || **N.** *Sin.* indistinguibile.

indisciplina [dal lat. tardo *indisciplīna*; a. 1803] **sf.** mancanza di disciplina: *punire l'indisciplina della scolaresca* || **N.** *Sin.* disubbidienza, insubordinazione.

indisciplinàbile [comp. parasint. di *disciplinare*; 1561] **agg.** *non com.* che non si può disciplinare, che rifiuta ogni forma di disciplina: *un ragazzo indisciplinabile* || **N.** *Sin.* incorreggibile.

indisciplinatézza [da *indisciplinato*; 1869] **sf.** l'essere abitualmente indisciplinato || *concr. non com.* atto o discorso di persona indisciplinata.

indisciplinàto [dal lat. eccles. *indisciplinātus*; sec. XIV] **agg.** che non osserva le regole della disciplina: *un automobilista indisciplinato* || *per estens.* caotico, disordinato: *una folla indisciplinata* || **indisciplinataménte** **avv.** || **N.** *Sin.* disubbidiente, indocile, indomito, ribelle; confuso.

indiscretézza [da *indiscreto*; a. 1828] **sf.** *non com.* indiscrezione.

indiscréto [dal lat. *indiscretus*; 1483] **agg.** **1.** rif. a persona, che manca di discrezione e di tatto nei rapporti con gli altri: *un ospite indiscreto* || come formula di cortesia, viene premesso a domande o richieste di carattere personale o delicato: *se non sono indiscreto, quanto ha pagato l'appartamento?* **2.** rif. a cosa, che offende la convenienza, la moderazione: *domanda indiscreta, zelo indiscreto* **3.** *non com.* non diviso || **indiscretaménte** **avv.** || **N.** **1.** *Sin.* curioso, ficcanaso, importuno, invadente **2.** *Sin.* inopportuno, offensivo, sconveniente **3.** *Contr.* discreto.

indiscrezióne [dal lat. tardo *indiscretio*, *-ōnis*; a. 1342] **sf.** **1.** mancanza di discrezione, di riguardo, di senso dell'opportunità: *comportarsi con indiscrezione* || *concr.* atto o detto indiscreto **2.** notizia riservata o segreta che è trapelata: *secondo indiscrezioni sarebbe stato pagato un forte riscatto* || **N.** **1.** *Sin.* curiosità, invadenza, sfacciataggine **2.** *Sin.* soffiata.

indiscriminàto [da *discriminato*; 1915] **agg.** che non opera distinzioni o discriminazioni: *rifiuto indiscriminato di qualunque forma di violenza* || privo di discernimento: *fare un uso indiscriminato del potere* || **indiscriminataménte** **avv.** senza distinzione: *tutti i bambini piccoli indiscriminatamente, devono viaggiare in auto sui seggiolini appositi* || **N.** *Sin.* generico, indifferenziato, indistinto.

indiscùsso [dal lat. eccles. *indiscussus*; sec. XIV] **agg.** non discusso || *più com.* universalmente accettato e riconosciuto, che nemmeno si pone in discussione: *una superiorità indiscussa* || **N.** *Sin.* certo, evidente, inconfutabile, pacifico.

indiscutìbile [da *discutibile*; 1869] **agg.** che è fuori di discussione, in quanto evidente o certo: *la sua bellezza è indiscutibile* || **indiscutibilménte** **avv.** senza alcun dubbio: *è stata indiscutibilmente una bella partita* || **N.** *Sin.* indubbio, irrefutabile, sicuro.

indispensàbile [da *dispensabile*; a. 1498 *indespensabile*] **I** **agg.** di cui non si può fare a meno, necessario: *è indispensabile che tu venga da me questa sera, la firma sul documento è indispensabile* || **indispensabilménte** **avv.** **II** **sm.** ciò che è assolutamente necessario: *ho messo in valigia lo stretto indispensabile, mancare dell'indispensabile per vivere* || **N.** I *Sin.* impellente, inevitabile, obbligatorio.

indispensabilità [da *indispensabile*; a. 1712] **sf.** *non com.* l'essere indispensabile.

indispettìre (pres. *-ìsco*, *-ìsci*) [comp. parasint. di *dispetto*; a. 1808] **tr.** provocare dispetto, stizza: *la sua risposta mi ha indispettito* || **intr. pron.** stizzirsi || **N.** *Sin.* indisporre, irritare, stizzire.

indispettìto (*pps.* di *indispettire*) [1798] **agg.** contrariato, risentito || **N.** *Sin.* irritato, stizzito.

indisponènte (*ppr.* di *indisporre*) [1957] **agg.** che dispone sfavorevolmente, irritante: *un contegno indisponente.*

indisponìbile [da *disponibile*; 1957] **agg.** **1.** che non è disponibile: *essere indisponibile per un lavoro* **2.** di cui non si può disporre: *beni indisponibili* || *T.giur. quota indisponibile*, quota del patrimonio di cui il titolare non può disporre perché riservata agli eredi legittimi.

indisponibilità [da *indisponibile*; 1957] **sf.** l'essere indisponibile.

indispórre (pres. *-óngo* ecc., come PORRE) [da *disporre*; a. 1808] **tr.** rendere mal disposto, provocare irritazione: *la sua superbia mi indispone sempre*; anche *ass.*: *ha un atteggiamento che indispone* || **N.** *Sin.* indispettire, irritare.

indisposizióne [da *disposizione*; sec. XIII nel senso 3; a. 1419 nel senso 1] **sf.** **1.** lieve malessere: *è assente per un'indisposizione* **2.** *non com.* cattiva disposizione d'animo **3.** *ant.* mancanza di idoneità e attitudine a qualcosa || **N.** **1.** *Sin.* acciacco, malessere.

indispósto [da *disposto*; a. 1306 nel senso 2] **agg.** **1.** affetto da leggero malessere: *oggi mi sento indisposto* **2.** *non com.* maldisposto, contrariato.

indisputàbile [dal lat. tardo *indisputābilis*; a. 1712] **agg.** *non com.* che non dà luogo a discussione || **indisputabilménte** **avv.** || **N.** *Sin.* certo, evidente, indiscutibile.

indissociàbile [da *dissociabile*; a. 1816] **agg.** non dissociabile, saldamente unito: *due concetti indissociabili* || **N.** *Sin.* indivisibile, inscindibile, inseparabile.

indissolùbile [dal lat. *indissolubilis*; a. 1332] **agg.** che non si può sciogliere (spec. in senso *fig.*): *legame indissolubile* || **indissolubilménte** **avv.** || **N.** *Sin.* INDISSOCIABILE; tenace.

indissolubilità [da *indissolubile*; 1598] **sf.** l'essere indissolubile: *l'indissolubilità del matrimonio cattolico.*

indistinguìbile [da *distinguibile*; 1869] **agg.** che non si può distinguere: *sfumature, concetti indistinguibili* || **indistinguibilménte** **avv.** || **N.** *Sin.* confuso, impercettibile, indiscernibile, indistinto.

indistìnto [dal lat. *indistinctus*; 1319] **agg.** **1.** non distinto, confuso: *un'immagine indistinta* **2.** *lett.* che non è delimitabile e definibile separatamente rispetto ad altra cosa || **indistintaménte** **avv.** **1.** in modo indistinto e confuso: *percepire dei suoni indistintamente* **2.** senza fare distinzioni: *l'invito è rivolto a tutti indistintamente* || **N.** **1.** *Sin.* confuso, impreciso, indeterminato, vago.

indistruttìbile [da *distruttibile*, sul modello del fr. *indestructibile*; 1784 *indestruttibile*] **agg.** che non si può distruggere, anche *fig.*: *un giocattolo indistruttibile, certi valori sono indistruttibili* || **indistruttibilménte** **avv.**

indistruttibilità [da *indistruttibile*, sul modello del fr. *indestructibilité*; 1869] **sf.** l'essere indistruttibile.

indisturbàto [da *disturbato*; 1910] **agg.** non disturbato, tranquillo: *riposare indisturbato*; senza subire intralci o difficoltà: *i ladri si dileguarono indisturbati.*

indìvia [dal gr. *entýbion*; sec. XIV] **sf.** pianta erbacea delle Composite, largamente coltivata, le cui foglie si mangiano in insalata.

individuàle [da *individuo*; a. 1578] **agg.** che è proprio dell'individuo, che concerne l'individuo: *libertà, interessi individuali* || che è proprio di una determinata persona: *passaporto individuale, caratteristiche individuali* || *T.sport. gara individuale* (contrapposta a *gara a squadre*), competizione in cui gli atleti sono impegnati singolarmente || **individualménte** **avv.** singolarmente, uno per uno || **N.** *Sin.* particolare, personale, proprio, singolare | *Contr.* collettivo, generale.

individualìsmo [da *individuo*; 1843 nel senso 2] **sm.** **1.** tendenza a considerare prevalenti gli interessi e i diritti dell'individuo su quelli della collettività **2.** *T.fil.* dottrina che afferma il valore irriducibile dell'individualità in se stessa, svincolata dal rapporto con la società e la collettività || *individualismo metodologico*, il principio secondo cui il mondo sociale va analizzato in termini di individui e relazioni tra di essi || **N.** **2.** personalismo | *Contr.* collettivismo. **Q.T.** *sociologia.*

individualìsta [da *individuo*; 1881 nel senso 2] **I** **s.** **1.** chi considera prevalenti gli interessi personali rispetto a quelli collettivi; con sfumatura negativa, chi si dimostra egoista, chi ha interesse esclusivamente per se stesso e le sue necessità **2.** *T.fil.* seguace, fautore dell'individualismo **II** **agg.** tipico, proprio di un individualista o dell'individualismo: *concezione, atteggiamento individualista.*

individualìstico (pl. *-ci*) [da *individualista*; 1911] **agg.** proprio dell'individualismo o da individualista: *sistema, atteggiamento individualistico* || **individualisticaménte** **avv.**

individualità [da *individuo*; 1673] **sf.** **1.** l'essere individuale, qualità di ciò che è unico **2.** ciò che distingue una persona o una cosa da tutte le altre || *per estens.* carattere, personalità: *ha un'individualità molto spiccata* **3.** *concr.* individuo || persona dotata di qualità che la pongono in evidenza rispetto agli altri: *nella classe emergono alcune individualità di rilievo.*

individualizzàre [dal fr. *indevidualiser*; 1844 nel senso 3] **tr.** **1.** *ass.* presentare o valutare un fatto o un fenomeno nella sua singolarità: *è portato più ad individualizzare che a generalizzare* **2.** adattare alle esigenze o alle caratteristiche del singolo individuo: *individualizzare il programma scolastico di recupero* **3.** *non com.* individuare, caratterizzare: *queste sono le caratteristiche che lo individualizzano* || **N. 2.** *Sin.* personalizzare **3.** *Sin.* definire, specificare.

individualizzazióne [dal fr. *individualisation*; 1877] **sf.** atto ed effetto dell'individualizzare; personalizzazione.

individuàre (pres. *-ìduo*) [da *individuo*; 1308] **tr. 1.** far sì che una cosa o una persona abbia un carattere proprio, tale da distinguerla da tutte le altre: *caratteristiche di stile che individuano un certo autore* **2.** indicare con precisione: *individuare la posizione esatta di una postazione nemica* || *per estens.* identificare, scoprire: *individuare i responsabili del furto, la vera causa della malattia* || **intr. pron.** assumere caratteristiche proprie: *si va individuando una nuova fonte di approvvigionamento energetico* || **N. 1.** *Sin.* caratterizzare **2.** *Sin.* determinare, distinguere, precisare, riconoscere, specificare, trovare.

individuazióne [da *individuare*; 1584] **sf.** l'atto e l'effetto dell'individuare e dell'essere individuato: *individuazione di un fine, di un colpevole* || *T.fil.* *principio di individuazione*, il carattere intrinseco che costituisce l'individualità di un ente.

indivìduo [dal lat. *individuus*; a. 1348 come agg.] **I sm. 1.** ciascun ente reale o essere vivente preso a sé e distinto da ogni altro della medesima specie **2.** persona singola: *l'individuo nella società* || *spreg.* persona che non si conosce o di cui non si vuol dire il nome: *chi è quell'individuo che era con te?, con certi individui io non intendo parlare* **II agg. 1.** *lett.* indivisibile, indiviso **2.** individuale || **N. I 1.** *Sin.* essere, persona **2.** tizio.

indivisìbile [dal lat. tardo *indivisibilis*; a. 1342 nel senso 2] **agg. 1.** non divisibile: *fino all'Ottocento si pensava che l'atomo fosse indivisibile* || *T.mat.* si dice di un numero intero o di un polinomio che non può essere diviso esattamente per un altro numero o polinomio **2.** di due o più cose o persone, che non possono essere separati o staccati gli uni dagli altri: *due amiche indivisibili; un congegno le cui parti sono indivisibili* || **indivisibilménte avv.** || **N. 2.** *Sin.* indissociabile, inscindibile, inseparabile.

indivisibilità [da *indivisibile*; 1308 *indivisibilitade*] **sf.** l'essere indivisibile: *indivisibilità dell'eredità*, impossibilità di frazionarla senza che ne diminuisca il valore.

indivìso [dal lat. *indivīsus*; a. 1364] **agg.** che non è diviso: *patrimonio indiviso*.

indiziàre (pres. *-ìzio*) [da *indizio*; a. 1712] **tr.** indicare qualcuno, in base a indizi, come probabile autore di un reato: *indiziare di reato* || **N.** sospettare.

indiziàrio (pl. *-ri*) [da *indizio*; a. 1799] **agg.** che può valere come indizio: *prova indiziaria*; che si fonda soltanto su indizi: *processo indiziario* || *T.fin.* *metodo indiziario*, metodo per calcolare l'imponibile basato su elementi esteriori considerati indici di ricchezza || *T.fil.* *paradigma indiziario*, l'atteggiamento di ricerca che procede dagli indizi ad una spiegazione che li preveda come possibili effetti.

indiziàto (*pps.* di *indiziare*) [a. 1680] **sm.** (f. *-a*) persona sospettata, in base a indizi, di aver commesso una colpa.

indìzio (pl. *-zi*) [dal lat. *indicium*; sec. XII *indiziu*] **sm.** fatto o elemento astratto o concreto da cui si argomenta che qualcosa possa avvenire o essere avvenuto: *l'aumento dei prezzi è indizio del crescere dell'inflazione* || *T.giur.* congettura o circostanza che può far presumere la colpevolezza di una persona in un reato: *gravi indizi depongono a suo sfavore* || **N.** *Sin.* argomento, prova, segno, sintomo, traccia.

indizionàle [da *indizione*; 1957] **agg.** relativo a un'indizione, proprio di un'indizione: *cifra indizionale*, numero ordinale che indica ognuno dei quindici anni compresi in un'indizione.

indizióne [dal lat. *indictio, -ōnis*; 1294 nel senso 2] **sf. 1.** *T.bur.* l'atto di indire: *indizione di un concilio* **2.** *T.stor.* periodo di tempo di quindici anni relativo al sistema romano di esazione delle imposte; si cominciò a usarlo arbitrariamente, quale periodo o ciclo cronologico, nelle bolle papali, negli atti notarili e sim. dall'anno 313 d.C.

ìndo [dal lat. *Indus*; 1319] **agg.** e **sm.** *ant.* indiano.

indo- [dal lat. *Indus*, indiano] **primo elem.** che, in parole composte dotte, vale "indiano" o "che si riferisce all'India" (per es. *indocinese, indoeuropeo, indologia*).

indòcile [dal lat. *indocilis*; 1598] **agg.** non docile, che non si sottomette facilmente alla disciplina o alla guida di altri: *un tipo indocile, un animale indocile* || **N.** *Sin.* indisciplinato, indomito, recalcitrante, ribelle.

indocilìre (pres. *-ìsco, -ìsci*) [comp. parasint. di *docile*; 1610] **tr.** *non com.* rendere docile || **intr.** (aus. *essere*) e **intr. pron.** diventare docile.

indocilità [dal lat. tardo *indocilitas, -ātis*; 1598] **sf.** l'essere indocile.

indocinése [comp. di *indo-* e *cinese*; 1929] **I agg.** dell'Indocina: *penisola indocinese* **II sm. 1.** (anche *sf.*) abitante, nativo dell'Indocina **2.** (solo *sing.*) gruppo linguistico che comprende la maggior parte degli idiomi parlati nell'Asia sud-orientale.

indoeuropeìsta [da *indoeuropeo*; 1957] **s.** studioso di indoeuropeistica.

indoeuropeìstica [da *indoeuropeo*; 1950] **sf.** parte della glottologia che studia le lingue indoeuropee.

indoeuropèo [comp. di *indo-*, indiano e *europeo*, secondo il modello dell'ingl. *Indo-European*; 1854 nel senso 2] **I agg. 1.** *T.ling.* detto di una famiglia di lingue asiatiche ed europee che presentano numerosi tratti in comune, tali da far presumere un'origine comune: *lingue indoeuropee* || relativo a qualunque elemento linguistico che si ritiene originariamente comune a tali lingue: *il sistema del verbo indoeuropeo, grammatica indoeuropea* **2.** detto di chi parla una lingua indoeuropea: *popolazioni indoeuropee* **II sm.** *T.ling.* il complesso degli elementi linguistici (fonologici, morfologici, sintattici, lessicali), ricostruibili a partire dalle lingue indoeuropee attuali o storicamente attestate, che possono ascriversi a una parlata preistorica sostanzialmente unitaria. **Q.T.** *lingue...*

indoirànico (pl. *-ci*) [comp. di *indo-* e *iranico*; 1972] **agg.** proprio delle antiche popolazioni stanziate in India e in Iran, della loro civiltà e cultura: *lingue indoiraniche* || delle lingue di tali popolazioni.

indolciménto [da *indolcire*; 1935] **sm.** atto o effetto dell'indolcire.

indolcìre (pres. *-isco, -isci*) [comp. parasint. di *dolce*; a. 1292] **tr.** rendere dolce o meno amaro || *in part.* *indolcire i lupini, le olive*, trattarli con la salamoia per toglierne l'amaro || **intr.** (aus. *essere*) e **intr. pron.** diventare dolce || **N.** *Sin.* addolcire.

ìndole [dal lat. *indolēs*; 1438] **sf. 1.** l'insieme delle inclinazioni naturali che caratterizzano la personalità di un individuo: *un'indole dolce, affettuosa* **2.** *per estens.* qualità caratteristica, natura: *l'indole di una nazione; discorsi di indole generale* || **N. 1.** *Sin.* carattere, disposizione, inclinazione, predisposizione, temperamento.

indolènte [dal lat. *indolens, -entis*; 1710] **I agg. 1.** che oppone indifferenza e apatia alle sollecitazioni esterne, che agisce a fatica e con lentezza: *un carattere indolente, un allievo indolente* **2.** *T.med.* che non procura dolore: *ferite indolenti* || **indolenteménte avv. II s.** persona indolente || **N. I 1.** *Sin.* apatico, fiacco, indifferente, infingardo, lento, neghittoso, noncurante, pigro, svogliato.

indolènza [dal lat. *indolentia*; a. 1535 *indolenzia*] **sf. 1.** l'essere indolente: *l'indolenza del suo carattere lo rende apatico a tutto* **2.** *T.med.* assenza di dolore || **N. 1.** *Sin.* apatia, indifferenza, inerzia, neghittosità, pigrizia, svogliatezza.

indolenziménto [da *indolenzire*; 1869] **sm.** sensazione di dolore fisico diffuso, di lieve entità: *sentire un indolenzimento alle gambe dopo aver fatto ginnastica*.

indolenzìre (pres. *-isco, -isci*) [comp. parasint. di *dolente*; 1354] **tr.** provocare un leggero dolore, a carattere diffuso: *la posizione forzata mi indolenziva i muscoli* || **intr.** (aus. *essere*) e **intr. pron.** diventare dolorante, intorpidirsi: *mi si è indolenzita la mano a forza di scrivere*.

indoliménto [da un ant. *indolire*, produrre un dolore lento; a. 1758] **sm.** *raro* indolenzimento.

indolìre (pres. *-isco, -isci*) [da *dolere*; sec. XVI] **tr.** *non com.* indolenzire, produrre un dolore lento e continuo || **intr.** (aus. *essere*) e **intr. pron.** *non com.* indolenzirsi, diventare dolente.

indòlo [comp. di *ind(aco)* e *-olo*[2]; 1957] **sm.** *T.chim.* composto eterociclico presente in alcuni vegetali e prodotto dalla decomposizione delle sostanze proteiche che avviene nell'intestino ad opera della flora batterica.

indologìa [comp. di *indo-* e *-logia*; 1935] **sf.** indianistica.

indolóre (meno com. *indolóro*) [dal lat. *indolor, -ōris*, attr. il fr. *indolore*; 1965] **agg.** senza dolore: *puntura, parto indolore*; anche *fig.*: *un sacrificio indolore* || **N.** *Contr.* doloroso.

indomàbile [dal lat. *indomābilis*; a. 1364] **agg.** che non si può domare: *cavallo indomabile* || *fig.* che non si lascia sopraffare: *volontà indomabile* || **indomabilménte avv.** || **N.** *Sin.* indocile, indomito.

indomàni (sempre preceduto dall'articolo determinativo) [comp. di *in* e *domani*; 1310 *la 'ndoman* f.] **I avv.** il giorno dopo rispetto a quello a cui ci si è riferiti in precedenza nel discorso: *Mario arrivò lunedì. L'indomani venne a trovarmi* **II** anche **sm. inv.**: *l'indomani della disgrazia fu un giorno di pioggia*.

indomàto [da *domato*; 1821] **agg.** *lett.* non domato || **N.** *Sin.* indomito.

indomenicàto [dal fr. *endimanché*; 1879] **agg.** *lett.* vestito con gli abiti della domenica, vestito a festa: *dinanzi alla volgarità indomenicata a me piace essere plebeo* (Carducci).

indòmito [dal lat. *indomitus*; prima metà sec. XIV] **agg.** *lett.* non domato, indomabile; anche *fig.*: *animo, coraggio indomito* || **N.** *Sin.* fiero, impetuoso, ribelle.

indómo o **indòmo** [da *domo*; a. 1367] **agg.** *poet.* indomito.

indonesiàno [dal n. geogr. *Indonesia*; 1933] **agg.** e **sm.** (f. *-a*) originario dell'Indonesia.

indonnàrsi (pres. *-ònno*) [comp. parasint. di *donno*; a. 1306] **intr. pron.** *ant.* farsi signore, impadronirsi.

indoor (ingl., pr. ['ɪndɔ:]; pr. it. [in'dɔr]) [letter. (gioco eseguito) in casa, al coperto; 1953] **agg. inv.** (sempre posposto) *T.sport.* di gara o incontro sportivo che viene tenuto in ambiente coperto: *i campionati indoor di atletica leggera, record indoor*.

indoraménto [da *indorare*; a. 1667] **sm.** l'indorare e l'essere indorato.

indoràre (pres. *-òro*) [da *dorare*; a. 1342] **tr. 1.** dorare: *indorare una cornice*; più com. *fig.*: *indorare la pillola*, rendere meno spiacevole una cosa o una notizia **2.** *T.cuc.* friggere fino a far diventare dorato: *indorare le cotolette* **3.** *lett.* conferire a qualcosa il colore dell'oro: *il sole indorava le colline* || **intr. pron.** diventare del colore dell'oro.

indoratóre [da *indorare*; a. 1604] **sm.** (f. *-trìce*) doratore.

indoratùra [da *indorare*; a. 1566] **sf.** doratura.

indorsàre (pres. *-òrso* o *-órso*) [comp. parasint. di *dorso*; 1957] **tr.** nella prima fase della rilegatura di un libro, arrotondarne il dorso.

indorsatùra [da *indorsare*; 1933] **sf.** atto o effetto dell'indorsare.

indossàre (pres. *-òsso*) [da *indosso*; a. 1503] **tr. 1.** mettersi addosso un abito o sim. **2.** avere indosso: *indossare la divisa di ufficiale di cavalleria* || **N. 1.** *Sin.* infilare, VESTIRE **2.** *Sin.* portare.

indossatóre [da *indossare*; 1936] **sm.** (f. *-trice*) **1.** persona che per professione presenta al pubblico, spec. nelle sfilate, i modelli di una casa di moda: *indossatrice volante*, che lavora non vincolata da un contratto ma su richiesta della clientela **2.** piccolo mobile sul quale, quando ci si sveste, si pongono gli indumenti, spec. da uomo, in modo che si mantengano in ordine || **N. 1.** *Sin. mannequin*, modello, *top model.*

indòsso [comp. di *in* e *dosso*; 1308] **avv.** addosso, rif. spec. a indumenti e ornamenti: *aveva indosso una parure di smeraldi.*

indostàno [dall'hindi *Hindūstānī*; 1860] **I agg.** dell'Indostan, regione dell'India corrispondente alla pianura percorsa dall'Indo e dal Gange || *per estens.* dell'India **II sm. 1.** (f. *-a*) abitante dell'Indostan **2.** (solo *sing.*) presso gli orientalisti europei, denominazione ora desueta dell'urdu.

indòtto [dal lat. *indoctus*; sec. XIV] **agg.** *lett.* che non è dotto, privo di cultura || **N.** *Sin.* incolto, IGNORANTE.

indótto (*pps.* di *indurre*) [a. 1338] **I agg.** provocato o generato da una causa esterna || in economia, di fenomeno la cui origine non è interna al sistema, ma è dovuta a fattori esterni: *consumi indotti, occupazione, inflazione indotta* || in psichiatria, detto di manifestazione patologica provocata da contagio psichico: *delirio indotto* || in elettrologia, detto di carica o corrente generata per induzione da un'altra **II sm. 1.** nelle macchine elettriche, circuito o parte, comprendente gli avvolgimenti, in cui si generano forze elettromotrici per induzione **2.** *T.econ.* complesso di produzioni e lavorazioni, gen. di dimensioni limitate, generate dall'attività economica di un grande complesso industriale: *l'indotto dell'auto.*

indottrinaménto [da *indottrinare*; sec. XIII] **sm.** atto o effetto dell'indottrinare, addottrinamento.

indottrinàre (pres. *-ino*) [comp. parasint. di *dottrina*; a. 1306] **tr.** addottrinare, istruire spec. con fini propagandistici: *prima delle elezioni, è stato indottrinato dalla segreteria del partito.*

indovàrsi (pres. *-óvo*) [comp. parasint. di *dove*; 1321] **intr. pron.** *arc.* collocarsi, trovarsi o porsi in un luogo: *come vi s'indova* (Dante).

indovinàbile [da *indovinare*; a. 1712] **agg.** che si può indovinare più o meno facilmente.

indovinàre (pres. *-ino*) [lat. volg. **indivināre*; prima metà sec. XIII] **tr. 1.** cogliere nel vero descrivendo o indicando, grazie a congetture e intuizioni, o ricorrendo a pratiche divinatorie, un avvenimento futuro o un fatto accaduto di cui non si è a conoscenza: *indovinare il futuro, la sorte*; *indovina che film abbiamo visto* || *chi l'indovina è bravo, indovinala, grillo,* detto di cosa difficile, di situazione di cui non si riesce a prevedere lo svolgimento || dare la risposta esatta ad un quesito, un rebus e sim.: *indovinare la soluzione di un gioco, bravo!, hai indovinato*; *tirare a indovinare,* rispondere a caso sperando di dare la risposta esatta **2.** cogliere nel segno, operare la scelta migliore e più vantaggiosa: *si è messo nel commercio e l'ha indovinata*; *indovinare l'arredamento di una stanza* || *non ne indovina una,* detto di persona a cui tutto riesce male || **N. 1.** *Sin.* intuire, predire, presagire, prevedere, pronosticare **2.** *Sin.* azzeccare, imbroccare.

indovinàto (*pps.* di *indovinare*) [a. 1558] **agg.** di lavoro e sim., ben riuscito: *è una fantasia di tessuto indovinata, uno spettacolo indovinato* || **N.** *Sin.* azzeccato, imbroccato.

indovinatóre [da *indovinare*; a. 1347] **sm.** (f. *-trice*) *non com.* chi indovina || *ant.* indovino.

indovinèllo [da *indovinare*; 1364] **sm.** breve componimento, spesso in versi, che dà in modo nascosto, figurato e oscuro la definizione di ciò che si vuole far indovinare: *proporre, risolvere, sciogliere un indovinello*; *indovina indovinello,* formula che spesso introduce un indovinello || *per estens.* discorso o scritto contorto e poco chiaro: *questo articolo è un vero indovinello* || **N.** *Sin.* enigma, rebus, rompicapo.

indovìno [da *indovinare*; a. 1292] **I sm.** (f. *-a*) chi è ritenuto in grado di predire il futuro facendo ricorso ad arti magiche o divinatorie: *consultare un indovino, non fare l'indovino, dovrei essere un indovino per sapere come andrà a finire!*; *sei proprio un indovino,* rif. a chi tenta, o ha fatto, previsioni azzeccate **II agg.** *lett.* presago: *il mio cuore indovino* || divinatorio || **N. I** *Sin.* aruspice, augure, cartomante, chiaroveggente, chiromante, divinatore, mago, negromante, profeta.

indovùto [da *dovuto*; sec. XIV] **agg.** *non com.* non dovuto.

indragàre (ant. *indracàre*) (pres. *-àgo, -àghi*; *-àco, -àchi*) [comp. parasint. di *drago*; 1321] **tr.** *non com. lett.* trasformare in drago || *fig.* rendere feroce come un drago || **intr. pron.** *lett.* trasformarsi in drago; *fig.* incrudelire, inferocirsi come un drago: *l'oltracotata schiatta che s'indraca dietro a chi fugge* (Dante).

indrappellàre (pres. *-èllo*) [comp. parasint. di *drappello*; sec. XIV] **tr.** *non com.* disporre in drappello || **N.** *Sin.* inquadrare.

indri [dal fr. *indri*; 1839] **sm.** proscimmia del Madagascar.

indrizzàre [lat. volg. **indirectiāre*; a. 1524] **tr.** *ant.* indirizzare.

indù [dal persiano *hindu*, attr. il fr. *hindou*; 1875] **I s.** *inv.* abitante non musulmano dell'India **II agg.** relativo all'induismo e agli indù: *un tempio indù.*

indùbbio (pl. *-bi*) [dal lat. *indubius*; a. 1476] **agg.** che non suscita dubbi: *un quadro di indubbio valore*; *in modo indubbio,* con assoluta certezza || **indubbiaménte avv.** anche con valore frasale, senza dubbio, certamente || **N.** *Sin.* certo, evidente, indiscusso, innegabile, sicuro.

indubitàbile [dal lat. *indubitābilis*; a. 1330] **agg.** di cui non si può dubitare: *verità indubitabile* || **indubitabilménte avv.** con valore frasale, con certezza || **N.** *Sin.* certo, inequivocabile, sicuro.

indubitabilità [da *indubitabile*; a. 1673] **sf.** l'essere indubitabile.

indubitàto [da *dubitato*; sec. XIV] **agg.** che non è messo o non si può mettere in dubbio: *fatto, dato indubitato* || **N.** *Sin.* certo, indiscusso, indubbio, indubitabile, innegabile.

inducènte (*ppr.* di *indurre*) [1869] **agg.** *T.elettr.* di corpo o fenomeno che provoca induzione: *corrente inducente.*

indugiàre (pres. *-ùgio*) [lat. volg. **indutiāre*; 1225] **intr.** (aus. *avere*) tardare, perdere tempo prima di fare qualcosa: *indugiare a rispondere, a prendere l'iniziativa*; anche *ass.*: *eri entusiasta della proposta, perché ora indugi?* || **intr. pron.** attardarsi, soffermarsi: *indugiarsi a chiacchierare coi colleghi di lavoro* || **tr.** *lett.* rinviare, differire || **N. intr.** *Sin.* esitare, rimandare, ritardare, tardare, temporeggiare, tentennare, tergiversare | **intr. pron.** *Sin.* trattenersi | **tr.** *Sin.* procrastinare, rimandare, ritardare.

indùgio (pl. *-gi*) [da *indugiare*; 1314 *induso*] **sm.** l'indugiare; lo spazio di tempo che si frappone alla realizzazione di qualcosa: *rompere, troncare gli indugi,* agire senza temporeggiamenti || *senza indugio,* subito || **N.** *Sin.* differimento, esitazione, pausa, ritardo, sosta, tentennamento.

induìsmo [da *indú*, attr. il fr. *hindouisme*; a. 1937] **sm.** l'insieme di dottrine, credenze e culti religiosi diversi che si sono sviluppati e diffusi in India, a partire dall'incontro degli elementi vedici di origine indoeuropea con le tradizioni religiose indigene. **Q.T.** *religione.*

induìsta [da *induismo*; 1942] **s.** seguace dell'induismo.

induìstico (pl. *-ci*) [da *induista*; 1970] **agg.** relativo all'induismo e agli induisti.

induizzàto [da *indù*; 1957] **agg.** di popolazione che ha assimilato la cultura indù.

indulgènte (*ppr.* di *indulgere*) [1438] **agg.** che perdona facilmente: *essere indulgente con qualcuno* || che mostra indulgenza: *un giudizio, uno sguardo indulgente* || **indulgenteménte avv.** || **N.** *Sin.* benevolo, clemente, comprensivo, mite, paziente, tollerante | *Contr.* rigido, severo.

indulgènza [dal lat. *indulgentia*; a. 1348 nel senso 2] **sf. 1.** atteggiamento di comprensione, tolleranza e disposizione al perdono: *trattare con indulgenza, mostrare indulgenza verso qualcuno* **2.** *T.eccl.* nella religione cattolica, condono delle pene temporali per i peccati commessi, concesso dall'autorità ecclesiastica a titolo di assoluzione per i vivi, di suffragio per i defunti: *concedere, ottenere, acquistare l'indulgenza*; *indulgenza plenaria,* remissione totale delle pene || **N. 1.** *Sin.* benevolenza, clemenza, comprensione, condiscendenza, misericordia, pazienza, perdono, pietà, tolleranza.

indùlgere (pres. *-ùlgo, -ùlgi*; p.rem. *-ùlsi, -ulgésti*; pps. *-ùlto*) [dal lat. *indulgēre*, 1321 come tr.] **intr.** (aus. *avere*) **1.** mostrarsi benevolo e accondiscendente: *indulgere alle manie di un artista* **2.** *per estens.* lasciarsi andare con qualche compiacimento a un vizio, a un'inclinazione spec. negativa: *indulgere al gioco d'azzardo, al vizio* || **tr.** *ant. lett.* **1.** concedere, elargire **2.** perdonare || **N. intr. 1.** *Sin.* accondiscendere, acconsentire, assecondare, secondare **2.** *Sin.* abbandonarsi, cedere.

indùlto [da *indulgere*; 1602] **sm. 1.** *T.giur.* provvedimento generale, concesso dalla massima autorità dello Stato, di condono o diminuzione di una pena inflitta, che però non estingue (a differenza dell'amnistia) il reato **2.** *T.eccl.* nel diritto canonico, concessione temporanea fatta dall'autorità ecclesiastica, che dispensa da obblighi e norme.

induménto [dal lat. tardo *indumentum*; 1533] **sm.** capo di vestiario: *indumento estivo, pesante*; *indumenti intimi,* biancheria a contatto con la pelle || **N.** *Sin.* abito, veste, vestito. **Q.T.** *abbigliamento.*

induraménto [da *indurare*; a. 1320] **sm.** *non com.* indurimento.

induràre (pres. *-ùro*) [lat. *indurāre*; a. 1292] **tr.** *ant.* rendere duro || **intr.** (aus. *essere*) e **intr. pron.** diventare duro || **N.** *Sin.* indurire.

induriménto [da *indurire*; a. 1758] **sm.** l'atto e l'effetto dell'indurire e dell'indurirsi: *indurimento del cemento* || aumento di consistenza, durezza, resistenza, di qualcosa: *indurimento di un organo, di un metallo, dell'acqua* || *T.chim.* *indurimento degli oli,* idrogenazione || *T.fot.* *bagno di indurimento,* soluzione a base di solfato di sodio e allume di cromo, che impedisce il rigonfiamento della gelatina.

indurire (pres. *-isco, -ìsci*) [comp. parasint. di *duro*; a. 1562] ***tr.*** rendere duro, far acquistare compattezza e consistenza: *indurire la calce*; *indurire una pianta*, farle acquistare resistenza al freddo mediante un trattamento agricolo particolare || *per estens.* irrobustire, rendere resistente alla fatica: *indurire le membra* || *fig.* rendere insensibile: *indurire il cuore, il carattere* || ***intr.*** (aus. *essere*) e ***intr. pron.*** diventare duro, anche *fig.*: *i colori a tempera si sono induriti*; *nelle avversità il suo animo si è indurito.*

indùrre (pres. *-ùco, -ùci* ecc., come ADDURRE) [dal lat. *inducere*, letter. condurre dentro; 1308] ***tr.*** **1.** spingere a fare qualcosa o a comportarsi in un dato modo: *indurre a riconoscere i propri sbagli, il bisogno mi ha indotto a rivolgermi a te, indurre in errore* || *indurre al peccato, in tentazione*, procurare l'occasione per commettere il male **2.** *meno com.* suscitare, provocare: *indurre tristezza nell'animo, un fenomeno che induce il sonno* **3.** *T.fil.* ricavare leggi e principi di carattere generale dalla considerazione di fatti e esperienze particolari **4.** *T.scient.* produrre fenomeni di induzione **5.** *ant. lett.* portare, recare || ***intr. pron.*** *meno com.* risolversi a fare qualcosa: *si è indotto a firmare il contratto* || **N.** ***tr.*** **1.** *Sin.* convincere, costringere, muovere, persuadere, spingere **2.** *Sin.* causare, destare **3.** *Contr.* dedurre | ***intr. pron.*** *Sin.* decidersi, determinarsi, persuadersi.

indùsio (pl. *-si*) [dal lat. *indūsium*, veste femminile; 1813] ***sm.*** **1.** *T.bot.* membrana che in alcune piante, come le felci, ricopre lo sporangio **2.** *T.zool.* parte che riveste, a scopo protettivo, il corpo di alcuni invertebrati.

indùstre [dal lat. *industrius*, attivo, operoso, con influsso di *illustre*; sec. XIV] ***agg.*** *lett.* industrioso, ingegnoso.

indùstria [dal lat. *industria*, zelo, attività; a. 1342 nel senso 3; 1869 nel senso 1; 1608 nel senso 2] ***sf.*** **1.** insieme delle attività produttive dirette alla lavorazione e trasformazione di materie prime in prodotti finiti e beni di consumo: *il crescente sviluppo dell'industria, privilegiare l'industria a scapito dell'agricoltura* || *in part.* sistema di produzione basato sulla divisione del lavoro e l'uso delle macchine: *piccola, media, grande industria* **2.** l'insieme delle imprese e delle forze produttive che operano in un dato settore: *l'industria siderurgica, dell'abbigliamento*; *industria pesante, di trasformazione* || *per restr.* ogni singolo stabilimento: *è il proprietario di un'industria di componenti elettrici* || *per estens. industria culturale*, il complesso degli apparati e delle organizzazioni di produzione e diffusione della cultura di massa; *industria del crimine*, il complesso delle organizzazioni e ramificazioni di un'attività criminosa **3.** *ant.* o *lett.* attività ingegnosa e diligente: *l'industria delle formiche* || arte sottile, abilità nel raggiungere uno scopo: *ha usato ogni industria per convincerlo* || **N.** **1.** *Sin.* manifattura **2.** azienda, stabilimento | agricola, alimentare, chimica, editoriale, estrattiva, manifatturiera, meccanica, metallurgica, siderurgica, tessile **3.** *Sin.* diligenza, ingegnosità, operosità; accorgimento.

industrial design (ingl., pr. [ɪn͵dʌstrɪəl dɪ'zaɪn]) [letter. disegno industriale; 1963] ***loc. m. inv.*** progettazione, con finalità tecniche ed estetiche, di beni di consumo da prodursi industrialmente || **N.** *Sin. design.*

industrial designer (ingl., pr. [ɪn͵dʌstrɪəl dɪ'zaɪnə]) [letter. disegnatore industriale; 1959] ***loc. s. inv.*** persona specializzata in industrial design.

industriàle [da *industria*, sul modello del gr. *industrial*; 1798] **I *agg.*** di, relativo a industria: *prodotto, attività industriale*; *sviluppo industriale* || *complesso industriale*, insieme di edifici e apparati che svolgono un'attività industriale || *zona industriale*, luogo attrezzato per l'insediamento di un'industria e in gen. in cui sorgono molte industrie || *credito industriale*, credito a medio e lungo termine concesso da istituti specializzati alle imprese || *corrente industriale*, corrente elettrica ad uso delle industrie per usi diversi dall'illuminazione || *chimica industriale*, applicata all'industria || *piante industriali*, piante coltivate per usi industriali || *su scala industriale*, in notevole quantità || **industrialménte** ***avv.*** **1.** in modo industriale: *produrre industrialmente* **2.** dal punto di vista industriale **II *s.*** proprietario o imprenditore d'industria: *un facoltoso industriale del petrolio.*

industrialìsmo [da *industriale*, sul modello del fr. *industrialisme*; a. 1835] ***sm.*** **1.** predominio dell'industria nella vita sociale ed economica di un popolo **2.** politica economica volta a potenziare e favorire l'industria rispetto alle altre attività economiche.

industrializzàre [da *industriale*; 1923] ***tr.*** **1.** fornire di strutture industriali: *industrializzare i paesi del Terzo Mondo* **2.** dare carattere industriale: *industrializzare l'agricoltura* || ***intr. pron.*** assumere carattere industriale: *un settore produttivo che si sta industrializzando.*

industrializzazióne [da *industrializzare*; 1916] ***sf.*** processo di intensificazione della produzione e dell'attività di tipo industriale in un settore o in un paese: *l'industrializzazione dell'allevamento*; *industrializzazione di un'area depressa.*

industriàrsi (pres. *-ùstrio*) [da *industria*; a. 1420] ***intr. pron.*** mettere ogni impegno per raggiungere uno scopo: *industriarsi per risolvere la questione, per trovare un lavoro* || *ass.* adoperarsi a trovare qualche guadagno per vivere: *s'industria come può* || **N.** *Sin.* adoperarsi, impegnarsi, ingegnarsi; arrangiarsi.

industrióso [dal lat. tardo *industriōsus*; sec. XIV] ***agg.*** che s'industria, si dà da fare, attivo: *un tipo industrioso, le industriose formiche* || **industriosaménte** ***avv.*** || **N.** *Sin.* ingegnoso, intraprendente, laborioso, operoso.

induttànza [dal fr. *inductance*; 1905 nel senso 1; 1957 nel senso 2] ***sf.*** **1.** *T.elettr.* il coefficiente di proporzionalità tra la tensione indotta in un circuito e la velocità di variazione dell'intensità di corrente che induce tale tensione (percorrendo lo stesso circuito o uno vicino) **2.** *concr.* componente di circuiti elettrici in cui si produce il fenomeno dell'induzione || **N.** **2.** *Sin.* induttore. **TAV.** *elettrotecnica* 16.3.

induttività [da *induttivo*; 1957] ***sf.*** permeabilità magnetica.

induttìvo [dal lat. tardo *inductīvus*, ipotetico; a. 1375 nel senso 3; 1539 nel senso 1; 1869 nel senso 2] ***agg.*** **1.** che procede per via d'induzione: *metodo induttivo* **2.** *T.fis.* che produce fenomeni d'induzione: *circuito induttivo* **3.** *ant.* che tende a persuadere, a indurre || **induttivaménte** ***avv.*** con metodo induttivo.

induttòmetro [comp. di *indutta(nza)* e *-metro*; 1970] ***sm.*** strumento con cui si misura l'induttanza.

induttóre [dal lat. *inductor, -ōris*, maestro (iniziatore); 1308 come sm. nel senso 2; 1869 come sm. nel senso 1] **I *agg.*** che induce: *circuito induttore* **II *sm.*** **1.** *T.elettr.* componente o dispositivo di una macchina elettrica attraverso il quale si generano correnti per induzione || *induttore terrestre*, strumento di precisione per misurare l'inclinazione e la declinazione magnetica terrestre **2.** *ant.* chi induce.

induzióne [dal lat. *inductio, -ōnis*, letter. introduzione; 1308 nel senso 1; 1852 nel senso 2] ***sf.*** **1.** *T.fil.* procedimento logico che, partendo dall'analisi di casi particolari, ricava conclusioni e principi di carattere generale: *procedere, argomentare per induzione* || *induzione matematica*, procedimento (in realtà rigorosamente deduttivo) in cui, per dimostrare che una data relazione vale per tutti gli elementi a_n di una successione, si dimostra che vale per il primo, e che se vale per a_n, vale anche per $a_n + 1$ **2.** *T.fis.* fenomeno, gen. di natura elettrica o magnetica, che si produce nei corpi o nello spazio per effetto della vicinanza di altri corpi: *induzione elettrostatica*, elettrizzazione superficiale di un corpo a carica totale neutra, provocata dalla vicinanza di un altro corpo elettricamente carico; *induzione magnetica*, magnetizzazione di alcune sostanze immesse in un campo magnetico; *induzione elettromagnetica*, fenomeno per cui in un circuito elettrico, immerso in un campo magnetico di flusso variabile, si assiste a un passaggio di corrente la cui intensità varia secondo la velocità di variazione del flusso **3.** *non com.* l'atto di indurre || **N.** **1.** *Contr.* deduzione.

inebbriàre e der. forme lett. di INEBRIARE e der.

inebetìre (pres. *-isco, -ìsci*) [comp. parasint. di *ebete*; 1872] ***tr.*** rendere ebete: *la notizia del tracollo lo ha inebetito* || ***intr.*** (aus. *essere*) diventare ebete.

inebetìto (*pps.* di *inebetire*) [1908] ***agg.*** attonito, stordito: *rimase inebetito per la sorpresa.*

inebriaménto [da *inebriare*; a. 1306] ***sm.*** l'atto e l'effetto dell'inebriare e dell'inebriarsi.

inebriànte (*ppr.* di *inebriare*) [sec. XIV] ***agg.*** che inebria, che provoca ebbrezza, anche *fig.*: *vino, musica inebriante.*

inebriàre (pres. *-èbrio*) [dal lat. *inebriāre*; a. 1292 come intr. pron.] ***tr.*** ubriacare: *un liquore che inebria* || *fig. più com.* mettere in uno stato di esaltazione, procurare diletto e godimento: *il successo inebria, musica che inebria* || ***intr. pron.*** diventare ubriaco || *fig.* esaltarsi || **N.** ***tr.*** *Sin.* eccitare, entusiasmare, esaltare, estasiare.

ineccepìbile [da *eccepibile*; 1831] ***agg.*** che non si può eccepire; che non lascia adito a critiche: *una condotta ineccepibile* || **ineccepibilménte** ***avv.*** anche frasale || **N.** *Sin.* corretto, esatto, irreprensibile, perfetto.

ineccepibilità [da *ineccepibile*; a. 1956] ***sf.*** **1.** l'essere ineccepibile **2.** *T.giur.* impossibilità di proporre in un processo una determinata eccezione || **N.** **1.** *Sin.* correttezza, esattezza.

inèdia [dal lat. *inedia*; a. 1508] ***sf.*** **1.** deperimento dell'organismo conseguente a digiuno prolungato: *un bambino morto d'inedia* **2.** *iperb. pop. far morire d'inedia*, annoiare mortalmente || **N.** **1.** *Sin.* inanizione.

inedificàbile [da *edificabile*; 1957] ***agg.*** di terreno su cui vige il divieto di costruzione edilizia.

inedificabilità [da *inedificabile*; 1957] ***sf.*** l'essere inedificabile: *vincolo di inedificabilità.*

inèdito [dal lat. *inēditus*; sec. XIII] **I *agg.*** **1.** non pubblicato: *romanzo inedito* || *per estens. autore inedito*, che non ha ancora pubblicato nessuna opera **2.** *per estens.* che non è stato divulgato, reso noto: *particolare inedito, notizia inedita* || nuovo: *un inedito accostamento di colori* **II *sm.*** opera inedita o pubblicata dopo la morte dell'autore: *gli inediti di Guicciardini* || **N.** **I** **2.** *Sin.* ignorato.

ineducàbile [da *educabile*; 1869] ***agg.*** *raro* difficile o impossibile da educare.

ineducàto [da *educato*; 1797] ***agg.*** non educato: *una ragazzina ineducata* || *per estens.* incolto, rozzo: *ingegno ineducato.*

ineducazióne [da *ineducato*; 1843] ***sf.*** mancanza di educazione.

ineffàbile [dal lat. *ineffābilis*; 1304] ***agg.*** *lett.* che non si può esprimere a parole, detto spec. di sensazioni, sentimenti, stati d'animo positivi (a differenza per es. di *indicibile*): *una gioia ineffabile* || *fam. scherz.* e *iron.* incomparabile:

sei ineffabile! || **ineffabilménte** *avv.* || **N.** *Sin.* indefinibile, indescrivibile, indicibile, inesprimibile; impareggiabile.
ineffabilità [dal lat. tardo *ineffabilitas, -tātis*; 1308 *ineffabilitade*] *sf.* l'essere ineffabile.
ineffettuàbile [da *effettuabile*; 1683] *agg.* che non si può effettuare || **N.** *Sin.* inattuabile, irrealizzabile.
ineffettuabilità [da *effettuabilità*; 1957] *sf. non com.* l'essere ineffettuabile.
ineffettuàto [comp. da *in-*2 e *effettuato*, pps. di *effettuare*; 1907] *agg. non com.* non effettuato: *pagamento ineffettuato.*
inefficàce [dal lat. *inefficax, -cācis*; 1479] *agg.* non efficace, che non è in grado di conseguire lo scopo: *trattamento inefficace* || che manca di efficacia rappresentativa: *stile inefficace* || **inefficacemènte** *avv.* || **N.** *Sin.* inadatto, inidoneo, inutile, vano.
inefficàcia (pl. *-cie*) [dal lat. tardo *inefficācia*; 1598] *sf.* mancanza di efficacia.
inefficiènte [da *efficiente*; 1869] *agg.* non efficiente, che non è in grado di svolgere un'attività o di funzionare in modo proficuo: *organismo inefficiente*; anche rif. a strumenti e sim., inservibile: *rendere inefficiente un apparecchio* || **inefficientemènte** *avv. non com.*
inefficiènza [da *efficienza*; 1869] *sf.* mancanza di efficienza: *l'inefficienza di un metodo produttivo.*
ineguagliàbile [da *eguagliabile*; 1955] *agg.* che non può essere uguagliato, impareggiabile || **ineguagliabilménte** *avv.*
ineguagliànza [da *eguaglianza*; 1686] *sf.* l'essere ineguale, la condizione di ciò che è ineguale: *l'ineguaglianza sociale, dello stile, d'umore* || *concr.* ciò che altera la regolarità o l'uniformità di qualcosa: *le ineguaglianze del terreno* || **N.** *Sin.* disparità, disuguaglianza.
ineguàle [dal lat. *inaequālis*; 1282 *inuguali* nel senso 1; 1524 *inequale* nel senso 2] *agg.* **1.** che non è eguale: *trattamento ineguale* **2.** *più com.* non uniforme, non regolare: *superficie ineguale*; *stile ineguale*, discontinuo; *umore ineguale*, variabile; *respiro ineguale*, aritmico || *T.mus. coro a voci ineguali*, a voci dispari || **inegualménte** *avv.* || **N. 1.** *Sin.* differente, difforme, dissimile, disuguale, diverso **2.** *Sin.* incostante, irregolare, variabile.
inegualità [dal lat. *inaequālitas, -ātis*; a. 1342] *sf. non com.* l'essere ineguale, ineguaglianza.
inelasticità [da *elasticità*; 1955] *sf.* mancanza di elasticità || **N.** *Sin.* anelasticità.
inelàstico (pl. *-ci*) [da *elastico*; 1983] *agg.* rigido, fisso; anelastico.
inelegànte [dal lat. *inēlegans, -āntis*; 1575] *agg.* non elegante, poco elegante: *uno scherzo inelegante* || **inelegantemènte** *avv.* || **N.** *Sin.* goffo, grossolano, ROZZO.
ineleganza [dal lat. tardo *inelegantia*; 1598 *inelegantia*] *sf.* mancanza di eleganza, di buon gusto || *concr. non com.* atto o espressione priva di eleganza.
ineleggìbile [da *eleggibile*; 1798 *ineligibile*] *agg.* **1.** che non può essere eletto perché non ha i requisiti necessari: *candidato ineleggibile* **2.** *lett. non com.* che non si può scegliere o preferire.
ineleggibilità [da *eleggibilità*; 1869] *sf.* condizione di impossibilità a candidarsi o a essere eletti ad una carica: *l'ineleggibilità a deputato.*
ineloquènte [dal lat. tardo *ineloquens, -entis*; a. 1567] *agg. raro* che manca di eloquenza: *un narratore ineloquente.*
ineluttàbile [dal lat. *ineluctābilis*; 1665] *agg.* contro cui non si può lottare, che non si può evitare: *destino ineluttabile* || **ineluttabilménte** *avv.* || **N.** *Sin.* fatale, inevitabile.
ineluttabilità [da *ineluttabile*; 1909] *sf.* l'essere ineluttabile.
inemendàbile [dal lat. *inemendābilis*; a. 1514] *agg. non com.* non emendabile, che non può essere corretto: *vizio inemendabile*; *passo inemendabile* || **inemendabilménte** *avv. non com.* || **N.** *Sin.* incorreggibile.
inemendàto [dal lat. *inemendātus*; a. 1547] *agg. non com.* che non è stato emendato.
inenarràbile [dal lat. *inenarrābilis*; sec. XIV] *agg.* che non si può narrare o dire, spesso iperb. rif. a intensità, gravità, complicazione tali da non potersi descrivere: *avventure, sofferenze inenarrabili* || **inenarrabilménte** *avv.* || **N.** *Sin.* indescrivibile, indicibile.
inequivocàbile [da *equivocabile*; 1925] *agg.* che non si presta ad equivoco: *parole inequivocabili* || **inequivocabilménte** *avv.* || **N.** *Sin.* chiaro, esplicito, evidente, netto, preciso | *Contr.* ambiguo.
inerbiménto [da *inerbire*; 1957] *sm.* l'inerbire o l'inerbirsi.
inerbìre (pres. *-ìsco, -ìsci*) [comp. parasint. di *erba*; 1761] *tr. non com.* coprire d'erba.
inerènte (*ppr.* di *inerire*) [dal lat. *inhaerens, -entis*, ppr. di *inhaerēre*, aderire; a. 1535] *agg.* che si riferisce, che è in stretto rapporto con un'altra cosa: *diritti inerenti alla persona, mansioni inerenti alla professione* || **inerentemènte** *avv. non com.* in riferimento a || **N.** *Sin.* attinente, concernente, connesso, implicito, pertinente, relativo, riferito, riguardante.
inerènza [da *inerente*; a. 1535 *inerenzia*] *sf.* l'essere inerente || **N.** *Sin.* attinenza, connessione, pertinenza, relazione.
inerìre (pres. *-ìsco, -ìsci*; usato solo nei tempi semplici) [dal lat. *inhaerēre*; a. 1712] *intr. non com.* essere inerente, essere connesso a qualcosa.
inèrme [dal lat. *inermis*; 1374] *agg.* che è senz'armi, indifeso; anche *fig.* senza risorse: *essere inerme di fronte alla malvagità umana* || **N.** *Sin.* disarmato.
inerpicàrsi (pres. *-èrpico, -èrpichi*) [da *erpicare*; 1644 *inarpicarsi*] *intr. pron.* salire aggrappandosi con le mani e coi piedi: *inerpicarsi su una parete rocciosa* || **N.** *Sin.* arrampicarsi, SALIRE.
inerpicàto (*pps.* di *inerpicarsi*) [1909] *agg.* **1.** arroccato in un luogo impervio e scosceso: *un paesino inerpicato sui monti* **2.** arrampicato || *per estens.* seduto in posizione elevata, appollaiato.
inerrànza [comp. parasint. di *errare*; 1847] *sf.* nella teologia cattolica, infallibilità delle Sacre Scritture in quanto ispirate direttamente da Dio.
inèrte [dal lat. *iners, -ertis*, letter. privo di arte; 1342 come agg. nel senso 1; 1744 come agg. nel senso 3] **I** *agg.* **1.** rif. a persona, che non agisce, inoperoso: *se ne stava inerte con le mani in mano* || *per estens.* che non si muove, senza vita: *corpo, arto inerte* **2.** rif. a cosa, che è in stato di inerzia, di quiete: *materia inerte*; *fig. capitale inerte*, che non frutta || *fig. essere un peso inerte*, essere di peso alla famiglia o alla società **3.** *T.chim.* detto di elemento o composto che non dà luogo a reazioni chimiche: *gas inerti*, gas che non si combinano con altre sostanze || *materiale inerte*, materiale da costruzione, presente nelle malte, nei cementi e nei calcestruzzi, che non si altera chimicamente durante il fenomeno di indurimento **II** *sm.* (spec. *pl.*) elemento o composto inerte || **N. I 1.** *Sin.* inattivo, indolente, ozioso, passivo, pigro. **Q.T.** *edilizia* **TAV.** *edilizia* **p. 666** 7.2.
inerudìto [dal lat. *inerudītus*; 1551] *agg. lett.* non erudito, privo di cultura o istruzione || **N.** *Sin.* ignorante, incolto.
inèrzia [dal lat. *inertia*; 1470 ca. nel senso 1; 1749 nel senso 2] *sf.* **1.** l'essere inerte; lo stato di chi è inerte, inoperoso: *inerzia mentale, fisica* **2.** *T.fis.* proprietà generale dei corpi di perseverare nello stato di quiete o di moto rettilineo uniforme in cui si trovano se non viene loro applicata nessuna forza: *principio di inerzia* || *fig. agire per (forza di) inerzia*, per abitudine, senza la forza o la volontà di reagire **3.** *T.med.* assenza o rallentamento del movimento di un organo, stasi funzionale: *inerzia uterina* || **N. 1.** *Sin.* immobilità, inattività, inazione, indolenza, inoperosità, neghittosità, ozio, pigrizia.
inerziàle [da *inerzia*, sul modello dell'ingl. *inertial*; 1957] *agg. T.fis.* relativo all'inerzia: *massa inerziale*, la massa di un corpo vista come coefficiente di proporzionalità tra la forza ad esso applicata e l'accelerazione che subisce || *sistema di riferimento inerziale*, in quiete o in moto rettilineo uniforme rispetto ad un sistema fisso di riferimento.
inesattézza [da *esattezza*; 1788] *sf.* l'essere inesatto || *concr.* ciò che è detto o fatto in modo inesatto: *quante inesattezze in questo tuo scritto!* || **N.** *Sin.* imprecisione, improprietà, sbaglio, ERRORE.
inesàtto[1] [da *esatto*[1]; 1782] *agg.* non esatto: *un'espressione inesatta*; *notizia inesatta*, che manca di precisione o non è del tutto vera || **inesattaménte** *avv.* || **N.** *Sin.* erroneo, falso, sbagliato; approssimato, impreciso.
inesàtto[2] [da *esatto*[2]; 1662] *agg. T.bur.* detto di somma o credito non riscosso.
inesaudìbile [da *esaudibile*; 1887] *agg.* che non si può esaudire: *desiderio inesaudibile.*
inesaudìto [da *esaudito*; 1306] *agg.* non esaudito: *una supplica rimasta inesaudita.*
inesauribile [da *esauribile*; a. 1712] *agg.* che non si può esaurire: *fonte inesauribile di energia*; più spesso *fig.*: *facondia, vigore, fantasia inesauribile* || **inesauribilménte** *avv.* || **N.** *Sin.* continuo, copioso, eterno, infinito, perenne.
inesauribilità [da *esauribilità*; 1924] *sf.* l'essere inesauribile.
inesàusto [dal lat. *inenhāustus*; 1598] *agg. lett.* non esausto; che non viene mai meno || **N.** *Sin.* inesauribile.
inescàre e der. forme ant. di INNESCARE e der. (v.).
inescusàbile [dal lat. *inexcusābilis*; prima metà sec. XIV] *agg.* che non è scusabile; che non merita perdono || **inescusabilménte** *avv.* || **N.** *Sin.* imperdonabile, ingiustificabile.
inescusàto [dal lat. *inexcusātus*; 1869] *agg. non com.* non scusato; non degno di perdono.
ineseguìbile [da *eseguibile*; 1647] *agg.* che non si può eseguire, che è inadempibile: *ordine ineseguibile*; *un passaggio quasi ineseguibile con gli strumenti musicali antichi.*
ineseguìto [da *eseguito*; a. 1626] *agg. non com.* non eseguito.
inesercitàbile [dal lat. tardo *inexercitābilis*; a. 1667] *agg. non com.* non esercitabile: *diritto inesercitabile.*
inesercitàto [dal lat. *inexercitātus*; prima metà sec. XIV] *agg. non com.* non esercitato, privo di allenamento: *truppe inesercitate.*
inesigìbile [da *esigibile*; 1745] *agg.* che non si può riscuotere; che non è esigibile: *credito inesigibile.*
inesigibilità [da *esigibilità*; 1662] *sf.* l'essere inesigibile.
inesistènte [da *esistente*; 1869] *agg.* che non esiste: *figurarsi pericoli inesistenti*; che è frutto di immaginazione: *ambientare il film in un paese inesistente* || che ha scarsa consistenza, irrilevante: *la paga è pressoché inesistente, uno sceneggiato dall'intreccio inesistente* || *T.giur.* che non ha rilevanza di fronte alla legge: *un contratto inesistente* || **N.** *Sin.* falso, fantastico, fittizio, immaginario, infondato, inventato; inconsistente, trascurabile; insussistente.
inesistènza [da *esistenza*; 1869] *sf.* l'essere inesistente || *T.giur.* condizione per cui un atto giuridico si rivela nullo, in quanto manca dei requisiti necessari.
inesitàto [comp. parasint. di *esito*; 1984]

agg. *T.bur.* di spedizione che le poste non sono state in grado di consegnare al destinatario: *pacco inesitato, corrispondenza inesitata.*

inesoràbile [dal lat. *inexorābilis*; 1374 nel senso 2] *agg.* **1.** *propr.* che non si lascia vincere da preghiere: *il tribunale dei minori è stato inesorabile col giovane spacciatore* || *com.* spietato, implacabile: *una vendetta inesorabile* **2.** che non si può evitare, a cui non c'è rimedio: *un male inesorabile* || **inesorabilménte** *avv.* **1.** senza pietà **2.** fatalmente, inevitabilmente || **N. 1.** *Sin.* implacabile, inclemente, inflessibile, irremovibile, irriducibile, rigido, spietato **2.** *Sin.* fatale, ineluttabile, inevitabile.

inesorabilità [dal lat. tardo *inexorabilitas, -ātis*; a. 1639] *sf.* l'essere inesorabile.

inesoràto [dal lat. tardo *inexorātus*; a. 1828] *agg.* *lett.* non incline a misericordia, che non è mosso a pietà da suppliche e preghiere: *inesorata è l'ira mia* (Monti).

inesperiènza [dal lat. tardo *inexperientia*; 1532] *sf.* mancanza di esperienza: *errore dovuto a inesperienza* || **N.** *Sin.* imperizia.

inespèrto [dal lat. *inexpertus*; a. 1342] *agg.* che non ha esperienza: *essere inesperto di contabilità aziendale*; *un giovane inesperto*, che non ha esperienza della vita e del mondo || *per restr.* che manca di pratica in una professione o attività: *un elettricista, un pilota inesperto* || **inespertaménte** *avv.* || **N.** *Sin.* ignaro; imperito.

inespiàbile [dal lat. *inexpiābilis*; 1598] *agg.* *non com.* che non si può espiare, per la sua gravità: *colpa inespiabile* || **N.** imperdonabile.

inespiàto [dal lat. tardo *inexpiātus*; 1832] *agg.* *non com.* non espiato || **N.** impunito.

inesplicàbile [dal lat. *inexplicābilis*; 1598] *agg.* che non si può spiegare, difficile da comprendere: *un mistero inesplicabile* || **inesplicabilménte** *avv.* anche frasale || **N.** *Sin.* enigmatico, impenetrabile, incomprensibile, indecifrabile, inspiegabile, misterioso, oscuro.

inesplicabilità [da *inesplicabile*; 1909] *sf.* l'essere inesplicabile.

inesplicàto [dal lat. tardo *inexplicātus*; 1727] *agg.* *non com.* non spiegato; che non ha ricevuto spiegazione: *un incidente rimasto inesplicato* || **N.** *Sin.* incomprensibile, misterioso, oscuro.

inesploràbile [da *esplorabile*; 1869] *agg.* non esplorabile: *foresta inesplorabile* || *fig.* che non si può conoscere o capire a fondo: *sentimenti inesplorabili* || **N.** *Sin.* impenetrabile; insondabile.

inesploràto [da *esplorato*; 1864] *agg.* non esplorato || *fig.* non conosciuto, non ancora esaminato: *una biblioteca inesplorata, una fonte inesplorata di energia.*

inesplòso [da *esploso*; 1945] *agg.* non esploso al momento giusto: *bombe, ordigni inesplosi.*

inespressivo [da *espressivo*, sul modello del fr. *inexpressif*; 1920] *agg.* privo di espressione: *un volto inespressivo*; *uno stile inespressivo* || **inespressivaménte** *avv.*

inesprèsso [da *espresso*, *pps.* di *esprimere*; 1899] *agg.* che non è stato o non viene espresso: *un sentimento inespresso* || **N.** *Sin.* latente, nascosto.

inesprimìbile [da *esprimibile*; a. 1789] *agg.* che non si può esprimere: *una felicità inesprimibile* || **inesprimibilménte** *avv.* || **N.** *Sin.* INEFFABILE.

inespugnàbile [dal lat. *inexpugnābilis*; sec. XIV] *agg.* che non si può espugnare || anche *fig.* che non si può sedurre o corrompere: *integrità inespugnabile, un funzionario inespugnabile* || **N.** *Sin.* imprendibile, inattaccabile; incorruttibile.

inespugnabilità [da *inespugnabile*; a. 1674] *sf.* l'essere inespugnabile.

inespugnàto [dal lat. tardo *inexpugnātus*; 1869] *agg.* non espugnato: *fortezza inespugnata.*

inessiccàbile [da *essiccabile*; 1532] *agg.* *non com.* che non si può essiccare, anche *fig.*

inestensìbile [da *estensibile*; 1957] *agg.* che non si può estendere (nei vari sensi): *tessuto inestensibile*; *privilegio inestensibile.*

inestensibilità [da *estensibilità*; 1957] *sf.* l'essere inestensibile.

inestéso [da *esteso*; a. 1744] *agg.* *non com.* che non è esteso, privo di estensione.

inestètico (pl. *-ci*) [da *estetico*; 1957] *agg.* *non com.* antiestetico.

inestetìsmo [da *inestetico*; a. 1934] *sm.* difetto fisico di lieve entità: *crema contro gli inestetismi della cellulite.*

inestimàbile [dal lat. *inaestimābilis*; sec. XIV] *agg.* *propr.* che non si può stimare, valutare: *uno smeraldo di valore inestimabile* || *iperb.* di grandissimo valore, importanza e sim.: *un aiuto, un'amicizia inestimabile* || **inestimabilménte** *avv.* || **N.** *Sin.* incalcolabile, preziosissimo.

inestimàto [dal lat. giuridico *inaestimātus*; 1940] *agg.* *non com.* che non è stimato nel suo valore.

inestinguìbile [dal lat. tardo *inextinguĭbilis*; 1336 ca.] *agg.* che non si può estinguere: *fuoco, sete inestinguibile* || *fig.* eterno: *amore inestinguibile* || **inestinguibilménte** *avv.* || **N.** *Sin.* continuo, inesauribile, perenne, perpetuo.

inestìnto [dal lat. *inextinctus*; 1640] *agg.* *lett.* che non è estinto, anche *fig.*: *fuoco inestinto.*

inestirpàbile [dal lat. *inextirpābilis*; 1554] *agg.* che non si può estirpare, strappare, togliere, anche *fig.*: *vizio inestirpabile.*

inestricàbile [dal lat. *inextricābilis*; sec. XIV] *agg.* che non si può districare: *nodo inestricabile* || *fig.* confuso, intricato: *una situazione inestricabile* || **inestricabilménte** *avv.* || **N.** *Sin.* complesso, imbrogliato, ingarbugliato, intricato.

inettézza [da *inetto*; prima metà sec. XIV] *sf.* *raro* inettitudine.

inettitùdine [dal lat. *ineptitūdo, -inis*; a. 1565] *sf.* l'essere inetto: *dimostrare inettitudine* || **N.** *Sin.* incapacità.

inètto [dal lat. *ineptus*, letter. non adatto; 1497 *inepto*] **I** *agg.* **1.** che non è adatto a un compito o a un'attività: *inetto allo studio* || *ass.* *più com.* buono a nulla, incapace: *un amministratore, un individuo inetto* **2.** *T.zool.* *prole inetta*, i piccoli di varie specie animali che, alla nascita, non sono in grado di procurarsi il cibo da soli **3.** *ant.* sciocco, fuori luogo || **inettaménte** *avv.* **II** *sm.* (f. *-a*) persona inetta: *sei proprio un inetto* || **N. 1.** *Sin.* dappoco, inabile, incapace.

ineùnte [dal lat. *iniens, ineuntis*; 1910] *agg.* *lett.* che inizia, entrante: *secolo ineunte.*

inevàso [da *evaso*; 1812] *agg.* *T.bur.* che non è stato sbrigato: *pratiche inevase*; *corrispondenza inevasa*, che non ha avuto risposta.

inevidènte [da *evidente*; a. 1519] *agg.* *non com.* non evidente, poco chiaro.

inevidènza [da *inevidente*; 1834] *sf.* *raro* l'essere inevidente.

inevitàbile [dal lat. *inevitābilis*; 1342] **I** *agg.* che non si può evitare: *conseguenze inevitabili* || **inevitabilménte** *avv.*, con valore frasale, necessariamente, per forza **II** *sm.* ciò che non si può evitare: *affrontare l'inevitabile* || **N.** I *Sin.* ineluttabile, inesorabile, necessario.

inevitabilità [da *inevitabile*; 1763] *sf.* l'essere inevitabile || **N.** *Sin.* ineluttabilità.

in extremis (lat., pr. it. [in eks'tremis]) [letter. nei (momenti) estremi] *loc. avv.* **1.** *propr.* in punto di morte: *matrimonio in extremis* **2.** *fig.* all'ultimo momento, negli ultimi istanti di un tempo determinato: *risolvere la partita in extremis*, allo scadere del tempo.

inèzia [dal lat. *ineptia*, letter. stoltezza, follia; sec. XIV] *sf.* cosa di nessun conto o di scarso rilievo: *non ti offendere per una simile inezia!*; *ho pagato lo stereo un'inezia*, poco, una cifra modesta; anche *iron.*: *ha distrutto la macchina, un'inezia!* || *dim.* ineziùcola, ineziùccia || **N.** *Sin.* bazzecola, nonnulla, piccolezza, quisquilia, sciocchezza.

infacóndia [dal lat. tardo *infacundia*; a. 1646] *sf.* *lett.* scarsa capacità di esprimersi.

infacóndo [dal lat. *infacundus*; a. 1585] *agg.* *lett.* non facondo, poco eloquente.

infagottàre (pres. *-òtto*) [comp. parasint. di *fagotto*; a. 1712] *tr.* avvolgere qualcuno in indumenti pesanti per difenderlo dal freddo: *ha infagottato il bimbo nella coperta per riportarlo a casa la sera* || *non com.* avvolgere qualcosa in fretta dandogli forma di fagotto || di indumenti, vestire male, far sembrare un fagotto: *quel cappotto ti infagotta* || *rifl.* avvolgersi in abiti pesanti per difendersi dal freddo || vestirsi male, con abiti che rendono goffo || **N.** *tr.* *Sin.* imbacuccare, intabarrare.

infaldàre [comp. parasint. di *falda*; 1834] *tr.* disporre in falde sovrapposte una pezza di filato di cotone.

infaldatùra [da *infaldare*; 1931] *sf.* atto o effetto dell'infaldare.

infallanteménte [da un ant. *infallante*, infallibile; a. 1502] *avv.* *ant.* *lett.* senza dubbio, sicuramente.

infallìbile [dal lat. tardo *infallibilis*; 1295] *agg.* che non può fallire o sbagliare: *una mira, un istinto infallibile* || certo, sicuro, efficace: *un rimedio, una prova infallibile*; *strumento infallibile*, estremamente preciso e affidabile || **infallibilménte** *avv.* senza rischio di sbagliare; sicuramente, senza dubbio.

infallibilità [da *infallibile*; 1640] *sf.* l'essere infallibile, impossibilità di commettere errori: *l'infallibilità di un'arma* || *T.teol.* *infallibilità del papa*, dogma della religione cattolica secondo il quale il papa è infallibile quando parla ex cathedra di dottrina e di morale.

infalsificàbile [da *falsificabile*; 1939] *agg.* *non com.* che non si può falsificare.

infamànte (*ppr.* di *infamare*) [1777] *agg.* che reca infamia e vergogna: *un'accusa infamante* || *T.stor.* *pene infamanti*, nel Medioevo, pene che comportavano pubblica infamia per chi le subiva || **N.** *Sin.* disonorevole, ignominioso.

infamàre (pres. *-àmo*) [dal lat. *infamāre*; a. 1250] *tr.* coprire di infamia, essere causa di vergogna e disonore: *il suo coinvolgimento nello scandalo ha infamato il buon nome della famiglia* || screditare con accuse e calunnie: *infamare con rivelazioni scabrose* || *intr. pron.* coprirsi d'infamia || **N.** *Sin.* disonorare; calunniare, denigrare, diffamare, infangare.

infamatóre [dal lat. tardo *infamātor, -ōris*; a. 1292] *sm.* (f. *-trìce*) *non com.* chi diffonde notizie infamanti, anche *agg.* || **N.** *Sin.* diffamatore.

infamatòrio (pl. *-ri*) [da *infamatore*; sec. XIII] *agg.* che reca infamia || **N.** *Sin.* infamante.

infàme [dal lat. *infāmis*; a. 1342] **I** *agg.* **1.** che ha pessima fama, che non merita rispetto e stima: *un infame strozzino* || *per estens.* che disonora: *un'infame calunnia*; *un posto infame*, malfamato **2.** *iperb.* o *scherz.* pessimo, di cattiva qualità: *uno scherzo infame, tempo infame, hai fatto un compito infame* || **infameménte** *avv.* **II** *s.* persona scellerata, priva di scrupoli: *approfitta della buona fede delle persone anziane per truffarle, quell'infame!* || **N.** I **1.** *Sin.* disonorevole, ignobile, ignominioso, odioso, scellerato, turpe.

infàmia [dal lat. *infāmia*; a. 1294 *infama*] *sf.* **1.** gravissimo e pubblico biasimo dovuto ad un'azione turpe e disonorevole: *coprirsi d'infamia* || *marchio d'infamia*, marchio che veniva impresso a fuoco sul corpo dei colpevoli di certi delitti; *fig.* segno di pubblico disprezzo:

bollare qualcuno con un marchio d'infamia **2.** *concr.* azione o detto vituperevole e vergognoso: *queste accuse sono un'infamia, ha commesso l'infamia di mutilare il cadavere* || *per estens.* rif. a persona o cosa che è causa di vergogna e disonore: *è l'infamia della famiglia* || *iperb.* o *scherz.* cosa, lavoro pessimo: *questo vino, questo film è un'infamia* || **N. 1.** *Sin.* biasimo, disonore, ignominia, iniquità, nefandezza, onta, scelleratezza, vergogna, vituperio **2.** *Sin.* obbrobrio.

infamità [da *infame*; 1673] ***sf.*** l'essere infame || *concr.* atto o detto infame o da infame.

infanatichìre (pres. *-ìsco, -ìsci*) [comp. parasint. di *fanatico*; 1869] ***intr.*** (aus. *essere*) e ***intr. pron.*** essere preso da fanatismo, agire da fanatico; essere preso da entusiasmo e passione esagerati per qualcuno o qualcosa: *si è infanatichito della musica* || ***tr.*** *raro* rendere fanatico || **N.** ***intr. pron.*** *Sin.* entusiasmarsi, esaltarsi, infatuarsi, infervorarsi.

infangaménto [da *infangare*; 1957] ***sm.*** *non com.* atto o effetto dell'infangare.

infangàre (pres. *-àngo, -ànghi*) [comp. parasint. di *fango*; sec. XIV] ***tr.*** **1.** sporcare di fango: *infangare la macchina* **2.** *fig.* coprire di fango, di vergogna: *infangare il ricordo del padre* || ***rifl.*** **1.** sporcarsi di fango **2.** *fig. non com.* disonorarsi || **N. 1.** *Sin.* inzaccherare **2.** *Sin.* disonorare, infamare.

infantàre [lat. tardo *infantāre*, nutrire come un bambino; prima metà sec. XIV] ***tr.*** *ant. lett.* generare, anche *fig.*: *quella nostra letteratura... infantò il Manzoni e il Leopardi* (Carducci).

infantastichìre (pres. *-ìsco, -ìsci*) [comp. parasint. di *fantastico*; 1556] ***intr.*** (aus. *essere*) *non com.* lasciarsi andare alle fantasticherie; diventare fantastico, stravagante || ***tr.*** *non com.* riempire di fantasie la mente di qualcuno; rendere fantastico, stravagante.

infànte [dal lat. *infans, -antis*, letter. che non può parlare; sec. XII-XIII *uno 'nfanti*] **I *s.* 1.** bambino piccolo, che ancora non parla **2.** *ant.* paggio, servitore || fante **II *agg.*** *lett.* che è nell'età dell'infanzia || *fig.* che è agli inizi || **N. I 1.** neonato, pargolo.

infante (sp., pr. [iɱ'fante]) [letter. infante; a. 1348] ***sm.*** (f. *infanta*, pr. [iɱ'fanta]) titolo attribuito ai principi cadetti della casa reale di Spagna e di Portogallo.

infanticida [dal lat. tardo *infanticīda*; 1745] ***s.*** chi ha commesso un infanticidio.

infanticidio (pl. *-di*) [dal lat. tardo *infanticīdium*; 1673] ***sm.*** *T.giur.* uccisione di un bambino appena nato.

infantile [dal lat. *infantīlis*; a. 1342] ***agg.*** **1.** relativo all'infanzia, proprio dell'infanzia: *asilo, letteratura infantile* **2.** rif. ad atteggiamenti e azioni di persona adulta, immaturo, che ha modi da bambino: *una ragazza molto infantile* || **infantilménte** ***avv.*** || **N. 2.** *Sin.* bambinesco, puerile.

infantilismo [da *infantile*; 1900] ***sm.*** **1.** *T.med.* persistenza nell'età adulta di caratteri fisici e psichici propri dell'infanzia **2.** *per estens.* negli adulti, atteggiamento caratterizzato da immaturità e reazioni di tipo infantile || **N. 1.** *Sin.* puerilismo **2.** *Sin.* immaturità, puerilità.

infantilità [da *infantile*; a. 1907] ***sf.*** *non com.* **1.** l'essere infantile **2.** *concr.* detto, azione infantile: *commettere un'infantilità* **3.** *ant.* infanzia.

infànzia [dal lat. *infantia*, letter. incapacità di parlare; 1304] ***sf.*** **1.** la prima età dell'uomo, dalla nascita fino all'uso della parola e, *per estens.*, fino alla pubertà: *ricordi d'infanzia; prima, seconda infanzia* **2.** l'insieme dei bambini: *letteratura per l'infanzia, tutela dell'infanzia abbandonata* **3.** *fig.* periodo iniziale, fase delle origini: *l'infanzia dell'arte* || **N. 1.** *Sin.* fanciullezza, puerizia **3.** *Sin.* inizi, primordi.

infarciménto [da *infarcire*; 1869] ***sm.*** *non com.* l'infarcire, anche *fig.* || *concr.* ciò con cui si infarcisce.

infarcìre (pres. *-ìsco, -ìsci*) [dal lat. *infarcīre*, class. *infercīre*; 1598] ***tr.*** **1.** riempire con un ripieno, farcire **2.** *fig.* riempire alla rinfusa, detto spec. di un discorso o di un testo: *infarcire un libro di citazioni dotte, infarcire la mente di cognizioni disparate* || **N. 1.** *Sin.* farcire, imbottire **2.** *Sin.* rimpinzare, RIEMPIRE.

infarinàre (pres. *-ìno*) [comp. parasint. di *farina*; a. 1400] ***tr.*** **1.** cospargere di farina || *più com.* rivoltare nella farina un cibo prima di friggerlo: *infarinare il pesce, le cotolette* **2.** *fig.* coprire di un velo sottile e bianco come la farina: *infarinare la macchina di polvere; la neve ha infarinato le cime dei monti* **3.** *non com.* dare un'informazione sommaria e superficiale su un argomento || ***rifl.*** **1.** sporcarsi di farina: *facendo gli gnocchi si è infarinata tutta* **2.** *scherz.* incipriarsi: *vado a infarinarmi il naso* || **N.** ***tr.*** **2.** *Sin.* imbiancare, impolverare.

infarinatùra [da *infarinare*; a. 1568 nel senso 2] ***sf.*** **1.** l'atto e l'effetto dell'infarinare **2.** *fig.* cognizione superficiale e approssimativa di una disciplina, un'arte: *avere una infarinatura d'inglese.*

infàrto [dal lat. *infartus*, pps. di *infarcīre*, riempire; a. 1769] ***sm.*** *T.med.* lesione di un organo dovuta a mancato o ridotto afflusso sanguigno, gen. in seguito a embolia o trombosi: *infarto cerebrale, miocardico, polmonare* || *per restr.* infarto cardiaco: *morire d'infarto* || *fam. da infarto*, emozionante, spettacolare, fuori dalla norma: *prezzi da infarto.*

infartuàle [da *infarto*; 1983] ***agg.*** *T.med.* relativo all'infarto, proprio dell'infarto: *sindrome infartuale.*

infartuàto [da *infarto*; 1972] ***agg.*** o ***sm.*** (f. *-a*) che o chi ha subito un infarto.

infastidìre (pres. *-ìsco, -ìsci*) [da *fastidire*; a. 1320] ***tr.*** recare fastidio: *infastidire con inutili pettegolezzi; il volume troppo alto del giradischi infastidisce i vicini; infastidire una donna*, molestarla con apprezzamenti e proposte volgari || ***intr. pron.*** irritarsi, perdere la pazienza: *mi sono infastidito per le tue continue lamentele* || **N.** ***tr.*** *Sin.* disturbare, importunare, molestare | ***intr. pron.*** *Sin.* seccarsi, stufarsi.

infaticàbile [dal lat. *infatigābilis*; a. 1342] ***agg.*** che non sente la fatica, che non si stanca mai: *un lavoratore infaticabile* || *per estens.* che persegue i propri scopi con costanza e tenacia: *è infaticabile nel promuovere iniziative culturali* || **infaticabilménte** ***avv.*** senza mai stancarsi, con tenacia e costanza || **N.** *Sin.* instancabile; tenace.

infaticabilità [da *infaticabile*; a. 1680] ***sf.*** l'essere infaticabile || assiduità.

infaticàto [dal lat. tardo *infatigātus*; 1810] ***agg.*** *lett.* che regge alla fatica; infaticabile.

infàtti [letter. nei fatti; 1566] **I *cong.*** coordinativa, in realtà, difatti, invero; introduce una proposizione che spiega o conferma ciò che è stato detto precedentemente: *è un tipo molto socievole, infatti riesce simpatico a tutti* || talvolta è usato in tono ironico per contraddire quanto detto prima: *avevi promesso che saresti venuto, infatti non ti sei fatto vedere* **II *avv.*** con funzione di profrase, proprio così: *siete parenti, vero? Infatti!*

infattibile [da *fattibile*; a. 1519] ***agg.*** irrealizzabile.

infatuàre (pres. *-àtuo*) [dal lat. *infatuāre*; a. 1420] ***tr.*** **1.** fare impazzire, accendere di grande entusiasmo, gen. passeggero: *infatuare un ragazzo di ideali rivoluzionari* **2.** *ant.* rendere fatuo, sciocco || ***intr. pron.*** *più com.* entusiasmarsi, esaltarsi, innamorarsi: *infatuarsi di una donna, di un complesso rock* || **N. 1.** *Sin.* entusiasmare, esaltare, INFERVORARE.

infatuàto (*pps.* di *infatuare*) [1676] ***agg.*** pieno di entusiasmo e ammirazione addirittura eccessivi per qualcosa: *essere infatuato di sé*, compiacersi eccessivamente delle proprie doti e qualità.

infatuazióne [dal lat. tardo *infatuātio, -ōnis*; 1785] ***sf.*** l'atto e l'effetto dell'infatuare e dell'infatuarsi; entusiasmo eccessivo e passeggero per qualcuno o per qualcosa: *avere, prendere un'infatuazione per una ragazza* || **N.** *Sin.* entusiasmo, esaltazione, fanatismo, passione.

infàusto [dal lat. *infaustus*; 1354] ***agg.*** *lett.* che porta sventura; legato a ricordi e avvenimenti non lieti: *un giorno infausto, una località infausta* || *prognosi infausta*, che preannuncia la morte del malato || **infaustaménte** ***avv.*** || **N.** *Sin.* funesto, luttuoso, nefasto, sfavorevole, sfortunato, triste; mortale.

infecondità [dal lat. *infecunditas, -ātis*; a. 1342] ***sf.*** l'essere infecondo || **N.** *Sin.* STERILITÀ.

infecóndo [dal lat. *infecundus*; a. 1320 nel senso 2] ***agg.*** **1.** non fecondo, incapace di procreare: *femmina infeconda, matrimonio infecondo* || *per estens.* che non dà frutto: *terreno infecondo* **2.** *fig.* che non produce, non crea nulla: *mente, disputa infeconda* || **N. 1.** *Sin.* sterile; arido, improduttivo **2.** *Sin.* inconcludente, infruttuoso, inutile, vano.

infedéle [dal lat. *infidēlis*; 1354] **I *agg.* 1.** che non è fedele, che viene meno alla parola data o alle promesse fatte: *coniuge, alleato infedele* **2.** non conforme al vero: *storia infedele; traduzione infedele*, che non rispecchia l'originale; *giornalista infedele*, che si discosta dalla realtà dei fatti || **infedelménte** ***avv.*** **II *s.*** pagano, chi professa una fede religiosa diversa; *per anton.* nel Medieovo cristiano, chi era di religione musulmana: *combattere contro gli infedeli*; dal punto di vista dei musulmani, i cristiani || **N. I 1.** *Sin.* infido, sleale, traditore **2.** *Sin.* falso **II** apostata, marrano, rinnegato.

infedeltà [dal lat. *infidēlitas, -ātis*; a. 1390 *infedelità*] ***sf.*** **1.** l'essere infedele: *infedeltà coniugale; l'infedeltà di uno scoop giornalistico* **2.** *concr.* atto d'infedeltà: *commettere un'infedeltà* || **N. 1.** *Sin.* slealtà, tradimento; inesattezza, travisamento.

infelice [dal lat. *infēlix, -īcis*; 1308] **I *agg.*** **1.** rif. a persona, che non è felice, che, per cause oggettive o psicologiche, è profondamente depresso o insoddisfatto: *da quando è rimasto solo è molto infelice* **2.** rif. a cosa, che è causa di infelicità: *ho avuto un'infanzia infelice, un amore infelice, un periodo infelice per la produzione artistica* **3.** mal riuscito, che ha esito negativo: *un matrimonio infelice, un'opera infelice* || non buono, che ha effetti spiacevoli: *è una bella casa, ma ha una posizione infelice; una battuta infelice*, inopportuna; *un clima infelice*, inadatto, sfavorevole || **infeliceménte** ***avv.*** **II *s.*** persona infelice || *in part.* chi è affetto da menomazioni fisiche o psichiche || **N. I 1.** *Sin.* afflitto, disgraziato, disperato, misero, sventurato, triste **2.** *Sin.* difficile, sfortunato, sofferto **3.** *Sin.* brutto, malfatto, negativo, sfavorevole.

infelicità [dal lat. *infelīcitas, -ātis*; a. 1348 *infelicitade*] ***sf.*** **1.** l'essere infelice, nei vari sensi dell'agg. **2.** *concr. non com.* disgrazia, sventura || **N. 1.** *Sin.* afflizione, disperazione, insoddisfazione, scontentezza, tristezza **2.** *Sin.* calamità, dolore, sciagura.

infellonìre (pres. *-ìsco, -ìsci*) [comp. parasint. di *fellone*; sec. XIII] ***intr.*** (aus. *essere*) *lett.* incrudelire.

infeltriménto [da *infeltrire*; 1957] ***sm.*** atto o effetto dell'infeltrire o dell'infeltrirsi.

infeltrìre (pres. *-ìsco, -ìsci*) [comp. parasint. di *feltro*; 1869] ***tr.*** rendere sodo e compatto come feltro || ***intr.*** (aus. *essere*) e ***intr. pron.*** diventare sodo come feltro: *gli indumenti di lana mal lavati infeltriscono.*

infemminire (pres. *-ìsco, ìsci*) [comp. parasint. di *femmina*; a. 1347] ***tr.*** rendere effeminato || ***intr.*** (aus. *essere*) e ***intr. pron.*** diventare effeminato || **N.** ***tr.*** *Sin.* effeminare, infiacchire, svigorire.

infènso [dal lat. *infensus*; sec. XIV] ***agg.*** *ant. lett.* acesso d'ira; ostile.

inferènza [da *inferire*; 1846] ***sf.*** **1.** *T.fil.* procedimento logico che consiste nel trarre una conclusione da determinate premesse **2.** *T.stat.* procedimento attraverso il quale i risultati ottenuti su un campione limitato vengono generalizzati ed estesi a tutta la popolazione || **N.** **1.** *Sin.* deduzione, illazione.

infèria [dal lat. *inferiae*; 1698] ***sf.*** **1.** *T.stor.* (solo *pl.*) sacrificio ed offerte che gli antichi romani facevano sulle tombe dei defunti **2.** (anche *sing.*) *poet.* vittima designata: *ti mando inferia, o puro, o forte, o bello Massimiliano* (Carducci).

inferìgno [da *ferigno*; sec. XIV] ***agg.*** *raro* detto di pane di farina, nero, fatto di cruschello.

inferióre [dal lat. *inferior, -iōris*; sec. XIV] **I** ***agg.*** **1.** che sta in un luogo situato più in basso: *quello che cerchi è nel cassetto inferiore; gli arti inferiori*, le gambe; *il corso inferiore di un fiume*, la parte più vicina alla foce || *per estens.* rif. ad epoche e periodi geologici o paleontologici, più antico: *paleolitico inferiore* **2.** in una scala di misure e valori, che è a un livello più basso; che ha minor pregio e rilievo: *un ragazzo di statura inferiore alla media, acquistare una merce ad un prezzo inferiore, un'offerta di manodopera inferiore al previsto, non essere inferiore a nessuno* || *scuola media inferiore*, il triennio successivo alla scuola elementare || *T.mil. ufficiali inferiori*, sottotenente, tenente e capitano || *T.zool. animali inferiori*, quelli di struttura meno complessa || **inferiorménte** ***avv.*** nella parte inferiore; nella *loc. prep. rara inferiormente a*, sotto **II** ***s.*** chi, in una gerarchia, occupa una posizione più bassa ed è perciò sottoposto ad altri: *avere un buon rapporto con i propri inferiori* || **N.** **I** **1.** *Sin.* sottostante **2.** *Sin.* minore, secondario | *Contr.* superiore **II** *Sin.* dipendente, subalterno, subordinato.

inferiorità [da *inferiore*; a. 1642] ***sf.*** l'essere inferiore, spec. nel senso 2 dell'agg.: *l'inferiorità economica di una regione* || condizione di chi è inferiore: *ammettere la propria inferiorità; complesso d'inferiorità*, insieme di comportamenti caratterizzati dal bisogno di affermare se stessi e originati da un sentimento di sfiducia nelle proprie possibilità e insicurezza nei confronti degli altri. **Q.T.** *psicanalisi.*

inferire (pres. *-isco, -isci*; p.rem. *infèrsi, -isti* nel senso 1, *inferii, -isti* negli altri sensi; pps. *infèrto* nel senso 1, *inferìto* negli altri sensi) [dal lat. *inferre*, portare dentro; a. 1381 nel senso 2; 1499 nel senso 1] ***tr.*** **1.** dare, provocare una ferita, un colpo, un danno: *gli inferse una pugnalata, il rialzo del dollaro ha inferto un duro colpo alle importazioni* **2.** argomentare traendo una conclusione da determinate premesse: *dai dati in nostro possesso si può inferire un notevole aumento del consumo di stupefacenti* **3.** *T.mar.* collocare e fissare le vele ai pennoni || *per estens. inferire una bandiera*, collegarla con un cavetto alla drizza || **N.** **1.** *Sin.* apportare, arrecare, assestare, cagionare, causare, infliggere, produrre **2.** *Sin.* dedurre, derivare, indurre **3.** *Sin.* fissare, inserire.

inferitóio (pl. *-ói*) [da *inferire*; 1937] ***sm.*** *T.mar.* cavo con cui si fissano le bugne superiori delle vele alle estremità dei pennoni o delle antenne || **N.** *Sin.* inferitore.

inferitóre [da *inferire*; 1889] ***sm.*** **1.** *T.mar.* inferitoio **2.** *raro* chi inferisce.

inferitùra [da *inferire*; 1869] ***sf.*** *T.mar.* operazione di fissare una vela a un'antenna o a un pennone || *concr.* in ogni vela, il lato che s'inferisce, detto anche *angolo di inferitura* || nella bandiera, il lato rinforzato al quale si annoda la corda che deve alzarla || **N.** *Sin.* impuntura; antennale, testiera.

infermàre (pres. *-érmo*) [dal lat. *infirmāre*, lett. indebolire; a. 1294 come intr.] ***tr.*** *ant. lett.* rendere infermo; *fig.* indebolire; invalidare || ***intr.*** (aus. *essere*) e ***intr. pron.*** *lett.* diventare infermo || **N.** *Sin.* ammalarsi.

infermerìa [da *infermo*; a. 1342] ***sf.*** **1.** reparto dove si curano e si ricoverano gli ammalati, situato nelle caserme, nelle carceri, nei collegi e sim. **2.** *ant.* contagio, epidemia. **Q.T.** *medicina.*

infermìccio (pl. *-ci*) [da *infermo*; 1304] ***agg.*** *non com.* alquanto infermo; affetto da malattia di lunga durata, anche se non grave || **N.** *Sin.* malaticcio.

infermière [da *infermo*; 1305 *infermieri*] ***sm.*** (f. *-a*) chi presta servizio ai malati per professione o per opera di carità: *negli ospedali c'è grave carenza di infermieri, seguire un corso da infermiera professionale* || anche in posizione attributiva: *suore infermiere.*

infermieristico (pl. *-ci*) [da *infermiere*; 1942] ***agg.*** che si riferisce agli infermieri: *assistenza infermieristica.*

infermità [dal lat. *infirmitas, -ātis*, debolezza; 1224 *infirmitate*] ***sf.*** **1.** condizione di chi è affetto da una qualsiasi malattia, spec. di lunga durata e di non lieve entità: *essere colpito da infermità permanente* || *infermità mentale*, condizione patologica di natura psichica; nel linguaggio giuridico, incapacità di intendere e di volere **2.** *fig. non com.* debolezza: *infermità dello spirito* || **N.** **1.** *Sin.* invalidità, male.

infèrmo [dal lat. *infirmus*, debole; a. 1294] **I** ***agg.*** **1.** ammalato; e spec. che è ammalato da molto tempo: *infermo a causa di una paralisi* **2.** *lett.* malfermo, debole **3.** *ant.* malsano **II** ***sm.*** (f. *-a*) persona ammalata: *visitare gli infermi* || **N.** **I** **1.** *Sin.* invalido, malato.

infernàle [dal lat. tardo *infernālis*; 1308] ***agg.*** **1.** dell'inferno, relativo all'inferno: *pene infernali, spiriti infernali* || *in part. pietra infernale*, nitrato d'argento usato un tempo in chirurgia per cauterizzare || *fig.* diabolico, malvagio: *ha architettato un piano infernale; macchina infernale*, ordigno esplosivo, espr. usata in passato per indicare le armi da fuoco; *fig.* nell'uso recente, complesso di avvenimenti e situazioni di cui sfugge il controllo **2.** *iperb.* terribile, insopportabile: *una giornata infernale; un baccano, un caldo, una sete infernale; tempo infernale*, pessimo; *ritmo infernale*, indiavolato || **N.** **1.** *Sin.* maligno **2.** *Sin.* micidiale, spaventoso, straordinario, tremendo.

infèrno[1] [dal lat. *infernus*, che si trova in basso; 1319] ***agg.*** *lett.* infernale: *la valle inferna* (Dante); *gl'inferni Dei* (Foscolo).

infèrno[2] [dal lat. tardo *infernum*, letter. luogo in basso; inizi sec. XIII] ***sm.*** **1.** nella religione cristiana, il luogo di dannazione e di pena eterna delle anime peccatrici: *Dio precipitò gli angeli malvagi nell'inferno, patire i tormenti dell'inferno; l'inferno dantesco*, la descrizione dell'inferno nella Divina Commedia || usato in molte espr. fig.: *soffrire le pene dell'inferno*, soffrire moltissimo; *d'inferno*, terribile, tremendo, rif. a cose o situazioni che procurano sofferenza o sono insopportabili; *una vita d'inferno, ho passato una giornata d'inferno, c'è un'umidità d'inferno; andare, mandare qualcuno all'inferno*, mandarlo al diavolo, sbarazzarsi di qualcuno cacciandolo in malo modo; *va all'inferno!*, esclamazione fam. che esprime irritazione e insofferenza **2.** nella concezione pagana, il regno dei morti **3.** *iperb.* luogo o situazione che procura tormento e sofferenza: *la nostra convivenza è diventata un vero inferno* **4.** negli oleifici, locale sotterraneo dove si raccolgono in pozzetti le acque di vegetazione e di lavaggio delle olive || **N.** **1.** *Contr.* paradiso **2.** *Sin.* ade, inferi, oltretomba.

infèrno[3] [dal n. geogr. *Inferno*, località della Valtellina; 1890] ***sm.*** vino rosso prodotto in Valtellina: *il vinattiere ti versava un poco / d'Inferno* (Montale).

ìnfero [dal lat. *īnferus*; 1499] **I** ***agg.*** **1.** *lett.* inferiore, che sta di sotto || *T.bot. ovario infero*, situato al di sotto del calice **2.** *lett.* infernale **II** ***sm. pl.*** **1.** gli dei dell'oltretomba pagano **2.** *per estens.* i luoghi dell'oltretomba: *mandare agl'inferi*, mandare all'inferno.

inferocìre (pres. *-isco, -ìsci*) [comp. parasint. di *feroce*; 1642] ***tr.*** rendere feroce, anche *fig.*: *il tuo rifiuto lo ha inferocito* || ***intr.*** (aus. *essere*) e ***intr. pron.*** diventare feroce || ***intr.*** (aus. *avere*) commettere atti di ferocia: *aveva inferocito sui vinti* || **N.** ***intr.*** *Sin.* imbestialire, incrudelire; infierire.

inferocìto (*pps.* di *inferocire*) [1600] ***agg.*** reso feroce, molto adirato: *gridare con tono inferocito.*

inferràre (pres. *-èrro*) [comp. parasint. di *ferro*; sec. XIII] ***tr.*** *ant.* **1.** mettere ai ferri **2.** munire di inferriata.

inferriàta [da *inferriare*, var. di *inferrare*; sec. XIV-XV] ***sf.*** chiusura di finestra o di porta con sbarre di ferro infisse nel muro a forma di graticolato: *le inferriate della prigione, del cortile* || **N.** *Sin.* grata, graticolato, griglia, inginocchiata. **TAV.** *abitazione* 2.1.

infertilìre (pres. *-ìsco, ìsci*) [comp. parasint. di *fertile*; a. 1643] ***tr.*** *non com.* di terreni, rendere fertile || ***intr.*** (aus. *essere*) diventare fertile || **N.** ***tr.*** *Sin.* fertilizzare.

infertilità [dal lat. tardo *infertilitas, -ātis*; 1834] ***sf.*** *T.med.* incapacità da parte di una donna di portare a termine una gravidanza || **N.** infecondità.

infervoraménto [da *infervorare*; a. 1719] ***sm.*** *non com.* l'infervorare e l'infervorarsi || **N.** FERVORE.

infervoràre (pres. *-èrvoro* o *-ervóro*) [comp. parasint. di *fervore*; a. 1498] ***tr.*** suscitare fervore o entusiasmo: *infervorare gli animi* || ***intr. pron.*** entusiasmarsi: *infervorarsi alla lotta, infervorarsi in un dibattito* || **N.** ***tr.*** *Sin.* accendere, eccitare, entusiasmare, incitare, infiammare.

infervoràto (*pps.* di *infervorare*) [a. 1306] ***agg.*** pieno di fervore, di entusiasmo: *raccontava tutto infervorato* || **infervorataménte** ***avv.***

infervorìre (pres. *-ìsco, -ìsci*) [comp. parasint. di *fervore*; a. 1592] ***tr.*** e ***intr. pron.*** *raro* infervorare, infervorarsi.

inferzàre (pres. *-èrzo*) [comp. parasint. di *ferzo*; 1889] ***tr.*** *T.mar.* cucire insieme i ferzi delle vele.

infestaménto [da *infestare*; 1342 ca.] ***sm.*** *non com.* l'atto e l'effetto dell'infestare.

infestàre (pres. *-èsto*) [dal lat. *infestāre*; 1303] ***tr.*** **1.** devastare, recare grave danno in un luogo o in un ambiente: *la mafia infesta molte regioni italiane* || *in part.* rif. ad animali o vegetali nocivi, concentrarsi in un luogo provocando gravi danni: *le cavallette infestano molte zone dell'Africa, le erbacce infestano le coltivazioni* **2.** *ant.* infastidire, molestare || **N.** **1.** *Sin.* danneggiare, rovinare; diffondersi, invadere; disinfestare.

infestatóre [dal lat. *infestātor, -ōris*; sec. XIV] ***agg.*** e ***sm.*** (f. *-trìce*) *non com.* chi o che infesta.

infestazióne [dal lat. *infestātio, -ōnis*; sec. XIV nel senso 1; 1933 nel senso 2] ***sf.*** **1.** atto, effetto dell'infestare **2.** *T.med.* condizione patologica dovuta alla presenza di determinati parassiti nell'organismo.

infestióne [da *infesto*, con influsso di *infezione*; 1935] ***sf.*** infestazione, nel senso 2.

infèsto [dal lat. *infestus*, letter. diretto contro; a. 1384] ***agg.*** *lett.* gravemente molesto, dannoso || **infestaménte** ***avv.*** || **N.** *Sin.* fastidioso, nocivo; nemico, ostile.

infetidire (pres. *-ìsco, -ìsci*) [comp. parasint. di *fetido*; sec. XIV] ***tr.*** *non com.* rendere fetido || ***intr.*** (aus. *essere*) diventare fetido, emanando pessimo odore: *le carogne infetidiscono.*

infettàre (pres. *-ètto*) [dal lat. *infectāre*, letter. mettere dentro, mescolare; 1514 come tr. nel senso 2] ***tr.*** **1.** provocare, trasmettere un'infezione: *l'ammalato ha infettato l'intero reparto* || *per estens.* inquinare: *gli scarichi industriali infettano l'aria* **2.** *fig.* corrompere: *dottrine che infettano il mondo* || ***intr. pron.*** contrarre un'infezione || **N.** **1.** *Sin.* contagiare; ammorbare, appestare, guastare, intossicare **2.** *Sin.* contaminare.

infettatóre [da *infettare*; a. 1667] ***agg.*** e ***sm.*** (f. *-trìce*) *non com.* chi o che infetta.

infettivo [dal lat. *infectīvus*, che serve a tingere; sec. XV] ***agg.*** che può infettare: *germe infettivo* || che è proprio di una infezione: *processo infettivo.*

infètto [dal lat. *infectus*, impregnato, inquinato; a. 1306 *enfetto* nel senso 2] ***agg.*** **1.** colpito da infezione: *ferita infetta* **2.** che può portare infezione: *bere acqua infetta* **3.** *fig.* corrotto: *una società infetta* || **N.** **1.** *Sin.* contagiato, settico **2.** *Sin.* contaminato, guasto, impuro, inquinato | *Contr.* asettico **3.** *Sin.* depravato, immorale, pervertito, vizioso.

infeudaménto [da *infeudare*; 1869] ***sm.*** *T.stor.* l'atto e l'effetto dell'infeudare e dell'infeudarsi.

infeudàre (pres. *-èudo*) [comp. parasint. di *feudo*; 1540] ***tr.*** **1.** *T.stor.* assoggettare un territorio a vincoli feudali; concedere come feudo **2.** *per estens.* tenere sotto il proprio controllo, assoggettare || ***rifl.*** **1.** contrarre vincolo feudale **2.** *fig.* sottomettersi del tutto: *ha finito per infeudarsi al primo padrone che l'ha pagato bene* || **N.** ***tr.*** **2.** *Sin.* asservire, sottomettere.

infeudàto (*pps.* di *infeudare*) [1986] ***agg.*** *T.zool.* di animale che vive in comunità con altre specie.

infeudazióne [da *infeudare*; a. 1598] ***sf.*** infeudamento.

infezióne [dal lat. *infectio, -ōnis*, tintura; a. 1363 nel senso 2] ***sf.*** **1.** *T.med.* condizione morbosa dovuta all'azione di germi patogeni che penetrano nell'organismo e vi si moltiplicano: *localizzare un focolaio d'infezione* || *per estens.* contagio: *impedire che l'infezione si propaghi* **2.** *fig. non com.* corruzione || **N.** **1.** *Sin.* sepsi; epidemia, setticemia | *Contr.* asepsi | bacillo, batterio, microbo, pus, virus | antisettico, disinfettante, sterilizzante.

infiacchiménto [da *infiacchire*; a. 1667] ***sm.*** l'infiacchire || stato di indebolimento e fiacchezza || **N.** *Sin.* debilitazione, fiacchezza, indebolimento, DEBOLEZZA.

infiacchìre (pres. *-ìsco, -ìsci*) [comp. parasint. di *fiacco*; 1598] ***tr.*** rendere fiacco, anche *fig.*: *il lungo periodo d'inattività lo aveva infiacchito nel corpo e nello spirito* || ***intr.*** (aus. *essere*) e ***intr. pron.*** perdere forza e vigore || **N.** *Sin.* fiaccare, indebolire, prostrare, svigorire.

infialàre (pres. *-àlo*) [comp. parasint. di *fiala*; 1957] ***tr.*** mettere in fiale.

infialettàre (pres. *-étto*) [comp. parasint. di *fialetta*; 1950] ***tr.*** *non com.* infialare.

infiammàbile [da *infiammare*; a. 1537] **I** ***agg.*** **1.** che può facilmente infiammarsi: *liquido, materiale infiammabile* **2.** *fig.* che si irrita o si entusiasma facilmente: *un temperamento infiammabile* **II** ***sm.*** (spec. *pl.*) materiale infiammabile: *il trasporto degli infiammabili* || **N.** I **2.** *Sin.* eccitabile, entusiasmabile, esaltabile, irritabile.

infiammabilità [da *infiammabile*; 1745] ***sf.*** l'essere infiammabile; proprietà di una sostanza di prendere facilmente fuoco.

infiammàre [lat. *inflammāre*; 1301 come intr. pron.] ***tr.*** **1.** accendere una sostanza che bruci sviluppando delle fiamme: *infiammare il combustibile* **2.** *fig.* far diventare rosso: *la vergogna gli infiamma il viso* **3.** *fig.* accendere di entusiasmo o di passione: *infiammare gli animi alla rivolta* **4.** *T.med.* produrre infiammazione: *il fumo molto intenso mi ha infiammato gli occhi* || ***intr. pron.*** **1.** prendere fuoco: *il gas delle bombolette spray s'infiamma con facilità* **2.** *fig.* diventare del colore delle fiamme: *gli si infiammò il viso per la collera* **3.** *fig.* eccitarsi, entusiasmarsi: *infiammarsi di sdegno*; *infiammarsi di passione per una donna*, innamorarsi **4.** *T.med.* essere colpito da infiammazione: *la pelle si è infiammata per lo sfregamento* || **N.** ***tr.*** **1.** *Sin.* incendiare **2.** *Sin.* arrossare **3.** *Sin.* eccitare, entusiasmare, infervorare | ***intr. pron.*** **1.** *Sin.* accendersi, avvampare, infuocarsi **2.** *Sin.* arrossire.

infiammativo [da *infiammare*; a. 1320] ***agg.*** *non com.* che provoca infiammazione.

infiammàto (*pps.* di *infiammare*) [a. 1250 nel senso 4] ***agg.*** **1.** affetto da infiammazione: *ghiandole, tonsille infiammate* **2.** acceso, che brucia sviluppando fiamme: *un getto di alcool infiammato* **3.** arrossato: *occhi infiammati d'ira* **4.** ardente di passione: *animo infiammato d'amore.*

infiammatòrio (pl. *-ri*) [da *infiammato*; 1714] ***agg.*** *T.med.* che concerne, accompagna, produce l'infiammazione (nel senso 1) || **N.** *Sin.* flogistico.

infiammazióne [lat. *inflammātio, -ōnis*; a. 1363 *infiammagione* nel senso 2] ***sf.*** **1.** *T.med.* reazione che si stabilisce intorno a una parte colpita da agenti patogeni o da stimoli fisici e chimici comunque nocivi, caratterizzata da rossore, tumefazione e dolore: *un'infiammazione alla gola* **2.** *non com.* l'infiammare e l'infiammarsi, nei sensi 1 e 3 (*tr.* e *intr. pron.*) del verbo || *dim.* infiammazioncèlla || **N.** **1.** *Sin.* flogosi **2.** *Sin.* combustione, incendio.

infiascàre (pres. *-àsco, -àschi*) [comp. parasint. di *fiasco*; sec. XVI] ***tr.*** rif. a liquido, mettere in fiaschi.

infiascatrìce [da *infiascare*; 1970] ***sf.*** macchina con cui si infiascano i liquidi.

infiascatùra [da *infiascare*; a. 1811] ***sf.*** l'infiascare.

inficiàre (pres. *-ìcio*) [dal lat. *infitiāri*; 1935] ***tr.*** *T.giur.* sconfessare, negare, dichiarare falso o sospetto: *inficiò la deposizione del testimone, inficiare una firma* || *per estens.* compromettere, togliere valore: *l'inattendibilità del metodo d'indagine inficia la validità dei risultati* || **N.** *Sin.* infirmare, invalidare, sminuire, svalutare.

infido [dal lat. *infīdus*; a. 1420] ***agg.*** **1.** di cui non ci si può fidare: *un amico infido* || *per estens.* malsicuro, pieno di pericoli: *addentrarsi in un luogo infido* **2.** *lett.* infedele || **infidaménte** ***avv.*** *non com.* || **N.** **1.** *Sin.* falso, ingannatore, ingannevole, sleale; pericoloso.

in fieri (lat., pr. it. [iŋ 'fieri]) [letter. nel divenire] ***loc. agg. inv.*** rif. a cosa o processo, in via di formazione, elaborazione o progettazione: *una ricerca ancora in fieri.*

infierìre (pres. *-ìsco, ìsci*) [comp. parasint. di *fiero*; a. 1446] ***intr.*** (aus. *avere*) **1.** comportarsi crudelmente: *infierire contro i deboli* **2.** *fig.* imperversare: *infierisce il colera, l'odio* || **N.** **1.** *Sin.* accanirsi **2.** *Sin.* imperversare, infuriare.

infievoliménto [da *infievolire*; a. 1729] ***sm.*** *non com.* affievolimento, indebolimento.

infievolire (pres. *-ìsco, -ìsci*) [comp. parasint. di *fievole*; a. 1294] ***tr.*** *non com.* rendere fievole || **N.** *Sin.* affievolire.

infiggere (pres. *-iggo* ecc., come FIGGERE; pps. *infisso* e *lett. infitto*) [dal lat. *infīgere*, conficcare; a. 1566] ***tr.*** ficcare dentro: *infiggere nel terreno i pali di sostegno della vigna* || *fig.* imprimere: *infiggere un ricordo nella memoria* || ***intr. pron.*** conficcarsi: *parole che s'infiggono nella mente* || **N.** *Sin.* conficcare, ficcare, piantare.

infilacàppi [comp. di *infila(re)* e *cappio*; 1846 *infilacappio*] ***sm.*** *inv.* *T.sart.* laminetta piana o filo metallico a forma di grosso ago, con la punta ottusa e con un'ampia cruna, che serve per passar cordelline, nastri o simili nelle guaine.

infilaguaìne [comp. di *infila(re)* e *guaina*; 1869] ***sm.*** *inv.* infilacappi.

infilanàstri [comp. di *infila(re)* e *nastro*; 1909] ***sm.*** *inv.* infilacappi.

infilapèrle [comp. di *infila(re)* e *perla*; 1957] ***sm.*** *inv.* filo resistente per infilare perle.

infilàre (pres. *-ìlo*) [comp. parasint. di *filo*; a. 1375] ***tr.*** **1.** attraversare con un filo o con qualcosa di sottile: *infilare l'ago, infilare le perle* || *fig. infilare uno con la spada*, passarlo da parte a parte, trafiggerlo || *fig. infilare la porta*, entrare o andarsene via in fretta || *fig. infilare la via*, imboccarla con decisione || rif. ad accessorio o elemento che ricopre o circonda, metter su: *infilare l'anello al dito, il cappuccio alla biro* || *per estens.* mettersi un indumento o una calzatura: *infilare la gonna, un paio di scarpe nuove* **2.** introdurre e far passare qualcosa, gen. sottile attraverso un foro: *infilare il dito nell'anello, la chiave nella serratura, la spina nella presa* || *gen.* mettere, introdurre: *ho infilato in valigia anche l'impermeabile*; *ha infilato nel discorso un mucchio di bugie* **3.** imbroccare, azzeccare: *ha infilato una risposta giusta dopo l'altra*; *è un tipo sfortunato, non ne infila mai una!*; *infilare due settimane di bel tempo* **4.** *T.mil.* colpire un bersaglio d'infilata || ***rifl.*** penetrare, introdursi: *infilarsi di soppiatto nell'appartamento di qualcuno*; *infilarsi nel letto*, mettersi sotto le coperte || intrufolarsi: *è un tipo che riesce a infilarsi in ogni ambiente* || ***rifl. indir.*** indossare: *infilarsi il cappello per uscire* || **N.** **1.** *Sin.* calzare, indossare, mettere, vestire **2.** *Sin.* introdurre, mettere **3.** *Sin.* indovinare.

infilàta [da *infilare*; a. 1742] ***sf.*** serie di cose infilate oppure oggetti disposti in fila: *un'infilata di perle, di stanze* || *d'infilata*, per tutta la lunghezza: *il sole prende la via d'infilata*; nel linguaggio militare, *battere il nemico d'infilata*, colpire la posizione nemica di fianco, nel senso della sua maggiore lunghezza; *per estens.* consecutivamente e rapidamente: *ha preso d'infilata tutte le curve* || **N.** *Sin.* fila, filza, serie.

infilatrìce [da *infilare*; 1957] ***sf.*** operaia che infila perle, pietre, coralli o sim. per fare collane o monili.

infilatùra [da *infilare*; a. 1735] ***sf.*** l'atto dell'infilare.

infiltraménto [da *infiltrarsi*; 1869] ***sm.*** *non com.* infiltrazione.

infiltràre [comp. parasint. di *filtro*; 1833] ***tr.*** rif. a organizzazioni politiche, militari e sim., farvi entrare nascostamente elementi estranei a scopo di controllo: *infiltrare un gruppo terroristico con propri agenti* || ***intr. pron.*** **1.** di liquido o gas, penetrare dentro fessure, pori o interstizi: *l'acqua di scarico si è infiltrata sotto il pavimento* **2.** *fig.* penetrare furtivamente: *una spia si era infiltrata nei servizi segreti* || *fig.* insinuarsi: *dottrine che s'infiltrano nella mente del popolo* || **N.** ***intr. pron.*** **1.** *Sin.* entrare, trapelare, PENETRARE **2.** *Sin.* infilarsi, introdursi.

infiltrativo [da *infiltrato*; 1983] ***agg.*** *T.med.* relativo a infiltrazione, proprio di infiltrazione.

infiltràto (*pps.* di *infiltrare*) [1834] **I** ***agg.*** *T.med.* di tessuto o organo in cui si è verificata un'infiltrazione **II** ***sm.*** **1.** *T.med.* infiammazione di un organo, dovuta a infiltrazione **2.** (f. *-a*) persona che si intrufola segretamente in un gruppo o in una formazione, gen. clandestina, per carpire informazioni segrete o per danneggiarla.

infiltrazióne [da *infiltrarsi*; 1819] ***sf.*** **1.**

l'infiltrare e l'infiltrarsi, l'atto e l'effetto: *un'infiltrazione di gas provocò l'esplosione* || anche *fig.*: *un'infiltrazione di sovversivi nell'esercito* **2.** *T.med.* penetrazione e diffusione di sostanze liquide o agenti patogeni nei tessuti. **TAV. *geologia* p. 1313** 3.6.

infilzaménto [da *infilzare*; a. 1612] ***sm.*** l'infilzare e l'infilzarsi.

infilzàre [comp. parasint. di *filza*; sec. XIII-XIV] ***tr.*** **1.** passare da parte a parte con uno strumento appuntito: *infilzare l'avversario col fioretto, infilzare il maialino sullo spiedo* || *fig. infilzare bugie*, dirne una dietro l'altra **2.** infilare più cose formando una filza: *infilzare conchiglie per fare una collana* **3.** *T.magl. non com.* imbastire con una filza || ***rifl.*** e ***intr. pron.*** ferirsi con un oggetto acuminato, essere trapassato da parte a parte: *è andato a infilzarsi su una lancia del cancello* || ***rec.*** trafiggersi a vicenda: *i duellanti s'infilzarono* || **N.** ***tr.*** **1.** *Sin.* trafiggere, trapassare **2.** *Sin.* infilare.

infilzàta [da *infilzare*; 1620] ***sf.*** serie di più cose dette o scritte l'una dopo l'altra || **N.** *Sin.* filza, serie.

infilzàto (*pps.* di *infilzare*) [a. 1556] ***agg.*** *iron. madonnina infilzata*, donna solo apparentemente ingenua e pudica.

infilzatùra [da *infilzare*; a. 1650] ***sf.*** l'atto e l'effetto dell'infilzare || *concr.* le cose infilzate insieme.

ìnfimo [dal lat. *īnfimus*, che si trova completamente in basso; 1308] **I *agg.*** **1.** *fig.* che è il peggiore, l'ultimo di tutti: *infima condizione*, la condizione più umile; *infima qualità*, la qualità peggiore **2.** *propr. lett.* che si trova nel punto o nel luogo più basso || **infimaménte** ***avv.*** **II *sm.*** (spec. *pl.*) le persone di livello sociale più basso || **N.** I **1.** *Sin.* pessimo **2.** *Sin.* basso, imo, inferiore.

infine [comp. di *in* e *fine*; sec. XIII nel senso 1; 1543 nel senso 2] ***avv.*** **1.** finalmente: *siete arrivati infine!* **2.** insomma: *infine, si può sapere che cosa diamine volete da me?*

infinestràre (pres. *-èstro*) [comp. parasint. di *finestra*; 1825] ***tr.*** fare un'infinestratura a un foglio, una pagina, una fotografia.

infinestratùra [da *infinestrare*; 1825] ***sf.*** foglio di carta tagliato come un telaio di finestra, o come la cornice di un quadro, per contornare e aggiustare una pagina di libro o una fotografia logore nei margini.

infingardàggine [da *infingardo*; a. 1556] ***sf.*** **1.** l'essere infingardo **2.** *concr.* atto di persona infingarda || **N.** **1.** *Sin.* indolenza, inerzia, pigrizia, svogliatezza.

infingardìa [da *infingardo*; a. 1349] ***sf.*** *raro* infingardaggine, nel senso 1.

infingardìre (pres. *-isco, -isci*) [da *infingardo*; a. 1585] ***tr.*** *non com.* rendere infingardo || ***intr.*** (aus. *essere*) e ***intr. pron.*** diventare infingardo || **N.** *Sin.* impigrire.

infingàrdo [da *infingere*; 1340 nel senso 2; sec. XV nel senso 1] ***agg.*** **1.** che fugge per pigrizia ogni fatica **2.** detto di persona di cui non ci si può fidare, falso, traditore || **infingardaménte** ***avv.*** || **N.** **1.** *Sin.* fannullone, indolente, pigro, poltrone.

infìngere (pres. *-ìngo* ecc., come FINGERE) [dal lat. *infingere*, immaginare; 1304] ***tr.*** e ***intr. pron.*** *lett.* fingere, simulare.

infingiménto [da *infingere*; a. 1294] ***sm.*** *lett.* finzione, simulazione.

infinità [dal lat. *infinĭtas, -ātis*; a. 1330 *infinitade*] ***sf.*** **1.** l'essere infinito: *l'infinità dell'universo* **2.** *iperb.* quantità grandissima di cose o persone: *un'infinità di noie, di bugie, di gente* || **N.** **1.** *Sin.* illimitatezza, immensità **2.** *Sin.* miriade, MOLTITUDINE.

infinitesimàle [da *infinitesimo*; 1763 nel senso 2] ***agg.*** **1.** *T.mat.* relativo agli infinitesimi: *calcolo infinitesimale*, il calcolo integrale e differenziale **2.** *per estens.* nel linguaggio com., estremamente piccolo: *differenza infinitesimale* || **N.** **2.** *Sin.* microscopico, minimo.

infinitèsimo [da *infinito*; a. 1754 come sm. nel senso 1] **I *agg.*** estremamente piccolo: *una porzione infinitesima dell'utile dell'azienda* **II *sm.*** **1.** *T.mat.* grandezza variabile tendente a zero **2.** *per estens.* parte minima: *non ha nemmeno un infinitesimo della sua cultura.*

infinitézza [da *infinito*; sec. XIV] ***sf.*** *raro* l'essere infinito.

infinitivàle [da *infinitivo*; 1957] ***agg.*** *T.gram.* relativo al modo infinito del verbo: *desinenze infinitivali.*

infinitìvo [dal lat. *infinitīvus*; a. 1544] ***agg.*** *T.gram. modo infinitivo*, infinito || *proposizioni infinitive*, quelle col verbo all'infinito.

infinìto [dal lat. *infinītus*; 1304] **I *agg.*** **1.** che non ha limiti di spazio, di tempo o di quantità: *l'universo è infinito, l'infinita misericordia di Dio* || *T.mat. insieme infinito*, che ha un numero infinito di elementi (in questo senso è diverso da *illimitato*, v.): *l'insieme dei numeri reali compresi tra 0 e 1 è infinito ma limitato* **2.** *iperb.* immenso, grandissimo, anche *fig.*: *le infinite profondità del mare, provare una gioia infinita* || innumerevole: *porgere infinite scuse, affrontare infinite difficoltà* || **infinitaménte** ***avv.*** **1.** senza limiti, in modo infinito **2.** *iperb.* immensamente: *mi dispiace infinitamente*, anche come modificatore di agg.: *te ne sono infinitamente grato* **II *sm.*** **1.** ciò che non ha limiti e confini: *contemplare l'infinito* || loc. avv. *all'infinito*, senza mai finire: *questa storia andrà avanti all'infinito, non fartelo ripetere all'infinito* || nella tecnica, indica una posizione nello spazio molto distante rispetto a un ente e a una misura di riferimento **2.** *T.gram.* modo indefinito del verbo, presente in italiano e in molte altre lingue, usato soprattutto in frasi subordinate, che esprime un'azione senza determinazione di persona e di numero: *infinito presente, passato* (ad es., in italiano, *partire, guardare* ed *essere partito, aver guardato*); preceduto dalla negazione (e talvolta anche senza) assume valore di imperativo (come in *non fumare, reggersi agli appositi sostegni*); preceduto dall'articolo ha spesso valore di sostantivo (per es. *l'agire, il parlare* ecc.) **3.** *T.mat.* concetto che simboleggia la misura di una grandezza infinitamente grande: *funzione tendente all'infinito in un punto* x_o, tale che in un intorno sufficientemente piccolo di x_o assume valori grandi a piacere || **N.** I **1.** *Sin.* illimitato, sconfinato, sterminato **2.** *Sin.* enorme, smisurato.

infìno [comp. di *in* e *fino*; a. 1343] ***prep.*** *lett.* fino, sino.

infinocchiàre (pres. *-òcchio*) [comp. parasint. di *finocchio*; a. 1446 *infenochiare*] ***tr.*** **1.** *non com.* condire con semi di finocchio **2.** *fig. fam. più com.* dare a intendere una cosa non vera per ingannare: *si è lasciato infinocchiare dalle sue chiacchiere* || **N.** **2.** *Sin.* abbindolare, gabbare, imbrogliare, ingannare, raggirare.

infinocchiatùra [da *infinocchiare*; sec. XIV] ***sf.*** *fam.* inganno, imbroglio, raggiro.

infioccàre (pres. *-òcco, -òcchi*) [comp. parasint. di *fiocco*; a. 1755] ***tr.*** ornare con fiocchi, fronzoli e sim.

infiocchettàre (pres. *-étto*) [comp. parasint. di *fiocchetto*; 1900] ***tr.*** **1.** ornare di fiocchetti **2.** *fig.* abbellire da un punto di vista stilistico: *infiocchettare un testo, un discorso.*

infiochìre (pres. *-isco, -isci*) [comp. parasint. di *fioco*; a. 1827] ***tr.*** rendere fioco || ***intr.*** (aus. *essere*) e ***intr. pron.*** diventare fioco || **N.** *Sin.* affievolire, affiochire; indebolire.

infioraménto [da *infiorare*; a. 1620] ***sm.*** l'infiorare o l'infiorarsi.

infioràre (pres. *-óro*) [comp. parasint. di *fiore*; 1321 come intr. pron. nel senso 1] ***tr.*** **1.** ornare con fiori; cospargere di fiori **2.** *fig.* abbellire, adornare: *infiorare un discorso*; anche *iron.*: *infiorare un compito di strafalcioni* || ***intr. pron.*** **1.** coprirsi, riempirsi di fiori **2.** *poet.* entrare tra i fiori.

infioràta [da *infiorare*; a. 1875] ***sf.*** decorazione di una chiesa o di una strada fatta con fiori spec. in occasione di feste e solennità religiose.

infiorentinàre (pres. *-ìno*) [comp. parasint. di *fiorentino*; 1869] ***tr.*** e ***intr. pron.*** infiorentinire, infiorentinirsi.

infiorentinìre (pres. *-ìsco, -ìsci*) [comp. parasint. di *fiorentino*; 1869] ***tr.*** rendere fiorentino, detto spec. di lingua || ***intr. pron.*** diventare fiorentino; *più com.* adottare l'uso linguistico fiorentino.

infiorescènza (meno com. *inflorescènza*) [dal lat. tardo *inflorescere*; 1809] ***sf.*** *T.bot.* disposizione di più fiori sullo stesso asse florale || **N.** cimosa, racemosa; composta, semplice | amento, capolino, corimbo, dicasio, grappolo, monocasio, ombrella, pannocchia, racemo, spadice, spiga. **Q.T. *botanica*** **TAV. *erboristeria*** 3.1; ***fiori...*** **p. 671** 2.

infiorettàre (pres. *-étto*) [da *fiorettare*; 1952] ***tr.*** **1.** infiorare **2.** *fig.* ornare di abbellimenti stilistici: *infiorettare un discorso, una melodia.*

infiorettatùra [da *infiorettare*; 1957] ***sf.*** atto dell'infiorettare || *concr.* ornamento usato per abbellire un discorso, un testo letterario o un brano musicale.

infirmàre (pres. *-ìrmo*) [dal lat. *infirmāre*; 1855] ***tr.*** indebolire; togliere validità o efficacia a una legge, a un'argomentazione, una testimonianza e sim.: *infirmare la deposizione di un imputato* || **N.** *Sin.* confutare, inficiare, invalidare, ribattere.

infiscalìre (pres. *-ìsco, -ìsci*) [comp. parasint. di *fiscale*; a. 1742] ***intr.*** (aus. *essere*) *non com.* usare eccessiva fiscalità; diventare fiscale.

infischiàrsi (pres. *-ìschio*) [da *fischiare*; 1858] ***intr. pron.*** non curarsi, non dare importanza a una cosa o a una persona (spesso accompagnato dalla particella *ne*): *me ne infischio dei regolamenti, voglio rientrare quando mi pare* || **N.** *Sin.* fregarsene, impiparsi, ridersi.

infìsso (*pps.* di *infiggere*) [1932; 1909 nel senso 2] ***sm.*** **1.** ogni elemento di una porta o di una finestra che è murato nelle pareti; *per estens.* serramento, parte mobile di porte e finestre **2.** *T.ling.* elemento formativo inserito all'interno di una parola o di una radice || **N.** **2.** affisso, prefisso, suffisso.

infistolìre (pres. *-ìsco, -ìsci*) [comp. parasint. di *fistola*; a. 1324] ***intr.*** (aus. *essere*) e ***intr. pron.*** *T.med.* diventare fistoloso || *fig. non com.* diventare cronico, detto spec. di vizio o di male || **N.** *Sin.* aggravarsi, incancrenire, peggiorare.

infittìre (pres. *-ìsco, -ìsci*) [comp. parasint. di *fitto*; 1789] ***tr.*** rendere più fitto o più frequente: *infittire le maglie di una catena, infittire i controlli* || ***intr.*** (aus. *essere*) e ***intr. pron.*** diventare fitto: *la nebbia, il buio, la pioggia infittiva.*

inflammazióne e der. forme ant. di INFIAMMAZIONE e der.

inflatìvo o **inflattìvo** [dall'ingl. *inflative*; 1974] ***agg.*** *T.econ.* relativo all'inflazione economica || **N.** *Contr.* deflativo.

inflazionàre (pres. *-óno*) [da *inflazione*; 1942] ***tr.*** portare all'inflazione, svalutare, anche *fig.*: *inflazionare il mercato, la moneta*; *inflazionare un termine*, ripeterlo troppo spesso, abusarne.

inflazióne [dal lat. *inflātio, -ōnis*, gonfiamento, attr. l'ingl. *inflation*; 1923] ***sf.*** **1.** *T.econ.* aumento generalizzato dei prezzi e diminuzione del potere d'acquisto della moneta: *frenare, controllare, contenere l'inflazione*; *tasso d'inflazione*, percentuale che esprime la variazione dei prezzi, gen. su base annua **2.** *fig.* eccessiva diffusione di un fenomeno, aumento incontrollato: *un'inflazione di cantanti stranieri, di laureati in lettere* ‖ **N. 1.** stagflazione, stagnazione, svalutazione | *Contr.* deflazione.

inflazionìsmo [da *inflazione*; 1957] ***sm.*** *T.econ.* tendenza ad accettare o a favorire l'inflazione.

inflazionìsta [da *inflazione*; 1926] ***s.*** sostenitore dell'inflazione monetaria.

inflazionìstico (pl. *-ci*) [da *inflazione*; 1926] ***agg.*** relativo all'inflazione, che provoca l'inflazione: *tendenza inflazionistica.*

inflessìbile [dal lat. *inflexibilis*; a. 1342] ***agg.*** **1.** che non si piega **2.** *fig. più com.* che non si lascia commuovere o convincere da preghiere e richieste: *per quanto riguarda l'orario di lavoro è inflessibile, ha un carattere inflessibile* ‖ **inflessibilménte** ***avv.*** con fermezza ‖ **N. 1.** *Sin.* duro, rigido **2.** *Sin.* fermo, implacabile, inesorabile, irremovibile, severo.

inflessibilità [da *inflessibile*; 1665] ***sf.*** l'essere inflessibile, rigidezza: *l'inflessibilità delle leggi, del carattere* ‖ *T.econ.* invariabilità: *inflessibilità dei prezzi.*

inflessióne [dal lat. *inflexio, -ōnis*; a. 1498 nel senso 1; a. 1705 nel senso 2] ***sf.*** **1.** *lett.* flessione, piegamento ‖ *T.tecn.* deformazione a forma di curva di un solido elastico sottoposto a flessione ‖ *T.fis.* deviazione di un raggio luminoso nel rasentare un corpo opaco o di un'onda sonora nell'incontrare un ostacolo **2.** modulazione della voce, cadenza: *con l'operazione la tua voce ha assunto un'inflessione diversa, parlare con un'inflessione veneta* ‖ **N. 1.** *Sin.* curvatura **2.** *Sin.* intonazione; pronuncia.

inflèttere (pres. *-ètto* ecc., come FLETTERE) [dal lat. *inflectere*; a. 1642] ***tr.*** *non com.* piegare, flettere ‖ *inflettere la voce,* modularla ‖ ***intr. pron.*** curvarsi, piegarsi, flettersi.

inflìggere (pres. *-iggo* ecc., come AFFLIGGERE) [dal lat. *inflīgere*, letter. battere contro; a. 1375 *infligere*] ***tr.*** rif. a pene, danni e sim., imporre, far subire: *un'incursione aerea che ha inflitto ingenti perdite al nemico, infliggere una multa per eccesso di velocità* ‖ **N.** *Sin.* comportare; comminare, impartire.

infliggiménto [da *infliggere*; a. 1406] ***sm.*** *raro* atto o effetto dell'infliggere.

inflizióne [dal lat. *inflīctio, -ōnis*; 1306] ***sf.*** *raro* l'atto dell'infliggere.

inflorescènza ***sf.*** *non com.* v. INFIORESCENZA.

influènte (*ppr.* di *influire*) [a. 1872] **I *agg.*** che possiede credito, prestigio, influenza: *una personalità molto influente* **II *sm.*** *ant.* affluente ‖ **N. I** *Sin.* autorevole, importante, potente, prestigioso, stimato.

influènza [dal lat. *influens, -entis*, letter. scorrere dentro; 1308 nel senso 1; 1667 nel senso 2] ***sf.*** **1.** l'azione, l'effetto che una persona o una cosa può esercitare su un'altra: *l'influenza dell'ambiente sullo sviluppo dell'intelligenza* ‖ capacità di esercitare, grazie alla propria autorità e prestigio, funzione di guida e controllo sugli altri: *un insegnante che ha grande influenza sui ragazzi* ‖ *centro d'influenza,* organismo economico, politico o culturale che indirizza o determina l'attività in un dato settore pubblico ‖ *T.pol. zona, sfera d'influenza,* il territorio, il luogo o l'ambiente su cui si esercita l'autorità o il controllo da parte di uno stato, un'organizzazione, una persona ‖ *in part.* in astrologia, l'influsso che i corpi celesti hanno sugli esseri animati e inanimati e in part. sul destino e sul carattere dell'uomo **2.** *T.med.* malattia infettiva epidemica a carattere virale, che si manifesta con febbre e disturbi di varia natura, spec. a carico delle vie respiratorie: *è in atto un'epidemia di influenza, prendersi un'influenza, avere l'influenza* **3.** *T.fis. disus.* induzione **4.** *ant.* lo scorrere dei liquidi ‖ **N. 1.** *Sin.* influsso; ascendente, autorità, credito, potere, prestigio.

influenzàbile [da *influenzare*; 1942] ***agg.*** che si lascia influenzare con facilità; suggestionabile.

influenzàle [da *influenza*; 1957] ***agg.*** *T.med.* relativo all'influenza, tipico dell'influenza: *febbre influenzale.*

influenzaménto [da *influenzare*; a. 1910] ***sm.*** *non com.* l'esercitare la propria influenza su qualcuno; l'essere influenzato da qualcuno.

influenzàre (pres. *-ènzo*) [da *influenza*; 1812] ***tr.*** esercitare autorità, prestigio, avere influenza; agire sull'andamento di un fenomeno: *l'atteggiamento dell'imputato influenza il giudizio della giuria; non lasciarsi influenzare dalla pubblicità,* non subirne il condizionamento ‖ **N.** *Sin.* influire; condizionare, impressionare, suggestionare.

influenzàto [da *influenza*; 1942] ***agg.*** ammalato di influenza: *sono influenzato da una settimana.*

influìre (pres. *-ìsco, -ìsci*) [dal lat. *influere*, letter. scorrere dentro, con cambio di coniugazione; a. 1498] ***intr.*** **1.** (aus. *avere*) esercitare un'influenza su persone, avvenimenti, cose: *influire sulle decisioni del governo, le privazioni che ha dovuto sopportare hanno influito sul suo aspetto fisico* **2.** (aus. *essere*) *raro* sfociare, confluire ‖ **N. 1.** *Sin.* influenzare.

influsso [dal lat. *influxus*; a. 1419 nel senso 2] ***sm.*** **1.** azione determinante, influenza esercitata su persone e cose: *l'influsso dei dialetti nella formazione della lingua nazionale unitaria* **2.** l'azione che, secondo gli astrologi, i corpi celesti eserciterebbero sul destino degli uomini e sulle cose: *l'influsso benefico di un astro* **3.** *ant.* lo scorrere di un liquido **4.** *ant.* contagio ‖ **N. I** *Sin.* ascendente, azione, efficacia, influenza, potere, prestigio.

infocàre e der. v. INFUOCARE e der.

infoderàre (pres. *-òdero*) [comp. parasint. di *fodero*; 1550] ***tr.*** *non com.* rimettere nel fodero; inguainare ‖ **N.** *Sin.* rinfoderare, ringuainare | *Contr.* sfoderare.

in fòglio ***loc. agg.*** *raro* v. IN FOLIO.

infognàrsi (pres. *-ógno*) [comp. parasint. di *fogna*; 1661] ***intr. pron.*** *propr.* cacciarsi in una fogna ‖ *fig. più com.* impelagarsi, cacciarsi nei guai o in una situazione da cui è difficile uscire: *infognarsi nei debiti.*

infoibàre (pres. *infòibo*) [comp. parasint. di *foiba*; 1963] ***tr.*** uccidere qualcuno e gettarne il corpo in una foiba; gettare qualcuno in una foiba, facendolo morire.

in folio o ***in-folio*** (lat., pr. it. [iŋ 'fɔljo]) [letter. in un (solo) foglio] **I *loc. agg.*** *inv.* si dice di volume, spec. antico, in cui il foglio di stampa è piegato una sola volta: *formato in-folio*; nell'uso recente, indica un'edizione i cui fogli hanno un'altezza di 40 cm e larghezza di 26 cm **II *sm.*** *inv.* volume di formato in-folio: *è stato rinvenuto un in-folio del XVII secolo.*

infoltìre (pres. *-ìsco, -ìsci*) [comp. parasint. di *folto*; 1660] ***tr.*** rendere folto: *una lozione per infoltire i capelli* ‖ ***intr.*** (aus. *essere*) e ***intr. pron.*** diventare folto: *il giardino si è infoltito di fiori* ‖ **N.** *Sin.* infittire | *Contr.* diradare, sfoltire.

infondatézza [da *fondatezza*; 1932] ***sf.*** l'essere infondato; mancanza di fondamento: *l'infondatezza di queste notizie.*

infondàto [da *fondato*; 1848] ***agg.*** che non ha fondamento di ragione, di verità e sim.: *sospetti infondati* ‖ **infondataménte** ***avv.*** ‖ **N.** *Sin.* immotivato, inconsistente, ingiustificato, ingiusto, insussistente.

infóndere (pres. *-óndo* ecc., come FONDERE) [dal lat. *infundere*, letter. versare dentro; a. 1306 *enfondere*] ***tr.*** **1.** suscitare, ispirare: *infondere gioia, coraggio, fiducia* **2.** *ant.* versare un liquido ‖ fare un'infusione ‖ **N. 1.** *Sin.* comunicare, destare, imprimere, incutere, indurre, insinuare, instillare, provocare.

inforcàre (pres. *-órco, -órchi*) [lat. volg. **infurcāre*; 1313] ***tr.*** **1.** afferrare con la forca: *inforcare il fieno* **2.** *più com.* montare sopra qualcosa mettendo una gamba di qua e una di là: *inforcare la bicicletta, il cavallo* ‖ *per estens. inforcare gli occhiali,* metterli a cavallo del naso ‖ *T.sport. inforcare un paletto* (o *ass. inforcare*), negli slalom, passare con uno sci all'esterno del paletto che delimita la porta **3.** *ant.* impiccare.

inforcàta [da *inforcare*; 1940] ***sf.*** quantità di foraggio che può essere presa in una sola volta con la forca.

inforcatùra [da *inforcare*; a. 1348 nel senso 2] ***sf.*** **1.** l'atto dell'inforcare **2.** biforcazione: *l'inforcatura dei rami di un albero* ‖ *in part.* la parte del corpo umano dove finisce il tronco e cominciano le cosce; e la parte corrispondente dei calzoni **3.** *T.gioc.* nel gioco degli scacchi o della dama, sin. di *forchetta* (v.).

inforestieraménto [da *inforestierare*; 1983] ***sm.*** adeguamento dei propri costumi a modelli forestieri.

inforestieràre (pres. *-èro*) ***tr.*** v. INFORESTIERIRE.

inforestierìre (pres. *-ìsco, -ìsci*) [comp. parasint. di *forestiero*; 1726] ***tr.*** rendere forestiero, assimilare a un modello straniero: *inforestierire gli usi, i costumi, la lingua* ‖ ***intr.*** (aus. *essere*) e ***intr. pron.*** diventare forestiero.

informàle [da *formale*; 1963] **I *agg.*** **1.** che non ha carattere di ufficialità e formalità: *colloquio, riunione informale,* a carattere privato ‖ *per estens.* semplice, colloquiale, alla buona: *stile, tono informale* **2.** si dice di una corrente artistica sviluppatasi nel secondo dopoguerra, che esprime il rifiuto della struttura formale, sia figurativa che geometrico-astratta, dell'opera d'arte e afferma la valorizzazione del gesto del dipingere nella sua immediatezza e delle infinite possibilità espressive della materia: *pittore, scultura informale* ‖ **informalménte** ***avv.*** non ufficialmente, senza formalità **II *s.*** seguace dell'arte informale ‖ **N. I 1.** *Sin.* amichevole, confidenziale, semplice **2.** *action painting, tachisme.*

informàre (pres. *-órmo*) [dal lat. *informāre*, dare forma; a. 1294 come tr. nel senso 2] ***tr.*** **1.** dare notizie e ragguagli su qualcosa, mettere al corrente: *informare la direzione delle rivendicazioni degli operai, sono venuto a informarti della decisione presa* **2.** *lett.* dare forma a qualcosa, modellare ‖ *per estens.* dar vita, animare ‖ *più com. fig.* conformare a un modello, dare una determinata impronta: *informare la mente dei giovani ai principi della libertà* ‖ caratterizzare: *il cupo pessimismo che informa tutta l'opera* ‖ ***intr. pron.*** **1.** procurarsi, chiedere notizie: *informarsi dell'orario dei treni per Roma; si è informato sulle sue condizioni di salute* **2.** *lett.* prendere forma ‖ *fig.* uniformarsi a un modello, un principio, una direttiva: *una legislazione che s'informa a ideali di giustizia* ‖ **N. *tr.* 1.** *Sin.* avvertire, avvisare, comunicare, istruire, notificare, ragguagliare; rendere noto **2.** *Sin.* improntare, plasmare; educare, indirizzare, infondere, ispirare | ***intr. pron.*** **2.** *Sin.* adattarsi, adeguarsi, improntarsi.

informàtica [comp. di *infor(mazione)* e (*auto*)*matica*, sul modello del fr. *informatique*; 1968] ***sf.*** scienza che studia i fenomeni relativi all'informazione, in part. all'elaborazione e alla trasmissione automatica di dati per mezzo di elaboratori elettronici. **Q.T.** *informatica.*

informàtico (pl. *-ci*) [da *informatica*; 1972] **I *agg.*** relativo all'informatica, proprio dell'informatica **II *sm.*** (f. *-a*) studioso, esperto di informatica. **Q.T.** *informatica.*

informativa [da *informativo*; a. 1686] ***sf.*** **1.** *T.bur.* l'insieme delle informazioni relative a un determinato argomento **2.** *T.bur.* nota contenente informazioni su un determinato argomento.

informativo [da *informare*; 1619] **agg.** che serve a informare: *processo, rapporto, testo informativo* || che ha un ricco contenuto di informazioni: *una relazione molto, poco informativa* || *T.bur.* *nota informativa,* comunicazione o rapporto a carattere ufficiale che contiene informazioni su un determinato argomento.

informatizzàre [dal fr. *informatiser*; 1981] **tr.** far funzionare con sistemi informatici: *informatizzare l'anagrafe.*

informatizzazióne [da *informatizzare*; 1981] **sf.** atto o effetto dell'informatizzare.

informàto (*pps.* di *informare*) [sec. XIV] **agg.** **1.** che è al corrente di qualcosa: *essere bene, male informato, sono informato dell'accaduto* || che dispone di molte informazioni: *un giornale informato, un uomo molto informato* **2.** *fig. lett.* improntato, ispirato: *un articolo informato a rigido moralismo* || **N.** **1.** *Sin.* consapevole, edotto; aggiornato | *Contr.* disinformato, ignaro.

informatóre [dal lat. tardo *informātor, -ōris,* che istruisce; 1308] **I agg.** che impronta, che conferisce forma e carattere: *principio informatore di un programma politico* **II sm.** (f. *-trice*) **1.** chi dà informazioni e notizie: *la polizia ha molti informatori nella malavita* || nell'esercito, chi è addetto al servizio informazioni **2.** giornalista addetto a reperire notizie da trasmettere ai redattori per la stesura || **N.** **II** **1.** *Sin.* collaboratore, confidente, delatore; spia **2.** corrispondente, inviato.

informazióne [dal lat. *informātio, -ōnis,* rappresentazione, idea; 1430 ca.] **sf.** **1.** il dare e ricevere notizie, l'informare, l'informarsi e l'essere informato: *tutelare il diritto all'informazione, il conflitto tra informazione e spettacolo nei programmi televisivi* || *concr.* elemento o dato che consente di essere messi al corrente di qualcosa o di approfondire la propria conoscenza di un fatto, un argomento e sim.: *fornire informazioni precise, dettagliate; chiedere informazioni sul conto di qualcuno, rivolgersi all'ufficio informazioni* **2.** nel linguaggio dell'informatica, dato o insieme di dati che viene trasmesso da una sorgente emittente a un ricevitore e in part. che si inserisce in un elaboratore elettronico || *teoria dell'informazione,* studio matematico del trasferimento di messaggi da un trasmettitore a un ricevitore attraverso un canale **3.** *T.biol.* *informazione genetica,* insieme dei messaggi ereditari contenuti nel DNA di una cellula || **N.** **1.** *Sin.* notizia, ragguaglio **2.** *Sin.* messaggio.

infórme [dal lat. *informis*; a. 1342] **agg.** che non ha forma definita o regolare: *una massa informe; un'idea informe,* appena abbozzata || **informeménte** **avv.** *non com.* || **N.** *Sin.* amorfo, confuso, imperfetto, irregolare.

informicolaménto [da *informicolarsi*; 1691] **sm.** informicolimento.

informicolàrsi V. INFORMICOLIRSI.

informicoliménto [da *informicolirsi*; 1869] **sm.** formicolio che si avverte in un arto o in una parte del corpo.

informicolìrsi (pres. *-ìsco, -ìsci*) [da *formicolare*; 1863] **intr. pron.** provare (o dare) una sensazione di formicolio: *mi si è informicolito un piede* || **N.** *Sin.* intorpidirsi.

informità [dal lat. *informitas, -ātis*; a. 1342] **sf.** *raro* l'essere informe.

infornaciàre (pres. *-àcio*) [comp. parasint. di *fornace*; 1546] **tr.** mettere nella fornace, rif. a materiali da cuocere o da fondere.

infornaciàta [da *infornaciare*; 1779] **sf.** la quantità di materiali (per es. mattoni, tegole, calcina ecc.) che si mette in una sola volta nella fornace.

infornapàne [comp. di *inforna(re)* e *pane*; a. 1665] **sm. inv.** pala per infornare il pane.

infornàre (pres. *-órno*) [comp. parasint. di *forno*; 1353] **tr.** **1.** mettere a cuocere nel forno: *infornare le pizze, i mattoni* || *ass.* infornare il pane **2.** caricare combustibile in un forno o fornace: *infornare antracite.* **Q.T.** *pane.*

infornàta [da *infornare,* sul modello del fr. *enfournée*; a. 1449] **sf.** **1.** l'atto dell'infornare || *concr.* quantità di cibi o altro materiale che si mette in una volta nel forno **2.** *fig. scherz.* detto di molte persone nominate tutte insieme a una carica, a un titolo: *un'infornata di senatori, di diplomati* || *per estens.* grande quantità: *un'infornata di bambini è venuta in visita alla fattoria.*

infornatóre [da *infornare*; 1834] **sm.** (f. *-trìce*) operaio che inforna, che mette nel forno il pane o materiali di tipo industriale.

infortiménto [da *infortire*; fine sec. XIV] **sm.** **1.** forte aumento dell'acidità, inacidimento **2.** *ant.* rinforzamento.

infortìre (pres. *-ìsco, -ìsci*) [da *fortire*; a. 1597] **intr.** (aus. *essere*) e **intr. pron.** prendere sapore di forte || **tr.** *raro* rafforzare, rinforzare || **N.** **intr.** *Sin.* inacetire, inacidire, inasprire.

infortunàrsi (pres. *-ùno*) [da *infortunio*; 1955] **intr. pron.** restare vittima di un infortunio: *l'attaccante si è infortunato nel corso del primo tempo.*

infortunàto[1] [dal lat. *infortunātus*; 1313] **agg.** *lett.* sfortunato, perseguitato dalla sorte.

infortunàto[2] (*pps.* di *infortunarsi*) [1935] **agg.** e **sm.** (f. *-a*) che o chi ha subito un infortunio: *operaio infortunato sul lavoro, fare visita agli infortunati.*

infortùnio (pl. *-ni*) [dal lat. *infortūnium,* disgrazia; sec. XIV] **sm.** **1.** incidente che provoca lesioni e danni di varia entità: *essere vittima di un infortunio, assicurazione contro gli infortuni* || *infortunio sul lavoro,* che avviene durante le ore lavorative e provoca al lavoratore invalidità temporanea o permanente **2.** comportamento o atto inopportuno che può determinare conseguenze spiacevoli per chi lo compie: *diciamo che quella sua battuta è stata un piccolo infortunio e non pensiamoci più* **3.** *lett.* disgrazia, sventura || **N.** **1.** *Sin.* incidente **2.** *Sin.* *gaffe.*

infortunìsta [da *infortunio*; 1983] **s.** esperto in infortunistica.

infortunìstica [da *infortunistico*; 1931] **sf.** lo studio degli infortuni, spec. di quelli sul lavoro, in relazione alle norme giuridiche ed economiche di assistenza, assicurazione e prevenzione.

infortunìstico (pl. *-ci*) [da *infortunio*; 1957] **agg.** che si riferisce agli infortuni e in part. a quelli sul lavoro: *medicina infortunistica,* ramo della medicina legale che si occupa degli infortuni e dell'invalidità che ne deriva.

inforzàre (pres. *-òrzo*) [da *forzare*; sec. XIII] **tr.** *ant.* fortificare, rafforzare || **intr.** (aus. *essere*) *non com.* infortire, inacidire || **intr. pron.** rafforzarsi.

infoscàre (pres. *-ósco, -óschi*) [dal lat. *infuscāre*; a. 1498] **tr.** *lett.* rendere fosco || **intr.** (aus. *essere*) e **intr. pron.** diventare fosco: *l'aria (s') infosca.*

infossaménto [da *infossare*; 1858] **sm.** **1.** l'infossare e l'infossarsi **2.** *concr.* depressione, cavità: *un infossamento nel terreno* || **N.** **2.** *Sin.* avvallamento, buca, fossa.

infossàre (pres. *-òsso*) [comp. parasint. di *fossa*; a. 1294] **tr.** mettere in una fossa: *infossare le patate* || **intr. pron.** **1.** formare un avvallamento: *la strada si sta infossando* **2.** incavarsi, detto degli occhi o delle guance: *gli occhi gli si erano infossati per la stanchezza.*

infossatùra [da *infossare*; 1889] **sf.** atto o effetto dell'infossare o dell'infossarsi || *per estens.* punto in cui qualcosa si infossa.

ìnfra [dal lat. *infra,* sotto; a. 1250] **I prep.** *ant. lett.* **1.** fra, in mezzo a **2.** con valore

INFORMATICA

SETTORI E APPLICAZIONI: cibernetica, *data retrieval* o recupero dei dati, elaborazione elettronica dei dati o EDP, intelligenza artificiale, simulazione; agronica, automazione d'ufficio o *office automation* o burotica, autronica, avionica, bionica, robotica, telematica; aritmetica col calcolatore, calcolo numerico; controllo di processo, controllo numerico; fabbricazione assistita da calcolatore o CAM, istruzione assistita da calcolatore o CAI, progettazione assistita da calcolatore o CAD; editoria elettronica, elaborazione del linguaggio naturale, elaborazione del suono (sintesi della voce, riconoscimento del parlato), elaborazione di immagini, riconoscimento di immagini, elaborazione testi o trattamento testi o videoscrittura o *word processing,* grafica, posta elettronica.

CONCETTI GENERALI: algoritmo, architettura (*hardware,* di sistema, di programma), automa, codice (operativo, macchina; binario, ottale, esadecimale; ASCII, BCD, EBCDIC), *default,* elaborazione (interattiva / a lotti o *batch*), inizializzazione, interfaccia, linguaggio (formale / naturale), multiprogrammazione, *multitasking* o concorrenza, processo, *reset,* risorsa, tempo (reale, d'accesso, di risposta), *time sharing*; compatibilità, computabilità, correttezza, efficienza, portabilità.

VOCI ATTINENTI: globale / locale, *on-line* o in linea / *off-line,* procedurale / dichiarativo, residente / temporaneo, ricorsivo / iterativo, sequenziale o seriale / parallelo, *top down* / *bottom up* o dall'alto in basso / dal basso in alto, virtuale / reale.

SISTEMI DI ELABORAZIONE: calcolatore (elettronico, digitale / analogico) o elaboratore (elettronico) o *computer* o cervello elettronico, microcomputer o microcalcolatore; calcolatrice, *home computer, mainframe,* minicomputer o minicalcolatore, *personal* (*computer*), rete di calcolatori, stazione di lavoro o *workstation.*

SOFTWARE: programma (di utilità / applicativo); ambiente, ambiente di programmazione; sistema operativo (*bootstrap* o caricamento del sistema, *crash* o crollo del sistema, *directory, file* o archivio, libreria, *password, subdirectory*); linguaggio (di programmazione, di alto / basso / medio livello, di controllo, macchina); ADA, ALGOL, BASIC, C, COBOL, FORTRAN, LISP, LOGO, PASCAL, PROLOG, SMALLTALK; assemblatore o *assembler,* compilatore (programma o modulo sorgente / oggetto), interprete; base di dati o *data base*; *editor,* sistema di supporto alle decisioni, sistema esperto, *spreadsheet* o foglio elettronico, *videogame* o video gioco, *word processor* o elaboratore di testi; pacchetto (integrato); *release* o rilascio o versione, *upgrade* o versione aggiornata.

PROGRAMMAZIONE (a oggetti, funzionale, logica, procedurale, strutturata): analisi, *debugging* o collaudo di programma, documentazione, implementazione, manutenzione, scomposizione in

segue

temporale, entro **II** ***avv.*** sotto, in basso; usato nella loc. *vedi infra*, per rinviare a un passo che segue dello stesso testo.

infra- [dal lat. *infra*, sotto] ***pref.*** viene usato per formare parole della terminologia scientifica e tecnica con il valore di "inferiore", "posto al di sotto" o "più internamente" a qualcosa (per es. *infrarosso, infrastruttura*).

infracidàre e der. forme rare di INFRADICIARE e der. (v.).

infracidìre (pres. *-ìsco, -ìsci*) [comp. parasint. di *fracido*; a. 1342] ***intr.*** (aus. *essere*) marcire, guastarsi ‖ ***intr. pron.*** *raro* infradiciarsi.

infradiciaménto [da *infradiciare*; sec. XIII] ***sm.*** l'infradiciare, l'infradiciarsi.

infradiciàre (pres. *-àdicio*) [comp. parasint. di *fradicio*; 1294 *infracidare*] ***tr.*** **1.** inzuppare d'acqua: *la pioggia ha infradiciato i panni stesi* **2.** rendere marcio ‖ ***intr. pron.*** **1.** bagnarsi, inzupparsi completamente **2.** marcire, putrefarsi, guastarsi.

infradiciatùra [da *infradiciare*; 1833] ***sf.*** l'infradiciare e l'infradiciarsi.

infradito [comp. di *infra-* e *dito*; 1983] ***sm.*** *inv.* tipo di sandalo aperto assicurato al piede da una striscia che passa tra l'alluce ed il secondo dito.

infraliménto [da *infralire*; a. 1320] ***sm.*** *lett.* l'infralire.

infralìre (pres. *-ìsco, -ìsci*) [da *frale*; a. 1320] ***intr.*** (aus. *essere*) *lett.* diventare debole, perdere le forze.

inframéttere e der. V. INFRAMMETTERE e der.

inframeẓẓàre V. INFRAMMEZZARE.

inframmettènza [da *inframmettere*; 1847] ***sf.*** *non com.* ingerenza importuna, intromissione negli affari altrui.

inframméttere (pres. *-étto* ecc., come METTERE) [comp. di *infra* e *mettere*; 1225 ca. *inframettere*] ***tr.*** *non com.* mettere in mezzo ‖ ***intr. pron.*** intromettersi importunamente ‖ **N.** ***tr.*** *Sin.* frammettere, frapporre, interporre | ***intr. pron.*** *Sin.* immischiarsi, impicciarsi, ingerirsi, intromettersi.

inframmeẓẓàre o **inframeẓẓàre** (pres. *-èẓẓo*) [da *frammezzare*; 1958 *inframezzare*] ***tr.*** alternare, frammischiare, mettere in mezzo.

inframmischiàre (pres. *-ìschio*) [da *frammischiare*; 1749] ***tr.*** *non com.* frammischiare, mescolare assieme.

infranceṣàre (pres. *-éṣo*) [comp. parasint. di *francese*; 1525] ***tr.*** *lett.* contaminare con usanze e modi francesi; detto di lingua, costumi e sim. ‖ ***intr. pron.*** assumere modi, costumi o espressioni francesi.

infrancioṣàre (pres. *-óṣo*) [comp. parasint. di *francioso*; sec. XV] ***tr.*** e ***intr. pron.*** *ant.* infrancesare.

infràngere (pres. *-àngo* ecc., come FRANGERE) [lat. volg. **infrangere*, class. *infringere*; 1363 *infragnere* come tr. nel senso 2] ***tr.*** **1.** rompere in più pezzi: *infrangere un vaso di cristallo* ‖ *fig.* distruggere: *infrangere i sogni di un bambino* **2.** *fig.* di patti e sim., violarli, non osservarli: *infrangere una legge, un vincolo, un segreto* ‖ ***intr. pron.*** rompersi, spezzarsi, anche *fig.*: *i suoi sogni si sono infranti* ‖ **N.** ***tr.*** **1.** *Sin.* fracassare, frantumare, schiacciare, sfasciare, spezzare **2.** *Sin.* contravvenire, trasgredire, venir meno a, violare.

infrangìbile [da *frangibile*; 1481] ***agg.*** che non si può rompere o è resistente agli urti: *piatto infrangibile.*

infrangiménto [da *infrangere*; a. 1912] ***sm.*** *raro* l'infrangere e l'infrangersi.

infrànto (*pps.* di *infrangere*) [sec. XIV] ***agg.*** rotto, frantumato, spezzato, anche *fig.*: *idolo infranto, ideale infranto*; *cuore infranto*, che ha subìto una delusione amorosa.

infrantoiàta [da *infrantoio*; 1779] ***sf.*** quantità di olive che vengono messe in una sola volta nel frantoio.

infrantóio (pl. *-ói*) [da *frantoio*; a. 1400 ca.] ***sm.*** *ant.* frantoio.

infrappórre (pres. *-póngo* ecc., come PORRE) [da *frapporre*; a. 1696] ***tr.*** e ***intr. pron.*** *non com.* frapporre, frapporsi.

infraróssо [comp. di *infra-* e *rosso*; 1933] **I** ***agg.*** *T.fis.* detto di radiazione elettromagnetica la cui frequenza è di poco inferiore a quella della luce rossa, per cui è invisibile all'occhio umano; è dotata di alto potere calorifico **II** ***sm.*** *l'infrarosso*, la parte dello spettro elettromagnetico costituita di radiazioni infrarosse: *fotografia all'infrarosso*, in cui la lastra è impressionata non da luce visibile ma da radiazioni infrarosse; serve ad es. per rilevare le sorgenti di calore.

infrascàre (pres. *-àsco, -àschi*) [comp. parasint. di *frasca*; a. 1498 nel senso 3] ***tr.*** **1.** coprire con frasche: *infrascare un deposito di armi* **2.** sostenere piante rampicanti con frasche **3.** *fig.* caricare d'inutili ornamenti ‖ ***rifl.*** nascondersi tra le frasche.

infrascàta [da *infrascare*; a. 1866] ***sf.*** copertura o capanna di frasche.

infràsco (pl. *-schi*) [da *infrascare*; 1887] ***sm.*** frasca che viene affiancata ad una pianta rampicante, come sostegno.

infrascritto [comp. di *infra-* e *scritto*; 1298] ***agg.*** *T.bur.* scritto sotto, poco dopo, ma sempre nel corpo del discorso ‖ **N.** *Sin.* sottoscritto.

infrasettimanàle [comp. di *infra-* e *settimanale*; 1950] ***agg.*** che cade all'interno della settimana lavorativa: *vacanza infrasettimanale, chiusura infrasettimanale degli uffici.*

infrasonòro [comp. di *infra-* e *sonoro*; 1965] ***agg.*** *T.fis.* relativo agli infrasuoni: *onde infrasonore.*

infrastruttùra [comp. di *infra-* e *struttura*; 1952] ***sf.*** **1.** la struttura di base che consente lo sviluppo di un'attività o il funzionamento di un servizio: *infrastruttura aerea, ferroviaria, industriale* **2.** (spec. *pl.*) il complesso degli impianti e dei servizi pubblici che sono indispensabili allo sviluppo economico e sociale di un paese o di una comunità: *le infrastrutture urbane* ‖ **N.** *Contr.* sovrastruttura.

infrastrutturàle [da *infrastruttura*; 1965] ***agg.*** proprio dell'infrastruttura.

infrasuòno [comp. di *infra-* e *suono*; 1936] ***sm.*** *T.fis.* onda elastica non percepibile come suono, perché di frequenza inferiore a quelle udibili ‖ **N.** *Contr.* ultrasuono.

infratire (pres. *-ìsco, -ìsci*) [comp. parasint. di *frate*; 1872] ***intr.*** (aus. *essere*) diventare frate, detto dei bachi da seta, che, non portati tempestivamente al bosco, formano un bozzolo imperfetto.

infraviṣìbile [comp. di *infra-* e *visibile*; 1950] ***agg.*** *T.scient.* che è al di sotto della visibilità con microscopi ordinari.

infrazióne [dal lat. *infrāctio, -ōnis*; 1677] ***sf.*** **1.** violazione di leggi, norme ecc.: *commettere un'infrazione al codice stradale* **2.** *T.med.* frattura incompleta di un osso, incrinatura ‖ **N.** **1.** *Sin.* inosservanza, TRASGRESSIONE.

infreddàre (pres. *-éddo*) [da *freddare*; a. 1292] ***tr.*** *ant.* raffreddare ‖ ***intr.*** (aus. *essere*) e ***intr. pron.*** prendere un raffreddore.

infreddatùra [da *infreddare*; a. 1541] ***sf.*** raffreddore leggero.

infreddoliménto [da *infreddolire*; 1930] ***sm.*** atto o effetto dell'infreddolirsi.

infreddolire (pres. *-ìsco, -ìsci*) [comp. parasint. di *freddo*; 1869] ***intr.*** (aus. *essere*) e ***intr. pron.*** prendere freddo: *fermo ad aspettarti con questo tempo mi sono tutto infreddolito* ‖ **N.** *Sin.* intirizzire, rabbrividire; congelare, gelare.

infrenàbile [dal lat. tardo *infrenabilis*; a. 1612] ***agg.*** *non com.* che non può essere frenato, spec. *fig.*: *un desiderio, una corsa infrenabile* ‖ **N.** *Sin.* irrefrenabile.

segue INFORMATICA

sottoproblemi, sviluppo; *bug* o baco o buco o errore di programma; aggiornamento; *back-up* o copia, *garbage collection*, listing o listato, *merge*, ordinamento o *sorting*; diagramma di flusso o schema a blocchi o *flow chart*; annidamento, ricorsione; costante / variabile, identificatore, istruzione (assegnazione, chiamata sottoprogramma, clausola, commento, confronto, definizione di funzione, di procedura, dichiarazione delle variabili, dimensionamento, lettura, salto condizionato / incondizionato, scrittura), *label* o etichetta, macroistruzione, *main / subroutine* o programma principale / sottoprogramma, primitiva o *built-in*, procedura, *routine*, struttura dati (albero, campo, lista, *record*, scalare, *stack* o pila, variabile con indice o tabella o *array*, vettore, matrice), struttura di controllo (iterazione o ciclo o *loop*, selezione, sequenza), tipo (a precisione semplice / estesa / doppia, atomo, booleano o logico, carattere, intero, puntatore, reale, stringa); *overflow*, troncamento, virgola fissa / mobile / in complemento.

HARDWARE: *chip*, circuito, circuito integrato, circuito logico, scheda (di circuito stampato), scheda di espansione, transistor; coprocessore, microprocessore, processore, processore vettoriale o *array processor*; unità centrale o CPU (accumulatore, registro, unità aritmetico-logica, unità di controllo; *set* di istruzioni); *bus*, canale di ingresso e / o di uscita; parità, trasmissione (seriale / parallela, sincrona / asincrona); memoria (centrale o principale o di lavoro / di massa; a semiconduttori, magnetica; ad accesso sequenziale / casuale o diretto; a lettura-scrittura o RAM, a sola lettura cancellabile e programmabile o EPROM, a sola lettura o ROM, a sola lettura programmabile o PROM; temporanea o tampone (*buffer*); permanente / volatile, virtuale / reale); cella di memoria, indirizzo (fisico / logico), pagina, parola; *bit, byte, gigabyte* (o giga), *kilobyte* (o kappa), *megabyte* (o mega); CD-ROM, disco magnetico (disco rigido o fisso / dischetto o *hard disk / floppy disk*), disco ottico, nastro (di carta, magnetico), scheda perforata, tamburo; settore, traccia.

PERIFERICHE: dispositivo (o unità) di ingresso e/ o uscita, terminale.

UNITÀ DI INGRESSO o di *input*: lettore di caratteri (o *scanner*), di codice a barre, di nastri, di schede; tastiera, tastierino numerico o *keypad* (carattere alfanumerico / di controllo); *light pen* o penna (o matita) luminosa; tavoletta grafica; *mouse* (fare clic); *joystick.*

UNITÀ DI USCITA o di *output*: schermo o monitor o video (cursore, finestra, maschera, *pixel, prompt*, puntatore, videata), video grafico; *display* (a cristalli liquidi / a LED) o visualizzatore, perforatore (di nastri, di schede); stampante (ad aghi, a getto d'inchiostro, a margherita, elettrostatica, laser, termica; ad alta qualità, grafica; modulo continuo, tabulato); *plotter.*

UNITÀ DI INGRESSO-USCITA: terminale video; modem, unità disco (interna / esterna) o *driver.*

MANSIONI: analista, installatore, operatore, perforatore, programmatore, sistemista (o analista di sistemi), softwarista, sviluppatore, tastierista, terminalista.

infrenàre (pres. *-èno* o *-éno*) [dal lat. *infrenāre*; a. 1292] ***tr.*** *lett.* frenare, mettere a freno.

infrenellàre (pres. *-èllo*) [comp. parasint. di *frenello*; a. 1800] ***tr.*** *T.mar.* fissare il remo, il timone o altro col frenello.

infrenesìre (pres. *-ìsco, -ìsci*) [comp. parasint. di *frenesia*; 1719] ***tr.*** *raro* rendere frenetico || ***intr.*** (aus. *essere*) e ***intr. pron.*** *non com.* diventare frenetico.

infrequènte [dal lat. *infrequens, -entis*; 1640] ***agg.*** **1.** non frequente **2.** *lett.* non frequentato || **infrequenteménte** ***avv.*** raramente || **N. 1.** *Sin.* raro, sporadico.

infrequènza [dal lat. *infrequentia*; a. 1540] ***sf.*** *non com.* l'essere infrequente.

infrigidiménto [da *infrigidire*; 1754] ***sm.*** *non com.* l'infrigidire e l'infrigidirsi.

infrigidìre (pres. *-ìsco, -ìsci*) [comp. parasint. di *frigido*; a. 1292] ***tr.*** rendere frigido o freddo || ***intr.*** (aus. *essere*) e ***intr. pron.*** *non com.* diventare frigido.

infrigidìto (*pps.* di *infrigidire*) [a. 1742] ***agg.*** *terreno infrigidito*, terreno freddo e non coltivabile perché eccessivamente umido.

infrolliménto [da *infrollire*; 1944] ***sm.*** atto ed effetto dell'infrollire; anche *fig.*: *l'infrollimento degli animi* || **N.** *Sin.* frollatura; indebolimento.

infrollìre (pres. *-ìsco, -ìsci*) [comp. parasint. di *frollo*; a. 1544] ***intr.*** (aus. *essere*) e ***intr. pron.*** **1.** rif. a carne, diventare frollo: *mettere la selvaggina a infrollire* **2.** *fig.* rif. a persona, perdere vigore, rammollirsi: *il suo spirito si è infrollito con gli anni* || ***tr.*** *non com.* rendere frollo, anche *fig.*

infrondàre (pres. *-óndo*) [comp. parasint. di *fronda*; 1321] ***tr.*** *dial. ant.* rivestire di fronde || ***intr.*** (aus. *essere*) e ***intr. pron.*** coprirsi di fronde.

infrondìre (pres. *-ìsco, -ìsci*) [comp. parasint. di *fronda*; 1481] ***intr.*** (aus. *essere*) *lett.* mettere fronde, diventare frondoso.

infronzolàre (pres. *-ónzolo*) [comp. parasint. di *fronzolo*; 1868] ***tr.*** e ***rifl.*** *non com.* ornare e ornarsi con fronzoli || **N.** *Sin.* agghindare, infioccare.

infruttescènza [comp. parasint. di *frutto*, con influsso di *infiorescenza*; 1938] ***sf.*** *T.bot.* raggruppamento naturale dei frutti che sono derivati da un'infiorescenza, tale da sembrare un frutto unico.

infruttìfero [dal lat. eccl. *infructifer*, a. 1375] ***agg.*** che non dà frutto: *terreno infruttifero* || *fig.* che non produce reddito: *deposito infruttifero* || **N.** *Sin.* improduttivo, infecondo, sterile.

infruttuosità [dal lat. tardo *infructuōsitas, -ātis*; sec. XIV] ***sf.*** *non com.* l'essere infruttuoso: *l'infruttuosità di un capitale.*

infruttuóso [dal lat. *infructuōsus*; a. 1342] ***agg.*** che non dà frutto, anche *fig.*: *una stagione infruttuosa*; *un investimento infruttuoso* || *fig.* che non serve, che è senza effetto: *fatiche infruttuose* || **infruttuosaménte** ***avv.*** in modo infruttuoso; inutilmente || **N.** *Sin.* improduttivo, infruttifero, inutile, vano.

ìnfula [dal lat. *infula*; sec. XIV] ***sf.*** **1.** *T.stor.* benda di lana bianca o rossa, con cui si cingevano il capo i sacerdoti greci e romani o che veniva messa alle vittime sacrificali **2.** ciascuna delle due strisce che pendono dalla mitra dei vescovi; *per estens.* la mitra stessa.

infumàbile [da *fumabile*; 1920] ***agg.*** che non si può fumare, che non si riesce a fumare: *tabacco infumabile.*

infunàre (pres. *-ùno*) [comp. parasint. di *fune*; 1681] ***tr.*** *raro* legare con funi || mettere la fune a un ordigno.

infundìbolo o **infundìbulo** [dal lat. *infundibulum*; 1592 *infondibolo*] ***sm.*** **1.** *T.stor.* nell'antica Roma e in Grecia, vaso che veniva usato come imbuto **2.** *T.anat.* parte di organo a forma di imbuto: *infundibolo dell'uretra, dell'arteria polmonare*; *infundibolo dell'ipofisi*, peduncolo posto nella parte inferiore del cervello, che sostiene l'ipofisi. **TAV. *anatomia*** **p. 642** 7.11.

infunghìre (pres. *-ìsco, -ìsci*) [da *funghire*; a. 1850] ***intr.*** (aus. *essere*) *tosc.* ammuffire, anche *fig.*

infungìbile [da *fungibile*; 1950] ***agg.*** *T.giur.* detto di bene che non si può sostituire con nessun altro.

infungibilità [da *fungibilità*; 1957] ***sf.*** *T.giur.* l'essere infungibile.

infuocaménto o **infocaménto** [da *infuocare*; 1631 *infocamento*] ***sm.*** *non com.* l'infuocare, l'essere infuocato || entusiasmo, fervore, passione.

infuocàre o **infocàre** (pres. *infuòco, infuòchi*) [comp. parasint. di *fuoco*; a. 1342 *infocarsi* come intr. pron. nel senso 2] ***tr.*** **1.** far diventare rovente: *infuocare le molle del caminetto* **2.** *per estens.* far diventare rosso: *il calore le ha infuocato le guance* || *fig.* eccitare, accendere: *infuocare gli animi* || ***intr. pron.*** **1.** diventare rovente **2.** diventare rosso || *fig.* accendersi di entusiasmo, passione, eccitazione: *infuocarsi in una discussione* || **N.** ***tr.*** **1.** *Sin.* arroventare **2.** *Sin.* arrossare; infiammare | ***intr. pron.*** **2.** *Sin.* accalorarsi, appassionarsi, eccitarsi, infervorarsi, infiammarsi.

infuocàto o **infocàto** (*pps.* di *infuocàre*) [1306 *infocato*] ***agg.*** **1.** rovente: *ferro infuocato, sabbia infuocata* || *per estens. clima infuocato*, torrido **2.** rosso, infiammato, anche *fig.*: *viso infuocato dall'ira*; *parole infuocate*, accese, offensive; *atmosfera infuocata*, ardente, di grande eccitazione e fervore.

infuòri [1534 *in fuora*] var. meno com. di *in fuori* (v. FUORI); freq. nelle loc. *all'infuori*, verso l'esterno e *all'infuori di*, ad eccezione di, tranne: *una tegola che sporge all'infuori*; *tutti hanno superato la prova all'infuori di te.*

infurbìre (pres. *-ìsco, -ìsci*) [comp. parasint. di *furbo*; 1635] ***intr.*** (aus. *essere*) e ***intr. pron.*** diventare furbo, scaltrirsi || ***tr.*** *non com.* rendere furbo.

infurfantìre (pres. *-ìsco, -ìsci*) [comp. parasint. di *furfante*; 1822] ***intr.*** (aus. *essere*) *raro* diventare furfante.

infuriàre (pres. *-ùrio*) [comp. parasint. di *furia*; a. 1419] ***intr.*** (aus. *avere*) imperversare, manifestarsi con violenza: *la tempesta infuriava*; *la guerra civile infuriava da anni sulle popolazioni inermi* || ***intr. pron.*** e *raro* ***intr.*** (aus. *essere*) diventare furioso, incollerirsi: *alla vista della pagella il padre s'infuriò moltissimo* || ***tr.*** *raro* rendere furioso || **N.** ***intr.*** *Sin.* imperversare, infierire, scatenarsi | ***intr. pron.*** *Sin.* adirarsi, imbestialirsi | ***tr.*** *Sin.* esasperare.

infusìbile [da *fusibile*; a. 1537] ***agg.*** non fusibile, che non si può fondere.

infusibilità [da *fusibilità*; 1795] ***sf.*** l'essere infusibile.

infusióne [dal lat. *infūsio, -ōnis*, versamento; 1282] ***sf.*** **1.** *non com.* l'infondere: *battesimo per infusione*, che consiste nel versare acqua sulla testa del battezzando **2.** *più com.* operazione per cui si lasciano sostanze vegetali o medicinali in qualche liquido (soprattutto acqua bollente) per estrarne i princìpi solubili: *preparare un liquore per infusione* || *concr.* la soluzione che si ottiene da tale operazione || **N. 2.** *Sin.* macerazione; infuso.

infùso (*pps.* di *infondere*) [sec. XIV come agg.; a. 1718 come sm.] **I *agg.*** versato sopra o versato dentro: *liquido infuso* || trasfuso: *virtù infuse*, nella teologia cattolica, le virtù teologali trasmesse direttamente attraverso il battesimo; *scienza infusa*, innata, che si ha per dono soprannaturale, freq. in espr. *iron.*: *ma tutto questo lo sai per scienza infusa?* **II *sm.*** *T.farm.* il prodotto dell'infusione: *un'infuso di tiglio.* **Q.T.** *alimentazione, erboristeria.*

Infusóri [da *infusione*, sul modello del lat. tardo *infusōrium*, colatoio; 1784] ***sm. pl.*** *T.zool.* altro nome dei Ciliati.

infuturàre (pres. *-ùro*) [comp. parasint. di *futuro*; 1321] ***tr.*** *lett.* prolungare, spingere nel tempo futuro || ***intr. pron.*** *poet.* eternarsi: *s'infutura la tua vita* (Dante).

ingabbanàre (pres. *-àno*) [comp. parasint. di *gabbano*; 1863] ***tr.*** e ***rifl.*** *non com.* avvolgere e avvolgersi con un gabbano.

ingabbiàre (pres. *-àbbio*) [comp. parasint. di *gabbia*; a. 1543] ***tr.*** **1.** mettere in gabbia: *ingabbiare un passerotto* || nelle miniere, introdurre vagoncini nella gabbia di un pozzo **2.** *per estens.* chiudere in luogo da cui non si possa uscire || *scherz.* mettere in prigione **3.** *T.edil.* chiudere o sostenere con un'ingabbiatura || **N. 2.** *Sin.* intrappolare.

ingabbiàta [da *ingabbiare*; 1887] ***sf.*** *non com.* quantità di uccelli contenuti in una gabbia.

ingabbiatóre [da *ingabbiare*; 1957] ***sm.*** nelle miniere, operaio addetto alla manovra del montacarichi.

ingabbiatùra [da *ingabbiare*; 1957] ***sf.*** *T.edil.* struttura portante di una costruzione edile, realizzata in legno, cemento armato e metallo.

ingaggiaménto [da *ingaggiare*; a. 1787] ***sm.*** *raro* ingaggio; arruolamento, reclutamento.

ingaggiàre (pres. *-àggio*) [dal fr. *engager*, letter. dare in pegno; sec. XIII nel senso 2; a. 1808 nel senso 1] ***tr.*** **1.** assumere con un contratto o dietro compenso: *ingaggiare operai, soldati, attori, guide* || nello sport, impegnare un atleta nella propria società: *ingaggiare un centravanti straniero* **2.** incominciare un combattimento e sim.: *ingaggiare una battaglia* || ***intr. pron.*** *T.mar.* agganciarsi, impigliarsi, detto di cavo, corda o catena || **N.** ***tr.*** **1.** *Sin.* arruolare, assoldare, reclutare, scritturare **2.** *Sin.* attaccare, intraprendere.

ingaggiatóre [da *ingaggiare*; 1742] ***sm.*** (f. *-trìce*) chi ingaggia per conto proprio o altrui.

ingàggio (pl. *-gi*) [da *ingaggiare*; 1742] ***sm.*** **1.** l'ingaggiare e l'essere ingaggiato: *provvedere all'ingaggio di mercenari* || *in part.* assunzione di un atleta da parte di una società || *premio d'ingaggio* (o *ass. ingaggio*), la somma corrisposta a chi viene ingaggiato: *ottenere un buon ingaggio* **2.** *T.sport* nell'hockey, azione dell'arbitro che segna l'inizio della partita o la ripresa del gioco dopo un'interruzione e consiste nel lanciare il disco fra i bastoni di due giocatori avversari || **N. 1.** *Sin.* arruolamento, assunzione, reclutamento; compenso. **Q.T.** *sport.*

ingagliardiménto [da *ingagliardire*; 1834] ***sm.*** atto o effetto del'ingagliardire o dell'ingagliardirsi.

ingagliardìre (pres. *-ìsco, -ìsci*) [comp. parasint. di *gagliardo*; 1342] ***tr.*** rendere gagliardo || ***intr.*** (aus. *essere*) e ***intr. pron.*** diventare gagliardo, irrobustirsi: *facendo sport il suo fisico si è ingagliardito* || **N.** ***tr.*** *Sin.* fortificare, irrobustire, rafforzare.

ingaglioffàre (pres. *-òffo*) [comp. parasint. di *gaglioffo*; a. 1527] ***tr.*** *non com.* far diventare gaglioffo || ***intr. pron.*** *non com.* diventare gaglioffo: *con questi io m'ingaglioffo per tutto il dì* (Machiavelli).

ingalluzzìre v. RINGALLUZZIRE.

ingangheràre (pres. *-ànghero*) [comp. parasint. di *ganghero*; sec. XIV] ***tr.*** *non com.* inserire nei gangheri il battente della porta e sim.

ingannàbile [da *ingannare*; 1798] ***agg.*** **1.** che può essere ingannato **2.** *raro* ingannevole.

ingannaménto [da *ingannare*; prima metà sec. XIV] ***sm.*** *non com.* l'ingannare; inganno.

ingannàre [dal lat. tardo *ingannāre*; fine sec.

XII come tr. nel senso 2] *tr.* **1.** indurre in errore con raggiri e imbrogli: *ingannare il cliente, mi ha ingannato con una falsa promessa di matrimonio* || tradire: *ingannare il proprio coniuge* || *ass.* fuorviare, trarre in errore: *l'apparenza inganna* **2.** *fig.* cercare di attenuare una situazione o una sensazione spiacevole e fastidiosa: *ingannare l'attesa, il tempo leggendo; mangiava caramelle per ingannare la fame* || *non com.* eludere, deludere: *ingannare la sorveglianza, la fiducia* || *intr. pron.* giudicare falsamente, sbagliarsi: *mi sono ingannato sulla convenienza dell'affare, se non m'inganno, quello è il nuovo assunto* || **N.** **1.** *Sin.* abbindolare, fregare, frodare, gabbare, illudere, imbrogliare, infinocchiare, raggirare, truffare; darla a bere, menare per il naso.

ingannatóre [da *ingannare*; a. 1347] *agg.* e *sm.* (f. *-trice*) chi o che inganna: *promesse ingannatrici.*

ingannévole [da *ingannare*; 1306] *agg.* che inganna, che può trarre in errore: *speranze ingannevoli* || **ingannevolménte** *avv.* || **N.** *Sin.* bugiardo, fallace, falso, illusorio, insidioso.

ingànno [da *ingannare*; sec. XIII] *sm.* **1.** l'ingannare, malizia insidiosa per raggirare e indurre altri in errore: *usare l'inganno per convincerlo a firmare* || *concr.* singolo atto di frode: *i suoi inganni non l'hanno portato lontano, quel provvedimento è un inganno per tutti i cittadini* **2.** l'ingannarsi, l'errore di chi prende un abbaglio: *cadere, trarre in inganno, l'inganno dei sensi* **3.** *T.mus. cadenza d'inganno,* cadenza che dal 5° grado risolve sul 6° invece che sul 1° || **N.** **1.** *Sin.* frode, imbroglio, insidia, menzogna, raggiro, sotterfugio, tranello, trappola, truffa **2.** *Sin.* abbaglio, errore, illusione, miraggio.

ingarbugliaménto [da *ingarbugliare*; 1869] *sm. non com.* l'atto e l'effetto dell'ingarbugliare.

ingarbugliàre (pres. *-ùglio*) [da *garbugliare*; a. 1527 come intr. pron. nel senso 1] *tr.* **1.** scompigliare in maniera da non raccapezzarsi più: *ingarbugliare i fili* || *fig. ingarbugliare la matassa, la faccenda,* complicare le cose **2.** *fig. non com.* rif. a persona, imbrogliare, ingannare || *intr. pron.* **1.** intricarsi, anche *fig.*: *la situazione si sta ingarbugliando sempre di più* **2.** *fig. non com.* confondersi nel parlare || **N.** *tr.* **1.** *Sin.* intricare, mescolare **2.** *Sin.* confondere || *intr. pron.* **1.** *Sin.* complicarsi **2.** *Sin.* imbrogliarsi, impappinarsi.

ingarbuglióne [da *ingarbugliare*; a. 1646] *sm.* (f. *-a*) chi ingarbuglia || **N.** *Sin.* arruffone, confusionario, imbroglione, pasticcione.

ingavonàrsi (pres. *-óno*) [comp. parasint. di *gavone*; seconda metà sec. XVI] *intr. pron.* *T.mar.* di nave, inclinarsi per una forte raffica, tanto che l'acqua superi il bordo e impedisca il raddrizzamento.

ingegnàccio (pl. *-ci*) (*pegg.* di *ingegno*) [a. 1570] *sm. scherz.* ingegno vivace, anche se non colto, e un po' strambo: *un certo ingegnaccio non gli manca* || *per meton.* persona dotata di tali qualità: *quel giornalista è un ingegnaccio.*

ingegnàrsi (pres. *-égno*) [da *ingegno*; sec. XIII] *intr. pron.* fare ricorso al proprio ingegno e alla propria abilità per raggiungere uno scopo: *ingegnarsi a trovare una soluzione del problema* || *per estens.* darsi da fare ricorrendo anche a espedienti: *ingegnarsi per vivere* || sforzarsi: *ingegnarsi di far bene* || **N.** *Sin.* arrabattarsi, arrangiarsi; industriarsi.

ingegnère [da *ingegno*; sec. XIV] *sm.* (anche rif. a donne) chi, avendo conseguito la laurea e l'abilitazione all'esercizio della professione, applica le scienze fisiche e matematiche alla progettazione, organizzazione e direzione di tutto ciò che concerne le costruzioni in genere, i trasporti, e ogni attività di tipo industriale: *iscriversi all'albo degli ingegneri* || **N.** aeronautico, chimico, civile, edile, elettronico, elettrotecnico, industriale, meccanico, minerario, navale, nucleare.

ingegnerìa [da *ingegnere*; a. 1676] *sf.* **1.** la tecnica e la professione dell'ingegnere: *lavori di ingegneria* || la facoltà di studi che prepara a tale professione: *iscriversi a ingegneria* **2.** *per estens.* applicazione di principi e tecniche propri dell'ingegneria (o che in qualche modo la evocano) ad altri campi: *ingegneria della conoscenza, ingegneria economica* || *T.biol. ingegneria genetica,* insieme di tecniche per la produzione o modificazione di geni.

ingegnerìstico (pl. *-ci*) [da *ingegneria*; 1984] *agg.* proprio dell'ingegnere o dell'ingegneria; ad essi relativo.

ingégno [dal lat. *ingenium,* disposizione naturale dello spirito; a. 1292 nei sensi 3 e 4] *sm.* **1.** facoltà mentale che consente all'uomo di apprendere, intuire e giudicare con prontezza e facilità, capacità inventiva: *avere un ingegno sottile; è un uomo d'ingegno; alzata d'ingegno,* trovata brillante (anche *iron.*); *prov. la necessità aguzza l'ingegno* || *T.bur. opere dell'ingegno,* denominazione che comprende le opere letterarie, musicali e artistiche **2.** *per meton.* persona dotata di grande ingegno: *uno dei più grandi ingegni del nostro tempo; un bell'ingegno,* detto di chi ha intelligenza pronta e brillante **3.** *lett.* qualità e inclinazioni naturali: *avere ingegno musicale, matematico* **4.** *lett.* trovata ingegnosa, artificio **5.** *ant.* congegno, meccanismo; ordigno || nella scenografia teatrale del Rinascimento, attrezzatura meccanica usata per sollevare gli attori simulandone il volo || *ingegno della chiave,* la parte che si infila nella toppa e serve ad aprire la serratura **6.** *T.pesc.* attrezzo usato per la pesca a strascico del corallo || *dim.* ingegnétto, ingegnìno; *spreg.* ingegnùccio, ingegnùzzo; *accr.* ingegnóne; *pegg.* ingegnàccio || **N.** **1.** *Sin.* acume, capacità, cervello, intelletto, intelligenza, mente, spirito, testa | acuto, agile, aperto, arguto, brillante, colto, fecondo, fertile, fervido, forte, libero, modesto, multiforme, penetrante, pratico, profondo, pronto, robusto, sottile, sveglio, versatile, vivace; debole, limitato, mediocre, meschino, modesto, ottuso, povero, rozzo, superficiale | acuire, affinare, aguzzare, coltivare, educare, fiaccare, irrobustire, nutrire, sciupare, spremere, sviluppare **2.** *Sin.* cervello, genio **3.** *Sin.* disposizione, indole, propensione **4.** *Sin.* astuzia, espediente.

ingegnosità [da *ingegnoso*; a. 1764] *sf.* l'essere ingegnoso: *ammirare l'ingegnosità di una trovata* || artificiosità e ricercatezza nello scrivere.

ingegnóso [dal lat. *ingeniōsus*; sec. XIII] *agg.* **1.** rif. a persona, dotato di buon ingegno, abile nel superare difficoltà e nel trovare soluzioni originali: *un ragazzo ingegnoso*; anche rif. ad animali: *le api sono ingegnose* **2.** rif. a cosa, fatto con ingegno: *un meccanismo ingegnoso* || che rivela troppo artificio e ricercatezza: *uno stile ingegnoso* || **ingegnosaménte** *avv.* || **N.** **1.** *Sin.* abile, intelligente, versatile **2.** *Sin.* artificioso, elaborato, ricercato.

ingelosìre (pres. *-ìsco, -ìsci*) [comp. parasint. di *geloso*; 1353 come intr. e intr. pron.] *tr.* rendere geloso: *ingelosire il marito uscendo a cena coi colleghi* || *intr.* (aus. *essere*) e *intr. pron.* diventare geloso: *ingelosirsi del successo di un amico.*

ingemmaménto [da *ingemmare*; a. 1698] *sm.* **1.** atto o effetto dell'ingemmare **2.** *T.min.* nei filoni delle miniere, adesione di cristalli a pietre mescolate con metalli.

ingemmàre (pres. *-émmo*) [da *gemmare*; 1321] *tr.* ornare di gemme: *ingemmare un diadema*; anche *fig.*: *i fiori ingemmano la campagna.*

ingeneràre (pres. *-ènero*) [dal lat. *ingenerāre*; 1282 come intr. pron.] *tr.* **1.** causare, suscitare: *ingenerare equivoci; ingenerare odio, disprezzo* **2.** *ant.* generare, procreare || *intr. pron.* nascere, generarsi: *il malinteso si è ingenerato per uno scambio di nomi* || **N.** *tr.* **1.** *Sin.* provocare.

ingenerosità [da *generosità*; 1869] *sf.* l'essere ingeneroso || **N.** *Sin.* avarizia, grettezza, meschinità, tirchieria; durezza d'animo, incomprensione.

ingeneróso [da *generoso*; 1551] *agg.* non generoso || *fig. più com.* che manca di comprensione: *un atteggiamento ingeneroso verso le minoranze* || **ingenerosaménte** *avv.* || **N.** *Sin.* avaro; egoista, insensibile, meschino.

ingènio e der. forme arc. di INGEGNO e der. (v.).

ingènito [dal lat. *ingenitus*; a. 1364] *agg.* innato, insito fin dall'origine: *un male ingenito* || **N.** *Sin.* congenito, connaturato, ereditario, intrinseco.

ingènte [dal lat. *ingens, -entis*; sec. XV] *agg.* molto grande: *danni ingenti* || **ingenteménte** *avv. non com.* || **N.** *Sin.* considerevole, rilevante.

ingentiliménto [da *ingentilire*; 1864] *sm.* l'ingentilire e l'ingentilirsi: *l'ingentilimento dei costumi.*

ingentilìre (pres. *-ìsco, -ìsci*) [comp. parasint. di *gentile*; 1294] *tr.* rendere gentile, affinare: *ingentilire l'animo, lo stile* || *intr.* (aus. *essere*) e *intr. pron.* diventare gentile, acquistare raffinatezza: *frequentando ambienti colti, i suoi modi si sono ingentiliti* || *ant.* diventare nobile.

ingenuità [dal lat. *ingenuitas, -ātis*; a. 1535] *sf.* **1.** l'essere ingenuo: *approfittare dell'ingenuità di qualcuno* **2.** *concr.* atto o parola di persona ingenua o *più com.* che denota insufficiente esperienza: *nella sua tesi ci sono molte ingenuità, hanno perso la partita per un'imperdonabile ingenuità della difesa* **3.** *T.stor.* in Roma, condizione giuridica di chi era nato libero || **N.** **1.** *Sin.* candore, innocenza, schiettezza, semplicità, sincerità; inesperienza.

ingènuo [dal lat. *ingenuus,* letter. indigeno, poi nato libero, schietto; a. 1527] **I** *agg.* **1.** rif. a persona, senza malizia, semplice e sincero: *un ragazzo ingenuo* || *più com.* che, per inesperienza, tende ad essere eccessivamente fiducioso e disponibile: *sei stato tanto ingenuo da fidarti di lui* **2.** rif. a cosa, che rivela ingenuità e semplicità: *fare domande ingenue* **3.** *ant. arti ingenue,* arti liberali || **ingenuaménte** *avv.* innocentemente, senza malizia **II** *sm.* (f. *-a*) **1.** chi dimostra candore ed eccessiva fiducia negli altri: *fare l'ingenuo,* fingere ad arte di non capire o di non sapere **2.** *T.stor.* nell'antica Roma, uomo nato libero **3.** (solo *f. ingènua*) ruolo teatrale di fine Ottocento e primo Novecento affidato ad attrici giovani, che dovevano recitare parti di ragazza candida e inesperta || **N.** **1.** *Sin.* candido, inesperto, innocente, puro, schietto; credulone.

ingerènza [da *ingerire*; a. 1667] *sf.* l'ingerirsi, partecipazione, intromissione non richiesta d'una persona in un affare e sim.: *non tollero ingerenze di estranei nelle mie faccende; ingerenza negli affari interni di un altro Stato* || **N.** *Sin.* intrusione.

ingeriménto [da *ingerire*; 1639] *sm.* **1.** ingestione **2.** *non com.* ingerenza.

ingerìre (pres. *-ìsco, -ìsci*) [dal lat. *ingerere,* letter. portare dentro, con cambio di coniugazione; a. 1498 come intr. pron.; 1915 come tr. nel senso 1] *tr.* **1.** mandar giù nello stomaco: *ingerire una medicina* **2.** *ant.* suscitare, far nascere || *intr. pron.* immischiarsi in fatti e questioni altrui || **N.** *tr.* **1.** *Sin.* inghiottire, ingoiare, ingurgitare **2.** *Sin.* inculcare, insinuare | *intr. pron.* *Sin.* intromettersi.

ingessàre (pres. *-èsso*) [da *gessare*; 1806 nel senso 2; 1921 nel senso 1] ***tr.*** **1.** immobilizzare arti lussati o fratturati con una fasciatura imbevuta di gesso, che asciugandosi si irrigidisce **2.** *non com.* spalmare di uno strato di gesso, per dipingervi, disegnarvi e sim. || murare con gesso: *ingessare un tassello nel muro.*

ingessatùra [da *ingessare*; 1798] ***sf.*** l'operazione di ingessare || *in part.* in ortopedia, immobilizzazione di un arto consistente in una fasciatura impregnata di gesso; *concr.* la fasciatura stessa: *togliere l'ingessatura.*

ingessìre (pres. *-ìsco, -ìsci*) [comp. parasint. di *gesso*; 1869] ***intr.*** (aus. *essere*) si dice dei bachi da seta quando per malattia diventano come di gesso || **N.** calcino.

ingestióne [dal lat. *ingestio, -ōnis*; 1678] ***sf.*** l'ingerire, atto dell'inghiottire: *ingestione di sostanze tossiche.*

inghiaiàre (pres. *-àio, -ài*) [comp. parasint. di *ghiaia*; 1310] ***tr.*** cospargere di ghiaia: *inghiaiare il viale.*

inghiaiatùra [da *inghiaiare*; 1940] ***sf.*** l'atto e l'effetto dell'inghiaiare || *concr.* lo strato di ghiaia che ricopre una superficie.

inghìbbio (pl. *-bi*) ***sm.*** *raro* V. INGHIPPO.

inghiottiménto [da *inghiottire*; a. 1681] ***sm.*** l'atto e l'effetto dell'inghiottire || **N.** *Sin.* deglutizione.

inghiottìre (pres. *-ìsco, -ìsci*) [dal lat. tardo *inglutīre*; a. 1292] ***tr.*** **1.** far passare dalla bocca all'esofago: *inghiottire la saliva, una pillola* || *fig.* consumare: *inghiottire un vistoso patrimonio* **2.** *fig.* rif. a ingiurie, amarezze e sim., sopportare; rif. a pianto, lacrime e sim., trattenere **3.** *fig.* far scomparire, trascinare nell'abisso: *il mare inghiotti la nave* || **N. 1.** *Sin.* deglutire, ingerire, ingoiare, ingurgitare, tracannare, trangugiare **2.** *Sin.* subire, tollerare; frenare, reprimere **3.** *Sin.* seppellire, sommergere.

inghiottitóio (pl. *-ói*) [da *inghiottire*, sul modello del ven. *ingiotidor*; 1916] ***sm.*** *T.geogr.* cavità naturale o artificiale a forma di imbuto in cui precipitano le acque che scorrono in superficie || **N.** *Sin.* dolina, foiba.

inghiottonìre (pres. *-ìsco, -ìsci*) [comp. parasint. di *ghiottone*; a. 1306] ***tr.*** *non com.* rendere ghiotto || ***intr.*** (aus. *essere*) e ***intr. pron.*** diventare ghiotto || **N.** *Sin.* ingolosire.

inghìppo [etim. inc.; 1946] ***sm.*** *rom.* imbroglio, sotterfugio: *in questa faccenda c'è un inghippo* || **N.** *Sin.* inganno, raggiro, trucco.

inghirlandaménto [da *inghirlandare*; a. 1400] ***sm.*** *non com.* l'inghirlandare.

inghirlandàre [da *ghirlandare*; 1319] ***tr.*** **1.** ornare con una ghirlanda **2.** *fig.* circondare, cingere come una ghirlanda: *le colline inghirlandano la città* || **N. 1.** *Sin.* incoronare.

ingiallàre ***tr.*** e ***intr.*** ***ant.*** V. INGIALLIRE.

ingialliménto [da *ingiallire*; 1869] ***sm.*** l'ingiallire.

ingiallìre (pres. *-ìsco, -ìsci*) [comp. parasint. di *giallo*; 1598] ***tr.*** far diventare giallo || ***intr.*** (aus. *essere*) e ***intr. pron.*** diventare giallo: *in autunno le foglie degli alberi ingialliscono, la vecchia foto si è ingiallita.*

ingigantìre (pres. *-ìsco, -ìsci*) [comp. parasint. di *gigante*; 1679] ***tr.*** dar proporzioni gigantesche; quasi sempre *fig.*: *la tua vigliaccheria ingigantisce le difficoltà* || ***intr.*** (aus. *essere*) e ***intr. pron.*** assumere proporzioni gigantesche: *con il passar del tempo gli ostacoli che si frappongono alla loro riconciliazione si sono ingigantiti* || **N.** ***tr.*** *Sin.* aumentare, esagerare, ingrandire | ***intr.*** *Sin.* crescere.

ingigliàre (pres. *-ìglio*) [comp. parasint. di *giglio*; 1321] ***tr.*** ornare di gigli || ***intr. pron.*** prendere forma di giglio.

inginocchiaménto [da *inginocchiarsi*; fine sec. XIV] ***sm.*** **1.** l'atto di inginocchiarsi **2.** *T.med.* ripiegamento di un organo tubolare: *inginocchiamento dell'uretere* || **N. 1.** *Sin.* genuflessione.

inginocchiàrsi (pres. *-òcchio*) [dal lat. tardo *ingeniculāre*; 1319] ***intr. pron.*** piegare a terra uno o entrambi i ginocchi, spesso per pregare, per riverire o in segno di umiltà e devozione: *inginocchiarsi al momento della consacrazione* || anche rif. ad animali: *il cammello si inginocchia per far salire chi lo cavalca* || **N.** *Sin.* genuflettersi.

inginocchiàta [da *inginocchiare*; 1806] ***sf.*** inferriata di una finestra, che nella parte inferiore s'incurva sporgendo in fuori || la finestra munita di tale inferriata (anche come *agg.*: *finestra, inferriata inginocchiata*).

inginocchiatóio (pl. *-ói*) [da *inginocchiarsi*; 1543] ***sm.*** mobile di legno per inginocchiarsi caratterizzato da un gradino in basso e un piano superiore per appoggiare libri e messali.

inginocchiatùra [da *inginocchiarsi*; fine sec. XIV] ***sf.*** piegatura o curvatura a forma di ginocchio.

inginocchióni [da *ginocchioni*; sec. XIII *ingenocchioni*] ***avv.*** *non com.* ginocchioni.

ingioiellàre (pres. *-èllo*) [da *gioiellare*; 1640] ***tr.*** **1.** ornare di gioielli: *ingioiellare la mano di una donna* **2.** *fig.* abbellire, impreziosire || ***rifl.*** ornarsi di gioielli.

ingiù [comp. di *in* e *giù*; 1373] ***avv.*** in giù; usato nelle loc. avv. *all'ingiù*, verso il basso: *guardare all'ingiù, scorrere all'ingiù*; *meno com. dall'ingiù*, dal basso.

ingiudicàto [dal lat. *iniudicātus*; a. 1527 *iniudicato*] ***agg.*** *non com.* detto di questione che non è stata definita: *controversia ingiudicata* || **N.** *Sin.* impregiudicato.

ingiuncàre (pres. *-ùnco, -ùnchi*) [comp. parasint. di *giunco*; a. 1374] ***tr.*** **1.** *ant.* legare con giunchi **2.** *lett.* coprire di giunchi || ***intr. pron.*** coprirsi di fronde o di giunchi.

ingiùngere (pres. *-ùngo* ecc., come GIUNGERE) [dal lat. *iniungere*, letter. aggiungere inserendo; 1353] ***tr.*** imporre autorevolmente: *gli ingiunsero la restituzione della somma, di lasciare il paese* || **N.** *Sin.* intimare, ordinare, COMANDARE.

ingiuntivo [da *ingiungere*; 1957] ***agg.*** che ha valore di ordine: *tono, modo ingiuntivo* || *T.giur. decreto ingiuntivo*, decreto con cui il giudice impone al debitore di pagare una certa somma o consegnare una certa cosa al creditore entro una data scadenza dalla notifica || *T.ling.* che esprime un ordine: *frase ingiuntiva, modo ingiuntivo.*

ingiunzióne [dal lat. tardo *iniunctio, -ōnis*; a. 1686] ***sf.*** l'ingiungere; comando autorevole: *ricevere l'ingiunzione di arrendersi* || *T.giur. procedimento di ingiunzione*, procedimento speciale e rapido per ottenere, tramite un decreto ingiuntivo, il recupero di beni o somme a cui si ha diritto || ordine impartito da un'autorità giurisdizionale o amministrativa: *ingiunzione di pagamento* || **N.** *Sin.* intimazione, ordine, COMANDO.

ingiùria [dal lat. *iniūria*, ingiustizia; a. 1294] ***sf.*** **1.** offesa all'onore altrui fatta con atti o parole oltraggiose e perseguibile penalmente: *fare, recare ingiuria a qualcuno* || *concr.* parola o frase insultante: *lanciarsi ingiurie, coprire qualcuno di ingiurie* || *non com.* ingiustizia, torto **2.** *fig.* danno, guasto: *le ingiurie del tempo, della sorte* || **N. 1.** *Sin.* affronto, insulto, oltraggio, vilipendio | bestemmia, calunnia, contumelia, diffamazione, epiteto, improperio, insolenza, invettiva, parolaccia, villania, vituperio.

ingiuriàre (pres. *-ùrio*) [dal lat. tardo *iniuriāre*; a. 1294] ***tr.*** offendere con ingiurie || ***rec.*** scambiarsi ingiurie || **N.** *Sin.* insultare, oltraggiare, vilipendere; denigrare, diffamare, inveire, vituperare.

ingiuriatóre [da *ingiuriare*; sec. XIV] ***sm.*** (f. *-trìce*) *non com.* chi ingiuria.

ingiurióso [dal lat. *iniuriōsus*; a. 1294] ***agg.*** che reca, che costituisce ingiuria: *un discorso ingiurioso* || **ingiuriosaménte** ***avv.*** || **N.** *Sin.* diffamatorio, insolente, insultante, offensivo, oltraggioso.

ingiustificàbile [da *giustificabile*; 1869] ***agg.*** che non si può giustificare o scusare: *un contegno ingiustificabile* || **ingiustificabilménte** ***avv.*** || **N.** *Sin.* imperdonabile, inescusabile.

ingiustificàto [da *giustificato*; 1932] ***agg.*** non giustificato: *assenza ingiustificata*, che non ha motivazioni; *timori ingiustificati*, infondati || **ingiustificataménte** ***avv.*** || **N.** *Sin.* immotivato.

ingiustìzia [dal lat. *iniustitia*; sec. XIII *iniustitia*] ***sf.*** **1.** l'essere ingiusto: *ingiustizia di una valutazione, di una commissione d'esame* **2.** *concr.* atto contrario ai principi di giustizia: *commettere, sopportare ingiustizie* || **N. 1.** *Sin.* iniquità, parzialità, prepotenza **2.** *Sin.* abuso, angheria, offesa, sopruso, torto.

ingiùsto [dal lat. *iniūstus*; a. 1292 come sm. nel senso 1] **I** ***agg.*** **1.** rif. a persona, che agisce e giudica senza giustizia o equità: *un padre, un giudice, un arbitro ingiusto* **2.** rif. a cosa, non conforme ai principi di giustizia: *un provvedimento, una tassa, un verdetto ingiusto*; *un sospetto ingiusto*, immotivato, ingiustificato || **ingiustaménte** ***avv.*** in modo ingiusto; senza motivo, senza colpa **II** ***sm.*** (f. *-a*) **1.** persona ingiusta **2.** ciò che è ingiusto: *distinguere il giusto dall'ingiusto* || **N.** **I** **1.** *Sin.* iniquo, parziale **2.** *Sin.* illecito, illegale, immeritato, immotivato, indebito, infondato, ingiustificato.

inglése [dal fr. ant. *engleis*, proprio degli Angli; 1308 *inghilese*] **I** ***agg.*** dell'Inghilterra: *cultura, civiltà, lingua inglese*; *popolazione, nazione inglese* || tipico degli inglesi: *tuo padre ha una flemma molto inglese* || *impropr.* dell'intera Gran Bretagna: *il primo ministro inglese* || *chiave inglese*, chiave regolabile per stringere o allentare bulloni, dadi e viti || *zuppa inglese*, dolce fatto con savoiardi o pan di Spagna imbevuti di liquore, alternati a crema pasticciera e cioccolato || *sale inglese*, purgante a base di solfato di magnesio || *carattere inglese*, carattere di stampa corsivo || nella loc. *all'inglese*, alla maniera degli Inglesi: *giardino all'inglese*, che imita e riproduce un paesaggio naturale; *riso all'inglese*, riso in bianco; *prato all'inglese*, prato ornamentale con erba molto fitta e tagliata regolarmente; *scherz. andarsene, filarsela all'inglese*, senza salutare, alla chetichella **II** ***sm.*** **1.** (anche *sf.*) abitante o nativo dell'Inghilterra || *impropr.* abitante o nativo dell'intera Gran Bretagna **2.** solo *sing.* lingua del gruppo germanico occidentale parlata in Gran Bretagna, e, con qualche variante, in molti altri paesi (Irlanda, Canada, Stati Uniti, Australia, Nuova Zelanda, Sudafrica ecc.): *studiare, conoscere l'inglese*; *la pronuncia dell'inglese americano.* **TAV. *utensili* p. 1341** 24.

inglesìsmo [da *inglese*; 1757] ***sm.*** *T.ling.* termine o espressione inglese, passata in un'altra lingua || **N.** *Sin.* anglicismo.

inglobàre (pres. *-òbo*) [comp. parasint. di *globo*; a. 1600] ***tr.*** incorporare, assimilare un elemento in un tutto organico: *un istituto di credito che ha inglobato numerose piccole banche* || **N.** *Sin.* annettere, assorbire, conglobare.

inglorióso [dal lat. *inglorĭōsus*; 1581] ***agg.*** non glorioso || *eufem.* biasimevole, ignominioso: *un esito inglorioso, una morte ingloriosa* || **ingloriosaménte** ***avv.*** || **N.** *Sin.* disonorevole, indegno, riprovevole, vergognoso.

inglùvie [dal lat. *ingluvies*; a. 1396 nel senso 2; 1598 *ingluvio* nel senso 1] ***sf. inv.*** **1.** *T.zool.* specie di sacco che precede lo stomaco di molti uccelli, nel quale si raccoglie il cibo prima di passare lentamente nello stomaco; gozzo **2.** *ant.* voracità.

ingobbiàre (pres. *-òbbio*) [da *ingobbio*; 1890 *ingubbiare*] **tr.** ricoprire una ceramica con l'ingobbio.

ingòbbio (pl. *-bi*) [dal fr. *engobe*; 1927] **sm.** rivestimento a base di argilla per nascondere il colore naturale e mascherare le porosità di superficie || **N.** *Sin.* mezzamaiolica.

ingobbire (pres. *-ìsco, -ìsci*) [comp. parasint. di *gobbo*; a. 1294] **tr.** *non com.* rendere gobbo || **intr.** (aus. *essere*) e **intr. pron.** diventare gobbo: *ingobbirsi sui libri* || **N.** *Sin.* incurvare.

ingoffire (pres. *-ìsco, -ìsci*) (meno com. *ingoffàre*, pres. *-òffo*) [comp. parasint. di *goffo*; 1587] **tr.** *non com.* far diventare goffo: *questo cappotto ti ingoffisce* || **intr.** (aus. *essere*) e **intr. pron.** diventare, rendersi goffo.

ingòffo [voce espressiva; 1600] **sm.** *ant.* **1.** colpo, botta **2.** boccone lanciato a un animale per farlo star zitto || *fig.* dono offerto spec. per corrompere.

ingoiaménto [da *ingoiare*; a. 1694] **sm.** *non com.* l'ingoiare.

ingoiàre (pres. *-óio, -ói*) [lat. volg. **ingluviāre*, ingozzarsi, con influsso del lat. volg. **ingulāre*, dal lat. *gula*, gola; a. 1484] **tr.** **1.** mandar cibo o bevanda giù per l'esofago con avidità o in fretta: *ingoiare un boccone prima di uscire* **2.** *fig.* sopportare: *ingoiare un boccone amaro, il rospo*, subire un torto, un'umiliazione **3.** *per estens.* far scomparire e sprofondare: *la nave fu ingoiata dal mare in tempesta* || **N.** **1.** *Sin.* INGHIOTTIRE **2.** *Sin.* tollerare.

ingoiatóre [da *ingoiare*; a. 1375] **sm.** (f. *-trìce*) *non com.* chi ingoia: *ingoiatore di spade*, artista di circo.

ingolfaménto [da *ingolfare*; 1957] **sm.** l'ingolfare e l'ingolfarsi || rif. a un motore a scoppio, difetto di funzionamento dovuto a una miscela troppo ricca di benzina o ad afflusso eccessivo di carburante nel carburatore.

ingolfàre (pres. *-ólfo*) [comp. parasint. di *golfo*; 1485 come intr. pron. nel senso 1; 1957 come intr. pron. nel senso 3] **tr.** **1.** provocare l'ingolfamento del motore: *accelerando troppo hai ingolfato la macchina e ora non parte più* **2.** mettere in una situazione sfavorevole: *l'incendio del negozio l'ha ingolfato nei debiti* || **intr. pron.** **1.** formare un golfo: *il mare s'ingolfa* || *per estens. non com.* addentrarsi in acque pericolose o in uno spazio ristretto **2.** *fig.* impelagarsi, cacciarsi in situazioni difficili: *ingolfarsi nei debiti* || applicarsi con ardore addirittura eccessivo in qualcosa: *ingolfarsi negli affari* **3.** detto di motori a benzina, non funzionare regolarmente a causa di un eccesso di alimentazione || **N.** **intr. pron.** **2.** *Sin.* infognarsi; immergersi, tuffarsi.

ingólla [da *ingollare*; 1863] **sf.** pertica munita di cestino per cogliere frutti dagli alberi.

ingollàre (pres. *-óllo*) [lat. volg. **ingullāre*; sec. XIV] **tr.** ingoiare avidamente o in fretta: *ingollare una medicina* || **N.** *Sin.* inghiottire, trangugiare.

ingolosire (pres. *-ìsco, -ìsci*) [comp. parasint. di *goloso*; 1832 come intr. e intr. pron.] **tr.** rendere goloso: *un dolce che ingolosisce solo a vederlo* || *fig.* far nascere il desiderio di qualcosa, attirare: *le tue promesse di viaggi esotici mi ingolosiscono* || **intr.** (aus. *essere*) e **intr. pron.** diventare goloso || *fig.* diventare desideroso di qualcosa || **N.** **tr.** **1.** *Sin.* allettare, attrarre.

ingombraménto [da *ingombrare*; sec. XIV] **sm.** **1.** atto o effetto dell'ingombrare **2.** impaccio, ingombro, intralcio **3.** *T.med. raro* stasi fecale.

ingombrànte (*pps.* di *ingombrare*) [1728] **agg.** che ingombra, che occupa troppo spazio: *un mobile molto ingombrante* || *fig.* che dà fastidio perché invadente: *un ospite ingombrante.*

ingombràre (pres. *-ómbro*) [dal fr. ant. *encombrer*; 1313] **tr.** **1.** occupare un luogo creando ostacolo e impedimento: *le macchine parcheggiate in doppia fila ingombrano la strada* **2.** *fig.* occupare, riempire con cose inutili ed eccessive: *ingombrare la mente di stupidaggini* || **N.** **1.** *Sin.* imbarazzare, impacciare, impedire, ostacolare, ostruire | *Contr.* liberare, sgombrare.

ingómbro[1] [da *ingombrare*; sec. XIV] **agg.** ingombrato: *una scrivania ingombra di libri* || **N.** *Sin.* pieno, ricolmo, sovraccarico.

ingómbro[2] [da *ingombrare*; 1438] **sm.** **1.** l'ingombrare: *essere d'ingombro, dare ingombro* || *concr.* cosa che ingombra: *levare un ingombro* **2.** spazio, volume occupato da un oggetto solido: *un nuovo modello di lavatrice il cui ingombro è minimo* || **N.** **1.** *Sin.* impaccio, impedimento, intoppo, intralcio, ostacolo.

ingommàre (pres. *-ómmo*) [da *gommare*; 1564 nel senso 2] **tr.** **1.** spalmare di gomma una tela o una carta, per poterla attaccare **2.** incollare con la gomma arabica.

ingommatùra [da *ingommare*; 1931] **sf.** l'ingommare || strato di gomma applicato su qualcosa: *l'ingommatura dei francobolli.*

ingorbiàre (pres. *-órbio*) [comp. parasint. di *gorbia*; sec. XIV] **tr.** **1.** applicare la gorbia a un'asta, un bastone o sim. **2.** scanalare il legno.

ingorbiatùra [da *ingorbiare*; a. 1571] **sf.** scanalatura.

ingordàggine [da *ingordo*; a. 1610] **sf.** *raro* ingordigia.

ingordìgia (pl. *-gie*) [da *ingordo*; 1303 *ingurdisia*] **sf.** **1.** l'essere ingordo: *mangiare con ingordigia* **2.** *fig.* avidità: *ingordigia di denaro, di successo* || **N.** **1.** *Sin.* golosità, voracità **2.** *Sin.* brama, bramosia, cupidigia.

ingórdo [dal lat. *gurdus*, goffo, pesante; a. 1367 nel senso 2] **agg.** **1.** vorace nel mangiare e nel bere: *essere ingordo di dolci* **2.** *fig.* avido: *ingordo di denaro, di lodi* || **ingordaménte** **avv.** con ingordigia || **N.** **1.** *Sin.* ghiotto, goloso, insaziabile, smodato **2.** *Sin.* bramoso.

ingorgaménto [da *ingorgare*; a. 1698] **sm.** l'atto e l'effetto dell'ingorgarsi.

ingorgàre (pres. *-órgo, -órghi*) [comp. parasint. di *gorgo*; sec. XIII come intr. pron. nel senso 1] **tr.** ostruire, intasare: *i capelli hanno ingorgato il lavandino* || **intr. pron.** *più com.* **1.** detto di liquidi, formare un gorgo che impedisce il libero sfogo: *l'acqua di scarico si ingorga nei tubi* || *per estens.* addensarsi, affollarsi creando impedimento e intralcio: *il traffico si è ingorgato per il guasto del semaforo* **2.** di conduttura, intasarsi: *il tubo si è ingorgato*; *per estens.* di vie di comunicazione e sim.: *l'autostrada si è ingorgata* || **N.** **intr. pron.** **2.** *Sin.* ostruirsi, otturarsi.

ingórgo (pl. *-ghi*) [da *ingorgare*; 1598] **sm.** l'atto e l'effetto dell'ingorgarsi, intasamento: *un ingorgo stradale* || **N.** *Sin.* ostruzione.

ingovernàbile [da *governabile*, sul modello del fr. *ingouvernable*; 1846] **agg.** che non si può o non si lascia governare: *un paese ingovernabile.*

ingovernabilità [da *ingovernabile*; 1983] **sf.** l'essere ingovernabile: *l'ingovernabilità di una nazione, di una situazione.*

ingozzaménto [da *ingozzare*; 1957] **sm.** l'ingozzare e l'ingozzarsi.

ingozzàre (pres. *-ózzo*) [comp. parasint. di *gozzo*; 1313] **tr.** **1.** detto di uccelli, mandare giù nel gozzo || *per estens.* detto di uomo, ingoiare con avidità e in fretta: *ingozzare un piatto di pastasciutta*; ingoiare contro voglia: *ingozzare una medicina* || *fig.* tollerare, subire: *ingozzare torti e ingiustizie* **2.** riempire a forza di cibo gli animali da ingrasso: *ingozzare i polli d'allevamento* || *per estens.* far mangiare una persona in quantità eccessiva: *mi hai ingozzato di antipasti e sono sazio* || **rifl.** riempirsi di cibo: *ingozzarsi di pasticcini* || **N.** **tr.** **1.** *Sin.* inghiottire, ingoiare, trangugiare | **rifl.** *Sin.* abbuffarsi.

ingozzàta [da *ingozzare*; sec. XVI] **sf.** l'ingozzare e l'ingozzarsi: *fare un'ingozzata di ciliegie*, mangiarne in quantità eccessiva || **N.** *Sin.* scorpacciata.

ingozzatrìce [da *ingozzare*; 1970] **sf.** macchina con cui si nutre il pollame in modo forzato, per favorirne l'ingrasso.

ingozzatùra [da *ingozzare*; 1869] **sf.** l'ingozzare.

ingracilire (pres. *-ìsco, -ìsci*) [comp. parasint. di *gracile*; prima metà sec. XVI] **tr.** *non com.* far diventare gracile || **intr.** (aus. *essere*) e **intr. pron.** diventare gracile.

ingranàggio (pl. *-gi*) [dal fr. *engrenage*; 1812] **sm.** **1.** sistema di ruote dentate, di cui una, ingranando nell'altra, le trasmette il movimento: *ingranaggio cilindrico, gli ingranaggi dell'orologio* **2.** *fig.* concatenazione di fattori, operazioni, attività che si susseguono e determinano lo svolgimento di un lavoro o il funzionamento di un sistema: *gli ingranaggi della burocrazia, farsi prendere dall'ingranaggio degli affari.* **TAV.** *motori* 13.

ingranaménto [da *ingranare*, sul modello del fr. *engrènement*; 1918] **sm.** **1.** atto ed effetto dell'ingranare **2.** grippaggio.

ingranàre (pres. *-àno*) [dal fr. *engrener*, letter. riempire di grano la tramoggia; sec. XVIII] **intr.** (aus. *avere*) **1.** degli elementi di un ingranaggio incastrati l'uno nell'altro in modo che il movimento si trasmetta dall'uno all'altro: *la ruota ingrana in una vite senza fine* || anche *ass.*: *questo pignone non ingrana* **2.** *fig. fam.* inserirsi in un'attività, avere un buon avvio: *non riuscire a ingranare nello studio, un'attività commerciale che ha ingranato subito* **3.** rif. a motori, grippare || **tr.** collegare gli elementi di un ingranaggio in modo che si incastrino l'uno nell'altro: *ingranare la marcia*, innestarla.

ingranchire (pres. *-ìsco, -ìsci*) [comp. parasint. di *granchio*; a. 1803] **tr.** rattrappire: *il freddo mi ingranchisce le dita* || **intr.** (aus. *essere*) e **intr. pron.** rattrappirsi, perdere la mobilità || **N.** *Sin.* aggranchire | *Contr.* sgranchire.

ingrandiménto [da *ingrandire*; 1623 nel senso 2] **sm.** **1.** l'ingrandire e l'ingrandirsi: *l'ingrandimento di una casa, di un negozio* **2.** in ottica, la proprietà di un sistema di fornire immagini più grandi del reale: *lente d'ingrandimento* || *T.fot.* procedimento per ottenere da un negativo una copia positiva di formato maggiore; *concr.* la fotografia così ottenuta: *ho fatto fare un ingrandimento da appendere in camera* || **N.** **1.** *Sin.* allargamento, ampliamento.

ingrandire (pres. *-ìsco, -ìsci*) [comp. parasint. di *grande*; 1340 ca. come intr.] **tr.** **1.** rendere grande o più grande, esteso, importante ecc.: *ingrandire un'azienda* || *fig.* esagerare, far apparire più grande del reale: *ingrandire le difficoltà, i rischi di un'impresa* **2.** far apparire più grande un oggetto usando uno strumento ottico: *una lente che ingrandisce mille volte* || in fotografia, ottenere da un negativo una copia positiva di formato più grande || **intr.** (aus. *essere*) e **intr. pron.** diventare più grande, ampliarsi: *il nostro quartiere si è ingrandito* || *fig.* aumentare il proprio giro d'affari o il proprio tenore di vita, crescere d'importanza: *un commerciante che si è notevolmente ingrandito nel giro di pochi anni* || **N.** **tr.** **1.** *Sin.* accrescere, ampliare, aumentare, espandere, estendere, ingrossare | **intr.** *Sin.* crescere.

ingranditóre [da *ingrandire*; 1957] **sm.** *T.fot.* apparecchio per ingrandire i negativi da stampare.

ingrappàre [comp. parasint. di *grappa*; 1857] **tr.** rinforzare per mezzo di grappe.

ingrassàggio (pl. *-gi*) [da *ingrassare*; 1957]

sm. lubrificazione di meccanismi con grasso, per proteggerli e ridurne l'attrito: *lavaggio e ingrassaggio auto.*

ingrassaménto [da *ingrassare*; a. 1320] ***sm.*** l'ingrassare: *ingrassamento dei maiali*; *ingrassamento del terreno.*

ingrassàre [comp. parasint. di *grasso*; 1282 come tr. nel senso 1; 1855 come tr. nel senso 3] ***tr.*** **1.** rendere grasso o più grasso (anche *ass.*): *ingrassare i tacchini, cibi che ingrassano* || *prov. l'occhio del padrone ingrassa il cavallo,* chi bada da sé ai propri interessi li fa prosperare meglio che affidandoli ad altri **2.** concimare: *ingrassare il terreno prima della semina* || *scherz. andare a ingrassare i cavoli,* morire **3.** lubrificare con grasso congegni meccanici: *ingrassare il motore, i cuscinetti* || ***intr.*** (aus. *essere*) e ***intr. pron.*** **1.** diventare grasso: *durante l'estate ingrasso sempre* **2.** *fig.* arricchirsi: *si è ingrassato alle spalle degli altri* || **N.** ***tr.*** **1.** *Sin.* impinguare **2.** *Sin.* fertilizzare **3.** *Sin.* oliare, ungere | ***intr.*** **1.** *Contr.* dimagrire.

ingrassatóre [da *ingrassare*; 1957] ***sm.*** **1.** (f. *-trìce*) operaio addetto all'ingrassaggio **2.** dispositivo per ingrassare meccanismi.

ingràsso [da *ingrassare*; 1781] ***sm.*** ingrassamento di animali: *vitelli da ingrasso* || rif. a terreni, concimazione; *concr.* concime: *dare l'ingrasso animale alla terra.*

ingraticciàre (pres. *-iccio*) [da *graticciare*; 1663] ***tr.*** chiudere, circondare con graticci.

ingraticciàta [da *ingraticciare*; a. 1597] ***sf.*** riparo fatto con graticci.

ingraticciatùra [da *ingraticciare*; 1881] ***sf.*** atto o effetto dell'ingraticciare || ingraticciata.

ingraticolaménto [da *ingraticolare*; a. 1704] ***sm.*** *non com.* l'ingraticolare || *concr.* riparo a forma di graticola.

ingraticolàre (pres. *-ìcolo*) [comp. parasint. di *graticola*; a. 1320] ***tr.*** *non com.* chiudere con riparo a forma di graticola.

ingraticolàta (meno com. *ingraticolàto*) [da *ingraticolare*; a. 1597] ***sf.*** *raro* graticolato; inferriata.

ingraticolatùra [da *ingraticolare*; 1887] ***sf.*** ingraticolamento.

ingratitùdine [dal lat. *ingratitūdo, -dinis*; a. 1292] ***sf.*** l'essere ingrato: *la sua ingratitudine mi ha ferito.*

ingràto [dal lat. *ingrātus*; a. 1306 *engrato*] **I** ***agg.*** **1.** che non è grato, che non è riconoscente: *mostrarsi ingrato verso i propri genitori* || *fig. poco com.* di terreno, che rende poco frutto in rapporto al lavoro che richiede **2.** poco gradito, sgradevole: *compito ingrato, ricordo ingrato* || **ingrataménte** ***avv.*** **II** ***sm.*** (f. *-a*) chi è ingrato: *dopo tutti i piaceri che ti ho fatto saresti un ingrato se mi negassi il tuo aiuto* || **N.** I **1.** *Sin.* disconoscente **2.** *Sin.* spiacevole.

ingravidaménto [da *ingravidare*; sec. XIV] ***sm.*** l'ingravidare e l'essere ingravidata.

ingravidàre (pres. *-àvido*) [dal lat. tardo *ingravidāre*; a. 1333] ***tr.*** rendere gravida || ***intr.*** (aus. *essere*) e ***intr. pron.*** diventare gravida || **N.** ***tr.*** *Sin.* fecondare; impregnare.

ingraziàrsi (pres. *-àzio*) [comp. parasint. di *grazia*; a. 1337] ***tr. pron.*** ottenere la benevolenza, il favore di qualcuno: *con mille premure cerca di ingraziarsi i professori* || **N.** *Sin.* accattivarsi, propiziarsi.

ingrediénte [dal lat. *ingrediens, -entis*; ppr. di *ingredi*, entrare; 1598] ***sm.*** **1.** ogni sostanza che entra a comporre una pietanza, una bevanda, un farmaco o in gen. un miscuglio: *gli ingredienti giusti del brasato al barolo* **2.** *fig.* (spec. *pl.*) ciascuno degli elementi che caratterizzano un genere narrativo, uno spettacolo, un film, spec. di consumo, senza grandi ambizioni artistiche: *gli ingredienti del romanzo poliziesco, dello sceneggiato televisivo.*

ingressìvo [dal lat. *ingressus*, entrata; 1957] ***agg.*** **1.** *T.fon.* di suono articolato inspirando aria (anziché espirando, come di solito avviene) **2.** *T.ling.* di aspetto verbale che presenta l'azione nel suo inizio (in it. si esprime con mezzi lessicali, per es. con il verbo *incamminarsi* rispetto a *camminare*, od anche con costruzioni perifrastiche, per es. *mettersi a camminare*) || **N.** **1.** *Contr.* egressivo.

ingrèsso [dal lat. *ingressus*; 1470 ca. nel senso 1; 1806 nel senso 2] ***sm.*** **1.** l'entrare in un luogo, perlopiù in forma solenne e ufficiale: *l'ingresso del Presidente al Parlamento, fare il proprio ingresso in società* || è preferito a *entrata* in espr. fisse come *vietato l'ingresso, ingresso libero, a pagamento*; *biglietto d'ingresso*, che consente di assistere a un pubblico spettacolo, di visitare un museo o un monumento e sim.; anche *ass.* il prezzo di tale biglietto: *non ho pagato l'ingresso perché avevo un invito* || *per estens. non com.* inizio: *l'ingresso dell'estate* **2.** apertura attraverso la quale si entra in un luogo: *ingresso di servizio, secondario*; *l'ingresso della banca* || *per estens.* vano in cui immette la porta d'ingresso: *attendere nell'ingresso di essere ricevuti* **3.** *T.scient.* in un sistema, insieme di dati o segnali, generalmente noti ed esterni al sistema stesso, tali da modificarne la risposta e l'evoluzione: *corrente d'ingresso di un amplificatore, filtrare il segnale d'ingresso* || nel linguaggio dell'informatica, insieme di dati che viene fornito all'elaboratore || **N.** **1.** *Sin.* entrata **2.** *Sin.* accesso, adito, apertura, passaggio, porta, varco; anticamera, atrio, vestibolo **3.** *Sin. input.*

ingrinzìre (pres. *-ìsco, -ìsci*) [comp. parasint. di *grinza*; 1367] ***intr.*** (aus. *essere*) e ***intr. pron.*** *raro* aggrinzire.

ingrognàre e der. forme rare di INGRUGNARE e der.

ingrommàre (pres. *-ómmo*) [comp. parasint. di *gromma*; a. 1566] ***tr.*** e ***intr. pron.*** coprire e coprirsi di gromma || **N.** *Sin.* incrostare.

ingroppàre[1] (pres. *-òppo* e *-óppo*) [comp. parasint. di *groppo*; 1526] ***tr.*** fare groppi, intricare.

ingroppàre[2] (pres. *-òppo* e *-óppo*) [comp. parasint. di *groppa*; 1630] ***tr.*** *ant.* portare in groppa.

ingrossaménto [da *ingrossare*; a. 1320] ***sm.*** **1.** l'ingrossare e l'ingrossarsi || *in part.* aumento di volume di un organo: *ingrossamento del fegato* **2.** gonfiore, rigonfiamento: *ho notato un ingrossamento nel tubo.*

ingrossàre (pres. *-òsso*) [comp. parasint. di *grosso*; 1313] ***tr.*** rendere grosso o più grosso: *le piogge hanno ingrossato il fiume* || *fig.* far sembrare più grosso: *questo vestito ti ingrossa* || *per estens.* aumentare di numero, rendere più consistente: *ingrossare le file del partito* || *fig. non com.* rendere ottuso: *ingrossare la mente* || ***intr.*** (aus. *essere*) e ***intr. pron.*** diventare grosso o più grosso: *la cisti si è ingrossata* || accrescersi, aumentare: *con le nuove leve l'esercito si è ingrossato, il nostro capitale si ingrossa* || *il mare si è ingrossato*, è diventato burrascoso || *il respiro si ingrossa*, diventa affannoso || diventare grasso: *dopo la gravidanza è molto ingrossata* || **N.** CRESCERE.

ingrossatóre (f. *-trìce*) [da *ingrossare*; a. 1375] **I** ***agg.*** che ingrossa **II** ***sm.*** **1.** chi ingrossa **2.** *T.stor.* nel Medioevo, magistrato cui competevano le ingrossazioni.

ingrossatùra [da *ingrossare*; 1540] ***sf.*** l'atto e l'effetto dell'ingrossare e dell'ingrossarsi, ingrossamento.

ingrossazióne [da *ingrossare*; 1933] ***sf.*** *T.stor.* nel diritto medievale, diritto di esproprio di un terreno, per ottenere la modifica dei confini di un fondo.

ingròsso [comp. di *in* e *grosso*; a. 1364 nel senso 1; 1629 nel senso 2] solo nella ***loc. avv.*** *all'ingrosso* **1.** in grande quantità: *commercio all'ingrosso,* compravendita di merce tra produttore e grossista, o tra grossista e dettagliante **2.** grosso modo, all'incirca: *all'ingrosso ci saranno state cinquecento persone* || **N.** **1.** *Contr.* al dettaglio, al minuto.

ingrugnàre [comp. parasint. di *grugno*; sec. XV] ***intr.*** (aus. *essere*) e ***intr. pron.*** *fam.* fare, mettere il muso; mostrarsi crucciato || **N.** *Sin.* imbronciarsi, immusonirsi.

ingrugnatùra [da *ingrugnare*; 1869] ***sf.*** *non com.* l'essere ingrugnato.

ingrugnìre (pres. *-ìsco, -ìsci*) [comp. parasint. di *grugno*; a. 1837] ***intr.*** (aus. *essere*) e ***intr. pron.*** ingrugnarsi.

ingrugnitùra [da *ingrugnire*; 1945] ***sf.*** ingrugnatura.

ingrullìre (pres. *-ìsco, -ìsci*) [comp. parasint. di *grullo*; a. 1837] ***intr.*** *tosc.* **1.** (aus. *essere*) diventare grullo **2.** (aus. *avere*) affannarsi a fare qualcosa || ***tr.*** *tosc.* rendere grullo, fare impazzire.

ingruppàre [comp. parasint. di *gruppo*; 1869] ***tr.*** *non com.* rif. a persone o cose, riunire in gruppo || **N.** *Sin.* raggruppare.

inguadàbile [da *guadabile*; 1869] ***agg.*** che non si può guadare.

inguaiàre (pres. *-àio, -ài*) [comp. parasint. di *guaio*; 1949] ***tr.*** e ***rifl.*** *fam.* mettere o mettersi nei guai: *quella donna lo ha inguaiato, con questa speculazione mi sono proprio inguaiato* || **N.** *Sin.* impelagarsi.

inguainaménto [da *inguainare*; 1887] ***sm.*** **1.** atto o effetto dell'inguainare **2.** *T.med.* invaginazione.

inguainàre (pres. *-aìno*; impropr. *-àino*) [comp. parasint. di *guaina*; a. 1673] ***tr.*** **1.** riporre nella guaina: *inguainare la spada* **2.** *fig.* di vestito, fasciare strettamente la persona, dando risalto alle forme || **N.** **1.** *Contr.* sfoderare, sguainare.

ingualcìbile [da *gualcibile*; 1942] ***agg.*** di stoffa, che non si gualcisce.

ingualcibilità [da *ingualcibile*; 1983] ***sf.*** l'essere ingualcibile: *l'ingualcibilità di un tessuto sintetico.*

inguadrappàre [comp. parasint. di *gualdrappa*; 1869] ***tr.*** *non com.* coprire con una gualdrappa.

inguantàre [comp. parasint. di *guanto*; 1304] ***tr.*** e ***rifl.*** mettere e mettersi i guanti.

inguantàto (*pps.* di *inguantare*) [a. 1574] ***agg.*** che porta i guanti: *mani inguantate.*

inguarìbile [da *guaribile*; 1861] ***agg.*** che non può guarire: *malato inguaribile*; da cui non si può guarire: *morbo inguaribile* || anche *fig.*: *un idealista inguaribile*; *un vizio inguaribile* || **inguaribilménte** ***avv.*** || **N.** *Sin.* cronico, incurabile, insanabile; incorreggibile.

inguinàle [dal lat. *inguinālis*; 1574] ***agg.*** che si riferisce all'inguine: *tumore, legamento inguinale.*

ìnguine [dal lat. *inguen, -guinis*; sec. XIV] ***sm.*** *T.anat.* parte del corpo situata tra la radice della coscia e l'addome.

ingurgitàre (pres. *-ùrgito*) [dal lat. *ingurgitāre*, lett. gettare in un gorgo; a. 1375] ***tr.*** inghiottire in fretta: *tappandosi il naso ha ingurgitato d'un fiato la medicina* || **N.** *Sin.* ingoiare, ingollare, tracannare, trangugiare.

-ini v. -INO[3].

ìnia [prob. da una voce indigena; 1952] ***sf.*** *T.zool.* cetaceo che vive nei fiumi dell'America del Sud.

inibìre (pres. *-ìsco, -ìsci*) [dal lat. *inhibēre*, letter. trattenere dentro, con cambio di coniugazione; 1533] ***tr.*** **1.** vietare con autorità: *il medico gli ha inibito il consumo di superalcolici, inibire l'accesso al museo* **2.** bloccare, ostacolare lo svolgersi di un'attività, una funzione e sim.: *inibire lo sviluppo di un organo* || *T.psic.* mettere qualcuno nell'impossibilità di compiere spontaneamente un gesto o un'azione: *la presenza dei genitori inibisce il ragazzo* || **N.** **1.** *Sin.* impedire, proibire **2.** *Sin.* bloccare, fermare; intimidire.

inibito (*pps.* di *inibire*) [1950] **agg.** e **sm.** (f. -*a*) chi, che ha delle inibizioni; *com.* estremamente timido e impacciato ‖ **N.** *Contr.* disinibito.

inibitóre [da *inibire*; 1957] **I agg.** (f. -*trice*) che inibisce, inibitorio **II sm.** *T.scient.* termine generale per indicare sostanze capaci di rallentare o di arrestare processi chimici quali corrosione, ossidazione, polimerizzazione oppure di ostacolare e rallentare la funzione di determinati organi.

inibitòria [da *inibitorio*; a. 1527] **sf.** decreto che inibisce ‖ *in part.* provvedimento dell'autorità giudiziaria che sospende l'esecuzione di una sentenza.

inibitòrio (pl. -*ri* e -*rii*) [da *inibire*; 1618] **agg.** **1.** che vale a inibire, spec. come *T.giur.*: *provvedimento, potere inibitorio* **2.** *T.psic.* che si riferisce all'inibizione: *freni inibitori.*

inibizióne [dal lat. *inhibitio, -ōnis,* atto di trattenere; sec. XIV nel senso 1; 1900 nel senso 3] **sf.** **1.** *T.giur.* l'inibire; proibizione, divieto **2.** *T.biol.* blocco di un'attività o di un processo fisiologico **3.** *T.psic.* fenomeno di origine generalmente inconscia, per cui vengono ostacolate talune funzioni psichiche o alcune attività vitali: *inibizione della sessualità, soffrire di inibizioni nella sfera affettiva*; freq. anche nel linguaggio comune: *un tipo pieno di inibizioni.* **Q.T.** *psicanalisi, psicologia.*

inidoneità [da *idoneità*; a. 1712] **sf.** l'essere inidoneo ‖ *T.giur.* incapacità di un soggetto a svolgere determinate funzioni.

inidòneo [da *idoneo*; 1922] **agg.** *T.bur.* non idoneo, privo dei requisiti e delle capacità necessarie a svolgere una determinata funzione o attività: *essere inidoneo al servizio militare, all'insegnamento* ‖ **N.** *Sin.* inabile, inadatto, incapace, inetto.

iniettàbile [da *iniettare*; 1970] **agg.** che può essere iniettato.

iniettàre (pres. -*ètto*) [dal lat. *iniectāre,* gettare dentro; 1600 ca.] **tr.** far penetrare una sostanza in un corpo mediante iniezione: *iniettare morfina, iniettare cemento in un muro* ‖ *per estens.* di animali, introdurre con morsi o punture: *la vipera ha iniettato il veleno nel topolino* ‖ *per estens.* immettere mediante pressione: *iniettare gasolio, vapore* ‖ **intr. pron.** *iniettarsi di sangue,* detto in part. degli occhi, arrossarsi per l'affluire del sangue ‖ **N.** *Sin.* immettere, inoculare, introdurre.

iniettàto (*pps.* di *iniettare*) [a. 1869] **agg.** *avere gli occhi iniettati di sangue,* avere gli occhi arrossati; *fig. iperb.* essere accecato dall'ira.

iniettìvo [da *iniettare*; 1970] **agg.** **1.** *T.fon.* di suono che viene articolato contemporaneamente a un abbassamento della laringe **2.** *T.mat.* di insieme che presenta la proprietà dell'iniezione ‖ **N.** **1.** *Sin.* implosivo | eiettivo.

iniettóre [da *iniettare,* sul modello dell'ingl. *injector* e fr. *injecteur*; 1864] **sm.** *T.tecn.* congegno automatico che introduce, mediante pressione, sostanze liquide o fluide in cavità: *iniettore idraulico, a vapore; iniettore di combustibile, di vapore, d'acqua.*

iniezióne [dal lat. tardo *iniectio, -ōnis,* letter. il gettare sopra, poi clistere; a. 1698] **sf.** **1.** *T.med.* introduzione di una sostanza liquida medicamentosa nei tessuti o nel sangue a scopo curativo: *iniezione sottocutanea, intramuscolare, endovenosa* ‖ *fig.* azione o fatto che comunica un dato sentimento: *un'iniezione di speranza, di coraggio, di entusiasmo* **2.** *T.tecn.* immissione a pressione di sostanze fluide in un impianto, un motore, una cavità e sim.: *motore a iniezione elettronica,* motore a combustione interna in cui l'immissione di carburante è regolata elettronicamente ‖ in edilizia, tecnica di consolidamento che consiste nell'introdurre un fluido a base di cemento in un terreno o in un muro **3.** *T.geol. iniezione magmatica,* penetrazione del magma entro rocce preesistenti **4.** *T.mat.* relazione esistente tra due insiemi, per cui ogni elemento del secondo corrisponde a non più di un elemento del primo ‖ **N.** **1.** *Sin.* puntura; carica, dose.

in illo tempore (lat., pr. it. [in 'illo 'tempore]) [letter. in quel tempo] **loc. avv.** a quel tempo, usata spec. nei Vangeli come formula introduttiva di alcune narrazioni ‖ *scherz.* indica un'epoca molto lontana, quasi immemorabile.

inimicàre (pres. -*ìco,* -*ìchi*) [dal lat. *inimicāre*; 1353] **tr.** **1.** rendere nemico: *la rivalità economica ha inimicato i fratelli* **2.** *ant.* trattare da nemico ‖ **tr. pron.** rendersi nemico: *si è inimicato i colleghi con la sua superbia* ‖ **rifl. rec.** diventare nemici: *ci siamo inimicati per via di una donna* ‖ **intr. pron.** rendersi nemico di qualcuno: *inimicarsi con i compagni di scuola.*

inimicìzia [dal lat. *inimicitia*; 1305] **sf.** l'essere nemico, ostile verso qualcuno; sentimento di avversione: *fra le due famiglie si era creata una profonda inimicizia* ‖ *concr. raro* atto ostile ‖ **N.** *Sin.* animosità, avversione, discordia, malanimo, ostilità, rancore, ruggine.

inimìco (pl. -*ci*) [dal lat. *inimīcus*; a. 1292] **agg.** e **sm.** (f. -*a*) *lett.* nemico.

inimitàbile [dal lat. *inimitābilis*; 1541] **agg.** **1.** che non si può imitare per la sua eccellenza: *uno stile inimitabile, un attore inimitabile* **2.** *non com.* che non si deve imitare ‖ **inimitabilménte** **avv.** ‖ **N.** **1.** *Sin.* impareggiabile, incomparabile, ineguagliabile.

inimitàto [da *imitato*; 1869] **agg.** che non è mai stato imitato: *un'impresa inimitata.*

inimmaginàbile [da *immaginabile*; a. 1565] **agg.** che supera ogni immaginazione, sia in senso positivo che negativo: *un entusiasmo, una violenza inimmaginabile* ‖ **inimmaginabilménte** **avv.** *non com.* ‖ **N.** *Sin.* eccezionale, impensabile, inconcepibile, incredibile, sorprendente, straordinario.

ininfiammàbile [da *infiammabile*; 1957] **agg.** che non può prendere fuoco: *liquido ininfiammabile.*

ininfluènte [da *influente*; 1982] **agg.** che non ha influenza: *testimonianza ininfluente* ‖ **N.** *Sin.* secondario.

ininfluènza [da *ininfluente*; 1983] **sf.** l'essere ininfluente.

inintelligènte [da *intelligente*; 1957] **agg.** *non com.* non intelligente ‖ **inintelligenteménte** **avv.**

inintelligìbile [dal lat. tardo *inintellegibilis*; 1308] **agg.** **1.** che non si può comprendere: *un ragionamento inintelligibile* ‖ indecifrabile: *una scrittura inintelligibile* **2.** che non si riesce ad afferrare, a sentire: *suono, voce inintelligibile* ‖ **inintelligibilménte** **avv.** ‖ **N.** **1.** *Sin.* incomprensibile, oscuro; illeggibile **2.** *Sin.* confuso, inafferrabile.

inintelligibilità [da *inintelligibile*; a. 1712] **sf.** l'essere inintelligibile ‖ **N.** *Sin.* incomprensibilità.

ininterrótto [da *interrotto*; 1927] **agg.** non interrotto: *una serie ininterrotta* ‖ **ininterrottaménte** **avv.** ‖ **N.** *Sin.* continuo, incessante, perpetuo.

iniquità [dal lat. *iniquitas, -ātis,* letter. disuguaglianza; sec. XIII] **sf.** l'essere iniquo, mancanza di giustizia; scelleratezza: *l'iniquità di una legge, di un individuo* ‖ *concr.* atto o detto iniquo: *uomo capace d'ogni iniquità* ‖ **N.** *Sin.* INGIUSTIZIA.

inìquo [dal lat. *inīquus,* letter. *inuguale*; a. 1294] **agg.** **1.** *lett.* che è contrario all'equità: *sentenza iniqua* ‖ *per estens.* scellerato, malvagio: *uomo iniquo* **2.** *lett.* avverso: *tempi iniqui, sorte iniqua; stagione iniqua,* sfavorevole **3.** *scherz.* pessimo: *una cucina iniqua* ‖ **iniquaménte** **avv.** ‖ **N.** **1.** *Sin.* ingiusto; perverso **2.** *Sin.* contrario.

iniziàbile [dal lat. tardo *initiabilis*; 1869] **agg.** che si può iniziare.

iniziàle [dal lat. *initiālis*; 1749] **I agg.** che è all'inizio, con cui si comincia: *periodo, fase iniziale; capitolo iniziale; stipendio iniziale,* quello che si percepisce all'inizio della carriera ‖ **inizialménte** **avv.** in principio, all'inizio **II sf.** la lettera con cui comincia una parola: *iniziale maiuscola, minuscola; le iniziali,* le lettere con cui iniziano il nome e il cognome di una persona: *su tutta la biancheria ha fatto ricamare le sue iniziali.*

inizializzàre [dall'ingl. *initialize*] **tr.** *T.inform.* eseguire un'inizializzazione.

inizializzazióne [dall'ingl. *initialization*] **sf.** *T.inform.* operazione con cui si assegna un valore a una variabile nel momento in cui viene definita.

iniziaménto [da *iniziare*; 1710] **sm.** *non com.* **1.** l'atto dell'iniziare **2.** iniziazione.

inizìàndo (*gerundivo* di *iniziare*) [a. 1788] **sm.** (f. -*a*) chi sta per essere iniziato ad un culto, ad un rito, ad una società segreta.

iniziàre (pres. -*ìzio*) [dal lat. *initiāre*; 1308] **tr.** **1.** dare inizio a qualcosa, avviare un'attività: *iniziare un lavoro, una ricerca* ‖ costruito con *a* e l'infinito (talvolta può prendere l'ausiliare *essere* del verbo all'infinito): *ha iniziato a bere, a scrivere; è iniziato a piovere* **2.** ammettere alla conoscenza e alla partecipazione di misteri religiosi, culti segreti, sette e sim.: *fu iniziato ai misteri eleusini, alla massoneria* ‖ *per estens.* avviare qualcuno a un'attività, a una disciplina, alla conoscenza di qualcosa: *iniziare alla pittura, alla politica* ‖ **intr.** (aus. *essere*) e **intr. pron.** avere inizio: *lo spettacolo (si) inizia alle otto* ‖ **N.** **1.** *Sin.* abbozzare, avviare, cominciare, fondare, incominciare, innescare, intavolare, intraprendere, principiare, promuovere **2.** *Sin.* affiliare, avviare, instradare, introdurre, istruire.

iniziàtico (pl. -*ci*) [da *iniziare*; 1869] **agg.** che riguarda l'iniziazione a culti e misteri: *riti iniziatici* ‖ *per estens. scherz.* di difficile comprensione, oscuro: *linguaggio, stile iniziatico* ‖ **N.** *Sin.* esoterico, misterico; ermetico.

iniziatìva [da *iniziare,* sul modello del fr. *initiative*; 1814] **sf.** **1.** decisione o azione volontaria con cui si promuove un'attività: *prendere l'iniziativa di organizzare una caccia al tesoro, l'ha fatto di sua iniziativa; conservare l'iniziativa,* in azioni di guerra o in competizioni sportive, imporre la propria strategia costringendo l'avversario a difendersi; *perdere l'iniziativa,* perdere la superiorità d'azione e di decisione ‖ *per estens.* l'impresa e l'attività stessa: *la nostra iniziativa editoriale è riuscita, aderire a un'iniziativa culturale* ‖ *T.econ. iniziativa privata, libera iniziativa,* attività economica svolta da operatori privati a proprio vantaggio ‖ *T.pol. iniziativa legislativa,* possibilità di presentare proposte di legge **2.** attitudine a prendere decisioni o a promuovere attività: *un ragazzo pieno di spirito d'iniziativa; non ha nessuna iniziativa,* detto di chi si mostra timoroso e indeciso nell'assumersi responsabilità ‖ **N.** **1.** *Sin.* idea, impulso, progetto, proposta; attività, azione, impresa **2.** *Sin.* intraprendenza.

iniziàto (*pps.* di *iniziare*) [1754] **sm.** (f. -*a*) **1.** chi, tramite riti di iniziazione, è stato ammesso a un culto o associazione segreta **2.** *per estens.* chi possiede una conoscenza sicura di qualche disciplina o attività: *un settore inaccessibile ai non iniziati* ‖ **N.** **1.** *Sin.* adepto, affiliato, catecumeno.

iniziatóre [dal lat. *initiātor, -ōris*; sec. XIV] **agg.** e **sm.** (f. -*trìce*) che, chi inizia, chi si fa promotore di iniziative e attività: *l'iniziatore di una moda, di un genere letterario* ‖ **N.** *Sin.* promotore.

iniziazióne [dal lat. *initiātio, -ōnis*; 1745] **sf.**

rito con cui si ammette a conoscere e praticare culti e misteri o a far parte di una setta: *l'iniziazione alla massoneria* || *per estens.* l'iniziare e l'essere iniziato a studi, discipline e attività complesse o specialistiche: *iniziazione alla vita politica.* **Q.T.** *religione.*

inizio (pl. *-izi*) [dal lat. *initium*; 1319] **sm.** **1.** principio, l'atto con cui si comincia: *avere, dare, prendere inizio; l'inizio dell'anno accademico, vedere uno spettacolo dall'inizio* || nella loc. *all'inizio*, in principio, dapprima: *all'inizio mi sentivo a disagio, poi ho fatto amicizia coi nuovi colleghi* **2.** *per estens.* la prima fase, la prima parte di qualcosa: *l'inizio della gara, l'inizio di una commedia, di un sonetto* || il punto o tratto iniziale: *l'inizio della statale* || spec. *pl.*, il periodo iniziale: *gli inizi della rivoluzione industriale* || **N. 1.** *Sin.* avvio, esordio; *incipit* **2.** *Sin.* primordi.

inlandsis (sved., pr. ['inlandsis]) [comp. di *inland*, interno e *is*, ghiaccio; 1932] **sm. inv.** *T.geogr.* nelle regioni polari, massa ghiacciata che ricopre enormi estensioni.

in loco (lat., pr. it. [in 'lɔko]) [letter. nel luogo] **loc. avv.** nello stesso luogo, sul posto: *operato in loco.*

innacquàre (pres. *-àcquo*) [dal lat. tardo *inaquāre*; 1353] **tr.** *non com.* annacquare.

innaffiaménto [da *innaffiare*; a. 1320] **sm.** *non com.* l'innaffiare.

innaffiàre (pres. *-àffio*) [lat. volg. **inafflāre*, soffiare dentro; a. 1292] **tr.** annaffiare. **TAV. giardinaggio p. 1315** 30.2.

innaffiatóio (pl. *-ói*) [da *innaffiare*; 1584] **sm.** annaffiatoio.

innalzàre [da *alzare*; sec. XIII nel senso 3] **tr.** **1.** levare, rivolgere verso l'alto, anche *fig.*: *innalzare un'insegna, innalzare gli occhi al cielo, una preghiera a Dio* **2.** costruire, edificare: *innalzare un grattacielo, un monumento ai caduti* **3.** portare ad un livello più alto: *innalzare la temperatura, il livello delle acque* || *fig.* elevare a un'alta carica o accrescere d'importanza: *innalzare al trono, al pontificato* || **rifl.** e **intr. pron.** **1.** levarsi verso l'alto: *dalla fabbrica incendiata s'innalzava una colonna di fumo* **2.** erigersi: *al fondo della valle si innalzava una montagna altissima* **3.** elevarsi di grado e di condizione || *non com.* insuperbirsi || **N. tr. 1.** *Sin.* alzare, issare, sollevare **2.** *Sin.* elevare, erigere **3.** *Sin.* accrescere, aumentare; promuovere.

innamoraménto [da *innamorare*; sec. XII] **sm.** l'innamorarsi, l'essere innamorato: *un lungo innamoramento* || *in part.* il periodo in cui nasce l'amore.

innamoràre (pres. *-óro*) [comp. parasint. di *amore*; sec. XII] **intr. pron.** **1.** cominciare a provare amore per qualcuno, entrare in un rapporto di amore: *raccontami come ti sei innamorata di lui, una ragazza che s'innamora facilmente* **2.** *per estens.* accendersi di desiderio o di entusiasmo per qualcosa: *s'è innamorato di quella moto, della nostra casa in campagna, della pesca* || **tr. 1.** *non com.* suscitare amore di sé in qualcuno: *innamora tutti con le sue belle maniere* **2.** *per estens.* di cose che procurano diletto, suscitare piacere, affascinare: *una musica, uno spettacolo che innamora* || **rifl. rec.** provare amore a vicenda: *si sono innamorati al primo incontro* || **N. intr. pron. 1.** *Sin.* infatuarsi, invaghirsi, prendere una cotta **2.** *Sin.* appassionarsi, entusiasmarsi || **tr. 2.** *Sin.* affascinare, allietare, attrarre, conquistare, incantare.

innamoràto (*pps.* di *innamorare*) [a. 1237] **I agg. 1.** che è preso d'amore per qualcuno: *essere perdutamente innamorato*: *fam. innamorato cotto, innamorato pazzo*, molto innamorato || *per estens.* che è preso da entusiasmo per qualcosa: *sono innamorata del tuo giardino* **2.** *lett.* che esprime, rivela amore: *sguardi innamorati* **II sm.** (f. *-a*) chi prova un sentimento d'amore per qualcuno: *due innamorati che si tengono per mano* || la persona amata: *è al telefono con il suo innamorato* || **N. II** *Sin.* amante, amato, amoroso, corteggiatore, fidanzato, pretendente, ragazzo, spasimante; bella; cascamorto, cicisbeo, damo, ganimede, rubacuori, vagheggino, zerbino.

innànzi [lat. *in antea*, per l'addietro; 1211] **I avv.** *lett.* **1.** di luogo, avanti, davanti: *andare, spingere innanzi; tirare innanzi*, vivere alla meglio; *essere innanzi negli anni*, essere anziano **2.** di tempo, prima: *come è stato precisato innanzi* || in seguito: *da oggi innanzi*, da oggi in poi; *d'ora innanzi*, d'ora in poi **II** nelle **loc. cong.** *disus. innanzi di*, prima di; *innanzi che*, prima che; *lett.* con valore comparativo, piuttosto che **III prep.** (*ant.* o *lett.*) e nella **loc. prep.** *innanzi a* **1.** davanti, di fronte a: *ho la sua immagine innanzi agli occhi; camminava innanzi a tutti* **2.** prima di: *innanzi l'alba* || *più com.* nelle espressioni *innanzi tutto*, prima di tutto; *innanzi tempo*, prima del tempo **IV agg. inv.** *lett.* sempre posposto al sostantivo, prima, precedente: *il giorno, il mese innanzi* **V sm. inv.** quasi soltanto nella loc. *per l'innanzi*, nel tempo passato o futuro: *per l'innanzi bada a non combinare altri guai.*

innàrio (pl. *-ri*) [da *inno*; a. 1375] **sm.** libro contenente gli inni liturgici.

innaspàre [comp. parasint. di *naspo*; a. 1400] **tr.** e **intr.** (aus. *avere*) *non com.* annaspare.

innastàre v. INASTARE.

innatìsmo [da *innato*; a. 1852] **sm.** *T.fil.* dottrina che ammette l'esistenza di principi conoscitivi e comportamentali che non derivano dall'esperienza, ma sono innati nell'uomo: *l'innatismo platonico.*

innatìsta [da *innatismo*; 1975] **s.** seguace dell'innatismo.

innatìstico (pl. *-ci*) [da *innatismo*; 1957] **agg.** *T.fil.* relativo all'innatismo.

innàto [dal lat. *innātus*, nato dentro; 1308] **agg.** **1.** che si ha per natura, che è presente fin dalla nascita: *caratteri, qualità, difetti innati* || *T.fil. idee innate*, principi conoscitivi che non sono frutto dell'esperienza, ma sono presenti nella mente dell'uomo già alla nascita **2.** *per estens.* spontaneo, istintivo: *cortesia, generosità innata* || **N. 1.** *Sin.* congenito, connaturato, ereditario, ingenito, insito | *Contr.* acquisito **2.** *Sin.* naturale.

innaturàle [dal lat. tardo *innaturālis*; 1481] **agg.** non naturale: *una posizione innaturale, un sentimento innaturale* || privo di spontaneità e naturalezza: *una recitazione innaturale* || **N.** *Sin.* anormale, insolito, strano; impacciato.

innavigàbile [dal lat. *innavigābilis*; a. 1446 *innavicabile*] **agg. 1.** non navigabile **2.** rif. a imbarcazione, non adatto alla navigazione.

innavigabilità [da *innavigabile*; 1957] **sf.** l'essere innavigabile.

innegàbile [da *negabile*; a. 1712] **agg.** che non si può negare, evidente: *verità innegabile, è innegabile che sei in torto* || **innegabilménte** **avv.** (anche con valore frasale) senza dubbio || **N.** *Sin.* certo, chiaro, evidente, inconfutabile, incontestabile.

inneggiaménto [da *inneggiare*; 1869] **sm.** *non com.* l'atto dell'inneggiare || **N.** *Sin.* celebrazione, esaltazione, lode.

inneggiàre (pres. *-éggio*) [da *inno*; a. 1729] **intr.** (aus. *avere*) **1.** comporre un inno; cantare un inno: *inneggiare a una divinità* **2.** *più com. fig.* celebrare con lodi, encomiare: *inneggiare al vincitore, al valore, alla virtù* || adulare || **tr.** *ant.* esaltare: *l'adulatore inneggia i potenti* || **N.** *Sin.* celebrare, esaltare, lodare, magnificare, osannare.

inneggiatóre [da *inneggiare*; 1925] **agg.** e **sm.** (f. *-trice*) *non com.* chi o che inneggia; celebratore.

innervàre (pres. *-èrvo*) [comp. parasint. di *nervo*; a. 1571] **tr.** di nervi, diramarsi in una determinata regione anatomica, agire su un determinato organo: *il trigemino innerva la guancia* || **intr.** (aus. *avere*) *ant.* prendere nerbo, irrobustirsi.

innervàto (*pps.* di *innervare*) [1898] **agg.** **1.** detto di organo, provvisto di nervi; di foglia, provvista di nervature: *le foglie dure, fortemente innervate* (D'Annunzio) **2.** *fig. lett.* animato, vivificato: *un'opera innervata da grandi ideali patriottici.*

innervazióne [da *innervare*; 1905] **sf.** *T.anat.* disposizione dei nervi nell'organismo e nei singoli organi: *innervazione degli arti* || azione esercitata dai nervi sugli organi del corpo: *innervazione motoria.*

innervosìre (pres. *-ìsco, -ìsci*) [comp. parasint. di *nervoso*; 1963] **tr.** rendere nervoso || **intr. pron.** diventare nervoso, infastidirsi || **N.** *Sin.* irritare.

innescaménto [da *innescare*; a. 1857] **sm.** l'operazione di innescare.

innescànte (*ppr.* di *innescare*) [1957] **sm.** sostanza esplosiva di grande sensibilità, che viene destinata a provocare lo scoppio di una carica.

innescàre (ant. *inescàre*) (pres. *-ésco, -éschi*) [lat. *inexāre*, attrarre con l'esca; 1598 nel senso 1; 1624 nel senso 2] **tr.** **1.** dotare di esca: *innescare* (in questo senso com. anche *inescare*) *l'amo* **2.** mettere l'innesco a una carica o a un ordigno esplosivo: *innescare una bomba* || rif. alle antiche armi da fuoco, mettere esca, polvere e sim. per renderle attive **3.** *fig.* dare inizio, provocare: *innescare una rivolta, una reazione a catena* || **intr. pron.** di fenomeno, processo e sim., prendere l'avvio con il concorso di condizioni favorevoli: *si è innescato un processo di graduali riforme.*

innésco (pl. *-schi*) [da *innescare*; 1905] **sm.** **1.** dispositivo meccanico, chimico o elettrico, che provoca lo scoppio delle cariche in ordigni esplosivi: *innesco detonante* **2.** *fig.* l'inizio più o meno rapido di un fenomeno, quando si presentino condizioni favorevoli: *l'innesco di una reazione a catena dello sviluppo economico* || *concr.* fattore scatenante, causa iniziale: *quel grido fu l'innesco della rivolta* || **N. 1.** *Sin.* detonatore.

innestàbile [da *innestare*; 1822] **agg.** *raro* che si può innestare.

innestaménto [da *innestare*; a. 1320] **sm.** *non com.* l'atto e l'effetto dell'innestare; innesto.

innestàre (pres. *-èsto*) [lat. volg. **insitāre*, piantare dentro; 1340 ca.] **tr.** **1.** *T.agr.* inserire una gemma o un ramo di una pianta su un'altra perché vi attecchisca e ne migliori i frutti: *innestare un ciliegio* || *per estens. T.chir.* trasportare tessuti o cellule da un organismo all'altro o da una parte all'altra del corpo || *innestare il vaiolo*, inoculare il siero antivaioloso **2.** *T.mecc.* collegare insieme due parti di un congegno: *innestare la spina nella presa di corrente* || collegare un organo motore a un elemento meccanico: *innestare la marcia*, azionare il cambio **3.** *fig.* inserire un argomento, un motivo, una questione su un'altra: *innestare soluzioni stilistiche nuove in un genere letterario codificato* || **intr. pron.** inserirsi, confluire: *una strada secondaria che s'innesta sulla statale; nuove esigenze che si innestano sulle vecchie* || **N. tr. 1.** impiantare, trapiantare **2.** *Sin.* accoppiare, connettere, incastrare, inserire; ingranare.

innestatóio (pl. *-ói*) [da *innestare*; 1877] **sm.** *T.agr.* coltello che serve per fare innesti sulle piante.

innestatóre [da *innestare*; a. 1811] **sm.** (f. *-trice*) *T.agr.* chi innesta: *un abile innestatore.*

innestatùra [da *innestare*; a. 1320] **sf.** *T.agr.* l'atto e l'effetto dell'innestare || *concr.* il punto dove viene fatto l'innesto della pianta.

innèsto [da *innestare*; 1340 ca.] ***sm.*** **1.** *T.agr.* l'atto e l'effetto di innestare le piante: *fare un innesto*; *innesto a occhio, a gemma* || *concr.* la parte innestata: *l'innesto comincia a germogliare* || *per estens. T.chir.* impianto di tessuti o frammenti organici in organismi diversi o in parti diverse dello stesso organismo || *innesto del vaiolo,* vaccinazione antivaiolosa **2.** *T.mecc.* dispositivo per il collegamento mobile tra due alberi coassiali: *innesto a denti, ad albero, a frizione* || in elettrotecnica, attacco: *innesto a vite, a baionetta* **3.** *fig.* introduzione, inserimento || **N. 1.** *Sin.* pollone, tallo | a corona, a gemma, a marza, a occhio, a penna, a placcaggio, a sella, a spacco, a talea, a vanga; ad anello, per approssimazione **2.** *Sin.* connessione, giunto; presa. **Q.T.** ***giardinaggio...*** **TAV. *giardinaggio* p. 1314** 14.

innevaménto [da *innevare*; 1957] ***sm.*** la quantità di neve caduta in un luogo e la condizione del manto nevoso, spec. in relazione allo svolgimento di attività sportive: *un buon innevamento; innevamento artificiale,* ottenuto con apparecchiature che producono artificialmente la neve.

innevàre (pres. *-évo*) [comp. parasint. di *neve*; 1869] ***tr.*** ricoprire di neve: *innevare artificialmente una pista da sci* || *fig.* imbiancare: *la vecchiaia inneva i capelli* || ***intr. pron.*** coprirsi di neve: *finalmente anche le montagne più basse si sono innevate.*

innevàto (*pps.* di *innevare*) [1869] ***agg.*** ricoperto di neve: *monti innevati.*

inning (ingl., pr. [ˈɪnɪŋ]) [letter. mettere dentro; 1953] ***sm. inv.*** *T.sport.* nel gioco del baseball, ciascuna ripresa di partita.

inno [dal lat. *hymnus,* gr. *hýmnos*; a. 1294] ***sm.*** **1.** nell'antichità classica, componimento lirico in cui si celebra una divinità o un eroe, spesso accompagnato da canti e danze: *gli inni di Callimaco* || nella religione cristiana, canto liturgico di lode a Dio e ai santi costituito da strofe metriche o ritmiche: *gli inni di S. Ambrogio* || canto lirico a carattere patriottico o politico: *l'inno nazionale, l'inno di Mameli* || composizione lirica che esprime con solennità temi d'ispirazione civile o religiosa: *gli «Inni Sacri» di Manzoni* **2.** *per estens.* discorso o scritto di lode e celebrazione: *il suo discorso è un inno alla concordia dei popoli* || **N. 1.** cantico, lauda, salmo **2.** *Sin.* panegirico.

innocènte [dal lat. *innocens, -entis,* letter. che non fa del male; 1313] **I *agg.*** **1.** esente da colpa: *sentirsi innocente, l'imputato è stato riconosciuto innocente* || *fig. sangue innocente,* di chi non ha nessuna colpa **2.** che, data l'età, non ha esperienza o consapevolezza del male: *un fanciullo innocente* || *per estens.* che è senza malizia: *uno sguardo, uno scherzo, una domanda innocente* **3.** *ant.* innocuo, mite || **innocenteménte** ***avv.*** **II *s.*** **1.** persona innocente: *meglio assolvere un reo che condannare un innocente* **2.** *in part.* bambino, fanciullo: *mi fa pena quel povero innocente, la strage degli innocenti* || *pop. tosc.* spec. *pl.,* trovatello: *lo Spedale degl'Innocenti* || *dim.* innocentino; *accr.* innocentóne || **N. I 1.** *Sin.* incolpevole **2.** *Sin.* ingenuo, integro, puro; candido.

innocentismo [da *innocente*; 1970] ***sm.*** atteggiamento di chi è innocentista || **N.** *Contr.* colpevolismo.

innocentista [da *innocente*; 1950] ***s.*** nel linguaggio dei giornali, chi in un processo sostiene l'innocenza dell'imputato || **N.** *Contr.* colpevolista.

innocènza [dal lat. *innocentia*; 1321] ***sf.*** **1.** l'essere innocente; *in part.* condizione di non colpevolezza in un reato: *dimostrare la propria innocenza* **2.** incapacità di commettere il male, propria dell'età infantile; purezza, ingenuità: *conservare la propria innocenza* || *età dell'innocenza,* l'infanzia || *beata, santa innocenza!,* escl. detta a commento di frasi sconvenienti dette da bambini o da persone che non ne intendono il senso || *per estens.* assenza di malizia, candore: *in tutta innocenza; l'innocenza di una domanda* || *fig. non com.* infanzia: *tutelare l'innocenza.*

innocuità [da *innocuo*; a. 1789] ***sf.*** l'essere innocuo.

innòcuo [dal lat. *innocuus*; a. 1375] ***agg.*** **1.** che per sua natura non nuoce: *bevanda innocua* || che non riesce a far danno: *le sue malignità sono per ora innocue; un essere innocuo,* persona incapace di fare del male; *spreg.* persona inetta, che vale poco **2.** *ant.* innocente || **innocuaménte** ***avv.*** || **N. 1.** *Sin.* inoffensivo.

innodia [dal gr. *hymnoidía*; 1745] ***sf.*** **1.** il canto degli inni religiosi **2.** raccolta di inni nazionali o religiosi.

innografia [comp. di *inno* e *-grafia*; 1869 nel senso 2] ***sf.*** **1.** tecnica di composizione di inni **2.** raccolta d'inni religiosi: *l'innografia cristiana.*

innogràfico (pl. *-ci*) [da *innografia*; 1887] ***agg.*** relativo all'innografia, proprio dell'innografia: *la produzione innografica di Manzoni.*

innògrafo [dal gr. tardo *hymnográphos*; 1820] ***sm.*** scrittore di inni.

innologia [comp. di *inno* e *-logia*; 1820] ***sf.*** studio degli inni sacri.

innològico (pl. *-ci*) [da *innologia*; 1935] ***agg.*** relativo all'innologia, dell'innologia.

innòlogo (pl. *-gi*) [dal gr. *hymnológos*; 1834] ***sm.*** (f. *-a*) studioso, esperto in innologia.

innominàbile [dal lat. tardo *innominābilis*; sec. XIV nel senso 2; 1598 nel senso 1] ***agg.*** **1.** che non si può nominare per la sua nefandezza o indecenza: *atti, vizi innominabili* **2.** *ant.* ineffabile || **N. 1.** *Sin.* indecente, infame, nefando, osceno, turpe, volgare.

innominàto [dal lat. *innominātus*; sec. XIV] ***agg.*** e ***sm.*** (f. *-a*) che non è nominato; di persona o di cosa di cui non si vuol dire o si ignora il nome || *per anton. l'Innominato,* personaggio dei «Promessi Sposi» di A. Manzoni || **N.** *Sin.* anonimo.

innovaménto [da *innovare*; a. 1364] ***sm.*** *non com.* innovazione.

innovàre (pres. *-òvo*) [dal lat. *innovāre,* rinnovare; 1500] ***tr.*** modificare introducendo qualche novità: *innovare una procedura, innovare l'ordinamento legislativo* || *lett.* rinnovare || ***intr. pron.*** farsi nuovo, rinnovarsi: *ogni lavoro è un'arte che s'innova* (D'Annunzio) || **N.** *Sin.* modificare, mutare, riformare, rinnovare.

innovativo [da *innovare*; 1957] ***agg.*** che tende ad innovare, che presenta innovazioni: *programma innovativo* || **N.** *Contr.* conservativo.

innovatóre [dal lat. tardo *innovātor, -ōris*; a. 1527] ***agg.*** e ***sm.*** (f. *-trice*) chi o che innova; riformatore: *una corrente innovatrice; un innovatore nel campo della pittura.*

innovazióne [dal lat. *innovātio, -ōnis*; sec. XIV] ***sf.*** l'atto e l'effetto dell'innovare || *concr.* la novità che si apporta: *innovazioni tecnologiche che hanno rivoluzionato i sistemi produttivi* || *innovazione linguistica,* ogni mutamento che avviene in un sistema linguistico || **N.** *Sin.* rinnovamento; modifica, mutamento, novità, riforma, trasformazione.

in nuce (lat., pr. it. [in ˈnutʃe]) [letter. in una noce] ***loc. agg. inv.*** e ***loc. avv.*** **1.** di espressione enunciata in modo molto succinto, ma completo; in breve, in sostanza **2.** di fatto o avvenimento ancora allo stato iniziale, di cui si può solo intravedere lo sviluppo futuro; allo stato embrionale.

innumeràbile [dal lat. *innumerābilis*; 1308] ***agg.*** *lett.* innumerevole || **innumerabilménte** ***avv.*** in numero smisurato.

innumerabilità [dal lat. *innumerabilitas, -ātis*; a. 1578] ***sf.*** *lett.* l'essere innumerevole.

innùmere [dal lat. *innumerus,* innumerevole; 1540 *innumero*] ***agg.*** *lett.* innumerevole, senza numero: *innumeri martiri.*

innumerévole [lat. *innumerābilis*; a. 1348] ***agg.*** di cui non si può stabilire il numero; *iperb.* numerosissimo: *una folla innumerevole, ha fatto innumerevoli sforzi per riuscire nell'impresa* || **innumerevolménte** ***avv.*** *non com.*

ino [da *-ino*[1]; 1879] ***agg.*** *fam.* spesso ripetuto, si usa in riferimento a cosa già citata precedentemente in forma diminutiva o vezzeggiativa, di cui si voglia mettere in rilievo la piccolezza: *un gattino ino ino, un posticino proprio ino.*

-ino[1] [lat. *-īnus*] ***suff.*** (f. *-a*) forma diminutivi e vezzeggiativi di genere maschile derivati da nomi di entrambi i generi: *paesino, donnino* || forma diminutivi di aggettivi: *freddino, stupidino* || meno freq. i diminutivi di avverbi: *pochino, tantino, tardino* || spesso l'uso di questo alterato non indica dimensioni minori ma sottolinea l'informalità del contesto: *aspetta un minutino.*

-ino[2] [lat. *-īnus*] ***suff.*** **1.** (f. *-a*) forma nomi d'agente e di mestieri tratti da nomi (*postino*) e da verbi (*imbianchino, spazzino*) **2.** forma nomi di strumenti a partire da nomi (*pennino*) e da verbi (*frullino, accendino*).

-ino[3] [lat. *-īnus*] ***suff.*** **1.** forma aggettivi di relazione derivati da nomi: *cristallino, leonino, marino* **2.** *in part.* a partire da nomi geografici e da nomi propri di città, regioni e sim., forma aggettivi etnici: *alpino, perugino, salentino* **3.** *in part.* nella sistematica zoologica, indica una sottofamiglia (per es. *bovini, felini, suini*).

inobbediènte [dal lat. tardo *inobōediens, -entis*; seconda metà sec. XIII *inubidiente*] ***agg.*** *raro* disubbidiente.

inobbediènza [dal lat. tardo *inoboedentia*; a. 1292] ***sf.*** *raro* disubbidienza.

inobliàbile [da *obliabile*; a. 1646] ***agg.*** *lett.* che non si può o non si deve dimenticare || **N.** *Sin.* indimenticabile.

inocchiàre (pres. *-òcchio*) [lat. tardo *inoculāre*; a. 1340] ***tr.*** *T.agr.* innestare a occhio, cioè inserire un pezzo di corteccia munito di gemma sotto la corteccia della pianta da innestare.

inoccultàbile [da *occultabile*; 1745] ***agg.*** che non si può occultare: *difetto inoccultabile.*

inoccupàto [da *occupato*; a. 1869] **I *agg.*** **1.** *non com.* non occupato, libero **2.** senza occupazione: *personale inoccupato* **II *sm.*** (f. *-a*) nel linguaggio sindacale, persona che cerca la sua prima occupazione non avendo mai lavorato in precedenza || **N. II** disoccupato.

inoccupazióne [da *occupazione*; 1957] ***sf.*** condizione di chi è inoccupato || l'insieme degli inoccupati.

inoculàre (pres. *-òculo*) [dal lat. *inoculāre,* innestare ad occhio, sul modello dell'ingl. *inoculate*; 1760] ***tr.*** **1.** introdurre nell'organismo mediante iniezione o incisione: *inoculare un farmaco, un virus; il veleno inoculato da questo serpente è letale* **2.** *fig.* far penetrare nella mente, nell'animo, insinuare: *inoculare cattivi principi, inoculare il germe della gelosia* || **N. 1.** *Sin.* iniettare **2.** *Sin.* ispirare, istillare.

inoculazióne [dal lat. *inoculātio, -ōnis,* innesto a occhio; a. 1764] ***sf.*** l'inoculare.

inodóre o **inodóro** [dal lat. *inodōrus,* non profumato, attr. il fr. *inodore*; 1869] ***agg.*** che non ha odore: *un gas inodore.*

inoffensìbile [da *offensibile*; a. 1519] ***agg.*** *ant.* e *lett.* che non può ricevere offesa || **N.** *Sin.* invulnerabile.

inoffensìvo [da *offensivo*; 1832] ***agg.*** che non offende, che non può far del male: *lo resero inoffensivo bloccandogli le mani, un animale inoffensivo* || **inoffensivaménte** ***avv.*** || **N.** *Sin.* innocuo; mansueto, mite.

inofficiosità [dal lat. tardo *inofficiositas, -ātis*;

1673] ***sf.*** *non com.* l'essere inofficioso.

inofficióso [dal lat. *inofficiōsus*, che non è zelante; 1470 ca. *inoffizioso*] ***agg.*** *ant.* **1.** di testamento, che non è valido **2.** *non com.* che non rispetta le convenienze o viene meno al proprio dovere; scortese, trasandato.

inoliàre (pres. *-òlio*) [comp. parasint. di *olio*; a. 1292] ***tr.*** *raro* **1.** condire con olio **2.** ungere con olio.

inoliazióne [da *inoliare*; 1957] ***sf.*** **1.** processo per cui l'oliva in fase di maturazione si arricchisce di olio **2.** operazione con cui i fichi vengono unti con olio, per favorire la loro maturazione.

inoltràre (pres. *-óltro*) [comp. parasint. di *oltre*; 1321 come intr. pron. *innoltrarsi*; 1798 come tr.] ***tr.*** far proseguire, avviare a destinazione: *inoltrare la corrispondenza* ‖ *T.bur.* trasmettere una pratica, un'istanza e sim. all'ufficio competente: *inoltrare richiesta di cittadinanza* ‖ ***intr. pron.*** **1.** penetrare, andare oltre: *inoltrarsi nel bosco* ‖ rif. al tempo, avanzare: *l'inverno si è inoltrato* **2.** *fig.* progredire in un'attività: *inoltrarsi nella lettura, negli studi, in una discussione* ‖ **N.** ***tr.*** *Sin.* avviare, mandare, trasmettere | ***intr. pron.*** **1.** *Sin.* addentrarsi, avanzare **2.** *Sin.* procedere, proseguire.

inoltràto (*pps.* di *inoltrare*) [1665] ***agg.*** avanzato: *sera, stagione inoltrata.*

inóltre [dal lat. tardo *in ultra*, molto al di là; sec. XVI] ***avv.*** in aggiunta, per di più, oltre a questo: *la tua visita è stata inopportuna, e inoltre non eri stato invitato*; spesso collocato all'inizio di un periodo per collegarlo a quanto precede.

inóltro [da *inoltrare*; 1848] ***sm.*** *T.bur.* l'inoltrare un oggetto, una pratica e sim.: *l'inoltro della corrispondenza, della domanda.*

inombràre (pres. *-ómbro*) [dal lat. tardo *inumbrāre*; prima metà sec. XIV *innombrare*] ***tr.*** *lett.* coprire d'ombra ‖ ***intr. pron.*** *lett.* offuscarsi, coprirsi d'ombra ‖ **N.** *Sin.* adombrare, offuscare, ombreggiare, oscurare.

inondaménto [da *inondare*; a. 1625] ***sm.*** *non com.* inondazione.

inondàre (pres. *-óndo*) [dal lat. *inundāre*; a. 1320] ***tr.*** **1.** allagare, detto di acque che straripano: *la piena del fiume ha inondato la campagna* ‖ *per estens.* far straripare le acque per provocare un'inondazione: *la popolazione incalzata dai nemici inondò i campi per salvarsi* **2.** *iperb.* bagnare; coprire totalmente: *le lacrime le inondavano il viso*; *i capelli le inondavano le spalle* **3.** *fig.* invadere: *nuovi prodotti hanno inondato il mercato* ‖ *enf.* colmare, riempire: *inondare di baci*; *un senso di pace gli inondava l'animo* ‖ **N. 1.** *Sin.* sommergere.

inondàto (*pps.* di *inondare*) [1957] ***agg.*** *T.geogr. foresta inondata*, tipo di foresta equatoriale in cui per parecchi mesi all'anno l'acqua piovana non defluisce sommergendo in parte la vegetazione.

inondatóre [da *inondare*; a. 1768] ***agg.*** e ***sm.*** (f. *-trice*) *lett.* chi o che inonda.

inondazióne [dal lat. *inundātio, -ōnis*; a. 1320] ***sf.*** **1.** l'atto e l'effetto dell'inondare; allagamento di un territorio provocato da acque straripanti: *l'inondazione del Polesine* **2.** *fig.* invasione, afflusso: *in estate si assiste a un'inondazione di turisti* ‖ **N. 1.** *Sin.* alluvione, piena, straripamento | argini, bacini, dighe. **Q.T.** *acqua.*

inonestà [dal lat. *inhonestas, -ātis*; a. 1492 *inonestate*] ***sf.*** *non com.* mancanza di onestà.

inonèsto [dal lat. *inhonestus*; 1300 a.] ***agg.*** *raro* non onesto ‖ **inonestaménte** ***avv.*** ‖ **N.** *Sin.* DISONESTO.

inonoràto [dal lat. *inhonorātus*; a. 1527] ***agg.*** *lett.* non onorato; senza onore.

ìnope (poet. *inòpe*) [dal lat. *inops, inopis*; 1321] ***agg.*** *raro* povero, misero.

inoperàbile [da *operabile*; 1950] ***agg.*** *T.med.* detto di malato che non è in condizioni di subire un intervento chirurgico ‖ detto di malattia che non si può curare con un'operazione chirurgica.

inoperànte [da *operante*; a. 1646] ***agg.*** che non opera, che non ha effetto: *un decreto-legge rivelatosi inoperante* ‖ **N.** *Sin.* inefficace.

inoperosità [da *operosità*; 1823] ***sf.*** l'essere inoperoso ‖ **N.** *Sin.* inattività, inerzia.

inoperóso [da *operoso*; 1745] ***agg.*** non operoso; che se ne sta inerte: *rimarrò inoperoso a lungo a causa dell'infortunio* ‖ *per estens. giornata inoperosa*, trascorsa senza lavorare ‖ *capitale inoperoso*, che non frutta ‖ **inoperosaménte** ***avv.*** ‖ **N.** *Sin.* inattivo, ozioso.

inòpia [dal lat. *inopia*; sec. XIV] ***sf.*** *lett.* mancanza estrema di qualcosa e spec. del necessario per vivere ‖ **N.** *Sin.* indigenza, miseria, povertà.

inopinàbile [dal lat. *inopinābilis*; a. 1332] ***agg.*** *lett.* impensabile, imprevedibile ‖ **inopinabilménte** ***avv.***

inopinàto [dal lat. *inopinātus*, letter. non pensato; a. 1363] ***agg.*** *lett.* che avviene contro ogni previsione o aspettativa ‖ **inopinataménte** ***avv.*** ‖ **N.** *Sin.* imprevisto, improvviso, inatteso.

inopportunità [da *opportunità*; 1608] ***sf.*** l'essere inopportuno: *l'inopportunità del gesto* ‖ **N.** *Sin.* intempestività, sconvenienza.

inopportùno [dal lat. tardo *inopportūnus*; sec. XIV] ***agg.*** non opportuno, che non si addice a una determinata situazione o circostanza: *una domanda inopportuna* ‖ rif. a persona, che manca del senso d'opportunità e discrezione: *un visitatore inopportuno* ‖ **inopportunaménte** ***avv.*** ‖ **N.** *Sin.* fuori luogo, importuno, intempestivo, sconveniente; indiscreto.

inoppugnàbile [da *oppugnabile*; 1869] ***agg.*** che non si può contestare, controbattere o impugnare: *tesi, prova, sentenza inoppugnabile* ‖ **inoppugnabilménte** ***avv.*** ‖ **N.** *Sin.* inconfutabile, incontestabile, incontrovertibile, indiscutibile, innegabile.

inoppugnabilità [da *inoppugnabile*; 1957] ***sf.*** l'essere inoppugnabile; incontestabilità: *l'innoppugnabilità di una decisione.*

inoptàto [da *optato*; 1983] ***agg.*** *T.banc. quota inoptata*, quota non sottoscritta di emissioni di titoli mobiliari.

inoràre (pres. *-òro*) [dal lat. *inaurāre*, comp. da *in-* con valore intensivo e *aurāre*, dorare; fine sec. XIII] ***tr.*** *raro* dorare.

inordinàto [dal lat. *inordinātus*; a. 1342] ***agg.*** *ant.* non bene ordinato ‖ **N.** *Sin.* DISORDINATO.

inorecchìto [comp. parasint. di *orecchio*; 1882] ***agg.*** *lett. raro* con le orecchie tese, bene attento: *e riguardava intorno, inorecchita* (Pascoli).

inorganicità [da *organicità*; 1921] ***sf.*** l'essere inorganico, frammentario: *l'inorganicità di un'esposizione.*

inorgànico (pl. *-ci*) [da *organico*; a. 1687 nel senso 1; 1866 nel senso 2] ***agg.*** **1.** privo di capacità vitali; *in part.* detto di ciò che appartiene al regno minerale: *sostanza inorganica* ‖ *chimica inorganica*, branca della chimica che studia la struttura e le trasformazioni di tutti i composti ad eccezione di quelli del carbonio che costituiscono la base degli esseri viventi **2.** *meno com.* privo di organizzazione, disorganico: *una trattazione inorganica* ‖ **inorganicaménte** ***avv.*** in modo disordinato e incoerente ‖ **N. 2.** *Sin.* disordinato, incoerente, sconnesso | *Contr.* armonico, organico, sistematico.

inorgoglìre (pres. *-isco, -isci*) [comp. parasint. di *orgoglio*; 1300 ca.] ***tr.*** far diventare orgoglioso: *la tua vittoria mi ha inorgoglito* ‖ ***intr.*** (aus. *essere*) e ***intr. pron.*** diventare orgoglioso ‖ **N.** *Sin.* insuperbire.

inornàto [dal lat. *inornātus*; 1476] ***agg.*** *lett.* non ornato, senza ornamenti ‖ **N.** *Sin.* DISADORNO.

inorpellaménto [da *inorpellare*; 1639] ***sm.*** *non com.* l'atto e l'effetto dell'inorpellare e dell'inorpellarsi.

inorpellàre (pres. *-èllo*) [comp. parasint. di *orpello*; a. 1556 nel senso 2] ***tr.*** **1.** *ant.* ornare, rivestire con orpello **2.** *più com. fig.* coprire e abbellire con falsi ornamenti; mascherare, dissimulare, nascondere sotto apparenze gradevoli.

inorpellatóre [da *inorpellare*; 1869] ***sm.*** (f. *-trìce*) *raro* chi inorpella.

inorpellatùra [da *inorpellare*; a. 1606] ***sf.*** *non com.* l'atto e l'effetto dell'inorpellare.

inorridire (pres. *-isco, -isci*) [comp. parasint. di *orrido*; a. 1625] ***intr.*** (aus. *essere*) provare orrore: *inorridisco al solo pensarci* ‖ ***tr.*** *non com.* riempire d'orrore: *la descrizione della strage mi ha inorridito* ‖ **N.** ***tr.*** *Sin.* atterrire, SPAVENTARE.

inoṣàbile [da *osabile*; 1919] ***agg.*** *lett.* che non si può o non si deve osare.

inòṣico (pl. *-ci*) [comp. del gr. *ís, inós*, fibra e *-oso*[1] con suff. agg.; 1869] ***agg.*** *T.chim.* di ossiacido ottenuto per ossidazione dell'inosite.

inoṣìna [comp. del gr. *ís, inós*, fibra e *-ina*; 1957] ***sf.*** *T.chim.* inosite.

inoṣìte [comp. del gr. *ís, inós*, fibra e *-ite*[2]; 1869] ***sf.*** *T.chim.* alcol esavalente ciclico presente in vari tessuti animali e in molte piante, che viene impiegato in farmacologia come epatoprotettore.

inoṣìtico (pl. *-ci*) [da *inosite*; 1933] ***agg.*** **1.** *T.chim.* proprio dell'inosite **2.** *T.med. diabete inositico*, diabete che comporta eliminazione di inosite.

inoṣitòlo [comp. di *inosite* e *-olo*[2]; 1957] ***sm.*** *T.chim.* composto organico largamente diffuso in natura sia nei vegetali che negli organismi animali, utilizzato in medicina e in farmacologia.

inoṣitùria [comp. di *inosite* e *-uria*; 1957] ***sf.*** *T.med.* presenza di inosite nelle urine.

inospitàle [dal lat. *inhospitālis*; 1532] ***agg.*** **1.** non ospitale; che non dà ospitalità, scortese: *una famiglia inospitale* **2.** di luogo, non adatto all'insediamento umano, selvaggio: *una terra inospitale* ‖ **inospitalménte** ***avv.*** *non com.* ‖ **N. 1.** sgarbato **2.** *Sin.* disagevole, inabitabile.

inospitalità [dal lat. *inhospitalitas, -ātis*; 1745] ***sf.*** l'essere inospitale.

inòspite (ant. *inòspito*) [dal lat. *inhospitus*; 1374] ***agg.*** *lett.* di luogo, inospitale, selvaggio, inabitabile: *via aspra, solinga, inospita e selvaggia* (Ariosto).

inossàre (pres. *-òsso*) [comp. parasint. di *osso*; 1834] ***intr.*** (aus. *essere*) e ***intr. pron.*** diventare osso ‖ *in part.* detto dei denti, formarsi sotto la gengiva.

inosservàbile [dal lat. *inobservābilis*; 1581] ***agg.*** **1.** che non si può osservare: *fenomeno inosservabile senza microscopio* **2.** a cui non si può adempiere: *norma inosservabile.*

inosservànte [dal lat. *inobservans, -antis*; a. 1527] ***agg.*** che non è osservante, spec. in senso morale, religioso o giuridico: *un automobilista inosservante dei limiti di velocità.*

inosservànza [dal lat. *inobservantia*; a. 1498] ***sf.*** l'essere inosservante, il trasgredire leggi, norme e sim. ‖ **N.** *Sin.* inadempienza, trasgressione.

inosservàto [dal lat. *inobservātus*; 1654] ***agg.*** **1.** non osservato, non avvertito: *il suo gesto è passato inosservato* **2.** di legge e sim., non rispettato ‖ **N. 1.** *Sin.* inavvertito **2.** *Sin.* inadempiuto, trasgredito.

inossidàbile [da *ossidabile*; 1886] ***agg.*** che non si ossida: *acciaio inossidabile*, contenente un'alta percentuale di cromo e nichel.

inossidabilità [da *ossidabilità*; 1972] **sf.** l'essere inossidabile.

inostràre (pres. *-òstro*) [comp. parasint. di *ostro*; 1374] **tr.** *lett.* ornare con ostro, tingere di porpora || *per estens.* colorare di rosso || **intr. pron.** *lett.* prendere il colore dell'ostro, imporporarsi: *il tuo canto s'inostra nel sangue degli eroi* (Carducci).

inottemperànza [da *inottemperante*; 1983] **sf.** *T.bur.* inosservanza, inadempienza: *l'inottemperanza delle norme contenute nel bando comporta l'esclusione dal concorso.*

inox [dal fr. *inoxdable*, inossidabile; 1983] **agg.** *inv.* (sempre posposto) **1.** inossidabile: *acciaio inox* **2.** costruito in acciaio inossidabile: *pentole inox.*

in pectore (lat., pr. it. [im 'pɛktore]) [letter. nel petto] **loc. agg.** *inv.* segretamente, senza proclamarlo; si dice di un tipo particolare di nomina cardinalizia e *per estens.* di una persona che si presume rivestirà una carica, ma che non è stata ancora ufficialmente designata.

in perpetuum (lat., pr. it. [im per'pɛtuum]) [letter. in perpetuo] **loc. agg.** *inv.* e **loc. avv.** nei documenti pubblici medievali e poi nei documenti privati, formula che attesta la validità perpetua della concessione o del negozio giuridico.

in primis (lat., pr. it. [im 'primis]) [letter. tra le prime (cose)] **loc. avv.** prima di tutto, in primo luogo, innanzitutto.

input (ingl., pr. ['ɪnpʊt]; pr. it. ['imput]) [letter. ciò che è messo dentro; 1961] **sm.** *inv.* **1.** *T.scient.* qualunque grandezza che affluisce a un dato sistema, a un individuo ecc.: *l'input linguistico di una comunità di immigrati* || *in part. T.inform.* introduzione di dati in un elaboratore elettronico e l'insieme stesso di informazioni in entrata || *per estens.* avvio, inizio: *dare l'input* **2.** *T.econ.* ogni elemento che entra a far parte di un processo produttivo: *analisi input-output*, tecnica di indagine economica basata sulle relazioni strutturali esistenti fra i diversi settori di un sistema economico || **N. 1.** *Sin.* ingresso.

inquadraménto [da *inquadrare*; 1919] **sm.** l'inquadrare, l'essere inquadrato, sistemato in una struttura organizzata: *inquadramento delle reclute nel reparto.*

inquadràre [comp. parasint. di *quadro*; 1887] **tr. 1.** mettere in cornice: *inquadrare una fotografia* || *T.tip.* chiudere la pagina a stampa con un filetto o un fregio sottile **2.** *T.fot.* e *T.cin.* scegliere e limitare, attraverso la macchina, la parte di campo o di scena da riprodurre fotograficamente o cinematograficamente, in modo che ogni particolare acquisti il massimo rilievo || in balistica, *inquadrare un bersaglio*, regolare l'arma da fuoco in modo che esso sia nel campo di tiro **3.** *fig.* collocare in un contesto che ne illumini il valore e la qualità caratteristici: *inquadrare un'opera letteraria, un personaggio in un determinato periodo storico* **4.** *T.mil.* disporre le truppe nei quadri, ordinarle in reparti e unità regolari: *inquadrare le reclute* || *per estens.* nel linguaggio politico e sindacale, organizzare i membri di un'associazione, di un partito o di un'azienda secondo determinati schemi e ruoli: *inquadrare i nuovi assunti nella categoria impiegatizia* || **intr. pron.** inserirsi in un complesso, in un sistema: *riforme che s'inquadrano in un processo di trasformazione delle istituzioni* || **N. 1.** *Sin.* incorniciare; contornare, filettare **3.** *Sin.* inserire.

inquadratùra [da *inquadrare*; 1939 nel senso 2] **sf. 1.** l'operazione dell'inquadrare **2.** *T.fot.* e *T.cin.* il modo con cui è organizzato il campo di presa, dando ai vari oggetti il rilievo desiderato, scegliendo opportunamente le luci, la profondità di campo ecc. || *per estens. T.cin.* la durata di una singola ripresa cinematografica ininterrotta: *un'inquadratura fissa di tre minuti.* **Q.T.** *cinematografia, fotografia.*

inqualificàbile [dal fr. *inqualifiable*; 1869] **agg.** che non si può qualificare, in quanto scorretto e spregevole: *un comportamento inqualificabile* || *meno com.* non classificabile: *la tua prova d'esame è inqualificabile* || **N.** *Sin.* indegno, riprovevole, spregevole, turpe, vergognoso.

inquartàre [comp. parasint. di *quarto*; a. 1685] **tr. 1.** *T.arald.* dividere in quarti il campo di uno stemma || inserire una nuova impresa tra i quarti di uno stemma **2.** addizionare oro e argento per ottenere una lega di un quarto d'oro e tre d'argento.

inquartàta [da *in quarta*, tipo di parata; 1887] **sf.** *T.sport.* nella scherma, stoccata di chi, invece di parare una botta diritta avversaria, la schiva di lato.

inquartàto[1] (*pps.* di *inquartare*) [1637] **agg.** *T.arald.* detto di scudo o stemma diviso in quattro, da due linee perpendicolari. **TAV. araldica p. 645** 3.5, 3.6.

inquartàto[2] [comp. parasint. di *quarto* (di un animale macellato); a. 1755] **agg.** detto di persona dalla corporatura robusta || **N.** *Sin.* massiccio, tarchiato.

inquartazióne [da *inquartare*; 1834] **sf.** *T.oref.* formazione di una lega d'oro o di argento per sottoporla all'azione dell'acido nitrico e operare in tal modo la separazione dei metalli eterogenei.

inquèto **agg.** *raro* v. INQUIETO.

inquietànte (*ppr.* di *inquietare*) [a. 1835] **agg.** preoccupante, che provoca turbamento: *situazione, silenzio inquietante.*

inquietàre (pres. *-èto*) [dal lat. *inquietāre*; a. 1292] **tr.** rendere inquieto, causare preoccupazione e turbamento: *il pensiero del rischio che corre mi inquieta molto* || **intr. pron.** stizzirsi: *a quella notizia m'inquietai molto, non farmi inquietare* || *meno com.* preoccuparsi || **N. tr.** *Sin.* affliggere, allarmare, angosciare, angustiare, crucciare, impensierire, preoccupare, turbare | **intr. pron.** *Sin.* adirarsi, irritarsi, risentirsi.

inquietézza [da *inquieto*; a. 1620] **sf.** *non com.* inquietudine.

inquièto [dal lat. *inquiētus*; a. 1342] **agg. 1.** che non ha quiete, agitato: *un ragazzo, un ammalato inquieto*; *sonno inquieto*, non tranquillo, disturbato || che ha l'animo turbato: *sono inquieto per la mancanza di notizie* || *lett.* tempestoso: *mare, cielo inquieto* **2.** crucciato, stizzito: *sono inquieto con te per le tue cattiverie* || **inquietaménte** **avv.** || **N. 1.** *Sin.* irrequieto, turbato; ansioso, impensierito, preoccupato **2.** *Sin.* irritato, risentito.

inquietùdine [dal lat. *inquietūdo, -inis*; a. 1342] **sf.** lo stato di chi è inquieto: *destare, provocare inquietudine* || *concr. meno com.* la causa che fa essere inquieto: *ho tante inquietudini* || **N.** *Sin.* affanno, agitazione, angustia, ansia, ansietà, apprensione, cruccio, nervosismo, pena, preoccupazione, smania, tormento, travaglio, trepidazione, turbamento.

inquilinàto [da *inquilino*; 1673] **sm.** *T.bur. non com.* lo stato, la condizione dell'essere inquilino.

inquilinìsmo [da *inquilino*; 1957] **sm.** *T.biol.* tipo di simbiosi di due specie animali che vivono una sul corpo dell'altra, oppure nello stesso spazio, senza danno reciproco || **N.** *Sin.* commensalismo.

inquilìno [dal lat. *inquilīnus*; 1318] **sm. 1.** chi, pagando un affitto, abita una casa o un appartamento di cui non è proprietario **2.** *T.biol.* animale che vive con un altro sul suo corpo o nel suo stesso spazio || **N. 1.** *Sin.* affittuario, pigionante.

inquinaménto [dal lat. *inquinamentum*; 1304 nel senso 2; 1869 nel senso 1] **sm. 1.** insieme di effetti nocivi causati da sostanze tossiche, liberate nell'aria, nell'acqua e nel suolo, perlopiù come conseguenza di attività umane, che alterano le condizioni naturali e l'equilibrio dell'ambiente: *inquinamento atmosferico, chimico, industriale*; *inquinamento acustico*, complesso dei danni provocati nell'uomo dal rumore eccessivo **2.** *fig.* contaminazione, corruzione: *inquinamento ideologico* || *T.giur. inquinamento delle prove*, reato di manomissione di prove giudiziarie per modificarle a proprio favore. **Q.T.** *ecologia.*

inquinànte (*ppr.* di *inquinare*) [1973] **I sm.** sostanza che provoca inquinamento **II agg.** che inquina: *agente inquinante.*

inquinàre (pres. *-ìno*) [dal lat. *inquināre*; a. 1342 nel senso 2] **tr. 1.** alterare l'equilibrio e le caratteristiche dell'ambiente con sostanze nocive: *gli scarichi delle fabbriche inquinano l'aria, l'acqua* || infettare: *la carogna di un animale ha inquinato il pozzo* **2.** *fig.* corrompere, contaminare: *inquinare le coscienze con dottrine pericolose* || *T.giur. inquinare le prove*, alterarle manomettendole || **intr. pron.** *non com.* diventare infetto.

inquinàto (*pps.* di *inquinare*) [sec. XIV] **agg.** che ha subito trasformazioni negative in seguito all'azione di sostanze infette, microorganismi e sim.; che subisce gli effetti negativi dell'inquinamento: *fiumi, mari inquinati*; *popolazione inquinata* || **N.** *Sin.* contaminato, infestato, infetto.

inquirènte [da *inquisire*; 1800] **I agg.** che svolge un'inchiesta, spec. giudiziaria: *magistrato, commissione inquirente* **II** anche **s.** (spec. *pl.*): *i fascicoli sequestrati sono al vaglio degli inquirenti.*

inquisìre (pres. *-ìsco, -ìsci*) [dal lat. *inquisītus*, pps. di *inquīrere*, far indagini; sec. XIV] **tr.** e **intr.** (aus. *avere*) indagare attentamente per accertare colpe e responsabilità: *inquisire su un traffico illecito* || *per estens.* cercare, svolgere accurate indagini spesso con eccessiva minuzia o con malignità: *inquisire sul passato di qualcuno* || **N.** *Sin.* investigare.

inquisitìvo [dal lat. *inquisitivus*; 1598] **agg.** *T.giur.* atto a inquisire: *l'opera inquisitiva del giudice istruttore.*

inquisitóre [dal lat. *inquisitor, -ōris*; a. 1348 come sm.] **I agg.** che inquisisce: *uno sguardo inquisitore*; *autorità inquisitrice* **II sm.** (f. *-trice*) *T.stor.* **1.** giudice del tribunale ecclesiastico dell'Inquisizione || *Grande Inquisitore*, capo dell'Inquisizione spagnola **2.** nella Repubblica di Venezia, nome di magistrati speciali che giudicavano reati politici.

inquisitòrio (pl. *-ri* e *-rii*) [da *inquisitore*; 1785 nel senso 2] **agg. 1.** relativo all'inquisizione: *attività inquisitoria* || *T.giur. sistema inquisitorio*, tipo di processo penale basato sulla documentazione scritta e sulla segretezza, in cui il giudice è dotato di ampi poteri nei confronti delle parti **2.** da inquisitore: *atteggiamento, cipiglio inquisitorio*, severo, oppressivo || **N. 2.** *Sin.* fiscale, inflessibile, ostile.

inquisizióne [dal lat. *inquisitio, -ōnis*; fine sec. XIII] **sf. 1.** *T.stor.* indagine condotta dall'autorità ecclesiastica per individuare e reprimere l'eresia || *concr. l'Inquisizione*, il tribunale ecclesiastico istituito per procedere contro gli eretici: *Inquisizione spagnola*; *Inquisizione romana*, Sant'Uffizio **2.** *per estens.* indagine, interrogatorio condotto con metodi autoritari, che ledono la libertà e i diritti dell'individuo **3.** *ant.* indagine, ricerca.

inquotàto [da *quotato*; 1967] **agg.** *T.banc.* di titolo non quotato sul mercato.

insabbiaménto [da *insabbiare*; 1869] **sm.** l'insabbiare e l'insabbiarsi, anche *fig.*

insabbiàre (pres. *-àbbio*) [comp. parasint. di *sabbia*; 1889] **tr. 1.** coprire di sabbia: *T.agr. insabbiare gli innesti*, per favorirne l'attecchimento **2.** *fig.* arrestare, non far procedere, detto di pratiche o di procedimenti d'ufficio: *insabbiare un'inchiesta* || ***rifl.*** coprirsi di sabbia, nascondersi nella sabbia: *molti crostacei si insabbiano quando avvertono un pericolo* || ***intr. pron.*** **1.** di imbarcazione, arenarsi, incagliarsi nella sabbia **2.** *fig.* detto di pratica, non procedere, bloccarsi: *la mia richiesta si è insabbiata* **3.** di porto, diventare di bassi fondali per l'accumulo di sabbia trascinata dalle correnti **4.** *fig. non com.* di persona, ritirarsi in un luogo appartato e vivere isolato || **N.** ***tr.*** **2.** *Sin.* bloccare, ostacolare.

insaccaménto [da *insaccare*; 1869] ***sm.*** l'atto e l'effetto dell'insaccare e dell'insaccarsi.

insaccàre (pres. *-àcco, -àcchi*) [comp. parasint. di *sacco*; 1313 nel senso 3] ***tr.*** **1.** mettere dentro uno o più sacchi: *insaccare il grano* || *fig. pop.* mangiare o bere avidamente e abbondantemente || *fig.* far indossare vestiti troppo larghi o malfatti: *all'arrivo in colonia ci hanno insaccati in una divisa* **2.** *per estens.* mettere carne tritata di maiale in budelli per farne salsicce, salami e sim. **3.** *fig.* stipare cose o persone dentro uno spazio chiuso e ristretto **4.** *ass.* nel linguaggio dei giornali sportivi, mandare il pallone in rete **5.** *fig.* nascondere, far rientrare: *insaccare il collo* || ***rifl.*** vestirsi in modo goffo: *ti sei insaccato nel cappotto di tuo padre* || ***intr. pron.*** **1.** entrare, pigiandosi e ammassandosi, in un luogo angusto **2.** comprimersi, accorciarsi per un forte contraccolpo conseguente a una caduta **3.** nel gergo calcistico, detto del pallone, andare in rete **4.** *T.mar.* gonfiarsi, detto delle vele quadre quando prendono il vento sulla superficie prodiera || **N.** ***tr.*** **1.** imballare; ingurgitare; infagottare **3.** *Sin.* accalcare, ammassare, ammucchiare, pigiare.

insaccàta [da *insaccare*; 1858] ***sf.*** **1.** colpo che si dà al sacco per pigiare meglio ciò che contiene || *per estens.* contraccolpo che si subisce ricadendo malamente **2.** *fig.* l'ammassarsi dei viaggiatori l'uno a ridosso dell'altro, in seguito ad una brusca frenata o accelerazione del veicolo che li trasporta **3.** *T.mar.* scossa che danno all'albero le vele che sono rovesciate dal vento.

insaccàto (*pps.* di *insaccare*) [1869] ***sm.*** **1.** (spec. *pl.*) salume fatto con carni insaccate: *produzione di insaccati* **2.** (f. *-a*) chi partecipa a una corsa nei sacchi. **TAV.** *alimentazione* 7.

insaccatóre [da *insaccare*; 1322] ***sm.*** (f. *-trìce*) **1.** operaio che insacca merci **2.** operaio che prepara carni insaccate.

insaccatrìce [da *insaccare*; 1941] ***sf.*** *T.tecn.* macchina per insaccare merci || macchina per preparare insaccati.

insaccatùra [da *insaccare*; 1398] ***sf.*** operazione dell'insaccare.

insacchettaménto [da *insacchettare*; 1957] ***sm.*** operazione dell'insacchettare prodotti per la vendita o frutti sull'albero per proteggerli da insetti e malattie.

insacchettàre (pres. *-étto*) [comp. parasint. di *sacchetto*; 1568] ***tr.*** chiudere in sacchetti la merce da vendere.

insacchettatrìce [da *insacchettare*; 1970] ***sf.*** *T.mecc.* macchina con cui si insacchettano merci.

in saecula saeculorum (lat., pr. it. [in 'sɛkula seku'lɔrum]) [letter. nei secoli dei secoli] ***loc. avv.*** per tutti i secoli dei secoli; è la fine di molte orazioni || *scherz.* sempre, in eterno.

insalàre (pres. *-àlo*) [comp. parasint. di *sale*; 1319] ***tr.*** *non com.* salare, mettere nel sale, condire col sale || ***intr. pron.*** *lett.* diventare salato, spec. detto di fiume che entra nel mare: *dove l'acqua di Tevere s'insala* (Dante).

insalàta [da *insalare*; a. 1342] ***sf.*** **1.** pietanza costituita da erbe o verdure crude o cotte, condite con sale, olio, aceto o limone: *insalata mista, di pomodori, di fagiolini, di patate* || *in insalata*, detto di verdure condite in questo modo: *porcini in insalata* || *fig. fam.* *mangiarsi uno in insalata*, essergli di gran lunga superiore || *per estens.* piatto freddo composto da vari ingredienti mescolati fra loro e conditi con salse (spec. maionese): *insalata russa, viennese, capricciosa; insalata di mare, di riso, di pollo* **2.** verdura che si mangia gen. cruda in insalata: *coltivare, lavare l'insalata* **3.** *fig.* mescolanza confusa e disordinata: *un'insalata di leggi, leggine e decreti* || *dim.* insalatìna; *accr.* insalatóna || **N.** **2.** cappuccina, cicoria, indivia, lattuga, radicchio, ricciolina, ruchetta, scarola.

insalatièra [da *insalata*; 1843] ***sf.*** recipiente per condire e portare l'insalata in tavola.

insaldàbile [da *saldabile*; a. 1667] ***agg.*** *non com.* che non si può saldare, anche *fig.*: *rotture insaldabili.*

insaldàre [da *saldare*; 1813] ***tr.*** *non com.* dare la salda d'amido || **N.** *Sin.* inamidare.

insaldatùra [da *saldatura*; 1869] ***sf.*** *non com.* l'insaldare.

insalivàre (pres. *-ìvo*) [comp. parasint. di *saliva*; a. 1920] ***tr.*** bagnare, umettare con saliva.

insalivazióne [da *insalivare*; 1833] ***sf.*** funzione fisiologica per cui i cibi, mentre vengono masticati, sono intrisi di saliva.

insalùbre [dal lat. *insalūbris*; a. 1595] ***agg.*** che nuoce alla salute: *clima, zona insalubre* || **N.** *Sin.* malsano, nocivo.

insalubrità [da *salubrità*; 1598] ***sf.*** *non com.* l'essere insalubre.

insalutàto [dal lat. *insalutātus*; 1598] ***agg.*** *lett.* non salutato || *partire insalutato ospite*, senza salutare, alla chetichella.

insalvàbile [da *salvabile*; a. 1729] ***agg.*** che non si può salvare.

insalvatichìre ***intr.*** *raro* v. INSELVATICHIRE.

insanàbile [dal lat. *insanābilis*; 1342 nel senso 2] ***agg.*** **1.** non sanabile, che non si può guarire || *fig.* a cui non si può porre rimedio: *è un conflitto, un errore insanabile* **2.** *fig.* che non si può placare: *odio insanabile* || **insanabilménte** ***avv.*** || **N.** **1.** *Sin.* incurabile, inguaribile; irreparabile, irrimediabile **2.** *Sin.* implacabile, irriducibile.

insanabilità [da *insanabile*; 1869] ***sf.*** l'essere insanabile.

insanguinaménto [da *insanguinare*; a. 1519] ***sm.*** *non com.* l'insanguinare, l'atto e l'effetto.

insanguinàre (pres. *-ànguino*) [comp. parasint. di *sangue*; 1319] ***tr.*** **1.** bagnare, macchiare di sangue: *la ferita aperta gli aveva insanguinato la camicia* **2.** *fig.* provocare strage, rovina e spargimento di sangue: *le guerre hanno insanguinato lungamente l'Italia* || ***rifl. indir.*** macchiarsi o bagnarsi di sangue: *insanguinarsi i vestiti* || *insanguinarsi le mani*, commettere un omicidio || ***intr.*** (aus. *avere*) *ant.* sanguinare.

insània [dal lat. *insānia*; sec. XIV] ***sf.*** **1.** stato di chi è malato di mente **2.** *concr.* atto o detto di persona insana || **N.** **1.** *Sin.* demenza, follia, pazzia.

insanìre (pres. *-ìsco, -ìsci*) [dal lat. *insanīre*; a. 1306 *ensanire*] ***intr.*** (aus. *essere*) *lett.* diventare insano, pazzo || **N.** *Sin.* impazzire.

insàno [dal lat. *insānus*; 1313] ***agg.*** **1.** *lett.* rif. a persona, folle, pazzo **2.** *più com.* rif. ad atti, sentimenti ecc., frutto della follia: *gesto insano* **3.** *fig. poet.* tempestoso, agitato, detto di fenomeni naturali || **insanaménte** ***avv.*** || **N.** **2.** *Sin.* folle, inconsulto, irragionevole.

insaponaménto [da *insaponare*; a. 1722] ***sm.*** *non com.* l'insaponare.

insaponàre (pres. *-óno*) [comp. parasint. di *sapone*; 1534 nel senso 2] ***tr.*** **1.** cospargere, spalmare di sapone: *insaponare il bucato, le mani, una corda* **2.** *fig. fam.* adulare || ***rifl.*** e ***rifl. indir.*** cospargersi e strofinarsi con schiuma di sapone: *insaponarsi il viso.*

insaponàta [da *insaponare*; 1936] ***sf.*** **1.** l'insaponare in fretta: *dare un'insaponata alle mani* **2.** *fig. non com.* adulazione, lisciata.

insaponatùra [da *insaponare*; 1869] ***sf.*** l'insaponare e l'insaponarsi.

insaporàre (pres. *-óro*) [dal lat. tardo *insaporāre*; a. 1321] ***tr.*** e ***intr. pron.*** insaporire.

insapóre o **insapóro** [da *sapore*; 1598] ***agg.*** che non ha alcun sapore: *liquido insapore.*

insaporìre (pres. *-ìsco, -ìsci*) [comp. parasint. di *sapore*; 1554] ***tr.*** dar sapore, rendere saporito: *insaporire una pietanza con le spezie* || ***intr. pron.*** diventare saporito.

insapùta [da *saputa*; 1812] ***sf.*** usato nelle loc. *all'insaputa di qualcuno, a mia insaputa* ecc., senza che nessuno (io ecc.) lo sappia.

insatùrabile [dal lat. *insaturābilis*; 1869] ***agg.*** **1.** *T.chim.* di composto o soluzione che non si può saturare **2.** *fig. lett.* insaziabile, incontentabile.

insàturo [da *saturo*; 1957] ***agg.*** *T.chim.* non saturo: *idrocarburo insaturo.*

insaziàbile [dal lat. *insatiābilis*; sec. XIV] ***agg.*** che non si riesce mai a soddisfare: *una fame, un'ambizione insaziabile*; anche rif. a persona, che non è mai sazio o *fig.* appagato || **insaziabilménte** ***avv.*** senza saziarsi mai || **N.** *Sin.* inappagabile, inestinguibile; ingordo, vorace.

insaziabilità [dal lat. tardo *insatiabilitas, -ātis*; a. 1347] ***sf.*** l'essere insaziabile.

insaziàto [dal lat. *insatiatus*; sec. XIV] ***agg.*** *lett.* che non è mai sazio o mai appagato: *brama insaziata.*

inscatolaménto [da *inscatolare*; 1942] ***sm.*** l'inscatolare.

inscatolàre (pres. *-àtolo*) [comp. parasint. di *scatola*; a. 1910] ***tr.*** mettere in scatola, spec. cibi: *inscatolare carne.*

inscatolatóre [da *inscatolare*; 1957] ***sm.*** (f. *-trìce*) operaio addetto ad inscatolare.

inscatolatrìce [da *inscatolare*; 1957] ***sf.*** macchina per inscatolare merci e prodotti.

inscenàre (pres. *-èno*) [comp. parasint. di *scena*; 1901] ***tr.*** **1.** mettere in scena: *inscenare un dramma* **2.** *fig.* simulare, spec. a scopo di inganno e con un certo dispiego di risorse: *inscenare un furto* || preparare, organizzare: *inscenare una dimostrazione* || **N.** **1.** *Sin.* allestire, rappresentare **2.** *Sin.* simulare; promuovere.

insciènte [dal lat. *insciens, -entis*; sec. XIV] ***agg.*** *lett.* che non sa || **inscienteménte** ***avv.*** senza sapere || **N.** *Sin.* ignaro, ignorante, inconsapevole.

insciènza [dal lat. *inscientia*; 1632] ***sf.*** *lett.* ignoranza, spec. non conoscenza di un fatto particolare.

inscindìbile [da *scindibile*; 1869] ***agg.*** non scindibile, che non si può separare, spec. *fig.*: *patto, legame inscindibile* || **inscindibilménte** ***avv.***; nella *loc. prep.* *inscindibilmente da* || **N.** *Sin.* indivisibile, inseparabile.

inscindibilità [da *inscindibile*; 1955] ***sf.*** l'essere inscindibile.

inscrittìbile [da *inscrivere*; 1607] ***agg.*** *T.geom.* che può essere inscritto.

inscrìvere (pres. *-ìvo* ecc., come SCRIVERE) [dal lat. *inscribere*; a. 1617] ***tr.*** **1.** *T.geom.* tracciare un poligono all'interno di una circonferenza in modo che tutti i vertici tocchino la circonferenza, oppure tracciare una circonferenza all'interno di un poligono in modo che sia tangente ai lati di questo; analogamente, *inscrivere un poliedro in una sfera*, costruirlo in modo che tutti i suoi vertici tocchino la superficie della sfera **2.** *non com.* iscrivere || ***intr. pron.*** collocarsi, inserirsi: *il rafforzamento degli organi di polizia si inscrive in un più vasto progetto di lotta alla delinquenza.*

inscrivìbile [da *inscrivere*; 1887] ***agg.***

T.geom. che si può inscrivere: *il triangolo equilatero è inscrivibile in una circonferenza.*

inscrizióne [dal lat. *inscriptio, -ōnis*; sec. XIV nel senso 2] **sf.** **1.** *T.geom.* l'inscrivere una figura geometrica dentro un'altra **2.** *raro* iscrizione.

inscrutàbile [dal lat. tardo *inscrutabilis*; a. 1342] **agg.** *non com.* che non si può scrutare || **N.** *Sin.* impenetrabile, imperscrutabile, incomprensibile, insondabile.

inscrutabilità [da *inscrutabile*; a. 1712] **sf.** *non com.* l'essere inscrutabile.

inscurìre (pres. *-ìsco, -ìsci*) [comp. parasint. di *scuro*; a. 1642] **tr.** rendere scuro || **intr.** (aus. *essere*) e **intr. pron.** diventare scuro, farsi scuro.

inscuṣàbile [da *scusabile*; a. 1645] **agg.** *non com.* inescusabile.

insecchìre (pres. *-ìsco, -ìsci*) [comp. parasint. di *secco*; 1550] **tr.** *non com.* rendere secco || **intr.** (aus. *essere*) e **intr. pron.** diventar secco || di persone, diventare magro || **N.** *Sin.* seccare | **intr.** affilarsi, allampanare, assottigliarsi, consumarsi, dimagrire, emaciarsi, improsciuttire, scarnire, scheletrirsi, smagrire.

insecutóre [dal lat. *insecūtor, -ōris*; a. 1828] **sm.** (f. *-trìce*) *raro* inseguitore.

insediaménto [da *insediare*; 1869] **sm.** **1.** l'atto dell'insediare e dell'insediarsi: *assistere all'insediamento del presidente eletto* **2.** *T.geogr.* stanziamento umano: *insediamento temporaneo*; *insediamento urbano, agricolo.* **Q.T.** *ecologia.*

insediàre (pres. *-èdio*) [comp. parasint. di *sedia*; a. 1580] **tr.** mettere ufficialmente in possesso di un ufficio o sim.: *insediare la giunta comunale* || **intr. pron.** **1.** prendere possesso di un ufficio, assumere una carica: *insediarsi a Palazzo Madama* **2.** prender sede, stabilirsi: *gli zingari si sono insediati alle porte della città* || **N.** **tr.** *Sin.* investire | **intr. pron.** **2.** *Sin.* installarsi, stabilirsi, stanziarsi.

insegàre o **insevàre** (pres. *-égo, -éghi* o *-évo*) [comp. parasint. di *sego*; 1925] **tr.** *non com.* ungere di sego.

inségna [dal lat. *insignia*; a. 1294 nel senso 3] **sf.** **1.** qualunque contrassegno che indichi la qualità, il grado, la dignità di una persona: *insegne consolari, reali, papali*; *deporre le insegne*, rinunciare a una carica, a una dignità || spec. *pl.* decorazione di ordini cavallereschi o di onorificenze: *le insegne della legion d'onore* **2.** stemma di una città o di una famiglia: *militare sotto le insegne dei Visconti*; *l'insegna di Venezia è il leone di San Marco* || *in part.* contrassegno che gli editori mettono sul frontespizio di un libro stampato **3.** bandiera, vessillo che serve a identificare un reparto militare: *le insegne dei legionari*; *alzare le insegne*, iniziare un'impresa; *abbandonare le insegne*, disertare || *T.mar.* bandiera speciale che segnala la presenza a bordo di un'autorità militare o civile || *per estens.* distintivo che simboleggia un partito, una squadra, un'associazione: *militare sotto le insegne di un partito*, partecipare attivamente all'attività politica che svolge **4.** motto programmatico, talvolta scritto su uno stemma; regola di condotta: *"non arrendersi mai" era la sua insegna* || *all'insegna di*, in modo conforme a: *un ricevimento all'insegna del lusso* **5.** raffigurazione dipinta o scolpita, oppure, oggi, cartello o scritta, spesso luminoso, posto all'esterno di negozi e locali pubblici: *una vecchia insegna in ferro battuto*; *l'insegna al neon di un albergo, di un bar*; *insegna pubblicitaria* || *per estens.* cartello indicatore: *insegne stradali* **6.** *ant.* segno, indicazione || **N.** **1.** *Sin.* distintivo, simbolo **2.** *Sin.* arme **3.** *Sin.* gonfalone, labaro, stendardo **5.** *Sin.* scritta, tabella, targa.

insegnàbile [da *insegnare*; a. 1729] **agg.** che si può insegnare.

insegnaménto [da *insegnare*; a. 1292] **sm.** **1.** l'azione e la professione di insegnare: *dedicarsi all'insegnamento universitario, metodo d'insegnamento, materie d'insegnamento* **2.** *concr.* ciò che viene insegnato, precetto: *seguire gli insegnamenti paterni, l'insegnamento crociano* || **N.** **1.** *Sin.* educazione, istruzione, lezione, spiegazione | elementare, facoltativo, laico, libero, medio, obbligatorio, pratico, primario, privato, pubblico, religioso, secondario, statale, superiore, teorico, universitario | esercitare, impartire, ricevere | SCUOLA **2.** *Sin.* ammaestramento, consiglio, dottrina.

insegnànte (*ppr.* di *insegnare*) [a. 1419 come agg.] **I s.** chi insegna, chi esercita la professione di insegnare: *avere un buon insegnante di lettere, insegnante elementare*, maestro; *insegnante medio, di scuola superiore, universitario*, professore **II agg.** nelle loc. *corpo insegnante*, l'insieme degli insegnanti di una scuola; *personale insegnante*, la categoria dei docenti || **N.** **I** *Sin.* docente, istitutore, istruttore, maestro, pedagogo, precettore, professore.

insegnàre (pres. *-égno*) [lat. tardo *insignāre*; sec. XIII] **tr.** **1.** fornire cognizioni teoriche o pratiche in modo che altri apprendano: *insegnare la grammatica, l'inglese*; *insegnare a ballare*; *m'insegni come si guida un fuoristrada?* || esercitare la professione di insegnante, anche *ass.*: *insegna matematica, insegnare in un istituto sperimentale* || *in part.* fare imparare a memoria: *insegnare una poesia, le tabelline* **2.** *per estens.* dare indicazioni e consigli sul comportamento, il modo di vivere e sim., anche *ass.*: *insegnare l'educazione, insegnare a rispettare la natura*; *l'esperienza insegna* || per esprimere rimprovero o minaccia: *chi ti ha insegnato a sputare per terra?, un'altra volta te lo insegno io a insultare i tuoi genitori!* || *lei m'insegna che..., come tu m'insegni...*, formule che esprimono cortesia o ironia, con cui si introduce qualcosa di ovvio e noto all'interlocutore **3.** indicare: *gli insegnò la strada da prendere* || **N.** **1.** *Sin.* istruire, spiegare **2.** *Sin.* ammaestrare, educare, indirizzare **3.** *Sin.* additare, mostrare.

insegnatìvo [da *insegnare*; 1661] **agg.** *non com.* che riguarda l'insegnare || **N.** *Sin.* didascalico, didattico.

insegnucchiàre (pres. *-ùcchio*) [da *insegnare*; 1869] **tr.** *non com.* insegnare poco e piuttosto male.

inseguiménto [da *inseguire*; 1869] **sm.** **1.** l'inseguire: *gettarsi all'inseguimento di qualcuno* **2.** *T.sport.* nel ciclismo, gara su pista, a cronometro, tra corridori che partono distanziati di mezzo giro: *inseguimento a squadre, individuale.*

inseguìre (pres. *-éguo*) [dal lat. *insequi*; 1677] **tr.** **1.** correre dietro a qualcuno per raggiungerlo: *inseguire un ladro, il nemico* || anche *ass.*, nelle gare sportive (spec. ciclistiche): *il gruppo insegue a due minuti* **2.** *fig.* cercare di raggiungere, vagheggiare: *inseguire un sogno, un ricordo* || di sentimenti, assillare, incalzare: *essere inseguito dai rimorsi* || **rec.** corrersi dietro: *le nuvole si inseguono nel cielo* || **N.** **1.** *Sin.* incalzare, rincorrere, seguire, tallonare **2.** *Sin.* perseguire.

inseguitóre [da *inseguire*; 1928] **I sm.** (f. *-trice*) **1.** chi insegue, incalza: *seminare gli inseguitori* || freq. rif. ai partecipanti a una gara sportiva: *il gruppo degli inseguitori guadagna terreno* **2.** *T.sport.* nel ciclismo, atleta specializzato nelle gare d'inseguimento **II agg.** che insegue: *gruppo inseguitore.*

insellaménto [da *insellare*; 1889] **sm.** **1.** l'atto e l'effetto dell'insellare e dell'essere insellato **2.** *T.mar.* deformazione ad arco dello scafo di una nave, quando viene eccessivamente caricata nella parte centrale oppure viene a trovarsi con la parte centrale nel cavo di un'onda.

insellàre (pres. *-èllo*) [comp. parasint. di *sella*; 1568] **tr.** **1.** *non com.* sellare **2.** far montare in sella **3.** incurvare in forma di sella || **intr. pron.** **1.** montare in sella **2.** incurvarsi.

insellatùra [da *insellare*; 1940] **sf.** curvatura a forma di sella || *T.zoot.* l'incavatura del dorso negli animali, spec. equini in seguito alle pressioni e trazioni esercitate da un peso || *per estens.* avvallamento di un rilievo.

inselvàrsi (pres. *-élvo*) [comp. parasint. di *selva*; 1480] **intr. pron.** *lett.* **1.** nascondersi, addentrarsi in una selva **2.** diventare fitto come una selva.

inselvatichìre (pres. *-ìsco, -ìsci*) [comp. parasint. di *selvatico*; a. 1342 *insalvatichire*] **tr.** rendere selvatico, spec. *fig.*: *la solitudine lo ha inselvatichito* || **intr.** (aus. *essere*) e **intr. pron.** diventare selvatico, anche *fig.*: *un cane, una pianta, un terreno che (si) è inselvatichito.*

insemenzaménto [comp. parasint. di *semenza*; 1970] **sm.** *T.med.* deposizione di germi in un apposito terreno di coltura, per favorirne l'accrescimento.

inseminàre (pres. *-émino*) [dal lat. *insemināre*, seminare dentro, fecondare; 1957] **tr.** *T.biol.* introdurre il seme maschile negli organi genitali femminili, spec. nelle fecondazioni articiali || **N.** fecondare.

inseminàto[1] *pps.* di *inseminare.*

inseminàto[2] [da *seminato*; 1807] **agg.** *lett.* non seminato || *per estens.* abbandonato, incolto, deserto: *ed oggi nella Troade inseminata* (Foscolo).

inseminazióne [da *inseminare*; 1948] **sf.** *T.biol.* operazione dell'inseminare: *inseminazione artificiale*, fecondazione artificiale.

insenatùra [comp. parasint. di *seno*; a. 1742] **sf.** piccola rientranza nella costa del mare o nelle sponde dei laghi e dei fiumi || **N.** baia, golfo, rada, seno.

insensatàggine [da *insensato*; a. 1533] **sf.** *non com.* insensatezza.

insensatézza [da *insensato*; a. 1686] **sf.** l'essere insensato || *concr.* atto o detto di persona insensata || **N.** *Sin.* balordaggine, sciocchezza, stupidaggine.

insensàto [dal lat. tardo *insensatus*; a. 1321] **I agg.** **1.** rif. a persona, che non ha senno, senza giudizio **2.** rif. a cosa, che rivela mancanza di buon senso o di ragionevolezza: *ti stai comportando in modo insensato*; *dire cose insensate*, senza significato **3.** *lett.* stordito, insensibile || **insensataménte** **avv.** **II sm.** (f. *-a*) persona priva di buon senso: *agire da insensato* || **N.** **I** **1.** *Sin.* dissennato, sciocco, scriteriato, stolto, stupido **2.** *Sin.* assurdo.

insensìbile [dal lat. tardo *insensibilis*; sec. XIV] **I agg.** **1.** rif. a persona, che non prova sensazioni fisiche o emozioni oppure che le sa dominare: *essere insensibile al freddo, alla pietà* **2.** tanto piccolo da non essere avvertito dai sensi; *per estens.* impercettibile: *variazione, spostamento insensibile*; *il malato ha avuto un miglioramento insensibile* **3.** *ant.* inerte, privo di vita || **insensibilménte** **avv.** **II s.** persona che manca di sensibilità || **N.** **I** **1.** *Sin.* freddo, impassibile, indifferente **2.** *Sin.* inavvertibile.

insensibilità [dal lat. *insensibilitas, -ātis*; a. 1357] **sf.** l'essere insensibile; mancanza di sensibilità: *insensibilità al dolore* || **N.** *Sin.* apatia, impassibilità, imperturbabilità, indifferenza.

inseparàbile [dal lat. *inseparābilis*; a. 1320] **I agg.** che non si può separare: *amici inseparabili* || **inseparabilménte** **avv.**; anche nella *loc. prep. inseparabilmente da* **II sm.** (spec. *pl.*) nome di pappagallini africani che hanno l'abitudine di vivere in coppia || **N.** **I** *Sin.* indivisibile, inscindibile.

inseparabilità [dal lat. tardo *inseparabilitas, -ātis*; a. 1396] **sf.** l'essere inseparabile: *l'inseparabilità dei beni.*

inseparàto [dal lat. *inseparātus*; prima metà sec. XIV] ***agg.*** *non com.* non separato.

insepólto [dal lat. *insepultus*; sec. XIV] ***agg.*** e ***sm.*** (f. *-a*) chi, che non è stato sepolto: *corpo, cadavere insepolto.*

insequestràbile [da *sequestrabile*; 1869] ***agg.*** *T.giur.* che non si può per legge sequestrare: *bene insequestrabile.*

insequestrabilità [da *sequestrabilità*; 1940] ***sf.*** *T.giur.* l'essere insequestrabile.

inseriménto [da *inserire*; 1620] ***sm.*** l'inserire e l'inserirsi, nei vari sensi del verbo: *l'inserimento di un nuovo capitolo del testo; problemi di inserimento nella società* || **N.** *Sin.* immissione, inclusione, inserzione, introduzione.

inserire (pres. *-ìsco, -ìsci*) [dal lat. *inserere*; a. 1557] ***tr.*** **1.** mettere una cosa dentro un'altra: *inserire la spina nella presa, inserire l'aggancio nell'apposito foro* || collocare una cosa fra le altre: *inserire un documento nel fascicolo* **2.** *fig.* introdurre un elemento, gen. secondario, in un complesso organico: *inserire una parola nel discorso, una clausola nel contratto* || far pubblicare: *inserire un articolo, un annuncio sul giornale* **3.** *ant.* innestare || ***intr. pron.*** **1.** entrare a far parte, adattarsi: *inserirsi in un ambiente, nella società; inserirsi in una discussione,* intervenire **2.** congiungersi, essere attaccato: *l'òmero si inserisce nella spalla* || **N.** ***tr.*** **1.** *Sin.* immettere, incastrare, infilare, innestare, introdurre **2.** *Sin.* includere | ***intr. pron.*** **1.** *Sin.* integrarsi **2.** *Sin.* attaccarsi, innestarsi.

inseritóre [da *inserire*; 1957] ***sm.*** **1.** dispositivo che collega un apparecchio elettrico alla linea che distribuisce l'energia **2.** (f. *-trice*) *raro* chi inserisce || **N.** **1.** *Sin.* sommatore.

inseritrìce [da *inserire*; 1957] ***sf.*** *T.tecn.* macchina che in una serie di schede perforate ne seleziona alcune o ne introduce altre secondo un ordine dato.

insertàre (pres. *-èrto*) [comp. parasint. di *serto*; a. 1566] ***tr.*** *lett. raro* intrecciare, intessere; inserire, innestare: *e reni s'insertavano ai lombi* (D'Annunzio).

insèrto [da *inserire*; 1582 nel senso 2] **I *sm.*** **1.** foglio o fascicolo inserito in un libro o in un giornale: *un inserto a colori sul bicentenario della Rivoluzione Francese* || breve filmato introdotto in una trasmissione televisiva o in un film, che ne interrompe la continuità: *inserto pubblicitario* **2.** *T.bur.* fascicolo di carte e documenti che riguardano tutti uno stesso affare **3.** in un capo d'abbigliamento, applicazione realizzata in materiale o tessuto diverso da quello di base: *un cardigan con inserti in pelle* **4.** *ant.* innesto **II *agg.*** *lett.* inserito, innestato || **N.** I **2.** *Sin. dossier,* incartamento.

inservìbile [da *servibile*; a. 1835] ***agg.*** che non serve più all'uso cui era destinato; di cui non ci si può più servire: *rendere uno strumento inservibile* || **N.** *Sin.* fuori uso, inutile, inutilizzabile.

inservìènte [dal lat. *inservīens, -ientis*; a. 1808] ***s.*** **1.** chi è addetto alla pulizia o ai lavori pesanti in aziende, uffici, ospedali e sim. **2.** *disus.* chi serve il sacerdote durante le funzioni religiose || **N.** **2.** *Sin.* ministro.

inserzionàre (pres. *-óno*) [da *inserzione*; 1963] ***intr.*** (aus. *avere*) mettere, far pubblicare un'inserzione sui giornali.

inserzióne [dal lat. tardo *insertio, -ōnis*; a. 1492] ***sf.*** **1.** l'atto e l'effetto dell'inserire: *l'inserzione di un fascicolo in una pratica* **2.** *concr.* annuncio economico o pubblicitario pubblicato a pagamento su quotidiani e periodici: *leggere un'inserzione, rispondere a un'inserzione* **3.** *concr. T.anat.* attacco di un muscolo o di un tendine su un osso. **Q.T.** ***pubblicità.***

inserzionìsta [da *inserzione*; 1942] ***s.*** chi fa pubblicare una inserzione pubblicitaria o un annuncio economico sui giornali || anche in funzione aggettivale: *ditta inserzionista.* **Q.T.** ***pubblicità.***

inserzionìstico (pl. *-ci*) [da *inserzionista*; 1942] ***agg.*** che si riferisce alle inserzioni su giornali.

insessóre [dal lat. *insessor, -ōris,* che sta seduto sopra; 1933] ***agg.*** *T.zool. piede insessore,* in alcuni uccelli, piede fornito di un pollice lungo e di dita libere alla base, che permette di appollaiarsi sui rami.

insettàrio (pl. *-ri*) [da *insetto*; 1940] ***sm.*** luogo appositamente preparato per l'allevamento degli insetti a scopo di studio o per esporli al pubblico.

insetticìda [comp. di *insetto* e *-cida*; 1869] **I *agg.*** detto di sostanza che, per la sua tossicità, distrugge gl'insetti: *polvere, liquido insetticida, azione insetticida* **II** anche ***sm.***: *ricorrere a un potente insetticida* || **N.** II fitofarmaco.

insettìfugo (pl. *-ghi*) [comp. di *insetto* e *-fugo*; 1933] ***agg.*** e ***sm.*** detto di sostanza atta a tener lontani gli insetti dall'uomo: *pomata insettifuga.*

insettìvoro [comp. di *insetto* e *-voro*; a. 1730] **I *agg.*** detto di animale, che si ciba spec. di insetti **II *sm. pl.*** *T.zool.* ordine di mammiferi, di piccole dimensioni, con il muso allungato, che si cibano prevalentemente di insetti. **Q.T.** *zoologia* **TAV.** ***mammiferi* p. 1318.**

insètto [dal lat. *insectum*; a. 1498] ***sm.*** **1.** *T.zool.* nome di tutti gli animali appartenenti a una classe di Artropodi, comprendente circa un milione di specie; sono caratterizzati dall'avere lo scheletro esterno coperto di chitina e il corpo diviso in tre parti (testa, torace, addome); il torace porta inferiormente tre paia di arti e dorsalmente uno o due paia di ali || *impropr.* il termine è talvolta esteso a designare altri artropodi esteriormente simili (spec. ragni e aracnidi in gen.) **2.** *fig. spreg.* rif. a persone, essere meschino, parassita || *dim.* insettìno, insettùccio; *pegg.* insettàccio || **N.** **1.** anofele, ape, baco da seta, blatta, bombo, calabrone, cavalletta, cavolaia, cervo volante, cetonia, cicala, cimice, coccinella, cocciniglia, effimera, farfalla, filossera, forficula, formica, grillo, libellula, locusta, lucciola, maggiolino, mantide, mosca, pesciolino d'argento, pidocchio, pulce, saturnia, scarabeo, scarafaggio, tafano, termite, tignola, vanessa, vespa, zanzara | bruco, larva; crisalide, ninfa, pupo | entomologia. **Q.T.** ***animali, zoologia.***

insettologìa [comp. di *insetto* e *-logia*; a. 1799] ***sf.*** *non com.* entomologia.

insettòlogo (pl. *-gi*) [comp. di *insetto* e *-logo*; a. 1730] ***sm.*** *non com.* entomologo.

insevàre V. INSEGARE.

insicurézza [da *sicurezza*; a. 1937] ***sf.*** mancanza di sicurezza, di stabilità: *vivere nell'insicurezza economica* || *senso di insicurezza,* condizione di perplessità e incertezza, accompagnata da ansia, causata da condizioni oggettive di instabilità o psicologiche di mancanza di fiducia in se stessi || **N.** *Sin.* incertezza, indecisione, perplessità, smarrimento.

insicùro [da *sicuro*; 1905] **I *agg.*** **1.** rif. a persona, che manca di sicurezza, di fiducia in se stesso: *sentirsi insicuro, un bambino timido e insicuro* || *per estens.* che rivela insicurezza e incertezza: *una risposta insicura* **2.** che non dà affidamento, che non offre garanzie di sicurezza e stabilità: *un ponte insicuro, un posto di lavoro insicuro* **II *sm.*** (f. *-a*) persona insicura: *si comporta con eccessiva timidezza perché è un insicuro* || **N.** I **1.** *Sin.* indeciso, irresoluto, perplesso **2.** *Sin.* incerto, malsicuro.

insìdia [dal lat. *insidia*; a. 1321 nel senso 2] ***sf.*** **1.** inganno preparato di nascosto contro qualcuno per danneggiarlo: *tendere, preparare, macchinare un'insidia; sfuggire a un'insidia* **2.** *per estens.* pericolo nascosto: *le insidie del mare, della montagna* || *fig.* allettamento a cui si cede facilmente e che costituisce un pericolo: *le insidie della bellezza, del consumismo* || **N.** **1.** *Sin.* agguato, imboscata, macchinazione, trabocchetto, tranello, trappola **2.** lusinga.

insidiàre (pres. *-ìdio*) [dal lat. *insidiāri*; 1353] ***tr.*** tendere insidie: *insidiare un reparto militare; insidiare il buon nome di qualcuno* || *disus.* o *scherz. insidiare una donna,* tentare di sedurla || ***intr.*** (aus. *avere*) si costruisce con la preposizione *a*: *insidiare all'onore, alla vita di qualcuno.*

insidiatóre [dal lat. *insidiātor, -ōris*; a. 1332] ***sm.*** (f. *-trice*) *non com.* chi insidia.

insidióso [dal lat. *insidiōsus*; a. 1396 ca.] ***agg.*** che è fatto con insidia, che nasconde un tranello, un pericolo: *domanda, malattia, proposta insidiosa* || di persona che tende insidie: *gente insidiosa* || **insidiosaménte** ***avv.***

insième [lat. volg. **insemul,* class. *insimul*; sec. XIII] **I *avv.*** **1.** indica unione, compagnia: *andare a sciare insieme; vivere insieme,* convivere; *una gonna e una camicetta che stanno bene insieme,* che si intonano, che armonizzano; *due ragazzi che stanno bene insieme,* che vanno d'accordo || preceduto da *tutti, tutti quanti* indica totalità: *siamo andati al cinema tutti quanti insieme* **2.** indica coesione, associazione: *tenere insieme un gruppo di amici,* tenerli uniti; *una costruzione che non sta più insieme,* che si disgrega, che va in pezzi || *mettere insieme,* raccogliere, radunare: *ha messo insieme più di mille volontari; mettere insieme i pezzi di un meccanismo,* assemblarli; accumulare: *ha messo insieme un bel patrimonio;* comporre, formulare: *mettere insieme il discorso inaugurale* || *mettersi insieme,* associarsi; *stare (mettersi) insieme,* avere (iniziare) una relazione sentimentale || preceduto da *tutto, tutto quanto* indica totalità: *vendere tutto insieme,* in blocco **3.** indica contemporaneità, simultaneità: *sono arrivati all'appuntamento insieme, una vacanza di studio e divertimento insieme; parlare e lagrimar vedrai insieme* (Dante) || *bere tutto quanto insieme,* in una sola volta **4.** indica reciprocità: *obbligarsi insieme a rispettare le scadenze; popoli avversi affratellati insieme* (Giusti) **II** nelle ***loc. prep.*** *insieme a, insieme con* indica compagnia o contemporaneità: *spedisci il curriculum insieme con una foto, il freddo è arrivato insieme al maltempo* **III *sm.*** **1.** totalità costituita da singoli elementi, complesso: *un insieme di dati, di edifici; l'insieme dei contribuenti, nell'insieme abbiamo fatto un buon lavoro, considerare la proposta nel suo insieme, dare una visione d'insieme* **2.** *T.mat.* aggregato di elementi non necessariamente omogenei considerati come un tutto unico: *teoria degli insiemi; insieme vuoto,* senza elementi; *finito,* con un numero finito di elementi; *insieme potenza,* di un insieme, l'insieme dei suoi sottoinsiemi **3.** serie di capi di vestiario coordinati, fatti per essere indossati insieme: *un insieme sportivo, da sera* **4.** *non com.* accordo, armonia: *una compagnia che manca d'insieme, suonare con un perfetto insieme* || **N.** III **1.** *Sin.* agglomerato, ammasso, complesso, mucchio, somma, totalità **2.** *Sin.* classe, collezione **3.** *Sin.* completo, *parure.* **Q.T.** *matematica...*

insiemìstica [da *insieme*; 1973] ***sf.*** *T.mat.* il complesso delle teorie e nozioni fondate sul concetto matematico di insieme.

insiemìstico (pl. *-ci*) [da *insiemistica*; 1970] ***agg.*** *T.mat.* relativo all'insiemistica, proprio dell'insiemistica || che si riferisce a un insieme matematico.

insìgne [dal lat. *insignis*; a. 1472] ***agg.*** che si distingue per doti, meriti, qualità eccezionali: *un insigne pittore, uno scienziato insigne* || *per estens.* rif. a cosa, di grande valore e pregio: *opera, monumento insigne; meriti insigni* || **N.** *Sin.* celebre, eccellente, famoso, illustre; grande, straordinario.

insignificàbile [da *significabile*; 1881] ***agg.***

raro che non si può esprimere ‖ **N.** *Sin.* indicibile, ineffabile.

insignificànte [dall'ingl. *unsignificant*; 1726] **agg. 1.** che significa poco o nulla: *parole insignificanti* **2.** poco espressivo; privo di personalità: *un volto, una persona, un artista insignificante* **3.** di scarso valore: *una poesia insignificante* ‖ di poca importanza: *un errore insignificante; un'insignificante divergenza di opinioni* ‖ **N. 2.** *Sin.* banale, mediocre **3.** *Sin.* futile, irrilevante, trascurabile.

insignìre (pres. *-ìsco, -ìsci*) [dal lat. *insignīre*; 1590] **tr.** onorare con il conferimento di titoli e onorificenze: *insignire della Legion d'onore, del titolo di cavaliere del lavoro* ‖ **N.** *Sin.* decorare, fregiare.

insignorìre (pres. *-ìsco, -ìsci*) [comp. parasint. di *signore*; a. 1519] **tr.** *lett.* rendere signore di un luogo, di un territorio: *insignorire qualcuno di un feudo* ‖ **intr. pron.** diventare signore o padrone, impossessarsi: *insignorirsi della città* ‖ **intr.** (aus. *essere*) *non com.* diventare ricco ‖ **N. intr. pron.** *Sin.* impossessarsi, usurpare, IMPADRONIRSI.

insilàggio (pl. *-gi*) [da *insilare*; 1983] **sm.** *T.agr.* insilamento.

insilaménto [da *insilare*; 1931] **sm.** *T.agr.* l'operazione dell'insilare ‖ *in part.* processo di conservazione dei foraggi verdi o semiessiccati mediante compressione all'interno del silo ‖ **N.** *Sin.* silaggio.

insilàre (pres. *-ìlo*) [comp. parasint. di *silo*; 1935] **tr.** *T.agr.* mettere cereali, foraggio e sim. nel silo.

insilatrìce [da *insilare*; 1957] **sf.** *T.agr.* macchina per il riempimento dei sili.

insincerità [dal lat. tardo *insinceritas, -ātis*; 1640] **sf.** l'essere insincero, mancanza di sincerità ‖ **N.** *Sin.* doppiezza, falsità, finzione, ipocrisia.

insincèro [dal lat. *insincērus*; 1598] **agg.** non sincero, che manca di schiettezza e lealtà: *una ragazza insincera, complimenti insinceri* ‖ *uno stile insincero*, artificioso ‖ **insinceraménte avv.** ‖ **N.** *Sin.* bugiardo, falso, ipocrita, menzognero.

insindacàbile [da *sindacabile*; 1869] **agg.** che non si può sindacare, che non può essere messo in dubbio o criticato: *un giudizio insindacabile* ‖ **insindacabilménte avv.** ‖ **N.** *Sin.* incontestabile, indiscutibile.

insindacabilità [da *insindacabile*; 1848] **sf.** l'essere insindacabile.

insìno [comp. di *in* e *sino*; 1306] **prep.** e **avv.** infino.

insinuàbile [da *insinuare*; a. 1704] **agg.** *non com.* che si può insinuare.

insinuànte (*ppr.* di *insinuare*) [1683] **agg.** che si insinua, che cerca di insinuarsi ‖ *fig.* suggestivo, carezzevole, lusinghiero: *parole insinuanti* ‖ **N.** *Sin.* dolce, suadente.

insinuàre (pres. *-ìnuo*) [dal lat. *insinuāre*; 1563 come intr. pron. nel senso 2] **tr. 1.** mettere dentro a poco a poco: *insinuò il fil di ferro nel buco della serratura* **2.** *più com. fig.* far nascere in qualcuno un sospetto, un dubbio, un'idea, mediante allusioni e mezze parole: *insinuare la gelosia nell'animo* ‖ formulare accuse indirettamente o in modo velato: *che cosa vorresti insinuare con questo? che la colpa è mia?* **3.** *T.giur. insinuare un credito*, in una procedura fallimentare, presentare al giudice delegato la richiesta di essere ammesso nella lista dei creditori ‖ **intr. pron. 1.** infiltrarsi, penetrare: *una lingua di mare che si insinua nella terraferma; l'odio si è insinuato tra di loro* **2.** inserirsi in un ambiente più o meno subdolamente: *insinuarsi nell'alta società* ‖ *insinuarsi nelle grazie di qualcuno*, cercare di accattivarsene il favore a proprio vantaggio ‖ **N. tr. 1.** *Sin.* infilare, introdurre **2.** *Sin.* instillare, ispirare, suscitare.

insinuatóre [dal lat. *insinuator, -ōris*; a. 1861] **agg.** e **sm.** (f. *-trìce*) *non com.* chi o che insinua.

insinuazióne [dal lat. *insinuātio, -ōnis*; 1680] **sf. 1.** l'insinuare e l'insinuarsi **2.** *più com. fig.* accusa maligna fatta subdolamente e senza prove: *fare basse insinuazioni sul conto di qualcuno* **3.** *T.giur.* domanda con cui il creditore di un fallito chiede di essere ammesso nella lista dei creditori ‖ **N. 1.** *Sin.* inserimento, introduzione **2.** *Sin.* allusione, calunnia, diffamazione, malignità.

insipidézza [da *insipido*; 1623] **sf.** l'essere insipido, anche *fig.* ‖ *concr. non com.* atto o discorso insipido.

insipidìre (pres. *-ìsco, -ìsci*) [da *insipido*; 1806] **intr.** (aus. *essere*) diventare insipido; perdere il sapore ‖ **tr.** *raro* rendere insipido ‖ *fig.* privare di brio, di spirito: *questo riassunto ha insipidito tutta la vivacità della narrazione.*

insipidità [da *insipido*; a. 1540] **sf.** *non com.* insipidezza.

insìpido [dal lat. tardo *insipidus*; 1353] **agg. 1.** che non ha alcun sapore o non è abbastanza saporito: *la minestra è insipida* **2.** *fig.* che è senza spirito o vivacità: *una frase, una commedia insipida* ‖ rif. a persona, che manca di personalità, insignificante: *è una ragazza insipida* ‖ **N. 1.** *Sin.* scipito | *Contr.* saporito **2.** *Sin.* banale, insulso, piatto, scialbo.

insipiènte [dal lat. *insipiens, -entis*; sec. XIV] **agg.** *lett.* ignorante e sciocco ‖ **insipienteménte avv.** *non com.* con insipienza.

insipiènza [dal lat. *insipientia*; sec. XIV] **sf.** l'essere insipiente ‖ **N.** *Sin.* ignoranza, stoltezza, stupidità.

insistènte (*ppr.* di *insistere*) [1842] **agg. 1.** che insiste nel fare, nel chiedere e sim., talvolta fino a dare noia o ad essere indiscreto: *un ammiratore, un giornalista insistente* ‖ *per estens.* fatto, ripetuto con insistenza: *richieste, domande insistenti* **2.** che non cessa: *pioggia insistente* ‖ **insistenteménte avv.** ‖ **N. 1.** *Sin.* importuno, indiscreto, invadente, ostinato, petulante **2.** *Sin.* continuo, incessante, persistente.

insistènza [da *insistere*; sec. XIV] **sf. 1.** l'insistere; perseveranza nel chiedere, o nel fare una cosa: *mi ha chiesto con insistenza di te* ‖ *concr.* domanda, richiesta insistente: *cedere alle insistenze di qualcuno* **2.** continuità, persistenza: *la neve è caduta con insistenza per due giorni* ‖ **N. 1.** *Sin.* ostinazione, petulanza.

insìstere (pps. *insistito*) [dal lat. *insistere*; sec. XIV] **intr.** (aus. *avere*) **1.** perseverare con ostinazione nel dire, nel fare qualcosa: *insistere su un argomento, in una ricerca; insistere a voler andare, insistere per essere ricevuto, insiste che vada a trovarlo al più presto*; anche *ass.*: *è inutile che insista, ho già detto di no; se proprio insisti, lo prendo* **2.** *lett.* star sopra, poggiare; talvolta usato nel linguaggio tecnico: *un edificio che insiste su un terreno franoso* ‖ *fig. T.geom. angolo che insiste su un arco*, i cui lati passano per gli estremi dell'arco ‖ **N. 1.** *Sin.* ostinarsi, persistere.

ìnsito [dal lat. *insitus*; sec. XIV] **agg.** *lett.* ingenito, posto in qualcuno o qualcosa dalla natura: *l'istinto di sopravvivenza è insito nell'uomo* ‖ implicito, racchiuso: *nel suo commento era insita la disapprovazione del nostro operato* ‖ **N.** *Sin.* connaturato, innato, radicato.

in situ (lat., pr. it. [in 'situ]) [letter. nel sito; 1957] **loc. avv.** sul posto, nel luogo preciso in cui si è verificato qualcosa: *indagini svolte in situ.*

insociàbile [dal lat. tardo *insociābilis*; sec. XIV *insoziabile*] **agg.** *non com.* **1.** rif. a persona, che non è adatto a vivere in società **2.** *fig.* rif. a cosa, che non può accordarsi o essere associata con altre ‖ **N. 1.** *Sin.* insocievole, misantropo **2.** *Sin.* incompatibile.

insociabilità [da *insociabile*; 1832] **sf.** *non com.* l'essere insociabile.

insociàle [dal lat. tardo *insociālis*; 1823] **agg.** *non com.* **1.** contrario alla vita sociale, non conforme alle esigenze della società: *provvedimento insociale* **2.** non socievole, che non si adatta alla vita in società: *carattere insociale.*

insociévole [da *socievole*; a. 1798] **agg.** che non sa adattarsi alle consuetudini della vita sociale, che rifugge la vita in società: *un ragazzo, un carattere insocievole* ‖ **N.** *Sin.* asociale, misantropo, scontroso, selvatico, solitario.

insocievolézza [da *insocievole*; a. 1854] **sf.** l'essere insocievole.

insoddisfacènte [da *soddisfacente*; 1983] **agg.** che non soddisfa, non appaga; deludente.

insoddisfàtto (lett. anche *insodisfàtto*) [da *soddisfatto*; 1869] **agg.** non soddisfatto, che non è pienamente appagato o non riesce mai ad accontentarsi: *un uomo costantemente insoddisfatto, rimanere insoddisfatto di qualcosa*; che non ha avuto soddisfazione: *desideri insoddisfatti* ‖ **N.** *Sin.* frustrato, inappagato, malcontento, scontento; incontentabile.

insoddisfazióne [da *soddisfazione*; 1911] **sf.** l'essere insoddisfatto, sentimento di scontentezza: *provare, generare insoddisfazione; l'insoddisfazione generale.*

insofferènte [da *sofferente*; 1671] **agg.** che non tollera, che non ha pazienza: *essere insofferente di ogni vincolo, un temperamento insofferente* ‖ **N.** *Sin.* impaziente, intollerante.

insofferènza [da *sofferenza*; 1762] **sf.** l'essere insofferente, incapacità a sopportare, impazienza: *l'insofferenza dei giovani.*

insoffrìbile [da *soffribile*; 1586] **agg.** *non com.* che non si può sopportare: *caldo insoffribile* ‖ **N.** *Sin.* insopportabile, intollerabile.

insoffribilità [da *insoffribile*; 1745] **sf.** *non com.* insopportabilità.

insoggettìre (pres. *-ìsco, -ìsci*) [comp. parasint. di *soggetto*; 1683 nel senso 2] **tr. 1.** *raro* mettere in soggezione **2.** *ant.* assoggettare, sottomettere, mettere in condizioni di dipendenza ‖ **intr. pron.** *raro* essere in soggezione.

insognàre (pres. *-ógno*) [da *insogno*; fine sec. XIV] **tr.** e **intr.** (aus. *avere*) *pop.* sognare.

insógno [dal lat. *insomnium*; a. 1406] **sm.** *pop.* sogno.

insolazióne [dal lat. *insolātio, -ōnis*; 1869] **sf. 1.** esposizione di un corpo al sole perché ne riceva luce e calore **2.** *T.med.* malore, anche assai grave, causato da un'esposizione troppo prolungata all'irradiazione solare; colpo di sole: *prendere una brutta insolazione* **3.** *T.edil.* la possibilità che hanno i locali di un edificio di essere investiti dai raggi solari, soleggiamento **4.** *T.geol.* l'alterazione dello stato fisico delle rocce dovuta agli sbalzi termici **5.** *T.astr.* rapporto tra il numero di ore di effettiva visibilità solare e il tempo di permanenza del sole sopra l'orizzonte.

insolcàbile [da *solcabile*; a. 1569] **agg.** che non si può solcare.

insolcàre (pres. *-ólco, -ólchi*) [dal lat. tardo *insulcāre*; a. 1566] **tr.** *lett.* fare uno o più solchi, delimitare con un solco.

insolènte [dal lat. *insolens, -entis*; a. 1472] **I agg.** che agisce o parla senza educazione e il dovuto rispetto, che si mostra arrogante e superbo: *un giovanotto insolente* ‖ *per estens.* che rivela insolenza: *frase, atteggiamento, lettera insolente* ‖ **insolenteménte avv. II s.** persona insolente: *sei proprio un insolente!* ‖ **N. I** *Sin.* impertinente, insultante, irriverente, offensivo, protervo, sprezzante, tracotante.

insolentìre (pres. *-ìsco, -ìsci*) [da *insolente*; 1600 nel senso 2] **intr. 1.** (aus. *avere*) comportarsi o parlare con insolenza: *insolentire contro qualcuno* **2.** (aus. *essere*) *raro* diventare insolente ‖ **tr. 1.** offendere con parole in-

solenti: *insolentiva i presenti* **2.** *raro* rendere insolente || **N.** ***tr.*** **1.** *Sin.* ingiuriare, insultare, inveire, oltraggiare.
insolènza [dal lat. *insolentia*; sec. XIV] ***sf.*** **1.** l'essere insolente: *parlare con insolenza* **2.** *concr.* detto o atto insolente: *coprire qualcuno d'insolenze* || **N.** **1.** *Sin.* arroganza, impertinenza, impudenza, prepotenza, protervia, sfacciataggine, tracotanza, villania **2.** *Sin.* ingiuria, insulto, offesa, oltraggio.
insolfàre e der. v. INZOLFARE e der.
insòlia v. INZOLIA.
insòlito [dal lat. *insolitus*; a. 1449] **I** ***agg.*** non abituale, diverso dal solito: *è successo un fatto insolito, quest'inverno abbiamo avuto un clima insolito* || *non com.* rif. a persone, non solito: *lui era insolito gridare in quel modo* || **insolitaménte** ***avv.*** **II** ***sm.*** nell'espr. *qualcosa di insolito*, qualcosa di strano, di inusuale: *c'è qualcosa di insolito in questa calma* || **N.** **I** *Sin.* inconsueto, inusitato, inusuale, strano.
insollàre (pres. *-òllo*) [comp. parasint. di *sollo*; 1319] ***tr.*** *ant.* rendere molle, cedevole; *fig.* infiacchire.
insolùbile [dal lat. tardo *insolūbilis*; sec. XIV nel senso 3] ***agg.*** **1.** *lett.* non solubile; che non si scioglie: *legame insolubile* **2.** *T.chim.* di sostanza che non si scioglie in un liquido **3.** *fig.* che non si può risolvere: *enigma insolubile* || **insolubilménte** ***avv.*** || **N.** **1.** *Sin.* indissolubile **3.** *Sin.* irrisolvibile.
insolubilità [dal lat. tardo *insolubilitas, -ātis*; 1869] ***sf.*** l'essere insolubile (nei vari sensi): *l'insolubilità di un enigma*; *l'insolubilità di un composto.*
insolùto [dal lat. *insolūtus*; 1812 nel senso 3] ***agg.*** **1.** *propr.* non sciolto **2.** *più com. fig.* non risolto: *questione insoluta* **3.** *T.giur.* di debito, che non è stato pagato.
insolvènte [da *solvente*; 1787] ***agg.*** *T.giur.* di persona o società commerciale, che non è in grado di pagare i suoi creditori.
insolvènza [da *solvenza*; 1869] ***sf.*** *T.giur.* l'essere insolvente, impossibilità o incapacità di far fronte alle obbligazioni assunte, in part. di pagare i debiti.
insolvìbile [da *solvibile*; 1806] ***agg.*** *T.giur.* **1.** che non può pagare: *debitore insolvibile* **2.** *non com.* che non può essere pagato.
insolvibilità [da *solvibilità*; a. 1788] ***sf.*** *T.giur.* l'essere insolvibile.
insómma [comp. di *in* e *somma*; sec. XIII] **I** ***avv.*** **1.** con valore conclusivo, in breve, infine: *insomma, questi sono i termini della questione*; *in tutto questo guaio, insomma, sei stato tu ad avere la peggio* **2.** *ass.* così, così, né bene né male, usato nelle risposte: *come va? insomma!* **II** ***escl.*** usata per esprimere impazienza, irritazione: *insomma, ti decidi o no?*; anche da solo: *oh insomma!*
insommergìbile [da *sommergibile*; a. 1556] ***agg.*** che non si può sommergere, che non può affondare: *natante insommergibile* || **N.** *Sin.* inaffondabile.
insommergibilità [da *insommergibile*; 1957] ***sf.*** *raro* l'essere insommergibile.
insondàbile [dal fr. *insondable*; 1905] ***agg.*** che non si può scandagliare: *abissi insondabili* || *fig.* che non si può conoscere a fondo: *misteri, verità insondabili* || **N.** *Sin.* inesplorabile.
insònne [dal lat. *insomnis*; 1618] ***agg.*** **1.** rif. a persona, che non può o non riesce a dormire: *insonne per la stanchezza, rimanere insonne per l'ansia* || *notte insonne*, trascorsa senza dormire **2.** *per estens.* che non si concede riposo: *un ricercatore insonne* || di attività che non permette soste, incessante: *svolgere un lavoro insonne* || **N.** **1.** *Sin.* sveglio, vigile **2.** *Sin.* infaticabile, instancabile.
insònnia [dal lat. *insomnia*; 1869] ***sf.*** il non poter prendere sonno per motivi occasionali o psicologici: *soffrire d'insonnia.* **Q.T.** *psicologia.*
insonnolìto [dal disus. *insonnolire*; 1869] ***agg.*** assonnato, mezzo addormentato: *alzarsi all'alba tutto insonnolito.*
insonorizzàre [da *sonorizzare*; 1970] ***tr.*** rendere impenetrabile ai suoni e ai rumori; isolare acusticamente: *insonorizzare una stanza.*
insonorizzazióne [da *insonorizzare*; 1961] ***sf.*** riduzione del rumore in un locale che è stato isolato acusticamente.
insopportàbile [dal lat. tardo *insupportabilis*; sec. XIV] ***agg.*** che non si può sopportare: *dolore, caldo, rumore insopportabile*; *una persona, un carattere insopportabile* || **insopportabilménte** ***avv.*** || **N.** *Sin.* insostenibile, intollerabile.
insopportabilità [da *insopportabile*; a. 1667] ***sf.*** l'essere insopportabile.
insopprimìbile [da *sopprimibile*; 1955] ***agg.*** che non si può sopprimere, eliminare: *desiderio, esigenza, necessità insopprimibile.*
insopprimibilità [da *insopprimibile*; 1963] ***sf.*** *non com.* l'essere insopprimibile.
insordìre (pres. *-ìsco, -ìsci*) [comp. parasint. di *sordo*; a. 1698] ***intr.*** (aus. *essere*) *non com.* diventare sordo.
insorgènte (*ppr.* di *insorgere*) [1750] ***agg.*** che è ancora nella fase iniziale: *malattia insorgente*; che comincia a manifestarsi: *fenomeno insorgente* || **N.** *Sin.* incipiente, iniziale.
insorgènza [da *insorgere*; 1702] ***sf.*** l'insorgere, il manifestarsi all'improvviso, detto spec. di una malattia: *l'insorgenza di complicazioni.*
insórgere (pres. *-órgo* ecc., come SORGERE) [dal lat. *insurgere*; sec. XIV *insurgere*] ***intr.*** (aus. *essere*) **1.** sollevarsi contro qualcuno o qualcosa che non si può più tollerare: *insorgere contro i tiranni* || levarsi su a protestare: *insorsero tutti contro quella proposta* **2.** di difficoltà e sim., sorgere, manifestarsi quasi improvvisamente: *se insorgesse qualche complicazione, chiamami* || **N.** **1.** *Sin.* ribellarsi, rivoltarsi, sollevarsi | insurrezione **2.** *Sin.* apparire, scatenarsi.
insorgiménto [da *insorgere*; a. 1701] ***sm.*** *raro* l'atto dell'insorgere, nel senso 2 del verbo.
insormontàbile [dal fr. *insurmontable*; a. 1729] ***agg.*** che non si può sormontare, superare: *un ostacolo insormontabile* || **N.** *Sin.* insuperabile, invincibile.
insórto (*pps.* di *insorgere*) [1627 *insurto*] ***sm.*** (f. *-a*) ribelle, rivoltoso: *gli insorti ebbero la peggio.*
insospettàbile [da *sospettabile*; a. 1571 nel senso 2] ***agg.*** **1.** che non si può sospettare, che è al di sopra di ogni sospetto: *rivelazioni che provengono da fonti insospettabili* **2.** *per estens.* impensato, di cui non si sarebbe sospettata l'esistenza: *ha rivelato una tenacia insospettabile* || **insospettabilménte** ***avv.*** || **N.** **2.** *Sin.* imprevedibile, imprevisto, inaspettato, inatteso.
insospettàto [da *sospettato*; 1889 nel senso 2] ***agg.*** **1.** che non ha destato sospetti: *essere insospettato* **2.** inatteso, imprevisto: *abbiamo incontrato insospettate difficoltà.*
insospettìre (pres. *-ìsco, -ìsci*) [comp. parasint. di *sospetto*; a. 1400 ca.] ***tr.*** mettere in sospetto: *sentì dei rumori che lo insospettirono* || ***intr.*** (aus. *essere*) e ***intr. pron.*** entrare in sospetto, concepire sospetto: *si insospettì vedendo una piccola folla davanti alla sua casa* || **N.** ***tr.*** *Sin.* allarmare.
insostenìbile [dal fr. *insoutenable*; a. 1712] ***agg.*** **1.** che non si può difendere: *il nemico dovette abbandonare una posizione ormai insostenibile* || *fig.* che non si può sostenere con argomenti convincenti e ragionevoli: *una tesi insostenibile* **2.** che non si può sopportare, affrontare: *una situazione insostenibile* || **N.** **1.** *Sin.* indifendibile; assurdo, inaccettabile, irragionevole **2.** *Sin.* insopportabile, intollerabile.
insostenibilità [da *insostenibile*; 1910] ***sf.*** l'essere insostenibile.
insostituìbile [da *sostituibile*; 1929] ***agg.*** che non può essere sostituito: *nel suo lavoro è insostituibile.*
insostituibilità [da *insostituibile*; 1970] ***sf.*** l'essere insostituibile.
insozzaménto [da *insozzare*; 1983] ***sm.*** atto o effetto dell'insozzare.
insozzàre (pres. *-ózzo*) [comp. parasint. di *sozzo*; sec. XIV] ***tr.*** rendere sozzo: *insozzare le scarpe, i vestiti*; anche *fig.*: *non insozzare il tuo nome* || ***rifl.*** macchiarsi, sporcarsi; *fig.* disonorarsi, coprirsi di vergogna || **N.** *Sin.* imbrattare, insudiciare, lordare, macchiare, sporcare; disonorare.
inspieràbile [dal lat. tardo *insperābilis*; 1598] ***agg.*** che non si può ragionevolmente sperare: *ha ottenuto un risultato insperabile* || **insperabilménte** ***avv.*** || **N.** *Sin.* improbabile, incredibile.
insperàto [dal lat. *insperātus*; 1484] ***agg.*** non sperato, inaspettato: *un successo insperato* || **insperataménte** ***avv.***
inspessìre e der. v. ISPESSIRE e der.
inspiegàbile [da *spiegabile*; a. 1704] ***agg.*** che non può essere spiegato: *un evento inspiegabile* || che non è comprensibile o giustificabile: *il suo comportamento è diventato inspiegabile* || **N.** *Sin.* incomprensibile.
inspiràre (pres. *-ìro*) [dal lat. *inspirāre*; a. 1518] ***tr.*** immettere nei polmoni: *inspirare aria fresca*; *ass.* rif. all'aria: *inspirare profondamente, con il naso* || *per estens.* rif. ad altre sostanze: *inspirare gas tossici, etere* || *non com.* introdurre artificialmente aria o ossigeno nei polmoni di un'altra persona || *fig. non com.* infondere: *inspirare la vita* || **N.** *Sin.* aspirare | *Contr.* espirare.
inspiratóre [dal lat. *inspirātor, -ōris*; 1806] ***agg.*** e ***sm.*** (f. *-trìce*) *T.anat.* chi o che inspira; si dice spec. dei muscoli che contribuiscono alla dilatazione della cavità toracica.
inspiratòrio (pl. *-ri* o *-rii*) [dal fr. *inspiratoire*; 1957] ***agg.*** *T.med.* che si riferisce all'inspirazione: *fase inspiratoria* || *T.ling.* detto di suoni (rari nelle lingue del mondo) prodotti per mezzo di aria inspirata.
inspirazióne [dal lat. *inspirātio, -ōnis*; 1551] ***sf.*** *T.med.* la fase della respirazione in cui, per effetto dell'aumento di volume della cavità toracica, viene introdotta aria nei polmoni || **N.** *Sin.* aspirazione | *Contr.* espirazione.
instàbile [dal lat. *instabilis*; a. 1342] ***agg.*** non stabile, soggetto a mutamenti e variazioni: *fortuna instabile, tempo instabile* || *T.fis. equilibrio instabile*, stato di un corpo in equilibrio che, soggetto a forze che producono spostamenti, tende a non tornare nella posizione originaria || *T.fis.* e *T.chim. composto, legame, nucleo instabile*, che subisce trasformazioni spontanee || rif. a persona, che cambia facilmente idea, umore, sentimenti: *essere instabile negli affetti, avere un carattere instabile* || **instabilménte** ***avv.*** || **N.** *Sin.* malfermo, malsicuro, mutevole, precario, provvisorio; variabile; incostante, volubile.
instabilità [dal lat. *instabilitas, -ātis*; sec. XIV] ***sf.*** l'essere instabile: *l'instabilità del tempo, instabilità emotiva*; *instabilità politica*, mancanza di equilibrio tra le forze politiche, assenza di una solida coalizione di governo || **N.** *Sin.* precarietà.
installàre (meno com. *istallàre*) [dal fr. *installer*; 1712] ***tr.*** **1.** collocare in un luogo un impianto, un'apparecchiatura mettendola in condizione di funzionare: *installare il telefono, il boiler, le condutture del gas, il computer* **2.** collocare in una carica, insediare: *installare un funzionario al ministero* **3.** *non com.* sistemare in un alloggio: *installare gli ospiti nella dépendance* || ***intr. pron.*** sistemarsi in un alloggio,

stabilirsi in un luogo: *installarsi nel nuovo appartamento, in campagna*; *scherz. i parenti in visita si sono installati in casa mia e non hanno nessuna intenzione di andarsene* ‖ **N.** ***tr.*** **1.** *Sin.* montare **3.** *Sin.* collocare ‖ ***intr. pron.*** *Sin.* insediarsi; accomodarsi, piazzarsi.

installatóre (meno com. *istallatóre*) [da *installare*, forse sul modello del ted. *Installateur*; 1948] ***sm.*** (f. *-trice*) chi, per mestiere, installa impianti, macchinari, attrezzature e sim.

installazióne (meno com. *istallazióne*) [dal fr. *installation*; 1797] ***sf.*** l'installare e l'installarsi; *in part.* la collocazione e la messa in funzione di impianti e apparecchi: *l'installazione dei macchinari in una fabbrica* ‖ *concr.* l'attrezzatura installata: *installazioni di bordo*, i macchinari e gli impianti di una nave ‖ **N.** *Sin.* impianto, montaggio.

instancàbile [da *stancabile*; 1660] ***agg.*** **1.** che non si stanca mai: *un lavoratore instancabile* **2.** *per estens.* che non cessa mai, continuo: *un'attività instancabile* ‖ **instancabilménte** ***avv.*** ‖ **N. 1.** *Sin.* infaticabile **2.** *Sin.* incessante.

instancabilità [da *instancabile*; a. 1764] ***sf.*** l'essere instancabile.

instant-book (ingl., pr. [ˈɪnstənt ˌbʊk]) [comp. di *instant*, istantaneo e *book*, libro; 1982] ***sm. inv.*** libro dedicato alla trattazione di un avvenimento di attualità, pubblicato immediatamente dopo l'avvenimento stesso.

instànte (meno com. *istànte*²) (*ppr.* di *instare*) [1342 *istante*] **I** ***agg.*** *lett.* **1.** iterato, continuo: *preghiere, suppliche instanti* **2.** incombente, imminente: *trar Ruggier dal gran periglio instante* (Ariosto) **II** ***s.*** *T.giur.* chi presenta istanza.

instàre (pres. *ìnsto, ìnsti*; nelle altre forme coniugato come STARE; non sono usati il pps. e i tempi composti) [dal lat. *instāre*; sec. XIV] ***intr.*** *lett.* **1.** sovrastare, incombere: *su tutte le coscienze instava una specie di fatalità sanguinaria* (D'Annunzio) **2.** chiedere con insistenza, rivolgere suppliche, sollecitare.

instauràre (pres. *-àuro*) [dal lat. *instaurāre*; a. 1514] ***tr.*** **1.** stabilire innovando, fondare: *instaurare un nuovo ordine di cose, instaurare la repubblica* **2.** *ant.* restaurare, ricostruire, reintegrare ‖ ***intr. pron.*** avere inizio, costituirsi: *con il referendum del 1946 in Italia si instaurò la repubblica* ‖ **N. 1.** *Sin.* istituire.

instauratóre [dal lat. tardo *instaurātor, -ōris*, restauratore; sec. XVI] ***agg.*** e ***sm.*** (f. *-trice*) chi o che instaura, fondatore.

instaurazióne [dal lat. *instaurātio, -ōnis*, rinnovamento, ripresa; 1564] ***sf.*** l'instaurare e l'instaurarsi: *l'instaurazione di un regime totalitario* ‖ **N.** *Sin.* costituzione, formazione, istituzione.

insterilìre e der. v. ISTERILIRE e der.

instigàre e der. forme lett. di ISTIGARE e der.

instillàre o **istillàre** [dal lat. *instillāre*; a. 1342] ***tr.*** **1.** versare, introdurre a piccole gocce: *instillare un antinfiammatorio nell'occhio* **2.** *fig.* infondere a poco a poco: *instillare odio nell'animo di qualcuno* ‖ **N. 2.** *Sin.* insinuare, ispirare.

instillazióne o **istillazióne** [dal lat. *instillātio, -ōnis*; 1835] ***sf.*** **1.** l'instillare **2.** *T.med.* il versare goccia a goccia un liquido medicamentoso su una ferita o in una cavità: *instillazione di collirio negli occhi.*

institóre o **istitóre** [dal lat. *institor, -ōris*; a. 1565] ***sm.*** *T.giur.* chi viene preposto all'esercizio di un'impresa commerciale in nome e per conto del proprietario (*preponente*).

institòrio (pl. *-ri* o *-rii*) [dal lat. tardo *institōrius*; 1869] ***agg.*** *T.giur.* che si riferisce all'institore: *azione institoria.*

instituìre e der. v. ISTITUIRE e der.

instradaménto o **istradaménto** [da *instradare*; a. 1712] ***sm.*** l'atto e l'effetto dell'instradare.

instradàre o **istradàre** [da *stradare*; 1662 nel senso 2] ***tr.*** **1.** *propr.* avviare per una determinata strada o direzione: *instradare il traffico in direzione dello svincolo autostradale* **2.** *più com. fig.* indirizzare, avviare a un'attività, a una disciplina, al conseguimento di uno scopo: *instradare un giovane nella professione, instradare qualcuno sulla via della rettitudine* ‖ far procedere, dar corso: *instradare una pratica* ‖ ***intr. pron.*** *non com.* farsi strada: *ha saputo instradarsi nel giornalismo* ‖ **N.** *Sin.* avviare, guidare, incamminare, indirizzare | *Contr.* sviare.

instruìre e der. forme lett. di ISTRUIRE e der.

instrùtto v. ISTRUTTO.

instupidìre e der. v. ISTUPIDIRE e der.

insù [comp. di *in* e *su*; a. 1342 *insu*] ***avv.*** in su, usato spec. nelle loc. avv. e agg. *all'insù*, verso l'alto: *rivoltare gli occhi all'insù, un nasino all'insù* ‖ *non com. dall'insù*, dall'alto.

insubbiàre (pres. *-ùbbio*) [comp. parasint. di *subbio*; a. 1705] ***tr.*** *T.tess.* avvolgere l'ordito attorno al subbio.

insubbiatùra [da *insubbiare*; 1957] ***sf.*** *T.tess.* atto o effetto dell'insubbiare.

insubordinatézza [da *subordinatezza*; 1869] ***sf.*** *non com.* l'essere insubordinato, spec. come abitudine.

insubordinàto [da *subordinato*, sul modello del fr. *insubordonné*; 1853] **I** ***agg.*** che manca di sottomissione e obbedienza verso i superiori o non osserva la disciplina e le regole a cui dovrebbe sottostare: *soldati, truppe insubordinate* ‖ **insubordinataménte** ***avv.*** **II** anche ***sm.*** (f. *-a*): *provvedimenti contro gli insubordinati* ‖ **N. I** *Sin.* indisciplinato, ribelle.

insubordinazióne [da *subordinazione*, sul modello del fr. *insubordination*; 1797] ***sf.*** **1.** l'essere insubordinato, mancanza di sottomissione e obbedienza a superiori e regolamenti: *punire per insubordinazione* **2.** *concr.* atto o reato di persona insubordinata: *insultando il tuo superiore hai commesso una grave insubordinazione* ‖ **N. 1.** *Sin.* disobbedienza, indisciplina, ribellione.

ìnsubre [dal lat. *Insuber, -bris*; a. 1768] ***agg.*** *lett.* dell'Insubria (antico nome della Lombardia); lombardo: *già la guerra corre l'insubre terra* (Carducci).

insuccèsso [da *successo*; 1869] ***sm.*** cattivo esito di un'impresa e sim., fallimento: *l'insuccesso di una iniziativa; il film è stato un insuccesso clamoroso* ‖ **N.** *Sin.* fiasco, naufragio, sconfitta, smacco.

insudiciàre (pres. *-ùdicio*) [comp. parasint. di *sudicio*; a. 1446] ***tr.*** **1.** rendere sudicio: *insudiciare il pavimento con le scarpe infangate* **2.** *fig.* macchiare moralmente, contaminare: *insudiciare l'onore, il nome di qualcuno* ‖ ***rifl.*** e ***intr. pron.*** **1.** sporcarsi: *insudiciarsi col grasso; il colletto e i polsini della camicia si insudiciano facilmente* **2.** *fig.* disonorarsi, compromettersi ‖ **N.** ***tr.*** **1.** *Sin.* imbrattare, insozzare, lordare, sporcare **2.** *Sin.* disonorare, infamare.

insuèto [dal lat. *insuētus*; a. 1472] ***agg.*** *lett.* inconsueto, insolito ‖ *non com.* rif. a persona, non avvezzo.

insufficiènte [dal lat. tardo *insufficiens, -entis*; 1308] ***agg.*** **1.** che non è sufficiente o è inadeguato a raggiungere un determinato scopo: *una paga insufficiente, produzione insufficiente a soddisfare il fabbisogno nazionale* **2.** nel linguaggio scolastico, valutazione che esprime giudizio negativo sul candidato o sulla qualità di una prova: *preparazione, compito insufficiente* **3.** *non com.* rif. a persona, inadatto, non idoneo: *essere insufficiente al proprio compito* ‖ **insufficienteménte** ***avv.*** ‖ **N. 1.** *Sin.* inadeguato, scarso **3.** *Sin.* inabile, incapace, inetto, inidoneo.

insufficiènza [dal lat. tardo *insufficiēntia*; 1308 nel senso 1; 1957 nel senso 2; 1898 nel senso 3] ***sf.*** **1.** l'essere insufficiente, scarsità, inadeguatezza: *insufficienza di mezzi*; *assolvere per insufficienza di prove* ‖ condizione di ciò che è insufficiente, difetto: *si sono rivelate delle gravi insufficienze organizzative* **2.** nel linguaggio scolastico, valutazione negativa, inferiore al minimo richiesto per la promozione: *ho tre insufficienze sulla pagella* **3.** *T.med.* difetto, debolezza, incapacità di qualche organo a svolgere le normali funzioni: *insufficienza aortica, renale, cardiaca* ‖ **N. 3.** *Sin.* carenza.

insufflàre [dal lat. tardo *insufflāre*; a. 1468 *insuflare*] ***tr.*** **1.** soffiare dentro, far penetrare dentro soffiando (è usato spec. nel linguaggio tecnico o medico): *insufflare aria nei polmoni* **2.** *fig. non com.* ispirare: *insufflare odio, vendetta.*

insufflatóre [da *insufflare*; 1970] ***sm.*** *T.med.* strumento usato per insufflare aria in una cavità organica.

insufflazióne [dal lat. tardo *insufflātio, -ōnis*; 1773] ***sf.*** l'insufflare ‖ *T.eccl.* nell'antica liturgia cristiana, l'alitare sopra una persona o una cosa per liberarla dal maligno ‖ *T.med.* introduzione in una cavità organica di aria, gas o polveri a scopo terapeutico o diagnostico.

ìnsula [dal lat. *insula*; a. 1550] ***sf.*** *T.archeol.* isolato di una città romana.

insulàre [dal lat. tardo *insulāris*; 1598] ***agg.*** dell'isola o delle isole: *fauna, flora insulare*; *Italia insulare*, la parte del territorio italiano costituita dalle isole; più spesso, Sicilia e Sardegna ‖ *scrittura insulare*, il complesso delle scritture usate in Irlanda e Gran Bretagna nell'Alto medioevo ‖ **N.** *Sin.* isolano | *Contr.* continentale.

insularità [da *insulare*; 1936] ***sf.*** l'avere caratteri e configurazione di isola ‖ l'origine isolana e le specificità di carattere, cultura, mentalità che ne derivano.

insulìna [comp. del lat. *insula*, isola (in rif. alle *isole di Langerhans*, ghiandole pancreatiche che secernono l'ormone) e *-ina*; 1927] ***sf.*** *T.chim.* e *T.fisiol.* ormone che si produce in raggruppamenti cellulari sferoidali del pancreas; essa permette la combustione normale degli zuccheri ed è perciò adoperata in medicina per combattere il diabete, il deperimento organico e altre malattie.

insulinàşi [comp. di *insulina* e *-asi*; 1973] ***sf.*** *T.med.* enzima, contenuto nel fegato umano, distruttore dell'insulina.

insulìnico (pl. *-ci*) [da *insulina*; 1955] ***agg.*** *T.med.* che si riferisce all'insulina: *preparato insulinico* ‖ *coma insulinico*, coma provocato da un eccesso di insulina.

insulinoterapìa [comp. di *insulina* e *terapia*; 1942] ***sf.*** *T.med.* cura a base di insulina, effettuata spec. su malati di diabete.

insulsàggine [da *insulso*; a. 1798] ***sf.*** l'essere insulso ‖ *concr.* atto o detto da persona insulsa: *un discorso pieno di insulsaggini* ‖ **N.** *Sin.* futilità; sciocchezza.

insulsità [da *insulso*; a. 1540] ***sf.*** *raro* insulsaggine.

insùlso [dal lat. *insulsus*, insipido; a. 1484 nel senso 2] ***agg.*** **1.** *fig.* di persona, scritto, detto, che è senza spirito, sciocco: *discorso, individuo, libro insulso* **2.** *propr. non com.* insipido ‖ **insulsaménte** ***avv.*** ‖ **N. 1.** *Sin.* banale, futile, scialbo, sciocco **2.** *Sin.* insapore.

insultànte (*ppr.* di *insultare*) [a. 1686] ***agg.*** che insulta, che costituisce un insulto: *contegno insultante* ‖ **N.** *Sin.* ingiurioso, offensivo.

insultàre [dal lat. *insultāre*, letter. saltare sopra; a. 1342] ***tr.*** offendere qualcuno con atti o parole di grave ingiuria: *lasciarsi insultare da un amico, insultare la memoria dei propri cari* ‖ ***rec.*** lanciarsi ingiurie a vicenda: *i due automobilisti si insultavano a gran voce* ‖ ***intr.*** (aus. *avere*) *lett.* recare ingiuria: *insultare ai caduti* ‖ **N.** ***tr.*** *Sin.* oltraggiare, vilipendere, INGIU-

RIARE.

insultatóre [da *insultare*; 1618] **agg.** e **sm.** (f. *-trìce*) *non com.* chi o che insulta.

insùlto [dal lat. tardo *insultus*; 1309] **sm.** **1.** atto o detto offensivo con cui si arreca ingiuria e oltraggio a persone e cose: *lanciare, ricevere insulti; il tuo comportamento è un insulto al vivere civile, ti ricaccerò l'insulto in gola* **2.** *T.med.* accesso, attacco violento di una malattia: *ha avuto un insulto nervoso* || *insulto apoplettico*, apoplessia **3.** *ant.* attacco militare, assalto || **N.** **1.** *Sin.* ingiuria, insolenza, oltraggio, villania **2.** *Sin.* colpo.

insuperàbile [dal lat. *insuperābilis*; a. 1396 nel senso 2] **agg.** **1.** che non si può superare, anche *fig.*: *valico insuperabile*; *difficoltà insuperabile* **2.** rif. a persona che, per le sue doti, qualità e capacità, non può essere superato dagli altri: *un musicista insuperabile* || **insuperabilménte** **avv.** || **N.** **1.** *Sin.* insormontabile, invalicabile **2.** *Sin.* eccellente, eccezionale, imbattibile, inarrivabile, straordinario.

insuperabilità [da *insuperabile*; 1745] **sf.** *non com.* l'essere insuperabile.

insuperàto [dal lat. tardo *insuperātus*; 1864] **agg.** che non è stato superato: *un record ancora insuperato; un insuperato direttore d'orchestra* || **N.** *Sin.* imbattuto, invitto; impareggiabile.

insuperbìre (pres. *-ìsco, -ìsci*) [comp. parasint. di *superbo*; a. 1292] **tr.** rendere superbo: *con tante lodi lo ha insuperbito* || **intr.** (aus. *essere*) e **intr. pron.** diventare superbo: *insuperbirsi del successo ottenuto, per la propria bellezza* || **N.** *Sin.* imbaldanzire, inorgoglire.

insurrezionàle [da *insurrezione*, sul modello del fr. *insurrectionnel*; 1802] **agg.** d'insurrezione, concernente l'insurrezione o costituito da insorti: *tribunale insurrezionale*; *movimento insurrezionale* || **N.** *Sin.* rivoluzionario.

insurrezióne [dal lat. tardo *insurrectio, -ōnis*; 1598 *insurettione*] **sf.** l'insorgere di molte persone insieme contro un governo, un'autorità e sim.: *un'insurrezione popolare, reprimere un'insurrezione armata* || **N.** *Sin.* ribellione, rivolta, sedizione, sommossa.

insussistènte [da *sussistente*; 1618] **agg.** che non sussiste, senza fondamento: *pericolo, ipotesi insussistente* || **N.** *Sin.* immotivato, inconsistente, inesistente, infondato.

insussistènza [da *sussistenza*; 1665] **sf.** l'essere insussistente: *provare l'insussistenza di un'accusa* || **N.** *Sin.* inconsistenza, inesistenza, infondatezza.

intabaccàre (pres. *-àcco, -àcchi*) [comp. parasint. di *tabacco*; 1869] **tr.** *non com.* sporcare di tabacco.

intabaccàrsi (pres. *-àcco, -àcchi*) [comp. parasint. dell'arc. *tabacco*, n. di una pianta medicinale; 1483] **intr. pron.** *tosc. ant.* innamorarsi || eccitarsi.

intabarràre [comp. parasint. di *tabarro*; 1598] **tr.** avvolgere con un tabarro || **rifl.** avvolgersi nel tabarro; *per estens.* coprirsi bene con indumenti pesanti: *è un tipo freddoloso e si intabarra sempre prima di uscire* || **N.** *Sin.* imbacuccare.

intabescènza [dal lat. *intabescens, -entis*, ppr. di *intabescere*, consumarsi; 1970] **sf.** *T.med.* processo di lento deperimento con affievolimento di tutte le funzioni organiche || **N.** *Sin.* consunzione.

intàcca [da *tacca*; 1665] **sf.** *T.tecn.* punto di affioramento di un liquido, misurato sull'areometro.

intaccàbile [da *intaccare*; a. 1686] **agg.** che può essere intaccato: *metallo, sostanza intaccabile*; anche *fig.*: *fama intaccabile.*

intaccaménto [da *intaccare*; a. 1686] **sm.** *non com.* l'atto e l'effetto dell'intaccare.

intaccàre (pres. *-àcco, -àcchi*) [comp. parasint. di *tacca*; a. 1320] **tr.** **1.** fare una o più tacche: *intaccare un bastone, un tavolo* || guastare il filo di uno strumento tagliente: *intaccare una lama, un rasoio* **2.** *per estens.* corrodere: *l'acquaforte intacca alcuni metalli* || *T.med.* di malattia, attaccare, colpire una parte dell'organismo: *l'infezione gli ha intaccato i polmoni* || *fig.* cominciare a usare, a consumare: *ha intaccato la dote* **3.** *fig.* offendere, pregiudicare: *intaccare l'onore, un banale litigio ha intaccato il loro rapporto* **4.** *T.mar. intaccare il mare,* detto del vento, battere la superficie del mare sollevando onde; *intaccare il vento,* detto della nave, cominciare a essere spinta dal vento || **intr.** (aus. *avere*) *non com.* parlare poco speditamente per difetto di pronuncia || **N.** **tr.** **1.** *Sin.* incidere, scalfire **2.** *Sin.* corrodere, danneggiare; infettare, minare; consumare **3.** *Sin.* compromettere, incrinare, indebolire, ledere, menomare, nuocere.

intaccatùra [da *intaccare*; sec. XIV] **sf.** **1.** l'azione dell'intaccare || *concr.* il punto dove una cosa è intaccata, il segno che ne rimane: *il piano di lavoro ha molte intaccature* **2.** *in part.* incavo a gradino praticato in oggetti di legno per incastrare un altro pezzo **3.** *T.arch.* fascia di poca larghezza, con poco aggetto || **N.** **1.** *Sin.* tacca.

intàcco (pl. *-chi*) [da *intaccare*; 1635 nel senso 2] **sm.** *non com.* **1.** incisione, intaccatura **2.** *fig.* diminuzione, danno, menomazione **3.** *T.ling.* prima fase del processo di palatalizzazione delle consonanti occlusive.

intagliàre (pres. *-àglio*) [comp. parasint. di *taglio*; 1321] **tr.** **1.** incidere, scolpire figure e decorazioni su vari materiali, ma spec. su legno: *intagliare l'avorio, il marmo, il rame*; *intagliare disegni floreali in una cornice* **2.** tagliare la stoffa superflua in un ricamo, in modo che risalti il lavoro e si ottenga l'effetto di traforo.

intagliatóre [da *intagliare*; 1282] **sm.** (f. *-trìce*) chi esegue lavori d'intaglio.

intagliatùra [da *intagliare*; inizi sec. XIV] **sf.** *non com.* intaglio.

intàglio (pl. *-gli*) [da *intagliare*; sec. XII-XIII] **sm.** **1.** l'arte dell'intagliare **2.** *concr.* l'opera, l'ornamento intagliati: *una spilla adorna di fini intagli* **3.** *T.tecn.* accentuata e brusca variazione di sezione in organi e pezzi meccanici, che diminuisce la resistenza del materiale sottoposto a sollecitazioni.

intaminàto [dal lat. *intaminātus*; 1604] **agg.** *poet.* incontaminato, incorrotto, puro.

intanàrsi (pres. *-àno*) [comp. parasint. di *tana*; 1367] **intr. pron.** *non com.* rintanarsi.

intanfàre [comp. parasint. di *tanfo*; 1618] **intr.** (aus. *essere*) e **intr. pron.** intanfire.

intanfìre (pres. *-ìsco, -ìsci*) [comp. parasint. di *tanfo*; 1803] **intr.** (aus. *essere*) e **intr. pron.** *non com.* prendere cattivo odore, ammuffire.

intangìbile [da *tangibile*; a. 1563] **agg.** che non si può toccare, di cui non si può fare uso: *denaro intangibile* || *fig.* inviolabile: *questa è una conquista intangibile* || **intangibilménte** **avv.** *non com.*

intangibilità [da *tangibilità*; 1798] **sf.** l'essere intangibile: *l'intangibilità di un'eredità.*

intànto [comp. di *in* e *tanto*; sec. XIII] **I avv.** nel frattempo, frattanto; nello stesso tempo: *tu fai le valigie, io intanto saldo il conto dell'albergo* || ha spesso valore avversativo: *non sarà stata colpa di nessuno: intanto io sono nei guai* || talvolta ha valore parzialmente conclusivo: *intanto anche questo anno scolastico è finito* || nella *loc. avv. per intanto,* per ora, per il momento: *ci saranno più sostanziali aumenti, per intanto accontentatevi di questi* **II** nella **loc. cong.** *intanto che,* mentre: *intanto che aspetti, dammi una mano.*

intarlàre [da *tarlare*; 1305] **intr.** (aus. *essere*) e **intr. pron.** essere roso dai tarli || **N.** *Sin.* tarlarsi.

intarlatùra [da *intarlare*; 1547] **sf.** tarlatura.

intarmàre [da *tarmare*; inizio sec. XV] **intr.** (aus. *essere*) e **intr. pron.** essere roso dalle tarme.

intarmatùra [da *intarmare*; 1887] **sf.** atto o effetto dell'intarmare o dell'intarmarsi || danno provocato nei tessuti dalle tarme.

intarsiaménto [da *intarsiare*; a. 1673] **sm.** atto o effetto dell'intarsiare.

intarsiàre (pres. *-àrsio*) [comp. parasint. di *tarsia*; 1539] **tr.** **1.** inserire a incastro pezzi di legno o di marmo a vari colori in modo da formare disegni; o anche incastrare madreperla, tartaruga, metalli ecc. su legno: *intarsiare un mobile* || *ass.* decorare a intarsio: *un artista esperto nell'intarsiare* **2.** *fig.* inserire in un contesto elementi formali o concettuali che lo impreziosiscano: *intarsiare di citazioni letterarie i propri scritti.*

intarsiatóre [da *intarsiare*; 1585] **sm.** (f. *-trìce*) chi esercita l'arte d'intarsiare.

intarsiatùra [da *intarsiare*; 1659] **sf.** *non com.* l'atto e l'effetto dell'intarsiare || *concr.* l'opera, l'ornamento intarsiati || **N.** agemina, tarsia.

intàrsio (pl. *-si*) [da *intarsiare*; 1869] **sm.** **1.** l'arte e la tecnica decorativa dell'intarsiare: *decorare a intarsio, un lavoro di intarsio* || *concr.* l'opera, la figura intarsiata: *restaurare un intarsio* **2.** *per estens.* ricamo decorativo consistente nell'inserimento di tessuti diversi uno dentro l'altro **3.** gioco enigmistico in cui dall'inserzione di una parola entro un'altra, generalmente spezzata, se ne ottiene una nuova (per es. *pio* e *olla* danno *pollaio*) **4.** *T.med.* in odontoiatria, otturazione consistente nella ricostruzione parziale di un dente con metalli e resine || **N.** **1.** agemina, tarsia; maggiolino **3.** incastro; sciarada.

intartarìrsi (pres. *-ìsco, -ìsci*) [comp. parasint. di *tartaro*; 1835] **intr. pron.** **1.** dei denti, coprirsi di tartaro **2.** *per estens.* coprirsi di ruggine.

intartarìto [comp. parasint. di *tartaro*; 1618] **agg.** *non com.* ricoperto di tartaro || *per estens.* ricoperto di ruggine.

intaṣaménto o **intasaménto** [da *intasare*; a. 1451] **sm.** l'intasare e l'essere intasato; ostruzione di un canale, un tubo, una condotta causata da depositi: *intasamento di un tubo di scarico* || *per estens.* blocco nello scorrimento di una via: *intasamento del centro storico* || **N.** *Sin.* ingorgo, occlusione, otturazione; imbottigliamento.

intaṣàre o **intasàre** (pres. *-àṣo* o *-àso*) [comp. parasint. di *taso*; 1550] **tr.** **1.** ingombrare, occludere canali, condotti e sim. con depositi e accumulo di materiali di vario genere: *alcuni rifiuti solidi hanno intasato il canale di scarico* **2.** *per estens.* provocare un'interruzione della viabilità stradale: *un tamponamento a catena ha intasato (il traffico sul) l'autostrada* || **intr. pron.** otturarsi, ostruirsi: *si è intasato lo scarico del lavandino* || *in part.* rif. alle vie respiratorie, rendere difficoltosa la respirazione a causa di infiammazioni, raffreddore e sim.: *mi si è intasato il naso* || **N.** **tr.** **1.** *Sin.* chiudere, ingorgare, ostruire, otturare | *Contr.* stasare, sturare.

intaṣatóre o **intasatóre** [da *intasare*; 1957] **sm.** *T.mecc.* nella trebbiatrice, organo che riunisce e comprime gli steli del frumento per la legatura dei covoni || **N.** *Sin.* accovonatore.

intaṣatùra o **intasatùra** [da *intasare*; a. 1666] **sf.** *non com.* intasamento || *concr.* la materia che intasa, che ostruisce.

intascàre (pres. *-àsco, -àschi*) [comp. parasint. di *tasca*; a. 1400] **tr.** mettere in tasca, detto spec. di somme di denaro: *intascare una mancia* || *per estens.* guadagnare, perlopiù in modo illecito e disonesto: *coi suoi oscuri traffici ha intascato cifre da capogiro*; anche *ass.*: *gli basta intascare, non bada ad altro.*

intassellàre (pres. *-èllo*) [comp. parasint. di

tassello; 1881] **tr.** mettere o aggiungere tasselli.

intassellatùra [da *intassellare*; 1550] **sf.** l'intassellare.

intàtto [dal lat. *intăctus*, letter. non toccato; a. 1484] **agg.** che non è stato toccato, manomesso o danneggiato: *un libro ancora intatto, l'alloggio era stato svaligiato ma le serrature erano intatte* || immutato: *i regolamenti restano intatti* || *fig.* incorrotto, incontaminato: *onore intatto* || *disus.* rif. a donna, vergine || **N.** *Sin.* illeso, immacolato, impregiudicato, integro, intero, intonso, inviolato, puro.

intavolàre (pres. *-àvolo*) [comp. parasint. di *tavola*; a. 1604 nel senso 1; a. 1685 nel senso 2] **tr.** **1.** *non com.* mettere sulla tavola: *intavolare il pane*, metterlo sull'asse per portarlo a cuocere || nel gioco degli scacchi, disporre i pezzi sulla scacchiera in principio di partita **2.** *fig. più com.* avviare, dare inizio: *intavolare una discussione, le trattative* **3.** *fig.* sistemare in tavole e tabelle **4.** *T.mus.* trascrivere una musica con il sistema dell'intavolatura || **N.** **2.** *Sin.* aprire, cominciare, iniziare **3.** *Sin.* tabulare.

intavolàto [da *tavolato*; a. 1646] **sm.** **1.** riparo di tavole || *ant.* pavimento di tavole di legno **2.** *ant.* intavolatura musicale || **N.** **1.** *Sin.* tavolato, ASSITO.

intavolatùra [da *intavolare*; 1561 nel senso 2] **sf.** **1.** *ant.* l'intavolare **2.** *T.mus.* antico sistema di notazione per la musica strumentale, usata soprattutto per gli strumenti a tastiera e a corda.

intavolazióne [da *intavolare*; a. 1835 nel senso 2] **sf.** **1.** operazione che consiste nell'ordinare su tavole dati numerici, statistici o sim. **2.** *T.giur.* registrazione fondiaria all'ufficio tavolare dell'acquisto di immobile || **N.** **1.** *Sin.* tabulazione.

intedescaménto [da *intedescare*; a. 1961] **sm.** atto o effetto dell'intedescare e dell'intedescarsi.

intedescàre (pres. *-ésco, -éschi*) [comp. parasint. di *tedesco*; 1777] **tr.** far prendere qualità, usi e caratteristiche proprie dei tedeschi || **intr. pron.** assumere caratteri e usi propri dei tedeschi.

intedeschìre (pres. *-ìsco, -ìsci*) [comp. parasint. di *tedesco*; a. 1750] **tr.** e **intr. pron.** intedescare, intedescarsi.

integèrrimo (*superl.* di *integro*) [1527] **agg.** estremamente onesto e incorruttibile: *magistrato integerrimo* || **integerrimaménte** **avv.**

integràbile [da *integrare*; 1748 nel senso 2; 1869 nel senso 1] **agg.** **1.** che si può integrare **2.** *T.mat.* *funzione integrabile*, che ammette l'integrale in un intervallo definito; *equazione differenziale integrabile*, che ammette soluzioni esplicite.

integrabilità [da *integrabile*; 1869] **sf.** l'essere integrabile.

intègrafo [comp. di *inte(grale)* e *-grafo*; 1942] **sm.** *T.mat.* strumento che traccia il grafico della curva integrale di una funzione data.

integràle [dal lat. tardo *integrălis*; a. 1320 come agg. nel senso 1; a. 1742 come agg. nel senso 4] **I** **agg.** **1.** totale, completo: *cambiamento, rinnovamento integrale, abbronzatura integrale*; *estinzione integrale di un debito, le Mille e una notte in edizione integrale*; anche *fam. scherz.*: *scemo integrale* **2.** detto di alimento fatto con tutti gli elementi costitutivi del grano e anche con miscele di farine: *pane, biscotti, pasta integrale* **3.** *non com.* che concorre alla formazione di un tutto, integrante: *parte integrale* **4.** *T.mat.* *calcolo integrale*, parte dell'analisi infinitesimale che si occupa del calcolo degli integrali definiti e indefiniti || **integralménte** **avv.** totalmente, interamente **II** **sm.** *T.mat.* *integrale indefinito* di una funzione, ciascuna funzione ottenuta dalla prima mediante integrazione (v.); *integrale definito*, di una funzione in un intervallo, la differenza tra i valori dell'integrale indefinito nei due estremi dell'intervallo; geometricamente rappresenta l'area della superficie compresa tra il grafico della funzione nell'intervallo, e l'intervallo stesso sull'asse delle ascisse. **Q.T.** *matematica*...

integralìsmo [da *integrale*; 1908] **sm.** *T.pol.* tendenza ad applicare rigorosamente (e spesso con intolleranza) a tutti i livelli (politico, culturale, economico ecc.), i principi di una dottrina: *integralismo cattolico, comunista, islamico.*

integralìsta [da *integrale*; 1908] **I** **s.** seguace di una qualunque forma di integralismo **II** anche **agg.**: *movimento, partito integralista.*

integralìstico (pl. *-ci*) [da *integralista*; 1970] **agg.** proprio dell'integralismo e degli integralisti.

integralità [da *integrale*; 1869] **sf.** *non com.* l'essere integrale; interezza, totalità.

integraménto [da *integrare*; a. 1907] **sm.** integrazione; completamento, compimento.

integrànte (*ppr.* di *integrare*) [a. 1642] **agg.** che serve a integrare; spec. nell'espr. *parte integrante*, che fa parte necessariamente di un complesso, di una totalità: *un decreto che è parte integrante di una legge* || **N.** *Sin.* costitutivo, fondamentale, indispensabile, necessario.

integràre (pres. *integro*) [dal lat. *integrāre*; sec. XV come tr. nel senso 1; a. 1742 come tr. nel senso 3] **tr.** **1.** rendere integra o completa una cosa aggiungendo ciò che manca: *integrare la trattazione con una documentazione fotografica, integrare la preparazione scolastica con soggiorni all'estero, integrare lo stipendio con lezioni private* || *per estens.* collegare i vari rami di un'attività produttiva, rendendone più funzionale il decorso **2.** inserire una persona o un gruppo in un ambiente in modo che ne diventi parte integrante: *integrare gli stranieri nel tessuto economico e sociale della città* **3.** *T.mat.* compiere un'operazione di integrazione su una funzione || risolvere un'equazione differenziale || **rifl.** entrare organicamente a far parte di un ambiente, un organismo, una struttura: *incoraggiare i tentativi degli handicappati per integrarsi nella società* || **rec.** completarsi a vicenda: *elementi, attività che si integrano* || **N.** **1.** *Sin.* completare, perfezionare.

integratìvo [da *integrato*; 1920] **agg.** che serve ad integrare: *indennità integrativa, lezioni integrative* || *esame integrativo*, che permette il passaggio da un tipo di scuola a un altro dello stesso grado || *norme integrative*, che si aggiungono a precedenti disposizioni per completarle || *anno integrativo*, anno scolastico supplementare che devono frequentare coloro che hanno seguito un corso di studi superiore di durata quadriennale, per avere accesso a determinate facoltà universitarie || **N.** *Sin.* aggiuntivo, complementare, supplementare.

integràto (*pps.* di *integrare*) [a. 1348 come agg.; 1973 come sm.] **I** **agg.** che ha subito un'integrazione: *economia integrata; esercito integrato*, formato da truppe di diversa nazionalità || *scuola integrata*, formula organizzativa scolastica che comprende attività di doposcuola || *circuito integrato*, V. CIRCUITO **II** **sm.** (f. *-a*) chi si è perfettamente inserito in un ambiente || con valore spreg. o tono polemico, chi è inquadrato nel sistema politico e sociale vigente e ne accetta passivamente modelli e princìpi.

integratóre [da *integrare*; 1869] **I** **agg.** e **sm.** (f. *-trice*) che, chi integra || *T.tecn.* *strumento integratore*, strumento di misurazione che fornisce l'integrale di una determinata grandezza variabile nel tempo || *circuito integratore*, circuito che fornisce in uscita un segnale che è l'integrale del segnale in entrata **II** solo **sm.** *T.mat.* integrafo.

integrazióne [dal lat. *integrātio, -ōnis*, ristabilimento; a. 1578 nel senso 1; a. 1754 nel senso 3] **sf.** **1.** l'atto e l'effetto dell'integrare: *corsi d'integrazione, l'integrazione dell'organico di un'azienda*; *integrazione razziale*, fusione di popolazioni etnicamente diverse in una comunità unica || in filologia, *integrazione di un testo*, inserimento di parole o passi omessi dalla tradizione manoscritta, attuato con procedimento induttivo o attraverso il confronto con altri codici || *cassa integrazione*, istituto che garantisce ai lavoratori dell'industria un salario minimo nei periodi di crisi produttiva o di sospensione del lavoro || *concr.* ciò che integra: *integrazioni salariali* || *in part.* annessione di un territorio da parte di uno stato **2.** processo di cooperazione e assistenza reciproca tra stati: *integrazione europea, atlantica* || processo di coordinamento e fusione tra organismi diversi: *integrazione economica* || *T.econ.* *integrazione verticale*, carattere di un impianto industriale che svolge più fasi di uno stesso processo produttivo **3.** *T.mat.* operazione inversa della derivazione, mediante la quale si ricava, a partire da una funzione, l'insieme delle funzioni che hanno come derivata la funzione di partenza; tali funzioni differiscono tra loro soltanto per una costante additiva arbitraria || **N.** **1.** *Sin.* completamento; inserimento | *Contr.* isolamento, segregazione. **Q.T.** *sociologia*.

integrazionìsmo [da *integrazione*; 1963] **sm.** movimento favorevole all'integrazione razziale.

integrazionìsta [da *integrazione*; 1963] **I** **s.** fautore dell'integrazione razziale **II** anche **agg.**: *movimento integrazionista.*

integrazionìstico (pl. *-ci*) [da *integrazionismo*; 1963] **agg.** dell'integrazionismo, degli integrazionisti.

integrìsmo [da *integro*; 1973] **sm.** *spreg.* integralismo.

integrìsta [da *integrismo*; a. 1937] **agg.** e **s.** *spreg.* integralista.

integrità [dal lat. *integritas, -ātis*; 1308 *integritade*] **sf.** **1.** l'essere integro: *l'integrità di un testo, di un territorio*; *integrità fisica, personale*, sanità, incolumità **2.** *fig.* onestà, purezza: *integrità di costumi, di vita* || **N.** **1.** *Sin.* completezza, interezza, totalità **2.** *Sin.* incorruttibilità, probità, rettitudine.

ìntegro [dal lat. *integer*; 1313 *intégro*] **agg.** **1.** intero, completo: *codice integro, patrimonio integro* || intatto, illeso: *un corpo integro, conservare integre le proprie forze* **2.** *fig.* onesto, incorruttibile: *un magistrato integro* || **integraménte** **avv.** *non com* || **N.** **2.** *Sin.* probo, retto | *Contr.* corrotto, depravato, disonesto.

integròmetro [comp. di *integr(azione)* e *-metro*; 1952] **sm.** integrafo.

integumentàle [da *integumento*; 1940] **agg.** *T.biol.* tegumentale.

integuménto [dal lat. *integumentum*; a. 1698] **sm.** *T.biol.* tegumento.

intelaiàre (pres. *-àio, -ài*) [comp. parasint. di *telaio*; 1743] **tr.** mettere su un telaio || *per estens.* disporre l'ossatura di una macchina, mettere insieme e montare le parti essenziali dello scheletro.

intelaiatùra [da *intelaiare*; 1743] **sf.** **1.** l'atto e l'effetto dell'intelaiare **2.** *concr. più com.* unione di diversi pezzi in modo da formare una specie di telaio: *l'intelaiatura di un ponte* **3.** *fig.* il complesso degli elementi di un'organizzazione, un'opera, un'attività: *l'intelaiatura di un romanzo, di un sistema economico, dello Stato* || **N.** **2.** *Sin.* incastellatura, scheletro, telaio **3.** *Sin.* compagine, ossatura, struttura, trama.

intelàre (pres. *-élo*) [comp. parasint. di *tela*; 1957] **tr.** **1.** rivestire di tela **2.** applicare una tela resistente sotto un tessuto, in modo da renderlo più sostenuto: *intelare una gonna.*

intelàto (*pps.* di *intelare*) [1952] ***agg.*** di vestito e sim., sostenuto internamente da fodera o tela rigida.

intellegìbile v. INTELLIGIBILE.

intellettìbile [da *intelletto*¹; 1935] ***agg.*** intelligibile.

intellettìvo [dal lat. tardo *intellectīvus*; 1308] ***agg.*** proprio dell'intelletto: *virtù, facoltà intellettiva.*

intellètto¹ [dal lat. *intellectus*; a. 1250] ***sm.*** **1.** capacità di comprendere e formare concetti e giudizi: *l'umano intelletto* ‖ *per estens.* l'insieme delle facoltà mentali: *un uomo dotato, privo di intelletto* ‖ *il ben dell'intelletto,* la capacità di ragionare e giudicare; *perdere il ben dell'intelletto,* perdere la ragione, impazzire ‖ *T.teol.* nella dottrina cattolica, uno dei sette doni dello Spirito Santo **2.** *per meton.* persona dotata d'intelletto, di grande intelligenza: *è uno dei migliori intelletti d'Italia* **3.** *arc.* cognizione: *Donne che avete intelletto d'amore* (Dante) **4.** *arc.* indole **5.** *arc.* significato di una parola e sim. ‖ **N. 1.** cervello, discernimento, intelligenza, intuito, mente, perspicacia, ragione, raziocinio **2.** *Sin.* genio, ingegno, mente.

intellètto² [dal lat. *intellectus,* pps. di *intelligere,* intendere; 1321] ***agg.*** *lett.* compreso, capito, conosciuto.

intellettuàle [dal lat. tardo *intellectuālis*; 1308 come agg.; 1905 come sm.] **I** ***agg.*** **1.** dell'intelletto, che concerne l'intelletto o le opere dell'intelletto: *facoltà intellettuali; attività, progresso intellettuale* **2.** *non com.* intellettualistico, cerebrale: *arte intellettuale* **3.** rif. a persona, colto, che coltiva interessi culturali: *una donna intellettuale* ‖ **intellettualménte** ***avv.*** **1.** per mezzo dell'intelletto **2.** dal punto di vista intellettuale: *un discorso intellettualmente povero* **3.** cerebralmente: *scrivere troppo intellettualmente* **II** ***s.*** chi svolge attività di studio e di pensiero, coltiva interessi culturali, e produce opere di carattere scientifico, artistico o letterario: *la classe degli intellettuali* ‖ in tono polemico o iron., *fare l'intellettuale, darsi arie da intellettuale,* ostentare superiorità e interessi culturali gen. fittizi.

intellettualìṣmo [da *intellettuale,* prob. sul modello del ted. *Intellektualismus*; 1905] ***sm.*** **1.** *T.fil.* dottrina che riconduce tutto ciò che esiste all'intelletto, e che privilegia l'attività conoscitiva dell'intelletto sulle altre facoltà umane, quali intuizione, volontà, emozioni: *intellettualismo estetico, morale* **2.** con connotazione negativa, predominio, soprattutto in campo artistico, dell'attività intellettuale e razionale sulla fantasia, la sensibilità, l'affettività e sim.: *l'intellettualismo dell'arte barocca* ‖ **N. 2.** *Sin.* cerebralismo.

intellettualìsta [da *intellettuale*; 1905] **I** ***s.*** **1.** seguace dell'intellettualismo **2.** chi, spec. in opere letterarie o artistiche, dà particolare, e talora eccessiva, importanza ai valori intellettuali a scapito del sentimento, della fantasia, dell'estetica **II** ***agg.*** intellettualistico.

intellettualìstico (pl. *-ci*) [da *intellettualista*; 1910] ***agg.*** **1.** *T.fil.* dell'intellettualismo, degli intellettualisti **2.** cerebrale, che conferisce importanza esclusiva o eccessiva ai valori intellettuali, raziocinanti: *concezioni intellettualistiche, un'arte intellettualistica.*

intellettualità [dal lat. mediev. *intellectuālitas, -ātis*; sec. XIV] ***sf.*** **1.** l'essere intellettuale; qualità e condizione di ciò che appartiene alla sfera dell'intelletto: *l'intellettualità di un processo conoscitivo* **2.** *concr.* la classe degli intellettuali, talvolta *iron.*

intellettualizẓàre [da *intellettuale*; 1927] ***tr.*** rendere intellettuale o intellettualistico.

intellettualòide [da *intellettuale*; 1931] ***agg.*** e ***s.*** *spreg.* chi si dà arie d'intellettuale ostentando superiorità culturale e interessi in realtà fittizi o superficiali.

intellezióne [dal lat. *intellectio, -ōnis*; a. 1563] ***sf.*** *T.fil.* l'atto di intendere, il processo di comprendere per mezzo dell'intelletto.

intelligènte [dal lat. *intelligens, -entis*; 1295] ***agg.*** **1.** dotato di intelligenza, della capacità di intendere e ragionare: *esseri intelligenti* ‖ *per restr. com.* che ha viva intelligenza, che ha notevoli capacità intellettuali, che capisce e apprende con facilità: *una persona intelligente* ‖ *per estens.* rif. anche ad animale, che rivela un certo grado di intelligenza nel comprendere, nel ricordare, nel coordinare le proprie azioni: *il cane è un animale intelligente* **2.** *per estens.* rif. a cose, azioni od opere, che dimostra intelligenza: *una risposta, una faccia, un documentario intelligente* **3.** *ant.* che s'intende di qualcosa, esperto: *è intelligente di musica* ‖ **intelligenteménte** ***avv.*** ‖ **N. 1.** *Sin.* accorto, acuto, avveduto, ingegnoso, lucido, perspicace, pronto, sagace, sveglio **3.** *Sin.* competente, intenditore.

intelligènza [dal lat. *intelligentia*; a. 1276 *intelligensa*] ***sf.*** **1.** la facoltà di intendere, ragionare, giudicare, comunicare, organizzare le proprie conoscenze e in part. di affrontare e risolvere problemi sempre nuovi di adattamento all'ambiente: *un uomo di grande intelligenza, avere un'intelligenza pronta, viva, pratica, teorica; con la sua intelligenza può arrivare dove vuole* ‖ *T.psic. quoziente d'intelligenza,* rapporto tra l'età mentale, cioè lo sviluppo intellettivo in un soggetto, e l'età cronologica ‖ *intelligenza artificiale,* l'insieme dei programmi e sistemi di elaborazione elettronica che realizzano prestazioni simili a quelle umane, spec. in settori cognitivamente complessi ‖ attitudine a intendere bene e prontamente, a trovare la soluzione migliore a una difficoltà ecc.: *dar prova d'intelligenza; fare qualcosa con intelligenza,* con ingegno, abilità, competenza **2.** *per meton.* persona dotata di notevole intelligenza: *è una bella intelligenza, le migliori intelligenze d'Europa* ‖ nella religione cristiana, *l'intelligenza prima, suprema,* Dio **3.** *lett.* interpretazione, intendimento, comprensione: *un testo di difficile intelligenza* ‖ *ant.* piena cognizione di un'arte o di una disciplina: *avere intelligenza della matematica* **4.** *lett.* accordo fra due persone: *operare d'intelligenza con qualcuno* ‖ *in part.* intesa segreta: *commettere il reato di intelligenza col nemico* **5.** *T.mar.* in qualunque sistema di segnalazione tra navi, la bandiera o il gruppo di luci colorate che servono a indicare che il segnale ricevuto è stato capito ‖ **N. 1.** *Sin.* cervello, comprendonio, ingegno, intelletto, levatura, mente, perspicacia, ragione, sagacia | *Contr.* idiozia, ignoranza, ottusità, stupidità | acuta, media, pronta, speculativa, straordinaria, viva; debole, mediocre, ottusa, scarsa, tarda | acuire, affievolire, affinare, coltivare, educare, offuscare, ottundere, svegliare, sviluppare **2.** *Sin.* cervello, ingegno, mente.

intellighènzia [dal russo *intelligencija*; 1923] ***sf.*** **1.** *T.stor.* nella Russia zarista, l'insieme degli intellettuali, di idee politiche differenti, accomunati dall'ostilità al regime vigente **2.** *per estens.* la classe intellettuale di un paese, spec. con allusione al suo ruolo politico e sociale ‖ *iron.* il gruppo che detiene il primato intellettuale in un dato ambiente ‖ **N. 2.** *Sin.* teste d'uovo.

intelligìbile o **intellegìbile** [dal lat. *intelligibilis*; 1308] **I** ***agg.*** *T.fil.* che può essere compreso solo dall'intelletto: *realtà, verità intelligibile* (opposto a *sensibile*) ‖ *per estens.* facile da capire, comprensibile: *un linguaggio poco intelligibile, sono concetti intelligibili a chiunque* ‖ **intelligibilménte** o **intellegibilménte** ***avv.*** in modo chiaro e comprensibile **II** ***sm.*** *T.fil.* ciò che può essere conosciuto solo per mezzo della ragione: *la sfera dell'intelligibile* ‖ **N. 1** *Sin.* chiaro, decifrabile, perspicuo, piano.

intelligibilità [da *intelligibile*; a. 1565 *intellegibilità*] ***sf.*** l'essere intelligibile: *l'intelligibilità di un principio* ‖ *per estens.* comprensibilità, chiarezza: *l'intelligibilità di un testo; l'intelligibilità di una comunicazione telefonica,* la sua comprensibilità da parte dell'ascoltatore.

intemeràta [dal lat. *O intemerata Virgo,* O Vergine pura, inizio di una preghiera alla Madonna; a. 1495 nel senso 1; a. 1712 nel senso 2] ***sf.*** **1.** *disus.* discorso lungo e noioso **2.** acerbo rimprovero ‖ **N. 2.** *Sin.* lavata di capo, ramanzina, sgridata.

intemeràto [dal lat. *intemerātus*; sec. XIV] ***agg.*** di persona, coscienza e sim. puro, senza macchia: *persona, onestà intemerata* ‖ **intemerataménte** ***avv.*** *non com.* ‖ **N.** *Sin.* immacolato, incontaminato, incorrotto, integro.

intemperànte [dal lat. *intemperans, -āntis*; sec. XIV] ***agg.*** che non sa moderare i propri desideri e istinti: *intemperante nel bere* ‖ che rivela mancanza di moderazione: *atti, gesti intemperanti; linguaggio intemperante,* aggressivo o volgare ‖ **intemperanteménte** ***avv.*** ‖ **N.** *Sin.* incontinente, sfrenato, smodato, sregolato.

intemperànza [dal lat. *intemperāntia*; a. 1292] ***sf.*** l'essere intemperante: *intemperanza nei piaceri, nelle passioni* ‖ *concr.* atto o detto intemperante: *intemperanze di linguaggio* ‖ **N.** *Sin.* eccesso, esagerazione, smoderatezza.

intemperàto [dal lat. *intemperātus*; a. 1357] ***agg.*** *non com.* intemperante, sfrenato, smodato.

intempèrie [dal lat. *intemperies*; sec. XIV] ***sf.*** *pl.* l'insieme delle perturbazioni atmosferiche, come freddo improvviso, pioggia, vento, grandine ecc.: *essere esposto alle intemperie.*

intempestività [dal lat. *intempestīvitas, -ātis*; a. 1837] ***sf.*** l'essere intempestivo, l'essere inopportuno.

intempestìvo [dal lat. *intempestīvus*; 1374] ***agg.*** non tempestivo, detto o fatto in un momento non opportuno: *intervento, provvedimento intempestivo* ‖ **intempestivaménte** ***avv.*** ‖ **N.** *Sin.* inopportuno.

intendènte [da *intendere,* sul modello del fr. *intendant*; 1664] ***s.*** titolo di pubblici funzionari che sovrintendono a determinati settori dell'amministrazione pubblica: *intendente di finanza; intendente militare,* ufficiale posto a capo di un'intendenza.

intendentìzio (pl. *-zi*) [da *intendente*; 1890] ***agg.*** *T.bur.* relativo all'intendente o all'intendenza: *provvedimento intendentizio.*

intendènza [da *intendente,* sul modello del fr. *intendance*; 1695] ***sf.*** **1.** organo che presiede servizi di pubblica utilità, spec. in campo amministrativo, a capo del quale vi è un intendente: *intendenza di finanza,* ufficio provinciale del Ministero delle Finanze, che svolge attività di controllo sulle entrate pubbliche e gestisce i beni demaniali compresi nell'ambito della provincia ‖ *T.mil. intendenza militare,* ufficio di carattere logistico che sovrintende in part. ai servizi di rifornimento delle truppe ‖ *concr.* la sede degli uffici che costituiscono un'intendenza **2.** *ant.* intelligenza.

intèndere (pres. *-èndo* ecc., come TENDERE) [dal lat. *intendere,* letter. tendere verso; a. 1294 nel senso 4] ***tr.*** **1.** comprendere, afferrare il senso di qualcosa: *hai inteso cosa voglio dire?; avere la capacità d'intendere e di volere* ‖ *prov. chi ha orecchie per intendere, intenda,* chi vuol capire, capisca ‖ *far intendere, lasciare intendere,* lasciar capire attraverso allusioni ‖ *dare a intendere,* far credere il falso, darla a bere ‖ *s'intende,* è chiaro, è scontato: *s'intende che ognuno è libero di fare come crede*; usato ass. per precisare: *allora ci vediamo domani, a cena, s'intende*; anche come risposta affermativa a una domanda: *verrai a trovarmi? s'intende!,* certamente, è ovvio **2.** *in part.* interpretare: *la frase si può intendere in due modi, il passo è variamente inteso* || giudicare: *ciascuno la intenda come gli pare* || voler dire, voler significare: *non intendevo questo, bisogna decidere cosa si intende per "cultura"* **3.** costruito con l'inf., avere intenzione, manifestare il proposito di fare qualcosa: *intendo saldare il conto, non intendevo offenderti, che cosa intendi fare?, non intendo più sopportare le tue insolenze* **4.** ascoltare, dare retta: *intendetemi bene, è ora che vi diate da fare*; *non intendere ragione,* non cambiare il proprio punto di vista, non dar retta a pareri contrari || *farsi intendere,* far valere le proprie ragioni || udire, sentire: *hanno inteso voci spiacevoli sul mio conto* **5.** *lett.* tendere, rivolgere: *intendere lo sguardo, la mente* || **intr.** (aus. *avere*) *lett.* rivolgere l'attenzione, dedicarsi: *intendere allo studio* || mirare a uno scopo: *intendere al guadagno* || **rec.** e **rifl. rec. 1.** capirsi: *intendersi al volo* || *intendiamoci, intendiamoci bene,* si dice quando si vuol precisare bene il proprio pensiero o porre una condizione: *intendiamoci bene, tu da qui non te ne vai* || *tanto per intenderci,* tanto per essere chiari **2.** andare d'accordo: *quei due si intendono alla perfezione* || freq. nella forma *intendersela con qualcuno,* avere accordi segreti con qualcuno || avere una relazione sentimentale, perlopiù illecita e segreta: *se la intende con la moglie del principale* || mettersi d'accordo: *intendiamoci sulla spesa* || **intr. pron.** avere competenza di qualcosa, essere esperto: *intendersi di automobilismo, di cinema*; freq. con la particella *ne*: *te ne intendi di musica?* || **N. 1.** *Sin.* capire, intuire **2.** *Sin.* decifrare, giudicare **3.** *Sin.* desiderare, esigere, prefiggersi, pretendere, proporsi, volere **4.** *Sin.* accettare, seguire.

intendicchiàre (pres. *-icchio*) [da *intendere*; a. 1712 *intendacchiare*] **tr.** cominciare a capire; capire in modo approssimativo || **intr. pron.** avere una conoscenza o una competenza superficiale: *si intendicchia di informatica.*

intendiménto [da *intendere*; a. 1276] **sm.** *non com.* **1.** proposito, intenzione: *è nostro intendimento rilasciare una dichiarazione alla stampa* **2.** la facoltà e l'atto d'intendere: *persona di scarso intendimento, verità di difficile intendimento* **3.** *ant.* significato || **N. 1.** *Sin.* intento, scopo **2.** *Sin.* comprendonio, comprensione, INTELLIGENZA.

intenditóre [da *intendere*; a. 1294] **sm.** (f. *-trice*) **1.** chi si intende di qualcosa, anche *ass.*: *intenditore di musica, d'arte*; *è un vero intenditore!* **2.** chi ascolta e capisce, solo nel *prov. a buon intenditor poche parole,* non occorrono molte spiegazioni a chi vuol capire (talvolta si dice in tono di ammonimento o di minaccia) || **N. 1.** *Sin.* conoscitore, esperto, specialista.

intenebraménto [da *intenebrare*; a. 1729] **sm.** *non com.* l'atto e l'effetto dell'intenebrare.

intenebràre (pres. *-ènebro*) [dal lat. eccl. *intenebrāre*; a. 1342] **tr.** *lett.* coprire di tenebre, ottenebrare || **intr. pron.** offuscarsi, oscurarsi.

inteneriménto [da *intenerire*; a. 1597] **sm.** l'atto e l'effetto dell'intenerire o dell'intenerirsi || *fig.* sentimento di tenerezza e di indulgenza || **N.** *Sin.* commozione, compassione, pietà.

intenerìre (pres. *-ìsco, -ìsci*) [comp. parasint. di *tenero*; 1319 nel senso 2] **tr. 1.** rendere tenero **2.** *fig.* muovere a pietà, a compassione: *la vista del bambino in lacrime lo intenerì* || **intr. pron. 1.** (anche *intr.* aus. *essere*) diventare tenero: *lasciar maturare la frutta perché s'intenerisca* **2.** *fig.* commuoversi, addolcirsi: *intenerirsi alle suppliche di qualcuno* || **N. tr. 1.** *Sin.* ammorbidire **2.** *Sin.* addolcire, commuovere, impietosire.

intensificàre (pres. *-ìfico, -ìfichi*) [da *intenso,* sul modello del fr. *intensifier*; 1901] **tr.** rendere più intenso: *intensificare gli sforzi* || aumentare, rafforzare: *intensificare la produzione* || **intr. pron.** diventare più intenso: *il traffico si va intensificando di ora in ora* || **N.** *Sin.* incrementare, moltiplicare.

intensificazióne [da *intensificare,* sul modello del fr. *intensification*; 1949] **sf.** *non com.* atto ed effetto dell'intensificare.

intensìmetro [comp. di *intenso* e *-metro*; 1983] **sm.** strumento con cui si misura l'intensità di una radiazione, spec. nella radiografia a raggi X, in modo da poter regolare il tempo di esposizione || **N.** *Sin.* intensitometro.

intensionàle [da *intensione*; 1961] **agg.** *T.fil.* proprio dell'intensione, relativo all'intensione: *qualità intensionale* || **N.** estensionale.

intensióne [dal lat. *intensio, -ōnis,* tensione; a. 1498 nel senso 2] **sf. 1.** *T.fil.* il senso di un'espressione linguistica, definito come funzione da indici a estensioni **2.** *raro lett.* intensità: *l'eccellenza delle anime importa maggiore intensione della loro vita* (Leopardi) || **N. 1.** estensione.

intensità [da *intenso*; 1620] **sf. 1.** l'essere intenso: *l'intensità dell'emozione, dell'affetto*; forza, violenza: *l'intensità dello sforzo, della febbre*; *il suono aumenta d'intensità* || *T.ling. intensità articolatoria,* l'energia che si impiega per realizzare un'articolazione **2.** *T.scient.* termine con cui si indicano grandezze fisiche indipendenti dalla quantità di materia, dalle dimensioni del campione considerato e sim. (e dette appunto *intensive*): *intensità di corrente, del suono, intensità luminosa, intensità di campo magnetico* || **N. 1.** *Sin.* energia, veemenza, vigore.

intensitòmetro [comp. di *intensità* e *-metro*; 1983] **sm.** intensimetro.

intensìvo [dal lat. mediev. *intensīvus*; sec. XIV] **agg. 1.** che serve ad aumentare l'intensità di qualcosa; che ha un ritmo sostenuto e impegna molto: *corsi intensivi di inglese* || *T.med. terapia intensiva,* cura intensa e prolungata per far riacquistare al paziente determinate funzioni vitali || *T.agr. coltura intensiva,* che tende a realizzare un massimo di produzione nel minimo di superficie coltivabile **2.** *T.ling. prefissi intensivi,* prefissi che, preposti ad aggettivi, sostantivi e verbi, ne rafforzano l'intensità del significato (per es. *arci*stufo, *stra*potere, *iper*sensibile, *stra*vincere, *s*beffeggiare) || *accento intensivo,* accento caratterizzato da una maggiore intensità articolatoria, e di conseguenza acustica, sulla sillaba che ne è colpita **3.** *T.scient. grandezze intensive,* indipendenti dalle dimensioni del campione o del sistema considerato (per es. la densità o il calore specifico sono grandezze intensive, la massa e la capacità termica sono le corrispondenti grandezze estensive).

intènso [dal lat. tardo *intēnsus*; 1374] **agg. 1.** detto di qualunque fenomeno o sensazione che si manifesti (oggettivamente o soggettivamente) in modo più accentuato del consueto, della media e sim.: *caldo, profumo intenso*; *luce intensa*; *colori intensi,* carichi, molto vivaci || rif. a sentimento o sensazione, profondo, acuto: *dolore, affetto intenso* || *sguardo intenso,* penetrante, fisso **2.** che richiede concentrazione e applicazioni costanti: *attività, studio intenso* || *vita, giornata intensa,* ricca di attività e impegni || **intensaménte** **avv.** || **N. 1.** *Sin.* forte, efficace, energico, potente, violento; veemente, vivo **2.** *Sin.* alacre, assiduo, costante.

intentàbile[1] [da *tentabile*; 1598] **agg.** *non com.* che non si può tentare: *impresa intentabile.*

intentàbile[2] [da *intentare*; 1887] **agg.** *T.giur.* che si può intentare: *è un processo intentabile.*

intentàre (pres. *-ènto*) [dal lat. *intentāre,* volgere contro; 1673] **tr.** *T.giur.* rif. a un'azione giudiziaria, promuoverla: *gl'intentarono un processo, intentare una lite*; *intentare (una) causa a, contro qualcuno.*

intentàto [dal lat. *intentātus*; a. 1527] **agg. 1.** (spec. in espr. negative) non tentato: *non lasciar intentato alcun mezzo*; *non lasciar nulla d'intentato,* cercare con ogni sforzo o in ogni modo di raggiungere uno scopo **2.** *lett.* non ancora esplorato: *quello era un mare ancora intentato.*

intènto[1] [dal lat. *intentus,* pps. di *intendere,* tendere verso; a. 1294] **agg. 1.** fissamente teso o rivolto a qualcosa: *aveva gli occhi intenti allo spettacolo, avere la mente intenta a risolvere un problema* || rif. a persona, concentrato in un'attività: *essere intento a disegnare, era tutto intento ai guadagni* **2.** *arc. lett.* denso, gonfio: *e il ciel di sopra fece intento sì che il pregno aere in acqua si converse* (Dante) || **intentaménte** **avv.** *non com.* || **N. 1.** *Sin.* assorto, fisso, impegnato, volto | *Contr.* distratto, svagato.

intènto[2] [dal lat. *intentus,* il tendere verso; 1308] **sm. 1.** lo scopo che si vuole raggiungere e a cui è volto il pensiero o il desiderio: *abbiamo raggiunto i nostri intenti, riuscire nell'intento, l'ho fatto nell'intento di venirgli incontro* **2.** *ant.* attenzione; anche l'oggetto a cui l'attenzione è rivolta || **N. 1.** *Sin.* fine, intendimento, intenzione, meta, mira, obiettivo, proposito, scopo.

intènza [dal provenz. *entensa*; a. 1250] **sf.** *ant.* intenzione, volontà.

intenzionàle [da *intenzione*; 1308 nel senso 2; 1898 nel senso 1] **agg. 1.** attuato di proposito, fatto o detto con intenzione: *delitto intenzionale*; *scusami, il mio sgarbo non era intenzionale* **2.** *T.fil.* che si riferisce all'intenzione, spec. nella filosofia scolastica || che è diretto ad un oggetto: *atto intenzionale* || **intenzionalménte** **avv.** di proposito, deliberatamente || **N. 1.** *Sin.* calcolato, consapevole, deliberato, premeditato, volontario, voluto | *Contr.* casuale, involontario, preterintenzionale.

intenzionalità [da *intenzionale*; a. 1852] **sf.** l'essere intenzionale: *sostenere l'intenzionalità di un reato* || *T.fil.* la caratteristica di ciò che è intenzionale, cioè diretto ad un oggetto.

intenzionàto [da *intenzione,* sul modello del fr. *intentionné*; a. 1645] **agg.** che ha una determinata intenzione: *sono intenzionato a* (meno com. *di*) *andare a Roma*; *essere bene* o *male intenzionato* (anche nella forma *benintenzionato, malintenzionato*), avere buone o cattive intenzioni || **N.** *Sin.* deciso, disposto, propenso, risoluto | *Contr.* contrario, restio.

intenzióne [dal lat. *intentio, -ōnis*; sec. XIII] **sf. 1.** disposizione dell'animo nel tendere al raggiungimento di un fine; proposito, desiderio: *ho intenzione di andarmene*; *avere buone, cattive, brutte intenzioni* || *con intenzione,* di proposito; *senza intenzione,* involontariamente || *fare il processo alle intenzioni,* giudicare qualcuno non dai fatti, ma dai propositi che si ritiene avrebbe voluto mettere in atto o che lo avrebbero spinto ad agire || prov. *di buone intenzioni è lastricato l'inferno,* i buoni propositi di per sé non bastano, bisogna anche metterli in pratica **2.** *ant.* significato di una parola e di un concetto, la maniera di intenderlo **3.** *ant. T.fil.* percezione sensibile di un oggetto a cui l'intelletto dà forma; *seconde intenzioni,* nella fil. scolastica, i concetti di genere e specie e gli altri che hanno come estensioni non insiemi di individui, ma insiemi di concetti || **N. 1.** *Sin.* disegno, fine, idea, progetto, proposito, risoluzione, scopo.

intepidìre V. INTIEPIDIRE.

inter- [dal lat. *inter,* tra] **pref.** si premette a nomi, aggettivi e verbi; indica posizione intermedia tra due cose (*interlinea*), tra limiti di spazio (*interbinario, interporre*), o di tempo (*intercorrere*); esprime comunanza (*internazionale*) o reciprocità (*interscambio*).

interagènte (*ppr.* di *interagire*) [1972] **agg.** che interagisce: *molecole debolmente interagenti.*

interagire (pres. *-ìsco, -ìsci*) [comp. di *inter-* e *agire*; 1957] **intr.** (aus. *avere*) **1.** esercitare un'influenza reciproca: *forze che interagiscono fra loro, l'una con l'altra* **2.** *T.fis.* provocare o subire un processo di interazione **3.** *T.chim.* dare luogo a interazione.

interalleàto [comp. di *inter-* e *alleato*; 1919] **agg.** comune a due o più nazioni tra loro alleate: *comando interalleato.*

interàrme [comp. di *inter-* e *arma*; 1950 *interarmi*] **agg. inv.** *T.mil.* di azione che impegna più armi dell'esercito.

interarticolàre [comp. di *inter-* e *articolare*[2]; 1822] **agg.** *T.anat.* posto tra due superfici articolari: *spazio interarticolare.*

interàsse [comp. di *inter-* e *asse*[1]; 1957] **sm.** *T.mecc.* in macchinari, veicoli, alberi, travi o sim., distanza compresa tra due assi paralleli.

interatòmico (pl. *-ci*) [comp. di *inter-* e *atomico*; 1920] **agg.** *T.fis.* che esiste tra gli atomi: *spazio interatomico*; *distanza interatomica*, in una molecola, distanza di equilibrio degli atomi || che agisce tra gli atomi: *forze interatomiche.*

interattìvo [comp. di *inter-* e *attivo*; 1983] **agg.** che agisce in correlazione o in reciprocità con altri.

interaziendàle [comp. di *inter-* e *aziendale*; 1942] **agg.** che riguarda o avviene in accordo tra due o più aziende: *contratto interaziendale.*

interazionàle [da *interazione*; 1977] **agg.** che riguarda l'interazione: *processo interazionale* || *T.ling. funzione interazionale o d'interazione*, l'uso del linguaggio da parte del bambino per interagire con le persone attorno a lui, ad es. quando saluta o chiama qualcuno.

interazióne [comp. di *inter-* e *azione*, sul modello del fr. e ingl. *interaction*; 1950] **sf.** *T.scient.* azione e influenza reciproca tra due fenomeni, elementi, sistemi ecc. || *in part. T.fis. interazioni fondamentali*, le quattro forme di azione reciproca tra particelle, responsabili in ultima analisi di tutte le forze e gli scambi di energia dell'universo: *interazione forte, elettromagnetica, debole, gravitazionale* || *per estens. interazioni sociali*, insieme di azioni e reazioni reciproche tra individui e tra gruppi, attivate dal contatto sociale e dalla comunicazione. **Q.T.** *fisica, sociologia.*

interbancàrio (pl. *-ri*) [comp. di *inter-* e *bancario*; 1963] **agg.** che riguarda più banche o si svolge tra più banche: *accordo interbancario, tasso interbancario.*

interbàse [comp. di *inter-* e *base*; 1940] **s.** *T.sport.* nel gioco del *baseball*, il difensore posto tra la prima e la seconda base.

interbèllico (pl. *-ci*) [comp. di *inter-* e *bellico*; 1957] **agg.** compreso tra due guerre successive: *periodo interbellico.*

interbinàrio (pl. *-ri*) [comp. di *inter-* e *binario*; 1952] **sm.** *T.ferr.* lo spazio che si trova tra un binario e l'altro della strada ferrata.

interblòcco[1] (pl. *-chi*) [comp. di *inter-* e *blocco*[1]; 1983] **sm.** *T.ing.* dispositivo che blocca il funzionamento di un impianto, qualora porte, cancelli o sim. vengano lasciati aperti.

interblòcco[2] (pl. *-chi*) [comp. di *inter-* e *blocco*[2]; 1983] **sm.** *T.inform.* negli elaboratori elettronici, spazio di nastro magnetico lasciato libero tra due blocchi successivi || **N.** *Sin.* gap.

intercalàre[1] (pres. *-àlo*) [dal lat. *intercalāre*, propr. chiamare in mezzo; 1640] **tr.** inserire, interporre a intervalli periodici: *intercalare il lavoro al riposo, intercalare nel discorso detti popolari, intercalare le incisioni nel testo* || **N.** *Sin.* frapporre, includere, inframmezzare.

intercalàre[2] [dal lat. *intercalāris*; sec. XIV] **I agg.** che si intercala in una serie: *verso intercalare* || *giorno intercalare*, quello che si aggiunge al mese di febbraio negli anni bisestili || *T.agr. coltura intercalare*, coltivazione secondaria che si effettua nell'intervallo di tempo tra due colture principali **II sm. 1.** modo di dire che uno ripete spesso per abitudine e che inserisce nel suo discorso anche a sproposito: *"cioè" è un intercalare spesso usato dai giovani* **2.** *T.lett.* in taluni componimenti poetici, verso o gruppo di versi che si ripetono alla fine di ogni strofa; ritornello.

intercalazióne [dal lat. *intercalātio, -ōnis*; 1481] **sf.** l'intercalare || *in part.* l'aggiunta di giorni e mesi al calendario per far coincidere il computo cronologico con la durata dell'anno solare || *concr.* ciò che è intercalato.

intercambiàbile [comp. di *inter-* e *cambiabile*; a. 1937] **agg.** che si può cambiare con un'altra cosa; sostituibile: *pezzi, ruoli intercambiabili.*

intercambiabilità [comp. di *inter-* e *cambiabilità*; 1948] **sf.** l'essere intercambiabile.

intercàmbio (pl. *-bi*) [comp. di *inter-* e *cambio*; 1940] **sm.** sin. meno com. di *interscambio.*

intercapèdine [dal lat. *intercapēdo, -inis*, interruzione; 1499] **sf.** spazio vuoto compreso tra due superfici ravvicinate e gen. parallele || *in part.* in edilizia, vano tra muro e muro, o tra solaio e tetto con funzione di isolamento e impermeabilizzazione || *T.mar.* nelle navi, lo spazio compreso tra il fasciame interno e quello esterno || **N.** *Sin.* interstizio, intervallo.

intercapillàre [comp. di *inter-* e *capillare*; 1957] **agg.** *T.anat.* posto tra i vasi capillari.

intercardinàle [comp. di *inter-* e (*punto*) *cardinale*; 1957] **agg.** *T.geogr.* di ciascuno dei quattro punti dell'orizzonte equidistanti da due punti cardinali (ad es. Nord-Est, Sud-Ovest).

intercategoriàle [comp. di *inter-* e *categoriale*; 1957] **agg.** comune a più categorie di lavoratori: *sciopero intercategoriale.*

intercèdere (pres. *-èdo* ecc., come CEDERE; ma esistono anche *lett.* il p.rem. *intercèssi* e il pps. *intercèsso*) [dal lat. *intercēdere*; sec. XIV] **intr. 1.** (aus. *avere*) farsi mediatore per ottenere qualcosa in favore di qualcuno: *intercedere per qualcuno presso il Capo dello Stato, perché gli conceda la grazia* **2.** (aus. *essere*) *non com.* di spazio o di tempo, intercorrere: *tra i due governi intercede un intervallo di pochi anni* || **tr.** *non com.* cercare di ottenere qualcosa in favore di qualcuno: *intercedere clemenza dal re per il condannato* || **N. intr. 1.** *Sin.* intervenire | **tr.** *Sin.* impetrare.

interceditóre [da *intercedere*; a. 1563] **sm.** (f. *-trìce*) *raro* intercessore.

intercellulàre [comp. di *inter-* e *cellulare*; 1933] **agg.** *T.biol.* posto tra le cellule: *liquido intercellulare.*

intercessióne [dal lat. *intercessio, -ōnis*; sec. XI] **sf.** l'atto di chi intercede per altri: *ottenere un favore, una grazia per intercessione di qualcuno* || **N.** *Sin.* intervento, mediazione.

intercessóre [dal lat. *intercessor, -ōris*; a. 1342] **sm.** (f. *interceditrice*) chi intercede a favore di qualcuno || **N.** *Sin.* mediatore.

intercettaménto [da *intercettare*; 1869] **sm.** intercettazione.

intercettàre (pres. *-ètto*) [dal fr. *intercepter*; a. 1529] **tr. 1.** fermare o impedire il passaggio di cose o persone facendo sì che non giungano a destinazione: *intercettare un aereo, un convoglio, una pattuglia, una lettera* || nel linguaggio di vari sport di squadra, *intercettare il pallone*, venirne in possesso mentre è diretto a un avversario **2.** venire a conoscenza di comunicazioni, messaggi e sim. senza che emittente e destinatario se ne accorgano: *intercettare le notizie, una comunicazione telefonica* || **N. 1.** *Sin.* arrestare, bloccare, fermare, interrompere, ostacolare **2.** *Sin.* captare, ricevere.

intercettatóre [da *intercettare*; 1957] **agg.** e **sm.** (f. *-trìce*) chi o che intercetta.

intercettazióne [da *intercettare*; 1963] **sf.** l'intercettare: *intercettazioni telefoniche*, controllo e registrazione di conversazioni telefoniche.

intercètto [dal lat. *interceptus*, pps. di *intercipere*; a. 1504] **agg.** *raro* intercettato, interrotto, impedito.

intercettóre [dall'ingl. *interceptor*; 1957] **sm.** *T.mil.* aereo da caccia, molto veloce, o missile, impiegato in azioni belliche per intercettare le formazioni nemiche.

intercezióne [dal lat. *interceptio, -ōnis*, attr. l'ingl. *interception*; a. 1541] **sf.** *non com.* intercettazione, l'atto e l'effetto dell'intercettare.

interchiùdere **tr.** *non com.* v. INTERCLUDERE.

intercìdere (pres. *-ìdo*) [dal lat. *intercīdere*; a. 1290] **tr.** *lett.* tagliare in mezzo; *per estens.* dividere, interrompere.

intercisióne [dal lat. *intercisio, -ōnis*; 1583] **sf.** *lett.* l'atto e l'effetto dell'intercidere; interruzione.

intercity (semiingl., pr. [inter'siti]) [comp. di *inter-* e ingl. *city*, città; 1986] **agg. inv.** sempre posposto e **sm. inv.** *T.ferr.* detto di treno rapido che collega due (o più) grandi città: *treno intercity, l'intercity Foscari.*

interclàsse [comp. di *inter-* e *classe*; 1974] **sf. 1.** nella scuola elementare, insieme di più classi parallele, dello stesso ciclo o dello stesso plesso: *consiglio di interclasse* **2.** nell'organizzazione scolastica, gruppo di insegnanti e scolari di classi diverse che cooperano per il raggiungimento di un obiettivo deciso collegialmente.

interclassìsmo [comp. di *inter-* e *classismo*; 1950] **sm.** teoria e prassi politica che sostiene la collaborazione tra le varie classi sociali.

interclassìsta [da *interclassismo*; 1950] **I s.** fautore e sostenitore dell'interclassismo **II** anche **agg.** interclassistico.

interclassìstico (pl. *-ci*) [da *interclassismo*; 1952] **agg.** che si ispira o si riferisce all'interclassismo.

interclùdere (pres. *-ùdo* ecc., come ACCLUDERE) [dal lat. *interclūdere*; a. 1342] **tr.** *lett.* **1.** chiudere in mezzo, chiudere dentro **2.** ostacolare, impedire.

interclusióne [dal lat. *interclusio, -ōnis*; 1963] **sf.** *non com.* l'intercludere, l'essere intercluso || *T.giur. interclusione di un fondo*, situazione di un fondo circondato da proprietà altrui.

intercolùnnio (pl. *-ni*) (lett. *intercolumnio*; ant. *intercolonnio*) [dal lat. *intercolumnium*; 1570] **sm.** *T.arch.* lo spazio tra una colonna e l'altra.

intercomunàle [comp. di *inter-* e *comunale*; 1895] **agg.** che riguarda o interessa più comuni: *consorzio intercomunale*; *autobus, linea intercomunale*, che collega comuni diversi || *telefonata intercomunale* (anche *sf. intercomunale*), comunicazione telefonica fra comuni diversi.

intercomunicànte [comp. di *inter-* e *comunicante*; 1921] **agg.** detto di cose che comunicano tra loro, in part. di recipienti e ambienti tra cui vi sia passaggio diretto: *sale intercomunicanti, vetture ferroviarie intercomunicanti.*

interconfederàle [comp. di *inter-* e *confederale*; 1957] **agg.** relativo a due o più confederazioni (spec. sindacali): *accordo interconfederale.*

interconfessionàle [comp. di *inter-* e *confessionale*; 1957] **agg.** comune a più confessioni religiose: *manifestazione interconfessionale per la pace.*

interconfessionalìsmo [da *interconfessionale*; 1957] **sm.** tendenza propria di varie confessioni cristiane, mirante a cogliere i tratti comuni e a realizzare l'unione delle Chiese || **N.** ecumenismo.

interconnessióne [comp. di *inter-* e *connessione*; 1973] **sf. 1.** collegamento, connessione reciproca tra due o più fatti, eventi, fenomeni o sim. **2.** *T.telecom.* collegamento tra più linee o canali (spec. televisivi): *trasmettere in interconnessione,* trasmettere contemporaneamente da stazioni televisive che operano in regioni diverse lo stesso programma preregistrato.

interconnèttere o **interconnéttere** (pres. *-ètto* o *-étto* ecc., come CONNETTERE) [comp. di *inter-* e *connettere*; 1973] ***tr.*** stabilire una connessione o un collegamento reciproco.

interconsonàntico (pl. *-ci*) [comp. di *inter-* e *consonantico*; 1952] ***agg.*** *T.ling.* situato fra due consonanti: *fonema interconsonantico.*

intercontinentàle [comp. di *inter-* e *continentale*; 1861] ***agg.*** che collega più continenti: *linea, volo intercontinentale* ‖ *T.mil. missile intercontinentale,* che può colpire un obiettivo situato in un altro continente.

intercooler (ingl., pr. [ˈɪntə,kuːlə]; pr. it. [interˈkuler]) [comp. di *inter-*, inter- e *cooler*, refrigeratore; 1988] ***sm. inv.*** dispositivo per il raffreddamento di un fluido (ad es. l'aria) tra due processi successivi generanti calore, come in un compressore ad aria a più stadi.

intercorrènte (*ppr.* di *intercorrere*) [sec. XVI] ***agg.*** **1.** che esiste, che intercorre: *rapporti intercorrenti da molti anni* **2.** *T.med.* di malattia che sopraggiunge durante il decorso di un'altra.

intercórrere (pres. *-órro* ecc., come CORRERE) [dal lat. *intercurrere*; sec. XIV] ***intr.*** (aus. *essere*) frapporsi; passare, esserci: *intercorsero dieci anni da allora; tra noi sono sempre intercorsi buoni rapporti.*

intercostàle [comp. di *inter-* e un der. di *costa*; 1583] ***agg.*** *T.anat.* che è localizzato o posto tra due costole contigue: *arteria, dolore intercostale.*

interdentàle [comp. di *inter-* e *dentale*; 1952] ***agg.*** **1.** *T.anat.* che si trova fra dente e dente: *spazio interdentale* ‖ *filo interdentale,* filo resistente usato per rimuovere i residui di cibo e la placca batterica che si depositano tra dente e dente **2.** *T.ling. consonante interdentale,* articolata con la punta della lingua tra i denti incisivi superiori e inferiori; anche *sf.*: *le interdentali inglesi.*

interdentàrio (pl. *-ri*) [comp. di *inter-* e *dentario*; 1983] ***agg.*** *T.anat.* interdentale.

interdétto[1] [dal lat. *interdictus*; sec. XIV] ***sm.*** *T.eccl.* nel diritto canonico, pena ecclesiastica per cui in un dato luogo si vieta la celebrazione dei sacri riti oppure si privano i fedeli dell'uso di alcuni sacramenti o del godimento di determinati diritti spirituali, senza però estrometterli dalla Chiesa: *colpire con l'interdetto una comunità, una diocesi, un sacerdote* ‖ *per estens.* divieto, proibizione posta da un'autorità ‖ **N.** comminare, fulminare, lanciare, promulgare; incorrere, revocare, togliere | scomunicare.

interdétto[2] (*pps.* di *interdire*) [a. 1306] **I** ***agg.*** proibito, vietato, impedito ‖ *più com.* colpito da interdizione giuridica o da interdetto ecclesiastico **II** ***sm.*** (f. *-a*) chi è in stato di interdizione, chi è stato colpito dall'interdizione dai pubblici uffici ‖ *fig. fam.* stupido, balordo, sciocco.

interdétto[3] [dal fr. *interdit*; 1812] ***agg.*** fortemente confuso, sbalordito: *a quella notizia rimase interdetto* ‖ **N.** *Sin.* disorientato, sbigottito, sconcertato, turbato.

interdigitàle [comp. di *inter-* e *digitale*; 1963] ***agg.*** *T.zool.* posto tra dito e dito: *membrana interdigitale.*

interdipendènte [comp. di *inter-* e *-dipendente*; 1923] ***agg.*** di fatti e fenomeni che dipendono uno dall'altro: *salario e prezzi sono fattori interdipendenti.*

interdipendènza [comp. di *inter-* e *dipendenza*; 1917] ***sf.*** rapporto di connessione e dipendenza reciproca tra due cose, tra due fenomeni ecc. ‖ *T.econ. analisi delle interdipendenze settoriali,* analisi input-output (V. INPUT).

interdire (pres. *-ico* ecc., come DIRE) [dal lat. *interdicere*; a. 1374] ***tr.*** **1.** proibire, vietare con atto d'autorità: *interdire l'accesso, il passaggio; interdire qualcuno dal fare qualcosa* (o *interdire a qualcuno di fare qualcosa*); *interdire un porto,* chiuderlo per ragioni belliche o sanitarie ‖ *T.eccl.* e *T.giur.* colpire con l'interdetto o con l'interdizione: *interdire dai pubblici uffici, interdire un sacerdote dall'amministrare i sacramenti* **2.** *T.mil. non com.* ostacolare il nemico con azioni di guerra.

interdisciplinàre [dall'ingl. *interdisciplinary*; 1972] ***agg.*** che riguarda contemporaneamente varie discipline considerate nelle loro affinità e connessioni: *insegnamento, ricerche interdisciplinari* ‖ **interdisciplinarménte** ***avv.*** con metodo interdisciplinare.

interdisciplinarità [dal fr. *interdisciplinarité*; 1972] ***sf.*** carattere di ciò che è interdisciplinare; ricerca e pratica di collaborazione fra discipline diverse.

interdittòrio (pl. *-ri*) [dal lat. *interdictōrius*; 1887] ***agg.*** *T.giur. non com.* che concerne l'interdizione o che serve a interdire.

interdizióne [dal lat. *interdictio, -ōnis*; a. 1685] ***sf.*** **1.** l'atto e l'effetto dell'interdire ‖ *in part. T.giur.* provvedimento del magistrato che priva della facoltà di amministrare i propri beni, e sottopone a tutela chi è incapace di provvedere ai propri interessi per abituale infermità di mente: *interdizione giudiziale, legale* ‖ *interdizione dai pubblici uffici,* pena sussidiaria di alcuni reati, che priva, temporaneamente o per sempre, il condannato dei diritti politici e della possibilità di esercitare cariche pubbliche **2.** *T.mil. tiro d'interdizione,* tiro d'artiglieria che ha lo scopo d'impedire i movimenti del nemico e il funzionamento dei suoi comandi e servizi ‖ nel calcio e in altri sport di squadra, qualunque azione della difesa che tenda a ostacolare l'iniziativa della squadra avversaria: *l'efficace interdizione del centrocampo* ‖ **N. 1.** *Sin.* divieto, proibizione **2.** *Sin.* sbarramento; ostacolo.

interemisfèrico (pl. *-ci*) [comp. di *inter-*, *emisfero* e suff. agg.; 1957] ***agg.*** *T.anat.* situato fra gli emisferi cerebrali ‖ *scissura interemisferica,* scissura che separa in due, sulla linea mediana, la parte convessa del cervello ed è occupata dalla grande falce della dura madre.

interessaménto [da *interessare*; a. 1799] ***sm.*** l'interessarsi: *mostrare interessamento per il lavoro* ‖ partecipazione affettuosa alle vicende altrui: *ho appreso dei tuoi guai con vivo interessamento* ‖ intervento a favore di qualcuno: *devo il mio impiego al suo interessamento* ‖ **N.** *Sin.* attenzione, curiosità, interesse; cura, premura, sollecitudine; appoggio, aiuto, sostegno | *Contr.* disinteresse, freddezza, indifferenza.

interessànte (*ppr.* di *interessare*) [a. 1758] ***agg.*** che suscita interesse e curiosità: *un caso, un fenomeno, un discorso, un viso interessante* ‖ *eufem. donna in stato interessante,* incinta ‖ rif. a persona, attraente, che affascina: *un tipo interessante* ‖ **N.** *Sin.* avvincente, stimolante | *Contr.* monotono, noioso; irrilevante.

interessàre (pres. *-èsso*) [da *interesse*; a. 1540] ***tr.*** **1.** suscitare interesse e curiosità, tenere desta l'attenzione: *la mostra che si terrà tra pochi giorni interessa tutti, un libro che interessa fortemente i lettori* ‖ rendere qualcuno partecipe di qualcosa: *pensiamo di interessare anche lui all'affare, si cerca di interessare i giovani ai problemi dell'ambiente* ‖ *per estens.* sollecitare l'intervento di qualcuno: *cercherò di interessare il magistrato al tuo caso* **2.** essere d'interesse, riguardare: *nuove sanzioni che interessano gli automobilisti* ‖ *per estens.* avere effetto e ripercussione su qualcosa, spec. in usi tecnici: *lesioni che interessano il cervello, fenomeni di maltempo che interessano le regioni alpine* ‖ ***intr.*** (aus. *essere*) importare, stare a cuore: *a me quello che fai non interessa, sembra che quell'uomo le interessi* ‖ ***intr. pron.*** avere o mostrare interesse per qualcosa: *quel ragazzo s'interessa di archeologia* ‖ prendersi cura, adoperarsi, occuparsi di qualcosa o di qualcuno: *mi sono interessato al tuo problema, ma non c'è nulla da fare; interessarsi dei fatti altrui,* impicciarsi ‖ **N. *tr.*** **1.** *Sin.* appassionare, attirare, avvincere, incuriosire, piacere; coinvolgere **2.** *Sin.* concernere, riguardare | ***intr.*** *Sin.* premere.

interessàto (*pps.* di *interessare*) [sec. XIV come sm.] **I** ***agg.*** **1.** che ha interesse per qualcosa: *sembra molto interessato alla nostra proposta* ‖ che partecipa agli interessi di un'azienda **2.** che si preoccupa solo del proprio tornaconto, avido di guadagno: *non ci si può fidare di lui, è troppo interessato* ‖ *per estens.* rif. a cosa, fatta con interesse, per un vantaggio personale o a scopo di lucro: *una proposta, un consiglio interessato* ‖ **interessataménte** ***avv.*** per interesse personale **II** ***sm.*** (f. *-a*) *T.bur.* la persona a cui una cosa interessa direttamente: *il documento può essere ritirato solo dall'interessato* ‖ **N. I 1.** *Sin.* coinvolto, implicato, partecipe | *Contr.* estraneo **2.** *Contr.* disinteressato.

interèsse [dal lat. *interesse,* essere in mezzo; a. 1363] ***sm.*** **1.** disposizione d'animo che spinge a occuparsi di qualcosa, a partecipare ad attività, fatti, vicende: *ho seguito con vivo interesse le vicende storiche contemporanee, non mostra alcun interesse per gli studi che fa* ‖ propensione a dedicarsi a determinati campi e attività: *quel ragazzo ha sempre avuto interessi linguistici* **2.** capacità di tenere desta l'attenzione, di suscitare curiosità e partecipazione: *un film, un articolo di scarso interesse; un avvenimento di grande interesse scientifico* ‖ importanza: *questi dettagli non hanno il benché minimo interesse* **3.** *T.econ.* somma eccedente l'importo ricevuto che il debitore si impegna a dare come compenso a chi gli ha prestato denaro; viene gen. calcolata in percentuale su un determinato periodo: *obbligazioni che danno un interesse del 9%* ‖ *tasso* (o *saggio*) *d'interesse,* rapporto, espresso in percentuale su base annua, tra l'ammontare dell'interesse e il capitale prestato ‖ *interesse semplice,* interesse calcolato sulla somma iniziale; *interesse composto,* calcolato, oltre che sul capitale, sugli interessi maturati ‖ *interesse attivo,* quello che si riscuote; *interesse passivo,* quello che si paga ‖ *interesse nominale,* quello che non tiene conto della variazione del potere d'acquisto della moneta; *interesse reale,* quello che si ottiene sottraendo il tasso d'inflazione dall'interesse nominale ‖ *interesse legale,* quello stabilito per legge a tasso fisso; *interesse convenzionale,* quello che le parti concordano **4.** vantaggio, utilità: *in quest'affare non ho alcun interesse, i sindacati devono tutelare l'interesse dei lavoratori, è nel tuo interesse avere una buona votazione agli esami* ‖ *per restr.* guadagno, tornaconto, lucro: *pensa solo al suo interesse* ‖ *matrimonio d'interesse,* contratto per motivi economici, di ambizione, di potere ecc. ‖ *T.giur. interesse privato in atti di ufficio,* reato commesso da pubblico ufficiale che ricavi vantaggi personali illeciti dalla propria attività **5.** (spec. *pl.*) affare, attività volta a procurare benefici spec. economici: *curare gli interessi dell'azienda* ‖ *dim.* interessino, interessùccio, interessùcolo; *pegg.* interessàccio ‖ **N. 1.** *Sin.* impegno, interessamento, partecipazione, premura, sollecitudine, zelo **2.** *Sin.* importanza, peso, rilievo, significato **3.** *Sin.* compenso, dividendo, frutto, rendita **4.** *Sin.* convenienza, guadagno, profitto **5.** *Sin.* faccende. **Q.T.** *banca.*

interessènza [da *interesse*; 1831 *interessanza*]

sf. T.econ. partecipazione agli utili: *avere un'interessenza nell'impresa* || **N.** *Sin.* compartecipazione, percentuale.

interézza [da *intero*; 1300 ca.] ***sf.*** **1.** totalità, insieme: *considerare un fenomeno nella sua interezza* **2.** *ant.* integrità morale || **N. 1.** *Sin.* completezza, globalità.

interfàccia [comp. di *inter-* e *faccia*, sul modello dell'ingl. *interface*; 1972] ***sm.*** e ***sf.*** *inv.* **1.** *T.elettron.* in un'apparecchiatura, connessione fra due unità qualsiasi che permette loro di operare congiuntamente; *in part.* l'insieme dei canali e dei circuiti di controllo che collegano l'unità centrale alle unità periferiche di un elaboratore elettronico || *T.inform.* programma che mette in comunicazione linguaggi diversi **2.** *T.scient.* l'insieme dei punti di contatto tra due sostanze, due ambienti o due mezzi differenti **3.** *fig.* ogni elemento che costituisce un punto di contatto tra due entità diverse.

interfacoltà [comp. di *inter-* e *facoltà*; 1942] **I** ***sf.*** organismo studentesco composto da membri eletti dagli studenti di varie facoltà che si occupava dei problemi universitari e promuoveva attività a carattere culturale e di divertimento **II** ***agg.*** *inv.* che interessa due o più facoltà universitarie: *campionato interfacoltà.*

interfàṣe [comp. di *inter-* e *fase*; 1948] ***sf.*** *T.biol.* periodo di riposo che intercorre tra la prima e la seconda divisione meiotica.

interfecondità [comp. di *inter-* e *fecondità*; 1957] ***sf.*** *T.biol.* fecondità fra animali affini, ma di specie diverse.

interfederàle [comp. di *inter-* e *federale*; 1950] ***agg.*** che comprende o collega due o più federazioni.

interferènza [dall'ingl. *interference*; 1847] ***sf.*** **1.** *T.fis.* fenomeno per cui due onde sonore o elettromagnetiche, sovrapponendosi nello spazio, possono sommarsi, sottrarsi o distruggersi a vicenda: *figure d'interferenza*, figure formate da radiazioni luminose che interferiscono || *in part. T.telecom.* disturbo dovuto a segnali o fattori estranei alla comunicazione che deforma la trasmissione o la ricezione: *interferenza televisiva, telefonica* || *per estens.* lo scambievole sovrapporsi, sommarsi o distruggersi di due azioni in un processo fisiologico o psicologico || *T.ling.* qualunque fenomeno che derivi dal contatto di due sistemi linguistici diversi: *interferenza semantica, fonologica, sintattica* **2.** intromissione, azione indebitamente svolta da un agente estraneo che tende a influenzare o disturbare: *interferenze del potere politico nel processo giudiziario, non tollerare interferenze nei propri affari* || **N. 2.** *Sin.* ingerenza, intromissione.

interferenziàle [da *interferenza*; 1957] ***agg.*** *T.fis.* che riguarda l'interferenza.

interferìre (pres. *-isco, -isci*) [dall'ingl. *interfere*; 1828] ***intr.*** (aus. *avere*) **1.** *T.fis.* incontrarsi in uno stesso punto, detto di più movimenti oscillatori che danno luogo a un'interferenza **2.** *fig.* intromettersi, ingerirsi: *non dovete più interferire nella mia vita privata* || **N. 1.** *Sin.* intersecarsi, sovrapporsi **2.** *Sin.* intervenire.

interferòmetro [dal fr. *interféromètre*; 1927] ***sm.*** *T.fis.* strumento che sfrutta fenomeni di interferenza per effettuare misurazioni relative a onde luminose e acustiche.

interfertilità [comp. di *inter-* e *fertilità*; 1957] ***sf.*** *T.biol.* possibilità di ottenere discendenza dall'incrocio fra individui appartenenti a specie diverse.

interfilàre [comp. di *inter-* e *filare*; 1957] ***sm.*** *T.agr.* lo spazio di terreno che corre tra due filari di alberi, talvolta coltivato.

interfogliàre o **interfoliàre** (pres. *-òglio* o *-òlio*) [da *interfo(g)lio*; 1846] ***tr.*** inserire fogli bianchi tra i fogli d'un libro, registro e sim., per scriverci annotazioni, correzioni e sim., oppure inserire fogli di carta velina per proteggere tavole illustrate e sim.

interfogliàto o **interfoliàto** (*pps.* di *interfo(g)liare*) [1868 *interfogliato*] ***agg.*** inframmezzato da fogli, pagine aggiunte successivamente: *volume interfoliato.*

interfogliatùra o **interfoliatùra** [da *interfo(g)liare*; 1869] ***sf.*** l'atto e l'effetto di interfogliare || *concr.* il complesso degli interfogli inseriti in un volume.

interfòglio o **interfòlio** (pl. *-gli* o *-li*) [comp. di *inter-* e *foglio*; 1869] ***sm.*** foglio bianco inserito in un libro o in un registro per correzioni e aggiunte || foglio di carta velina posto a protezione di illustrazioni o dei fogli appena stampati.

interfòlio e der. v. INTERFOGLIO e der.

interfònico (pl. *-ci*) [da *interfono*; 1955 come sm.] **I** ***agg.*** relativo all'interfono, proprio dell'interfono: *comunicazione interfonica* **II** ***sm.*** interfono.

interfòno [comp. di *inter(no)* e *(tele)fono*; 1963] ***sm.*** **1.** apparecchio telefonico derivato interno che può comunicare solo con un apparecchio interno dello stesso tipo **2.** dispositivo acustico per comunicare a voce a breve distanza, per es. fra diversi locali di uno stesso edificio o a bordo di treni, aerei o sim.

interfòrze [comp. di *inter-* e *forza*; 1965] ***agg.*** *inv. T.mil.* che riguarda due o più forze armate: *comando interforze*; compiuto da due o più forze armate: *manovra interforze.*

interglaciàle [comp. di *inter-* e *glaciale*; 1933] ***agg.*** *T.geol.* si dice dei periodi a clima secco e temperato che si alternarono con quelli glaciali.

interiettìvo [dal lat. tardo *interiectīvus*; 1968] ***agg.*** *non com.* che ha valore di interiezione: *locuzone interiettiva* || che abbonda di interiezioni || **interiettivaménte** ***avv.***

interiezióne [dal lat. *interiectio, -ōnis*; a. 1364] ***sf.*** *T.gram.* parte invariabile del discorso che esprime un vivo e improvviso sentimento dell'animo, di meraviglia, dolore, sdegno e sim.; può essere costituita da una sola parola (per es. *ah!, diamine!, ahimé!, via!, bah!*), talvolta onomatopeica (*bum!*) o da una locuzione (*santo cielo!, che peccato!*) || **N.** *Sin.* esclamazione. **Q.T.** *linguistica.*

interim (lat., pr. it. ['interim]) [letter. frattanto; 1699] ***sm.*** *inv.* nella loc. *ad interim*, per il periodo di tempo che intercorre tra il momento in cui un soggetto cessa dall'esercizio delle sue funzioni al momento in cui viene nominato un successore: *assumere, conferire un ministero ad interim* || l'incarico affidato provvisoriamente: *assumere l'interim degli Esteri.*

interinàle [da *interino*; 1772] ***agg.*** temporaneo, provvisorio: *incarico interinale* || rif. a persona, interino || **interinalménte** ***avv.*** provvisoriamente.

interinàto [da *interino*; 1630] ***sm.*** ufficio esercitato *ad interim*, e il tempo che tale ufficio dura.

interìno [dal lat. *interim*, prob. attr. lo sp. *interino*; 1737] ***agg.*** e ***sm.*** (f. *-a*) chi o che regge provvisoriamente un ufficio, finché non sarà nominato il titolare: *primario interino.*

interióra [dal lat. *interiōra*, propr. le parti più interne; 1305] ***sf. pl.*** gli intestini e gli altri organi contenuti nelle cavità toracica e addominale degli animali || **N.** *Sin.* frattaglie, rigaglie, visceri.

interióre [dal lat. *interiōris*; 1308] **I** ***agg.*** **1.** *propr. non com.* che è o rimane dentro: *la parte interiore del palazzo* **2.** *fig. più com.* che appartiene alla sfera spirituale, che riguarda la coscienza e la vita intima: *vita, mondo, tormento interiore* || **interiorménte** ***avv.*** **1.** all'interno **2.** nell'intimo; anche nella *loc. prep. interiormente a*, dentro, in: *interiormente all'edificio, al suo animo* **II** ***sm.*** *non com.* la parte interna di qualcosa || **N. I 1.** *Sin.* interno **2.** *Sin.* intimo, spirituale | *Contr.* esteriore, materiale.

interiorità [da *interiore*; 1680] ***sf.*** l'essere interiore || la vita spirituale interiore || il complesso dei sentimenti e pensieri più intimi || **N.** *Sin.* coscienza, spiritualità.

interiorizẓàre [da *interiore*; 1958] ***tr.*** rendere interiore; trasferire nella propria coscienza: *interiorizzare i traumi psicologici*; *interiorizzare le norme sociali* || ***intr. pron.*** acquisire maggiore interiorità, arricchirsi spiritualmente || trasferirsi nella coscienza || **N.** ***tr.*** *Sin.* introiettare | *Contr.* esteriorizzare.

interiorizẓazióne [da *interiorizzare*; a. 1952] ***sf.*** atto o effetto dell'interiorizzare o dell'interiorizzarsi.

interìsta [da *Inter(nazionale)*, n. di una squadra di calcio; 1973] **I** ***agg.*** e ***sm.*** che, chi gioca nella squadra di calcio milanese dell'Internazionale **II** ***agg.*** e ***s.*** che, chi tifa per tale squadra di calcio.

interlìnea [comp. di *inter-* e *linea*; 1806] ***sf.*** **1.** lo spazio tra due righe di scritto o di stampa || *per estens.* annotazione aggiunta tra le righe di un testo **2.** *T.tip.* laminetta di metallo di varia grossezza che i compositori tipografi mettono tra una riga e l'altra per ottenere la spaziatura desiderata.

interlineàre[1] [comp. di *inter-* e *lineare*; 1363] ***agg.*** che si trova tra l'una e l'altra linea di uno scritto || *traduzione interlineare*, che si stampa sotto il testo, e fa corrispondere ad ogni parola del testo la sua traduzione.

interlineàre[2] (pres. *-ìneo*) [da *interlinea*; a. 1565] ***tr.*** **1.** *T.tip.* separare le righe di una composizione tipografica con interlinee, fino a raggiungere la spaziatura voluta **2.** *ant.* scrivere tra riga e riga di un testo.

interlineatùra [da *interlineare*[2]; 1673] ***sf.*** *T.tip.* l'operazione dell'interlineare || *concr.* interlinea.

interlineazióne [da *interlineare*[2]; 1869] ***sf.*** *non com. T.tip.* l'operazione di interlineare.

interlìngua [comp. di *inter(nazionale)* e *lingua*; 1942] ***sf.*** **1.** lingua internazionale artificiale, basata su un latino morfologicamente semplificato, creata dal matematico G. Peano **2.** *T.ling.* nell'uso recente di alcune scuole, qualunque varietà di lingua usata dai parlanti non nativi nel corso dell'apprendimento || **N. 1.** esperanto, *volapük.*

interlinguìstica [comp. di *inter-* e *linguistica*; 1957] ***sf.*** *T.ling.* branca della linguistica che studia i fenomeni comuni a più lingue e in gen. i rapporti tra lingue diverse.

interlinguìstico (pl. *-ci*) [comp. di *inter-* e *linguistico*; 1957] ***agg.*** *T.ling.* di tratto o fenomeno appartenente o comune a più lingue, sia per parentela genetica sia a causa di contatti culturali e reciproca influenza || che riguarda più lingue considerate l'una in rapporto all'altra: *uno studio interlinguistico delle costruzioni causative.*

interlocutóre [dal lat. *interlocūtus*; a. 1498] ***sm.*** (f. *-trice*) chi partecipa a un dialogo, a una discussione || *per restr.* la persona a cui ci si rivolge parlando: *interrompere il proprio interlocutore.*

interlocutòrio (pl. *-ri* o *-rii*) [dal lat. *interloqui*, interloquire; 1309] ***agg.*** **1.** che ha carattere di dialogo, spec. nel significato politico del termine; che non ha valore definitivo ma consente ulteriori cambiamenti e sviluppi: *l'unificazione è preceduta da una fase interlocutoria*; *risposta interlocutoria*, che non risponde direttamente al quesito ma serve per mantenere la comunicazione **2.** *T.giur. sentenza interlocutoria* o *sf. interlocutoria*, sentenza che, secondo il codice processuale civile abrogato, non concludeva il procedimento ma risolveva questioni secondarie attinenti || **N.** **1.** *Sin.* provvisorio | *Contr.* definitivo.

interlocuzióne [dal lat. *interlocutio, -ōnis*; 1872] ***sf.*** *non com.* l'interloquire.

interloquìre (pres. *-ìsco, -ìsci*) [dal lat. *interloqui*; 1812] ***intr.*** (aus. *avere*) **1.** essere interlocutore in un dialogo, in una discussione ecc. || *più com.* intervenire nel discorso, anche in modo inopportuno e interrompendo chi parla **2.** *T.giur. disus.* pronunciare una sentenza interlocutoria || **N.** **1.** *Sin.* intromettersi, metter bocca.

interlùdio (pl. *-di*) [da (*pre*)*ludio*, con sostituzione di prefisso, sul modello del fr. *interlude*; 1869] ***sm.*** **1.** *T.mus.* e *T.teatr.* brano musicale per organo, che collega due versi di uno stesso corale || pezzo sinfonico che collega, spesso a scena aperta, due scene, quadri o atti di una stessa opera teatrale o musiale **2.** *lett.* pausa, intermezzo.

interlùnio (pl. *-ni*) [dal lat. *interlunium*; a. 1472] ***sm.*** *lett.* novilunio.

intermediàrio (pl. *-ri*) [dal fr. *intermédiaire*; 1789] **I** ***agg.*** che serve di collegamento: *avere una funzione intermediaria* **II** ***sm.*** (f. *-a*) chi fa da tramite fra due contendenti o contraenti facilitando la risoluzione di una questione o la conclusione di un affare; mediatore: *fare da intermediario in una trattativa* || *T.econ. intermediario finanziario*, la banca o l'istituto di assicurazione e previdenza in quanto si occupa della gestione dei risparmi e dei prestiti.

intermediazióne [comp. di *inter-* e *mediazione*; 1956] ***sf.*** attività intermediaria, spec. in ambito bancario.

intermèdio (pl. *-di*) [dal lat. *intermedium*; 1598] **I** ***agg.*** che si trova o viene posto in mezzo a due cose o due possibilità: *punto intermedio, gradi intermedi, significati intermedi di un vocabolo* || *T.chim. composto intermedio*, che rappresenta uno stadio di passaggio nella preparazione di un prodotto || nel linguaggio sindacale, *quadro intermedio*, qualifica di un lavoratore dipendente che svolge mansioni che costituiscono una via di mezzo tra quelle degli operai e quelle degli impiegati **II** ***sm.*** **1.** quadro intermedio **2.** *T.chim.* composto intermedio **3.** *ant.* intermezzo teatrale || **N.** I **1.** *Sin.* mediano.

intermèstruo [comp. di *inter-* e *mestruo*; 1957] ***sm.*** *T.fisiol.* periodo di tempo che separa due cicli mestruali successivi.

interméttere (pres. *-étto* ecc., come METTERE) [dal lat. *intermittere*; 1354] ***tr.*** *lett.* tralasciare un'azione per farne un'altra; sospendere, interrompere || ***intr.*** (aus. *avere*) *ant.* essere o diventare intermittente, avere intermittenza || ***rifl.*** e ***intr. pron.*** *ant.* intromettersi, frapporsi.

intermèzzo [da *intermedio*, forse con influsso di *mezzo*; 1598] ***sm.*** **1.** lo spazio di tempo tra un atto e l'altro di una rappresentazione o di uno spettacolo in genere || *per estens.* pausa, intervallo **2.** breve spettacolo di vario genere e gen. a carattere leggero, per far passare il tempo agli spettatori tra un atto e l'altro d'una rappresentazione: *un intermezzo comico; intermezzo radiofonico, televisivo* || *in part. intermezzo musicale*, brano comico o farsesco in musica che veniva rappresentato tra un atto e l'altro di un'opera seria; interludio: *gli intermezzi di Pergolesi* **3.** *per estens.* componimento poetico che segna il passaggio tra una parte e l'altra di un'opera in versi.

interminàbile [dal lat. tardo *interminābilis*; sec. XIV] ***agg.*** che non ha termine, senza fine || *iperb. più com.* che dura o si prolunga eccessivamente: *lo aspettai per un tempo interminabile; processo, viaggio, film interminabile* || **interminabilménte** ***avv.*** senza fine || **N.** *Sin.* eterno, inesauribile, infinito.

interminàto [dal lat. *interminātus*; a. 1556] ***agg.*** *lett.* **1.** che non ha termine: *interminati spazi* (Leopardi) **2.** *ant.* indeterminato || **N.** **1.** *Sin.* illimitato, infinito.

interministeriàle [comp. di *inter-* e *ministeriale*; 1950] ***agg.*** che concerne, riguarda diversi ministeri: *comitato interministeriale*.

intermissióne [dal lat. *intermissio, -ōnis*; 1308] ***sf.*** *lett.* interruzione || *senza intermissione*, ininterrottamente.

intermittènte [dal lat. *intermittens, -entis*; a. 1673] ***agg.*** che non è continuo, che avviene a intervalli: *febbre, pioggia, suono, luce intermittente* || *polso intermittente*, ineguale e che sospende qualche pulsazione || che funziona a intermittenza: *dispositivo elettronico intermittente* || **N.** *Sin.* discontinuo, saltuario.

intermittènza [da *intermittente*; a. 1698] ***sf.*** l'essere intermittente; interruzione di un fenomeno a intervalli regolari: *l'intermittenza di un segnale* || *T.elettr. interruttore a intermittenza*, costituito da un dispositivo che interrompe e ripristina la continuità di un circuito a intervalli regolari.

intermodulazióne [comp. di *inter-* e *modulazione*; 1957] ***sf.*** *T.telecom.* fenomeno tipico dei canali di trasmissione e dei dispositivi non lineari (ad es. *mixer armonici*), per cui, iniettati due o più segnali sinusoidali a frequenze differenti, si ritrovano all'uscita, oltre ai segnali originali, segnali con frequenze pari a tutte le possibili combinazioni delle frequenze originarie.

intermolecolàre [comp. di *inter-* e *molecolare*; 1914] ***agg.*** *T.chim.* e *T.fis.* posto tra le molecole: *spazio intermolecolare* || che agisce, che avviene tra le molecole: *attrazione intermolecolare*.

intermóndi o **intermùndi** [lat. *intermundia*, spazio tra i mondi; a. 1604 *intermondi*] ***sm. pl.*** *T.fil.* adattamenti it. di *intermundia* (v.).

intermontàno [comp. di *inter-* e *montano*; 1957] ***agg.*** *T.geogr.* posto tra due o più formazioni montuose: *bacino intermontano*.

intermùndi v. INTERMONDI.

intermundia (lat., pr. it. [inter'mundja]) [letter. spazio tra i mondi] ***sm. pl.*** *T.fil.* nella dottrina epicurea, gli spazi interposti tra gli infiniti mondi, dove gli dei trascorrono la loro vita beata, disinteressandosi di quanto avviene nei mondi.

intermuscolàre [comp. di *inter-* e *muscolare*; 1834] ***agg.*** *T.anat.* che sta in mezzo a due o più muscoli.

internal auditing (ingl., pr. [ɪn'tə:nəł 'ɔ:dɪtɪŋ]) [comp. di *internal*, interno e *auditing*, revisione contabile; 1983] ***loc. m. inv.*** *T.econ.* in una società commerciale, attività di controllo dei sistemi contabili e delle pratiche amministrative.

internal auditor (ingl., pr. [ɪn'tə:nəł 'ɔ:dɪtə]) [comp. di *internal*, interno e *auditor*, uditore, revisore di conti; 1967] ***loc. s. inv.*** *T.econ.* dipendente di una società commerciale che svolge l'attività dell'*internal auditing*.

internaménto [da *internare*; a. 1667] ***sm.*** l'internare, l'essere internato.

internàre (pres. *-èrno*) [da *interno*; 1321] ***tr.*** **1.** relegare in sedi coatte o in campi di concentramento: *durante la guerra furono internati molti cittadini politicamente sospetti* **2.** ricoverare in un ospedale psichiatrico, anche *ass.*: *l'hanno fatto internare* **3.** *non com.* far penetrare dentro || ***intr. pron.*** **1.** addentrarsi, penetrare dentro, anche fig.: *internarsi in una scienza, in un'arte* **2.** *fig. non com.* immedesimarsi in una parte || **N.** ***tr.*** **1.** *Sin.* rinchiudere | ***intr. pron.*** **1.** *Sin.* insinuarsi; immergersi, sprofondarsi; approfondire, dedicarsi.

internàrsi [comp. di *in-* e *terno*, trino; 1321] ***intr. pron.*** *lett.* farsi trino.

internàto[1] (*pps.* di *internare*) [1887] ***agg.*** e ***sm.*** (f. *-a*) che, chi è stato rinchiuso in un campo di concentramento o in una casa di cura per malattie mentali.

internàto[2] [da *interno* sul modello del fr. *internat*; 1942] ***sm.*** **1.** la condizione di alunno interno in un collegio || la condizione di uno studente universitario o laureato, spec. in medicina, che frequenta un istituto come interno || il periodo trascorso in tale condizione **2.** *concr.* i locali di un collegio o di un convitto destinati agli interni || *per estens.* il convitto stesso.

internazionàle [dall'ingl. *international*; a. 1872] **I** ***agg.*** comune a più nazioni: *scambi internazionali, trattato internazionale, acque internazionali* || che concerne le relazioni tra nazione e nazione: *diritto internazionale*, complesso di norme giuridiche che regolano i rapporti tra stato e stato e tra cittadini appartenenti a stati diversi || *territorio internazionale*, il cui statuto politico è garantito da più nazioni || a cui partecipano varie nazioni: *convegno, torneo internazionale* || che supera i confini nazionali: *unità di misura internazionale, artista di fama internazionale* || **internazionalménte** ***avv.*** a livello internazionale; in più nazioni: *un'associazione internazionalmente riconosciuta* **II** ***sf.*** (con iniziale maiuscola) associazione a carattere internazionale che raggruppa partiti e movimenti politici legati da ideologia e interessi comuni: *Internazionale liberale* || *per anton.* associazione di lavoratori provenienti da diverse nazioni, costituitasi ripetutamente a partire dal 1864 per affermare i diritti dei lavoratori e combattere il capitalismo: *la prima, la seconda, la terza, la quarta Internazionale* || l'inno internazionale del proletariato. **Q.T.** *diritto*.

internazionalìsmo [da *internazionale*; 1878] ***sm.*** **1.** solidarietà e collaborazione politica e culturale tra i membri di ogni collettività umana al di sopra delle barriere nazionali per il raggiungimento di fini comuni || in particolare, la tendenza all'unità d'azione del proletariato e delle sue organizzazioni politiche per realizzare il socialismo **2.** *T.ling.* parola che ha corrispondenti in molte lingue, in gran parte simili per pronuncia, grafia e significato (per es. it. *coccodrillo*, fr. *crocodile*, ted. *Krokodil*, ingl. *crocodile* e sp. *cocodrilo*).

internazionalìsta [da *internazionale*; 1873] **I** ***s.*** **1.** appartenente all'Internazionale **2.** sostenitore dell'internazionalismo **II** ***agg.*** internazionalistico.

internazionalìstico (pl. *-ci*) [da *internazionalista*; 1921] ***agg.*** ispirato all'internazionalismo || che riguarda l'Internazionale.

internazionalità [da *internazionale*; 1873] ***sf.*** l'essere internazionale: *l'internazionalità di una legge, di un istituto, di un congresso*.

internazionalizzàre [da *internazionale*; 1915] ***tr.*** rendere internazionale: *internazionalizzare una scoperta* || *in part.* sottoporre un territorio a controllo internazionale || ***intr. pron.*** diventare internazionale.

internazionalizzazióne [da *internazionalizzare*; 1918] ***sf.*** atto o effetto dell'internazionalizzare.

internebulàre [comp. di *inter-* e *nebulare*; 1961] ***agg.*** *T.astron.* posto tra le nebulose: *spazio internebulare* || relativo a ciò che è posto tra le nebulose: *moti internebulari*.

internegativo [comp. di *inter-* e *negativo*; 1973] ***sm.*** *T.fot.* negativo ricavato da una diapositiva per poterne stampare copie fotografiche.

internìsta [da (*medicina*) *interna*; 1957] ***s.*** medico specializzato in medicina interna.

intèrno [dal lat. *internus*; 1321] **I** ***agg.*** **1.** che è dentro, che sta dentro qualcosa: *il cortile interno di un condominio, le tasche interne di una giacca* || *numero interno*, il numero di ciascun appartamento a cui si accede tramite la medesima scala || che proviene da dentro: *alunno interno*, quello che vive all'interno di un istituto scolastico, convittore; *candidato interno*, studente che si presenta agli esami nella scuola che ha frequentato; *membro interno*, negli esami di maturità, il professore della classe che fa parte della commissione esaminatrice || *medicina interna*, branca della medicina che cura gli organi interni del corpo || che si trova nella parte meno esposta, rivolta verso il centro: *la parte interna del piede, la corsia interna di una pista* || *T.mat. angolo interno di un poligono*, l'angolo formato da due lati consecutivi || *in part.* in geografia, che si trova entro un territorio delimitato: *regioni interne*, che non hanno sbocco sul mare; *mare interno*, quasi completamente circondato dalla terraferma; *navigazione interna*, quella che si svolge su fiumi, laghi e canali || *T.astr. pianeti interni*, quelli che percorrono orbite comprese tra la Terra e il Sole (cioè Mercurio e Venere) **2.** *T.sport.* nel linguaggio giornalistico, *vittoria, sconfitta interna*, riportata in una partita giocata in casa **3.** che concerne la vita e le attività che si svolgono dentro una società o un organismo politico o amministrativo: *la politica, l'economia interna di uno Stato, il regolamento interno di un'azienda, i contrasti interni a una società* **4.** *fig.* che riguarda la vita interiore e spirituale: *la voce interna*, la voce della coscienza || **internaménte** ***avv.*** **1.** all'interno: *una giacca a vento imbottita internamente di piumino d'oca* **2.** nell'intimo dell'animo: *soffrire internamente*; anche nella *loc. prep. internamente a* **II *sm.*** **1.** la parte interna: *l'interno della casa, di un cappotto, di un automobile*; *T.sport. tiro d'interno*, con la parte interna del piede || nelle loc. *all'interno, nell'interno*, dentro; *dall'interno*, da dentro; *T.giorn. notizie dall'interno*, che riguardano avvenimenti nazionali || *in part.* la zona interna di un territorio: *visitare l'interno di un paese, le popolazioni dell'interno* **2.** in pittura, fotografia e cinematografia, immagine che rappresenta un ambiente chiuso: *pittore di interni* || *T.cin.* (spec. *pl.*) ripresa cinematografica effettuata al chiuso: *girare in interni* **3.** *pl.* gli affari interni di uno Stato: *ministro degli Interni* **4.** numero che contrassegna un appartamento o un apparecchio telefonico che fa capo a un centralino: *mi passi l'interno 23* **5.** (f. *-a*) alunno, candidato interno || *in part.* laureato o studente, spec. di medicina, che frequenta un istituto, una clinica e sim. per completarvi la propria preparazione **6.** *T.sport.* nel calcio, mezz'ala; nel baseball, ciascuno dei giocatori della squadra in difesa che si piazzano all'interno del diamante **7.** *fig.* l'interiorità di una persona: *rivelare il proprio interno* || **N. I 1.** *Contr.* esterno **2.** *Sin.* casalingo **3.** *Contr.* estero **4.** *Sin.* interiore, intimo.

internòdio (pl. *-di*) [dal lat. *internodium*; a. 1320] ***sm.*** *T.bot.* spazio tra due nodi del fusto o dei rami della pianta.

internografàto [comp. di *interno* e della seconda parte dei composti del tipo (*steno*)*grafato*; 1957] ***agg.*** detto di busta con l'interno stampato a fitti disegni o reticoli per impedirne la lettura in trasparenza.

inter nos (lat., pr. it. ['inter 'nɔs]) [letter. tra noi] ***loc. avv.*** fra noi, a quattr'occhi, in confidenza: *detto inter nos, non nutro grandi speranze nella riuscita dell'affare.*

internunziatùra [da *internunzio*; 1858] ***sf.*** *T.eccl.* l'ufficio dell'internunzio e il tempo in cui rimane in carica.

internùnzio (pl. *-zi*) [dal lat. eccl. *internuntius*; 1481] ***sm.*** *T.eccl.* diplomatico della Santa Sede presso gli Stati stranieri, di grado inferiore al nunzio.

intéro (lett. o region. *intièro*) [lat. *integrus*; a. 1294 *enter*] **I *agg.*** **1.** che ha tutte le sue parti (spesso rafforzato da *tutto*): *un servizio di piatti intero* || *latte intero*, non scremato || *in part.* non danneggiato, non rotto: *per fortuna nell'urto il vaso è rimasto intero; grazie a Dio siete usciti tutti interi dalla macchina distrutta* || che consta di un solo pezzo: *ho solo centomila lire intere* **2.** in tutta la sua grandezza, estensione, durata; tutto quanto: *ho mangiato un coniglio intero, visitare l'intero paese, aspettare un anno intero la risposta, l'intera città festeggiava lo scudetto* || *biglietto intero*, senza riduzione **3.** *fig.* assoluto, pieno: *ho in lui intera fiducia* **4.** *T.mat. numero intero*, qualunque numero che si possa ottenere dall'unità aggiungendovi o sottraendo ripetutamente se stessa **5.** *lett.* integro, retto: *magistrato intero* || **interaménte** ***avv.*** totalmente **II *sm.*** **1.** il tutto, la totalità: *ha pagato l'intero* || nella loc. *per intero*, completamente, nella sua totalità: *ho sviscerato l'argomento per intero* **2.** *T.mat.* numero intero: *interi positivi, negativi* || **N. I 1.** *Sin.* completo, integrale; intatto, sano **3.** *Sin.* totale **5.** *Sin.* leale, onesto. **Q.T.** *matematica...*

interoceànico (pl. *-ci*) [comp. di *inter-* e *oceanico*; 1957] ***agg.*** posto tra due o più oceani, che collega due o più oceani: *navigazione interoceanica.*

interoculàre [comp. di *inter-* e *oculare*; 1970] ***agg.*** *T.anat.* posto tra gli occhi.

interòsseo [comp. di *inter-* e *osseo*; 1681] ***agg.*** *T.anat.* posto tra due ossa.

interparlamentàre [comp. di *inter-* e *parlamentare*; 1957] ***agg.*** formato da rappresentanti dei due rami del parlamento o da rappresentanti di parlamenti di Stati diversi: *commissione, unione interparlamentare.*

interpartìtico (pl. *-ci*) [comp. di *inter-* e *partitico*; 1948] ***agg.*** che riguarda o è comune a due o più partiti: *riunione interpartitica.*

interpellànte (*ppr.* di *interpellare*) [1869] ***agg.*** e ***s.*** chi o che presenta un'interpellanza parlamentare.

interpellànza [da *interpellare*; 1812] ***sf.*** l'interpellare || *in part.* richiesta formale di spiegazioni (a cui è obbligatorio rispondere e a cui può seguire un dibattito) da parte d'un deputato o senatore a un ministro, su un atto di governo o sulla condotta che il governo intende tenere in determinate questioni politiche o amministrative. **Q.T.** *politica.*

interpellàre (pres. *-èllo*) [dal lat. *interpellāre*; a. 1642] ***tr.*** **1.** interrogare una persona autorevole per averne il parere: *interpellare uno specialista* || *per estens.* rivolgere una domanda a qualcuno; *fig.* esigere una presa di posizione: *la crisi ci interpella* **2.** *T.giur.* nell'uso parlamentare, rivolgere un'interpellanza al governo || **N. 1.** *Sin.* consultare, interrogare.

interpersonàle [comp. di *inter-* e *personale*; 1973] ***agg.*** che ha luogo tra persone: *rapporti interpersonali.*

interpetràre e der. forme region. o lett. di INTERPRETARE e der. (v.).

interplanetàrio (pl. *-ri*) [comp. di *inter-* e *planetario*; 1915] ***agg.*** che si trova o che avviene tra i pianeti: *gli spazi interplanetari, volo interplanetario.*

Interpòl [da *Inter*(*national criminal*) *Pol*(*ice Organization*); 1948] ***sf. inv.*** ufficio internazionale di polizia per la repressione di attività criminose a livello internazionale.

interpolàbile [da *interpolare*; 1965] ***agg.*** che si può interpolare.

interpolaménto [da *interpolare*; 1969] ***sm.*** *non com.* l'atto e l'effetto dell'interpolare.

interpolàre (pres. *-èrpolo*) [dal lat. *interpolāre*, rimettere a nuovo nel mezzo; 1629] ***tr.*** **1.** *T.filol.* inserire in un testo, di proposito o per caso, parole e frasi ad esso estranee: *gli amanuensi hanno spesso interpolato i codici* || *per estens.* aggiungere osservazioni o parole proprie riferendo le altrui **2.** *T.mat.* calcolare per approssimazione i valori intermedi di una funzione in un intervallo, di cui si conoscono i valori assunti nei due estremi e in altri punti isolati dell'intervallo **3.** *non com.* frammettere, alternare || **N. 1.** *Sin.* aggiungere, inserire, intercalare | *Contr.* estrapolare.

interpolatóre [da *interpolare*; 1869] ***sm.*** (f. *-trìce*) *T.filol.* chi interpola un testo.

interpolazióne [da *interpolare*; a. 1750] ***sf.*** **1.** *T.filol.* l'interpolare un testo || *in part. T.giur.* qualsiasi alterazione nel testo di una legge: *le interpolazioni giustinianee* || *concr.* la frase o la parola interpolata **2.** *T.mat.* calcolo dei valori intermedi di una funzione, basato su valori noti o osservati || **N. 1.** *Contr.* estrapolazione.

interpónte [comp. di *inter-* e *ponte*; 1937] ***sm.*** *T.mar.* lo spazio, sulle grandi navi, che è tra un ponte e il ponte immediatamente sottostante.

interpórre (pres. *-óngo* ecc., come PORRE) [dal lat. *interpōnere*; 1308] ***tr.*** **1.** porre in mezzo, frapporre: *interporre ostacoli alla conclusione di una vertenza* || *interporre tempo*, indugiare **2.** *fig.* far valere in favore di qualcuno o per raggiungere uno scopo: *interpose la propria autorità per impedire uno scandalo* **3.** *T.giur.* inoltrare, presentare: *interporre appello, ricorso* || ***intr. pron.*** di cose, porsi in mezzo: *periodicamente la Luna si interpone tra la Terra e il Sole* || ***rifl.*** *più com.* di persone, fare da intermediario o da paciere tra due contendenti: *interporsi tra due litiganti* || *per estens. non com.* intervenire a favore di qualcuno o per raggiungere uno scopo: *interporsi per ottenere una riduzione della pena.*

interposizióne [dal lat. *interpositio, -ōnis*; a. 1294] ***sf.*** l'interporre o l'interporsi || *in part.* mediazione, intervento a favore di qualcuno.

interpósto (*pps.* di *interporre*) [a. 1375] ***agg.*** nella loc. *per interposta persona*, per mezzo di un mediatore o intermediario.

interpretàbile (lett. o region. *interpetràbile*) [dal lat. tardo *interpretābilis*; sec. XIV] ***agg.*** che può essere interpretato: *è un passo interpretabile in più maniere.*

interpretàre (region. o lett. *interpetràre*) (pres. *-èrpreto*) [dal lat. *interpretāri*; a. 1294] ***tr.*** **1.** spiegare ciò che è oscuro o dubbio: *interpretare un passo controverso* || *in part. interpretare la legge*, intenderla esattamente e applicarla ai casi concreti || *interpretare i sogni*, rivelarne il significato nascosto traendone presagi **2.** attribuire un significato a qualcosa: *hai male interpretato il mio silenzio* || indovinare, intuire: *interpretare i desideri di qualcuno* **3.** if. a un attore, rappresentare, sostenere una parte: *interpretare un ruolo drammatico*; rif. a un musicista, eseguire un pezzo di musica: *interpretare una sonata barocca, Chopin* || **N. 1.** *Sin.* chiarire, decifrare, decodificare, intendere | ermeneutica, esegesi **2.** *Sin.* giudicare, valutare.

interpretariàto [da *interprete*, sul modello del fr. *interprétariat*; 1963] ***sm.*** la professione d'interprete.

interpretativo (region. o lett. *interpetrativo*) [da *interpretare*; 1673] ***agg.*** che riguarda l'interpretazione: *metodo, sensibilità interpretativa* || **N.** *Sin.* ermeneutico, esegetico, esplicativo.

interpretatóre (region. o lett. *interpetratóre*) [dal lat. tardo *interpretātor, -ōris*; a. 1292] ***agg.*** e ***sm.*** (f. *-trice*) *non com.* chi o che interpreta; interprete.

interpretazióne (region. o lett. *interpetrazióne*) [dal lat. *interpretātio, -ōnis*; sec. XIV] ***sf.*** **1.** l'atto e l'effetto di interpretare: *un'interpretazione corretta, arbitraria; l'interpretazione di un manoscritto, di una norma giuridica, di un simbolo* || *interpretazione dei sogni*, in psicanalisi, procedimento e tecnica di analisi del significato latente contenuto nei sogni e di cui il soggetto non ha consapevolezza **2.** modo in cui un artista interpreta una parte o esegue un brano musicale: *un'interpretazione originale di Re Lear* **3.** *T.giur.* traduzione da una lingua all'altra, compiuta da un interprete in un processo: *delitto di falsa interpretazione* || **N.** **1.** *Sin.* chiarimento, commento, decifrazione, decodificazione, esegesi, parafrasi, spiegazione, versione | allegorica, arbitraria, ardita, azzeccata, benevola, capziosa, corretta, critica, discutibile, dubbia, efficace, esatta, estensiva, falsa, forzata, grammaticale, ingegnosa, letterale, logica, originale, restrittiva, sbagliata, sicura **2.** *Sin.* esecuzione. **Q.T.** *diritto.*

intèrprete (region. o lett. *intèrpetre*) [dal lat. *interpres, -etis*; sec. XIV] ***s.*** **1.** chi interpreta, chiarisce, espone il significato di ciò che risulta oscuro o dubbio: *un interprete della scrittura ideografica* || *in part.* nella critica letteraria, chi cerca di penetrare il significato e i caratteri profondi di un artista o di un'opera e li espone attraverso note e commenti: *uno dei più noti interpreti di Dante* **2.** chi, occasionalmente o per professione, traduce oralmente discorsi da una lingua all'altra facendo da intermediario fra persone che non si capiscono: *un interprete simultaneo, seguire corsi per interpreti* || *per estens. fare da interprete* o *farsi interprete di,* farsi portavoce di pensieri, sentimenti o desideri altrui: *farsi interprete del malcontento popolare* **3.** chi interpreta una parte, o un brano musicale: *sono stati premiati gli interpreti del film* **4.** (solo *m.*) *T.inform.* programma che traduce ciascuna istruzione formulata in linguaggio simbolico in linguaggio macchina || **N.** **1.** *Sin.* commentatore, critico, esegeta **2.** traduttore.

interprovinciàle [comp. di *inter-* e *provinciale*; 1942] ***agg.*** che riguarda più province: *consorzio interprovinciale.*

interpùngere (pres. *-ùngo* ecc., come PUNGERE) [dal lat. *interpungere*; a. 1729] ***tr.*** *T.gram.* mettere la punteggiatura in uno scritto.

interpunzióne [dal lat. *interpunctio, -ōnis*; a. 1647] ***sf.*** l'interpungere: *segni d'interpunzione,* segni grafici convenzionali che servono per separare i membri dei periodi e le proposizioni di un testo scritto, allo scopo di chiarirne il senso e indicare pause e intonazione della voce || *per estens. T.mus.* i segni che indicano le pause || **N.** *Sin.* punteggiatura | due punti, lineetta, parentesi, puntini, punto, punto esclamativo, punto e virgola, punto interrogativo, virgola, virgolette. **Q.T.** *linguistica.*

interraménto [da *interrare*; a. 1739] ***sm.*** l'atto e l'effetto dell'interrare e dell'interrarsi: *l'interramento di un porto.*

interràre (pres. *-èrro*) [comp. parasint. di *terra*; a. 1597] ***tr.*** **1.** introdurre, sistemare nella terra: *interrare un seme, un bulbo*; *interrare una tubatura* **2.** colmare di terra: *interrare una cavità, un bacino* || ***intr. pron.*** riempirsi, coprirsi di terra e sim., detto di un porto, un alveo, una costruzione || **N.** **1.** *Sin.* seppellire, sotterrare.

interràto (*pps.* di *interrare*) [1944] **I** ***sm.*** piano di un edificio situato sotto il livello stradale: *abitare in un interrato* **II** anche ***agg.***: *piano interrato.*

interrazziàle o **interraziàle** [comp. di *inter-* e *razziale*; 1968] ***agg.*** relativo a più razze umane: *rapporti interrazziali.*

interré [dal lat. *interrex, -ēgis*; prima metà sec. XIV] ***sm.*** *T.stor.* nell'antica Roma, reggente del governo tra la morte del re e l'elezione del successore.

interregionàle [comp. di *inter-* e *regionale*; 1937] ***agg.*** che concerne più regioni: *congresso interregionale*; che collega più regioni: *treno interregionale.*

interrégno [dal lat. *interregnum*; sec. XIV] ***sm.*** periodo di tempo che intercorre tra la morte o l'abdicazione di un re e la nomina del successore || *per estens.* periodo in cui una carica pubblica rimane vacante; periodo di transizione tra fatti, avvenimenti, momenti storici (talvolta anche *scherz.*).

interrelàto [dall'ingl. *interrelated,* pps. di to *interrelate,* mettere in relazione reciproca; 1983] ***agg.*** che si trova in relazione reciproca con altri elementi analoghi: *questioni interrelate.*

interrelazióne [dall'ingl. *interrelation*; 1967] ***sf.*** relazione reciproca, interdipendenza: *interrelazione di elementi.*

interrogànte (*ppr.* di *interrogare*) [sec. XIV] **I** ***agg.*** e ***s.*** che, chi interroga; *in part.* che, chi presenta un'interrogazione parlamentare: *il deputato interrogante, l'interrogante* **II** ***s.*** chi conduce un interrogatorio.

interrogàre (pres. *-èrrogo, -èrroghi*) [dal lat. *interrogāre*; 1554] ***tr.*** **1.** rivolgere delle domande a qualcuno per avere una risposta, un chiarimento, una spiegazione: *rispondi solo se sei interrogato* || nella prassi scolastica, porre domande su un determinato argomento per accertare la preparazione di uno studente: *interrogare in letteratura, sulla rivoluzione francese* || nei procedimenti giudiziari, *interrogare un testimone,* sottoporlo a interrogatorio || nella prassi politica, rivolgere un'interrogazione parlamentare: *interrogare il governo sui provvedimenti in materia fiscale* **2.** *fig.* consultare, esaminare qualcosa per avere una risposta: *interrogare la storia, un oracolo, la propria coscienza* || **N.** **1.** *Sin.* chiedere, domandare, interpellare | *Contr.* replicare, ribattere, rispondere **2.** *Sin.* cercare, esplorare, indagare, investigare, scandagliare, sondare.

interrogatìvo [dal lat. tardo *interrogativus*; 1551] **I** ***agg.*** che esprime una domanda: *sguardo interrogativo* || *T.gram. punto interrogativo,* segno di interpunzione (?) che si usa alla fine di una domanda; *proposizione interrogativa* (o *sf. interrogativa*), proposizione che esprime una domanda o un dubbio (*interrogativa diretta,* caratterizzata dall'intonazione ascendente della pronuncia e dal punto interrogativo nella scrittura; *interrogativa indiretta,* fa parte di una frase complessa, e dipende da verbi come *dire, sapere, chiedere, ignorare, indovinare*); *aggettivi, pronomi, avverbi interrogativi, congiunzioni interrogative,* introducono una proposizione interrogativa (per es. *che, chi, quale, quanto*; *come, dove, perché*; *se*) || **interrogativaménte** ***avv.*** **II** ***sm.*** **1.** domanda, dubbio, problema: *i progressi dell'ingegneria genetica pongono molti interrogativi di natura etica* **2.** cosa dubbia, misteriosa, imprevedibile: *gli sviluppi della situazione sono un interrogativo per tutti* || *per estens.* persona difficile da comprendere || **N.** **II** **1.** *Sin.* interrogazione, perplessità, quesito **2.** *Sin.* mistero.

interrogàto (*pps.* di *interrogare*) [fine sec. XV] **I** ***agg.*** che viene interpellato con una domanda **II** ***sm.*** **1.** (f. *-a*) persona cui viene rivolta una domanda **2.** in campo scolastico, studente sottoposto a un'interrogazione || *T.giur.* persona sottoposta a un interrogatorio.

interrogatóre [dal lat. tardo *interrogātor, -ōris*; 1686] ***agg.*** e ***sm.*** (f. *-trice*) chi o che interroga: *magistrato interrogatore*; *un interrogatore severo* || *in part. T.inform.* dispositivo elettronico che invia segnali elettrici codificati a un altro organo elettronico suscitando l'invio di segnali di risposta.

interrogatòrio (pl. *-ri* e *-rii*) [dal lat. *interrogatorius*; 1561] **I** ***sm.*** serie di domande rivolte da un magistrato all'imputato o alle parti in causa e relative risposte: *sostenere, subire un lungo interrogatorio* || serie di domande che la polizia rivolge a persone sospettate di reato || *per estens.* qualunque serie di domande fatte in modo incalzante e con tono inquisitorio: *al ritorno a casa ha dovuto subire un interrogatorio da parte del marito* **II** ***agg.*** da interrogatore, inquisitore: *tono, fare interrogatorio* || *non com.* interrogativo: *occhiata interrogatoria.*

interrogazióne [dal lat. *interrogātio, -ōnis*; sec. XIV] ***sf.*** l'atto di interrogare || *concr.* le parole con cui si interroga: *rispondere a un'interrogazione* || *in part.* nell'uso scolastico, verifica, gen. orale, della preparazione di uno studente basata su domande concernenti una determinata materia o un argomento: *interrogazione di filosofia, interrogazione scritta sulla prima guerra mondiale* || *T.ret. interrogazione retorica,* frase espressa in forma interrogativa che contiene già in sé la risposta, e ha lo scopo di dare maggiore efficacia a quanto affermato o di sollecitare il consenso di chi ascolta (per es. *non è forse vero che siamo amici?*) || *T.giur. interrogazione parlamentare,* domanda per iscritto che un parlamentare rivolge a uno o più ministri per avere informazioni sull'operato o sulle intenzioni del governo su determinate questioni; si esaurisce nella risposta del ministro competente (a differenza dell'*interpellanza*) || **N.** *Sin.* domanda; esame, quesito, questionario, quiz. **Q.T.** *politica.*

interrómpere (pres. *-ómpo*) [dal lat. *interrumpere*; 1374] ***tr.*** **1.** sospendere, far cessare temporaneamente o definitivamente: *interrompere i lavori, gli studi, un viaggio, una conversazione* **2.** *in part.* impedire la continuazione di un discorso: *i fischi del pubblico hanno interrotto la rappresentazione*; anche con la persona come ogg. diretto: *scusa se ti interrompo, ma non mi è chiaro il concetto* **3.** rompere la continuità, l'uniformità di qualcosa: *la strada è interrotta a causa di uno smottamento* || ***intr. pron.*** arrestarsi all'improvviso, cessare: *a causa dell'emozione si interruppe un attimo poi riprese il racconto, la comunicazione si è interrotta* || **N.** **1.** *Sin.* arrestare, smettere, troncare.

interrótto (*pps.* di *interrompere*) [a. 1533] ***agg.*** **1.** spezzato, non continuo: *sonno interrotto* **2.** impedito, troncato: *comunicazioni interrotte* || **interrottaménte** ***avv.*** *raro* con interruzioni || **N.** **1.** *Sin.* discontinuo; saltuario | *Contr.* ininterrotto **2.** *Sin.* sospeso.

interruttóre [dal lat. tardo *interruptor, -ōris*; 1869] ***sm.*** **1.** *T.elettr.* apparecchio che serve a stabilire o a interrompere la corrente elettrica in un circuito: *aprire, girare l'interruttore* **2.** (f. *-trice*) *non com.* chi interrompe.

interruzióne [dal lat. *interruptio, -ōnis*; sec. XIV] ***sf.*** l'atto e l'effetto dell'interrompere e dell'interrompersi: *l'interruzione dei lavori, di una strada, della corrente elettrica* || sospensione di un'attività o di un processo: *la partita riprende dopo una breve interruzione*; *interruzione di gravidanza,* aborto || *in part.* intervento di un interlocutore che impedisce la prosecuzione di un discorso: *disturbare la conferenza con continue interruzioni* || *senza interruzione,* ininterrottamente || **N.** *Sin.* cessazione, sospensione.

interscambiàbile [comp. di *inter-* e *scambiabile*; a. 1950] ***agg.*** di due o più elementi, che possono essere scambiati reciprocamente.

interscambiabilità [da *interscambiabile*; 1979] ***sf.*** l'essere interscambiabile.

interscàmbio (pl. *-bi*) [comp. di *inter-* e *scambio*; 1940] ***sm.*** **1.** scambio reciproco: *interscambio commerciale, culturale* **2.** complesso di opere stradali che permette il flusso continuo e contemporaneo di diverse correnti di traffico.

interscapolàre [comp. di *inter-* e *scapolare*; 1835] ***agg.*** *T.anat.* posto fra le scapole.

intersecaménto [da *intersecare*; 1734] ***sm.*** *non com.* l'intersecarsi; intersezione.

intersecàre (pres. *-èrseco, -èrsechi*) [dal lat. *intersecāre*; sec. XIV] ***tr.*** *T.geom.* di linee e superfici, incontrare in uno o più punti: *la superficie sferica interseca il piano in una circonferenza* || *per estens.* anche nel linguaggio comune, attraversare: *il canale interseca la ferrovia* || ***rec.*** incrociarsi: *rette che si intersecano.*

intersecazióne [da *intersecare*; prima metà sec. XIV] **sf.** *non com.* intersezione.

intersessuàle [comp. di *inter-* e *sessuale*; 1963] **agg.** e **s.** *T.biol.* che, chi presenta intersessualità.

intersessualità [comp. di *inter-* e *sessualità*; 1933] **sf.** *T.biol.* coesistenza di caratteri sessuali maschili e femminili in uno stesso individuo.

intersettoriàle [comp. di *inter-* e *settoriale*; 1967] **agg.** relativo a due o più settori diversi: *interessi intersettoriali, programmazione intersettoriale.*

intersezióne [dal lat. *intersectio, -ōnis*; a. 1549] **sf.** **1.** l'intersecarsi di due linee, di due piani e sim. e il punto in cui si intersecano || *per estens.* incrocio: *l'intersezione di due strade* **2.** *T.mat.* *intersezione di due insiemi,* l'insieme di tutti e soli gli elementi che appartengono all'uno e all'altro insieme; anche l'operazione che associa ai due insiemi la loro intersezione.

intersideràle [comp. di *inter-* e *siderale*; 1961] **agg.** *T.astr.* che sta tra i corpi siderali: *spazio intersiderale, distanza intersiderale* || **N.** *Sin.* interstellare.

intersindacàle [comp. di *inter-* e *sindacale*; 1957] **agg.** comune a più sindacati: *sciopero intersindacale.*

interstazionàle [comp. di *inter-* e un der. di *stazione*; 1905] **agg.** *non com.* che concerne il collegamento tra più stazioni ferroviarie.

interstellàre [comp. di *inter-* e *stellare*; a. 1920] **agg.** che sta fra le stelle: *spazio interstellare, materia interstellare.*

interstiziàle [da *interstizio*; 1940] **agg.** *T.scient.* dell'interstizio, situato negli interstizi.

interstìzio (pl. *-zi*) [dal lat. tardo *interstitium*; 1499] **sm.** spazio minimo che separa due corpi o due parti di un corpo: *gli interstizi tra le cellule, gli interstizi delle rocce.*

intertèmpo [comp. di *inter-* e *tempo*; 1983] **sm.** *T.sport.* in una gara individuale a cronometro, gen. di sci o di ciclismo, tempo intermedio, registrato circa a metà percorso.

intertèsto [comp. di *inter-* e *testo*; 1988] **sm.** *T.lett.* la presenza effettiva di un testo dentro un altro sotto forma di citazione esplicita, di allusione, di plagio || *per estens.* le fonti di uno scrittore e la percezione da parte del lettore dei rapporti fra un'opera e altre che l'hanno preceduta o seguita.

intertrigine [dal lat. *intertrīgo, -inis,* scorticatura; 1563] **sf.** *T.med.* infiammazione delle pieghe della pelle, specie nelle persone molto grasse e nelle regioni (inguine, ascelle) in cui due superfici cutanee si trovano a contatto e sono soggette a continuo sfregamento reciproco.

intertropicàle [comp. di *inter-* e *tropicale*; 1869] **agg.** *T.geogr.* che è in mezzo ai due circoli dei tropici: *fascia intertropicale* || che riguarda la zona compresa tra i tropici: *fauna intertropicale.*

interurbàno [comp. di *inter-* e *urbano*; 1957] **I agg.** che collega due o più città, specie nell'ambito delle comunicazioni: *trasporti interurbani, chiamata interurbana* **II sf.** *interurbana,* telefonata fatta da una città a un'altra.

intervallàre¹ [da *intervallo*; 1874] **tr.** disporre ad intervalli di spazio o di tempo: *intervallare le ore di lavoro, intervallare di 500 metri le villette* || **N.** *Sin.* distanziare, spaziare; alternare.

intervallàre² [da *intervallo*; 1970] **agg.** proprio di un intervallo.

intervàllo [dal lat. *intervallum*; a. 1320] **sm.** **1.** spazio compreso tra due cose o persone: *tra un albero e l'altro bisogna lasciare un intervallo di qualche metro* **2.** periodo di tempo che intercorre tra due azioni o fatti: *tra la prima e la seconda guerra mondiale c'è un intervallo di vent'anni* || pausa: *facciamo un intervallo?*; *in part.* pausa tra le lezioni, le varie parti di uno spettacolo, una competizione sportiva, una rappresentazione teatrale: *nell'intervallo fra primo e secondo tempo andremo a prendere qualcosa al bar, per fare il compito in classe abbiamo saltato l'intervallo* || nella loc. *a intervalli,* a tratti, a intermittenza: *le grida si sentivano a intervalli* || *lucido intervallo,* breve periodo di tempo in cui un pazzo riacquista l'uso della ragione **3.** *T.mat.* insieme di numeri reali compresi tra due numeri reali dati: *intervallo chiuso* (*aperto*), che include (o non include) gli estremi || *per estens.* *T.scient.* e *T.tecn.* insieme dei valori di una grandezza compresi tra due valori determinati: *intervallo di temperature* || *T.stat.* *intervallo di confidenza,* insieme di valori, ricavati da dati campionari, che si pensa contenga il valore ignoto del parametro oggetto di stima **4.** *T.mus.* distanza tra un suono e l'altro di altezza diversa: *intervallo di un tono, intervallo di terza* || **N.** **1.** *Sin.* distanza **2.** *Sin.* *break,* interruzione, sospensione; intermezzo. **Q.T.** *matematica..., musica, teatro.*

intervenire (pres. *-èngo* ecc., come VENIRE) [dal lat. *intervenīre*; a. 1293] **intr.** (aus. *essere*) **1.** porsi in mezzo, intromettersi per modificare o risolvere una faccenda: *la polizia è intervenuta nella rissa fra detenuti*; *intervenire in difesa di qualcuno*; anche *ass.*: *oggi succede spesso che, di fronte a un episodio di violenza, nessuno intervenga* || *in part.* *intervenire in un conflitto,* entrare in un conflitto già in atto **2.** assistere, partecipare: *alla cerimonia sono intervenute tutte le autorità* || *intervenire in un dibattito,* prendere la parola **3.** avvenire, capitare: *sono intervenute nuove complicazioni nella vertenza contrattuale* **4.** *T.med.* effettuare un'operazione chirurgica: *si è reso necessario intervenire d'urgenza* **5.** *T.sport.* entrare in azione: *intervenire sul pallone,* raggiungerlo e colpirlo; *intervenire sull'avversario,* ostacolarne l'azione || **N.** **1.** *Sin.* frapporsi, inserirsi, interporsi, intromettersi **2.** *Sin.* presenziare **3.** *Sin.* accadere, succedere **4.** *Sin.* operare.

interventìṣmo [da *intervento*; 1928] **sm.** **1.** *T.pol.* movimento favorevole all'entrata in guerra di uno Stato rimasto neutrale **2.** politica di intervento dello Stato nella vita economica || **N.** **1.** *Contr.* neutralismo **2.** *Contr.* liberismo.

interventìsta [da *intervento*; 1915] **s.** sostenitore dell'intervento di uno Stato nelle faccende interne di un altro Stato o in una guerra che è già in corso tra diversi altri Stati; anche *agg.*: *movimento interventista.*

interventìstico (pl. *-ci*) [da *interventista*; 1957] **agg.** relativo all'interventismo o agli interventisti; proprio dell'interventismo o degli interventisti.

intervènto [dal lat. *interventum*; a. 1540] **sm.** **1.** l'atto e l'effetto dell'intervenire: *l'intervento della forza pubblica ha disperso i dimostranti, servizi di pronto intervento* || *T.giur.* partecipazione in un processo di chiunque abbia un interesse nella causa **2.** *in part.* l'intervenire di uno Stato in un conflitto o l'ingerirsi negli affari interni di un altro Stato: *l'intervento armato dell'URSS in Ungheria*; *principio di non intervento,* principio secondo il quale uno Stato si impegna a non interferire negli affari interni di un altro Stato **3.** il partecipare attivamente a una discussione e le parole dette: *è stato il migliore intervento della serata* **4.** *T.med.* operazione chirurgica: *l'intervento è perfettamente riuscito* **5.** *T.sport.* in vari sport di squadra, azione compiuta da un giocatore durante una partita: *un intervento falloso* || **N.** **1.** *Sin.* azione, partecipazione **2.** *Sin.* ingerenza, intromissione | *Contr.* disinteresse, indifferenza. **Q.T.** *chirurgia.*

intervenùto (*pps.* di *intervenire*) [1869] **sm.** (f. *-a*) chi prende parte a una riunione, una manifestazione e sim.: *gli intervenuti alla cerimonia.*

intervertebràle [comp. di *inter-* e *vertebrale*; 1806] **agg.** *T.anat.* posto tra le vertebre.

intervìa [comp. di *inter-* e *via*; 1957] **sf.** *T.ferr.* spazio posto tra un binario e l'altro || **N.** *Sin.* interbinario.

intervìdeo [comp. di *inter-* e *video*; 1983] **sm.** citofono collegato a un impianto televisivo a circuito chiuso || **N.** *Sin.* videocitofono.

interviṣióne ® [comp. di *inter-* e (*tele*)*visione*; 1960] **sf.** collegamento televisivo tra nazioni dell'Europa Orientale.

intervìsta [dall'ingl. *interview,* forse con influsso di *rivista*; 1887] **sf.** **1.** colloquio di un giornalista con un personaggio pubblico, le cui risposte e opinioni vengono diffuse attraverso i mezzi di comunicazione: *chiedere, fare, rilasciare, concedere un'intervista* || *concr.* il resoconto della conversazione avvenuta: *leggere, pubblicare un'intervista* **2.** tecnica di rilevazione di dati statistici o di indagine sociologica consistente nel porre domande alle persone le cui opinioni sono oggetto della ricerca: *intervista individuale, di gruppo* || **N.** **1.** incontro **2.** sondaggio. **TAV.** ***tipografia*** **p. 1337** 12.8.

intervistàre [da *intervista*; 1886] **tr.** fare un'intervista a qualcuno, interrogare con intervista.

intervistàto (*pps.* di *intervistare*) [1957] **agg.** e **sm.** (f. *-a*) che, chi viene sottoposto ad un'intervista.

intervistatóre [da *intervista*; 1938] **sm.** (f. *-trice*) chi intervista.

intervocàlico (pl. *-ci*) [comp. di *inter-* e un der. di *vocale*; 1957] **agg.** *T.ling.* si dice di fonema, fono o grafema posto tra due vocali: *in Toscana il fonema /ʧ/ intervocalico si realizza sempre come geminato.*

interzàre (pres. *-èrzo*) [comp. parasint. di *terzo*; sec. XIV] **tr.** **1.** *lett.* mettere come terzo tra due || *per estens.* alternare un oggetto ad altri due **2.** *T.agr.* arare per la terza volta un terreno || **N.** **2.** *Sin.* rinterzare.

interzàto (*pps.* di *interzare*) [1940] **I agg.** *lett.* rinforzato a tre doppi: *le piastre interzate di una corazza* **II sm.** *T.arald.* scudo diviso in tre parti uguali da due linee. **TAV.** ***araldica*** **p. 645** 3.7, 3.8, 3.18.

interẓonàle [comp. di *inter-* e un der. di *zona*; 1950] **agg.** *non com.* che riguarda due o più zone; che si svolge tra più zone: *traffico interzonale.*

intésa [f. del pps. di *intendere,* su modello del fr. *entente*; 1699] **sf.** **1.** accordo perlopiù segreto tra più persone: *una tacita intesa, agire d'intesa*; *darsi l'intesa,* mettersi d'accordo **2.** *T.pol.* alleanza tra due o più Stati || *concr.* l'insieme degli Stati legati da un accordo: *la Triplice Intesa* || *per estens.* accordo tra gruppi politici o economici: *l'intesa di due partiti alla vigilia delle elezioni, stipulare un'intesa fra le imprese di trasporto* **3.** collaborazione, accordo reciproco: *lavorare d'intesa*; *l'intesa di squadra,* l'affiatamento fra gli atleti e la coordinazione dei rispettivi compiti || **N.** **1.** *Sin.* accordo, convenzione, patto **3.** *Sin.* affiatamento, armonia, cooperazione.

intéso (*pps.* di *intendere*) [1869] **agg.** **1.** che mira a un determinato fine: *provvedimenti intesi ad un risanamento dell'industria* **2.** compreso, capito: *parole intese nel loro corretto significato bene, male inteso,* interpretato correttamente oppure no **3.** convenuto: *resta inteso che ci vedremo la prossima settimana* || rif. a persone, d'accordo (solo *pl.*): *dunque, restiamo intesi così*; *siamo intesi?,* ci siamo capiti? (può esprimere avvertimento o minaccia) || *non darsene per inteso,* mostrare di non aver capito o di non sapere una cosa; non prendere atto di qualcosa **4.** *ant.* intento, attento.

intèssere (pres. *-èsso* ecc., come TESSERE) [dal lat. *intexere*; sec. XIV] ***tr.*** **1.** tessere, intrecciare una cosa con un'altra: *intessere panieri di vimini, corone* **2.** *fig.* comporre: *intessere lodi* || macchinare: *intessere inganni.*

intessùto (*pps.* di *intessere*) [a. 1537] ***agg.*** **1.** intecciato, tessuto, commisto **2.** *fig.* pieno: *un discorso intessuto di bugie.*

intestàbile [da *intestare*; 1945] ***agg.*** che può essere intestato.

intestardìrsi (pres. *-ìsco, -ìsci*) [comp. parasint. di *testardo*; 1886] ***intr. pron.*** ostinarsi, mettersi in testa di fare qualche cosa: *si è intestardito di* (o *a*) *voler andare al cinema* || **N.** *Sin.* fissarsi, impuntarsi, incaponirsi.

intestàre (pres. *-èsto*) [comp. parasint. di *testa*; 1812] ***tr.*** **1.** scrivere l'intestazione o il titolo sulla prima pagina di un libro, di uno scritto e sim.: *intestare una lettera* **2.** di titolo, conto, bene e sim., registrare o mettere a nome di qualcuno: *intestare l'appartamento, il conto corrente al figlio* || *intestare una fattura a qualcuno,* emetterla a suo carico **3.** *T.tecn.* collegare le testate degli elementi di una struttura: *intestare due travi* || ***intr. pron.*** mettersi in testa di fare una cosa a qualunque costo, ostinarsi, incaponirsi: *si è intestato di smettere di studiare.*

intestatàrio (pl. *-ri*) [da *intestare*; 1957] ***sm.*** (f. *-a*) **1.** persona a cui qualcosa è intestato: *l'intestatario di un titolo di credito, di un'azienda* **2.** colui il cui nome è nell'intestazione di un foglio o di una corrispondenza || **N. 1.** *Sin.* beneficiario, titolare.

intestàto[1] (*pps.* di *intestare*) [1532 nel senso 3] ***agg.*** **1.** fornito di intestazione: *carta intestata,* carta per corrispondenza che reca impresso il nome e l'indirizzo di chi la usa o dell'istituzione in nome di cui si scrive **2.** posto a nome di qualcuno: *titolo di credito intestato,* nominativo **3.** incaponito, ostinato.

intestàto[2] [dal lat. *intestatus*; 1308] ***agg.*** e ***sm.*** (f. *-a*) *T.giur.* che, chi muore senza aver fatto testamento: *il padre è morto intestato.*

intestatùra [da *intestare*; 1781] ***sf.*** l'atto e l'effetto dell'intestare || *in part.* unione fra le testate di pezzi da costruzione; *concr.* il punto in cui sono collegate.

intestazióne [da *intestare*; 1869] ***sf.*** **1.** l'intestare: *l'intestazione di un bene immobile* **2.** *concr.* serie di diciture che formano la testata di uno scritto, di un foglio e sim. || *per estens.* titolo di un libro, un articolo e sim.

intestinàle [da *intestino*[1]; 1681] ***agg.*** dell'intestino: *esami, dolori intestinali* || **N.** *Sin.* enterico. **TAV. *anatomia* p. 642** 8.16.

intestìno[1] [dal lat. *intestinum*; a. 1320 *intestini* pl.] ***sm.*** *T.anat.* quella parte dell'apparato digerente, a forma di tubo che si estende dallo stomaco all'ano, ed è posto nella cavità addominale: *vuotare, liberare l'intestino,* defecare; *fam. avere l'intestino pigro,* soffrire di stipsi || **N.** *Sin.* budella, interiora, visceri | crasso (cieco, colon, retto), colon (ascendente, discendente, trasverso), tenue (duodeno, digiuno, ileo) | appendice, enzima, epitelio, mesenterio, mucosa, orifizio anale, peritoneo, succo intestinale, villo | appendicite, borborigmo, carcinoma, colica, colite, diarrea, dissenteria, diverticolite, duodenite, emorroidi, enterite, enterocolite, fistola, flatulenza, gastroenterite, ileite, invaginazione, occlusione, polipo, prolasso, ragade, stitichezza, tumore, ulcera, vermi | escremento. **Q.T.** *anatomia* **TAV. *anatomia* p. 642** 8.15, 13.8, 13.9, 13.10.

intestìno[2] [dal lat. *intestinus*; a. 1363] ***agg.*** interno, che si svolge all'interno di un gruppo o di una comunità, quasi esclusivamente nelle espr. *guerre, rivalità, discordie, lotte intestine* || **N.** *Sin.* civile.

intèsto [dal lat. *intextum* pps. di *intexere*, intessere; a. 1400] ***agg.*** *lett.* intessuto.

intiepidìre (pres. *-ìsco, -ìsci*) [comp. parasint. di *tiepido*; sec. XIV] ***tr.*** **1.** rendere tiepido, portare a temperatura media: *intiepidire l'acqua della piscina* **2.** *fig.* affievolire, rendere meno intenso: *intiepidire l'affetto, l'entusiasmo* || ***intr.*** (aus. *essere*) e ***intr. pron.*** **1.** diventare tiepido: *la temperatura si è intiepidita, lasciar intiepidire la minestra* **2.** attenuarsi, affievolirsi: *la nostra passione si è intiepidita* || **N.** ***tr.*** **2.** *Sin.* attenuare, mitigare, smorzare | Contr. accendere, alimentare, ravvivare.

intièro e der. forme region. o lett. di INTERO e der.

intignàre [comp. parasint. di *tigna*; a. 1342] ***intr.*** (aus. *essere*) e ***intr. pron.*** **1.** essere roso dalle tignole, detto di tessuto e pellame || *per estens.* essere attaccato dai parassiti **2.** rif. a persone e animali, ammalarsi di tigna **3.** *region.* intestardirsi, ostinarsi.

intignatùra [da *intignare*; 1688] ***sf.*** l'insieme dei fori provocati dalle tignole su stoffe, pelli e sim.

ìntima [da *intimo*; 1937] ***sf.*** *T.anat.* nelle vene e nelle arterie, la parete interna che sta a diretto contatto col sangue.

intimàre (pres. *intìmo* o *ìntimo*) [dal lat. tardo *intimāre*; a. 1540] ***tr.*** ordinare con autorità e recisamente: *intimare un pagamento* || *intimare la resa,* chiederla in modo perentorio || *T.giur.* fare un'intimazione; notificare: *intimare lo sfratto; intimare la guerra,* dichiararla || **N.** *Sin.* comandare, imporre, ingiungere.

intimatóre [da *intimare*; a. 1667] ***agg.*** e ***sm.*** (f. *-trìce*) *non com.* chi o che intima.

intimazióne [da *intimare*; 1531] ***sf.*** l'atto dell'intimare || *concr.* le parole con cui si intima: *obbedire a un'intimazione* || notifica: *intimazione di pagamento; in part. T.giur.* l'atto dell'ufficiale giudiziario con cui si notifica un'ingiunzione alle parti interessate: *l'intimazione dello sfratto, di comparire in giudizio* || **N.** *Sin.* comando, imposizione, ingiunzione, ordine; dichiarazione, notifica; citazione, precetto.

intimidatòrio (pl. *-ri*) [da *intimidazione*; 1915] ***agg.*** che tende a intimorire, che ha valore di minaccia: *discorso intimidatorio, schierare le forze dell'ordine di fronte ai manifestanti a scopo intimidatorio.*

intimidazióne [dal fr. *intimidation*; 1848] ***sf.*** parole o atti diretti a intimidire: *ottenere qualcosa con l'intimidazione, a forza di intimidazioni* || **N.** *Sin.* minaccia; prepotenza, pressione.

intimidiménto [da *intimidire*; 1869] ***sm.*** *non com.* l'intimidire e l'intimidirsi.

intimidìre (pres. *-ìsco, -ìsci*) [comp. parasint. di *timido*; a. 1634] ***tr.*** **1.** rendere timido: *la presenza dei superiori lo intimidiva* **2.** minacciare, incutere timore a qualcuno per costringerlo a compiere determinate azioni o a desistere dai suoi propositi: *intimidire il testimone chiave del processo* || ***intr.*** (aus. *essere*) e ***intr. pron.*** diventare timido || **N. 2.** *Sin.* impaurire, intimorire, spaventare | intimidazione.

intimìsmo [da *intimo*, come il fr. *intimisme*; 1955] ***sm.*** tendenza artistica e letteraria che mira ad esprimere, in tono dimesso, la realtà quotidiana e i sentimenti segreti dell'animo umano, rifiutando ogni enfasi e forzatura di toni.

intimista [da *intimo*, come il fr. *intimiste*; 1935] ***s.*** seguace dell'intimismo nell'arte e nella letteratura || anche *agg.*: *pittore intimista.*

intimìstico (pl. *-ci*) [da *intimista*; 1973] ***agg.*** proprio dell'intimismo; caratterizzato da intimismo: *tematiche intimistiche, gusto intimistico.*

intimità [da *intimo*; 1825] ***sf.*** **1.** l'essere intimo || amicizia, confidenza nei rapporti interpersonali: *avere, essere in intimità con qualcuno* **2.** ambiente intimo: *nell'intimità della casa*; *fig. l'intimità della coscienza* || *nell'intimità,* tra persone legate da rapporti di familiarità e confidenza; nei rapporti sessuali; nella vita intima **3.** (spec. *pl.*) *concr.* comportamenti o manifestazioni molto confidenziali o affettuose, quali si hanno tra persone intimamente legate **4.** *pl. concr. meno com.* le parti intime del corpo umano, spec. femminile || **N. 1.** *Sin.* confidenza, dimestichezza, familiarità **2.** *Sin. privacy.*

ìntimo [dal lat. *intimus*; a. 1514] **I *agg.* 1.** che è il più addentro, il più interno: *le intime viscere della terra* || *fig.* che è il più riposto, il più segreto: *l'intimo significato di un discorso; le intime radici della violenza sportiva* || *parti intime,* le parti del corpo che per pudore non si scoprono; *igiene intima,* quella che interessa le parti intime; *biancheria, indumenti intimi,* capi di vestiario a diretto contatto con la pelle **2.** che si riferisce alla parte più interna dell'animo, che è radicato nel profondo: *l'intima sofferenza, l'intima persuasione* || *vita intima,* vita dello spirito o dei sentimenti più intensi e profondi **3.** detto di rapporti fra cose e spec. di vincoli tra le persone, molto stretto: *vi è un'intima connessione tra i due fatti, rapporti di intima amicizia* || *per estens.* rif. a persona, che ha stretti rapporti di confidenza e familiarità con un'altra: *siamo amici intimi, diventare intimo di qualcuno* || *eufem. avere rapporti intimi con qualcuno,* avere rapporti sessuali || *riunione, cena intima,* a cui partecipano solo parenti e amici stretti || *ambiente intimo,* raccolto, familiare, in cui ci si sente a proprio agio || **intimaménte** ***avv.*** **1.** in modo intimo || strettamente, profondamente: *essere intimamente legato a qualcuno* || in modo approfondito: *conoscere intimamente un argomento* **2.** nel profondo dell'animo: *essere intimamente convinto di una cosa* **II *sm.*** **1.** la parte più interna, più segreta: *l'intimo dell'animo* || l'intimità della coscienza: *nel suo intimo gli era profondamente affezionato* **2.** (f. *-a*) parente o amico strettissimo: *al matrimonio ci saranno solo pochi intimi* **3.** solo *sing.* nel linguaggio commerciale e pubblicitario, biancheria intima: *la fiera dell'intimo* || **N. I 1.** *Sin.* profondo; nascosto, segreto **2.** *Sin.* interiore, spirituale **3.** *Sin.* intrinseco; strettissimo; prediletto, preferito.

intimoriménto [da *intimorire*; 1869] ***sm.*** l'intimorire e l'intimorirsi.

intimorìre (pres. *-ìsco, -ìsci*) [comp. parasint. di *timore*; 1607] ***tr.*** incutere timore || ***intr. pron.*** provare timore || **N.** *Sin.* impaurire, intimidire, spaventare.

intìngere (pres. *-ingo* ecc., come TINGERE) [dal lat. *intingere*; sec. XIV] ***tr.*** **1.** immergere leggermente in un liquido: *intingere la penna nell'inchiostro, i biscotti nel latte* || *ass. per estens.* mettere le dita o la forchetta e sim. in qualche cosa per prenderne una parte: *tutti intingevano nello stesso piatto* **2.** *ant.* tingere || **N.** *Sin.* bagnare, inzuppare, tuffare.

intìngolo [da *intingere*; a. 1571] ***sm.*** **1.** salsa o altro condimento liquido, perlopiù molto saporito, in cui si cuoce una vivanda || *per estens.* la vivanda stessa **2.** *non com.* scritto o discorso privo di originalità || **N.** *Sin.* sugo; manicaretto.

intìnto (*pps.* di *intingere*) [sec. XIV] ***sm.*** *raro* il sugo delle vivande, intingolo.

intirannìre (pres. *-ìsco, -ìsci*) [comp. parasint. di *tiranno*; a. 1646] ***intr.*** (aus. *avere*) e ***intr. pron.*** *non com.* infierire come un tiranno: *intiranniva contro i* (o *sui*) *figli, la moglie.*

intirizziménto [da *intirizzire*; prima metà sec. XIV] ***sm.*** l'intirizzire e l'intirizzirsi || **N.** *Sin.* intorpidimento, TORPORE.

intirizzìre (pres. *-ìsco, -ìsci*) [forse da *intero*, con alterazione onom.; 1686] ***tr.*** impedire i movimenti perlopiù ghiacciando: *il gelo intirizziva le mani e i piedi* || ***intr.*** (aus. *essere*) e ***intr. pron.*** perdere la sensibilità a causa del freddo intenso: *mi sono intirizzito per venirti a cercare nella tormenta* || **N.** ***tr.*** *Sin.* intorpidire, irrigidire, rattrappire.

intişichire (pres. *-isco, -isci*) [comp. parasint. di *tisico*; a. 1300] ***intr.*** (aus. *essere*) e ***intr. pron.*** **1.** diventare tisico **2.** *fig.* perdere vivacità e vitalità; deperire, esaurirsi || rif. a piante, intristire || ***tr.*** *non com.* rendere tisico || *fig.* inaridire.

intitolaménto [da *intitolare*; a. 1729] ***sm.*** *non com.* l'intitolare.

intitolàre (pres. *-ìtolo*) [dal lat. tardo *intitulāre*; a. 1375] ***tr.*** **1.** dare il titolo a un libro, a un capitolo e sim.: *intitolare una commedia* **2.** dedicare a qualcuno un'opera d'ingegno, una chiesa, una strada ecc.: *intitolare una via a un famoso scienziato* || *non com.* premettere una dedica a un libro || ***intr. pron.*** **1.** avere come titolo: *come s'intitola il tuo nuovo libro?* **2.** *non com.* essere dedicato: *la chiesa che s'intitola a S. Cristoforo* || **N.** ***tr.*** **1.** chiamare **2.** *Sin.* intestare.

intitolazióne [da *intitolare*; 1620] ***sf.*** **1.** l'atto e il modo dell'intitolare, nei due sensi del verbo **2.** *concr.* l'iscrizione che fa da titolo o dedica.

intoccàbile [da *toccabile*; 1598] **I** ***agg.*** che non si può toccare: *i risparmi di questo libretto sono intoccabili* **II** ***s.*** **1.** (spec. *pl.*) nella società indiana, persona al di fuori di ogni casta ed esclusa da ogni contatto o rapporto con i membri di tutte le caste **2.** *fig.* personaggio potente o protetto che non può essere oggetto di critiche e censure: *gli intoccabili della politica* || **N.** **I** *Sin.* intangibile **II** **1.** *Sin.* paria.

intolleràbile [dal lat. *intolerābilis*; 1308] ***agg.*** che non si può né si deve tollerare: *un contegno intollerabile* || che non si riesce a sopportare: *una sete intollerabile* || **intollerabilménte** ***avv.*** || **N.** *Sin.* inaccettabile; insoffribile, insopportabile.

intollerabilità [dal lat. tardo *intolerabilitas, -ātis*; 1673] ***sf.*** l'essere intollerabile.

intolleránte [dal lat. *intolerans, -āntis*; 1581 *intolerante*] ***agg.*** **1.** che non tollera, incapace di sopportare: *essere intollerante del freddo* || *ass.* che non ha pazienza: *un professore intollerante, un carattere intollerante* **2.** *per restr.* che non sopporta in altri un'opinione diversa dalla sua: *un regime politico intollerante, un cattolico intollerante*; anche *s.*: *non si può discutere con gli intolleranti* || **intollerantemente** ***avv.*** *non com.* || **N.** **1.** *Sin.* impaziente, insofferente **2.** *Sin.* dogmatico, integralista, intransigente.

intolleránza [dal lat. *intolerantia*; a. 1481] ***sf.*** **1.** incapacità di sopportare: *intolleranza ai farmaci*, allergia **2.** mancanza di tolleranza delle opinioni altrui: *intolleranza religiosa*.

intombàre (pres. *-ómbo*) [comp. parasint. di *tomba*; a. 1828] ***tr.*** *lett. raro* condurre alla tomba, seppellire.

intonàbile [da *intonare*; a. 1647] ***agg.*** *non com.* che si può intonare, accordare.

intonacaménto [da *intonacare*; a. 1616] ***sm.*** *non com.* intonacatura.

intonacàre (pres. *-ònaco, -ònachi*) [dal lat. volg. **intunicāre*; 1296 *intonicare*] ***tr.*** **1.** *T.edil.* dar l'intonaco: *intonacare le pareti* **2.** *per estens.* ricoprire di uno strato di materiale: *intonacare di fango* || ***rifl.*** e ***rifl. indir.*** *fig. scherz.* imbellettarsi || **N.** **1.** *Sin.* rinzaffare | arricciare.

intonacatóre [da *intonacare*; a. 1731] ***sm.*** (f. *-trice*) *T.edil.* muratore che esegue l'intonacatura.

intonacatrice [da *intonacare*; 1957] ***sf.*** *T.edil.* strumento usato dal muratore per intonacare.

intonacatùra [da *intonacare*; 1570 *intonicatura*] ***sf.*** l'intonacare || *concr.* l'intonaco stesso.

intonachino (*dim.* di *intonaco*) [1965] ***sm.*** *T.edil.* l'ultimo strato di intonaco che si dà come rifinitura.

intonachista [da *intonacare*; 1957] ***s.*** intonacatore.

intònaco (pl. *-chi* o *-ci*) [da *intonacare*; a. 1405 *intonico*] ***sm.*** **1.** copertura liscia di malta che si applica alla superficie dei muri per renderli lisci e uniformi e potervi applicare tinte o carte da parato: *l'umidità ha sollevato l'intonaco* **2.** *fig. scherz.* trucco, belletto || **N.** arricciatura, rifinitura, rinzaffo, stabilitura | cazzuola, frattazzo, malta, pialletto, stucco | scrostare, staccare l'intonaco. **Q.T.** *pittura*.

intonàre (pres. *-òno*) [dal lat. mediev. *intonāre*; a. 1419] ***tr.*** **1.** accordare o impostare nel giusto tono la voce o uno strumento musicale: *intonare il violino*; eseguire una nota con la dovuta altezza: *intonare il la* || accordare insieme più voci o strumenti su di una nota comune: *intonare il coro* **2.** cantare le prime note di una canzone, di un inno e sim., perché gli altri possano proseguire nel giusto tono: *intonare l'inno nazionale, un salmo* || cominciare a suonare: *intonare una sinfonia* || *fig.* iniziare a pronunciare in modo solenne: *intonare un'orazione funebre*; *intonare le lodi di qualcuno* **3.** *fig.* armonizzare tra loro cose e colori: *intonare gli accessori all'abbigliamento*; adattare: *intonare un discorso alle circostanze* **4.** *ant.* musicare || ***intr.*** (aus. *avere*) *non com.* cantare al tono giusto || ***intr. pron.*** e ***rifl. rec.*** accordarsi, armonizzarsi: *le tinte del vestito non s'intonano né tra loro né al colore dei capelli* || **N.** ***tr.*** **3.** *Sin.* combinare | ***intr.*** *Contr.* stonare.

intonàto (*pps.* di *intonare*) [a. 1936] ***agg.*** **1.** che è nel tono in cui deve essere: *voce intonata, strumento intonato* || che sa cantare senza stonare: *cantante intonato* **2.** *fig.* che è in accordo, in armonia: *una camicia intonata ai pantaloni* || **N.** **1.** *Contr.* stonato.

intonatóre [da *intonare*; 1723] ***sm.*** (f. *-trice*) chi controlla l'intonazione degli strumenti musicali appena fabbricati || **N.** accordatore.

intonazióne [da *intonare*; 1635] ***sf.*** **1.** l'intonare e l'essere intonato: *l'intonazione di uno strumento, avere intonazione*; *l'intonazione dei colori*, accordo, armonia **2.** modo di emettere un suono da parte di una voce o di uno strumento: *intonazione corretta, calante, crescente* || *dare l'intonazione*, dare la nota fondamentale o le prime note di un pezzo per accordare insieme le voci e gli strumenti || *non com.* avvio di un canto **3.** *per estens.* inflessione del tono di voce nel parlare: *intonazione acuta, enfatica, scherzosa, piemontese* || *in part. T.ling.* modulazione dell'altezza della voce nell'articolare gli elementi di una parola o di una frase: *l'intonazione di una frase interrogativa è generalmente ascendente*; *intonazione sillabica*, l'accento tonale || *fig.* tono, carattere generale di un discorso, di uno scritto: *intonazione polemica di un'opera* **4.** *T.fot.* viraggio. **Q.T.** *linguistica*.

intonchiàre (pres. *-ónchio*) [comp. parasint. di *tonchio*; 1613] ***intr.*** (aus. *essere*) dei legumi, essere guasti, rosi dal tonchio.

intònso e **intónso** [dal lat. *intōnsus*; 1483] ***agg.*** **1.** *lett.* non tagliato: *barba intonsa*, lunga e fluente; *poet.* di chi porta i capelli lunghi: *l'intonso Apollo* **2.** detto di libro, a cui non è stato tagliato il margine dei fogli || *più com. fig.* che non è mai stato letto o toccato, intatto || detto della neve caduta a terra e non ancora calpestata da nessuno.

intontiménto [da *intontire*; 1874] ***sm.*** l'intontire e l'essere intontito.

intontìre (pres. *-isco, -isci*) [comp. parasint. di *tonto*; 1863] ***tr.*** frastornare, stordire: *non mi intontire con le tue chiacchiere, ho un mal di testa che mi intontisce* || ***intr.*** (aus. *essere*) e ***intr. pron.*** diventare tonto, istupidire || **N.** ***tr.*** *Sin.* inebetire, istupidire, rintronare.

intoppàre (pres. *-òppo*) [da una base onom. **topp*; sec. XIII] ***intr.*** (aus. *essere* o *avere*) e ***intr. pron.*** **1.** urtare, inciampare, anche *fig.*: *intoppare in una grave difficoltà* || incespicare nel parlare **2.** imbattersi in qualcuno all'improvviso || ***tr.*** incontrare qualcuno all'improvviso e perlopiù urtando.

intòppo [da *intoppare*; 1319] ***sm.*** **1.** ostacolo, impedimento al cammino; *fig.* difficoltà inattesa: *procedere senza intoppi, cedere al primo intoppo* **2.** *ant.* scontro.

intorbàre e der. forme non com. di INTORBIDARE e der.

intorbidaménto [da *intorbidare*; sec. XIV] ***sm.*** l'intorbidare e l'intorbidarsi.

intorbidàre (pres. *-órbido*) [comp. parasint. di *torbido*; a. 1292] ***tr.*** **1.** rendere torbido: *intorbidare le acque di un fiume* || *fig. intorbidare le acque*, produrre ad arte confusione **2.** *fig.* turbare, sconvolgere: *intorbidare la mente, gli animi* || rif. ai sensi e alle facoltà intellettuali, annebbiare, confondere: *intorbidare la vista, la mente* || ***intr.*** (aus. *essere*) e *più com.* ***intr. pron.*** diventar torbido: *mi si è intorbidata la vista*, offuscata; *i tempi s'intorbidano*, si fanno difficili, oscuri || **N.** ***tr.*** **2.** *Sin.* agitare, sovvertire; offuscare, ottenebrare.

intorbidiménto [da *intorbidire*; 1965] ***sm.*** intorbidamento.

intorbidìre (pres. *-isco, -isci*) [comp. parasint. di *torbido*; a. 1566] ***tr.*** rendere torbido || ***intr.*** (aus. *essere*) e ***intr. pron.*** intorbidarsi.

intormentiménto [da *intormentire*; 1806] ***sm.*** *non com.* sensazione di torpidità di una parte del corpo || **N.** *Sin.* intorpidimento | formicolio.

intormentìre (pres. *-isco, -isci*) [da un disus. *indormentire*, con influsso di *tormento*; a. 1597] ***tr.*** far perdere, per freddo o per posizione forzata, la sensibilità e la mobilità alle membra per qualche tempo || ***intr.*** (aus. *essere*) e ***intr. pron.*** perdere la sensibilità delle membra, intorpidirsi: *mi si è intormentita una gamba* || **N.** addormentare, intorpidire.

intorniàre (pres. *-órnio*) [da *intorno*; a. 1292] ***tr.*** *lett.* contornare, attorniare, circondare.

intórno [comp. di *in* e *torno*; 1313] **I** ***avv.*** in giro, nello spazio circostante (talvolta rafforzato da *tutto*): *guardarsi intorno, tutt'intorno non c'era anima viva, stavano tutti lì intorno, andare intorno*, andare in giro || *intorno intorno*, tutt'intorno || *avere qualcuno sempre intorno*, averlo alle costole, tra i piedi || *levarsi qualcuno d'intorno*, liberarsene; *levati d'intorno!*, vattene **II** nella ***loc. prep.*** *intorno a* (*ant. intorno di, intorno da*) **1.** con valore spaziale, indica una posizione o un movimento che circonda o avvolge qualcosa: *intorno alla zona residenziale c'era un enorme parco, mettersi una sciarpa intorno al collo, correre intorno al tavolo*; *ha un gruppo di ammiratori che le gira sempre intorno* || *stare, mettersi intorno a qualcuno*, stargli vicino; insistere per ottenere qualcosa **2.** indica una quantità indeterminata o una data, una misura approssimate e sim.: *c'erano intorno a mille persone, costa intorno al milione, verremo intorno a mezzogiorno* **3.** indica l'argomento di cui si tratta: *parlò intorno ai doveri del cittadino* **III** in funzione di ***agg. inv.*** (sempre posposto al sostantivo) circostante: *la zona intorno era abbandonata, visitare i paesi intorno* **IV** ***sm.*** **1.** *ant.* i luoghi circostanti, i paraggi || *d'ogni intorno*, da tutte le parti **2.** *T.mat.* in topologia, *intorno di un punto P in un insieme A*, è un sottoinsieme di A che contiene P, la cui definizione più precisa dipende dal tipo di spazio topologico e metrico in cui ci si pone; nella retta reale, ad es., è un qualunque intervallo aperto che contiene P || **N.** **I** *Sin.* attorno **II** **1.** *Sin.* attorno a **2.** *Sin.* circa **3.** *Sin.* riguardo a, su.

intorpidiménto [da *intorpidire*; 1869] ***sm.*** l'intorpidire e l'essere intorpidito.

intorpidìre (pres. *-isco, -isci*) [comp. parasint. di *torpido*; a. 1730] ***tr.*** render torpido: *il freddo mi ha intorpidito le dita*; anche *fig.*: *le droghe* *intorpidiscono il cervello* ‖ ***intr.*** (aus. *essere*) e ***intr. pron.*** perdere sensibilità, vigore, vivacità: *l'ingegno intorpidisce nell'ozio, stando accovacciato mi si sono intorpidite le gambe* ‖ **N.** ***tr.*** *Sin.* gelare, intirizzire, intormentire; impigrire, infiacchire | ***intr. pron.*** *Sin.* rattrappirsi.

intortigliàre (pres. *-ìglio*) [dal fr. *entortiller*; 1869] ***tr.*** *non com.* attorcigliare.

intòrto [dal lat. *intortus*; a. 1320] ***agg.*** *lett.* attorcigliato, contorto, avvolto su se stesso: *gl'intorti gorghi* (D'Annunzio).

intoscanìre (pres. *-ìsco, -ìsci*) [comp. parasint. di *toscano*; a. 1576] ***tr.*** far diventare toscano, spec. nella pronuncia e nella lingua ‖ ***intr. pron.*** conformarsi agli usi e spec. alla parlata toscana.

intossicàre (pres. *-òssico, -òssichi*) [lat. volg. **intoxicāre*; sec. XIV] ***tr.*** provocare uno stato di intossicazione, avvelenare: *intossicare l'organismo con troppi farmaci* ‖ *fig.* corrompere moralmente: *intossicare gli animi con letture sconvenienti* ‖ ***rifl.*** subire un'intossicazione: *intossicarsi con l'abuso del tabacco* ‖ **N.** *Contr.* disintossicare.

intossicàto (*pps.* di *intossicare*) [a. 1306 *intossecato*] ***sm.*** (f. *-a*) chi è affetto da intossicazione: *la cura degli intossicati.*

intossicazióne [dal fr. *intoxication*; 1877] ***sf.*** stato morboso causato nell'organismo dall'azione di sostanze tossiche o di composti chimici introdotti a dosi elevate: *intossicazione cronica da alcol, da stupefacenti* ‖ **N.** *Sin.* avvelenamento | *Contr.* disintossicazione.

intozzàre (pres. *-òzzo*) [comp. parasint. di *tozzo*; a. 1400] ***intr.*** (aus. *essere*) e ***intr. pron.*** *non com.* diventare tozzo: *quel ragazzo non cresce e intozza.*

intozzìre (pres. *-ìsco, -ìsci*) [comp. parasint. di *tozzo*; a. 1908] ***intr.*** (aus. *essere*) *non com.* intozzare.

ìntra [dal lat. *intra*; sec. XIII] ***prep.*** *arc. lett.* in mezzo a, tra: *intra l'ombrose piante d'antica selva* (Tasso).

ìntra- [dal lat. *intra*, dentro] ***pref.*** in parole della terminologia tecnica o scientifica, significa "dentro, all'interno" (*intramuscolare, intradosso*) e si oppone pertanto a *inter-* ‖ in qualche verbo ha lo stesso valore "tra, in mezzo" di *inter* (*intramezzare*).

intracellulàre [comp. di *intra-* e *cellulare*; 1952] ***agg.*** *T.biol.* posto all'interno di una cellula; che si verifica all'interno di una cellula.

intracerebràle [comp. di *intra-* e *cerebrale*; 1970] ***agg.*** *T.anat.* situato all'interno del cervello.

intracrànico (pl. *-ci*) [comp. di *intra-* e *cranico*; 1970] ***agg.*** *T.anat.* posto all'interno del cranio.

intradèrmico (pl. *-ci*) [comp. di *intra-* e *dermico*; 1952] ***agg.*** *T.anat.* situato nel derma.

intradermoreazióne [comp. di *intra-*, *derma* e *reazione*; 1957] ***sf.*** *T.med.* prova di reazione allergica, ottenuta introducendo nel derma una piccola quantità della sostanza di cui si vuole verificare l'effetto sui pazienti.

intradòsso [comp. di *intra-* e *dosso*, sul modello del fr. *intrados*; 1785] ***sm.*** **1.** *T.arch.* superficie interna concava d'una volta o di un arco ‖ la superficie interna del vano di una porta o di una finestra corrispondente allo spessore del muro **2.** *T.aer.* la superficie ventrale dell'ala di un velivolo ‖ **N. 1.** *Sin.* imbotte | *Contr.* estradosso. **TAV. *architettura* p. 646 6.1g, 7.1c.**

intraducìbile [da *traducibile*; 1869] ***agg.*** che non si può tradurre: *poesia, stile intraducibile* ‖ *fig.* che non si può esprimere a parole: *sensazioni intraducibili* ‖ **N.** *Sin.* ineffabile, inesprimibile.

intraducibilità [da *intraducibile*; 1957] ***sf.*** l'essere intraducibile.

intrafèrro [comp. di *intra-* e *ferro*; 1957] ***sm.*** *T.elettr.* traferro.

intralasciàre ***tr.*** *ant.* V. TRALASCIARE.

intralciaménto [da *intralciare*; a. 1547] ***sm.*** *non com.* l'intralciare; intralcio.

intralciàre (pres. *-àlcio*) [comp. parasint. di *tralcio*; 1640] ***tr.*** **1.** ostacolare il libero movimento, creare impedimento e confusione: *intralciare il passaggio, il traffico* ‖ *fig.* essere d'ostacolo, rallentare: *intralciare un progetto, intralciare il corso della giustizia* **2.** *non com.* avviluppare, imbrogliare ‖ ***rec.*** ostacolarsi a vicenda: *magistrati e polizia si intralciavano nel condurre le indagini* ‖ ***intr. pron.*** *non com.* complicarsi, diventare intricato ‖ **N.** ***tr.*** **1.** *Sin.* bloccare, imbrogliare, impacciare, impedire, ingombrare.

intràlcio (pl. *-ci*) [da *intralciare*; 1779] ***sm.*** l'intralciare e l'intralciarsi ‖ *concr.* *più com.* ostacolo, difficoltà: *porre, creare intralci; essere d'intralcio al passaggio, al traffico* ‖ **N.** *Sin.* impaccio, impedimento, ingombro, intoppo.

intralicciatùra [comp. parasint. di *traliccio*; 1965] ***sf.*** struttura a traliccio, impiegata spec. nella costruzione dei pali di sostegno di linee elettriche.

intrallazzàre [da *intrallazzo*; 1946] ***intr.*** (aus. *avere*) fare intrallazzi.

intrallazzatóre [da *intrallazzare*; 1950] ***sm.*** (f. *-trìce*) chi intrallazza ‖ **N.** *Sin.* faccendiere, imbroglione, maneggione, trafficone.

intrallàzzo [dal sic. *'ntrallazzu*, letter. viluppo; 1947] ***sm.*** affare disonesto combinato illegalmente attraverso imbrogli e sotterfugi ‖ *per estens.* intrigo, attività politica illegale, scambio di favori e protezioni, rapporto equivoco: *avere intrallazzi con qualcuno, gli intrallazzi della vita politica* ‖ **N.** *Sin.* imbroglio, intrigo.

intraméttere [comp. di *intra-* e *mettere*; a. 1444] ***tr.*** *non com.* mettere in mezzo, frammettere ‖ ***rifl.*** e ***intr. pron.*** *non com.* occuparsi di qualcosa.

intramezzàre (pres. *-èzzo*) [comp. parasint. di *mezzo*; a. 1617] ***tr.*** mettere in mezzo, alternare, frapporre: *intramezzare un discorso con lunghe pause.*

intramolecolàre [comp. di *intra-* e *molecolare*; 1929] ***agg.*** *T.chim.* e *T.fis.* che è posto o che avviene fra due o più molecole, o all'interno di una molecola.

intramontàbile [da *tramontare*; 1962] ***agg.*** che non può tramontare, solo *fig.*: *fama intramontabile* ‖ rif. a persona, che mantiene nel tempo le sue qualità e capacità, che non declina: *campione, attrice intramontabile.*

intramuràle [comp. di *intra-* e *murale*; 1957] ***agg.*** *T.anat.* posto nella parete di un organo.

intramuscolàre [comp. di *intra-* e *muscolare*; 1952] ***agg.*** che è localizzato all'interno di un muscolo: *cisti intramuscolare* ‖ che viene praticato dentro un muscolo: *iniezione intramuscolare*; anche *sf.*: *un'intramuscolare.*

intransigènte [da *transigente*, ppr. di *transigere*; 1887] **I** ***agg.*** che non transige, non tollera mancanze, trasgressioni o compromessi: *un'insegnante intransigente, una linea politica intransigente* ‖ **intransigenteménte** ***avv.*** **II** ***s.*** persona intransigente: *in fatto di religione è un intransigente* ‖ **N. I** *Sin.* inflessibile, irremovibile, rigoroso, severo.

intransigènza [da *intransigente*; 1892] ***sf.*** l'essere intransigente ‖ **N.** *Sin.* inflessibilità, irremovibilità, rigidità, severità.

intransitàbile [da *transitabile*; 1949] ***agg.*** su cui non è possibile transitare: *strada intransitabile.*

intransitabilità [da *intransitabile*; 1957] ***sf.*** l'essere intransitabile ‖ **N.** *Sin.* impraticabilità, inaccessibilità.

intransitivo [dal lat. *intransitīvus*, letter. che non è trasportabile; 1531] ***agg.*** e ***sm.*** *T.gram.* detto di verbo che (in generale o in una determinata costruzione) non può avere un complemento oggetto, sia perché esprime un'azione (o una condizione) con un solo protagonista (*volare, esistere*), sia perché la persona o cosa su cui ricade l'azione è espressa da un compl. indiretto (*godere* di, *telefonare* a) ‖ *intransitivo pronominale*, verbo che ha valore intransitivo e presenta la particella pronominale *si* (per es. *vergognarsi, dispiacersi, imbattersi*) ‖ **intransitivaménte** ***avv.*** con valore intransitivo.

intraoculàre [comp. di *intra-* e *oculare*; 1957] ***agg.*** *T.anat.* posto all'interno dell'occhio.

intrapersonàle [comp. di *intra-* e *personale*; 1983] ***agg.*** che avviene nell'ambito della personalità di un individuo: *turbamenti intrapersonali.*

intrapolmonàre [comp. di *intra-* e *polmonare*; 1957] ***agg.*** *T.anat.* posto all'interno dei polmoni; che avviene all'interno dei polmoni.

intrappolàre (pres. *-àppolo*) [comp. parasint. di *trappola*; 1515 *intrapolar*] ***tr.*** prendere in trappola, spec. *fig.*: *farsi, lasciarsi intrappolare* ‖ **N.** *Sin.* imbrogliare, raggirare.

intraprendènte (*ppr.* di *intraprendere*) [1723] ***agg.*** pieno di spirito d'iniziativa: *un giovane intraprendente; essere troppo intraprendente*, voler strafare; *intraprendente con le donne*, audace e spigliato ‖ **N.** *Sin.* ardito, attivo, industrioso, ingegnoso, risoluto, solerte, sveglio, volenteroso; arrivista, impiccione, sfacciato.

intraprendènza [da *intraprendente*; 1774] ***sf.*** l'essere intraprendente, spirito d'iniziativa ‖ **N.** attività, audacia, industria, iniziativa, operosità, risolutezza, solerzia.

intraprèndere (pres. *-èndo* ecc., come PRENDERE) [dal lat. mediev. *intraprehendere*, letter. prendere in mezzo; sec. XIV *intraprendare*] ***tr.*** iniziare un'attività; accingersi a un'impresa, spec. di un certo impegno, importante e duratura: *intraprendere una spedizione al polo, la riforma delle istituzioni; intraprendere gli studi* ‖ rif. a carriera e sim., abbracciare: *intraprendere la carriera delle armi* ‖ **N.** *Sin.* cominciare, iniziare | *Contr.* concludere, terminare; abbandonare, desistere.

intraprendiménto [da *intraprendere*; a. 1547] ***sm.*** *raro* l'intraprendere.

intraprésa [da *intraprendere*, sul modello del fr. *entreprise*; prima metà sec. XIV] ***sf.*** *non com.* l'intraprendere ‖ *concr.* il lavoro intrapreso; impresa.

intrasferìbile [da *trasferibile*; 1957] ***agg.*** **1.** che non si può trasferire: *bene intrasferibile* **2.** inamovibile: *funzionario intrasferibile.*

intrasferibilità [da *intrasferibile*; 1957] ***sf.*** l'essere intrasferibile.

intrasgredìbile [da *trasgredibile*; 1695] ***agg.*** *non com.* che non si può trasgredire: *ordine intrasgredibile* ‖ **N.** *Sin.* inviolabile.

intrasportàbile [da *trasportabile*; 1966] ***agg.*** che non può essere trasportato: *malato intrasportabile.*

intratellùrico (pl. *-ci*) [comp. di *intra-* e *tellurico*; 1957] ***agg.*** *T.geol.* che si trova o si forma al di sotto della crosta terrestre o nelle regioni più profonde del globo terrestre.

intratoràcico (pl. *-ci*) [comp. di *intra-* e *toracico*; 1887] ***agg.*** *T.anat.* posto all'interno della cavità toracica.

intrattàbile [dal lat. *intractābilis*; sec. XIV] ***agg.*** non trattabile, detto spec. di persona irascibile o scontrosa con cui è difficile avere a che fare: *quando qualcosa gli va storto diventa intrattabile* ‖ *metallo intrattabile*, difficile da lavorare ‖ *prezzo intrattabile*, che non può essere ridotto ‖ *argomento intrattabile*, scabroso ‖ **N.** *Sin.* collerico, irascibile, lunatico, scorbutico, scontroso.

intrattabilità [da *intrattabile*; a. 1667] ***sf.***

l'essere intrattabile; la qualità di ciò che non si può trattare.

intrattenére (pres. *-èngo* ecc., come TENERE) [comp. di *intra-* e *tenere*; sec. XV] ***tr.*** **1.** far trascorrere il tempo, facendo o dicendo qualche cosa di piacevole: *intratteneva gli ospiti raccontando barzellette* || discorrere con qualcuno riguardo a un particolare argomento: *mi ha intrattenuto a lungo sui problemi degli emarginati* **2.** conservare, mantenere: *intrattenere rapporti con qualcuno* || ***intr. pron.*** **1.** trascorrere piacevolmente il tempo in compagnia di qualcuno: *intrattenersi a chiacchierare con gli amici* **2.** dilungarsi a parlare su un determinato argomento.

intrattenimento [da *intrattenere*; a. 1543] ***sm.*** l'intrattenere || *concr.* passatempo, svago, divertimento.

intrauterino [comp. di *intra-* e *uterino*; 1969] ***agg.*** *T.anat.* che è o avviene all'interno della cavità uterina || *vita intrauterina*, periodo di sviluppo del feto all'interno dell'utero.

intravedére (meno com. *intravvedére*) (pres. *-védo* ecc., come VEDERE) [comp. di *intra-* e *vedere*, sul modello del fr. *entrevoir*; a. 1869] ***tr.*** **1.** vedere indistintamente e di sfuggita: *l'ho intravisto con la coda dell'occhio, intravedere il cartello stradale nella nebbia* **2.** *fig.* intuire: *intravedere l'esito di un'impresa* || **N.** **1.** *Sin.* scorgere **2.** *Sin.* percepire, presagire, prevedere.

intravenire o **intravvenire** (pres. *-èngo* ecc., come VENIRE) [comp. di *intra-* e *venire*; a. 1306] ***intr.*** (aus. *essere*) *raro* succedere, capitare.

intravenóso [comp. di *intra-* e *venoso*; 1957] ***agg.*** *T.med.* che penetra all'interno della vena: *iniezione intravenosa*, iniezione con la quale si inietta il liquido direttamente in vena || **N.** *Sin.* endovenoso | intramuscolare.

intraversàre (pres. *-èrso*) [da *in traverso*; a. 1324] ***tr.*** *non com.* **1.** attraversare **2.** porre di traverso.

intravvedére V. INTRAVEDERE.

intravvenire V. INTRAVENIRE.

intrecciàbile [da *intrecciare*; 1728] ***agg.*** che si può intrecciare.

intrecciaménto [da *intrecciare*; a. 1574] ***sm.*** *non com.* l'intrecciare e l'intrecciarsi; intreccio.

intrecciàre (pres. *-éccio*) [comp. parasint. di *treccia*; a. 1342] ***tr.*** **1.** unire in treccia: *intrecciare i capelli* || rif. a ghirlanda e sim., formarla intessendo i fiori || *intrecciare le dita*, incrociarle || *fig. intrecciare le danze*, detto di più persone, ballare insieme formando come un intreccio di linee || *fig. intrecciare le fila di un racconto*, svolgerne la trama collegando fra loro i vari elementi **2.** *fig.* allacciare, stringere: *intrecciare rapporti di amicizia, intrecciare una relazione con una donna sposata* || ***rifl. rec.*** attorcigliarsi, ingarbugliarsi: *i fili del lavoro a maglia si sono intrecciati* || *per estens.* incrociarsi, intersecarsi: *conferme e smentite si intrecciavano* || **N.** ***tr.*** **1.** *Sin.* intersecare, intessere; collegare, coordinare, organizzare | ***rifl. rec.*** *Sin.* aggrovigliarsi, arruffarsi, avvilupparsi, intricarsi.

intrecciatùra [da *intrecciare*; a. 1342] ***sf.*** **1.** l'atto e il modo dell'intrecciare: *intrecciatura dei vimini, della rafia; intrecciatura a spirale, a stuoia* || *concr.* la cosa intrecciata **2.** *T.magl.* operazione che si fa per impedire alle maglie di un lavoro ai ferri o all'uncinetto di sciogliersi; si esegue accavallando ogni maglia sulla precedente **3.** *T.libr.* ornamento a forma di nastro intrecciato e svolazzante, entro i cui vuoti sono scritti un motto e il nome dell'autore o anche quello dell'editore.

intréccio (pl. *-ci*) [da *intrecciare*; 1681] ***sm.*** **1.** atto ed effetto dell'intrecciare: *un intreccio fitto, regolare* || *concr.* insieme di cose intrecciate: *un intreccio di funi* **2.** complesso dei fatti che costituiscono la trama di un romanzo, d'un dramma ecc. || *commedia d'intreccio*, quella in cui il maggior motivo d'interesse deriva dagli imprevedibili sviluppi della vicenda rappresentata || *per estens.* insieme di casi, vicende, fenomeni connessi gli uni agli altri: *un intreccio di avvenimenti* || **N.** **1.** *Sin.* intessitura, orditura, treccia **2.** *Sin.* argomento, canovaccio, soggetto, trama.

intrepidézza [da *intrepido*; 1598] ***sf.*** *non com.* l'essere intrepido; ardimento, audacia.

intrèpido [dal lat. *intrepidus*; a. 1374] ***agg.*** che è pieno di coraggio e di fermezza e affronta rischi e pericoli senza paura: *un soldato intrepido, affrontò intrepido la tempesta* || *iron.* o *spreg.* sfrontato, spavaldo: *intrepido nel mentire* || **intrepidaménte** ***avv.*** || **N.** *Sin.* ardito, audace, coraggioso, fermo, impavido, valoroso.

intricàre (pres. *-ìco, -ìchi*) [dal lat. *intricāre*; 1374] ***tr.*** **1.** avviluppare senza ordine: *intricare una matassa, un gomitolo* || *fig.* rendere confuso e complicato: *intricare una faccenda* **2.** *lett.* ostacolare, intralciare: *fortuna intrica il mio volere* (Petrarca) || ***intr. pron.*** aggrovigliarsi, ingarbugliarsi, anche *fig.*: *la questione si va sempre più intricando* || **N.** **1.** *Sin.* aggrovigliare, arruffare, complicare, confondere, disordinare, imbrogliare, ingarbugliare, intrigare.

intricàto (*pps.* di *intricare*) [a. 1375] ***agg.*** confuso, complicato: *rami intricati, discorso intricato.*

intrico (pl. *-chi*) [da *intricare*; a. 1566] ***sm.*** insieme confuso e disordinato, groviglio, anche *fig.*: *un intrico di rami, di strade, di sensazioni* || **N.** *Sin.* garbuglio, intreccio, viluppo.

intridere (pres. *-ido*; p.rem. *intrìṣi, intridésti*; pps. *intrìṣo*) [rifacimento dal lat. *interere*, tritare; a. 1320] ***tr.*** *lett.* bagnare in modo da imbevere completamente: *intridere l'argilla, la farina* || *lett.* bagnare, inzuppare || **N.** *Sin.* disciogliere, stemperare.

intrigànte (*ppr.* di *intrigāre*) [1797] **I** ***agg.*** **1.** che usa raggiri, fa intrighi, si intromette negli affari altrui **2.** (per calco dell'ingl. *intriguing*) interessante, coinvolgente: *un argomento intrigante* **II** anche ***s.*** (nel senso 1): *è un intrigante* || **N.** **II** *Sin.* faccendiere, ficcanaso, imbroglione, impiccione, intrallazzatore, maneggione.

intrigàre (pres. *-ìgo, -ìghi*) [dal lat. *intricāre*; 1806] ***intr.*** (aus. *avere*) fare intrighi, imbrogli, per ottenere vantaggi personali o illeciti: *intrigare per ottenere appalti, cariche* || ***intr. pron.*** impelagarsi, cacciarsi in situazioni difficili o poco chiare: *si è intrigato in speculazioni sospette* || *fam.* impicciarsi, intromettersi: *non intrigarti dei fatti miei* || ***tr.*** **1.** (per calco dell'ingl. *to intrigue*) avvincere, incuriosire: *uno spettacolo che intriga il pubblico* **2.** *non com.* intricare || ostacolare, dare impiccio || **N.** ***intr.*** *Sin.* brigare, macchinare | ***intr. pron.*** *Sin.* invischiarsi; ingerirsi.

intrigo (pl. *-ghi*) [da *intrigare*; a. 1420 nel senso 2; 1537 nel senso 1] ***sm.*** **1.** macchinazione segreta e scorretta per ottenere scopi perlopiù illeciti: *intrighi di corte* || *intrighi amorosi*, relazioni d'amore spec. nascoste e non del tutto lecite **2.** situazione intricata e confusa: *trovarsi in un bell'intrigo* || **N.** **1.** *Sin.* briga, complotto, macchinazione, maneggio, trama **2.** *Sin.* impiccio, pasticcio.

intrigóne [da *intrigare*; a. 1686] ***sm.*** (f. *-a*) *fam.* chi intriga per abitudine; maneggione.

intrinsecàre (pres. *-ìnseco, -ìnsechi*) [dal lat. *intrinsecāri*; a. 1543] ***tr.*** *non com.* rendere intrinseco || ***intr. pron.*** *non com.* acquisire familiarità con qualcuno.

intrinsechézza ***sf.*** *raro* V. INTRINSICHEZZA.

intrinsecità [da *intrinseco*; 1673] ***sf.*** *non com.* l'essere intrinseco.

intrìnseco (pl. *-ci*, ant. *-chi*) [dal lat. tardo *intrinsecus*; a. 1342] **I** ***agg.*** **1.** che è nella cosa in sé, che fa parte della natura o dell'essenza di una cosa o di una persona: *valore, qualità, merito intrinseco* **2.** *non com.* che ha intima dimestichezza con qualcuno: *amico intrinseco* || *ant. essere intrinseco di* (*con*) *qualcuno*, conoscerlo, avere familiarità con lui || **intrinsecaménte** ***avv.*** nella sostanza, nell'essenza **II** ***sm.*** *non com.* l'essenziale, l'intima natura di qualcosa: *l'intrinseco delle cose*; *fig. nel proprio intrinseco*, nell'intimo dell'animo || **N.** **1.** *Sin.* connaturato, connesso, inerente | *Contr.* estrinseco **2.** *Sin.* intimo.

intrinsichézza [da *intrinseco*; a. 1806] ***sf.*** *non com.* familiarità, amicizia intima, dimestichezza.

intrìnsico ***agg.*** *ant.* V. INTRINSECO.

intrippàre [comp. parasint. di *trippa*; 1869] ***tr.*** *pop.* rimpinzare di cibo || ***rifl.*** *pop.* rimpinzarsi, abbuffarsi.

intrippàto [comp. parasint. di *trip*; 1980] ***agg.*** *gerg.* dedito all'LSD || *per estens.* di persona che si droga con qualsiasi sostanza stupefacente; sotto l'effetto di una droga || *per estens.* fanaticamente appassionato: *essere intrippato per la montagna.*

intrìṣo (*pps.* di *intridere*) [a. 1320] **I** ***agg.*** imbevuto, bagnato: *un fazzoletto intriso di sangue* || *fig.* permeato, pieno: *romanzo intriso di lirismo, animo intriso di malizia* **II** ***sm.*** miscuglio di farina, crusca e sim. con acqua || **N.** **I** *Sin.* intinto, inzuppato; impregnato, pervaso.

intristiménto [da *intristire*; 1869] ***sm.*** *raro* atto o effetto dell'intristire o dell'intristirsi.

intristire (pres. *-ìsco, -ìsci*) [comp. parasint. di *triste*; a. 1320 nel senso 2] ***intr.*** (aus. *essere*) **1.** diventare triste **2.** detto spec. di pianta, perdere vigore e freschezza || *per estens.* rif. a persona, deperire **3.** *ant.* diventare tristo, incattivire || **N.** **1.** *Sin.* immalinconirsi, rattristarsi **2.** *Sin.* avvizzire, imbozzacchire, seccarsi; illanguidire.

ìntro- [dal lat. **interus*, che sta dentro, nell'interno] ***pref.*** forma parole (spec. verbi e loro derivati) in cui ha il valore di "dentro" ed esprime movimento verso l'interno (*introflesso*) o l'interiorità (*introversione, introspezione*).

intròcque [lat. *inter hoc*, fra questo; 1306] ***avv.*** *arc.* intanto.

introdótto (*pps.* di *introdurre*) [sec. XIV] **I** ***agg.*** **1.** inserito in un ambiente, che ha molte conoscenze e relazioni: *è uno bene introdotto nel mondo della finanza, un rappresentante ben introdotto* **2.** esperto in una disciplina o in un'attività: *essere introdotto in una materia* **3.** di prodotto commerciale, che gode di una certa diffusione e del favore del pubblico **II** ***sm.*** *ant.* l'introdurre, spec. nell'espr. *per introdotto di*, per intervento di || **N.** **I** **1.** *Sin.* appoggiato, inserito, raccomandato **2.** *Sin.* avviato, competente, istruito, pratico **3.** *Sin.* addentro, diffuso, lanciato, propagandato.

introducìbile [da *introdurre*; a. 1704] ***agg.*** che si può introdurre.

introduciménto [da *introdurre*; 1570] ***sm.*** *non com.* l'introdurre.

introdùrre (pres. *-ùco* ecc., come ADDURRE) [dal lat. *introdūcere*, condurre dentro; sec. XIV] ***tr.*** **1.** far penetrare dentro, inserire: *introdurre la chiave nella toppa* || *per estens.* importare: *introdurre sostanze stupefacenti dai paesi dell'America latina* || *fig.* diffondere, fare entrare nell'uso: *introdurre nuove tecnologie, introdurre le lingue straniere nella scuola elementare* **2.** avviare, dare inizio, cominciare a sviluppare: *introdurre un nuovo argomento nel discorso, un campo lungo introduce la scena chiave del film* || *T.gram.* rif. a preposizioni e congiunzioni, costituire l'elemento iniziale di un determinato costrutto sintattico: *la congiunzione "se" introduce la protasi del periodo ipotetico e l'interrogativa indiretta* || *fig.* avviare qualcuno all'apprendimento di una scienza: *introdurre* *allo studio dell'astronomia* **3.** rif. a persona, far entrare in un luogo o in un ambiente: *introdurre i pazienti nell'ambulatorio*; anche *fig.*: *introdurre in società* || condurre ufficialmente alla presenza di qualcuno: *l'ambasciatore fu introdotto dal capo dello Stato* **4.** in un'opera narrativa o teatrale, far parlare o agire un personaggio: *Cicerone introduce Catone a parlare della vecchiaia* || ***rifl.*** e ***intr. pron.*** **1.** entrare, penetrare: *introdursi furtivamente in casa di qualcuno, nuovi costumi si sono introdotti in Italia* **2.** inserirsi in un ambiente: *introdursi in una élite* || **N.** ***tr.*** **1.** *Sin.* incastrare, infilare, inserire; diffondere, instaurare, istituire, lanciare **2.** *Sin.* avviare, incominciare, iniziare; incamminare, istradare **3.** *Sin.* presentare.

introduttivo [da *introdurre*; a. 1342] ***agg.*** che ha la funzione di introdurre: *capitolo introduttivo* || **introduttivaménte** ***avv.*** in qualità di introduzione; anche nella *loc. prep.* *introduttivamente a*.

introduttóre [dal lat. tardo *introductor, -ōris*; sec. XIV] ***sm.*** (f. *-trìce*) **1.** chi introduce e instaura novità **2.** chi introduce qualcuno alla presenza di un'autorità, o in un ambiente.

introduttòrio (pl. *-ri*) [dal lat. tardo *introductōrius*; 1673] ***agg.*** *non com.* introduttivo.

introduzióne [da *introdurre*; a. 1498 nel senso 3; 1668 nel senso 1] ***sf.*** **1.** l'atto e l'effetto dell'introdurre: *l'introduzione dell'ago nella vena*; *l'introduzione di materie prime dall'estero* || diffusione di abitudini, idee, tecniche: *l'introduzione dell'informatica negli uffici* **2.** il condurre ufficialmente una persona alla presenza di un'autorità: *l'introduzione dei vescovi alla presenza del pontefice* **3.** *concr.* ciò che si dice o si scrive in principio di un discorso o di un'opera per poter poi entrare in argomento: *leggere un romanzo saltando l'introduzione* **4.** guida all'apprendimento di una disciplina; anche il testo che ne contiene gli elementi essenziali e preparatori: *introduzione alla storia della filosofia* **5.** *T.mus.* brano strumentale che fa da preludio a un'opera musicale, senza essere autonomo dalla prima scena; nella forma sonata, breve motto che può precedere l'esposizione dei temi || *dim.* introduzioncìna, introduzioncèlla || **N.** **1.** *Sin.* immissione, inserimento; importazione **3.** prefazione, proemio, prologo, premessa **4.** *Sin.* avviamento.

introflessióne [comp. di *intro-* e *flessione*; 1940] ***sf.*** *T.biol.* l'atto e l'effetto del ripiegarsi in dentro di un organo o di un tessuto || **N.** *Sin.* invaginazione.

introflèttersi (pres. *-ètto* ecc., come FLETTERE) [comp. di *intro-* e *flettersi*; 1957] ***intr. pron.*** *T.biol.* ripiegarsi in dentro, detto di organo o tessuto.

introiettàre (pres. *-ètto*) [da *introiezione*; 1973] ***tr.*** *T.psic.* assimilare per introiezione.

introiezióne [dal ted. *Introjektion*; 1957] ***sf.*** *T.psic.* processo di assimilazione da parte del soggetto di aspetti e qualità del mondo esterno || **N.** *Contr.* proiezione.

introitàre (pres. *-òito*) [da *introito*; a. 1686] ***tr.*** *T.bur.* percepire come introito, incassare || **N.** *Sin.* riscuotere.

intròito [dal lat. *introitus*, ingresso; sec. XIV nel senso 2; 1563 nel senso 1] ***sm.*** **1.** incasso: *gli introiti di un'impresa, di uno spettacolo* **2.** *T.eccl.* nelle cerimonie di rito romano, il canto eseguito prima dell'inizio della messa, che accompagna i sacerdoti all'altare || *per estens.* l'ingresso del celebrante all'altare **3.** *ant.* entrata, ingresso.

introméttere (pres. *-étto*, come METTERE) [dal lat. *intromittere*; 1284 ca.] ***rifl.*** mettersi in mezzo fra due persone: *intromettersi fra due litiganti* || ingerirsi: *intromettersi nei fatti altrui* || ***intr. pron.*** *raro* intervenire, verificarsi || ***tr.*** *raro* mettere dentro, inserire, inrodurre || **N.** ***rifl.*** *Sin.* immischiarsi, impicciarsi, intervenire.

intromissióne [dal lat. *intromissio, -ōnis*; 1564] ***sf.*** l'intromettersi: *intromissione di estranei nelle faccende private* || **N.** *Sin.* ingerenza, intervento.

intronaménto [da *intronare*; sec. XIV] ***sm.*** *non com.* l'intronare e l'essere intronato.

intronàre (pres. *-òno*) [comp. parasint. di *tr(u)ono*, tono; 1313] ***tr.*** **1.** stordire con soverchio rumore come fa il tuono: *un baccano che introna* **2.** *per estens.* colpire, scuotere con forza: *uno scoppio che intronò l'aria* **3.** *lett.* tramortire con percosse || **N.** **1.** *Sin.* assordare, frastornare, rintronare, stordire.

intronàto (*pps.* di *intronare*) [a. 1400] ***agg.*** assordato, stordito, intontito.

intronfiàre (pres. *-ónfio*) [comp. parasint. di *tronfio*; a. 1686] ***intr.*** (aus. *essere*) *non com.* diventare tronfio, spec. per boria: *se vedeste come intronfia!*

intronizzàre [comp. parasint. di *trono*; 1363] ***tr.*** *non com.* mettere sul trono durante la cerimonia dell'incoronazione: *intronizzare un re* || *per estens.* investire di dignità ecclesiastica: *intronizzare un vescovo* || **N.** *Contr.* detronizzare.

intronizzazióne [da *intronizzare*; 1683] ***sf.*** la cerimonia dell'intronizzare.

intròrso [dal lat. *introrsum*, (volto) all'interno; 1869] ***agg.*** **1.** volto verso l'interno **2.** *T.bot.* *antera introrsa*, antera che presenta le incisioni dei sacchi pollinici rivolte verso il centro del fiore.

introspettìvo [dal fr. *introspectif*; 1931] ***agg.*** d'introspezione, basato sull'introspezione: *romanzo introspettivo* || *T.psic.* *metodo introspettivo*, che si vale dell'analisi dei contenuti mentali per lo studio dei fenomeni psichici || **introspettivaménte** ***avv.***

introspezióne [dal fr. *introspection*; 1892] ***sf.*** *T.psic.* processo di osservazione e analisi dei propri contenuti mentali, compiuto dall'individuo a scopo di indagine psicologica || in letteratura, tecnica narrativa volta ad approfondire l'analisi psicologica: *racconti, romanzo, narrativa d'introspezione.*

introvàbile [da *trovabile*; a. 1827] ***agg.*** che non si riesce a trovare: *un articolo, un francobollo introvabile*; *il preside oggi è introvabile* || **N.** *Sin.* irreperibile.

introversióne [dal ted. *Introversion*; 1806] ***sf.*** *T.psic.* atteggiamento di chi accentra i propri interessi su se stesso e sul proprio mondo interiore, rifiutando il contatto e le relazioni con il mondo esterno || **N.** *Contr.* estroversione. **Q.T.** *psicologia.*

introvèrso [pps. di *introvertere*; 1745] ***agg.*** e ***sm.*** (f. *-a*) chi, che ha tendenza all'introversione: *carattere introverso*; *quel ragazzo è un introverso* || **N.** *Sin.* chiuso, taciturno | *Contr.* espansivo, estroverso.

introvèrtere (pres. *introvèrto*; pps. *introvèrso*; manca il p.rem.) [dal lat. mediev. *introvertere*; a. 1800] ***tr.*** *non com.* volgere in dentro, verso l'interno.

introvertìre (pres. *-ìsco, -ìsci*) [dal lat. mediev. *introvertere*; 1957] ***tr.*** *non com.* introvertere || *più com.* ***rifl.*** *T.psic.* concentrarsi sulla propria realtà interiore trascurando i contatti con la realtà.

introvertito (*pps.* di *introvertire*) [1942] ***agg.*** e ***sm.*** (f. *-a*) introverso.

intrùdere (pres. *-ùdo*; p.rem. *-ùsi, -udésti*; pps. *intrùso*) [dal lat. mediev. *intrudere*; 1598] ***rifl.*** e ***intr. pron.*** intrufolarsi, introdursi || ***tr.*** *non com. lett.* introdurre indebitamente o di soppiatto || **N.** ***rifl.*** *Sin.* insinuarsi | ***tr.*** *Sin.* inserire, introdurre, intromettere.

intrufolàre (pres. *-ùfolo*) [da *trufolare*; 1897] ***tr.*** *fam.* introdurre di nascosto e di soppiatto: *intrufolare la mano nella tasca di qualcuno* || *più com.* ***rifl.*** introdursi furtivamente e indebitamente in un luogo, un ambiente, un gruppo: *intrufolandosi fra gli invitati è riuscito a entrare senza invito* || **N.** ***rifl.*** *Sin.* confondersi, infilarsi.

intrugliàre (pres. *-ùglio*) [forse da *introiare*, insudiciare; 1869] ***tr.*** **1.** mescolare insieme più cose, più o meno liquide, e farne un insieme disgustoso: *intrugliare il vino*, tagliarlo con vini scadenti o sostanze chimiche **2.** *fig.* confondere cose non chiare, imbrogliare: *intrugliare la faccenda* || ***rifl.*** e ***rifl. indir.*** **1.** insudiciarsi con roba liquida: *intrugliarsi lo stomaco con medicinali*, guastarselo **2.** (solo *rifl.*) *fig.* impicciarsi in faccende non limpide, sgradevoli e sim.: *in questi impicci non m'intruglio.*

intrùglio (pl. *-gli*) [da *intrugliare*; a. 1775] ***sm.*** **1.** mescolanza disgustosa di liquidi o cibi: *gli aveva preparato un intruglio schifoso* || *spreg.* rif. a medicina: *con questi intrugli ti rovini il fegato* **2.** *per estens.* libro, discorso o scritto mal riuscito, raffazzonato **3.** *fig.* faccenda losca e poco chiara, imbroglio. **Q.T.** *alimentazione.*

intruglióne [da *intrugliare*; 1869] ***sm.*** (f. *-a*) pasticcione, intrigante.

intruppaménto [da *intruppare*; 1869] ***sm.*** l'intruppare e l'intrupparsi || *concr.* gruppo di persone intruppate.

intruppàre [comp. parasint. di *truppa*; 1806 come rifl.] ***tr.*** mettere in compagnia o in gruppo con altre persone (spesso *spreg.*): *ci hanno intruppato in una comitiva di turisti* || ***rifl.*** aggregarsi a un gruppo (spesso *spreg.*): *intrupparsi con la maggioranza* || *propr. meno com.* unirsi alla truppa || **N.** ***rifl.*** *Sin.* accodarsi, imbrancarsi.

intrusióne [da *intrudere*; 1598] ***sf.*** **1.** intromissione di persone estranee in un gruppo o in un ambiente: *l'intrusione di teppisti nei club sportivi* **2.** *T.geol.* penetrazione di una massa magmatica entro la crosta terrestre.

intrusìvo [da *intrudere*; 1940] ***agg.*** **1.** relativo a intrusione || *in part.* *T.geol.* di roccia vulcanica, che si è formata per lento consolidamento del magma in una zona più o meno profonda della litosfera **2.** rif. a persona, che si intromette troppo, invadente || **N.** **1.** *Sin.* plutonico | *Contr.* effusivo.

intrùso (*pps.* di *intrudere*) [a. 1686] ***sm.*** (f. *-a*) chi s'è introdotto a forza o di soppiatto in un luogo, o è comunque considerato un estraneo in un dato ambiente: *c'è un intruso qui dentro*; *fra di noi si sentiva un intruso.*

intubàre (pres. *-ùbo*) [comp. parasint. di *tubo*; 1957] ***tr.*** **1.** *T.med.* sottoporre a intubazione **2.** *T.tecn.* chiudere in una tubazione: *intubare un'elica.*

intubazióne [da *intubare*; 1952] ***sf.*** *T.med.* introduzione temporanea di un tubo in una cavità o un condotto dell'organismo a scopi diversi: *intubazione endotracheale, intestinale.*

intubettàre (pres. *-étto*) [comp. parasint. di *tubetto*; 1965] ***tr.*** mettere in tubetti.

intubettatrìce [da *intubettare*; 1965] ***sf.*** macchina che intubetta.

intugliàre (pres. *-ùglio*) [etim. inc.; 1889] ***tr.*** *T.mar.* allacciare con nodi o con un'impiombatura le estremità di due cavi, per ottenerne uno di lunghezza maggiore.

intuìbile [da *intuire*; a. 1855] ***agg.*** che può essere intuito: *un finale facilmente intuibile* || **intuibilménte** ***avv.*** || **N.** *Sin.* prevedibile, scontato.

intuibilità [da *intuibile*; a. 1904] ***sf.*** l'essere intuibile.

intuìre (pres. *-ìsco, -ìsci*) [dal lat. *intuēri*, guardare dentro; a. 1855] ***tr.*** capire prontamente e acutamente con la mente, per via d'indizi e non di ragionamento, ciò che di per sé non è manifesto: *intuisco le ragioni del tuo rifiuto* || afferrare con la mente una realtà intellettuale, pur senza essere in grado di esprimerla in modo compiuto e razionale: *ha intuito la soluzione del problema ben prima di riuscire a dimostrarla*

|| **N.** *Sin.* afferrare, comprendere, immaginare, indovinare, percepire.
intuitivismo [da *intuitivo*; 1952] **sm.** *T.fil.* intuizionismo (nel senso 1).
intuitività [da *intuitivo*; 1919] **sf.** l'essere intuitivo: *l'intuitività di un concetto.*
intuitivo [da *intuito*; a. 1565] **agg.** **1.** relativo all'intuizione: *operazione intuitiva*; *metodo intuitivo*, metodo d'insegnamento per via diretta, attraverso l'immediata esperienza **2.** che si conosce facilmente per intuizione: *verità intuitive* **3.** rif. a persona, dotato di intuito: *è un tipo intuitivo* (anche *sm. un intuitivo*) || **intuitivamente** **avv.** || **N.** **2.** *Sin.* evidente, facile, naturale **3.** *Sin.* perspicace, sensibile; istintivo, sensitivo.
intuito [dal lat. *intuitus*, sguardo; 1481] **sm.** la facoltà e l'atto d'intuire, acutezza, perspicacia: *avere un intuito infallibile* || *per intuito*, intuitivamente, con grande prontezza, senza troppo ragionare || **N.** *Sin.* acume, fiuto, intuizione, percezione.
intuizione [dal lat. tardo *intuitio, -ōnis*; a. 1806] **sf.** **1.** *T.fil.* forma di conoscenza diretta e immediata, che non ricorre alla riflessione o al ragionamento: *intuizione del bene* || *in part. T.teol.* conoscenza immediata di Dio, ottenuta non mediante l'intelligenza, ma per virtù della grazia divina || con valore riduttivo, concezione incompleta, non pienamente svolta: *è solo un'intuizione che va ancora sviluppata* **2.** percezione pronta e acuta di una realtà, capacità di presentire fatti imminenti: *la sua intuizione del pericolo ci salvò la vita* || intuito: *essere dotato di intuizione.*
intuizionismo [da *intuizione*, sul modello dell'ingl. *intuitionisme*; 1902] **sm.** **1.** *T.fil.* ogni dottrina fondata sull'intuizione (si oppone a *razionalismo* e *intellettualismo*): *l'intuizionismo di Bergson* **2.** *T.mat.* e *T.fil.* dottrina secondo cui la matematica si fonda sulla nostra intuizione della serie dei numeri naturali.
intuizionista [da *intuizionismo*; 1950] **s.** *T.fil.* chi segue o si ispira alla teoria dell'intuizionismo filosofico o matematico.
intuizionistico (pl. *-ci*) [da *intuizionista*; a. 1952] **agg.** relativo all'intuizionismo, proprio dell'intuizionismo.
intumescente [dal lat. *intumescens, -entis*, *ppr.* di *intumescere*, gonfiarsi; 1957] **agg.** *T.med.* che tende a gonfiarsi; gonfio, tumido.
intumescenza [dal lat. *intumescere*, gonfiare; a. 1698] **sf.** **1.** *non com.* gonfiore, tumefazione **2.** *T.bot.* escrescenza che si forma sulle foglie in conseguenza di eccessiva umidità.
intumidire (pres. *-isco, -isci*) [comp. parasint. di *tumido*; a. 1730] **intr.** (aus. *essere*) *lett.* diventare tumido o gonfio || **N.** *Sin.* tumefarsi, GONFIARE.
inturgidimento [da *inturgidire*; 1957] **sm.** atto o effetto dell'inturgidire o dell'inturgidirsi.
inturgidire (pres. *-isco, -isci*) [comp. parasint. di *turgido*; 1752] **intr.** (aus. *essere*) e **intr. pron.** diventare turgido, gonfiarsi: *con la gravidanza il seno le si era inturgidito* || *fig.* detto di stile, diventare pomposo, ridondante.
inudito **agg.** *raro* v. INAUDITO.
inuguale e der. v. INEGUALE e der.
inula [dal lat. *inula*, enula; a. 1498] **sf.** *T.bot.* genere di piante erbacee delle Composite, con capolini gialli, usate in liquoreria e farmacia.
inulasi [comp. di *inula* e *-asi*; 1932] **sf.** *T.chim.* enzima in grado di idrolizzare l'inulina.
inulina [da *inula*; 1834] **sf.** *T.chim.* polisaccaride simile all'amido, usato nella cura contro il diabete, presente nei tuberi e nelle radici di alcune piante.
inulto [dal lat. *inultus*; 1336 ca.] **agg.** *lett.* non vendicato; impunito.
inumanazione [dal lat. *inhumanātio, -ōnis*; 1957] **sf.** *T.rel.* nella religione cattolica, assunzione della natura umana da parte di Cristo.
inumanità [da *inumano*; sec. XIV] **sf.** l'essere inumano || *concr.* azione inumana || **N.** *Sin.* crudeltà, efferatezza, ferocia.
inumano [dal lat. *inhumānus*; 1308] **agg.** feroce, disumano: *trattamento inumano degli ostaggi* || *lett.* non umano || **inumanamente** **avv.** || **N.** *Sin.* efferato, malvagio, spietato, CRUDELE.
inumare (pres. *ùmo*) [dal lat. *inhumāre*; 1686] **tr.** seppellire un morto (è usato spec. in contesti formali) || **N.** *Contr.* esumare.
inumazione [da *inumare*; 1774] **sf.** l'inumare; sepoltura || **N.** *Contr.* esumazione.
inumidimento [da *inumidire*; 1957] **sm.** l'inumidire o l'inumidirsi.
inumidire (pres. *-isco, -isci*) [comp. parasint. di *umido*; sec. XIV] **tr.** rendere umido, bagnare leggermente: *inumidire il fazzoletto, lo straccio*; *inumidire la biancheria prima di stirarla* || anche **rifl. indir.**: *inumidirsi le labbra*, bagnarle con la saliva || **intr. pron.** diventare umido || **N.** **tr.** *Sin.* umettare.
inurbamento [da *inurbarsi*; 1932] **sm.** trasferimento di popolazione dalla campagna verso la città || **N.** urbanesimo.
inurbanità [da *inurbano*; 1568] **sf.** l'essere inurbano, mancanza di urbanità || *concr.* detto o atto inurbano || **N.** *Sin.* inciviltà, ineducazione, insolenza, scortesia, villania | *Contr.* urbanità.
inurbano [dal lat. *inurbānus*; 1560] **agg.** privo di educazione e cortesia; villano: *modi inurbani* || **inurbanamente** **avv.** || **N.** *Sin.* incivile, ineducato, insolente, maleducato, rozzo, scortese, scostumato, sgarbato, villano, zotico.
inurbarsi [comp. parasint. di *urbe*; 1319] **intr. pron.** **1.** entrare dentro la città provenendo dalla campagna; farsi cittadino **2.** *per estens. non com.* acquisire modi raffinati, incivilirsi.
inusato [da *usato*; sec. XIV] **agg.** *lett.* non usato; insolito || **N.** *Sin.* inusitato.
inusitato [dal lat. *inusitātus*; a. 1375] **agg.** che non è nell'uso; non comune, insolito: *espressioni inusitate*; *inusitata meraviglia* (Leopardi) || **inusitatamente** **avv.** *non com.*
inutile [dal lat. *inūtilis*; a. 1342] **agg.** che non serve a nulla: *un discorso, un provvedimento inutile*; che non serve a uno scopo determinato (spesso sottinteso): *col vento che c'è, questa giacchetta è inutile*; anche rif. a persone: *sentirsi inutile*; superfluo: *fare delle raccomandazioni inutili* || freq. come predicato nominale: *è inutile che ti lamenti*; *è inutile! non ce la faremo mai* || **inutilmente** **avv.** senza nessuna utilità || senza risultato, invano || **N.** *Sin.* inefficace, infruttuoso, sterile, superfluo, vano.
inutilità [dal lat. *inutilitas, -ātis*; a. 1527] **sf.** l'essere inutile: *l'inutilità di un tentativo, di un rimedio.*
inutilizzabile [da *utilizzabile*; 1955] **agg.** che non può essere utilizzato; inservibile: *uno strumento inutilizzabile* || **N.** inservibile.
inutilizzare [da *utilizzare*; sul modello del fr. *inutiliser*; 1853] **tr.** **1.** non utilizzare **2.** rendere inutile, inservibile.
inutilizzato (*pps.* di *inutilizzare*) [a. 1872] **agg.** non utilizzato: *scorte inutilizzate.*
inutilizzazione [da *inutilizzare*; a. 1937] **sf.** atto o effetto dell'inutilizzare.
inuzzolire (pres. *-isco, -isci*) [comp. parasint. di *uzzolo*; a. 1606] **tr.** *tosc.* destare intenso desiderio di qualcosa || **intr. pron.** incapricciarsi, invaghirsi di qualcosa.
invacchimento [da *invacchire*; 1881] **sm.** l'invacchire.
invacchire (pres. *-isco, -isci*) [comp. parasint. di *vacca*; a. 1767] **intr.** (aus. *essere*) **1.** *T.zoot.* nei bachi da seta, ammalarsi di giallume ed andare a male **2.** *per estens. pop.* ingrassare; diventare floscio || perdere lucidità mentale, avere uno scarso rendimento intellettuale.
invadente (*ppr.* di *invadere*) [1846] **agg.** e **s.** che o chi tende a esorbitare dai propri limiti e ad immischiarsi in ciò che compete ad altri: *avere una suocera invadente* || **N.** *Sin.* ficcanaso, indiscreto, intrigante.
invadenza [da *invadente*; 1846] **sf.** l'essere invadente.
invadere (pres. *-àdo* ecc., come EVADERE) [dal lat. *invadere*; 1340] **tr.** **1.** entrare con impeto o con violenza in un territorio per occuparlo, saccheggiarlo e sim.: *l'Italia fu invasa dai Longobardi* || *per estens.* occupare in massa un luogo o un edificio: *la folla di turisti invase la stazione*; anche *scherz.*: *gli amici mi hanno invaso la casa* **2.** *fig.* diffondersi, propagarsi in un luogo in modo violento e dannoso: *le acque invasero la pianura, il colera ha invaso la città* || di piante e animali: *le erbacce hanno invaso il giadino* || pervadere: *mi ha invaso un senso di terrore* **3.** *fig.* entrare nelle attribuzioni altrui; usurpare: *invadere la sfera d'azione di un altro*; *invadere i diritti di qualcuno* || **N.** **1.** *Sin.* conquistare, impadronirsi, occupare; affollare **2.** devastare.
invaghimento [da *invaghire*; a. 1694] **sm.** *non com.* innamoramento.
invaghire (pres. *-isco, -isci*) [comp. parasint. di *vago*; 1374] **tr.** *lett.* rendere vago, desideroso di una cosa o di una persona; suscitare amore || **intr. pron.** più com. accendersi di desiderio per qualcosa, innamorarsi: *invaghirsi di una fanciulla, di un'auto sportiva* || **N.** **tr.** *Sin.* INNAMORARE | **intr. pron.** *Sin.* incapricciarsi, infatuarsi.
invaginare (pres. *-ino*) [comp. parasint. di *vagina*; a. 1828] **tr.** *lett.* rimettere l'arma nella guaina o nel fodero; ringuainare, rinfoderare || **intr. pron.** *T.med.* di organo cavo o canale, ripiegarsi verso l'interno.
invaginazione [da *invaginare*; 1834] **sf.** *T.med.* atto o effetto dell'invaginarsi; introflessione.
invaiare (pres. *-àio, -ài*) [comp. parasint. di *vaio*; 1789] **intr.** (aus. *essere*) *non com.* divenire vaio, nereggiante, detto spec. delle olive, dell'uva e sim.: *grappolo verde e pendulo che invaia* (Pascoli) || *per estens.* rif. ad altri frutti, avviarsi a maturazione assumendo colore scuro.
invaiatura [da *invaiare*; 1937] **sf.** nell'uva, nelle olive ecc., perdita progressiva del colore verde che si verifica nel primo stadio di maturazione.
invaiolare (pres. *-òlo*) [da *invaiare*; 1625] **intr.** (aus. *essere*) *tosc.* invaiare.
invalere (coniugato come VALERE; usato quasi esclusivamente alla terza persona sing. e pl. e nel pps. *-àlso*) [dal lat. tardo *invalēre*, prevalere; 1887] **intr.** (aus. *essere*) prendere piede, affermarsi: *è invalsa questa usanza, questa opinione* || **N.** *Sin.* diffondersi, imporsi.
invalicabile [da *valicabile*; 1640] **agg.** che non si può valicare: *un colle invalicabile*; anche fig.: *difficoltà invalicabile* || *limite invalicabile*, indicazione che proibisce agli estranei l'accesso a zone d'interesse militare || **N.** *Sin.* insormontabile, insuperabile.
invalicabilità [da *invalicabile*; 1963] **sf.** *non com.* l'essere invalicabile.
invalidabile [da *invalidare*; 1869] **agg.** che si può invalidare, che si può rendere nullo: *contratto invalidabile.*
invalidabilità [da *invalidabile*; 1957] **sf.** *raro* l'essere invalidabile.
invalidamento [da *invalidare*; 1745] **sm.** annullamento || **N.** *Contr.* convalida, ratifica.
invalidante (*ppr.* di *invalidare*) [1942] **agg.** **1.** *T.giur.* che rende nullo: *clausola invalidan-*

te **2.** che rende invalido: *lesioni invalidanti.*
invalidàre (pres. *-àlido*) [da *invalido*; a. 1565] ***tr.*** **1.** rendere non valido, nullo: *invalidare un testamento* || *per estens.* dimostrare l'infondatezza e l'inefficacia di qualcosa: *invalidare una tesi, un'argomentazione* **2.** rendere invalido, inabile || **N.** **1.** *Sin.* annullare, infirmare; confutare.
invalidazióne [da *invalidare*; 1869] ***sf.*** invalidamento.
invalidità [da *invalido*; 1806] ***sf.*** **1.** l'essere invalido, condizione d'invalido: *invalidità temporanea, permanente*; inabilità: *invalidità al lavoro*; *pensione d'invalidità* **2.** mancanza di validità || *in part. T.giur.* non idoneità di un atto giuridico.
invàlido [dal lat. *invalidus*; 1806 nel senso 1] **I** ***agg.*** **1.** rif. a persona, che a causa dell'età, di malattia o menomazione non è in grado di svolgere un'attività lavorativa regolare: *in seguito all'infortunio è stato dichiarato invalido* **2.** *T.giur.* che non è valido, privo di efficacia giuridica: *testamento invalido* **II** ***sm.*** (f. *-a*) persona invalida: *invalido civile, di guerra* || **N.** **I** **1.** *Sin.* inabile **2.** *Sin.* nullo **II** handicappato, minorato, mutilato.
invaligiàre (pres. *-ìgio*) [comp. parasint. di *valigia*; 1780] ***tr.*** *non com.* chiudere dentro una o più valigie.
invallàrsi [comp. parasint. di *valle*; a. 1776] ***intr. pron.*** immettersi, scorrere in una valle.
invanire (pres. *-ìsco, -ìsci*) [comp. parasint. di *vano*; a. 1342] ***tr.*** *non com.* rendere vanitoso, borioso: *il trionfo l'ha invanito* || ***intr.*** (aus. *essere*) e ***intr. pron.*** diventare vanitoso, borioso || **N.** *Sin.* INSUPERBIRE.
invàno (non com. *in vàno*) [dal lat. *in vanum*; sec. XIII] **I** ***avv.*** senza effetto, inutilmente: *pregare invano, invano lo supplicò di tornare* **II** in funzione di ***agg.*** *inv. non com.* nella loc. *essere invano,* riuscire inutile.
invàr [abbr. del fr. *invariable*; 1942] ***sm.*** *inv.* lega metallica di ferro e nichel usata nella fabbricazione di strumenti di precisione, per la sua proprietà di non subire quasi dilatazioni a seguito di variazioni di temperatura.
invariàbile [da *variabile*; a. 1342] ***agg.*** **1.** che non è soggetto a variazioni: *temperatura, grandezza invariabile* **2.** *in part. T.gram.* detto di parte del discorso non soggetta a flessione (per es. avverbio, preposizione, congiunzione, interiezione): *aggettivi, sostantivi invariabili,* aggettivi e sostantivi la cui terminazione rimane immutata col variare del genere, del numero e, in varie lingue, del caso (per es. in italiano *pari, perbene, gorilla, brindisi*) || **invariabilménte** ***avv.*** senza variazione, costantemente: *a ogni nostra richiesta invariabilmente si opponeva* || **N.** **1.** *Sin.* costante, fisso, immutabile, stabile.
invariabilità [da *invariabile*; 1798] ***sf.*** l'essere invariabile.
invariànte [da *variante*; 1929] ***agg.*** e ***sm.*** o ***sf.*** *T.mat.* e *T.fis.* di ente che mantiene un valore costante.
invariantivo [da *invariante*; 1957] ***agg.*** *T.mat.* che non varia.
invariànza [da *invariato*; 1950] ***sf.*** la proprietà di ciò che è invariante || *in part. T.mat.* e *T.fis.* proprietà di una equazione o di una grandezza di rimanere invariata in presenza di particolari trasformazioni delle variabili, oppure al variare del tempo o di alcuni parametri del sistema ecc.
invariàto [da *variato*; 1570] ***agg.*** che non è variato: *condizioni invariate* || **N.** *Sin.* costante, fermo, immutato, uguale.
invaṣaménto [da *invasare*[1]; 1798] ***sm.*** l'essere invasato; esaltazione, eccitazione, ossessione.
invaṣàre[1] (pres. *-àṣo*) [da *invaso,* pps. di *invadere*; 1354] ***tr.*** rif. a sentimenti violenti, pervadere completamente l'animo e la mente di qualcuno, impossessarsene (usato spec. nella forma passiva): *essere invasato dalla gelosia, dall'odio* || *essere invasato dal demonio,* esserne posseduto || ***intr. pron.*** infatuarsi di qualcosa o qualcuno in modo ossessivo: *invasarsi di un cantante* || **N.** ***tr.*** *Sin.* ossessionare, turbare.
invaṣàre[2] (pres. *-àṣo*) [comp. parasint. di *vaso*; 1532] ***tr.*** **1.** mettere in vaso: *invasare una pianta* **2.** riempire un serbatoio, un bacino e sim. **3.** *T.mar. invasare una nave,* montarvi al di sotto l'invasatura.
invaṣàto (*pps.* di *invasare*[1]) [a. 1342] ***agg.*** e ***sm.*** (f. *-a*) **1.** che o chi è dominato da una forza soprannaturale, spec. ostile **2.** *per estens.* che o chi è ossessionato e dominato da una violenta passione o è in preda a grande eccitazione || **N.** **2.** *Sin.* esaltato, fanatico, ossessionato.
invaṣatùra [da *invasare*[2]; 1889] ***sf.*** **1.** l'operazione del mettere in vaso **2.** *T.mar.* la slitta di legno che sostiene la carena di una nave pronta per il varo e che all'atto del varo scivola sullo scalo con la nave stessa.
invaṣióne [dal lat. tardo *invasio, -ōnis*; a. 1510] ***sf.*** l'atto e l'effetto dell'invadere: *invasioni barbariche*; *un'invasione di cavallette* || irruzione improvvisa di molte persone: *invasione di campo,* in un incontro sportivo, irruzione degli spettatori sul terreno di gioco durante o alla fine di una partita || *fig.* afflusso massiccio sul mercato: *un'invasione di videocassette* || **N.** *Sin.* incursione, irruzione.
invàṣo [da *invasare*[2]; 1957] ***sm.*** **1.** la capacità di un serbatoio idrico: *l'invaso della diga* **2.** invasatura.
invaṣóre [dal lat. tardo *invasor, -ōris*; a. 1580] ***agg.*** e ***sm.*** (f. *invaditrìce*) che o chi invade: *esercito invasore.*
invecchiaménto [da *invecchiare*; 1817 ca.] ***sm.*** l'atto dell'invecchiare e il suo effetto || *in part.* processo di conservazione dei vini per migliorarne il sapore e la qualità || fenomeno di alterazione spontanea delle proprietà di un materiale dovuto al trascorrere del tempo: *invecchiamento della gomma.* **Q.T.** *enologia.*
invecchiàre (pres. *-ècchio*) [comp. parasint. di *vecchio*; a. 1292] ***tr.*** **1.** rendere vecchio, sciupare nel fisico e nell'aspetto: *la fatica lo ha invecchiato prima del tempo* || far sembrare vecchio o più vecchio: *la barba ti invecchia* **2.** sottoporre a invecchiamento: *invecchiare il vino* || ***intr.*** (aus. *essere*) **1.** diventare vecchio: *invecchiare in solitudine* || *per estens.* perdere il proprio vigore, deperire nell'aspetto indipendentemente dall'età: *è invecchiato precocemente a causa delle preoccupazioni*; *prov. a tavola non s'invecchia* **2.** passare di moda: *un libro, un costume che non invecchia* **3.** subire un processo di stagionatura: *un vino che, invecchiando, ha perso corpo e sapore* || **N.** ***tr.*** **1.** *Contr.* ringiovanire **2.** *Sin.* stagionare; maturare | ***intr.*** **1.** declinare, logorarsi, sfiorire.
invéce o **in véce** [comp. di *in* e *vece*; 1785] **I** ***avv.*** al contrario: *me lo avevano descritto come odioso, invece è simpatico* || *colloq.* rafforzato con *ma, mentre*: *credevo di trovarti a casa, mentre invece tu non c'eri* **II** nella ***loc. prep.*** *invece di,* al posto di, in sostituzione di: *mi ha dato questo libro invece di quello* || seguito da agg. possessivo, ha grafia divisa: *farò gli onori di casa in vece tua.*
inveire (pres. *-ìsco, -ìsci*) [dal lat. *invehi*; a. 1588] ***intr.*** (aus. *avere*) rivolgersi con parole impetuose e violente contro qualcuno o qualcosa: *inveire contro l'investitore, contro il governo, l'inefficienza* || **N.** *Sin.* apostrofare, assalire, ingiuriare, oltraggiare, scagliarsi, urlare.
invelàre (pres. *-élo*) [comp. parasint. di *vela*; 1889] ***tr.*** *T.mar.* munire di vele: *invelare una nave* || ***intr.*** (aus. *avere*) *T.mar.* spiegare le vele.
invelenire (pres. *-ìsco, -ìsci*) [comp. parasint. di *veleno*; sec. XIV] ***tr.*** rendere velenoso, incattivire: *l'ha invelenito contro di me*; inasprire: *questioni di interesse hanno invelenito i nostri rapporti* || ***intr.*** (aus. *essere*) e ***intr. pron.*** diventare velenoso, rabbioso: *si è invelenito per lo sgarbo ricevuto*; inasprirsi: *la discussione si è invelenita* || **N.** ***tr.*** *Sin.* esasperare, inviperire, irritare | ***intr. pron.*** arrabbiarsi; aggravarsi.
invendìbile [da *vendibile*; 1640] ***agg.*** che non si riesce a vendere: *merce invendibile* || *meno com.* che non è lecito vendere.
invendibilità [da *invendibile*; 1952] ***sf.*** *non com.* l'essere invendibile.
invendicàbile [da *vendicabile*; 1869] ***agg.*** *non com.* che non si può vendicare adeguatamente: *oltraggio invendicabile.*
invendicàto [da *vendicato*; 1532] ***agg.*** non vendicato; impunito.
invendùto [da *venduto*; 1752] **I** ***agg.*** non venduto: *scorte invendute* **II** ***sm.*** la merce non venduta: *rendere l'invenduto.*
invènia [dal lat. *in venia,* in scusa; a. 1342] ***sf.*** **1.** *ant.* atto di umiliazione, domanda di perdono **2.** *tosc.* (spec. *pl.*) moina, smanceria: *fare invenie.*
inventàre (pres. *-ènto*) [dal lat. volg. **inventare,* frequentativo di *invenīre,* trovare; a. 1698] ***tr.*** **1.** ideare, realizzare qualcosa di nuovo e perlopiù di utile o di piacevole: *inventare la penicillina, un nuovo tipo di motore a scoppio*; *inventare un gioco, un ballo* || *fig. scherz. inventare l'acqua calda,* dire o fare cose scontate e ovvie quando invece si crede di aver fatto una scoperta || *inventarne di tutti i colori,* combinare guai, fare scherzi, avere delle trovate **2.** creare, costruire con la fantasia: *inventare favole e racconti* **3.** pensare e dire cose non corrispondenti a verità (spesso *tr. pron.*): *inventare bugie, scuse*; *inventarsi pericoli inesistenti* || **N.** **1.** *Sin.* creare, escogitare, scoprire, trovare **2.** *Sin.* concepire, immaginare.
inventariàre (pres. *-àrio*) [da *inventario*; 1550] ***tr.*** *T.bur.* fare l'inventario, registrare nell'inventario: *inventariare le scorte di un magazzino, i beni di un'eredità.*
inventariazióne [da *inventariare*; 1942] ***sf.*** *T.bur.* operazione dell'inventariare.
inventàrio (pl. *-ri*) [dal lat. tardo *inventārium*; 1250 ca.] ***sm.*** **1.** elenco minuzioso di tutti i beni appartenenti a una eredità, a un negozio, a un museo o sim., in un dato momento, per averne una descrizione qualitativa e quantitativa: *fare l'inventario dei libri di una biblioteca* || *per estens.* enumerazione particolareggiata: *fare l'inventario delle proprie disgrazie* || *fig. con beneficio d'inventario,* con riserva **2.** il registro che riporta queste rilevazioni ed enumerazioni.
inventàto (*pps.* di *inventare*) [inizio XVII sec.] ***agg.*** falso, senza fondamento: *un racconto completamente inventato* || immaginario: *i personaggi sono inventati, ma la vicenda si ispira alla realtà.*
inventio (lat., pr. it. [in'ventsjo]) [letter. ricerca, ritrovamento] ***sf.*** *inv. T.ret.* nella tecnica oratoria classica, la ricerca e il ritrovamento delle idee e delle immagini appropriate al tema da svolgere. **Q.T.** *retorica...*
inventiva [da *inventivo*; a. 1375] ***sf.*** facoltà d'inventare, di concepire con la fantasia: *uno scrittore dotato di grande inventiva* || **N.** *Sin.* creatività, fantasia, immaginativa, immaginazione.
inventivo [da *inventare*; 1308] ***agg.*** che concerne la facoltà di inventare: *estro inventivo* || che è capace ed è portato a inventare, ricco di fantasia: *ha un ingegno inventivo.*
inventóre [dal lat. *inventor, -ōris*; 1550] **I** ***sm.*** (f. *-trice*) chi inventa: *Volta è l'inventore della pila* **II** ***agg.*** *non com.* inventivo, immaginativo: *fantasia inventrice* || **N.** **I** *Sin.* artefice,

creatore, ideatore, scopritore.
inventràrsi (pres. *-èntro*) [comp. parasint. di *ventre*; 1321] ***intr. pron.*** *ant.* internarsi, chiudersi: *penetrando per questa in ch'io m'inventro* (Dante).
invenustà [da *invenusto*; 1834] ***sf.*** *lett.* mancanza di grazia, di bellezza, di eleganza.
invenùsto [dal lat. *invenustus*; 1862] ***agg.*** *lett.* non bello, privo di grazia e leggiadria.
invenzióne [dal lat. *inventio, -ōnis*; 1308] ***sf.*** **1.** l'atto e l'effetto dell'inventare; *concr.* la cosa inventata: *l'invenzione della stampa*; *il secolo delle grandi invenzioni* || idea, trovata: *questa sì che è una bella invenzione* || creazione fantastica, artistica e sim.: *invenzione poetica, un pittore ricco di invenzioni* **2.** cosa falsa, bugia: *non vi credo, sono tutte vostre invenzioni* **3.** *T.ret.* v. INVENTIO **4.** *non com.* *T.giur.* rinvenimento di un oggetto smarrito || *T.eccl.* ritrovamento di una reliquia: *l'invenzione della Croce* **5.** *T.mus.* composizione, a due o tre voci, in forma libera e andamento contrappuntistico per imitazione, diffusa nei secoli XVII-XVIII || *dim.* invenzioncèlla, invenzioncìna || **N.** **1.** *Sin.* creazione, ideazione, scoperta **2.** *Sin.* falsità, fandonia, menzogna.
invèr o **invèr'** [apocope di *inverso*; a. 1321] ***prep.*** *poet.* verso.
inveraménto [da *inverare*; 1951] ***sm.*** *lett.* l'inverarsi.
inveràre (pres. *-éro*) [comp. parasint. di *vero*; 1951] ***tr.*** *lett.* rendere vero || ***intr. pron.*** **1.** realizzarsi, attuarsi || *in part.* *T.fil.* nell'hegelismo, il concretarsi di tesi ed antitesi nella sintesi, che supera la loro astratta unilateralità **2.** *lett.* partecipare della verità.
inverdiménto [da *inverdire*; 1963] ***sm.*** atto o effetto dell'inverdire o dell'inverdirsi.
inverdìre (pres. *-ìsco, -ìsci*) [comp. parasint. di *verde*; a. 1565] ***intr.*** (aus. *essere*) e ***intr. pron.*** diventare verde: *i prati (si) sono inverditi dopo le recenti piogge* || ***tr.*** *non com.* rendere verde.
inverecóndia [dal lat. *inverecundia*; 1598] ***sf.*** mancanza di verecondia, di pudore || **N.** *Sin.* spudoratezza, SFACCIATAGGINE.
inverecóndo [dal lat. *inverecundus*; 1470 ca.] ***agg.*** che offende il pudore, sfacciato: *atteggiamento, sguardo, spettacolo inverecondo*; *immagini inverecondo* || **N.** *Sin.* impudico, sfrontato, spudorato.
invergàre (pres. *-érgo, -érghi*) [comp. parasint. di *verga*; 1868] ***tr.*** *T.mar.* inferire: *invergare una vela, una bandiera.*
invergatùra [da *invergare*; a 1800] ***sf.*** **1.** *T.mar.* il lato delle vele dove esse si allacciano al pennone **2.** *T.tess.* operazione tessile che consiste nel porre delle verghe di legno tra i fili per mantenerli ordinati.
inverisìmile e der. v. INVEROSIMILE e der.
invermiglìare (pres. *-ìglio*) [comp. parasint. di *vermiglio*; a. 1638] ***tr.*** *lett.* tingere di vermiglio || ***intr. pron.*** arrossarsi, imporporarsi.
inverminaménto [da *inverminare*; a. 1684] ***sm.*** l'inverminare.
inverminàre (pres. *-èrmino*) [comp. parasint. di *vermine*; 1305] ***intr.*** (aus. *essere*) e ***intr. pron.*** generare vermi, putrefarsi.
inverminìre (pres. *-ìsco, -ìsci*) [comp. parasint. di *verm(in)e*; a. 1419] ***intr.*** (aus. *essere*) e ***intr. pron.*** diventare verminoso, spec. in seguito a putrefazione: *cadaveri che inverminiscono.*
invernàle [dal lat. tardo *hibernālis*; 1598] ***agg.*** **1.** proprio dell'inverno, che avviene in inverno: *clima, stagione invernale*; *sport, attività invernali* **2.** adatto all'inverno: *abiti invernali.*
invernàta [da *inverno*; sec. XIV] ***sf.*** la singola stagione invernale, considerata nella sua durata e nel suo clima: *è stata un'invernata mite.*
invernéngo o **invernèngo** (pl. *-ghi*) [da *inverno*, con influsso di *(magg)engo*; 1834] ***agg.*** *lomb.* si dice di prodotto che matura tardi, spec. nella stagione invernale: *pere invernenghe.*
inverniciàre (pres. *-ìcio*) [comp. parasint. di *vernice*; 1563] ***tr.*** dar la vernice: *inverniciare uno scaffale* || ***rifl.*** *scherz.* imbellettarsi || **N.** *Sin.* tingere, verniciare.
inverniciàta [da *inverniciare*; 1869] ***sf.*** il semplice e rapido inverniciare: *dà un'inverniciata all'armadio* || *dim.* inverniciatìna.
inverniciatóre [da *inverniciare*; 1821] ***sm.*** (f. *-trìce*) *non com.* verniciatore, chi fa il mestiere di verniciare.
inverniciatùra [da *inverniciare*; a. 1779] ***sf.*** *non com.* verniciatura || *fig.* conoscenza superficiale, infarinatura: *non è veramente cólto, ma ha un'inverniciatura di molte cose* || **N.** *Sin.* tintura, verniciatura.
invèrno [lat. *hibernum (tempus)*, stagione invernale; sec. XII-XIII] ***sm.*** la stagione dell'anno che, nell'emisfero boreale, comincia il 21 dicembre e finisce il 21 marzo, ed è la più fredda: *un inverno rigido, mite, nevoso*; *nel cuore dell'inverno*, nel periodo più freddo della stagione || *giardino d'inverno*, sala a vetrate nella quale è mantenuta una temperatura mite, che permette la ricca raccolta di piante ornamentali || *pegg.* invernàccio || **N.** ibernare, svernare; letargo.
invéro [comp. di *in* e *vero*; a. 1342] ***avv.*** *lett.* veramente, in verità (anche con valore avversativo).
inverosimigliànte o **inverisimigliànte** [da *verosimigliante*; a. 1956] ***agg.*** inverosimile.
inverosimigliànza o **inverisimigliànza** [da *verosimiglianza*; a. 1712 *inverisimiglianza*] ***sf.*** **1.** l'essere inverosimile: *l'inverosimiglianza di un racconto* **2.** *concr.* (spec. *pl.*) cosa o fatto inverosimile: *una descrizione ricca di inverosimiglianze.*
inverosìmile o **inverisìmile** [da *verosimile*; a. 1642 *inverisimile*] **I** ***agg.*** che non è verosimile, che non pare reale o vero: *una notizia inverosimile, un film dall'intreccio inverosimile* || **inverosimilménte** ***avv.*** **II** ***sm.*** ciò che è inverosimile: *una vicenda che rasenta l'inverosimile* || **N.** *Sin.* assurdo, improbabile, inattendibile, incredibile, strano | *Contr.* attendibile, probabile.
inversióne [dal lat. *inversio, -ōnis*; 1598] ***sf.*** **1.** l'atto e l'effetto dell'invertire: *inversione di marcia, di rotta*; *inversione di campo*, scambio della rispettiva metà campo tra due squadre alla fine di un tempo; *fig.* *inversione di tendenza*, profondo cambiamento, mutamento di direzione || *inversione termica*, fenomeno per cui, negli alti strati della troposfera, la temperatura aumenta con la quota invece di diminuire **2.** spostamento, modifica nella disposizione degli elementi di un insieme o di una successione progressiva || *T.ling.* disposizione delle parole in una proposizione secondo un ordine diverso da quello normale: *l'inversione soggetto-verbo nelle domande in inglese* || in enigmistica, *inversione di frase*, gioco basato sullo scambio o sul capovolgimento dell'ordine delle parole in una frase **3.** nel linguaggio scientifico, passaggio, spontaneo o provocato, da una condizione a un'altra gen. opposta: *inversione sessuale*, omosessualità; *inversione dello zucchero*, procedimento basato sulla scissione del saccarosio in fruttosio e glucosio **4.** *T.fot.* procedimento di sviluppo con il quale si ottengono immagini positive direttamente sulla pellicola o sulla lastra senza procedimento di stampa **5.** *T.mus.* tecnica della composizione, usata soprattutto nel contrappunto e nella fuga, che, lasciando inalterato il ritmo, trasforma gli intervalli discendenti in ascendenti e viceversa || **N.** **1.** *Sin.* capovolgimento, rovesciamento, scambio.
inversìvo [da *inverso*; 1952] ***agg.*** *T.ling.* si dice di prefissi che danno alla parola significato inverso (come in italiano *dis-*, *in-* ecc.).
invèrso[1] [dal lat. *inversus*; fine sec. XIII] **I** ***agg.*** **1.** opposto al precedente, disposto in modo contrario rispetto a un altro: *procedere in senso inverso, disporre in ordine inverso*; *ora facciamo il caso inverso* || *T.gram.* *costruzione inversa*, quella in cui gli elementi di una proposizione seguono un ordine opposto rispetto al normale || *dizionario inverso*, v. DIZIONARIO || *T.mus.* *canone inverso*, v. CANONE **2.** *T.mat.* data un'operazione, definita in un insieme, un elemento *a* si dice *inverso* di *b* se l'operazione applicata ad *a* e *b* dà come risultato l'elemento neutro; *in part.* rispetto alla moltiplicazione, *a* e *b* sono l'uno l'inverso dell'altro se danno come prodotto 1 || *operazione inversa*, quella che si definisce partendo dal risultato e da uno dei termini di un'operazione diretta e dà come risultato l'altro termine (per es. la sottrazione rispetto all'addizione) || *teorema inverso*, quello che si ottiene scambiando la tesi con l'ipotesi || *funzione inversa*, quella che si ottiene da una funzione data scambiando fra loro la variabile dipendente e la variabile indipendente: *il logaritmo è la funzione inversa dell'esponenziale* **3.** *sett.* di cattivo umore: *oggi sono inverso* || **inversaménte** ***avv.*** in senso, in ordine inverso: *grandezze inversamente proporzionali* **II** ***sm.*** il contrario, l'opposto: *qualsiasi cosa tu gli dica, lui fa l'inverso* || *all'inverso*, al contrario, alla rovescia || **N.** I **1.** *Sin.* capovolto, invertito, rovesciato.
invèrso[2] [comp. di *in* e *verso*; fine sec. XIII] ***prep.*** *ant.* **1.** verso, in direzione di **2.** in confronto, in paragone di (anche nella forma *invèr*).
inversóre [da *invertire*; 1933] ***sm.*** invertitore || *inversore di spinta*, negli aeroplani, dispositivo frenante che devia il getto dei gas di scarico invertendo il senso della spinta.
invertàsi [comp. di *invert(ire)* e *-asi*; 1952] ***sf.*** *T.chim.* enzima secreto dalla mucosa dell'intestino: agisce sul saccarosio, scindendolo in glucosio e fruttosio || **N.** *Sin.* saccarasi.
invertebràto [da *vertebrato*; 1824] ***agg.*** e ***sm.*** **1.** *T.zool.* privo di vertebre; si dice di animali che non hanno scheletro interno, osseo o cartilagineo: *gli Invertebrati* **2.** *fig.* rif. a persona, privo di carattere e di volontà || **N.** **1.** *Contr.* vertebrato. **Q.T.** *zoologia.*
invertìbile [da *invertire*; 1869] ***agg.*** che si può invertire || *T.fot.* *pellicola invertibile*, che permette la trasformazione di un'immagine positiva in negativa sulla stessa pellicola.
invertibilità [dal lat. tardo *invertibilitas, -ātis*; 1869] ***sf.*** *non com.* l'essere invertibile.
invertìna [comp. di *invert(ire)* e *-ina*; 1940] ***sf.*** invertasi.
invertìre (pres. *-èrto*, meno com. *-ìsco, -ìsci*) [dal lat. *invertere*; a. 1642] ***tr.*** **1.** volgere in senso contrario: *invertire la rotta di un aereo, invertire il senso di marcia* **2.** disporre in un ordine opposto rispetto al precedente: *invertire l'ordine di consegna delle merci, la disposizione dei mobili* || *invertire le parti*, *propr.* scambiare le parti di due attori; *fig.* capovolgere la situazione, scambiare le condizioni di partenza || ***intr. pron.*** capovolgersi, rovesciarsi: *le sorti si sono invertite* || **N.** **1.** *Sin.* cambiare, mutare, volgere **2.** *Sin.* capovolgere, rivoltare, rovesciare, scambiare.
invertìto (*pps.* di *invertire*) [1861] **I** ***agg.*** rovesciato, capovolto || *T.ling.* *consonanti invertite*, articolate con la punta della lingua retroflessa e appoggiata al palato duro || *T.metr.* *rima invertita*, quella che nel sonetto ha come schema ABC CBA **II** ***sm.*** omosessuale.
invertitóre [da *invertire*; 1948] ***sm.*** **1.** *T.mecc.* dispositivo per ottenere l'inversione della marcia di un veicolo o del senso di moto

di una macchina **2.** *T.elettr.* dispositivo elettronico per convertire la corrente continua in corrente alternata, oppure per invertire il senso della corrente di un circuito.

invescamènto [da *invescare*; 1478] ***sm.*** l'atto e l'effetto dell'invescare.

invescàre (pres. *-ésco, -éschi*) [comp. parasint. di *vesco*, vischio; 1353] ***tr.*** *lett.* impaniare, invischiare, anche *fig.* ‖ ***intr. pron.*** *lett.* lasciarsi attrarre, sedurre; innamorarsi ‖ **N.** ***tr.*** *Sin.* adescare, attrarre, lusingare, sedurre.

invescatóre [da *invescare*; a. 1476] ***agg.*** e ***sm.*** (f. *-trìce*) *raro* chi o che invesca.

investìbile [da *investire*; 1861] ***agg.*** *non com.* di capitale, che si può investire.

investigàbile [dal lat. tardo *investigābilis*; sec. XIV] ***agg.*** che si può investigare: *misteri non investigabili* ‖ **N.** *Sin.* indagabile, scrutabile.

investigamènto [da *investigare*; prima metà sec. XIV] ***sm.*** *non com.* investigazione.

investigàre (pres. *-èstigo, -èstighi*) [dal lat. *investigāre*; sec. XIV] ***tr.*** esaminare accuratamente, cercare di scoprire e di conoscere seguendo ogni indizio: *investigare il movente di un delitto, i misteri dell'universo, le intenzioni di qualcuno* ‖ ***intr.*** (aus. *avere*) compiere accurate indagini: *investigare sul traffico di droga, sulle speculazioni finanziarie* ‖ anche *ass.*: *la polizia sta ancora investigando* ‖ **N.** *Sin.* analizzare, cercare, esplorare, indagare, inquisire, ricercare, scandagliare, scrutare, sviscerare.

investigatìvo [da *investigare*; a. 1332] ***agg.*** che concerne l'investigazione: *metodo investigativo* ‖ addetto a investigare: *agente investigativo*, agente della Pubblica Sicurezza addetto al servizio di polizia giudiziaria, per accertare o scoprire reati.

investigatóre [da *investigare*; 1353] ***agg.*** e ***sm.*** (f. *-trìce*) chi o che investiga ‖ *investigatore privato*, chi, per professione, esegue indagini su fatti illeciti, o raccoglie informazioni, per incarico di privati ‖ **N.** *Sin. detective.*

investigazióne [da *investigare*; a. 1363] ***sf.*** l'investigare: *investigazione giudiziaria, privata* ‖ ricerca minuziosa e accurata: *investigazione storica* ‖ **N.** *Sin.* inchiesta, indagine, ricerca, ESAME.

investimènto [da *investire*; 1363] ***sm.*** **1.** *T.econ.* impiego di una somma di denaro nell'acquisto di beni di consumo durevoli, oppure in azioni, obbligazioni e sim., destinati a produrre un reddito o un aumento del capitale investito: *fare un buon investimento, un investimento sbagliato*; *Fondo comune di investimento*, V. FONDO[2] ‖ in senso più tecnico, impiego della disponibilità finanziaria per la creazione di nuovi mezzi di produzione: *politica degli investimenti* ‖ *concr.* l'ammontare della somma investita: *un investimento di mezzo miliardo*; *investimento ex ante, ex post*, V. EX ANTE, EX POST **2.** l'atto dell'investire (nel senso 3): *l'investimento di una piazzaforte*; *l'investimento di un pedone in una via del centro* **3.** *T.psic.* concentrazione di carica affettiva ed energia pulsionale su oggetti o rappresentazioni reali o immaginarie: *investimento libidico, emotivo* ‖ **N.** **1.** collocamento, impiego | autonomo, azionario, estero, fisso, immobiliare, improduttivo, indotto, internazionale, lordo, mobiliare, nazionale, netto, obbligazionario, privato, produttivo, pubblico. **Q.T.** *economia..., psicanalisi.*

investìre (pres. *-èsto*) [dal lat. *investīre*; fine sec. XII] ***tr.*** **1.** conferire il possesso di feudi, cariche, benefici, dignità e sim.: *investire di un titolo nobiliare, fu investito dei pieni poteri* ‖ incaricare un'autorità di svolgere un'attività, un compito specifico: *investire la commissione d'inchiesta delle indagini* **2.** *T.econ.* impiegare un capitale in modo produttivo: *investire i risparmi in terreni, in titoli di Stato*; anche *ass.*: *ha investito bene* **3.** colpire con forza, assalire, anche *fig.*: *investire una piazzaforte, investire qualcuno con una scarica di pugni*; *il dirigente fu investito da una valanga di insulti* ‖ *iperb.* sommergere, tempestare: *investire qualcuno di domande* ‖ *in part.* rif. a veicoli, urtare violentemente contro una cosa o una persona, travolgere: *il furgone ha investito una motocicletta* **4.** *T.psic.* concentrare carica affettiva ed energia pulsionale su un oggetto o una rappresentazione reale o immaginaria: *ho investito molto nel nostro rapporto* **5.** *ant.* rivestire ‖ ***rifl.*** attribuirsi una carica: *investirsi di un ruolo*; *investirsi della propria autorità*, esserne consapevoli e farla valere con ostentazione; *investirsi di una parte, di un personaggio*, immedesimarsi ‖ essere partecipi: *investirsi di un sentimento altrui* ‖ ***rec.*** *non com.* scontrarsi: *due treni si sono investiti* ‖ **N.** ***tr.*** **1.** *Sin.* concedere, dare, elevare, promuovere; affidare, incaricare **3.** *Sin.* cozzare, urtare; aggredire, assalire.

investìto (*pps.* di *investire*) [1969] ***agg.*** e ***sm.*** (f. *-a*) che, chi ha subito un investimento stradale: *le condizioni dell'investito sono gravi.*

investitóre [da *investire*; a. 1934] ***sm.*** (f. *-trìce*) e ***agg.*** **1.** chi o che investe, in part. chi causa un investimento stradale **2.** in economia, chi o che realizza un investimento di capitali ‖ **N.** **1.** pirata della strada.

investitùra [da *investire*; sec. XIII] ***sf.*** conferimento di un ufficio, un feudo, un beneficio, una magistratura ‖ *concr.* la cerimonia con cui si investe.

investment-trust (ingl., pr. [ɪn'vestmənt trʌst]) [comp. di *investment*, investimento e *trust*, fiducia; 1931] ***sm.*** *inv.* fondo comune di investimento mobiliare.

inveteràto [dal lat. *inveterātus*; sec. XIII] ***agg.*** radicato a tal punto da essere difficilmente correggibile o eliminabile: *male inveterato, nutrire un odio inveterato* ‖ **inveteratamènte** ***avv.***

invetriàre (pres. *-ètrio*) [dal lat. mediev. *invetriare*; 1714] ***tr.*** **1.** dare ai vasi di terracotta o di maiolica una vernice vitrea per renderli lucidi e impermeabili **2.** munire di vetri o di vetrate **3.** *non com.* rendere simile a vetro.

invetriàta [da *invetriare*; 1542 *invitriata*] ***sf.*** chiusura con lastre di vetro ‖ i vetri stessi che servono per tale chiusura ‖ **N.** *Sin.* vetrata.

invetriàto (*pps.* di *invetriàre*) [1313] ***agg.*** **1.** ricoperto di pasta vetrosa, di vernice vitrea: *vasi invetriati*; *occhio invetriato*, vitreo **2.** *fig.* *faccia invetriata*, sfacciata, impudente, sfrontata.

invetriatùra [da *invetriare*; sec. XIV-XV] ***sf.*** l'atto e l'effetto dell'invetriare ‖ *concr.* rivestimento vetroso che si dà a terraglie e maioliche per renderle impermeabili e preparare il fondo per la decorazione.

invettìva [dal lat. tardo *invectiva* (*orātio*), discorso contro qualcuno; a. 1381] ***sf.*** discorso violento contro qualcuno o qualche cosa con funzione di accusa, rimprovero, oltraggio: *lanciare invettive, pronunciare un'invettiva* ‖ **N.** *Sin.* apostrofe, filippica, imprecazione, sfuriata, tirata.

inviàre (pres. *-ìo, -ìi*) [dal lat. *inviāre*; a. 1294 *enviare*] ***tr.*** **1.** mandare persona o cosa in un determinato luogo: *inviare un ambasciatore, una lettera, un saluto*; *inviare soccorsi ai paesi terremotati* ‖ *fig. poet.* *inviare l'occhio*, volgere lo sguardo **2.** *ant.* guidare, indirizzare ‖ **N.** **1.** *Sin.* indirizzare, inoltrare, mandare, spedire.

inviàto (*pps.* di *inviare*) [a. 1306] ***sm.*** (f. *-a*) persona mandata in un determinato luogo o presso qualcuno con funzioni o incarichi speciali: *inviato d'affari* ‖ *inviato speciale*, nel giornalismo, redattore mandato dove vi sia qualche avvenimento importante, per farne la cronaca o svolgere inchieste ‖ **N.** ambasciatore, delegato, incaricato, messo, rappresentante; cronista, giornalista, *reporter.* **Q.T.** *giornale.*

invìdia [dal lat. *invidia*; a. 1294] ***sf.*** **1.** sentimento per cui si ha dispiacere dei successi o dei meriti e qualità d'altri: *provare, nutrire invidia per qualcuno, avere invidia di qualcuno, crepare d'invidia* **2.** desiderio di possedere beni e qualità altrui, senza rancore per chi li possiede: *hai una tenacia degna d'invidia, una salute da fare invidia* ‖ *concr.* la cosa che è motivo d'invidia: *una moto che è l'invidia dei suoi amici* ‖ **N.** **1.** astio, bile, gelosia, livore **2.** ammirazione, emulazione.

invidiàbile [da *invidiare*; 1673] ***agg.*** che può essere invidiato, che suscita desiderio e ammirazione: *appetito, aspetto invidiabile*; *un tenore di vita invidiabile, essere in una situazione poco invidiabile* ‖ **invidiabilmènte** ***avv.*** ‖ **N.** *Sin.* desiderabile.

invidiàre (pres. *-ìdio, -ìdi*) [dal lat. *invidēre*, con influsso di *invidia*; 1313] ***tr.*** **1.** avere, nutrire invidia per qualcuno o per qualcosa **2.** desiderare un bene simile a quello di un altro, ma senza astio o malanimo: *invidio la tua bella casa, ti invidio la tua serenità* ‖ *non ti invidio*, non vorrei essere nei tuoi panni ‖ *non avere niente da invidiare*, non essere da meno **3.** *lett.* negare, contrastare, impedire, togliere: *non t'invidii il ciel sì dolce stato* (Tasso) ‖ **N.** **2.** *Sin.* ammirare, desiderare.

invidióso [dal lat. *invidiōsus*; sec. XIII] **I** ***agg.*** **1.** che prova invidia: *un amico invidioso* ‖ che dimostra invidia: *sguardo invidioso* **2.** *ant.* invidiabile ‖ *dim.* invidiosétto, invidiosìno, invidiosùccio, invidiosèllo; *pegg.* invidiosàccio ‖ **invidiosamènte** ***avv.*** **II** ***sm.*** (f. *-a*) persona invidiosa.

ìnvido [dal lat. *invidus*; 1308] ***agg.*** *lett.* invidioso: *l'invide stelle allor fecer congiura* (Lorenzo de' Medici).

invigilàre (pres. *-ìgilo*) [dal lat. *invigilāre*; 1590] ***intr.*** (aus. *avere*) *lett.* badare attentamente, vigilare: *invigilare al* (*sul*) *tranquillo svolgimento della manifestazione* ‖ ***tr.*** *non com.* sorvegliare.

invigliacchìre (pres. *-ìsco, -ìsci*) [comp. parasint. di *vigliacco*; 1869] ***intr.*** (aus. *essere*) e ***intr. pron.*** diventare vigliacco.

invigorimènto [da *invigorire*; 1663] ***sm.*** l'atto dell'invigorire, e talvolta anche l'effetto.

invigorìre (pres. *-ìsco, -ìsci*) [comp. parasint. di *vigore*; sec. XIII] ***tr.*** dare vigore; rafforzare: *l'esercizio invigorisce le membra, gli studi invigoriscono l'ingegno* ‖ ***intr.*** (aus. *essere*) e ***intr. pron.*** prendere, acquistare vigore ‖ **N.** ***tr.*** *Sin.* irrobustire, rinforzare.

invilimènto [da *invilire*; a. 1375] ***sm.*** *non com.* l'invilire e l'invilirsi.

invilìre (pres. *-ìsco, -ìsci*) [comp. parasint. di *vile*; sec. XIV] ***tr.*** **1.** *non com.* rendere vile, abbattere, infiacchire **2.** *fig.* far diminuire di pregio, di valore ‖ *in part.* di prezzo di merci, abbassarlo, renderlo minore ‖ ***intr.*** (aus. *essere*) e ***intr. pron.*** **1.** diventare vile ‖ perdersi d'animo **2.** perdere valore, sminuirsi ‖ **N.** ***tr.*** **1.** *Sin.* avvilire, deprimere, impaurire, indebolire, prostrare **2.** *Sin.* deprezzare, ribassare, svalutare, svilire.

invillanìre (pres. *-ìsco, -ìsci*) [comp. parasint. di *villano*; 1300 ca.] ***intr.*** (aus. *essere*) e ***intr. pron.*** *non com.* diventare villano.

inviluppamènto [da *inviluppare*; a. 1580] ***sm.*** *non com.* l'inviluppare e l'invilupparsi ‖ *concr.* viluppo.

inviluppàre [comp. parasint. di *viluppo*; 1353] ***tr.*** **1.** avvolgere, stringere da ogni parte e da vicino, spesso dando impaccio: *inviluppare un bambino in una coperta* **2.** *fig. lett.* confondere ‖ ***rifl.*** **1.** avvolgersi strettamente **2.** *fig.* invischiarsi: *mi sono inviluppato in questa questione* ‖ **N.** ***tr.*** **1.** *Sin.* avviluppare, fasciare.

invilùppo [dal fr. *enveloppe*; a. 1659] ***sm.*** **1.**

ciò che inviluppa; involucro **2.** insieme di cose inviluppate; groviglio **3.** *T.geom.* curva tangente a tutte le curve piane di una famiglia, con punti di tangenza distinti per ogni curva || **N. 1.** *Sin.* involto **2.** *Sin.* intrico, viluppo.

invincìbile [dal lat. tardo *invincibilis*; 1580] ***agg.*** **1.** che non può essere vinto: *flotta invincibile* **2.** *fig.* che non cede, che non si piega: *provare un'invincibile ripugnanza* || che non si può superare: *ostacoli invincibili* || **invincibilménte** ***avv.*** || **N. 1.** *Sin.* imbattibile, indomabile **2.** *Sin.* incoercibile, irreprimibile; insormontabile, insuperabile.

invincibilità [da *invincibile*; a. 1604] ***sf.*** l'essere invincibile.

invìo (pl. *ìi*) [da *inviare*; a. 1676] ***sm.*** **1.** l'inviare: *l'invio di merci, di una somma, di un pacco* || *concr.* la cosa inviata: *gli ultimi invii non sono ancora arrivati a destinazione* **2.** *T.lett.* l'ultima strofa della canzone petrarchesca || **N. 1.** *Sin.* inoltro, rimessa, spedizione | recapitare, spedire **2.** *Sin.* commiato, congedo.

inviolàbile [dal lat. *inviolābilis*; 1536] ***agg.*** che non si può violare: *patto, segreto inviolabile* || a cui non si può far violenza: *l'ambasciatore è sacro e inviolabile* || **inviolabilménte** ***avv.*** senza possibilità di violazione.

inviolabilità [dal lat. tardo *inviolabilitas, -ātis*; 1782] ***sf.*** l'essere inviolabile: *l'inviolabilità del domicilio.*

inviolàto [dal lat. *inviolātus*; sec. XIV] ***agg.*** non violato: *legge, promessa inviolata* || intatto, integro: *fede inviolata*; *vetta inviolata*, mai raggiunta || nel calcio, *partita a reti inviolate*, in cui non viene segnato neanche un gol || **N.** *Sin.* rispettato; incorrotto, intatto, integro, puro; vergine.

inviperìre (pres. *-ìsco, -ìsci*) [comp. parasint. di *vipera*; 1504] ***intr.*** (aus. *essere*) e ***intr. pron.*** arrabbiarsi, irritarsi: *si inviperisce per un nonnulla* || ***tr.*** *non com.* irritare violentemente: *le osservazioni lo inviperiscono* || **N. *intr.*** *Sin.* infuriarsi, invelenire | ***tr.*** *Sin.* inasprire, irritare.

inviperìto (*pps.* di *inviperire*) [a. 1637] ***agg.*** irritato, cattivo come una vipera.

invisceràre (pres. *-ìscero*) [dal lat. tardo *inviscerāre*; a. 1643] ***tr.*** *raro* introdurre nelle viscere || ***intr. pron.*** *fig. raro* addentrarsi in un argomento per trattarlo a fondo.

invischiàre (pres. *-ìschio*) [comp. parasint. di *vischio*; 1622] ***tr.*** **1.** ricoprire di vischio: *invischiare bacchette di legno* || *per estens.* catturare col vischio: *invischiare uccelli* **2.** *fig. più com.* attirare con lusinghe, coinvolgere in situazioni spiacevoli o pericolose: *l'ha saputo invischiare con le sue proposte* || ***rifl.*** e ***intr. pron.*** **1.** rimanere preso nel vischio **2.** *fig.* impegolarsi, lasciarsi irretire: *finire sempre con l'invischiarsi in faccende poco chiare* || **N. *tr.* 1.** *Sin.* impaniare **2.** *Sin.* abbindolare, adescare, intrappolare, irretire, sedurre.

inviscidìre (pres. *-ìsco, -ìsci*) [comp. parasint. di *viscido*; 1684] ***intr.*** (aus. *essere*) *non com.* diventare viscido.

invișìbile [dal lat. tardo *invīsibilis*; sec. XIII] ***agg.*** **1.** non visibile, che non si può vedere: *stelle invisibili, organismi invisibili a occhio nudo* || *scherz.* detto di persona che si fa vedere raramente, irreperibile: *da un po' di tempo sei diventato invisibile* **2.** *iperb.* detto di cosa che si fa fatica a vedere, minuscolo: *un rammendo invisibile, una clausola scritta in caratteri invisibili* **3.** *T.fin. partita invisibile*, parte della bilancia dei pagamenti corrente che registra le entrate e le uscite per prestazioni di servizi all'estero e dall'estero (trasporti, turismo, servizi bancari ecc.) || **invișibilménte** ***avv.*** || **N. 2.** *Sin.* impercettibile, microscopico; nascosto.

invișibilità [dal lat. tardo *invisibilitas, -ātis*; sec. XIV] ***sf.*** l'essere invisibile.

invìșo [dal lat. *invīsus*; a. 1484] ***agg.*** *lett.* malvisto: *inviso al popolo* || **N.** *Sin.* detestato, odiato.

invitànte (*ppr.* di *invitare*) [sec. XIV] ***agg.*** attraente, allettante: *una torta dall'aspetto invitante.*

invitàre¹ (pres. *-ìto*) [dal lat. *invitāre*; a. 1306 *envitare*] ***tr.*** **1.** chiamare a partecipare a una cosa lieta o che si presuppone gradita: *invitare qualcuno a prendere un caffè, a un concerto, a cena*; anche *ass.*: *sentirsi offeso per non essere stato invitato* || *fig. invitare qualcuno a nozze*, proporgli una cosa che gli è particolarmente congeniale **2.** richiedere con maniere gentili: *lo invitò a dire il suo parere, invitare il pubblico a mantenere la calma* || *per estens.* chiedere perentoriamente in modo formalmente cortese: *invitare qualcuno a rendere conto del suo operato, invitare ad andarsene* **3.** *fig.* di cose, invogliare, indurre: *la stagione invita al riposo* **4.** *T.gioc.* nei giochi di carte, chiamare una carta o un seme: *invitare a fiori* || nel poker, proporre la somma iniziale che si deve puntare per partecipare alla mano: *invitare di cinquecento lire* || ***rifl.*** partecipare a una riunione, un pranzo e sim. senza essere stato invitato: *si è invitato a pranzo senza tanti complimenti* || **N. 1.** ospitare **2.** *Sin.* esortare, pregare; ingiungere, ordinare **3.** *Sin.* allettare, stimolare.

invitàre² (pres. *-ìto*) [comp. parasint. di *vite*; 1834] ***tr.*** *pop.* stringere una vite, avvitare || fissare con delle viti.

invitàto (*pps.* di *invitare¹*) [sec. XIV] ***sm.*** (f. *-a*) che ha ricevuto un invito e partecipa a una festa, una riunione e sim.: *gli invitati stanno per arrivare* || **N.** *Sin.* convitato, ospite.

invitatóre [da *invitare¹*; sec. XIV] ***sm.*** (f. *-trìce*) *non com.* chi invita.

invitatòrio (pl. *-ri*) [dal lat. tardo *invitatōrius*; 1869] **I *agg.*** *non com.* che è fatto per invitare || *T.eccl. lettere invitatorie*, quelle con le quali il Pontefice invita i vescovi a recarsi a Roma nell'anniversario della sua elevazione al pontificato **II *sm.*** *T.eccl.* nella liturgia cattolica, il salmo accompagnato da un'antifona, che contiene un invito a lodare il Signore, e con cui ha inizio la liturgia delle ore.

invitatùra [da *invitare²*; 1869] ***sf.*** *non com.* il fissare con una vite; avvitatura.

invitévole [da *invitare¹*; 1530] ***agg.*** *lett.* che invita || **N.** *Sin.* allettante, attraente, invitante, lusinghiero.

invìto [da *invitare¹*; 1288 *envito*] ***sm.*** **1.** l'invitare e l'essere invitato: *fare un invito, ricevere l'invito alle nozze* || *concr.* il biglietto che contiene l'invito: *spedire gli inviti* **2.** richiesta, esortazione: *rivolgere all'uditorio un invito al silenzio, hai già ricevuto ripetuti inviti a migliorare il profitto scolastico* || ingiunzione: *notificare l'invito in questura* **3.** *fig.* allettamento, richiamo: *non resistere all'invito di un buon piatto di spaghetti* **4.** *T.gioc.* nel gioco del poker, la posta che il giocatore primo di mano decide, e a cui gli altri devono rispondere per poter partecipare alla mano **5.** *T.sport.* nella scherma e nel pugilato, lo scoprire con intenzione il proprio bersaglio per indurre l'avversario ad agire e contrattaccare cogliendolo di sorpresa **6.** *T.arch.* il primo gradino, o la prima serie di gradini, di una scala, che è più largo e più sporgente rispetto agli altri e serve a facilitare l'accesso alla rampa **7.** *T.mecc.* diminuzione dello spessore di perni, viti e sim. e corrispondente allargamento del foro in cui devono inserirsi per facilitare l'introduzione || **N. 1.** *Sin.* chiamata, convocazione | accettare, declinare, gradire, respingere, ricevere, rifiutare, rivolgere; esibire, inviare, mandare, mostrare, preparare, richiedere, ritirare, spedire, stampare **2.** *Sin.* preghiera, sollecitazione; ordine; incitamento, stimolo **3.** *Sin.* attrattiva, lusinga.

in vitro (lat., pr. it. [iŋ 'vitro]) [letter. nel vetro; a. 1937] ***loc. agg. inv.*** e ***loc. avv.*** *T.scient.* rif. a processo biologico, eseguito in laboratorio, al di fuori dell'organismo vivente: *fecondazione in vitro.*

invìtto [dal lat. *invictus*; 1282] ***agg.*** *lett.* non vinto, invincibile: *eroe invitto* || *per estens.* indomito, che non cede: *animo invitto.*

invivìbile [da *vivibile*; 1983] ***agg.*** di luogo, ambiente o sim. nel quale non è possibile vivere (spec. *iperb.*): *è una città invivibile.*

in vivo (lat., pr. it. [iŋ 'vivo]) [letter. nel vivo] ***loc. agg. inv.*** e ***loc. avv.*** *T.biol.* di analisi e osservazioni compiute su cellule o tessuti viventi || **N.** *Contr.* in vitro.

invizzìre (pres. *-ìsco, -ìsci*) [comp. parasint. di *vizzo*; 1834] ***intr.*** (aus. *essere*) *non com.* avvizzire.

invocàbile [da *invocare*; 1869] ***agg.*** che si può invocare.

invocàre (pres. *-òco, -òchi*) [dal lat. *invocāre*; a. 1321] ***tr.*** **1.** chiamare in tono implorante e di preghiera, per avere aiuto e conforto: *invocare Dio, la Madonna, la madre* **2.** chiamare con preghiera; chiedere con gran calore e desiderio: *invocare aiuto, invocare la grazia* || *per estens.* chiedere con insistenza: *invocare riforme*; desiderare fortemente: *invocare la pace* **3.** citare a proprio vantaggio: *invocare l'autorità di una testimonianza, un articolo di legge* || **N. 1.** *Sin.* pregare **2.** *Sin.* implorare, supplicare; auspicare.

invocatìvo [dal lat. tardo *invocatīvus*; 1639] ***agg.*** *lett.* atto a invocare, proprio dell'invocazione.

invocatóre [dal lat. *invocātor, -ōris*; sec. XIV] ***agg.*** e ***sm.*** (f. *-trìce*) chi o che invoca: *un grido invocatore.*

invocatòrio (pl. *-ri* e *-rii*) [da *invocatore*; 1639] ***agg.*** *raro* invocativo: *tono invocatorio.*

invocazióne [dal lat. *invocātio, -ōnis*; a. 1304] ***sf.*** **1.** l'invocare || *concr.* le parole o gli atti con cui s'invoca: *udire invocazioni d'aiuto* **2.** *T.lett.* quella parte della protasi d'un poema in cui l'autore invoca le Muse o sim. || **N.** *Sin.* DOMANDA, PREGHIERA.

invogliàre¹ (pres. *-òglio*) [comp. parasint. di *voglia*; a. 1327] ***tr.*** mettere voglia, suscitare il desiderio di qualcosa: *invogliare allo studio, questo gran caldo invoglia a bere molto* || ***intr. pron.*** essere preso da una forte voglia o desiderio di qualcosa: *invogliarsi di una pelliccia di visone* || **N. *tr.*** *Sin.* indurre, invitare, stimolare | ***intr. pron.*** *Sin.* incapricciarsi, invaghirsi.

invogliàre² (pres. *-òglio*) [der. dal lat. **involiāre*, fatto su *involūtus*, pps. di *involvere*, involgere; a. 1250] ***tr.*** *arc.* involgere, coprire.

invòglio (pl. *-gli*) [da *invogliare²*; a. 1547] ***sm.*** **1.** *T.bot.* tegumento **2.** *ant.* involto, involucro.

involaménto [da *involare¹*; 1745] ***sm.*** *ant. lett.* l'atto e l'effetto dell'involare; furto.

involàre¹ (pres. *-ólo*) [dal lat. *involāre*; inizio sec. XIII] ***tr.*** *lett.* rapire furtivamente || ***intr. pron.*** dileguarsi, fuggire: *di selva in selva dal crudel s'invola* (Ariosto) || **N. *tr.*** *Sin.* carpire, rubare, sottrarre | ***intr. pron.*** *Sin.* fuggire, SPARIRE.

involàre² (pres. *-ólo*) [comp. parasint. di *volo*; a. 1793] ***intr.*** (aus. *essere*) e ***intr. pron.*** *non com.* di un aereo, prender il volo; decollare.

involgarìre (pres. *-ìsco, -ìsci*) [comp. parasint. di *volgare*; 1969] ***tr.*** far diventare volgare: *un abbigliamento che ti involgarisce* || ***intr.*** (aus. *essere*) e ***intr. pron.*** diventare volgare || **N.** *Contr.* ingentilire.

invòlgere (pres. *-òlgo* ecc., come VOLGERE) [dal lat. *involvere*; a. 1342] ***tr.*** **1.** cingere avvolgendo tutt'intorno: *involgere in un foglio di carta* **2.** *fig. non com.* coinvolgere: *involgere più persone in un danno, in un biasimo* || implicare: *questa tua domanda involge molte questioni* || ***intr. pron.*** avvilupparsi; attorcigliarsi || **N. *tr.* 1.** *Sin.* avviluppare, avvolgere, fasciare.

involgiménto [da *involgere*; a. 1340] ***sm.***

non com. l'atto e l'effetto dell'involgere.

invólo [da *involare*²; 1942] **sm.** *T.aer. non com.* decollo.

involontàrio (pl. *-ri*) [dal lat. tardo *involontārius*; a. 1306] **agg.** non volontario: *offesa involontaria, errore involontario, commettere un fallo involontario*; *muscoli involontari*, quelli la cui contrazione non è soggetta al controllo della volontà || **involontariaménte** **avv.** senza intenzione, senza farlo apposta: *urtare qualcosa involontariamente* || **N.** *Sin.* accidentale, casuale, fortuito | *Contr.* intenzionale.

involtàre (pres. *-òlto*) [da *involto*¹; sec. XIV] **tr.** *fam.* involgere; usato soltanto nel senso proprio || **rifl.** avvolgersi.

involtàta [da *involtare*; 1869] **sf.** *fam.* l'involtare in fretta e alla meglio.

involtìno (*dim.* di *invòlto*²) [a. 1676] **sm.** **1.** piccolo involto **2.** *in part. T.cuc.* piccola fetta di carne arrotolata ripiena di vari ingredienti: *involtino di prosciutto, di fesa di tacchino* || *per estens.* anche di pasta, verdure ecc.: *involtini di verza.*

invòlto¹ (*pps.* di *involgere*) [1294] **agg.** *lett.* storto, contorto: *non rami schietti ma nodosi e involti* (Dante).

invòlto² [da *involto*¹; 1494] **sm.** quantità di cose avvolte completamente in carta, stoffe e sim.: *prendi questo involto* || *non com.* involucro || *dim.* involtìno || **N.** *Sin.* cartoccio, collo, fagotto, pacco, plico.

invòlucro [dal lat. *involucrum*; 1681] **sm.** **1.** ciò che involge qualcosa; rivestimento esterno: *togliere l'involucro, un involucro di polistirolo, di carta, di plastica* || *in part. T.aer.* il complesso di tessuto o altro materiale impermeabile che trattiene il gas nell'aerostato e nel dirigibile **2.** *T.bot.* l'insieme delle brattee che circondano una infiorescenza || *involucro fiorale*, perianzio, perigonio || **N.** **1.** *Sin.* copertura, custodia, rivestimento. **TAV.** *aeronautica* 1.2.

involutivo [da *involuto*; 1963] **agg.** di involuzione: *processo involutivo.*

involùto [dal lat. *involūtus*; a. 1364] **agg.** **1.** complesso, intricato, rif. spec. al modo di esprimersi: *un discorso involuto* **2.** *ant. lett.* avvolto, involto || **N.** **1.** *Sin.* contorto, oscuro.

involutòrio (pl. *-ri*) [da *involuzione*; 1931] **agg.** proprio di un'involuzione, relativo a un'involuzione: *fase involutoria.*

involuzióne [dal lat. *involutio, -ōnis*; a. 1342] **sf.** **1.** *non com.* l'essere involuto, tortuosità: *l'involuzione di un discorso* **2.** *T.biol.* processo inverso a quello di evoluzione, per cui un organo o un organismo regredisce verso uno stato inferiore e decade: *involuzione senile* || *per estens.* ritorno a uno stadio precedente meno evoluto: *involuzione di una civiltà* **3.** *T.mat.* funzione la cui applicazione iterata ad un argomento ha come valore l'argomento stesso || **N.** **2.** *Sin.* decadenza, decadimento, declino, degenerazione, regresso.

invòlvere (pres. *-òlvo*; manca il p.rem.; pps. *involùto*) [dal lat. *involvere*; a. 1292] **tr.** involgere, trascinare con sé: *involve ogni cosa l'oblio nella sua notte* (Foscolo).

invulneràbile [dal lat. *invulnerābilis*; 1532] **agg.** **1.** che non può essere ferito: *eroe invulnerabile* **2.** *fig.* che non può essere intaccato, che non può subire offesa: *fama, onore, virtù invulnerabile*; *si crede invulnerabile a causa del posto che occupa* || **invulnerabilménte** **avv.**

invulnerabilità [da *invulnerabile*; 1869] **sf.** l'essere invulnerabile.

invulneràto [dal lat. *invulnerātus*; 1869] **agg.** *lett.* non vulnerato; illeso, salvo.

inzaccheràre (pres. *-àcchero*) [comp. parasint. di *zacchera*; 1598] **tr.** imbrattare con schizzi di fango: *inzaccherare gli stivali* || **rifl.** e **rifl. indir.** insudiciarsi, infangarsi: *guarda come ti sei inzaccherato (la giacca).*

inzafardàre (pres. *-àrdo*) [etim. inc.; 1734] **tr.** *non com.* sporcare con materie grasse, viscose.

inzavorràre (pres. *-òrro*) [comp. parasint. di *zavorra*; 1602 *insavorrare*] **tr.** caricare di zavorra.

inzeppaménto [da *inzeppare*²; a. 1798] **sm.** l'inzeppare e l'inzepparsi.

inzeppàre¹ (pres. *-éppo*) [comp. parasint. di *zeppa*; a. 1597] **tr.** mettere zeppe per stabilizzare un mobile o altro || chiudere con zeppe: *inzeppare una fessura.*

inzeppàre² (pres. *-éppo*) [comp. parasint. di *zeppo*; a. 1444] **tr.** **1.** far pieno zeppo; caricare dentro pigiando, ficcare a forza: *inzeppare un armadio di vestiti*; anche *fig.*: *inzeppare un compito di errori* **2.** *fig.* dar molto da mangiare || **rifl.** rimpinzarsi di cibo || **N.** **1.** *Sin.* colmare, riempire, stipare.

inzeppatùra [da *inzeppare*¹; 1682] **sf.** *non com.* l'atto e l'effetto dell'inzeppare¹ || *concr.* la zeppa stessa.

inzolfàre (meno com. *insolfàre*) (pres. *-ólfo*) [da *inzolfare*; sec. XV] **tr.** dare lo zolfo spec. alle viti, per preservarle dalle crittogame o da altre malattie, oppure alle botti per preservarle dalla muffa || **N.** *Sin.* solforare.

inzolfatóio (pl. *-ói*) [da *inzolfare*; sec. XV] **sm.** arnese a forma di soffietto per dare lo zolfo alle viti.

inzolfatùra [da *inzolfare*; 1869 *insolfatura*] **sf.** operazione dell'inzolfare viti o botti.

inzòlia o **insòlia** [etim. inc.; a. 1956] **sf.** *region.* vitigno coltivato spec. in Sicilia, con la cui uva si produce il marsala || *inzolia imperiale*, uva da tavola bianca detta anche *uva regina.*

inzotichìre (pres. *-ìsco, -ìsci*) [comp. parasint. di *zotico*; a. 1405] **tr.** *non com.* rendere zotico || **intr.** (aus. *essere*) e **intr. pron.** diventare zotico.

inzuccàre (pres. *-ùcco, -ùcchi*) [comp. parasint. di *zucca*; 1566] **tr.** *fam.* del vino, dare alla testa || **intr. pron.** **1.** ubriacarsi || *fig.* innamorarsi **2.** ostinarsi.

inzuccheraménto [da *inzuccherare*; a. 1667] **sm.** *non com.* l'atto e l'effetto dell'inzuccherare.

inzuccheràre (pres. *-ùcchero*) [comp. parasint. di *zucchero*; 1598] **tr.** cospargere di zucchero: *inzuccherare le fragole* || *meno com.* mettere zucchero in un liquido: *inzuccherare il caffè* || *fig.* rendere meno aspro, mitigare: *inzuccherare le parole, la voce*; *inzuccherare una critica* || **N.** *Sin.* addolcire, dolcificare, edulcorare, zuccherare; attenuare.

inzuccheràta [da *inzuccherare*; 1887] **sf.** l'inzuccherare, il cospargere velocemente con un po' di zucchero.

inzuccheratùra [da *inzuccherare*; 1679] **sf.** atto ed effetto dell'inzuccherare.

inzuppaménto [da *inzuppare*; 1666] **sm.** *non com.* l'inzuppare e l'inzupparsi.

inzuppàre [comp. parasint. di *zuppa*; a. 1342] **tr.** **1.** intingere nelle cose liquide tanto da far diventare zuppo: *inzuppare il pane nel caffè* **2.** di liquido, bagnare completamente: *la pioggia ha inzuppato il terreno* || **intr. pron.** imbeversi; bagnarsi || **N.** **tr.** **1.** *Sin.* bagnare, intingere **2.** *Sin.* imbevere, impregnare, infradiciare, intridere.

inzuppàto (*pps.* di *inzuppare*) [a. 1472] **agg.** molto bagnato, zuppo (spec. d'acqua): *panni inzuppati*; *essere tutto inzuppato.*

io (pr. ['io]) [lat. volg. *eo, class. *ego*; a. 1249 *eo*] **I** ***pron. pers. m.*** e ***f.*** di prima persona sing.; denota la persona che parla quando si riferisce a se stessa, e si usa sempre e soltanto come soggetto (nei casi obliqui si usano le forme *mi, me* (v.)) || gen. quando la persona è chiaramente indicata dal verbo viene sottinteso (*ho fatto una gita in campagna*); viene invece espresso quando vi è più di un soggetto (*io e i miei figli ci assomigliamo poco*), quando si vuole esprimere una contrapposizione (*io mi preoccupo, tu te ne infischi*) o un paragone (*non hai tanti problemi quanti ne ho io*; dopo *come* e *quanto*, se il verbo non è ripetuto si usa *me*), quando è accompagnato da *stesso, medesimo, solo, anche, nemmeno* ecc., quando ci sono forme verbali che possono creare ambiguità (*pensava che io non meritassi la sua fiducia*), quando il verbo è sottinteso (*chi ha fatto il lavoro? io*) || è spesso posposto per dare enfasi (*ci penso io, faccio tutto io, tela farò vedere io, vorrei essere io a tirarti fuori dai guai*) || può essere rafforzato dall'inciso *per me*, per quanto mi riguarda: *io per me verrei, ma il fatto è che non mi danno le ferie* || *T.bur. io sottoscritto*, formula iniziale per presentare domande, istanze, dichiarazioni e sim. || in funzione di predicato nominale: *da un po' di tempo non sono più io*, per indicare un cambiamento nel proprio modo di essere e di comportarsi; *io sono io e tu sei tu*, per sottolineare una differenza di mentalità, grado, status sociale e sim. **II** **sm.** *inv.* **1.** *com.* il proprio essere, la propria persona: *avere coscienza del proprio io, il culto dell'io, pensare solo al proprio io* || *T.fil.* il soggetto pensante inteso come fondamento del conoscere e come coscienza di sé **2.** *T.psican.* (con iniz. maiuscola) una delle tre istanze psichiche, che ha il compito di adattare l'individuo alla realtà esterna mediando fra le esigenze pulsionali dell'*Es* e le imposizioni del *Super-Io* || **N.** II **2.** *Sin.* ego. **Q.T.** *psicanalisi.*

-ìo [forse dal lat. *-ērium*] **suff.** forma sostantivi m. deverbali di valore frequentativo-intensivo, indicanti un'azione ripetuta (spec. in riferimento alla percezione uditiva): *brulichio, calpestio, miagolio, mormorio.*

iòd [dall'ebr. *yōd*, n. della decima lettera dell'alfabeto ebraico; a. 1889] **sm.** nome della decima lettera dell'alfabeto fenicio e di quello ebraico || *per estens.* ogni tipo di *i* con valore di semiconsonante.

iodàto [comp. di *iod(io)* e *-ato*; 1820 come sm.] **I** **agg.** che contiene iodio: *acqua iodata* **II** **sm.** *T.chim.* qualunque sale formato dall'acido iodico.

iòdico (pl. *-ci*) [da *iodio*; 1833] **agg.** a base di iodio: *soluzione iodica* || *T.chim.* detto di qualunque composto dello iodio pentavalente: *acido iodico.*

iodìdrico (pl. *-ci*) [comp. di *iod(io)* e *idrico*; 1869] **agg.** *acido iodidrico*, acido monobasico gassoso, composto di un atomo di iodio e uno di idrogeno.

iodìfero [comp. di *iodi(o)* e *-fero*; 1970] **agg.** che contiene iodio.

iòdio [dal gr. *iōdēs*, attr. il fr. *iode*; 1815 *iode*] **sm.** *T.chim.* elemento chimico, metalloide, di aspetto cristallino, grigiastro con lucentezza metallica, che ha varie applicazioni anche in medicina || *tintura di iodio*, la soluzione alcolica di iodio che si usa comunemente come antisettico.

iodìsmo [da *iodio*; 1869] **sm.** *T.med.* intossicazione cronica da preparati iodici.

iodofòrmio [da *iodio*, sul modello di *cloroformio*; 1869] **sm.** *T.chim.* composto chimico solido, di colore giallo, usato come antisettico.

iodoterapìa [comp. di *iod(i)o* e *terapia*; 1957] **sf.** *T.med.* terapia effettuata per mezzo di preparati che contengono iodio.

ioduràre (pres. *-ùro*) [da *ioduro*; 1869] **tr.** *T.chim.* introdurre uno o più atomi di iodio nella molecola di un composto organico.

iodurazióne [da *iodurare*; 1957] **sf.** *T.chim.* operazione dello iodurare.

iodùro [comp. di *iod(io)* e *-uro*; 1820] **sm.** *T.chim.* qualunque sale dell'acido iodidrico: *ioduro di sodio, di potassio, d'argento.*

iòga v. YOGA.

ioglòsso [comp. del gr. *hyo(eidḗs)*, ioide e un

der. di *glôssa*, lingua; 1887] **agg.** *T.anat.* *muscolo ioglosso* (o **sm.** *ioglosso*) muscolo che collega l'osso ioide alla faccia inferiore della lingua.

iògurt v. YOGURT.

iòide [dal gr. *hyoeidēs*; 1584] **agg.** e **sm.** *T.anat.* detto di un piccolo osso che ha la forma simile a una forcella, ed è posto tra la base della lingua e la laringe.

ioidèo [da *ioide*; 1834] **agg.** *T.anat.* relativo allo ioide, proprio dello ioide.

iò-iò **sm.** adattamento di *yo-yo* (v.).

iòle o **yole** [dall'olandese *jolle*, attr. il fr. *iol*; 1798 *iol*] **sf.** *inv.* *T.mar.* imbarcazione da diporto o da regata, snella, leggerissima, per due o più coppie di vogatori || imbarcazione a remi in dotazione sulle navi mercantili; palinschermo.

iolìte [comp. dal gr. *íon*, viola (per il colore) e dall'it. *-lite*; 1819] **sf.** *T.min.* cordierite.

iòlla [dall'ingl. *yawl*, piccola imbarcazione; 1905] **sf.** imbarcazione a vela, da regata o da crociera.

ionadàttico (pl. *-ci*) [forse comp. di *ionico*[1] e *attico*; a. 1673] **agg.** e **sm.** gergo scherzoso formato da vocaboli che iniziano con le stesse lettere di quelli veramente occorrenti (*arciconigli* per *arciconsoli*).

ióne [dall'ingl. *ion*; 1875] **sm.** *T.chim.* e *T.fis.* atomo o gruppo di atomi con carica elettrica totale non nulla dovuta alla perdita o all'acquisto di uno o più elettroni; se la carica elettrica è positiva si chiama *catione*, se è negativa *anione*. **Q.T.** *chimica*.

-ióne [variante di *-zione*] **suff.** variante di *-zione* (v.) indotta dal pps. irregolare (*discussione, divisione, fusione, immersione, invasione*) o dalla base dotta (*accensione, aggressione, scansione, trasmissione*) di alcuni verbi in *-ere* o *-ire*.

iònico[1] (pl. *-ci*) [dal lat. *Iōnicus*, gr. *iōnikós*; 1436] **I agg.** *T.stor.* della Ionia, regione della costa asiatica dell'Egeo || degli Ioni, stirpe greca insediata nella Ionia, nell'Attica e nell'Eubea: *civiltà, arte ionica* || *T.ling.* *dialetto ionico*, uno dei principali gruppi di dialetti della Grecia antica, non dissimile dall'attico; è la lingua dei poemi omerici e di Erodoto || *T.metr.* *metro ionico*, metro della poesia greca e latina composto da quattro sillabe, due brevi e due lunghe o viceversa || *T.arch.* *ordine ionico*, uno dei cinque ordini dell'architettura classica, che ha il capitello a volute || *T.fil.* *scuola ionica*, il gruppo dei filosofi presocratici originari delle colonie ioniche dell'Asia Minore || *periodo ionico*, il periodo più antico della letteratura greca classica **II sm.** **1.** dialetto ionico **2.** metro ionico. **TAV.** ***architettura*** **p. 646** 3.

iònico[2] (pl. *-ci*) [dal lat. *Iōnicus*, gr. *Iōnikós*; a. 1642] **agg.** **1.** *T.geogr.* del mar Ionio, relativo al mar Ionio: *coste ioniche* **2.** *T.geogr.* delle isole Ionie, relativo alle isole Ionie.

iònico[3] (pl. *-ci*) [da *ione*; 1933] **agg.** *T.chim.* e *T.fis.* relativo agli ioni, proprio degli ioni: *legame ionico*.

iònio[1] (pl. *-ni* o *-nii*) [dal lat. *Iōnium*, gr. *Iónios*; a. 1855] **agg.** ionico, della Ionia o degli Ioni.

iònio[2] (pl. *-ni* o *-nii*) [dal lat. *Iōnium*, gr. *Iónios*; a. 1749] **agg.** **1.** proprio del mar Ionio: *coste ionie* **2.** proprio delle isole Ionie.

iònio[3] [da *ione*; 1935] **sm.** *T.chim.* e *T.fis.* elemento radioattivo, che si forma per disintegrazione naturale dell'uranio.

ionìsmo [da *ionico*; 1869] **sm.** elemento linguistico di origine ionica inserito in un testo scritto in un altro dialetto greco.

ionizzàre [da *ione*; 1933] **tr.** *T.chim.* e *T.fis.* produrre ioni da atomi o molecole elettricamente neutri: *ionizzare un gas*.

ionizzazióne [da *ionizzare*; 1903] **sf.** *T.chim.* e *T.fis.* processo di formazione di ioni in soluzioni elettrolitiche, o dovuto a radiazioni, scariche elettriche, collisioni con particelle ecc. || *energia di ionizzazione*, l'energia necessaria a spezzare i legami fra l'elettrone e l'atomo di cui fa parte. **Q.T.** *chimica*.

ionoforèsi [comp. di *ione* e *-foresi*; 1957] **sf.** **1.** ionoterapia **2.** elettroforesi.

ionóne [comp. del gr. *íon*, viola e *-one*; 1952] **sm.** *T.chim.* composto chimico di cui esistono due forme isomere α e β, che opportunamente diluite e miscelate hanno odore di violetta e vengono largamente impiegate nell'industria dei profumi.

ionosfèra [comp. di *ione* e (*atmo*)*sfera*; 1949] **sf.** la parte dell'atmosfera al di sopra dei 60 chilometri di altezza sul livello marino, cosiddetta perché fortemente ionizzata dalle radiazioni ultraviolette del sole. **Q.T.** *geologia* **TAV.** ***meteorologia*** **p. 1321** 1.3.

ionosfèrico (pl. *-ci*) [da *ionosfera*; 1957] **agg.** relativo alla ionosfera, proprio della ionosfera.

ionoterapìa [comp. di *ione* e *terapia*; 1957] **sf.** *T.med.* terapia realizzata per immissione di ioni, spec. di ossigeno, attraverso la cute.

iósa [etim. inc.; a. 1484] solo nella **loc. avv.** *a iosa*, in gran quantità, in sovrabbondanza: *averne a iosa*.

iosciamina [comp. del lat. scient. *hyoschyamus*, giusquiamo e *-ina*; 1869] **sf.** *T.chim.* alcaloide presente nel giusquiamo e nella belladonna, usato come antispasmodico e sedativo.

iòta [dal gr. *iôta*, lettura della lettera ι; sec. XIV] **sm.** o **sf.** *inv.* nome della nona lettera dell'alfabeto greco, che corrisponde alla nostra *i* || *fig.* *disus.* *non sapere, non valere un iota*, un'acca, niente.

iotacìsmo [dal lat. tardo *iotacismum*, gr. *iōtakismós*; 1803 nel senso 2] **sm.** **1.** *T.filol.* errore di scrittura, frequente nei manoscritti greci, dovuto alla sostituzione della lettera iota al posto di altre vocali o dittonghi che avevano assunto, in epoca bizantina, la stessa pronuncia **2.** *T.ling.* itacismo.

ipàllage [dal lat. *hypallage*, gr. *hypallagḗ*; 1559] **sf.** *T.ret.* figura retorica per cui si scambia la relazione sintattica e semantica tra due parole di un costrutto (per es. *dare i venti alle vele*, invece di *dar le vele ai venti*) || *ipallage dell'aggettivo*, figura retorica che consiste nel riferire l'agg. al complemento di specificazione anziché al determinato (per es. *l'attesa dell'interminabile morte* anziché *l'attesa interminabile della morte*) o viceversa nel riferire l'agg. al determinato quando dovrebbe riferirsi al determinante come in *gli alberi discorrono col trito mormorio della rena* (Montale).

ipecacuàna [dal guarani *ipecacuanha*, attr. il port. *ipecacuanha*; a. 1718] **sf.** pianta delle Rubiacee, dell'America meridionale, dalla cui radice si estrae un emetico || la sostanza estratta dalle radici di tale pianta e usata come emetico o come espettorante.

ìper- [dal gr. *hypér*, sopra] **pref.** forma parole appartenenti soprattutto alla terminologia scientifica e spec. medica, o alla lingua dotta nelle quali ha il valore di "sopra", "oltre" ed esprime abbondanza, eccesso, qualità e condizioni superiori al normale (per es. *ipertensione, ipercritico, ipersensibile, ipermetrope*) || in vari casi si alterna con *super* formando coppie di sinonimi.

iperacidità [comp. di *iper-* e *acidità*; 1931] **sf.** *T.med.* ipercloridria.

iperacusìa [comp. di *iper-* e gr. *ákousis*, udito; 1834 *iperacusi*] **sf.** *T.med.* aumento anormale della facoltà uditiva || **N.** *Contr.* ipoacusia.

iperacùto [comp. di *iper-* e *acuto*; 1952] **agg.** *T.med.* si dice di malattia che si manifesta in forma eccezionalmente acuta e con decorso più rapido.

iperalgesìa [comp. di *iper-* e *algesia*; 1940] **sf.** *T.med.* sovreccitazione patologica della sensibilità dolorifica.

iperalgèsico (pl. *-ci*) [da *iperalgesia*; 1940] **agg.** *T.med.* relativo a iperalgesia.

iperalimentazióne [comp. di *iper-* e *alimentazione*; 1905] **sf.** *T.med.* alimentazione abbondante e più sostanziosa del solito || **N.** *Sin.* ipernutrizione, superalimentazione.

iperazotemìa [comp. di *iper-* e *azotemia*; 1937] **sf.** *T.med.* aumento patologico dell'azotemia.

ipèrbato [dal lat. *hyperbaton*, gr. *hypérbaton*; 1559] **sm.** *T.ret.* figura per cui si inverte l'ordine naturale delle parole in un periodo, per dare maggiore evidenza a una parte sull'altra; per es.: *la libera dei padri arte fiori* (Carducci).

ipèrbole [dal lat. *hyperbole*, gr. *hyperbolḗ*; a. 1375] **sf.** **1.** *T.ret.* figura retorica frequente anche nel linguaggio comune, con cui si esagera per eccesso o per difetto un concetto, talvolta fino all'inverosimile, per fini espressivi (come in *è una vita che ti aspetto, sono stanco da morire, ci metto un secondo*) **2.** *T.mat.* curva piana risultante dall'intersezione di un piano con un cono circolare, quando il piano è parallelo all'asse del cono || **N.** **1.** esagerazione **2.** conica. **TAV.** *geometria* 13.

iperboleggiàre (pres. *-éggio*) [da *iperbole*; a. 1642] **intr.** (aus. *avere*) usare iperboli nell'esprimersi.

iperbolicità [da *iperbolico*; 1957] **sf.** l'essere iperbolico.

iperbòlico (pl. *-ci*) [dal lat. *hyperbolicus*, gr. *hyperbolikós*; sec. XIV] **agg.** **1.** relativo all'iperbole, che costituisce un'iperbole (nel senso 1): *espressione iperbolica*; che fa uso di iperboli: *linguaggio iperbolico* || *per estens.* esagerato, eccessivo: *promesse, lodi iperboliche* **2.** che si riferisce all'iperbole matematica o è in relazione con l'iperbole e l'equazione che la rappresenta: *curva iperbolica, paraboloide iperbolico* || **iperbolicaménte** **avv.** **1.** per iperbole, ricorrendo a iperboli: *parlare iperbolicamente* **2.** in modo esagerato: *una cifra iperbolicamente elevata*.

iperbòreo [dal lat. *hyperboreus*, gr. *hyperbóreos*; sec. XIV] **agg.** *lett.* che è posto all'estremo settentrione.

ipercalcemìa [comp. di *iper-* e *calcemia*; 1957] **sf.** *T.med.* aumento della quantità di calcio nel sangue.

ipercalòrico (pl. *-ci*) [comp. di *iper-* e *calorico*; 1957] **agg.** che fornisce un numero di calorie molto elevato: *alimento ipercalorico, dieta ipercalorica*.

ipercapnìa [comp. di *iper-* e un der. del gr. *kapnós*, fumo; 1929] **sf.** *T.med.* aumento dell'anidride carbonica nel sangue.

ipercatalèttico (pl. *-ci*) [dal lat. *hypercatalecticus*; 1820] **agg.** *T.metr.* detto di verso risultante dall'aggiunta di un elemento in più rispetto a uno schema metrico determinato || **N.** *Sin.* ipermetro.

ipercinèsi [comp. di *iper-* e *-cinesi*; 1834 *ipercinesia*] **sf.** *T.med.* aumento dell'attività motoria di un organo contrattile, dovuto a cause patologiche.

ipercinesìa v. IPERCINESI.

ipercloridrìa [comp. di *iper-* e *cloridria*; 1902] **sf.** *T.med.* eccesso di acido cloridrico nel succo gastrico, con turbamento delle funzioni digestive || **N.** *Sin.* iperacidità | *Contr.* ipocloridria.

ipercorrettìsmo [comp. di *iper-* e *correttismo*; 1957] **sm.** *T.ling.* errore linguistico dovuto a sostituzione di una forma esatta con una errata, poiché, per motivi di analogia, la prima viene ritenuta scorretta || *concr.* la forma ipercorretta.

ipercorrètto [comp. di *iper-* e *corretto*; 1952] **agg.** *T.ling.* di forma o pronuncia caratterizzata da ipercorrezione.

ipercorrezióne [comp. di *iper-* e *correzione*; 1942] **sf.** *T.ling.* erronea correzione di una forma o di una pronuncia esatta, ritenuta scorretta per apparente analogia con altre forme simili realmente scorrette (per es. la grafia *avvallare* per il corretto *avallare* in scritture italiane settentrionali, nelle quali si verifica la tendenza a scempiare le consonanti in italiano regolarmente geminate).

ipercrìtica [comp. di *iper-* e *critica*; 1917] **sf.** critica troppo severa e poco costruttiva.

ipercriticismo [comp. di *iper-* e *criticismo*; 1924] **sm.** tendenza o abitudine alla critica eccessiva.

ipercrìtico (pl. *-ci*) [comp. di *iper-* e *critico*; 1639] **I agg.** che eccede nella critica, essendo troppo severo e minuzioso: *esame, atteggiamento ipercritico* **II sm.** (f. *-a*) persona eccessivamente critica verso gli altri o anche verso se stesso || **N.** I *Sin.* pedantesco, pignolo.

ipercromìa [comp. di *iper-* e un der. del gr. *chrôma, -ātos*; 1952] **sf.** *T.med.* **1.** aumento della pigmentazione cutanea **2.** aumento del contenuto di emoglobina nei globuli rossi.

iperdattilìa [comp. di *iper-* e un der. del gr. *dáktylos*, dito; 1957] **sf.** *T.med.* malformazione congenita per cui le mani o i piedi presentano un numero di dita superiore a cinque || **N.** *Sin.* polidattilia | *Contr.* ipodattilia.

iperdulìa [comp. di *iper-* e *dulia*; a. 1492] **sf.** *T.eccl.* il culto particolare che si rende alla Vergine, superiore a quello che si rende ai Santi.

ipereccitàbile [comp. di *iper-* e *eccitabile*; 1955] **agg.** *T.med.* troppo facilmente eccitabile || **N.** *Sin.* sovreccitabile.

ipereccitabilità [da *ipereccitabile*; 1955] **sf.** l'essere ipereccitabile.

iperemèsi [comp. di *iper-* e del gr. *émesis* vomito; 1828] **sf.** *T.med.* sindrome caratterizzata da vomito persistente e incontrollabile: *iperemesi gravidica.*

iperemìa [comp. di *iper-* e *-emia*; 1829] **sf.** *T.med.* aumento anormale dell'afflusso di sangue in un organo o in un tessuto || **N.** *Contr.* ipostasi.

iperèmico (pl. *-ci*) [da *iperemia*; 1911] **agg.** *T.med.* affetto da iperemia.

iperergìa (pl. *-gìe*) [comp. di *iper-* e *(all)ergia*; 1957] **sf.** *T.med.* reazione eccessiva dell'organismo a un determinato stimolo.

iperestesìa [comp. di *iper-* e *-estesia*; 1828] **sf.** *T.med.* sovreccitazione anormale della sensibilità generale o locale: *iperestesia uditiva, cutanea* || **N.** *Sin.* ipersensibilità.

iperfocàle [comp. di *iper-* e *focale*; 1957] **agg.** *T.fot.* *distanza iperfocale*, la distanza minima a cui devono essere disposti gli oggetti perché se ne possa avere una immagine nitida con obiettivo messo a fuoco sull'infinito.

iperfunzionànte [comp. di *iper-* e *funzionante*; 1957] **agg.** *T.med.* che presenta iperfunzione, rif. spec. a ghiandole.

iperfunzióne [comp. di *iper-* e *funzione*; 1957] **sf.** *T.med.* attività di un organo che sorpassa i limiti della normalità: *iperfunzione della tiroide.*

iperglicemìa [comp. di *iper-* e *glicemia*; 1899] **sf.** *T.med.* aumento patologico del glucosio contenuto nel sangue || **N.** *Contr.* ipoglicemia.

iperglicèmico (pl. *-ci*) [da *iperglicemia*; 1983] **agg.** *T.med.* relativo a iperglicemia, proprio di iperglicemia; causato da iperglicemia || **N.** *Contr.* ipoglicemico.

iperglobulìa [comp. di *iper-* e un der. di *globulo*; 1957] **sf.** *T.med.* aumento patologico dei globuli rossi nel sangue || **N.** *Contr.* ipoglobulia.

ipèrgolo [comp. di *iper-* e di un der. del gr. *érgon*, lavoro, attr. l'ingl. *hypergol*; 1949] **sm.** prodotto combustibile, usato nella propulsione a razzo, costituito da un liquido che, a contatto con altro propellente analogo, si infiamma.

Ipericàcee [comp. di *iperico* e *-acee*; 1957] **sf. pl.** *T.bot.* famiglia di piante dicotiledoni.

ipèrico (pl. *-ci*) [dal lat. *hypericon*, gr. *hyperikón*; sec. XIV *ipericon*] **sm.** *T.bot.* genere di piante erbacee con fiori gialli; alcune specie hanno proprietà medicinali || **N.** *Sin.* cacciadiavoli.

iperidròsi [comp. di *iper-* e un der. del gr. *hidrōs*; 1828 *iperidrosi*] **sf.** **1.** *T.med.* abbondante, eccessiva secrezione di sudore **2.** *T.bot.* eccessiva abbondanza di acqua in un organo o in un tessuto vegetale.

iperleucocitòsi [comp. di *iper-* e *leucocitosi*; 1970] **sf.** *T.med.* aumento patologico del numero dei globuli bianchi del sangue.

iperlipemìa [comp. di *iper-* e *lipemia*; 1967] **sf.** *T.med.* aumento patologico dei lipidi contenuti nel sangue.

ipermenorrèa [comp. di *iper-* e *menorrea*; 1967] **sf.** *T.med.* menorragia.

ipermercàto [comp. di *iper-* e *mercato*; 1973] **sm.** grande supermercato situato nelle periferie delle città o presso grossi snodi di comunicazione.

ipermetrìa [da *ipermetro*; 1957] **sf.** **1.** *T.med.* sintomo di lesione del cervelletto consistente in una incapacità a dare misura al movimento, cosicché questo risulta esagerato nella forza o nell'estensione **2.** *T.metr.* proprietà di un verso di essere ipermetro.

ipèrmetro [dal lat. *hypermetrum*, gr. *hypérmetros*; 1726] **agg.** *T.metr.* *in gen.* di verso che supera la misura ordinaria; *in part.* di verso greco o latino con una sillaba in più, che veniva gen. elisa dall'incontro con la vocale iniziale del verso seguente || **N.** *Sin.* ipercatalettico.

ipermètrope [da *ipermetropia*; 1933] **agg.** e **s.** *T.med.* che o chi è affetto da ipermetropia: *occhio, persona ipermetrope* || **N.** *Sin.* presbite | *Contr.* ipometrope, miope.

ipermetropìa [comp. del gr. *hypérmetros*, che passa la misura e gr. *ṓps, ōpós*, vista; 1822] **sf.** *T.med.* difetto della vista per cui le immagini degli oggetti si formano oltre la retina, cosicché la visione degli oggetti vicini risulta sfocata || **N.** *Sin.* presbiopia | *Contr.* ipometropia, miopia.

ipermnesìa [comp. di *iper-* e *-mnesia*; 1940] **sf.** *T.med.* sovreccitazione anormale della memoria che si riscontra spec. nelle sindromi maniacali || **N.** *Contr.* amnesia.

ipernutrizióne [comp. di *iper-* e *nutrizione*; 1917] **sf.** *T.med.* nutrizione più abbondante e sostanziosa della normale a scopo terapeutico || **N.** *Sin.* superalimentazione.

iperóne [comp. di *iper-* e *-one*; 1957] **sm.** *T.fis.* nome generico delle particelle elementari con massa superiore a quella di un neutrone.

iperonimìa [da *iperonimo*; 1977] **sf.** *T.ling.* la relazione inversa dell'iponimia, cioè quella tra una parola di significato più comprensivo e una di significato più specifico (per es. *fiore* rispetto a *viola*). **Q.T.** *linguistica.*

iperònimo [comp. di *iper-* e *-onimo*; 1977] **sm.** *T.ling.* vocabolo il cui significato copre tutta l'area di riferimento di altri vocaboli dal significato più specifico, detti *iponimi* (per es. *imbarcazione* è iperonimo di *barca, battello, nave*).

iperopìa [comp. di *iper-* e *-opia*; 1957] **sf.** *T.med.* ipermetropia.

iperossiemìa [comp. di *iper-*, *ossi(geno)* e *-emia*; 1957] **sf.** *T.med.* eccessivo aumento della quantità di ossigeno presente nel sangue.

iperostòsi [comp. di *iper-*, gr. *ostéon*, osso e *-osi*; 1834] **sf.** *T.med.* inspessimento osseo diffuso o circoscritto.

iperpiressìa [comp. di *iper-* e *piressia*; 1957] **sf.** *T.med.* forte aumento della temperatura corporea che si verifica perlopiù nel corso delle malattie infettive più gravi.

iperplasìa [comp. di *iper-* e *-plasia*; 1884] **sf.** *T.med.* aumento del volume di un organo o di un tessuto, dovuto alla moltiplicazione delle cellule costitutive || **N.** *Sin.* ipertrofia.

iperpnèa [comp. di *iper-* e *-pnea*; 1957] **sf.** *T.med.* aumento della ventilazione polmonare.

iperprotèico (pl. *-ci*) [comp. di *iper-* e *proteico*; 1973] **agg.** che presenta un alto contenuto di proteine: *alimenti iperproteici* || **N.** *Contr.* ipoproteico.

iperrealìsmo [comp. di *iper-* e *realismo*; 1973] **sm.** *T.art.* movimento pittorico sorto negli Stati Uniti negli anni Settanta, nel quale la realtà veniva rappresentata in maniera quasi fotografica, spesso con un'intensificazione ottica tale da far assumere all'oggetto un aspetto quasi irreale || realismo molto accentuato.

iperrealìsta [da *iperrealismo*; 1973] **s.** *T.art.* seguace dell'iperrealismo.

iperrealìstico (pl. *-ci*) [da *iperrealista*; 1976] **agg.** proprio dell'iperrealismo, relativo all'iperrealismo || ispirato alle tecniche dell'iperrealismo.

ipersensìbile [comp. di *iper-* e *sensibile*; 1920] **agg.** e **s.** **1.** che o chi possiede una sensibilità eccessiva || *per estens.* detto di persona molto suscettibile **2.** *T.med.* affetto da iperestesia.

ipersensibilità [comp. di *iper-* e *sensibilità*; 1911] **sf.** **1.** eccessiva sensibilità **2.** *T.med.* iperestesia.

ipersònico (pl. *-ci*) [comp. di *iper-* e *sonico*; 1950] **agg.** *T.fis.* in aerodinamica, di velocità, che è molto superiore a quella delle onde sonore (è usato gen. per velocità più elevate di quella supersonica).

ipersostentàre (pres. *-ènto*) [comp. di *iper-* e *sostentare*; 1970] **tr.** *T.aer.* sottoporre a ipersostentazione, fornire di ipersostentazione.

ipersostentatóre [comp. di *iper-* e *sostentatore*; 1955] **sm.** e **agg.** (f. *-trìce*) *T.aer.* di dispositivo automatico, perlopiù connesso al bordo dell'ala, che, in partenza e in atterraggio, ne aumenta la portanza; *ala ipersostentatrice*, provvista di tale dispositivo. **TAV.** *aeronautica* 4.13.

ipersostentazióne [comp. di *iper-* e *sostentazione*; 1948] **sf.** *T.aer.* incremento delle capacità di sostentazione delle ali di un velivolo, ottenuta con dispositivi ipersostentatori, quali alette, deflettori ecc.

iperspàzio (pl. *-zi*) [comp. di *iper-* e *spazio*; 1940] **sm.** **1.** *T.mat.* spazio astratto a più di tre dimensioni **2.** nella fantascienza, spazio interstellare nel quale si potrebbe viaggiare a velocità più elevate di quella della luce.

iperstàtico (pl. *-ci*) [comp. di *iper-* e *statico*; 1908] **agg.** nella scienza delle costruzioni, detto di sistema di corpi metallici avente vincoli sovrabbondanti rispetto al minimo occorrente per garantire un equilibrio stabile || **N.** isostatico.

iperstenìa [comp. di *iper-* e *stenia*; 1822] **sf.** *T.med.* forte aumento della forza muscolare.

ipersuòno [comp. di *iper-* e *suono*; 1963] **sm.** *T.fis.* ultrasuono a frequenza molto alta.

ipersurrenalìsmo [comp. di *iper-*, *surrenale* e *-ismo*; 1933] **sm.** *T.med.* eccessivo aumento dell'attività delle ghiandole surrenali || **N.** *Contr.* iposurrenalismo.

ipertensióne [comp. di *iper-* e *tensione*; 1901] **sf.** *T.med.* aumento anormale della pressione sanguigna in determinate cavità dell'organismo: *ipertensione endocranica* || *in gen.* alta pressione sanguigna || **N.** *Contr.* ipotensione.

ipertensìvo [da *ipertensione*; 1933] **I agg.** **1.** *T.med.* relativo all'ipertensione, caratterizzato da aumento della pressione arteriosa: *stato ipertensivo* **2.** *T.med.* e *T.farm.* che provoca aumento della pressione arteriosa **II** *sm.* sostanza, farmaco che provoca aumento della pressione arteriosa.

ipertermìa [comp. di *iper-* e *-termia*; 1952] *sf.* *T.med.* aumento della temperatura corporea oltre i limiti fisiologici, per varie cause || **N.** *Sin.* febbre.

iperténso [comp. di *iper-* e *teso*; 1942] *agg.* e *sm.* (f. *-a*) *T.med.* malato di ipertensione || **N.** *Contr.* ipoteso.

ipertiroidèo [comp. di *iper-* e *tiroideo*; 1933] *agg.* e *sm.* (f. *-a*) *T.med.* affetto da ipertiroidismo.

ipertiroidismo [comp. di *iper-* e *tiroidismo*; 1913] *sm.* *T.med.* disfunzione organica consistente in una attività eccessiva della ghiandola tiroide.

ipertonìa [comp. di *iper-* e un der. di *tono*; 1834] *sf.* *T.med.* aumento del tono muscolare || **N.** *Contr.* ipotonia.

ipertònico (pl. *-ci*) [da *ipertonia*; 1834] *agg.* **1.** *T.med.* di ipertonia, che presenta ipertonia **2.** *T.chim.* detto di soluzione a pressione osmotica più elevata rispetto a un'altra.

ipertòssico (pl. *-ci*) [comp. di *iper-* e *tossico*; 1957] *agg.* *T.med.* che provoca un'intossicazione di forte intensità.

ipertricòsi [comp. di *iper-* e *tricosi*; 1895] *sf. inv.* sviluppo anormale, esagerato, di peli sul corpo || **N.** *Sin.* dasite.

ipertrofìa [comp. di *iper-* e *-trofia*; 1828] *sf.* **1.** *T.med.* sviluppo eccessivo di un tessuto, di un organo dovuto ad aumento di volume delle cellule che lo costituiscono **2.** *per estens.* nel linguaggio comune, sviluppo eccessivo e dannoso: *l'ipertrofia del settore terziario può causare degli squilibri.*

ipertròfico (pl. *-ci*) [da *ipertrofia*; 1905] *agg.* **1.** *T.med.* d'ipertrofia, che presenta ipertrofia: *fegato ipertrofico* **2.** che si è sviluppato eccessivamente: *una burocrazia ipertrofica* || **N. 2.** *Sin.* eccessivo, pletorico, sproporzionato.

ipertrofizzàrsi [da *ipertrofico*; 1957] *intr. pron.* *T.biol.* diventare ipertrofico.

iperurànio (pl. *-ni*) [dal gr. *hyperouránios*; a. 1852] **I** *agg. lett.* che si trova al di là del cielo **II** *sm.* *T.fil.* nella filosofia platonica, luogo ideale, fuori dello spazio sensibile, dove risiedono le idee.

iperurbanésimo o **iperurbanismo** [comp. di *iper-* e *urbanesimo*; 1942] *sm.* *T.ling.* ipercorrettismo dovuto alla correzione di pronunce e forme dialettali per imitazione di un modello linguistico cittadino.

iperuricemìa [comp. di *iper-* e *uricemia*; 1957] *sf.* *T.med.* aumento della concentrazione di acido urico nel sangue.

ipervitamìnico (pl. *-ci*) [comp. di *iper-* e *vitaminico*; 1957] *agg.* particolarmente ricco di vitamine || *T.med.* *dieta ipervitaminica*, cura per chi è affetto da avitaminosi.

ipervitaminòsi [comp. di *iper-* e *(a)vitaminosi*; 1927] *sf.* *T.med.* intossicazione dovuta ad un'eccessiva assunzione di vitamine.

ipervolemìa [comp. di *iper-*, *vol(ume)* e *-emia*; 1987] *sf.* *T.med.* aumento del volume totale del sangue nell'organismo.

ipètro [dal gr. *hýpaithros*, a cielo scoperto; a. 1527] *agg.* *T.archeol.* di edificio greco, spec. tempio, la cui parte centrale è priva di tetto.

ìpno- [dal gr. *hýpnos*, sonno] *primo elem.* che, in parole composte della terminologia scientifica, vale "sonno": **ipnògeno, ipnoterapìa**.

ipnoanàlisi [comp. di *ipno-* e *analisi*; 1949] *sf.* *T.psic.* terapia psicanalitica basata sull'applicazione dell'ipnosi.

ipnopedìa [comp. di *ipno-* e gr. *paidéia*, educazione; 1942] *sf.* tecnica di insegnamento nel sonno consistente nell'uso di speciali foniriproduttori.

ipnòsi [dal fr. *hypnose*; 1905] *sf.* stato psicofisico simile al sonno, ottenuto artificialmente da un operatore o dal soggetto stesso, durante il quale diminuisce la capacità critica e aumenta la suggestionabilità || **N.** *Sin.* catalessi, *trance*.

ipnòtico (pl. *-ci*) [dal fr. *hypnotique*; 1820] **I** *agg.* **1.** di ipnosi o di ipnotismo: *stato ipnotico* **2.** *T.med.* che provoca il sonno: *farmaco ipnotico* **3.** *per estens.* irresistibile, ammaliante: *sguardo, fascino ipnotico* || **ipnoticaménte** *avv.* **1.** mediante ipnotismo: *lo indusse ipnoticamente ad eseguire l'ordine* **2.** come in stato di ipnosi: *obbediva ipnoticamente* **II** *sm.* sonnifero || **N. II** *Sin.* narcotico.

ipnotismo [dal fr. *hypnotisme*; 1887] *sm.* tecnica e pratica dell'ipnosi || insieme di fenomeni collegati all'ipnosi.

ipnotizzàre [dal fr. *hypnotiser*; 1887] *tr.* **1.** far cadere una persona in stato ipnotico **2.** *fig.* attrarre, affascinare, incantare: *un oratore che ipnotizza l'uditorio* || **N. 2.** *Sin.* ammaliare, stregare, suggestionare.

ipnotizzatóre [dal fr. *hypnotiseur*; 1910] *sm.* (f. *-trice*) chi ipnotizza; *in part.* artista di varietà che si esibisce in spettacoli basati su fenomeni di ipnotismo.

ìpo- [dal gr. *hypó*, sotto] *pref.* **1.** forma parole composte della terminologia scientifica e spec. medica nelle quali ha il valore di "sotto" (*ipocentro*) o esprime diminuzione, grado e quantità inferiori alla norma (*ipocloridria, ipotonico, ipoalimentazione*); spesso è contrapposto a *iper* **2.** nella terminologia chimica, tra i composti inorganici ossigenati di un elemento con più di due gradi di ossidazione, indica il composto con numero di ossidazione più basso (*ipofosfato, iposolfito*); in quest'uso si contrappone a *per-*.

ipoacusìa [comp. di *ipo-* e gr. *ákousis*, udito; 1935] *sf.* *T.med.* indebolimento della facoltà uditiva.

ipoalgesìa [comp. di *ipo-* e *algesia*; 1940] *sf.* *T.med.* diminuzione della sensibilità dolorifica.

ipoalimentazióne [comp. di *ipo-* e *alimentazione*; 1933] *sf.* *T.med.* scarsa alimentazione.

ipoazotide [comp. di *ipo-* e un der. di *azoto*; 1957] *sf.* *T.chim.* composto inorganico dell'azoto formato da due atomi di azoto e quattro di ossigeno che si presenta come un gas di colore rosso-bruno.

ipocalòrico (pl. *-ci*) [comp. di *ipo-* e *calorico*; 1957] *agg.* *T.med.* si dice di alimentazione che apporta un quantitativo insufficiente di calorie.

ipocàusto [dal lat. *hypocāustum*, gr. *hypókauston*; 1499] *sm.* *T.archeol.* nelle antiche terme e nelle ville private, spazio vuoto a volta, sotto il pavimento della stanza, nel quale il calore giungeva dal forno propriamente detto, e attraverso un sistema di canali e tubi riscaldava gli ambienti.

ipocèntro [comp. di *ipo-* e *centro*; 1917] *sm.* *T.geol.* il punto del sottosuolo dove ha origine un terremoto e da cui si propagano le onde sismiche || **N.** epicentro.

ipociclòide [comp. di *ipo-* e *cicloide*; 1950] *sf.* *T.geom.* curva piana descritta da un punto rigidamente collegato a un cerchio che rotola su una circonferenza che lo contiene.

ipocinesìa [comp. di *ipo-* e un der. del gr. *kínēsis*, movimento; 1952] *sf.* *T.med.* diminuzione dell'attività motoria di un organo contrattile.

ipocinètico (pl. *-ci*) [comp. di *ipo-* e *cinetico*; 1957] *agg.* *T.med.* proprio dell'ipocinesia.

ipocloridrìa [comp. di *ipo-* e un der. di *cloridrico*; 1933] *sf.* *T.med.* diminuzione della concentrazione di acido cloridrico nei succhi gastrici, con turbamento delle funzioni digestive || **N.** *Contr.* ipercloridria.

ipoclorito [comp. di *ipo-* e un der. di *cloro*; 1869] *sm.* *T.chim.* qualunque sale derivante dall'acido ipocloroso; alcuni, con forte potere ossidante, sono usati come candeggianti.

ipoclorόso [comp. di *ipo-* e un der. di *cloro*; 1869] *agg.* *T.chim.* detto di acido dotato di forte potere ossidante, composto da idrogeno, ossigeno e un atomo di cloro.

ipocolìa [comp. di *ipo-* e un der. del gr. *cholḗ*, bile; 1952] *sf.* *T.med.* scarsa secrezione biliare.

ipocondrìa [dal lat. tardo *hypochondria*, gr. *hypochóndria* pl., ipocondrio, addome; sec. XIV] *sf.* **1.** *T.med.* malattia cronica, che un tempo si credeva avesse sede nell'ipocondrio, ma che è invece effetto di disturbi nervosi; dà una forte malinconia, allucinazioni e preoccupazione ansiosa per la propria salute **2.** *per estens. lett.* forma di malinconia particolarmente acuta || **N. 1.** patofobia.

ipocondrìaco (pl. *-ci*) [dal gr. *hypochondriakós*, che si riferisce all'ipocondrio; 1618 *ipocondrico*] **I** *agg.* **1.** *T.med.* di ipocondria: *disturbi ipocondriaci* || che è affetto da ipocondria || *per estens.* malinconico, depresso: *umore, carattere ipocondriaco* **2.** *T.anat.* relativo all'ipocondrio: *organi ipocondriaci* **II** *sm.* (f. *-a*) persona ipocondriaca.

ipocòndrico (pl. *-ci*) [da *ipocondrio*; 1989] *agg.* *T.anat.* dell'ipocondrio.

ipocòndrio (pl. *-ri*) [dal gr. *hypochóndrion*; a. 1468 *ipocundri*] *sm.* *T.anat.* ciascuna delle due parti laterali superiori dell'addome, sotto il diaframma e le ultime costole.

ipocorìstico (pl. *-ci*) [dal gr. *hypokoristikós*; 1957] *agg.* e *sm.* *T.ling.* di nome o appellativo vezzeggiativo: *Lello è l'ipocoristico di Raffaello.*

ipocòtile [comp. di *ipo-* e *cotile(done)*; 1933] *sm.* *T.bot.* nell'embrione vegetale, sezione del fusto che collega la radice ai cotiledoni.

ipocrisìa [dal lat. tardo *hypokrisia*, gr. *hypokrísīe*; a. 1292] *sf.* simulazione di buone qualità e buoni sentimenti al fine d'ingannare || *concr.* atto o detto da ipocrita: *erano tutte ipocrisie* || **N.** *Sin.* doppiezza, falsità, finzione, simulazione.

ipocristallino [comp. di *ipo-* e *cristallino*; 1940] *agg.* *T.min.* detto della struttura di alcune rocce effusive, nelle quali una parte dei componenti è allo stato amorfo e l'altra parte invece è allo stato cristallino.

ipòcrita (ant. *ipòcrito*) [dal lat. *hypocrita*, gr. *hypokritḗs*; sec. XII-XIII *ypocrite* m. pl.] **I** *s.* chi dissimula le proprie reali intenzioni fingendo di possedere nobili sentimenti e virtù, animo benevolo, disinteressato e comprensivo, per trarre in inganno: *quel tuo amico è un vero ipocrita* || *accr.* ipocritóne; *pegg.* ipocritàccio **II** *agg.* che si comporta con ipocrisia; che dimostra ipocrisia: *un ragazzo ipocrita*; *discorso ipocrita* || **ipocritaménte** *avv.* || **N. I** *Sin.* bugiardo; fariseo **II** *Sin.* falso, insincero.

ipocromìa [comp. di *ipo-* e *-cromia*; 1957] *sf.* *T.med.* **1.** diminuzione della pigmentazione cutanea **2.** diminuzione del contenuto di emoglobina dei globuli rossi.

ipodattilìa [comp. di *ipo-* e un der. del gr. *dáktylos*, dito; 1957] *sf.* *T.med.* malformazione congenita per cui le mani o i piedi presentano un numero di dita inferiore a cinque || **N.** *Contr.* iperdattilia.

ipodèrma[1] [comp. di *ipo-* e *-derma*, come il fr. *hypoderme*; 1917] *sm.* **1.** *T.anat.* strato di tessuti che sta sotto il derma ed è ricco di adipe **2.** *T.bot.* tessuto a uno o più strati che si forma nelle piante, sotto l'epidermide. **TAV.** ***anatomia* p. 642** 19.7.

ipodèrma[2] [comp. di *ipo-* e *-derma*; 1887] *sm.* *T.zool.* genere di insetti ditteri che allo stadio larvale può provocare l'ipodermosi.

ipodèrmico (pl. *-ci*) [da *ipoderma*[1]; 1895] ***agg.*** **1.** *T.anat.* dell'ipoderma **2.** *T.med.* sottocutaneo: *iniezione ipodermica.*

ipodermoclìṣi [comp. di *ipo-*, *-derma* e gr. *klýsis*, lavanda; 1865] ***sf.*** *T.med.* immissione sottocutanea di liquido fisiologico a scopo terapeutico || **N.** fleboclisi.

ipodermòṣi [comp. di *ipoderma* e *-osi*; 1952] ***sf.*** malattia dei bovini dovuta ad alcune specie di ipodermi, che, nella forma larvale, si insediano come parassiti nel tessuto sottocutaneo dei bovini, provocando cisti e tumori.

ipodòrico (pl. *-ci*) [dal gr. *hypodṓrios*; sec. XIV] ***agg.*** *T.mus. modo ipodorico*, nella musica greca antica, scala di la.

ipoesteṣìa [comp. di *ipo-* e *-estesia*; 1900] ***sf.*** *T.med.* sensibilità sensoriale inferiore al normale.

ipofarìnge [comp. di *ipo-* e *faringe*; 1957] ***sf.*** **1.** *T.anat.* la parte inferiore della faringe **2.** *T.zool.* negli insetti, prominenza membranosa della parte inferiore dell'apparato boccale.

ipofillo [comp. di *ipo-* e *-fillo*; 1820] ***sm.*** *T.bot.* organo della pianta che si trova nella parte inferiore della foglia.

ipofiṣàrio (pl. *-ri*) [da *ipofisi*; 1917] ***agg.*** *T.anat.* proprio dell'ipofisi, relativo all'ipofisi: *ghiandola ipofisaria.*

ipòfiṣi [dal gr. *hypóphysis*, che cresce dopo; 1833] ***sf.*** *T.anat.* ghiandola a secrezione interna situata alla base del cervello; produce numerosi ormoni e regola l'attività delle altre ghiandole endocrine || **N.** *Sin.* ghiandola pituitaria. **TAV. *anatomia* p. 641** 5.2 **e p. 642** 7.10.

ipofosfàto [comp. di *ipo-* e *fosfato*; 1952] ***sm.*** *T.chim.* sale dell'acido ipofosforico.

ipofosfito [comp. di *ipo-* e *fosfito*; 1820] ***sm.*** *T.chim.* sale dell'acido ipofosforoso.

ipofosfòrico (pl. *-ci*) [comp. di *ipo-* e *fosforico*; 1932] ***agg.*** **1.** *T.chim.* di composto ossigenato del fosforo tetravalente || *acido ipofosforico*, ossiacido del fosforo tetrabasico, ottenuto per lenta ossidazione del fosforo bianco **2.** *T.med.* che presenta un basso contenuto di fosforo: *alimento ipofosforico.*

ipofosforóso [comp. di *ipo-* e *fosforoso*; 1834] ***agg.*** *T.chim. acido ipofosforoso*, composto chimico, ossiacido del fosforo trivalente, dotato di proprietà riducenti.

ipofrìgio (pl. *-gi*) [dal gr. *hypophrýgios*; 1561] ***agg.*** *T.mus. modo ipofrigio*, nella musica greca antica, scala di sol.

ipofunzionànte [comp. di *ipo-* e *funzionante*; 1957] ***agg.*** *T.med.* detto di organo affetto da ipofunzione.

ipofunzióne [comp. di *ipo-* e *funzione*; 1957] ***sf.*** *T.med.* insufficiente funzionalità di un organo: *ipofunzione della tiroide.*

ipogàstrico (pl. *-ci*) [da *ipogastrio*; a. 1673] ***agg.*** *T.anat.* che si riferisce all'ipogastrio: *plesso ipogastrico.*

ipogàstrio (pl. *-tri*) [dal gr. *hypogástrios*, che sta sotto il ventre; a. 1673] ***sm.*** *T.anat.* parte inferiore dell'addome, dall'ombelico in giù || **N.** epigastrio, mesogastrio.

ipogèo [dal lat. *hypogeum*, gr. *hypógeios*; a. 1783] **I *agg.*** *T.scient.* che si sviluppa e vive sottoterra: *fauna ipogea* || *per estens.* sotterraneo **II *sm.*** *T.archeol.* locale sotterraneo adibito al culto o alla sepoltura e, presso i popoli primitivi, anche ad abitazione: *gli ipogei etruschi.*

ipògino [comp. di *ipo-* e *-gino*; 1813] ***agg.*** *T.bot.* di fiore che presenta perianzio e androceo in posizione più bassa rispetto all'ovario || **N.** *Contr.* epigino.

ipoglicemìa [comp. di *ipo-* e *glicemia*; 1931] ***sf.*** *T.med.* diminuzione patologica della concentrazione di glucosio nel sangue || **N.** *Contr.* iperglicemia.

ipoglicèmico (pl. *-ci*) [comp. di *ipo-* e *glicemico*; 1949] ***agg.*** *T.med.* relativo a ipoglicemia, proprio di ipoglicemia: *effetti ipoglicemici* || causato da ipoglicemia: *crisi ipoglicemica* || **N.** *Contr.* iperglicemico.

ipoglobulìa [comp. di *ipo-* e un der. di *globulo*; 1952] ***sf.*** *T.med.* diminuzione patologica dei globuli rossi del sangue || **N.** *Contr.* iperglobulia, oligocitenia.

ipoglòsso [comp. di *ipo-* e un der. del gr. *glôssa*, lingua; 1806] **I *sm.*** *T.anat.* dodicesimo paio di nervi cranici che controlla la funzione motoria della lingua e della regione ioidea **II** anche ***agg.***: *nervo ipoglosso.*

ipoglòttide [comp. di *ipo-* e *glottide*; 1957] ***sf.*** *T.anat.* parte inferiore della glottide.

ipolìdio (pl. *-di*) [dal gr. *hypolýdios*; sec. XIV] ***agg.*** *T.mus. modo ipolidio*, nella musica greca antica, scala di fa.

ipolìmnio (pl. *-ni*) [comp. di *ipo-* e un der. del gr. *límnē*, lago; 1957] ***sm.*** *T.geogr.* in un lago, la parte più profonda e fredda, posta sotto l'epilimnio.

ipomèa [comp. del gr. *íps*, *ipós*, verme e gr. *hómoios*, simile; 1813] ***sf.*** *T.bot.* genere di piante che si trovano nelle zone intertropicali.

ipòmetro [comp. di *ipo-* e *-metro*; 1983] ***agg.*** *T.metr.* di verso che presenta un numero di sillabe inferiore a quello ordinario.

ipomètrope [da *ipermetrope*, con cambio di prefisso; 1940] ***agg.*** e ***s.*** *T.med.* chi o che è affetto da ipometropia || **N.** *Sin.* miope.

ipometropìa [da *ipermetropia*, con cambio di prefisso; 1940] ***sf.*** *T.med.* difetto della vista per cui le immagini si formano davanti alla retina, di modo che l'occhio non distingue bene gli oggetti lontani || **N.** *Sin.* miopia | *Contr.* ipermetropia, presbiopia.

iponimìa [da *iponimo*; 1971] ***sf.*** *T.ling.* relazione semantica intercorrente fra una parola di significato più specifico e una di significato più comprensivo (per es. *viola* rispetto a *fiore*) || **N.** iperonimia. **Q.T. *linguistica*.**

ipònimo [comp. di *ipo-* e *-onimo*; 1973] ***sm.*** *T.ling.* vocabolo dal significato più specifico e ristretto rispetto ad un termine di riferimento, detto *iperonimo* (per es. *galeone* è iponimo di *veliero*; *veliero* è iponimo di *nave*).

iponutrizióne [comp. di *ipo-* e *nutrizione*; 1917] ***sf.*** *T.med.* nutrizione insufficiente || **N.** *Sin.* ipoalimentazione, sottoalimentazione.

ipòpion (raro *ipòpio*) [dal gr. *hypópyos*; 1806 *ipopio*] ***sm.*** *T.med.* ristagno di pus nella camera anteriore dell'occhio.

ipoplaṣìa [comp. di *ipo-* e *-plasia*; 1933] ***sf.*** *T.med.* condizione di un organo che viene ad avere uno sviluppo ridotto per difetto numerico delle sue cellule.

ipoprotèico (pl. *-ci*) [comp. di *ipo-* e *proteico*; 1983] ***agg.*** che presenta un basso contenuto di proteine: *alimento ipoproteico, dieta ipoproteica* || **N.** *Contr.* iperproteico.

iporchèma (o *ipòrchema*) [dal gr. *hyporchēma*; 1586] ***sm.*** *T.lett.* nella lirica greca, canto corale accompagnato da danze, per celebrare divinità o eroi.

iposcènio (pl. *-ni*) [dal gr. *hyposkḗnion*; a. 1798] ***sm.*** nel teatro classico, la parte sottostante al proscenio.

iposcòpio (pl. *-pi*) [comp. di *ipo-* e *-scopio*; 1935 nel senso 2] ***sm.*** **1.** *T.mil.* strumento ottico simile al periscopio, ma con un raggio visivo più limitato, usato sui mezzi bellici semoventi per la guida e l'esplorazione **2.** *T.med.* apparecchiatura montata sotto il tavolo radiografico in modo da realizzare radiografie dal basso verso l'alto.

ipoṣmìa [comp. di *ipo-* e gr. *osmḗ*, odore; 1952] ***sf.*** *T.med.* diminuzione della sensibilità olfattiva.

iposolfito [comp. di *ipo-* e *solfito*; 1829] ***sm.*** *T.chim.* qualunque sale formato dall'acido iposolforoso || **N.** *Sin.* idrosolfito.

iposolforóso [comp. di *ipo-* e *solforoso*; 1829] ***agg.*** *T.chim. acido iposolforoso*, ossiacido dello zolfo presente solo sotto forma di sali.

iposònico (pl. *-ci*) [comp. di *ipo-* e *sonico*; 1974] ***agg.*** *T.fis.* in aerodinamica, di velocità, inferiore a quella del suono || **N.** *Sin.* subsonico | *Contr.* ipersonico.

ipossìa [comp. di *ipo-* e (*an*)*ossia*; 1974] ***sf.*** *T.med.* riduzione non eccessivamente rilevante dell'apporto di ossigeno agli organi e ai tessuti || **N.** anossia.

ipossiemìa [comp. di *ipo-*, *ossi-* e *-emia*; 1929] ***sf.*** *T.med.* assenza o insufficiente quantità di ossigeno nel sangue.

ipòstaṣi [dal lat. e gr. *hypóstasis*; sec. XIV nel senso 2] ***sf.*** **1.** *T.fil.* nella filosofia neoplatonica, Uno, Intelletto e Anima, ciascuna delle tre sostanze spirituali che con la materia formano il mondo intelligibile || *in gen.* sostanza **2.** *T.teol.* persona della Trinità **3.** *fig. lett.* personificazione di un'entità astratta o ideale **4.** *T.med.* stasi sanguigna che ha luogo nelle parti declivi del corpo: *ipostasi polmonare, ipostasi cadaverica* **5.** *T.ling.* cambiamento di categoria grammaticale di un termine.

ipostàtico (pl. *-ci*) [dal gr. *hypostatikós*; a. 1587] ***agg.*** **1.** *T.fil.* relativo a ipostasi nel senso 1 || *T.teol. unione ipostatica*, unione della natura umana e della natura divina nella persona di Cristo, Verbo incarnato **2.** *fig. lett.* rif. a concetti ed entità astratte, che ha rappresentazione concreta **3.** *T.med.* che si riferisce all'ipostasi nel senso 4: *macchie ipostatiche.*

ipostatiẓẓàre [da *ipostasi*; 1914] ***tr.*** **1.** *T.fil.* dare consistenza reale a un concetto astratto conferendogli portata ontologica **2.** *fig. lett.* personificare, rappresentare concretamente un'entità astratta **3.** *T.ling. non com.* trasferire un termine da una categoria grammaticale a un'altra.

ipostatiẓẓazióne [da *ipostatizzare*; 1957] ***sf.*** *T.fil.* l'ipostatizzare || *per estens.* assolutizzazione di un principio relativo.

ipostenìa [comp. di *ipo-* e *stenia*; 1834] ***sf.*** *T.med.* diminuzione anormale delle forze || **N.** astenia.

ipostènico (pl. *-ci*) [da *ipostenia*; 1974] ***agg.*** di ipostenia; che è affetto da ipostenia.

ipostenùria [comp. di *ipo-*, gr. *sthénos*, forza e *-uria*; 1952] ***sf.*** *T.med.* incapacità del rene a secernere urina di densità e concentrazione normali.

ipòstilo [dal gr. *hypóstylos*; 1847] ***agg.*** *T.arch.* detto di sala a copertura piana, sostenuta da colonne.

iposurrenaliṣmo [comp. di *ipo-*, *surrenale* e *-ismo*; 1933] ***sm.*** *T.med.* eccessiva riduzione dell'attività delle ghiandole surrenali || **N.** *Contr.* ipersurrenalismo.

ipotàlamo [comp. di *ipo-* e *talamo*; 1931] ***sm.*** *T.anat.* parte del cervello, in cui hanno sede i principali centri del sistema nervoso centrale, che presiede alla regolazione della vita vegetativa.

ipotàssi [dal gr. *hypótaxis*; 1957] ***sf.*** *T.ling.* procedimento sintattico di subordinazione delle proposizioni di un periodo a una proposizione principale; è frequente soprattutto nella lingua scritta e letteraria || **N.** *Contr.* paratassi.

ipotàttico (pl. *-ci*) [dal gr. *hypotaktikós*; 1957] ***agg.*** *T.ling.* **1.** detto di periodo costruito secondo ipotassi: *costrutto, procedimento ipotattico* **2.** che vale a subordinare: *congiunzione ipotattica* || **ipotatticaménte** ***avv.*** secondo ipotassi.

ipotèca [dal lat. *hypothēca*, gr. *hypothḗkē*, sec. XIV] ***sf.*** *T.giur.* diritto reale costituito sopra i beni immobili e mobili registrati di un debitore a garanzia del creditore che, in caso di inadempienza, può procedere all'espropriazione e alla vendita: *beni gravati da ipoteca, liberare* *da un'ipoteca* || *fig.* spec. nel linguaggio giornalistico, *mettere un'ipoteca su qualcosa,* essere molto vicino ad ottenerla prima della decisione definitiva || **N.** giudiziale, legale, volontaria | accendere, cancellare, iscrivere, levare, mettere, prendere, rinnovare, spegnere, togliere. **Q.T.** *diritto.*

ipotecàbile [da *ipotecare*; 1673] ***agg.*** che si può ipotecare: *beni non ipotecabili*; anche *fig.*: *l'avvenire non è ipotecabile.*

ipotecàre (pres. *-èco, -èchi*) [da *ipoteca*; 1617 *ippotecare*] ***tr.*** **1.** *T.giur.* gravare d'ipoteca: *ipotecare la casa* **2.** *fig.* dare per certo o avere ottime possibilità di ottenere qualcosa che ancora non si possiede: *ipotecare un incarico, con questa vittoria la squadra ha ipotecato lo scudetto* || *ipotecare il futuro,* fare progetti dando per certo che si realizzeranno.

ipotecàrio (pl. *-ri*) [dal lat. tardo *hypothecārius*; 1673] ***agg.*** d'ipoteca, relativo a un'ipoteca: *iscrizione ipotecaria* || che ha la garanzia dell'ipoteca: *mutuo, creditore ipotecario.*

ipotènar (raro *ipotenàre*) [dal gr. *hypothénar,* palmo della mano; a. 1800] ***agg. inv.*** *T.anat.* detto della prominenza muscolare che si trova nel palmo della mano, dalla parte del dito mignolo.

ipotensióne [comp. di *ipo-* e *tensione*; 1933] ***sf.*** *T.med.* diminuzione patologica della pressione sanguigna in determinate cavità dell'organismo || *per estens.* bassa pressione sanguigna || **N.** *Contr.* ipertensione.

ipotensìvo [da *ipotensione*; 1933] **I** ***agg.*** **1.** *T.med.* relativo all'ipotensione, caratterizzato da abbassamento della pressione arteriosa: *stato ipotensivo* **2.** *T.med.* e *T.farm.* che provoca abbassamento della pressione arteriosa **II** ***sm.*** sostanza, farmaco che provoca abbassamento della pressione arteriosa.

ipotenùṣa [dal lat. tardo *hypotenūsa,* gr. *hypotéinousa*; sec. XIV *ypotenguza*] ***sf.*** *T.geom.* il lato d'un triangolo rettangolo che è opposto all'angolo retto || **N.** cateti. **TAV.** ***geometria*** 9.2.

ipotermìa [comp. di *ipo-* e *-termia*; 1952] ***sf.*** *T.med.* stato in cui la temperatura corporea è al di sotto dei valori normali.

ipòteṣi [dal gr. *hypóthesis*; a. 1617] ***sf.*** **1.** supposizione con cui si cerca di spiegare fatti e fenomeni di cui non si ha chiara conoscenza: *l'ipotesi più probabile è che il volo abbia avuto un forte ritardo, è un'ipotesi senza fondamento*; *essere ancora nel campo delle ipotesi,* non possedere nulla di certo; *ipotesi di lavoro,* presupposto preliminare a carattere provvisorio che serve d'orientamento per organizzare una ricerca; *ipotesi di legge,* ognuno dei casi che il legislatore considera per stabilire una norma giuridica || *per ipotesi, a titolo di ipotesi,* tanto per fare una supposizione || *per estens.* eventualità, caso: *nell'ipotesi che io non fossi dimesso dall'ospedale, ti telefono*; *nella migliore, nella peggiore delle ipotesi* **2.** *T.mat.* nella dimostrazione di un teorema, condizione preliminare che si suppone sia vera e da cui dipende la validità della tesi: *è vero per ipotesi,* perché costituisce una delle premesse del teorema || in vari procedimenti logici e matematici, enunciato che viene assunto per indagarne le conseguenze a prescindere dalla sua eventuale verità || **N.** **1.** *Sin.* congettura, supposizione; caso, eventualità | assurda, attendibile, fondata, improbabile, valida | affacciare, avanzare, azzardare, confermare, controllare, formulare, respingere, verificare **2.** *Sin.* presupposto.

ipotéso [comp. di *ipo-* e *teso,* pps. di *tendere*; 1957] ***agg.*** *T.med.* affetto da ipotensione || **N.** *Contr.* iperteso.

ipotètico (pl. *-ci*) [dal lat. *hypotheticus,* gr. *hypothetikós*; a. 1754] ***agg.*** **1.** che ha carattere d'ipotesi, che si basa su un'ipotesi: *ragionamento, giudizio ipotetico* || *T.fil.* metodo *ipotetico-deduttivo,* il metodo scientifico che consiste nel formulare ipotesi e dedurne conseguenze, da verificare nella realtà || *per estens.* che si ritiene possibile, eventuale: *un successo ipotetico* || *per estens.* immaginario: *mondo ipotetico* **2.** *T.gram. periodo ipotetico,* formato da due proposizioni di cui una (*apodosi*) esprime la conseguenza della condizione espressa dall'altra (*protasi*) (per es. *se non supererai l'esame, ripeterai l'anno*) || **ipoteticaménte** ***avv.*** per ipotesi: *supponiamo ipoteticamente di concludere l'affare* || eventualmente: *se ipoteticamente tu non potessi venire, avvertimi per tempo.*

ipotipòṣi [dal gr. *hypotýpōsis,* abbozzo; 1669 *ippotiposi*] ***sf.*** *T.ret.* figura retorica con cui si descrive un oggetto, un fatto o una persona in modo vivace e immediato, dandone una rappresentazione quasi visiva.

ipotiroidèo [comp. di *ipo-* e un der. di *tiroide*; 1974] ***agg.*** e ***sm.*** (f. *-a*) *T.med.* affetto da ipotiroidismo.

ipotiroidiṣmo [comp. di *ipo-* e *tiroidismo*; 1957] ***sm.*** *T.med.* funzionamento insufficiente della tiroide.

ipotiẓẓàbile [da *ipotizzare*; 1973] ***agg.*** che si può ipotizzare, supponibile.

ipotiẓẓàre [da *ipotesi*; 1942] ***tr.*** porre come ipotesi, supporre || **N.** *Sin.* congetturare, immaginare; postulare.

ipotonìa [comp. di *ipo-* e un der. di *tono*; 1940] ***sf.*** *T.med.* diminuzione del tono muscolare || **N.** *Contr.* ipertonia.

ipotònico (pl. *-ci*) [da *ipotonia*; 1957] ***agg.*** **1.** *T.med.* di ipotonia, che presenta ipotonia: *stato ipotonico* **2.** *T.chim.* detto di soluzione a pressione osmotica più bassa rispetto a un'altra.

ipotrachèlio (pl. *-li*) [dal gr. *hypotrachélion,* parte inferiore del collo; 1436 *hypotrachelio*] ***sm.*** *T.arch.* estremità superiore del fusto di una colonna, dove la rastremazione è massima. **TAV.** ***architettura*** **p. 646** 2.4.

ipotricòṣi [comp. di *ipo-* e *tricosi*; 1918] ***sf.*** *T.med.* scarso sviluppo di peli o capelli che riguarda tutto il corpo o solo alcune zone.

ipotrofìa [comp. di *ipo-* e *-trofia*; 1834] ***sf.*** **1.** *T.med.* diminuzione di volume di un organo o di un tessuto, dovuta alla diminuzione di volume dei suoi elementi costitutivi **2.** *T.bot.* diminuzione di volume di cellule e organi vegetali dovuta a mancanza di nutrizione.

ipotròfico (pl. *-ci*) [da *ipotrofia*; 1957] ***agg.*** *T.med.* relativo all'ipotrofia, proprio dell'ipotrofia; che presenta ipotrofia.

ipovitaminòṣi [comp. di *ipo-* e un der. di *vitamina*; 1948] ***sf.*** *T.med.* carenza di vitamine nell'organismo.

ipparchìa [dal gr. *hipparchía*; prima metà sec. XVI] ***sf.*** *T.stor.* nell'antica Grecia, squadrone costituito da circa 500 guerrieri a cavallo.

ippàrco (pl. *-chi*) [dal gr. *hípparchos*; 1957] ***sm.*** *T.stor.* comandante di un'ipparchia.

ippatrìa [dal gr. *hippatría*; a. 1800] ***sf.*** *raro* *T.vet.* ramo della veterinaria che si occupa delle malattie degli equini.

ippica [da *ippico*; 1918] ***sf.*** lo sport dell'equitazione e spec. delle corse equestri || *fam. scherz. datti all'ippica!,* si dice a chi è incapace di fare qualche cosa. **Q.T.** *cavallo, ippica.*

ìppico (pl. *-ci*) [dal gr. *hippikós,* attr. il fr. *hippique*; 1869] ***agg.*** di o relativo ai cavalli: *esposizione ippica* || *in part.* relativo alle corse di cavalli: *concorso ippico.*

ippo- [dal gr. *híppos,* cavallo] ***primo elem.*** che, in parole composte dotte e della terminologia scientifica, vale "cavallo", "relativo ai cavalli", "simile ai cavalli" (per es. *ippodromo, ippofago, ippogrifo*). **Q.T.** *cavallo.*

ippobòsca [dal gr. *hippoboskós*; 1824] ***sf.*** *T.zool.* insetto dei Ditteri, parassita di uccelli e di molti mammiferi, spec. del cavallo || **N.** *Sin.* mosca cavallina.

ippocàmpo [dal lat. *hyppocampus,* gr. *hippókampos*; 1563] ***sm.*** **1.** piccolo pesce osseo marino di forma allungata, muso tubolare e testa piegata sul torace; durante il moto mantiene la posizione verticale ed è comunemente noto col nome di *cavalluccio marino* **2.** *T.anat.* parte del telencefalo dei vertebrati che regola il senso dell'olfatto. **TAV.** ***pesci*** **p. 1331** 7.

Ippocastanàcee [comp. di *ippocastano* e *-acee*; 1965] ***sf. pl.*** *T.bot.* famiglia di piante dicotiledoni di cui fa parte l'ippocastano.

ippocastàno [comp. del gr. *híppos,* cavallo e *kástanon,* castagna; 1765] ***sm.*** grande albero dal fusto molto alto, con chioma ampia e folta, foglie composte, fiori bianchi in pannocchie, che produce un frutto simile alla castagna, ma non commestibile; è detto anche *castagno d'India.*

ippocràtico (pl. *-ci*) [dal n. proprio *Ippocrate,* medico greco; 1583] ***agg.*** detto di scuola o di medico, che segue il metodo d'Ippocrate fondato sull'osservazione dei sintomi || *scienza ippocratica,* la medicina || *giuramendo ippocratico,* giuramento scritto di Ippocrate, obbligatorio per tutti i medici della sua scuola; conteneva l'impegno a osservare determinati principi morali nell'esercizio della professione.

ippòdromo [comp. di *ippo-* e *-dromo*; sec. XIV nel senso 2] ***sm.*** **1.** luogo attrezzato per le corse dei cavalli **2.** nell'antica Grecia, percorso che i cavalli dovevano percorrere più volte nelle corse. **Q.T.** *cavallo, ippica.*

ippòfago (pl. *-gi*) [dal gr. *hippophágos*; a. 1685] ***agg.*** e ***sm.*** (f. *-a*) che, chi mangia carne di cavallo.

ippòfilo [comp. di *ippo-* e *-filo*; a. 1907] ***agg.*** e ***sm.*** (f. *-a*) che, chi è appassionato di cavalli.

ippoglòsso [dal gr. *hippóglōssos,* che ha lingua di cavallo; 1834] ***sm.*** *T.zool.* grosso pesce commestibile che abita sul fondo dei mari freddi.

ippogrìfo [comp. del gr. *híppos,* cavallo e gr. *grýps, grypós,* grifone; 1532] ***sm.*** **1.** animale favoloso, immaginato da L. Ariosto, metà cavallo e metà grifone, che, avendo le ali, poteva anche volare **2.** in araldica, figura di mostro per metà aquila e per metà cavallo.

ippologia [comp. di *ippo-* e *-logia*; 1860] ***sf.***

IPPICA

TIPI DI CORSE: galoppo, corsa piana, a vendere, a handicap o *handicap,* per età; corsa ad ostacoli, *steeple chase,* siepi; trotto, corsa a *sulky,* corsa montata; alla pari: *walk over, derby, criterium.*

IPPODROMO: barriera, *box,* corda, fosso, siepe, murricciolo, ostacolo, *paddock,* prato, peso, pista (dritta, in otto), recinto, rialzo, *stand,* steccato, tribuna.

PERSONE: allibratore o *bookmaker, boy, driver* o guidatore, fantino o *jockey,* giudice d'arrivo, *lad,* cavaliere, *starter* o mossiere, *time keeper, trainer* o allenatore, cronometrista.

VOCI ATTINENTI: abbuono di distanza, accoppiata, allenamento, allevamento, allocazione, ambio, andatura, batteria, campo, campo vincente, campo piazzato, *canter,* colore, entratura, età, favorito, incollatura, *fotofinish,* lotto, *meeting,* multa, partente, partenza (buona, falsa), percorso, piazzato, puntare, quota, rifiutare, rompere, scartare, squalifica, totalizzatore.

T.scient. studio del cavallo dal punto di vista biologico e dell'allevamento.

ippòlogo (pl. *-gi*) [comp. di *ippo-* e *-logo*; 1887] ***sm.*** (f. *-a*) esperto, studioso di ippologia.

ippòmane [dal gr. *hippomanḗs*; 1834] **I *sf.*** *T.bot.* pianta tropicale americana delle Euforbiacee dalle foglie carnose e dal frutto a drupa col cui lattice molto velenoso gli indigeni avvelenano le frecce **II *agg.*** e ***s.*** *raro* che, chi ama i cavalli fino al fanatismo.

ippomanzia [comp. di *ippo-* e *-manzia*; 1834] ***sf.*** arte divinatoria che traeva auspici dai nitriti e dai movimenti dei cavalli.

ipponattèo [dal lat. *Hipponactēus*, gr. *Hippōnákteios*, da *Hippônax, Hippónaktos*, Ipponatte, poeta gr. del sec. VI a.C. che per primo lo adottò; 1869] ***sm.*** *T.metr.* nella metrica classica greca e latina, trimetro giambico il cui ultimo piede è trocheo o spondeo.

ippopòtamo [dal lat. *hyppopotamus*, gr. *hippopótamos*; a. 1367 *ippotamo*] ***sm.*** grosso e tozzo mammifero, erbivoro e anfibio, che vive lungo i fiumi tropicali dell'Africa || *ippopotamo nano*, specie simile ma distinta, della taglia di un cinghiale || *scherz.* rif. a persona grossa e grassa, o anche goffa e lenta di riflessi: *quel tuo amico è un ippopotamo.*

ippotèrio (pl. *-ri*) [comp. di *ippo-* e *-terio*; 1940] ***sm.*** fossile degli Equidi, antenato del cavallo.

ippòtrago (pl. *-ghi*) [comp. di *ippo-* e *-trago*; 1957] ***sm.*** *T.zool.* genere di antilopi che si trovano in Africa.

ippotrainàto [comp. di *ippo-* e *trainato*; 1939] ***agg.*** trainato da cavalli, spec. nel linguaggio militare: *artiglieria ippotrainata.*

ippùrico (pl. *-ci*) [comp. di *ippo-* e *urico*; 1957] ***agg.*** *T.chim.* *acido ippurico*, sostanza presente in grande quantità nell'urina degli erbivori, in quantità minima nell'urina dei carnivori.

ippurite [comp. di *ippo-* e di un der. del gr. *ourá*, coda; per la forma allungata; 1819] ***sf.*** mollusco fossile di scogliera dalla grossa conchiglia conica, vissuto nel Cretaceo superiore.

iprite [dal n. geogr. *Ypres*, città belga dove i tedeschi adoperarono per la prima volta questo gas; 1929] ***sf.*** *T.chim.* uno dei più terribili gas tossici, derivato dell'etilene, adoperato come aggressivo chimico in guerra.

ipse dixit (lat., pr. it. ['ipse 'diksit]) [letter. proprio lui disse] ***loc.*** in uso presso i pitagorici nei confronti di Pitagora e poi dai filosofi scolastici medievali quando, ad attestare la verità di una affermazione, citavano l'autorità di Aristotele; oggi la locuzione si usa, spec. in senso ironico, alludendo a chi vuole imporre le proprie opinioni come indiscutibili oppure a chi si appella all'opinione di altri, più o meno autoritaria e autorevole.

ìpsilon (pop. tosc. *ipsilònne*) [dal gr. *hypsilon*, lettura della lettera υ; a. 1535 *ipsilonne*] ***sm.*** e ***sf. inv.*** nome della ventesima lettera dell'alfabeto greco || *strada a ipsilon*, che si biforca in forma di Y.

ìpso- [dal gr. *hýpsos*, altezza] ***primo elem.*** che, in parole composte della terminologia scientifica, vale "altezza", "sommità" (per es. *ipsocefalia, ipsodonte, ipsometria*).

ipsocefalìa [comp. di *ipso-* e *-cefalia*; 1970] ***sf.*** *T.med.* forma di cranio alto e appuntito.

ipsodónte [comp. di *ipso-* e *-odonte*; 1957] ***agg.*** **1.** *T.zool.* di dente o dentatura a crescita continua, con radice breve e corona molto sviluppata in senso verticale (ad es. gli incisivi dei roditori, i molari dei cavalli, le zanne degli elefanti) **2.** di animale che presenta denti o dentatura ipsodonti.

ipso facto (lat., pr. it. ['ipso 'fakto]) [letter. nello stesso fatto] ***loc. avv.*** sùbito, su due piedi, immediatamente, lì per lì: *ipso facto gli ordinò di andarsene.*

ipsofillo [comp. del gr. *ýpsos*, altezza e *-fillo*; 1957] ***sm.*** *T.bot.* foglia modificata che involge i germogli fiorali della pianta || **N.** *Sin.* brattea.

ipsòfono [comp. di *ipso-* e *-fono*; 1950] ***sm.*** *non com.* segreteria telefonica.

ipsometria [comp. di *ipso-* e *metria*; 1806] ***sf.*** misurazione dell'altitudine e propr. della differenza di altezza tra più luoghi in base alla differenza di pressione atmosferica.

ipsomètrico (pl. *-ci*) [da *ipsometria*; 1834] ***agg.*** di ipsometria, che si riferisce all'ipsometria || *linee ipsometriche*, quelle che in una carta geografica o topografica vengono tracciate per indicare le diverse altezze dei rilievi terrestri, dette più com. *curve di livello* o *isoipse.*

ipsòmetro [comp. di *ipso-* e *metro*; 1869] ***sm.*** strumento per misurare la pressione atmosferica attraverso la misura della temperatura di ebollizione di un liquido e le sue variazioni al variare della pressione || **N.** *Sin.* termobarometro.

ìra [dal lat. *ira*; sec. XIII] ***sf.*** **1.** moto improvviso dell'animo che produce reazioni violente e aggressive, o sentimenti di intenso risentimento e indignazione spesso eccessivi: *essere accecato dall'ira, avere uno scatto d'ira contro qualcuno* **2.** sdegno giustificato: *il giorno dell'ira*, il giorno del giudizio universale; *l'ira di Dio*, il castigo divino; *fig.* *essere un'ira di Dio*, detto di persona estremamente aggressiva o pericolosa, di un evento catastrofico e sim.; *fig. lett.* *fare un'ira di Dio*, suscitare scompiglio, baccano e confusione **3.** *non com.* odio, astio, malevolenza: *avere, prendere in ira qualcuno; essere in ira a qualcuno*, essere odiato, detestato da lui || *lett.* discordia (solo *pl.*): *ire di parte* **4.** *fig.* la furia degli elementi: *l'ira della tempesta, dei venti* || **N.** **1.** *Sin.* bile, collera, furia, furore, indignazione, irritazione, rabbia, stizza | attirare, calmare, covare, deporre, domare, frenare, inasprire, mitigare, muovere a, placare, provocare, sfogare, suscitare, trattenere | accendersi, ardere, avvampare, fremere d'ira; essere in preda all'ira | accigliarsi, adirarsi, alterarsi, arrabbiarsi, imbestialire, inalberarsi, incollerire, infiammarsi, infuriarsi, inviperire, irritarsi, risentirsi, sdegnarsi, stizzirsi; andare fuori dai gangheri, andare in bestia, farsi il sangue marcio, montare i fumi alla testa, montare su tutte le furie, perdere il lume degli occhi o della ragione.

irachèno [dal n. geogr. *Iraq*; 1949] **I *agg.*** dell'Iraq: *petrolio iracheno* **II *sm.*** **1.** (f. *-a*) abitante o nativo dell'Iraq **2.** (solo *sing.*) dialetto arabo parlato in Iraq.

Iracoidèi [dal lat. scient. *Hiracoides*; 1965] ***sm. pl.*** *T.zool.* ordine di Mammiferi erbivori con dentatura da roditori, simili alle cavie, che vivono in Africa e in Asia occidentale. **TAV. *mammiferi* p. 1319**.

iracóndia [dal lat. *iracundia*; 1319 *iracundia*] ***sf.*** l'essere iracondo; facilità ad adirarsi || **N.** *Sin.* IRASCIBILITÀ.

iracondióso [da *iracondia*; sec. XIV *iracundioso*] ***agg.*** *ant.* iracondo.

iracóndo [dal lat. *iracundus*; 1308 *iracundo*] ***agg.*** facile all'ira: *uomo iracondo* || *per estens.* che mostra o esprime ira: *parole iraconde* || **iracondaménte** ***avv.*** || **N.** *Sin.* bizzoso, collerico, furente, furioso, intrattabile, irascibile, irritabile, rabbioso, stizzoso.

iradiddìo [comp. di *ira, di* e *Dio*; a. 1594 *ira d'Iddio*] ***sf. inv.*** *non com.* enorme quantità.

iraniàno [dal n. geogr. *Iran*, attr. il fr. *iranien* o l'ingl. *Iranian*; 1941] **I *agg.*** dell'Iran **II *sm.*** (f. *-a*) abitante o nativo dell'Iran moderno || **N.** *Sin.* persiano.

irànico (pl. *-ci*) [dal n. geogr. *Iran*; 1869] **I *agg.*** dell'Iran antico: *idiomi, riti iranici* || *lingue iraniche*, gruppo di lingue indoeuropee antiche e moderne a cui appartengono il persiano e l'afghano **II *sm.*** **1.** (f. *-a*) abitante o nativo dell'antico Iran **2.** (solo *sing.*) il gruppo delle lingue iraniche considerato unitariamente rispetto ad altri gruppi indoeuropei.

iranìsta [dal n. geogr. *Iran*; a. 1907] ***s.*** studioso esperto di iranistica.

iranìstica [dal n. geogr. *Iran*; 1949] ***sf.*** studioso della storia, della civiltà, della letteratura e della lingua dell'antico Iran.

irascìbile [dal lat. tardo *irascibilis*; 1598] ***agg.*** che è facile all'ira: *temperamento irascibile* || *T.fil.* *anima irascibile*, nella filosofia platonica, la parte dell'anima in cui ha sede il coraggio || **N.** *Sin.* IRACONDO.

irascibilità [da *irascibile*; 1869] ***sf.*** l'essere irascibile || **N.** *Sin.* iracondia, irritabilità, suscettibilità.

iràto [dal lat. *īrātus*; a. 1250] ***agg.*** **1.** pieno d'ira, sdegnato: *essere irato con* (o *contro*) *qualcuno* || *lett.* costruito anche con la prep. *a*: *irato ai patri numi* (Foscolo) **2.** *lett.* burrascoso, tempestoso || **irataménte** ***avv.*** || **N.** **1.** *Sin.* adirato, arrabbiato, furioso, indignato, rabbioso, risentito, sdegnato.

ìrbis [dal russo *irbis*; 1952] ***sm. inv.*** *T.zool.* felino dell'Asia centrale simile al leopardo, detto anche *leopardo delle nevi.*

ircàno [dal lat. *hyrcānus*, gr. *hyrkanós*; 1478] ***agg.*** *lett.* dell'Ircania, regione dell'antica Persia: *tigre ircana.*

ircìno [dal lat. *hircīnus*; 1499] ***agg.*** *lett.* d'irco, di caprone.

ìrco (pl. *-chi*) [dal lat. *hircus*; a. 1574] ***sm.*** *lett.* capro, caprone.

ircocèrvo [dal lat. tardo *hircocervus*; 1549] ***sm.*** **1.** *lett.* animale mitico metà caprone e metà cervo **2.** *fig.* chimera, cosa assurda.

ìre (usato solo nella forma *ite* del pres. indic. e dell'imper.; all'infinito *ire*, al pps. *ito* e nei tempi composti; nell'uso poetico si trovano anche le forme dell'imperfetto *ìva, ìvano*, del futuro *irò, irémo, iréte*, del pass. rem. *ìsti, ìrono* e del cong. *ea*) [dal lat. *ire*; a. 1294] ***intr.*** (aus. *essere*) *tosc.* e *lett.* andare || *è ito, è bell' e ito*, è perduto, spacciato || *irsene*, andarsene, morire.

irènico (pl. *-ci*) [dal gr. *eirēnikós*, della pace; 1957] ***agg.*** *lett.* che ispira pace, che porta pace.

irenìsmo [dal gr. *eirḗnē*; a. 1956 nel senso 2] ***sm.*** **1.** *T.rel.* orientamento teologico volto a unificare le diverse chiese cristiane **2.** *non com.* pacifismo, tendenza a conciliare posizioni ideologiche contrastanti.

irenìsta [dal gr. *eirḗnē*; 1923 nel senso 2] ***s.*** **1.** *T.rel.* chi si ispira all'irenismo **2.** *raro* pacifista.

irenìstico (pl. *-ci*) [da *irenista*; 1957] ***agg.*** proprio dell'irenismo o degli irenisti; relativo all'irenismo o agli irenisti.

ìreos [dal gr. *îris, íreōs*, arcobaleno; a. 1320] ***sm. inv.*** **1.** giaggiolo **2.** polvere profumata che si ricava dal rizoma del giaggiolo.

ìri [dal lat. *iris*; 1321] ***sf. inv.*** *ant. poet.* iride, arcobaleno.

Iridàcee [comp. di *irid(e)* e *-acee*; 1887] ***sf. pl.*** *T.bot.* famiglia di piante monocotiledoni, con rizoma, tubero o bulbo, di cui la più conosciuta è il giaggiolo || **N.** croco, fresia, gladiolo, zafferano.

iridàre (pres. *ìrido*) [da *iride*; 1883] ***tr.*** *lett.* colorare dei colori dell'iride, dell'arcobaleno || ***intr. pron.*** tingersi con i colori dell'iride.

iridàto[1] (*pps.* di *iridare*) [1798] **I *agg.*** **1.** che ha i colori dell'arcobaleno **2.** *T.sport.* *maglia iridata*, quella che viene assegnata al vincitore dei campionati mondiali di ciclismo || *campione iridato*, campione del mondo di ciclismo **II *sm.*** *T.sport.* il vincitore di un campionato mondiale di ciclismo || **N.** I **1.** *Sin.* iridescente.

iridàto[2] [da *iride*; 1869] ***sm.*** *T.chim.* sale dell'acido iridico.

iride [dal lat. *Iris, -idis*, gr. *îris, irídos*; 1561 nel senso 2] **sf. 1.** arcobaleno: *colori dell'iride*, i sette colori fondamentali visibili nell'arcobaleno **2.** *T.anat.* diaframma circolare contrattile colorato che si trova nell'occhio attorno alla pupilla, immediatamente sotto la cornea **3.** *T.ott.* diaframma ad apertura regolabile **4.** *T.bot.* iris, giaggiolo **5.** *T.min.* varietà iridescente di calcedonio. **TAV. *anatomia* p. 642** 16.6.

iridèo [da *iride*; 1957] **agg.** *T.anat.* relativo all'iride, proprio dell'iride.

iridescènte [dal fr. *iridescent*; 1817] **agg.** che presenta le colorazioni dell'iride, spec. con riflessi cangianti.

iridescènza [da *iridescente*; 1817] **sf.** fenomeno ottico che conferisce agli oggetti, colpiti da un fascio di luce, colorazione cangiante simile ai colori dell'iride.

irìdico (pl. *-ci*) [da *iridio*; 1869] **agg.** *T.chim.* detto di composto dell'iridio tetravalente.

irìdio (pl. *-di*) [da *iride*; 1819] **sm.** *T.chim.* elemento chimico metallico, bianco, splendente, durissimo, usato in lega con il platino per la costruzione di apparecchiature e strumenti di laboratorio e in oreficeria.

ìris [dal lat. *iris*; fine sec. XIV] **sf. inv. 1.** genere di piante delle Iridacee, a cui appartiene il giaggiolo **2.** *T.min.* iride (nel senso 5).

irìte [comp. di *ir(ide)* e *-ite*[1]; 1875] **sf.** *T.med.* infiammazione dell'iride.

irlandése [dal fr. *irlandais*; 1799] **I agg.** dell'Irlanda: *popolo irlandese* **II sm. 1.** (anche *sf.*) abitante o nativo dell'Irlanda **2.** (solo *sing.*) la lingua celtica del ramo gaelico che si parla in Irlanda.

iróndine **sf.** *lett.* v. RONDINE.

ironeggiàre (pres. *-éggio*) [da *ironia*; 1861] **intr.** (aus. *avere*) *non com.* ironizzare.

ironìa [dal lat. *ironīa*, gr. *eirōnéia*; a. 1375] **sf. 1.** particolare modo di esprimersi che consiste nel dire cose opposte a quelle che si vogliono intendere, lasciando però intravedere la verità con lo scopo di criticare bonariamente o di deridere: *fare dell'ironia* || la figura retorica corrispondente || *per estens.* atteggiamento che consente di affrontare la vita in modo critico e con un certo distacco: *vivere con ironia, mancare di ironia* || *in part.* atteggiamento di distacco dello scrittore dalla materia che tratta: *l'ironia ariostesca* **2.** beffa crudele, scherno: *l'ironia della sorte, del destino* **3.** *T.fil. ironia socratica*, atteggiamento con cui Socrate, nei dialoghi di Platone, spingeva l'interlocutore alla ricerca della verità, simulando la propria ignoranza || **N. 1.** *Sin.* sarcasmo | *humor*, spirito, umorismo | amara, arguta, aspra, beffarda, bonaria, crudele, delicata, fine, fredda, grossolana, lieve, mordace, pungente, sottile.

irònico (pl. *-ci*) [dal lat. tardo *ironicus*; 1559] **agg.** che esprime, che contiene ironia: *sorriso ironico, discorso ironico* || rif. a persona, che ama fare dell'ironia: *uno scrittore ironico* || **ironicaménte** **avv.** con ironia || con valore frasale, per ironia della sorte: *ironicamente, è toccato proprio a lui dargli la notizia* || **N.** *Sin.* beffardo, caustico, sarcastico, sardonico.

ironìsta [dal fr. *ironiste*; a. 1909] **s.** *non com.* chi usa abitualmente l'ironia, parlando o scrivendo.

ironizzàre [dal fr. *ironiser*; a. 1686] **intr.** (aus. *avere*) fare dell'ironia: *ironizzare sui difetti altrui* || **tr.** *meno com.* trattare con ironia: *ironizzare le proprie sventure.*

iróso [da *ira*; a. 1294] **agg.** pieno d'ira; iracondo: *tono di voce iroso, temperamento iroso* || **irosaménte** **avv.**

irraccontàbile [da *raccontabile*; a. 1667] **agg.** *non com.* che non si può raccontare, spec. per ragioni di buona educazione e sim.

irradiaménto [da *irradiare*; 1869] **sm. 1.** l'atto e l'effetto dell'irradiare; irraggiamento **2.** il prendere direzioni diverse partendo da uno stesso punto.

irradiàre (pres. *-àdio*) [dal lat. *irradiāre*; a. 1330] **tr. 1.** illuminare coi propri raggi: *il sole irradiava i tetti delle case* || *fig.* far risplendere, animare: *la felicità le irradiava il volto* **2.** *per estens.* emanare, diffondere, anche *fig.*: *irradiare calore, entusiasmo* **3.** *T.med.* sottoporre un corpo a radiazioni a scopo terapeutico **4.** diffondere per mezzo della radio: *irradiare un comunicato* || **intr.** (aus. *essere*) diffondersi sotto forma di raggi: *il calore che irradia dal sole* || *fig.* sprigionarsi: *la gioia irradiava dai suoi occhi* || **intr. pron.** diffondersi all'intorno in direzioni diverse, come raggi: *molte viuzze si irradiano dalla piazza, dalla schiena il dolore si irradiava agli arti.*

irradiatóre [da *irradiare*; 1858] **agg.** e **sm.** (f. *-trice*) *non com.* chi o che irradia: *virtù irradiatrice.*

irradiazióne [dal lat. *irradiātio, -ōnis*; 1556] **sf. 1.** emissione di luce e di calore in diverse direzioni **2.** *T.med.* esposizione di un organo o di un tessuto malato a radiazioni **3.** propagazione in direzioni diverse partendo da uno stesso punto **4.** fenomeno d'illusione ottica per cui una superficie molto illuminata appare leggermente più estesa di una uguale, ma scura.

irraggiaménto [da *irraggiare*; a. 1642] **sm.** l'irraggiare e l'irraggiarsi || *T.fis.* emissione di radiazioni elettromagnetiche da una sorgente: *diffusione di calore per irraggiamento.*

irraggiàre (pres. *-àggio*) [comp. parasint. di *raggio*; a. 1389] **tr.** irradiare, emettere raggi || **intr.** (aus. *essere*) e **intr. pron.** irradiarsi, diffondersi.

irraggiungìbile [da *raggiungibile*; 1940] **agg.** che non si può raggiungere: *altezze, vette irraggiungibili* || *fig.* che non si può ottenere, irrealizzabile: *meta, sogno irraggiungibile.*

irraggiungibilità [da *irraggiungibile*; 1957] **sf.** l'essere irraggiungibile.

irragionévole [da *ragionevole*; a. 1419] **agg. 1.** che non possiede la facoltà della ragione: *esseri irragionevoli* || *per estens.* che non ragiona, che non vuole intender ragione, col quale non si può ragionare: *persona irragionevole* **2.** che è contro ragione, assurdo: *azione, comportamento irragionevole; punizione, paura irragionevole*, ingiustificata || esagerato: *richiesta, prezzo irragionevole* || **irragionevolménte** **avv.** || **N. 1.** *Sin.* irrazionale; dissennato, insensato, sconsiderato **2.** *Sin.* illogico, incoerente, incongruo, infondato; eccessivo, smodato.

irragionevolézza [da *ragionevolezza*; 1598] **sf.** l'essere irragionevole || *concr. non com.* detto o fatto irragionevole: *con le tue irragionevolezze te lo sei ormai inimicato per sempre.*

irrancidiménto [da *irrancidire*; a. 1758] **sm.** atto o effetto dell'irrancidire.

irrancidìre (pres. *-ìsco, ìsci*) [comp. parasint. di *rancido*; a. 1758 *inracidirsi*] **intr.** (aus. *essere*) diventare rancido: *il burro col caldo irrancidisce in fretta* || *fig.* diventare vecchio, inutile, sorpassato: *teorie, parole che sono ormai irrancidite.*

irrappresentàbile [da *rappresentabile*; a. 1613] **agg.** *non com.* che non è possibile rappresentare, detto spec. di lavoro teatrale.

irrazionàle [dal lat. *irrationālis*; 1308 nel senso 2] **I agg. 1.** privo di razionalità: *esseri irrazionali* || *T.fil.* che non è riducibile alla sfera della ragione **2.** non conforme a ragione, che posa su un ragionamento non valido: *teoria, presupposto, conclusione irrazionale* || privo di ragionevolezza: *azione, comportamento irrazionale* **3.** che non è funzionale, che non risponde allo scopo prefissato: *disposizione irrazionale dei locali* **4.** *T.mat. numero irrazionale*, numero reale che non può essere espresso come rapporto di due numeri interi (per es. $\sqrt{2}$) || **irrazionalménte** **avv.** **II sm.** tutto ciò che non è razionale: *l'irrazionale nell'arte, nei rapporti umani* || **N. I 2.** *Sin.* illogico, irragionevole.

irrazionalìsmo [da *irrazionale*; 1932] **sm.** *T.fil.* indirizzo che afferma l'incapacità della ragione di render conto dell'esperienza nella sua totalità e considera istanze irrazionali (come la fede, i sentimenti, l'esperienza estetica, l'attività psichica) fondamentali nella vita dell'uomo: *l'irrazionalismo di Schopenhauer, di Bergson.*

irrazionalìsta [da *irrazionalismo*; 1955] **I s.** *T.fil.* seguace o sostenitore dell'irrazionalismo **II agg.** *T.fil.* irrazionalistico.

irrazionalìstico (pl. *-ci*) [da *irrazionale*; 1950] **agg.** che si riferisce all'irrazionalismo, di irrazionalismo: *concezione, atteggiamento irrazionalistico* || **irrazionalisticaménte** **avv.**

irrazionalità [da *razionalità*; 1561] **sf.** la qualità e la condizione di ciò che è irrazionale, nei vari sensi: *l'irrazionalità di un comportamento; la dimostrazione dell'irrazionalità di* $\sqrt{2}$.

irreàle [da *reale*; 1931] **agg.** non reale, fantastico, che è fuori della realtà, che supera e contrasta la realtà: *un mondo, un paesaggio irreale; irreale come un inganno di occhi allucinati* (D'Annunzio) || **irrealménte** **avv.** || **N.** *Sin.* chimerico, fantastico, illusorio, immaginario.

irrealizzàbile [da *realizzabile*; a. 1872] **agg.** che non può essere realizzato: *sogno, desiderio irrealizzabile* || **irrealizzabilménte** **avv.**

irrealizzabilità [da *irrealizzabile*; 1970] **sf.** l'essere irrealizzabile.

irrealtà [da *realtà*; 1945] **sf.** l'essere irreale: *l'irrealtà di un desiderio, di una supposizione* || *T.ling. modo, periodo ipotetico dell'irrealtà*, che serve ad esprimere una situazione che non può (o non può più) realizzarsi (come in *sarebbe bello vivere mille anni, mi avresti fatto piacere se mi fossi venuto a trovare*).

irreconciliàbile o **irriconciliàbile** [dal lat. *irreconciliabilis*; 1618] **agg.** *non com.* che non si può riconciliare; inconciliabile || **irreconciliabilménte** **avv.**

irreconciliabilità o **irriconciliabilità** [da *irreconciliabile*; 1696] **sf.** *non com.* inconciliabilità.

irrecuperàbile [dal lat. tardo *irrecuperābilis*; 1336 ca.] **agg.** che non si può recuperare, definitivamente perduto, anche *fig.*: *tesoro, patrimonio irrecuperabile; pace, felicità irrecuperabile; un malato irrecuperabile*, che non può essere riportato in salute || **irrecuperabilménte** **avv.**

irrecuperabilità [da *irrecuperabile*; 1957] **sf.** l'essere irrecuperabile.

irrecusàbile [dal lat. tardo *irrecusabilis*; a. 1835 nel senso 2] **agg. 1.** che non si può ricusare: *offerta irrecusabile* **2.** di cui non si può ricusare la verità e sim.: *prova irrecusabile* || **irrecusabilménte** **avv.** || **N. 2.** *Sin.* indiscutibile, innegabile, irrefutabile.

irrecusabilità [da *irrecusabile*; 1887] **sf.** l'essere irrecusabile.

irredentìsmo [da *irredento*; 1884] **sm.** *T.stor.* e *T.pol.* aspirazione ed azione politica di coloro che vogliono unire alla madrepatria regioni ad essa culturalmente, etnicamente o geograficamente legate ma appartenenti a uno stato straniero, e spec. il movimento che, dopo il 1866, mirò e condusse alla liberazione delle regioni (ritenute) di lingua e cultura italiana ma ancora soggette all'Austria.

irredentìsta [da *irredento*; 1885] **s.** seguace o fautore dell'irredentismo; anche *agg.*

irredentìstico (pl. *-ci*) [da *irredento*; 1928] **agg.** ispirato ad irredentismo, dell'irredentismo: *movimento irredentistico.*

irredènto [da *redento*; 1877] **agg.** *non com.* non redento || *in part.* ancora soggetto alla dominazione straniera: *terre, popolazioni irredente.*

irredimìbile [da *redimibile*; 1806] **agg.** *T.econ.* che non si può redimere o riscattare; si dice di debito pubblico consolidato, di cui lo Stato paga gli interessi ma che non si impegna a rimborsare: *prestito irredimibile.*

irredimibilità [da *irredimibile*; a. 1937] **sf.** l'essere irredimibile.

irreducìbile **agg.** *lett.* V. IRRIDUCIBILE.

irrefragàbile [dal lat. tardo *irrefragabilis*; prima metà sec. XIV] **agg.** *lett.* che non si può contrastare o confutare: *documento, testimonianza irrefragabile* || **irrefragabilménte** **avv.** || **N.** *Sin.* IRREFUTABILE.

irrefragabilità [da *irrefragabile*; a. 1686] **sf.** *lett.* l'essere irrefragabile, inconfutabile.

irrefrenàbile [dal lat. tardo *irrefrenabilis*; 1606] **agg.** che non si può frenare, spec. *fig.*: *corsa irrefrenabile*; *passione, entusiasmo irrefrenabile* || **irrefrenabilménte** **avv.** || **N.** *Sin.* inarrestabile, incontenibile, incontrollabile, sfrenato, travolgente.

irrefrenabilità [da *irrefrenabile*; 1957] **sf.** l'essere irrefrenabile.

irrefutàbile [dal lat. tardo *irrefutābilis*; 1858] **agg.** che non si può confutare, che è pienamente valido: *prova irrefutabile* || **irrefutabilménte** **avv.** anche frasale || **N.** *Sin.* certo, inconfutabile, incontestabile, indiscutibile, innegabile, irrecusabile.

irrefutabilità [da *irrefutabile*; a. 1956] **sf.** l'essere irrefutabile || **N.** *Sin.* incontestabilità, indiscutibilità.

irreggimentàre (pres. *-énto*) [dal fr. *enrégimenter*; 1905] **tr.** **1.** *T.mil.* inserire, inquadrare nel reggimento **2.** *fig.* ordinare e disciplinare una certa quantità di persone, togliendo loro la libertà di volere e di agire: *irreggimentare le masse.*

irregolàre [dal lat. tardo *irregulāris*; a. 1544 nel senso 2] **I** **agg.** **1.** che contrasta con una determinata regola o se ne allontana, non conforme alle norme: *procedura irregolare, elezioni irregolari* || nello sport, che è contro il regolamento di gioco: *azione, carica irregolare* || *in part.* che non è conforme alle norme e alle convenzioni sociali: *vita, condotta irregolare*; *disus. unione irregolare*, unione tra un uomo e una donna non legalizzata dal matrimonio **2.** che si allontana dal tipo e dalla forma più consueta: *viso, lineamenti irregolari* || *T.gram. declinazione, coniugazione irregolare*, che non segue la flessione della maggior parte dei sostantivi e dei verbi; *nomi, verbi irregolari*, che hanno declinazione o coniugazione irregolare || *T.mil. milizie, truppe irregolari*, che non fanno parte dell'esercito regolare || *T.geom.* detto di figure che non possiedono determinati requisiti di simmetria, uguaglianza degli elementi componenti fra loro e sim.: *poligoni irregolari* **3.** non uniforme, che procede in modo disuguale: *percorso irregolare*; *stagione irregolare*, incostante || di un fenomeno ciclico, che non ha frequenza costante: *mestruazioni irregolari*; *polso irregolare*, aritmico || **irregolarménte** **avv.** **II** **sm.** **1.** persona che vive al di fuori delle norme, sia quelle di una particolare comunità (per es. artistica) sia quelle sociali **2.** *pl.* volontari che non fanno parte dell'esercito regolare: *un reparto di irregolari* || **N.** **I** **1.** *Sin.* anomalo, anormale **2.** *Sin.* diverso, insolito **3.** *Sin.* discontinuo, disuguale | *Contr.* regolare.

irregolarità [dal lat. tado *irregularitas, -ātis*; 1598] **sf.** **1.** l'essere irregolare, nei vari sensi: *l'irregolarità di un documento, di una procedura, di una costruzione sintattica* **2.** *concr.* fatto, azione, procedimento irregolare: *qui c'è un'irregolarità*; *commettere un'irregolarità*, un'infrazione alla norma, a una legge || *T.sport.* fallo, azione di gioco scorretta || *eufem. irregolarità amministrativa*, profitto illecito, appropriazione indebita, peculato **3.** *T.giur.* nel diritto canonico, inabilità perpetua a ricevere o esercitare gli ordini sacri.

irrelàto [comp. di *in* e del lat. *relātum*; 1972] **agg.** non posto in relazione con altro, svincolato: *rima irrelata*, di parola, posta alla fine di un verso, che non rima con un'altra || **irrelataménte** **avv.**

irreligióne [dal lat. tardo *irreligio, -ōnis*; a. 1527] **sf.** *non com.* mancanza del sentimento religioso; disprezzo per la religione.

irreligiosità [dal lat. *irreligiositas, -ātis*; sec. XIV *irreligiositade*] **sf.** l'essere irreligioso.

irreligióso [dal lat. *irreligiōsus*; sec. XIV] **agg.** **1.** che non ha sentimento religioso: *persona irreligiosa* **2.** che manifesta indifferenza o avversione per la religione: *discorso irreligioso* || **irreligiosaménte** **avv.** || **N.** *Sin.* agnostico; ateo; empio, miscredente, sacrilego.

irremeàbile [dal lat. *irremeabilis*; a. 1406] **agg.** *lett.* da cui non si può ritornare indietro: *l'irremeabile carcere arborea che la serrava* (D'Annunzio).

irremissìbile [dal lat. tardo *irremissibilis*; a. 1342 *inremissibile*] **agg.** *lett.* **1.** che non può essere perdonato: *pena irremissibile* **2.** di persona, incapace di perdonare || **irremissibilménte** **avv.** senza remissione; irrimediabilmente || **N.** *Sin.* imperdonabile; inesorabile.

irremovìbile [da *removibile*; 1813] **agg.** **1.** che non muta proposito: *carattere, decisione irremovibile* **2.** *propr. non com.* che non si può rimuovere || **irremovibilménte** **avv.** || **N.** **1.** *Sin.* fermo, inflessibile, ostinato.

irremovibilità [da *irremovibile*; a. 1799] **sf.** l'essere irremovibile: *irremovibilità di opinioni.*

irremuneràbile [da *remunerabile*; a. 1543] **agg.** *non com.* che non si può degnamente remunerare || *per estens.* inestimabile: *favore irremunerabile.*

irreparàbile [dal lat. *irreparabilis*; a. 1363] **I** **agg.** **1.** che non si può riparare, a cui non si può porre rimedio: *perdita, danno irreparabile* **2.** *non com.* rif. a cose che devono ancora accadere, inevitabile: *rovina, catastrofe irreparabile* || **irreparabilménte** **avv.** **II** **sm.** ciò a cui non si può porre rimedio: *è accaduto l'irreparabile* || **N.** **I** **1.** *Sin.* irrimediabile **2.** *Sin.* fatale, ineluttabile.

irreparabilità [da *irreparabile*; 1651] **sf.** l'essere irreparabile: *irreparabilità dell'errore.*

irreperìbile [da *reperibile*; a. 1712] **agg.** che non si riesce a trovare: *il documento è irreperibile* || rif. a persona, che non risulta presente, che fa perdere le proprie tracce: *l'imputato è irreperibile*; *scherz. rendersi irreperibile*, non farsi trovare per evitare incombenze o seccature || **irreperibilménte** **avv.** *non com.* || **N.** *Sin.* introvabile.

irreperibilità [da *reperibilità*; 1945] **sf.** l'essere irreperibile.

irreprensìbile [dal lat. tardo *irreprehensibilis*; a. 1292] **agg.** che non merita alcuna critica, alcun appunto: *condotta irreprensibile, funzionario irreprensibile*; *lavoro, stile irreprensibile* || **irreprensibilménte** **avv.** || **N.** *Sin.* corretto, inappuntabile, incensurabile, ineccepibile.

irreprensibilità [dal lat. tardo *irreprehensibilitas, -ātis*; sec. XIV] **sf.** l'essere irreprensibile.

irreprimìbile [da *reprimibile*; 1932] **agg.** che non si può reprimere: *slancio, sdegno irreprimibile* || **N.** *Sin.* irrefrenabile.

irrepugnàbile [comp. parasint. del lat. *repugnāre*, contrastare; 1308 *inrepugnabile*] **agg.** *lett.* che non si può contraddire, a cui non ci si può opporre: *affermazioni, testimonianze irrepugnabili* || **irrepugnabilménte** **avv.** || **N.** *Sin.* inoppugnabile, irrefutabile.

irrepugnabilità [da *irrepugnabile*; 1683] **sf.** *lett. raro* l'essere irrepugnabile.

irrequietézza [da *irrequieto*; 1869] **sf.** l'essere irrequieto || **N.** *Sin.* agitazione, inquietudine, smania, vivacità.

irrequièto [dal lat. *irrequiētus*; a. 1565] **agg.** che non ha quiete, che non riesce a stare fermo e tranquillo a causa di preoccupazioni, smania, agitazione o eccessiva vivacità: *la tensione lo rendeva irrequieto*; *un malato, un bambino, uno scolaro irrequieto*; *per estens. vita irrequieta*, disordinata, affannosa || **irrequietaménte** **avv.** *non com.* || **N.** *Sin.* agitato, ansioso, smanioso, esuberante, vivace.

irrequietùdine [da *irrequieto*; 1782] **sf.** agitazione, ansia interiore.

irresistìbile [dal fr. *irrésistible*; a. 1729] **agg.** a cui non si può resistere: *un fascino, una proposta irresistibile*; *bisogno irresistibile di uscire*; *una donna irresistibile*, dotata di grande fascino || **irresistibilménte** **avv.**

irresistibilità [da *irresistibile*; 1834] **sf.** l'essere irresistibile.

irresolùbile [dal lat. tardo *irresolubilis*; a. 1527] **agg.** che non si può risolvere: *problema irresolubile* || *lett.* che non si può sciogliere; indissolubile || **irresolubilménte** **avv.** *non com.*

irresolubilità [da *irresolubile*; 1952] **sf.** l'essere irresolubile.

irresolutézza [da *resolutezza*; a. 1674] **sf.** l'essere irresoluto, mancanza di decisione || **N.** *Sin.* esitazione, incertezza, indecisione, titubanza.

irresolùto (meno com. *irrisolùto*) [da *resoluto*; a. 1527] **agg.** **1.** che è incerto e non sa prendere una decisione: *mostrarsi irresoluto sul da farsi* **2.** *lett.* di questione e sim., non risolta || **irresolutaménte** **avv.** *non com.* || **N.** **1.** *Sin.* dubbioso, esitante, incerto, indeciso, titubante **2.** *Sin.* insoluto.

irresoluzióne [da *resoluzione*; a. 1540] **sf.** l'essere irresoluto; indecisione.

irrespiràbile [da *respirabile*; 1869] **agg.** **1.** che non si può respirare: *un'aria irrespirabile* (anche *iperb.*) **2.** *fig.* detto di ambiente in cui ci si sente a disagio; insopportabile, soffocante.

irrespirabilità [da *irrespirabile*; a. 1827] **sf.** l'essere irrespirabile, detto dell'aria.

irresponsàbile [da *responsabile*; 1816] **I** **agg.** **1.** non responsabile: *è irresponsabile di quanto è accaduto* **2.** che non può essere chiamato a rispondere delle sue azioni perché infermo di mente || *per estens.* che agisce con leggerezza, incosciente **3.** *T.giur.* detto del capo dello Stato o dei membri del Parlamento, che, per legge, non possono essere chiamati a rispondere delle azioni che compiono nell'esercizio delle loro funzioni || **irresponsabilménte** **avv.** **II** **s.** chi si comporta con leggerezza e incoscienza: *quel ragazzo è un irresponsabile.*

irresponsabilità [da *responsabilità*; a. 1875] **sf.** l'essere irresponsabile; incoscienza.

irrestringìbile [da *restringibile*; 1886] **agg.** detto di tessuto o filato che non si restringe anche dopo uso prolungato o ripetuti lavaggi: *lana irrestringibile.*

irretiménto [da *irretire*; 1957] **sm.** *non com.* atto ed effetto dell'irretire.

irretìre (pres. *-ìsco, -ìsci*) [dal lat. *irretīre*; a. 1321 *inretire*] **tr.** prendere nella rete; quasi sempre *fig.*, sedurre, prendere con l'inganno, imbrogliare: *lasciarsi irretire dalle lusinghe, dalle promesse* || **N.** *Sin.* abbindolare, ingannare, raggirare.

irretrattàbile e der. V. IRRITRATTABILE e der.

irretroattività [da *retroattività*; 1917] **sf.** *T.giur.* l'essere irretroattivo, di legge, decreto e sim.

irretroattìvo [da *retroattivo*; 1965] **agg.** *T.giur.* di legge, decreto e sim. che non ha valore reatroattivo.

irreverénte **agg.** *raro* V. IRRIVERENTE.

irreversìbile [da *reversibile*; 1950] **agg.** che non si può invertire; che non si può muovere o far muovere in senso contrario: *movimento,* *processo irreversibile* || *T.chim. reazione irreversibile*, reazione che non può avvenire in senso inverso perché produce la totale trasformazione dei reagenti || *T.fis.* in termodinamica, *trasformazione irreversibile di un sistema*, che non può essere percorsa nel verso opposto, facendo ripercorrere al sistema tutti gli stati intermedi fino a riportarlo a quello iniziale; lo sono in pratica tutte le trasformazioni reali.

irrevocàbile [dal lat. *irrevocābilis*; a. 1375 *inrevocabile*] ***agg.*** **1.** che non si può revocare: *sentenza irrevocabile* **2.** *lett.* che non ritorna più || **irrevocabilménte** ***avv.*** || **N. 1.** *Sin.* definitivo, immutabile.

irrevocabilità [da *irrevocabile*; a. 1342] ***sf.*** l'essere irrevocabile: *l'irrevocabilità della pena.*

irrevocàto [dal lat. *irrevocātus*; 1869] ***agg.*** **1.** *T.giur.* non revocato: *decisione, decreto irrevocato* **2.** *lett.* non richiamato volontariamente alla memoria.

irricevibile [da *ricevibile*; 1940] ***agg.*** *T.bur. non com.* che non può essere ricevuto o accolto: *reclamo irricevibile.*

irricevibilità [da *irricevibile*; 1940] ***sf.*** *T.bur. non com.* l'essere irricevibile: *l'irricevibilità del ricorso.*

irriconciliàbile [da *riconciliabile*; a. 1916] ***agg.*** irreconciliabile.

irriconoscènte [da *riconoscente*; 1957] ***agg.*** che non dimostra riconoscenza, ingrato.

irriconoscìbile [da *riconoscibile*; a. 1712] ***agg.*** non riconoscibile, che è difficile riconoscere: *ritratto irriconoscibile, la lunga degenza lo ha reso irriconoscibile* || **irriconoscibilménte** ***avv.***

irriconoscibilità [da *irriconoscibile*; 1887] ***sf.*** l'essere irriconoscibile.

irricuṣàbile v. IRRECUSABILE.

irrìdere (pres. *-ìdo* ecc., come RIDERE) [dal lat. *irridēre*; a. 1342] ***tr.*** *lett.* deridere, schernire.

irriducìbile [da *riducibile*; a. 1704 nel senso 2 *inriducibile*] **I** ***agg.*** **1.** che non si può ridurre: *prezzi irriducibili* || *T.mat. frazione irriducibile*, in cui nominatore e denominatore sono numeri primi tra loro **2.** *fig.* fermo nei suoi propositi; irremovibile: *temperamento, avversario irriducibile* || che non si lascia piegare: *volontà irriducibile* **3.** *T.med.* che non si può riportare alla normalità, oppure nella sua sede naturale: *lussazione, ernia irriducibile* || **irriducibilménte** ***avv.*** **II** ***s.*** persona che insiste nelle sue convinzioni anche quando sono irrimediabilmente superate dai fatti || **N.** I **2.** *Sin.* caparbio, inflessibile, ostinato.

irriducibilità [da *irriducibile*; 1852] ***sf.*** la qualità e la condizione dell'essere irriducibile.

irriflessióne [da *riflessione*; 1804 *inriflessione*] ***sf.*** *non com.* mancanza di riflessione || **N.** *Sin.* leggerezza, sbadataggine, sconsideratezza, spensieratezza, superficialità, sventatezza.

irriflessìvo [da *riflessivo*; a. 1803 *irreflessivo*] ***agg.*** **1.** che agisce senza riflettere: *giovane irriflessivo* **2.** *per estens.* di cosa, che è detta o fatta senza riflettere: *risposta, gesto irriflessivo* || **irriflessivaménte** ***avv.*** || **N. 1.** *Sin.* leggero, sconsiderato, superficiale, sventato **2.** *Sin.* avventato, impulsivo.

irriflèsso [da *riflesso*; a. 1342 *inreflesso*] ***agg.*** *non com.* istintivo, spontaneo: *gesto irriflesso.*

irrigàbile [da *irrigare*; 1749] ***agg.*** che si può irrigare.

irrigabilità [da *irrigabile*; 1957] ***sf.*** l'essere irrigabile.

irrigaménto [da *irrigare*; 1758] ***sm.*** irrigazione.

irrigàre (pres. *-ìgo, -ìghi*) [dal lat. *irrigāre*; sec. XIV] ***tr.*** **1.** rif. a terreni, farvi correre l'acqua per consentire la coltivazione: *irrigare la campagna, una piantagione* || *per estens.* di corso d'acqua, bagnare un territorio: *il Po irriga la Lombardia* **2.** *T.med.* introdurre un liquido nel corpo a scopi terapeutici || **N. 1.** *Sin.* bagnare, innaffiare, inondare, irrorare.

irrigatóre [dal lat. tardo *irrigātor, -ōris*; a. 1828] **I** ***agg.*** (f. *-trìce*) che irriga: *canale irrigatore* **II** ***sm.*** **1.** dispositivo che serve per irrigare il terreno proiettando l'acqua a distanza in forma di minutissime gocce **2.** *T.med.* apparecchio di forma tubolare usato per introdurre liquidi nelle cavità del corpo a scopo terapeutico.

irrigatòrio (pl. *-ri*) [da *irrigare*; a. 1835] ***agg.*** che serve all'irrigazione: *canale irrigatorio.*

irrigazióne [dal lat. *irrigātio, -ōnis*; sec. XIV] ***sf.*** **1.** l'atto e l'effetto dell'irrigare; somministrazione di acqua a un terreno per renderlo più produttivo e consentire la coltivazione, realizzata per mezzo di canali e fossi artificiali: *irrigazione fertilizzante; irrigazione per scorrimento, per infiltrazione* **2.** *T.med.* introduzione in una cavità organica di liquidi medicamentosi mediante irrigatore: *irrigazioni vaginali* || **N. 1.** canale, cateratta, derivazione, fosso, gora, incile, presa. **Q.T.** *agricoltura, geografia.*

irrigidiménto [da *irrigidire*; 1788] ***sm.*** l'atto e l'effetto dell'irrigidire e dell'irrigidirsi; lo stato di ciò che è irrigidito, anche *fig.*: *irrigidimento delle articolazioni, di una posizione; irrigidimento del clima.*

irrigidìre (pres. *-ìsco, -ìsci*) [comp. parasint. di *rigido*; a. 1342] ***tr.*** rendere rigido: *il freddo mi ha irrigidito le membra*; anche *fig.* inasprire, rendere più severo: *irrigidire la disciplina* || ***intr. pron.*** *più com.* diventare rigido: *la temperatura si è irrigidita; irrigidirsi sull'attenti*, restare immobile || *fig.* rif. a persona, ostinarsi in un atteggiamento, una posizione: *irrigidirsi in una richiesta, in un rifiuto.*

irrigidìto (*pps.* di *irrigidire*) [a. 1694] ***agg.*** rigido: *irrigidito dal freddo* || *fig.* ostinato, caparbio: *irrigidito sulle proprie posizioni.*

irriguardóso [da *riguardoso*; 1955] ***agg.*** privo di riguardo: *essere irriguardoso verso le autorità; parole, gesti irriguardosi* || **irriguardosaménte** ***avv.*** || **N.** *Sin.* impertinente, insolente, irriverente.

irrìguo [dal lat. *irriguus*; a. 1342] ***agg.*** *lett.* **1.** che abbonda di acque irriganti, bene irrigato: *terreno irriguo* **2.** che irriga: *canale irriguo.*

irrilevànte [da *rilevante*; 1670 *irrelevante*] ***agg.*** di poco o di nessun rilievo: *obiezioni, danni, particolari irrilevanti* || **N.** *Sin.* insignificante, trascurabile.

irrilevànza [da *rilevanza*; 1798] ***sf.*** l'essere irrilevante.

irrimandàbile [da *rimandabile*; 1983] ***agg.*** che non può essere rimandato, indifferibile.

irrimediàbile [dal lat. *irremediābilis*; a. 1363 *inrimediabile*] ***agg.*** a cui non si può rimediare; irreparabile: *guasto, errore irrimediabile* || **irrimediabilménte** ***avv.*** senza rimedio: *è irrimediabilmente rovinato.*

irrimediabilità [da *irrimediabile*; 1869 *irremediabilità*] ***sf.*** *non com.* l'essere irrimediabile.

irrintracciàbile [da *rintracciabile*; a. 1775] ***agg.*** che non si può rintracciare.

irrinunciàbile [da *rinunciabile*; 1956] ***agg.*** a cui non si può o non si vuole rinunciare || *T.giur. diritti irrinunciabili*, quelli che per loro natura costituiscono mezzi per l'adempimento di doveri e ai quali perciò non si può rinunciare.

irrinunciabilità [da *irrinunciabile*; 1970] ***sf.*** l'essere irrinunciabile.

irripetìbile (meno com. *irrepetibile*) [da *ripetibile*; 1673 *irrepetibile*] ***agg.*** **1.** che non si può ripetere, che avviene una volta sola: *esame irripetibile* || eccezionale, unico nel suo genere: *emozione, esperienza irripetibile* **2.** che non si può ripetere per ragioni di decenza: *una frase irripetibile* || **irripetibilménte** ***avv.*** || **N. 2.** *Sin.* irriferibile.

irripetibilità [da *irripetibile*; a. 1966 *irrepetibilità*] ***sf.*** l'essere irripetibile.

irriproducìbile [da *riproducibile*; 1910] ***agg.*** che non è possibile o non è lecito riprodurre: *disegno, articolo irriproducibile.*

irriproducibilità [da *irriproducibile*; 1957] ***sf.*** l'essere irriproducibile.

irrisarcìbile [da *risarcibile*; 1834] ***agg.*** *non com.* che non si può risarcire: *danno irrisarcibile.*

irriṣióne [dal lat. *irrīsio, -ōnis*; a. 1342] ***sf.*** *lett.* l'irridere || **N.** *Sin.* beffa, derisione, scherno.

irrisòlto [da *risolto*; 1971] ***agg.*** che non è stato ancora risolto, che manca di una soluzione: *il problema rimane irrisolto.*

irrisolutézza e der. v. IRRESOLUTEZZA e der.

irriṣóre [dal lat. *irrisor, -ōris*; a. 1342] (raro ***f.*** *-óra*) e ***agg.*** *non com.* chi o che irride; schernitore, beffeggiatore.

irriṣòrio (pl. *-ri* o *-rii*) [dal lat. tardo *irrisōrius*; 1726] ***agg.*** **1.** *propr.* detto o fatto per irridere: *gesto irrisorio* **2.** *per estens. più com.* inadeguato, estremamente esiguo: *compenso, prezzo irrisorio* || **irriṣoriaménte** ***avv.*** || **N. 1.** *Sin.* beffardo, derisorio, sarcastico **2.** *Sin.* insignificante, irrilevante, minimo; ridicolo.

irrispettóso [da *rispettoso*; a. 1646 *inrispettoso*] ***agg.*** che manca di rispetto verso qualcuno o qualcosa: *atteggiamento irrispettoso* || **irrispettosaménte** ***avv.*** || **N.** *Sin.* insolente, irriverente, sfacciato, villano.

irritàbile [dal lat. *irritābilis*; sec. XIV] ***agg.*** **1.** che s'irrita facilmente, anche per cose da poco: *carattere irritabile* **2.** detto di parte del corpo, che si infiamma facilmente: *avere la pelle irritabile* || **N. 1.** *Sin.* irascibile, permaloso, suscettibile.

irritabilità [da *irritabile*; a. 1764] ***sf.*** l'essere irritabile.

irritaménto [dal lat. *irritamentum*; a. 1342] ***sm.*** *non com.* l'irritare e l'irritarsi.

irritànte (*ppr.* di *irritare*) [a. 1698] ***agg.*** **1.** che provoca stizza, che fa perdere la calma: *contegno irritante* **2.** che dà fastidio o provoca infiammazione: *odore, sostanza irritante* || anche ***sm.***: *evitare gli irritanti.*

irritàre (pres. *ìrrito*) [dal lat. *irritāre*; sec. XIV] ***tr.*** **1.** provocare sdegno, ira; far perdere la calma: *il tuo discorso mi ha irritato* || rif. ad animali, stuzzicarli, aizzarli **2.** *lett.* rif. a sentimenti, sensazioni e sim., inasprire, esasperare: *irritare la gelosia; irritare la fame, un dolore* || *fig. fam. irritare i nervi*, far perdere la pazienza **3.** *T.med.* produrre un'infiammazione, un bruciore, una tensione dolorosa: *il fumo irrita gli occhi* || *irritare una piaga*, renderla più dolorosa, aumentare la sofferenza, anche *fig.* || ***intr. pron.*** **1.** spazientirsi, risentirsi: *si è irritato con me per via del ritardo* **2.** infiammarsi: *ho preso troppo sole e mi si è irritata la pelle* || **N.** ***tr.*** **1.** *Sin.* aizzare, contrariare, indispettire, infastidire **2.** *Sin.* eccitare, esasperare, stimolare **3.** *Sin.* infiammare | ***intr. pron.*** **1.** *Sin.* adirarsi, innervosirsi.

irritatìvo [da *irritare*; 1640] ***agg.*** che provoca irritazione, che infiamma.

irritàto (*pps.* di *irritare*) [seconda metà sec. XIV] ***agg.*** **1.** adirato, contrariato: *è ancora irritato per quell'affare* **2.** infiammato: *avere gli occhi irritati.*

irritazióne [dal lat. *irrītātio, -ōnis*; 1300 ca.] ***sf.*** **1.** l'irritare; lo stato di persona irritata: *provocare irritazione in qualcuno; calmare la propria irritazione* **2.** *T.med.* infiammazione di una parte dell'organismo: *curare l'irritazione di un occhio.*

ìrrito [dal lat. *irritus*; fine sec. XIII] ***agg.*** **1.** *T.giur.* privo di valore legale: *decreto irrito* **2.** *lett.* vano, senza effetto: *e cerca assai, perché gli porta amore, di fargli quel pensier irrito e nullo* (Ariosto).

irritrattàbile [dal lat. *irretractābilis*; prima metà sec. XIV *irretrattabile*] **agg.** *non com.* che non si può ritrattare ‖ *T.giur. azione penale irritrattabile*, che non può essere sospesa o fatta cessare ‖ **N.** *Sin.* irrevocabile.

irritrattabilità [da *irritrattabile*; 1869] **sf.** *non com.* l'essere irritrattabile.

irritrosìre (pres. *-ìsco, -ìsci*) [comp. parasint. di *ritroso*; 1364] **intr.** (aus. *essere*) e raro **intr. pron.** diventare ritroso, restio.

irrituàle [da *rituale*; 1957] **agg.** *T.giur.* di atto processuale non conforme alla procedura prevista dalla legge.

irritualità [da *irrituale*; 1963] **sf.** *T.giur.* l'essere irrituale.

irriuscìbile [da *riuscibile*; a. 1610] **agg.** *raro* che non può riuscire: *è una impresa irriuscibile.*

irrivelàbile [da *rivelabile*; a. 1712] **agg.** *non com.* che non si può o non si deve rivelare: *verità, segreto irrivelabile.*

irriverènte [dal lat. *irreverens, -ĕntis*; 1308 *inreverente*] **agg.** privo di rispetto: *atteggiamento, discorso irriverente*; *essere irriverente verso i propri superiori* ‖ **irriverentemènte** **avv.** ‖ **N.** *Sin.* impertinente, insolente, irrispettoso, sfacciato, sfrontato, tracotante.

irriverènza [dal lat. *irreverentia*; 1308 *inreverenza*] **sf.** l'essere irriverente ‖ *concr.* atto o detto irriverente ‖ **N.** *Sin.* impertinenza, insolenza, sfacciataggine, sfrontatezza; ingiuria, offesa.

irrobustìre (pres. *-ìsco, -ìsci*) [comp. parasint. di *robusto*; 1911] **tr.** rendere robusto: *irrobustire il fisico praticando uno sport* ‖ **intr. pron.** diventare robusto o più robusto: *con una corretta alimentazione si è irrobustito* ‖ **N.** *Sin.* fortificare, rinforzare, rinvigorire.

irrogàre (pres. *-ògo, -òghi*; anche *ìrrogo, ìrroghi*) [dal lat. *irrogāre*; 1766] **tr.** *T.giur.* dare, infliggere una pena.

irrogazióne [dal lat. *irrogātio, -ōnis*; 1848] **sf.** *T.giur.* l'irrogare.

irrómpere (pres. *-ómpo* ecc., come ROMPERE; mancano il *pps.* e i tempi composti) [dal lat. *irrumpere*; 1598] **intr.** (aus. *essere*) entrare a forza e con molto impeto: *i malviventi irruppero nella chiesa*; anche *fig.*: *l'indisciplina irrompe nella scuola* ‖ **N.** *Sin.* invadere, prorompere, PENETRARE.

irroraménto [da *irrorare*; 1869] **sm.** *non com.* irrorazione.

irroràre (pres. *-óro*) [dal lat. *irrorāre*; 1499] **tr.** **1.** *lett.* bagnare di rugiada ‖ *per estens. più com.* bagnare con piccole gocce: *il pianto, il sudore le irrorava il viso* **2.** *T.agr.* spargere sulle piante liquidi antiparassitari **3.** *T.biol.* di sangue o linfa, raggiungere organi e tessuti attraverso il sistema circolatorio ‖ **N. 1.** *Sin.* aspergere, bagnare, innaffiare, spruzzare.

irroratrìce [da *irrorare*; 1900] **sf.** macchina usata in agricoltura per spruzzare sulle piante liquidi antiparassitari. **TAV.** *agricoltura* 6; *enologia* 1.

irrorazióne [dal lat. *irrorātio, -ōnis*; a. 1468] **sf.** *non com.* l'irrorare.

irrotazionàle [da *rotazionale*; 1933] **agg.** *T.fis.* e *T.mat.* che non è rotazionale: *campo irrotazionale.*

irruènte o **irruènto** [dal lat. *irruens, -entis*; 1810] **agg.** che irrompe, che entra con furia: *una folla irruente* ‖ *fig.* violento, impetuoso: *carattere irruente* ‖ **irruentemènte** **avv.**

irruènza [da *irruente*; 1848] **sf.** l'essere irruente: *l'irruenza del suo ingresso sorprese i convitati* ‖ **N.** *Sin.* impeto, violenza.

irrugginìre **tr.** e **intr.** (aus. *essere*) *ant.* V. ARRUGGINIRE.

irruvidiménto [da *irruvidire*; 1869] **sm.** l'irruvidire o l'irruvidirsi.

irruvidìre (pres. *-ìsco, -ìsci*) [comp. parasint. di *ruvido*; 1729] **tr.** rendere ruvido: *irruvidire la pelle* ‖ **intr.** (aus. *essere*) e **intr. pron.** diventare ruvido, anche *fig.*: *il suo animo si è irruvidito.*

irruzióne [dal lat. *irruptio, -ōnis*; 1598 *irrottione*] **sf.** l'irrompere, l'entrare con impeto e violenza in un luogo: *fare irruzione in una banca, irruzione della polizia* ‖ *T.mil.* incursione rapida nelle linee nemiche.

irsutişmo [da *irsuto*; 1952] **sm.** *T.med.* sviluppo esagerato e anormale del sistema pilifero femminile che può essere esteso a quasi tutto il corpo ma occupa in prevalenza il viso ‖ **N.** *Sin.* ipertricosi.

irsùto [dal lat. *hirsutus*; 1336 ca.] **agg.** **1.** che ha peli folti, lunghi, ruvidi e ispidi: *petto irsuto, uomo irsuto* **2.** *fig. non com.* rif. a persona, rozzo, selvatico ‖ **N. 1.** *Sin.* peloso, villoso.

irto [dal lat. *hirtus*; a. 1514] **agg.** **1.** di pelo, ispido, pungente: *barba irta*; *tu mostri in fronte... irti i capelli* (Parini) **2.** *per estens.* di luogo, coperto di punte aguzze, sporgenti in fuori: *sentiero irto di spine, mare irto di scogli* ‖ *fig.* pieno (di elementi non graditi): *un progetto irto di difficoltà, un testo irto di citazioni.*

irudìna [dal lat. *hirūdo, -inis*, sanguisuga; 1952] **sf.** sostanza estratta dalle teste delle sanguisughe, che agisce come anticoagulante del sangue.

Irudìnei [dal lat. *hirūdo, -inis*, sanguisuga; 1887 *irudinee* f. pl.] **sm. pl.** *T.zool.* classe di anellidi dal corpo piatto, muniti di due ventose, boccale e anale, succhiatori di sangue; comprende le sanguisughe.

Irundìnidi (sing. *-e*) [dal lat. *hirūndo, -inis*, rondine; 1961] **sm. pl.** *T.zool.* famiglia di uccelli passeriformi, insettivori, comprendente le rondini.

işabèlla¹ [dal fr. *isabelle*; 1650] **agg. inv.** giallo fulvo, detto spec. di manto di cavallo: *un tessuto isabella.* **Q.T.** *cavallo.*

işabèlla² [dal n. proprio *Isabella* Gibbs, che ne introdusse la coltivazione in Europa; 1869] **sf.** vitigno d'origine americana che produce un'uva dal sapore di fragola; anche *agg.*: *uva isabella* ‖ **N.** *Sin.* uva fragola.

işabellìno [da *isabella¹*; 1957] **agg.** di colore isabella, giallo pallido: *manto isabellino.*

işagòge [dal lat. tardo *isagōge*, gr. *eisagōgḗ*; 1572] **sf.** *T.lett.* introduzione a uno studio, a una dottrina, a un testo.

işagògico (pl. *-ci*) [dal lat. *isagōgicus*, gr. *eisagōgikós*; 1582] **agg.** *T.lett.* introduttivo: *scritto isagogico.*

işàgono [comp. di *iso-* e *-gono*; 1869] **agg.** e **sm.** *T.geom. non com.* detto di figura geometrica che ha gli angoli uguali a quelli di un'altra.

işallòbara o **işoallòbara** [da *isobara*, con inserimento del gr. *állos*, altro; 1957 *isallobara*] **sf.** *T.meteor.* sulle carte meteorologiche, linea che unisce tutti i punti in cui, in un determinato periodo di tempo, si sono verificate uguali variazioni di pressione atmosferica.

işallotèrma o **işoallotèrma** [da *isoterma*, con inserimento del gr. *állos*, altro; 1933] **sf.** *T.meteor.* sulle carte meteorologiche, linea che unisce tutti i punti in cui, in un determinato periodo di tempo, si sono verificate le stesse variazioni di temperatura.

işatina [comp. di *isat(ide)* e *-ina*; 1869] **sf.** *T.chim.* composto organico usato per ottenere la sintesi dei coloranti del gruppo dell'indaco.

ìşba o **işbà** [dal russo *izbā*; 1895] **sf.** abitazione in legno con tetto di paglia, tipica della campagna russa; è costituita da un'unica stanza riscaldata da una grande stufa.

işbàglio **sm.** *lett.* V. SBAGLIO.

ischeletrìre (pres. *-ìsco, -ìsci*) [comp. parasint. di *scheletro*; 1869] **tr.** ridurre al solo scheletro; rendere magro come uno scheletro: *quella malattia l'ha ischeletrito* ‖ *fig.* infiacchire, indebolire, stremare: *ischeletrire l'ingegno* ‖ **intr.** (aus. *essere*) e **intr. pron.** ridursi a uno scheletro o come uno scheletro ‖ *fig.* diventare nudo, spoglio: *in inverno gli alberi ischeletriscono.*

ischemìa [comp. del gr. *íschaimos*, che ha la facoltà di trattenere e *-emia*; 1833] **sf.** *T.med.* mancanza del normale afflusso di sangue, più o meno marcata, rilevabile a carico di un determinato organo o tessuto.

ischèmico (pl. *-ci*) [da *ischemia*; 1932] **I** **agg.** *T.med.* proprio di ischemia, relativo a ischemia; causato da ischemia ‖ affetto da ischemia **II** **sm.** (f. *-a*) *T.med.* chi è affetto da ischemia.

ischialgìa (pl. *-gìe*) [comp. di *ischio* e *-algia*; 1828] **sf.** *T.med.* nevralgia del nervo sciatico ‖ **N.** *Sin.* sciatica.

ischiàtico (pl. *-ci*) [dal lat. *ischiadicus*; 1583 *ischiadico*] **agg.** *T.anat.* che ha relazione con l'ischio: *arteria ischiatica*; *nervo ischiatico*, nervo sciatico.

ìschio (pl. *ìschi*) [dal gr. *ischíon*, anca; a. 1673] **sm.** *T.anat.* uno dei tre ossi del bacino pelvico che con l'*ilio* e il *pube* forma l'osso iliaco. **TAV.** ***anatomia* p. 641** 2.12.

iscrìtto¹ (*pps.* di *iscrivere*) [1259 *iscrito*] **agg.** e **sm.** (f. *-a*) che o chi ha compiuto l'iscrizione: *gli iscritti al terzo anno di corso* ‖ appartenente a un partito, un'associazione, una società: *gli iscritti al circolo del biliardo.*

iscrìtto² V. SCRITTO.

iscrìvere (pres. *-ìvo* ecc., come SCRIVERE) [dal lat. *inscrībere*; a. 1342] **tr.** **1.** scrivere in qualche registro o elenco: *iscrivere una spesa nel bilancio di una ditta* ‖ *per estens. più com.* includere fra coloro che frequentano una scuola, fra i soci di un'associazione, un ente, un partito: *lo hanno iscritto alla prima elementare, iscrivere a un club* **2.** *non com. T.geom.* inscrivere **3.** fare un'iscrizione su un materiale ‖ **rifl.** dare il proprio nome per essere incluso in una scuola o un'associazione, dare la propria adesione a un partito, un'iniziativa e sim.: *iscriversi all'Università, a una gara di bocce* ‖ **N.** **tr.** **1.** *Sin.* ammettere, catalogare, immatricolare, includere, registrare.

iscrizióne [dal lat. *inscriptio, -ōnis*; 1550 nel senso 2] **sf.** **1.** l'iscrivere, l'iscriversi, l'essere iscritto: *certificato d'iscrizione, fare l'iscrizione a un corso di nuoto*; *tassa d'iscrizione*, quella che si paga all'atto di iscriversi a una società, una scuola e sim. ‖ annotazione in pubblici registri, registrazione: *iscrizione di un'impresa, di un veicolo*; *iscrizione ipotecaria* ‖ *T.giur. iscrizione di una causa a ruolo*, l'atto con cui la parte fa registrare una causa civile nell'apposito catalogo **2.** *concr.* scritto commemorativo o dedica incisa su pietra, metallo, marmo e sim.: *iscrizioni romane, epigrafiche, sepolcrali* **3.** *non com. T.geom.* inscrizione ‖ *dim.* iscrizioncìna, iscrizioncèlla; *pegg.* iscrizionàccia ‖ **N. 1.** *Sin.* ammissione, immatricolazione, registrazione **2.** *Sin.* epigrafe, epitaffio, lapide.

iscùria [dal lat. *ischūria*, gr. *ischouría*, ritenzione di urina; 1583] **sf.** *T.med.* difficoltà di urinare.

iscurìre V. INSCURIRE.

işìaco (pl. *-ci*) [dal lat. *Isiacus*, gr. *Isiakós*; 1722] **agg.** relativo alla dea egiziana Iside e al suo culto, poi importato anche in Grecia e a Roma ‖ *tavola isiaca*, lastra in bronzo dell'età romana che raffigura il culto di Iside.

işlàm (impropr. *ìşlam*) [dall'ar. *islām*; 1869] **sm. inv.** (spesso scritto con iniziale maiuscola) la religione fondata da Maometto; islamismo ‖ *per estens.* la cultura, il sistema sociale e politico, il mondo musulmano. **Q.T.** *religione.*

işlàmico (pl. *-ci*) [da *islam*; 1909] **I** **agg.** dell'Islam, dell'islamismo: *la civiltà islamica, il mondo islamico* **II** **sm.** (f. *-a*) seguace dell'islamismo ‖ **N.** II *Sin.* maomettano, musulmano.

işlamìşmo [da *islam*; 1799] **sm.** la religione monoteistica fondata da Maometto, e la dottrina religiosa codificata nel Corano ‖ *per* *estens.* la civiltà e la cultura islamica || **N.** califfo, derviscio, imam, muezzin, muftì, ulèma; Corano, sunna; guerra santa, ramadan; moschea, minareto | sciita, sunnita, ismailita. **Q.T.** *religione.*

islamista [da *islam*; 1957] ***s.*** studioso, esperto di islamistica.

islamistica [da *islam*; 1935] ***sf.*** studio della storia, della civiltà, della letteratura e della religione dell'Islam.

islamita [da *islam*; 1869] ***s.*** *non com.* musulmano.

islamitico (pl. *-ci*) [da *islam*; 1869] ***agg.*** *non com.* islamico, maomettano, musulmano.

islamizzare [da *islam*; 1957] ***tr.*** e ***rifl.*** convertire all'islamismo; adeguare ai valori religiosi e culturali dell'Islam.

islamizzazióne [da *islamizzare*; 1973] ***sf.*** atto o effetto dell'islamizzare o dell'islamizzarsi.

ismaelita [dal n. proprio *Ismaele*, patriarca biblico; a. 1375] ***s.*** *lett.* arabo, in quanto discendente da Ismaele, figlio di Abramo e Agar, secondo la Bibbia.

ismailismo [dal n. proprio *Ismail*; 1970] ***sm.*** *T.rel.* eresia musulmana sciita, che nel 765 d.C. proclamò Ismail imam occulto || **N.** agha kahn.

ismailita [dal n. proprio *Ismail*; 1929] ***s.*** *T.rel.* seguace dell'ismailismo.

ismània V. SMANIA.

-ismo [dal lat. *-ismus*, gr. *-ismós*] ***suff.*** usato per la formazione di sostantivi m. astratti da aggettivi, sostantivi o avverbi gen. di formazione moderna, che indicano atteggiamenti, disposizioni d'animo, difetti, qualità, condizioni fisiche (per es. *egoismo, qualunquismo, alcolismo, perbenismo, ateismo, ottimismo, pressappochismo*), ideologie, movimenti, dottrine (*buddismo, dispotismo, socialismo, espressionismo*), attività soprattutto sportive (per es. *automobilismo, ciclismo*); forma anche vocaboli di significato concreto per indicare particolarità linguistiche o stilistiche (*francesismo, arcaismo, tecnicismo*) oppure sistemi e congegni (*meccanismo, organismo*) || talvolta sostantivato, per alludere alla sua produttività in riferimento alle parole che con esso si formano: *gli -ismi contemporanei.*

iso- [dal gr. *ísos*, uguale] ***primo elem.*** **1.** in parole composte della terminologia scientifica, vale "uguale", "simile", "affine" (per es. *isoglossa, isomero*) **2.** nella terminologia chimica forma le denominazioni degli isomeri del composto rappresentato dal secondo elem. (per es. *isoottano*). **Q.T.** *filosofia, letteratura...*

isoalìna [comp. di *iso-* e gr. *hálinos*, salino; 1917] ***sf.*** *T.geogr.* linea che congiunge, sulle carte geografiche, tutti i punti del mare con uguale salinità; anche *agg.*: *linea isoalina.*

isoalìno [comp. di *iso-* e gr. *hálinos*, salino; 1938] ***agg.*** *T.geogr.* che presenta lo stesso grado di salinità: *bacino isoalino.*

isoallòbara V. ISALLOBARA.

isoallotèrma V. ISALLOTERMA.

isòbara [comp. di *iso-* e gr. *báros*, peso; 1895] ***sf.*** (spec. *pl.*) *T.meteor.* linea che congiunge, nelle carte meteorologiche, tutti i punti che hanno uguale pressione atmosferica. **TAV.** ***meteorologia* p. 1321** 10.4.

isobàrico (pl. *-ci*) [da *isobara*; 1869] ***agg.*** **1.** *T.fis.* di uguale pressione: *trasformazione isobarica*, in termodinamica, trasformazione che avviene a pressione costante **2.** *T.meteor.* relativo alle isobare: *distribuzione isobarica, tipi isobarici.*

isòbaro [comp. di *iso-* e gr. *báros*, peso; 1908] ***agg.*** **1.** *T.fis.* detto di nuclidi che hanno uguale numero di massa ma differente numero atomico **2.** isobarico.

isòbata [comp. di *iso-* e gr. *báthos*, profondità; 1895] ***sf.*** *T.geogr.* linea che, sulle carte geografiche, unisce i punti di un bacino marino o lacustre situati alla stessa profondità rispetto al livello di superficie; anche *agg.*: *linea isobata.*

isochimèna [comp. di *iso-* e un der. del gr. *cheimṓn, -ônos*, inverno; 1869 *isochimeniche* f. pl.] ***sf.*** (spec. *pl.*) *T.meteor.* linea che congiunge, sulle carte geografiche climatologiche, tutti i punti della superficie terrestre con la stessa temperatura media del mese più freddo; anche *agg.*: *linea isochimena.*

isocìclico (pl. *-ci*) [comp. di *iso-* e *ciclico*; 1957] ***agg.*** *T.chim.* di composti ciclici che presentano anelli con ugual numero di atomi.

isòclina [dal gr. *isoklinḗs*, della medesima inclinazione; 1895] ***sf.*** (spec. *pl.*) *T.geogr.* sulle carte geografiche, linea che congiunge i punti della superficie terrestre aventi uguale inclinazione magnetica.

isoclinàle [comp. di *iso-* e un der. del gr. *klínein*, inclinare; 1940] ***agg.*** *T.geol.* detto di strato geologico che presenta pieghe tettoniche con fianchi paralleli tra loro || **N.** *Contr.* anticlinale.

isocòlo [dal lat. *isocōlon*, gr. *isókōlos*; a. 1604] ***sm.*** *T.ret.* corrispondenza ritmica e sintattica tra i membri di un periodo || **N.** *Sin.* parisosi.

isocòro [comp. di *iso-* e gr. *chṓra*, spazio; 1929] ***agg.*** di trasformazione termodinamica che avviene a volume costante || di linea, curva o superficie che rappresenta tale trasformazione.

isocromàtico (pl. *-ci*) [comp. di *iso-* e *cromatico*; 1869] ***agg.*** che presenta uguale colorazione || *lente isocromatica*, negli occhiali protettivi, lente con colorazione uniforme sull'intera superficie.

isocronìsmo [da *isocrono*; a. 1764] ***sm.*** *T.scient.* l'essere isocrono: *isocronismo del pendolo*, proprietà delle piccole oscillazioni di un pendolo, che hanno uguale durata indipendentemente dalla loro ampiezza || *T.ling. isocronismo sillabico*, regola fonetica di varie lingue (tra cui l'italiano), per cui la vocale tonica di una sillaba aperta è più lunga di quella di una sillaba chiusa, in modo che la durata totale della sillaba tende ad essere la stessa.

isòcrono [dal gr. *isóchronos*; a. 1754] ***agg.*** **1.** *T.scient.* detto di fenomeni che hanno la stessa durata || *in part. T.fis.* che ha periodo uguale: *oscillazioni isocrone* **2.** *T.geogr. linea isocrona* (anche *sf. isocrona*), linea che congiunge i punti della superficie terrestre in cui un dato fenomeno si manifesta nello stesso istante oppure ha la stessa durata.

isodinàmico (pl. *-ci*) [comp. di *iso-* e *dinamico*; 1844 nel senso 2] ***agg.*** **1.** *T.fis.* di trasformazione termodinamica che non presenta variazioni di energia interna **2.** *T.geogr. linea isodinamica*, in cartografia, linea che unisce tutti i punti della superficie terrestre che nello stesso momento hanno la medesima forza magnetica **3.** nella scienza delle costruzioni, di linea che unisce tutti i punti del suolo soggetti alla medesima sollecitazione.

isòdomo [dal lat. e gr. *isódomos*; 1834] ***sm.*** *T.arch.* sistema di costruzione antico consistente nel disporre blocchi rettangolari di uguale altezza e spessore in filari orizzontali.

isoelèttrico (pl. *-ci*) [comp. di *iso-* e *elettrico*; 1952] ***agg.*** *T.scient.* che ha uguale carica elettrica || *punto isoelettrico*, valore del pH di una soluzione in cui la carica elettrica è zero.

isòfona [comp. di *iso-* e un der. del gr. *phōnḗ*, voce; 1952] ***sf.*** *non com. T.ling.* linea che segna, su una carta geografica, il limite di un fenomeno fonetico || **N.** isoglossa.

isòfono [comp. di *iso-* e *-fono*; 1972] ***agg.*** *T.ling.* di parole con pronuncia uguale ma significato diverso || **N.** *Sin.* omofono.

isogamète [comp. di *iso-* e *gamete*; 1952] ***sm.*** *T.biol.* in talune specie, ciascuno dei gameti, maschile e femminile, identici fra loro.

isogamìa [comp. di *iso-* e *gamia*; 1952] ***sf.*** *T.biol.* riproduzione sessuale tra isogameti che avviene in certi organismi inferiori.

isoglòssa [comp. di *iso-* e un der. del gr. *glṓssa*, lingua; 1952] ***sf.*** *T.ling.* linea che delimita l'area di diffusione di un fenomeno linguistico in una riproduzione cartografica.

isogonàle [da *isogono*; 1957] ***agg.*** *T.geogr.* e *T.geom.* di figura o di operazione che mantiene uguale l'ampiezza degli angoli || **N.** *Sin.* isogonico, isogono.

isogonìa [da *isogono*; 1957] ***sf.*** **1.** *T.geogr.* caratteristica delle carte geografiche isogonali di lasciare invariati gli angoli formati dall'incontro dei meridiani coi paralleli **2.** *T.biol.* in embriologia, accrescimento che mantiene invariate le differenze relative di grandezza fra le varie parti.

isogònico (pl. *-ci*) [da *isogono*; 1844] ***agg.*** *T.geogr.* e *T.geom.* isogonale, isogono.

isògono [dal gr. *isogṓnios*; 1820 *isagono* nel senso 3] ***agg.*** **1.** *T.geogr. proiezione isogona*, proiezione cartografica che conserva inalterati gli angoli (per es. quella di Mercatore) **2.** *T.geogr. linea isogona* (anche *sf. isogona*), linea che congiunge tutti i punti della superficie terrestre che hanno uguale declinazione magnetica **3.** *T.geom.* isagono.

isoièta [comp. di *iso-* e del gr. *hyetós*, pioggia; 1895] ***sf.*** (spec. *pl.*) *T.geogr.* linea che unisce i punti aventi uguale piovosità media, annua o stagionale.

isoìpsa [comp. di *iso-* e del gr. *hypsos*; 1917] ***agg.*** e ***sf.*** (spec. *pl.*) *T.geogr.* detto di linea che unisce i punti terrestri aventi la stessa altezza sul livello del mare || **N.** *Sin.* curva altimetrica, curva di livello.

ìsola [lat. *insula*; fine sec. XIII] ***sf.*** **1.** porzione di terra circondata da ogni parte dall'acqua: *vivere su un'isola, isola corallina, vulcanica* || la popolazione di un'isola: *l'epidemia contagiò tutta l'isola* **2.** *per estens.* area che, nello studio di un dato fenomeno, si distingue dai territori circostanti per caratteri particolari: *isola etnica, linguistica, dialettale* || *fig.* luogo o ambiente isolato oppure caratterizzato da qualità che lo differenziano dall'ambiente circostante: *fare della propria famiglia un'isola di serenità* **3.** edificio o insieme di edifici circondato da ogni parte da strade, isolato **4.** (spec. *pl.*) *T.anat.* denominazione di ammassi cellulari dalla struttura omogenea, situati in tessuti di diversa natura: *isole di Langerhans*, agglomerati di cellule presenti nel pancreas, che producono l'insulina **5.** in urbanistica, tratto di suolo stradale in cui è impedito il transito di veicoli: *isola spartitraffico*; *isola pedonale*, zona del centro urbano dove possono circolare solo i pedoni || *dim.* isolétta, isolìna, isolòtto || **N.** **1.** continentale, corallina, fluviale, lacustre, madreporica, marina, oceanica, vulcanica | arcipelago, arco, atollo. **TAV.** *geografia* 1.9; ***automobile* p. 658** 4.13.

isolaménto [da *isolare*; 1848] ***sm.*** **1.** l'isolare e l'isolarsi; stato di ciò che è isolato: *vivere nel più completo isolamento*; *cella d'isolamento*, cella in cui il condannato vive separato dagli altri detenuti || *in part.* provvedimento igienico-sanitario per evitare la diffusione di malattie infettive, mediante separazione degli ammalati dai sani: *reparto d'isolamento* **2.** condizione di uno Stato la cui politica è quella di evitare o minimizzare i rapporti politici, economici e culturali con altre nazioni: *isolamento diplomatico* **3.** *T.fis.* tecnica per ostacolare, mediante l'uso di isolanti, la propagazione di onde sonore, di calore o il passaggio di elettricità tra due corpi: *isolamento acustico, termico, elettrico* || **N.** **1.** *Sin.* distacco, segregazione, separazione, solitudine; quarantena. **TAV.** ***astronautica* p. 655** 12.20.

isolàno [lat. *insulanus*; a. 1342 come sm.] **I**

agg. di un'isola e dei suoi abitanti: *artigianato, cultura isolana* **II** *sm.* (f. *-a*) abitante o nativo di un'isola || **N.** I *Contr.* continentale.

isolànte (*ppr.* di *isolare*) [a. 1827] **I** *agg.* **1.** di materiale, cattivo conduttore di elettricità, di calore, di suono ecc.: *nastro, rivestimento isolante* **2.** *T.ling.* *lingua isolante*, in cui le relazioni grammaticali non sono espresse morfologicamente per mezzo di affissi, ma prevalentemente da fattori diversi quali l'intonazione, la collocazione nella frase oppure da elementi linguistici autonomi dotati di specifica funzione grammaticale **II** *sm.* materiale isolante: *un buon isolante acustico, elettrico* || **N.** I **1.** dielettrico. **Q.T.** *edilizia.*

isolàre (pres. *ìsolo*) [da *isola*; a. 1597] *tr.* **1.** staccare qualcosa dal resto: *isolare un edificio in fiamme* || *T.elettr.* separare un corpo conduttore da altri conduttori per mezzo di un isolante: *isolare acusticamente un cinema* || *T.chim.* separare una sostanza, presente in un composto, dalle altre || *per estens.* estrapolare da un complesso di fatti, fenomeni, elementi, considerare a parte: *isolare una frase dal contesto, isolare un aspetto del problema* **2.** *fig.* rif. a persona, separare dalla compagnia di altri per evitare contatti: *isolare un detenuto, un ammalato; isolare una persona*, escluderla dal rapporto con gli altri, emarginarla || *isolare una nazione, uno Stato*, impedire l'instaurarsi di rapporti economici, politici e culturali con altre nazioni **3.** *T.biol.* individuare un agente patogeno: *isolare un virus* || *rifl.* cercare la solitudine, appartarsi dagli altri: *dopo la disgrazia si è rifugiato in campagna, isolandosi da tutti* || rif. a nazione, perseguire una politica d'isolamento || **N. 1.** *Sin.* dividere, separare, staccare; enucleare **2.** *Sin.* segregare.

isolàto[1] [da *isolare*; 1550] **I** *agg.* **1.** separato, staccato dagli altri: *luogo isolato, casolari isolati a causa della nevicata* || *per estens.* unico, singolo: *caso, fenomeno isolato* || rif. a persona, appartato, solitario: *un vecchio che vive isolato da tutti* **2.** *T.fis.* che si trova in condizione di isolamento acustico, termico o elettrico: *una stanza isolata, un cavo isolato* || **isolataménte** *avv.* **1.** separatamente dal resto: *non bisogna considerare questo capitolo isolatamente* || *per estens.* singolarmente: *esaminare isolatamente i singoli casi* **2.** da solo, individualmente: *agire isolatamente* || nella *loc. prep. isolatamente da*, separatamente da, in isolamento rispetto a: *isolatamente dal resto dei problemi* **II** *sm.* (f. *-a*) chi vive separato dagli altri, coi quali tende a non instaurare rapporti || **N.** I **1.** *Sin.* diviso; particolare; appartato, solitario.

isolàto[2] [da *isolare*; a. 1600] *sm.* edificio o insieme di edifici circondato tutt'intorno da strade: *abitiamo a un isolato di distanza.*

isolatóre [da *isolare*; a. 1827] *sm.* *T.elettr.* apparecchio o materiale che serve a isolare elettricamente dalla terra un conduttore || **N.** *Sin.* isolante | *Contr.* conduttore.

isolazionismo [dall'ingl. *isolationism*; 1939] *sm.* *T.pol.* tendenza di uno Stato a una politica d'isolamento, a non instaurare rapporti o accordi di carattere politico, economico e culturale con altri Stati.

isolazionista [dall'ingl. *isolationist*; 1939] **I** *s.* *T.pol.* fautore o seguace dell'isolazionismo **II** anche *agg.* isolazionistico.

isolazionistico (pl. *-ci*) [da *isolazionista*; 1942] *agg.* di isolazionismo, relativo agli isolazionisti: *tendenza isolazionistica.*

isomeria [da *isomero*; a. 1869] *sf.* *T.chim.* fenomeno per cui composti chimici, spec. organici, costituiti dagli stessi atomi ma disposti in strutture molecolari differenti, possono avere proprietà fisiche e chimiche diverse: *isomeria di struttura*, quando le molecole differiscono per il concatenamento degli atomi; *isomeria spaziale*, quando differiscono soltanto per la disposizione geometrica degli atomi o dei gruppi atomici nello spazio; *isomeria cis, trans*, v. CIS e TRANS.

isomèrico (pl. *-ci*) [da *isomeria*; a. 1869] *agg.* di isomero; che si riferisce all'isomeria.

isomerizzazióne [da *isomero*; 1914] *sf.* *T.chim.* procedimento per cui composti, spec. organici, subiscono una trasformazione strutturale che dà luogo a isomeri.

isòmero [dal gr. *isomerḗs*, di egual parte; 1917] **I** *agg.* *T.chim.* detto di composti, spec. organici, che, pur avendo la medesima composizione chimica, hanno invece proprietà fisiche diverse, a causa della diversa disposizione degli atomi nella molecola **II** *sm.* composto isomero: *il destrosio e il levulosio sono isomeri.*

isometria [dal gr. *isometría*; 1957] *sf.* **1.** *T.geom.* trasformazione nella quale tutte le lunghezze sono invarianti (per es. la traslazione) **2.** *T.geogr.* rappresentazione cartografica dei fenomeni isometrici.

isomètrico (pl. *-ci*) [comp. di *iso-* e di un der. del gr. *métron*, misura; 1931] *agg.* **1.** *T.geogr.* *linea isometrica* (o *sf.* *isometrica*), in cartografia, linea che unisce tutti i punti della superficie terrestre in cui un fenomeno naturale o umano si verifica con la stessa intensità **2.** *T.metr.* *versione isometrica*, versione poetica realizzata nella stessa forma metrica della poesia da cui si traduce.

isomorfismo [da *isomorfo*; 1869] *sm.* **1.** fenomeno per cui sostanze chimicamente simili sono in grado di cristallizzare nella stessa forma **2.** *T.mat.* corrispondenza biunivoca tra due strutture algebriche che conserva le operazioni.

isomòrfo [comp. di *iso-* e *-morfo*; 1829] *agg.* **1.** che ha forma uguale; costituito da elementi di forma uguale **2.** *T.chim.* di composto che presenta isomorfismo **3.** *T.mat.* detto di due strutture algebriche legate da un isomorfismo.

isonèfa [comp. di *iso-* e del gr. *nêphos*, nube, nebbia; 1957] **I** *sf.* *T.geogr.* in cartografia, linea che unisce tutti i punti che in un determinato periodo di tempo presentano la stessa nuvolosità media **II** *agg.* *T.geogr.* *linea isonefa*, isonefa.

isonomia [dal gr. *isonomía*; a. 1835] *sf.* *T.stor.* uguaglianza di fronte alla legge, uno dei principi posti a fondamento della democrazia nella Grecia antica.

isoottàno (non com. *isottàno*) [comp. di *iso-* e *ottano*; 1952] *sm.* *T.chim.* idrocarburo alifatico saturo con otto atomi di carbonio per molecola, usato per determinare il potere antidetonante delle benzine.

isòpo *sm.* *raro* v. ISSOPO.

Isòpodi (sing. *-e*) [comp. di *iso-* e *-pode*; 1887] *sm. pl.* *T.zool.* ordine di Crostacei di piccole dimensioni, acquatici o terrestri, dal corpo appiattito e occhi non peduncolati.

isoprène [comp. di *iso-* e *pr(opil)ene*; 1869] *sm.* *T.chim.* composto chimico dalla cui polimerizzazione si ottengono la gomma naturale e quella sintetica.

isopropilammina [comp. di *isopropile* e *ammina*; 1949] *sf.* *T.chim.* liquido ottenuto per reazione dell'alcol isopropilico con l'ammoniaca, impiegato come emulsionante, solubilizzante e sim.

isopropile [comp. di *iso-* e *propile*; 1948] *sm.* *T.chim.* radicale alifatico monovalente ricavato dal propano per eliminazione di un atomo di idrogeno dal gruppo $-CH^2$.

isopropilico (pl. *-ci*) [da *isopropile*; 1929] *agg.* *T.chim.* di composto che presenta il radicale isopropile, o che deriva da tale radicale || *alcol isopropilico*, alcol saturo ricavato dal propilene, usato come solvente o come base per altri composti chimici.

isòscele [dal lat. tardo *isosceles*; 1561] *agg.* *T.geom.* detto di triangolo che ha due lati uguali o di trapezio con i due lati obliqui uguali.

isosillàbico (pl. *-ci*) [dal lat. tardo *isosyllabus*, gr. *isosýllabos*; a. 1912] *agg.* *T.ling.* avente uguale numero di sillabe.

isosillabismo [comp. di *iso-* e *sillabismo*; 1957] *sm.* *T.metr.* il presentare lo stesso numero di sillabe; l'essere isosillabico.

isosismica [comp. di *iso-* e del gr. *seismós*, terremoto; 1917] *sf.* *T.meteor.* ciascuna delle linee curve che, su una carta geografica, uniscono tutti i punti di uguale intensità delle scosse sismiche durante un terremoto, dal cui tracciato si desume la posizione esatta dell'epicentro || anche *agg.*: *linea isosismica.*

isostasia [comp. di *iso-* e del gr. *stásis*, stato, attr. l'ingl. *isostasy*; 1910 *isòstasi*] *sf.* *T.geol.* condizione di equilibrio fra gli strati superficiali e quelli profondi della crosta terrestre che si realizza attraverso spostamenti verticali e orizzontali.

isostàtico (pl. *-ci*) [comp. di *iso-* e *statico*; 1957] *agg.* **1.** nella scienza delle costruzioni, detto di struttura avente il minimo numero di vincoli necessari a mantenerla in equilibrio stabile || che applica una pressione uniforme: *pressa isostatica* **2.** relativo all'isostasia: *ipotesi isostatica*, che postula una condizione di equilibrio fra la massa degli strati superficiali della crosta terrestre e la densità di quelli profondi, equilibrio che tende a essere continuamente ripristinato da fenomeni geologici di vario tipo.

isostenìa [dal gr. *isostheéneia*; 1957] *sf.* *T.fil.* nella filosofia degli scettici, equivalenza delle ragioni pro e contro una o l'altra ipotesi in questione.

isostenùria [comp. di *iso-*, gr. *sthénos*, forza e *-uria*; 1952] *sf.* *T.med.* incapacità del rene a concentrare le scorie nell'urina.

isotàttico (pl. *-ci*) [comp. di *iso-* e un der. del gr. *táxis*, ordine; 1965] *agg.* *T.chim.* detto di polimeri a struttura regolare, in cui gli elementi laterali sono tutti disposti dalla stessa parte rispetto alla catena principale.

isotèrma [da (*linea*) *isoterma*; 1865] *sf.* *T.geogr.* linea che, sulle carte geografiche climatologiche, unisce tutti i punti che hanno la stessa temperatura media in un certo periodo di tempo.

isotermia [comp. di *iso-* e *-termia*; 1957] *sf.* *T.fis.* caratteristica di un corpo, di un fenomeno, di un sistema o sim. di mantenere costante nel tempo la propria temperatura.

isotèrmico (pl. *-ci*) [comp. di *iso-* e *termico*; 1841] *agg.* **1.** di uguale temperatura || *T.fis.* di fenomeno che avviene a temperatura costante: *trasformazione isotermica* **2.** detto di materiale, contenitore o veicolo che serve a mantenere una temperatura costante: *carro, imballaggio isotermico; tuta isotermica*, tuta di gomma usata dai subacquei.

isotèrmo [comp. di *iso-* e *-termo*; 1905] *agg.* **1.** che ha temperatura costante in tutti i punti **2.** *T.fis.* che si svolge a temperatura costante, isotermico.

isòtero [comp. di *iso-* e gr. *théros*, estate; 1869] *agg.* *T.geogr.* *linea isotera* (anche *sf.* *isotera*), linea che congiunge, nelle carte geografiche, tutti i punti che hanno una temperatura media estiva uguale.

isotipìa [comp. di *iso-* e un der. di *tipo*; 1957] *sf.* *T.chim.* carattere di alcune sostanze che, pur presentando struttura chimica analoga e reticoli cristallini uguali, non danno cristalli misti fra loro.

isotipo [da *isotipia*; 1957] *agg.* e *sm.* *T.chim.* di sostanza che presenta isotipia.

isotonìa [comp. di *iso-* e *-tonia*; 1965] *sf.* *T.chim.* proprietà delle soluzioni isotoniche.

isotònico (pl. *-ci*) [da *isotonia*; 1940] *agg.*

T.chim. detto di soluzioni che hanno uguale pressione osmotica e stessa concentrazione || *in part.* detto di soluzioni saline che possiedono una pressione osmotica uguale a quella del sangue: *siero isotonico.*

isotopìa [da *isotopo*; 1950] ***sf.*** *T.chim.* il fenomeno dell'esistenza di isotopi; proprietà di atomi fra loro isotopi.

isòtopo [comp. di *iso-* e gr. *tópos*, luogo, sul modello dell'ingl. *isotope*; 1935] ***agg.*** e ***sm.*** *T.chim.* detto di atomi chimicamente identici, in quanto appartenenti allo stesso elemento, ma con peso atomico diverso dal momento che, pur contenendo lo stesso numero di protoni e di elettroni, hanno un numero diverso di neutroni: *isotopi naturali, radioattivi.* **Q.T.** *chimica.*

isotropìa [da *isotropo*; 1917] ***sf.*** *T.fis.* caratteristica di una sostanza, che conserva le stesse proprietà fisiche in qualsiasi direzione esse vengano misurate || *isotropia dello spazio,* proprietà fondamentale per cui le leggi fisiche sono indipendenti dall'orientamento del sistema di riferimento.

isòtropo [comp. di *iso-* e *-tropo*; 1895] ***agg.*** *T.fis.* detto di corpo le cui proprietà fisiche sono uguali in tutte le direzioni || più in gen., che si presenta o si comporta uniformemente in tutte le direzioni: *l'universo è isotropo*; *antenna isotropa,* che irraggia con uguale intensità in tutte le direzioni.

isottàno ***sm.*** *non com.* V. ISOOTTANO.

Isòtteri [comp. di *iso-* e *-ttero*; 1952] ***sm. pl.*** *T.zool.* ordine di insetti a cui appartengono le termiti.

ispanicità [da *ispanico*; 1965] ***sf.*** ispanità.

ispànico (pl. *-ci*) [dal lat. *hispānicus*; 1869] ***agg.*** della Spagna, spec. antica, spagnolo: *le guerre ispaniche, la penisola ispanica.*

ispanìsmo [da *ispano*; 1869] ***sm.*** *T.ling.* parola o costrutto di origine spagnola, introdotto in un'altra lingua.

ispanista [da *ispano*; 1942] ***s.*** studioso della lingua, letteratura, cultura e civiltà spagnola.

ispanità [da *ispan(ic)ità*; 1957] ***sf.*** **1.** l'insieme degli elementi culturali e delle tradizioni della civiltà spagnola **2.** l'insieme dei popoli di lingua spagnola.

ispanizzàre [da *ispano*; 1957] ***tr.*** adeguare alla civiltà, alla cultura, alle tradizioni spagnole: *ispanizzare un paese* || ***rifl.*** e ***intr. pron.*** adottare modi, usanze, costumi spagnoli.

ispanizzazióne [da *ispanizzare*; 1983] ***sf.*** atto o effetto dell'ispanizzare o dell'ispanizzarsi.

ispàno [dal lat. *Hispānum*; a. 1313 come sost.; a. 1474 come agg.] **I** ***agg.*** *lett.* spagnolo **II** ***sm.*** (f. *-a*) *arc.* abitante o nativo della Spagna.

ispàno-americàno [comp. di *ispano* e *americano*; 1869] ***agg.*** **1.** relativo agli Stati dell'America Centrale o Meridionale di lingua e cultura spagnola **2.** relativo alle relazioni o ai contrasti di politica internazionale tra Spagna e Stati Uniti d'America: *guerre ispano-americane.*

ispanòfono [comp. di *ispan(ic)o* e *-fono*; 1983] ***agg.*** e ***sm.*** (f. *-a*) che, chi parla lo spagnolo.

ispècie V. SPECIE.

ispessiménto o **inspessiménto** [da *ispessire*; 1957] ***sm.*** atto ed effetto dell'ispessire e dell'ispessirsi.

ispessìre o **inspessìre** (pres. *-isco, -isci*) [comp. parasint. di *spesso*; 1600] ***tr.*** **1.** rendere più spesso, più denso o compatto: *ispessire un tessuto con l'imbottitura, ispessire un liquido con l'evaporazione* **2.** *non com.* rendere più frequente: *ispessire le visite* || ***intr. pron.*** **1.** diventare più fitto, più spesso **2.** *non com.* diventare più frequente || **N.** ***tr.*** **1.** *Sin.* condensare, infittire.

ispettìvo [dal lat. tardo *ispectīvus*; 1869] ***agg.*** che concerne l'ispezione, fatto a scopo d'ispezione: *abuso del potere ispettivo, visita ispettiva.*

ispettoràto [da *ispettore*; 1869] ***sm.*** **1.** ufficio e titolo d'ispettore || *per estens.* durata dell'incarico di un ispettore **2.** (spec. maiuscolo) organo statale che ha compiti di vigilanza e di controllo su determinate attività e servizi: *Ispettorato del lavoro, Ispettorato dell'agricoltura* **3.** *concr.* il luogo e l'ufficio dove sta l'ispettore o l'ispettorato: *andare all'ispettorato.*

ispettóre [dal lat. tardo *inspector, -ōris*; 1735] ***sm.*** (f. *-trìce*) chi ha l'incarico di vigilare e controllare lo stato e l'andamento di qualcosa, per conto di un'amministrazione statale o di un'azienda privata: *ispettore scolastico,* funzionario che ha il compito di vigilare sul funzionamento dell'istruzione elementare pubblica e privata in una determinata circoscrizione; *ispettore di produzione,* chi controlla il piano finanziario e di lavoro di un'opera cinematografica; *ispettore di polizia,* grado superiore al sovrintendente.

ispettorìa [da *ispettore*; 1834] ***sf.*** *raro* ispettorato.

ispezionàre (pres. *-óno*) [da *ispezione*; 1841] ***tr.*** fare un'ispezione, esaminare attentamente per svolgere un controllo: *ispezionare una caserma, la divisa* || *per estens.* osservare con accuratezza, scrutare: *ispezionare la zona.*

ispezióne [dal lat. *inspectio, -ōnis*; a. 1683 *inspezione*] ***sf.*** **1.** esame accurato e minuzioso eseguito a scopo di controllo o per sorvegliare e accertare il buon funzionamento di un servizio: *ispezione dei macchinari, delle truppe*; *condurre un'ispezione nel reparto, fare un giro d'ispezione* || *T.mil. capitano d'ispezione,* ufficiale responsabile di tutti i servizi interni di una caserma || *T.med.* osservazione completa e sistematica di un malato per rilevare tutti gli elementi visibili necessari alla diagnosi **2.** visita di un ispettore: *sollecitare, chiedere, ordinare un'ispezione* || **N.** **1.** *Sin.* accertamento, controllo, osservazione **2.** *Sin.* indagine.

ispidézza [da *ispido*; a. 1727] ***sf.*** *non com.* l'essere ispido, la qualità di ciò che è ispido, anche *fig.*

ispido [dal lat. *hispidus*; sec. XIV] ***agg.*** **1.** di pelo, duro e ruvido: *capelli, barba ispida* || *per estens.* di cosa, irta di peli, di elementi pungenti: *pelle ispida, foglia ispida* **2.** *fig.* di persona, rozzo, scontroso, sgarbato || di cosa, irta di difficoltà, scabrosa: *argomento ispido* || **N.** **1.** *Sin.* irsuto, irto, pungente, ruvido, spinoso **2.** *Sin.* intrattabile, rude, scostante; arduo, difficile.

ispiràbile [da *ispirare*; 1869] ***agg.*** *non com.* che può essere ispirato, che si può ispirare.

ispiraménto [dal lat. *inspiramentum*; a. 1292] ***sm.*** *raro* ispirazione.

ispiràre (pres. *-ìro*) [dal lat. *inspīrāre*; a. 1667] ***tr.*** **1.** destare nell'animo di qualcuno un sentimento istintivo e immediato, non spiegabile razionalmente: *uno sguardo che ispira tenerezza, il suo modo di fare mi ispira fiducia* || *colloq. ass.* stimolare, destare interesse: *è un genere di musica che non mi ispira* **2.** detto di Dio o di potenze soprannaturali, influire sull'animo umano inducendolo ad agire o a esprimersi secondo la volontà divina: *le parole dei profeti erano ispirate dallo Spirito Santo* || *per estens.* consigliare, dare l'imbeccata: *la tua osservazione mi ha ispirato una possibile soluzione del problema, il governo ispira la stampa ufficiale* || indurre: *ispirare una buona azione* **3.** suscitare l'attività creatrice, eccitare la fantasia artistica: *i motivi dell'amore ispirano poeti e romanzieri* **4.** *non com.* inspirare || ***intr. pron.*** **1.** trarre ispirazione: *ispirarsi alla natura nel dipingere* **2.** conformarsi: *una linea politica che si ispira a ideali di democrazia* || **N.** ***tr.*** **1.** *Sin.* comunicare, infondere, suscitare **2.** *Sin.* illuminare; consigliare, suggerire; guidare, orientare.

ispiràto (*pps.* di *ispirare*) [1869] ***agg.*** **1.** rif. a persona, mosso da ispirazione artistica o soprannaturale: *profeta, poeta ispirato*; *sentirsi ispirato* || *libri ispirati,* le Sacre Scritture **2.** ricco di ispirazione, di fantasia, di fervore: *pronunciò un discorso veramente ispirato, poesia ispirata, occhi ispirati* || **ispirataménte** ***avv.***

ispiratóre [dal lat. tardo *inspirātor, -ōris*; 1390] ***agg.*** e ***sm.*** (f. *-trìce*) che, chi ispira: *principio ispiratore* || *in part.* che, chi dà l'ispirazione artistica: *musa ispiratrice,* la persona o la cosa che stimola la creazione artistica e in part. l'attività poetica.

ispirazióne [dal lat. *inspirātio, -ōnis*; 1560] ***sf.*** **1.** influsso esercitato sull'uomo da una potenza soprannaturale che guida le sue parole e le sue azioni: *ispirazione biblica, profetica* **2.** *per estens.* idea felice, intuizione che sorge improvvisa dall'animo: *per fortuna mi è venuta l'ispirazione di controllare i freni della macchina prima di partire* || suggerimento, consiglio: *prendere ispirazione da qualcuno* **3.** stato di eccitazione della fantasia che porta alla creazione artistica: *poesia senza ispirazione, cercare l'ispirazione nel paesaggio, trarre ispirazione dai classici* **4.** orientamento, tendenza: *una linea politica di ispirazione riformista* || **N.** **2.** *Sin.* impulso, pensata, trovata; imbeccata, modello **3.** *Sin.* estro **4.** *Sin.* indirizzo.

ispìrito V. SPIRITO.

israeliàno [dal n. geogr. *Israele*; 1948] **I** ***agg.*** dello Stato d'Israele: *politica israeliana* **II** ***sm.*** (f. *-a*) abitante, cittadino dello Stato d'Israele.

israelita [dal lat. eccl. *Israelita*; sec. XIV] ***s.*** chi appartiene al popolo d'Israele, chi professa la religione ebraica; ebreo || anche *agg.*: *popolo israelita.*

israelitico (pl. *-ci*) [da *israelita*; a. 1498] ***agg.*** degli israeliti; ebraico: *culto israelitico.*

ìssa[1] [dal lat. *ipsa (hora)*; a. 1313] ***avv.*** *arc.* ora, adesso, sùbito.

ìssa[2] [imperativo di *issare*; a. 1705] ***escl.*** di incitamento reciproco per far coincidere lo sforzo in modo da sollevare insieme qualche peso.

issàre [forse di orig. onom.; sec. XIV] ***tr.*** **1.** *T.mar.* sollevare per mezzo di un cavo, una carrucola e sim. qualcosa, spec. se molto pesante: *issare le vele, la bandiera, i pennoni* **2.** *per estens.* sollevare qualcosa e collocarla in un luogo più alto: *issare una valigia sul portabagagli* || ***rifl.*** sedere, sistemarsi a fatica in cima a qualcosa: *issarsi a cavallo.*

issofàtto [dal lat. *ipso facto*; a. 1348] ***avv.*** *raro* adattamento it. della loc. lat. *ipso facto* (v.).

issòpo (raro *ìsopo*) [dal lat. *hyssōpus*; sec. XIV] ***sm.*** *T.bot.* pianta delle Labiate, con fiori di colore azzurro o rosa, da cui si ricava un olio usato come aromatizzante e un infuso usato in medicina contro la tosse.

-ista [dal gr. *-istés*, attr. il lat. *-ista(m)*] ***suff.*** **1.** forma aggettivi e sostantivi ambigeneri denominali (*affarista, disfattista, femminista, induista*) o deaggettivali (*alpinista, socialista*) connessi ai sostantivi in *-ismo*; molto raramente anche deverbali (*attendista, trasformista*) **2.** forma sostantivi ambigeneri che non hanno corrispondenti in *-ismo* e si riferiscono a chi svolge professioni o attività in genere: *apprendista, barista, cambista, flautista, turnista, vocabolarista* **3.** forma aggettivi (anche sostantivati) tratti da nomi propri e aventi il valore di "seguace di" (come in *calvinista, gollista, marxista*) o di "studioso di" (come in *dantista*), o anche rif. ai tifosi e ai membri di una squadra sportiva (*interista, milanista*) || **N.** **3.** -esco, -iano.

istallàre e der. V. INSTALLARE.

istamina (meno com. *istammìna*) [comp. di *ist(idina)* e *amina*; 1950] ***sf.*** *T.chim.* composto organico presente nei vegetali e nei tessuti animali, che nell'organismo umano dilata i vasi sanguigni, provoca contrazioni della muscolatura, eccita la secrezione del succo gastrico.

istamìnico (pl. *-ci*) [da *istamina*; 1957] **agg.** *T.chim.* e *T.biol.* relativo all'istamina, proprio dell'istamina.

istammìna **sf.** *non com.* V. ISTAMINA.

istantànea [da *istantaneo*; 1892] **sf.** fotografia di persone o cose in movimento, che viene eseguita rapidamente, con un tempo di posa molto breve.

istantaneità [da *istantaneo*; a. 1704] **sf.** l'essere istantaneo.

istantàneo [da *istante*[1]; a. 1673] **agg.** **1.** che avviene, che sopravviene in un istante: *morte istantanea*; *effetto, reazione istantanea* ‖ che dura un istante: *il lampo istantaneo di un flash* **2.** *T.fis.* relativo a un istante dato: *valore istantaneo di una grandezza*; *in part.* *velocità istantanea,* limite della velocità media su un intervallo di tempo al tendere a zero dell'intervallo considerato ‖ **istantaneaménte** **avv.** in un istante, subito ‖ **N.** **1.** *Sin.* immediato, improvviso, repentino, subitaneo.

istànte[1] [dal lat. *instans, -antis*; sec. XIV] **sm.** periodo di tempo di brevissima durata: *l'apparizione durò un istante, sono arrivato un istante dopo la tua partenza* ‖ anche *iperb.*: *è un lavoro che si fa in un istante* ‖ nelle loc. *all'istante, sull'istante,* immediatamente; *a ogni istante,* a ogni momento, continuamente; *nell'istante che,* nel momento in cui ‖ **N.** *Sin.* attimo, battibaleno, lampo, minuto, momento.

istànte[2] **agg.** e **sm.** *raro* V. INSTANTE.

istànza [dal lat. *instantia*; a. 1755] **sf.** **1.** *T.bur.* domanda gen. scritta, rivolta a un'autorità, per ottenere qualcosa: *accogliere, presentare istanza di divorzio*; *inoltrare un'istanza al sindaco* ‖ *T.giur.* domanda fatta in giudizio ‖ *T.giur.* *giudizio di prima, di seconda istanza,* di primo o di secondo grado; *in ultima istanza,* in corte di cassazione; *fig.* si dice in riferimento a deliberazioni e decisioni definitive prese su questioni che siano state dibattute a lungo **2.** *fig.* esigenza, necessità: *istanze sociali, le istanze degli anziani* **3.** *lett.* insistenza nel chiedere, nel pregare: *cedere alle istanze di qualcuno*; *a, per, su mia istanza,* per mia richiesta **4.** *T.fil.* argomento che scaturisce dalla replica a un'obiezione **5.** *T.psican.* in Freud, ciascuna delle tre sfere dell'apparato psichico (Es, Io e Super-Io) ‖ **N.** **1.** *Sin.* domanda, petizione, richiesta **2.** *Sin.* bisogno **3.** *Sin.* perseveranza.

istàre V. INSTARE.

istauràre e der. V. INSTAURARE e der.

ister [dal lat. *hister,* istrione, perché in situazioni di pericolo si finge morto; 1965] **sm.** *inv.* *T.zool.* piccolo coleottero le cui larve vivono nello sterco bovino o equino.

isterectomìa [comp. di *istero-* e *-ectomia*; 1932] **sf.** *T.med.* asportazione chirurgica dell'utero.

isterèṣi [dal gr. *hystérēsis,* mancanza; 1902] **sf.** *T.fis.* fenomeno per cui il valore di una grandezza, che dipende da altre, è determinato, in un dato istante, non solo dai valori che queste grandezze assumono in quell'istante, ma anche da quelli che hanno assunto in istanti precedenti: *isteresi magnetica,* nelle sostanze ferro-magnetiche, ritardo dell'induzione magnetica rispetto alla variazione d'intensità del campo magnetizzante, per cui la magnetizzazione può rimanere anche molto a lungo dopo che il campo magnetico esterno si è annullato; *isteresi elastica,* il ritardo di un corpo elastico sottoposto a sollecitazioni variabili, a riprendere la sua forma primitiva.

isterìa [dal lat. tardo *hystera,* utero, gr. *hystéra*; 1788] **sf.** *T.psic.* isterismo ‖ *T.psican.* classe di nevrosi con quadri clinici assai vari le cui forme più chiare sono *l'isteria di conversione,* caratterizzata da sintomi di conversione e *l'isteria d'angoscia,* il cui sintomo centrale è la fobia. **Q.T.** *psicanalisi.*

istèrico (pl. *-ci*) [dal lat. *hystericus*; a. 1699] **I** **agg.** d'isterismo, causato da isterismo: *crisi isterica* ‖ rif. a persona, affetto da isterismo ‖ *per estens. colloq.* irritabile, che ha frequenti scatti di nervi e reazioni incontrollate ‖ **istericaménte** **avv.** **II** **sm.** (f. *-a*) persona isterica: *uno specialista nel curare gli isterici.*

isteriliménto [da *isterilire*; 1869] **sm.** l'isterilire e l'isterilirsi, anche *fig.*: *isterilimento di un terreno*; *isterilimento della fantasia.*

isterilìre (pres. *-ìsco, -ìsci*) [comp. parasint. di *sterile*; 1638] **tr.** rendere sterile, anche *fig.*: *la siccità ha isterilito i campi*; *il troppo lavoro isterilisce l'ingegno* ‖ **intr. pron.** diventare sterile, anche *fig.*: *la sua creatività si è presto isterilita* ‖ **N.** **tr.** *Sin.* impoverire.

isterìṣmo [da *isteria*; 1750] **sm.** **1.** *T.psic.* malattia nervosa caratterizzata da disturbi di varia natura di carattere psichico (come angoscia, depressione, suggestionabilità, labilità emotiva) e somatico (per es. paralisi, amnesie, crisi convulsive) **2.** *per estens. colloq.* comportamento da isterico, scatti d'ira e reazioni incontrollate: *non sopporto i tuoi isterismi* ‖ eccitazione eccessiva, esaltazione: *abbandonarsi all'isterismo collettivo.*

ìstero- [dal gr. *hystéra,* utero] **primo elem.** che, in parole composte della terminologia medica, vale "utero": **isterografìa**, **isterosalpingografìa**, **isteroscopìa**, **isteroscòpio**, **isterotomìa** ‖ **N.** *Sin.* metro-[2].

isterologìa[1] (pl. *-gìe*) [dal lat. tardo *hysterologia,* gr. *hysterología*; 1630] **sf.** *T.ret.* figura retorica per cui si dice prima ciò che logicamente si dovrebbe dire dopo.

isterologìa[2] [comp. di *istero-* e *-logia*; 1834] **sf.** *T.med.* studio delle affezioni uterine.

isteroptòṣi [comp. di *istero-* e *ptosi*; 1834] **sf.** *T.med.* abbassamento dell'utero ‖ **N.** *Sin.* metroptosi.

istésso [lat. *iste ipse,* questo stesso; sec. XIV] **agg.** e **pron.** *ant.* stesso.

-ìstico [cumulo dei suff. *-ista* e *-ico,* sul modello del gr. *-istikós,* attr. il lat. *-isticus*] **suff.** forma aggettivi denominali connessi ai sostantivi in *-ismo* e in *-ista*: *alpinistico, buddistico, narcisistico, turistico* ‖ forma aggettivi denominali di relazione che non hanno corrispondenti né in *-ismo* né in *-ista*: *calcistico, fumettistico, infermieristico.*

istidìna [dal gr. *histíon,* tessuto; 1952] **sf.** *T.biol.* aminoacido di grande importanza per la vita organica di tutti gli animali, usato in medicina nella cura dell'ulcera.

istigaménto [da *istigare*; 1312 *instigamento*] **sm.** istigazione.

istigàre (pres. *-ìgo, -ìghi*; meno corretto *ìstigo*) [dal lat. *instigāre*; a. 1364] **tr.** incitare, stimolare a compiere azioni non buone: *istigare alla vendetta, alla ribellione, a commettere un reato* ‖ **N.** *Sin.* aizzare, eccitare, indurre, spingere, sobillare.

istigatóre [dal lat. *instigātor, -ōris*; sec. XIV *instigatore*] **agg.** e **sm.** (f. *-trice*) che o chi istiga: *parole istigatrici*; *gli istigatori dei disordini popolari.*

istigazióne [dal lat. *instigātio, -ōnis*; a. 1342] **sf.** l'istigare e il suo effetto ‖ *T.giur.* reato commesso da chi induce altri a compiere reati, a disobbedire alla legge, o ad agire in senso contrario alle norme giuridiche e morali: *istigazione alla prostituzione, a delinquere, al suicidio.*

istillaménto [da *istillare*; 1681] **sm.** *non com.* l'istillare e l'essere istillato.

istillàre e der. V. INSTILLARE e der.

istintività [da *istintivo*; 1938] **sf.** l'essere istintivo.

istintìvo [da *istinto*; 1842] **I** **agg.** **1.** dell'istinto, fatto per istinto: *movimento, reazione, bisogno istintivo* **2.** rif. a persona, impulsivo, che segue l'istinto più che la ragione ‖ **istintivaménte** **avv.** per istinto, d'istinto **II** **sm.** (f. *-a*) persona istintiva: *è un istintivo, non si ferma a riflettere prima di agire* ‖ **N.** **I** **1.** *Sin.* naturale, spontaneo.

istìnto [dal lat. *instinctus*; a. 1459] **sm.** **1.** stimolo interno, naturale, ereditario, che spinge ad azioni utili all'esistenza dell'individuo e della specie: *istinto di conservazione, istinto materno, istinto sessuale* ‖ *per estens.* impulso naturale che non dipende né dalla ragione né dalla volontà: *frenare l'istinto*; *agire d'istinto,* in modo immediato, seguendo l'impulso **2.** inclinazione naturale, tendenza innata: *ha l'istinto dell'uomo di spettacolo* ‖ **N.** **1.** *Sin.* impulso **2.** *Sin.* attitudine, disposizione, indole, predisposizione, propensione, tendenza. **Q.T.** *zoologia.*

istintuàle [da *istinto*; 1835] **agg.** *T.psic.* relativo all'istinto: *spinte istintuali.*

istiocìta o **istiocìto** [comp. del gr. *hístion,* tessuto e *-cito*; 1973] **sm.** *T.biol.* cellula connettivale che possiede in modo particolare la proprietà di fagocitare, elaborare e neutralizzare le sostanze estranee all'organismo.

istitóre V. INSTITORE.

istitòrio V. INSTITORIO.

istituìre (pres. *-ìsco, -ìsci*) [dal lat. *instituere*; sec. XIV] **tr.** **1.** dare inizio a qualcosa d'interesse pubblico e destinato a durare: *istituire una scuola, un concorso, un ospedale, una borsa di studio, una norma giuridica* ‖ *per estens.* intraprendere, iniziare: *istituire un'inchiesta* **2.** *T.giur.* nominare, designare: *istituire qualcuno erede di un patrimonio* **3.** stabilire, spec. mettendo in relazione: *istituire un confronto, istituire un rapporto* **4.** *ant.* educare, istruire ‖ **N.** **1.** *Sin.* costituire, creare, fondare, impiantare, stabilire **3.** *Sin.* impostare, porre.

istituìto (*pps.* di *istituire*) [a. 1620] **agg.** **1.** stabilito, fondato, designato **2.** *ant.* costituito, organizzato: *città bene istituite* (Machiavelli).

istitutìvo [da *istituire*; 1719 *institutivo*] **agg.** che istituisce, che serve a istituire: *legge istitutiva di un ente pubblico.*

istitùto [dal lat. *institutum*; a. 1620] **sm.** **1.** ente, pubblico o privato, regolato da norme stabili, diretto a un fine o allo svolgimento di una determinata attività; anche *concr.* il complesso delle sedi di tale ente: *istituto ospedaliero, di ricerca, di pena*; *istituto religioso* ‖ *istituto di credito,* banca; *istituto di emissione,* banca autorizzata a emettere carta moneta ‖ *istituti di istruzione,* scuole pubbliche o private di ogni ordine e grado; *in part.* denominazione di scuole secondarie superiori: *istituto magistrale, tecnico, professionale* ‖ *istituto universitario,* centro di studio attrezzato per la didattica e la ricerca in una determinata disciplina: *istituto di fisica, di storia, di patologia* ‖ *istituto di bellezza,* centro specializzato in trattamenti estetici **2.** *T.giur.* complesso di norme che regolano e disciplinano un argomento o un fenomeno sociale: *istituto della tutela, del divorzio, della proprietà* ‖ il fenomeno stesso: *l'istituto della famiglia* **3.** *lett.* scopo prefissato, proposito ‖ **N.** **1.** *Sin.* istituzione, organismo, organizzazione | ISTITUTI PROFESSIONALI: alberghiero, per l'agricoltura, per il commercio, per l'industria e l'artigianato; ISTITUTI TECNICI: agrario, chimico, commerciale, femminile, industriale, informatico, nautico, per corrispondenti in lingue estere, per geometri, per il turismo, per periti aziendali.

istitutóre [dal lat. *institutor, -ōris*; sec. XIV] **sm.** (f. *-trice*) **1.** chi istituisce, fondatore, iniziatore: *l'istitutore di un ente assistenziale* **2.** chi si occupa dell'educazione dei giovani nelle case signorili oppure svolge funzioni educative e di vigilanza in collegi e convitti: *istitutrice privata* ‖ **N.** **1.** *Sin.* auspice, promotore **2.** *Sin.*

educatore, insegnante, precettore.

istituzionàle [da *istituzione*; 1928] **agg.** **1.** relativo a un'istituzione: *princìpi, compiti istituzionali* || che concerne le istituzioni di uno Stato: *crisi istituzionale* **2.** che riguarda i princìpi, i fondamenti teorici di una scienza o di una dottrina: *corso, esame, parte istituzionale* || **istituzionalménte** **avv.** in relazione alle istituzioni || dal punto di vista istituzionale.

istituzionalizzàre [da *istituzione*; 1966] **tr.** trasformare in un'istituzione stabile; conferire a qualcosa una forma giuridica: *istituzionalizzare una prassi* || **N.** *Contr.* abolire, sopprimere.

istituzionalizzazióne [da *istituzionalizzare*; 1969] **sf.** atto o effetto dell'istituzionalizzare.

istituzióne [dal lat. *institutio, -ōnis*; 1869] **sf.** **1.** l'atto di istituire: *l'istituzione di una biblioteca* || *T.giur.* *istituzione di erede*, designazione dell'erede da parte del testatore **2.** *concr.* ciò che è stato istituito; ente che persegue determinati fini: *istituzione di beneficenza, culturale* **3.** complesso di norme e consuetudini morali, religiose, politiche e sociali di un popolo, spec. fondate sulla tradizione: *l'istituzione del matrimonio* || *per estens.* spec. *pl.* ciascuno degli ordinamenti giuridici fondamentali su cui è fondato un sistema politico: *le istituzioni repubblicane*; *rispettare, combattere le istituzioni* || *scherz.* o *iron.* *è un'istituzione*, detto di cosa o persona che l'abitudine o la tradizione porta a considerare rappresentativa e insostituibile **4.** solo *pl.* elementi fondamentali di una disciplina, spec. giuridica: *istituzioni di diritto canonico* **5.** *ant.* istruzione, educazione || **N.** **1.** *Sin.* costituzione, fondazione, ordinamento **2.** *Sin.* istituto, organismo, organo **3.** *Sin.* ordinamento **4.** *Sin.* fondamenti, princìpi. **Q.T.** *diritto.*

ìstmico (pl. *-ci*) [dal lat. *isthmicus*; sec. XIV] **agg.** di un istmo, relativo all'istmo || *T.stor.* *giochi istmici*, celebrati nella Grecia antica ogni due anni sull'istmo di Corinto.

ìstmo [dal lat. *isthmus*; a. 1494] **sm.** **1.** *T.geogr.* lingua di terra, più o meno sottile, circondata dalle acque, che collega due continenti o una penisola a un continente: *istmo di Panama, di Corinto* **2.** *T.anat.* restringimento di un organo: *istmo del pancreas*; *istmo delle fauci*, apertura per cui la cavità orale comunica con la faringe; *istmo dell'encefalo*, porzione della massa encefalica che unisce tra loro cervello, cervelletto e bulbo.

ìsto- [dal gr. *histós*, tessuto, trama] **primo elem.** che, in parole composte della terminologia medica, vale "tessuto" (per es. *istogenesi, istogramma, istologia*).

istochìmica [comp. di *isto-* e *chimica*; 1952] **sf.** studio dei tessuti animali o vegetali dal punto di vista della composizione chimica.

istogènesi [comp. di *isto-* e *genesi*; 1933] **sf.** **1.** *T.biol.* il processo di formazione dei tessuti che avviene allo stadio embrionale attraverso modificazioni cellulari **2.** parte dell'istologia che studia l'origine dei tessuti.

istogràmma [comp. del gr. *histós*, trama e *-gramma*; 1931] **sm.** rappresentazione grafica di una grandezza variabile (spec. a valori discreti) per mezzo di figure geometriche (rettangoli, settori circolari) di dimensioni proporzionali al suo valore.

istolìsi [comp. di *isto-* e *-lisi*; 1957] **sf.** *T.biol.* distruzione dei tessuti dovuto a cause naturali o patologiche.

istologìa [comp. di *isto-* e *-logia*; 1828] **sf.** scienza che studia i tessuti animali e vegetali a livello microscopico.

istològico (pl. *-ci*) [da *istologia*; 1886] **agg.** che si riferisce all'istologia o ai tessuti organici: *ricerca istologica, esame istologico.*

istòlogo (pl. *-gi*) [comp. di *isto-* e *-logo*; 1905] **sm.** (f. *-a*) chi è esperto di istologia.

istóne [da *isto-*; 1957] **sm.** *T.biol.* sostanza proteica idrosolubile.

istopatologìa [comp. di *isto-* e *patologia*; 1952] **sf.** *T.med.* branca della scienza medica che si occupa dello studio istologico delle lesioni indotte negli organi e nei tessuti dai diversi processi morbosi.

istoplasmòsi [dal lat. scient. *histoplasma* (*capsulatum*), fungo che genera la malattia; 1957] **sf.** *T.med.* malattia causata da un fungo microscopico.

istòria **sf.** *ant., lett.* o variante eufonica, v. STORIA.

istoriàre (pres. *-òrio*) [da *istoria*, storia; a. 1519] **tr.** ornare con immagini relative a fatti storici o a leggende: *istoriare le pareti di una sala* || *non com.* illustrare un libro.

istoriàto (*pps.* di *istoriare*) [1340] **agg.** ornato con raffigurazioni narrative: *portale istoriato.*

istoriografìa e der. forme ant., lett. o eufoniche di STORIOGRAFIA e der.

-ìstra [dal gr. *-ístra*, suff. dei nomi d'agente] *raro* **elem. term.** usato nella formazione di denominazioni botaniche (per es. *aspidistra*).

istradàre e der. v. INSTRADARE e der.

istriàno [dal n. geogr. *Istria*; 1554] **I agg.** dell'Istria: *la popolazione istriana* **II sm.** (f. *-a*) abitante o nativo dell'Istria.

ìstrice [dal lat. *hystrix, -icis*; sec. XIV] **sm.** (raro *sf.*) **1.** *T.zool.* grosso roditore con corpo tozzo, zampe corte e pelliccia provvista nella parte superiore e posteriore del dorso di aculei, che rizza quando viene attaccato o molestato || *fig.* *avere la barba, i capelli come un istrice*, averli molto irti e ispidi **2.** *fig.* persona intrattabile e scontrosa **3.** *T.mil.* caposaldo organizzato in posizioni contemporaneamente difensive e offensive **4.** *T.mil.* lanciabombe multiplo usato nella seconda guerra mondiale contro i sommergibili **5.** *pesce istrice*, v. PESCE || **N.** **1.** *Sin.* porcospino.

istrióne [dal lat. *histrio, -ōnis*; sec. XIV] **sm.** (f. raro *-éssa*) **1.** *T.stor.* commediante nell'antica Roma **2.** attore mediocre che recita con enfasi eccessiva e modi plateali || *fig.* chi si comporta o simula in modo plateale ed esibizionistico: *fare l'istrione* || **N.** **2.** *Sin.* ciarlatano, esibizionista.

istrionésco (pl. *-schi*) [da *istrione*; a. 1742] **agg.** *spreg.* da istrione: *maniere istrionesche* || **istrionescaménte** **avv.**

istriònico (pl. *-ci*) [dal lat. tardo *histriōnicus*; a. 1576] **agg.** di o da istrione: *modi istrionici, arte istrionica* || **istrionicaménte** **avv.**

istrionìsmo [da *istrione*; 1914] **sm.** tendenza a fare l'istrione, ad assumere in pubblico atteggiamenti forzati, esibizionistici, da commediante.

istruìre (pres. *-ìsco, -ìsci*) [dal lat. *instruere*; a. 1494 *instruire*] **tr.** **1.** far apprendere a qualcuno nozioni di una disciplina, un'arte, un'attività attraverso l'insegnamento teorico o pratico: *istruire in grammatica, nella scultura, nell'uso dei computer, nell'uso delle armi* || *ass.* detto di cose, essere istruttivo: *un programma televisivo che istruisce* || *non com.* *istruire un animale*, ammaestrarlo || *per estens.* impartire gli elementi fondamentali del sapere e del vivere civile: *istruire il popolo* **2.** dare informazioni, consigli, suggerimenti, spec. su ciò che si deve fare: *istruire qualcuno sul comportamento da tenere* || *iron.* dare l'imbeccata: *l'hanno istruito a dovere* **3.** *T.giur.* *istruire un processo, una causa*, raccogliere le prove e gli elementi necessari per il giudizio || *per estens.* *T.bur.* *istruire una pratica*, raccogliere la documentazione necessaria per espletarla || **rifl.** **1.** acquisire nozioni, farsi un'istruzione: *si è iscritto a una scuola serale per istruirsi* **2.** informarsi: *mi sono istruita sul regolamento di gioco* || **N.** **tr.** **1.** *Sin.* addestrare, erudire, insegnare; educare **2.** *Sin.* consigliare, informare, ragguagliare, suggerire.

istruìto (*pps.* di *istruire*) [a. 1617 *instruito*] **agg.** che ha cultura, dotto: *una persona molto istruita* || **N.** *Sin.* colto, erudito, sapiente | *Contr.* analfabeta, ignorante, illetterato.

istruménto e der. forme ant. di STRUMENTO e der.

istruttìvo [da *istrutto*, pps. lett. di *istruire*; 1639 *instruttivo*] **agg.** fatto per istruire, che serve a istruire: *un libro, un documentario istruttivo* || che dà un insegnamento, formativo: *un episodio, un viaggio molto istruttivo* || **istruttivaménte** **avv.** || **N.** *Sin.* didascalico, educativo.

istrùtto o **instrùtto** (*pps. ant.* di *istruire*) [1303] **agg.** **1.** *lett.* istruito **2.** *ant.* di esercito, soldati, navi, ordinato, schierato.

istruttóre [dal lat. *instructor, -ōris*; a. 1498 *instruttore*] **I sm.** (f. *-trice*) chi istruisce, spec. in attività sportive o militari: *istruttore di tennis, di nuoto*; *istruttore di volo* **II agg.** *giudice istruttore*, giudice che istruisce il processo o la causa, che raccoglie le prove.

istruttòria [da *istruttorio*; 1723] **sf.** *T.giur.* l'insieme degli atti necessari a istruire un processo o una causa.

istruttòrio (pl. *-ri* o *-rii*) [da *istruire*; 1869] **agg.** *T.giur.* che concerne l'istruzione di un processo: *atti istruttori, sentenza istruttoria*; *segreto istruttorio*, obbligo di segretezza che devono osservare il magistrato e le parti durante la fase di istruzione di un processo.

istruzióne [dal lat. *instructio, -ōnis*; a. 1375] **sf.** **1.** l'atto, l'effetto dell'istruire: *occuparsi dell'istruzione dei giovani*; *istruzione pratica, professionale, militare* || *in part.* la preparazione culturale fornita in modo sistematico dalla scuola: *istruzione pubblica*, impartita a cura dello Stato; *istruzione privata*, che si riceve in scuole o da insegnanti privati; *istruzione obbligatoria*, la frequenza scolastica delle elementari e delle medie inferiori imposta dalla legge || *ministero della Pubblica Istruzione*, che ha il compito di organizzare e dirigere il sistema scolastico nella sua totalità || il complesso delle nozioni acquisite: *avere una buona istruzione, essere privo di istruzione* **2.** (spec. *pl.*) direttiva, norma che si dà a qualcuno su ciò che deve fare o dire spec. nell'esercizio di un'attività o di una funzione: *impartire le istruzioni all'ambasciatore*; *attendere, chiedere, ricevere istruzioni* || *per estens.* *istruzioni per l'uso*, norme pratiche per l'uso di un prodotto commerciale, ad esso allegate sotto forma di breve scritto **3.** *T.inform.* ogni espressione significante di un linguaggio di programmazione, che specifica un'operazione che il calcolatore deve eseguire **4.** *T.giur.* fase di un processo civile o penale in cui si raccolgono gli elementi necessari al giudizio || *dim.* istruzioncèlla || **N.** **1.** *Sin.* addestramento, ammaestramento, educazione, insegnamento; conoscenza, cultura, dottrina, erudizione, sapere | primaria o elementare, secondaria, superiore, universitaria; classica, professionale, scientifica, tecnica; letteraria, militare, religiosa; pratica, teorica | estesa, insufficiente, limitata, modesta, profonda, regolare, scarsa, seria, solida, superficiale **2.** *Sin.* avvertimento, consiglio, disposizione, informazione, ordine, prescrizione, ragguaglio, regola **4.** *Sin.* istruttoria. **Q.T.** *diritto, informatica.*

istupidiménto [da *istupidire*; 1815] **sm.** l'istupidire, l'istupidirsi, l'essere istupidito.

istupidìre (pres. *-ìsco, -ìsci*) [comp. parasint. di *stupido*; a. 1644] **tr.** rendere stupido; frastornare: *le tue chiacchiere mi hanno istupidito* || **intr.** (aus. *essere*) e **intr. pron.** diventare stupido, rimbambire: *i ragazzi si istupidiscono davanti alla televisione* || **N.** **tr.** *Sin.* frastornare, intontire | **intr.** *Sin.* rimbecillire, rincretinire.

Isùridi (sing. *-e*) [comp. del n. del genere *Isurus* e *-idi*; 1973] **sm. pl.** famiglia di pesci cartilaginei.

ita (lat., pr. it. ['ita]) [letter. così] ***avv.*** *arc. lett.* sì, così è: *del no per li danar vi si fa ita* (Dante), là, per amor di guadagno, il sì diventa no, si cambia il bianco in nero.

-ita [dal gr. *-ítēs*, attr. il lat. *-īta*] ***suff.*** forma, a partire da toponimi, pochi aggettivi ambigeneri (anche sostantivati) che indicano lingue o l'appartenenza a popoli o paesi, città, nazioni, e altre entità geografiche: *moscovita, vietnamita* || **N.** -ano[1], -ense, -ese[1], -iano, -igiano.

-ità [dal lat. *-itātem*] ***suff.*** forma sostantivi f. deaggettivali che indicano la qualità espressa dalla base: *capacità, familiarità, felicità, istantaneità, territorialità* || **N.** -età, -ietà, -tà.

itacìsmo o **iotacìsmo** [da *ita*, n. della lettera greca *eta* secondo la pronuncia moderna; 1869] ***sm.*** sistema di pronuncia secondo il quale la lettera greca *eta* viene pronunciata come una *i* || **N.** etacismo.

itacìstico (pl. *-ci*) [da *itacismo*; 1957] ***agg.*** *T.ling.* relativo all'itacismo, proprio dell'itacismo: *pronuncia itacistica.*

itacolumìte [dal n. geogr. *Itacolumi*, monte e città del Brasile; 1887] ***sf.*** *T.min.* varietà di arenaria quarzosa che, quando è ridotta in lamine, è flessibile.

italése o **italiése** [da *italiano*, con cambio del suff.; 1966] ***sm.*** *spreg.* italiano infarcito di forme e costrutti inglesi, tipico del linguaggio pubblicitario, tecnologico e sim.

italianàre (pres. *-àno*) [da *italiano*; 1862] ***tr.*** *raro* italianizzare.

italianeggiàre (pres. *-éggio*) [da *italiano*; 1834] ***intr.*** (aus. *avere*) assumere o imitare il modo di comportarsi, di parlare e di vivere degli italiani.

italianìsmo [da *italiano*; a. 1667] ***sm.*** *T.ling.* espressione, costrutto o locuzione propria della lingua italiana trasportati in un'altra lingua.

italianìsta [da *italiano*; 1853] ***s.*** studioso di lingua, letteratura e cultura italiana.

italianità [da *italiano*; a. 1853] ***sf.*** l'essere, il sentirsi italiano || l'essere conforme alla mentalità, al costume, all'arte, al pensiero italiano.

italianizzàre [da *italiano*; 1688] ***tr.*** **1.** fare assumere modi e costumi italiani: *italianizzare una popolazione* **2.** dare forma italiana a un vocabolo straniero: *italianizzare i vocaboli inglesi* || ***intr. pron.*** assumere modi, lingua, costumi propri degli italiani.

italianizzazióne [da *italianizzare*; 1972] ***sf.*** l'atto e l'effetto di italianizzare || *in part.* adattamento di un prestito straniero o dialettale al sistema fonologico dell'italiano.

italiàno [dal n. geogr. *Italia*; a. 1292] **I *agg.*** dell'Italia: *tradizione, popolo, cultura italiana* || nella loc. *all'italiana*, secondo il costume e i modi italiani: *mangiare all'italiana* || **italianaménte** ***avv.*** secondo lo spirito, il carattere, il costume italiano **II *sm.*** **1.** (f. *-a*) chi è nato o vive in Italia **2.** (solo *sing.*) la lingua neolatina parlata in Italia || nel linguaggio scolastico, materia d'insegnamento che ha per oggetto la lingua e la letteratura italiana: *essere rimandato in italiano.*

itàlico (pl. *-ci*) [dal lat. *Italicus*; a. 1321] **I *agg.*** **1.** dell'Italia antica e dei suoi abitanti: *popolazioni italiche*; *dialetti italici*, lingue indoeuropee diverse dal latino parlate in Italia nel I millennio a.C., di cui le più note sono l'osco e l'umbro **2.** *lett.* italiano: *penisola italica* **3.** *T.tip. carattere italico*, carattere corsivo || **italicaménte** ***avv.*** *lett.* **II *sm.*** **1.** (f. *-a*) appartenente alle antiche popolazioni dell'Italia centro-meridionale che parlavano lingue indoeuropee **2.** *T.tip.* carattere italico.

italiése V. ITALESE.

italiòta [dal gr. *Italiṓtēs*; 1806] **I *sm.*** denominazione con cui gli antichi Greci indicavano gli abitanti delle colonie greche dell'Italia meridionale **II *agg.*** della Magna Grecia: *lega italiota* || *spreg.* caratteristico dell'Italia nei suoi aspetti deteriori o stereotipati.

ìtalo [dal lat. *Ītalus*; a. 1367] ***agg.*** *poet.* italiano: *l'itale glorie* (Foscolo).

ìtalo- [dal lat. *Ītalus*, italo] ***primo elem.*** che, in parole composte dotte, vale "italiano": **italo-americàno**, **italòfilo**, **italòfobo**.

italòfono [comp. di *italo-* e *-fono*; 1967] ***agg.*** e ***sm.*** (f. *-a*) che, chi parla l'italiano: *al momento dell'Unità d'Italia il numero di italofoni era molto basso.*

-ite[1] [dal suff. agg. f. gr. *-îtis*, rif. a *nósos*, malattia] ***suff.*** che nella terminologia medica, forma le denominazioni di processi infiammatori, acuti o cronici (per es. *appendicite, faringite, tracheite*) || **N.** -osi.

-ite[2] [dal gr. *-ítes*, proveniente, derivato da] ***suff.*** che nella terminologia mineralogica e chimica, forma le denominazioni di minerali (per es. *dolomite, grafite, trachite*), esplosivi (per es. *dinamite*), alcoli alifatici polivalenti (per es. *mannite*).

item [1] (lat., pr. it. ['item]) [letter. parimenti] ***avv.*** *ant.* parimenti, altresì, spec. nel linguaggio notarile.

item [2] (ingl., pr. ['aɪtəm]) [dal lat. *item*, parimenti; 1971] ***sm.*** *inv.* elemento di un insieme organizzato: *item lessicale* || *T.inform.* gruppo di caratteri in successione trattato unitariamente dal sistema.

iter (lat., pr. it. ['iter]) [letter. viaggio, passaggio] ***sm.*** *inv.* *T.bur.* procedura necessaria perché una disposizione legislativa o una pratica raggiunga la validità: *l'iter parlamentare di una legge.*

iteràbile [da *iterare*; 1970] ***agg.*** *lett.* che può essere iterato; ripetibile.

iteràre (pres. *ìtero*) [dal lat. *iterāre*; 1319] ***tr.*** ripetere, rinnovare || *in part.* rif. a corso od esame universitario, seguire o dare una seconda volta.

iteratìvo [dal lat. *iteratīvus*; 1869] ***agg.*** che si esprime o si attua mediante una ripetizione || *T.ling. composto iterativo, locuzione iterativa*, formata dalla ripetizione di uno o più elementi (per es. *checché, forte forte, a poco a poco*) || *verbi iterativi*, che esprimono il ripetersi di un'azione a intervalli (per es. *saltellare, sorseggiare*); *prefissi, suffissi iterativi*, che indicano ripetizione (per es. *ri*tornare, scoppi*ettare*) || *T.mat.* e *T.inform. procedimento iterativo*, basato su un'iterazione || **iterativaménte** ***avv.*** || **N.** *Sin.* replicativo.

iteràto (*pps.* di *iterare*) [1532] ***agg.*** *lett.* ripetuto: *lunghe e iterate preci* (Ariosto) || **iterataménte** ***avv.*** ripetutamente.

iteratóre [da *iterare*; a. 1646] ***sm.*** (f. *-trìce*) *lett. non com.* chi ripete.

iterazióne [dal lat. *iterātio, ōnis*; sec. XIV] ***sf.*** **1.** ripetizione, replica || *in part.* ripetizione di corso od esame universitario || *T.ret.* ripetizione di frasi o di concetti come artificio stilistico **2.** *T.mat.* e *T.inform.* procedimento di calcolo o algoritmo informatico che consiste nel ripetere un numero finito o infinito di volte una successione di operazioni, applicandole di volta in volta al risultato del ciclo precedente.

itifàllico (pl. *-ci*) [dal gr. *ithyphallikós*; 1865] ***agg.*** **1.** dell'itifallo; pertinente ai culti fallici greci **2.** *T.metr.* nella metrica classica detto di verso tipico dei canti fallici (della forma –́ ⏑ –́ ⏑ –́ ⏓); anche *sm.*

itifàllo [dal lat. *ithyphallus*, gr. *itýphallos*; a. 1597] ***sm.*** *T.stor.* **1.** nell'antica Grecia, simulacro del fallo in erezione, simbolo della fecondità **2.** rituale delle fallofòrie, associato al culto di Dioniso, nelle quali il simulacro veniva portato in processione.

itinerànte [dal lat. tardo *itinerans, -antis*, letter. viaggiatore; a. 1827] ***agg.*** che viaggia, che si sposta di luogo in luogo: *spettacolo, mostra itinerante* || *predicatori itineranti*, nel Medioevo, religiosi che predicavano contro la corruzione dei costumi spostandosi di paese in paese.

itineràrio (pl. *-ri*) [dal lat. *itinerārium*; a. 1642] **I *sm.*** la via da seguire, gen. divisa in tappe, in un viaggio, una gita, una competizione sportiva: *l'itinerario del Giro d'Italia, cambiare l'itinerario delle proprie vacanze* || descrizione o rappresentazione grafica di un percorso; *in part.* ciascuno dei percorsi turistici di una città descritti in una guida **II *agg.*** *non com.* che concerne un viaggio o un percorso || *colonna itineraria*, quella che si metteva negli incroci stradali, per indicare le diverse direzioni da seguire || *misura itineraria*, usata per misurare la distanza nei percorsi stradali o le distanze per mare (per es. il miglio) || **N.** I *Sin.* rotta.

-itìvo V. -IVO (nel senso 2).

ìto *pps.* di *ire* (V.).

-ito[1] [dal suff. lat. *-ītus, -us*, desinenza dei sost. della IV declinazione] ***suff.*** forma sostantivi m. deverbali, da verbi in *-ire*, indicanti versi di animali: *barrito, bramito, garrito, grugnito, guaito, muggito, nitrito, ruggito.*

-ito[2] [suff. oppositivo di *-ato*] ***suff.*** che, nella terminologia chimica, forma le denominazioni di sali ed altri composti derivati da acidi la cui denominazione termina in *-oso* (per es. *ipoclorito, solfito*).

ittèrbio [dal n. geogr. *Ytterby*, località svedese; 1930] ***sm.*** *T.chim.* elemento chimico, metallico, appartenente al gruppo delle terre rare.

ittèrico (pl. *-ci*) [da *ittero*[1]; 1905] **I *agg.*** *T.med.* relativo a ittero || affetto da ittero **II *sm.*** (f. *-a*) malato di itterizia.

itterìzia [da *ittero*[1]; a. 1327] ***sf.*** *T.med.* ittero: *avere l'itterizia* || *fig. far venire l'itterizia*, provocare irritazione, rabbia.

ìttero[1] [dal lat. *icterus*, gr. *ίkteros*, rigogolo (uccello guardando il quale si credeva di guarire dall'itterizia); 1901] ***sm.*** *T.med.* stato patologico sintomatico di molte malattie, dovuto alla diffusione dei componenti della bile nel sangue e nei tessuti dell'organismo; è caratterizzato da una colorazione più o meno gialla della cute e delle mucose.

ìttero[2] [dal lat. *icterus*, gr. *ίkteros*, rigogolo; a. 1564] ***sm.*** *T.zool.* uccello dei Passeriformi, ottimo cantatore, con corpo slanciato, piume variopinte, che vive nel continente americano.

ìttico (pl. *-ci*) [dal gr. *ichthyikós*; 1935] ***agg.*** che si riferisce ai pesci: *produzione ittica.*

itticoltùra [comp. di *itti(o)-* e *-coltura*; 1976] ***sf.*** allevamento artificiale di pesci || **N.** *Sin.* piscicoltura.

ìttio- [dal gr. *ichthýs, ichthýos*, pesce] ***primo elem.*** che, in parole composte dotte e della terminologia scientifica, vale "pesce" (per es. *ittiofagia, ittiologia*).

ittiocòlla [dal lat. *ichthyocolla*; 1828] ***sf.*** colla di pesce, ricavata dalla vescica natatoria dello storione; viene usata in cucina per fare gelatine commestibili.

ittiofagìa (pl. *-gìe*) [comp. di *ittio-* e *-fagia*; 1834] ***sf.*** alimentazione a base di pesce.

ittiòfago (pl. *-gi*) [comp. di *ittio-* e *-fago*; 1550] ***agg.*** e ***sm.*** (f. *-a*) che, chi si ciba prevalentemente di pesce.

ittiofàuna [comp. di *ittio-* e *fauna*; 1957] ***sf.*** l'insieme delle diverse specie di pesci che vivono in una determinata zona.

ittiòlo [dal gr. *ichthýs*, pesce (fossile); 1886 *ictiolo*] ***sm.*** liquido sciropposo che si ottiene dalla distillazione di rocce bituminose costituite da pesci fossili; è adoperato in farmacologia come antisettico e antiflogistico.

ittiologìa [comp. di *ittio-* e *-logia*; 1754] ***sf.*** parte della zoologia che studia i pesci. **Q.T.** *zoologia.*

ittiològico (pl. *-ci*) [da *ittiologia*; 1829] ***agg.*** che si riferisce all'ittiologia.

ittiòlogo (pl. *-gi*) [comp. di *ittio-* e *-logo*; a.

1828] **sm.** (f. *-a*) studioso d'ittiologia.
ittiosàuro [comp. di *ittio-* e *-sauro*; 1820] **sm.** *T.scient.* rettile marino, vissuto nel periodo triassico.
ittiòsi [comp. di *ittio-* e *-osi*; 1834] **sf.** *T.med.* alterazione della pelle, diffusa in gran parte del corpo, caratterizzata da pelle secca, rugosa, pergamenacea, che si va squamando continuamente.
ittìta o **hittìta** (raro *ittìto*) [dal n. ebr. *Hitti*; 1915] **I agg.** *T.stor.* relativo agli Ittiti, proprio degli Ittiti: *civiltà ittita* **II sm. 1.** (anche *sf.*) ogni individuo appartenente all'antica popolazione di lingua indoeuropea che si stanziò in Asia Minore nel secondo millennio a.C. **2.** (solo *sing.*) lingua di ceppo indoeuropeo, parlata dagli Ittiti.
ìtto [dal lat. *ictus*, urto; 1957] **sm.** *T.med.* pulsazione del cuore o di un'arteria, che risulta visibile all'esterno.
ìttrio [dal n. geogr. *Ytterby*, località svedese; 1833] **sm.** *T.chim.* elemento chimico, metallico, appartenente al gruppo delle terre rare.
-itùdine [lat. *-itūdinem*] **suff.** forma sostantivi f. deaggettivali che indicano la qualità o la condizione espressa dalla base: *altitudine, attitudine, beatitudine, gratitudine, negritudine, piattitudine, solitudine.*
iubilàre e der. forme arc. o lett. di GIUBILARE e der. (v.).
iùcca v. YUCCA.
iudiciària [dal lat. *iūdex, iūdicis*, giudice; a. 1580] **sf.** *ant.* *T.stor.* ogni circoscrizione in cui anticamente era divisa la Sardegna.
iùgero [dal lat. *iūgerum*, letter. quantità di terreno che due buoi aggiogati potevano arare in un giorno; sec. XIV] **sm.** *T.stor.* antica misura romana di superficie, pari a circa 2500 metri quadrati.
Iuglandàcee [comp. del lat. *iuglans, iuglandis*, ghianda e *-acee*; 1933] **sf. pl.** *T.bot.* famiglia di grandi piante arboree dicotiledoni dal frutto a nocciolo duro coperto da un involucro carnoso; vi appartiene il noce.
iugoslàvo o **jugoslàvo** [dal n. geogr. *Iugoslavia*; 1886] **I agg.** della Iugoslavia **II sm.** (f. *-a*) abitante o nativo della Iugoslavia.
iugulàre¹ [dal lat. (*vena*) *iugulāris*; a. 1730] **agg.** *T.anat.* giugulare.
iugulàre² (pres. *-ùgulo*) [dal lat. *iugulāre*; a. 1494] **tr.** *lett.* scannare || com. *fig.* costringere uno a fare qualcosa contro la sua volontà oppure ad accettare condizioni inique o svantaggiose.
iugulatòrio (non com. *giugulatòrio*) (pl. *-ri*) [da *iugulare²*; 1932] **agg.** *lett.* solo *fig.* che opprime con imposizioni ingiuste e crudeli: *contratto iugulatorio* || **N.** *Sin.* coercitivo, ingiusto, oppressivo, ricattatorio, svantaggioso, vessatorio.
iugulazióne v. GIUGULAZIONE.
iùlo [dal gr. *íoulos*, insetto millepiedi; 1834 *iulo*] **sm.** *T.zool.* millepiedi.
iùngla **sf.** *raro* v. GIUNGLA.
iunior o ***junior*** (lat., pr. it. [ˈjunjor]) (pl. *iuniores* o *juniores*, pr. it. [juˈnjɔres]) [letter. più giovane] **agg. 1.** più giovane, contrapposto a *senior*, per indicare il più giovane di due persone dello stesso nome; si pospone ai nomi propri di persona per distinguere due membri di una stessa famiglia; si abbrevia in *jun.* o *jr.* **2.** (solo *pl.*) *T.sport.* relativo agli atleti delle categorie giovanili: *squadre, campionati iuniores*; anche *s.*: *un torneo fra iuniores.*
iùre e der. v. GIURE e der.
iussìvo [dal lat. *iussus*, pps. di *iubere*, comandare; 1967] **agg.** *T.ling.* di forma verbale o costruzione che esprime un ordine, un comando (per es. l'imperativo, il congiuntivo esortativo).
iùta o **jùta** [dall'ingl. *jute*; 1875] **sf.** fibra tessile che si ricava dalla corteccia di alcune piante delle Tigliacee diffuse in Asia e Africa; se ne fa una rozza tela usata spec. per sacchi da imballaggio, stuoie e tessuti d'arredamento.
iutièro [da *iuta*; 1950] **agg.** che si riferisce all'industria della iuta: *settore iutiero.*
iutifìcio (pl. *-ci*) [comp. di *iuta* e *-ficio*; 1922] **sm.** opificio in cui si tesse e lavora la iuta. **Q.T.** *tessitura.*
iuvenòide [comp. del lat. *iuvenis*, giovane e *-oide*; 1979] **sm.** *T.biol.* ormone giovanile secreto nella emolinfa degli insetti.
ìva [dal fr. *ive*, f. di *if*, tasso; prima metà del sec. XIV] **sf.** *T.bot.* pianta erbacea perenne delle Labiate dal forte profumo di muschio, usata per infusi.
ivàto [da *IVA*; 1983] **agg.** *raro* di prodotto, bene di consumo o documento contabile per cui è stata pagata l'IVA.
ivi [dal lat. *ibi*; a. 1250] **avv.** *lett.* **1.** (di luogo) in quel luogo, là: *o felice colui cui ivi elegge* (Dante) || com. nelle indicazioni bibliografiche per rinviare a un'opera o a un passo già citati precedentemente **2.** *non com.* (di tempo) allora, in quel tempo: *poscia ivi a parecchi dì* (Boccaccio); *ivi manca l'ardir, l'ingegno e l'arte* (Petrarca).
-ìvo [lat. *-īvus*] **suff. 1.** forma aggettivi denominali di relazione: *abusivo, boschivo, festivo, oggettivo* **2.** forma aggettivi deverbali, costruiti sulla base del pps. regolare o irregolare (*educativo, fuggitivo, punitivo*; *dispersivo, fattivo*), talora nella forma latineggiante (*difensivo, permissivo, produttivo*).
ivoriàno [dal fr. *ivoirien*, della Costa d'Avorio; 1963] **agg.** della Costa d'Avorio.
Ixòdidi (sing. *-e*) [dal gr. *ixṓdēs*, vischioso; 1929] **sm. pl.** *T.zool.* famiglia di Acari, tra cui le zecche, parassiti ematofagi di molti Vertebrati.
izbà v. ISBA.
-ìzia [forma dotta derivante dal lat. *-itiam*] **suff.** forma sostantivi f. deaggettivali che di solito indicano la qualità o la condizione corrispondenti alla base (*avarizia, giustizia, furbizia*), ma talora hanno assunto anche un significato concreto: *immondizia* || **N.** -ezza, -igia, -ità.
-ìzio [derivato dotto del suff. lat. *-īcius*, pop. reso con *-eccio*] **suff.** forma pochi aggettivi denominali di relazione: *cardinalizio, creditizio, impiegatizio, natalizio, redditizio, tribunizio.*
ìzza [etim. inc.; a. 1347] **sf.** *ant.* stizza, collera, irritazione: *essendo l'izza cresciuta* (Villani) || **N.** aizzare.
-izzàre [variante latinizzata del suff. applicato a verbi di provenienza gr. in *-ízein*, reso nel lat. volg. con *-eggiare*] **suff.** deriva verbi denominali da sostantivi (*polverizzare*) e soprattutto da aggettivi (*materializzare*) col valore fondamentale di "rendere, trasformare in"; è molto produttivo e diffuso nei linguaggi settoriali.

J

j non fa parte delle ventuno lettere abituali dell'alfabeto italiano. Nome per esteso *i lunga*, anche al maschile *i lungo*: *i lunga come Jersey*, nella compitazione delle parole ‖ era utilizzata fino al secolo scorso, spec. come [i] vocalica risultante dalla contrazione di due *i* (*varj*) e come semiconsonante [j] all'inizio di parola (*jodio*) o tra vocali (*noja*); è oggi ovunque sostituita da *i*, conservandosi talora soltanto in alcuni cognomi (*Jemolo, Rajna*) e in pochissime parole (*jugoslavo, juventino*). Si trova in parole di origine straniera, con i differenti valori fonetici propri di ciascuna lingua: ingl. [dʒ] (*jolly*), fr. [ʒ] (*abat-jour*), ted. [j] (*jodel*), sp. [x] (*navaja*) ‖ per le sigle e abbreviazioni in cui compare, v. la lista relativa.

jab (ingl., pr. ['dʒæb]) [da to *jab*, colpire; 1940] ***sm. inv.*** *T.sport.* nel pugilato, diretto di disturbo, portato spesso in serie, con l'intento principale di impedire l'attacco dell'avversario.

jaboràndi (pr. [jabo'randi]) o **iaboràndi** [dal tupi *yaborandi*, attr. lo sp. e port. *jaborandi*; 1956] ***sm. inv.*** arbusto delle Rutacee, diffuso nell'America Meridionale, dalle cui foglie si ricava un olio dotato di proprietà sudorifere e scialagoghe.

jabot (fr., pr. [ʒa'bo]) [in orig. rigonfiamento dell'esofago degli uccelli, poi stomaco dell'uomo, infine pettorina; 1905] ***sm. inv.*** pettorina di batista o di seta, a pizzi o con ricami e a sbuffi, fissata al collo, usata come ornamento nell'abbigliamento femminile e, nel Settecento, anche in quello maschile ‖ **N.** *Sin.* davantino, pettorina.

jacarànda (pr. [jaka'randa]) [da una voce tupi, giunta attr. lo sp. e port. *jacarandà*; 1972] ***sf.*** genere di piante arboree tropicali, alcune delle quali forniscono il legno di palissandro.

j'accuse (fr., pr. [ʒ a'ky:z]) [letter. io accuso, dal titolo della lettera aperta di E. Zola in difesa di A. Dreyfus, falsamente accusato di tradimento; 1904] ***loc. m. inv.*** denuncia pubblica di un'ingiustizia, un sopruso e sim.

jack (ingl., pr. [dʒæk]) [dal n. proprio *Jack*, da *John*, Giovanni; 1937 nel senso 2] ***sm. inv.*** **1.** *T.gioc.* il fante delle carte da gioco francesi (spec. in alcuni giochi di tradizione non italiana, come il poker) **2.** *T.elettr.* tipo di presa coassiale a più contatti, usata come presa di commutazione nei centralini telefonici e come presa per l'auricolare o la cuffia in vari apparecchi portatili di riproduzione del suono. **TAV.** *audiovisivi* 4.3, 9.2.

jacobsite (pr. [jakob'site]) [comp. del n. geogr. *Jacobs*(*berg*), località della Svezia e *-ite*[2]; 1956] ***sf.*** *T.min.* minerale composto di ossido di ferro, manganese e magnesio.

jacquard (fr., pr. [ʒa'ka:r]) [dal n. proprio fr. J.-M. *Jacquard*, inventore del telaio meccanico; 1965] **I *agg.*** *inv. T.abb.* si dice di un lavoro a maglia a motivi geometrici ottenuto alternando fili di diversi colori: *punto, maglia, pullover jacquard* **II *sm.*** maglione lavorato con tale tecnica: *un vivace jacquard.*

jacquerie (fr., pr. [ʒakə'ri]) [dal n. proprio *Jacques* Bonhomme, letter. Giacomo Buonuomo, soprannome tradizionale del contadino francese; 1905] ***sf. inv.*** **1.** nella Francia del tardo Medioevo, movimento contadino di rivolta antifeudale **2.** *per estens.* sollevazione contadina.

jàina (pr. ['dʒaina]) V. GIAINA.

jainiṣmo (pr. [dʒai'nizmo]) V. GIAINISMO.

jais (fr., pr. ['ʒɛ]) [da *jaïet*, giaietto; 1889] ***sm. inv.*** giaietto.

jaleo (sp., pr. [xa'leo]) [da *jalear*, ammirare un cantante, accompagnandolo con voci e battiti di mano; 1956] ***sm. inv.*** danza andalusa simile al bolero, eseguita con le nacchere da una sola persona.

jamming (ingl., pr. ['dʒæmɪŋ]) [da to *jam*, bloccare, ingorgare; 1970] ***sm. inv.*** disturbo intenzionale delle trasmissioni di una stazione radio, mediante interferenze, rumori e sim.

jam-session (ingl., pr. ['dʒæm ˌseʃən]) [letter. seduta di improvvisazione; 1951] ***sf. inv.*** esibizione estemporanea di musicisti jazz, che suonano improvvisando su un tema prestabilito.

jarabe (sp., pr. [xa'raβe]) [letter. bevanda dolce; 1970] ***sm. inv.*** danza popolare messicana, simile allo zapateado.

jaroviẓẓazióne (pr. [jaroviddzat'tsjone]) V. IAROVIZZAZIONE.

jazz (ingl., pr. [dʒæz]; pr. it. [dʒɛz] e [dʒɛts]) [etim. sconosciuta; 1919] **I *sm.*** *inv.* genere musicale sviluppatosi verso la fine dell'Ottocento nelle comunità negre del sud degli Stati Uniti, a partire dall'incontro di elementi tradizionali africani con varie espressioni della musica popolare occidentale; presto differenziatosi in stili molto diversi tra loro e in rapida evoluzione, si può comunque considerare caratterizzato dal grande rilievo del ritmo, dal ruolo essenziale dell'improvvisazione e dall'impiego di particolari risorse timbriche vocali e strumentali **II** anche ***agg. inv.***: *musica, concerto, motivi jazz.*

jazz-band (ingl., pr. ['dʒæz bænd]) [letter. orchestra jazz; 1919] ***sm.*** *inv.* orchestra di musica jazz.

jazzista (pr. [dʒɛd'dzista] e [dʒad'dzista], o anche [dʒɛt'tsista] e [dʒat'tsista]) [da *jazz*; 1956] ***s.*** suonatore di jazz.

jazzistico (pr. [dʒɛd'dzistiko] e [dʒad'dzistiko], o anche [dʒɛt'tsistiko] e [dʒat'tsistiko]) (pl. *-ci*) [da *jazz*; 1954 *iazzistico*] ***agg.*** che si riferisce al jazz: *complesso, festival, concerto jazzistico.*

jeans (ingl., pr. [dʒi:nz]; pr. it. [dʒins]) [abbr. di *blue-jeans*; 1963 come sm. pl.] ***sm. pl.*** **1.** tela di cotone, molto resistente, quasi sempre blu, usata per indumenti di fatica o sportivi o per accessori: *una gonna, una borsa di jeans* **2.** *pl.* pantaloni di foggia simile ai *blue-jeans*, ma di tessuto e colore diversi: *un paio di jeans di velluto* ‖ anche come ***agg. inv.***: *tela jeans, gonna jeans.*

jeanserìa (pr. [dʒinse'ria]) [da *jeans*; 1980] ***sf.*** negozio che vende *jeans* e altri capi di abbigliamento *casual.*

jeep (ingl., pr. [dʒi:p]) [prob. lettura di *G.P.*, abbr. di *G*(*eneral*) *P*(*urpose*) (*vehicle*), veicolo per ogni uso; 1943] ***sf. inv.*** piccola automobile militare scoperta, molto robusta e adatta per terreni accidentati, impiegata originariamente per scopi militari, ma oggi anche in vari usi civili ‖ **N.** camionetta, campagnola; fuoristrada.

jersey (ingl., pr. ['dʒə:zɪ]; pr. it. ['dʒɛrsi]) [dal n. geogr. *Jersey*, isola ingl.; 1868] ***sm. inv.*** tessuto pettinato a maglia, molto morbido ‖ maglione fatto con tale tessuto ‖ **N.** golf, *pullover, sweater.*

jet (ingl., pr. [dʒɛt]) [letter. getto; 1962] ***sm.*** *inv.* aereo con motori a reazione ‖ **N.** *Sin.* aviogetto.

jet-set (ingl., pr. ['dʒɛt set]) [comp. di *jet* e *set*, gruppo; 1965] ***sm. inv.*** jet-society.

jet-society (ingl., pr. [ˌdʒet sə'saɪətɪ]) [comp. di *jet* e *society*, società; 1965] ***sf. inv.*** la parte più ricca dell'alta società internazionale, che compie frequenti viaggi per affari o per vacanza.

jeunesse dorée (fr., pr. [ʒœnɛs dɔ're]) [letter. giovinezza dorata; 1905] ***loc. f.*** solo *sing.* gioventù ricca, gaudente.

jiddisch (ted., pr. ['jɪdɪʃ]) V. YIDDISH.

jigger (ingl., pr. ['dʒɪgə]) [letter. alterare manipolando; 1933] ***sm. inv.*** nell'industria tessile, macchina usata per tingere i tessuti.

jingle (ingl., pr. [dʒɪŋgəl]) [letter. tintinnio; 1983] ***sm. inv.*** motivetto musicale che accompagna uno spot pubblicitario.

jockey (ingl., pr. ['dʒɒkɪ]) [dim. di *Jock*, var. scozzese di *Jack*, da *Johan*, Giovanni; 1878] ***sm. inv.*** fantino.

jodel (ted., pr. ['jo:dəl]) [voce onom.; 1933] ***sm. inv.*** caratteristico canto vocalizzato dei montanari tirolesi e svizzeri, caratterizzato da improvvisi passaggi dal registro di petto al falsetto.

jodhpurs (ingl., pr. ['dʒɒdpəz]) [dal n. geogr. *Jodhpur*, città dell'India, attr. il fr. e l'ingl.; 1974] ***sm. pl.*** calzoni da equitazione.

jodler (ted., pr. ['jo:dlɐ]) [voce onom.; 1933] ***sm.*** *inv.* **1.** *jodel* **2.** esecutore di *jodel.*

jogging (ingl., pr. ['dʒɒgɪŋ]; pr. it. ['dʒɔg(g)iŋ(g)]) [da to *jog*, avanzare a scatti; 1978] ***sm.*** *inv.* corsa regolare, a piccole falcate e a ritmo lento, spesso intervallata da tratti a passo di marcia, fatta a scopo di esercizio fisico.

joint venture (ingl., pr. [ˌdʒɔɪnt 'ventʃə]) [comp. di *joint*, unito e *venture*, impresa rischiosa; 1973] ***sf.*** *inv. T.econ.* associazione tra imprese, anche di diversa nazionalità, per realizzare uno specifico progetto, sommando competenze diverse e ripartendo i rischi.

jò-jò (pr. ['jɔ'jɔ]) ***sm.*** *non com.* V. YO-YO.

jolly (ingl., pr. ['dʒɒlɪ]; pr. it. ['dʒɔlli]) [letter. giulivo; 1923 *jolly joker* nel senso 1; 1949 nel senso 2] **I** ***sm.*** *inv.* **1.** *T.gioc.* in vari giochi di carte, carta alla quale il giocatore che la tiene in mano può dare il valore che desidera **2.** *fig.* persona che in un determinato ambito è in grado di svolgere i ruoli più diversi: *fa un po' da jolly nell'azienda, un utile jolly del centrocampo* **II** in funzione di ***agg.*** *inv.*: *un collaboratore jolly* || **N. I 1.** *Sin.* matta **2.** *Sin.* factotum, tuttofare.

jordanóne (pr. [dʒorda'none]) V. GIORDANONE.

jota (sp., pr. ['xota]) [etim. inc.; 1957] ***sf.*** *inv.* vivace danza popolare aragonese, di ritmo ternario, eseguita con accompagnamento di chitarre e nacchere.

joule (ingl., pr. [dʒaʊɫ] o [dʒu:ɫ]) [dal n. proprio J.P. *Joule*, fisico ingl.; 1929] ***sm.*** *inv. T.fis.* unità di misura del lavoro nel sistema M.K.S., pari al lavoro compiuto dalla forza di un newton quando il suo punto d'applicazione si sposta di un metro nella direzione della forza; si indica col simbolo J.

joulòmetro (pr. [dʒu'lɔmetro] o [dʒau'lɔmetro]) o **jòulmetro** (pr. ['dʒulmetro] o ['dʒaulmetro]) [comp. di *joule* e *-metro*; 1957] ***sm.*** *T.elettr.* wattorametro o contatore elettrico con la scala tarata in joule.

joyciàno (pr. [dʒoi'sjano]) [dal n. proprio J. *Joyce*, come l'ingl. *joycean, joycian*; 1965] ***agg.*** dello scrittore irlandese James Joyce e della tecnica narrativa da lui inaugurata.

joystick (ingl., pr. ['dʒɔɪstɪk]) [comp. di *joy*, piacere e *stick*, barra, in orig. voce gerg. di sign. osceno, poi barra di comando di un aereo; 1984] ***sm.*** *inv. T.inform.* in un elaboratore elettronico, dispositivo utilizzato per controllare, per mezzo di una cloche, il movimento delle immagini visualizzate sullo schermo.

judo (giap., pr. ['dʒi:dɔ:]; pr. it. ['dʒudo]) [letter. metodo dolce; 1935 *jiudo*] ***sm.*** *inv.* forma di lotta giapponese fondata sulle regole del *jūjūtsu*, di cui non conserva però i colpi eccessivamente pericolosi; è sport olimpico dal 1964. **TAV. *arti marziali* p. 653** 2.

judogi (giap., pr. ['dʒi:dɔ:ˌŋi]; pr. it. [dʒu'dogi]) [voce giap.; 1963] ***sm.*** *inv.* costume da judo.

judoìsta (pr. [dʒudo'ista]) [da *judo*; 1956] ***s.*** chi pratica il judo.

judoìstico (pl. *ci*) (pr. [dʒudo'istiko]) [da *judo*; 1963] ***agg.*** che si riferisce al judo: *incontro judoistico.*

judoka (giap., pr. ['dʒi:dɔ:ˌqɑ]; pr. it. [dʒu'dɔka]) [voce giap.; 1963] ***s.*** *inv.* chi pratica il judo.

jugoslàvo (pr. [jugo'zlavo]) V. IUGOSLAVO.

jujutsu o ***jujitsu*** (giap., pr. ['dʒi:ʒi:tsɨ]; pr. it. [dʒu'dʒutsu] o [dʒu'dʒitsu]) [letter. arte dolce; 1908 *jiu-jitsu*] ***sm.*** *inv.* tecnica di lotta giapponese, codificata a partire dal sec. XVI, tipica dei samurai, senza esclusione dei colpi pericolosi e mortali; ne sono derivati il *judo* e il *karatè.*

juke-box (ingl., pr. ['dʒu:k bɒks]; pr. it. [dʒu'bɔks]) [letter. scatola da sala da ballo; 1950] ***sm.*** *inv.* giradischi automatico a gettone installato nei locali pubblici, con possibilità di scelta delle canzoni preferite.

julienne (fr., pr. [ʒy'ljɛn]) [letter. di Giulio, di Giuliano; 1942] ***sf.*** *inv.* minestra di verdure tagliate a fettine.

jumbista (pr. [dʒam'bista] o [dʒum'bista]) [da *jumbo*; 1967] ***s.*** pilota di jumbo-jet.

jumbo (ingl., pr. ['dʒʌmboʊ]; pr. it. ['dʒambo] o ['dʒumbo]) [da *jumbo-jet* o *jumbo-tram*; 1970] **I** ***sm.*** **1.** jumbo-jet **2.** jumbo-tram **II** ***agg.*** *inv. per estens.* gigantesco, di dimensioni eccezionali.

jumbo-jet (ingl., pr. ['dʒʌmboʊdʒet]; pr. it. [dʒambo'dʒɛt] o [dʒumbo'dʒɛt]) [comp. di *jumbo*, nome scherzoso dell'elefante e *jet*; 1967] ***sm.*** *inv.* nome del grande areo a reazione Boeing 747, e in seguito di altri aerei con le stesse caratteristiche, in grado di trasportare alcune centinaia di passeggeri.

jumbo-tram (ingl., pr. ['dʒʌmboʊtræm]; pr. it. [dʒumbo'tram]) [comp. di *jumbo(-jet)* e *tram*; 1975] ***sm.*** *inv.* vettura tranviaria di grandi dimensioni, capace di accogliere un elevato numero di passeggeri.

jùngla (pr. ['dʒuŋgla]) V. GIUNGLA.

jùnior V. IUNIOR.

Junker (ted., pr. ['juŋkɐ]) [in orig. *junc-hërre*, letter. giovani signori; 1895] ***sm.*** *inv.* esponente della classe dei proprietari terrieri prussiani della seconda metà dell'Ottocento, di orientamento intransigentemente reazionario.

jupe-culotte (fr., pr. [ʒyp ky'lɔt]) [letter. gonna-pantaloni; 1918] ***sf.*** *inv. T.abb.* gonna-pantaloni.

jupon (fr., pr. [ʒy'pɔ̃]) [accr. del fr. *jupe*, gonna; 1965] ***sm.*** *inv. T.abb.* sottogonna; sottana.

jùta (pr. ['juta]) V. IUTA.

juventìno (pr. [juven'tino]) o **iuventìno** [da *Juventus*, n. di una delle squadre di calcio di Torino; 1964] ***agg.*** e ***sm.*** **1.** che, chi gioca nella squadra della Juventus **2.** (f. *-a*) che, chi è tifoso della Juventus.

K

k non fa parte delle ventuno lettere abituali dell'alfabeto italiano. Nome per esteso *kappa* o *cappa*, di genere femminile, più di rado maschile: *una k maiuscola*, ma anche *un k maiuscolo*; *k come Kursaal*, nella compitazione delle parole || esiste solo in parole straniere, quasi sempre col valore della consonante occlusiva velare sorda [k]: *killer, kayak*; non si pronuncia nei prestiti inglesi in cui è seguita da *n* (*knock-out*) || per le sigle e le abbreviazioni in cui compare, v. la lista relativa.

kabab v. KEBAB.

kabuki (giap., pr. [qɑ'biki]; pr. it. [ka'buki]) [letter. poesia, danza, arte; 1957] **sm. inv.** genere teatrale giapponese, con caratteristiche più popolari rispetto al *nô* || anche in funzione di **agg. inv.**: *dramma kabuki.*

kaffiyah o ***kaffiyeh*** v. KEFIYEH.

kafkiàno (pr. [kaf'kjano]) [dal n. proprio F. *Kafka*; 1947] **agg.** relativo allo scrittore cèco di lingua tedesca F. Kafka; che evoca il mondo onirico e allucinato e la sensibilità inquieta dei suoi romanzi || *per estens.* angoscioso e incomprensibile a un tempo: *situazione kafkiana.*

kafkìṣmo (pr. [kaf'kizmo]) [dal n. proprio F. *Kafka*, scrittore cecoslovacco; 1950] **sm.** atteggiamento letterario o esistenziale che richiama la tematica angosciosa e allucinante dello scrittore F. Kafka o il suo stile.

kainìte (pr. [kai'nite]) [dal ted. *Kainit*, basato sul gr. *kainós*, nuovo, recente; 1930 *cainite*] **sf.** *T.min.* sale doppio idrato di magnesio e potassio, usato nella produzione di fertilizzanti.

Kaiser (ted., pr. ['kaɪzɐ]) [dal lat. *Cāesar*, Cesare; 1887] **sm. inv.** *T.stor.* l'imperatore nei paesi di lingua tedesca, e in part. l'imperatore di Germania dall'unificazione alla prima guerra mondiale.

Kaiserjäger (ted., pr. ['kaɪzɐ,jɛ:gɐ]) [letter. cacciatore imperiale; 1882] **sm. inv.** *T.stor.* soldato delle truppe alpine dell'impero austroungarico.

kajal (hindi, pr. [kɐd'dʒɐl]) [etim. inc.; 1983] **sm. inv.** cosmetico di colore blu o nero, a base di sostanze vegetali o animali, che si applica all'interno della palpebra inferiore.

kakatòa o **kakatùa** forme meno com. di *cacatoa* e *cacatua* (v.).

kakemono (giap., pr. [qɑ'kɛmɔnɔ]; pr. it. [kake'mɔno]) [letter. oggetto da appendere; 1933] **sm. inv.** dipinto giapponese su tela o carta.

kaki v. CACHI[2].

kala-azar (hindi, pr. ['ka:la: a:'za:r]; pr. it. ['kala ad'dzar]) [letter. malattia nera; 1957] **sf.** *T.med.* malattia endemica dell'India, di cui però alcuni casi sono stati riscontrati anche in Europa, nel bacino del Mediterraneo; proviene da punture di insetti, e si manifesta con febbre alta intermittente e con un grosso tumore alla milza || **N.** *Sin.* leishmaniosi viscerale.

kalashnikov (russo, pr. [kʌ'łaʃnʲikəf]) [dal n. proprio T. *Kalašnikov*, che lo progettò; 1984] **sm. inv.** fucile mitragliatore di fabbricazione sovietica.

kamala (ingl., pr. ['kæmələ]) [dall'indiano ant. *kamalam*, loto; 1957] **sf.** colorante rosso-aranciato estratto da una pianta delle Euforbiacee tipica dei paesi orientali || **N.** malloto.

kamikaze (giap., pr. [qɑ'miqɑzɛ]; pr. it. [kami'kaddze] e [kami'kaze]) [letter. vento divino; 1944] **sm. inv.** *T.stor.* aviatore giapponese che, durante la seconda guerra mondiale, si gettava sul nemico col suo apparecchio carico di bombe, affrontando la morte || *per estens.* terrorista che compie un'azione senza possibilità di scampo: *un kamikaze alla guida di un'auto-bomba si è gettato contro l'ambasciata* || *iperb. da kamikaze*, arrischiato, spericolato: *il portiere con un'uscita da kamikaze ha salvato la sua porta* || talvolta anche in funzione di **agg.**: *un commando kamikaze.*

kam-thai [voce orientale; 1984] **I agg. inv.** (sempre posposto) relativo ai kam-thai, dei kam-thai **II s. inv.** appartenente alle etnie che parlano lingue kam-thai || **sm.** solo *sing.* gruppo di lingue monosillabiche distribuite in varie regioni dell'India, della Birmania, della penisola indocinese e delle limitrofe zone della Cina meridionale. **Q.T.** *lingue del mondo.*

kan **sm. inv.** *non com.* v. KHAN.

kandahar (persiano, pr. [gændæ'hɒ:r]; pr. it. ['kandaar]) [dal n. del Lord Roberts of *Kandahar*, generale ingl. che conquistò la città afgana di Qāndāhar; 1957] **sm. inv.** *T.sport.* tipo di attacco per gli sci a leva anteriore, oggi disusato.

kànnada [etim. inc.; 1977] **sm.** (solo *sing.*) lingua dravidica dell'India del Sud.

kantiàno [dal n. proprio I. *Kant*, filosofo ted.; a. 1855] **agg.** relativo alla filosofia di I. Kant.

kantìṣmo [dal n. proprio I. *Kant*, filosofo ted.; a. 1926] **sm.** il sistema filosofico di I. Kant e la corrente filosofica che a lui si ispira.

kaóne [dall'ingl. *kaon*, comp. di *ka*(*y*), lettura del simbolo *k* per *kilo* e *-on*, -one; 1961] **sm.** *T.fis.* altra denominazione di ciascuno dei tre *mesoni K*, particelle elementari instabili con carica rispettivamente unitaria (positiva o negativa) o nulla, spin nullo e massa circa 1000 volte superiore a quella dell'elettrone.

kapò (pr. [ka'pɔ]) [forse abbr. del fr. *caporal*, caporale, attr. il ted.; 1947] **s. inv.** nei lager nazisti, prigioniero responsabile dell'ordine interno di una baracca.

kapòk v. CAPÒC.

kàppa [lettura della lettera *k* sia in italiano sia nell'alfabeto greco] **sf.** (meno com. **sm.**) *inv.* **1.** nome della lettera *k* (v.) **2.** nome della decima lettera dell'alfabeto greco || **sm. inv.** *T.inform. kilobyte* || **N.** *Sin.* cappa.

kappaò (pr. [kappa'ɔ]) [pronuncia delle iniziali di *knock out*; 1963] **avv.** e **sm.** knock out.

kaputt (ted., pr. [ka'pʊt]) [letter. rotto; 1918] **agg. inv.** irrimediabilmente rovinato, distrutto, a pezzi.

karakìri **sm. inv.** *pop.* v. HARAKIRI.

karakùl [dal n. geogr. *Karakul*, città dell'Uzbekistan; 1935] **sm.** agnellino di Persia || *per meton.* la pelliccia dai caratteristici fiocchi lucenti che se ne ricava.

karate (giap., pr. [qɑ'ratɛ]) v. KARATÈ.

karatè (pr. [kara'tɛ]) [dal giap. *karate*, letter. mano vuota, attr. il fr.; 1969] **sm. inv.** tecnica giapponese di combattimento e difesa personale, caratterizzata da colpi portati con i piedi e con le mani; viene praticata anche fuori dal Giappone come disciplina sportiva. **TAV.** ***arti marziali* p. 653** 1.

karateka (giap., pr. [qɑ'ratɛ,qɑ]; pr. it. [kara'tɛka]) [voce giap.; 1978] **s. inv.** chi pratica il karatè.

karkadè v. CARCADÈ.

karma o ***karman*** (sanscrito, pr. ['karma] e ['karman]) [letter. opera; 1918] **sm. inv.** nelle religioni indiane, il frutto delle azioni compiute da un essere vivente, che determina la sua sorte in una successiva reincarnazione.

kart (pr. [kart]) **sm. inv.** forme abbr. di *go-kart* (v.).

kartìṣmo [da (*go*) *-kart*; 1963] **sm.** lo sport del go-kart.

kartìsta (pr. [kar'tista]) [da (*go*) *kart*; 1983] **s.** chi pratica lo sport del go kart.

kartòdromo [comp. di (*go-*)*kart* e *-dromo*[1] con *o* di congiunzione eufonica; 1963] **sm.** pista per go-kart.

kasher (ebr., pr. [ka'ʃɛ:r]) o ***kosher*** [letter. giusto, adatto; 1942 *kascer*] **agg. inv.** di cibo, ritualmente puro, secondo la legge religiosa ebraica.

kashmir (ingl., pr. ['kæʃmɪə]; pr. it. ['kaʃmir]) v. CACHEMIRE.

kaṣolìte (pr. [kazo'lite]) [comp. del n. geogr. *Kasolo*, località dello Zaire e *-ite*[2]; 1957] **sf.** *T.min.* silicato idrato di uranio e piombo, da cui si estrae l'uranio.

katàna (pr. [ka'tana]) v. CATANA[3].

katiuscia o ***catiuscia*** (russo, pr. [kʌ'tʲuʃə]; pr. it. [ka'tjuʃa]) (pl. *-sce*) [n. proprio russo, dim. di *Katja*; 1950] ***sf.*** lanciarazzi di fabbricazione sovietica costituito da molte canne o scivoli, montate su affusto o mezzo semovente, da cui partono i razzi simultaneamente o a gruppi.

kàva o **kàva kàva** [voce polinesiana, letter. amaro; 1957] ***sf.*** *inv.* **1.** alberello della Polinesia, dalle cui radici si ricava un distillato dalle proprietà sedative e soporifere **2.** il distillato ricavato dalla kava.

kayak (pr. [ka'jak]) [dall'eschimese *qajaq*, attr. l'ingl.; 1930] ***sm.*** *inv.* canoa allungata e appuntita formata da un telaio rivestito di pelli di foca, usata dagli Eschimesi || analoga imbarcazione, in legno o plastica, per uso turistico e sportivo: *kayak monoposto, a due, a quattro; kayak da discesa, da slalom.* **TAV.** *canottaggio* 4.

kayakista (pr. [kaya'kista]) [da *kayak*; 1973] ***s.*** chi pratica lo sport del kayak.

kebab o ***kabab*** (turco, pr. [kɛ'bɑb]) [voce turca; 1962] ***sm.*** *inv.* piatto tipico dell'area mediorientale, a base di pezzetti di carne di agnello marinati e arrostiti sullo spiedo con cipolla e pomodoro.

kedivè [dall'ar. egiz. *hidēwi*, letter. signore; 1891] ***sm.*** *inv. T.stor.* titolo del viceré d'Egitto, quando questo faceva parte dell'impero ottomano.

keffiyeh v. KEFIYEH.

kefiah v. KEFIYEH.

kefir (pr. it. ['kefir] o [ke'fir]) [voce del Caucaso; 1905] ***sm.*** *inv.* bevanda leggermente alcolica ottenuta dal latte fermentato, tipica dei pastori dell'Asia centrale.

kefiyeh (ar., pr. [kæf'fi:jæ]) [voce ar., forse da avvicinare al lat. tardo *cūfia*, cuffia; 1938 *Kufiyyah*] ***sf.*** *inv.* copricapo arabo, tipico dei beduini e dei palestinesi, costituito da un telo quadrato che si piega a triangolo e si tiene fermo sulla testa per mezzo di un cordoncino.

kelène [n. commerciale; 1965] ***sm.*** *T.chim.* cloruro di etile adoperato come anestetico locale.

kellerina (pr. [kelle'rina]) v. CHELLERINA.

Kelvin (ingl., pr. ['kelvɪn]) [dal n. proprio W. Tomson, lord *Kelvin*, fisico ingl.; 1957] ***agg.*** *scala Kelvin*, scala termometrica assoluta, la cui unità di misura è pari a 1 grado centigrado, ma il cui zero corrisponde alla temperatura assoluta di — 273,16 °C.

kendō (giap., pr. ['kendɔ:]) [voce giap.; 1950] ***sm.*** *inv.* tradizionale scherma giapponese, oggi praticata a fini spettacolari, che si effettua con bastoni in legno o bambù, che simulano la spada del samurai, e con una speciale corazza || **N.** iaido. **TAV.** ***arti marziali* p. 653** 4.

keniàno (pr. [ke'njano]) [dal n. geogr. *Kenia*; 1970] ***agg.*** e ***sm.*** (f. *-a*) keniota.

keniòta (pr. [ke'njɔta]) [dal n. geogr. *Kenia*; 1970] **I** ***agg.*** del Kenia e dei suoi abitanti **II** ***s.*** abitante, nativo del Kenia.

kennediàno (pr. [kenne'djano]) [dal n. proprio *Kennedy*, cognome di uomini politici degli Stati Uniti; 1963] ***agg.*** relativo a J.F. Kennedy, presidente degli Stati Uniti negli anni '60, o ai suoi fratelli e alla loro azione politica.

kentum (lat., pr. ['kentum]) v. CENTUM.

képi (fr., pr. [ke'pi]) [dal ted. della Svizzera *käppi*, berrettino; 1882] ***sm.*** *inv.* copricapo militare, spec. francese, usato per es. dalla Legione straniera; più com. l'adattamento italiano *chepì*.

kermesse (fr., pr. [ker'mes]) [dall'olandese *kermis*, messa della parrocchia; 1877] ***sf.*** *inv.* nelle Fiandre, festa solenne del patrono || *per estens.* fiera paesana || esibizione ciclistica in circuito, di scarso rilievo tecnico ma con campioni di richiamo.

kerosène v. CHEROSENE.

ketch (ingl., pr. [ketʃ]) [forse da *catch*, il prendere, afferrare, catturare; 1934] ***sm.*** *inv.* piccola imbarcazione a vela da diporto a due alberi, dei quali il secondo è più piccolo del primo. **Q.T.** *vela* **TAV.** ***vela* p. 1343** 5.8.

ketchup (ingl., pr. ['ketʃʌp]) [dall'olandese *ketjap*, di orig. cin. a; 1712] ***sm.*** *inv.* salsa di pomodoro agrodolce e piccante di origine orientale.

KeV (pr. [kev]) [acronimo di *k(ilo)-e(lectron)-V(olt)*; 1964] ***sm.*** *inv. T.fis.* unità di energia corrispondente a 1000 elettronvolt.

keynesiàno [dal n. proprio J.M. *Keynes*, economista ingl.; 1956] ***agg.*** *T.econ.* che si ispira alle teorie economiche di J.M. Keynes, che correggono le tesi dell'economia liberistica tradizionale, affermando la necessità dell'intervento dello stato a sostegno della domanda e dell'occupazione.

keyword (ingl., pr. ['ki:wə:d]) [letter. parola chiave; 1971] ***sm.*** *inv. T.inform.* nei sistemi di ricerca automatica dell'informazione, parola che viene usata per identificare un documento.

khan (pr. [kan]) [dal mongolo *qayan*, governatore; sec. XIV *cane*] ***sm.*** *inv. T.stor.* titolo di principi mongoli e turchi, spec. nel Medioevo || *agha khan* v. AGHA.

khmer (pr. [kmer]) [voce indigena; 1957] **I** ***agg.*** *inv.* relativo alla Cambogia, ai suoi abitanti e alla loro civiltà: *arte, architettura khmer, lingua khmer*, lingua parlata in Cambogia; *Repubblica khmer*, Cambogia **II** ***s.*** *inv.* abitante, nativo della Cambogia || *khmer rossi*, partigiani di ideologia comunista che detennero il potere in Cambogia nella seconda metà degli anni '70.

khóisan [comp. delle voci locali *khoin*, ottentotto e *san*, boscimano; 1957] **I** ***agg.*** *inv.* (sempre posposto) relativo alle etnie parlanti lingue khoisan: *usanze khoisan* **II** ***s.*** *inv.* appartenente ai gruppi etnici africani che parlano lingue khoisan || ***sm.*** solo *sing.* gruppo di lingue africane che comprende l'ottentotto e il boscimano. **Q.T.** *linguistica.*

kibbutz (ebr. pr. [kɪ'bʊts]) [letter. riunione, assemblea; 1950] ***sm.*** *inv.* (anche pl. *kibbutzim*, pr. [kɪbʊ'tsi:m]) fattoria di tipo cooperativistico dello stato di Israele.

kick-boxing (ingl., pr. ['kɪkbɒksɪŋ]) [comp. di *kick*, calcio e *boxing*, pugilato; 1983] ***sf.*** *inv. T.sport.* variante della boxe in cui i colpi possono essere portati anche con i piedi, secondo regole definite.

kidnapper (ingl., pr. ['kɪdnæpə]) [letter. rapitore di bambini; 1942] ***s.*** *inv.* chi si rende colpevole di un kidnapping.

kidnapping (ingl., pr. ['kɪdnæpɪŋ]) [da to *kidnap*, rapire ragazzi (orig. per mandarli a lavorare nelle piantagioni); 1957] ***sm.*** *inv.* rapimento di bambini, a scopo di ricatto o di estorsione.

kiefer (ingl., pr. ['ki:fə]) [dal n. proprio A. *Kiefer*, nuotatore statunitense; 1970] ***sf.*** *inv. T.sport.* nel nuoto, virata con capriola all'indietro adottata dai dorsisti.

kieserite (pr. [kize'rite]) [comp. del n. proprio G. *Kieser*, mineralogista ted. e *-ite*[2]; 1957] ***sf.*** *T.min.* solfato di magnesio idrato diffuso nei depositi salini.

killer (ingl., pr. ['kɪlə]; pr. it. ['killer]) [letter. uccisore; 1934] **I** ***s.*** *inv.* assassino prezzolato, sicario || *per estens.* chi persegue i propri scopi senza alcuno scrupolo né riguardo per nessuno **II** con funzione di ***agg.*** *inv.* che uccide: *una zanzara killer.*

killeràggio (pl. *-gi*) [da *killer*; 1981] ***sm.*** soprattutto in politica, linciaggio morale.

kilo v. CHILO[2].

kilo- v. CHILO-[1].

kiloton (pr. ['kiloton]) v. CHILOTONE.

kilowàtt [comp. di *kilo-* e *watt*; 1913 *chilowatt*] ***sf.*** unità di potenza uguale a mille watt; meno com. *chilowatt.*

kilt (ingl., pr. [kɪlt]) [voce scozzese; 1937] ***sm.*** *inv.* il gonnellino classico degli scozzesi.

kimòno v. CHIMONO.

Kindergarten (ted., pr. ['kɪndɐgartən]) [letter. giardino dei bambini; 1970] ***sm.*** *inv.* asilo infantile.

Kinderheim (ted., pr. ['kɪndɐhaɪm]) [letter. casa dei bambini; 1963] ***sm.*** *inv.* luogo in cui, dietro pagamento, vengono ospitati e sorvegliati bambini, spec. per le vacanze.

kinesiterapìa (pr. [kinezitera'pia]) v. CINESITERAPIA.

king-size (ingl., pr. ['kɪŋ saɪz]) [letter. taglia reale; 1963] ***agg.*** *inv.* di dimensioni maggiori del normale: *sigarette king-size.*

kino (pr. ['kino]) [forse da una voce indiana; 1813] ***sm.*** *inv.* sostanza astringente di origine vegetale.

kipfel (ted., pr. ['kɪpfəl]) [letter. cornetto; 1839 *kiffel*] ***sm.*** *inv.* panino a forma di mezza luna.

kippur (ebr., pr. [kɪ'pʊr]) [letter. (digiuno di) espiazione; 1918 *kipur*] ***sm.*** *inv.* nella religione ebraica, digiuno di espiazione.

kirsch (ted., pr. [kɪrʃ]) [letter. ciliegia; 1887 *kirsche* e *chirsce*] ***sm.*** *inv.* acquavite ottenuta dalla distillazione delle ciliegie, tipica dell'Europa centrale.

kirschwasser (ted., pr. ['kɪrʃvasɐ]) [letter. acqua di ciliegia; 1905] ***sm.*** *inv.* kirsch.

kit (ingl., pr. [kɪt]) [letter. equipaggiamento, corredo, attrezzatura; 1973] ***sm.*** *inv.* **1.** nel *bricolage* o nel modellismo, l'insieme dei pezzi con i quali è possibile comporre, da soli, un determinato manufatto **2.** confezione che contiene, gen. in dimensioni ridotte, tutti i prodotti necessari per un determinato scopo: *kit dell'elettricista, da trucco* **3.** *T.med.* e *T.biol.* insieme di materiale tecnico e reattivi necessari per effettuare una titolazione biologica.

kitsch (ted., pr. [kɪtʃ]) [etim. inc.; 1962 come agg.] **I** ***sm.*** *inv.* **1.** prodotto artistico o letterario, destinato a un pubblico di massa, caratterizzato da temi banali e da cattivo gusto || *per estens.* qualunque oggetto di cattivo gusto **2.** cattivo gusto: *una moda dominata dal kitsch* **II** ***agg.*** *inv.* detto di produzione artistica o letteraria caratterizzata da temi banali o da cattivo gusto: *musica, quadro kitsch* || *per estens.* di cattivo gusto, pacchiano: *abito, oggetto kitsch.*

kiù (pr. [kju]) v. KYU.

kìwi (pr. ['kiwi] e ['kivi]) (meno com. *kìvi*) [voce maori; 1929] ***sm.*** *inv.* **1.** nome di alcune specie di uccelli molto rari della Nuova Zelanda, delle dimensioni di un pollo, incapaci di volare, con zampe robuste e becco lungo e sottile, che si cibano di vermi e insetti **2.** nome di un frutto commestibile originario della Cina, ma coltivato anche in Italia, con buccia marrone e polpa verde, delle dimensioni di un uovo, molto ricco di vitamina C.

kleenex ® (ingl., pr. ['kli:neks]) [n. commerciale; 1964] ***sm.*** *inv.* nome commerciale di un tipo di fazzoletti di carta, impiegati per usi diversi, venduti in pacchetti.

kleksografìa (pr. [kleksogra'fia]) [dal ted. *Klecksographie*, comp. di *Kleks*, macchia (d'inchiostro) e *-graphie*, grafia; 1942] ***sf.*** disegno ottenuto piegando più volte un foglio su cui è stata fatta cadere una goccia d'inchiostro.

klimax (gr., pr. it. ['klimaks]) v. CLIMAX.

klinker (ol., pr. ['klɪŋkə]) [da *klinken*, risuonare; 1942] ***sm.*** *inv.* laterizio di particolari qualità per impasto e cottura, usato soprattutto per rivestimenti.

klystron ® (ingl., pr. ['klaɪstrən]) [n. commerciale; 1957] ***sm.*** *inv. T.elettr.* generatore elettromagnetico di onde hertziane ad altissima frequenza, impiegato ad es. in apparecchiature radar.

knickerbockers (ingl., pr. [ˈnɪkəbɒkəz]) [dal n. proprio D. *Knickerbocker*, pseudonimo dell'autore di una storia di New York contenente illustrazioni che riproducevano spesso uomini con quel tipo di calzoni; 1865 *Knicker-bocker* f. pl.] ***sm. pl.*** **1.** calzoni alla zuava **2.** calzettoni alti e pesanti con disegno a quadri.

knock down (ingl., pr. [ˈnɒkdaʊn]; pr. it. [nɔkˈdaun]) [letter. abbattuto giù; 1933] **I** ***loc. agg. inv.*** o ***loc. avv.*** *T.sport.* nel pugilato, detto del pugile che viene atterrato ma riesce a riprendere il combattimento entro dieci secondi: *è finito knock down alla terza ripresa* **II** ***loc. m. inv.*** atterramento di un pugile che non pone fine all'incontro: *dopo due knock down ha tentato una reazione.*

knock out (ingl., pr. [ˈnɒkaʊt]; pr. it. [nɔˈkaut]) [letter. colpo che butta fuori; 1911 come loc. m.] **I** ***loc. agg. inv.*** o ***loc. avv.*** *T.sport.* nel pugilato, detto del pugile che dopo un atterramento non riesce a riprendere il combattimento entro dieci secondi: *finire, mandare knock out* || *fig. essere knock out,* avere subito una sconfitta dura e definitiva; essere a pezzi **II** ***loc. m. inv.*** atterramento definitivo di un pugile: *vittoria per knock out* || *knock out tecnico,* sconfitta decretata dall'arbitro non per atterramento ma per ferita, o manifesta inferiorità || **N.** I *Sin.* fuori combattimento, k.o. **Q.T.** *pugilato.*

know how (ingl., pr. [ˈnoʊ haʊ]) [letter. sapere come; 1955] ***loc. m. inv.*** insieme delle conoscenze e delle esperienze necessarie per il corretto impiego di una tecnologia.

knut (russo, pr. [knut]) [dal nordico ant. *knútr,* nodo (dello staffile); 1852] ***sm. inv.*** staffile di nervi di bue intrecciati.

k.o. (pr. [kappa ˈɔ]) acronimo di *knock out.*

koàla [dall'ingl. *koala,* adattamento di una voce australiana; 1875] ***sm.*** marsupiale australiano simile a un piccolo orso, dalla soffice pelliccia grigia.

kodiak (pr. it. [ˈkɔdjak]) [dal n. geogr. *Kodiak,* isola nei pressi dell'Alaska; 1987] ***sm.*** *inv.* orso bruno, di mole gigantesca, diffuso nell'America del Nord.

koilon (gr., pr. it. [ˈkɔilon]) [letter. cavo; 1937] ***sm.*** *inv. T.archeol.* nel teatro greco, insieme delle gradinate su cui sedevano gli spettatori.

koinè (non com. *coinè*) [dal gr. *koinḗ* (*dialektos*), (parlata) comune; 1933] ***sf.*** *inv.* **1.** la lingua greca comune, formatasi a partire dal IV sec. a.C. sulla base del dialetto attico, veicolo di cultura in tutto il Mediterraneo centro-orientale nell'epoca alessandrina || *per estens. T.ling.* lingua comune, relativamente uniforme, che si sovrappone alle parlate locali in una determinata regione: *l'inglese è diventata una koinè internazionale nell'ambito scientifico, la formazione di una koinè regionale piemontese basata sul dialetto di Torino* || *per estens.* insieme di concetti, argomentazioni, testi e sim. che costituiscono il terreno di incontro di posizioni filosofiche, culturali ecc. diverse: *la koinè ermeneutica* **2.** *per estens.* affinità o convergenza culturale o religiosa di popolazioni diverse in determinati periodi storici.

kolchosiàno (pr. kolkoˈzjano]) V. COLCOSIANO.

kolchoz (russo, pr. [kʌlˈxɔs]) [abbr. di *kol(lektivnoe) choz (jajstvo)*; 1933] ***sm.*** *inv.* azienda agricola sovietica di tipo cooperativistico, basata sulla proprietà comune della terra e dei mezzi di produzione.

kolossal (ted., pr. [koloˈsa:l]; pr. it. [ˈkɔlossal]) [1964] V. COLOSSAL.

kombinat (russo, pr. [kəmbʲiˈnat]) [dal lat. tardo *combinatus,* letter. unito insieme; 1950] ***sm.*** *inv.* nell'economia sovietica, complesso industriale costituito da un insieme di imprese complementari stanziate in una stessa regione.

kore (gr., pr. it. [ˈkɔre]) [gr. *kórē,* di orig. inc.; 1957] ***sf.*** (pl. *korai,* pr. it. [ˈkɔrai]) *T.archeol.* statua votiva di vergine nella scultura greca classica.

kosher (ebr., pr. [kaˈʃɛ:r]) V. KASHER.

kouros (gr., pr. it. [ˈkuros]) V. KUROS.

kraal (afrikaans, pr. [krɑ:ɫ]) [dal port. *corral;* 1905] ***sm.*** *inv.* recinto per il bestiame tipico di alcune popolazioni dell'Africa meridionale || *per estens.* villaggio di capanne disposte a semicerchio intorno a tale recinto.

krapfen (ted., pr. [ˈkrapfən]) [letter. uncino, per la forma in orig. ad arco; 1891] ***sm.*** *inv.* frittella di pasta, con lievito di birra, che contiene uno strato di marmellata.

kren (ted., pr. [kre:n]) V. CREN.

krill (ingl., pr. [krɪɫ]) [di orig. norvegese; 1983] ***sm.*** *inv.* il complesso di piccoli crostacei che fanno parte del plancton marino e costituiscono il nutrimento delle balene.

krìpto (pr. [ˈkripto]) V. CRIPTO.

kriss [dal malese *kĕris;* 1900] ***sm.*** *inv.* pugnale malese con la lama serpeggiante.

Kronprinz (ted., pr. [ˈkro:nprɪnts]) [letter. principe della corona; 1905] ***sm.*** *inv. T.stor.* principe ereditario nei paesi di lingua tedesca.

krug (ted., pr. [kru:k]) [etim. inc.; 1905] ***sm.*** *inv.* boccale da birra in terracotta, con manico e coperchio in metallo.

krỳpton (pr. [ˈkripton]) V. CRIPTO.

ksi V. CSI.

kuffiyah o **kufiyah** V. KEFIYEH.

kulak (russo, pr. [kuˈɫak]) [letter. pugno, a indicare il contadino benestante e avaro; 1929] ***sm.*** (pl. *kulàki,* pr. [kuˈɫakʲi]) *T.stor.* contadino proprietario e benestante, prima della collettivizzazione forzata delle campagne ad opera di Stalin.

kümmel (ted., pr. [ˈkʏməl]) [letter. cumino; 1887 *kummel* e *kimmel*] ***sm.*** *inv.* liquore ad alta gradazione alcoolica, ricco di zucchero, fortemente aromatizzato col cumino.

kumys (russo, pr. [kuˈmis]; pr. it. [kuˈmis]) [voce di orig. turco-tartara; 1965] ***sm.*** *inv.* bevanda acida alcolica ricavata dal latte di vari mammiferi; è tipica delle popolazioni nomadi delle steppe asiatiche.

kung fu o **gōngfu** (cin., pr. [ˈkʊŋfu]; pr. it. [kuŋgˈfu]) [dal nome della versione cinese del karatè; 1973] ***loc. m.*** *inv.* denominazione generica di varie tecniche di combattimento cinesi da cui è derivata gran parte delle arti marziali orientali. **TAV.** ***arti marziali*** **p. 653** 5.

kurciatòvio (pr. [kurtʃaˈtɔvjo]) [dal n. proprio I.V. *Kurčatov,* fisico russo; 1983] ***sm.*** *T.chim.* nome dato dagli scienziati russi all'elemento chimico artificiale di numero atomico 104 || **N.** *Sin.* rutherfordio.

kurgan (russo, pr. [kurˈgan]) [letter. tumulo; 1930 nella forma adattata *curgani*] ***sm.*** *inv.* (anche pl. *kurgany,* pr. [kurˈgani]) *T.archeol.* tumulo di terra e pietre eretto a copertura di tombe a fossa, diffuso tra il III e il II millennio a. C. spec. nel bacino del Volga.

kuros (gr., pr. it. [ˈkuros]) o **kouros** [dal gr. *kóuros,* giovane; 1957] ***sm.*** (pl. *kuroi,* pr. it. [ˈkuroi]) nella scultura greca arcaica, statua votiva raffigurante un giovinetto nudo in piedi.

Kursaal (ted., pr. [ˈku:rza:l]) [letter. sala di cura; 1918] ***sm.*** *inv.* stabilimento di cura e di riposo; luogo di ritrovo e di svago.

kuskùs ***sm.*** *raro* V. CUSCUS.

kuwaitiàno (pr. [kuvaiˈtjano] o [kuweiˈtjano]) [dal n. geogr. *Kuwait;* 1970] ***agg.*** del Kuwait: *truppe kuwaitiane.*

K-way (ingl., pr. [keɪˈweɪ]) [n. commerciale; 1981] ***sm.*** o ***sf.*** *inv.* nome di una giacca a vento leggerissima e impermeabile, dotata di una grande tasca nella quale l'indumento è ripiegabile.

kyriàle (pr. [kiˈrjale]) [da *kyrie;* 1970] ***sm.*** libro liturgico, contenente la musica delle parti invariabili della messa nella notazione gregoriana.

kyrie (lat., pr. it. [ˈkirje]) [trascrizione lat. eccl. del gr. *kýrie,* o Signore] ***sm.*** *inv.* abbr. di *kyrie eleison* || parte cantata della Messa in cui ricorre l'invocazione al Signore || composizione musicale che accompagna tale parte della Messa.

kyrie eleison (lat., pr. it. [ˈkirje eˈleison] o [ˈkirje eˈleizon]) [trascrizione lat. eccl. del gr. *kýrie eléēson,* Signore abbi pietà] ***loc. m.*** *inv.* invocazione equivalente a "Signore, pietà" nella liturgia cristiana greca e latina.

kyu o **kiù** (giap., pr. [kjiː]; pr. it. [kju]) [voce giap.; 1964] ***sm.*** *inv.* allievo di judo, classificato in cinque gradi a seconda dell'abilità.

L

l lettera dell'alfabeto italiano. Nome per esteso *elle*, di genere femminile o, più di rado, maschile: *una elle corsiva*, ma anche *un elle corsivo*; *elle come Livorno*, nella compitazione delle parole || rappresenta il suono della consonante laterale alveolare sonora [l]; in posizione intervocalica, o compresa tra vocale e semiconsonante, può essere semplice (*pala, balia*) o geminata (*palla, balliamo*). Fa inoltre parte del digramma *gl* (davanti a *i*) e del trigramma *gli* (davanti alle altre vocali), che rappresentano il suono della consonante laterale palatale sonora [ʎ], pronunciata sempre geminata in posizione intervocalica: *maglia* || talvolta (spec. all'inizio di parola e dopo *n*) il nesso grafico *gl* davanti a *i* non forma un digramma, ma vengono pronunciati i suoni corrispondenti alle due lettere isolate in successione, [gl]: *glicine, ganglio, negligente* || *loc. agg. a elle*, detto di circuiti, dispositivi ecc. che hanno la forma di L maiuscola: *tubo, edificio a elle* || per le sigle e abbreviazioni in cui compare, v. la lista relativa.

la[1] (pl. *le*) [lat. *illa*; metà sec. XI] ***art. det. f. sing.*** **1.** usato davanti a tutte le parole f. sing. e generalmente eliso davanti a vocale: *la mela, l'arancia*; per la sua funzione nella frase e nel discorso V. IL || in unione con le prep. *a, con, da, di, in, per, su*, forma le prep. art. *alla*, (disus.) *colla, dalla, della, nella*, (ant.) *pella, sulla* **2.** vale *durante* nelle espressioni: *la mattina, la notte, la settimana scorsa* e sim.

la[2] [lat. *illa*; 963] ***pron. pers. f.*** di terza pers. *sing.* **1.** forma atona della declinazione del pron. f. di terza pers. *ella, lei*, proclitica (*la conosco*) o enclitica (*aiutala*; v. LO per altri es.), usata in funzione di complemento oggetto **2.** in funzione di complemento oggetto è usato come pronome di cortesia nei confronti di persona di sesso maschile o femminile con cui non si abbiano rapporti di amicizia o confidenza: *la ringrazio, dottore* **3.** con valore indeterminato, in particolari espressioni: *smettila!, l'ha fatta grossa, chi la dura la vince, non la spunterà facilmente, me la son vista brutta* **4.** *tosc.* e *sett.* si usa come sogg. pleonastico, riferito a persona o cosa: *la mi dica, la vita l'è dura* || con valore indeterminato: *la va male, purtroppo.*

la[3] [prima sillaba del sesto emistichio dell'inno a S. Giovanni, *la*(*bii reatum*), scelto da Guido d'Arezzo per memorizzare le altezze relative di ciascun suono dell'esacordo; a. 1527] ***sm. inv.*** sesta nota della scala diatonica di do maggiore, indicata con A nella notazione alfabetica || *dare il la*, fornire la nota fondamentale per l'intonazione di qualunque strumento (il la[3] emesso dal diapason alla frequenza di 440 Hertz); *fig. dare il la a una discussione, a uno spettacolo*, dare il tono giusto o, anche, dare l'avvio.

là [lat. *illā*(*c*); 1268] ***avv.*** **1.** in quel luogo, di solito in riferimento a un luogo piuttosto lontano da chi parla e da chi ascolta; indica sia lo stato, sia il moto, anche preceduto da preposizione: *sta' fermo là, andremo là domani, non ho voglia di andare a piedi fin là* || spesso è correlativo o contrapposto a *qui, qua, lì*: *spostati di qua, non di là, ho girato un po' di qua, un po' di là, qui ti troverai meglio che là* **2.** unito direttamente al pron. *quello* e all'avv. *ecco* serve a indicare con maggior enfasi una cosa o una persona: *quello là è meglio evitarlo, eccoli là che arrivano* || può inoltre essere usato come rafforzativo, con altri avv. di luogo o in espressioni particolari: *si è cacciato là sotto, ma va' là, guarda là che disastro!* || in espressioni di richiamo, di allarme: *alto là!, chi va là?* **3.** *loc. avv. di là*, da quel luogo; in quel luogo: *vieni via di là, sono tutti di là* || *fig. l'al di là*, l'altro mondo || *fig. essere più di là che di qua*, essere in punto di morte, in grave pericolo di vita o sul punto di perder coscienza, di venire meno || *son cose di là da venire*, destinate a verificarsi in un lontano futuro || *in là*, da un'altra parte, oltre: *farsi, tirarsi, voltarsi in là* || *fig. non andare molto in là*, non avere molto acume || *fig. essere in là con gli anni*, essere d'età avanzata.

labàrda V. ALABARDA.

làbaro [dal lat. tardo *labarum*; a. 1574] ***sm.*** *T.stor.* insegna delle legioni romane in età imperiale, costituita da un drappo quadrato pendente da una sbarra trasversale a un'asta || *per estens.* vessillo di un reparto militare, di un'associazione religiosa o combattentistica: *militare sotto lo stesso labaro*, avere gli stessi scopi o ideali || **N.** gagliardetto, insegna, stendardo, BANDIERA. **TAV.** *bandiere* 4.

làbbia [lat. *labia*; sec. XIII] ***sf. inv. arc.*** faccia, aspetto umano || *pl. poet.* labbra.

làbbo [dal fr. *labbe*; a. 1871] ***sm.*** uccello delle regioni artiche, simile al gabbiano stercorario.

labbràta [da *labbro*; a. 1767] ***sf. tosc.*** colpo inferto sulle labbra con il dorso della mano, manrovescio.

labbreggiàre (pres. *-éggio*) [da *labbro*; a. 1625] ***tr. raro tosc.*** proferire sommessamente || ***intr.*** (aus. *avere*) muovere le labbra.

labbrifórme [comp. di *labbro* e *-forme*; 1957] ***agg.*** a forma di labbro: *organo labbriforme.*

làbbro [lat. *labrum*; sec. XIII *labro*] ***sm.*** (pl. f. *-a*; pl. m. *-i* nel senso 3 o quando sono considerati individualmente) **1.** ciascuna delle due parti carnose che circoscrivono l'apertura della bocca || *labbro leporino*, fenditura al centro del labbro superiore, simile a quella delle lepri, dovuta a malformazione congenita || *mordersi le labbra*, reazione che indica ira, dispetto, o il tentativo di trattenersi dal ridere o dal parlare in modo inopportuno || *leggere sulle labbra*, capire le parole pronunciate dal movimento delle labbra || *fig. leccarsi le labbra*, mostrare apprezzamento per la bontà di un cibo o di una bevanda: *un pranzetto da leccarsi le labbra* **2.** organo della parola, bocca || *a fior di labbra*, a voce bassa e senza partecipazione, controvoglia || *pendere dalle labbra di qualcuno*, ascoltarlo con vivo interesse o con trepidazione || *la parola gli morì sulle labbra*, rinunciò a proferirla || *morire col nome di qualcuno sulle labbra*, invocarlo in fin di vita **3.** orlo rialzato e arrotondato: *il labbro di una tazza* || margine: *i labbri di una ferita* **4.** *T.anat. piccole, grandi labbra*, pieghe cutanee dell'apparato genitale esterno femminile **5.** *T.zool.* parte dell'apparato boccale degli insetti || *dim.* labbrétto, labbrìno, labbrùccio, labbrùzzo; *accr.* labbróne; *pegg.* labbràccio || **N. 1.** BOCCA | inferiore, superiore | coralline, esangui, pallide, rosate, rosse, vermiglie; gonfie, grosse, pronunciate, screpolate, sensuali, spenzolanti, sporgenti, strette, tremanti, tumide | aprire, arricciare, atteggiare, bagnare, chiudere, increspare, inumidire, serrare, stringere | angolo delle labbra, cheilofagia, cheiloschisi | bacio, riso, sorriso **2.** *Sin.* margine, orlo | ricucire, slabbrare. **TAV.** *fonetica*... 1.14, 1.18; ***anatomia*** **p. 642** 21.1.

labbróne (*accr.* di *labbro*) [1554] ***sm.*** **1.** grosso labbro **2.** (f. *-a*) *tosc. volg.* chi ha labbra molto grosse.

labdacìsmo V. LAMBDACISMO.

làbe [dal lat. *labes*; sec. XIV] ***sf. poet. raro*** macchia.

labellàto [da *labello*; 1957] ***agg.*** *T.bot.* detto di fiore munito di labello.

labèllo [dal lat. *labellus*; 1839] ***sm.*** **1.** petalo a forma di labbro, tipico di alcune specie di fiori (per es. le orchidee) **2.** *T.zool.* dilatazione del labbro inferiore di alcuni insetti, come mosche e zanzare.

làbere (*dif.*, usato quasi esclusivamente alla seconda e terza persona dell'ind. pres. e al ger.) [dal lat. *labium*; 1321] ***intr. arc.*** **1.** scivolare, scorrere **2.** cadere, crollare.

laberinto e der. forme rare di LABIRINTO e der. (v.).

labiàle [dal lat. *labium*; 1640 *labbiale* come agg. nel senso 2] **I *agg.*** **1.** delle labbra **2.** *T.ling.* detto di suono in cui la funzione di organo articolatore è svolta dalle labbra, con o senza l'intervento dei denti **II *sf.*** consonante labiale; secondo il luogo di articolazione le labiali si dividono in bilabiali e labiodentali; secondo il modo di articolazione si distinguono in occlusive ([p], [b]), fricative ([Φ], [β]; [f], [v]), affricate ([pf]) e nasali ([m]; [ɱ]). **TAV.** *fonetica*... 2.5.

labializzàre [dal fr. *labialiser*; 1873] ***tr.*** *T.fon.* rendere labiale, sottoporre a labializzazione || ***intr. pron.*** diventare labiale: *n di fronte a p e b si labializza.*

labializzàto (*pps.* di *labializzare*) [1957] ***agg.*** *T.ling.* detto di suono in cui all'articolazione principale (che può essere dentale, velare ecc.) si sovrappone un arrotondamento delle labbra (per es. il fr. [ɥ] in *biscuit* [bis'kɥi]).

labializzazióne [dal fr. *labialisation*; 1888] ***sf.*** *T.fon.* **1.** articolazione di un fono linguale con un contemporaneo arrotondamento delle labbra **2.** assimilazione di un fono a un fono labiale contiguo, per cui il primo fono diventa labializzato o labiale.

Labiàte [dal lat. *labium*; 1749 *labbiati*] ***sf. pl.*** *T.bot.* grande famiglia di piante dicotiledoni, con fiori a corolla bilabiata; vi appartengono molte specie aromatiche, come il basilico, la menta, l'origano, il rosmarino, la salvia e il timo. **Q.T.** *botanica.*

labiàto [dal lat. *labium*; 1805 *labbiato*] ***agg.*** **1.** *T.bot.* si dice di corolle, calici a forma di labbra **2.** *T.ling.* labializzato. **TAV. *fiori*... p. 671 3.4.**

làbile [dal lat. tardo *lābilis*, scorrevole; 1304] ***agg.*** **1.** soggetto a dileguarsi e a sfuggire facilmente: *una labile impressione*; *memoria labile*, debole **2.** *lett.* che scorre **3.** *arc. lett.* incline a peccare **4.** *T.scient.* instabile: *un composto chimico labile* **5.** *T.psic.* detto di individuo incapace di controllare le sue reazioni, con carattere non stabile || **N. 1.** *Sin.* caduco, effimero, fragile, fuggevole, passeggero.

labilità [da *labile*; sec. XIV *labilitate*] ***sf.*** *raro* **1.** l'essere labile **2.** *T.scient.* instabilità.

làbio- [dal lat. *labium*, labbro] ***primo elem.*** che, in parole composte della terminologia linguistica, vale "labbro", "articolato con le labbra" (per es. *labiodentale*, *labiovelare*).

labiodentàle [comp. di *labio-* e *dentale*; 1870] **I *agg.*** *T.ling.* detto di consonante articolata accostando il labbro inferiore agli incisivi superiori **II *sf.*** *T.ling.* consonante labiodentale; in italiano, sono labiodentali le fricative [f] (sorda) e [v] (sonora). **TAV.** *fonetica*... 2.4.

labiolettùra [comp. di *labio-* e *lettura*; 1965] ***sf.*** interpretazione dei movimenti delle labbra, che permette di comprendere parole di cui non si è in grado di percepire il suono.

labionasàle [comp. di *labio-* e *nasale*; 1957] **I *agg.*** *T.ling. non com.* detto di suono nasale articolato con le labbra (per es. il fono [m] dell'it.) **II *sf.*** *T.ling. non com.* consonante labionasale.

labiovelàre [comp. di *labio-* e *velare*; 1957] **I *agg.*** *T.ling.* detto di suono costituito da una consonante velare con contemporaneo arrotondamento delle labbra **II *sf.*** *T.ling.* consonante labiovelare; può essere occlusiva (sorda [kʷ], sonora [gʷ]) o fricativa (sorda [xʷ], sonora [ɣʷ]); in italiano, hanno pronuncia labiovelare i digrammi *qu-* e *gu-* seguiti da vocale.

labirintèo [dal lat. *labyrintheus*; a. 1800] ***agg.*** *lett.* di labirinto, a labirinto, a guisa di labirinto: *dimora labirintea* (D'Annunzio) || **N.** LABIRINTO.

labirìntico (pl. *-ci*) [da *labirinto*; a. 1696 *laberintico* nel senso 2] ***agg.*** **1.** tortuoso, complicato **2.** *T.anat.* relativo al labirinto dell'orecchio.

labirintifórme [comp. di *labirinto* e *-forme*; 1934 *laberintiforme*] ***agg.*** a forma di labirinto.

labirintìte [comp. di *labirinto* e *-ite*¹; 1894] ***sf.*** *T.med.* infiammazione del labirinto dell'orecchio.

labirìnto [dal lat. *labyrinthus*, gr. *labýrinthos*; a. 1337 *laberinto* nel senso 2] ***sm.*** **1.** edificio o luogo dalla pianta estremamente complicata, in cui la disposizione di stanze, passaggi e corridoi è ingegnosamente studiata al fine di far smarrire l'orientamento e rendere impossibile l'uscita; *il labirinto di Creta*, leggendario palazzo costruito da Dedalo come dimora del Minotauro; *labirinto di specchi*, attrazione dei parchi di divertimenti; nei parchi, specialmente nei giardini delle ville barocche e neoclassiche, insieme intricato di vialetti separati da alte siepi, creato a bella posta **2.** *fig.* situazione o questione aggrovigliata, da cui non si intravede via d'uscita **3.** *T.gioc.* rompicapo consistente nel rintracciare, in un groviglio di percorsi, l'unica via che da una sola delle varie entrate conduce all'uscita **4.** *T.anat.* cavità interna dell'orecchio, formata da una parte ossea e da una membranosa, in cui hanno sede i sensi dell'udito e dell'equilibrio; comprende il vestibolo, la coclea, i canali semicircolari || **N. 1.** *Sin.* dedalo; groviglio, intrico **2.** *Sin.* ginepraio, imbroglio, pasticcio. **Q.T.** *anatomia.*

labirintodónti [comp. di *labirinto* e *-odonte*; 1940] ***sm. pl.*** anfibi fossili caratterizzati dalla complessa struttura dei denti.

laboratòrio (pl. *-ri*) [dal lat. *laborāre*, lavorare, come il lat. mediev. *laboratōrium*; sec. XVII] ***sm.*** **1.** luogo convenientemente attrezzato per ricerche ed esperimenti tecnici e scientifici, o per attività didattiche: *laboratorio chimico*, *laboratorio di analisi*; *laboratorio linguistico*, aula dotata di speciali apparecchi per l'apprendimento delle lingue; *laboratorio spaziale*, satellite artificiale orbitante, che ospita a bordo un equipaggio incaricato di compiere ricerche **2.** ambiente predisposto per un'attività artigianale, per la fabbricazione o la riparazione di un prodotto, talvolta attiguo ai locali di vendita: *laboratorio di falegnameria, di sartoria, di oreficeria* || **N. 1.** gabinetto. **Q.T.** *chimica.*

laboratorìsta [da *laboratorio*; 1957] ***s.*** tecnico o ricercatore che lavora in un laboratorio scientifico.

labóre [dal lat. *labor, -ōris*; a. 1294] ***sm.*** *arc.* **1.** fatica, travaglio **2.** lavoro, opera manuale.

laboriosità [da *laborioso*; 1306 *laboriositate*] ***sf.*** **1.** difficoltà e fatica di un compito da svolgere: *laboriosità di un'indagine, delle trattative* **2.** industriosità, operosità: *la laboriosità del popolo giapponese.*

laborióso [dal lat. *laboriōsus*; 1308] ***agg.*** **1.** che richiede particolare impegno e sforzo, anche fisico: *digestione laboriosa, parto laborioso, ricerca laboriosa* **2.** dedito al lavoro con zelo e applicazione: *un uomo laborioso* **3.** pieno di attività, denso di occupazioni: *una vita laboriosa* || **laboriosaménte** ***avv.*** || **N. 1.** *Sin.* difficile, faticoso **2.** *Sin.* industrioso, operoso **3.** *Sin.* attivo, occupato.

labràce [dal gr. *labrákion*, da *lábros*, vorace; 1728] ***sm.*** *T.zool.* spigola.

labradòr [dal n. geogr. *Labrador*, regione canadese; 1942] ***sm. inv.*** **1.** merluzzo e baccalà del Labrador **2.** razza di grossi e robusti cani da caccia e da riporto, originaria del Labrador.

labradorìte [comp. del n. geogr. *Labrador*, penisola canadese e *-ite*²; 1817] ***sf.*** *T.min.* minerale di color grigio o verde, dai caratteristici riflessi iridescenti, presente nella composizione di varie rocce e usato come pietra ornamentale.

làbro ***sm.*** *arc.* V. LABBRO.

labrònico (pl. *-ci*) [dal n. geogr. lat. *Labro, -ōnis*, identificato con Livorno; 1882] ***agg.*** e ***sm.*** (f. *-a*) *lett.* livornese.

labrùsca V. LAMBRUSCA.

laburìsmo [dall'ingl. *labourism*, dal n. del *Labour Party*, partito del lavoro; 1932] ***sm.*** *T.pol.* movimento e partito politico inglese, nato alla fine del secolo XIX con lo scopo di introdurre nella vita politica rappresentanti della classe operaia; s'ispira a un socialismo non marxista e mira a una trasformazione non rivoluzionaria dello stato || **N.** sindacalismo, socialismo.

laburìsta [dall'ingl. *labourist*; 1912 come s.] **I *agg.*** del laburismo: *partito laburista* **II *s.*** membro del partito laburista: *i laburisti.*

laburìstico (pl. *-ci*) [da *laburismo*; a. 1952] ***agg.*** del laburismo e dei laburisti: *dottrine laburistiche.*

labùrno [dal lat. *laburnum*; 1489] ***sm.*** *T.bot.* pianta arborea delle Oleacee || **N.** *Sin.* avornello, citiso, maggiociondolo, ornello.

lacanìano [dal n. proprio J. *Lacan*, psicanalista fr.; 1983] **I *agg.*** relativo a J. Lacan e alle sue teorie **II *sm.*** (f. *-a*) psicanalista seguace delle teorie di J. Lacan.

làcca¹ [dall'ar. *lakk*; a. 1400] **I *sf.*** **1.** sostanza resinosa di origine naturale o sintetica, usata nella fabbricazione di coloranti e nella verniciatura di oggetti a scopo protettivo e ornamentale || *lacca del Giappone*, latice estratto da una particolare pianta; denso e scuro, ha la caratteristica di essiccare all'aria e, mescolato con colori vari, è usato per vernici pregiate **2.** *per estens.* oggetto decorato con la lacca: *una lacca giapponese dell'epoca Edo* **3.** *colori a lacca* (o ass. *lacche*), colori composti da un colorante organico e da un supporto inorganico **4.** fissatore liquido che si spruzza sui capelli per mantenerne la pettinatura **5.** sostanza secreta da alcune specie di insetti, da cui si ricava un colorante scarlatto, detto *lacca rossa* **II** nella ***loc. agg.*** *rosso lacca*, del colore rosso vivo della lacca || nella *loc. m.* usata come *loc. agg. color lacca*, del colore della lacca.

làcca² [dal lat. tardo *laccus*; 1313] ***sf.*** *ant.* **1.** luogo scosceso, pendio **2.** cavità del terreno.

làcca³ [lat. tardo *lacca*, specie di tumore alle gambe degli animali; sec. XIV] ***sf.*** *raro* coscia dei quadrupedi; *per estens.* natica.

laccamùffa [dal ted. *Lackmus*; 1667] ***sf.*** *non com.* tornasole.

laccàre (pres. *làcco, làcchi*) [da *lacca*¹; 1931] ***tr.*** verniciare oggetti con la lacca.

laccàto (*pps.* di *laccare*) [1952] ***agg.*** verniciato con lacca: *mobile laccato.*

laccatóre [da *laccare*; 1931] ***sm.*** (f. *-trice*) artigiano specializzato nella laccatura.

laccatùra [da *laccare*; 1924] ***sf.*** l'atto, l'effetto del laccare.

lacchè [dal fr. *laquais*; 1605] ***sm. inv.*** **1.** servitore in livrea che seguiva o precedeva a piedi il padrone, nelle passeggiate a piedi o in carrozza **2.** *fig. spreg.* persona dal comportamento servilmente ossequioso || **N. 1.** *Sin.* domestico, SERVO **2.** *Sin.* adulatore, tirapiedi.

lacchézzo [da *leccare*; 1733] ***sm.*** *raro tosc.* **1.** boccone prelibato **2.** *fig.* lusinga || **N. 1.** *Sin.* ghiottoneria, manicaretto.

làccia (pl. *-ce*) [etim. inc.; sec. XV] ***sf.*** pesce dei laghi montani, di colore grigio-argenteo, lungo fino a mezzo metro; sin. region. di *alosa* o *cheppia* || **N.** *Sin.* alaccia.

lacciàia [da *laccio*; 1803] ***sf.*** *tosc.* lungo laccio a nodo scorsoio usato dai butteri per la cattura degli animali allo stato brado || **N.** *Sin. lazo.*

lacciàra [dal merid. (*a*)*laccia*, sardina; 1957] ***sf.*** sorta di rete da pesca, usata per la pesca delle sardine.

lacciàre (pres. *làccio*) [dal lat. tardo *laqueāre*; a. 1294] ***tr.*** *lett.* allacciare.

làccio (pl. *-ci*) [lat. *laqueus*; sec. XIII] ***sm.*** **1.** corda o correggia di pelle con cappio a nodo scorsoio a un'estremità, usata per la cattura di animali: *prendere gli uccelli al laccio, tendere lacci alla selvaggina* || *fig.* insidia: *cadere nel laccio; prendere qualcuno al laccio,* accalappiarlo || *fig.* cosa che costringe, imprigiona: *i mille lacci da cui è soffocata l'iniziativa economica* **2.** striscia di pelle o di stoffa adoperata per unire e chiudere due parti di un capo di abbigliamento o di una calzatura: *i lacci delle scarpe, i lacci del busto* **3.** *T.med. laccio emostatico,* sottile tubo di gomma che si stringe attorno a un arto per arrestare la circolazione del sangue, per es. in caso di emorragia **4.** *disus.* cappio per impiccare, capestro; *fig. mettere il laccio al collo a qualcuno,* costringerlo a fare o a subire qualcosa || **N. 1.** *Sin.* calappio, cappio, trappola; tranello, INGANNO **2.** *Sin.* stringa | allacciare, allentare, slacciare.

lacciòlo (ant. *lacciuòlo*) (*dim.* di *laccio*) [a. 1320] **sm. 1.** piccolo laccio per catturare selvaggina minuta || *fig.* ostacolo, vincolo: *impedito da lacci e lacciuoli* **2.** *fig.* espediente malizioso, insidia: *ond'ei ch'avea lacciuoli a gran dovizia* (Dante) || **N. 2.** imbroglio, raggiro, INGANNO.

laccolìte [comp. del gr. *lákkos,* fossa e *-lite;* 1895] **sm.** o **sf.** *T.geol.* massa rocciosa di forma lenticolare, con la parte superiore convessa verso l'alto, formata per intrusione di magma in strati di roccia preesistenti.

lacedèmone [dal lat. *Lacedaemonius,* gr. *Lakedaimónios;* sec. XIV] **agg.** e **s.** *lett.* spartano.

laceràbile [dal lat. *lacerābilis;* a. 1704] **agg.** *non com.* che si può lacerare.

lacerabilità [da *lacerabile;* 1970] **sf.** l'essere lacerabile: *lacerabilità di un tessuto.*

laceraménto [dal lat. tardo *laceramentum;* a. 1292] **sm.** *non com.* lacerazione.

laceránte (*ppr.* di *lacerare*) [sec. XVII] **agg. 1.** che strappa, che squarcia **2.** *fig.* che colpisce per la sua intensità: *un grido lacerante* || straziante: *un dolore lacerante.*

laceràre (pres. *làcero*) [dal lat. *lacerāre;* 1268 nel senso 2] **tr. 1.** ridurre in brandelli, rompere con forza qualcosa, in modo che gli orli delle parti che ne risultano non abbiano continuità e uguaglianza: *gli spini gli hanno lacerato le vesti e la carne, lacerare dei fogli, lacerare un libro* **2.** *fig.* straziare, squarciare violentemente: *l'invidia gli lacerava l'anima, l'urlo lacerò l'aria* || **intr. pron.** subire uno strappo: *la gonna si è lacerata* || **rifl. indir.** strapparsi, ferirsi: *lacerarsi la carne, raccogliendo i pezzi di vetro si è lacerato le mani* || **N. tr.** *Sin.* sbranare, sbrindellare, scalfire, squarciare, stracciare, strappare ROMPERE | brandello, rottura, squarcio, strappo.

laceratóre [dal lat. tardo *lacerātor, -ōris;* a. 1712] **agg.** e **sm.** (f. *-trice*) *lett.* che o chi lacera; spec. *fig.*: *grido lacerator di ben costrutti orecchi* (Parini).

lacerazióne [dal lat. *lacerātio, -ōnis;* a. 1364] **sf. 1.** l'atto, ma spec. l'effetto del lacerare: *una tela resistente alle lacerazioni, le coltellate avevano prodotto altrettante lacerazioni nel cappotto della vittima* **2.** *T.med.* rottura traumatica di un organo o di un tessuto: *il parto può provocare delle lacerazioni al collo dell'utero* || **N. 1.** *Sin.* laceramento, rottura, squarcio, strappo **2.** *Sin.* lesione.

lacèrna [dal lat. *lacerna;* a. 1498] **sf.** *T.stor.* lungo mantello che i Romani portavano sopra la tunica per difendersi dalla pioggia e dal freddo.

làcero [dal lat. *lacerus;* a. 1320] **agg.** che è lacerato; *per estens.* detto di persona, che porta abiti laceri: *i soldati erano stanchi e laceri* || *T.med. ferita lacero-contusa,* V. LACERO-CONTUSO || **N.** *Sin.* a pezzi, frusto, logoro, rotto, sbrindellato, stracciato, strappato | cencioso, straccione.

làcero-contùso [comp. di *lacero* e *contuso;* 1891] **agg.** *T.med. ferita lacero-contusa,* ferita prodotta da un corpo lacerante e contundente insieme.

Lacèrtidi (sing. *-e*) [comp. del lat. *lacerta,* lucertola e *-idi;* 1934] **sm. pl.** *T.zool.* famiglia di piccoli rettili eurasiatici e africani, tra i quali le lucertole.

lacertifórme [comp. del lat. *lacerta,* lucertola e *-forme;* 1976] **agg.** detto di animale dalla forma simile a quella della lucertola.

lacèrto [dal lat. *lacertus,* lucertola; 1313] **sm. 1.** *T.anat. lacerto fibroso,* tendine che s'inserisce sul muscolo bicipite **2.** *per estens. lett.* muscolo del braccio; brandello di carne **3.** *fig.* brano, frammento: *di quel prezioso codice restano pochi lacerti* **4.** *T.mac.* taglio della coscia del manzo vicino al girello **5.** *region.* sgombro **6.** *arc.* lucertola.

lacìnia [dal lat. *lacīnia,* bioccolo di lana; 1698 nel senso 2] **sf. 1.** *T.filol.* frammento di un papiro; *per estens.* frammento di un'opera antica **2.** *arc.* frangia **3.** *T.bot.* negli organi vegetali, parte allungata compresa tra due incisioni profonde **4.** *T.anat.* frangia presente in formazioni fibrose o mucose || *pl. lacinie,* appendici pendenti dalla gola di certe capre || **N. 4.** *Sin.* barbazzali, tettole.

laciniàto [da *lacinia;* 1499] **agg.** si dice di organi animali e vegetali che presentano frange.

laconicìsmo V. LACONISMO.

laconicità [da *laconico;* 1952] **sf.** concisione, carattere, qualità di ciò che è laconico; abitudine a esprimersi con poche parole.

lacònico (pl. *-ci*) [dal lat. *Lacōnicus;* 1539] **I agg.** proprio della Laconia, la regione di Sparta; *dialetto laconico,* varietà di dialetto dorico || *com.* conciso, talvolta fino a rasentare la scortesia, nel modo di esprimersi (caratteristica tradizionalmente attribuita agli Spartani): *una risposta laconica, stile laconico; una persona laconica,* di poche parole **II sm.** *T.metr.* verso usato nella poesia di guerra greca || **laconicaménte avv.** || **N. I** *Sin.* asciutto, lapidario, stringato, CONCISO | *Contr.* ampolloso, verboso.

laconìsmo (meno com. *laconicìsmo*) [dal gr. *lakōnismós;* 1556] **sm. 1.** *non com.* stile, modo di esprimersi laconico; più com. *laconicità* **2.** *T.ling.* forma tipica del dialetto laconico.

laconizzàre [dal gr. *lakōnízein;* 1869] **intr.** (aus. *avere*) *raro* parlare o scrivere in modo laconico || **tr.** *raro* rendere laconico, conciso.

lacoste ® (fr., pr. [la'kɔst]) [dal n. proprio R. *Lacoste,* tennista fr. che per primo la produsse; 1974] **sf.** maglietta in cotone con breve allacciatura a bottoncini che parte dal colletto || **N.** polo^3.

làcrima [lat. *lacrima;* 1243] **sf. 1.** umore secreto dalle ghiandole lacrimali, che bagna di continuo la congiuntiva oculare, preservandola da un eccessivo disseccamento; sgorga abbondantemente all'esterno per viva commozione fisica o morale; è com. usato al pl. come sin. di pianto: *lacrime di commozione, di dolore, di pietà, di pentimento, di gioia, di felicità, implorare con le lacrime agli occhi, le lacrime gli rigavano il volto, gli sgorgavano dagli occhi, frenare, trattenere le lacrime* || *lacrime di coccodrillo,* espressione di un dolore non sincero, per un male causato dalla stessa persona che piange || *versare lacrime, sciogliersi in lacrime,* mettersi a piangere || *piangere a calde lacrime,* piangere a dirotto o *fig.* pentirsi per qualche errore || *strappare le lacrime,* suscitare il pianto || *ingoiare le lacrime,* ricacciarle in gola || *asciugarsi le lacrime,* smettere di piangere; *asciugare le lacrime a qualcuno,* consolarlo || *non avere più lacrime,* aver sofferto molto || *avere le lacrime in tasca,* aver la tendenza a piangere per qualunque ragione || *fig. il mondo è una valle di lacrime,* un luogo di dolore **2.** *per estens.* stilla, goccia di qualunque liquido, e spec. degli umori che stillano dalle piante: *non ce n'è rimasta neanche una lacrima; le lacrime del pino,* le gocce di resina **3.** nome di vari vitigni e vini centro-meridionali **4.** gemma pendente da un gioiello || *dim.* lacriméta, lacrimùccia; *accr.* lacrimóne (*sm.*), lacrimóna || **N.** gocciolone, luccicone, stilla, PIANTO | amare, calde, roventi | bagnare, frenare, rigare, spargere, spremere, versare; prorompere in lacrime, struggersi in lacrime.

lacrimàbile [dal lat. tardo *lacrimābilis;* 1313] **agg.** *lett.* lacrimevole, che è degno di lacrime || **N.** *Contr.* illacrimabile.

lacrima Christi (lat., pr. it. ['lakrima 'kristi]) [letter. lacrima di Cristo; 1640] **loc. m. inv.** nome di una varietà di vino della Campania, di colore giallo-ambrato, molto dolce e con alta percentuale alcoolica.

lacrimàle [da *lacrima;* sec. XIV] **agg. 1.** delle lacrime || *ghiandole lacrimali,* organi che secernono le lacrime || *sacco lacrimale,* piccolo serbatoio membranoso, in cui si raccoglie il liquido destinato a produrre le lacrime **2.** *T.archeol. vasi lacrimali,* piccoli vasi funerari, caratteristici delle tombe romane (pagane e cristiane), destinati a contenere unguenti e profumi; per lungo tempo li si credette erroneamente destinati a raccogliere le lacrime piante per il defunto || **N. 2.** *Sin.* lacrimatoi.

lacrimàre (pres. *làcrimo*) [lat. *lacrimāre;* a. 1294 *lagrimare*] **intr.** (aus. *avere*) **1.** spargere lacrime: *mi lacrimano gli occhi* **2.** *raro* stillare, versare stille, detto spec. di vasi, piante ecc. || **tr.** *poet.* piangere || **N. 1.** PIANGERE.

lacrimàto (*pps.* di *lacrimare*) [1532] **agg.** *lett. disus.* **1.** rimpianto, compianto: *finché fia santo e lacrimato il sangue per la Patria versato* (Foscolo) **2.** desiderato con struggente dolore: *la molt'anni lacrimata pace* (Dante).

lacrimatóio (pl. *-ói*) [dal lat. tardo *lacrimatōrium;* a. 1519] **sm.** vaso lacrimale.

lacrimatòrio (pl. *-ri*) [dal lat. *lacrimatōrius;* a. 1712] **I agg.** che concerne le lacrime: *muscolo lacrimatorio* **II sm.** vaso lacrimale, lacrimatoio.

lacrimazióne [dal lat. *lacrimātio, -ōnis;* 1583 *lagrimazione*] **sf. 1.** *T.med.* secrezione lacrimale **2.** *lett.* gocciolamento, stillamento.

lacrimévole [da *lacrimare;* a. 1333] **agg.** che suscita le lacrime, che muove al pianto: *una storia lacrimevole* || **lacrimevolménte avv.** || **N.** compassionevole, deplorabile, pietoso.

lacrimògeno [comp. di *lacrima* e *-geno;* 1918] **I agg.** che provoca un'abbondante secrezione lacrimale, detto spec. di armi chimiche: *gas, candelotti lacrimogeni, bomba, sostanza lacrimogena* **II sm.** candelotto lacrimogeno: *la polizia ha usato i lacrimogeni contro i dimostranti.*

lacrimóso [lat. tardo *lacrimōsus;* sec. XIV] **agg. 1.** bagnato di lacrime: *occhi lacrimosi* **2.** commovente, che fa piangere: *era un racconto lacrimoso.*

lactagògo V. LATTAGOGO.

lacuàle [dal lat. *lacus,* lago; 1840] **agg.** *non com.* **1.** di lago: *navigazione lacuale* **2.** che è situato su un lago: *città lacuale* || **N.** lacustre.

lacùna [dal lat. *lacūna,* cavità; 1321] **sf. 1.** mancanza di un elemento, di un'informazione, di una nozione in una serie o in una struttura in cui sarebbe necessario: *le lacune nella preparazione degli studenti erano gravi, avere, presentare, colmare una lacuna, le lacune del sistema; le lacune della memoria,* i vuoti di memoria **2.** *T.filol.* mancanza di una o più parole in un codice o manoscritto: *integrare una lacuna* **3.** *T.giur. lacuna legislativa,* assenza di un provvedimento che regoli una data materia **4.** *T.med. lacuna mnemonica,* perdita della memoria per un certo periodo di tempo **5.** *T.biol.* cavità senza pareti proprie differenziate **6.** *T.geol. lacuna stratigrafica,* soluzione di continuità in una serie di strati, dovuta a un arresto nella sedimentazione **7.** *lacuna lessicale,* assenza, in una lingua, di una parola che esprima un determinato concetto, per cui altre lingue hanno parole specifiche (per es. in italiano non c'è una parola per "fratello o sorella") **8.** *arc.* laguna; concavità || **N.** **1.** *Sin.* buco, difetto, insufficienza, mancanza, manchevolezza, omissione, salto, vuoto.

lacunàre [dal lat. *lacūnar, -āris*; sec. XIV] **I** ***sm.*** *T.arch.* riquadro incavato, delimitato dall'incrocio delle travi di un soffitto, solitamente arricchito da decorazioni **II** ***agg.*** *soffitto lacunare*, a lacunari || **N.** **I** *Sin.* cassettone.

lacunóso [dal lat. *lacunōsus*; a. 1547] ***agg.*** pieno di lacune: *testo lacunoso* || **lacunosaménte** ***avv.***

lacùstre [dal lat. *lacus*, lago, sul modello di *palustre*; a. 1698] ***agg.*** di lago: *clima, flora, fauna lacustre* || *T.archeol. cultura lacustre*, propria delle popolazioni preistoriche che abitavano su palafitte intorno ai laghi; *abitazioni lacustri*, quelle piantate su palafitte nei laghi.

lad (ingl., pr. [læd]) [letter. ragazzo; 1930] ***sm. inv.*** *T.ipp.* giovane stalliere in una scuderia di cavalli da corsa.

làdano[1] [dal lat. *ladanum*, gr. *ládanon*; a. 1498] ***sm.*** sostanza a base di resina e olio essenziale, ricavata dalle foglie di alcune varietà di cisto e usata in profumeria e in farmacia.

làdano[2] [etim. inc.; a. 1468] ***sm.*** *T.zool.* grande storione che vive nel Mar Caspio, nel Mar Nero e nel Mediterraneo orientale.

laddóve [comp. di *là* e *dove*; a. 1249 *laove*] **I** ***avv.*** *lett.* nel luogo in cui; più com. la grafia *là dove* **II** ***cong.*** *lett.* **1.** con valore condizionale, qualora, nel caso in cui: *laddove le disposizioni non siano osservate, interverrà l'autorità giudiziaria* **2.** con valore avversativo, mentre: *volle insistere, laddove occorreva desistere.*

ladìno [dallo sp. *ladin*, letter. latino; 1873] **I** ***sm.*** (solo *sing.*) **1.** gruppo di dialetti romanzi, attualmente parlati in tre zone: nel Friuli, nelle valli dolomitiche e in Svizzera, nel cantone dei Grigioni **2.** (f. *-a*) appartenente a tale gruppo linguistico **II** ***agg.*** del ladino o dei Ladini.

làdra [da *ladro*; 1863] ***sf.*** *tosc.* **1.** tasca interna di un vestito da uomo o tasca posteriore della giacca del cacciatore **2.** canna spaccata a un'estremità con inserito un legnetto per cogliere i frutti difficilmente raggiungibili.

ladrerìa [da *ladro*; 1530 *ladraria*] ***sf.*** azione da ladro, sfacciata e senza scrupoli: *questa ladreria è scandalosa!, si è arricchito a furia di furti e ladrerie* || **N.** *Sin.* ladrocinio, ladroneccio, ladroneria, FURTO; pirateria, rapina, razzia, ruberia.

ladrésco (pl. *-schi*) [da *ladro*; 1927] ***agg.*** compiuto da un ladro o proprio di un ladro: *abile colpo ladresco, impresa ladresca.*

làdro [lat. *latro, -ōnis*; sec. XIII] **I** ***sm.*** (f. *-a*) chi ruba: *i ladri hanno svaligiato una gioielleria, ladro di galline, di automobili* || *ladro di casa*, chi, appartenendo in qualche modo alla famiglia, la deruba || *ladro di strada*, brigante, rapinatore || *ladro in guanti gialli*, ladro che si finge gentiluomo e commette furti in ambienti ricchi ed eleganti || *ladro di professione*, incallito || *al ladro!*, grido che si lancia per richiamare l'attenzione su un ladro in fuga || *ladro di cuori*, dongiovanni, rubacuori || *buio da ladri*, buio pesto || *tempo da ladri*, tempo brutto || *aceto dei sette ladri*, aceto aromatico || in molti modi di dire: *dare del ladro a uno, vergognarsi come un ladro, trattar qualcuno come un ladro* || *per estens.* chi esercita la sua attività in modo disonesto, per es. pretendendo un prezzo eccessivo dai clienti: *quel negoziante è un ladro!* || *prov. essere come i ladri di Pisa che il giorno litigano e la notte rubano insieme*, fingere disaccordo con uno, col quale si è poi d'accordo nel fare il male **II** ***agg.*** **1.** che ruba, che è capace di rubare: *funzionario ladro*; *gazza ladra* **2.** pessimo, maledetto, usato come imprecazione: *mondo ladro!*; *governo ladro!*, espressione di risentimento, usata scherz. per lamentarsi di qualunque inconveniente: *piove, governo ladro!* || *occhi ladri*, belli e seducenti || *prov. l'occasione fa l'uomo ladro, tanto è ladro chi ruba quanto chi tiene il sacco, chi è bugiardo è ladro* || **ladraménte** ***avv.*** *non com.* da ladro || *dim.* ladroncèllo, ladrùncolo; *accr.* ladróne; *pegg.* ladràccio || **N.** **I** *Sin.* borsaiolo, borseggiatore, cleptomane, grassatore, predone, rapinatore, scassinatore, scippatore, taccheggiatore, tagliaborse, topo d'albergo; corsaro, filibustiere, furfante, malandrino, malfattore, mariuolo | consumato, lesto di mano, matricolato | bottino, maltolto, refurtiva; chiavi false, grimaldelli, leve, pie' di porco; scasso, FURTO; palo, ricettatore | avere le mani lunghe, borseggiare, rapinare, rubare, scassinare, scippare, sgraffignare, taccheggiare, tenere il sacco.

ladrocìnio o **latrocìnio** (pl. *-ni*) [dal lat. *latrocinium*; sec. XIV *latrocinio*] ***sm.*** furto; ruberia perpetrata sotto l'apparenza della legalità || *per estens.* azione disonesta.

ladronàia [da *ladrone*; sec. XV] ***sf.*** *tosc. disus.* **1.** covo di ladri, di banditi **2.** banda di ladri, di briganti.

ladronàta [da *ladrone*; 1869] ***sf.*** *tosc.* azione da ladro.

ladroncèllo (*dim.* di *ladro*) [lat. volg. **latruncellus*; 1353] ***sm.*** (f. *-a*) ragazzo ladro || **N.** *Sin.* ladruncolo.

ladróne (*accr.* di *ladro*) [dal lat. *latro, -ōnis*; 1243 *latrone*] ***sm.*** (f. *-a*) ladro di strada, predone: *i due ladroni*, i due malfattori crocifissi alla destra e alla sinistra di Cristo; *esser come Cristo tra i ladroni*, esser circondato da persone disoneste || *per estens.* ladro abituale, imbroglione: *quel commerciante è un ladrone!*

ladronéccio (pl. *-ci*) [lat. volg. **latronicium*; a. 1292] ***sm.*** ladreria, ruberia; furto, inteso soprattutto come espediente abituale.

ladroneggiàre (pres. *-éggio*) [da *ladrone*; sec. XIV] ***intr.*** (aus. *avere*) *raro* far vita da ladro, da rapinatore, da brigante; campare di furti.

ladronerìa [da *ladrone*; a. 1685] ***sf.*** grave e scandalosa ruberia.

ladronésco (pl. *-schi*) [da *ladrone*; a. 1571] ***agg.*** *lett.* di o da ladro: *azioni, imprese ladronesche.*

ladrùncolo (*dim.* di *ladro*) [dal lat. *latrunculus*; 1882] ***sm.*** (f. *-a*) chi commette piccoli furti, detto in particolare di ragazzi.

lady (ingl., pr. ['leɪdɪ]; pr. it. ['lɛdi]) [letter. padrona di casa; 1668] ***sf. inv.*** (anche pl. *ladies*, pr. ['leɪdɪz]) titolo della moglie o della figlia di un lord inglese || *per estens.* donna di grande signorilità: *ha un comportamento da lady* || **N.** *first lady.*

lagèna [dal lat. *lagēna*, gr. *lágynos*; a. 1484] ***sf.*** **1.** *T.archeol.* nell'antica Roma, vaso a collo e bocca stretti e ventre largo, usato per il vino **2.** *T.zool.* parte del labirinto, nell'orecchio interno dei vertebrati inferiori.

lagenària [da *lagena*, per la sua forma; 1834] ***sf.*** *T.bot.* pianta delle Cucurbitacee, coltivata anche nelle zone temperate, il cui frutto a forma di vaso, seccato, acquista consistenza legnosa e viene usato come recipiente || **N.** *Sin.* zucca da farina, zucca da vino.

lager (ted., pr. ['la:gɐ]; pr. it. ['lager]) [letter. campo; 1942] ***sm. inv.*** campo di concentramento o di sterminio; *in part.* campo di concentramento usato dai nazisti durante la seconda guerra mondiale: *internare in un lager* || *per estens.* luogo, condizione di emarginazione: *questo collegio è un lager!*; spesso usato in funzione aggettivale: *manicomi e gerontocomi lager.*

lagerstroèmia (pr. [lager'strɛmja] o [ladʒer'strɛmja]) [dal n. proprio M.V. *Lagerstroem*, naturalista svedese; 1813] ***sf.*** pianta ornamentale appartenente alla famiglia delle Litracee, con fiori rosa o rossi.

laggiù [comp. di *là* e *giù*; 1313 *là giù*] ***avv.*** là in basso, in fondo: *il fiume scorre laggiù* || *in part.* là a sud: *passò molti anni laggiù in Africa* || *per estens.* là, in quel luogo lontano: *dobbiamo andare fin laggiù?* || **N.** *Contr.* lassù.

làgna [da *lagno*; sec. XIII] ***sf.*** **1.** lamentela piagnucolosa: *non fare la lagna!* **2.** *per estens.* persona o cosa noiosa, fastidiosa da sopportarsi: *sei proprio una lagna!, questo discorso è una lagna insopportabile* **3.** *arc.* pena, sofferenza.

lagnànza [da *lagnarsi*; 1574 ca.] ***sf.*** (spec. *pl.*) espressione di scontento e insoddisfazione in merito a una certa situazione: *questo comportamento è inaccettabile, esporrò le mie lagnanze a chi di dovere, mettere le proprie lagnanze per iscritto* || **N.** *Sin.* lamentela, protesta, rimostranza.

lagnàrsi [lat. *laniāre*, dilaniare; 1313] ***intr. pron.*** **1.** esprimere il proprio risentimento per un fatto o un evento determinato: *tutti si lagnano dei ritardi dei treni*; in frasi negative indica per litote una certa soddisfazione: *non mi posso lagnare, non ho motivi per lagnarmi* **2.** *non com.* gemere, lamentarsi con insistenza: *la vecchietta si lagnava sommessamente* || **N.** **1.** *Sin.* dolersi, lamentarsi, protestare, reclamare.

làgno [da *lagnarsi*; sec. XIII] ***sm.*** lamento, lagnanza.

lagnóne [da *lagno*; 1983] ***agg.*** e ***sm.*** (f. *-a*) *fam.* che o chi continua a lagnarsi: *tuo figlio è un lagnone, frigna per un nonnulla.*

lagnóso [da *lagno*; 1300 ca.] ***agg.*** lamentoso, piagnucoloso: *un vecchio lagnoso* || noioso, stucchevole: *una conferenza lagnosa.*

làgo (pl. *-ghi*) [lat. *lacus*; a. 1294] ***sm.*** **1.** massa di acqua dolce, salmastra o salata, situata in una depressione della crosta terrestre, non in diretta comunicazione col mare: *lago aperto*, con emissario; *lago chiuso*, senza emissario; *lago artificiale*, creato allo scopo di raccogliere le acque affluenti in una vallata o quelle delle piene di un fiume, per impianti idroelettrici, per l'irrigazione o il rifornimento idrico **2.** *fig.* grande quantità di liquido, pozza: *il cadavere era in un lago di sangue* **3.** *arc. lago del cuore*, ciascuno dei ventricoli del cuore || *dim.* laghétto; *accr.* lagóne || **N.** gora, laguna, maremma, palude, pozza, stagno, vivaio | alluvionale, aperto, artificiale, carsico; chiuso, craterico, di erosione, di frana, glaciale, meteorico, naturale, navigabile, di sprofondamento, tettonico, vallivo, vulcanico | alluvione, bacino, emissario, imbarcatoio, immissario, letto, palafitte, pelo dell'acqua, pontile, riva, specchio | lacuale, lacustre, ripario | allagare, dilagare. **TAV.** *geografia* 1.14.

làgo- [dal gr. *lagṓs*, lepre] ***primo elem.*** che, in parole composte della terminologia zoologica e di quella medica, vale "lepre", "simile a lepre" (per es. *Lagomorfi, lagopode, lagostoma*).

lagoftàlmo [comp. di *lago-* e *-oftalmo*; 1804] ***sm.*** *T.med.* difetto della palpebra superiore, che non ricopre completamente il bulbo oculare e dà all'occhio una somiglianza con quello delle lepri.

Lagomòrfi [comp. di *lago-* e *-morfo*; 1936] ***sm. pl.*** *T.zool.* ordine di mammiferi, tra cui la lepre e il coniglio. **Q.T.** *zoologia* **TAV.** ***mammiferi* p. 1318.**

lagóne (*accr.* di *lago*) [sec. XIII] ***sm.*** polla d'acqua bollente, da cui si estraggono sali, spec. borace || **N.** soffione.

lagòpode o **lagòpodo** o **lagòpo** [comp. di *lago-* e *-podo*; a. 1498] ***sm.*** *T.zool.* pernice bianca.

lagóso [da *lago*; 1561] ***agg.*** *raro* che abbonda di laghi.

lagòstoma [comp. di *lago-* e del gr. *stóma*, bocca; 1834] ***sm.*** *T.med.* labbro leporino.

lagòtrice o **lagòtriche** [comp. di *lago-* e

thrix, *thrikós*, capello; 1834 *lagotrico*] **sf.** *T.zool.* robusta scimmia dei Cebidi con pelo folto e coda prensile.

làgrima e der. forme meno com. di LACRIMA e der. (v.).

lagùna [lat. *lacūna*; a. 1304 *lacuna*] **sf.** bacino di acqua marina, poco fondo, morto o stagnante, lungo il lido, separato dal mare mediante alcune strisce di terra o di sabbia, intervallate da bocche di accesso || **N.** acqua alta, barena, lido, secca.

lagunàre [da *laguna*; 1869] **I agg.** di laguna **II sm.** soldato di un corpo speciale dell'esercito italiano, addestrato a combattere in laguna con mezzi anfibi.

lai (fr., pr. [lɛ], ant. [lai]) [sec. XIV] **sm. inv.** (anche pl. *lais*, pr. [lɛ], ant. [lais]) *T.lett.* componimento poetico-musicale medievale francese, originario della Bretagna: *lais narrativi*, formati da versi di otto sillabe a rima baciata; *lais lirici*, composti da versi brevi a rima doppia, raggruppati in strofe (in genere dodici).

lài [da *lai*¹; 1313] **sm. pl.** *arc.* e *poet.* voci dolorose, pianti, lamenti: *quivi sospiri pianti ed alti lai* (Dante).

laicàle [dal lat. tardo *laicalis*; a. 1342] **agg.** di o da laico.

laicàto [da *laico*; 1869 nel senso 2] **sm. 1.** condizione di laico **2.** l'insieme dei laici || **N.** *Contr.* clero.

laicìṣmo [da *laico*; 1863] **sm.** tendenza ad affermare la completa autonomia della vita culturale, sociale e politica dall'ingerenza ecclesiastica || **N.** *Sin.* aconfessionalismo | *Contr.* clericalismo, confessionalismo.

laicista [da *laico*; 1950] **s.** aperto seguace del laicismo, sostenitore di una totale indipendenza nei confronti della Chiesa.

laicìstico (pl. *-ci*) [da *laicismo*; 1942] **agg.** che si ispira apertamente al laicismo.

laicità [da *laico*; 1869] **sf.** l'essere laico.

laiciẓẓàre [dal fr. *laïciser*; a. 1937] **tr.** rendere laico: *laicizzare le scuole*, togliere da esse l'insegnamento religioso, sottrarle all'influenza dell'autorità ecclesiastica; *laicizzare un religioso*, ridurlo dallo stato ecclesiastico allo stato laicale || **intr. pron.** assumere un carattere profano: *la cultura occidentale si laicizza progressivamente.*

laiciẓẓazióne [dal fr. *laïcisation*; 1905] **sf.** l'atto e l'effetto del laicizzare: *laicizzazione dell'istruzione.*

làico (pl. *-ci*) [dal lat. *laicus*; 1313 come sm.] **I agg. 1.** che non appartiene al clero: *missionario, apostolato laico, ente ecclesiastico laico*; *fratello laico* o *converso*, religioso che non ha preso gli ordini sacerdotali e non può svolgere compiti direttivi, pur godendo degli stessi diritti dei chierici **2.** che s'ispira o si uniforma ai principi del laicismo: *stato, partito laico, scuola laica* **3.** *arc.* ignorante, illetterato || **laicaménte avv. II sm.** (f. *-a*) **1.** cattolico che non appartiene al clero: *il ruolo dei laici nella Chiesa diventa sempre più importante* **2.** sostenitore del laicismo: *per anni sulla nostra scena politica i laici si sono opposti ai cattolici* || **N.** I **1.** *Sin.* profano, secolare | *Contr.* clericale, ecclesiastico **2.** *Sin.* anticlericale | *Contr.* clericale, confessionale II **2.** *Sin.* libero pensatore.

laidézza [da *laido*; a. 1292] **sf.** *lett.* **1.** l'essere laido **2.** *concr.* cosa o persona laida; *fig.* bruttura morale || **N. 1.** *Sin.* disonestà, turpitudine.

laidità [da *laido*; 1686] **sf.** *raro* laidezza, bruttura morale.

làido [dal provenz. ant. *laid*; fine sec. XIII] **agg. 1.** che suscita ribrezzo per il sudiciume o la bruttezza: *una tovaglia laida, un vecchio laido e cencioso* **2.** brutto in senso morale, osceno: *una persona laida* || **N. 1.** *Sin.* brutto, deforme, schifoso, sozzo, squallido, sudicio, SPORCO **2.** *Sin.* ignobile, osceno, sconcio, TURPE.

laidùme [da *laido*; 1864] **sm.** sudiciume, insieme di cose laide.

laissez faire (fr., pr. [lɛse 'fɛ:r]) [letter. lasciate fare; 1957] **loc. m.** *inv.* *T.econ.* principio secondo il quale lo stato non deve interferire nell'attività economica.

-lalìa [dal gr. *-lalía*, da *lalêin*, chiacchierare, balbettare] **elem. term.** che, in parole composte spec. della terminologia medica, vale "atto del parlare", "modo di parlare" (per es. *ecolalia, glossolalia*).

lallazióne [dal lat. *lallātio*, *-ōnis*; 1869] **sf. 1.** pronuncia difettosa della lettera *elle* **2.** *T.med.* il balbettio dei bambini che imparano a parlare || **N. 1.** *Sin.* lambdacismo.

làlo- [dal gr. *lalêin*, chiacchierare, balbettare] **primo elem.** che, in parole composte della terminologia medica, vale "atto del parlare" (per es. *lalopatia*): **lalofobìa**.

lalopatìa [comp. di *lalo-* e *-patia*; 1952] **sf.** *T.med.* qualunque disturbo del linguaggio.

laloplegìa (pl. *-gìe*) [comp. di *lalo-* e *-plegia*; 1970] **sf.** *T.med.* paralisi degli organi vocali.

làma¹ [dal lat. *lamina*, attr. il fr. *lame*; 1532] **sf. 1.** la parte tagliente di spade, coltelli, rasoi e di altri simili utensili da taglio: *affilare, arrotare la lama*; *lama a un taglio*, per es. quella dei coltelli da cucina; *lama dentata*, quella della sega; *lama a due tagli*, per es. quella del pugnale || *per estens.* *lama d'acqua*, falda esigua compresa tra due superfici molto ravvicinate; *lama di luce*, raggio abbagliante || *fig.* *essere una buona lama*, essere un abile spadaccino; *lama a doppio taglio*, azione le cui conseguenze possono ritorcersi su chi la compie **2.** *T.sport.* *la lama dei pattini*, lamina di metallo sotto i pattini da ghiaccio; *la lama del bastone da hockey*, la parte metallica piatta posta al fondo del bastone usato nell'hockey su ghiaccio; *lama di deriva* o *deriva mobile*, piastra applicata alla chiglia delle barche a vela da regata, per aumentarne la resistenza **3.** *T.archeol.* manufatto litico preistorico in cui la lunghezza supera almeno del doppio la larghezza **4.** *T.geogr.* cresta, costa di materiale facilmente disgregabile che separa i calanchi di un pendio **5.** *T.arm.* tipo di piastra leggera ed elastica usata nelle armature || *dim.* lamétta, lamettìna; *pegg.* lamàccia || **N. 1.** codolo, costola o dorso, filo, piatto, tacca, taglio, ugnata | affilata, arrotata, curva, damaschina, dritta, rabescata, serpentina, triangolare. **Q.T.** *armi, scherma* **TAV.** *elettrodomestici* 5.2.; *macchine utensili*; *scherma* 1.9; ***armi* p. 648** 7.3; ***giardinaggio* p. 1314** 7 e **p. 1315** 23, 26.1; ***maglia...* p. 1317** 13.4, 14.1.

làma² [lat. *lāma*; 1313] **sf. 1.** terreno paludoso, acquitrino in prossimità di un fiume **2.** *arc.* e *lett.* avvallamento, depressione del terreno **3.** smottamento superficiale di terreni argillosi, dovuto alle piogge o al disgelo.

làma³ [dal tibetano (*b*)*lama*, attr. il fr. *lama*; 1721] **sm.** titolo onorifico usato dai monaci buddisti tibetani, propr. riferito a chi ha raggiunto i più alti gradi di santità || *Dalai-Lama*, il capo supremo del buddismo tibetano.

làma⁴ [voce peruviana, attr. lo sp. *llama*; 1555 *clama*] **sm.** *inv.* ruminante della famiglia dei Camelidi, diffuso come animale domestico nelle regioni andine, impiegato come bestia da soma e allevato sia per le carni, sia soprattutto per la pelliccia, da cui si ricava una lana pregiata.

lamàico (pl. *-ci*) [da *lama*³; 1946] **agg.** relativo al lama tibetano e al lamaismo || **N.** *Sin.* lamaistico.

lamaìṣmo [da *lama*³; 1940] **sm.** buddismo tibetano, caratterizzato da elementi dell'antica religione autoctona.

lamaìstico (pl. *-ci*) [da *lamaismo*; 1933] **agg.** lamaico.

lamantìno [dal fr. *lamantin*, forma alterata dello spagnolo *manatì* di orig. caraibica; 1824] **sm.** mammifero della famiglia dei Trichechidi, diffuso nei fiumi e nelle acque costiere dell'Africa e dell'America centro-meridionale, strettamente vegetariano e con pinna caudale arrotondata.

lamarckìṣmo [dal n. proprio P.M. *Lamarck*, naturalista fr.; a. 1952] **sm.** *T.biol.* teoria evoluzionistica, ora superata, secondo la quale i caratteri acquisiti dall'individuo per azione delle condizioni ambientali e per il particolare sviluppo di singoli organi si sarebbero trasmessi per via ereditaria.

lamasserìa [dal fr. *lamaserie*; 1957] **sf.** convento tibetano di monaci buddisti.

lamatùra [da *lama*¹; 1970] **sf.** *T.mecc.* foratura a fondo piano praticata su un pezzo metallico || **N.** *Sin.* alesatura.

lambàda [voce port., var. di *lombada*, letter. colpo di lombi; 1989] **sf.** ballo di origine sudamericana, dove i corpi dei due ballerini si sfiorano spesso mimando atteggiamenti erotici.

làmbda [dal gr. *lámbda*, lettura della lettera λ; 1561] **sm.** o **sf.** nome della undicesima lettera dell'alfabeto greco, λ in forma minuscola e Λ in forma maiuscola; corrisponde alla l italiana; la minuscola λ è solitamente usata in fisica come simbolo della lunghezza d'onda.

lambdacìṣmo o **labdacìṣmo** [dal lat. *labdacĭsmus*, gr. *labdakismós*; 1594 *labdacismo*] **sm.** pronuncia difettosa della lettera *elle* || **N.** *Sin.* lallazione.

lambdòide [da *lambda* e *-oide*; 1583] **sm.** *T.anat.* sutura lambdoidea.

lambdoidèo [da *lambdoide*; a. 1730] **agg.** *T.anat.* *sutura lambdoidea*, sutura a forma di lambda posta tra l'occipite e le ossa parietali.

lambèllo [dal fr. ant. *la(m)bel*, frangia; a. 1552] **sm.** *T.arald.* ornamento rettangolare con strisce pendenti, che si poneva sullo scudo.

làmbere [lat. *lambere*; 1493] **tr.** *poet.* *raro* lambire.

làmbert [dal n. proprio J.H. *Lambert*, scienziato ted.; 1933] **sm.** *inv.* *T.fis.* unità di misura della radianza luminosa in fotometria, pari a 1 lumen/cm².

lambiccaménto [da *lambiccare*; a. 1524] **sm. 1.** il lambiccarsi il cervello **2.** pensiero, cosa arzigogolata o contorta **3.** *disus.* il distillare con un alambicco.

lambiccàre (pres. *-ìcco, icchi*) [da *lambicco*; 1537 come tr.] **rifl.** e **rifl. indir.** affaticare la mente con insistenza intorno a una cosa: *lambiccarsi il cervello*, sforzarsi per trovare la soluzione di un problema || **tr.** *disus.* distillare con un alambicco || **N. rifl. indir.** *Sin.* aguzzare l'ingegno, rompersi il capo, scervellarsi, spremere le meningi, torturarsi le meningi.

lambiccàto (*pps.* di *lambiccare*) [a. 1712] **agg.** inutilmente complicato, eccessivamente sottile; arzigogolato.

lambiccatùra [da *lambiccare*; 1835] **sf.** *fig.* ragionamento arzigogolato, sottigliezza eccessiva.

lambìcco V. ALAMBICCO.

lambìre (pres. *-ìsco, -ìsci*) [lat. *lambere*; sec. XIV] **tr.** leccare leggermente, sfiorare con la lingua, detto di animali: *il vitellino mi lambisce la mano* || *fig.* toccare appena, sfiorare, detto spec. di mare, fiume, fiamma e sim.: *la fiamma lambisce le vesti, il mare lambiva le capanne* || **N.** sfiorare, LECCARE.

làmblia [dal n. proprio W.D. *Lambl*, medico boemo; 1967] **sf.** protozoo che si annida nell'intestino e che provoca disturbi diarroici.

lamblìaṣi [da *lamblia*; 1957] **sf.** *T.med.* infezione intestinale causata dalla presenza di lamblie.

lambrecchìni [dal fr. *lambrequins*; a. 1798 *lambrechini*] **sm. pl. 1.** frange ornamentali per tappeti, tende, baldacchini e sim. **2.** *T.arald.* pezzi di stoffa frastagliati, fermati dal cercine sull'elmo in modo che ricadano sullo scudo **3.** *T.arch.* gli ornati frastagliati che pendono dall'orlo delle tettoie.

lambrétta ® [dal n. geogr. *Lambrate*, località dove si produce; 1950] **sf.** marchio di fabbrica di un motoscooter ‖ *per estens.* qualsiasi tipo di motoscooter.

lambrì o ***lambris*** (fr., pr. [lã'bri]) [dal fr. *lambrisser*, rivestire; 1890] **sm. inv.** rivestimento in legno, piastrelle o sim. che ricopre le pareti di un ambiente fino a una certa altezza.

lambrùsca (raro *labrùsca*) [lat. *labrŭsca*; sec. XIV] **sf.** vite selvatica rampicante; abrostine.

lambrùsco (pl. *-schi*) [lat. *labrūscum*; a. 1320] **sm. 1.** vitigno diffuso in Emilia, che produce un'uva nera, di sapore acidulo, da cui si ricava un vino rosso e frizzante **2.** il vino ricavato dall'uva di tale vitigno.

lambswool (ingl., pr. ['læmswʊɫ]) [letter. lana d'agnello; 1965] **sm. inv.** tipo di lana di agnellino pregiata, morbidissima e leggermente pelosa che viene prodotta in Inghilterra.

lambùrda [dal fr. *lambourde*, letter. trave; 1957] **sf.** *T.bot.* nel melo e nel pero, rametto fruttifero di due o tre anni, che termina con una gemma a fiore.

lamé (fr., pr. [la'me]) [1927] **sm. inv.** stoffa nella cui trama sono intessuti sottili fili metallici dorati o argentati, usata spec. per gli abiti da sera femminili.

lamèlla [dal lat. *lamella*; 1640] **sf. 1.** lamina sottile **2.** *T.bot.* ognuna delle pieghe presenti sotto il cappello di certi funghi **3.** *T.anat. lamelle corneali*, formate da fibrille; *lamelle ossee*, costituite da un sottile tessuto cellulare **4.** *T.min.* ognuno degli strati in cui si sfaldano certi minerali.

lamellàre [da *lamella*; 1817 nel senso 2] **agg. 1.** costituito da lamelle o a forma di lamella **2.** *T.min.* si dice della struttura caratteristica di certi minerali che si sfaldano in sottili lamine: *l'ardesia ha struttura lamellare.*

lamellàto [da *lamella*; 1869] **agg.** composto di strati che si sfaldano; lamellare.

Lamellibrànchi (sing. *-chio*) [comp. di *lamella* e *-branchio*; 1875] **sm. pl.** *T.zool.* classe dei Molluschi bivalvi, con le branchie costituite da lamelle, comprendente i mitili, le ostriche, le vongole. **Q.T.** *zoologia.*

Lamellirostri [comp. di *lamella* e *rostro*; 1940] **sm. pl.** *T.zool.* uccelli della famiglia dei Palmipedi, con becco largo fornito sui margini di laminette cornee; vi appartengono le anitre, le oche, i cigni ecc.

lamentàbile [dal lat. *lamentābilis*; a. 1342] **agg.** lamentevole.

lamentànza [dal fr. ant. *lamentance*; sec. XII *laimentança*] **sf.** *raro* lamento, lagnanza.

lamentàre (pres. *-énto*) [dal lat. tardo *lamentāre*; sec. XII come intr. pron. nel senso 2 *laimentarsi*] **tr.** *non com.* manifestare il proprio dolore per un evento triste o increscioso: *lamentava la perdita dello zio*; nello stile *bur.* e nei giornali, segnalare, denunciare con rammarico (usato al passivo): *fortunatamente, ieri non si sono lamentati feriti per i botti di Capodanno* ‖ **intr. pron. 1.** esprimere con lamenti il proprio dolore, fisico o morale: *il malato s'è lamentato tutta la notte*; *si lamentava ad alta voce delle sue disgrazie* **2.** esprimere la propria scontentezza o risentimento: *i professori si lamentano di te perché non studi, è un insoddisfatto, si lamenta sempre di tutto*; *non mi posso lamentare*, per litote, sono soddisfatto **3.** far rimostranze: *gli inquilini si sono lamentati per il freddo con l'amministratore* ‖ **N. tr.** *Sin.* compiangere, deplorare, piangere | **intr. pron. 1.** *Sin.* gemere, piangere **2.** *Sin.* brontolare, lagnarsi, mugugnare **3.** *Sin.* dolersi, protestare, reclamare.

lamentazióne [dal lat. *lamentātio*, *-ōnis*; a. 1294 *lamentasione*] **sf. 1.** il lamentarsi lungo e insistente ‖ *scherz.* lagna, piagnisteo **2.** nella tragedia greca, il pianto del coro **3.** *pl. le Lamentazioni*, cinque carmi elegiaci dell'Antico Testamento, tradizionalmente attribuiti a Geremia, che esprimono il dolore per la distruzione di Gerusalemme ad opera di Nabucodonosor ‖ **N.** LAMENTO.

lamentèla [da *lamento*; a. 1952] **sf.** lagnanza, rimostranza: *ho dovuto sorbirmi le sue lamentele, le lamentele su di lui non si contano* ‖ **N.** *Sin.* protesta, querela, querimonia, rammarico, reclamo, rimostranza.

lamentévole [da *lamentare*; a. 1294 *lamentevile*] **agg.** *lett.* **1.** che esprime lamento: *voce lamentevole* **2.** *non com.* che è degno di commiserazione: *quella povera gente versa in condizioni lamentevoli* ‖ **lamentevolménte avv.** ‖ **N. 1.** *Sin.* lamentoso, piagnucoloso, querulo **2.** *Sin.* compassionevole, deplorevole.

lamentìo (pl. *-ìi*) [da *lamentare*; 1869] **sm.** *raro* lamento intenso, prolungato o frequente.

laménto [lat. *lamentum*; a. 1294] **sm. 1.** voce, suono che esprime dolore: *levare, mandare un lamento, lamento flebile, straziante* ‖ verso di un animale che soffre: *il lamento del cervo ferito* ‖ *fig.* suono o canto triste e sottile: *il lamento dei violini, dell'upupa* **2.** espressione di risentimento, di lagnanza, meno com. di *lamentela*: *tutti hanno dei motivi di lamento nei suoi confronti* **3.** *T.lett.* componimento poetico diffuso nelle letterature antiche e medievali, ispirato da un evento doloroso o luttuoso ‖ *T.mus.* brano strumentale o vocale che esprime dolore o cordoglio **4.** *lamento funebre*, usanza rituale con cui la comunità manifesta il cordoglio per la morte di uno dei suoi membri, presente in moltissime culture, spesso compiuta da persone appositamente incaricate (prefiche) ‖ **N. 1.** *Sin.* gemito; mugolio, piagnisteo, pianto, singhiozzo **2.** *Sin.* lamentela **3.** *Sin.* compianto, elegia, trenodia **4.** *Sin.* nenia funebre.

lamentóso [dal lat. *lamentōsus*; sec. XIII] **agg.** pieno di lamenti, accompagnato da lamenti e spesso tedioso: *canto, tono lamentoso* ‖ **lamentosaménte avv.** ‖ **N.** *Sin.* lamentevole, querulo.

lamétta (*dim.* di *lama*[1]) [1945 *lametta da barba*] **sf.** *lametta da barba*, piccola lama, gen. a due tagli, che si applica ai rasoi di sicurezza e sim.

làmia [dal lat. *lămia* e gr. *lámia*; a. 1300 *lammia* nel senso 2] **sf. 1.** mostro femminile che secondo le credenze popolari classiche e medievali succhiava il sangue dei bambini ‖ *per estens.* strega, megera **2.** *lett. arc.* fata, ninfa.

Lamiàcee [dal lat. scient. *Lamiaceae*; 1933] **sf. pl.** *T.bot.* Labiate.

lamicàre (pres. *làmico, làmichi*) [da un merid. *lammeccà*, lambiccare, stillare; 1834] **intr.** (aus. *essere*) *disus.* piovigginare, ma più rado e minuto ‖ *fig.* (aus. *avere*) piagnucolare.

lamièra [da *lama*[1]; sec. XIII *lamere* pl.] **sf. 1.** lastra metallica, ottenuta per laminazione a caldo, di vario spessore, usata per costruzioni, coperture, rivestimenti: *lamiera di zinco, di ottone, ondulata*; *lamiera grecata*, V. GRECATO **2.** *T.arm.* armatura o corazza costituita da lastre metalliche ‖ **N. 1.** bandone, lamina, latta, stozzata **2.** piastra.

lamierìno (*dim.* di *lamiera*) [1803] **sm.** lastra sottile di materiale metallico, ottenuta per laminazione a freddo ‖ *T.elettrot. lamierino magnetico*, lamiera sottile di materiale ferromagnetico, usata nella fabbricazione di parti di macchine attraversate da flussi magnetici.

lamierìsta [da *lamiera*; 1957] **s.** operaio specializzato nella lavorazione di lamiere o lamierini metallici.

làmina [dal lat. *lamina*; sec. XIV] **sf. 1.** lastra molto sottile, perlopiù metallica, ma anche di altri materiali: *lamina di acciaio, di osso* **2.** *T.bot.* la parte piatta della foglia, detta anche lembo **3.** *T.anat.* formazione di esiguo spessore: *lamina cribrosa*, nell'osso nasale **4.** *T.fis. lamina liquida* o *lamina saponata*, velo di liquido estremamente sottile, come quello delle bolle di sapone **5.** *T.sport. lamine degli sci*, sottili strisce metalliche o in fibra che rivestono gli spigoli degli sci **6.** *T.min.* spessore di sedimento deposto all'interno di uno strato durante una variazione delle condizioni ambientali ‖ **N.** lamella. **Q.T.** *metallurgia* **TAV.** ***fiori...*** **p. 671** 4.

laminàre[1] [da *lamina*; a. 1779] **agg. 1.** sottile come una lamina, a forma di lamina: *tessuto laminare* **2.** che è composto di lamine, di strati.

laminàre[2] (pres. *làmino*) [da *lamina*; a. 1537] **tr. 1.** ridurre in lamine, spec. rif. a metalli; lavorare al laminatoio **2.** rivestire di lamine.

laminària [dal lat. *lamina*, piastra sottile, foglia; 1834] **sf.** *T.bot.* alga bruna dei mari freddi di forma simile a ciuffi di foglie.

Laminariàcee [comp. di *laminaria* e *-acee*; 1932] **sf. pl.** *T.bot.* famiglia di alghe marine ricche di iodio e di potassio, le cui ceneri sono usate come fertilizzanti.

laminàto[1] [da *laminare*[2]; 1950] **sm.** e **agg.** tessuto nel quale, durante la tessitura, sono stati intrecciati sottili fili metallici, comunemente detto *lamé*: *una camicetta laminata.*

laminàto[2] [da *laminare*[2]; 1961] **sm.** prodotto ottenuto per mezzo di lavorazione al laminatoio: *laminati metallici*, come le lamiere, i ferri piatti e angolari; *laminati plastici*, ottenuti da resine termoplastiche e termoindurenti.

laminatóio (pl. *-ói*) [da *laminare*[2]; 1803] **sm.** macchina composta di due cilindri che, girando l'uno in un senso e l'altro nel senso opposto, servono a ridurre un materiale metallico o plastico in lamine, fogli, sbarre, tubi ecc. ‖ **N.** filiera.

laminatóre [da *laminare*[2]; 1903] **sm.** (f. *-trìce*) chi è addetto alla laminazione.

laminatùra [da *laminare*[2]; 1940] **sf.** l'operazione del laminare: *laminatura degli sci*, la saldatura di lamine metalliche sugli spigoli inferiori degli sci.

laminazióne [da *laminare*[2]; 1910] **sf. 1.** lavorazione a caldo o a freddo di un materiale per mezzo del laminatoio **2.** *T.min.* struttura interna di uno strato sedimentario, parallela o inclinata. **Q.T.** *metallurgia.*

laminóso [dal lat. tardo *laminōsus*; prima metà sec. XIV] **agg.** *raro* **1.** costituito da lamine sovrapposte **2.** a forma di lamina.

Lammifórmi o **Lamnifórmi** (sing. *-e*) [comp. del gr. *lámna*, n. di un pesce vorace e *-forme*; 1965] **sm. pl.** *T.zool.* ordine di pesci dal corpo affusolato, tra cui i pescecani.

làmpa [dal lat. *lampas*, gr. *lampás*; a. 1374] **sf.** *arc.* e *poet.* lampada.

làmpada [lat. tardo *lampada*; a. 1498] **sf. 1.** apparecchio per l'illuminazione artificiale: *lampada elettrica, a gas* ‖ *lampade a incandescenza* o *lampadine*, in cui un filamento, in genere di tungsteno, posto in un bulbo di vetro riempito di gas inerte, è reso incandescente dal passaggio della corrente ‖ *lampade ad arco*, in cui la sorgente luminosa è data dall'arco che unisce due elettrodi ‖ *lampade a scarica nei gas*, in cui un gas (neon, vapori di mercurio) diventa luminoso al passaggio della corrente elettrica ‖ *lampade fluorescenti*, usate per l'illuminazione di ambienti grandi e per le insegne pubblicitarie ‖ *lampade a fiamma*, alimentate con liquidi (olio, petrolio) o gas (acetilene) ‖ *lampade al quarzo, a raggi UVA*, le cui radiazioni sono sfruttate per l'elioterapia || *lampade alogene*, V. ALOGENO || *lampada di sicurezza*, usata dai minatori, in cui la fiamma è protetta da una rete metallica che impedisce al calore di propagarsi all'esterno e di provocare l'accensione del *frisau* **2.** *lampada votiva*, lume, perlopiù ad olio, che si fa ardere dinanzi a un'immagine sacra **3.** *per estens.* apparecchio per riscaldare o per saldare: *lampada da saldatore* || *dim.* lampadétta, lampadìna || **N.** fanale, faro, lampadario, lampadina, lampara, lampeggiatore; lampioncino, lampione; lanterna, lucerna, lume, riflettore, torcia elettrica, *veilleuse* | *abat-jour*, paralume | pensile, portatile, a sospensione, a stelo, da tavolo. **Q.T.** *cinematografia* **TAV.** ***arredamento*** **p. 650** 1.17, 2.8, 3.5.

lampadàrio (pl. *-ri*) [lat. tardo *lampadārius*, portatore di fiaccola, forse attr. il fr. *lampadaire*; a. 1712] **sm.** apparecchio destinato sia a illuminare, sia ad arredare un interno, di varia foggia e materiale, appeso al soffitto, dotato di supporti per lampadine o candele: *lampadario a tre, a sei bracci*; *lampadario di cristallo, in ferro battuto* || **N.** *applique*, plafoniera. **Q.T.** *arredamento.*

lampadedromìa o **lampadodromìa** [dal gr. *lampadēdromíai*; 1834] **sf.** *T.stor.* nell'antica Grecia, gare di corsa in cui gli atleti reggevano in mano fiaccole accese.

lampadina (*dim.* di *lampada*) [1918] **sf.** lampada elettrica a incandescenza, di piccola o media potenza: *si è bruciata una lampadina, l'albero di Natale è decorato con un festone di lampadine colorate*; *lampadina tascabile*, piccolo apparecchio d'illuminazione portatile, alimentato da una pila, anche detto *torcia elettrica* || **N.** avvitatura, bulbo, filamento, zoccolo | a goccia, a oliva, a sfera, a tortiglione. **TAV.** *elettrotecnica* 7, 12.1.

lampadodromìa V. LAMPADEDROMIA.

làmpana [var. di *lampada*; sec. XIII] **sf.** *arc. lett.* lampada: *la morte con la sua lampana accesa* (Pascoli).

lampànte [da *lampare*; a. 1426 nel senso 2] **agg.** **1.** chiaro, di incontestabile evidenza: *una prova lampante di colpevolezza, la soluzione è chiara e lampante* **2.** *non com.* luccicante, splendente, spesso riferito a monete appena coniate: *una sterlina d'oro lampante* **3.** *olio lampante*, olio non commestibile, usato un tempo come combustibile per le lampade.

lampàra [da un merid. *lampa(da)ra*; 1935] **sf.** *T.pesc.* lampada di forte potenza usata nella pesca notturna per attirare e abbagliare pesci e polipi || *per estens.* la rete e anche la barca impiegate in questo tipo di pesca.

lampàre [dal gr. *lámpein*, brillare; sec. XIV] **intr.** (aus. *avere* o *essere*) *disus.* lampeggiare.

lampassàto [dal fr. *lampassé*, splendente; 1834] **agg.** *T.arald.* di leone, che, in uno stemma, allunga la lingua fuori della bocca.

lampàsso [dal fr. *lampas(se)*; 1772] **sm.** tessuto di sera pregiata a grandi disegni variopinti su sfondi scuri, usato in arredamento, per coperte e tappezzerie.

lampàzza V. LAPAZZA.

lampeggiaménto [da *lampeggiare*; a. 1547] **sm.** il susseguirsi di lampi o segnali luminosi.

lampeggiàre (pres. *-éggio*) [da *lampo*; 1319] **intr.** (aus. *avere* ed *essere*) **1.** mandar lampi: *il cielo lampeggiava*; anche *impers.*: *stanotte ha tuonato e lampeggiato* || anche *fig.*: *i suoi occhi lampeggiavano per l'ira* || *fig. lett.* apparire all'improvviso: *lampeggiar di riso* (Dante) **2.** *T.aut.* mettere in azione un dispositivo che produce dei segnali luminosi intermittenti, per indicare qualcosa agli altri conducenti: *ho lampeggiato più volte con gli abbaglianti* || detto di fari, mandare segnali intermittenti: *l'indicatore di direzione non lampeggia, deve essere guasto* || **tr.** *T.cuc.* *lampeggiare un pollo*, cucinarlo alla fiamma || **N.** **intr.** **1.** *Sin.* balenare, fiammeggiare, raggiare, risplendere, sfavillare, sfolgorare **2.** *Sin.* fare i fari.

lampeggiatóre [da *lampeggiare*; 1932] **sm.** **1.** negli autoveicoli, qualunque dispositivo che emette segnalazioni luminose intermittenti: *lampeggiatori anteriori, laterali, posteriori* || dispositivo a luce rotante sul tetto di particolari veicoli (autoambulanze, auto della polizia, automezzi antincendio ecc.) **2.** *T.fot.* *lampeggiatore elettronico*, V. FLASH. **TAV.** ***automobile*** **p. 658** 3.39.

lampeggìo (pl. *-ìi*) [da *lampeggiare*; 1869] **sm.** lampeggiamento insistente e prolungato.

lampionàio (pl. *-ài*) [da *lampione*; 1841] **sm.** **1.** chi aveva il compito d'accendere i lampioni a petrolio o a gas nelle strade **2.** *non com.* chi fa o vende lampioni.

lampioncino (*dim.* di *lampione*) [a. 1861] **sm.** involucro di carta liscia o pieghettata, di varia forma e colore, contenente una luce all'interno, usato per luminarie o addobbi: *lampioncini alla veneziana*; *lampioncini giapponesi*, fatti di carta di riso molto sottile.

lampióne [da *lampa*; a. 1673] **sm.** **1.** grosso fanale per l'illuminazione stradale, sorretto da una colonna in cemento o in ghisa, o da un supporto fissato a un muro **2.** in passato, fanale da carrozza || *dim.* lampioncino || **N.** LAMPADA.

Lampìridi (sing. *-e*) [dal lat. *lampyris, -ȳridis*, gr. *lampyrís*; a. 1498] **sm.** *pl.* *T.zool.* famiglia di coleotteri, cui appartiene la lucciola, dotati della proprietà di emettere luce da appositi organi, diffusi specialmente nei paesi caldi.

lampista [dal fr. *lampiste*; 1905] **s.** addetto alla manutenzione delle lampade nelle ferrovie e nelle miniere.

lampisterìa [dal fr. *lampisterie*; a. 1930] **sf.** deposito di lampade nelle stazioni ferroviarie, nei cantieri, nelle miniere.

làmpo [dal lat. tardo *lampāre*, splendere; 1319] **sm.** **1.** luce abbagliante e di breve durata prodotta da una scarica elettrica atmosferica **2.** *per estens.* qualunque bagliore intenso e di breve durata: *segnalare con lampi di luce*; *T.fot.* *lampo al magnesio, elettronico*, V. FLASH **3.** scintillio, improvviso riflesso di luce: *il lampo delle spade, nel suo sguardo apparve un lampo di gioia, di odio* **4.** subitanea apparizione di un'emozione intensa o di un'idea brillante: *un lampo di speranza, di terrore*; *avere un lampo di genio*, trovare di colpo la soluzione di un problema a cui si stava pensando **5.** *fig.* in metafore e similitudini, per indicare grande rapidità o brevità: *corre come un lampo, il ricordo gli sovvenne come un lampo, quel cavallo è un lampo!* || nella *loc. avv.* *in un lampo*, molto in fretta: *l'estate è passata in un lampo* **6.** come secondo termine di espressioni composte, indica rapidità: *cerniera-lampo*, dispositivo di chiusura per borse, vestiti ecc., costituito da un cursore che permette di incastrare tra loro due file di dentini di metallo o di plastica; *guerra-lampo*, di immediata conclusione; *telegramma-lampo*, urgentissimo, che ha la precedenza sugli altri || **N.** *Sin.* bagliore, baleno, folgore, fulmine, saetta | accecante, corrusco, vivido | abbagliare, balenare, guizzare, lampeggiare, sfolgorare.

lampóne [etim. sconosciuta; a. 1696 nel senso 2] **sm.** **1.** arbusto selvatico diffuso nei boschi di montagna e anche coltivato come pianta da frutta, con rami dotati di sottili aculei **2.** frutto di tale pianta, di colore rosso, profumato, con gradevole sapore acidulo, consumato fresco e impiegato in marmellate e sciroppi || con valore di **agg.** *inv.*, posposto al s., del colore del lampone: *labbra color lampone.*

lamprèda [lat. tardo *lamprēda*; sec. XIII-XIV] **sf.** vertebrato della classe dei Ciclostomi, dotato di un imbuto boccale che agisce come una ventosa, con cui si attacca ai sassi, o ai pesci di cui si nutre, commestibile; alcune specie vivono stabilmente in acqua dolce, altre si spostano dal mare nei fiumi per la riproduzione.

lampredòtto [da *lampreda*; a. 1492] **sm.** **1.** *non com.* lampreda giovane **2.** *T.mac. tosc.* parte dell'intestino della bestia macellata, usata come vivanda di qualità inferiore.

Lampridifórmi (sing. *-e*) [comp. del gr. *lamprós*, brillante, *-idi* e *-forme*; 1965] **sm.** *pl.* *T.zool.* ordine di pesci teleostei che vivono nelle profondità marine, con occhi molto grandi e bocca priva di dentatura.

làna [lat. *lana*; a. 1292 nel senso 4] **sf.** **1.** fibra tessile ottenuta dal pelo di ovini, caprini, camelidi e altri animali: *lana di tosa*, prelevata dall'animale vivo: *lana di concia*, tosata dall'animale morto; *lana sucida* o *grassa*, il vello subito dopo la tosatura; *lana vergine*, ottenuta per tosatura integra; *balla, fiocco di lana*; *materasso, cuscino di lana*, imbottito di lana **2.** il filato prodotto con lana: *gomitolo, matassa, filo di lana*; *un maglione di lana fatto ai ferri*, lavorato con filati di lana **3.** tessuto di lana: *stoffa, vestito, cappotto di lana*; *mezzalana* o, più com., *misto lana*, tessuto misto di lana e cotone || in espr. *fig.*: *essere una buona lana*, essere un individuo poco raccomandabile; *una questione di lana caprina*, oziosa e irrilevante **4.** *per estens.* il pelo degli animali da cui si ricava la lana **5.** la peluria che ricopre gli organi di alcune piante **6.** i fiocchi di polvere e peluria che si accumulano sotto i mobili **7.** *lana vegetale*, fibra tessile usata per materassi o filati misti, ricavata da alcune piante (V. CAPOC) **8.** *lana di vetro*, fibra di ridottissimo spessore, ottenuta mediante trazione rapida di pasta di vetro molto omogenea, usata come materiale isolante e per imbottiture **9.** prodotto artificiale costituito da una massa di fili avvolti o attorcigliati: *lana d'acciaio*, fatta di sottilissimi fili d'acciaio, usata per pulire utensili in cucina; *lana di legno*, formata da trucioli sottili, usata per imballaggi || *dim.* lanétta; *pegg.* lanàccia || **N.** bioccolo, borra, fiocco, matassa, pennecchio, stame, vello | cardatrice, filatoio, fuso, gualchiera, lanificio, orditoio, pettine, scamato | alpaca, angora, *cachemir, cheviot, lambswool, merinos*, pannolano, *shetland*, vigogna | accotonare, battere, cardare, cimare, conciare, filare, follare, imbianchire, pettinare, purgare, scamatare, tosare. **Q.T.** *maglia...*

lanàggio (pl. *-gi*) [dal fr. ant. *lainage*, da *laine*, lana; 1881] **sm.** assortimento di lane di diversa qualità, grezze o lavorate.

lanaiòlo [da *lana*; sec. XIII] **sm.** (f. *-a*) *ant.* chi vendeva e anche chi lavorava la lana || **N.** lanino.

lanàrio (pl. *-ri*) [dal fr. ant. *lanier*, lanaiolo; 1961] **sm.** tipo di falco dal capo di colore fulvo, molto raro in Italia, diffuso nel bacino del Mediterraneo fino all'Africa settentrionale.

lanàta [da *lana*; 1433] **sf.** spazzolone usato per pulire la bocca del cannone o per spalmare la pece sugli scafi || **N.** *Sin.* scovolo.

lànca [etim. inc.; 1905] **sf.** *region.* stagno a forma di mezzaluna, residuo di un meandro di un fiume abbandonato (anche temporaneamente) dal corso d'acqua.

lànce (pl. *-ci*) [dal lat. *lanx, lancis*; a. 1374 nel senso 3] **sf.** *ant.* **1.** piatto della bilancia **2.** *per estens.* la bilancia stessa **3.** *fig. lett.* ponderatezza.

lanceolàto [dal lat. *lanceolātus*; 1803] **agg.** *T.bot.* di foglie e sim., di forma ellittica allungata e con le estremità acuminate, come una punta di lancia. **TAV.** ***fiori...*** **p. 671** 4.2; ***giardinaggio*** **p. 1315** 22.

lancère V. LANCIERE.

lancétta (*dim.* di *lancia*[1]) [sec. XIII nel senso 2] **sf.** **1.** barretta appuntita, a forma di piccola lancia, applicata come indice su un apparecchio di misura: *la lancetta del barometro, del-*

la bussola, le lancette dell'orologio **2.** strumento chirurgico, costituito da una lama a forma di lancia innestata in un manico, usato un tempo per i salassi di sangue, per incisioni e per vaccinazioni **3.** strumento utilizzato dagli scultori per modellare || *dim.* lancettina. **Q.T.** *orologeria.*

lància[1] (pl. *-ce*) [lat. *lancea*; sec. XIII *lanza*] **sf. 1.** antica arma formata da una cuspide di ferro, variamente sagomata, montata su una lunga asta di legno resistente, in genere di frassino, soprattutto usata dalla cavalleria || *fig. spezzare una lancia in favore di qualcuno,* prenderne le difese; *partire con la lancia in resta,* affrontare con determinazione ed entusiasmo una situazione o un'impresa || *arc. correre una lancia,* nei tornei e nelle giostre medievali, fare un assalto **2.** *per estens. T.stor.* cavaliere armato di lancia; *lancia spezzata,* soldato scelto della guardia del corpo di un signore **3.** *T.stor.* gruppo di uomini (detti *capolancia, cavalcatore* o *piatto, paggio*) e tre cavalli **4.** *T.pesc.* specie di arpione usato nella pesca di tonni e altri pesci **5.** *T.mar. lancia di scandaglio,* usata per prelevare campioni dal fondo marino **6.** corto tubo metallico, che si restringe verso l'imboccatura, applicato a idranti o spruzzatori, per dare maggior pressione al getto di liquido || **N. 1.** *Sin.* alabarda, asta, corsesca, falcione, partigiana, picca, ronca, roncone, spuntone, zagaglia | astiera o impugnatura, banderuola o pennoncello, calcio, paramano, resta o calzuolo o gorbia, tronco | brandire, conficcare, gettare, impugnare, lanciare, palleggiare, scagliare, vibrare | alabardiere, lanciere. **TAV.** *bandiere* 5.1; *armi* **p. 648** 1, 4; *arti marziali* **p. 653** 5.3.

lància[2] (pl. *-ce*) [da *lancia*[1]; 1642] **sf.** *T.mar.* imbarcazione leggera, a remi, a vela o a motore, con poppa quadra, prua appuntita, scafo generalmente in legno, usata per vari servizi, spec. per il trasporto dei passeggeri: *lancia di salvataggio,* scialuppa. **TAV.** *nave* **p. 1327** 6.8, 6.36.

lanciàbile [da *lanciare*; a. 1704] **agg.** che può essere lanciato.

lanciabómbe [comp. di *lancia(re)* e *bomba*; 1915] **sm. inv.** *T.mil.* arma per lanciare bombe, usata in fanteria o installata su aerei e su navi, per il lancio di bombe subacquee a tempo contro i sommergibili || **N.** *Sin.* sganciabombe. **TAV.** *armi* **p. 648** 18.6.

lanciafiàmme [comp. di *lancia(re)* e *fiamma*; 1918] **sm. inv.** arma, leggera e portatile o pesante da posizione, capace di lanciare a distanza getti di liquido infiammato, sfruttando la spinta data dall'aria compressa contenuta in una bombola comunicante col serbatoio del liquido.

lanciagranàte [comp. di *lancia(re)* e *granata*; 1963] **sm. inv.** lanciabombe portatile per piccole granate.

lanciaménto [da *lanciare*; a. 1704] **sm.** il lanciare.

lanciamìne [comp. di *lancia(re)* e *mina*; 1957] **sm. inv.** *T.mar.* sulle navi da guerra, apparecchio che lancia le mine subacquee || **N.** *Sin.* lanciatorpedini.

lanciamissili [comp. di *lancia(re)* e *missile*; 1965] **I sm. inv.** dispositivo per lanciare i missili **II agg. inv.** che è attrezzato per il lancio di missili: *rampa lanciamissili.*

lanciaràzzi [comp. di *lancia(re)* e *razzo*; 1957] **sm. inv.** dispositivo per lanciare proiettili a reazione.

lanciàrdo V. LANZARDO.

lanciàre (pres. *làncio*) [lat. tardo *lanceāre,* scagliare la lancia; sec. XIII] **tr. 1.** imprimere a un corpo una certa forza, o sfruttare la forza di gravità lasciandolo precipitare dall'alto, in modo che acquisti una certa velocità e percorra una data distanza, andando a cadere in un punto prestabilito: *lanciare un sasso, il giavellotto, un siluro, una bomba* || *fig.* mandare, indirizzare, inviare: *lanciare un grido, un'occhiata, un insulto, un segnale di S.O.S.* **2.** conferire una forte velocità: *lanciare l'auto, il cavallo* **3.** imprimere la spinta iniziale necessaria al movimento: *lanciare un aquilone* || *T.aer. lanciare un aereo,* in mancanza di una pista per il decollo, aiutarlo a staccarsi da terra con altri mezzi propulsivi; *lanciare un aliante,* rimorchiarlo con un altro aereo finché non sia in grado di sostenersi da solo **4.** *T.sport. lanciare un giocatore,* nel gergo calcistico, passare il pallone a un compagno di squadra posto in posizione favorevole per condurre a termine l'azione verso la porta avversaria; *lanciare la volata,* nel ciclismo, incominciarla **5.** mettere in libertà animali selvatici, per ripopolare un territorio: *lanciare dieci cinghiali* **6.** far conoscere una cosa o persona in modo da attrarre su di essa l'attenzione del pubblico: *lanciare un prodotto sul mercato, lanciare un cantante, una moda* || *per estens. lanciare una proposta, un suggerimento,* presentarli || **rifl. 1.** avventarsi, buttarsi con impeto: *lanciarsi all'attacco, all'inseguimento* || gettarsi giù: *lanciarsi col paracadute, col deltaplano* **2.** intraprendere un'azione: *ti sei lanciato in un'impresa superiore alle tue forze*; in part., vincere le esitazioni, i timori iniziali: *prima si vergognava a ballare, ma ora si è lanciato* || **N. tr. 1.** *Sin.* buttare, proiettare, scagliare, scaraventare, tirare, GETTARE **6.** *Sin.* pubblicizzare, reclamizzare | **rifl. 1.** *Sin.* avventarsi, precipitarsi su.

lanciarpióne [comp. di *lancia(re)* e *arpione*; 1957] **sm. inv.** *T.mar.* cannoncino installato a bordo di navi attrezzate per la pesca dei grossi cetacei, che lancia l'arpione destinato a conficcarsi nel corpo dell'animale.

lanciasàgole [comp. di *lancia(re)* e *sagola*; 1937] **sm. inv.** *T.mar.* cannoncino, in dotazione di navi e installazioni portuali, che lancia proiettili cui è legata una sagola, al fine di stabilire un collegamento tra due navi o tra una nave e la terraferma, usato nelle operazioni di rimorchio e di salvataggio.

lanciasilùri [comp. di *lancia(re)* e *siluro*; a. 1889] **sm. inv.** *T.mar.* congegno destinato a lanciare siluri, installato su navi e sommergibili.

lanciàta [da *lanciare*; 1300 ca.] **sf.** colpo o ferita di lancia.

lanciàto (*pps.* di *lanciare*) [1957] **agg. 1.** *T.sport.* si dice di alcune prove di velocità in cui il tempo è cronometrato a partire da un dato punto, quando i concorrenti hanno già raggiunto il massimo dell'accelerazione: nel ciclismo, *chilometro lanciato* **2.** *T.magl. punto lanciato,* in ricamo, lavorazione che consiste in punti eseguiti orizzontalmente e verticalmente a fili contati, seguendo il disegno. **TAV.** *maglia...* **p. 1317** 19.5.

lanciatóia [da *lanciare*; 1622] **sf.** rete che si lancia addosso agli uccelli per prenderli.

lanciatóio (pl. *-ói*) [da *lanciare*; a. 1547] **agg. 1.** *arc. disus.* atto a esser lanciato **2.** *raro* atto a lanciare: *la fionda, l'arco, la balestra sono armi lanciatoie.*

lanciatóre [da *lanciare*; a. 1292] **sm.** (f. *-trìce*) **1.** chi lancia **2.** *T.sport.* atleta che partecipa a gare di lancio; *in part.*: nel baseball, il giocatore che lancia la palla al battitore avversario; nel cricket, il giocatore che, lanciando la palla, cerca di abbattere l'asta di legno posta in bilico sui tre pioli che costituiscono la porta, senza che il battitore avversario riesca a intercettare il tiro.

lanciatorpèdini [comp. di *lancia(re)* e *torpedine*; 1937] **sm. inv.** *T.mar.* lanciamine.

lancière o **lancère** [da *lancia*[1]; prima metà sec. XIV] **sm.** soldato a cavallo armato di lancia || *quadriglia dei lancieri* o (*i*) *lancieri,* ballo figurato simile alla quadriglia, di moda in Europa alla metà dell'Ottocento.

lancinànte [dal lat. *lancinans, -āntis*; 1733] **agg.** di dolore, molto acuto, le cui trafitture sembrano inferte da una lancia.

làncio (pl. *-ci*) [da *lanciare*; a. 1400] **sm. 1.** il lanciare e il lanciarsi: *lancio di bombe, lancio col paracadute* **2.** *T.sport.* nella denominazione di varie specialità sportive: *lancio del disco, del peso, del giavellotto* || *T.sport.* nel calcio, passaggio in profondità della palla dall'uno all'altro giocatore **3.** *T.mar.* l'azione di lanciare un siluro **4.** *T.aer.* operazione con cui si dà a un velivolo la necessaria accelerazione perché raggiunga in breve la velocità di sostentazione: *base, rampa di lancio,* installazioni attrezzate per il lancio di missili o veicoli spaziali **5.** *lancio pubblicitario,* campagna pubblicitaria che ha lo scopo di rendere noto un determinato prodotto o di rendere famosa una persona: *il lancio di una nuova auto, di un'attrice* **6.** nella *loc. avv. di lancio,* con un solo rapido movimento: *lo afferrò di lancio.* **Q.T.** *astronautica, atletica, calcio* **TAV.** *astronautica* **p. 654** 3.

lanciòla [dal lat. tardo *lanceola,* piccola lancia; prima metà sec. XIV] **sf. 1.** lancetta usata negli interventi chirurgici **2.** *T.bot.* piantaggine.

lancióne (*accr.* di *lancia*[2]) [a. 1292] **sm.** zatterone per lavori idraulici portuali || piccola imbarcazione da guerra.

lanciòtto [da *lancia*[1]; a. 1342] **sm.** *T.stor.* arma da lancio, munita di asta, più robusta e pesante del giavellotto, con punta in ferro simile a quella della lancia, usata nel sec. XIV spec. dalle truppe a piedi.

lànda[1] [dal germ. **landa*; sec. XIII] **sf.** pianura incolta, sterile e asciutta, ricoperta di cespugli, erbe e arbusti, tipica delle zone a clima freddo.

lànda[2] o **làndra** [etim. inc.; 1889] **sf.** *T.mar.* spranga in legno o in metallo fissata alla murata della nave in modo da tener ferme le sartie degli alberi.

land-art (ingl., pr. ['lænd ɑ:t]) [letter. arte del paesaggio; 1972] **sf. inv.** *T.art.* forma d'arte d'avanguardia sviluppata verso la fine degli anni Sessanta negli Stati Uniti e in Europa da artisti che, in polemica con gli eccessi dell'industrializzazione e dell'urbanesimo, operarono intervenendo direttamente sul territorio, perlopiù su vasta scala, creando alterazioni nel paesaggio; tali opere, di difficile fruizione diretta, circolano in forma di registrazioni su videotape, riprese fotografiche o mappe che restituiscono le coordinate dell'intervento.

landau (fr., pr. [lɑ̃'do]) V. LANDÒ.

landgràvio (pl. *-vi*) **sm.** *raro* V. LANGRAVIO.

landò [dal n. geogr. *Landau,* città bavarese dove si fabbricarono tali vetture per la prima volta; 1752] **sm. inv.** carrozza elegante, larga, a quattro ruote e due mantici, che si aprono o si chiudono a piacere, di solito trainata da una pariglia di cavalli. **TAV.** *carri...* **p. 664** 8.

làndra V. LANDA[2].

land rover ® (ingl., pr. ['lænd,roʊvə]; pr. it. [lend'rɔver]) [comp. di *land,* terreno, e *Rover* (*Company Limited*), ditta produttrice; 1969] **loc. f. inv.** nome commerciale di un'automobile a quattro ruote motrici, in grado di muoversi su ogni tipo di terreno e di affrontare i percorsi più accidentati || **N.** campagnola, fuoristrada.

lanerìe [dal fr. *lainerie*; 1839] **sf. pl.** complesso di filati o tessuti di lana: *commerciante, negozio di lanerie.*

lanétta (*dim.* di *lana*) [1828] **sf.** tessuto misto di lana e cotone, o di lana leggera.

lànfa V. NANFA.

langràvio o **landgràvio** (pl. *-vi*) [dal ted. *Landgraf,* conte del paese; sec. XIV *langrávido*] *sm.* *T.stor.* titolo dei signori di Turingia, Alsazia e Assia nell'antico impero germanico medievale.

langue (fr., pr. [lɑ̃:g]) [letter. lingua; 1974] ***sf.*** *inv.* *T.ling.* nella teoria di F. de Saussure, lingua come sistema astratto e sociale di segni, cioè come insieme di convenzioni che in una comunità linguistica rendono possibile la comunicazione attraverso gli atti linguistici concreti e individuali, detti *parole.*

langueggiàre (pres. *-éggio*) [da *languire*; a. 1306] ***intr.*** (aus. *avere*) *disus.* languire: *mi langueggia il cuore.*

languidézza [da *languido*; 1300 ca.] ***sf.*** l'essere languido: *languidezza di stomaco,* senso di sfinimento allo stomaco e di debolezza diffusa, dovuti alla mancanza di cibo || **N.** fiacchezza, languore.

lànguido [dal lat. *languidus*; a. 1342] ***agg.*** **1.** indebolito da un senso di spossatezza fisica, che porta con sé inerzia spirituale, disinteresse e abbandono, a volte malinconico: *essere languido per una malattia*; spesso detto di un atteggiamento studiato al fine di sedurre: *sguardo languido, posa, voce languida*; *fare gli occhi languidi,* guardare con sentimentalismo dolciastro, con desiderio svenevole || *fig. musica languida,* dolcemente sentimentale; *luce languida,* fioca || **languidaménte** ***avv.*** || **N.** *Sin.* esangue, fiacco, fioco, molle, snervato, spossato, stanco, svenevole, DEBOLE.

languire (pres. *lànguo* o *languìsco, làngui* o *languìsci, làngue* o *languìsce, languiàmo, languite, lànguono* o *languìscono*; ppr. *languènte*) [dal lat. *languēre*; sec. XIII nel senso 2] ***intr.*** (aus. *avere*) **1.** trovarsi in una condizione di abbattimento, di deperimento o di prostrazione, sia fisica, sia spirituale: *languire in ospedale, in carcere, nella miseria*; *languire di desiderio, di nostalgia, languire d'amore* (o ass. *languire*), struggersi, consumarsi per queste passioni: *lei langue, e lui la ignora* **2.** *fig.* perder vigore, venir meno, spegnersi a poco a poco: *la fiamma langue, la conversazione langue, la serata languiva* || *per estens.* essere in decadenza, in difficoltà o in abbandono: *gli studi classici languono, per la crisi, languono le piccole imprese* || **N. 1.** *Sin.* abbattersi, consumarsi, deperire, illanguidire, indebolirsi, macerarsi, sfibrarsi, sfinirsi, struggersi, svigorire | *Contr.* rinvigorire **2.** *Contr.* accendersi, ravvivarsi; fiorire, prosperare.

languóre [dal lat. *languor, -ōris*; sec. XIII *langore*] ***sm.*** **1.** debolezza, prostrazione fisica o spirituale: *il languore della malattia, sentirsi addosso un languore*; *languore di stomaco,* senso di vuoto allo stomaco per mancanza di cibo **2.** atteggiamento o espressione improntata a molle abbandono, spesso affettata e svenevole: *uno sguardo carico di languore* || *pl.* svenevolezze, sentimentalismi: *che fastidio mi danno tutti questi sospirosi languori!* || *dim.* languorìno || **N.** languidezza.

languoróso [da *languore*; 1952] ***agg.*** *raro* languido.

laniàre (pres. *lànio*) [dal lat. *laniāre*; sec. XIII] ***tr.*** *arc. poet.* dilaniare, sbranare, lacerare.

lanìccio (pl. *-ci*) [da *lana*; 1891] ***sm.*** **1.** *fam.* lana che si forma sotto i letti, i mobili ecc.; più com. *lanetta* **2.** filo di bava col quale il baco da seta inizia il bozzolo.

Lànidi (sing. *-e*) [comp. dal lat. *lan(iāre)*, macellare e *-idi*; 1957] ***sm. pl.*** *T.zool.* famiglia di Passeracei insettivori e predatori, muniti di un becco uncinato e seghettato.

lanière [dal fr. *lainier*; 1952] ***sm.*** proprietario di un lanificio, industriale della lana.

lanièro [dal fr. *lainier*; 1905] ***agg.*** di lana, della lana, che si riferisce all'industria della lana: *il Biellese è famoso per l'industria laniera.*

lanifìcio (pl. *-ci*) [dal lat. *lanificium*; 1783 *lanifizio*] ***sm.*** stabilimento per la lavorazione della lana. **Q.T.** *tessitura.*

lanìgero [dal lat. *lanĭger*; 1561] ***agg.*** *lett.* lanuto, lanoso.

lanìna [da *lana*; sec. XVI-XVIII] ***sf.*** stoffa di lana di qualità inferiore.

lanìno [da *lana*; 1869] ***sm.*** *arc.* **1.** chi lavorava in un lanificio **2.** chi si incaricava di far filare la lana a poco prezzo da privati in campagna, per conto dei lanaioli della città.

lanìsta [dal lat. *lanista*; a. 1292] ***sm.*** *T.stor.* nell'antica Roma, istruttore di gladiatori, o proprietario di una scuola per gladiatori.

lanitàl o **lànital** [comp. di *lan(a)* e *ital(iana)*; 1935] ***sm.*** *inv.* fibra tessile artificiale ricavata dal caseinato di sodio, introdotta nel periodo fascista per evitare l'importazione di lana inglese.

lanizzàre [da *lana*; 1970] ***tr.*** trattare una materia tessile in modo da farle assumere le proprietà della lana.

lanolìna [comp. del lat. *lana*, lat. *oleum* e *-ina*; 1895] ***sf.*** grasso ottenuto dalla lana greggia, usato nell'industria farmaceutica e cosmetica per pomate, saponi e sim.

lanosità [dal lat. tardo *lanositas, -ātis*; 1869] ***sf.*** l'essere lanoso.

lanóso [dal lat. tardo *lanōsus*; sec. XIV] ***agg.*** **1.** pieno di lana, coperto di lana: *il vello lanoso delle pecore* **2.** coperto di una peluria di consistenza simile alla lana: *le foglie lanose di certe piante* **3.** che presenta lo stesso aspetto della lana: *capelli lanosi.*

lantàna [prob. gall. **lantana*; sec. XIII-XIV *lentana*] ***sf.*** *T.bot.* **1.** pianta arbustiva delle Caprifoliacee, dalle foglie cotonose dotate di proprietà astringenti, che si trova nelle zone montuose **2.** pianta americana delle Berbenacee dalle foglie rugose di odore sgradevole e dai fiori di colore giallo-rossastro.

lantànide [da *lantanio*; 1951] **I** ***sm.*** ciascuno degli elementi del gruppo delle terre rare aventi proprietà simili a quelle del lantanio **II** ***agg.*** relativo a questi elementi.

lantànio [dal gr. *lanthánein*, restare nascosto perché difficilmente rintracciabile; 1869 *lantano*] ***sm.*** *T.chim.* elemento chimico del gruppo delle terre rare, metallo bianco e duttile, impiegato in leghe speciali per dispositivi elettronici.

lantèrna [lat. *lanterna*; a. 1292] ***sf.*** **1.** apparecchio d'illuminazione generalmente portatile costituito da una gabbia metallica con pareti di vetro, o altro materiale trasparente, all'interno della quale è posto un lume, e dotato di un'apertura nella parte superiore per la fuoriuscita del fumo o del gas: *lanterna cieca,* di forma cilindrica, provvista di uno schermo girevole per concentrare il fascio luminoso in un punto o per oscurarlo del tutto || *lanterna magica,* il primo strumento per la proiezione luminosa, che permetteva di proiettare ingrandite sopra uno schermo immagini dipinte su vetro; usato ancora come giocattolo || *fig. prendere* (o *scambiare*) *lucciole per lanterne,* intendere una cosa al posto di un'altra **2.** *lanterna da palcoscenico,* apparecchio usato per l'illuminazione del palcoscenico, costituito da uno speciale riflettore e da una lampada a luce bianca, su cui si possono inserire schermi colorati **3.** la parte superiore del faro, protetta da vetrate, dove si trova la fonte luminosa || *per meton.* il faro stesso: *la Lanterna di Genova* **4.** *T.arch.* l'edicola circolare o poligonale, con alte finestre, posta alla sommità delle cupole per illuminare maggiormente l'interno dell'edificio: *la lanterna di S. Maria del Fiore* **5.** *T.zool.* *lanterna di Aristotele,* apparato masticatorio dei ricci di mare, costituito da un insieme di parti calcaree e di muscoli che circonda l'esofago **6.** *T.mecc.* nelle macchine elettriche, la parte del rotore solidale con l'albero motore || *dim.* lanternìno (*sm.*), lanternétta; *accr.* lanternóne (*sm.*) || **N.** fanale, globo, lampada, lampioncino, lume | anima, bocciolo, cupolina, lumino, maniglia, sportello. **TAV.** *chiesa* 3.5; *porto* 3.5; *carri...* **p. 664** 1.2.

lanternàio (pl. *-ài*) [dal lat. *lanternārius*; 1561] ***sm.*** chi fabbrica o vende lanterne.

lanternìno (*dim.* di *lanterna*) [a. 1915] ***sm.*** piccola lanterna || *cercare qualcosa col lanternino,* cercare con molta cura qualcosa che è difficile da trovare || *colloq. cercarsele col lanternino,* andare in cerca di guai.

lanternóne (*accr.* di *lanterna*) [1548] ***sm.*** lume con vetro, sorretto da un'asta, che si porta nelle processioni religiose.

lanternùto [da *lanterna*; 1618] ***agg.*** *scherz. ant.* magro e allampanato: *un uomo magro e lanternuto.*

lanùggine o **lanùgine** [dal lat. *lanugo, -ūginis*; a. 1320 nel senso 2] ***sf.*** **1.** corta peluria morbida e fine, in part. quella che spunta sulle guance degli adolescenti, preannunciando la barba; anche quella che ricopre il corpo del neonato, residuo dello stato fetale **2.** *T.bot.* peluria morbida e fitta che ricopre alcuni organi vegetali: *la lanugine delle foglie di malva* **3.** *T.zool.* i peli sottili che nella pelliccia dei Mammiferi circondano alla base i peli più grossi e rigidi || **N.** peluria, primo pelo.

lanuginóso [da *lanugine*; 1583] ***agg.*** coperto di lanugine: *guance, foglie lanuginose.*

lanùto [dal lat. *lanātus*; a. 1311] ***agg.*** coperto di lana: *lanuto gregge* || **N.** *Sin.* lanigero, lanoso.

lanzàrda [var. di *lanzardo*; 1923] ***sf.*** lanzardo.

lanzàrdo o **lanciàrdo** [dal lat. *lacertus*, lucertola, con influsso di *lanza*, lancia, attr. il ven. *lanzardo*; 1936] ***sm.*** sgombro macchiato.

lanzichenécca [da *lanzichenecco*; 1618 *lanzichinecca*] ***sf.*** tipo di spada a due tagli, molto acuminata, con impugnatura a tronco di cono, portata dai lanzichenecchi.

lanzichenécco (pl. *-chi*) [dal ted. *Landsknecht*, servo del paese; 1521 *lanzchenech*] ***sm.*** **1.** soldato di ventura di truppe mercenarie tedesche, al servizio di vari signori in età rinascimentale **2.** *T.gioc.* gioco d'azzardo che si fa con le carte; più com. *zecchinetta* || **N. 1.** *Sin.* lanzo.

lànzo [da *lanz(ichenecc)o*; 1529] ***sm.*** lanzichenecco: *la Loggia dei Lanzi.*

laónde [comp. di *là* e *onde*; sec. XII] ***cong.*** *lett.* o *scherz.* per la qual cosa.

laotiàno [dal fr. *laotien*; 1933] **I** ***agg.*** del Laos **II** ***sm.*** **1.** (f. *-a*) abitante del Laos **2.** (solo *sing.*) la lingua del Laos.

lapalissiàno [dal n. proprio J. Chabanne, signore di *La Palisse*, capitano fr., alla cui morte i soldati, per celebrarne la gloria, cantarono un'ode in cui si diceva, ingenuamente, che un quarto d'ora prima della morte era ancora in vita; 1918] ***agg.*** tanto ovvio, che è inutile o ridicolo enunciarlo o farlo notare.

làparo- [dal gr. *lapára*, fianco, addome] ***primo elem.*** che, in parole composte della terminologia medica, vale "ventre", "addome": **laparoscopìa, laparoscòpico, laparotomìa** || **N.** celio-.

lapàzio (pl. *-zi*) [dal lat. *lapathium*; a. 1320] ***sm.*** nome italiano del *Rumex crispus*, pianta erbacea, comune nelle zone umide, la cui radice, amara e di colore scuro, ricca di principi attivi, viene raccolta, seccata e usata nella cura dell'anemia || **N.** *Sin.* erba pazienza, romice.

lapàzza o **lampàzza** [etim. inc.; 1813] ***sf.*** *T.mar.* pezzo di legno tondo da una parte e concavo dall'altra, che si adatta a un albero o un pennone di una nave, con chiodi o trinche, a scopo di rinforzo e protezione.

lapazzàre [da *lapazza*; sec. XVII] ***tr.*** *T.mar.* rinforzare con una o più lapazze.

lapicìda [dal lat. *lapicīda*; 1925] ***sm.*** **1.** nell'antichità, scalpellino specializzato nelle iscrizioni su pietra e marmo **2.** nel Medioevo, gli artefici delle decorazioni in marmo e in pietra nelle opere architettoniche.

lapidàre (pres. *làpido*) [dal lat. *lapidāre*; sec. XIII] ***tr.*** **1.** scagliare sassi contro qualcuno per ucciderlo, secondo una forma di esecuzione prevista dalle leggi di molti popoli antichi, per punire crimini contro la famiglia o la religione, o anche come manifestazione di linciaggio illegale || *per estens., iperb.* e *scherz.*, maltrattare con parole e con scritti: *a dire certe cose c'è da essere lapidati* **2.** *T.tecn.* levigare una superficie metallica con materiale abrasivo, al fine di ridurre le scabrosità.

lapidària [da *lapidario*; a. 1683] ***sf.*** *non com.* **1.** la tecnica della composizione di iscrizioni su lapidi **2.** l'interpretazione di tali iscrizioni || **N. 2.** *Sin.* epigrafia.

lapidàrio (pl. *-ri*) [dal lat. *lapidārius*; a. 1337 *lapidaro* come sm. nel senso 2] **I *agg.*** **1.** inciso su pietra: *iscrizioni lapidarie* || relativo alle iscrizioni su pietra e marmo: *arte lapidaria*; *in part. T.tip. caratteri lapidari*, caratteri grandi, molto marcati, fatti a imitazione di quelli delle epigrafi antiche **2.** *fig.* caratterizzato da brevità ed espressività al tempo stesso: *stile lapidario, una frase lapidaria* || **lapidariaménte** ***avv.*** in modo conciso **II *sm.*** **1.** collezione di epigrafi **2.** opera a carattere didascalico, appartenente al genere dei repertori medievali e rinascimentali, in cui sono descritte le pietre preziose e le loro proprietà magiche e terapeutiche **3.** *non com.* operaio specializzato nelle incisioni su lapidi **4.** *arc.* artigiano esperto nella lavorazione delle pietre preziose e conoscitore delle loro virtù magiche: *Maso così efficacemente parlava come se fosse stato un solenne e gran lapidario* (Boccaccio) || **N. I 1.** *Sin.* epigrafico **II 2.** bestiario, erbario.

lapidatóre [dal lat. *lapidātor, -ōris*; a. 1342] ***sm.*** (f. *-trice*) **1.** *non com.* chi prende parte a una lapidazione: *i lapidatori di S. Stefano* **2.** operaio specializzato nell'operazione di lapidatura.

lapidatrice [da *lapidare*; 1957] ***sf.*** macchina che esegue la lapidatura di pezzi metallici || **N.** *Sin.* lappatrice.

lapidatùra [da *lapidare*; 1957] ***sf.*** nella lavorazione dei metalli e delle pietre preziose, lavoro di rifinitura, per rendere liscia la superficie || **N.** *Sin.* lappatura.

lapidazióne [dal lat. *lapidātio, -ōnis*; a. 1406] ***sf.*** il lapidare.

làpide [lat. *lapis, -ĭdis*; sec. XIII *lapida* nel senso 1; 1306 nel senso 2] ***sf.*** **1.** lastra di marmo o pietra, che reca incisa un'iscrizione, generalmente commemorativa: *scoprire una lapide ai caduti* || *in part.* la lastra che, posta a chiusura di un sepolcro o su una tomba o monumento funebre, porta incisa un'epigrafe o semplicemente il nome del defunto e le date di nascita e morte **2.** *arc.* pietra rara o preziosa, gemma.

lapidèllo [da *lapide*, pietra da levigare; 1957] ***sm.*** strumento usato per la lapidatura dei pezzi metallici.

lapìdeo [dal lat. *lapĭdeus*; a. 1375] ***agg.*** *lett.* **1.** di pietra: *materiale lapideo*, ghiaia, pietrisco; *pavimentazione lapidea*, costituita da lastricati o selciati **2.** *lett.* simile a pietra, della stessa natura o durezza.

lapidescènte [dal lat. *lapidescens, -entis*; a. 1730] ***agg.*** *non com.* che si pietrifica, dando origine a sostanze pietrificate: *acque lapidescenti*, che generano tufi e sim.

lapidificàre (pres. *-ifico, -ifichi*) [dal lat. *lapis, -idis*, pietra; 1869] ***tr.*** *raro* pietrificare, convertire in pietra || ***intr. pron.*** diventare di pietra.

lapidóso [dal lat. *lapidōsus*; a. 1530] ***agg.*** *lett.* sassoso, ghiaioso: *o lapidoso letto del Bisenzio* (D'Annunzio).

lapillo [dal lat. *lapillus*; a. 1499 nel senso 2] ***sm.*** **1.** piccolo frammento di lava eruttato da un vulcano **2.** *arc.* pietruzza, sassolino. **TAV. *geologia* p. 1313** 3.4.

lapin (fr., pr. [la'pɛ̃]) [letter. coniglio; 1905] ***sm. inv.*** *T.abb.* pelliccia di coniglio.

làpis [dal lat. *lapis*, pietra; a. 1519] ***sm. inv.*** matita.

lapislàzzolo o **lapislàzzulo** [comp. del lat. *lapis* e dell'ar.-persiano *lāzward*, azzurro; sec. XIV] ***sm.*** minerale piuttosto raro in natura, che si presenta comunemente in masse compatte, di colore azzurro intenso, tendente talvolta al violaceo o al verde-bluastro, con caratteristiche macchioline giallo oro, dovute ai piccoli granuli di pirite inclusi, utilizzato sin dall'antichità per oggetti decorativi, localizzato in ricchi giacimenti in Siberia, Afghanistan, Cina e Tibet.

laplaciàno (pr. [lapla'tʃano]) [dal n. proprio P.S. *Laplace*, matematico e fisico fr.; 1957] **I *agg.*** *T.mat.* relativo alle teorie o alle formule di P.S. Laplace **II *sm.*** *T.mat.* operatore differenziale che, applicato a una funzione a più variabili, equivale alla somma delle derivate parziali seconde rispetto a tutte le variabili.

làppa [lat. *lappa*; sec. XV] ***sf.*** pianta delle Composite con grandi foglie e infiorescenze dotate di brattee uncinate, che si attaccano alle vesti e al pelo degli animali.

lappàre¹ [voce onom.; 1598] ***intr.*** (aus. *avere*) detto di animali e spec. di cani, bere succhiando rumorosamente con la lingua.

lappàre² [dall'ingl. to *lap*, levigare; 1987] ***tr.*** *T.tecn.* levigare una superficie con polveri abrasive || **N.** *Sin.* lapidare.

lappatóre [da *lappare²*; 1957] ***sm.*** (f. *-trice*) chi compie la lappatura.

lappatrice [da *lappare²*; 1973] ***sf.*** *T.tecn.* macchina utilizzata per la lappatura || **N.** *Sin.* lapidatrice.

lappatùra [adattamento dell'ingl. *lapping*, da *to lap*, levigare; 1957] ***sf.*** lapidatura.

làppola [lat. *lappula*; a. 1294 *lappule* pl.] ***sf.*** **1.** nome di alcune piante che hanno frutti o infruttescenze munite di uncini o aculei che si attaccano alle vesti o al vello degli animali **2.** *fig.* persona noiosa, seccante, fastidiosa, che si appiccica come la lappola.

lappóne o **làppone** [dal lat. mediev. *Lappones*; 1834] **I *agg.*** della Lapponia **II *s.*** abitante della Lapponia || ***sm.*** (solo *sing.*) la lingua dei Lapponi.

lapsus (lat., pr. it. ['lapsus]) [letter. scivolamento] ***sm. inv.*** errore involontario, dovuto a dimenticanza o disattenzione: *è stato un lapsus, scusa il lapsus* || in part. nelle *loc. m.*: *lapsus calami*, errore di penna, sbaglio nello scrivere; *lapsus linguae*, errore di lingua, sbaglio nel parlare. **Q.T.** ***psicologia.***

laqueàrio (pl. *-ri*) [dal lat. *laqueārius*; 1934] ***sm.*** *T.stor.* gladiatore che combatteva armato di un laccio per immobilizzare e strozzare l'avversario.

laqueàto [dal lat. *laqueātus*; 1619] ***agg.*** *lett.* ornato di lacunari o cassettoni.

laràrio (pl. *-ri*) [dal lat. *Larārium*; 1587] ***sm.*** *T.archeol.* nella casa romana, luogo destinato al culto dei Lari.

lardàceo [da *lardo*; 1834] ***agg.*** simile al lardo || *tessuto lardaceo*, tessuto adiposo degenerato di organi come la milza o il fegato.

lardàre [da *lardo*; sec. XIV] ***tr.*** **1.** *raro* cospargere di lardo; lardellare || *per estens.* ingrassare, ungere: *lardare i cardini della porta* **2.** *T.mar.* cucire su un telo o su un cavo filacce di canapa, per formarvi una specie di imbottitura.

lardatóio (pl. *-ói*) [da *lardare*; a. 1859] ***sm.*** arnese da cucina simile al punteruolo, con cui si lardella la carne.

lardatùra [da *lardare*; XIV sec.] ***sf.*** atto o effetto del lardare; lardellatura.

lardellàre (pres. *-èllo*) [da *lardello*; sec. XIV] ***tr.*** **1.** *T.cuc.* inserire dei lardelli, o del lardo battuto con l'aggiunta di erbe aromatiche, in tagli appositamente praticati in un pezzo di carne da cuocere arrosto, per insaporirlo **2.** *fig. scherz.* farcire, riempire: *lardellare uno scritto di citazioni.*

lardellatùra [da *lardellare*; 1869] ***sf.*** l'operazione del lardellare.

lardèllo [da *lardo*; sec. XIV] ***sm.*** piccolo pezzo di lardo.

làrdo [lat. *laridum* e *lardum*; a. 1374] ***sm.*** grasso ricavato dal pannicolo adiposo sottocutaneo del dorso e dell'addome del maiale, usato come condimento e come vivanda, spec. come ingrediente di pasticci di carne, sia fresco, sia salato o affumicato || nei modi di dire: *essere una palla di lardo*, detto di uomini e animali, essere molto grasso; *nuotare nel lardo*, vivere nell'abbondanza || *prov. tanto va la gatta al lardo che ci lascia lo zampino*, a lungo andare, furti e malefatte vengono scoperti e puniti || **N.** affumicato, fresco, grasso, rancido, salato | ciccioli, cotenna, cotica, strutto.

lardóso [da *lardo*; a. 1597] ***agg.*** **1.** di carne, che ha molto lardo **2.** di persona, adiposa, molto grassa.

làre V. LARI.

larènzia [dal lat. (*Acca*) *Larentia*, n. della dea dei campi; 1891] ***sf.*** farfalla con ali di colore bianco e nero, che vive spec. nei boschi di betulle.

largàre (pres. *làrgo, lànghi*) [da *largo*; 1498] ***tr.*** **1.** *T.mar.* scostare, allontanare un'imbarcazione da una banchina, da un'altra imbarcazione o dalla costa **2.** *arc. lett.* allargare, sciogliere, distendere: *largare novamente le vele* (D'Annunzio) || **N. 1.** *Sin.* prendere il largo.

largheggiàre (pres. *-éggio*) [da *largo*; 1438] ***intr.*** (aus. *avere*) comportarsi con liberalità e generosità, essere o mostrarsi generoso nel concedere, promettere ecc.: *larghegiare nelle offerte, nelle spese, nei voti*; *largheggia solo a parole*, promette senza mantenere || **N.** *Sin.* grandeggiare.

larghétto (*dim.* di *largo*) [1826] **I *agg.*** *T.mus.* didascalia sullo spartito indicante che il pezzo musicale va eseguito con movimento più veloce del largo **II *sm.*** *per estens.* il movimento stesso e il pezzo musicale da eseguire con tale movimento.

larghézza [da *largo*; prima metà sec. XIII nel senso 6] ***sf.*** **1.** una delle tre dimensioni dello spazio, insieme alla lunghezza nelle figure piane, alla lunghezza e all'altezza (o profondità) nei solidi **2.** *T.geom.* il lato o spigolo meno esteso rispetto a quello più esteso **3.** nell'uso comune è identificata con la distanza tra due margini: *larghezza di un fiume, di una strada, di una foglia*; o con la dimensione del lato più breve o del lato posto orizzontalmente rispetto all'osservatore: *larghezza di un quadro, di una finestra, di un televisore* **4.** detto di un corpo di forma circolare o tondeggiante, diametro o circonferenza: *larghezza di un foro, dei fianchi* **5.** *per estens.* riferito a capi di abbigliamento, ampiezza nelle misure: *la moda del prossimo autunno suggerisce la larghezza in giacche e cappotti* **6.** *fig.* generosità: *spendere con larghezza* **7.** *fig.* abbondanza, gran quantità, ricchezza: *larghezza di mezzi, di comodità* **8.** *fig.* ampiezza, vastità: *larghezza di idee, di vedute*; *calcolare con larghezza*, lasciando un ampio margine; *occorre interpretare le norme con larghezza*, senza osservarle rigidamente || **N.** *Sin.* ampiezza, apertura, estensione, spaziosità, vastità | *Contr.* ristrettezza **6.** *Sin.* liberalità, munificenza | *Contr.* avarizia, parsimonia, taccagneria **8.** *Sin.* latitudine | *Contr.* angustia, ristrettezza.

largire (pres. *-ìsco, -ìsci*) [dal lat. *largiri*; 1308] *tr. lett.* e *ant.* elargire: *largire favori, prebende* || **N.** CONCEDERE, REGALARE.

largitóre [dal lat. *largītor, -ōris*; 1336 ca.] *sm.* (f. *-trice*) *lett.* chi dona con generosità.

largizióne [dal lat. *largītio, -ōnis*; a. 1332] *sf. lett.* elargizione || **N.** DONO.

làrgo (pl. *-ghi*) [lat. *largus*; a. 1294 nel senso 3] **I** *agg.* **1.** che ha una determinata estensione in larghezza: *un tavolo largo un metro, questo divano è tanto largo che ci si può stare in quattro* || esteso soprattutto in larghezza, in assoluto o rispetto alle altre dimensioni: *una stanza larga, un uomo alto e con le spalle larghe*; *fig. avere le spalle larghe*, essere capace di sopportare dolori e avversità; *fig. sei più largo che lungo!*, sei basso e grasso **2.** detto di un corpo di forma o base circolare, che ha circonferenza o diametro ampi: *una bottiglia dal collo largo, fianchi larghi, un foro largo* **3.** ampio, esteso: *un largo spazio, orizzonte* || detto di indumenti, di misura abbondante: *la gonna mi è diventata larga, le scarpe mi stanno larghe* || nelle loc.: *vendere, comprare, produrre su* (o *in*) *larga scala*, in grande quantità, in vaste proporzioni; *intendere, usare un'espressione in senso largo*, nel suo significato più generale; *dipingere, disegnare a larghi tratti*, con pennellate lunghe, in modo sciolto e sicuro; *descrivere a larghi tratti*, nelle linee essenziali, senza scendere nei particolari; *stare alla larga*, tenersi lontano; *alla larga da quella donna!*, via, lontano da lei!; *fare, prendere una curva larga*, spostandosi molto all'esterno; *fig. prenderla larga*, fare un lungo preambolo prima di affrontare un argomento; *fare il giro largo*, prendere la via più lunga per non accostarsi troppo all'oggetto o all'ostacolo intorno a cui si gira || *fig.* aperto: *una persona di larghe vedute* || *pl.* distanziato: *avere i denti larghi*, radi, intervallati; *stare a gambe larghe*, divaricate || *per estens.* comodi: *non c'era nessuno nello scompartimento, abbiamo viaggiato belli larghi, state larghi sul sedile posteriore?* **4.** *fig.* generoso: *essere largo di aiuti, di promesse, quell'insegnante è larga nei voti*; *essere di manica larga* o *essere largo di manica*, essere indulgente, poco severo || *fig.* abbondante: *in larga misura*, largamente, in misura preponderante: *l'esito della guerra fu determinato in larga misura dalle nuove armi*; *prendere le misure larghe*, lasciando un certo margine **5.** di suono, aperto: *in Lombardia la "e" si pronuncia larga* **6.** *T.sport. guardia larga*, nella scherma, quando l'arma è tenuta distante dal corpo **7.** *T.mar. vento largo*, vento che soffia tra la poppa e il traverso, a 135° dalla prua **8.** *T.mus.* didascalia sullo spartito indicante che il pezzo musicale va suonato più lentamente dell'adagio, ma con maggior solennità || **largaménte** *avv.* **II** *avv.* nella loc. *girare largo*, tenersi lontano **III** *sm.* **1.** la larghezza, la dimensione della larghezza: *per il largo*, per il senso della larghezza; *in lungo e in largo, per il lungo e per il largo*, in tutte le direzioni **2.** spazio libero: *fare largo*, fare spazio: *la folla fece largo al re che passava* || *farsi largo*, spingersi avanti, aprirsi la strada: *farsi largo a gomitate, tra la calca*; *fig. farsi largo nella vita*, far carriera **3.** (pl. *-ghi*) piazza formata dall'allargamento di una via o dall'incrocio di più vie **4.** alto mare: *nuotare, spingersi, tenersi al largo*; *guadagnare, prendere il largo*, navigare verso il mare aperto; *fig. il presunto colpevole ha preso il largo*, è scappato, sparito **5.** *T.mus.* movimento largo, o il pezzo da eseguire con tale movimento || *dim.* larghétto || **N.** I **1.** *Sin.* esteso, grande, spazioso; grasso, obeso, pingue **3.** *Sin.* ampio, capace, comodo, copioso, esteso, lato, vasto; abbondante, aperto; distanziato, sgombro | *Contr.* angusto, chiuso, piccolo, ristretto, scarso, scomodo, stretto | allargare, ampliare, aprire, dilatare, distendere, espandere, estendere, slargare **4.** *Sin.* generoso, grandioso, liberale, munifico, prodigo | *Contr.* avaro, gretto, meschino.

largùra [da *largo*; a. 1347] *sf. lett.* vasto spazio di terreno aperto.

làri [dal lat. *lar, -is*; a. 1566 *lare*] *sm. pl.* (raro nella forma sing., *lare*) nella religione romana, divinità protettrici della casa e della proprietà, le cui immagini erano oggetto di venerazione domestica insieme con quelle dei Penati e, a differenza di queste ultime, non venivano mai mosse dall'abitazione, anche se questa veniva abbandonata; in seguito furono considerati anche protettori delle città, dei crocicchi ecc. || *fig. scherz. tornare ai patri lari*, tornare a casa dopo una lunga assenza || **N.** larario, mani, penati.

lariàno [dal n. lat. del lago *Larius*; a. 1914] *agg.* di, del lago di Como.

làrice [lat. *larix, laricis*; a. 1320] *sm.* **1.** genere di alberi delle Conifere, a foglia caduca, largamente rappresentato, con una decina di specie, nelle zone temperate e fredde || in part. il *larice europeo* (*Larix decidua*), diffuso di preferenza in luoghi con clima continentale asciutto, con chioma a piramide e foglie aghiformi, coni piccoli, ovali e legnosi; dal tronco cola una resina detta *trementina* **2.** legno di larice, compatto, duro e resistente, usato per vari lavori di carpenteria.

laricéto [da *larice*; 1957] *sm.* bosco di larici.

Làridi (sing. *-e*) [dal n. del genere *Larus*; 1957] *sm. pl.* famiglia di uccelli dell'ordine Caradriformi, con ali lunghe e corpo slanciato, cui appartengono il gabbiano, il beccapesci ecc.

Larifórmi (sing. *-e*) [comp. di *laro* e *-forme*; 1969] *sm. pl. T.zool.* ordine di uccelli acquatici con ali lunghe e piedi palmati; tra essi i gabbiani e le rondini di mare.

laringàle [da *laringe*; 1957] **I** *agg.* **1.** *T.anat.* relativo alla laringe, proprio della laringe **2.** *T.fon.* glottidale **II** *sf. T.ling.* consonante laringale || **N.** I **1.** *Sin.* laringeo.

laringe [dal gr. *lárynx, láryngos*; a. 1642] *sf.* organo posto fra faringe e trachea, la cui cavità interna è rivestita di mucosa, che fa parte dell'apparato respiratorio dei Quadrupedi e, negli Anuri e nei Mammiferi, serve anche alla fonazione; nell'uomo ha la forma di un tronco di cono, con la base maggiore in alto; al suo interno pieghe della mucosa formano le corde vocali, che vibrando emettono i suoni || **N.** cartilagine cricoidea, cartilagine tiroidea, epiglottide, glottide, osso ioide, pomo d'Adamo | laringite. **TAV.** *fonetica...* 1.7; *anatomia* **p. 642** 12.3.

laringectomìa [comp. di *laringe* e *-ctomia*; 1912] *sf. T.med.* asportazione chirurgica della laringe.

laringèo o **larìngeo** [da *laringe*; 1875] *agg.* della laringe.

laringìte [comp. di *laringe* e *-ite*[1]; 1828 *laringitide*] *sf. T.med.* infiammazione acuta o cronica della laringe: *laringite difterica, catarrale, tubercolare.*

laringo- [dal gr. *lárynx, láringos*, laringe] *primo elem.* che, in parole composte della terminologia medica, vale "laringe": **laringografìa, laringoiàtra, laringoiatrìa, laringoiàtrico, laringologìa, laringològico, laringòlogo, laringopatìa, laringoscopìa, laringoscòpico, laringoscòpio, laringospàsmo, laringostenòsi, laringotomìa.**

laringòfono [comp. di *laringo-* e *-fono*; 1942] *sm.* apparecchio costituito da una coppia di microfoni, che si appoggiano ai lati del collo per trasformare le vibrazioni dell'apparato fonatorio in impulsi elettrici, usato tra l'altro in radiotelefonia in ambienti in cui la ricezione è disturbata da forti rumori, come sugli aerei.

laringotracheìte [comp. di *laringo-* e *tracheite*; 1952] *sf.* infiammazione acuta e cronica della laringe e della trachea.

làro [dal lat. tardo *larus*; sec. XIV] *sm. non com.* gabbiano.

làrva [dal lat. *larva*; 1319 nel senso 6] *sf.* **1.** negli animali soggetti a metamorfosi, come insetti e anfibi, l'individuo nel periodo tra l'uscita dall'uovo e la fine dello sviluppo, quando presenta caratteri completamente diversi da quelli che avrà da adulto: *il bruco è la larva della farfalla* **2.** persona magra e macilenta, molto deperita: *dopo i lunghi anni di prigionia, era ridotto a una larva*; *è la larva di se stesso*, l'ombra di se stesso **3.** individuo privo delle doti che il suo ruolo richiederebbe, dalla personalità inesistente: *una larva di ministro* **4.** nelle credenze degli antichi Romani, spirito maligno, anima di un malvagio defunto **5.** *per estens. poet.* fantasma, spettro **6.** *arc. poet.* maschera || **N.** **1.** bruco, crisalide **2.** *Sin.* ombra, scheletro, spettro. **TAV.** *zootecnia* 7.3, 9.

larvàle [dal lat. tardo *larvālis*; 1884] *agg.* **1.** di larva: *stadio larvale*, il primo stadio di sviluppo post-embrionale degli animali soggetti a metamorfosi **2.** *fig.* che non è ancora chiaramente definito, di cui non si intravede ancora la forma finale: *il progetto di ricostruzione è tuttora allo stadio larvale.*

larvàre [lat. tardo *larvāre*; a. 1502] *tr. raro lett.* mascherare.

larvàto (*pps.* di *larvare*) [a. 1508] *agg.* **1.** ingannevolmente presentato con una forma che ha lo scopo di celare la verità o la realtà: *la sua è un'avversione larvata di gentilezza*; *cortesia larvata*, solo apparente **2.** presentato in modo non esplicito, indiretto: *allusioni, minacce larvate, un larvato rimprovero* || **larvataménte** *avv.* || **N.** *Sin.* apparente, coperto, mascherato, velato | *Contr.* chiaro, diretto, esplicito, manifesto.

larvicida [comp. di *larva* e *-cida*; 1957] *sm.* sostanza che uccide le larve.

larvifórme [comp. di *larva* e *-forme*; 1957] *agg.* a forma di larva.

laṣàgna [lat. volg. **lasănia*; a. 1306] *sf. T.cuc.* larga striscia di pasta sfoglia all'uovo; spesso *pl.*: *un piatto di lasagne al forno*; *lasagne verdi*, impastate con l'aggiunta di spinaci lessati || *accr.* lasagnóne || **N.** cannellone, fettuccina, maccheroni, tagliatella. **TAV.** *alimentazione* 1.6.

laṣagnòlo [da *lasagna*; a. 1755 *lasagnuolo*] *sm. dial.* matterello.

laṣagnóne (*accr.* di *lasagna*) [1566] *sm. fig. region. fam.* uomo grande e sciocco; bietolone.

làsca [dal longob. *aska*, cenere; 1319] *sf.* nome di diversi pesci d'acqua dolce dei Ciprinidi (*lasca bianca, rosata*), con corpo snello e affusolato, che si nutrono di insetti e piante acquatiche e hanno carni commestibili, ma piene di spine e non molto pregiate || *dim.* laschétta.

lascàre (pres. *làsco, làschi*) [lat. tardo **laxicāre*; 1715] *tr.* **1.** *T.mar.* allascare **2.** *non com.* allentare.

laschità [da *lasco*; sec. XIV] *sf. ant.* viltà, pigrizia.

lasciapassàre [comp. di *lascia(re)* e *passare*; 1825] *sm. inv.* permesso scritto rilasciato da un'autorità competente, che consente di avere accesso a luoghi in cui normalmente è vietato l'ingresso || *fig.* possibilità di accedere a una data condizione: *un diploma è un lasciapassare per il mondo del lavoro.*

lasciàre (pres. *làscio*) [lat. *laxare*, allargare; a. 1250 *lassare* nel senso 6] **I** *tr.* **1.** cessare di tenere, di premere, di reggere; abbandonare una presa: *lasciare il manubrio, il volante, l'acceleratore, lasciami il braccio* || se l'oggetto è un essere umano, cessare di trattenere: *lascialo, farà tardi* **2.** non portare con sé, non prendere, volontariamente o involontariamente: *lasciare il portafoglio a casa, lascio qui questo libro; prendere o lasciare*, alternativa che si pone a chi è incerto in una scelta o in un acquisto || far rimanere, non togliere, non portare via: *hanno rubato i documenti ma mi hanno lasciato i soldi, mi lasci l'auto oggi pomeriggio?* **3.** dare, consegnare: *se non mi trovi, lascia un messaggio a mia madre* || *lasciar detto, scritto*, affidare a un biglietto o a un'altra persona una comunicazione in assenza del destinatario; in part. l'oggetto può rappresentare la conseguenza, il risultato della propria presenza, del proprio comportamento o di una propria azione: *lasciare un'impronta, passare senza lasciar traccia, lo schiaffo gli ha lasciato il segno delle cinque dita, lunghi anni di guerra hanno lasciato il segno in questo paese, la liquerizia lascia un buon sapore in bocca* || dare in consegna, affidare dovendosi allontanare: *ti lascio le chiavi mentre sono via, lasciare i bagagli in deposito* **4.** dare, cedere, concedere: *me l'ha lasciato per pochissimo*, me l'ha venduto a basso prezzo; *lasciare la parola* **5.** far rimanere qualcuno o qualcosa in una determinata condizione, in un certo stato: *lasciare nel dubbio, lasciare in pace, lasciare qualcuno da solo, in buona compagnia, lasciare qualcuno contento, preoccupato; lasciare fuori qualcuno o qualcosa*, escludere; *lasciare in ordine, lasciare la porta aperta, lasciare in sospeso; lasciare a metà*, non concludere; *lasciare le cose come sono*, non cercare di cambiarle; *è una cosa che lascia il tempo che trova*, è un intervento che non muta la situazione **6.** abbandonare qualcuno o qualcosa, separarsene andando via: *ti lascio perché è tardi, il rimorso non lo lascia mai, lasciare la famiglia, il proprio paese; lasciare il marito, la fidanzata*, interrompere i rapporti; *lasciare il mondo*, ritirarsi a vita monastica; *lasciare la tonaca*, spretarsi; *il nostro amico ci ha lasciato, eufem.* è morto; *lasciare in asso qualcuno*, abbandonarlo e andarsene; *lasciare qualcuno o qualcosa da parte*, non occuparsene; *il treno ha lasciato la stazione, lasciò la via maestra e prese la scorciatoia* || *ogni lasciata è persa*, ogni occasione non colta è perduta **7.** smettere, cessare: *lasciare il lavoro, gli studi; lett. disus.* con *di* e l'infinito: *lasciò di dettare* **8.** nella forma *lasciarci*, perdere, rimetterci: *lasciarci la vita, la pelle* e, scherz., *le penne; ci ha lasciato un occhio in quella guerra* **9.** assegnare per testamento: *lasciare tutto ai poveri* **10.** conservare, riservare: *lasciatemi qualcosa da mangiare, questo discorso lasciamolo per un'altra occasione* || **rifl.** *lasciarsi andare*, cadere nell'apatia e nel disinteresse, trascurarsi: *dopo la disgrazia si è lasciato completamente andare; lasciarsi andare all'ira, alla disperazione*, abbandonarsi, perdere il controllo || **rifl. indir.** *lasciarsi dietro, alle spalle qualcuno*, superarlo: *ha fatto carriera e si è lasciato dietro tutti gli altri* || **rec.** interrompere una relazione amorosa: *si sono lasciati dopo sei anni* **II 1.** seguito da un verbo all'infinito o da *che* e un verbo al congiuntivo, ha funzione di causativo (V. FARE): *lascialo dire, lascia che faccia come vuole, lasciar capire, intendere; lasciar vivere qualcuno*, non disturbarlo o importunarlo; *lasciar andare qualcuno*, non trattenerlo; *lasciar andare qualcosa*, trascurare, evitare: *lascia andare le spiegazioni; lasciar andare un colpo*, spararlo; *lasciar correre*, non correggere o non punire; *lasciar perdere qualcuno o qualcosa*, non occuparsene, non darvi peso; *lasciar stare qualcuno*, non disturbarlo; *lasciar stare qualcosa*, non occuparsene o smettere di toccarla **2.** *lasciare a desiderare*, non soddisfare: *la preparazione degli studenti lascia parecchio a desiderare* || **N.** I *Sin.* abbandonare, allentare la presa, cedere, mollare **2.** *Sin.* dimenticare, perdere **3.** *Sin.* affidare, consegnare **6.** *Sin.* interrompere, rinunciare, troncare; licenziarsi | *Contr.* continuare, proseguire | **rec.** *Sin.* dividersi, separarsi.

lasciatùra [da *lasciare*; 1853] **sf.** *T.tip.* omissione di una o più parole, di una o più righe del testo, fatta dal compositore per inavvertenza.

làscio (pl. *-sci*) [da *lasciare*; a. 1348] **sm.** *arc.* lascito.

làscito [da *lasciare*; a. 1311] **sm.** legato fatto per testamento: *fece molti lasciti ai poveri.*

lascìvia [dal lat. *lascīvia*; a. 1340] **sf.** abbandono a una sensualità non controllata, o a una licenziosità eccessiva || **N.** *Sin.* dissolutezza, impudicizia, sensualità, LUSSURIA | *Contr.* pudore, verecondia.

lascìvo [dal lat. *lascīvus*; a. 1306 nel senso 2] **agg. 1.** che manifesta lascivia o che è pieno di lascivia: *uomo lascivo, spettacolo lascivo* **2.** *poet. arc.* capriccioso, irrequieto **3.** *lett.* incline || *dim. lett.* lascivétto || **lascivaménte avv.** || **N.** impudico, lussurioso, sensuale.

làsco (pl. *-schi*) [lat. volg. **lascus*, class. *laxus*; sec. XIV nel senso 2; a. 1508 nel senso 1] **I agg. 1.** *T.mar.* di cavo o manovra, non ben tesi; *navigare al gran lasco*, andatura della navigazione a vela, con vento quasi in poppa **2.** *fig. arc.* rilassato, e *per estens.* pigro, vile: *morale lasca* **II sm.** *T.mecc. non com.* spazio libero tra due parti di un meccanismo; gioco. **TAV. *vela* p. 1342** 4.7.

làser [acronimo di *L(ight) A(mplification by) S(timulated) E(mission of) R(adiation)*, amplificazione della luce mediante emissione stimolata di radiazioni; 1962] **sm. inv. 1.** dispositivo che permette di ottenere fasci molto concentrati di luce, generando radiazioni tutte della stessa frequenza e in fase tra loro, utilizzato in vari campi scientifici e tecnologici, e anche in biologia e medicina, per interventi di estrema precisione su superfici ridottissime **2.** *raggio laser*, il fascio di luce emesso da tale apparecchio. **TAV. *astronautica* p. 655** 6.2.

laserfòto [comp. di *laser* e *foto(grafia)*; 1980] **sf. inv.** fotografia trasmessa a distanza per mezzo di apparecchi a raggi laser || la tecnica con cui si realizza tale trasmissione.

laserìsta [da *laser*; 1985] **s.** addetto al funzionamento di apparecchiature a raggi laser.

laserterapìa [comp. di *laser* e *terapia*; 1984] **sf.** cura effettuata mediante l'impiego del laser.

làssa¹ [dal fr. *laisse*; 1883] **sf.** strofa della poesia epica medievale francese e spagnola, composta di un numero vario di versi uguali, decasillabi o dodecasillabi che hanno tutti una sola rima o una sola assonanza. **Q.T.** *metrica.*

làssa² [dal fr. ant. *laisse*; 1532] **sf.** *arc.* **1.** guinzaglio **2.** muta o coppia di cani **3.** lo sguinzagliamento dei cani all'inizio di una battuta di caccia.

lassàre tr., rifl., rec. e con funzione di causativo, *ant. lett.* o *dial.* V. LASCIARE.

lassatìvo [dal lat. *laxatīvus*; sec. XIV] **I agg.** *T.med.* che ha effetto moderatamente purgativo, facilitando le funzioni intestinali: *farmaco ad azione lassativa* **II sm.** purgante che esercita una leggera azione.

lassézza [da *lasso¹*; 1342] **sf.** *lett.* stanchezza, fisica o spirituale.

lassìsmo [da *lasso²*; 1834 nel senso 2] **sm. 1.** tendenza a un'applicazione non rigida di norme e leggi, a un atteggiamento eccessivamente indulgente e accomodante, che si accompagna generalmente a incuria e assenteismo **2.** *T.teol.* sistema morale sostenuto dai gesuiti agli inizi del Seicento, poi condannato dal Sant'Uffizio, secondo cui in caso di conflitto tra la legge morale e la propria coscienza bisogna seguire quest'ultima, nel caso in cui esista una probabilità, anche minima, che quella legge morale non esista.

lassìsta [da *lassismo*; 1834 come sm.] **I agg.** improntato a lassismo: *un atteggiamento lassista* **II s.** che segue o si uniforma al lassismo.

lassità [dal lat. *laxitas, -ātis*; a. 1755] **sf. 1.** *ant.* fiacchezza, stanchezza **2.** *T.med.* rilassamento di un tessuto.

lassitùdine [dal lat. *lassitūdo, -inis*; sec. XIV] **sf.** *ant. lett.* stanchezza, sfinimento.

làsso¹ [lat. *lassus*; 1288 nel senso 2] **agg.** *lett. ant.* **1.** stanco, spossato, fisicamente e spiritualmente **2.** misero, infelice, spec. in esclamazioni: *lasso!, ohi, me lasso!.*

làsso² [lat. *laxus*; a. 1374] **agg. 1.** *non com.* allentato, rilassato **2.** *T.biol.* di organi o tessuti, che hanno scarsa aderenza o compattezza **3.** che è incline ad accomodamenti o compromessi: *coscienza lassa* || **N. 3.** *Contr.* rigido.

làsso³ [dal lat. *lapsus*, scorrimento; 1771] **sm.** periodo, spazio di tempo, solo nella loc. *lasso di tempo*: *dopo un breve lasso di tempo.*

lassù [comp. di *là* e *su*; sec. XIII *la su*] **avv.** là in alto: *fin lassù non ci arrivo, prendimi tu il libro, sono già arrivati lassù in cima* || là a nord: *lassù in Lapponia è molto buio d'inverno* || *fig.* in paradiso, in cielo: *ci rivedremo lassù* || **N.** *Contr.* laggiù.

làstex ® [n. commerciale; 1950] **sm. inv.** tipo di tessuto elastico usato spec. per costumi da bagno.

làstra [etim. inc.; 1282] **sf. 1.** pezzo di materiale, rigido o semirigido, di spessore limitato e di una certa estensione: *lastra di ghiaccio, di pietra, di vetro* **2.** nel linguaggio com., sin. di radiografia: *devi farti le lastre, farò vedere le lastre al medico* **3.** *T.fot. lastra fotografica*, sottile piastra di vetro, su una faccia della quale è applicato uno strato di emulsione sensibile, ormai usato come negativo solo dai fotografi professionisti e largamente sostituito dalle pellicole **4.** *lastra nucleare*, speciale tipo di lastra fotografica, su cui è applicata un'emulsione che permette di evidenziare particelle con carica elettrica, usata in fisica nello studio di tali particelle **5.** *T.tip.* matrice per la stampa di metallo, plastica o gomma, detta anche *stereotipia* o, se sottoposta a procedimento fotochimico, *cliché* || *dim.* lastrìna; *accr.* lastróne (*sm.*) || **N.** *Sin.* lamina, piastra, placca. **Q.T.** *fotografia, stampa..., vetro.*

lastràio (pl. *-ài*) [da *lastra*; 1957] **sm.** (f. *-a*) calderaio che esegue lavori in lamiera sottile.

lastricàre (pres. *làstrico, làstrichi*) [da *lastrico*; sec. XIII] **tr.** pavimentare una strada con lastre di pietra || *prov. la strada dell'inferno è lastricata di buone intenzioni*, a molti buoni propositi non fanno seguito i fatti || **N.** *Sin.* ammattonare, selciare.

lastricàto [da *lastricare*; sec. XIII] **sm.** pavimentazione costituita da lastre o blocchi di pietra posti su uno strato di malta, usata per strade, piazze e cortili || **N.** *Sin.* lastrico, selciato. **TAV.** *abitazione* 2.18.

lastricatóre [da *lastricare*; a. 1555] **sm.** (f. *-trice*) addetto alla lastricatura.

lastricatùra [da *lastricare*; a. 1580] **sf.** il complesso delle operazioni del lastricare.

làstrico (pl. *-ci* e più com. *-chi*) [lat. med. *astracum*; a. 1435] **sm. 1.** l'insieme delle lastre con cui è pavimentata una strada; *fig. ridursi, trovarsi sul lastrico* e *buttare, gettare, lasciare qualcuno sul lastrico*, essere o ridurre in completa miseria **2.** *T.edil.* e *T.giur. lastrico solare*, in un edificio, tetto a copertura piana e praticabile.

lastróne (*accr.* di *lastra*) [a. 1445 nel senso 1; 1940 nel senso 2] **sm. 1.** grossa lastra: *lastrone di ghiaccio* **2.** *T.alp.* parete inclinata di roccia, quasi completamente priva di appigli e di fenditure || **N.** piodessa.

laṣurite V. LAZURITE.

latèbra [dal lat. *latĕbra*; prima metà sec. XIV] **sf.** *poet.* (spec. *pl.*) luogo oscuro e riposto, anche *fig.*: *le latebre del cuore umano*, le profondità, gli abissi || **N.** *Sin.* nascondiglio, recesso.

latebróso [dal lat. *latebrōsus*; 1485 ca. nel senso 2] **agg.** *lett. arc.* **1.** oscuro, nascosto **2.** pieno di nascondigli.

latènte [dal lat. *latens, -ĕntis*; 1321] **agg. 1.** che rimane nascosto, che esiste ma non si manifesta esteriormente: *odio latente*; *malattia latente*, di cui non si vedono i sintomi **2.** *T.biol.* *vita latente*, stato letargico o di morte apparente **3.** *T.fis.* *calore latente*, quantità di calore ceduto o assorbito da un sistema durante un cambiamento di stato o un processo, senza che la sua temperatura vari ‖ **N.** *Sin.* NASCOSTO.

latènza [da *latente*; a. 1455] **sf. 1.** condizione di ciò che è latente: *tempo di latenza*, tempo che intercorre tra la reazione a uno stimolo e lo stimolo stesso **2.** *T.psican.* *periodo di latenza*, periodo di vita che va dai 4-5 anni ai 12 circa, in cui il bambino sopisce gli interessi sessuali ‖ *per estens.* ritardo della sessualità dell'adulto a manifestarsi in maniera aperta.

lateràle [dal lat. *laterālis*; 1490] **I agg. 1.** che è situato in corrispondenza di un lato o di entrambi i lati, rispetto a un punto di riferimento principale: *via, ingresso laterale, le porte laterali di una chiesa*; *ramo, discendenza laterale*, in genealogia, in linea non diretta **2.** *T.sport.* nel calcio: *mediano laterale*, il mediano destro o sinistro; *linea laterale*, quella che delimita il campo di calcio nel senso della lunghezza; *fallo laterale*, quando la palla esce dalla linea laterale del campo; *rimessa laterale*, rilancio in campo della palla dalla linea laterale **3.** *T.ling.* detto di suono che si articola facendo aderire la parte anteriore della lingua alla zona anteriore del palato e lasciando uscire l'aria dalle aperture laterali; in italiano sono laterali i foni [l] e [ʎ] **4.** *fig.* accessorio, di secondaria importanza: *questione laterale* ‖ **lateralménte** **avv.** da un lato o da ambo i lati, di fianco; anche nella *loc. prep.* *lateralmente a* **II sf.** consonante laterale: *il digramma gl e la lettera l in italiano sono laterali* ‖ **sm.** *T.calc.* *non com.* giocatore che agisce prevalentemente sulle fasce.

lateralità [da *laterale*, sul modello del fr. *latéralité*; a. 1926] **sf. 1.** l'essere laterale, lo stare ai lati **2.** *T.fisiol.* preferenza nell'usare un lato del corpo per compiere atti realizzabili con una sola mano, un solo piede, o un solo occhio **3.** *T.fisiol.* asimmetria funzionale dei due emisferi cerebrali, per cui le facoltà più analitiche e razionali (per es. il linguaggio) sono localizzate nell'emisfero sinistro, quelle più sintetiche e immaginative nell'emisfero destro.

lateranènse [dal n. geogr. *Laterano*; a. 1642 nel senso 2] **agg. 1.** che si riferisce alla basilica di S. Giovanni in Laterano in Roma e ai palazzi a essa annessi: *musei lateranensi* **2.** che ha avuto luogo in Laterano: *concili lateranensi*; *patti lateranensi*, quelli stipulati nel 1929 tra la Santa Sede e il Regno d'Italia.

làtere V. A LATERE.

laterite [comp. di *later(izio)* e *-ite*²; 1855] **sf.** roccia sedimentaria argillosa di colore rossastro, costituita da idrossidi di alluminio e di ferro; *suolo a lateriti*, tipico delle regioni tropicali, di color mattone, costituito da materiali argillosi, che indurisce irreversibilmente una volta disidratato.

laterìzio (pl. *-zi*) [dal lat. *latericius*; 1303 *laterìza* come agg. f.] **I sm.** (spec. *pl.*) nome generico di materiale da costruzione, costituito da argilla con quantità variabili di altre sostanze: *laterizi per costruzione*, mattoni e sim.; *laterizi per coperture*, tegole, coppi e sim. **II agg. 1.** fatto di terracotta, di mattoni: *materiale laterizio* **2.** che riguarda la fabbricazione dei mattoni: *industria laterizia.* **Q.T.** ***edilizia*** **TAV.** ***edilizia*** **p. 666** 5.

laterizzazióne [dal lat. *later, -eris*; 1936] **sf.** *T.geol.* processo naturale, tipico delle zone tropicali umide, di disgregazione di rocce superficiali ricche di silicati, con conseguente formazione di suolo a lateriti.

làtero- [dal lat. *latus, -eris*, fianco] ***primo elem.*** che, in parole composte della terminologia medica, vale "laterale", "relativo al fianco" (per es. *lateroflessione*): **laterodorsàle**.

lateroflessióne [comp. di *latero-* e *flessione*; 1957] **sf.** *T.med.* deviazione laterale di un organo, che risulta piegato su di un lato rispetto alla posizione normale: *lateroflessione uterina.*

latìbolo [dal lat. *latibulum*; a. 1342] **sm.** *ant.* nascondiglio, recesso.

làtice o **làttice**¹ [dal lat. *latex, -ĭcis*; 1869] **sm.** liquido denso e biancastro, simile al latte, che fuoriesce da incisioni praticate su certi tipi di piante, formato da resine, cere ecc.

laticìfero o **latticìfero** [comp. di *latice* e *-fero*; 1869] **I agg.** *T.bot.* detto di cellula o di aggregato cellulare che contiene latice **II sm.** *T.bot.* aggregato cellulare che contiene latice.

laticlàvio (pl. *-vi*) [dal lat. *laticlavium*; a. 1569 *latoclavo*] **sm. 1.** *T.stor.* veste listata di porpora, propria dei senatori romani e poi anche dei membri delle famiglie senatorie **2.** *per estens.* *scherz.* oggi, la dignità di senatore.

latifòglio (pl. *-gli*) [dal lat. *latifŏlium*; 1476] **agg.** *T.bot.* che ha foglie larghe ‖ anche **sf.** *latifoglia*, albero latifoglio (come il castagno, l'olmo, il faggio ecc.) in contrapposizione ad *aghifoglia*; spec. *pl.*: *bosco misto di conifere e latifoglie.*

latifondista [da *latifondo*; a. 1847] **s.** proprietario d'uno o di più latifondi.

latifóndo [dal lat. *latifundium*; sec. XIV] **sm.** vasto podere, spesso a coltura estensiva, ma anche lasciato incolto o adibito a pascolo, appartenente a un solo proprietario, diffuso soprattutto nell'Italia meridionale, oggi scomparso in seguito alle riforme economiche del dopoguerra.

latimèria [dal n. proprio E.D. *Courtenay-Latimer*, naturalista ingl.; 1957] **sf.** pesce dei Celacantiformi molto raro, vivente spec. nel mare del Madagascar.

latineggiàre (pres. *-éggio*) [da *latino*; 1560] **intr.** (aus. *avere*) usare, nel parlato o nello scritto, voci, espressioni, costrutti sintattici propri del latino: *latineggiare nello stile.*

latinìsmo [da *latino*; a. 1612] **sm.** voce, costruzione, o anche uso di una parola con un certo significato, propri del latino e introdotti in un'altra lingua: *latinismo lessicale, semantico, sintattico.*

latinista [da *latino*; 1735] **s.** studioso di lingua e letteratura latina.

latinità [dal lat. *latinitas, -ātis*; a. 1498 nel senso 2] **sf. 1.** l'appartenenza o la conformità al mondo e alla tradizione latine: *la latinità di una lingua, di una cultura* **2.** la lingua e la letteratura latine, e *per estens.* la cultura, il mondo latino: *latinità classica, aurea, un autore della tarda latinità.*

latinizzàre [dal lat. tardo *latinizāre*; a. 1600 nel senso 2] **tr. 1.** rendere conforme alla civiltà e alla cultura latine: *Cesare latinizzò la Gallia* **2.** *in part.* dare forma latina a una voce o costrutto straniero: *i Romani latinizzarono molte parole greche.*

latinizzazióne [da *latinizzare*; 1885] **sf.** atto o effetto del latinizzare.

latin lover (ingl., pr. ['lætɪn ˌlʌvə]; pr. it. ['lɛtin 'lɔver]) [letter. amante latino; 1963] **loc. m. inv.** amante con particolari doti di fascino, galanteria e virilità, quali si attribuiscono, secondo uno stereotipo diffuso, ai maschi dei paesi latini ‖ **N.** *Sin.* seduttore.

latìno [dal lat. *Latīnus*; a. 1294 come sm. nel senso 2] **I agg. 1.** dei popoli anticamente stanziati nel Lazio: *la lega latina si oppose agli Etruschi* ‖ *per estens.* di Roma, degli antichi Romani e delle regioni da loro conquistate: *civiltà, letteratura latina, mondo latino* **2.** dei popoli eredi della civiltà romana: *paesi latini*, Italia, Francia, Spagna, Portogallo e Romania; *America latina*, l'America centro-meridionale; *carattere, temperamento latino*, che si infiamma facilmente; *Chiesa latina*, la Chiesa cattolica romana, in opposizione alla Chiesa greca; *rito latino*, la liturgia della Chiesa latina; *croce latina*, croce in cui il braccio orizzontale, più corto, s'inserisce a due terzi dell'altezza di quello verticale; *Quartiere latino*, a Parigi, il quartiere dell'università e degli intellettuali **3.** *T.mar.* *vela latina*, vela di forma triangolare, assicurata per il lato più lungo a un'antenna **4.** *arc.* chiaro, intelligibile, facile: *sì che raffigurar m'è più latino* (Dante) **5.** *arc.* italiano: *le latine favelle* (Dante) **6.** nella loc. avv. *alla latina*, secondo l'uso, la maniera latina: *pronunciare una parola alla latina* ‖ **latinaménte** **avv.** secondo le norme latine **II sm. 1.** (f. *-a*) abitante del Lazio antico **2.** (solo *sing.*) lingua latina: *studiare, sapere il latino*; come materia d'insegnamento: *esame, professore di latino*; *versione di latino*, esercizio di traduzione scritta **3.** *fig.* *disus.* *capire, non capire il latino*, capire o meno quello che viene fatto chiaramente intendere ‖ *dim.* latinétto, latinùccio; *pegg.* latinàccio ‖ **N.** II **2.** arcaico, classico, cristiano, ecclesiastico, imperiale, maccheronico, medievale, scientifico, umanistico, volgare | latineggiare, latinizzare. **TAV.** *alfabeti* 2; ***vela*** **p. 1343** 5.1.

latìno- [dal lat. *Latīnus*] ***primo elem.*** che, in parole composte dotte, vale "relativo al popolo, alla lingua o alla cultura latine" o "relativo a paesi di lingua romanza" (per es. *latino-americano*).

latino-americàno [comp. di *latino-* e *americano*; 1970] **I agg.** dell'America latina: *letteratura latino-americana* **II sm.** (f. *-a*) abitante o nativo dell'America latina.

latinòrum [letter. dei latini] **sm. inv.** *scherz.* voce formata popolarmente, per indicare la lingua latina usata in modo pedantesco o incomprensibile: *che vuol ch'io faccia del suo latinorum?* (Manzoni).

latinùccio (pl. *-ci*) [da *latino*; a. 1560] **sm.** *scherz.* primi semplici esercizi di traduzione latina; primi rudimenti di grammatica latina per principianti.

latirìsmo [dal lat. scient. *Lathirus*; 1929] **sm.** *T.med.* malattia che si manifesta con disturbi al sistema nervoso, frequente in Asia e in Africa, dovuta all'uso prolungato di certe leguminose, del genere *Lathyrus* (cicerchie).

làtiro [dal lat. *lathyron*, gr. *láthyros*; a. 1789] **sm.** *T.bot.* genere di piante delle Papilionacee, alcune delle quali vengono coltivate perché producono semi commestibili (per es. il pisello).

latitànte (*ppr.* di *latitare*) [1723] **I agg.** *T.giur.* che si sottrae deliberatamente alla giustizia, nascondendosi o fuggendo: *i responsabili sono tutti latitanti* **II s.** individuo latitante: *la caccia ai latitanti ha tenuto impegnate le forze dell'ordine* ‖ **N.** I *Sin.* catturando II *Sin.* clandestino, contumace.

latitànza [da *latitante*; a. 1563] **sf.** *T.giur.* **1.** stato e condizione di chi è latitante: *si è costituito dopo una lunga latitanza* **2.** *per estens.* assenza: *la latitanza delle istituzioni.*

latitàre (pres. *làtito*) [dal lat. *latitāre*; a. 1504 nel senso 2] **intr.** (aus. *avere*) **1.** mancare, non esserci: *la giustizia latita* **2.** *arc.* restare nascosto.

latitudinàle [da *latitudine*; 1952] **agg.** che concerne la latitudine ‖ **latitudinalménte** **avv.** in senso latitudinale.

latitùdine [dal lat. *latitūdo, -inis*; 1282] **sf. 1.** *T.geogr.* coordinata geografica che esprime la distanza di un punto posto sulla superficie terrestre dall'Equatore, misurata in gradi, primi e secondi sull'arco di meridiano passante per quel punto, distinta in *latitudine nord*, se il punto è nell'emisfero boreale, e *latitudine sud*, se il punto è nell'emisfero australe **2.** *T.astr.* *latitudine celeste*, distanza angolare di un astro sulla sfera celeste dal piano dell'eclittica **3.** *fig.* zona, area geografica, in relazione al clima: *alle nostre latitudini non crescono certe piante* **4.** *non com.* estensione in larghezza o in ampiezza || *fig.* tolleranza, ampiezza di vedute: *qui bisogna giudicare con una certa latitudine* || **N.** grado, longitudine, meridiano, parallelo. **Q.T.** *geografia.*

làto[1] [lat. *latus*; a. 1292] ***agg.*** *lett.* esteso in larghezza, ampio; *fig. com. in senso lato*, non rigorosamente proprio e letterale.

làto[2] [lat. *latus*; 1193] ***sm.*** **1.** tutta la parte destra o sinistra di una persona, di un animale o di una cosa: *è paralizzato dal lato sinistro, girarsi dall'altro lato, è crollato un lato dell'edificio; in questa foto è inquadrato di lato*, di profilo; *dal lato del padre, della madre*, dal ramo paterno o materno della genealogia; *attaccarono l'esercito nemico dal lato sinistro, ai lati del palazzo c'erano le scuderie* || nelle loc.: *a lato, di lato, da un lato*, spesso è implicito il confronto con l'asse longitudinale o con lo spazio centrale: *gettarsi di lato, mettersi da un lato ad aspettare*; *T.sport.* nel calcio: *mandare la palla a lato* o *mettere a lato*, inviarla oltre la linea laterale del campo, commettendo fallo **2.** fianco: *dormire sul lato destro, sedere a lato di qualcuno* **3.** superficie di un oggetto che abbia spessore limitato rispetto all'estensione: *il lato di un foglio, di una moneta, su questo lato del disco è inciso il Requiem di Fauré* **4.** *T.geom.* ciascuno dei segmenti che formano il perimetro d'un poligono o ciascuna delle due semirette che formano un angolo, o, in un cono, il segmento che unisce il vertice a un punto qualsiasi della circonferenza di base || *per estens.* in riferimento a oggetti: *i quattro lati di un tavolo* **5.** *fig.* aspetto, punto di vista: *vedere tutti i lati di una questione, dal lato politico, morale*; *da un lato, per un lato*, sotto un certo punto di vista: *da un lato il trasferimento non mi dispiace*; *da un lato... dall'altro*, in frasi correlative; *da, sotto tutti i lati*, da ogni punto di vista || *loc. avv. d'altro lato*, d'altronde || **N. 1.** *Sin.* ala, banda, bordo, parte, zona | accanto, accosto, a fianco, allato, da parte, laterale, vicino **3.** *Sin.* faccia, superficie **4.** equilatero, quadrilatero **5.** *Sin.* aspetto, punto di vista | unilaterale. **TAV.** *geometria.*

latomìa o **latòmia** [dal lat. *latomiae* pl., gr. *latomíai* pl.; a. 1604] ***sf.*** *T.archeol.* cava di pietra in cui nell'antichità erano condannati ai lavori forzati schiavi, delinquenti o prigionieri di guerra: *le latomie di Siracusa.*

latóre [dal lat. *lātor, -ōris*; 1375 ca. *latrice*] ***sm.*** (f. *-trice*) chi si incarica di recapitare una lettera o un messaggio: *consegnare il denaro al latore della presente.*

-làtra [dal gr. *-látrēs*, da *latréuein*, servire, adorare] ***elem. term.*** che, in parole composte dotte, vale "persona che pratica un culto" (per es. *idolatra*).

latraménto [da *latrare*; a. 1292] ***sm.*** il latrare.

latràre [lat. *latrāre*; sec. XIII] ***intr.*** (aus. *avere*) **1.** detto di cani, abbaiare con forza o violenza: *vedendo avvicinarsi uno sconosciuto, gli alani cominciarono a latrare furiosamente* **2.** *fig. lett.* di persona, parlare con rabbia contro qualcuno o qualcosa, sbraitare || **N.** ringhiare, ABBAIARE.

latràto [lat. *latrātus*; 1353] ***sm.*** l'abbaiare forte e prolungato del cane.

latrèutico (pl. *-ci*) [dal gr. *latreutikós*; a. 1855] ***agg.*** che si riferisce alla latria: *culto latreutico, atto latreutico.*

latrìa [dal lat. tardo *latrīa*, gr. *latréia*, culto divino; 1321] ***sf.*** *T.teol.* nella religione cattolica, il culto che si rende solo a Dio, cioè alla Trinità o a ciascuna delle sue tre persone, contrapposto alla *dulia*, riservata ad angeli e santi || **N.** dulia, idolatria, iperdulia.

-latrìa [dal gr. *latrêia*, culto, adorazione] ***elem. term.*** che, in parole composte dotte, vale "culto", "adorazione" (per es. *autolatria, egolatria, idolatria*).

-làtrico [da *-latria*] ***elem. term.*** che forma agg. corrispondenti ai sostantivi in *-latra* e *-latrìa* (per es. *idolatrico*).

latrìna [lat. *lavatrīna*; sec. XIV] ***sf.*** locale di uso pubblico fornito di impianti igienici: *le latrine delle caserma, della stazione* || *per estens.* luogo lurido || **N.** *Sin.* cesso, gabinetto, ritirata.

latrocìnio (pl. *-ni*) [dal lat. *latrocĭnium*; sec. XIV] ***sm.*** ladrocinio.

làtta [lat. tardo *latta*; 1333 nel senso 1; 1869 nel senso 2] ***sf.*** **1.** lamiera sottile di ferro dolce, stagnata sulle due facce, usata specialmente per la fabbricazione di contenitori per alimenti, vernici ecc. **2.** *per meton.* recipiente di latta, in genere di forma parallelepipeda, usato perlopiù per liquidi infiammabili: *una latta di benzina, di olio* || *dim.* lattìna || **N. 1.** *Sin.* banda, bandone, lamiera, stagnata | lattoniere **2.** *Sin.* bidone.

lattàgogo o **lattagògo** o **lactagògo** (pl. *-ghi*) [da *latte*, sul modello di *galattagogo*; 1957] ***sm.*** e ***agg.*** *T.med.* detto di alimento che aumenta la secrezione di latte || **N.** *Sin.* galattagogo, galattogeno.

lattàio (pl. *-ài*) [dal lat. *lactārius*; 1640 *lattaro*] ***sm.*** (f. *-a*) chi vende in negozio o porta a domicilio il latte e i suoi derivati || **N.** latteria, latticini, lattivendolo.

lattaiòlo [da *latte*; 1957] ***sm.*** *T.alim.* dolce caratteristico di alcune località della Toscana e delle Marche, composta di latte, uova, zucchero e cannella, simile a una crema.

lattamìde [comp. di *latt(ico)* e *ammide*; 1957] ***sf.*** *T.chim.* ammide dell'acido lattico.

lattànte [dal lat. *lactans, -āntis*; a. 1333] **I** ***agg.*** che si trova nel periodo dell'allattamento, detto di bambini o di piccoli di mammiferi **II** ***s.*** bambino lattante || *scherz.* detto di giovane inesperto che si dà arie da adulto: *sbraita ma è ancora un lattante* || **N. II** *Sin.* neonato, poppante | allattare, balia, nutrice.

lattarìna [comp. dal lat. *lactarius*, relativo al latte e *-ina*, sul modello dell'ingl. *lactarine*; 1970] ***sf.*** *T.chim.* miscuglio gelatinoso a base di caseina, ammoniaca e cloruro di ammonio, usato come collante.

lattarìno v. LATTERINO.

lattàrio (pl. *-ri*) [dal lat. *lactarius*, da latte, che contiene latte, 1957] ***sm.*** *T.bot.* genere di funghi delle Agaricacee il cui cappello, giallo-arancione in alcune delle specie più comuni, contiene lattice.

lattàro [da *lattarino*; 1988] ***sm.*** *T.pesc.* pescatore di pesci lattarini.

lattàsi [comp. di *latt(osio)* e *-asi*; 1931] ***sf.*** *inv.* *T.chim.* enzima contenuto nei succhi intestinali, che ha la capacità di scindere una molecola di lattosio in una di glucosio e una di galattosio.

lattàto[1] [dal lat. *lactātus*; a. 1292] ***agg.*** *disus.* del colore del latte, oggi com. solo nell'espressione *bianco lattato.*

lattàto[2] [comp. di *latt(e)* e *-ato*; 1834] ***sm.*** *T.chim.* sale ed estere dell'acido lattico; in part. *lattato di calcio, di ferro*, usati in medicina.

lattazióne [dal lat. *lactatio, -ōnis*; 1955] ***sf.*** **1.** *T.fisiol.* periodo di tempo durante il quale le ghiandole mammarie secernono il latte **2.** quantità di latte prodotta da una vacca in un anno.

làtte [lat. *lac, lactis*; a. 1306] **I** ***sm.*** **1.** liquido bianco opaco, prodotto dalle ghiandole mammarie delle femmine dei mammiferi come nutrimento per i piccoli nel primo periodo di vita, costituito da un'emulsione di acqua e grassi, in cui sono disciolti zuccheri, proteine, vitamine, sali minerali ed enzimi || in funzione di *agg. inv.*, sempre posposto al s., del colore del latte: *bianco latte* **2.** *in part.* come alimento dei bambini lattanti e prodotto della secrezione lattea: *latte materno, della balia*; *latte artificiale*, latte di mucca sottoposto a particolari trattamenti e impiegato nell'alimentazione dei lattanti; *dare il latte*, allattare; *togliere il latte*, svezzare; *fratelli* (e *sorelle*) *di latte*, coloro che, senza essere figli della stessa madre, hanno avuto il latte dalla stessa balia; *figlio, figliolo di latte*, il bambino che è allattato dalla balia; *denti di latte*, quelli della prima dentizione, destinati a essere sostituiti dai denti definitivi; *vitellino, porcellino di latte*, non ancora svezzato || in vari modi di dire *fig.*: *succhiare qualcosa col latte*, ricevere un insegnamento o un sentimento sin dalla prima infanzia: *succhiò col latte l'odio per gli invasori*; *avere ancora il latte sulle labbra, puzzare di latte*, detto *iron.* di una persona giovane che si dà arie di adulto; *far venire il latte alle ginocchia*, annoiare; *scherz. il latte dei vecchi*, il vino || *latte di strega*, nome *pop.* della secrezione che può fuoriuscire dai capezzoli di alcuni neonati d'ambo i sessi per pressione manuale **3.** in rif. al latte prodotto da alcuni mammiferi e usato come alimento per l'uomo: *latte di mucca* o *vaccino, latte di capra, di pecora*; *latte magro* o *scremato, parzialmente scremato, intero*, vari tipi di latte bovino, distinti in base alla quantità di grassi che vi è stata lasciata; *latte a lunga conservazione* o *U.H.T.*, latte sottoposto a una particolare sterilizzazione (v. UPERIZZAZIONE); *latte in polvere*, da cui è stata eliminata quasi completamente l'acqua; *latte acido* o *fermentato*, coagulato per l'azione di particolari bacilli; *centrale del latte*, v. CENTRALE; *latte e miele*, v. LATTEMIELE; *caffè e latte*, v. CAFFELATTE; *fior di latte*, panna del latte e anche tipo di formaggio fresco, simile alla mozzarella **4.** in rif. a cibi o bevande a base di latte: *latte alla portoghese, latte brulé*, altri nomi del dolce di solito chiamato *crème caramel*; *latte di gallina*, bevanda energetica composta da latte, uova, zucchero, con l'aggiunta di liquore **5.** *per estens.* nome di bevande di colore bianco o biancastro: *latte di mandorle*, bevanda composta da acqua, impasto di mandorle e zucchero; *latte di soia*, liquido estratto dai semi di soia; *iron. latte di suocera*, nome di un liquore a forte gradazione alcolica || nome di altri liquidi di varia natura: *latte detergente*, liquido di varia composizione, usato in cosmetica come detergente per la pelle del viso e del corpo; *latte verginale*, usato come medicamento o cosmetico, a base di resine disciolte in acqua di rose; *latte di monte*, deposito calcareo fluido, presente in alcune caverne, di origine non definita **6.** liquido o umore lattiginoso stillato da alcune piante o in esse presente: *latte di fico*; *latte di cocco*, contenuto nella polpa delle noci di cocco **7.** in botanica, *albero del latte*, pianta diffusa in Sudamerica, dal cui tronco si estrae per incisione un lattice denso; *latte di gallina*, nome di alcune piante bulbose, tra cui l'aglio selvatico **II** nella ***loc. agg.*** *bianco latte*, del colore bianco del latte || nella *loc. m.* usata come *loc. agg. color latte*, del color del latte || **N. 1.** caglio, caseina, crema, fior di latte, lattice, panna, siero **2.** allattamento, colostro | poppare, succhiare **3.** acido, adattato, annacquato, artificiale, centrifugato, concentrato, condensato, evaporato, fermentato, fresco, inacidito, intero, magro, omogeneizzato, pastorizzato, scremato, sterilizzato, umanizzato, uperizzato, vaccino | cagliare, coagulare, mungere, raggrumarsi, scremare | caffelatte, farina lattea, lattaio, latteria, latticini, lattivendolo, lattosio. **Q.T.** *alimentazione.*

latteggiàre (pres. *-éggio*) [da *latte*; 1952] ***intr.*** (aus. *avere*) *non com.* stillare un umore latteo.

lattemièle o **làtte e mièle** [comp. di *latte* e *miele*; 1858] ***sm.*** **1.** latte misto a miele, solitamente bevuto caldo || *region.* panna montata **2.** *fig.* con uso attributivo, accomodante, dolce, benevolo: *mi ha parlato con una voce tutta latte e miele, dopo la sfuriata di ieri, oggi il principale era latte e miele.*

làtteo [dal lat. *lacteus*; a. 1375 nel senso 3] ***agg.*** **1.** di latte o a base di latte: *dieta lattea, regime latteo,* alimentazione basata esclusivamente o principalmente sul latte; *farina lattea,* usata per lo svezzamento dei bambini **2.** relativo all'allattamento o alla lattazione: *montata lattea,* l'inizio della secrezione del latte nelle puerpere; *febbre lattea,* aumento di temperatura che può presentarsi nelle puerpere insieme alla montata lattea; *crosta lattea,* lattime **3.** di colore o aspetto simile a quello del latte: *colorito latteo, carnagione lattea* **4.** *T.astr. Via Lattea,* denominazione comune della galassia cui appartiene il nostro sistema solare, la quale, nelle notti serene, ha l'aspetto di una striscia biancastra sulla volta celeste.

latterìa [da *latte*; 1663 *lattaria*] ***sf.*** **1.** pubblico esercizio, dove si vendono latte, latticini e altri prodotti alimentari **2.** stabilimento industriale dove viene raccolto e lavorato il latte.

latterìno o **lattarìno** [da *aterina,* con influsso di *latte*; sec. XIV] ***sm.*** **1.** nome di molte specie di piccoli pesci simili alle acciughe **2.** *pl.* pesci molto giovani || **N. 2.** *Sin.* bianchetti.

lattescènte [dal lat. *lactescens, -ĕntis*; 1828] ***agg.*** *lett.* di colore e di opacità lattea, spec. detto di liquidi: *il legno... filò sull'acqua lattescente* (D'Annunzio).

lattescènza [da *lattescente*; 1936] ***sf.*** *lett.* l'essere lattescente || **N.** *Sin.* opalescenza.

làttice[1] V. LATICE.

làttice[2] [dall'ingl. *lattice,* letter. reticolato; 1957] ***sm.*** *T.scient.* reticolo; struttura atomica o molecolare.

latticèllo (*dim.* di *latte*) [1911] ***sm.*** parte sierosa del latte che si ottiene quale residuo della lavorazione del burro.

latticemìa [comp. di (*acido*) *lattic*(*o*) ed *-emia*; 1952] ***sf.*** il contenuto di acido lattico nel sangue.

latticìfero V. LATICIFERO.

latticìno o **latticìnio** (pl. *-ni*) [dal lat. *lacticinium*; sec. XIV] ***sm.*** denominazione collettiva di tutti i prodotti alimentari ricavati dal latte. **Q.T.** *alimentazione.*

làttico (pl. *-ci*) [comp. di *latt*(*e*) e *-ico*; 1795] ***agg.*** **1.** *T.chim. acido lattico,* acido inodore, prodotto dalla fermentazione (*fermentazione lattica*) di sostanze zuccherine, come lattosio e glucosio, per l'azione di particolari microrganismi, detti *fermenti lattici*; è presente in alcuni alimenti e anche nel tessuto muscolare, in cui aumenta in seguito a sforzo fisico prolungato, determinando senso di fatica; preparato anche industrialmente, è usato in tintoria, in conceria e come solvente **2.** *caseina lattica,* ottenuta dal latte magro per precipitazione con acidi minerali.

lattièra [da *latte*; 1850] ***sf.*** brocca per servire il latte o recipiente per raccoglierlo dopo la mungitura.

lattièro [da *latte*; 1950] ***agg.*** relativo alla produzione, alla lavorazione o al commercio del latte || usato anche come primo elem. di agg. composti: *l'industria lattiero-casearia.*

lattìfero [dal lat. *lactifer*; a. 1698] ***agg.*** **1.** che produce latte **2.** che conduce latte: *dotto, canale lattifero,* canale escretore della ghiandola mammaria, detto anche *galattoforo.*

lattìfugo (pl. *-ghi*) [comp. di *latte* e *-fugo*; 1834] ***agg.*** e ***sm.*** detto di sostanza o rimedio con cui si arresta la secrezione di latte || **N.** *Sin.* galattofugo.

lattìgeno [comp. di *latte* e *-geno*; 1970] ***agg.*** che produce latte.

lattiginóso [da *latte*; sec. XIV *latticinoso* nel senso 2] ***agg.*** **1.** simile al latte per colore e densità, detto di liquidi e, *per estens.*, del cielo e di luci: *il lago aveva un aspetto lattiginoso, un'alba lattiginosa* **2.** detto di pianta, che produce lattice.

lattìme [da *latte*; 1353] ***sm.*** eczema seborroico presente sul cuoio capelluto dei bambini lattanti || **N.** *Sin.* crosta lattea.

làttimo [da *latte*; sec. XIV-XV] ***sm.*** vetro opaco simile alla porcellana, tipico dell'arte vetraria veneta || *per estens.* oggetto fabbricato con tale vetro.

lattìna (*dim.* di *latta*) [1973] ***sf.*** **1.** piccolo recipiente di latta, ermeticamente chiuso, di forma cilindrica o parallelepipeda, impiegato per contenere liquidi o bevande: *una lattina di aranciata, d'olio, birra in lattina* || *per meton.* la quantità di liquido contenuta: *bere due lattine di birra* **2.** *fam.* piccola imbarcazione di alluminio.

lattivéndolo [comp. di *latte* e *-vendolo*; 1869] ***sm.*** (f. *-a*) *non com.* chi vende latte || **N.** *Sin.* lattaio | latteria.

lattoalbumìna [comp. di *latte* e *albumina*; 1929] ***sf.*** proteina presente nel latte.

lattobacìllo [comp. di *latte* e *bacillo*; 1952] ***sm.*** *T.biol.* batterio capace di trasformare gli zuccheri in acido lattico, utilizzato nell'industria casearia per la produzione di latte acido e yogurt e anche in campo scientifico.

lattodensìmetro [comp. di *latte* e *densimetro*; 1952] ***sm.*** strumento graduato che serve per misurare la densità del latte.

lattogènẹsi [comp. di *latte* e *genesi*; 1970] ***sf.*** *T.biol.* inizio della produzione di latte subito dopo il parto || **N.** *Sin.* galattogenesi, galattopoiesi.

lattogenètico (pl. *-ci*) [comp. di *latte* e *genetico*; 1970] ***agg.*** e ***sm.*** detto di sostanza, gen. di natura ormonale, che favorisce la lattogenesi || **N.** *Sin.* lattogeno.

lattògeno [comp. di *latte* e *-geno*; 1957] ***agg.*** e ***sm.*** lattogenetico.

lattóne[1] [comp. di *latte* e *-one*; 1952] ***sm.*** *T.chim.* nome generico degli esteri interni degli acidi ossicarbossilici, presenti in natura e negli antibiotici.

lattóne[2] [da *latte*; 1789 come agg.] **I** ***sm.*** maialino di latte **II** ***agg.*** *disus.* di latte, rif. ad altri animali: *vitello lattone.*

lattóne[3] [da *latta*; 1899] ***sm.*** *tosc.* colpo dato sul cappello a mano aperta.

lattonière [da *latta*; 1883] ***sm.*** artigiano che esegue lavori con la latta, come tubi, grondaie ecc. || *impropr.* idraulico || **N.** *Sin.* stagnaio, stagnino.

lattónzolo [da *latte*; 1470] ***sm.*** animale che è ancora poppante, in particolare il maialetto da latte || **N.** *Sin.* lattone.

lattoscòpio (pl. *-pi*) [comp. di *latte* e *-scopio*; 1869] ***sm.*** strumento per misurare approssimativamente la quantità di grasso contenuta nel latte.

lattòṣio [dal fr. *lactose*; 1902] ***sm.*** *T.chim.* disaccaride contenuto nel latte, costituito da una molecola di glucosio e una di galattosio, detto anche *zucchero di latte,* usato in medicina come lassativo e nell'industria per l'argentatura degli specchi.

lattovàro [var. di *elettuario*; sec. XIV] ***sm.*** *arc.* elettuario; medicamento, medicina.

lattucàrio (pl. *-ri*) [da *lattuca,* var. ant. di *lattuga*; 1869] ***sm.*** lattice della lattuga, usato un tempo in medicina come sedativo o disintossicante.

lattùga [lat. *lactūca*; 1310 *latuga*] ***sf.*** **1.** pianta erbacea delle Composite, di cui esistono numerose specie, coltivata negli orti, le cui foglie si mangiano in insalata **2.** *lattuga di mare,* alga diffusa nel Mediterraneo, di aspetto simile a quello dei cespi d'insalata **3.** ornamento di pizzo o stoffa pieghettata, applicato sul davanti e ai polsi delle camicie maschili nei sec. XV e XVI || *dim.* lattughìna || **N. 1.** arancina, cappuccia, crespa, indivia, romana, rossa, sativa, scarola, selvatica **2.** *Sin.* gorgiera.

lattugóne (*accr.* di *lattuga*) [1822] ***sm.*** *T.bot.* cardo selvatico.

làuda o **làude** (pl. *làudi*) [dal lat. *lāus, lāudis*; 1224 nel senso 2] ***sf.*** **1.** *T.lett.* nella letteratura italiana medievale, componimento poetico di soggetto religioso e di carattere popolare, spesso musicato; in part., *lauda drammatica,* in forma dialogica, che originariamente aveva per argomento la Passione di Cristo **2.** *arc.* lode **3.** *pl.* nella liturgia cattolica, la seconda parte delle preghiere del mattino, per lodare e ringraziare Dio del dono della luce || **N.** laudese.

laudàbile [dal lat. *laudābilis*; 1294] ***agg.*** *lett. ant.* lodevole, degno di lode.

làudano [lat. *laudanum,* gr. *ladanon*; a. 1698] ***sm.*** infuso medicinale a base di oppio, tintura di zafferano e altri ingredienti aromatici in una soluzione di acqua e alcol, di colore scuro, usato come calmante e analgesico.

laudàre [dal lat. *laudāre*; a. 1226] ***tr.*** *arc.* e *lett.* lodare, esaltare.

laudàrio (pl. *-ri*) [dal lat. *laudārium*; 1912] ***sm.*** raccolta manoscritta di laudi medievali, a uso delle confraternite.

laudatìvo [dal lat. *laudativus*; 1549] ***agg.*** *lett.* che esprime lode o ammirazione: *discorso laudativo* || **N.** *Sin.* elogiativo, encomiastico.

laudatóre [dal lat. *laudātor, -ōris*; fine sec. XII] ***agg.*** e ***sm.*** (f. *-trìce*) *non com. scherz.* chi o che loda, lodatore: *i laudatori del tempo passato.*

laudatòrio (pl. *-ri*) [dal lat. tardo *laudatōrius*; 1639] ***agg.*** *ant.* e *lett.* laudativo.

laudator temporis acti (lat., pr. [lau'dator 'tɛmporis 'akti]) [letter. lodatore del tempo passato] ***loc. m.*** lodatore del passato: espressione oraziana riferita a chi preferisce sempre quanto è avvenuto in passato.

làude V. LAUDA.

laudèmio (pl. *-mi*) [dal lat. mediev. *laudemium*; 1607] ***sm.*** *T.stor.* nel Medioevo, somma che il concessionario di un'enfiteusi pagava al proprietario in occasione dell'alienazione, ad esempio per vendita o donazione, dell'enfiteusi, o che il vassallo possessore di un fondo sottoposto a regime feudale pagava al signore in occasione dell'alienazione del fondo.

laudése [da *lauda*; 1284 ca.] ***sm.*** *T.stor.* nel Medioevo, membro di una delle compagnie religiose che onoravano Dio cantando laudi sacre, o compositore di laudi sacre.

laudìsta [da *lauda*; 1834] ***s.*** laudese.

laudìstico (pl. *-ci*) [da *laudista,* 1957] ***agg.*** proprio delle laudi, che riguarda le laudi: *produzione letteraria laudistica.*

launéddas [voce sarda di etim. inc.; 1933] ***sf. pl.*** strumento musicale a fiato, tipico della Sardegna, costituito da tre canne di giunco con imboccatura ad ancia semplice.

launegìldo [dal lat. mediev. *launegildus,* comp. del germ. **launa,* ricompensa e *gild,* denaro; a. 1876] ***sm.*** *T.giur.* nel diritto longobardo, versamento simbolico fatto dal donatore al donatario, per dare sanzione giuridica a una donazione.

làura o **làvra** [dal lat. tardo *lavra,* gr. biz. *laúra,* strada, cammino; a. 1787] ***sf.*** organizzazione monastica bizantina in cui i monaci vivevano in celle separate e si riunivano soltanto per le funzioni religiose tenute nella chiesa comune: *la laura delle grotte di Kiev.*

Lauràcee [comp. del lat. *laurus*, lauro e *-acee*; 1933] ***sf. pl.*** *T.bot.* famiglia di piante che comprende più di duemila specie, arboree e arbustive, sempreverdi e no, diffuse nelle regioni calde, con foglie ricche di sostanze oleose, frutti a drupa o a bacca, a cui appartengono l'alloro, la canfora, la cannella e l'avocado.

làurea [dal lat. *laurea*; 1353 nel senso 3] ***sf.*** **1.** riconoscimento ufficiale della conclusione di un corso di studi universitari, che conferisce il titolo di dottore: *laurea in ingegneria, in lettere, diploma di laurea, avere, prendere la laurea; tesi di laurea,* esercitazione scritta di cui è prevista la discussione con una commissione di docenti nel corso dell'esame di laurea, al fine di conseguire il titolo di dottore **2.** *per estens.* l'esame e il diploma relativi: *la sua laurea è tra una settimana; tenere la laurea nel cassetto,* non sfruttare il diploma di laurea per esercitare una professione **3.** *arc.* corona d'alloro || **N. 1.** candidato, commissione, controrelatore o correlatore, dottore, relatore | addottorarsi, laurearsi.

laureàndo [gerundivo di *laureare*; 1551 come agg.] ***sm.*** (f. *-a*) e ***agg.*** detto di studente universitario che si prepara a sostenere l'esame di laurea: *i laureandi in giurisprudenza, riceve gli studenti laureandi il venerdì.*

laureàre (pres. *làureo*) [da *laurea*; a. 1406 nel senso 3] ***tr.*** **1.** conferire la laurea: *lo hanno laureato a pieni voti* **2.** *per estens.* nel giornalismo sportivo, assegnare un titolo: *queste nevi lo hanno laureato campione olimpionico di slalom* **3.** *lett.* incoronare con alloro per meriti poetici o militari || ***intr. pron.*** prendere, conseguire la laurea: *si è laureato con 110 e lode* || **N.** addottorare.

laureàto (*pps.* di *laureare*) [a. 1446 nel senso 2] **I *sm.*** (f. *-a*) dottore, chi ha conseguito una laurea: *una laureata in lettere* **II *agg.* 1.** che ha conseguito una laurea: *è una persona laureata* **2.** *lett.* incoronato di alloro, in part. nell'espr. *poeta laureato,* che ha ricevuto l'incoronazione poetica.

laurèncio V. LAURENZIO.

laurenziàno[1] [dal lat. *Laurentius*, Lorenzo; 1834] ***agg.*** di san Lorenzo, in part. in rif. alla chiesa di san Lorenzo a Firenze, o *basilica laurenziana; biblioteca laurenziana* (o *sf. la Laurenziana*), annessa alla basilica, istituita dai Medici; *manoscritto, codice laurenziano,* conservato nella biblioteca laurenziana.

laurenziàno[2] [dall'ingl. *Laurentian*; 1940 nel senso 2] ***agg.*** **1.** relativo al fiume San Lorenzo in America settentrionale: *bacino laurenziano* **2.** *T.geol.* del periodo più antico dell'era Arcaica inferiore in America.

laurènzio o **laurèncio** (meno com. *lawrèncio, lawrènzio* o *lorènzio*) [dall'ingl. *lawrencium*, dal n. proprio E.O. *Lawrence*, fisico statunitense; 1961 *lawrencio*] ***sm.*** *T.chim.* elemento metallico transuranico ottenuto artificialmente.

lauretàno o **loretàno** [dal lat. *Lauretum*, Loreto; a. 1667] ***agg.*** della città di Loreto, sede di un importante santuario: *litanie lauretane,* della Madonna venerata a Loreto.

lauréto [dal lat. *laurētum*; a. 1374] ***sm.*** *lett.* boschetto di allori.

làurico (pl. *-ci*) [dal lat. scient. *lauricus*, basato sul lat. *laurus*, lauro; 1869] ***agg.*** detto di acido contenuto in diversi grassi animali e vegetali, nell'olio di lauro e nell'olio di cocco; si presenta sotto forma di cristalli aghiformi incolori ed è usato per la preparazione di numerosi derivati di impiego industriale.

làuro [dal lat. *laurus*; 1319 nel senso 2] ***sm.*** *lett.* **1.** altro nome dell'alloro **2.** *fig.* simbolo di gloria, di vittoria: *il lauro del vincitore;* nel linguaggio giornalistico, indica il titolo conseguito in una disciplina sportiva: *il lauro del peso, del ciclismo* **3.** nome di vari tipi di piante: *lauro cèraso* o *laurocèraso,* arbusto delle Rosacee, coltivato nelle regioni mediterranee per formare siepi e per l'*acqua di lauro cèraso,* liquido amaro, dall'odore di mandorla, che si ottiene dalla distillazione delle foglie, impiegato come calmante per la tosse; *lauro canfora,* cinnamomo silvestre; *lauro cassia,* pianta dell'isola di Giava che produce cannella; *lauro d'India,* altro nome dell'oleandro; *lauro tino* o *laurotino* (anche detto *lentaggine* o *lauro silvestre*), arbusto sempreverde delle Caprifogliacee, diffuso nella macchia mediterranea, usato come pianta ornamentale.

laus Deo (lat., pr. it. ['laus 'dɛo]) [letter. lode a dio] ***loc. avv.*** formula che un tempo si scriveva alla fine di un libro o si pronunciava alla fine di un lavoro, oggi usata scherzosamente per esprimere soddisfazione o sollievo.

lautézza [da *lauto*; 1304] ***sf.*** *non com.* l'essere lauto || **N.** *Sin.* abbondanza, generosità, magnificenza, ricchezza, sfarzo, sontuosità, splendore.

làuto [dal lat. *lautus*; a. 1472] ***agg.*** ricco, abbondante, splendido: *un lauto banchetto, una lauta cena, fare lauti guadagni, promettere una lauta mancia* || **lautaménte** ***avv.*** || **N.** *Sin.* considerevole, cospicuo, generoso, lussuoso, magnifico, rilevante, sfarzoso, sontuoso, vantaggioso; luculliano.

làva [dal lat. *lābes, -is*, scivolamento; 1663] ***sf.*** massa di magma fuso, ad alta temperatura, eruttata da un vulcano, acida o basica, che solidifica a contatto con l'aria formando rocce di vario aspetto, a seconda della composizione chimica e della viscosità: *una colata, un fiume di lava, torrenti di lava incandescente scorrevano lungo il pendio* || *in part. lava nera,* ricavata dall'Etna e impiegata per la pavimentazione || **N.** bomba, colata, effusione, eruzione, lapilli, magma | a budella, a corde, a cuscino, a guanciale, basaltica, bollosa, filamentosa, interfluente, pomicea, scoriacea, spugnosa, trachitica. **TAV. *geologia* p. 1313** 3.3.

lavaàuto o **làva àuto** [comp. di *lava(re)* e *auto*; 1973] ***s. inv.*** addetto al lavaggio di automobili || **N.** *Sin.* lavamacchine.

lavabiancheria [comp. di *lava(re)* e *biancheria*; 1955] ***sf. inv.*** sin. meno com. di *lavatrice.* **Q.T.** *elettrodomestici.*

lavabicchièri [comp. di *lava(re)* e *bicchiere*; 1973] ***sm. inv.*** strumento, munito all'estremità di una spazzola rotonda, con cui si lavano i bicchieri.

lavàbile [da *lavare*; a. 1758] ***agg.*** che può essere lavato senza alterarsi: *vernice lavabile, tessuto, tappezzeria lavabile.*

lavabilità [da *lavabile*; 1970] ***sf.*** l'essere lavabile: *la buona lavabilità di un tessuto.*

lavàbo [dal lat. *lavabo*, letter. laverò, prima parola di un salmo; 1803 nel senso 3 e nel senso 5] ***sm.*** **1.** impianto igienico, perlopiù di porcellana, collocato nelle stanze da bagno, nelle camere d'albergo ecc., fornito di acqua corrente e adibito alla pulizia della parte superiore del corpo **2.** mobile in legno o in metallo, formato da un treppiede che sorregge un catino e una brocca per l'acqua, usato un tempo per lavarsi nelle case senza acqua corrente **3.** piccolo lavandino posto nella sagrestia, in cui il sacerdote si lava le mani prima di accostarsi all'altare **4.** nella liturgia della messa cattolica, cerimonia dell'Offertorio durante la quale il sacerdote si lava le mani recitando parte del salmo 25 **5.** *per estens.* la cartagloria posta a sinistra dell'altare, dove il sacerdote può leggere la preghiera durante l'abluzione || **N. 1.** *Sin.* lavamano, lavandino.

lavabottìglie [comp. di *lava(re)* e *bottiglia*; 1957] ***sm. inv.*** macchina automatica usata per il lavaggio e la sterilizzazione di bottiglie e altri recipienti di vetro.

lavacéci [comp. di *lava(re)* e *cece*; 1353] ***agg.*** e ***sm. inv.*** *tosc. ant.* uomo sciocco e da poco; scimunito.

lavacristàllo [comp. di *lava(re)* e *cristallo*; 1970] ***sm.*** nelle automobili, dispositivo che spruzza acqua sul parabrezza, permettendone la pulizia per mezzo del tergicristallo.

lavàcro [lat. *lavācrum*; 1306] ***sm.*** *lett.* **1.** bagno rinfrescante, abluzione ristoratrice || luogo o recipiente per lavarsi **2.** *per estens.* bagno purificatore: *il santo, sacro lavacro,* il battesimo; *lavacro di sangue,* martirio **3.** *poet.* fiume, corso d'acqua: *e pe' lavacri che da' suoi gioghi a te versa Appennino* (Foscolo).

lavadita [comp. di *lava(re)* e *dito*; 1970] ***sm. inv.*** piccola coppa piena d'acqua portata in tavola perché i commensali si possano lavare le dita dopo aver mangiato crostacei o frutta.

lavafrùtta [comp. di *lava(re)* e *frutta*; 1957] ***sm. inv.*** piccola ciotola che viene portata in tavola per lavarvi la frutta.

lavaggìno [da *lavaggio*; 1957] ***sm.*** (f. *-a*) nell'industria tessile, operaio che lava gli stracci.

lavàggio (pl. *-gi*) [dal fr. *lavage*; 1841] ***sm.*** **1.** operazione che serve a eliminare sporcizia o impurità facendo uso di acqua e sostanze detergenti: *lavaggio dell'auto,* pulitura della carrozzeria eseguita in particolari impianti provvisti di spazzole e spruzzatori; *lavaggio a secco,* pulitura degli indumenti per mezzo di solventi o altri mezzi chimici **2.** nome di vari trattamenti tecnici: *T.tess.* operazione che rimuove da fibre e tessuti le sostanze grasse || *T.min.* separazione del minerale dalle scorie mediante acqua; *lavaggio delle sabbie aurifere,* per estrarre le pagliuzze d'oro || *T.mecc.* nei motori a scoppio, l'eliminazione dei gas combusti dal cilindro e la loro sostituzione con aria fresca mediante apposite valvole, o aperture, o una *pompa di lavaggio* || *T.fot.* bagno che elimina i residui di sale dalla lastra o pellicola **3.** *lavaggio del cervello,* sistema moderno di tortura psicologica tendente a spersonalizzare completamente l'individuo, per cambiarne le convinzioni o estorcergli confessioni o denunce; *com. fare il, sottoporre al lavaggio del cervello,* privare della capacità di critica e giudizio autonomi: *la pubblicità mira a farci il lavaggio del cervello* || **N. 1.** *Sin.* bagno, lavata, lavatura | prelavaggio.

lavaggista [da *lavaggio*; 1973] ***s.*** lavamacchine.

lavàgna [dal n. geogr. *Lavagna*, città della Liguria dove abbonda questa pietra; a. 1597] ***sf.*** **1.** roccia metamorfica di colore grigio scuro o nerastro, simile all'ardesia, usata in edilizia per coperture e pavimentazioni **2.** lastra di lavagna o di ardesia, oggi anche di materiale plastico, appesa alla parete o montata su un supporto che permette di girarla da ambo i lati, su cui si scrive con un gessetto o un pennarello, usata nelle scuole: *scrivere alla, sulla lavagna, cancellare la lavagna* **3.** *lavagna luminosa,* strumento che proietta su uno schermo, ingrandendoli, scritti o disegni tracciati su un foglio di materiale trasparente **4.** *lavagna magnetica,* lastra di acciaio rivestita di plastica bianca, su cui si possono applicare figure, lettere o numeri dotati di una piccola calamita || *dim.* lavagnétta, lavagnìna.

lavamàcchine [comp. di *lava(re)* e *macchina*; 1965] ***s. inv.*** nei garage o nelle stazioni di servizio, chi lava le automobili || **N.** *Sin.* lavaauto.

lavamàno [comp. di *lava(re)* e *mano*; 1525] ***sm.*** sin. di *lavabo* nei sensi 1 e 2 || **N.** acquaio, bacinella, brocca, catino, portacatino.

lavaménto [da *lavare*; 1306] ***sm.*** *raro* il lavare.

lavànda[1] [dal lat. *lavanda*; a. 1543] ***sf.*** **1.** abluzione, immersione, spec. purificatrice: *lavanda dei piedi,* nella liturgia cattolica, cerimonia che il vescovo compie il Giovedì santo, lavando i piedi a dodici poveri, come Gesù li lavò ai dodici apostoli **2.** *T.med.* *lavanda gastrica*, intervento d'urgenza che consiste in un lavaggio dello stomaco mediante una sonda che vi immette acqua calda, per eliminare sostanze tossiche; *lavanda vaginale*, a scopo disinfettante **3.** *T.mar.* lavaggio ‖ **N.** **1.** *Sin.* abluzione, bagno, lavacro.

lavànda[2] [da *lavare*; 1563] **sf.** **1.** pianta legnosa delle Labiate, con piccoli fiori violetti profumati, diffusa sui terreni aridi, coltivata per l'olio che si ottiene distillando i fiori freschi; spigo **2.** il profumo che si ottiene dall'olio di lavanda: *una boccetta di lavanda.*

lavandàia (region. *lavandàra*) [da *lavandaio*; 1353] **sf.** donna che per mestiere lava panni e biancheria per conto di altri, a domicilio, in un lavatoio pubblico o in una lavanderia: *fig.* *linguaggio, modi da lavandaia*, da persona rozza e maleducata; *ginocchio della lavandaia*, dolore cronico delle ginocchia, caratteristico in passato delle donne che lavavano inginocchiate ‖ *dim.* lavandaìna, lavanderìna ‖ **N.** lavanderina | ammollare, fregare, insaponare, lavare, risciacquare, sciacquare, stendere, strizzare, torcere | cenere, lisciva, ranno, sapone | asse, bucato, colatoio, conca, lavatoio, mastello, vasca.

lavandàio (pl. *-ài*) [dal lat. *lavānda*; a. 1342] **sm.** (f. *-a*) chi per mestiere si occupa del lavaggio di biancheria e vestiti, o del candeggio di tessuti.

lavanderìa [da *lavare*; 1861] **sf.** locale attrezzato per il lavaggio e la pulitura di biancheria, capi di vestiario, tessuti, sia in abitazioni, sia in edifici per collettività (alberghi, ospedali, caserme ecc.), sia come pubblico esercizio: *lavanderia a secco*; *lavanderia automatica* o *a gettone*, locale dove è possibile utilizzare a pagamento lavatrici e asciugatrici per fare il bucato.

lavanderìna **sf.** piccola lavandaia, spec. nella filastrocca infantile *la bella lavanderina*, che si canta facendo il girotondo.

lavandìno [da *lavanda*[1]; 1905] **sm.** impianto costituito da una vasca di piccole dimensioni, dotata di acqua corrente e di tubo di scarico, collocato nelle stanze da bagno (o nelle camere da letto) per la pulizia personale, nelle cucine per vari usi domestici, nei laboratori e sim. per il lavaggio di oggetti e materiali ‖ **N.** *Sin.* acquaio, lavello.

lavapiàtti [comp. di *lava(re)* e *piatto*; 1887] **sm.** *inv.* **1.** (anche *sf.*) chi negli alberghi, nei ristoranti e sim. è addetto alla lavatura di piatti e stoviglie; sguattero **2.** *sf.* macchina per lavare i piatti; lavastoviglie.

lavapièdi [comp. di *lava(re)* e *piede*, sul modello del fr. *lave-pieds*; 1957] **sm.** *inv.* catino usato, spec. un tempo, per il lavaggio dei piedi.

lavàre [lat. *lavāre*; a. 1306 come rifl.] **tr.** **1.** rendere pulita una cosa o persona con l'acqua o con altro liquido, aggiungendo secondo i casi sapone o altre sostanze detergenti: *lavare i panni, i vetri, le mani*; *lavare con acqua e sapone, con acqua e detersivo, a secco*; *la pioggia ha lavato le strade*; *lavar la testa all'asino*, fare dei benefici a chi non sa riconoscerli, dare suggerimenti e correzioni a chi non è capace di approfittarne ‖ *prov.* *una mano lava l'altra e tutt'e due lavano il viso*, frase usata, anche solo nella prima parte, per indicare che conviene aiutarsi a vicenda, a volte alludendo alla solidarietà in imprese disoneste; *i panni sporchi si lavano in casa*, le vergogne di famiglia non vanno discusse in pubblico ‖ il *pps.* è usato come agg. nella loc. *essere bianco come un panno lavato*, essere pallidissimo **2.** *fig.* purificare: *la confessione lava ogni peccato* **3.** *fig.* vendicare: *lavare un'onta, quest'offesa va lavata col sangue* **4.** in part., in vari procedimenti tecnici, sottoporre a lavaggio: *lavare le rocce, la lana* **5.** *T.pitt.* nella tecnica ad acquerello, diluire il colore per avere particolari sfumature ‖ **rifl.** pulire il proprio corpo: *sono sporco e vorrei lavarmi, si lava tutti i giorni* ‖ **rifl. indir.** pulire una parte del proprio corpo: *lavarsi le mani, i denti, i capelli*; *fig.* *lavarsene le mani (di qualcosa)*, rifiutarne la responsabilità, non voler essere coinvolto (con rif. al gesto di Pilato) ‖ **N.** **1.** *Sin.* detergere, mondare, nettare, pulire, rigovernare, ripulire | risciacquare, sciacquare, smacchiare, tergere | *Contr.* insozzare, insudiciare, sporcare **2.**, **3.** *Sin.* purgare, riscattare.

lavarèllo[1] [dal lat. *labellum*, vaschetta; 1847] **sm.** *T.mar.* vaschetta in cui si raccoglie l'acqua entrata dalle cubie quando si salpano le ancore ‖ **N.** *Sin.* gatta[2].

lavarèllo[2] o **lavarétto** [dal fr. *lavaret*, voce savoiarda; 1963] **sm.** *T.zool.* pesce dei Clupeiformi, che vive nei laghi alpini ‖ **N.** *Sin.* coregono.

lavasciugatrice [comp. di *lava(trice)* e *asciugatrice*; 1988] **sf.** macchina di uso domestico o industriale per la lavatura e l'asciugatura automatica di indumenti. **Q.T.** *elettrodomestici.*

lavasécco [comp. di *lava(re) a secco*; 1963] **I** *agg.* *inv.* detto di macchina che esegue il lavaggio a secco degli indumenti **II** *sf.* *inv.* **1.** macchina lavasecco **2.** lavanderia a secco: *porta il vestito alla lavasecco.*

lavastovìglie [comp. di *lava(re)* e *stoviglia*; 1942] **sf.** *inv.* elettrodomestico per il lavaggio delle stoviglie, costituito da una cassa metallica dentro la quale le stoviglie, disposte su cestelli, vengono sottoposte a prelavaggio con acqua fredda, a lavaggio in acqua calda mista a detersivo, risciacquate, sterilizzate a vapore e infine asciugate con aria calda. **Q.T.** *elettrodomestici* **TAV.** *elettrodomestici* 8; *arredamento* **p. 650** 1.11.

lavàta [da *lavare*; 1558] **sf.** **1.** il lavare, il lavarsi, compiuto in fretta e con approssimazione: *mi son dato una bella lavata, dare una lavata ai piatti* **2.** *fig.* *lavata di capo*, rabbuffo, rimprovero ‖ *dim.* lavatìna ‖ **N.** **1.** *Sin.* abluzione, lavaggio, lavatura | risciacquata, sciacquata | BAGNO.

lavatèsta [comp. di *lava(re)* e *testa*; 1973] **sm.** *inv.* recipiente sagomato anatomicamente, che si fissa al lavandino del parrucchiere, perché il cliente vi appoggi la testa durante il lavaggio dei capelli.

lavatìvo [da *lavare*; a. 1698 nel senso 2] **sm.** (f. *-a*) **1.** persona che per pigrizia si sottrae ai propri compiti, scansafatiche **2.** *fam.* clistere.

lavatóio (pl. *-ói*) [dal lat. tardo *lavatōrius*; sec. XIV] **sm.** impianto pubblico o privato per la lavatura a mano dei panni, costituito essenzialmente da una vasca provvista di un piano inclinato, spesso sagomato con piccole ondulazioni, per l'insaponatura del bucato, talora coperto da una tettoia.

lavatóre [dal lat. *lavātor*, *-ōris*; 1309] **sm.** **1.** (f. *-trìce*, pop. *-tóra*) chi è incaricato delle operazioni di lavatura **2.** strumento usato per eliminare da un gas le sostanze inquinanti, mediante contatto con uno speciale liquido di lavaggio **3.** in posizione attributiva, *orsetto lavatore*, procione.

lavatrice [da *lavare*; 1930 nel senso 1] **sf.** **1.** macchina elettrica per il lavaggio della biancheria **2.** *T.edil.* macchina che serve a depurare dalle scorie argillose sabbia e ghiaia **3.** nell'industria conserviera, macchina usata per pulire da incrostazioni di terra frutta e ortaggi. **Q.T.** *elettrodomestici* **TAV.** *elettrodomestici* 3.

lavatùra [da *lavare*; a. 1306] **sf.** **1.** operazione del lavare, lavaggio **2.** *concr.* il liquido in cui si è lavato qualcosa: *lavatura del bucato*; *spreg.* *lavatura di piatti*, brodo acquoso e insipido ‖ **N.** *Sin.* lavaggio, lavata.

lavavétri [comp. di *lava(re)* e *vetro*; 1974] **s.** *inv.* persona addetta alla pulizia dei vetri degli edifici o delle vetrine dei negozi ‖ persona che, spec. ai semafori nei centri urbani, dà una veloce pulita ai vetri delle auto di passaggio, riscuotendo una modesta somma ‖ **sm.** *inv.* spatola rigida di gomma o plastica impiegata nella pulizia di vetri, vetrine, parabrezza e sim.

lavéggio (pl. *-gi*) [lat. *lapideum*; sec. XIV] **sm.** *raro ant.* paiolo, pentola.

lavèllo [lat. *labellum*; 1561] **sm.** acquaio; *gruppo lavello*, impianto da cucina che comprende una o due vaschette, rubinetti per acqua calda e fredda, miscelatore, doccetta, scarico e spesso un piccolo mobile che funge da appoggio. **TAV.** *arredamento* **p. 650** 1.13.

laverìa [da *lavare*; 1940] **sf.** *T.min.* impianto per l'arricchimento dei minerali, mediante flottazione o arricchimento gravimetrico.

lavézzo [var. di *lavaggio*; 1819] **sm.** *T.min.* roccia friabile composta prevalentemente di talco e clorite, con cui si fabbricano recipienti.

làvico (pl. *-ci*) [da *lava*; 1905] **agg.** di, relativo a lava.

lavìna [dal lat. tardo *labīna*; a. 1730] **sf.** *region.* **1.** frana di terra o di ghiaia **2.** valanga di neve invernale o primaverile, slavina.

lavoràbile [da *lavorare*; 1936 *lavorabole*] **agg.** che si può lavorare: *è un materiale, un terreno facilmente lavorabile.*

lavoracchiàre (pres. *-àcchio*, *-àcchi*) [da *lavorare*; a. 1573] **intr.** (aus. *avere*) lavorare svogliatamente, poco, di tanto in tanto ‖ **N.** *Sin.* lavoricchiare, lavorucchiare, LAVORARE.

lavoràccio (*pegg.* di *lavoro*) [sec. XIV nel senso 2, a. 1874 nel senso 1] **sm.** **1.** lavoro faticoso o difficile: *schedare i libri della biblioteca è proprio un lavoraccio* **2.** lavoro riuscito male: *hai fatto un lavoraccio infame.*

lavorànte (*ppr.* di *lavorare*) [a. 1348] **s.** chi esercita un lavoro manuale, in part. come dipendente in una bottega o in un laboratorio artigianale: *è lavorante in una sartoria, ha sotto di sé venti lavoranti*; *lavorante finito*, particolarmente bravo.

lavoràre (pres. *-óro*) [lat. *laborāre*; sec. XIII] **intr.** (aus. *avere*) **1.** impiegare le forze del corpo o della mente, esercitando un mestiere o una professione: *lavora per vivere, aver voglia di lavorare, lavorare giorno e notte, a cottimo, sodo, di lena*; *lavorare alla giornata*, saltuariamente; *lavorare come un dannato, come un mulo, come un negro*; *chi non lavora non mangia*, frase della seconda lettera di S. Paolo ai Tessalonicesi, passata in proverbio; *iron.* *lavorare per la gloria*, senza ricevere un compenso adeguato ‖ determinando l'occupazione: *lavorare da manovale, lavorare nell'industria, lavorare nei vini* ‖ specificando l'opera che si compie, o lo strumento usato: *lavorare a mano, a macchina, di cesello, sui libri, a maglia, d'ago e filo, lavorare a un libro, a un progetto*; *lavorare a un film*, prendere parte alla sua realizzazione; *lavorare di fino*, operare con pazienza e precisione e, in senso *fig.*, perseguire abilmente il proprio vantaggio; *fig.* *lavorare di fantasia*, immaginare cose senza verosimiglianza con la realtà; *lavorare di lingua*, spettegolare; *lavorare di mano*, rubare; *lavorare di mascelle, di ganasce*, mangiare avidamente; *lavorare di gomiti*, spingere per farsi largo ‖ *per estens.* detto di animali: *il bue lavora nei campi* **2.** compiere un'attività, essere in azione, funzionare, detto di macchine, stabilimenti, parti del corpo umano: *le fabbriche non lavorano, il motore lavora perfettamente, dovresti far lavorare di più il cervello* **3.** avere un buon giro di affari, detto di un negozio, di uno studio ecc.: *la sua panetteria lavora bene* **4.** agire di nascosto, copertamente: *lavorare* *sotto sotto, la malattia lavorava internamente e lo indeboliva; lavorare sott'acqua,* procedere subdolamente; *non com.*, per analogia, detto di medicamento e sim., che fa effetto: *il veleno cominciò a lavorare* || **tr.** **1.** agire su una materia per darle la forma voluta: *lavorare il marmo, il legno; lavorare l'impasto,* amalgamarlo; *lavorare la terra,* coltivarla **2.** nel pugilato, colpire a più riprese l'avversario, per indebolirlo e stancarlo: *lavorare ai fianchi, di destro, di sinistro* || **rifl. intens.** *lavorarsi qualcuno,* convincerlo, indurlo con raggiri a fare il nostro volere || **N.** **intr.** **1.** *Sin.* adoperarsi, affannarsi, affaticarsi, applicarsi, collaborare, cooperare, faticare, impegnarsi, occuparsi, operare, sfaccendare, sfacchinare, sgobbare, strafare, sudare; lavoracchiare, lavoricchiare, lavorucchiare | *Contr.* oziare, poltrire, riposarsi, scioperare | ammazzarsi di fatica, tirare la carretta | LAVORATORE **2.** *Sin.* funzionare **3.** *Sin.* fare affari **4.** *Sin.* macchinare, tramare | **tr.** *Sin.* coltivare, costruire, edificare, elaborare, fabbricare, fare, maneggiare, manipolare, preparare, produrre, realizzare, rifinire.

lavoràta [da *lavorare*; a. 1866] **sf.** lavoro fatto in una volta sola: *dovremmo dare una lavorata al giardino* || *dim.* lavoratìna.

lavoratìvo [da *lavorare*; a. 1311] **agg.** **1.** relativo al lavoro, destinato al lavoro, a essere lavorato: *attività lavorativa; giorno lavorativo,* in cui si lavora, feriale; *ore lavorative, giornata lavorativa,* effettivamente impiegate per produrre o lavorare **2.** *terreno lavorativo,* adatto a essere lavorato.

lavoràto (*pps.* di *lavorare*) [1336] **agg.** che ha subito una particolare lavorazione, abbellito, decorato: *pietra lavorata, un mobile di legno lavorato a intagli, scarpe di cuoio lavorato* || **N.** *Contr.* greggio.

lavoratóre [lat. tardo *laborātor, -ōris*; 1273] **sm.** (f. *-trìce*, pop. *-tóra*) **1.** chi esercita un mestiere o una professione: *lavoratore dipendente* o *subordinato,* chi per contratto lavora alle dipendenze di un imprenditore; *lavoratore autonomo,* chi s'impegna a fornire il risultato del suo lavoro al committente, dietro retribuzione adeguata e senza vincoli di subordinazione || freq. *ass.* lavoratore dipendente: *sindacati dei lavoratori; Statuto dei lavoratori,* legge italiana che tutela i diritti dei dipendenti nelle medie e grandi aziende || con specificazione del settore di lavoro dipendente: *lavoratori edili, del commercio, dello spettacolo* **2.** *ass.* detto di persona, che lavora molto: *quell'uomo è un lavoratore, sua moglie è una gran lavoratrice* **3.** *arc.* contadino, chi lavora la terra || **N.** **1.** agricoltore, aiutante, apprendista, artigiano, avventizio, bracciante, collaboratore, contadino, frontaliero, garzone, giornaliero, lavorante, manovale, operaio, prestatore d'opera, produttore, professionista, salariato, stagionale, stipendiato **2.** alacre, attivo, laborioso, operoso, volenteroso | *Contr.* lento, pigro, svogliato.

lavoratùra [da *lavorare*; a. 1597] **sf.** *non com.* operazione di lavorare, detto spec. di terreni: *alcuni terreni vogliono la terza e anche la quarta lavoratura.*

lavorazióne [lat. tardo *laborātio, -ōnis*; 1243 *lavorascione*] **sf.** **1.** l'insieme delle operazioni per mezzo delle quali una materia viene lavorata fino a che raggiunge la forma che si desidera: *la lavorazione dei metalli, le fasi della lavorazione, lavorazione buona, scadente* **2.** l'insieme delle operazioni che concorrono alla realizzazione di un'opera più o meno complessa: *la lavorazione di un film, essere in lavorazione.*

lavorétto (*dim.* di *lavoro*) [fine sec. XIII] **sm.** **1.** lavoro di poca importanza, di scarso valore || *per estens.* oggetto lavorato di poco conto **2.** lavoro svolto con particolare cura e attenzione: *ha fatto davvero un bel lavoretto* || attività poco pulita, disonesta: *è uno che fa qualche lavoretto su commissione.*

lavoricchiàre (pres. *-ìcchio, -ìcchi*) [da *lavorare*; a. 1573 *lavoracchiare*] **intr.** (aus. *avere*) lavorare poco, svogliatamente o saltuariamente: *tira avanti lavoricchiando qua e là.*

lavorièro [da *lavoro*; sec. XIII nel senso 2; 1935 nel senso 1] **sm.** **1.** *T.pesc.* impianto caratteristico delle valli di Comacchio e degli stagni lagunari veneti, costituito da pali e graticci disposti a formare un angolo col vertice rivolto verso il mare e i lati addossati alle sponde del canale, per la cattura del pesce durante la migrazione al mare **2.** *ant.* lavoro.

lavorìo (pl. *-ìi*) [da *lavoro*; 1856] **sm.** lavoro intenso e continuo: *c'è intorno un gran lavorio* || *per estens.* attività incessante: *il lavorio elettorale, il lavorio dei partiti.*

lavóro [lat. *labor, -ōris*; sec. XIII *lavore* nel senso 3] **sm.** **1.** attività diretta a un fine determinato, in part. quella svolta dall'uomo per produrre dei beni e assicurarsi una fonte di reddito: *vivere del proprio lavoro, avere un mucchio, una montagna di lavoro, i frutti del lavoro, restare senza lavoro, essere pieno, carico di lavoro; lavoro di precisione, di responsabilità, di concetto, lavoro di équipe, di squadra; lavoro di gruppo,* metodo didattico in base al quale gruppi di alunni formatisi spontaneamente scelgono e svolgono una parte del programma, organizzando da soli il lavoro; *ipotesi di lavoro,* ipotesi o idea utile come strumento di indagine || *posto di lavoro, offerta, domanda di lavoro, datore, prestatore di lavoro, contratto, rapporto di lavoro; colazione di lavoro,* durante la quale si discute di affari; *mercato del lavoro,* il complesso della domanda e dell'offerta; *diritto del lavoro,* legislazione che regola diritti e doveri di datori di lavoro e lavoratori; *consulente del lavoro,* libero professionista incaricato di occuparsi, presso un'azienda, di tutti gli obblighi e gli adempimenti prescritti dalla legge ai datori di lavoro; *ispettorato, giudice, magistratura del lavoro; lavoro nero* o *sommerso,* lavoro che viene nascosto agli organi di controllo statali, permettendo al datore di lavoro di evitare gli oneri imposti dalle leggi e dai sindacati; *secondo lavoro, doppio lavoro,* lavoro secondario, di natura diversa rispetto a quello principale normalmente svolto: *avere un doppio lavoro* || *medicina del lavoro,* branca della medicina che ha per oggetto lo studio degli effetti fisici e psichici del lavoro sull'organismo, e la prevenzione delle patologie relative || *cavaliere del lavoro,* chi è stato insignito dell'onorificenza al merito del lavoro || *forza lavoro,* nella teoria economica di Marx, l'attività degli operai considerata come elemento necessario per rendere produttivo il capitale || *pl. lavori forzati,* pena per cui il condannato è sottoposto a un lavoro pesante **2.** *concr.* la cosa cui è diretta l'attività, di cui ci si occupa: *riprendere in mano il lavoro, buttarsi nel lavoro, non alzare la testa dal lavoro* || *pl. lavori pubblici,* il complesso delle attività volte alla costruzione e alla manutenzione delle opere di pubblica utilità; in genere, insieme di attività tecniche: *lavori di restauro, di bonifica, di manutenzione, lavori in corso* **3.** *concr.* il prodotto dell'azione di lavorare: *il falegname ha riportato il lavoro, un lavoro d'intarsio, di ricamo, quel quadro è un bel lavoro* || *ass.* opera d'arte o scritto: *conosci gli ultimi lavori di Moravia?* || *per estens. iron.* guaio, maneggio: *hai fatto un bel lavoro!* || il risultato dell'azione compiuta dagli agenti naturali sulla materia: *il lavoro delle acque, dei venti* **4.** *T.fis. lavoro di una forza,* grandezza scalare data dal prodotto della forza per lo spostamento del suo punto di applicazione; *lavoro utile* o *motore,* quello che una macchina compie per determinare lo spostamento; *lavoro resistente,* quello che si oppone allo spostamento || *dim.* lavorìno, lavorétto; *vezz.* lavorùccio; *accr.* lavoróne; *pegg.* lavoràccio || **N.** **1.** *Sin.* attività, compito, fatica, incarico, incombenza, mansione, occupazione, opera, operazione, produzione, realizzazione | *Contr.* disoccupazione, inattività, ozio, riposo, sciopero | a cottimo, a domicilio, a ore, domestico, fisso, part-time, precario, provvisorio, saltuario, stabile, stagionale, straordinario | artigianale, autonomo, dipendente, intellettuale, manuale, minorile, nero, qualificato, servile, sommerso | abborracciato, curato, difficile, facile, faticoso, impegnativo, indefesso, infame, ingrato, inutile, leggero, meccanico, pesante, redditizio, remunerativo, utile | avviare, cominciare, impostare, incominciare, iniziare, intraprendere; applicarsi, assumersi, attendere a, compiere, dedicarsi a, eseguire, fare, finire, impegnarsi in, sbrigare; avere, cercare, chiedere, dare, licenziare, offrire, perdere, procurare, proporre, trovare | bottega, fabbrica, industria, laboratorio, manifattura, negozio, officina, studio, ufficio **3.** *Sin.* affare, briga, capolavoro, faccenda, manufatto, prodotto. **Q.T.** *economia..., energia, unità di misura.*

lavorucchiàre (pres. *-ùcchio, -ùcchi*) [da *lavorare*; 1967] **intr.** (aus. *avere*) lavorare poco e svogliatamente || **N.** *Sin.* lavoracchiare, lavoricchiare.

lawrèncio o **lawrènzio** (pr. [lo'rɛnsjo] o [lo'rɛntsjo]) V. LAURENZIO.

lay-out (ingl., pr. ['leiaut]) [comp. di to *lay*, porre e *out*, fuori; 1957] **sm.** *inv.* **1.** bozzetto contenente la disposizione definitiva degli elementi grafici di un messaggio pubblicitario **2.** schema contenente le istruzioni per l'esecuzione di un lavoro; progetto **3.** planimetria che rappresenta la disposizione di macchine e addetti di un impianto industriale.

laziàle [dal lat. *Latiālis*; a. 1912] **I agg.** di o del Lazio **II s.** abitante del Lazio || tifoso della squadra di calcio della Lazio.

lazo (sp., pr. ['laθo]; pr. amer. ['laso], pr. it. ['laddzo]) [letter. laccio; 1860] **sm.** (pl. *lazos*, pr. ['laθɔs]; pr. amer. ['lasɔs]) laccio a nodo scorsoio usato dai mandriani argentini e nordamericani per poter catturare le bestie selvatiche; laccio.

lazulìte [comp. del lat. mediev. *lazulum*, azzurro e *-ite*²; 1819] **sf.** *T.min.* minerale di ferro, alluminio e magnesio, in cristalli, di colore azzurro, usato come pietra ornamentale.

lazurìte o **lasurìte** [comp. del lat. mediev. *lazur*, azzurro e *-ite*²; 1957] **sf.** *T.min.* allumosilicato di sodio e calcio, che rappresenta la principale componente del lapislazzuli.

lazzarétto o **lazzerétto** [dal n. geogr. *Nazaretto*, luogo di quarantena, con influsso di *Lazzaro*; a. 1512] **sm.** in passato, ospedale per la segregazione e la cura dei malati di morbi infettivi, contagiosi.

lazzarìsta [dal nome proprio (*San*) *Lazzaro*; a. 1874 nel senso 2; a. 1889 nel senso 1] **sm.** **1.** *T.eccl.* religioso appartenente alla Congregazione della missione, fondata da S. Vincenzo de' Paoli per evangelizzare i contadini, e in seguito incaricata dell'apostolato nei paesi lontani **2.** monaco basiliano di rito armeno appartenente alla comunità dei Mechitaristi dell'isola di San Lazzaro presso Venezia.

làzzaro¹ [dal lat. *Lazarus*, gr. *Lázaros*; 1476 *lazaro*] **sm.** *ant.* lebbroso.

làzzaro² [dallo sp. *lázaro*, povero; 1654 *lazaro*] **sm.** **1.** nome dato ai rivoltosi seguaci di Masaniello, nel 1647 **2.** *per estens.* popolano poverissimo, pezzente || *accr. spreg.* lazzaróne.

lazzaronàta [da *lazzarone*; 1965] **sf.** azione da lazzaroni, mascalzonata.

lazzaróne o **lazzeróne** (*accr.* di *lazzaro*²) [a. 1869] **sm.** (f. *-a*) mascalzone, scansafatiche, usato come epiteto ingiurioso o scherzoso || **N.** *Sin.* canaglia, delinquente, fannullone, imbroglione.

lazzaruòla V. LAZZERUOLA.

lazzaruòlo V. LAZZERUOLO.

lazzeggiàre (pres. *-éggio*) [da *lazzo*; 1750] *intr.* (aus. *avere*) *non com.* fare o dire lazzi.

lazzerétto V. LAZZARETTO.

lazzeróne V. LAZZARONE.

lazzeruòla o **lazzaruòla** [da *lazzeruolo*; a. 1547 *lazaruola*] *sf.* frutto del lazzeruolo, una piccola drupa giallastra; anche in posizione attributiva: *mela lazzeruola.*

lazzeruòlo o **lazzaruòlo** (meno com. *azzaròlo* o *azzeruòlo*) [dall'ar. *at-za 'rūra*; sec. XVI] *sm.* arboscello delle Rosacee, con fiori bianchi e profumati, frutti piccoli e rotondi, di colore giallo o rosso e di sapore acidulo, commestibili.

lazzézza [da *lazzo*; a. 1320] *sf. arc.* l'essere di sapore aspro.

làzzo [etim. inc.; 1660 *lazo*] *sm.* **1.** azione comica, spec. mimica, della Commedia dell'Arte **2.** atto o motto scherzoso, buffonesco e non di rado sguaiato || **N. 2.** *Sin.* buffonata.

làzzo [lat. *lacteus*; a. 1306] *agg. lett. raro* di sapore aspro, acidulo; *fig.* di suono, stridente: *un lazzo cigolio* (Pascoli) || **N.** ASPRO.

le[1] (pr. [le]) [lat. (*il*) *lae*; a. 1237] *art. det. f. pl.* forma corrispondente al sing. *la*; l'elisione davanti a vocale è molto rara e avviene solo nella lingua ant. e lett.

le[2] (pr. [le]) [lat. **illae*, dativo s. di *illa*, ella; metà sec. XIII] *pron. pers. f. sing.* **1.** forma atona della declinazione del pron. di terza pers. *ella* o *essa*, con funzione di compl. di termine, "a lei": *non le hai detto niente?, com'è bianca la parete, ora che le hai dato una mano di vernice* **2.** con funzione di compl. di termine di *ella* usato come pron. di cortesia riferito a persone di sesso sia femminile sia maschile: *si accomodi, dottore, le è stato riservato questo posto.*

le[3] (pr. [le]) [lat. *illae*, nominativo pl. di *illa*, ella; 960] *pron. pers. f.* di terza pers. *pl.* **1.** forma atona della declinazione del pron. f. di terza pers. *esse, loro*, proclitica o enclitica, usata con funzione di complemento oggetto: *non le ho mai viste così entusiaste, queste cose ce le avevi già dette* **2.** *tosc.* usato come soggetto, con valore pleonastico: *le mi avevano assicurato che le sarebbero venute.*

leacril ® [n. commerciale; 1961] *sm.* tipo di filato sintetico a base di resine acriliche.

leader (ingl., pr. ['li:də]; pr. it. ['lider]) [letter. colui che conduce; 1834] *s. inv.* **1.** chi è a capo di un partito, di uno stato, di un'organizzazione o movimento: *leader sindacali, il leader dei rivoluzionari, il leader comunista, ha la stoffa del leader* || in funzione di apposizione: *è l'industria leader del settore tessile* **2.** *T.sport.* chi è in testa alla classifica in una gara o in un campionato || *T.ipp.* il cavallo che corre in testa agli altri e fa loro da guida || **N. 1.** *Sin.* capo, dirigente, guida.

leadership (ingl., pr. ['li:dəʃɪp]) [comp. di *leader* e *-ship*; 1893] *sf. inv.* posizione di preminenza, capacità di imprimere la propria volontà e le proprie scelte politiche: *la leadership del partito è passata in altre mani* || **N.** *Sin.* comando, direzione, egemonia, guida.

leak (ingl., pr. [li:k]) [letter. crepa, fessura] *sm.* fenditura; *in part.* perdita di un serbatoio.

leàle [dal provenz. ant. *leial*; a. 1237] *agg.* che si comporta con onestà o correttezza, mantenendo fede agli impegni e alle promesse: *un amico leale, un avversario leale* || detto di entità non umane, corretto: *una proposta leale, una gara leale* || **lealménte** *avv.* || **N.** *Sin.* fedele, fidato, giusto, onesto, probo, retto, schietto, sincero | *Contr.* disonesto, falso, infido, sleale, subdolo, traditore.

lealismo [dal fr. *loyalisme*; 1830] *sm.* lealtà nei confronti delle autorità costituite; nel caso di paesi coloniali, il rispetto e l'obbedienza nei confronti dei colonizzatori; nel caso di minoranze etniche, il rispetto delle leggi dello stato in cui sono incorporate.

lealista [dall'ingl. *loyalist*; a. 1926] **I** *agg.* caratterizzato da, ispirato a lealismo **II** *s.* chi propugna il rispetto e la fedeltà nei confronti dell'autorità costituita, del governo, di una nazione: *i rivoluzionari combatterono contro i lealisti* || **N. II** *Contr.* irredentista, ribelle, rivoluzionario.

lealtà [da *leale*; a. 1294] *sf.* l'essere leale, l'agire con dirittura morale: *ammirare la lealtà di un nemico* || fedeltà agli impegni presi: *servire con lealtà la patria* || **N.** *Sin.* buona fede, franchezza, onestà, probità, rettitudine, schiettezza, sincerità | *Contr.* disonestà, falsità, mala fede, slealtà.

leàndro V. OLEANDRO.

leàrdo [dal fr. ant. *liart*; sec. XIV] **I** *agg.* detto del mantello del cavallo, grigio, come effetto della mescolanza di peli bianchi e neri **II** *sm.* cavallo leardo: *un bel leardo* || **N. I** *Sin.* grigiastro, pomellato, storno.

leasing (ingl., pr. ['li:sɪŋ]; pr. it. ['liziŋ(g)]) [da to *lease*, affittare, noleggiare; 1970] *sm. inv. T.econ.* contratto con il quale una società finanziaria concede, dietro pagamento di un canone, a una impresa o a un singolo l'uso di un bene (gen. macchine o attrezzature) di cui è proprietaria; alla scadenza del contratto l'utilizzatore ha la possibilità di acquistare il bene in questione a condizioni agevolate.

lébbra [lat. *lepra*; sec. XIII] *sf.* **1.** malattia cronica contagiosa, determinata da un microrganismo, che si manifesta con noduli sulla cute e negli organi interni, con piaghe, ulcerazioni e mutilazioni al volto e agli arti: *fuggire qualcuno come la lebbra, come se avesse la lebbra* **2.** *per estens.* nome di varie malattie delle piante provocate da funghi parassiti, che possono causare vistosi rigonfiamenti: *lebbra della barbabietola, del pesco, dell'olivo* **3.** *fig.* fenomeno di disgregazione di monumenti ed edifici: *i muri del centro storico si stanno sgretolando per la lebbra* **4.** *fig.* male morale che infetta l'anima: *la lebbra del peccato.*

lebbrosàrio (pl. *-ri*) [da *lebbroso*; 1895 *leprosario*] *sm.* lazzaretto per la cura e la segregazione dei lebbrosi.

lebbróso [dal lat. tardo *leprōsus*; sec. XIII *leproso*] *agg.* e *sm.* (f. *-a*) affetto da lebbra.

lebète [dal lat. *lebēs, -ētis*, gr. *lébēs*; sec. XIV] *sm. T.archeol.* nell'antichità classica, recipiente di terracotta o di bronzo, destinato ad abluzioni, usi domestici e talvolta dato come premio al vincitore di una gara: *contava i tripodi squillanti e i lebeti di bronzo* (Pascoli).

lebìste [dal gr. *lebías*, n. di un pesce d'acqua dolce; 1965] *sm. T.zool.* piccolo pesce d'acqua dolce originario dell'America del Sud, allevato in acquari per i colori variopinti.

lébra e der. forme lett. di LEBBRA e der. (v.).

lecànio (pl. *-ni*) [dal gr. *lekánion*, dim. di *lekánē*, piatto, catino; 1965] *sm.* cocciniglia che infesta varie colture, spec. le piante da frutto.

lecanomànte [dal gr. *lekanómantis*, comp. di *lekánion*, catino e *mántis*, indovino; 1561] *sm.* chi pratica la lecanomanzia.

lecanomanzìa [dal gr. *lekanomantéia*, comp. di *lekánion*, catino e *mantéia*, arte divinatoria; 1561] *sf.* antica pratica divinatoria consistente nel trarre presagi dalla posizione e dal moto di pietre preziose, lame d'oro o d'argento e sim. poste in un catino pieno d'acqua o d'olio.

leccacùlo [comp. di *lecca(re)* e *culo*; 1967] *s. inv. volg. spreg.* chi si comporta in modo adulatorio e servile nei confronti di persone potenti, per trarne dei vantaggi || **N.** *Sin.* leccapiedi, lecchino.

lécca-lécca [da *lecca(re)*; 1959] *sm. inv.* caramella piatta o sferica infilata in un bastoncino.

leccaménto [da *leccare*; sec. XIV] *sm.* il leccare.

leccapiàtti [comp. di *lecca(re)* e *piatto*; 1534] *s. inv. spreg.* persona dominata da un'ingordigia senza limiti || **N.** *Sin.* crapulone, ghiottone, ingordo, parassita, scroccone.

leccapièdi [comp. di *lecca(re)* e *piede*; 1765] *s. spreg.* chi pratica un'adulazione interessata e servile || **N.** *Sin.* lecchino.

leccàrda [da *leccardo*; 1666] *sf.* recipiente metallico per raccogliere il grasso che cola dalle carni mentre cuociono allo spiedo || **N.** *Sin.* ghiotta.

leccàrdo [comp. di *lecca(re)* e del suff. *-ardo*; a. 1315 *lecardo*] *agg. arc.* e *lett.* ghiotto.

leccàre (pres. *lécco, lécchi*) [prob. dal lat. volg. **ligicāre*; sec. XIII] *tr.* **1.** fare scorrere la lingua su qualche cosa: *leccare un piatto, leccare un francobollo, un gelato*; spesso detto di animali: *la gatta leccava i suoi piccoli* **2.** *fig.* adulare bassamente e servilmente: *leccare i piedi, le scarpe, volg. il culo a qualcuno, spera di prendere la sufficienza leccando i professori* **3.** *fig.* rifinire con raffinatezza eccessiva, con troppa cura formale: *sta ore e ore a leccare i discorsi che deve pronunciare* || *rifl.* farsi bello || *rifl. indir. leccarsi le dita, i baffi, le labbra*, espressioni usate in senso proprio e *fig.*, per esprimere apprezzamento per un cibo o per una situazione particolarmente gradevole || *fig. leccarsi le ferite*, cercare sollievo a un dolore, un dispiacere || **N. 1.** *Sin.* lambire, lappare | succhiare **2.** *Sin.* blandire, lusingare **3.** *Sin.* limare, lisciare, rileccare.

leccàta [da *leccare*; a. 1696] *sf.* **1.** l'atto del leccare **2.** *fig.* atto di bassa adulazione: *ha fatto carriera dando leccate ai superiori* || *dim.* leccatina || **N.** leccamento.

leccàto (*pps.* di *leccare*) [1525] *agg.* **1.** elaborato con eccessiva cura e proprietà, affettato, detto di stile, linguaggio ecc.: *un discorso, un parlare leccato* **2.** che usa troppa cura nel comporre le sue opere: *un romanziere, un oratore leccato* || **leccataménte** *avv.* con eccessiva cura della forma || **N. 1.** *Sin.* affettato, artefatto, lezioso, lisciato, manierato | *Contr.* rozzo, sciatto.

leccatóre [da *leccare*; a. 1243 nel senso 1; 1940 nel senso 2] *sm.* (f. *-trice*) **1.** *arc.* persona ingorda, ghiottone **2.** adulatore, lecchino.

leccatùra [da *leccare*; 1598] *sf.* **1.** il leccare **2.** *fig.* in un'opera, cura eccessiva, ricercatezza affettata || **N. 1.** *Sin.* leccamento **2.** *Sin.* limatura, rileccatura.

leccéto [lat. *ilicētum*; 1280] *sm.* luogo piantato a lecci.

lecchétto (*dim.* di *lecco*) [a. 1609] *sm. tosc.* e *lett.* ghiottoneria, leccornia || *fig.* attrattiva, lusinga.

lecchìno [da *leccare*; 1869 nel senso 2] *sm.* **1.** adulatore, leccapiedi **2.** *disus.* bellimbusto, vagheggino.

léccia[1] (pl. *-ce*) [da *leccio*; 1940] *sf. non com.* ghianda del leccio.

léccia[2] (pl. *-ce*) [etim. inc.; 1561] *sf.* **1.** pesce cartilagineo della famiglia Squalidi, che vive nelle profondità marine, di colore bruno-nerastro e con pelle zigrinata **2.** denominazione di vari pesci della famiglia Carangidi e in part. della specie detta anche seriola o ricciola, diffusa nel Mediterraneo e nell'Atlantico temperato, simile al tonno, con dorso blu-grigio e fianchi argentei.

léccio (pl. *-ci*) [lat. *iliceus*; sec. XII *lecio*] *sm.* sempreverde, diffuso nelle regioni del Mediterraneo, con chioma ampia e tondeggiante, foglie di colore verde nella parte superiore e biancastro o giallo in quella inferiore, ghiande di forma ovale; fornisce un legno duro e resistente ‖ **N.** *Sin.* elce, ilice.

lécco (pl. *-chi*) [da *leccare*; a. 1492 nel senso 2] ***sm. tosc.*** **1.** ghiottoneria ‖ *per estens.* allettamento, lusinga **2.** boccino, ciottolo, pallino o sim. al quale, giocando alle bocce o alle piastrelle, si cerca di avvicinare le proprie piastrelle o bocce per vincere ‖ *dim.* lecchétto.

leccóne [da *leccare*; a. 1292] ***sm.*** *volg. tosc.* **1.** ghiottone; parassita, scroccone **2.** adulatore.

leccornìa [da *leccare*, attr. *lecconeria*; sec. XIV nel senso 2] ***sf.*** **1.** boccone ghiotto, cibo o bevanda squisita o appetitosa, in part. detto di dolci: *questa pasticceria è piena di leccornie* **2.** *ant.* avidità ‖ **N.** *Sin.* ghiottoneria, lecchetto, GOLOSITÀ. **Q.T.** *alimentazione.*

leccùme [da *leccare*; 1603] ***sm.*** *disus.* insieme di leccornie.

lecitina [dal fr. *lécithine*; 1891] ***sf.*** *T.chim.* denominazione dei vari fosfolipidi costituiti da acido fosforico, glicerina e acidi grassi, presenti nella membrana cellulare di tutti gli organismi viventi, in particolare nel tuorlo d'uovo; industrialmente sono estratti dai semi di soia o ricavati da oli; sono usati in cosmetica, nell'industria chimica e alimentare, in medicina come ricostituenti nei casi di malattie nervose.

lécito [lat. *licitus*; 1264 *licito*] **I** ***agg.*** che è permesso dalla convenienza, dalle consuetudini, dalle norme sociali e morali: *azione lecita, comportamento lecito*; *in part. essere lecito*, essere permesso: *ai potenti non tutto è lecito*; come formula di cortesia che accompagna richieste o proposte: *mi sia lecito aggiungere ancora una cosa, dove stai andando, se è lecito?* **II** ***sm.*** ciò che è lecito: *il lecito e l'illecito, essere nel lecito* ‖ **lecitaménte** ***avv.*** ‖ **N.** I *Sin.* legale, legittimo, onesto, permesso | *Contr.* illecito.

lecizio [dal gr. *lēkýthion*, boccetta, prima parola di un verso di Aristofane, che adotta questo metro; 1957] ***sm.*** *T.metr.* verso della metrica greca e latina, costituito da un dimetro trocaico catalettico.

lectio (lat., pr. it. ['lɛktsjo]) [letter. lezione] ***sf. inv.*** **1.** nelle Università del Medioevo e del Rinascimento, lettura e commento dell'opera di un autore **2.** *lectio brevis*, nelle nostre scuole, anticipazione della fine delle lezioni, o per celebrare o commemorare un avvenimento importante, o più comunemente, nei giorni che precedono un periodo di vacanza **3.** *T.filol.* corrispondente all'it. *lezione*, forma con cui una parola o una frase si presenta in un codice: *lectio facilior*, la variante più ovvia, morfologicamente, semanticamente o lessicalmente, per il copista, quindi la meno sicura; *lectio difficilior*, la variante più difficile o insolita, quindi quella che dà più garanzie di essere quella originaria. **Q.T.** *filologia...*

lectistèrnio v. LETTISTERNIO.

lèdere (pres. *lèdo*; p.rem. *lési* o *ledéi, ledésti, lése*, pps. *léso*) [dal lat. *laedere*; a. 1303] ***tr.*** **1.** offendere, danneggiare, soprattutto in senso morale e legale: *ledere il diritto altrui, gli interessi, la reputazione* **2.** in senso materiale, procurare una lesione, un trauma: *la scheggia non gli ha leso nessun organo vitale, l'esplosione ha leso le fondamenta dell'edificio* ‖ **N. 1.** *Sin.* compromettere, danneggiare, offendere, oltraggiare, pregiudicare, rovinare | DANNO, OFFESA **2.** *Sin.* colpire, ferire.

leèna [dal lat. *leaena*; 1342] ***sf.*** *arc.* e *lett.* leonessa.

léga[1] (pl. *-ghe*) [da *legare*[1]; a. 1348 nel senso 2] ***sf.*** **1.** alleanza temporanea tra città, stati, organismi politici che si associano per raggiungere uno scopo comune: *lega peloponnesiaca, lega lombarda*; *lega doganale*, quella stabilita tra più stati che aboliscono i dazi tra i loro confini; *lega monetaria*, destinata alla libera circolazione della moneta tra gli stati membri **2.** accordo tra gruppi sociali o tra privati che si uniscono per un fine comune: *lega sindacale, lega per la difesa dell'ambiente* ‖ *T.sport. Lega Nazionale Calcio*, federazione che organizza e controlla lo svolgimento del campionato di calcio **3.** *per estens.* unione di più persone, spesso a fini disonesti o non buoni: *han fatto lega per rovinarmi, quei bricconi si son messi in lega* ‖ **N. 1.** *Sin.* alleanza, coalizione, federazione, partito, società, unione **2.** *Sin.* associazione, federazione **3.** *Sin.* combriccola, combutta, cricca.

léga[2] (pl. *-ghe*) [da *legare*[1]; 1313] ***sf.*** **1.** prodotto della fusione di due o più elementi chimici, di cui almeno uno è un metallo: *il bronzo è una lega di rame e stagno*; *lega binaria, ternaria*, a seconda del numero di elementi che entrano nella composizione; *lega leggera*, a base di alluminio o magnesio; *leghe tipografiche*, di stagno, piombo e antimonio, usate per fabbricare i caratteri da stampa; *metallo di buona, di cattiva lega*, a seconda dell'esattezza delle proporzioni dei componenti; *metallo di bassa lega*, quando la percentuale del metallo più vile è più alta **2.** *fig.* nelle loc. *di buona lega, di cattiva, di bassa lega*, usate per esprimere un giudizio di valore su persone o cose: *una prosa di buona lega, gente di cattiva lega*; *uno scherzo di bassa lega*, di cattivo gusto. **Q.T.** *metallurgia.*

léga[3] (pl. *-ghe*) [dal lat. tardo *leuga*, attr. il provenz. ant. *lega*; a. 1292] ***sf.*** unità di misura lineare, usata soprattutto per distanze terrestri o marittime, di estensione variabile tra i 4 e i 5,5 km a seconda dei paesi ‖ *stivali delle sette leghe*, quelli che, nella favola di Perrault, permettevano di compiere sette leghe a ogni passo.

legàccio (pl. *-ci*) [da *legare*[1], con influsso di *laccio*; sec. XV] ***sm.*** **1.** cordicella, laccio per legare o stringere, rif. spec. a scarpe **2.** *T.magl. punto legaccio*, ottenuto lavorando solo a diritto ‖ **N.** *Sin.* fettuccia, stringa | allacciare, allentare, slacciare, stringere.

legàcciolo [da *legaccio*; 1354] ***sm.*** *tosc.* legaccio.

legàle [dal lat. *legālis*; 1308] **I** ***agg.*** **1.** di legge, relativo alla legge: *studi, scienze legali, atti legali*; *studio legale*, di un avvocato e sim.; *consulente legale*, che dà pareri sulle cause e sul modo di interpretare le leggi; *medicina legale*, branca della medicina che studia i casi sottoposti all'esame della giustizia **2.** che è conforme alle leggi o che è fondato sulle leggi: *carta legale*, carta da bollo; *interesse legale*, il tasso d'interesse stabilito dalla legge; *poteri legali*, conferiti dalla legge a chi è incaricato di un pubblico ufficio; *numero legale*, numero minimo di presenti fissato dalla legge o dal regolamento perché le deliberazioni di un'assemblea siano valide; *corso legale di una moneta*, il valore che le è riconosciuto da un'autorità statale; *vie, mezzi, armi legali*, procedure ammesse dalla legge per far valere i propri diritti: *adire, esperire le vie legali, passare a vie legali, promuovere un'azione legale*; *prove legali*, quelle riconosciute valide indipendentemente dal parere dei giudici ‖ **legalménte** ***avv.*** **II** ***s.*** denominazione generica per avvocati e procuratori: *rivolgersi a un legale, ho messo tutta la faccenda nelle mani di un legale* ‖ **N.** I *Sin.* giuridico, giusto, lecito, legittimo, regolamentare, regolare | *Contr.* illecito, illegale.

legalìsmo [da *legale*; a. 1952] ***sm.*** rispetto rigido, e a volte esasperato, della legalità.

legalìsta [da *legale*; a. 1956] ***s.*** chi sostiene la necessità di adeguarsi rigidamente alle leggi.

legalìstico (pl. *-ci*) [da *legalista*; 1935] ***agg.*** di, da legalista.

legalità [da *legale*; a. 1315 *legaltà*] ***sf.*** conformità ai principi sanciti dalla legge: *legalità di un provvedimento, tutto si è svolto nei limiti della più stretta legalità* ‖ **N.** *Sin.* legittimità.

legalitàrio (pl. *-ri*) [da *legale*; 1899] ***agg.*** rispettoso della legalità, che agisce in base alle leggi; in part., riferito a un partito che si propone di attuare una politica di riforme attraverso mezzi legali e democratici, e non con un'azione rivoluzionaria.

legalizzàre [da *legale*; 1576] ***tr.*** **1.** dichiarare, da parte della pubblica autorità, l'autenticità di un documento, rendendolo valido per la legge: *legalizzare la firma, il certificato del medico* **2.** regolarizzare una situazione, rendendola conforme alla legge ‖ **N. 1.** *Sin.* autenticare, convalidare.

legalizzazióne [da *legalizzare*; 1710] ***sf.*** **1.** autenticazione, attestazione della validità di un documento da parte di un pubblico ufficiale **2.** regolarizzazione.

legàme [dal lat. *ligāmen*; a. 1292] ***sm.*** **1.** cosa con cui si lega; *fig.* vincolo: *legame d'amicizia, di parentela, di sangue, contrarre un legame, legame matrimoniale* ‖ obbligo, impegno: *ci sono tanti legami che mi trattengono qui* **2.** connessione, nesso logico: *tra queste due idee non c'è alcun legame* **3.** *T.chim. legame chimico*, capacità degli atomi di combinarsi tra loro, insieme delle forze che permettono la loro associazione in aggregati ‖ **N. 1.** cappio, catena, cinghia, corda, correggia, fettuccia, filo, fune, laccio, legaccio, legamento, legatura, nodo, spago; vincolo | allacciare, annodare, instaurare, stringere; allentare, slacciare, slegare, troncare **2.** *Sin.* collegamento, congiunzione, nesso, rapporto **3.** *Sin.* valenza. **Q.T.** *chimica.*

legaménto [lat. *ligamĕntum*; 1305] ***sm.*** **1.** l'atto di legare **2.** *concr.* ciò che serve a legare ‖ *T.anat.* fascio di tessuti fibrosi che tiene congiunte due parti ossee o mantiene un organo nella sua posizione ‖ *T.mar.* qualsiasi elemento che connette o rinforza le parti dello scafo ‖ *T.ling. vocale di legamento*, vocale di appoggio tra due elementi di una parola composta, come la *-o-* in *filmografia* ‖ *T.sport.* nella scherma, l'azione dell'appoggiare il proprio ferro sul ferro avversario, deviandolo dalla linea di offesa ‖ **N. 2.** legaccio, LEGAME.

legànte (*ppr.* di *legare*[1]) [1942] ***agg.*** e ***sm.*** detto di sostanza, come la calce, il cemento, il gesso ecc., capace, da sola o mescolata con acqua, di far presa su materiali incoerenti e di indurire collegandoli in una struttura resistente. **Q.T.** *edilizia, pittura.*

legàre[1] (pres. *légo, léghi*) [lat. *ligāre*; sec. XIII *ligare*] ***tr.*** **1.** stringere più cose o più parti di una cosa per congiungerle insieme o per trattenerle, con corda, fune, catena o altra cosa flessibile: *legare un pacco, un fascio di legna* ‖ in vari usi *fig.*: *è pazzo da legare*, spesso *iperb.*, è completamente matto; *legare le mani a qualcuno*, o *le mani e i piedi*, togliergli la possibilità di agire liberamente; *legare la lingua a uno*, impedirgli o proibirgli di parlare; *essere legati a filo doppio*, reciprocamente; *legare le campane*, cessare di suonarle dal giovedì santo al sabato santo; *legare i denti*, detto di cibi dal sapore aspro: *il limone lega i denti* **2.** assicurare per mezzo di corde o altro una cosa o una persona a qualcosa di fisso: *legare il cavallo a una colonna, la barca al molo* ‖ in vari usi *fig.*: *essere legato mani e piedi a qualcosa*, non potersene assolutamente liberare; *legarsela al dito*, non dimenticare un torto ricevuto; *legare l'asino dove vuole il padrone*, uniformarsi per necessità, senza convinzione, agli ordini di chi comanda **3.** *fig.* unire, congiungere: *l'affetto che mi lega a voi, siamo legati da una vecchia amicizia* ‖ *T.eccl. facoltà di sciogliere e legare*, di liberare da un vincolo sacro, per es. il matrimonio, o di istituirlo; anche, di assolvere o non assolvere dai peccati ‖ *per estens.* connettere logicamente: *legare i concetti tra loro* **4.** rif. a libri, rilegare **5.** rif. a pietre preziose, incastonarle in un gioiello, montarle || ***rifl.*** impegnarsi, dare la propria parola: *legarsi con giuramento* || ***rifl. rec.*** stringere una relazione: *legarsi in matrimonio* || ***intr.*** (aus. *avere*) **1.** unirsi, fondersi insieme: *questi metalli non legano* || *fig.* di persone, andare d'accordo: *quei due hanno legato bene insieme*; stringere amicizia: *non riesce a legare con nessuno* || *fig.* di pensieri, colori e sim., essere coerenti, intonati tra loro: *concetti, immagini che non legano* **2.** *ant.* di pianta, attecchire: *lega già il pero* (Pascoli) || **N.** ***tr.*** **1.** *Sin.* allacciare, ammanettare, annodare, avvincere, avvinghiare, avvolgere, bloccare, cingere, impastoiare, incatenare, incavezzare, serrare, stringere, vincolare | *Contr.* liberare, sciogliere, slegare **2.** *Sin.* assicurare, attaccare, fermare, fissare **3.** *Sin.* collegare, congiungere, connettere, unire.

legàre[2] (pres. *légo, léghi*) [dal lat. *legāre*; a. 1363] ***tr.*** **1.** lasciare in legato, in eredità (anche *fig.*): *legare una somma a un istituto di beneficienza, legò al figlio il suo nome onorato* **2.** *ant.* delegare.

legàta [da *legare*[1]; 1891] ***sf.*** il legare alla meglio: *dà una legata al pacco* || *dim.* legatìna.

legatàrio (pl. *-ri*) [dal lat. *legatārius*; a. 1396] ***sm.*** (f. *-a*) colui al quale il testatore ha lasciato un legato.

legatìzio (pl. *-zi*) [da *legato*[2]; a. 1869] ***agg.*** *raro* relativo alle funzioni di un legato, spec. pontificio.

legàto[1] (*pps.* di *legare*[1]) [1580] ***agg.*** **1.** di persona, impacciato, poco disinvolto: *essere legato nel parlare, nei gesti* || in part., di atleta, che ha i muscoli non sciolti, poco agile: *nella corsa aveva il passo legato* **2.** *T.mus.* *note legate*, che vanno eseguite senza che si avverta un'interruzione nel suono nel passare dall'una all'altra.

legàto[2] [dal lat. *legātus*; sec. XIII] ***sm.*** **1.** ambasciatore con incarico temporaneo; attualmente si usa soltanto per i rappresentanti del Vaticano: *legato pontificio*; *legato a latere*, cardinale che rappresenta il Pontefice all'estero in occasioni di particolare importanza **2.** *T.stor.* nel mondo romano, funzionario con compiti diplomatici o luogotenente di un generale. || **N.** AMBASCIATORE.

legàto[3] [da *legare*[2]; 1286 *leghato*] ***sm.*** *T.giur.* donazione del testatore a titolo particolare, che favorisce una persona diversa dall'erede || **N.** lascito, EREDITÀ.

legatóre [da *legare*[1]; a. 1642] ***sm.*** (f. *-trìce*) chi lega o rilega i libri || **N.** PRINCIPALI METODI DI LEGATURA: legatura cartonata, brossura cucita, brossura fresata, brossura a punti metallici | anima, barba, capitello, contraccoperta, controguardia, coperta, culatta, dorso, fregi, guardia, infinestratura, intaccature, labbro, ribalta, spigoli | a mezza pelle, alla bodoniana, alla rustica, col taglio dorato, *in brochure*, in cartapecora, in mezza tela, in pergamena, in tela e oro, in tutta pelle | cucitoio, plancia, pressa o strettoio, punzoni, taglierina, telaio, torcoletto | accapitolare, dorare, filettare, imbrachettare, incastonare, interfogliare, marmorizzare, raffilare | correggiuoli, trucioli, ugnatura.

legatorìa [da *legare*[1]; 1940] ***sf.*** attività artigianale o industriale di rilegatura di libri, cataloghi, opuscoli, pieghevoli, calendari ecc. || azienda o reparto attrezzato per la rilegatura dei vari stampati.

legatrìce [da *legare*[1]; 1970] ***sf.*** macchina per legare oggetti (pacchi, balle ecc.) riunendoli in un unico collo.

legatùra [lat. tardo *ligatura*; a. 1306] ***sf.*** **1.** atto ed effetto del legare: *legatura forte, legatura con lo spago*; anche, il punto dove una cosa si lega: *un po' sopra la legatura* **2.** *T.libr.* serie di operazioni con cui i fogli di un libro vengono cuciti e incollati sul dorso, e infine rivestiti di una copertina: *legatura in tela, in pelle, in brossura* **3.** *T.mus.* *legatura di valore*, sullo spartito, linea curva che abbraccia due note eguali, per indicare che la seconda non va ribattuta, ma è una continuazione della prima; *legatura di portamento*, linea curva che abbraccia note diverse, per indicare che vanno eseguite senza sensibile interruzione di suono **4.** *T.oref.* l'atto del legare una pietra preziosa, e la maniera con cui è incastonata **5.** *T.tip.* carattere composto di due lettere unite insieme **6.** *T.mar.* l'unire strettamente tra loro due capi di corda avvolgendovi intorno in modo regolare una cordicella sottile || *dim.* legaturìna || **N.** **1.** *Sin.* allacciatura, legame **2.** LEGATORE **4.** *Sin.* incassatura, incastonatura. **Q.T.** *tipografia* **TAV.** ***musica*** **p. 1324** 1.7.

legazióne [dal lat. *legātio, -ōnis*; a. 1294] ***sf.*** **1.** qualsiasi rappresentanza diplomatica presso uno stato estero, *in part.* quella retta da una persona di rango diverso da quello dell'ambasciatore: *segretario, consigliere di legazione*, gradi nella carriera diplomatica **2.** *concr.* la sede di tale rappresentanza || *per estens.* l'insieme di tutte le persone addette alla legazione **3.** *per estens.* carica, missione di legato e il tempo che tale missione dura **4.** *T.stor.* provincia dello Stato Pontificio sottoposta a un legato.

legenda (lat., pr. it. [le'dʒɛnda]) [letter. cose da leggere] ***sf. inv.*** didascalia che spiega i simboli convenzionali adottati in una rappresentazione grafica.

lègge [lat. *lex, legis*; sec. XIII] **I** ***sf.*** **1.** *T.giur.* norma stabilita dagli organi legislativi riconosciuti dalla Costituzione: *legge civile, finanziaria, costituzionale, ordinaria, eccezionale*; *legge delega*, atto con cui il parlamento autorizza il governo a emanare un decreto legislativo; *legge stralcio*, che fa parte di una legge generale non ancora approvata; *legge ponte*, emanata in attesa di una legge definitiva; *legge quadro*, che stabilisce solo le regole generali di un provvedimento; *a norma, a termini di legge*, secondo ciò che prescrive o sancisce la legge; *lo spirito della legge*, le vere intenzioni del legislatore; *la lettera della legge*, il significato letterale di una disposizione || *fig.* *dettar legge*, imporre la propria autorità in un certo campo, detto anche iron. || *prov.* *fatta la legge, trovato l'inganno*, con l'astuzia si riesce spesso a eludere le disposizioni **2.** *per estens.* complesso delle norme di uno stato: *la legge italiana, tutti sono uguali davanti alla legge, rimanere nella legge, essere fuori legge* **3.** scienza del diritto: *studiare legge, dottore in legge*; *uomo di legge*, esperto di giurisprudenza **4.** autorità giudiziaria: *il braccio della legge*, chi rappresenta e fa rispettare l'autorità della legge; *in nome della legge!*, intimazione della pubblica autorità nell'esercizio delle sue funzioni **5.** norma imposta per determinare i diritti e i doveri nei rapporti umani, o assunta spontaneamente come regola di comportamento: *legge naturale*, i supremi principi di giustizia, comuni a tutti gli uomini; *legge divina*, data da Dio con la rivelazione; *legge morale*, che permette di distinguere il bene dal male; *legge positiva*, emanata dai competenti organi legislativi; *legge della giungla*, per cui il più forte schiaccia il più debole; *tavole della legge*, i dieci comandamenti dati da Dio a Mosé; *legge del taglione*, quella per cui una lesione doveva essere punita con una lesione di pari gravità (occhio per occhio, dente per dente); *legge dell'amicizia, dell'ospitalità* **6.** principio che regola un'arte, una tecnica e sim.: *le leggi della pittura, della grammatica* **7.** regolarità naturale: *le leggi della natura* || proposizione scientifica che descrive una tale regolarità: *le leggi di Newton, leggi fisiche, chimiche, biologiche* **II** ***agg.*** nella loc. *decreto legge*, decreto che ha forza di legge || *dim.* leggìna || **N.** **I** **1.** *Sin.* bando, decreto, disposizione, editto, norma, precetto, provvedimento, regola | alinea, articolo, comma, paragrafo | canone, codice, costituzione, diritto, normativa, ordinamento, regolamento, riforma, statuto | anticostituzionale, barbara, costituzionale, dispotica, draconiana, eccezionale, equa, iniqua, marziale, militare, mite, ordinaria, restrittiva, severa, vigente | comandare, decretare, deliberare, imporre, ordinare, sancire, stabilire | abolire, abrogare, applicare, approvare, derogare, eludere, infrangere, interpretare, legiferare, modificare, osservare, promulgare, ratificare, rispettare, violare, votare | esecuzione, esegesi, interpretazione, osservanza, promulgazione, pubblicazione, ratifica, retroattività, trasgressione | avvocato, giudice, giureconsulto, legislatore, magistrato, procuratore. **Q.T.** *diritto, politica.*

leggènda [lat. eccl. *legenda*, letter. cose da leggere; sec. XIII] ***sf.*** **1.** racconto tradizionale che ha per oggetto fatti immaginari o storici, ma in quest'ultimo caso spesso alterati dalla fantasia: *la leggenda di Troia, le leggende di re Artù*; *fig.* *entrare nella leggenda*, acquistare una fama arricchita da caratteri favolosi: *Napoleone entrò subito nella leggenda* **2.** *fig.* diceria infondata: *sul tuo conto girano parecchie leggende* **3.** in origine, breve narrazione della vita di un santo **4.** *T.num.* iscrizione lungo l'orlo di monete e medaglie **5.** didascalia, v. LEGENDA || **N.** **1.** *Sin.* favola, mito, racconto, saga. **TAV.** *numismatica* 2.6.

leggendarietà [da *leggendario*; 1983] ***sf.*** qualità di ciò che è leggendario.

leggendàrio (pl. *-ri*) [da *leggenda*; a. 1556 come sm.] **I** ***agg.*** che appartiene alla leggenda, che ne ha i caratteri: *racconto leggendario* || *per estens.* straordinario, eccezionale: *la leggendaria spedizione dei Mille* **II** ***sm.*** libro contenente leggende sulla vita dei santi || **N.** **I** *Sin.* favoloso, meraviglioso, mitico.

leggèra o **leggièra** o **liggèra** [da *leggerezza*, mancanza; 1908] ***sf.*** *gerg.* miseria, povertà || l'insieme delle persone che appartengono ad ambienti di marginali, girovaghi e alla piccola malavita || *gerg.* chi appartiene a bande di girovaghi o di teppisti: *non voglio diventare una leggera* || **N.** *Sin.* teppa.

lèggere (pres. *lèggo, lèggi, lègge, leggiàmo, leggéte, lèggono*; imp. *leggévo*; p.rem. *lèssi, leggésti, lèsse, leggémmo, leggéste, lèssero*; fut. *leggerò*; pps. *lètto*) [lat. *legere*; sec. XIII] ***tr.*** **1.** riconoscere le parole dai caratteri scritti o stampati, comprendendone il senso: *leggere ad alta, a bassa voce, leggere un libro, un giornale*; *leggere sulle labbra*, detto dei sordi; *leggere con le dita*, detto dei ciechi; *leggere l'inglese, il tedesco*, capirli; *questo libro si fa leggere*, è piacevole o avvincente; *un articolo difficile da leggere*, che si comprende con difficoltà || *ass.* dedicarsi alla lettura: *legge molto* || *fig.* *leggere tra le righe*, in uno scritto, capire anche ciò che di proposito viene taciuto **2.** *per estens.* interpretare, capire certi segni convenzionali o naturali: *leggere una carta geografica, uno spartito, una mappa catastale*; *leggere la mano*, praticare la chiromanzia || *fig.* interpretare il pensiero, il sentimento di qualcuno: *gli lessi l'invidia nell'anima*; *leggere in viso, in faccia, negli occhi* || intendere un passo o uno scritto di un autore in un certo modo: *i commentatori antichi leggevano diversamente questi versi* || detto di edizioni o codici, portare una certa lezione: *il codice laurenziano legge così* **3.** *T.tecn.* detto di calcolatori elettronici, prelevare dei dati da una memoria interna o esterna **4.** *ant.* insegnare una scienza da una cattedra: *fu chiamato a leggere diritto canonico* || **N.** **1.** *Sin.* compitare, dare una scorsa, declamare, leggicchiare, leggiucchiare, recitare, rileggere | ad alta voce, a senso, correntemente, speditamente, tutto d'un fiato | angnoste, analfabeta, dicitore, leggio, letta, lettore, lettura, pausa, scorsa, sillabario **2.** *Sin.* capire, comprendere, decifrare, intendere, interpretare, intuire.

leggerézza [da *leggero*; a. 1292] **sf.** **1.** l'essere leggero; agilità: *leggerezza di movimenti* **2.** *fig.* superficialità, mancanza di serietà e di impegno: *è un uomo di gran leggerezza, ha agito con leggerezza* **3.** *concr.* atto di persona leggera: *ho commesso una leggerezza* || **N.** **1.** *Sin.* levità, tenuità | *Contr.* pesantezza, peso **2.** incostanza | *Contr.* costanza, fermezza, impegno, scrupolo.

leggèro (ant. *leggièro*) [dal fr. ant. *legier*; sec. XIII nel senso 6] **agg.** **1.** che pesa poco, o meno di un altro corpo: *carico, tessuto leggero, scarpe leggere, leggero come una piuma* || *cibo leggero*, di facile digestione; *tenersi leggero*, non appesantirsi col cibo || *sonno leggero*, che si interrompe facilmente || *aria leggera*, che si respira con facilità || *armatura leggera, truppe leggere*, con armi maneggevoli, poco ingombranti || *lavoro leggero*, poco faticoso || *fig.* di persona, che porta abiti leggeri: *fa troppo freddo per uscire così leggero*; *fig. sentirsi leggero*, provare una sensazione di benessere e spensieratezza || *T.sport. peso leggero*, una delle categorie in cui, a seconda del peso, rientrano lottatori, pugilatori e sollevatori di peso **2.** non grave, non importante: *ferita, malattia leggera, mancanza, colpa leggera* **3.** piccolo, poco notevole: *un leggero aumento dei prezzi, parlare con un leggero accento straniero* **4.** debole, di scarsa intensità: *vento leggero, un leggero profumo, un rumore leggero, una leggera scossa di terremoto* **5.** agile, spedito: *avere il passo leggero, camminare leggero* **6.** di scarso impegno, che non richiede grande concentrazione: *un libro leggero*; *una commedia leggera*, brillante e piacevole; *musica leggera*, l'insieme della musica contemporanea costituito da canzoni, canzonette e ballabili **7.** di persona, poco seria, volubile, incostante: *una ragazza leggera*, frivola || nelle loc.: *a cuor leggero, alla leggera*, spensieratamente; *prendere le cose alla leggera*, senza riflettere adeguatamente **8.** *T.mus. leggero*, didascalia che indica di suonare lo strumento esercitando solo una leggera pressione || **leggerménte** **avv.** || *dim.* leggerìno; *accr.* leggeróne || **N.** **1.** *Sin.* lieve; agevole, facile | *Contr.* grave, pesante; faticoso, gravoso **2.** **3.** *Sin.* lieve, modesto, modico | *Contr.* deciso, forte, grave **4.** *Sin.* lieve, sottile | *Contr.* intenso, pesante **5.** *Contr.* pesante **6.** *Sin.* disimpegnato, frivolo | *Contr.* impegnato, serio **7.** *Sin.* fatuo, frivolo, incostante, irriflessivo, spensierato | *Contr.* costante, grave, riflessivo, serio | agevolare, alleggerire, alleviare, attenuare, diminuire, facilitare. **TAV.** ***atletica*** **p. 657** 1.

leggiadrìa [dal provenz. ant. *leujaria*; sec. XIII *legiadria*] **sf.** qualità di ciò che è leggiadro || **N.** *Sin.* armonia, avvenenza, bellezza, eleganza, gentilezza, grazia.

leggiàdro [da *leggiadria*; a. 1294 nel senso 2] **agg.** **1.** che ha insieme grazia ed eleganza: *movenze leggiadre, una ragazza leggiadra* **2.** *arc.* azzimato, troppo elegante **3.** *arc.* nobile || **leggiadraménte** **avv.** || *dim.* leggiadrétto || **N.** **1.** *Sin.* aggraziato, avvenente, elegante, garbato, gentile, grazioso, BELLO.

leggìbile [da *leggere*; sec. XIV] **agg.** **1.** che si può leggere: *scrivi così male che i tuoi appunti non sono leggibili* **2.** facile da capire: *riscrivilo in forma più leggibile* **3.** di libro, romanzo e sim., che merita una lettura, pur non avendo grandi pregi: *è un racconto leggibile* || **leggibilménte** **avv.** || **N.** *Contr.* illeggibile.

leggibilità [da *leggibile*; 1928] **sf.** **1.** l'essere leggibile: *la muffa ha compromesso la leggibilità del manoscritto* **2.** comprensibilità: *vi sono molti test per stabilire la leggibilità di un testo.*

leggicchiàre (pres. *-ìcchio*) [da *leggere*; a. 1744] **tr.** leggere con stento o svogliatamente || **N.** *Sin.* leggiucchiare.

leggièra V. LEGGERA.

leggièri [da *leggero*; sec. XIII *di leggero*] **agg.** *arc.* nella *loc. avv. di leggieri*, con facilità, agevolmente.

leggièro e der. forme ant. di LEGGERO e der. (v.).

leggìna (*dim.* di *legge*) [1965] **sf.** legge, gen. di pochi articoli, che regola questioni di ambito settoriale o particolaristico.

leggìo (pl. *-ìi*) [dal gr. *logêion*, palco per oratori; 1284 ca.] **sm.** mobile o sostegno, di varia dimensione e forma, per tenere in posizione inclinata un libro, un messale o una carta da musica, in modo da poterli leggere senza tenerli in mano. **TAV.** *chiesa* 2.10; ***musica*** **p. 1324** 2.2 e **p. 1325** 15.3.

leggìsta V. LEGISTA.

leggitóre [da *leggere*; a. 1294 nel senso 2; 1957 nel senso 1] **sm.** **1.** *T.mecc.* apparecchio che ha il compito di tradurre in movimenti meccanici determinati segni impressi sulla carta **2.** (f. *-trice*) *non com.* lettore, declamatore.

leggiucchiàre (pres. *-ùcchio*) [da *leggere*; a. 1850] **tr.** leggicchiare.

leghìsta [da *lega*[1]; 1905] **s.** chi appartiene a una lega.

legiferàre (pres. *-ìfero*) [dal fr. *légiférer*; 1883] **intr.** (aus. *avere*) emanare, promulgare leggi; *scherz.* dettar legge: *vuoi smetterla di legiferare?* || **N.** legislazione.

legiferatóre [da *legiferare*; 1963] **agg.** e **sm.** (f. *-trice*) che, chi legifera: *organo legiferatore*, l'organo dello Stato che discute ed emana le leggi.

legiferazióne [da *legiferare*; 1940] **sf.** atto ed effetto del legiferare.

legionàrio (pl. *-ri*) [dal lat. *legionārius*; a. 1580] **I** **sm.** **1.** *T.stor.* soldato della legione romana **2.** appartenente a un corpo militare definito legione; in part., in Francia, membro della Legione straniera o dell'ordine della Legion d'onore; *malattia dei legionari*, legionella **II** **agg.** delle legioni, di legione: *avamposti legionari.*

legióne [dal lat. *legio, -ōnis*; a. 1292] **sf.** **1.** *T.stor.* unità tattica dell'esercito romano, con un numero vario di soldati, secondo i tempi **2.** unità organica di forze armate, che in Italia è propria dei Carabinieri e della Guardia di Finanza **3.** corpo di milizie non appartenenti all'esercito regolare; *legione straniera*, corpo di milizie mercenarie dell'esercito francese costituito da soldati di ogni nazionalità e impiegato nei territori coloniali **4.** *fig.* schiera folta: *una legione di cuochi e camerieri* **5.** *legion d'onore*, ordine cavalleresco francese creato da Napoleone || **N.** **1.** centuria, coorte, manipolo, tribuno.

legionèlla [dal lat. scient. *Legionella*, basato sull'ingl. *American Legion*, in alcuni membri della quale fu osservata per la prima volta la malattia cagionata dal virus; 1988] **sf.** virus che si diffonde spec. per mezzo dell'acqua e che provoca una infezione batterica a localizzazione polmonare, caratterizzata da tosse secca, febbre alta, dolore pleurico e diarrea.

legislatìvo [dal fr. *législatif*; a. 1758] **agg.** che concerne il legislatore oppure la legislazione: *assemblea legislativa, atti legislativi*; *potere legislativo*, potere di formulare e promulgare le leggi; *concr.* gli organi che hanno tale potere.

legislatóre [dal lat. *legislātor, -ōris*; a. 1498] **I** **sm.** (f. *-trice*) chi formula e promulga le leggi **II** **agg.** che emana leggi: *la potestà legislatrice di uno Stato risiede nel Parlamento.*

legislatùra [da *legislatore*; a. 1639 nel senso 2] **sf.** **1.** il tempo determinato dalla Costituzione per la durata in carica di un'assemblea legislativa: *la legislatura in Italia ha la durata di cinque anni* || l'assemblea legislativa stessa: *la seconda legislatura* **2.** l'attività e la facoltà di emanare le leggi **3.** la dignità e l'ufficio del legislatore.

legislazióne [dal lat. tardo *legislātio, -ōnis*; a. 1729 nel senso 3] **sf.** **1.** il formare le leggi: *fondamenti della legislazione* **2.** il complesso delle leggi di uno Stato **3.** *per restr.* anche l'ordinamento giuridico in un determinato settore: *legislazione scolastica, del lavoro.* **Q.T.** *politica.*

legìsta o **leggìsta** [da *legge*; 1313 nel senso 2] **s.** *raro* **1.** chi è esperto nella scienza delle leggi, giurista **2.** *arc.* legislatore: *Moïsè legista* (Dante).

legìttima [dal lat. (*pars*) *legitima*; a. 1370] **sf.** *T.giur.* la parte dell'eredità che la legge assicura a certi eredi, ascendenti o discendenti, e di cui il testatore non può in alcun modo disporre: *ha lasciato alla moglie soltanto la legittima* || **N.** EREDITÀ.

legittimàre (pres. *-ìttimo*) [da *legittimo*; sec. XIV] **tr.** **1.** rendere legittimo: *legittimare un figlio naturale* **2.** rendere qualcuno giuridicamente idoneo a un determinato atto: *legittimare qualcuno alla tutela di un minore* **3.** *per estens.* provare giusta e regolare una cosa, giustificarla: *legittimo pienamente quello che avete fatto.*

legittimàrio (pl. *-ri*) [da *legittimo*; 1894] **sm.** *T.giur.* erede cui la legge riserva obbligatoriamente una parte di eredità (per es. il coniuge e ciascuno dei figli).

legittimazióne [da *legittimo*; sec. XIV] **sf.** **1.** atto ed effetto del legittimare **2.** *non com.* giustificazione.

legittimìsmo [dal fr. *legitimisme*; a. 1872] **sm.** dottrina politica del sec. XIX che sostiene l'origine divina del potere monarchico e la sua appartenenza agli eredi della dinastia regnante, anche se spodestati.

legittimìsta [dal fr. *légitimiste*; 1846] **I** **s.** chi sostiene il legittimismo, appoggiando una dinastia reale spodestata o una restaurazione monarchica **II** **agg.** relativo al legittimismo.

legittimìstico (pl. *-ci*) [da *legittimista*; a. 1876] **agg.** che concerne i legittimisti o il legittimismo: *atteggiamento legittimistico.*

legittimità [dal fr. *légitimité*; 1657] **sf.** l'essere legittimo: *legittimità di un divieto, di una monarchia* || fondatezza, ammissibilità: *legittimità di un dubbio.*

legìttimo [dal lat. *legītimus*; 1353] **agg.** **1.** che è conforme alla legge, che è legalmente riconosciuto o ammesso: *autorità legittima, matrimonio, figlio legittimo*; *legittima difesa*, V. DIFESA; *sovrano legittimo*, che regna o dovrebbe regnare per diritto dinastico **2.** conforme a certe regole o norme: *il ricorso a questo metodo non è legittimo, uso legittimo di un vocabolo* **3.** *per estens.* giusto, lecito: *chiedere questo mi pare legittimo, è un dubbio legittimo* **4.** *per estens. fam. raro* schietto, non alterato: *vino legittimo* || **legittimaménte** **avv.** **1.** in modo legittimo, secondo la legge **2.** in modo giustificato, per validi motivi || **N.** **1.** *Sin.* lecito, legale | *Contr.* illecito, illegale, illegittimo **2.** *Sin.* giusto, regolare **3.** *Sin.* giustificato, motivato, plausibile | *Contr.* immotivato, inaccettabile.

légna (pl. *légna* e tosc. *légne*) [lat. *ligna*; sec. XIII] **sf.** legname da bruciare, usato quasi sempre al sing., come collettivo: *andare a far legna, legna fresca, stagionata, raccogliere, spaccare legna* || *fig. mettere* o *aggiungere legna al fuoco* o *sul fuoco*, fomentare, aizzare discordie, odi e sim. || *dim.* legnétta; *pegg.* legnàccia || **N.** asciutta, fresca, grossa, minuta, secca, stagionata, verde | catasta, ceppo, ciocco, fascina, fascio, fastello, frasca, legname, pira, scheggia, schiappa, sterpi, stipa | brace, falò, fuoco, rogo, tizzone | ardere, bruciare, scoppiettare | boscaiolo, legnaia, legnatico, taglialegna.

legnàceo [da *legno*; a. 1811] **agg.** *non com.*

che è simile al legno o che ha natura di legno || **N.** *Sin.* legnoso, ligneo.

legnàggio (pl. *-gi*) **sm.** *ant.* V. LIGNAGGIO.

legnàia [lat. *lignāria*; 1598 *lignara*] **sf.** locale dove si conserva la legna da ardere.

legnaiòlo [da *legno*; 1280 *legnaiuolo*] **sm.** *ant.* **1.** taglialegna || chi nei boschi sgrossa il legname e sceglie i pezzi destinati a lavori di falegnameria, quelli da ardere ecc. **2.** falegname, spec. artigiano che fa col legname lavori grossolani.

legnàme [da *legno*; sec. XII] **sm.** legno o insieme di pezzi di legno utilizzati come materiale da lavoro o da costruzione: *legname semilavorato, pregiato, una catasta di legname, legname già levigato* || **N.** duro, forte, fresco, grezzo, lavorato, resinoso, stagionato, tenero | asse, assicella, palo, tavola, trave, travicello, LEGNO. **Q.T.** *edilizia, falegnameria.*

legnàre¹ (pres. *légno*) [da *legno*; 1863] **tr.** dare legnate, bastonare: *lo legnarono di santa ragione* || *fig. fam.* stangare; battere di larga misura in competizioni sportive, giochi ecc.

legnàre² (pres. *légno*) [da *legno*; a. 1306 *lenare*] **intr.** (aus. *avere*) *ant.* far legna: *c'è diritto di legnare in questo bosco.*

legnàta [da *legno*; 1535 ca.] **sf.** colpo dato con un legno; *per estens.* percossa violenta: *un fracco di legnate* || **N.** *Sin.* bastonata.

legnàtico (pl. *-ci*) [lat. *lignaticum*; 1838] **sm.** *T.giur.* **1.** diritto di far legna in un bosco altrui o di proprietà comunale **2.** *ant.* tassa che si pagava al signore per far legna nei boschi del suo feudo || **N. 1.** *Sin.* macchiatico.

legnatùra [da *legnata*; 1869] **sf.** *non com.* bastonatura.

legnìno [da *legno*; 1957] **sm.** sapore sgradevole che il vino può prendere se sta in una cattiva botte.

légno [lat. *lignum*; a. 1294 nel senso 4] **sm.** **1.** *T.bot.* tessuto vegetale che costituisce la parte dura del tronco e dei rami degli alberi **2.** il materiale ricavato dal legno degli alberi: *legno dolce, forte; legno di quercia, di noce; scala, trave, mobile di legno; pasta di legno,* usata per fabbricare la carta; *legno compensato* o *ell. compensato,* legno da lavoro, preparato con sottili fogli fortemente incollati l'uno all'altro e disposti con le fibre alternativamente per diritto e per traverso, così che il legno sia stabile e non s'incurvi; *legno di filo, di testa,* tagliato secondo la direzione delle fibre oppure trasversalmente rispetto ad esse || *fig. testa di legno,* persona poco intelligente od ostinata **3.** pezzo di legno: *gettare un legno nel fuoco* || *per estens.* bastone, randello **4.** *lett.* albero **5.** *fig. per meton.* nave, carrozza **6.** *T.art. non com.* xilografia: *un legno del De Carolis* **7.** *pl.* strumenti a fiato costruiti in legno, come oboe, fagotto, clarinetto, contrapposti agli *ottoni* || *dim.* legnétto, legnettìno, legnùccio; *pegg.* legnàccio || **N. 1.** *Sin.* legna, legname **2.** compatto, dolce, duro, fibroso, forte, grezzo, nodoso, resinoso, resistente, rigido, stagionato, tenero, venato | cipollato, curvato, fesso, fradicio, imbarcato, rigonfiato, screpolato, spaccato, tarlato | incatramato, laccato, lavorato, lucidato, tinto, verniciato | cellulosa, cipollatura, corteccia, durame, fibra, massello, nocchio, nodo, scorza, spaccatura, venatura | asse, assicella, listello, palanca, pannello, puntello, rocchio, stanga, stecca, tavola, traversa | compensato, faesite, masonite, panforte, perlinato, piallaccio, profilato, truciolato | scheggia, segatura, truciolo | ebanista, falegname, impiallacciatore, intagliatore, intarsiatore, legnaiolo, lucidatore, mobiliere, piallatore, tornitore | calettare, commettere, forare, fresare, impiallacciare, inchiodare, incollare, intagliare, intarsiare, laccare, levigare, lucidare, piallare, segare, sgrossare, stuccare, tagliare, tornire, traforare, trapanare, verniciare. **Q.T.** *falegnameria, musica* **TAV.** *macchine utensili.*

legnòlo (lett. *legnuòlo*) [lat. volg. **lineolus*; 1834] **sm.** **1.** nella fabbricazione delle corde di canapa, manilia ecc., l'elemento che si forma con l'unione e la torsione di più filacce **2.** nelle corde metalliche, l'elemento che si forma con l'unione e la torsione di alcuni fili metallici: *torcendo... alla pigna i legnuoli* (D'Annunzio).

legnosità [da *legnoso*; a. 1704] **sf.** l'essere legnoso.

legnóso [lat. *lignosus*; a. 1320] **agg.** **1.** di legno: *fusto legnoso* **2.** che è simile al legno, che è duro come il legno: *carne legnosa, frutto legnoso* **3.** *fig.* di persona, rigido, impacciato: *andatura legnosa, movimenti legnosi* || *dim.* legnosétto || **N. 1.** *Sin.* ligneo, LEGNACEO **2.** *Sin.* duro, tiglioso | *Contr.* tenero **3.** *Sin.* legato | *Contr.* sciolto.

legnuòlo V. LEGNOLO.

lègo o **légo** ® [comp. del danese *leg,* gioca e *go(dt),* bene; 1965] **sm.** *inv.* gioco per ragazzi, formato da piccoli mattoncini in plastica a incastro, con cui si possono realizzare costruzioni di varie forme.

legulèio (pl. *-èi*) [dal lat. *leguleius*; 1657] **sm.** *spreg.* avvocato, uomo di legge || **N.** *Sin.* azzeccagarbugli, causidico.

legùme [lat. *legūmen*; 1243 *legome* nel senso 2] **sm.** **1.** il frutto delle Leguminose, detto anche *baccello,* che, a maturità raggiunta, si apre lungo la nervatura dorsale **2.** *pl. com.* i semi contenuti nei baccelli, usati come alimento: *una minestra di legumi, legumi freschi, secchi* || **N.** *Sin.* civaie | carrubo, cece, fagiolo, fava, lenticchia, lupino, pisello, veccia | mondare, passare, sbaccellare, sgranare, sgusciare. **TAV.** *erboristeria* 2.4; ***fiori...*** **p. 671** 8.6.

legumièra [da *legume*; 1950] **sf.** vassoio con coperchio, spesso in materiale pregiato, per portare in tavola legumi e verdure.

legumìna [da *legume*; 1862] **sf.** sostanza proteica contenuta nei legumi.

Leguminóse [da *legume*; a. 1811] **sf.** *pl.* *T.bot.* piante dicotiledoni suddivise in varie famiglie, coltivate per uso alimentare (legumi), medicinale (liquerizia, tamarindo), foraggero (erba medica, trifoglio) e industriale (gomma, olio, tannino). **Q.T.** *botanica.*

lehm (ted., pr. [le:m]) [letter. fango; 1952] **sm.** *inv.* *T.geol.* deposito costituito da materiale argilloso e sabbioso finissimo, prodotto dall'erosione dei ghiacci sulle rocce || **N.** *Sin.* limo glaciale.

lèi [lat. tardo *(il)lāei*; 1275 *lé*] **I pron.** *pers. sing. f.* **1.** forma tonica della declinazione del pronome di terza persona *ella, essa,* usata come compl. oggetto e come compl. di termine preceduta dalla preposizione *a* quando si voglia dare particolare risalto al compl., al posto delle forme non accentate *la* e *le*: *scelsero lei, a lei non dire niente*; è usata poi con tutti i compl. indiretti preceduti da preposizione: *andiamo con lei, ne prendo uno per lei, l'ho sentito da lei*; in part., nel linguaggio burocratico la loc. *di lei,* posta tra l'art. e il sostantivo, equivale all'agg. possessivo e in più specifica il genere del possessore: *la di lei madre, il di lei figlio* **2.** il pron. *lei* viene usato come soggetto, a preferenza di *ella* o di *essa,* quando si vuole dare particolare risalto al sogg., come nelle esclamazioni: *beata lei!*; nelle contrapposizioni: *tu capisci, lei no*; nei paragoni, dopo *come* e *quanto*: *sei buono come lei*; dopo *anche, neanche, pure, neppure, solo, perfino, nemmeno, addirittura*: *nemmeno lei lo sa*; o quando il soggetto è posto dopo il verbo, in posizione di evidenza (o, in frasi ellittiche, dopo un aggettivo): *se lo dice lei, sarà vero, contenta lei, contenti tutti, morta lei, la famiglia si estinse*; è infine obbligatorio quando è usato come predicativo del soggetto, dopo *essere, sembrare, parere*: *non sembra più lei!* **3.** è usato come pron. di cortesia, come compl. e come soggetto (in luogo del *disus. ella*), con persone di sesso maschile o femminile con cui non si è in confidenza, amicizia o parentela; se la persona è di sesso maschile, il predicato si accorda nel genere al maschile: *lei, professore, è sempre stato generoso con tutti, lei è dopo di me in coda, passerò da lei stasera* **II sm.** forma allocutiva di terza persona: *dare del lei, usare il lei* || **sf.** *inv.* persona di sesso femminile: *a tutte le lei presenti sarà dato un omaggio*; in part., la donna amata: *non ho ancora trovato la mia lei.*

leibniziàno (pr. [laibnit'tsjano]) [dal n. proprio G.W. *Leibniz,* filosofo ted.; a. 1832] **I agg.** *T.fil.* proprio della filosofia di Leibniz **II sm.** (f. *-a*) *T.fil.* seguace del pensiero di Leibniz.

leishmània (pr. [leiʃ'manja] o [liʃ'manja]) [dal n. proprio W.B. *Leishmann,* patologo inglese che scoprì il protozoo; 1933] **sf.** nome di un genere di protozoi che, trasmessi dalle punture dei pappataci, provocano nell'uomo la leishmaniosi.

leishmanioṣi (pr. [leiʃma'njɔzi] o [liʃma'njɔzi]) [da *leishmania*; 1928] **sf.** *T.med.* nome di malattie tropicali infettive febbrili provocate da diversi tipi di leishmania: *leishmaniosi cutanea, americana, viscerale.*

leitmotiv (ted., pr. ['laɪtmo,ti:f]) [letter. motivo guida; 1895] **sm.** *inv.* **1.** motivo guida; tema melodico di una composizione musicale che ritorna, più o meno mutato, ogni volta che il compositore vuol ricordare agli ascoltatori il sentimento che il tema vuole esprimere, o il personaggio o il fatto cui il tema allude **2.** *per estens.* motivo, tema, concetto che ricorre con frequenza in un'opera letteraria, in un discorso, o in una qualunque opera o attività: *il leitmotiv della campagna elettorale.*

lek (alb., pr. [lɛk]) [dal n. proprio alb. *Lek(ë),* Alessandro, con rif. ad Alessandro Magno; 1929] **sm.** *inv.* (anche pl. *lekë,* pr. ['lɛkə]) unità monetaria dell'Albania.

LEM [acronimo dell'ingl. *L(unar) E(xcursion) M(odule),* modulo per l'esplorazione lunare; 1974] **sm.** *inv.* il veicolo o modulo spaziale costruito per spostarsi sulla superficie lunare, che fu utilizzato per la prima discesa dell'uomo sulla Luna dagli astronauti della capsula Apollo 11. **TAV.** ***astronautica*** **p. 654** 2, 4.

lémbo [dal lat. *lĭmbus*; 1313] **sm.** **1.** la parte estrema di un vestito: *lembo della sottoveste, dell'impermeabile* **2.** *fig.* l'estrema parte o in genere una piccola parte di qualunque cosa: *un lembo di cielo* || *T.med. lembo cutaneo,* nei trapianti, parte di cute che viene distaccata e trapiantata in un'altra zona || *T.bot.* lamina di una foglia o di un petalo || **N. 1.** *Sin.* bordo, falda, gherone, margine, orlo, pistagna **2.** *Sin.* striscia.

lèmma [dal lat. *lemma,* gr. *lêmma*; 1581] **sm.** **1.** *T.fil. disus.* proposizione preliminare che si assume come certa per preparare la dimostrazione di un'altra; proposizione assunta senza dimostrazione da un'altra scienza o da un'altra parte dello stesso sistema **2.** *T.mat.* teorema che riveste importanza in quanto permette di dimostrarne un altro, più significativo **3.** voce posta all'inizio di ogni singolo articolo di un dizionario, enciclopedia e sim., spiegata e trattata nell'articolo stesso: *nei dizionari italiani i lemmi sono verbi all'infinito, sostantivi singolari, aggettivi al maschile ecc.* **4.** *T.paleogr.* annotazione a margine di un codice. **Q.T.** *linguistica.*

lemmàrio (pl. *-ri*) [da *lemma*; 1965] **sm.** insieme dei lemmi di un vocabolario o di un'enciclopedia.

lemmàtico (pl. *-ci*) [da *lemma*; 1674] **agg.** proprio del lemma, che riguarda il lemma.

lemmatizzàre [da *lemma*; 1970] ***tr.*** **1.** in un'opera lessicografica, registrare una parola come lemma **2.** nell'analisi lessicale di testi linguistici, riportare ogni parola alla sua forma di lemma.

lemmatizzazióne [da *lemmatizzare*; 1970] ***sf.*** il lemmatizzare, l'essere lemmatizzato.

lèmme lèmme [prob. dal lat. *sollemnis*; 1615] ***loc. avv.*** *fam.* piano piano, adagio adagio, detto spec. di movimenti: *camminava lemme lemme.*

lemming (ingl., pr. [ˈlemɪŋ]) [dal norv. *lemming*, di origine lappone; 1905] ***sm.*** *inv.* piccolo roditore diffuso in Europa e in Asia, noto per le migrazioni in massa.

lèmmo [dal norv. *lemming*; 1833] ***sm.*** adattamento it. di *lemming.*

lèmna [dal gr. *lémna*; 1813] ***sf.*** pianta erbacea che vive nelle paludi, anche detta *lenticchia d'acqua*, con piccole foglie tondeggianti.

Lemnàcee [comp. di *lemna* e *-acee*; 1957] ***sf.*** *pl.* *T.bot.* famiglia di piante acquatiche, caratterizzate da foglie piccole e struttura molto semplificata, monocotiledoni.

lemniscàta [dal lat. *lemniscātus*; 1834] ***sf.*** *T.mat.* curva algebrica piana o sghemba, con un punto doppio nodale.

lemniscàto [dal lat. *lemniscātus*; 1698] ***agg.*** *lett.* ornato di lemnisco.

lemnisco (pl. *-schi*) [dal lat. *lemniscus*, gr. *lēmnískos*; a. 1527] ***sm.*** **1.** *T.stor.* nell'antica Roma, nastro, un tempo di scorza di tiglio, poi di stoffe preziose e infine di lamine d'argento e d'oro, che ornava le corone trionfali **2.** *T.arch.* nastro che si avvolge intorno ai festoni o alle ghirlande nelle decorazioni architettoniche **3.** segno formato da una sbarretta tra due punti, obliqua o orizzontale (./. o ÷), che nei manoscritti medievali indicava citazioni non letterali di passi biblici e che oggi, nella forma ./. e posto in fondo alla pagina, avverte che lo scritto continua nella pagina successiva **4.** *T.anat.* fascio di fibre nervose che raggiungono la corteccia cerebrale.

lemòsina V. ELEMOSINA.

lempira (sp., pr. [lemˈpira]; pl. *lempiras*, pr. [lemˈpiras]) [dal n. proprio *Lempira*, capo indigeno che si oppose ai conquistatori spagnoli; 1933] ***sm.*** unità monetaria dell'Honduras.

lèmure[1] [dal lat. *lĕmures*; a. 1563] ***sm.*** anima di defunto che, secondo la credenza degli antichi romani, tornava al mondo per molestare i vivi || **N.** *Sin.* larva.

lèmure[2] [dal lat. *lĕmures*; 1875] ***sm.*** proscimmia con muso appuntito e coda più lunga del corpo, diffusa nelle foreste del Madagascar e delle Comore.

Lemùridi (sing. *-e*) [comp. di *lemure*[2] e *-idi*; 1895] ***sm.*** *pl.* *T.zool.* famiglia di proscimmie notturne dal muso allungato e coda lunga.

Lemuroidèi [da *lemure*[2]; 1957] ***sm.*** *pl.* *T.zool.* proscimmie arboricole, diurne o notturne, diffuse nel Madagascar e nelle Comore.

léna [dal lat. volg. *(*a*)*lēna*; a. 1249 nel senso 2] ***sf.*** **1.** *fig.* vigore, energia nell'affrontare e sopportare le fatiche: *infondere lena, mi manca la lena, lavoro di lena* **2.** *ant.* e *lett.* respiro, fiato, spec. affannoso: *riprender lena*, riprender fiato; *con lena affannata* (Dante), ansimando || **N. 1.** *Sin.* ardore, energia, vigore, FORZA **2.** *Sin.* anelito, RESPIRO.

lènci [dal n. della ditta torinese che lo produsse per prima; 1930] ***agg.*** e ***sm.*** detto di tipo di panno compatto di diversi colori, usato per la produzione di pupazzi, fiori ecc.: *una bambola in panno lenci.*

lèndine [lat. tardo *lens, lendinis*; a. 1292] ***sm.*** e *raro* ***f.*** uovo di pidocchio.

lendinóso [da *lendine*; 1534] ***agg.*** che ha lendini: *capelli lendinosi.*

lène [dal lat. *lenis*; sec. XIII *leno*] ***agg.*** *lett.* **1.** dolce, delicato, leggero, soave, debole: *un mormorio lene, un dolore lene* **2.** *T.ling.* detto di consonante articolata con minore energia, in contrapposizione a una consonante *forte* (per es. una sonora rispetto a una sorda) || in greco, *spirito lene*, spirito dolce || **leneménte** ***avv.*** *lett.* dolcemente, lievemente.

lenèo [dal lat. *Lenǣus*, gr. *Lēnâios*; a. 1566] ***agg.*** *lett.* nella mitologia greca, del dio Dioniso, relativo al dio Dioniso.

lenificàre (pres. *-ìfico, -ìfichi*) [comp. di *lene* e *-ficare*; sec. XIV] ***tr.*** *raro* lenire.

lenificatìvo [da *lenificare*; a. 1320] ***agg.*** *raro* lenitivo.

leniménto [dal lat. *lenimĕntum*; 1546] ***sm.*** atto ed effetto del lenire || *concr.* quanto serve a lenire: *una buona parola è un lenimento alla disperazione.*

leninismo [dal n. proprio *Lenin*, uomo politico russo; 1918] ***sm.*** *T.pol.* l'insieme delle teorie rivoluzionarie, economiche, politiche e sociali di Lenin.

leninista [da *leninismo*; 1917] **I** ***agg.*** del leninismo, di Lenin: *la dottrina leninista* **II** ***s.*** seguace del leninismo.

lenìre (pres. *-ìsco, -ìsci*; ppr. *leniènte*; pps. *lenito*) [dal lat. *lenīre*; a. 1313] ***tr.*** *lett.* mitigare, calmare, addolcire: *lenire il dolore* || **N.** *Sin.* MITIGARE.

lenità [dal lat. *lenitas, -ātis*; a. 1342 *lenitade*] ***sf.*** *raro* lievità, mitezza, dolcezza, soavità.

lenitìvo [da *lenire*; inizio sec. XIV] **I** ***agg.*** che ha il fine o la virtù di calmare il dolore, o *fig.* situazioni incresciose: *farmaco lenitivo, provvedimento lenitivo* **II** ***sm.*** **1.** medicamento atto a calmare dolori o sintomi fastidiosi **2.** *fig.* rimedio che allevia o calma, spesso solo in modo provvisorio: *non c'è un lenitivo per il suo dolore* || **N. I** *Sin.* calmante **II** **1.** *Sin.* calmante, sedativo **2.** *Sin.* palliativo.

lenizióne [da *lenire*; 1969] ***sf.*** *T.ling.* mutamento fonetico che comporta l'indebolimento di una consonante intervocalica (per es. il passaggio da sorda a sonora dal lat. *strata* all'it. *strada*, o da occlusiva a fricativa dal lat. *ripa* all'it. *riva*).

lèno ***agg.*** *arc.* V. LENE.

lenocìnio (pl. *-ni*) [dal lat. *lenocĭnium*; 1470] ***sm.*** **1.** l'opera del lenone; reato commesso da chi induce o costringe qualcuno alla prostituzione **2.** *fig.* allettamento, lusinga: *i lenocini dello stile.*

lenóne [dal lat. *leno, lenōnis*; a. 1484] ***sm.*** **1.** *lett.* ruffiano; chi favorisce la prostituzione o gli amori illeciti **2.** nell'antica Roma, mercante di schiave, tenutario di bordelli || **N. 1.** *Sin.* magnaccia, mezzano, pappone, protettore.

lentàggine[1] [da *lento*; a. 1412] ***sf.*** *raro* lentezza.

lentàggine[2] [da *lantana*; a. 1597] ***sf.*** arbusto sempreverde.

lentàre (pres. *lènto*) [dal lat. *lentāre*; 1532] ***tr.*** *raro pop.* e *poet.* allentare || ***intr.*** (aus. *avere*) e ***intr. pron.*** allentarsi, indebolirsi; rallentare.

lènte [dal lat. *lens, lentis*; 1342 nel senso 3; a. 1642 nel senso 1] ***sf.*** **1.** strumento ottico trasparente, di vetro, quarzo o plastica, di cui almeno una delle superfici è curva, utilizzato per fornire immagini reali o virtuali di oggetti: *lente d'ingrandimento*, che dà dell'oggetto un'immagine diritta e ingrandita; *pl. le lenti*, gli occhiali; *lenti a contatto*, lenti speciali, rigide o morbide, applicate direttamente sull'occhio per correggere difetti visivi; *lenti fotocromatiche*, che hanno la proprietà di scurirsi se esposte ai raggi solari **2.** *T.orol.* negli orologi a pendolo, il disco con entrambe le superfici convesse attaccato all'estremità del pendolo stesso **3.** *non com.* lenticchia **4.** *pop.* lentiggine || **N. 1.** biconcava, biconvessa, bifocale, concava, convergente, convessa, divergente, doppia, multifocale, piano-concava, semplice, sottile, spessa | asse, centro, fuoco | obiettivo, oculare. **Q.T.** *fisica* **TAV.** ***ottica*** **p. 1329** 1, 3.3, 8.4, 11.6.

lenteggiàre (pres. *-éggio*) [da *lento*; 1825] ***intr.*** (aus. *avere*) *raro* star lento, non teso: *questa fune lenteggia* || *scherz.* agire con lentezza.

lentézza [lat. *lentĭtia*; sec. XIV] ***sf.*** l'essere lento: *parla, si muove con lentezza, la lentezza della burocrazia* || **N.** *Sin.* calma, flemma, pigrizia | *Contr.* rapidità, velocità.

lentìa [prob. dallo sp. *lantia*; 1822] ***sf.*** *T.mar.* imbracatura con cui, sulle navi, si solleva o si abbassa un carico cilindrico, facendolo rotolare su un piano inclinato.

lentìcchia [lat. *lenticula*; a. 1320 nel senso 2] ***sf.*** **1.** pianta delle Leguminose, con foglie pennate, fiori piccoli bianchi, baccello ovoidale contenente semi sferici schiacciati, coltivata per i semi **2.** il seme di questa pianta, di alto potere nutritivo: *minestra di lenticchie*; *fig.* *dare via qualcosa per un piatto di lenticchie*, in cambio di nulla, con riferimento all'episodio biblico di Esaù **3.** *lenticchia d'acqua*, V. LEMNA **4.** *pl.* tipo di pasta da minestra.

lenticèlla [da *lente*; 1875] ***sf.*** *T.bot.* piccola apertura che si trova nelle piante il cui fusto è ricoperto di sughero, che ha la funzione di provvedere allo scambio di gas fra esterno e interno.

lenticolàre [dal lat. tardo *lenticulāris*; 1589] ***agg.*** che ha forma di lente o di lenticchia || *T.anat.* *nucleo lenticolare*, parte del corpo striato, posta profondamente nell'emisfero cerebrale.

lentìggine [dal lat. *lentīgo, lentīginis*; 1305 *letiggine*] ***sf.*** macchia della pelle, ora rossastra ora bruna, caratteristica delle persone bionde o con capelli rossi || **N.** *Sin.* efelide.

lentigginóso [dal lat. *lentiginōsus*; a. 1327] ***agg.*** che ha lentiggini: *un viso lentigginoso.*

lentìschio o **lentìsco** (pl. *-schi*) [dal lat. *lentiscus*; 1340 ca.] ***sm.*** piccolo arbusto resinoso sempreverde, caratteristico della macchia mediterranea, con foglie pennate, fiori piccoli e frutti da cui si estrae un olio usato industrialmente; il legno è molto ricercato per la sua compattezza.

lènto [lat. *lentus*; 1313] **I** ***agg.*** **1.** tardo, non veloce, detto di esseri viventi, di azioni che avvengono adagio, di cose in movimento: *un uomo lento nel lavoro, lento come una lumaca, digestione lenta, il lento scorrere del tempo, il traffico era molto lento* || *in part.*: *lento di riflessi*, non svelto; *lento a capire*, mancante di perspicacia; *morte lenta*, che sopraggiunge a poco a poco; *lenta guarigione*, che tarda a venire; *fuoco lento*, moderato; *acqua lenta*, stagnante || *T.mus.* didascalia che prescrive di eseguire un pezzo in modo solenne, meno del *grave* e più dell'*adagio* e del *largo* **2.** non teso, non stretto bene: *fune, cinghia lenta* **3.** *lett.* di capelli, sciolto: *io miro ai venti lente ondeggiar le nere chiome* (Carducci) **4.** *lett.* di membra, abbandonate: *lenta le palme e rorida di morte il bianco aspetto* (Manzoni) **5.** *lett.* flessibile: *andar vorrei tra i lenti biodi* (D'Annunzio) **6.** *poet.* inerte, ignavo || **lentaménte** ***avv.*** **1.** adagio, con flemma, piano piano **2.** a rilento, stentatamente **II** ***avv.*** senza fretta, senza velocità: *parla lento*; anche raddoppiato: *camminava lento lento* **III** ***sm.*** **1.** movimento musicale **2.** ballo a ritmo lento: *ballare un lento* || **N. I** **1.** *Sin.* calmo, flemmatico, lungo, placido, pigro, tardo | *Contr.* alacre, dinamico, lesto, rapido, sollecito, spedito, svelto, veloce | rallentare **2.** *Sin.* allentato, molle | *Contr.* stretto, teso | allentare, mollare **II** *Sin.* adagio, con flemma, lemme lemme, passo passo, pian piano.

lentocrazìa [comp. di *lento* e (*buro*)*crazia*; 1966] ***sf.*** *iron.* l'insieme delle formalità burocratiche, delle suddivisioni di competenze ecc.

che provocano lungaggini nel disbrigo delle pratiche burocratiche o nella realizzazione di progetti gestiti dall'amministrazione pubblica.

lènza [lat. tardo *lentea*; sec. XII nel senso 3] ***sf.*** **1.** filo sottile, oggi quasi sempre di nailon, alla cui estremità si fissano uno o più ami per pescare **2.** *fig.* persona astuta, che la sa lunga: *quel ragazzo è una lenza* **3.** *arc.* fascia o tela di lino **4.** cavetto bagnato di vernice, che, ben teso, serve per tracciare linee. **Q.T.** *pesca* **TAV.** *pesca* 6.2.

lenzàra [da *lenza*; 1957] ***sf.*** *T.pesc.* palamite.

lenzuòlo (pl. m. *lenzuòli*, se presi individualmente; pl. f. *lenzuòla*, il paio che si mette nel letto) [lat. *linteolum*, di lino; sec. XII *lençol*] ***sm.*** ciascuno dei due capi di biancheria che si mettono sul letto, uno a contatto col materasso, l'altro sopra la persona: *lenzuolo a una piazza, a due piazze, ricamato, di sopra, di sotto*; *lenzuola di lino, di tela, di cotone, di canapa*; *lenzuolo funebre* o *mortuario*, il telo che avvolge il cadavere, sudario; *cacciarsi, ficcarsi sotto* o *tra le lenzuola*, mettersi a letto || in modi di dire *fig.*: *grande come un lenzuolo*, grande rispetto alla misura media; *bianco come un lenzuolo*, bianchissimo, in genere per lo spavento; *covare le lenzuola*, star lungamente a poltrire nel letto || *prov. il caldo dei lenzuoli non fa bollir la pentola*, chi non lavora non mangia; *meglio consumare le scarpe che le lenzuola* || *dim.* lenzuolétto, lenzuolìno; *accr.* lenzuolóne; *pegg.* lenzuolàccio || **N.** bianco, colorato, di bucato, fine, grossolano, ruvido | lembo, piegatura, rimboccatura, telo | cambiare, rimboccare, rincalzare, stendere.

leofànte V. LIOFANTE.

leóna [da *leone*; a. 1869] ***agg. f.*** detto di formato di carta per stampati dello stato, piuttosto grande, oggi in disuso.

leonardésco (pl. *-schi*) [dal n. proprio *Leonardo* (*da Vinci*); 1869] **I** ***agg.*** di Leonardo da Vinci, relativo alla sua opera e al suo stile: *paesaggio leonardesco*; *ingegno leonardesco*, multiforme; *scrittura leonardesca*, capovolta e sinistrorsa **II** ***sm.*** (f. *-a*) seguace della scuola pittorica di Leonardo.

leonàto V. LIONATO.

leoncìno (*dim.* di *leone*) [a. 1698] ***sm.*** cucciolo di leone.

leóne [dal lat. *leo, leōnis*; a. 1250] ***sm.*** (f. *-éssa*) **1.** carnivoro dei Felini, diffuso in Africa e in parte dell'Asia, di notevoli dimensioni, con pelo raso di colore fulvo, dentatura e artigli robusti, grossa testa circondata da una criniera negli esemplari maschi, coda nuda terminante con un ciuffo || in vari modi di dire *fig.*: *combattere come un leone*, con ardore e coraggio; *avere un cuor di leone*, essere coraggioso; *essere come Daniele nella fossa dei leoni*, essere in un pericolo che non offre via d'uscita; *fare la parte del leone*, prendere per sé la parte più grossa || *loc. prov. asino vestito della pelle del leone*, persona paurosa che finge di essere intrepida || *prov. meglio vivere un giorno da leone che cent'anni da pecora* **2.** *per estens.* uomo forte e coraggioso: *è un leone*; *i giovani leoni della finanza, del giornalismo*, i giovani ambiziosi, ansiosi di far carriera **3.** nome di vari animali: *leone americano*, puma; *leone marino*, otaria **4.** (perlopiù con iniziale maiuscola) *T.astr.* costellazione dello zodiaco, tra il Cancro e la Vergine || *T.astrol.* quinto segno dello zodiaco, dal 23 luglio al 22 agosto || *per meton.* persona nata sotto questo segno **5.** *T.num.* nome di varie monete su cui era impresso un leone **6.** *T.arald.* una delle figure più nobili dei blasoni, solitamente raffigurato rampante: *il leone di San Marco*, insegna di Venezia || *dim.* leoncèllo, leoncìno || **N. 1.** criniera, ruggito. **TAV.** *astrologia* 1.5; ***araldica* p. 645** 4.6, 4.15, 4.17; ***mammiferi* p. 1318** 10.

leonésco (pl. *-schi*) [da *leone*; a. 1556] ***agg.*** *raro* di o da leone: *ha un cuore leonesco.*

leonéssa [da *leone*; 1313] ***sf.*** la femmina del leone; *fig. leonessa d'Italia*, appellativo dato a Brescia per l'eroismo mostrato nella resistenza agli Austriaci nel 1849.

leonìno[1] [dal lat. *leonīnus*; 1313] ***agg.*** di, da leone: *forza leonina*; *T.giur. patto leonino*, che favorisce uno solo dei contraenti, attribuendogli tutti i vantaggi o la maggior parte di essi.

leonìno[2] [forse dal n. proprio *Leonio*, poeta canonico di S. Vittore a Parigi; 1625] ***agg.*** *versi leonini*, versi della poesia medievale latina e volgare in cui il primo emistichio è in rima o in assonanza col secondo, e tale rima o assonanza si ripete nei versi successivi; *rima leonina*, in cui l'identità o l'assonanza si estende più indietro della sillaba tonica.

leonìno[3] [dal n. proprio *Leone*; 1846] ***agg.*** relativo a un personaggio, in genere un pontefice, di nome Leone: *città leonina*, parte di Roma, dal Vaticano al Tevere, fortificata da papa Leone IV (sec. IX).

leontìași [dal gr. *leontíasis*; seconda metà del sec. XVI] ***sf.*** *T.med.* forma di lebbra che colpisce le parti molli del viso, dandogli un aspetto leonino.

leontocèbo [comp. del gr. *léōn, léontos* e *cebo*; 1957] ***sm.*** piccola scimmia platirrina tipica del Sud America con coda lunga, folta criniera e mantello lucido.

leontopòdio (pl. *-di*) [dal lat. *leontopodium*, gr. *leontopódion*, letter. piede di leone; 1561] ***sm.*** *T.bot.* genere di piante delle Composite, tra cui la stella alpina.

leopardiàno [dal n. proprio G. *Leopardi*; 1857] ***agg.*** proprio del poeta Giacomo Leopardi: *pessimismo leopardiano.*

leopàrdo [dal lat. tardo *leopardus*; sec. XIII] ***sm.*** **1.** carnivoro dei Felini, di grosse dimensioni, diffuso in Africa e in Asia, dalla caratteristica pelliccia con macchie nere ad anello: *la pantera nera è una varietà di leopardo*; *a pelle di leopardo*, a chiazze, macchiato; *leopardo delle nevi*, con pelliccia più chiara, diffuso nelle zone montuose **2.** pelliccia di leopardo: *una giacca di leopardo* **3.** *leopardo marino*, tipo di foca antartica **4.** *T.arald.* raffigurazione di tale animale, talora rampante, come emblema di una persona, un casato o un'istituzione || **N. 1.** *Sin.* pantera, pardo. **TAV.** ***araldica* p. 645** 4.15.

lèpade [dal lat. *lepas, -adis*, gr. *lepás, lepádos*, conchiglia; 1792] ***sf.*** crostaceo marino dei Cirripedi, dotato di un lungo peduncolo con cui si fissa a sostegni galleggianti.

lepidézza [da *lepido*; a. 1676] ***sf.*** l'essere lepido || *concr.* atto o motto lepido || **N.** *Sin.* ARGUZIA.

lepìdio (pl. *-di*) [dal lat. *lepidium*, gr. *lepídion*; a. 1498] ***sm.*** *T.bot.* genere di piante erbacee annue delle Crocifere con fiori bianchi raccolti in grappoli.

lèpido [dal lat. *lepidus*; a. 1530] ***agg.*** di persona, che parla o scrive con arguzia: *un conversatore lepido*; di parole e sim., piacevoli, spiritose: *una storiella lepida* || **lepidaménte** ***avv.*** || **N.** *Sin.* brillante, brioso, faceto, piacevole, spiritoso, ARGUTO.

lépido- [dal gr. *lepís, lepídos*, squama] ***primo elem.*** che, in parole composte della terminologia botanica e di quella zoologica, vale "squamoso" (per es. *lepidodendro, Lepidosauri, Lepidotteri*).

lepidodèndro [comp. di *lepido-* e *-dendro*; 1940] ***sm.*** pianta fossile, presente nei depositi del periodo carbonifero, col tronco caratterizzato da cicatrici a forma di scaglia.

Lepidosàuri [comp. di *lepido-* e *-sauro*; 1933] ***sm. pl.*** *T.zool.* sottoclasse di Rettili caratterizzati da squame cornee che rivestono tutto il corpo; vi appartiene la maggior parte dei rettili viventi.

lepidosirèna [comp. di *lepido-* e *sirena*; 1970] ***sf.*** *T.zool.* grosso pesce del Sudamerica, del genere dei Dipnoi, dal corpo brunastro serpentiforme e pinne filiformi, che vive nel fango di acque dolci.

lepidòsteo [comp. di *lepido-* e *-osteo*; 1988] ***sm.*** *T.zool.* pesce degli Olostei con scheletro ossificato e corpo squamoso.

Lepidòtteri [comp. di *lepido-* e *-ttero*; 1821] ***sm. pl.*** *T.zool.* ordine di insetti soggetti a metamorfosi completa, con quattro ali coperte di squamette di vario colore, apparato boccale dotato di una piccola proboscide, noti allo stato adulto col nome di *farfalle*, allo stato larvale con quello di *bruchi* || **N.** crisalide, pupa. **Q.T.** *zoologia.*

lepiòta [comp. del gr. *lépion*, piccola squama e *ôus, ōtós*, orecchio; 1834] ***sf.*** genere di funghi con cappello squamoso e gambo circondato da un largo anello nella parte più alta || **N.** *Sin.* bubbola.

lepìṣma [dal gr. *lépisma*, scorza; 1821 *lepismo*] ***sf.*** *T.zool.* insetto notturno dei Tisanuri dal corpo piatto e addome con tre filamenti terminali || **N.** *Sin.* acciughina, pesciolino d'argento.

lepóre [dal lat. *lepos, lepōris*; a. 1742] ***sm.*** *raro lett.* arguzia graziosa || **N.** *Sin.* LEPIDEZZA.

lèpore ***sf.*** *ant.* V. LEPRE.

lepòreo [da un ant. *lepore*, lepre; 1952] ***agg.*** *raro* di o della lepre, leporino.

Lepòridi (sing. *-e*) [comp. di *lèpore* e *-idi*; 1933] ***sm. pl.*** *T.zool.* famiglia di Roditori caratterizzati da orecchie lunghe, labbro superiore diviso in due da una profonda fenditura, zampe atte al salto, comprendente tra l'altro la lepre e il coniglio.

leporìno [lat. *leporīnus*; sec. XIV] ***agg.*** di lepre; *T.med. labbro leporino*, V. LABBRO || **N.** cheiloschisi.

lèppo [lat. *lippus*; 1313] ***sm.*** *arc.* fumo puzzolente di bruciaticcio, che si sprigiona da materie untuose accese || **N.** *Sin.* puzzo.

lèpra e der. forme ant. di LEBBRA e der. (V.).

lepracchiòtto [da *lepre*; 1869] ***sm.*** leprotto.

lepràtto [da *lepre*; a. 1320] ***sm.*** *non com.* leprotto.

lèpre [lat. *lepus, leporis*; a. 1321] ***sf.*** **1.** mammifero dei Rosicanti, della famiglia dei Leporidi, selvatico, con pelame morbido di vario colore, orecchie lunghe, zampe posteriori più sviluppate delle anteriori, di indole paurosa e di grande velocità nella corsa: *pauroso come una lepre*; *correre come una lepre*, molto in fretta || nelle *loc. fig.*: *invitare la lepre a correre*, invitare qualcuno a cosa che gli è graditissima; *pigliar la lepre col carro*, arrivare ai propri fini con abilità e pazienza, un po' per volta; *una volta corre il cane e un'altra la lepre*, una volta l'ha vinta uno e una volta l'altro **2.** carne della lepre, usata come vivanda: *lepre in salmì, pasticcio di lepre* **3.** *lepre meccanica*, dispositivo meccanico a forma di lepre, usato nei cinodromi per invitare i cani alla corsa **4.** *T.sport.* nelle gare di corsa, atleta che corre all'inizio a forte velocità, allo scopo di far risparmiare le forze a un compagno che potrà così impegnarsi al massimo nella fase finale || *dim.* lepracchiòtto (*sm.*), lepràtto (*sm.*), leprìna, leproncèllo (*sm.*), lepròtto (*sm.*), leprottìno (*sm.*); *accr.* lepróne (*sm.*) || **N. 1.** covo, zampetto | puntare, scagnare, scovare, zigare. **TAV.** ***mammiferi* p. 1318** 8.

leprìno [da *lepre*; 1561] ***agg.*** *raro* leporino, leporeo.

lepròma [comp. del lat. tardo *lepra*, lebbra e *-oma*; 1933] ***sm.*** *T.med.* tumore nodulare che interessa la cute o le mucose dei malati di lebbra.

lepróso [dal lat. tardo *lepra*, lebbra; XIII sec.] ***agg.*** *T.med.* proprio della lebbra, caratteristico della lebbra || *nodulo leproso*, leproma.

lèpto- [dal gr. *leptós*, sottile] ***primo elem.*** che, in parole composte della terminologia scientifica, vale "leggero", "sottile" (per es. *leptocefalo, leptone, leptospira*).

Leptocàrdi [comp. di *lepto-* e un der. del gr. *kardía*, cuore; 1891] ***sm. pl.*** *T.zool.* Cefalocordati.

leptocèfalo [comp. di *lepto-* e *-cefalo*; 1834] ***sm.*** *T.zool.* anguilla allo stadio larvale.

leptoclàṣi [comp. di *lepto-* e *-clasi*; 1940] ***sf. inv.*** *T.geol.* sottile frattura presente nelle rocce sedimentarie.

leptomenìnge [comp. di *lepto-* e *meninge*; 1957] ***sf.*** *T.anat.* involucro encefalico formato dall'aracnoide e dalla pia madre.

leptóne [comp. di *lepto-* e *-one*[2]; 1931] ***sm.*** *T.fis.* ciascuna delle particelle atomiche leggere con struttura identica a quella dell'elettrone, soggette solamente alle interazioni deboli ed elettromagnetica, e non soggette all'interazione forte.

leptonèma [comp. di *lepto-* e *-nema*; 1988] ***sm.*** in genetica, fase iniziale della meiosi, nella quale i cromosomi si presentano sotto forma di filamenti allungati sottili, senza scissura longitudinale ‖ **N.** *Sin.* leptotene.

leptospìra [comp. di *lepto-* e gr. *spêira*, spirale; 1934] ***sf.*** *T.biol.* genere di microorganismi delle Spirochetacee dal corpo esile e filamentoso, privo di ciglie o flagelli, diffusi in acqua dolce e nel fango, che trasmettono all'uomo gravi malattie infettive.

leptospiròṣi [comp. di *leptospira* e *-osi*; 1957] ***sf.*** ogni malattia infettiva, dell'uomo o di alcuni animali, causata da un microorganismo del genere leptospira.

leptotène [comp. di *lepto-* e del gr. *tainía*, nastro; 1948] ***sm.*** *T.biol.* Leptonema.

lèrcio (pl. *-ci*) [lat. volg. **hircus*; sec. XII] ***agg.*** sporco, sudicio in maniera ripugnante ‖ *fig.* immondo, turpe ‖ **N.** *Sin.* SPORCO.

lercióso [da *lercio*; a. 1730] ***agg.*** *ant.* lercio.

lerciùme [da *lercio*; 1849] ***sm.*** gran quantità di cose lerce; anche *fig.*, corruzione morale: *dietro una facciata di perbenismo, nascondono il lerciume* ‖ **N.** *Sin.* sudiciume.

lèṣbico (pl. *-ci*) [dal n. geogr. *Lesbo*, isola del mare Egeo; 1851] **I *agg.*** **1.** dell'isola di Lesbo: *dialetto lesbico*, varietà del dialetto eolico; *poesia lesbica*, quella di Alceo e Saffo **2.** caratterizzato da lesbismo, relativo all'omosessualità femminile: *relazione lesbica* **II *sf.*** *lesbica*, donna omosessuale.

leṣbìṣmo [dal n. geogr. *Lesbo*, isola del mare Egeo, dove visse la poetessa Saffo, presunta omosessuale; 1952] ***sf.*** omosessualità femminile ‖ **N.** *Sin.* saffismo. **Q.T.** *psicologia.*

leṣèna [etim. sconosciuta; a. 1683] ***sf.*** *T.arch.* pilastro che sporge leggermente da una parete, con funzioni sia portanti sia decorative ‖ **N.** *Sin.* parasta. **TAV.** *chiesa* 1.20.

lèṣina [dal germ. **alisna*; 1304 nel senso 1; 1640 nel senso 2; sec. XV nel senso 3] ***sf.*** **1.** ferro appuntato e sottile, un po' ricurvo, col quale i calzolai forano il cuoio per poi cucirlo **2.** *fig.* risparmio: *politica della lesina*, la politica di rigide economie promossa da Q. Sella ‖ *com.* spilorceria **3.** *per meton.* persona avara: *che lesina è diventato!* **Q.T.** *calzolaio* **TAV. *utensili* p. 1341** 31.3.

leṣinàre (pres. *léṣino*) [da *lesina*; 1640] ***tr.*** e ***intr.*** (aus. *avere*) risparmiare più che si può per taccagneria: *lesinare le cento lire, lesinare sul cibo* ‖ **N.** *Sin.* risparmiare.

leṣinerìa [da *lesinare*; a. 1866] ***sf.*** *fam. non com.* il lesinare; abitudine alla spilorceria ‖ **N.** AVARIZIA.

leṣionàre (pres. *-óno*) [da *lesione*; 1876] ***tr.*** rif. a mura o edifici, danneggiare provocando lesioni o crepe; detto spec. dell'azione di fenomeni naturali, bombardamenti ecc.: *il terremoto ha lesionato la facciata della chiesa* ‖ ***intr. pron.*** restare danneggiato: *le fondamenta antiche non si sono lesionate.*

leṣióne [dal lat. *laesio, -ōnis*; a. 1342] ***sf.*** **1.** atto ed effetto del ledere: *la lesione di un diritto* **2.** *T.giur.* in diritto civile, sproporzione di valore negli scambi di beni o di denaro tra privati **3.** *T.med.* qualsiasi alterazione di un organo o di un tessuto, dovuta a traumi o a cause chimiche o biologiche: *nella caduta ha riportato varie lesioni, produrre lesioni, una lesione polmonare* ‖ *T.giur. lesione personale*, in diritto penale, reato che consiste nel cagionare a qualcuno una lesione o una malattia **4.** *T.edil.* crepa, fenditura in un edificio ‖ **N. 1.** *Sin.* danno, offesa, torto **3.** *Sin.* contusione, ecchimosi, lacerazione, sfregio, taglio, trauma, FERITA.

leṣìvo [da *leso*; a. 1742] ***agg.*** che lede: *è un atto lesivo della mia dignità* ‖ **N.** *Sin.* dannoso, offensivo.

léṣo (*pps.* di *ledere*) [1313] ***agg.*** *T.giur.* *parte lesa*, chi ha subito un danno o un torto in una controversia giuridica; *delitto di lesa maestà*, reato contro la persona del sovrano o contro la sicurezza dello stato.

-léṣo [da *leso*] ***elem. term.*** che, in parole composte della terminologia medica, vale "che ha subito una lesione nella parte specificata dall'elemento iniziale" (per es. *audioleso, cranioleso*).

lessàre (pres. *lésso*) [lat. *elixāre*; 1305] ***tr.*** cuocere facendo bollire nell'acqua, nel brodo e sim.

lessàta [da *lessare*; 1869] ***sf.*** l'atto del lessare un poco: *dai una lessata alla carne* ‖ *dim.* lessatìna.

lessatùra [da *lessare*; sec. XIV] ***sf.*** il lessare; lessata.

lessèma [comp. di *less(ico)* e *-ema*; 1966] ***sm.*** *T.ling.* unità di base del lessico, che può essere costituita da una radice (per es. *lod-* in *lode, lodare* ecc.), da una parola (per es. *lepre, padre, sole*) o da una sequenza fissa di parole dotata di significato autonomo (per es. *per di più, macchina da scrivere, dopo domani*). **Q.T.** *linguistica.*

lessemàtica [da *lessema*; 1988] ***sf.*** *T.ling.* branca della linguistica che si occupa dello studio dei lessemi.

lessicàle [da *lessico*; 1895] ***agg.*** di lessico, del lessico: *studi, osservazioni, errori lessicali* ‖ **lessicalménte** ***avv.*** da un punto di vista lessicale.

lessicalizzàre [da *lessicale*, sul modello del fr. *lexicaliser*; 1979] ***tr.*** *T.ling.* operare una lessicalizzazione ‖ ***intr. pron.*** essere sottoposto a lessicalizzazione, subire una lessicalizzazione.

lessicalizzazióne [da *lessicale*, sul modello del fr. *lexicalisation*; 1970] ***sf.*** *T.ling.* processo per cui una sequenza di parole si trasforma in un'unità lessicale o si comporta come un elemento unico (per es. *alla bell'e meglio, pari e patta, perlopiù*).

lèssico (pl. *-ci*) [dal lat. *lexicum*, gr. *lexikón*; 1640] ***sm.*** **1.** l'insieme delle parole e delle locuzioni che compongono una lingua, o una parte di essa, o la lingua di uno scrittore o di un parlante: *il lessico dell'italiano contemporaneo, il lessico della medicina, il lessico manzoniano, ha ampliato il suo lessico con molte letture* **2.** dizionario di una lingua; usato spec. per indicare opere lessicografiche che trattano di una lingua antica, classica od orientale, o di una parte speciale di una lingua: *lessico dell'antico francese, della terminologia tecnica, della chimica* ‖ **N. 1.** *Sin.* patrimonio lessicale, vocabolario **2.** *Sin.* dizionario, vocabolario. **Q.T.** *linguistica.*

lessicografìa [comp. di *lessico* e *-grafia*, sul modello del fr. *lexicographie*; 1834] ***sf.*** disciplina che si occupa della raccolta e definizione dei vocaboli di una lingua o di un dialetto: *lessicografia computazionale* ‖ la tecnica di compilare dizionari e, *concr.*, l'insieme delle opere lessicografiche di un dato periodo o di una lingua: *novità nell'affollato panorama della lessicografia bilingue italiano-inglese.* **Q.T.** *linguistica.*

lessicogràfico (pl. *-ci*) [da *lessicografia*, sul modello del fr. *lexicographique*; 1869] ***agg.*** di lessicografia: *studi lessicografici.*

lessicògrafo [comp. di *lessico* e *-grafo*, sul modello del fr. *lexicographe*; a. 1676] ***sm.*** (f. *-a*) **1.** studioso di lessicografia **2.** compilatore di lessici, di vocabolari; vocabolarista.

lessicologìa [comp. di *lessico* e *-logia*, sul modello del fr. *lexicologie*; 1821] ***sf.*** lo studio scientifico del lessico di una lingua. **Q.T.** *linguistica.*

lessicològico (pl. *-ci*) [da *lessicologia*, sul modello del fr. *lexicologique*; 1819] ***agg.*** relativo alla lessicologia.

lessicòlogo (pl. *-gi*) [comp. di *lessico* e *-logo*, sul modello del fr. *lexicologue*; 1965] ***sm.*** (f. *-a*) studioso di lessicologia.

lésso [lat. *elīxus*; sec. XIII] **I *agg.*** lessato: *pesce lesso, carne lessa* ‖ *loc. fam. chi la vuol lessa e chi arrosto*, detto di persone di opinioni differenti e che non si trovano mai d'accordo ‖ *loc. avv. a lesso*, nelle espr. *cuocere, fare a lesso*, lessare **II *sm.*** **1.** vivanda di carne lessata: *ho mangiato il lesso, un lesso di manzo* **2.** *per estens.* taglio di carne da lessare: *comprare un chilo di lesso* ‖ **N. 1.** *Sin.* allesso, bollito.

lestézza [da *lesto*; 1605] ***sf.*** l'essere lesto, prontezza: *tutto è stato fatto con lestezza* ‖ **N.** *Sin.* destrezza, prontezza, rapidità, scioltezza, sveltezza, velocità, AGILITÀ.

lèsto [etim. sconosciuta; sec. XV] ***agg.*** **1.** agile, svelto, con rif. alla prontezza o all'abilità: *è lesto come un gatto, sei lesto a mangiare*; *lesto di lingua*, pronto a ribattere; *lesto di mano*, pronto a picchiare o a rubare **2.** sbrigativo, che richiede poco tempo: *una cosa lesta, per farla lesta* ‖ *loc. avv. alla lesta*, in fretta **3.** *tosc.* e *lett.* pronto: *la cena è lesta* **4.** *arc.* accorto, abile ‖ **lestaménte** ***avv.*** celermente, rapidamente ‖ **N. 1.** *Sin.* agile, celere, destro, fulmineo, pronto, rapido, spedito, spiccio, svelto, veloce **2.** *Sin.* breve, rapido, sbrigativo, veloce.

lestofànte [comp. di *lesto* e *fante*; 1633] ***sm.*** imbroglione.

lèstra [dal lat. *extera*, all'esterno della casa; 1923 nel senso 2] ***sf.*** *region.* **1.** nell'Agro Pontino, superficie seminata o lasciata a pascolo **2.** capanna abitata temporaneamente da pastori o contadini **3.** covo della selvaggina.

let (ingl., pr. [let]) [letter. ostacolo; 1964] ***sm. inv.*** *T.sport.* nel tennis colpo, servizio che deve essere ribattuto.

letàle [dal lat. *letālis*; 1499] ***agg.*** mortale, che uccide: *gas letali, una malattia letale.*

letalità [da *letale*; 1792] ***sf.*** **1.** l'essere letale, qualità di ciò che può provocare la morte ‖ in part. *T.med.* insieme delle condizioni che rendono mortale una malattia o una lesione **2.** *T.stat. quoziente di letalità*, rapporto tra il numero dei morti a causa di una determinata malattia e il numero dei soggetti colpiti da tale malattia.

letamàio (pl. *-ài*) [da *letame*; 1553 *lettamaro*] ***sm.*** luogo dove si tiene ammucchiato il letame ‖ *per estens.* luogo sudicio e, *fig.*, ambiente corrotto.

letamàre (pres. *-àmo*) [da *letame*; a. 1320] ***tr.*** *non com.* rif. a terreno, concimare spargendo letame.

letàme [dal lat. *laetāmen, -is*; 1313] ***sm.*** **1.** concime formato dagli escrementi solidi e liquidi degli animali e dalla paglia della lettiera; *letame artificiale*, ottenuto dalla fermentazione di residui vegetali cui vengono aggiunti concimi chimici **2.** *fig.* sudiciume, corruzione: *sguazzare nel letame* ‖ **N. 1.** *Sin.* concime, fimo, sterco, strame.

letàna [dal lat. *litania*; 1293] ***sf. arc.*** **1.** litania: *un suon di letane* (Carducci) **2.** processione di persone che recitano litanie: *al passo che fanno le letane* (Dante).

letargìa (pl. *-gìe*) [dal lat. *lethargia*; sec. XIV] ***sf.*** **1.** *T.med.* sonno patologico molto profondo, caratteristico di alcune malattie, come l'encefalite **2.** *lett. fig.* stato di profonda inerzia || **N.** **2.** *Sin.* letargo, torpore.

letàrgico (pl. *-ci*) [dal lat. *lethargicus*; 1598] ***agg.*** **1.** di letargo: *cadde in un sonno letargico* **2.** che è soggetto ad andare in letargo: *animali letargici* || *fig. non com.* torpido, inerte.

letàrgo (pl. *-ghi*) [dal lat. *lethārgus*; 1321] ***sm.*** **1.** stato di vita latente in cui alcuni animali cadono durante l'inverno (nei paesi caldi, invece, in estate) || *fig.* stato di inerzia, di inazione: *si sono risvegliati improvvisamente dal letargo* **2.** *T.bot.* negli organismi vegetali, rallentamento o soppressione delle normali funzioni per le condizioni esterne **3.** *T.med.* stato patologico di sonno profondo || **N.** **1.** *Sin.* estivazione, ibernazione | inerzia, sonnolenza, torpore **3.** *Sin.* letargia. **Q.T.** *zoologia.*

letèo [dal lat. *lethǣus*, gr. *lēthâios*; sec. XIV] ***agg.*** **1.** del fiume Lete: *le acque letee* **2.** *fig. lett.* che provoca l'oblio.

leticàre e der. forme region. di LITIGARE e der. (v.).

letificàre (pres. *-ìfico, -ìfichi*) [dal lat. *laetificare*; fine sec. XII] ***tr.*** *lett.* rendere lieto o euforico: *effetti letificanti dell'alcol.*

letìzia [dal lat. *laetitia*; a. 1294] ***sf.*** sentimento di gioia dolce e tranquilla: *ho provato una indicibile letizia*; *in part.*, nel linguaggio religioso, beatitudine || *concr.* persona o cosa che dà letizia: *quel figlio è la mia letizia* || **N.** contentezza, felicità, GIOIA.

letiziàre (pres. *-ìzio*) [da *letizia*; sec. XIV come intr.; a. 1787 come tr.] ***tr.*** *raro* rendere lieto, dare letizia || ***intr.*** (aus. *avere*) e ***intr. pron.*** *raro* gioire, provare letizia: *li nostri affetti... letizian del suo ordine formati* (Dante) || **N.** ***tr.*** *Sin.* letificare, rallegrare | ***intr.*** *Sin.* esultare, gioire.

lètta [da *leggere*; a. 1895] ***sf.*** *non com.* il leggere una volta, lo scorrere rapidamente un libro e sim.: *mi basta una letta, ho dato appena una letta* || **N.** *Sin.* scorsa.

lèttera [lat. *littera*; a. 1243 nel senso 6 *littere*] ***sf.*** **1.** ciascuno dei segni con cui si rappresentano graficamente le vocali e le consonanti di un alfabeto: *lettere maiuscole, minuscole*; *lettere greche, latine, cirilliche*, a seconda dell'alfabeto; *lettere capitali, gotiche, onciali*, a seconda del tipo di scrittura; *lettere di scatola*, di grande formato (come quelle che, in passato, componevano le scritte sulle scatole degli speziali); oggi *com.* nel modo di dire *fig. scrivere a lettere di scatola* o *cubitali* o *a tutte lettere*, con estrema chiarezza, senza mezzi termini || in espr. *fig.*: *fatto da scrivere a lettere d'oro*, fatto memorabile; *cosa da scrivere a lettere di sangue*, misfatto che grida vendetta; *scrivere a lettere di fuoco*, in modo particolarmente violento **2.** simbolo usato in varie discipline; per es. in matematica le lettere rappresentano costanti o variabili; nella tradizione tedesca e anglosassone, le lettere rappresentano le note musicali (A è la, B è si ecc.) **3.** *T.tip.* ciascuno dei caratteri di piombo utilizzati per la stampa dei segni dell'alfabeto **4.** *fig.* (solo *sing.*) il senso immediato di uno scritto, di una parola o di un testo, quale risulta da un'interpretazione che si attiene rigorosamente al significato lessicale e all'uso sintattico, prescindendo dalle intenzioni dell'autore: *la lettera del testo suona così* || nella loc. *alla lettera*, secondo il senso proprio di ciò che viene detto o scritto: *tradurre alla lettera*; *seguire alla lettera le istruzioni*, passo passo; *prendere le parole di qualcuno alla lettera*, interpretarle secondo il loro senso più immediato || *fig. rimanere lettera morta*, detto di scritto, disposizione, comunicazione rimasta senza effetto, di cui non si è tenuto conto: *il decreto è rimasto lettera morta* || *ant.* contenuto di uno scritto, testo, spec. come sin. di *lezione* **5.** *per estens.* iscrizione, didascalia che si appone su stampe, monete, medaglie ecc.; quasi solo nella loc. *avanti lettera*, riferita a incisioni di prova, tirate prima che sia stata stampata l'iscrizione, e, *fig.*, detto di fenomeni storici e culturali che si possono definire con un attributo nato in un'epoca posteriore: *George Sand fu una femminista avanti lettera* **6.** *pl. ant.* cultura, istruzione: *omo sanza lettere* (Leonardo), illetterato **7.** *pl.* la letteratura, la filologia, gli studi umanistici: *facoltà, studente, professore di lettere, lettere moderne*; *lettere antiche*, gli studi classici; *uomo di lettere*, dedito agli studi letterari; *belle lettere, umane lettere*, gli studi letterari; *scherz. la repubblica delle lettere*, il complesso dei letterati **8.** comunicazione scritta che si invia a persone, enti, uffici e sim.: *lettera d'amore, di affari, di presentazione, di raccomandazione*; *lettera aperta*, articolo di giornale, perlopiù polemico, scritto in forma di lettera; *lettera minatoria*, che contiene minacce; *lettera anonima*, senza la firma del mittente; *carta da lettere, buca, cassetta delle lettere* **9.** nome di molti documenti in forma di lettera, emanati da autorità religiose o civili, o da enti privati con rilevanza giuridica o commerciale: *lettera pontificia* o *apostolica*, emanata dal pontefice come capo della Chiesa; *lettera enciclica*, indirizzata dal papa ai fedeli per impartire insegnamenti in materia di fede o di morale; *lettera pastorale*, scritta dal vescovo ai fedeli della diocesi per istruirli o esortarli; *lettera credenziale, diplomatica, di richiamo*, nei rapporti internazionali, documenti relativi alle missioni diplomatiche o alle questioni di politica internazionale; *lettera di accreditamento, di addebitamento in conto corrente, lettera di affidamento*, documenti che regolano le transazioni bancarie; *lettera di vettura* o *di porto*, documento che prova l'esistenza di un contratto di trasporto di merci; *lettera di credito, di cambio, di pegno*, documenti che garantiscono una certa solvibilità, o la possibilità di compiere operazioni commerciali e finanziarie; *lettera d'avviso*, quella che il traente di una cambiale spedisce al trattario per avvisarlo della cambiale tratta su di lui; o anche la lettera con cui si informa della spedizione o dell'arrivo di una merce || *pl.* epistolario: *le lettere di Cicerone* || *dim.* letterìna, letterùccia; *accr.* letteróna, letteróne (*sm.*); *pegg.* letteràccia || **N.** **8.** biglietto, cartolina, circolare, dispaccio, epistola, missiva, plico, rapporto | affrancata, anonima, assicurata, autografa, commerciale, confidenziale, dattiloscritta, dedicatoria, espresso, familiare, fermo-posta, minatoria, personale, raccomandata, riservata, ufficiale, urgente | chiusa, data, firma, indirizzo, intestazione, poscritto, postilla | corriere, destinatario, latore, mittente | busta, ceralacca, copia-lettere, sigillo | accludere, affrancare, allegare, aprire, chiudere, datare, dettare, dissuggellare, firmare, imbucare, impostare, intercettare, inviare, leggere, mandare, piegare, portare, recapitare, ricevere, scorrere, scrivere, sigillare, spedire, stendere, vergare **9.** *Sin.* bolla, breve, credenziale, patente. **Q.T.** *filatelia, posta.*

letteràle [dal lat. *letterālis*; 1308 *litterale*] ***agg.*** **1.** che attiene alla lettera di un testo e non al significato allusivo, metaforico o simbolico: *senso letterale*; *traduzione letterale*, parola per parola **2.** in matematica, che è rappresentato da lettere invece che da numeri: *calcolo, espressione letterale* || **letteralménte** ***avv.*** **1.** secondo la lettera: *interpretare letteralmente* **2.** nel vero senso della parola, realmente: *si è letteralmente rovinato per quella donna* || **N.** **1.** *Sin.* formale, testuale | *Contr.* allegorico.

letterarietà [da *letterario*; 1957] ***sf.*** carattere letterario: *la letterarietà di un discorso* || *non com.* insieme di proprietà che fanno riconoscere uno scritto come opera letteraria.

letteràrio (pl. *-ri*) [dal lat. *litterarius*; a. 1694] ***agg.*** **1.** che appartiene alla letteratura, che ne ha le caratteristiche o che ha per oggetto la letteratura: *opera letteraria, studi letterari, storia, critica letteraria, ambizioni letterarie*; *proprietà letteraria*, il diritto che ha uno scrittore sulla propria opera; *vocabolo letterario* o *di uso letterario*, proprio della lingua scritta, dotta e letteraria, non della normale conversazione o dell'uso corrente **2.** di persona, che svolge attività connesse con la letteratura; di o dei letterati: *critico letterario, circolo letterario, amicizie letterarie* || **letterariaménte** ***avv.*** **1.** secondo l'aspetto letterario: *un'opera letterariamente pregevole* **2.** con carattere letterario: *un gusto letterariamente formato.* **Q.T.** *letteratura...*

letteràto [dal lat. *litterātus*; a. 1292 *litterato* come agg.] **I** ***sm.*** (f. *-a*) **1.** chi svolge un'attività connessa alla letteratura, come studioso, critico, scrittore ecc., o ha una vasta cultura letteraria: *un famoso letterato* **2.** *pop. ant.* e *scherz.* chi sa leggere e scrivere **II** ***agg.*** **1.** che conosce bene la letteratura, che coltiva le lettere, anche senza farne una professione: *un medico letterato* **2.** *ant.* letterario, che riguarda le lettere || *dim. spreg.* letteratìno, letteratùccio, letteratùcolo; *accr.* letteratóne || **N.** **I** **1.** *Sin.* autore, intellettuale, novelliere, poeta, poligrafo, romanziere, scrittore, uomo di lettere **2.** *Contr.* analfabeta **II** **1.** *Sin.* colto, dotto | *Contr.* illetterato. **Q.T.** *letteratura...*

letteratùra [dal lat. *litteratūra*; a. 1667] ***sf.*** **1.** insieme di opere scritte relative a un'epoca o a una civiltà, notevoli per valore estetico o culturale: *letteratura in prosa, in versi, d'appendice, narrativa, didascalica, agiografica* || con intento *spreg.*, in contrapposizione per es. a *poesia*, opera letteraria priva di valore estetico **2.** bibliografia, complesso degli scritti che riguardano una data materia: *letteratura dantesca, specializzata, aggiornata*; *letteratura primaria*, l'insieme delle opere di un autore, un periodo ecc.; *secondaria*, l'insieme degli scritti critici su quelle opere: *la letteratura secondaria su Kant è sterminata* **3.** foglietto accluso a un medicinale, che informa sulle caratteristiche del farmaco, sulla posologia e sugli usi terapeutici. **Q.T.** *letteratura...*

lettering (ingl., pr. ['letərɪŋ]) [da to *letter*, dotare di lettere; 1980] ***sm. inv.*** nell'editoria, studio grafico dei caratteri tipografici || progettazione della forma delle parti scritte di messaggi fatti di testo e immagine (per es. la pubblicità).

lettièra [da *letto*; a. 1306 *lettera* nel senso 2] ***sf.*** **1.** paglia o strame usati come giaciglio per gli animali || *per estens.* la sabbia o ghiaia usata per assorbire gli escrementi degli animali domestici, come cani e gatti **2.** *non com.* intelaiatura del letto || **N.** **1.** *Sin.* letame, strame.

lettìga (pl. *-ghe*) [lat. *lectīca*; a. 1342] ***sf.*** **1.** nell'antichità, portantina coperta a forma di letto, sorretta da servi o da muli, usata per il trasporto di persone di riguardo, per malati o per anziani **2.** lettino, a volte munito di ruote, per il trasporto di malati e feriti || **N.** **1.** *Sin.* basterna, bussola, portantina, sedia gestatoria.

lettighière [da *lettiga*; a. 1589] ***sm.*** (f. *-a*) **1.** in passato, chi trasportava una lettiga **2.** infermiere addetto al trasporto dei malati su lettiga || **N.** **2.** *Sin.* portantino.

lettime [da *letto*; 1869] ***sm.*** *tosc.* paglia o fogliame che serve da giaciglio per il bestiame || **N.** *Sin.* lettiera.

lettìno (*dim.* di *letto*) [a. 1566] ***sm.*** **1.** piccolo letto, spec. per bambini ‖ piccolo letto presente negli ambulatori medici: *lettino da visita* **2.** branda da spiaggia con telaio in legno e copertura in tela colorata, munita di un tettuccio orientabile **3.** *lettino solare*, apparecchiatura per abbronzatura artificiale mediante lampada a raggi UVA ‖ **N. 3.** *Sin.* solarium.

lettistèrnio o **lectistèrnio** (pl. *-ni*) [dal lat. *lectisternium*; sec. XIV] ***sm.*** *T.stor.* cerimonia sacra degli antichi Romani, che consisteva nell'offrire agli dei un banchetto, mettendone le immagini coricate nel triclinio.

lètto [lat. *lectus*; a. 1250] **I *sm.* 1.** mobile composto da un'intelaiatura che sorregge un piano orizzontale, su cui si stendono il materasso, le lenzuola, i guanciali, usato per riposare e dormire: *letto matrimoniale, a una piazza, a una piazza e mezza*; *letto a due piazze*, per due persone; *letto a castello*, mobile formato da due o più lettiere sovrapposte; *letti gemelli*, due letti della stessa forma e grandezza che si possono accostare o separare; *fare, rifare il letto*, disporvi ordinatamente coperte e lenzuola; *andare a letto*, andare a dormire; *fig. andare a letto con le galline*, molto presto; *andare a letto con uno, con una*, avere rapporti sessuali; *buttarsi sul letto*, sdraiarvisi; *rivoltarsi nel letto*, non riuscire ad addormentarsi; *fig. cascare dal letto*, alzarsi di buon'ora; *buttare giù dal letto*, svegliare con energia e prima dell'ora solita; *fig. letto di dolore* o *di morte*, dove giace una persona molto malata o prossima a morire; *essere tra letto e lettuccio*, essere abitualmente malaticcio; *essere in un fondo di letto*, essere malato da lungo tempo; *lasciare il letto*, riprendere la vita normale dopo essere guariti da una malattia; *farsi un mese di letto*, stare malato per un mese; *morire nel proprio letto*, morire di morte naturale ‖ in espr. *fig.*: *essere in un letto di rose*, in una condizione lieta o favorevole; *essere in un letto di spine*, in una situazione difficile; *letto di Procuste*, situazione di costrizione, intollerabile sotto ogni aspetto (dal nome del brigante greco che assaliva i viandanti e li stendeva su un letto, tirando a forza le loro membra se erano più corte del letto, amputandole se erano più lunghe) **2.** *fig.* matrimonio: *figlio di primo, di secondo letto*; *letto coniugale*, il vincolo matrimoniale **3.** lettiera per gli animali ‖ *letto dei bachi da seta*, strato formato dai residui delle foglie rose dai bachi e dai loro escrementi, usato come foraggio **4.** fondo di un corso d'acqua, di un lago o del mare, alveo: *il letto del fiume* **5.** *per estens.* qualunque cosa su cui un'altra possa essere distesa: *fare un letto di foglie alle fragole* **6.** *per estens.* piano su cui qualcosa è posto o si muove: *letto del vento*, la direzione in cui spira; *letto della corrente, della marea*, la zona interessata dal passaggio della corrente o dal verificarsi della marea; *T.geol.* roccia su cui poggia un filone o uno strato; *T.mar. letto della nave*, l'invasatura che serve per il varo **7.** *T.agr. letto di semina*, strato di terreno pronto per ricevere i semi; *letto caldo*, costituito da terriccio e letame, che, fermentando, generano calore e accelerano la germinazione **8.** *T.chim.* massa porosa attraversata da un fluido per determinate reazioni **9.** *T.anat.* solco, depressione in corrispondenza di un organo: *letto dell'unghia* **10.** *T.stor. letto di giustizia*, poltrona a baldacchino su cui sedeva il re di Francia durante le sedute del Parlamento; *per estens.* le sedute stesse **II *agg. inv.*** (sempre posposto al s.) detto di mobile che può essere trasformato in letto: *divano letto, poltrona letto* ‖ *vagone letto*, carrozza ferroviaria provvista di letti ‖ *dim.* letticciòlo, lettino, lettùccio; *accr.* lettóne; *pegg.* lettàccio ‖ **N. I 1.** amaca, branda, cuccetta, cuccia, culla, giaciglio, ottomana, pagliericcio, saccone | comodo, duro, morbido, soffice | PARTI: assi, baldacchino, capezzale, cielo, colonne, coltri, coperte, cortine, cuscino, fusto, gambe, guanciale, guide, lenzuola, lettiera, materasso, molle, piedi, piumino, rete, spalletta, sponda, testata, zanzariera | disfare, fare, preparare, rifare, rimboccare, rincalzare, scaldare, spianare, spiumacciare. **Q.T.** *arredamento* **TAV.** ***arredamento* p. 650** 3, 3.7; ***medicina...* p. 1320** 11.

lèttone [dal fr. *letton*; 1833] **I *agg.*** della Lettonia **II *s.* 1.** abitante della Lettonia **2.** *sm.* (solo *sing.*) lingua parlata in Lettonia.

lettoràto [da *lettore*; 1673 nel senso 2] ***sm.*** **1.** l'ufficio del lettore universitario, e il tempo che tale ufficio dura: *il lettorato di francese* **2.** *T.eccl.* in passato, il secondo dei quattro ordini minori, ora soppressi, ovvero l'ufficio della lettura dei testi sacri durante le funzioni: oggi tale compito è affidato anche ai laici e l'ordine è diventato un semplice servizio liturgico.

lettóre [lat. *lector*, *-ōris*; 1313] ***sm.*** (f. *-trice*) **1.** chi legge: *lettore assiduo, attento, scrupoloso, distratto, superficiale, essere un appassionato lettore di poesia* ‖ chi legge libri, giornali ecc., a persona che non può o non vuole leggere da sé **2.** chi è incaricato di leggere testi in una trasmissione radiofonica, televisiva o cinematografica **3.** all'università, insegnante che esercita gli studenti nello studio di una lingua straniera e che affianca il professore che tratta invece della letteratura scritta in quella lingua ‖ nelle università del Medioevo e del Rinascimento, professore **4.** *T.eccl.* in passato, il chierico che aveva ricevuto l'ordine del lettorato; oggi, il laico incaricato di leggere le Sacre Scritture durante le funzioni **5.** strumento ottico per la lettura di microfilm **6.** *T.inform.* parte del calcolatore che rileva ed

LETTERATURA E CRITICA LETTERARIA

GENERI LETTERARI: atellana, autobiografia, biografia, canone, commedia, contrasto, dramma, elegia, epica o epopea, favolistica, lirica, melodramma, memorialistica, *mystery play* o *miracle play* (o dramma del mistero o dramma del miracolo), *morality play* (o dramma della moralità), *musical* o commedia musicale, narrativa, novellistica, poesia (giambica, gnomica, goliardica, melica, scaldica), romanzo, saggistica, satira, tragedia, tragicommedia, trattatistica.

GENERI DI CONSUMO (O PARALETTERATURA): d'avventura, d'azione, del brivido o *thrilling*, dell'orrore, di fantascienza o *science fiction* (*fantasy*, *space operas* ecc.), di spionaggio o *spy story*, giallo, poliziesco o *detective story*, rosa o d'amore.

OPERE E COMPONIMENTI VARI: acrostico, alba, annale, apologo, aria, arietta, auto o atto, ballata, barzelletta, bestiario, bosinada, bilina, caccia, cantare, cantata, cantica, *cantigas*, cantilena, canto carnascialesco, canzone, canzonetta, capitolo, carme, centone, *chanson de geste*, contrasto, cronaca, dialogo, diatriba, discordo, disperata, ditirambo, ecloga o egloga, effemeride, elogio, encomio, *enueg*, epicedio, epigramma, epillio, epinicio, epistola, epitaffio o epitafio, epitalamio, epitome, esempio, facezia, farsa, favola, *feuilleton* o romanzo d'appendice, filastrocca, frottola, gliommero, giustiniana, *haggadah*, *haiku*, idillio, impresa o emblema, inno, iporchema, *lai*, lamento, lassa, lauda, leggenda, libello, libretto, madrigale, maggio, mariazo, mattinata, memoriale, mimiambo, miracolo, mistero, monologo, moralità, mottetto, novella, ode, palliata, *pamphlet*, panegirico, parabola, parodia, partenio, pasquinata, pastorella, *plazer*, poemetto, proverbio, racconto, rispetto, ritmo, *roman*, *romance*, romanza, saga, saggio, sequenza, serventese o sirventese, sestina, siciliana o ciciliana, sonetto, storia chassidica, stornello, strambotto, tenzone, togata, trattato, treno, veda, *villancico*, villanella, villotta o villota, *virelai*, zingaresca (v. anche i componimenti relativi ai singoli generi letterari) (per altri componimenti teatrali, v. quadro terminologico TEATRO); allegorico, bucolico, burlesco, comico, didascalico, drammatico, epico, eroicomico, espositivo, faceto, giocoso, grottesco, idilliaco, ironico, lirico, pastorale, realistico, satirico, serio, tragico.

MOVIMENTI E CORRENTI ARTISTICO-LETTERARI: acmeismo, avanguardia, barocco, *beat generation*, bembismo, classicismo, chassidismo, creazionismo, crepuscolarismo, dadaismo, decadentismo, ermetismo, esistenzialismo, espressionismo, eufuismo, felibrismo, futurismo, gongorismo, *Harlem renaissance*, immaginismo, imagismo, indigenismo, manierismo, marinismo, minimalismo, modernismo, naturalismo, negritudine, neoavanguardia, neoclassicismo, neoespressionismo, neorealismo, *nouveau roman*, novecento, nuova oggettività, orfismo, petrarchismo, poetismo, postmoderno, preraffaellismo, preromanticismo, preziosismo, purismo, realismo, realismo magico, realismo socialista, rinascimento, romanticismo, scapigliatura, scuola naturale, scuola siciliana, secentismo, sensismo, simbolismo, slavofilismo, stilnovismo, *Sturm und Drang*, strapaese, strutturalismo, surrealismo, trascendentalismo, ultraismo, umanesimo, verismo, vocianesimo.

TENDENZE E CORRENTI DELLA CRITICA LETTERARIA: costruttivista, crociana, decadentistica, desanctisiana, ermeneutica, formalista, idealista, illuminista, impressionista, interpretativista, levistraussiana, linguistica, marxista, positivistica, psicoanalitica, romantica, semiotica, simbolica, sociologica, sociostilistica, storicistica, strutturalista, valutativa, verista; decostruttivismo o decostruzionismo, *Kulturkritik*, *New Criticism*, *nouvelle critique*, nuova retorica, psicocritica, testualismo.

TERMINI VARI: antologia, *best-seller*, capolavoro, classico, editoria, inedito, intreccio, licenza (letteraria, poetica), opera (minore, postuma, prima), pubblicazione, testo, trama; accademia, circolo, giornale, rivista; allegorismo, asianesimo, atticismo, ciceronismo, classicismo, concettismo, ellenismo, figuralismo, manierismo, poetica, purismo; critica, esegesi, esplicazione, interpretazione (figurale, letterale, strutturale, testuale), valutazione.

TIPI DI LETTERATURA: apologetica, apocalittica, cavalleresca, d'evasione, dialettale, didascalica, di guerra, divulgativa, dottrinale o dottrinaria, edificante, *engagée* o impegnata, filosofica, infantile, maccheronica, moraleggiante, popolare, propagandistica, religiosa, scientifica, scolastica, volgare.

PERSONE: aedo, annalista, bardo, commediografo, critico letterario, cronista, divulgatore, drammaturgo, giornalista, librettista, madrigalista, mitografo, poeta, rapsodo, romanziere, saggista, scrittore, traduttore, tragediografo, trovatore, troviere, volgarizzatore.

DISCIPLINE ATTINENTI: dialettologia, estetica, filologia, glottologia, linguistica, prosodia, psicologia, psicanalisi, retorica, semiologia, sociologia, storia della letteratura, storiografia.

elabora le istruzioni e i dati immessi dall'operatore sotto forma di schede o nastri magnetici, trasferendoli all'unità centrale || *lettore di caratteri*, apparecchio in grado di leggere i caratteri contenuti in un documento e di tradurli in un codice utilizzabile da un calcolatore **7.** apparecchio per la riproduzione (ma non per la registrazione) di suoni registrati su un supporto magnetico || **N. 6.** *scanner.* **TAV.** *audiovisivi* 8.6.

lettùra [dal lat. tardo *lectūra*; 1313] ***sf.*** **1.** l'atto di leggere: *finire la lettura, essere immerso nella lettura*; *lettura delle bozze*, revisione delle prove di stampa; *libro di lettura*, scelta di passi per le scuole elementari; *sala di lettura*, nelle biblioteche, luogo riservato alla lettura delle opere; *essere in lettura*, detto di libro o rivista dato in prestito a qualcuno da una biblioteca e quindi non disponibile per altri || l'esercizio scolastico del leggere a voce alta: *non è bravo in lettura* || *in part.* il fatto di leggere ad alta voce, per rendere noto il contenuto di un testo: *dare lettura di uno scritto* || esame: *prima, seconda lettura*, di una proposta di legge in Parlamento || *per estens.* discorso, conferenza su argomenti di studio: *letture dantesche*, conferenze o pubblicazioni di commento all'opera di Dante **2.** il modo di leggere un passo, lezione: *questa lettura non concorda con quella di altre edizioni* || *T.ling.* interpretazione: *questa frase ambigua ammette due letture* **3.** *concr.* lo scritto che si legge: *letture istruttive, amene* **4.** *ant.* lezione o ciclo di lezioni di un professore universitario **5.** *per estens.* l'atto di interpretare o di decifrare: *lettura di una carta geografica, di uno spartito*; *lettura di uno strumento di misura*, rilevazione dei valori riportati dallo strumento; *lettura di bande perforate, di schede*, nei calcolatori; *lettura del pensiero*, la capacità extrasensoriale di conoscere il pensiero altrui **6.** in genetica, operazione di trasferimento dell'informazione genetica da parte del RNA messaggero a particolari associazioni di basi dette *triplette* || *dim.* letturìna || **N. 1.** *Sin.* guardata, letta, scorsa.

letturìsta [da *lettura*; 1936] ***s.*** impiegato incaricato di leggere a casa degli utenti il consumo di gas, acqua, elettricità sui contatori rispettivi.

leu (romeno, pr. [lɛu]) [letter. leone; 1935] ***sm.*** (pl. *lei*, pr. [lɛi]) unità monetaria della Romania.

leucemìa [comp. di *leuco-* ed *-emia*, sul modello del ted. *Leukaemie*; 1889] ***sf.*** *T.med.* malattia che consiste nell'aumento considerevole e duraturo dei globuli bianchi del sangue.

leucèmico (pl. *-ci*) [da *leucemia*; 1903] **I *agg.*** relativo alla leucemia **II *sm.*** (f. *-a*) chi è affetto da leucemia.

leucìsco (pl. *-schi*) [dal gr. *leukískos*; 1834] ***sm.*** *T.zool.* genere di pesci Teleostei d'acqua dolce dei Ciprinidi, con corpo bianco e dorso bruno, tra cui il cavedano.

leucìte [comp. di *leuco-* e *-ite*[2]; 1817] ***sf.*** *T.min.* minerale incolore o biancastro che si trova nelle rocce eruttive, contenente alluminio e sali potassici.

leucìtico (pl. *-ci*) [da *leucite*; 1934] ***agg.*** *T.min.* costituito prevalentemente da leucite: *rocce leucitiche*.

lèuco- [dal gr. *leukós*, bianco] ***primo elem.*** che, in parole composte della terminologia scientifica, vale "bianco, chiaro" (per es. *leucocita, leucorrea*) || *in part.* nella terminologia medica può valere "globulo bianco" (per es. *leucopenia, leucopoiesi*).

leucocìta v. LEUCOCITO.

leucocitàrio (pl. *-ri*) [da *leucocita*; 1934] ***agg.*** proprio dei globuli bianchi, relativo ai globuli bianchi: *formula leucocitaria*, formula che indica i rapporti percentuali delle varie categorie di globuli bianchi.

leucocìto o **leucocìta** [comp. di *leuco-* e *-cito*; 1892] ***sm.*** *T.biol.* globulo bianco presente nel sangue.

leucocitolìṣi [comp. di *leucocita* e *-lisi*; 1965] ***sf. inv.*** *T.med.* distruzione dei globuli bianchi del sangue, dovuta a cause normali o patologiche.

leucocitopoièṣi o **leucopoièṣi** [comp. di *leuco(cito)* e *-poiesi*; 1967 *leucopoiesi*] ***sf. inv.*** *T.biol.* processo di formazione dei globuli bianchi || **N.** *Sin.* leucogenesi.

leucocitòṣi [comp. di *leucocito* e *-osi*; 1893] ***sf. inv.*** *T.med.* forte aumento del numero dei globuli bianchi nel sangue.

leucodermìa [comp. di *leuco-* e *-dermia*; 1952] ***sm.*** *T.med.* presenza sulla cute di un'area biancastra per mancanza di pigmento.

leucogèneṣi [comp. di *leuco-* e *genesi*; 1957] ***sf. inv.*** *T.biol.* leucocitopoiesi.

leucòma [dal gr. *léukōma*; 1598] ***sm.*** *T.med.* macchia biancastra della cornea, conseguenza della cicatrizzazione di lesioni traumatiche o infiammatorie.

leuconichìa [comp. di *leuco-* e del gr. *ónyx, ónychos*, unghia; 1923] ***sf.*** *T.med.* la comparsa di macchie o striature biancastre sulla superficie dell'unghia.

leucopenìa [comp. di *leuco-* e *-penia*; 1934] ***sf.*** *T.med.* diminuzione dei globuli bianchi del sangue, dovuta a cause fisiologiche o patologiche.

leucoplaṣìa [comp. di *leuco-* e *-plasia*; 1957] ***sf.*** *T.med.* affezione delle mucose, che si presenta come una chiazza bianco-grigiastra.

leucoplàsto [comp. di *leuco-* e *-plasto*; 1934] ***sm.*** *T.bot.* granulo ricco di amido e privo di clorofilla, presente nei tessuti vegetali, specie nelle parti non esposte alla luce.

leucopoièṣi v. LEUCOCITOPOIESI.

leucorrèa [comp. di *leuco-* e *-rrea*; 1788] ***sf.*** *T.med.* secrezione vaginale biancastra.

leucorròico (pl. *-ci*) [da *leucorrea*; 1834] ***agg.*** *T.med.* proprio della leucorrea, relativo alla leucorrea; che soffre di leucorrea.

lev (bulgaro, pr. [lɛf]; pl. *leva*, pr. ['lɛva]) [letter. leone, per l'effigie che vi era impressa; 1942] ***sm.*** unità monetaria della Bulgaria.

lèva[1] [da *levare*; a. 1400 *lieva*] ***sf.*** **1.** *T.fis.* macchina semplice formata da un corpo rigido, girevole intorno a un punto fisso detto *fulcro*, su cui è applicata una forza motrice destinata a vincere una certa resistenza: *smuovere un masso con una leva*; *far leva, dar leva*, operare con una leva **2.** *fig.* stimolo potente: *l'interesse è una gran leva*; *far leva sui sentimenti, sulle opinioni di qualcuno*, richiamarvisi per convincerlo o spronarlo a fare qualcosa **3.** asta o barra con cui si aziona un dispositivo meccanico: *la leva del cambio*, negli autoveicoli; *leva di comando*, negli aerei, la barra per governare il timone e gli alettoni; *fig. leva di comando*, autorità o mezzi per dirigere: *ha in pugno tutte le leve di comando*; *fig. leve del potere*, i mezzi di cui dispone chi detiene il potere per conseguire i suoi fini || **N. 1.** di primo, di secondo, di terzo genere; svantaggiosa, vantaggiosa | braccio, fulcro, potenza, resistenza.

lèva[2] [da *levare*; a. 1527] ***sf.*** **1.** insieme delle operazioni per la chiamata alle armi dei giovani che hanno compiuto l'età stabilita: *visita di leva*; *leva di terra, di mare, d'aria*, per l'esercito, la marina, l'aviazione; *leva in massa*, chiamata di tutti i cittadini atti alle armi; *consiglio di leva*, l'insieme dei commissari civili e militari che deliberano sull'arruolamento dei soldati **2.** *com.* il servizio militare: *essere di leva*, appartenere a una classe chiamata alle armi; *assolvere gli obblighi di leva*, fare il servizio militare **3.** *concr.* contingente di giovani chiamati a prestare il servizio militare, nati nello stesso anno: *la leva di quest'anno è numerosa* **4.** *per estens. le nuove leve*, chi è agli inizi di una professione, di un'attività o è da poco entrato a far parte di un'organizzazione e sim. || **N. 1.** *Sin.* coscrizione, ferma, naja | abile, coscritto, inabile, obiettore, recluta, renitente, riformato, rivedibile | classe, contingente, scaglione | arruolare, reclutare. **Q.T.** *forze armate.*

levàbile [da *levare*; 1726] ***agg.*** che si può levare.

levalloiṣiàno (pr. [levallwa'zjano]) [dal n. geogr. *Levallois-*Perret, località nella regione parigina; 1935] ***agg.*** e ***sm.*** detto di cultura preistorica caratterizzata dalla produzione di larghe schegge silicee.

levàme [da *levare*; sec. XIV] ***sm.*** *raro ant.* e *lett.* lievito.

levanòccioli [comp. di *leva(re)* e *nocciolo*; 1970] ***sm. inv.*** utensile da cucina per togliere i noccioli delle olive e delle ciliege || **N.** *Sin.* snocciolatoio.

levantàra [da (*vento di*) *levante*; 1889] ***sf.*** *sett.* mareggiata con forte vento di levante, tipica dell'Adriatico.

levànte [da *levare*; a. 1292] **I *sm.*** **1.** la parte dell'orizzonte da cui sembra levarsi il sole, uno dei quattro punti cardinali: *a levante, far rotta verso (il) levante*, verso Est **2.** vento che spira dalla parte di levante: *un forte levante* **3.** paesi posti a levante, ovvero i paesi del Mediterraneo Orientale, in part. Grecia e Turchia, e anche gli stati del Vicino Oriente; *Fiera del Levante*, esposizione commerciale che si tiene ogni anno a Bari **II *agg.*** solo nella loc. *Impero del Sol Levante*, il Giappone || **N. I 1.** *Sin.* est, oriente.

levantìna [da *levantino*; 1834] ***sf.*** **1.** sorta di tessuto di seta **2.** anticamente, pianella all'uso levantino.

levantìno [da *levante*; 1533] **I *agg.*** **1.** che viene dal Levante **2.** furbo, senza scrupoli **II *sm.*** (f. *-a*) **1.** nativo dei paesi del Levante **2.** persona astuta e senza troppi scrupoli.

levàre (pres. *lèvo*) [lat. *levāre*; a. 1250 come rifl.] **I *tr.*** **1.** alzare: *levare gli occhi, le mani, non levare un dito per aiutare uno*; *levare l'àncora*, salpare; *levare il bollore*, di liquidi, incominciare a bollire; *fig. levare un lamento, un grido*, emettere; *fig. levare uno al cielo*, esaltarlo, lodarlo grandemente || *T.banc. levare il protesto*, accertare legalmente la mancata accettazione o il mancato pagamento di un titolo di credito **2.** rimuovere, togliere: *levare una macchia, un divieto, gli levò la valigia dalla mano*; *levare la posta*, raccoglierla; *levare le tende, il campo*, partire, ritirarsi; *levare un dente*, estrarlo; *levare una somma dal totale*, detrarla; in vari modi di dire *fig.*: *levare la fame, la sete*, sfamare, dissetare; *levare il fiato*, togliere il respiro; *levare il disturbo*, congedarsi; *levare il saluto a uno*, smettere di salutarlo; *levare a uno la parola di bocca*, prevenirlo dicendo quello che vorrebbe dire; *levare il pane di bocca a uno*, privarlo dei mezzi di sussistenza; *levare di mezzo, di torno*, allontanare qualcosa o qualcuno che è di impedimento o, rif. a persona, *eufem.*, uccidere: *i complici decisero di levarlo di mezzo*; *fig. levare qualcuno dai guai*, liberarlo; *fig. levare la messa*, togliere a un sacerdote, per punizione, la facoltà di celebrarla **3.** *T.cacc.* stanare, far alzare in volo: *il cane ha levato una quaglia* **4.** *ant.* lievitare: *il pane... sia ben levato* (Pascoli) || ***rifl.*** e ***intr. pron.*** **1.** alzarsi: *levarsi in piedi, da tavola, a parlare*; *com. levarsi*, scendere dal letto: *si è levato di malumore*; *levarsi in volo*, detto di uccelli o aerei, librarsi; *levarsi*, detto di astri, apparire sull'orizzonte: *il sole si leva alle cinque*; di vento, cominciare a soffiare: *si è levata una leggera brezza*; *la pasta si è levata*, si è gonfiata, è lievitata; *fig. levarsi in armi contro qualcuno*, insorgere, ribellarsi **2.** ergersi: *le montagne si levano alte in lontananza* **3.** allontanarsi: *levarsi di torno, dai piedi, di mezzo*; espr. spec. usate all'imper.: *levati* *dai piedi!, levati di lì!* || **rifl. indir.** togliersi: *levarsi la giacca*; *fig. levarsi qualcuno d'intorno*, liberarsene, mandarlo via; *fig. levarsi un'idea dalla testa*, smettere di pensarvi; *fig. levarsi il pane di bocca per uno*, fare sacrifici per aiutarlo; *fig. levarsi un capriccio, una voglia*, soddisfarla **II sm. 1.** il sorgere di un corpo celeste sull'orizzonte: *il levare del sole, partimmo al levar del sole* **2.** *T.mus.* la frazione debole di una battuta: *anticipare il levare, movimento, tempo in levare* || **N. tr. 1.** *Sin.* elevare, sollevare, ALZARE | *Contr.* abbassare **2.** *Sin.* cancellare, cavare, eccettuare, eliminare, rimuovere, sottrarre, spostare, TOGLIERE | *Contr.* aggiungere, mettere | **rifl.** e **intr. pron. 1.** *Sin.* alzarsi, tirarsi su | *Contr.* sdraiarsi, sedersi **3.** *Sin.* allontanarsi, andarsene **II** *Contr.* battere.

levàta [da *levare*; a. 1306] **sf. 1.** il levare e il levarsi: *la levata del sole*; *la levata delle lettere*, dalle cassette postali; *in part.* l'alzarsi dal letto, spec. di più persone insieme: *la levata è alle sei* || *loc. avv. di levata, di prima levata*, appena alzato dal letto || *fig. levata di scudi*, ribellione, dimostrazione ostile **2.** acquisto di mercanzie all'ingrosso, detto spec. dell'acquisto dei generi di monopolio da parte dei tabaccai: *la levata del sale, dei sigari* **3.** *levata di cassa*, in banca, prelevamento dalla cassaforte del denaro occorrente ai cassieri per le operazioni della giornata **4.** nei cereali, fase di sviluppo che si conclude con la fioritura **5.** *T.top.* rilevamento, insieme delle operazioni necessarie per riprodurre una parte di terreno su un foglio **6.** *ant.* leva **7.** *fig.* intelligenza, capacità; più com. *levatura* **8.** *fig.* risposta inaspettata; più com. *uscita* **9.** *ant. loc. agg. di poca, di molta levata*, importanza || *dim.* levatìna; *pegg.* levatàccia. **Q.T.** *posta.*

levatàccia (pl. *-ce*) (*pegg.* di *levata*) [1863] **sf.** l'alzarsi molto presto dal letto.

levàto (*pps.* di *levare*) [1313] **agg. 1.** alzato, che non è sdraiato a letto: *rimase levato ad attenderla* **2.** sollevato, in aria, nell'espr. *a gambe levate*: *fuggire a gambe levate*, precipitosamente; *andare a gambe levate*, cadere **3.** *T.arald.* rampante **4.** in costruzioni ass., salvo, eccetto: *levato quel vizio, è una brava persona.*

levatóio (pl. *-ói*) [da *levare*; fine sec. XIII] **agg.** di ponte, che si può alzare e abbassare a piacere.

levatóre [da *levare*; 1853] **sm.** (f. *trìce*) *T.cart.* chi, nelle cartiere, prende i fogli separandoli dai feltri, dopo la pressatura, per portarli per mezzo della predola nello spanditoio || **N.** CARTA.

levatrìce [da *levare*; sec. XVI] **sf.** donna che per professione assiste le partorienti || **N.** *Sin.* ostetrica.

levatùra [da *levare*; 1353] **sf. 1.** intelligenza, capacità, portata: *essere di poca, di scarsa, di grande levatura* **2.** *ant.* l'azione di levare, di togliere.

leveràggio (pl. *-gi*) [dall'ingl. *leverage*, da *lever*, leva; 1973] **sm.** *T.mecc.* sistema di leve collegate tra di loro, usato per trasformare i moti rotatori in moti rettilinei e viceversa || nei veicoli a motore, insieme dei congegni collegati con la leva del cambio.

lever de rideau (fr., pr. [lə've də ri'do]) [letter. alzata di sipario; 1905] **loc. m. inv.** breve commediola in un atto che precede il dramma principale || **N.** intermezzo.

leviatàno [dall'ebraico *leviathan*, tortuoso; sec. XIV *Leviatan*] **sm. 1.** enorme mostro marino ricordato nella Bibbia, nel libro di Giobbe || fu preso dal filosofo Hobbes come simbolo dello stato assoluto e oppressivo; *per estens.*, potere totalitario **2.** grande macchina per il lavaggio della lana greggia, formata da un insieme di vasche.

levière [dal fr. *levier*, leva; 1940] **sm.** *T.tess.* il motore principale del telaio a macchina, specie di albero di trasmissione.

levigàre (pres. *lèvigo, lèvighi*) [dal lat. *levigāre*; 1758] **tr. 1.** rendere ben liscio, togliere le asperità: *levigare il marmo* **2.** sottoporre un materiale al procedimento industriale della levigazione || **N. 1.** LISCIARE.

levigatézza [da *levigato*; 1828] **sf.** l'essere levigato.

levigàto (*pps.* di *levigare*) [1749] **agg.** che ha la superficie molto liscia.

levigatóre [da *levigare*; 1957] **sm. 1.** (f. *-trice*) addetto alla levigazione di superfici, molatore **2.** apparecchio per l'analisi granulometrica delle particelle.

levigatrìce [da *levigare*; 1957] **sf.** *T.tecn.* macchina che esegue la levigatura di diversi tipi di materiali.

levigatùra [da *levigare*; 1788] **sf.** il levigare.

levigazióne [dal lat. *levigātio, -ōnis*; 1803] **sf. 1.** l'operazione del levigare una superficie **2.** *T.geogr.* eliminazione delle asperità delle rocce a opera del vento, delle acque o dello scorrimento dei ghiacciai **3.** procedimento industriale usato per separare una sostanza da un miscuglio polverizzato di più componenti, sfruttando la diversa velocità di caduta delle particelle immerse in un liquido.

leviràto [dal lat. *levir*, cognato; 1940] **sm.** sistema di matrimonio praticato presso certi popoli nell'antichità e tuttora diffuso in alcune società primitive, secondo il quale un uomo doveva sposare la vedova del proprio fratello morto senza prole, per assicurargli una posterità.

leviṣite V. LEWISITE.

levìstico (pl. *-ci*) [dal lat. tardo *levisticus*, class. *ligusticus*, ligustico, perché è diffuso in Liguria; prima metà sec. XIII] **sm.** *T.bot.* pianta erbacea delle Ombrellifere con frutti e radici dalle proprietà diuretiche ed emmenagoghe || **N.** *Sin.* ligustico, sedano di montagna.

levìta [dall'ebr. *Lēwī*, gr. *leuítēs*, sec. XII-XIII] **sm. 1.** nell'Antico Testamento, israelita della tribù di Levi destinato al servizio del tempio **2.** *per estens. lett. raro* sacerdote.

levità [dal lat. *levitas, -ātis*; 1308 *levitade*] **sf.** *lett.* l'essere lieve, leggero; leggerezza.

levitàre (pres. *lèvito*) [da *levitazione*; 1950] **intr.** (aus. *avere*) **1.** acquistare, per effetto metapsichico, una tale leggerezza da restare sospesi nell'aria **2.** *raro lett.* lievitare.

levitazióne [dall'ingl. *levitation*; 1897] **sf.** fenomeno medianico per cui cose e persone si sollevano nell'aria, violando la legge di gravità.

levìtico (pl. *-ci*) [da *levita*; a. 1342 come sm.; a. 1681 come agg.] **I agg.** di levita **II sm.** nome del terzo libro del Pentateuco.

levogìro [comp. del lat. *lāevus*, sinistro e *-giro*; 1869] **agg. 1.** *T.geom.* detto di uno dei due possibili versi di rotazione di un vettore intorno a una retta orientata, per cui l'osservatore verso cui essa è diretta lo vede ruotare verso sinistra **2.** *T.chim.* di sostanza, che fa ruotare verso sinistra il piano della luce polarizzata || **N.** *Sin.* antiorario, sinistrorso | *Contr.* destrogiro, destrorso, orario.

levóre [dal lat. *levor, -ōris*; a. 1714] **sm.** *arc.* agilità, leggerezza.

lèvore [lat. *lepus, -oris*; sec. XIII] **sm.** *ant.* lepre.

levrièro o **levrière** [dal fr. ant. *levrier*; a. 1292] **sm.** cane snellissimo e veloce a pelo sia raso, sia lungo, che viene adoperato nella caccia alla lepre || *fig. corre come un levriero*, corre molto velocemente || **N.** segugio. **TAV.** *cani* **p. 662.**

levulòsio [dal fr. *lévulose*, 1869 *levuloso*] **sm.** *T.chim.* fruttosio.

lewiṣite[1] (pr. [lui'zite]) [comp. del n. proprio W.J. *Lewis*, mineralogo inglese e *-ite*[2]; 1931] **sf.** minerale che contiene calcio, titanio e antimonio in piccoli cristalli ottaedrici.

lewiṣite[2] (pr. [lui'zite]) [comp. del n. proprio W.L. *Lewis*, chimico americano e *-ite*[2]; 1931] **sf.** gas tossico usato come aggressivo chimico nella prima guerra mondiale.

lèzio (pl. *-zi*) [lat. *deliciae*; a. 1494] **sm.** com. *pl.*, atto affettato, svenevole || || **N.** *Sin.* leziosaggine, moina, smanceria, smorfia, vezzo.

lezionàrio (pl. *-ri*) [da *lezione*; 1727] **sm.** *T.rel.* libro liturgico che raccoglie tutte le letture della Messa, secondo la successione dell'anno liturgico.

lezióne [dal lat. *lectio, -ōnis*; a. 1342 nel senso 2] **sf. 1.** insegnamento dato in una sola volta a una o più persone: *oggi c'è lezione di storia, lezione privata* || *per estens.*, la parte del programma assegnata come compito agli allievi: *ripeti la lezione, non sa la lezione*; *fig. recitare la lezione*, non esprimere il proprio pensiero ma ripetere quello altrui **2.** *per estens.* ammaestramento in genere, avvertimento per la condotta di vita: *ti servirà di lezione per l'avvenire*; *la lezione delle cose, dei fatti*, l'insegnamento che si può trarre dall'accaduto **3.** rimprovero, castigo: *gli ho dato una buona lezione e vedrete che non lo farà più* **4.** *T.eccl.* breve capitolo tratto dalla Scrittura, che si recita a mattutino o durante la Messa **5.** *T.filol. lectio*, il modo con cui è scritto un passo in un manoscritto o in un'edizione **6.** *arc.* lettura, o istruzione acquisita con la lettura || *dim.* lezioncìna, lezioncèlla; *pegg.* lezionàccia || **N. 1.** *Sin.* conferenza, insegnamento, prolusione, spiegazione **2.** *Sin.* monito **6.** *Sin.* lettura, variante. **Q.T.** *filologia...*

leziosàggine [da *lezioso*; 1640] **sf. 1.** comportamento, qualità di chi è lezioso **2.** *concr.* atto lezioso || **N.** LEZIO.

leziosità [da *lezioso*; 1716] **sf.** l'essere lezioso.

lezióso [lat. *deliciōsus*; sec. XIII] **agg.** improntato a svenevolezza e affettazione: *fanciulla leziosa, modi leziosi, pronuncia leziosa* || *dim. iron.* leziosìno, leziosétto || **leziosaménte avv.** || **N.** *Sin.* affettato, cascante, schifiltoso, smanceroso, smorfioso, svenevole.

lezẓàre (pres. *lézẓo*) [da (*o*)*lezzare*; a. 1400 *lezare*] **intr.** (aus. *avere*) *ant.* puzzare.

lezẓìno [dal lat. *licinium*, liccio, attr. il genov. *lexin*; 1834] **sm.** *T.mar.* cordicella sottile e robusta di canapa bianca o catramata, usata per fasciature di corde.

lézẓo [da *lezzare*; 1313] **sm. 1.** fetore esalato dal sudiciume; e spec. quello che viene da corpo animale **2.** *per estens.* lordura, sudiciume, anche *fig.*: *marcire, allevare nel lezzo*; *il lezzo del peccato* || **N.** *Sin.* fetore, PUZZO.

lezẓóne [da *lezzo*; 1729 *lezzona*] **sm.** (f. *-a*) *tosc. pop.* persona sudicia, puzzolente; in senso morale, persona di cattivi costumi.

lezẓonerìa [da *lezzone*; 1869] **sf.** *tosc. pop.* atto da lezzone, porcheria.

lezẓùme [da *lezzo*; 1869] **sm. 1.** insieme di cose o persone che mandano lezzo **2.** *fig.* ambiente vizioso.

li[1] [lat. (*il*)*li*; 1559] **art. det. m. pl.** *ant.* e *poet.* variante di *i* e *gli*, oggi usata solo, ma raramente, nelle indicazioni di date in lettere o documenti ufficiali: *Roma, li 6 dicembre.*

li[2] [lat. (*il*)*li*; 1313] **pron. pers. m.** di terza pers. pl. loro, essi: forma complementare atona di *essi*, usato, per persone o per cose, come compl. oggetto sia in forma enclitica, che proclitica: *li ho appena lasciati, corri ad avvertirli.*

lì [lat. *illic*; a. 1294] **avv. 1.** in quel luogo, in quel posto; solitamente indica con una certa esattezza un luogo non lontano da chi parla e ascolta: *resta lì, guarda lì, mettiti lì*; preceduto da preposizione, indica moto a luogo, da luogo, per luogo: *lì, fin lì, da lì, di lì, per lì*; spesso è correlativo o contrapposto a *qui* o a *là*: *da qui a lì sono dieci metri, viaggia sempre, ora è* *qui, ora è lì* **2.** unito direttamente al pron. *quello* e all'avv. *ecco* serve a indicare con più enfasi una cosa o una persona: *quella borsa lì, eccolo lì, con quello lì non voglio più parlare*; altre volte è usato pleonasticamente come rafforzativo: *fermo lì!, guarda lì come ti sei conciato!* **3.** in quel punto, in quel momento: *lì si interruppe; di lì a poco arrivarono gli ospiti*, poco tempo dopo quel momento **4.** *loc. essere lì*, essere vicino, nei pressi, con vari sensi *fig.*: *non sono ancora le dieci, ma siamo lì*; *essere lì, lì lì per*, essere sul punto di: *era lì lì per andarsene*; *finire lì, non finire lì*, avere o no un seguito: *la faccenda non finì lì* || *loc. avv. giù di lì*, all'incirca, più o meno; *lì per lì*, subito, sui due piedi.

liaison (fr., pr. [ljɛ'zɔ̃]) [dal lat. tardo *ligātio, -ōnis*, da *ligātus*, legato; 1957] **sf.** *inv.* **1.** *T.ling.* fenomeno fono-sintattico tipico del francese, secondo cui la consonante finale di una parola (che davanti a consonante non si pronuncia) viene unita alla vocale iniziale della parola che segue (per es. *les amis*, pr. [leza'mi]) **2.** *fig.* relazione sentimentale || **N. 1.** *Sin.* legamento.

liàna [dal fr. *liene*; 1838] **sf.** *T.bot.* nome generico per indicare piante sarmentose, con fusto legnoso lunghissimo ed esile che si avvolge ad alberi, frequenti nei paesi tropicali.

lianóso [da *liana*; 1973] **agg.** *T.bot.* che ha fusto sottile e legnoso come quello delle liane.

Lìas [dall'ingl. *lias*; 1905] **sm.** *inv.* nella cronologia geologica, il più antico sottoperiodo del Giurassico.

liàssico (pl. *-ci*) [da *Lias*; 1857] **I agg.** appartenente al Lias: *fossili liassici* **II sm.** il Lias.

libagióne (non com. *libazióne*) [dal lat. *libatio, -ōnis*; 1598 *libatione*] **sf. 1.** cerimonia religiosa dei pagani e di popolazioni primitive che consiste nello spargere per terra o sull'altare, come offerta agli dei o ai morti, liquidi come vino, latte, miele ecc. **2.** *com. scherz.* bevuta abbondante, gen. di vino o alcolici.

libàme [dal lat. *libāmen*; 1619] **sm.** *ant.* libagione || *concr.* ciò che si liba.

libanése [dal lat. *Libanensis*; 1934] **I agg.** del Libano **II s.** abitante del Libano.

libàno [etim. inc.; 1589] **sm.** *T.mar.* corda di fibre intrecciate, perlopiù di sparto, usata dai marinai.

libàre[1] [dal lat. *libāre*; a. 1484] **tr.** e **intr.** (aus. *avere*) **1.** fare libagioni alle divinità: *libare vino, latte agli dei* || *libare all'amore*, brindare **2.** *lett.* gustare leggermente con l'estremità delle labbra || anche *ass.*: *libiamo ne' lieti calici* || **N. 2.** *Sin.* assaggiare, assaporare, delibare, gustare.

libàre[2] [lat. tardo *leviāre*; 1566] **tr.** *T.mar.* alleggerire la nave del carico, in caso di tempesta o di avaria || **N.** *Sin.* alleggerire, allibare.

libatòrio (pl. *-ri*) [dal lat. *libatorium*; 1869 come sm.] **I agg.** di libagione: *sacrificio libatorio* **II sm.** vaso usato dagli antichi pagani per le libagioni agli dei.

libazióne V. LIBAGIONE.

lìbbra (raro *lìbra*) [lat. *libra*; a. 1294 *libra*] **sf. 1.** unità di peso dei Greci e dei Romani, variabile a seconda dei tempi e dei paesi, usata ancora oggi nei paesi anglosassoni, dove corrisponde a circa 453 g **2.** moneta in uso negli Stati italiani dal Medioevo all'unificazione || *dim.* libbrétta, libbrettìna; *accr.* libbróna.

libecciàta [da *libeccio*; a. 1527] **sf.** vento impetuoso di libeccio || *per estens.* il maltempo che ad esso si accompagna.

libéccio (pl. *-ci*) [dall'ar. *lebeg*, occidentale; a. 1292] **sm.** vento di sud-ovest, tipico del mare Mediterraneo || *per estens.* la direzione di sud-ovest || **N.** *Sin.* africo, garbino, ostro.

libèlla [dal lat. *libella*, piccola bilancia; a. 1292 nel senso 3] **sf. 1.** piccola moneta romana di rame equivalente a un decimo del denaro **2.** *T.min.* bolla di gas che si forma nelle inclusioni liquide dei cristalli **3.** *ant.* livella.

libellìsta [da *libello*; a. 1744] **s.** autore di libelli || **N.** *Sin.* panflettista | *Contr.* apologista.

libèllo [dal lat. *libĕllus*; a. 1292 nel senso 3] **sm. 1.** scritto diffamatorio, perlopiù anonimo || *T.giur. ant. libello famoso*, nei processi criminali, scritto che attribuiva a qualcuno azioni disonorevoli, per infamarlo **2.** *T.giur. ant.* domanda giudiziaria, querela scritta **3.** *ant.* libretto || **N.** *Sin. pamphlet.*

libèllula [dal lat. scient. *Libellula* da *libella*, dim. di *libra*, bilancia; 1834] **sf.** insetto degli Odonati, con addome allungato, quattro ali membranose, acquatico allo stato larvale, terrestre allo stato adulto || nelle similitudini è usato come simbolo di agilità e leggerezza: *danzare come una libellula.*

libènte [dal lat. *libens, -ĕntis*; 1321] **agg.** *lett. ant.* ben disposto ad agire, volenteroso.

liberàle [dal lat. *liberālis*; sec. XIII] **I agg. 1.** generoso, largo nel donare: *liberale di favori, di denaro, verso i diseredati, con tutti* || di azione, animo, carattere improntati a generosità e magnanimità: *una concessione liberale* **2.** che professa principi di libertà, che dimostra apertura mentale e comprensione per le esigenze altrui: *educazione liberale, genitori liberali* **3.** ispirato ai principi del liberalismo, in politica o in economia: *stato, partito liberale* **4.** *ant.* e *lett.* detto di un uomo libero, conveniente alla sua condizione: *arti liberali*, le sette discipline del trivio e del quadrivio, base dell'educazione nel mondo classico e medievale; *professioni liberali*, le libere professioni, come quella del notaio, del medico ecc. || **liberalménte avv. 1.** in modo liberale **2.** *ant.* liberamente, francamente **II s.** chi appartiene al partito liberale o è fautore del liberalismo: *i liberali si schiereranno con la maggioranza* || *dim.* liberalùccio; *spreg.* liberalùcolo; *accr.* liberalóne; *pegg.* liberalàccio || **N. 1.** *Sin.* generoso, largo, munifico **2.** *Sin.* aperto, progressista | *Contr.* conservatore, reazionario, retrogrado.

liberaleggiànte [da *liberale*; 1928] **agg.** favorevole al liberalismo, tendente al liberalismo || *spreg.* che segue confusamente i principi del liberalismo.

liberalésco (pl. *-schi*) [da *liberale*; 1869] **agg.** *spreg.* di o da liberale, in senso politico: *atteggiamenti liberaleschi.*

liberalismo [da *liberale*; 1819] **sm. 1.** l'essere liberale in senso politico, esser fautore della libertà individuale e della libera iniziativa economica: *professa apertamente il suo liberalismo* || *per estens.* tolleranza e comprensione per le idee e le esigenze altrui: *le sue valutazioni sono sempre ispirate a un grande liberalismo* **2.** il complesso dei principi liberali in materia politica ed economica (quest'ultimo però si chiama più propriamente *liberismo*), che sostengono l'autonomia e i diritti del cittadino rispetto all'intervento dello stato, separando gli interessi pubblici da quelli privati **3.** *T.stor.* movimento sorto nel sec. XIX in opposizione ai governi assoluti e clericali, con l'obiettivo di ottenere garanzie costituzionali e giuridiche. **Q.T.** *politica.*

liberalìstico (pl. *-ci*) [da *liberalismo*; 1931] **agg.** che concerne il liberalismo o i liberali.

liberalità [dal lat. *liberalitas, -ātis*; a. 1294 *liberalitade*] **sf. 1.** l'essere liberale, generoso || *per estens. non com.* atto generoso **2.** tolleranza, larghezza d'idee || **N. 1.** *Sin.* larghezza, munificenza, GENEROSITÀ; dono, regalo | *Contr.* avarizia, taccagneria **2.** *Sin.* apertura mentale.

liberalizzàre [dall'ingl. *liberalize*; 1949] **tr. 1.** abolire gli ostacoli che impediscono il libero scambio per conformare una situazione ai principi liberistici: *liberalizzare le esportazioni* **2.** *per estens.* rendere libero, togliere vincoli e divieti: *liberalizzare la droga.*

liberalizzazióne [dall'ingl. *liberalisation*; 1950] **sf.** atto ed effetto del liberalizzare: *liberalizzazione degli scambi, dell'aborto.*

liberalòide [comp. di *liberale* e *-oide*; 1905] **I agg.** *spreg.* che ha parvenza di liberale **II s.** che si atteggia a liberale in modo superficiale.

liberalsocialismo [comp. di *liberal(ismo)* e *socialismo*; 1963] **sm.** movimento ideologico e politico che concilia la dottrina politica del liberalismo con quella sociale del socialismo.

liberamàrgine [comp. di *libera(re)* e *margine*; 1983] **sm.** o **sf.** e **agg.** nelle macchine da scrivere, detto di leva o tasto che consente di continuare la battitura anche al di fuori dei margini prefissati.

liberàre (pres. *lìbero*) [dal lat. *lĭberare*; 1308] **tr. 1.** rendere libero, rimuovendo impedimenti e vincoli, o sciogliendo da obblighi: *liberare dalla schiavitù, dalle catene, da una spesa, da un incomodo, da una promessa, da un obbligo, liberare un campo dalle erbacce, liberare una casa dalle ipoteche*; *fig. liberare l'animo dai rimorsi* || *liberare una stanza d'albergo, un appartamento*, sgombrarli, renderli disponibili per altri clienti o inquilini || *T.tip. liberare le bozze per la stampa*, licenziarle || *liberare una ruota*, togliere ogni impedimento al suo movimento || *T.edil. liberare un vano, una stanza*, disporli in modo da potervi entrare senza passare attraverso altri ambienti || *T.mar. liberare l'àncora*, manovrare in modo da sciogliarla dall'ostacolo in cui si è impigliata || *ass. T.sport.* nel calcio, allontanare il pallone dalla propria porta, durante un attacco degli avversari **2.** *per estens.* salvare da un pericolo, sottrarre a un male: *l'ho liberato dalla morte*; nell'escl. enfatica *Dio ci scampi e liberi!* **3.** *T.econ.* pagare interamente: *liberare un'azione*, versare il denaro corrispondente al valore dell'azione **4.** *T.scient.* produrre, sprigionare: *la reazione ha liberato energia* || **rifl.** sottrarsi, disimpegnarsi: *liberarsi da un pericolo, da un peso*; *liberarsi da un seccatore, degli avversari*, sbarazzarsene, toglierseli di torno || *liberarsi da un nemico*, sfuggirgli || **intr. pron. 1.** diventare libero, disponibile: *l'appartamento si è liberato, posso traslocare* **2.** sprigionarsi: *nelle reazioni si libera calore* || **N. tr. 1.** *Sin.* affrancare, disimpegnare, districare, emancipare, esentare, esimere, prosciogliere, redimere, riscattare, sbrogliare, scarcerare, sciogliere, slacciare, svincolare | *Contr.* imprigionare, incatenare, legare, vincolare **2.** *Sin.* salvare, sottrarre.

liberatìvo [da *liberare*; 1957] **agg.** *non com.* che provoca una liberazione, liberatorio: *provvedimento liberativo* || *T.rel. redenzione liberativa*, redenzione operata da Cristo per liberare l'umanità dal peccato.

liberatóre [dal lat. *liberātor, -ōris*; 1353] **I agg.** che libera: *esercito liberatore* **II sm.** (f. *-trìce*) chi libera: *fu il liberatore della sua città* || **N. II** *Sin.* redentore, riscattatore, salvatore.

liberatòrio (pl. *-ri*) [da *liberare*; 1673] **agg. 1.** che libera: *sfogo liberatorio, reazione liberatoria* **2.** *T.giur.* e *T.econ.* che libera da una obbligazione: *saldo liberatorio, il pagamento ha effetto liberatorio dalla data di accredito.*

liberazióne [dal lat. *liberātio, -ōnis*; sec. XIV] **sf. 1.** il liberare, il liberarsi, l'essere liberato: *la guerra di liberazione, il giorno della liberazione*; *per anton. la Liberazione*, dell'Italia del Nord dal nazifascismo (aprile 1945) **2.** sollievo da un fastidio, da una situazione di oppressione: *la fine della serata fu per tutti una liberazione* **3.** *T.scient.* in chimica, separazione o formazione di un elemento: *liberazione di idrogeno*; in fisica, il rendere disponibile una certa energia: *liberazione di energia mediante fusione nucleare* || **N. 1.** *Sin.* affrancamento, emancipazione, redenzione, salvezza | *Contr.* dominazione, oppressione, schiavitù, servitù.

liberiàno¹ [dal n. geogr. *Liberia*, stato africano; 1934] **I** *agg.* della Liberia **II** *sm.* (f. *-a*) abitante della Liberia.

liberiàno² [dal fr. *libérien*; 1952] *agg. T.bot.* che riguarda il libro delle piante.

liberiàno³ [dal n. proprio *Liberio*; 1957] *agg.* di papa Liberio: *basilica liberiana.*

liberìsmo [da *libero*; 1934] *sm.* teoria economica fondata sul libero scambio nel mercato interno e tra nazione e nazione, senza restrizioni e spec. senza dazi protettori; contraria a ogni intervento dello stato nei rapporti tra capitale e lavoro || **N.** *Sin.* libero scambio | *Contr.* protezionismo.

liberìsta [da *liberismo*; 1881] **I** *s.* seguace del liberismo **II** *agg.* liberistico, del liberismo: *dottrina liberista* || **N.** *Contr.* protezionista.

liberìstico (pl. *-ci*) [da *liberista*; 1932] *agg.* del liberismo, relativo al liberismo o ai liberisti: *dottrine liberistiche.*

lìbero [dal lat. *liber*; sec. XIII] **I** *agg.* **1.** che può decidere e agire in modo autonomo, senza essere soggetto né al dominio, né alla volontà altrui: *libero cittadino, sei libero di fare ciò che vuoi*; *popolo libero*, che si regge con leggi proprie e partecipa al governo con propri rappresentanti; *uomo libero*, o *di condizione libera*, contrapposto a *schiavo* o a *liberto*, indicava nell'antichità chi godeva pienamente i diritti civili e politici || *libero pensatore*, chi professa opinioni antidogmatiche e anticonfessionali, dichiarandosi indipendente da convenzioni e tradizioni || *fig.* privo, esente: *libero da vizi, da pregiudizi* || *T.fil. libero arbitrio*, la facoltà di poter scegliere autonomamente tra più possibilità **2.** che ha piena facoltà di muoversi, di agire, che si può spostare: *avere le mani libere*; *disegno a mano libera*, eseguito senza righello o compasso; *fig. avere, dare mano libera*, piena facoltà di agire con autorità e autonomia; *ruota libera*, meccanismo usato sulle biciclette, che imprime alla ruota il movimento rotatorio in un solo senso, permettendole di girare sul suo asse quando i pedali sono fermi o girano in senso opposto; *fig. a ruota libera*, senza freni: *parlare a ruota libera* || *a piede libero*, non in stato di arresto || *all'aria libera*, all'aperto **3.** *per estens.* audace, impudente: *maniere libere, costumi, discorsi liberi, usa un linguaggio molto libero* **4.** che non è sottoposto a vincoli, obblighi, impedimenti, impegni ecc.: *il principale oggi è libero da appuntamenti, avere la testa libera da preoccupazioni*; *ass. essere libero*, non avere qualcosa da fare: *domani sarò libero nel pomeriggio*; di animali, non legato: *il cane correva libero nel parco*; *essere un uomo libero, una donna libera*, non sposato, o senza impegni sentimentali; *tempo libero*, il tempo disponibile dopo la fine del lavoro; di possessi, non vincolato: *fondo libero da ipoteche*; *fede di stato libero*, certificato di celibato || *prezzo libero*, prezzo non amministrato né sorvegliato, bensì risultante dal libero gioco del mercato || *carta libera*, non bollata, usata per gli atti che non sono soggetti al bollo || *entrata libera*, gratuita || *libera uscita*, il periodo di tempo in cui i militari sono esenti dai compiti di servizio e possono lasciare la caserma || *libero amore*, non sottoposto ai vincoli matrimoniali || *dare, lasciare libero corso ai pensieri, alla fantasia*, non imporre freni **5.** non soggetto a controllo da parte dello stato o di altra autorità, indipendente, autonomo: *stampa, radio libera, mercato libero, libero scambio*; *libera professione*, come quella del medico, dell'avvocato, in opposizione ai rapporti di lavoro subordinati || *libero docente*, chi per titoli ed esami ha acquisito il diritto di insegnare in un'università **6.** sgombro, non occupato, non riservato, non precluso: *è libero questo posto?, nel ristorante non c'erano tavoli liberi* || *segnale di via libera*, segnale che indica che il binario è sgombro e il treno può passare; *fig. dare via libera*, permettere, dare la possibilità; *fig. lasciare campo libero all'avversario*, ritirarsi da una gara o da una lotta **7.** *T.sport. esercizi a corpo libero*, senza attrezzi; *lotta libera*, in cui si cerca di rovesciare l'avversario con particolari prese; *arrampicata libera*, nell'alpinismo, quella in cui sono sfruttati solo gli appigli naturali della parete; *gara in stile libero*, nel nuoto, quella in cui l'atleta adotta lo stile che preferisce; *discesa libera*, nello sci, gara in cui si sceglie la via più breve; *battitore libero*, v. LIBERO *sm.* nel senso 2 **8.** *T.metr. verso libero*, sciolto, non soggetto alla rima; *metro libero*, non legato a uno schema fisso **9.** *T.ling. sillaba libera*, aperta **10.** *T.chim. elemento allo stato libero*, non combinato con altri elementi **11.** *T.fis. superficie libera*, nei liquidi, la superficie che separa il liquido dall'aeriforme **12.** *T.fil. logiche libere*, in cui l'attribuzione di una proprietà a un individuo non comporta l'esistenza di quell'individuo || **liberaménte** *avv.* **1.** senza restrizioni: *le merci circolano liberamente* **2.** apertamente, con schiettezza: *parla pure liberamente* **3.** spontaneamente: *l'ha scelto liberamente* **II** *sm.* **1.** (f. *-a*) uomo libero: *nell'antica Roma c'erano liberi e schiavi* **2.** *T.sport.* nel calcio, *battitore libero* o *libero*, giocatore che non ha compiti di marcatura e organizza la difesa; *fig.* spec. come *T.pol.*, persona che si muove sulla scena politica, culturale ecc. senza vincoli precostituiti di schieramento || **N. I 1.** *Sin.* autonomo, emancipato, indipendente, svincolato | *Contr.* bloccato, frenato, impegnato, legato, occupato, riservato, vincolato **2.** *Sin.* sciolto **3.** *Sin.* ardito, licenzioso | *Contr.* castigato **4.** *Sin.* disponibile. **TAV. *atletica* p. 657** 2.3, 3.2; ***nuoto* p. 1328** 1.

liberoscambìsmo [comp. di *libero* e *scambio*; 1970] *sm.* dottrina e pratica economica che sostiene il libero scambio || **N.** *Contr.* protezionismo.

liberoscambìsta [comp. di *libero* e *scambista*, sul modello dell'ingl. *free-trader*; 1858] *s.* e *agg.* liberista.

libertà [dal lat. *libertas, -ātis*; 1319] *sf.* **1.** la condizione di chi è libero, può agire, decidere e disporre di sé senza costrizioni o controlli: *libertà di scelta, di parola, di pensiero, di voto, di opinione, dare molta libertà a qualcuno, lottare, morire per la libertà, conquistare la libertà, negare, limitare la libertà*; *fig. avere libertà di movimento*, poter agire seguendo la propria volontà || *in part.* nell'antichità, la condizione di uomo libero, opposta alla schiavitù **2.** *T.giur.* stato di chi non è prigioniero: *rimettere un detenuto in libertà*; *libertà provvisoria*, concessa all'imputato in attesa dell'esito del processo, talora dietro pagamento di una cauzione; *libertà vigilata*, per cui l'individuo è libero, ma sottoposto a sorveglianza da parte delle autorità, come misura di sicurezza; *tribunale della libertà*, nel linguaggio politico e giornalistico, il tribunale che ha la facoltà di giudicare con procedura d'urgenza le richieste di riesame delle misure cautelari **3.** il non essere sottoposto a obblighi, impegni o vincoli: *questo lavoro mi lascia molte ore di libertà* || *fam. scherz. perdere la propria libertà*, sposarsi || *in part. ridare a qualcuno la sua libertà*, svincolarlo da un impegno, spec. sentimentale || *mettersi in libertà*, a proprio agio, indossare gli abiti di casa; *stare in libertà*, senza riguardi, senza soggezione, come fra familiari e amici **4.** l'insieme delle condizioni stabilite dalla legge, che garantiscono ai cittadini i propri diritti: *libertà politiche*, relative all'esercizio dei diritti politici; *libertà di stampa*, diritto di esprimersi liberamente per mezzo della stampa o di altri mezzi di comunicazione; *libertà di associazione, libertà di insegnamento* || *libertà atlantiche*, quelle proclamate da F.D. Roosevelt nel 1941 come necessarie alla pacifica convivenza: *libertà dal bisogno, dalla paura, di parola, di religione* **5.** arditezza, licenziosità, nel parlare o nel comportamento: *libertà di linguaggio, libertà di costumi* || *prendersi la libertà*, in formule di cortesia, per introdurre un'opinione personale, o giustificare un proprio atto: *mi sono preso la libertà di correggerti questa lettera, scusa se mi prendo la libertà di fartelo notare* || *prendersi delle libertà con qualcuno*, mancargli di rispetto || **N. 1.** *Sin.* arbitrio, autonomia, emancipazione, facoltà, franchigia, indipendenza | *Contr.* costrizione, dipendenza, obbligo, prigionia, schiavitù, servitù, soggezione **2.** *Contr.* prigionia **5.** *Sin.* audacia, impudenza, spregiudicatezza.

libertàrio (pl. *-ri*) [dal fr. *libertaire*; 1900] *agg.* e *sm.* (f. *-a*) **1.** chi si fa sostenitore di un'assoluta libertà, prossima all'anarchia, contro ogni forma di imposizione autoritaria: *opinioni libertarie, un gruppo di libertari* **2.** nella storiografia politica, liberale || **N. 1.** nichilista.

libertarìsmo [da *libertario*; a. 1952] *sm.* atteggiamento o concezione politica libertaria.

liberticìda [dal fr. *liberticide*; 1797 come agg.] **I** *s.* chi uccide la libertà civile **II** *agg.* che sopprime la libertà: *legge liberticida* || **N. I** *Sin.* despota, tiranno **II** *Sin.* dittatoriale, oppressivo, tirannico.

liberticìdio (pl. *-di*) [da *liberticida*; 1952] *sm.* soppressione violenta, o violazione delle libertà politiche o civili.

libertinàggio (pl. *-gi*) [dal fr. *libertinage*; 1641] *sm. lett.* **1.** condotta licenziosa e priva di scrupoli || *T.giur.* atti contrari alla morale pubblica: *adescamento al libertinaggio* **2.** *T.stor.* atteggiamento, proprio dei libertini del XVII sec., di indipendenza polemica dalla religione e dalla morale tradizionali || **N. 1.** *Sin.* dissolutezza, licenziosità, sregolatezza, SCOSTUMATEZZA.

libertinìsmo [da *libertino*; a. 1789] *sm.* corrente di pensiero italiana e francese (sec. XVII), che proclamava la libertà del dotto rispetto alle opinioni e superstizioni (spec. religiose) condivise dal volgo, e ad esso imposte dal potere politico || *per estens.* tendenza a sostenere la libertà di pensiero contro ogni imposizione dogmatica.

libertìno [dal lat. *libertinus*, figlio di liberto; a. 1342 nel senso 3] **I** *sm.* (f. *-a*) **1.** chi conduce una vita dissoluta, è disordinato e licenzioso nei costumi sessuali **2.** *T.fil.* e *T.pol.* seguace del libertinismo **3.** *T.stor.* nell'antica Roma, schiavo affrancato o discendente di uno schiavo affrancato **II** *agg.* **1.** che è improntato a costumi spregiudicati: *atteggiamento libertino* **2.** *T.fil.* e *T.pol.* del libertinismo e libertini **3.** relativo alla condizione di liberto || **N. II 1.** *Sin.* dissoluto, licenzioso, scostumato, spregiudicato, sregolato, vizioso | *Contr.* casto, morigerato.

libèrto [dal lat. *libērtus*; a. 1292] *sm. T.stor.* nell'antica Roma, chi veniva affrancato dalla schiavitù e continuava però a restare escluso da determinati diritti.

liberty (ingl., pr. ['lɪbəti]; pr. it. ['liberti]) [dal nome di A.L. *Liberty* proprietario di un magazzino londinese specializzato nella vendita di oggetti di gusto floreale; 1905] **I** *agg. inv.* relativo allo stile floreale affermatosi nell'architettura e nell'arredamento tra la fine del sec. XIX e l'inizio del sec. XX, caratterizzato da linee sottili e sinuose, da motivi derivati da fiori e piante, dal gusto per l'arte dell'Estremo Oriente: *stile liberty, facciata, mobili liberty* **II** *sm. inv.* **1.** il complesso delle manifestazioni artistiche ispirate al gusto liberty: *una mostra sul liberty, il ritorno del liberty* || il termine *liberty* si affermò in Inghilterra e in Italia, in Germania prevalse *Jugendstil*, in Spagna *modernismo*, in Austria *Sezession*, in Francia *art nouveau* **2.** nella moda, seta stampata a disegni floreali, lucida al diritto e opaca al rovescio.

libico (pl. *-ci*) [dal lat. *Libycus*; a. 1566] **I** ***agg.*** della Libia; *guerra libica*, quella condotta dall'Italia nel 1911-12 contro la Turchia, per il possesso della Libia e del Dodecaneso **II** ***sm.*** **1.** (f. *-a*) abitante della Libia **2.** (solo *sing.*) antica lingua camitica dell'Africa settentrionale, estinta da tempo **3.** vento detto anche *africo*.

libìdico (pl. *-ci*) [da *libido*; 1955] ***agg.*** *T.psic.* proprio della libido: *stimoli libidici*.

libìdine [dal lat. *libīdo, libidinis*; a. 1332 nel senso 2] ***sf.*** **1.** smodato desiderio sessuale **2.** *per estens.* brama, voglia sfrenata di qualcosa: *libidine di potenza* || **N. 1.** *Sin.* brama, foia, lascivia, lussuria **2.** *Sin.* avidità, cupidigia, desiderio.

libidinóso [dal lat. *libidinōsus*; 1336 ca.] ***agg.*** che è dominato dalla libidine, che manifesta libidine: *un uomo libidinoso, occhiate libidinose* || **N.** *Sin.* LUSSURIOSO.

libìdo [dal lat. *libido*; 1925] ***sf.*** **1.** *T.psican.* l'energia vitale che nella psiche è alla base delle pulsioni sessuali; con accezione più ampia, l'energia che è alla base anche di altri bisogni, affetti e desideri **2.** *per estens.* in sessuologia, desiderio sessuale. **Q.T.** *psicanalisi*.

lìbito [dal lat. *libitum*; 1313] ***sm.*** *poet. arc.* voglia, capriccio: *che libito fé licito in sua legge* (Dante).

libocédro o **libocèdro** [dal lat. scient. *libocedrus*, basato sul gr. *líbanos*, albero d'incenso e gr. *kédros*, cedro; 1957] ***sm.*** *T.bot.* conifera delle Cupressacee diffusa in America del Nord, con corteccia rossiccia e foglie giallastre a squama.

libra [dal lat. *libra*; a. 1367] ***sf.*** **1.** *ant.* bilancia **2.** *ant.* la costellazione della Bilancia **3.** *raro* libbra.

libràio (pl. *-ài*) [lat. *librarius*; 1368] ***sm.*** (f. *-a*) chi vende libri, chi gestisce una libreria: *bottega di libraio* || *dim. non com.* libraìno; *spreg.* libraiùccio.

libràle [dal lat. *librālis*; sec. XIV] ***agg.*** *T.num.* che ha il peso di una libbra || *asse librale*, nel più antico sistema monetario romano, asse il cui peso in rame era di una libbra.

libraménto [dal lat. *libramentum*; a. 1642] ***sm.*** *raro* il librare o il librarsi || oscillazione di un corpo che tende ad assumere posizione di equilibrio.

libràre [da *libra*; a. 1374] ***rifl.*** mantenersi in equilibrio, trovarsi sospeso nell'aria: *l'aquila si librò in volo* || ***tr.*** *raro* **1.** *poet.* pesare con la bilancia; bilanciare **2.** *lett. fig.* giudicare: *librare il pro e il contro*.

libràrio (pl. *-ri*) [dal lat. *librārius*; a. 1758] **I** ***agg.*** **1.** di libri, che concerne i libri: *commercio librario, bollettino librario* **2.** *T.paleogr.* *scrittura libraria*, la scrittura precisa e regolare usata nei codici, opposta alla *scrittura documentaria* usata nei documenti **II** ***sm.*** **1.** nell'antica Roma, servo con la funzione di copista **2.** nelle legioni romane, chi teneva la contabilità.

libràto (*pps.* di *librare*) [1561] ***agg.*** sospeso, equilibrato: *uccelli librati in aria* || *volo librato*, volo tipico degli uccelli quando volano ad ali ferme || modo di volare degli alianti, in cui il corpo volante scende con traettoria inclinata per effetto della gravità e della resistenza dell'aria.

libratóre [dal lat. *librātor, -ōris*; 1929] ***sm.*** aliante che compie solo voli librati || **N.** *Contr.* veleggiatore.

librazióne [dal lat. *libratio, -ōnis*; 1631] ***sf.*** *T.astr.* piccola oscillazione nei movimenti del globo lunare, per cui è possibile osservare dalla Terra più della metà della sua superficie totale.

librerìa [da *libro*; a. 1498 nel senso 3 *libraria*] ***sf.*** **1.** negozio per la vendita di libri: *libreria specializzata, antiquaria, scolastica* **2.** mobile con ripiani per tenervi i libri: *libreria in legno, a muro* **3.** raccolta, deposito di libri, biblioteca: *in casa ha una vastissima libreria*; *Libreria di San Marco*, altro nome della Biblioteca Marciana di Venezia **4.** *T.inform.* insieme organizzato di più *file* || *dim. non com.* libreriétta; *accr.* libreriόna || **N.** biblioteca, ripiano, scaffale, scansia. **Q.T.** *arredamento* **TAV.** ***arredamento*** **p. 650** 2.7, 2.15.

librésco (pl. *-schi*) [da *libro*; 1931] ***agg.*** ricavato, dedotto dai libri, piuttosto che dall'esperienza diretta della vita: *cultura, erudizione libresca*.

librettìsta [da *libretto*; 1869] ***s.*** scrittore di libretti per opere in musica: *Lorenzo da Ponte fu il librettista del Don Giovanni di Mozart*. **Q.T.** *teatro*.

librétto (*dim.* di *libro*) [a. 1519 nel senso 4] ***sm.*** **1.** libro di piccola mole, o di poche pagine, o di poca importanza **2.** componimento, perlopiù in versi, scritto per offrire un testo a un'opera musicale: *libretto d'opera, il libretto della Traviata* **3.** piccolo registro, fascicoletto, contenente vari dati e rilasciato da un ufficio: *libretto sanitario* o *della mutua*; *libretto universitario*, che riporta i dati relativi al corso di studi seguito dallo studente; *libretto di lavoro*, in cui sono scritte le generalità e le variazioni di carriera di chi presta lavoro dipendente; *libretto di circolazione*, che riporta i dati del veicolo **4.** piccolo fascicolo dato dagli istituti di credito per segnare depositi e prelievi: *libretto di risparmio, degli assegni* **5.** *gen.* taccuino usato per varie annotazioni: *libretto degli indirizzi, delle spese giornaliere* || *dim.* librettìno.

libro [dal lat. *liber, -bri*; 1282 nel senso 4] ***sm.*** **1.** complesso di fogli di eguale misura, stampati, più raramente manoscritti o dattiloscritti, cuciti insieme, dotati di copertina o rilegatura: *libro in-foglio* o *in-folio, in quarto, in ottavo, in sedicesimo, tascabile*, a seconda del formato; *libro in brossura, rilegato in pelle, in tela*, a seconda dell'aspetto esteriore; *libro esaurito*, di cui sono state vendute tutte le copie disponibili || *loc. avv.* e *agg.* *a libro*, detto di oggetti che si possono aprire e chiudere come i libri || con riferimento al contenuto o all'uso dell'opera stampata: *libro di testo* o *scolastico*, usato nelle scuole per l'apprendimento di una materia; *libro giallo*, romanzo poliziesco; *libri liturgici*, usati nelle funzioni sacre; *libri canonici*, i libri della Bibbia che la Chiesa riconosce come ispirati; *libri d'ore*, contenenti preghiere per i vari momenti della giornata, anticamente miniati e decorati; *libri sacri*, i libri a fondamento delle varie religioni; *libri proibiti*, quelli di cui la Chiesa vieta la lettura; *libri diplomatici*, raccolta di documenti diplomatici, dati alle stampe per informare l'opinione pubblica su una data questione, di colore diverso a seconda dello stato (verde per l'Italia); *per estens.* *libro bianco*, raccolta di testimonianze e documenti per denunciare un problema sociale, un disservizio pubblico ecc., pubblicata da enti o associazioni: *il libro bianco sulla mafia ha fatto scalpore* || *fig.* serie di avvenimenti: *il libro della vita, leggere nel libro del futuro*; *sim.* *leggere nel libro della natura*, capirne le leggi || *fig.* *essere un libro chiuso*, di persona che non lascia trapelare pensieri ed emozioni; contr. *essere un libro aperto* || *fig. scherz.* *parlare come un libro stampato*, con estrema proprietà e accuratezza || *pl.* studi: *è sempre immerso nei libri, ha lasciato i libri per il lavoro* **2.** registro su cui vengono riportati i dati di un'attività commerciale: *aggiornare, sottoporre a verifica i libri*; *libri contabili*, dove sono segnati i movimenti di denaro che si verificano nelle aziende; *libri sociali*, quelli che per legge vanno tenuti dalle società per azioni; *libri di commercio* o *libri obbligatori dell'imprenditore*, come il *libro giornale*, il *libro degli inventari*, su cui per legge le imprese commerciali devono rendere conto di scambi ed affari; *libro mastro*, in cui il negoziante segna entrate ed uscite, spese e guadagni; *mettere a libro*, segnare nel libro dei conti; *libro paga*, registro dove sono annotati i nomi degli impiegati di un'azienda e la retribuzione loro corrisposta **3.** albo, elenco: *libro d'oro*, in passato, elenco degli appartenenti a famiglie nobili || *fig.* *libro d'oro*, serie di eventi memorabili di una città, famiglia ecc., o complesso delle vittorie sportive delle squadre di uno stato, o riportate dagli atleti in una gara particolare: *ha iscritto il suo nome nel libro d'oro del Giro d'Italia* || *libro nero*, elenco di persone sospette alla polizia; *per estens.* elenco di persone indesiderabili: *essere nel libro nero*, essere malvisto o considerato nemico **4.** ciascuna delle parti in cui è divisa un'opera letteraria, spec. un classico: *il libro secondo dell'Eneide, i ventiquattro libri dell'Odissea*; nella letteratura moderna, usato per raccolte poetiche: *i quattro libri delle «Laudi» di D'Annunzio* **5.** *T.bot.* strato interno della corteccia di una pianta, formato da cellule e fibre, attraverso cui circolano le sostanze nutritive; floema || *dim.* librìno, librétto, libricciìno, librettìno; *accr.* librόne; *pegg.* libràccio; *spreg.* libèrcolo, libriciàttolo || **N. 1.** almanacco, annuario, antologia, breviario, calepino, compendio, dizionario, epitome, erbario, guida, manuale, miscellanea, monografia, prontuario, ricettario, romanzo, saggio, trattato, vocabolario; dispensa, elzeviro, fascicolo, filza, incunabolo manoscritto, opera, opuscolo, tascabile, tomo, volume; agenda, album, brogliaccio, diario, effemeride, elenco, quaderno, registro, repertorio, scartabello, scartafaccio | acefalo, adespoto, anonimo, apocrifo, autentico, cucito, esaurito, illeggibile, illustrato, incompleto, intonso, legato, nuovo, rilegato, slegato, strappato, sciolto, tagliato, usato; attraente, bello, brutto, buono, cattivo, divertente, divulgativo, dotto, esemplare, grave, greve, interessante, inutile, istruttivo, leggero, noioso, pedantesco, pesante, profondo, scorretto, superficiale, utile | capitolo, colofone, commento, copertina, costola, dedica, dorso, epigrafe, *errata corrige, ex libris*, epilogo, figura, finale, foglio, frontespizio, guardia, indice, introduzione, margine, note, numerazione, occhiello, pagina, paragrafo, piatto, postfazione, prefazione, proemio, risguardo, risvolto, sovraccoperta, taglio, tavole, testo, titolo, vignetta | aprire, chiosare, chiudere, citare, collezionare, commentare, consigliare, consultare, criticare, discutere, divorare, esaminare, leggere, postillare, recensire, riassumere, scartabellare, schedare, scorrere, sfogliare, sgualcire, squinternare, studiare, tagliare; comporre, correggere, impaginare, interfogliare, interpolare, legare, pubblicare, raffilare, rilegare, rivedere, scrivere, stampare; acquistare, comprare, diffondere, divulgare, prestare, smerciare, vendere | PERSONE: antiquario, autore, bibliofilo, bibliografo, bibliotecario, correttore di bozze, editore, illustratore, libraio, rilegatore; biblioteca, catalogo, collana, collezione, copia, doppione, edizione, esemplare, libreria, raccolta, scaffale, negozio. **Q.T.** *letteratura..., stampa..., tipografia* **TAV.** ***tipografia*** **p. 1337** 11.

libùrna [dal lat. *liburna*, dai *Liburni*, antico nome dei Croati; 1547] ***sf.*** nave da guerra sottile, veloce, leggera, con un albero e due ordini di remi, usata dagli antichi Dalmati e poi dai Romani || **N.** NAVE.

licantropìa [dal gr. *lykanthrōpía*; 1598 *licantrofia* nel senso 2] ***sf.*** **1.** nelle credenze popolari, trasformazione di una creatura umana in lupo (*lupo mannaro*) **2.** *T.med.* malattia nervosa che spinge chi ne è colpito a identificarsi con un lupo, simulandone ululato e comportamento, normalmente in coincidenza con le notti di luna piena.

licàntropo [dal gr. *likánthrōpos*; 1598 *licantrofo*] **sm.** (f. *-a*) **1.** nelle credenze popolari, lupo mannaro **2.** *T.med.* individuo affetto da licantropia.

licaóne [dal gr. *likáōn*, licantropo; 1476] **sm.** carnivoro delle savane africane, di aspetto simile al lupo, con lunghe zampe e orecchie molto larghe; vive in branchi e si nutre assaltando il bestiame.

licciàio (pl. *-ài*) [da *liccio*; 1868] **sm.** (f. *-a*) *disus.* chi fabbrica e vende i licci.

licciaiòla o **licciaiuòla** [da *liccio*; 1681] **sf.** strumento di ferro di cui si servono i legnaioli per torcere i denti della sega, operazione che si dice *allicciare*.

lìccio (pl. *-ci*) [lat. *licium*; 1309] **sm.** *T.tess.* elemento del telaio per tessere, che permette di sollevare e abbassare alternativamente i fili dell'ordito, in modo da creare un'apertura per fare passare la navetta col filo di trama. **TAV.** *tessitura* 1.2, 2.5.

licciòlo [da *liccio*; a. 1859] **sm.** *T.tess.* ciascuna delle stecche di legno che formano le testate superiore e inferiore del liccio nel telaio. **TAV.** *tessitura* 2.3.

liceàle [da *liceo*; 1854] **I agg.** di liceo: *licenza liceale* **II s.** studente di liceo.

liceità [dal lat. *licēre*; 1841] **sf.** l'essere lecito, usato spec. nel linguaggio giuridico per indicare la condizione di ciò che è permesso dalle leggi: *liceità di un comportamento*.

licèna [dal gr. *lýkoina*, lupa, prob. per il colore della femmina; 1965] **sf.** *T.zool.* lepidottero la cui larva origina una farfalla diurna con le ali dai colori blu brillante nel maschio e marrone chiaro nella femmina.

licènza [dal lat. *licentia*; a. 1294] **sf.** **1.** permesso di fare qualcosa, in genere accordato da persona di più alto grado: *i superiori gli diedero licenza di agire come voleva*; come formula di cortesia, nel linguaggio sostenuto: *chiedo licenza di parlare, con vostra licenza mi assenterò domani* **2.** autorizzazione concessa ai militari di allontanarsi dal luogo in cui prestano servizio, e la durata di tale assenza: *andare in licenza, chiedere due giorni di licenza, licenza ordinaria, straordinaria, premio, di convalescenza*; *foglio di licenza* o *licenza*, il documento che comprova la concessione del permesso: *mostrò la licenza al capitano* **3.** autorizzazione rilasciata da un'autorità, e il documento a essa relativo: *licenza di caccia, di pesca*; *licenza di esercizio*, che autorizza l'apertura di un esercizio commerciale; *concedere, revocare una licenza* **4.** conclusione positiva di un corso di studi, attraverso il superamento di un esame finale: *licenza elementare, media, liceale, esame, diploma di licenza, prendere la licenza* **5.** *non com.* commiato, congedo: *prendere licenza da qualcuno*, accomiatarsi; *per estens. T.lett.* l'ultima strofa della canzone petrarchesca, composta da un minor numero di versi, detta anche *commiato, congedo* o *invio* **6.** *non com.* intimazione con cui il locatore notifica al conduttore di non voler più rinnovare il contratto d'affitto: *dar licenza di sfratto a un inquilino* (ma più com. *disdetta*) **7.** arbitrio, abuso, sfrenatezza: *troppa libertà degenera in licenza*; *pl.*, eccessiva confidenza: *si prende troppe licenze* || *licenza poetica*, libertà che un poeta si prende rispetto alle norme grammaticali, metriche, prosodiche; *scherz. è una licenza poetica*, per giustificare uno sbaglio o un atto che devia dalle consuetudini || **N. 1. 2. 3.** *Sin.* autorizzazione, concessione, facoltà, PERMESSO **5.** *Sin.* commiato, congedo **6.** *Sin.* disdetta, sfratto **7.** *Sin.* abuso, arbitrio, dissolutezza, libertà, licenziosità, scostumatezza, sfrenatezza, sregolatezza.

licenziaménto [da *licenziare*; 1869] **sm.** il licenziare e l'essere licenziato: *licenziamento in tronco*, senza preavviso.

licenziàndo [ger. di *licenziare*; 1905] **sm.** (f. *-a*) e **agg.** chi o che deve avere la licenza da una scuola: *gli studenti licenziandi, i licenziandi di quest'anno.*

licenziàre (pres. *-ènzio*) [da *licenza*; a. 1294 nel senso 3] **tr.** **1.** mandar via dal servizio o dall'impiego, disdire un rapporto di lavoro: *licenziare dieci operai*; *licenziare in tronco*, senza preavviso **2.** dare la disdetta, sfrattare: *licenziare un inquilino* **3.** accomiatare, dare il permesso di andarsene: *licenziare i visitatori, dopo averlo convocato, il direttore lo licenziò quasi subito* || *T.tip. licenziare le bozze, un libro, per la stampa*, dare il nulla osta perché si stampino **4.** conferire la licenza da una scuola || **rifl.** rinunciare a un impiego, recedendo dal contratto di lavoro: *si è licenziato dall'ufficio* || **intr. pron.** prendere il diploma di licenza da una scuola: *si è licenziato a pieni voti* || **N. tr. 1.** *Sin.* dare gli otto giorni, dare il benservito, mandare a spasso, mandar via, rimuovere dall'incarico, scacciare | *Contr.* assumere **2.** *Sin.* dare disdetta, sfrattare **3.** *Sin.* accomiatare, congedare, mettere in libertà **4.** *Sin.* diplomare, maturare, promuovere.

licenziatàrio (pl. *-ri*) [da *licenza*; 1957] **agg.** e **sm.** (f. *-a*) che o chi ha il diritto, grazie a contratto di licenza, di sfruttare un brevetto.

licenziàto (*pps.* di *licenziare*) [sec. XIV] **agg.** e **sm.** (f. *-a*) **1.** che o chi ha ricevuto il licenziamento da parte del datore di lavoro **2.** che o chi ha ottenuto la licenza da una scuola.

licenziosità [da *licenzioso*; a. 1574] **sf.** l'essere licenzioso: *si comporta con licenziosità* || **N.** *Sin.* dissolutezza, libertinaggio, licenza, scostumatezza, sfrenatezza, sregolatezza.

licenzióso [dal lat. *licentiōsus*; 1529] **agg.** **1.** che mostra soverchia libertà nei costumi soprattutto nei riguardi della morale e del pudore comune: *condurre una vita licenziosa, scritti licenziosi* **2.** *lett.* capriccioso, che agisce a proprio arbitrio, senza seguire le regole comuni || **licenziosaménte** **avv.** || **N. 1.** *Sin.* amorale, dissoluto, immorale, lascivo, libertino, scostumato, sfrenato.

licèo[1] [dal lat. *Lycēum*; 1544 nel senso 3] **sm.** **1.** corso di studi superiori che fornisce una formazione culturale generale o specificamente orientata, più che la preparazione a una determinata professione: *liceo classico, scientifico, linguistico, artistico*; *liceo musicale*, conservatorio di musica parificato **2.** *concr.* l'edificio dove si tiene tale corso di studi **3.** *T.stor.* celebre scuola in Atene, in un edificio sacro ad Apollo, dove insegnava Aristotele.

licèo[2] [dal gr. *Lýkeios*, letter. sterminatore di lupi; 1834] **agg.** nella mitologia greca, epiteto di Zeus che aveva un tempio sul monte Liceo; epiteto del dio Pan e attributo di Apollo in quanto sterminatore dei lupi e divinità solare: *Apollo Liceo.*

lìcere (*dif.*, si usa solo alla terza sing. pres. ind., *lìce* e *léce*; alla terza sing. e pl. dell'imp. ind., *licéva, licévano*; alla terza pers. sing. e pl. del cong. imp. *licésse, licéssero*; pps. *lìcito* e *lécito*) [dal lat. *licēre*; a. 1294] **intr.** (aus. *essere*) *poet.* essere lecito, conveniente, opportuno: *né mi lece ascoltar chi non ragiona* (Petrarca).

lìcet [dal lat. *licet*?, è permesso?, domanda rivolta dallo scolaro al maestro per chiedere il permesso di uscire; 1734] **sm.** *disus. eufem.* cesso, latrina.

lichène [lat. *lichen, -ēnis*; 1561 *lichena*] **sm.** organismo vegetale complesso, formato dalla simbiosi di un fungo e di un'alga, diffuso in ambienti aridi e freddi, su rocce o su altre piante; da alcune specie si estraggono antibiotici, da altre una sostanza colorante detta *tornasole* o *laccamuffa*. **Q.T.** *botanica* **TAV.** *botanica* **p. 661** 4.

lichenologìa [comp. di *lichene* e *-logia*; 1821] **sf.** branca della botanica che studia i licheni.

lichenóso [da *lichene*; 1943] **agg.** composto da licheni, ricoperto da licheni: *vegetazione lichenosa.*

lìcio (pl. *-ci*) [dal lat. *lycius*, gr. *lýkios*, della Licia; 1340] **I agg.** della Licia, antica regione dell'Asia Minore **II sm. 1.** (f. *-a*) abitante, nativo della Licia **2.** (solo *sing.*) antica lingua parlata in Licia **3.** *T.bot.* pianta cespugliosa delle Solanacee.

licitàre (pres. *lìcito*) [dal lat. *licitāri*; 1839] **intr.** (aus. *avere*) **1.** offrire un pezzo all'asta || partecipare a una licitazione **2.** *T.gioc.* nel gioco del bridge, fare la licitazione || **N. 1.** incanto, ASTA.

licitazióne [dal lat. *licitātio, -ōnis*; 1682] **sf.** **1.** la gara tra i partecipanti all'incanto, e l'offerta che ciascuno fa **2.** contrattazione in cui un ente pubblico aggiudica un bene o un appalto al miglior offerente || *licitazione privata*, a cui non possono partecipare tutti gli aventi diritto secondo la legge, ma solo chi è stato invitato **3.** *T.gioc.* nel bridge, fase iniziale del gioco, in cui i giocatori dichiarano il seme e il punteggio, per stabilire l'*atout* e il numero di prese da realizzare || **N. 3.** *Sin.* dichiarazione.

licnide [dal lat. *lychnis, lychnidis*; a. 1498 *licnite*] **sf.** pianta erbacea con fiori raccolti in corimbi, di vario colore, diffusa nei luoghi umidi.

licopèrdo [comp. del gr. *lýkos*, lupo e del tema del gr. *pérdomai*, emetto flatulenze; 1834] **sm.** *T.bot.* genere di funghi gastromiceti, dal corpo fruttifero rotondeggiante che da vecchio, se schiacciato, emette materiale pulverulento || **N.** vescia.

Licopodiàli (sing. *-e*) [comp. di *licopodio* e *-ali*; 1934] **sm. pl.** *T.bot.* nella tassonomia vegetale, ordine di piante Pteridofite aventi il fusto strisciante, rami eretti con lo sporangio simile a una spiga.

licopòdio (pl. *-di*) [comp. del gr. *lýkos*, lupo e gr. *póus, podōs*, piede; 1598] **sm.** pianta erbacea con fusto ramificato, in parte strisciante sul terreno, in parte eretto, coperto da piccole foglie; da alcune specie si estrae una polvere assorbente detta *zolfo vegetale.*

licóre [dal lat. *liquor, -ōris*; sec. XIV] **sm.** *poet.* liquore.

licoressìa [comp. del gr. *lýkos*, lupo e *órexis*, appetito; 1834] **sf.** *T.med.* aumento patologico dell'appetito || **N.** *Sin.* bulimia.

licósa [dal gr. *lýkos*, lupo, ragno-lupo; 1834] **sf.** *T.zool.* genere di ragni dei Licosidi, di colore scuro, tra cui la tarantola.

lida [dal gr. *lydós*, lidio, forse per il suo movimento che ricorda il modo di gestire dei Lidi; 1957] **sf.** *T.zool.* piccolo imenottero dalle lunghe antenne filiformi, gen. nocivo alle coltivazioni.

liddite o **lyddite** [comp. del n. geogr. *Lydd*, città della Gran Bretagna dove fu sperimentato per la prima volta e *-ite*[2], come l'ingl. *lyddite*; 1934] **sf.** esplosivo a base di acido picrico usato nel corso della prima guerra mondiale.

lìdio (pl. *-di* o *-dii*) [dal lat. *lydius*, gr. *lýdios*; a. 1498] **I agg.** della Lidia, regione storica della Turchia asiatica, corrispondente alla Anatolia occid. || *modo lidio*, uno dei tre modi fondamentali dell'antico sistema musicale greco || *pietra lidia*, varietà di diaspro usata per saggiare le leghe metalliche contenenti oro; pietra di paragone **II sm. 1.** (f. *-a*) abitante, nativo della Lidia **2.** (solo *sing.*) antica lingua parlata in Lidia.

lidite [dal n. geogr. *Lidia*, attr. il ted. *Lydite*; 1952] **sf.** varietà di diaspro schistoso, di colore nero, usato dagli orefici come pietra di paragone, per saggiare il titolo dei metalli preziosi.

lido [lat. *litus*; 1313 *lito*] **sm.** *lett.* **1.** lembo di terra pianeggiante contiguo al mare || *in* *part.* spiaggia dotata di stabilimenti balneari; compare spesso come toponimo: *Lido di Camaiore* **2.** nel linguaggio scientifico, deposito di sabbia e ghiaia lungo il litorale || *per estens.* i cordoni di terra che separano una laguna dal mare aperto: *Lido di Venezia* **3.** *per estens. lett.* paese, territorio: *i patri lidi*, la patria; *scherz. prendere il volo per altri lidi*, fuggire dal proprio paese || **N.** **1.** *Sin.* costa, litorale, riva, sponda, SPIAGGIA.

Lied (ted., pr. [li:t]; pr. it. [lid]) [1902] **sm.** (pl. *Lieder*, pr. [ˈli:dɐ]; pr. it. [ˈlider]) canzone della tradizione musicale tedesca, con testo di solito in tedesco, coltivata a livello popolare e nella musica d'arte, giunta al suo massimo splendore nel XIX sec., col Romanticismo: *i Lieder di Schubert, di Mahler.*

liederìstica (pr. [lideˈristika]) [dal ted. *Lied*, pl. *Lieder*; 1942] **sf.** l'arte e la tradizione dei Lieder.

liederìstico (pr. [lideˈristiko]) (pl. *-ci*) [dal ted. *Lied*, pl. *Lieder*; 1963] **agg.** che concerne i Lieder: *motivi liederistici.*

lie detector (ingl., pr. [ˈlaɪ dɪˌtektə]) [letter. rivelatore di bugie; 1950] **sm.** *inv.* macchina della verità; apparecchio usato negli interrogatori della polizia, mediante il quale vengono segnalate tutte le reazioni fisiche dell'interrogato, in modo da controllare la sincerità delle risposte.

lienterìa [dal lat. tardo *lienteria*, gr. *leientería*, diarrea; sec. XIV] **sf.** *T.med.* presenza nelle feci di alimenti non digeriti, per cattivo funzionamento dell'intestino.

lièo [dal lat. *Lyaeus*, gr. *Lyaîos*; a. 1589] **I** **agg.** epiteto di Bacco **II** **sm.** *lett. per meton.* il vino.

lietézza [da *lieto*; 1340] **sf.** *raro* gioia, contentezza.

lièto [lat. *laetus*; a. 1294 nel senso 2] **agg.** **1.** che ha in sé letizia, che prova o manifesta un sentimento di gioiosa serenità: *viso lieto, sono lieto che tu venga, di vederti* || *molto lieto*, abbreviazione di *molto lieto di fare la sua conoscenza*, formula di cortesia usata nelle presentazioni, in risposta a chi si presenta o viene presentato **2.** che dà letizia, che porta gioia: *un romanzo a lieto fine*; *in part. lieto evento*, la nascita di un figlio || *lett.* di luogo, che dà gioia o allietato, rallegrato: *paese... lieto di belle montagne* (Boccaccio) **3.** *poet.* fertile, rigoglioso || **lietaménte** **avv.** con letizia || **N.** **1.** *Sin.* allegro, contento, felice, festoso, gaio, giocondo, gioioso, ilare, ridente, sereno | *Contr.* cupo, disperato, infelice, mesto, triste.

liève [lat. *levis*; sec. XII *lef*] **agg.** **1.** sin. di *leggero*, ma di uso più elevato e ristretto, spec. *fig.*: *un lieve carico*, di poco peso; *un lieve rimprovero, lievi perdite*, di poca importanza; *un compito lieve*, non faticoso; *una lieve brezza, scossa*, quasi impercettibile **2.** *arc.* facile, agevole || **lieveménte** **avv.** || **N.** **1.** *Sin.* LEGGERO.

lievità [lat. *levitas, -ātis*; sec. XII] **sf.** leggerezza, tenuità.

lievitàre (pres. *lièvito*) [da *lievito*; sec. XIV] **tr.** *non com.* mescolare con lievito: *lievitare il pane* || **intr.** (aus. *essere*) **1.** gonfiarsi per effetto della fermentazione del lievito: *un dolce ben lievitato* **2.** *per estens. fig.* crescere, aumentare, acquistare forza e intensità: *le sue parole fecero lievitare i fermenti di rivolta, i prezzi continuano a lievitare.*

lievitazióne [da *lievitare*; 1942] **sf.** atto o effetto del lievitare: *la lievitazione del pane* || *fig. la lievitazione dei prezzi*, l'aumento dei prezzi.

lièvito [lat. volg. **levitus*; sec. XIV] **sm.** **1.** sostanza costituita da un complesso di microrganismi capaci di produrre una fermentazione: *lievito naturale*, ottenuto da una pasta di acqua e farina fermentata || *lievito di birra*, ottenuto con appropriati procedimenti da colture di batteri, usato nella preparazione del pane e della birra || *lievito minerale* o *in polvere*, formato da sostanze ridotte in polvere e impiegato nell'industria alimentare per alimenti da cuocere in forno; sviluppa anidride carbonica e rende la pasta leggera e soffice **2.** *fig.* ciò che serve ad alimentare un sentimento o uno stato d'animo: *la carestia fu il lievito di molte rivolte contadine.* **TAV. *botanica* p. 661** 5.

lìfo [sigla ingl. dalle iniziali di *l(ast) i(n) f(irst) o(ut)*, l'ultimo dentro, il primo fuori; 1965] **sm.** *inv.* nella contabilità, criterio per valutare merci e titoli in giacenza, fondato sul presupposto che le merci e i titoli acquistati per ultimi siano i primi ad essere venduti o impiegati.

lift (ingl., pr. [lɪft]) [letter. *ascensore*; 1908] **sm.** *inv.* **1.** l'inserviente addetto alla manovra dell'ascensore negli alberghi o nei grandi edifici **2.** *T.sport.* nel gioco del tennis e in altri giochi di palla, moto rotatorio impresso alla palla colpendola nella parte superiore, in modo che, toccando terra, abbia un rimbalzo irregolare || **N.** **2.** *Sin.* tagliata, taglio.

liftàre [da *lift*; 1964] **tr.** *T.sport.* nel tennis, colpire la palla di striscio facendole compiere una traiettoria ad effetto; tagliare.

lifting (ingl., pr. [ˈlɪftɪŋ]) [letter. sollevamento; 1975] **sm.** *inv.* operazione di chirurgia estetica con la quale vengono eliminate le rughe del viso e del collo mediante innalzamento e tensione della pelle || **N.** *Sin.* ritidectomia.

ligàndo [dal lat. *ligāre*, legare; 1988] **sm.** *T.chim.* ione, molecola, gruppo legato all'atomo centrale in un complesso coordinato: *campo del ligando.* **Q.T. *chimica*.**

ligàsi [dal lat. *ligāre*, legare, sul modello dell'ingl. *ligase*; 1987] **sm.** in biochimica, nome di un gruppo di enzimi più noto come *sintetasi.*

liggèra v. LEGGERA.

light pen (ingl., pr. [ˈlaɪt pen]) [letter. penna luminosa; 1958] **sf.** *inv.* asta sensibile alla luce, collegata con tubo a raggi catodici, utilizzata in informatica per dare un input grafico al calcolatore.

ligiàre (pres. *ligio*) [dal fr. *liser*, lisciare; prima metà sec. XV] **tr.** *ant.* **1.** lisciare il pelo con la mano **2.** ripiegare a fisarmonica i panni risciacquati.

lìgio (pl. m. *-gi*; pl. f. *-gie* o *-ge*) [dal fr. ant. *lige*; a. 1306] **agg.** **1.** scrupolosamente fedele a qualcuno o a qualcosa: *ligio ai superiori, al dovere, alla tradizione* **2.** *T.stor.* nel diritto feudale, lo stato del vassallo che aveva giurato fedeltà assoluta al proprio signore || **N.** **1.** *Sin.* affezionato, dedito, devoto, fedele, obbligato, ossequiente, rispettoso.

lignàggio (pl. *-gi*) [dal fr. *lignage*; a. 1292] **sm.** *lett.* stirpe, schiatta: *essere di alto lignaggio*, di nobile famiglia; *trarre lignaggio*, discendere || **N.** *Sin.* casato, discendenza, famiglia, genealogia, progenie, prosapia, schiatta, STIRPE.

lìgneo [dal lat. *ligneus*; a. 1320] **agg.** di legno, di consistenza e caratteristiche simili a quelle del legno || **N.** *Sin.* legnaceo, legnoso.

lignificàre (pres. *-ifico, -ifichi*) [dal fr. *lignifier*; 1952] **tr.** *T.bot.* determinare la lignificazione delle cellule vegetali || **intr. pron.** subire la lignificazione.

lignificazióne [dal fr. *lignification*; 1906] **sf.** *T.bot.* fenomeno per cui le membrane di certe cellule vegetali s'impregnano di lignina, acquistando resistenza e rigidità e formando così un tessuto legnoso.

lignìna [dall'ingl. *lignin*; 1906] **sf.** sostanza che rappresenta il costituente del legno più importante dopo la cellulosa; è estratta e impiegata industrialmente e determina il fenomeno della lignificazione.

lignìte [comp. del lat. *ligneum*, legno e *-ite*[2]; 1817] **sf.** combustibile fossile dell'età terziaria, di potere calorifico non molto elevato, a causa del processo di carbonizzazione poco avanzato, come prova la presenza di pezzi legnosi ancora facilmente riconoscibili.

ligroìna [etim. inc.; 1952] **sf.** *T.chim.* sostanza ricavata dalla distillazione del petrolio, usata come solvente.

lìgula [dal lat. *ligula*, cucchiaio; 1598] **sf.** **1.** tipo di cucchiaio usato nella Roma antica **2.** *T.zool.* parte allungata dell'apparato boccale, che serve all'ape per raccogliere il nettare **3.** *T.zool.* genere di vermi piatti dei Cestoidari, parassiti dell'intestino di pesci e uccelli acquatici **4.** *T.bot.* nelle Graminacee, ramificazione membranosa che ha origine dalla guaina delle foglie || biforcazione presente a volte tra l'unghia e la lamina del petalo.

ligulàto [da *ligula*; 1839 *ligolato*] **agg.** *T.bot.* che presenta la ligula (nel senso 4) || *fiore ligulato*, fiore delle Composite la cui corolla presenta una sorta di linguetta laterale. **TAV. *fiori...* p. 671** 3.7.

ligùsta [lat. *locusta*; a. 1484] **sf.** *arc.* aragosta.

ligùstico (pl. *-ci*) [dal lat. *ligusticus*, letter. ligure; 1573] **I** **agg.** *arc.* ligure **II** **sm.** *T.bot.* pianta erbacea perenne delle Ombrellifere, dai fiori bianchi o giallastri, diffusa spec. in Liguria || **N.** II *Sin.* levistico.

ligùstro [dal lat. *ligustrum*; 1342] **sm.** arbusto delle Oleacee, con piccoli fiori bianchi odorosi, coltivato come pianta ornamentale.

Liliàcee [dal lat. tardo *liliăceus*, da *lilium*, giglio; 1813] **sf.** *pl.* *T.bot.* famiglia di piante erbacee o legnose monocotiledoni con bulbo sotterraneo, tra cui il giglio, il tulipano, la cipolla, l'aglio. **Q.T. *botanica*.**

liliàceo [dal lat. *liliăceus*; 1777] **agg.** *lett.* gigliaceo, di giglio, del giglio.

liliàle [dal lat. *lilium*; 1886] **agg.** *lett. raro* candido e delicato come un giglio: *veste liliale* || *fig.* puro, casto: *liliale candore dell'infanzia.*

lilion ® [n. commerciale; 1957] **sm.** *inv.* resina sintetica usata come fibra tessile.

lillà [dall'ar. *līlak*; 1869 *lilla*] **sm.** *inv.* arbusto ornamentale delle Oleacee, originario dell'Oriente, che fiorisce in ricche e fitte pannocchie di colore tra il turchino e il violetto || **N.** *Sin.* serenella.

lilla [dall'ar. *līlak*; 1761 *lillà* come sm.] **sm.** colore dei fiori di lillà: *il lilla ti sta bene* || anche in funzione di *agg. inv.*, sempre posposto, di colore tra il rosa e il viola: *un abito lilla.*

lillipuziàno [dall'ingl. *Lilliputian*; 1737 nel senso 2] **agg.** e **sm.** (f. *-a*) **1.** del paese di Lilliput, abitante di Lilliput **2.** di piccolezza straordinaria, di dimensioni molto ridotte: *un ometto lillipuziano* || **N.** *Contr.* ciclopico, gigantesco.

lìma [lat. *lima*; a. 1292] **sf.** **1.** strumento di acciaio a superficie aspra che serve per pulire e levigare ferro, marmo, legno e sim.: *lima sorda*, che non fa rumore; *lima da unghie* (freq. il dim. *limetta*), per curare e pareggiare il contorno delle unghie **2.** *fig.* l'attività volta a curare e perfezionare un'opera letteraria: *lavoro di lima, dare la lima ai propri scritti* **3.** *fig. lett.* cruccio, affanno che rode l'animo: *lima sorda*, tormento che consuma internamente, o persona che trama di nascosto ai danni altrui || *dim.* limétta, limettìna || **N.** **1.** bastarda, ingordina, raspa, scuffina | a duro, a mandorla, a sghembo, gentile, mezza tonda, piatta, quadrangolare, tonda, triangolare. **Q.T. *fabbro*** **TAV. *utensili* p. 1341** 20, 32.6, 32.7.

limàccia (pl. *-ce*) [lat. volg. **limăcea*; a. 1463] **sf.** nome di varie specie di lumache con conchiglia rudimentale, comunemente dette *lumaconi.*

limaccìna o **limacìna** [comp. di *limaccia*, e *-ina*; 1869] **sf.** sostanza bianca mucillaginosa, ricca di azoto, estratta dalle lumache.

limàccio (pl. *-ci*) [dal lat. *lemaceus*; a. 1292] **sm.** *raro* mota, fanghiglia semiliquida || **N.** *Sin.*

LIMO.

limaccióso [da *limaccio*; a. 1320] **agg.** fangoso, torbido per il fango: *fondo limaccioso* || *fig.* oscuro, torbido: *stile limaccioso.*

limacina V. LIMACCINA.

limàglia (pl. *-glie*) [da *lima*; 1922] **sf.** *non com.* avanzi di limatura, tornitura, incisione ecc. che si raccolgono dal banco di lavoro: *limaglia di ferro.*

liman (russo, pr. [lʲi'man]) [dal turco *liman*, porto; 1930] **sm.** *inv.* salina naturale posta in prossimità del mare, che viene invasa periodicamente dalle acque di marea.

limàntria [dal lat. scient. *Lymantria*, basato sul gr. *lymantḗr*, distruttore; 1957] **sf.** *T.zool.* farfalla dei Limantridi, dannosa alle piante da bosco e da frutto, poiché le larve si cibano delle gemme || **N.** *Sin.* liparide.

Limàntridi (sing. *-e*) [comp. di *limantria* e *-idi*; 1932] **sm.** *pl.* *T.zool.* famiglia di insetti Lepidotteri notturni.

limàre [lat. *limāre*; sec. XIII] **tr.** **1.** levigare superfici di legno o di metallo facendovi passare sopra la lima || *fig.* di scritti, finirli, perfezionarli: *limare un capitolo* **2.** rodere, tormentare || **rifl. indir.** *limarsi le unghie*, dare loro la forma voluta, pareggiarle con la limetta || **N.** **1.** *Sin.* levigare, lisciare, perfezionare, pulire, radere, raspare, rodere, scuffinare.

limassuòla o **limazuòla** [dal fr. *limace*; 1869] **sf.** *T.vet.* infiammazione della zona interdigitale della zampa dei bovini.

limatóre [lat. *limātor, -ōris*; 1598] **sm.** (f. *-trìce*) chi lima, anche in senso fig. || *in part.* addetto al funzionamento della limatrice o ad operazioni di limatura.

limatrìce [da *limare*; 1934] **sf.** macchina per limare i metalli, a moto rettilineo intermittente.

limatùra [lat. *limatūra*; sec. XIV] **sf.** **1.** atto ed effetto del limare, anche *fig.* **2.** *concr.* la polvere che cade dalla cosa che si lima: *limatura di ferro.*

limazuòla V. LIMASSUOLA.

limbèllo [da *limbo*; 1688] **sm.** **1.** ritaglio di pelle, di cuoio **2.** *T.arald.* pezza di panno che pende dalla cima di uno stemma, lambello.

lìmbo [dal lat. *limbus*; 1306] **sm.** **1.** *T.teol.* secondo la teologia cattolica, il luogo in cui si trovano le anime di coloro che sono morti con la sola colpa del peccato originale, come le anime dei bambini non battezzati || *fig.* *è come un'anima del limbo*, non ha pace, sta in ansia **2.** *fig.* condizione d'incertezza, non ben definita: *questo progetto è ancora nel limbo*, lontano dalla realizzazione **3.** *T.scient.* lembo, margine, orlo: *il limbo di un astro*, la parte esterna del contorno.

limerick (ingl., pr. ['lɪmərɪk]) [dal n. geogr. *Limerick*, città irlandese, ricordata nel ritornello di una canzone; 1973] **sm.** *inv.* filastrocca inglese in cinque versi anapestici, con rima AABBA, di contenuto paradossale od osceno.

limétta[1] (*dim.* di *lima*) [a. 1566] **sf.** piccola lima sottile in metallo o carta vetrata, usata per limare le unghie.

limétta[2] [dallo sp. *lima*, specie di limone, 1931] **sf.** arbusto sempreverde delle Rutacee dai cui frutti, simili ai limoni, si estrae un'essenza oleosa usata in profumeria.

limìcolo [dal lat. tardo *limicola*; 1957] **agg.** *T.zool.* che abita i fondi melmosi del mare (foraminiferi, crostacei) e delle acque dolci, nutrendosi dei composti organici presenti nel fango: *fauna limicola, animali limicoli.*

limière [dal fr. ant. *liemier*, 1548] **sm.** grosso cane da caccia, segugio, detto anche *cane di S. Uberto* o *bloodhound.*

liminàre [dal lat. tardo *limināris*; 1556] **agg.** **1.** *lett.* relativo alla soglia o all'inizio: *fase, discorso liminare* **2.** *T.fisiol.* *valore liminare*, il valore minimo di uno stimolo capace di produrre una certa reazione **3.** *T.fis.* *strato liminare*, lo strato fluido che riveste esternamente la superficie di un corpo.

lìmine [dal lat. *limen, liminis*; a. 1525] **sm.** soglia, limitare; solo nelle loc. del linguaggio ecclesiastico *visita ai limini* o *ai sacri limini*, visita d'obbligo che i vescovi debbono fare al soglio pontificio almeno ogni cinque anni.

lìmio (pl. *-ìi*) [da *limare*; 1919] **sm.** *lett.* il limare insistente e prolungato || *per estens.* il rumore prodotto da tale limare.

limitàbile [da *limitare*[2]; 1869] **agg.** che si può limitare.

limitabilità [da *limitabile*; a. 1855] **sf.** condizione di ciò che può essere limitato.

limitàneo [dal lat. tardo *limitāneus*; 1598] **agg.** proprio del confine o della frontiera || *T.stor.* *soldati limitanei*, nel tardo Impero Romano, truppe stanziate ai confini dell'Impero.

limitàre[1] [dal lat. *limitaris*; a. 1356] **sm.** *lett.* **1.** soglia dell'uscio **2.** *fig.* inizio, principio: *nel limitare del bosco, e tu lieta e pensosa il limitare Di gioventù salivi* (Leopardi).

limitàre[2] (pres. *limito*) [lat. *limitāre*; 1308] **tr.** **1.** circoscrivere uno spazio, costituire o assegnare un confine: *il giardino è limitato da una staccionata, le montagne limitano la regione a Nord e a Ovest* **2.** fissare un limite quantitativo, contenere: *limitare le spese, il numero degli invitati, le proprie pretese, la velocità* || **rifl.** con la prep. *in*, imporsi un limite, non eccedere: *limitarsi nel fumo* || anche *ass.* *bisogna sapersi limitare*, è necessario moderare le proprie pretese || con la prep. *a* seguita da infinito, non fare nient'altro: *si limitò a mostrarci la strada, senza accompagnarci* || **N. tr.** **1.** *Sin.* circoscrivere, definire, delimitare, determinare **2.** *Sin.* contenere, frenare, restringere, ridurre.

limitatézza [da *limitato*; 1869] **sf.** l'essere limitato: *limitatezza di mezzi, di vedute*; usato *ass.*, scarsità di doti intellettuali, di apertura mentale: *la sua limitatezza non gli permette di comprendere la situazione.*

limitatìvo [da *limitare*[2]; 1643] **agg.** che tende a limitare, che ha il potere o il fine di limitare: *clausole limitative, giudizio limitativo* || *T.gram.* *avverbi limitativi*, che tendono a limitare l'azione del verbo (*solo, soltanto, almeno*).

limitàto (*pps.* di *limitare*[2]) [a. 1348] **agg.** **1.** circoscritto entro certi limiti: *velocità limitata a 90 km orari*; *società a responsabilità limitata*, in cui i soci sono responsabili solo nei limiti delle loro quote di partecipazione **2.** scarso, esiguo, ristretto, angusto: *mezzi limitati, capacità limitate* || di persona, ottuso: *un uomo limitato* || **limitataménte** **avv.** con limitazione, in rapporto a una certa misura: *limitatamente ai miei mezzi.*

limitatóre [dal lat. tardo *limitātor, -ōris*; 1308] **sm.** *raro* **1.** (f. *-trìce*) chi limita **2.** apparecchio che serve a limitare certe grandezze o forze: *limitatore di corrente*, negli impianti elettrici, dispositivo che interrompe il circuito per diminuire l'intensità della corrente, anche detto *valvola.*

limitazióne [lat. *limitātio, -ōnis*; a. 1380] **sf.** **1.** l'atto del limitare: *limitazione delle nascite, della libertà, degli armamenti* **2.** restrizione, limite: *mi mise cento limitazioni, concedere senza limitazioni.*

lìmite [lat. *limes, limitis*; 1313] **I sm.** **1.** confine, in senso astratto e concr.: *i limiti di un podere*; *limite chilometrico*, pietra miliare; *T.sport.* nel calcio, *punizione dal limite*, quella tirata dal confine con l'area di rigore || *per estens.* linea di confine ideale, sopra o sotto la quale si verifica un fenomeno: *limite della vite, del pino*, quello che circoscrive la zona in cui può crescere la pianta || *limite delle nevi perenni*, quello che separa la zona coperta di neve tutto l'anno dalla zona che per certi periodi ne è priva **2.** termine spaziale, temporale o quantitativo che segna il grado ultimo di un fenomeno, situazione, condizione ecc., che non va superato o il cui superamento comporta modifiche per il fenomeno, situazione ecc.: *limite di peso, di carico*, il peso o il carico massimo tollerati da una struttura, un veicolo ecc. || *limite di velocità, di rottura* || *limiti d'età*, quelli che per legge stabiliscono l'inizio o la fine di particolari condizioni, diritti, rapporti ecc. || *porsi, darsi dei limiti, ammettere i propri limiti, stare nei limiti, passare i limiti, non avere limiti* || *anche la pazienza ha un limite!*, per indicare che qualcosa non può essere ulteriormente tollerato || *entro certi limiti*, in una certa misura; *nei limiti di*, nell'ambito di: *nei limiti del possibile* || *al limite*, al massimo, tutt'al più: *se l'auto si guasta, al limite arriverò in ritardo* **3.** *T.mat.* *limite di una funzione*, il valore a cui essa tende **4.** *T.sport.* primato conseguito da un atleta in una certa disciplina: *abbassare, superare il limite*, ottenere un risultato migliore **II agg.** *inv.* (sempre posposto) che è ai confini del possibile, del normale, che presenta caratteri eccezionali: *caso limite, ipotesi limite* || **N.** **1.** *Sin.* barriera, fine, CONFINE **2.** *Sin.* ambito, margine, soglia, termine. **Q.T.** *matematica...*

limìtrofo [dal lat. tardo *limitrophus*; 1723] **agg.** confinante, vicino al confine: *paesi, terreni limitrofi* || **N.** *Sin.* adiacente, confinante, finitimo.

limìvoro [comp. di *limo* e *-voro*; 1930] **agg.** *T.biol.* detto di animale acquatico che si nutre dei detriti contenuti nel fango sommerso.

limnèa [dal gr. *limnâios*, della palude; 1828] **sf.** *T.zool.* mollusco d'acqua dolce dei Gasteropodi, dotato di conchiglia bruna sottile e allungata.

limnimetrìa o **limnometrìa** [comp. di *limno-* e *-metria*; 1957] **sf.** misurazione del livello dei laghi e delle loro variazioni.

lìmno- [dal gr. *límnē*, lago] **primo elem.** che, in parole composte della terminologia scientifica, vale "lago", "lacustre": **limnologìa**, **limnòlogo**, **limnoplàncton**.

limnòbio [comp. di *limno-* e *-bio*; 1929] **sm.** *T.biol.* l'insieme degli organismi che vivono in acque dolci.

limnometrìa V. LIMNIMETRIA.

lìmo [lat. *limus*; a. 1292] **sm.** **1.** mota, fango **2.** *T.geol.* materiale costituito da particelle finissime, trasportato o depositato dalle acque || *limo glaciale*, V. LEHM **3.** *limo atmosferico*, pulviscolo sottilissimo diffuso nell'aria || **N.** **1.** *Sin.* melma, mota, FANGO.

limonàia [da *limone*; a. 1912] **sf.** serra, magazzino o pergola in cui vengono riposte, d'inverno, le piante di limone.

limonàio (pl. *-ài*) [da *limone*; 1825] **sm.** (f. *-a*) venditore di limoni, spec. al minuto.

limonàre (pres. *-óno*) [da *limone*; 1965] **intr.** (aus. *avere*) *fam.* fare effusioni, amoreggiare con qualcuno; pomiciare: *con lei non ti sarà facile limonare.*

limonàta [da *limone*; 1684] **sf.** **1.** bevanda d'acqua e succo di limone, con o senza zucchero || venduta in bottiglia o in lattina è una bibita contenente succo ed essenza di limone, acqua e, perlopiù, zucchero e anidride carbonica **2.** prodotto farmaceutico a base di acido citrico e carbonato di magnesio, che ha blande funzioni lassative || *dim.* limonatina || **N.** **1.** *Sin.* acqua cedrata, limonea, spremitura di limone.

limoncèlla [da *limone*; 1553] **sf.** **1.** *region.* piccolo limone dolce, utilizzato in profumeria **2.** varietà di mele piccole, con buccia giallognola e polpa bianca di sapore acidulo **3.** *tosc.* altro nome dell'*erba melissa.*

limoncèllo [da *limone*, sec. XIV] **I sm.** **1.** limetta[2] **2.** color giallo limone **II agg.** di color giallo limone.

limoncìna [da *limone*; 1923] ***sf.*** *erba limoncina*, pianta delle Verbenacee le cui foglie hanno un gradevole profumo di limone; è anche detta *cedrina*.

limóne [dall'ar. *līmūn*; a. 1544] **I *sm.*** **1.** albero delle Rutacee originario dell'Asia, con foglie ovali, fiori bianchi, coltivato per i frutti e come pianta ornamentale **2.** il frutto di tale pianta, di forma ovale, con scorza rugosa di color giallo-verde chiaro, polpa ricca di acido citrico e ascorbico, da cui si spreme un succo usato per preparare bevande, condire e aromatizzare e, nell'industria, per estrarre acido citrico: *té al limone, condire con olio e limone, giallo come un limone*; *olio essenziale di limone*, ricavato con procedimento industriale dalla buccia, è usato in profumeria e come aroma per cibi e bevande || *fig. limone spremuto*, persona largamente sfruttata e poi messa da parte **II** nella ***loc. agg.*** *giallo limone*, del colore caratteristico della scorza del frutto del limone || nella *loc. m.* usata come *loc. agg. color limone*, del colore del limone: *tendine color limone* || *dim.* limoncèllo, limoncino || **N. 2.** AGRUME | buccia, polpa, scorza, seme | spremere.

limonèa [da *limone*; 1561] ***sf.*** *region.* limonata; spec. nell'uso farmaceutico: *limonea purgativa, effervescente, artificiale*.

limonéto [da *limone*; a. 1944] ***sm.*** piantagione di limoni.

limonite [dal fr. *limonite*; 1839] ***sf.*** minerale costituito da ossidi di ferro, diffuso in natura in masse compatte di colore scuro o in masse terrose di colore giallo, largamente sfruttato per l'estrazione del ferro.

limòṣina e der. forme pop. di ELEMOSINA e der.

limoṣino [dal fr. *Limousin*; 1585] **I *agg.*** della città di Limoges o della regione francese del Limousin: *ceramiche limosine* **II *sm.*** **1.** (f. *-a*) abitante di Limoges **2.** (solo *sing.*) dialetto provenzale parlato nel Limousin; nel Medioevo indicava la lingua letteraria dei trovatori provenziali.

limosità [dal lat. tardo *limositas, -ātis*; a. 1739] ***sf.*** *raro* l'essere limoso || l'avere consistenza di poltiglia.

limóso [lat. *līmōsus*; a. 1292] ***agg.*** **1.** *raro* fangoso, scivoloso e molle per la presenza di limo **2.** *T.agr.* costituito di limo: *terreno limoso*.

limousine (fr., pr. [limu'zin]) [letter. vettura di Limoges; 1908] ***sf.*** *inv.* automobile di lusso, con carrozzeria chiusa a quattro porte; spesso ha degli strapuntini ribaltabili fra i sedili anteriori e quelli posteriori e il sedile posteriore separato per mezzo di un vetro dal posto di guida.

limpidézza [da *limpido*; 1532] ***sf.*** l'essere limpido, nitidezza, trasparenza: *la limpidezza dell'acqua* || *fig.* chiarezza, armonia: *limpidezza di stile, la limpidezza del suo ragionamento* || **N.** *Sin.* chiarezza, nitidezza, purezza, trasparenza | *Contr.* opacità.

limpidità [da *limpido*; a. 1571] ***sf.*** forma meno com. di *limpidezza*, usata spec. in senso proprio: *la limpidità dell'aria*.

limpido [dal lat. *limpidus*; 1342] ***agg.*** **1.** assai chiaro e trasparente: *cielo limpido, acqua limpida* || *fig.* schietto, sincero: *un uomo limpido* || *T.ott.* si dice di mezzo trasparente che non dà luogo a fenomeni di diffusione se attraversato da un fascio di luce **2.** *fig.* puro, chiaro: *voce limpida*, squillante; *sguardo limpido*, sereno; *dimostrazione limpida*, comprensibile || **limpidaménte** ***avv.*** || **N. 1.** *Sin.* candido, cristallino, lucente, pulito, puro, sereno, terso, trasparente, CHIARO | *Contr.* opaco, sporco, torbido **2.** *Contr.* roco; offuscato; involuto, oscuro.

Linàcee [comp. di *lino* e *-acee*; 1839] ***sf. pl.*** *T.bot.* famiglia di piante dicotiledoni erbacee, con foglie semplici e fiori colorati; tra di esse il lino.

linàio (pl. *-ài*) [da *lino*[1]; 1937] ***sm.*** *T.pesc.* rete da pesca di lino munita di un sacco centrale.

linaiòla [dal lat. *līnum*, lino; 1813] ***sf.*** *T.bot.* linaria.

linaiòlo [da *lino*[1]; sec. XIII] ***sm.*** (f. *-a*) **1.** addetto alla pettinatura del lino **2.** chi vende il lino.

linària [dal lat. *līnum*, lino; 1550] ***sf.*** pianta erbacea delle Scrofulariacee dai fiori a grappolo di color giallo-arancione || **N.** *Sin.* linaiola.

linaròlo [da *lino*[1]; 1937] ***sm.*** *T.pesc.* piccola rete da pesca, a maglie più strette e di dimensioni ridotte rispetto al linaio.

lince [dal lat. *lynx, lўncis*; a. 1494] ***sf.*** mammifero dei Felini, con zampe robuste, coda corta, orecchie appuntite con ciuffi di peli, pelliccia morbida di colore vario, molto pregiata e ricercata || *loc. occhio di lince*, dalla vista molto acuta; *fig.* detto di persona, molto perspicace, dotato di grande acutezza mentale || **N.** *Sin.* lupo cerviero.

linceo [dal lat. *lyncēus*, gr. *lýnkeios*; 1524] ***agg.*** *raro* di sguardo, vista acuti come quelli della lince || *fig.* perspicace.

lincèo [da *lince*, simbolo di acutezza della vista e, per estens., dell'indagine scientifica; a. 1642] ***sm.*** membro dell'Accademia dei Lincei, fondata a Roma nel 1603 da Federico Cesi, che accoglie gli studiosi più illustri nei vari campi del sapere.

linci [lat. *illinc*; 1319] ***avv.*** *arc.* di lì, da lì; indica moto da luogo.

linciàggio (pl. *-gi*) [dal fr. *lynchage*; 1905] ***sm.*** esecuzione sommaria e violenta di individui ritenuti colpevoli di qualche delitto, attuata da privati cittadini che agiscono di propria iniziativa, senza attendere il regolare svolgimento della procedura giudiziaria || *linciaggio morale*, la denigrazione sistematica della reputazione di qualcuno da parte dell'opinione pubblica e dei mezzi di comunicazione.

linciàre (pres. *lìncio*) [dall'ingl. *to lynch*, condannare sommariamente secondo la legge di *Lynch*; 1877] ***tr.*** uccidere a furor di popolo, senza processo, qualcuno ritenuto colpevole: *la folla inferocita voleva linciarlo* || *iperb.* aggredire, anche solo verbalmente: *l'autore è stato linciato dalla critica*.

linciatóre [dall'ingl. *lyncher*; 1899] ***sm.*** (f. *-trìce*) chi prende parte a un linciaggio.

lindézza [da *lindo*; 1536] ***sf.*** l'essere lindo, in senso proprio e fig.: *lindezza della persona, di stile* || **N.** *Sin.* lindura, nettezza, PULIZIA.

lindo [dallo sp. *lindo*; 1534 nel senso 2] ***agg.*** **1.** pulito e ordinato: *una casetta linda* || di abiti, tovaglie ecc., accuratamente lavato e stirato: *una linda camicia di seta* **2.** elegante in modo semplice ma curato: *va in giro tutto lindo, ha uno stile lindo e preciso* || **lindaménte** ***avv.*** || **N. 1.** *Sin.* netto, PULITO | *Contr.* sporco, trascurato **2.** *Sin.* attillato, azzimato, elegante; forbito | *Contr.* sciatto, trasandato.

lindùra [da *lindo*; 1640] ***sf.*** *lett.* lindezza || *fig.* chiarezza: *parlare con lindezza*.

line (ingl., pr. [laɪn]) [letter. linea; 1970] ***sf.*** *inv.* nell'organizzazione aziendale, legame di gerarchia tra un superiore e uno o più subordinati diretti.

lìnea (pl. *lìnee*) [dal lat. *līnea*; 1282] ***sf.*** **1.** *T.geom.* ente geometrico generato da un punto in movimento, o anche dall'intersezione di due superfici: *linea retta, curva, spezzata* **2.** *concr.* qualunque segno grafico che rappresenti materialmente l'ente geometrico: *tracciare una linea* || *T.mar. linea di galleggiamento* o *d'acqua* o *di carico*, quella segnata sul bordo della nave per indicare il massimo livello di immersione senza pericolo di affondamento || nei termometri, ciascuno dei trattini che rappresentano un decimo di grado: *avere qualche linea di febbre* **3.** *per estens.* segno, solco che attraversa una superficie: *le linee della mano*, i solchi che attraversano il palmo della mano **4.** limite, confine: *linea di demarcazione*; *linea doganale*, che separa due stati sottoposti a diverso regime doganale || *T.sport.* striscia tracciata sul terreno su cui si svolge una competizione o una partita, per delimitare le zone interessate: *linea di partenza, di arrivo*; nel calcio, *linea di fondo, linea laterale* || *T.geogr. linea di displuvio* o *di vetta*, spartiacque; *linee isobariche, isotermiche*, V. ISOBARE, ISOTERME || *T.astr. linea equinoziale*, l'equatore celeste; *linea equatoriale*, l'equatore terrestre **5.** direzione lungo cui si svolge un movimento, traiettoria: *avanzare in linea retta*; *linea di tiro*, la linea retta che un proiettile dovrebbe seguire se non fosse soggetto alla forza di gravità; *distanza in linea d'aria*, la distanza tra due punti misurata secondo una linea retta, senza tener conto degli ostacoli e delle asperità del terreno || *fig. linea di condotta*, norma di comportamento: *avere, tenere, seguire una certa linea di condotta* || in gen., modo di procedere, di comportarsi, programma: *linea d'azione, di sviluppo, politica*; *scegliere una linea morbida, dura*, più o meno disposta a compromessi **6.** contorno di una figura umana, forma: *mantenere, perdere la linea*, la snellezza delle forme || *per estens.* nel linguaggio della moda, forma, modello, taglio: *abito di linea classica, sobria, sportiva* || *pl. T.arch.* e *T.scult.* i contorni e l'andamento degli elementi in un'opera, che concorrono a crearne l'aspetto generale: *un edificio di linee severe, armonia, semplicità di linee*; *per estens.* di persona: *un volto di grande purezza di linee* || *disegnare a grandi linee*, tracciare solo i contorni principali di una figura; *fig. descrivere, esporre a grandi linee* o *nelle linee essenziali, fondamentali*, in modo sommario, senza scendere nei particolari || *fig. le linee fondamentali di un romanzo, di un programma* ecc., lo sviluppo generale, i punti principali **7.** disposizione di cose o persone secondo la direzione di una retta, lungo una fila: *essere, mettersi, stare in linea*, in fila || *fig. essere in linea*, uniformarsi alle direttive o al programma di un'organizzazione: *non è in linea con la posizione ufficiale del partito* || *T.sport. mettersi in linea*, nella scherma, assumere la posizione di guardia, col braccio in linea retta orizzontale con l'arma || *fig.* insieme di oggetti che concorrono a formare una serie coerente e ordinata: *linea di prodotti*, nel linguaggio commerciale, insieme di articoli accomunati dalla stessa utilizzazione e da caratteri comuni: *una nuova linea di prodotti per la casa, una completa linea di cosmetici* **8.** *T.mil. ass.* fronte: *essere in prima linea*, nel luogo più vicino al nemico; *fig. essere in prima linea*, occupare il posto più importante e impegnativo, o adoperarsi molto attivamente per qualcosa: *è sempre stato in prima linea nelle battaglie per i diritti civili* || *fig. passare in seconda linea*, diventare meno importante || *sconfitta su tutta la linea*, su tutto il fronte e, *fig.*, completa, definitiva || *linea difensiva* o *di difesa*, tracciato lungo il quale viene organizzata la difesa, costruendo fortificazioni e utilizzando gli ostacoli naturali || *manovra per linee interne*, spostamento di una forza combattente lungo un percorso più breve di quello percorribile dalla forza nemica, e tale quindi da consentire il raggiungimento di una posizione di superiorità prima di quella || *T.sport. linea di attacco, di difesa*, le varie disposizioni dei giocatori negli sport a squadre **9.** servizio di trasporto e comunicazione tra due o più località, regolare e periodico: *linea aerea, marittima, navale, ferroviaria, tranviaria* || *per estens.* nei collegamenti ferroviari, il percorso su cui avviene il servizio:

la linea Milano-Roma, c'è un'interruzione sulla linea **10.** sistema di conduttori per il trasporto dell'energia elettrica: *linea ad alta tensione, telegrafica, telefonica* || nelle telecomunicazioni, *essere in linea,* essere a contatto con l'interlocutore; *trovare la linea libera, occupata, restare* o *attendere in linea* || *com. è caduta la linea,* la comunicazione si è interrotta || *T.inform. in linea* o *fuori linea,* detto di elementi periferici del calcolatore, a seconda che siano governati dall'unità centrale del calcolatore o meno **11.** rapporto di successione nella parentela: *linea diretta,* la discendenza di genitore in figlio; *linea collaterale,* che collega coloro che hanno solo un capostipite comune (zii, fratelli, cugini); *linea paterna, materna,* a seconda che la successione sia per parte di padre o di madre || *T.biol. linea pura,* in genetica, successione di individui con identico patrimonio ereditario, provenienti da un unico capostipite **12.** *T.tip.* l'insieme delle lettere composte su una sola riga **13.** *T.anat.* formazione lineare o a striscia: *linea alba,* striscia di tessuto fibroso biancastro, visibile sulla parete dell'addome, tra sterno e pube, costituita dall'aponeurosi dei muscoli addominali **14.** in *loc. avv.*: *in linea di massima,* da un punto di vista generale, nel complesso: *in linea di massima la questione può dirsi risolta*; *in linea di principio,* in teoria; *in linea di fatto,* in pratica, in realtà || *dim.* lineétta, lineettina || **N. 1.** bisettrice, convergente, curva, diagonale, divergente, mista, obliqua, orizzontale, parallela, perpendicolare, poligonale, punteggiata, retta, secante, spezzata, tangente, verticale **2.** *Sin.* frego, riga, segmento, striscia, tratto **3.** *Sin.* segno, solco **4.** *Sin.* confine, delimitazione, limite **5.** *Sin.* direzione, tracciato, traiettoria; indirizzo, norma, programma, strategia **6.** *Sin.* contorno, forma, sagoma; figura, lineamento, *silhouette*; foggia, modello, stile, taglio **7.** *Sin.* allineamento, fila, serie, successione; gamma **8.** *Sin.* fronte, schieramento **9.** *Sin.* itinerario, percorso; asse **10.** *Sin.* conduttura **11.** *Sin.* discendenza, successione. **Q.T.** *abbigliamento, elettricità, ferrovia, moda...* **TAV.** *geometria* 2; *tennis* 4.1, 4.3, 4.4; ***ferrovie...* p. 669** 3.1, 4.2; ***vela* p. 1342** 2.19.

lineaménto [dal lat. *lineamenta*; 1354] **sm. 1.** *non com.* linea, disposizione di linee, contorno di una figura **2.** *pl.* le linee che costituiscono le fattezze del volto umano: *lineamenti fini, regolari, irregolari* || *fig.* elementi essenziali: *i lineamenti di una dottrina*; come titolo di manuali, *lineamenti di anatomia* || **N. 2.** *Sin.* aspetto, fattezze, fisionomia, sembianze, tratti | delicati, gentili, graziosi, grossolani, fini, irregolari, regolari, rozzi.

lineàre[1] [dal lat. *lineāris*; a. 1406] **agg. 1.** di linea, che appartiene alle linee o che si estende soprattutto nel senso della lunghezza: *misure lineari,* misure di lunghezza, opposto a *misure di superficie, di volume*; *scrittura lineare,* ogni sistema di scrittura che usi segni non interpretabili come pittogrammi, disposti in successione lungo linee, in part. le scritture cretesi dette *lineare A* e *lineare B* || *T.mat. equazione, funzione lineare,* quelle in cui l'incognita è di primo grado || *T.med. tipo lineare,* longilineo **2.** *fig.* semplice e coerente, che procede secondo un'unica linea di condotta: *comportamento lineare*; *ragionamento lineare,* chiaro e semplice || **linearménte** *avv.* || **N. 2.** *Contr.* complicato, confuso. **Q.T.** *matematica...* **TAV.** ***fiori...* p. 671** 4.3.

lineàre[2] (pres. *lìneo*) [dal lat. *lineāre*; a. 1468 nel senso 2] **tr.** *raro* **1.** tracciare, tirar linee, rigare **2.** *lett.* e *ant.* disegnare il contorno di una figura; rappresentare.

linearismo [da *lineare*[1]; 1957] **sm. 1.** nelle arti figurative, il prevalere delle linee sul colore **2.** *per estens.* nella critica musicale, il predominio del motivo melodico.

linearità [da *lineare*[1]; 1936] **sf.** l'essere lineare: *linearità di un discorso, di un'equazione* || **N.** *Sin.* coerenza, semplicità.

lineàto (*pps.* di *lineare*[2]) [1367] **agg.** *foglio, quaderno lineato,* a linee, rigato || *T.bot. foglia lineata,* foglia striata con linee di colore diverso da quello di fondo.

lineatùra [da *lineare*[2]; 1745] **sf.** il tracciare linee, orizzontali e verticali, spec. come operazione tipografica su fogli di carta e il risultato di questa operazione.

lineétta (*dim.* di *linea*) [1820] **sf.** trattino usato nella scrittura e in tipografia per unire due parole o due parti di una stessa parola: *italo-spagnolo, Trentino-Alto Adige* || serve anche a introdurre un discorso indiretto o una frase che rispetto al contesto è incidentale || compare prima e dopo la citazione di un discorso diretto || in matematica, una lineetta è simbolo di sottrazione, due lineette orizzontali parallele sono simbolo di uguaglianza.

linerìa [da *lino*[1]; 1891] **sf.** assortimento e vendita all'ingrosso di tessuti in lino: *negozio di lineria.*

linéto [da *lino*[1]; 1865] **sm.** piantagione di lino.

lìnfa [dal lat. *lympha*; 1681 nel senso 2] **sf. 1.** *poet.* acqua **2.** *T.anat.* liquido opalino, giallino chiaro, contenuto nei vasi linfatici e costituito da linfociti, lipidi, proteine **3.** *T.bot. linfa ascendente,* liquido acquoso ricco di sali che, assorbito dalle radici, è trasportato ai vari organi della pianta; *linfa discendente,* il liquido ricco di sostanze organiche, elaborato dalla pianta e diffuso nei vari organi **4.** *fig.* nutrimento, alimento, materiale e spirituale: *linfa vitale.* **Q.T.** *anatomia.*

linfadenìte o **linfoadenìte** [comp. di *linfo-* e *adenite*; 1875] **sf.** *T.med.* infiammazione delle ghiandole linfatiche.

linfadenòma o **linfoadenòma** [comp. di *linfo-* e *adenoma*; 1875] **sm.** *disus. T.med.* tumore ai linfonodi || **N.** LINFOMA.

linfadenopatìa o **linfoadenopatìa** [comp. di *linf(o)-* e *adenopatia*; 1970] **sf.** *T.med.* in medicina, processo morboso, di natura infiammatoria, granulomatosa o neoplastica, che colpisce ghiandole e vasi linfatici.

linfangiòma o **linfoangiòma** [comp. di *linfo-* e *angioma*; 1929] **sm.** *T.med.* tumore benigno che colpisce i vasi linfatici.

linfangìte o **linfoangìte** [comp. di *linfo-, angio-* e *-ite*[1]; 1829 *linfangitide*] **sf.** infiammazione dei vasi linfatici.

linfàtico (pl. *-ci*) [dal lat. *lymphăticus*; 1666] **I agg. 1.** *T.anat.* della linfa, che è relativo alla linfa: *sistema linfatico,* l'insieme degli organi che nell'uomo e nei vertebrati servono alla produzione e circolazione della linfa **2.** *T.med.* relativo alle cellule linfatiche: *leucemia linfatica* || affetto da linfatismo: *paziente linfatico, costituzione linfatica*; *temperamento linfatico,* fiacco, senza vigore, di facile esauribilità **II sm.** (f. *-a*) persona di temperamento linfatico, che è predisposta al linfatismo.

linfatismo [da *linfatico,* come il fr. *lymphatisme*; 1886] **sm.** *T.med.* anomalia costituzionale dell'individuo, che si manifesta di frequente nell'infanzia nei soggetti longilinei ed è caratterizzata, tra l'altro, dall'ingrossamento delle ghiandole linfatiche e del timo.

lìnfo- (o, dav. a voc., *linf-*) [da *linfa*] **primo elem.** che, in parole composte della terminologia medica, vale "linfa" o "relativo alla linfa e al sistema linfatico" (per es. *linfocito, linfoghiandola, linfonodo*) || in alcune parole composte è abbr. di *linfocito* (per es. *linfopenia*).

linfoadenìte V. LINFADENITE.

linfoadenòma V. LINFADENOMA.

linfoadenopatìa V. LINFADENOPATIA.

linfoangiòma V. LINFANGIOMA.

linfoangìte V. LINFANGITE.

linfocìto [comp. di *linfo-* e *-cito*; 1896] **sm.** *T.biol.* cellula del sangue e degli organi linfatici, che svolge un importante ruolo nella difesa immunitaria.

linfocitopoièsi [comp. di *linfocito* e *-poiesi*; 1957] **sf.** *T.biol.* linfopoiesi.

linfocitòsi [comp. di *linfocito* e *-osi*; 1934] **sf.** *T.med.* aumento del numero dei linfociti presenti nel sangue, caratteristico di malattie come la tubercolosi, la sifilide, l'anemia perniciosa.

linfoghiàndola [comp. di *linfo-* e *ghiandola*; 1957] **sf.** corpicciolo di forma ovale, formato da tessuto linfatico e disposto lungo il decorso dei vasi linfatici || **N.** *Sin.* linfonodo.

linfoghiandolàre [comp. di *linfo-* e *ghiandolare*; 1957] **agg.** *T.anat.* relativo alle linfoghiandole, proprio delle linfoghiandole.

linfografìa [comp. di *linfo-* e *grafia*; 1974] **sf.** esame radiografico delle vie linfatiche.

linfogranulòma [comp. di *linfo-* e *granuloma*; 1910] **sm.** *T.med.* malattia delle linfoghiandole, che si presentano ingrossate a causa della proliferazione di granulomi: *linfogranuloma inguinale.*

linfòide [comp. di *linfo-* e *-oide*; 1931] **agg.** *T.anat.* linfatico: *infiltrazione linfoide, organo, tessuto linfoide.*

linfologìa [comp. di *linfo-* e *-logia*; 1970] **sf.** *T.med.* studio della linfa e del sistema linfatico.

linfòma [comp. di *linfo-* e *-oma*; 1889] **sm.** *T.med.* tumore che si sviluppa nelle ghiandole linfatiche.

linfonòdo [comp. di *linfo-* e *nodo*; 1957] **sm.** *T.anat.* ognuno dei noduli di tessuto linfatico che si formano lungo i vasi linfatici e hanno la funzione di arrestare i germi patogeni e di produrre i linfociti || **N.** *Sin.* ganglio linfatico, ghiandola linfatica, linfoghiandola.

linfopenìa [comp. di *linfo(cita)* e *-penia*; 1957] **sf.** *T.med.* diminuzione del numero dei linfociti presenti nel sangue.

linfopoièsi [comp. di *linfo-* e *-poiesi*; 1957] **sf.** *T.biol.* formazione e sviluppo dei linfociti del sangue || **N.** *Sin.* linfocitopoiesi.

linfosarcòma [comp. di *linfo-* e *sarcoma*; 1880] **sm.** *T.med.* tumore maligno delle ghiandole linfatiche.

lingerìa [dal fr. *lingerie*; 1618] **sf.** *non com.* biancheria.

lingottièra [dal fr. *lingotière*; 1853] **sf. 1.** forma, in ferro o ghisa, in cui si colano i metalli fusi, per farne dei lingotti **2.** *T.tip.* nella composizione a piombo, mobile a scomparti in cui si ripongono i lingotti tipografici in base al corpo e alla giustezza.

lingòtto [dal fr. *lingot*; 1673 *ligotto*] **sm. 1.** pezzo di metallo ottenuto colando il metallo fuso in apposite forme e lasciandolo solidificare: *lingotto d'oro* **2.** *T.tip.* interlinea di spessore equivalente a una riga tipografica.

lìngua [lat. *lingua*; a. 1276] **sf. 1.** organo muscolare mobile, rivestito di mucosa, posto nella cavità orale dell'uomo e dei vertebrati, per le funzioni del gusto, della masticazione e deglutizione e, nell'uomo, per l'articolazione dei suoni: *l'apice della lingua,* la punta; *lingua bifida* o *biforcuta,* quella di certi rettili e *fig.* si dice di persona insincera: *ha una lingua biforcuta*; *lingua bianca, patinosa, sporca* o, al contrario, *rosea, rossa, pulita,* a seconda che la digestione sia cattiva o buona; *lingua secca, riarsa,* per la sete; *metter fuori, far vedere, mostrare la lingua,* durante una visita medica o come gesto di scherno || *fare la lingua* o più com. *le linguacce,* tirarla fuori per indispettire qualcuno || *schioccare la lingua,* atto che perlopiù esprime soddisfazione || *con un palmo di lingua fuori* o *con tanto di lingua fuori,* detto di cane o di persona senza fiato, ansimante || lingua di animale macellato (bue, vitello ecc.), usata come vivanda: *lingua salmistrata, affumicata* **2.** *in part.* organo della parola: *lingua mordace, tagliente, pestifera,* spesso detto direttamente della persona: *è una lingua velenosa; mala lingua* (ma più com. *malalingua*), persona maldicente e pettegola; *avere la lingua sciolta,* parlare con prontezza e facilità; *avere la lingua lunga,* essere un chiacchierone; *avere il cuore sulla lingua,* essere sincero; *aver qualcosa sulla punta della lingua,* essere sul punto di dirla e non riuscire a ricordarla; *aver la lingua in bocca,* saper parlare; *hai perso la lingua?,* domanda rivolta a chi tace mentre dovrebbe parlare; *gli si è sciolta la lingua,* di chi si mette a parlare dopo essere stato a lungo in silenzio; *non aver peli sulla lingua,* non aver remore o esitazioni a parlare di qualcosa; *frenare la lingua, tener a freno* o *a posto la lingua,* controllarsi nel parlare; *mordersi la lingua,* sforzarsi di tacere qualcosa che si vorrebbe dire, o pentirsi di quello che si è appena pronunciato: *dopo quelle parole mi morsi la lingua, ma era troppo tardi* **3.** per analogia, nome di vari oggetti, di vegetali, di conformazioni del terreno la cui forma, lunga e stretta, ricorda quella di una lingua: *lingua di fuoco,* la punta guizzante della fiamma; *lingua di bue,* arma bianca corta, a forma di triangolo isoscele; *lingue di passero,* tagliatelle sottili, dette anche *linguine; lingue di gatto,* tipo di biscotti da tè, piatti e sottili; *lingue di suocera,* biscotti simili ai precedenti, ma più lunghi; *lingua di Menelik,* giocattolo, usato spec. nel Carnevale e nelle feste, formato da un tubo di carta arrotolato e schiacciato, che si srotola producendo un fischio quando vi si soffia dentro attraverso un cannello || *T.bot. lingua di cervo* o *cervina,* felce con foglie allungate, scolopendrio; *lingua d'acqua,* erba acquatica con foglie galleggianti; *lingua di bue* o *buglossa,* erba con foglie lanceolate, fiori prima rossi e poi viola; *lingua di cane,* pianta erbacea con foglie allungate, diffusa sulle rocce umide e ombrose; *lingua di passero,* v. MELILOTO; *lingua di serpe,* v. ARO; *lingua di brughiera,* fungo commestibile, diffuso nelle abetaie; *lingua di bue,* fungo commestibile che cresce sulle querce || *T.geogr. lingua di terra,* striscia di terra che si protende nell'acqua; *lingua glaciale,* espansione a forma di lingua che da un ghiacciaio scende verso valle **4.** sistema di suoni articolati distintivi, forme grammaticali o morfemi, parole, locuzioni e strutture sintattiche convenzionalmente accettato, tramandato e usato come mezzo di comunicazione da una comunità di individui: *lingua agglutinante, flessiva,* a seconda della struttura; *lingua indoeuropea, semitica,* a seconda della famiglia di appartenenza; *lingue classiche,* greco e latino; *lingua materna* o *madrelingua,* quella imparata nell'infanzia; *lingua madre,* quella da cui ne derivano altre; *lingua morta,* non più trasmessa da padre in figlio, come oggi il latino; *lingua diplomatica,* quella adottata nelle relazioni politiche internazionali; *lingua franca,* quella parlata nei secoli scorsi in tutti i porti del Mediterraneo e, *per estens.,* lingua capita dal maggior numero di persone: *l'inglese oggi è la lingua franca* || *com. parlare due lingue diverse,* non riuscire ad accordarsi, avere opinioni diverse || *in che lingua devo parlarti?,* detto gen. con stizza a chi non vuole o non riesce a capire || *per meton.* nazionalità: *c'erano persone di tutte le lingue* || *in part.,* al *sing.,* l'italiano: *parlare in lingua,* non in dialetto; *errori di lingua; testo di lingua,* considerato esempio autorevole; *questione della lingua,* il lungo dibattito sulla lingua italiana, che per secoli ha impegnato gli studiosi **5.** *per restr.* il modo di esprimersi proprio di uno scrittore, di un ambiente, di un'epoca ecc., o lingua usata per particolari funzioni: *la lingua di Dante, del Seicento, della scienza; lingua parlata, scritta, letteraria, popolare, della pubblicità, dello sport* **6.** *pl.* le lingue straniere: *studiare le lingue, laurearsi in lingue, chi sa le lingue può trovare più facilmente lavoro* || *prov. la lingua batte dove il dente duole,* si parla spesso di ciò che preoccupa o che più preme; *ne uccide più la lingua che la spada* || *dim.* linguèlla, linguétta, linguìna; *pegg.* linguàccia || **N. 1.** apice, base, dorso, frenulo, ioide | deglutizione, gusto, papilla gustativa **2.** balbuzie, glossalgia, glossite, glossoplegia **3.** *Sin.* striscia **4.** *Sin.* dialetto, favella, gergo, idioletto, idioma, parlata, vernacolo, LINGUAGGIO | aulica, classica, comune, corrente, corretta, curata, curiale, dotta, elegante, esotica, familiare, forbita, letteraria, maccheronica, materna, nazionale, parlata, poetica, povera, preziosa, ricca, scorretta, straniera | accento, dizionario, fonetica, fonologia, fraseologia, grammatica, intonazione, morfologia, ortoepia, ortografia, pronuncia, semantica, sintassi, stilistica, uso, varietà, vocabolario | arcaismo, forestierismo, grecismo, idiotismo, latinismo, neologismo, regionalismo, solecismo; PERSONE: bilingue, interprete, poliglotta, traduttore, trilingue; filologo, glottologo, grammatico, linguista, purista | apprendere, capire, comprendere, comunicare, conoscere, esprimersi, imparare, leggere, padroneggiare, parlare, possedere, sapere, scrivere, tradurre, usare. **Q.T.** *lingue..., linguistica* **TAV.** *fonetica...* 1.13; *rettili* 1.6; ***anatomia* p. 642** 13.1, 21.9.

linguàccia (pl. *-ce*) (*pegg.* di *lingua*) [da *lingua*; a. 1494] ***sf.*** **1.** persona maldicente, malalingua **2.** *pl.* smorfia fatta tirando fuori la lingua: *far le linguacce.*

linguacciùto [da *linguaccia*; a. 1347] ***agg.*** che ha la lingua lunga; che risponde con impertinenza o che è incline a sparlare || **N.** *Sin.* chiacchierone, maldicente, maledico, pettegolo, petulante.

linguàggio (pl. *-gi*) [dal fr. *langage*; a. 1202 *lengaio*] ***sm.*** **1.** la facoltà innata dell'uomo di esprimersi e comunicare per mezzo di un sistema di suoni articolati distintivi: *l'origine, la natura del linguaggio, disturbi del linguaggio* || la capacità degli animali di comunicare particolari informazioni a individui della stessa specie: *il linguaggio delle api, delle formiche* **2.** *per estens.* sistema di comunicazione, o anche la semplice espressione o rappresentazione di una realtà, che si avvale di segni diversi da fonemi e grafemi: *il linguaggio dei gesti, degli occhi, dei sordomuti; il linguaggio della musica, dell'arte; il linguaggio dei fiori,* a ognuno dei quali è tradizionalmente attribuito un valore simbolico || *fig. il linguaggio dei fatti, delle cifre,* la forza di suggestione, la capacità di suscitare pensieri e riflessioni **3.** modo particolare di esprimersi di un individuo, un gruppo, una categoria ecc., spec. in relazione al lessico e alla fraseologia: *linguaggio volgare, colto; linguaggio della medicina, settoriale* **4.** in logica, matematica, informatica e linguistica, ogni sistema di simboli che abbia una grammatica e un vocabolario: *linguaggio formalizzato,* in logica, sistema di simboli regolato da una sintassi || *T.inform. linguaggio (di) macchina,* direttamente interpretabile dall'unità centrale del calcolatore; *linguaggio di programmazione,* codice alfanumerico (simboli, cifre, lettere), che permette, una volta tradotto in linguaggio macchina da opportuni programmi (v. COMPILATORE, ASSEMBLATORE), di far eseguire al calcolatore operazioni matematiche e logiche anche molto complesse; *linguaggio di alto livello,* linguaggio di programmazione vicino, per struttura e simboli usati, a una lingua naturale e pertanto più comprensibile per un utente; *linguaggio di basso livello,* più vicino al codice macchina e pertanto più velocemente convertibile in istruzioni di tale codice; *linguaggio oggetto,* prodotto come *output,* in un'operazione di codifica, da parte di un compilatore o di un assemblatore, a partire dall'*input* di un linguaggio sorgente || **N. 1.** LINGUA | burocratico, cinematografico, commerciale, economico, elevato, familiare, figurato, filosofico, finanziario, giornalistico, giovanile, giuridico, infantile, militare, politico, popolare, settoriale, scientifico, sportivo, studentesco, tec-

LINGUE DEL MONDO

GRUPPI:

AFROASIATICO (o camito-semitico): semitico (aramaico, amarico, arabo, ebraico), berbero, ciadico (hausa), copto, cuscitico (somalo, galla).

AINU.

ALTAICO: coreano, giapponese, mongolo, turco.

ANDAMANESE.

AUSTRALIANO.

AUSTROASIATICO: vietnamita.

AUSTRONESIANO: giavanese, indonesiano-malese, tagalog.

BASCO.

CAUCASICO: georgiano.

CINOTIBETANO: birmano, cinese (cantonese, hakka, mandarino, min, wu), tibetano.

DRAVIDICO: kannada, malayalam, tamil, telugu.

INDOEUROPEO: albanese, armeno, baltico (lituano, lettone), celtico (brettone, gaelico, irlandese), germanico (danese, inglese, islandese, neerlandese, norvegese, svedese, tedesco), greco, iranico (persiano, curdo), neoindiano (bengali, hindi, singalese, urdu), neolatino (catalano, francese, italiano, ladino, portoghese, provenzale, romeno, sardo, spagnolo), slavo (bulgaro, ceco e slovacco, polacco, russo, serbo-croato, sloveno, ucraino).

KAM-TAI: *thai,* laotiano.

KHOISAN (o ottentotto-boscimano).

NIGER-CONGO KORDOFANIANO: yoruba, swahili.

NILOTO-SAHARIANO.

NORDAMERICANO: algonchino, nahuatl, navaho.

PAPUA.

SUDAMERICANO: quechua, guaranì.

URALICO: finnico (estone, finlandese), ungherese.

nico. **Q.T.** *linguistica.*

linguàio (pl. *-ài*) [da *lingua*; a. 1764] ***sm.*** (f. *-a*) *raro* linguaiolo.

linguaiòlo [da *lingua*; 1828] ***sm.*** (f. *-a*) *spreg. non com.* chi pone una pedantesca ed eccessiva attenzione alle questioni della lingua.

linguàle [da *lingua*; a. 1726] ***agg.*** **1.** *T.anat.* della lingua **2.** *T.ling.* di qualunque suono articolato con l'intervento della lingua (ad es. il fono [l] dell'italiano).

linguàta[1] [da *lingua*; 1957] ***sf.*** *region.* sogliola.

linguàta[2] [da *lingua*; 1882] ***sf.*** leccata.

lingueggiàre (pres. *-éggio*) [da *lingua*; 1304] ***intr.*** (aus. *avere*) *raro lett.* muoversi, guizzare come una lingua: *le fiamme lingueggiavano* || ciarlare, blaterare.

linguèlla (*dim.* di *lingua*) [1965] ***sf.*** *T.filat.* pezzettino di carta gommata per mezzo del quale si attaccavano i francobolli da collezione agli album. **TAV.** *filatelia* 8.1.

linguétta (*dim.* di *lingua*) [a. 1306] ***sf.*** **1.** nome di vari oggetti a forma di piccola lingua **2.** *in part.*, strisciolina di tela, panno o cuoio che si fa entrare nella fibbia || striscia di pelle che nelle scarpe è posta sotto l'allacciatura **3.** ancia di uno strumento a fiato **4.** parte gommata delle buste per corrispondenza **5.** pezzo di collegamento che rende un organo meccanico solidale con un albero.

linguettàre (pres. *-étto*) [da *linguetta*; a. 1342] ***intr.*** (aus. *avere*) *raro* tartagliare, balbettare.

linguifórme [comp. di *lingua* e *-forme*; 1752] ***agg.*** che ha la forma di lingua: *punta, foglia linguiforme.*

linguìna (*dim.* di *lingua*) [1952] ***sf.*** spec. *pl.* tipo di pasta alimentare simile agli spaghetti, ma a sezione ellittica anziché circolare || **N.** *Sin.* bavette.

linguìsta [dal ted. *Linguist*, attr. il fr. *linguiste*; 1812] ***s.*** studioso di linguistica || **N.** filologo, glottologo. **Q.T.** *linguistica.*

linguìstica [dal ted. *Linguistik*, attr. il fr. *linguistique*; 1839] ***sf.*** scienza volta allo studio sistematico del linguaggio umano e delle lingue, considerate sotto l'aspetto storico, strutturale, funzionale e nelle loro reciproche influenze: *linguistica generale, indoeuropea*; *linguistica storica o diacronica*, che si occupa dei mutamenti della lingua nel corso del tempo; *linguistica descrittiva* o *sincronica*, che studia una particolare fase dello sviluppo di una lingua; *linguistica comparativa*, che studia le affinità tra lingue imparentate tra loro || **N.** glottologia. **Q.T.** *linguistica.*

linguìstico (pl. *-ci*) [dal fr. *linguistique*; 1886] ***agg.*** **1.** relativo alla lingua: *analisi linguistica di un testo* **2.** della linguistica, relativo alla linguistica: *ricerche linguistiche, atlante linguistico* || **linguisticaménte** ***avv.*** dal punto di vista della lingua o della linguistica: *paese linguisticamente omogeneo, è bene affrontare la questione con una metodologia linguisticamente valida.*

lìngula [dal lat. *lingula*; fine sec. XIII] ***sf.*** **1.** *T.anat.* nome di varie formazioni strette e allungate; linguetta di parecchi organi: *lingula cerebellare*, nel cervelletto; *lingula del polmone*, appendice linguiforme nel polmone sinistro **2.** *T.zool.* genere di Brachiopodi con conchiglia bivalve, diffusi nei fondali marini sabbiosi **3.** antica spada romana di piccole dimensioni.

linièro [da *lino*[1], sul modello di *laniero*; 1881] ***agg.*** proprio del lino, relativo alla produzione di tessuti di lino: *industria liniera.*

linifìcio (pl. *-ci*) [comp. di *lino*[1] e *-ficio*; 1834] ***sm.*** opificio dove si lavora, si fila e si tesse il lino. **Q.T.** *filosofia.*

liniménto [dal lat. *linimentum*; prima metà sec. XIV] ***sm.*** **1.** preparato medicinale a base di sostanze analgesiche, liquido o semiliquido, che si applica, con frizioni, alla parte dolente **2.** *raro* applicazione, unzione fatta con tale preparato || **N. 1.** *Sin.* balsamo, pomata.

linìte [comp. di *lino*[1] (per l'aspetto delle pareti dello stomaco) e *-ite*[1]; 1957] ***sf.*** *T.med.* affezione cronica di tipo tumorale caratterizzata da restringimento del volume dello stomaco e ispessimento delle sue pareti, che assumono un aspetto simile a quello di un tessuto ruvido.

linizzàre [da *lino*[1]; 1955] ***tr.*** *T.tess.* eseguire l'operazione della linizzazione.

linizzazióne [da *linizzare*; 1955] ***sf.*** *T.tess.* operazione chimica per mezzo della quale si conferisce a un tessuto l'aspetto di lino || **N.** mercerizzazione.

lìno[1] [lat. *linum*; a. 1306] ***sm.*** **1.** pianta erbacea annua, delle Linacee, con fiori celestini a corimbo, dal cui fusto macerato si ricava una fibra tessile e dai cui semi si trae un olio usato in medicina e nell'industria: *farina di semi di lino*, ottenuta dalla macinazione dei semi di lino e usata per cataplasmi e impacchi **2.** la materia tessile che si ricava da detta pianta e la tela che se ne fa: *matassa di lino, lenzuola, camicia di lino* **3.** *pl. poet.* la biancheria || le bende di lino || **N. 2.** bisso, bordatino, cambrì, vergatino | estivo, greggio, marino, marzuolo | battere, canapulare, conciare, dirompere, gramolare, macerare, maciullare, pettinare, scapecchiare | accia, canapulo, capecchio, corda, linoleum, linone, linosa, refe, stoppa, tela.

lìno[2] [da *lino*[1]; metà sec. XIII] ***agg.*** *ant.* fatto

LINGUISTICA

SCIENZE DEL LINGUAGGIO: glottologia o linguistica storica; linguistica (applicata, comparativa, descrittiva, sincronica / diacronica, generale, ricostruttiva; computazionale, generativa, matematica, strutturale, testuale, tipologica, trasformazionale); distribuzionalismo, funzionalismo, generativismo, glossematica, strutturalismo, tagmemica, trasformazionalismo; dialettologia, geolinguistica o geografia linguistica o linguistica areale, neurolinguistica, pragmalinguistica o linguistica pragmatica, psicolinguistica, sociolinguistica, storia linguistica; fonetica (acustica, articolatoria, percettiva; generativo-trasformazionale, sperimentale, storica), fonologia, fonematica, fonemica; grammatica (comparata, normativa o prescrittiva / descrittiva, storica); morfologia, morfematica, morfemica, morfonologia, morfosintassi; sintassi, sintagmatica; lessicologia, lessematica, onomasiologia, semantica (componenziale, generativa, interpretativa, storica), semasiologia.

CONCETTI GENERALI: segno linguistico: arbitrarietà, articolazione (doppia, prima, seconda), biplanarità (significato / significante), combinatorietà, connotazione / denotazione, convenzionalità, motivazione, onnipotenza semantica; atto linguistico (illocutivo, locutivo, perlocutivo; performativo), codice, commutazione, competenza / esecuzione, costituente, costituenti immediati, grammaticalità / agrammaticalità, linearità, *langue / parole*, marcatezza, opposizione, pertinenza, paradigma, sintagma, paradigmatico (asse, rapporti) / sintagmatico (asse, rapporti), ricorsività, ridondanza, sincronia / diacronia, sistema, norma, uso, struttura (profonda / superficiale), trasformazione, universali linguistici, valore; dato / nuovo, tema / rema, *focus*, topicalizzazione.

FUNZIONI DELLA LINGUA: conativa, emotiva, fatica, metalinguistica, poetica, referenziale; euristica, immaginativa, interazionale, personale, rappresentativa, regolativa, strumentale; interpersonale, ideativa, testuale.

FONETICA E FONOLOGIA: allofono, arcifonema, coppia minima, fonema, fonematico, fonetico, fonia, fono, formante, morfofonema o morfonema, neutralizzazione fonologica, rendimento funzionale, timbro, tono, tratto (binario, distintivo), variante (combinatoria, condizionata, di posizione, libera).

VOCALISMO: semivocale, vocale (aperta o larga / chiusa o stretta; breve / lunga; orale / nasale; anteriore, centrale, posteriore; arrotondata o procheila / non arrotondata o aprocheila; turbata; muta), vocoide; trapezio vocalico, triangolo vocalico; dittongo (ascendente, discendente, mobile), monottongo, trittongo; dieresi / sineresi, iato; aferesi, apocope o troncamento, assimilazione / dissimilazione (progressiva, regressiva), elisione, epentesi o anaptissi, epitesi, metatesi, prostesi, sincope; anafonesi, apofonia, metafonia o metafonesi.

CONSONANTISMO: consonante (sorda / sonora; semplice o scempia / doppia o geminata); affricata, approssimante, continua, fricativa, laterale, liquida, nasale, occlusiva, sibilante, vibrante; alveolare, bilabiale, dentale, faringale, glottidale, interdentale, labiodentale, labiovelare, laringale, palatale, palatoalveolare, retroflessa, uvulare, velare; apicale / dorsale; assibilazione, assimilazione / dissimilazione, dileguo, labializzazione, lenizione, metatesi, palatalizzazione, raddoppiamento (fono)sintattico, sonorizzazione, spirantizzazione. V. anche tav. FONETICA.

PROSODIA: accento (di durata, di intensità, tonico); intonazione, parola (piana o parossitona, sdrucciola o proparossitona, tronca o ossitona, tratti soprasegmentali; bisillabo, monosillabo / polisillabo, quadrisillabo, trisillabo), sillaba (atona / tonica, postonica, protonica; aperta o libera / chiusa o implicata); enclisi o enclisia, proclisi o proclisia, clitico.

SCRITTURA: alfabeto (fonetico, *braille, morse*), allografo, digramma, grafia (fonetica), grafema, ideogramma, lettera (maiuscola / minuscola), omografo, ortografia, pittogramma, scrittura (alfabetica, bustrofedica, cuneiforme, fonetica, geroglifica, ideografica, pittografica, trascrizione (fonematica, fonetica; larga / stretta), traslitterazione, trigramma; segno diacritico (cediglia, tilde), accento grafico (acuto, circonflesso, grave), apostrofo, asterisco, interpunzione o punteggiatura (due punti, lineetta, parentesi (acute, graffe, quadre, tonde), puntini di sospensione, punto, punto e virgola, punto esclamativo, punto interrogativo, trattino, virgola, virgolette); abbreviazione, acronimo, sigla.

MORFOSINTASSI: accordo, allomorfo, concordanza, desinenza, monema, morfema, tema.

segue

di lino: *panno lino, tela lina.*

linolèico (pl. *-ci*) [comp. del lat. *linum*, lino e *oleum*, olio, come il fr. *linoléique*; 1957] ***agg.*** *T.chim.* *acido linoleico*, acido grasso insaturo presente nei vari oli vegetali (di soia, di girasole ecc.) e soprattutto nell'olio di lino; è usato per emulsionanti e vernici.

linoleìna [comp. di *lino*[1] e *oleina*; 1957] ***sf.*** *T.chim.* gliceride dell'acido linoleico, che costituisce uno dei componenti principali dell'olio di lino, cui conferisce le proprietà essiccative.

linoleìsta [da *linoleum*; 1957] ***s.*** chi mette in opera rivestimenti in linoleum.

linoleografìa [comp. di *linoleum* e *-grafia*; 1950] ***sf.*** procedimento di stampa che fa uso di matrici incise su linoleum.

linòleum ® [dall'ingl. *linoleum*, basato sul lat. *linum* e *oleum*; 1895] ***sm.*** materiale industriale di rivestimento composto di olio di lino, resina, sughero macinato; è impermeabile, resistente, e serve spec. per coprire pavimenti e pareti.

linòlico (pl. *-ci*) [da *linoleina*; 1933] ***agg.*** linoleico.

linóne [dal fr. *linon*; 1770] ***sm.*** *T.tess.* tessuto di lino fine e leggero.

linósa [da *lino*[1]; a. 1597] ***sf.*** seme di lino, dal quale si ricava la farina e l'olio di lino.

linotipìa [da *linotype*; 1940] ***sf.*** *T.tip.* **1.** sistema di composizione tipografica mediante una macchina a tastiera detta *linotype* **2.** il reparto della tipografia dove sono poste le macchine *linotype* **3.** azienda che si occupa esclusivamente di tali composizioni tipografiche || **N.** monotipia. **Q.T.** ***tipografia.***

linotìpico (pl. *-ci*) [da *linotipia*; 1970] ***agg.*** relativo a linotipia, realizzato mediante linotopia: *composizione linotipica; macchina linotipica*, linotype.

linotipìsta [da *linotipia*; 1905] ***s.*** tipografo specializzato nell'operare con la *linotype.*

linotype (ingl., pr. ['laɪnoutaɪp]) [da *line of types*, linea di caratteri; 1893] ***sf. inv.*** macchina tipografica a tastiera usata per comporre in piombo le linee di caratteri che costituiscono i testi per la stampa. **Q.T.** ***tipografia*** **TAV. *tipografia* p. 1336** 3.

linséme [comp. di *lino*[1] e *seme*; a. 1421] ***sm.*** nel linguaggio commerciale, seme di lino.

lìnteo [dal lat. *linteus*; sec. XIV come sm.] **I** ***agg. lett.*** di lino: *libri lintei*, nell'antica Roma, le liste dei magistrati, scritte su tela di lino **II** ***sm. ant.*** panno di lino.

lintèrno [lat. *alaternum*; 1813] ***sm.*** *T.bot.* arbusto sempreverde delle Ramnacee dalle foglie coriacee e fiori a drupa di color rosso.

lio- [dal gr. *lýein*, sciogliere] ***primo elem.*** che, in parole composte della terminologia chimica, vale "soluzione, liquido" (per es. *liofilo*, *liofobo*).

liocòrno [comp. di *lio(ne)* e *(uni)corno*; sec. XIV] ***sm.*** animale favoloso immaginato e rappresentato come un cavallo con un lungo corno attorcigliato e acuminato sulla fronte, coda di leone e zampe pelose; nel Medioevo fu simbolo della castità e di Cristo salvatore || **N.** *Sin.* unicorno.

liofànte o **leofànte** [da *elefante*, con l'influsso di *lio(ne)*; a. 1294] ***sm.*** (f. *-éssa*) *arc.* elefante.

liofilizzàre [dall'ingl. *lyophilise*; 1957] ***tr.*** sottoporre a liofilizzazione.

liofilizzàto (*pps.* di *liofilizzare*) [1967] **I** ***agg.*** **1.** sottoposto a liofilizzazione: *latte liofilizzato* **2.** *T.chir.* *cute liofilizzata*, pelle disidratata e conservata a basse temperature per trapianti cutanei **II** ***sm.*** prodotto liofilizzato: *una confezione di liofilizzati.*

liofilizzatóre [da *liofilizzare*; 1965] ***sm.*** apparecchio per la liofilizzazione.

liofilizzazióne [dall'ingl. *lyophilisation*; 1957] ***sf.*** metodo di essiccamento, usato per prodotti farmaceutici e sostanze alimentari, che, preventivamente congelati, vengono poi posti sotto vuoto molto spinto, in modo che l'acqua in essi contenuta passi direttamente dallo stato solido a quello di vapore; consente di mantenerne inalterate le caratteristiche chimico-fisiche: *bustine di caffè liofilizzato da sciogliere in acqua calda.*

liòfilo [comp. di *lio-* e *-filo*; 1952] ***agg.*** *T.chim.* detto di sostanza, spec. colloidale, che ha la tendenza ad assorbire facilmente il liquido o il solvente che è stato da essa rimosso || **N.** *Contr.* liofobo.

liòfobo [comp. di *lio-* e *-fobo*; 1957] ***agg.*** *T.chim.* detto di sostanza, spec. colloidale, che ha scarsa tendenza ad assorbire il liquido solvente o disperdente || **N.** *Contr.* liofilo.

lionàto (meno com. *leonàto*) [da *lione*, var. disus. di *leone*; a. 1517] ***agg. lett.*** del color del leone, fulvo || *raro* anche *sm.*

lipàride [dal gr. *liparós*, grasso; 1834] ***sf.*** **1.** *T.bot.* genere di piante delle Orchidacee con foglie membranacee, originarie delle Indie **2.** *T.zool.* farfalla dei Limantridi le cui larve sono dannose alle piante || **N. 2.** *Sin.* limantria.

liparìte [comp. del n. geogr. *Lipari* e *-ite*[2]; 1895] ***sf.*** *T.min.* roccia eruttiva, composta di quarzo, di colore chiaro e aspetto gen. vetroso, molto diffusa nell'isola di Lipari || **N.** *Sin.* riolite.

lipàṣi [comp. di *lipo* e *-asi*; 1934] ***sf. inv.*** enzima che agisce sui grassi scindendoli in glice-

segue LINGUISTICA

PARTI DEL DISCORSO: aggettivo (determinativo, dimostrativo, interrogativo, indefinito, numerale (cardinale, ordinale), possessivo, qualificativo), articolo (determinativo, indeterminativo, partitivo), avverbio (focalizzatore, frasale), congiunzione (coordinativa, subordinativa), interiezione o esclamazione, nome o sostantivo (astratto / concreto; comune / proprio; numerabile / di massa o non numerabile), preposizione (semplice, articolata), proenunciato, pronome (dimostrativo, indefinito, interrogativo, personale, possessivo, relativo), proforma, verbo (ausiliare, causativo, copulativo, difettivo, impersonale, modale, predicativo, regolare / irregolare, servile; intransitivo, intransitivo pronominale, reciproco, riflessivo, transitivo; attivo, medio, passivo), caso (ablativo, accusativo, dativo, ergativo, genitivo, locativo, nominativo, strumentale, vocativo), declinazione, genere (femminile, maschile, neutro), grado (comparativo, superlativo assoluto, superlativo relativo), numero (duale, plurale, singolare); aspetto (abituale, conativo, durativo, imperfettivo, incoativo, ingressivo, iterativo, perfettivo, progressivo, puntuale, risultativo, singolativo), coniugazione (regolare, irregolare), flessione, modo (finito, indefinito; condizionale, congiuntivo, gerundio, gerundivo, imperativo, indicativo, infinito, ottativo, participio), tempo (futuro, futuro anteriore, imperfetto, passato prossimo, passato remoto, presente, trapassato prossimo, trapassato remoto; aoristo, perfetto, preterito).

SINTASSI: enunciato, frase (nucleare), espansione, gruppo o sintagma (nominale, preposizionale, verbale; testa del sintagma, determinatore, modificatore), periodo (ipotetico; apodosi, protasi), proposizione (coordinata / subordinata, dipendente / indipendente, reggente o principale / secondaria, esplicita / implicita; avversativa, causale, completiva, concessiva, conclusiva, consecutiva, correlativa, dichiarativa, disgiuntiva, eccettuativa, enunciativa, esclusiva, esplicativa, finale, gerundiva, incidentale, infinitiva, interrogativa, limitativa, modale, oggettiva, participiale, relativa, soggettiva, temporale); apposizione, attributo, complemento oggetto, predicato, soggetto; asindeto, coordinazione o paratassi, polisindeto, subordinazione o ipotassi.

SEMANTICA: campo semantico, tratto semantico; sema, semantema, semema, semiosi, senso, significato, significazione; estensione / intensione; implicazione, inclusione, inferenza, presupposizione, quantificatore, referente, referenza, coreferenza, anafora, catafora, deissi; antonimia, contiguità semantica, iperonimia / iponimia, polisemia, sinonimia; eufemismo / disfemismo, traslato (metafora, metonimia, sineddoche, sinestesia).

LESSICO: lessema, locuzione, modo di dire, parola (famiglia di parole, campo lessicale), termine, unità lessicale superiore o unità multilessicale o sintagma lessicalizzato, vocabolo; arcaismo, aulicismo, dialettalismo o dialettismo, forestierismo (calco, prestito; anglicismo, arabismo, europeismo, francesismo, gallicismo, germanismo, grecismo, iberismo, provenzalismo, russismo), idiotismo, latinismo, regionalismo, toscanismo; antroponimo, idronimo, oronimo, toponimo; fitonimo, ittionimo, merceonimo, zoonimo.

FORMAZIONE DELLE PAROLE: alterazione, alterato (accrescitivo, diminutivo, peggiorativo, vezzeggiativo), composizione, composto, derivato (prefissale, parasintetico, suffissale; deaggettivale, denominale, deverbale), derivazione, giustapposto, giustapposizione, neoformazione, prefissato, prefissazione, suffissato, suffissazione; affisso, elemento formativo (primo, secondo), infisso, prefisso, prefissoide, suffisso, suffissoide; determinante o modificatore / determinato o testa.

LESSICOGRAFIA: lessicografo o vocabolarista; atlante linguistico, concordanza, dizionario (analogico, bilingue, dei sinonimi e dei contrari, dell'uso, descrittivo, enciclopedico, etimologico, inverso, monolingue, normativo, onomasiologico, plurilingue, storico), glossario, lessico, lista di frequenza (frequenza, occorrenza, rango), vocabolario, tesauro; accezione, fraseologia, glossa, lemma o entrata, sottolemma, lemmatizzare, nomenclatura, omonimo, rimando o rinvio, voce; datazione, etimo (prossimo, remoto), etimologia, paretimologia o etimologia popolare.

LINGUE E GRUPPI LINGUISTICI: *argot*, creolo, *pidgin*, dialetto, gergo, idioma, lingua (analitica, sintetica; agglutinante, flessiva, incorporante o polisintetica, monosillabica, olofrastica; acquisita, materna o L1, straniera o L2; artificiale / storico-naturale, lingua franca o veicolare; morta / viva; amministrativa, dotta, familiare, letteraria, liturgica, locale, nazionale, parlata / scritta, popolare, regionale, speciale o settoriale, standard); varietà (diacronica, funzionale, contestuale, sincronica, sociale; registro, sottocodice), idioletto, socioletto, tecnoletto; linguaggio (animale, umano; gestuale, iconico, verbale / non verbale; letterario, poetico, scientifico, settoriale, specialistico, tecnico); comunità linguistica, repertorio; bilinguismo, diglossia, monolinguismo, plurilinguismo; contatto, interferenza, interlingua; adstrato, sostrato o substrato, superstrato; affine, affinità, comparazione, genealogia, glottocronologia, parentela, tipologia; famiglia, gruppo, ramo, sottofamiglia. V. anche il quadro terminologico LINGUE DEL MONDO.

rolo e acidi grassi; si trova abbondante nel succo pancreatico.

lipemanìa [comp. del gr. *lýpē*, dolore e *-mania*; 1834] **sf.** *T.med. disus.* specie di follia malinconica || **N.** *Sin.* depressione, melancolia.

lipemanìaco (pl. *-ci*) [da *lipemania*; 1905] **sm.** (f. *-a*) chi è affetto da lipemania.

lipemìa [comp. di *lipo-* ed *-emia*; 1909] **sf.** *T.med.* la concentrazione di lipidi nel sangue.

lipìde [comp. di *lipo-* e *-ide*; 1942] **sm.** *T.chim.* nome generico di tutte le sostanze grasse, animali e vegetali, insolubili in acqua; hanno un altissimo potere nutritivo.

lipìdico (pl. *-ci*) [da *lipide*; 1957] **agg.** dei lipidi, relativo ai lipidi.

lipizzàno [dal n. geogr. *Lipizza*, loc. appartenente oggi alla Slovenia; 1947] **agg.** e **sm.** detto di cavallo da tiro leggero e da sella, impiegato anche in esercizi di alta scuola di equitazione.

lìpo- [dal gr. *lípos*, grasso] **primo elem.** che, in parole composte della terminologia scientifica, vale "grasso" (per es. *lipolisi, liposolubile*) o "tessuto adiposo" (per es. *liposarcoma*).

lipodièreṣi [comp. di *lipo-* e del gr. *diaíresis*, separazione; 1957] **sf.** *T.fisiol.* lipolisi.

lipodistrofìa [comp. di *lipo-* e *distrofia*; 1952] **sf.** *T.med.* malattia del tessuto adiposo, che può svilupparsi localmente in modo abnorme (*lipodistrofia ipertrofica*) oppure scarseggiare (*lipodistrofia atrofica*).

lipogràmma [dal fr. *lipogramme*, basato sul gr. *léipein*, tralasciare e gr. *grámma*, lettera; 1957] **sm.** componimento letterario in cui si evitano, per artificio retorico, tutte le parole che presentano una determinata lettera o sillaba.

lipòide [comp. di *lipo-* e *-oide*; 1934] **sm.** *T.chim.* denominazione generica dei lipidi complessi, come i fosfolipidi e i glicolipidi.

lipoidòṣi [comp. di *lipoide* e *-osi*; 1957] **sf.** *T.med.* rara affezione cronica dovuta ad alterazione del metabolismo dei lipoidi.

lipolìṣi [comp. di *lipo-* e *-lisi*; 1957] **sf.** *T.fisiol.* processo di scissione dei grassi neutri, che nell'organismo si evidenzia come mobilizzazione e diminuzione dei tessuti adiposi || **N.** *Sin.* lipodieresi.

lipòma [comp. di *lipo-* e *-oma*; 1821] **sm.** *T.med.* tumore benigno, costituito di tessuto adiposo.

lipomatòṣi [comp. di *lipoma* e *-osi*; 1908] **sf.** *T.med.* malattia caratterizzata dalla presenza di più lipomi diffusi || *per estens.* accumulo patologico di tessuto adiposo.

lipomatóso [da *lipomatosi*; 1891] **I agg.** **1.** *T.med.* relativo a lipomatosi: *affezione lipomatosa* **2.** *T.med.* affetto da lipomatosi **II sm.** (f. *-a*) *T.med.* soggetto affetto da lipomatosi.

liposarcòma [comp. di *lipo-* e *sarcoma*; 1957] **sm.** *T.med.* tumore maligno del tessuto adiposo.

liposolùbile [comp. di *lipo-* e *solubile*; 1950] **agg.** *T.chim.* che si scioglie nei grassi.

lipotimìa [dal lat. *lipothymīa*; 1500 *lipotomia*] **sf.** *T.med.* perdita improvvisa della sensibilità, accompagnata da sudorazione fredda e alterazioni del polso || **N.** *Sin.* deliquio, svenimento.

lipòtropo [comp. di *lipo-* e *-tropo*; 1957] **agg.** *T.med.* detto di sostanza che promuove il metabolismo dei grassi, evitando il loro abnorme accumulo nel fegato.

lippa [etim. inc.; 1524] **sf.** *T.gioc.* gioco che consiste nel far saltare, con un colpo di bastone, un bastoncello più corto (chiamato anch'esso *lippa*) appuntito alle due estremità, e poi nel colpirlo al volo per mandarlo più lontano possibile.

lippis et tonsoribus (lat., pr. it. ['lippis et ton'sɔribus]) [letter. ai cisposi e ai barbieri, ritenuti sempre informati di ogni novità] **loc. inv.** nella frase: *noto lippis et tonsoribus*, conosciuto, risaputo da tutti.

lippitùdine [dal lat. *lippitudo, -inis*; sec. XIV] **sf.** *lett. raro* cisposità.

lìppo [dal lat. *lippus*; 1374] **agg.** e **sm.** (f. *-a*) *lett. arc.* cisposo, di vista debole, miope.

lippóso [da *lippo*; 1679] **agg.** cisposo.

lipsanotèca [comp. del gr. *léipsanon*, reliquia e *-teca*; 1957] **sf.** *T.eccl.* teca, scrigno per la custodia delle sante reliquie.

liquàme [dal lat. *liquāmen*; 1562] **sm.** **1.** liquido putrido che viene raccolto nella rete di fognature; è formato prevalentemente da sostanze organiche in disfacimento **2.** *T.med.* qualunque liquido derivato da processi di decomposizione o putrefazione dei tessuti: *liquame cadaverico.*

liquàre [dal lat. *liquāre*; a. 1704] **tr.** *arc. lett.* liquefare.

liquazióne [dal lat. *liquātio, -ōnis*; 1834] **sf.** *T.metal.* **1.** fenomeno per il quale più metalli in lega, dopo la fusione, raffreddandosi, si separano e stratificano **2.** procedimento di arricchimento metallurgico che sfrutta il diverso punto di fusione dei metalli uniti in una lega.

liquefàre (pres. *liquefàccio, liquefò* o *lìquefo*; *liquefà* o *lìquefa*; *liquefànno* o *liquefano*; per il resto segue la coniugazione di FARE) [dal lat. *liquefacere*; a. 1320] **tr.** rendere liquido: *liquefare il ghiaccio, il gas* || *fig. raro* disperdere: *è riuscito a liquefare una fortuna* || **intr. pron.** divenire liquido: *la neve si è liquefatta* || *fig. raro* consumarsi || *iperb.* di persona, sciogliersi: *sta ore a liquefarsi al sole* || **N. tr.** *Sin.* fondere, sciogliere, squagliare, stemperare.

liquefazióne [da *liquefare*; a. 1537] **sf.** il liquefare e il liquefarsi, e il risultato del fenomeno: *la liquefazione di un gas, la liquefazione del sangue di S. Gennaro.*

liquerìzia V. LIQUIRIZIA.

liquescènte [dal lat. *liquescens, -ēntis*; 1890] **agg.** che tende a diventare liquido.

liquescènza [da *liquescente*; 1957] **sf.** tendenza di una sostanza a diventare liquida.

liquidàbile [da *liquidare*; 1869] **agg.** che si può liquidare: *conto, debito liquidabile.*

liquidàre (pres. *lìquido*) [dal lat. *liquidāre*; 1516] **tr.** **1.** chiarire, accertare un conto e sim., regolandolo col pagamento, se necessario: *liquidare la pensione, gli interessi*, calcolarli e pagarli; *liquidare un dipendente*, versargli la somma dovuta per la fine del rapporto di lavoro || *T.comm. liquidare le merci*, venderle a basso prezzo per la cessazione d'esercizio, per rinnovo dei locali o delle scorte di magazzino **2.** *per estens.* pagare: *liquidare un debito* **3.** *fig.* di cosa, decidere, risolvere, definitivamente: *liquidare una faccenda* || di persona, licenziare: *dopo anni di fedele servizio, l'hanno liquidato*; *eufem.* uccidere, far uccidere: *hanno pagato un sicario per liquidarlo* || nel linguaggio sportivo, battere: *ha liquidato l'avversario dopo il primo set* **4.** sottoporre il sapone all'operazione di liquidazione **5.** *ant.* rendere liquido.

liquidatóre [da *liquidare*; 1846] **sm.** (f. *-trìce*) chi è incaricato della liquidazione di un danno o di un patrimonio: *liquidatore di avaria*, del danno subito da una nave o dal carico; *liquidatore di società*, dopo un fallimento.

liquidazióne [da *liquidare*; 1517] **sf.** **1.** *T.giur.* e *T.econ.* l'operazione di sistemare le pendenze nei rapporti patrimoniali, o di convertire in denaro i beni di una persona o società coinvolti in un fallimento: *liquidazione di un'eredità, di una società* **2.** determinazione di un credito, dei rapporti di dare e avere, part. in seguito alla cessazione di un rapporto di lavoro, e pagamento della somma dovuta: *liquidazione della pensione, dell'indennità di licenziamento* || *concr.* la somma pagata: *ricevere la liquidazione* **3.** vendita di merci a prezzo ribassato, per fine stagione, fallimento ecc. **4.** *fig.* eliminazione di una persona **5.** *T.tecn.* operazione eseguita nella fase finale della preparazione del sapone, al fine di ottenere una massa omogenea.

liquidità [dal lat. *liquiditas, -ātis*; a. 1320 *liquiditate*] **sf.** **1.** l'essere liquido **2.** *T.giur.* e *T.econ. grado di liquidità*, la possibilità per un'attività, un'impresa ecc., di essere rapidamente convertita in denaro liquido senza subire perdite || disponibilità di denaro liquido, o di beni facilmente trasformabili in contante || la determinazione dell'ammontare di un'obbligazione o un credito.

lìquido [dal lat. *liquidus*; a. 1333] **I agg.** **1.** detto dello stato di aggregazione della materia caratteristico di quei corpi che hanno volume proprio, ma non forma propria, sicché prendono quella dei recipienti che li contengono: *il mercurio è un metallo allo stato liquido*; *gas liquido*, liquefatto || *in part.* di sostanza sciolta in acqua o in un solvente: *colla, gomma liquida, detersivo liquido*; o con rif. alla densità relativa di una sostanza o di un composto: *la crema è troppo liquida* || *dieta liquida*, a base di alimenti liquidi **2.** nel linguaggio economico, *denaro liquido*, in contanti; *obbligazione, credito liquido*, determinato nell'ammontare e incontrovertibile **3.** *T.ling. consonanti liquide*, in una terminologia antiquata, i foni laterali e vibranti; in it. i tre foni [l], [ʎ] e [r] **4.** *poet.* limpido, chiaro, detto spec. dell'aria e dell'acqua **II sm.** **1.** corpo allo stato liquido: *l'olio è un liquido* **2.** *T.econ.* denaro contante: *ha bisogno di liquido* || **sf.** consonante liquida || **N. II 1.** *Sin.* fluido, liquore, succo, umore | acquoso, annacquato, appiccicoso, chiaro, coagulato, colloso, denso, diluito, effervescente, fluido, grumoso, oleoso, rappreso, torbido | bagnare, bollire, colare, depositarsi, dilagare, fluire, gocciolare, inondare, inzuppare, scaturire, schizzare, scorrere, scrosciare, sgorgare, spruzzare, stillare, traboccare, trasudare, zampillare | assorbimento, calefazione, capillarità, chiarificazione, congelamento, deliquescenza, depurazione, diosmosi, ebollizione, endosmosi, evaporazione, filtrazione, imbibizione, infiltrazione, osmosi, rigurgito, saturazione, sboccatura, solidificazione; bolla, deposito, feccia, fondo, goccia, morchia, scroscio, spruzzo, stilla, stillicidio, zampillo; contagocce, densimetro, idrometro.

liquigàs ® [n. commerciale; 1942] **sm. inv.** nome commerciale di una miscela liquefatta di propano e butano, venduta in bombole per usi domestici.

liquirìzia (meno com. *liquerìzia* e *liquorìzia*) [dal lat. tardo *liquiritia*; sec. XIV] **sf.** **1.** pianta erbacea delle Leguminose Papilionacee, alta fino a un metro, con piccoli fiori viola, dalle cui radici si estrae il succo omonimo, dolciastro, che è usato in farmacia (sotto forma di estratto e sciroppo) per le sue proprietà emollienti e, solidificato, è usato nell'industria alimentare come dolcificante e colorante **2.** pastiglia, caramella a base di succo di liquirizia.

liquor (lat., pr. it. ['likwor]) [letter. fluidità; 1931] **sm. inv.** *T.anat.* liquido incolore contenuto nella cavità cerebrospinale, costituito da acqua, sostanze proteiche e glucidiche, sali.

liquóre [dal lat. *liquor, -ōris*; 1319 nel senso 2] **sm.** **1.** bevanda a base di alcol e acqua, a cui vengono aggiunti aromi, essenze e, in alcuni casi, zucchero **2.** *lett.* sostanza liquida **3.** bevanda medicinale, senza zucchero || *dim.* liquorino || **N. 1.** amaro, ammazzacaffé, aperitivo, digestivo, *cocktail*, elisir, superalcolico | amabile, dolce, forte, secco | acquavite, alchermes, amaro, anice, anisetta, assenzio, benedettino, *bitter, brandy*, certosino o *chartreuse*, china, *cognac, curaçao, fernet, gin,* grappa, *kirsch, kümmel,* latte di suocera, maraschino, marsala, mistrà, porto, ratafià, rosolio, rum, sambuca, *sherry,* sidro, *slivoviz, tequila,* vermut, *whisky, vodka* | distillazione. **Q.T.** *alimentazione.*

liquorerìa [da *liquore*; 1901] **sf. 1.** la tecnica di preparare liquori e lo stabilimento dove si fabbricano **2.** spaccio, rivendita di liquori.

liquorìsta [da *liquore*; 1839] **s.** chi fabbrica liquori; e anche chi li vende.

liquorìstico (pl. *-ci*) [da *liquore*; 1950] **agg.** che concerne i liquori: *produzione liquoristica.*

liquorìzia V. LIQUIRIZIA. •

liquoróso [da *liquore*; 1789] **agg.** che presenta caratteri simili a quelli dei liquori per gradazione alcolica, dolcezza e densità: *un vino liquoroso.*

lìra¹ [dal lat. *lyra*; 1321] **sf. 1.** strumento musicale a corde, usato dagli antichi Greci, costituito da una cassa armonica da cui s'innalzano due bracci di forma ricurva, uniti in alto da un'asticella, collegata alla cassa armonica dalle corde (in numero variabile da tre a dodici), che venivano suonate col plettro **2.** nome di vari strumenti a corda: nel Medioevo indicava una specie di ribeca a una sola corda, in seguito vari tipi di viole **3.** *fig. lett.* poesia lirica e l'attività poetica: *riprendere la lira,* comporre nuovamente poesie **4.** *uccello lira,* uccello australiano caratterizzato dalla coda dei maschi a forma di lira || **N. 1.** *Sin.* cetra.

lìra² [lat. *libra*; sec. XIII] **sf. 1.** unità monetaria italiana: *svalutazione della lira; lira verde,* il cambio ufficiale tra la lira e lo scudo verde, valuta in cui sono espressi i prezzi dei prodotti agricoli nella Comunità Europea || *per estens.* quantità trascurabili di denaro, in frasi neg.: *non avere una lira, essere rimasto senza una lira* **2.** nome italiano di unità monetarie di altri stati: *lira sterlina,* inglese; *lira turca, egiziana* **3.** nome di monete di stati italiani prima dell'Unità: *lira veneta, lira papale.* **Q.T.** *numismatica.*

lìrica [dal lat. *lýrica*; a. 1375] **sf. 1.** uno dei principali generi di poesia, così detta perché originariamente i poeti greci solevano accompagnarla col suono della lira; nel significato moderno comprende tutte le forme nelle quali il poeta esprime i propri sentimenti **2.** *concr.* componimento poetico del genere lirico: *una lirica del Petrarca, del Pascoli* || *per estens.* come collettivo, la produzione di poesia lirica di un'epoca o di un autore: *la lirica dell'Ottocento* **3.** breve componimento per pianoforte e una o più voci, o anche per il solo canto **4.** *ellitt.* sin. di *musica lirica,* come genere musicale che comprende le opere teatrali in musica || **N. 2.** ballata, canzone, carme, elegia, idillio, madrigale, ode | drammatica, epica | dolce stilnovo, melica, trovadorica.

liricità [da *lirico*; a. 1915] **sf.** l'essere lirico, l'insieme delle qualità proprie della poesia lirica: *liricità dell'ispirazione leopardiana* || *per estens.* qualità di paesaggi o di ambienti che toccano nell'intimo: *la liricità del paesaggio mattutino.*

liricizzàre [da *lirico*; 1918] **tr.** dare un tono lirico, inserire elementi lirici: *liricizzare la vita quotidiana* || trattare liricamente: *liricizzare una narrazione.*

lìrico (pl. *-ci*) [dal lat. *lyricus*; a. 1375 nel senso 2] **I agg. 1.** detto di poesia che esprime in modo immediato impressioni soggettive, sentimenti ed emozioni, che è ispirata e dettata da un'esperienza interiore: *componimento lirico, poeta lirico* || *per estens.* che condivide le caratteristiche, proprie della poesia lirica, di espressione di stati d'animo soggettivi, delicatezza, visione fantastica ecc.: *slancio lirico, ispirazione lirica; volo lirico,* spesso *iron.*, l'improvviso passaggio a un tono elevato o ispirato, in un componimento scritto, un discorso ecc. **2.** della poesia che nell'antica Grecia era recitata o cantata con l'accompagnamento della lira: *poesia lirica corale, poesia lirica monodica* **3.** detto della musica che comprende melodrammi e opere teatrali: *teatro lirico,* dove si rappresentano opere liriche; *stagione lirica,* il periodo in cui in un teatro si rappresentano opere liriche || di voce, di tipo puro, con timbro morbido e omogeneo nell'estensione: *tenore, soprano, baritono lirico* || **liricaménte avv.** con ispirazione lirica, con tono lirico **II sm.** (f. *-a*) poeta lirico: *il Petrarca è un gran lirico.*

lìrio (pl. *-ri*) [dal lat. tardo *lĭrion,* gr. *léirion*; 1953] **sm.** *T.bot.* giglio bianco.

liriodèndro [comp. del gr. *léirion,* giglio e *-dendro*; 1821] **sm.** *T.bot.* albero americano delle Magnoliacee con fiori simili a tulipani, coltivato nei giardini e come albero per viali; il suo legno leggero di colore giallo è usato in falegnameria || **N.** *Sin.* tulipifera.

lirìope [dal lat. *Liriope,* n. di una ninfa dall'aspetto di giglio; 1834] **sf. 1.** *T.bot.* pianta delle Liliacee, i cui tuberi sono impiegati in medicina **2.** *T.zool.* medusa marina degli Idrozoi caratterizzata da un ombrello con margine intero.

lirìsmo [dal fr. *lyrisme*; 1866] **sm. 1.** le qualità proprie della lirica **2.** tono lirico, esaltazione lirica || **N. 1.** *Sin.* liricità.

lirìsta [dal lat. *lyristēs,* gr. *lyristḗs*; a. 1642] **s.** *arc.* o *lett.* suonatore di lira; citarista, citaredo.

lirùro [comp. del gr. *lýra,* lira e *-uro*; 1967] **sm.** *T.zool.* uccello dei Galliformi il cui maschio ha la coda a forma di lira || **N.** *Sin.* fagiano di monte.

lìsca (pl. *-sche*) [lat. tardo *lisca*; a. 1320 nel senso 2] **sf. 1.** la spina dorsale del pesce, ciascuna delle sottilissime spine minori, e anche l'intero scheletro **2.** piccola scheggia legnosa che cade dal lino o dalla canapa durante la gramolatura **3.** *tosc.* piccola quantità **4.** *pop.* pronuncia difettosa della *s*: *parlare con la lisca* || *dim.* lischétta, lischettìna || **N. 1.** osso, resta, spina, vertebra.

liscétto [da *liscio²*; 1869] **sm.** *arc.* belletto, liscio.

liscézza [da *liscio¹*; sec. XV *lescezza*] **sf.** *raro* l'essere liscio, levigato || *fig.* scorrevolezza, fluidità, di versi, stile e sim. || **N.** *Sin.* levigatezza, politezza.

lìscia (pl. *-sce*) [da *lisciare*; sec. XV] **sf. 1.** *T.cart.* macchina a rulli per lucidare e stirare la carta **2.** *T.pell.* arnese usato un tempo nelle concerie per lisciare il cuoio **3.** *T.bal.* ciascuna delle rotaie su cui scorrono, nei loro diversi movimenti, le parti mobili degli affusti a deformazione delle artiglierie.

lisciaiòlo [da *lisciare*; 1988] **sm.** (f. *-a*) *T.tess.* colui che, nella filatura di lana o filati, si occupa della pulitura, spianamento e umidificazione del nastro dopo la pettinatura.

lisciaménto [da *lisciare*; 1304 nel senso 2] **sm. 1.** il lisciare, l'essere lisciato **2.** *fig.* adulazione || **N. 1.** *Sin.* levigamento, lisciata, lisciatura, pulitura **2.** *Sin.* adulazione, piaggiamento.

lisciàre (pres. *liscio*) [da *liscio¹*; a. 1311 nel senso 3] **tr. 1.** rendere levigata o distesa una superficie, spianarla o eliminarne le asperità passandovi sopra ripetutamente un mezzo adatto: *lisciare un tessuto, il legno* || *per estens.* accarezzare: *lisciare il pelo a un gatto*; di animale, leccare: *la gatta liscia i gattini* || *fig. lisciare una persona,* adularla, usare moine e piaggerie per ottenere favori **2.** *fig.* abbellire, rifinire con cura diligente **3.** *T.gioc.* nel tressette e nel bridge, giocare una carta, strisciandola sopra il tavolino da gioco, per segnalare al compagno di averne altre dello stesso colore **4.** *T.calc.* mancare la palla || **rifl.** ravviarsi, farsi pulito con cura eccessiva, spec. accomodarsi i capelli; di animale, leccarsi il pelo || **N. tr. 1.** *Sin.* distendere, levigare, pulire, spianare, stirare; adulare | **rifl.** *Sin.* agghindarsi.

lisciàta [da *lisciare*; a. 1566] **sf.** il lisciare una sola volta o in fretta || *fig.* adulazione, moina || *dim.* lisciatìna, spec. fig.

lisciatóio (pl. *-ói*) [da *lisciare*; 1803] **sm.** strumento per levigare || *in part.* arnese usato in epoca preistorica per levigare l'osso e la pietra.

lisciatóre [da *lisciare*; 1834] **sm.** (f. *-trìce*) operaio che nell'industria è addetto a operazioni di lisciatura di vario tipo.

lisciatrìce [da *lisciatore*; 1933] **sf.** macchina che esegue la lisciatura.

lisciatùra [da *lisciare*; 1659] **sf. 1.** cura eccessiva di un'opera o del proprio aspetto, il lisciare e il lisciarsi **2.** nell'industria, l'operazione di lisciare determinati materiali: *lisciatura della lana,* la rifinitura dopo la pettinatura || **N. 1.** *Sin.* lisciamento, lisciata.

lìscio¹ (pl. m. *-sci*; pl. f. *-sce*) [lat. volg. **lisius*; a. 1320] **agg. 1.** senza asperità, uniforme al tatto: *superficie liscia, pelle liscia; capelli lisci,* diritti, non ricciuti; *essere liscio come l'olio,* assolutamente piatto, detto spec. di distese d'acqua || *fig.* di bevanda, pura, senza aggiunte: *un whisky liscio,* senza acqua né selz; *un caffé liscio,* non corretto || *T.anat.* senza striature: *muscoli lisci* **2.** *fig.* piano, facile, senza ostacoli o intoppi: *è un affare liscio, è andato tutto liscio; la cosa non è liscia,* c'è sotto frode o malizia; *com. andare liscia,* non incontrare ostacoli o complicazioni: *ti è andata liscia; passarla liscia,* sfuggire a una punizione meritata, cavarsela senza danno || *passarla liscia a qualcuno,* perdonargli qualcosa, chiudere un occhio e non punirlo: *non posso passargliele tutte lisce!* || *andare per le lisce,* alla svelta, per le spicce || *liscio come l'olio,* senza il minimo intoppo || **lisciaménte avv.** *raro* in modo semplice || **N. 1.** *Sin.* levigato, morbido, piano, uniforme | *Contr.* aspro, irto, ispido, ruvido, scabro **2.** *Sin.* facile, semplice | *Contr.* complicato, imbrogliato.

lìscio² (pl. *-sci*) [da *lisciare*; a. 1313] **sm. 1.** *arc.* cosmetico, belletto **2.** *T.sport.* l'atto del mancare la palla sfiorandola **3.** *ballo liscio,* ballo tradizionale non sincopato, come il valzer o la mazurka, eseguito senz'alzare troppo i piedi da terra: *la Romagna è la terra del liscio* **4.** *loc. liscio e busso,* in frasi come *dare, fare un liscio e busso a qualcuno,* suonargliele, picchiarlo, spesso *scherz.*: *ti servirebbe un buon liscio e busso!*

liscìvia o **lisciva** [dal lat. *lixivia* (*cinis*); sec. XIV] **sf. 1.** ranno detergente a base di cenere usato un tempo per il bucato **2.** soluzione detergente, usata per lavare o sbiancare tessuti, a base di carbonato sodico, di idrossido di sodio o di potassio e sim.

lisciviàre (pres. *-scìvio*) [da *liscivia*; 1803] **tr. 1.** lavare con liscivia **2.** *T.chim.* separare con opportune tecniche dei componenti solubili da una sostanza solida.

lisciviatóre [da *lisciviare*; 1931] **I sm. 1.** (f. *-trice*) addetto alla produzione di liscivia o alle operazioni di lisciviazione o di lisciviatura **2.** macchina che esegue la lisciviazione o la lisciviatura **II agg.** *operaio lisciviatore; macchina lisciviatrice,* macchina per fare il bucato.

lisciviatrìce [da *lisciviare*; 1943] **sf.** macchina usata un tempo per fare il bucato.

lisciviatùra [da *lisciviare*; 1957] **sf. 1.** nella produzione della carta, trattamento degli stracci con agenti chimici (gen. sostanze alcaline) per decolorare e purificare le fibre cellulosiche **2.** lavaggio del cotone con liscivia.

lisciviazióne [da *lisciviare*; 1795] **sf.** *T.chim.* separazione, per mezzo di solventi, di uno o più componenti solubili da una massa solida.

liscóso [da *lisca*; 1630] ***agg.*** che ha molte lische || *fig. raro* di persona, molto magra, scheletrica.

lisèrgico (pl. *-ci*) [dall'ingl. *lysergic*; 1957] ***agg.*** *T.chim.* *acido lisergico,* acido organico ottenuto dagli alcaloidi della segale cornuta; i derivati sintetici dell'acido lisergico, fra cui l'L-SD, sono potenti allucinogeni.

liseuse (fr., pr. [li'zø:z]) [letter. lettrice; 1931] ***sf. inv.*** giacchettina o mantellina femminile, in genere di maglia di lana, da indossare a letto, quando si sta sollevati e appoggiati ai guanciali.

lìsi [dal gr. *lýsis,* liberazione; 1828 nel senso 2] ***sf. inv.*** **1.** *T.biol.* dissoluzione di microrganismi o cellule **2.** *T.med.* diminuzione lenta e progressiva della febbre || **N. 2.** *Contr.* crisi.

lìsi- V. LISO-.

-lìsi o **-lìsi** [dal gr. *lýsis,* scioglimento, soluzione] ***elem. term.*** che, in parole composte della terminologia scientifica, vale "soluzione", "scomposizione" (per es. *dialisi, elettrolisi, idrolisi*).

lisimàchia [dal lat. *lysimachia,* gr. *lysimachía,* dal n. proprio *Lysímachos,* re di Troia, suo presunto scopritore; prima metà sec. XIV] ***sf.*** *T.bot.* pianta erbacea delle Primulacee dai fiori bianchi, gialli o rossi riuniti in pannocchia || **N.** *Sin.* mazza d'oro, nummolaria.

lisìmetro [comp. di *lisi-* e *-metro*; 1987] ***sm.*** *T.geom.* apparecchio con il quale si sperimenta il comportamento di un terreno nei confronti dell'acqua piovana o di irrigazione, ad es. si misura la quantità di acqua perduta per evaporazione o per scorrimento.

lisìna [comp. di *liso-* e *-ina*; 1929] ***sf.*** **1.** *T.chim.* amminoacido presente in tutte le proteine, escluse quelle dei cereali **2.** *T.biol.* sostanza proteica, presente nel siero del sangue, che attacca i batteri.

lìso [lat. *ēlīsus*; a. 1735] ***agg.*** logoro, detto di stoffa, panno e sim.: *le maniche della camicia sono lise* || *fig. poet.* consumato, consunto: *da tanti dolori liso il cuore, ecco si ruppe* (Pascoli).

lìso- o **lìsi-** [dal gr. *lýsis,* scioglimento, soluzione] ***primo elem.*** che, in parole composte della terminologia scientifica, vale "soluzione", "scioglimento" (per es. *lisocitina, lisoformio*).

lisocitìna [comp. di *liso-,* gr. *kýtos,* propr. cavità (poi cellula, nella terminologia scientifica) e *-ina*; 1933] ***sf.*** sostanza organica che si forma nell'intestino e facilita l'assorbimento dei lipidi; svolge anche azione distruttrice dei globuli rossi del sangue.

lisofòrmio ® (pl. *-mi*) [comp. di *liso(lo)* e *form(aldeide)*; 1911] ***sm.*** *T.chim.* soluzione di sapone e aldeide formica, usata come disinfettante e come detersivo.

lisògeno [comp. di *liso-* e *-geno*; 1957] ***agg.*** *T.biol.* che provoca dissoluzione cellulare: *coltura lisogena,* coltura batterica che, sebbene attaccata dal batteriofago, resiste alla sua azione.

lisòlo [dall'ingl. *lysol*; 1957] ***sm.*** soluzione antisettica formata da cresolo grezzo e sapone ricavato dall'olio di lino; è velenosa e di colore scuro.

lisozìma [dall'ingl. *lysozym,* comp. di *lyso(l),* lisolo, e *(en)zym,* enzima; 1948] ***sm.*** *T.biol.* enzima batteriolitico presente in alcuni liquidi organici (per es. la saliva, le lacrime) e nei tessuti animali, caratterizzato da poteri analgesici e antibatterici.

lìssa[1] [dal gr. *lýssa,* rabbia; 1905] ***sf.*** *T.med. raro* idrofobia, rabbia.

lìssa[2] [forma dial. sett. di *liscia,* da *lisciare*; 1970] ***sf.*** *T.calz.* liscia, ferro speciale o macchina per lucidare cuoi o pellami. **TAV. *utensili* p. 1341** 31.4.

lìsso [dal gr. *lissós,* liscio; 1965] ***sm.*** insetto dei Curculionidi, dal corpo allungato e cilindrico, dannoso per vari tipi di coltivazioni.

lìsso- [dal gr. *lissós,* liscio] ***primo elem.*** che, in parole composte della terminologia scientifica, vale "liscio": **lissencèfalo, lissotrico.**

lissofobìa [comp. di *lissa*[1] e *-fobia*; 1908] ***sf.*** *T.med.* paura morbosa dell'infezione rabbica || **N.** patofobia.

lìsta [dal germ. **lista*; 1313] ***sf.*** **1.** striscia di carta, panno e sim. di forma stretta e allungata: *una lista di stoffa* **2.** *per estens.* riga, linea o segno a forma di lista, tracciato in colore diverso da quello dello sfondo: *i biglietti da lutto hanno una lista nera* || *T.arald.* cartiglio a forma di nastro, che porta all'interno il motto o il grido di guerra **3.** foglio di carta su cui è riportato un elenco di cose o persone e, *per estens.,* l'elenco stesso: *lista della spesa, degli invitati*; *lista dei cibi, delle vivande,* menù; *mettere nella lista,* includere in un elenco, o, *fig.,* annoverare tra gli altri, in una serie o categoria; *lista elettorale,* elenco degli elettori; *lista dei candidati,* elenco dei candidati presentati da ogni partito per le elezioni, da cui le espr. *essere in lista* o *mettersi in lista,* presentarsi alle elezioni; *scrutinio di lista,* computo dei voti ottenuti dalle varie liste di candidati, indipendentemente dalle preferenze riportate dai singoli candidati; *rappresentante di lista,* la persona incaricata da un partito di controllare lo svolgimento delle operazioni elettorali in un seggio; *liste di leva,* elenchi che contengono i nomi dei cittadini che devono assolvere gli obblighi di leva, compiendo entro l'anno i 18 anni; *lista di trasferimento,* elenco degli atleti che una società è disposta a cedere; *lista d'attesa,* negli aereoporti, elenco dei viaggiatori senza prenotazione che attendono si liberi qualche posto per partire; *lista nera,* elenco di persone ritenute sospette, nemiche o pericolose: *essere, mettere sulla lista nera* || *per estens.* conto, spec. lungo: *pagare la lista del macellaio* **4.** *lista civile,* nei regimi monarchici, l'appannaggio conferito ogni anno al sovrano per le spese personali || *dim.* listìna, listarèlla, listerèlla, listèllo (*sm.*), listìno (*sm.*); *accr.* listóna, listóne (*sm.*); *pegg.* listàccia || **N. 1.** *Sin.* STRISCIA **2.** *Sin.* linea, riga, tratto **3.** *Sin.* catalogo, conto, elenco, indice, nota, registro, ruolo.

listàre [da *lista*; 1321] ***tr.*** **1.** fregiare con una o più liste: *listare la carta di nero in segno di lutto* **2.** in legatoria, rinforzare un fascicolo con una striscia di tela **3.** *T.inform.* stampare o evidenziare sullo schermo una sequenza di dati **4.** *ant. ass.* trascrivere, annotare in una lista || ***intr. pron.*** *raro lett.* ornarsi di una lista.

listàto (*pps.* di *listare*) [inizio sec. XIV] **I** ***agg.*** segnato di liste: *foglio listato di nero*; *scherz. unghie listate a lutto,* sporche **II** ***sm.*** *T.inform.* *listato di un programma,* l'intera sequenza delle istruzioni che lo costituiscono, formulate nel linguaggio su cui il programma è stato scritto.

listèllo (*dim.* di *lista*) [1570] ***sm.*** *T.arch.* modanatura aggettante o rientrante a sezione rettangolare || *gen.* piccola striscia di legno che in una costruzione ha funzioni ornamentali o di rinforzo. **TAV. *architettura* p. 646** 1.8.

listìno (*dim.* di *lista*) [a. 1861] ***sm.*** *T.comm.* nota, elenco: *listino dei prezzi,* i prezzi correnti sul mercato per determinati prodotti; *listino di borsa* o *dei cambi,* elenco dei prezzi dei titoli e dei valori dei cambi, aggiornato quotidianamente.

-lìta V. -LITO[1] e -LITO[2].

litanìa [dal lat. *litania,* gr. *litanéia*; sec. XIII *letanie*] ***sf.*** **1.** spec. *pl.,* nella liturgia cattolica, preghiera composta da ripetute invocazioni a Dio, alla Madonna o ai santi: *recitare le litanie* **2.** *fig.* lunga e noiosa serie di nomi, filastrocca, sequela: *litania d'ingiurie* **3.** *arc.* processione || **N. 3.** *Sin.* letana.

litanìare (pres. *-ànio*) [da *litania*; a. 1854] ***intr.*** (aus. *avere*) *lett.* cantare, recitare litanie || *per estens.* parlare o cantare con ritmo lento e monotono.

litànico (pl. *-ci*) [da *litania*; a. 1956] ***agg.*** proprio della litania, relativo a litania, che ha forma o carattere di litania: *preghiera litanica.*

litantràce [comp. del gr. *líthos,* pietra e gr. *ánthrax,* carbone; 1563] ***sm.*** qualità, tra le migliori e più importanti, di carbon fossile, ad alta percentuale di carbonio ed elevato potere calorifico, di color nero e di aspetto compatto || **N.** antracite, *coke.*

litargìrio (pl. *-ri*) [dal lat. *lithargyrum,* gr. *lithárgyros*; a. 1313 *litargiro*] ***sm.*** minerale di color giallo o arancione, prodotto dall'ossidazione superficiale di minerali di piombo, usato nell'industria per fabbricare cristalli, smalti e vernici.

litchì (pr. [li'tʃi]) [dal cin. *li-chi*; 1721 *licie*] ***sm. inv.*** genere di piante dicotiledoni, legnose e sempreverdi, coltivate nell'Estremo Oriente, che danno un frutto di sapore dolce detto *prugna* o *susina cinese.*

lìte [lat. *lis, litis*; a. 1294 nel senso 2] ***sf.*** **1.** contesa concitata e violenta: *attaccar lite, la lite è scoppiata per un motivo futile* **2.** *T.giur.* controversia giudiziaria, sin. meno com. di *causa*: *intentar lite, essere in lite con qualcuno, comporre una lite* || **N. 1.** *Sin.* alterco, briga, contesa, LITIGIO **2.** *Sin.* piato, questione, vertenza, CAUSA.

-lite V. -LITO[1].

litìasi [dal gr. *lithíasis*; 1494] ***sf. inv.*** *T.med.* formazione di calcoli nella vescica, nelle vie biliari, nei reni || **N.** *Sin.* calcolosi.

liticàre e der. forme rare di LITIGARE e der.

lìtico[1] (pl. *-ci*) [dal gr. *lithikós,* relativo alla pietra; 1869] ***agg.*** di pietra: *armi litiche, industria litica,* le armi e gli utensili di pietra usati dai popoli preistorici.

lìtico[2] (pl. *-ci*) [dal gr. *lytikós*; 1957] ***agg.*** in biochimica, detto delle sostanze capaci di provocare la dissoluzione di cellule o microrganismi.

-lìtico[1] (pl. *-ci*) [dal gr. *lithikós,* relativo alla pietra] ***elem. term.*** che, nella terminologia della geologia, forma le denominazioni dei periodi dell'età della pietra (per es. *Eneolitico, Neolitico, Paleolitico*).

-lìtico[2] (pl. *-ci*) [dal gr. *lytikós,* atto a sciogliere] ***elem. term.*** che, in parole composte della terminologia scientifica, vale "che scioglie", "che dissolve" (per es. *cheratolitico, lipolitico*) || può formare, inoltre, gli agg. corrispondenti ai sostantivi in *-lisi* (per es. *elettrolitico, idrolitico*).

litigànte (*ppr.* di *litigare*) [sec. XIV] ***s.*** chi litiga, o chi è coinvolto in una lite giudiziaria || *prov. tra i due litiganti il terzo gode,* c'è sempre qualcuno che trae vantaggio dal disaccordo altrui || **N.** attore, avversario, convenuto, parti.

litigàre (pres. *lìtigo, lìtighi*) [dal lat. *litigāre*; a. 1294 nel senso 2] ***intr.*** (aus. *avere*) **1.** discutere, venire a contrasto con parole aspre e spesso pronunciate ad alta voce: *è uno che litiga con tutti, non voglio che litighiate* || rompere un rapporto: *da quando hanno litigato non si parlano più* || *hai litigato col barbiere?,* detto a chi ha capelli e barba incolti || detto di colori, abiti, arredamento, contrastare: *queste tinte litigano fra di loro* || *per estens.* armeggiare: *l'ubriaco litigava con la toppa della serratura* **2.** essere in lite, in controversia giudiziaria: *litigano da anni in tribunale per questioni d'interesse* || ***tr.*** *raro litigare a uno qualcosa,* contendere il possesso di qualcosa || ***rec.*** *fam.* venire a diverbio, bisticciare: *finisce sempre che si litigano per un nonnulla*; meno com. *litigarsi qualcosa*: *litigarsi il diritto di passare per primi, i bambini si litigano il gelato* || **N. *intr.*** *Sin.* abbaruffarsi, accapigliarsi, altercare, bisticciare, contendere, contrastare, disputare, gareggiare, provocarsi, questionare, rimbeccarsi, sfidarsi | attaccar briga, prendersi per i capelli, venire ai ferri corti, venire alle mani.

litigàta [da *litigare*; 1932 *leticata*] ***sf.*** litigio violento e prolungato: *che facciano una bella litigata e che si sfoghino!*

litighìno [da *litigare*; 1869] ***sm.*** (f. *-a*) *tosc.* persona litigiosa, che attacca lite per ogni minimo pretesto || **N.** *Sin.* attaccabrighe, litigone, rissoso.

litighìo (pl. *-ìi*) [da *litigare*; 1965] ***sm.*** *non com.* il litigare prolungato o frequente e rumoroso.

litìgio (pl. *-gi*) [dal lat. *litigium*; 1321 *letigio*] ***sm.*** vivace contesa a parole tra due o più persone || **N.** *Sin.* alterco, baruffa, battibecco, bega, bisticcio, briga, cagnara, chiassata, contesa, contrasto, controversia, discordia, discussione, disputa, dissidio, diverbio, gazzarra, lite, piazzata, questione, scenata | attizzare, calmare, fomentare, provocare, quietare, seminare, sopire, suscitare.

litigiosità [da *litigioso*; 1900] ***sf.*** **1.** l'essere litigioso, carattere di una persona litigiosa **2.** *T.giur.* condizione di ciò che è sottoposto a una controversia giudiziaria || in statistica giudiziaria, il rapporto tra il numero delle cause civili e la popolazione media in un dato periodo: *litigiosità in materia di locazione.*

litigióso [da *litigio*; a. 1342] ***agg.*** **1.** che litiga spesso e volentieri **2.** *T.giur.* che è soggetto a lite, che è controverso: *diritti litigiosi* || **litigiosaménte** ***avv.*** con spirito litigioso.

litigóne [da *litigare*; a. 1686] ***sm.*** chi per carattere ama litigare e cerca continuamente contrasti || **N.** LITIGHINO.

lìtio [dal gr. *líthe(i)os*, petroso; 1821] ***sm.*** *T.chim.* elemento chimico del gruppo dei metalli alcalini, bianco-argenteo, leggerissimo, usato per la fabbricazione di leghe; i suoi sali sono impiegati per curare affezioni urinarie e per prevenire stati di eccitazione o depressione.

litióso [da *litio*; 1957] ***agg.*** *T.chim.* che contiene litio.

litisconsòrte [dalla loc. lat. *litis consortes*, persone coinvolte in una lite; 1952] ***s.*** *T.giur.* chi ha una controversia giudiziaria con altre persone, come attore o come convenuto.

litisconsòrzio (pl. *-zi*) [comp. del lat. *consortium*, consorzio e *litis*, della lite; 1902] ***sm.*** *T.giur.* presenza in un processo di più persone, come attori (*litisconsorzio attivo*) o come convenuti (*litisconsorzio passivo*).

litispendènza [dal lat. tardo *litispendentia*; 1931] ***sf.*** *T.giur.* situazione processuale per cui in due processi diversi viene proposta la stessa causa.

lìto [dal lat. *litus*; 1313] ***sm.*** *ant.* e *lett.* lido; *per meton.* mare: *il lito rubro* (Dante) || *poet.* paese.

lìto- [dal gr. *líthos*, pietra] ***primo elem.*** che, in parole composte dotte e della terminologia scientifica, vale "roccia", "pietra", "calcare" (per es. *litofita, litografia, litologia*).

-lito[1] o **-lite** (o, meno com., *-lita*) [dal gr. *líthos*, pietra] ***elem. term.*** che, in parole composte della terminologia mineralogica, vale "pietra", "roccia", "calcare" (per es. *criolite, monolito*).

-lito[2] o **-lita** [dal gr. *lytós*, solubile] ***elem. term.*** che, in parole composte della terminologia scientifica, vale "atto a scomporsi nei propri componenti o a trovarsi in soluzione" (per es. *anfolito, elettrolito*).

litòbio (pl. *-bi*) [comp. del gr. *líthos*, pietra e gr. *bíos*, vita; 1834] ***sm.*** *T.zool.* genere di miriapodi chilopodi che vivono al buio sotto i sassi o sotto i tronchi abbattuti e si nutrono di insetti cacciati durante la notte.

litoceràmica [comp. di *lito-* e *ceramica*; 1957] ***sf.*** ceramica molto resistente e impermeabile, impiegata per piastrellature || **N.** *Sin.* grès.

litòclaṣi [comp. di *lito-* e *-clasi*; 1940] ***sf. inv.*** *T.geol.* frattura o fenditura delle rocce, provocata da spostamenti tettonici || **N.** diaclasi, faglia, leptoclasi.

litocromìa [comp. di *lito(grafia)* e *-cromia*; 1834] ***sf.*** stampa litografica a due o più colori || **N.** *Sin.* cromolitografia.

litodiàliṣi [comp. di *lito-* e *dialisi*; 1970] ***sf.*** *T.med.* terapia per la dissoluzione dei calcoli vescicali.

litòdomo [dal gr. *lithodómos*, costruttore; 1834] ***sm.*** genere di molluschi capaci di scavare gallerie nelle rocce calcaree, in cui si nascondono, caratterizzati da una conchiglia allungata di colore scuro; tra di essi, il dattero di mare.

litòfaga [comp. di *lito-* e *-fago*; 1957] ***sf.*** litodomo.

litòfago (pl. *-gi*) [comp. di *lito-* e *-fago*; 1771] ***agg.*** detto di animale, spec. mollusco, in grado di perforare la roccia calcarea.

litofanìa [comp. di *lito-* e *-fania*, dal gr. *pháinein*, apparire; 1891] ***sf.*** **1.** tecnica di decorazione in trasparenza su porcellana o vetro opaco, visibile in controluce **2.** in molte religioni, apparizione della divinità sotto forma di pietra.

litòfita [comp. di *lito-* e *-fita*; 1813] ***sf.*** *T.bot.* pianta che cresce sulla roccia.

litòfono [comp. di *lito-* e *-fono*; 1957] ***sm.*** denominazione generica di strumenti musicali a percussione, diffusi in Estremo Oriente e costituiti da lastre di pietra sostenute da una sbarra di legno, disposte in serie secondo l'intonazione.

litofotografìa [comp. di *lito-* e *fotografia*; a. 1860] ***sf.*** fotolitografia.

litogèneṣi [comp. di *lito-* e *genesi*; 1839] ***sf. inv.*** *T.geol.* parte della geologia che studia la formazione e le origini delle rocce.

litogenètico (pl. *-ci*) [da *litogenesi*; 1970] ***agg.*** relativo alla litogenesi.

litoglifìa (pr. [litogli'fia]) [dal gr. *lythoglyphía*; 1499] ***sf.*** **1.** arte di incidere pietre preziose **2.** *T.tip.* tecnica con cui si ottengono matrici tipografiche in pietra di notevole finezza e precisione.

litòglifo (pr. [li'tɔglifo]) [da *litoglifia*; 1834] ***agg.*** **1.** incisione su pietra **2.** pietra incisa.

litografàre (pres. *-ògrafo*) [da *litografia*; a. 1836] ***tr.*** riprodurre con procedimento litografico.

litografìa [comp. di *lito-* e *-grafia*; 1819] ***sf.*** **1.** sistema di stampa consistente nel riprodurre scritti o disegni tracciati su una superficie piana, un tempo una lastra di pietra, ora di zinco e di alluminio, che trattiene l'inchiostro **2.** lo scritto o il disegno così riprodotto: *ho comprato una bella litografia* || l'officina litografica || **N.** **1.** *Sin.* planografia. **Q.T.** *stampa..., tipografia.*

litogràfico (pl. *-ci*) [da *litografia*; 1833] ***agg.*** relativo alla litografia o che serve, che è atto per la litografia: *inchiostro litografico* || **litograficaménte** ***avv.*** con procedimento litografico.

litògrafo [comp. di *lito-* e *-grafo*; 1828] ***sm.*** (f. *-a*) chi esercita l'arte della litografia o è addetto alle operazioni di litografia.

litòide [dal gr. *lithoeidḗs*; 1869] ***agg.*** *T.scient.* che ha aspetto simile alla pietra: *minerale litoide.*

litolàtra [comp. di *lito-* e *-latra*; 1957] ***agg.*** e ***s.*** che, chi pratica la litolatria: *tribù litolatra.*

litolatrìa [comp. di *lito-* e *-latria*; 1957] ***sf.*** adorazione di feticci di pietra.

litolàtrico (pl. *-ci*) [da *litolatria*; 1957] ***agg.*** relativo alla litolatria e ai litolatri.

litòliṣi [comp. di *lito-* e *-lisi*; 1970] ***sf.*** *T.med.* scioglimento dei calcoli.

litologìa [comp. di *lito-* e *-logia*; 1660] ***sf.*** *T.scient.* parte della geologia che studia la natura, l'origine, la struttura e le qualità delle rocce || **N.** *Sin.* petrografia. **Q.T.** *mineralogia.*

litològico (pl. *-ci*) [da *litologia*; 1779] ***agg.*** che concerne la litologia o le rocce: *studi litologici.*

litòlogo (pl. *-gi*) [comp. di *lito-* e *-logo*; a. 1783] ***sm.*** (f. *-a*) studioso di litologia || **N.** geologo.

litopóne [dal fr. *lithopone*; 1934] ***sm.*** *T.chim.* miscela bianca di solfuro di zinco e solfato di bario usata come colorante per vernici, colori e inchiostri.

litoràle (non com. *littoràle*) [dal lat. *litorālis*; a. 1498 come agg.] **I** ***sm.*** zona costiera: *il litorale adriatico* **II** ***agg.*** *T.scient.* che si forma o si trova lungo la zona costiera: *deposito, fauna litorale.*

litoràneo (non com. *littoràneo*) [da *lito*; 1321 *litorano*] **I** ***agg.*** del litorale, che si trova lungo il litorale: *zona, popolazione litoranea* **II** ***sf.*** *litoranea*, strada o ferrovia litoranea.

litorìna o **littorìna**[2] [dal lat. *lītus, litoris*, litorale; 1930] ***sf.*** *T.zool.* mollusco dei Gasteropodi che vive nei litorali, aderendo alle rocce bagnate e soggette ai flussi delle maree.

litosfèra [comp. di *lito-* e *sfera*; 1934] ***sf.*** *T.scient.* la parte solida esterna della crosta terrestre. **Q.T.** *geologia.*

litostratigrafìa [comp. di *lito-* e *stratigrafia*; 1970] ***sf.*** *T.geol.* studio della stratificazione dei terreni, basato sulle caratteristiche fisiche delle rocce.

litostratigràfico (pl. *-ci*) [comp. di *lito-* e *stratigrafico*; 1970] ***agg.*** *T.geol.* relativo alla litostratigrafia.

litostròto [dal lat. *lithostrōtum*, gr. *lithóstrōtos*; a. 1498] ***sm.*** *T.archeol.* pavimento a mosaico diffuso nell'antichità greca e romana, costituito da pezzi di pietra o marmo colorati, inseriti su un fondo calcareo bianco.

litòte [dal gr. *litótēs*; 1526 *liptote*] ***sf.*** *T.ret.* figura con la quale per affermare un'idea si nega l'idea contraria: *non era nato con un cuor di leone*, era una persona pavida; *non è un'aquila*, non ha ingegno pronto; *ingegno non comune*, raro ingegno.

litotèca [comp. di *lito-* e *teca*; 1952] ***sf.*** raccolta di minerali.

litotècnica [comp. di *lito-* e *tecnica*; 1970] ***sf.*** nelle culture preistoriche, tecnica di lavorazione della pietra.

litotomìa [dal lat. tardo *lithotŏmia*, gr. *lithotomía*; 1660] ***sf.*** *T.chir.* operazione chirurgica per asportare i calcoli che si formano nell'apparato urinario.

litotomìsta [da *litotomia*; a. 1726] ***s.*** in passato, chirurgo specializzato nell'operazione di litotomia.

litòtomo [dal gr. *lithotómos*; 1834] ***sm.*** *T.chir.* lo strumento chirurgico che serve per la litotomia.

litotripsìa o **litotrìssi** [comp. del gr. *líthos*, pietra e gr. *trîpsis*, triturazione; 1879] ***sf.*** *T.chir.* operazione chirurgica che consiste nel frantumare i calcoli delle vie urinarie, consentendone l'eliminazione per via naturale: *litotripsia ultrasonica*, intervento che frantuma i calcoli per mezzo di ultrasuoni || *litotripsia extracorporea*: procedura complessa che evita l'approccio endoscopico, in cui si utilizzano onde d'urto elettro-idrauliche generate da scariche elettriche sott'acqua di intensità tale da non danneggiare l'organismo del paziente.

litotritóre [dal fr. *lithotriteur*; 1940] ***sm.*** *T.chir.* asta metallica con tenaglia atta a compiere la litotripsia tradizionale.

Litràcee [comp. del gr. *lýthron*, macchia di sangue e *-acee*; 1934] ***sf. pl.*** *T.bot.* famiglia di piante dicotiledoni coltivate come piante ornamentali; tra di essi la lagerstroemia.

lìtro [dal fr. *litre*; 1802] **sm. 1.** misura di capacità corrispondente al volume occupato da 1 kg di acqua distillata alla temperatura di 4 °C, cioè a un dm^3 **2.** *per estens.* quantità di liquido corrispondente: *bere un litro di vino, comprare un litro di latte* **3.** recipiente della capacità di un litro, in vetro, metallo o altro materiale: *l'oste ritirò il mezzo litro ormai vuoto* ‖ **N. 1.** centilitro, chilolitro, decalitro, decilitro, ettolitro.

-litro [da *litro*] **elem. term.** che, in metrologia, forma le denominazioni di multipli e sottomultipli del litro (per es. *decilitro, ettolitro*).

littoràle e der. forme non com. di LITORALE e der. (v.).

littóre [dal lat. *lictor, -ōris*; sec. XIV] **sm. 1.** *T.stor.* nell'antica Roma, guardia che aveva il compito di accompagnare le autorità civili e militari, reggendo il fascio littorio **2.** nel periodo fascista, titolo che spettava ai vincitori dei littoriali.

littoriàle [da *littorio*; 1926] **agg.** del fascio littorio, come simbolo del fascismo: *ludi littoriali* o come *sm. pl. i littoriali*, gare sportive o culturali organizzate nel periodo fascista a cui partecipavano gli studenti universitari.

littorìna^1 [da *littorio*; 1935] **sf.** *disus.* automotrice ferroviaria con motore diesel.

littorìna^2 V. LITORINA.

littòrio (pl. *-ri*) [dal lat. *lictorius*; 1562] **I agg.** del fascio di verghe, con in mezzo una scure, che era l'insegna dei littori romani e che divenne simbolo del fascismo ‖ *per estens.* del partito fascista: *casa littoria* **II sm.** il partito fascista: *Gioventù Italiana del Littorio.*

lìtra [dal gr. *lítra*; 1988] **sf.** *T.num.* unità ponderale, e anche monetaria, delle colonie greche della Sicilia e dell'Italia meridionale, corrispondente al latino *libra.*

lituàno [dal lituano *lietuvà*, Lituania; a. 1869] **I agg.** della Lituania **II sm. 1.** (f. *-a*) abitante o nativo della Lituania **2.** (solo *sing.*) lingua indoeuropea del gruppo baltico parlata in Lituania.

lìtuo [dal lat. *lituus*; sec. XIV] **sm.** *T.stor.* **1.** bastone ricurvo usato dagli auguri etruschi per delimitare lo spazio riservato alle cerimonie religiose **2.** strumento musicale a fiato simile alla tromba, che veniva usato dall'esercito romano come tromba per la cavalleria.

litùra [dal lat. *litūra*; 1528] **sf. 1.** presso gli antichi Romani, la cancellazione di uno scritto effettuata spianando nuovamente la cera o scalpellandolo, nel caso di un'iscrizione sulla pietra **2.** *T.filol.* cancellatura sui codici.

liturgìa (pl. *-gìe*) [dal lat. tardo *liturgia*; 1587] **sf. 1.** l'insieme e l'ordinamento di tutti i riti e di tutte le cerimonie del culto, e la scienza di tali riti e cerimonie: *liturgia cattolica, ortodossa, buddista* **2.** *T.stor.* nell'antica Grecia, spese per servizi di pubblica utilità che la legge imponeva ai cittadini ricchi ‖ **N. 1.** cerimoniale, culto, rito, rituale. **Q.T.** *religione.*

litùrgico (pl. *-ci*) [da *liturgia*; a. 1745] **agg.** che riguarda o appartiene alla liturgia: *libro liturgico; lingua liturgica*, usata per le cerimonie religiose; *musica liturgica*, musica sacra; *dramma liturgico*, specie di sacra rappresentazione in occasione di ricorrenze importanti ‖ **liturgicaménte avv.** secondo la liturgia.

liturgista [da *liturgia*; 1768] **s.** studioso di liturgia.

litùrgo (pl. *-ghi* o *-gi*) [dal gr. *leitourgós*, servo pubblico; 1821] **sm.** nell'antica Grecia, ricco cittadino tenuto a sovvenzionare opere di pubblico interesse.

liutàio (pl. *-ài*) [da *liuto*; 1640 *liutaro*] **sm.** (f. *-a*) fabbricante e riparatore di liuti, violini e simili strumenti a corda.

liuterìa [da *liuto*; 1878] **sf. 1.** arte del liutaio **2.** laboratorio del liutaio.

liutìsta [da *liuto*; 1581] **s.** chi suona il liuto.

liùto [dall'ar. *al'ūd*, attr. il fr. ant. *leüt*; a. 1292] **sm.** strumento a corde di origine araba, diffuso in Europa nel Medioevo e nel Rinascimento, costituito da una cassa armonica convessa con un foro centrale e un manico su cui sono tese corde in numero variabile. **TAV. *musica* p. 1325** 4.

livàrda [dal fr. *livarde*; 1889] **sf.** balestrone.

live (ingl., pr. [laɪv]) [letter. vivo; 1979] **agg.** *inv.* detto di registrazione discografica effettuata dal vivo, cioè durante un'esibizione con pubblico, e non in studio: *una raccolta live dei Beatles.*

livèlla [lat. *libĕlla*; a. 1504] **sf.** strumento per riscontrare l'orizzontalità di un piano e misurarne l'inclinazione; *livella a bolla d'aria* (o *livella torica*), regolo di legno o di metallo munito di una fiala di vetro riempita di alcol o etere in modo che rimanga libero uno spazio in cui si raccolgono i vapori del liquido (la cosiddetta *bolla d'aria*); se la bolla è centrale rispetto alle tacche incise sul regolo, il piano su cui esso poggia è orizzontale ‖ **N.** livello, traguardo | ad acqua, a bolla d'aria, a cannocchiale. **TAV. *geografia*** 2; ***astronomia* p. 656** 8.2; ***edilizia* p. 666** 12.14.

livellaménto [da *livellare*^{1}; 1598] **sm.** l'insieme delle operazioni per rendere piana una superficie: *livellamento del terreno* ‖ *fig.* appiattimento, perlopiù come riduzione dei livelli più alti ai più bassi: *livellamento dei salari.*

livellàre^1 (pres. *-èllo*) [da *livella*; sec. XVI] **tr. 1.** ridurre una superficie allo stesso piano, togliendo le sporgenze e colmando gli avvallamenti: *livellare una piazza, un orto* **2.** *fig.* eguagliare, porre sullo stesso piano: *livellare le diseguaglianze sociali, la morte livella tutti* **3.** misurare col livello, per conoscere le differenze di altezza tra due punti ‖ **intr. pron. 1.** mettersi allo stesso livello: *l'acqua nei vasi comunicanti si è livellata* **2.** *fig.* equilibrarsi: *le spese si livellano con le entrate* ‖ **N. tr. 1.** *Sin.* appianare, appiattire, pareggiare, spianare **2.** *Sin.* eguagliare, equilibrare, uguagliare, uniformare.

livellàre^2 (pres. *-èllo*) [da *livello*^{2}; a. 1547] **tr.** *T.giur.* concedere in usufrutto una terra mediante un contratto di livello.

livellàre^3 [da *livello*^{1}; a. 1519] **agg.** relativo al livello^1.

livellàre^4 [da *livello*^{2}; 1871] **agg.** relativo al livello^2.

livellàrio (pl. *-ri*) [da *livello*^{2}; a. 1250 come sm.] **I agg.** di livello, dato a livello (v. LIVELLO^2): *fondo livellario* **II sm.** (f. *-a*) assegnatario di terreni a livello.

livellatóre [da *livellare*^{1}; 1740] **sm.** (f. *-trìce*) e **agg. 1.** chi o che compie operazioni di livellamento **2.** *fig.* chi o che vuole pareggiare o equilibrare: *provvedimento livellatore delle retribuzioni.*

livellatrìce [da *livellare*^{1}; 1950] **sf.** macchina che si adopera per livellare i terreni.

livellatùra [da *livellare*^{1}; 1586] **sf.** *non com.* livellamento o livellazione.

livellazióne [da *livellare*^{1}; 1528] **sf.** *T.top.* operazione volta a determinare la differenza di livello tra due punti del terreno.

livellétta [da *livello*^{1}; a. 1873] **sf.** tratto di strada, linea ferroviaria o sim. che presenta pendenza costante.

livèllo^1 [da *livellare*^{1}; a. 1494 nel senso 5] **sm. 1.** quota di un piano orizzontale rispetto a un altro piano di riferimento, o, genericamente, altezza di un punto rispetto a una superficie: *a livello del suolo; passaggio a livello*, l'attraversamento di una ferrovia con una strada sullo stesso piano dei binari; *livello del mare*, quello intorno a cui si compiono le oscillazioni della superficie libera del mare e che è assunto come punto di riferimento nelle misurazioni altimetriche, da cui le espr. *essere sopra, sotto il livello del mare; curva* o *linea di livello*, nelle carte e nei grafici statistici, isoipsa, curva che unisce i punti che hanno la stessa altezza o rappresentano lo stesso valore; *livello di guardia, di sicurezza*, il punto oltre il quale c'è il rischio di un'inondazione o di uno straripamento, e *fig.* il punto oltre il quale un fenomeno diventa pericoloso **2.** *T.scient.* valore assoluto o relativo di una grandezza: *livello sonoro, energetico* **3.** *fig.* grado, condizione, valore, qualità: *una preparazione di buon livello, il livello degli interventi è stato deludente; essere, mettere allo stesso livello*, alla pari; *mettersi al livello di qualcuno*, adattarsi al suo valore; *livello culturale, sociale*, grado di sviluppo; *livello di vita*, tenore ‖ *T.econ. livello dei prezzi, dei cambi*, valore medio; *livello produttivo, occupazionale*, la misura della produzione o dell'occupazione ‖ *T.bur. livello retributivo*, posizione di un dipendente ai fini del calcolo dello stipendio ‖ grado, rango, qualifica di chi partecipa a incontri e sim.: *riunione ad alto livello, vertice a livello di capi di stato* **4.** *fig.* piano su cui è affrontato o considerato un fenomeno o un problema; freq. la loc. *a livello*: *a livello teorico, a livello di interventi concreti* ‖ *T.ling. livello di lingua*, registro, varietà di lingua usata a seconda della cultura propria e dell'interlocutore, della situazione ecc. **5.** strumento topografico per determinare linee di mira orizzontali.

livèllo^2 [lat. *libellus*; sec. XIII *libellu*] **sm.** tipo di contratto agrario diffuso nel Medioevo, per cui un terreno era concesso in godimento temporaneo a determinate condizioni ‖ *per estens.* il documento del contratto di livello e il compenso pattuito ‖ **N.** allivellare | allivellazione.

lividàstro [da *livido*; 1779] **agg.** di colore sgradevolmente livido.

lividézza [da *livido*; a. 1406] **sf.** l'essere livido, aspetto di ciò che è livido: *la lividezza del cielo nuvoloso.*

lividìccio (pl. m. *-ci*; pl. f. *-ce*) [da *livido*; sec. XVI] **agg.** che ha del livido, lividastro, lividigno.

lividìgno [da *livido*; inizio sec. XIV] **agg.** di colore, che tende al livido.

lìvido [lat. *lividus*; 1313] **I agg.** di colore tra il verdastro e il viola, che assume la pelle di una persona per il freddo, per percosse, per uno stato di malessere ecc.: *faccia livida, mani livide per il freddo* ‖ *per estens.*, di cosa, di un colore plumbeo, nerastro, freddo: *la livida palude* (Dante), *cielo livido* ‖ *fig.* di persona, di un pallore smorto: *livido di collera, d'invidia* ‖ *fig.* pieno di livore, astioso: *certe livide insinuazioni* ‖ **lividaménte avv.** con livore **II sm.** macchia livida sulla pelle, per effetto di percosse, cadute e sim.: *si è fatto un grosso livido sulla gamba* ‖ **N. I** *Sin.* bluastro, paonazzo, violaceo **II** *Sin.* contusione, ecchimosi, lividura.

lividóre [da *livido*; a. 1342] **sm. 1.** *lett.* aspetto, colore di ciò che è livido **2.** *ant.* livore.

lividùme [da *livido*; a. 1735] **sm.** *non com.* l'insieme di più lividi, livido diffuso.

lividùra [da *livido*; sec. XIV] **sf.** macchia livida, spec. di natura traumatica; ecchimosi.

livóre [dal lat. *livor, -ōris*; a. 1292] **sm.** *lett.* **1.** rancore invidioso, astio velenoso e maligno: *un'occhiata carica di livore* **2.** *arc.* livido, lividore ‖ **N. 1.** *Sin.* astio, INVIDIA.

livornése [dal n. geogr. *Livorno*; 1860] **I agg.** di Livorno: *razza livornese*, pregiata razza di polli; *alla livornese*, particolare modo di cottura del pesce in umido (con aglio, cipolla, pepe, olio e pomodoro) **II s.** abitante di Livorno ‖ **N. II** *Sin.* labronico.

livoróso [da *livore*; a. 1686] **agg.** *arc.* invidioso.

livrèa [dal fr. *livrée*; a. 1424] **sf. 1.** uniforme

di particolare forma e colore portata un tempo dai dipendenti di una famiglia signorile: *maggiordomo in livrea* || *per meton.* servitore in livrea **2.** *T.zool.* l'aspetto dei colori dei tessuti di rivestimento di molti animali e in part. del piumaggio degli uccelli: *livrea estiva, autunnale* || **N. 1.** assisa, divisa, uniforme | SERVITÙ.

livreàto [da *livrea*; a. 1907] ***agg.*** *raro* che porta la livrea.

lìzza^1 [dal fr. *lice*; a. 1388 nel senso 2] ***sf.*** **1.** recinto dentro il quale si facevano tornei, gare ecc. **2.** *per meton.* gara, combattimento || *fig. entrare, scendere in lizza,* entrare in gara, prendere parte a una contesa o discussione.

lìzza^2 [lat. tardo *helcia,* gr. *hélkein,* tirare; 1905] ***sf.*** sorta di robusto telaio di legno a forma di slitta, usato per trasportare a valle i blocchi di marmo dalle cave delle Alpi Apuane.

lìzza^3 [dallo sp. *lija*; 1565] ***sf.*** leccia^2.

lizzàre [da *lizza*^{2}; a. 1912] ***tr.*** trasportare i blocchi di marmo su una lizza.

lizzatùra [da *lizzare*; 1954] ***sf.*** trasporto dei blocchi di marmo sulle lizze.

llano (sp., pr. ['ʎano]; pl. *llanos,* pr. ['ʎanɔs]) [letter. pianura; 1862] ***sm.*** in America Centrale e Meridionale, savana, pianura ricoperta da vaste distese erbose, senza arbusti.

lo^1 (pr. [lo]) (pl. *gli*) [lat. (*il*)*lu*(*m*), quello; 1224 ca.] ***art. det. m. sing.***; per la sua funzione nella frase e nel discorso v. IL; si usa davanti a vocale nella forma con elisione *l'*: *l'amico*; davanti alle semivocali: *lo Ionio*; davanti alla *s* seguita da consonante, a *z, x, gn, ps*: *lo studio, lo zaino, lo gnomi, lo psicologo*; sopravvivono nella lingua moderna locuzioni che rispecchiano il più libero uso antico: *per lo più, per lo meno* || unito alle prep. semplici forma le prep. articolate: *allo, dallo, dello, nello, sullo*; *disus.* e *poet. collo, pello.*

lo^2 (pr. [lo]) [lat. (*il*)*lu*(*m*), quello; sec. XII] ***pron. pers. m.*** di terza pers. *sing.* **1.** forma atona della declinazione del pron. m. di terza pers. *egli, lui,* usata come compl. oggetto, riferita a persona o a cosa || può occupare una posizione sia proclitica (*lo penso*) sia enclitica, posposta all'interiezione *ecco* e ai verbi di modo imperativo, infinito e gerundio: *eccolo, prendilo*; raddoppia la consonante iniziale quando si unisce a voce tronca del verbo: *dillo, fallo* **2.** in alcuni casi vale *ciò, questo, quello,* con valore anaforico o deittico: *l'uomo di cui parlano non lo conosco proprio*; o con valore cataforico: *lo sai che non dovresti bere tanto* || sim. col verbo *essere,* in funzione predicativa e anaforica, vale *tale*: *i nostri sono corretti, ma gli avversari non lo sono.*

lob (ingl., pr. [lɒb]) [da to *lob,* lanciare in alto ad arco; 1930] ***sm. inv.*** *T.sport.* nel tennis, il colpo che in italiano si chiama *pallonetto.* **Q.T.** *tennis.*

lobàre [da *lobo*; 1834] ***agg.*** relativo al lobo || a forma di lobo || costituito da lobi.

lobàto [da *lobo*; 1802] ***agg.*** fatto a lobo, conformato a lobi: *foglia lobata.*

lòbbia [dal lomb. *lobia,* con influsso del n. proprio C. *Lobbia,* deputato che era solito portare un cappello di tale foggia; 1905] ***sf.*** cappello di feltro da uomo, semirigido, con un'infossatura nella cupola e tesa larga con bordo rialzato: *un cappello a lobbia, una lobbia nera.*

lobbìsta [da *lobby*; 1953] ***s.*** chi fa parte di una lobby e ne cura gli interessi.

lobby (ingl., pr. ['lɒbɪ]; pr. it. ['lɔbbi]) [letter. passaggio coperto, dal lat. mediev. *lambia,* loggia; 1929 nel senso 2] ***sf. inv.*** **1.** gruppo di interesse che, servendosi anche di pressioni illecite su funzionari pubblici e uomini politici, riesce a far varare provvedimenti legislativi o amministrativi a proprio favore: *la lobby nucleare* **2.** nelle banche, salone dove si svolgono le principali operazioni agli sportelli.

lobbying (ingl., pr. ['lɒbɪɪŋ]) [da *lobby*; 1988] ***sm.*** *T.pol.* organizzazione, attività di persone che, senza appartenere a un corpo legislativo e senza incarichi di governo, cercano di influenzare le decisioni della pubblica amministrazione o di esercitare pressioni anche illecite su uomini politici o funzionari dello Stato, per ottenere provvedimenti a proprio favore.

lobectomìa [comp. di *lob*(*o*) e *-ectomia*; 1957] ***sf.*** *T.med.* intervento chirurgico con il quale si asportano uno o più lobi di un organo.

lobèlia [dal n. proprio M. de *Lobel,* botanico belga; 1834] ***sf.*** pianta erbacea officinale dell'America del Nord; alcune specie sono coltivate a scopo ornamentale per i fiori a grappoli variamente colorati.

Lobeliàcee [comp. di *lobelia* e *-acee*; 1934] ***sf. pl.*** *T.bot.* famiglia di piante erbacee tropicali dicotiledoni, il cui succo ha poteri medicinali.

lobelìna [da *lobelia*; a. 1862] ***sf.*** alcaloide estratto da una pianta del genere lobelia, usato come rimedio efficace contro l'asma e la dispnea per la sua proprietà di agire sull'apparato respiratorio.

lòbo [dal gr. *lobós*; 1697] ***sm.*** **1.** *T.biol.* e *T.anat.* porzione rotondeggiante di un organo, delimitata da scissure, solchi o divisioni: *un lobo del cervello, un lobo delle foglie* || *il lobo dell'orecchio,* la porzione inferiore del padiglione auricolare che viene talvolta forata per portare orecchini **2.** *T.arch.* in alcuni stili, come il gotico o il moresco, piccolo arco all'interno di un arco più grande o di un occhio circolare || *dim.* lobètto, lòbulo. **Q.T.** *anatomia* **TAV.** ***anatomia*** **p. 642** 12.6.

lobodónte [comp. del gr. *lobós,* e *-odonte*; 1967] ***sm.*** *T.zool.* foca con pelliccia bianco-gialliccia a macchie grigie che vive in Australia || **N.** *Sin.* foca mangiagranchi.

lobotomìa [comp. di *lobo* e *-tomia*; 1957] ***sf.*** *T.med.* taglio di una parte delle fibre di un lobo cerebrale, solitamente il frontale, praticato nel trattamento di alcune malattie mentali; oggetto di aspre polemiche, è attualmente proibito in alcuni stati.

lobotomizzàre [da *lobotomia*; 1983] ***tr.*** *T.med.* sottoporre a lobotomia.

lobulàre^1 [da *lobulo*; 1834] ***agg.*** proprio del lobulo, relativo al lobulo; formato da lobuli.

lobulàre^2 (pres. *lòbulo*) [da *lobulo*; 1970] ***tr.*** dividere in più lobuli.

lòbulo (*dim.* di *lobo*) [1834] ***sm.*** piccola porzione di un organo a forma di lobo: *lobuli epatici.* **TAV.** ***anatomia*** **p. 642** 12.7.

locàle^1 [lat. tardo *locālis*; a. 1294] ***agg.*** **1.** di luogo: *memoria locale* o *visiva,* che ricorda in modo particolare la disposizione dei luoghi e rammenta gli oggetti in base alla loro collocazione spaziale **2.** proprio di un luogo, limitato a una zona: *popolazione locale, prodotti locali* || *stampa locale,* non a diffusione nazionale, che si occupa dei fatti di provincia || *ente locale,* che ha giurisdizione su una parte limitata del territorio nazionale || *colore locale,* gli aspetti caratteristici e pittoreschi di un luogo || *treno locale,* che fa servizio su un breve percorso || *in part.* che riguarda una parte limitata del corpo umano: *pomata per uso locale, anestesia locale* || *loc. fig. far mente locale,* concentrarsi su un dato punto o argomento || in contrapposizione a *globale,* che riguarda un aspetto singolo di un sistema complesso: *anomalia locale*; *T.inform. variabile locale,* il cui uso è limitato a una parte del programma || **localménte** ***avv.*** sul luogo, in una parte determinata: *farmaco che agisce localmente.*

locàle^2 [dal fr. *locale*; 1802] ***sm.*** **1.** ambiente o insieme di ambienti destinati a un particolare uso: *il locale della caldaia, i locali scolastici* **2.** luogo di ritrovo pubblico: *a quest'ora non c'è un locale aperto, un locale alla moda* || *locale notturno,* sala da ballo, *night-club* **3.** treno che collega piccoli centri in una stessa zona; accelerato || *dim.* localìno; *pegg.* localàccio. **Q.T.** *abitazione.*

località [dal fr. *localité*; 1663] ***sf.*** luogo; centro urbano perlopiù di piccole dimensioni, spec. rispetto alla sua posizione o alle sue caratteristiche: *è una località priva di ogni servizio, località di montagna, una località salubre* || **N.** *Sin.* luogo, posto, sito.

localizzàbile [da *localizzare*; 1955] ***agg.*** che può essere localizzato: *una postazione facilmente localizzabile.*

localizzàre [dal fr. *localiser*; 1869] ***tr.*** **1.** restringere in un sol luogo, circoscrivere: *localizzare un'epidemia* **2.** individuare con esattezza il luogo e il punto in cui si manifesta un fenomeno: *localizzare l'epicentro di un terremoto, la lesione traumatica* || ***intr. pron.*** rimanere circoscritto, manifestarsi in una zona limitata: *il maltempo si è localizzato al Nord* || **N.** ***tr.*** **1.** *Sin.* circoscrivere, delimitare, limitare, restringere **2.** *Sin.* determinare, individuare.

localizzatóre [da *localizzare*; 1957] **I** ***sm.*** **1.** apparecchio che serve per individuare il punto ove si origina una sorgente di energia o un oggetto: *localizzatore sonoro* **2.** dispositivo capace di circoscrivere un flusso di energia nello spazio **II** ***agg.*** che è atto a localizzare: *potere localizzatore dell'udito.*

localizzazióne [dal fr. *localisation*; 1857] ***sf.*** **1.** il localizzare, l'essere localizzato: *localizzazione dell'infezione* || *localizzazione di un manoscritto,* determinazione precisa dell'origine e del luogo di provenienza **2.** *T.med. localizzazione cerebrale,* teoria secondo cui zone distinte della corteccia cerebrale governano comportamenti e funzioni sensoriali diverse.

locànda [dal lat. *locanda*; 1534] ***sf.*** albergo piuttosto modesto, trattoria con camere annesse || **N.** ALBERGO.

locandière [da *locanda*; 1686] ***sm.*** (f. *-a*) proprietario o gestore di una locanda || **N.** OSTE.

locandìna [da *locanda*; 1942] ***sf.*** piccolo manifesto usato soprattutto per pubblicizzare spettacoli.

locàre (pres. *lòco, lòchi*) [dal lat. *locāre*; a. 1294 nel senso 2] ***tr.*** **1.** *T.giur.* dare in affitto **2.** *ant.* collocare.

locatàrio (pl. *-ri*) [dal lat. *locatarius*; 1796] ***sm.*** (f. *-a*) *T.giur.* chi prende in locazione || **N.** *Sin.* affittuario, conduttore, fittavolo, inquilino, pigionale.

locatìvo^1 [dal fr. *locatif*; 1841] ***agg.*** *T.giur.* che si riferisce alla locazione: *valore locativo,* il reddito di un immobile locato o abitato dal proprietario.

locatìvo^2 [dal fr. *locatif*; 1869] ***agg.*** e ***sm.*** *T.gram. caso locativo* o *locativo,* in alcune lingue, caso usato per esprimere lo stato in luogo o il tempo determinato.

locatìzio (pl. *-zi*) [da *locazione*; a. 1943] ***agg.*** *non com.* che concerne una locazione; locativo.

locatóre [dal lat. *locātor, -ōris*; a. 1428] ***sm.*** (f. *-trice*) *T.giur.* chi dà in locazione || **N.** *Sin.* padrone, proprietario.

locazióne [dal lat. *locātio, -ōnis*; 1298 *logagione*] ***sf.*** **1.** *T.giur.* contratto bilaterale con cui una parte cede in godimento all'altra, per un tempo determinato e dietro pagamento di una certa somma, un bene mobile o immobile: *firmare, rinnovare, rescindere la locazione* || *locazione d'opera,* il contratto con cui una parte s'impegna a lavorare per un'altra, a particolari condizioni **2.** *locazione finanziaria, leasing* || **N. 1.** *Sin.* AFFITTO.

lòcco (pl. *-chi*) [da *allocco*; a. 1494] ***agg.*** *ant.* e *region.* di persona, fatua, sciocca, stupida: *loc-*

co e balordo chiamandosi spesso (Boiardo).

loch [1] (fr., pr. [lɔk]) o **log** (ingl., pr. [lɒg]) [da una voce olandese; a. 1859] **sm.** *inv.* *T.mar.* strumento con cui si misura la velocità di una nave || **N.** *Sin.* solcometro.

loch [2] (scozzese, pr. [lɒx]) [letter. lago; 1936] **sm.** *inv.* lago o braccio di mare di forma lunga e stretta.

lòchi [dal gr. *lóchios,* del parto; sec. XIV] **sm.** *pl.* *T.fisiol.* liquido vaginale costituito da sangue e siero che viene perso dalla donna nel periodo del puerperio.

lochiazióne [da *lochi*; 1933] **sf.** *T.fisiol.* fuoriuscita dei lochi durante il puerperio || periodo in cui si verifica tale fenomeno.

loco (lat., pr. it. ['lɔko]) [letter. luogo] **sm.** *inv.* **1.** usato nelle loc. *in loco* (v.), *pro loco* (v.); *loco citato* (*abbr. loc. cit.* o *l.c.*), nel luogo citato, come rimando alla pagina di un'opera già citata in precedenza **2.** *T.mus.* indicazione che annulla lo spostamento di un'ottava che era stato precedentemente indicato.

lòco [1] [lat. *locus*; a. 1294] **sm.** *arc.* e *poet.* luogo || *com.* nella loc. avv. *in alto loco,* presso le autorità o presso chi detiene il potere: *è stato deciso in alto loco.*

lòco [2] [lat. *locus*; fine sec. XII] **avv.** *arc.* in questo o in quel luogo, qua o là || *raro* dove, come *avv.* rel.

locomòbile [comp. di *loco-* e *mobile*; 1869] **sf.** motore a vapore o a combustione montato su ruote, trasportabile, usato per lavori agricoli e stradali.

locomotiva [dall'ingl. *locomotive*; 1826 *loco-motiva*] **sf.** macchina motrice dotata di ruote, usata per trainare altri veicoli su rotaie: *locomotiva a vapore* || *scherz. fig. ansimare, sbuffare come una locomotiva* || *fig. fare da locomotiva,* trascinare gli altri, guidare un'impresa || **N.** automotrice, macchina, motrice, vaporiera | a turbina, a vapore, Diesel, Diesel-elettrica, elettrica | convoglio, fochista, macchinista, *tender,* treno. **Q.T.** *ferrovia* **TAV. *ferrovie...* p. 669** 1, 2, 3.

locomotivo [dal fr. *locomotif*; 1737] **agg.** atto a muovere o a muoversi: *macchina locomotiva.*

locomotóre [dal fr. *locomoteur*; 1828] **I agg.** che concerne la locomozione: *apparato locomotore* **II sm.** locomotrice.

locomotòrio (pl. *-ri*) [da *locomozione*; 1958] **agg.** relativo alla locomozione || *per estens.* relativo al movimento.

locomotorista [da *locomotore*; 1957] **s.** *non com. T.ferr.* chi guida i locomotori ferroviari || **N.** *Sin.* macchinista.

locomotrice [dal fr. *locomotrice*; 1942] **sf.** locomotiva elettrica || **N.** *Sin.* locomotore.

locomozióne [dal fr. *locomotion*; 1828] **sf.** **1.** *T.fisiol.* la facoltà che hanno i corpi viventi di muoversi da un luogo all'altro, per l'azione di determinati organi **2.** movimento, trasferimento di persone o cose mediante veicoli: *mezzo di locomozione,* qualsiasi tipo di veicolo.

lòculo [dal lat. *loculus*; sec. XIV] **sm.** **1.** vano murario destinato a contenere i resti di una persona in cimiteri, catacombe e altri luoghi di sepoltura **2.** *T.bot.* cavità che contiene gli ovuli o i semi.

locupletàre (pres. *-èto*) [dal lat. *locupletāre*; 1581] **tr.** *raro lett.* rendere ricco, arricchire.

locupletazióne [dal lat. *locupletātio, -ōnis*; 1673] **sf.** *raro* arricchimento || *T.giur. locupletazione ingiusta,* arricchimento indebito.

locus (lat., pr. it. ['lɔkus]) [letter. luogo; 1932] **sm.** *inv.* *T.biol.* posizione fissa occupata da un gene su un cromosoma.

locùsta [lat. *locusta*; sec. XIII] **sf.** nome generico di Ortotteri saltatori, cui appartiene la cavalletta, con antenne assai lunghe e filiformi; le specie migratorie si riuniscono in enormi sciami, che distruggono la vegetazione dei campi coltivati || *fig.* persona avida.

locustóne (*accr.* di *locusta*) [1957] **sm.** tipo di locusta dal colore giallo a chiazze scure, che reca grossi danni a colture come la vite e gli ortaggi || **N.** *Sin.* locusta brizzolata.

locutivo v. LOCUTÒRIO.

locutóre [dal lat. tardo *locutor, -ōris*; 1942] **sm.** (f. *-trice*) **1.** *lett.* chi, che parla, interlocutore **2.** *T.ling.* chi produce un enunciato; parlante.

locutòrio (pl. *-ri*) [dal lat. *locutus*; a. 1342] **I sm.** *arc.* parlatorio **II agg.** *T.ling.* relativo all'enunciazione delle frasi: *aspetto locutorio dell'atto linguistico,* nella teoria di Austin, la forma linguistica che ha poi una forza illocutoria ed effetti perlocutori.

locuzióne [dal lat. *locutio, -ōnis*; a. 1294] **sf.** combinazione di due o più parole, in rapporto grammaticale tra loro o semplicemente giustapposte, che rientra nel lessico con una sua autonomia: *chiaro e tondo, buio pesto, a furor di popolo, longa manus* || *locuzione avverbiale, aggettivale, nominale* ecc., gruppo di parole che svolge la funzione grammaticale di un avverbio, di un aggettivo ecc. || *per restr.* frase idiomatica, modo di dire || **N.** FRASE.

lòda [lat. *laus, laudis*; a. 1321] **sf.** *arc.* e *poet.* lode: *loda di Dio vera* (Dante).

lodàbile [lat. *laudābilis*; a. 1431] **agg.** *raro* lodevole, che è degno di lode.

lodabilità [lat. *laudabilitas, -ātis*; a. 1729] **sf.** *raro* l'essere lodabile.

lodàre (pres. *lòdo*) [lat. *laudāre*; 1224 nel senso 2 *laudare*] **tr.** **1.** elogiare, usare espressioni di lode, esprimere la propria approvazione: *lodare uno per il suo coraggio* || *per estens.* essere soddisfatto, giudicare favorevolmente qualcuno o qualcosa: *tutti lodano la sua cucina, lodare un'opinione, una decisione* || *prov.: loda il mare e tienti alla terra,* non bisogna cimentarsi in imprese affascinanti ma rischiose; *loda il monte e tienti al piano,* si deve coltivare la terra di pianura, più fertile; *chi ti loda in presenza ti biasima in assenza* **2.** celebrare, esaltare con espressioni di lode: *lodare le virtù della donna amata, lodare Dio; sia lodato Gesù Cristo,* formula di saluto tra religiosi; *Dio sia lodato!,* esclamazione che esprime sollievo o soddisfazione per aver ottenuto quanto si sperava || **rifl.** fare le proprie lodi, richiamando l'attenzione altrui sulle proprie doti e capacità: *non faccio per lodarmi,* inciso *scherz.* di finta modestia || *prov. chi si loda s'imbroda* || **intr. pron.** *non com. lodarsi di qualcuno, di qualcosa,* dichiararsi soddisfatto, compiacersi || **N.** **1.** *Sin.* acclamare, approvare, conclamare, decantare, elogiare, encomiare, esaltare, incensare, lusingare | *Contr.* biasimare, disapprovare **2.** *Sin.* celebrare, gloriare, glorificare, magnificare, onorare, osannare.

lodativo [lat. *laudatīvus*; 1560] **agg.** *raro* detto o fatto per lodare: *discorso lodativo* || **N.** *Sin.* celebrativo, encomiastico, gratulatorio, laudativo, laudatorio.

lodàto (*pps.* di *lodare*) [a. 1347] **agg.** celebrato, elogiato: *il nostro compianto e mai troppo lodato benefattore* || **lodataménte** **avv.** || **N.** sullodato.

lodatóre [lat. *laudātor, -ōris*; a. 1347] **sm.** (f. *-trice*) chi loda, in genere per interesse || *un lodatore del tempo passato,* traduzione di *laudator temporis acti.*

lòde [lat. *laus, laudis*; a. 1294 nel senso 2] **sf.** **1.** approvazione piena e intera, a voce o per iscritto, di una persona o di una cosa di cui si rileva il merito: *parole di lode, esser degno di lode, superiore a ogni lode* || *pl.* parole di elogio o di celebrazione, sincere o false: *celebrare, tessere le lodi di qualcuno* **2.** onore, merito, gloria: *sia detto a lode del vero; a sua, a tua, a vostra lode,* a suo, tuo, vostro merito; vanto: *a sua lode bisogna dire che è stato l'unico a pensarci, questo gesto torna a tua lode; il sacrificio torna a lode di chi lo compie,* è motivo di gloria **3.** celebrazione, esaltazione: *sia lode a Dio* || *pl.* preghiera, inno di lode: *innalzare lodi a Dio* **4.** nel sistema universitario, il giudizio di merito che viene unito al massimo della votazione: *trenta e lode, centodieci e lode* || *dieci e lode* o *con lode,* voto massimo assegnato un tempo nella scuola dell'obbligo, rimasto in espr. *iron.* e *scherz.*: *hai perso le chiavi? Bravo, dieci e lode* **5.** *lett.* azione gloriosa, lodevole || **N.** **1.** *Sin.* ammirazione, apoteosi, applauso, approvazione, consenso, elogio, encomio, esaltazione, fama, incensamento, inno, omaggio, panegirico, plauso, premio, vanto | *Contr.* biasimo, condanna, critica, disapprovazione | alta, clamorosa, convinta, eccessiva, falsa, immeritata, incoraggiante, meritata, misurata, motivata, servile, sincera, sperticata | meritare, ottenere, prodigare, rendere, ricevere, tributare; alzare al cielo, portare ai sette cieli o in palmo di mano, strombazzare **2.** *Sin.* gloria, merito, onore.

loden (ted., pr. ['lo:dən]; pr. it. ['lɔden]) [etim. inc.; 1895] **sm.** *inv.* **1.** tessuto di lana cardata reso impermeabile **2.** cappotto fatto con tale panno.

lodévole [lat. *laudābilis*; 1342] **agg.** degno di lode, di approvazione non necessariamente espressa a parole || **lodevolménte** **avv.** || **N.** *Sin.* ammirabile, ammirevole, commendabile, commendevole, encomiabile, lodabile, meritorio.

lodevolézza [da *lodevole*; a. 1644] **sf.** *non com.* l'essere lodevole.

lodigiàno [dal n. geogr. *Lodi,* città della Lombardia; a. 1552] **I agg.** di Lodi **II sm.** **1.** (f. *-a*) abitante di Lodi **2.** varietà lodigiana di grana padano, formaggio duro da grattugiare.

lòdo [da *lodare*; 1283] **sm.** **1.** *T.giur.* sentenza degli arbitri chiamati a risolvere una controversia **2.** *lett. arc.* lode: *sanza infamia e sanza lodo* (Dante).

lòdola [da (*al*) *lòdola*; 1342] **sf.** *pop.* allodola || *dim.* lodolétta, lodolettina.

lodolàio (pl. *-ài*) [da *lodola*; 1831] **sm.** falco usato nella caccia alle allodole || **N.** *Sin.* falchetto reale.

loess o **löss** (ted., pr. [lœs] e [lø:s]) [prob. dal ted. dial. *lösch,* (terreno) friabile; 1875] **sm.** *inv.* *T.geol.* roccia sedimentaria poco coerente di colore giallastro, formatasi in zona predesertica per deposito eolico o eluviale.

lòffa o **lòffia** [voce onom.; a. 1556] **sf.** **1.** *region.* aria che esce dall'intestino senza alcun rumore **2.** *loffia di lupo,* nome region. del fungo detto *vescia.*

lòffio (pl. *-fi*) [voce onom.; a. 1742] **agg.** *region.* in Toscana, floscio, cascante, detto del viso di una persona: *faccia loffia, grugno loffio* || balordo, fiacco, insulso.

Lofifórmi o **Lofiifórmi** (sing. *-e*) [comp. di *lofo-* e *-forme*; 1965] **sm.** *pl.* *T.zool.* ordine di pesci Attinotterigi marini, diffusi nelle acque tropicali e temperate. **TAV. *pesci* p. 1331.**

lòfio (pl. *-fi*) [dal gr. *lóphion,* piccolo ciuffo, per le appendici erettili; a. 1799] **sm.** *T.zool.* genere di pesci marini Teleostei tra cui la rana pescatrice || rana pescatrice.

lòfo- [dal gr. *lóphos,* ciuffo, pennacchio] ***primo elem.*** che, in parole composte della terminologia zoologica, vale "ciuffo", "dotato di ciuffo" (per es. *lofocero, Lofopodi*).

lofòcero [comp. di *lofo-* e *-cero*; 1965] **sm.** uccello africano dei Coraciformi di notevoli dimensioni, con un gran becco dai margini dentellati.

lofòforo [comp. di *lofo-* e *-foro*; 1932] **sm.** grosso fagiano che vive sulle montagne asiatiche, caratterizzato da un piumaggio di colore molto brillante e da un ciuffo di piume sul capo.

Lofòpodi (sing. *-e*) [comp. di *lofo-* e *-podo*;

1983] **sm.** *pl. T.zool.* classe di Briozoi d'acqua dolce che si riuniscono in colonie dalla consistenza gelatinosa.

lofòtrico (pl. *-ci*) [comp. di *lofo-* e del gr. *thríx, thrichós*, capello, pelo; 1930] **agg.** e **sm.** *T.biol.* detto di batterio caratterizzato da un ciuffo di flagelli a un'estremità: *batterio lofotrico.*

log v. LOCH[1].

logaèdico (pl. *-ci*) [dal lat. *logaoēdicus*, gr. *logaoidikós*; 1891] **agg.** *T.metr.* nella poesia greca e latina, di verso che al movimento rapido discorsivo unisce quello solenne del metro epico, per la mescolanza di dattili e trochei.

logaèdo [da *logaedico*; 1891] **sm.** *T.metr.* nella metrica classica, verso nel quale il piede dattilo può essere sostituito, in certe sedi, dal trocheo.

Loganiàcee [comp. del n. proprio J.H. *Logan*, botanico amer. e *-acee*; 1929] **sf.** *pl. T.bot.* famiglia di piante arbustive tropicali con foglie opposte, fiori in spighe o cime e frutto a bacca, a drupa o a capsula.

logarìtmico (pl. *-ci*) [da *logaritmo*; a. 1730] **agg.** *T.mat.* che si riferisce ai logaritmi: *curva, funzione, tavola logaritmica.*

logarìtmo [comp. del gr. *lógos*, ragione e gr. *arithmós*, numero; 1638] **sm.** *T.mat.* esponente della potenza a cui si deve elevare un numero costante, reale e positivo, detto *base*, per ottenere un numero reale e positivo proposto: *teoria, tavole dei logaritmi* || **N.** base, caratteristica, mantissa, modulo; sistema, tavola; antilogaritmo.

logeion (gr., pr. [lo'gejon]) [da *lógos*, parola, discorso; 1932] **sm.** *inv.* palcoscenico lungo e stretto degli antichi teatri greci.

lòggia (pl. *-ge*) [dal germ. *laubja*; a. 1348] **sf.** **1.** *T.arch.* costruzione o parte di una costruzione (in tal caso più propr. detta *loggiato*) in comunicazione diretta con l'esterno su uno o più lati, che nel Medioevo serviva come luogo di riunione di persone della stessa arte: *la Loggia dei Mercanti, la Loggia dell'Orcagna* || *in part.* galleria a colonnati o ad arcate al primo piano degli edifici rinascimentali: *logge di Raffaello* **2.** *region.* balcone **3.** *T.bot.* ciascuna delle cavità nelle quali si dividono l'ovario e il frutto **4.** luogo di ritrovo e di adunanza dei massoni || *per estens.* il gruppo che si riunisce in un dato locale, e la riunione stessa: *fa parte di una potente loggia massonica* || *dim.* loggétta, loggettìna; *accr.* loggióne (*sm.*) || **N.** **1.** ballatoio, colonnato, galleria, loggiato, peristilio, porticato, portico **2.** *Sin.* terrazza, veranda.

loggiàto [da *loggia*; 1669] **sm.** *T.arch.* elemento ornamentale o funzionale di una costruzione, formato da una loggia o da un seguito di logge.

loggióne (*accr.* di *loggia*) [1819] **sm.** settore più alto e meno caro dei posti in un teatro, al di sopra di palchi e gallerie || **N.** galleria, piccionaia. **Q.T.** *teatro.*

loggionìsta [da *loggione*; 1965] **s.** chi assiste a uno spettacolo dal loggione || *in part.* appassionato e vivace spettatore di opere liriche.

-logìa (pl. *-gìe*) [dal gr. *-logía*, da *lógos*, discorso] **elem. term.** **1.** in alcune parole composte dotte, vale "discorso", "espressione" (per es. *brachilogia, dittologia, tautologia*) **2.** in altre parole composte dotte vale "trattazione", "studio sistematico" (per es. *ecologia, etimologia, sociologia*).

lògica [dal lat. *logica*, gr. *logikḗ* (*téchnē*); a. 1294] **sf.** **1.** *T.fil.* lo studio delle condizioni di validità delle argomentazioni || *logica formale*, in quanto studia le forme dell'argomentazione, indipendentemente dal suo contenuto || *logica simbolica*, formulata in un linguaggio artificiale simbolico || *logica matematica*, la logica (come disciplina e come insieme di teorie) in quanto è considerata parte della matematica **2.** *concr.* singola teoria logica: *la logica di Aristotele, le logiche non classiche* || singolo sistema di logica: *una logica a 4 valori* **3.** *com.* esposizione coerente di argomenti, dirittura di ragionamento: *è una logica perfetta, che bella logica!*; *a rigor di logica*, secondo una impostazione logica del ragionamento || *per estens.* coerenza nelle azioni, concatenazione, consequenzialità di avvenimenti e fenomeni: *non c'è logica nel suo comportamento* || struttura formale: *la logica della ricerca scientifica, dell'azione morale* || **N.** **1.** affermazione, argomentazione, assioma, conseguenza, deduzione, dilemma, illazione, implicazione, induzione, lemma, paralogismo, postulato, proposizione, ragionamento, relazione, sillogismo, sofisma; connettivi (bicondizionale, condizionale, congiunzione, disgiunzione, negazione), quantificatore esistenziale, quantificatore universale; assiomi, regole d'inferenza; contraddizione, tautologia, tavole di verità; validità, verità; completezza, correttezza, decidibilità, indecidibilità | classica, intuizionistica, libera, paraconsistente; deontica, modale, polivalente. **Q.T.** *filosofia.*

logicìsmo [da *logico*; 1902] **sm.** **1.** *T.fil.* nel dibattito sui fondamenti della matematica, la posizione secondo cui l'intera matematica è riducibile a logica **2.** eccessivo rigore logico, formalismo.

logicìsta [da *logicismo*; 1957] **s.** fautore, sostenitore del logicismo.

logicità [da *logico*; 1905] **sf.** qualità di ciò che è logico || il conformarsi ai principi della logica.

lògico (pl. *-ci*) [dal lat. *logicus*, gr. *logikós*; 1785 nel senso 2] **I agg.** **1.** proprio della logica, come teoria filosofica: *principi logici* || *T.gram. analisi logica*, v. ANALISI **2.** di logica, che è conforme alla logica: *ordine, nesso logico, logica conseguenza*; di persona, che ragiona in modo coerente o con buon senso: *sii logico, quello che dici non ha senso!* || *per estens.* conforme alla ragione o al buon senso, naturale, giusto: *questo è logico, un provvedimento logico* || *logico!*, detto come risposta vale *certo!, è ovvio!, naturalmente!* || **logicaménte** **avv.** **1.** secondo la logica **2.** in inizio di frase o come inciso, ovviamente: *non l'hanno invitata e, logicamente, se ne è risentita* **II sm.** (f. *-a*) **1.** studioso di logica **2.** persona che ragiona con rigore e coerenza || **N.** I **2.** *Sin.* coerente, ragionevole, razionale, sensato.

-lògico (pl. *-ci*) [da *-logia*] **elem. term.** che forma gli agg. corrispondenti ai sostantivi in *-logia* e *-logo* (per es. *antropologico, biologico, lessicologico*).

logismografìa [comp. del gr. *logismós*, calcolo e *-grafia*; 1891] **sf.** metodo di registrazione contabile in partita doppia, ora abbandonato || **N.** ragioneria.

logìsta [dal lat. *logista*, gr. *logistḗs*, 1821] **sm.** *T.stor.* nell'antica Grecia, uno dei trenta ufficiali contabili, revisori dell'amministrazione pubblica.

logìstica [dal gr. *logistikḗ* (*téchnē*), (*arte*) *computistica*; 1821 nel senso 2] **sf.** **1.** *T.mil.* branca dell'arte militare che organizza gli spostamenti delle truppe e provvede ad alloggiarle, nutrirle e rifornirle, in modo che possano operare in condizioni di massima efficienza || *per estens.* l'insieme delle direttive e delle operazioni volte a coordinare movimenti di persone o cose in una struttura, spec. aziendale o industriale **2.** *disus.* logica matematica.

logìstico (pl. *-ci*) [da *logistica*; 1829] **agg.** *T.mil.* di o della logistica: *servizi logistici* || *scherz.* che riguarda la sistemazione di ambienti o persone: *se verranno tutti, avremo qualche problema logistico.*

loglierèlla [da *loglio*; a. 1811] **sf.** *T.bot.* erba delle Graminacee con foglie perenni e fiori verdi in spiga; è coltivata per foraggio e come erba da giardino.

lòglio (pl. *-gli*) [lat. *lolium*; a. 1320] **sm.** genere di piante delle Graminacee, che comprende varie specie spontanee, alcune delle quali sono usate come foraggio || una specie, detta anche *zizzania*, infesta i campi di grano e ha una cariosside velenosa per l'uomo e gli animali || *fig. separare il grano dal loglio*, separare i buoni dai cattivi || **N.** *Sin.* zizzania.

logliόso [da *loglio*; sec. XIV] **agg.** *raro* che cresce in mezzo a troppo loglio: *grano loglioso.*

lògo (pl. *-ghi*) [da *logotipo*; 1985] **sm.** in grafica pubblicitaria, logotipo.

lògo- [dal gr. *lógos*, discorso] ***primo elem.*** che, in parole composte dotte e della terminologia scientifica, vale "parola", "discorso", "linguaggio" (per es. *logogrifo, logomachia, logopatia*).

-logo [dal gr. *lógos*, discorso] **elem. term.** **1.** in alcune parole composte dotte, vale "discorso" (per es. *apologo, decalogo, monologo*) **2.** in altre parole composte dotte, corrispondenti a sostantivi astratti in *-logìa*, vale "studioso", "cultore (della disciplina indicata dal primo elemento)" (per es. *geologo, etimologo, zoologo*).

logoclonìa [comp. di *logo-* e un der. del gr. *klónos*, tumulto; 1940] **sf.** *T.med.* disturbo del linguaggio che consiste nella ripetizione delle sillabe finali di una parola || **N.** afasia.

logografìa [comp. di *logo-* e *-grafia*; 1821 nel senso 2] **sf.** **1.** nella Grecia classica, insieme dei miti e delle leggende relative alle origini degli eroi, delle città e sim. **2.** nella Grecia classica, arte di preparare discorsi a pagamento **3.** arte di scrivere con la stessa velocità del discorso, mediante l'uso di abbreviazioni.

logogràfico (pl. *-ci*) [comp. di *logo-* e *-grafico*; 1831] **agg.** relativo alla logografia e ai logografi, proprio della logografia e dei logografi.

logògrafo [dal gr. *logográphos*; 1871] **sm.** (f. *-a*) **1.** presso, gli antichi Greci, autore di narrazioni mitico-storiche || in storiografia, vengono oggi chiamati *logografi* gli storici anteriori a Erodoto **2.** retore che componeva orazioni a pagamento per chi doveva comparire in tribunale.

logogrifo (meno com. *logògrifo*) [dal fr. *logogriphe*; 1764] **sm.** *T.gioc.* gioco enigmistico che consiste nel ricavare da una parola altre parole di lunghezza inferiore, che contengano parte delle lettere (*logogrifi letterali*) o dei gruppi sillabici (*logogrifi sillabici*) della parola di partenza (detta *intero*); per es. da *enigmistica* si ricavano *santi, tisici, mastini* ecc. e, rispettando la divisione sillabica, *casti, mistica.*

logomachìa [dal gr. *logomachía*; 1598] **sf.** disputa sul significato o l'uso delle parole || *per estens.* discussione vana e inconcludente, inutile battaglia verbale || **N.** disputa, polemica, sofisma, DISCUSSIONE.

logopatìa [comp. di *logo-* e *-patia*; 1957] **sf.** *T.med.* difetto della parola che dipende da alterazione psichica.

logopàtico (pl. *-ci*) [da *logopatia*; 1974] **I agg.** *T.med.* che si riferisce a logopatia, che è affetto da logopatia **II sm.** (f. *-a*) chi è affetto da logopatia.

logopedìa [da *logo-*, sul modello di *ortopedia*; 1957] **sf.** *T.med.* settore della medicina che ha per oggetto lo studio e la correzione dei disturbi del linguaggio.

logopedìsta [da *logopedia*; 1975] **s.** esperto in logopedia; chi rieduca persone che soffrono di disturbi del linguaggio.

logoplegìa (pl. *-gìe*) [comp. di *logo-* e *-plegia*; 1952] **sf.** *T.med.* **1.** paralisi degli organi di fonazione **2.** afasia motoria.

logoràbile [da *logorare*; 1957] **agg.** che si può logorare.

logorabilità [da *logorabile*; 1957] **sf.** l'essere

logorabile || facilità a logorarsi: *la logorabilità di un organismo, del manto stradale.*

logoraménto [da *logorare*; a. 1694] **sm.** atto ed effetto del logorare o del logorarsi || *T.mil. azioni di logoramento,* ripetute sistematicamente per fiaccare e piegare la resistenza nemica || **N.** *Sin.* consumo, logorio, USURA.

logorànte (*ppr.* di *logorare*) [a. 1896] **agg.** che affatica, che debilita, che snerva: *un'attività, un'attesa logorante.*

logoràre (pres. *lógoro*) [lat. *lucrāre,* guadagnare; 1353] **tr.** consumare lentamente per lungo o cattivo uso: *logorare le scarpe* || anche *fig.*: *le fatiche logorano, logorare le proprie forze, il potere logora chi non ce l'ha* || ***intr. pron.*** rovinarsi, deteriorarsi per l'uso o per altra ragione: *i vestiti si logorano* || ***rifl.*** consumarsi: *logorarsi nelle fatiche, si logora da mattina a sera per sbarcare il lunario* || ***rifl. indir.*** *logorarsi la vita, la salute, il sistema nervoso,* ridurli in cattivo stato || **N. tr.** *Sin.* deteriorare, guastare, rovinare, sciupare, CONSUMARE.

logoràto (*pps.* di *logorare*) [a. 1422] **agg.** consumato || *per estens.* consunto, deteriorato, guasto, inefficiente: *un macchinario ormai logorato.*

logoratóre [da *logorare*; a. 1342] **agg.** e **sm.** (f. *-trìce*) *non com.* che, chi provoca un logorio.

logorìo (pl. *-ìi*) [da *logorare*; 1891] **sm.** logoramento continuo o frequente, e insistente: *il logorio delle parti meccaniche*; anche *fig.*: *è sottoposto ad un continuo logorio di nervi.*

lógoro[1] [da *logorare*; 1342] **agg.** consumato, logorato: *scarpe logore*; anche *fig.*: *è un uomo logoro* || **N.** *Sin.* consumato, disfatto, frusto, guasto, lacero, liso, roso, rovinato, sdrucito, sforacchiato, sgangherato, spelacchiato, squinternato, tarlato, trito.

lógoro[2] [da *logorare*; a. 1313 *logro*] **sm.** *non com.* logoramento || *per estens.* spreco, sperpero.

lógoro[3] [dal provenz. *loire*; 1313] **sm.** *T.cacc.* richiamo costituito da un'ala di uccello o un mazzo di penne legate a una funicella o a un bastone, che veniva agitato dal falconiere per far tornare il falcone dopo la caccia.

logorrèa [comp. di *logo-* e *-rrea*; 1905] **sf. 1.** *T.med.* disturbo psichico, caratteristico di certe malattie mentali, consistente nel parlare in fretta e continuamente, senza motivo **2.** *scherz.* loquacità eccessiva e importuna, verbosità || **N. 1.** logoclonia.

logorròico (pl. *-ci*) [da *logorrea*; 1967] **I agg. 1.** *T.med.* proprio della logorrea: *sintomi logorroici* || affetto da logorrea: *un paziente logorroico* **2.** *scherz.* che ha il difetto di parlare troppo a lungo **II sm.** (f. *-a*) **1.** chi è affetto da logorrea **2.** *scherz.* chi ha il difetto di parlare troppo a lungo.

lògos [dal gr. *lógos,* 1891 nel senso 2] **sm.** *inv.* **1.** *T.fil.* nella filosofia greca indica la parola e il pensiero che questa esprime; in part. ha il valore di *ragione,* sia come entità intellettuale umana, sia come entità metafisica che regola tutte le cose **2.** *T.teol.* il Verbo di Dio, la seconda persona della Trinità.

logosemeiòtico (pl. *-ci*) [comp. di *logo-* e *semeiotico*; 1970] **agg.** relativo ai segni dell'alfabeto || *T.med. amnesia logosemeiotica,* disturbo psichico per il quale il malato non riesce più a distinguere le lettere dell'alfabeto.

logotèta [dal gr. *logothétēs*; a. 1555] **sm.** *T.stor.* nell'impero bizantino, funzionario di alto grado o ministro.

logotìpo [dall'ingl. *logotype,* comp. di *logo-* e *type,* lettera; 1937] **sm. 1.** *T.tip.* carattere tipografico che comprende due o più lettere fuse in un solo pezzo **2.** in grafica pubblicitaria, sigla o parola studiata appositamente per diventare il simbolo di un prodotto o di un'azienda || **N. 1.** *Sin.* politipo.

lòia [etim. inc.; a. 1464] **sf.** *tosc.* untume, sudiciume che si forma sulla persona e sugli abiti, spec. intorno al collo.

lòico (pl. *-ci*) [lat. *logicus*; sec. XIV] **I agg.** *arc.* logico: *tu non pensavi ch'io loico fossi* (Dante) **II sm.** (f. *-a*) *arc.* o *scherz.* chi sa di logica; ragionatore.

loiétto [da *loio,* var. sett. di *loglio*; 1934] **sm.** *region.* loglierella.

loiolésco (pl. *-schi*) [dal n. proprio Ignazio di *Loiola,* fondatore dei gesuiti; a. 1907] **agg.** *lett. raro* gesuitico.

lolişmo [dal lat. *lolium,* loglio; 1957] **sm.** *T.med.* intossicazione da loglio che provoca disturbi gastro-intestinali e convulsioni.

lolita [dal n. della protagonista dell'omonimo romanzo di V. Nabokov; 1963] **sf.** adolescente dall'aspetto provocante che suscita l'attenzione di uomini adulti || **N.** *Sin.* ninfetta.

lòlla [etim. sconosciuta; 1340 ca.] **sf.** *non com.* sottoprodotto della trebbiatura o della lavorazione dei cereali, formato dalle brattee che avvolgono i chicchi || *fig. esser di lolla,* fiacco || **N.** *Sin.* loppa, pula.

lombàggine [lat. *lumbāgo, -āginis*; 1663 *lombagine*] **sf.** dolore alla regione lombare, nevralgico o traumatico: *ha una fastidiosa lombaggine.*

lombàle [da *lombo*; 1737] **agg.** *non com.* lombare.

lombardàta [da *lombardo,* nel senso ant. di muratore; 1767] **sf.** fila di muratori che si passano a catena dei mattoni o dei pezzi da costruzione.

lombardésco (pl. *-schi*) [da *lombardo*; inizio sec. XIII] **agg.** *raro* di Lombardia, lombardo || di stile, edificio e sim., romanico.

lombardişmo [da *lombardo*; 1758] **sm.** idiotismo, locuzione propria dei dialetti lombardi.

lombàrdo [riduzione di *lon(go)bardo*; a. 1294] **I agg.** della Lombardia **II sm. 1.** (f. *-a*) abitante della Lombardia **2.** (solo *sing.*) dialetto parlato in Lombardia **3.** anticamente indicava un abitante dell'Italia settentrionale **4.** *lett. raro* longobardo.

lombàre [lat. *lumbāris*; a. 1698] **agg.** dei lombi: *regione lombare,* zona compresa tra la dodicesima costola e la prima vertebra sacrale; *puntura lombare* o *ass. lombare sf.,* praticata tra la quarta e la quinta vertebra lombare, per fini terapeutici o diagnostici. **TAV. *anatomia* p. 641** 4.6.

lombàta [da *lombo*; a. 1712] **sf.** taglio dell'animale macellato che comprende la carne tra la punta dell'anca e le coste || *per estens.* piatto preparato con la lombata: *lombata di vitello al forno* || *dim.* lombatina || **N.** lombo, lonza. **TAV.** *alimentazione* 3.2, 4.4, 6.3.

lómbo [lat. *lumbus*; a. 1292] **sm. 1.** ciascuna delle due masse muscolari poste a destra e a sinistra della colonna vertebrale, in corrispondenza dei reni || *per estens.,* al *pl.,* fianchi; *fig. aver buoni lombi,* essere forte **2.** *lett.* le parti del corpo umano destinate alla procreazione || *fig. scherz.* stirpe: *per lungo, di magnanimi lombi, ordine il sangue* (Parini) || **N. 1.** destro, sinistro; dilombare, slombato | lombaggine.

lombosacràle [comp. di *lombo* e *sacrale*; 1957] **agg.** *T.anat.* relativo alle regioni lombare e sacrale, proprio delle regioni lombare e sacrale || *plesso lombosacrale,* complesso delle radici nervose e dei nervi localizzati nella regione lombare e sacrale.

lombricàio (pl. *-ài*) [da *lombrico*; 1869] **sm.** terreno dove vi sono molti lombrichi || *per estens.* luogo umido e piuttosto sporco || *fig.* luogo pieno di persone equivoche.

lombricàle [da *lombrico*; a. 1673] **agg. 1.** a forma di lombrico, simile al lombrico **2.** *T.anat. muscoli lombricali,* piccoli muscoli fusiformi della mano e del piede, che consentono di flettere le dita.

lombrìco (pl. *-chi*) [lat. *lumbrīcus*; sec. XIV] **sm.** nome generico di vermi cilindrici col corpo formato da anelli, che vivono nei terreni grassi e umidi.

lombricoltùra [comp. di *lombri(co)* e *coltura*; 1983] **sf.** allevamento dei lombrichi.

loménto [dal lat. *lomentum*; 1813] **sm.** *T.bot.* tipo di frutto secco, allungato, simile a un baccello di legume, che giunto a maturità si rompe in più acheni.

londinése [dal lat. mediev. *Londiniēnsis*; 1860] **I agg.** di Londra **II s.** abitante di Londra.

longa manus (lat., pr. it. ['lɔŋga 'manus]) [letter. lunga mano] ***loc. f. inv.*** persona o gruppo di persone che, più o meno nascostamente, agisce per conto di altri, spesso a fini disonesti.

longànime [dal lat. eccles. *longanimis*; sec. XIV] **agg.** *raro* che usa indulgenza e comprensione, generoso || *meno com.* che è disposto a tollerare e sopportare || **longanimeménte** ***avv. non com.*** || **N.** *Sin.* clemente, comprensivo, generoso, indulgente, tollerante, PAZIENTE.

longanimità [dal lat. tardo *longanimitas, -ātis*; a. 1292] **sf.** l'essere longanime || comprensione, capacità di perdonare || **N.** PAZIENZA, TOLLERANZA.

longarìna V. LONGHERINA.

longaróne V. LONGHERONE.

long drink (ingl., pr. ['lɒŋ drɪŋk]) [comp. di *long,* lungo e *drink,* bevanda; 1966] ***loc. m. inv.*** miscela alcolica allungata con selz o succo di frutta, che viene servita ghiacciata in bicchieri grandi.

longevità [dal lat. *longaevitas, -ātis*; 1761] **sf.** l'essere longevo.

longèvo [dal lat. *longaevus*; a. 1321] **agg.** che vive a lungo, oltre i limiti della durata media della vita (umana, animale o vegetale).

longherìna o **longarìna** [dal fr. *longuerine*; 1890 nel senso 3] **sf. 1.** *T.edil.* trave di ferro a doppia T utilizzata come architrave o sostegno orizzontale **2.** *T.mar.* ciascuna delle due travi longitudinali che servono da guida all'invasatura della nave durante il varo **3.** *T.ferr.* trave usata come sostegno longitudinale della rotaia sulla massicciata.

longheróne o **longaróne** [dal lat. *longūrio, -ōnis*; 1929] **sm. 1.** trave posta in senso longitudinale rispetto alla struttura di cui fa parte || *T.aut.* nel telaio degli autoveicoli, ciascuna delle due travi metalliche laterali **2.** *T.aer.* ognuna delle travi portanti della struttura alare.

longilìneo [comp. di *longi-* e *linea*; 1929] **agg.** *T.med.* di costituzione fisica caratterizzata dalla scarsa ampiezza toracica e dalla lunghezza degli arti || *com.* alto, slanciato || **N.** *Contr.* brevilineo.

longìnquo [dal lat. *longinquus*; a. 1342] **agg.** *ant. lett.* remoto, distante, lontano.

longitìpico (pl. *-ci*) [da *longitipo*; 1937] **agg.** *T.anat.* proprio del longitipo, relativo a longitipo.

longitìpo [comp. di *longi-* e *tipo*; 1937] **sm.** *T.anat.* tipo di costituzione longilinea.

longitudinàle [da *longitudine*; a. 1519] **agg. 1.** orientato, disteso nel senso della lunghezza: *taglio longitudinale* **2.** che si riferisce alla longitudine || **longitudinalménte** **avv.** nel senso della lunghezza || **N. 1.** *Contr.* trasversale **2.** *Contr.* latitudinale.

longitùdine [dal lat. *longitūdo, -ūdinis*; 1282] **sf. 1.** *T.geogr.* coordinata geografica che esprime la distanza angolare di un punto dal meridiano fondamentale (in genere quello di Greenwich) misurata in gradi, minuti primi e secondi e distinta in ovest (*long. O*) ed est (*long. E*) **2.** *ant.* estensione in lunghezza || **N. 1.** coordinate geografiche, latitudine, meridiano, parallelo. **Q.T.** *geografia.*

long-line (ingl., pr. [ˈlɒŋ laɪn]) [comp. di *long*, lungo e *line*, linea; 1957] ***sm. inv.*** *T.sport.* nel tennis, colpo che fa rimbalzare la pallina lungo uno dei due corridoi laterali del campo di gioco.

longobàrdico (pl. *-ci*) [da *longobardo*; a. 1750] ***agg.*** *non com.* dei Longobardi: *la dominazione longobardica.*

longobàrdo [etim. inc.; 1321] **I *agg.*** del popolo dei Longobardi **II *sm.*** (f. *-a*) chi appartiene al popolo dei Longobardi.

long playing (fam. *long play*) (ingl., pr. [ˈlɔŋ ˌpleɪŋ]) [letter. che suona a lungo; 1961] **I *loc. m. inv.*** disco microsolco a 33 giri al minuto, il cui grande formato consente registrazioni di trenta o quaranta minuti per facciata **II *loc. agg.*** di audizione a lunga durata || **N.** I *Sin.* ellepì, LP, trentatré giri.

longuette (fr., pr. [lɔ̃ˈgɛt]) [letter. lunghetta; 1970] ***agg.*** e ***sf.*** *T.vest.* di abito o gonna, che arriva pressapoco fino all'altezza del polpaccio.

lontanànza [da *lontano*; a. 1276] ***sf.*** **1.** il trovarsi, l'essere lontano; distanza: *data la lontananza, il testimone non vide bene l'assassino* || *loc. avv. in lontananza,* da lontano **2.** rif. a persone, assenza, condizione di essere lontano: *molte cose erano cambiate durante la sua lontananza, sentiamo molto la tua lontananza* || **N. 1.** *Sin.* distanza, divario **2.** *Sin.* assenza, distacco, separazione.

lontanàre (pres. *-àno*) [da *lontano*; 1319] ***tr.*** *ant.* allontanare || ***intr.*** (aus. *essere*) e ***intr. pron.*** *lett.* allontanarsi: *e lontanando egli gettava avanti a mo' di pio seminator le brice* (Pascoli); *Un canto che s'udia per li sentieri Lontanando morire a poco a poco* (Leopardi).

lontàno [lat. volg. **longitānus*; a. 1250] **I *agg.*** **1.** che si trova a una distanza più o meno grande da un luogo precisato o dal luogo in cui è il parlante: *la stazione sarà lontana due chilometri dal paese, luogo poco* o *molto lontano, è lontano appena un chilometro* || *in part.* di persona, assente: *gli amici lontani* **2.** che è distante rispetto al presente o a un tempo dato nel passato o nel futuro: *in epoche lontane, in un lontano futuro, le vacanze sono ancora lontane, nel 1952 la guerra era ormai lontana* **3.** *fig.* che si trova a una distanza ideale, astratta: *tenersi* o *tenere lontano da qualcosa, essere lontano* o *esser lontano mille miglia dal credere, essere lontano dal vero* || *lontana parentela,* non stretta **4.** *fig.* incerto, impreciso, non ben definito: *lontana somiglianza,* vaga; *lontana probabilità,* non sicura; *lontane speranze,* remote **5.** *fig.* diverso, discordante: *mentalità, opinioni lontane* **6.** *loc. avv. alla lontana,* a distanza: *alla lontana da certi amici,* alla larga; *siamo solo parenti alla lontana,* non stretti; *conoscersi, somigliarsi alla lontana,* vagamente; *prenderla, pigliarla alla lontana,* affrontare un discorso partendo da argomenti generali e arrivare poi a poco a poco al nocciolo della questione || **lontanaménte** ***avv.*** alla lontana, di lontano **II *avv.*** a grande distanza: *vivere, trasferirsi lontano, abita non molto lontano da qui*; ripetuto, con valore di superlativo: *lontano lontano si vedeva una luce* || in unione con preposizioni, *da* o *di lontano*: *arriva da molto lontano, il quadro è più bello visto da lontano*; *prov. lontan dagli occhi, lontan dal cuore* || *fig. vedere lontano,* essere lungimirante, saper prevedere gli eventi || *fig. mirare, puntare lontano,* proporsi degli scopi ambiziosi || *fig. andare lontano,* far carriera, aver successo; anche in frasi neg.: *così non andrai molto lontano,* non farai molta strada **III *sm.*** *lett.* lontananza || *dim.* lontanétto, lontanùccio || **N.** I **1.** *Sin.* discosto, distante | *Contr.* adiacente, vicino | allontanare, distanziare; distare | agli antipodi, a casa del diavolo, alla larga, fuori mano, in capo al mondo **2.** *Sin.* remoto | *Contr.* prossimo **4.** *Sin.* incerto, indefinito, indeterminato, vago **5.** *Sin.* differente, divergente.

lóntra [lat. *lutra*; 1313] ***sf.*** **1.** carnivoro dei Mustelidi, con corpo allungato e zampe palmate, diffuso lungo i fiumi; si nutre di pesci e piccoli animali ed è cacciato per la sua pelliccia **2.** pelliccia di lontra: *un mantello di lontra.*

lónza[1] [lat. volg. **lumbea*, attr. il fr. *longe*; 1200 ca.] ***sf.*** **1.** nell'Italia settentrionale, lombata o specie di salume, detto anche *coppa*, fatto con la lombata di maiale **2.** in Umbria, la carne del collo del maiale.

lónza[2] [lat. volg. *luncea*; sec. XIII] ***sf.*** nome dato nel Medioevo a un animale che generalmente si identifica con la lince o col leopardo: *una lonza leggiera* (Dante).

lónzo [etim. inc.; 1618] ***agg.*** *raro* floscio, snervato, anche in senso *fig.*: *verso lonzo.*

look (ingl., pr. [lʊk]) [letter. immagine; 1970] ***sm. inv.*** aspetto esteriore di un personaggio, di un prodotto e sim., realizzato secondo i dettami della moda o del costume, in modo da ottenere un particolare effetto sul pubblico: *il look dei paninari, il look di un cantante.*

loop (ingl., pr. [lu:p]) [letter. cappio, laccio; 1987] ***sm. inv.*** **1.** *T.inform.* successione di operazioni che vengono eseguite ripetutamente dal calcolatore nello stesso ordine, finché sussiste una condizione specificata || *in part.* ciclo di operazioni che risulta interminabile, perché la condizione di terminazione non è specificata o non può essere soddisfatta: *andare in loop* **2.** ciascuno di vari oggetti, strutture o programmi schematizzabili con linee chiuse o anelli.

looping (ingl., pr. [ˈlu:pɪŋ]) [letter. allacciando; 1939] ***sm. inv.*** gran volta, acrobazia aerea che consiste nel disegnare un cerchio nell'aria su un piano verticale rispetto al terreno.

lòppa [etim. inc.; a. 1320] ***sm.*** **1.** involucro dei chicchi del grano **2.** *fig.* roba di scarto **3.** *T.metal.* scoria del ferro fuso || **N. 1.** *Sin.* buccia, lolla, pula.

lòppio o **lòppo** (pl. *-pi*) [lat. *opulus*, con concrezione dell'articolo; 1779] ***sm.*** *T.bot.* acero comune || *falso loppio,* loppone, acero di monte.

loppóne (*accr.* di *loppo*) [1834] ***sm.*** *T.bot.* acero minore || **N.** *Sin.* acero di monte, acero fico, falso loppio.

loppóso [da *loppa*; sec. XVI] ***agg.*** *raro* che ha molta loppa, rivestito di abbondante loppa: *grano lopposo.*

loquàce [dal lat. *lōquax, -ācis*; sec. XIII-XIV] ***agg.*** che parla molto e con facilità || *fig.* carico di espressività: *gesto, occhiata loquace* || **loquaceménte** ***avv.*** con loquacità || **N.** *Sin.* chiacchierone, ciarliero, ciarlone, garrulo, linguacciuto | *Contr.* silenzioso, taciturno.

loquacità [dal lat. *loquacitas, -ātis*; sec. XIV] ***sf.*** l'esser loquace || **N.** CHIACCHIERA.

loquèla [dal lat. *loquēla*; 1308] ***sf.*** **1.** *lett.* la facoltà di esprimersi con suoni articolati: *ridare la loquela ai muti* **2.** *lett.* modo di parlare || *per estens.* lingua parlata da un popolo || **N. 1.** *Sin.* favella, parola **2.** *Sin.* accento, cadenza, parlata, pronuncia, LINGUA.

lòran [acronimo dell'ingl. *lo(ng) ra(nge) n(avigation)*, navigazione a largo raggio; 1957] ***sm.*** denominazione internazionale di una classe di sistemi di navigazione radio-assistita, marittima e aerea, caratterizzati da una grande portata e da elevata precisione.

Lorantàcee [comp. del gr. *lôron*, cinghia, gr. *ánthos*, fiore e *-acee*; 1891] ***sf. pl.*** *T.bot.* famiglia di piante, in maggioranza coriacee e parassite, a cui appartiene il vischio.

lorànto [comp. del gr. *lôron*, cinghia e *ánthos*, fiore; 1821] ***sm.*** *T.bot.* cespuglio delle Lorantacee che vive sulle querce come parassita.

lord (ingl., pr. [lɔ:d]; pr. it. [lɔrd]) [letter. signore; 1668] ***sm. inv.*** titolo dei Pari d'Inghilterra, membri della Camera Alta, e di altri esponenti dell'aristocrazia || *vestirsi come un lord,* da gran signore || *lord mayor* (pr. [ˈmeiɔ:]), sindaco nelle principali città inglesi.

lordàre (pres. *lórdo*) [da *lordo*; a. 1311] ***tr.*** sporcare || ***rifl.*** e ***rifl. indir.*** *fig.* macchiarsi di colpe o crimini: *lordarsi di sangue innocente, lordarsi la coscienza* || **N.** *Sin.* bruttare, imbrattare, insozzare, insudiciare, macchiare, SPORCARE.

lordézza [da *lordo*; a. 1342] ***sf.*** l'essere lordo || **N.** *Sin.* SPORCIZIA.

lórdo [lat. volg. *lurdus*; a. 1306] ***agg.*** **1.** sudicio, sporco in modo repellente: *mani lorde di sangue* || *fig.*: *è lordo di ogni vizio* **2.** di peso, conto ecc., complessivo, senza detrazioni, opposto a *netto*: *peso lordo,* compresa la tara; *incasso lordo,* calcolato senza togliere le spese; *portata lorda,* il carico totale di una nave || *loc. avv. al lordo*: *peso, reddito calcolato al lordo* || **lordaménte** ***avv.*** in modo sporco || **N.** *Sin.* SPORCO.

lordòsi [dal gr. *lórdōsis*; 1752] ***sf. inv.*** *T.med.* deviazione della colonna vertebrale, che presenta una curvatura a convessità anteriore || **N.** *Contr.* cifosi.

lordòtico (pl. *-ci*) [da *lordosi*; 1957] ***agg.*** *T.med.* affetto da lordosi.

lordùme [da *lordo*; a. 1704] ***sm.*** insieme di più cose sudicie || *fig.* insieme di persone abiette e disoneste || **N.** *Sin.* lordezza, lordura.

lordùra [da *lordo*; a. 1292] ***sf.*** **1.** l'essere lordo **2.** *concr.* cosa lorda: *casa piena di lordure*; anche *fig.*, in senso morale.

lorenése [dal n. geogr. *Lorena*, regione francese; a. 1748] **I *agg.*** della Lorena o della casa ducale di Lorena: *il granducato lorenese di Toscana* **II *s.*** abitante della Lorena.

lorènzio v. LAURENZIO.

loretàno v. LAURETANO.

lorgnette (fr., pr. [lɔrˈɲɛt]) [da *lorgner*, adocchiare; a. 1794] ***sf. inv.*** occhialino a una o due lenti, senza stanghette e con un manico; anche binocolo da teatro.

lòri[1] [dal fr. *loris*; 1803] ***sm. inv.*** proscimmia con muso appuntito, coda poco sviluppata e con gli occhi cerchiati di nero; vive nell'India meridionale e a Ceylon.

lòri[2] [dal caraibico *loro*; 1825] ***sm. inv.*** specie di pappagallo australiano a vivaci colori.

lorica [dal lat. *lorica*; sec. XIV *loriga*] ***sf.*** **1.** antica corazza dei legionari romani, che copriva petto e ventre, dorso e fianchi solo fino alla cintura **2.** *T.zool.* rivestimento osseo che protegge il corpo di alcuni animali || **N. 1.** ARMATURA.

Loricàti [dal lat. *loricātus*; 1891] ***sm. pl.*** *T.zool.* **1.** ordine di rettili cui appartengono i coccodrilli **2.** *in gen.* animali, fossili e viventi, caratterizzati da una corazza di varia forma e natura. **Q.T.** *zoologia.*

loricàto [dal lat. *loricātus*; a. 1527] ***agg.*** *poet.* coperto di lorica.

lorichétto [da *lori*[2], sovrapposto a (*peroc*)*chetto*; 1934] ***sm.*** *T.zool.* pappagallo dal piumaggio vivacemente colorato, che impara facilmente a parlare || **N.** *Sin.* lorio.

lòrio (pl. *-ri*) [da *lori*[2]; 1970] ***sm.*** *T.zool.* lorichetto.

lóro [lat. *illōrum*; a. 1250] **I *pron. pers. m.*** e ***f. pl.*** **1.** forma della declinazione del pron. *essi, esse,* usata come *essi, esse,* in funzione di soggetto, obbligatoriamente quando si voglia dare un rilievo particolare al soggetto, quando vi sia opposizione tra due soggetti o quando il soggetto sia posposto: *loro non hanno fatto nulla di male, loro dicono di sì e noi di no, sono loro i responsabili*; è usata di regola con i complementi preceduti da preposizione: *sono uscito con loro, lo faccio per loro*; come complemento di termine, anche senza la preposizione *a*: *a loro non importa, dite loro di venire* (più *com. ditegli*); come complemento oggetto, solo in posizione di rilievo: *ho scelto proprio loro*; nelle esclamazioni, dopo certi avverbi e come predicato dopo *essere, sembrare, parere* ecc.: *beati loro!, neanche loro, persino loro, non sembrano più loro* **2.** forma allocutiva di cortesia, corrispondente al sing. *Lei*: *come loro preferiscono, come lor signori comandano* **II** ***agg.*** e ***pron.*** *poss.* di terza persona pl., *m.* e *f. inv.*, corrispondente al sing. *suo, sua*: *la loro madre, le loro abitudini, la nostra casa è più grande della loro*; nel linguaggio *bur.*, *il di loro padre* per *il loro padre* || con ellissi del sostantivo, in espressioni come: *il loro*, i loro beni, averi: *vivono del loro*; *i loro*, i loro parenti o amici: *è uno dei loro, passano le ferie dai loro*; *stare dalla loro*, dalla loro parte; *è un'altra delle loro*, delle loro trovate, malefatte ecc.; *vogliono sempre dire la loro*, la loro opinione.

losànga [dal fr. *losange*; 1803] ***sf.*** **1.** rombo || figura a forma di rombo: *una porta con losanghe scolpite in rilievo* **2.** *T.arald.* pezza posta diagonalmente nello stemma.

losangàto [da *losanga*; 1803] ***agg.*** *T.arald.* di stemma, che porta losanghe di due smalti.

lósca [etim. inc.; 1889] ***sf.*** *T.mar.* apertura circolare, praticata nella volta della poppa, attraverso cui passa la testa del timone.

loschézza [da *losco*; 1869] ***sf.*** *raro* l'essere losco.

lósco (pl. *-schi*) [lat. *luscus*; a. 1315] ***agg.*** **1.** di dubbia onestà: *uomo losco, affari loschi, loschi traffici* **2.** che guarda per traverso, stringendo gli occhi, per difetto di vista o per invidia o malevolenza: *sguardo losco* **3.** *lett.* cieco da un occhio, guercio || **loscaménte** ***avv.*** || **N.** **1.** *Sin.* ambiguo, equivoco **2.** *Sin.* bieco, torvo.

löss V. LOESS.

lossodromìa o **lossodròmia** [dal gr. *loxodrómos*; 1803] ***sf.*** *T.geogr.* linea che unisce due punti della superficie terrestre tagliando tutti i meridiani che incontra con angolo costante.

lossodròmico (pl. *-ci*) [da *lossodromia*; 1803] ***agg.*** di lossodromia: *linea lossodromica*; *navigazione lossodromica*, consistente nel mantenere l'angolo della prua costante rispetto alla direzione del Nord.

lòto[1] o **lóto** o **lùto** [lat. *lutum*; sec. XIII] ***sm.*** **1.** *ant.* melma, fango **2.** impasto d'argilla o fango usato in passato per otturare fessure o fori.

lòto[2] [dal lat. *lōtus*, gr. *lōtós*; 1499] ***sm.*** **1.** nome generico di varie piante acquatiche con fiori bianchi o rosa e grandi foglie galleggianti || nel simbolismo religioso orientale rappresenta la bellezza, la perfezione, la fecondità **2.** genere di piante dicotiledoni, erbacee e legnose **3.** *lett.* nel mito greco, pianta che dava l'oblio a chi la mangiava.

lotòfago (pl. *-gi*) [dal gr. *lōtophágos*; a. 1597] **I** ***agg.*** che mangia il loto **II** ***sm.*** *pl. Lotofagi*, nome di un mitico popolo di mangiatori di loto ricordato nell'Odissea.

lotolènto V. LUTULENTO.

lotóso [da *loto*[1]; prima metà sec. XIII] ***agg.*** *raro* fangoso || **N.** *Sin.* limaccioso, lutulento, FANGOSO.

lòtta [lat. tardo *lŭcta*; a. 1595] ***sf.*** **1.** *T.sport.* gara tra due contendenti che si affrontano corpo a corpo senz'armi cercando di atterrarsi a vicenda: *lotta libera, lotta greco-romana, lotta giapponese*, nome di varie specialità **2.** *in gen.* combattimento tra due o più persone, per aggressione o per difesa: *gli agenti immobilizzarono il rapinatore dopo una lunga lotta*; anche combattimento tra animali o tra uomini e animali: *nei circhi romani si svolgevano lotte tra uomini e bestie feroci* || contrasto tra gruppi o categorie, che cercano di prevalere sulla parte opposta o di indebolirla per conseguire un proprio scopo: *lotte sindacali, politiche*; *lotta di classe*, nel marxismo, lo scontro tra classe operaia e classe borghese || *lotta per la vita*, nella teoria darwiniana, la battaglia che ogni individuo affronta per sopravvivere, condizione della selezione naturale e dell'evoluzione || *per estens.* scontro armato, battaglia: *la lotta per l'indipendenza nazionale, lotta clandestina, partigiana* || *lotta armata*, formula con cui alcuni gruppi terroristici indicano le loro azioni || *lotta senza quartiere*, aspra e violenta **3.** *fig.* impegno di tutte le forze e risorse disponibili per eliminare mali sociali, forze naturali ostili, situazioni, fenomeni, impulsi negativi: *lotta contro l'analfabetismo, contro la siccità, contro le malattie, contro le tentazioni*; *essere in lotta con se stesso*, in contrasto, in dissidio || **N.** **2.** *Sin.* battaglia, collutazione, combattimento, conflitto, contesa, contrasto, gara, guerra, litigio, mischia, scontro, zuffa | accesa, disperata, dura, furibonda, mortale, violenta | ingaggiare, sostenere, vincere. **Q.T.** *atletica* **TAV.** ***atletica*** **p. 657** 3.1, 3.2, 3.3.

lottàre (pres. *lòtto*) [lat. *luctāri*; sec. XIV *luttare*] ***intr.*** (aus. *avere*) **1.** *T.sport.* fare alla lotta, affrontare un avversario in un incontro di lotta: *lottare senza colpi bassi* **2.** cercare di contrastare qualcuno, in un corpo a corpo o con delle armi: *la ragazza lottò invano contro* (*o con*) *l'aggressore, due bande giovanili lottano con spranghe e catene per il controllo della zona* || detto anche di animali che combattono tra loro o contro uomini: *i maschi lottano per le femmine, armato di coltello lottava contro* (*con*) *la tigre* || *fig.* combattere: *lottare contro* (*con*) *la sventura, lottare per affermare i propri diritti, lottare contro l'analfabetismo* || **N.** **2.** *Sin.* affrontare, battagliare, combattere, competere, contendere, contrastare, cozzare, gareggiare, giostrare, rivaleggiare, venire alle mani; abbaruffarsi, accapigliarsi, azzuffarsi, battersi, cimentarsi, misurarsi, opporsi, picchiarsi, scontrarsi.

lottatóre [dal lat. *luctātor, -ōris*; sec. XIV *luttatore*] ***sm.*** (f. *-trìce*) **1.** *T.sport.* atleta che pratica la lotta **2.** chi lotta o si batte, con accanimento e spirito combattivo: *è un lottatore, otterrà quello che vuole.*

lotterìa [da *lotto*[2]; 1640] ***sf.*** gioco di fortuna, nel quale i partecipanti acquistano dei biglietti numerati e possono vincere un premio se il numero del loro biglietto corrisponde a quello sorteggiato nell'estrazione finale; può essere abbinato a competizioni sportive o spettacoli: *lotteria di beneficenza*, in cui il ricavato è destinato a scopo benefico: *vincere la* (o più com. *alla*) *lotteria*, anche *fig.*, avere un colpo di fortuna || **N.** lotto, pesca, reale, tombola.

lottista [da *lotto*[2]; 1963] ***s.*** **1.** chi gestisce una ricevitoria del lotto **2.** chi organizza lotterie non autorizzate, bische clandestine e sim.

lottistico (pl. *-ci*) [da *lottista*; 1963] ***agg.*** relativo al gioco del lotto: *puntate lottistiche.*

lottizzàre [dal fr. *lotisé*; 1935 *lotizzare*] ***tr.*** **1.** suddividere in lotti: *lottizzare un terreno*, frazionare un terreno in tante parti per venderle come aree fabbricabili **2.** *fig.* spartirsi le cariche di enti pubblici in base a decisioni politiche: *le reti televisive sono lottizzate tra i partiti.*

lottizzazióne [dal fr. *lotization*; 1963] ***sf.*** **1.** l'operazione e l'effetto del lottizzare; il terreno lottizzato **2.** *fig.* spartizione delle cariche di organismi pubblici, dei posti di lavoro ecc. operata dai partiti o da gruppi di potere.

lòtto[1] [dal fr. *lot*; 1812] ***sm.*** **1.** ciascuna delle parti in cui è diviso un tutto, in genere di uguale valore, e che vengono sorteggiate tra coloro che ne hanno diritto: *l'eredità fu divisa in cinque lotti* || *in part.* ciascuna delle parti di un lavoro messe separatamente all'incanto per essere date in appalto **2.** quantità, partita di una certa merce: *un lotto di vestiti* **3.** appezzamento di terreno fabbricabile **4.** in borsa, unità di contrattazione di titoli o merci: *un lotto di cento azioni* **5.** *T.sport.* gruppo di partecipanti a una gara.

lòtto[2] [dal fr. *lot*; 1543] ***sm.*** gioco di fortuna in cui si vince un premio prefissato mediante l'estrazione, in uno o più sorteggi, di un numero, una serie di numeri o una cartella || in Italia è gestito in monopolio statale e prevede un'estrazione settimanale di cinque dei numeri che vanno da uno a novanta; a chi, pagando, partecipa cercando d'indovinare un numero o una combinazione di numeri, in caso di vincita è assegnato un premio in denaro: *botteghino del lotto, giocare un numero al lotto, è come indovinare un numero al lotto* || *fig. vincere un terno al lotto*, avere una fortuna insperata || *dare i numeri del lotto* o sempl. *dare i numeri*, parlare a vanvera, in modo confuso || **N.** ambo, cinquina, estratto, quaterna, terno, terno secco; estrazione, giocata, ricevitoria, ruota; banco del lotto, bancolotto, botteghino, polizza; cabala, smorfia[2].

loure (fr., pr. [lu:r]) [dal lat. tardo *lura*, otre, poi cornamusa, e poi ballo eseguito al suono di questa; 1957] ***sf. inv.*** **1.** *T.mus.* strumento popolare simile alla cornamusa, diffuso in Normandia **2.** danza popolare francese a ritmo ternario.

love (ingl., pr. [lʌv]) [letter. amore; 1964] ***sm. inv.*** *T.sport* usato nel tennis per indicare il punteggio zero, la mancanza di punti: *thirty love*, trenta a zero.

love story (ingl., pr. [lʌv 'stɔ:rɪ]) [titolo di un romanzo e di un film di successo; letter. storia d'amore; 1974] ***loc. f. inv.*** relazione sentimentale, storia d'amore: *ha una nuova love story.*

lozióne [dal lat. tardo *lotio, -ōnis*; 1788] ***sf.*** **1.** preparato liquido a base di acqua e alcol, usato per vari trattamenti farmaceutici e cosmetici: *lozione dopobarba, contro la caduta dei capelli* **2.** *arc.* abluzione.

lubbióne [dal lomb. *lobbión*, accr. di *lòbia*, loggia; 1891] ***sm.*** *region.* nei teatri, loggione || **N.** *Sin.* galleria, loggione, piccionaia.

lubécchio (pl. *-chi*) [etim. inc.; 1868] ***sm.*** nei mulini ad acqua, ruota dentata che serviva a trasmettere il moto alla macina.

lubricànte (*ppr.* di *lubricare*) [a. 1771] ***agg.*** e ***sm.*** *T.med.* detto di preparato lassativo, emolliente.

lubricàre (pres. *lùbrico, lùbrichi*) [dal lat. tardo *lubricāre*; 1563] ***tr.*** *arc.* rendere scorrevole, lubrificare.

lubricità [da *lubrico*; sec. XIV] ***sf.*** *non com.* l'essere lubrico, soprattutto *fig.*: *lubricità di discorsi*, oscenità || **N.** *Sin.* indecenza, oscenità, scurrilità.

lùbrico (non com. *lubrìco*) (pl. *-ci*) [dal lat. *lubricus*; a. 1342] ***agg.*** **1.** *lett.* che fa scivolare o che è scivoloso, sdrucciolevole: *strada lubrica* **2.** *fig.* di parole, atti, o cose contrarie al senso comune del pudore: *canzoni lubriche* || di persona, che offende il pudore || **N.** **1.** *Sin.* scivoloso, sdrucciolevole, viscido **2.** *Sin.* indecente, lascivo, osceno, scurrile.

lubrificànte (*ppr.* di *lubrificare*) [1902] ***sm.*** olio, sostanza viscosa usata per ridurre l'attrito tra superfici a contatto di corpi in movimento o parti meccaniche || **N.** grassi, liquidi, sintetici, solidi | grafite, grassi, oli minerali, talco.

lubrificàre (pres. *-ifico, -ifichi*) [dal fr. *lubrifier*; 1895] ***tr.*** **1.** ungere superfici ed elementi a contatto di parti meccaniche per facilitare scorrimento e movimento **2.** *non com.* agevolare le funzioni intestinali con lassativi || **N.** **1.** *Sin.* ungere.

lubrificativo [da *lubrificare*; 1940] ***agg.*** che è atto a lubrificare.

lubrificatóre [dal fr. *lubrificateur*; 1913 come sm.] **I *agg.*** che serve a lubrificare: *olio lubrificatore* **II *sm.*** (f. *-trice*) operaio addetto alla lubrificazione nell'industria siderurgica o meccanica || **N.** II *Sin.* ingrassatore.

lubrificazióne [dal fr. *lubrification*; 1902] ***sf.*** il lubrificare; inserzione di sostanze atte a ridurre l'attrito fra le superfici a contatto di elementi in moto: *la lubrificazione dei pistoni del motore.* **Q.T.** *automobile.*

lucànica v. LUGANIGA.

Lucànidi (sing. *-e*) [dal lat. *lucānus*, del mattino; 1931] ***sm. pl.*** *T.zool.* famiglia di grossi Coleotteri, i cui maschi hanno una mandibola sviluppatissima; fra di essi il cervo volante.

lucàno [dal lat. *Lucānus*; 1834] **I *agg.*** dell'antica Lucania o dell'odierna Basilicata **II *sm.*** **1.** (f. *-a*) abitante dell'antica Lucania o dell'odierna Basilicata **2.** (solo *sing.*) dialetto lucano.

lucarìno [lat. volg. **lucarinum*; a. 1530] ***sm.*** lucherino.

lucchése [dal n. geogr. *Lucca*, città della Toscana; 1554] **I *agg.*** di Lucca **II *s.*** abitante di Lucca.

lucchesìna o **lucchesìna** [propr. dim. di *lucchese*, perché originariamente veniva fabbricata a Lucca; 1957] ***sf.*** pesante coperta da letto, in cotone o lana, di colore bianco.

lucchétto [dal fr. *loquet*, chiusura, dim. di *loc*, catenaccio; a. 1547] ***sm.*** serratura movibile che si può applicare a un baule, a una valigia, a una porta ecc.; consiste di una cassa a forma di scatola munita di serratura di solito a chiave e di un gambo ad archetto che prima si infila in anelli attaccati alle pareti combacianti di ciò che va chiuso e poi si blocca nella cassa || *fig. mettere il lucchetto alla bocca*, imporre silenzio || **N.** a chiave, a cifra, a segreto | cassa, gambo.

luccicaménto [da *luccicare*; 1676] ***sm.*** *raro* il luccicare.

luccicànte (*ppr.* di *luccicare*) [a. 1606] ***agg.*** lucente, risplendente, rilucente.

luccicàre (pres. *lùccico, lùccichi*) [lat. volg. **lucicāre*; sec. XIV] ***intr.*** (aus. *avere*) riflettere la luce con brevi lampi, come fanno le superfici lisce e lucide: *il cristallo luccicava* || di persona che abbia indosso cose lucenti: *le sue mani inanellate luccicavano* || detto spesso degli occhi: *gli occhi le luccicavano di gioia*; *cominciavano a luccicargli gli occhi*, stava per mettesi a piangere || *fig. una prosa che luccica*, a effetto, brillante || **N.** *Sin.* rilucere, scintillare, SPLENDERE.

luccichìo (pl. *-ìi*) [da *luccicare*; a. 1673] ***sm.*** un luccicare insistente, frequente.

luccicóne [da *luccicare*; 1755] ***sm.*** grossa lacrima che spunta dall'occhio || **N.** LACRIMA.

luccicóre [da *luccicare*; 1727] ***sm.*** *non com.* un luccicare continuo || **N.** *Sin.* luccichio; luminosità, SPLENDORE.

lùccio (pl. *-ci*) [lat. *lūcius*; fine sec. XIII] ***sm.*** pesce d'acqua dolce, dei Teleostei Esocidi, di notevoli dimensioni e col muso appiattito, carnivoro voracissimo || *luccio di mare, luccio imperiale*, sfirena.

lùcciola [da un ant. *lucciare*, luccicare; 1313] ***sf.*** **1.** nome generico di varie specie di Coleotteri, caratteristici per la luminosità continua (nella specie senza ali) o intermittente (nelle specie alate) che emettono dagli ultimi anelli dell'addome || *fig. prendere, dare a intendere lucciole per lanterne*, prendere, dare a intendere una cosa per un'altra || *vedere le lucciole*, veder le stelle, per un acuto dolore fisico **2.** *disus.* ragazza che nelle sale cinematografiche accompagna gli spettatori al loro posto, facendo luce con una lampadina tascabile **3.** prostituta || *dim.* lucciolétta; *accr.* lucciolóne (*sm.*) || **N.** **1.** Lampiridi | fosforescenza **2.** *Sin.* maschera.

lucciolàio (pl. *-ài*) [da *lucciola*; 1853] ***sm.*** gran quantità di lucciole || *prov. bel lucciolaio, bel granaio.*

lucciolàre (pres. *lùcciolo*) [da *lucciola*; a. 1484 nel senso 2] ***intr.*** (aus. *avere*) *raro* **1.** luccicare come lucciola **2.** piangere a grosse lacrime.

lucciolìo (pl. *-ìi*) [da *lucciola*; a. 1912] ***sm.*** **1.** scintillio di lucciole: *al lucciolìo dell'odorosa estate* (Pascoli) **2.** luccichio di cose luminosissime, scintillanti come lucciole: *il lucciolìo dell'altare* (Pascoli).

lucciolóne (*accr.* di *lucciola*) [a. 1673] ***sm.*** *fam. tosc.* luccicone, grossa lacrima.

luccioperca v. LUCIOPERCA.

lùcco (pl. *-chi*) [dal fr. ant. *huque*; a. 1471] ***sm.*** *T.stor.* lunga veste maschile a pieghe, di panno o damasco, con aperture laterali per le braccia e chiusa al collo, usata dai cittadini di Firenze all'epoca di Dante.

lùce [lat. *lux, lucis*; sec. XIII nel senso 2] ***sf.*** **1.** radiazione elettromagnetica che colpendo la retina suscita la sensazione della vista: *luce naturale* o *artificiale*, emessa dal Sole o da un apparecchio; *velocità di propagazione della luce*, 300.000 km al secondo || *luce bianca*, quella del Sole o delle lampade a incandescenza || *luce nera*, ottenuta filtrando le radiazioni di una lampada a vapori di mercurio, usata per scoprire alterazioni su documenti o sulla pelle || *luce fredda*, non termica, emessa per luminescenza || *luce diretta*, che arriva all'occhio direttamente dalla sorgente, a differenza della *luce riflessa, diffusa* o *diffratta* **2.** la luce diurna, i raggi del Sole: *una stanza piena di luce, le piante hanno bisogno di luce* || *fig. venire alla luce*, nascere; *dare alla luce*, partorire o, rif. a un'opera, creare; *riportare alla luce*, rif. a cose sepolte o nascoste che vengono scoperte dopo molto tempo; *è chiaro come la luce del sole, negare la luce del sole*, negare l'evidenza; *alla luce dei fatti*, sulla base di elementi concreti; *venire in luce*, manifestarsi, venire in chiaro; *fare, gettare luce su qualcosa*, chiarirla, spiegarla; *mettere in luce qualcosa*, rivelarla, renderla manifesta **3.** *in gen.* luminosità, chiarore, anche artificiale: *effetti di luce*, contrasti di luce e ombra, naturali o ricercati; *essere in piena, in mezza luce*, completamente illuminato o nella penombra; *il quadro è esposto in buona, in cattiva luce*, in buona o cattiva posizione per essere apprezzato || *fig. mettere uno o una cosa in buona, in cattiva luce*, prensentarli in modo favorevole o sfavorevole; *mostrare qualcosa nella sua vera, giusta luce*, com'è in realtà; *gettare una luce sinistra su qualcuno* o *qualcosa*, farli apparire negativamente **4.** splendore, lucentezza: *la luce di un diamante, nei suoi occhi brillava una strana luce* **5.** sorgente luminosa: *accendere, spegnere la luce, le luci dei lampioni, dell'aereoporto*; *luci della ribalta*, il palcoscenico || *luci di posizione, di targa, d'ingombro*, negli autoveicoli || *a luce rossa*, di locale, cinema, ritrovo dove si presentano spettacoli pornografici: *film a luce rossa* || *in part. fam.* la corrente elettrica: *fili della luce, è andata via la luce, bolletta della luce* **6.** *fig.* ciò che libera dall'arretratezza, dall'ignoranza, dalla disperazione ecc.: *luce della verità, del progresso, della speranza* || riferito a Dio o alla beatitudine: *la vera luce, la luce eterna* || *luce degli occhi miei, è la luce dei suoi occhi*, persona molto amata **7.** *poet.* la vista: *la luce, la luce degli occhi*; *pl. le luci*, gli occhi **8.** *T.tecn.* apertura che permette il passaggio della luce o di altro; *in part.* finestra: *un vano con tre luci* || *T.giur.* finestra che dà luce o aria a un ambiente ma non permette di affacciarsi sulla proprietà confinante **9.** *T.arch.* distanza tra gli appoggi di una qualunque struttura orizzontale: *la luce di un'arcata* || suddivisione di un mobile: *armadio a due luci*, a due ante || *T.idr.* diametro di un tubo; *per estens.* apertura || *dim.* lucìna, lucétta; *pegg.* luciàccia || **N.** **3.** *Sin.* bagliore, barbaglio, barlume, chiarore, fulgore, giorno, luccichio, lume, scintillio, sfavillio, sfolgorio, splendore; fascio, guizzo, lama, lampo, nimbo, raggio, scintilla, sprazzo, torrente; contrasti, effetti, fonte, giochi, sorgente | artificiale, astrale, attenuata, blanda, crepuscolare, debole, diffusa, fioca, forte, fosca, fulgida, incerta, intermittente, languida, livida, meridiana, pallida, riposante, scarsa, scialba, scintillante, sfavillante, sfolgorante, smagliante, smorzata, soave, solare, spettrale, splendida, tenue, tremula, uguale, uniforme, velata, viva | abbacinare, abbagliare, abbarbagliare, accecare, accendersi, attenuarsi, balenare, baluginare, brillare, diffondersi, emanare, illuminare, indebolirsi, investire, irradiare, luccicare, offuscarsi, ravvivarsi, riflettersi, rifrangersi, rischiarare, riverberare, scintillare, sfavillare, sfolgorare, smorzarsi, spandersi, spegnersi, splendere, tralucere, tremolare | aberrazione, alone, arcobaleno, diffrazione, diffusione, dispersione, fluorescenza, fosforescenza, iridescenza, opalescenza, penombra, polarizzazione, riflessione, rifrazione, riverbero | occhio, ottica, spettro solare | *Contr.* buio, notte, oscurità, tenebre. **Q.T.** *fisica* **TAV.** ***architettura*** **p. 646** 6.1e.

lucènte (*ppr.* di *lucere*) [a. 1276] ***agg.*** che risplende || **lucentemente** ***avv.*** con lucentezza || **N.** *Sin.* luccicante, rilucente, splendente | *Contr.* opaco, spento.

lucentézza [da *lucente*; sec. XIV] ***sf.*** **1.** l'essere lucente **2.** *T.min.* uno dei caratteri usati per l'identificazione dei minerali; anche, uno dei caratteri distintivi delle perle.

lùcere (*dif.*, pres. *lùce, lùcono*; imperf. *lucéva, lucévano*; cong. imperf. *lucésse*; ppr. *lucènte*) [dal lat. *lucēre*; a. 1294] ***intr. poet.*** mandar luce || **N.** *Sin.* rilucere.

lucèrna [lat. tardo *lucerna*; sec. XIII nel senso 4] ***sf.*** **1.** lume a olio, portatile, costituito da un recipiente in metallo o in terracotta, con uno o più beccucci per immergervi gli stoppini **2.** *disus. scherz.* cappello dei carabinieri o dei preti **3.** apertura nel torchio per far colare l'olio o il vino **4.** *ant. poet.* luce, splendore || *dim.* lucernétta, lucernìna; *spreg.* lucernùccia; *accr.* lucernóne (*sm.*); *pegg.* lucernàccia || **N.** **1.** *Sin.* lampada, lanterna, LUME | a tromba, pensile | anello, asta, beccuccio, canna, catenella, coppa, fungo, fusellino, lucignolo, molletta, nodo, pomo, smoccolatoio, spegnitoio, stoppino | crepitare, guizzare, scoppiettare.

lucernàrio (pl. *-ri*) [da *lucerna*; 1803] ***sm.*** apertura nel tetto di un edificio, con vetri fissi o apribili, per illuminare o aerare gli ambienti sottostanti. **TAV.** *abitazione* 1.29, 3.7.

lucernàta [da *lucerna*; a. 1484] ***sf.*** *ant.* quanto olio può essere contenuto in una lucerna.

lucernière [da *lucerna*; a. 1525] ***sm.*** arnese di legno con una serie di buchi a diverse altezze, per infilarvi il manico della lucerna.

lucèrtola [lat. volg. **lucerta*; sec. XIV] ***sf.*** **1.** rettile dei Sauri, col corpo allungato terminante in una lunga coda fragile, ma in grado di ricrescere, zampe corte e robuste con cinque dita || *stare al sole come le lucertole*, resistere a lungo al sole, per abbronzarsi o goderne il calore || *pop. mangiar le lucertole*, essere magro e pallido **2.** pelle di iguana conciata: *un portafoglio di lucertola, scarpe di lucertola* || *dim.* lucertolétta, lucertolìna; *accr.* lucertolóne (*sm.*) || **N.** **1.** ramarro, RETTILI.

lucèrtolo [lat. *lacertulus*; 1869] ***sm.*** *T.mac.* in Toscana, taglio di carne tra il girello e il sottocoscio.

lucertolóne (*accr.* di *lucertola*) [a. 1698] ***sm.*** **1.** grossa lucertola **2.** *per estens. pop.* rettile di grandi dimensioni simile alla lucertola || ramarro; iguana.

lucherino o **lucarino** o **lugarino** [lat. volg. **lucarinum*; a. 1484] ***sm.*** piccolo uccello dei Passeracei Fringillidi, buon cantatore, con penne variegate nere, verdi e gialle.

lucia (pl. *-cie*) [da Santa *Lucia*; 1834 nel senso 2] ***sf.*** **1.** *pop.* lucciola **2.** *pop.* orbettino **3.** *pop.* coccinella.

lucidalàbbra [comp. di *lucida(re)* e *labbra*; 1982] ***sm.*** *inv.* cosmetico che rende le labbra lucide e talvolta leggermente colorate.

lucidaménto [da *lucidare*; a. 1566] ***sm.*** *non com.* il lucidare.

lucidàre (pres. *lùcido*) [da *lucido*; a. 1311] ***tr.*** **1.** rendere lucido, sfregando con panni, spazzole e talvolta usando sostanze apposite, lustrare: *lucidare i pavimenti, l'argenteria* **2.** *T.tecn.* ricopiare un disegno sovrapponendo una particolare carta trasparente.

lucidatóre [da *lucidare*; a. 1915] ***sm.*** (f. *-trìce*) chi è addetto alla lucidatura: *lucidatore di mobili.*

lucidatrice [da *lucidare*; 1955] ***sf.*** apparecchio elettrico per lucidare superfici || *in part.* elettrodomestico con dischi di feltro o spazzole rotanti per spandere la cera su pavimenti e lustrarli. **Q.T.** *elettrodomestici* **TAV.** *elettrodomestici* 6.

lucidatùra [da *lucidare*; 1869] ***sf.*** **1.** l'operazione di lucidare **2.** *T.tecn.* operazione di rifinitura di pezzi metallici || operazione che rende lucida la superficie della carta || operazione che rende liscia la superficie dei chicchi di riso **3.** il ricalcare un disegno su una carta lucida e trasparente.

lucidazióne [da *lucidare*; 1766] ***sf.*** *raro* il lucidare.

lucidézza [da *lucido*; sec. XIV] ***sf.*** l'essere lucido; spec. di cose materiali: *la lucidezza del marmo* || **N.** *Sin.* limpidezza, lucentezza, lucidità, lustro, nitidezza, SPLENDORE.

lucidista [da *lucido*; 1957] ***s.*** persona che esegue lucidi o che compie la lucidatura dei disegni.

lucidità [dal lat. tardo *luciditas, -ātis*; sec. XIV] ***sf.*** l'essere lucido; spec. *fig.*, chiarezza d'idee: *ha un'eccezionale lucidità di mente*; *in gen.* capacità d'intendere e di volere: *la malattia gli lascia brevi intervalli di lucidità* || **N.** *Sin.* acutezza, perspicuità; coscienza.

lùcido [dal lat. *lūcidus*; 1319] **I *agg.*** **1.** di superficie, che riflette la luce: *marmo lucido, scarpe lucide*; *carta lucida,* (anche *da lucidi*), semitrasparente, per disegni tecnici || *fig. occhi lucidi,* per la febbre o il pianto **2.** splendente, che emana luce propria || *T.astr.* visibile a occhio nudo (in contrapposizione a *telescopico*): *nebulose, stelle lucide* **3.** *fig.* chiaro, perspicuo, riferito alle facoltà mentali o alle loro manifestazioni: *è una mente molto lucida, una lucida analisi del fenomeno* || capace d'intendere e di volere, pienamente cosciente: *è stato lucido fino alla fine* || **lucidaménte** ***avv.***, solo *fig.*, con chiarezza mentale **II *sm.*** **1.** lucentezza: *questo legno ha un bel lucido* **2.** sostanza che dà il lucido: *il lucido per le scarpe* **3.** disegno lucidato, cioè ricopiato per trasparenza: *di quel disegno fu fatto il lucido* || testo scritto o immagine riprodotti su apposito supporto trasparente, per essere proiettati su uno schermo mediante lavagna luminosa || **N.** I **1.** *Sin.* lucente, lustro, rilucente, terso | *Contr.* opaco **3.** *Sin.* chiaro, lampante, limpido | *Contr.* confuso, oscuro.

luciferino [dal n. proprio *Lucifero*; a. 1855] ***agg.*** **1.** proprio di Lucifero **2.** demoniaco, diabolico: *astuzia luciferina, sguardo luciferino.*

lucìfero [dal lat. *lucifer*; sec. XIV] **I *agg.*** *lett.* di luce || *T.giur. finestre lucifere,* finestre che danno luce ma non consentono di affacciarsi sulla proprietà vicina **II *sm.*** *inv.* **1.** Lucifero, altro nome del pianeta Venere quando appare al mattino **2.** l'angelo ribelle, Satana || *fig.* persona malvagia, rabbiosa o infuriata || **N.** II **1.** *Sin.* Fosforo **2.** *Sin.* demonio, DIAVOLO.

lucìfugo (pl. *-ghi*) [comp. di *luce* e *-fugo*; a. 1686] ***agg.*** *T.biol.* di animale che fugge la luce o di pianta che cresce meglio all'ombra.

lucìgnola [etim. inc.; 1834] ***sf.*** **1.** luscengola **2.** orbettino.

lucignolàto [da *lucignolo*; a. 1400] ***agg.*** *ant.* attorcigliato come un lucignolo.

lucìgnolo [lat. tardo *lucinium*; a. 1342] ***sm.*** **1.** treccia di fili che si mettono nella lucerna o all'interno della candela per essere accesi e far lume || *fig.* persona eccessivamente magra **2.** nella filatura, fascio di fibre leggermente ritorte **3.** *ant.* quantità di lana che si mette sulla rocca per la filatura || **N.** **1.** *Sin.* calza, stoppino | a calza, a nastro, a treccia, doppio | fungo, moccolaia.

lucilia [dal n. proprio lat. *Lucīlia*; 1891] ***sf.*** mosca con corpo dai riflessi verde metallico, che depone le uova sulle materie organiche in decomposizione e spesso nelle ferite degli animali.

lucioperca o **luccioperca** [comp. di *luccio* e *perca*; 1957] ***sm.*** *T.zool.* pesce di lago, appartenente alla fam. dei Percidi, simile al luccio || **N.** *Sin.* sandra.

lùco (pl. *-chi*) [dal lat. *lucus*; sec. XIV] ***sm.*** presso i Romani, bosco sacro a qualche divinità.

lucóre [dal lat. *lucor, -ōris*; a. 1276] ***sm.*** *ant.* o *lett.* luce diffusa, splendore.

lucràbile [da *lucrare*; 1869] ***agg.*** che si può lucrare, detto soprattutto di indulgenza.

lucràre [dal lat. *lucrare*; a. 1306] ***tr.*** **1.** guadagnare denaro: *con quelle operazioni la banca ha lucrato molto*; *com. spreg.* ricavare utili illeciti: *ha lucrato miliardi con le tangenti* **2.** acquistare beni spirituali: *lucrare indulgenze, meriti* || **N.** **1.** *Sin.* profittare, speculare, GUADAGNARE.

lucratìvo [dal lat. *lucrātīvus*; a. 1375] ***agg.*** che vale a dare lucro: *attività lucrativa.*

lùcro [dal lat. *lucrum*; sec. XIV] ***sm.*** guadagno, spec. *spreg.*: *fare qualcosa a scopo di lucro* || *in part. T.giur. lucro cessante*, in relazione a *danno emergente*, il guadagno che va perduto per l'inadempienza di un debitore o per l'attività illecita di un altro soggetto || **N.** *Sin.* speculazione, GUADAGNO.

lucróso [dal lat. *lucrōsus*; a. 1598] ***agg.*** che dà abbondanti guadagni: *professione lucrosa* || **N.** *Sin.* lucrativo, remunerativo.

luculliàno [dal lat. *Lucullianus*; 1544] ***agg.*** di pranzo, cena e sim., sontuosissimo e molto raffinato || di vivanda, gustosa, succulenta.

lucumóne [dal lat. *lucumon, -ōnis*; sec. XIV] ***sm.*** *T.stor.* presso gli Etruschi, alto magistrato dotato di autorità politica, militare e religiosa.

lucumonìa [da *lucumone*; 1869] ***sf.*** *T.stor.* carica del lucumone || ambito di giurisdizione del lucumone.

lucus a non lucendo (lat., pr. it. ['lukus a nɔn lu'tʃɛndo]) [letter. *lucus*, bosco, deriva da *non lucēre*, non splendere, cioè il bosco si chiama così perché non ha luce] ***loc. m.*** frase proverbiale citata come esempio di etimologie inventate, illogici rapporti di causa ed effetto ecc.

luddìsmo [dall'ingl. *luddism*; 1963] ***sm.*** movimento operaio inglese che nella prima fase della rivoluzione industriale (sec. XIX) reagì violentemente, spesso col sabotaggio, contro l'introduzione delle macchine, causa di diminuzione della occupazione.

luddìsta [da *luddismo*; 1975] **I *agg.*** proprio del luddismo, che si rifà al luddismo: *agitazioni luddiste* **II *s.*** seguace, fautore del luddismo.

ludìbrio (pl. *-bri*) [dal lat. *ludibrium*; a. 1294] ***sm.*** scherno, vituperio: *esporre al pubblico ludibrio, mettere uno in ludibrio* || *concr.* la persona o la cosa che è oggetto di derisione: *non sono il tuo ludibrio, essere ludibrio della sorte* || *non com.* detto a proposito di fatti, opere, manifestazioni e sim., brutte o indecorose: *che ludibrio!* || **N.** *Sin.* derisione, DISPREZZO, SCHERNO; zimbello.

lùdico (pl. *-ci*) [da *ludo*, come il fr. *ludique*; 1946] ***agg.*** **1.** relativo al gioco o al giocatore || *per estens.* gioioso, disimpegnato: *atteggiamento ludico* **2.** *T.psic.* detto di manifestazione infantile della sessualità, che assume i caratteri del gioco.

lùdicro [dal lat. *ludicrus*; a. 1498] ***agg.*** *lett. raro* che ha per fine il gioco o la beffa, scherzoso.

ludimagìstro [dal lat. *ludimagister*; a. 1565] ***sm.*** **1.** maestro di scuola dell'antica Roma **2.** *iron.* insegnante, maestro pedante.

lùdo [dal lat. *lūdus*; a. 1306 nel senso 2] ***sm.*** **1.** gioco, spettacolo; spec. *pl.*, spettacoli degli antichi: *ludi funebri, scenici* || *per estens.* gare sportive moderne **2.** *arc.* e *lett.* gioco, passatempo.

ludotèca [comp. di *ludo* e *-teca*; 1979] ***sf.*** raccolta pubblica di giochi e giocattoli a disposizione di bambini e ragazzi, che possono utilizzarli nei locali in cui sono conservati o prenderli a prestito || i locali in cui tale raccolta si trova.

lùe [dal lat. *lues*; 1598] ***sf.*** *inv.* **1.** *T.med.* sifilide **2.** *fig.* calamità, rovina pubblica dovuta a vizio, corruzione o falsa dottrina || *lett.* epidemia, morbo, peste.

luètico (pl. *-ci*) [da *lue*; 1905] ***agg.*** e ***sm.*** (f. *-a*) di lue, affetto da lue, sifilitico.

lùffa [dall'ar. *lūf*, lupa; 1813] ***sf.*** **1.** *T.bot.* erba tropicale rampicante delle Cucurbitacee, della quale viene sfruttata la parte esterna dei frutti, per fare spugne da bagno o da massaggio **2.** la parte esterna del frutto, usata come spugna.

lùffo [etim. inc.; metà sec. XIII] ***sm.*** *ant.* batuffolo.

lugàna [dal n. geogr. *Lugana*; 1957] ***sm.*** *inv.* vino bianco, secco e asprigno, prodotto nell'omonima regione sulla riva meridionale del lago di Garda.

lugàniga o **lucànica** [lat. *lucanica*, propria della *Lucania*; a. 1315 *luganeg*] ***sf.*** specie di salsiccia, prodotta nel Veneto e nella Lombardia, non segmentata, lunga e sottile.

lugarino v. LUCHERINO.

lugger (ingl., pr. ['lʌgə]) [da *lungsail*, di etim. inc.; 1895] ***sm.*** *inv.* veliero a due alberi usato nell'Europa settentrionale.

lugliàtico (pl. *-ci*) [da *luglio*; a. 1320] ***agg.*** detto dell'uva che matura a luglio.

lugliénga o **lugliènga** [da *luglio*; 1903] ***sf.*** uva bianca da tavola che matura a luglio, coltivata a pergolato || anche *agg.*: *l'uva luglienga.*

lùglio [lat. *julius*; 1211] ***sm.*** settimo mese dell'anno || *farsi bello del sol di luglio,* vantarsi di cose di cui non si ha alcun merito; *vendere il sol di luglio*, far passare per rarità o come propria qualche cosa che invece è comune o di tutti.

lùgliolo [da *luglio*; prima metà sec. XIV] ***agg.*** *tosc.* lugliatico.

lùgubre [dal lat. *lugubris*; 1353] ***agg.*** che suscita o esprime profonda tristezza, immagini di dolore e di morte: *spettacolo lugubre* || **lugubreménte** ***avv.*** || **N.** *Sin.* cupo, funebre, funereo, luttuoso, mesto, tetro, TRISTE.

lùi [lat. volg. **(il)lūi*; a. 1294] **I *pron. pers. sing. m.*** forma tonica del pronome di terza pers. *egli*, usata come soggetto, obbligatoriamente quando si voglia dare un certo rilievo, in espressioni ellittiche e con verbi di modo non finito: *lui è partito ieri, io lo farei, ma lui no, contento lui, contenti tutti, essendoci lui, finiremmo prima* || come complemento oggetto, quando si vuole dare un certo rilievo: *non pen-*

savo che assumessero lui || di regola si usa dopo preposizione: *sono stanco di lui, sono andato con lui* || dopo particolari avverbi: *neanche lui, perfino lui* || nelle esclamazioni: *beato lui!* || come predicato dopo i verbi *essere, sembrare* e sim.: *non sembra più lui* || nel linguaggio *bur.*, *il di lui padre*, suo padre **II** *sm.* l'uomo amato: *è il mio lui.*

luì [voce onom.; a. 1484] ***sm.*** uccello dei Passeracei, piccolissimo, insettivoro, largamente diffuso nella regione mediterranea || **N.** fiorrancino, regolo, scricciolo.

luìgi [dal fr. *louis (d'or)*, moneta fatta coniare nel 1640 da Luigi XIII; 1668] ***sm.*** *inv.* moneta d'oro francese.

luigìno [dal n. proprio *Luigi*; 1933] ***sm.*** *T.num.* moneta frazionaria dello scudo francese, del valore di cinque soldi tornesi, che ebbe larga diffusione nel Levante e fu coniato anche in Italia.

lùlla [lat. *lunula*; 1313] ***sf.*** *ant.* lunetta del fondo della botte, tra il mezzule e l'orlo.

lumàca [lat. volg. **limăca*; 1313 *lumaccia*] ***sf.*** **1.** nome di alcuni molluschi gasteropodi dal corpo allungato e viscido, con guscio rudimentale nascosto nel mantello e quattro tentacoli retrattili, detti *pop. corna* **2.** *com.* chiocciola commestibile: *andare a lumache, lumache alla piemontese* || *fig.* come simbolo di lentezza: *essere una lumaca, andare a passo di lumaca* || *dim.* lumachèlla, lumachétta, lumachìna, lumachìno (*sm.*); *accr.* lumacóna, lumacóne (*sm.*) || **N.** allumacare, allumacatura, bava.

lumacatùra [da *lumaca*; 1891] ***sf.*** allumacatura.

lumachèlla (*dim.* di *lumaca*) [1754] ***sf.*** pietra calcarea usata a scopo ornamentale per i disegni formati sulla sua superficie dai fossili di cui è ricca.

lumacóne (*accr.* di *lumaca*) [a. 1449] ***sm.*** lumaca senza guscio || (f. *-a*) *fig.* persona lenta || sornione, persona che si finge tonta.

lumacóso [da *lumaca*; 1868] ***agg.*** **1.** *raro* sporco di bava di lumaca || *fig.* schifoso, viscido, sudicio **2.** *per estens.* che presenta macchie simili a quelle lasciate dalla bava delle lumache.

lumàio (pl. *-ài*) [da *lume*; 1808] ***sm.*** (f. *-a*) **1.** lampionaio, chi fa, vende o accomoda lumi **2.** chi era incaricato di accendere i lumi nei luoghi pubblici.

lùme [lat. *lumen*; sec. XIII nel senso 2] ***sm.*** **1.** apparecchio non elettrico per l'illuminazione, come candele, lanterne, fiaccole ecc.: *lume a petrolio, accendere un lume alla Madonna*, in segno di ringraziamento; *mettere i lumi alle finestre*, in occasione di feste e processioni **2.** luce, chiarore artificiale e non prodotto da corrente elettrica: *cenare a lume di candela*; *far lume*, rischiarare, illuminare || *fig. il lume degli occhi*, la vista: *perdere il lume degli occhi*, avere un attacco d'ira, infuriarsi **3.** *fig.* ciò che illumina la mente: *il lume del progresso, della scienza, della ragione*; *il secolo dei lumi*, il secolo dell'Illuminismo, il Settecento **4.** *fig.* chiarimento, consiglio, spec. *pl.*: *chiedere, dare lumi* **5.** *pl. poet.* occhi **6.** *T.pitt.* la resa dell'effetto della luce sui corpi illuminati **7.** *T.anat.* la parte interna di un organo cavo: *il lume di una vena* **8.** nelle reti da pesca, l'ampiezza delle maglie || *dim.* lumétto, lumicìno, lumìno || **N.** **1.** bugia, candela, candelabro, candeliere, chiaro, doppiere, face, fanale, faro, fiaccola, fiamma, lampada, lampadario, lanterna, lucerna, lumiera, moccolo, torcia, torciera | a cera, a gas, a olio, a petrolio, a riverbero, da notte | bocciolo, calza, campana, diffusore, globo, luminello, lucignolo, padellina, paralume, reggilume, tubo, scartoccio, smoccolatoio, spaccafiamme, spegnitoio, stoppino, tubo, ventola | accendere, affievolirsi, ardere, bruciare, guizzare, illuminare, rischiarare, smoccolare, smorzare, spegnere.

lumeggiaménto [da *lumeggiare*; 1891] ***sm.*** *raro* l'atto, la tecnica di lumeggiare, come procedimento usato in pittura e in cartografia.

lumeggiàre (pres. *-éggio*) [da *lume*; 1550] ***tr.*** **1.** *T.pitt.* dar rilievo nel dipingere e nel disegnare alle parti che debbono sembrare più luminose: *lumeggiare in oro una miniatura, lumeggiare un acquerello con la biacca* **2.** in cartografia, dare il senso del rilievo con ombreggiature **3.** *fig.* dare rilievo con la parola, delineare: *lumeggiare la figura di un personaggio storico* **4.** *lett.* illuminare, rischiarare.

lumeggiatùra [da *lumeggiare*; a. 1898] ***sf.*** lumeggiamento.

lùmen [dal lat. *lumen*; 1934] ***sm.*** *inv.* *T.scient.* in fotometria, unità di misura di un flusso luminoso generato da una sorgente puntiforme con l'intensità di una candela.

lumenchrìsti [comp. del lat. *lumen*, lume e lat. *Christi*, di Cristo; 1851] ***sm.*** *inv.* *T.eccl.* candela benedetta il sabato santo e conservata per essere accesa in gravi circostanze.

lumenòmetro [comp. di *lumen* e *-metro*; 1934] ***sm.*** in fotometria, strumento in grado di misurare il flusso luminoso emesso da una sorgente di luce.

lumenóra [comp. di *lumen* e *ora*; 1957] ***sm.*** *inv.* *T.fis.* unità di misura della quantità di luce, equivalente a quella emessa in un'ora da una fonte luminosa dell'intensità di un lumen.

lumìa [dall'ar. *lìma*, limone; seconda metà sec. XIII] ***sf.*** *merid.* alberetto delle Rutacee dai frutti simili ai limoni || frutto di tale pianta || **N.** limetta.

lumicìno (*dim.* di *lume*) [1533] ***sm.*** piccolo lume, lume che dà una luce fioca || *fig. cercare una cosa col lumicino*, con scrupolosa diligenza, detto spec. di cosa difficile da trovare || *essere al lumicino*, essere agli estremi della vita; *per estens. essere ridotto al lumicino*, stare per finire, riferito a qualunque cosa: *le mie finanze sono ridotte al lumicino.*

lumièra [lat. *luminăre*, attr. il fr. *lumière*; a. 1250 nel senso 3] ***sf.*** **1.** gabbia di ferro o di bronzo che serviva a sostenere più lumi, posta all'esterno di edifici **2.** *com.* lampadario, candelabro **3.** *ant.* lume, fiaccola || luce, splendore.

luminàio (pl. *-ài*) (ant. *luminàrio*, pl. *-ri*) [lat. volg. *luminārius*; sec. XIII-XV *luminario*] ***sm.*** **1.** supporto, in legno o metallo, di un lume; candelabro, lucerniere **2.** (f. *-a*) persona addetta ad accendere i lumi nei teatri.

luminànza [da *lumen*; 1957] ***sf.*** in fotometria, brillanza luminosa.

luminàre[1] (pres. *lùmino*) [dal lat. tardo *luminăre*; 1260] ***tr.*** *ant.* illuminare || ***intr.*** (aus. *avere*) *raro lett.* risplendere; anche *fig.*: *sorgevano... le rive favoleggiate e luminavano* (D'Annunzio).

luminàre[2] [dal lat. *luminăre*, finestra, astro; inizio sec. XIV nel senso 3] ***s.*** persona di grande prestigio culturale: *un luminare della medicina* || ***sm.*** **1.** *T.archeol.* apertura per il passaggio di aria e luce nelle catacombe **2.** *arc.* astro, stella.

luminària [lat. *luminăria*, pl. di *luminàre*, fiaccola; a. 1292 nel senso 3; 1340 nel senso 1] ***sf.*** **1.** illuminazione pubblica in occasione di feste o solennità particolari **2.** addobbo luminoso di chiese, altari, tabernacoli || *per estens.* grande quantità di lumi accesi **3.** *ant.* astro, stella.

luminàrio V. LUMINAIO.

luminèllo [da *lume*; sec. XV nel senso 4] ***sm.*** **1.** piccolo anello dove si infila il lucignolo, nella lanterna **2.** cerchietto di metallo con pezzetti di sughero, che sorregge e mantiene a galla il lucignolo nei lumini a olio **3.** nelle antiche armi da fuoco, cannellino di acciaio in cui veniva infilata la capsula fulminante, che faceva accendere la carica **4.** barbaglio di luce riflessa da vetri, specchi ecc.; illuminello.

luminescènte [dal lat. *lūmen, -inis*, lume; 1934] ***agg.*** che presenta luminescenza: *corpo luminescente.*

luminescènza [dal lat. *lumen, -inis*; 1909] ***sf.*** *T.scient.* emissione di luce non di origine termica ma dovuta a cambiamenti di stato energetico nella struttura della materia, provocati per es. da reazioni chimiche o dall'esposizione a radiazioni || **N.** fluorescenza, fosforescenza.

luminìo (pl. *-ìi*) [da *luminare*[1]; 1957] ***sm.*** *lett. raro* luccichio.

luminìsmo [dal lat. *lumen, -inis*; 1960] ***sm.*** *T.pitt.* la particolare attenzione dedicata agli effetti di luce e ai contrasti tra luce e ombra: *il luminismo di Caravaggio.*

luminìsta [dal lat. *lumen, -inis*; 1942] **I** ***s.*** artista che cura gli effetti e i contrasti di luce || addetto agli apparecchi di illuminazione in cinema e teatri **II** ***agg.*** che si riferisce al luminismo.

luminìstica [da *luministico*; 1963] ***sf.*** *T.teatr.* l'arte di illuminare la scena in uno spettacolo teatrale.

luminìstico (pl. *-ci*) [da *luminista*; 1935] ***agg.*** **1.** relativo al luminismo **2.** relativo alla luministica.

lumìno (*dim.* di *lume*) [a. 1562 nel senso 2] ***sm.*** **1.** cilindretto di cera con lucignolo, posto davanti a immagini sacre o sulle tombe: *lumino votivo* **2.** in passato, vasetto con olio su cui galleggiava un luminello con lo stoppino: *lumino da notte.*

luminosità [da *luminoso*; 1308 *luminositade*] ***sf.*** **1.** l'essere luminoso || *fig. luminosità di un esempio, di un'idea*, originalità, perspicuità, grandezza **2.** in fotometria, il rapporto tra il flusso luminoso emesso e l'area della superficie radiante: *luminosità di un televisore* || *T.astr. luminosità di un astro*, il flusso di energia da questo irradiato **3.** *T.fot.* capacità degli obiettivi di far passare la maggior quantità di luce possibile in un dato tempo di apertura.

luminóso [dal lat. *luminōsus*; 1308] ***agg.*** **1.** che emette luce: *corpo luminoso, insegna, sorgente luminosa* **2.** che è rischiarato da gran luce: *stanza luminosa, cielo luminoso* **3.** *fig.* chiaro, manifesto: *verità luminosa, prove luminose di bontà* **4.** *fig.* che possiede e manifesta grande valore, illustre: *esempio luminoso di virtù; un'idea luminosa*, brillante || **luminosaménte** ***avv.*** in modo luminoso, spec. *fig.* || **N.** **1.** *Sin.* abbacinante, abbagliante, brillante, corrusco, fiammeggiante, fosforescente, fulgido, iridescente, luccicante, lucente, opalescente, risplendente, scintillante, sfavillante, sfolgorante, smagliante, splendido, stellante, vivido, SPLENDENTE | *Contr.* buio, oscuro **3.** *Sin.* evidente, lampante, palese **4.** *Sin.* preclaro.

lùna [lat. *luna*; 1224 ca.] **I** ***sf.*** **1.** satellite della Terra che risplende di luce riflessa dal Sole; *per estens.* i satelliti di altri pianeti: *le lune di Giove* (in quest'uso esteso è sempre scritto con l'iniziale minuscola; nel senso proprio si ritrova con l'iniziale maiuscola nei trattati scientifici e con la minuscola nell'uso comune e fig.): *fasi della luna*, le diverse forme in cui la luna appare dalla Terra: *luna nuova*, quando il disco è oscuro; *luna piena*, quando verso la Terra è rivolto l'emisfero illuminato; *luna crescente*, nel passaggio da luna nuova a luna piena (*primo quarto*); *luna calante*, nel passaggio da luna piena a luna nuova (*ultimo quarto*) || *prov. gobba a ponente luna crescente, gobba a levante luna calante* || *falce di luna, mezza luna, la luna sorge, tramonta*; *mari della luna*, le zone pianeggianti della sua superficie, anche dette *macchie lunari*; *chiaro di luna*, la luminosità diffusa dalla luna || *fig.* *chiari di luna*, tempi difficili: *con questi chiari di luna non c'è da stare allegri* || in varie loc. e usi *fig.*: *faccia di luna piena*, grassa e tonda; *avere la luna di traverso, storta, avere le lune*, essere di malumore; *essere, andare a lune*, seguire i capricci dell'umore; *essere, vivere nella luna* o *nel mondo della luna, avere la testa nella luna*, essere distratto, non fare attenzione a quanto accade, perdersi nelle fantasticherie; con altro senso, *a quei tempi eri nel mondo della luna*, dovevi ancora nascere || *volere la luna*, volere cose impossibili || *abbaiare alla luna*, protestare quando è inutile, fare ciò che non serve || *fare vedere la luna nel pozzo*, dare a intendere cose non vere, cercar d'ingannare con false promesse **2.** lunazione, il ciclo delle quattro fasi, usato come sin. di *mese*; *molte lune trascorsero prima di rivederli* || *in part.* *luna di miele*, i primi tempi della vita matrimoniale **3.** *mal di luna*, nome popolare della *licantropia* **4.** *pietra di luna*, varietà di pietra dura con riflessi argentei, lunaria **II** ***agg.*** *pesce luna*, diffuso nei mari delle zone torride e temperate, a forma di grande disco, di notevoli dimensioni || *dim.* lunétta; *accr.* lunóna, lunóne (*sm.*) || **N.** **1.** allunaggio, alone, apogeo, eclisse, epatta, fasi, fasmate, interlunio, librazione, lunario, lunazione, novilunio, orbita, paraselene, perigeo, plenilunio, primo quarto, rotazione, rivoluzione, satellite, selenografia | calare, crescere, sorgere, tramontare **2.** *Sin.* mese. **TAV.** ***astrologia*** **2.10;** ***astronomia*** **p. 656 1.2;** ***pesci*** **p. 1331** 13.

lunakhod (russo, pr. [łunʌ'xɔt]) [comp. di *luna*, luna e *khod*, movimento; 1974] ***sm. inv.*** stazione scientifica automatica e semovente, inviata sulla Luna. **TAV.** ***astronautica*** **p. 655** 6.

lunànte (*ppr.* di *lunare*²) [1881] ***agg.*** *poet. raro* lunato, curvo.

luna park (pr. [ˌluna 'park]) [comp. di *luna*, luogo fantastico e ingl. *park*, parco; 1911] ***loc. m. inv.*** parco di divertimenti all'aperto, con otto volante, tiri a segno, giostre ecc. || **N.** *Sin.* parco di divertimenti. **Q.T.** *giochi*.

lunàre¹ [dal lat. *lunāris*; sec. XIV] ***agg.*** della Luna: *fase, mese lunare* || *per estens.* che ricorda l'aspetto o il colore della Luna: *paesaggio lunare*, silenzioso, deserto; *pallore lunare*, diafano, di un bianco luminoso || irrealistico, fuori dal mondo. **TAV.** ***astronautica*** **p. 654** 4; ***astronomia*** **p. 656** 5.

lunàre² [lat. *lunāre*, curvare, piegare a forma di mezzaluna; a. 1874] ***tr.*** *ant.* tagliare a forma d'arco.

lunària [da *lunare*; prima metà sec. XIV] ***sf.*** **1.** *T.bot.* erba delle Crocifere dai fiori violetti e frutti col setto di colore argenteo || felce alpina la cui foglia è composta da due file di foglioline corte e larghe **2.** *T.min.* varietà di adularia i cui cristalli presentano opalescenza || **N.** **2.** *Sin.* pietra di luna.

lunàrio (pl. *-ri*) [dal lat. *lunāris* (*tabula*), (registro) lunare (delle fasi); 1584] ***sm.*** libretto, diffuso un tempo spec. nelle campagne, che riportava il calendario delle fasi lunari insieme a previsioni sul tempo, consigli pratici, notizie su fiere e mercati || *fig.* *sbarcare il lunario*, passare alla meglio l'annata vivendo coi propri stentati guadagni || *dim.* lunariétto, lunarino || **N.** almanacco, calendario.

lunarìsta [da *lunario*; 1618] ***s.*** *raro* chi fa lunari || *scherz.* chi fa previsioni a casaccio o si perde a fantasticare.

lunàta [da *lunato*; a. 1703 nel senso 2] ***sf.*** **1.** *T.mar.* la curva secondo la quale si tagliano i lati inferiori delle vele quadre e di alcune vele di taglio, e talvolta anche i lati verticali di queste ultime; anche *allunamento* **2.** corrosione semicircolare, ad arco, che fiumi e torrenti producono nelle sponde.

lunàtico (pl. *-ci*) [dal lat. *lunaticus*; sec. XIII] **I** ***agg.*** detto di persona volubile, capricciosa, stravagante **II** ***sm.*** (f. *-a*) individuo che si comporta in modo stravagante o è soggetto a cambiamenti d'umore || **N.** **I** *Sin.* volubile, BIZZARRO.

lunàto [dal lat. *lunatus*; sec. XIV] ***agg.*** tagliato o fatto in forma di arco, come una falce di luna: *le lunate corna* (Carducci) || **N.** *Sin.* curvo, falcato, lunante.

lunazióne [dal lat. tardo *lunātio*, *-ōnis*; sec. XIII *lunasoni*] ***sf.*** il mese lunare, ovvero l'intervallo tra due congiunzioni della Luna col Sole, che è di ventinove giorni, dodici ore e quarantaquattro minuti || *gen.* l'intervallo tra due fasi lunari uguali.

lunch (ingl., pr. [lʌntʃ]) [etim. oscura; 1884] ***sm. inv.*** nei paesi anglosassoni, pasto leggero a metà giornata.

lunedì [lat. *Lunae dies*, giorno della luna; 1282] ***sm.*** nome del giorno che segue la domenica ed è il primo giorno lavorativo della settimana: *lunedì dell'Angelo*, il giorno successivo alla Pasqua.

lunèlla [da *luna*; 1869] ***sf.*** *ant.* pupilla.

lunènse [dal lat. *Lunensis*; a. 1907] ***agg.*** dell'antica città di Luni, che sorgeva presso l'odierna Sarzana nella Lunigiana, o della Lunigiana.

lunétta (*dim.* di *luna*) [a. 1502] ***sf.*** **1.** *T.arch.* spazio compreso tra una volta e la parete, o tra l'architrave e l'arco sovrastante || *per estens.* l'affresco che decora tale spazio || finestra a mezza luna sopra una porta **2.** *T.mil.* nel Rinascimento, fortificazione avanzata a forma di piccola mezza luna **3.** *T.agr.* muretto semicircolare a secco che trattiene la terra intorno a un albero **4.** la lunula dell'unghia **5.** oggetto, o parte di arnese, che abbia forma di mezza luna; arnese da cucina per tritare, anche detto *mezzaluna* || ognuna delle due assicelle che formano il fondo della botte || la parte dell'ostensorio in cui si adatta l'ostia || *T.calz.* pezzo di pelle che rinforza la tomaia || *T.orol.* negli orologi, cerchietto di metallo che fissa il vetro alla cassa. **TAV.** ***architettura*** **p. 646** 7.1a.

lùnga [da *lungo*¹; seconda metà sec. XIII] ***sf.*** **1.** *T.cacc.* specie di guinzaglio lungo e sottile, di cuoio, usato nell'addestramento dei falchi e di alcune razze di cani da caccia **2.** *ant.* spazio di tempo, oggi solo nelle loc.: *alla lunga*, col passare del tempo; *di gran lunga*, di molto, grandemente, spesso con comparativi e superlativi relativi: *è di gran lunga il migliore*; *andare per le lunghe*, procedere lentamente; *tirare, menare, mandare per le lunghe*, ritardare, rimandare, differire la conclusione **3.** *T.metr.* sillaba lunga.

lungàggine [da *lungo*¹; a. 1755] ***sf.*** l'andare troppo in lungo nel fare o dire una cosa || *concr.* operazione, azione che va troppo per le lunghe: *le lungaggini della burocrazia* || **N.** *Sin.* indugio, lentezza.

lungagnàta [da *lungo*¹, con influsso di *lagna*; 1842] ***sf.*** *fam.* discorso o spettacolo lungo e noioso; *gen.* faccenda che va per le lunghe.

lungàgnola [da *lungo*¹; a. 1543] ***sf.*** *T.pesc.* rete lunga e bassa per pescare o cacciare.

lungàrno (pl. *lungàrni*) [comp. di *lungo*² e del n. geogr. *Arno*; 1739] ***sm.*** via di Firenze o di Pisa che costeggia l'Arno: *ha un bel palazzo sul Lungarno*.

lùnge [lat. *longe*; a. 1374] ***avv.*** *arc.* o *poet.* lungi.

lungherìa [da *lungo*¹; a. 1556] ***sf.*** *raro* lungaggine.

lungheróne ***sm.*** *non com.* V. LONGHERONE.

lunghésso [comp. di *lungo*² e *esso*; 1300 ca.] ***prep.*** *ant.* o *lett.* lungo, rasente, accosto: *lunghesso il fiume, lunghesso la camera* (Boccaccio).

lunghézza [da *lungo*¹; 1243 *longeça*] ***sf.*** **1.** una delle tre dimensioni dei corpi solidi, insieme a larghezza e altezza, e precisamente quella in cui il solido si sviluppa in senso più orizzontale || *T.geom.* l'estensione di un segmento lineare, e la sua misura in base a una certa unità: *l'oggetto misura 10 cm di lunghezza e 3 di altezza, lunghezza del perimetro* || *T.fis.* *lunghezza d'onda*, distanza tra due punti successivi lungo una direzione di propagazione in cui l'onda presenta le stesse caratteristiche **2.** in corpi che si sviluppano particolarmente in una dimensione, l'estensione di questa dimensione, la misura della distanza tra gli estremi: *lunghezza di una fune, di una strada, di una nave, lunghezza delle gambe, delle braccia, di una gonna, delle maniche*; *lunghezza di un animale*, la distanza dal muso alla coda **3.** *T.sport.* nell'ippica e nel canottaggio, la misura del corpo di un cavallo o di un canotto, usata per determinare il distacco tra i concorrenti al traguardo: *vincere per una, per mezza lunghezza* **4.** durata, estensione quantitativa, sia nel tempo, sia nello spazio: *lunghezza di un viaggio, di un libro, di una conferenza, lunghezza di una coda* || *T.ling.* *lunghezza di una vocale*, caratteristica delle vocali la cui articolazione ha una certa durata || **N.** **2.** *Sin.* estensione, dimensione, misura | *Contr.* brevità **4.** *Sin.* durata, quantità | *Contr.* brevità. **Q.T.** *unità di misura*.

lunghìsta [da (*salto in*) *lungo*; 1964] ***s.*** *T.sport.* in atletica leggera, atleta specialista del salto in lungo.

lùngi (arc. *lùnge*) [lat. *longe*; sec. XIII] **I** ***avv.*** *poet.* lontano, discosto: *il dì s'appressa, e non pote esser lunge* (Petrarca); più spesso con valore di moto da luogo, preceduto dalla prep. *da*: *e se da lungi i miei tetti saluto* (Foscolo) **II** ***loc. prep.*** *lungi da*, lontano da: *non molto lungi da qui* || *fig.* *essere lungi dal fare, dal pensare qualcosa*, essere ben lontano; *scherz.* *lungi da noi quest'intenzione!*

lungilucènte [comp. di *lungi* e *lucente*; a. 1729] ***agg.*** *lett.* che spande la sua luce molto lontano.

lungimirànte [comp. di *lungi* e *mirante*; 1918] ***agg.*** di persona, che vede lontano, che sa prevedere il futuro e vi provvede adeguatamente || di cosa, che è fatta con accortezza, mirando ai futuri sviluppi di una situazione: *un provvedimento lungimirante*.

lungimirànza [da *lungimirante*; 1942] ***sf.*** *non com.* l'essere lungimirante || di cosa, che è ispirata da previdenza e saggezza: *la lungimiranza di un discorso*.

lùngo¹ (pl. *-ghi*) [lat. *longus*; a. 1250 nel senso 5] **I** ***agg.*** **1.** che ha una determinata estensione in lunghezza: *lungo un metro, le maniche sono troppo lunghe* || *fig.* *fare il passo più lungo della gamba*, intraprendere qualcosa di superiore alle proprie forze o possibilità || *essere più largo che lungo*, di persona, bassa e grassa || *fam.* *non lo guardo quanto è lungo*, lo ignoro, con disprezzo o con astio **2.** che ha una considerevole lunghezza, che si estende prevalentemente in lunghezza: *cadere, giacere lungo disteso*, coricato per tutta la lunghezza; *una lunga fila di gente, un ragazzo lungo e magro, un lungo elenco di nomi* || in contrapposizione a *corto*: *gonna lunga, pantaloni lunghi*; *essere in lungo*, portare un vestito lungo; *capelli lunghi, unghie lunghe*; *barba lunga*, non rasata || *fig.* *avere la lingua lunga*, sparlare con facilità, essere maldicente || *avere le mani lunghe*, essere manesco o avere tendenza ai furti o ad allungare le mani sui corpi femminili, o anche avere un potere che si estende lontano || *avere le orecchie lunghe*, avere l'udito fine o essere ignorante, come l'asino || *fare, avere il muso lungo, la faccia lunga*, essere triste o imbronciato || *tiro lungo*, che arriva oltre il bersaglio **3.** che si prolunga, si estende nello spazio o in quantità: *una lunga attesa, un lungo cammino*; *navigazione di lungo corso*, su ogni mare e a qualunque distanza dalla costa || *fig. saperla lunga*, essere furbo **4.** che ha notevole durata nel tempo o è lontano nel tempo: *una lunga riunione, per, da lungo tempo; nota lunga*, tenuta per un certo tempo; *sarebbe lungo da spiegare; da lunga data*, da molto tempo; *a lunga scadenza, a lungo termine; la realizzazione del progetto è prevista in tempi lunghi*, abbastanza lontano nel futuro || *fam. farla lunga* (con *la*, pronome indeterminato), allungare il discorso, diffondersi nei particolari || *loc. avv. a lungo andare*, con l'andar del tempo || *T.ling. vocale lunga*, in alcune lingue, come quelle classiche, vocale la cui articolazione ha una certa durata; *sillaba lunga*, che contiene una vocale lunga **5.** *fam.* lento, che tarda, di persona o cosa: *come sei lungo!, sei lungo a mangiare, sono cose lunghe a risolversi* **6.** di bevanda o minestra, che contiene più acqua del normale, allungata: *caffè lungo, brodo lungo* **7.** *loc. avv. a lungo*, per molto tempo: *l'ho aspettato a lungo* || *tirare, menare in lungo* o *per le lunghe*, differire, prolungare || *tirare di lungo*, tirar dritto, proseguire nel cammino; v. anche LUNGA || **lungaménte** *avv.* per lungo tempo; con prolissità **II** *avv.* **1.** lontano: *calciare, tirare lungo* **2.** *arc.* per molto tempo **III** *sm.* il senso della lunghezza, in alcune espressioni: *per il lungo; in lungo e in largo, per il lungo e per il largo*, in tutte le direzioni || *dim.* lunghétto || **N. I 1.** *Sin.* esteso **2.** *Sin.* allungato, bislungo, disteso, oblungo; allampanato, alto | *Contr.* breve, corto; basso, piccolo | allungare, distendere, estendere **3.** *Sin.* lento, lontano **4.** *Sin.* diuturno, duraturo, durevole, lontano, prolisso **5.** *Sin.* lento, tardo | *Contr.* rapido, svelto, veloce | dilungare, indugiare, procrastinare, prolungare, protrarre. **TAV. *atletica* p. 657** 1.11.

lùngo^{2} [lat. *longus*; a. 1294] *prep.* **1.** rasente, accosto, a lato: *lungo la riva, strisciare lungo il muro; lungo la strada correvano i binari della ferrovia*, paralleli alla strada **2.** durante, nel corso di: *lungo tutta la giornata nessuno si fece vivo, lungo la strada si fermò più volte.*

lungodegènte [comp. di *lungo*^{1} e *degente*; 1970] *s.* ammalato, spec. anziano o colpito da una malattia cronica, che deve rimanere ricoverato in ospedale per lungo tempo.

lungofiùme (pl. *lungofiùmi*) [comp. di *lungo*^{2} e *fiume*; 1940] *sm.* via, viale e sim. che costeggia un fiume.

lungolàgo (pl. *lungolàghi*) [comp. di *lungo*^{2} e *lago*; 1932] *sm.* via, viale e sim. che costeggia un lago.

lungomàre (pl. *lungomàri*) [comp. di *lungo*^{2} e *mare*; 1942] *sm.* via, viale e sim. che costeggia il mare.

lungometràggio (pl. *lungometràggi*) [comp. di *lungo*^{1} e *metraggio*; 1939] *sm.* pellicola cinematografica di normale lunghezza, cioè di oltre 1500 metri e della durata di un ora, un'ora e mezzo circa || con funzione avverbiale (in tal caso viene scritto staccato): *film a lungo metraggio* || **N.** *Contr.* cortometraggio.

lungóne [da *lungo*^{1}; 1869] *sm.* (f. *-a*) *fam. scherz.* **1.** persona molto alta **2.** persona tarda nel muoversi, nell'operare; lento, lumacone.

lungopò [comp. di *lungo*^{2} e del n. geogr. *Po*; a. 1960] *sm. inv.* strada che costeggia il Po.

lungosènna [comp. di *lungo*^{2} e del n. geogr. *Senna*; 1959] *sm. inv.* a Parigi, strada che costeggia la Senna.

lungotévere (pl. *lungotéveri*) [comp. di *lungo*^{2} e *Tevere*; 1938] *sm.* via che costeggia il Tevere.

lunisolàre [comp. di *lun(are)* e *solare*; 1803] *agg.* relativo alla Luna e al Sole insieme, ai loro effetti combinati: *anno lunisolare*, anno in cui coincidono le date di inizio dell'anno solare e lunare.

lunòtto [da *luna*, per la forma; 1956] *sm.* finestrino posteriore delle automobili || *lunotto termico*, lunotto su cui sono applicate delle resistenze elettriche che, riscaldandosi, disappannano il vetro. **TAV. *automobile* p. 658** 3.50.

lùnula [dal lat. *lunula*; a. 1617 nel senso 3] *sf.* **1.** *T.scient.* qualsiasi oggetto a forma di falce di luna **2.** *T.anat.* la zona semicircolare biancastra presso l'attaccatura dell'unghia al dito **3.** *T.geom.* figura piana compresa tra due archi di cerchio di diverso raggio, aventi gli estremi in comune e posti dalla stessa parte rispetto alla corda comune **4.** presso i Romani, amuleto a forma di falce di luna.

luògo (pl. *-ghi*) [lat. *locus*; a. 1294 *loco*] *sm.* **1.** sezione di spazio definita in senso ideale o materiale, spazio della superficie terrestre variamente determinato in senso geografico, ambientale o topografico: *luoghi torridi, incolti* || in riferimento a centri abitati, a località: *luoghi di villeggiatura* || *luoghi santi*, i posti legati alla vita e alla predicazione di Gesù Cristo, in Palestina || *gente, autorità del luogo*, locali; *essere del luogo*, essere nativo di un certo posto || *in, per ogni luogo*, dovunque || *fare luogo, farsi luogo*, fare o farsi strada, aprirsi un passaggio || *T.geom.* insieme dei punti che soli soddisfano a certe condizioni || *T.astr.* la posizione di un astro sulla sfera celeste, espressa con le coordinate astronomiche || *T.gram. avverbi, complementi di luogo*, quelli che esprimono determinazioni o relazioni di luogo, indicando dove un fatto si verifica, da dove o verso dove avviene un movimento **2.** zona ristretta, area limitata, all'aperto o all'interno: *luogo dell'incontro, del delitto, dell'appuntamento* || *in part.* edificio, ambiente destinato a una certa funzione: *luogo sacro, di culto, di divertimento; luogo di pena*, carcere || *T.giur. luogo pubblico*, quello a cui chiunque può accedere; *luogo aperto al pubblico*, quello a cui chiunque può accedere sotto particolari condizioni; *luogo esposto al pubblico*, tale che dall'esterno si può vedere quanto avviene al suo interno **3.** punto, parte di un oggetto: *questo quadro è stato ritoccato in più luoghi* **4.** *fig.* posto o momento opportuno, spec. in particolari locuzioni: *non è il luogo di parlarne; fuor di luogo, fuori luogo*, inopportunamente; *a tempo e luogo*, nel momento opportuno || *fig. in primo, in secondo luogo*, nelle enumerazioni; *aver luogo*, verificarsi; *dar luogo*, causare, provocare: *comportamento che dà luogo a sospetti* || *T.giur. esserci luogo*, esserci motivo: *non c'è luogo a procedere*, non c'è fondamento per promuovere un'azione penale **5.** passo di un libro: *in certi luoghi della Divina Commedia* **6.** *T.ret.* e *T.fil. luogo comune*, proposizione communemente accettata per vera, che può dunque essere usata come premessa in un'argomentazione; *com.* affermazione banale e diffusa (ma non perciò necessariamente vera) **7.** *ant.* funzione, ufficio, oggi solo nelle loc. *in luogo di*, al posto di: *è venuto il sostituto in luogo del dottore*; seguito da infinito, invece di: *in luogo di rallegrarsi, si rattristò* **8.** *arc.* grado, posizione: *di alto luogo* || *dim.* luoghétto, luoghicciòlo; *dim.* e *spreg.* luogùccio, luoghicciàttolo || **N. 1.**, **2.** anfratto, angolo, area, buco, campo, cantone, costruzione, dintorni, edificio, locale, paese, paraggio, passaggio, pendice, posto, punto, recesso, recinto, regione, ridotto, rifugio, ritiro, sede, sito, spazio | abbandonato, accessibile, alto, ameno, angusto, aperto, appartato, aprico, arioso, basso, chiuso, comodo, coperto, delizioso, deserto, dirupato, erto, impervio, incolto, insalubre, nascosto, ombroso, orrido, praticabile, riparato, ripido, salubre, scosceso, selvaggio, selvatico, solatio, solitario | abbandonare, abitare, frequentare, occupare, sgombrare | topografia, ubiquità, utopia.

luogonatività [comp. di *luogo* e *natività*; 1950] *sf.* *T.stat.* il rapporto che esiste tra il numero di abitanti nativi di un luogo ed il numero complessivo degli abitanti di quel luogo.

luogotenènte [dal fr. *lieutenant*; a. 1363] *sm.* **1.** chi tiene temporaneamente un'alta carica o un ufficio, per delega del re, o del suo governo **2.** *T.mil.* grado delle forze armate; nell'esercito italiano equivale attualmente al *tenente*.

luogotenènza [dal fr. *lieutenance*; 1677] *sf.* la carica di luogotenente (nel senso 1), la sua durata e residenza.

luogotenenziàle [da *luogotenenza*; 1852] *agg.* del luogotenente: *decreto luogotenenziale.*

lùpa [lat. *lupa*; 1313] *sf.* **1.** la femmina del lupo || *fig.* donna avida **2.** *fig. lett.* meretrice; ninfomane || *pop. mal della lupa*, fame morbosa; bulimia **3.** *T.bot.* carie dell'olivo.

lupacchiòtto (*dim.* di *lupo*) [1745] *sm.* (f. *-a*) lupo molto giovane || il cucciolo del lupo.

lupàia^{1} [da *lupo*; 1891] *sf. non com.* covo di lupi.

lupàia^{2} V. LUPARIA.

lupanàre [dal lat. *lupanar, -is*; 1364 ca.] *sm. lett.* postribolo || *fig.* ambiente immorale e corrotto.

lupàra [da *lupo*; a. 1956] *sf.* **1.** carica per fucili da caccia, costituita da pallettoni, usata nella caccia a lupi o a cinghiali: *sparare a lupara* **2.** *per estens.* il fucile caricato in tale modo, una doppietta a canne mozze || *fig. lupara bianca*, nel linguaggio giornalistico, la scomparsa o il probabile assassinio di una persona, dovuta a regolamenti di conti mafiosi.

lupàrdo [da *lupo*; a. 1370] *agg. disus.* di o del lupo.

lupària o **lupàia^{2}** [da *lupo*, perché la si credeva velenosa per i lupi; 1563] *sf. T.bot.* erba delle Ranuncolacee che vive in ambiente montuoso || **N.** *Sin.* aconito giallo.

lupercàle [dal lat. *Lupercalis*; prima metà sec. XIV come sm.] **I** *agg.* di Luperco **II** *sm.* o *sf.* grotta sacra al dio Pan sul Palatino; *pl. i* o *le Lupercali*, feste di purificazione che si celebravano a Roma ogni anno in onore di Luperco.

lupésco (pl. *-schi*) [da *lupo*; sec. XIII] *agg. non com.* che è simile al lupo, che è proprio del lupo.

lupétto (*dim.* di *lupo*) [1869] *sm.* **1.** cucciolo di lupo o di cane lupo **2.** denominazione degli appartenenti ad associazioni scoutistiche in età fra i 7 e gli 11 anni **3.** maglione aderente con girocollo piuttosto alto.

lùpia [etim. inc.; 1975] *sf. T.geogr.* zona sabbiosa e incolta posta lungo il corso dei fiumi, che viene spesso inondata dalle piene.

lupicànte [lat. volg. **lucopante*; 1565] *sm.* gambero di mare || **N.** *Sin.* astice.

lupìgno [da *lupo*; a. 1348] *agg. non com.* di lupo, del lupo, spec. *fig.*: *voracità lupigna.*

lupìna V. LUPOLINA.

lupinàccio (pl. *-ci*) [da *lupino*; 1891] *sm. T.bot.* lupinella.

lupinàio (pl. *-ài*) [da *lupino*; 1618] *sm. non com.* **1.** (f. *-a*) venditore ambulante di lupini **2.** campo di lupini.

lupinèlla [da *lupino*; sec. XIV] *sf.* pianta delle leguminose, usata come foraggio || **N.** *Sin.* sulla.

lupinèllo [da *lupino*; a. 1567] *sm. tosc.* lupinella selvatica.

lupìno^{1} [lat. *lupinus*; prima metà sec. XIII] *agg.* **1.** di lupo, proprio del lupo: *pelo lupino*, varietà del mantello baio nei cavalli; *dente lupino*, nei canidi, piccolo premolare anteriore **2.** *erba lupina*, nome volgare di una specie di trifoglio da foraggio.

lupìno^{2} [lat. *lupinus*; a. 1380] *sm.* **1.** pianta delle Leguminose, coltivata per il foraggio e per i semi commestibili **2.** seme di tale pianta, tondo, giallo, amarognolo, che si mangia dopo averlo privato dell'amaro mediante cottura o lunga macerazione nell'acqua salata **3.** occhio di pernice, specie di callo ai piedi che si forma nella parte laterale delle dita || **N.** **2.** acconci, dolci, indolciti.

lupinòși [comp. di *lupino* e *-osi*; 1957] ***sf.*** *T.vet.* avvelenamento che colpisce gli erbivori, in seguito all'ingerimento di alcune varietà tossiche di lupini; provoca febbre, diarrea e alterazione del ritmo cardio-circolatorio.

lùpo [lat. *lupus*; a. 1294] ***sm.*** **1.** carnivoro dei Canidi, con pelame folto, muso appuntito, di colore vario secondo le specie, diffuso in zone dal clima diverso; vive in branchi retti da una struttura gerarchica e pratica la caccia in gruppo || *lupo cervino*, la lince || *cane lupo*, cane da pastore tedesco, a pelo raso || *fig.* in molte frasi e loc.: *fame da lupo*, fortissima; *mangia come un lupo*, con voracità; *tempo da lupi*, brutto, tempestoso; *in bocca al lupo!*, augurio equivalente a *buona fortuna*, rivolto ai cacciatori, a chi deve sostenere una prova o un esame e sim. (la risposta è *crepi il lupo!*); *gridare al lupo*, chiamare aiuto quando non ce n'è bisogno, sicché nessuno verrà in soccorso quando è realmente necessario || *prov.*: *il lupo perde il pelo ma non il vizio*, l'uomo cattivo difficilmente si converte davvero al bene; *chi pecora si fa, il lupo la mangia*, chi si mostra remissivo con i prepotenti viene sopraffatto; *lupo non mangia lupo*, i malvagi si aiutano tra loro **2.** *lupo mannaro*, nome pop. di chi è affetto da licantropia; indica anche una specie di orco nelle fiabe popolari **3.** *lupo di mare*, persona esperta di navigazione, abituata alla vita di mare e ai suoi pericoli **4.** macchina tessile per filare il cotone **5.** *denti di lupo*, decorazione formata da una serie di triangoli, caratteristica delle ceramiche preistoriche e antiche || *dim.* lupétto, lupicìno, lupacchiòtto; *lett.* lupàtto, lupattìno; *pegg.* lupàccio || **N.** **1.** ululato, urlo; lupa. **TAV. *mammiferi* p. 1318** 9.

lupolìna o **lupìna** [dal lat. mediev. *lupulus*, luppolo; 1957] ***sf.*** *T.bot.* pianta erbacea annua o perenne delle Papillionacee, usata come foraggio.

lupòma [comp. di *lup(us)* e *-oma*; 1934] ***sm.*** *T.med.* nodulo molle di colore rosso che costituisce una delle prime lesioni cutanee tipiche di alcune forme di lupus.

luppoléto [da *luppolo*; 1957] ***sm.*** terreno coltivato a luppolo.

luppolìna [da *luppolo*; 1862] ***sf.*** sostanza farinosa amara contenuta nei fiori del luppolo, che viene impiegata come aromatizzante nella fabbricazione della birra.

luppolìno [da *luppolo*; 1869] ***sm.*** luppolina.

luppolizzàre [da *luppolo*; 1970] ***tr.*** aggiungere la luppolina al mosto d'orzo maltizzato, per la produzione della birra.

luppolizzazióne [da *luppolo*; 1965] ***sf.*** nell'industria della birra, trattamento di aromatizzazione con luppolo a cui viene sottoposto il mosto d'orzo maltizzato.

lùppolo [lat. tardo *lupulus*; sec. XIV] ***sm.*** pianta rampicante perenne delle Urticacee, diffusa nelle regioni temperate, con i cui amenti si dà l'aroma e l'amaro alla birra.

lùpus [dal lat. *lupus*; 1875 *lupo*] ***sm. inv.*** *T.med.* termine usato per indicare varie malattie della pelle che provocano eritemi e ulcerazioni.

lupus in fabula (lat., pr. it. ['lupus iŋ 'fabula]) [letter. il lupo nella favola] ***loc. m.*** espressione proverbiale che si usa quando sopraggiunge qualcuno di cui appunto si stava in quel mentre discorrendo.

lùrco (pl. *-chi*) [dal lat. *lurco*; 1313] ***agg.*** e ***sm.*** (f. *-a*) *lett.* ingordo, mangione, beone: *fan Pasqua i lurchi nelle lor tane e poi calano a valle* (Carducci).

luridézza [da *lurido*; 1869] ***sf.*** *raro* l'essere lurido.

lùrido [dal lat. *lūridus*; a. 1498 *lurdo*] ***agg.*** sporco in modo disgustoso, lordo anche in senso morale: *lurida spia* || **luridaménte** ***avv.*** || **N.** *Sin.* sozzo, sudicio, SPORCO.

luridùme [da *lurido*; 1884] ***sm.*** **1.** ammasso di cose luride o ambiente lurido **2.** l'esser lurido, anche *fig.*: *luridume morale.*

luscéngola [lat. *lusca*, f. di *luscus*, cieco da un occhio, incrociato con *caecilia*, specie di lucertola; 1934] ***sf.*** rettile delle Squamati, simile alla lucertola, con testa piccola priva di occhi e di colore grigio-bruno, e con zampe cortissime a tre dita.

lùsco (pl. *-schi*) [dal lat. *luscus*; 1334] ***agg.*** *ant.* o *lett.* losco; solo nella loc. *tra il lusco e il brusco*, nell'incerto chiarore del crepuscolo o, *fig.*, in una situazione incerta.

lușìade [dal port. *Lusiadas*; 1865] **I** ***agg.*** *lett.* dell'antica Lusitania, l'odierno Portogallo **II** ***s.*** abitante della Lusitania || *lett.* portoghese.

lușìnga [dal provenz. ant. *lauzenga*; a. 1294] ***sf.*** **1.** parola o atto fintamente amichevole, volto ad accattivarsi la fiducia di qualcuno, con lo scopo di indurlo ad assecondare i nostri fini; spesso *pl.*: *le sue lusinghe non m'incantano, non cederò alle lusinghe del successo* **2.** *lett.* preghiera, invito (anche al bene) misti a lodi || speranza, promessa senza fondamento: *quando vaghe di lusinghe innanzi A me non danzeran l'ore future* (Foscolo) || **N.** **1.** *Sin.* abbindolamento, adescamento, adulazione, allettamento, attrattiva, blandimento, blandizie, carezze, finzioni, lacciolì, lisciamento, lisciatina, moina, piaggeria, seduzione, vezzo, ILLUSIONE, SPERANZA | parole mielate, specchietto per le allodole.

lușingaménto [da *lusingare*; a. 1292] ***sm.*** *raro* il lusingare, allettamento, illusione.

lușingàre (pres. *-ingo*, *-inghi*) [da *lusinga*; a. 1294] ***tr.*** **1.** attirare uno con lusinghe: *lusingare l'elettorato, i superiori* || indurre a sperare o credere ciò che non può essere: *vane speranze lo lusingavano, l'ha lusingato con miraggi di successo per sfruttarlo* **2.** essere causa di compiacimento, dare intima soddisfazione: *i suoi giudizi ci lusingano*; *fig.* *quel successo ha lusingato il suo amor proprio* || ***rifl.*** illudersi, sperare nell'impossibile: *mi lusingo di farcela* || in frasi di cortesia, osar sperare: *mi lusingo di aver fatto un buon lavoro, mi lusingo che vi siate divertiti* || **N.** **1.** *Sin.* accalappiare, accarezzare, adescare, allettare, attirare, blandire, carezzare, illudere, irretire, lisciare, secondare, solleticare, vezzeggiare **2.** *Sin.* fare piacere, soddisfare.

lușingatóre [da *lusingare*; a. 1337] ***sm.*** (f. *-trice*) e ***agg.*** chi o che lusinga || **N.** *Sin.* adulatore.

lușinghévole [da *lusinga*; sec. XIV] ***agg.*** *lett.* atto a lusingare; dolce, carezzevole || **lusinghevolménte** ***avv.*** in modo lusinghiero, con allettamenti.

lușinghièro [dal provenz. ant. *lausengier*; a. 1292 *lusinghiere*] ***agg.*** che lusinga, che soddisfa o induce a sperare: *lode lusinghiera* || *per estens.* pienamente soddisfacente: *risultati lusinghieri* || **N.** *Sin.* allettante, attraente, carezzevole, dolce, lusinghevole, piacevole, seducente.

lușìșmo [da *lusi(tano)*; 1975] ***sm.*** termine o locuzione di origine portoghese, passata in un'altra lingua.

lușitàno [dal lat. *Lusitānus*; a. 1375] **I** ***agg.*** dell'antica Lusitania, ossia del Portogallo odierno **II** ***sm.*** (f. *-a*) *lett.* portoghese.

lușòrio (pl. *-ri*) [dal lat. *lusōrius*; a. 1917] ***agg.*** *lett.* *raro* da diporto, che serve unicamente al gioco e al divertimento: *marina lusoria, navi lusorie*, da diporto || *per estens.* ludico, che ha per fine il gioco: *attività lusorie dei bambini.*

lussàre [dal lat. *luxāre*; a. 1698] ***tr.*** provocare una lussazione || ***rifl. indir.*** slogarsi: *lussarsi una spalla* || **N.** *Sin.* dinoccolare, dislogare, disarticolare, slogare, storcere.

lussatùra [dal lat. tardo *luxatūra*; 1869] ***sf.*** *T.med.* lussazione.

lussazióne [dal lat. tardo *luxatio, -ōnis*; a. 1574] ***sf.*** *T.med.* spostamento tra le ossa di un'articolazione, per cui viene a mancare il contatto tra le superfici articolari: *lussazioni traumatiche, patologiche, lussazione congenita dell'anca, si è prodotto una lussazione alla caviglia* || **N.** distorsione, lussatura, slogatura, storpiamento, storta.

lùsso [dal lat. *luxus*; a. 1472] ***sm.*** **1.** sfoggio di ricchezza, tendenza a spese superflue: *vivere nel lusso, arredare con lusso* || *loc. agg.* *di lusso*, di ciò che è raffinato, costoso, superfluo: *appartamento, albergo, automobile di lusso*; *edizione di lusso*, con carta e rilegatura di pregio, illustrazioni ecc., contrapposta a *edizione economica*; *T.econ.* *bene di lusso*, che non produce ulteriore ricchezza **2.** cosa o spesa che si ritiene superflua o comunque superiore ai propri mezzi, spesso al *pl.*: *non possiamo permetterci certi lussi, il televisore non è più un lusso per nessuno* || *per estens.* sfoggio, sovrabbondanza: *gran lusso di citazioni* || **N.** **1.** *Sin.* fasto, fastosità, gala, grandezze, lautezza, magnificenza, pompa, scialo, scialacquo, sfarzo, sfoggio, sontuosità | eccessivo, esagerato, luculliano, pacchiano, raffinato, rovinoso, sfarzoso, sfrenato, sibaritico, smodato | suntuario.

lussuóso [dal fr. *luxueux*; 1883] ***agg.*** di lusso, sfarzoso: *un appartamento lussuoso* || **lussuosaménte** ***avv.*** con lusso.

lussureggiaménto [da *lussureggiare*; 1891] ***sm.*** **1.** il lussureggiare, spec. detto della vegetazione **2.** *T.biol.* fenomeno secondo cui la prima generazione di individui nati da ibridi di animali o vegetali presenta uno sviluppo molto maggiore di quello dei genitori.

lussureggiànte (*ppr.* di *lussureggiare*) [a. 1595] ***agg.*** **1.** rigoglioso: *vegetazione lussureggiante* **2.** *fig.* molto ricco: *stile lussureggiante di metafore e figure retoriche* || **N.** **1.** *Sin.* esuberante, florido, prospero **2.** *Sin.* ampolloso, pomposo | *Contr.* conciso, scarno.

lussureggiàre (pres. *-éggio*) [da un ant. *lussuriare*; 1630] ***intr.*** (aus. *avere*) **1.** di piante o vegetazione, essere rigoglioso, esuberante: *il giardino lussureggiava di fiori e frutti* **2.** *ant.* vivere nel lusso.

lussùria [dal lat. *luxuria*; a. 1294] ***sf.*** **1.** concupiscenza carnale, desiderio sfrenato dei piaceri del sesso: *la lussuria è uno dei sette vizi capitali* **2.** *ant.* eccesso, intemperanza || **N.** **1.** *Sin.* carnalità, incontinenza, lascivia, libidine, sensualità | *Contr.* castità, purezza, temperanza.

lussurióso [dal lat. *luxuriōsus*; sec. XIII] **I** ***agg.*** **1.** che ha il vizio della lussuria **2.** che è caratterizzato da lussuria: *desideri lussuriosi* || **lussuriosaménte** ***avv.*** con lussuria **II** ***sm.*** (f. *-a*) persona lussuriosa || **N.** *Sin.* carnale, impudico, incontinente, lascivo, libertino, libidinoso, sensuale | *Contr.* casto, morigerato, pudico, puro.

lùstra[1] [da *lustrare*[1]; 1427 nel senso 2] ***sf.*** *disus.* **1.** finta dimostrazione di affetto o di stima per trarre profitto da qualcuno **2.** apparenza, simulazione di ricchezza o potere per nascondere il vero || **N.** **1.** *Sin.* adulazione, piaggeria, LUSINGA **2.** *Sin.* apparenza, finzione, simulazione.

lùstra[2] [dal lat. *lustra*; 1321] ***sf.*** *ant.* nascondiglio, tana: *come fera in lustra* (Dante).

lustràle[1] [da *lustro*[2]; sec. XIV] ***agg.*** *lett.* che avviene ogni cinque anni: *feste lustrali.*

lustràle[2] [dal lat. *lustrālis*; a. 1530] ***agg.*** *lett.* nell'antichità, relativo alla lustrazione, che purifica: *acqua lustrale*, con cui i pagani aspergevano le vittime; oggi, acqua santa o benedetta.

lustraménto [da *lustrare*[1]; a. 1704] ***sm.*** *non*

com. la prolungata azione di lustrare || *fig.* adulazione continua.
lustràre[1] [dal lat. *lustrāre*; sec. XIV come intr.] ***tr.*** **1.** pulire un oggetto in modo da dargli lucentezza: *lustrare le scarpe, lustrare gli argenti di casa* || *fig. lustrare le scarpe a uno*, adularlo bassamente || *T.tess.* dare il lustro con la calandra **2.** *arc.* e *poet.* illuminare || ***intr.*** (aus. *avere* o meno com. *essere*) *raro* essere lucente: *gli lustrano gli occhi dalle lacrime, dalla gioia*; *le stelle lustranti* (Pascoli) || **N.** ***tr.*** **1.** *Sin.* far risplendere, lucidare, pulire | ***intr.*** *Sin.* brillare, luccicare, splendere.
lustràre[2] [dal lat. *lustrāre*; a. 1530] ***tr.*** **1.** purificare con la lustrazione **2.** *ant.* perlustrare.
lustrascàrpe [comp. di *lustra(re)*[1] e *scarpa*; 1869] ***sm. inv.*** **1.** (anche *sf.*) chi fa il mestiere di lucidare le scarpe, per strada o in luoghi pubblici; anche *lustrino* || *fig. non com.* adulatore **2.** elettrodomestico per lustrare le scarpe.
lustrastivàli [comp. di *lustra(re)*[1] e *stivale*; 1857] ***s. inv.*** lustrascarpe, spec. nel senso *fig.* di *adulatore.*
lustràta [da *lustrare*[1]; 1841] ***sf.*** il lustrare un po', una volta e alla meglio || *dim.* lustratina.
lustratóre [da *lustrare*[1]; a. 1696] ***sm.*** (f. *-trìce*) *non com.* chi o che lustra mobili e sim.; lucidatore.
lustratùra [da *lustrare*[1]; 1738] ***sf.*** **1.** atto ed effetto del lustrare; lustramento **2.** *T.tess.* rifinitura dei tessuti volta a dar loro lucentezza.
lustrazióne [dal lat. *lustratio, -ōnis*; a. 1555] ***sf.*** **1.** nella religione greca e romana, cerimonia d'espiazione e purificazione, pubblica o privata || nella religione cattolica, aspersione con acqua benedetta **2.** *lustrazione del catasto*, revisione degli estimi catastali. **Q.T.** *religione.*
lustreggiàre (pres. *-éggio*) [da *lustro*[1]; seconda metà sec. XIV] ***intr.*** (aus. *essere*) *lett.* essere lustro, luccicare: *questo vasetto... lustreggia come la pelle delle bisce a mezzodì* (D'Annunzio).
lustrino [da *lustro*[1]; a. 1767] ***sm.*** **1.** piccolissimo dischetto lucido, variamente colorato, con un buco nel mezzo, cucito come ornamento su abiti da sera femminili e costumi teatrali **2.** varietà di tessuto lucido **3.** *disus.* lustrascarpe || **N.** **1.** *Sin. paillette* | conteria, *jais*, perlina.
lustrissimo [da *illustrissimo*; a. 1793] ***agg.*** *ant. pop.* aferesi di *illustrissimo.*
lùstro[1] [dal lat. *lustrum*; a. 1311 come sm. nel senso 3] **I** ***agg.*** lucido, che riflette la luce: *scarpe lustre, specchio lustro* || *occhi lustri*, per il pianto, l'emozione, l'ubriachezza o sim. || *viso, naso lustro*, lucido a causa dell'untuosità della pelle **II** ***sm.*** **1.** lucentezza || sostanza che rende lucido: *dare il lustro al legno* **2.** *poet.* splendore **3.** *com. fig.* merito, vanto, onore che rende illustri: *acquistare lustro in qualche impresa* || *dar lustro a qualcosa*, conferire nobiltà, decoro, rendere illustre || la persona che costituisce motivo di gloria: *è il lustro della sua città* || **N.** **I** *Sin.* LUCIDO.
lùstro[2] [dal lat. *lustrum*; 1374] ***sm.*** **1.** spazio di cinque anni, quinquennio **2.** nell'antica Roma, sacrificio di purificazione o di espiazione che i censori, scadendo il quinquennio del loro ufficio, offrivano per il popolo.
lutàre [dal lat. *lutāre*, spalmare di fango; sec. XIV] ***tr.*** otturare, stuccare col loto || cospargere di loto i vasi che andranno messi al fuoco.
luteìna [comp. di *luteo* e *-ina*; 1891] ***sf.*** **1.** *T.chim.* composto presente in vegetali di colore giallo e nel tuorlo d'uovo **2.** *T.biol. disus.* progesterone, ormone secreto dal corpo luteo.
luteìnico (pl. *-ci*) [da *luteina*; 1935] ***agg.*** *T.anat.* relativo al corpo luteo || *T.biol. ormone luteinico*, progesterone.
lùteo [dal lat. *luteus*; 1499] ***agg.*** **1.** *lett.* giallo intenso, come lo zafferano o il tuorlo d'uovo **2.** *T.anat. corpo luteo*, formazione che compare nelle ovaie dopo l'espulsione dell'uovo, e secerne un ormone che agisce sul ciclo mestruale.
lutèola [dal lat. *luteola*; 1499] ***sf.*** *T.bot.* erba delle Resedacee dai cui fiori si estrae una sostanza colorante gialla || **N.** *Sin.* guada, guaderella.
luteolìna [comp. di *luteol(a)* e *-ina*; 1834] ***sf.*** materia colorante gialla, molto resistente, che si estrae da una specie di reseda ed è usata in forma di estratto secco per tingere i tessuti.
luteranésimo (meno com. *luteranismo*) [da *luterano*; a. 1529] ***sm.*** **1.** la dottrina religiosa di Lutero, che diede origine alla Riforma in Germania e che in opposizione al cattolicesimo rivendica il carattere individuale della fede **2.** l'insieme dei luterani, la chiesa protestante: *il luteranesimo tedesco.* **Q.T.** *religione.*
luteràno [dal n. proprio Martin *Luther*, teologo sassone; 1525 *luteriano*] **I** ***agg.*** relativo a Lutero e al Luteranesimo, conforme alla dottrina di Lutero: *chiesa luterana* **II** ***sm.*** (f. *-a*) chi segue la dottrina di Lutero || **N.** **I** calvinista, protestante, riformato.
lutèzio [dal fr. *lutécium*; 1930] ***sm.*** *T.chim.* elemento metallico del gruppo dei lantanidi o delle terre rare, conosciuto sotto forma di ossido e di diversi sali || **N.** *Sin.* cassiopeo.
lùto V. LOTO[1].
lutolènto V. LUTULENTO.
lutoterapìa [comp. di *luto* e *terapia*; 1942] ***sf.*** fangoterapia, la cura dei fanghi.
lutrèola [dim. del lat. *lutra*, lontra; 1905] ***sf.*** *T.zool.* piccolo mammifero carnivoro dei Mustelidi || **N.** *Sin.* lontra minore, puzzola d'acqua, visone d'Europa.
lùtta [dal lat. *lucta*; a. 1375] ***sf.*** *ant.* lotta.
lùtto [lat. *luctus*; 1300 ca. nel senso 2] ***sm.*** **1.** dolore vivo provocato dalla morte di persona cara: *prender parte al lutto di qualcuno*; *lutto nazionale*, manifestazione di cordoglio ufficialmente proclamato per celebrare la scomparsa di qualche personalità o qualche luttuoso avvenimento || *T.psican.* lo stato psichico conseguente a una perdita: *elaborazione del lutto* **2.** manifestazione esteriore di tale dolore, che per tradizione consiste nell'osservare per un periodo certi comportamenti e nel vestire di scuro: *abiti da lutto, essere, mettersi in lutto, mettere, portare, togliersi il lutto, vestire a lutto, chiesa parata a lutto*; *abiti da mezzo lutto*, abiti bianchi, grigi o viola che si indossano dopo quelli completamente neri del *lutto stretto* **3.** *lett.* mestizia, dolore in genere || **N.** **1.** *Sin.* cordoglio, tristezza | bandiera a mezz'asta **2.** crespo, gramaglie | abbrunare, abbrunire.
luttuóso [lat. *luctuōsus*; a. 1311] ***agg.*** che è cagione di lutto, doloroso: *avvenimento luttuoso* || **luttuosaménte** ***avv.*** in modo luttuoso || **N.** *Sin.* funesto.
lutulènto o **lutolènto** o **lotolènto** [dal lat. *lutulentus*; a. 1530] ***agg.*** *lett.* pieno di loto, di fango || *fig.* impuro || *fig.* di opere letterarie, non rifinito, pieno di difetti: *prosa lutulenta* || **N.** *Sin.* limaccioso, FANGOSO.
lùvaro [dal lat. *rubrus*, rosso, per il colore delle pinne; 1936] ***sm.*** pesce argenteo con pinne rossastre, diffuso nei mari caldi e temperati ma non nel Mediterraneo || **N.** *Sin.* pesce imperiale.
lux [dal lat. *lux*; 1934] ***sm.*** in fotometria, unità di misura di illuminazione; è l'illuminamento su 1 m^2 di una superficie sferica posta a 1 m da una sorgente puntiforme che emette il flusso di 1 lumen || **N.** fot.
lùxmetro [comp. di *lux* e *-metro*; 1940 *luxometro*] ***sm.*** *T.fis.* apparecchio per la misurazione in lux dell'illuminazione.
lyddite V. LIDDITE.

M

m lettera dell'alfabeto italiano. Nome per esteso *emme*, di genere femminile o, più di rado, maschile: *una m corsiva*, ma anche *un m corsivo*; *m come Milano*, nella compitazione delle parole ‖ rappresenta in tutti i contesti il suono della nasale bilabiale [m], che, come tutte le nasali in italiano e nella maggior parte delle lingue, è sonora; in posizione intervocalica, o tra vocale e semiconsonante, può essere semplice (*camino, amianto*), o geminata (*cammino, sommiamo*) ‖ nella numerazione romana M = 1000 ‖ per le sigle e le abbreviazioni in cui compare, v. la lista relativa.

ma [lat. *magis*; inizi sec. XIII] **I** ***cong.*** avversativa oppone due frasi dirigendo l'attenzione sulla seconda: *l'ascensione è stata faticosissima, ma entusiasmante, Anna è bella, ma Paola è bellissima*; sin. di *però* ‖ anche in principio di periodo, per dirigere l'attenzione su ciò che segue: *ma è tempo di tornare al nostro argomento* ‖ sin. di *eppure*, segnala che la seconda frase smentisce quel che la prima poteva far prevedere: *è qui solo da un mese, ma conosce già tutti* ‖ sin. di *invece*, la seconda frase confuta un'ipotesi avanzata dalla prima: *credevo che fosse pieno, ma è vuoto* ‖ talvolta semplicemente enfatica: *ma no che non lo devi dire* ‖ sin. di *bensì*, la seconda frase corregge un giudizio che già la prima aveva negato: *non è venuta Maria, ma Paola, non è interessante, ma noioso* ‖ sia nel senso di *però*, sia nel senso di *bensì* può essere usata ironicamente, per ribadire fingendo di opporre o correggere: *è buono, ma buono!, non è brutto, ma bruttissimo* ‖ usata ellitticamente, indica completa incertezza: *chi sarà quell'uomo? Ma!* in quest'uso è scritta più spesso *mah* ‖ la forma fam. *ma però* è ridondante: basta il semplice *ma* o il semplice *però* **II** ***sm.*** *inv.* dubbio, obiezione: *non si fa la storia con i se e i ma, non c'è ma che tenga.*

ma'¹ [da *mamma*; 1618] ***sf.*** *fam.* forma tronca di *mamma.*

ma'² [da *mai*; fine sec. XIII] ***avv.*** *poet.* apocope di *mai.*

màcabro (meno com. *macàbro*) [dal fr. *macabre*; a. 1798] ***agg.*** che richiama la morte nei suoi aspetti orridi e spaventosi: *vista macabra, spettacolo macabro*; *danza macabra*, danza di scheletri, trionfo della morte ‖ **N.** *Sin.* funereo, luttuoso, spettrale.

macàco (raro *macàcco*) (pl. *-chi*) [dal port. *macaco*; 1704 ca.] ***sm.*** *T.zool.* genere di scimmie catarrine, dei Cercopitecidi, di corporatura robusta, pelliccia folta giallo-bruna, arti non troppo lunghi e pollice sviluppato, distribuito su vaste aree dell'Asia e dell'Africa del Nord; una delle sue specie più note è la bertuccia ‖ *scherz.* uomo goffo e sciocco ‖ **N.** bertuccione.

macadàm [dal nome proprio *Mac Adam*, ingegnere scozzese che ne fu l'inventore; 1875] ***sm.*** *inv.* specie di selciato compresso in modo che i ciottoli formino un amalgama saldo e fortissimo ‖ **N.** selciato.

macadamizzàre [dall'ingl. *to macadamize*; 1826] ***tr.*** pavimentare le strade col macadam.

macalùba o **macalùpa** v. MACCALUBA.

macào [dal nome della città omonima; 1846] ***sm.*** *T.gioc.* gioco di carte d'azzardo detto anche *baccarà*; vince chi con due o tre carte si avvicina di più al numero di nove punti, senza oltrepassarlo.

macaóne [dal nome proprio *Macaone*, famoso chirurgo dell'*Iliade*; 1828] ***sm.*** farfalla diurna dei Papilionidi, dalle ali elegantemente decorate di nero e giallo terminanti a coda di rondine; è diffusa anche in Italia.

macarìsmo [dal gr. *makarismós*; 1891] ***sm.*** *T.rel.* il complesso delle beatitudini evangeliche.

macarònico ***agg.*** *raro* v. MACCHERONICO.

màcca [etim. inc.; a. 1449] ***sf.*** *pop. tosc.* abbondanza grandissima; solo nella loc. *a macca*, in gran quantità, e talvolta anche, ma piuttosto impropriamente, a ufo.

maccabèo [dal nome proprio *Maccabeo*, personaggio biblico; a. 1936] ***sm.*** *region.* persona goffa; sciocco.

maccalùba o **macalùba** o **macalùpa** [dall'ar. *maklūb*, rivoltato; 1957] ***sf.*** eruzione vulcanica di fango misto a gas metano, anidride carbonica e altro, tipica della Sicilia ‖ **N.** *Sin.* salinella.

maccarèllo [dal fr. *makerel*; a. 1548] ***sm.*** sgombro.

maccarònico v. MACCHERONICO.

maccartìsmo [dal n. proprio J.R. *Mc Carthy*, senatore statunitense, presidente (1950-1954) della commissione per la repressione delle attività antiamericane; 1954] ***sm.*** forma estrema di anticomunismo, che giunge a perseguitare politicamente i sospetti militanti o simpatizzanti comunisti ‖ *per estens.* ogni persecuzione ideologica di chi professa idee di sinistra ‖ **N.** caccia alle streghe.

maccartista [da *maccartismo*; 1955] ***agg.*** e ***s.*** che o chi è sostenitore o seguace del maccartismo.

macché o **ma che** [*ma che* (*dici*); a. 1739 *ma che*] ***escl.*** manifestazione di negazione o di opposizione a quanto altri dice: *"hai dei soldi?" "macché, sono al verde".*

maccheria [dal gr. bizantino *malakía*, bonaccia; a. 1684] ***sf.*** *T.mar. disus.* calma di mare quando il cielo è nuvoloso.

maccheronàio (pl. *-ài*) [da *maccherone*; 1867 *maccheronaro*] ***sm.*** (f. *-a*) produttore o venditore di maccheroni.

maccheronàta [da *maccherone*; a. 1872 *maccaronata*] ***sf.*** mangiata, scorpacciata di maccheroni ‖ *fig.* grosso sproposito.

maccheroncino (*dim.* di *maccherone*) [1891] ***sm.*** **1.** piccolo maccherone **2.** spec. *pl.* maccheroni bucati lunghi e stretti.

maccheróne [etim. discussa; 1353 ca.] ***sm.*** (spec. *pl.*) nome generico di paste da minestra che si lessano e poi si condiscono asciutte; prevalentemente indica pasta corta cilindrica o pasta lunga di vario formato ‖ *maccheroni alla chitarra*, tagliolini ricavati dalla pasta all'uovo spianata, con la chitarra (v. CHITARRA) ‖ *cascare, piovere come il cacio sui maccheroni*, capitare opportunamente, a proposito ‖ *fig.* persona sciocca e impacciata ‖ *dim.* maccheroncino; *pegg.* maccheronàccio ‖ **N.** bucatini, capellini, fettuccine, lasagne, nastrini, pappardelle, spaghetti, tagliatelle, taglierini, tagliolini, vermicelli, ziti; penne, rigatoni, tortiglioni | col pomodoro, col sugo o ragù, gratinati, in bianco.

maccheronèa [forse da *maccherone*, oppure dal gr. *Makarṓneia*, carme sacro alla Madonna; 1533 *maccaronea*] ***sf.*** *T.lett.* composizione giocosa in latino maccheronico.

maccheroneggiàre (pres. *-éggio*) [da *maccheron(ico)*; 1957] ***intr.*** (aus. *avere*) *raro* comporre versi maccheronici.

maccheronésco (pl. *-schi*) [da *maccheron(ico)*; 1891] ***agg.*** *raro* maccheronico.

maccherònico o **maccarònico** (pl. *-ci*) [da *maccheronea*; 1634] ***agg.*** si dice di lingua, stile, versi, composti di parole latine e italiane o dialettali con desinenza latina; fu una parodia del latino classico molto in uso nel Cinquecento: *Teofilo Folengo scrisse poesie maccheroniche* ‖ *per estens.* lingua storpiata da persona che non la conosce bene: *scrivere in un tedesco maccheronico.*

màcchia¹ [lat. *macula*; a. 1342] ***sf.*** **1.** segno di sudiciume, di tinta o di altro, che resta sulla superficie dei corpi: *vestito pieno di macchie, macchie di umidità sul soffitto, levare le macchie* ‖ qualunque segno di diverso colore che appaia sulla pelle per malattia: *macchie epatiche* ‖ *T.anat. macchia lutea*, piccola zona ovale di colore giallo chiaro, sul fondo dell'occhio ‖ ciascuno dei segni più o meno larghi, di colore diverso, che si trovano sul mantello di certi animali o sulla superficie di alcuni corpi: *quel cane ha una macchia nera sul capo, la pantera ha molte macchie sparse per il corpo*; *marmo bianco con macchie scure*; *fiori con macchie bianche* ‖ *T.astr. macchie solari*, aree di luminosità meno intensa che compaiono ciclicamente e si spostano con regolarità sulla superficie del sole; generalmente visibili solo col telescopio, sono dovute a una differenza di temperatura con la fotosfera circostante || *a macchia d'olio*, con diffusione rapida e uniforme: *la notizia si è sparsa a macchia d'olio* **2.** *fig.* qualunque cosa alteri la purezza dell'onore, dell'anima e sim.: *questo fatto è una brutta macchia sulla sua vita; cavaliere senza macchia e senza paura* **3.** *T.pitt.* fase preliminare del lavoro in cui i colori sono messi sulla tela sommariamente, riproducendo i tratti essenziali dell'immagine, al fine di studiarne l'effetto: *dipingere alla macchia* || di persona, v. MACCHIETTA[2] || *dim.* macchiétta, macchierèlla, macchierellìna, macchiolìna, macchiettìna; *accr.* macchióna, macchióne (*sm.*); *pegg.* macchiàccia || **N. 1.** *Sin.* bollo, chiazza, frego, frittella, gocciolatura, patacca, pillacchera, sbavatura, sbrodolatura, schizzo; screziatura, venatura | cancellare, lavare, levare una macchia, smacchiare | cavamacchie, smacchiatore **2.** *Sin.* colpa, difetto, menda, taccia, vergogna **3.** *Sin.* scarabocchio, schizzo, sgorbio. **TAV. *astronomia* p. 656** 3.4.

màcchia² [da *macchia*¹; 1348] ***sf.*** selva folta e molto intricata || *fig.* clandestinità, nelle loc. *vivere alla macchia, darsi alla macchia; stampare un libro alla macchia*, senza data e senza nome dello stampatore || *macchia mediterranea*, tipo di vegetazione diffusa nelle zone temperate marittime, costituita da cespugli e arbusti alberiformi di varia altezza, in prevalenza sempreverdi; tipici sono il lauro, il mirto, il corbezzolo e il lentisco || **N.** *Sin.* foresta, *maquis*, BOSCO.

macchiaiòlo¹ (lett. *macchiaiuòlo*) [da *macchia*¹; 1891] ***sm.*** appartenente al gruppo degli artisti che animarono a Firenze, nella seconda metà dell'Ottocento, una corrente pittorica che adottava la macchia (v. MACCHIA¹, nel senso 3) come tecnica principale.

macchiaiòlo² [da *macchia*²; dopo il 1548] **I *agg.*** *non com.* che vive nel bosco: *uccelli macchiaioli* **II *sm.*** (f. *-a*) *non com.* persona che agisce clandestinamente.

macchiàre (pres. *màcchio*) [lat. *maculāre*; a. 1333] ***tr.*** **1.** sporcare con macchie: *mi macchiò tutto il vestito* || *per estens.* aggiungere qualcosa in piccola quantità in una bevanda per modificarne il gusto: *macchiare il latte con il caffè* **2.** *fig.* deturpare la coscienza o la fama con atti disonorevoli: *sono cose che macchiano l'onore* **3.** *T.edil.* dare al legname o all'intonaco quel colore a macchie e a venature che imiti il colore, le macchie e le venature del legno e del marmo || *T.pitt.* riprodurre sulla tela le masse di colore essenziali per caratterizzare il soggetto || ***rifl.*** **1.** sporcarsi: *macchiarsi d'inchiostro* **2.** *fig.* compiere atti disonorevoli: *si macchiò di molte colpe* || **N. 1.** *Sin.* annerire, bruttare, chiazzare, contaminare, imbrattare, impataccare, impiastrare, impiastricciare, impillaccherare, insanguinare, insozzare, insudiciare, macchiettare, maculare, sbrodolare, screziare, sgorbiare, sporcare, spruzzare, tingere, ungere | *Contr.* smacchiare **2.** *Sin.* disonorare, infamare, infangare, offuscare, oscurare.

macchiàtico (pl. *-ci*) [da *macchia*²; sec. XVI-XVIII] ***sm.*** **1.** *T.giur.* diritto, di origine medievale ma continuatosi come consuetudine locale, di tagliare e raccogliere legna nei boschi altrui o in quelli comunali || canone che si paga per godere di tale diritto **2.** valore di trasformazione della massa legnosa di un bosco maturo || **N. 1.** *Sin.* legnatico.

macchiàto (*pps.* di *macchiare*) [1342 ca.] **I *agg.*** chiazzato: *marmo macchiato; mantello macchiato* (degli animali) || *per estens.* di cibi o bevande servite con aggiunta di qualcosa per correggerne il gusto: *latte macchiato, spaghetti macchiati al pomodoro* **II *sm.*** *T.pitt.* tecnica pittorica di raffigurazione essenziale, ottenuta con macchie di colore || **N. I** *Sin.* brizzolato, imbrattato, impiastrato, impiastricciato, impillaccherato, macchiettato, maculato, marezzato, pezzato, picchiettato, pomellato, punteggiato, sbrodolato, screziato, spruzzato, tempestato, tigrato, vaio, variegato, variolato, variopinto.

macchiéto [da *macchia*²; 1952] ***sm.*** terreno boscoso ricoperto di macchie.

macchiétta (*dim. di macchia*¹) [1598] ***sf.*** **1.** piccola macchia **2.** *T.pitt.* schizzo, figura rappresentata con pochi tratti caratteristici, caricatura || particolare secondario che serve ad animare un paesaggio o lo sfondo di una pittura **3.** *T.teatr.* personaggio comico che mostra in maniera accentuata manie e difetti ridicoli || persona che, mostrando più o meno volutamente atteggiamenti bizzarri e ridicoli, ispira simpatia || **N. 2.** *Sin.* bozzetto **3.** *Sin.* caratterista.

macchiettàre (pres. *-étto*) [da *macchiare*; 1879] ***tr.*** fare piccole macchie sopra una cosa per decorarla, abbellirla.

macchiettàto (*pps.* di *macchiettare*) [1768] ***agg.*** cosparso di piccole macchie: *un prato macchiettato di fiori.*

macchiettatùra [da *macchiettare*; 1970] ***sf.*** insieme di chiazze colorate sparse su un fondo di colore diverso.

macchiettìsta [da *macchietta*; 1908] ***s.*** **1.** *T.pitt.* che disegna o dipinge macchiette, caricaturista **2.** *T.teatr.* attore che rappresenta macchiette, o autore che ne scrive i soggetti.

macchiettìstico (pl. *-ci*) [da *macchietta*; 1922] ***agg.*** di, da macchietta: *interpretazione macchiettistica.*

màcchina [dal lat. *māchina*; a. 1497] ***sf.*** **1.** qualunque congegno di una certa complessità destinato a svolgere operazioni specifiche, che migliora le normali capacità umane nell'eseguire un'attività fisica o intellettuale: *macchina per cucire, macchina per o da scrivere; macchina calcolatrice* (v. CALCOLATORE); *fatto a macchina*, prodotto con mezzi meccanici: *lavorazione eseguita a macchina, patate pelate a macchina* || *macchine utensili*, mezzi meccanici per la lavorazione di vari materiali, generalmente metalli, dotati ciascuno di un particolare attrezzo per eseguire specifiche operazioni di rifinitura, come per es. la piallatura, la limatura o la perforazione || *T.teatr. macchina teatrale*, anticamente, congegno per muovere le scene od ottenere altri effetti; *deus ex machina*, nume che veniva mostrato per mezzo di una macchina teatrale durante il corso dell'azione al fine di risolvere l'intreccio; oggi si dice di una persona o di un avvenimento che interviene in modo sorprendente a sciogliere una situazione complicata || *T.mil.* nell'antichità strumento da guerra per lanciare proiettili o rompere mura, come catapulte, arieti ecc. || *macchina del tempo*, nei racconti di fantascienza, dispositivo utilizzato per trasferirsi nel futuro o nel passato || *macchina continua* (o *ass. sf. continua*), v. CONTINUA **2.** *ass.* si usa ellitticamente sottintendendo il tipo di macchina che il contesto suggerisce: *ha battuto a macchina* (da scrivere) *una lettera, un orlo fatto a macchina* (da cucire); *il giornale va in macchina* (rotativa) || *spec.* automobile: *è venuto a prenderla in macchina, in macchina è spericolato* **3.** complesso di meccanismi opportunamente collegati, predisposto per la trasformazione di una forma di energia in un'altra, o in energia della stessa forma ma di carattere diverso: *macchine motrici*, convertono l'energia di alimentazione in energia motrice; *macchine elettriche, a vapore, a vento, ad acqua*, funzionano sfruttando il potenziale energetico dei rispettivi elementi || *T.fis. macchine semplici*, la leva, il verricello, la puleggia, il piano inclinato, il cuneo, la vite || *T.inform. linguaggio macchina*, linguaggio interpretato direttamente dai circuiti del calcolatore || *Macchina di Turing*, dispositivo ideale in grado di svolgere qualsiasi procedimento che sia equivalente al calcolo di una funzione ricorsiva **4.** *fig.* organismo dal funzionamento o dalla struttura complessa: *la macchina dello stato, la macchina della burocrazia, la macchina del romanzo* **5.** *ant.* macchinazione, complotto **6.** *T.eccl.* impalcatura di legno fastosamente addobbata, adibita al trasporto delle statue dei santi durante le feste religiose: *la processione delle macchine* || *dim.* macchinino (*sm.*), macchinétta, macchinùccia; *accr.* macchinóne (*sm.*), macchinóna; *pegg.* macchinàccia || **N. 1.** apparecchio, congegno, dispositivo, meccanismo, ordigno, organo, strumento | ad acqua o idraulica, ad aria compressa, a elettricità, a espansione, a gas, a mano, a olio pesante, a pedale, a vapore, composta | VARIE SPECIE: gru, idrovora, locomotiva, macchina da presa, macchina da proiezione, macchina fotografica, macchina per cucire, macchina per scrivere, macchina tipografica, perforatrice, piallatrice, pompa, pressa, rotativa, segatrice, tornio, trancia, trebbiatrice, turbina, ventilatore | albero, biella, bilanciere, braccio, caldaia, camma, carrucola, castello, catena o cinghia di trasmissione, condensatore, contatore, cuscinetto, dinamo, disco, distributore, eccentrico, freno, ingranaggio, leva, molla, motore, perno, ralla, registro, regolatore, ruota, stantuffo, valvola, vite perpetua, volano | attrito, avviamento, intelaiatura, lubrificante, manovra, regime, rendimento, rotazione, scappamento, velocità | fochista, macchinista, manovratore | alimentare, caricare, ingrassare, intelaiare, lubrificare, montare, scomporre, smontare, svitare; AUTO. **Q.T.** *elettricità, elettrodomestici, enologia, fabbro* **TAV. *maglia...* p. 1316** 7 e **p. 1317** 21.

macchinàle [da *macchina*; 1766] ***agg.*** *non com.* di movimenti o azioni nei quali la volontà non concorre, meccanico, automatico: *riflesso macchinale* || **macchinalménte** ***avv.***

macchinaménto [da *macchina*; a. 1292] ***sm.*** *non com.* macchinazione.

macchinàre (pres. *màcchino*) [lat. *machinā-ri*] ***tr.*** ordire una cosa in danno altrui: *macchinare insidie; macchinano di uccidere* || *ass.* tramare, ordire inganni, complottare; anche *scherz.* || *ant.* fabbricare || **N.** *Sin.* architettare, ordire; TRAMARE.

macchinàrio (pl. *-ri*) [da *macchina*; 1905] ***sm.*** il complesso di tutte le macchine che vengono usate in un ciclo di lavorazione. **Q.T.** *falegnameria.*

macchinàta [da *macchina*; 1975] ***sf.*** **1.** *fam.* quantità di persone che può essere trasportata da un'automobile: *siamo in troppi: dobbiamo fare due macchinate* **2.** quantità di indumenti o di stoviglie che può essere lavata in una sola volta da una lavatrice o da una lavastoviglie: *una macchinata di indumenti colorati.*

macchinatóre [da *macchinare*; sec. XV] ***sm.*** (f. *-trìce*) *non com.* chi ordisce segretamente piani insidiosi: *macchinatore d'inganni.*

macchinazióne [da *macchinare*; a. 1348] ***sf.*** l'atto e l'effetto del macchinare: *le perfide macchinazioni dei nemici, sventare una macchinazione* || **N.** *Sin.* complotto, congiura, insidia, trama, trappola; INGANNO.

macchinétta (*dim.* di *macchina*) [a. 1793] ***sf.*** piccola macchina; *in part.* indica oggetti di uso comune come l'accendisigari, la macchina del caffè ecc. || *fig. parlare come una macchinetta*, velocissimo e ininterrottamente.

macchinificàre (pres. *-ìfico, -ìfichi*) [da *macchina*; 1905] ***tr.*** *raro* meccanizzare.

macchinìsmo [da *macchina*; 1855 nel senso

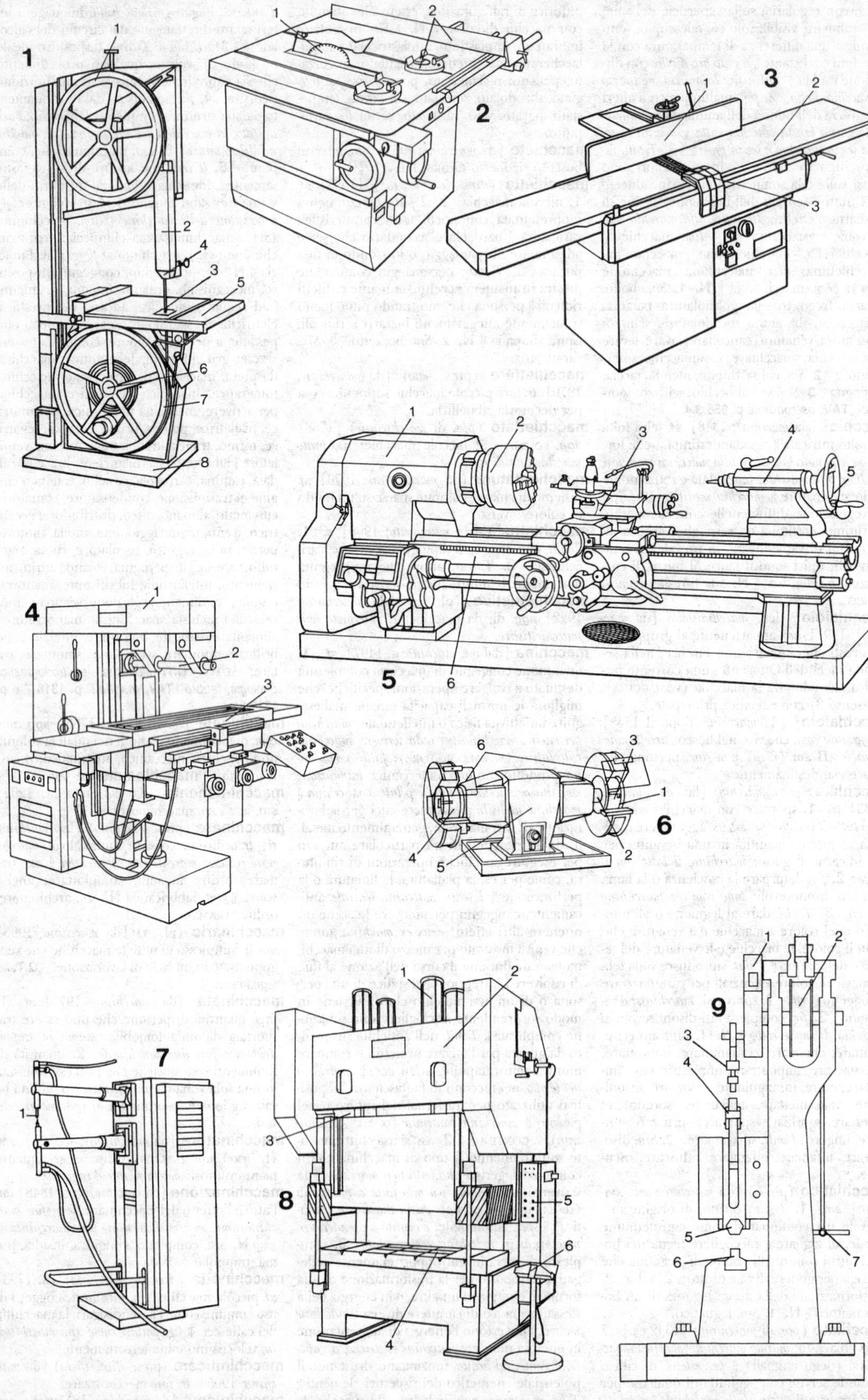

LAVORAZIONE LEGNO

1. sega a nastro

1.1. volante superiore - 1.2. coprilama - 1.3. lama - 1.4. guida - 1.5. piano di lavoro - 1.6. cuscinetto portante - 1.7. volante inferiore - 1.8. base

2. sega circolare

2.1. lama - 2.2. registri

3. pialla a filo

3.1. piano di registro - 3.2. piano di lavoro - 3.3. lama

LAVORAZIONE FERRO E METALLI

4. fresatrice

4.1. testa motrice - 4.2. albero portafresa - 4.3. piano portapezzi

5. tornio

5.1. testa motrice - 5.2. mandrino - 5.3. carrello attrezzi - 5.4. punta fissa (contropunta) - 5.5. controtesta - 5.6. banco

6. mola o smerigliatrice

6.1. disco pulitore - 6.2. albero - 6.3. mola smeriglio - 6.4. disco di carborundum - 6.5. motore - 6.6.schermi para-frammenti

7. saldatrice elettrica per lamiere

7.1. elettrodi

8. pressa idraulica

8.1. cilindro rialzatore - 8.2. cappello - 8.3. pistone di compressione - 8.4. basamento - 8.5. pannello dei comandi - 8.6. pulsante di azionamento

9. maglio

9.1. ceppo d'arresto - 9.2. volano - 9.3. manovella - 9.4. molla a balestra - 9.5. mazza - 9.6. incudine - 9.7. comando

10. trapano

10.1. colonna - 10.2. braccio - 10.3. mandrino - 10.4. punta - 10.5. tavola portapezzi

10

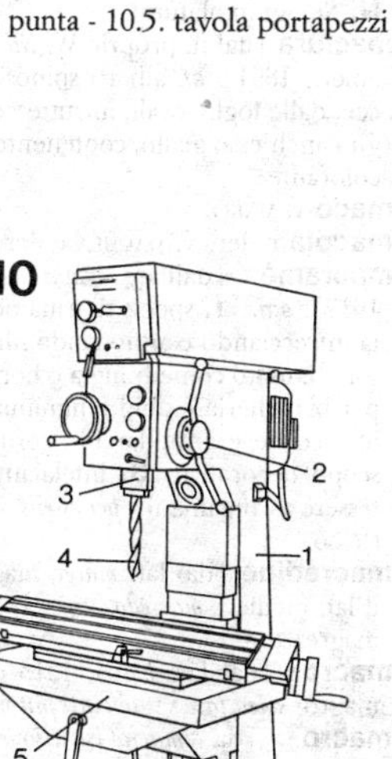

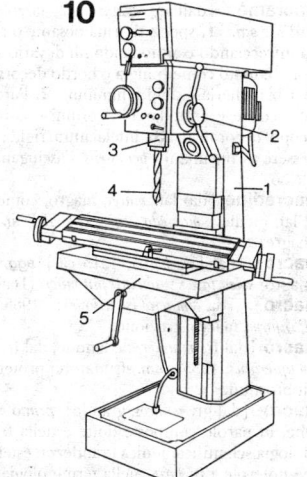

3] **sm.** **1.** lo sviluppo della civiltà meccanica odierna nelle sue implicazioni filosofiche **2.** *raro* l'insieme dei congegni teatrali dell'apparato scenico **3.** *ant.* meccanismo.

macchinista [da *macchina*; 1695] **s.** chi fa funzionare una macchina e ne ha cura || *com.* (sott. *ferroviario*) conducente di locomotive || *macchinista teatrale*, operaio o tecnico addetto ai lavori per le mutazioni di scena || **N.** autista, fuochista, manovratore, meccanico, motorista. Q.T. *ferrovia, nautica...*

macchinistica [da *macchina*; 1957] **sf.** insieme delle attività di progettazione e realizzazione dei macchinari teatrali.

macchinistico (pl. *-ci*) [da *macchina*; 1928] **agg.** relativo alla progettazione e alla realizzazione di macchinari tetrali.

macchinosità [da *macchinoso*; 1959] **sf.** l'essere macchinoso || **N.** *Sin.* artificiosità, complicatezza.

macchinóso [da *macchina*; 1869] **agg.** artificiosamente complicato: *dramma, romanzo macchinoso* || **macchinosaménte** **avv.**

macchióne (*accr.* di *macchia*[2]) [a. 1292] **sm.** solo nella loc. fig. *star sodo* o *saldo al macchione*, non smuoversi dal proprio proposito, anche di fronte a minacce o lusinghe.

màcco (pl. *-chi*) [dall'ant. *maccare*, schiacciare, di origine imitativa; 1483] **sm.** *ant.* vivanda di fave cotte e passate al setaccio o sminuzzate || *per estens.* vivanda poco raffinata; minestra stracotta, poltiglia || *a macco*, in abbondanza.

màce **sf.** *ant.* V. MACIS.

macèa V. MACIA.

macèdone [dal gr. *Makedṓn*; a. 1604] **I** **agg.** della Macedonia, regione a nord della Tessaglia **II** **s.** **1.** abitante della Macedonia **2.** **sm.** (solo *sing.*) antica lingua indoeuropea affine al greco || attualmente, lingua del gruppo slavo meridionale, detta anche *macedonico*, parlata nella Macedonia jugoslava.

macedònia [dal fr. *macédoine*, dal nome della Macedonia; 1918] **sf.** **1.** mescolanza di frutti di varie specie, fatti a pezzi, di solito zuccherati e conditi con succo di limone o liquore **2.** *per estens.* miscuglio di elementi eterogenei.

macedònico (pl. *-ci*) [dal lat. *Macedonicus*, gr. *Makedonikós*; 1935] **I** **agg.** appartenente all'ambito storico o geografico della Macedonia: *guerre macedoniche* **II** **sm.** nome volg. del prezzemolo che si riteneva originale della Macedonia.

macedonite [comp. del n. geogr. *Macedon*, città dell'Australia e *-ite*[2]; 1957] **sf.** *T.min.* roccia vulcanica eruttiva effusiva, dalla costituzione complessa, della famiglia delle trachiti alcaline.

macellàbile [da *macellare*; 1846] **agg.** che si può macellare: *bestie, vitelli macellabili.*

macellabilità [da *macellabile*; 1957] **sf.** insieme delle qualità richieste per la macellazione; l'essere macellabile.

macellàio (pl. *-ài*) (raro *macellàro*) [da *macello*; sec. XIV *macellaro*] **sm.** (f. *-a*) chi macella le bestie o ne vende al pubblico le carni al minuto || *spreg.* chirurgo che taglia senza pietà e spesso senza criterio; chirurgo da strapazzo || **N.** *Sin.* macellatore, norcino, salumiere | affettatrice, affilacoltelli, batticarne, ceppo, fenditoio, gancio, mannaia, marrancio, segaossa, spaccaossa, tritacarne | affettare, disossare, macinare, scannare, scorticare, spolpare.

macellaménto [da *macellare*, a. 1729] **sm.** *non com.* macellazione.

macellàre (pres. *-èllo*) [dal lat. tardo *macellāre*; 1288] **tr.** uccidere e squartare animali, spec. domestici, destinati all'alimentazione umana: *macellare il maiale* || *fig.* fare grande strage, spargere molto sangue: *in guerra si macella molta gente* || **N.** *Sin.* mattare | abbattere, ammazzare, scuoiare, squartare.

macellàro V. MACELLAIO.

macellatóre [da *macellare*; 1891] **sm.** (f. *-trice*) addetto alla macellazione nei mattatoi || *fig.* chi uccide o strazia uomini o li fa straziare: *quel macellatore di uomini che fu Hitler.*

macellazióne [da *macellare*; 1869] **sf.** serie di operazioni cui vengono sottoposte le bestie che forniscono carni commestibili, che va dall'uccisione al taglio in pezzi: *permesso di macellazione* || **N.** *Sin.* mattazione.

macellerìa [da *macellare*; 1768] **sf.** bottega di macellaio: *macelleria bovina, equina, ovina.*

macèllo [dal lat. *macellum*, mercato di carni; a. 1342] **sm.** **1.** luogo dove si macellano le bestie: *portare le bestie al macello* **2.** *region.* macelleria **3.** il macellare: *bestie da macello* || *fig.* grande uccisione di uomini, strage: *l'artiglieria fece un macello* || *fig. andare* o *mandare al macello*, andare o mandare a morte sicura || *fam. iperb.* disastro: *il compito è stato un macello* || **N.** **1.** *Sin.* ammazzatoio, mattatoio, scannatoio, scorticatoio **3.** *Sin.* ecatombe, eccidio, scempio; STRAGE.

maceràbile [da *macerare*; 1741] **agg.** che si può macerare.

macerabilità [da *macerabile*; 1970] **sf.** qualità di ciò che si può macerare.

maceraménto [da *macerare*; a. 1704] **sm.** **1.** *fig.* tormento interiore, struggimento **2.** *raro* macerazione.

macerànte (*ppr.* di *macerare*) [1929] **I** **agg.** **1.** che favorisce il processo di macerazione: *sostanze maceranti* **2.** che comporta pene assidue e logoranti: *digiuni maceranti* **II** **sm.** nella industria del cuoio, sostanza usata nel bagno di macerazione delle pelli per dar loro morbidezza.

maceràre (pres. *màcero*) [lat. *macerāre*; 1301 *maciarare*] **tr.** **1.** tenere qualcosa nell'acqua o in altro liquido per diminuirne la durezza o separarne i costituenti: *macerare la canapa, la selvaggina nel vino, le spezie nell'alcol* **2.** *fig. macerare la carne*, mortificarla, domarla con penitenze e digiuni || **rifl.** consumarsi dentro, affliggersi grandemente: *macerarsi dall'invidia, dal dolore* || **intr. pron.** subire un processo di macerazione: *la canapa si macera* || **N.** **1.** *Sin.* ammollare, ammorbidire, frollare **2.** *Sin.* addolorare, affliggere, consumare, mortificare.

maceràto (*pps.* di *macerare*) [sec. XIV] **agg.** **1.** che è stato sottoposto a macerazione: *stracci macerati* **2.** *fig.* straziato, afflitto: *cuore, animo macerato.*

maceratóio (pl. *-ói*) [da *macerare*; 1741] **sm.** fossa piena d'acqua dove si tiene a macerare qualcosa, spec. i fusti del lino e della canapa; macero.

maceratóre [da *macerare*; 1869 come agg.] **I** **sm.** (f. *-trice*) addetto alla macerazione **II** **agg.** che macera: *un digiuno maceratore.*

macerazióne [da *macerare*; a. 1320] **sf.** **1.** l'atto e l'effetto del macerare || *spec.* trattamento industriale della canapa e del lino per dividere le fibre tessili dalla parte legnosa || *T.conc.* fase della concia delle pelli, detta anche purga **2.** *fig.* mortificazione della carne || **N.** **2.** *Sin.* afflizione, cilicio, digiuno, disciplina, maceramento, mortificazione, penitenza.

maceréto [da *maceria*; a. 1912] **sm.** **1.** *raro* ammasso di macerie **2.** *T.alp.* pendio di montagna, coperto da frantumi di roccia || **N.** **2.** *Sin.* sfasciume.

macèria [lat. *māceria*; sec. XII *macera* nel senso 2] **sf.** **1.** *pl.* mucchio di sassi, calcinacci e materiali di edifici rovinati: *rimase sepolto sotto le macerie, la città è un mucchio di macerie* **2.** *region.* mucchio di pietre tolte dai campi coltivati, o muretto a secco costruito con tali pietre in funzione di sostegno o di confine || **N.** **1.** *Sin.* rovine, ruderi, vestigia **2.** *Sin.* muriccia.

màcero¹ [da *macerare*; a. 1320] ***sm.*** **1.** macerazione: *carta da macero* || *mandare al macero*, far distruggere libri e panni vecchi; anche *fig.* **2.** vasca impiegata per la macerazione, maceratoio.
màcero² [da *macerare*; a. 1347 nel senso 2] ***agg.*** **1.** macerato: *stracci maceri* || *fig.* bagnato: *macero per il sudore* **2.** *fig.* indolenzito, pesto, stremato: *un corpo macero per la lunga sofferenza* || **N.** **1.** *Sin.* ammollato; fradicio, intriso, madido **2.** *Sin.* afflitto, consumato, consunto, infranto, spossato.
maceróne [dal lat. *macedonicus*, prezzemolo della Macedonia, con immissione di *maceria*; a. 1556] ***sm.*** *T.bot.* pianta erbacea delle Ombrellifere, alta fino a un metro, con infiorescenze gialle, tuberi e foglie aromatici e commestibili.
mach (ted., pr. [max]) [dal nome del fisico Ernst *Mach*; 1948] ***sm.*** *inv.* *T.fis.* *numero di Mach*, rapporto fra la velocità di un corpo in un fluido e la velocità del suono nelle stesse condizioni fisiche; viene preso come unità di misura di velocità per gli aerei.
machanemòmetro [comp. di *mach* e *anemometro*; 1957] ***sm.*** strumento montato sugli aeroplani, che consente di confrontare la velocità di volo e quella massima ammissibile a una determinata quota.
ma che V. MACCHÉ.
machèra [dal lat. *machaera*, dal gr. *máchaira*; 1587] ***sf.*** *T.archeol.* spada corta usata in combattimenti e sacrifici per ferire sia di punta, sia di taglio.
machete (sp., pr. [ma'tʃete]) [da *macho*, maglio; a. 1936] ***sm.*** *inv.* (anche pl. *machetes*, pr. [ma'tʃetes]) coltello molto lungo e pesante a un solo taglio, diffuso nell'America centro-meridionale per tagliare arbusti, per raccogliere la canna da zucchero, o come arma.
-machìa [dal gr. *machía*, da *máchesthai*, combattere] ***elem. term.*** che, in parole composte dotte, vale "lotta, combattimento" (per es. *gigantomachia*, *tauromachia*).
machiavellésco (pl. *-schi*) [dal n. proprio *Machiavelli*; 1869] ***agg.*** *raro* machiavellico; perlopiù *spreg.*
machiavelliàno [dal n. proprio *Machiavelli*; 1950] ***agg.*** proprio di Machiavelli o che a lui si ispira: *stile machiavelliano, teorie politiche machiavelliane.*
machiavèllico (pl. *-ci*) [dal n. proprio *Machiavelli*; 1834] ***agg.*** *fig.* furbo, astuto, spregiudicato: *un piano machiavellico* || conforme alle dottrine politiche di Niccolò Machiavelli || **machiavellicaménte** ***avv.***
machiavellismo [dal n. proprio *Machiavelli*; 1790] ***sm.*** interpretazione semplicistica e deteriore delle teorie di Machiavelli secondo la quale è lecito ricorrere a ogni mezzo per conseguire un fine || astuzia di condotta spec. politica, modo di agire subdolo e senza scrupoli: *i due candidati si accusano reciprocamente di machiavellismo.* **Q.T.** *politica.*
machiavellista [dal n. proprio *Machiavelli*; a. 1613] ***s.*** **1.** studioso di Machiavelli **2.** chi opera astutamente e subdolamente a propria utilità.
machiavèllo [dal n. proprio *Machiavelli*; a. 1879] ***sm.*** **1.** *non com.* chi si ispira nella sua azione ai suggerimenti politici del Machiavelli **2.** *region.* raggiro, truffa.
màchmetro [comp. di *mach* e *-metro*; 1957] ***sm.*** *T.aer.* strumento usato per rilevare il numero di Mach degli aerei in volo e, da questo, la velocità effettiva.
macho (sp., pr. ['matʃo]) [letter. maschio; 1981] **I** ***agg.*** *inv.* (sempre posposto) detto di comportamento, abbigliamento o sim. che sottolineano o valorizzano i caratteri virili **II** ***sm.*** (pl. *machos*, pr. ['matʃɔs]) uomo che accentua o sfoggia i caratteri virili del proprio comportamento.
macìa o **macèa** (pl. *-cìe* o *-cèe*) [lat. *maceria*; 1563] ***sf.*** *tosc.* maceria, mucchio di sassi: *una macia di sassi.*
màcie [dal lat. *macies*; a. 1714] ***sf.*** *raro lett.* macilenza; magrezza.
macigno [lat. volg. **machineus*, sasso da macina; a. 1313] ***sm.*** **1.** grosso masso roccioso, duro e pesante: *un macigno ha bloccato la strada* || in espr. fig., usato come esempio di solidità, pesantezza, inamovibilità, anche riferito a un cibo indigesto, a un libro o a un discorso noioso: *è un macigno* || *cuor di macigno*, duro e insensibile **2.** pietra arenaria silicea a cemento calcareo, di colore grigio tendente al violaceo, dura e compatta; è adoperata per selciare le strade e per costruzioni; in Toscana è detta anche *pietra serena* || **N.** **1.** *Sin.* masso, PIETRA.
macilènto [dal lat. *macilentus*; sec. XIV] ***agg.*** magro e spossato per malattia, privazioni o per altra causa || **N.** *Sin.* emaciato, patito, smunto; MAGRO.
macilènza [dal lat. *macilentia*; 1598] ***sf.*** **1.** l'essere macilento **2.** malattia del baco da seta.
màcina [lat. *māchina*; 1282] ***sf.*** **1.** pietra di forma circolare, piana di sotto, convessa di sopra, con un foro nel mezzo per adattarla al mulino e macinare grano o altri cereali; mola || *per estens.* nome generico di macchina che frantuma, polverizza o raffina, anche negli impianti industriali **2.** *raro* macinatura || **N.** **1.** *Sin.* mola, palmento | liscia, orizzontale, rigata, verticale | albero, coperchio, dado, fondo, manico, rullo, tramoggia | frantoio, macinello, ruota a pale.
macinàbile [da *macinare*; 1879] ***agg.*** che si può macinare: *non è roba macinabile.*
macinabilità [da *macinabile*; 1970] ***sf.*** l'essere macinabile.
macinacaffè [comp. di *macina(re)* e *caffè*; 1940] ***sm.*** *inv.* macinino per macinare il caffè.
macinacolóri [comp. di *macina(re)* e *colore*; 1891] ***sm.*** *inv.* **1.** macchina che serve a macinare e raffinare le terre e i pigmenti con cui si preparano i colori **2.** persona addetta alla macinatura dei colori || **N.** **1.** *Sin.* macinello.
macinadosatóre [comp. di *macina(re)* e *dosatore*; 1963] ***sm.*** macinacaffè in uso nei bar, dotato di un dispositivo che permette di dosare la quantità di caffè necessaria per le macchine da espresso.
macinaménto [da *macinare*; a. 1558] ***sm.*** *non com.* macinazione.
macinànte (*ppr.* di *macinare*) [1340 ca.] ***agg.*** che macina || *fosso macinante*, fosso che conduce l'acqua alla macina.
macinapépe [comp. di *macina(re)* e *pepe*; 1891] ***sm.*** *inv.* macinino per macinare il pepe.
macinàre (pres. *màcino*) [da *macina*; 1318] ***tr.*** **1.** ridurre in polvere o frantumare mediante la macina o altre macchine apposite: *macinare il grano, il caffè, le olive*; *macinare la carne*, tritarla || *macinare i colori*, triturarli col macinello, stemperandoli nell'acqua o nell'olio per renderli atti a dipingere || *prov. acqua passata non macina più*, il passato non ha ormai più effetto sul presente **2.** *fig.* consumare con velocità: *macinar soldi*; *macinare chilometri*, fare molta strada in breve tempo || **N.** **1.** *Sin.* polverizzare, tritare, triturare.
macinàta [da *macinare*; 1869] ***sf.*** **1.** il macinare una volta || *dare una macinata*, macinare qualcosa in fretta, alla meglio **2.** la quantità di grano o altro che si macina in una volta || *dim.* macinatìna.
macinàto (*pps.* di *macinare*) [1340 ca.] **I** ***agg.*** ridotto in polvere o in piccoli pezzi: *carne macinata, pepe macinato* **II** ***sm.*** prodotto della macinatura dei cereali, spec. del grano; *tassa sul macinato*, antica imposta sulla macinazione dei cereali.
macinatóio (pl. *-ói*) [da *macinare*; a. 1519] ***sm.*** *raro* mulino, frantoio.
macinatóre [da *macinare*; a. 1579] ***agg.*** e ***sm.*** (f. *-trìce*) che o chi macina.
macinatùra [da *macinare*; a. 1348] ***sf.*** l'operazione e l'effetto del macinare || il modo di macinare.
macinazióne [da *macinare*; a. 1698] ***sf.*** l'atto e l'effetto del macinare; macinatura.
macinèlla (*dim.* di *macina*) [a. 1363] ***sf.*** **1.** piccola macina **2.** vaso cilindrico di pietra nel quale si preparano nell'acqua i materiali per la produzione di vernici.
macinèllo [da *macinare*; 1550] ***sm.*** strumento che riduce in polvere i pigmenti per i colori a olio || **N.** *Sin.* macinacolori.
macinino [da *macinare*; a. 1768] ***sm.*** **1.** strumento che per mezzo di una ruota dentata di ferro riduce in polvere il caffè, il pepe o altre droghe **2.** *fam. scherz.* automobile vecchia e malandata.
macinìo (pl. *-ìi*) [da *macinare*; 1669] ***sm.*** continuo e insistente macinare.
màcis [dal lat. *macir*; 1390 ca.] ***sf.*** *inv.* polpa che avvolge il seme della noce moscata, da cui si estrae un olio essenziale usato in profumeria e come medicinale.
maciste [dal nome di un personaggio del film *Cabiria*; 1923] ***sm.*** *fam.* uomo fortissimo, dalla corporatura gigantesca.
maciùlla [da *maciullare*; a. 1313] ***sf.*** macchina che separa le fibre tessili di canapa, lino e sim. dalla parte legnosa, dopo la macerazione; gramola: *da ogni bocca dirompea co' denti un peccatore, a guisa di maciulla* (Dante).
maciullàre [prob. dal lat. volg. **macinulare*, da *macina*; a. 1320] ***tr.*** sottoporre gli steli del lino, della canapa e sim. all'azione della maciulla; gramolare || *per estens.* ridurre orrendamente in pezzi, stritolare: *il tritacarne gli ha maciullato le dita* || masticare energicamente || ***rifl.*** *fig.* spossarsi per stanchezza || **N.** *Sin.* rompere, spappolare, tritare, triturare; MACINARE.
maciullatrìce [da *maciullare*; 1953] ***sf.*** apparecchiatura per maciullare industrialmente fibre tessili.
maciullatùra [da *maciullare*; sec. XV] ***sf.*** operazione di maciullare canapa, lino e sim. || **N.** *Sin.* gramolatura.
maclùra [dal n. proprio W. *Maclure*, geologo amer.; 1891] ***sf.*** albero spinoso delle Moracee, dalle foglie ovali, infruttescenze gialle, legno anch'esso giallo, contenente una sostanza colorante.
macò V. MAKO.
màcola e der. V. MACULA e der.
macramè [dall'ar. *maḥrama*, fazzoletto; 1617] ***sm.*** **1.** specie di trina pesante ottenuta intrecciando e annodando fili di vario spessore; è usato come frangia o bordo decorativo per biancheria e abiti femminili **2.** l'arte di intrecciare e annodar fili, cordini e corde a scopo decorativo **3.** intelaiatura rigida per tessere asciugamani || *per estens.* l'asciugamano stesso.
macrèdine [dal lat. *macer*, magro, come già il lat. mediev. *macrēdo, -inis*; a. 1673] ***sf.*** *ant.* magrezza.
màcro¹ [dal lat. *macer*; 1313 ca.] ***agg.*** *ant.* magro: *solea fare i suoi cinti più macri* (Dante).
màcro² [da *macro(istruzione)*; 1985] ***sf.*** *T.inform.* macroistruzione.
macrò [dal fr. *maquereau*, lenone, dal fr. ant. *maqueriaus*; 1935] ***sm.*** sfruttatore, protettore di prostitute.
màcro- [dal gr. *makrós*, grande] ***primo elem.*** che, in parole composte dotte e della terminologia scientifica, indica grandezza, estensione notevole || *in part.*, nella terminologia me-

dica, indica sviluppo abnorme o comunque eccessivo di un organo: **macroblefarìa, macrocardìa, macrocòrnea, macroftàlmo, macromelìa** || **N.** *Sin.* mega-, megalo- | *Contr.* brachi-, micro-.

macroaeròfilo [comp. di *macro-* e *aerofilo*; 1957] **agg.** *T.biol.* detto di batteri aerobi che vivono in ambienti molto ricchi di ossigeno.

macrobiòtica [da *macrobiotico*; 1974] **sf.** teoria e pratica dietetica, ispirata al buddismo Zen, che impone di nutrirsi esclusivamente di cibi vegetali e integrali, per il conseguimento del perfetto equilibrio tra spirito e corpo.

macrobiòtico (pl. *-ci*) [comp. di *macro-* e *-biotico*, dal gr. *biotikós*, della vita, vitale; 1971] **agg.** relativo alla macrobiotica, proprio della macrobiotica: *dieta macrobiotica*; è spesso usato in funzione di *avv.*: *mangiare macrobiotico*.

macrobiòto [comp. di *macro-* e del gr. *biōtós*, che può vivere, come nel lat. scient. *Macrobiotus*; 1967] **sm.** *T.zool.* genere di tardigradi piccolissimi, noti per la capacità di resistere in stato di vita latente.

macroblàsto [comp. di *macro-* e *blasto*; 1957] **sm.** *T.bot.* ramo laterale di una pianta con lunghe distanze tra le foglie.

macrocefalìa [da *macrocefalo*; 1918] **sf.** *T.med.* abnorme sviluppo del cranio, generalmente congenito, che può accompagnarsi all'abnorme sviluppo dell'encefalo e all'idrocefalo || **N.** *Contr.* microcefalia.

macrocèfalo [comp. di *macro-* e di *-cefalo*; 1821] **agg.** e **sm.** (f. *-a*) *T.med.* che o chi è affetto da macrocefalia || **N.** *Contr.* microcefalo.

macrocheilìa V. MACROCHILIA.

macrochèira [dal gr. *makrócheir*, *-cheiros*, dalle lunghe mani; 1957] **sf.** *T.zool.* genere di crostacei rossastri lunghi più di due metri; vivono nei mari del Giappone.

macrochilìa o **macrocheilìa** [comp. di *macro-* e *-chilìa*, dal gr. *chêilos*, labbro; 1957] **sf.** *T.med.* ipertrofia delle labbra.

Macrochìri [comp. di *macro-* e *-chiro*, dal gr. *chéir*, *cheirós*, mano; 1957] **sm. pl.** *T.zool.* ordine di uccelli dalle zampe brevi e ali molto lunghe, comprendente tra l'altro le rondini e i colibrì.

macrochirìa [comp. di *macro-* e *-chiria*, dal gr. *chéir*, *cheirós*, mano; 1957] **sf.** *T.med.* sviluppo abnorme delle mani, congenito o acquisito.

macrocito o **macrocita** [comp. di *macro-* e *-cito*, *-cita*; 1939] **sm.** *T.biol.* globulo rosso del sangue umano con diametro superiore al normale, ma con identiche capacità funzionali.

macrocitòsi [da *macrocito*; 1957] **sf.** *T.med.* presenza nel sangue umano di numerosi macrociti.

macroclìma [comp. di *macro-* e *clima*; 1957] **sm.** *T.geogr.* insieme dei fattori climatici di una vasta regione della Terra.

macroclimàtico (pl. *-ci*) [da *macroclima*; 1957] **agg.** *T.geogr.* relativo al macroclima, proprio di macroclima: *fenomeni macroclimatici*.

macroconsumatóre [comp. di *macro-* e *consumatore*; 1988] **sm.** in un ecosistema si dice di individuo, perlopiù animale, che trae nutrimento dall'ingestione di altri organismi animali o vegetali || **N.** fagotrofo.

macrocòsmo [comp. di *macro-* e *cosmo*; a. 1676] **sm.** l'universo in opposizione al microcosmo, cioè all'uomo, considerato come un piccolo mondo a sé.

macrocristallino [comp. di *macro-* e *cristallino*; 1940] **agg.** *T.min.* si dice della speciale struttura di una roccia, nella quale si possono distinguere a occhio nudo i singoli cristalli che la costituiscono.

macrodattilìa [comp. di *macro-* e *-dattilia*, dal gr. *dáktilos*; 1957] **sf.** *T.med.* eccessivo sviluppo delle dita delle mani.

macrodàttilo [comp. di *macro-* e *-dattilo*; 1970] **agg.** e **sm.** (f. *-a*) *T.med.* che, chi è affetto da macrodattilia.

macrodónte [comp. di *macro-* e *-odonte*; 1970] **agg.** e **s.** che, chi ha denti esageratamente sviluppati.

macrodontìa [comp. di *macro-* e *-odontìa*, dal gr. *odóus*, *odóntos*, dente; 1957] **sf.** *T.med.* grandezza eccessiva dei denti || in antropologia, presenza di grossi denti, spec. come carattere razziale o ereditario || **N.** *Sin.* macrodontismo.

macrodontìsmo [da *macrodonte*; 1957] **sm.** *T.med.* grandezza eccessiva dei denti, macrodontia.

macroeconomìa [comp. di *macro-* e *economia*; a. 1940] **sf.** *T.econ.* parte della scienza economica che studia i problemi che riguardano il sistema economico nel suo complesso (prodotto nazionale, reddito nazionale, occupazione, consumo, credito globale ecc., nei loro rapporti), in contrapposizione alla microeconomia. **Q.T.** *economia*...

macroeconòmico (pl. *-ci*) [da *macroeconomia*; 1978] **agg.** relativo alla macroeconomia, proprio della macroeconomia.

macroestesìa [comp. di *macro-* e *-estesia*; 1957] **sf.** *T.med.* alterazione neurologica della sensibilità tattile, che fa percepire gli oggetti più grandi del reale.

macroevoluzióne [comp. di *macro-* e *evoluzione*; 1957] **sf.** *T.biol.* insieme dei processi evolutivi che hanno portato alla differenziazione dei grandi gruppi sistematici (cioè le classi e i tipi).

macrofotografìa [comp. di *macro-* e *fotografia*; 1957] **sf.** **1.** tecnica fotografica che, utilizzando lenti speciali, fa apparire molto più grandi del reale gli oggetti piccoli **2.** *concr.* fotografia che riproduce un oggetto molto piccolo in dimensioni molto più grandi del reale.

macrogamète [comp. di *macro-* e *gamete*; 1957] **sm.** *T.biol.* gamete femminile, in opposizione al microgamete, gamete maschile, che è sempre più piccolo || **N.** *Sin.* megagamete.

macrogènesi [comp. di *macro-* e *genesi*; 1970] **sf.** *raro T.med.* gigantismo.

macroglòssa [comp. di *macro-* e del gr. *glôssa*, lingua; 1829] **sf.** *T.zool.* genere di farfalle delle Sfingidi, che possiedono una lunga proboscide.

macroglossìa [comp. di *macro-* e *-glossia*; 1895] **sf.** *T.med.* anormale sviluppo della lingua.

macroglòsso [da *macroglossia*; 1970] **agg.** e **sm.** (f. *-a*) *T.med.* che, chi è affetto da macroglossia.

macrografìa [comp. di *macro-* e *-grafia*; 1957] **sf.** in metallografia, insieme delle tecniche di osservazione a occhio nudo o a bassi ingrandimenti || documentazione fotografica ottenuta dopo tale indagine.

macrogràfico (pl. *-ci*) [da *macrografia*; 1957] **agg.** relativo alla macrografia; proprio della macrografia; che ha carattere di macrografia.

macroistruzióne [comp. di *macro-* e *istruzione*; 1984] **sf.** *T.inform.* nella programmazione dei calcolatori elettronici, istruzione costituita da istruzioni più semplici (o *microistruzioni*) ed utilizzabile in programmazione come una funzione unica.

macrometeorologìa [comp. di *macro-* e *meteorologia*; 1970] **sf.** parte della meteorologia che ha per oggetti i fenomeni atmosferici dell'intero pianeta o di ampie regioni terrestri.

macromicròmetro [comp. di *macro-* e *micrometro*; 1957] **sm.** *T.tecn.* apparecchio di alta precisione per la misurazione di punti caratteristici di lastre fotografiche.

macromolècola [comp. di *macro-* e *molecola*; 1957] **sf.** *T.chim.* la molecola dei polimeri, formata da un numero elevato di atomi; è la struttura di base di numerosi composti fondamentali per la biochimica (acidi nucleici, proteine) e per l'industria (fibre tessili sintetiche, materie plastiche).

macromolecolàre [da *macromolecola*; 1955] **agg.** *T.chim.* che si riferisce alle macromolecole.

macronùcleo [comp. di *macro-* e *nucleo*; 1957] **sm.** *T.zool.* il nucleo più grande che in alcuni Protozoi binucleati presiede alle funzioni trofiche della cellula.

macropètalo [comp. di *macro-* e *petalo*; 1970] **agg.** *T.bot.* detto di fiori con grandi petali.

macroplasìa [comp. di *macro-* e *-plasia*; 1970] **sf.** *T.med.* eccessivo sviluppo di una parte del corpo rispetto alle altre.

macròpode V. MACROPODO.

macropodìa [comp. di *macro-* e un der. del gr. *póus*, *podós*, piede; 1834] **sf.** *T.med.* eccessiva grandezza dei piedi.

Macropòdidi (sing. *-e*) [dal lat. scient. *Macropodidae*, formato sulla base di *macro-* e del gr. *póus*, *podós*, piede; 1957] **sm. pl.** *T.zool.* famiglia di Marsupiali con arti anteriori deboli e corti e arti posteriori robusti e adatti al salto, diffusi in Australia e in Nuova Guinea; tra di essi il canguro.

macròpodo o **macròpode** [comp. di *macro-* e *-podo*; 1834] **sm.** **1.** *T.zool.* genere di pesci degli Anabantidi, di colori vivaci, perlopiù da acquario **2.** (f. *-a*) *T.med.* affetto da macropodia; anche *agg.*

macroprosopìa [comp. di *macro-* e *-prosopia*, dal gr. *prósopōn*, viso; 1957] **sf.** *T.med.* grandezza eccessiva e a volte mostruosa del volto.

macropsìa [comp. di *macro-* e *-opsia*; 1895] **sf.** *T.med.* alterazione della vista, per cui gli oggetti vengono percepiti in dimensioni maggiori delle reali.

macrorganìsmo [comp. di *macro-* e *organismo*; 1988] **sm.** in un ecosistema, si dice di organismo o struttura di grandi dimensioni || **N.** *Contr.* microrganismo.

macrorrinìa o **macrorinìa** [comp. di *macro-* e *-rinia*, dal gr. *rhís*, *rhinós*, naso; 1957] **sf.** *T.med.* sviluppo abnorme del naso.

macrorrìno [da *macrorrinia*; 1970] **sm.** (f. *-a*) chi è affetto da macrorrinia.

macroscelìa [dal gr. *makroskelḗs*, che ha le gambe lunghe; 1970] **sf.** carattere somatico, costituzionale o patologico, rappresentato dalla prevalenza della lunghezza degli arti inferiori su quella del tronco, tipico delle razze di pelle nera dell'Africa, dell'India e Oceania e dei Boscimani.

Macroscèlidi (sing. *-e*) [comp. di *macroscel(ia)* e *-ide*; 1865] **sm. pl.** *T.zool.* famiglia di piccoli mammiferi appartenenti all'ordine degli Insettivori, con zampe posteriori assai sviluppate e atte al salto, e naso a forma di proboscide.

macroscòpico (pl. *-ci*) [comp. di *macro-* e *-scopico*, sul modello di *microscopico*; 1950] **agg.** visibile ad occhio nudo || *per estens.* enorme, assolutamente evidente: *un difetto macroscopico* || **N.** *Contr.* microscopico.

macrosmàtico o **macrosmòtico** (pl. *-ci*) [comp. di *macro-* e di un der. del gr. *osmán*, odorare; 1957] **agg.** *T.zool.* detto di animale caratterizzato da grande sensibilità per gli odori (per es. il cane).

macrospòra [comp. di *macro-* e *spora*; 1880] **sf.** *T.bot.* la spora di dimensioni maggiori che dà origine al gametofito femminile.

macrosporofillo [comp. di *macro-* e *sporofillo*; 1931] **sm.** *T.bot.* organo fogliare sul quale si organizzano gli sporangi che contengono le macrospore.

macrostòria [comp. di *macro-* e *storia*; 1988] ***sf.*** *T.stor.* tendenza all'interno delle discipline storiche a privilegiare lo studio di fatti macroscopici della storia umana in ambiti universali.

macrostruttùra [comp. di *macro-* e *struttura*; 1974] ***sf.*** *T.sociol.* organizzazione di un insieme in contrapposizione alla struttura delle singole parti.

macrotèsto [comp. di *macro-* e *testo*; 1976] ***sm.*** *T.lett.* raccolta di testi poetici o prosastici di un medesimo autore che si configura, ai fini dell'interpretazione, come un unico testo unitario.

Macrùri [comp. di *macro-* e *-uro*, come nel lat. scient. *macrūra*; 1792] ***sm. pl.*** *disus. T.zool.* nella vecchia classificazione, sottordine dei Crostacei decapodi dal corpo allungato e addome terminante in ventaglio caudale; fra questi, gamberi, aragoste e scampi.

Macrùridi (sing. *-e*) [comp. di *macruro* e *-idi*; 1934] ***sm.*** *pl.* *T.zool.* famiglia di pesci Teleostei dal corpo allungato e terminante a punta, forniti di due pinne dorsali di cui la seconda unita con quella anale.

Macrurifórmi (sing. *-e*) [comp. di *macruro* e *-forme*; 1965] ***sm.*** *pl.* *T.zool.* ordine di pesci dalla coda lunga e sottile, forniti di un'unica pinna che unifica la dorsale, la caudale e l'anale.

macùba [dal fr. *macouba*; 1836] ***sm.*** o ***sf.*** *inv.* varietà di tabacco da naso proveniente da Macuba, città della Martinica (Antille).

màcula [dal lat. *macula*; sec. XII] ***sf.*** **1.** *T.med.* piccola macchia ‖ *macula lutea*, macchia lutea (v. MACCHIA[1], nel senso 1) **2.** *arc.* macchia, spec. come colpa, peccato.

maculàre (pres. *màculo*) [dal lat. *maculare*; a. 1292 *macolare*] ***tr.*** **1.** *lett.* macchiare, corrompere **2.** *tosc.* ammaccare, coprire di lividi.

maculàto (*pps.* di *maculare*) [a. 1306] ***agg.*** cosparso di macchie, macchiettato ‖ **N.** screziato, variegato.

maculatùra [da *macula*; 1957] ***sf.*** *T.bot.* malattia delle piante causata da funghi parassiti o da virus, che si manifesta sotto forma di piccole macchie su foglie, frutti e sim.

macùmba [voce bras. prob. di orig. africana; 1975] ***sf.*** denominazione di vari riti relativi ai culti spiritistici praticati in Brasile e destinati ad ottenere la liberazione dalle forze maligne; gen. consistono in danze accompagnate da canti e musiche destinati a provocare nei partecipanti uno stato di *trance.*

madàma [dal fr. *madame*; a. 1348] ***sf.*** *inv.* **1.** titolo d'onore o di rispetto che si dava un tempo a una signora; oggi solo in tono scherz. **2.** nel gergo della malavita indica la polizia.

madamigèlla (*dim.* di *madama*) [dal fr. *mademoiselle*; 1554 *madamisella*] ***sf.*** si dice spec. in tono scherz. di fanciulle; damigella, signorina.

madapolàm [da *Madhavapālan*, nome del sobborgo di Narasapur in India, luogo di produzione della tela; 1836 *madapollam*] ***sm.*** *inv.* tela bianca e fine di cotone che serve per biancheria ‖ **N.** mussola, mussolina, pelle d'uovo.

madaròṣi [dal gr. *madárōsis*, calvizie; 1821] ***sf.*** *T.med.* caduta dei peli, spec. delle ciglia, causata da malattie delle palpebre.

maddaléna[1] [dal nome di (Maria) *Maddalena*, cioè donna di Magdala, identificata con la peccatrice pentita di cui parla il Vangelo di Luca; 1869] ***sf.*** *per anton.* peccatrice pentita.

maddaléna[2] [dal fr. *madeleine*, dal nome della cuoca *Madeleine* Paulmier; 1869] ***sf.*** tipico pasticcino a forma di conchiglia.

madefazióne [dal lat. *madefactio*, *-ōnis*, inzuppamento; 1829] ***sf.*** *raro* atto dell'inumidire.

made in (ingl., pr. ['meɪd ɪn]) [letter. fatto in; 1905] ***loc. agg.*** *inv.* (sempre posposta) formula accettata nel commercio internazionale per indicare, sui prodotti, il luogo di fabbricazione; è accompagnata dal nome del paese in inglese: *made in China*, fabbricato in Cina.

madèira o **madèra** [dal n. geogr. *Madeira*, n. port. dell'isola di Madera; 1763 *madèra*] ***sm.*** *T.enol.* vino dolce liquoroso, prodotto nell'isola portoghese di Madera, che con l'invecchiamento diventa color giallo carico.

maderiẓẓazióne [da *madera*; 1988] ***sf.*** *T.enol.* trasformazione subita da un vino bianco che, ossidandosi, assume colore, e anche sapore, simili a quelli del madera.

màdi ***sm.*** *inv.* adattamento it. di *mahdi* (v.).

màdia [lat. *magida*, dal gr. *magís*, *-ídos*; 1221 *maida*] ***sf.*** specie di cassa su quattro piedi usata per impastare, fare il pane e lasciarlo lievitare; spesso nella parte inferiore ha un ripostiglio con sportelli, utilizzato come credenza; in passato era un tipico mobile delle cucine rustiche, oggi è usata prevalentemente per riporvi biancheria, coperte ecc. ‖ *arc.* il banco degli orefici ‖ **N.** *Sin.* arcile.

madiàta [da *madia*; 1869] ***sf.*** quantità di pane che entra nella madia: *una madiata di pane.*

màdido [dal lat. *madidus*; a. 1492] ***agg.*** *lett.* bagnato, umido: *madido di sudore* ‖ **N.** *Sin.* intriso, rorido, umido; BAGNATO.

madiè [forse da *m'ai*(*ti*) *Dèo*, Dio mi aiuti; a. 1348] ***escl.*** *ant.* rafforza una negazione o un'affermazione: *madiè sì, madiè no* (anche *madiesì, madienò*).

madière [dal lat. volg. **materium*, legname da costruzione, attr. l'it. sett. o il provenz.; 1803] ***sm.*** *T.mar.* nell'ossatura di una nave, la parte centrale di ciascun quinto, cioè quella che si unisce alla chiglia incastrandosi trasversalmente tra dente e dente ‖ **N.** NAVE.

madiṣmo e der. v. MAHDISMO e der.

madison (ingl., pr. ['mædɪsən]) [dal nome di una città americana; 1963] ***sm.*** *inv.* ballo lento, eseguito in gruppo, di origine afroamericana.

madòcca v. MADOQUA.

madònna [comp. di *m*(*i*) *a donna*; fine sec. XIII] ***sf.*** **1.** *per anton.* *la Madonna*, Maria, la madre di Gesù, e secondo i titoli sotto i quali si venera: *la Madonna del Carmine, la Madonna di Loreto, la Madonna degli Infermi* ‖ *per estens.* quadro o tavola rappresentante la Madonna: *una Madonna di Raffaello* ‖ chiesa dedicata alla Madonna: *sono stato alla Madonna dell'Umiltà* ‖ *Madonna!, Madonna santa!*, escl. di meraviglia o sim. **2.** anticamente, titolo di cortesia dato alle donne, spec. sposate: *madonna Laura*; usabile anche oggi scherzosamente ‖ *essere donna e madonna*, padrona assoluta ‖ *dim.* madonnìna ‖ **N.** Addolorata, Assunta, Madre degli angeli, Regina degli angeli, Vergine | annunciazione, assunzione, avemaria, concezione, mese mariano, natività, presentazione al tempio, purificazione **2.** signora.

madonnàro [da *madonna*; a. 1939] ***sm.*** **1.** *region.* chi dipinge o scolpisce immagini della Madonna; spec. con gessi colorati sui marciapiedi o nelle strade; anche chi vende tali immagini **2.** chi porta l'immagine della Madonna nelle processioni.

madonnìna (*dim.* di *madonna*) [1520 ca.] ***sf.*** piccola immagine della Vergine ‖ *per anton.* *la Madonnina*, la statua della Madonna posta sulla guglia più alta del Duomo di Milano ‖ in espressioni fig.: *un viso, un fare da madonnina, una madonnina infilzata*, rif. a donna che ha un'aria timida e modesta, non senza qualche affettazione ‖ **N.** acqua cheta, santarellina.

madòqua o **madòcca** [dall'amarico *midaqwa*; 1934] ***sf.*** *T.zool.* genere di antilopi africane di piccola taglia dal muso allungato e dagli arti molto sottili.

madóre [dal lat. *mador*, *-ōris*; a. 1758] ***sm.*** *lett.* umidità leggera che trasuda il corpo, principio di sudore.

madornàle [lat. volg. *maternālis*; a. 1292 nel senso 2; 1605 nel senso 1] ***agg.*** **1.** spropositato, marchiano: *una svista madornale* ‖ di straordinaria grossezza **2.** *arc.* materno, di madre ‖ detto di un ramo di una pianta nato dal ceppo principale, quindi di dimensioni maggiori.

madornalità [da *madornale*; a. 1704] ***sf.*** *non com.* l'essere madornale.

madòsca [var. eufem. di *madonna*; 1963] ***escl.*** usata in imprecazioni per esprimere irritazione, contrarietà, ira, meraviglia e sim.

madràga [dal fr. *madrague*; 1875] ***sf.*** *T.pesc.* rete da pesca, usata specialmente per la pesca del tonno. **Q.T.** *pesca.*

madràs [dal n. geogr. *Madras*, città dell'India; 1829] ***sm.*** *inv.* tessuto leggero di cotone, dai colori vivaci, usato per capi di abbigliamento o per arredamento.

madrasa (ar., pr. ['mædræsæ]) [dall'ar. *mádrasa*, luogo di studio; 1957] ***sf.*** nei paesi islamici, istituto d'istruzione media e superiore per le scienze giuridico-religiose musulmane.

màdre [lat. *māter*, *mātris*; 1243 ca. nel senso 2 *matre*; a. 1250 nel senso 1] ***sf.*** **1.** donna che ha figli (con una connotazione di neutralità e maggior distacco rispetto al sin. *mamma*): *una giovane madre, una madre snaturata*; *ragazza madre*, che ha figli senza essere sposata; *madre di famiglia*, donna considerata nel ruolo domestico, con particolare riferimento alla cura dei figli ‖ *madre spirituale*, madrina ‖ *l'antica madre*, Eva ‖ *Regina madre*, la madre del re ‖ *per estens.* femmina di un animale, con prole: *gli uccelletti hanno l'imbeccata dalla madre* ‖ col nome *madre* si omette l'articolo quando sia preceduto dai possessivi *mio, tuo, suo, nostro, vostro*; mentre si usa col possessivo *loro* (*la loro madre*), o quando il possessivo è dopo il nome (*la madre nostra*), o quando insieme col possessivo vi sia altro aggettivo (*la mia cara madre*), o quando il nome è al plurale (*le nostre madri*) **2.** *fig.* causa, origine: *l'ignoranza è madre di errori* ‖ anche come appellativo: *madre terra, madre natura, Santa madre Chiesa* ‖ *madre dell'aceto*, parte più densa e scura dell'aceto invecchiato, costituita da una colonia di batteri che provocano l'acetificazione ‖ *registro a madre e figlia*, che ha due moduli simili: uno, la figlia, da consegnare, l'altro, la madre, da conservare come prova attaccato al registro ‖ anche con funzione di *agg.*: *idea madre*, concetto centrale di un sistema di pensiero; idea centrale di una composizione artistica; *chiesa madre*, quella da cui dipendono le altre chiese; *lingua madre*, *ant.* quella che subendo graduali modificazioni ha originato lingue diverse; *più com.* sin. di *madrelingua*; *scena madre*, momento culminante di una rappresentazione drammatica; anche *fig.* scenata **3.** titolo reverenziale dato a monache e suore: *madre Teresa, madre badessa* **4.** *T.anat.* *dura madre* e *pia madre*, rispettivamente la più esterna e la più interna delle tre membrane concentriche che rivestono l'asse cerebrospinale ‖ **N. 1.** *Sin.* genitrice, mamma | maternità, matriarcato, matricidio.

madrecicàla (pl. *madrecicàle*) [comp. di *madre* e *cicala*; a. 1729] ***sf.*** *T.zool.* spoglia che la cicala abbandona una volta raggiunto lo stadio adulto.

madrefórma (pl. *madrifórme*) [comp. di *madre* e *forma*; 1869] ***sf.*** forma di gesso in cui viene calato un materiale plastico da modellare ‖ **N.** *Sin.* forma da getto.

madreggiàre (pres. *-éggio*) [da *madre*; 1613] ***intr.*** (aus. *avere*) *non com.* comportarsi da madre ‖ essere simile alla madre.

madrelìngua o **màdre lìngua** (pl. *madri*

lìngue o *màdri lìngue*) [comp. di *madre* e *lingua*, sul modello del ted. *Muttersprache*; a. 1810] **sf.** la prima lingua che si impara nell'infanzia e di cui si ha la migliore competenza: *essere di madrelingua italiana, francese* ecc.; anche *s. inv.* persona che parla e insegna la sua lingua madre: *un madrelingua inglese.*

madrepàtria (pl. *madripàtrie*) [comp. di *madre* e *patria*, sul modello del ted. *Mutterland*; 1814] **sf.** la patria d'origine || il territorio della patria rispetto alle colonie; metropoli.

madrepèrla (pl. *madrepèrle*) [comp. di *madre* e *perla*, perché si riteneva che generasse le perle; a. 1492] **sf.** *T.zool.* sostanza lucidissima e iridescente che copre la parete interna della conchiglia di alcuni molluschi; per la sua bellezza e resistenza è usata per fabbricare parecchi oggetti e spec. bottoni e fibbie.

madreperlàceo [da *madreperla*; 1869] **agg.** di madreperla || che è simile alla madreperla per il colore o i riflessi: *cielo madreperlaceo.*

madreperlàto [da *madreperla*; 1970] **agg.** detto di rossetto, smalto per unghie o altro cosmetico, con riflessi iridescenti || **N.** *Sin.* perlato.

madrèpora [comp. di *madre* e *poro*, sul modello di *madreperla*; 1697] **sf.** *T.zool.* genere di Celenterati, con uno scheletro calcareo di forma svariatissima; vive in colonie numerose nei mari tropicali, dando origine alle varie formazioni madreporiche o coralline.

Madreporàri (sing. *-io*) [da *madrepora*; 1934] **sm. pl.** *T.zool.* sottordine di polipi degli Antozoi forniti di scheletro calcareo, che vivono in colonie e danno origine, nei mari tropicali e subtropicali, a barriere, atolli e scogliere || **N.** *Sin.* madrepore.

madrepòrico (pl. *-ci*) [da *madrepora*; 1869] **agg.** fatto di madrepore: *isolotto madreporico*, formato di scheletri di madrepore.

madreporìte [comp. di *madrepora* e *-ite*; 1806] **sf.** *T.zool.* placca calcarea che molti Echinodermi presentano all'esterno, fornita di uno o più fori, attraverso i quali l'acqua marina comunica con i canali del loro apparato acquifero.

madresélva (pl. *madresélve*) [comp. di *madre* e *selva*; a. 1525 *matreselva*] **sf.** nome pop. del caprifoglio o abbracciabosco.

madrevìte (pl. *madreviti*) [comp. di *madre* e *vite*; 1582] **sf.** **1.** pezzo filettato in cui si introduce la vite; vite femmina **2.** arnese che i meccanici adoperano per fare le viti, sia maschie, sia femmine.

madrigàle [etim. inc.; a. 1370 *madriale*] **sm.** poesia lirica brevissima, di varia forma metrica e generalmente di soggetto amoroso || *per estens.* espressioni amorose e galanti || *T.mus.* genere vocale profano fiorito in Italia nel XIV sec. (madrigale trecentesco), gen. a due voci, con strofe e ritornello sull'omonimo componimento poetico; si ripropone nel sec. XVI e XVII con caratteri assai diversi: aumento del numero delle voci e dell'elaborazione contrappuntistica, schema metrico libero e fedele aderenza della musica al testo: *i madrigali di Marenzio.*

madrigaleggiàre (pres. *-éggio*) [da *madrigale*; 1618] **intr.** (aus. *avere*) *non com.* dire madrigali || dire cose galanti.

madrigalésco (pl. *-schi*) [da *madigrale*; 1635] **agg.** *raro* di madrigale, che è proprio del madrigale: *uno stile madrigalesco* || galante: *frasi madrigalesche.*

madrigalìsta [da *madrigale*; 1847] **s.** poeta scrittore di madrigali || *T.mus.* musicista autore di madrigali.

madrigalìstico (pl. *-ci*) [da *madrigale*; 1963] **agg.** relativo a madrigale o a madrigalista; proprio di madrigale o di madrigalista: *raccolta madrigalistica.*

madrigna **sf.** *non com.* V. MATRIGNA.

madrilèno [adattamento dallo sp. *madrileño*; 1850] **I agg.** di Madrid **II sm.** (f. *-a*) abitante di Madrid.

madrìna [lat. tardo *matrīna*; sec. XIV *matrina*] **sf.** donna che tiene a battesimo o a cresima un bambino assumendo l'impegno di assisterlo spiritualmente e materialmente nel caso che i genitori vengano a mancare || *per estens. madrina della bandiera, della nave*, colei che assiste alla benedizione di una bandiera o al varo di una nave || *madrina di guerra*, donna che tiene corrispondenza con un soldato al fronte e a volte lo aiuta anche materialmente || **N.** figlioccio, padrino.

madrinàggio (pl. *-gi*) [da *madrina*; 1957] **sm.** *raro* insieme dei compiti e dei doveri pertinenti alla madrina || l'essere madrina in una cerimonia ufficiale.

maelstrom (ingl., pr. ['meɪlstrəm]) [dall'ol. *maelstrom*, comp. di *malen*, girare e *stroom*, corrente; 1918] **sm. inv.** corrente vorticosa collegata ai flussi e ai riflussi delle maree, caratteristica di alcune località della costa norvegese.

maestà [dal lat. *majestas, -ātis*; sec. XIII *maestate*] **sf. inv.** **1.** aspetto di nobile dignità che impone riverenza: *maestà del portamento, di un edificio* **2.** titolo che si dà ai re e agli imperatori: *Vostra Maestà, la Maestà del Re* || *delitto di lesa maestà*, violazione della dignità del sovrano **3.** immagine di Cristo o della Madonna o di un santo raffigurati frontalmente, seduti su un trono e circondati da santi o personaggi minori; frequente nella pittura cristiana medievale: *la Maestà di Simone Martini* || **N. 1.** *Sin.* grandezza, grandiosità, gravità, imponenza, nobiltà, solennità.

maestàtico **agg.** *raro* V. MAIESTATICO.

maestévole [da *maestà*; 1592] **agg.** *raro* maestoso.

maestosità [da *maestoso*; 1869] **sf.** l'essere maestoso || **N.** *Sin.* grandiosità, maestà.

maestóso [da *maestà*; 1617 ca.] **agg.** pieno di maestà, imponente: *un edificio maestoso, persona d'aspetto maestoso*; anche *iron.*: *un naso maestoso* || **maestosaménte** **avv.** || **N.** *Sin.* augusto, grandioso, grave, magistrale, nobile, olimpico, signorile, solenne, superbo.

maèstra o **maéstra** [lat. *magistra*; a. 1484 nel senso 2; 1583 *mastra* nel senso 1] **sf.** **1.** *com.* insegnante di scuola elementare: *il prossimo anno avremo una nuova maestra* || donna che insegna le tecniche o le nozioni relative a una determinata attività: *la maestra di taglio, la maestra di canto* || donna particolarmente brava in qualche attività: *è una maestra nel cucinare* **2.** *T.pesc.* la corda principale e il maggior sughero che sorreggono una rete da pesca **3.** *T.mar.* (*vela*) *maestra*, la vela quadra più grande e più bassa dell'albero centrale, detto appunto *albero di maestra* **4.** *T.tip.* facsimile di un libro con le indicazioni utili per l'impaginazione; menabò || *dim.* maestrìna. **TAV.** ***vela* p. 1343 6.32.**

maestralàta [da *maestrale*; 1957] **sf.** raffica di vento di maestrale || tempesta di maestrale.

maestràle [da *maestro*[2]; a. 1424] **sm.** vento di nord-ovest freddo e secco, che porta bel tempo; anche *agg.*: *vento maestrale* || **N.** *Sin.* maestro.

maestraleggiàre (pres. *-éggio*) [da *maestrale*; 1614] **intr.** (aus. *avere*) *raro* *T.mar.* detto del vento maestrale o dell'ago della bussola, stabilizzarsi nella direzione di Nord-Ovest.

maestrànza [da *maestro*[1]; 1580 *maistranza*] **sf.** spec. *pl.* il complesso degli operai che lavorano in un cantiere, in un arsenale marittimo o in un complesso industriale: *le maestranze della fabbrica* || *T.mar. ant.* sulle navi, gli operai (carpentieri, calafati, stipettai) dipendenti dal maestro d'ascia.

maestràre (pres. *maèstro* o *maéstro*) [da *maestro*[1]; sec. XIII-XIV] **tr.** *arc.* ammaestrare.

maestrèlla (*dim.* di *maestra*) [1853] **sf.** *T.tess.* parte del telaio che regge una o due girelle.

maestrévole [da *maestro*[1]; 1353 ca.] **agg.** *non com.* da maestro, che è fatto con maestria, con perizia || **maestrevolménte** **avv.**

maestrìa [da *maestro*[1]; a. 1306 *mastria*] **sf.** abilità da maestro: *maneggia il verso con grande maestria* || **N.** *Sin.* destrezza, eccellenza; ABILITÀ.

maestrìna (*dim.* di *maestra*) [1886] **sf.** giovane maestra di scuola, anche come designazione affettiva: *la maestrina dalla penna rossa* (De Amicis).

maèstro[1] o **maéstro**[1] [lat. *magister*; a. 1294] **I sm.** **1.** chi insegna un'arte, una scienza o le tecniche relative a qualsiasi attività pratica che richieda un addestramento specifico: *maestro di dizione, maestro di canto, maestro di sci* || insegnante di scuola elementare: *il maestro di quinta* || spesso viene usato per indicare, al di là della qualifica effettiva, un rapporto pedagogicamente ricco: *fra tanti professori, pochi sono veramente maestri* || chi eccelle in un'arte o scienza tanto da essere preso a modello: *è un maestro di buone maniere; nell'arte della menzogna è un maestro; colpo da maestro*, fatto con abilità e destrezza || anche in espressioni fig.: *il dolore è maestro di virtù* || operaio specializzato che ha sotto di sé diversi operai e garzoni: *maestro muratore* || *T.gioc. maestro, grande maestro*, titoli assegnati a giocatori di scacchi che abbiano dato prova di perizia attraverso piazzamenti in tornei riconosciuti || titolo rilasciato dai conservatori ai diplomati e gen. riservato ai professionisti di musica, anche se non insegnano || *T.mar. maestro d'ascia*, artefice che lavora il legno nelle costruzioni navali || *T.mus. maestro di cappella*, musicista che ha il compito di istruire e dirigere i componenti del coro ed eventualmente gli strumentisti, che svolgono attività musicale presso una chiesa, una casa nobile, una corte ecc.; *maestro concertatore*, nelle orchestre o nei cori, musicista incaricato di far eseguire la prima lettura delle diverse parti e di coordinarne l'esecuzione, in modo che il direttore d'orchestra debba solo rifinirla || *T.pitt.* titolo usato per riferirsi ad artisti dei quali si conservano una o più opere stilisticamente definite, ma di cui non ci è giunto il nome; è seguito da ulteriori specificazioni: *Maestro della vita di Maria, Maestro del Libro di Casa* **2.** titolo di varie cariche e funzioni: *Maestro di casa*, chi sovrintende all'amministrazione delle case signorili; direttore del personale dei Palazzi Apostolici in Vaticano; direttore del servizio mensa sulle navi || *maestro di cerimonia*, cerimoniere || *Gran Maestro*, capo di certi ordini cavallereschi; anche il capo della Massoneria **II agg.** **1.** di o da maestro: *colpo maestro, mano maestra* **2.** la maggiore o la principale delle cose di uno stesso genere: *strada maestra, penne maestre, albero maestro di una nave* || *muro maestro*, ciascuno dei muri principali che va dalle fondamenta al tetto ed è a sostegno dell'edificio || *dim.* maestrino; *spreg.* maestrùcolo; *accr.* maestróne; *pegg.* maestràccio || **N. I 1.** *Sin.* aio, caposcuola, docente, fondatore, guida, iniziatore, insegnante, istitutore, mastro, mentore, precettore, professore | allievo, discepolo, scolaro | lezione, magistero, scuola.

maèstro[2] o **maéstro**[2] [da *maestro*[1], perché ritenuto il vento principale; sec. XIII] **sm.** nome di vento che è fra tramontana e ponente; detto anche e più com. *maestrale.*

màfia [voce sic. di etim. inc.; 1865] **sf.** **1.** associazione clandestina sorta in Sicilia nella metà del XIX sec., ma diffusasi anche Oltreoceano, che agisce al di fuori della legge (e nello spirito originario per sostituirsi a essa), per organizzare attività criminali, controllare settori economici e politici a proprio vantaggio || *per estens.* ogni associazione informale, più o meno segreta, intesa a garantire solidarietà, attribuire privilegi ed esercitare un potere occulto **2.** *raro fare la mafia*, sfoggiare un'affettata eleganza || **N. 1.** *Sin.* camarilla, camorra, consorteria, cricca | Cosa nostra, cosca, Mano nera, *racket*.

mafiologìa [comp. di *mafia* e *-logia*; 1975] ***sf.*** studio dei problemi relativi alla mafia; attenzione al fenomeno mafioso.

mafiòlogo (pl. *-gi*) [comp. di *mafia* e *-logo*; 1982] ***sm.*** (f. *-a*) studioso, esperto del fenomeno mafioso.

mafióso [da *mafia*; 1890] ***agg.*** e ***sm.*** (f. *-a*) **1.** che o chi appartiene alla mafia **2.** *fam.* che o chi sfoggia un'eleganza vistosa e dozzinale.

màga [dal lat. *maga*; a. 1446] ***sf.*** donna che esercita la magia, maliarda.

magàgna [da *magagnare*; fine sec. XIII] ***sf.*** imperfezione spec. nascosta; vizio, difetto, guasto, anche in senso morale: *qualche magagna, qualche pecca nascosta la doveva avere* (Manzoni) || **N.** *Sin.* acciacco, DIFETTO.

magagnàre [dal provenz. *maganhar*, fr. ant. *mahaignier*, d'orig. germ.; a. 1292] ***tr.*** *raro* guastare, corrompere || **N.** *Sin.* ammaccare, guastare, infestare, ledere.

magagnàto (*pps.* di *magagnare*) [a. 1348] ***agg.*** **1.** ammaccato, guasto: *un cesto di mele magagnate* **2.** pieno di acciacchi: *vecchio magagnato* || *fig.* macchiato di qualche colpa.

magàlda [etim. inc.; a. 1556] ***sf.*** *lett.* donna di malaffare, prostituta.

maganzése [dal n. proprio *Maganza*; sec. XV-XVI] ***agg.*** di Maganza, famiglia di traditori e nemici di Carlomagno || *per anton. raro* traditore.

magàre (pres. *màgo, màghi*) [da *mago*; 1869] ***tr.*** *raro* ammaliare, stregare, fatare.

magàri [dal gr. *makári*, da *makárie*, felice (vocativo); a. 1250 *macara*] **I *escl.*** manifestazione di desiderio o di speranza || usato come risposta significa "mi piacerebbe", "mi sarebbe piaciuto": *vuoi (volevi) andarci? Magari!* **II *avv.*** **1.** forse: *magari verrò* **2.** persino, anche: *vogliono mangiare e magari senza pagare* **III *cong.*** **1.** volesse il cielo che (seguito da congiuntivo): *magari potessi vincere!* **2.** piuttosto: *magari faccio uno sproposito ma non la passerà liscia* **3.** quand'anche (seguito da congiuntivo con valore concessivo): *cercherò di esserci, magari dovessi arrivare a piedi.*

magatèllo [dal lomb. *magatèll*, ventriglio, dal long. *mago*, gozzo; 1964 *magatelo*] ***sm.*** *region.* a Milano indica il taglio della carne comunemente detto *girello*. **TAV.** *alimentazione* 3.5.

magazzéno ***sm.*** *region.* v. MAGAZZINO.

magazzinàggio (pl. *-gi*) [da *magazzino*, sul modello del fr. *magasinage*; 1803] ***sm.*** **1.** la somma che si paga per depositare merce in un magazzino **2.** il deposito stesso.

magazzinière [da *magazzino*; 1597] ***sm.*** (f. *-a*) chi ha la custodia di un magazzino.

magazzino [dall'ar. *makhazim*, depositi; a. 1348] ***sm.*** **1.** locale o gruppo di locali dove si tengono in deposito mercanzie e generi alimentari: *magazzino di legname* || *magazzini generali*, istituti che accettano in deposito dal pubblico le merci || *fig. magazzino di scienza*, persona di grande erudizione **2.** nome di grandi locali di vendita, emporio: *i Magazzini Standa*; *grandi magazzini* **3.** *T.tecn.* parte di macchina in cui si tiene in deposito qualcosa; nella macchina per linotipia, parte dove sono contenute le matrici delle lettere da fondere || **N. 1.** *Sin.* deposito, *dock*, emporio, fondaco | immagazzinare; porto franco. **TAV.** *cinematografia...* 1.1.

magdalenìano [dal n. geogr. La *Madaleine*, località fr., sul modello del lat. *Magdalena*; 1934] ***agg.*** e ***sm.*** (con iniziale maiuscola) *T.geol.* parte superiore del periodo Paleozoico, caratterizzata dall'utilizzazione dell'osso, accanto alle lame di selce.

magènta [dal n. geogr. *Magenta*, nota per la sanguinosa battaglia del 1859; 1954 ca.] ***agg.*** e ***sm.*** colore cremisi carico: *nubi color magenta* (Montale).

maggèngo (pl. *-ghi*) [da *maggio*[1]; 1816] ***agg.*** *T.agr.* si dice di prodotto che matura o si raccoglie a maggio: *fieno maggengo* (anche *sm. il maggengo*), fieno di primo taglio, il più pregiato || *pascolo maggengo*, pascolo primaverile di mezza montagna || anche in senso gen., di maggio: *una luna maggenga, tutta macchie* (Montale) || **N.** agostano, terzuolo, quartirolo.

maggerèna o **maggeréna** [da *maggio*[1]; 1759] ***sf.*** vescicaria.

maggesàre (pres. *-éso*) [da *maggese*; 1803 ca.] ***tr.*** *T.agr.* tenere il campo in riposo per lavorarlo l'anno successivo.

maggése [da *maggio*[1]; 1598 come sm.] **I *agg.*** di maggio, ottenuto nel mese di maggio: *olive maggesi, fieno maggese* **II *sm.*** *T.agr.* pratica agricola che consiste nel lasciare incolto un campo per un certo periodo in modo che si riformino le condizioni favorevoli alla coltivazione: *lasciare un capo a maggese*; anche il campo stesso || **N.** *Sin.* novale.

maggiaiòlo [da *maggio*[1]; a. 1696 come sf. *maggiaiuola*] **I *agg.*** caratteristico di maggio: *febbre maggiaiola* **II *sm.*** (f. *-a*) giovane o giovanetta che nel maggio va cantando e recando rami fioriti (cfr. MAGGIO e MAIO): *si mise in cerca delle maggiaiole* (D'Annunzio).

maggiàtico (pl. *-ci*) [da *maggio*[1]; 1759 come sm. nel senso 2] **I *agg*** di maggio **II *sm.*** **1.** antico tributo che veniva pagato al padrone del terreno all'inizio di maggio **2.** *non com.* maggese.

màggio[1] (pl. *-gi*) [lat. *māius* (*mensis*); a. 1202 *maio*] ***sm.*** **1.** quinto mese dell'anno del calendario giuliano e gregoriano, terzo dell'antico calendario romano || *fig.* bellezza primaverile: *qui è tutto un maggio*; *sembra una rosa di maggio*, detto di donna bella || *avere di una cosa più che non ha foglie maggio*, averne grande abbondanza **2.** *T.stor.* ramoscello che si piantava, il primo di maggio, o calendimaggio, dinanzi all'uscio di casa dell'innamorata, da cui *piantar maggio*; la canzone che si cantava in tale circostanza: *cantar maggio* (cfr. MAIO e MAGGIAIOLO) || **N. 1.** *Sin.* mese mariano, delle rose.

màggio[2] (pl. m. *-gi*; pl. f. *-ge*) [dal lat. *māius*, neutro di *māior*, maggiore; a. 1294] ***agg.*** *arc.* maggiore: *siffatta pena che s'altra è maggio, nulla è sì spiacente* (Dante).

maggiociòndolo [comp. di *maggio*[1] e *ciondolo*; 1738 ca.] ***sm.*** piccolo albero di montagna delle Leguminose, dai fiori gialli in grappoli || **N.** *Sin.* avorniello, avornio, citiso.

maggiolàta [da *maggio*[1]; 1745] ***sf.*** canzone che si cantava in coro durante le feste di maggio.

maggiolino[1] [da *maggio*[1]; 1834] ***sm.*** **1.** coleottero dei Lamellicorni, con le elitre rosso mattone, che appare tra la fine d'aprile e i primi di maggio; è dannosissimo alle piante **2.** nome popolare del più noto modello di auto prodotto un tempo della tedesca Volkswagen e così chiamato per la forma della carrozzeria che ricorda l'insetto **3.** forma piccola di pane.

maggiolino[2] [dal n. proprio Giuseppe *Maggiolini*, creatore di questo tipo di mobile; 1918] ***sm.*** mobile impiallacciato e finemente decorato con intarsi.

maggióra [dal n. del Lago *Maggiore*; 1934] ***sf.*** vento che spira sul Lago Maggiore, spesso apportatore di tempeste.

maggioràna [dal lat. tardo *maezurāna*; sec. XIV] ***sf.*** pianta aromatica delle Labiate con piccole foglie ovali usate fresche o essiccate, per aromatizzare vari cibi; è usata anche in profumeria e in farmacia.

maggiorànte (*ppr.* di *maggiorare*) [1957] ***sm.*** *T.mat.* in un insieme ordinato, elemento che è maggiore (nel dato ordinamento) di tutti gli elementi del sottoinsieme considerato.

maggiorànza [da *maggiore*; a. 1348] ***sf.*** **1.** il numero maggiore tra più persone, la maggior parte: *la maggioranza dei turisti è tedesca* || *T.pol.* e *T.giur.* il numero maggiore di voti espressi da un consesso: *eletto a maggioranza*, *partito di maggioranza*; *maggioranza assoluta*, quella calcolata sul numero delle persone aventi diritto al voto; o anche la metà più uno dei voti espressi; *maggioranza relativa*, quella calcolata sul numero dei presenti alla votazione; o anche il numero di voti superiore a quello riportato da ogni altra proposta o persona in lizza; *maggioranza qualificata*, quella che raggiunge determinati livelli superiori al 50%, ed è richiesta in determinate circostanze **2.** *arc.* preminenza || **N. 1.** i più | *quorum*, unanimità; adunanza, assemblea || *Contr.* minoranza. **Q.T.** *politica*.

maggioràre (pres. *-óro*) [da *maggiore*, sul modello del fr. *majorer*; 1942] ***tr.*** **1.** aumentare, far diventare maggiore: *maggiorare il prezzo di un prodotto* **2.** *T.mat.* essere maggiore di: *trovare una funzione che maggiori la funzione data*, tale che per ogni valore della variabile abbia valori maggiori della funzione data.

maggiorascàto [da *maggiorasco*; 1686 *maiorascato*] ***sm.*** maggiorasco.

maggioràsco (pl. *-schi*) [dallo sp. *mayorazgo*, primogenitura; a. 1587 *maiorasco*] ***sm.*** *T.stor.* **1.** nei secoli passati, trasmissione del patrimonio familiare o di parte di esso, e dei titoli nobiliari, al figlio primogenito o al parente maschio più vicino, con esclusione dei figli cadetti, al fine di mantenere integri i beni **2.** beni che per tale istituto si trasmettono || **N. 1.** minorasco; fidecommesso.

maggioràto (*pps.* di *maggiorare*) [1954] ***agg.*** **1.** aumentato, di potenza accresciuta: *motore maggiorato* **2.** *scherz.* di donna, formosa e provocante; anche *sf.* maggiorata: *una maggiorata fisica.*

maggiorazióne [da *maggiore*, sul modello del fr. *majoration*; 1927] ***sf.*** aumento: *maggiorazione del prezzo.*

maggiordòmo [dal lat. tardo *māior domus*; a. 1294] ***sm.*** chi in una corte o in una casa signorile è a capo della servitù e sovrintendente all'amministrazione interna: *maggiordomo di Sua Santità* || *per restr.* alla corte dei Merovingi, carica che andò assumendo sempre maggior potere fino a divenire la più importante || **N.** *Sin.* maestro di casa | credenziere, dispensiere, maestro di casa, scalco, siniscalco.

maggióre [lat. *maior*, *-ōris*, compar. di *magnus*, grande; 1219 *magior*] **I *agg.*** **1.** comparativo di *grande* (nei suoi vari usi); più grande, per dimensione: *questa cupola è maggiore dell'altra*; per età: *fra i due fratelli preferisco il maggiore*; spesso usato anche col valore di superlativo: *il maggior edificio del quartiere, il maggiore di cinque fratelli, l'altar maggiore* || *forza maggiore*, necessità assoluta a cui non ci si può sottrarre || *maggiore età*, quella da cui la legge fa iniziare la piena capacità giuridica || di due personaggi dello stesso nome, il più vecchio o il più antico: *Catone Maggiore* || *per meton.* detto di un autore, per indicare la parte più importante della sua produzione: *il Boccaccio maggiore* || *Maggior Consiglio*, il massimo organo legislativo della repubblica di Venezia || *il maggior offerente*, chi in un'asta offre il prezzo più alto || anche *sf.* nell'espr. ellittica: *andare per la maggiore*, essere in voga, avere successo: *uno* *scrittore che va per la maggiore* **2.** di posizione più elevata in una gerarchia; *T.mil.* di grado superiore: *caporal maggiore, sergente maggiore, Stato Maggiore,* il complesso di ufficiali, sottufficiali e soldati addetti al comando || *T.eccl. ordini maggiori,* gli ultimi quattro ordini ecclesiastici, suddiaconato, diaconato, presbiterato, episcopato **3.** *T.mus. intervallo maggiore,* fra due intervalli con lo stesso nome, quello più grande di un semitono (la terza maggiore è composta di due toni, la terza minore da un tono e mezzo); *scala maggiore,* che ha un intervallo di terza maggiore fra il primo e il terzo grado; *accordo maggiore,* costruito su una scala maggiore || **maggiorménte** ***avv.*** **II** ***s.*** **1.** chi è più grande per età o per dignità: *il minore deve cedere il posto al maggiore* || *i maggiori,* gli antenati, i maggiorenti **2.** ***sm.*** *T.mil.* grado nella gerarchia militare, che sta tra quello di capitano e quello di tenente colonnello e che ant. si chiamava capitano maggiore || **N.** I **1.** migliore, preponderante, principale, superiore | crescere, prevalere.

maggiorènne [comp. di *maggiore* e *-enne;* 1812] ***agg.*** e ***s.*** *T.giur.* che, chi ha compiuto diciotto anni, e può godere dei diritti civili e politici.

maggiorènte [da *maggiore;* sec. XIII] ***sm.*** ciascuna delle persone più ragguardevoli di una compagnia, di una città e sim. || **N.** *Sin.* notabile, ottimate, primate; CAPO.

maggiorìa [da *maggiore;* a. 1306 *maiuria* e *maggioria*] ***sf.*** *ant.* supremazia.

maggiorìngo (pl. *-ghi*) [da *maggiore;* 1513] ***sm.*** *ant.* maggiorente.

maggiorità [dal lat. *maioritas, -ātis;* a. 1348 nel senso 2] ***sf.*** **1.** *T.mil.* ufficio di segreteria di un corpo militare **2.** *ant.* superiorità.

maggioritàrio (pl. *-ri*) [dal fr. *majoritaire;* 1918] ***agg.*** della maggioranza || *sistema maggioritario,* sistema elettorale in cui alla lista vincente vengono attribuiti tutti i seggi o, più spesso, un premio in seggi (*premio di maggioranza*) || **N.** *Contr.* minoritario | proporzionale.

màgi V. MAGIO.

magìa (pl. *-gìe*) [dal tardo lat. *magīa;* sec. XIV] ***sf.*** **1.** arte di agire sulle forze occulte della natura mediante poteri straordinari, basati sulla conoscenza di procedimenti e formule segrete; quando fa appello alle forze del bene si dice *magia bianca* o *benefica,* quando si rivolge alle forze del male si dice *magia nera* **2.** *fig.* efficacia straordinaria e misteriosa, incanto: *la magia del suo sguardo; la magia della bellezza* || **N. 1.** cabala, diavoleria, malia, negromanzia, occultismo, rabdomanzia, stregoneria, teurgia; fattura, iettatura, incantesimo, malocchio, messa nera, miracolo, profezia, sabba, seduta spiritica, sortilegio, tregenda | cartomante, diavolo, fattucchiera, lamia, mago, medium, oracolo, strega | abracadabra, bacchetta magica, cerchio magico, pentacolo, pietra filosofale, talismano | affascinare, affatturare, ammaliare, evocare, incantare, stregare.

magiàro o **màgiaro** [dall'ungh. *magyar;* 1869] ***agg.*** e ***sm.*** (f. *-a*) ungherese; spec. in relazione ad aspetti culturali e storici.

màgico (pl. *-ci*) [dal lat. *măgicus,* dal gr. *magikós;* 1304] ***agg.*** **1.** di magia, attinente a magia: *arte magica, formula magica* || *cerchio magico,* segno circolare tracciato in terra, dentro il quale si chiudeva il mago nell'esercitare la sua arte perché gli spiriti evocati non potessero nuocergli || *bacchetta magica,* quella che, battuta, doveva operare l'incantesimo **2.** *fig.* di cosa che abbia del mirabile e che alletti i nostri sensi: *visione magica; poesia magica* || **magicaménte** ***avv.***

màgio (gen. pl. *màgi*) [rifatto su *magi,* pl. di *mago;* sec. XIV] ***sm.*** *T.stor.* nel mondo classico, sacerdote della religione babilonese, dedito allo studio dell'astronomia e dell'astrologia || *per anton. i Magi,* dignitari orientali, esperti di astronomia che, secondo il Vangelo di Matteo, vennero ad adorare Gesù bambino; la tradizione cristiana li volle re, la chiesa latina ne fissò il numero (tre) e il Venerabile Beda (sec. VIII) diede loro i nomi di Gaspare, Melchiorre e Baldassarre.

magióne [dal fr. ant. *maison,* dal lat. *mansio, -ōnis,* dimora; a. 1250] ***sf.*** *lett.* casa, dimora.

magiòstra [voce dial. piem. e lomb., forse da *maggio;* 1684] ***agg.*** e ***sf.*** *ant.* sorta di fragola grossissima.

magiostrìna [forse da *magiostra;* 1889] ***sf.*** cappello maschile di paglia rigida || **N.** *Sin.* paglietta.

magismo[1] [da *magico;* a. 1956] ***sm.*** tendenza a creare, in un'opera letteraria, un'atmosfera magica, surreale.

magismo[2] [da *magio;* a. 1676] ***sm.*** la dottrina degli antichi magi.

magistèrio ***sm.*** *lett.* V. MAGISTERO.

magistèro [dal lat. *magisterium;* a. 1349] ***sm.*** **1.** opera e abilità di maestro: *il magistero dello stile, dei colori* || insegnamento autorevole: *il magistero della Chiesa* **2.** *facoltà di magistero,* facoltà universitaria a cui si può accedere con il diploma magistrale, con indirizzo letterario, linguistico, didattico; spesso ass.: *si è iscritto a magistero* **3.** *gran magistero,* negli ordini cavallereschi, l'ufficio di Gran Maestro **4.** nome dato dagli alchimisti a una sostanza medicinale, ottenuta mediante precipitazione sotto forma di polvere finissima, nella quale ritenevano che fossero contenute tutte le virtù principali (dette *virtù maestre*) della sostanza originale || *ant.* precipitato: *magistero di bismuto.*

magistràle [dal lat. tardo *magistrālis;* sec. XIV] ***agg.*** **1.** che riguarda la preparazione professionale del corpo insegnante delle scuole elementari e materne: *istituto* o *scuola magistrale, abilitazione magistrale* || *iron. tono, aria magistrale,* tono di affettata gravità, burbanzoso, cattedratico **2.** eccellente, fatto con maestria: *quel pianista ha un tocco magistrale* || **magistralménte** ***avv.***

magistralità [da *magistrale;* a. 1594] ***sf.*** *non com.* maestria, eccellenza.

magistràto [dal lat. *magistrātus;* a. 1332 nel senso 2] ***sm.*** **1.** persona che ha il pubblico ufficio di amministrare la giustizia: *quel pretore è un magistrato integerrimo* **2.** dignità e potestà di chi esercita l'autorità civile: *il sindaco è il primo magistrato della città* **3.** nome di alcuni organi amministrativi specifici: *magistrato delle acque, magistrato del Po* || *non com.* magistratura || **N. 1.** alcalde, arconte, balì, bargello, borgomastro, burgravio, conti palatini, eforo, edile, eliaste, gonfaloniere, lucumone, mandarino, pascià, podestà, prefetto, probiviri, scabino, sceicco, sceriffo, sindaco, tribuno, ulema, voivoda **2.** *Sin.* GIUDICE. **Q.T.** *diritto.*

magistratùra [da *magistrato;* 1679 ca.] ***sf.*** **1.** l'insieme delle persone che esercitano funzioni giurisdizionali: *la magistratura italiana* || ufficio e dignità di magistrato: *accedere alla magistratura* || *com.* gli organi giudiziari **2.** *T.stor.* alta carica politica, spec. nell'antica Roma e nel Medioevo.

màglia (pl. *-glie*) [dal provenz. ant. *malha* o dal fr. ant. *maille,* dal lat. *macula;* 1267 ca. nel senso 2] ***sf.*** **1.** ciascuno degli intrecci di uno o più fili che, concatenati gli uni con gli altri, più o meno stretti, formano una catena, un tessuto o una rete: *avviare le maglie, riprendere una maglia; i pesci piccoli sfuggono dalle maglie della rete; lavorare a maglia,* lavorare con i ferri da calza o con l'uncinetto; *maglia dritta, rovescia, rasa,* varie tecniche di lavorazione ai ferri, dei filati || anello di una catena: *l'ancora ha una catena con maglie robuste; maglia a mulinello,* quella formata da due robusti anelli imperniati fra loro in modo che l'uno possa ruotare rispetto all'altro || *fig.* trama, intrigo: *essere preso nelle maglie dell'insidia* **2.** *per estens.* il tes-

MAGLIA, CUCITO, RICAMO

MAGLIA.

ATTREZZI E MATERIALI: ago torto, contagiri, contamaglie, *crochet,* ferri (a una punta, a due punte, da calza, circolari), portagomitoli, salvapunte, uncinetto; lana (*bouclé,* pettinata, ritorta); angora, ciniglia, cotone (*mouliné,* perlato, ritorto), fibra acrilica, filato, stame.

OPERAZIONI: accavallare, avviare, aumentare, calare, crescere, diminuire, incrociare, intrecciare, merlettare, passare il filo, riprendere, saltare, smagliare, smerlare, trinare; far la calza, lavorare a maglia, sferruzzare; gettata, giro, passata, aumento.

MAGLIA AI FERRI: a coste, dritta, doppia, inglese, *jacquard,* liscia, rada, rasata, rovescia, traforata, tubolare, unità; bordo, costa, costina, costura, frangia, giro, motivo (in rilievo, traforato), orlo, smagliatura, treccia, ventaglio.

UNCINETTO: (a forcella, lungo); punto a catenella, alto, basso, mezzo punto, punto (archetto, conchiglia, gambero, pelliccia, rete, traforato); catenella, pippiolino, pizzo, rosellina; bordo, centrino, cordoncino, merletto, presina, scialle.

MERLETTO: bigherino, blonda, chiacchierino (a una, a due navette; nodo), *crochet,* falsatura, frangia, gala, *guipure,* macramè, pizzo, reticella, *filet,* traforo, trina, tombolo (fusello).

CUCITO E RICAMO.

ATTREZZI: ago, ditale, filo (canapa, cotone, lana, lino, refe, seta; gomitolo, gugliata, matassina, rocchetto, spagnoletta), forbici, puntaspilli o torsello, punteruolo, salvadito, spillo; bisso, lino, mussola, panama; canovaccio, stamigna, stuoia.

CUCITO: asola, bordatura, cucitura, filza, frinzello, imbastitura, imbottitura, impuntura, merlatura, sprone, orlatura, trapunto; punto a catenella, a cordoncino, a filo doppio, a filo scempio, a filza, a giorno, a occhiello, a smerlo, di sopraggitto, fitto; soppunto.

MACCHINA DA CUCIRE: ago, albero, asta portaago, barra del premistoffa, bobina di riavvolgimento, bordatore, denti spingistoffa, increspatore, morsetto, navetta, occhiellatore, orlatore, pedale, piedino, portarocchetto, premistoffa, regolatore, spoletta, tendifilo.

OPERAZIONI: accecare un punto, attaccare un bottone, dare punti, fermare un punto, foderare, increspare, infilare, infilzare, rammendare, rappezzare, rattoppare, ribattere, scucire, sfilacciare, sfrangiare, tagliare, trapuntare.

RICAMO: arazzo, arabesco, cifra, trapunto; mezzo punto; punto a croce, a nido d'ape, broccatello, catenella, cordoncino, croce, erba, festone, inglese, lanciato, mosaico, ombra, piatto, pieno, sabbia, *smock,* stuoia.

suto lavorato a maglia: *una gonna di maglia, una giacca di maglia* || indumento di maglia che si porta sulla pelle o su altri indumenti: *maglia da estate, maglia da inverno; una maglia a collo alto* || indumento di colori vari usato dagli atleti, spesso come distintivo di squadra o come premio di gara: *maglia rosa, gialla, iridata*, indossata dal primo classificato rispettivamente nel Giro d'Italia, di Francia e ai campionati mondiali di ciclismo **3.** nel Medioevo, struttura flessibile costituita da anelli metallici, con la quale si costruivano indumenti protettivi prima dell'avvento delle armature: *cotta di maglia* || *dim.* magliétta, magliettìna; *accr.* maglióne (*sm.*). **TAV.** ***pesca*** **1;** ***maglia...*** **p. 1316.**

magliàia [da *maglia*; 1926] ***sf.*** donna che per mestiere fa lavori di maglia.

magliàio (pl. *-ài*) [da *maglia*; 1974] ***sm.*** (f. *-a*) chi fa maglie o anche chi le vende.

magliàro [da *maglia*; 1952] ***sm.*** (f. *-a*) venditore ambulante di tessuti di scarso valore, che spaccia per merce pregiata || *per estens.* truffatore, imbroglione.

maglierìa [da *maglia*; 1886 nel senso 2] ***sf.*** **1.** lavoro a maglia: *macchina da maglieria* || il complesso dei capi lavorati a maglia: *negozio di maglieria* **2.** bottega in cui si fanno o si vendono maglie e lavori di maglia. **TAV.** ***maglia...*** **p. 1316** 7.

maglierìsta [da *maglieria*; 1965] ***s.*** chi confeziona, a mano o a macchina, indumenti di maglia.

magliétta (*dim.* di *maglia*) [1869 nel senso 2; 1940 nel senso 1] ***sf.*** **1.** indumento leggero di maglia perlopiù di cotone, da portare sotto la camicia o da sola: *una maglietta estiva* **2.** ciascuno dei due anelli che tengono ferma la cinghia del fucile || quella parte dell'agganciatura dei vestiti, in cui s'infila il gangheretto o uncinetto, spec. se di filo.

magliétto (*dim.* di *maglio*) [da *maglio*; 1889] ***sm.*** **1.** *T.mar.* specie di martelletto di legno usato dai calafati **2.** piccolo arnese di legno usato dai marinai per fasciare e difendere le corde.

maglifìcio (pl. *-ci*) [comp. di *maglia* e *-ficio*; 1926] ***sm.*** fabbrica di maglie o di tessuti a maglia.

maglìna (*dim.* di *maglia*) [1975] ***sf.*** tessuto a maglie piccole, di solito morbido e leggero, usato spec. per abiti femminili.

màglio (pl. *-gli*) [lat. *malleus*; a. 1320] ***sm.*** **1.** grande martello di legno, perlopiù a due teste; in passato spec., usato per ammazzare i buoi (detto anche *mazzapicchio*) o per battere i cerchi alle botti (detto anche *mazzuolo*) || *T.metal.* grosso martello di ferro o d'acciaio, che s'alza e si abbassa per mezzo di motore idraulico o elettrico; serve alla lavorazione dei metalli **2.** *T.sport.* il bastone usato dai giocatori di *hockey*, su prato o su ghiaccio, per spingere avanti la palla o il disco; la mazza da *croquet*; piccolo martello di legno che veniva usato nell'antico gioco della pallamaglio || **N. 1.** mazza, martinetto, MARTELLO. **Q.T.** ***fabbro*** **TAV.** ***macchine utensili*** 9.

magliòlo (lett. *magliuòlo*) [lat. *malleolus*, dimin. di *malleus*, martello; sec. XIV *magliuolo*] ***sm.*** tralcio che si taglia dalla vite, lasciandovi in fondo un pezzo del ramo da cui è nato, per trapiantarlo e averne così nuove viti || **N.** gettone, nodo, sarmento, talea.

maglióne (*accr.* di *maglia*) [1940] ***sm.*** grossa maglia di lana pesante || **N.** *Sin. pullover.*

maglìsta [da *maglio*; 1957] ***s.*** chi manovra il maglio in un'officina.

màgma [dal lat. *magma*, deposito, unguento condensato; 1790] ***sm.*** **1.** *T.geol.* miscuglio incandescente di materiali silicatici fusi insieme per azione del calore interno della Terra, situato sotto la crosta terrestre; allorché fuoriesce, durante le eruzioni vulcaniche, viene detto *lava* **2.** *per estens.* mescolanza in cui non è dato di distinguere i costituenti; anche *fig.* **TAV.** ***geologia*** **p. 1313** 3.7.

magmàtico (pl. *-ci*) [da *magma*; 1950] ***agg.*** **1.** *T.geol.* che si riferisce o è derivato dal magma: *bacino magmatico, fenomeno magmatico* **2.** *fig.* di prodotto o elaborazione intellettuale allo stato fluido.

magmatìsmo [da *magma*; 1957] ***sm.*** *T.geol.* insieme di fenomeni connessi con la genesi, l'azione e la consolidazione dei magmi.

magnàccia [da *magnare*; 1908] ***sm.*** *inv. pop.* protettore e sfruttatore di prostitute.

magnàlio [comp. di *magn(esio)* e *al(luminio)*; 1905] ***sm.*** lega di magnesio e alluminio, molto resistente e leggera, usata per pezzi di macchine e sim.

magnanimità [dal lat. *magnanĭmitas, -ātis*; a. 1292 *magnanimitade*] ***sf.*** *lett.* grandezza d'animo.

magnànimo [dal lat. *magnanimus*; a. 1292] ***agg.*** *lett.* che ha animo grande, generoso || di atto o detto, che dimostra magnanimità: *magnanimi esempi* || **magnanimaménte** ***avv.*** || **N.** alto, eroico, liberale; GENEROSO.

magnanìna [da *magnano*; a. 1871] ***sf.*** *T.zool.* passeraceo dei Silvidi, di colore grigio bruno e petto rosso, così chiamato perché batte il becco con rumore simile a quello del fabbro sull'incudine.

magnàno [forse lat. volg. *maniānus*, da **mania*, maniglia; 1353 ca.] ***sm.*** *region.* chi lavora il ferro, spec. per farne lavori minuti, come chiavi, serrature ecc., a differenza del fabbro che lavora più in grosso || **N.** FABBRO.

magnàre ***tr.*** *region.* V. MANGIARE.

magnaróne [da *magnare*, var. di *mangiare*; 1957] ***sm.*** pesce comune anche nelle regioni interne italiane più noto con il nome di *scazzone*.

magnàte [dal lat. tardo *magnātes*; a. 1348] ***sm.*** **1.** persona che gode di grande potere economico: *un magnate della finanza, un magnate dell'industria automobilistica* **2.** nel Medioevo, cittadino nobile o tra i principali di una città, che deteneva il potere politico || *pl.* in Ungheria, all'inizio del sec. XVIII, grande proprietario terriero || **N. 1.** *Sin.* maggiorente, ottimate; NOBILE.

magnatìzio (pl. *-zi*) [da *magnate*; 1673] ***agg.*** relativo ai magnati, per appartenenza od origine: *famiglia magnatizia*; anche *iron. aspetto magnatizio.*

magnèṣia [dal lat. scient. *magnesia*, dal nome della città greca di *Magnesia*; a. 1712] ***sf.*** ossido di magnesio; comunemente detta anche *magnesia usata* o *calcinata*, perché prodotta per calcinazione; è una sostanza alcalina, polverulenta, bianca, che da sola o insieme con altre sostanze si usa come purgante || *magnesia alba*, carbonato basico, usato come blando abrasivo nelle paste dentifricie, per pulire i metalli e come antiacido || *magnesia effervescente*, citrato di magnesio.

magneṣìaco (pl. *-ci*) [da *magnesia*: 1788] ***agg.*** che contiene magnesio: *preparato magnesiaco.*

magneṣìfero [comp. di *magnesi(o)* e *-fero*; 1869] ***agg.*** che contiene magnesio.

magnèṣio [da *manesia*; 1829] ***sm.*** elemento metallico, di color grigio argento, raro in natura allo stato puro per la sua elevata reattività, ma diffuso in numerosi composti; è usato per la fabbricazione di leghe leggere e, ridotto in fili, brucia all'aria con luce vivissima che veniva usata in fotografia, per illuminare soggetti al buio: *lampo, lampada al magnesio* || *solfato di magnesio*, purgante noto sotto il nome di *sale inglese.*

magneṣìte [da *magnesia*; 1817] ***sf.*** carbonato di magnesio, minerale bianco-giallognolo o grigio, principale fonte di estrazione del magnesio.

magnète [dal lat. *magnēs, -ētis* (*lapis*), dal gr. *magnḗs*; 1354 nel senso 1; 1910 nel senso 2] ***sm.*** **1.** materiale capace di esercitare un'attrazione su corpi ferromagnetici; termine un tempo usato per i *magneti naturali*, sostanze in cui questa proprietà è spontaneamente presente (magnetite); oggi indica anche *magneti artificiali*, in cui essa è artificialmente indotta || *arc.* calamita **2.** *T.mecc.* generatore di corrente elettrica, usato nei motori a scoppio per far scoccare la scintilla che produce l'accensione della miscela detonante || **N. 1.** poli; CALAMITA.

magnètico (pl. *-ci*) [da *magnete*; a. 1642] ***agg.*** proprio del magnete: *forza magnetica* || *campo magnetico*, funzione vettoriale definita in una regione dello spazio, che misura l'intensità della forza magnetica in ciascun punto || *ago magnetico*, l'ago della bussola || *inclinazione magnetica*, l'angolo formato dall'ago magnetico con l'orizzonte || *polo magnetico* della Terra, ciascuno dei due punti (non corrispondenti con i poli geometrici) in cui l'inclinazione magnetica raggiunge i valori massimi || *nastro, disco magnetico*, prodotti gen. di materie plastiche, dotati di un rivestimento magnetizzabile, usati per la registrazione dei suoni, immagini e dati || *fig.* che affascina, che rapisce: *sguardo magnetico* || **magneticaménte** ***avv.***

magnetìsmo [da *magnetico*; 1684 nel senso 2; 1698 nel senso 1] ***sm.*** **1.** proprietà del magnete di attrarre il ferro || *magnetismo terrestre*, il campo magnetico prodotto dalla terra **2.** *magnetismo animale*, presunta energia cosmica che, secondo F.A. Mesmer e i suoi seguaci, si condenserebbe nei corpi animali e sarebbe alla base di fenomeni quali l'ipnotismo, la suggestione ecc. || **N. 1.** elettromagnetismo, diamagnetismo, paramagnetismo **2.** mesmerismo, IPNOTISMO.

magnetìsta [dal fr. *magnétiste*; 1957] ***s.*** **1.** operaio specializzato nella fabbricazione di magneti **2.** studioso, esperto di magnetismo.

magnetìte [da *magnete*; 1891] ***sf.*** minerale del gruppo degli spinelli, ossido di ferro, di colore nero e lucentezza metallica; presenta spiccate proprietà magnetiche naturali.

magnetiẓẓàbile [da *magnetizzare*; 1869] ***agg.*** che può essere magnetizzato.

magnetiẓẓabilità [da *magnetizzabile*; 1970] ***sf.*** capacità di un corpo di essere magnetizzato.

magnetiẓẓaménto [da *magnetizzare*; 1891] ***sm.*** *raro* magnetizzazione.

magnetiẓẓàre [da *magnete*; 1829] ***tr.*** **1.** far acquistare a certi corpi proprietà magnetiche, inserendoli in campi magnetici **2.** provocare in una persona gli effetti del magnetismo animale; ipnotizzare || *fig.* affascinare, rapire con lo sguardo.

magnetiẓẓàto (*pps.* di *magnetizzare*) [a. 1896] ***agg.*** reso magnetico: *ago magnetizzato.*

magnetiẓẓatóre [da *magnetizzare*; 1869 nel senso 2; 1957 nel senso 1] ***sm.*** **1.** elettromagnete per la produzione di magneti permanenti **2.** (f. *-trìce*) chi provoca in altri effetti magnetici; ipnotizzatore.

magnetiẓẓazióne [da *magnetizzare*; 1860] ***sf.*** l'atto e l'effetto del magnetizzare.

magnèto- [da *magnetico*] ***primo elem.*** che, in parole composte della terminologia scientifica moderna, vale "magnetico", "attinente al magnetismo" (per es. *magnetodinamica, magnetometro*).

magnetochìmica [comp. di *magneto-* e *chimica*; 1957] ***sf.*** *T.chim.* quella parte della chimica-fisica che studia il comportamento magnetico delle sostanze.

magnetochìmico (pl. *-ci*) [comp. di *magneto-* e *chimico*; 1957] ***agg.*** *T.chim.* relativo alla magnetochimica; proprio della magnetochimica: *analisi magnetochimica.*

magnetodinàmica [comp. di *magneto-* e *dinamica*; 1965] **sf.** *T.fis.* lo studio dei fenomeni magnetici generati da correnti variabili.

magnetodinàmico (pl. *-ci*) [comp. di *magneto-* e *dinamico*; 1957] **agg.** *T.fis.* detto di altoparlanti e microfoni elettrodinamici, nei quali il campo magnetico costante indispensabile al funzionamento è generato da un magnete permanente.

magnetoelasticità [comp. di *magneto-* e *elasticità*; 1957] **sf.** *T.fis.* parte della fisica che studia le relazioni tra le proprietà magnetiche e le proprietà elastiche dei corpi.

magnetoelàstico (pl. *-ci*) [comp. di *magneto-* e *elastico*; 1986] **agg.** *T.fis.* relativo alla magnetoelasticità; proprio della magnetoelasticità: *fenomeno magnetoelastico.*

magnetoelèttrico (pl. *-ci*) [comp. di *magneto-* e *elettrico*; 1957] **agg.** *T.elettr.* detto di macchina o strumento elettrico dotato di magnete permanente.

magnetofluidodinàmica [comp. di *magneto-*, *fluido* e *dinamica*; 1974] **sf.** *T.fis.* studio della dinamica dei fluidi dotati di conducibilità elettrica, il cui comportamento è regolato da forze di tipo idraulico e da forze magnetiche agenti sulle correnti elettriche presenti nel mezzo fluido.

magnetofluidodinàmico (pl. *-ci*) [comp. di *magneto-*, *fluido* e *dinamico*; 1963] **agg.** *T.fis.* relativo alla magnetofluidodinamica; proprio della magnetofluidodinamica: *onde magnetofluidodinamiche.*

magnetofònico (pl. *-ci*) [da *magnetofono*; 1963] **agg.** che si riferisce a magnetofono.

magnetòfono [comp. di *magneto-* e *-fono*, sulla base del ted. *Magnetophon*, marchio depositato; 1950] **sm.** nome commerciale del primo registratore magnetico.

magnetògeno [comp. di *magneto-* e *-geno*; 1940] **agg.** che produce effetti magnetici.

magnetògrafo [comp. di *magneto-* e *-grafo*; 1963] **sm.** magnetometro registratore.

magnetogràmma [comp. di *magneto-* e *-gramma*; 1974] **sm.** registrazione fornita da un magnetografo.

magnetoidrodinàmica [comp. di *magneto-*, *idro-* e *dinamica*; 1963] **sf.** *T.fis.* scienza che ha per oggetto le relazioni tra i campi magnetici e le masse di fluidi in movimento.

magnetolettóre [comp. di *magneto-* e *lettore*; 1967] **sm.** *non com.* lettore magnetico, apparecchio che permette la lettura di schede marcate magneticamente.

magnetolettùra [comp. di *magneto-* e *lettura*; 1967] **sf.** lettura ed elaborazione di dati realizzata per mezzo di un magnetolettore.

magnetomeccànico (pl. *-ci*) [comp. di *magneto-* e *meccanico*; 1957] **agg.** *T.fis.* detto di fenomeno nel quale la magnetizzazione di un corpo è causa o effetto di un fenomeno meccanico.

magnetòmetro [comp. di *magneto-* e *-metro*; 1829] **sm.** strumento che misura la intensità e la direzione di un campo magnetico. **Q.T.** *archeologia.*

magnetomotóre [comp. di *magneto-* e *motore*; 1957] **agg.** *T.fis.* che ha la capacità di mettere in movimento poli magnetici: *centro magnetomotore* || *forza magnetomotrice*, forza esercitata dal vettore campo magnetico in un circuito magnetico.

magnetóne [comp. di *magneto-* e *-one*; 1952] **sm.** *T.fis.* quanto di magnetismo; unità di misura dei momenti magnetici elementari.

magnetoòttica [comp. di *magneto-* e *ottica*; 1934] **sf.** *T.fis.* parte della fisica che studia l'influenza del magnetismo sui fenomeni ottici.

magnetopàuṣa [comp. di *magneto-* e *pausa*; 1983] **sf.** *T.astr.* fascia compresa tra la magnetosfera e la regione in cui agisce liberamente il vento solare.

magnetopolàre [da *magnetopolarità*; 1974] **agg.** *T.geol.* detto di roccia o minerale caratterizzato dal fenomeno della magnetopolarità.

magnetopolarità [comp. di *magneto-* e *polarità*; 1957] **sf.** *T.geol.* fenomeno per cui un'intensa magnetizzazione permanente incide su minerali e rocce ferrosi, magnetizzandoli.

magnetosfèra [comp. di *magneto-* e *sfera*, sul modello di *atmosfera*; 1974] **sf.** *T.astr.* la parte più esterna dell'atmosfera terrestre, nella quale hanno luogo fenomeni causati dal campo magnetico terrestre.

magnetostàtica [comp. di *magneto-* e *statica*; 1957] **sf.** studio dei magneti e dei campi vettoriali che essi producono.

magnetostàtico (pl. *-ci*) [da *magnetostatica*; 1974] **agg.** relativo alla magnetostatica: *fenomeno magnetostatico.*

magnetostrittìvo [da *magnetostrizione*; 1970] **agg.** *T.fis.* proprio della magnetostrizione; relativo alla magnetostrizione.

magnetostrizióne [comp. di *magneto-* e *strizione*; 1940] **sf.** *T.fis.* cambiamento di dimensioni che subiscono alcuni corpi spec. metallici posti in un campo magnetico.

magnetoterapìa [comp. di *magneto-* e *terapia*; 1957] **sf.** *T.med.* cura basata sul magnetismo animale o minerale.

magnetoteràpico (pl. *-ci*) [comp. di *magneto-* e *terapico*; 1970] **agg.** *T.med.* relativo alla magnetoterapia; proprio della magnetoterapia: *esperimento magnetoterapico.*

magnètron [dall'ingl. *magnetron*, comp. di *magnet(ic)* e *(elec)tron*; 1950] **sm.** *inv.* *T.fis.* tubo termoionico usato come generatore di radioonde ad altissima frequenza.

magnificàbile [da *magnificare*; 1970] **agg.** *raro* che è degno di essere magnificato.

magnificamènto [da *magnificare*; a. 1694] **sm.** *non com.* l'atto del magnificare; esaltazione.

magnificàre (pres. *-ìfico, -ìfichi*) [dal lat. *magnificāre*; sec. XIII] **tr.** ingrandire con lodi, esaltare, ma quasi sempre con l'idea di esagerazione: *magnificare la bellezza della propria casa* || **N.** *Sin.* celebrare, portare al cielo; ESALTARE.

magnificat (lat., pr. it. [maɲ'ɲifikat]) [letter. magnifica (l'anima mia il signore); a. 1342] **sm.** *inv.* **1.** il canto liturgico in onore della Vergine che comincia con le parole *Magnificat anima mea Dominum*: *cantare il Magnificat* **2.** *scherz.* il mangiare.

magnificatóre [da *magnificare*; sec. XIV] **agg.** e **sm.** (f. *-trìce*) *lett.* che o chi magnifica.

magnificazióne [dal lat. tardo *magnificātio, -ōnis*; 1939] **sf.** **1.** *lett.* il magnificare **2.** *T.tecn.* e *T.scient.* ingrandimento, amplificazione.

magnificènte [rifatto dal lat. *magnificentissimus*, superl. di *magnificus*, magnifico; 1618] **agg.** *lett.* che ha o usa magnificenza; magnifico.

magnificènza [dal lat. *magnificentia*; a. 1292] **sf.** **1.** liberalità e grandezza nell'agire || appellativo usato un tempo per principi e grandi signori **2.** grandiosità e sontuosità d'aspetto e di azioni: *la magnificenza di un palazzo, di una festa* || cosa magnifica: *questo spettacolo è una magnificenza* || **N.** **1.** *Sin.* generosità, magnanimità **2.** *Sin.* lusso, pompa, sfarzo, splendore.

magnìfico (pl. *-ci*) [dal lat. *magnificus*; a. 1292 nel senso 2] **agg.** **1.** che desta entusiasmo e approvazione per la sua bellezza o per i suoi pregi: *versi magnifici, doni magnifici* || *iperb.* bello: *una magnifica idea, una magnifica giornata* || come *escl.* esprime entusiasmo, ma può essere anche *iron.*: *magnifico, siamo senza benzina* **2.** di persona che usa generosità e splendore || titolo d'onore per signori e principi: *Lorenzo il Magnifico* || titolo che oggi si dà al rettore dell'università: *il Magnifico Rettore* || anche di azione che dimostra magnificenza: *fare magnifiche promesse* || *superl.*: magnificentìssimo || **magnificaménte** **avv.** || **N.** **1.** bello, cospicuo, generoso, grandioso, lauto, liberale, magnanimo, meraviglioso, mirifico, sontuoso, splendido.

magniloquènte [da *magniloquenza*; a. 1642] **agg.** *lett.* che ha grande eloquenza || spesso *iron.* retorico, ampolloso || **N.** *Sin.* grandiloquente.

magniloquènza [dal lat. *magniloquentia*; a. 1540] **sf.** *lett.* enfatica solennità di lingua e di stile; perlopiù *iron.*

magnilòquio (pl. *-qui*) [dal lat. *magniloquium*; 1711 ca.] **sm.** *lett.* magniloquenza || discorso ampolloso.

magnìloquo [dal lat. *magniloquus*; a. 1342] **agg.** *lett.* e *iron.* che parla con esagerazione e con vanto.

magnitùdine [dal lat. *magnitūdo, -inis*; 1836] **sf.** *T.astr.* unità di misura per classificare le stelle in base alla luminosità || *ant.* grandezza. **Q.T.** *astronomia.*

magnitùdo [dal lat. *magnitūdo*, grandezza, ripreso in epoca moderna; 1957] **sf.** *T.geol.* e *T.fis.* in sismologia, parametro per la misurazione dell'entità di un terremoto e dell'energia meccanica a esso associata.

màgno [dal lat. *magnus*; a. 1294] **agg.** *lett.* *ant.* grande; oggi vive solo in certe espressioni: *Carlo Magno, la Magna Grecia*; *aula magna*, la sala maggiore nelle università o sim. istituti, per le occasioni solenni; *pompa magna*, grande lusso e sfarzo; *mare magno*, v. MARE MAGNUM.

magnòlia [dal nome del botanico *Magnol*; 1813] **sf.** *T.bot.* genere di piante delle Magnoliacee, di cui una specie arborea (*Magnolia grandiflora*) si coltiva nei giardini per la bellezza del fusto, delle foglie lucide, dei fiori grandi, bianchi e odorosi.

Magnoliàcee [comp. di *magnolia* e *-acee*; 1834] **sf. pl.** *T.bot.* famiglia di piante dicotiledoni legnose, tra cui la magnolia, originarie dell'America e dell'Asia.

magnóne [dal piem. *maniùn*, grossa manica; 1957] **sm.** pezzo metallico fissato all'estremità del telaio di un veicolo per l'attacco della molla a balestra.

magnósa [etim. inc.; 1934] **sf.** **1.** nome di varie specie di crostacei commestibili e diffusi nel Mediterraneo **2.** berretto marinaresco di robusta tela incerata || **N.** **1.** *Sin.* scillaro.

màgnum [dal lat. *magnus*, grande, attr. il fr.; 1983] **sf.** *inv.* **1.** cartuccia per revolver, a carica potenziata || *per estens.* revolver in grado di sparare tale tipo di proiettile **2.** bottiglia di grande capacità (ca. 2 litri), spec. per champagne.

màgo (pl. *-ghi*) [dal gr. *mágos*, attr. il lat. *magus*; 1313 ca.] **sm.** (f. *-a*) chi esercita la magia o si ritiene dotato di poteri paranormali || personaggio di leggende e racconti, dotato di straordinari poteri: *il mago Merlino* || prestigiatore negli spettacoli di varietà, illusionista || *per estens.* abile in un'arte: *un mago del colore* || **N.** *Sin.* cartomante, fattucchiere, incantatore, indovino, negromante, occultista, sensitivo, stregone.

màgolo [etim. inc.; 1880] **sm.** *T.agr.* suddivisione del terreno coltivato in strisce di terra più o meno larghe intervallate da fossati per lo scolo delle acque.

magóna [dall'ar. *mā'ūn*, luogo dove si vendono grandi oggetti di ferro; a. 1571 *mangona*] **sf.** **1.** *raro* stabilimento in cui si dà la prima preparazione al ferro per renderlo atto alla lavorazione, ferriera **2.** *disus.* bottega o magazzino di ferramenta || *fig.* luogo dove c'è di tutto in abbondanza **3.** *T.stor.* compagnia commerciale medievale (v. MAONA[2]).

magóne [dal longob. *mago*, gozzo; sec. XV nel senso 2; 1855 nel senso 1] **sm.** **1.** accoramento, dispiacere, groppo alla gola: *avere il magone*; *fig.* di: **2.** *sett.* il ventriglio dei polli.

màgra [da (*acqua*) *magra*; 1841] **sf.** **1.** scarsezza di acque in un fiume o sim.: *il torrente è in magra* || *fig.* scarsezza di denaro e di mezzi: *sono tempi di magra* **2.** *fam.* brutta figura: *fare una magra* || **N.** **1.** *Contr.* piena.

magrebìno [da *Magreb*, dall'ar. *māghrib*, occidente; a. 1536 *magarbino* o *magrabino*] **I agg.** del Magreb, cioè dei paesi arabi dell'Africa settentrionale **II sm.** (f. *-a*) abitante del Magreb.

magrédo [lat. volg. **macrētum*; 1957] **sm.** *region.* nel Friuli, terreno alluvionale, incoerente e permeabile e quindi povero di vegetazione.

magrézza [da *magro*; 1313 ca.] **sf.** condizione di chi o di ciò che è magro: *la sua magrezza è impressionante* || *fig.* penuria, scarsità.

màgro [lat. *macer*; sec. XIII] **I agg.** **1.** che ha il tessuto adiposo poco sviluppato: *vacca magra, persona magra, braccia magre* **2.** di alimenti che contengono pochi grassi: *brodo, condimento magro*; *carne magra* || *tempi di vacche magre*, di penuria || *per estens. pascoli magri*, con poca erba; *terra magra*, poco fertile e sabbiosa **3.** *fig.* (perlopiù preposto al sostantivo) scarso, non abbondante: *un magro stipendio, un magro raccolto, un'annata magra* || misero, debole: *una magra soddisfazione, una magra figura* || **magraménte** **avv.** scarsamente **II sm.** **1.** (f. *-a*) persona magra: *i magri sono più agili* **2.** carne magra: *un bel pezzo di magro* || *di magro*, senza carne: *tortelloni di magro*; *giorni di magro*, quelli in cui i cattolici si astengono dalla carne per precetto della chiesa || *dim.* magrìno, magrétto, magrògnolo || **N.** I **1.** *Sin.* adusto, affilato, arso, asciutto, assottigliato, emaciato, esile, gracile, incartapecorito, macilento, mingherlino, ossuto, riarso, scarnito, scarno, scheletrito, secco, segaligno, smilzo, smunto, snello, sparuto, spolpato, stecchito, striminzito, tisico | come il cavallo dell'Apocalisse, come la quaresima, come un'acciuga, come un chiodo, come uno stecco, come uno zolfanello, essere pelle e ossa, essere tutt'ossi, un bastone vestito, un morto che cammina | affilarsi, allampanarsi, allungar il muso, assottigliarsi, consumarsi, dimagrire, emaciarsi, estenuarsi, improsciuttire, intisichire, scheletrirsi, smagrirsi, spolparsi, stecchire, tener l'anima coi denti.

magróne (*accr.* di *magro*) [1625] **sm.** *T.agr.* il suino di un anno, destinato all'ingrasso.

mah (disus. *ma*) [da *ma*; 1840 *ma*, nel senso 2] **escl.** **1.** nelle risposte esprime dubbio e incertezza: *vieni al cinema? mah, mi pare tardi* **2.** esprime rassegnazione, disapprovazione o giudizio implicitamente negativo: *mah, qui le cose vanno sempre peggio!*; *prov. chi dice mah, cuor contento non ha.*

mahārāja (hindi, pr. [mɐɦa:'ra:dʒɐ], più frequente quella derivata dal fr. [mara'dʒa]; spesso nella grafia adattato in *maragià*) [dal sanscrito *mahārājā*, grande re; 1846 *maaragià*] **sm.** *inv.* titolo attribuito ai sovrani indiani.

mahārānī (hindu, pr. [mɐɦa:'ra:ni:]; pr. it. [maa'rani]) [dal sanscrito *mahārājñī*, grande regina; a. 1916] **sf.** *inv.* titolo della moglie del mahārāja.

maharàtto o **maràtto** [dal voc. indigeno *merāthī*; a. 1836] **I agg.** della popolazione dei Maratti, minoranza etnica dell'India centro-meridionale; relativo a tale popolazione **II sm.** **1.** (f. *-a*) membro della popolazione dei Maratti **2.** (solo *sing.*) lingua parlata dai Maratti, appartenente al ramo indoario delle lingue neoindiane.

mahātmā (hindi, pr. [mɐ'ɦa:tma:]) [dal sanscrito *mahātmān*, magnanimo; 1927] **sm.** e **agg.** *inv.* appellativo usato in India per persone pubblicamente onorate per l'alta spiritualità; *per anton. il mahatma*, Ghandi.

mahdi (ar., pr. [mæh'di:]) [letter. ben guidato; 1554] **sm.** *inv.* nella religione islamica, essere superiore di cui è attesa la venuta, che porterà pace e giustizia sulla terra || titolo di cui si sono fregiati nel passato numerosi personaggi a scopo politico; *per anton. il Mahdi*, capo di una rivolta antinglese nel Sudan (fine sec. XIX).

mahdiṣmo (pr. [ma'dizmo]) o **madiṣmo** [dall'ar. *mahdī*, il ben guidato; 1891] **sm.** corrente dell'Islamismo imperniata sulla fede nell'avvento della figura messianica del Mahdi.

mahdista (pr. [ma'dista]) o **madista** [dall'ar. *mahdī*, il ben guidato; a. 1889] **s.** seguace del mahdismo.

mah-jong (ingl., pr. [ˌma:'dʒɔŋ]) [da una voce cantonese; 1930] **sm.** *inv.* *T.gioc.* antico gioco cinese, simile al domino, che si gioca in quattro con 144 tessere, secondo i numeri e le figure che queste riportano.

mài [lat. *magis*; a. 1250] **I avv.** **1.** nessuna volta, in nessun tempo (in proposizioni neg.): *non l'ho mai visto in quelle condizioni*; anche con il verbo sott.: *mai una parola gentile*; premesso al verbo ha sempre valore neg., anche se la negazione è taciuta: *mai visto, mai fatto* || da solo può esprimere una negazione perentoria: *verresti con me? mai!*; anche rafforzato: *mai e poi mai!* || in alcune espressioni comparative vale "in ogni altro tempo": *più che mai, meno che mai* **2.** una volta, qualche volta (in proposizioni interrogative): *ci sei mai stato?, ci andrai mai?*: (ipotetiche): *se mai lo incontrassi non lo saluterei*; (esclamative): *potessi mai stare un po' tranquilla!* || *caso mai*, eventualmente **3.** posto dopo un pronome o un avverbio interrogativo, serve per enfatizzare: *che mai, quando mai, dove mai, perché mai* ecc. || *quanto mai*, assai: è una cosa quanto mai fastidiosa || *ant.* come rafforzativo di alcuni avv.: *mai sempre* o *sempre mai, mai no* **II sm.** *scherz. il giorno del mai, di san mai*, un giorno che si aspetta invano.

màia [dal lat. *maea*; 1563] **sf.** *T.zool.* genere di crostacei Decapodi comprendente la grancevola.

maiàla [f. di *maiale*; 1862 nel senso 1; 1957 nel senso 2] **sf.** **1.** femmina del maiale, scrofa **2.** *fig.* spec. come ingiuria, donna volgare, prostituta.

maialàta [da *maiale*; 1891] **sf.** *volg.* azione o detto materialmente o moralmente sudicio.

maialatùra [da *maiale*; 1869] **sf.** **1.** il complesso delle operazioni con cui si prepara la carne di maiale **2.** *non com.* il tempo in cui si sogliono ammazzare i maiali.

maiàle [lat. *maiālis*, forse da Maia, dea dei Romani, a cui si sacrificava un porco; sec. XIII *mazale*] **sm.** **1.** animale domestico dei Suidi allevato da millenni: *un branco di maiali, per le feste si ammazza il maiale* || *part. ant.* quello castrato da ingrassare || la carne del maiale macellata e insaccata: *zampone di maiale* || *fig.* ingiuria rivolta a uomo materialmente o moralmente sudicio; *fam.* mangione, o *gen.* persona dedita ai piaceri della carne **2.** tipo di siluro a corsa lenta, manovrato da due sommozzatori che lo guidavano standovi a cavalcioni, usato dagli italiani nella seconda guerra mondiale || *dim.* maialìno, maialétto, *accr.* maialóne; *pegg.* maialàccio || **N.** **1.** *Sin.* porcello, porco, suino, verro | cotenna, grifo o grugno, setola, zanne | arista, cotechino, fegatello, grassello o cicciolo, grasso, lardo, migliaccio, mortadella, pancetta, peducci, porchetta, prosciutto, salame, salsiccia, sopressata, spalla, strutto, sugna, ventresca, zampone | brago, porcile, stabbiolo, truogolo | grufolare, grugnire | insaccare, salare, scotennare, tritare. **TAV.** *alimentazione* 6; *mammiferi* **p. 1318** 15.

maialésco (pl. *-schi*) [da *maiale*; 1940] **agg.** di o da maiale; *spec.* in senso figurato.

maiden (ingl., pr. ['meɪdən]) [letteral. fanciulla; 1895] **sf.** *inv.* cavalla giovane che non ha ancora guadagnato premi nelle corse.

Màidi (sing. *-e*) [dal lat. scient. *Maiidae*, da *Maia*, maia, n. del genere; 1957] **sm.** *pl.* *T.zool.* famiglia di crostacei Decapodi caratterizzati da carapace allungato e appuntito.

maìdico (pl. *-ci*) [dal lat. scient. *mays, maydis*, mais; 1900] **agg.** che si riferisce al granturco: *malattia maidica*, la pellagra.

maidìcolo [comp. del lat. scient. *mays, maydis*, mais e *-colo*; 1957] **agg.** relativo alla coltivazione del mais: *centro di produzione maidicola.*

maidiṣmo [dal lat. scient. *mays, maydis*, mais; 1940] **sm.** *disus.* *T.med.* pellagra, malattia causata da un'alimentazione costituita esclusivamente da mais o granturco.

maiestàtico (pl. *-ci*) [dal lat. *maiestas, -ātis*; 1869] **agg.** di maestà || *plurale maiestatico* (più com. *maiestatis*), prima persona plurale usata invece della prima persona singolare da qualche autorità in discorsi ufficiali (per es. *Noi Pretore ordiniamo...*).

maièutica [dal gr. *maieutikḗ* (*téchnē*), (arte) della levatrice; 1834] **sf.** *T.fil.* metodo di discussione socratico, col quale, per mezzo di successive interrogazioni, si conduce a poco a poco l'interlocutore a scoprire da sé le verità che esistevano latenti nel suo spirito.

maièutico (pl. *-ci*) [dal gr. *maieutikós*, relativo all'ostetricia; 1942] **agg.** *T.fil.* basato sulla maieutica.

mailing (ingl., pr. ['meɪlɪŋ]) [da to *mail*, spedire per posta; 1983] **sm.** *inv.* nel linguaggio della pubblicità, termine che indica le varie forme di vendita per corrispondenza e di promozione pubblicitaria attraverso la posta || *mailing list*, elenco di indirizzi cui inviare materiale pubblicitario o informativo || *mailing order*, ordine per posta. **Q.T.** *pubblicità.*

mainàre (pres. *màino*) [da *ammainare*, per aferesi; 1532 ca.] **tr.** *raro* ammainare: *chi al mainare e chi alla scotta è buono* (Ariosto).

mainframe (ingl., pr. ['meɪnfreɪm]) [letter. struttura principale; 1985] **sm.** *inv.* *T.inform.* calcolatore principale che governa e controlla il funzionamento di un sistema di calcolo complesso, dotato di più unità di elaborazione.

màio (pl. *mài*) [dal lat. *māius* (*mensis*), maggio; sec. XIII] **sm.** *ant.* il ramo d'albero che i giovani piantavano la notte di calendimaggio dinanzi alla porta dell'innamorata; cfr. MAGGIO || *per estens. lett.* albero o cespuglio: *la gran variazion de' freschi mai* (Dante).

maiòlica [da *Maiolica*, ant. nome dell'isola di Maiorca; a. 1498] **sf.** **1.** ceramica a pasta porosa, meno fine della porcellana, ricoperta da uno smalto a base di stagno, impiegata per stoviglie, mattonelle, prodotti artistici ecc. || *per estens.* oggetti fatti con tale materiale: *una bella maiolica dipinta* **2.** varietà di calcare bianco e compatto diffuso in Lombardia || **N.** *Sin.* faenza | ceramica, gres, porcellana, terracotta, terraglia.

maiolicàio (pl. *-ài*) [da *maiolica*; a. 1869] **sm.** (f. *-a*) chi fabbrica o vende maioliche.

maiolicàre (pres. *-òlico, -òlichi*) [da *maiolica*; 1881] **tr.** rivestire con mattonelle di maiolica smaltata.

maiolicàto [da *maiolica*; 1963] **I agg.** rivestito di maioliche: *bagno maiolicato* **II sm.** parte della parete rivestita da mattonelle di maiolica.

maionése [dal fr. *mayonnaise*; 1855] **sf.** salsa fatta di tuorlo d'uovo sbattuto con olio, limone o aceto e sale, impiegata per condire alcune vivande ‖ **N.** SALSA.

maiorascàto ***sm.*** *arc.* V. MAGGIORASCATO.

maioràsco ***sm.*** *arc.* V. MAGGIORASCO.

màis [da una voce indigena dell'America centrale, attr. lo sp. *maiz*; 1519] ***sm.*** *inv.* granturco.

maisì [comp. di *mai* e *sì*; a. 1342] ***avv.*** *ant.* forma rafforzata d'affermazione; sì.

maître (fr., pr. [mɛ:tr]) [letter. maestro; 1942] ***sm.*** *inv.* direttore di sala in un ristorante ‖ *disus.* maggiordomo, maestro di casa.

maître à penser (fr., pr. [mɛtr a pɑ̃'se]) [letter. maestro per pensare; 1979] ***loc. m.*** (pl. *maîtres à penser*) chi indirizza e guida il modo di pensare di un gruppo o di una società, per mezzo della sua parola, dei suoi scritti e sim.

maîtresse (fr., pr. [mɛ'trɛs]) [letter. padrona; 1957] ***sf.*** *inv.* tenutaria di una casa di tolleranza.

maiùscola [da (*lettera*) *maiuscola*; a. 1492] ***sf.*** lettera maiuscola.

maiuscolétto (*dim.* di *maiuscolo*) [a. 1729] ***agg.*** e ***sm.*** *T.tip.* di speciale carattere da stampa, in cui le lettere sono tutte maiuscole, ma più piccole del maiuscolo vero e proprio.

maiùscolo [dal lat. *maiusculus*; 1554] ***agg.*** si dice di carattere scritto o stampato, di varia forma, ma di proporzioni più grandi dei caratteri comuni; in italiano si usa in principio di periodo o come iniziale dei nomi propri e anche dei nomi comuni che si vogliono personificare, come la *Giustizia*, *lo Stato*, *la Resistenza*; si scrive spesso maiuscola, in segno di deferenza, l'iniziale dei pronomi relativi alla persona a cui ci si rivolge nella corrispondenza; spesso *sm.*: *scrivere in maiusciolo* ‖ *T.paleogr. scrittura maiuscola*, tipo di scrittura usata fino all'VIII sec. per interi manoscritti e successivamente impiegata solo nei titoli ‖ *scherz.* grande, madornale: *sproposito maiuscolo* ‖ **N.** *Sin.* ENORME, GRANDE | *Contr.* minuscolo.

maizèna [dall'ingl. *maizena*, da *maize*, mais; 1957] ***sf.*** farina bianca di granoturco, impiegata nella preparazione di minestre e nell'industria della birra.

majorette (ingl., pr. [ˌmeɪdʒə'ret] o, *più com.*, fr., pr. [maʒɔ'rɛt]) [dim. dell'ingl. (*drum*) *major*, (tamburo) maggiore; 1973] ***sf.*** *inv.* ragazza in costume da tamburino che sfila a tempo di musica alla testa di bande musicali o cortei, agitando una bacchetta con cui segna il passo e il ritmo.

make-up (ingl., pr. ['meɪk ʌp]; pr. it. [mei'kap]) [da to *make up*, truccare; 1963] ***sm.*** *inv.* nella cosmesi femminile, trucco del viso: *usare un make-up molto forte.*

màki [dal malgascio *maka*, attr. il fr. *maki*; 1905] ***sm.*** *inv.* proscimmia dei Lemuridi dalla corporatura minuta e muso volpino.

makò o **macò** [forse dal n. geogr. *Mako*, località egiziana; 1918] ***sm.*** tipo di cotone resistente e pregiato; anche *agg.*: *cotone makò.*

màla [abbreviazione di *malavita*; 1960] ***sf.*** *gerg.* malavita: *le canzoni della mala.*

malabbiàto [dal lat. mediev. *male ambiatus*, mal avviato; a. 1348] ***agg.*** *ant.* che ha in sé del cattivo, del malvagio.

malabéstia [comp. di *malo* e *bestia*, come il fr. *malebête*; 1803] ***sf.*** *T.mar.* specie di ascia a martello, di cui si servono i calafati per spingere la stoppa nelle commettiture della nave.

malacàrne (pl. *malecàrni*) [comp. di *malo* e *carne*; 1869] ***sf.*** **1.** *ant.* carne di qualità scadente **2.** *fig. spreg.* persona trista, malvagia.

malàcca [dal n. geogr. *Malacca*; 1934] ***sf.*** tipo di canna d'India usato per fabbricare bastoni, manici di ombrelli e sim.

malaccètto [comp. di *male*[2] e *accetto*; 1869] ***agg.*** non gradito, che viene accettato a malincuore: *un ospite malaccetto* ‖ **N.** *Sin.* sgradito.

malàccio (pl. *-ci*) (*pegg.* di *male*[1]) [a. 1584] ***sm.*** brutto male ‖ *fam. non c'è malaccio*, va abbastanza bene.

malaccòlto [comp. di *male*[2] e *accolto*; a. 1694] ***agg.*** ricevuto con freddezza, malvolentieri.

malaccóncio (pl. m. *-ci*, pl. f. *-ce*) [comp. di *male*[2] e *acconcio*; sec. XIII nel senso 2] ***agg.*** **1.** *non com.* non adatto **2.** *ant.* mal ridotto.

malaccortézza [da *malaccorto*; 1927] ***sf.*** l'essere malaccorto.

malaccòrto [comp. di *male*[2] e *accorto*; 1532] ***agg.*** che dimostra poca accortezza, incauto: *una persona, una frase malaccorta* ‖ **malaccortaménte** ***avv.*** ‖ **N.** *Sin.* IMPRUDENTE.

malachìte [dal gr. *molochítēs* (*líthos*); a. 1498] ***sf.*** pietra dura di un bel colore verde con aree concentriche di varia intensità, usata come pietra ornamentale, e anche come gioiello; è costituita di carbonato di rame.

malacìa [dal lat. *malacia*, languore; a. 1565 nel senso 2] ***sf.*** *T.med.* **1.** rammollimento di tessuti, dovuto a cause morbose diverse **2.** pervertimento del gusto che determina il desiderio d'ingerire con avidità cibi piccanti o acidi ‖ **N. 2.** *Sin.* pica.

màlaco- [dal gr. *malakós*, molle] ***primo elem.*** che, in parole composte della terminologia zoologica, vale "molle": **malacocèfalo** o "mollusco" (per es. *malacologia*).

malacofilìa [comp. di *malaco-* e *-filia*; 1957] ***sf.*** *T.bot.* impollinazione attuata a opera delle lumache ‖ **N.** *Sin.* malacogamia.

malacòfilo [comp. di *malaco-* e *-filo*; 1957] ***agg.*** *T.bot.* detto di pianta che viene impollinata per mezzo delle lumache ‖ **N.** *Sin.* malacogamo.

malacogamìa [comp. di *malaco-* e *-gamia*; 1957] ***sf.*** *T.bot.* malacofilia.

malacògamo [comp. di *malaco-* e *-gamo*; 1957] ***agg.*** *T.bot.* malacofilo.

malacologìa [comp. di *malaco* e *-logia*; 1829] ***sf.*** parte della zoologia che studia i molluschi. **Q.T.** *zoologia.*

malacològico (pl. *-ci*) [comp. di *malaco-* e *-logico*; 1957] ***agg.*** *T.biol.* che riguarda la malacologia, relativo alla malacologia: *ricerca malacologica.*

malacòlogo (pl. *-gi*) [comp. di *malaco-* e *-logo*; 1957] ***sm.*** (f. *-a*) studioso, esperto di malacologia.

malacòpia o **màla còpia** [comp. di *malo* e *copia*; 1754] ***sf.*** (pl. *malecòpie* o *màle còpie*) *non com.* brutta copia.

Malacòstraci o **Malacòstrachi** (sing. *-co*) [comp. di *malaco-* e *ostraco*; 1834] ***sm. pl.*** *T.zool.* sottoclasse dei Crostacei comprendente diverse specie, tutte col corpo suddiviso in 20-21 segmenti.

malacreànza o **màla creànza** o **malcreànza** (pl. *malecreànze* o *màle creànze*) [comp. di *malo* e *creanza*; 1580 ca.] ***sf.*** scortesia, inciviltà ‖ **N.** *Sin.* malagrazia | *Contr.* buona creanza.

maladattàto [comp. di *male*[2] e *adattato*; 1957] ***agg.*** e ***sm.*** (f. *-a*) *T.psic. raro* disadattato.

maladórno [comp. di *male*[2] e *adorno*; a. 1729] ***agg.*** *disus.* disadorno.

malafàtta o **màla fàtta** o **malefàtta** (pl. *malefàtte* o *màle fàtte*) [comp. di *malo* e *fatta*; 1605] ***sf.*** **1.** (spec. *pl.*) cattiva azione; anche *scherz.* **2.** imperfezione nella trama di un tessuto.

malaféde o **màla féde** (*raro* pl. *malefédi* o *màle fédi*) [comp. di *malo* e *fede*; 1673] ***sf.*** consapevole incoerenza tra pensieri, e parole o azioni, mirante a ingannare altre persone: *essere, parlare in malafede*, negando o occultando ciò che si sa essere vero ‖ *T.giur.* consapevolezza e accettazione di un fatto pur conoscendone gli effetti lesivi a danno di altri ‖ **N.** *Contr.* buonafede.

malaffàre [comp. di *malo* e *affare*; sec. XV] ***sm.*** solo nella loc. *di malaffare*, che vive disonestamente, di costumi immorali: *gente di malaffare*; *donna di malaffare*, prostituta.

màlaga [dal n. geogr. *Malaga*; 1738] ***sf.*** qualità d'uva che si coltiva anche in Italia, ma proviene dalle campagne di Malaga, città della Spagna ‖ ***sm.*** vino generoso e dolce che si fa con tale uva.

malagévole [comp. di *male*[2] e *agevole*; a. 1294] ***agg.*** faticoso, difficilmente praticabile: *un sentiero malagevole* ‖ **malagevolménte** ***avv.*** ‖ **N.** *Sin.* difficile, disagevole, INCOMODO.

malagevolézza [da *malagevole*; sec. XIV] ***sf.*** incomodità, disagio.

malagiàto [comp. di *male*[2] e *agiato*; 1590 *male agiato*] ***agg.*** *non com.* **1.** privo di comodità **2.** di persona a cui manca il necessario, disagiato.

malagràzia (pl. *malegràzie*) [comp. di *malo* e *grazia*; 1796] ***sf.*** mancanza di garbo e buone maniere, goffaggine.

malagueña (sp., pr. [mala'ɣeɲa]) [letter. di *Malaga*; 1883] ***sf.*** *inv.* danza popolare spagnola con ritmo ternario.

malalìngua (pl. *malelìngue*) [comp. di *malo* e *lingua*; 1438 ca.] ***sf.*** persona sempre pronta a sparlare ‖ **N.** *Sin.* linguaccia, maldicente.

malaménte V. MALO.

malammìde [comp. di *mal*(*ico*) e *ammide*; 1957] ***sf.*** *T.chim.* diammide dall'acido malico.

malandàre [comp. di *male*[2] e *andare*; sec. XIV *maleandare*] ***intr.*** (aus. *essere*) *disus.* andare a male, guastarsi, rovinarsi.

malandàto (*pps.* di *malandare*) [1605, al superl.] ***agg.*** malconcio, mal ridotto: *era malandato in salute.*

malàndra [dal lat. tardo *malandriae*; 1792] ***sf.*** *T.vet.* ragade che trova sede sulla faccia posteriore del ginocchio del cavallo.

malandrinàggio (pl. *-gi*) [da *malandrino*; 1867] ***sm.*** la vita del malandrino e la sua attività ‖ **N.** *Sin.* brigantaggio, malavita, teppismo.

malandrinàta [da *malandrino*; 1953] ***sf.*** azione da malandrino.

malandrinésco (pl. *-schi*) [da *malandrino*; a. 1661] ***agg.*** da, di malandrino.

malandrìno [prob. dal lat. tardo *malandria*, pustole, attr. il sign. di lebbroso; a. 1347] **I** ***sm.*** (f. *-a*) *propr. non com.* brigante, bandito di strada ‖ *per estens.* malvivente ‖ *scherz.* bambino vivace, birba **II** ***agg.*** disonesto: *gente malandrina* ‖ *scherz.* birichino, malizioso: *occhi malandrini* ‖ **N. I** *Sin.* assassino, birbone, briccone, grassatore, malfattore, masnadiero.

malànimo [comp. di *malo* e *animo*; 1464] ***sm.*** rancore, avversione ‖ *di malanimo*, controvoglia ‖ **N.** ostilità, risentimento; malevolenza.

malannàggia [dal nap. ant. *malanno aggia*, malanno abbia; a. 1337] ***escl.*** esprime stizza, impazienza, irritazione, risentimento: *malannaggia la furia! maledetto il mestiere!* (Manzoni) ‖ **N.** *Sin.* mannaggia.

malànno [comp. di *malo* e *anno*; sec. XIII nel senso 2] ***sm.*** **1.** male fisico perlopiù non grave ma fastidioso, acciacco: *con quest'aria c'è da buscarsi un malanno* **2.** disgrazia: *ci ha portato il malanno in casa*; *quella grandine è stata un malanno* ‖ *fig.* persona molesta: *ha sposato quel malanno!* ‖ *dim.* malannùccio ‖ **N. 1.** *Sin.* MALATTIA **2.** *Sin.* DANNO.

malaparàta o **màla paràta** (pl. *maleparàte*) [comp. di *malo* e *parata*; a. 1565] ***sf.*** *fam.* situazione compromessa che tende al peggio: *vista la mala parata, la polizia si ritirò.*

malapéna [comp. di *malo* e *pena*; 1809] ***sf.*** nella *loc. avv. a malapena*, a stento, a fatica, con sforzo: *riesce a malapena a parlare.*

malària [comp. di *malo* e *aria*; 1572] ***sf.*** **1.** *T.med.* febbre intermittente causata da parassiti, protozoi del genere Plasmodium, inoculati nell'organismo umano dalla puntura di varie specie di zanzare, e particolarmente dall'anofele; un tempo si credeva causata dall'aria malsana delle paludi **2.** *ant.* aria cattiva di luoghi paludosi ‖ **N. 1.** cronica, perniciosa, quartana, terzana; antimalarico | esanofele; chinino.

malàrico (pl. *-ci*) [da *malaria*; 1884] **I** *agg.* di malaria: *infezione, zona malarica* **II** *sm.* (f. *-a*) persona colpita da malaria.

malariologìa [comp. di *malaria* e *-logia*; 1935] *sf. T.med.* studio delle varie forme d'infezione malarica.

malariòlogo (pl. *-gi*) [comp. di *malaria* e *-logo*; 1931] *sm.* (f. *-a*) *T.med.* studioso della malaria.

malarioterapìa [comp. di *malaria* e *terapia*; 1942] *sf. T.med.* inoculazione di germi della malaria allo scopo di sfruttare il rialzo di temperatura degli stati febbrili che questa provoca; è utile nella terapia di alcune malattie quali la paralisi progressiva.

malasòrte (pl. *malesòrti*) [comp. di *malo* e *sorte*; a. 1370] *sf.* serie di episodi sfortunati; sfortuna; *per malasorte*, per disgrazia, per sfortuna.

malassàre [dal lat. *malaxāre*, dal gr. *malássein*, render molle; 1563] *tr.* mescolare, impastare: *malassare farina.*

malassatrice [da *malassare*; 1957] **I** *sf.* impastatrice **II** *agg. tasca malassatrice*, dilatazione a forma di sacco del tubo digerente di alcuni crostacei, che ha la funzione di impastare il cibo con il succo gastrico ‖ **N. II** *Sin.* proventricolo masticatore.

malassatùra [da *malassare*; 1957] *sf.* operazione che si compie sulla farina di frumento, impastata con acqua, per dosare il glutine dopo aver estratto l'amido e altri componenti.

malassazióne [dal lat. *malaxātio*, *-ōnis*; 1834] *sf.* atto o effetto del malassare.

malatìccio (pl. m. *-ci*, pl. f. *-ce*) [da *malato*; fine sec. XIII] *agg.* che abitualmente va soggetto a disturbi che alterano la salute ‖ **N.** *Sin.* cagionevole di salute.

malatìno (*dim.* di *malato*) [1869] *sm.* (f. *-a*) bambino malato: *come sta il nostro malatino?*

malàto [lat. tardo *male habitus*; a. 1250] *agg.* **1.** che ha una malattia, che non sta bene in salute: *malato da due giorni, malato di fegato, un dito malato; una piantina malata*; anche *sm.* (f. *-a*): *assistere i malati* ‖ *fig. malato d'amore*, innamorato **2.** *fig.* in preda a stati morbosi: *immaginazione malata, malato di paura, di dubbi* ‖ *società malata*, guasta, in crisi ‖ *dim.* malatìno, malatùccio. **Q.T.** *medicina.*

malattìa [da *malato*; sec. XIII *malatia*] *sf.* alterazione dell'integrità anatomica o funzionale di un organismo o di una sua parte, tale da compromettere lo stato di benessere fisico: *avere, prendere, contrarre una malattia*; *malattia della pelle, contagiosa*; *malattia delle piante*; *essere in malattia*, avere l'esonero dal lavoro per il periodo prescritto dal medico ‖ *malattia professionale*, causata dal genere di lavoro a cui si è adibiti ‖ *malattie sociali*, che dipendono da problemi socio-economici, per es. l'alcolismo, la tubercolosi ecc. ‖ *malattia diplomatica*, addotta per giustificare formalmente un'assenza ‖ *fig.* alterazione della sanità spirituale: *l'invidia è una brutta malattia*; *fare una malattia di qualcosa*; farne un cruccio permanente e ossessionante ‖ **N.** attaccare, complicarsi, contagiare, covare, declinare, guarire, inasprirsi, incrudire, incubare, infierire, peggiorare, risolversi, scoppiare. **Q.T.** *farmacia, medicina.*

malàttico (pl. *-ci*) [dal gr. *malaktikós*; 1583] *agg. raro* emolliente.

malauguràto [comp. di *male*^{2} e pps. di *augurare*; a. 1194 *malaurao*] *agg.* che è di cattivo augurio, infausto: *il malaugurato giorno che ti ho incontrato* ‖ deprecato: *nella malaugurata ipotesi che questo avvenga* ‖ **malauguratamènte** *avv.* con valore frasale, purtroppo, disgraziatamente: *malauguratamente, non è stato avvertito in tempo* ‖ **N.** *Sin.* disgraziato, maledetto, nefasto, sfortunato | *Contr.* benaugurato.

malaugùrio (pl. *-ri*) [comp. di *malo* e *augurio*; 1532 *male augurio*] *sm.* cattivo augurio: *essere di malaugurio*, di cattivo auspicio ‖ *fig. uccello del malaugurio*, persona che annunzia la sventura ‖ **N.** *Sin.* iettatura.

malauguróso [da *malaugurio*; a. 1292] *agg. non com.* di malaugurio: *quel malauguroso incidente.*

malaventùra (pl. *malaventùre*) [comp. di *malo* e *ventura*; fine sec. XIII] *sf. raro* sventura, disgrazia; *per malaventura*, per disgrazia, disgraziatamente.

malavìta [comp. di *malo* e *vita*; a. 1342] *sf.* l'insieme delle persone che vivono di attività illecite, con part. riferimento al loro ambiente e alle loro abitudini: *la malavita è in espansione*; *il gergo, il quartiere della malavita* ‖ **N.** camorra, mafia, teppa.

malavitóso [da *malavita*; 1972] *agg.* e *sm.* (f. *-a*) che, chi appartiene alla malavita.

malavòglia (pl. *malevòglie*) [comp. di *malo* e *voglia*; 1857] *sf.* mancanza di voglia ‖ *di malavoglia*, svogliatamente ‖ **N.** *Sin.* pigrizia, svogliatezza.

malavoglienza [dal lat. *malevolentia*; 1292 *malevoglienza*] *sf. ant.* malevolenza, odio.

malavvedùto [comp. di *male*^{2} e *avveduto*; a. 1348] *agg.* incauto, malaccorto ‖ **malavvedutamènte** *avv.*

malavventuràto [comp. di *male*^{2} e *avventurato*; a. 1347] *agg.* sventurato, disgraziato, sfortunato ‖ **malavventuratamènte** *avv.*

malavventuróso [comp. di *male*^{2} e *avventuroso*; a. 1604] *agg. non com.* infausto, sfortunato.

malavvézzo [comp. di *male*^{2} e *avvezzo*; 1532] *agg.* non abituato: *è malavvezzo alle fatiche* ‖ educato male, malcostumato.

malavvisàto [comp. di *male*^{2} e *avvisato*; 1864] *agg. lett.* incauto, sconsiderato.

malayàlam [etim. inc.; 1933] *sm.* (solo *sing.*) lingua dravidica parlata nell'India sud-occidentale.

malazzàto [da *ammalazzato*, per aferesi; a. 1767] *agg. raro* frequentemente oppresso da acciacchi e malanni.

malbiànco (pl. *-chi*) [comp. di *male*^{1} e *bianco*; 1934] *sm. T.agr.* malattia delle piante, dovuta all'azione di funghi parassiti ‖ **N.** *Sin.* nebbia, oidio.

malcadùco o **mal cadùco** (pl. *-chi*) [comp. di *male*^{1} e *caduco*; 1612] *sm.* epilessia.

malcapitàto [comp. di *male*^{2} e *capitato*; 1584] *agg.* che è capitato male, in un momento sfavorevole, disgraziato, sventurato; anche *sm.* (f. *-a*): *il malcapitato fu preso a pugni.*

malcàuto [comp. di *male*^{2} e *cauto*; 1516] *agg.* incauto, malaccorto.

malcèrto [comp. di *male*^{2} e *certo*; a. 1928] *agg.* incerto, malsicuro: *con passo malcerto.*

malcollocàto [comp. di *male*^{2} e *collocato*; a. 1729 nel senso 2] *agg.* **1.** che è stato sistemato male: *in questa biblioteca ci sono troppi libri malcollocati* **2.** *lett. ant.* speso male, impiegato male: *doni malcollocati.*

malcompósto [comp. di *male*^{2} e *composto*; prima metà sec. XIV] *agg. non com.* scomposto.

malcóncio (pl. m. *-ci*, pl. f. *-ce*) [comp. di *male*^{2} e *concio*; a. 1353] *agg.* ridotto in cattivo stato: *vestito malconcio* ‖ **N.** *Sin.* bistrattato, fracassato, malridotto, maltrattato, rotto, tartassato; GUASTO.

malconoscènte [comp. di *male*^{2} e *conoscente*; a. 1388] *agg. ant.* ingrato, sconoscente.

malconsideràto [comp. di *male*^{2} e *considerato*; a. 1472] *agg.* incauto, imprudente, sconsiderato.

malconsigliàto [comp. di *male*^{2} e *consigliato*; a. 1341] *agg.* consigliato male ‖ incauto, malaccorto.

malcontènto^1 [comp. di *male*^{2} e *contento*; 1802] *sm.* insofferente scontentezza, disagio: *mostrava dal suo viso il malcontento*; *il malcontento popolare* ‖ **N.** *Sin.* disappunto, disapprovazione, dispiacere, riprovazione.

malcontènto^2 [comp. di *male*^{2} e *contento*; a. 1342] *agg.* non soddisfatto, scontento.

malcopèrto [comp. di *male*^{2} e *coperto*; fine sec. XIII] *agg.* vestito poco, mezzo nudo ‖ *casa malcoperta*, casa col tetto in cattive condizioni.

malcorrispósto [comp. di *male*^{2} e *corrisposto*; a. 1729] *agg.* non ricompensato in modo sufficiente, non contraccambiato: *un sentimento malcorrisposto.*

malcostumàto [comp. di *male*^{2} e *costumato*; sec. XIV] *agg. non com.* maleducato.

malcostùme (pl. non com. *màli costùmi*) [comp. di *malo* e *costume*; 1840] *sm.* scostumatezza, immoralità: *legge contro il malcostume* ‖ *malcostume politico*, corruzione.

malcreànza V. MALACREANZA.

malcreàto [comp. di *male*^{2} e *creato*^{2}; a. 1571] *agg.* scortese, screanzato.

Maldentàti [comp. di *male*^{2} e *dentato*; 1947] *sm. pl. T.zool.* in un'antica terminologia, gli Sdentati (v.).

maldèstro [comp. di *male*^{2} e *destro*; a. 1363] *agg.* che dimostra mancanza di abilità e di esperienza: *un automobilista maldestro*; *un passo maldestro.*

maldicènte [dal lat. *maledicens*, *-entis*, *ppr.* di *maledicere*; a. 1250] *agg.* che abitualmente dice male d'altri; anche *s.* ‖ **N.** *Sin.* criticone, denigratore, detrattore, linguaccia, linguacciuto, malalingua, mormoratore, pettegolo, sparlatore, sussurrone | aver la lingua lunga, ciarlare, criticare, dir male di tutti, dir peste di uno, gettar la croce addosso, gracchiare, infamare, mettere scandali, mormorare, sparlare, tagliare i panni addosso, vuotare il sacco.

maldicènza [lat. *maledicentia*; a. 1529] *sf.* **1.** le parole mordaci del maldicente: *non dar retta alle maldicenze* **2.** il vizio di parlar male degli altri ‖ **N. 1.** *Sin.* calunnia, chiacchiera, detrazione, denigrazione, diffamazione, mormorazione, mormorio, pettegolezzo.

maldìre (pres. *maldìco* ecc., come DIRE) [comp. di *male*^{2} e *dire*; XIII sec.] *intr.* (aus. *avere*) *ant.* essere maldicente.

maldispósto [comp. di *male*^{2} e *disposto*; a. 1308] *agg.* che ha cattiva disposizione d'animo contro qualcuno: *è ancora maldisposto nei tuoi confronti* ‖ **N.** *Sin.* malevolo, ostile.

màle^1 [lat. *malum*; a. 1294] *sm.* (nelle loc. frequente la forma tronca *mal*) **1.** ciò che è contro l'onestà, la virtù, il dovere e quindi è soggetto a una condanna morale; spesso è contrapposto al bene, in quanto negazione o privazione di questo o come principio autonomo: *la conoscenza del bene e del male, sconfiggere il male* ‖ ciò che è sconveniente: *che male c'è a fare questo? non c'è niente di male* ‖ ciò che produce danno o svantaggio: *non si deve fare del male agli altri, la sua partenza è stata un male per tutti noi*; *metter male*, seminare discordia; *agire a fin di male*, con l'intenzione di provocare danni ‖ *voler male a qualcuno*, odiarlo ‖ in alcune loc.: *aversene a male*, offendersi; *andare a male*, deteriorarsi, guastarsi; *meno male*, si dice quando qualcosa poteva andare peggio: *meno male che ce ne siamo accorti in tempo*; *non c'è male* (*fam. non c'è malaccio*), va abbastanza bene ‖ *prov. mal comune mezzo gaudio*, è più facile sopportare un male condiviso da altri **2.** malattia: *il male lo ha consumato, lo ha stroncato* ‖ *un male incurabile, un brutto male*, il cancro ‖ *mal di mare, d'auto, d'aria*, malessere spesso accompagnato da disturbi di stomaco e vomito, provocato in alcuni soggetti dal movimento che il corpo subisce su imbarcazioni, in auto o in aereo || *mal sottile*, tubercolosi || *mal caduco*, epilessia || *mal francese*, sifilide || *T.bot. mal bianco*, oidio || dolore: *mal di testa, di pancia, di schiena*; *far male*, provocare dolore; nuocere alla salute: *stai tranquillo non ti farò male*; *stare troppo al sole ti farà male*; anche *fig.*: *le sue parole mi fecero male* || *dim.* malìno; *pegg.* malàccio || **N. 1.** *Sin.* cattiveria, corruzione, disonestà, malvagità, scelleratezza; colpa, ingiustizia, malafatta, misfatto, peccato; calamità, disastro, disgrazia, guaio | inevitabile, irreparabile | incentivo, inclinazione, istigazione, predisposizione, tentazione; DANNO **2.** MALATTIA; DOLORE.

màle² [lat. *male*; 1158] **avv.** (in posizione proclitica spesso la forma tronca *mal*; compar. di maggioranza *peggio*; superl. *malissimo* o *pessimamente*) **1.** in modo non giusto, non corretto; sconvenientemente: *comportarsi, parlare, rispondere, vestire male*; *sta male parlare nelle orecchie, quel vestito ti sta male*; *i mobili così disposti stanno male*; *guidi molto male* || *ass.* esprime forte dissenso e biasimo: *hai combinato tu questo pasticcio? male! molto male!* || con valore aggettivale: *com'è quel film? niente male*, abbastanza bello **2.** disagiatamente, in modo svantaggioso, sgradevole: *ho dormito male*; *gli affari vanno male*; *se continua così andrà male*; *con quello stipendio vive male* || *star male*, avere una malattia o provare un disagio fisico o psichico; *sentirsi male*, avere un malore || *rimanere male*, dispiacente o deluso || *bene o male*, in qualche modo: *bene o male ce la caveremo*; *di male in peggio*, sempre peggio **3.** in modo imperfetto, incompleto; scarsamente: *la linea è disturbata, ti sento male*; *questo coltello taglia male, l'automobile funziona male* || con valore di negazione: *questo atteggiamento mal ti si addice, gli ho risposto con mal celato sdegno.*

maleàto [dal fr. *maléate*, da *maléique*, maleico; 1891] **sm.** *T.chim.* sale o estere dell'acido maleico.

malebòlge [comp. di *malo* e *bolgia*, originariamente denominazione di una sezione dell'Inferno di Dante; 1313 ca.] **sf.** *pl.* luogo dove si sta maledettamente male.

maledétto (*pps.* di *maledire*) [a. 1313 *maladetto*] **agg.** che ha avuto o merita la maledizione: *un giorno maledetto*; *anima, stirpe maledetta*; come imprecazione: *maledetto il giorno che t'incontrai! maledetto impostore!* || *per estens.* esecrato, detestato: *non tornerò più in quella maledetta casa*; orribile, insopportabile: *un tempo maledetto, un rumore maledetto* || *fam.* eccessivo, grande: *una fame maledetta, una fretta maledetta* || **maledettaménte** **avv.** *fam.* terribilmente, assai: *è maledettamente caro*; *è maledettamente simpatico.*

maledicènte (*ppr.* di *maledire*) [sec. XIV] **agg.** *non com.* che maledice; con significato diverso da *maldicente.*

malèdico (pl. *-ci*) [dal lat. *maledicus*; a. 1529] **agg.** *non com.* maldicente: *gente, lingua malèdica* || **N.** *Sin.* MALDICENTE.

maledire (pres. *maledìco* ecc., come DIRE, tranne imper. *maledici*, alcune forme pop. all'imp. e al p.rem.: *maledivo, maledivi* ecc., *maledii, maledisti* ecc.) [lat. *maledīcere*; a. 1306] **tr.** invocare il castigo di Dio su qualcuno, augurar male: *maledire i tiranni, i figli ingrati* || *per estens.* esprime esecrazione e condanna: *maledire il momento in cui si è nati* || **intr.** (aus. *avere*) *ant. lett.* augurare male || **N. tr.** *Sin.* anatemizzare, bestemmiare, esecrare, rinnegare, scomunicare | *Contr.* benedire.

maledizióne [dal lat. *maledictio, -ōnis*, 1304] **sf. 1.** atto ed effetto del maledire; le parole con cui si maledice: *la maledizione dei padri*; *una maledizione grava, pende su di loro*; *scagliare, proferire una maledizione* **2.** *fig.* cosa o persona che esercita un effetto deleterio, provoca dei danni o più sempl. è fonte di grave fastidio continuato: *quell'uomo è stato una maledizione per lei, la grandine è una maledizione per la vite, questi vicini di casa sono una maledizione* **3.** *escl.* di stizza, di rabbia: *maledizione, si è forata una ruota!* || **N. 1.** *Sin.* anatema, bestemmia, esecrazione, imprecazione, malaugurio, scomunica | *Contr.* benedizione **2.** *Sin.* flagello, ossessione, piaga, tormento.

maleducàto [comp. di *male²* e *educato*; 1897] **agg.** e **sm.** (f. *-a*) che o chi mostra mancanza di rispetto per le norme di civile convivenza o di cortesia, per carenza di educazione o per arroganza: *che maleducato, non mi ha nemmeno detto grazie!* || **N.** *Sin.* incivile, ineducato, insolente, inurbano, scortese, scostumato, screanzato, sgarbato, sguaiato, villano, zotico.

maleducazióne [comp. di *malo* e *educazione*; a. 1946] **sf.** l'essere maleducato: *un comportamento del genere è segno di maleducazione* || atto da maleducato: *è stata una bella maleducazione da parte sua.*

malefàtta v. MALAFATTA.

maleficio (pl. *-ci*) [dal lat. *maleficium*; 1243 ca.] **sm. 1.** opera di magia che mira a produrre un danno a qualcuno o qualcosa **2.** *ant. lett.* azione delittuosa.

malèfico (pl. *-ci*) [dal lat. *maleficus*; a. 1342] **agg.** che apporta male: *influenza malefica, stelle malefiche* || **maleficaménte** **avv.** || **N.** *Sin.* dannoso, maliardo, velenoso.

malefìzio (pl. *-zi*) [dal lat. *maleficium*; prima metà sec. XIII] **sm.** maleficio || *arc. tribunale del malefizio*, tribunale criminale.

malèico (pl. *-ci*) [dal fr. *maléique*; 1869] **agg.** *T.chim.* detto di sostanza derivata dalle mele || *acido maleico*, acido bicarbossilico, impiegato per molte sintesi organiche.

maleodorànte [comp. di *male²* e *odorante*; 1938] **agg.** che emana odore sgradevole: *rifiuti maleodoranti.*

maleolènte [comp. di *male²* e *olente*; sec. XVII *maloente*] **agg.** *lett.* che manda cattivo odore.

maleopolinesìaco (pl. *-ci*) [dal ted. *malayo-polyneischen* (*Sprachen*); 1934] **agg.** detto di una famiglia di lingue (costituita da indonesiano, polinesiano, micronesiano e melanesiano) parlate in un'area compresa tra la Nuova Zelanda, l'isola di Pasqua, le Hawaii e il Madagascar.

malèrba [comp. di *malo* e *erba*; a. 1459] **sf.** erba inutile e nociva || *prov. la malerba non muore mai*, i malvagi abbondano e resistono alle traversie della vita || *scherz. la malerba cresce presto*, di ragazzi più o meno birichini che sono molto cresciuti.

malèscio (pl. m. *-sci*, pl. f. *-sce*) [dallo sp. *malejo*, da *malo*, cattivo; a. 1646] **agg. 1.** di noce della peggiore qualità, che non si stacca dal guscio se non a pezzetti || *fig. cervello malescio*, quasi vuoto, come la noce non buona **2.** di persona, malaticcio, cagionevole.

malése [dal n. geogr. *Malesia*; 1834] **I agg.** della Malesia **II s. 1.** abitante della Malesia **2.** *sm.* (solo *sing.*) lingua parlata in Malesia.

malèssere [comp. di *male²* e *essere*; 1840] **sm.** indisposizione lieve, diffusa e di natura imprecisata: *ha un malessere generale* || *per estens.* disagio, inquietudine: *un diffuso senso di malessere fra la gente.*

malèstro [comp. di *malo* e *estro*; a. 1879] **sm.** danno, guasto fatto per sbadataggine, spec. da ragazzi irrequieti || **N.** *Sin.* malafatta.

malestróso [da *malestro*; a. 1879] **agg.** *raro* che fa malestri.

malèstruo [dal provenz. *malestruc*, nato sotto cattiva stella; 1308 ca.] **agg.** e **sm.** *ant.* sciagurato || malvagio, macchinatore di male.

malevolènza [dal lat. *malevolentia*; a. 1294 *malivolenza*] **sf.** cattiva disposizione d'animo verso qualcuno || **N.** *Sin.* animosità, disamore, inimicizia, malanimo, malcontento, ostilità, RANCORE | *Contr.* benevolenza.

malèvolo [dal lat. *malevolus*; a. 1294 *malivolo*] **agg.** e **sm.** (f. *-a*) che o chi dimostra malevolenza: *una persona, una critica malevola* || **N.** *Sin.* avverso, maldisposto, maligno, malintenzionato, nemico, ostile | *Contr.* benevolo.

malfamàto [comp. di *male²* e del pps. di *famare*; a. 1909] **agg.** che si è procurato una cattiva fama: *locale malfamato.*

malfàre (pres. *malfàccio* ecc., come FARE) [lat. *malefacere*; a. 1294] **intr.** (aus. *avere*) *raro* (usato solo all'inf. pres.; anche come *sm.*: *il malfare*) commettere atti malvagi: *pronto a malfare.*

malfattìno [da *malfatto*; 1970] **sm.** spec. *pl.* tipo di pasta da minestra, tagliata a pezzi irregolari, diffusa part. in Emilia.

malfàtto [da *malfare*; 1353 ca.] **I agg.** mal formato di natura, eseguito male: *donna malfatta, disegno malfatto* || *fig.* sconveniente: *questo sarebbe malfatto* **II sm.** (spec. *pl.*) specialità gastronomica lombarda costituita da gnocchetti a base di spinaci, pangrattato e uova || **N. I agg.** *Sin.* DEFORME.

malfattóre [da lat. *malefactor, -ōris*; 1282] **sm.** (non com. f. *-trìce*; pop. *-tóra*) chi suole commettere misfatti, delinquente: *è un volgare malfattore* || **N.** *Sin.* assassino, bandito, birbante, birbone, briccone, brigante, canaglia, farabutto, furfante, grassatore, ladro, lestofante, malandrino, malvivente, manigoldo, mariolo, ribaldo | banda, combriccola, manica.

malférmo [comp. di *male²* e *fermo*; a. 1836] **agg.** non ben fermo, non stabile, non sicuro: *salute malferma, temperamento malfermo* || **N.** *Sin.* incerto, incostante.

malfidàto [comp. di *male²* e *fidato*; sec. XIV] **agg.** e **sm.** (f. *-a*) **1.** che, chi tende a non fidarsi **2.** *non com.* malfido || **N. 1.** *Sin.* diffidente, ombroso, sospettoso.

malfidènte [comp. di *male²* e *fidente*; 1959] **agg.** diffidente, che tende a non fidarsi.

malfido [dal lat. tardo *malefidus*; 1533 ca.] **agg.** che dà scarso affidamento; poco sicuro: *amico malfido, avvenire malfido* || **N.** *Sin.* infido, malsicuro.

malfilàto [comp. di *male²* e *filato*; 1983] **sm.** *T.tess.* tipo di filato che si presenta irregolare nella sua continuità.

malfondàto [comp. di *male²* e *fondato*; 1515 ca.] **agg.** che non ha fondamento valido, infondato: *sospetti malfondati.*

malformàto [comp. di *male²* e *formato*; a. 1786] **agg.** formato male, malfatto || che ha qualche malformazione: *organo malformato.*

malformazióne [da *malformato*; 1934] **sf.** *T.med.* conformazione anormale di un organismo; anomalia.

malfrancéṣe o **mal francéṣe** (ant. *malfrancióṣo* o *malfranzéṣe*) [comp. di *male¹* e *francese*, perché si riteneva che la malattia fosse stata portata a Napoli dall'esercito francese di Carlo VIII; 1502] **sm.** sifilide.

malfùsso [dall'ar. *marfūd*, respinto, attr. lo sp. ant. *marfuz*, perfido; a. 1484] **agg.** e **sm.** *ant.* ribaldo, birbone.

màlga [voce di origine prelatina; 1885] **sf.** abitazione rustica tipica dei pascoli alpini, usata come dimora temporanea dal pastore con le sue bestie || *per estens.* pascolo alpino || **N.** alpe, bàita, casera.

malgàrbo [comp. di *male²* e *garbo*; 1869] **sm.** mancanza di delicatezza e gentilezza || *meno com.* villania, sgarbo.

malgàro [da *malga*; 1940] **sm.** (f. *-a*) chi conduce la mandria nella malga.

malgàscio (pl. m. *-sci*, pl. f. *-sce*) [dalla voce indigena *malagas*, attr. il fr. *malgache*; 1860 *malgaco*] **I agg.** del Madagascar **II sm. 1.** (f. *-a*) abitante del Madagascar **2.** (solo *sing.*) lingua parlata nel Madagascar.

malgovèrno [comp. di *malo* e *governo*; 1464 nel senso 2; 1755 nel senso 1] **sm. 1.** cattiva amministrazione, spec. della cosa pubblica **2.** *non com.* mancanza di cura della persona.

malgradito o **mal gradito** [comp. di *male*² e *gradito*; 1321 ca.] **agg.** accettato malvolentieri, sgradito.

malgràdo [comp. di *malo* e *grado*; sec. XII-XIII] **I prep.** nonostante: *malgrado l'età avanzata è sempre in gamba* ‖ nella *loc. avv. mio malgrado, tuo malgrado* (pron. possessivo anteposto), contro la propria volontà: *ha dovuto rinunciare al viaggio suo malgrado* **II cong.** benché (introduce una proposizione concessiva col verbo al congiuntivo): *malgrado mi abbia visto, non mi ha salutato* **III sm.** *arc.* contrarietà, rincrescimento.

malguardàto [comp. di *male*² e *guardato*, pps. di *guardare*; a. 1374] **agg.** sorvegliato e difeso male, in modo insufficiente: *beni malguardati.*

malgùsto [comp. di *malo* e *gusto*; 1891] **sm.** *non com.* cattivo gusto: *è famoso per il suo malgusto nel vestire.*

malìa [da *malo*; sec. XIII] **sf.** influsso su persone o cose a cui tendono le pratiche magiche, per scopi malefici; incantamento: *è vittima di una malia, una malia lo ha stregato* ‖ la pratica stessa ‖ *fig.* fascino: *i suoi occhi hanno un'irresistibile malia* ‖ **N.** *Sin.* incantesimo, magia, maleficio, malocchio, sortilegio, stregoneria; filtro.

maliàrdo [da *malia*; a. 1444 come sm.] **I agg.** che esercita un fascino irresistibile, che incanta: *sguardo maliardo* **II sm.** (f. *-a*) *non com.* stregone, mago ‖ *fig.* (solo *sf.*) donna seducente.

màlico (pl. *-ci*) [dal lat. *mālum*, mela, attr. il fr. *malique*; 1834] **agg.** *T.chim. acido malico*, ossiacido bicarbossilico assai diffuso in natura, spec. in alcuni frutti.

malignàre [da *maligno*; sec. XV] **intr.** (aus. *avere*) interpretare e commentare con compiacimento i fatti e i detti altrui in maniera ostile e denigratoria: *malignava sui motivi del divorzio*; *hanno malignato sul suo passato* ‖ **N.** MALDICENTE.

malignatóre [da *malignare*; 1689] **sm.** (f. *-trice*) *non com.* chi maligna per abitudine.

malignità [dal lat. *malignitas, -ātis*; a. 1342] **sf.** disposizione d'animo che spinge a volere, ma soprattutto a dire e pensare, il male degli altri: *parla così solo per malignità* ‖ atto o discorso che esprime malignità: *sa dire solo malignità* ‖ *per estens.* avversità; ostilità: *la malignità del clima* ‖ **N.** *Sin.* cattiveria, malevolenza, malizia, malvagità, perfidia | insidiosa, insolente, livida, occulta, raffinata | insidia, insinuazione.

malìgno [dal lat. *malignus*, di natura cattiva; 1313 ca.] **agg. 1.** che è incline a cercare il male nelle azioni e nelle parole altrui; ostile anche senza utilità propria: *bisogna proprio essere maligni per pensare questo* ‖ *per estens.* di cosa, che è segno di malignità: *parole, allusioni maligne*; *sguardo maligno* ‖ anche *sm.*: *i maligni sono ovunque*; *per anton. il Maligno*, il demonio **2.** *per estens.* che ha influenze nocive, dannoso: *clima maligno* ‖ di morbo, insidioso, ribelle a ogni cura: *tumore maligno, febbri maligne* ‖ *dim.* malignétto, malignùccio; *accr.* malignóne; *pegg.* malignàccio ‖ **malignaménte avv.** ‖ **N. 1.** *Sin.* cattivo, iniquo, maledico, malizioso, malvagio, mefisto-felico, perverso, sinistro, subdolo, tristo **2.** *Sin.* malefico, pernicioso, velenoso.

malimpiegàto [comp. di *male*² e *impiegato*; 1822] **agg.** usato male, con scarsa razionalità: *denaro malimpiegato.*

malinconìa [dal gr. *melancholía*, attr. il lat. tardo; 1243 ca. *mellenconia*] **sf. 1.** stato d'animo di calma e composta tristezza che per la sua delicatezza può essere ricercato e determinare un compiaciuto abbandono: *l'autunno fa venire malinconia*; *ascoltando quelle vecchie canzoni mi prende una struggente malinconia*; anche sempl. tristezza: *che malinconia, le vacanze stanno per finire!* ‖ espressione visibile di tale stato d'animo: *bellezza venata di malinconia* ‖ pensiero che genera tristezza: *basta con queste malinconie!* **2.** *T.med.* melanconia, malattia psichica depressiva che si manifesta con una tristezza abituale e invincibile ‖ secondo gli antichi, uno dei quattro umori fondamentali dell'organismo umano che determinavano il carattere e lo stato d'animo di una persona; di colore nero, produceva effetti negativi anche sull'organismo ‖ *pegg.* malinconiàccia ‖ **N. 1.** *Sin.* mestizia, *spleen*, struggimento, tetraggine; MALUMORE, TRISTEZZA | avere, bandire, cacciare, contristarsi, dileguare, far venire, immalinconirsi, intristirsi, passare, prendere, rimuovere, smaltire **2.** *Sin.* atrabile, ipocondria.

malincònico (pl. *-ci*) [da *malinconia*; a. 1292] **agg.** che è preso da malinconia ‖ di cosa, che manifesta o ispira malinconia: *sguardo malinconico, luogo malinconico* ‖ **malinconicaménte avv.** ‖ **N.** *Sin.* afflitto, dolente, infelice, taciturno; doloroso, patetico; MESTO, TRISTE.

malinconióso [da *malinconia*; sec. XIII *maninconoso*] **agg.** *non com.* malinconico, che porta malinconia.

malincòrpo [comp. di *male*¹, *in* e *corpo*; a. 1444] nella **loc. avv.**: *a malincorpo*, di malavoglia, con dispiacere, controvoglia: *andò a malincorpo a far l'imbasciata nella stanza vicina* (Manzoni) ‖ **N.** *Sin.* malincuore.

malincuòre [comp. di *male*¹, *in* e *cuore*; a. 1342] nella **loc. avv.**: *a malincuore*, con dispiacere; malvolentieri: *gli ho ceduto a malincuore il posto.*

malintenzionàto [comp. di *male*² e *intenzionato*; 1639 ca.] **agg.** che ha cattive intenzioni; anche *sm.* (f. *-a*): *è stata seguita per alcuni giorni da due malintenzionati* ‖ **N.** *Sin.* maldisposto, malevolo.

malintéso [comp. di *male*² e *inteso*; 1825 ca.] **I sm.** equivoco, screzio che nasce da errata interpretazione di un detto o di un fatto: *si tratta in fondo di un malinteso* **II agg.** non ben compreso, mal interpretato: *una pietà malintesa* ‖ **N. I** *Sin.* EQUIVOCO.

malióso [da *malia*; 1353 ca.] **agg. 1.** che affascina, che incanta: *sorriso malioso, fig.* di: **2.** *ant.* che opera malie e sortilegi.

maliscàlco (pl. *-chi*) [dal lat. tardo *maniscalcus*, dal germ. **marhskalk*, servo; sec. XIII] **sm.** *arc.* maniscalco.

malìzia [dal lat. *malitia*; 1219 nel senso 2] **sf. 1.** conoscenza del male, di cose scabrose, che spesso si traduce in un comportamento intenzionalmente dannoso per altri, oppure nell'interpretazione subdola, spesso travisante, di fatti e parole: *dire, fare qualcosa con malizia*; *un ragazzo senza malizia*, innocente **2.** astuzia, accorgimento per far sembrare migliore una cosa o per riuscire più agevolmente in un intento: *scoprì la malizia del venditore, le malizie del mestiere* **3.** *ant.* corruzione, infezione ‖ *dim.* malizìna, maliziétta, maliziùccia; *pegg.* maliziàccia ‖ **N. 1.** *Sin.* malignità, malvagità, viziosità | diabolica, raffinata | *Contr.* candore, ingenuità, innocenza **2.** *Sin.* furbizia, scaltrezza; trucco.

maliziàre (pres. *-ìzio*) [da *malizia*; a. 1306] **intr.** (aus. *avere*) **1.** *raro* malignare **2.** *arc.* guastare, alterare.

maliziàto (*pps.* di *maliziare*) [1308 ca. nel senso 2] **agg. 1.** che agisce con malizia, perfido, malefico **2.** *raro* ideato o eseguito con malizia, disonesto: *un'azione maliziata.*

maliziosità [dal lat. *malitiositas, -ātis*; 1620] **sf.** l'essere malizioso: *è pieno di maliziosità* ‖ *per estens.* azione compiuta con malizia, discorso detto con malizia: *ha risposto con un'altra maliziosità.*

maliziόso [dal lat. *malitiōsus*; sec. XIII] **agg. 1.** che ha malizia: *un ragazzo malizioso*; anche *sm.* (f. *-a*) ‖ di cosa, che dimostra malizia; anche in senso attenuato, complice, allusivo: *occhi maliziosi* **2.** *ant.* astuto ‖ *dim.* maliziosìno, maliziosétto; *pegg.* maliziosàccio ‖ **maliziosaménte avv.** ‖ **N. 1.** civettuolo.

malleàbile [dal fr. *malléable*; a. 1537] **agg.** di metallo, che cede ai colpi del martello, si deforma permanentemente e può essere ridotto in lamine sottili senza spezzarsi ‖ *fig.* docile, pieghevole: *una persona poco malleabile* ‖ **N.** duttile.

malleabilità [da *malleabile*; 1754] **sf.** proprietà dei corpi di essere lavorati e ridotti in lamine.

mallegàto [comp. di *male*² e del pps. di *legare*; 1734 ca.] **sm.** *tosc.* insaccato di sangue di maiale, con grasso e uva passa, legato meno stretto del salame, messo in vendita lessato ‖ **N.** *Sin.* sanguinaccio.

màlleo [dal lat. *malleus*; 1499] **sm.** *lett.* grossa mazza, maglio.

malleolàre [da *malleolo*; 1834] **agg.** *T.anat.* relativo al malleolo: *area malleolare*; *frattura malleolare.*

mallèolo [dal lat. *malleolus*, martelletto; a. 1566] **sm.** *T.anat.* ciascuna delle due sporgenze tondeggianti nell'articolazione della gamba col piede, formate dall'estremità inferiore laterale della tibia e della fibula ‖ **N.** *Sin.* noce del piede | esterno, interno | caviglia.

mallevadóre [da *mallevare*; sec. XIII] **sm.** (f. *-drice*) *T.giur.* chi garantisce per altri, obbligando sé e il suo avere, fideiussore: *rendersi mallevadore* ‖ *per estens.* chi si impegna per il comportamento di qualcuno sulla propria parola d'onore ‖ **N.** *Sin.* garante, obbligato, solidale.

mallevadorìa [da *mallevadore*; a. 1348] **sf.** *raro* malleveria.

mallevàre (pres. *-èvo*) [da lat. *manum levāre*, alzare la mano per giurare; 1355] **intr.** *ant.* (aus. *avere*) rendersi mallevadore, garantire.

mallevatóre V. MALLEVADORE.

malleverìa [da *mallevāre*; 1279] **sf.** *T.giur.* promessa del mallevadore: *dare la propria malleveria* ‖ **N.** *Sin.* assicurazione, caparra, cautela, cauzione, fideiussione, garanzia, guarentigia, pegno, promessa, sicurtà; obbligazione in solido | assicurare, cautelare, dar cauzione, garantire, impegnarsi, rimaner garante, rispondere.

màllo¹ [dal lat. *mallo*; 1340 ca.] **sm.** il verde involucro coriaceo della noce e della mandorla, quando sono fresche ‖ **N.** corteccia, guscio, scorza.

màllo² [dal ted. ant. *mahal*, adunanza; a. 1750] **sm.** nell'antico diritto germanico, l'assemblea degli uomini liberi investita inizialmente di poteri politici e militari, successivamente solo giuridici.

Mallòfagi (sing. *-go*) [comp. di gr. *mallós*, fiocco di lana e *-fago*; 1891] **sm. pl.** *T.zool.* ordine di piccoli insetti senza ali, simili ai pidocchi, parassiti delle penne e dei peli di uccelli e mammiferi ‖ **N.** *Sin.* mangiapelli.

mallòppo [forse dal dial. merid. *ammalloppà*, inviluppare; 1830] **sm. 1.** fagotto ingombrante, fardello ‖ *gerg.* refurtiva: *spartire il malloppo* ‖ *fig.* cosa pesante e opprimente: *avere un malloppo sullo stomaco*; anche *colloq. scherz.*: *ho un bel malloppo da studiare* **2.** cavo avvolto che si trova a bordo del dirigibile, svolto al momento dell'ormeggio a terra ‖ **N. 1.** *Sin.* INVOLTO.

mallòto [dal lat. scient. *Mallotus*, basato sul gr. *mallōtós*, villoso; 1821] **sm. 1.** *T.bot.* genere di piante delle Euforbiacee, arboree o arbustive, caratteristiche dei paesi orientali **2.** *T.chim.* colorante rosso aranciato, estratto da tale pianta ‖ **N. 2.** *Sin.* kamala.

mallùvia [dal lat. *malluviae*; 1499] ***sf.*** *T.archeol.* catinella per lavarsi le mani.

malmaritàta [comp. di *male*[2] e *maritato*; 1542] ***sf.*** **1.** donna che ha avuto un matrimonio sfortunato; anche *agg.* **2.** componimento poetico della letteratura francese e italiana delle origini, avente per tema i lamenti di una donna malmaritata.

malmenàre (pres. *-éno*) [comp. di *male*[2] e *menare*; a. 1315] ***tr.*** percuotere, picchiare: *i briganti lo malmenarono* ‖ *fig.* usare male, bistrattare: *malmenare la propria lingua* ‖ **N.** *Sin.* strapazzare, tartassare.

malmenìo (pl. *-ìi*) [da *malmenare*; a. 1704] ***sm.*** *raro* il malmenare continuamente.

malmeritàre (pres. *-èrito*) [comp. di *male*[2] e *meritare*; 1869] ***intr.*** (aus. *avere*) acquistare cattivi meriti: *nello svolgimento di quell'incarico delicato non ha malmeritato.*

malmésso [dall'ant. *malmettere*; 1736 ca.] ***agg.*** mal ridotto, messo male, trascurato: *un edificio malmesso*; *un vecchio malmesso*; *in part.* vestito senza gusto; di abitazione, mal ammobiliata: *una stanza malmessa* ‖ **N.** *Sin.* sciatto, trasandato.

malmignàtta [comp. di *malo* e *mignatta*; 1891] ***sf.*** *T.zool.* ragno dal colore nerastro e dall'addome caratterizzato da tredici macchie rosse, la cui puntura, molto dolorosa, provoca anemia ‖ **N.** *Sin.* ragno di Volterra.

malnàto o **mal nàto** [lat. *male natus*; sec. XIII] ***agg.*** **1.** incline per natura al male e per questo condannato a rimanere in uno stato di abiezione e a suscitare negli altri odio e disprezzo; dannato, sciagurato: *anima malnata* ‖ di cosa, cattiva, perniciosa: *malnate passioni* **2.** *arc.* di umili origini ‖ rozzo, villano.

malnòto o **mal nòto** [comp. di *male*[2] e *noto*; 1581] ***agg.*** non ben conosciuto.

malnutrìto o **mal nutrìto** [comp. di *male*[2] e *nutrito*; 1898] ***agg.*** nutrito in modo insufficiente, magro, gracile, macilento.

malnutrizióne [comp. di *malo* e *nutrizione*; 1957] ***sf.*** alimentazione squilibrata rispetto al fabbisogno dell'organismo, sia per quantità che per proporzioni dei principi nutritivi ‖ condizione morbosa derivante da tale alimentazione ‖ **N.** denutrizione.

màlo (frequente nelle locuzioni la forma tronca *mal*) [lat. *malus*; a. 1294] ***agg.*** *lett.* cattivo, tristo (sempre preposto): *mala natura, mala compagnia* ‖ *mala morte,* accidentale, improvvisa ‖ *mala femmina,* prostituta ‖ *prendere in mala parte,* offendersi ‖ *vista la mala parata,* visto il pericolo, la difficoltà ‖ *trattare in malo modo,* strapazzare ‖ *cadere in malo modo,* fare una brutta caduta ‖ *trovarsi, ridursi a mal partito,* alle strette, in pessime condizioni ‖ *giungere in mal punto,* in un brutto momento (per le altre locuzioni v. la grafia unita es. *mala copia* v. MALACOPIA) ‖ **malaménte** ***avv.*** in maniera sconveniente, inopportuna; in modo sgarbato, villano; con trascuratezza.

malòcchio (pl. *-chi*) [comp. di *malo* e *occhio*; 1869] ***sm.*** secondo superstizioni popolari, influsso malefico che alcune persone sono in grado di esercitare con lo sguardo: *gettare, dare il malocchio* ‖ *per estens.* sventura ‖ *fam. guardare, vedere di malocchio,* con ostilità, con disappunto ‖ **N.** *Sin.* malia.

malolàttico (pl. *-ci*) [comp. di *mal(ico)* e *lattico*; 1937] ***agg.*** *T.enol. fermentazione malolattica,* tipo di fermentazione che si verifica nel vino e trasforma l'acido malico in acido lattico.

malonèsto [dal fr. *malhonnête*; a. 1797] ***agg.*** *raro* disonesto, scorretto.

malònico (pl. *-ci*) [dal fr. *malonique,* fatto su *malique,* malico; 1957] ***agg.*** *T.chim. acido malonico,* acido bicarbossilico presente in natura in varie piante, part. nel succo delle barbabietole; alcuni suoi derivati hanno importanza nella biochimica ‖ **N.** malico.

malonilurèa [comp. di *malon(ico)*, *-il(e)* e *urea*; 1967] ***sf.*** *T.chim.* acido barbiturico.

malóra [comp. di *malo* e *ora*; a. 1375] ***sf.*** perdizione, rovina: *andare in malora, mandare in malora* ‖ come imprecazione: *alla malora, in malora!,* al diavolo! ‖ *della malora, loc. agg.* con valore spreg.: *oste della malora!,* oste maledetto! ‖ **N.** *Sin.* ROVINA.

malóre [da *male*[1]; a. 1292] ***sm.*** indisposizione improvvisa, anche dolorosa, perlopiù accompagnata da svenimento: *fu colto da un improvviso malore* ‖ **N.** *Sin.* disturbo, malessere; MALATTIA.

malpàri [comp. di *male*[2] e *pari*; a. 1533] ***agg.*** *raro* che non è ben allineato, irregolare.

malparlànte [comp. di *male*[2] e *parlante*; sec. XIII nel senso 2] ***agg.*** e ***s.*** **1.** che o chi parla scorrettamente una lingua **2.** *non com.* maldicente.

malpélo [comp. di *malo* e *pelo*; 1534] ***agg.*** usato nella loc. *rosso malpelo* con allusione al carattere infido e poco socievole che la tradizione popolare attribuisce ai rossi di capelli.

malpensànte [comp. di *male*[2] e *pensante*; 1869] ***agg.*** e ***s.*** **1.** che o chi tende a vedere il male nei fatti altrui **2.** che o chi pensa in maniera non convenzionale, spec. in materia religiosa o politica ‖ **N. 1.** *Sin.* maligno **2.** *Contr.* benpensante.

malpensàto [comp. di *male*[2] e il pps. di *pensare*; a. 1956] ***agg.*** che è frutto di idee o pensieri affrettati o poco geniali: *è un progetto malpensato.*

Malpighiàcee [dal n. proprio *Malpighi*; 1834] ***sf. pl.*** *T.bot.* famiglia di piante dicotiledoni delle regioni tropicali e subtropicali, impiegate nell'industria farmaceutica o utilizzate come piante ornamentali.

malpighiàno [dal n. proprio *Malpighi*; 1834] ***agg.*** *T.anat.* che si riferisce a organi studiati e descritti dall'anatomista M. Malpighi: *epidermide malpighiana.*

malpìglio (pl. *-gli*) [comp. di *malo* e *piglio*; a. 1348] ***sm.*** *lett.* atteggiamento duro e sgarbato animato da risentimento.

malpràtico (pl. *-ci*) [comp. di *male*[2] e *pratico*; a. 1645 *mal prattico*] ***agg.*** *raro* che ha scarsa esperienza; inabile, inetto.

malpreparàto [comp. di *male*[2] e *preparato*; a. 1698] ***agg.*** che non è ben preparato; impreparato.

mal pro (pr. [mal'prɔ]) (raro *malprò*) [comp. di *malo* e *pro*; 1555 ca.] ***sm.*** esito negativo, danno, in part. nell'escl. *mal pro gli faccia!* come cattivo augurio.

malprocèdere (pres. *-èdo* ecc., come PROCEDERE) [comp. di *male*[2] e *procedere*; 1726] ***intr.*** (aus. *avere*) *non com.* comportarsi in modo scorretto.

malpròprio (pl. *-pri*) [comp. di *male*[2] e *proprio*; a. 1729 nel senso 2] ***agg.*** *non com.* **1.** improprio **2.** inopportuno, disdicevole.

malprovvedùto [comp. di *male*[2] e *provveduto*; a. 1729] ***agg.*** *non com.* non ben provveduto, sprovvisto.

malridótto [comp. di *male*[2] e *ridotto*; 1657] ***agg.*** in cattive condizioni: *tuo fratello mi è parso piuttosto malridotto* ‖ **N.** *Sin.* malandato, malconcio.

malsanìa [da *malsano*; a. 1306] ***sf.*** *ant.* lo stato di chi non è sano; cattiva salute.

malsàno [lat. *male sānus*; a. 1444] ***agg.*** **1.** che è dannoso per la salute: *luogo, cibo, clima malsano* **2.** *fig.* alimentato da una forza istintiva incontrollata, torbido, smodato: *desiderio, sentimento malsano* **3.** *raro* non sano, malaticcio ‖ **N. 1.** *Sin.* insalubre, nocivo **2.** *Sin.* morboso, insano.

malsicùro [comp. di *male*[2] e *sicuro*; a. 1566 *mal securo*] ***agg.*** **1.** che non offre sufficiente garanzia di sicurezza o di stabilità, pericoloso: *strade malsicure, appiglio malsicuro* **2.** dubbio, incerto: *una notizia malsicura, un atteggiamento malsicuro* ‖ **N. 1.** *Sin.* PERICOLOSO **2.** *Sin.* INCERTO.

malsoddisfàtto [comp. di *male*[2] e *soddisfatto*; a. 1591] ***agg.*** *raro* insoddisfatto, poco soddisfatto: *è malsoddisfatto del suo lavoro; è un acquisto che mi lascia malsoddisfatto.*

malsofferènte [comp. di *male*[2] e *sofferente*; a. 1566] ***agg.*** *raro* insofferente: *malsofferente della disciplina.*

mälström v. MAELSTROM.

màlta [dal lat. *maltha,* der. dal gr. *máltha,* cera rammollita, miscela di cera e pece; sec. XIII] ***sf.*** impasto di acqua, sabbia e un legante (calce, cemento), usato dai muratori per collegare elementi delle murature o intonacare ‖ *arc.* o *region.* fango, melma ‖ **N.** bitume, calcina, cemento. **Q.T.** *edilizia.*

maltàggio (pl. *-gi*) [da *malto*; 1957] ***sm.*** processo con il quale si ottiene malto dai cereali.

maltagliàti [comp. di *male*[2] e *tagliato*; 1863] ***sm. pl.*** nome d'una qualità di pasta da minestra e da paste asciutte, tagliata a pezzetti disuguali.

maltalènto o **mal talènto** [comp. di *malo* e *talento*; sec. XIII] ***sm.*** *non com. lett.* malanimo.

maltàṣi [comp. di *malto* e *-asi*; 1929] ***sf.*** *T.fisiol.* fermento enzimatico contenuto anche nel succo enterico, che catalizza la scissione di una molecola di maltosio in due di glucosio.

maltatóre[1] [da *malta*; 1957] ***sm.*** (f. *-trìce*) addetto alla preparazione della malta.

maltatóre[2] [da *malto*; 1957] ***sm.*** (f. *-trìce*) addetto alle operazioni di maltaggio per la produzione della birra.

màlte [da gr. *málthē*; 1970] ***sm.*** pesce pipistrello.

maltèmpo [comp. di *malo* e *tempo*; a. 1444] ***sm.*** condizioni meteorologiche sfavorevoli: *i danni causati dal maltempo; il maltempo imperversa, persiste.*

maltenùto [comp. di *male*[2] e *tenuto*; 1789] ***agg.*** di cosa o persona, tenuto senza cura alcuna: *casa maltenuta.*

malterìa [da *malto*; 1957] ***sf.*** nelle fabbriche di birra, reparto per la germinazione e torrefazione dell'orzo.

maltése [dal n. geogr. *Malta*; 1714] **I *agg.*** dell'isola di Malta ‖ *cane maltese,* cane di piccola taglia con lungo pelame, perlopiù bianco ‖ *febbre maltese,* malattia febbrile infettiva da brucelle, che si trasmette all'uomo attraverso il latte e la carne di animali infetti; è detta anche *febbre melitense* o *brucellosi* **II *s.*** **1.** abitante di Malta **2.** *sm.* (solo *sing.*) dialetto arabo di tipo magrebino, con numerosi elementi, in part. lessicali, provenienti dall'italiano ‖ **N. II 2.** *Sin.* malti.

malthuṣiàno e der. v. MALTUSIANO e der.

màlti [dalla denominazione ar. per *maltese*; 1983] ***sm. inv.*** dialetto arabo-magrebino, con numerosi influssi, spec. lessicali, dell'italiano, parlato a Malta e nell'arcipelago maltese ‖ **N.** *Sin.* maltese.

maltìna [da *malto*; 1957] ***sf.*** *T.biol.* complesso di enzimi solubili, derivato dal malto, in grado di trasformare l'amido in composti più semplici.

maltinto [comp. di *male*[2] e *tinto*; a. 1375] ***agg.*** **1.** tinto male **2.** *T.ipp. morello maltinto,* v. MORELLO ‖ **N. 2.** *Sin.* affumicato, fosco.

maltiẓẓàre [da *malto*; 1988] ***tr.*** impiegare il malto nella fabbricazione della birra, nella panificazione e nella preparazione di surrogati del caffè.

màlto [dall'ingl. *malt*; 1765] ***sm.*** prodotto ottenuto dalla germinazione ed essiccazione di vari cereali, in part. dell'orzo, usato soprattutto come materia prima per la preparazione di birra e alcol; torrefatto, viene impiegato come succedaneo del caffè.

maltolleràbile [comp. di *male*[2] e *tollerabile*; a. 1694] ***agg.*** *non com.* che non è facilmente tollerabile.

maltolleránte [comp. di *male*[2] e *tollerante*; 1869] ***agg.*** intollerante, insofferente: *maltollerante della disciplina.*

maltòlto [comp. di *male*[2] e *tolto*; 1313 ca.] ***sm.*** ciò che è stato rubato o comunque ottenuto con mezzi illeciti: *bisogna restituire il maltolto* || **N.** *Sin.* refurtiva.

maltòṣio [comp. di *malto* e *-os(i)o*; 1869 *maltoso*] ***sm.*** *T.chim.* zucchero disaccaride, ottenuto dal malto, impiegato come dolcificante o nella preparazione di prodotti dietetici.

maltrattaménto [da *maltrattare*; 1765] ***sm.*** il maltrattare || cattivo trattamento: *sopportare, subire i maltrattamenti di qualcuno* || **N.** *Sin.* danno, ingiuria, offesa, sevizia, strapazzo, strazio, tormento, violenza.

maltrattàre [comp. di *male*[2] e *trattare*; a. 1306] ***tr.*** trattare con durezza, con modi villani o ingiuriosi; percuotere: *maltrattare la moglie, i figli* || *per estens.* rif. a oggetti, usarli male, senza la dovuta attenzione || *fig.* *maltrattare un autore*, interpretarlo male; *maltrattare una lingua*, usarla in malo modo || **N.** *Sin.* angariare, bistrattare, calpestare, conciare, malmenare, manomettere, offendere, opprimere, seviziare, strapazzare, tartassare, travagliare, vessare.

maltrattatóre [da *maltrattare*; sec. XIII] ***sm.*** (f. *-trìce*) *raro* chi maltratta.

maltuṣianìṣmo o **maltuṣianéṣimo** [da *maltusiano*, 1905] ***sm.*** la teoria economica di Th.R. Malthus secondo la quale è la sproporzione fra le risorse e l'aumento demografico che determina la povertà || attualmente, tendenza a vedere il controllo delle nascite, nei paesi sottosviluppati, come unico mezzo per migliorare il tenore di vita (più propr. *neomaltusianesimo*).

maltuṣiàno [dal n. proprio *Malthus*; a. 1835] **I** ***agg.*** che si riferisce al pensiero di Th.R. Malthus **II** ***sm.*** (f. *-a*) seguace delle teorie di Malthus.

malumóre [comp. di *malo* e *umore*; a. 1342] ***sm.*** **1.** disposizione di animo, più o meno passeggera, che rende tristi, inquieti e pronti allo sdegno: *oggi sono di malumore, il suo comportamento mi ha messo di malumore* || leggera discordia tra due persone: *c'è tra loro del malumore* || malcontento, insoddisfazione: *serpeggia il malumore contro le tasse* **2.** *ant.* umore prodotto dall'organismo, ritenuto responsabile di influssi negativi sullo stato d'animo e sulla salute || **N. 1.** *Sin.* broncio, cruccio, inquietudine, irrequietezza, irritabilità, malavoglia, malcontento, mattana, stizza, uggia, umor nero; TRISTEZZA | accigliato, arcigno, imbronciato, irritato | allungare il muso, brontolare, infastidirsi, imbronciarsi | *Contr.* buonumore.

màlva[1] [lat. *malva*; 1342 ca.] **I** ***sf.*** pianta delle Malvacee con fiori viola-rosati e foglie reniformi usate in farmacologia per la loro azione emolliente e lassativa: *decotto di malva* || ***sm.*** il colore dei fiori di malva: *il malva è di gran moda* **II** ***agg.*** *inv.* (sempre posposto) di colore simile ai fiori della malva, cioè violetto tendente al rosa || *accr.* malvóne (*sm.*).

màlva[2] [da *malva*[1]; 1874] ***sf.*** *fig.* *non com.* in politica, persona di idee assai moderate, reazionario || *per estens.* persona retriva, dubitosa, fredda: *è una malva* || *accr.* malvóne (*sm.*).

malvaccióne [da *malva*; 1813] ***sm.*** *T.bot.* altea.

Malvàcee [comp. di *malva* e *-acee*; a. 1730] ***sf. pl.*** *T.bot.* famiglia di erbe e arbusti, con foglie semplici palmate, fiori grandi e vistosi con corolla regolare di cinque petali, e frutto a capsula, di cui il prototipo è la malva silvestre || **N.** albero zibètto, baobab, cacao, malva d'Egitto, malvarosa, malvone o rosa altea.

malvagìa [dal n. geogr. *Malvasia*, corrispondente al gr. *Monobasía*; 1353 ca.] ***sf.*** *ant.* malvasia.

malvàgio (pl. m. *-gi*, pl. f. *-gie*) [dal lat. volg. **malifātius*, che ha cattiva sorte, attr. il fr. ant. *malvais* o il provenz. ant. *malvatz*; a. 1257] ***agg.*** **1.** che ha disposizione a fare il male; più grave di cattivo || di cose, che denotano malvagità: *azioni malvagie, intenzione malvagia* **2.** in espressioni litotiche: *non malvagio*, discreto, soddisfacente **3.** *ant.* difficile, pericoloso || **malvagiaménte** ***avv.*** || **N. 1.** *Sin.* cattivo, crudele, disleale, disonesto, efferato, empio, esecrabile, infame, iniquo, malefico, maligno, odioso, perfido, perverso, protervo, sciagurato, sleale, traditore.

malvagità [da *malvagio*; a. 1294] ***sf.*** l'essere malvagio: *la malvagità di Nerone* || azione malvagia: *ha commesso tante malvagità* || **N.** *Sin.* cattiveria, crudeltà, depravazione, efferatezza, iniquità, malignità, nequizia, perfidia, perversità, pervertimento, pravità, protervia, ribalderia, scelleratezza.

malvaròṣa [comp. di *malva* e *rosa*; 1813] ***sf.*** altro nome del malvone.

malvaṣìa [dal n. geogr. *Malvasia*, corrispondente al gr. *Monobasía*, luogo di provenienza del vino; a. 1468] ***sf.*** uva dolce e di delicato profumo || vino che se ne ricava: *una bottiglia di malvasia* || **N.** *Sin.* grechetto.

malvavìschio (pl. *-schi*) [dal lat. *malva hibīscum*; prima metà sec. XIV] ***sm.*** *T.bot.* pianta delle Malvacee dalle foglie pelose color grigio cenere, la cui radice è usata in farmacologia.

malvedùto [comp. di *male*[2] e *veduto*; a. 1363] ***agg.*** *non com.* malvisto.

malveìna [da *malva*; 1869] ***sf.*** *disus.* *T.chim.* colorante organico artificiale di colore violaceo, usato un tempo per tingere lana e seta || **N.** *Sin.* mauveina.

malversàre (pres. *-èrso*) [dal fr. *malverser*; a. 1794] ***tr.*** *T.giur.* rendersi reo di malversazione.

malversatóre [da *malversare*; 1940] ***sm.*** (f. *-trìce*) *T.giur.* chi compie atto di malversazione.

malversazióne [dal fr. *malvérsation*; 1648 *malaversazione*] ***sf.*** *T.giur.* uso illegittimo di denaro o di un bene immobile appartenente ad altri, in particolare alla pubblica amministrazione, da parte di pubblico ufficiale o funzionario che ne sia in possesso per ragioni d'ufficio || **N.** peculato, prevaricazione.

malvestìto [comp. di *male*[2] e *vestito*; sec. XIII *malvestido*] ***agg.*** vestito con trasandatezza o povertà: *un ragazzo scalzo e malvestito.*

malvézzo [comp. di *malo* e *vezzo*; sec. XIII] ***sm.*** cattiva abitudine: *ha il malvezzo di non salutare* || **N.** *Sin.* vizio.

malvissùto [comp. di *male*[2] e *vissuto*; 1338 ca.] ***agg.*** che è vissuto male, compiendo cattive azioni: *un vecchio malvissuto* (Manzoni).

malvìsto [comp. di *male*[2] e *visto*; a. 1729] ***agg.*** non visto di buon occhio: *per la sua superbia è malvisto da tutti* || **N.** *Sin.* ODIATO.

malvivènte [comp. di *male*[2] e *vivente*; sec. XIV *male vivente*] ***s.*** chi vive compiendo delitti, delinquente: *una banda di malviventi* || *lett.* dissoluto || **N.** *Sin.* malandrino; MALFATTORE.

malvivènza [da *malvivente*; 1869] ***sf.*** l'insieme dei malviventi || *non com.* l'essere malvivente || **N.** *Sin.* brigantaggio, malandrinaggio, malavita.

malvivo o **mal vìvo** [comp. di *male*[2] e *vivo*; 1342 ca.] ***agg.*** *lett.* mezzo morto, ridotto male.

malvìzzo [dal fr. *mauvis*; 1834] ***sm.*** tordo sassello.

malvolentièri [comp. di *male*[2] e *volentieri*; a. 1892] ***avv.*** senza entusiasmo e convinzione, di malanimo, contro voglia: *parto malvolentieri.*

malvolére (*dif.* usato com. solo all'inf. pres. e al pps.) [comp. di *male*[2] e *volere*; sec. XIII come *sm.*] **I** ***tr.*** considerare con antipatia e ostilità: *farsi malvolere, essere malvoluto da tutti* **II** ***sm.*** **1.** avversione, disposizione d'animo ostile **2.** mancanza d'impegno e volontà || **N.** II **1.** *Sin.* MALEVOLENZA.

malvóne[1] (*accr.* di *malva*[1]) [a. 1590] ***sm.*** pianta arborescente delle Malvacee alta fino a due metri, diffusa in molti giardini per i bei fiori doppi imbutiformi di vario colore disposti su lunghe spighe || **N.** *Sin.* altea rosa, malvarosa.

malvóne[2] (*accr.* di *malva*[2]) [1862] ***sm.*** (f. *-a*) e ***agg.*** *non com.* di persona, chi o che ha idee politiche moderate o reazionarie.

mamalùcco V. MAMELUCCO.

màmbo [da *mambo*, voce afronegroide delle Antille, nome di un canto e di una danza rituali delle Antille; 1951] ***sm.*** *inv.* danza da sala di origine centro-americana, con elementi jazz e africani, dal ritmo incalzante; si danza in coppia.

mamelùcco o **mamalùcco** (pl. *-chi*) [dall'ar. *mamluk*, schiavo comprato; a. 1431 *mamaluc*] ***sm.*** *T.stor.* ciascuno degli schiavi assoldati nelle milizie dei sultani d'Egitto; a partire dal XIII sec. cominciarono a costituire una casta assai potente che si protrasse fino al XVIII sec. allorché furono sconfitti da Napoleone.

mamèstra [etim. inc.; 1934] ***sf.*** farfalla notturna dal corpo tozzo di colore scuro.

mamillàre V. MAMMILLARE.

mamillària V. MAMMILLARIA.

màmma[1] [lat. *mamma*; sec. XII] ***sf.*** *fam.* madre, con marcata connotazione affettiva: *voglio la mamma, di mamma ce n'è una sola, festa della mamma* || *attaccato alla gonna della mamma*, poco indipendente e bisognoso di protezione || *come l'ha fatto mamma*, nudo || *mamma mia!*, escl. di meraviglia o di spavento || guida, protettrice: *la mamma dei poveri* || *non com.* *la mamma dell'aceto*, la feccia, la madre || è gen. preceduta da articolo: *la mamma ha fatto questo*; spec. in presenza di aggettivi possessivi: *la mia mamma ha detto* || *dim.* mammìna, mammétta, mammùccia; *accr.* mammóna; *pegg.* mammàccia || **N.** *Sin.* MADRE.

màmma[2] [dal lat. *mamma*; a. 1374] ***sf.*** **1.** *lett.* mammella **2.** *ant.* papilla.

mammà [dal fr. *maman*; a. 1912] ***sf.*** *region.* mamma; si usa senza articolo e perlopiù come vocativo.

mammàle [dal lat. tardo *mammālis*, da *mamma*, mammella; a. 1799] ***sm.*** *raro* mammifero.

mammalìàno [dal lat. scient. *Mammalia*, ant. n. di mammiferi; 1957] ***agg.*** *non com.* relativo ai mammiferi.

mammalogìa o **mammologìa** [comp. di *mamma(le)* e *-logia*; 1834] ***sf.*** settore della zoologia che studia i mammiferi.

mammalògico (pl. *-ci*) [da *mammalogia*; 1970] ***agg.*** relativo alla mammalogia.

mammàlogo o **mammòlogo** (pl. *-gi*) [comp. di *mamma(le)* e *-logo*; 1957] ***sm.*** (f. *-a*) studioso di mammologia.

mammalùcco (pl. *-chi*) [dall'arc. *mamluk*, schiavo comprato; a. 1431 *mamaluc*] ***sm.*** (f. *-a*) var. pop. di *mamelucco*, solo nel senso di sciocco, goffo: *essere un mammalucco, fare il mammalucco* || **N.** *Sin.* SCIOCCO.

mammamìa o **màmma mìa** [comp. di *mamma*[1] e *mia*; 1908] ***escl.*** esprime stupore o spavento.

mammàna [da *mamma*[1]; 1681] ***sf.*** *merid.* levatrice.

mammàre [da *mamma*[2]; a. 1568] ***tr.*** *ant.* poppare.

mammàrio (pl. *-ri*) [da *mamma*[2]; 1681] ***agg.*** *T.anat.* delle mammelle: *ghiandole mammarie.*

mammasantissima [da *mamma santissima!*, escl. di terrore; 1951] **sm.** *inv. gerg.* capo della mafia o della camorra.

mammèa [dallo sp. *mamey*, adattamento di una voce indigena di Haiti; 1834] **sf.** *T.bot.* albero coltivato nei paesi tropicali dai grossi frutti commestibili.

mammèlla [lat. *mamilla*, dim. di *mamma*; a. 1292] **sf.** ciascuno degli organi che, nelle femmine dei mammiferi, producono il latte per l'allevamento della prole: *dare la mammella*, allattare; *togliere dalle mammelle*, svezzare || **N.** *Sin.* mamma, petto, poppa, seno | areola, capezzolo | allattamento, mastite | mammografia. **TAV.** *zootecnia* 17.1; ***mammiferi* p. 1318** 1.15.

mammellàre V. MAMMILLARE.

mammellifórme [comp. di *mammella* e *-forme*; 1834] **agg.** che ha forma di mammella.

mammellonàre [da *mammellone*; 1927] **agg.** *T.geogr.* mammellonato || *T.min.* detto di superficie di aggregati concrezionati che presenta sporgenze tondeggianti di dimensioni variabili.

mammellonàto [da *mammellone*; 1918] **agg.** *T.geogr.* di monte o poggio tondeggiante.

mammellóne [dal fr. *mamelon*, capezzolo; 1890] **sm.** *T.geogr.* monte, poggio o colle isolato, di forma più o meno tondeggiante.

mammìfero [comp. di *mamma*[2] e *-fero*, come il lat. scient. (*animalia*) *mammifera*; a. 1855] **sm.** e **agg.** di animale, chi, che partorisce la prole e la nutre col proprio latte: *l'uomo è un mammifero, l'ornitorinco è un animale mammifero* || *pl. T.zool.* la superclasse che comprende tali animali || **N.** ORDINI: artiodattili, carnivori, cetacei, chirotteri, dermotteri, folidoti, insettivori, iracoidei, lagomorfi, marsupiali, monotremi, perissodattili, primati, proboscidati, roditori, sdentati, sirenidi, tubulidentati. **Q.T.** *animali, zoologia* **TAV. *mammiferi* p. 1318** sg.

mammillàre o **mamillàre** [dal lat. *mamillaris*; 1491 *mamilare*] **agg.** delle mammelle || che ha forma di mammella: *tubercoli mammillari.*

mammillària o **mamillària** [dal lat. *mammilla*, mammella; 1934 *mamillaria*] **sf.** *T.bot.* genere di piante delle Cactacee, dal fusto sferico o cilindrico percorso da sporgenze mammillari disposte a spirale, cui corrispondono ciuffi di fiori di diverso colore.

mammìsmo [da *mamma*; 1952] **sm.** **1.** bisogno morboso della protezione materna che si manifesta in certi casi anche negli adulti **2.** eccessiva invadenza della madre nella vita privata del figlio adulto.

mammìsta [da *mammismo*; 1967] **s.** e **agg.** chi o che è affetto da mammismo; chi mostra, anche in età adulta, un'eccessiva dipendenza dalla madre.

mammografìa [dall'ingl. *mammography*; 1957] **sf.** *T.med.* radiografia della mammella femminile.

mammogràfico (pl. *-ci*) [da *mammografia*; 1983] **agg.** relativo alla mammografia, proprio della mammografia: *esame mammografico.*

màmmola [dall'ant. *mammola*, fanciulla, dal lat. *mammula*, piccola mammella; a. 1498] **sf.** *T.bot.* specie delle Violacee, di color violetto, molto profumata, che cresce lungo le siepi e nei boschi; è detta anche *viola mammola* o *violetta* || *fig.* simbolo di modestia e di pudicizia: *arrossire come una mammola* || *dim.* mammolétta || **N.** VIOLA.

mammoleggiàre (pres. *-éggio*) [da *mammola*; a. 1722] **intr.** (aus. *avere*) *raro* bamboleggiare.

màmmolo[1] [da *mammola*; a. 1597] **sm.** vitigno della zona del Chianti che produce un'uva rossa dal profumo che ricorda la viola mammola; anche *agg. vite, uva mammola.*

màmmolo[2] [dall'ant. *mammola*, fanciulla; sec. XIV] **sm.** *non com.* bambino, fanciullo.

mammóna [dall'aramaico *mamona*, ricchezza; a. 1292 *mammone*] **sf.** la ricchezza materiale in quanto oggetto di adorazione empia: *non potete servire insieme a Dio e a mammona* (Matteo, VI).

mammóne[1] [dall'ar. *maimun*, scimmia; a. 1331] **I agg.** solo nella loc. *gatto mammone*, mostro immaginario delle fiabe **II sm.** *raro* nome volgare di alcune scimmie.

mammóne[2] [da *mamma*[1]; 1967] **sm.** (f. *-a*) *fam.* bambino molto attaccato alla mamma.

mammùt [dal fr. *mammouth*, dal russo *mamout*, di etim. inc.; 1802] **sm.** *inv.* elefante preistorico, estinto nel Quaternario, con il corpo coperto da un pelo folto e lungo e zanne assai sviluppate e ricurve verso l'alto.

màmo [voce espr.; 1923] **sm.** **1.** *T.teatr.* nel teatro drammatico italiano ottocentesco, ruolo del giovane ingenuo, sciocco, che viene facilmente giocato **2.** *dial. sett.* ingenuo, stupido.

mamuràlia [dal lat. tardo *mamurālia*, da *Mamurius*, nome osco di Marte; 1934] **sm.** *pl. T.stor.* feste in onore del dio Marte, che si celebravano nell'antica Roma il 15 marzo.

màna [da una voce polinesiana; 1952] **sm.** *inv.* secondo credenze animistiche, potere magico insito negli oggetti e nelle persone.

manachìno [dal port. *manaquim*; 1834] **sm.** *T.zool.* genere di Passeracei americani dal piumaggio vivacemente colorato.

management (ingl., pr. ['mænɪdʒmənt]) [da *to manage*, amministrare; 1973] **sm.** *inv.* **1.** l'attività di direzione o gestione di una società, di un'impresa commerciale o industriale, volta al conseguimento del massimo profitto **2.** l'insieme dei dirigenti di un'azienda, di un gruppo industriale: *il management era riunito al completo.*

manager (ingl., pr. ['mænɪdʒə]; pr. it. ['manadʒer]) [1895] **s.** *inv.* **1.** dirigente, amministratore di un'impresa **2.** chi dirige e amministra la carriera di un atleta, di un cantante e sim.

manageriàle [dall'ingl. *managerial*; 1965] **agg.** relativo al manager, proprio del manager: *anche l'amministrazione pubblica ha bisogno di una conduzione manageriale.*

managerialità [da *manageriale*; 1983] **sf.** capacità di direzione caratteristica del buon manager: *il risanamento dell'azienda è dovuto alla managerialità dei nuovi dirigenti.*

manàide V. MENAIDE.

manaiòla [da *man(n)aia*; a. 1620] **sf.** piccola scure a manico corto adoperata dai boscaioli.

manaìsmo [da *mana*; 1957] **sm.** presunta fase primitiva della religione, dominata dal mana || particolare condizione di sacralità, connessa col mana.

manàle[1] [da *mano*; 1853] **sm.** specie di mezzo guanto di cuoio usato da calzolai e sellai per proteggere la mano quando, cucendo, tirano con forza lo spago.

manàle[2] [dal lat. (*lapis*) *manālis*, da *Mānes*, mani; a. 1574] **agg.** *T.stor. pietra manale*, secondo gli antichi Romani, pietra capace di provocare la pioggia.

manarése o **mannarése** [da un ant. *mannara*, mannaia; a. 1424 *mannarese*] **sm.** roncola a doppio taglio usata dai contadini.

manàta [da *mano*; a. 1292] **sf.** **1.** quantità che si può prendere con una mano: *una manata d'oro* || *a manate*, in gran quantità **2.** colpo più o meno vigoroso dato con la parte interna della mano aperta, con intento offensivo o in segno di cameratesca amicizia: *mi salutò con una manata sulla spalla* || **N.** **1.** *Sin.* manciata, pugno **2.** *Sin.* pacca, SCHIAFFO.

manatèllo [da *manata*; 1834 *manatella*] **sm.** *region. tosc.* fastello che può essere tenuto con una mano.

manàto [dallo sp. *manatí*, di origine caraibica; a. 1557] **sm.** *T.zool.* mammifero erbivoro dei Sirenidi, che vive negli estuari dei fiumi e nelle acque costiere dell'Africa occidentale e dell'America Latina.

mànca [dal lat. *mancus*, storpio, manchevole; sec. XIV] **sf.** la parte sinistra: *voltare a manca* || *disus.* la mano sinistra || *a destra e a manca*, ovunque.

mancaménto [da *mancare*; sec. XIV] **sm.** **1.** malore, svenimento **2.** *arc.* difetto fisico o morale || colpa, mancanza.

mancanìlla [dallo sp. *mançanilla*; 1834] **sf.** mancinella.

mancànte (*ppr.* di *mancare*) [1400 ca.] **agg.** **1.** che manca; imperfetto, carente: *una persona mancante di buon senso* || mutilo, non completo: *un'iscrizione mancante* **2.** *T.mus. disus.* diminuito: *intervallo mancante* || **N.** **1.** *Sin.* deficiente; difettoso, incompleto, monco, privo.

mancànza [da *mancare*; 1308 ca.] **sf.** **1.** carenza, penuria: *mancanza di fondi, di tempo, di educazione* || assenza: *non può sopportare la sua mancanza* || *sentire la mancanza di qualcuno, di qualcosa*, averne nostalgia, bisogno: *sentire la mancanza di affetto* **2.** errore, fallo: *commettere una mancanza verso qualcuno, una mancanza imperdonabile* **3.** difetto, imperfezione: *un lavoro pieno di mancanze* **4.** *non com.* svenimento || **N.** **1.** *Sin.* insufficienza, scarsezza, scarsità; privazione; deficienza, lacuna; lontananza **2.** *Sin.* pecca; ERRORE, COLPA **3.** *Sin.* DIFETTO.

mancàre (pres. *mànco, mànchi*) [da *manco*; 1313 ca.] **intr.** (aus. *essere* nei sensi 1, 2, 3; aus. *avere* nei sensi 4, 5) **1.** non essere sufficiente: *manca il tempo, il denaro, manca un po' di sale in questa minestra* || non avere: *gli manca il necessario per vivere, ci manca la casa* || *scherz. gli manca una rotella, un venerdì*, non ha la testa a posto || *gli manca la parola*, di animale dall'intelligenza quasi umana || *sentirsi mancare la terra sotto i piedi*, sentirsi privi di appoggio, abbandonati **2.** essere necessario per giungere a un termine: *mancano cento metri al traguardo* || *ci manca poco*, tra breve || *ci mancava solo questa*, escl. di disappunto per uno spiacevole imprevisto || *c'è mancato poco*, ha rischiato di succedere: *c'è mancato poco che non perdessi il treno* || *ci mancherebbe altro!*, sarebbe il colmo! **3.** venir meno, andare via: *mi sento mancare le forze, il respiro; è mancata la corrente* || essere assente: *mancare all'appello, all'appuntamento, chi manca oggi?; su questo documento manca il numero di codice fiscale* || *mi manchi tanto*, sento la tua mancanza || *eufem.* morire: *suo padre è mancato da poco; è mancato all'affetto dei suoi* **4.** far difetto, essere privo: *manca di buon gusto, di perspicacia* **5.** venir meno: *mancare a una promessa, mancare di rispetto, di parola*; anche *ass.* commettere un fallo: *scusate se ho mancato* || in frasi neg. con *di* e inf., trascurare, omettere: *non mancherò di trasmetterle i miei saluti* || **tr.** fallire: *ha mancato il bersaglio per un pelo*; *per estens. mancare il treno, l'autobus* ecc., perderli || **N.** **intr.** **1.** *Sin.* scarseggiare; non bastare **3.** *Sin.* estinguersi, finire, scemare, sparire **4.** *Sin.* difettare, essere carente **5.** omettere, tralasciare, trascurare, trasgredire | **tr.** *Sin.* sbagliare.

mancàto (*pps.* di *mancare*) [1363] **agg.** non realizzato, fallito: *un'occasione mancata, un film mancato* || che avrebbe avuto le doti per riuscire in un'attività ma non le ha sfruttate; fallito: *un pittore, un cantante mancato* || *T.giur. reato mancato*, non commesso per cause indipendenti dalla volontà del reo.

mancatóre [da *mancare*; 1483 ca.] **agg.** e **sm.** (f. *-trice*) *non com.* che o chi manca: *mancator di parola*, chi non la mantiene.

mancègo (pl. *-ghi*) [dallo sp. *manchego*, della

Mancia; 1891] **agg.** relativo alla regione spagnola della Mancia: *Don Chisciotte era mancego.*

mancése [dal cinese *Manju,* nome dato alla dinastia Chin, come l'ingl. *manchu;* 1931] **I agg.** della Manciuria **II s. 1.** abitante della Manciuria **2.** *sm.* (solo *sing.*) lingua della Manciuria parlata dai Manciù || **N.** *Sin.* manciuriano.

manche (fr., pr. [mɑ̃:ʃ]) [letter. manica; 1930] **sf.** *inv. T.sport.* prova eliminatoria || ciascuna delle prove che determinano l'esito di una competizione: *una manche di slalom* || *T.gioc.* nel bridge, ciascuno dei due livelli in cui le coppie possono trovarsi, indipendentemente l'una dall'altra; solo dal secondo si può vincere la partita || **N.** gara, *inning, round, set.*

manchette (fr., pr. [mɑ̃ˈʃɛt]) [letter. polsino; 1918] **sf.** *inv.* **1.** *T.giorn.* titolo di articoli, o altra dicitura che, per maggior evidenza, si mette ai lati della testata del giornale **2.** fascetta pubblicitaria che si mette intorno ai libri.

manchévole [da *mancare;* sec. XIV] **agg.** che ha dei difetti, incompleto: *vigilanza manchevole, giudizio manchevole* || **manchevolménte avv.** || **N.** *Sin.* debole, difettoso, insufficiente, mancante.

manchevolézza [da *manchevole;* a. 1729] **sf.** l'essere manchevole || imperfezione, difetto: *le manchevolezze della legislazione* || comportamento scorretto, mancanza.

mància (pl. *-ce*) [prob. dal fr. ant. *manche,* manica, in part. dono di una manica fatto da una dama; 1300 ca.] **sf.** denaro che si dona, per dimostrare riconoscenza o soddisfazione, a persone che hanno prestato un servizio per il quale sono già regolarmente retribuite: *dare una mancia al cameriere, al tassista; una generosa, lauta mancia; mancia di Natale* || *mancia competente,* quella spettante per legge a colui che riporta oggetti smarriti || *dim.* mancétta || **N.** *Sin.* bonamano, donativo, gratifica, incerto, offa, regalia, sportula.

manciàta [prob. dal lat. volg. **manuciāre,* agguantare; 1534] **sf.** quantità che si può prendere con una mano; *a manciate,* a piene mani, in abbondanza || *dim.* manciatèlla, manciatìna || **N.** *Sin.* manata, pugno.

mancìna [da *mano mancina;* a. 1571] **sf. 1.** la mano sinistra: *scrive con la mancina* || *a mancina,* dalla parte sinistra **2.** *T.stor.* sorta di piccola daga, così chiamata perché di solito s'impugnava con la mano sinistra, mentre con la destra s'impugnava la spada **3.** *T.mar.* gru galleggiante impiegata per le operazioni di carico e scarico, o per riparazioni.

mancinèlla [dallo sp. *manzanilla,* piccola mela, attr. il fr. *mancenille;* 1813] **sf.** pianta delle Euforbiacee, dal legno pregiato usato per la fabbricazione di mobili || **N.** *Sin.* ippomane, mancanilla, manzaniglio.

mancinìṣmo [da *mancino;* 1912] **sm.** *T.med.* tendenza ad usare soprattutto gli arti della parte sinistra del corpo || **N.** *Contr.* destrismo.

mancìno [da *manco;* a. 1306] **agg. 1.** di persona, che adopera la mano sinistra invece della destra; anche *sm.* (f. *-a*) **2.** *fig.* scorretto, sleale: *tiro, colpo mancino.*

mancipazióne [dal lat. *mancipātio, -ōnis;* a. 1952] **sf.** *T.giur.* nel diritto romano, forma solenne di alienazione di un bene, effettuata di fronte a sei testimoni, uno dei quali reggeva una bilancia.

màncipe [dal lat. *manceps, -ipis,* compratore, appaltatore; 1834] **sm.** *T.giur.* nel diritto romano, cittadino che assumeva un pubblico appalto; appaltatore.

mancìpio (pl. *-pi*) [lat. *mancipium,* da *manus,* mano, e *capere,* prendere; schiavo comprato o preso in guerra] **sm.** *lett.* **1.** termine giuridico dell'antica Roma che indicava il potere su cose o persone: *uomo in mancipio,* fatto schiavo **2.** *lett.* schiavo; anche *fig.*

manciù [dall'ingl. *manchu,* dal tanguso *Mangu;* 1957] **I agg.** che appartiene alla popolazione di ceppo tunguso della Manciuria **II s. 1.** chi appartiene alla popolazione manciù **2.** *sm.* (solo *sing.*) lingua della famiglia altaica parlata in Manciuria.

manciuriàno [da *Manciuria;* 1934] **agg.** della Manciuria, mancese.

mànco (pl. *-chi*) [lat. *mancus,* storpio, manchevole; sec. XIII come sm.] **I agg. 1.** *non com.* mancino, sinistro: *lato manco, a mano manca* **2.** *ant. lett.* manchevole || tristo, avverso **II sm.** *lett.* difetto; omissione **III avv. 1.** *pop.* nemmeno, neppure: *manco per idea, manco a farlo apposta; manco uno* **2.** *lett.* o *ant.* meno: *capisco manco di prima; manco male; senza manco,* senz'altro.

mancolìsta [comp. di *manc(are)* e *lista;* 1930] **sf.** lista di oggetti e cose che mancano, spec. dei francobolli mancanti in una collezione.

mancorrènte [comp. di *mano* e *corrente;* 1942] **sm. 1.** corrimano **2.** *T.mecc.* pattino stabilizzante di cui sono forniti ascensori e montacarichi.

mandamentàle [da *mandamento;* 1884] **agg.** di mandamento: *commissione mandamentale.*

mandaménto [dal fr. *mandament;* 1588] **sm. 1.** *T.giur.* la circoscrizione giudiziaria, sulla quale ha giurisdizione il pretore **2.** *arc.* mandato, disposizione || **N. 1.** pretura.

mandànte (*ppr.* di *mandare*) [sec. XIV] **s.** *T.giur.* chi affida ad altri il compito di svolgere azioni spesso criminali: *il mandante del delitto* || *T.giur.* nel mandato, il soggetto che incarica il mandatario di svolgere atti giuridici || **N.** MANDATO.

mandaràncio (pl. *-ci*) [comp. di *mand(arino)*[2] e *arancio;* 1950] **sm.** frutto ottenuto dall'incrocio fra il mandarino e l'arancio; ha le dimensioni del primo, ma buccia sottile, colore più intenso e sapore più dolce || **N.** *Sin.* clementina.

mandàre [lat. *mandāre;* 1219] **tr. 1.** far andare in un luogo, perlopiù con uno scopo, persone o esseri animati: *mandare qualcuno alla posta, mandare i figli a scuola, al mare, mandare le mucche a pascolare;* spesso evidenziando solo il fine: *mandare i dipendenti in ferie, mandare un bambino a dormire, mandare in esilio, mandare qualcuno a fare la spesa* || *mandare a spasso,* licenziare || *mandare a morte,* condannare a morte || *mandare all'altro mondo, al creatore,* uccidere || *mandare via,* cacciare || *mandare a dire,* far sapere tramite qualcuno || *fig. mandare al diavolo, all'inferno, a quel paese, a farsi friggere,* spazientirsi con qualcuno e trattarlo con modi bruschi || *mandare da Erode a Pilato,* mandare da uno all'altro inutilmente || *mandare in trance, in estasi, in visibilio,* provocare questi effetti **2.** far pervenire qualcosa a qualcuno, o in un certo luogo: *mandami i libri che ti ho chiesto, mandare i saluti, mandare la carta al macero, mandare l'acqua nei campi, mandare in orbita il satellite artificiale* || *mandare a rotoli, in rovina, a morte,* far fallire, rovinare || *mandare per le lunghe,* differire, temporeggiare || *mandar giù,* ingoiare; *fig.* accettare, sopportare: *non ha ancora mandato giù quella faccenda* || *che Dio ce la mandi buona!,* speriamo che vada bene! **3.** emettere, emanare: *mandò un grido; la rosa manda un odore soave; questa lampada manda una luce soffusa* **4.** far funzionare, mettere in movimento: *la corrente manda il motore, mandare una macchina* || *mandare in onda,* trasmettere per radio o per televisione **5.** affidare: *mandare a memoria* || *arc.* comandare || **N. 2.** *Sin.* inoltrare, inviare, spedire; gettare, scagliare **3.** *Sin.* esalare, secernere **4.** *Sin.* azionare, far partire.

mandarinàto [da *mandarino*[1]; 1663] **sm.** carica, dignità e ufficio di mandarino cinese.

mandarinésco (pl. *-schi*) [da *mandarino*[1]; a. 1925] **agg.** *non com.* di o da mandarino || *fig.* autoritario; accentratore, burocratico.

mandarinétto [da *mandarino*[2]; 1957] **sm.** liquore a base di essenza di mandarino.

mandarinìṣmo [da *mandarino*[1], sul modello del fr. *mandarinisme;* 1956] **sm.** atteggiamento di superiorità di una casta intellettuale || atteggiamento politico vessatorio che ricorda quello dei mandarini.

mandarìno[1] [dal port. *mandarim;* 1562] **sm.** titolo di chi rivestiva le più alte dignità nella Cina imperiale.

mandarìno[2] [da *mandarino*[1], sia per il colore giallo del frutto, sia per la provenienza orientale; 1834] **sm.** albero delle Rutacee, simile all'arancio, che produce frutti poco diversi di forma, ma più dolci e più piccoli; è originario della Cina || il frutto di tale albero.

mandarìno[3] [da *mandare;* 1869] **sm.** *T.sport.* nel gioco del pallone toscano, chi lancia la palla al battitore.

mandàta [da *mandare;* a. 1348] **sf. 1.** il mandare || quantità, numero di cose o persone che si mandano in una volta: *una mandata di merce, ricevere qualcosa in più mandate* || *per estens.* insieme di persone o di cose: *una mandata di bambini* **2.** ciascun giro della chiave nella toppa: *chiudi l'uscio a doppia mandata* **3.** *T.tess.* il passaggio della spola attraverso i fili alzati dell'ordito; gittata, tratta.

mandatàrio (pl. *-ri*) [da *mandare;* 1530] **sm. 1.** (f. *-a*) *T.giur.* chi ha il compito di eseguire atti giuridici per mandato d'altri **2.** *T.stor.* stato a cui era affidato il mandato internazionale (cfr. MANDATO[1] nel senso 3); anche in posizione attributiva: *stato mandatario, potenza mandataria* || **N.** *Sin.* agente, ambasciatore, commesso, delegato, deputato, emissario, incaricato, negoziatore, procuratore, rappresentante | MANDATO.

mandàto[1] [da *mandare;* a. 1348] **sm. 1.** incarico affidato a terzi, di svolgere qualcosa per proprio conto: *affidare, ricevere un mandato* || *mandato politico,* quello che l'elettore conferisce al deputato || *T.giur.* contratto nel quale una parte, il mandatario, si obbliga a compiere uno o più atti giuridici per conto di un'altra parte, il mandante **2.** *T.giur.* ordine: *mandato di cattura, di comparizione, d'arresto, mandato di pagamento* **3.** *T.stor.* istituto sancito dalla Società delle Nazioni dopo la I guerra mondiale, che prevedeva un controllo internazionale su alcuni territori, affidato a certi stati, con lo scopo di avviarli all'autonomia || **N. 1.** *Sin.* commissione, incarico, procura | accettare, adempiere, assumere, dare, deporre, eseguire un mandato **2.** *Sin.* intimazione, notificazione. **Q.T.** *diritto.*

mandàto[2] (*pps.* di *mandare*) [a. 1498] **sm.** *lett. ant.* inviato, ambasciatore.

mandatóre [da *mandare;* 1304] **sm.** (f. *-trìce*) *disus.* chi manda || *T.sport.* il giocatore che, nel gioco del pallone toscano, batte la palla perché l'altro gliela renda.

mànde [da una voce indigena; 1934] **sm.** *inv.* una delle famiglie linguistiche del gruppo sudanese, diffusa nell'Africa occidentale.

mandeìṣmo [dal n. di *Mandā* d Hayyā, il salvatore; 1957] **sm.** *T.rel.* religione di origine gnostica, risalente ai primi secoli dell'era cristiana, tuttora praticata in Mesopotamia e in Persia, di carattere dualista sia sul piano teologico-cosmogonico sia soteriologico. **Q.T.** *religione.*

mandìa [dal biz. *mandýa;* 1957] **sf.** mantello nero ornato con velluto o seta, usato nelle cerimonie della chiesa orientale.

mandìbola [da lat. tardo *mandibula;* a. 1327 nel senso 2] **sf. 1.** *T.anat.* osso mobile del cranio contenente i denti inferiori; si articola con l'osso temporale consentendo l'apertura della bocca **2.** la mascella inferiore e parti analoghe nell'apparato boccale di alcuni animali. **TAV.** *rettili* 1.5; ***anatomia* p. 642** 6.6.

mandibolàre [da *mandibola*; 1834] ***agg.*** *T.anat.* relativo alla mandibola.

mandìngo [dal n. indigeno di una tribù della Sierra Leone; 1957] ***agg.*** e ***s.*** *inv.* che, chi appartiene ad una popolazione dell'Africa occidentale, stanziata spec. nella parte alta del bacino del Niger.

mandirìtto V. MANDRITTO.

màndola [lat. tardo *amandula*; a. 1337 ca.] ***sf.*** *dial.* mandorla.

mandòla [dal lat. *pandūra*, forse attr. il fr. *mandoire*; a. 1600 *mandora*] ***sf.*** *T.mus.* strumento musicale a plettro simile al mandolino ma con cassa armonica di dimensioni maggiori e manico più lungo ‖ strumento musicale a cinque corde della famiglia dei liuti.

mandolinàta [da *mandolino*; 1895] ***sf.*** sonata fatta con uno o più mandolini.

mandolinista [da *mandolino*; 1891] ***s.*** chi suona il mandolino.

mandolìno [da *mandola*; a. 1698] ***sm.*** *T.mus.* strumento musicale popolare con otto o dodici corde metalliche abbinate; si suona pizzicando le corde col plettro.

màndorla [lat. tardo *amandula*; a. 1288] ***sf.*** **1.** *com.* seme del mandorlo, di forma ovale, chiuso in un guscio legnoso ‖ *per estens.* si dice di qualche altro seme chiuso in un guscio legnoso: *mandorla del pesco, del pistacchio* ‖ *propr.* frutto del mandorlo, verde e carnoso, di forma allungata ‖ *olio di mandorle*, usato in medicina come lassativo ed emolliente ‖ *T.cuc. pasta di mandorle*, impasto a base di mandorle triturate, farina e zucchero ‖ *latte di mandorle*, bevanda a base di estratto di mandorle e zucchero, diluiti in acqua ‖ *a mandorla*, di forma allungata, con estremità appuntite: *occhi a mandorla* **2.** *T.arch.* ornamento gotico a forma di mandorla ‖ *T.pitt.* formella decorativa in stile gotico, di forma ogivale, situata sopra porte e finestre; riporta gen. l'immagine di Cristo o della Vergine ‖ *dim.* mandorlétta, mandorlìna ‖ **N. 1.** amara, dolce, dura, torrefatta, tostata; torrone.

mandorlàto [da *mandorla*; 1554] **I *sm.*** pasta dolce composta per la maggior parte di mandorle tostate, intere **II *agg.*** **1.** che contiene mandorle: *fichi mandorlati* ‖ *T.enol.* che ricorda il gusto della mandorla: *retrogusto mandorlato* **2.** *T.geol.* di marmi costituiti da frammenti a forma di mandorla ‖ **N. 1** croccante, pinocchiata, torrone.

mandorléto [da *mandorlo*; 1959] ***sm.*** *T.agr.* terreno coltivato a mandorli.

mandorlicoltóre [comp. di *mandorlo* e *-coltore*; 1957] ***sm.*** (f. *-trìce*) coltivatore di mandorli.

mandorlièro [da *mandorla*; 1957] ***agg.*** che concerne le mandorle, la loro produzione e il loro commercio: *mercato mandorliero.*

màndorlo [da *mandorla*; 1353 ca.] ***sm.*** albero delle Rosacee coltivato per i suoi semi (mandorle); fiorisce in febbraio coprendosi di fiori bianchi e vistosi.

màndra V. MANDRIA.

mandràcchio (pl. *-chi*) [da *mandra*; a. 1536 *mandrachio*] ***sm.*** **1.** piccolo specchio d'acqua chiuso e riparato, all'interno di alcuni porti, dove stazionano piccoli bastimenti **2.** canale di raccolta di una rete di dotti di bonifica.

mandràgola o **mandràgora** [dal lat. *mandragoras*, dal gr. *mandragóras*; a. 1292] ***sf.*** pianta erbacea velenosa delle Solanacee, con grosse radici, fiori ascellari, e frutti a forma di bacca; molto ricercata nel passato per le presunte virtù magiche e afrodisiache delle sue radici.

mandratùra [da *mandra*; 1957] ***sf.*** concimazione del terreno, ottenuta lasciando pernottare all'aperto le mandrie ‖ **N.** *Sin.* stabbiatura.

màndria o **màndra** [dal lat. *mandra*; a. 1280 *mandra*] ***sf.*** branco numeroso di bestiame grosso: *mandria di buoi, di bisonti* ‖ **N.** *Sin.* armento, branco, gregge, torma | mandriano.

mandriàle ***sm.*** *ant.* V. MANDRIANO[2].

mandriàno[1] [da *mandria*; 1319 ca.] ***sm.*** (f. *-a*) custode di una mandria ‖ **N.** *Sin.* pastore.

mandriàno[2] [prob. da *mandriano*[1]; a. 1519] ***sm.*** *T.metal. ant.* o *lett.* ferro torto, a lungo manico, per percuotere la spina della fornace e muovere i metalli durante la fusione nelle forme.

mandrìllo [dall'ingl. *mandrill*; 1802 *mandrill*; 1869 nel senso 2] ***sm.*** **1.** *T.zool.* genere di scimmie dei Cercopitecidi irascibili e combattive, di color grigio-bruno, dal muso rosso allungato con solchi longitudinali e parti posteriori del corpo variamente colorate **2.** *fig. fam.* uomo libidinoso.

mandrinàggio (pl. *-gi*) [da *mandrino*; 1940] ***sm.*** operazione di allargare un foro col mandrino.

mandrinàre (pres. *-ìno*) [da *mandrino*; 1957] ***tr.*** allargare l'estremità di un tubo per mezzo di un mandrino.

mandrinatùra [da *mandrinare*; 1957] ***sf.*** mandrinaggio.

mandrìno [dal fr. *mandrin*; 1853 nel senso 2] ***sm.*** *T.tecn.* **1.** pezzo di macchina utensile che trasmette il moto all'utensile, o al pezzo da lavorare (per es. l'elemento in cui si fissa la punta del trapano) **2.** utensile metallico cilindrico usato per allargare fori e tubi **3.** sottile filo metallico introdotto negli aghi da siringa per non farli otturare ‖ **N. 1.** morsa, morsetto **2.** *Sin.* allargatubi. **TAV.** *macchine utensili* 5.2, 10.3; ***utensili* p. 1341** 29.2.

mandrìtta [comp. di *mano* e *dritto*; a. 1571 *manritta*] ***sf.*** la mano destra, spec. nelle loc. avv. *a mandritta*, a destra: *voltare a mandritta, avere* o *dare la mandritta.*

mandrìtto o **mandirìtto** [comp. di *mano* e *dritto*; a. 1390] ***sm.*** colpo di sciabola, o altro, dato da destra a sinistra.

manducàbile [dal lat. tardo *manducābilis*; a. 1789] ***agg.*** *lett.* o *scherz.* che si può mangiare.

manducàre (pres. *-ùco, -ùchi*) [dal lat. *manducāre*; 1313 ca.] ***tr.*** *ant.* mangiare.

màne [dal lat. *māne*; a. 1306] ***sf.*** *arc.* mattina; vive solo nell'espressione *da mane a sera*, tutto il giorno, continuamente.

-màne [dal gr. *manḗs*, da *manía*, follia] ***elem. term.*** che, in parole composte dotte, vale "affetto da impulso irrefrenabile o da ossessione incontrollabile" (per es. *cleptomane, mitomane*), "che assume abitualmente sostanze tossiche" (per es. *cocainomane, tossicomane*), "che ha una passione eccessivamente intensa" (per es. *bibliomane*).

manécchia [lat. *manicula*; 1561] ***sf.*** *ant.* maniglia, manico in genere.

maneggévole [da *maneggiare*; 1598] ***agg.*** che si può maneggiare facilmente ‖ *fig.* trattabile, arrendevole ‖ *T.mar.* del vento, quando permette l'uso delle vele e l'esecuzione di qualsiasi manovra.

maneggevolézza [da *maneggevole*; a. 1764] ***sf.*** l'essere maneggevole: *la maneggevolezza di un veicolo.*

manéggia (pl. *-ge*) [etim. inc.; 1550] ***sf.*** *non com.* spazio di terreno ‖ *in part.* terreno seminato dell'estensione di due solchi.

maneggiàbile [da *maneggiare*; 1540] ***agg.*** maneggevole.

maneggiaménto [da *maneggiare*; 1551] ***sm.*** il maneggiare ‖ *T.zoot.* il palpare una bestia per controllarne il grado di ingrassamento ‖ *fig.* il far segreti maneggi.

maneggiàre (pres. *-éggio*) [da *mano*; 1300 ca.] ***tr.*** **1.** trattare con le mani come impastando: *maneggiare la creta, la pasta* ‖ *T.zoot.* tastare una bestia per misurarne l'ingrassamento **2.** di arnesi, strumenti e sim., adoperarli con destrezza: *maneggiare lo scalpello, il pennello* ‖ *maneggiare il denaro*, averne molto e spesso tra le mani, amministrarlo ‖ *fig.* usare abilmente, con arte: *maneggiare la lingua, lo stile* **3.** *maneggiare i cavalli*, esercitarli, governarli ‖ ***intr. pron.*** *raro* comportarsi con abilità e avvedutezza, destreggiarsi ‖ **N. 1.** *Sin.* manipolare, palpare, palpeggiare, toccare **3.** *Sin.* addestrare.

maneggiatóre [da *maneggiare*; a. 1571] ***sm.*** (f. *-trìce*) chi maneggia.

manéggio (pl. *-gi*) [da *maneggiare*; 1526] ***sm.*** **1.** il maneggiare e il suo effetto: *il maneggio delle armi* ‖ *fig.* attività svolta abilmente: *il maneggio degli affari*; intrigo, manovra disonesta: *sventare i maneggi della fazione nemica* **2.** l'insieme degli esercizi con cui si addestrano i cavalli alle andature e alle arie ‖ il luogo dove cavalli e cavalieri compiono tale addestramento ‖ **N. 1.** *fig. Sin.* amministrazione, governo; imbroglio, intrigo, raggiro, trama. **Q.T.** *cavallo.*

maneggìo (pl. *-ìi*) [da *maneggiare*; 1895] ***sm.*** gran maneggiare continuato o frequente.

maneggióne [da *maneggiare*; 1905] ***sm.*** (f. *-a*) faccendone, intrigante.

manènte [dal lat. *manens, -ĕntis*, che rimane, che è stabile; a. 1657] ***sm.*** nel Medioevo, lavorante agricolo soggetto a un vincolo permanente con i terreni che lavorava.

manésco (pl. *-schi*) [da *mano*; 1354] ***agg.*** **1.** pronto a menare le mani: *stai attento, quello è un tipo manesco* **2.** *ant.* maneggevole.

manétta [da *mano*; a. 1543] ***sf.*** **1.** *pl.* anelli di ferro usati dalla forza pubblica per assicurare i polsi degli arrestati: *mettere le manette* ‖ *fig. governo delle manette*, repressivo **2.** levetta di controllo, spec. di afflusso: *manetta del carburante, del gas* ‖ *a tutta manetta*, a tutta velocità ‖ **N. 1.** *Sin.* ceppi, ferri, manichini | ammanettare.

manévole [da *mano*; 1609] ***agg.*** *ant.* maneggevole.

manfanile V. MANFANO.

mànfano [lat. tardo *manphur, -uris*, pezzo del tornio; 1869] ***sm.*** **1.** il bastone più grosso del correggiato, che è tenuto in mano dal battitore; è detto anche *manfanile* **2.** *tosc.* persona furba.

manfòrte [comp. di *mano* e *forte*; 1891] ***sf.*** aiuto: *dare manforte, prestare manforte a uno.*

manfrina [var. di *monferrina*, danza del Monferrato; 1869] ***sf.*** **1.** monferrina, ballo piemontese **2.** *per estens. pop.* cosa noiosa, lungaggine; comportamento noioso e petulante: *far la manfrina*, farla lunga.

manganàre (pres. *màngano*) [da *mangano*; 1561] ***tr.*** **1.** lisciare e ammorbidire i tessuti di lino col mangano **2.** *ant.* e *lett.* tirare proiettili col mangano: *vogliamo manganare sulle case scomunicate bariglioni e botti* (D'Annunzio).

manganàto [comp. di *mangan(ese)* e *-ato*; 1869] ***sm.*** *T.chim.* sale dell'acido manganico: *manganato di sodio.*

manganatóre [da *manganare*; sec. XIV] ***sm.*** (f. *-trìce*) chi lavora panni al mangano.

manganatùra [da *manganare*; 1319] ***sf.*** operazione di rifinitura a cui vengono sottoposti i tessuti di lino mediante il mangano.

manganèlla [da *mangano*; sec. XIII nel senso 2] ***sf.*** **1.** panca a muro il cui sedile si alza e s'abbassa **2.** *T.mil.* mangano da assedio di piccole dimensioni.

manganellàre (pres. *-èllo*) [da *manganello*; 1931] ***tr.*** percuotere col manganello.

manganellàta [da *manganello*; 1931] **sf.** colpo dato con un manganello.
manganèllo [da *mangano*; 1869] **sm.** randello; *in part.* quello rivestito di materiale plastico, usato dai poliziotti.
manganése [dal gr. biz. **magnēsion*, magnesia; 1795] **sm.** elemento metallico bianco lucente, duro, di difficile fusione; è assai diffuso in natura, spec. unito al ferro.
manganesìfero [comp. di *manganese* e *-fero*; 1891] **agg.** *T.chim.* che contiene manganese.
mangànico (pl. *-ci*) [comp. di *mangan(ese)* e *-ico*; 1869] **agg.** *T.chim.* di composto in cui il manganese è trivalente e di acidi in cui è esavalente: *acido manganico.*
manganìna [dall'ingl. *manganin*; 1932] **sf.** lega usata per resistenze elettriche.
manganìșmo [da *manganese*; 1957] **sm.** *T.med.* intossicazione dovuta all'inalazione di polveri o vapori di manganese.
manganìte [comp. di *mangan(ese)* e *-ite*; 1875] **sf.** *T.min.* ossido basico di manganese; si presenta in cristalli prismatici grigi o neri.
màngano [lat. tardo *manganum*, macchina, dal gr. *mánganon*; inizi sec. XIII] **sm.** **1.** *T.stor.* grossa macchina bellica per lanciare pietre **2.** specie di grosso torchio impiegato nell'industria tessile per rendere compatto e lucido il lino **3.** apparecchio da stiro costituito da rulli che, ruotando, comprimono la stoffa su una superficie calda. **Q.T.** *tessitura* **TAV.** ***armi*** **p. 648 15.**
manganóso [dal fr. *manganeux*; 1869] **agg.** *T.chim.* detto di composto a base di manganese bivalente: *solfato manganoso*, solfato di colore rosa, usato in tintoria come solvente.
mangèa [dal fr. ant. *mangée*, mangiata; a. 1375] **sf.** *ant.* banchetto.
mangeréccio (pl. m. *-ci*, pl. f. *-ce*) [da *mangiare*; a. 1580] **agg.** buono a mangiarsi: *funghi mangerecci* || **N.** *Sin.* commestibile, edule, esculento.
mangerìa [da *mangiare*; 1500 *manzarie*] **sf.** *fam.* guadagno illecito fatto da chi esercita un pubblico incarico o amministra i beni altrui || **N.** *Sin.* malversazione, peculato, ruberia, truffa.
màngia [da *mangiare*; a. 1535] **sm.** *inv.* *tosc.* uomo spaventoso che incute paura; persona arrogante e prepotente: *fare il mangia*, fare il prepotente.
mangiabambìni [comp. di *mangiare* e *bambino*; a. 1646] **s.** *inv.* personaggio delle fiabe di aspetto burbero e pauroso || *fig.* persona dall'aspetto truce che in fondo è più bonaria degli altri || **N.** lupo mannaro, orco.
mangiàbile [da *mangiare*; a. 1673] **agg.** che si può mangiare, abbastanza buono da potersi mangiare: *com'è la minestra? appena mangiabile* || **N.** *Contr.* immangiabile.
mangiabòtte [comp. di *mangia(re)* e *botta*; 1970] **sf.** *inv.* *pop.* biscia d'acqua.
mangiacàrte [comp. di *mangia(re)* e *carta*; a. 1793 *mangiacarta*] **s.** *inv.* *spreg.* leguleio avido.
mangiacristiàni [comp. di *mangia(re)* e *cristiano*; 1891] **s.** *inv.* chi minaccia e fa il terribile, ma più a parole che a fatti.
mangiadìschi [comp. di *mangia(re)* e *disco*; 1967] **sm.** *inv.* giradischi portatile dotato di una fessura in cui era inserito, e da cui veniva poi espulso, il disco da ascoltare.
màngia e bévi o **mangiaebévi** [comp. dell'imper. di *mangiare* e di *bere*; 1983] **sm.** *inv.* **1.** gelato alla crema e nocciola, con frutta e liquore, servito in grandi bicchieri a calice **2.** *tosc.* involtino di pasta fritta, ripieno di sciroppo di lamponi o di mele || **N. 1.** affogato.
mangiafagiòli [comp. di *mangia(re)* e *fagiolo*; 1617 ca;] **s.** *inv.* **1.** chi mangia fagioli in abbondanza **2.** *fig.* *spreg.* persona da poco, persona rozza e volgare.
mangiaformìche [comp. di *mangia(re)* e *formica*; 1869] **sm.** *inv.* formichiere.
mangiafùmo [comp. di *mangia(re)* e *fumo*; 1973] **agg.** *inv.* *candela mangiafumo*, candela profumata che, accesa, ha la capacità di assorbire il fumo delle sigarette dall'ambiente in cui si trova.
mangiamaccheróni [comp. di *mangia(re)* e *maccherone*; 1970] **s.** *inv.* **1.** chi mangia maccheroni in gran quantità **2.** *fig.* *spreg.* buono a nulla, sfaticato.
mangiaménto [da *mangiare*; sec. XVI] **sm.** *disus.* **1.** un gran mangiare, mangiata **2.** *fig.* tormento, rodimento d'animo.
mangiaminèstre [comp. di *mangia(re)* e *minestra*; 1716] **s.** *inv.* *non com.* parassita, scroccone || mangione.
mangiamòccoli [comp. di *mangia(re)* e *moccolo*; 1841] **s.** *inv.* bigotto.
mangianàstri [comp. di *mangia(re)* e *nastro*; 1970] **sm.** *inv.* apparecchio portatile per la riproduzione di suoni registrati in nastri magnetici, contenuti in appositi caricatori: *ti accompagna in sordina il mangianastri* (Montale) || **N.** *Sin.* registratore a cassette | cassetta, musicassetta.
mangiànza [da *mangiare*; 1937] **sf.** **1.** esca per pescare con le nasse **2.** *region.* compenso offerto in cambio di prestazioni illecite.
mangiapagnòtte [comp. di *mangia(re)* e *pagnotta*; a. 1749] **s.** *inv.* persona che percepisce uno stipendio pubblico senza compiere troppa fatica.
mangiapàne [comp. di *mangia(re)* e *pane*; 1618] **s.** *inv.* persona disutile, buona soltanto a mangiare: *mangiapane a tradimento* || **N.** *Sin.* fannullone, OZIOSO.
mangiapatàte [comp. di *mangia(re)* e *patata*; 1858] **s.** *inv.* **1.** chi mangia molte patate || anche *agg. inv.* in genere riferito ai tedeschi: *tedeschi mangiapatate* **2.** *fig.* *spreg.* persona fiacca, dappoco.
mangiapèlli [comp. di *mangia(re)* e *pelle*; 1834] **sm.** *inv.* piccolo insetto coleottero, le cui larve rovinano le pelli || **N.** *Sin.* mallofago.
mangiapére [comp. di *mangia(re)* e *pera*; 1869] **sm.** *inv.* cervo volante o bucapere.
mangiapolènta [comp. di *mangia(re)* e *polenta*; 1688 *mangiapolenda*] **s.** *inv.* **1.** appellativo scherz. dei veneti **2.** poltrone.
mangiaprèti [comp. di *mangia(re)* e *prete*; 1881] **s.** *inv.* chi odia i preti e ne sparla; anticlericale.
mangiaràgni [comp. di *mangia(re)* e *ragno*; 1965] **sm.** *inv.* uccello dei Passeriformi dal becco lungo e sottile, che si nutre prevalentemente di ragni.
mangiàre¹ (pres. *màngio*) [lat. *manducāre*, attr. il fr. ant. *mangier*, 1158] **tr.** **1.** prendere il cibo, metterlo in bocca, masticarlo e inghiottirlo; si dice tanto dell'uomo quanto degli animali: *mangiare una mela, la minestra, l'erba*; può indicare anche l'azione abituale: *un vegetariano non mangia carne*; *c'è chi mangia l'insalata scondita* || *mangiare un boccone*, fare un pasto scarso e in fretta || *mangiare a quattro palmenti*, con grande appetito e voracità || *mangiare in bianco*, cibi magri e poco conditi || *fam.* *è buono da mangiare*, è commestibile || *ass.* fare i pasti consueti: *mangiano insieme, mangiano in trattoria* || *fare da mangiare*, preparare i cibi || *dare da mangiare*, dare cibo, nutrire || in espressioni fig.: *mangiare la foglia*, accorgersi di un inganno; *mangiare con gli occhi*, guardare con desiderio e avidità; *mangiare vivo qualcuno*, ricoprirlo di rimproveri e parole minacciose; *mangiare il pane a tradimento*, pesare sulle spalle di qualcuno; *mangiare in un affare*, fare un guadagno illecito || *prov.* *l'appetito vien mangiando*; anche fig. per dire che chi arraffa non è mai sazio; *lupo non mangia lupo*, le persone malvagie non si fanno del male fra loro **2.** *fig.* consumare, esaurire: *gli strozzini gli hanno mangiato ogni suo avere* || corrodere: *il fiume ha mangiato la riva, la polvere ha mangiato il colore dell'abito* **3.** *T.gioc.* al gioco della dama e degli scacchi, mettere fuori gara un pezzo dell'avversario || ***rifl. intens.*** **1.** mangiare con gusto e appetito: *s'è mangiato un bel piatto di pastasciutta* || *prov.* *chi pecora si fa il lupo se lo mangia*, chi si mostra debole si espone alla prepotenza dei più forti **2.** *fig.* scialacquare, dissipare: *mangiarsi un patrimonio, mangiarsi tutti i soldi al tavolo del gioco* || ***rifl. indir.*** in espressioni fig.: *mangiarsi le mani*, pentirsi con rabbia per una occasione sprecata; *mangiarsi il fegato*, rodersi dalla rabbia; *mangiarsi le parole*, pronunciare a metà, poco chiaramente || **N.** *tr.* **2.** *Sin.* dilapidare, sperperare; erodere, intaccare **Q.T.** *alimentazione.*
mangiàre² [lat. *manducāre*, attr. il fr. ant. *mangier*, a. 1292 nel senso 2] **sm.** **1.** l'atto, il fatto di mangiare: *è avido nel mangiare* **2.** cibo, vivanda: *gli piace il mangiare semplice*; *il mangiare è in tavola* || *bianco mangiare* o *biancomangiare*, dolce composto di latte, farina, mandorle e zucchero || *ant.* *i mangiari*, i conviti || *dim.* mangiarìno.
mangiarìno (*dim.* di *mangiare²*) [1865] **sm.** cibo buono; delicato manicaretto.
mangiaròspi [comp. di *mangia(re)* e *rospo*; 1970] **sm.** *inv.* biscia d'acqua.
mangiaségo [comp. di *mangia(re)* e *sego*; 1869] **sm.** *inv.* *spreg.* chi ama mangiare cibi conditi con grasso animale; in part. appellativo dei soldati austriaci durante il Risorgimento.
mangiasòldi [comp. di *mangia(re)* e *soldo*; 1967] **I** **s.** *inv.* chi riceve un salario, uno stipendio o altro compenso immeritatamente, perché lavora poco o male **II** **agg.** *inv.* detto di tutto ciò il cui uso costituisce una continua fonte di spesa || *macchina mangiasoldi*, macchina automatica per il gioco d'azzardo, che funziona introducendo un gettone o una moneta in una fessura e consente la vincita di premi o denaro; *per estens.* *scherz.* viene detto di distributore automatico malfunzionante, che riceve il denaro introdotto, ma non fornisce il prodotto richiesto.
mangiàta [da *mangiare¹*; 1605] **sf.** pasto abbondante, scorpacciata || *dim.* mangiatìna; *accr.* mangiatóna; *pegg.* mangiatàccia || **N.** *Sin.* abbuffata, bisboccia, convito, gozzoviglia, pappata, pappatoria, pasto, repulisti, rifocillamento, ristoro, spanciata, strippata.
mangiatìvo [da *mangiare¹*; prima metà sec. XIV] **agg.** *ant.* destinato all'alimentazione, commestibile.
mangiatóia [da *mangiare¹*; 1282 *mangiadoia*] **sf.** **1.** contenitore in legno, ferro o in muratura, a forma di cassetta allungata, dove si mette il mangiare per le bestie || *scherz.* la tavola dove si mangia **2.** *fig.* *scherz.* fonte di guadagno più o meno lecita: *in quell'incarico pubblico ha trovato la sua mangiatoia* || **N. 1.** *Sin.* greppia, trogolo; beccatoio, presepe, tavola. **TAV.** *zootecnia* 15, 18.5, 19.4.
mangiatóre [da *mangiare¹*; sec. XIII] **sm.** (f. *-trice*) **1.** chi mangia abbondantemente: *un formidabile mangiatore di pastasciutta* || chi mangia abitualmente certi cibi: *i cinesi sono mangiatori di riso* **2.** *per estens.* *mangiatore di spade, di fuoco*, chi ingoia, per fare spettacolo, oggetti pericolosi || **N.** *Sin.* mangione.
mangiatòria [da *mangiare¹*; 1865] **sf.** *scherz.* il mangiare || mangeria || **N.** *Sin.* pappatoria.
mangiatùra [da *mangiare¹*; 1890 ca.] **sf.** *pop.* il segno lasciato dalla puntura degli insetti.
mangiatùtto [comp. di *mangia(re)¹* e *tutto*; 1890 ca.] **s.** *inv.* **1.** chi mangia molto e di tutto || persona di bocca buona **2.** *fagioli, piselli mangiatutto*, varietà di fagioli o piselli dei quali si mangia anche il baccello, tenero e car-

noso.

mangiaùfo [comp. di *mangia(re)* [1], *a* e *ufo*; 1825 *mangia a ufo*] ***s. inv.*** chi, non avendo voglia di lavorare, vive alle spalle degli altri || **N.** *Sin.* parassita.

mangiauòmini [comp. di *mangia(re)* e *uomo*; a. 1874 nel senso ant.] ***sf. inv.*** donna dalle ardite e insaziabili ambizioni erotiche || ***s. inv. ant.*** persona arrogante, prepotente, sempre pronta a far minacce.

mangiavènto [comp. di *mangia(re)* e *vento*; 1889] ***sm.*** *T.mar.* trinchettina di fortuna || **N.** *Sin.* tormentina, trinchetta.

mangìme [da *mangiare*[1]; 1779 ca.] ***sm.*** quanto si dà per cibo alle bestie; può essere naturale o prodotto industrialmente: *mangime integrato* || **N.** becchime, biada, foraggio | concentrato, bilanciato o equilibrato.

mangimifìcio (pl. *-ci*) [comp. di *mangime* e *-ficio*; 1970] ***sm.*** stabilimento industriale per la produzione di mangimi.

mangimìsta [da *mangime*; 1950] ***s.*** venditore di mangimi.

mangióne [da *mangiare*[1]; 1832] ***sm.*** (f. *-a*) chi mangia eccessivamente, con avidità.

mangiucchiàre (pres. *-ùcchio*) [da *mangiare*[1]; 1832] ***tr.*** mangiare poco, a stento e svogliatamente.

màngo (pl. *-ghi*) [dal tamil *mānkāy*, frutto dell'albero mango; a. 1725 *manghe*] ***sm.*** pianta arborea delle Anacardiacee, originaria dell'Asia, diffusa oggi in quasi tutti i paesi tropicali; fa grossi frutti ovoidali, polposi, commestibili || il frutto di tale pianta.

mangósta ***sf.*** *raro* v. MANGUSTA.

mangostàno [dal malese *mangustan*, attr. l'ingl. *mangosteen*; 1700 ca.] ***sm.*** pianta arborea delle Guttiferacee originaria della Malesia e diffusa nelle regioni tropicali; produce frutti commestibili dalla polpa bianca e dalla buccia violacea || il frutto di tale pianta.

mangròvia o **mangròva** [dall'ingl. *mangrove*; 1918] ***sf.*** tipo di vegetazione tropicale, generalmente con radici aeree, propria delle coste marine e fluviali.

mangùsta [dal fr. *mangouste*; 1803] ***sf.*** nome volgare di mammiferi carnivori dei Viverridi di piccole dimensioni dal corpo agilissimo; sono abili cacciatori di serpenti || *mangusta indiana*, v. MUNGO.

màni [dal lat. *mānes*; a. 1729] ***sm. pl.*** nell'antica Roma, anime dei trapassati che erano divinizzati e oggetto di culto spec. nell'ambito di ogni singola famiglia || *lett.* l'anima di un defunto, considerata come presente al mondo: *placare, propiziarsi i mani di qualcuno* || **N.** lari.

manìa [dal gr. *manía*; sec. XIV] ***sf.*** **1.** *com. fig.* interesse persistente e spesso smodato per qualcosa, fissazione: *ha la mania dei gioielli*; *gli è presa la mania dei cavalli* || *T.psic.* alterazione dell'equilibrio psichico caratterizzata da un'idea ossessiva: *mania di persecuzione, mania omicida* **2.** *T.med.* disturbo mentale con eccitazione delle facoltà intellettuali, mancanza di potere inibitorio e instabilità degli affetti || **N. 1.** *Sin.* desiderio, smania; ossessione, pazzia **2.** mania furiosa | maniaco depressivo. **Q.T.** *psicologia.*

-manìa [dal gr. *manía*, follia] ***elem. term.*** che, in composti della terminologia medica, vale "impulso ossessivo e irrefrenabile, in genere patologico" (per es. *cleptomania, piromania*), "ossessione" (per es. *monomania, mitomania*), "abitudine morbosa all'assunzione di sostanze tossiche" (per es. *cocainomania, morfinomania, tossicomania*) || *per estens.* "inclinazione eccessivamente intensa, passione spiccata" (per es. *anglomania, bibliomania, musicomania*). **Q.T.** *psicologia.*

maniacàle [da *mania*; 1834] ***agg.*** che si riferisce a mania: *forma maniacale* || ossessivo: *puntualità maniacale.*

manìaco (pl. *-ci*) [dal lat. tardo *manĭacus*; sec. XIII] **I *agg.*** che riguarda o rivela la mania, pazzesco: *istinto, furore maniaco* **II *sm.*** (f. *-a*) chi è preso da mania: *maniaco omicida, maniaco sessuale* || *per estens.* eccessivamente desideroso, fanatico: *maniaco della musica, dei cavalli.*

manìaco-depressìvo [comp. di *maniaco* e *depressivo*; a. 1916] ***agg.*** *T.med.* *psicosi maniaco-depressiva*, grave disturbo mentale caratterizzato da alternanza di momenti di esaltazione e di momenti di depressione, entrambi apparentemente immotivati.

mànica [lat. *manica*; sec. XIII] ***sf.*** **1.** quella parte del vestito che copre il braccio: *tirarsi su le maniche del vestito*; *manica lunga*, che arriva al polso; *manica a tre quarti*, tra il polso e il gomito; *mezza manica*, che arriva al gomito; *manica corta*, che sta sopra il gomito || *mezze maniche*, maniche staccate di tela nera che una volta gli impiegati infilavano sull'avambraccio per non consumare le maniche dell'abito; *fig. spreg.* impiegato || *rimboccarsi le maniche*, mettersi a lavorare di buona lena, con entusiasmo || *essere un altro paio di maniche*, essere una cosa molto diversa || *essere di manica larga*, essere indulgente, largo, liberale || *essere di manica stretta*, avaro, tirchio, ristretto d'idee o eccessivamente rigido in fatto di morale, disciplina ecc. || *essere nella manica* o *nelle maniche di qualcuno*, godere del suo favore || *aver l'asso nella manica*, avere in serbo un elemento determinante || *T.arm.* maglia di ferro a difesa del braccio, nelle armature antiche **2.** *per estens.* elemento tubolare di protezione o di trasporto; *manica a vento*, grosso tubo di metallo o di tela, emergente dalle soprastrutture, per dar aria ai locali inferiori nelle navi; in aeronautica, cono di tela, girevole su un altissimo sostegno, che negli aeroporti indica la direzione del vento; mostravento **3.** *T.metal.* fornello a forma di cassetto quadrangolare per fondere i metalli **4.** *arc.* schiera militare || *com. spreg.* banda, compagnia: *una manica di delinquenti, di vagabondi* || quantità: *gli diedero una manica di botte* || *dim.* manichétta, manichétto (*sm.*), manichìna; *accr.* manicóna, manicóne (*sm.*); *pegg.* manicàccia || **N. 1.** a chimono, a raglan, a sboffo o sbuffo | spallina, incavo o giro, polsino | rimboccare. **TAV.** *aeronautica* 11.8; *meteorologia* **p. 1321** 4.

manicàio (pl. *-ài*) [da *manico*; 1792] ***sm.*** mollusco commestibile bivalve dal corpo allungato || **N.** *Sin.* cannolicchio.

manicàre (pres. *mànico, mànichi*) [lat. volg. **mandicāre*, var. del lat. *manducāre*] ***tr.*** *arc.* mangiare.

manicarétto [da *manicare*; 1353 ca.] ***sm.*** vivanda appetitosa e preparata con cura || **N.** *Sin.* ghiottoneria, guazzetto, leccornia, mangiarino.

manicàto [da *manico*; a. 1672] ***agg.*** *non com.* che ha il manico: *falce, accetta manicata.*

manìcchia ***sf.*** *raro* v. MANECCHIA.

manìccia (pl. *-ce*) [dal venez. *manizza*, da *manica*; sec. XVII] ***sf.*** *T.mar.* maniglia di ferro o di legno con cui i rematori impugnavano e manovravano il remo.

manicheìsmo [da *manicheo*; a. 1574] ***sm.*** religione fondata dal persiano Mani basata sulla contrapposizione tra le due forze primordiali del Bene e del Male || *per estens.* tendenza a esasperare l'inconciliabilità di due principi contrapposti. **Q.T.** *religione.*

manichèo [dal lat. tardo *manichāeus*; a. 1342 come sm.] **I *agg.*** concernente il manicheismo || *per estens.* di persona o ideologia che tende a radicalizzare i contrasti, a distinguere drasticamente il buono dal cattivo **II *sm.*** (f. *-a*) seguace del manicheismo.

manichétta (*dim.* di *manica*) [1614 nel senso 2] ***sf.*** **1.** mezza manica **2.** *T.mar.* tubo di tela o materiale gommoso, impiegato per condurre aria o liquidi; *manichetta del palombaro*, il tubo flessibile che porta aria allo scafandro.

manichétto[1] (*dim.* di *manica*) [1883] ***sm.*** risvolta e guarnizione di merletto in fondo alle maniche da donna, manichino.

manichétto[2] (*dim.* di *manico*) [primi anni sec. XV] ***sm.*** **1.** *far manichetto*, gesto volgare di scherno fatto sollevando l'avambraccio destro, tenendo il pugno destro alzato e battendo la mano sinistra sulla piega del gomito **2.** *T.tess.* nel telaio a mano, corto cilindro di legno in cui è infilata l'estremità di una corda, con cui si controllano i battenti.

manichìno[1] [da *manica*; a. 1449] ***sm.*** **1.** polsino della camicia || risvolto che è in fondo alle maniche degli abiti femminili, anche di colore diverso e impreziosito con merletti e ricami || parte dell'armatura che proteggeva un tratto dell'avambraccio **2.** *arc.* cordicella con due pezzetti di legno con la quale si stringevano i polsi degli arrestati.

manichìno[2] [dal fr. *mannequin*, dal fiammingo *mannekijn*, piccolo uomo; 1869] ***sm.*** fantoccio di proporzioni umane utilizzato come modello da sarti o per l'esposizione in vetrine di negozi e grandi magazzini || fantoccio snodabile usato come modello da pittori e scultori || *stare come un manichino*, impalato || *sembrare un manichino*, vestire con eleganza || *fig.* persona priva di volontà e di autonomia.

mànico (pl. *-ci* o *-chi*) [lat. tardo *manicum*; a. 1320] ***sm.*** **1.** parte di uno strumento, di un utensile o di un recipiente, che serve ad afferrarlo e adoperarlo: *manico del coltello, dell'ombrello, del bastone, della scopa, della pentola, dell'ampolla, della valigia, della tazza* || impugnatura della sciabola, del fioretto, della spada || di strumento, la parte che il suonatore impugna suonando: *manico del violino* || *fig. avere il coltello dalla parte del manico*, essere in una condizione di vantaggio o superiorità || *fam. ciurlare nel manico*, sottrarsi con dei pretesti a degli impegni, tergiversare || *fig. il difetto è nel manico*, la colpa di un affare mal riuscito è nella direzione, nella concezione || *fig. uscir dal manico*, perdere la pazienza **2.** nel gergo di piloti di aerei, di automobili o di motociclette, guidatore molto bravo **3.** *volg.* pene || *dim.* manichétto, manichìno; *accr.* manicóne || **N. 1.** ansa, impugnatura, maniglia, manubrio, presa | manicato, smanicato | immanicare, smanicare.

manicomiàle [da *manicomio*; 1905] ***agg.*** relativo al manicomio || da manicomio, pazzesco.

manicòmio (pl. *-mi*) [comp. del gr. *manía*, pazzia e *-comio*; 1834] ***sm.*** ospedale psichiatrico, luogo di cura e custodia per malati di mente: *essere rinchiuso in manicomio*; *finire in manicomio*, impazzire || in Italia ora tali istituti sono perlopiù cliniche private, poiché l'organizzazione sanitaria statale prevede l'internamento presso i reparti psichiatrici degli ospedali solo in caso di urgente intervento terapeutico; esiste ancora il *manicomio giudiziario* o *pop. manicomio criminale*, istituto di prevenzione e di pena nel quale vengono rinchiusi per reati gravi soggetti la cui imputabilità è limitata da infermità mentale o da intossicazione da alcol o stupefacenti || *fig. fam.* luogo di confusione o di disordine: *questa casa è un manicomio* || **N.** *Sin.* frenocomio, casa di cura.

manicomizzàre [da *manicomio*; 1983] ***tr.*** ricoverare in manicomio.

manicòrdo [dal fr. *manicorde*, dal gr. *monóchordos*, strumento a una corda; a. 1510] ***sm.*** *T.mus.* strumento musicale con le corde armoniche ricoperte di panno, per rendere il suono più dolce.

manicòtto [da *manica*; a. 1587] ***sm.*** **1.** accessorio dell'abbigliamento femminile di forma cilindrica, aperto ai due lati, perlopiù di pelle con pelo, foderato e imbottito, dentro il quale si tengono d'inverno le mani per ripararle dal freddo **2.** *T.tecn.* pezzo di tubo usato per collegare tra loro due tubi o pezzi meccanici o per la trasmissione del moto fra due alberi coassiali || *dim.* manicottino.

manicùre [dal fr. *manicure*; 1879] ***s. inv.*** chi attende per professione al trattamento estetico delle mani e soprattutto delle unghie || ***sf. inv.*** *per estens.* il trattamento stesso: *farsi fare la manicure* || **N.** pedicure.

mànide [dal lat. scient. *Manidae*, da *Manis*, n. del genere; 1834] ***sm.*** *T.zool.* pangolino.

manièra [dall'ant. fr. *manière*, da *manier* che si fa con le mani; a. 1257 ca.] ***sf.*** **1.** qualità, modo di procedere operando: *la tua maniera di scrivere, di mangiare, di vivere* || *ass.* tatto, garbo: *ci vuole un po' di maniera*; *che maniera è questa?*, *che maniere!*, esprimendo riprovazione e sdegno per un comportamento rozzo o scorretto || *buone maniere*, creanza, buona educazione: *giovane di buone maniere*, educato; *con le buone o con le cattive* (*maniere*), anche ricorrendo a modi bruschi; *gli insegno io le buone maniere!* come minaccia || *maniera di dire*, frase idiomatica || *alla maniera di*, secondo l'usanza, il costume di: *alla maniera degli antichi*, *alla maniera degli ungheresi* || *in ogni maniera*, a tutti i costi: *questo deve esser fatto per domani in ogni maniera* || negando ogni possibilità o volontà: *non lo farò in nessuna maniera* || *in maniera che*, così che **2.** rif. a una scuola artistica, caratteristiche tecniche, stile: *la maniera di Tiziano, di Goldoni* || *T.art.* *di maniera*, di opera dovuta più ad abilità accademica che ad autentica sensibilità artistica **3.** *lett.* qualità, genere: *cappelli di diversa maniera* || *dim.* manierìna, manierùccia; *accr.* manieróna; *pegg.* manieràccia || **N. 1.** *Sin.* modo; atteggiamento, condotta, contegno, creanza, gusto, metodo **3.** *Sin.* foggia, forma, qualità, sorta, specie.

manieràre (pres. *-èro*) [da *maniera*; a. 1712] ***tr.*** *non com.* ammanierare.

manieràto (*pps.* di *manierare*) [1869] ***agg.*** **1.** affettato, non naturale: *affabilità manierata, eleganza manierata* **2.** di artista o di opera d'arte, di maniera, poco originale || **N. 1.** *Sin.* artificioso, leccato, ricercato.

manière ***sm.*** *raro lett.* v. MANIERO[1].

manierismo [da *maniera*; a. 1810] ***sm.*** **1.** corrente dell'arte figurativa del sec. XVI che prendeva a modello i grandi pittori rinascimentali, spec. Raffaello e Michelangelo ma con una esasperazione della maniera dei maestri e con una deformazione dell'equilibrio classico || *per estens.* *spreg.* ogni corrente tendente all'imitazione accademica di modelli **2.** *T.psic.* comportamento artificioso, non spontaneo, che si manifesta talvolta in soggetti schizofrenici || **N.** convenzionalismo, imitazione.

manierista [da *maniera*; 1685 come sm.] **I** ***agg.*** relativo al manierismo: *corrente manieristica* **II** ***s.*** seguace del manierismo || artista che lavora di maniera.

manieristico (pl. *-ci*) [da *manierista*; 1966] ***agg.*** proprio del manierismo o dei manieristi: *tecniche manieristiche.*

manièro[1] [dal fr. *maneir*, dal lat. *manēre*; a. 1348] ***sm.*** *lett.* castello feudale || *per estens.* abitazione signorile, villa; anche *scherz.* || **N.** magione.

manièro[2] [dal fr. ant. *manier*, fatto con la mano; prima metà sec. XIII] ***agg.*** *ant.* di falcone, addomesticato, trattabile, ubbidiente: *falcone maniero*, che torna alla mano del falconiere || di cavallo, pronto, capace: *destrieri manieri a correre* || di uomo, alla mano, affabile.

manieróso [da *maniera*; sec. XIV] ***agg.*** di belle maniere, che è urbano e affabile, ma non senza un po' d'affettazione || **N.** *Sin.* gentile, cerimonioso, lezioso.

manifattóre [da *manifattura*; a. 1311] **I** ***sm.*** (f. *-trìce*) **1.** *non com.* operaio, lavoratore manuale **2.** *non com.* chi dirige manifatture **II** ***agg.*** *raro* manifatturiero.

manifattùra [da *mano*; 1668 nel senso 2] ***sf.*** **1.** qualunque lavoro che trasforma le materie prime in oggetti di consumo: *la manifattura del tabacco, della seta, inglese, nazionale* **2.** stabilimento manifatturiero: *la vecchia manifattura è stata demolita* **3.** *disus.* capo di vestiario, confezione: *manifattura da uomo, per corredi* || **N. 2.** *Sin.* fabbrica, laboratorio, officina, opificio, stabilimento. **Q.T.** *tessitura.*

manifatturière [da *manifattura*; a. 1788] ***sm.*** (f. *-a*) proprietario o dirigente di una manifattura; operaio di una manifattura.

manifatturièro [da *manifattura*; a. 1794 *manifatturiere*] ***agg.*** attinente a manifattura: *industria manifatturiera.*

manifestànte (*ppr.* di *manifestare*) [da *manifestare*; sec. XIII] ***s.*** chi partecipa a una pubblica manifestazione: *la piazza si riempì di manifestanti* || **N.** *Sin.* dimostrante.

manifestàre (pres. *-èsto*) [dal lat. *manifestāre*; 1219] ***tr.*** **1.** far noto ad altri in modo chiaro e aperto: *ti manifesto la mia gioia* || detto di cosa, rivelare, palesare: *quell'atto manifestò il suo animo* **2.** *ass.* partecipare a una pubblica manifestazione: *i verdi manifestano davanti alla centrale atomica* || ***rifl.*** e ***intr. pron.*** rendere nota la propria natura: *manifestarsi amico*; diventare evidente: *la malattia si manifesta con molti sintomi* || **N. *tr.* 1.** *Sin.* confessare, dichiarare, dimostrare, esprimere, esternare, estrinsecare, mostrare, palesare, propalare, rivelare, scoprire, significare, svelare; dare indizio, far palese, rendere noto.

manifestazióne [dal lat. *manifestatio, -ōnis*; 1569] ***sf.*** **1.** l'atto e l'effetto del manifestare e del manifestarsi: *manifestazione di gioia, di protesta* ecc.; *la febbre è una manifestazione della malattia* **2.** avvenimento pubblico con larga partecipazione popolare: *manifestazione sportiva, artistica, ufficiale* || *in part.* dimostrazione pubblica di protesta, solidarietà ecc.: *manifestazione di lavoratori, di studenti* || **N. 1.** *Sin.* rivelazione; epifania.

manifestino (*dim.* di *manifesto*[1]) [1869] ***sm.*** **1.** piccolo manifesto **2.** foglietto volante distribuito al pubblico, spec. per fini pubblicitari o di propaganda politica **3.** documento relativo a operazioni commerciali, spec. portuali || **N.** *Sin.* **2.** volantino.

manifèsto[1] [dal lat. *manifestus*; 1602 nel senso 2] ***sm.*** **1.** foglio stampato attaccato in luogo pubblico per render nota a tutti qualche cosa: *manifesto pubblicitario, manifesto dei concerti, manifesto politico* **2.** programma di movimenti politici, artistici o culturali: *il Manifesto del Partito Comunista, il manifesto futurista* **3.** *T.mar.* documento del quale devono provvedersi le navi mercantili all'atto della partenza (*manifesto di partenza*) o che esse devono presentare all'atto del loro arrivo in porto (*manifesto di carico*) || *dim.* manifestino || **N. 1.** *Sin.* affisso, cartellone, proclama; AVVISO.

manifèsto[2] [dal lat. *manifestus*; a. 1250] **I** ***agg.*** evidente, palese, indiscutibile: *errore manifesto*; *fare, rendere manifesto*, rendere noto, far sapere || *farsi manifesto*, in Dante, esprimere le proprie opinioni **II** ***avv.*** *non com.* chiaramente: *parlare manifesto* || **manifestaménte** ***avv.*** || **N.** I EVIDENTE.

manìglia (pl. *-glie*) [lat. *manicula*, attr. lo sp. *manilla*; 1743] ***sf.*** **1.** pezzo di metallo o altro materiale, di varia forma, attaccato ai due lati di bauli, casse e sim., o sulle porte, per agevolare la presa, facilitare l'apertura o il sollevamento, azionare il meccanismo di chiusura e sim.: *la maniglia del cassetto, dello sportello, afferrare la maniglia* || *maniglia della campana*, il ferro del battaglio || *T.sport.* ciascuno dei due appigli metallici fissati sul cavallo da ginnastica che l'atleta afferra per compiere i volteggi **2.** *T.mar.* ciascuna delle maglie smontabili a forma di U, chiuse da un perno, che uniscono le varie lunghezze di una catena d'àncora.

manigliόne (*accr.* di *maniglia*) [1889] ***sm.*** **1.** grossa maniglia **2.** *T.mar.* robusta maniglia di ferro collocata all'estremità superiore dell'ancora **3.** (f. *-a*) *fig.* *scherz.* chi ha una rete di relazioni con persone influenti e se ne serve per ottenere raccomandazioni, protezione o altri benefici || **N. 3.** *Sin.* ammanicato, ammanigliato.

manigolderìa [da *manigoldo*; a. 1584] ***sf.*** *ant.* azione da manigoldo; canagliata, bricconata.

manigóldo [prob. dal n. proprio ted. *Managold*; a. 1363 nel senso 2] ***sm.*** **1.** (f. *-a*) furfante, birbante; anche *scherz.* **2.** *ant.* boia, carnefice.

manìla o **manìlla** [dal n. geogr. *Manila*; fine sec. XIV] ***sf.*** **1.** canapa di Manila o abaca **2.** nome di un tipo di sigaro.

manilùvio (pl. *-vi*) [comp. del lat. *manus* e *lavere*, sul mod. di *pediluvio*; 1869] ***sm.*** immersione delle mani nell'acqua pura o medicata, per abluzioni o a scopo terapeutico || **N.** pediluvio.

maniméttere (pres. *manimétto* ecc., come METTERE) [dal lat. *manumittere*; 1834] ***tr.*** *tosc.* manomettere.

manìna (*dim.* di *mano*) [1534] ***sf.*** **1.** mano piccola e delicata: *che gelida manina!* **2.** ciondolo portafortuna a forma di piccola mano **3.** bastone recante a un'estremità una piccola mano in avorio, usato in passato come grattaschiena **4.** disegno di una piccola mano con l'indice teso, posto in margine a uno scritto, per richiamare l'attenzione su una sua parte **5.** *T.gioc.* nel gioco delle bocce, la boccia che va a toccare il pallino **6.** fungo detto anche clavaria o ditola.

manióca [dal tupi *manihoca*; 1549] ***sf.*** pianta delle Euforbiacee, dei paesi tropicali, le cui radici, ricche di amido, sono usate per la preparazione della tapioca.

manipolàre[1] (pres. *-ìpolo*) [da *manipolo*; a. 1676 *manipulare*] ***tr.*** **1.** lavorare con le mani impastando: *manipolare la creta, un impasto* || *per estens.* aggiungere sostanze estranee, adulterare: *manipolare il vino* || *fig.* modificare alterare, rielaborare: *manipolare una statistica* **2.** manovrare, maneggiare: *manipolare i comandi* || **N. 1.** *Sin.* mescolare, preparare; manomettere, sofisticare.

manipolàre[2] [da *manipolo*; 1400 ca. come sm.] **I** ***agg.*** appartenente o attinente al manipolo: *soldato manipolare* **II** ***sm.*** soldato del manipolo.

manipolatóre [da *manipolare*; 1612 *manipulatore*] ***sm.*** **1.** (f. *-trìce*) chi manipola; spec. *fig.*: *un astuto manipolatore d'imbrogli* **2.** apparecchio per maneggiare a distanza sostanze pericolose o delicate **3.** nel telegrafo, dispositivo per l'emissione dei segnali.

manipolazióne [da *manipolare*; a. 1676 *manipulazione*] ***sf.*** **1.** l'atto e l'effetto del manipolare: *manipolazione della creta*; anche *fig.* rimaneggiamento, alterazione: *la manipolazione di un messaggio* || *in part.* *manipolazione delle masse*, condizionamento delle masse attraverso taluni mezzi quali la pubblicità **2.** *T.tel.* digitazione sui tasti telegrafici.

manìpolo[1] [dal lat. *manipulus*; a. 1292] ***sm.*** **1.** *T.stor.* unità militare costituita da numerosi combattenti, che oscillava tra 60 e 200, così detta dal fascetto di fieno che in origine avrebbe portato come insegna || *per estens.* piccola schiera, drappello non numeroso di soldati: *un manipolo di prodi*; gruppo di uomini uniti da comuni aspirazioni ideali **2.** tante spighe quante ne può stringere in una volta la mano del mietitore || **N.** **1.** *Sin.* drappello; formazione militare; SCHIERA **2.** *Sin.* fascio, mannello, mazzo.

manìpolo² [dal lat. *manipulus*; sec. XII *manipulo*] **sm.** *T.eccl.* striscia di drappo con la figura della croce, che un tempo pendeva al braccio sinistro del sacerdote mentre celebrava la Messa. **TAV.** *chiesa* 2.28.

maniscàlco (pl. *-chi*) [dal lat. tardo *maniscalcus* dal germ. **marhskalk*, servo; a. 1400] **sm.** **1.** chi esercita il mestiere di ferrare bovini ed equini || *ant.* veterinario **2.** *T.stor.* alto dignitario di corte || *per estens. lett.* guida, maestro || **N.** **1.** ferratura | ferrare a caldo, a freddo, incastrare, inchiodare, sferrare, strinare | cacciatoio, cavalletto, incastro, raspa; ferro a catena, a ciambella, a lunetta o a mezzaluna, rampino; branche, chiodi, cresta, orli, punte, stampi. **Q.T.** *cavallo.*

manịsmo [da *mani*; 1934] **sm.** **1.** il culto dei morti **2.** teoria che pone all'origine delle varie religioni il culto dei morti.

manìstico (pl. *-ci*) [da *manismo*; 1975] **agg.** relativo al manismo: *culto manistico.*

manitèngolo [dall'it. ant. *manutenere*, mantenere; 1849] **sm.** *ant.* manico.

manitù [dal fr. *manitou*, da una voce algonchina dell'America settentrionale; 1919] **sm.** *T.etn.* presso le popolazioni indigene dell'America settentrionale, forza impersonale, spirito che regge l'universo e la vita umana, secondo certe credenze animistiche || **N.** mana.

manizza [da *mano*; a. 1876 nel senso 2] **sf.** *sett.* **1.** *T.mar.* ciascuna delle impugnature della ruota del timone **2.** *pl.* specie di guanto di lana usato dai ciclisti, che copre il polsino e lascia libere le dita.

mànna¹ [dal gr. *mánna* trascrizione dell'ebr. *mān*; sec. XIII *mana*] **sf.** **1.** secondo la Bibbia, cibo caduto miracolosamente dal cielo per sfamare gli Ebrei nel deserto || *aspetta che la manna gli piova dal cielo, gli piova in bocca*, si dice di chi non fa nulla per risolvere una situazione critica || cibo o liquore dal sapore squisito **2.** sostanza biancastra zuccherina che viene fatta colare da incisioni praticate su tronchi di ornello, usata come lassativo (cfr. MANNITE).

mànna² [lat. tardo *manna* manciata; prima metà sec. XIII] **sf.** *raro* fascetto di spighe, paglia e sim.: *corbe d'uva e manne di spighe* (Pascoli) || *dim.* mannèlla || **N.** ammannare.

mannàggia [voce merid., da *male n'aggia*, abbia male; a. 1704] **escl.** *merid.* imprecazione rivolta contro qualcuno o qualche cosa: *mannaggia la miseria, mannaggia a te!*

mannàia [lat. tardo *manuāria* (*secūris*), scure da tenere in mano; a. 1294] **sf.** **1.** grossa scure impugnata a due mani; *in part.* quella usata un tempo dal boia per decapitare || *per estens.* il ferro tagliente della ghigliottina || *fig. essere sotto la mannaia*, essere in una situazione pericolosamente critica **2.** *T.cuc.* grosso coltello con lama trapezoidale impiegato per tranciare le ossa e tagliare la carne || *dim.* mannarétta || **N.** **1.** *Sin.* ascia, SCURE; ceppo.

mannarése v. MANARESE.

mannarìno o **mannerìno** [forse dal lat. *manuārius*, che si può prendere con la mano, per la sua docilità; a. 1543 *mannerino*] **sm.** *tosc.* agnello castrato e grasso.

mannàro [forse da (*lupus*)**hominarius*; a. 1712] **agg.** solo nella loc. *lupo mannaro*, v. LUPO.

mannèlla (*dim.* di *manna²*) [da *manna²*; 1561] **sf.** *non com.* di spago e sim., piccola matassa.

mannèllo [da *manna²*; sec. XIV] **sm.** fascio di spighe o paglia e sim. || **N.** *Sin.* manipolo | covone.

mannequin (fr., pr. [man'kẽ]) [letter. manichino; 1908] **sf.** *inv.* indossatrice.

mannerìno v. MANNARINO.

mannéto [da *manna¹*; 1957] **sm.** piantagione di ornelli per la produzione di manna.

mannìte [da *manna¹*; 1841] **sf.** alcol esavalente contenuto nella manna, in alghe e funghi, impiegato per le sue proprietà purganti e come esplosivo per inneschi.

mannòcchia [dal lat. tardo *manuculum*, class. *manupulum*, manipolo; 1609 *manocchia*] **sf.** fascio di sarmenti, vermene, rami di lentischio e sim., legato con vimini, utilizzato per fare piccoli argini, difese o sim.

mannòcchio o **manòcchio** (pl. *-chi*) [dal lat. tardo *manuculum*, class. *manupulum*, manipolo; 1564 *manocchio*] **sm.** mannocchia.

mannọ̀sio o **mannóṣo** [comp. di *mann(ite)* e *-osio*; 1957] **sm.** *T.chim.* zucchero monosaccaride presente nella buccia d'arancia; si può ricavare per ossidazione della mannite.

màno (pl. *màni*) [lat. *manus*; a. 1294] **sf.** **1.** parte del corpo umano con cui termina il braccio, che serve principalmente come organo tattile e prensile; *per estens.* ciascuno dei quattro organi simili della scimmia: *afferrare qualcosa con le mani, stringere, dare la mano, baciare le mani, camminano per mano, mano nella mano, la chiromante legge la mano* || *a mani giunte*, in atto di preghiera || *fare le mani*, fare la manicure; *mettere le mani nei capelli*, per lo sconforto; anche *fig.* || *mordersi, mangiarsi le mani*, per un'occasione mancata; anche *fig.* || *T.mus. a quattro mani*, che si esegue in coppia || *T.sport. fallo di mano*, quello commesso dal calciatore che tocca il pallone con la mano o il braccio || *chiedere, concedere la mano*, chiedere in sposa, acconsentire al matrimonio || *fig. mettere la mano sul fuoco per qualcosa*, esserne assolutamente certi || *fig. lavarsi le mani di qualcosa*, voler rimanere estranei a qualche faccenda || *tener mano a qualcuno*, sostenerlo, favorirlo || *di mano in mano, mano a mano, man mano*, successivamente, via via, a poco a poco || *passare di mano in mano*, passare dall'uno all'altro; venir usato da molti || *di prima mano*, non ancora utilizzato o diffuso: *notizia di prima mano* || *di seconda mano*, usato: *automobile, libro di seconda mano* || *prov. una mano lava l'altra e tutte e due lavano il viso*, detto per invitare alla collaborazione e alla solidarietà || *scherzo di mano scherzo di villano*, detto a chi è manesco || *mano nera* v. MANONERA || *mano d'opera* v. MANODOPERA || *mano morta* v. MANOMORTA || a seconda della funzione che svolge può assumere valori diversi in numerose locuzioni; strumento di lavoro, d'azione: *dare una mano*, aiutare occasionalmente o abitualmente; *mettere mano a qualcosa*, iniziarla; *mani sporche*, di chi è stato immischiato in affari loschi; *fatto a mano*, senza l'ausilio di macchine; *a man salva*, a tutto spiano; *a mani basse*, con grande facilità: *vincere a mani basse*; *avere le mani legate*, non essere liberi di agire; *stare con le mani in mano*, in ozio || espressione di abilità, esperienza, più o meno lecite: *mani d'oro, benedette, di fata*, che lavorano mirabilmente; *mani lunghe*, che rubano; anche mani di chi è potente per via di intrallazzi; *gioco di mano*, di prestigio, *fig.* inganno; *essere lesto di mano*, essere abile nei furti; *colpo di mano*, azione fulminea ed efficace, spec. riferita ad azioni militari; *avere le mani in pasta*, avere parte in qualche faccenda; *prendere la mano, avere la mano a qualcosa*, imparare o avere già acquistato la pratica || mezzo di offesa o di difesa: *mani che pizzicano, che prudono*, che hanno voglia di picchiare; *venire alle mani*, azzuffarsi; *mettere le mani addosso a qualcuno* o *su qualcuno*, picchiarlo; anche molestare, importunare: *lei gli ha tirato uno schiaffo perché lui le ha messo le mani addosso*; *fare la mano morta*, palpeggiare furtivamente; *avere la mano pesante*, avere la tendenza a picchiare, *fig.* essere severo; *mettere le mani avanti*, premunirsi da spiacevoli conseguenze; *a mano armata*, con armi in pugno || con riferimento a vicinanza, disponibilità, contatto: *fuori mano*, lontano, distante; *a portata di mano, sotto mano*, vicino, immediatamente disponibile; *alla mano*, alla buona, affabile; *disus. di lunga mano*, da molto tempo; *avere per le mani qualcosa*, maneggiarla, lavorarci in quel momento; *toccare con mano*, constatare direttamente; lato, parte: *a mano destra, da questa mano, tenere la propria mano guidando, contro mano*, in senso vietato || mezzo che afferra, che trattiene: *mani di pasta frolla, di burro*, che non riescono a tenere saldamente gli oggetti; *a mano*, di oggetto portatile: *lampada a mano, bagagli a mano*; *giù le mani!*, si dice a chi mostra di volersi accaparrare qualcosa indebitamente; *a piene mani*, con abbondanza; *restare, tornare a mani vuote*, senza aver ottenuto niente; *presentarsi a mani vuote*, senza un dono; *farsi sfuggire di mano, tenere in mano la situazione*, perdere, mantenere il controllo; *lasciarsi prendere la mano*, perdere il controllo della situazione; *far man bassa*, prendere tutto, rubare || mezzo che offre, che dà, che porta: *buona mano*, mancia; *stretto, largo di mano*, tirchio, generoso; *avere le mani bucate*, di chi spende facilmente; *per mano di*, per mezzo di; *sue proprie mani, sue gentili mani*, abbreviato in *s.p.m.*, *s.g.m.*, si trova scritto su lettere e plichi da consegnare personalmente al destinatario; *T.rel. imporre le mani*, consacrare o benedire || *fig.* potere, balìa: *cadere nelle mani del nemico, è in mia mano* || custodia, protezione: *è affidato in buone mani*; *la mano di Dio*, castigo divino **2.** *per meton.* stile, scrittura: *in questo scritto riconosco la tua mano, ci sento la mano del maestro, una mano inconfondibile, una bella mano* **3.** ciascuno degli strati di colore che si stendono col pennello: *per questo muro bastano due mani di bianco* **4.** *non com.* gruppo di persone, manipolo: *una mano di bricconi* **5.** *T.gioc.* ogni fase in cui si ridistribuiscono le carte o l'insieme di giri che esauriscono il mazzo: *rimane da giocare l'ultima mano*; anche turno: *essere di mano, passare la mano* **6.** *T.tess.* l'insieme di sensazioni tattili che si ricavano dal toccare un tessuto o un filato: *la mano del tessuto* **7.** *mano di ferro*, ferro uncinato usato nell'antichità per agganciare le navi nemiche **8.** *mani della Madonna*, altro nome del caprifoglio e del cinquefoglie **9.** *T.mar. mano di terzarolo*, piega fatta sulla vela per diminuirne la superficie esposta al vento || *dim.* manìna, manùccia; *accr.* manóne (*sm.*), manóna; *pegg.* manàccia || **N.** **1.** abile, affusolata, bianca, callosa, contratta, delicata, esperta, grassoccia, intirizzita, nervosa, rattrappita, scarna, setolosa, tornita, tremante | carpo, collo, dita, dorso, falangi, linee o righe, metacarpo, nocca, palma, unghie; muscoli (adduttori, dorsali, estensori, flessori, opponenti, palmari, pronatori) | brancicare, brandire, maneggiare, manipolare, offrire, palpare, pigliare, porgere, stringere, strizzare, tastare, toccare | carezza, giumella, manata, manrovescio, pugnello, pugno, scappellotto, schiaffo, stretta di mano; guanto, manette, manicotto, scaldamani; palmo, spanna; tatto | bimano, mancino, manesco, monco, quadrumane; chiragra, gotta, lussazione, pipita, porro, verruca | chiromante, manicure | chiro-. **Q.T.** *giochi, pittura* **TAV.** ***anatomia*** **p. 641** 2.15 e **p. 642** 9; ***armi*** **p. 649** 24; ***automobile*** **p. 658** 3.27.

manòcchio v. MANNOCCHIO.

manodòpera [calco del fr. *main-d'oeuvre*; 1797 *mani d'opera*] **sf.** (solo *sing.*) **1.** il complesso di persone che prestano la loro opera in qualche settore dell'attività produttiva: *la manodopera occupata*; *c'è richiesta di manodopera qualificata* **2.** *T.econ.* il fattore lavoro nel processo produttivo, in opposizione al capitale: *l'incidenza della manodopera sul prezzo globale.*

manolétto [dal lat. *manualis*; seconda metà sec. XIV] **sm.** *ant.* valletto.

manòmetro [dal fr. *manomètre*; a. 1827] **sm.** strumento che serve a misurare la pressione di un fluido || **N.** ad aria compressa, ad aria libera, a colonna di liquido, differenziale, metallico | diagramma. **TAV. *medicina...* p. 1320** 1.1, 3.5.

manométtere (pres. *manométto* ecc., come METTERE) [da lat. *manūmittere*; a. 1294] **tr.** **1.** alterare, guastare, violare: *manomettere un documento, una tomba, l'antifurto è stato manomesso* **2.** *T.stor.* nell'antica Roma, restituire la libertà a uno schiavo **3.** *tosc.* cominciare ad usare, mettere mano, manimettere || **N. 1.** *Sin.* violare.

manomissióne [dal lat. *manumissio, -ōnis*; 1561 nel senso 2] **sf.** **1.** il manomettere **2.** *T.stor.* l'atto con cui si affrancava uno schiavo presso i Romani.

manomissóre [dal lat. tardo *manomissor, -ōris*; a. 1729] **sm.** *T.stor.* nell'antica Roma, colui che affrancava uno schiavo mediante la manomissione.

manomòrta (pl. *manimòrte*) [comp. di *mano*, possesso e *morta*, rigida; 1767] **sf.** *T.giur.* in passato, condizione di beni inalienabili, la cui proprietà era soggetta a vincolo privilegiato ed era esente da tasse di successione; tali erano i beni dei conventi e delle chiese.

manonéra [comp. di *mano* e *nero*; 1905] **sf.** (solo *sing.*) nome di alcune società segrete che avevano come segno di riconoscimento l'impronta nera di una mano; *in part.* associazione di stampo mafioso attiva nei primi decenni del '900 in America e in Sicilia.

manòpola [lat. tardo *manupula*; a. 1563] **sf.** **1.** guanto in cui solo il pollice è separato dalle altre dita: *manopola per sciatori* || *T.stor.* nell'armatura, la parte che proteggeva la mano fino al polso, costituita da un guanto di ferro a scaglie || *T.abb.* risvolto della manica di colore e materiale diverso da questa, particolarmente prezioso e appariscente nelle vesti del XVII sec.: *manopola di pizzo, di pelliccia* **2.** in vari mezzi di trasporto, maniglia pendente dal soffitto, a cui si reggono i viaggiatori **3.** parte terminale di regolazione o di manovra di un mezzo di trasporto o di un congegno di forma adeguata ad essere impugnata o azionata con le dita: *la manopola del volume*; *manopola del manubrio*, la parte rivestita, impugnata dalle mani || **N. 1.** *Sin.* muffola | rovescia. **TAV. *armi* p. 648** 6.19.

manorègia [calco del fr. *main souveraine*, comp. di *mano* e *regia*; a. 1540] **sf.** (solo *sing.*) *T.stor.* nel Medioevo, part. presso i Franchi, autorità del re sul diritto pubblico, che autorizzava ad es. la riscossione immediata di tributi e, successivamente, anche interventi nell'amministrazione dei beni ecclesiastici.

manoscritto [dal lat. *mānu scriptus*; a. 1601] **I agg.** scritto a mano, non stampato o dattiloscritto: *una cronaca manoscritta* **II sm.** **1.** *T.paleogr.* testo scritto a mano, spec. prima dell'invenzione della stampa: *catalogo dei manoscritti, un manoscritto miniato* **2.** opera autografa: *un manoscritto di Leopardi* || **N. I** autografo, olografo **II 1.** *Sin.* codice, papiro, pergamena, scartafaccio **2.** *Sin.* originale; apografo, palinsesto. **Q.T.** *filologia...*

manoscrìvere (*dif.* usato solo all'inf. e al pps.) [da *manoscritto*; 1983] **tr.** *raro* scrivere a mano, scrivere di proprio pugno: *manoscrivere un documento.*

manóso [da *mano*; a. 1646 nel senso 2] **agg.** *arc.* **1.** di panno o tela, morbido, cedevole al tatto **2.** *fig.* mansueto, arrendevole.

manovalànza [da *manovale*; a. 1937] **sf.** l'insieme dei manovali || il loro lavoro || *per estens.* manodopera non qualificata || nel linguaggio dei giornali, quanti nelle organizzazioni criminali eseguono materialmente uccisioni, furti ecc.

manovàldo [dal germ. *mundwald*; 1300 ca.] **sm.** *ant.* tutore.

manovàle [dal lat. *manuālis*; secc. XI-XII *manoale*] **sm.** operaio non qualificato che aiuta il muratore || *per estens.* chi, di una attività, esegue i lavori meno gratificanti e più faticosi || **N.** *Sin.* GARZONE.

manovèlla [lat. volg. **manubella*; a. 1292] **sf.** **1.** braccio di ferro ripiegato e munito di un'impugnatura che serve per imprimere un moto circolare a un meccanismo: *girare la manovella* || *dare il primo giro di manovella*, iniziare le riprese di un film **2.** *T.mecc.* nel manovellismo, parte che ruotando trasmette il moto alla biella **3.** *arc.* leva.

manovellìsmo [da *manovella*; 1957] **sm.** *T.mecc.* gruppo di organi meccanici che trasformano un moto circolare in uno rettilineo alternato, o viceversa.

manòvra [dal fr. *manoeuvre*, dal lat. mediev. *manuopera*; a. 1816] **sf.** **1.** il complesso di operazioni necessarie per mettere in funzione o dirigere un mezzo meccanico, in part. un veicolo: *manovra degli scambi, manovra di partenza, di atterraggio, di attracco*; *fare manovra*: con una vettura, eseguire diversi piccoli spostamenti impiegando la retromarcia, per muoversi in uno spazio ristretto: *per uscire dal parcheggio devi fare manovra* || *T.ferr.* l'operazione di attaccare e staccare carri da un treno; anche il movimento: *treni in manovra* || *fig.* operazione complessa, spesso poco corretta, volta a ottenere determinati risultati: *manovra di borsa, speculativa, manovre parlamentari*; *manovra di corridoio*, condotta segretamente || *T.sport.* in vari sport di squadra, serie di azioni collegate che mirano a ottenere dei risultati: *una bella manovra a centrocampo* **2.** *T.mil.* serie di movimenti di soldati e mezzi bellici durante combattimenti o esercitazioni: *manovra di aggiramento, manovra frontale*; *grandi manovre*, esercitazioni di tutto l'esercito o di tutta la flotta per simulare azioni belliche **3.** *T.mar.* sulle navi, cavo o cordame permanente dell'alberatura. **Q.T.** *automobile, forze armate, vela* **TAV. *vela* p. 1342** 4.

manovràbile [da *manovrare*; 1924] **agg.** che si può più o meno facilmente manovrare.

manovrabilità [da *manovrabile*; 1955] **sf.** l'essere manovrabile.

manovràre (pres. *-òvro*) [dal fr. *manoeuvrer*; 1803] **tr.** dirigere il funzionamento: *manovrare la nave, lo scambio, l'aereo, il treno, l'automobile* || *fig.* orientare secondo i propri intendimenti: *manovrare una persona, una situazione* || **intr.** (aus. *avere*) fare manovre || *fig.* affaccendarsi, macchinare piani || **N.** *Sin.* azionare, muovere, pilotare.

manovràto (*pps.* di *manovrare*) [1929] **agg.** basato su una fitta serie di spostamenti: *guerra manovrata* || *gioco manovrato*: nel calcio, gioco realizzato con continuità di passaggi offensivi ben impostati.

manovratóre [da *manovrare*; 1910] **sm.** (f. *-trice*) chi manovra: *manovratore del tram* || *fig.* chi ha la responsabilità della gestione di un'operazione.

manovrièro [dal fr. *manoeuvrier*, 1834] **agg.** abile nelle manovre: *squadra manovriera* || *T.mar.* di imbarcazione, che si presta a essere manovrata facilmente.

manque (fr., pr. [mɑ̃:k]) [lett. mancanza, difetto; 1974] **sm.** *inv.* nel gioco della *roulette* l'insieme della metà più bassa dei numeri, da uno a diciotto || **N.** *passe.*

manrìtta **sf.** *tosc.* V. MANDRITTA.

manrìtto [comp. di *mano* e *ritto*; a. 1872] **I sm.** *tosc.* mandritto **II agg.** *ant.* che usa la mano destra || *per estens.* che sta a destra: *orecchio manritto*, orecchio destro; *cavallo manritto*, cavallo posto a destra della pariglia.

manrovèscio (pl. *-sci*) [comp. di *mano* e *rovescio*; 1400 ca. *manrivescio*] **sm.** **1.** colpo dato sul viso col rovescio o dorso della mano **2.** colpo di spada o di sciabola dato da sinistra a destra: *si sentì una spada fischiare d'un certo manrovescio tondo e giusto* (Pulci) || **N. 1.** *Sin.* ceffone, schiaffo **2.** *Sin.* traversone.

mansàlva [comp. di *mano* e *salva*; a. 1363] **sf.** usato solo nella *loc. avv. a mansalva*, senza pericoli o impedimenti; liberamente a più non posso.

mansàrda [dal fr. *mansarde*, dall'architetto Francesco *Mansard*; 1803] **sf.** *T.arch.* **1.** forma di tetto a due spioventi, tale da permettere maggiore spazio tra il tetto e il solaio e dar posto a vani per uso di abitazione **2.** la stanza che in tal modo se ne ricava, a sezione trapezoidale e finestre poste subito sopra il cornicione d'imposta del tetto.

mansfèlto o **mansfèldo** [dal n. proprio *Mansfeld*; 1889] **sm.** cannoncino da campagna del XVIII sec.

mansionàrio[1] (pl. *-ri*) [lat. tardo *mansionārius*; a. 1342] **sm.** *T.eccl.* in passato, cappellano che aveva l'obbligo di prestare la sua opera a un oratorio o cappella nel modo stabilito dalla fondazione del beneficio stesso || attualmente, sacerdote aggregato al capitolo dei canonici.

mansionàrio[2] (pl. *-ri*) [da *mansione*; 1970] **sm.** lista delle mansioni relative al personale di un'azienda.

mansionàtico (pl. *-ci*) [da *mansione*; 1758] **sm.** nel Medioevo, tributo versato dai vassalli per l'alloggio del signore, quando passava nelle loro terre.

mansióne [dal lat. *mansio, -ōnis*; 1812] **sf.** **1.** ufficio, incarico: *svolgere mansioni direttive* **2.** *T.stor.* stazione di posta o tappa stabilita lungo le strade costruite dai Romani **3.** *ant.* dimora per pellegrini || **N. 1.** *Sin.* attribuzione, carica, compito, dovere.

mansionerìa [da *mansionario*[1]; 1483] **sf.** *T.stor.* titolo, ufficio e proventi di mansionario.

mànso[1] [dal lat. mediev. *mansium*; a. 1536] **sm.** *T.stor.* nel Medioevo, podere che poteva essere lavorato da una famiglia di coloni, con un paio di buoi.

mànso[2] [dal lat. *mansus*, pps. di *manēre*; 1319 ca.] **agg.** *arc. lett.* mansueto: *quali si stanno ruminando manse le capre* (Dante).

mansuefàre (pres. *mansuefàccio* ecc., come FARE) [dal lat. *mansuefacere*; 1531] **tr.** rendere mansueto; anche *fig.* || **intr. pron.** diventare docile || **N. tr.** *Sin.* addolcire, addomesticare, ammansire, mitigare, rabbonire.

mansuèto [dal lat. *mansuētus*; 1308 ca.] **agg.** di animale, docile, mite, paziente: *il bue è mansueto* || *per estens.* di uomini, d'animo benigno e mite: *è un ragazzo mansueto* || che dimostra indole placida e tranquilla: *animo, sguardo mansueto* || **mansuetaménte** **avv.** || **N.** *Sin.* affabile, benigno, blando, bonario, domestico, obbediente, placido, trattabile come un agnello, una pecora, una tortorella | *Contr.* indocile.

mansuetùdine [dal lat. *mansuētūdo*; a. 1294] **sf.** disposizione conciliante, mitezza.

mànta [dallo sp. d'America *manta*, coperta; 1957] **sf.** grosso pesce dei mari caldi di forma romboidale e schiacciata, appartenente alla famiglia dei Mobulidi.

mantàco (pl. *-chi*) [dal lat. *mantica*; a. 1375] **sm.** *ant.* mantice.

-mànte [dal gr. *mántis*, indovino] **elem. term.** che, in parole composte dotte, vale "indovino" (per es. *aeromante, cartomante, rabdomante*).

mantèca [dalla sp. *manteca*, burro; 1669] **sf.** *ant.* pomata composta di varie sostanze grasse mista a profumo, usata un tempo per ungere i cappelli o per ammorbidire la pelle || *per estens.* impasto morbido e cremoso.

mantecàre (pres. *-èco, -èchi*) [da *manteca*; a. 1834] ***tr.*** mescolare insieme diverse sostanze per dar loro la consistenza di una manteca || *in part. T.cuc.* lavorare in modo da rendere cremoso e compatto: *mantecare bene il risotto.*

mantecàto (*pps.* di *mantecare*) [a. 1800 come sm.] **I *agg.*** *T.cuc.* cremoso e sodo; *baccalà mantecato,* specialità veneziana a base di baccalà lesso frullato con olio e latte **II *sm.*** sorta di gelato meno consistente, che si prende in coppa.

mantèlla [da *mantello*; a. 1930] ***sf.*** mantello da donna o mantello militare || *dim.* mantellìna, mantellétta.

mantellàre (pres. *-èllo*) [da *mantello*; a. 1332] ***tr.*** *raro* coprire con un mantello || *fig.* nascondere.

mantellàta¹ [da *mantello*; 1477] ***sf.*** religiosa dell'ordine terziario dei Servi, istituito da S. Giuliana Falconieri nel sec. XIV || *pl.* il convento di tali suore.

mantellàta² [da *mantello*; 1957] ***sf.*** opera di sostegno e protezione degli argini fluviali, gen. in calcestruzzo.

mantellétta (*dim.* di *mantella*) [1780 ca.] ***sf.*** **1.** piccola mantella **2.** *T.eccl.* mantello aperto, lungo fino al ginocchio, indossato in passato da vescovi e cardinali, di colore rosso, viola o rosa a seconda delle circostanze.

mantellétto (*dim.* di *mantello*) [sec. XIV] ***sm.*** **1.** piccolo mantello **2.** *T.mil. ant.* riparo mobile su ruote, usato un tempo da chi assaltava una fortificazione per proteggersi dal fuoco nemico **3.** *T.mar.* ciascuno dei portelli e relativi battenti di chiusura || *mantelletto delle vele,* batticoffa; *mantelletto delle gomene,* paglietto.

mantellìna (*dim.* di *mantella*) [sec. XIII] ***sf.*** **1.** piccola mantella || *in part.* capo di abbigliamento femminile che copre fino a metà braccia; anche direttamente cucito sul vestito **2.** il mantello ampio, in passato in dotazione ai soldati.

mantèllo [lat. *mantellum*; a. 1250] ***sm.*** **1.** ampio e lungo indumento senza maniche, più o meno largo, che, agganciato sul collo, si porta nell'inverno sopra gli altri abiti || *per estens.* soprabito femminile, cappotto **2.** *fig.* ciò che ricopre uniformemente il terreno: *un mantello di neve* || *non com.* falsa apparenza: *sotto il mantello dell'amicizia* **3.** *T.zool.* l'insieme dei peli che ricoprono certi mammiferi, part. i cavalli, considerato spec. in base al colore: *un bel mantello baio, pezzato* **4.** pallio **5.** *T.tecn.* nome di varie strutture che ne ricoprono o proteggono altre: *mantello del trasformatore* || *in part.* nei reattori nucleari, involucro che circonda il nocciolo, costituito da materiali da irraggiare e dal circuito di raffreddamento **6.** *T.geol. mantello terrestre,* parte interna della terra che va da pochi km sotto la crosta fino al nucleo (2900 km di profondità) **7.** *T.teatr. mantello d'Arlecchino,* striscia di stoffa posta orizzontalmente sul boccascena, per regolarne l'ampiezza || *dim.* mantellétto, mantellìno; *accr.* mantellóne; *pegg.* mantellàccio || **N. 1.** *Sin.* cappa, clamide, *dolman,* ferraiolo, mantiglia, manto, pallio, pellegrina, pipistrello, piviale, poncio, sanrocchino, tabarro | bavero, cappuccio, collare **2.** *Sin.* coltre **3.** *Sin.* pelliccia, vello. **Q.T.** *abbigliamento, cavallo, geologia* **TAV. *araldica* p. 645** 5.6; ***geologia* p. 1313** 1.2, 1.3.

mantenére (pres. *mantèngo* ecc., come TENERE) [lat. *manutenēre,* tenere con la mano; a. 1250] ***tr.*** **1.** conservare una cosa nelle condizioni in cui è, riferito anche a cose astratte: *mantenere la freschezza dei colori, il lustro della famiglia, l'ordine di una città* || conservarsi fedele a: *manterrò la parola data* || conservare in proprio possesso o controllo: *mantenere un primato, una posizione, mantenere un segreto* **2.** rif. a persona, fornirle il necessario per vivere: *mantenere i vecchi genitori, la famiglia, un esercito* || rif. a istituzione, somministrare il denaro perché possa sussistere: *mantenere una scuola* || ***intr. pron.*** durare in un dato stato: *il cielo si mantiene sereno* || ***rifl.*** fornirsi del necessario per vivere: *con questo stipendio mi mantengo*; *mantenersi agli studi* || **N. 1.** *Sin.* rispettare, osservare, tenere; CONSERVARE **2.** *Sin.* alimentare, dar da vivere, nutrire, provvedere al sostentamento, sfamare, sostenere, sostentare, spesare, sussidiare.

mantenìbile [da *mantenere*; a. 1704] ***agg.*** che può esser mantenuto, nei vari sensi.

manteniménto [da *mantenere*; 1438 ca.] ***sm.*** l'atto e l'effetto del mantenere, nei vari sensi: *mantenimento dell'ordine*; *il mantenimento della famiglia* || quanto serve a mantenere || **N.** *Sin.* conservazione, manutenzione, sostegno, sostentamento; alimenti, pane, vitto.

mantenitóre [da *mantenere*; sec. XIV] ***sm.*** (f. *-trìce*) **1.** *raro* chi mantiene **2.** *ant.* difensore.

mantenùto (*pps.* di *mantenere*) [1863] ***sm.*** (f. *-a*) *spreg.* persona che vive alle spalle di un'altra; *in part.* donna che si fa mantenere come amante o uomo che sfrutta una prostituta.

màntica [dal gr. *mantikḗ*; 1952] ***sf.*** l'arte di prevedere il futuro || **N.** *Sin.* divinazione.

màntice (pl. *-ci*) [lat. *mantica,* bisaccia; a. 1342] ***sm.*** **1.** strumento di cuoio che serve per soffiare sul fuoco o per dar fiato a strumenti musicali, come l'organo e la fisarmonica || *fig. sbuffare come un mantice,* avere il fiato grosso **2.** *mantice della carrozza,* copertura della carrozza, perlopiù di pelle o di tela cerata, che si alza e si abbassa mediante un fusto di ferro snodabile || elemento che serve a collegare fra loro due vagoni ferroviari || *a mantice,* pieghettato, che si comprime e si allunga: *portafoglio, apertura a mantice* || **N. 1.** *Sin.* soffietto | a otre, a pistone | tirare o menare il mantice; il mantice ansima, sbuffa, soffia. **Q.T.** *carri..., fabbro* **TAV. *carri...* p. 664** 7.3.

mantìcora o **manticòra** [dal lat. *manticŏras,* gr. *mantichṓras,* var. di *martichṓras*; a. 1498] ***sf.*** animale favoloso dell'India, con volto umano e tre file di denti.

màntide [dal gr. *mántis, -idos,* profeta; 1821] ***sf.*** insetto dei Mantoidei con testa piccola, addome largo, zampe del primo paio lunghissime e di forma particolare; quando si posa, acquista l'atteggiamento di chi prega, da cui il nome di *mantide religiosa* dato alla specie nota e comune in Europa.

mantìglia (pl. *-glie*) [dallo sp. *mantilla*; 1623 *mandiglia*] ***sf.*** scialle leggero, gen. in pizzo nero, caratteristico dell'abbigliamento tradizionale femminile spagnolo; copre la testa e le spalle e scende in due liste sul petto.

mantìglio v. AMANTIGLIO.

mantìle [dal lat. tardo *mantīle*; a. 1375] ***sm.*** **1.** *ant.* tovaglia grossa e dozzinale || tovagliolo **2.** copricapo caratteristico di alcuni costumi regionali, formato da un fazzoletto bianco ricamato appuntato sui capelli.

mantìssa [dal lat. *mantìssa,* aggiunta; 1934] ***sf.*** *T.mat.* parte decimale di un numero reale; *in part. mantissa di un logaritmo,* la sua parte decimale.

mànto¹ [lat. tardo *mantus*; a. 1321] ***sm.*** **1.** veste ampia e lunga come un mantello, ma più larga e più ricca con lungo strascico; è perlopiù di tessuto pregiato, ed è ornamento regale o di occasioni solenni: *manto pontificio, nuziale* **2.** *per estens.* cosa che copre, che protegge: *manto di neve, manto di vegetazione* || *in part. manto stradale,* lo strato superficiale della strada realizzato con varie tecniche di pavimentazione || *fig.* apparenza: *sotto il manto dell'umiltà* **3.** *T.zool.* mantello || **N. 1.** *Sin.* clamide, paludamento, peplo; coda o strascico **2.** *Sin.* coltre | ammantare.

mànto² [dal fr. ant. *maint,* molto; a. 1272] ***agg.*** *arc.* molto.

Mantoidèi [dal lat. scient. *Mantoidea,* formato su *mantis,* mantide; 1957] ***sm. pl.*** *T.zool.* ordine di insetti alati (a cui appartiene la mantide religiosa), cattivi volatori, dal corpo allungato e dalle zampe anteriori più robuste, destinate alla cattura delle prede.

mantovàna [dal milan. *mantovanna*; 1918] ***sf.*** **1.** *T.arch.* ornamento a forma di frangia, di metallo o di legno, lungo lo spiovente dei tetti **2.** frangia di tessuto che sormonta la tendina, per rifinitura **3.** *T.cuc.* tipo di dolce simile al pan di Spagna, cosparso di mandorle sminuzzate, pinoli e zucchero a velo.

mantovàno [dal lat. *mantuānus*; 1313 ca. *mantoana*] **I *agg.*** di Mantova; *per anton.*: *il poeta mantovano,* Virgilio **II *sm.*** **1.** (f. *-a*) abitante di Mantova **2.** (solo *sing.*) il territorio della provincia di Mantova **3.** (solo *sing.*) il dialetto di Mantova.

màntra [dal sanscritto *mantra,* letter. strumento del pensiero; 1957] ***sm. inv.*** **1.** inno o preghiera vedica **2.** formula magica o mistica usata nell'induismo popolare e in alcune forme di buddismo.

mantrugiàre (pres. *-ùgio*) [dal lat. volg. **manutrusāre*; a. 1524] ***tr.*** *pop. tosc.* brancicare, gualcire.

manuàle¹ [da *manuale²*; 1673] ***sm.*** libro che contiene, esposti in maniera sistematica e succinta, i precetti e le nozioni fondamentali di qualche disciplina o arte, in modo da poter essere consultato agevolmente; testo scolastico: *manuale di enologia, manuale di filosofia* || guida, libretto di istruzioni || *colpo da manuale,* perfetto, a regola d'arte || *dim.* manualétto, manualino || **N.** *Sin.* breviario, compendio, prontuario, sommario, trattatello.

manuàle² [dal lat. tardo *manuālis*; a. 1342] ***agg.*** fatto o da farsi a mano: *opera manuale, comando manuale.*

manualìsta [da *manuale¹*; a. 1956] ***s.*** compilatore di manuali; anche *spreg.*

manualìstica [da *manuale*; 1988] ***sf.*** complesso delle opere a stampa che trattano, in forma di manuale, determinati argomenti, materie, arti o scienze: *ho letto tutta la manualistica sull'arte della fotografia.*

manualìstico (pl. *-ci*) [da *manuale¹*; 1917] ***agg.*** di manuale: *compilazione manualistica* || da manuale; *cultura manualistica, spreg.* nozionistica, poco originale.

manualità [da *manuale²*; a. 1770] ***sf.*** **1.** carattere manuale: *manualità di un lavoro* **2.** abilità nell'usare le mani: *questa bambina dimostra un'ottima manualità* **3.** *raro* lavoro manuale.

manualizzàre [da *manuale²*; a. 1937 nel senso 2] ***tr.*** **1.** rendere manuale: *questa fase della lavorazione è stata manualizzata* **2.** ridurre ai metodi di un manuale per divulgazione: *manualizzare l'informatica.*

manubalèstro [dal lat. tardo *manuballīsta,* balestra a mano; a. 1292] ***sm.*** balestra a mano usata dai legionari romani.

manubalìsta o **manuballìsta** [dal lat. tardo *manuballīsta,* balestra a mano; a. 1292] ***sf.*** manubalestro.

manùbrio (pl. *-ri*) [dal lat. *manūbrium*; a. 1654] ***sm.*** **1.** parte di un congegno meccanico che s'impugna con la mano per metterlo in movimento; *in part. manubrio della bicicletta, della moto* e sim., pezzo formato da una sbarra orizzontale leggermente curva, alle cui estremità sono poste le impugnature o manopole e vari comandi, che serve a comandare lo sterzo **2.** attrezzo da ginnastica, formato da due palle o dischi di piombo o altro metallo pesante, collegati da una corta sbarra di ferro. TAV. *motocicletta...* p. 1322 1.2.

manufacturing (ingl., pr. [ˌmænjʊ'fæktʃərɪŋ]) [da *to manufacture*, confezionare, fabbricare; 1983] **sm.** *inv.* ogni forma di attività industriale.

manufàtto [dal lat. *manu factus*; a. 1306] **I** **agg.** fatto a mano: *prodotti manufatti* **II** **sm.** prodotto di manifattura: *esportazione dei manufatti* ‖ opera edile che non necessita di particolari attrezzature. **Q.T.** *archeologia.*

manùl[1] [dal lat. scient. (*Felis*) *manul*, tratto prob. da un voc. chirghiso; 1934] **sm.** *inv.* gatto selvatico dalla folta pelliccia grigia a striature trasversali, vivente in Asia centrale.

manùl[2] [dall'anagramma del n. proprio M. *Ulmann*, il fisico che l'inventò; 1934] **sm.** *inv.* procedimento per la riproduzione delle negative fotografiche, realizzato mediante il contatto dell'originale con una lastra sensibilizzata.

manu militari (lat., pr. it. ['manu mili'tari]) [letter. a mano armata, con azione militare] **loc. avv.** con l'uso delle armi, con la forza: *il campo profughi è stato evacuato manu militari.*

manutèngolo [dall'ant. *manutenere* forma ant. di *mantenere*; 1848] **sm.** (f. *-a*) chi tiene mano ai ladri e ai frodatori ‖ *per estens.* complice in posizione subalterna ‖ **N.** *Sin.* complice, favoreggiatore, tirapiedi.

manutentóre [dall'ant. *manutenere*; 1942] **sm.** (f. *-trice*) *non com.* chi si occupa della manutenzione di qualcosa.

manutenzióne [dal lat. mediev. *manutentio, -ōnis*; 1630] **sf.** **1.** l'insieme delle operazioni necessarie per mantenere in efficienza impianti, edifici, strade ecc. **2.** *T.giur.* *azione di manutenzione*, concessa a chi ha visto leso il possesso e il godimento di una sua proprietà o di un usufrutto **3.** *T.inform.* l'insieme delle attività volte ad assicurare l'eliminazione di guasti e cattivi funzionamenti di un sistema di elaborazione.

manutèrgio (pl. *-gi*) [dal lat. *manutergium*; 1951] **sm.** *T.eccl.* pezzo di tela usato, nella messa, dal celebrante, per asciugarsi le dita dopo l'abluzione.

manzanìglio (pl. *-gli*) [dallo sp. *manzanillo*, dim. di *manzana*, mela; 1834 *manzanillo*] **sm.** mancinella.

manzanilla (sp., pr. [manθa'niʎa]) [a. 1957] **sf.** *inv.* vino bianco spagnolo, aromatico, di bassa gradazione alcolica, prodotto nell'Andalusia.

-manzìa [dal lat. *-mantīa*, dal gr. *-mantéia*] **elem. term.** che, in parole dotte composte, vale "arte della divinazione", "predizione" (per es. *aeromanzia, cartomanzia*).

mànzo [lat. volg. **mandium*; sec. XIV] **sm.** bue giovane ‖ *per meton.* la carne di esso, macellata: *un bollito di manzo, un chilo di manzo* ‖ **N.** *Sin.* vitello, vitellone; BUE.

manzolàio (pl. *-ài*) o **manzolàro** [da *manzo*; 1957] **sm.** (f. *-a*) addetto all'allevamento dei bovini in Pianura Padana.

manzonièno [dal n. proprio A. *Manzoni*; 1838 come sm.] **I** **agg.** di Alessandro Manzoni: *centenario manzoniano, stile manzoniano* **II** **sm.** (f. *-a*) seguace delle teorie linguistiche di Manzoni; imitatore di Manzoni.

manzonìsmo [dal n. proprio A. *Manzoni*; 1874] **sm.** *T.lett.* l'adesione alle teorie letterarie e linguistiche di A. Manzoni, che prendevano a modello dell'italiano l'uso fiorentino delle persone colte: *nel manzonismo degli stenterelli* (Carducci).

manzonìsta [dal n. proprio A. *Manzoni*; 1960] **s.** esperto o studioso della vita, delle opere e del pensiero di A. Manzoni.

maoìsmo [dal n. proprio *Mao Ze-Dong*, uomo politico cinese; 1966] **sm.** *T.pol.* **1.** il pensiero filosofico, ideologico e politico di Mao Ze-Dong, fondato su un'interpretazione originale delle teorie marxiste **2.** l'insieme delle interpretazioni del pensiero di Mao, avanzate da movimenti di liberazione in paesi coloniali e del terzo mondo e nell'ambito della contestazione politica della società industriale.

maoìsta [da *maoismo*; 1967] **I** **agg.** che si ispira al pensiero politico di Mao Ze-Dong **II** **s.** seguace, sostenitore del maoismo.

maoìstico (pl. *-ci*) [da *maoista*; 1983] **agg.** relativo al maoismo o ai maoisti.

maomettàno [da *Maometto*, in ar. *Muḥammad* degno di lode; sec. XV *maumetano*] **agg.** di Maometto; seguace della religione di Maometto; anche *sm.* ‖ **N.** ISLAMISMO.

maomettìsmo [da *Maometto*; a. 1685] **sm.** la dottrina e la religione di Maometto, islamismo. **Q.T.** *religione.*

maóna[1] [dall'ar. *ma'ūn*, vaso; 1602] **sf.** *T.mar.* **1.** chiatta o peota, adoperata nei porti per lo scarico delle navi; non ha mezzi di propulsione propria e si sposta mediante rimorchiatori **2.** lunga imbarcazione usata nelle tonnare **3.** imbarcazione turca del XIV sec. con tre alberi, da guerra e da trasporto.

maóna[2] o **magóna** [dall'ar. *maūna*, assistenza riconfortante; 1499] **sf.** *T.stor.* compagnia commerciale privata che, nel Medioevo, si assumeva i rischi e le spese di grandi imprese di conquista ricevendone in cambio privilegi ed esenzioni fiscali.

maòri [da un voc. indigeno della Nuova Zelanda, letter. comune, non straniero; 1934] **I** **agg.** *inv.* relativo a una popolazione di stirpe polinesiana, indigena della Nuova Zelanda; proprio di tale popolazione: *costumi maori* **II** **sm.** *inv.* **1.** spec. *pl.* popolazione di stirpe polinesiana, indigena della Nuova Zelanda **2.** (solo *sing.*) lingua parlata da tale popolazione.

màpo [comp. di *ma(ndarino)* e *po(mpelmo)*; 1983] **sm.** *inv.* frutto ottenuto per incrocio di un mandarino con un pompelmo.

màppa[1] [dal lat. *mappa*; a. 1357] **sf.** **1.** carta topografica a scala bassa e molto particolareggiata d'un territorio non troppo vasto; *in part.* *mappa catastale*, grafico in cui sono disegnati, gen. in scala da 1:1000 a 1:5000, i terreni con l'indicazione delle proprietà **2.** *T.biol.* in genetica, *mappa citologica*, sequenza dei geni di un cromosoma in base alle modificazioni dei caratteri controllati da quei geni e ai cambiamenti strutturali dei cromosomi; *mappa cromosomica*, sequenza dei geni di un cromosoma in base alla frequenza di scambio tra i vari geni; *mappa genica*, ricostruzione dell'ordine secondo cui sono disposti i siti di un gene ‖ **N.** **1.** *Sin.* pianta | topografia.

màppa[2] [dal lat. *mappa*; a. 1444] **sf.** *ant.* tovaglia, tovagliolo ‖ *T.rel.* *mappa bianca*, tovaglietta per la copertura degli altari o per usi liturgici.

mappàle [da *mappa*; a. 1931] **agg.** relativo alla mappa catastale: *numero mappale.*

mappalùna [comp. di *mappa* e *luna*, sul modello di mappamondo; 1965] **sf.** rappresentazione cartografica piana del globo lunare.

mappamóndo [lat. mediev. *mappa mundi*; sec. XIII] **sm.** **1.** *com.* il globo terrestre rappresentato con una sfera, perlopiù girevole su un asse corrispondente all'asse terrestre ‖ *propr.* carta geografica del globo terrestre in due emisferi ‖ *mappamondo celeste*, la rappresentazione grafica dei due emisferi celesti **2.** *fig. scherz.* deretano ‖ **N.** **1.** *Sin.* planisfero. TAV. *geografia* 1.

mappàre [da *mappa*[1], sul modello dell'ingl. *to map*, tracciare una mappa; 1983] **tr.** **1.** *T.biol.* in genetica, localizzare un gene in un cromosoma **2.** *T.geogr.* rappresentare su carte apposite i dati relativi ai fenomeni geografici studiati.

mappatóre [da *mappare*; 1945] **sm.** (f. *-trice*) *non com.* chi disegna mappe, cartografo.

mappatùra [da *mappare*; 1986] **sf.** in genetica, localizzazione di un gene in un cromosoma. **Q.T.** *genetica...*

maquette (fr., pr. [ma'kɛt]) [dall'it. *macchietta*; 1970] **sf.** *inv.* bozzetto di un manifesto pubblicitario ‖ modello gen. in formato ridotto di monumenti, costruzioni ecc. ‖ **N.** *Sin.* abbozzo, schizzo; plastico.

maquillage (fr., pr. [maki'ja:ʒ]) [da *maquiller*, truccare; 1918] **sm.** *inv.* l'arte del ritoccarsi il volto e il suo effetto; trucco.

maquis (fr., pr. [ma'ki]) [letter. *macchia*; 1942] **sm.** *inv.* **1.** tipo di macchia che si sviluppa su terreno calcareo in alcune zone della Provenza **2.** durante la II guerra mondiale, il movimento di resistenza francese in quanto si svolgeva "alla macchia" ‖ per abbreviazione da *maquisard* (partigiano), s'indicò con tale voce anche l'appartenente alla resistenza.

marà [da una voce sudamericana; 1957] **sm.** grosso roditore sudamericano dalle grosse orecchie e la pelliccia grigia morbida ‖ **N.** *Sin.* lepre della Patagonia.

marabottìno o **maravedìno** [dall'ar. *marābiṭī*, relativo agli Almoravidi, dinastia cordovana, attr. lo sp. *maravedí*; a. 1590] **sm.** antica moneta spagnola, maravedì.

marabòtto [etim. inc.; 1607] **sm.** *T.mar.* nome della più piccola delle vele latine.

marabù[1] [dal fr. *marabout*; 1821] **sm.** nome comune di un grande uccello africano dei Ciconidi, dal lungo becco e il collo nudo con pelle sovrabbondante che pende: le piume bianche e finissime della coda vengono usate per guarnire cappelli e abiti femminili ‖ *per anton.* le piume stesse.

marabù[2] [dal fr. *marabout*; 1869] **sm.** qualità di stoffa pregiata di seta greggia.

marabuttàggio (pl. *-gi*) [da *marabù*[2]; 1970] **sm.** *T.tess.* torsione cui si sottopone la seta per renderla crespa.

marabùtto o **marabùt** [dall'ar. *marābiṭ*, che sta nel monastero di frontiera; 1847 *marabuta*] **sm.** **1.** asceta musulmano che gode di particolare prestigio ed è considerato in possesso di poteri soprannaturali **2.** tomba di un marabutto.

maràcas [da una voce tupi, attr. lo sp.; 1958] **sf.** *pl.* strumento musicale sudamericano, costituito da zucche vuote o palle di legno cave, riempite con sassolini e fornite di manici per agitarle.

marachèlla [dall'ebr. *meraggēl* esploratore, spia; 1698] **sf.** azione illecita, fatta di nascosto, ma non grave: *ha compiuto una delle sue solite marachelle* ‖ **N.** *Sin.* birichinata, gherminella, marioleria.

maracuja (port., pr. bras. [mara'kuʒɐ]) [1988] **sf.** *inv.* frutto tropicale da cui si ricava un gustoso succo ‖ **N.** *Sin.* frutto della passione, passiflora.

maràgia o **maragià** **sm.** *inv.* adattamento it. di *mahārāja* (v.).

maramàglia V. MARMAGLIA.

maramaldeggiàre (pres. *-éggio*) [da *maramaldo*; a. 1973] **intr.** (aus. *avere*) fare il maramaldo.

maramàldo [dal n. proprio Fabrizio *Maramaldo*, feroce capitano di ventura; 1905] **sm.** *per anton.* traditore, vile che infierisce sui deboli o sui vinti.

maramào V. MARAMEO.

maràme [dal prov. *mairam*; 1311] **sm.** quantità di rifiuti, scarti ‖ *per estens.* grande quantità di cose o persone ammassate o accatastate.

maramèo o **maramào** [voce onomatopeica; 1891] **escl.** espressione di derisione o di beffa che imita la voce del gatto e vuol dire presappoco: "non me la fai"; *far marameo*, come gesto di scherno, appoggiare il pollice sul naso e chiudere più volte le altre dita.

maràna v. MARRANA.

marangóne[1] [dal lat. *mergus*, smergo; sec. XIV] **sm.** cormorano.

marangóne[2] [da *marangone*[1]; prima metà sec. XIV] **sm.** **1.** *T.mar. disus.* palombaro **2.** *region.* falegname.

maràno o **marràno** [etim. inc.; a. 1470] **sm.** nave mercantile mediterranea in uso dal XV al XVI sec.

marànta [dal n. proprio B. *Maranta*, medico it.; 1988] **sf.** *T.bot.* genere di piante monocotiledoni, erbacee, originarie dell'America tropicale, e in part. del Brasile, con fogliame apprezzato per la decorazione di serre e appartamenti, coltivate per il rizoma tuberoso da cui si estrae l'amido.

Marantàcee [comp. del n. proprio B. *Maranta*, botanico e *-acee*; 1934] **sf. pl.** *T.bot.* famiglia di piante dicotiledoni tropicali, ornamentali o commestibili.

maràsca [per (*a*) *maresca* da *amaro*; a. 1320] **sf.** sorta di ciliegia molle, di sapore asprigno || **N.** *kirsch*, maraschino; CILIEGIA.

maraschino [da *marasca*; a. 1786] **sm.** liquore preparato per distillazione dalle marasche.

maràsco (pl. *-schi*) [da *marasca*; 1863] **sm.** sorta di ciliegio.

maràșma [dal gr. *marasmós*, consunzione; sec. XV] **sm.** **1.** *T.med.* consunzione ed estenuazione generale del corpo umano, dovuta a vecchiaia o a malattia cronica **2.** *fig.* stato di disgregazione caotica, di un'istituzione o di una comunità || **N. 1.** *Sin.* cachessia **2.** *Sin.* caos, sfacelo.

maràșmio (pl. *-mi*) [dal gr. *marasmós*, consunzione, perché il cappello, seccandosi, si restringe senza marcire; 1967] **sm.** fungo delle Agaricacee dal corpo fruttifero carnoso, coriaceo e, in alcune specie, commestibile; altre specie, in part. nelle zone tropicali, sono velenose e parassite di piante, per es. del cacao.

maràșmo **sm.** *raro* v. MARASMA.

maràsso [dal lat. *mataris*, giavellotto; a. 1536] **sm.** serpente dei Viperidi con vasta diffusione, presente anche oltre i 2000 m.

maratóna [dal n. della città attica *Marathṓn*; 1918] **sf.** *T.sport.* corsa di resistenza a piedi con percorso di 42,800 km, inclusa tra le gare olimpiche || *per estens.* prova estenuante, grande fatica || gara di resistenza: *maratona di ballo.* **TAV. *atletica* p. 657** 1.5.

maratonèta [da *maratona*; 1910] **s.** *T.sport.* chi corre la maratona; corridore di resistenza.

maratonìna [dim. di *maratona*; 1942] **sf.** gara di marcia o di corsa disputata su strada o su pista, per una distanza di venti km.

maràtto v. MAHARATTO.

maravèdi [dallo sp. *maravedí*; a. 1536] **sm.** antica moneta d'oro spagnola, coniata dalla dinastia degli Almoravidi.

maravedino v. MARABOTTINO.

maravìglia e der. v. MERAVIGLIA e der.

maràzzo [etim. inc.; 1602 ca.] **sm.** *arc.* acquitrino.

màrca[1] [dal germ. *marka*, segno di confine; a. 1278] **sf.** *T.stor.* nell'impero carolingio, paese di confine: *la marca d'Ancona.*

màrca[2] [dal germ. *marka*, segno; 1685] **sf.** **1.** segno o marchio impresso o applicato su un oggetto per indicarne la proprietà o il luogo di provenienza o di fabbricazione || *in part.* marchio di fabbrica; *per meton.* la ditta rappresentata da tale marchio: *le grandi marche di elettrodomestici*; *fidati! è una buona marca*; *di marca*, di qualità || *fig.* stampo, carattere: *un attentato di marca fascista* **2.** *marca da bollo*, quadratino di carta gommata simile a un francobollo che si appone ai manifesti, alle ricevute ecc., in segno di pagamento della relativa tassa **3.** biglietto o gettone che serve per ritirare oggetti depositati o sim. || *dim.* marchétta || **N. 1.** *Sin.* bollo, cifra, contrassegno, distintivo, impronta, iniziali, insegna, marchio, sigla, suggello **3.** *Sin.* contromarca, scontrino.

marcaménto [da *marcare*; 1913] **sm.** *T.sport.* nei giochi a squadra, l'azione condotta dalla difesa intesa a sorvegliare e a neutralizzare l'attacco: *marcamento a uomo*, in cui a ogni attaccante è affiancato un difensore; *marcamento a zona*, in cui il controllo è esercitato sugli attaccanti che si trovano in una determinata area.

marcantònio (pl. *-ni*) [prob. dal n. proprio *Marco Antonio*, personaggio stor. romano rappresentato grande e grosso; 1764] **sm.** (f. *-a*) *scherz.* persona alta, grossa e robusta: *un bel pezzo di marcantonio.*

marcapèzzi [comp. di *marca*(*re*) e *pezzo*; 1957] **s. inv.** addetto a marcare i prodotti di una lavorazione industriale.

marcapiàno [comp. di *marcare* e *piano*; 1942] **sm.** striscia colorata o cornice aggettante che indica all'esterno dell'edificio il limite tra un piano e l'altro. **TAV.** *abitazione* 2.8.

marcapùnti [comp. di *marcare* e *punti*; 1869] **sm. inv.** arnese, con una rotellina dentata, di cui il calzolaio si serve per segnare i punti da dare sulla suola delle scarpe. **TAV. *utensili* p. 1341** 31.6.

marcàre (pres. *màrco, màrchi*) [da *marca*[2]; a. 1348] **tr.** **1.** apporre la marca o il marchio: *marcare la biancheria* || annotare, segnare: *marcare i punti, le assenze* **2.** caricare, accentuare: *marcare la voce, marcare i contorni* **3.** nel gergo militare: *marcare visita*, richiedere una visita medica; *per estens. scherz.* darsi ammalato per schivare qualche impegno **4.** *T.sport.* segnare un punto a favore della propria squadra: *marcare un gol* || sottoporre a marcamento: *marcare stretto l'avversario* || **N. 1.** *Sin.* bollare, contrassegnare, marchiare, segnare **2.** *Sin.* calcare, rinforzare.

marcassìte o **marcașìte** [dall'ar. *marqashītā*; sec. XIV *marcassita*] **sf.** *T.min.* solfuro di ferro, minerale che si trova inglobato in rocce sedimentarie; se ne fanno oggetti d'ornamento e gioielli.

marcatèmpo [comp. di *marcare* e *tempo*; 1937] **sm.** **1.** impiegato che nelle industrie controlla i tempi di lavorazione necessari per una data operazione **2.** dispositivo che segnala o registra intervalli di tempo noti || **N. 2.** *Sin. timer.*

marcatézza [da *marcato*; 1988] **sf.** *T.ling.* caratteristica di un termine in una opposizione binaria che presenta, rispetto al termine opposto, una marca fonologica, morfologica, sintattica o semantica, ad es. *banco* rispetto a *banca*, ingl. *books* rispetto a *book.*

marcàto (*pps.* di *marcare*) [a. 1363] **agg.** **1.** segnato da un marchio || *T.ling. termine marcato*, in una coppia di termini in opposizione rispetto a un tratto distintivo, quello caratterizzato dalla presenza di tale tratto (ad es. *b* nella coppia *b-p*, rispetto alla sonorità) || *T.chim. sostanza marcata*, resa radioattiva in modo da poterne seguire i movimenti e le reazioni con il contatore Geiger **2.** accentuato, vigoroso: *voce marcata, forme marcate.*

marcatóre [da *marcare*; sec. XIV] **sm.** **1.** (f. *-trìce*) chi marca || *T.sport.* giocatore che segna punti a favore della propria squadra || giocatore che marca un avversario **2.** *T.biol. marcatore genetico*, in una catena di DNA mutante, filamento normale o mutante di cui sia possibile seguire la trasmissione ereditaria. **Q.T.** *genetica...*

marcatrìce [da *marcare*; 1957] **sf.** macchinario per imprimere marchi o scritte.

marcatùra [da *marcare*; sec. XIV] **sf.** **1.** l'atto e l'effetto del marcare **2.** *T.sport.* l'azione di marcare || punto messo a segno; anche il totale dei punti.

marcescènte [dal lat. *marcescens, -entis*; 1834] **agg.** *lett.* che marcisce || *T.bot.* di parte della pianta che appassisce ma non si stacca || **N.** *Sin.* marcio, purulento, putrefatto.

marcescènza [da *marcescente*; 1960] **sf.** *non com.* l'essere marcescente || *T.bot.* marciume.

marcescìbile [dal lat. mediev. *marcescibilis*, ricavato da *immarcescibilis*; 1803] **agg.** *lett.* che può marcire || **N.** *Contr.* immarcescibile.

march v. MARSC'.

marchéșa [da *marca*[1]; 1580 ca.] **sf.** la moglie del marchese; signora di un marchesato || *dim.* marchesìna.

marcheșàle [da *marchese*[1]; a. 1536] **agg.** *ant.* di o da marchese o marchesa || **N.** *Sin.* marchionale.

marcheșàna [da *marchese*[1]; a. 1300] **sf.** nel periodo feudale, signora di un marchesato.

marcheșàto [da *marchese*[1]; a. 1348] **sm.** **1.** territorio sottoposto alla giurisdizione di un marchese **2.** titolo di marchese.

marchéșe[1] [dal prov. *marques*, ant. fr. *marchis*; sec. XIII] **sm.** **1.** feudatario di un paese di confine (marca), perciò di speciale importanza militare **2.** titolo nobiliare che è fra il conte e il duca || **N.** marchionale.

marchéșe[2] [etim. inc.; a. 1468] **sm.** *pop.* ciclo mestruale.

marcheșìna [da *marchese*[1]; 1869] **sf.** figlia giovane del marchese.

marcheșìno [da *marchese*[1]; 1550] **sm.** figlio giovane del marchese.

marchétta (*dim.* di *marca*) [1918 nel senso 3; 1957 nel senso 1] **sf.** **1.** marca assicurativa e previdenziale da incollare sui libretti di lavoro **2.** gettone che la prostituta riceveva nella casa di tolleranza per ogni sua prestazione || *per estens.* atto di meretricio || *pop. far marchette*, prostituirsi **3.** *pop.* prostituta od omosessuale che si prostituisce.

marchettàra [da *marchetta*; 1959] **sf.** *rom.* prostituta.

marchettàro [da *marchetta*; 1978] **sm.** *rom.* omosessuale che si prostituisce.

marchétto [da *S. Marco*, che vi era effigiato; a. 1494] **sm.** antica moneta veneziana del valore di un soldo.

marchiàno [da *marchigiano*; a. 1535] **agg.** **1.** madornale, grossolano: *spropositi marchiani*; *per estens.* da: **2.** *ant. ciliegia marchiana*, qualità di ciliegie molto grosse || **N. 1.** *Sin.* GROSSO.

marchiàre (pres. *màrchio*) [dal fr. a. *marchier*; 1333 ca.] **tr.** contrassegnare col marchio: *marchiare il bestiame, marchiare a fuoco.*

marchiatóre [da *marchiare*; sec. XIV] **sm.** (f. *-trice*) chi esegue la marchiatura.

marchiatùra [da *marchiare*; sec. XIV] **sf.** l'atto e l'effetto del marchiare.

marchigiàno [dalla *Marca* (di Ancona); a. 1294] **I agg.** delle Marche: *territorio marchigiano* **II sm.** **1.** (f. *-a*) abitante delle Marche **2.** (solo *sing.*) dialetto delle Marche.

marchingégno [comp. da una prima parte di etim. inc. e da *ingegno*; 1965] **sm.** *scherz.* attrezzo ingegnoso dal funzionamento complesso || *fig. meno com.* espediente, trovata sagace.

màrchio (pl. *-chi*) [da *marchiare*; 1564] **sm.** **1.** segno permanente che si imprime su qualcosa per contraddistinguerla o specificarne le caratteristiche; *in part.* l'impronta fatta con ferro rovente sul corpo dei cavalli o altri animali per riconoscerne la proprietà || *marchio d'infamia*, impronta che con ferro rovente si faceva sulla spalla dei condannati per delitti infamanti di modo che si potessero in ogni occasione riconoscere; anche *fig.* taccia: *nessuno può toglierví questo marchio di dosso* || bollo apposto dai pubblici ufficiali sui pesi, misure, metalli preziosi e sim. per garantirne la precisione o il titolo || *marchio di fabbrica,* contrassegno che caratterizza i prodotti di una determinata fabbrica; *marchio brevettato,* depositato all'ufficio brevetti; *marchio di commercio,* distingue le merci vendute da un'impresa **2.** lo strumento usato per marchiare.

marchionàle [da *marca*[1]; 1554] ***agg.*** *lett.* di marchese.

màrcia[1] (pl. *-ce*) [da *marciare*; 1598] ***sf.*** **1.** andatura regolata secondo un ritmo, adottata spec. da militari o gruppi di persone che procedono ordinati in sincronia di movimenti: *a passo di marcia* **2.** *per estens.* il cammino fatto con tale passo: *una marcia di tre km, mettersi in marcia; marcia forzata,* lungo percorso senza soste fatto dai soldati || camminata a passo normale compiuta da un corteo come manifestazione pacifica di protesta: *marcia per i detenuti politici* **3.** *T.sport.* specialità dell'atletica leggera che si corre sulla distanza di 3, 5, 10, 15, 20, 30, 50 km; si distingue dalla corsa in quanto, durante l'azione, il marciatore deve sempre avere un piede a contatto con il suolo **4.** *T.mus.* composizione strumentale in due o quattro tempi, dal ritmo marcato, adatto ad accompagnare il movimento di gruppi in cammino: *marcia funebre, trionfale, militare, la banda attacca una marcia* **5.** *T.aut.* ciascuna delle velocità relative ai vari rapporti di trasmissione: *innestare, cambiare la marcia; marcia indietro,* dispositivo, di un'automobile, treno e sim., per far procedere la macchina a ritroso: *far marcia indietro;* anche *fig.* operare in senso contrario a quello in cui si era operato sino allora || **N.** **2.** *Sin.* camminata, cammino; contromarcia | alt, tappa. **Q.T.** *automobile* **TAV.** ***atletica*** **p. 657** 1.6; ***automobile*** **p. 658** 4.2.

màrcia[2] (pl. *-ce*) [f. di *marcio*; a. 1320] ***sf.*** umore putrido che si genera nelle piaghe, nelle ulcere ecc. || **N.** *Sin.* pus.

marcialónga o **màrcia lónga** (pl. *marcelónghe*) [comp. di *marcia* e del sett. *longo,* lungo; 1971] ***sf.*** *T.sport.* gara di sci da fondo a lungo percorso e a partecipazione libera.

marciàno [dal lat. *marciānus,* dal patronimico *Marcus*; 1834] ***agg.*** relativo a San Marco: *biblioteca marciana, codice marciano.*

marciapiède [dal fr. *marchepied*; 1779 ca.] ***sm.*** **1.** la striscia di spazio più o meno larga, perlopiù lastricata ed elevata come un gradino, che è ai due lati della strada e serve per uso dei pedoni; anche quella che costeggia i binari nelle stazioni, riservata ai passeggeri || *fig. battere il marciapiede,* fare la prostituta **2.** *T.mar.* cavo teso al di sotto dei pennoni, su cui i marinai appoggiano i piedi durante le manovre delle vele || **N.** **1.** banchina, salvagente. **TAV.** *abitazione* 3.15; ***vela*** **p. 1343** 6.5.

marciàre[1] (pres. *màrcio*) [dal fr. ant. *marchier*; a. 1535] ***intr.*** (aus. *avere*) **1.** di soldati in ordinanza, camminare regolarmente con passo cadenzato, talvolta a suon di musica: *il battaglione marciò fino in piazza* || camminare, di più persone insieme, con un certo ordine || *fig. fam. far marciare,* far rigare dritto **2.** di veicolo, andare, funzionare || **N.** **1.** andare in ordinanza, battere il passo, sfilare.

marciàre[2] (pres. *màrcio*) [da *marcio*; a. 1380] ***tr.*** *ant.* far divenire marcio.

marciàta [da *marciare*[1]; a. 1644] ***sf.*** *non com.* marcia.

marciatóre [da *marciare*[1]; 1957] ***sm.*** (f. *-trìce*) **1.** *T.sport.* atleta che pratica la marcia **2.** chi ha buona resistenza nella marcia, camminatore.

marciatràm [comp. di *marcia(re)* e *tram*; 1963] ***sm.*** *inv. disus.* settore stradale riservato al transito dei tram.

màrcido [dal lat. *marcidus*; prima metà sec. XIII] ***agg.*** *lett.* marcio.

marcigliàna o **marciliàna** o **marsigliàna** o **marsiliàna** [etim. inc.; 1430 ca.] ***sf.*** *T.mar.* mercantile a vela del XV e XVI sec.

marcìme [da *marcio*; 1869] ***sm.*** la parte del letto delle bestie che marcisce e viene usata per far letame.

marciménto [da *marcire*; a. 1758] ***sm.*** *raro* il marcire || **N.** *Sin.* putrefazione.

marcìno [da *marcio*; 1869] ***sm.*** *non com.* nome d'una qualità di vino assai gustoso, fatto con uva dolce, quasi prossima a marcire.

màrcio (pl. m. *-ci*, pl. f. *-ce*) [dal lat. *marcidus*; 1260 ca.] **I** ***agg.*** in decomposizione, sovente con aspetto e odore disgustoso: *mele, uova marce* || che ha perduto l'originale freschezza, deteriorato: *acqua marcia; legno, muro marcio,* molle e disfatto dall'umidità || di parte del corpo, guasto per suppurazione: *dito marcio, polmoni marci* || *fig.* corrotto: *società, persona marcia* || in alcune espressioni ha valore enfatico: *torto marcio, ubriaco marcio* **II** ***sm.*** cosa marcia, o la parte marcia di qualcosa: *è qui il marcio, c'è odore di marcio; fig.: in questa faccenda c'è del marcio* || **N.** I *Sin.* cancrenoso, corrotto, decomposto, fradicio, marcescente, purulento, putrefatto, putrido.

marciolìno [da *marcio*; 1869] ***sm.*** il sapore che prende il vino fatto d'uva che comincia a marcire (cfr. MARCINO) || il sapore di cibo che comincia a marcire.

marcióso [da *marcio*; 1547] ***agg.*** *lett.* purulento: *piaga marciosa.*

marcire (pres. *-ìsco, -ìsci*) [lat. *marcēre*; fine sec. XIV] ***intr.*** (aus. *essere*) divenir marcio: *gli marcì un dito; i frutti marcivano sull'albero; il legno marciva alla pioggia* || *fig.* starsene lungo tempo ozioso senza far moto, perdendo la floridezza o le forze: *marcire in prigione, in casa* || di canapa e sim., macerarsi || ***tr.*** *non com.* far marcire || **N.** ***intr.*** *Sin.* corrompersi, decomporsi, imputridire, putrefarsi, suppurare; andare a male.

marcìta [da *marcire*; a. 1597] ***sf.*** prato irriguo, su cui si fa correre un leggero strato d'acqua, per proteggerlo d'inverno dal freddo e avere più tagli d'erba.

marcìto (*pps.* di *marcire*) [1313] ***agg.*** che è andato a male: *un frutto marcito.*

marcitóia [da *marcire*; sec. XVIII] ***sf.*** marcita.

marcitóio (pl. *-ói*) [da *marcito*; 1822] ***sm.*** vasca in cui si fanno macerare i cenci nelle cartiere || **N.** *Sin.* maceratoio.

marcitùra [da *marcire*; 1869] ***sf.*** *raro* l'atto del marcire e il suo effetto, putrefazione.

marciùme [da *marcio*; a. 1498] ***sm.*** insieme di cose marce o parte marcia di qualcosa; anche *fig.* corruzione morale || *T.bot.* alterazione della normale consistenza dei tessuti vegetali dovuta a funghi e batteri: *marciume secco, molle, marciume radicale* || **N.** *Sin.* marcio, purulenza, pus, putridume, suppurazione.

màrco (pl. *-chi*) [dal ted. *Mark*; 1285 nel senso 2] ***sm.*** **1.** unità monetaria in uso in Finlandia e in Germania || nome di varie monete antiche diffuse in passato in Europa **2.** antica unità di peso per metalli preziosi.

marcofilìa [comp. di *marca* e *-filia*; 1970] ***sf.*** collezionismo di marche da bollo.

marcòlfo [dal n. proprio *Marcolfo,* personaggio di novelle medievali; 1869] ***sm.*** persona goffa, dai modi rozzi.

marconigrafìa [comp. del n. proprio G. *Marconi* e *-grafia*; 1954] ***sf.*** *raro* radiotelegrafia. **Q.T.** *telefono...*

marconigràmma [comp. del nome dello scienziato G. *Marconi* e di *-gramma*; 1903] ***sm.*** dispaccio ottenuto con la radiotelegrafia del sistema Marconi || **N.** *Sin.* radiogramma, radiotelegramma.

marconìsta [dal nome dello scienziato G. *Marconi*; 1935] ***s.*** radiotelegrafista. **Q.T.** *telefono.*

marconiterapìa [comp. dal nome dello scienziato G. *Marconi* e di *terapia*; 1938] ***sf.*** *T.med.* cura mediante applicazioni di onde corte e ultracorte.

marcorèlla [dal lat. *mercuriālis* (*herba*), erba di Mercurio, dio al quale erano attribuiti i poteri terapeutici della pianta; prima metà del XIV sec.] ***sf.*** pianta erbacea delle Euforbiacee dall'odore sgradevole || **N.** *Sin.* mercuriale.

mardochèo [dal n. proprio *Mardocheo,* personaggio biblico, per influsso pop. di *merda*; 1945] ***sm.*** *sett.* uomo sciocco, da nulla.

màre [lat. *mare*; a. 1250] ***sm.*** **1.** la massa delle acque salate che coprono la maggior parte della superficie nel globo terrestre: *viaggiar per mare, fondo del mare* || con significato più ristretto, una parte di esso, zona di mare circondata dalle terre: *Mar Adriatico, Mar Rosso, Mar Nero, i mari glaciali* || *alto mare,* parte del mare lontana dalla riva, dove le acque sono molto profonde || *mare grosso,* gonfio per effetto della tempesta || *mare lungo,* a ondulazione lenta, con onde lunghe, senza spruzzi né spume || *mare vecchio* o *morto,* simile a mare lungo, ma con onde più stanche, dopo una mareggiata || *fuori c'è mare, c'è molto mare, non c'è mare,* al largo il mare è agitato, è molto agitato, è calmo || *mare territoriale,* fascia di mare adiacente alle coste di uno stato che ne fissa l'ampiezza e su cui estende la propria sovranità || *mare libero,* zona di mare fuori dalle acque territoriali || *colpo di mare,* onda che urta violentemente una nave || *uomo di mare,* marinaio || *lupo di mare,* marinaio esperto || *correre il mare,* fare il corsaro || *porto di mare,* città sulla riva del mare alla quale approdano le navi; *fig.* luogo frequentato da molta gente che va e viene: *quella casa è un vero porto di mare* || *venti di mare,* che spirano dalla parte del mare || *frutti di mare,* molluschi commestibili || *mal di mare,* malore di stomaco che molti soffrono viaggiando per mare || *tenere il mare,* di imbarcazione, resistere bene all'urto delle onde || *andare al mare,* recarsi in villeggiatura in una località marina || *fig. cercare uno per terra e per mare,* in ogni luogo || *fig. essere in alto mare,* essere impelagati in una faccenda, non venirne a capo || *fig. buttare a mare,* abbandonare al suo destino, gettare via || *fig. è una goccia nel mare,* un contributo insignificante || *fig. portare acqua al mare,* fare cose inutili || *prov. l'acqua va al mare,* la ricchezza si concentra nelle mani di chi la possiede **2.** *fig.* distesa, ampia superficie: *un mare di sabbia* || grande quantità: *un mare di roba, un mare di lacrime, un mare di guai* || *mare magno* V. MARE MAGNUM **3.** *T.astr. mari lunari,* zone oscure della superficie della luna. **Q.T.** *geografia, nautica..., pesca* **TAV.** *geografia* 1.13.

marèa [dal fr. *marée,* a. 1348] ***sf.*** *T.mar.* movimento regolare e periodico delle acque del mare, per cui esse si abbassano e si rialzano alternativamente, formando due correnti in direzione opposta che si chiamano *flusso* e *riflusso*; è effetto dell'attrazione combinata del sole e della luna || *corrente di marea,* quella provocata da forti maree || *marea terrestre,* fenomeno analogo che, in misura minima, caratterizza la crosta terrestre che è elastica e quindi deformabile per effetto delle forze che provocano la marea delle acque || *fig.* folla in movimento: *una marea di gente si riversò sui poliziotti* || **N.** alta marea, bassa marea, mare crescente, mare decrescente, mareografo, risucchio.

mareggiaménto [da *mareggiare*; a. 1705] ***sm.*** *raro* il mareggiare.

mareggiàre (pres. *-éggio*) [da *mare*; 1319 ca.] ***intr.*** (aus. *avere*) **1.** del mare, ondeggiare con una certa violenza || *fig.* fluttuare, muoversi come le onde marine: *la folla mareggiava, l'erba del prato mareggia* **2.** *raro* navigare.

mareggiàta [da *mareggiare*; a. 1484] ***sf.*** agitazione violenta del mare causata dai venti di traversia; trascinando l'acqua verso la costa, può provocare gravi danni || **N.** burrasca, fortunale, procella, tempesta.

maréggio (pl. *-gi*) [da mareggiare; 1465] ***sm.*** il mareggiare, l'ondeggiare del mare.

mare magnum (lat., pr. it. ['mare 'maɲɲum]) [a. 1629] ***loc. m.*** *inv.* quantità grande e disordinata; si usa anche la forma italianizzata *mare magno.*

marémma [da *mare*; a. 1292] ***sf.*** terra bassa e paludosa che si estende lungo il mare; *per anton.* la Maremma toscana.

maremmàno [da *maremma*; a. 1250] ***agg.*** originario o caratteristico della Maremma: *cavalli maremmani, fieno maremmano* || *razza maremmana,* di bovini, dal mantello grigio-bianco e lunghe corna; di suini, dalla pelle e setole nere; di cavalli, veloci e resistenti || *pastore maremmano,* cane di grossa taglia con pelo lungo di colore bianco usato per la custodia delle greggi.

maremòto [comp. di *mare* e *moto* sul modello di *terremoto*; 1891] ***sm.*** la ripercussione nella massa delle acque di un movimento sismico del fondo del mare; in prossimità di una costa, il fenomeno si manifesta talvolta con onde alte e violente che si rovesciano sulla terra vicina devastandola || **N.** *Sin.* acquemoto.

marèna[1] [dal ted. *Maräna,* dall'ant. slavo *morje* mare; 1957] ***sf.*** pesce lacustre dei Salmonidi con pinna dorsale notevolmente sviluppata; *più com.* coregone.

marèna[2] v. AMARENA.

maréngo o **marèngo** (pl. *-ghi*) [dal n. della città *Marengo* dove fu coniata la moneta; 1863] ***sm.*** moneta d'oro da venti franchi, fatta coniare da Napoleone dopo la vittoria di Marengo || antica moneta d'oro italiana del valore di venti lire-oro || *mezzo marengo,* moneta d'oro del valore di dieci lire-oro || *dim.* marenghìno; *accr.* marengóne || **N.** fiorino, napoleone.

mareogràfico (pl. *-ci*) [da *mareografo*; 1957] ***agg.*** relativo alle maree e agli strumenti che le registrano: *apparecchio mareografico.*

mareògrafo [comp. di *marea* e *-grafo*; 1913] ***sm.*** strumento per misurare e registrare le diverse altezze, le variazioni e la durata delle maree.

mareogràmma [comp. di *marea* e *-gramma,* come il fr. *maréogramme*; 1957] ***sm.*** registrazione effettuata col mareografo.

mareòmetro [comp. di *marea* e *-metro*; 1937] ***sm.*** *T.geogr.* strumento per misurare l'altezza e la durata delle maree e le loro variazioni || **N.** mareografo.

marescàlco (pl. *-chi*) [lat. mediev. *mariscalcus,* dal francone *marshkalk*; sec. XIII *maliscalco*] ***sm.*** *ant.* maniscalco.

maresciàlla [dal fr. *maréchalle,* f. di *marechal,* maresciallo; 1671] ***sf.*** **1.** moglie di un maresciallo di corte **2.** *scherz.* moglie di un maresciallo || donna autoritaria.

maresciallàto [da *maresciallo*; a. 1644] ***sm.*** *T.mil.* grado e dignità di maresciallo.

maresciàllo [da *maresciallo*; 1644] ***sm.*** **1.** in taluni eserciti, titolo di suprema dignità militare: *Napoleone apparve circondato dai suoi marescialli*; *bastone di maresciallo,* insegna del grado || in Italia, il più alto grado dei sottufficiali: *maresciallo dei carabinieri*; *maresciallo, maresciallo capo, maresciallo maggiore,* i tre gradi di maresciallo **2.** *maresciallo del Conclave,* alto ufficiale della Curia papale, a cui è affidata la custodia e l'inviolabilità del Conclave **3.** nel Medioevo, dignitario delle scuderie reali.

marése [dal fr. *marais*; a. 1348] ***sm.*** *ant.* raccolta di acqua stagnante, palude.

marétta [da *mare*; 1577] ***sf.*** *T.mar.* leggera e superficiale agitazione del mare, con onde fitte e spumose, che si produce nelle zone ristrette e negli spazi chiusi dove non si possono formare le ampie ondulazioni del mare aperto || *fig.* stato di malcontento, nervosismo, disagio, spec. in politica.

marẓẓàna [etim. inc.; 1739] ***sf.*** zona di terra ai lati del Po, compresa tra il primo argine del fiume e l'argine più arretrato, coperta gen. di boscaglia o canneti, cui le acque giungono solo in caso di piena.

mareẓẓàre (pres. *-éẓẓo*) [da *mare*; 1578] ***tr.*** dare il marezzo ai drappi e sim. || **N.** *Sin.* amarezzare, ondare, razzare, variegare, venare.

mareẓẓàto (*pps.* di *marezzare*) [1570 ca.] ***agg.*** che presenta una superficie solcata da venature con diverse sfumature o riflessi cangianti: *seta marezzata.*

mareẓẓatùra [da *marezzare*; 1706] ***sf.*** **1.** l'effetto di superficie marezzata **2.** nell'industria tessile, procedimento impiegato per conferire il marezzo ai tessuti.

maréẓẓo [da *marezzare*; 1530 nel senso 2 *marizzo*] ***sm.*** **1.** ondeggiamento di colore diverso dal fondo, che ha spesso il legno o il marmo, e che si dà talvolta anche alle stoffe **2.** intonaco lavorato in modo da imitare le venature del marmo.

màrga [dal lat. *marga*; 1476] ***sf.*** marna.

margarìna [dal fr. *margarine*; 1869] ***sf.*** sostanza prodotta con grassi animali e oli vegetali idrogenati, impiegata come surrogato del burro.

margarìta[1] ***sf.*** *arc.* o *region.* v. MARGHERITA.

margarìta[2] [da *margarita*[1]] ***sf.*** *T.pell.* specie di palmella usata dai conciatori per ammorbidire i cuoi pesanti.

margaritàggio (pl. *-gi*) [da *margarita*[2]; 1988] ***sm.*** *T.pell.* in conceria, l'operazione di rifinitura effettuata con la margarita sui cuoi pesanti allo scopo di ammorbidirli.

margarìte [dal gr. *margarítēs,* perla; 1934] ***sf.*** *T.min.* mica calcifera grigia o biancastra, con iridiscenze perlacee.

margàro ***sm.*** *region.* v. MALGARO.

margherìta [dal lat. *margarīta,* perla; 1546] ***sf.*** **1.** nome comune di varie specie di Composite, a infiorescenza gialla riunita a capolino, con una corona di fiori ligulati bianchi || *sfogliare la margherita,* staccare un petalo per volta dicendo "m'ama, non m'ama" per avere, all'ultimo petalo, il responso amoroso **2.** *T.cuc.* *pasta margherita,* specie di pasta dolce soffice e friabile; *torta margherita,* fatta con tale impasto || *pizza margherita,* con pomodoro, mozzarella e origano **3.** *T.mar.* nodo che si fa nel mezzo di una corda per accorciarla, senza che occorra aver liberi i capi; anche *nodo a margherita* **4.** nelle macchine da scrivere, elemento di scrittura mobile e intercambiabile **5.** *ant.* perla: *gettar le margherite ai porci,* dare cose pregevoli a chi non ne capisce il valore || *dim.* margheritìna; *accr.* margheritóna.

margheritìna (*dim.* di *margherita*) [1735] ***sf.*** **1.** piccola margherita || pianta simile alla margherita, ma più piccola, assai diffusa nei nostri prati, detta anche *pratolina* **2.** ciascuno dei globetti di vetro forati come perline, che s'infilano per farne guarnizioni agli abiti femminili, conterie.

margheritóna (*accr.* di *margherita*) [a. 1938] ***sf.*** **1.** grossa margherita **2.** pianta erbacea delle Composite, simile alla margheritina, ma con fiori grandi e vistosi, coltivata nei giardini.

margheròtta [dal n. geogr. *Marghera,* località nei pressi di Venezia dove veniva costruita; 1834] ***sf.*** *T.mar.* barca lunga e sottile, assai veloce, con otto rematori.

marginàle [da *margine*; 1666] ***agg.*** **1.** che è al margine, che fa da margine: *postille marginali* || *fig.* di importanza secondaria: *questioni marginali, attività marginale* || *T.psic.* *coscienza marginale,* che si trova ai margini dell'attenzione e dell'esperienza e quindi più sfocata **2.** *T.econ.* *analisi marginale,* analisi economica sviluppata dal marginalismo, usata soprattutto nello studio della formazione dei prezzi nelle varie forme di mercato; *utilità marginale,* incremento di utilità derivante da un dato incremento nel consumo di un bene, contrapposto all'*utilità totale,* intesa come utilità derivante dal consumo di un insieme di beni || **N. 2.** marginalismo.

marginàlia [da **marginālis,* falso latinismo coniato in Inghilterra; 1908] ***sm.pl.*** **1.** note critiche sparse, brevi appunti; *fig.* di: **2.** osservazioni fatte sul margine di un libro.

marginalịsmo [da *marginale*; 1957] ***sm.*** *T.econ.* indirizzo economico della seconda metà del sec. XIX che si basa sull'idea che per spiegare i rapporti di scambio ci si debba rifare alla preferenza del consumatore e non al lavoro richiesto per la produzione del bene.

marginalìsta [da *marginale*; 1988] ***s.*** e ***agg.*** *T.econ.* seguace, fautore del marginalismo; relativo al marginalismo.

marginalìstico (pl. *-ci*) [da *marginalismo*; 1957] ***agg.*** *T.econ.* che si riferisce alla teoria del marginalismo: *principio marginalistico.*

marginalità [da *marginale*; 1975] ***sf.*** *T.sociol.* atteggiamento ispirato ad anticonformismo e ad individualismo (secondo il pensiero del sociologo statunitense David Riesman).

marginaliẓẓazióne [da *marginale,* sul modello del fr. *marginalisation*; 1971] ***sf.*** atto o effetto del mettere ai margini, spec. dal punto di vista politico o sociale, emarginazione: *la marginalizzazione delle donne in politica, la marginalizzazione delle culture minori.*

marginàre (pres. *màrgino*) [dal lat. *margināre*; 1598] ***tr.*** impostare i margini su un foglio da stampare o da scrivere a macchina.

marginàto (*pps.* di *marginare*) [1957] ***agg.*** **1.** che è fornito di margini; in part. in dattilografia o in tipografia, delimitato da ampi margini: *pagina ben marginata* **2.** *T.bot.* detto di foglia, frutto, seme circondato lungo il margine da un'ala o rilievo di colore diverso dal resto.

marginatóre [da *marginare*; 1957] ***sm.*** **1.** nelle macchine per scrivere, dispositivo che serve a fissare i margini laterali della pagina **2.** *T.fot.* dispositivo che, in fase di ingrandimento, mantiene ferma e distesa la carta sensibile e fa sì che la foto risulti con un bordo bianco sui quattro lati.

marginatùra [da *marginare*; 1863 nel senso 2] ***sf.*** **1.** l'atto e l'effetto del marginare **2.** *T.tip.* l'insieme dei regoli di metallo usati in tipografia per marginare **3.** *T.filat.* la parte del francobollo che costituisce il margine || **N. 1.** di cucitura, di piede, di taglio, di testa | margine, orlatura. **TAV.** ***filatelia*** 1.2.

màrgine [dal lat. *margo, -inis*; 1313 ca.] ***sm.*** **1.** orlo estremo di una superficie, da un lato o tutt'intorno: *il margine della via, del fosso, di una foglia* **2.** lo spazio bianco dentro il quale è inquadrato lo scritto in una pagina: *margine inferiore, superiore, laterale*; *ass.* s'intende il margine laterale esterno: *prender nota in margine al libro* || *fig.* *vivere ai margini della società,* essere emarginato, vivere di espedienti || *loc. prep.* *in margine a,* contemporaneamente e secondariamente **3.** *per estens.* quantità eccedente rispetto al necessario, che serve da garanzia e da riserva: *margine di sicurezza, di guadagno, di vantaggio* **4.** regoletto di metallo con cui i tipografi fanno il margine ai libri, marginatura **5.** *sf.* *ant.* cicatrice d'una ferita, rimarginatura || **N. 1.** *Sin.* bordo, ciglio, confine, estremità, lembo, limite, sponda. **TAV.** ***fiori...*** **p. 671** 5.

marginóso [da *margine*; 1869] ***agg.*** *non com.* che ha margini larghi.

màrgo [dal lat. *margo*; a. 1533] ***sm.*** *inv.* *arc.* margine.

margóne [etim. inc.; a. 1673] ***sm.*** *T.idr.* gora che porta via l'acqua dopo che è stata utilizzata da un mulino.

margòtta [dal fr. *margotte*; 1745] **sf.** *T.agr.* metodo di riprodurre una pianta direttamente dai rami, che si ottiene applicando un manicotto di plastica pieno di terriccio su uno dei rami fintanto che non siano prodotte radici proprie, quindi tagliando al di sotto e piantando: *riproduzione per margotta.*

margottàre (pres. *-òtto*) [da *margotta*; 1745] **tr.** riprodurre una pianta per margotta.

margottièra [da *margotta*; 1957] **sf.** *T.agr.* nella tecnica della margotta, recipiente di coccio o di latta che tiene fermo il terriccio bagnato attorno al ramo inciso.

margòtto **sm.** v. MARGOTTA.

margraviàto [da *margravio*; 1831 ca.] **sm.** *T.stor.* **1.** titolo, giurisdizione del margravio **2.** durata della sua carica.

margràvio (pl. *-vi*) [dal ted. *Markgraf*, conte di una marca, attr. il lat. mediev. *marcgravius*; 1768] **sm.** nel Sacro Romano Impero, titolo nobiliare simile a quello di marchese, con poteri giurisdizionali, amministrativi e politici || **N.** burgravio, langravio.

mariàno [da *Maria*; 1869] **agg.** *T.eccl.* relativo al culto di Maria, madre di Gesù: *mese mariano*, il mese di maggio consacrato a tale culto.

mariàẓo [voce ven., letter. maritaggio; 1935] **sm.** *T.lett.* componimento dialettale in versi, fiorente nei secoli XV e XVI, dialogato o scenico, che aveva come argomento della sua comicità, spesso salace, matrimoni, amori, scene di vita coniugale d'ambiente contadino.

maricèllo [da *amaro*; 1300 ca.] **sm.** *ant.* amarezza.

maricoltóre [comp. di *mare* e *-coltore*; 1983] **sm.** addetto alla maricoltura.

maricoltùra [comp. di *mare* e *-coltura*; 1983] **sf.** tecnica di allevamento intensivo di pesce marino, effettuata anche con interventi a livello genetico.

marijuana (sp., pr. [mari'xwana]; pr. it. [marju'ana]) [letter. Maria Giovanna; 1932] **sf.** *inv.* infiorescenza essiccata della canapa indiana, che si fuma (di solito mista a tabacco) come droga blandamente esilarante || **N.** *Sin.* erba.

marimba [da una voce africana, attr. lo spagnolo; a. 1680] **sf.** *inv.* strumento musicale africano a percussione, formato da tavolette di legno duro, sotto le quali sono fissate zucche vuote come risuonatori.

marina [da *mare*; 1319 ca.; 1653 nel senso 4] **sf.** **1.** il mare, spec. nella parte vicino alle coste, considerato part. nel suo aspetto: *marina chiara, tremolante* **2.** la costa del mare: *passeggiare per la marina* || area costiera di una provincia o prolungamento del centro abitato di una città lungo il mare; spesso nei toponimi: *Marina di Pietrasanta, Marina di Ravenna* **3.** *T.pitt.* quadro rappresentante vedute di mare **4.** *T.mar.* l'insieme delle persone, attrezzi, impianti e navi che servono a navigare o a combattere per mare: *marina mercantile, da guerra, da diporto*; *ufficiale di Marina* || *Ministero della Marina*, quello preposto alla suprema amministrazione delle forze navali dello Stato || **N.** **1.** *Sin.* MARE **2.** *Sin.* litorale. **Q.T.** *forze armate.*

marinàio (pl. *-ài*) [da *marina*; 1308 ca.] **sm.** chiunque esercita la sua attività a bordo di una nave per il funzionamento di questa, uomo di mare || soldato di marina || *marinaio d'acqua dolce*, che presta servizio su fiumi o laghi, *spreg.* incompetente || *promessa da marinaio*, che non sarà mantenuta. **Q.T.** *nautica...*

marinàra [da *marinaro*, 1881] **sf.** piccola uniforme da marinaio usata come abito infantile || *alla marinara*, alla maniera dei marinai: *zuppa alla marinara, colletto alla marinara.*

marinàre (pres. *-ìno*) [da *marino*; a. 1587] **tr.** **1.** tenere immersa una vivanda, per un periodo più o meno lungo, in una salsa di solito a base di aceto o vino, per conservarla, frollarla o insaporirla: *alici, trote marinate, cinghiale, camoscio marinato* || *fig. scherz.* tenere in serbo: *ma tua figlia la tieni in casa a marinare?* **2.** *marinare la scuola, la lezione*, non andarci, far vacanza senza autorizzazione || **N.** **1.** *Sin.* mettere in carpione | *civet*, marinata, salmì.

marinarésco (pl. *-schi*) [da *marinaro*; 1353 ca.] **agg.** di o da marinaio: *canzoni marinaresche.*

marinarétto (*dim.* di *marinaro*) [1953] **sm.** **1.** piccolo marinaro **2.** orfano di marinaio, educato alla vita marinara in un istituto assistenziale **3.** bambino vestito alla marinara.

marinàro [da *marina*; sec. XIII come sm.] **I** **agg.** che si riferisce a mare, a marina, a marinaio: *città marinara, abitudini marinare* **II** **sm.** *poet.* marinaio || *dim.* marinarétto.

marinàta [da *marinare*; a. 1561] **sf.** *T.cuc.* salsa aromatica a base di aceto o vino, e spezie, in cui si tengono immerse certe vivande per dar loro sapore o morbidezza, o per conservarle: *mettere in marinata* || la vivanda così ottenuta: *marinata di alici.*

marinatùra [da marinare; 1919] **sf.** l'atto e l'effetto del marinare.

marine (ingl., pr. [mə'ri:n]; pr. it. [ma'rin]) [originariamente, soldato che serve nella marina militare; 1957] **sm.** *inv.* (anche pl. *marines*, pr. [mə'ri:nz], pr. it. [ma'rins]) soldato della fanteria marina americana, impiegato specialmente come truppa da sbarco.

marinerìa [da *marina*; inizio del sec. XIV] **sf.** **1.** l'insieme degli arnesi, persone, navi, attrezzi atti a navigare o a combattere per mare, marina **2.** *ant.* arte della navigazione.

marinière [dal fr. ant. *marinier*; sec. XIII] **sm.** *ant.* marinaio.

marinìṣmo [dal n. del poeta G.B. *Marino*; 1618] **sm.** *T.lett.* maniera letteraria ispirata allo stile del poeta G.B. Marino e diffusa nel Seicento, caratterizzata da sovrabbondanza di figure retoriche astruse e strabilianti.

marinìsta [dal n. del poeta G.B. *Marino*; 1710] **s.** *T.lett.* seguace di G.B. Marino o del marinismo.

marinìstico (pl. *-ci*) [da *marinista*; 1957] **agg.** *T.lett.* che si ispira al marinismo: *poesia di gusto marinistico.*

marino [dal lat. *marīnus*; 1313 ca.] **I** **agg.** di mare: *piante marine, uccelli marini, località, onde marine* || *cavalluccio marino*, ippocampo || *vitello marino*, foca **II** **sm.** vento che proviene dal mare.

mariolerìa [da *mariòlo*; a. 1808 *mariuoleria*] **sf.** azione da mariolo.

mariolésco (pl. *-schi*) [da *mariòlo*; 1869] **agg.** *non com.* da mariolo.

mariòlo (lett. *mariuòlo*) [etim. sconosciuta; a. 1543] **sm.** (f. *-a*) persona disonesta, birbante || *fam. scherz.* bambino irrequieto, anche *agg.*

mariologìa [comp. di *Maria* e *-logia*; 1957] **sf.** parte della teologia cattolica che si riferisce al culto della Vergine.

mariològico (pl. *-ci*) [da *mariologia*; 1970] **agg.** relativo alla mariologia.

mariòlogo (pl. *-gi*) [da *mariologia*; 1970] **sm.** (f. *-a*) studioso, esperto di mariologia.

marionétta [dal fr. ant. *maryonete*, dim. di *Marion*, dal n. proprio *Marie*; 1681] **sf.** figura di legno o di cartapesta, mossa con fili dall'alto, che si fa agire per rappresentazioni teatrali; differisce dal burattino che non ha corpo intero ed è mosso internamente dalle dita della mano || *fig.* persona che si muove per impulso altrui || *fig.* persona che ha movenze rigide, a scatti: *fare la marionetta* || **N.** fantoccio, pupo, testa di legno.

marionettista [da *marionetta*; 1874] **s.** chi muove i fili delle marionette facendole camminare, muovere e agire, e dando loro la voce.

marionettìstico (pl. *-ci*) [da *marionetta*; 1905] **agg.** di o da marionette: *spettacolo marionettistico, stile marionettistico.*

maritàbile [da *maritare*; 1869] **agg.** *non com.* che può maritarsi, in età da marito.

maritàggio (pl. *-gi*) [da *maritare*; sec. XIII] **sm.** *ant.* **1.** matrimonio **2.** nel Medioevo, dote disposta da un istituto apposito, a favore di donne nobili per consentire loro un matrimonio adeguato || contributo pagato dai sudditi in occasione del matrimonio di signori feudali.

maritàle [da *marito*; sec. XIV] **agg.** di marito, del marito: *dignità maritale, autorità maritale* || coniugale: *casa, letto maritale* || **maritalménte** **avv.** da marito e moglie.

maritaménto [da *maritare*; prima metà sec. XIV] **sm.** *disus.* matrimonio.

maritànda [gerundivo di *maritare*; 1673] **sf.** *non com.* donna da marito.

maritàre [dal lat. *maritāre*; a. 1250] **tr.** **1.** dare in sposa: *maritò la figlia a un commerciante*; *ass.* accasare, sistemare: *ha due figlie ancora da maritare* || *fig.* unire una cosa con un'altra: *maritare le viti agli olmi* **2.** *ant.* fidanzare || **rifl.** prendere marito, sposarsi (talvolta detto anche di uomo): *non si vuole più maritare* || **rifl. rec.** unirsi in matrimonio: *quei due si mariteranno presto* || **N.** **tr.** **1.** *Sin.* sposare | **rifl.** *Sin.* accasarsi.

maritàto (*pps.* di *maritare*) [1803] **agg.** congiunto in matrimonio: *donna maritata*; anche *sf.* || *T.cuc.* preparato mescolando ingredienti diversi: *frittata maritata*, ripiena; *minestra maritata*, con tipi diversi di pasta.

marìto [dal lat. *marītus*; a. 1250] **sm.** **1.** uomo congiunto in matrimonio, rispetto alla moglie: *un marito infedele, premuroso*; *le mogli spesso si lamentano dei mariti, essere divisa, separata dal marito* || *da marito*, di ragazza, che è in età da potersi maritare || *prendere marito*, congiungersi in matrimonio, detto di donna || *perdere il marito*, restare vedova || *prov. tra moglie e marito non mettere il dito*, è meglio non immischiarsi nei problemi di una coppia **2.** *region. scherz.* scaldino **3.** *T.agr.* pianta che serve di sostegno alla vite || *dim.* maritìno, maritùccio; *accr.* maritóne; *pegg.* maritàccio || **N.** **1.** *Sin.* coniuge, consorte, sposo; compagno, convivente, uomo | diviso, divorziato, separato; bigamo, fedele, geloso, legittimo, vedovo | divorzio, ripudio, separazione legale **3.** *Sin.* tutore.

maritòzzo [prob. da *marito*; a. 1722] **sm.** panino dolce, con olio, uva passa e pinoli, di forma perlopiù ovale bislunga.

marittimità [da *marittimo*; 1957] **sf.** *T.geogr.* carattere marittimo di una regione, definibile sulla base dell'estensione delle coste, della distanza dal mare dei suoi punti più interni e della lunghezza dei suoi confini terrestri.

marittimo [dal lat. *maritimus*; a. 1484] **I** **agg.** che riguarda la navigazione e le attività che si svolgono sul mare: *commercio, traffico, diritto marittimo* || che si trova in prossimità del mare: *località, flora marittima* || *T.meteor. clima marittimo*, relativamente fresco d'estate e caldo d'inverno **II** **sm.** qualifica generica di chi svolge il proprio lavoro sul mare o in settori riguardanti la navigazione, come porti e cantieri navali: *il settore dei marittimi* || **N.** **I** *Sin.* marinaio, marinaresco, marinaro, marino. **Q.T.** *nautica...*

mariuòlo **agg.** *lett.* v. MARIOLO.

marker (ingl., pr. ['mɑ:kə]) [letter. segnale, spia; 1983] **sm.** *inv.* **1.** evidenziatore **2.** *T.med.* sostanza, gen. un antigene, che, presente nell'organismo in valori abnormi, segnala la presenza di alcune malattie infettive (per es. l'epatite virale).

market (ingl., pr. ['mɑ:kɪt]; pr. it. ['market]) [letter. mercato; 1966] **sm.** *inv.* supermarket.

marketing (ingl., pr. ['ma:kɪtɪŋ]; pr. it. ['marketiŋ(g)]) [da to *market*, vendere; 1957] **sm.** *inv. T.econ.* l'insieme delle tecniche intese a orientare la produzione e la distribuzione di merci in modo funzionale alle richieste di mercato; *ricerca di marketing*, raccolta, elaborazione e studio di dati riguardanti il mercato; *strategia di marketing*, l'insieme delle decisioni che un'impresa prende riguardo al settore di mercato prescelto e alle caratteristiche del prodotto a esso indirizzato. **Q.T.** *commercio..., economia...*

marmàglia o **maramàglia** (pl. *-glie*) [dal fr. *marmaille*; a. 1568] **sf.** quantità di gente spregevole e da poco: *in quel quartiere abita la marmaglia della città*; *una marmaglia di straccioni* || *per estens.* branco di ragazzini chiassosi e indisciplinati || **N.** *Sin.* gentaglia; accozzaglia, cricca; CANAGLIA.

marmagliùme [da *marmaglia*; 1891] **sm.** gentaglia pessima.

marmàio (pl. *-ài*) [da *marmo*; a. 1696] **sm.** *disus.* marmista.

marmàre [da *marmo*; a. 1742] **tr.** *raro* far diventare freddo, gelido come marmo.

marmàto (*pps.* di *marmare*) [a. 1704] **agg.** freddo come il marmo: *piedi marmati.*

marméggia (pl. *-ge*) [etim. inc.; a. 1449] **sf.** larva di un coleottero dei Dermestidi, che si trova specialmente nelle carni secche.

marmellàta [dal portogh. *marmelada*, cotognata; 1579] **sf.** conserva di frutta ottenuta facendola bollire a pezzi in altrettanto zucchero: *marmellata di pesche, di ciliegie* || **N.** composta, confettura, gelatina.

marmétta [da *marmo*; a. 1936] **sf.** *T.mur.* mattonella di frammenti di marmo legati con cemento, per fare pavimenti || *accr.* marmettóne (*sm.*).

marmettàio (pl. *-ài*) [da *marmetta*; 1957] **sm.** (f. *-a*) operaio addetto alla fabbricazione di marmette.

marmettìsta [da *marmetta*; 1965] **s.** marmettaio.

marmettóne (*accr.* di *marmetta*) [1975] **sm.** marmetta di dimensioni maggiori e quindi più pregiata.

marmìfero [comp. di *marmo* e *-fero*; 1758] **agg.** che produce, che abbonda di marmi: *terreno marmifero, cave marmifere* || che concerne l'estrazione e il commercio dei marmi: *società marmifera.*

marmìno (*dim.* di *marmo*) [a. 1869] **sm.** pezzetto di marmo o di metallo che, poggiato in terra, mantiene la porta aperta.

marmìsta [da *marmo*; a. 1749] **s.** lavoratore del marmo || **N.** *Sin.* marmorario, scalpellino, scultore.

marmìtta [dal fr. *marmite*; 1598 *marmita*] **sf.** **1.** vaso di terracotta o di metallo simile a una pentola, ma più grande, per cuocervi vivande lesse o minestre; *in part.* quella dove si cuoce il rancio dei soldati **2.** *T.aut.* parte del sistema di scarico, destinata ad attenuare il rumore: *marmitta catalitica* V. CATALITICO **3.** *T.geol.* *marmitte dei giganti*, buche nella roccia, di ampiezza e profondità variabili, dovute al moto rotatorio di grossi sassi travolti dalle acque interne dei ghiacciai o di un torrente || *dim.* marmittìna; *accr.* marmittóna, marmittóne.

marmittóne (*accr.* di *marmitta*) [1888] **sm.** *scherz.* nel gergo militare il soldato, gen. recluta, goffo e inesperto.

màrmo [lat. *marmor*; 1308 ca.] **sm.** *com.* ogni pietra fine e dura suscettibile di essere lavorata e lucidata, per sculture, rivestimenti, decorazione e sim.; *propr.* roccia calcarea metamorfica a struttura cristallina; *marmo scolpito, cava di marmo, statua, pavimento di marmo* || *per meton.* lastra di marmo: *cassettone col marmo*; lavoro scolpito nel marmo, anche frammento: *raccolta di antichi marmi* || in espressioni fig., simbolo di freddezza e durezza: *essere di marmo, freddo* o *duro come il marmo, avere il cuore di marmo*, essere freddi e insensibili || *essere diventati un pezzo di marmo*, essere intirizziti || *dim.* marmìno || **N.** PIETRA | greggio, levigato, monocromo, pario, peperino, policromo | alabastro, bardiglio, bianco di Carrara, botticino, breccia bianca, breccia rossa, broccatello, giallo di Siena, lumachella, marmo rosso, Portoro a venatura giallodorata, rosso di Serravezza, serpentina, travertino, verde di Polcevera | blocco, fenditura, lapide, lastra, scheggia, venatura; scalpellino.

marmòcchio (pl. *-chi*) [dal fr. *marmot*; a. 1665] **sm.** (f. *-a*) *scherz.* bambino || *dim.* marmocchiétto, marmocchìno || **N.** BAMBINO.

marmoràio V. MARMORARIO.

marmoràre (pres. *màrmoro*) [dal lat. *marmorāre*; 1869] **tr.** marmorizzare.

marmoràrio o **marmoràio** (pl. *-ri* o *-ài*) [dal lat. *marmorārius*; a. 1381] **sm.** (f. *-a*) artigiano che lavora il marmo, marmista.

marmoreggiàre (pres. *-éggio*) [da *marmo*; sec. XIV-XV] **tr.** *raro* marmorizzare.

marmòreo [dal lat. *marmoreus*; 1374] **agg.** *lett.* di marmo: *colonna, statua marmorea* || *fig.* simile al marmo: *freddezza marmorea*; *faccia marmorea*, faccia tosta, persona sfrontata.

marmorizzàre [prob. dal fr. *marmoriser*; 1869] **tr.** dare apparenza di marmo riproducendone le tipiche macchie e venature: *marmorizzare la carta, una parete.*

marmorizzatùra [da *marmorizzare*; 1957] **sf.** **1.** operazione del marmorizzare **2.** l'aspetto di una superficie simile a quella del marmo.

marmorizzazióne [da *marmorizzare*; 1957] **sf.** operazione, tecnica del marmorizzare.

marmósa [dal fr. *marmose*; 1957] **sf.** genere di piccoli Marsupiali dalla coda lunga e prensile, viventi in Sudamerica.

marmòtta [da una voce **marmotta* diffusa nelle Alpi dalla base onomatopeica *marm-*; a. 1367] **sf.** **1.** mammifero dei Roditori dal corpo tozzo, pelliccia di color grigio, orecchie piccole e nascoste; vive in montagna e d'inverno cade in letargo || *dormire come una marmotta*, a lungo e profondamente || *fig.* uomo pigro e dormiglione **2.** *T.ferr.* segnale basso d'instradamento, che si pone di solito in prossimità degli scambi || *dim.* marmottìna; *accr.* marmottóna.

marmottìna [da *marmotta*, perché i commessi viaggiatori la portano con sé come i girovaghi montanari portavano con sé una marmotta in una cassetta; 1908] **sf.** valigetta in cui il commesso viaggiatore mette il proprio campionario.

màrna [dal fr. *marne*; a. 1770] **sf.** roccia sedimentaria calcareo-argillosa, di color grigio, che si utilizza per la produzione di calci e cementi.

marnàre [da *marna*; a. 1811] **tr.** *T.agr.* correggere l'acidità del terreno con la marna.

marnatùra [da *marnare*; a. 1869] **sf.** l'atto e l'effetto del marnare.

marnièra [da *marna*; 1866 ca.] **sf.** cava di marna.

marnóso [da *marna*; 1792] **agg.** ricco di marna: *terreno marnoso.*

màro [dal lat. *marum*; a. 1498] **sm.** pianta aromatica delle Labiate di odore intenso e sapore amaro detta com. *erba dei gatti.*

maròcca [da *marra*, mucchio di sassi; 1905] **sf.** **1.** *T.geol.* accumulo di grossi ciottoli e frammenti di rocce dovuti a fenomeni glaciali **2.** scarto, rifiuto di mercanzia.

marocchinàre (pres. *-ìno*) [da *marocchino*²; 1869] **tr.** conciare la pelle per farne marocchino || dare l'aspetto di marocchino a materiali.

marocchìno¹ [da *Marocco*; 1860] **I** **agg.** del Marocco **II** **sm.** (f. *-a*) abitante del Marocco.

marocchìno² [da *Marocco*; 1554] **sm.** **1.** cuoio pregiato assai fine e morbido ottenuto con una speciale lavorazione da pelli di capra o di montone **2.** la striscia di pelle che si trova internamente ai cappelli || **N.** **1.** PELLE.

marógna [lat. volg. **matronia*, da *māter*; a. 1519] **sf.** *lomb.* scorie che rimangono dopo la combustione del carbone.

maronìta [dal nome di S. *Marone*; 1600] **s.** appartenente alla comunità cattolica del Medio Oriente, denominata da S. Marone, presente soprattutto in Libano; anche *agg.*: *rito maronita.*

maróso [da *mare*; a. 1292] **sm.** ondata violenta del mare grosso: *la spuma bianca dei marosi* || **N.** cavallone, ONDA.

marpióne [dal fr. *marpion*; 1950] **sm.** (f. *-a*) individuo subdolo, scaltro e imbroglione; furbacchione.

marquise (fr., pr. [mar'ki:z]) [letter. marchesa; 1908] **sf.** *inv.* **1.** poltrona bassa diffusa nel sec. XVIII **2.** anello da donna col castone allungato || pietra preziosa tagliata a navetta **3.** tipo di tenda avvolgibile **4.** dolce a base di cioccolato, burro e uova.

marquisette (fr., pr. [marki'zɛt]) [letter. marchesina; 1965] **sf.** *inv.* **1.** tessuto molto leggero e trasparente a trama rada, utilizzato per tendaggi **2.** tenda avvolgibile per finestra.

màrra¹ [lat. *marra*; 1313 ca.] **sf.** **1.** specie di zappa col ferro largo e corto che si adopera per ribattere il terreno seminato o per lavorare la superficie del terreno || *T.mur.* arnese simile al precedente, per disfare la calce mescolandola con sabbia **2.** *T.mar.* la parte estrema dei bracci dell'ancora, con la quale essa fa presa nel fondo del mare || *dim.* marrétta, marrèllo (*sm.*). **TAV. *edilizia* p. 666** 12.11; ***vela* p. 1342** 3.6.

màrra² [prob. lat. volg. *marra*; 1952] **sf.** cumulo di sassi.

marràna (dial. *maràna*) [voce di or. preindoeuropea; 1785] **sf.** a Roma, fosso per incanalare l'acqua e per irrigare.

marràncio (pl. *-ci*) [prob. da *marra*; 1863] **sm.** coltello grosso e pesante da macellaio.

marràno [dallo sp. *marrano*; a. 1470] **sm.** **1.** *lett.* persona infida, traditore: *vil marrano!* usato spesso scherz.; *per estens.* da: **2.** nel Medioevo spagnolo moro o ebreo convertito per forza e perciò di dubbia fede.

marranzàno [dal sic. *marransanu*, grillo canterino; 1957] **sm.** strumento musicale siciliano, simile allo scacciapensieri.

marrascùra [comp. di *marra* e *scuro*; inizio sec. XV] **sf.** strumento fornito di un ferro con una parte a scure e l'altra a marra, utilizzato per ripulire gli ulivi.

marrìto o **marrìtto** e der. V. MANDRITTO e der.

marròbbio o **marròbio** V. MARRUBIO.

marrocchinatùra [da *marrocchinare*; 1957] **sf.** tecnica con cui si ottiene il cuoio marrocchino || *per estens.* tecnica con cui si dà a un qualsiasi materiale che non sia pelle l'aspetto del cuoio marrocchino: *la marrocchinatura di una stoffa.*

marrocchìno e der. V. MAROCCHINO² e der.

marron (fr., pr. [ma'rɔ̃]) [marrone; 1905] **sm.** e **agg.** *inv.* (sempre posposto) colore marrone: *un bel cappotto marron, il marron scuro ti dona.*

marronàta [da *marrone*; 1890] **sf.** **1.** marmellata di marroni **2.** *pop.* errore, sciocchezza madornale: *che marronata!*

marróne¹ [etim. inc.; a. 1320] **I** **sm.** **1.** varietà di castagno che fa il frutto più grosso e più saporito delle castagne comuni || frutto di tale albero **2.** colore tipico delle bucce delle castagne: *il marrone non va più di moda* **3.** *fam.* errore, svista piuttosto grossa; granchio, sfarfallone **II** ***agg.*** (gen. *inv.* è sempre posposto) del colore tipico delle bucce delle castagne: *un abito marrone; aveva gli occhi marroni.*

marróne² [prob. dal longob. *marh**, cavallo; 1869] ***sm.*** **1.** in un branco, l'animale che fa da guida || *in part.* cavallo adulto e tranquillo che viene affiancato a un puledro da ammansire **2.** guida alpina.

marronéto [da *marrone*, sec. XVI] ***sm.*** *non com.* bosco di marroni.

marron glacé (fr., pr. [marɔ̃ gla'se], pl. *marrons glacés*) [1880] ***loc. m. inv.*** marrone candito.

marronsécco (pl. *-chi*) [comp. di *marrone* e *secco*; 1943] ***sm.*** marrone fatto seccare al forno.

marrovèscio ***sm.*** *pop.* V. MANROVESCIO.

marrubìna [da *marrubio*; 1952] ***sf.*** *T.chim.* sostanza organica di sapore amaro, contenuta nel marrubio, impiegata come tonico e rinfrescante.

marrùbio o **marròbbio** o **marròbio** (pl. *-bi*) [dal lat. *marrubium*; prima metà del sec. XIV] ***sm.*** pianta delle Labiate che cresce nei luoghi incolti; ha sapore acre e amaro, e odore muschiato; usata un tempo come medicinale.

marrùca [etim. inc.; 1567] ***sf.*** **1.** pianta delle Ramnacee, spinosa, tipica della macchia mediterranea; ha foglie ovali e fiori giallognoli **2.** *marruca bianca*, biancospino.

marrucàio (pl. *-ài*) [da *marruca*; 1803 ca.] ***sm.*** luogo dove crescono molte marruche.

marruchéto [da *marruca*; 1803 ca.] ***sm.*** *non com.* marrucaio.

marsàla [da *Marsala*, città della Sicilia; 1860] ***sm.*** e *pop.* ***sf.*** vino liquoroso di colore giallo-arancio carico, molto alcolico, dal caratteristico *bouquet* aromatico e dal sapore pieno: *marsala secco, abboccato, all'uovo.*

marsalàre (pres. *-àlo*) [da *marsala*; 1957] ***tr.*** dare a un vino bianco il profumo e il sapore del marsala.

marsc' o **marc'** o **march** o **marsch** (pr. [marʃ]) [dal fr. *marche!*, imperat. di *marcher*, marciare; a. 1930] comando usato per ordinare a gruppi di militari, alunni ecc. di mettersi in marcia: *avanti marsc'.*

marsigliàna V. MARCIGLIANA.

marsigliése [da *Marsiglia*; a. 1827] **I** ***agg.*** della città di Marsiglia || *tegola marsigliese T.edil.* tegola con scanalture che permettono l'incastro; anche *sf.* **II** ***sf.*** inno nazionale della Francia, composto da Rouget de l'Isle a Strasburgo nel 1792: *intonare la Marsigliese.*

marsilea o **marsilia** [dal n. proprio L.F. *Marsili*; 1831] ***sf.*** *T.bot.* genere di felci a cui appartiene il *quadrifoglio acquatico.*

Marsileàcee o **Marsiliàcee** [comp. di *marsilea* e *-acee*; 1965] ***sf. pl.*** *T.bot.* famiglia di felci acquatiche viventi in stagni e in terreni paludosi.

marsiliàna V. MARCIGLIANA.

marsìna [dal nome del belga Jean de *Marsin*; 1695] ***sf.*** abito maschile da cerimonia con falde a coda di rondine || **N.** *Sin.* frac.

marsovino o **marsuino** [dal nordico *marsvin*, porco di mare, attr. il fr. *marsouin*; a. 1565 *marsuino*] ***sm.*** cetaceo marino simile al delfino, con pinna triangolare sul dorso || **N.** *Sin.* focena.

marsupiàle [da *marsupio*; 1934] **I** ***agg.*** *T.zool.* relativo al marsupio: *ossa marsupiali* **II** ***sm.*** individuo dell'ordine dei Marsupiali.

Marsupiàli (sing. *-e*) [da *marsupio*; 1829] ***sm.*** *T.zool.* ordine dei Mammiferi le cui femmine sono dotate di un marsupio nel quale raccolgono la prole, imperfetta alla nascita, fino a compiuto sviluppo; sono diffusi specialmente in Australia e nelle Americhe || **N.** canguro, koala, opossum, sariga. **Q.T.** *zoologia* **TAV.** ***mammiferi*** **p. 1318**.

marsùpio (pl. *-pi*) [dal lat. *marsūpium*; 1934] ***sm.*** **1.** tasca ventrale caratteristica delle femmine dei Marsupiali, internamente dotata di capezzoli **2.** *ant.* borsa || borsa munita di cintura che gli sciatori, i camminatori portano in vita. **TAV.** ***mammiferi*** **p. 1318** 3.1.

martagóne [dallo sp. *martagón*; 1494] ***sm.*** pianta erbacea delle Liliacee || **N.** *Sin.* giglio gentile, turbante di turco.

màrte¹ [dal lat. *Mārs, Mārtis*; 1313 ca.] ***sm.*** martedì, solo nel prov.: *né di venere né di marte non si sposa e non si parte.*

màrte² [dal lat. *Mārs, Mārtis*; 1338 ca.] ***sm.*** (gen. scritto con l'iniziale maiuscola) **1.** *per meton. poet.* la guerra: *empia licenza e Marte, vestivan me del lor sanguineo manto* (Foscolo) || *campo di Marte*, campo destinato agli esercizi militari; campo marzio || *popolo di Marte*, gli antichi Romani **2.** il quarto pianeta del sistema solare. **TAV.** *astrologia* 2.7.

martedì [dal lat. *Mārtis dies*, giorno di Marte; 1238 *martidie*] ***sm.*** nome del secondo giorno della settimana || *martedì grasso*, ultimo giorno di carnevale.

martellaménto [da *martellare*; sec. XV] ***sm.*** l'atto, l'effetto del martellare.

martellàre (pres. *-èllo*) [da *martello*; 1305 ca.] ***tr.*** battere ripetutamente col martello: *martellare un chiodo* || lavorare col martello per assottigliare o dar forma: *martellare una lastra di rame* || *per estens.* colpire, picchiare: *lo martellarono di pugni* || *fig.* tormentare, assillare: *la gelosia lo martella* || *martellare qualcuno di domande*, fargliene molte di seguito e con insistenza || *T.mil.* di artiglieria, battere un terreno con incessanti colpi di cannone || ***intr.*** (aus. *avere*) picchiare col martello || *fig.* pulsare violentemente: *mi martellano le tempie* || **N.** ***tr.*** *Sin.* forgiare, fucinare, inchiodare, modellare, PICCHIARE | ***intr.*** *Sin.* palpitare.

martellàta [da *martello*; sec. XIV] ***sf.*** **1.** colpo di martello **2.** *fig.* dolore: *questa fu per me una martellata al cuore* || **N.** *Sin.* mazzata.

martellàto (*pps.* di *martellare*) [seconda metà del sec. XIV] ***agg.*** *cristallo martellato*, lavorato a facce || *T.mus. note martellate*, da eseguire staccate e assai marcate.

martellatóre [da *martellare*; fine del sec. XIV] ***sm.*** (f. *-trìce*) chi è addetto alla martellatura.

martellatùra [da *martellare*; sec. XIV] ***sf.*** l'azione e l'effetto del martellare || *in part. T.fab.* lavorazione, propr. a freddo, cui viene sottoposto il metallo che debba essere forgiato, con incudine e martello || *T.agr.* marcatura delle piante pronte per il taglio, fatta con una specie di martello.

martellétto (*dim.* di *martello*) [a. 1571] ***sm.*** piccolo martello di legno, ricoperto di feltro, che percuote e fa suonare la corda del pianoforte || nell'orologio, percussore della soneria || nella macchina da scrivere, ciascuna delle leve che all'estremità portano i caratteri di stampa.

martelliàno [dal n. del poeta bolognese P.J. *Martello* che lo introdusse nella versificazione italiana; a. 1793] ***agg.*** e ***sm.*** verso formato da due settenari piani, corrispondenti all'alessandrino francese.

martellìna [da *martello*; a. 1537] ***sf.*** martello con penna affilata usata spec. da muratori e scalpellini. **TAV.** ***edilizia*** **p. 666** 12.10.

martellinàre (pres. *-ìno*) [da *martellina*; 1957] ***tr.*** lavorare con la martellina.

martellinatóre [da *martellinare*; 1957] ***sm.*** (f. *-trìce*) chi è addetto alla martellinatura.

martellinatùra [da *martellinare*; 1957] ***sf.*** tecnica di lavorazione o rifinitura di pietre o metalli, la cui superficie viene resa ruvida o sfaccettata usando la martellina.

martellìo (pl. *-ìi*) [da *martello*; 1891] ***sm.*** martellare intenso, continuato o frequente.

martellìsta [da *martello*; 1957 nel senso 2] ***s.*** **1.** *T.sport.* atleta specializzato nel lancio del martello **2.** addetto al martello pneumatico || *in part.* addetto alle rincalzature delle traversine dei binari.

martèllo [dal lat. tardo *martellus*; 1308 ca.] ***sm.*** **1.** utensile assai diffuso, impiegato per battere, conficcare, rompere, costituito da un blocchetto metallico massiccio e allungato (mazza) che ha un foro centrale (occhio) dove entra il manico, e che, nella forma più comune, a una delle estremità è schiacciato o appuntito (taglio o penna) e dall'altra è massiccio e squadrato (bocca): *martello da falegname, da calzolaio, da muratore*; *T.alp. martello-piccozza*, martello da ghiaccio appuntito e ricurvo da un lato e schiacciato dall'altro, impiegato nella progressione frontale || *per estens.* nome di utensili e macchine che esercitano l'azione del martello: *martello pneumatico*, macchina operatrice in cui l'azione di percussione o perforante è prodotta da aria compressa || *martello perforatore*, martello pneumatico adoperato per preparare i fori delle mine || *T.med. martello percussore*, attrezzo adoperato per provare i riflessi tendinei o muscolari nell'esame neurologico || *lavorare di martello*, dar forma e sbalzare con maestria un metallo prezioso utilizzando solo il martello || *suonare a martello*, suonare la campana a colpi staccati per chiamare a raccolta, in caso di gravi pericoli pubblici || *fig. non com.* tormento, pensiero affannoso: *il martello della gelosia* || *fig. essere tra l'incudine e il martello*, essere sottoposto all'azione di due forze ostili **2.** nome di vari oggetti che hanno uso o forma analoghi a quello di un martello: *martello della porta*, battente || nella campana l'asta metallica che produce i rintocchi, battaglio **3.** *T.sport.* attrezzo da lancio formato da una sfera metallica cui è fissato un filo d'acciaio munito di maniglia rigida **4.** *T.anat.* l'ossicino più esterno dei tre contenuti nella cavità del timpano **5.** *pesce martello*, grosso pesce, dei mari caldi, che presenta all'altezza del capo due grosse protuberanze simmetriche, sulla sommità delle quali si trovano gli occhi || *dim.* martellìno, martellétto, martellùccio; *accr.* martellóne; *pegg.* martellàccio || **N. 1.** *Sin.* maglio, martellina, mazza, mazzapicchio, mazzuola, mazzuolo, piccone, piccozza. **Q.T.** *fabbro* **TAV.** *alpinismo* 3; ***anatomia*** **p. 642** 18.4; ***atletica*** **p. 657** 1.9; ***utensili*** **p. 1340** 5.

martelògio o **martològio** (pl. *-gi*) [dal fr. ant. *martrologe*, martirologio, poi cartolario, registro; 1889] ***sm.*** *T.mar.* abaco usato nei sec. XIV e XV dai marinai del Mediterraneo per calcolare le rotte.

martensite [dal n. del metallurgista ted. A. *Martens*; 1957] ***sf.*** lega metallica formata di ferro e di carbonio, che conferisce durezza all'acciaio temperato.

martinàccio (pl. *-ci*) [dal n. proprio *Martino*; a. 1676] ***sm.*** **1.** *non com.* chiocciola più grossa delle comuni **2.** *scherz.* grosso orologio da tasca.

martinèlla [dal n. proprio *Martino*; a. 1348] ***sf.*** **1.** *T.stor.* a Firenze, la campana che veniva suonata a lungo per incitare ai preparativi nell'imminenza di una guerra || la campana del carroccio che chiamava a raccolta **2.** *scherz.* il campanello usato dai presidenti delle due Camere.

martinèllo ***sm.*** *non com.* V. MARTINETTO.

martinétto [dal n. proprio *Martino*; a. 1597] ***sm.*** **1.** macchina usata per il sollevamento ad altezza limitata di grossi carichi, che funziona in base a un sistema di viti o di leve (*martinetto meccanico*), sfruttando un fluido sotto pressione (*martinetto idraulico*) o aria compressa (*martinetto pneumatico*) **2.** *T.metal.* grosso martello di ferro, messo in movimento da una forza motrice, che serve per la lavorazione del ferro **3.** arnese per tendere le corde della balestra || **N. 1.** martinetto a cremagliera, a pantografo, a vite; cric.

martingàla [dal fr. *martingale*; a. 1556] ***sf.*** **1.** cinturino decorativo, attaccato su soprabiti, cappotti e giacche, di solito posteriormente, all'altezza della vita || anticamente, sorta di nastro che sorreggeva le calze, usciva al di sopra della cintura e ricadeva sulle natiche **2.** *T.ipp.* correggia attaccata alla briglia dalla barbozza al pettorale, che serve per tenere bassa la testa del cavallo **3.** *T.gioc.* nei giochi d'azzardo, raddoppio progressivo della posta. **TAV.** *finimenti* 6.1, 6.2.

martìni [dal n. della ditta *Martini* (e Rossi), che lo produce; 1963] ***sm. inv.*** **1.** vermut: *martini bianco, rosso, secco* **2.** cocktail di vermut martini secco e gin: *un martini con ghiaccio.*

martinìcca [prob. dal n. proprio *Martino*; 1863] ***sf.*** nei carri, carrozze ecc., congegno a vite che abbassa un ceppo davanti alle ruote fungendo da freno.

martìn pescatóre (pl. *martìn pescatóri*) [forse dal fr. *martin-pêcheur*, 1905] ***loc. m.*** uccello, dal lungo becco e piume colorate che si nutre di insetti e piccoli pesci || **N.** *Sin.* alcione. **TAV.** *uccelli* **p. 1339** 15.

màrtire [dal lat. tardo *martyr*; a. 1294] ***s.*** chi patisce tormenti e supplizi e perde anche la vita per la propria fede; si dice spec. dei primi martiri cristiani || *per estens.* che difende strenuamente e con sacrifici i propri ideali: *martire della giustizia, della libertà* || *fig.* chi è oppresso ingiustamente o è costretto a sopportare con pazienza situazioni gravose: *quel pover'uomo è un martire della vita*; *scherz.*: *martire dello studio*; *fare il martire*, assumere pose da persona perseguitata || **N.** *Sin.* vittima; eroe della fede; protomartire | martirizzare, torturare.

martìrio (pl. *-ri*) [dal lat. *martyrium*; sec. XI-XII] ***sm.*** il supplizio che il martire sopporta per la propria fede: *il martirio di S. Sebastiano* || *per estens.* il sacrificio di chi sostiene i propri ideali, anche fino alla morte || *fig.* grave pena o affanno, tormento morale: *star lontani l'uno dall'altra è un vero martirio per loro*; *iperb.* noia, fastidio: *sentire tante sciocchezze è un vero martirio* || **N.** *Sin.* battesimo di sangue, passione, sacrificio, sevizie, supplizio, tormento, tortura | patire, sostenere, subire | la palma del martirio.

martirizzaménto [da *martirizzare*; a. 1938] ***sm.*** *non com.* il martirizzare.

martirizzàre [dal lat. tardo *martyrizāre*; a. 1337 *martyrezare*] ***tr.*** sottoporre a martirio || *fig.* tormentare, far soffrire || **N.** *Sin.* martoriare, seviziare, torturare.

martirizzatóre [da *martirizzare*; a. 1908] ***sm.*** (f. *-trìce*) *non com.* chi martirizza.

martirològio (pl. *-gi*) [dal lat. med. *martyrologium*; sec. XIV] ***sm.*** libro che contiene le vite dei martiri || *martirologio romano*, calendario dei santi, martiri e confessori che la Chiesa celebra giorno per giorno || *fig.* serie di martiri che hanno patito per difendere un ideale.

martològio v. MARTELOGIO.

màrtora [dal fr. ant. *martre*; a. 1374] ***sf.*** mammifero dei Carnivori Mustelidi, dal pelo bruno tendente al giallo sul petto, morbido e lucente, con muso appuntito, figura affusolata e zampe corte; la sua pelle conciata è assai apprezzata || *per meton.* pelliccia di tale animale: *manicotto di martora.*

martoriaménto [da *martoriare*; a. 1342] ***sm.*** *raro* il martoriare; martirizzamento.

martoriàre (pres. *-òrio*) [dal lat. tardo *marturium*, var. di *martyrium*, martirio; a. 1292] ***tr.*** sottoporre a martirio, martirizzare || *per estens.* produrre tormenti strazianti, sottoporre a supplizio || *fig.* tormentare, assillare: *non martoriarmi con tanti lamenti* || ***rifl.*** tormentarsi || **N.** *tr. Sin.* TORMENTARE.

marucelliàno [dal n. proprio F. *Marucelli*; a. 1915] ***agg.*** relativo al bibliofilo F. Marucelli: *biblioteca Marucelliana, codice marucelliano.*

marxiàno [dal n. di Karl *Marx*; 1956] ***agg.*** di Marx, della sua opera e della sua dottrina economica.

marxìsmo [dal n. di Karl *Marx*; 1905] ***sm.*** la dottrina e il movimento politico-sociale che si ispira alla teoria scientifica del socialismo elaborata da K. Marx e F. Engels.

marxìsta [dal n. di Karl *Marx*; 1896] **I *s.*** seguace delle teorie del marxismo **II *agg.*** relativo al marxismo.

marxìstico (pl. *-ci*) [da *marxista*; 1956] ***agg.*** del marxismo.

màrza [da *marzo*; a. 1320] ***sf.*** *T.agr.* ramoscello che si taglia a un albero per innestarlo su un altro || **N.** *Sin.* nesto; INNESTO.

marzacòtto [dall'ar. *mashaqūnyā*, con influsso di *cotto*; a. 1303] ***sm.*** composizione di sabbia e alcali, impiegata nella lavorazione della maiolica || **N.** *Sin.* fritta.

marzaiòla [da *marzaiolo*; 1803] ***sf.*** piccola anitra selvatica degli Anseriformi, il cui maschio è riconoscibile da una macchia allungata ai due lati del corpo.

marzaiòlo [da *marzo*; a. 1449] ***agg.*** del mese di marzo.

marzamìno o **marzemìno** [da *Marzimin*, località da dove il vitigno si diffuse; a. 1597] ***sm.*** vitigno di uva nera tipico del Trentino || il vino che se ne ricava.

marzapàne [dal n. della città indiana *Martaban*; a. 1347 ca.] ***sm.*** *T.cuc.* pasta di mandorle tritate, chiara d'uovo e zucchero, molto dolce, con cui si fanno pasticcini e torte || *per estens.* cosa gradevole al palato.

marzeggiàre (pres. *-éggio*) [da *marzo*; 1803 ca.] ***intr.*** (aus. *avere*) *non com.* alternarsi di pioggia e bel tempo, di neve e di sole, come nel mese di marzo; *prov. se marzo non marzeggia, giugno non festeggia.*

marzemìno v. MARZAMINO.

marziàle [dal lat. *martiālis*; 1340 ca.] ***agg.*** **1.** concernente la guerra, da guerriero: *arti marziali, aspetto marziale, passo marziale* || *legge marziale*, sospensione dei poteri dell'autorità civile, che passano all'autorità militare, in caso di guerra o di gravi disordini || *corte marziale*, tribunale straordinario di guerra che giudica sommariamente || *arti marziali*, le discipline di combattimento individuale; *per anton.* quelle di origine orientale, come *judo*, *karaté* ecc. **2.** *lett.* relativo a Marte, dio della guerra: *giochi marziali* **3.** *T.farm.* a base di ferro: *tintura marziale, acqua marziale.* **TAV.** ***arti marziali*** **p. 652** sg.

marzialità [da *marziale*; 1869] ***sf.*** **1.** aspetto militaresco **2.** contegno militaresco.

marziàno [da *marte*; 1927] **I *sm.*** (f. *-a*) immaginario abitante del pianeta Marte || *fig.* persona singolare, estranea agli usi comuni del mondo, incomprensibile **II *agg.*** relativo al pianeta Marte.

màrzio (pl. *-zi*) [dal lat. *Martius*; sec. XIV] ***agg.*** *lett.* di Marte || *T.stor.* *campo marzio*, nell'antica Roma, la piazza destinata ai riti in onore del dio Marte; *per estens.* piazza d'armi, campo di Marte.

marziròlo [dal lomb. *marziroeu*, che nasce in marzo; 1957] ***sm.*** gorgonzola che si produce in primavera.

màrzo [dal lat. *Martius*; 1234] ***sm.*** terzo mese dell'anno nel calendario giuliano e gregoriano, primo del calendario romano || **N.** marzolino, marzuolo.

marzòcco (pl. *-chi*) [prob. dal lat. *Martius*; a. 1449] ***sm.*** insegna del comune di Firenze, rappresentante un leone che posa una zampa sullo scudo col giglio.

marzolìno [da *marzo*; a. 1449] **I *agg.*** di marzo, che nasce o si fa di marzo: *fava marzolina, cacio marzolino, neve marzolina* **II *sm.*** cacio di pecora o bufala non troppo stagionato, apprezzato per il sapore delicato.

marzuòlo [da *marzo*; a. 1320] ***agg.*** che si produce, si semina o nasce a marzo: *grano marzuolo, galletto marzuolo* || **N.** *Sin.* marzaiolo.

mas [dalle iniziali M.A.S., motoscafo anti-sommergibile; 1889] ***sm. inv.*** *T.mar.* motoscafo silurante rapido e di poco pescaggio, usato nella caccia dei sommergibili.

màsca[1] [dal lat. tardo *masca*; 1867] ***sf.*** *dial.* strega, fattucchiera.

màsca[2] [dal genov. *masca*, guancia; 1889] ***sf.*** *T.mar.* mascone.

mascalcìa (pl. *-cìe*) [da un ant. *mascalco*, da *marescalco*; sec. XIV] ***sf.*** **1.** arte del maniscalco **2.** la bottega del maniscalco **3.** *ant.* disturbo, malanno. **Q.T.** *cavallo.*

mascalzonàta [da *mascalzone*; 1940 ca.] ***sf.*** azione scorretta e volgare, da mascalzone; anche in senso attenuato || **N.** *Sin.* BIRBONATA.

mascalzóne [dal fr. ant. *mareschal(z)*, chi è addetto ai cavalli; 1383 *mascalzonal*] ***sm.*** (f. *-a*) **1.** uomo privo di scrupoli pronto a commettere azioni scorrette: *non ti fidare di quello, è un mascalzone*; *fig. scherz.* birbante **2.** *ant.* brigante; masnadiere || mendicante || **N. 1.** *Sin.* lazzarone, marrano, scioperato, screanzato, vagabondo; BIRBONE.

mascàra [dall'ingl. *mascara*; 1966] ***sm. inv.*** cosmetico per il trucco delle ciglia e delle sopracciglia.

mascàrpa o **maschèrpa** [dal lomb. *mascarpa*; 1554] ***sf.*** **1.** ricotta magra di siero di latte prodotta in Lombardia **2.** *raro* mascarpone.

mascarpóne o **mascherpóne** [dal lomb. *mascarpón*; 1771 *mascherpone*] ***sm.*** formaggio bianco e cremoso a base di panna, che entra nella preparazione di creme, dolci e ripieni oppure viene consumato al naturale.

mascèlla [lat. *maxilla*; a. 1292] ***sf.*** *T.anat.* **1.** ciascuna delle due ossa della bocca nelle quali sono impiantati i denti; *propr.* quella superiore; *scherz. lavorar di mascella*, mangiare || *com.* mandibola, mento: *mascella forte, volitiva* **2.** *per estens.* morsa di una tenaglia || ciascuno dei due denti estremi più grossi di un pettine || **N. 1.** *Sin.* ganascia | alveolo, arcata dentale; mascella superiore (cornetti inferiori, lacrimali, mascellari, nasali, ossa zigomatiche, palatine, vomere), mascella inferiore.

mascellàre [da *mascella*; a. 1320] ***agg.*** attinente alla mascella || *denti mascellari*, molari. **TAV.** ***anatomia*** **p. 642** 6.7.

màschera [etim. incerta; 1353 ca.] ***sf.*** **1.** faccia riprodotta su materiale rigido, cava posteriormente, con fori per gli occhi e la bocca, dietro alla quale si nasconde il volto per scopi rituali, drammatici o scherzosi: *maschera di cartapesta, di cuoio*; *maschera da stregone, maschera grottesca*; *mezza maschera*, quella che copre la parte superiore del volto, bautta, mascherina || fazzoletto o altro pezzo di stoffa che nasconde il volto dei banditi || *fig.* simulazione, finzione: *mi tradiva sotto la maschera dell'amicizia* || *fig. cavarsi, togliersi, gettare la maschera*, cessare di fingere || *fig.* volto che esprime intensamente uno stato d'animo: *la maschera tragica di un attore, il suo volto è la maschera del dolore* || *T.med.* facies **2.** travestimento completo: *ha affittato una maschera per carnevale, mettersi in maschera*; *ballo in maschera*, a cui gli invitati devono intervenire mascherati || *per* *meton.* persona travestita: *alla festa c'erano molte maschere, la sfilata delle maschere* || personaggio della commedia dell'arte o popolare contraddistinto dall'abbigliamento, dal nome e dal carattere, spesso tipico di una città: *le maschere della commedia del '500, Gianduia è la maschera di Torino* **3.** qualsiasi dispositivo che si applichi sul volto, spec. per protezione: *maschera antigas, maschera per saldatori*; *in part. maschera subacquea,* che evita il contatto degli occhi con l'acqua, consente la visione e permette la respirazione mediante un boccaglio laterale || *T.sport.* nella scherma, casco protettivo dello schermidore realizzato posteriormente in cuoio imbottito e anteriormente con una rete metallica a maglie sottili || *maschera chirurgica,* garza sterilizzata applicata sul volto di chi lavora in sala operatoria, allo scopo di mantenere asettico l'ambiente || *T.med. maschera per anestesia,* apparecchio applicato sul viso del paziente per far inalare gas anestetici || *maschera* (*di bellezza*), cosmetico in crema da spalmare sul volto e lasciare solidificare: *maschera idratante al cetriolo* **4.** nei cinema e teatri, addetto al controllo dei biglietti e alla sorveglianza della sala **5.** calco del volto di un cadavere rilevato col gesso: *la maschera di Beethoven* **6.** *suono in maschera,* nel canto o nella recitazione, la voce ben impostata che acquista risonanza dalle cavità facciali e risulta chiara e sonora anche a distanza **7.** *T.inform.* insieme di caratteri utilizzato per modificare la composizione di un altro insieme, sotto il controllo di date istruzioni || *dim.* mascherìna, mascherìno (*sm.*); *accr.* mascheróna, mascheróne (*sm.*); *pegg.* mascheràccia || **N. 1.** domino, moretta **2.** *Sin.* costume | Arlecchino, Balanzone, Brighella, Capitan Fracassa, Facanappa, Gianduia, Meneghino, Pantalone, Pulcinella, Rugantino, Stenterello, Tartaglia, Truffaldino, Zanni. **TAV.** *scherma* 4.

mascheràio (pl. *-ài*) [da *maschera*; a. 1600] ***sm.*** (f. *-a*) *raro* chi dà a nolo le maschere, o le vende.

mascheraménto [da *mascherare*; 1550 *mascaramenti*] ***sm.*** **1.** l'atto e l'effetto del mascherare || *T.mil.* il nascondere con accorgimenti opere di fortificazione, batterie, appostamenti di soldati ecc. **2.** *fig.* dissimulazione: *raggiunse subdolamente i suoi scopi, mediante il mascheramento delle sue intenzioni* **3.** *T.fis. mascheramento di un suono,* in acustica, operazione consistente nel coprire un suono con un altro di intensità maggiore; *effetto di mascheramento,* assordamento **4.** *T.fot.* mascheratura || **N.** *Sin.* mimetismo.

mascheràre (pres. *màschero*) [da *maschera*; a. 1562 ca. *mascarare*] ***tr.*** coprire con una maschera, travestire: *lo mascherarono da Arlecchino* || *fig.* ricoprire sotto apparenze false: *maschera la sua ambizione* || mimetizzare un oggetto: *mascherare una trappola* || ***rifl.*** travestirsi, anche *fig. mascherarsi da rivoluzionario* || **N. *tr.*** *Sin.* camuffare, contraffare, truccare | *Contr.* smascherare.

mascheràta [da *mascherare*; 1544] ***sf.*** **1.** insieme di persone mascherate in festa: *la mascherata è arrivata fino in piazza* || *fig.* finzione, messa in scena ridicola: *è ora di finirla con questa mascherata* **2.** *T.teatr.* azione poetico-musicale di tipo drammatico, eseguita nel sec. XVI in occasione di feste di corte.

mascheràto (*pps.* di *mascherare*) [a. 1494] ***agg.*** *corso mascherato,* sfilata di carri allegorici variamente addobbati, durante il carnevale || *ballo mascherato,* a cui partecipano persone in maschera.

mascheratùra [da *mascherata*; 1958] ***sf.*** **1.** atto ed effetto del mascherare **2.** *T.tip.* procedimento per modificare o correggere il contrasto per mezzo di diapositive o controtipi del negativo **3.** nella tecnica fotografica, operazione compiuta durante la stampa del negativo, che consiste nello schermare temporaneamente con oggetti opachi determinate zone della carta sensibile, al fine di ottenere in quelle stesse zone immagini sottoesposte.

mascheréccio (pl. *-ci*) [etim. inc.; sec. XIII-XIV] ***sm.*** cuoio trattato con grassi e con allume, usato per articoli tecnici.

mascherétto [dal fr. *mascaret*; 1834 *mascheretto*] ***sm.*** *T.geogr.* fenomeno marino, riscontrabile spec. alla foce dei fiumi, che consiste in un muro d'acqua molto alto causato dal contrasto tra marea e corrente di direzione opposta.

mascherìna (*dim.* di *maschera*) [a. 1571] ***sf.*** **1.** piccola maschera || mezza maschera, bautta **2.** graziosa figura mascherata, in part. bambino || *fig. scherz. ti conosco mascherina!,* si dice a una persona che finge per farle capire che la verità ci è nota **3.** piccola borchia ornamentale per cinture, finimenti e sim., a forma di volto umano o animale **4.** *T.calz.* la parte centrale delle scarpe che hanno la punta e il quartiere distinti, spesso anche di colore diverso || rinforzo applicato sulla punta della scarpa **5.** sul muso degli animali, chiazza di colore diverso: *un gatto grigio con una mascherina bianca* **6.** *T.aut.* griglia metallica dietro alla quale sta il radiatore **7.** piccolo schermo usato per ridurre l'intensità di una sorgente luminosa **8.** schermo che serve a delimitare nettamente una zona di una superficie da verniciare. **TAV.** *disegno* 13.

mascherìno¹ (*dim.* di *maschera*) [a. 1909] ***sm.*** *T.cin.* schermo sagomato con figure particolari che, posto davanti all'obiettivo della macchina da presa, delimita l'inquadratura e permette effetti speciali (per es. la visione dal buco di una serratura).

mascherìno² [da *maschera*; 1869] ***agg.*** detto di cane o gatto che presenta sul muso una macchia di colore diverso da quello del pelo.

mascheróne (*accr.* di *maschera*) [1550] ***sm.*** ornamento architettonico a forma di grossa faccia più o meno stilizzata e deformata: *una fontana con un mascherone di pietra* || *fig.* faccia deforme: *ha il viso ridotto a un mascherone dalla malattia.*

maschèrpa V. MASCARPA.

mascherpóne V. MASCARPONE.

maschétta (*dim.* di *masca²*) [1889] ***sf.*** *T.mar.* spec. *pl.* nei velieri, pezzo di legno o di ferro fissato ai due lati della parte estrema superiore dei tronchi maggiori dell'alberatura, per sostenere le costiere della coffa.

maschiàccio (pl. *-ci*) (*pegg.* di *maschio*) [1825] ***sm.*** ragazza turbolenta con modi che si discostano dallo stereotipo femminile.

maschiàre (pres. *màschio, màschi*) [da *maschio*; 1947] ***tr.*** eseguire la maschiatura.

maschiatóre [da *maschiare*; 1957] ***sm.*** (f. *-trice*) operaio addetto alla maschiatura dei pezzi.

maschiatùra [da *maschiare*; 1957] ***sf.*** l'operazione di filettatura dei fori col maschio.

maschiétta [da *maschio*; 1925] ***sf.*** ragazzina con aria disinvolta e spigliata || *capelli alla maschietta,* tagliati corti come li portano i bimbi.

maschiettàre (pres. *-étto*) [da *maschietto*; 1738] ***tr.*** congiungere con maschietto o cerniera.

maschiettatùra [da *maschietto*; 1707] ***sf.*** **1.** l'atto e l'effetto del maschiettare **2.** *per estens.* fissaggio di due tavole mediante un sistema di incastri a maschio e femmina.

maschiétto (*dim.* di *maschio*) [1856] ***sm.*** **1.** bambino di sesso maschile: *vorrebbe tanto almeno un maschietto* **2.** *T.mecc.* arpione che entra nella bandella di cerniere e simili.

maschiézza [da *maschio*; a. 1321] ***sf.*** *non com.* l'essere maschio || *fig.* apparenza di forza, gagliardia: *maschiezza di pensieri, di forme* || **N.** *Sin.* mascolinità, virilità.

maschìle [da *maschio*; 1313 ca.] ***agg.*** **1.** da o di maschio: *scuola maschile, aspetto, voce maschile*; *gameti maschili,* spermatozoi (negli animali), anterozoi (nelle piante) **2.** *T.gram.* classe del genere grammaticale: *un sostantivo maschile* || **maschilménte** ***avv.*** || **N. 1.** *Sin.* mascolino, virile.

maschilìsmo [da *maschile*; a. 1937] ***sm.*** modo di pensare secondo cui all'uomo viene riconosciuto un ruolo di superiorità nei confronti della donna, motivato coi tradizionali principi della virilità || *per estens.* comportamento sociale derivante da tale concezione.

maschilìsta [da *maschilismo*; a. 1937] **I *agg.*** ispirato al maschilismo, che deriva dal maschilismo: *atteggiamento maschilista* **II *s.*** chi sostiene la superiorità dell'uomo sulla donna.

maschilità [da *maschile*; 1565] ***sf.*** qualità di chi ha le caratteristiche fisiologiche tipiche del maschio || **N.** *Sin.* mascolinità.

màschio (pl. *-schi*) [lat. *masculus*; 1313 ca.] **I *sm.*** **1.** nelle specie a sessi distinti, l'individuo in grado di produrre i gameti maschili e di fecondare la femmina: *la femmina cova le uova e il maschio procura il cibo*; *questo esemplare è un bel maschio da riproduzione*; *il maschio dell'ippopotamo* || *in part.* uomo, in riferimento alle sue caratteristiche sessuali primarie e secondarie, o agli aspetti dell'indole e del comportamento considerati tradizionalmente a lui consoni: *ha già due femmine, adesso vorrebbe un maschio, lo spogliatoio per i maschi e quello per le femmine*; *quella donna ha la forza di un maschio, fai vedere che sei un maschio!* **2.** qualunque strumento solido, gen. di metallo, che deve essere inserito in una cavità sagomata in modo corrispondente: *il maschio della ruota, del timone, della campana, incastro a maschio e femmina* || arnese usato per filettare i fori **3.** la parte più elevata e fortificata di un castello o di una fortezza: *il maschio di Volterra* **II *agg.*** **1.** *inv.* di sesso maschile: *figlio maschio, la pantera maschio* || rif. a una pianta, indica la specie più robusta: *felce maschio* **2.** virile, vigoroso: *maschia figura, voce maschia* || **maschiaménte** ***avv.*** || *dim.* maschiètto || **N. I 2.** giramaschio, mandrino **3.** *Sin.* baluardo, mastio, torrione. **Q.T.** *fortificazioni.*

maschìsmo [da *maschio*; 1977] ***sm.*** atteggiamento di superiorità e di predominio dell'uomo sulla donna || **N.** *Sin.* maschilismo.

maschìsta [da *maschio*; 1967] ***s.*** e ***agg.*** chi, che sostiene la superiorità dell'uomo sulla donna || **N.** *Sin.* maschilista.

mascolinìsmo [da *mascolino*; 1957] ***sm.*** *T.med.* caratteristica di certi individui femminili che, spec. dopo la menopausa, presentano alcuni caratteri fisiologici maschili.

mascolinità [da *mascolino*; 1869] ***sf.*** **1.** qualità di ciò che è mascolino: *la mascolinità della voce* **2.** *rapporto di mascolinità,* frazione che esprime la proporzione demografica della popolazione maschile rispetto a quella femminile || **N. 1.** *Contr.* femminilità.

mascolinizzàre [dal fr. *masculiniser*; 1831] ***tr.*** rendere mascolino || ***intr. pron.*** detto di donna, assumere atteggiamenti mascolini.

mascolinizzazióne [dal fr. *masculinisation*; a. 1956] ***sf.*** acquisizione di carattere e aspetto tipicamente maschili.

mascolìno [dal lat. *masculinus*; a. 1294 *masculino*] ***agg.*** che mostra caratteri tipici di un maschio: *una donna con spalle mascoline.*

mascon (ingl., pr. ['mæskən]) [comp. di *mas*(*s*), massa e *con*(*centration*), concentrazione; 1974] ***sm. inv.*** zona della superficie lunare dotata di notevoli proprietà magnetiche.

mascóne [da *masca²*; 1884] ***sm.*** *T.mar.* ciascuna delle due parti laterali della prora di un'imbarcazione || *prendere il mare al mascone,* dirigere la nave in modo che le onde battano sul mascone da destra o da sinistra.

mascotte (fr., pr. [mas'kɔt]) [dal provenz. *mascoto*, da *masca*, strega; 1905] ***sf.*** *inv.* persona, cosa o animale tenuti come portafortuna: *la spedizione si è portata un cagnetto come mascotte.*

maser (ingl., pr. ['meɪzə]; pr. it. ['mazer]) [dall'ingl. M*icrowave* A*mplification by* S*timulated* E*mission of* R*adiation*; 1961] ***sm.*** *inv.* apparecchio usato per amplificare le radiazioni nel campo delle microonde, impiegato in part. per la ricezione di segnali molto deboli, in radioastronomia e comunicazioni a grande distanza.

maṣnàda [lat. volg. **mansionata*; a. 1294 nel senso 2] ***sf.*** **1.** compagnia di furfanti: *una masnada di delinquenti* || *per estens. scherz.* gruppo numeroso e chiassoso: *una masnada di ragazzini* || *arc.* schiera: *così vid'io quella masnada fresca* (Dante) **2.** *ant.* compagnia di gente armata || **N. 1.** *Sin.* accolta, branco, combriccola, cricca, manica, orda.

maṣnadière o **maṣnadièro** [da *masnada*; 1353 ca.] ***sm.*** **1.** assassino di strada **2.** *ant.* soldato d'una masnada || **N. 1.** *Sin.* bandito, brigante, MALFATTORE.

màṣo [dal lat. med. *mansum*, dimora; 1186] ***sm.*** *sett.* **1.** podere con casa colonica **2.** *T.giur. maso chiuso*, istituto giuridico diffuso in Alto Adige che preserva l'azienda agricola da riduzioni o smembramenti per vendite parziali o eredità.

maṣochìṣmo [dal ted. *Masochismus* der. dal nome del romanziere austriaco L. von Sacher-Masoch; 1892] ***sm.*** *T.psican.* deviazione psichica che porta ad associare il piacere, spec. sessuale, a esperienze di sofferenza fisica o di umiliazione || *per estens. com.* autolesionismo, autodistruzione || **N.** *Contr.* sadismo. **Q.T.** *psicanalisi, psicologia.*

maṣochìsta [da *masochismo*; 1892] ***s.*** *T.psican.* chi è affetto da masochismo || *per estens.* autolesionista.

maṣochìstico (pl. *-ci*) [da *masochista*; 1960] ***agg.*** *T.psican.* che si riferisce a masochismo, da masochista.

maṣonìte [dal nome dell'inventore americano *Mason*; 1933] ***sf.*** *T.edil.* nome commerciale di un materiale per costruzioni, ottenuto con fibre di legno di scarto fortemente compresse in modo da ricavarne laminati di vario spessore.

maṣòra o **massòra** [dall'ebr. *massorah* tradizione; 1869] ***sf.*** nella tradizione ebraica, l'insieme dei lavori filologici, compiuti dal V al X sec. d.C., intesi alla ricostruzione del testo originario dell'Antico Testamento.

maṣorèta o **massorèta** [da *masora*; 1891 *massoreta*] ***sm.*** ognuno dei rabbini che compilarono la masora || studioso della masora.

maṣorètico o **massorètico** (pl. *-ci*) [da *masoreta*; 1891 *massoretico*] ***agg.*** relativo alla masora e ai masoreti.

masque (fr., pr. [mask]) o ***mask*** (ingl., pr. [mɑ:sk]) [letter. maschera; 1960] ***sm.*** *inv.* rappresentazione in uso alla corte inglese nei sec. XVI e XVII cui partecipavano spesso gli stessi nobili.

màssa [dal lat. *massa*, pasta; a. 1250] ***sf.*** **1.** quantità più o meno grande di materia, unita in un solo blocco informe e comunque considerata come un tutto: *una massa di argilla, d'acqua, di cemento, di spazzatura* || *T.med. massa cerebrale*, l'insieme di materia cerebrale contenuta nella scatola cranica; *massa sanguigna*, il sangue che circola nel complesso in un organismo || *T.gram. nome di massa*, nome non numerabile (v. NUMERABILE) **2.** quantità considerevole disordinata o indistinta di oggetti o persone: *una massa di giocattoli, di rottami*; *una massa di disoccupati, di turisti*; anche *fig. una massa di spropositi* || *T.giur. massa ereditaria*, complesso di beni che formano l'eredità || *T.giur. massa creditoria*, complesso di creditori di un fallito || *ass.* moltitudine di gente unita, popolo; la maggioranza della popolazione: *educare le masse, la massa è in fermento*; *partiti di massa*, quelli che poggiano su una larga base di elettori; *cultura, consumi di massa*, diffusi in tutti gli strati sociali; *mezzi di comunicazione di massa*, v. MASS MEDIA; *uomo-massa*, perfettamente conformista per opinioni, consumi ecc. || *in massa*, senza discriminazioni, in blocco: *arruolamento in massa* || *far massa*, radunarsi in un luogo **3.** *T.fis. massa inerziale*, nella fisica classica, proprietà essenziale di ogni corpo che caratterizza la tendenza a mantenere invariata la propria velocità rispetto a un sistema di riferimento inerziale; nella fisica relativistica proprietà che varia con la velocità del corpo; *massa a riposo*, la massa del corpo in quiete; *massa relativistica*, la massa in moto rispetto a un sistema di riferimento || *numero di massa*, numero corrispondente alla somma dei protoni e dei neutroni nel nucleo di un atomo **4.** *T.elettr.* collegamento fra il complesso metallico di una macchina elettrica e la terra, attuato in modo da eliminare differenze di potenziale **5.** *T.pitt. massa d'ombre, di luce*, il cumulo di colori in un dato punto con cui si ottengono certi effetti || *T.arch.* i valori volumetrici di un edificio **6.** *T.mil.* somma di denaro accumulata per un uso determinato e amministrata a parte: *massa vestiario* **7.** *ant.* insieme di poderi || **N. 1.** *Sin.* accumulo, agglomerazione, volume **2.** *Sin.* ammasso, coacervo, mucchio; UNIONE **4.** *Sin.* terra. **Q.T.** *unità di misura.*

massacrànte (*ppr.* di *massacrare*) [1949] ***agg.*** *iperb.* opprimente, gravoso, molto faticoso: *un lavoro massacrante.*

massacràre [dal fr. *massacrer*; 1756] ***tr.*** **1.** trucidare facendo scempio, fare strage: *i nostri soldati furono massacrati, massacrare di colpi, di pugni* **2.** *iperb.* ridurre in pessime condizioni: *ha massacrato l'abito nuovo* || spossare, affaticare enormemente: *i continui spostamenti lo hanno massacrato* || ***rifl.*** impegnarsi allo stremo delle forze: *si sta massacrando di lavoro* || **N. 1.** STRAGE.

massacratóre [da *massacrare*; 1945] ***sm.*** (f. *-trice*) e ***agg.*** chi o che massacra; anche *fig.*

massàcro [dal fr. *massacre*; 1572] ***sm.*** **1.** uccisione feroce di più persone o animali, strage: *l'attentato ha provocato un massacro di persone innocenti, i soldati sono stati mandati al massacro* **2.** *fig.* affaticamento eccessivo: *il viaggio in queste condizioni è un massacro* **3.** *T.arald.* testa di cervo con i suoi palchi o corna || **N. 1.** *Sin.* carneficina, ecatombe, eccidio, macello, scempio **2.** *Sin.* spossamento.

massaggiagengìve [comp. di *massaggia(re)* e *gengiva*; 1973] ***sm.*** *inv.* oggetto di gomma, gen. a forma di anello, che si dà da mordere al neonato durante la prima dentizione.

massaggiàre (pres. *-àggio*) [da *massaggio*; 1940 ca.] ***tr.*** sottoporre a massaggi: *massaggiare delicatamente la parte contusa* || **N.** *Sin.* picchiettare, pizzicare, sfregare, stropicciare.

massaggiatóre [da *massaggiare*, 1940 ca.] ***sm.*** (f. *-trice*) chi esegue massaggi per professione: *il massaggiatore di una squadra di calcio.*

massaggiatùra [da *massaggiare*; 1950] ***sf.*** *non com.* l'operazione del massaggiare.

massàggio (pl. *-gi*) [dal fr. *massage*; 1834 *massagio*] ***sm.*** frizione dei muscoli e delle articolazioni a scopo terapeutico, estetico o igienico, di solito praticato direttamente con le mani: *farsi fare un massaggio, praticare, eseguire un massaggio, massaggio anticellulite, massaggio energico, delicato* || *massaggio cardiaco*, stimolazione diretta del cuore eseguita allo scopo di riattivare la circolazione sanguigna, in caso di arresto cardiaco || **N.** *Sin.* sfregamento, stropicciamento; massoterapia.

massàia [da *massaio*; 1354] ***sf.*** **1.** donna che accudisce la casa: *essere una buona massaia* **2.** *ant.* la moglie del massaio.

massàio (pl. *-ài*) [dal lat. tardo *massarius*; 1225 ca.] ***sm.*** **1.** il contadino che presiede alla coltivazione di un podere, capoccia **2.** *ant.* amministratore dei beni di un ente: *il massaio del monte di pietà* || *per estens.* buon amministratore delle sostanze domestiche: *il giovine che, da quando aveva messo gli occhi addosso a Lucia, era diventato massaio* (Manzoni).

massàro [dal lat. tardo *massarius*; a. 1363] ***sm.*** *pop.* massaio || nel meridione, di chi si occupa della conduzione di un'azienda agricola o pastorizia.

massellàggio (pl. *-gi*) [da *massellare*; 1988] ***sm.*** *T.fab.* procedimento di riduzione di un metallo in masselli.

massellàre (pres. *-èllo*) [da *massello*; 1803] ***tr.*** **1.** *T.tecn.* ridurre in masselli battendo a caldo col martello **2.** pavimentare, coprire con masselli di cemento o di pietra.

massellatùra [da *massellare*; 1803] ***sf.*** **1.** l'operazione del far masselli **2.** pavimentazione o copertura fatta con masselli di pietra o cemento.

massèllo [da *massa*; a. 1537] ***sm.*** **1.** piccola massa di metallo, ottenuta col maglio o con la pressa, pronta per ulteriori lavorazioni || *oro, argento di massello*, massiccio, puro **2.** *T.edil.* blocco di pietra squadrato usato per opere monumentali o per pavimentazioni stradali **3.** la parte interna del tronco da cui si ricavano blocchi di legno pieno: *un ripiano di massello* || **N. 1.** *Sin.* lingotto **3.** *Sin.* durame.

masserìa [da *massaro*; a. 1348 *massaria*] ***sf.*** **1.** il complesso di fabbricati e terreni di una fattoria, gen. di notevoli dimensioni || cascina, casa colonica **2.** *T.stor.* nel Medioevo, il rapporto giuridico fra il massaio di un podere e il proprietario || il tributo che il massaio dava al proprietario **3.** *disus.* grossa mandria di bestiame.

masserìzia [dal lat. med. *massaricia*; 1308 ca.] ***sf.*** **1.** spec. *pl.*, l'insieme dei mobili e suppellettili di cui è fornita una casa, spesso riferito a oggetti di modesta qualità || *raro* mobili e attrezzi di una bottega **2.** *ant.* risparmio, governo della casa: *far masserizia* || **N. 1.** *Sin.* carabattole, ciarpe.

massetère [dal gr. (*mŷs*) *masētḗr* (muscolo) masticatore; 1681] ***sm.*** *T.anat.* grosso e forte muscolo della guancia, che serve alla masticazione.

massetèrico (pl. *-ci*) [da *massetere*; 1834] ***agg.*** *T.anat.* proprio del massetere: *movimento masseterico.*

masséto [da *masso*; 1759] ***sm.*** *non com.* terreno non dissodato, perlopiù cosparso di sassi.

massicciàre (pres. *-iccio*) [da *massicciata*; 1869] ***tr.*** rivestire con una massicciata: *massicciare una strada* || **N.** *Sin.* inghiaiare.

massicciàta [da *massiccio*; 1777 ca.] ***sf.*** strato di sassi o di pietrisco ben compresso che serve da base ad una strada o a una ferrovia. **TAV.** ***ferrovie...*** **p. 669** 5.7.

massicciatóre [da *massicciata*; 1967] ***sm.*** addetto alla costruzione di massicciate stradali.

massìccio (pl. m. *-ci*, pl. f. *-ce*) [da *massa*; sec. XIV] **I** ***agg.*** **1.** grosso, solido e compatto, spesso a scapito dell'eleganza: *gambe massicce, edificio massiccio* || *fig.* cospicuo, di proporzioni rilevanti: *massicci investimenti, propaganda massiccia* || *per estens.* grossolano: *sproposito massiccio* **2.** ricavato da un unico blocco, senza cavità all'interno: *un bracciale d'argento, d'oro massiccio, un tavolo di legno massiccio* || **massicciamente** ***avv.*** **II** ***sm.*** *T.geogr.* gruppo montagnoso che ha un'unica larga base: *il massiccio del Monte Bianco* || **N.** **1.** *Sin.* atticciato, grosso, robusto, sodo, tozzo **2.** *Sin.* di massello, puro.

màssico¹ (pl. *-ci*) [da *massa*; 1957] ***agg.*** *T.fis.* che si riferisce alla massa || *potenza massica di un motore*, il rapporto tra il peso e la potenza massima che è capace di produrre.

màssico² (pl. *-ci*) [dal lat. *Massicus* (*mons*); a. 1498 come sm.] **I** ***agg.*** relativo al monte Massico **II** ***sm.*** pregiato vino dell'antichità prodotto in Campania.

massicot (fr., pr. [masi'ko]) [dall'it. *marzacotto*; 1822] ***sm. inv.*** *T.chim.* ossido di piombo, di colore giallo, ottenuto per riscaldamento di idrato o nitrato di piombo.

massicòtto ***sm.*** adattamento it. di *massicot* (v.).

massificàre (pres. *-ìfico, -ìfichi*) [comp. di *massa* e *-ficare*; 1963] ***tr.*** uniformare le singole personalità dei membri di un aggregato sociale, imponendo modelli comuni di comportamento.

massificàto (*pps.* di *massificare*) [1966] ***agg.*** uniformato ad uno stesso livello; indifferenziato: *prodotti massificati.*

massificazióne [da *massificare*; 1963] ***sf.*** atto ed effetto del massificare. **Q.T.** *sociologia.*

massillàre [da lat. *maxillaris*; 1686] ***agg.*** *lett.* mascellare.

massillìpede [comp. del lat. *maxilla*, mascella e *-pede*; 1957] ***sm.*** *T.zool.* arto toracico trasformato in appendice boccale, presente in molti Crostacei.

màssima [dal lat. *maxima sententia*, l'opinione di valore generale; a. 1406] ***sf.*** **1.** frase che enuncia concisamente una norma di vita, sentenza: *le massime degli antichi, un libro di massime* || *massima giuridica*, espressione che riassume sinteticamente principi giuridici **2.** *per estens.* principio o verità generale che serve di norma: *massime di governo, stabilire una massima, risoluzioni di massima; di massima, in linea di massima*, in principio, in linea generale: *di massima siamo d'accordo* **3.** *T.meteor.* la temperatura massima di un dato luogo: *le massime di ieri* || **N.** **1.** *Sin.* aforisma, apoftegma, detto, motto, proposizione.

massimàle [dal lat. *maximus* attr. l'ingl. *maximal*; 1908 come sm.] **I** ***agg.*** massimo, di solito in una serie crescente: *sconto massimale* **II** ***sm.*** di una tariffa, contributo e sim., il limite massimo: *calcolare i contributi sul massimale* || *massimale assicurativo*, la cifra massima che l'assicurazione è tenuta a pagare || **N.** **I** *Contr.* minimale.

massimalismo [da *massimale*; 1918] ***sm.*** nel movimento socialista, la tendenza dei sostenitori del "programma massimo" (la rivoluzione) || *per estens.* estremismo politico.

massimalista [da *massimale*; 1908] ***s.*** seguace, fautore del massimalismo; estremista || **N.** bolscevico | *Contr.* minimalista.

massimalìstico (pl. *-ci*) [da *massimalista*; 1955] ***agg.*** di massimalismo, di massimalista: *teorie massimalistiche, politica massimalistica.*

massimàre (pres. *màssimo*) [da *massimo*; 1957] ***tr.*** *T.mat. massimare una funzione*, cercare i valori per cui essa assume il suo massimo valore.

massimàrio (pl. *-ri*) [da *massima*; 1901] ***sm.*** raccolta di massime di uno stesso autore o sopra un argomento: *massimario giuridico*, che raccoglie le massime di giurisprudenza estratte dalle sentenze dei magistrati.

màssime [dal lat. *maxime*; a. 1342] ***avv.*** *lett.* massimamente.

massimìnimo o **massimomìnimo** [comp. di *massi*(*mo*) e *minimo*; 1957] ***sm.*** *T.mat.* il massimo tra i valori minimi di una funzione.

massimizzàre [dal fr. *maximiser*; 1908] ***tr.*** portare al massimo, rendere massimo: *massimizzare il profitto.*

massimizzazióne [dal fr. *maximisation*; 1908] ***sf.*** atto o effetto del massimizzare.

màssimo (*superl.* di *grande*) [dal lat. *maximus*; a. 1537 come sm.] **I** ***agg.*** il più grande, grandissimo, estremo: *velocità massima, studiare col massimo impegno; la sua stima è massima; il massimo Fattore*, Dio || *in massima parte*, nella più gran parte, quasi tutti || *T.sport. peso massimo*, nella *boxe*, nella lotta e sim., atleta appartenente alla categoria di peso più elevata; *tempo massimo*, il limite di tempo concesso agli atleti per compiere un determinato percorso, senza incorrere nella squalifica: *è arrivato fuori tempo massimo* || *T.mat. massimo comun divisore*, il divisore comune più elevato tra quelli di un insieme di numeri || **massimaménte** ***avv.*** **II** ***sm.*** il valore più elevato di una quantità: *lo condannarono al massimo della pena; raggiunse il massimo della velocità* || *al massimo*, tutt'al più || *T.mat. punto di massimo assoluto*, punto in cui la funzione assume un valore uguale al limite superiore || **N.** **I** *Sin.* eccelso, sommo, supremo | *Contr.* minimo **II** *Sin.* apice, colmo, estremo, limite. **Q.T.** *pugilato.*

massimomìnimo v. MASSIMINIMO.

massìvo [dal fr. *massif*; 1942] ***agg.*** massiccio, di massa: *emigrazione massiva, propaganda massiva.*

mass-media (ingl., pr. [mæs'mi:dɪə]; pr. it. [mas'mɛdja]) [letter. mezzi di massa; 1967] ***sm. pl.*** il complesso dei moderni mezzi d'informazione, come la stampa, la radio, la televisione, il cinema. **Q.T.** *sociologia.*

massmediàtico (pl. *-ci*) [da *mass-media*; 1981] ***agg.*** relativo ai *mass-media* || **N.** *Sin.* massmediologico.

massmediològico (pl. *-ci*) [comp. di *mass-media* e *-logico*; 1978] ***agg.*** *raro* relativo ai *mass-media.*

massmediòlogo (pl. *-gi*) [comp. di *mass-media* e *-logo*; 1978] ***sm.*** (f. *-a*) studioso dei *mass-media*; esperto di problemi sorti in seguito alla diffusione dei *mass-media.*

màsso [da *massa*; 1319 ca.] ***sm.*** blocco roccioso di notevoli dimensioni: *un masso ostruisce il passaggio, dalla cima del monte si è staccato un masso; masso artificiale*, fatto con calcestruzzo o altro materiale || *T.geol. masso erratico*, trasportato dai ghiacciai e poi abbandonato nel loro ritirarsi || in espressioni fig. simbolo di durezza, pesantezza e inamovibilità: *duro come un masso, ho un masso sullo stomaco* || **N.** *Sin.* macigno, sasso; PIETRA, ROCCIA. **TAV.** *porto* 1.2.

massóne [forma breve di *frammassone*; 1865] ***sm.*** membro della massoneria || *per estens.* appartenente ad una consorteria, cospiratore || **N.** *Sin.* frammassone; franco muratore | attivo, dormiente | Cavaliere d'Oriente, compagno, eletto, gran maestro, maestro, principe Rosacroce, scozzese, trentatré, venerabile | cazzuola, compasso, squadra | loggia, Grande Oriente, Supremo Consiglio dei Trentatré | iniziazione | affiliare.

massonerìa [da *massone*; 1869] ***sf.*** associazione fondata in Inghilterra nel sec. XVIII su principi illuministici e deistici, poi diffusasi anche in altri stati, tuttora esistente; le sue attività sono state solitamente coperte da segretezza; in Italia ha anche un carattere di associazione anticlericale || *per estens.* consorteria di persone legate da reciproci interessi || **N.** MASSONE.

massònico (pl. *-ci*) [da *massone*; 1807] ***agg.*** relativo alla massoneria: *loggia massonica* || cospiratorio, orientato alla segretezza.

massòra e der. v. MASORA e der.

massóso [da *masso*; a. 1646] ***agg.*** *non com.* pieno di massi || fatto di massi.

massoterapìa [dal fr. *massothérapie*; 1905] ***sf.*** *T.med.* uso del massaggio a scopo terapeutico.

massoterapista [da *massoterapia*; 1905] ***s.*** chi pratica la massoterapia.

mastàba [dall'ar. *mastaba*; a. 1938] ***sf.*** sepolcro egiziano formato da una piramide tronca.

mastadenite [comp. di *masto-* e *adenite*; 1970] ***sf.*** *T.med.* mastite.

mastalgìa (pl. *-gìe*) [comp. di *masto-* e *-algia*; 1940] ***sf.*** *T.med.* dolore acuto alla mammella || **N.** *Sin.* mastodinia.

mastàlgico (pl. *-ci*) [da *mastalgia*; 1940] ***agg.*** che si riferisce a mastalgia.

mastatrofìa [comp. di *masto-* e *atrofia*; 1970] ***sf.*** *T.med.* atrofia della ghiandola mammaria.

mastcèllula [dal ted. *Mastzelle*, comp. di *Mast*, nutrizione e *Zelle*, cellula; 1957] ***sf.*** *T.biol.* cellula del reticolo endotelio, dal nucleo caratterizzato da polimorfismo, ricca di istamina e eparina || **N.** *Sin.* mastocita.

mastectomìa [comp. di *masto-* e *-ectomia*] ***sf.*** asportazione chirurgica della mammella.

mastelcòsi [comp. di *masto-* e gr. *hélkosis*, ulcerazione; 1852] ***sf.*** *T.med.* ulcera della ghiandola mammaria.

mastèlla [da *mastello*; a. 1492] ***sf.*** *reg.* mastello.

mastèllo [dal gr. *mastós*, coppa (a forma di mammella); a. 1320] ***sm.*** vaso di legno a doghe, tronco-conico, più largo alla bocca che al fondo, con due doghe sporgenti e forate per infilzarvi una stanga e trasportarlo || **N.** *Sin.* bigoncio; tinozza. **TAV.** *enologia* 4.5.

master (ingl., pr. ['mɑ:stə]; pr. it. ['master]) [dal lat. *magister*, attr. il fr. ant. *maistre*, maestro; 1905 nel senso 2] ***sm. inv.*** **1.** abbreviazione di *Master of Arts* o *Master of Science*, nel sistema universitario angloamericano, il diploma di secondo livello: *ha un master in economia* || in Italia corso post-universitario di specializzazione, spec. in discipline aziendali **2.** *T.cacc.* chi dirige una caccia spec. a cavallo, capocaccia **3.** *T.sport. torneo dei master*, prestigioso torneo tennistico americano a cui partecipa un selezionato numero di campioni **4.** *T.tecn.* apparato principale che controlla gli altri || nastro magnetico da cui la registrazione può essere trasferita su altri supporti.

master mind (ingl., pr. ['mɑ:stəmaɪnd]) [n. commerciale, letter. mente superiore; 1983] ***loc. m. inv.*** *T.gioc.* gioco logico in cui un giocatore deve indovinare, attraverso una serie limitata di tentativi e sulla base delle risposte dell'altro giocatore, il colore e la posizione di quattro (o, in altre versioni, cinque) pioletti colorati, che l'altro giocatore ha segretamente disposto a suo arbitrio.

màstica¹ [dal gr. mod. *mastíha*, resina; a. 1881] ***sf.*** *raro* sorta di acquavite aromatizzata con resina di lentisco, tipica delle isole dell'Egeo: *tracannavano la mastica arzente* (D'Annunzio).

màstica² [dal lat. *mastiche*; a. 1348] ***sf.*** *arc.* var. di MASTICE nel senso 2.

masticàbile [da *masticare*; 1745] ***agg.*** da potersi più o meno facilmente masticare.

masticaménto [da *masticare*; a. 1673] ***sm.*** *non com.* operazione del masticare.

masticàre (pres. *màstico, màstichi*) [lat. tardo *masticāre*; a. 1342] ***tr.*** **1.** triturare o schiacciare una sostanza, gen. alimentare, coi denti, per prepararla alla digestione o per estrarne il succo: *masticare bene il cibo, masticare gomma americana, masticare foglie di coca* **2.** *fig.* pronunciare a stento, trovare con difficoltà le parole adeguate: *masticare una scusa, un complimento* || conoscere in maniera approssimata, spec. una lingua: *masticare un po' il tedesco, la matematica la mastico male* || *masticare amaro, masticare veleno*, essere pieno di stizza || **N.** **1.** *Sin.* macinare, maciullare, ruminare, sgranocchiare, sgretolare; MANGIARE | boccone, bolo; denti, mascelle, saliva **2.** *Sin.* biascicare, borbottare, ciangottare.

masticaticcio (pl. *-ci*) [da *masticare*; a. 1918 ca.] ***sm.*** cosa masticata a lungo, biascicaticcio.

masticatóio (pl. *-ói*) [da *masticare*; 1869] ***sm.*** catena di anelli di ferro che si mette in bocca ai cavalli per favorirne la salivazione.

masticatóre [da *masticare*; 1803] ***sm.*** **1.** (f. *-trìce*) chi mastica **2.** apparecchio impiegato nell'industria della gomma, per la lavorazione dei pani di gomma grezza.

masticatòrio (pl. *-ri*) [da *masticare*; 1561 come sm.] **I** ***agg.*** che concerne la masticazione: *apparato masticatorio* **II** ***sm.*** *ant.* prodotto da masticare a lungo per aumentare la secrezione salivare.

masticatùra [da *masticare*; sec. XIV] ***sf.*** **1.** cosa masticata || l'avanzo di una cosa masticata **2.** *meno com.* masticazione.

masticazióne [da *masticare*; a. 1320] ***sf.*** **1.** l'atto e la funzione del masticare **2.** *T.tecn.* nell'industria della gomma, operazione di triturazione, rimpasto e sminuzzamento a cui sono sottoposti i pani di gomma naturale.

màstice [dal lat. *mastix*, *-cis*; sec. XIV] ***sm.*** **1.** materiale malleabile usato come adesivo o per otturazione || *in part.* quello adoperato per far aderire i vetri delle finestre al telaio **2.** *ant.* resina balsamica del lentisco, gialla e vischiosa, che viene raccolta mediante incisione del fusto || **N.** **1.** COLLA.

mastiettàre ***tr.*** *pop. tosc.* v. MASCHIETTARE.

mastiétto ***sm.*** *pop. tosc.* v. MASCHIETTO.

mastigamèba [comp. di *mastigo-* e *ameba*; 1934] ***sf.*** genere di Protozoi Flagellati dal corpo ameboide fornito di flagello permanente.

màstigo- [dal gr. *mástix*, *-igos*, frusta] ***primo elem.*** che, in composti spec. della terminologia zoologica, vale "simile a frusta o flagello" (per es. *mastigòforo*).

Mastigòfori [dal lat. tardo *mastigophorus*, gr. *mastigophóros*; 1834] ***sm. pl.*** *T.zool.* Flagellati.

mastigòforo [gr. *mastigophóros*; 1586] ***sm.*** *T.stor.* nell'antica Grecia, guardia armata di frusta per mantenere l'ordine nelle pubbliche riunioni.

mastino [dall'ant. fr. *mastin*; a. 1292] ***sm.*** cane grosso e robusto, di pelo corto, con la testa grossa e il muso breve, particolarmente adatto per guardia e difesa || *fig.* persona di tenacia inattaccabile || **N.** inglese, napoletano, spagnolo | CANE. **TAV.** ***cani*** **p. 663.**

màstio (pl. *-sti*) [lat. *masculus*; sec. XIV] ***sm.*** *tosc.* maschio, spec. nel senso di fortificazione: *il mastio di Volterra.* **Q.T.** *fortificazioni.*

mastite [comp. di *masto-* e *-ite*; 1834] ***sf.*** *T.med.* infiammazione acuta o cronica delle ghiandole mammarie || **N.** *Sin.* mastadenite.

màsto- [dal gr. *mastós*, mammella] ***primo elem.*** che, in parole composte della terminologia medica, vale "mammella": **mastocarcinòma**, **mastoflogòsi**, **mastografia**, **mastopatìa**, **mastoplàstica**, **mastoptòsi**.

mastocita o **mastocito** [comp. di *masto-* e *-cita* (*-cito*), come l'ingl. *mastocyte*; 1957] ***sm.*** *T.biol.* mastcellula.

mastodinìa [comp. di *masto-* e *-odinia*; 1834] ***sf.*** *T.med.* dolore acuto alla mammella con tensione e indurimento della ghiandola || **N.** *Sin.* mastalgia.

mastodónte [comp. di *masto-* e *-odonte*, per la forma dei denti molari; 1819] ***sm.*** mammifero dei Proboscidati, munito di quattro zanne, che visse nel periodo terziario || *fig.* persona di mole gigantesca.

mastodòntico (pl. *-ci*) [da *mastodonte*; 1891] ***agg.*** spropositato, colossale || **N.** *Sin.* ENORME.

mastòide [dal gr. *mastoeidḗs*, che ha la forma di mammella; a. 1704] ***sf.*** *T.anat.* grossa prominenza dell'osso temporale, posteriore al padiglione dell'orecchio, detta anche *apofisi mastoidea.*

mastoidectomìa [comp. di *mastoide* e *-ectomia*; 1957] ***sf.*** *T.chir.* intervento chirurgico consistente nell'apertura e nello svuotamento della mastoide.

mastoidèo [da *mastoide*; 1681] ***agg.*** della mastoide: *muscolo mastoideo*; *apofisi mastoidea*, mastoide.

mastoidìte [da *mastoide*; 1841] ***sf.*** *T.med.* infiammazione dell'apofisi mastoidea.

màstra[1] [dal gr. *máktra*; 1600] ***sf.*** madia assai grande dove i fornai fanno il pane || bancone da lavoro per varie attività artigianali.

màstra[2] [da *maestra*; 1834] ***sf.*** *T.mar.* apertura circolare o ellittica sul ponte della nave, attraverso la quale passa l'albero.

mastrino (*dim.* di [*libro*] *mastro*) [1970] ***sm.*** in contabilità, registrazione in un prospetto delle operazioni riguardanti un conto, in cui si hanno addebiti a sinistra e accrediti a destra.

màstro [lat. *magister*; sec. XIII] **I** ***sm.*** *ant.* maestro || *in part.* artigiano provetto; *mastro d'ascia*, v. MAESTRO[1]; *capo mastro*, v. CAPOMASTRO; *scherz.* *mastro impicca*, boia || *ant.* come titolo che precede il nome, con riferimento all'esercizio di un'attività artigianale da parte del suo portatore: *mastro Geppetto*, *mastro Pietro* **II** ***agg.*** principale (v. MAESTRO[1]) || *T.comm.* *libro mastro*, o sempl. *mastro*, registro dei commercianti dove sono riportate tutte le partite del dare e dell'avere. **Q.T.** *commercio...*

mastrùca o **mastrùcca** [dal lat. *mastrūca*, pelliccia; 1585] ***sf.*** pelliccia di montone, senza maniche, usata dai pastori sardi.

masturbàre [dal lat. *masturbāri*; 1640] ***tr.*** sottoporre a masturbazione || ***rifl.*** procurarsi piacere mediante stimolazione degli organi sessuali || ***rifl. indir.*** *fig. scherz.* arrovellarsi, tormentarsi: *non masturbarti il cervello con quel problema!*

masturbatòrio (pl. *-ri*) [da *masturbare*; 1965] ***agg.*** relativo alla masturbazione, consistente nella masturbazione: *pratiche masturbatorie*; anche *fig.*: *atteggiamento, intellettualismo masturbatorio.*

masturbazióne [da *masturbare*; 1735 ca.] ***sf.*** attività volta a provocare piacere mediante stimolazione e *in part.* autostimolazione degli organi sessuali || *fig.* riflessione compiaciuta e fine a se stessa.

maşùrio [dal n. della regione dei laghi *Masuri* dove fu scoperto; 1938] ***sm.*** *T.chim.* altro nome del tecnezio.

maşùt [dal russo *mazut*; 1931 *mazut*] ***sm. inv.*** *T.chim.* olio minerale grezzo, residuo della lavorazione dei petroli russi, usato come combustibile.

matador (sp., pr. [mata'ðɔr]; pr. it. [mata'dɔr]) [lett. 'uccisore'; 1835] ***sm. inv.*** (anche pl. *matadores*, pr. [mata'ðores]) nella corrida, il torero che ha il compito d'uccidere il toro.

matafióne [etim. inc.; a. 1484] ***sm.*** *T.mar.* pezzo di fune adoperata per inferire o per serrare tende o vele ai pennoni || **N.** *Sin.* gerlo. **TAV.** ***vela*** **p. 1342** 1.19.

matàllo [etim. inc.; 1834] ***sm.*** sorbo selvatico.

matamàta [voce tupi; 1957] ***sf.*** *inv.* tartaruga sudamericana di acqua dolce, dal collo lungo e dal muso che si prolunga in una specie di proboscide sottile.

matànza ***sf.*** *pop.* v. MATTANZA.

matapàn [etim. inc.; 1934 *matapane*] ***sm.*** *inv.* *T.num.* antica moneta veneziana, ducato d'argento, coniata a cominciare dai primi anni del Duecento, simile, nel tipo, alle monete bizantine.

matàssa [lat. *matăxa*; 1364 ca.] ***sf.*** quantità di filo avvolto in più giri uguali: *matassa di seta, di cotone* || *fig.* *una matassa molto imbrogliata*, una faccenda assai complicata; *trovare il bandolo della matassa*, trovare il modo per risolvere un problema o una situazione molto imbrogliata || *dim.* matassìna, matassétta; *pegg.* matassàccia || **N.** arruffata, ingarbugliata, intricata | abbindolare, annaspare, arruffare, avvolgere, dipanare, imbrogliare, ingarbugliare, intricare, scarmigliare | arcolaio, aspo, bandolo, gomitolo.

matassatóre [da *matassa*; 1957] ***sm.*** (f. *-trìce*) lavoratore tessile addetto alla matassatura.

matassatùra [da *matassa*; 1957] ***sf.*** operazione con cui nell'industria dei filati si fanno le matasse.

matassina (*dim.* di *matassa*) [1957] ***sf.*** formato commerciale in cui sono confezionati certi filati, spec. di cotone.

match (ingl., pr. [mætʃ]) [letter. scontro; 1902] ***sm. inv.*** *T.sport.* gara, partita, incontro, spec. di pugilato || *match point*, nel tennis, punto che assegna la vittoria ad uno dei giocatori; *match ball*, servizio con cui si mette in gioco la palla che può assegnare la vittoria.

màte [dal quechua *mate*, bevanda; 1862] ***sm.*** **1.** nome volgare di un arbusto delle Aquifogliacee coltivato in America del Sud, di cui sono utilizzate le foglie ricche di caffeina e teina **2.** l'infuso di tali foglie, con proprietà toniche e stimolanti simili a quelle del caffè e del tè.

matelassé (fr., pr. [matla'se]) [letter. confezionato in forma di materasso; 1939] ***agg.*** *inv.* di tessuto, imbottito e trapuntato; usato spec. per fodere e vestaglie.

matemàtica [dal lat. *mathēmatica*; a. 1294] ***sf.*** l'insieme delle scienze che studiano le proprietà di enti astratti, quali numeri, figure geometriche, funzioni, insiemi ecc.; (per i principali settori in cui si suddivide v. par. MAT.); *matematica pura*, che tratta problemi astratti indipendentemente da eventuali applicazioni pratiche; *matematica applicata*, che interviene nella risoluzione di problemi di altre scienze, come ingegneria, astronomia, economia ecc. || *la matematica non è un'opinione*, i risultati di un calcolo numerico non si possono discutere. **Q.T.** *matematica...*

matemàtico (pl. *-ci*) [dal lat. *mathematicus*; 1308 ca.] **I** ***agg.*** della matematica, relativo alla matematica: *scienze matematiche* || dotato di rigore matematico; preciso, esatto: *evidenza, esattezza, certezza matematica* || **matematicaménte** ***avv.*** **1.** dal punto di vista matematico; con mezzi matematici **2.** in modo assolutamente certo: *sono matematicamente certo di quello che dico* **II** ***sm.*** (f. *-a*) studioso di scienze matematiche.

matematişmo [da *matematica*; a. 1952] ***sm.*** *T.fil.* corrente filosofica che giudica la matematica in grado di cogliere e spiegare l'essenza di ogni realtà || *per estens.* atteggiamento di chi preferisce o realizza forme di pensiero e di valutazione matematica o razionale in genere.

matematiẓẓàre [da *matematica*; 1951] ***tr.*** trasformare in una teoria matematica: *matematizzare la logica* || corredare di strumenti matematici.

matematiẓẓazióne [da *matematizzare*; 1983] ***sf.*** atto o effetto del matematizzare.

matèra [dal lat. *materia*; 1308 ca.] ***sf.*** *ant.* materia: *sarà ora matera del mio canto* (Dante).

materàssa [dall'ar. *matrah*; 1312] ***sf.*** *tosc.* materasso.

materassàio (pl. *-ài*) [da *materasso*; 1442] ***sm.*** (f. *-a*) chi fa, rinnova o vende materassi, guanciali e sim.

materassino (*dim.* di *materasso*) [sec. XIV] ***sm.*** piccolo materasso || *in part.* tappeto imbottito di gomma piuma usato in palestra; piccolo materasso gonfiabile, in materia plastica, che si usa al mare, in campeggio e sim.

materàsso [dall'ar. *matrah*; a. 1306 *materazo*] **sm.** sacco rettangolare di tela imbottito di lana o altro materiale soffice, sagomato e trapuntato, che costituisce un supporto confortevole per il corpo sdraiato: *materasso a una piazza, a molle*; *materasso ortopedico*, dotato di sostegno rigido che impedisce di assumere posizioni scorrette nel sonno; *rifare il materasso*, cardarne la lana dell'imbottitura || *dim.* materassìna (*sf.*), materassìno; *accr.* materassóne; *pegg.* materassàccio || **N.** coltrice, paglericcio, saccone, strapunto | di capoc, di crine, di gommapiuma, di lana, di piume | abballinare, alzare, disfare, ribattere, rivoltare, spiumacciare | traliccio. **TAV.** ***atletica*** **p. 657** 3.1a.

matèria [dal lat *māteria*, secc. XII-XIII] **sf.** **1.** ciò che determina la massa e l'estensione di un corpo: *materia ad alta concentrazione, trasformazione della materia in energia, struttura della materia*; *materia interstellare*, quella estremamente rarefatta diffusa nello spazio sotto forma di gas e pulviscolo || *T.fil.* elemento corporeo, fisico, che cade sotto i sensi, contrapposto a un principio incorporeo e informante: *materia e forma, materia e spirito* || *materia grigia, cerebrale*, i tessuti che compongono il cervello; anche *per meton. scherz.* intelligenza || *materia purulenta*, pus; *pop.* anche *ass.* **2.** (come nome numerabile) sostanza, materiale: *una materia altamente infiammabile, materie preziose, materie plastiche* || *materia prima*, sostanza grezza oggetto di successive lavorazioni industriali: *il Giappone deve importare quasi tutte le materie prime* || *T.rel. materia di sacramento*, veicolo tangibile del segno sacramentale, ad es. il pane nell'Eucarestia **3.** argomento intorno al quale si scrive o si parla: *questa sarà la materia del mio discorso, è una materia troppo ampia, indice per materia* || *entrare in materia*, in argomento; *esaurire la materia*, trattare l'argomento in ogni particolare || *in materia di*, relativamente a || *per estens.* occasione, motivo: *dare, offrire materia a sospetti, litigi*; *la materia del contendere*, ciò di cui si tratta in una disputa **4.** disciplina che sia oggetto di studio e di insegnamento: *materie letterarie, le materie d'esame, è passato in tutte le materie* || *dim.* materiùccia; *pegg.* materiàccia || **N.** **2.** *Sin.* corpo, sostanza | coesione, colore, compressione, consistenza, densità, divisibilità, elasticità, estensione, forma, impenetrabilità, inerzia, massa, moto, peso, temperatura, volume | animata / inanimata o bruta; organica / inorganica; gassosa, liquida, solida; densa, docile, grezza / lavorata; duttile, malleabile | conservazione, corruzione, disgregazione, evoluzione, putrefazione, trasformazione **3.** *Sin.* oggetto, questione, soggetto; causa. **Q.T.** *chimica.*

materialàccio (pl. m. *-ci*, pl. f. *-ce*) (*pegg.* di *materiale*) [a. 1600] **agg.** e **sm.** (f. *-a*) materialone.

materiàle [dal lat. *materialis*; 1308 ca.] **I** **agg.** **1.** relativo alla materia, composto di materia: *essenze materiali* || *per estens.* che concerne gli aspetti concreti e pratici dell'esistenza, in contrapposizione a *spirituale* o *morale*: *i beni materiali, progresso materiale, bisogni materiali, aiuto materiale* || *errore materiale*, errore di fatto che non deriva da errori di giudizio || *T.fis. punto materiale*, oggetto privo di estensione ma provvisto di una massa non nulla; astrazione usata in meccanica come caso limite **2.** reale in senso fisico, effettivo: *essere nell'impossibilità materiale, non avere il tempo materiale per fare qualcosa* **3.** di persona, grossolana, di poco ingegno, poco fine; anche *s.*: *quell'uomo è un gran materiale* || di cosa, grossolana, di forme poco eleganti: *un mobile materiale*; *avere dei modi materiali*, essere rozzi e sgraziati || **materialménte** **avv.** in modo reale, concreto: *è materialmente impossibile* || *accr.* materialóne; *pegg.* materialàccio **II** **sm.** **1.** sostanza o prodotto considerato come oggetto di manipolazioni o trasformazioni: *materiali ignifughi, materiali sintetici, materiale edilizio* **2.** insieme di strumenti necessari all'esecuzione di un lavoro: *materiale chirurgico, materiale tipografico* || *in part.* i dati e i documenti in base ai quali si elabora uno studio, una ricerca e sim.: *il materiale fotografico per l'inchiesta, il materiale bibliografico per una ricerca* || **N.** I **1.** *Sin.* corporeo, oggettivo, palpabile, reale, sensibile, tangibile, visibile | *Contr.* ideale, immateriale II **2.** *Sin.* armamentario, attrezzatura, strumentario. **Q.T.** *edilizia, fabbro, falegnameria.*

materialismo [dall'ingl. *materialism*; 1767] **sm.** **1.** *T.fil.* dottrina che nega l'esistenza dello spirito e considera la materia il principio su cui si fonda la realtà || *materialismo storico*, la teoria di Marx secondo cui i processi storici sono determinati dai rapporti economici e dalla loro evoluzione || *materialismo dialettico*, la teoria elaborata soprattutto da Lenin, secondo cui la natura e la storia sono retti dai principi della dialettica (unità degli opposti, trapasso della quantità nella qualità, negazione della negazione) **2.** *com. spreg.* atteggiamento orientato alla ricerca di beni e piaceri materiali.

materialìsta [dall'ingl. *materialist*; 1745] **s.** **1.** chi professa il materialismo **2.** *com.* chi cerca solo godimenti terreni, materiali.

materialìstico (pl. *-ci*) [da *materialista*; 1829] **agg.** da materialista, del materialismo: *la concezione materialistica della storia.*

materialità [dal fr. *matérialité*; sec. XV] **sf.** **1.** qualità di ciò che è concreto, tangibile o che si può ricondurre agli aspetti esteriori o formali **2.** grettezza, grossolanità.

materializzàre [dal fr. *matérialiser*, a. 1855] **tr.** ridurre a consistenza materiale, dare concretezza || **intr. pron.** assumere consistenza materiale, prendere corpo: *la sua immagine sembrava materializzarsi davanti agli occhi* || realizzarsi: *i desideri non si materializzano facilmente.*

materializzazióne [dal fr. *matérialisation*; 1886] **sf.** il materializzare e il materializzarsi || *T.fis.* conversione di energia in materia.

materialóne (*accr.* di *materiale*; 1842 ca.) **sm.** (f. *-a*) persona dai modi alquanto sgraziati e grossolani.

materiàre (pres. *-èrio*) [dal lat. *materiāre*; 1905] **tr.** *lett.* sostanziare, dar materia a qualcosa.

materiàto [da *materiare*; a. 1406] **agg.** *lett.* composto di materia || composto o formato di una data materia: *musica materiata di virtuosismi, di dolcezza.*

matèrico (pl. *-ci*) [da *materia*; 1964] **agg.** **1.** che riguarda la materia **2.** *T.art. arte materica*, corrente pittorica e scultorea contemporanea che si serve, accanto ai materiali tradizionali, anche di materiali svariati ed eterogenei, come legni, stracci, lamiere e sim. || **N.** **2.** *Sin.* materismo.

materismo [da *materia*; 1965] **sm.** *T.art.* arte materica.

maternàle [dal lat. mediev. *maternālis*; a. 1321] **agg.** *arc.* materno.

maternità [dal lat. *maternitas, -ātis*; 1686] **sf.** **1.** condizione di madre: *i doveri, le gioie della maternità* || *per restr.* la condizione di chi ha appena dato alla luce un figlio; la gravidanza stessa: *una maternità difficile, essere alla prima maternità* || *in part.* il periodo retribuito di sospensione dal lavoro, che spetta alle donne per partorire e allattare i bimbi nei primi mesi dopo il parto **2.** reparto d'ospedale o clinica specializzata, dove sono accolte le partorienti **3.** nome e cognome della madre a fini di identificazione: *dichiarare paternità e maternità* **4.** titolo di reverenza riservato alle suore: *Vostra*

MATEMATICA E GEOMETRIA

SPECIALITÀ PRINCIPALI: algebra, analisi, aritmetica, geometria (algebrica, analitica, differenziale, euclidea, non euclidea, proiettiva; trigonometria), teoria dei giochi, teoria dei numeri, teoria delle probabilità, topologia.

CONCETTI GENERALI: insiemi, sottoinsiemi; unione, intersezione, inclusione, complemento; elemento di un insieme, appartenenza; prodotto cartesiano, coppia ordinata; relazioni (di equivalenza, di ordine), proprietà riflessiva, simmetrica, transitiva, classi di equivalenza; applicazione (iniettiva, suriettiva, biiettiva; composta, inversa; dominio, immagine), corrispondenza biunivoca.

ARITMETICA: numeri naturali (pari, dispari); operazioni: addizione (addendi, somma, riporto), sottrazione (minuendo, sottraendo, differenza), moltiplicazione (fattori, prodotto), divisione (dividendo, divisore, quoziente, resto); divisibilità, numeri primi, massimo comun divisore, scomposizione in fattori, algoritmo euclideo; frazioni (proprie, improprie; numeratore, denominatore), riduzione ai minimi termini, al denominatore comune, minimo comune multiplo; rapporto, proporzioni (antecedente, conseguente; medi, estremi; medio proporzionale; rapporto aureo).

ALGEBRA ELEMENTARE: numero intero (positivo, negativo, nullo), reale (razionale / irrazionale; algebrico / trascendente), complesso (parte reale, parte immaginaria; modulo, argomento; complesso coniugato); proprietà associativa, commutativa, distributiva; elemento neutro, opposto, inverso; potenza, radice; monomi, polinomi, fattorizzazione dei polinomi, prodotti notevoli; equazioni algebriche di grado ennesimo, coefficienti, incognite, radici di un'equazione, sistemi; disequazioni.

ALGEBRA MODERNA: gruppo, gruppo commutativo o abeliano, anello, corpo, corpo commutativo o campo; omomorfismo, isomorfismo.

ALGEBRA LINEARE: spazio vettoriale, vettore, scalare, vettori linearmente indipendenti, basi, dimensione di uno spazio vettoriale; prodotto scalare, hermitiano, vettoriale, ortogonalità; applicazioni lineari, nucleo; rappresentazione di un'applicazione lineare, matrice (quadrata; simmetrica, triangolare, diagonale; invertibile; trasposta, inversa); minori, rango di una matrice; determinante, diagonalizzazione, polinomio caratteristico, autovalori, traccia di una matrice quadrata.

ANALISI: retta reale, intervallo (chiuso, aperto), piano complesso; costanti, variabili; funzione (di variabile reale, di variabile complessa, di più variabili; scalare, vettoriale; limitata, continua, derivabile, integrabile; monotòna crescente, decrescente; periodica; analitica, armonica, olomorfa); estremo superiore, limite (destro, sinistro), rapporto incrementale, infinitesimo, dif-

segue

Maternità.

matèrno [dal lat. *māternus*; 1319 ca.] **agg.** **1.** di madre, proprio della madre: *affetto materno* || *zio, cugino materno*, per parte di madre || *eredità materna*, che proviene dalla madre || *scuola materna*, scuola con finalità prevalentemente ricreative, la cui frequenza è facoltativa, riservata ai bambini dai tre ai sei anni, asilo **2.** del paese nativo: *terra materna, idioma materno* || **maternaménte** **avv.**

màtero [dal lat. *materis*, giavellotto; 1891] **sm.** *reg.* pollone del ceppo del castagno, usato come palo di sostegno per le viti.

materòzza [etim. inc.; a. 1539] **sf.** *T.metal.* nella fusione dei metalli, l'eccesso del metallo colato; anche parte della forma dove si deposita tale eccesso insieme alle scorie che rimangono sulla superficie.

materòzzolo [dal lat. *mataris*, giavellotto; sec. XIV] **sm.** *ant.* pezzetto di legno rotondo a cui si legano le chiavi.

matètico (pl. *-ci*) [dal gr. *máthēsis*, apprendimento, come l'ingl. *mathetic*; 1974] **agg.** che riguarda l'apprendimento; che facilita l'apprendimento: *tecniche matetiche.*

-màtica [tratto da (*infor*)*matica*] **elem. term.** utilizzato nelle denominazioni di discipline o tecniche basate sul trattamento automatico dei dati (per es. *telematica*).

màtico (pl. *-ci*) [etim. inc.; 1891] **sm.** pianta delle Piperacee originaria del Perù, usata come condimento e come balsamico.

matinée (fr., pr. [mati'ne]) [letter. mattinata; 1870] **sf.** *inv* **1.** spettacolo del mattino o del primo pomeriggio: *una matinée teatrale* **2.** *disus.* sopravveste femminile, perlopiù corta, da indossare al mattino.

matìta [lat. (*lapis*) *haematitos*, pietra di ematite; a. 1533] **sf.** **1.** strumento per scrivere e disegnare costituito da un bastoncino sottile di grafite o di un impasto colorante serrato in un cannello di legno o in apposito astuccetto metallico o di materia plastica: *matita nera, rossa, copiativa, automatica*; *disegnare a matita* || bastoncino di sostanze cosmetiche o farmaceutiche: *matita per gli occhi, matita emostatica, astringente* **2.** *T.inform. matita luminosa, light pen* || *dim.* matitìna; *accr.* matitóna, matitóne (*sm.*) || **N.** **1.** *Sin.* lapis; grafite, piombaggine; mina | appuntare, spuntare, temperare | temperino. **Q.T.** *architettura, stampa...* **TAV.** *disegno* 1.

matitatóio (pl. *-ói*) [da *matita*; prima metà del sec. XVII] **sm.** *non com.* arnese perlopiù di metallo, in cui si chiude e si fissa la matita per disegnare.

matràccio (pl. *-ci*) [dal fr. *matras* prob. dall'ar. *matara*, otre; 1679] **sm.** vaso di vetro a forma di fiasco, con base schiacciata e lungo collo, usato nei laboratori chimici per distillazione e altre operazioni.

màtri- [dal lat. *māter, mātris*] **primo elem.** che, in parole composte part. della terminologia antropologica, vale "madre", "per parte di madre", "per via femminile" (per es. *matrilineare, matrilocale*) || **N.** *Contr.* patri-.

matriarcàle [da *matriarcato*, sul modello di *patriarcale*; 1945] **agg.** del matriarcato: *società matriarcale* || impropriamente, matrilineare.

matriarcàto [dal lat. *mater, matris*, sul modello di *patriarcato*; 1927] **sm.** **1.** società in cui il potere effettivo è in mano della donna **2.** presunta fase primitiva dell'organizzazione sociale, in cui il potere era in mano alle donne || **N.** **1.** *Sin.* ginecocrazia.

matricàle [dal lat. tardo *matricālis*; 1822] **sm.** erba aromatica delle Composite, simile alla camomilla.

matricària [dal tardo *matricaria*(*herba*); 1499] **sf.** **1.** *T.bot.* genere di piante delle Composite che conta circa cinquanta specie **2.** altro nome della camomilla.

matrice [dal lat. *mātrix*; 1308 ca. nel senso 7] **sf.** **1.** elemento che serve a riprodurre più copie di un oggetto || *in part. T.tip.* lo stampo per produrre i caratteri mobili di stampa || *T.metal.* nella pressa, l'elemento che, fissato al punzone, conferisce al metallo una determinata forma **2.** *fig.* fonte, motivo originario che impronta dei suoi caratteri qualcuno o qualcosa: *la matrice mitteleuropea della formazione di Svevo* **3.** *T.min.* nelle rocce clastiche, la parte costituita da frammenti più minuti, che racchiude minerali in granuli **4.** *T.mat.* tabella di numeri disposti su righe orizzontali e colonne verticali, su cui si possono definire operazioni simili a quelle tra semplici numeri **5.** nei registri a madre e figlia, lo stesso che *madre* **6.** *T.anat. matrice dell'unghia*, la parte che sta alla radice, che per proliferazione delle cellule produce il tessuto dell'unghia **7.** *lett.* utero || **N.** **1.** *Sin. cliché*, flano, punzone **2.** *Sin.* origine, stampo. **Q.T.** *matematica..., stampa...*

matriciàle [da *matrice*; 1947] **agg.** *T.mat.* relativo alle matrici e al calcolo delle matrici.

matriciàna V. AMATRICIANA.

matricìda [dal lat. *matricīda*; sec. XIV] **s.** chi uccide la propria madre.

matricìdio (pl. *-di*) [dal lat. *matricīdium*; a. 1294] **sm.** uccisione della propria madre.

matricìna [da *matricino*; 1862] **sf.** *T.agr.* ciascuna di quelle piante, scelte tra le più belle, che si lasciano intatte nel tagliare un bosco, affinché lo ripopolino.

matricinàto [da *matricina*; 1959 come sm.] **I agg.** detto di bosco ceduo che presenta matricine **II sm.** insieme delle matricine lasciate in piedi durante il taglio di un bosco ceduo.

matricìno [da *matrice*; 1652] **agg.** **1.** detto di lana a fibra dura e resistente che proviene dalla tosatura di pecora madre o, più in gen., di capi adulti già tosati **2.** detto di pecora che ha partorito **3.** *albero matricino*, matricina.

matricola [dal lat. *matricula*; a. 1363] **sf.** **1.** registro in cui sono segnate e numerate progressivamente persone o cose appartenenti a una certa classe o categoria: *matricola delle navi, matricola degli studenti universitari, matricola della gente di mare* || *per estens.* ciascuno dei numeri di tale registro: *dammi la tua matricola* || *in part.* registro dell'amministrazione militare dove vengono registrati i dati relativi a ciascun soldato **2.** studente d'università iscritto al primo anno: *festa delle matricole* || *per estens.* persona nuova di un certo ambiente o lavoro **3.** *per meton.* beffa ai danni di uno studente del primo anno: *fare una matricola* || **N.** **1.** *Sin.* albo, ruolo | immatricolarsi **2.** *Sin.* novellino, novizio.

matricolàre (pres. *-icolo*) [da *matricola*; a. 1412] **tr.** *non com.* immatricolare.

matricolàto (*pps.* di *matricolare*) [a. 1535] **agg.** *fig.* grande, famoso; spec. *scherz.*, riferito a qualità negative: *ladro, imbroglione matricolato* || **N.** *Sin.* patentato.

matricolazióne [da *matricolare*; a. 1786] **sf.** *raro* immatricolazione.

matricolìno [da *matricola*; a. 1889] **sm.** *non com.* studente universitario del primo anno.

matrìgna [dal lat. tardo *matrinia*; a. 1292] **sf.** seconda moglie del padre, in relazione ai figli di primo letto || *fig.* madre non amorevole, crudele: *la natura gli fu matrigna* || **N.** patrigno, figliastro, fratellastro.

matrignàle [da *matrigna*; 1546] **agg.** *ant.* di o della matrigna.

matrigneggiàre (pres. *-éggio*) [da *matrigna*; sec. XIV] **intr.** (aus. *avere*) *non com.* comportarsi da matrigna.

matrignésco (pl. *-schi*) [da *matrigna*; 1879]

segue MATEMATICA E GEOMETRIA

ferenziale, derivata, derivate di ordine superiore, derivate parziali, gradiente, divergenza, rotore, laplaciano; grafico o diagramma di una funzione: zeri, singolarità (poli, discontinuità, punti angolosi), massimi, minimi, flessi, concavità, convessità, asintoti; integrale (proprio / improprio; definito / indefinito; curvilineo, di superficie, di volume); successioni (convergenti, divergenti, oscillanti, di Cauchy), sommatoria, sviluppo in serie (di potenze, di Fourier); equazioni differenziali (lineari, a variabili separabili, omogenee).

ALCUNE FUNZIONI: polinomi; valore assoluto, segno; esponenziale, logaritmo, funzioni trigonometriche (v. TRIGONOMETRIA), seno e coseno iperbolico; armoniche sferiche; gaussiana.

GEOMETRIA EUCLIDEA DEL PIANO: punto, retta (incidente, parallela, perpendicolare o normale), semiretta (origine), segmento (estremi, asse); angolo (vertice; acuto, retto, ottuso, piatto, giro), angoli (adiacenti, alterni esterni, alterni interni, corrispondenti, opposti al vertice; complementari, supplementari); poligoni (lati, vertici, perimetro, area): triangolo (acutangolo, rettangolo, ottusangolo; equilatero, isoscele, scaleno; altezza, mediana, bisettrice; ortocentro, baricentro, incentro; cateti, ipotenusa); quadrilateri (quadrato, rettangolo, rombo, parallelogramma, trapezio; basi, diagonali); poligoni regolari (centro, apotema); cerchio (centro; raggio, diametro, corde; circonferenza, arco; retta secante, tangente; settore circolare, segmento circolare a una, a due basi); poligono inscritto, circoscritto a una circonferenza; congruenza, similitudine, equivalenza; luogo geometrico; costruzioni, riga, compasso.

GEOMETRIA EUCLIDEA DELLO SPAZIO: piani (paralleli, perpendicolari); rette sghembe; diedri, triedri, angoloidi; poliedri (facce, spigoli, vertici): prisma, parallelepipedo, piramide, poliedri regolari (tetraedro, cubo o esaedro, ottaedro, dodecaedro, icosaedro); cilindro, cono, tronco di cono; sfera (calotta, fuso, zona sferica; segmento sferico a una, a due basi, settore sferico, spicchio sferico); toro; solidi di rotazione; superficie (laterale, totale), volume.

GEOMETRIA ANALITICA: piano cartesiano, origine, assi, coordinate cartesiane (ortogonali, oblique; ascissa, ordinata) coordinate polari; traslazione, rotazione degli assi; equazione di una curva, curve algebriche, frattale; retta (coefficiente angolare), fascio di rette; curve del secondo ordine o coniche (ellisse, iperbole, parabola, cerchio), equazioni canoniche, eccentricità, fuochi, semiassi; cicloide; spirale (di Archimede, iperbolica, logaritmica).

GEOMETRIA ANALITICA DELLO SPAZIO: coordinate cilindriche, sferiche; coseni direttori, vettore direttore di una retta; equazione parametrica di una curva; elica (passo); equazione di una superficie, superfici del secondo ordine o quadriche: sfera, ellissoide, iperboloidi (a una, a due falde), cono, cilindri (ellittico, iperbolico, parabolico), paraboloidi (ellittico, iperbolico).

TRIGONOMETRIA: angolo orientato; grado (primo, secondo), radiante; circonferenza trigonometrica; funzioni trigonometriche: seno, coseno, tangente, secante, cosecante, cotangente, arcoseno, arcocoseno, arcotangente.

agg. non com. da matrigna, degno di una matrigna.

matrilignàggio (pl. *-gi*) [comp. di *matri-* e *lignaggio*; 1986] ***sm.*** *T.etn.* gruppo nel quale l'appartenenza al lignaggio si trasmette in linea materna.

matrilineàre [comp. di *matri-* e *lineare*; 1957] ***agg.*** *T.etn.* detto di discendenza determinata per via materna: *successione matrilineare* || **N.** *Sin.* matrilineo | patrilineare.

matrilìneo [comp. di *matri-* e *linea*; 1957] ***agg.*** *T.etn.* per via materna, in linea materna: *discendenza matrilinea* || **N.** *Sin.* matrilineare | patrilineo.

matrilocàle [comp. di *matri-* e *locale*; 1975] ***agg.*** *T.etn.* relativo a matrilocalità: *residenza matrilocale*, convivenza della coppia di sposi con la famiglia della sposa || **N.** *Sin.* uxorilocale | patrilocale.

matrilocalità [da *matrilocale*; 1957] ***sf.*** *T.etn.* norma sociale secondo la quale la residenza della coppia di sposi è presso la famiglia o il gruppo sociale della sposa || **N.** *Sin.* uxorilocalità | patrilocalità, virilocalità.

matrimoniàbile [da *matrimonio*; 1963] ***agg.*** *scherz. non com.* in grado di sposarsi; che ha i requisiti per trovarsi un marito.

matrimoniàle [da *matrimonio*; a. 1292] ***agg.*** di matrimonio, attinente a matrimonio: *diritti matrimoniali, dispense matrimoniali* || *stanza, letto matrimoniale*, per due persone || **matrimonialménte** ***avv.*** come marito e moglie. **TAV. *arredamento* p. 650** 3, 3.7.

matrimonialìsta [da *matrimoniale*; 1963] ***s.*** giurista specializzato in diritto matrimoniale.

matrimònio (pl. *-ni*) [dal lat. *mātrimōnium*; a. 1294] ***sm.*** **1.** unione di un uomo e una donna per formare una famiglia, in quanto riconosciuta dalla comunità mediante una sanzione ufficiale, secondo le consuetudini civili o religiose: *un matrimonio ben riuscito, combinato dai parenti, fallito* || *per estens.* la durata di tale unione: *separarsi dopo tre anni di matrimonio* || *matrimonio civile*, celebrato solamente dinanzi all'ufficiale di Stato Civile; *religioso*, celebrato in chiesa come sacramento; *morganatico*, di un principe con donna di condizione inferiore, concluso col patto che i figli non abbiano diritto di succedere nel titolo e nel grado al padre **2.** *per estens.* l'insieme dei riti con cui si celebra l'unione, cerimonia nuziale: *un matrimonio sfarzoso, partecipare a un matrimonio* || *dim.* matrimoniùccio; *accr.* matrimonióne; *pegg.* matrimoniàccio || **N. 1.** accasamento, accoppiamento, ammogliamento, connubio, contratto nuziale, imeneo, maritaggio, nozze, sposalizio | d'amore, di convenienza, d'interesse | celebrazione, dote, impedimenti (*impedienti, dirimenti*), luna di miele, parentado, partecipazioni, pubblicazioni, viaggio di nozze | contrarre un matrimonio, legarsi in matrimonio, SPOSARE | fidanzamento, paraninfo, partito; adulterio, bigamia, celibato, divorzio, monogamia, poligamia, separazione, vedovanza. **Q.T.** *antropologia.*

matrizzàre [dal lat. *māter, mātris*; 1641] ***intr.*** (aus. *avere*) somigliare alla madre nel fisico, nell'atteggiamento o nel carattere.

matròna [dal lat. *matrōna*, donna maritata; sec. XIV] ***sf.*** nell'antica Roma, la donna maritata libera per nascita || *scherz.* donna di aspetto imponente e portamento grave e solenne.

matronàle [dal lat. *matronālis*; sec. XIV] ***agg.*** di o da matrona; anche *scherz.*: *un aspetto matronale* || **matronalménte** ***avv.***

matronèo [dal lat. mediev. *matroneum*, dal lat. *matrōna*, donna maritata; 1834] ***sm.*** in varie basiliche paleocristiane e romaniche, loggiato interno costruito sopra le navate laterali, inizialmente riservato alle donne.

matronimìa [dal *matronimico*; 1957] ***sf.*** norma sociale per cui il figlio deriva il proprio nome da quello della madre || **N.** patronimia.

matronìmico (pl. *-ci*) [dal lat. tardo *matronimicus*; a. 1729] ***agg.*** **1.** di nome derivato da quello della madre; anche *sm.* **2.** di gruppo sociale in cui si adotta il nome della madre anziché quello del padre || **N. 1.** patronimico.

matta[1] [dallo sp. *mata*, da *matar* uccidere; a. 1756] ***sf.*** *T.gioc.* carta da gioco che può assumere il valore di qualsiasi altra carta || **N.** *Sin. jolly.*

màtta[2] [dal lat. tardo *matta*; a. 1342] ***sf.*** *ant.* stuoia.

mattacchióne [da *matto*; 1536] ***sm.*** (f. *-a*) persona allegra per carattere, sempre pronta a scherzare || **N.** *Sin.* allegrone, buontempone, burlone.

mattaccinàta [da *mattaccino*; a. 1654] ***sf.*** spettacolo tenuto da un mattaccino || scherzo o atto da mattaccino.

mattaccìno [etim. discussa; da *matto*[1] o dallo sp. *matachin*, giocoliere; sec. XV] ***sm.*** **1.** giocoliere, saltimbanco, ballerino grottesco, perlopiù con sonagli al berretto e alle gambe **2.** danza dei sec. XV-XVI di carattere grottesco in cui i danzatori vestiti da guerrieri o da scheletri mimavano un combattimento || **N. 1.** *Sin.* giullare, BUFFONE.

mattaffióne V. MATAFIONE.

mattaióne [etim. inc.; a. 1597] ***sm.*** *tosc.* terreno argilloso, asciutto ed eccessivamente compatto, perciò sterile || deposito di argilla mista a salgemma e gesso, tipico del Senese.

mattàna [da *matto*[1]; 1761] ***sf.*** *fam.* **1.** esplosione improvvisa di malumore o di incontenibile allegria che si manifesta con atti irragionevoli e inconsueti: *gli è presa la mattana* **2.** azione smodata e inconsulta, da matto: *far mattane.*

mattànza [dallo sp. *matanza* uccisione; a. 1862] ***sf.*** *region.* fase finale della pesca al tonno in cui i pesci spinti nell'isola delle reti, vengono arpionati e caricati sulle barche.

mattàre[1] [dal lat. *mactāre*; a. 1292] ***tr.*** uccidere, immolare.

mattàre[2] [da (*scacco*) *matto*; 1336 ca.] ***tr.*** *T.gioc.* dare scacco matto || *per estens. fig.* vincere, superare, confondere.

mattarèllo V. MATTERELLO.

mattàta [da *matto*[1]; 1905] ***sf.*** *fam. non com.* azione da pazzo.

mattatóio (pl. *-ói*) [da *mattare*; 1890] ***sm.*** luogo dove si macellano le bestie, macello: *mattatoio comunale, clandestino.*

mattatóre [dallo sp. *matador*; a. 1956 nel senso 2] ***sm.*** (f. *-trìce*) **1.** chi provvede alla macellazione delle bestie nei macelli **2.** *T.cin.* e *T.teatr.* nel gergo dello spettacolo, attore che si impone di forza al pubblico, che fa convergere su di sé l'interesse || *per estens.* persona che spicca in mezzo agli altri: *il mattatore della festa.*

mattazióne [dal lat. tardo *mactātio, -ōnis*, der. di *mactāre*, uccidere; 1860] ***sf.*** *non com.* abbattimento delle bestie da macello.

matteggiàre (pres. *-éggio*) [da *matto*[1]; a. 1294] ***intr.*** (aus. *avere*) *non com.* far pazzie.

matterèllo o **mattarèllo** [dim. di *màttero*, randello, dal lat. volg. **mattaris*; a. 1755] ***sm.*** lungo cilindro di legno con cui si spiana e s'assottiglia la pasta || **N.** *Sin.* lasagnolo, spianatoio, stenderello.

matterìa [da *matto*[1]; a. 1306] ***sf.*** stramberia da matto || *ant.* stoltezza || **N.** *Sin.* PAZZIA.

matte shot (ingl., pr. amer. ['mæt ʃɑt]) [letter. ripresa opaca; 1988] ***loc. m. inv.*** *T.cin.* ripresa cinematografica o televisiva, attuata ponendo filtri speciali e schermi diffusori sull'obiettivo della cinepresa.

mattézza [da *matto*[1]; sec. XIV] ***sf.*** *raro* **1.** l'essere matto **2.** atto da pazzo || **N.** *Sin.* PAZZIA.

mattìa [da *matto*[1]; a. 1292] ***sf.*** *non com.* stramberia, follia.

mattìna [lat. (*hōra*) *matutīna*; a. 1250 *maitina*] ***sf.*** la parte del giorno compresa tra l'aurora e il mezzogiorno, mattino; è contrapposta a *sera*: *una luminosa mattina d'estate, di mattina la mente è più fresca, tutte le mattine fa un po' di sport, il lunedì mattina alcuni negozi sono chiusi*; *l'altra mattina*, una mattina di qualche giorno fa; *di prima mattina*, nelle prime ore dopo l'alba || *dalla mattina alla sera*, tutto il giorno || *dalla sera alla mattina*, in un lasso brevissimo di tempo, d'improvviso || *una bella mattina*, a un certo punto, un bel giorno || **N.** *Sin.* mattinata, ore antimeridiane; aurora, mattutino | mattiniero | a giorno alto, di buon'ora; stamattina; da mane a sera.

mattinàle [lat. *matutinālis* attr. al fr. *matinal*; 1882] **I** ***agg.*** *lett.* caratteristico del mattino: *luce, brezza mattinale* **II** ***sm.*** rapporto giornaliero sui fatti recenti più salienti presentato ogni mattina a capi di stato, alti funzionari e sim.

mattinàre (pres. *-ino*) [da *mattina*; a. 1873] ***tr.*** *ant.* fare la mattinata alla donna che si ama.

mattinàta [da *mattina*; 1314 ca.] ***sf.*** **1.** tutto lo spazio della mattina considerato rispetto allo stato del cielo o dell'aria o alle occupazioni: *mattinata nebbiosa, è stata una mattinata piena di contrattempi, come hai trascorso la mattinata?*; *in mattinata*, entro mezzogiorno: *spero di farcela in mattinata* **2.** canto amoroso innanzi alla casa dell'amata, che si faceva all'alba; anche diffuso nel repertorio lirico: *la Mattinata di Leoncavallo* **3.** *non com. matinée* || *pegg.* mattinatàccia.

mattinièro [da *mattina*; 1863] ***agg.*** che di solito si alza presto il mattino; anche occasionalmente: *oggi sei stato mattiniero* || **N.** mattutino.

mattìno [lat. *matutinum tempus*; a. 1250 *maitino*] ***sm.*** mattina, mattinata: *di buon mattino*; *i giornali del mattino, edizione del mattino*; *sul far del mattino*, all'alba || *fig. il mattino della vita*, l'età giovanile || *prov. il buon dì si conosce dal mattino*, dal principio si capisce come riusciranno le cose || *prov. le ore del mattino hanno l'oro in bocca*, sono le più produttive della giornata || **N.** *Sin.* MATTINA.

màtto[1] [dal lat. *mattus*; sec. XIII] ***agg.*** **1.** anche *sm.* (f. *-a*) privo o carente di senno, pazzo: *gridare come un matto, diventare matto*; *in part.* in alcune espressioni fam.: *fossi matto!*, per indicare che non si ha nessuna intenzione di accettare una proposta; *sei matto?*, per dissuadere qualcuno da una cosa o rimproverarlo di averla fatta; *roba da matti*, cosa inaudita, incredibile || *andar matti per qualcosa*, amarla o desiderarla molto: *va matto per il gelato al pistacchio, va matto per la lirica* || *per estens.* che fa cose insolite, strambo, stravagante: *è simpatico ma è un po' matto, è tutto matto, è mezzo matto, fare il matto* || *fig. tempo matto*, che cambia di continuo || *cavallo matto*, bizzarro **2.** *fam.* in espressioni iperboliche, grandissimo: *avere una voglia matta di qualcosa, una paura matta, delle matte risate* **3.** *fig.* che non funziona bene: *ha una gamba un po' matta, un occhio matto* **4.** *per estens.* di gioielli o metalli preziosi, falso **5.** opaco: *fotografia a superficie matta*; *oromatto*, opaco || **mattaménte** ***avv.*** || **N. 1.** *Sin.* PAZZO.

màtto[2] [dal pers. *māt*; a. 1306] ***agg.*** *T.gioc.* nel gioco degli scacchi, *scacco matto*, mossa con la quale si dà scacco al Re, in modo che non possa più difendersi.

mattòide [da *matto* e *-oide*; 1884] ***agg.*** e ***s.*** che si comporta talvolta in maniera inconsulta o bizzarra; anche *scherz.* || **N.** *Sin.* lunatico, pazzerello, pazzoide, strambo; cervello balzano.

mattolìna [da *matto*[1]; 1907] ***sf.*** allodola dei prati.

mattonàia [da *mattone*; a. 1444] ***sf.*** luogo

dove si fabbricano e si asciugano i mattoni, presso la fornace.

mattonàio (pl. *-ài*) [da *mattone*; sec. XIV-XV] ***sm.*** *T.tecn.* addetto alla lavorazione dell'argilla o di altri materiali per la fabbricazione dei mattoni.

mattonàme [da *mattone*; a. 1572] ***sm.*** insieme di rottami di mattoni.

mattonàre (pres. *-óno*) [da *mattone*; sec. XIV] ***tr.*** ammattonare: *mattonare una stanza.*

mattonàta [da *mattone*; a. 1769] ***sf.*** **1.** colpo dato con un mattone: *una mattonata in testa* **2.** *fig.* spettacolo, opera pesante, noiosa.

mattonàto [da *mattone*; a. 1342] ***sm.*** pavimento di mattoni, ammattonato: *rifare il mattonato* || **N.** *Sin.* lastrico.

mattonatùra [da *mattonare*; 1952] ***sf.*** atto ed effetto del mattonare.

mattóne [da una base *matt-*, *mat-* di orig. oscura; a. 1292] ***sm.*** **1.** parallelepipedo di terracotta, impiegato per la costruzione di muri, pavimenti, volte ecc.: *mattone pieno, cavo, forato; mattone per coltello, per taglio, per ritto, in piedi* o *in costa*, quando posa su una delle facce più strette; *mattone in spessore*, che presenta all'esterno la sua lunghezza; *in chiave*, che presenta la larghezza || *mattoni refrattari*, costruiti con materie resistenti alle più alte temperature, impiegato per la costruzione di forni e stufe || *mattoni crudi*, essiccati al sole anziché in forno || *T.cuc. pollo al mattone*, cotto al forno in un involucro di creta; *pizza al mattone*, cotta a contatto della pietra del forno || *color mattone*, il rosso cupo della terra cotta || *fig.* persona o cosa pesante, noiosa: *la conferenza sarà un mattone*; cosa indigesta: *questa crostata è un mattone*; *avere un mattone sullo stomaco*, sentirsi un peso per cattiva digestione, anche *fig. fam.* essere oppressi da qualcosa **2.** *pl. non com.* nel gioco delle carte, il seme di quadri || *dim.* mattoncìno, mattoncèllo, mattonétto; *pegg.* mattonàccio || **N. 1.** albasio, ambrogetta, campigiana, embrice, lastrone, laterizio, marmetta, massello, mattonella, pianella, quadrello, tambellone, tavella, tegola | addentellare, ammattonare, murare, pavimentare, posare, smattonare | fornace, morsa. **Q.T.** ***edilizia.***

mattonèlla [da *mattone*; 1869 nel senso 2] ***sf.*** **1.** piastrella, di forma e dimensioni diverse, impiegata per rivestimenti e pavimentazioni || *per estens.* oggetto a forma di piccolo mattone: *mattonella di carbone* **2.** sponda del biliardo || *tosc. di mattonella*, di rimbalzo **3.** specie di gelato duro, a forma di mattone || *dim.* mattonellìna || **N. 1.** *Sin.* laterizio.

mattonellificio (pl. *-ci*) [da *mattonella*; 1963] ***sm.*** fabbrica di mattonelle.

mattonétto (*dim.* di *mattone*) [1957] ***sm.*** mattone stretto usato per la costruzione di tramezzi, canne fumarie, volte e sim.

mattonièra [da *mattone*; 1957] ***sf.*** macchina per la fabbricazione di mattoni.

mattonificio (pl. *-ci*) [comp. di *mattone* e *-ficio*; 1957] ***sm.*** fabbrica di mattoni.

màttora [dal gr. *máktra*; 1834] ***sf.*** madia in cui si impastava il pane.

mattutìno [dal lat. *matutīnus*; a. 1306 come sm. nel senso 2] **I** ***agg.*** caratteristico del primo mattino: *brezza mattutina, stella mattutina* || *per estens. meno com.* relativo alla mattina: *seduta mattutina* **II** ***sm.*** **1.** la prima parte dell'ufficio canonico, da recitarsi nelle prime ore del mattino **2.** il suono delle campane che annuncia l'alba **3.** *ant. lett.* le prime ore del mattino: *alzarsi a mattutino.*

maturaménto [da *maturare*; a. 1320] ***sm.*** *non com.* maturazione.

maturàndo [gerundivo di *maturare*; 1931] ***sm.*** lo studente che sta per sostenere l'esame di maturità.

maturàre (pres. *-ùro*) [dal lat. *maturare*; a. 1306] ***intr.*** e *meno com.* ***intr. pron.*** **1.** raggiungere lo stadio finale di sviluppo: *l'uva, per maturare, ha bisogno di sole, il grano matura a giugno, certa frutta si matura dopo la raccolta* || *per estens.* di alcuni prodotti alimentari, acquistare la pienezza del gusto e dell'aroma mediante fermentazione o disidratazione, stagionare: *il vino matura nella botte* || *prov. col tempo e colla paglia maturan le nespole e la canaglia*, colla pazienza si ottiene ogni cosa || *per estens.* di eventi o fenomeni soggetti a evoluzione, avvicinarsi alla fase finale o decisiva: *la situazione sta maturando; l'ascesso matura*, si avvicina ad aprirsi per lasciar uscire il pus; *la tosse matura*, quando il catarro si fluidifica e rende possibile l'espettorazione || *fig.* di persona, progredire, evolvere psichicamente o intellettualmente: *dopo quell'esperienza è maturato* **2.** *T.banc.* di interessi, diventare esigibili per il passar del tempo || ***tr.*** **1.** rendere maturo: *questo sole matura in fretta il grano; gli impiastri caldi maturano gli ascessi* || *fig.* far evolvere spiritualmente: *la sofferenza matura le persone* **2.** *maturare un'idea, una decisione*, giungervi dopo lunga riflessione **3.** *maturare uno studente*, promuoverlo all'esame di maturità || **N. 1.** *Sin.* disacerbarsi.

maturativo [da *maturare*; a. 1539] ***agg.*** *raro* che è atto a far maturare.

maturazióne [dal lat. *maturātio*, *-ōnis*; 1336 ca.] ***sf.*** atto ed effetto del maturare.

maturità [dal lat. *matūritas*, *-ātis*; a. 1294 *maturitate*] ***sf.*** **1.** di un organismo vivente, la condizione di completo sviluppo; *maturità sessuale*, condizione dell'individuo che può riprodursi || *per estens.* l'età intermedia compresa fra la giovinezza e la vecchiaia: *nella poesia della maturità dimostra una maggiore padronanza del verso* **2.** la pienezza di capacità psichiche e intellettuali: *quel ragazzo dimostra una scarsa maturità* || *esame di maturità*, esame conclusivo degli studi medi superiori in Italia || **N. 1.** *Contr.* immaturità.

matùro [dal lat. *matūrus*; inizio sec. XIII *maduro*] ***agg.*** **1.** di frutto, che ha completato il suo sviluppo: *una bella pesca matura, l'uva è matura per la vendemmia* || *per estens.* di alcuni prodotti alimentari, invecchiato al punto giusto, stagionato: *formaggio maturo* || *per estens.* di persona, che è giunta alla maturità, che ha passato la giovinezza: *una donna ormai matura, un maturo signore con le tempie grige* **2.** *fig.* che ha raggiunto per età o esperienza l'equilibrio che dovrebbe caratterizzare la maturità della vita; dotato di buon senso, savio: *è un ragazzo assai maturo* || pronto, preparato: *non è maturo per quell'impresa, un popolo maturo per la libertà* || che ha superato l'esame di maturità **3.** di interessi, frutti del denaro ecc., scaduti, esigibili || **maturaménte** ***avv.***

matùṣa [da *matusalemme*; 1966] ***s. inv.*** *disus. scherz.* persona considerata di mentalità superata per l'età, da parte dei più giovani.

matuṣalèmme [dal n. del patriarca *Matusalemme* che visse 969 anni; a. 1643] ***s.*** *per anton.* persona decrepita.

maurìno [dal n. proprio *Mauro*; 1834] ***sm.*** monaco benedettino dell'ordine di S. Mauro.

maurìzia [dal n. proprio *Maurizio* (di Nassau-Siegen); 1891] ***sf.*** *T.bot.* palma con caule spinoso, che cresce in America tropicale.

mauriziàno [dal n. proprio *Maurizio*; 1869] ***agg.*** dell'ordine cavalleresco dei santi Maurizio e Lazzaro.

màuro [dal lat. *maurus*; a. 1374 come sm.] **I** ***agg.*** proprio della Mauritania || proprio della popolazione dei Mauri **II** ***sm.*** (f. *-a*) abitante della Mauritania.

maurolìco (pl. *-ci*) [dal n. proprio F. *Maurolico*, scienziato del XVI sec.; 1970] ***sm.*** piccolo pesce marino dei Clupeiformi dalle squame sottilissime e caduche di colore argenteo.

mauser (ted., pr. ['mauzɐ]; pr. it. ['mauzer]) [dal n. proprio P. *Mauser*, armaiolo e inventore ted.; 1905] ***sm. inv.*** fucile a retrocarica, a ripetizione.

mauṣolèo [dal lat. *mausolēum* di Mausolo (re della Caria il cui monumentale sepolcro era considerato una delle sette meraviglie del mondo antico); a. 1375] ***sm.*** sepolcro grandioso || *fig.* casa piena di cimeli e vecchie cose: *ha trasformato il suo studio in un mausoleo* || **N.** *Sin.* monumento, SEPOLCRO.

mauveìna [dal fr. *mauve*, malva; 1957] ***sf.*** *T.chim.* malveina.

mavì [dal turco *mawi*, ceruleo; a. 1588] ***agg. inv.*** e ***sm.*** *ant.* di colore simile all'azzurro.

mavòrzio (pl. *-zi*) [dal lat. *mavortius*; a. 1514] ***agg.*** *lett.* di Marte, marziale: *le mavorzie tube* (Foscolo).

màxi [da *maxi(gonna)*; 1973] **I** ***agg. inv.*** (sempre posposto) *T.abb.* detto di indumento che ha dimensioni o lunghezza maggiori rispetto alla norma e alle esigenze di utilità pratica: *un cappotto maxi* **II** ***sf. inv.*** gonna lunga fino ai piedi: *portava una maxi zingaresca* **III** ***avv.*** *vestire maxi*, portare abiti lunghi.

màxi- [tratto dal lat. *maximus*, grandissimo] ***primo elem.*** che, in parole composte, vale "di dimensioni assai grandi": *maxiprocèsso*; spec. in denominazioni di capi di abbigliamento vale "lungo fino alle caviglie": **maxicappòtto, maxigónna** || **N.** *Contr.* mini- | midi-.

maxìllo- [dal lat. *maxilla*, mascella] ***primo elem.*** che, in composti della terminologia medica (per es. *maxillofacciale, maxillolabiale*), vale "mascella".

maxillofacciàle [comp. di *maxillo-* e *facciale*; 1983] ***agg.*** *T.med.* che interessa la mascella e la faccia: *chirurgia maxillofacciale.*

maxillolabiàle [comp. di *maxillo-* e *labiale*; 1957] ***agg.*** *T.anat.* che interessa la mascella e le labbra: *muscolo maxillolabiale.*

maxillonasàle [comp. di *maxillo-* e *nasale*; 1957] ***agg.*** *T.anat.* che interessa la mascella e il naso: *muscolo maxillonasale.*

maximum (lat. pr. it. ['maksimum]) [letter. il massimo] ***sm. inv.*** **1.** *T.econ.* il prezzo più alto **2.** *T.filat.* cartolina postale che riproduce un francobollo appena emesso, affrancata col francobollo stesso e recante il timbro del giorno d'emissione.

màxwell (pr. ['makswel] o ['mɛkswel]) [dal n. proprio *Maxwell*, fisico scozzese; 1934] ***sm. inv.*** *T.fis.* unità di misura del flusso magnetico nel sistema C.G.S.

màya [da una voce indigena; 1929] **I** ***agg. inv.*** relativo ai Maya, proprio dei Maya: *civiltà maya, costumi maya* **II** ***sm. inv.*** **1.** anche *sf.* appartenente ad un'antica popolazione dell'America centrale, che viveva in un territorio corrispondente agli odierni Guatemala, Yucatan, Salvador, Honduras **2.** lingua parlata da tale popolazione fino alla conquista spagnola || attuale gruppo di lingue parlate tra il Messico e il Guatemala. **TAV.** ***tempio*** **p. 1335** 7.

maẓapàn [da *Mazapan*, località del Messico centrale dove furono scoperte ceramiche del tipo in questione] ***sm.*** *T.archeol.* tipo di ceramica dal color arancione scuro che proviene dalle regioni del Messico centrale.

maẓdachìṣmo v. MAZDEISMO.

maẓdàico (pl. *-ci*) [da *mazdaismo*; 1957] ***agg.*** relativo al mazdaismo: *culto mazdaico.*

maẓdeìṣmo [dal n. del dio persiano *Ahura Mazdāh*; 1843] ***sm.*** religione degli antichi Persiani devoti ad Ahura Mazdāh (Signore sapiente), dio supremo della religione di Zoroastro || **N.** *Sin.* zoroastrismo. **Q.T.** ***religione.***

maẓùrca o **maẓùrka** [dal polacco *mazurka*; 1814 *mazurska*] ***sf.*** ballo di origine polacca, in 3/4, più lento della polca || componimento musicale per questo ballo.

màzza [lat. volg. **mattea*; sec. XIII] ***sf.*** **1.** bastone di dimensioni notevoli e forma variabile usato spec. come strumento d'offesa: *la mazza d'Ercole*; *mazza ferrata*, bastone nodoso con punte di ferro, un tempo usato in battaglia ‖ bastone lungo, variamente decorato, portato come insegna di grado ‖ *tosc.* bastone leggero da passeggio ‖ *T.sport.* bastone usato dai battitori nel gioco del baseball e dai giocatori nel golf e nell'hockey ‖ *T.pitt.* bastone con pomo fasciato su cui i pittori appoggiavano il braccio nel dipingere **2.** *T.fab.* grosso martello a due bocche impiegato per battere il ferro ‖ *T.tecn. mazza battente*, la parte mobile del maglio, che colpisce il pezzo da lavorare **3.** nome di vari vegetali: *mazza di tamburo*, fungo edule delle Agaricacee dal cappello allungato ricoperto da squamette marroni, detta anche *bubbola maggiore*; *mazza di S. Giuseppe*, oleandro ‖ *dim.* mazzétta, mazzettina; *pegg.* mazzàccia ‖ **N. 1.** *Sin.* randello; BASTONE. **TAV.** *macchine utensili* 9.5; ***armi*** **p. 648** 3; ***edilizia*** **p. 666** 12.13; ***utensili*** **p. 1340** 8.

mazzacavàllo [cioè *mazza a cavallo*, bilicata; sec. XVI] ***sm.*** **1.** sorta di lungo bastone in bilico su di un altro che ha un secchio a una delle estremità, e un contrappeso nell'altra; viene usato per estrarre acqua dai pozzi **2.** antica macchina bellica che consentiva ai soldati di raggiungere la sommità delle mura assediate, costituita da una lunga trave posta in bilico su un'asse verticale ‖ **N. 1.** *Sin.* altaleno.

mazzàcchera [dal lat. tardo *mazacara*; 1612] ***sf.*** lenza senza amo per prendere anguille o ranocchi, la cui esca è costituita da un fascio di lombrichi infilzati all'estremità.

mazzacòppia o **mazzacóppia** [comp. di *mazza* e *coppia*; 1957] ***sf.*** martello di acciaio corto e grosso, usato dai minatori per spaccare pietre molto dure, o per battere sul fioretto, che viene fatto ruotare da un secondo minatore, nella preparazione dei fori da mina.

mazzafòrte [etim. inc.; 1889] ***sf.*** *T.mar.* sagola leggera che serve di rinforzo alle vele maggiori.

mazzafrómbola [comp. di *mazza* e *frombola*; 1891] ***sf.*** antica arma formata da una lunga asta con una fionda di cuoio alla sommità, usata per scagliare pietre.

mazzafrùsto [da *mazza* e *frusta*; sec. XIV] ***sm.*** **1.** frusta dal cui capo pendevano una o più catene terminanti con sfere chiodate **2.** *ant.* macchina da guerra, per gettare pietre.

mazzagàtti [comp. di (*am*)*mazzare* e *gatto*; 1701] ***sm. inv.*** *ant.* pistola corta; ammazzagatti.

mazzamurèllo o **mazzamaurèllo** o **mazzamurièllo** [voce nap., letter. ammazza Mori, sul modello dello sp. *Matamoros*; 1907] ***sm.*** folletto dispettoso e scherzoso, tipico del folklore meridionale.

mazzancòlla [da *mazza in collo*; 1957] ***sf.*** *rom.* grosso gambero commestibile del genere Peneo.

mazzapicchiàre (pres. *-ìcchio*) [da *mazzapicchio*; a. 1571] ***tr.*** *raro* percuotere col mazzapicchio.

mazzapicchio (pl. *-chi*) [comp. di *mazza* e *picchio*; 1681] ***sm.*** **1.** grosso martello di legno per cerchiare le botti ‖ il martello che una volta veniva impiegato per ammazzare bestie da macello **2.** pesante tronco di legno cerchiato di ferro e dotato di due impugnature, usato per comprimere e pareggiare il terreno, mazzeranga.

mazzàta [da *mazza*; a. 1400] ***sf.*** colpo dato con mazza: *lo hanno stordito con una mazzata in testa* ‖ *fig.* disgrazia improvvisa che provoca dolore e sgomento: *la morte del padre è stata una dura mazzata per la famiglia*; anche *scherz.*: *è stata una bella mazzata il conto al ristorante* ‖ **N.** *Sin.* bastonata, randellata; batosta.

màzzera [dall'ar. *ma'sara*; 1803] ***sf.*** fascio di pietre attaccato alla rete da pesca dalla parte opposta dei sugheri.

mazzerànga [etim. inc.; a. 1320] ***sf.*** *T.mur.* attrezzo costituito da un tronco a fondo piatto, cerchiato di ferro, provvisto di manici, con cui si picchia e pareggia il selciato fatto di fresco, o con cui si batte la terra per spianarla e per rassodarla.

mazzeràre (pres. *màzzero*) [da *mazzera*; sec. XIII] ***tr.*** *ant.* affogare qualcuno, gettandolo in acqua dentro un sacco, o con le mani e i piedi legati e un sasso al collo.

mazzétta[1] (*dim.* di *mazza*) [a. 1488] ***sf.*** **1.** martello usato dagli alpinisti per piantare chiodi sulla roccia ‖ il martello che i minatori usano per preparare i fori per le mine ‖ martellino per spaccapietre **2.** bastone da passeggio **3.** *T.mur.* nel vano in muratura che racchiude gli infissi, la parte alla quale viene fissato il telaio. **TAV.** ***edilizia*** **p. 666** 12.8.

mazzétta[2] (*dim.* di *mazzo*) [1957] ***sf.*** **1.** fascio di banconote dello stesso taglio ‖ *in part.* il denaro usato a scopo di corruzione: *una storia di tangenti e di mazzette* **2.** insieme di ritagli di tessuti uniti per un lembo, che servono da campionario.

mazzetterìa [da *mazzetto*; 1983] ***sf.*** nel commercio dei fiori, insieme dei mazzetti di fiori di scarso valore.

mazzettière [der. di *mazzetta*[1]; 1957] ***sm.*** l'addetto alla preparazione delle pietre e dei masselli per le pavimentazioni stradali; spaccapietre.

mazzétto (*dim.* di *mazzo*) [sec. XIV-XV] ***sm.*** **1.** *T.bot.* infiorescenza; *mazzetto di maggio*, gruppo di fiori fuoriuscenti da una medesima gemma legnosa, come quelli del pesco ‖ *mazzetto guarnito*, piccolo mazzo di erbe odorose da cuocere insieme ad alcuni cibi **2.** *tosc. fare il mazzetto o fare mazzetti*, predisporre le carte da gioco in modo che risultino favorevoli al giocatore che le ha preparate.

mazzettóne (*accr.* di *mazzetto*) [1957] ***sm.*** agrostemma.

mazzicàre (pres. *-ìco, -ìchi*) [da *mazza*; 1395 ca.] ***tr.*** *ant.* battere con una mazza; ammaccare.

mazzière[1] [da *mazza*; a. 1525] ***sm.*** dipendente di prelati o di magistrati che nelle cerimonie li precede portando la mazza, insegna della loro autorità ‖ chi, portando la mazza, cura che una processione avanzi con l'ordine desiderato ‖ *per estens. T.pol.* picchiatore al servizio di una parte politica: *i mazzieri di Giolitti, i mazzieri fascisti.*

mazzière[2] [da *mazzo*; 1965] ***sm.*** (f. *-a*) chi, nei giochi di carte, le distribuisce.

mazzinianìṣmo o **mazzinianéṣimo** [da *mazziniano*; a. 1907] ***sm.*** il movimento etico-politico di orientamento repubblicano, che si ispirò all'opera di G. Mazzini.

mazziniàno [dal n. di G. *Mazzini*; a. 1866] **I** ***agg.*** relativo a Mazzini: *il pensiero mazziniano* **II** ***sm.*** (f. *-a*) seguace di Mazzini.

màzzo [da *mazza*; fine sec. XIII] ***sm.*** quantità di fiori o erbaggi uniti insieme per i gambi: *un mazzo di fiori, di asparagi, di cipolle* ‖ *per estens.* gruppo di oggetti simili riuniti insieme: *un mazzo di chiavi* ‖ di carte da giuoco, l'intera serie usata in un gioco: *mazzo da poker, da scopa*; *per anton.* la serie delle 52 carte dette francesi ‖ più persone riunite insieme; *entrare nel mazzo*, entrare in brigata; *metter tutti in un mazzo*, non far differenza fra una persona e l'altra nel giudicarle ‖ *dim.* mazzétto, mazzétta (*sf.*), mazzettìno, mazzolìno, mazzuòlo; *accr.* mazzettóne, mazzóne ‖ **N.** fascio, fastello, filza. **Q.T.** *giochi.*

mazzòcchio (pl. *-chi*) [da *mazzo*; sec. XIV nel senso 3] ***sm.*** **1.** tallo di radicchio o altre erbe, da mangiare in insalata **2.** la parte superiore dell'antico cappuccio a foggia, costituita da un cercine coperto da un panno **3.** ciuffo di capelli **4.** ingrossamento che si forma sul tronco di un albero in seguito a potatura.

mazzòla V. MAZZUOLA.

mazzolàre (pres. *-uòlo*; quando la *o* è tonica è preferibile *uo*) [da *mazzola*; 1781] ***tr.*** uccidere con la mazzuola ‖ battere ripetutamente con la mazzuola.

mazzolàta [da *mazzola*; 1712] ***sf.*** colpo di mazzuola.

mazzolìno (*dim.* di *mazzo*) [a. 1543] ***sm.*** piccolo mazzo, sempre rif. a fiori: *un mazzolino di viole* ‖ *T.gioc.* gioco di ragazzi, che si fa dando a ognuno il nome di un fiore.

mazzòlo ***sm.*** *pop.* V. MAZZUOLO.

mazzonàra [da *mazzone*; 1937] ***sf.*** *T.pesc.* attrezzo simile alla sciabica, usato per pescare i pesci più piccoli lungo la riva.

mazzóne (*accr.* di *mazza*, per la forma della testa) [1728] ***sm.*** pesce teleosteo dei Mugiliformi ‖ **N.** cefalo, muggine.

mazzuòla o **mazzòla** (*dim.* di *mazza*) [a. 1349] ***sf.*** **1.** martello di dimensioni e materiali variabili, impiegato in diversi lavori; *in part.* quello di legno con cui si battono le composizioni tipografiche per livellarle ‖ *T.stor.* la mazza usata per giustiziare i condannati a morte **2.** *T.vet.* piccolo tumore benigno che si sviluppa sulle zampe dei cavalli.

mazzuòlo [da *mazza*; 1539] ***sm.*** **1.** martello con testa massiccia e bocca larga ‖ *in part.* quello di ferro col quale gli scalpellini lavorano il marmo ‖ martello di legno per battere sul manico dello scalpello, usato dai falegnami ‖ arnese con grossa capocchia per suonare la grancassa **2.** in alcuni tipi di bastone da golf, la parte allargata all'estremità.

me (pr. [me]) [lat. *mē*, accusativo di *ego*; a. 1294] ***pron.*** di prima pers. sing., di forma tonica **1.** usato nei complementi introdotti da preposizione: *è il doppio di me, dallo a me, da me non saprai niente, qualcosa è cambiato in me*; anche rinforzato da *stesso* e *medesimo*: *lo faccio per me stesso* ‖ *da me*, da solo: *non ti preoccupare, faccio da me* ‖ *tra me, tra me e me*, dentro di me ‖ *secondo me*, secondo il mio parere ‖ *per me, in quanto a me*, per parte mia **2.** può indicare il compl. oggetto in maniera più marcata rispetto all'equivalente forma atona *mi*: *sei sicuro che vogliano me* (anziché *mi vogliano*) ‖ come nome del predicato dopo i verbi *essere, sembrare, parere* e sim.: *egli non è me, sembra me* (quando il soggetto della proposizione non sia di prima pers. sing., nel qual caso si usa *io*: *io non sono più io*) ‖ come secondo termine di paragone dopo *come* e *quanto*: *è vecchio come me, ne sa quanto me* ‖ nelle esclamazioni: *beato me!, povero, infelice me!* **3.** forma atona, variante di *mi*, con funzione di compl. oggetto e più spesso di compl. di termine quando si trovi davanti alle forme pronominali atone *la, le, li, lo, ne*, in posizione proclitica (*me ne liberi, me lo disse, me ne andai*) o in posizione enclitica, e in questo caso si unisce al verbo (*dispensamene, portamelo, spero di ricordarmelo*); qualora si unisca a una forma tronca del verbo raddoppia l'iniziale (*dimmelo*).

me' (pr. [mɛ]) [dal lat. *melium*, neutro di *melior*; sec. XIII] ***avv.*** e ***sm.*** *poet.* e *tosc.* apocope di *meglio.*

meacùlpa o **mea culpa** [dalla frase lat. del Confiteor *mea culpa*, per mia colpa] ***sm. inv.*** nelle frasi: *recitare il meaculpa, dire il meaculpa*, riconoscere le proprie colpe.

meàndrico (pl. *-ci*) [dal lat. tardo *meandricus*; 1952] ***agg.*** *non com.* a forma di meandro: *ansa meandrica*; tortuoso; anche *fig.*

meàndro [dal lat. *meandrus*, dal n. del fiume Meandro che scorre in Asia Minore; sec. XIV] ***sm.*** *T.geogr.* tratto del corso di un fiume, dall'andamento sinuoso a forma di S, quando scorre in pianure alluvionali a lieve pendenza ‖ *per estens.* percorso tortuoso: *si addentrarono* *nei meandri del castello* || *T.art.* elemento decorativo architettonico o pittorico costituito da una linea ondulata anche ripetuta e intrecciata con altre || *fig.* tortuosità, intrico: *i meandri di un'argomentazione, i meandri della burocrazia* || **N.** *Sin.* ansa; giravolta, intreccio, labirinto, serpeggiamento, sinuosità.

meàre (pres. *mèo*) [dal lat. *meāre*; 1321] ***intr.*** *ant. poet.* trapelare, trapassare.

meàto [dal lat. *meātus*; 1282 nel senso 2] ***sm.*** **1.** *T.anat.* ogni piccolo canale del corpo che convoglia un fluido o collega due cavità: *meato uditivo, nasale, uretrale* **2.** *lett.* passaggio o apertura piuttosto stretti || **N. 1.** *Sin.* condotto **2.** *Sin.* orifizio. **TAV. *anatomia* p. 642** 17.2, 17.3, 17.4.

meatorrafìa [comp. di *meato* e *-rafia*; 1957] ***sf.*** *T.chir.* intervento chirurgico di sutura su un meato anatomico.

meatoscopìa [comp. di *meato* e *-scopia*; 1957] ***sf.*** *T.med.* esame ottico diretto di un meato anatomico, in part. del meato urinario.

meatotomìa [comp. di *meato* e *-tomia*; 1939] ***sf.*** *T.chir.* intervento chirurgico effettuato per allargare un meato congenitamente ristretto.

mècca[1] [dal n. della città santa dell'Islam; 1869] ***sf.*** luogo a cui tutti convengono, sperando di trovarvi guadagni e successi: *Las Vegas è la mecca del gioco d'azzardo* || *scherz.* luogo lontano: *vieni dalla mecca, che ignori queste cose?.*

mècca[2] [dal n. della città santa dell'Islam; 1803] ***sf.*** vernice trasparente, con riflessi giallo-oro, che si applica su foglia d'argento per ottenere una doratura del legno più economica di quella realizzata con foglie d'oro: *dorare a mecca.*

meccànica [dal lat. tardo *mechanica*, gr. *mēchanikḗ*; a. 1519] ***sf.*** **1.** parte della fisica che studia le leggi dell'equilibrio (statica), le forze e il moto dei corpi (dinamica, cinematica) || *meccanica razionale*, che da pochi principi empirici trae conseguenze con metodi esclusivamente matematici || *meccanica quantistica*, che studia sistemi di dimensioni atomiche e subatomiche, basata sulla teoria dei quanti || *meccanica celeste*, parte dell'astronomia che si occupa del moto dei corpi celesti sulla base della legge di gravitazione universale **2.** attività tecnologica intesa alla costruzione di macchinari e meccanismi **3.** modo in cui si svolge un determinato fenomeno: *la meccanica del gioco, la meccanica dell'incidente* **4.** l'insieme delle parti meccaniche di un congegno: *questo pianoforte ha una buona meccanica, la meccanica dell'auto è perfetta, ma la parte elettrica è difettosa.* **Q.T.** *fisica, unità di misura.*

meccanicìsmo [da *meccanico*; 1911] ***sm.*** **1.** *T.fil.* concezione filosofica per cui tutti i fenomeni sono spiegabili con le stesse leggi che spiegano il movimento della materia **2.** carattere di ciò che è schematico, ripetitivo e prevedibile come il movimento di una macchina: *c'è un certo meccanicismo nell'intreccio di quel romanzo.*

meccanicìsta [da *meccanicismo*; 1908] ***s.*** seguace o fautore del meccanicismo.

meccanicìstico (pl. *-ci*) [da *meccanicismo*; 1908] ***agg.*** che si riferisce a meccanicismo.

meccanicità [da *meccanico*; 1905] ***sf.*** carattere di ciò che è meccanico, automatico: *meccanicità di movimenti.*

meccànico (pl. *-ci*) [dal lat. *mechanicus*; 1581 nel senso 2, *mecanico*] **I *agg.*** **1.** relativo a meccanismi o a macchine: *pezzo meccanico, disegnatore meccanico*; *officina meccanica* || che si compie con l'aiuto di una macchina: *trebbiatura meccanica, mungitura meccanica* **2.** *T.fil.* relativo alla meccanica: *forze meccaniche* **3.** *per estens.* che non è effetto della volontà e dell'intelligenza: *movimenti meccanici del capo, riflesso meccanico*; *lavoro meccanico*, ripetitivo, poco creativo **4.** *ant.* che svolge un'attività manuale, quindi di umile condizione: *gente meccanica e plebea* || *arti meccaniche*, che richiedono l'uso delle mani || **meccanicaménte** ***avv.*** **1.** per mezzo di macchine, automaticamente **2.** senza volontà; per abitudine **II *sm.*** **1.** (f. *-a*) addetto alla riparazione e alla manutenzione di macchine **2.** *ant.* lavoratore manuale || *per estens.* persona rozza, plebeo || **N.** I **3.** *Sin.* automatico.

meccanìsmo [dall'ingl. *mechanism*, fr. *mécanisme*; 1707] ***sm.*** **1.** il complesso delle parti componenti una macchina: *un meccanismo complicato, il meccanismo dell'orologio, il meccanismo si è inceppato* || *fig.* sistema dal funzionamento rigidamente preordinato: *il meccanismo processuale, burocratico* **2.** *per estens.* processo fisico o psichico costituito da una serie di fasi subordinate e dipendenti l'una dall'altra: *il meccanismo della coscienza, della memoria, meccanismo di difesa* || **N. 1.** ingranaggi, macchinismo, rotismo; MACCHINA.

meccanizzàre [dal fr. *mécaniser*; 1931] ***tr.*** sostituire il lavoro delle macchine al lavoro manuale || ***rifl.*** e ***intr. pron.*** munirsi di macchine: *per superare la crisi l'agricoltura deve meccanizzarsi.*

meccanizzàto (*pps.* di *meccanizzare*) [1957] ***agg.*** dotato di macchine: *un'agricoltura meccanizzata*; *truppe meccanizzate*, motorizzate || caratterizzato da un diffuso impiego di macchine: *società meccanizzata.*

meccanizzazióne [dal fr. *mécanisation*; 1919] ***sf.*** il meccanizzare.

meccàno ® [da un marchio di fabbrica; 1931] ***sm.*** gioco che permette la costruzione di macchine in miniatura, attraverso l'impiego di elementi metallici e bulloncini.

meccàno- [dal gr. *mēkhano-*, dal sostantivo *mēkhanḗ*, artificio, macchina] ***primo elem.*** che, in parole composte, ha il valore di "macchina" o si riferisce all'utilizzo di mezzi meccanici (per es. *meccanografia, meccanoterapia*).

meccanocettóre [comp. di *meccano-* e *(re)cettore*; 1983] ***sm.*** *T.fisiol.* meccanorecettore.

meccanografìa [comp. di *meccano-* e *-grafia*; 1963] ***sf.*** procedimento di elaborazione automatica di dati mediante macchine elettroniche che acquisiscono i dati attraverso schede perforate; oggi i metodi meccanografici sono sostituiti da altre tecniche di immissione dei dati.

meccanogràfico (pl. *-ci*) [da *meccanografia*; 1959] ***agg.*** che si riferisce a meccanografia: *centro meccanografico, calcolo meccanografico.*

meccanomorfòsi [comp. di *meccano-* e *morfosi*; 1957] ***sf.*** *T.biol.* modificazione della struttura o della forma di un organo vegetale, dovuta a una sollecitazione fisica.

meccanorecettóre [comp. di *meccano-* e *recettore*; 1975] ***sm.*** *T.fisiol.* recettore sensibile agli stimoli meccanici, per es. a quelli tattili e di pressione.

meccanoterapìa [comp. di *meccano-* e *terapia*; 1963] ***sf.*** *T.med.* cura che consiste nel far eseguire al malato vari movimenti con speciali macchine e apparecchi.

mècco (pl. *-chi*) [dal lat. *moechus*, gr. *moichós*, 1483] ***sm.*** *arc.* adultero: *ladro, stupratore e mecco* (Pulci) || nel linguaggio dei giovani, bel ragazzo.

mecenàte [dal lat. *Maecenas, -ātis*, n. del consigliere di Augusto e protettore di poeti; a. 1375] ***s.*** *per anton.* chi protegge e favorisce le arti e le lettere: *fu una gran mecenate delle arti* || **N.** *Sin.* PROTETTORE.

mecenatésco (pl. *-schi*) [da *mecenate*; 1965] ***agg.*** detto di azione o atteggiamento da mecenate.

mecenatìsmo [da *mecenate*; 1776] ***sm.*** la protezione concessa generosamente alle arti e alle lettere.

mèche (fr., pr. [mɛʃ]) [letter. *stoppino*; 1965] ***sf. inv.*** ciocca di capelli di colore diverso dal resto della capigliatura.

mechitarìsta [dal n. proprio *Mechitar*; 1834] ***sm.*** e ***agg.*** monaco della congregazione cattolica armena dell'isola di San Lazzaro a Venezia, così detto dal nome del fondatore dell'ordine, padre Mechitar || **N.** *Sin.* lazzarista.

méco [dal lat. *mēcum*; sec. XIII] ***pron.*** *lett. ant.* con me: *vieni meco*; anche rafforzato: *meco stesso, meco medesimo*; *pleon. con meco* || tra me: *penso meco.*

mèco- [dal gr. *mêkos*, lunghezza] ***primo elem.*** che, in parole composte della terminologia scientifica, vale "lunghezza" (per es. *mecografia, mecometro*).

mecografìa [comp. di *meco-* e *-grafia*; 1957] ***sf.*** *T.med.* grafico recante le misurazioni periodiche della lunghezza del feto o del neonato.

mecòmetro [comp. di *meco-* e *-metro*; 1834] ***sm.*** *T.med.* strumento impiegato per misurare la lunghezza del feto o del neonato.

meconàto [da *meconico*, con cambio di suff.; 1834] ***sm.*** *T.chim.* sale o estere dell'acido meconico || prodotto di addizione dell'acido meconico con composti organici basici: *meconato di morfina, meconato di narceina.*

meconiàle [da *meconio*; 1834] ***agg.*** relativo al meconio, proprio del meconio: *liquido meconiale.*

mecònico (pl. *-ci*) [da *meconio*; 1834] ***agg.*** *acido meconico*, acido bibasico contenuto nell'oppio.

meconìna [da *meconio*; 1869] ***sf.*** *T.chim.* uno degli alcaloidi contenuti nell'oppio.

mecònio (pl. *-ni*) [dal lat. *meconium*, papavero; a. 1498] ***sm.*** **1.** escremento nero verdognolo, come il sugo del papavero, che il bambino espelle, appena nato **2.** *non com.* oppio.

meconìsmo [da *meconio*; 1940] ***sm.*** *T.med.* intossicazione da oppio.

meconìte [dal lat. *meconītes, -is*; a. 1498] ***sf.*** *T.min.* roccia calcarea caratterizzata da piccoli inclusi nerastri.

Mecòtteri [comp. di *meco-* e *-ttero*] ***sm. pl.*** *T.zool.* ordine di insetti forniti di antenne lunghe e sottili, i cui maschi hanno l'addome ricurvo terminante con un paio di pinze.

mèda [dal lat. *mēta*, colonnetta; 1587] ***sm.*** *T.mar.* segnalazione fissa costituita da pali o costruzioni murarie o metalliche, collocata su bassifondi o scogliere, per indicare il passaggio più sicuro alle navi.

medàglia (pl. *-glie*) [lat. tardo **medālia*, neutro pl. di *mediālis*, moneta da mezzo denaro; a. 1519] ***sf.*** **1.** piccolo disco metallico che riporta sulle due facce immagini e iscrizioni, coniato per ricordare fatti solenni e personaggi illustri o, con immagini sacre, come oggetto di devozione: *medaglia commemorativa* || *il rovescio della medaglia*, la faccia opposta a quella con l'immagine principale, cioè al dritto; *fig.* il lato sgradevole di una situazione o di una persona **2.** distintivo conferito come premio o come onorificenza a chi ha compiuto azioni di particolare valore o ha raggiunto i primi posti in qualche competizione: *medaglia d'oro, d'argento, di bronzo*, in ordine di valore decrescente; *medaglia al valor militare, al valor civile* || *per meton.* la persona decorata con tale medaglia: *alla cerimonia hanno partecipato numerose medaglie d'oro* || *dim.* medaglìna, medagliétta, medagliùccia; *accr.* medaglióna, medaglióne (*sm.*); *pegg.* medagliàccia || **N. 1.** distintivo, gettone, piastrina, placca; campo, corpo, effigie, esergo, fascetta, impronta, leggenda, modulo, nastro, parergo, patina, punzone, tassello, testa e croce, tipo; numismatica | coniare. **Q.T.** *numismatica.*

medaglìaio (pl. *-ài*) [da *medaglia*; sec. XVII *medagliaro*] ***sm.*** (f. *-a*) *non com.* chi fa o vende medaglie.

medaglière [da *medaglia*; 1858] **sm.** **1.** raccolta di medaglie e monete antiche || le medaglie vinte da una squadra nelle gare a cui ha partecipato **2.** mobile a ripiani scorrevoli per la conservazione di medaglie e monete di pregio.

medagliétta (*dim.* di *medaglia*) [1536] **sf.** piccola medaglia; *in part.* quella con l'effigie di un santo e sim., che si porta per devozione || la medaglia d'oro contrassegno dei membri del Parlamento italiano, recante il nome e la data della legislatura.

medaglióne (*accr.* di *medaglia*) [1550] **sm.** **1.** grossa medaglia **2.** *T.arch.* elemento decorativo di pareti, di forma rotonda od ovale, che incornicia pitture o bassorilievi || *scherz.* persona dall'aspetto composto e solenne **3.** sorta di pendente gen. in materiale prezioso, da aprire e chiudere, per conservarvi il ritratto di persona cara o una ciocca di capelli **4.** *T.lett.* breve profilo biografico di un personaggio **5.** *T.cuc.* vivanda tagliata e presentata a forma di disco: *medaglioni di aragosta, di galantina* || *dim.* medaglioncino || **N. 3.** *Sin.* ciondolo.

medaglista [da *medaglia*; 1565] **s.** **1.** collezionista di medaglie; numismatico **2.** incisore di medaglie; medagliaio.

medaglistica [da *medaglista*; 1942] **sf.** la scienza che studia le medaglie.

medeṣimàrsi (pres. *-éṣimo*) [da *medesimo*; a. 1686] **rifl.** *ant.* immedesimarsi.

medeṣimézza [da *medesimo*; sec. XIV] **sf.** *non com.* l'essere medesimo; identità.

medéṣimo (lett. *medéṣmo*) [lat. volg. **metipsimus*; a. 1250 *medesmo*] **I agg.** sin. di *stesso*, ma meno comune e un po' più ricercato; anteposto al sostantivo, indica identità (*abbiamo visto la medesima persona*) o uguaglianza (*la medesima altezza*); posposto, indica identità con qualcosa di cui si è parlato in precedenza (*il libro medesimo di cui dicevamo ieri*, proprio quel libro) o ha valore enfatico (*il sindaco medesimo intervenne*, lui in persona) || come rafforzativo di *stesso*, è sempre posposto: *la stessa medesima idea* || **medeṣimaménte** **avv.** **II pron.** la stessa persona: *il medesimo ha poi detto questo* || *raro* la medesima cosa: *tutti dissero il medesimo*.

mèdia [da *medio*; a. 1617] **sf.** **1.** valore compreso fra il massimo e il minimo di una serie: *media aritmetica*, quella che risulta dall'addizione di più valori e dalla divisione della somma ottenuta per il numero dei valori addizionati; *media geometrica*, ottenuta moltiplicando tra loro n valori e prendendo la radice n-esima del risultato || *T.stat. media ferma*, se tiene conto di tutti i valori di una seriazione; *media lasca*, se ne considera solo alcuni; *media di conto*, se il suo valore non coincide con alcuno dei valori osservati || *media oraria*, velocità media ottenuta su un dato percorso in un dato tempo, espressa in km/ora || *in part.* nel linguaggio scolastico, la media aritmetica dei voti: *è stato promosso con la media del sei* || *T.sport. media inglese*, sistema di punteggio per determinare la classifica di una squadra di calcio, in cui una vittoria fuori casa vale un punto, la vittoria in casa o il pareggio fuori 0, la sconfitta in casa – 2 e il pareggio in casa o la sconfitta fuori – 1 || *in media*, di solito, approssimativamente: *beve in media tre caffè al giorno* **2.** la scuola media inferiore, spesso al pl.: *frequentare le medie*. **Q.T.** *statistica...*

media (ingl., pr. ['mi:dɪə]) [abbr. di *mass media*; 1960] **sm.** *pl.* mass media.

mediàle¹ [dal lat. tardo *mediālis*; 1930] **agg.** *T.anat.* si dice di posizione prossima al piano mediano del corpo.

mediàle² [da *medio*; 1957] **agg.** *T.gram.* che si riferisce alla diatesi media: *funzione mediale*.

media man (ingl., pr. [ˌmi:dɪə 'mæn]) [comp. di (*mass*) *media* e *man*, uomo; 1974] **loc. m. inv.** (anche pl. *media men*, pr. [ˌmi:dɪə'men]) responsabile dell'organizzazione di una campagna pubblicitaria.

mediàna [da *mediano*; 1910] **sf.** **1.** *T.geom.* il segmento che unisce il vertice di un triangolo con il punto di mezzo del lato opposto **2.** *T.sport.* nel calcio, la serie di giocatori di seconda linea, tra i terzini e gli attaccanti **3.** *T.stat.* in una successione di valori, quello equidistante dagli estremi **4.** *T.mus.* terzo grado della scala diatonica || **N. 4.** *Sin.* caratteristica, mediante, modale. **TAV.** *geometria* 10.1.

medianicità [da *medianico*; 1970] **sf.** carattere dei fenomeni paranormali provocati dai medium.

mediànico (pl. *-ci*) [dal fr. *médianique*; 1866] **agg.** proprio di un medium e dei suoi poteri: *poteri, fenomeni medianici*.

medianiṣmo [da *medium*; a. 1936] **sm.** l'insieme dei fenomeni medianici.

medianità [dal fr. *médianité*; 1920] **sf.** potere del medium.

mediàno [dal lat. *medianus*; a. 1338] **I agg.** che è in mezzo, intermedio: *valori mediani* || *T.ling.* riguardante i dialetti del centro Italia ad esclusione del toscano || *linea mediana* v. MEDIANA **II sm.** *T.sport.* nel gioco del calcio, giocatore di seconda linea.

mediànte¹ [dal lat. *medians*, ppr. di *mediāre*, essere mediatore; a. 1348] **prep.** per mezzo di, con l'aiuto di: *accendere la luce mediante l'interruttore, risolvere mediante calcolatore*.

mediànte² [da *mediare*; 1826] **sf.** *T.mus.* nella scala diatonica, il terzo grado, in quanto si trova a metà fra tonica e dominante.

mediàre (pres. *mèdio*) [dal lat. *mediāre*; 1674] **tr.** **1.** risolvere con un compromesso: *mediare un conflitto* **2.** *T.fil. mediare un concetto*, trasformarlo mettendolo in relazione con altri **3.** *T.mat.* eseguire la media tra più valori || **intr.** (aus. *avere*) porsi come mediatore, cercare compromessi: *la sua natura lo porta a cercar sempre di mediare, mediare tra le parti* || **N. 1.** *Sin.* conciliare.

mediastìneo [da *mediastino*; 1970] **agg.** *T.anat.* mediastinico.

mediastìnico (pl. *-ci*) [da *mediastino*; 1952] **agg.** *T.anat.* che si riferisce al mediastino.

mediastinite [da *mediastino*; 1834] **sf.** *T.med.* infiammazione del mediastino.

mediastìno [dal lat. mediev. *mediastīnus*; 1494] **sm.** *T.anat.* lo spazio compreso fra i due polmoni, delimitato anteriormente dallo sterno e in basso dal diaframma.

mediàto (*pps.* di *mediare*) [a. 1642] **agg.** **1.** indiretto, non immediato: *effetto mediato* **2.** che è frutto di mediazione: *una posizione molto mediata*, risultato di molti compromessi **3.** *T.fil.* trasformato attraverso le sue relazioni con altro: *concetto mediato*.

mediatóre [dal lat. *mediator, -ōris*; 1304] **I sm.** (f. *-trìce*) chi svolge opera di mediazione: *mediatore d'affari, mediatore di borsa*; anche *fig.* **II agg.** di mediazione, di mediatore: *fare opera mediatrice* || **N. I 1.** *Sin.* intercessore, intermediario, mezzano, negoziatore, paciere, paraninfo, ruffiano, sensale.

mediazióne [dal lat. *mediātio, -ōnis*; 1677] **sf.** **1.** intervento diretto a raggiungere un accordo tra parti: *fare opera di mediazione, tentare una mediazione* || *per estens.* il risultato dell'intervento: *non si raggiunse nessuna mediazione* || *per meton.* la provvigione che spetta a chi compie l'intervento: *non gli è stata pagata la sua mediazione* **2.** *T.fil.* messa in rapporto di concetti attraverso un altro concetto.

mèdica [lat. *medica* (*herba*); 1340 ca.] **sf.** erba medica (v. ERBA).

medicàio (pl. *-ài*) [da *medica*; 1961] **sm.** campo coltivato ad erba medica || **N.** spagnaio.

medicàle [dal fr. *médical*; 1855] **agg.** di medico, di medicina: *strumenti medicali*.

medicàme [dal lat. *medicamen*; prima metà sec. XIV] **sm.** *ant.* medicamento.

medicaménto [dal lat. *medicāmentum*; a. 1342] **sm.** sostanza terapeutica || *in part.* prodotto per la cura di lesioni esterne || **N.** *Sin.* balsamo, elettuario, elisir, farmaco, medicina, medicinale, panacea, rimedio, specifico, terapia, teriaca, toccasana. **Q.T.** *farmacia, medicina.*

medicamentóso [dal lat. *medicamentosus*; a. 1698] **agg.** che ha virtù di medicamento, medicinale: *sostanza medicamentosa*.

medicàre (pres. *mèdico, mèdichi*) [dal lat. *medicāre*; 1353] **tr.** **1.** curare localmente una ferita o una lesione con prodotti e trattamenti specifici: *medicare una ferita, una piaga, un dito* **2.** correggere con prodotti medicinali: *medicare l'acqua, cerotti, cotone medicati* || *per estens.* aggiungere sostanze per migliorare la qualità: *medicare il vino* **3.** curare gli infermi || **rifl.** e **rifl. indir.** curarsi, eseguire una medicazione su se stessi: *medicarsi con cura; medicarsi la ferita* || **N. tr. 1.** bendare, disinfettare, fasciare | terapia.

medicàstro [da *medico*; 1534] **sm.** *spreg.* medico di poco valore; mediconzolo.

medicatóre [da *medicare*; 1723] **agg.** e **sm.** (f. *-trìce*) *non com.* che o chi medica: *mano medicatrice*.

medicatùra [da *medicare*; a. 1533] **sf.** *non com.* medicazione.

medicazióne [dal lat. *medicātio, -ōnis*; a. 1595] **sf.** **1.** atto ed effetto del medicare: *medicazione antisettica, asettica*; *bisogna cambiare la medicazione*; *posto di medicazione*, formazione sanitaria di prima linea presso reparti combattenti, dove i feriti ricevono le prime cure **2.** *per estens.* trattamento preventivo per mezzo di particolari sostanze: *medicazione delle sementi, del prato* || **N. 1.** bendatura, cura, fasciatura, medicamento.

mediceo [dal n. proprio *Medici*; a. 1667] **agg.** relativo alla famiglia dei Medici (signori di Firenze dal 1400 al 1737): *archivio mediceo, mura medicee* || *stelle medicee*, i quattro satelliti di Giove, scoperti da Galilei e da lui così chiamati in onore della famiglia Medici.

medicherìa [da *medico*; sec. XIV] **sf.** **1.** *ant.* locale dell'ospedale riservato a medicazioni e interventi urgenti **2.** *ant. scherz.* professione del medico.

medichéssa [da *medico*; 1618] **sf.** *spreg.* o *scherz.* dottoressa || *fam.* donna che ha pretese d'intendersi di medicina.

medicìna [dal lat. *medicīna*; a. 1294] **sf.** **1.** lo studio delle malattie e la pratica della loro cura e prevenzione: *trattato di medicina, la medicina è impotente di fronte a questo virus*; *medicina interna*, che si occupa di malattie che non richiedono intervento chirurgico; *disus. medicina esterna*, chirurgia; *medicina legale*, ramo della medicina che si occupa di questioni mediche connesse al diritto; *uomo della medicina*, stregone, guaritore, spec. tra gli indiani d'America **2.** la facoltà universitaria che prepara i futuri medici: *quest'anno medicina è meno affollata dello scorso anno* **3.** farmaco: *mi ha ordinato parecchie medicine* || *per estens.* rimedio per guarire: *un po' di ginnastica è la medicina migliore per i dolori* || *fig.* tutto ciò che dà conforto, consolazione: *viaggiare è un'ottima medicina per i mali dell'anima*. **Q.T.** *erboristeria, farmacia, medicina* **TAV. medicina... p. 1320**.

medicinàle [dal lat. *medicinālis*; a. 1304] **I agg.** dotato di proprietà curative: *caramelle, erbe medicinali* **II sm.** farmaco, part. nel suo uso commerciale: *una partita di medicinali scaduti* || **N. II** *Sin.* medicamento, medicina. **Q.T.** *erboristeria, farmacia.*

mèdico¹ (pl. *-ci*) [dal lat. *medicus*; 1232] **sm.** (può riferirsi sia a uomo che a donna; *raro* il *f. mèdica, scherz.* o *spreg. medichéssa* (v.)) chi professa la medicina: *medico di famiglia, l'ordine dei medici*; *medico chirurgo*, abilitato all'esercizio della professione di medico per aver conseguito la laurea e l'abilitazione in medicina e chirurgia; *medico condotto*, stipendiato dal comune per curare gli ammalati nei limiti della sua condotta; *medico curante*, chi ha in cura un ammalato; *medico fiscale*, quello che verifica lo stato di salute dei lavoratori assenti per malattia, per conto di un ente ‖ *fig.* consolatore, rimedio: *il tempo è un gran medico* ‖ *dim.* medichìno, medichétto, medicùccio; *accr.* medicóne; *pegg.* medicónzolo, medicàstro, medicàccio ‖ **N.** dottore, sanitario, specialista; primario, protomedico; assistente; corpo sanitario | curare, diagnosticare, medicare, ordinare, prescrivere, visitare | chiamata, consulto, diagnosi, onorario, referto, visita. **Q.T.** *medicina.*

mèdico² (pl. *-ci*) [dal lat. *medicus*; 1583] **agg.** di medico, di medicina: *clinica medica, consulto, certificato medico, assistenza medica* ‖ *non com.* dotato di virtù curative: *le mediche mani* (Carducci).

medicóne (*accr.* di *medico*) [a. 1591] **sm.** (f. *-a*) **1.** *iron.* ciarlatano che cura senza aver studiato medicina, guaritore **2.** medico molto valente.

medicónzolo (*pegg.* di *medico*) [dopo il 1558] **sm.** medico da poco; medicastro.

medietà [dal lat. *medietas, -ātis*; a. 1588] **sf.** *lett.* condizione di ciò che ha una posizione intermedia tra due estremi.

medievàle o **medioevàle** [da *Medio Evo*; 1868] **agg.** proprio del Medioevo: *storia medievale, costumi medievali, latino medievale* ‖ che richiama il Medioevo come età oscurantistica e retrograda: *privilegi medievali, superstizioni medievali.*

medievaleggiànte [da *medievale*; 1943] **agg.** che si ispira al gusto del Medioevo: *un costume medievaleggiante.*

medievalìsmo [da *medievale*; 1905] **sm. 1.** tendenza ad esaltare le forme di vita e di cultura proprie del Medioevo, tipica del Romanticismo **2.** part. *pl.* usanza o costume rimasto ancora in uso dal Medioevo o paragonabile a quelli d'allora.

medievalista [da *medievale*; 1932] **s.** studioso di storia e civiltà medievale.

medievalistica [da *medievale*; 1963] **sf.** il complesso di scienze che hanno per loro oggetto la civiltà medievale.

medievalistico (pl. *-ci*) [da *medievale*; 1963] **agg.** che concerne il medievalismo o la medievalistica.

medievìsta [da *Medioevo*; a. 1956] **sm.** studioso di storia e civiltà medievale ‖ **N.** *Sin.* medievalista.

medievìstica [da *Medioevo*; 1986] **sf.** medievalistica.

medimno [dal lat. *medimnus*, gr. *médimnos*; a. 1547] **sm.** antica misura greca di capacità per aridi, pari a ca. 52 litri.

medinènse o **medinése** [dal n. geogr. *Medina*; a. 1758] **agg. 1.** relativo alla città di Medina, in Arabia Saudita **2.** *T.med. morbo medinense*, pediculosi.

mèdio (pl. *mèdi*) [dal lat. *medius*; a. 1499] **I agg. 1.** che è in mezzo, rif. sia allo spazio sia al tempo: *la parte media, punto medio*; *dito medio*, anche *sm. medio*, dito tra l'indice e l'anulare ‖ *Medio Evo*, v. MEDIOEVO ‖ *ceto medio*, strato della società tra il proletariato e l'alta borghesia ‖ *scuola media inferiore* o sempl. *scuola media*, corso triennale di studi che segue la scuola elementare; *scuola media superiore*, corso quadriennale o quinquennale di studi successivo alla scuola media inferiore ‖ *T.fil. termine medio*, nel sillogismo, quello comune alle due premesse; anche *sm.* ‖ *T.mat. termine medio di una proporzione*, il secondo e il terzo ‖ *T.sport. pesi medi*, nella lotta, nel sollevamento pesi e nel pugilato, categoria di atleti determinata dal peso fisico ‖ *T.fon. consonanti medie*, nella vecchia terminologia fonetica, le consonanti occlusive sonore [b], [d], [g] ‖ *onde medie*, con lunghezza d'onda compresa tra i 200 e i 545 m **2.** che non eccede in misura, che rientra nella norma: *intelligenza, statura, cultura media, compito di media difficoltà* ‖ tipico: *il calcio è lo sport preferito dell'italiano medio* **3.** che risulta da una media: *prezzo, consumo medio, età media* **4.** *T.gram. diatesi, forma media, verbo medio*, nelle lingue indoeuropee, la forma del verbo intermedia fra attivo e passivo, che esprime coinvolgimento e partecipazione del soggetto all'azione; anche *sm.* **II sm.** *T.econ. medio circolante*, ogni tipo di mezzo di pagamento, in funzione in un paese ‖ **mediaménte** **avv.** in media; solitamente; all'incirca ‖ **N. I 1.** *Sin.* centrale, mediano **2.** caratteristico, comune, mediocre, normale **II** *Sin.* circolazione monetaria. **Q.T.** *pugilato.*

mediocèntro [comp. di *medio* e *centro*; 1940] **sm.** *T.sport. non com.* nel calcio, giocatore col ruolo di centromediano.

mediòcre [dal lat. *mediocris*; a. 1342] **agg. 1.** non buono, di scarso valore: *poeta mediocre, spettacolo mediocre, vita mediocre*; anche *sm.*: *non riuscirai mai ad emergere dalla massa dei mediocri* **2.** *ant.* medio, né grande né piccolo: *statura, patrimonio mediocre* ‖ **mediocreménte** **avv.** ‖ **N. 1.** *Sin.* andante, comune, così così, dozzinale, ordinario, piccolo, scadente; MODESTO.

mediocrédito [comp. di *medio* (*termine*) e *credito*; 1957] **sm.** *T.banc.* credito a medio termine, cioè concesso per un periodo non superiore ai dieci anni.

mediocreggiàre (pres. *-éggio*) [da *mediocre*; 1639] **intr.** (aus. *avere*) *raro* essere mediocre.

mediocrità [dal lat. *mediocritās*; a. 1595] **sf. 1.** condizione o qualità di ciò che è mediocre (nel senso 1): *vivere nella più assoluta mediocrità* **2.** medietà: *aurea mediocrità* anche *iron.*.

medioevàle e der. v. MEDIEVALE e der.

Medioèvo o **Mèdio Èvo** [comp. di *medio* e *evo*; 1813] **sm.** periodo storico compreso tra l'età classica e quella moderna (tradizionalmente dal 476 al 1492); *alto Medioevo, basso*

MEDICINA

PARTI E SCIENZE AFFINI: anatomia, batteriologia, biochimica, biologia, bromatologia, cardiologia, chirurgia, dermatologia, diabetologia, diagnostica, ematologia, embriologia, endocrinologia, eugenetica, faringoiatria, farmacologia, fisiologia, fisioterapia, foniatria, frenologia, genetica, gerontologia, ginecologia, igiene, istologia, laringoiatria, logopedia, microbiologia, neurochirurgia, neurologia, neuropatologia, nipiologia, odontoiatria, oculistica o oftalmoiatria, oncologia, ortopedia, osteologia, ostetricia, otoiatria, otorinolaringoiatria, patologia, pediatria, psichiatria, puericultura, radiologia, rinoiatria, semeiotica, stomatologia, terapeutica, terapia, tisiologia, traumatologia, urologia, veterinaria; arte galenica, scienza ippocratica, scienza medica; allopatica, catartica, dogmatica, eclettica, empirica, legale, militare, operatoria, omeopatica, pratica, profilattica, razionale, sintomatica, teorica.

LUOGHI: ambulatorio, anfiteatro anatomico, arcispedale, astanteria, casa di cura, clinica, convalescenziario, dispensario, frenocomio, guardia medica, inalatorio, infermeria, istituti ospitalieri, laboratorio lazzaretto, lebbrosario, manicomio, maternità, nosocomio, ospedale (sala operatoria, corsia, padiglioni), poliambulatorio, policlinico, posto di pronto soccorso, sanatorio, solario.

PERSONE: aiuto, alienista, anatomico, anestesista, archiatra, assistente, batteriologo, biochimico, biologo, bromatologo, cardiologo, chirurgo, clinico, dentista, dermatologo, dottore, empirico, endocrinologo, farmacologo, fisiologo, fisioterapista, foniatra, ginecologo, igienista, istologo, logopedista, medico, microbiologo, neurochirurgo, neurologo, oculista, odontoiatra, ortopedico, ospedaliero, osteologo, ostetrico, otorinolaringoiatra, patologo, pediatra, psichiatra, primario, professore, radiologo, sanitario, stomatologo, tisiologo, traumatologo, ufficiale sanitario, urologo, veterinario; astante, comunale, condotto, consulente, curante, di guardia, di servizio, fiscale, interino, legale, omeopatico, privato, provinciale, settore, sportivo, specialista, supplente; guardia, flebotomo, infermiere, suora di Carità.

STRUMENTI E ARNESI: abbassalingua, ago, algesimetro, anestesimetro, bisturi, capillaroscopio, cardiografo, catetere, cistoscopio, coppetta, culdoscopio, ecografo, elettrocardiografo, emodinamometro, endoscopio, estesiometro, fonendoscopio, forcipe, inalatore, laccio, lampada al quarzo, lancetta, laparoscopio, laringoscopio, martelletto, matita dermografica, metabolimetro, microscopio, oftalmoscopio, oscillometro, osteotomo, otometro, otoscopio, pantostato, pipetta, provetta, plessigrafo, raggi X, raggi ultravioletti, sfigmomanometro, siringa di Pravaz, sonda, speculum, specillo, stetoscopio, stratigrafo, termocauterio, termometro, tomografo, trequarti.

AZIONI VARIE: auscultazione, autopsia, diagnosi, dialisi, drenaggio, enteroclisi, esplorazione, fleboclisi, flessione forzata, frizioni, iniezioni, ipodermoclisi, laparoscopia, massaggio, narcosi, palpazione, paracentesi, percussione, pneumotorace, prelievo, prognosi, radioscopia, salasso, stetoscopia, TAC (tomografia assiale computerizzata), toracentesi, trasfusione del sangue, transilluminazione, vaccinazione; auscultare, bendare, bruciare, cauterizzare, cloroformizzare, curare, diagnosticare, esplorare, eterizzare, fare consulto, fasciare, medicare, ordinare, prescrivere, spedire, stare al capezzale, tastare il polso.

MALATTIE: acciacco, accidente, affezione, batosta, cagionevolezza, condizione patologica, consunzione, contagio, disturbo, epidemia, incomodo, indisposizione, infermità, infezione, infiammazione, lesione, malanno, male, malessere, malore, malsania, marasma, morbo, sconcerto morboso, tabe, vizio organico; acquisita, acuta, allergica, ambulante, anafilattica, articolare, bacillare, benigna, congenita, contagiosa, costituzionale, cronica, curabile, diatesica, endemica, epidemica, ereditaria, erratica, eruttiva, esotica, esterna, fulminante, grave, immaginaria, incurabile, indomabile, infettiva, interna, intestinale, leggera, letale, locale o topica, maligna, mortale, nervosa, ostinata, pandemica, seria, specifica, sporadica, tipica, topica, violenta.

MALATO: acciaccato, allettato, ammalato, anemico, cerotto, comatoso, costretto a letto, degen-

segue

Medioevo, la prima e la seconda metà; spesso come simbolo di costumi e credenze retrive: *sembra di essere nel Medioevo.*

mediolatinità [comp. di *medio* e *latinità*; 1963] ***sf.*** l'insieme dei caratteri storici e culturali del latino medievale.

mediolatino [comp. di *medio* e *latino*; 1953] ***agg.*** del latino medievale.

medioleggèro (pl. *medioleggéri* o *medileggéri*) [comp. di *medio* e *leggero*; 1940] ***agg.*** e ***sm.*** *T.sport.* una delle categorie di peso in cui sono ripartiti gli atleti nella lotta, nel sollevamento pesi e nel pugilato, compresa fra i leggeri e i medi.

mediològico (pl. *-ci*) [abbr. di *massmediologico*; 1982] ***agg.*** *raro* relativo ai *mass-media.*

mediomàssimo [comp. di *medio* e *massimo*; 1953] ***agg.*** e ***sm.*** *T.sport.* una delle categorie di peso in cui sono ripartiti gli atleti nella lotta, nel sollevamento pesi e nel pugilato, compresa fra i medi e i massimi. **Q.T.** *pugilato.*

mediopalatàle [comp. di *medio* e *palatale*; 1957] ***agg.*** e ***sf.*** *T.ling.* di fono articolato sollevando il dorso della lingua verso la parte mediana del palato.

mediopassivo [comp. di *medio* e *passivo*; 1952] ***agg.*** *T.gram.* di forma verbale, che ha forma passiva e significato sia passivo sia medio.

mediorientàle [comp. di *medio* e *orientale*; 1970] ***agg.*** del Medio Oriente, che si trova o riguarda il Medio Oriente: *civiltà mediorientale, conflitto mediorientale.*

meditabóndo [dal lat. *meditābundus*; a. 1837] ***agg.*** assorto in meditazione ‖ **N.** *Sin.* cogitabondo, pensieroso.

meditàre (pres. *mèdito*) [dal lat. *meditāri*; a. 1342] ***intr.*** (aus. *avere*) fermare la mente sopra una cosa attentamente e a lungo; più intenso di *riflettere*: *meditare sopra le più nascoste verità, meditare su un brano del Vangelo, meditare attorno all'immortalità dell'anima* ‖ raccogliersi in se stessi: *si ritira nella sua stanza a meditare* ‖ dedicarsi a tecniche di meditazione orientali, spec. yoga: *ogni giorno medito per un'ora* ‖ ***tr.*** **1.** progettare nella propria mente: *meditare un'impresa, meditare un assalto, meditare vendetta* **2.** considerare con attenzione riflettendo: *ho meditato a lungo quelle parole, questi sono esempi da meditare* ‖ **N.** ***intr.*** *Sin.* elucubrare, essere assorto, ponderare, riflettere, rimuginare; PENSARE | ***tr.*** **1.** *Sin.* macchinare, premeditare, progettare, tramare.

meditativo [dal lat. tardo *meditatīvus*; a. 1686] ***agg.*** dedito alla meditazione: *vita meditativa, ingegno meditativo* ‖ **N.** *Sin.* contemplativo, speculativo.

meditàto (*pps.* di *meditare*) [1618] ***agg.*** valutato con attenzione, ponderato: *una decisione meditata* ‖ **meditatamènte** ***avv.*** sulla base di una riflessione, quindi di proposito: *l'ho detto meditatamente.*

meditatóre [dal lat. *meditātor, -ōris*; a. 1786] ***agg.*** e ***sm.*** *raro* (f. *-trice*) che o chi medita.

meditazióne [dal lat. *meditātio, -ōnis*; sec. XIII] ***sf.*** **1.** l'atto del meditare ‖ *in part. T.eccl.* attenta considerazione dei misteri religiosi, per trarne ammaestramento e progredire nella fede ‖ *meditazione trascendentale* o sempl. *meditazione*, insieme di tecniche psicofisiche di concentrazione, di origine yoga, e anche la loro applicazione **2.** *per estens.* discorso o scritto di argomento filosofico o religioso: *meditazioni metafisiche, meditazioni sulla passione di Cristo* ‖ **N. 1.** *Sin.* considerazione, ponderazione, raccoglimento, riflessione.

mediterraneità [da *mediterraneo*; 1965] ***sf.*** l'insieme delle caratteristiche culturali comuni ai popoli che vivono nelle regioni mediterranee.

mediterràneo [dal lat. *mediterrāneus*; 1282] ***agg.*** **1.** che è in mezzo alle terre, chiuso da terre; oggi si dice soltanto di mare: *il Baltico è un mare mediterraneo; il mar Mediterraneo*, anche *sm. il Mediterraneo, per anton.* il mare posto tra l'Europa, l'Asia e l'Africa **2.** del Mediterraneo, che si riferisce alle terre che circondano il Mediterraneo: *civiltà, razza mediterranea, flora mediterranea, macchia mediterranea* (v. MACCHIA[2]); *lingue mediterranee*, quelle preesistenti alle lingue indoeuropee nel bacino del Mediterraneo.

mèdium [dall'ingl. *medium*; 1890] ***s. inv.*** nello spiritismo, chi funge da mediatore tra gli uomini e gli spiriti ‖ *in part.* chi, in stato di *trance*, è capace di far accadere fenomeni metapsichici di levitazione, di materializzazione, di tiptologia ‖ **N.** *Sin.* sensitivo | spiritismo.

mèdo [dal lat. *Mēdus*; inizio del sec. XIV] ***agg.*** e ***sm.*** (f. *-a*) *T.stor.* della Media: *gli antichi Medi, la regione meda.*

medullite [comp. del lat. *medulla* e *-ite*; 1970] ***sf.*** *T.med.* infiammazione del midolo osseo o di quello spinale ‖ **N.** *Sin.* mielite.

medusa [dal n. proprio *Medusa*, una delle Gorgoni; a. 1799] ***sf.*** **1.** celenterato marino a forma di ombrello con lunghi tentacoli prensili, di consistenza gelatinosa e aspetto diafano **2.** *T.mit.* creatura mitologica con serpenti al posto dei capelli e in grado di pietrificare chi la guardasse ‖ *fig. volto della Medusa*, cosa che incanta o incute terrore.

medusàrio (pl. *-ri*) [da *medusa*; 1957] **I** ***agg.*** *raro* proprio delle meduse **II** ***sm.*** grande assembramento di meduse.

meduseo [dal lat. *medusaeus*; a. 1500] ***agg.*** *lett.* che ricorda l'aspetto o i terribili poteri della mitica Medusa: *l'orrore meduseo parve impietrare la faccia sublime della notte* (D'Annunzio).

medusòide [comp. di *medus(a)* e *-oide*; 1957] ***agg.*** che ha forma o struttura simile a quelle della medusa (nel senso 1).

meet (ingl., pr. [mi:t]) [da *to meet*, incontrarsi; 1895] ***sm. inv.*** raduno dei partecipanti a una battuta di caccia a cavallo.

meeting (ingl., pr. ['mi:tɪŋ]) [1819] ***sm. inv.*** riunione, incontro per discutere questioni di carattere politico, economico, culturale ecc. ‖ adunata sportiva: *meeting internazionale di atletica.*

mefisto [dal ted. *Mephisto*, n. pop. del diavo-

segue MEDICINA

te, delirante, dispnoico, dispeptico, incomodato, indisposto, infermo, infetto, malaticcio, malandato, malazzato, malfermo in salute, malmesso, malsano, pallido, paziente, sofferente, tisicuzzo, valetudinario; aggravato, convalescente, cronico, curabile, disperato, grave, incurabile, inguaribile, inquieto, languente, rassegnato, spacciato, spedito; aggravarsi, allettarsi, ammalarsi, avere alti e bassi, cavarsela, covare un malanno, delirare, entrare in convalescenza, essere inchiodato sul letto, essere spacciato, giacere, guarire, patire, perder la conoscenza, ricadere, rinsanire, soffrire, struggersi, tenere il fiato coi denti, tribolare, vaneggiare.

VOCI ATTINENTI A MALATTIA: abito morboso, abulia, accesso, acme, acetonuria, adinamia, adiposità, afasia, agonia, allergia, anafilassi, andamento, astenia, atassia, attacco, atonia, atrofia, cachessia, ciclo, collasso, coma, convalescenza, consunzione, corso, crisi, declinazione, decorso, decubito, delirio, diarrea, diatesi, dispnea, efflusso, elementi morbosi, ematuria, emottisi, enuresi, epistassi, ereditarietà, eruttazione, esacerbazione, esito, fase o stadio, febbre, fenomeno, focolaio, glicosuria, guarigione, immunità, incubazione, indizio, insulto, intorpidimento, iperemia, iperestesia, ipertonia, ipotonia, lisi, leucorrea, localizzazione, marasma, miglioramento, morte apparente, parossismo, predisposizione, prodromo, profilassi, prolasso, psicastenia, pus, reazione, recrudescenza, revulsione, ricaduta o recidiva, ricettività, risoluzione, segni anamnestici, sindrome, sintomo, splenomegalia, stenocardia, suppurazione, tosse, uremia, vampa, vertigine, virulenza, vomito.

VARIE SPECIE DI MALATTIE: aborto, acne, acromegalia, actinomicosi, adenoidismo, amebiasi, albuminuria, anemia, anemia cerebrale, anemia perniciosa, aneurisma, angina, *angina pectoris*, angiocolite, anoressia, antracosi, aortite, appendicite, arteriosclerosi, artrite, artrosi, asbestosi, asfissia, asma, astigmatismo, avvelenamento, blefarite, blenorragia, borsite, bradicardia, bronchite, brucellosi, calcoli renali o vescicali, cancrena, cancro, carbonchio, carcinoma, cardiopalmo, carie dentaria, carie vertebrale, cataratta, cefalea, cirrosi epatica, cistite, colera, colica, colite, colecistite, congiuntivite, corea, coriza, demenza senile, dermatite, diabete, diarrea, difterite, disfunzione glandolare, dispepsia, dispnea, eclampsia, eczema, embolia, emofilia, emorragia, emorroidi, encefalite, endocardite, enfisema, enterite, epatite, epilessia, epistassi, eritema, ernia, erpete, faringite, febbre gialla, flebite, flemmone, foruncolosi, frattura, gastralgia, gastrite, gastroenterite, glaucoma, glioma, gonorrea, gotta, *herpes*, *ictus*, idrofobia, idroftalmo, ileotifo, infarto miocardico, infezione, infiammazione, influenza, ipercloridria, ipertensione, isterismo, itterizia, laringite, lebbra, leucemia, linfatismo, lipemania, lupus, lussazione, malaria, meningite, meningite cerebrospinale, micosi, mielite, miocardite, mixedema, morbillo, nefrite, nevralgia, nevrastenia, nevrite, nevrosi, obesità, occlusione intestinale, orchite, orecchioni o parotite, orticaria, osteite, osteomielite, otite, paralisi, paranoia, paraplegia, paratifo, parotite, patereccio, pellagra, pericardite, periostite, peritonite, pertosse, peste bubbonica, pletora, pleurite, poliartrite, poliomielite, polipo, poliposi, polmonite, porpora, prostatite, pulpite, pustola, rabbia, rachitismo, raffreddore, ragade, retinite, rinite, reumatismo, risipola, rosolia, sarcoma, scabbia, scarlattina, sciatica, scorbuto, scrofola, setticemia, sifilide, silicosi, sinovite, sincope, sinusite, spasmofilia, stitichezza, stomatite, tabe dorsale, tachicardia, tetano, tifo, tifo petecchiale, tigna, tracoma, trauma, trombosi, tromboflebite, tubercolosi, tumore, ulcera, uremia, uretrite, uricemia, vaiolo, varice, varicella, varicocele.

MEDICAMENTI: balsamo, farmaco, medicina, medicinale, ricetta, rimedio, specifico; cataplasma, cerotto, clistere, collirio, collodio, collutorio, decotto, elettuario, empiastro, emulsione, estratto, fomento, gargarismo, iniezione, linimento, mistura, panacea, pasticca, pastiglia, pillola, pomata, pozione, purgante, siero, taffetà, tisana, unguento, vaccino, vescicante (v. quadro terminologico FARMACIA).

VOCI ATTINENTI: allopatia, asettico, barella, certificato medico, chiamata, consulto, corpo sanitario, cura, dieta, docimasia, elettroterapia, empirismo, galenismo, idroterapia, Igea, omeopatia, opoterapia, osservazione, posologia, prescrizione, profilassi, quadro clinico, quarantena, referto, ricetta, salute, settico, sieroterapia, sterile, visita.

lo; 1963] **sm.** berretto di lana a tre punte che coprono le orecchie e la fronte, usato spec. da sciatori e alpinisti.

mefistofèlico (pl. *-ci*) [da Mefistofele, ted. *Mephistopheles*, n. pop. del diavolo; 1869] **agg.** di o da Mefistofele, maligno: *riso, ghigno mefistofelico* || **N.** *Sin.* diabolico, satanico.

mefite [dal lat. *mephītis*; 1598] **sf.** esalazione pestilenziale proveniente da acque solforose o stagnanti || *per estens. lett.* aria infetta e irrespirabile || **N.** *Sin.* miasma.

mefitico (pl. *-ci*) [dal lat. *mephīticus*; 1499] **agg.** pestilenziale, malsano; fetido: *esalazioni mefitiche* || *fig. aria mefitica*, rif. ad ambiente corrotto.

mèga- [dal gr. *mégas*, grande] **primo elem.** di parole composte col valore di "grande", "più grande del normale"; in part. in medicina indica sviluppo anormale, congenito o acquisito, di un organo: **megacardìa**, **megacefalìa**, **megacòlon**, **megacuòre**, **megaeṣòfago** || in alcuni composti ha valore scherzoso: **megadirettóre**, **megadirigènte** || anteposto a un'unità di misura, ne moltiplica il valore per un milione: **megadìna**, **megafàrad**, **megahèrtz**, **megaòhm**, **megawàtt**, **megavòlt** || **N.** *Sin.* **1.** macro-, megalo-.

megabyte (ingl., pr. ['megəbaɪt]; pr. it. [mega'bait]) (anche pl. *megabytes*, pr. ['megəbaɪts]) [comp. di *mega-* e *byte*; 1984] **sm.** *inv. T.inform.* multiplo del byte, corrispondente a 2^{20} = 1.048.576 byte.

megàcero [comp. di *mega-* e *-cero*; 1891 *megaceros*] **sm.** *T.paleont.* grande cervo fossile dalle corna ramificate, vissuto nel Pleistocene.

megachile [comp. di *mega-* e del gr. *chêilos*, labbro; 1834] **sf.** *inv. T.zool.* genere di insetti della famiglia Apidi, comprendente varie specie dette anche *api muratrici*, poiché costruiscono i loro nidi utilizzando pezzetti di foglia e sassolini incollati fra di loro.

Megachiròtteri [comp. di *mega-* e *Chirotteri*; 1934] **sm.** *pl. T.zool.* sottordine di Chirotteri di grandi dimensioni, che si nutrono di funghi.

megacìclo [comp. di *mega-* e *ciclo*; 1935] **sm.** *T.rad.* unità di misura pari a un milione di cicli || impropriamente si usa anche per indicare l'unità di frequenza (*megacicli al secondo*).

megadèrma (pl. *-i*) [comp. di *mega-* e *-derma*; 1891] **sm.** *T.zool.* grosso pipistrello insettivoro e carnivoro, caratterizzato da grandi ali, coda brevissima e lunga protuberanza fogliata sul muso, diffuso in Asia meridionale e in alcune regioni dell'Africa.

megàfono [comp. di *mega-* e *-fono*; 1895] **sm.** strumento elementare per aumentare il volume della voce e farla sentire a distanza, costituito da un tronco di cono di materiale rigido dotato di manico e boccaglio || *megafono elettrico*, analogo al precedente ma provvisto di microfono e amplificatore || **N.** altoparlante.

megagamète [comp. di *mega-* e *gamete*; 1957] **sm.** *T.biol.* macrogamete.

megahèrtz (pr. [mega'(h)ɛrts]) [comp. di *mega-* e *hertz*; 1957] **sm.** *inv.* unità di misura di frequenza, pari a 10^6 hertz.

-megalìa [dal gr. *mégas, megálou*, grande] **elem. term.** che, in parole composte della terminologia medica, vale "sviluppo anormale, patologico o acquisito", "ipertrofia", "ingrossamento" di un organo o di una parte del corpo (per es. *cariomegalia, splenomegalia*).

megalìte o **megalìto** [comp. di *mega-* e *-lite*; 1934] **sm.** *T.archeol.* monumento preistorico eretto con colossali blocchi di pietra || **N.** dolmen. **Q.T.** *architettura.*

megalìtico (pl. *-ci*) [da *megalite*; 1891] **agg.** *T.archeol.* di costruzione formata da grandi massi di pietra: *monumenti megalitici.*

megalìto v. MEGALITE.

mègalo- [dal gr. *mégas, megálou*, grande] **primo elem.** di parole composte con il valore di "grande", "più grande del normale"; *in part.* in medicina indica lo sviluppo anormale, patologico o acquisito, di un organo: **megalocardìa**, **megalocefalìa**, **megalocèfalo**, **megalogastrìa** || **N.** *Sin.* macro-, mega-.

megalografìa [comp. di *megalo-* e *-grafia*; a. 1798] **sf.** *T.archeol.* ciclo di affreschi raffiguranti personaggi o episodi famosi, in dimensioni superiori al normale.

megalòmane [dal fr. *megalomane*; 1893] **s.** chi è affetto da megalomania.

megalomanìa [dal fr. *mégalomanie*; 1891] **sf.** mania di grandezza; esagerata presunzione di sé, sproporzionata alle capacità reali || **N.** delirio di grandezza.

megalòpoli [comp. di *megalo-* e *-poli*, come l'ingl. *megalopolis*; 1978] **sf.** esteso agglomerato urbano, spesso formato dalla conurbazione di più città vicine, caratterizzato da un enorme sviluppo sia urbanistico sia demografico.

megalopsìa [comp. di *megalo-* e *-opsia*; 1940] **sf.** *T.med.* alterazione patologica del senso della vista, per cui gli oggetti sono percepiti con dimensioni maggiori del vero; si verifica talvolta nell'isterismo || **N.** *Sin.* macropsìa | *Contr.* micropsìa.

megalopsichìa [dal gr. *megalopsychía*; 1940] **sf.** **1.** *T.fil.* in Aristotele, magnanimità, giusta consapevolezza del proprio grande valore **2.** eccessiva fiducia nelle proprie capacità || **N.** **1.** *Contr.* micropsichìa.

Megalòtteri [comp. di *megalo-* e *-ttero*; 1834] **sm.** *pl. T.zool.* ordine di insetti predatori, provvisti di ali membranose, cerci addominali e apparato boccale masticatore, che vivono per un breve arco di tempo, spec. nei pressi di acque dolci.

Megàpodi (sing. *-e*) [comp. di *mega-* e *-pode*; 1834] **sm.** *pl. T.zool.* famiglia di uccelli galliformi, caratterizzati da un alluce molto sviluppato, che vivono in zone cespugliose dell'Asia e dell'Oceania.

mègaron (pl. *mègara*) [dal gr. *mégaron*; 1940] **sm.** *T.archeol.* la sala interna e più sontuosa dei palazzi micenei.

megasclèrico (pl. *-ci*) [comp. di *mega-* e gr. *sklērós*, guscio, con suff. agg.; 1983] **agg.** *T.zool.* di animale, fornito di un guscio molto grande.

megatèrio (pl. *-ri*) [comp. di *mega-* e *-terio*; 1819] **sm.** *T.paleont.* grosso mammifero degli Sdentati, estinto nel Pliocene, di forma intermedia tra l'elefante e il rinoceronte.

megatèrmo [comp. di *mega-* e *-termo*; 1906] **agg.** *T.bot.* detto di pianta (per es. cacao, caffè, cotone, palma) che per vivere e svilupparsi ha bisogno di un'alta temperatura.

mègaton o **megatóne** [dall'ingl. *megaton*; 1961] **sm.** *T.fis.* unità di misura della forza esplosiva, pari a un milione di tonnellate di tritolo || **N.** chilotone.

megàttera [comp. di *mega-* e *-ttero*; 1934] **sf.** *T.zool.* balenottera diffusa in tutti gli oceani, caratterizzata da pinne natatorie pettorali molto sviluppate.

megèra [dal lat. *Megǣra*, n. di una delle tre Furie; a. 1555] **sf.** donna perlopiù vecchia, dall'aspetto repellente e carattere irascibile e maligno.

meggióne [dal tosc. *meggia*, escremento; a. 1850] **sm.** (f. *-a*) *pop. tosc.* persona grassa e lenta nel muoversi.

mèglio [lat. *melius*, neutro di *melior*; sec. XIII *me'*] **I avv.** comparativo di *bene*, in modo migliore, in modo più soddisfacente: *studia meglio da solo, gli affari quest'anno vanno decisamente meglio, stavi meglio con i baffi, meglio di così, cosa vuoi?* || con *pps.* per formare il grado comparativo: *è meglio preparato di te*, o il superlativo relativo: *i bambini meglio educati* || in alcune loc.: *cambiare in meglio*, migliorare: *di bene in meglio*, in maniera sempre più vantaggiosa; anche *antifr. iron.*: *di bene in meglio: prima il torcicollo, adesso anche l'orticaria*; *per meglio dire* (anche solo *meglio*), inciso che rettifica un'affermazione precedente: *ha mangiato o, per meglio dire, ha divorato i cioccolatini*; usato ellitticamente *meglio!, meglio per lui, per noi!, tanto meglio!*, esprime compiacimento, anche sarcastico **II agg.** *inv.* con verbi copulativi, migliore, più soddisfacente: *questo pare, sembra, è meglio dell'altro* || più opportuno, più vantaggioso: *è meglio mantenere la calma, è meglio che aspetti, cosa è meglio fare?, ha ritenuto meglio andarsene* || preceduto da *di* con valore partitivo: *non avete niente di meglio da dire?, questo locale è quanto di meglio offra la città, speravo in qualcosa di meglio* || *dial. pop.* con l'articolo per formare il superlativo rel.: *la meglio roba* **III pron.** *inv.* migliore: *ce ne sono dei meglio, delle meglio* **IV sm.** solo *sing. il meglio*, la cosa migliore, la parte migliore: *questo è il meglio che tu possa fare, si è preso il meglio*; *prov. il meglio è nemico del bene*, la ricerca della perfezione può essere nociva || in alcune loc., *fare del proprio meglio*, impegnarsi al massimo; *mettersi per il meglio*, di situazione, aggiustarsi; *andare per il meglio*, andar bene; *al meglio*, al massimo, nella pienezza: *ha giocato al meglio della sua forma* || **V sf.** solo *sing. la meglio*, la decisione, la scelta migliore: *la meglio è lasciar perdere* || *avere la meglio*, vincere, imporsi || *alla meglio, alla bell'e meglio*, arrangiandosi in qualche modo: *campare alla bell'e meglio.*

mehàri [dal fr. *méhari*; 1931] **sm.** *inv.* varietà di dromedario africano da sella impiegato anche in guerra.

meharìsta (pr. [mea'rista]) [dal fr. *méhariste*; 1927] **I sm.** soldato africano delle truppe coloniali montato su dromedario **II agg.** relativo a tali soldati: *truppe mehariste.*

mèi [lat. *melius*, neutro di *melior*; 1319] **avv.** *arc.* meglio.

mèio- [dal gr. *méiōn*, minore] **primo elem.** che, in parole composte spec. della terminologia medica, vale "minore" o indica diminuzione, riduzione (per es. *meiocardia, meiopragia, meiotterismo*).

meiocardìa [comp. di *meio-* e *-cardia*; 1957] **sf.** *T.med.* la massima diminuzione di volume della cavità cardiaca, che coincide con la fine della sistole.

meiopragìa (pl. *-gìe*) [comp. di *meio-* e *-pragia*, dal gr. *prássein*, fare; 1934] **sf.** *T.med.* diminuzione della capacità funzionale e della resistenza di un organo o di un sistema.

meiopràgico (pl. *-ci*) [da *meiopragia*; 1970] **agg.** *T.med.* affetto da meiopragia.

meiòṣi [dal gr. *méiōsis*, diminuzione; 1932] **sf.** *T.biol.* processo di divisione cellulare che determina, nelle cellule figlie, il dimezzamento del numero diploide di cromosomi. **Q.T.** *genetica...*

meiòtico (pl. *-ci*) [dall'ingl. *meiotic*; 1957] **agg.** *T.biol.* che si riferisce alla meiosi, proprio della meiosi.

meiotteriṣmo [comp. di *meio-* e di un der. dal gr. *pterón*, ala; 1957] **sm.** *T.zool.* riduzione o scomparsa delle ali negli insetti, a causa di fattori ereditari o fenotipici.

méla [lat. tardo *mēla*; 1353] **sf.** **1.** frutto del melo, tondeggiante, con buccia sottile e colorita, con polpa bianca e gustosa: *sbucciare, mordere una mela* || *fam. bianco e rosso come una mela*, dall'aspetto sano e florido **2.** oggetto di forma tondeggiante; *in part.* bocchetta dell'annaffiatoio; la palla che è sulla sommità di una cupola o di un pinnacolo **3.** *Tosc.* taglio di carne nella parte alta della coscia **4.** *pop.* natica || spec. *pl.* gote rubiconde e carnose || *dim.* melìna, melùccia; *accr.* melóna; *pegg.* melàccia || **N.** **1.** pomo | appia, cotogna, delizia, lazzeruola, limoncella, paradisa, renetta, ruggine | buccia, gambo, polpa, semi, torsolo | cogliere, sbucciare, mondare | conserva, cotognata, marmellata; sidro.

melàfiro [comp. del gr. *mélos*, nero e *-firo*; 1819] **sm.** *T.min.* roccia effusiva antica di colore nerastro, composta principalmente di augite, olivina e labradorite.

melagràna (pl. *melagràne* o *melegràne*) [riduz. di *melagranata*, dal lat. *mālum granātum*; a. 1320] **sf.** frutto del melograno, rivestito di buccia coriacea, diviso internamente da membrane contenenti numerosi semi succosi rossi dal sapore acidulo; *bocca di melagrana*, dalle labbra di un rosso vivido ‖ **N.** buccia o corteccia, chicco, cica | granatina.

melagranàta [dal lat. *mālum granātum*; a. 1348] **sf.** *non com.* melagrana.

melagràno **sm.** *raro* v. MELOGRANO.

melaìna [dal gr. *mélos*, nero; 1869] **sf.** pigmento nero contenuto nell'inchiostro della seppia.

melammìna o **melamìna** [comp. di *melam*, n. di un composto chimico, da *mel(lonio)* e *am(monio)*, e *am(m)ina*; 1957] **sf.** *T.chim.* ammide dell'acido cianurico, che costituisce la base di partenza per la produzione di resine sintetiche.

melammìnico (pl. *-ci*) [da *melammina*; 1957] **agg.** *T.chim.* che deriva dalla melammina: *resine melamminiche*.

melampirìṣmo [da *melampiro*; 1970] **sm.** *T.med.* intossicazione da semi di melampiro.

melampìro [dal gr. *melámpyron*, zizzania; 1563] **sm.** *T.bot.* pianta erbacea delle Labiate, parassita di erbe e di alberi, dai fiori rossi, gialli o bianchi raccolti in spighe.

melàmpo [dal gr. *melámpous*, dai piedi neri; 1963] **sm.** antilope africana dal muso sottile e allungato ‖ **N.** *Sin.* impala.

Melampsoràcee [comp. del lat. scient. *Melampsora*, n. del genere e *-acee*; 1934] **sf. pl.** *T.bot.* famiglia di funghi Basidiomiceti, parassiti di piante superiori.

melampsorèlla [dal lat. scient. *Melampsora*, n. del genere; 1957] **sf.** fungo delle Melampsoracee, parassita degli abeti, sui cui rami forma delle escrescenze.

melanconìa [dal gr. *melancholía*; 1243 ca. *mellenconia*] **sf.** *T.med.* variante di *malinconia*, preferita nel linguaggio medico (v. MALINCONIA nel senso 2).

Melanconiàcee [dal lat. scient. *Melanconiaceae*, basato sul gr. *mélas*, *-anos*, nero e *kónis*, polvere; 1954] **sf. pl.** *T.bot.* famiglia di funghi Deuteromiceti.

Melàndridi (sing. *-e*) [comp. di *melan(o)-* e gr. *drŷs*, albero; 1983] **sm. pl.** *T.zool.* famiglia di piccoli insetti Coleotteri di color nero, che vivono in vecchi alberi in disfacimento.

melanemìa [comp. di *melan(o)-* e *-emia*; 1957] **sf.** *T.med.* presenza di melanine nel sangue, del quale provoca la colorazione scura tipica della malaria.

mélange (fr., pr. [meˈlãːʒ]) [1905] **sm.** *inv.* **1.** mescolanza, miscuglio ‖ *in part.* tessuto screziato ottenuto aggiungendo al filato fibre diversamente colorate **2.** cioccolata bollente con aggiunta di panna montata.

melàngola [da *melangolo*; sec. XIV] **sf.** frutto del melangolo.

melàngolo [comp. del gr. *mêlon*, mela e *ángouron*, cocomero; a. 1557] **sm.** albero delle Citracee, dei paesi tropicali, simile all'arancio, i cui frutti sono di sapore amaro aromatico ‖ **N.** *Sin.* arancio amaro.

melànico (pl. *-ci*) [da *melanina*, con cambio di suff.; 1891] **agg.** *T.biol.* della melanina, che contiene melanina: *cellule melaniche*; *pigmento melanico*, melanina.

Melànidi (sing. *-e*) [dal lat; scient. *Melania*, n. del genere, dal gr. *melania*, nerume; 1934 *Melanidi*] **sm. pl.** *T.zool.* famiglia di molluschi Gasteropodi, viventi in acque dolci o salmastre, spec. nelle regioni calde.

melanìna [da *melano-* e *-ina*; 1869] **sf.** *T.biol.* pigmento bruno prodotto da particolari cellule cutanee, che determina la colorazione più o meno scura della pelle e dei peli.

melanìṣmo [dall'ingl. *melanism*; a. 1871] **sm.** *T.biol.* presenza superiore alla media di pigmenti scuri nella pelle o nei peli di certi animali, dovuta a cause varie; *in part. melanismo industriale*, riscontrato in alcune farfalle come reazione di adattamento all'aumento di smog prodotto dalle fabbriche.

melanìte [comp. di *melano-* e *-ite*; a. 1835] **sf.** varietà nera di granato.

mèlano- [dal gr. *mélas*, *mélanos*, nero] **primo elem.** di composti della terminologia scientifica col valore di "nero" o "di colorazione scura" (per es. *melanoma*).

melanodermìa [comp. di *melano-* e *-dermia*; 1954] **sf.** *T.med.* aumento patologico della pigmentazione della pelle ‖ **N.** *Sin.* melanosi.

melanòforo [comp. di *melano-* e *-foro*; 1957] **agg.** e **sm.** *T.biol.* di cellula contenente il pigmento scuro della melanina.

melanòma [comp. di *melano-* e *-oma*; 1957] **sm.** *T.med.* tumore pigmentato della pelle, trasformazione maligna di un neo.

melanòṣi [comp. di *melano-* e *-osi*; 1834] **sf.** *T.med.* affezione cutanea caratterizzata da colorazione scura della pelle e delle mucose per aumento della melanina ‖ **N.** melanodermia.

Melanosòmi (sing. *-a*) [comp. di *melano-* e *-soma*; 1970] **sm. pl.** *T.zool.* genere di insetti Crisomelidi le cui larve rodono le foglie di vari alberi, lasciandone le sole nervature.

melanòtico (pl. *-ci*) [da *melanosi*; a. 1871] **agg.** **1.** *T.med.* relativo alla melanosi, proprio della melanosi: *colorito melanotico* **2.** di tessuto ricco di melanina: *tumore melanotico*.

melantèria [dal lat. tardo *melantēria*, gr. *melantēría*, tinta nera; 1563] **sf.** *T.min.* solfato di ferro idrato, presente nelle miniere di pirite sotto forma di incrostazione.

melàntio (pl. *-ti*) [dal gr. *mélanthion*; a. 1498] **sm.** agrostemma.

melanùria [comp. di *melano-* e *-uria*; 1957] **sf.** *T.med.* emissione di urine scure per pigmenti di diversa natura.

melanẓàna [etim. discussa: prob. dall'ar. *bādingiān* con intrusione di *mela*; a. 1557 *melenzane* pl.] **sf.** **1.** pianta delle Solanacee, originaria dell'Asia, con fiori violacei e grandi foglie ovate, largamente coltivata per le bacche carnose eduli che produce **2.** il frutto di tale pianta, sferico od oblungo, con buccia violacea e polpa bianca amarognola che diventa gustosa con la cottura: *melanzane alla parmigiana, al funghetto* ‖ **N.** *Sin.* petonciano.

melàppio (pl. *-pi*) [dal lat. *melapium*; a. 1640] **sm.** *non com.* sciroppo di mele appie, che, allungato con acqua calda, si beve come emolliente.

melarància (pl. *-ce*) [comp. di *mela* e *arancia*; prima metà sec. XIII] **sf.** il frutto del melarancio.

melarància (pl. *-i*) [comp. di *melo* e *arancio*; a. 1400] **sm.** altro nome dell'arancio dolce.

melàre (pres. *mèlo*) [da *mela*; a. 1850] **tr.** *pop. tosc.* nella loc. *farsi melare*, farsi tirare le mele; *fig.* farsi burlare.

melàrio (pl. *-ri*) [dal lat. *mellārium*; a. 1320] **I** **sm.** sezione dell'arnia dove sono i favi in cui le api possono deporre il miele **II** **agg.** del miele: *borsa melaria*, organo delle api che serve a immagazzinare il miele. **TAV.** *zootecnia* 8.4, 8.5.

melàssa [fr. *melasse*, dal lat. *mellaceum*, da *mel* miele; 1780] **sf.** liquido denso e scuro residuo della produzione di zucchero, da canna o barbabietola, ricco di saccarosio non estraibile; è impiegato come alimento zootecnico o nella produzione di alcol e lievito di birra.

Melastomàcee o **Melastomatàcee** [comp. del gr. *mélas*, nero, *-stoma* e *-acee*; 1834] **sf. pl.** *T.bot.* famiglia di piante tropicali sudamericane.

melàta [da *miele*; a. 1512] **sf.** materia zuccherina che stilla da foglie o rami di alcune piante, naturalmente o in seguito a punture di insetti.

melàto [da *miele*; sec. XIII] **agg.** **1.** addolcito con miele ‖ dolce come il miele **2.** *fig.* suadente e dolce ma poco sincero: *parole melate* **3.** del colore del miele ‖ **melataménte** **avv.**

melàzzo [dal fr. *mélasse*; 1567] **sm.** *ant.* melassa.

melchìta [dall'ar. *malaki*; 1608] **agg.** e **s.** cattolico di rito bizantino e di lingua araba: *chiesa melchita*; *i melchiti di Antiochia*.

Meleàgridi (sing. *-e*) [dal lat. *meleagris*, *-idis*, gr. *meleagrís*, *ídos*, dal n. di Meleagro, le cui sorelle sarebbero state tramutate in faraone; a. 1498] **sm. pl.** *T.zool.* *disus.* famiglia di uccelli galliformi, tra cui il tacchino e la faraona.

meleagrìna [dal n. proprio *Meléagros*, eroe gr.; 1828] **sf.** *T.zool.* ostrica perlifera dei Lamellibranchi.

mêlée (fr., pr. [meˈle]) [1957] **sf.** *inv.* mischia ‖ *au dessus de la mêlée* (pr. [o ˌdsy d la meˈle]), fuori dalla mischia, al di sopra delle parti; posizione di imparzialità un po' altera.

melèna [dal gr. *mélaina*, nera; 1829] **sf.** *T.med.* emissione di feci scure per presenza di sangue digerito, conseguente a emorragia nel tubo digerente.

melensàggine [da *melenso*; 1353 *millensaggine*] **sf.** qualità di ciò che è melenso ‖ atto o detto da melenso.

melènso [etim. incerta; sec. XIII *milenso*] **agg.** **1.** tardo nell'intendere e nel muoversi: *un servitore melenso* **2.** di scarsa vivacità o interesse: *un discorso, un libro melenso, uno sguardo, un sorriso melenso* **3.** *non com.* sdolcinato, lezioso ‖ **melensaménte** **avv.** ‖ **N.** **1.** *Sin.* apatico, SCIOCCO **2.** *Sin.* banale, fiacco, insulso, noioso, scipito.

melèto [dal lat. tardo *melētum*; a. 1320] **sm.** terreno coltivato a meli.

mèlia [dal gr. *mélia*, frassino; 1834] **sf.** *T.bot.* genere di piante della famiglia delle Meliacee, caratteristico delle regioni tropicali.

-melìa [dal gr. *mélos*, arto] **elem. term.** che, in composti della terminologia medica, indica "malformazione degli arti" (per es. *focomelìa*, *macromelìa*).

Meliàcee [comp. di *melia* e *-acee*; 1834] **sf. pl.** *T.bot.* famiglia di piante dicotiledoni, tropicali, arboree o arbustive, tra cui il mogano.

meliàmbo [dal gr. *melíambos*; 1957] **sm.** *T.filol.* componimento poetico della lirica greca antica, in cui sono presenti elementi giambici e dattilici.

mèlica¹ [da *melico*; a. 1574] **sf.** **1.** *T.lett.* nell'antica Grecia, la poesia accompagnata dalla musica: *melica monodica, corale* **2.** *per estens.* poesia destinata al canto.

mèlica² v. MELIGA.

mèlico (pl. *-ci*) [dal lat. *melicus*; a. 1574] **agg.** relativo alla melica (v. MELICA¹).

melicóne [da *melica²*; 1834] **sm.** mais.

melìfaga [comp. del gr. *méli*, miele e *-fago*; 1829] **sf.** *T.zool.* genere di uccelli Passeracei australiani.

Melifàgidi (sing. *-e*) [comp. di *Melifag(a)* e *-idi*; 1934] **sm. pl.** *T.zool.* famiglia di uccelli Passeracei australiani che si cibano del nettare dei fiori.

melìfero v. MELLIFERO.

mèliga [da *herba medica*; a. 1789] **sf.** **1.** *sett.* mais ‖ *T.cuc.* *pasta di meliga*, simile alla pasta frolla ma più gialla e croccante perché mista a farina di mais **2.** saggina.

melilìte [comp. del gr. *méli*, miele e *-lite*; 1819] **sf.** *T.min.* minerale presente in rocce eruttive effusive sotto forma di cristalli gen. di color giallo miele.

melilòto [dal gr. e lat. *melilōton*; sec. XIV] **sm.** *T.bot.* pianta delle Leguminose, ricca di nettare, usata come foraggio e, essiccata, per tisane || **N.** *Sin.* lingua di passero.

melìna [dim. di *mela* indicante in origine, a Bologna, un giochetto di abilità fatto con una pallina; 1961] **sf.** *T.sport.* *fare melina*, nella pallacanestro e nel calcio, gioco ostruzionistico fatto trattenendo troppo a lungo il pallone per mantenere il vantaggio conseguito.

melinìte [dal fr. *mélinite*; a. 1909] **sf.** esplosivo, a base di sali dell'acido picrico.

melịsma [dal gr. *mélisma*, canto; 1594 ca.] **sm.** *T.mus.* nella musica vocale, part. quella gregoriana, gruppo di più note eseguite su un'unica sillaba.

melịsmàtico (pl. *-ci*) [da *melisma*; 1826] **agg.** *T.mus.* caratterizzato da melismi: *stile melismatico*, contrapposto a quello sillabico (v.).

melìssa [abbr. del lat. *melissophyllum*; sec. XIV] **sf.** pianta delle Labiate a fiori bianchi profumati, le cui foglie odorose sono usate per decotti e infusi calmanti || **N.** *Sin.* appiastro.

melissòfago (pl. *-gi*) [comp. del gr. *mélissa*, ape e *-fago*; 1834] **agg.** di animale, che si nutre di api: *uccello melissofago*.

melitèa [dal gr. *melíteia*; a. 1729] **sf.** *ant.* melissa.

melitènse [dal lat. *melitensis*, der. di *Melita*, Malta; a. 1714] **agg.** *lett.* dell'isola di Malta || *febbre melitense*, febbre maltese (V. MALTESE).

melittòfilo [comp. del gr. *mélitta*, ape e *-filo*; 1857] **agg.** **1.** *T.bot.* di pianta, che viene impollinata da api **2.** *T.zool.* di insetto, che è parassita dei nidi di api.

mèlleo [dal lat. *melleus*; a. 1498] **agg.** **1.** *lett. ant.* di miele, dolce come il miele || *fig.* mellifluo **2.** *T.bot.* *secrezione mellea*, il nettare dei fiori che serve a produrre miele.

mellétta [sovrapposiz. di *melma* e *belletta*; 1741] **sf.** *tosc.* **1.** melma **2.** impasto argilloso che viene spalmato sui recipienti di rame prima di rimetterli al fuoco, per renderli lucidi.

mellìfero [dal lat. *mellifer*, 1485 ca.] **agg.** *lett.* che produce o dà miele.

mellificàre (pres. *-ìfico*, *-ìfichi*) [dal lat. *mellificāre*; 1340 ca.] **intr.** (aus. *avere*) di api, fare il miele.

mellificazióne [da *mellificāre*; prima metà sec. XIV] **sf.** il mellificare.

mellifluità [da *mellifluo*; a. 1799 *melifluità*] **sf.** qualità di ciò che è mellifluo.

mellìfluo [dal lat. *mellifluus*; 1340 ca. nel senso 2] **agg.** **1.** gentile e suadente ma di sospetta sincerità: *una persona melliflua, un fare mellifluo* **2.** *ant. lett.* che spande miele || **mellifluaménte** **avv.** || **N.** **1.** *Sin.* dolciastro, insincero, insinuante, lusingatore, melato.

mellitàto [da *mellitico*; 1957] **sm.** *T.chim.* sale o estere dell'acido mellitico.

mellìte [comp. del lat. *mel*, *mellis* e *-ite*; 1819] **sf.** *T.min.* minerale costituito dal sale di alluminio dell'acido mellitico.

mellìtico o **melìtico** (pl. *-ci*) [da *mellite*; 1834] **agg.** *T.chim.* detto di acido aromatico contenente sei gruppi carbossilici, ottenuto per ossidazione della grafite o di alcuni carboni.

mellìto [dal lat. *mellītus*, mielato; 1891 *mellita* sf.] **I agg.** *T.med.* *diabete mellito*, patologia caratterizzata da insufficiente secrezione di insulina, aumento del tasso di glucosio nel sangue e conseguente eliminazione di zuccheri per via urinaria **II sm.** (anche sf. *mellita*) *T.farm.* sciroppo medicamentoso dolcificato con miele anziché con zucchero.

mellìvora [comp. del lat. *mel*, *mellis*, miele e *-voro*; 1934] **sf.** *T.zool.* mammifero sudafricano dei Mustelidi dal pelame grigio, ghiotto di miele e di api || **N.** *Sin.* ratelee.

mellonàggine [da *mellone*, come si chiamava anticamente una specie di zucca scipita; a. 1543] **sf.** *ant. tosc.* stupidità.

mellóne [dal lat. tardo *melo*, *-ōnis*; a. 1320] **sm.** *merid.* melone.

mélma [dal gotico *melma*, polvere; 1313] **sf.** terra intrisa d'acqua, assai molle, depositata sul fondo di paludi, fossi e fiumi o prodotta da temporali e alluvioni || *fig.* degradazione morale: *sprofondare nella melma* || **N.** *Sin.* fanghiglia, limo, mota, FANGO.

melmosità [da *melmoso*; 1915] **sf.** stato di terreno melmoso.

melmóso [da *melma*; a. 1698] **agg.** coperto o costituito da melma: *strada melmosa, strato melmoso.*

mélo [lat. tardo *mēlum*; 1342] **sm.** albero delle Rosacee, con fusto legnoso, di mediocre altezza, con foglie tondeggianti, seghettate, e fiori bianchi, grandi a corimbi, il cui frutto è la mela; se ne coltivano numerose varietà || **N.** MELA.

mèlo-[1] [dal gr. *mélos*, musica] **primo elem.** che, in composti dotti, vale "canto", "melodia" (per es. *melomane, meloterapia*) || **N.** *Sin.* musico-.

mèlo-[2] [dal gr. *mélos*, membro] **primo elem.** che, in composti della terminologia medica, vale "membro, arto" (per es. *meloreostosi*).

-melo [dal gr. *mélos*, membro] **elem. term.** che, in composti della terminologia medica, vale "membro, arto".

melocotógno [comp. di *melo* e *cotogno*; 1340 ca.] **sm.** cotogno.

melòde [dal lat. tardo *melōdes*; 1321] **sf.** *poet. arc.* melodia.

melodìa [dal lat. *melōdia*, gr. *meloidía*, da cui viene l'accento; a. 1292] **sf.** successione di suoni modulati, da cui risulta un'espressione musicale di senso compiuto; motivo musicale: *melodie popolari irlandesi* || *per estens.* suono dolce e suadente: *la melodia dei versi, degli uccelli* || **N.** *Sin.* aria, arietta, canto, frase, melopea, motivo, spunto melodico.

melòdico (pl. *-ci*) [dal lat. tardo *melōdicus*; sec. XIV] **agg.** relativo alla melodia: *invenzione melodica* || caratterizzato prevalentemente dalla melodia: *genere melodico* || **melodicaménte** **avv.**

melodiosità [da *melodioso*; 1966] **sf.** qualità di ciò che è melodioso: *mi ha attratto la melodiosità di quel canto.*

melodióso [da *melodia*; sec. XIV] **agg.** dolce e armonioso come certe melodie: *canto melodioso, lingua melodiosa* || **melodiosaménte** **avv.** || **N.** *Sin.* musicale.

melodìsta [da *melodia*; 1834] **s.** musicista le cui composizioni sono di carattere prevalentemente melodico.

melodràmma [comp. di *melo-* e *dramma*; 1714] **sm.** **1.** dramma con musica e canto || *fig.* *frase, personaggio, eroe da melodramma*, che si compiace di modi esagerati **2.** *per estens.* il testo poetico del dramma: *i melodrammi di Metastasio* || **N.** **1.** *Sin.* opera; dramma musicale, opera in musica; opera buffa, opera seria; operetta **2.** *Sin.* libretto.

melodrammàtico (pl. *-ci*) [da *melodramma*; 1714] **agg.** di melodramma: *spettacolo melodrammatico* || *fig.* che esprime forti emozioni in modo enfatico e teatrale: *gesto, tono melodrammatico*; anche, caratterizzato da eventi clamorosi e patetici: *storia melodrammatica* || **melodrammaticaménte** **avv.**

mèloe [etim. inc.; 1821 *meloa*] **sm.** insetto dei Coleotteri privo d'ali, le cui larve divorano uova delle api e miele.

melòfago (pl. *-gi*) [dal lat. scient. *Melophagus*, formato sulla base del gr. *mêlon*, gregge; 1834] **sm.** *T.zool.* parassita delle pecore che si installa nel loro pelo per mezzo delle zampe munite di unghie.

melogràno [dal lat. *mālum granātum*; 1340 ca. *meligrani*] **sm.** arbusto delle Punicacee, diffuso nelle zone temperate, con bei fiori rosso scarlatto, il cui frutto è la melagrana (v.).

Melòidi (sing. *-e*) [comp. di *meloe* e *-idi*; 1934] **sm. pl.** *T.zool.* famiglia di insetti Coleotteri che si nutrono di uova delle api, miele e polline.

melòlogo (pl. *-ghi*) [comp. di *melo-* e *-logo*; a. 1926] **sm.** declamazione in versi o in prosa con accompagnamento musicale.

melòmane [comp. di *melo-* e *-mane*; 1940] **s.** chi nutre una passione quasi morbosa per la musica.

melomanìa [comp. di *melo-* e *-mania*; 1828] **sf.** eccessivo, quasi morboso amore per la musica.

melonàio o **mellonàio** (pl. *-ài*) [da *melone*; a. 1449 *mellonaio*] **sm.** *T.agr.* terreno coltivato a meloni, piantagione di meloni.

melóne [dal lat. tardo *melo*, *-ōnis*; a. 1320 *mellone*] **sm.** **1.** pianta erbacea delle Cucurbitacee a fusto strisciante, coltivata per i suoi frutti commestibili **2.** il frutto di tale pianta, di forma ovoidale più o meno allungata, con polpa succosa dolce e profumata.

melopèa [dal lat. tardo *melopōeia*; 1728] **sf.** *T.mus.* la successione dei suoni di una melodia, senza la struttura ritmica, part. evidente in certa musica popolare e nella musica gregoriana || *per estens.* melodia lenta.

meloplàsto [dal fr. *méloplaste*; 1834] **sm.** sussidio visivo per l'insegnamento della musica che consiste in un quadro contenente un pentagramma con indicazioni musicali mobili.

melopsìttaco (pl. *-ci*) [comp. di *melo-*[1] e gr. *psittakos*, pappagallo; 1934] **sm.** *T.zool.* pappagallino australiano di colore verde e giallo con macchie azzurre attorno al becco, che in cattività ha dato origine a razze domestiche, diverse per il colore.

meloreostòṣi [comp. di *melo-*[2] e *reostosi*; 1957] **sf.** *T.med.* affezione a decorso benigno che si manifesta nei primi anni di vita colpendo le ossa di un arto e provocandone l'allungamento o l'accorciamento.

melos (lat., pr. it. ['mɛlos]) [dal gr. *mélos*, canto] **sm.** *inv.* *lett.* melodia, canto poetico.

meloterapìa [comp. di *melo-* e *terapia*; 1957] **sf.** *T.med.* terapia impiegata spec. in anestesia e in psichiatria, consistente nel far ascoltare al paziente musiche opportunamente scelte || **N.** *Sin.* musicoterapia.

melton (ingl., pr. ['meltən]) [dal n. geogr. *Melton*, città ingl.; 1898] **sm.** *inv.* **1.** macchina per cardare **2.** stoffa cardata con una speciale tecnica che la rende opaca.

meluṣìna [dal n. proprio *Melusina*, fata dei romanzi medievali; 1940] **sf.** *T.arald.* simbolo araldico raffigurante una sirena a due code, posta dentro un tino, che afferra le code con le mani.

membràna [dal lat. *membrāna*; a. 1455] **sf.** **1.** *T.anat.* formazione di varia struttura, ma generalmente distesa, sottile ed elastica, che avvolge, collega o separa organi del corpo umano e animale: *membrana timpanica, tiroidea, fetale* || *T.biol.* *membrana cellulare* o *plasmatica*, sottile struttura che delimita la cellula e svolge basilari funzioni di scambio con l'esterno **2.** pelle sottile conciata, impiegata come supporto grafico (pergamena) o come elemento sonoro di alcuni strumenti a percussione **3.** *T.tecn.* lamina di spessore minimo impiegata, spec. in telefoni e microfoni, per la sua sensibilità alle vibrazioni || *dim.* membranétta, membranèlla, membranìna, membranùccia || **N.** **1.** *Sin.* guaina, pannicolo, pellicola, setto, tegumento | fibrosa, mucosa, sierosa, sinoviale.

membranàceo [dal lat. *membranāceus*; a. 1730] **agg.** che ha natura di membrana: *foglie membranacee* || *T.bibl.* di codice, composto di fogli di pergamena.
membranàle [da *membrana*; 1957] **agg.** della membrana: *cellule membranali.*
membranifórme [comp. di *membrana* e *-forme*; 1834] **agg.** che ha l'aspetto e le caratteristiche di una membrana.
membranòfono [comp. di *membrana* e *-fono*; 1957] **agg.** *T.mus.* strumento musicale il cui suono è prodotto dalla vibrazione di membrane tese, per percussione, frizione e, meno com., flusso d'aria.
membranóso [dal lat. tardo *membranōsus*; a. 1698] **agg.** costituito da una o più membrane || che ha natura di membrana.
membràre (pres. *mèmbro*) [dal provenz. *membrar*, dal lat. *memorāre*; sec. XIII] **tr.** *ant. poet.* rimembrare.
membratùra [dal lat. *membratūra*; 1526] **sf. 1.** l'insieme delle membra di un organismo || *per estens.* la forma e disposizione degli elementi costitutivi: *la membratura di un edificio* **2.** elemento di un complesso architettonico, con determinate proprietà formali o funzionali.
mèmbro (pl. f. *mèmbra*, quelle del corpo umano considerate collettivamente, e m. *mèmbri*, in tutti gli altri casi) [dal lat. *membrum*; a. 1249] **sm. 1.** ciascuno degli elementi in cui è strutturato un organismo animale || *in part.* arto, appendice || *membro virile*, o *per anton. membro*, il pene || *più com. pl. le membra*, il corpo, spec. nelle sue parti esterne: *membra gracili, forti, vigorose*; *riposare le stanche membra*, *eufem.* morire || *fig.* di cose personificate: *le sparse membra d'una nazione* **2.** ciascun individuo che compone una collettività, un'associazione e sim.: *i membri del parlamento, della commissione* **3.** elemento di un insieme strutturato || *in part. T.mat. membro di un'equazione*, ciascuna delle due quantità che sono separate dal segno dell'uguaglianza: *primo membro, secondo membro* || *dim.* membrétto, membrùccio, membrolìno, membricciòlo || **N. 1.** organo, parte | amputare, articolare, attrappire, lussare, rattrappire, smembrare, squartare, storpiare.
membróso [dal lat. *membrōsus*; 1869] **agg.** *ant.* membruto.
membrùto [da *membro*; 1308] **agg.** grosso e forte di membra, muscoloso: *donna membruta.*
memènto [seconda pers. imper. di *meminisse*, ricordare; a. 1742] **sm. inv. 1.** *T.rel.* nella messa di rito romano, ciascuna delle due preghiere con cui si ricordano i vivi e i morti e si chiede per loro l'intercessione || il punto della messa in cui vengono recitate tali preghiere **2.** *per estens.* appunto scritto || ricordo duraturo, ammonizione: *ti serva da memento* **3.** *raro* esortazione che conserva il suo originale valore verbale: *memento!*, ricorda!.
mementòmo [comp. di *memento* e *homo*, prime parole della formula liturgica *memento homo quia pulvis es et in pulverem reverteris*; a. 1850] **sm.** (anche come *loc. m. memènto homo*) l'ammonimento rivolto dal sacerdote al fedele il giorno delle Ceneri, per ricordargli il suo destino mortale || *per estens.* severo monito.
memoràbile [dal lat. *memorābilis*; 1308] **I agg.** degno di essere ricordato a lungo per la sua eccezionalità: *giornata memorabile, battaglia memorabile, parole memorabili* **II sm.** *pl. i memorabili*, detti o fatti memorabili di un uomo illustre || **memorabilménte avv.** || **N. I** *Sin.* indimenticabile, memorando; famoso, imperituro.
memorabilità [da *memorabile*; 1834] **sf.** *non com.* l'essere memorabile.
memoràndo [dal lat. *memorandus*; 1531] **agg.** *lett.* da ricordare, memorabile.
memoràndum [dal lat. *memorandus*; 1861] **sm.** *inv.* **1.** nota scritta o documento in cui si riportano per sommi capi i termini di una questione || *in part. memorandum d'intesa*, accordo diplomatico internazionale a carattere provvisorio, concluso sui punti principali di una questione **2.** foglio di carta da lettera di formato ridotto, pari alla metà di un foglio commerciale **3.** agenda || **N. 1.** *Sin.* appunto, promemoria **2.** *Sin.* taccuino.
memoràre (pres. *mèmoro*) [dal lat. *memorāre*; a. 1536] **tr.** e **intr.** *ant.* e *poet.* ricordare.
memoratìvo [dal lat. *memoratīvus*; a. 1375] **agg.** *raro lett.* **1.** riguardante la memoria **2.** commemorativo: *iscrizione memorativa.*
mèmore [dal lat. *memor, -ŏris*; a. 1606] **agg.** *lett.* che serba memoria o ha presente alla mente: *memore delle tragiche conseguenze, memore dei benefici* || *con memore affetto*, formula caratteristica di dediche || **N.** *Contr.* immemore.
memorévole [da *memorare*; sec. XIII] **agg.** *lett. raro* memorabile.
memòria [dal lat. *memoria*; a. 1294] **sf. 1.** facoltà della mente umana di conservare, ridestare in sé e riconoscere immagini di cose viste o sentite, e in gen. conoscenze: *ha buona memoria, ha una memoria di ferro* || *T.ret.* parte della retorica che si occupa della capacità di ricordare ottenuta e rinforzata con particolari tecniche || *memoria visiva*, la memoria di immagini di cose viste || *a memoria*, valendosi della memoria: *recitare una poesia a memoria, suonare un brano a memoria*; *imparare, sapere a memoria*, in modo da poter ripetere ricordando || *a memoria d'uomo*, da che mondo è mondo **2.** immagine o idea impressa nella mente: *di questo fatto m'è restata una pallida memoria, s'è spenta, s'è persa ogni memoria di quegli avvenimenti* || *in part.* ricordo che una persona, morendo, lascia di sé: *lasciò di sé buona memoria*; anche nella loc. agg. *di buona, di felice memoria* || *alla memoria*, in onore di una persona defunta: *medaglia alla memoria*; *in memoria*, in onore di fatti o persone memorabili: *monumento, lapide in memoria* || narrazioni di avvenimenti notevoli o di fatti autobiografici: *le memorie di Goldoni* **3.** *per meton.* cosa che ridesta nella mente una persona o un evento del passato: *questo spillone è una cara memoria* || documento del passato, monumento: *quei ruderi sono le memorie del glorioso passato* **4.** annotazione fatta per tenere a mente qualcosa: *tenere, prendere memoria* **5.** dissertazione su un argomento specifico; *pl.* raccolta di saggi e di contributi pubblicati da un'associazione: *memorie dell'Accademia delle Scienze* **6.** *T.giur.* in un processo, documento integrativo di chiarimento, prodotto dalle parti **7.** *T.inform.* in un calcolatore, il supporto in cui sono registrate le informazioni; *memoria virtuale*, insieme delle possibili espressioni simboliche corrispondenti a posizioni di memoria; *memoria reale*, spazio di memoria di un calcolatore (inteso in senso fisico); *memoria centrale* o *principale* o *di lavoro*, la parte dell'unità centrale di calcolo a cui affluiscono i dati da elaborare e le istruzioni; *memorie ausiliarie*, dischi o nastri magnetici che registrano informazioni destinate ad affluire al calcolatore provvisoriamente; *memoria di massa*, unità periferica di memoria, di grande capacità e tempi di accesso minimi; *memoria temporanea* o *tampone*, *buffer*, *memoria magnetica*, unità di memorizzazione dei dati che sfrutta le proprietà magnetiche di alcuni materiali; *memoria volatile*, che deve essere continuamente rifornita di energia, in assenza della quale vengono perduti i dati già memorizzati; *memoria a sola lettura* (ROM), circuito di memoria i cui contenuti non sono alterabili, utilizzato per memorizzare programmi permanenti in fase di costruzione dell'elaboratore; costituisce un'estensione dell'*hardware* del CPU; *memoria a sola lettura programmabile* (PROM), in cui i programmi sono inseriti successivamente alla fabbricazione ma egualmente resi permanenti dal passaggio di una forte corrente elettrica che dissolve sottili collegamenti metallici; *memoria a sola lettura cancellabile e programmabile* (EPROM), che può essere letta, svuotata e riutilizzata solo utilizzando scariche elettriche o raggi ultravioletti o X || *dim.* memoriétta, memoriùccia; *accr.* memorióna || **N. 1.** *Sin.* facoltà ritentiva | fissazione, richiamo, riconoscimento, ritenzione | corta, debole, ferrea, infallibile, labile, pronta; da elefante |mnemonico | dire, eseguire, mandare, ripetere a memoria | annebbiare, esercitare, illuminare, offuscare, oscurare, perdere, ricuperare, rinfrescare, rischiarare, smarrire; imprimersi, ficcarsi, stamparsi nella memoria; RICORDARE | amnesia **2.** *Sin.* evocazione, reminescenza, rimembranza; fama | amnesia, dimenticanza, lacuna, oblio, paramnesia, vuoto di memoria **3.** *Sin.* reliquia; testimonianza **4.** *Sin.* nota, promemoria; cronaca, diario, memoriale **7.** memoria a bolle, RHM, ROM. **Q.T.** *informatica.*
memoriàle [dal lat. *memoriālis*; a. 1292] **sm. 1.** opera documentaria relativa a un argomento, un fatto e sim., spec. di carattere storico-politico; anche narrazione di fatti (solitamente controversi) da parte di un protagonista o testimone **2.** libro di memorie: *il Memoriale di Sant'Elena* **3.** supplica, istanza in cui si espongono le circostanze utili e le ragioni di ciò che si chiede.
memorialista [dal fr. *mémorialiste*; 1869] **s.** scrittore di memoriali.
memorialistica [da *memorialistico*; 1978] **sf.** genere letterario costituito da memorie, diari, autobiografie e sim.
memorialistico (pl. *-ci*) [da *memoriale*; 1978] **agg.** relativo alla memorialistica o a un memorialista: *scrittore dall'ampia produzione memorialistica* || proprio della memorialistica o di un memorialista: *stile memorialistico.*
memorizzàre [dal fr. *mémoriser*; 1859] **tr. 1.** fissare nella memoria **2.** *T.inform.* inserire nella memoria i dati.
memorizzazióne [dal fr. *mémorisation*; 1957] **sf.** il memorizzare || *in part.* inserimento di dati nella memoria dell'elaboratore.
ména [da *menare*; 1260] **sf.** *lett.* **1.** usato perlopiù al *pl.*, insidia a danno di altri, maneggio: *le mene segrete degli avversari* **2.** *ant.* affare, faccenda || condizione.
menabò [voce scherz. sett. corrispondente a *mena bue*, guida i buoi; 1931] **sm.** *T.tip.* foglio o insieme di fogli su cui sono incollati nella disposizione voluta (o anche solo indicate con un titolo) le bozze di stampa o le illustrazioni, che serve come modello d'impaginazione per un giornale o una rivista.
menabrìda o **menabrìglia** (pl. *-glie*) [comp. di *mena(re)* e *brida* o *briglia*; 1957] **sm.** *inv. T.mecc.* dispositivo del tornio, a forma di disco, che imprime il moto al pezzo da tornire, per mezzo di un morsetto.
mènade [dal lat. *mǣnas*; sec. XIV] **sf.** *lett.* baccante.
menadito [comp. di *mena(re)* e *dito*; 1640] solo nella **loc. avv.**: *a menadito*, esattamente, benissimo: *conoscere, sapere a menadito.*
ménage (fr., pr. [me'na:ʒ]) [1895] **sm.** *inv.* andamento familiare o coniugale; governo della casa: *un ménage tranquillo*; *un ménage costoso.*
menagràmo [lomb. *mena gram*, letter. porta male; 1942] **s.** *inv. fam.* chi porta sfortuna; iettatore.
menàide o **manàide** [etim. oscura; a. 1893] **sf.** *T.pesc.* grossa rete per la pesca in profondità munita da un lato di sugheri e dall'altro di piombi che la mantengono verticale; è usata spec. per sardine e acciughe.

menànte [da *menare*; a. 1635] ***sm.*** *ant.* copista.

menàrca [comp. di *meno-* e *-arca*; 1957] ***sm.*** *T.fisiol.* comparsa della prima mestruazione all'inizio della pubertà.

menàre (pres. *méno*) [lat. *minārī*, minacciare; a. 1237] ***tr.*** **1.** condurre, portare: *menare in prigione*; *questa strada mena in campagna* || in alcune espressioni *fig.*: *menare il can per l'aia* o *menare per le lunghe*, *in lungo*, rimandare di continuo per non giungere a una conclusione || *menare uno per il naso*, ingannarlo, burlarlo || *menar buono*, portar fortuna || *menar la lingua*, sparlare **2.** rif. a vita, tempo ecc., passare, trascorrere: *menare una vita di stenti* **3.** agitare, muovere con forza: *menare mani e piedi* || *menare le mani*, picchiare **4.** malmenare: *ha paura di essere menato, stai attento a quello perché ti mena* || ***rec.*** prendersi a botte, picchiarsi || **N.** ***tr.*** **1.** *Sin.* PORTARE **3.** *Sin.* dimenare, scuotere **4.** *Sin.* PICCHIARE.

menaròla [da *menare*; 1853] ***sf.*** trapano a manovella. **TAV. *utensili* p. 1341** 30.2.

menarròsto [comp. di *mena(re)* e *arrosto*; a. 1793] ***sm.*** *sett.* girarrosto.

menàta [da *menare*; sec. XV] ***sf.*** **1.** atto del menare, nel senso di agitare: *menata di coda* **2.** *colloq.* cosa di scarsa consistenza, valore o serietà: *basta con questa menata!*, *quel film era una menata* || *dim.* menatèlla.

menatóio (pl. *-ói*) [da *menare*; 1395] ***sm.*** *non com.* strumento per agitare i liquidi.

menatóre [dal lat. *minātor*, *-ōris*; fine del sec. XIV] ***agg.*** e ***sm.*** (f. *-trice*) *non com.* che o chi mena o conduce.

méncio (pl. *-ci*) [etim. discussa; forse dal fr. *mince*, sottile; sec. XV] ***agg.*** *tosc.* di consistenza floscia, molle, cascante.

mènda [dal lat. *menda*; sec. XII] ***sf.*** *lett.* difetto, errore, spec. di lavoro artistico o letterario || **N.** *Sin.* pecca, DIFETTO.

mendàce [dal lat. *mendax*; 1304] ***agg.*** *lett.* che dice menzogne, bugiardo || ingannevole, fallace || **mendaceménte** ***avv.*** || **N.** BUGIARDO; FALSO.

mendàcia (pl. *-cie*) [dal lat. *mendācia*; 1598] ***sf.*** *lett.* l'essere falso; mendacità.

mendàcio (pl. *-ci*) [dal lat. *mendācium*; 1306 *mendazio*] ***sm.*** *lett.* bugia, menzogna, falsità.

mendacità [dal lat. tardo *mendācitas*, *-ātis*; 1683] ***sf.*** *lett.* l'essere mendace; qualità di mendace.

mendàre (pres. *mèndo*) [da *emendare*; a. 1294] ***tr.*** *ant.* emendare.

mendelèvio [dall'ingl. *mendelevium*; 1961] ***sm.*** nono elemento transuranico, fortemente radioattivo ottenuto mediante bombardamento dell'einsteinio con nuclei di elio.

mendeliàno [dal n. proprio G. *Mendel*, biologo boemo; 1918] ***agg.*** *T.biol.* relativo alla teoria di Mendel sulla trasmissione dei caratteri ereditari: *le leggi mendeliane.*

mendelìsmo [dal n. proprio G. *Mendel*, biologo boemo; 1929] ***sm.*** **1.** la teoria sulla trasmissione dei caratteri ereditari elaborata da G. Mendel **2.** l'eredità dei caratteri, teorizzata da Mendel.

mendicànte (*ppr.* di *mendicare*) [a. 1348] ***agg.*** e ***s.*** che o chi vive di elemosina, mendicando || *ordini mendicanti*, quelli che, secondo le regole del loro ordine, debbono rinunciare a ogni possesso, anche comunitario, e vivere solo del proprio lavoro o di elemosina; il Concilio di Trento li ha dispensati quasi tutti dall'obbligo della povertà comunitaria || **N.** *Sin.* accattone, mendico, questuante.

mendicàre (pres. *méndico*, *méndichi*) [dal lat. *mendicāre*; sec. XII] ***intr.*** (aus. *avere*) chiedere l'elemosina: *sta all'uscita della chiesa a mendicare* || ***tr.*** chiedere in elemosina: *mendicare un tozzo di pane* || *per estens.* chiedere con atti umilianti e senza dignità: *mendicare lodi, impieghi, onorificenze* || cercare con desiderio e trovare con difficoltà: *mendicare pretesti*, *mendicare le parole*; *mendicare affetto* || **N.** ***intr.*** accattonare, andare alla cerca, elemosinare, parare o stendere la mano, pitoccare, questuare.

mendicicòmio (pl. *-mi*) [comp. di *mendico* e *-comio*; 1940] ***sm.*** *disus.* ricovero o ospizio per mendichi.

mendicità [dal lat. *mendicitās*, *-ātis*; a. 1292 *mendicitade*] ***sf.*** **1.** condizione di chi mendica; estrema povertà: *essere ridotto alla mendicità* || *ricovero di mendicità*, ospizio per ricoverare i poveri **2.** l'azione di mendicare **3.** l'insieme dei mendicanti || **N.** **1.** *Sin.* POVERTÀ **2.** *Sin.* accattonaggio.

mendìco (pl. *-chi*; ant. *-ci*) [dal lat. *mendīcus*; sec. XIII] ***agg.*** e ***sm.*** (f. *-a*) *lett.* che o chi è costretto a mendicare per vivere || **N.** *Sin.* mendicante.

mendóso [dal lat. *mendōsus*; sec. XII-XIII] ***agg.*** *lett.* pieno di mende, difetti.

menefreghìsmo [dalla loc. pop. rom. *me ne frego*; 1918] ***sm.*** atteggiamento di ostentato disimpegno; tendenza a non curarsi degli altri o di cose che tutti considerano importanti.

menefreghista [da *menefreghismo*; 1942] ***s.*** e ***agg.*** chi assume un atteggiamento di costante menefreghismo.

meneghìno [dal n. proprio *Meneghino*, Domenichino, maschera pop. mil.; 1863] ***agg.*** e ***sm.*** milanese, spec. in quanto esibisce i caratteri tipici della città: *accoglienza meneghina* || **N.** *Sin.* ambrosiano.

menestrèllo [dall'ant. fr. *ménestrel*, dal lat. mediev. *ministreriālis*; 1891] ***sm.*** **1.** nel Medioevo, musicista al servizio delle corti che eseguiva composizioni di trovatori e trovieri **2.** *per estens.* cantore girovago, cantastorie.

menhìr o **mènhir** [voce bretone, comp. di *men*, pietra e *hir*, lungo, giuntaci attr. il fr.; 1929] ***sm.*** *inv.* *T.archeol.* monumento preistorico formato da una lunga pietra infissa verticalmente nel suolo.

menìnge [dal lat. tardo *meninga*, gr. *mênínx*, *méningos*; 1491 *mininge*] ***sf.*** *T.anat.* ciascuna delle tre membrane che avvolgono l'encefalo e il midollo spinale || *fam.* *spremersi le meningi*, concentrarsi per capire, per risolvere un problema || **N.** aracnoide, dura madre, pia madre | meningite. **Q.T.** ***anatomia***.

meningèo (meno com. *menìngeo*) [da *meninge*; 1828] ***agg.*** *T.anat.* della meninge: *infiammazione meningea.*

meningìsmo [da *meninge*; 1908] ***sm.*** *T.med.* disturbi dolorosi o irritativi delle meningi, gen. a decorso breve, che si manifestano nel corso di malattie infettive o di stati tossici.

meningite [da *meninge*; 1828] ***sf.*** *T.med.* infiammazione della meninge || *meningite cerebrospinale*, malattia epidemica dovuta a un particolare bacillo detto meningococco, che attacca le meningi cerebrali e spinali; può essere letale.

meningìtico (pl. *-ci*) [da *meningite*; a. 1936] ***agg.*** *T.med.* relativo alla meningite, proprio della meningite: *febbre meningitica.*

menìngo- [dal gr. *mênínx*, *méningos*, meninge] ***primo elem.*** che, in parole composte della terminologia medica, vale "meninge": **meningocèle**, **meningopatìa**.

meningocèle [comp. di *meningo-* e *-cele*; 1834] ***sm.*** *T.med.* malformazione congenita del cranio dovuta alla mancata saldatura delle ossa craniche, consistente in un'apertura da cui sporge un'ernia contenente parte delle meningi e, raramente, sostanza cerebrale.

meningocòcco (pl. *-chi*) [comp. di *meningo-* e *-cocco*; 1954] ***sm.*** *T.med.* agente etiologico della meningite cerebrospinale.

menippèo [dal lat. *menippēus*; a. 1597] ***agg.*** relativo allo scrittore e filosofo Menippo di Gadara || *satira menippea*, genere misto di versi e prosa, di tono mordente e argomento vario, ispirato allo stile delle satire di Menippo.

menìsco (pl. *-schi*) [dal gr. *mēnískos*, piccola luna; a. 1677 nel senso 3] ***sm.*** **1.** *T.anat.* setto fibrocartilaginoso interposto fra due superfici articolari adiacenti in certe articolazioni: *il menisco del ginocchio* **2.** *T.geom.* solido delimitato da due porzioni di superficie, una concava, l'altra convessa **3.** lente concava da una parte e convessa dall'altra **4.** *T.fis.* forma concava o convessa che assume la superficie libera dei liquidi nell'interno dei tubi a sezione circolare, a causa dei fenomeni capillari.

Menispermàcee [comp. del gr. *mēnē*, luna (per la forma dei semi), *sperma* e *-acee*; 1957] ***sf. pl.*** *T.bot.* famiglia di piante dicotiledoni legnose di origine tropicale.

menispermina [comp. di *Menisperm(acee)* e *-ina*; 1891] ***sf.*** *T.chim.* alcaloide ricavato da una pianta delle Menispermacee.

ménno [dal lat. volg. **minuus*, minorato; a. 1405] ***agg.*** e ***sm.*** *raro* privo degli attributi virili, effeminato || *fig.* rammollito, fiacco || *fig.* imberbe, sbarbatello.

méno (anche nella forma tronca *men*) [dal lat. *minus*; a. 1250 come avv.] **I** ***avv.*** compar. di *poco* **1.** in misura, in grado minore; posposto ai verbi: *ha mangiato meno di ieri*, *studiando meno non passerà l'esame*, *ha disturbato meno di quanto pensavo*; preposto all'aggettivo forma il comparativo di minoranza e, con l'art. det., il superlativo di minoranza: *lei è meno ricca del marito*, *questo compito è meno difficile del previsto*; *è il meno socievole del gruppo*, *questa è la possibilità meno probabile* || in correlazione con *più*, *più o meno*, *poco più poco meno*, *chi più chi meno*, all'incirca, pressappoco: *sono tutti più o meno interessanti*, *sono tutti infelici*, *chi più chi meno*, *spenderai questa cifra*, *poco più poco meno*; *né più né meno*, per l'appunto, esattamente: *è un mascalzone*, *né più né meno*, *è né più né meno come te l'ho descritto* || in costrutti correlati: *più lo ascolto, meno mi convince* || in *loc. avv.*, *di meno*, in quantità, in misura minore: *adesso guadagno di meno*; *quanto meno*, *per lo meno*, almeno: *doveva quantomeno scusarsi*; *senza meno*, di sicuro, senz'altro: *l'avvertirò senza meno* || *essere da meno*, *di meno*, essere inferiore, valere meno: *coraggio, fagli vedere che non sei da meno, di meno!* || *venir meno*, mancare: *gli venne meno il coraggio*, *venir meno ai patti*; svenire: *a quella vista venni meno* **2.** come negazione; in fasi disgiuntive: *non ricordo se l'ho consegnato o meno* || *tanto meno*, per negare fermamente in correlazione a una precedente affermazione; nemmeno: *se lui non ci prova, tanto meno lo farò io* || *men che*, preposto ad agg. o avv., non, in maniera insufficiente: *men che utile*, *men che saggio*; può anche accentuare il senso negativo: *men che mesto*, *men che sciagurato* || *meno che mai*, *men che meno*, recisamente no, a maggior ragione no **II** ***agg.*** *inv.* con nomi non numerabili, di quantità inferiore, minore: *meno pane*, *meno paura*, *meno ipocrisia*; con nomi al plurale, in numero inferiore: *dite meno spropositi!*, *c'erano meno bagnanti in spiaggia*; anche in espressioni ellittiche: *spero che lo venda a meno*, *non meno di tre ore* || *meno male!*, escl. di sollievo per qualcosa che poteva andare peggio: *meno male che l'ho visto in tempo* **III** ***sm.*** *inv.* **1.** la minor cosa, la cosa meno importante: *il meno che possa capitarmi*, *questo sarebbe il meno* **2.** *pl.* la minoranza: *quelli che ascoltavano erano i meno* || *parlare del più e del meno*, chiacchierare di argomenti vari, tanto per discorrere **3.** *T.mat.* trattino orizzontale (–) che indica l'operazione di sottrazione o, preposto a un simbolo, indica il valore negativo (– 2, – b) **IV** ***prep.*** **1.** eccetto, escluso: *sono tutti simpatici meno sua moglie*, *mangia di tutto meno il fegato*; anche nella loc. *meno che*: *hanno regalato qualcosa a tutti meno che a me* ||

fare a meno di qualcosa, astenersene, rinunciarvi; fare senza: *non può fare a meno dell'ascensore, potresti fare a meno di interrompermi mentre parlo?* **2.** *T.mat.* in matematica indica l'operazione di sottrazione: *tre meno cinque è uguale a due* ‖ nelle indicazioni orarie indica quanto manca all'ora principale: *sono le otto meno un quarto* ‖ nelle misurazioni di temperatura, indica valori sotto zero ‖ nelle votazioni scolastiche indica attenuazione negativa del giudizio: *sei meno, sette meno* **V** nelle ***loc. cong.*** *a meno che, a meno di,* salvo che, tranne che: *verremo a trovarvi a meno che (non) piova; non ce la farò a meno d'essere aiutato.*

mèno- [dal gr. *mḗn, mēnós,* mese] ***primo elem.*** che, in parole composte della terminologia medica, vale "mestruazione": **menorragìa, menorrèa.**

mènola [dim. dal lat. *māena,* gr. *máinē*; a. 1536] ***sf.*** *T.zool.* pesce teleosteo diffuso lungo le nostre coste, della lunghezza di ca. 20 cm, dalle carni poco pregiate.

menològio (pl. *-gi*) [dal lat. mediev. *menologium*; seconda metà sec. XVII] ***sm.*** nella liturgia bizantina, libro con le vite dei santi e letture relative a ogni giorno dell'anno, ordinate mese per mese.

menomàbile [da *menomare*; a. 1642] ***agg.*** che può essere menomato, danneggiabile.

menomànza [da *menomare*; 1237] ***sf.*** *arc.* menomazione ‖ insufficienza, difetto.

menomàre (pres. *mènomo*) [da *menomo*; 1305] ***tr.*** indebolire, sminuire: *menomare la reputazione, menomare il vigore* ‖ intaccare l'integrità fisica, ledere, danneggiare: *è rimasto menomato in un incidente* ‖ ***intr.*** (aus. *essere*) e ***intr. pron.*** ridursi, affievolirsi; venire a mancare ‖ **N.** *Sin.* DIMINUIRE.

menomazióne [da *menomare*; 1936] ***sf.*** l'atto e l'effetto del menomare: *subire una grave menomazione; a causa della sua menomazione non può più lavorare; menomazione del prestigio.*

mènomo [var. di *minimo,* lat. *minimus*; 1336 ca.] ***agg.*** *ant.* minimo: *non ha il menomo sospetto, il menomo riguardo* ‖ **menomaménte** ***avv.***

menopàuṣa [comp. di *meno-* e *-pausa*; 1828] ***sf.*** **1.** *com.* il periodo in cui progressivamente diminuisce e poi cessa l'attività ovarica, con conseguente scomparsa di mestruazioni, spesso accompagnata da disturbi neurovegetativi: *essere in menopausa, disturbi della menopausa* **2.** *propr.* cessazione definitiva delle mestruazioni ‖ **N. 1.** *Sin.* climaterio, menostasi.

menorah (ebr., pr. [mənɔ'ra]; pr. it. [meno'ra]) [dall'ebr. *m(ĕ)nō(w)rāh*; 1936] ***sf. inv.*** candelabro ebraico a sette bracci.

menòstaṣi o **menostaṣìa** [comp. di *meno-* e *-stasi* o *-stasia*; 1834 *menostasia*] ***sf.*** *T.med.* cessazione, di natura fisiologica o patologica, delle mestruazioni ‖ **N.** *Sin.* menopausa.

menovàre (pres. *mènovo*) [dal lat. tardo *minuare*; a. 1250] ***tr.*** *ant.* menomare.

mènsa [dal lat. *mensa*; fine sec. XII] ***sf.*** **1.** tavola apparecchiata per mangiare: *sedersi a mensa, imbandire la mensa* ‖ *T.eccl.* tavola dell'altare coperta dalla pietra sacra, dove si celebra la messa **2.** *per meton.* cibo, pasto: *lauta, parca mensa* ‖ *T.rel. mensa eucaristica,* nella liturgia cattolica, l'eucaristia ‖ *ant. prima, seconda mensa,* la prima, la seconda parte di un convito solenne **3.** organizzazione che provvede a preparare i pasti di una comunità; anche il locale relativo: *oggi ho mangiato alla mensa; mensa aziendale, studentesca, ferroviaria, degli ufficiali* ‖ **N. 1.** *Sin.* desco, imbandigione | imbandita, sontuosa | apparecchiare, preparare, sparecchiare; levarsi da mensa **2.** *Sin.* vitto, refezione | frugale, grassa, magra | ministrare. **TAV.** *chiesa* 2.15.

menscevìco (pl. *-chi*) [dal russo *men'ševik*; 1918] ***agg.*** seguace della fazione minoritaria e moderata nata dalla scissione della socialdemocrazia russa nel 1903 ‖ **N.** bolscevico.

menscevìṣmo [dal russo *men'ševizm*; 1959] ***sm.*** teoria e prassi della corrente menscevica ‖ l'insieme degli appartenenti a tale corrente.

mensìle [dal lat. *mēnsis*; 1802 come agg.] **I** ***agg.*** **1.** che si ripete ogni mese: *scadenza mensile, controllo mensile* ‖ *in part.* che viene pubblicato ogni mese: *rivista mensile* **2.** che dura un mese: *abbonamento mensile* ‖ **mensilménte** ***avv.*** ogni mese **II** ***sm.*** **1.** lo stipendio mensile, mesata: *riscuotere il mensile* **2.** pubblicazione mensile: *un mensile illustrato.*

mensilità [da *mensile*; 1939] ***sf.*** la somma pagata o riscossa mensilmente; *in part.* stipendio mensile: *riscuotere le mensilità arretrate, tredicesima mensilità.*

mènsola [dal lat. *mensula*; 1319] ***sf.*** **1.** *T.arch.* elemento di sostegno incastrato da un lato nel muro e libero dagli altri, usato spec. per balconi e scale: *scale a mensola* **2.** semplice ripiano fissato alla parete con supporti o a incastro, destinato a sostenere oggetti vari **3.** *T.mus.* sull'arpa, l'elemento della parte superiore, curvilineo, a cui sono fissate le corde ‖ *dim.* mensolìna, mensolétta; *accr.* mensolóne (*sm.*) ‖ **N. 2.** *Sin.* palchetto, scaffale; consolle. **TAV.** ***architettura* p. 646** 8.2; ***arredamento* p. 650** 2.3, 3.12.

mensolóne (*accr.* di *mensola*) [1550] ***sm.*** *T.arch.* struttura architettonica di sostegno, simile ad una mensola, ma di dimensioni maggiori.

mensuàle [dal lat. tardo *mensuālis*; a. 1536] ***agg.*** *ant.* mensile.

mensualità [da *mensuale*; 1803] ***sf.*** *ant.* mensilità.

mensualiẓẓazióne [dal fr. *mensualisation*; 1986] ***sf.*** l'atto di dare una periodicità mensile ad una scadenza, spec. finanziaria: *la mensualizzazione del pagamento del salario agli operai.*

mensuràle [dal lat. *mensurālis*; 1934] ***agg.*** *T.mus.* fondato sul mensuralismo: *notazione mensurale* ‖ *canone mensurale,* tipo di canone in voga presso i musicisti fiamminghi del XV e XVI sec., nel quale le voci iniziano a cantare contemporaneamente e svolgono la stessa melodia, ma con ritmi diversi.

mensuralìṣmo [da *mensurale*; 1934] ***sm.*** *T.mus.* sistema di notazione codificato nel XIII sec. e adottato fino al XVII sec., impiegato per la musica polifonica, in cui il valore delle note è basato su rapporti numerici regolari anziché essere libero come nel canto gregoriano.

mensuralìsta [da *mensuralismo*; 1978] ***s.*** chi segue i criteri del mensuralismo.

ménta [dal lat. *menta*; sec. XIV] ***sf.*** **1.** genere di piante delle Labiate comprendente varie specie spontanee delle zone temperate; hanno fiori piccoli a spiga e foglie fortemente aromatiche impiegate in insalate, salse e tisane **2.** l'essenza che se ne estrae: *sciroppo, caramelle di menta* ‖ bevanda a base di sciroppo di menta: *una menta con ghiaccio* ‖ **N. 1.** peperita, selvatica, glaciale; mentastro, mentuccia | mentina.

mentàle[1] [dal lat. tardo *mentālis*; a. 1380] **I** ***agg.*** **1.** proprio della mente: *facoltà mentali, alienazione mentale; T.psic. età mentale,* grado di sviluppo intellettivo mediamente raggiunto dai bambini di una determinata età anagrafica **2.** prodotto nella mente, pensato: *immagine mentale; riserva, restrizione mentale,* limitazione posta con la mente a ciò che si dichiara intanto con le parole ‖ **mentalménte** ***avv.*** **1.** per quanto riguarda la mente: *mentalmente squilibrato* **2.** nella mente: *ripassare la lezione mentalmente* **II** ***sm.*** solo *sing.* l'insieme delle facoltà e attività della mente: *il fisico e il mentale.*

mentàle[2] [da *mento*; 1834] ***agg.*** *non com.* *T.anat.* di o del mento: *nervo mentale.*

mentalìṣmo [dall'ingl. *mentalism*; 1965] ***sm.*** **1.** *T.psic.* la posizione di chi spiega il comportamento umano facendo riferimento a enti o processi mentali non direttamente osservabili **2.** *T.fil.* la posizione che considera le leggi logiche come leggi del pensiero, connaturate alla struttura della mente umana.

mentalità [prob. dal fr. *mentalité*; 1905] ***sf.*** modo particolare di concepire e giudicare, caratteristico di un individuo o di una comunità: *una mentalità retrograda, aperta; la mentalità dei primitivi.*

mentàno [da *ment(olo),* con cambio di suff.; 1957] ***sm.*** *T.chim.* idrocarburo liquido usato nella preparazione della gomma fredda.

mentanòlo [comp. di *mentano* e *-olo*[2]; 1957] ***sf.*** *T.chim.* idrossido di mentano.

mentàstro [dal lat. *mentastrum*; sec. XIV] ***sm.*** nome di varie specie spontanee aromatiche affini alla menta; menta selvatica.

ménte [dal lat. *mēns, mentis*; a. 1294] ***sf.*** **1.** l'organo delle attività intellettuali: *una mente geniale, educare, affaticare la mente, mente pronta, acuta, vivace; mente umana*; contrapposta al cuore, organo e sede degli affetti: *ragionare col cuore e non con la mente*; contrapposta al corpo e considerata quindi immateriale e distinta dal cervello: *mente sana in corpo sano; gli occhi della mente; il braccio e la mente,* in una coppia, chi ha la forza fisica e chi ha le capacità intellettuali ‖ considerata nella sua capacità di rivolgersi ad un oggetto, attenzione: *concentrare la mente, porre mente a qualcosa,* pensarci; *far mente locale,* dirigere l'attenzione su un argomento; *avere la mente altrove,* essere distratto ‖ psiche: *sano di mente, malato di mente, uscire di mente, mente sconvolta* ‖ *per meton.* con agg. persona dotata delle qualità intellettuali specificate: *essere una bella mente, una mente superiore* **2.** la sede delle attività intellettuali: *venire, avere in mente; i pensieri si affollano nella mente; non mi è passato per la mente; essere nella mente di Dio,* di persone non ancora nate o fatti non ancora avvenuti ‖ *in part.* sede dei ricordi, memoria: *tenere a mente, mandare a mente, scolpito nella mente* ‖ sede delle intenzioni: *avere in mente, mettersi in mente di fare qualcosa* ‖ *T.bur.* nella loc. *a mente di,* a norma di, in conformità a: *a mente dell'articolo 127* ‖ *dim.* menticciòla ‖ **N.** acume, immaginazione, impegno, intelletto, perspicacia, raziocinio, ragione, senno, volere, volontà; GIUDIZIO | associazione di idee, astrazione, concetto, dubbio, giudizio, impressione, speculazione, supposizione; concentrazione, meditazione, raccoglimento, riflessione; delirio, alienazione, PENSIERO, IDEA | agile, angusta, aperta, assorta, attenta, arida, arguta, balzana, chiusa, debole, distratta, elevata, fantasiosa, feconda, fervida, formata, gagliarda, gretta, grossolana, inesauribile, illuminata, incostante, inventiva, ispirata, limitata, lucida, meschina, matura, meditativa, mobile, operosa, ottusa, potente, precoce, rozza, riflessiva, sagace, savia, semplice, serena, sgombra, sottile, speculativa, stanca, sterile, sublime, tardiva, vivace, volgare, volubile | apprendere, capire, conoscere, considerare, dedurre, discernere, distinguere, giudicare, indagare, imparare, indovinare, intendere, investigare, osservare, pensare, percepire, prevedere, ragionare, sapere, scrutare; acuire, affinare, allargare, alterare, applicare, aprire, coltivare, drizzare, educare, illuminare, offuscare, perdere, porre, raddrizzare; concentrarsi, lambiccarsi, stillarsi; tornare, richiamare alla mente; balenare in mente, frullare nella mente.

-ménte [dal lat. *mente,* con intenzione o disposizione d'animo, ablativo di *mens, mentis,* mente] ***suff.*** utilizzato per la formazione della maggior parte degli avverbi di modo derivati da agg. qualificativi; si aggiunge all'aggettivo senza variazioni se termina in *e*, si utilizza la forma femminile se termina in *o*, si elide la vocale se l'aggettivo termina in *le*, *re* (talvolta anche *lo*, *ro*) preceduti da vocale (per es. *civilmente, celermente, ridicolmente, leggermente*) ‖ **N.** *-oni.*

mentecattàggine [da *mentecatto*; 1353] ***sf.*** *raro* l'essere mentecatto ‖ azione da mentecatto.

mentecàtto [dal lat. *mente captus*; a. 1348 *mentecapto*] ***agg.*** e ***sm.*** (f. *-a*) malato di mente, imbecille; usato perlopiù come insulto ‖ **N.** PAZZO.

mentène [dal *ment(olo)*, con cambio di suff.; 1957] ***sm.*** *T.chim.* idrocarburo terpenico presente in molti oli essenziali, ricavabile per disidratazione del mentolo.

mentìna [da *menta*; 1891] ***sf.*** pasticca di menta.

mentìre (pres. *mènto* o *ménto, mènti* o *ménti* o *-ìsco, -ìsci*) [dal lat. *mentīri*; a. 1294] ***intr.*** (aus. *avere*) dire il falso consapevolmente: *tu menti spudoratamente, non sa mentire*; *mentire per la gola*, in maniera sfacciata ‖ ***tr.*** *non com.* simulare, falsificare: *menti il suo nome* ‖ **N.** ***intr.*** *Sin.* dire bugie, fingere, inventare di sana pianta, travisare i fatti | bugiardo, impostore, mendace; menzogna, BUGIA.

mentìta [da *mentire*; 1325 ca.] ***sf.*** *arc.* smentita.

mentìto (*pps.* di *mentire*) [1375] ***agg.*** falso, simulato: *sotto mentite spoglie* ‖ **mentitaménte** ***avv.***

mentitóre [da *mentire*; 1308] ***agg.*** e ***sm.*** (f. *-trìce*) che o chi mente ‖ **N.** *Sin.* BUGIARDO.

ménto [lat. *mentum*; 1313] ***sm.*** la parte inferiore del viso, sotto la bocca: *mento sporgente, volitivo*; *mento sfuggente*, poco sviluppato e rientrante; *doppio mento*, pappagorgia ‖ *scherz. l'onor del mento*, la barba ‖ **N.** bazza; fossetta o pozzetta; pappagorgia; pizzo.

-ménto [dal lat. *-mentum*] ***suff.*** forma sostantivi maschili deverbali indicanti un'azione e l'effetto che ne consegue: *disboscamento, rimaneggiamento*; *abbattimento, cedimento*; *approfondimento* ‖ **N.** -aggio, -tura, -zione.

mentòlo [comp. di *menta* e *-olo*; 1905] ***sm.*** composto organico estratto spec. dalla menta piperita, impiegato in farmacologia come eccitante dei centri respiratori, e in profumeria.

mentonièra [dal fr. *mentonnière*; 1957] ***sf.*** **1.** *T.mus.* accessorio del violino, che si fissa alla parte inferiore dello strumento e su cui il suonatore poggia il mento **2.** nei caschi per sport che implicano il rischio di urti violenti, struttura che protegge il mento. **TAV. *musica* p. 1325** 14.9.

mentonièro [dal fr. *mentonnier*; 1957] ***agg.*** *T.anat.* che si riferisce al mento.

mèntore [dal n. proprio *Mentore*, precettore di Telemaco nell'Odissea; a. 1789] ***sm.*** *lett.* consigliere, guida, maestro di vita: *fare da mentore, essere il mentore di qualcuno.*

mentovàre (pres. *mèntovo*) [dal fr. a. *mentaiver*, avere in mente; 1224 ca.] ***tr.*** *lett.* nominare, rammentare ‖ **N.** MENZIONARE.

méntre [dall'it. a. *domentre*, dal lat. *dum interim*, mentre intanto; a. 1250] **I *cong.*** **1.** nel tempo in cui; indica coincidenza dei periodi di tempo in cui si svolgono due azioni (*mentre uno parlava, l'altro rideva*) o inclusione dell'un periodo nell'altro (*mentre vai a scuola, passa a prendere il latte*) ‖ finché: *parti mentre sei in tempo* ‖ anche *pop. mentre che* **2.** con valore avversativo, invece, al contrario: *ha preferito rinunciare, mentre avrebbe dovuto provare*; *i privilegi cadranno, mentre il popolo è eterno* **II *sm.*** nelle loc. *in questo, quel mentre*, in questo o quel momento, nel frattempo.

mentùccia (pl. *-ce*) [da *menta*; a. 1567] ***sf.*** altro nome della nepitella.

menu (fr., pr. [mə'ny]; pr. it. [me'nu]) [1877] ***sm. inv.*** lista delle vivande presentata ai clienti nei ristoranti ‖ *per estens.* l'insieme delle vivande ‖ *T.inform.* lista dei programmi disponibili, o delle operazioni consentite da un programma, visualizzabile sullo schermo di un calcolatore.

menzionàre (pres. *-óno*) [da *menzione*; 1308] ***tr.*** far menzione di: *menzionare un autore, un avvenimento* ‖ **N.** *Sin.* accennare, citare, nominare, rammentare, ricordare.

menzionàto (*pps.* di *menzionare*) [1567] ***agg.*** citato, nominato: *l'autore sopra menzionato.*

menzióne [dal lat. *mentio, -ōnis*; 1308] ***sf.*** atto del nominare o ricordare una cosa o persona parlando o scrivendo: *far menzione di qualcuno*; *degno di menzione*, meritevole di essere ricordato ‖ *menzione onorevole*, attestato d'onore che si concede a chi, pur non meritando un premio, merita tuttavia una distinzione speciale ‖ **N.** *Sin.* citazione, cenno, richiamo, segnalazione.

menzógna [lat. volg. **mentiŏnia*; a. 1294] ***sf.*** affermazione non vera fatta coscientemente; più enfatico di "bugia": *queste sono ignobili menzogne!, un articolo pieno di menzogne* ‖ **N.** *Sin.* falsità, fandonia; BUGIA | impudente, pietosa, sfacciata, spudorata, turpe.

menzognèro [da *menzogna*; 1243] ***agg.*** **1.** che dice menzogne: *uomo menzognero* **2.** falso, che costituisce una menzogna: *lodi menzognere* ‖ illusorio: *speranze menzognere* ‖ **N.** **1.** *Sin.* BUGIARDO.

mèo [lat. *meus*; sec. XIII] ***agg. poss.*** *ant.* mio.

meònio (pl. *-ni*) [dal lat. *Maeonius*, gr. *Maiónios*; a. 1566] ***agg.*** *lett.* della Meonia (o Lidia), presunta patria di Omero ‖ *per anton. il cantore meonio*, Omero.

meprobamàto [da *me(til)pro(pildicar)bam(m)ato*; 1957] ***sm.*** *T.chim.* composto organico azotato, utilizzato come psicofarmaco ad azione tranquillante.

mèraklon ® [comp. dal n. della società *Merak* e da *-lon*, terminazione del n. di molte fibre sintetiche; 1961] ***sm. inv.*** *T.tess.* fibra tessile artificiale il cui componente principale è il polipropilene.

meravìglia (tosc. lett. *maravìglia*) (pl. *-glie*) [lat. *mirabilia*, cose mirabili; a. 1348 *maraviglia*] ***sf.*** **1.** sentimento di sorpresa, che nasce da novità o cosa straordinaria e inaspettata: *guardare con meraviglia, essere pieno di meraviglia* ‖ *far meraviglia*, stupire: *mi fa meraviglia che sia uscito così presto* ‖ *a meraviglia*, ottimamente: *gli affari procedono a meraviglia* **2.** ciò che desta stupore e ammirazione: *quel panorama è una meraviglia, che meraviglia di bambino, recita che è una meraviglia, che meraviglia!, le meraviglie di Roma*; *le sette meraviglie del mondo* (v. oltre in **N.**); *l'ottava meraviglia*, cosa bellissima o, iron., che pretende di esserlo ‖ *dire, raccontare meraviglie di qualcuno o qualcosa*, parlarne assai bene ‖ *fare meraviglie*, fare cose straordinarie **3.** nome volgare di un'amarantacea con foglie macchiate di verde, rosso e giallo ‖ **N.** **1.** *Sin.* ammirazione, entusiasmo, estasi, rapimento, sbalordimento, sbigottimento, sgomento, stordimento, stupefazione, stupore | avere, destare, muovere, produrre, provare, suscitare meraviglia; riempire di meraviglia **2.** *Sin.* bellezza, fenomeno, miracolo, mostro, portento, prodigio | LE SETTE MERAVIGLIE DEL MONDO: le piramidi d'Egitto, la statua di Giove in Olimpia, il tempio di Diana in Efeso, il colosso di Rodi, il Faro di Alessandria, il Mausoleo di Alicarnasso, i giardini pensili di Babilonia.

meravigliàre (tosc. o lett. *maravigliàre*) (pres. *-iglio*) [da *meraviglia*; 1260] ***tr.*** destare meraviglia: *meravigliò tutti con i suoi modi, ciò che è successo non mi meraviglia affatto* ‖ ***intr. pron.*** provare meraviglia: *mi meraviglio della tua sfrontatezza, non c'è da meravigliarsi*; *mi meraviglio di te!, di voi!*, espressione di biasimo ‖ ***intr.*** *lett.* provare meraviglia ‖ **N.** ***tr.*** *Sin.* colpire, commuovere, impressionare, incantare, mandare in visibilio, rapire, sbalordire, sorprendere, stupefare, stupire; riempire di meraviglia | ***intr. pron.*** incantarsi, strabiliare, stupefarsi, stupirsi, trasecolare; cascare dalle nuvole, restare a bocca aperta, restare attoniti, restare di sale o di stucco.

meravigliòso (tosc. lett. *maravigliòso*) [da *meraviglia*; 1243 *meravegliosa*] **I *agg.*** **1.** che desta meraviglia per le sue qualità eccezionali, splendido, straordinario; spesso *iperb.*: *spettacolo meraviglioso, una musica meravigliosa, un uomo meraviglioso* ‖ *lett.* inverosimile **2.** *lett.* assai grande: *leggo questo romanzo con meraviglioso diletto* **3.** *ant.* pieno di stupore **II *sm.*** rappresentazione di cose soprannaturali e fantastiche: *il meraviglioso nell'Orlando Furioso* ‖ **meravigliosaménte** ***avv.*** ‖ **N.** I **1.** *Sin.* fantastico, incantevole, magnifico, mirabile, mirabolante, mirifico, portentoso, prodigioso, sbalorditivo, sorprendente, spettacoloso, strabiliante, stupefacente, stupendo, sublime; inaudito, inconcepibile, incredibile, indescrivibile, indicibile, insolito.

mèrca [dal germ. *merken*, marcare; 1910] ***sf.*** *lett.* marchiatura a fuoco del bestiame.

mercantàre [da *mercante*; a. 1484] ***intr.*** *ant.* mercanteggiare.

mercànte [lat. *mercans, -antis*; sec. XIII-XIV *mercante*] ***sm.*** (f. *ant. mercantéssa*) **1.** chi esercita un commercio, perlopiù all'ingrosso; spec. come *T.stor.*: *un ricco mercante di seta, di cavalli, mercanti veneziani*; *mercante di schiavi*, negriero; *mercante d'arte*, commerciante d'oggetti d'arte ‖ *fig. fare orecchi da mercante*, fingere di non sentire una cosa **2.** *T.gioc. mercante in fiera*, gioco d'azzardo che si fa con due mazzi di 40 carte, in cui alcune carte di un mazzo vengono vendute; il ricavato viene distribuito su alcune carte coperte dell'altro mazzo e viene vinto da chi possiede le carte corrispondenti **3.** *ant.* banchiere ‖ **N.** **1.** *Sin.* bottegaio, commerciante, trafficante.

mercanteggiàbile [da *mercanteggiare*; 1970] ***agg.*** *non com.* contrattabile.

mercanteggiaménto [da *mercanteggiare*; a. 1952] ***sm.*** *non com.* l'atto e l'effetto del mercanteggiare.

mercanteggiàre (pres. *-éggio*) [da *mercante*; a. 1610 nel senso 2] ***intr.*** (aus. *avere*) **1.** discutere sul prezzo, contrattare: *sono stati a lungo a mercanteggiare, poi hanno concluso l'affare* **2.** *disus.* commerciare ‖ ***tr.*** fare oggetto di traffico come se fosse una merce: *mercanteggiare il voto, la promozione* ‖ **N.** ***intr.*** **1.** *Sin.* pattuire, trattare.

mercantésco (pl. *-schi*) [da *mercante*; a. 1405] ***agg.*** *spreg.* da mercante: *spirito, avidità mercantesca* ‖ *ant.* mercantile; *T.filol. scrittura mercantesca* o *sf. mercantesca*, scrittura corsiva adottata dai mercanti fiorentini dal XII al XV secolo nelle lettere e nei registri commerciali.

mercantéssa [da *mercante*; a. 1789] ***sf.*** *ant.* **1.** moglie di un mercante **2.** donna dedita al commercio.

mercantévole [da *mercante*; 1400 ca.] ***agg.*** *ant.* mercantile.

mercantile [da *mercante*; a. 1368 nel senso 2] ***agg.*** **1.** relativo al commercio: *traffico, codice mercantile* ‖ *in part.* nell'ambito delle attività marittime, concernente il traffico pacifico delle merci, contrapposto a "militare": *marina, porto mercantile*; *nave mercantile*, spesso anche *sm.*: *è giunto in porto un mercantile* ‖ *città, centro mercantile*, in cui si svolgono intensi traffici **2.** da mercanti: *spirito, mentalità mercantile* ‖ *scrittura mercantile*, mercantesca (v.) ‖ **mercantilménte** ***avv.*** alla maniera dei mercanti.

mercantilìsmo [da *mercantile*; a. 1872] **sm.** *T.econ.* teoria e prassi economica seguita dalle grandi monarchie assolutistiche (sec. XVII, XVIII), che sollecitava il diretto intervento dello Stato in difesa dell'economia nazionale, attraverso il potenziamento dell'industria e la creazione di un avanzo commerciale da tradursi in riserve auree.

mercantilista [da *mercantile*; a. 1937] **s.** *T.econ.* economista fautore del mercantilismo.

mercantilìstico (pl. *-ci*) [da *mercantile*; a. 1937] **agg.** che si riferisce al mercantilismo.

mercanzìa [da un ant. *mercatanzia*; 1219 *mercantia*] **sf.** **1.** merce: *mettere in mostra la mercanzia, mercanzia di ottima qualità* ‖ *saper vendere la propria mercanzia*, essere in grado di far apprezzare le proprie qualità anche oltre il merito **2.** *ant.* l'attività del mercante ‖ la corporazione dei mercanti ‖ *dim.* mercanzuòla ‖ **N.** **1.** *Sin.* MERCE.

mercaptàno [dal ted. *Mercaptan*, basato sul lat. scient. *mer(curium) captan(s) (corpus)*, (corpo) che trattiene il mercurio; 1934] **sm.** composto organico, simile agli alcoli, ma contenente zolfo al posto dell'ossigeno, di odore sgradevole, contenuto nel petrolio e usato nella polimerizzazione della gomma e in alcune sintesi organiche.

mercàre (pres. *mèrco, mèrchi*) [dal lat. *mercāri*; 1400 ca.] **intr.** (aus. *avere*) *arc.* mercanteggiare ‖ **tr.** *arc.* far oggetto di commercio.

mercatàle [da *mercato*; sec. XIII] **agg.** **1.** *disus.* *biglietto mercatale*, biglietto ferroviario scontato, per i giorni di mercato **2.** *arc.* luogo di mercato.

mercatànte [dal lat. *mercatans, -antis*; a. 1243] **sm.** *ant.* mercante.

mercatanzìa [da *mercatante*; a. 1347] **sf.** *ant.* mercanzia.

mercatàre (pres. *-àto*) [dal lat. tardo *mercatāre*; 1257 ca.] **intr.** *ant.* esercitare il commercio.

mercatìno[1] (*dim.* di *mercato*) [1869] **sm.** *T.econ.* mercato ristretto (v.).

mercatìno[2] [da *mercato*; 1858] **I sm.** (f. *-a*) **1.** *ant.* chi ha un banco in un mercato, venditore ambulante **2.** *per estens.* persona rozza e volgare **II agg.** becero, volgare.

mercatìstica [da *mercato*; 1961] **sf.** *non com.* marketing.

mercàto [lat. *mercātus*; 1211] **sm.** **1.** luogo, gen. all'aperto, dove sono riuniti rivenditori con le proprie merci in vendita: *andare al mercato a fare la spesa, mercato ortofrutticolo, rionale, mercato generale, mercato coperto* ‖ la riunione di tali venditori: *domani è giorno di mercato, oggi non c'è mercato, dopo il mercato puliscono la piazza* ‖ in espr. fig., simbolo di schiamazzi e confusione: *che mercato è questo?, non siamo mica al mercato!* ‖ *a buon mercato*, a prezzo conveniente **2.** *T.econ.* l'area dello scambio di merci e denaro: *libero mercato*, non sottoposto a vincoli e restrizioni, spec. da parte dello Stato; *economia di mercato*, in cui la libera contrattazione determina i prezzi ‖ con rif. a particolari classi di merci: *mercato dell'oro, mercato immobiliare, mercato delle materie prime*; *mercato del lavoro*, quello che riguarda la domanda e l'offerta di forza di lavoro ‖ *mercato monetario*, in cui si incontrano la domanda e l'offerta di prestiti a breve scadenza; *mercato finanziario*, di prestiti a lunga scadenza ‖ *mercato ristretto* (o *mercatino*), mercato parallelo alla Borsa valori, in cui si trattano titoli azionari in modo non ufficiale; *mercato basso, stagnante, fermo, sostenuto*, rif. al livello e all'intensità delle contrattazioni ‖ *mercato nero*, commercio clandestino di generi razionati, perlopiù a prezzi altissimi, borsa nera ‖ l'area di diffusione di un prodotto: *espandere il mercato, questo elettrodomestico non ha mercato*; *ricerca* o *analisi di mercato*, studio diretto ad accertare la consistenza della domanda riguardo a un certo prodotto **3.** *spreg.* commercio, mercimonio: *far mercato della libertà* ‖ *dim.* mercatìno; *accr.* mercatóne ‖ **N.** **1.** agorà, bazar, emporio, fiera, fondaco, foro boario | affollato, frequentato | bancarella, banco. **Q.T.** *commercio..., economia...*

mercatologìa [comp. di *mercato* e *-logia*; 1957] **sf.** *raro* *T.econ.* insieme delle tecniche impiegate per la distribuzione sul mercato di un prodotto ‖ **N.** *Sin.* marketing.

mercatóre [dal lat. *mercātor, -ōris*; 1672] **sm.** (f. *-trìce*) *ant.* mercante.

mercatùra [dal lat. *mercatūra*; a. 1475] **sf.** *ant.* commercio, attività commerciale.

mèrce [lat. *merx, mercis*; 1306 *mercia*] **sf.** qualunque bene economico mobile in quanto è oggetto di commercio: *una merce pregiata, deperibile, confezionare la merce*; *merce a dogana, a licenza*, il cui traffico attraverso le dogane è permesso con autorizzazione ministeriale o per mezzo di licenza; *merce di domanda, d'offerta*, per la quale c'è prevalenza di acquirenti o di venditori ‖ *T.ferr.* *treno merci* o *sm. inv.* *un merci*, treno per il trasporto di sole merci ‖ *scalo merci*, il luogo, nelle stazioni ferroviarie, dove si caricano e scaricano merci ‖ **N.** *Sin.* bene, derrata, generi, mercanzia. **Q.T.** *commercio...*

mercé [da *mercede*; a. 1277 *merzé*] **I sf. inv.** **1.** *lett.* grazia, pietà: *invocare, gridare mercé* ‖ *ant.* *la Dio mercé*, per grazia di Dio **2.** *essere alla mercé di qualcuno*, in suo completo potere, a disposizione del suo arbitrio **3.** *ant.* ricompensa, mercede **II prep.** in virtù di, grazie a: *mercé il suo intervento* ‖ *mercé mia, tua* ecc., grazie a me, a te ecc.

mercéde [dal lat. *merces, -ēdis*; sec. XIII] **sf.** **1.** salario, compenso: *dare la giusta mercede* ‖ *lett.* ricompensa, in generale: *ogni opera buona avrà la sua mercede* **2.** *ant.* mercé, pietà, misericordia ‖ **N.** **1.** *Sin.* retribuzione, paga **2.** *Sin.* premio, ricompensa.

mercenàrio (pl. *-ri*) [dal lat. *mercenārius*; a. 1292 *mercenaio*] **agg.** e **sm.** (f. *-a*) **1.** chi o che presta la sua opera esclusivamente per il compenso materiale che ne ottiene, spesso *spreg.*: *gente mercenaria* ‖ dal Medioevo e fino al XVIII secolo, soldato che esercitava il mestiere delle armi al soldo di chi lo arruolava: *milizie mercenarie*, corpi armati costituiti da mercenari, compagnie di ventura; in epoca moderna, soldato di professione che presta servizio presso uno stato straniero o al soldo di gruppi politici o economici **2.** dominato dall'interesse, da mercenari: *spirito mercenario*; *rapporto mercenario*, con una prostituta ‖ **N.** **1.** *Sin.* prezzolato, salariato, venduto **2.** *Sin.* venale.

mercenarìsmo [da *mercenario*; 1955] **sm.** il fenomeno storico delle milizie mercenarie.

merceologìa [comp. di *merce* e *-logia*; 1868] **sf.** studio delle qualità, della natura, della provenienza, del valore industriale, delle adulterazioni delle varie merci.

merceològico (pl. *-ci*) [comp. di *merce* e *-logico*; 1939] **agg.** che si riferisce a merceologia: *studi merceologici, rassegna merceologica.*

merceòlogo (pl. *-gi*) [comp. di *merce* e *-logo*; 1957] **sm.** (f. *-a*) esperto di merceologia.

mercerìa [da *merce*; sec. XIV *merciaria*] **sf.** **1.** la bottega dove si vendono articoli per cucito e confezioni, e capi di biancheria; *per estens.* da: **2.** spec. *pl.* insieme di tali articoli: *negozio di mercerie* ‖ *ant.* minuteria.

mercerizzàre [dall'ingl. to *mercerize*, da Mercer, chimico inglese, che trovò lo speciale trattamento; 1895] **tr.** *T.tess.* conferire ai filati e ai tessuti di cotone una lucentezza e un'elasticità simili a quelle della seta: *cotone mercerizzato.*

mercerizzatrìce [da *mercerizzare*; 1973] **sf.** macchina per la mercerizzazione del cotone.

mercerizzazióne [da *mercerizzare*; 1934] **sf.** il procedimento di mercerizzare.

merchandiser (ingl., pr. [ˈmɔ:tʃəndaɪzə]) [da to *merchandise*, commerciare; 1983] **s.** *inv.* chi si occupa del merchandising.

merchandising (ingl., pr. [ˈmɔ:tʃəndaɪzɪŋ]) [da to *merchandise*, commerciare; 1974] **sm.** *inv.* insieme delle attività di promozione di prodotti di consumo, effettuate nei punti di vendita dal fornitore o dal venditore.

merchant bank (ingl., pr. [ˌmɔ:tʃənt ˈbæŋk]) [letter. banca mercante; 1979] **loc.** **f.** *inv.* istituzione finanziaria che si occupa dell'emissione e del collocamento di titoli o del finanziamento a lungo termine di imprese commerciali o industriali, spec. per progetti da realizzarsi in paesi stranieri ‖ **N.** *Sin.* banca d'affari.

merciàio (pl. *-ài*) [da *merce*; a. 1348 *merciari*] **sm.** (f. *-a*) chi vende mercerie ‖ *dim.* merciaìno.

merciaiòlo (lett. *merciaiuòlo*) [da *merciaio*; 1325 ca.] **sm.** (f. *-a*) *non com.* merciaio.

mercificàre (pres. *-ìfico, -ìfichi*) [da *merce*; 1967] **tr.** *T.fil.* ridurre a merce o a fonte di profitto, spec. riferito a valori e principi ideali o spirituali: *mercificare la cultura.*

mercificazióne [da *mercificare*; 1966] **sf.** *T.fil.* riduzione di valori e principi ideali a beni da cui trarre profitti.

mercimònio (pl. *-ni*) [dal lat. *mercimōnium*; a. 1411 *mercimonia*] **sm.** traffico illecito e indecoroso: *far mercimonio della fede, un mercimonio disonorevole.*

mercoledì (disus. *mercoldì*) [lat. *Mercurii dies*; a. 1348] **sm.** *inv.* il terzo giorno della settimana ‖ *mercoledì delle ceneri*, primo giorno di Quaresima.

mercuriàle[1] [da *mercurio*; sec. XIV-XV] **agg.** *T.farm.* che contiene mercurio: *unguento mercuriale.*

mercuriàle[2] [da *Mercurio*, dio dei commercianti; 1812] **sf.** il listino dei prezzi medi del mercato.

mercuriàle[3] [lat. scient. *mercuriālis (herba)*, erba di Mercurio; a. 1498] **sf.** altro nome della marcorella.

mercurialìsmo [da *mercuriale*[1]; 1939] **sm.** *T.med.* avvelenamento cronico da mercurio ‖ **N.** *Sin.* idrargirismo.

mercuriàno [da *Mercurio*; 1957] **agg.** *T.astron.* relativo al pianeta Mercurio: *orbita mercuriana.*

mercùrico (pl. *-ci*) [da *mercurio*; 1869] **agg.** *T.chim.* detto di composto contenente mercurio bivalente: *sale mercurico* ‖ *acetato mercurico*, composto dotato di proprietà antisettiche e antisifilitiche.

mercùrio [da *Mercurio*, n. del dio; a. 1492] **sm.** **1.** *T.chim.* elemento metallico argenteo pesante, il solo che sia liquido alla temperatura ordinaria; trova numerosi impieghi nell'industria chimica, farmaceutica ed elettrotecnica (lampade ai vapori di mercurio), entra nella costruzione di strumenti scientifici di misurazione, come termometri e barometri **2.** (con iniz. maiuscola) il nono pianeta del sistema solare, il più vicino al Sole ‖ **N.** **1.** *Sin.* argento vivo; amalgama, calomelano, cinabro, sali di mercurio | idrargirismo. **TAV.** *astrologia* 2.9; ***meteorologia*** **p. 1321** 3.3, 8.4.

mercuróso [comp. di *mercur(io)* e *-oso*; 1869] **agg.** *T.chim.* detto di composto del mercurio monovalente: *sale mercuroso.*

mèrda [dal lat. *merda*; a. 1306] **I sf.** *volg.* **1.** quanto costituisce gli escrementi ‖ escremento **2.** *fig.* persona spregevole ‖ nella *loc. agg.* *di merda*, spregevole, infimo; *fare una figura di merda*, una figuraccia **3.** *fig.* *essere, trovarsi nella merda*, in una situazione difficile **II escl.** *volg.* esprime risentimento e disappunto ‖ *dim.* merdìna, merdolìna; *accr.* merdóna;

pegg. merdàccia || **N. 1.** *Sin.* feci, sterco.
merdàio (pl. *-ài*) [da *merda*; sec. XVII-XVIII] **sm.** *volg.* luogo pieno di merda || *fig.* ambiente squallido e corrotto, o semplicemente brutto e sgradevole.
merdòcco (pl. *-chi*) [etim. inc.; sec. XV] **sm.** *ant.* unguento depilatorio.
merdóso [da *merda*; 1313 ca.] **agg.** sporco di merda || *fig.* di persona, spregevole.
merènda [lat. *merenda*; 1353] **sf. 1.** piccolo pasto tra il pranzo e la cena: *far merenda, è ora di merenda, cosa c'è per merenda?, una merenda sul prato, al sacco* || *c'entra come il cavolo a merenda,* non c'entra, è assolutamente estraneo **2.** il cibo che si mangia a merenda: *hai messo la merenda nella cartella?* || *in part. merendina,* dolcetto o focaccina di produzione industriale confezionato in modo da poter essere facilmente trasportato e consumato || *dim.* merendìna, merendùccia; *accr.* merendóna, merendóne (*sm.*) || **N.** *Sin.* spuntino.
merendàre (pres. *-èndo*) [dal lat. tardo *merendāre*; a. 1424] **intr.** (aus. *avere*) *non com.* far merenda.
merendóne (*accr.* di *merenda*) [a. 1492] **sm.** (f. *-a*) *non com.* uomo pigro, poco amante del lavoro.
meretrìce [dal lat. *meretrix*; a. 1294] **sf.** *lett.* donna che si concede per denaro, prostituta.
meretrìcio (pl. *-ci*) [dal lat. *meretrīcium*; a. 1294] **sm.** *lett.* prostituzione.
merge (ingl., pr. [mə:dʒ]) [letter. fondi!] **sm.** *T.inform.* operazione su due o più *file*, per creare un singolo *file* con i dati nel medesimo ordine.
merger (ingl., pr. [ˈmə:dʒə]) [letter. fusione, assorbimento; 1957] **sm.** *inv.* **1.** *T.fin.* raggruppamento di imprese di carattere finanziario, basato sulla provvista di mezzi che una società fa all'altra oppure sulla presenza delle stesse persone nei consigli di amministrazione delle due società **2.** *T.fin.* fusione realizzata attraverso l'assorbimento di una o più società da parte di un'altra || **N. 2.** *Sin.* incorporazione.
mèrgere (pres. *mèrgo, mèrgi*) [dal lat. *mergere*; prima metà sec. XIV] **tr.** *ant.* tuffare.
mèrgo (pl. *-ghi*) [dal lat. *mergus*; prima metà sec. XIV] **sm.** *ant.* smergo.
-merìa [dal gr. *mería*, da *méros*, parte] **elem. term.** di composti scientifici col valore di "suddivisione", "ripetizione di parti"; in part. indica la condizione dei composti chimici i cui nomi sono formati con l'elemento *-mero* (per es. *isomeria, polimeria*). **Q.T.** *chimica.*
mericìsmo [dal gr. *mērykismós*, ruminazione; 1834] **sm.** *T.med.* disturbo nervoso del lattante, consistente nel rigurgitare i cibi per poi ingerirli nuovamente.
meridiàna [da *meridiano*; 1766] **sf. 1.** orologio solare, nel quale l'ombra di un'asta (detta *gnomone*) infissa nel muro, proiettandosi sul muro stesso e muovendosi a seconda della luce solare, indica il passare del tempo su un quadrante *per estens.* da: **2.** *T.astr.* linea retta risultante dall'intersezione del piano del meridiano geografico col piano orizzontale || **N. 1.** ago o indice, gnomone, linea oraria, stilo. **Q.T.** *orologeria.*
meridiàno [dal lat. *meridiānus*; 1308] **I agg.** di mezzogiorno: *calore meridiano, luce meridiana* **II sm.** *meridiano geografico, terrestre* o *com. meridiano,* circonferenza terrestre passante per i poli; anche la metà di tale circonferenza, con i poli terrestri per estremi: *meridiano di Greenwich* o *meridiano zero,* per convenzione, quello di riferimento, a cominciare dal quale si numerano gli altri || *meridiano celeste,* rispetto a un punto di osservazione, quello passante per i poli celesti e lo zenit di quel punto || **N.** antimeridiano, parallelo; longitudine; nadir, zenit. **Q.T.** *geografia* **TAV.** *geografia* 1.4.
merìdie [dal lat. *merīdies*; fine sec. XIV] **sf.** *arc.* mezzogiorno, meriggio, sud.
meridionàle [dal lat. tardo *meridionalis*; 1308] **I agg. 1.** situato a, proveniente da mezzogiorno, rispetto a un certo luogo: *costa meridionale della Francia, paesi meridionali* || con più preciso riferimento all'Italia meridionale: *il problema meridionale, dialetti meridionali, immigrato meridionale* **2.** proprio dei popoli meridionali: *vivacità meridionale* || **meridionalménte** **avv. 1.** da meridionale **2.** a sud, a mezzogiorno **II s.** abitante o proveniente da paesi meridionali: *l'integrazione dei meridionali al Nord* || **N. 1.** antartico, australe, del Sud.
meridionalìsmo [da *meridionale*; 1950] **sm. 1.** *T.ling.* rif. in part. all'Italia, caratteristica di un dialetto meridionale entrata nell'uso comune, o che emerge nella parlata di un meridionale che non si esprime nel suo dialetto **2.** l'insieme degli studi storico-economici che hanno come oggetto lo sviluppo politico ed economico dell'Italia meridionale || posizione intellettuale o politica nei confronti di tale problema: *il meridionalismo di Gramsci.*
meridionalìsta [da *meridionale*; a. 1937] **s.** studioso o uomo politico che si interessa ai problemi sociali ed economici dell'Italia meridionale.
meridionalìstica [da *meridionalistico*; 1970] **sf.** studio della cultura e delle problematiche dell'Italia meridionale.
meridionalìstico (pl. *-ci*) [da *meridionale*; 1960] **agg.** relativo al meridione o agli studi sui suoi problemi; anche, rivolto a favore o a difesa dei meridionali: *impegno meridionalistico.*
meridionalizzàre [da *meridionale*; a. 1956] **tr.** conferire tratti tipici del meridione || **intr. pron.** assumere tratti caratteristici del costume di vita meridionale.
meridionalizzazióne [da *meridionalizzare*; 1957] **sf.** assunzione di caratteri o atteggiamenti che sono propri delle regioni meridionali.
meridióne [da *meridionale*; 1536] **sm.** mezzogiorno, come punto cardinale || luogo a sud di un altro: *il meridione della Spagna* || *per anton. il Meridione,* l'Italia meridionale || **N.** settentrione.
meriggiàre (pres. *-iggio*) [lat. *meridiāre*; sec. XV] **intr.** (aus. *avere*) *lett.* stare all'ombra o dormire fin che durano le ore calde: *meriggiare pallido e assorto* (Montale) || **N.** *Sin.* frescheggiare.
merìggio (pl. *-gi*) [lat. *merīdiēs*; a. 1292 *merigge*] **sm.** l'ora del mezzogiorno, quando il sole è più alto e il caldo e la luce sono più intensi: *in pieno meriggio.*
meriggióne [da *meriggiare*; a. 1646] **sm.** (f. *-a*) *ant.* perdigiorno.
merìnga [dal fr. *méringue*; 1850 *marenga*] **sf.** *T.cuc.* **1.** impasto di chiare d'uovo montate ben sode con zucchero a velo **2.** dolce costituito da due calottine di meringa cotta al forno unite con un ripieno di panna montata.
meringàto [da *meringa*; 1978] **I agg.** ricoperto di meringa, a base di meringa: *dolce meringato* **II sf.** *meringata,* torta a base di meringhe.
merìno o **merìnos** [dallo sp. *merino*; a. 1811] **I sm.** *inv.* **1.** pecora di una pregiata razza spagnola, che dà lana finissima **2.** tessuto fatto con tale lana **II agg.** *inv.* (sempre posposto): *lana merino, pecora merino.*
meristèma [dal gr. *meristós*, diviso; 1930] **sm.** *T.bot.* tessuto costituito da cellule in grado di riprodursi, che determina l'accrescimento della pianta.
meristemàtico (pl. *-ci*) [da *meristema*; 1940] **agg.** *T.bot.* proprio del meristema.
meritaménte **avv.** *ant.* meritatamente.
meritàre (pres. *mèrito*) [dal lat. *meritāre*; a. 1294 *mertare*] **tr.** essere o rendersi degno di: *meritare una lode, meritare un castigo, meritare di finire in galera* || *non merita* (che) seguito da infinito o frase soggettiva, non val la pena: *non merita discuterne, non merita che tu parta* || far ottenere, procurare: *la sua onestà gli meritò molte lodi* || **rifl. intens.** con valore più enfatico: *si merita proprio una bella lezione, questa insufficienza non se la meriterebbe* || **intr.** (*ben*) *meritare di qualcosa o di qualcuno,* rendersene benemerito, acquisire dei meriti nei suoi confronti: *ha meritato della patria, di te* || **N. tr.** essere benemerito, guadagnarsi | *Contr.* demeritare.
meritàto (*pps.* di *meritare*) [a. 1342] **agg.** nei sign. del verbo: *meritato riposo, punizione meritata* || **meritataménte** **avv.** giustamente, a buon diritto.
meritévole [da *meritare*; 1505] **agg.** degno: *meritevole d'attenzione, di lode; ass. uno studente meritevole,* degno di lode || **meritevolménte** **avv.** || **N.** *Contr.* immeritevole.
mèrito [dal lat. *meritum*; a. 1294 *merto*] **sm. 1.** il credito che una persona acquisisce con le proprie azioni: *farsi dei meriti, premiare secondo i meriti, ascrivere, attribuire a merito, promozione per merito* **2.** responsabilità di un evento considerato positivo: *è merito suo; il merito della vittoria era del capitano; medaglia, croce al merito,* riconoscimento di un'azione militare valorosa; *Dio gliene renda merito!,* lo ricompensi per il bene che ha fatto **3.** pregio: *persona di molti meriti, il suo merito principale è la costanza* **4.** *T.giur. merito della causa,* la questione di diritto sostanziale che vi è contenuta || *per estens. entrare nel merito,* occuparsi della sostanza della questione con cui si ha a che fare || **N. 1.** *Sin.* benemerenza | *Contr.* demerito **2.** *Contr.* colpa **3.** *Sin.* valore, virtù.
meritocràtico (pl. *-ci*) [da *meritocrazia*; 1978] **agg.** relativo alla meritocrazia, basato sulla meritocrazia: *criterio meritocratico, società meritocratica.*
meritocrazìa [comp. di *merito* e *-crazia*, sul modello dell'ingl. *meritocracy*; 1969] **sf.** sistema sociale in cui la distribuzione di riconoscimenti e compensi (per es. nella scuola o nel lavoro) dipende esclusivamente dal merito individuale.
meritòrio (pl. *-ri*) [dal lat. *meritōrius*; 1305] **agg.** che è degno di ricompensa: *azione, opera meritoria* || **meritoriaménte** **avv.**
mèrla [dal lat. *merula*; a. 1342] **sf.** femmina del merlo || *arc. region.* merlo || *i giorni della merla,* gli ultimi tre giorni di gennaio che, secondo una leggenda lombarda, vengono considerati i più freddi dell'anno.
merlàno o **merlàngo** (pl. *-ghi*) [dal fr. *merlan*; 1834] **sm.** pesce marino simile al merluzzo ma più affusolato, attivamente pescato per le sue carni commestibili.
merlàre (pres. *mèrlo*) [da *merlo*[2]; a. 1312] **tr.** ornare di merli: *merlò il palazzo, le mura.*
merlàta [da *merlare*; a. 1405] **sf.** *ant.* ordine di merli all'estremità di un muro e sim.
merlàto (*pps.* di *merlare*) [sec. XIII-XIV *merlao*] **agg.** guarnito di merli: *torre merlata.*
merlatùra [da *merlo*[2]; sec. XV-XVI] **sf.** ordine di merli all'estremità di un muro o di opera fortificata.
merlettàia [da *merletto*; 1900] **sf.** donna che per mestiere fa o vende merletti.
merlettàre (pres. *-étto*) [da *merletto*; 1869] **tr.** ornare con merletti: *merlettare la veste.*
merlettàto (*pps.* di *merlettare*) [a. 1742] **agg. 1.** ornato di merletti e di pizzi: *sottoveste merlettata* **2.** *T.arald.* detto delle pezze e delle partizioni che hanno linee minutamente dentate.
merlettatùra [da *merlettare*; 1963] **sf.** guarnizione di merletti di un abito o di un capo di

biancheria.

merletterìa [da *merletto*; 1978] **sf.** arte di confezionare i merletti || negozio di merletti.

merlétto [da *merlo*²; 1687] **sm.** **1.** guarnizione per rifinire biancheria e vestiario, variamente sagomata sul bordo **2.** pregiato lavoro con filo, gen. di cotone, seta o lino, lavorato con l'ago sulla base di un tessuto leggero o intrecciato o annodato a mano con l'uncinetto o altri attrezzi, oppure a macchina: *un centrino di merletto, merletto ad ago, a fuselli* || *dim.* merlettìno || **N. 1.** bordo, frangia, passamaneria **2.** *Sin.* pizzo, trina.

merlìno [dal fr. *merlin*; 1803] **sm.** *T.mar.* cordicella di canapa a tre fili, impiegata per piccole legature || **N.** *Sin.* lezzino.

mèrlo¹ [lat. *merula*; sec. XIII] **sm.** **1.** uccello dei Turdidi, onnivoro, largamente diffuso in Italia; il maschio è tutto nero meno il becco che è giallo, la femmina è marrone con becco scuro **2.** *fig.* persona furba che si finge tonta; *più com.* persona sciocca, facile ad essere abbindolata: *sta cercando un merlo che la sposi, ha trovato il merlo che gli dà i soldi* || *dim.* merlòtto || **N. 1.** merla, merlotto | cantare, chioccolare, fischiare **2.** *Sin.* SCIOCCO.

mèrlo² [da *merlo*¹; sec. XIII] **sm.** **1.** *T.arch.* ciascuno di quei rialzi in muratura, l'uno a una certa distanza dall'altro, eretti sulla sommità di alcuni edifici, che servivano per difesa o per decorazione; *merlo guelfo*, con profilo rettangolare; *merlo ghibellino*, a coda di rondine **2.** *ant.* merletto || *dim.* merlétto; *accr.* merlóne. **Q.T.** *architettura.*

merlóne (*accr.* di *merlo*²) [1561] **sm.** del parapetto di un'opera fortificata, il tratto fra due cannoniere, più grosso di un merlo.

merlot (fr., pr. [mer'lo]) [letter. merlotto; 1894] **sm.** *inv.* *T.enol.* vitigno francese, coltivato anche in Italia nel Veneto e nel Friuli, che dà grappoli con acini piccoli, rotondi, di colore nero intenso, da cui si ottengono buoni vini da pasto che hanno lo stesso nome.

merlòtto (*dim.* di *merlo*¹) [prima metà sec. XIV] **sm.** **1.** merlo giovane **2.** *fig.* persona semplice, sciocca, e facile a essere abbindolata || **N. 2.** *Sin.* SCIOCCO.

merluzzétto (*dim.* di *merluzzo*) [1965] **sm.** mormoro.

merlùzzo [dal provenz. *merlus*; sec. XV] **sm.** **1.** pesce dei Gadiformi, di colore verdastro, con piccole squame, che abita il Mediterraneo e i mari settentrionali; le sue carni sono molto apprezzate sia fresche che essiccate || *olio di fegato di merluzzo*, si estrae dal merluzzo ed è molto usato in medicina come ricostituente **2.** *region.* nasello || *dim.* merluzzétto || **N. 1.** baccalà, stoccafisso.

mèro [dal lat. *merus*; a. 1321] **agg.** **1.** semplice, puro: *una mera coincidenza, una mera curiosità*; *fig.* di: **2.** *lett.* non mescolato ad altre sostanze, puro: *acqua mera, vino mero* || **meraménte** **avv.** || **N. 2.** *Sin.* genuino, pretto, schietto.

mèro- [dal gr. *méros*, parte] ***primo elem.*** che, in parole composte della terminologia scientifica, vale "parte", "parziale" (per es. *meroblastico*).

-mèro [dal gr. *-merḗs*, da *méros*, parte] ***elem. term.*** che, in composti della terminologia scientifica (per es. *isomero, monomero, polimero*) vale "parte", "formato di parti".

meroblàstico (pl. *-ci*) [comp. di *mero-* e *-blasto*; 1956] **agg.** *T.biol.* detto di uovo nel quale la segmentazione interessa solo una parte della cellula-uovo.

merocèle [comp. del gr. *mḗros*, coscia e *-cele*; 1821] **sf.** *T.med.* ernia che affiora alla radice della coscia || **N.** *Sin.* ernia crurale.

mèrope [dal lat. *merops, meropis*; a. 1498] **s.** *T.zool.* gruccione.

meropìa [comp. di *mero-* e *-opia*; 1834] **sf.** *T.med. raro* parziale offuscamento della acuità visiva.

Meròpidi (sing. *-e*) [comp. di *merope* e *-idi*; a. 1871] **sm.** *pl.* *T.zool.* famiglia di uccelli dei Coraciformi.

meróre [dal lat. *maeror, -ōris*; a. 1332] **sm.** *ant.* afflizione, mestizia, dolore.

Meròstomi (sing. *-a*) [comp. di *mero-* e *-stoma*; 1934] **sm.** *pl.* *T.zool.* classe di Artropodi acquatici forniti di branchie, affini agli Aracnidi.

merovìngico o **merovìngio** (pl. m. *-gici* o *-gi*, pl. f. *-giche* o *-gie*) [da *merovingo*; 1957] **agg.** dei Merovingi: *la Gallia merovingica* || *T.filol.* *scrittura merovingica*, quella in uso presso i Merovingi, caratterizzata da lettere molto allungate e inclinate.

mertàre (pres. *mèrto*) [dal lat. *meritāre*; a. 1294] **tr.** *poet.* meritare.

mèrto [dal lat. *meritum*; a. 1294] **sm.** *poet.* merito.

merùlio (pl. *-li*) [dal lat. scient. *Merulius*, dal lat. *merula*, merla, per il colore scuro; 1987] **sm.** *T.bot.* genere di funghi delle Poliporacee, saprofiti sui legnami.

mesa (sp., pr. ['mesa]) [letter. mensa; 1957] **sf.** (pl. *mesas*, pr. ['mesas]) tipo di rilievo montano dalla sommità appiattita e circondata di pareti molto scoscese, tipico del Messico e del Colorado.

mesàta [da *mese*; 1500] **sf.** **1.** salario o stipendio di un mese **2.** *meno com.* arco di tempo di un mese.

mescàl [voce messicana; 1957] **sm.** *inv.* **1.** liquore messicano ricavato dalla fermentazione del succo contenuto nel fusto di alcune agavi **2.** cibo ricavato dalla polpa di alcune agavi.

mescalìna [dallo sp. *mezcal*; 1957] **sf.** *T.chim.* e *T.med.* alcaloide con proprietà narcotiche e cardiotoniche estratto da una cactacea del Messico.

méscere (pres. *mésco, mésci, méscono*; p.rem. *mescéi, mescésti, mescé*; pps. *mesciùto*) [lat. tardo *miscere*; a. 1292 nel senso 2] **tr.** **1.** versare una bevanda, gen. vino, per berla: *mesci il vino*; anche ass.: *mesci ancora una volta* **2.** *lett.* mescolare || **N. 1.** VERSARE.

meschiàre (pres. *méschio*) [lat. volg. **misculare*; sec. XIV] **tr.** *ant.* mischiare.

meschinerìa [da *meschino*; 1863] **sf.** *non com.* meschinità.

meschinità [da *meschino*; 1598] **sf.** **1.** l'essere meschino: *meschinità d'animo, la meschinità di un'azione* || azione o discorso da meschini: *che meschinità approfittare di quel disperato, ho sentito delle meschinità sul suo conto, non sopporto certe meschinità* **2.** *ant.* infelicità, sventura || **N. 1.** *Sin.* angustia, avarizia, grettezza, miseria, piccineria, piccolezza, pidocchieria, pitoccheria, ristrettezza.

meschìno [dall'ar. *miskin*, povero; a. 1388] **agg.** **1.** che dimostra angustia o grettezza d'animo: *comportamento, discorso meschino, idee meschine*; *fare una figura meschina*, una brutta figura **2.** misero, debole, scarso: *stipendio meschino, contributo meschino* **3.** infelice, sventurato: *meschino me!* || *dim.* meschinèllo, meschinétto, meschinùccio || **meschinaménte** **avv.** || **N. 1.** *Sin.* avaro, gretto, piccino, pusillanime, tristo **2.** *Sin.* angusto, ridicolo, ristretto, SCARSO **3.** *Sin.* povero, tapino; MISERO.

meschìta [dallo sp. *mezquita*; a. 1367] **sf.** *arc. poet.* moschea.

mesciàcqua (pr. [meʃʃi'akkwa]) [comp. di *mescere* e *acqua*; a. 1859] **sm.** *inv.* *tosc.* brocchetta per mescere acqua nel catino.

mesciànza [dal fr. ant. *mécheance*; inizio sec. XIII *mescienza*] **sf.** *ant.* avversità, disavventura.

méscita [da *mescere*; 1942] **sf.** **1.** il mescere: *banco di mescita* **2.** bottega dove si vende vino o liquori al minuto, perlopiù da bersi in piedi al banco.

mescitóre [da *mescere*; a. 1342] **sm.** (f. *-trìce*) chi mesce.

mesciùto *pps.* di *mescere* (v.).

méscola¹ [da *mestola*, per incrocio con *mescolare*; a. 1303] **sf.** *ant.* o *dial.* mestola.

méscola² [da *mescolare*; 1965] **sf.** nell'industria chimica e farmaceutica, miscela di materiali finemente macinati, impastati e amalgamati, ottenuta col mescolatore || *part.* nella lavorazione della gomma, miscuglio di polimeri ed altri ingredienti con funzioni rinforzanti, coloranti e sim.; *a mescola dura, a mescola tenera*, riferito a pneumatici che, *part.* nelle auto da corsa garantiscono un rapporto ottimale tra usura ed aderenza, in relazione alle condizioni di temperatura dell'asfalto.

mescolàme [da *mescolare*; a. 1960] **sm.** *raro* mescolanza.

mescolaménto [da *mescolare*; fine sec. XIV] **sm.** *non com.* l'atto e l'effetto del mescolare e del mescolarsi.

mescolànza [da *mescolare*; sec. XV] **sf.** **1.** il mescolare o il mescolarsi di più cose insieme || insieme di varie cose spesso eterogenee e non armonizzanti fra loro: *mescolanza di stili, di suoni, di sapori* **2.** *tosc.* insalata fatta di varie erbe minute mescolate insieme || **N. 1.** *Sin.* amalgama, assortimento, cibreo, combinazione, composizione, farragine, fusione, guazzabuglio, intruglio, mescolamento, mestica, miscela, miscellanea, miscuglio, mistione, mistura, promiscuità, unione, zibaldone; eclettismo **2.** *Sin.* minutina.

mescolàre (pres. *méscolo*) [lat. tardo *misculāre*; sec. XIV] **tr.** **1.** mettere insieme cose distinte facendone un'unica massa, impastare: *mescolare farina, uova e zucchero, mescolare l'acqua col vino* || rif. a carte da gioco, fare passare le une in mezzo alle altre in modo da mutarne l'ordine **2.** agitare, rimestare: *bisogna mescolare la crema altrimenti si attacca, mescolare l'insalata* || ***rifl. intr. pron.*** mettersi insieme, fondersi: *l'acqua non si mescola con l'olio, gli artisti sono scesi dal palco e si sono mescolati tra il pubblico* || **N. tr. 1.** *Sin.* amalgamare, comporre, confondere, frammischiare, incorporare, intrugliare, manipolare, mischiare, misturare, temperare, unire **2.** *Sin.* girare, rimescolare.

mescolàta [da *mescolare*; sec. XVI-XVII] **sf.** l'atto del mescolare: *dare una mescolata.*

mescolàto (*pps.* di *mescolare*) [a. 1342] **I** **agg.** amalgamato, impastato, mischiato: *ingredienti ben mescolati* **II** **sm.** *ant.* **1.** mescolanza **2.** tessuto fatto con lane diverse.

mescolatóre [da *mescolare*; 1891] **agg.** e **sm.** (f. *-trìce*) che o chi mescola || *in part.* *T.tecn.* apparecchio per ottenere miscele omogenee di materiali solidi ridotti in polvere o granuli, anche senza l'aggiunta di liquidi || *T.rad.* e *T.elettron.* dispositivo che combina più segnali in entrata, producendone uno solo in uscita; ad es. negli apparecchi di registrazione con più microfoni || **N.** *Sin.* impastatrice, miscelatore; *mixer* | a braccia, a doppio cono, a elica, a fungo | betoniera.

mescolatùra [da *mescolare*; sec. XIV] **sf.** operazione di mescolare, mescolanza.

mescolìo (pl. *-ìi*) [da *mescolare*; a. 1902] **sm.** un gran mescolare continuato o frequente.

mése [lat. *mensis*; a. 1250] **sm.** **1.** ognuna delle dodici parti in cui viene diviso l'anno, comprendente trenta o trentuno giorni, salvo febbraio che ne ha ventotto negli anni ordinari e ventinove nei bisestili || *mese mariano*, maggio; v. MARIANO || *mese lunare*, l'intervallo di tempo tra una luna nuova e l'altra, composto di 29 giorni, 12 ore e 44 minuti || *mese commerciale*, di 30 giorni esatti || periodo di circa 30 giorni: *l'ho ospitato per tre mesi, essere al terzo, all'ultimo mese di gravidanza, è nato di sette mesi*

|| *mesi e mesi*, molto tempo: *l'ho aspettato mesi e mesi* **2.** ciò che si deve pagare o riscuotere per un mese di lavoro, di affitto e sim., mesata: *deve pagare tre mesi di stipendio, di affitto* || *dim.* mesétto, *pegg.* mesàccio || **N. 1.** mesata, luna | andante, corrente, prossimo, scorso | gennaio, febbraio, marzo, aprile, maggio, giugno, luglio, agosto, settembre, ottobre, novembre, dicembre | vendemmiaio, brumaio, frimaio, nevoso, piovoso, ventoso, germinale, floreale, pratile, messidoro, termidoro, fruttidoro | bimensile, bimestrale, bisestile, mensile, semestrale, semestre, trimestrale | calende, idi, none, settimana.

meṣencefàlico (pl. *-ci*) [da *mesencefalo*; 1957] **agg.** *T.anat.* del mesencefalo.

meṣencefalìte [comp. di *mesencefalo* e *-ite*[1]; 1957] **sf.** *T.med.* infiammazione del mesencefalo.

meṣencèfalo [comp. di *meso-* e *encefalo*; 1931] **sm.** *T.anat.* parte media dell'encefalo, che comprende i tubercoli ottici e i peduncoli cerebrali.

meṣènchima [comp. di *meso-* e *(par)enchima*; 1929] **sm.** *T.biol.* tessuto embrionale con funzione trofico-formativa e di sostegno.

meṣenchimàle [da *mesenchima*; 1957] **agg.** *T.biol.* relativo al mesenchima, proprio del mesenchima: *cellula mesenchimale* || *tumore mesenchimale*, tumore benigno o maligno che ha origine nel mesenchima.

meṣenchimàtico (pl. *-ci*) [da *mesenchima*; 1957] **agg.** *T.biol.* mesenchimale.

meṣentère o **meṣentèrio** (pl. *-ri*) [dal lat. mediev. *mesenterium*; 1493 *misinterio*] **sm.** *T.anat.* membrana che copre e sostiene l'intestino tenue, costituita da una ripiegatura del peritoneo.

meṣenteriàle [da *mesentere*; 1957] **agg.** *T.anat.* relativo al mesentere, mesenterico.

meṣentèrico (pl. *-ci*) [da *mesentere*; a. 1698] **agg.** *T.anat.* che si riferisce al mesentere.

meṣentèrio V. MESENTERE.

meṣenterìte [da *mesentere*; 1830] **sf.** *T.med.* infiammazione del mesentere.

meṣeràico (pl. *-ci*) [dal gr. *meseraikós*; 1494] **agg.** *T.anat.* del mesentere || *tabe meseraica*, tubercolosi primaria intestinale, che causa grave deperimento dell'organismo.

mèṣero o **mèṣere** [dall'ar. *mi'zar*, velo; 1795] **sm.** ampio scialle stampato a colori, caratteristico delle donne liguri.

meseta (sp., pr. [me'seta]) [da *mesa*, mensa; 1929] **sf.** *inv.* altipiano, tavolato || *T.geol. pl. mesetas* altopiano diviso in blocchi di scarso rilievo rispetto al piano di base.

meṣmèrico (pl. *-ci*) [da *mesmerismo*; 1869] **agg.** *T.med.* concernente il mesmerismo; relativo alla teoria e al metodo terapeutico di Mesmer.

meṣmerìṣmo [dal n. proprio *Mesmer*, 1832] **sm.** dottrina sul magnetismo animale applicato alla cura delle malattie dal medico tedesco Federico Mesmer (cfr. MAGNETISMO nel senso 1).

meṣmeriẓẓàre [dal n. proprio *Mesmer*, a. 1862] **tr.** *T.med.* curare attraverso ipnosi e suggestione, applicando il mesmerismo.

meṣmeriẓẓazióne [da *mesmerizzare*; 1970] **sf.** *T.med.* atto o effetto del mesmerizzare.

mèṣo- [dal gr. *mésos*, mezzo, medio] **primo elem.** che, in parole composte scientifiche, ha il valore di "medio, intermedio" e spec. di "posizione centrale, mediana" (per es. *mesocarpo*, *mesoderma*, *mesosfera*).

meṣobiòta [comp. di *meso-* e del gr. *biotḗ*, vita; insieme di esseri viventi in un luogo; 1988] **agg.** in ecologia, si dice di organismo vegetale che necessita di umidità ambientale intermedia.

meṣocardìa [comp. di *meso-* e *-cardia*; 1970] **sf.** *T.med.* spostamento del cuore in posizione centrale.

meṣocàrpo [comp. di *meso-* e *-carpo*; 1932] **sm.** *T.bot.* strato mediano interno del frutto || **N.** endocarpo, esocarpo, pericarpo.

meṣocefalìa [comp. di *meso-* e *-cefalia*; 1952] **sf.** *T.anat.* conformazione del cranio intermedia tra la dolicocefalia e la brachicefalia.

meṣocèfalo [comp. di *meso-* e *-cefalo*; 1954] **agg.** *T.anat.* caratterizzato da mesocefalia.

meṣocòlon [comp. di *meso-* e *colon*; a. 1771] **sm.** *inv.* *T.anat.* piega del peritoneo che fa aderire il colon alla parte posteriore dell'addome.

meṣodèrma [comp. di *meso-* e *-derma*; 1932] **sm.** *T.biol.* foglietto embrionale mediano da cui hanno origine i tessuti muscolari e connettivi, il sistema cardiovascolare, il sistema linfatico e l'apparato urogenitale.

meṣodèrmico (pl. *-ci*) [da *mesoderma*; 1934] **agg.** *T.biol.* relativo al mesoderma, proprio del mesoderma.

meṣoepitèlio (pl. *-li*) [comp. di *meso-* e *epitelio*; 1934] **sm.** *T.biol.* tessuto di natura mesodermica, che presenta caratteristiche tipiche dell'epitelio.

meṣofìllo [comp. di *meso-* e *-fillo*; 1957] **sm.** *T.bot.* nella foglia, tessuto costituente la lamina compresa tra i due strati epiteliali.

meṣòfilo [comp. di *meso-* e *-filo*; 1957] **agg.** *T.bot.* che ama un grado medio di umidità, che prospera in un terreno mediamente umido: *pianta mesofila*.

meṣòfita [comp. di *meso-* e *-fita*; 1933] **sf.** *T.bot.* pianta che cresce in ambiente di media umidità; anche *agg.*: *vegetazione mesofita*.

meṣogàstrico (pl. *-ci*) [da *mesogastrio*; 1834] **agg.** *T.anat.* relativo al mesogastrio, proprio del mesogastrio: *infiammazione mesogastrica*.

meṣogàstrio (pl. *-ri*) [comp. di *meso-* e gr. *gastḗr*, *gastrós*; 1929] **sm.** *T.anat.* regione dell'addome posta tra la linea sotto le costole e quella che congiunge le coste iliache || **N.** epigastrio, ipogastrio.

meṣolìte [comp. di *meso-* e *-lite*; 1834] **sf.** *T.min.* tipo di zeolite fibrosa, in forma cristallina.

meṣolìtico (pl. *-ci*) [comp. di *meso-* e *-litico*; 1957] **I sm.** periodo preistorico compreso tra il paleolitico e il neolitico **II agg.** relativo a tale periodo: *cultura mesolitica*, caratterizzata dall'inizio dell'allevamento e dalla costruzione di piccoli utensili.

meṣologìa [comp. di *meso-* e *-logia*; 1891] **sf.** *T.biol.* ramo dell'ecologia che studia i rapporti e le reciproche influenze tra gli esseri viventi e l'ambiente in cui vivono || **N.** ecologia.

meṣomerìa [dal fr. *mesomerie*; 1957] **sf.** *T.chim.* fenomeno di risonanza fra strutture elettronicamente isomere.

meṣomèrico (pl. *-ci*) [da *mesomero*[1]; 1957] **agg.** *T.chim.* relativo alla mesomeria: *stato mesomerico*, stato di equilibrio tra forme elettronicamente mesomere.

meṣòmero[1] [comp. di *meso-* e *-mero*; 1957] **agg.** *T.chim.* di composto, che presenta mesomeria.

meṣòmero[2] [comp. di *meso-* e *-mero*; 1957] **sm.** *T.biol.* nel tronco dell'embrione dei Vertebrati, parte intermedia del mesoderma.

meṣomòrfico (pl. *-ci*) [da *mesomorfo*; 1957] **agg.** *T.chim.* e *T.fis.* mesomorfo: *stato mesomorfico*.

meṣomòrfo [comp. di *meso-* e *-morfo*; 1957] **agg. 1.** *T.zool.* di animale, dal corpo sviluppato in modo armonico e proporzionato **2.** *T.chim.* e *T.fis.* *stato mesomorfo*, stato di aggregazione molecolare intermedio tra quello liquido e quello solido cristallino, tipico di alcuni composti del carbonio **3.** in antropologia, di cranio, dalle proporzioni regolari.

meṣóne [da *meso(tro)ne*, come l'ingl. *meson*; 1942] **sm.** *T.fis.* particella elementare di massa intermedia tra quella del protone e quella dell'elettrone, soggetta alle interazioni forti e deboli || **N.** adrone; muone, pione, kaone.

meṣònico (pl. *-ci*) [da *mesone*; 1957] **agg.** *T.fis.* relativo al mesone, proprio del mesone.

meṣopàuṣa [comp. di *meso-* e *-pausa*; 1963] **sf.** *T.meteor.* strato dell'atmosfera compreso tra la mesosfera e la termosfera, a circa 80-85 km di quota.

meṣopitèco (pl. *-chi*) [comp. di *meso-* e *-piteco*; 1957] **sm.** *T.paleont.* scimmia fossile delle Catarrine.

meṣosàuro [comp. di *meso-* e *-sauro*; 1934] **sm.** *T.paleont.* piccolo rettile fossile acquatico.

meṣosfèra [comp. di *meso-* e *sfera*; 1970] **sf.** *T.meteor.* la parte mediana dell'atmosfera, compresa tra i 40 e gli 80 km di altezza sul livello marino.

meṣòstico (pl. *-ci* e *-chi*) [comp. di *meso-* e *-stico*; 1957] **sm.** componimento poetico classico, nel quale le iniziali delle parole a metà verso formano una parola o una frase, se lette dall'alto al basso || **N.** acrostico.

meṣòstomo [comp. di *meso-* e *-stomo*, dal gr. *stóma*, bocca; 1970] **sm.** *T.zool.* verme dei Turbellari, piatto e trasparente, vivente nelle acque dolci dell'Europa.

meṣotèlio (pl. *-li*) [comp. di *meso-* e *(epi)telio*; 1957] **sm.** *T.biol.* tessuto epiteliale che riveste le cavità sierose.

meṣoterapìa [comp. di *meso-* e *terapia*; 1983] **sf.** terapia per la cura di artrosi, reumatismi e sim., consistente in iniezioni praticate in punti molto vicini per mezzo di aghi corti e sottili collocati su una piastra metallica.

meṣotèrmo [comp. di *meso-* e *-termo*; 1934] **agg.** *T.bot.* di organismo vegetale, che ha bisogno di clima temperato per vivere.

meṣotoràce [comp. di *meso-* e *-torace*; 1933] **sm.** *T.zool.* il secondo segmento toracico negli insetti.

meṣotòrio (pl. *-ri*) [comp. di *meso-* e *torio*; 1957] **sm.** *T.chim.* elemento radioattivo derivato dal torio ed isotopo del radio; usato in medicina.

meṣotróne [comp. di *meso-* e *-trone*, come l'ingl. *mesotron*; 1931] **sm.** *T.fis.* *disus.* muone.

Meṣozòi (sing. *-oo*) [comp. di *meso-* e *-zoo*] **sm. pl.** *T.zool.* tipo di animali costituiti da un numero ridotto di cellule, con caratteristiche intermedie tra protozoi e metazoi; sono parassiti di Molluschi ed Echinodermi.

meṣozòico (pl. *-ci*) [da *mesozoi*; 1875 come agg.] **I sm.** era geologica chiamata anche *secondaria*, che sta tra l'era primaria e la terziaria o cenozoica, in cui sono comparsi i primi Mammiferi e Uccelli e, alla fine della quale sono scomparsi i grossi rettili **II agg.** relativo a tale era: *fauna mesozoica* || **N. I** *Sin.* era dei rettili | Triassico, Giurassico, Cretaceo. **Q.T.** *geologia*.

méssa[1] [lat. tardo *missa*; a. 1292] **sf. 1.** *T.rel.* assemblea della comunità ecclesiale cristiana, presieduta da un sacerdote (*celebrante*), in cui si rinnova la Cena di Cristo e si celebra la sua passione, morte e resurrezione || *messa grande, solenne* o *cantata*, quella che il sacerdote celebra assistito dal diacono e dal suddiacono, cantandone alcune parti; *piana* o *bassa*, detta dal solo sacerdote celebrante, senza canto || *messa novella* o *prima messa*, la prima d'un sacerdote dopo la sua ordinazione || *messa funebre, di requiem o da morto*, in suffragio di un defunto || *messa al campo*, celebrata all'aperto, per le truppe || *messa di mezzanotte*, quella che si celebra la notte della vigilia di Natale || *cantare la messa*, celebrare la messa cantata || *servire (la) messa*, assistere il sacerdote celebrante, rispondendo alle sue orazioni || *perdere la messa*, arrivare in ritardo, quando la partecipazione non è più valida per l'assolvimento del precetto domenicale cattolico **2.** *T.mus.* componimento vocale, con destinazione liturgica o concertistica, che nella forma più comune comprende cinque parti dell'ordinario della messa in latino, musicate, con o senza accompagnamento strumentale: *una messa di Josquin Desprez a cinque voci*; *messa concertata*, con voci solistiche, basso continuo e strumenti; *messa barocca*, scomposta in arie, duetti e cori; *messa parodia*, composta utilizzando melodie profane preesistenti **3.** *messa nera*, rito blasfemo in onore del diavolo || rito orgiastico || **N. 1.** canonicale, castrense o militare, conventuale, degli agonizzanti, degli sposi o del congiunto, dei catecumeni, dei presantificati, del venerdì santo, di precetto, di trigesima, mortuaria, papale, parrocchiale, pontificale, prima, sbrigativa, semplice, votiva; ambrosiana, armena, bizantina, gallicana, mozarabica, slava || riti di introduzione, liturgia della parola, riti di offertorio, liturgia eucaristica, riti di comunione, riti di conclusione | altare, amitto, ampolle, calice, camice, cartagloria, conopeo, corporale, leggio, lezionario, manipolo, messale, ostia, patena, pianeta, pisside, stola | celebrante, chierichetti | cantare, celebrare, dire, servire, udire o sentire o ascoltare **2.** ordinario (Kyrie, Gloria, Credo, Sanctus, Agnus Dei); parti variabili (Introito, Graduale, Alleluia, Offertorio, Comunione) **3.** *Sin.* sabba. **Q.T.** *chiesa..., musica, religione.*

méssa[2] [da *mettere*; a. 1363] **sf.** l'azione di mettere || *T.fot. messa a fuoco*, regolazione dell'obiettivo per ottenere l'immagine nitida || *T.elettrot. messa* (o *collegamento*) *a terra*, operazione di collegamento, e *concr.* il collegamento stesso, di un'apparecchiatura elettrica o una massa metallica all'impianto di terra || *messa a punto*, nel collaudo di un meccanismo, gli ultimi ritocchi, per renderlo perfettamente funzionante; *fig.* definizione dei particolari: *messa a punto di una questione* || *messa in moto del motore, di una macchina* ecc., avviamento; il congegno destinato a tale avviamento || *messa in opera di un apparecchio*, la sua installazione || *messa in scena*, allestimento scenico; *fig.* finzione, montatura || *messa a dimora*, trapianto di una piantina dal vivaio al terreno definitivo || *T.mus. messa di voce*, emissione graduale della voce su una nota tenuta, da un pianissimo a un fortissimo e viceversa, con il quale si ottiene il "suono filato" || *messa in piega*, operazione con cui, dopo il lavaggio, si dà un'ondulazione artificiale ai capelli.

messaggerìa [dal fr. *messagerie*; 1219] **sf. 1.** gen. *pl.* servizio di trasporto e di distribuzione, spec. di prodotti editoriali: *Messaggerie italiane* || *messaggeria postale*, il servizio di ritiro e consegna di merci spedite per posta, nelle stazioni e negli scali **2.** *ant.* il compito e l'attività di un messaggero.

messaggèro [dal fr. *messager*; a. 1292 *messaggiere*] **sm.** (f. *-a*) chi porta un messaggio: *messaggero di pace, di sventura*; anche *fig.* || *messaggero postale*, impiegato delle Poste addetto al trasporto delle corrispondenze sui treni o sulle navi || **N. 1.** *Sin.* araldo, corriere, foriero, inviato, latore, legato, messo, nunzio, portatore; AMBASCIATORE.

messàggio (pl. *-gi*) [dal fr. *message*; a. 1250] **sm. 1.** annuncio, notizia o informazione inviata da un mittente a un destinatario: *mandare un messaggio di cordoglio, di felicitazioni*; *messaggio segreto, cifrato* || discorso ufficiale di una autorità rivolto al pubblico: *messaggio presidenziale alla nazione* **2.** il contenuto di un atto comunicativo: *messaggio pubblicitario* || il significato che si intende trasmettere: *quel film contiene un messaggio, il messaggio evangelico, il messaggio dei simbolisti.*

messàle [da *messa*; a. 1348] **sm.** *T.rel.* libro che contiene i testi della messa per tutti i giorni dell'anno; *messale romano, ambrosiano* ecc., quello dei rispettivi riti || *per estens.* grosso libro. **TAV.** *chiesa* 2.9.

messalìna [dal n. proprio *Messalina*, imperatrice romana famosa per la dissolutezza e per i delitti; 1872] **sf.** *per anton.* donna dissoluta.

messàpico (pl. *-ci*) [dal lat. *messapicus*; a. 1504] **agg.** dei Messapi, gli antichi abitatori delle Puglie.

mèsse (pl. *mèssi*) [dal lat. *messis*; 1532] **sf. 1.** l'insieme dei cereali di un'estensione coltivata, spec. maturi e pronti per la mietitura: *messe matura, ondeggiante*; *bionde messi* **2.** raccolta dei cereali: *era il tempo delle messi* || quantità di cereali ricavati dalla raccolta: *una messe abbondante, scarsa* || *fig.* risultato, frutto di un lavoro, di un'iniziativa e sim.: *una buona messe di notizie, di elogi* || **N. 1.** biada, grano **2.** mietitura; raccolto | falciare, mietere, segare.

messère [dal fr. a *mes sire*; a. 1250] **sm.** titolo di rispetto che si dava un tempo alle persone di qualche importanza, spec. a giuristi, notai, uomini di chiesa ecc.; oggi usato in tono scherz.

messìa [dal lat. tardo *Messīa*; a. 1342] **sm.** *inv.* *T.rel.* nell'Antico Testamento, epiteto riservato ai sacerdoti e ai re consacrati con l'unzione, la quale conferiva potere politico e religioso || *per anton. il Messia*, l'inviato da Dio come salvatore e guida, profetizzato dalla Bibbia, atteso dagli ebrei e identificato in Gesù dal Cristianesimo || *per estens.* in altre tradizioni religiose, figura con caratteri simili: *il Mahdi è il messia degli islamici* || *per estens.* salvatore miracoloso: *lo accolsero, lo aspettarono come un messia* || *aspettare il messia*, aspettare a lungo e invano.

messianéṣimo v. MESSIANISMO.

messianicità [da *messianico*; 1957] **sf.** carattere messianico.

messiànico (pl. *-ci*) [da *messia*; 1843] **agg.** relativo al Messia o al messianismo: *profezia messianica, attesa messianica.*

messianìṣmo o **messianéṣimo** [dall'ingl. *Messianism*; 1932] **sm.** l'attesa del Messia o di un messia || attesa escatologica.

messianìsta [da *messianismo*; 1978] **sm.** seguace del messianismo.

messicàno [da *Messico*; a. 1636] **I agg.** del Messico **II sm. 1.** (f. *-a*) abitante del Messico **2.** *T.cuc.* grosso involtino di carne di maiale o di vitello, ripieno.

messidòro [dal fr. *messidor*, basato sul lat. *messis*, messe e gr. *dôron*, dono; 1798] **sm.** decimo mese del calendario repubblicano francese, che andava dal 19 giugno al 19 luglio.

messinscèna (pl. *messinscène*) [dal fr. *mise en scène*; 1862 *messa in scena*] **sf.** messa in scena (v. MESSA[2]).

messitìccio (pl. *-ci*) [da *messo*[1]; a. 1698] **sm.** *raro* germoglio delle piante; pollone.

mésso[1] (*pps.* di *mettere*) [a. 1785] **agg.** *ben messo*, ben vestito, abbigliato con gusto; oppure che sta bene di salute, robusto, in carne.

mésso[2] [dal lat. tardo *missus*; 1219] **sm. 1.** chi ha l'incarico di portare un messaggio, messaggero || *messo del cielo, di Dio*, angelo **2.** presso un ente pubblico o ufficio, l'incaricato delle consegne a domicilio: *messo comunale, messo del conciliatore* **3.** *ant.* portata di un pranzo || **N. 1.** *Sin.* araldo, corriere, cursore, famiglio, foriero, galoppino, inviato, legato, messaggero, nunzio, parlamentare, procaccia, staffetta.

messóre [dal lat. *messor, -ōris*; a. 1544] **sm.** *ant. lett.* chi miete, mietitore.

messòrio (pl. *-ri*) [dal lat. *messōrius*; a. 1686] **agg.** *ant.* che serve alla mietitura: *falce messoria* || **N.** MIETERE.

mestaménto [da *mestare*; 1869] **sm.** *raro* l'atto del mestare.

mestàre (pres. *mésto*) [lat. volg. **miscitāre*; 1282] **tr.** di sostanze più o meno liquide, agitare con apposito attrezzo, perché le varie parti si uniscano bene insieme: *mestare la polenta, la calcina* ecc. || **intr.** (aus. *avere*) **1.** intrigare **2.** agire con zelo eccessivo in più cose in maniera inconcludente || **N.** *tr. Sin.* dimenare, rimestare, tramenare, MESCOLARE.

mestatóio (pl. *-ói*) [da *mestare*; sec. XVI] **sm.** strumento per mestare || **N.** *Sin.* mestone, menatoio.

mestatóre [da *mestare*; 1618] **sm.** (f. *-trìce*, *pop. -tóra*) chi mesta || *più com. spreg.* chi intriga con l'intenzione di turbare l'ordine esistente; agitatore || **N.** *Sin.* intrigante, maneggione, mesticcione, trafficone.

mèstica [da *mesticare*; 1550] **sf. 1.** miscela di colori con olio, con cui si preparano tele o tavole da dipingere **2.** mescolanza di colori fatta dal pittore sulla tavolozza.

mesticànza [da *mesticare*; dopo il 1257 nel senso 2] **sf. 1.** *T.cuc. region.* miscuglio di alcune varietà di insalata verde **2.** *ant.* mescolanza, miscuglio **3.** *ant.* mestica.

mesticàre (pres. *mèstico, mèstichi*) [lat. volg. **mixticāre*; sec. XIV] **tr. 1.** cospargere, spalmare con mestica **2.** di colori, tinte e sim., mescolare per ottenere la desiderata varietà delle tinte e delle sfumature **3.** *ant.* mischiare.

mesticatóre [da *mesticare*; a. 1696] **sm.** (f. *-trìce*) *tosc.* **1.** chi prepara o vende colori o vernici **2.** *fig.* chi si dà da fare tramando imbrogli.

mesticciàre (pres. *-ìccio*) [da *mestare*; 1869] **intr.** (aus. *avere*) *raro* immischiarsi, intrigare, far confusione.

mesticcióne [da *mesticciare*; 1808] **sm.** (f. *-a*) *non com.* faccendone.

mesticherìa [da *mesticare*; 1853] **sf.** *tosc.* bottega dove si vendono tinte e attrezzi per pittori e imbianchini || negozio di casalinghi e ferramenta.

mestichìno [da *mesticare*; 1681] **sm.** piccola spatola molto flessibile, di cui si servono i pittori per impastare i colori sulla tavolozza e stenderli sulla tela.

mestierànte [da *mestiere*; 1833] **s. 1.** artista o professionista di mediocri capacità, che esercita il mestiere senza alcuna originalità **2.** *raro* chi esercita un mestiere.

mestière [dal lat. tardo *mistērium*, class. *ministerium*, attr. il fr. *mestier*; a. 1292] **sm. 1.** attività perlopiù manuale esercitata per guadagnare da vivere: *il mestiere di fabbro, di sarto, imparare un mestiere* || *per estens.* ogni occupazione che dà da vivere: *il mestiere delle armi*; *per, di mestiere*, come attività abituale remunerata: *fa il pilota di mestiere*; anche *fig. iron.* come comportamento abituale: *fa il cascamorto di mestiere* || *essere del mestiere*, conoscere bene i segreti e le difficoltà di un'arte, di una professione ecc. || *gli incerti del mestiere*, i rischi e gli inconvenienti connessi a una determinata attività; *i trucchi, le malizie del mestiere*, accorgimenti e astuzie che si imparano dopo lunga pratica || *i ferri del mestiere*, gli strumenti necessari ad esercitare un'arte o una professione; spesso *fig.*: *i codici sono i ferri del mestiere per l'avvocato* || *spreg.* attività che si esercita per solo lucro: *della pittura ha fatto un mestiere* **2.** insieme di abilità acquisite con la pratica: *è uno scrittore intelligente, ma gli manca il mestiere, non è padrone del mestiere, ha un gran mestiere*; *è tutto mestiere!*, di chi sostituisce l'impegno e la preparazione specifica con l'abilità di cavarsela, dovuta a una lunga pratica **3.** *ant.* var. meno com. di *mestieri* (v.) **4.** *sett. pl.* faccende domestiche || *pegg.* mestieràccio || **N. 1.** *Sin.* arte, lavoro, professione | comodo, dignitoso, facile, pesante, povero, redditizio, squallido, tranquillo, vile | apprendista, artiere, artigiano, garzone, maestro, manovale, mestierante, operaio | esercitare, imparare, praticare | corporazione, scuola | armaiolo, arrotino, autista, barbiere, bottaio, bustaia, calderaio, calzolaio, cappellaio, carpentiere, conciatore, contadino, domestico, elettricista, fabbro, falegname, fonditore, giardiniere, idraulico, imbianchino, lavandaia, lanaiolo, legatore, legnaiolo, macellaio, maglierista, magnano, maniscalco, marmista, mugnaio, muratore, ombrellaio, orefice, orologiaio, panettiere, parrucchiere, pasticcere, sarto, scalpellino, segatore, setaiolo, stiratrice, taglialegna, tappezziere, tintore, tipografo, tornitore, vasaio, vetraio.

mestièri [da *mestiere*; prima metà sec. XIII] ***sm.*** *arc.* bisogno, necessità; in espressioni come *è mestieri, fa mestieri.*

mestìzia [dal lat. *maestitia*; sec. XIV] ***sf.*** sentimento stabile di tristezza malinconica: *provare mestizia, essere afflitto da mestizia* || **N.** *Sin.* accoramento, affanno, afflizione, amarezza, dolore, malinconia, tedio, tetraggine, TRISTEZZA.

mèsto [dal lat. *maestus*; 1313 ca.] ***agg.*** triste, pieno di mestizia; che esprime mestizia: *animo mesto; sguardo, volto mesto* || che provoca mestizia: *luogo mesto* || **mestaménte** ***avv.*** || **N.** *Sin.* addolorato, afflitto, dolente, egro, immalinconito, malinconico, sconsolato, scontento, sospiroso, travagliato, turbato, TRISTE | cupo, doloroso, fosco, lacrimoso, tetro | *Contr.* gaio, lieto.

méstola [da *mestare*; a. 1300 *mescola*] ***sf.*** **1.** arnese da cucina, di legno o di metallo a forma di grosso cucchiaio, piuttosto piatto, che serve per rimestare e prelevare vivande da recipienti, o a schiumare liquidi; *mestola bucata,* per estrarre e scolare cibi solidi cotti in un liquido; schiumaiola **2.** la cazzuola del muratore **3.** *ant.* legno con cui le lavandaie battevano panni sul lavatoio **4.** *fig. scherz.* mani lunghe e grosse || *dim.* mestolétta, mestolìna; *accr.* mestolóna, mestolóne (*sm.*); *pegg.* mestolàccia || **N. 1.** MESTOLO.

mestolàccia (pl. *-ce*) [da *mestola*; a. 1800] ***sf.*** pianta delle Alismatacee che cresce nei luoghi palustri e nelle risaie.

mestolàio (pl. *-ài*) [da *mestolo*; 1869] ***sm.*** (f. *-a*) *disus.* chi fabbrica o vende mestoli.

mestolàta [da *mestolo*; 1588] ***sf.*** **1.** quantità di roba che si può prendere con la mestola o col mestolo: *due mestolate di lenticchie* **2.** colpo di mestola: *prendersi una mestolata in testa.*

mestolièra [da *mestolo*; 1940] ***sf.*** arnese di cucina a cui si appendono i mestoli e altri oggetti.

méstolo [da *mestare*; 1765] ***sm.*** piccola mestola, gen. di legno, usata perlopiù per mescolare || *avere il mestolo in mano,* avere la direzione di una cosa, di un affare o sim.; poter fare a proprio modo || *dim.* mestolìno; *accr.* mestolóne || **N.** cucchiaione, mestatoio, mestola, mestone, paletta, ramaiolo, schiumaiola, spatola.

mestolóne (*accr.* di *mestolo*) [1534 nel senso 2] ***sm.*** **1.** uccello migratore affine all'anatra, il cui becco è piatto e largo all'estremità **2.** *fig.* persona sciocca, semplicione.

mestóne [da *mestare*; a. 1859] ***sm.*** lungo bastone, appiattito da un lato, usato per girare la polenta nel paiolo.

mestruàle [dal lat. *menstruālis*; a. 1292] ***agg.*** che si riferisce a mestruazione: *flusso mestruale; ciclo mestruale,* serie di alterazioni cicliche fisiologiche dell'organismo femminile, riguardante in part. l'apparato genitale e terminante con le mestruazioni.

mestruàre (pres. *mèstruo*) [dal lat. tardo *menstruāre*; 1891] ***intr.*** (aus. *avere*) *non com.* avere le mestruazioni.

mestruàto (*pps.* di *mestruare*) [fine XIII sec.] ***agg.*** **1.** di donna, che ha le mestruazioni || che ha iniziato ad avere le mestruazioni, pubere **2.** *raro* sporco di sangue mestruale.

mestruazióne [dal lat. tardo *menstruāre*; 1803] ***sf.*** (gen. *pl.*) emissione periodica di sangue dai genitali causata dallo sfaldamento dello strato superficiale della mucosa uterina, che si verifica nella donna in età feconda e non gravida ogni 28 giorni circa, per una durata di 3-6 giorni || **N.** *Sin.* flusso mestruale, menorrea, mestruo | menarca, menopausa | amenorrea, dismenorrea | emmenagogo.

mèstruo [dal lat. *menstruum*; a. 1320] **I** ***sm.*** (anche *pl.*) mestruazione || *per restr.* il sangue mestruale **II** ***agg.*** *ant.* **1.** mensile **2.** mestruale.

mestùra [dal lat. *mixtūra*; sec. XIV] ***sf.*** *ant.* e *tosc.* mistura.

mèta[1] [lat. *mēta*; a. 1569] ***sf.*** **1.** punto d'arrivo: *vagabondare senza meta, la meta di un viaggio* || *in part. T.sport.* traguardo: *i primi corridori sono giunti alla meta*; nel *rugby* o nel *football* americano, la linea di fondo degli avversari (detta anche *linea di meta*) e i tre punti (sei nel *football*) che si ottengono facendo passare il pallone al di là di essa || *fig.* fine, scopo: *una meta ambiziosa, la meta della vita; per estens.* da: **2.** *T.stor.* nei circhi romani, ciascuno dei pilastri o costruzioni analoghe, posti all'estremità della spina, che segnavano il punto attorno al quale dovevano girare le bighe o le quadrighe || elemento architettonico di forma conica o piramidale || **N. 1.** *Sin.* destinazione, termine; SCOPO | ardua, irraggiungibile, nobile | proporsi, stabilire, raggiungere, oltrepassare, prefiggersi.

mèta[2] [abbr. di *meta(ldeide)*; 1931] ***sf.*** nome commerciale della metaldeide da usarsi come combustibile solido.

méta [dal lat. *mēta*; a. 1424] ***sf.*** **1.** mucchio di grano o di fieno a forma di cono **2.** l'escremento che fa un animale in una sola volta.

metà [lat. *medietas, -ātis*; sec. XIII] ***sf.*** **1.** ciascuna delle due parti uguali in cui si può dividere un intero: *la metà di 12 è 6, metà dei suoi terreni è in vendita, far combaciare le due metà, andrà in ferie nella seconda metà di giugno, ha buttato via metà delle arance* || *T.mus.* minima || *fam.* ciascuno dei due coniugi (spec. la moglie) rispetto all'altro, nelle espr. *la mia, la tua* ecc. *metà*: *la sua dolce metà oggi non c'è* || *una buona metà,* metà abbondante || *diventare, ridursi la metà,* diminuire moltissimo || *metà e metà,* in parti uguali || *fare a metà,* spartire in parti uguali || *lasciare una cosa a metà,* lasciarla incompiuta || *dire le cose a metà,* poco chiaramente **2.** il punto, la linea, il momento ecc. di demarcazione fra le due parti uguali di un intero: *a metà dell'inverno si è ammalato, a metà del quaderno mancano alcune pagine, tracciare la metà di un cerchio* || spesso con ellissi delle prep. *di*: *acquistare a metà prezzo, ha mangiato solo metà pranzo* || *T.sport. la metà campo,* l'area centrale del terreno di gioco || **N.** mezzo; cinquanta per cento | dimezzato, semi- | dimezzare, dividere, spartire.

mèta- [dal gr. *meto,* tra, con, dietro, oltre] ***pref.*** **1.** forma parole spec. scientifiche in cui può significare mutamento, trasposizione (*metaforico, metafonesi, metatesi*); successione, posterità (*metacarpo*) **2.** nei termini chimici, premesso ai nomi di certe sostanze, indica una forma più complessa di quella indicata dal nome a cui è preposto (*metaldeide*); in chimica inorganica, indica acidi con una molecola d'acqua in meno rispetto ad altri derivati dalla stessa anidride **3.** per influsso di *metafisico* può indicare scienza che trascenda la realtà naturale, o che superi i confini di discipline tradizionali (*metapsichica*), o che abbia come oggetto di studio i metodi di una disciplina (*metalinguistica, metacritica*).

metàbaṣi [dal gr. *metábasis,* passaggio; a. 1952] ***sf.*** **1.** *T.ret.* modificazione della prospettiva del discorso; in part. passaggio da un oggetto di discorso a un altro **2.** *T.fil.* passaggio a un diverso oggetto di indagine o a un diverso metodo critico.

metabiòṣi [comp. di *meta-* e del gr. *bíōsis,* tenore di vita; 1957] ***sf.*** *T.biol.* condizione di dipendenza reciproca tra due organismi.

metabiòtico (pl. *-ci*) [da *metabiosi*; 1957] ***agg.*** *T.biol.* relativo alla metabiosi.

metabisolfìto [comp. di *meta-* e *bisolfito*; 1957] ***sm.*** *T.chim.* composto salino ottenuto dal corrispondente bisolfito acido, impiegato in part. in enologia per evitare fermentazioni secondarie e per conservare meglio i vini: *metabisolfito di sodio, di potassio* || **N.** *Sin.* pirosolfito.

metàbole [dal lat. tardo *metabole, -is,* gr. *metabolḗ,* mutamento, cambiamento; 1834] ***sf.*** **1.** *T.ret.* mutamento del ritmo o della struttura del periodo nel passaggio da un argomento all'altro **2.** mutamento improvviso di carattere di un personaggio tragico.

metabòlico (pl. *-ci*) [da *metabolismo*; 1942] ***agg.*** *T.med.* che si riferisce a metabolismo: *alterazioni metaboliche.*

metaboliṣmo [dal gr. *metabolḗ,* mutamento; 1875] ***sm.*** *T.biol.* l'insieme dei fenomeni di assimilazione (*anabolismo*) e disassimilazione (*catabolismo*) che costituiscono la nutrizione e il ricambio organico || *metabolismo basale,* la quantità minima di calorie necessarie a mantenere le fondamentali funzioni vitali.

metabòlita o **metabòlito** [da *metabolismo*; 1957] ***sm.*** *T.biol.* prodotto finale o intermedio del metabolismo.

metabolizẓàre [da *metabolismo*; 1957] ***tr.*** e ***intr.*** *T.biol.* e *T.med.* trasformare per mezzo dei processi del metabolismo.

metacarpàle [da *metacarpo*; 1957] ***agg.*** *T.anat.* relativo al metacarpo, proprio del metacarpo: *ossa metacarpali.*

metacàrpo [comp. di *meta-* e *carpo*; 1598 *metacarpio*] ***sm.*** la parte dello scheletro della mano compresa tra il polso e il carpo || **N.** dorso, palmo. **TAV. *anatomia* p. 642** 9.4.

metacèntrico (pl. *-ci*) [da *metacentro*; 1937] ***agg.*** del metacentro.

metacèntro [comp. di *meta-* e *centro*; 1869] ***sm.*** *T.mar.* e *T.fis.* in un galleggiante, il punto di intersezione fra l'asse di spinta di galleggiamento e l'asse di simmetria verticale, che deve essere al di sopra del centro di gravità per garantire un equilibrio stabile.

metacinàbro [comp. di *meta-* e *cinabro*; 1957] ***sm.*** *T.min.* forma cristallina monomerica del solfuro di mercurio.

metacrilàto [comp. di *met(ile)* e *acrilato*; 1965] ***sm.*** *T.chim.* composto organico da cui si ottengono polimeri trasparenti ed elastici, con proprietà analoghe a quelle del vetro || **N.** plexiglas.

metacrìlico (pl. *-ci*) [comp. di *meta-* e *acrilico*; 1957] ***agg.*** *T.chim.* detto dell'acido derivato dall'acido acrilico, usato come materia prima per la preparazione di resine artificiali.

metacrìtica [comp. di *meta-* e *critica*; 1913] ***sf.*** *T.fil.* critica della critica.

metacromaṣìa [comp. di *meta-* e gr. *chrôma, chrṓmatos,* colore, sul modello del ted. *Metachromasie*; 1957] ***sf.*** *T.med.* fenomeno per il quale alcuni tessuti, posti a contatto con determinanti coloranti, assumono un colore diverso da quello dei coloranti stessi.

metacromàtico (pl. *-ci*) [da *metacromatismo*; 1957] ***agg.*** *T.med.* che presenta metacromasia: *granuli metacromatici, reazione metacromatica.*

metacromatiṣmo [comp. di *meta-* e *cromatismo*; 1957] ***sm.*** *T.med.* metacromasia.

metacronìṣmo [comp. di *meta-* e *-cronismo*, dal gr. *chrónos*, tempo; a. 1639 nel senso 2] **sm.** **1.** *T.biol.* movimento successivo e coordinato di una serie di ciglia vibratili **2.** *T.ret. raro* anacronismo che consiste nel trasportare un fatto a un tempo anteriore.

metadóne [comp. di *met(il)*, *a(mmino)*, *d(i-fenile)* e *(eptan)one*; 1974] **sm.** composto chimico sintetico, dalle caratteristiche analgesiche e stupefacenti analoghe a quelle della morfina, impiegato nella disintossicazione dei tossicodipendenti.

metadònico (pl. *-ci*) [da *metadone*; 1982] **agg.** proprio del metadone, a base di metadone: *trattamento metadonico*.

metaemoglobìna o **metemoglobìna** [comp. di *meta-* e *emoglobina*; 1957] **sf.** *T.chim.* e *T.biol.* prodotto di ossidazione dell'emoglobina, che si forma nel sangue a causa di sostanze tossiche e velenose e ostacola gli scambi della respirazione.

metafàṣe [comp. di *meta-* e *fase*; 1948] **sf.** *T.biol.* seconda fase della cariocinesi, durante la quale i cromosomi si dispongono lungo l'asse equatoriale del fuso.

metafìṣica [dal lat. mediev. *metaphisica*; 1308 ca.] **sf.** *T.fil.* **1.** in varie concezioni filosofiche, la parte fondamentale della filosofia, che studia le proprietà dell'essere in quanto tale || *per estens.* la filosofia in contrapposizione alle scienze particolari **2.** *spreg.* teoria o discorso privo di fondamenti concreti; astruseria || **N.** **1.** *Sin.* filosofia prima, ontologia. **Q.T.** *filosofia.*

metafiṣicàre (pres. *-ìṣico*, *-ìṣichi*) [da *metafisica*; a. 1715] **intr.** (aus. *avere*) *raro spreg.* sottilizzare, arzigogolare.

metafiṣicherìa [da *metafisica*; 1869] **sf.** *spreg.* astrattezza ridicola, sofisticheria.

metafiṣicità [da *metafisica*; 1957] **sf.** qualità di ciò che è metafisico: *la metafisicità di un'idea.*

metafìṣico (pl. *-ci*) [da *metafisica*; a. 1321] **I agg.** **1.** relativo alla metafisica: *trattato metafisico, indagine metafisica* || *per estens.* assoluto, astratto **2.** *spreg.* astruso, lambiccato **3.** *T.art. pittura metafisica*, tendenza pittorica italiana dell'inizio del '900 caratterizzata dall'isolamento volumetrico essenziale delle figure e dalla ricerca di accostamenti insoliti in atmosfere irreali e statiche || *poesia metafisica*, corrente poetica inglese del XVII sec. sorta in opposizione al petrarchismo || **metafiṣicaménte** **avv.** in base alla metafisica **II sm.** (f. *-a*) **1.** persona dedita alla metafisica **2.** *spreg.* ragionatore oscuro, slegato dalla realtà.

metafita o **metafito** [comp. di *meta-* e *fito*; 1940] **sm.** *T.biol. disus.* pianta pluricellulare.

metafonèṣi [comp. di *meta-* e *-fonesi*; 1898] **sf.** *T.ling.* cambiamento di timbro di una vocale per assimilazione a distanza, e spec. per influsso delle vocali o semivocali *i* e *u* in sillaba finale || **N.** *Sin.* metafonia.

metafonètico (pl. *-ci*) [da *metafonesi*; 1978] **agg.** relativo a metafonesi, proprio della metafonesi: *dittongo metafonetico.*

metafonìa [comp. di *meta-* e *fonia*; 1934] **sf.** metafonesi.

metàfora [dal lat. *metaphora*; a. 1375] **sf.** figura retorica per la quale si trasporta per analogia un vocabolo o un'espressione dal senso proprio a un senso figurato; per es. *cervello* in *il cervello dell'organizzazione*; *braccio destro* in *essere il braccio destro di qualcuno* || *parlare per metafore*, con allusioni e sottintesi; *fuor di metafora*, in modo esplicito, chiaramente || **N.** allegoria, figura, traslato, tropo | simbolo | catacresi, metonimia, sineddoche | ardita, audace, felice, volgare.

metaforeggiàre (pres. *-éggio*) [da *metafora*; 1630] **intr.** (aus. *avere*) fare uso di metafore; anche in modo eccessivo || **N.** metaforizzare.

metaforicità [da *metaforico*; 1972] **sf.** qualità di ciò che è metaforico: *la metaforicità di questa immagine è evidente.*

metafòrico (pl. *-ci*) [da *metafora*; a. 1565] **agg.** di metafora; che ha in sé metafore: *senso metaforico*; *linguaggio metaforico* || **metaforicaménte** **avv.** per mezzo di metafore || in senso metaforico.

metaforiẓẓàre [da *metafora*; sec. XIV] **tr.** esprimere in forma di metafora: *metaforizzare un concetto* || **intr.** (aus. *avere*) *raro* metaforeggiare, usare metafore.

metafràste [dal gr. *metaphrastḗs*; 1821] **sm.** *lett.* interprete, traduttore, commentatore.

metagalàssia [comp. di *meta-* e *galassia*; 1950] **sf.** *T.astr.* il complesso di galassie esterne alla nostra.

metagalàttico (pl. *-ci*) [da *metagalassia*; 1957] **agg.** *T.astr.* relativo alla metagalassia || *universo metagalattico*, universo sidereo.

metagèneṣi [comp. di *meta-* e *genesi*; 1891] **sf.** *T.biol.* in alcune specie animali e vegetali, l'alternanza, fra una generazione e l'altra, del modo di riproduzione (sessuato / agamico).

metagenètico (pl. *-ci*) [da *metagenesi*; 1957] **agg.** *T.biol.* che è soggetto a metagenesi: *specie metagenetica.*

metageometrìa [comp. di *meta-* e *geometria*; 1940] **sf.** *disus.* geometria non euclidea.

metagiurìdico (pl. *-ci*) [comp. di *meta-* e *giuridico*; 1957] **agg.** che è irrilevante dal punto di vista giuridico.

metagràmma [dal fr. *métagramme*; 1930] **sm.** *T.gioc.* gioco enigmistico in cui si richiede al solutore di rintracciare, in base al breve enigma propostogli, due o più parole che differiscono tra loro per una sola lettera.

metaldèide [comp. di *meta-* e *aldeide*; 1929] **sf.** *T.chim.* sostanza bianca cristallina ottenuta dall'aldeide acetica, impiegata come combustibile per fornelli da campeggio e sim. (v. MÈTA[2]).

metal detector (ingl., pr. ['metəł dɪˌtektə]; pr. it. [ˌmetal de'tɛktor]) [letter., rilevatore di metallo; 1979] **loc. m. inv.** dispositivo a raggi infrarossi, installato in part. negli aeroporti, che serve ad individuare la presenza di oggetti metallici portati da persone o nascosti in borse, valigie e sim.

metalèpsi o **metalèssi** [dal lat. *metalēpsis*; 1559] **sf.** *T.ret.* figura ottenuta con la sostituzione di un termine proprio non con il suo traslato immediato ma con una o più metafore intermedie; ad es. il passaggio da "guerra" ad "arma", e da "arma" a "ferro" in *chi ci separerà dal cuor di Cristo? / Non fame non pericolo non ferro* (D'Annunzio).

metalìngua [comp. di *meta-* e *lingua*; 1963] **sf.** *T.ling.* metalinguaggio.

metalinguàggio (pl. *-gi*) [comp. di *meta-* e *linguaggio*; 1949] **sm.** *T.fil.* e *T.ling.* linguaggio, naturale o formalizzato, impiegato per descrivere un altro linguaggio (detto *linguaggio oggetto*); ad es. quello impiegato per descrivere la sintassi di un qualsiasi linguaggio.

metalinguìstica [comp. di *meta-* e *linguistica*; 1957] **sf.** *T.ling.* parte della linguistica che ha per oggetto principi, metodi e finalità delle scienze del linguaggio.

metalinguìstico (pl. *-ci*) [comp. di *meta-* e *linguistico*; 1957] **agg.** *T.fil.* e *T.ling.* che si riferisce a metalinguaggio || *in part. funzione metalinguistica*, quella dell'atto linguistico incentrato sul codice.

metallàro [da *(heavy) metal*, tipo di musica rock violenta, dagli effetti sonori metallici; 1983] **agg.** e **sm.** (f. *-a*) appartenente a gruppi giovanili appassionati delle forme più dure di musica rock, dei cui interpreti imitano l'abbigliamento (in part. il giubbotto di cuoio nero con borchie e catene metalliche).

metàllico (pl. *-ci*) [dal lat. *metallicus*; a. 1537] **agg.** **1.** di metallo: *attrezzo metallico, rinforzo metallico* **2.** che è proprio dei metalli: *riflessi metallici, suono metallico* || *voce metallica*, sonora ma fredda e tagliente.

metallìfero [dal lat. *metallifer*; 1750] **agg.** che ha vene di metallo: *deposito metallifero, minerale metallifero.*

metallìna [da *metallo*; a. 1539] **sf.** *T.chim.* miscela, costituita spec. da solfuri, che si forma durante l'estrazione di metalli da minerali solforati.

metallìno [da *metallo*; a. 1320] **agg.** *ant.* metallico.

metalliẓẓàre [dal fr. *métalliser*; 1869] **tr.** *T.tecn.* ricoprire con uno strato sottile di metallo, per protezione o decorazione || **N.** cromare, nichelare, placcare, stagnare | galvanoplastica, galvanostegia.

metalliẓẓàto (*pps.* di *metallizzare*) [1930] **agg.** sottoposto a metallizzazione || *per estens.* che contiene polvere metallica che ha riflessi metallici: *vernice metallizzata, una macchina blu metallizzato.*

metalliẓẓazióne [dal fr. *métallisation*; 1960] **sf.** *T.tecn.* l'atto e l'effetto del metallizzare.

metàllo [dal lat. *metallum*; 1257 ca.] **sm.** ciascuno di vari elementi chimici gen. solidi a temperatura ambiente, caratterizzati da conducibilità elettrica e termica, durezza e plasticità || *metalli leggeri*, con peso specifico inferiore a 5 hg/dm^3 || *metalli preziosi*, l'oro, l'argento, il platino || *per estens.* lega metallica, per es. il bronzo e l'ottone || *per meton. poet.* oggetto metallico; *il vil metallo*, la moneta || *non metallo*, metalloide || **N.** alcalino, alcalino-terroso, nobile, terroso; duro, duttile, elastico, friabile, malleabile, tenero; pesante, leggero; refrattario | amalgama, lega | ganga, giacimento, pepita | filo, lamina, lastra, piastra, placca, verga. **Q.T.** *chimica, edilizia, fabbro, metallurgia* **TAV.** *macchine utensili.*

metàllo- [dal lat. *metallum*, metallo] **primo elem.** che in composti indica il riferimento a metalli.

metallocromìa [comp. di *metallo* e *-cromia*; 1869] **sf.** *T.metal.* arte e tecnica di colorare i metalli per immersione o con mezzi elettrochimici.

metallografìa [comp. di *metallo* e *-grafia*; 1834] **sf.** **1.** *T.metal.* la scienza che studia la struttura dei metalli **2.** procedimento di riproduzione a stampa mediante lastre metalliche.

metallogràfico (pl. *-ci*) [da *metallografia*; 1967] **agg.** relativo alla metallografia: *indagine metallografica.*

metallògrafo [comp. di *metallo-* e *-grafo*; 1957] **sm.** studioso, esperto di metallografia || tecnico che analizza i metalli e le leghe.

metallòide [dal fr. *métalloïde*; 1869] **sm.** elemento chimico non metallico; opaco, tenero, friabile, cattivo conduttore del calore e dell'elettricità || **N.** *Sin.* non metallo.

metallòidico o **metalloìdico** (pl. *-ci*) [da *metalloide*; 1834] **agg.** relativo a metalloide, proprio di metalloide || dall'aspetto e dalle caratteristiche di metalloide.

metallorgànico (pl. *-ci*) [comp. di *metallo* e *organico*; 1957] **agg.** *T.chim.* di composto organico contenente radicali idrocarburici in unione con atomi metallici.

metalloscòpio (pl. *-pi*) [comp. di *metallo-* e *-scopio*; 1957] **sm.** in metallurgia e in meccanica, apparecchio che permette di scoprire le imperfezioni in oggetti metallici, sfruttando l'elettromagnetismo.

metalloterapìa [comp. di *metallo* e *terapia*; 1891] **sf.** *T.med.* cura empirica basata su applicazioni di metalli o miscugli metallici sulle parti malate, usata spec. nell'antichità.

metallurgìa (pl. *-gie*) [dal gr. *metallourgeîn*; 1761] **sf.** l'insieme delle tecniche e dei procedimenti che consentono di ottenere metalli finiti o semilavorati a partire dai minerali che li contengono. **Q.T.** *metallurgia.*

metallùrgico (pl. *-ci*) [da *metallurgia*; 1761] **I agg.** che riguarda la metallurgia: *industria metallurgica* **II sm.** (f. *-a*) operaio che lavora nell'industria metallurgica.

metallurgìsta [da *metallurgia*; 1957] **s.** studioso o esperto in metallurgia.

metallùrgo (pl. *-gi* e *-ghi*) [dal gr. *metallourgós*; a. 1779] **sm.** *raro* chi attende alla metallurgia.

metalmeccànico (pl. *-ci*) [comp. di *metal(lurgico)* e *meccanico*; 1942] **I agg.** che riguarda insieme l'industria metallurgica e meccanica, o l'una o l'altra delle due: *produzione, industria metalmeccanica* **II sm.** (f. *-a*) operaio dell'industria metalmeccanica: *sciopero, sindacato dei metalmeccanici.*

metalmezzàdro [comp. di *metal(lurgico)* e *mezzadro*; 1979] **sm.** (f. *-a*) *scherz.* operaio metallurgico che, nel tempo libero, si dedica al lavoro dei campi.

metalògica [comp. di *meta-* e *logica*; 1957] **sf.** studio dei fondamenti, dei principi e della struttura del discorso logico; nella filosofia moderna, studio dei principi fondamentali del pensiero; in logica matematica, studio delle strutture sintattiche e delle proprietà formali di un linguaggio.

metalògico (pl. *-ci*) [da *metalogica*; a. 1883] **agg.** *T.fil.* che riguarda la metalogica.

metamatemàtica [comp. di *meta-* e *matematica*; 1952] **sf.** *T.fil.* studio delle proprietà formali delle teorie matematiche.

metamerìa [comp. di *meta-* e *-merìa*; 1929] **sf.** **1.** *T.biol.* struttura particolare di alcuni animali che presentano una suddivisione del corpo in numerosi elementi simili, in ciascuno dei quali sono presenti gli stessi organi e apparati; è riscontrabile negli Anellidi, negli Artropodi e nella fase embrionale dei vertebrati **2.** *T.chim.* tipo di isomeria tra composti aventi atomi della stessa natura, ma disposti in strutture molecolari differenti.

metamèrico (pl. *-ci*) [da *metameria*; 1934] **agg.** *T.biol.* che presenta metameria.

metamerìsmo [da *metameria*; 1957] **sm.** *T.chim.* metameria.

metamerizzazióne [da *metamerico*; 1957] **sf.** *T.biol.* processo di acquisizione della metameria, durante lo sviluppo embrionale o nel corso dell'evoluzione.

metàmero [comp. di *meta-* e *-mero*; 1929] **sm.** **1.** *T.biol.* segmento in cui è suddiviso il corpo di un animale che presenti metameria **2.** *T.chim.* tipo di isomero.

metamoràle [comp. di *meta-* e *morale*; 1957] **I agg.** *T.fil.* relativo ai caratteri specifici e alla sfera della moralità **II sf.** *T.fil.* dottrina che studia la struttura e i caratteri specifici del discorso morale.

metamòrfico (pl. *-ci*) [dal fr. *métamorphique*; 1940] **agg.** **1.** relativo a metamorfosi **2.** *T.geol.* che ha subito metamorfismo: *rocce metamorfiche.* **Q.T.** *geologia.*

metamorfìsmo [dal fr. *métamorphisme*; 1891] **sm.** *T.geol.* complesso di alterazioni e trasformazioni che le rocce subiscono col tempo, per adattamento a condizioni chimico-fisiche nuove.

metamorfìsta [dal fr. *métamorphiste*; 1834] **s.** *T.stor.* e *T.eccl.* seguace dell'eresia del XVI secolo che asseriva che il corpo di Cristo avesse subito una metamorfosi nel salire al cielo.

metamorfosàre (pres. *-òrfoso*) [dal fr. *métamorphoser*; 1683] **tr.** mutare, trasformare, provocare una metamorfosi || **intr. pron.** subire una metamorfosi, trasformarsi.

metamorfosàto (*pps.* di *metamorfosare*) [1688] **agg.** trasformato, mutato per un processo di metamorfosi: *una pianta metamorfosata.*

metamòrfosi [dal lat. *metamorphosis*, gr. *metamórphōsis*; 1499] **sf.** **1.** nella mitologia o nella tradizione popolare, trasformazione di animali, uomini o divinità in esseri di natura diversa: *la metamorfosi delle Pleiadi in stelle* **2.** *T.biol.* serie di trasformazioni a cui vanno soggetti alcuni animali prima di giungere a compiuto sviluppo || insieme di cambiamenti di natura chimica che presentano le piante come risposta di adattamento a modificazioni ambientali **3.** *com.* profonda trasformazione: *in questi ultimi anni la società rurale ha subito una profonda metamorfosi* || **N.** *Sin.* trasformazione.

metànico (pl. *-ci*) [da *metano*; 1957] **agg.** del metano; contenente metano: *gas metanico.*

metanièra [da *metano*; 1970] **sf.** *T.mar.* nave adibita al trasporto di metano liquido.

metanière [da *metano*; 1966] **sm.** operaio dell'industria del metano.

metanièro [da *metano*; 1950] **agg.** che riguarda l'industria del metano.

metanìfero [comp. di *metano* e *-fero*; 1942] **agg.** che produce metano: *zona metanifera.*

metanizzàre [da *metano*; 1945 nel senso 2] **tr.** **1.** rifornire di metano: *metanizzare un quartiere* || sostituire il metano ad un altro gas per uso domestico: *metanizzare il servizio gas* **2.** modificare un veicolo per farlo funzionare a metano.

metanizzazióne [da *metanizzare*; 1971] **sf.** atto o effetto del metanizzare.

metàno [comp. di *met(ile)* e *-ano*[2]; 1905] **sm.** *T.chim.* il più semplice degli idrocarburi, allo stato gassoso, non tossico, incolore, piuttosto diffuso in natura, spec. unito ad altri gas, ma ottenibile anche industrialmente; è largamente impiegato come combustibile, come carburante e nell'industria chimica per la sintesi di alcuni prodotti: *riscaldamento a metano, impianto a metano* || **N.** *grisou.*

metanodótto [comp. di *metano* e *dotto*; 1942] **sm.** conduttura per il trasporto di metano lontano dal suo luogo di produzione.

metànoia [dal gr. *metánoia*; a. 1956] **sf.** *T.rel.* profonda trasformazione interiore determinata dalla fede.

metanòlo [comp. di *metano* e *-olo*[2]; 1957] **sm.** *T.chim.* alcol metilico della serie degli alcoli alifatici saturi, ottenuto dalla distillazione secca del legno o dalla idrogenazione dell'ossido di carbonio, usato come solvente e come materia prima in molte sintesi organiche.

metaplasìa [dal gr. *metáplasis*; 1954] **sf.** *T.med.* trasformazione di un tessuto animale in un altro di diversa natura; è la prima fase verso la formazione dei tumori.

metaplàsico (pl. *-ci*) [da *metaplasia*; 1957] **agg.** *T.biol.* generato per metaplasia: *tessuto metaplasico, cellule metaplasiche.*

metaplàsma [comp. di *meta-* e *plasma*, sul modello del ted. *Metaplasma*; 1929] **sm.** *T.biol.* sostanza che si trova negli spazi intercellulari, derivata dal protoplasma.

metaplàsmo [dal lat. *metaplasmus*; 1618] **sm.** **1.** *T.ling.* passaggio di una parola da una categoria morfologica all'altra **2.** *T.ling.* nella grammatica tradizionale ogni mutamento fonetico di una parola per aggiunta, inserzione, soppressione o permutazione di suoni.

metaplàstico (pl. *-ci*) [dal lat. tardo *metaplasticus*; 1891] **agg.** **1.** *T.biol.* relativo a metaplasma **2.** *T.med.* che si riferisce a metaplasia **3.** *T.ling.* relativo a metaplasmo.

metapsìchica [dal fr. *métapsychique*; 1908] **sf.** lo studio dei fenomeni metapsichici || **N.** *Sin.* parapsicologia.

metapsìchico (pl. *-ci*) [da *metapsichica*; 1918] **agg.** relativo a presunti fenomeni (telepatia, telecinesi, levitazione ecc.) attribuiti all'azione di forze psichiche ignote alla scienza || **N.** *Sin.* paranormale.

metapsichìsta [da *metapsichica*; 1957] **s.** chi si dedica a studi di metapsichica.

metapsicologìa [comp. di *meta-* e *psicologia*; 1957] **sf.** *T.psic.* branca della psicanalisi che ha per oggetto la formazione dei processi psichici, senza interesse per il loro contenuto psi-

METALLURGIA

VARIE BRANCHE: estrattiva, fisica, applicata; elettrometallurgia, idrometallurgia, metalloceramica o metallurgia delle polveri, metallocromia, metallotermia, pirometallurgia, siderurgia.

METALLI: alluminio, argento, bario, berillio, bismuto, cadmio, calcio, cerio, cobalto, cromo, ferro, germanio, iridio, litio, magnesio, manganese, mercurio, molibdeno, nichel, oro, palladio, piombo, platino, rame, rodio, rubidio, stagno, stronzio, tallio, tantalio, titanio, tungsteno, vanadio, zinco, zirconio.

LEGHE: acciaio, acciai inossidabili, alpacca, bronzo, cementite, costantana, duralluminio, electron, elettro, ferroleghe (al cromo, al manganese, al silicio), ghisa, leghe antifrizione, leghe fusibili o dei saldatori, oro bianco, oro rosso, ottone, peltro.

PROCESSI ESTRATTIVI E DI RAFFINAZIONE: trattamenti preliminari (macinazione, frantumazione, arricchimento); trattamenti pirometallurgici (arrostimento, agglomerazione, calcinazione, prima fusione, conversione), idrometallurgici (lisciviazione; separazione per decantazione, per filtrazione; estrazione del metallo dalla soluzione); raffinazione (affinazione termica, distillazione, raffinazione elettrolitica; coppellazione, puddellaggio).

PROCESSI DI LAVORAZIONE: a caldo / a freddo; fucinatura o forgiatura (libera / a stampo; maglio, pressa), laminazione (cilindri, gabbia di laminazione a duo, a trio, a quarto), saldatura (autogena per pressione / per fusione, saldobrasatura, brasatura; stagnatura), trafilatura (per barre, per fili; estrusione diretta / indiretta; filiera o trafila, matrice, punzone).

PRODOTTI SBOZZATI O SEMILAVORATI: bandone, barra, billetta, blumo, bramma, lamiera, latta, lingotto, massello, nastro, profilato, slebo, tondino, trafilato, verga, vergella. V. anche quadro terminologico FABBRO.

STABILIMENTI: acciaieria (lingottiera, ricuperatore Cowper, secchioni di colata, siviera), ferriera, fonderia (conchiglia, getto, forma, materozza, modello, staffa), laminatoio.

FORNI: di conversione e affinazione, di prima fusione, di riscaldo, fusori; elettrici (ad arco, a induzione, a resistenza); a combustione (soffiati / a vento; a riverbero, a storta, a suola, a tino; convertitori ad aria, a ossigeno; altoforno, cubilotto); becco di colata, bocca di carica, camino, crogiolo, suola, ventre, ugelli.

VOCI ATTINENTI: amalgama, colata, ganga, loppa, refrattario, brunitura, tempra; cromatura, zincatura.

cologico.

metapsicològico (pl. *-ci*) [da *metapsicologia*; 1957] **agg.** *T.psic.* relativo alla metapsicologia: *studi metapsicologici.*

metasemìa [comp. di *meta-* e *-semia*; 1970] **sf.** *T.ling.* cambiamento di significato di una parola, assunzione di nuovi significati.

metastàbile [comp. di *meta-* e *stabile*; 1950] **agg.** *T.fis.* si dice dello stato instabile di un sistema che tende però a stabilizzarsi.

metàstaṣi [dal gr. *metástasis*; 1665] **sf.** *T.med.* proliferazione di cellule tumorali in parti del corpo distanti dalla sede di origine del tumore.

metastaṣiàno [dal n. del poeta *Metastasio*; 1872] **agg.** che riguarda l'opera poetica di P. Metastasio || che ricorda lo stile languido e melodrammatico tipico del Metastasio: *situazione metastasiana.*

metastàtico (pl. *-ci*) [dal gr. *metastatikós*; 1834] **agg.** *T.med.* relativo a metastasi: *processo metastatico.*

metastatiẓẓàre [da *metastatico*; 1957] **intr.** e **intr. pron.** (aus. *avere*) *T.med.* generare, generarsi per metastasi: *un tumore metastatizza.*

metastatiẓẓazióne [da *metastatizzare*; 1970] **sf.** *T.med.* processo per cui un tumore si rigenera per metastasi.

metastòria [comp. di *meta-* e *storia*; 1966] **sf.** **1.** realtà atemporale, che si pone fuori del flusso storico **2.** studio dei procedimenti e dei metodi usati in storia ed in storiografia.

metastoricità [da *metastorico*; 1957] **sf.** *T.fil.* qualità di ciò che è metastorico.

metastòrico (pl. *-ci*) [da *metastoria*; a. 1956] **agg.** **1.** che si pone al di fuori della storia, indipendente da ogni particolare epoca: *categorie, valori metastorici* **2.** relativo alla storia e alla storiografia: *analisi metastorica.*

metatarsàle [da *metatarso*; 1934] **agg.** *T.anat.* relativo al metatarso: *osso metatarsale,* ciascuna delle cinque ossa del metatarso.

metatàrsico (pl. *-ci*) [da *metatarso*; 1834] **agg.** proprio del metatarso.

metatàrso [comp. di *meta-* e *tarso*; a. 1673] **sm.** *T.anat.* parte dello scheletro del piede tra il tarso e la diramazione delle dita || **N.** collo, dorso, pianta. **TAV. *anatomia* p. 642** 10.4.

metateorìa [comp. di *meta-* e *teoria*; 1959] **sf.** *T.fil.* in logica, teoria che ha per oggetto un'altra teoria, di cui descrive le proprietà.

metàteṣi [dal gr. e lat. tardo *metathesis*; 1561 *mettatesi*] **sf.** *T.ling.* trasposizione di suoni in una parola; per es. tra *fradicio* e *fracido.*

metatètico (pl. *-ci*) [da *metatesi*; 1957] **agg.** *T.ling.* relativo alla metatesi, proprio della metatesi: *variante metatetica.*

metàto [dal lat. *mētatus*; 1779 ca.] **sm.** *tosc.* seccatoio per le castagne.

metàtone [etim. inc.; a. 1798] **sm.** *T.arch.* lo spazio tra due dentelli contigui. **TAV. *architettura* p. 646** 1.12.

metatoràce [comp. di *meta-* e *torace*; 1834] **sm.** *T.zool.* terzo segmento del torace degli insetti.

Metaẓòi (sing. *-oo*) [comp. di *meta-* e *-zoo*, come il lat. scient. *Metazoa*; 1931] **sm. pl.** sottoregno del regno animale comprendente animali pluricellulari || **N.** Protozoi.

metèco (pl. *-ci*) [dal lat. tardo *metŏecus*; 1904] **sm.** *T.stor.* nell'antica Grecia, straniero di condizione libera, residente in una città ma escluso dai benefici della cittadinanza || *per estens.* persona non assimilata (rispetto a un gruppo, una comunità ecc.).

metemoglobina V. METAEMOGLOBINA.

metempìrico (pl. *-ci*) [comp. di *meta-* e *empirico*; 1905] **agg.** *T.fil.* che sorpassa i limiti dell'esperienza.

metempsicòṣi [dal lat. tardo *metempsychōsis*, gr. *metempsýchōsis*; 1598] **sf.** secondo certe dottrine filosofico-religiose, trasmigrazione dell'anima da un corpo a un altro || **N.** *Sin.* avatara, reincarnazione.

metencèfalo [comp. di *meta-* ed *encefalo*; 1957] **sm.** *T.anat.* porzione dell'encefalo, compreso tra il mesencefalo e il mielencefalo, da cui si sviluppa dorsalmente il cervelletto.

mèteo [abbr. di *meteo(rologico)*; 1957] **sm.** *inv.* bollettino o messaggio sulle condizioni del tempo e le previsioni metereologiche trasmesso per radio o per radiotelegrafo: *meteo marina,* bollettino destinato alla navigazione; *meteo nave,* bollettino trasmesso da una nave in navigazione. **Q.T.** *meteorologia.*

meteoecologìa [comp. di *meteo(rologia)* ed *ecologia*; 1978] **sf.** settore dell'ecologia che ha per oggetto lo studio delle modificazioni climatiche determinate dall'inquinamento dell'ambiente.

metèora [dal gr. *metéōra*, le cose che stanno in alto; a. 1617] **sf.** **1.** qualsiasi fenomeno naturale che avviene nell'atmosfera **2.** *in part. T.astr.* stella cadente, meteorite **3.** *fig.* manifestazione improvvisa e passeggera di splendore: *il suo successo è stato una meteora* || **N.** **1.** aerolito, arcobaleno, aurora boreale, bolide, ciclone, fulmine, fuoco di Sant'Elmo, grandine, idrometeora, lampi, neve, pioggia. **Q.T.** *acqua.*

meteòrico[1] (pl. *-ci*) [da *meteora*; a. 1642] **agg.** **1.** di meteora: *fenomeno meteorico* **2.** relativo alle meteoriti: *ferro meteorico.*

meteòrico[2] (pl. *-ci*) [da *meteorismo*; 1834] **agg.** che presenta meteorismo.

meteoriṣmo [dal gr. *meteōrismós*; 1788] **sm.** *T.med.* gonfiamento dell'intestino o dello stomaco dovuto a una quantità eccessiva di gas intestinali || **N.** *Sin.* timpanismo.

meteorìte [da *meteora*; 1869] **sf.** o **sm.** corpo di grandezza e composizione varia che ha attraversato l'atmosfera terrestre ed è giunto al suolo || **N.** bolide, meteora, stella cadente; aerolite, siderolite.

meteorìtico (pl. *-ci*) [da *meteorite*; 1965] **agg.** di meteorite, che si riferisce a meteorite: *fenomeni meteoritici.*

metèoro- [da *meteora*] **primo elem.** che, in composti della terminologia scientifica, vale "meteora": **meteoroastronomìa** || più spesso vale "meteorologia" o fa riferimento ai fenomeni meteorologici (per es. *meteoropatia*).

meteorografìa [comp. di *meteoro* e *-grafia*; 1891] **sf.** *T.meteor.* l'insieme dei dati che descrivono un fenomeno meteorologico.

meteorogràfico (pl. *-ci*) [comp. di *meteoro-* e *-grafico*; 1887] **agg.** **1.** relativo alla meteorografia **2.** relativo al meteorografo, ottenuto col meteorografo: *registrazione meteorografica*; *diagramma meteorografico,* meteorogramma.

meteorògrafo [comp. di *meteora* e *-grafo*; 1834] **sm.** *T.meteor.* strumento che misura pressione, temperatura, umidità e velocità del vento, usato per rilevamenti ad alta quota.

meteorogràmma [comp. di *meteoro-* e *-gramma*; 1967] **sm.** **1.** diagramma ottenuto mediante il meteorografo **2.** telegramma o radiotelegramma contenente informazioni meteorologiche, in linguaggio chiaro o cifrato || **N.** **2.** *Sin.* meteo.

meteoròide [comp. di *meteoro-* e *-oide*; 1978] **sm.** *T.astr.* meteorite di grandi dimensioni che può essere catturato da un corpo più grande, per es. un pianeta, una stella, un satellite.

meteorologìa [dal gr. *meteōrologia*; sec. XVI] **sf.** parte della geofisica che si occupa dei fenomeni che avvengono nell'atmosfera e, sulla base dei dati ottenuti, formula previsioni sull'andamento del tempo atmosferico; *meteorologia dinamica,* studia le forze che mettono in movimento l'atmosfera; *meteorologia aeronautica,* si occupa delle previsioni del tempo per il traffico aereo. **Q.T.** *geografia, meteorologia* **TAV. *meteorologia* p. 1321.**

meteorològico (pl. *-ci*) [dal gr. *meteōrologikós*; 1565] **agg.** che si riferisce alla meteorologia.

meteorologìsta [dal fr. *météorologiste*; 1816] **s.** *raro* metereologo.

meteoròlogo (pl. *-gi*) [dal gr. *meteōrólogos*; a. 1786] **sm.** (f. *-a*) studioso di meteorologia || addetto alle rilevazioni e alle previsioni meteorologiche.

meteoropatìa [comp. di *meteoro* e *-patia*; 1942] **sf.** *T.med.* qualsiasi condizione patologica prodotta da bruschi cambiamenti atmosferici; anche la predisposizione a tali patologie || **N.** *Sin.* ciclonosi.

meteoropàtico (pl. *-ci*) [da *meteoropatia*; 1963] **I agg.** *T.med.* riguardante la meteoropatia **II sm.** (f. *-a*) persona affetta da meteoropatia.

meter (ingl., pr. ['mi:tə]) [letter. contatore; 1983] **sm. inv.** dispositivo elettronico che, applicato a un apparecchio televisivo, è in grado di rilevare la stazione sulla quale è sintonizzato.

metèssi [dal gr. *méthexis*; 1865] **sf.** *T.fil.* nel pensiero di Platone, la partecipazione delle cose sensibili all'essere delle idee.

meticciaménto [da *meticcio*; 1957] **sm.** *T.biol.* incrocio di animali appartenenti a razze diverse della stessa specie.

meticciàto [da *meticcio*; 1938] **sm.** ibridismo di razze || i meticci considerati nel loro complesso.

metìccio (pl. m. *-ci*, pl. f. *-ce*) [dal fr. *métis*; a. 1588 *mestizi* pl.] **agg.** e **sm.** (f. *-a*) nato da genitori di due razze differenti ma spec. da un genitore bianco e da uno indiano d'America; usato anche come *T.zoot.* || **N.** *Sin.* ibrido, incrocio, mezzosangue; creolo, mulatto.

meticolosàggine [da *meticoloso*; 1869] **sf.** meticolosità eccessiva, gretta e abituale.

meticolosità [da *meticoloso*; a. 1835 *meticulosità*] **sf.** qualità di chi è meticoloso || *non com.* atto o detto di persona meticolosa || **N.** *Sin.* meticolosaggine, pignoleria, scrupolo.

meticolóso [dal lat. *meticulōsus*, da *metus*, timore, che ha timore di far male e quindi esita continuamente; 1840] **agg.** **1.** che agisce con minuziosa precisione: *impiegato meticoloso, uno scolaro meticoloso* **2.** eseguito con precisione e accuratezza: *lavoro meticoloso* || **meticolosaménte** **avv.** || **N.** **1.** *Sin.* diligente, metodico, ordinato, pignolo, preciso, scrupoloso; cavilloso, pedante, perfezionista, sofistico **2.** *Sin.* accurato, curato, dettagliato, minuzioso, particolareggiato.

metil- [da *metile*] **primo elem.** che, in parole composte della terminologia chimica, indica la presenza in un composto del radicale metile: **metilacetàto**, **metilammìna**, **metilbromùro**, **metilcarbonàto**, **metilcellulósa**, **metilcianùro**, **metilclorùro**, **metilpropàno**.

metilarància [comp. di *metil-* e *arancio*; 1933] **sm.** *T.chim.* nome commerciale del colorante organico di colore giallo-ocra, impiegato come indicatore nell'analisi chimica.

metilàre (pres. *metilo*) [da *metile*; 1957] **tr.** *T.chim.* inserire uno o più gruppi metilici in una molecola o in un composto.

metilazióne [da *metile*; 1957] **sf.** *T.chim.* atto o effetto del metilare.

metìle [dal fr. *méthyle*; 1931] **sm.** *T.chim.* radicale monovalente ottenibile eliminando uno dei quattro atomi di idrogeno dalla molecola del metano.

metilène [dal fr. *méthilène*, basato sul gr. *méthy*, bevanda inebriante e *hýlē*, legno; 1891] **sm.** *T.chim.* radicale bivalente organico derivato dal metano per sottrazione di due atomi di idrogeno || *blu di metilene,* colorante blu, usato in microscopia e batteriologia, come colorante istologico e blando antisettico.

metìlico (pl. *-ci*) [dal fr. *méthylique*; 1869] ***agg.*** *T.chim.* che presenta nella molecola il radicale metile || *alcol metilico*, metanolo.

metionìna [comp. di *me(til)-*, *tio-* e *-ina*; 1957] ***sf.*** *T.chim.* e *T.farm.* amminoacido solfurato indispensabile nell'alimentazione umana e impiegato in terapia per metabolizzare i grassi.

metòdica [da *metodico*; a. 1852] ***sf.*** studio dell'applicazione di metodi a una determinata attività, in part. quella didattica || **N.** *Sin.* metodologia.

metodicità [da *metodico*; 1938] ***sf.*** qualità di chi è metodico; tendenza ad agire costantemente in conformità a un metodo: *questo lavoro va eseguito con metodicità* || **N.** *Sin.* coerenza, ordine, regolarità, sistematicità.

metòdico (pl. *-ci*) [da *metodo*; a. 1566] ***agg.*** **1.** conforme a un metodo: *ordine metodico, ricerca metodica*; *vita metodica*, ordinata, regolare, che segue sempre lo stesso ordine negli atti comuni || *dizionario metodico*, in cui le voci non sono disposte in ordine alfabetico ma riunite per affinità di significato o appartenenza a un medesimo ambito (un mestiere, una situazione ecc.) **2.** di persona, che agisce sempre con metodo || **N.** **1.** *Sin.* ordinato, sistematico **2.** *Sin.* METICOLOSO.

metodismo [dall'ingl. *methodism*, forse attr. il fr. *méthodisme*; 1930] ***sm.*** *T.rel.* movimento protestante sorto nel XVIII sec. all'interno della Chiesa Anglicana e attualmente diffuso in part. negli Stati Uniti || la dottrina professata da tale movimento.

metodista [dall'ingl. *methodist*, forse attr. il fr. *methodiste*; 1766] **I** ***s.*** seguace del metodismo **II** ***agg.*** metodistico: *chiesa metodista.* **Q.T.** *religione.*

metodìstico (pl. *-ci*) [dall'ingl. *methodistic*; 1831] ***agg.*** da metodista, del o relativo al metodismo: *rigorismo metodistico.*

metodizzàre [da *metodo*; 1745] ***tr.*** sottoporre ad un metodo, rendere metodico: *metodizzare il proprio lavoro.*

mètodo [dal lat. *methodus*; 1545] ***sm.*** **1.** insieme di prescrizioni a cui attenersi nell'esecuzione di un'attività, per ottenere un risultato ottimale ed evitare spreco di energia e di tempo: *applicare, osservare, seguire un metodo*; *non avere metodo*, essere dispersivi e disordinati; *in part.* rif. all'insegnamento: *metodo globale, pratico*; *lavorare con metodo*, con ordine e regolarità || *in part. T.fil.* procedimento per raggiungere o convalidare conclusioni filosofiche o scientifiche: *metodo deduttivo, induttivo, ipotetico-deduttivo, sperimentale* || *per estens.* tecnica, sistema, *un metodo infallibile per smettere di fumare, metodo per vincere al gioco* **2.** modo di comportarsi o di agire: *adottare metodi polizieschi, metodi sbrigativi* **3.** manuale che espone gradatamente una disciplina: *metodo di teoria e solfeggio, di lingua francese* **4.** *T.sport.* tattica calcistica prevalentemente difensiva in uso fino al dopoguerra || **N.** **1.** *Sin.* legge, norma, ordine, regime, regola | analitico, aristotelico, comparativo, critico, dialettico, dimostrativo, sintetico, sperimentale, socratico, storico **2.** *Sin.* consuetudine, usanza, MODO.

metodologìa (pl. *-gìe*) [comp. di *metodo* e *-logia*; 1844 nel senso 2] ***sf.*** *T.fil.* **1.** lo studio dei metodi di una disciplina: *metodologia delle scienze sociali* **2.** metodo o insieme di metodi (più propr. *metodica*).

metodològico (pl. *-ci*) [da *metodologia*; 1879] ***agg.*** che concerne la metodologia o il metodo: *principi metodologici.*

metodòlogo (pl. *-gi*) [comp. di *metodo* e *-logo*; a. 1952] ***sm.*** (f. *-a*) chi studia i problemi relativi alla metodologia.

metòlo [comp. di *met(ile)* e *(fen)olo*; 1954] ***sm.*** *T.chim.* composto organico usato nella tecnica dello sviluppo fotografico.

metonìmia o **metonimìa** [dal lat. tardo *metonymia*, gr. *metōnymía*; a. 1544] ***sf.*** *T.ret.* figura retorica che consiste nel nominare una cosa o persona, invece che col suo proprio nome, col nome di un'altra cosa o persona che abbia con essa un rapporto di contiguità; per es. quando si nomina l'effetto invece della causa o la causa invece dell'effetto (gioia-fortuna, Bacco-vino); l'autore invece dell'opera (un Caravaggio - un quadro del Caravaggio); il simbolo invece della cosa da esso simboleggiata (la croce - il Cristianesimo); l'astratto per il concreto (gioventù - giovani); il contenente per il contenuto; lo strumento per l'arte a cui serve (il pennello - la pittura) || **N.** catacresi, sineddoche, traslato.

metonìmico (pl. *-ci*) [dal lat. tardo *metonymicus*; a. 1598] ***agg.*** che si riferisce a metonimia || **metonimicaménte** ***avv.*** per mezzo di metonimia || in senso metonimico.

metònimo [comp. di *meta-* e *-onimo*; 1957] ***sm.*** *T.ling.* nome proprio o cognome che si ottiene per metonomasia: *il metonimo di Trapassi è Metastasio, quello di Agricola è Bauer.*

metonomàsia [dal gr. *metonomasía*; 1834] ***sf.*** *T.ling.* trasformazione del proprio nome, mediante traduzione in altra lingua; per es. *Metastasio*, che è traduzione greca di *Trapassi.*

metonomìa e der. v. METONIMIA e der.

mètopa [dal lat. *metopa*; 1436] ***sf.*** *T.arch.* e *T.archeol.* superficie perlopiù quadrata, posta fra i triglifi del fregio dorico; può essere ornata di rosoni, bucrani, patere, elmi ecc. **TAV.** ***architettura* p. 646** 1.14.

metòpico (pl. *-ci*) [dal gr. *mētopikós*; 1939] ***agg.*** *T.anat.* relativo alla fronte, proprio della fronte, frontale: *sutura metopica*, sutura mediana dell'osso frontale.

metràggio (pl. *-gi*) [dal fr. *métrage*; 1881 nel senso 2] ***sm.*** **1.** misurazione a metri, metratura **2.** quantità espressa in metri: *il metraggio è abbondante* || *T.cin. film a lungo metraggio, a corto metraggio*, v. LUNGOMETRAGGIO e CORTOMETRAGGIO.

metratùra [da *metro*; 1881] ***sf.*** **1.** misura in metri: *la metratura dell'alloggio* **2.** misurazione in metri: *eseguire la metratura.*

metrèta [dal lat. *metrēta*; fine XIII sec.] ***sf.*** *T.stor.* nell'antica Grecia, misura di capacità, pari a ca. 40 litri.

-metrìa [dal gr. *-metría*, da *métron*, misura]

METEOROLOGIA

Aeronautica, dinamica, fisica; aerologia, attinometria, biometeorologia, climatologia, fisica dell'atmosfera, igrometria, microclimatologia, previsioni del tempo, termometria.

ATMOSFERA: troposfera, tropopausa, stratosfera, stratopausa, mesosfera, mesopausa, termosfera, termopausa, esosfera; omosfera, omopausa, eterosfera; ionosfera.

ARIA: anidride carbonica, argon, azoto, elio, idrogeno, neon, ossigeno, ozono, radon, xeno; vapore acqueo, pulviscolo atmosferico.

CLIMA: arido, boreale, continentale, desertico, insulare, marittimo, mediterraneo, mite, nevoso, piovoso, rigido, secco, steppico, temperato, tropicale; insolazione, nuvolosità, piovosità.

TEMPO: afoso, asciutto, bello, burrascoso, clemente, costante, fermo, incerto, incostante, pesante, splendido, stabile, tempestoso, tiepido, turbato, uggioso, umido, variabile, ventoso; addolcirsi, allargarsi, annerirsi, coprirsi, durare, guastarsi, rinfrescare, rischiararsi, schiarirsi, scurirsi.

CIELO: coperto, nuvoloso, plumbeo, rannuvolato, sereno, terso, limpido.

VENTI: africo, alisei, aquilone, austro o ostro o noto, bora, breva, controalisei, etesii, euro, favonio, *föhn*, ghibli, grecale, greco, libeccio o garbino, maestrale, maestro, mistral, monsone, pampèro, ponentino, scirocco, simun, tramontana, zefiro; alito, asolo, aura, bava, bonaccia, brezza, buffata, buffo, calma di vento, filo, folata, groppo, mulinello, raffica, refolo, spiffero, tornado, traversia, tormenta, tromba d'aria, turbine, ventata, venticello, ventilazione, vortice; anticiclonico, catabatico, ciclonico, debole, d'imbatto, dominante, favorevole, forte, fresco, frizzante, gagliardo, impetuoso, infuriato, maneggevole, marino, moderato, periodico, piovano, pungente, regolare, sfavorevole, scatenato, secco, terrestre, teso, umido, violento; cambiare, cessare, fischiare, impazzare, infuriare, levare il pelo, mangiar la faccia, mormorare, mozzare il fiato, muggire, pelar la faccia, rabbonirsi, rabbuffarsi, scatenarsi, sibilare, soffiare, spirare, sussurrare, tirare.

PRECIPITAZIONI: evaporazione, condensazione, precipitazione.

NUBI: alte, a spina di pesce, basse, cumuliformi, madreperlacee, medie, minacciose, sfilacciate, sparse; cirri, cirrocumuli, cirrostrati, altostrati, nembostrati, stratocumuli, strati, cumuli, cumulonembi; nembo, nuvola, nuvolaglia, nuvoletta, nuvolone.

PIOGGIA: acquata, acquazzone, acquerugiola, annaffiata, diluvio, nubifragio, passata, pioviggine, rinfrescata, rovescio, spruzzata, tempesta, temporale, tifone, turbine, uragano; a cateratte, a catinelle, a rovesci, a dirotto, fine, lenta, minuta, ostinata; goccia, sonaglio, scroscio, spruzzo.

NEVE: imbiancata, nevicata, sinibbio, tormenta; fiocco, falda; nevischio.

GRANDINE: gragnuola, grandinata, tempesta; chicco.

ALTRE PRECIPITAZIONI: brina, calabrosa, galaverna, gelicidio, rugiada, vetrone.

ALTRI FENOMENI: alone, arcobaleno, aurora (boreale, australe), baleno, balenio, crepuscolo, fata morgana, folgore, fulmine, fuochi di S. Elmo, lampeggio, lampo, miraggio, paraselene, parelio, saetta, marea atmosferica, tempesta di polvere, tuono (boato, brontolio, fragore, rombo, schianto, scoppio, strepito, tronito); ondata (di caldo, di freddo), ciclone, anticiclone.

NEBBIA: densa, fitta, leggera; bruma, caligine, foschia, nebbiolina, nebbione, banco di nebbia.

STRUMENTI: anemografo, anemometro, anemoscopio, attinografo, attinometro, barografo, barometro, bussola, distrometro, evaporimetro, igrografo, igrometro, igroscopio, meteorografo, nefoscopio, nivometro, pluviografo, pluviometro, psicrometro, *radar*, radiometro, radiosonda, radiovento, solarigrafo, solarimetro, sonda, stazione meteorologica, termoigrografo, termografo.

VOCI ATTINENTI: carte (meteorologiche, sinottiche), climogramma, bollettino meteorologico, fronti, linee (isobariche, isotermiche), parafulmine, pressione, rosa dei venti, sondaggi (ionosferici, termodinamici), tavole meteorologiche, temperatura, umidità.

elem. term. che, in parole dotte della terminologia scientifica, vale “misura”, “misurazione” (per es. *simmetria, planimetria*) o “rilevazione quantitativa”, “studio quantitativo di un fenomeno” (per es. *anemometria, auxometria*). **Q.T.** *archeologia.*

mètrica [da *metro*; 1586] **sf.** tecnica di versificazione e lo studio relativo: *uno studioso di metrica, metrica classica, moderna*; *metrica quantitativa,* basata sull'alternanza di sillabe lunghe e brevi; *metrica accentuativa,* basata sull'alternanza di sillabe toniche e atone || i metri adoperati da un poeta: *la metrica carducciana* || **N.** prosodia, ritmica. **Q.T.** *metrica.*

metricista [da *metrica*; 1957] **s.** studioso di metrica.

mètrico (pl. *-ci*) [dal lat. *metricus*; a. 1539] **agg. 1.** che concerne la misura o la misurazione: *sistema metrico decimale,* basato sul metro || *uffici metrici dello Stato,* istituiti per il controllo degli strumenti di peso e misura adottati dai commercianti **2.** *T.mat. insieme metrico,* per cui è definita una nozione di distanza tra due elementi; *proprietà metriche,* quelle invarianti rispetto ai movimenti || in geom. elementare, euclideo: *spazio, piano metrico* **3.** relativo al metro della poesia: *arte metrica* || *poesia metrica, versi metrici,* fondati sull'alternarsi di sillabe lunghe e brevi come nella poesia classica, contrapposti a *versi sillabici* o *ritmici* || *prosa metrica,* quella in cui ricorrono schemi fissi di sillabe lunghe e brevi che creano determinate cadenze (*clausole metriche*): ne era suggerito l'impiego dalla retorica classica || **metricaménte** *avv.* in versi.

metricologìa [comp. di *metrica* e *-logia*; 1957] **sf.** lo studio scientifico della metrica.

metricòlogo (pl. *-gi*) [comp. di *metrica* e *-logo*; 1957] **sm.** (f. *-a*) studioso di metricologia.

metrite [comp. di *metro-*[2] e *-ite*; 1819] **sf.** *T.med.* flogosi dell'utero.

mètro[1] [dal gr. *métron,* misura, attr. il fr. *mètre*; 1801; 1902 nel senso 2] **sm. 1.** unità di misura lineare, base del sistema metrico decimale, definita inizialmente come la quarantamilionesima parte del meridiano terrestre, poi perfezionata facendo riferimento alla lunghezza d'onda di una radiazione (*metro ottico*) || *metro quadro* o *quadrato,* unità di misura delle superfici, uguale a un quadrato che ha un metro di lato || *metro cubo,* unità di misura dei solidi, uguale a un cubo con le tre dimensioni di un metro ciascuna **2.** strumento rigido o flessibile per misurare lunghezze, su cui sono riportati i decimetri e i centimetri: *metro da sarto, da falegname* || *fig.* criterio, parametro di giudizio: *valutare secondo un certo metro* || **N. 1.** millimetro, centimetro, decimetro, decametro, ettometro, chilometro, miriametro | ara, ettaro. **TAV.** *maglia...* **p. 1316** 8.

mètro[2] [dal lat. *metrum*; a. 1375] **sm.** *T.lett.* nella metrica classica, unità di misura del verso quantitativo, consistente nel piede o nella dipodia || per estens. nella poesia moderna, schema metrico del verso e della strofa || *lett.* verso, poesia || *fig.* modo di esprimersi: *gli rispose in questo metro.* **Q.T.** *metrica.*

métro (fr., pr. [me'tro]) [abbr. di (*chemin de fer*) *métropolitain,* ferrovia metropolitana; 1925] **sm. inv.** ferrovia metropolitana sotterranea.

mètro-[1] [dal gr. *métron,* misura] ***primo elem.*** che, in parole composte delle terminologie scientifiche, vale “misura” (cfr. *metrologia, metronomo*).

mètro-[2] [dal gr. *mḗtra,* utero] ***primo elem.*** che, in parole della terminologia medica, vale “utero”: **metralgìa**, **metrodinìa**, **metropatìa**, **metrorragìa**, **metroscopìa**, **metroscòpio**, **metrostenòṣi**, **metrotomìa** || **N.** *Sin.* istero-.

-metro[1] [dal gr. *métron,* misura] ***elem. term.*** che in parole composte tecniche e scientifiche, vale “misura” (*diametro, perimetro*) || è anche utilizzato nella formazione di denominazioni di strumenti di misura (*anemometro, goniometro, termometro*) || in metrica vale “unità di misura” del verso classico (*esametro, pentametro, trimetro*).

-metro[2] [da *metro*[1]] ***elem. term.*** che, in metrologia, indica multipli e sottomultipli del metro (*decametro, decimetro*).

metrologìa [comp. di *metro-*[1] e *-logia*; 1821] **sf.** *raro* **1.** disciplina che studia le tecniche di misurazione per le varie grandezze fisiche || studio dei diversi sistemi di misurazione, o anche monetari, adottati nelle varie epoche e civiltà: *metrologia medievale* **2.** *metrologia psicologica,* psicometria **3.** *non com.* studio dei metri poetici.

metrològico (pl. *-ci*) [da *metrologia*; 1869] **agg.** *lett.* che riguarda la metrologia.

metròlogo (pl. *-gi*) [comp. di *metro-*[1] e *-logo*; 1945] **sm.** (f. *-a*) studioso di metrologia.

metromanìa[1] [dal fr. *métromanie*; a. 1852] **sf.** *iron.* smania di comporre versi, perlopiù di scarso valore poetico.

metromanìa[2] [comp. di *metro-*[2] e *-mania*; 1903] **sf.** *T.med.* ninfomania.

metronòmico (pl. *-ci*) [da *metronomo*; 1913] **agg.** *T.mus.* relativo al metronomo: *oscillazione metronomica.*

metrònomo [dal fr. *metronome*; 1826] **sm.** *T.mus.* strumento a orologeria dotato di un'asta oscillante regolabile che scandisce il ritmo corrispondente ai vari tempi musicali. **TAV.** *musica* **p. 1325** 6.

metronòtte [comp. di *metro*(*politano*), vigile e *notte*; 1951] **sm. inv.** guardia di un istituto di vigilanza privato, che svolge servizio notturno nei centri abitati.

metròpoli [dal lat. tardo *metropolis*; a. 1342] **sf. inv. 1.** grosso agglomerato cittadino, centro economico o culturale principale di un'area, di uno stato: *le metropoli nordamericane, i problemi delle metropoli industriali*; *la metropoli lombarda,* Milano || *T.eccl.* città o chiesa principale di una provincia ecclesiastica; *per estens.* da: **2.** *T.stor.* nell'antica Grecia, il territorio di uno stato rispetto alle sue colonie || **N. 1.** capitale **2.** *Sin.* madrepatria.

metropolìta [dal lat. tardo *metropolīta*; 1533] **sm.** *T.eccl.* arcivescovo d'una chiesa metropolitana.

metropolitàna [da *ferrovia metropolitana,* sul modello dell'ingl. *Metropolitan Railway*; 1932] **sf.** ferrovia perlopiù sotterranea che trasporta i passeggeri da un punto all'altro di una grande città.

metropolitàno [dal lat. tardo *metropolitānum*; a. 1463] **I agg. 1.** di metropoli: *traffico metropolitano, ferrovia metropolitana* || relativo alle abitudini, ai costumi ecc., tipici degli abitanti di una grande città occidentale: *stile metropolitano* **2.** *truppe metropolitane,* milizie nazionali, in opposizione a milizie coloniali **3.** *T.eccl.* di un metropolita: *chiesa metropolitana*; *diocesi metropolitana,* contrapposta a quella suffraganea **II sm.** guardia urbana di grandi città, vigile urbano.

metropolìtico (pl. *-ci*) [da *metropolita*; a. 1683] **agg.** *non com.* di metropolita: *sede metropolitica.*

metroptòṣi [comp. di *metro-* e *ptosi*; 1957] **sf.** *T.med.* abbassamento dell'utero dalla sede normale, in seguito a sfiancamento del piano del perineo.

metròssilo [comp. del gr. *mḗtra,* midollo delle piante e gr. *xýlon,* legno; 1834] **sm.** *T.bot.* pianta indonesiana, il cui fusto contiene un midollo da cui si ricava un amido impiegato in campo alimentare || **N.** sago.

metrovìa [comp. di *metro*(*politana*) e *via* sul tipo *ferrovia* ecc.; 1965] **sf.** *non com.* metropolitana.

méttere (pres. *métto*; p.rem. *miṣi, mettésti, miṣe, mettémmo, mettéste, miṣero*; pps. *mésso*) [lat. *mittere*; sec. XIII] **tr. 1.** porre, collocare: *mettere un libro al proprio posto, mettere le candeline sulla torta, mettere la spina nella presa, mettere una mano davanti alla bocca, mettere il bimbo a letto, mettere la firma su un documento*; *fig. met-*

METRICA

VERSIFICAZIONE: accento, anaclasi, anacrusi, arsi / tesi, catalessi, cesura, dialefe / sinalefe, diastole / sistole, dieresi / sineresi, *enjambement* o inarcatura, episinalefe, iato, *ictus,* ritmo (anacestico, dattilico, giambico, trocaico), sinafia, sinizesi, tmesi.

PIEDE: dipodia, pentapodia, tetrapodia; anapesto, anfibraco, antibaccheo, baccheo, coriambo o cretico, dattilo, digiambo, dispondeo, ditrocheo, docmio, epitrito, giambo, molosso, peone, pirrichio, proceleusmatico, spondeo, tribraco, trocheo.

VERSO: ametrico, asillabico, ipermetro, libero, parisillabo / imparisillabo, piano, sciolto, sdrucciolo, tronco; aniosillabismo; colon, emistichio; anaclomeno, archebuleo, archilocheo, aristofanio, asclepiadeo, asinarteto, cherileo o difilio, coliambo, cratineo, elegiaco, elegiambo, enoplio, esametro, falecio, ferecrazio o ferecrateo, galliambo o gallogiambo, giambelego, gliconio, ibiceo, ipponatteo, itifallico, lecizio, nicarcheo, pentametro, pindarico, priapeo, reiziano, tetrametro, trimetro (scazonte); alessandrino, decasillabo, dodecasillabo, endecasillabo (a maiore / a minore), martelliano, novenario, ottonario, quadrisillabo o quaternario, quinario, senario, settenario, trisillabo o ternario.

STROFA o STROFE (monometra / polimetra, isometrica / eterometrica, metabolica), antistrofe, epodo; alcaica, alcmania, anacreontica, archilochea, asclepiadea, saffica; lassa, ottava o ottava rima o stanza, quartina o quarta rima, stanza di canzone, terzina o terza rima.

FORME METRICHE: aria, arietta, ballata (grande, mezzana, minima, minore, piccola, stravagante; mutazione, replicazione, ripresa, ritornello), ballata romantica o romanza, ballatella o ballatetta, caccia, canzone (commiato o congedo, fronte, piede, sirma o sirima, volta), canzonetta, discordo, frottola, lauda, madrigale, mottetto, ode, rispetto, serventese, sestina, sestina doppia, sonetto (caudato, comune o misto, continuo, dialogato, doppio, minore, raddoppiato, rinterzato, ritornellato), stornello, strambotto, tenzone, villanella, villotta.

RIMA (all'occhio o per l'occhio, aspra, composta, equivoca o omonima, franta, identica, interna, ipermetra, paronomastica, perfetta / imperfetta, ricca, rotta, siciliana, spezzata; alterna o alternata, a retrogradazione, baciata o accoppiata, caudata, ciclica, costante, dissoluta, incatenata, incrociata o abbracciata o chiusa, invertita, irrelata, rinterzata, ripetuta o replicata; bisdrucciola, piana o parossitona, sdrucciola o proparossitona, tronca o ossitona); allitterazione, assonanza, bisticcio, consonanza, parola-rima, rimalmezzo.

tere un'idea in testa a qualcuno; *mettere poco entusiasmo in qualche cosa* ‖ la destinazione o il fine possono essere espressi anche da un verbo: *mettere il bucato ad asciugare, mettere l'impasto a lievitare, mettere a tacere qualcuno* ‖ *fig.* (con oggetto animato) destinare, far andare: *mettere qualcuno alla direzione di un'impresa, al comando di un'azione, mettere i figli in collegio*; *disus. mettere qualcuno a bottega, a un mestiere, a un'arte* ‖ *fig.* provocare, incutere: *mettere paura, allegria, coraggio* ‖ *mettere giudizio*, diventare assennato ‖ in varie espr. proprie e fig.: *metter bocca*, interloquire; *metter mano*, afferrare; *fig.* dare inizio; *metter piede in un luogo*, andarci, entrarci; *mettere al mondo*, far nascere; *mettere alla porta*, licenziare; *mettere in croce*, *fig.* tormentare; *mettere a confronto*, confrontare; anche con ellissi: *vuoi mettere questo ristorante con quella bettola?* (per le numerose altre espressioni v. le singole voci; ad es. per *mettere al muro*, v. MURO) ‖ *metter giù*, abbassare ‖ *metter dentro*, *colloq.* mandare in prigione ‖ *mettere sotto*, *colloq.* investire, in un incidente **2.** far assumere una certa disposizione, dare un certo ordine: *mettere a posto un cassetto, mettere a soqquadro una stanza, mettere una tavola di traverso, mettere i soldati in riga* ‖ porre in una determinata condizione, provocare un certo effetto (il senso globale è dato soprattutto dall'espressione che accompagna il verbo): *mettere in pericolo, in luce, in chiaro, in ombra, mettere a dieta, a repentaglio, a nuovo, a proprio agio* (v. le singole voci); *in part. mettere al corrente*, informare; *mettere a nudo*, svelare; *T.fot. mettere a fuoco*, regolare l'obiettivo per ottenere un'immagine nitida; *mettere a ferro e fuoco*, devastare, distruggere; di campo e sim. *mettere a grano, a trifoglio* ecc., coltivare a grano, a trifoglio ecc. ‖ *metter su*, avviare, organizzare, formare: *mettere su una società, un'orchestra, metter su famiglia, mettere su pancia* ‖ *mettere insieme*, accumulare; comporre, racimolare **3.** (con oggetto indiretto indeterminato) rif. a tempo, impiegare: *quanto ci metti a vestirti?, ci metti di più in auto che in treno* ‖ dedicare, impegnare: *ci ha messo tutta la sua buona volontà*; *mettercela tutta*, fare ogni sforzo per riuscire **4.** indossare: *se non metti il cappello e la sciarpa avrai freddo* **5.** far uscire, far spuntare: *il bambino ha messo i primi dentini, il capretto comincia a mettere le corna, la pianta deve ancora mettere le radici* **6.** supporre; perlopiù nella forma *metti, mettiamo*: *mettiamo che dica di no, metti che lo faccia* ‖ installare: *mettere il telefono, mettere il riscaldamento centrale* **7.** far entrare in funzione: *mettere gli abbaglianti, la retromarcia, metti il terzo canale* ‖ **intr.** (aus. *avere*) sboccare, sfociare: *il fiume mette in mare* ‖ immettere, far capo: *l'uscio mette sul cortile* ‖ **intr. pron. 1.** seguito da *a* e verbo all'infinito: cominciare, intraprendere: *mettersi a ridere, a urlare, a correre, mettersi a lavorare, a studiare*; anche rif. a cose: *il motore si è messo a scoppiettare, la nave s'è messa a rollare* **2.** di situazione, affare e sim., evolversi: *vediamo come si mettono le cose e poi decidiamo* ‖ **rifl. 1.** collocarsi, porsi (in un luogo): *mettiti lì e non muoverti, mettersi in disparte, mettersi sul divano* ‖ seguito da prep. e nome d'azione, ha valore incoativo: *mettersi in viaggio*, partire; *mettersi in cammino*, incamminarsi; *mettersi alla ricerca*, intraprenderla ecc. ‖ *fig.* cacciarsi: *mettersi nei guai, nei pasticci* **2.** assumere una certa posizione, entrare in una certa condizione: *mettersi sdraiati, seduti, mettersi a proprio agio, mettersi in libertà* ‖ abbigliarsi: *mettersi in costume, mettersi in frac* ‖ **rifl. indir.** indossare, infilare: *si è messo l'abito più bello, si è messo le calze a rovescio* ‖ *mettersi in testa qualcosa*, volerla a tutti i costi ‖ **rifl. rec.** *mettersi insieme*, formare una coppia: *si sono messi insieme appena si sono conosciuti* ‖ **N. tr.** *Sin.* accomodare, adagiare, aggiungere, deporre, depositare, disporre, distendere, impiegare, piazzare, poggiare, porre, posare, riporre, sistemare; affiggere, applicare, apporre, attaccare; infilare, inserire, introdurre; cacciare, ficcare, sbattere, schiaffare; incutere, infondere, istillare; MANDARE.

mettibócca [comp. di *mette(re)* e *bocca*; a. 1908] **sm.** *inv. non com.* chi mette abitualmente bocca nei discorsi altrui.

mettidònne [comp. di *mette(re)* e *donna*; 1942] **sm.** *inv. region.* chi si incarica del collocamento delle collaboratrici domestiche.

mettifòglio (pl. *-gli*) [comp. di *mettere* e *foglio*; 1937] **sm.** *T.tip.* dispositivo automatico per l'immissione dei fogli nella macchina per stampa ‖ *disus.* l'operaio addetto alla mansione corrispondente.

mettilòro [comp. di *mettere* e *l'oro*; a. 1563] **sm.** *inv. ant.* artefice che esegue placcature in oro.

mettimàle [comp. di *mette(re)* e *male*; 1842] **s.** *inv. fam.* chi mette discordia tra due o più persone, dando all'una motivo di ostilità verso l'altra.

mettipiómbo [comp. di *mette(re)* e *piombo*; 1957] **sm.** *inv. T.tip.* operaio addetto all'alimentazione con piombo e alla manutenzione delle macchine da stampa linotype.

mettiscàndali [comp. di *mette(re)* e *scandalo*; 1858] **s.** *inv.* chi ama far nascere scandali ‖ **N.** mettimale.

mettitóre [da *mettere*; a. 1571] **sm.** *raro* **1.** (f. *-trìce*) chi mette **2.** *ant.* chi mette la posta in gioco, giocatore, scommettitore: *mettitore di dadi falsi*, baro nel gioco dei dadi.

mettitùra [da *mettere*; 1869] **sf.** *raro* il mettere; messa.

mettitùtto [comp. di *mette(re)* e *tutto*; 1963] **sm.** *inv.* armadio da cucina in cui si ripongono cibi, stoviglie e altro.

meublé (fr., pr. [mœ'ble]) [letter. ammobiliato; 1929] **agg.** *inv.* di albergo, che non ha servizio di ristorante.

mezerèo [dall'ar. *māzaryn*; 1499] **sm.** *T.bot.* pianta velenosa delle Timeleacee, dai fiori rosa profumati, disposti a spiga lungo lo stelo già prima della comparsa delle foglie ‖ **N.** *Sin.* fior di stecco.

mèẓẓa [da *mezzo*[1]; a. 1430] **sf.** i trenta minuti dopo l'ora: *ha suonato adesso la mezza* ‖ *in part.* mezzogiorno e mezzo ‖ *mezza calzetta, mezza cartuccia* v. MEZZO.

meẓẓacalzétta (pl. *meẓẓecalzétte*) o **mèẓẓa calzétta** [comp. di *mezzo*[1] e *calzetta*; 1944] **sf.** individuo mediocre o di scarsa importanza, senza particolari requisiti fisici o intellettuali ‖ persona di condizioni o abitudini modeste che manifesta pretese di vita agiata.

meẓẓacartùccia (pl. *meẓẓecartùcce*) o **mèẓẓa cartùccia** [comp. di *mezzo*[1] e *cartuccia*; 1918] **sf.** individuo che non possiede sufficienti doti fisiche o intellettuali: *non resiste molto, è una mezzacartuccia* ‖ uomo di piccola statura.

meẓẓadrìa [da *mezzadro*; 1592] **sf.** tipo di contratto agricolo, part. diffuso in passato, per cui chi coltiva il fondo divide a metà i guadagni col proprietario del terreno ‖ **N.** concedente, mezzadro.

meẓẓadrile [da *mezzadro*; 1942] **agg.** di mezzadro, di mezzadria: *contratto mezzadrile*.

meẓẓàdro [lat. volg. *mediārius*; 1520 ca.] **sm.** colono che coltiva un fondo in base a un contratto di mezzadria.

meẓẓagràna [comp. di *mezzo*[1] e *grana*; 1957] **sf.** nell'industria del riso, chicchi che vengono scartati perché spuntati.

meẓẓaiòlo [da *mezzo*[1]; sec. XIII] **sm.** *tosc.* mezzadro.

meẓẓàla o **meẓẓ'àla** [comp. di *mezzo*[1] e *ala*; 1950] **sf.** *T.sport.* nel calcio, ciascuno dei giocatori situati tra il centrattacco e una delle due ali.

meẓẓalàna (pl. *meẓẓelàne*) [comp. di *mezzo*[1] e *lana*; 1255-1312] **sf.** panno misto di lana e cotone.

meẓẓalùna (pl. *meẓẓelùne*) [comp. di *mezzo*[1] e *luna*; a. 1380] **sf. 1.** profilo che la luna assume quando metà, o più com. meno della metà, della parte rivolta verso la terra è illuminata ‖ quella stessa figura in quanto emblema dell'islamismo, che compare su numerose bandiere di stati arabi; *per meton.* l'islamismo stesso **2.** *T.mil.* opera di fortificazione distaccata che si mette a difesa dei bastioni **3.** *T.cuc.* coltello curvo a due manici, usato per tagliare e tritare ‖ **N. 1.** *Sin.* crescente, falce di luna, luna falcata.

meẓẓamàcchia (pl. *meẓẓemàcchie*) [comp. di *mezzo*[1] e *macchia*; 1923] **sf.** *T.pitt.* in un primo abbozzo, tecnica per delineare le zone in ombra con una gradazione uniforme.

meẓẓamaiòlica (pl. *meẓẓemaiòliche*) o **mèẓẓa maiòlica** (pl. *mèẓẓe maiòliche*) [comp. di *mezzo*[1] e *maiolica*; 1957] **sf. 1.** nell'industria della ceramica, rivestimento costituito di un velo di terra bianca su cui va posta la vernice **2.** terracotta rivestita con tale tecnica ‖ **N. 1.** *Sin.* ingobbio.

meẓẓamànica (pl. *meẓẓemàniche*) [comp. di *mezzo*[1] e *manica*; 1960] **sf. 1.** soprammanica nera usata un tempo da impiegati e scrivani per non sporcare la manica della giacca o della camicia **2.** *meton. spreg.* impiegato di basso livello ‖ *pl.* la categoria impiegatizia **3.** *maglietta a mezzamanica, maglietta con le mezzemaniche*, maglietta estiva a maniche corte.

meẓẓaméla [comp. di *mezzo*[1] e *mela*; 1940] **sf.** *T.orol.* strumento dell'orologiaio che serve per raddrizzare le casse degli orologi.

meẓẓàna [da *mezzano*; a. 1290 nel senso 3] **sf. 1.** *T.mar.* vela che si stende a poppa della nave ‖ *albero di mezzana*, l'albero maggiore di poppa **2.** *T.edil. ant.* mattone più schiacciato, che serve per pavimentazione **3.** donna che favorisce relazioni amorose illecite, ruffiana **4.** *T.mus.* la corda mediana di alcuni strumenti. **TAV. *vela* p. 1343** 6.35.

meẓẓanèlla [da *mezzana*; 1889] **sf.** *T.mar.* vela inferita allo strallo di mezzana; è detta anche *cavalletta*.

meẓẓania [da *mezzano*; 1614] **sf.** *T.mar.* sezione di un'imbarcazione lungo l'asse verticale.

meẓẓanìno [da *mezzano*; 1550] **sm.** in un edificio, piano di mezzo e più basso che sta tra due piani maggiori, spec. tra il pianterreno e il primo piano; ammezzato.

meẓẓanità [da *mezzano*; a. 1324] **sf. 1.** *raro* l'essere mezzano **2.** *ant.* intercessione, interposizione: *per la intromissione e la mezzanità del principio religioso* (Carducci).

meẓẓàno [dal lat. *mediānus*; 1312 come sm.] **I agg.** che sta in mezzo per età o posizione, intermedio: *il figlio mezzano, la parte mezzana, campana mezzana* ‖ di proporzioni medie: *corporatura mezzana*; mediocre, scarso; *stile mezzano*, che sta tra l'umile e il sublime **II sm.** (f. *-a*) colui che s'interpone tra due contraenti per facilitare l'accordo ‖ *in part.* chi agevola amori illeciti ‖ *dim.* mezzanétto, mezzanèllo ‖ **N. I** *Sin.* medio, MEDIOCRE **II** *Sin.* mediatore, ruffiano, sensale.

meẓẓanòtte (pl. *meẓẓenòtti*) [comp. di *mezzo*[1] e *notte*; 1319 ca.] **sf.** l'istante in cui finisce la ventiquattresima ora del giorno, corrispondente alla culminazione del sole nel meridiano opposto (*mezzanotte vera*); *mezzanotte media*, quella del meridiano centrale di un dato fuso orario; *mezzanotte civile*, uniformata a quella media.

meẓẓapóppa (pl. *meẓẓepóppe*) [comp. di *mezzo*[1] e *poppa*; 1571] **sf.** *T.mar.* zona mediana della poppa della nave.

mèẓẓa pùnta [comp. di *mezzo* e *punta*; 1988] ***sf.*** **1.** scarpetta di pelle morbida e raso priva di tacco e di rinforzo sulla punta, usata nella danza accademica: *nella lezione di oggi useremo le mezze punte* **2.** posizione della danza in cui il danzatore si sorregge sulla parte anteriore del piede, appoggiandosi su tutte le dita, con il collo del piede ben teso: *esercizi in mezza punta.*

meẓẓ'aria [comp. di *mezzo*[1] e *aria*; 1750] nella ***loc. avv.*** *a mezz'aria* a media altezza.

meẓẓarìa V. MEZZERIA.

mèẓẓaro V. MESERO.

meẓẓaruòta (pl. *meẓẓeruòte*) [comp. di *mezzo*[1] e *ruota*; 1889] ***sf.*** *T.mar.* metà della ruota di poppa o di prua.

meẓẓaséga (pl. *meẓẓeséghe*) [comp. di *mezzo*[1] e *sega*, masturbazione; 1955] ***sf.*** *volg.* **1.** persona dall'aspetto gracile e insignificante **2.** persona inetta, di scarse capacità fisiche o intellettuali.

meẓẓ'àsta [comp. di *mezzo*[1] e *asta*; 1891] nella ***loc. avv.*** a *mezz'asta*, di bandiera, innalzata a metà dell'asta in segno di lutto.

meẓẓatàcca o **mèẓẓa tàcca** [comp. di *mezzo*[1] e *tacca*; a. 1767] nella ***loc. agg.*** *di mezzatacca*, mediocre: *gente di mezzatacca*; anche *sf.*: *è una mezzatacca*, è persona di poco conto.

meẓẓatéla (pl. *meẓẓetéle*) [comp. di *mezzo*[1] e *tela*; 1869] ***sf.*** tessuto misto di lino e cotone.

meẓẓatìnta (pl. *mezzetinte*) [comp. di *mezzo*[1] e *tinta*; a. 1552] ***sf.*** **1.** colore di intensità tra il chiaro e lo scuro || *in part. T.pitt.* il colore usato per sfumare il passaggio dalla zona in luce a quella in ombra || *fig.* tono, stile smorzato; *non usare mezzetinte*, prediligere un'espressione violenta, fortemente chiaroscurale **2.** *T.tip. incisione a mezzatinta*, tecnica di stampa che consente di ottenere tramite un retino, toni sfumati.

meẓẓèna [da *mezzo*[1]; 1505 ca.] ***sf.*** ciascuna metà in cui viene diviso, per il lungo, il bovino o il suino macellato.

meẓẓerìa[1] o **meẓẓarìa** [da *mezzo*[1]; 1490 *mezaria*] ***sf.*** punto, linea mediana || *in part.* quella che corre tra le due carreggiate di una strada, segnata da una linea bianca, o immaginaria: *linea di mezzeria* || *T.mar.* in un galleggiante, lo stesso che *mezzana.*

meẓẓerìa[2] [da *mezzadria*; a. 1760] ***sf.*** *tosc.* mezzadria.

meẓẓétta [da *mezzo*[1]; prima metà sec. XIV] ***sf.*** antica misura di capacità per solidi e liquidi, diversa a seconda delle regioni (da mezzo litro a uno).

meẓẓìna [da *mezzo*[1]; sec. XIII] ***sf.*** *tosc.* **1.** brocca di rame **2.** *ant.* recipiente da vino in terracotta.

mèẓẓo[1] [lat. *medius*; 1158] **I *agg.*** **1.** che è metà dell'intero (solitamente preposto al sostantivo): *mezzo cerchio, mezzo litro, mezza giornata* || quando segue il nome assume valore di neutro sostantivato: *sono le tre e mezzo, una mela e mezzo*; ma anche *una mela e mezza* (quindi non più con valore neutro) || *donna a mezzo servizio*, domestica che lavora solo alcune ore al giorno || *mezzo lutto*, lutto non stretto || *mezza festa, giornata festiva per metà* || *una cosa mezza e mezza*, né bene né male, così e così || *iperb. fam.* quasi tutto, quasi per intero: *ha distrutto mezza macchina, lo sa già mezza città* || *per estens.* (spesso preceduto da art. indeterminativo) quasi, un po': *è un mezzo medico*; *è un mezzo parente*, parente alla lontana; quasi completo, quasi intero: *una mezza discussione, una mezza tragedia* || *una mezza parola*, una parola buttata là, un accenno discreto || *una mezza idea*, un'idea non ancora matura: *ho una mezz'idea di fare un viaggio* || con valore spreg. *una mezza figura*, persona scialba, irresoluta; *fam. una mezza cartuccia*, persona di bassa statura; *una mezza calzetta*, persona di poco valore || *le mezze misure*, provvedimenti di compromesso e perciò inadeguati || *a mezza bocca*, d'invito, risposta, lode ecc., stentati; per MEZZO BUSTO, MEZZO SOPRANO, MEZZO RILIEVO e altri, V. mezzobusto, mezzosoprano, mezzorilievo **2.** che sta a metà, intermedio: *di mezza età* || *mezza stagione*, primavera o autunno: *vestiti di mezza stagione* || *a mezza gamba, a mezza altezza, quota* ecc., nella parte intermedia della gamba, dell'altezza ecc. **3.** in funzione di avverbio, quando è unito a un aggettivo per attenuarne il significato: *uomini mezzo vestiti*, parzialmente vestiti; *fam.* anche concordato: *donna mezza scema, tende mezze abbassate* **II *sm.*** **1.** metà di un tutto: *due mezzi fanno un intero* || *fare a mezzo*, dividere, spartire **2.** punto egualmente distante tra due estremi, parte centrale: *il mezzo di un foglio, di un segmento* || *in mezzo a*, nella parte o nel momento centrale di, dentro a: *in mezzo alla via, alla città, si è nascosto in mezzo alla folla, in mezzo alla foresta, nel bel mezzo dello spettacolo*; circondato da: *vivere in mezzo al lusso, in mezzo a questo frastuono non sento* || *di mezzo*, intermedio, mediano: *corsia di mezzo, la classe di mezzo*; *una via di mezzo*, una alternativa di compromesso; cosa che presenta caratteristiche intermedie; *l'età di mezzo*, il Medioevo || *lasciare a mezzo un lavoro*, abbandonarlo incompiuto || *in quel mezzo*, in quel mentre, intanto || *tenere il mezzo*, stare egualmente lontano dagli estremi || *metter in mezzo*, ingannare || *andar di mezzo*, subire le conseguenze di qualcosa || *mettersi in mezzo*, impicciarsi || *levar di mezzo*, togliere d'ingombro una cosa o persona molesta || *buttare qualcuno in mezzo alla strada*, togliergli i mezzi di sussistenza || *il giusto mezzo*, soluzione lontana da ogni eccesso || **N.** I MEDIO **II** **2.** centro, cuore, interno, nòcciolo, nucleo, METÀ | ammezzare, frapporre, inframmezzare | intermezzo, tramezzo.

mèẓẓo[2] [lat. *medius*; a. 1330] **I *sm.*** **1.** ciò che consente o facilita il conseguimento di un fine: *ricorrere ad ogni mezzo possibile*; *prov. il fine giustifica i mezzi* || *in part.* strumento materiale necessario allo svolgimento di un'attività: *mezzi di comunicazione, mezzi di sussistenza, mezzi di trasporto*; *mezzo espressivo*, il materiale di cui si serve ogni singola disciplina artistica (ad es. il suono per la musica); *mezzi di produzione*, il complesso delle risorse, umane, naturali, finanziarie ecc., che entrano nel ciclo di produzione || *ass.* mezzo di trasporto: *i mezzi pubblici, i mezzi dell'esercito, mezzi corazzati*; *mezzo di fortuna*, veicolo utilizzato temporaneamente per sostituire un altro resosi inservibile || *T.gram. complemento di mezzo*, quello che esprime lo strumento mediante il quale si compie l'azione **2.** *per estens. pl.* averi, sostanze: *uomo di mezzi, di molti mezzi*, facoltoso || *fig.* capacità, doti **3.** *T.scient.* sostanza, fluido, ambiente e sim. nel quale avviene un fenomeno: *i raggi luminosi passando da un mezzo meno denso a uno più denso si rifrangono* **II** nelle ***loc. prep.*** *per mezzo di, a mezzo di*, tramite, mediante, con l'ausilio di || *dim.* mezzùccio || **N.** I **1.** accorgimento, aiuto, ausilio, chiave, espediente, maniera, rimedio, ripiego, scorciatoia, sostegno, strumento, supporto, via; MODO **2.** RICCHEZZA **3.** *Sin.* veicolo; etere.

mézzo [lat. volg. **metius*, class. *mītius*, compar. di *mītis*, molle, maturo; 1340 ca.] ***agg.*** **1.** di frutto, prossimo a marcire **2.** bagnato fradicio, inzuppato.

meẓẓobùsto (pl. *meẓẓibùsti*) [comp. di *mezzo*[1] e *busto*; a. 1729] ***sm.*** *T.scult.* busto che comprende solo il capo e il principio appena del petto e delle spalle || *a mezzobusto*, si dice di quadro o fotografia che riproduce queste parti || *fig. scherz.* giornalista televisivo || **N.** BUSTO.

meẓẓocérchio (pl. *meẓẓicérchi*) [comp. di *mezzo*[1] e *cerchio*; 1940] ***sm.*** nella scherma, movimento compiuto a braccio disteso, portando la spada a sinistra della linea di offesa, e facendo descrivere alla punta della spada un arco di cerchio da fuori in dentro.

meẓẓocièlo (pl. *meẓẓicièli*) [comp. di *mezzo*[1] e *cielo*; 1957] ***sm.*** *T.astr.* nella sfera celeste, punto d'incontro tra l'equatore celeste e il meridiano del luogo d'osservazione.

meẓẓocontràlto (pl. *meẓẓicontràlti*) o **mèẓẓo contràlto** [comp. di *mezzo*[1] e *contralto*; 1957] ***sm.*** *T.mus.* registro di voce femminile facente parte dei contralti, caratterizzato da un timbro più acuto || *per estens.* cantante che possiede tale registro di voce.

meẓẓodì [comp. di *mezzo*[1] e *dì*; 1282] ***sm.*** mezzogiorno.

meẓẓofìne [comp. di *mezzo* e *fine*; 1957] ***agg.*** *T.cart.* si dice di carta di media finezza; tipo di carta intermedia tra la carta fine e la carta andante.

meẓẓofondìsta [da *mezzofondo*; 1940] ***s.*** *T.sport.* atleta specializzato in gare di mezzofondo.

meẓẓofóndo [comp. di *mezzo*[1] e *fondo*; 1940] ***sm.*** *T.sport. gara di mezzofondo*, in vari sport, percorso abbastanza lungo, ma non lunghissimo, in modo da implicare una prova di velocità e nel tempo stesso di resistenza.

meẓẓogiórno (pl. *meẓẓogiórni*) [comp. di *mezzo*[1] e *giorno*; sec. XIII] ***sm.*** **1.** la dodicesima ora del giorno, corrispondente al momento in cui il sole si trova in culminazione superiore (*mezzogiorno vero*); *mezzogiorno medio*, quello del meridiano centrale di un dato fuso orario; *mezzogiorno civile*, uniformato a quello medio **2.** sud: *una finestra esposta a mezzogiorno* **3.** la parte meridionale di un paese: *il mezzogiorno della Francia* || *per anton. il Mezzogiorno*, l'Italia meridionale: *l'industrializzazione del Mezzogiorno, la Cassa del Mezzogiorno* || **N.** **1.** austro, meridie, meriggio | pomeridiano | zenit.

meẓẓoguànto (pl. *meẓẓiguànti*) o **mèẓẓo guànto** [comp. di *mezzo*[1] e *guanto*; 1870 *mezzo-guanto*] ***sm.*** tipo di guanto privo di dita, usato spec. da ciclisti e automobilisti.

meẓẓomarinàro (pl. *meẓẓimarinàri*) o **mèẓẓo marinàro** o **mèẓẓo marinàio** [comp. di *mezzo*[1] e *marinaro* o *marinaio*; a. 1889] ***sm.*** *T.mar.* **1.** gancio d'accosto, alighiero **2.** *ant.* mozzo.

meẓẓómbra (pl. *meẓẓómbre*) [comp. di *mezzo*[1] e *ombra*; a. 1696] ***sf.*** *T.pitt.* sfumatura che precede le zone in ombra, che conferisce un senso di rotondità alle figure.

meẓẓóne [da *mezzo*[1]; 1869; 1891 nel senso 2] ***sm.*** **1.** vino leggero di vinacce annacquato **2.** *tosc.* trave, corrente.

meẓẓopùnto (pl. *meẓẓipùnti*) [comp. di *mezzo*[1] e *punto*; 1585 *mezzopunto* nel senso 2; 1957 nel senso 1] ***sm.*** **1.** punto croce usato per lavori di ricamo **2.** *ant.* segno ortografico di valore simile agli attuali due punti.

meẓẓorilièvo (pl. *meẓẓirilièvi*) [comp. di *mezzo*[1] e *rilievo*; a. 1571] ***sm.*** tecnica scultorea intermedia fra il bassorilievo e il tuttotondo, con cui si dà risalto alle figure in primo piano e si abbozzano appena quelle sullo sfondo || opera realizzata con tale tecnica.

meẓẓosàngue [comp. di *mezzo*[1] e *sangue*; 1945] ***s. inv.*** di cavallo, di razza pura solo da parte di uno dei genitori || *per estens.* persona o animale di razza mista || **N.** METICCIO.

meẓẓosopràno o **mèẓẓo sopràno** (pl. *meẓẓisopràni* o *meẓẓosopràni* o *mèẓẓi sopràni*) [comp. di *mezzo*[1] e *soprano*; 1720] ***sm.*** (impropriamente anche *f.*) *T.mus.* voce femminile di registro che va dal la sotto il rigo al si bemolle sopra il rigo, con timbro più scuro del soprano || chi canta con tale voce.

meẓẓotèrmine V. TERMINE.

meẓẓotìtolo (pl. *meẓẓitìtoli*) [comp. di *mezzo*[1]

e *titolo*; 1970] **sm.** *T.tip.* il titolo di un libro o di un capitolo, posto nella pagina bianca precedente il frontespizio o l'inizio del capitolo || **N.** *Sin.* occhiello.

mezzotóndo (pl. *mezzitóndi*) o **mèzzo tóndo** [comp. di *mezzo*[1] e *tondo*; a. 1574] **sm.** in scultura, tecnica di rappresentazione delle figure effettuata facendole emergere per metà della parete di fondo cui sono accostate || *per estens.* opera scultorea realizzata con tale tecnica.

mezzovènto (pl. *mezzivènti*) [comp. di *mezzo*[1] e *vento*; a. 1566] **sm.** *T.mar.* vento intermedio, compreso tra gli otto fondamentali indicati dai punti cardinali.

mezzùccio (pl. *-ci*) (*dim.* di *mezzo*[2]) [1789] **sm.** ripiego meschino, espediente ridicolo.

mezzùle [da *mezzo*[1]; 1313 ca.] **sm.** il pezzo mediano del fondo anteriore della botte, sul quale è inserita la cannella.

mho [inverso di *ohm*; 1957] **sm.** *T.elettr.* unità di misura della conduttanza.

mi[1] [prima sillaba del terzo emistichio dell'inno a S. Giovanni, *mi(ra gestorum)*, scelto da Guido d'Arezzo per memorizzare le altezze relative di ciascun suono dell'esacordo; sec. XIV] **sm.** *T.mus.* terza nota della scala diatonica di do maggiore, indicata con E nella notazione alfabetica.

mi[2] [lat. *mē, mihi*; sec. XIV] **pron.** atono di prima persona singolare, me, a me; si adopera come complemento oggetto (*tu mi lodi*) e di termine (*egli mi dice*); si pospone e si unisce alla interiezione *ecco* e al verbo di modo imper. e inf. (*eccomi, amami, dirmi*); nell'imperativo negativo può essere anche preposto (*non mi abbandonare!*), nelle altre forme normalmente precede il verbo; quando si unisce a una voce tronca del verbo raddoppia l'iniziale (*dimmi, fammi*) || si prepone a tutte le altre particelle pronominali ma innanzi a *li, lo, gli, ne,* si cambia in *me* atono: *me lo dai, me li bevo, me ne vado; dirmene, farmelo.*

mi[3] (raro *mu*) [lettura della lettera μ] **sm.** o **sf.** *inv.* nome della dodicesima lettera dell'alfabeto greco.

miagolaménto [da *miagolare*; a. 1861] **sm.** il miagolare.

miagolàre (pres. *miàgolo*) [voce onom.; a. 1400] **intr.** (aus. *avere*) di gatto, emettere la propria voce || *per estens.* emettere suoni striduli e strascicati || *fig.* cantare o recitare in modo lamentoso e svenevole; anche *tr.*: *miagolare una canzone, i versi di una poesia* || **N.** *Sin.* gnaulare.

miagolàta [da *miagolare*; 1618] **sf.** un lungo miagolare.

miagolatóre [da *miagolare*; 1869] **agg.** e **sm.** (f. *-trìce*) che, chi miagola.

miagolìo (pl. *-ìi*) [da *miagolare*; a. 1742] **sm.** un miagolare continuato e insistente.

miàgolo [da *miagolare*; a. 1636] **sm.** *non com.* il verso del gatto.

miagolóne [da *miagolare*; 1945] **agg.** e **sm.** (f. *-a*) che, chi miagola molto e continuamente; anche *fig.*: *è un bambino molto miagolone.*

mialgìa (pl. *-gìe*) [comp. di *mio-* e *-algia*; 1895] **sf.** dolore dei muscoli di origine traumatica, reumatica o provocato da stanchezza.

miàlgico (pl. *-ci*) [da *mialgia*; 1957] **agg.** *T.med.* relativo a mialgia: *infiammazione mialgica.*

miào [voc. onom.; a. 1565 *miau*] voce onomatopeica del verso che fa il gatto || **N.** miagolio, miagolo.

miàsi [comp. del gr. *mŷia*, mosca e *-asi*; 1934] **sf.** *T.med.* infezione causata dalla presenza di larve di mosca o di altri insetti su piaghe o tessuti necrotici della cute di uomini o animali.

miàsma [dal gr. *míasma*, lordura; a. 1730] **sm.** esalazione nociva alla salute che emana dalle cose putrefatte, dalle paludi e sim. || anche *fig.*: *i miasmi della corruzione* || **N.** malaria, mefite | palustre.

miasmàtico (pl. *-ci*) [da *miasma*; 1963] **agg.** di miasma || *malattie miasmatiche*, cagionate dai miasmi, malattie malariche.

miastenìa [comp. di *mio-* e *astenia*; 1828] **sf.** *T.med.* malattia che rende i muscoli facilmente affaticati e privi di forze dopo attività prolungata.

miastènico (pl. *-ci*) [da *miastenia*; 1934] **agg.** e **sm.** *T.med.* che, chi è affetto da miastenia: *individuo miastenico* || relativo a miastenia: *sindrome miastenica.*

miatonìa [comp. di *mio-* e *atonia*; 1939] **sf.** *T.med.* mancanza o insufficienza di tono muscolare.

miatrofìa [comp. di *mio-* e *atrofia*; 1970] **sf.** *T.med.* atrofia dei tessuti muscolari.

miàu V. MIAO.

miaulàre e der. V. MIAGOLARE e der.

mica[1] [dal lat. *mīca*; sec. XII] **I avv.** *colloq.* **1.** per nulla, affatto; aggiunge efficacia alla negazione: *non ci sono mica stato, non è mica facile, non ci vuole mica credere*; anche se manca la negazione, ha valore negativo: *sono sudati questi soldi, mica rubati!, sono cose serie, mica stupidaggini!* || *mica male*, piuttosto bene, discretamente bello: *mica male quella ragazza* **2.** in espr. dubitative o interrogative, forse, per caso: *hai mica visto le mie ciabatte?, non sarà mica successo qualcosa?* **II sf.** *ant.* particella, briciola || *dim.* miccichìni (*sm.*), miccìno (*sm.*), micèlla, micolìna, micolìno (*sm.*), michétta.

mìca[2] [dal lat. *mīca*, briciola; 1563] **sf.** *T.min.* nome di vari e complessi silicati cristallizzati che si sfaldano in laminette flessibili, di lucentezza vitrea, tutte più o meno trasparenti || *dim.* micèlla.

micàceo [da *mica*[2]; 1779 ca.] **agg.** *T.min.* di mica, simile a mica: *minerali, schisti micacei.*

micàdo V. MIKADO.

micascìsto e **micaschisto** [da *mica*[2]; 1817 *micaschisto*] **sm.** *T.min.* roccia metamorfica costituita di lamelle di mica e granuli di quarzo.

mìccia (pl. *-ce*) [dal fr. *mèche*; a. 1571] **sf.** cordoncino di varia fibra opportunamente trattato che, acceso da un capo, arde lentamente; viene usato per accendere a distanza le polveri e gli esplosivi; *miccia detonante*, che propaga all'istante la combustione, impiegata per esplosioni multiple || *fig. dar fuoco alla miccia*, far esplodere una situazione rivoluzionaria. **TAV.** ***armi* p. 649** 24.3.

miccìno (*dim.* di *mica*[1]) [inizio sec. XV] **sm.** solo nella *loc. fare a miccino*, fare economia.

mìccio (pl. *-ci*) [voc. onom.; a. 1306] **sm.** *tosc. spreg.* o *scherz.* asino.

mìcco (pl. *-chi*) [dallo sp. *mico*; prima metà sec. XVIII] **sm.** *ant.* una specie di scimmia || *fig. rom.* sciocco, babbeo.

micèlico (pl. *-ci*) [da *micelio*; 1957] **agg.** *T.bot.* relativo al micelio, proprio del micelio: *tracce miceliche.*

micèlio (pl. *-li*) [dal gr. *mýkēs*, fungo; 1865] **sm.** insieme degli elementi vegetativi dei funghi, che di solito hanno forma di sottili filamenti biancastri (ife).

micèlla (*dim.* di *mica*[2]) [1917] **sf.** *T.chim.* particella microscopica di una soluzione colloidale.

micellàre [da *micella*; 1957] **agg.** *T.chim.* relativo alle micelle colloidali; proprio delle micelle colloidali: *molecole micellari.*

micenèo [dal lat. *mycenaeus*; a. 1851] **agg.** relativo all'antica Micene || relativo alla civiltà mediterranea diffusa (inizialmente nella Grecia continentale) fra il XVI e il X sec. a.C.: *età micenea, architettura micenea.*

micète [dal gr. *mýkēs, mýkētos*; 1895] **sm.** fungo.

micetologìa [comp. di *micete* e *-logia*; 1828] **sf.** *non com.* micologia.

micetòma [comp. di *micete* e *-oma*; 1934] **sm.** *T.med.* affezione di tipo tumorale al piede, causata da funghi.

michelàccio [da *Michele*; 1586] **sm.** nell'espressione *fare l'arte* o *la vita di Michelaccio*: *mangiare, bere e andare a spasso*, si dice di chi non ha altro pensiero che campare allegramente; fannullone, ozioso.

michelangiolésco (pl. *-schi*) [dal n. dell'artista *Michelangelo* Buonarroti 1475-1564; a. 1861] **agg.** che è proprio dell'arte di Michelangelo Buonarroti || *T.art. figura michelangiolesca*, maestosa, grandiosa.

michelétto [dallo sp. *miquelette*; a. 1741] **sm.** *T.stor.* soldato spagnolo del sec. XVII.

michétta (*dim.* di *mica*[1]) [a. 1789 *micchetta*] **sf.** panino rotondo. **TAV.** *alimentazione* 2.2.

micidiàle [da *omicidiale*; sec. XIV] **agg.** che dà la morte: *veleno micidiale* || *per estens.* molto nocivo: *freddo micidiale* || *iperb. scherz.* insopportabile: *uno spettacolo micidiale* || *ant.* di persona, omicida || **N.** *Sin.* letale, mortale, mortifero, omicida.

-micìna [da (*strepto*)*micina*] **elem. term.** di parole composte che costituiscono la denominazione di alcuni antibiotici (per es. *eritromicina, terramicina*).

mìcio (pl. *-ci*) [voce onom.; 1598 *micia*] **sm.** (f. *-a*; pl. *-ce* e *-cie*) *fam.* gatto || *dim.* micìno, micétto; *accr.* micióne || **N.** *Sin.* GATTO.

mico- [dal gr. *mýkēs*, fungo] **primo elem.** che, in parole composte della terminologia scientifica, vale "fungo" (per es. *micocellulosa, micologia*).

micobattèrio (pl. *-ri*) [comp. di *mico-* e *batterio*; 1957] **sm.** spec. *pl. T.biol.* batterio dalla forma ramificata, simile all'intreccio delle ife dei funghi || **N.** *Sin.* Actinomiceti.

micocchiàno [dal n. geogr. *La Micoque*, località fr.; 1935] **agg.** detto di cultura preistorica del Paleolitico inferiore, caratterizzata dalla produzione di piccoli oggetti lanceolati e appuntiti: *amigdale micocchiana.*

micocellulósa [comp. di *mico-* e *cellulosa*; 1965] **sf.** sostanza simile alla chitina che costituisce la membrana cellulare dei funghi.

micòfita [comp. di *mico-* e *-fita*; 1957] **sf.** *T.bot.* fungo pluricellulare costituito da filamenti intrecciati che formano il micelio.

micologìa [comp. di *mico-* e *-logia*; 1821] **sf.** branca della botanica che ha come oggetto di studio i funghi.

micològico (pl. *-ci*) [da *micologia*; 1891] **agg.** relativo alla micologia, proprio della micologia: *studio micologico*; *gruppo micologico*, gruppo o associazione di esperti, studiosi e appassionati di micologia.

micòlogo (pl. *-gi*) [comp. di *mico-* e *-logo*; 1869] **sm.** (f. *-a*) studioso di micologia.

micorrìza [comp. di *mico-* e gr. *rhiza*, radice; 1934] **sf.** simbiosi tra il micelio di un fungo e le radici di una pianta.

micosferèlla [comp. di *mico-* e lat. scient. *Sphaerella*, n. di un genere di funghi; 1957] **sf.** *T.bot.* genere di funghi degli Ascomiceti, parassiti di molte piante.

micòsi [comp. di *mico-* e *-osi*; 1828] **sf.** *T.med.* denominazione generica di varie malattie prodotte dalla formazione di funghi sull'epidermide e nell'organismo (per es. mughetto e tigna).

micòtico (pl. *-ci*) [da *micosi*; 1954] **agg.** *T.med.* che riguarda una micosi.

micràgna [lat. *hemicrania*; 1908] **sf.** *region.* miseria, mancanza di denaro; anche tirchieria.

micragnóso o **migragnóso** [da *micragna*; 1908] **agg.** *region.* **1.** povero, in condizioni di miseria e indigenza **2.** avaro, taccagno.

mìcro- [dal gr. *mikrós*, piccolo] **primo elem.**

in numerose parole composte dotte e scientifiche, vale in gen. "piccolo", "di dimensioni ridotte": **microlepidòtteri**, **micromicète**, **microregistratóre**, **microsónda** || in part. può indicare relazione con il microscopio e con il suo uso: **microchirurgia** || in denominazioni di strumenti di misurazione, indica la capacità di misurare quantità piccolissime: **microamperòmetro**, **microbaròmetro**, **microbilància**, **microdinamòmetro**, **micromanòmetro**, **microsismògrafo**, **microspettroscòpio** || unito a nomi di discipline scientifiche ne indica il settore che si occupa di elementi o fenomeni di minima entità: **microsociologia**, **microstòria** || in medicina è utilizzato nella denominazione di malattie o malformazioni consistenti nello sviluppo insufficiente di un organo: **micromelìa** || anteposto ad un'unità di misura, ne divide il valore per un milione: **microampère**, **microbàr**, **microcurìe**, **microfàrad**, **microgràmmo**, **microlitro**, **microhènry**, **micromhò**, **micromìcron**, **micromillìmetro**, **microsecóndo**, **microvòlt** || **N.** **1.** *Sin.* brachi- | *Contr.* macro-, mega-, megalo-.

microanàlisi [comp. di *micro-* e *analisi*; 1954] **sf.** **1.** *T.chim.* metodo di analisi che consente l'impiego di dosi piccolissime di sostanza **2.** metodo psicanalitico basato sulla lunghezza e frequenza delle sedute.

microbibliografia [comp. di *micro-* e *bibliografia*; 1957] **sf.** l'insieme delle tecniche di riproduzione su microfilm di libri, manoscritti, documenti e sim.

microbicida [comp. di *microbio* e *-cida*; 1957] **agg.** *T.biol.* che uccide i microbi: *sostanza, prodotto microbicida.*

micròbico (pl. *-ci*) [da *microbo*; 1914] **agg.** di, da microbi: *fermentazioni microbiche.*

micròbio V. MICROBO.

microbiologia [comp. di *micro-* e *biologia*; 1889] **sf.** *T.scient.* branca della biologia che studia gli organismi unicellulari animali o vegetali || **N.** batteriologia.

microbiològico (pl. *-ci*) [da *microbiologia*; 1957] **agg.** *T.biol.* che si riferisce alla microbiologia.

microbiòlogo (pl. *-gi*) [da *microbiologia*; 1957] **sm.** (f. *-a*) studioso o esperto di microbiologia.

microbiòta [comp. di *micro-* e del gr. *biotḗ*, vita; insieme di esseri viventi in un luogo; 1988] **sm.** in ecologia, l'insieme delle specie animali e vegetali che occupano un'area limitata e circoscritta di un ambiente, i valori della quale sono diversi da quelli tipici dell'ambiente circostante.

mìcrobo [dal ted. *Mikrobe*; 1896] **sm.** microrganismo unicellulare, in part. quello capace di produrre fermentazioni, putrefazioni e malattie virulente || *fig.* persona insignificante, che non merita attenzione || **N.** bacillo, batterio, germe, vibrione, virus | settico; antisettico | INFEZIONE.

microcalcolatóre [comp. di *micro-* e *calcolatore*; 1983] **sm.** *T.inform.* sistema elettronico digitale che comprende un'unità centrale composta da uno o più microprocessori, una memoria a lettura e scrittura ed eventualmente una memoria permanente a sola lettura.

microcàmera [comp. di *micro-* e *camera*; 1947] **sf.** *T.fot.* macchina fotografica di piccole dimensioni che utilizza pellicola di formato inferiore al 24 × 36 mm.

microcassétta [comp. di *micro-* e *cassetta*; 1983] **sf.** cassetta di dimensioni ridotte per registratore magnetico tascabile.

microcèbo [dal lat. scient. *Microcebus*; 1957] **sm.** *T.zool.* genere di Proscimmie dei Lemuri di comprendente specie di dimensioni minuscole.

microcefalìa [da *microcefalo*; 1841] **sf.** *T.med.* scarso sviluppo del cranio || **N.** *Contr.* macrocefalia.

microcèfalo [comp. di *micro-* e *-cefalo*; 1821] **agg.** e **sm.** (f. *-a*) *T.med.* che o chi è affetto da microcefalia || **N.** *Contr.* microcefalo.

microchìmica [comp. di *micro-* e *chimica*; 1952] **sf.** *T.chim.* branca della chimica che studia quantità piccolissime di sostanze.

Microchiròtteri [comp. di *micro-* e *chirottero*; 1934] **sm.** *pl.* *T.zool.* sottordine di Chirotteri, che riunisce specie di piccole dimensioni, gen. insettivore.

microcircùito [comp. di *micro-* e *circuito*; 1970] **sm.** *T.elettron.* circuito fatto di componenti di ridottissime proporzioni.

microcìta V. MICROCITO.

microcitemìa [comp. di *microcito* e *-emia*; 1957] **sf.** *T.med.* anemia dovuta alla presenza di numerosi microciti nel sangue.

microcìto o **microcìta** [comp. di *micro-* e *-cito*; 1939] **sm.** *T.biol.* globulo rosso di dimensioni inferiori alla norma.

microclìma [comp. di *micro-* e *clima*; 1957] **sf.** *T.geogr.* **1.** condizioni climatiche relative allo strato atmosferico compreso tra il suolo e un'altezza di 2 metri **2.** clima di una regione ristretta, valutato in contrapposizione al clima di una zona circostante più ampia || **N.** **2.** *Contr.* macroclima.

microclìno [comp. di *micro-* e *-clino*, dal gr. *klínein*, piegare; 1934] **sm.** *T.min.* silicato di alluminio e potassio del gruppo dei feldspati, con la stessa composizione dell'ortoclasio.

micrococco (pl. *-chi*) [comp. di *micro-* e *cocco*; 1878] **sm.** batterio saprofita a forma di globulo spesso riunito in grappoli.

microcompùter (pr. [ˌmikrokomˈpjuter]) [comp. di *micro-* e *computer*; 1984] **sm.** *inv.* *T.inform.* microcalcolatore.

microconflittualità [comp. di *micro-* e *conflittualità*; 1988] **sf.** *T.pol.* conflittualità all'interno di un gruppo sociale che si manifesta con piccoli scontri su argomenti circoscritti.

microconsumatóre [comp. di *micro-* e *consumatore*; 1988] **sm.** in ecologia, organismo vegetale privo di clorofilla che utilizza sostanze organiche in decomposizione.

microcòsmico (pl. *-ci*) [da *microcosmo*; 1869] **agg.** che si riferisce a microcosmo.

microcòsmo [dal lat. tardo *microcosmus*; a. 1375] **sm.** **1.** *T.fil.* l'uomo inteso come rappresentazione sintetica dell'universo (*macrocosmo*) || *per restr.* organismo umano **2.** l'insieme di idee, sensazioni, ideali che riflettono l'ambito d'esperienza di un singolo: *il microcosmo di un poeta.*

microcristallìno [comp. di *micro-* e *cristallino*; 1940] **agg.** di struttura cristallina microscopica.

microeconomìa [dall'ingl. *microeconomics*; 1961] **sf.** parte della scienza economica che studia i problemi connessi alle singole unità produttive (l'impresa, la famiglia, l'individuo), in contrapposizione alla macroeconomia (v.). **Q.T.** *economia...*

microelaboratóre [comp. di *micro-* ed *elaboratore*; 1983] **sm.** *T.inform.* sistema elettronico destinato ad impieghi limitati, gen. di controllo e gestione di macchinari costituito da un'unità centrale e da varie unità complementari per la gestione di funzioni specifiche.

microeleménto [comp. di *micro-* ed *elemento*; 1957] **sm.** *T.biol.* elemento chimico presente in quantità limitate negli organismi animali e vegetali, che è fondamentale per l'esplicazione di alcuni processi fisiologici.

microelettrònica [comp. di *micro-* ed *elettronica*; 1967] **sf.** branca dell'elettronica che ha per oggetto i circuiti elettronici miniaturizzati.

microelettrònico (pl. *-ci*) [comp. di *micro-* ed *elettronico*; 1978] **agg.** relativo alla microelettronica.

microfìllo [comp. di *micro-* e *-fillo*; 1957] **agg.** *T.bot.* di pianta a struttura semplice, che ha le foglie molto piccole.

microfilm [comp. di *micro-* e *film*; 1942] **sm.** *inv.* pellicola fotografica di dimensioni assai ridotte (35-16 mm) impiegata spec. per la riproduzione di documenti, libri rari, progetti ecc. || un rotolo di tale pellicola impressionata: *hai restituito quei microfilm?.*

microfilmàre [da *microfilm*; 1950] **tr.** riprodurre in microfilm: *microfilmare un manoscritto.*

microflòra [comp. di *micro-* e *flora*; 1940] **sf.** complesso di piante di dimensioni ridotte (come muschi, licheni ecc.).

microfònico (pl. *-ci*) [da *microfono*; 1954] **agg.** del microfono: *trasformatore microfonico.*

microfonìsta [da *microfono*; 1960] **s.** tecnico addetto all'installazione e al funzionamento dei microfoni, spec. durante le riprese cinematografiche e televisive.

micròfono [comp. di *micro-* e *fono*; 1828] **sm.** apparecchio atto a convertire in impulsi elettrici le onde sonore, impiegato per trasmettere a distanza o amplificare i suoni. **Q.T.** *audiovisivi, elettricità* **TAV.** *audiovisivi* 4; *cinematografia...* 2.1; ***telefono*** **p. 1334** 1.8.

microfotografia [comp. di *micro-* e *fotografia*; 1882] **sf.** *T.fot.* fotografia di oggetti piccolissimi, ottenuta con l'aiuto del microscopio || la tecnica relativa.

microfotogràfico (pl. *-ci*) [da *microfotografia*; 1957] **agg.** che si riferisce a microfotografia.

microftàlmo [comp. di *micro-* e *-oftalmo*; 1834] **sm.** *T.med.* anomalia congenita del globo oculare, che risulta più piccolo del normale.

microglìa (pr. [mikroˈglia]) [comp. di *micro-* e *glia*; 1957] **sf.** *T.anat.* uno dei tipi morfologici di glia costituito da cellule mobili e fagocitanti.

micrografìa [comp. di *micro-* e *-grafia*; 1834] **sf.** **1.** scrittura di dimensioni assai ridotte; in alcuni soggetti, di origine patologica **2.** analisi microscopica della struttura dei metalli e di leghe metalliche, metallografia.

microgranulàre [comp. di *micro-* e *granulare*; 1978] **agg.** formato da granuli molto piccoli: *composto microgranulare.*

microinfusóre [comp. di *micro-* e *infusore*; 1983] **sm.** *T.med.* apparecchio impiegato per somministrare lentamente, per via endovenosa, un farmaco a dosaggio molto basso.

microinterruttóre ® [comp. di *micro-* e *interruttore*; 1983] **sm.** *T.elettron.* interruttore di correnti di piccola intensità e bassa tensione, impiegato in apparecchiature elettroniche (per es. telefoni, macchine per ufficio, strumenti di registrazione).

microlettóre [comp. di *micro-* e *lettore*; 1963] **sm.** apparecchio con cui si proiettano ingrandite le microfotografie e i microfilm || **N.** *Sin.* lettore, visore.

microlingua [comp. di *micro-* e *lingua*; 1983] **sf.** *T.ling.* codice verbale proprio di un settore specialistico, caratterizzato rispetto alla lingua comune da una particolare distribuzione e frequenza delle strutture morfo-sintattiche e da corrispondenze semantico-lessicali aggiuntive || **N.** *Sin.* lingua speciale, linguaggio settoriale, sottocodice.

microlinguìstica [comp. di *micro-* e *linguistica*; 1974] **sf.** *T.ling.* studio qualitativo delle caratteristiche interne, spec. fono-morfologiche, di una lingua || **N.** *Contr.* macrolinguistica.

microlito[1] o **micròlite** [comp. di *micro-* e *-lito*[1]; 1930] **sm.** *T.archeol.* minuscolo oggetto, di forma geometrica, ricavato da lamette di selce e tipico del periodo compreso tra il Paleolitico e il Neolitico || *industria litica dei microliti*, industria costituita da piccoli oggetti di selce, sviluppatasi in molte regioni dell'Europa occid., dell'Italia e dell'Africa sett. tra il Paleolitico superiore e il Neolitico.

micròlito[2] [comp. di *micro-* e *-lito*[1]; 1954] **sm.** *T.med.* piccolo calcolo situato nel rene, nel fegato o nella vescica.

micromanìa [comp. di *micro-* e *-mania*; a. 1907] **sf.** *T.psic.* alterazione psichica caratterizzata dalla tendenza a negare importanza alle cose o alla propria persona.

micromerìṣmo [dal gr. *mikromerḗs*, composto di piccole parti; 1954] **sm.** *T.biol.* teoria che riconduce ogni processo vitale all'azione di particelle microscopiche (come i geni) dotate delle proprietà biologiche elementari.

micrometeorologìa [comp. di *micro-* e *meteorologia*; 1957] **sf.** la branca della meteorologia che studia i cambiamenti meteorologici nello strato atmosferico più prossimo al suolo o in una zona molto ristretta.

micrometrìa [da *micrometro*; 1869] **sf.** tecnica di misurazione di quantità minime, che si avvale del micrometro.

micromètrico (pl. *-ci*) [da *micrometro*; 1869] **agg.** che si riferisce alla micrometria.

micròmetro [comp. di *micro-* e *metro*; a. 1739] **sm.** apparecchio per misurare le dimensioni minime, con precisione dell'ordine del centesimo di millimetro. **TAV. *utensili* p. 1341** 18.

microminiaturiẓẓazióne [comp. di *micro-* e *miniaturizzazione*; 1974] **sf.** *T.elettron.* produzione di microcircuiti con miniaturizzazione di circuiti elettronici a stato solido.

micromotóre [comp. di *micro-* e *motore*; 1943] **sm.** motore elettrico di piccole dimensioni usato in apparecchi di misurazione o modellini || motore a scoppio di cilindrata non superiore a 50 cc. che si applica a biciclette e ciclomotori; *per meton.* il veicolo a cui sia stato applicato questo motore.

micromotorìsta [da *micromotore*; 1954] **s.** chi è alla guida di un micromotore.

mìcron [dal gr. *mikrón*; 1869] **sm.** *inv.* *T.scient.* unità di misura di lunghezza, pari alla milionesima parte del metro.

micróne [comp. di *micro-* e *-one*; 1957] **sm.** *T.fis.* particella visibile al microscopio (non inferiore a 0,2 micron).

microniẓẓàre [da *micron*; 1957] **tr.** ridurre una sostanza o un materiale in particelle della grandezza di un micron: *micronizzare un farmaco.*

microniẓẓazióne [da *micronizzare*; 1957] **sf.** atto o effetto del micronizzare.

microónda [comp. di *micro-* e *onda*; 1934] **sf.** **1.** *T.fis.* onda elettromagnetica di lunghezza inferiore a 30 cm **2.** *forno a microonde*, forno per alimenti che sfrutta per la cottura microonde di alta frequenza convogliate in una cavità risonante; il notevole assorbimento di energia da parte delle sostanze organiche attraversate fa sì che, a differenza di ciò che avviene con i forni ordinari, la cottura risulti rapida e uniforme anche all'interno dei cibi, mentre i contenitori restano freddi. **TAV. *arredamento* p. 650** 1.4.

micròpilo [comp. di *micro-* e gr. *pýlē*, porta; 1834 *micropila*] **sm.** **1.** *T.bot.* apertura della parte superiore dell'ovulo delle piante, che ne permette la fecondazione **2.** analoga apertura nell'uovo di invertebrati e pesci teleostei.

microprocessóre [comp. di *micro-* e *processore*, come l'ingl. *microprocessor*; 1983] **sm.** *T.inform.* unità centrale di un elaboratore, realizzata su un singolo circuito integrato.

micropsìa [comp. di *micro-* e *-opsia*; 1940] **sf.** *T.med.* alterazione patologica del senso della vista, per cui gli oggetti sono percepiti con dimensioni minori del vero || **N.** *Contr.* macropsia, megalopsia.

micropsichìa [comp. di *micro-* e *-psichia*, dal gr. *psychḗ*, anima; 1940] **sf.** nell'etica aristotelica, il vizio di chi ritiene di valere meno di quanto vale; pusillanimità || **N.** *Contr.* megalopsichia.

microrganìṣmo [comp. di *micro-* e *organismo*; 1905] **sm.** *T.biol.* organismo microscopico; microbo.

microriproduttóre [comp. di *micro-* e *riproduttore*; 1970] **sm.** *T.fot.* apparecchio per eseguire riproduzioni fotografiche di piccolissimo formato || **N.** microfilm, microfotografia.

microschèda [comp. di *micro-* e *scheda*; 1957] **sf.** scheda bibliografica di formato internazionale su cui possono venire riprodotte più pagine di un testo.

microscopìa [da *microscopio*; 1834] **sf.** osservazione per mezzo del microscopio.

microscòpico (pl. *-ci*) [da *microscopio*; 1730] **agg.** **1.** che si fa col microscopio: *esame microscopico* **2.** visibile solo al microscopio: *organismo microscopico* || *iperb.* assai piccolo, minuscolo: *una microscopica porzione di lasagne* || **N.** **2.** PICCOLO.

microscòpio (pl. *-pi*) [comp. di *micro-* e *-scopio*; a. 1660] **sm.** *T.ott.* strumento ottico che consente la visione di oggetti piccoli, non percepibili a occhio nudo: *guardare, esaminare qualcosa al microscopio* (anche *fig.* ad indicare estrema minuziosità); *microscopio ottico*, basato su un sistema di lenti; *microscopio elettronico*, in cui l'oggetto da ingrandire viene investito da un fascio di elettroni anziché da luce visibile || **N.** composto, diottrico, polarizzante, semplice. **TAV. *ottica* p. 1329** 7.

microscopìsta [da *microscopio*; a. 1730] **s.** chi fa osservazioni col microscopio.

microsìṣma o **microsìṣmo** [comp. di *micro-* e *sisma*; 1957 *microsismo*] **sm.** scossa tellurica breve, che può essere solo registrata dai sismografi.

microsólco (pl. *-chi*) [comp. di *micro-* e *solco*, sul modello dell'ingl. *microgroove*; 1955] **sm.** solco d'incisione discografica particolarmente sottile || *per meton.* il disco inciso in tal modo.

microspìa [comp. di *micro-* e *spia*; 1973] **sf.** apparecchio elettronico in miniatura, impiegato nelle intercettazioni telefoniche.

microspòra [comp. di *micro-* e *spora*; 1954] **sf.** *T.bot.* nelle felci, spora da cui trae origine il gametofito maschile.

microsporàngio (pl. *-gi*) [comp. di *micro-* e *sporangio*; 1934] **sm.** *T.bot.* sporangio in cui si producono le microspore.

microsporìa [dal lat. scient. *Microsporum*, n. di un genere di funghi; 1934] **sf.** *T.med.* disturbo cutaneo provocato da un genere di funghi.

microsporofillo [comp. di *micro* e *sporofillo*; 1929] **sm.** *T.bot.* la foglia sulla quale si formano gli sporangi che danno origine alle microspore; nelle spermatofite corrisponde allo stame.

microstòria [comp. di *micro-* e *storia*; 1983] **sf.** *T.stor.* corrente storiografica che privilegia lo studio di collettività circoscritte (ad es. un villaggio) le cui vicende vengono ricostruite in tutti i particolari più minuti.

microtelèfono [comp. di *micro-* e *telefono*; 1904] **sm.** la parte del telefono che contiene il ricevitore e il microfono || **N.** *Sin.* cornetta. **TAV. *telefono* p. 1334** 1.1.

microtèrmo [comp. di *micro-* e *termo*; 1957] **agg.** *T.bot.* di pianta, che richiede temperature piuttosto basse (da 0° a 15°).

micròtomo [comp. di *micro-* e *-tomo*; 1869] **sm.** *T.scient.* strumento atto a dividere in minutissime parti la materia che dovrà poi essere osservata al microscopio.

microtùbulo [comp. di *micro-* e *tubulo*; 1984] **sm.** in genetica, ciascuna delle strutture cellulari ultramicroscopiche di natura proteica, di forma cilindrica, che costituiscono il citoplasma e sono implicate nel movimento degli organuli cellulari e di intere cellule.

mìda [dal lat. scient. *Mydas*; 1954] **sm.** *T.zool.* grande testuggine dell'Oceano Atlantico.

mìdi [dall'ingl. *midi*(*skirt*), gonna di media lunghezza; 1968] **I agg.** *inv.* (sempre posposto) *T.abb.* detto di indumento la cui lunghezza si colloca fra il polpaccio e la caviglia: *cappotto midi* **II sf.** *inv.* gonna lunga fino al polpaccio o poco più: *indossare una midi* **III avv.** *vestire midi.*

mìdi- [dall'ingl. *mid*, mediano] **primo elem.** che, in parole composte indicanti capi di abbigliamento, vale "lungo fino a metà polpaccio": **midicappòtto**, **midigónna** || **N.** maxi-, mini-.

midinette (fr., pr. [midi'nɛt]) [letter. che fa un piccolo pasto a mezzogiorno; 1905] **sf.** *inv.* (anche pl. *midinettes*, pr. [midi'nɛt]) a Parigi, ragazza che lavora in sartoria || *per estens.* ragazza sentimentale.

midólla [lat. *medulla*; 1310] **sf.** **1.** la parte molle e spugnosa del pane che è ricoperta dalla crosta **2.** *ant.* midollo || *fig.* essenza, sostanza || *dim.* midollìna; *accr.* midollóne || **N.** **1.** *Sin.* mollica.

midollàre [da *midolla*; 1225 *medollare*] **agg.** *T.anat.* relativo al midollo: *sostanza, cavità midollare.* **TAV. *anatomia* p. 642** 14.4.

midóllo (pl. f. *midolla*, spec. con valore collettivo; meno com. pl. f. *midólle* o pl. m. *midólli*) [da *midolla*; 1304 nel senso 2] **sm.** **1.** *T.anat.* sostanza di consistenza molle e colore biancastro, che si trova in tutte le cavità del tessuto osseo || *midollo spinale*, cordone di sostanza nervosa, racchiuso nella colonna vertebrale sino alla seconda vertebra lombare || *midollo allungato*, parte ultima dell'encefalo, che precede il midollo spinale; è detto anche bulbo spinale || *fig.* la parte più interna; la sede più riposta di sentimenti e sensazioni: *bagnato sino al midollo, il freddo penetra sino alle midolla; geloso fino al midollo* **2.** *T.bot.* la parte centrale del fusto e delle radici di una pianta, costituita da cellule con membrana non lignificata || **N.** **1.** anima, cuore, polpa; intimo. **Q.T.** *anatomia* **TAV. *anatomia* p. 642** 7.8, 11.14.

midollóne [da *midolla*; 1869] **agg.** e **sm.** (f. *-a*) persona lenta.

midollóso [da *midollo*; prima metà sec. XIV] **agg.** *non com.* **1.** pieno di midolla o di midollo; *pane, osso midolloso* **2.** simile a midollo.

midrange (ingl., pr. ['mɪdreɪndʒ]) [comp. di *mid*, medio e *range*, fila; 1983] **sm.** *inv.* altoparlante per la riproduzione delle medie frequenze.

midràscico (pl. *-ci*) [da *midrash*; 1934] **agg.** relativo al midrash: *esegesi midrascica.*

midrash (ebr., pr. [mɪ'dra:ʃ]) [da *darash*, investigare; 1934] **sm.** *inv.* nella letteratura rabbinica, il metodo tradizionale di esegesi biblica e i libri che ne raccoglievano i risultati.

midrìaṣi [dal gr. e lat. *mydríasis*; 1598] **sf.** dilatazione della pupilla, per reazione fisiologica o per condizione patologica || **N.** *Contr.* miosi.

midriàtico (pl. *-ci*) [da *midriasi*; a. 1896] **agg.** e **sm.** (f. *-a*) affetto da midriasi || di farmaco, che provoca la dilatazione della pupilla.

mielàta [da *miele*; a. 1512] **sf.** liquido dolciastro simile al miele secreto da alcune piante.

mièle [lat. *mel*; 1241 *mele*] **sm.** sostanza sciropposa di color biondo, dolcissima, prodotta dalle api per elaborazione del nettare dei fiori || *miele vergine*, come esce da favo; *miele selvatico*, di api non domestiche; *miele centrifugato*, tolto dai favi mediante uno smelatore a forza centrifuga || simbolo di amabilità e dolcezza; talvolta anche solo esteriore: *una persona tutta miele, parole di miele*; *luna di miele* (v. LUNA) ||

N. ibleo, rosato; idromele | smelare | melato, mellifluo. **TAV.** *zootecnia* 6.2.

mielencèfalo [comp. di *mielo-* ed *encefalo*; 1957] **sm.** *T.anat.* sezione terminale dell'encefalo, da cui si origina il midollo allungato.

-mielìa [dal gr. *myelós*, midollo] **elem. term.** che, in composti della terminologia medica, fa riferimento al midollo spinale (per es. *ematomielia, idromielia*).

mièlico (pl. *-ci*) [da *mielo-*; 1970] **agg.** *T.anat.* midollare.

mielìna [comp. di *mielo-* e *-ina*; 1902] **sf.** sostanza grassa che avvolge le fibre di alcuni nervi.

mielìnico (pl. *-ci*) [da *mielina*; 1940] **agg.** di mielina, costituito da mielina: *sostanze mieliniche.*

mielìte [comp. di *mielo-* e *-ite*; 1830] **sf.** *T.med.* infiammazione del midollo spinale || **N.** *Sin.* medullite.

mièlo- [dal gr. *myelós*, midollo] **primo elem.** che, in parole composte della terminologia medica, ha il valore di "midollo osseo" o di "midollo spinale".

mieloblàsto [comp. di *mielo-* e *-blasto*; 1954] **sm.** *T.biol.* cellula immatura della serie bianca del sangue, da cui derivano i globuli bianchi detti granulociti.

mieloblastòma [comp. di *mieloblasto-* e *-oma*; 1954] **sm.** *T.med.* tumore maligno del midollo osseo, formato da elementi simili ai mieloblasti.

mielocìto o **mielocìta** [comp. di *mielo-* e *-cito, -cita*; 1954] **sm.** *T.biol.* cellula della serie bianca del sangue, dalla quale si formano i globuli bianchi detti granulociti.

mielocitòma [comp. di *mielocito* e *-oma*; 1954] **sm.** *T.med.* tumore del midollo osseo, formato da elementi simili ai mielociti || **N.** *Sin.* mieloma.

mielografìa [comp. di *mielo-* e *-grafia*; 1934] **sf.** *T.med.* radiografia del midollo spinale.

mielòma [comp. di *mielo-* e *-oma*; 1954] **sm.** *T.med.* tumore del midollo osseo.

mielopatìa [comp. di *mielo-* e *-patia*; 1954] **sf.** *T.med.* malattia del midollo osseo o spinale.

mielòṣi [comp. di *mielo-* e *-osi*; 1957] **sf.** *T.med.* malattia degenerativa del midollo osseo.

mielóso [da *miele*; 1965] **agg.** **1.** che ha il sapore o l'aspetto del miele **2.** *fig.* mellifluo; sdolcinato.

miètere (pres. *mièto, mièti*; p.rem. *mietéi, mietésti, mieté, mietémmo, mietéste, mietérono*; pps. *mietùto*) [lat. *metere*; a. 1342] **tr.** **1.** di grano o altri cereali, tagliare con la falce o con mezzi meccanici || anche *ass.* eseguire la mietitura: *andare a mietere* **2.** *mietere molte vittime*, di malattia, guerra o altra calamità, provocare la morte di molti || rif. in part. al frutto di una fatica o di un impegno, raccogliere in abbondanza: *mietere allori, onori, consensi* || **N.** **1.** *Sin.* falciare, segare; falce messoria; messe.

mietilléga [comp. di *miet(ere)* e *lega(re)*; 1963] **sf.** mietilegatrice.

mietilegatrìce [comp. di *mieti(trice)* e *legatrice*; 1957] **sf.** macchina che miete e lega il grano in covoni.

mietitóre [da *mietere*; a. 1342] **agg.** e **sm.** (f. *-trìce*) che o chi miete; anche *fig.*: *la peste mietitrice di morte.*

mietitrébbia [da *mietitrebbiatrice*; 1957] **sf.** mietitrebbiatrice.

mietitrebbiatrìce [comp. di *mieti(trice)* e *trebbiatrice*; 1957] **sf.** macchina che esegue insieme le operazioni di mietitura e trebbiatura del grano. **TAV.** *agricoltura* 7.

mietitrìce [da *mietere*; 1869] **sf.** macchina che serve a mietere.

mietitùra [da *mietere*; a. 1292] **sf.** l'operazione del mietere: *mietitura manuale, meccanizzata* || *per meton.* il tempo in cui si miete: *verrò da te alla mietitura* || il raccolto: *mietitura scarsa* || **N.** falciatura, raccolto.

mig (pr. [mig]) [dalle iniziali di *Mikojan* e *Gurevič*, gli inventori; 1957] **sm. inv.** aereo da caccia e intercettazione di produzione sovietica: *proseguono le ricerche del mig precipitato.*

migàle [dal gr. *migalê*, toporagno; 1834] **sm.** nome di varie specie di ragni, di grandi dimensioni, che vivono nelle regioni tropicali.

Migalomòrfi [comp. di *migale* e *-morfo*; 1957] **sm. pl.** *T.zool.* sottordine dei Ragni.

migliàccio (pl. *-ci*) [lat. tardo *miliācium*; 1310-1312] **sm.** **1.** *T.cuc.* frittella salata, fatta con sangue di maiale, farina e pinoli, che si mangia calda spolverata di formaggio || dolce a base di sangue di maiale, uvetta e cioccolato **2.** *T.cuc.* castagnaccio; anche dolce simile ma fatto con farina di granoturco **3.** *T.metal.* metallo che nella fusione per inavvertenza si raffredda e si rapprende || **N.** **1.** *Sin.* roventino; biroldo, sanguinaccio.

migliàio (pl. f. *migliaia*) [lat. *miliārium*; a. 1292] **sm.** quantità equivalente o prossima a mille: *un migliaio di persone, un migliaio di lire* || *iperb. pl. migliaia*, una quantità enorme: *riceve migliaia di lettere al giorno.*

migliàre v. MILIARE[2].

migliarìno [da *miglio*[2]; 1803 nel senso 2] **sm.** **1.** *tosc.* pianta delle Borraginacee i cui frutti sono usati in erboristeria come diuretico **2.** piccolo uccello dei Fringuellidi con capo scuro e addome bianco, diffuso in Italia in prossimità di paludi e corsi d'acqua **3.** pallino da caccia assai piccolo.

migliaròla [da *miglio*[2]; 1808 ca.] **sf.** la quantità più minuta dei pallini da caccia.

mìglio[1] (pl. f. *mìglia*) [lat. *milia*; sec. XIII] **sm.** **1.** unità di misura lineare diversa secondo l'epoca e il paese, ma press'a poco equivalente a un chilometro e mezzo || *in part. miglio marino* o *nautico*, impiegato nella navigazione, pari a 1852 m; *miglio terrestre*, in uso nei paesi anglosassoni, pari a 1609,3 m || in espressioni iperb. indica grande distanza: *si sente, si vede da un miglio; era lontano (le) mille miglia dal pensarlo* **2.** pietra miliare || **N.** **1.** *nodo.* **Q.T.** *nautica...*

mìglio[2] (pl. *-gli*) [lat. *milium*; a. 1367] **sm.** **1.** pianta delle Graminacee con foglie larghe lanceolate e pannocchie comprendenti numerose spighette con frutti piccoli giallastri o rossastri **2.** il frutto di tale pianta, utilizzato soprattutto come mangime per uccelli || esempio di cosa minuscola: *essere come un grano di miglio, non entra più nemmeno un grano di miglio* || **N.** **2.** panìco; becchime.

mìglio[3] v. MILIO.

miglioràbile [da *migliorare*; a. 1835] **agg.** che può essere migliorato, che può migliorare: *una proposta interessante, ma migliorabile.*

miglioraménto [da *migliorare*; 1219 *mellioramento*] **sm.** cambiamento positivo di una condizione: *netto, sensibile miglioramento; apportare, indurre miglioramenti, riscontrare un miglioramento nel malato, rivendicare un miglioramento delle condizioni di lavoro* || **N.** *Sin.* arricchimento, avanzamento, bonifica, correzione, emendamento, innalzamento, miglioria, perfezionamento, progresso, restauro, riforma, risanamento, salto qualitativo; beneficio, sollievo, vantaggio.

miglioràre (pres. *-óro*) [lat. tardo *meliorāre*; a. 1292] **tr.** rendere migliore: *migliorare la propria condizione* || **intr.** (aus. *essere*) divenire migliore: *quel ragazzo è migliorato, se il tempo non migliora ci saranno pochi turisti* || **N.** **tr.** *Sin.* aggiustare, avvantaggiare, bonificare, cambiare in meglio, correggere, emendare, potenziare, restaurare, riparare; ACCOMODARE, PERFEZIONARE | **intr.** *Sin.* guarire, progredire, prosperare, riaversi, rifarsi, rifiorire, rimettersi, riprendersi, risorgere, ristabilirsi.

migliorativo [da *migliorare*; sec. XIV] **agg.** *non com.* atto a migliorare: *legge migliorativa.*

miglioratóre [da *migliorare*; a. 1653] **agg.** e **sm.** (f. *-trìce*) *non com.* chi o che migliora.

migliorazióne [da *migliorare*; a. 1769] **sf.** *non com.* miglioramento.

miglióre [lat. *melior, -ōris*; 1219] **agg.** *compar.* di *buono*; preceduto da art. forma il superlativo relativo; detto di persona, di qualità più elevate: *fra tutti noi è la persona migliore* || più capace, più bravo: *l'altro cantante mi sembrava migliore, il miglior idraulico che conosca*; anche rif. a qualità e sentimenti: *carattere, animo migliore, vista migliore, un miglior senso dell'orientamento, propositi migliori* || più soddisfacente, più conveniente: *ottenere a un prezzo migliore, al miglior offerente, non potevi fare una scelta migliore* || meglio realizzato, quindi più efficiente, più efficace o di miglior valore: *l'opera migliore dell'artista, il lancio migliore, il migliore dei mondi possibili* || più adatto, più opportuno: *l'intervento migliore, la critica migliore, la tattica migliore* || *eufem. passare a miglior vita*, morire || essendo già comparativo, non consente altra comparazione; evitare quindi la forma *più migliore* || **N.** eccellente, impareggiabile, meglio, ottimo, preferibile, scelto; BUONO.

miglioria [da *migliore*; 1764] **sf.** miglioramento, risanamento, spec. di immobili: *opere di miglioria.*

migliorìṣmo [da *migliore*, sul modello dell'ingl. *meliorism*; 1957] **sm.** **1.** *T.fil.* atteggiamento filosofico secondo cui il mondo è in costante progresso; tipico di certe forme di pragmatismo **2.** orientamento politico che negli ultimi anni caratterizza alcune correnti di pensiero nei partiti di ispirazione marxista, secondo cui è possibile migliorare il sistema capitalistico dall'interno accettandone in parte i metodi. **Q.T.** *politica.*

migliorista [da *migliore*; 1985] **s.** seguace del migliorismo sia in senso filosofico che politico.

mìgma [dal gr. *mîgma*, mescolanza; 1957] **sm.** *T.geol.* miscela di rocce della profondità della crosta terrestre, costituita da parti solide e da magma ancora fuso per gli alti valori di pressione e di temperatura.

migmàtico (pl. *-ci*) [da *migma*; 1978] **agg.** *T.geol.* relativo al migma: *composto migmatico.*

migmatìte [comp. di *migma* e *-ite*[2]; 1957] **sf.** *T.min.* roccia derivante dalla solidificazione di materiali migmatici.

mignàno [dal lat. *maenianum*; 1837] **sm.** a Roma, balcone o poggiolo in legno o muratura, che si affaccia gen. su un cortile interno.

mignàtta [etim. discussa; a. 1321] **sf.** **1.** sanguisuga **2.** *fig.* persona assai noiosa, sempre alle costole **3.** *fig.* usuraio **4.** *T.mil.* mezzo d'assalto in uso nella prima guerra mondiale, costituito da un siluro manovrato a mano, con testata esplosiva staccabile, simile al maiale (v. MAIALE nel senso 2).

mignattàio (pl. *-ài*) [da *mignatta*; 1869] **sm.** **1.** grosso uccello migratore dei Ciconidi, con collo slanciato, lungo becco ricurvo e piumaggio scuro **2.** (f. *-a*) chi un tempo cacciava e vendeva mignatte o le applicava per fare salassi.

mignattìno [da *mignatta*, perché si ciba di tale animale; a. 1871] **sm.** uccello caradriforme dal colore cenerino e nero sul capo e sul collo, che vive nei pressi di mari, laghi o paludi.

mignattóne [da *mignatta*, perché si ciba di tale animale; 1834] **sm.** rondine di mare.

mignèlla [da *mignatta*; sec. XVI] **sf.** *ant.* spilorcio.

mìgnola [da *mignolo*; a. 1597] **sf.** l'insieme di infiorescenze in boccio dell'olivo.

mignolàre (pres. *-ìgnolo*) [da *mignola*; a. 1585] **intr.** (aus. *avere*) di olivo, produrre la mignola.

mignolatùra [da *mignola*; a. 1813] ***sf.*** comparsa della mignola sui rami dell'olivo.

mìgnolo [da una radice espressiva *mign-*; sec. XIV] ***sm.*** **1.** nome del dito più piccolo della mano e del piede; usato anche come *agg.*: *il dito mignolo* **2.** fiore in boccio dell'olivo: *gemme di pioppo e mignoli d'ulivi* (Pascoli).

mignon (fr., pr. [mi'ɲɔ̃]) [letter. piccolo, grazioso; 1905] ***agg. inv.*** di formato ridotto: *versione, edizione mignon* || *in part.* si dice di un attacco per lampadine elettriche di dimensione ridotta e delle relative lampadine.

mignóne [dal fr. *mignon*; a. 1306] ***agg.*** e ***sm.*** *ant.* preferito, favorito, beniamino.

mignonnette (fr., pr. [miɲɔ'nɛt]) [letter. molto piccolo; 1983] ***sf.*** *inv.* piccola bottiglia di liquore di formato ridotto rispetto a quello normale.

mignòtta [prob. dal fr. *mignote*, favorita; 1791] ***sf.*** *volg. centr.* e *merid.* prostituta, donna di facili costumi.

migrànte (*ppr.* di *migrare*) [1843] ***agg.*** *T.med. ascesso, rene migrante*, che si sposta dalla sua sede primitiva || *uccello migrante*, migratore.

migràre [dal lat. *migrāre*; 1598] ***intr.*** spostarsi periodicamente o stabilmente verso nuove sedi in cerca di condizioni migliori, detto spec. di gruppi di animali o popolazioni intere: *d'autunno alcuni uccelli migrano verso Sud* || **N.** *Sin.* trasferirsi; emigrare, immigrare.

migratóre [da *migrare*; 1869] ***agg.*** e ***sm.*** (f. *-trice*) che o chi migra: *uccelli migratori, rondini migratrici* || **N.** itinerante, nomade, transumante.

migratòrio (pl. *-ri*) [da *migrare*; 1754] ***agg.*** che si riferisce a migrazione: *fenomeno, movimento migratorio.*

migrazióne [dal lat. *migrātio, -ōnis*; a. 1544] ***sf.*** **1.** il migrare: *antiche migrazioni di popoli dal Nord* **2.** *per estens. T.scient.* spostamento; *in part. T.astr. migrazioni dei poli*, minima espansione periodica della curva descritta dai poli geografici || **N. 1.** transumanza; interna, massiccia; stagionale. **Q.T.** *zoologia.*

mihrab (ar., pr. [mɪħ'rɑ:b]) [voce araba; 1931] ***sm.*** *inv.* **1.** nicchia di base semicircolare terminante con una calotta semisferica o con una volta ad arco, collocata in una delle pareti interne della moschea per indicare la direzione della Mecca **2.** motivo ornamentale utilizzato nei tappeti da preghiera che riproduce in modo stilizzato la nicchia omonima.

mikado (giap., pr. [mi'qadɔ]) [comp. di *mi*, augusto e *kado*, porta; 1834 micaddo] ***sm.*** *inv.* **1.** palazzo imperiale del Giappone || *per meton.* l'imperatore del Giappone **2.** gioco di pazienza che consiste nel far cadere in modo casuale su un piano un fascio di bastoncini di materiale vario, variamente colorati a seconda del loro valore, cercando di sollevarli uno per uno con l'aiuto di una bacchetta e senza far muovere gli altri; vince chi al termine ha ottenuto il punteggio più elevato.

mìla [lat. *mīlia*, pl. di *mīlle*; a. 1288 nel senso 1; a. 1866 nel senso 2] ***sf. pl.*** **1.** plurale di mille quando questo viene moltiplicato da un numero precedente con cui si unisce nella scrittura formando aggettivi numerali: *duemila, cinquemila* **2.** *region. disus.* migliaio (anche con valore indeterminato): *ho speso una decina di mila lire.*

milady (ingl., pr. [mɪ'leɪdɪ]; pr. it. [mi'lɛdi]) [letter. mia signora; 1557 miledi] ***sf.*** *inv.* titolo nobiliare, appellativo riservato a nobili signore inglesi || **N.** *milord.*

milanése [da *Milano*; a. 1294 *melanese*] **I** ***agg.*** di Milano **II *s.*** **1.** abitante di Milano **2.** solo *sm.* dialetto milanese.

milanìsta [da *Milan*, nome di una squadra di calcio di Milano; 1942] ***agg.*** e ***s.*** *T.sport.* **1.** che, chi gioca nella squadra di calcio del Milan **2.** che, chi è tifoso del Milan.

miler (ingl., pr. ['maɪlə]) [da *mile*, miglio; 1957] ***sm.*** *inv.* (anche pl. *milers*, pr. ['maɪləz]) *T.ipp.* cavallo allenato a correre in gare della lunghezza di un miglio.

milèsio (pl. *-si*) [dal lat. *milēsius*, di Mileto; 1513] ***agg.*** relativo alla città ionica di Mileto o alla scuola filosofica che vi si sviluppò.

miliardàrio (pl. *-ri*) [da *miliardo*; 1877] ***sm.*** (f. *-a*) e ***agg.*** chi possiede un patrimonio di uno o più miliardi: *chi vince diventa miliardario* || *per estens.* che vale miliardi; ricchissimo: *schedina miliardaria.*

miliàrdo [dal fr. *milliard*; 1797] ***sm.*** mille milioni || *ass.* mille milioni di lire: *una rapina di un miliardo.*

miliàre¹ [dal lat. *miliārius*; 1750] ***agg.*** relativo al miglio come unità di misura: *colonna, cippo miliare* || *pietra miliare*, quella che ai lati delle strade indica la distanza, anche in km, da una città; *fig.* avvenimento che segna una tappa fondamentale per la civiltà o per una singola scienza: *la scoperta della radioattività è una pietra miliare nella storia della fisica.*

miliàre² [da *milium*, miglio, pianta; 1657] ***agg.*** *T.med.* di malattia, che determina formazioni granulari cutanee o interne: *tubercolosi miliare, febbre miliare*; anche *sf. miliare.*

miliarése o **miliarènse** [dal lat. tardo *miliarense*; 1929 *miliarese*] ***sm.*** *T.num.* in età romana, moneta d'argento coniata nel IV secolo d.C. con cui si volle introdurre, senza però riuscirvi, una moneta in argento corrispondente a un valore fisso in oro || in età bizantina, il termine indicava una moneta d'argento dal valore incerto, molto usata per i commerci con il Levante.

milieu (fr., pr. [mi'ljø]) [1905] ***sm.*** *inv.* ambiente, spec. nel significato storico-culturale e sociologico del termine.

mìlio o **mìglio** (pl. *-li* o *-gli*) [dal lat. *milium*, grano di miglio; 1934] ***sm.*** *T.med.* cisti che compare sulla pelle del viso, piccola quanto un grano di miglio.

milìobate [comp. del gr. *mylías*, mola e gr. *batís*, pesce razza; 1934] ***sf.*** *T.zool.* specie della famiglia dei Miliobatidi dal corpo discoidale e coda lunga e sottile || **N.** *Sin.* aquila di mare, aquila marina.

Miliobàtidi (sing. *-e*) [dal lat. scient. *Miliobatis, -idis*, basato sul gr. *mylías*, mola e *batís*, pesce razza; 1834] ***sm. pl.*** *T.zool.* famiglia di pesci Raiformi dal corpo largo romboidale, diffusi in tutti i mari caldi.

milionàrio (pl. *-ri*) [da *milione*; 1765] ***agg.*** e ***sm.*** (f. *-a*) chi o che possiede un milione o, più com., molti milioni.

milióne [da *mille*; a. 1348] ***sm.*** mille migliaia || *ass.* un milione di lire: *ha messo da parte un milione* || *iperb.* una grande quantità: *un milione di frottole, un milione di impegni* || *dim.* milioncìno.

militànte (*ppr.* di *militare*) [a. 1348] ***agg.*** e ***s.*** che, chi partecipa attivamente alla organizzazione, alla propaganda, alla lotta ideale del partito politico o del movimento di idee di cui fa parte || *critico militante*, che partecipa attivamente ai fenomeni letterari e culturali contemporanei || *T.teol. Chiesa militante*, il complesso dei fedeli vivi e attivi (v. TRIONFANTE). **Q.T.** *politica.*

militànza [da *militare¹*; 1973] ***sf.*** attiva e convinta partecipazione alle attività di un movimento politico, religioso o culturale, di cui si condividono i principi ispiratori: *si è ritirato dopo una lunga militanza nel partito.*

militàre¹ (pres. *mìlito*) [dal lat. *militāre*; a. 1375] ***intr.*** (aus. *avere*) **1.** svolgere servizio di leva o di guerra: *militare nell'aviazione* **2.** *fig.* aderire con impegno e partecipazione attiva a un movimento politico o culturale: *militare in un partito di sinistra* **3.** di ragioni, argomenti e sim., valere, servire di sostegno: *a mio favore militano cento ragioni* || **N. 1.** *Sin.* combattere, impugnare le armi.

militàre² [dal lat. *militāris*; 1336 ca.] **I** ***agg.*** che appartiene o serve alle forze armate; che riguarda l'attività e l'organizzazione di queste: *mezzi militari, addestramento militare, zona militare, accademia militare*; *tribunale militare*, in cui vengono giudicati i reati di chi fa parte delle forze armate; *servizio militare*, la prestazione svolta da chi adempie agli obblighi di leva || condotto dall'esercito: *manovra, sbarco militare, colpo di stato militare* || caratteristico dei soldati; ispirato alla rigida disciplina di caserma: *saluto, portamento militare*; *rigore militare* || **militarménte** ***avv.*** **1.** da parte dei militari; con l'uso di armi **2.** secondo principi militari || alla maniera dei militari: *salutare militarmente* **II *sm.*** chi appartiene alle forze armate in conseguenza di un rapporto di servizio o di impiego: *militari di leva, in servizio permanente*; *fare il militare*, adempiere agli obblighi di leva || **N.** I *Contr.* borghese, civile II *Sin.* milite, soldato, uomo d'arme. **Q.T.** *forze armate.*

militarésco (pl. *-schi*) [da *militare²*; 1891] ***agg.*** da militare, spec. con riferimento ad uno stereotipo di rigida disciplina e aggressività: *piglio, aspetto militaresco* || **N.** *Sin.* soldatesco.

militarìsmo [dal fr. *militarisme*; 1861] ***sm.*** esaltazione dello spirito e dei principi dell'organizzazione militare || *in part.* nella conduzione politica di un paese, preponderanza di potere delle forze armate o pesante influenza di spirito e mentalità militari. **Q.T.** *politica.*

militarìsta [da *militarismo*; 1905] ***s.*** fautore o seguace del militarismo.

militarìstico (pl. *-ci*) [da *militarista*; 1915] ***agg.*** di militarismo, da militarista: *regime militaristico.*

militarizzàre [dal fr. *militariser*; 1853] ***tr.*** **1.** sottoporre all'autorità e alla disciplina militare: *militarizzare i ferrovieri* || *per estens.* organizzare ispirandosi a principi militari **2.** armare, presidiare con l'esercito: *i Tedeschi militarizzarono la zona renana.*

militarizzazióne [dal fr. *militarisation*; 1877] ***sf.*** l'atto e l'effetto del militarizzare.

militassòlto [comp. di (*servizio*) *milit*(*are*) e *assolto*; 1983] ***agg.*** negli annunci economici dei giornali, detto di chi ha già svolto il servizio militare: *cercasi ragioniere militassolto* || **N.** militesente.

mìlite [dal lat. *mīles, mīlitis*; 1336 ca.] ***sm.*** appartenente a un corpo militare o militarizzato: *milite della Guardia di Finanza*; *milite della Croce Rossa* || *lett.* soldato; *Milite Ignoto*, il soldato sepolto sotto l'Altare della Patria, che simboleggia il sacrificio di tutti i caduti || *fig.* chi lotta per una causa || **N.** *Sin.* soldato.

militesènte [comp. di *milit*(*are*) e *esente*; 1918] ***agg.*** e ***sm.*** *T.bur.* esente da obblighi di leva.

milìzia [dal lat. *mīlitia*; 1308 nel senso 2] ***sf.*** **1.** l'esercizio e la professione delle armi: *abbandonare la milizia* || *arc.* l'arte della guerra **2.** esercito: *milizia territoriale* || *pl.* truppe: *milizie mercenarie, milizie regolari* **3.** *fig.* partecipazione attiva a movimento, partito e sim. **4.** *T.rel. milizie di Cristo*, l'insieme dei fedeli, chiesa militante; *milizia celeste*, gli angeli || **N. 2.** ausiliare, civica, irregolare, mercenaria, mobile, nazionale, permanente, presidiaria, di riserva, schierata, territoriale, volontaria | complementi, contingente, effettivo.

miliziàno [dal fr. *milicien*; a. 1679 nel senso 2] ***sm.*** **1.** nella guerra civile di Spagna, nome con cui si indicavano gli appartenenti alla milizia repubblicana **2.** *T.stor.* nei secoli XVIII e XIX, soldato appartenente alle milizie cittadine.

millànta [da *mille*; 1353] ***agg.*** e ***sm.*** *num. card. inv. scherz.* mille; perlopiù usato per indicare una grandezza favolosa, irreale: *Hàcce-*

ne più di millanta, che tutta notte canta (Boccaccio); anche seguito da altri numeri: *millantacinque, millantamila*; *mille* (*e*) *millanta*, innumerevoli.

millantaménto [da *millantare*; sec. XIV] **sm.** l'atto del millantare e del millantarsi || millanteria.

millantàre (pres. *-ànto*) [da *millanta*; a. 1313] **tr.** vantare esagerando o inventando: *millantavano alte protezioni* || **rifl.** vantarsi, spacciarsi: *millantarsi di aver compiuto imprese eroiche*; *millantarsi un eroe* || **N. tr.** *Sin.* bravare, dir fandonie, gonfiare, iperboleggiare, piantar carote, raccontare o spacciare frottole, sbraciare, sbravazzare; ESAGERARE | **rifl.** *Sin.* gloriarsi, vanagloriarsi.

millantàto (*pps.* di *millantare*) [a. 1602] **agg.** *T.giur. millantato credito*, reato commesso da un patrocinatore legale che, con il pretesto di acquisire il favore del giudice, dei testimoni, del pubblico ministero o dei periti, si fa dare o promettere soldi dal proprio cliente || *per estens.* il reato di chi a scopo di lucro finge di godere la fiducia, la confidenza e la protezione di pubblici ufficiali.

millantatóre [da *millantare*; a. 1342] **sm.** (f. *-trìce*) chi millanta o si millanta || **N.** *Sin.* ammazzasette, bravaccio, borioso, capitan Fracassa, fanfarone, gradasso, guascone, ostentatore, rodomonte, sbracione, smargiasso, spaccamontagne, spaccone, spavaldo, vanaglorioso.

millantatùra [da *millantare*; a. 1681] **sf.** *raro* millanteria.

millanterìa [da *millantare*; 1364] **sf.** il millantare e il millantarsi || detto o azione da millantatore || **N.** *Sin.* bravata, bravazzata, esagerazione, fanfaronata, gradassata, grandigia, guasconata, iattanza, megalomania, presunzione, rodomontata, sbraceria, smargiassata, smargiasseria, spacconata, tracotanza, vanagloria, vanto.

mille [lat. *mīlle*; 1219] **I agg.** e **sm.** *num. card. inv.*, ar. 1000, rom. M || *iperb.* quantità indeterminatamente grande: *avere mille cose da fare, mille scuse, mille auguri, diventare di mille colori* **II sm.** *il mille*, il millesimo anno dell'era cristiana; l'XI sec.

millecuplicàre (pres. *-ùplico, -ùplichi*) [da *mille* sul modello di *decuplicare*; 1869] **tr.** *ant.* moltiplicare per mille.

millefióri [comp. di *mille* e *fiori*; 1780] **sm.** *inv.* **1.** liquore fatto di varie specie di fiori distillati **2.** vetro contenente piccole sezioni di smalti colorati || **N. 2.** murrina.

millefòglie [comp. di *mille* e *foglie*; 1930] **sm.** *inv.* **1.** *T.cuc.* dolce di pasta sfoglia, disposta in molti strati sottili e inframezzata a crema **2.** millefoglio.

millefòglio (pl. *-gli*) [lat. *millefolium*; sec. XIV *millefoglie*] **sm.** altro nome dell'achillea (v.).

millenàrio (pl. *-ri*) [lat. *millenārius*; 1843 nel senso 2] **I agg. 1.** di mille anni: *pianta, civiltà millenaria* **2.** che ricorre ogni mille anni: *celebrazione millenaria* **II sm.** il millesimo anniversario.

millenarìsmo [da *millenario*; 1935] **sm.** dottrina fondata su una predizione dell'apocalisse, secondo la quale Cristo tornerebbe in terra a regnare con i giusti, per mille anni, prima del giudizio universale; anche la dottrina secondo cui l'anno 1000 avrebbe visto la fine del mondo || *per estens.* dottrina o atteggiamento di attesa di grandi eventi per un futuro indeterminato ma incombente: *il millenarismo marxista.* **Q.T.** *religione.*

millenarìsta [da *millenarismo*; 1957] **s.** che crede nel millenarismo.

millenarìstico (pl. *-ci*) [da *millenarismo*; 1957] **agg.** *T.rel.* relativo al millenarismo, proprio del millenarismo: *dottrina millenaristica.*

millènne [da *mille*; 1891] **agg.** *raro* che dura da mille anni.

millènnio (pl. *-ni*) [da *millenne*; 1869] **sm.** periodo di mille anni: *nel terzo millennio a.C.*

millepièdi [comp. di *mille* e *piedi*; 1598] **sm.** *inv.* nome volgare di appartenenti alla classe dei Miriapodi, caratterizzati da corpo allungato suddiviso in numerosi segmenti, ciascuno dei quali porta uno o due paia di arti.

millerìghe [comp. di *mille* e *righe*; a. 1862] **agg.** e **sm.** *inv.* **1.** tessuto formato dall'intreccio di filati di colori contrastanti **2.** tipo di carta da imballaggio sottilmente rigata.

millesimàto [da *millesimo*; 1978] **agg.** detto di bottiglia di vino o di liquore nella quale è segnato l'anno di produzione.

millèsimo [dal lat. *millēsimus*; 1321 come sm.] **I agg.** *num. ord.* che viene dopo altri 999 della stessa serie; spesso in usi iperb.: *è la millesima volta che te lo dico* || *la millesima parte*, ciascuna delle mille parti uguali in cui è stato diviso un intero **II sm. 1.** l'anno della data: *manca il millesimo* **2.** unità di misura per il titolo di certi metalli preziosi.

milleùsi [comp. di *mille* e *uso*; 1967] **agg.** *inv.* di strumento o oggetto, che può essere impiegato per molti usi diversi: *barattolo milleusi, coltello milleusi* || **N.** *Sin.* multiuso.

milli- [dal lat. *mille*, mille] **primo elem.** che, anteposto a un'unità di misura, la divide per mille: **milliampère**, **millimìcron**, **millisecóndo**, **millivòlt** || **N.** chilo-.

millibàr [comp. di *milli-* e *bar*; 1930] **sm.** *inv.* *T.meteor.* unità di misura della pressione atmosferica. **TAV.** ***meteorologia*** **p. 1321** 10.1.

milligràmma e **milligràmmo** [comp. di *milli-* e *grammo*; 1802] **sm.** la millesima parte d'un grammo.

millilitro [comp. di *milli-* e *litro*; 1869] **sm.** la millesima parte di un litro.

millimetràre (pres. *-ìmetro*) [da *millimetro*; 1957] **tr.** suddividere in millimetri.

millimetràto (*pps.* di *millimetrare*) [1936] **agg.** suddiviso in millimetri: *regolo millimetrato*; *carta millimetrata*, stampata a quadrettini di un millimetro di lato, impiegata per disegni di precisione.

millimètrico (pl. *-ci*) [da *millimetro*; 1869] **agg. 1.** espresso in millimetri: *misurazione millimetrica* **2.** *per estens.* estremamente dettagliato: *precisione millimetrica.*

millìmetro [comp. di *milli-* e *metro*; 1802] **sm.** la millesima parte d'un metro.

milo- [dal gr. *mýlē*, macina, dente molare] **primo elem.** che, in parole composte della terminologia scientifica, vale "dente molare" (per es. *milodonte, miloioideo*).

milodónte [comp. di *milo-* e *-odonte*; 1905] **sm.** mammifero fossile dell'ordine degli Sdentati, affine al megaterio, con la bocca fornita di denti molari triangolari e canini appena accennati.

miloioidèo [comp. di *milo-* e *-ioideo*; 1834] **sm.** *T.anat.* muscolo che si estende dalla faccia interna della mandibola sino all'osso ioide e la cui funzione è di sollevare la lingua durante la deglutizione.

milònga [da una voce di una lingua dell'Angola che significa "parola", attr. lo sp. d'America; 1957] **sf.** canzone e danza popolare sudamericana, di origine africana, che si eseguono con accompagnamento di chitarra.

milonìte [comp. del gr. *mylṓn*, mulino e *-ite*[2], come l'ingl. *mylonite*; 1934] **sf.** *T.geol.* roccia dura dall'aspetto vetroso, formatasi per deformazione o frantumazione di rocce in seguito a movimenti tettonici.

milonìtico (pl. *-ci*) [da *milonite*; 1957] **agg.** *T.geol.* di minerale, che ha subito milonitizzazione.

milonitizzazióne [da *milonite*; 1957] **sf.** *T.geol.* insieme di fenomeni di deformazione e frantumazione di alcune rocce, dovuti a movimenti tettonici.

milord (ingl., pr. [mɪˈlɔ:d]; pr. it. [miˈlɔrd]) [letter. mio signore; 1554 *milorto*] **sm.** *inv.* appellativo riservato a nobili inglesi || *pop.* persona elegante e ricercata.

milòrde (pl. *-di*) [a. 1638 *milorte*] **sm.** adattamento it. di *milord* (v.).

miluògo (pl. *-ghi*) [ricalcato sul fr. *milieu*; sec. XIII] **sm.** *ant.* adattamento it. di *milieu* (v.).

milza [dall'ant. ted. *milzi*; sec. XIII] **sf.** *T.anat.* organo situato nell'ipocondrio sinistro, di forma ovoidale, consistenza spugnosa e colore rosso scuro; ha parte nella formazione del sangue e nella produzione di anticorpi || **N.** splenico. **TAV.** ***anatomia*** **p. 642** 13.6.

milzadèlla [da *milza*; 1749] **sf.** pianta delle Labiate, con fiori rosei e foglie chiazzate di bianco; è frequente nei boschi e nelle siepi.

mimàbile [da *mimare*; 1983] **agg.** che può essere mimato: *un gesto facilmente mimabile.*

mimàre [da *mimo*; 1598] **tr. 1.** rappresentare una azione drammatica coi soli gesti **2.** imitare coi gesti: *mimare un personaggio, una scena.*

mimeografàre (pres. *-ògrafo*) [da *mimeografo*; 1957] **tr.** riprodurre col mimeografo.

mimeografìa [da *mimeografo*; 1983] **sf.** riproduzione grafica ottenuta per mezzo del mimeografo.

mimeògrafo [comp. del gr. *mimē*(*sis*), imitazione e *-grafo*, come l'ingl. *mimeograph*; 1917] **sm.** macchina simile al ciclostile che riproduce scritti e disegni incisi da una punta tagliente su carta paraffinata.

mimésco (pl. *-schi*) [da *mimo*; 1609] **agg.** *spreg.* di o da mimo: *leziosità mimesca.*

mimèsi o **mìmesi** [dal lat. *mimēsis*; 1598] **sf.** *lett.* imitazione || *in part.* nella filosofia di Platone, la relazione che lega le cose sensibili alle idee || *T.fil.* il processo di creazione artistica in quanto imitazione dalla natura o da un modello ideale.

mimètica [dal gr. *mimētikḗ* (*téchnē*); 1728] **sf.** *non com.* l'arte dell'imitare.

mimètico (pl. *-ci*) [dal lat. *mimēticus*; 1738 nel senso 2] **agg. 1.** che serve a mimetizzare o a mimetizzarsi: *tuta mimetica, rivestimento mimetico* || di animale, che presenta il fenomeno del mimetismo **2.** imitativo: *facoltà, virtù mimetiche* || **mimeticaménte** **avv.**

mimetìsmo [da *mimetico*; 1895] **sm.** *T.biol.* il fenomeno per cui certi animali sono in grado di assumere forme e colori che li rendono indistinguibili dall'ambiente in cui si trovano o fanno prender loro l'aspetto di altri animali, a scopo offensivo o difensivo || *fig.* la capacità di adattarsi facilmente a situazioni politiche, morali, ambientali differenti; opportunismo, camaleontismo. **Q.T.** *zoologia.*

mimetìte [comp. del gr. *mimētḗs*, imitatore e *-ite*[2]; 1957] **sf.** *T.min.* composto di arseniato e cloruro di piombo, di colore giallastro e di forma simile a quella della piromorfite.

mimetizzàre [da *mimetico*; 1942] **tr.** rif. spec. a soldati, attendamenti militari e sim., mascherare in modo da confonderli, per colori e forma, con l'ambiente circostante: *mimetizzare una batteria, un carro armato* || **rifl.** confondersi nell'ambiente per passare inosservati: *mimetizzarsi con i cespugli, mimetizzarsi nel bosco* || di animali, presentare il fenomeno del mimetismo || *fig.* integrarsi, adattarsi: *mimetizzarsi nella società* || **N.** mascherare.

mimetizzazióne [da *mimetizzare*; 1942] **sf.** il mimetizzare e il mimetizzarsi.

mimiàmbo [dal lat. *mimiambi*; 1586] **sm.** *T.lett.* mimo composto in versi giambici.

mìmica [dal lat. *mimicus*; 1669] **sf. 1.** l'insieme dei gesti e delle espressioni che accompagnano, integrano o sostituiscono la comunicazione verbale: *mimica facciale, essere dotati di*

una mimica espressiva, efficace, esagerata **2.** l'arte di rappresentare una azione drammatica coi soli gesti.
mìmico (pl. *-ci*) [dal lat. *mimicus*; 1578] **agg.** **1.** di o da mimo: *arte mimica, azione mimica* **2.** di atti e gesti: *linguaggio mimico* **3.** *T.anat. muscoli mimici*, alcuni dei muscoli superficiali del volto, la cui azione provoca i mutamenti dell'espressione facciale ‖ **mimicaménte** **avv.**
mìmmo [voce espressiva; sec. XVII] **sm.** (f. *-a*) *tosc.* bambino ‖ *dim.* mimmétto, mimmìno ‖ **N.** BAMBINO.
mìmo [dal lat. *mīmus*; a. 1372] **sm.** **1.** *T.teatr.* tipo di spettacolo diffuso nell'età classica, gen. breve e a carattere comico realistico, realizzato con dialoghi, musica e danza, anche improvvisati ‖ *mimo corporeo* o *astratto*, genere teatrale moderno basato esclusivamente sulle risorse plastiche espressive del corpo, che rappresentano fatti, situazioni e sensazioni **2.** (f. *-a*) chi recita mimi ‖ *spreg.* attore scurrile ‖ **N.** **1.** pantomima **2.** guitto, imitatore, istrione, pantomimo.
mimodràmma [comp. di *mimo* e *dramma*; 1914] **sm.** **1.** *T.mus.* pantomima musicale **2.** *T.psic.* psicodramma.
mimògrafo [dal lat. *mimographus*; sec. XIV] **sm.** (f. *-a*) *T.lett.* scrittore di mimi.
mimósa [da *mimo*, per i movimenti delle foglie quando vengono toccate; a. 1712] **sf.** **1.** *com.* nome di varie specie del genere Acacia, i cui rami a primavera si ricoprono di infiorescenze gialle delicatamente profumate **2.** *propr.* genere di piante arboree diffuse part. nell'America tropicale, con fiori di vario colore, foglie pennate; la specie più nota è la *mimosa pudica* o *sensitiva*.
Mimosàcee [comp. di *mimosa* e *-acee*; 1957] **sf. pl.** *T.bot.* famiglia di piante dicotiledoni, spesso spinose, dalle foglie composte, fiori piccoli e regolari in capolini, frutti a legume.
min (cin., pr. [min]) [da *Min* Fukien, provincia della Cina meridionale; 1973] **sm.** (solo *sing.*) gruppo di dialetti cinesi della provincia del Fukien nel sud-est della Cina.
mìna¹ [dal fr. *mine*; 1529] **sf.** **1.** *T.mil.* ordigno esplosivo che scoppia se urtato più o meno sensibilmente; *mina terrestre*, da occultare sotto il terreno per contrastare l'avanzata di carri e uomini (*mina anticarro, mina autiuomo*); *mina subacquea*, che si àncora in mare a determinata profondità sotto il livello dell'acqua per far saltare navi nemiche che vi urtino contro, detta anche *torpedine da blocco*; quando, spezzando gli ormeggi, si disancora viene detta *mina vagante* o *alla deriva*; anche *fig. questo problema è una mina vagante*, è una minaccia **2.** cavità sotterranea riempita di esplosivo, innescato da una miccia, per far saltare muraglie, rocce, baluardi ecc. **3.** bastoncino di grafite o altro materiale, serrato nel cannello di legno di una matita o innestato nel portamina **4.** *ant.* mimiera ‖ **N.** **1.** *Sin.* carica, ordigno; dar fuoco, far brillare, minare, sventare | deflagratore, dinamite, esplosivo, innesco, miccia **2.** cunicolo, galleria. **Q.T.** *armi.*
mina² [dal lat. *mina*; sec. XIV] **sf.** unità di peso in uso nel mondo greco-orientale antico, equivalente a 1/60 circa di talento. **Q.T.** *numismatica.*
mìna³ [dal lat. *hemīna*; a. 1347] **sf.** antica unità di capacità per aridi, diversa nelle varie regioni italiane.
minaccévole [da *minacciare*; a. 1292] **agg.** *lett.* minaccioso.
minàccia (pl. *-ce*) [lat. *minaciae*; sec. XIII *minace*] **sf.** azione o discorso inteso a minacciare: *gesto di minaccia, minaccia di morte, di vendetta* ‖ *fig.* ciò che fa temere un pericolo imminente: *la minaccia della guerra, dell'inflazione* ‖ segno precursore di una malattia: *una minaccia di paralisi* ‖ **N.** *Sin.* avvertimento, diffida, ingiunzione, intimazione, intimidazione, monito.
minacciaménto [da *minacciare*; fine sec. XIV] **sm.** *raro* il minacciare.
minacciàre (pres. *-àccio*) [lat. volg. **minaciāre*; a. 1294] **tr.** **1.** promettere, quando ciò che si promette è qualcosa di negativo: *minacciare un castigo, minacciare vendetta* ‖ *fig.* presentare sintomi di danni o pericoli: *il tempo minaccia pioggia* **2.** promettere a qualcuno danni o dolori, allo scopo di modificarne il comportamento: *minacciare di morte, lo minacciò di non tornare mai più; è stato più volte minacciato* ‖ *fig.* comportare il rischio della distruzione o di gravi danni: *la corsa agli armamenti minaccia la pace* ‖ **N.** **1.** *Sin.* promettere **2.** *Sin.* intimidire.
minacciatóre [da *minacciare*; a. 1292] **agg.** e **sm.** (f. *-trice*) *non com.* che o chi minaccia; minatorio.
minacciόso [da *minacciare*; 1532] **agg.** che rappresenta una minaccia: *tono, sguardo, discorso minaccioso* ‖ *fig.* premonitore di eventi spiacevoli: *rombo minaccioso, silenzio minaccioso* ‖ rif. a fenomeno atmosferico, che lascia presagire cattivo tempo: *nuvole, cielo minaccioso* ‖ **minacciosaménte** **avv.** ‖ **N.** bieco, minacciatore, minatorio, torvo, truce.
minàce [dal lat. *minax*, *-ācis*; a. 1472] **agg.** *arc.* minaccioso.
minàre [da *mina¹*; 1562] **tr.** **1.** scavare, collocare o predisporre mine: *minare un ponte*; *campo, specchio d'acqua minato* **2.** *fig. minare un'istituzione, la reputazione*, insidiarla, scalzarla; *minare la salute*, compromettere, indebolire le condizioni fisiche: *l'abuso di alcol e sigarette ha minato gravemente la sua salute* ‖ **N.** **2.** *Sin.* minacciare, rovinare.
minaréto [dal turco *minare*, attr. il fr. *minaret*; a. 1764 *minaretto*] **sm.** torre che sorge perlopiù accanto alle moschee, dall'alto della quale il *muezzin* chiama il popolo alla preghiera ‖ **N.** campanile, meschita.
minatóre [da *mina¹*; 1644 nel senso 2] **sm.** **1.** operaio che lavora nelle miniere **2.** *minatore continuo*, macchina impiegata nelle miniere per scavare gallerie **3.** *T.mil.* addetto allo scavo di mine.
minatòrio (pl. *-ri*) [dal lat. tardo *minatōrius*; 1499] **agg.** che contiene minacce: *lettera minatoria.*
mìnchia [dal lat. *mentula*, membro virile; a. 1488] **I** **sf.** *merid. volg.* **1.** pene **2.** *per estens.* persona sciocca **II** **escl.** *merid. volg.* manifestazione di stupore di fronte a qualcosa di grande o eccezionale: *minchia, che velocità!.*
minchiàte [etim. inc.; a. 1484] **sf. pl.** *ant. T.gioc.* carte simili a quelle dei tarocchi, diffuse a Firenze nel '400: *fare alle minchiate.*
minchionàggine [da *minchione*; 1712] **sf.** *pop.* balordaggine, ingenuità, dabbenaggine ‖ **N.** *Sin.* SCIOCCHEZZA.
minchionàre (pres. *-óno*) [da *minchione*; 1598] **tr.** *pop.* canzonare, burlare ‖ *ass.* non fare sul serio ‖ **N.** *Sin.* BURLARE.
minchionatóre [da *minchionare*; 1716] **sm.** (f. *-trice*) *pop.* chi minchiona.
minchionatòrio (pl. *-ri*) [da *minchionare*; a. 1704] **agg.** *pop.* canzonatorio, derisorio, beffardo.
minchionatùra [da *minchionare*; a. 1700] **sf.** **1.** presa in giro, beffa **2.** *raro* inezia ‖ **N.** **1.** *Sin.* BURLA.
minchióne [accr. del merid. *minchia*, membro virile, dal lat. *mentula*; a. 1492] **sm.** (f. *-a*) *pop.* uomo ingenuo e sprovveduto, sempliciotto: *fare la figura del minchione, comportarsi da minchione* ‖ *fare il minchione*, fingersi balordo ‖ **N.** *Sin.* babbeo, balordo, gonzo, grullo, sempliciotto, strullo, SCIOCCO.
minchionerìa [da *minchione*; a. 1535] **sf.** **1.** atto o detto da minchione, dabbenaggine **2.** *raro* inezia ‖ **N.** *Sin.* SCIOCCHEZZA.
mindeliàno [dal n. geogr. *Mindel*, affluente del Danubio; 1957] **agg.** del terzo periodo glaciale che caratterizzò l'età neozoica: *resti mindeliani.*
mine-detector (ingl., pr. ['maɪn dɪ,tektə]) [comp. di *mine*, mina e *detector*, cercatore; 1957] **sm.** *inv.* cercamine.
minèra v. MINIERA.
mineràle [dal lat. mediev. *minerālis*, da *minēra*, vena sotterranea; a. 1502 come agg.] **I** **sm.** ogni corpo inorganico chimicamente e fisicamente omogeneo facente parte della litosfera terrestre o di altri corpi celesti **II** **agg.** che è della natura dei minerali, contiene minerali o ha rapporti con essi: *composti minerali, struttura minerale* ‖ *acqua minerale*, che contiene in soluzione sostanze minerali ‖ *regno minerale*, l'insieme delle sostanze inorganiche ‖ *carbone minerale*, fossile. **Q.T.** *mineralogia.*
mineralìsta [da *minerale*; 1697] **s.** esperto di mineralogia, mineralogista.
mineralizzàre [dal fr. *mineraliser*; 1779] **tr.** trasformare in minerale; conferire qualità minerali ‖ **intr. pron.** subire un processo di mineralizzazione.
mineralizzatóre [da *mineralizzare*; a. 1799] **sm.** e **agg.** *T.chim.* di agente chimico o fisico, che favorisce la mineralizzazione.
mineralizzazióne [da *mineralizzare*; 1790] **sf.** **1.** trasformazione di sostanze organiche in minerali ‖ *in part. T.bot.* impregnazione di una membrana cellulare con sostanze minerali **2.** processo che conduce alla formazione di aggregati minerali.
mineralogìa [dal fr. *mineralogie*; a. 1770] **sf.** la parte delle scienze naturali che studia le strutture, le proprietà chimico-fisiche e l'origine dei minerali. **Q.T.** *geologia, mineralogia.*
mineralògico (pl. *-ci*) [dal fr. *mineralogique*; 1777] **agg.** che è attinente alla mineralogia.
mineralogìsta [dal fr. *minéralogiste*; a. 1811] **s.** naturalista che studia i minerali. **Q.T.** *mineralogia.*
mineralognosìa [comp. di *mineral(e)* e *-gnosia*; 1940] **sf.** *raro* mineralogia.
mineràlogo (pl. *-gi*) [da *mineralogia*; 1779] **sm.** *non com.* mineralogista. **Q.T.** *mineralogia.*
mineràrio (pl. *-ri*) [da *miniera*; 1868] **agg.** che concerne le miniere e i minerali, in part. quelli che interessano l'industria estrattiva: *legislazione, industria mineraria.*
minerogènesi [comp. di *miner(ale)* e *genesi*; 1917] **sf.** formazione dei minerali.
minerogenètico (pl. *-ci*) [da *minerogenesi*; 1957] **agg.** relativo alla minerogenesi: *età minerogenetica.*
minerosìntesi [comp. di *miner(ale)* e *sintesi*; 1934] **sf.** riproduzione artificiale di minerali per mezzo di processi di sintesi.
minèrva¹ [dal n. proprio di una marca di fiammiferi; 1932] **sm.** *inv.* tipo di fiammiferi di sicurezza con capocchia senza fosforo.
minèrva² [dal n. della dea *Minerva* perché ricorda vagamente la statua di Atena nel Partenone; 1932] **sf.** apparecchio in gesso o altro materiale rigido utilizzato per immobilizzare il tratto cervicale della colonna vertebrale.
minèstra [da *minestrare*; 1225 ca.] **sf.** **1.** vivanda brodosa a base di pasta, riso o legumi, variamente condita, che rappresenta tradizionalmente uno dei primi piatti della cucina italiana: *minestra di zucca, di riso e pollo* ‖ *per estens.* primo piatto: *minestra asciutta, in brodo, cosa c'è per minestra?* ‖ *per estens.* il pane quotidiano: *guadagnarsi la minestra* **2.** *fig. spreg.* faccenda, affare: *non m'impaccio di queste minestre; è un'altra minestra*, è tutta un'altra cosa; *è sempre la stessa minestra*, la stessa cosa ‖ *o mangiar questa minestra o saltar questa finestra*, o far così o andare incontro al peggio ‖ *dim.* mine-

strìna; *accr.* minestróne (*sm.*), minestróna; *pegg.* minestràccia || **N.** marmitta, scodella, zuppiera | buttar giù, portare in tavola, scodellare. **Q.T.** *alimentazione.*

minestràio (pl. *-ài*) [da *minestra;* a. 1573] **sm.** (f. *-a*) *fam.* chi è ghiotto di minestra e ne mangia molta.

minestràre (pres. *-èstro*) [lat. *minestrāre,* somministrare; 1280] **intr.** (aus. *avere*) *ant.* e *region.* servire in tavola, scodellare la minestra.

minestrìna (*dim.* di *minestra*) [a. 1494] **sf.** minestra in brodo, gen. con pastina, leggera e delicata.

minestróne (*accr.* di *minestra*) [1635] **sm.** **1.** minestra a base di ortaggi misti e condimenti vari, con o senza pasta: *minestrone alla milanese, alla genovese* **2.** *fig.* miscuglio eterogeneo, guazzabuglio: *di tutto fare un minestrone.*

mìngere (pres. *mìngo, mìngi;* p.rem. *minsi;* non usato il pps. e i tempi composti) [dal lat. *mingere;* 1499] **intr.** (aus. *avere*) *lett.* *T.med.* orinare.

mingherlìno [probabilmente dal fr. ant. *mingrelin;* a. 1565] **agg.** di persona, di costituzione magra e sottile: *un tipo mingherlino* || *fig.* di cosa, poco succosa, striminzita: *un compito mingherlino* || **N.** *Sin.* esile, gracile, smilzo, MAGRO.

minghétti [dal n. proprio *Minghetti,* uomo politico it.; 1908] **sm.** *inv.* specie di sigaro.

mingìna [comp. di *ming(ere)* e *-ina;* 1957] **sf.** *T.chim.* e *T.med.* composto azotato presente, in quantità ridotta, nelle urine.

mìni [da *mini(gonna)*; 1967] **I** **sf.** *inv.* *T.abb.* gonna molto corta sopra il ginocchio: *portare la mini* **II** **agg.** *inv.* (sempre posposto) si dice di indumento di lunghezza inferiore a quella normale: *gonna mini* **III** **avv.** *vestire mini.*

mìni- [tratto dall'ingl. *mini(ature)*, miniatura] **primo elem.** di parole composte col valore di "in miniatura", "di dimensioni ridotte", "molto corto" (per es. *miniappartamento, minigolf, minigonna*) || **N.** *Contr.* maxi- | midi-.

miniàbito [comp. di *mini-* e *abito;* 1967] **sm.** abito femminile che termina alquanto sopra il ginocchio.

miniallòggio (pl. *-gi*) [comp. di *mini-* e *alloggio;* 1977] **sm.** miniappartamento.

miniappartaménto [comp. di *mini-* e *appartamento;* 1973] **sm.** piccolo appartamento costituito da una sola stanza più i servizi.

miniàre (pres. *mìnio, mìni* o *mìnii*) [dal lat. *miniāre;* a. 1342] **tr.** **1.** eseguire secondo la tecnica della miniatura: *miniare un ritratto, figure di santi* || impreziosire con miniature: *miniare un codice, un messale* || *per estens.* dipingere con estrema accuratezza e minuzia **2.** *fig.* descrivere con finezza e precisione || **rifl.** *scherz.* *raro* imbellettarsi. **Q.T.** *pittura.*

miniatóre [da *miniare;* a. 1406] **sm.** (f. *-trice*) chi esegue miniature.

miniatùra [da *miniare;* a. 1342] **sf.** **1.** tecnica pittorica per illustrare e decorare codici, pergamene e sim., fiorita fra il Medioevo e il Rinascimento **2.** *per estens.* l'arte di dipingere in piccole dimensioni || *concr.* opera pittorica realizzata con tale tecnica: *preziose miniature del '600; un medaglione con miniatura; parere una miniatura,* di lavoro eseguito con grande finezza e precisione di particolari || *fig.* *in miniatura,* di proporzioni ridotte: *un treno, un uomo in miniatura* || *T.cin.* trucco cinematografico consistente nella riproduzione su scala ridotta di particolari scenografici e sim. || *dim.* miniaturìna.

miniaturìsta [da *miniatura;* 1911] **s.** artista che dipinge miniature, miniatore.

miniaturìstico (pl. *-ci*) [da *miniatura;* 1932] **agg.** che riguarda l'arte della miniatura || *fig.* preciso e particolareggiato: *descrizione miniaturistica.*

miniaturizzàre [da *miniatura;* 1963] **tr.** *T.tecn.* sottoporre a miniaturizzazione.

miniaturizzàto (*pps.* di *miniaturizzare*) [1969] **agg.** sottoposto a miniaturizzazione: *dispositivo miniaturizzato.*

miniaturizzazióne [da *miniaturizzare;* 1963] **sf.** *T.elettron.* tecnica che consiste nel ridurre a dimensioni minime gli elementi di un circuito.

minibàr [comp. di *mini-* e *bar;* 1988] **sm.** *inv.* **1.** mobile bar di piccole dimensioni o fornito di bottiglie più piccole di quelle normali gen. posto in camere d'albergo, auto, panfili **2.** piccolo servizio di bar o di ristoro.

minibàsket [comp. di *mini-* e *basket;* 1964] **sm.** *inv.* *T.sport.* versione semplificata del gioco della pallacanestro, adatta ad essere giocata da squadre di bambini e ragazzi.

minibus o **minibùs** [comp. di *mini-* e *bus;* 1970] **sm.** *inv.* piccolo autobus con un numero ridotto di posti, impiegato spec. su percorsi urbani o per il trasporto di scolari e lavoratori pendolari.

minicalcolatóre [comp. di *mini-* e *calcolatore,* sul modello dell'ingl. *minicomputer;* 1983] **sm.** *T.inform.* minielaboratore.

minicompùter (pr. [minikom'pjuter]) [comp. di *mini-* e *computer;* 1983] **sm.** *inv.* *T.inform.* minielaboratore.

minielaboratóre [comp. di *mini-* e *elaboratore;* 1983] **sm.** *T.inform.* elaboratore elettronico di piccole dimensioni e di basso costo, abbastanza potente, che può essere usato da più utenti collegati a diversi terminali.

minièra [dal fr. *minière;* a. 1276 *minera*] **sf.** **1.** giacimento minerario dotato delle installazioni necessarie all'estrazione: *miniera di carbone, di zolfo* **2.** *fig.* fonte copiosa: *è una miniera di notizie* || **N.** *Sin.* cava, solfatara | aprire, coltivare, esaurire, esplorare, scavare, sfruttare | cunicolo, filone, galleria, pozzo, tetto | estrazione, scandaglio, sondaggio; casco, lampada di sicurezza, trivelle; *grisou* | minatore; caruso.

minigolf [abbr. dell'ingl. *mini(ature) golf;* 1963] **sm.** *inv.* gioco analogo al golf, che si gioca su un campo suddiviso in 9 o 18 piste con buca, fornite di ostacoli di vario tipo.

minigònna o **minigónna** [comp. di *mini-* e *gonna,* sul modello dell'ingl. *miniskirt;* 1966] **sf.** **1.** *T.abb.* gonna corta che termina sopra il ginocchio: *un'audace minigonna* **2.** *T.aut.* nelle auto da corsa, alettone di metallo o di plastica, applicato nella parte bassa delle fiancate, per migliorare l'aderenza al terreno.

mìnima [f. di *minimo;* 1561] **sf.** **1.** *T.mus.* figura di nota con valore pari alla metà di una semibreve e al doppio d'una semiminima || la pausa di valore corrispondente **2.** *T.meteor.* la temperatura minima di un dato luogo: *minima stagionale, giornaliera.* **TAV. musica p. 1324** 1.5c.

minimàle [dall'ingl. *minimal;* 1957] **agg.** che costituisce il valore minimo tra quelli dati o possibili: *tariffa minimale.*

minimalìsmo [dall'ingl. *minimalism;* 1952 nel senso 1; 1987 nel senso 2] **sm.** **1.** *T.pol.* atteggiamento di chi, spec. all'interno di un partito socialista, è propenso ad accettare un programma minimo di riforme graduali e moderate **2.** corrente letteraria e artistica americana, che previlegia la narrazione di storie minime ambientate nella vita di tutti i giorni || **N.** 1. *Contr.* massimalismo.

minimalìsta [dall'ingl. *minimalist;* 1957 nel senso 1, 1968 nel senso 2] **s.** **1.** socialista della fazione più moderata, sostenitore del programma minimo del partito || *per estens.* moderato **2.** scrittore di narrativa attento a piccoli fatti della vita quotidiana, normalmente considerati insignificanti || **N.** **1.** *Sin.* gradualista, menscevico, riformista | *Contr.* bolscevico, massimalista.

minimizzàre [dal fr. *minimiser;* 1939] **tr.** **1.** ridurre a minime proporzioni **2.** di avvenimenti, presentare in modo da ridurne la gravità o l'importanza: *minimizzare l'accaduto, la sconfitta, le perdite subite* **3.** *T.mat.* *minimizzare una funzione,* cercare il valore della variabile per cui la funzione assume il valore minimo || **N.** **2.** *Sin.* attenuare, sminuire, smorzare.

minimizzazióne [da *minimizzare;* 1942] **sf.** *non com.* il minimizzare.

mìnimo [dal lat. *minimus;* 1294 *menimi*] **I** **agg.** *superl.* di *piccolo;* piccolissimo; il più piccolo: *prezzo minimo, minimo sforzo, questione di minima importanza; sobbalzare al minimo rumore, la temperatura minima* || *non avere il (benché) minimo dubbio,* nessun dubbio; *non avere la minima idea,* non saperne assolutamente niente || *salario minimo,* quello che garantisce le necessità primarie del lavoratore e della sua fa-

MINERALOGIA

SCIENZE CONNESSE: cristallografia, gemmologia, geochimica, geognosia, litologia, minerogenesi, minerosintesi, petrografia, petrologia.

MINERALI VARI: allume, amianto o asbesto, antracite, calcite, calcopirite, caolinite, cinabro, cuprite, dolomite, ematite, feldspato, fluorite, galena, gesso, grafite, limonite, magnesite, marcassite, mica, molibdenite, orpimento, pirite, pirosseno, plagioclasio, quarzo, realgar, salgemma, serpentino, siderite, silice, steatite, talco, tormalina, uranite, zolfo.

PROPRIETÀ DEI MINERALI: allocromatico, amorfo, anisotropo, arborizzato, cristallino, dendritico, dicroico, duro, duttile, elastico, flessibile, fluorescente, fosforescente, friabile, geminato, ialino, idiomorfo, isomorfo, isotropo, lamellare, levigato, lucido, mammellonare, pellucido, plastico, sfaldato, zonato.

CRISTALLI: angolo, asse (cristallografico, di generazione, magnetico, ottico), asterismo, dicroismo, diffrazione, direzione, dislocazione, faccia, forma, geode, interferenza, piano di simmetria, picnometro, pleocroismo, polarimetro, rifrazione, spigolo, struttura, vertice, zona; acicolare, allocromatico, anisotropo, atermano, birifrangente, cubico, dendritico, diatermano, dimetrico, duro, elastico, ellissoidale, emiedrico, enantiomorfo, faccettato, fragile, geminato, iridescente, isomero, isomorfo, isotipico, isotropo, mimetico, monorifrangente, oloedrico, opaco, opalescente, pellucido, polimorfo, sfaldabile, sferoidale, trasparente.

SISTEMI CRISTALLINI: monometrico (cubo, ottaedro, triacisottaedro, tetracisesaedro, rombododecaedro, esacisottaedro); esagonale (bipiramide, trapezoedro); trigonale (scalenoedro, romboedro, prisma); tetragonale (trapezoedro, scalenoedro); rombico (bipiramide rombica); monoclino, triclino.

VOCI VARIE: mineralista, mineralogista, mineralogo; cristallogenesi, regno minerale.
(V. anche il quadro terminologico GEOLOGIA).

miglia || *T.mat. ridurre una frazione ai minimi termini*, in modo che il numeratore e il denominatore siano tra loro numeri primi; *fig. ridurre una questione ai minimi termini*, presentarla nella maniera più semplice e chiara || *T.mat. minimo comune multiplo*, di due o più numeri naturali, il più piccolo fra i multipli comuni **II sm. 1.** la cosa più piccola: *è il minimo che potesse fare, hanno applicato il minimo della pena, qual è il minimo per passare l'esame?* || *T.tecn.* il più basso regime di un motore: *regolare il minimo, quest'auto tiene bene il minimo* **2.** *pl. i Minimi*, ordine di frati mendicanti, istituiti da S. Francesco da Paola || **minimaménte** *avv.* || **N.** I *Contr.* massimo | PICCOLO.

minimósca [comp. di *mini-* e *mosca*; 1983] *agg.* e *sm. inv. T.sport. peso minimosca*, la categoria che comprende i pugili e i lottatori che pesano fino a 48 kg || *un minimosca*, pugile, lottatore o pesista appartenente a questa categoria.

minimum (lat., pr. it. ['minimum]) [letter. minimo] *sm. inv.* minimo: *stabilire un minimum.*

minio (pl. *-ni*) [dal lat. *minium*; 1303] *sm.* ossido di piombo, di color rosso scarlatto, un tempo usato nelle miniature; è attualmente impiegato per preparare vernici antiruggine e per altri usi industriali || **N.** cinabro.

ministeriàle[1] [da *ministero*; 1629] *agg.* relativo a ministro o a ministero: *decreto ministeriale, incarico ministeriale*; *circolare ministeriale*, emessa da un ministero || *per estens.* governativo: *crisi ministeriale, rimpasto ministeriale* || che è alle dipendenze di un ministero: *impiegato, funzionario ministeriale.*

ministeriàle[2] [da *ministero*; a. 1306] *sm. T.stor.* membro della classe sociale dei semiliberi addetti ad arti e mestieri.

ministèro [dal lat. *ministerium*; 1308 *ministerio*] *sm.* **1.** ciascuna branca dell'apparato amministrativo centrale dello Stato, alla cui direzione è preposto un ministro: *Ministero dell'Agricoltura e Foreste, Ministero della Sanità* || *per estens.* l'edificio in cui si trovano i relativi uffici: *l'incontro è avvenuto al ministero* **2.** l'insieme di tutti i componenti del governo: *formare il ministero, il secondo ministero De Gasperi* **3.** *T.giur. Pubblico Ministero*, ufficio con particolari funzioni giudiziarie nei processi; *in part.* quella di sostenere l'accusa || il magistrato che esercita tale ufficio: *il Pubblico Ministero chiese la condanna* **4.** incarico, perlopiù nobile ed elevato: *il ministero sacerdotale* || *ant.* compito, servizio: *col ministero di*, per mezzo di || **N. 1.** Consiglio dei Ministri, dicastero, Gabinetto, governo. **Q.T.** *diritto, politica.*

ministra [dal lat. *ministra*; a. 1292 nel senso 2] *sf.* **1.** *scherz.* f. di *ministro* **2.** *lett. ant.* figura femminile o personificazione di entità, considerata come dispensatrice, strumento o causa: *la morte ministra di giustizia.*

ministràre [dal lat. *ministrāre*; a. 1306] *tr. ant.* o *lett.* elargire, somministrare || *intr. ant.* prestare un servizio.

ministréssa [f. di *ministro*; 1939 nel senso 2] *sf.* **1.** *scherz.* moglie del ministro **2.** *scherz.* o *spreg.* ministro donna.

ministro [dal lat. *minister*; sec. XIV] *sm.* **1.** la persona posta a capo di un ministero e membro del governo: *Ministro della Pubblica Istruzione*; *Consiglio dei Ministri*, l'insieme di tutti i ministri che costituiscono il Governo; *primo Ministro*, il presidente del Consiglio dei Ministri che ne dirige e coordina l'attività politica || *ministro senza portafoglio*, che non è a capo di uno speciale dicastero, ma fa parte del Consiglio dei Ministri **2.** chi esercita un alto ministero: *i ministri di Dio, del culto* || *ministro plenipotenziario*, inviato presso governi stranieri, di grado inferiore ad ambasciatore || *i ministri della giustizia*, i magistrati **3.** *fig. lett.* strumento, causa: *ministro di corruzione* **4.** *ant.* chi presta un servizio alle dipendenze di un superiore || **N. 1.** segretario di Stato; cancelliere, guardasigilli, sottosegretario di Stato, visir; ministero. **Q.T.** *politica.*

Miniùridi (sing. *-e*) [dal lat. scient. *Menuridae*; 1974] *sm. pl.* sottordine dei Passeriformi, comprendente, tra altri, l'uccello lira.

Minnesang (ted., pr. ['mɪnəzaŋ]) [comp. di *Minne*, amore e *Sang*, canto; 1957] *sm. inv.* genere poetico musicale originato dalla lirica trovadorica provenziale, diffuso tra XII e XIII sec. tra la nobiltà tedesca.

Minnesänger (ted., pr. ['mɪnəzɛŋɐ]) [da *Minnesang*; 1905] *sm. inv.* poeta cantore di *Minnesang.*

minneṣinghero [dal ted. *Minnesänger*; 1793] *sm. disus.* forma italianizzata di *minnesänger.*

minòico (pl. *-ci*) [agg. del gr. *Mínōs*, Minosse; 1923] **I** *agg.* relativo alla civiltà presente nell'isola di Creta (3000-1500) prima della fioritura della civiltà micenea: *vaso minoico, influenza minoica* **II** *sm.* la lingua minoica.

minorànza [da *minore*; 1855] *sf.* **1.** *T.pol.* e *T.giur.* numero minore di persone o di voti in un corpo deliberante: *la minoranza parlamentare* **2.** la parte meno numerosa di un gruppo: *un problema che riguarda una minoranza ristretta* || *in part.* in una nazione, gruppo di persone accomunate da caratteri etnici, linguistici, culturali ecc., diversi da quelli della maggioranza: *i problemi delle minoranze, le minoranze ladine, valdesi.* **Q.T.** *politica, sociologia.*

minoràre (pres. *-óro*) [dal lat. tardo *minorāre*; sec. XIV] *tr. raro* sminuire, diminuire.

minoràsco (pl. *-schi*) [da *minore*; 1691] *sm. T.stor.* istituto giuridico per cui i beni di famiglia passano al figlio minore || **N.** *Contr.* maggiorasco.

minoratìvo [da *minorare*; a. 1692] *agg. non com.* atto a minorare.

minoràto (*pps.* di *minorare*) [1935] *agg.* e *sm.* (f. *-a*) leso in modo permanente per cause congenite o traumatiche: *minorato fisico, psichico, minorato di guerra, di lavoro*; *persona minorata* || **N.** *Sin.* handicappato, invalido; mutilato.

minorazióne [dal lat. tardo *minoratio, -ōnis*; a. 1795] *sf.* **1.** condizione di minorato: *soffrire della propria minorazione* **2.** atto ed effetto del minorare || **N. 1.** *Sin.* menomazione; inferiorità **2.** *Sin.* abbassamento, diminuzione, scadimento, scapito.

minóre [lat. *minor, -ōris*; a. 1292] **I** *agg. compar.* di *piccolo* (nei suoi vari sensi; preceduto dall'articolo forma il superlativo relativo) **1.** più piccolo per dimensioni, quantità o durata: *volume, estensione minore, peso, forza minore, fare l'offerta minore, una spesa minore del previsto*; *in un tempo minore* || di età inferiore: *è suo fratello minore* || *T.giur. età minore*, di chi non ha ancora compiuto diciotto anni e non può esercitare diritti civili e politici || di due personaggi dello stesso nome, il più giovane o il più recente: *Ciro il Minore* || *in tono minore*, in tono dimesso, meno vivace **2.** meno importante: *un problema minore, uno scrittore minore del Trecento, le opere minori di Boccaccio*; *per meton.* di autore, la parte meno importante della sua produzione: *il Pascoli minore* || *in part. T.mat. minore o uguale*, relazione binaria d'ordine che soddisfa la proprietà riflessiva, transitiva e antisimmetrica || *minore di una matrice*, quella che si ottiene eliminando dalla matrice di base un certo numero di righe e colonne contigue a partire dalla prima || *T.fil. premessa minore*, nel sillogismo, la premessa su cui compare il termine che nella conclusione fa da soggetto (*termine minore*) || inferiore di grado in ordine gerarchico || *T.eccl. ordini minori*, i primi quattro ordini ecclesiastici, e cioè l'ostiariato, il lettorato, l'esorcistato, l'accolitato || *frati minori*, francescani; anche *sm.*: *i Minori* **3.** *T.mus. intervallo minore*, fra due intervalli dello stesso nome, quello più piccolo di un semitono (cfr. MAGGIORE nel senso 3); *scala minore*, che ha un intervallo di terza minore fra il primo e il terzo grado; *accordo minore*, costruito su una scala minore **II** *s.* il più piccolo in età o in dignità || *T.giur.* minorenne: *i minori sono soggetti alla patria potestà* || **N.** I **1.** *Sin.* marginale, minimo, inferiore, secondario | *Contr.* maggiore.

minorènne [comp. di *minore* e *-enne*; 1812] *agg.* e *s.* che o chi non ha raggiunto ancora la maggiore età || **N.** *Sin.* minore | *Contr.* maggiorenne.

minorile [da *minore*; 1923] *agg.* dei minorenni: *età minorile, la delinquenza minorile.*

minorita [da *minore*; a. 1536] *sm. T.rel.* frate dell'ordine religioso dei Minori.

minorità [dal fr. *minorité*; 1803] *sf. T.giur.* l'essere minorenne || l'età minore.

minoritàrio (pl. *-ri*) [dal fr. *minoritaire*; 1918] *agg.* della minoranza, che è in minoranza: *corrente minoritaria, mozione minoritaria.*

minòtto [dal fr. *minot*; 1865] *sm. T.mar.* legno con rampino che serve per manovrare l'àncora.

minuàle [dal lat. *minus*; a. 1332] *agg. ant.* di bassa condizione.

minuèndo [dal lat. *minuendus*; gerundivo di *minuere*, diminuire; 1891] *sm. T.aritm.* il numero maggiore da cui si sottrae il minore, nella sottrazione || **N.** *Sin.* diminuendo.

minuètto [dal fr. *menuet*; 1709 *minoè*] *sm. T.mus.* danza elegante di andamento moderato e ritmo ternario, che si ballava nel Seicento e nel Settecento || uno dei movimenti della sinfonia, della sonata e del quartetto, originato da tale danza.

minùgia (pl. *-ge* o *-gie*) [lat. *minūtia*; 1313] *sf.* budello d'agnello o sim. di cui sono costituite le corde di alcuni strumenti: *corde di minugia* || *ant. le minugia, le minugie*, le interiora.

minugiàio (pl. *-ài*) [da *minugia*; sec. XVIII] *sm. ant.* chi vende o lavora minugie.

minuire (pres. *-ìsco, -ìsci*) [dal lat. *minuere*; a. 1342] *tr.* e *intr. ant.* diminuire.

minùscola [da *minuscolo*; a. 1642] *sf.* lettera minuscola dell'alfabeto.

minùscolo [dal lat. *minusculus*; 1598] *agg.* **1.** assai piccolo: *una manina minuscola* **2.** *scrittura minuscola*, caratterizzata da due altezze: la più bassa per il corpo delle lettere, la più alta, che sporge al di sopra e al di sotto, per le aste (ad es. di *p, g, t, d*); anche *sm.*: *un bel minuscolo* || *dim.* minuscolétto || **N.** PICCOLO.

minus habens (lat., pr. it. ['minus 'abens]) [letter. che ha meno] *loc. agg.* (anche pl. *minus habentes*, pr. ['minus a'bɛntes]) *T.giur.* che non gode pienamente dei diritti per carenza di capacità mentali || *per estens.* deficiente, sciocco.

minùta [dal lat. mediev. *minūta* (*scriptura*); sec. XIV] *sf.* **1.** la prima stesura di uno scritto, che poi si corregge e si ricopia: *stendere, correggere la minuta* **2.** *ant.* lista delle vivande || **N. 1.** *Sin.* abbozzo, autografo, bozza, brutta copia, malacopia, originale.

minutàglia (pl. *-glie*) [lat. *minutālia*; 1563] *sf.* **1.** più cose minute raccolte insieme, perlopiù di scarso valore **2.** *in part.* pesci piccoli di varia qualità, per frittura.

minutàme [da *minuto*[1]; 1550] *sm. spreg.* minutaglia.

minutànte (*ppr.* di *minutare*) [a. 1712] *s.* **1.** *T.bur.* chi in un ufficio ha l'incarico di minutare lettere, decreti ecc. **2.** chi vende merce al minuto || **N. 2.** *Sin.* dettagliante.

minutàre (pres. *-ùto*) [da *minuta*; a. 1536] *tr. T.bur.* stendere la minuta di uno scritto.

minutàrio (pl. *-ri*) [da *minutare*; 1881] *sm.*

registro in cui si conservano le minute.

minuterìa [da *minuto*[1]; 1300] ***sf.*** **1.** insieme di piccoli oggetti ornamentali o d'uso comune, chincaglieria **2.** *T.orol.* il complesso degli ingranaggi dell'orologio.

minutézza [da *minuto*[1]; 1542] ***sf.*** **1.** l'esser minuto **2.** *raro* minuzia particolare.

minutière [da *minuto*[1]; 1681] ***sm.*** *ant.* chi fabbrica minuterie || *in part.* orafo specializzato in lavori col cesello.

minutìna [da *minuto*; 1813] ***sf.*** erba delle Plantaginacee, che viene mangiata mescolata con altre insalate || **N.** *Sin.* barba di cappuccino, mescolanza.

minùto[1] [lat. *minūtus*, piccolissimo; 1294] ***agg.*** **1.** (con nomi numerabili) molto piccolo: *caratteri di stampa minuti, frammenti minuti, minute macchioline* || *bestie minute*, ovini || *per estens.* di scarso rilievo: *spese minute, notizie minute* **2.** (con nomi non numerabili o collettivi) costituito da particelle molto piccole, di grana o costituzione fine: *pioggia minuta, sale minuto*; *denaro minuto*, spiccioli; *pesce minuto*, costituito da esemplari piccoli e meno pregiati || *in part.* riferito a corpo umano, piccolo ma delicatamente proporzionato: *corporatura minuta, lineamenti minuti* || *fig.* *popolo minuto, gente minuta*, plebe, popolino **3.** *fig.* accurato fin nei minimi particolari: *descrizione minuta, resoconto minuto* || di persona, scrupoloso: *è assai minuto nei controlli* || *al minuto*, al dettaglio, in quantità piccole: *vendere, comprare al minuto, commerciante al minuto* || **minutaménte** ***avv.*** in pezzi minuti || *fig.* in modo particolareggiato || **N. 1.** *Sin.* minuscolo, PICCOLO **3.** *Sin.* dettagliato, metodico, minuzioso.

minùto[2] [lat. tardo *minūtum*; 1561] ***sm.*** **1.** la sessantesima parte di un'ora, detta anche *minuto primo* || *minuto secondo*, la sessantesima parte di un minuto primo || *questo orologio spacca il minuto*, è preciso **2.** *per estens.* breve spazio di tempo: *tra un minuto sono da te, hai un minuto libero?* || *stare al minuto*, esser preciso negli appuntamenti e sim. || *contare i minuti*, aspettare con ansia || *avere i minuti contati*, non avere tempo da perdere || *di minuto in minuto*, da un momento all'altro || *dim.* minutìno || **N. 2.** *Sin.* attimo, istante, momento; amen, baleno, batter d'occhio, lampo.

minùzia [lat. *minūtia*; a. 1321] ***sf.*** **1.** cosa piccola e di nessun conto; spec. *pl.*: *tu badi troppo alle minuzie* **2.** scrupolosità, minuziosità: *è di una minuzia eccessiva* || **N. 1.** *Sin.* bagattella, bazzecola, briciola, brindello, bruscolo, dettaglio, festuca, frivolezza, granello, inezia, mica, miccino, minutaglia, minuzzolo, nonnulla, pagliuzza, particolare, pelo nell'uovo, piccolezza, pinzillacchera, quisquilia, sciocchezza, un ette, zinzino.

minuziosàggine [da *minuzioso*; 1869] ***sf.*** *spreg.* minuziosità eccessiva.

minuziosità [da *minuzioso*; 1821] ***sf.*** cura scrupolosa anche nei minimi particolari: *ha svolto la ricerca con minuziosità.*

minuzióso [da *minuzia*; a. 1808] ***agg.*** **1.** di persona, che bada a ogni minuzia **2.** di cosa, eseguita con cura scrupolosa, particolareggiata: *minuziosa perquisizione, descrizione minuziosa* || **minuziosaménte** ***avv.*** || **N.** *Sin.* METICOLOSO.

minuzzàglia (pl. *-glie*) [da *minuzzare*; a. 1617] ***sf.*** *spreg.* minutaglia, minutame.

minuzzàme [da *minuzzare*; a. 1685] ***sm.*** *non com.* minutaglia.

minuzzàre [lat. volg. *minutiāre*; a. 1342] ***tr.*** *ant.* sminuzzare.

minùzzolo [da un ant. *minuzzo*; a. 1292] ***sm.*** parte piccolissima di qualcosa, spec. di pane || *a minuzzoli*, pochissimo alla volta || *fare in minuzzoli*, in briciolì || *andare in minuzzoli*, in frantumi || **N.** *Sin.* atomo, briciola, brindello, bruscolo, corpuscolo, frammento, frantume, molecola, truciolo, MINUZIA | frantumare, sbriciolare, sminuzzare, stritolare.

minzióne [dal lat. tardo *minctio, -ōnis*; 1689] ***sf.*** *T.fisiol.* eliminazione delle urine.

mìo (pl. *mièi*) [lat. *meus*; a. 1292] ***agg.*** e ***pron. poss.*** (f. *mìa, mìe*) (normalmente preposto al nome; posposto è più enfatico) di me || usato come pron. vuole sempre l'articolo: *tuo padre e il mio* || può significare: che mi appartiene (*la mia casa, la mia bicicletta, i miei soldi*) || col quale ho rapporto di parentela, amicizia ecc.: *mio nonno, il mio amico più caro, i miei colleghi* || dinanzi a *mio* si può omettere l'articolo quando preceda un nome di parentela al singolare, non alterato e non accompagnato da altro aggettivo: *mio nonno, mia sorella*; ma invece *le mie sorelle, le mie zie, la mia sorellina, la mia cara nonna* (ma *mia cara nonna*, vocativo); inoltre si debbono usare sempre con l'articolo i nomi *babbo* e *mamma*, considerati come vezzeggiativi di padre e madre || che mi compete, che mi è proprio: *il mio dovere, le mie mansioni, il mio numero di scarpe, la mia pazienza, la mia andatura* || che mi è abituale, in cui solitamente sto o dove mi reco: *il mio tè delle 10, il mio macellaio, la mia città, il mio ufficio* || riferito ad azioni può indicare il soggetto dell'azione: *la mia decisione, il mio arrivo* ("io decido", "io arrivo") o l'oggetto *hai voluto la mia rovina* ("hai voluto rovinare me") || *in vece mia*, in vece di me; *un galantuomo par mio*, simile a me || caro, diletto da me: *il mio Duccio* || *caro mio*, espressione di affetto o di amorevole rimprovero || in espressioni ellittiche: *dalla mia*, coi verbi *avere, essere* o *tenere*, dalla mia parte: *ho il direttore dalla mia* || *la mia*, la lettera, scritta da me; la mia opinione: *ho voluto dire la mia* || *anch'io ho avuto le mie*, le mie disgrazie, difficoltà || *i miei*, i miei genitori, i miei familiari: *vado in vacanza coi miei* || *il mio*, il mio denaro, i miei averi: *spendo del mio.*

mio- [dal gr. *mŷs, myós*, muscolo] ***primo elem.*** che, in parole composte della terminologia medica, vale "muscolo" o fa comunque riferimento ai muscoli: **miocèle**, **miofibrìlla**, **mioflogòṣi**, **miologìa**, **miomalacìa**, **miopatìa**.

miocardìa [comp. di *mio-* e *-cardia*; 1957] ***sf.*** *T.med.* insufficienza cardiaca.

miocàrdico (pl. *-ci*) [da *miocardio*; 1957] ***agg.*** *T.anat.* del miocardio.

miocàrdio (pl. *-di*) [comp. di *mio-* e *-cardio*; 1889] ***sm.*** *T.anat.* la parte muscolare del cuore.

miocardiopatìa [comp. di *miocardio* e *-patia*; 1957] ***sf.*** *T.med.* affezione patologica del miocardio.

miocardiòṣi [comp. di *miocardio* e *-osi*; 1954] ***sf.*** *T.med.* degenerazione del miocardio.

miocardìte [comp. di *miocardio* e *-ite*; 1881] ***sf.*** *T.med.* infiammazione del miocardio.

Miocène [dall'ingl. *miocene*; 1891] ***sm.*** *T.geol.* quarto periodo dell'era cenozoica o terziaria, fra l'Oligocene e il Pliocene.

miocènico (pl. *-ci*) [da *miocene*; 1875] ***agg.*** *T.geol.* del Miocene: *formazione miocenica.*

mioclonìa [comp. di *mio-* e un der. di *clono*; 1934] ***sf.*** *T.med.* condizione patologica caratterizzata da brusche e rapide contrazioni di un muscolo o di un gruppo di muscoli.

miodistrofìa [comp. di *mio-* e *distrofia*; 1957] ***sf.*** *T.med.* distrofia di un muscolo o di un gruppo di muscoli, che causa difficoltà di movimento e di equilibrio e può portare alla paralisi totale.

miodistròfico (pl. *-ci*) [da *miodistrofia*; 1983] **I** ***agg.*** relativo a miodistrofia: *disturbo miodistrofico* **II** ***agg.*** e ***sm.*** (f. *-a*) che, chi è colpito da miodistrofia: *un soggetto miodistrofico, un miodistrofico.*

miògale [dal lat. scient. *Myogale*, basato sul gr. *mŷs, myós*, topo e gr. *galê*, donnola; 1957] ***sm.*** *T.zool.* mammifero degli Insettivori della famiglia Talpidi || **N.** *Sin.* desman.

miògeno [comp. di *mio-* e *-geno*; 1957] ***agg.*** *T.anat.* e *T.med.* che prende origine o deriva da un muscolo: *disturbo miogeno, dolore miogeno.*

mioglobìna [comp. di *mio-* e (*emo*)*globina*; 1957] ***sf.*** *T.anat.* sostanza analoga all'emoglobina, contenuta nelle cellule muscolari, a cui dà il caratteristico color rosso.

miografìa [comp. di *mio-* e *-grafia*; 1869] ***sf.*** *T.anat.* analisi delle contrazioni muscolari condotta col miografo.

miogràfico (pl. *-ci*) [da *miografia*; 1957] ***agg.*** relativo alla miografia: *tracciato miografico.*

miògrafo [comp. di *mio-* e *-grafo*; 1869] ***sm.*** registratore meccanico delle contrazioni muscolari.

miogràmma [comp. di *mio-* e *-gramma*; 1957] ***sm.*** diagramma registrato dal miografo.

miologìa [comp. di *mio-* e *-logia*; 1803] ***sf.*** parte dell'anatomia, che tratta dei muscoli.

miològico (pl. *-ci*) [da *miologia*; 1869] ***agg.*** di miologia, che è attinente a miologia.

miòlogo (pl. *-gi*) [comp. di *mio-* e *-logo*; a. 1764] ***sm.*** (f. *-a*) studioso di miologia.

miòma [comp. di *mio-* e *-oma*; 1954] ***sm.*** *T.med.* tumore del tessuto muscolare; solitamente è benigno.

miomètrio (pl. *-tri*) [comp. di *mio-* e un der. del gr. *mētra*, utero; 1957] ***sm.*** *T.anat.* parete muscolare liscia dell'utero.

miopatìa [comp. di *mio-* e *-patia*; 1889] ***sf.*** *T.med.* qualsiasi affezione del tessuto muscolare.

mìope [dal lat. tardo *myops, -opis*; 1841] ***agg.*** affetto da miopia: *divenir miope, occhiali da miope, sguardo da miope* || *fig.* mancante di lungimiranza, di perspicacia e sim.: *politica miope* || **N.** *Contr.* presbite.

miopìa [dal gr. *myōpía*; 1803] ***sf.*** difetto della vista determinato da un'eccessiva convessità del cristallino, per cui si vedono chiaramente soltanto gli oggetti vicini all'occhio || *fig.* cortezza di vedute, poca lungimiranza.

miòpico (pl. *-ci*) [da *miopia*; 1957] ***agg.*** *non com.* *T.med.* che si riferisce a miopia.

miopòtamo [comp. del gr. *mŷs, myós*, topo e *-potamo*; 1834] ***sm.*** *T.zool.* roditore sudamericano dal corpo simile al castoro ma con coda di topo || **N.** *Sin.* nutria.

mioressìa o **miorèssi** o **miorrèssi** [comp. di *mio-* e gr. *rhêxis*, rottura; 1834] ***sf.*** *T.med.* lacerazione del tessuto muscolare, strappo muscolare.

miorilassànte [comp. di *mio-* e *rilassante*, *ppr.* di *rilassare*; 1957] ***agg.*** e ***sm.*** *T.farm.* farmaco capace di rilassare la muscolatura striata.

miorrèssi v. MIORESSIA.

miòṣi [dal gr. *myéin*, chiudersi (specialmente degli occhi); 1821] ***sf.*** *T.fisiol.* e *T.med.* restringimento fisiologico o patologico della pupilla || **N.** *Contr.* midriasi.

miòṣico v. MIOTICO.

mioṣìna [comp. del gr. *mŷs, myós*, muscolo e *-ina*; 1957] ***sf.*** *T.biol.* proteina presente nel tessuto muscolare, dotata di proprietà contrattili.

mioṣìte [comp. di *mio-* e *-ite*; 1821 *miositide*] ***sf.*** *T.med.* infiammazione muscolare.

mioṣòtide [dal gr. *myosōtis, -ídos* comp. di *mŷs*, topo e *ôus, ōtós*, orecchio, attr. il lat. *myosōtis -tĭdis*; a. 1498 *miosota*] ***sf.*** genere di piante erbacee delle Borraginacee comprendente varie specie con infiorescenze azzurre o rosa || **N.** *Sin.* non ti scordar di me.

miòtico o **miòṣico** (pl. *-ci*) [da *miosi*; 1895] ***agg.*** *T.med.* affetto da miosi: *un paziente mioti-*

co || che provoca miosi: *un trattamento miotico.*
miotonìa [comp. di *mio-* e *-tonia*; 1895] **sf.** *T.med.* disturbo caratterizzato da involontario prolungamento della contrazione muscolare anche dopo la cessazione del movimento.
miotònico (pl. *-ci*) [da *miotonia*; 1934] **agg.** *T.med.* relativo a miotonia, proprio di miotonia: *disturbo miotonico.*
mìra [da *mirare*; 1344 ca.] **sf. 1.** l'atto del mirare per centrare un bersaglio: *prendere, aggiustare la mira* || *tacca di mira* o *mira*, punto di un'arma che, allineato con il mirino, dirige la bocca dell'arma esattamente verso il bersaglio || *fig. prendere di mira qualcuno*, farne il proprio bersaglio tormentandolo e perseguitandolo || capacità di mirare (e quindi di cogliere il bersaglio): *avere una buona mira, una mira infallibile* **2.** il bersaglio da colpire || *fig.* lo scopo da raggiungere: *ha posto in alto le sue mire*; spesso con significato negativo: *mire ambiziose, losche* ecc. || *avere di mira una cosa*, cercare di ottenerla **3.** *T.top.* altro nome della stadia || **N. 1.** *Sin.* puntamento; tiro **2.** *Sin.* intenzione; SCOPO.
mirabèlla [dal fr. *mirabelle*; a. 1811] **sf.** specie di susina piccola e gialla, di ottimo sapore.
miràbile [dal lat. *mirabilis*; a. 1294] **agg.** degno d'essere ammirato || che desta meraviglia || **mirabilménte** **avv.** || **N.** *Sin.* ammirevole, bellissimo, eccezionale, grandissimo, inaudito, miracoloso, raro, straordinario, stupendo, MERAVIGLIOSO.
mirabilia (lat., pr. it. [mira'bilja]) [a. 1388] **sm.** o **sf. pl.** *scherz.* cose mirabili, meravigliose: *promettere mirabilia*; *mio figlio mi dice mirabilia delle cose che ha visto.*
mirabilità [dal lat. tardo *mirabilitas, -ātis*; a. 1808] **sf.** qualità di ciò che è mirabile: *la mirabilità dell'Odissea.*
mirabilìte [comp. del lat. *mirabilis*, mirabile e *-ite*²; 1934] **sf.** *T.min.* solfato di sodio idrato, in cristalli incolori.
mirabolàno¹ [dal fr. *mirobolant*; 1891] **agg.** *region. spreg.* che racconta cose meravigliose, incredibili || **N.** *Sin.* fanfarone, spaccone.
mirabolàno² [dal fr. *mirobolan*; prima metà sec. XIII] **sm.** varietà di susino dai frutti piccoli e aciduli, usata spec. come portainnesto per il susino domestico.
mirabolànte [dal fr. *mirabolant*; a. 1910] **agg.** stupefacente: *raccontare avventure mirabolanti.*
mirabolóne V. MIRABOLANO¹.
miracolàio (pl. *-ài*) [da *miracolo*; 1865] **sm.** (f. *-a*) *non com.* chi si meraviglia facilmente, per un nonnulla || che è propenso a considerare eventi insoliti come miracoli.
miracolàre (pres. *-àcolo*) [da *miracolo*; 1957] **tr.** *poco com.* fare oggetto di un miracolo, guarire da una malattia o salvare da un grave pericolo; è usato nelle forme composte e spesso al passivo: *è stato miracolato a Lourdes.*
miracolàto [da *miracolo*; 1927] **agg.** e **sm.** (f. *-a*) che o chi è stato oggetto di miracolo; anche *fig.*, grandemente e inaspettatamente avvantaggiato: *siamo stati miracolati dal calo del prezzo del petrolio.*
miracolismo [da *miracolo*; 1928] **sm.** atteggiamento da miracolista.
miracolista [da *miracolo*; 1923] **s.** chi, spec. in politica, attende una soluzione rapida e quasi miracolosa di problemi difficilissimi.
miracolìstico (pl. *-ci*) [da *miracolista*; 1966] **agg.** di, da miracolista.
miràcolo [dal lat. *mirăculum*; a. 1292] **sm. 1.** fenomeno che è fuori delle leggi ordinarie della natura e che perciò suppone l'intervento d'una forza soprannaturale: *i miracoli di Dio, di Cristo, dei Santi, sperare in un miracolo*; *gridare al miracolo*, anche *fig.*, esprimere ammirazione e stupore per qualcosa che si considera eccezionale || *raccontare vita, morte e miracoli di qualcuno*, raccontarne minutamente le vicende **2.** *iperb.* cosa insperata: *sono vivo per miracolo* || cosa mirabile: *i miracoli della scienza* || *scrivere* o *dire miracoli di una cosa*, scriverne o parlarne con grande ammirazione || *fare miracoli*, produrre risultati straordinari: *una crema che fa miracoli, un atleta che fa miracoli* || *miracolo economico*, il rapido sviluppo dell'economia italiana negli anni Cinquanta e Sessanta **3.** persona che eccelle in qualche virtù: *è un miracolo di bellezza, di bontà, di sapere* || *dim.* miracolino || **N.** grazia, portento, prodigio | fare, operare | divino, inaudito, singolare | taumaturgo. **Q.T.** *religione.*
miracolóne [da *miracolo*; 1869] **sm.** (f. *-a*) persona che vede il miracolo in ogni cosa; miracolaio.
miracolóso [da *miracolo*; a. 1519 *miraculoso*] **agg. 1.** che fa miracoli: *immagine, reliquia miracolosa* || *iperb.* che ha doti straordinarie, che produce effetti portentosi **2.** fatto per opera di miracolo o che sembra tale: *risultato miracoloso, guarigione miracolosa* || **miracolosaménte** **avv.** || **N.** *Sin.* taumaturgico; mirabile, portentoso, prodigioso, soprannaturale, straordinario, MERAVIGLIOSO.
miràggio (pl. *-gi*) [dal fr. *mirage*; 1877] **sm.** fenomeno di rifrazione della luce attraverso strati d'aria di diversa densità che si verifica su superfici assolate nelle ore calde, per effetto del quale gli oggetti appaiono rovesciati e circondati da una distesa abbagliante simile ad acqua || *fig.* speranza illusoria e ingannevole: *è stato attratto dal miraggio di facili guadagni* || **N.** *Sin.* fata morgana; allucinazione; chimera, specchietto per allodole.
miràglio (pl. *-gli*) [dal prov. *miralh*; a. 1494] **sm. 1.** *T.mar.* elemento di varia forma applicato sopra le boe per renderle più visibili **2.** *ant.* specchio.
mirallégro [da *mi rallegro*; a. 1742] **sm. inv.** (meno com. pl. *mirallegri*) *non com.* congratulazione: *dare a qualcuno il mirallegro.*
miràndo [dal lat. *mīrandus*; prima metà sec. XIII] **agg.** *lett.* che merita di essere ammirato; meraviglioso.
miràre [lat. *mirāre*; a. 1300] **tr.** contemplare, guardare con attenzione e spesso anche con ammirazione e stupore: *mirava le sue belle tele* || **intr.** (aus. *avere*) **1.** controllare con l'occhio la posizione di un'arma per centrare il bersaglio: *mirò e poi fece fuoco, mirare a un bersaglio* **2.** *fig.* tendere, volgere il pensiero a una cosa col fine di ottenerla: *mira al posto di segretario* || **rifl.** guardarsi con una certa compiacenza: *mirarsi allo specchio* || **rifl. indir.** *mirarsi intorno*, guardare attentamente ciò che accade intorno, star guardingo || **N. tr.** *Sin.* ammirare, rimirare, GUARDARE | **intr. 1.** *Sin.* prendere la mira, puntare **2.** *Sin.* aspirare, desiderare, tendere, vagheggiare.
mirasóle [comp. di *mira(re)* e *sole*; 1342] **sm.** girasole.
miràto (*pps.* di *mirare*) [1961] **agg.** diretto ad un obiettivo ben delimitato o a un pubblico ben individuato: *terapia mirata, campagna pubblicitaria mirata.*
miratóre [da *mirare*; 1869] **sm.** (f. *-trice*) *non com.* chi mira con un'arma: *un buon miratore* || **N.** *Sin.* puntatore.
mirbàna [etim. inc.; 1930 *mirbano*] **sf.** *essenza di mirbana*, nitrobenzolo.
miria- [dal gr. *myriás*, diecimila] **primo elem.** che, anteposto a un'unità di misura, la moltiplica per diecimila: **miriagràmmo**, **miriàmetro**.
mirìade [dal tardo lat. *myrias, -adis*; a. 1494 nel senso 2] **sf. 1.** numero grandissimo, quantità sterminata: *una miriade di stelle, una miriade di zanzare*; *per estens.* da: **2.** nel sistema numerale dell'antica Grecia, 10000.
Miriàpodi (sing. *-e*) [comp. di *miria-* e *-podi*; 1821] **sm. pl.** classe degli Artropodi, con corpo allungato, diviso in segmenti, ciascuno dei quali porta uno o due paia di arti || **N.** centogambe, millepiedi, scolopendra. **Q.T.** *zoologia.*
mirìca o **mirìce** (pl. *-ci*) [dal lat. *myrīca*; sec. XIV *mirici* pl.] **sf.** *ant. lett.* tamerice.
mirìfico (pl. *-ci*) [dal lat. *mirificus*; a. 1375] **agg.** *lett.* che fa cose mirabili: *poeta, scrittore mirifico.*
miringe [alterazione di *meninge*; 1494] **sf.** *T.anat.* membrana del timpano.
miringìte [comp. di *miringe* e *-ite*¹; 1834 *miringitite*] **sf.** *T.med.* infiammazione della miringe.
mirìno [da *mira*; 1889] **sm.** piccolo rilievo posto sull'estremità della canna del fucile, che serve per orientare il tiro || dispositivo delle macchine fotografiche che serve a inquadrare bene il campo ottico dell'immagine. **TAV.** *caccia* 1.10; *cinematografia...*; ***armi*** **p. 648** 16.1, 17.2, 18.5 e **p. 649** 20.7.
miristica [dal gr. *miristikós*, odoroso; 1828] **sf.** albero sempreverde delle Miristicacee, che produce come seme la noce moscata.
Miristicàcee [comp. di *miristica* e *-acee*; 1895] **sf. pl.** *T.bot.* famiglia di piante sempreverdi tropicali, contenenti essenze aromatiche.
miristico (pl. *-ci*) [da *miristica*; 1887] **agg.** *T.chim.* detto di composti ricavati originariamente da piante delle Miristicacee: *alcol miristico* || *acido miristico*, acido monobasico presente in molti grassi e nella noce moscata.
mirliton (fr., pr. [mirli'tõ]) [etim. inc.; 1942] **sm. inv.** elementare strumento membranofono a fiato.
mirmecìa (pl. *-cìe*) [dal gr. *myrmēkia*; 1957] **sf.** *T.med.* sensazione, gen. passeggera, di formicolio agli arti, dovuta a disturbi circolatori.
mìrmeco- [dal gr. *mýrmēx, -ēkos*, formica] **primo elem.** che, in parole composte della terminologia scientifica, spec. zoologica, vale "formica": **mirmecofilàssi**, **mirmecologìa**, **mirmecòlogo**.
mirmecòbio (pl. *-bi*) [comp. di *mirmeco-* e *-bio*; 1934] **sm.** *T.zool.* piccolo mammifero australiano dei Marsupiali, simile al formichiere, che si nutre di formiche e termiti.
Mirmecofàgidi (sing. *-e*) [da *mirmecofago*; 1957] **sm. pl.** *T.zool.* mammiferi sudamericani dal muso appuntito che catturano le formiche con la lingua per cibarsene; tra essi il formichiere.
mirmecòfago (pl. *-gi*) [comp. di *mirmeco-* e *-fago*; 1821] **sm.** *T.zool.* formichiere.
mirmecofilìa [comp. di *mirmeco-* e *-filia*; 1934] **sf.** *T.bot.* e *T.zool.* complesso dei rapporti di simbiosi esistenti tra le formiche e altri animali (spec. Artropodi) e tra le formiche e le piante che forniscono loro cibo e abitazione.
mirmecòfilo [comp. di *mirmeco-* e *-filo*; 1917] **agg.** *T.bot.* e *T.zool.* di animale o pianta, che vive in simbiosi con le formiche.
mirmìdone [dal lat. *Myrmidones*; sec. XIV] **sm.** *lett.* appartenente all'antico e leggendario popolo della Tessaglia di cui Achille era re.
mirmillóne [dal lat. *mirmĭllo, -ōnis*; a. 1569] **sm.** *T.stor.* il gladiatore che combatteva contro il reziario e il trace, con uno scudo quadrato e un elmo a forma di pesce.
miro [dal lat. *mīrus*; a. 1321] **agg.** *ant. lett.* mirabile, meraviglioso: *la mira visione.*
mirobolàno V. MIRABOLANO.
mirosina [dal fr. *myrosine*; 1869] **sf.** *T.chim.* enzima presente nei semi di senape nera e nel fegato di alcuni animali, che, a contatto con l'acqua, emana un'essenza dalle proprietà revulsive.
mìrra [dal lat. *myrrha*; sec. XII-XIII] **sf.** gommoresina che trasuda dal tronco di alcuni al-

beri dell'Africa e dell'Arabia e, a contatto dell'aria, si indurisce formando dei globuli; è impiegata in farmacia e in profumeria per le proprietà antisettiche e aromatiche; nell'antichità veniva usata per imbalsamare; *oro, incenso e mirra*, i tre doni che i Re Magi portarono a Gesù Bambino.

mirràre [da *mirra*; a. 1321] ***tr.*** *ant.* condire o mescolare con la mirra || *fig.* rendere incorruttibile.

mìrride [dal lat. *myrris, -idis*; 1561] ***sf.*** *T.bot.* pianta erbacea aromatica delle Ombrellifere, dal fusto ramoso e dai frutti rossi che profumano di anice || **N.** *Sin.* finocchiella.

Mirtàcee [da *mirto*; 1891] ***sf. pl.*** *T.bot.* famiglia di piante dicotiledoni arboree e arbustive legnose con foglie intere e frutti di vario tipo, da alcuni dei quali si estraggono oli essenziali; tra queste l'eucalipto e il mirto.

mirteo [dal lat. *myrteus*; a. 1475] ***agg.*** *poet.* di mirto.

mirtéto [dal lat. *myrtētum*; a. 1347] ***sm.*** bosco di mirti.

mirtillo [dal fr. *myrtille*; a. 1320 nel senso 2] ***sm.*** **1.** arbusto delle Ericacee che produce bacche nere-azzurrognole o rosse **2.** il frutto edule di tale pianta.

mirto [dal lat. *myrtus*; 1319] ***sm.*** arbusto delle Mirtacee con corteccia rossastra e foglie opposte, ovate e punteggiate, e fiori ascellari bianchi e odorosi, tipico della macchia mediterranea.

mis- [dal lat. *minus*, contratto in *mis*, incrociato col francone **missi*] ***pref.*** forma parole dando loro un senso peggiorativo o negativo: *misconoscere, misfatto.*

misantropìa [dal gr. *misanthrōpía*; a. 1611] ***sf.*** avversione per il genere umano che porta a condurre un'esistenza ritirata ed evitare contatti con la gente.

misantròpico (pl. *-ci*) [da *misantropo*; 1821] ***agg.*** di o da misantropo: *umore misantropico* || **misantropicaménte** ***avv.***

misàntropo [dal gr. *misánthrōpos*; a. 1565] ***agg.*** e ***sm.*** (f. *-a*) affetto da misantropia: *vivere da misantropo* || **N.** *Sin.* insocievole, orso, selvaggio, solitario | *Contr.* filantropo, socievole.

miscèa [dal lat. *miscēre*, mescolare; a. 1648] ***sf.*** *tosc.* **1.** cosa da niente, inezia **2.** mescolanza di elementi disparati.

miscèla [dal lat. *miscellus*, der. di *miscēre*; a. 1758] ***sf.*** **1.** *T.chim.* insieme omogeneo di più sostanze che conservano le proprie caratteristiche chimiche anche se sono intimamente mescolate || *T.tecn. miscela carburante*, quella di carburante misto ad aria, che alimenta i motori a combustione interna || *per anton.* miscela di benzina e olio lubrificante usata per il funzionamento dei motori a due tempi **2.** di una stessa sostanza, mescolanza di qualità diverse: *miscela di caffè, di tè, di tabacco* || **N.** **1.** *Sin.* emulsione, miscuglio.

miscelàre (pres. *-èlo*) [da *miscela*; 1935] ***tr.*** mescolare, fare una miscela.

miscelatóre [da *miscelare*; 1957] ***sm.*** (f. *-trìce*) **1.** operaio addetto alla preparazione di miscele **2.** apparecchio per miscelare. **TAV. *arredamento* p. 650** 1.12.

miscelatùra [da *miscelare*; 1957] ***sf.*** operazione del miscelare.

miscelazióne [da *miscelare*; 1970] ***sf.*** operazione mediante la quale viene realizzata una dispersione più o meno uniforme di sostanze diverse, così che esse si trovino intimamente mescolate pur restando separate le une dalle altre.

miscellànea [dal lat. tardo *miscellanea* neutro pl.; a. 1492] ***sf.*** raccolta di saggi di vario argomento o di vario autore || **N.** *Sin.* antologia, volume collettaneo, zibaldone.

miscellàneo [dal lat. tardo *miscellaneus*; 1545] ***agg.*** composto di vari elementi eterogenei, spec. rif. a raccolte, libri ecc.: *codice, volume miscellaneo.*

mìschia [da *mischiare*; a. 1363] ***sf.*** **1.** il venire alle mani di più persone || combattimento tumultuoso di più armati a corpo a corpo: *gettarsi nella mischia*; *fig.* partecipare attivamente a dispute, discussioni e sim. **2.** *T.sport.* nel *rugby* e nel *football* americano, fase del gioco in cui gli attaccanti di entrambe le squadre sono serrati in cerchio attorno al pallone per cercare di conquistarlo || nel calcio, azione confusa di attaccanti e difensori in un'area ristretta **3.** *T.tess.* fase preliminare della filatura del cotone in cui si mescola il cotone di diversa provenienza per ottenere un prodotto di qualità omogenea || **N.** **1.** *Sin.* baruffa, rissa, tafferuglio, zuffa, COMBATTIMENTO | affrontare, cacciarsi, entrare, gettarsi; ferve la mischia.

mischiaménto [da *mischiare*; a. 1311] ***sm.*** *non com.* atto del mischiare.

mischiànza [da *mischiare*; 1340] ***sf.*** *raro* mescolanza.

mischiàre (pres. *mischio, mischi*) [lat. volg. **misculāre*; a. 1320] ***tr.*** mescolare || **N.** *Sin.* rimestare, MESCOLARE.

mischiàta [da *mischiare*; 1726] ***sf.*** l'atto del mischiare, spec. in fretta: *dare una mischiata al colore, alle carte* || *dim.* mischiatìna.

mischiatùra [da *mischiare*; fine sec. XIII] ***sf.*** atto ed effetto del mischiare.

mìschio (pl. *-schi*) [da *mischiare*; a. 1374] **I** ***agg.*** *non com.* mescolato || *marmo mischio*, venato **II** ***sm.*** *pop.* miscuglio || marmo variegato o intarsio con marmi di colore diverso.

miscìbile [dal lat. *miscēre*; 1584] ***agg.*** *T.chim.* e *T.fis.* di sostanza, che mescolata a un'altra, determina un composto omogeneo.

miscibilità [da *miscibile*; 1932] ***sf.*** *T.chim.* capacità di due o più sostanze di mescolarsi per formare un'unica fase omogenea; la miscibilità può essere totale, parziale se i liquidi si sciolgono reciprocamente solo in determinati rapporti, nulla se i liquidi sono insolubili.

miscidàre (pres. *miscido*) [dal lat. tardo *miscitāre*; 1380 mesedare] ***tr.*** *lett.* mescolare.

misconóscere (pres. *misconósco* ecc., come CONOSCERE) [dal fr. ant. *mesconoistre*; a. 1294 *mesconoscere*] ***tr.*** non apprezzare in maniera adeguata al valore: *le sue doti sono state misconosciute.*

misconosciménto [da *misconoscere*; 1928] ***sm.*** *non com.* l'atto del misconoscere.

miscredènte [dal fr. ant. *mescreant*; sec. XIII] ***agg.*** e ***s.*** che o chi non crede nelle verità della fede cristiana || *per estens.* ateo.

miscredènza [da *miscredente*; a. 1292] ***sf.*** l'essere miscredente.

miscùglio (pl. *-gli*) [da *mischiare*; a. 1292 *mescuglio*] ***sm.*** mescolanza confusa di più cose: *miscuglio di stili, di interessi* || *T.chim.* insieme di due o più sostanze diverse, mescolate senza che l'una agisca sull'altra, conservanti quindi ciascuna i propri caratteri distinti || **N.** *Sin.* accozzaglia, guazzabuglio, intruglio, mistura, *pout-pourri*, MESCOLANZA.

misdìre (pres. *misdico* ecc., come DIRE) [dal fr. ant. *mesdire*; a. 1292] ***intr.*** (aus. *avere*) *ant.* dir male, sparlare || ***tr.*** denigrare.

mise (fr., pr. [mi:z]) [part. pass. f. di *mettre*, mettere; 1905] ***sf. inv.*** (anche pl. *mises*, pr. [mi:z]) modo di vestire.

miseràbile [dal lat. *miserabilis*; a. 1342] ***agg.*** **1.** che suscita compassione: *è in uno stato miserabile* || *per restr.* estremamente povero: *una miserabile catapecchia*; anche *s.*: *i miserabili* **2.** moralmente spregevole: *miserabile invidia, un miserabile strozzino* **3.** penosamente scarso: *uno stipendio, un raccolto miserabile* || **miserabilménte** ***avv.*** || **N.** **1.** *Sin.* miserando, miserevole, misero, penoso, pietoso, squallido **2.** *Sin.* basso, laido, meschino, spregevole, vile **3.** *Sin.* esiguo.

miserabilità [dal lat. tardo *miserabilitas, -ātis*; a. 1778] ***sf.*** condizione di ciò che è miserabile || *disus.* povertà: *certificato di miserabilità.*

miseràndo [dal lat. *miserandus*; sec. XIV] ***agg.*** degno di compassione.

miserere (lat., pr. it. [mize'rɛre]) [dalla prima parola del salmo; 1319] ***sm. inv.*** **1.** quarto dei sette salmi penitenziali, che prende il nome dalla parola con cui inizia (*miserere mei Domine*); nella liturgia cattolica è la più tipica preghiera di penitenza: *recitare il miserere* || *essere al miserere*, in fin di vita || *cantare il miserere a qualcuno*, considerarlo ormai finito **2.** *T.mus.* composizione polifonica su tale testo: *il miserere di Antonio Lotti.*

miserévole [lat. *miserabilis*; 1342] ***agg.*** *lett.* che desta pietà: *è ridotto in condizioni miserevoli.*

misèria [lat. *miseria*; a. 1342] ***sf.*** **1.** estrema povertà: *vivere, ridursi, cadere in miseria, nella miseria più nera* || in escl. di stupore o di rabbia: *per la miseria!, porca miseria!* || *piangere miseria*, lamentarsi insistentemente per le proprie condizioni economiche, spesso esagerando || *per estens.* grande scarsità, penuria: *c'è miseria di grano* **2.** *concr.* cosa misera, da poco: *lavora molto ma gli danno una miseria* **3.** bassezza morale, meschinità; spec. pl.: *le miserie dell'uomo, nascondere le proprie miserie*; difetti, debolezze: *raccontare le proprie miserie* **4.** *pl.* disgrazie, affanni **5.** denominazione com. di alcune specie di piante ornamentali molto diffuse per la facilità di coltivazione e riproduzione; ha foglie alterne su fusti cadenti, tutte verdi, striate di bianco o violette || *dim.* miseriòla, miseriùccia; *pegg.* miseriàccia || **N.** **1.** *Sin.* indigenza; ristrettezza, POVERTÀ; carestia, scarsità, MANCANZA **2.** *Sin.* grettezza **4.** DISGRAZIA **5.** *Sin.* tradescantia.

misericòrde [dal lat. *misericors, -cordis*; sec. XIII] ***agg.*** *lett.* misericordioso.

misericòrdia [dal lat. *misericordia*; a. 1294] ***sf.*** **1.** profondo sentimento di pietà che spinge a soccorrere o a perdonare: *avere, usare misericordia, la misericordia divina* || *opere di misericordia*, quelle con cui si esercita la misericordia verso il prossimo || *senza misericordia*, spietatamente: *lo picchiava senza misericordia* || *la Misericordia*, confraternita di carità per assistere malati; *per meton. tosc.* ambulanza: *sta arrivando la misericordia* **2.** *T.stor.* pugnale che i cavalieri portavano alla cintura per dare il colpo di grazia ai nemici atterrati e feriti || **N.** **1.** *Sin.* benignità, carità, clemenza, compassione, generosità, indulgenza, perdono, pietà.

misericordióso [da *misericordia*; sec. XIII] ***agg.*** incline alla misericordia: *un giudice misericordioso* || che è segno di misericordia: *gesto misericordioso* || **misericordiosaménte** ***avv.*** || **N.** *Sin.* benigno, caritatevole, clemente, compassionevole, pietoso.

miserióne [da *miseria*; 1869] ***sm.*** *ant.* e *region.* uomo poverissimo, o che ostenta povertà senza patirla.

mìsero (superl. *misèrrimo* o *miserìssimo*) [lat. *miser*; a. 1294] ***agg.*** **1.** sfortunato e infelice al punto di suscitare compassione: *miseri mortali, misera sorte*; anche *sm.*: *bisogna compatire i miseri* || *misere spoglie, miseri resti*, i resti mortali || *misero me!*, esclamazione d'infelicità **2.** insufficiente al bisogno: *stipendio misero, una misera cena* || di capo d'abbigliamento, stretto o corto: *un abito misero misero, una giacca un po' misera* **3.** che rivela miseria morale: *un misero traditore* || meschino: *ha fatto una misera figura* **4.** indigente: *gente misera che vive di stenti* **5.** *ant.* avaro || *dim.* miserìno, miserèllo, miserétto; *accr.* miseróne || **miseraménte** ***avv.*** || **N.** **1.** *Sin.* afflitto, disgraziato, sventurato, tapino, tribolato **2.** *Sin.* inadeguato, magro, scarso; piccolo **3.** MESCHINO **4.** POVERO.

misèrrimo [dal lat. *miserrimus*; a. 1492] **agg.** superlativo di *misero*, miserissimo.
misertà [da *misero*; a. 1406] **sf.** *ant.* povertà.
misfàre (pres. *misfàccio* ecc., come FARE) [dal fr. ant. *mesfaire*; sec. XIII] **intr.** (aus. *avere*) *ant.* fare del male.
misfàtto [dal fr. ant. *mesfait*; a. 1250] **sm.** orribile delitto, scelleratezza || anche *fam.*, marachella, birichinata || **N.** *Sin.* crimine, DELITTO.
misirizzi [da *mi si rizzi*; a. 1629] **sm. inv.** giocattolo consistente in una figura di legno o altro materiale leggero che, appesantito alla base, comunque si getti non può non restare diritta || *fig.* uomo politico che riesce a sopravvivere ad ogni cambiamento.
mislèa [dal fr. ant. *mislée*; a. 1292] **sf.** *ant.* mischia.
misleàle [comp. di *mis-* e *leale*; a. 1336] **agg.** *ant.* sleale, perfido.
mislealtà [comp. di *mis-* e *lealtà*; sec. XIV] **sf.** *ant.* slealtà.
miso- [dal gr. *mîsos*, odio] **primo elem.** che, in parole composte dotte e scientifiche, vale "odio", "avversione" (per es. *misogamìa*, *misoginìa*).
misofobìa [comp. del gr. *mýsos*, sozzura e *-fobia*; 1934] **sf.** *T.psic.* paura ossessiva dello sporco e di sporcarsi.
misòfobo [da *misofobia*; 1957] **agg.** e **sm.** (f. *-a*) *T.psic.* che, chi è affetto da misofobia.
misogamìa [comp. di *miso-* e *-gamia*; 1834] **sf.** *T.psic.* avversione al matrimonio.
misògamo [comp. di *miso-* e *-gamo*; a. 1789] **agg.** e **sm.** (f. *-a*) di persona che ha avversione per il matrimonio.
misoginìa [dal gr. *misogynía*; 1598] **sf.** avversione morbosa per le donne; anche *scherz.*
misoginismo [da *misoginia*; a. 1915] **sm.** *raro* misoginia.
misògino [dal gr. *misógynos*; a. 1729] **agg.** e **sm.** affetto da misoginia.
misologìa [dal gr. *misologia*; 1957] **sf.** *T.fil.* sfiducia e avversione verso i ragionamenti.
misoneìsmo [comp. del gr. *mîsos*, odio e del gr. *néos*, nuovo; 1886] **sm.** avversione alle novità e ai cambiamenti, spec. politici o di costume || **N.** *Sin.* conservatorismo, neofobia.
misoneìsta [da *misoneismo*; 1905] **agg.** e **s.** che o chi avversa le novità || **N.** *Sin.* retrivo, retrogrado; codino, conservatore, reazionario.
misoneìstico (pl. *-ci*) [da *misoneista*; 1955] **agg.** di, da misoneista: *timori misoneistici*.
miss (ingl., pr. [mɪs]; pr. it. [miss]) [letter. *signorina*; 1927] **sf. inv.** vincitrice di un concorso di bellezza, reginetta: *miss Italia, miss Universo*.
missàggio (pl. *-gi*) [adattamento dell'anglicismo fr. *mixage*, letter. mescolamento; 1942] **sm.** *T.cin.* operazione di incisione, su un unico supporto, dei vari dialoghi, rumori e musiche, che costituiscono la colonna sonora di un film || **N.** *Sin.* mixage, mixing.
missàre [da *missaggio*; 1965] **tr.** *T.cin.* eseguire il missaggio.
mìssile [dal lat. *missilis*; 1835] **I agg.** atto a essere lanciato: *armi missili* **II sm.** *T.aer.* e *T.mil.* apparecchio a propulsione autonoma, senza pilota (telecomandato o teleguidato) in grado di volare a velocità assai elevata; in campo bellico è usato come vettore di proiettili ad altissima precisione, in campo scientifico per trasporto di veicoli spaziali o di satelliti artificiali. **Q.T.** *armi.*
missilìstica [da *missile*; 1957] **sf.** *T.tecn.* la tecnica relativa alla progettazione, produzione e impiego dei missili.
missilìstico (pl. *-ci*) [da *missile*; 1950] **agg.** relativo ai missili.
missìno [da *mis*, lettura corrente della sigla MSI; 1952] **agg.** e **sm.** (f. *-a*) che o chi appartiene al Movimento Sociale Italiano; neofascista.
missiologìa V. MISSIONOLOGIA.
missionàrio (pl. *-ri*) [da *missione*; 1663] **I sm.** (f. *-a*) religioso o laico dedito all'evangelizzazione di popolazioni non cristiane || *per estens.* chiunque compie una missione: *andò missionario di pace, di civiltà* **II agg.** di missionario, delle missioni: *vocazione missionaria, opere missionarie, giornata missionaria* || **N.** apostolo, catechizzatore, evangelizzatore. **Q.T.** *religione.*
missióne [dal lat. *missio, -ōnis*; sec. XIV] **sf.** **1.** incarico rivestito di una certa importanza, gen. in ambito diplomatico o militare, da svolgere in una sede più o meno lontana: *affidare una missione, svolgere una missione, missione segreta, speciale, diplomatica* || insieme di persone cui è affidato tale compito: *essere membro di una missione, inviare una missione* || incarico fuori sede di un dipendente pubblico: *indennità di missione* o sempl. *missione*, il compenso aggiuntivo percepito per tale incarico **2.** *T.rel.* l'apostolato dei sacerdoti che vanno a predicare la fede di Cristo in paesi non cristiani || *per meton.* le sedi, con chiese, scuole ecc., da essi fondate || *per estens. missione interna*, serie di prediche e di istruzioni religiose in paesi già cristianizzati, volta a ravvivare e rinsaldare la fede **3.** *fig.* attività a cui si associa uno speciale impegno etico: *la missione dell'insegnante, del medico* || **N.** **1.** *Sin.* compito, dovere, funzione, incombenza, mandato, ufficio, INCARICO. **Q.T.** *archeologia, astronautica.*
missionologìa [comp. di *missione* e *-logia*; a. 1937] **sf.** studio dei problemi relativi alle missioni religiose.
missìva [dal lat. *missus*, mandato; a. 1449 *messiva*] **agg.** e **sf.** *lett.* lettera.
mìsso- e der. V. MIXO-[1] e der.
missòrio (pl. *-ri*) [dal lat. tardo *missorium*; 1957] **sm.** *T.stor.* nel tardo impero romano e nell'età bizantina, piatto da mensa in terracotta o in metallo, preziosamente decorato.
missus dominicus (lat., pr. it. ['missus do'minikus]) [letter. inviato del signore] **loc. m.** (pl. *missi dominici*, pr. it. ['missi do'minitʃi]) *T.stor.* persona inviata dall'Imperatore, nel Medio Evo, come esecutore di ordini o ispettore dei feudatari.
mistagogìa (pl. *-gìe*) [dal gr. *mystagōgía*; 1499] **sf.** *T.stor.* nell'antica Grecia, iniziazione ai misteri religiosi.
mistagògico (pl. *-ci*) [da *mistagogo*; a. 1945] **agg.** di mistagogo o di mistagogia || *per estens.* iniziatico.
mistagògo (pl. *-ghi*) [dal lat. *mystagogus*, gr. *mystagōgós*; 1843] **sm.** nell'antica Grecia, il sacerdote che aveva il compito di iniziare ai misteri della religione || *per estens.* chi si assume il compito di introdurre altri ad un sapere riservato a pochi.
mister (ingl., pr. ['mɪstə]; pr. it. ['mister]) [letter. *signore*; 1951] **sm. inv.** **1.** spesso *scherz.* titolo di vincitori ai concorsi, analogo al femminile *miss*: *mister muscolo* **2.** nel gergo calcistico, titolo con cui viene chiamato l'allenatore di una squadra.
mistèrico (pl. *-ci*) [da *mistero*; a. 1945] **agg.** che si riferisce ai culti iniziatici della religione greco-romana: *riti misterici*.
misteriosità [da *misterioso*; 1685] **sf.** l'essere misterioso.
misterióso [da *mistero*; a. 1386] **agg.** che costituisce un mistero, che non si riesce a comprendere o spiegare: *malattia misteriosa, parole misteriose, voce misteriosa* || che sembra celare qualcosa e perciò desta sospetto o curiosità: *una lettera misteriosa, un pacco misterioso, un contegno misterioso, uomo misterioso* || **misteriosaménte avv.** || **N.** *Sin.* arcano, enigmatico, esoterico, impenetrabile, imperscrutabile, incomprensibile, indecifrabile, inesplicabile, inspiegabile, oscuro, segreto, strano.
misteriosofìa [comp. di *misterio* e *-sofia*; a. 1956] **sf.** nella Grecia classica, conoscenza iniziatica dei riti misterici.
misteriosòfico (pl. *-ci*) [comp. di un ant. *misterio* e (*filo*)*sofico*; a. 1945] **agg.** relativo alle dottrine connesse ai culti e riti misterici.
mistèro [dal lat. *mystērium*; sec. XIV] **sm.** **1.** ciò la cui natura è incomprensibile: *il mistero della vita, dell'aldilà, i misteri della natura; la sua fine per noi è un mistero* || cosa tenuta segreta: *circondarsi di misteri; far mistero di qualcosa*, tenerla volutamente nascosta **2.** *T.rel.* nella teologia cattolica, ciascuna delle verità incomprensibili per la mente umana, accettate per fede: *il mistero della Trinità, dell'Incarnazione* || *misteri del rosario*, vari episodi della vita di Cristo e della Vergine, che il credente deve contemplare e meditare recitando il rosario: *misteri gaudiosi, dolorosi, gloriosi* **3.** *T.rel.* al *pl.* nell'antico mondo greco-romano, culti riservati agli iniziati; anche i riti di iniziazione ai culti: *misteri eleusini, misteri dionisiaci* **4.** *T.stor.* rappresentazione scenica di soggetto sacro, diffusa nel Medioevo || **N.** **1.** *Sin.* arcano, enigma, indovinello, segreto | fitto, impenetrabile | divulgare, interpretare, nascondere, svelare **3.** mistagogia; adepto, iniziato; profano, mistagogo **4.** *Sin.* sacra rappresentazione.
mìstica [da *mistico*; a. 1694] **sf.** **1.** *T.rel.* disciplina spirituale e corporale volta a determinare un'esperienza intuitiva di Dio || la dottrina relativa: *mistica cristiana, mistica orientale* **2.** letteratura ispirata al misticismo **3.** *fig.* corpo di dottrine e pratiche a cui si aderisce con fede incondizionata: *mistica di partito, mistica fascista.* **Q.T.** *religione.*
misticànza **sf.** *rom.* V. MESTICANZA.
misticàre (pres. *mìstico, mìstici*) [lat. volg. **mixticare*; sec. XIV] **tr.** *ant.* mischiare.
Misticèti (sing. *-o*) [comp. del gr. *mýstax, mýstakos*, baffi e *kêtos*, cetaceo; 1834] **sm. pl.** *T.zool.* sottordine di Cetacei, tra cui le balene, privi di denti, ma provvisti di fanoni, con cui trattengono il plancton di cui si cibano.
misticìsmo [da *mistico*; 1816] **sm.** *T.teol.* la convinzione che sia possibile un'esperienza diretta della divinità da parte dell'uomo, da realizzarsi mediante un processo di ascesi in cui le facoltà sensibili e razionali vengono un po' per volta lasciate alle spalle || *per estens.* ogni atteggiamento di svalutazione delle facoltà intellettuali in favore di forme immediate e intuitive di conoscenza || **N.** ascetismo, virtù contemplativa, contemplazione, estasi.
misticità [da *mistico*; 1865] **sf.** qualità di ciò che è mistico.
mìstico (pl. *-ci*) [dal lat. *mysticus*; a. 1364] **I agg.** **1.** *T.rel.* attinente ai misteri della fede: *pane mistico*, l'ostia consacrata; *Rosa mistica*, attributo della Madonna **2.** che si riferisce a misticismo: *dottrina mistica, slanci mistici, amore mistico* **3.** *T.mus. golfo mistico*, il luogo riservato all'orchestra, posto davanti al palcoscenico, a un livello più basso rispetto alla platea || **misticaménte avv.** **II sm.** (f. *-a*) chi pratica il misticismo: *i mistici spagnoli* || **N.** **1.** *Sin.* simbolico **2.** ascetico, contemplativo, spirituale.
misticùme [da *mistico*; a. 1956] **sm.** *spreg.* cosa da mistico, atteggiamento da mistico fanatico.
mistificàre (pres. *-ìfico, -ìfichi*) [dal fr. *mystifier*, 1843 nel senso 2] **tr.** **1.** far apparire diverso dalla realtà, falsificare **2.** *disus.* abusare dell'altrui buona fede, ingannare || **N.** **1.** FALSIFICARE **2.** INGANNARE.
mistificatóre [dal fr. *mystificateur*, a. 1893] **agg.** e **sm.** (f. *-trìce*) che o chi mistifica.
mistificatòrio (pl. *-ri*) [da *mistificare*, 1927] **agg.** che è volto a mistificare, ingannevole: *un discorso mistificatorio.*

mistificazióne [dal fr. *mystification*; 1835] **sf.** **1.** presentazione o interpretazione subdolamente falsata e travisante: *mistificazione di un ideale, della storia* **2.** inganno ‖ **N.** **1.** falsificazione.

mistilíneo [comp. di *misto* e *linea* sul modello di *curvilineo*; 1740] **agg.** *T.geom.* composto di linee rette e curve: *tracciato mistilineo.* **TAV.** *geometria* 2.5.

mistilíngue [comp. di *misto* e *lingua* sul modello di *bilingue*; 1942] **agg.** caratterizzato dalla compresenza di più lingue: *regione, popolazione mistilingue.*

mistióne [dal lat. *mixtio, -ōnis*; sec. XIV] **sf.** *lett.* mescolanza: *mistione di razze.*

mìsto [dal lat. *mixtus*; a. 1375] **I agg.** composto di elementi di natura, qualità o razza diversa: *popolazione mista, tessuto misto* ‖ *scuola, classe mista,* di ragazzi e ragazze insieme ‖ *matrimoni misti,* in cui i due coniugi sono diversi per razza o religione ‖ *treno misto,* per viaggiatori e per merci ‖ *misto a,* mescolato con: *farina mista a crusca, gioia mista a dolore* **II sm.** mescolanza di più cose diverse: *è un misto di sciocchezze e di genialità, un misto di terital e lana*; anche in espr. ellittiche usate per indicare tessuti di fibre naturali miste ad altre di minor pregio: *un misto lana, un misto seta* ‖ **N.** **I** eterogeneo, mescolato, promiscuo **II** MESCOLANZA.

mistrà [etim. inc.; a. 1886] **sm.** liquore all'anice ‖ **N.** anisetta, fumetto.

mistràl [dal provenz. *mistral,* maestrale; 1895] **sm.** *inv.* vento freddo e secco che soffia da nord ovest, tipico della Valle del Rodano.

mistùra [dal lat. *mixtūra*; sec. XIV] **sf.** *spreg.* mescolanza di varie sostanze ‖ anche *fig.*: *un'orribile mistura di ipocrisia e di vizio* ‖ *senza mistura,* puro ‖ *vino di mistura,* adulterato ‖ **N.** MESCOLANZA, MISCUGLIO.

misturàre (pres. *mistùro*) [dal lat. tardo *mixturāre*; 1563] **tr.** mescolare fra loro più sostanze, farne una mistura ‖ *misturare il vino,* adulterarlo.

misùra [lat. *mensūra*; a. 1294] **sf.** **1.** rapporto tra una grandezza (estensione, durata, peso, capacità ecc.) e un'altra grandezza dello stesso tipo, che si assume come riferimento (*unità di misura*) ‖ *com.* rif. a dimensioni spaziali: *le misure di un parallelepipedo,* lunghezza, larghezza e altezza; *serve una tovaglia con queste misure: 2 m × 1,80, le misure di un foglio, di un campo, prendere le misure* ‖ *in part.* delle varie parti del corpo umano, spec. rif. ad abbigliamento: *misura dei fianchi, delle spalle, misure perfette*; *su misura,* confezionato per un cliente in base alla sua corporatura; *fig.* che sembra fatto apposta, che calza a pennello: *un lavoro fatto su misura per me* ‖ *a misura di,* adatto, proporzionato a: *città a misura d'uomo* ‖ *per estens.* taglia: *che misura indossa, porta?, misura di guanti, di scarpe, sono rimaste solo le misure piccole* ‖ *fig.* valutazione: *questo mi dà la misura della tua disponibilità* **2.** unità di riferimento impiegata per la misurazione (*propr. unità di misura*): *il metro è una misura lineare, misura di capacità, di potenza, di velocità* ‖ *fig. usare due pesi e due misure,* giudicare con parzialità, in modo diverso, due cose analoghe ‖ *fig.* termine di riferimento per una valutazione, spesso considerato come esempio a cui adeguarsi o limite da non oltrepassare: *l'uomo è misura di tutte le cose*; *passare la misura, colmare la misura,* esagerare; *fuor di misura, oltre misura,* in modo eccessivo; *con misura,* con moderazione ‖ *T.sport.* nella scherma e nel pugilato, la distanza regolamentare fra i due avversari **3.** atto del misurare, misurazione: *eseguire una misura accurata, strumento per misure ad alta precisione, strumento di misura* **4.** proporzione, quantità: *fare qualcosa nella misura delle proprie forze, in egual misura, in misura maggiore o minore*; *nella misura in cui,* in proporzione a ‖ *T.sport. vincere di (stretta) misura,* con uno scarto minimo **5.** provvedimento, risoluzione: *misure di Polizia* ‖ *mezze misure,* provvedimenti deboli e inefficaci ‖ *T.giur. misure di sicurezza,* v. SICUREZZA; *misure cautelari,* v. CAUTELARE[1] **6.** *T.lett.* nella metrica classica, metro ‖ *T.mus.* battuta ‖ **N.** **1.** grado, stima, valutazione; capacità, circonferenza, diametro, dimensione, dose, durata, estensione, latitudine, longitudine, perimetro, peso, profondità, saggio, superficie, volume | ara, bigoncina, braccio, canna, gallone, grammo, iugero, lega, litro, metro, miglio, mina, oncia, palmo, pertica, piede, pinta, rubbio, stadio, staio, stero, tavola | antropometria, geodesia, geometria, planimetria; multipli, sottomultipli; sistema C. G. S. (centimetro, grammo, secondo), sistema metrico decimale **2.** calibro, campione, metro, parametro, scala; equilibrio, legge, modello, moderazione, modo, norma, regola, stregua, termine, tono | buona, colma, piena, scarsa, sovrabbondante, strabocchevole. **Q.T.** *elettricità, energia, fisica, musica, unità di misura.*

misuràbile [lat. tardo *mensurābilis*; a. 1542] **agg.** che si può misurare ‖ **N.** *Sin.* commensurabile | *Contr.* incommensurabile, immisurabile, infinito, smisurato; eterno, immenso.

misurabilità [da *misurabile*; a. 1704] **sf.** la caratteristica di ciò che può essere misurato.

misuracàvi [comp. di *misura(re)* e *cavo*; 1889] **sm.** *inv.* *T.mar.* strumento con cui si misura lo spessore dei cavi.

misuraflùsso [comp. di *misura(re)* e *flusso*; 1970] **sm.** strumento per la misurazione del livello delle acque marine ‖ **N.** *Sin.* idrometro di marea.

misuraménto [da *misurare*; 1865] **sm.** *raro* misurazione.

misurapiòggia [comp. di *misura(re)* e *pioggia*; 1891] **sm.** *inv.* strumento per misurare la quantità di pioggia caduta in un luogo in un certo arco di tempo ‖ **N.** *Sin.* pluviometro.

misuràre (pres. *-ùro*) [lat. tardo *mensurāre*; sec. XIII] **tr.** **1.** valutare una grandezza; determinare l'estensione, il peso, la capacità ecc.: *misurare l'altezza di un armadio, misurare una stanza, misurare la pressione, la febbre, misurare l'intelligenza con un test* ‖ *misurare a occhio,* valutare le dimensioni senza strumenti, per mezzo della sola vista ‖ *in part.* rif. a indumenti e calzature, indossarli per vedere se sono di taglia adeguata ‖ *misurare uno schiaffo, un pugno,* assestarlo ‖ *fig. misurare le scale,* cadere ruzzoloni **2.** *fig.* mettere alla prova, determinare l'entità: *misurare le proprie forze, misurare il coraggio, il valore di qualcuno* **3.** *fig.* limitare, moderare: *misurare le spese*; *misurare i passi,* camminare lentamente; *misurare le parole,* parlare con cautela, pensandoci bene ‖ **intr.** (rari i tempi composti; aus. *avere*) essere di una certa misura: *la stanza misura 3 m × 4* ‖ **rifl.** **1.** *misurarsi con qualcuno,* cimentarsi con lui per stabilire chi è superiore; anche *ass.*: *ha voluto misurarsi in quella gara,* mettere alla prova le sue capacità **2.** *meno com.* moderarsi nelle spese, nei consumi ‖ **N.** **tr.** **1.** *Sin.* calcolare, commisurare, compassare, computare, pesare, saggiare, soppesare, stimare, valutare; paragonare, ponderare.

misuratézza [da *misurato*; a. 1729] **sf.** qualità di chi o di ciò che è misurato, pacato ‖ **N.** *Sin.* moderazione, pacatezza.

misuràto (*pps.* di *misurare*) [a. 1294] **agg.** prudente, cauto, moderato: *gioia misurata, persona misurata* ‖ **misuratamènte** **avv.** ‖ **N.** *Sin.* calcolato, contenuto, discreto, equilibrato, parco, ponderato, prudente, regolato, temperato | *Contr.* imprudente, inconsiderato, intemperante, smisurato.

misuratóre [da *misurare*; a. 1292] **sm.** **1.** (f. *-trìce*) chi misura **2.** macchina o strumento che serve a misurare.

misuratùra [da *misurare*; sec. XII-XIII] **sf.** *raro* l'operazione del misurare.

misurazióne [da *misurare*; sec. XIV] **sf.** l'atto del misurare.

misurìno [da *misura*; a. 1841] **sm.** recipiente, perlopiù graduato, usato per dosare piccole quantità di liquidi o aridi.

mìte [dal lat. *mītis*; 1319] **agg.** **1.** non aggressivo, incline alla benevolenza: *popolo mite, animo mite, di miti costumi* ‖ *giudice mite,* che giudica con clemenza ‖ che dimostra benigna natura: *sguardo mite* ‖ di animale, docile, mansueto **2.** *per estens.* rif. a clima, non rigido, dolce: *un inverno straordinariamente mite* ‖ non eccessivo, tollerabile: *una condanna mite, miti pretese*; *venire a più miti consigli,* ridimensionare un proposito battagliero ‖ **mitemènte** **avv.** ‖ **N.** **1.** *Sin.* benigno, bonario, clemente, indulgente, moderato | *Contr.* crudele, disumano, feroce, **2.** *Sin.* piacevole, soave, tiepido; leggero, lieve | *Contr.* aspro, crudo, inclemente, rigido.

mitèna o **mittèna** [dal fr. *mitaine*; a. 1764] **sf.** **1.** guanto senza dita, in pizzo o seta, usato dalle donne nel primo Ottocento **2.** nelle armature medievali, guanto o manopola d'acciaio.

mitera v. MITRA[1].

mitézza [da *mite*; 1735] **sf.** l'essere mite.

miticizzàre [da *mitico*; 1950] **tr.** *non com.* mitizzare.

miticizzazióne [da *miticizzare*; 1950] **sf.** *non com.* atto ed effetto del miticizzare.

mìtico (pl. *-ci*) [dal lat. *mȳthicus*; 1844] **agg.** **1.** che concerne il mito o i miti: *racconto mitico, eroe, personaggio mitico* ‖ degno di un mito per la sua eccezionalità: *impresa mitica* **2.** vagheggiato, utopico; irreale, leggendario: *un mitico futuro senza violenza* ‖ **miticamènte** **avv.** ‖ **N.** **1.** *Sin.* fantastico, favoloso.

mitigàbile [da *mitigare*; a. 1869] **agg.** *non com.* che può essere mitigato.

mitigaménto [da *mitigare*; a. 1306] **sm.** *non com.* il mitigare.

mitigàre (pres. *mìtigo, mìtighi*) [dal lat. *mitigāre*; a. 1320] **tr.** rendere mite, meno aspro: *mitigare le passioni, il freddo, il dolore* ‖ *mitigare una punizione, una pena,* ridurla ‖ **intr. pron.** placarsi, addolcirsi: *il rancore si è mitigato, in pochi giorni il tempo si è mitigato* ‖ **N.** **tr.** *Sin.* addolcire, addormentare, alleviare, ammansire, ammorzare, attenuare, attutire, calmare, confortare, consolare, contemperare, disacerbare, lenire, mansuefare, moderare, molcere, palliare, placare, quietare, raffrenare, sedare, smorzare, smussare, soffocare, sopire, temperare.

mitigàti [etim. inc.; a. 1820] **sm. pl.** *T.gioc.* gioco d'azzardo eseguito con i tarocchi, svolto da tre giocatori in sei tornate.

mitigativo [dal lat. tardo *mitigatīvus*; a. 1320] **agg.** *raro* atto a mitigare ‖ **N.** *Sin.* calmante, lenitivo, sedativo.

mitigatóre [da *mitigare*; 1336 ca.] **agg.** e **sm.** (f. *-trìce*) *non com.* che o chi mitiga; confortatore.

mitigazióne [dal lat. *mitigātio, -ōnis*; a. 1375] **sf.** atto ed effetto del mitigare ‖ **N.** *Sin.* attenuazione, conforto, consolazione, diminuzione, lenimento, temperamento.

mitighévole [da *mitigare*; sec. XIV] **agg.** *ant.* che mitiga.

mitilicoltùra [comp. di *mitilo* e *coltura*; 1957] **sf.** allevamento di mitili ‖ la tecnica relativa.

mìtilo [dal lat. *mȳtilus*; sec. XV *mituli*] **sm.** *T.zool.* mollusco marino commestibile dei Lamellibranchi, con valve lisce, nero-violacee, che si fissano alle rocce poco profonde mediante una sostanza di aspetto serico detta *bisso* ‖ **N.** *Sin.* cozza, muscolo, peocio.

mitizzàre [da *mito*; 1928] **tr.** conferire a un

avvenimento o fenomeno dimensioni mitiche.
mitizzazióne [da *mitizzare*; 1957] **sf.** *non com.* il mitizzare.
mìto [dal lat. *mȳthos*; a. 1853] **sm.** **1.** narrazione favolosa intorno agli Dei, agli eroi e alle origini d'un popolo: *il mito di Dioniso* || *per estens.* episodio o personaggio storico a cui sono attribuiti caratteri eccezionali e valore esemplare: *il mito di Napoleone* || l'insieme dei miti, l'atteggiamento che dà luogo alla loro produzione: *il distacco dello spirito greco dal mito avviene nel sec.* VI a.C. **2.** convinzione infondata, e anche il suo oggetto: *l'uguaglianza perfetta tra gli uomini è un mito*; spec. con rif. a credenze collettive che influenzano il comportamento delle masse: *il mito del benessere, il mito della razza ariana* || **N. 1.** allegoria, favola, leggenda, saga **2.** *Sin.* illusione, miraggio, utopia | demitizzare, sfatare. **Q.T.** *religione.*
mitocondriàle [da *mitocondrio*; 1957] **agg.** proprio del mitocondrio.
mitocòndrio (pl. *-dri*) [comp. del gr. *mítos*, filo e di un der. del gr. *chóndros*, chicco; 1957] **sm.** *T.biol.* granulo isolato nel citoplasma cellulare, sede degli enzimi che presiedono alla respirazione e alla produzione di energia || **N.** *Sin.* condriosoma.
mitogenètico (pl. *-ci*) [comp. di *mito(si)* e *genetico*; 1957] **agg.** *T.med.* capace di provocare mitosi.
mitogènico (pl. *-ci*) [comp. di *mito(si)* e *-genico*; 1986] **agg.** *T.med.* mitogenetico.
mitografìa [dal gr. *mythographía*; 1844] **sf.** raccolta e studio erudito dei miti: *mitografia alessandrina.*
mitogràfico (pl. *-ci*) [da *mitografia*; 1910] **agg.** *lett.* che riguarda la mitografia.
mitògrafo [dal gr. *mythográphos*; a. 1597] **sm.** nell'antichità classica, autore di raccolte sistematiche di racconti mitologici.
mitologìa (pl. *-gìe*) [dal gr. *mythología*; 1598] **sf.** **1.** il complesso dei miti e delle leggende di un popolo: *mitologia greca, nordica* **2.** studio dei miti || **N. 1.** favole, leggende; panteon.
mitològico (pl. *-ci*) [dal gr. *mythologikós*; a. 1744] **agg.** **1.** di mitologia, che concerne la mitologia **2.** mitico: *personaggio mitologico*; anche *fig.* || **mitologicaménte** **avv.**
mitologista [da *mitologia*; 1639] **s.** mitologo.
mitòlogo (pl. *-gi*) [dal gr. *mythológos*; 1586] **sm.** (f. *-a*) chi studia o espone miti.
mitòmane [dal fr. *mythomane*; 1955] **agg.** e **s.** che o chi è affetto da mitomania.
mitomanìa [dal fr. *mythomanie*; 1930] **sf.** tendenza morbosa a raccontare come veri avvenimenti fantastici o esagerare fatti reali.
mitopoièṣi [comp. di *mito* e gr. *póiēsis*, creazione; 1970] **sf.** creazione di miti, come attitudine tipica dello spirito umano.
mitopoiètico (pl. *-ci*) [da *mitopoiesi*; 1966] **agg.** relativo alla creazione dei miti: *facoltà mitopoietica.*
mitòṣi [dall'ingl. *mitosis*; 1895] **sf.** *T.biol.* cariocinesi. **Q.T.** *genetica...*
mitòtico (pl. *-ci*) [da *mitosi*; 1917] **agg.** *T.biol.* relativo alla mitosi, proprio della mitosi: *suddivisione mitotica.*
mìtra¹ [dal lat. *mitra*; 1281] **sf.** **1.** copricapo indossato dal papa, dai vescovi e da alti prelati in occasioni solenni, di forma allungata, con estremità superiori disgiunte che formano due punte; sprovvista di tesa, ha due fasce che dalla base ricadono sulle spalle || simbolo di dignità vescovile: *conferire la mitra* **2.** dispositivo applicato ai camini o a sbocchi di ventilazione, per evitare che vento, pioggia o neve entrino o disturbino la fuoriuscita di aria o di fumo **3.** genere di molluschi gasteropodi con conchiglia liscia e colorata || **N. 1.** infula | mitriare. **TAV.** *chiesa* 2.21.
mìtra² [abbr. di (*fucile*) *mitra(gliatore)*; 1942] **sm.** *inv.* abbr. di *fucile* o *moschetto mitragliatore* (v. MITRAGLIATORE).
mìtra³ [dal lat. *mitra*, fascia con cui ci si cingeva il ventre; 1970] **sf.** *T.zool.* genere di molluschi gasteropodi che presentano conchiglia liscia, fusiforme e spesso molto colorata.
mitràglia (pl. *-glie*) [dal fr. *mitraille*; 1747] **sf.** **1.** carica di artiglieria, fucile e sim. composta di più schegge o pallottole minutissime di ferro o di piombo **2.** serie di colpi di mitragliatrice **3.** *non com.* quantità di oggetti metallici **4.** nel gergo militare, abbr. di *mitragliatrice.*
mitragliaménto [da *mitragliare*; 1889 *metragliamento*] **sm.** il mitragliare; anche *fig.*
mitragliàre (pres. *-àglio*) [dal fr. *mitrailler*; 1853] **tr.** sottoporre a scariche di mitragliatrice o arma analoga || *fig. mitragliare qualcuno di domande, di richieste, di telefonate*, farne in continuazione, a ritmo serrato.
mitragliàta [da *mitraglia*, sul modello del fr. *mitraillade*; 1872] **sf.** raffica di fucile mitragliatore.
mitragliatóre [da *mitragliare*; 1891] **I agg.** *T.mil. fucile, moschetto mitragliatore*, arma automatica con caricatore di varia capacità, talvolta munito di sostegno a due piedi e in grado di sparare sia a colpo singolo che a raffica **II sm.** chi spara con mitragliatrice.
mitragliatrìce [da *mitragliare*; 1872] **sf.** *T.mil.* arma da tiro automatica di calibro compreso fra 6,5 e 15 mm, in grado di sparare da 500 a 1200 colpi al minuto || *fig. sembrare una mitragliatrice*, parlare velocissimo. **TAV.** *armi* **p. 649** 20.
mitraglièra [dal fr. *mitrailleuse*; 1876] **sf.** *T.mil.* mitragliatrice di calibro elevato (da 20 a 60 mm) usata spec. a bordo di navi militari per le operazioni antiaeree.
mitraglière [dal fr. *mitrailleur*; 1918] **sm.** *T.mil.* militare addetto alla mitragliatrice.
mitragliétta [da *mitraglia*, sul modello del fr. *mitraillette*; 1983] **sf.** pistola mitragliatrice.
mitràico (pl. *-ci*) [dal gr. *mithraikós*; a. 1956] **agg.** relativo al dio Mitra e al mitraismo: *riti mitraici* || **N.** *Sin.* mitriaco.
mitraìsmo [dal n. del dio *Mitra*; 1934] **sm.** culto del dio Mitra, originatosi nell'antica Persia e diffusosi nel mondo greco-romano.
mitràle [da *mitra¹*; 1775] **agg.** *T.anat. valvola mitrale*, quella che chiude il ventricolo sinistro del cuore e ha la forma di mitra: viene chiamata anche *valvola bicuspide.*
mitràlico (pl. *-ci*) [da *mitrale*; 1944] **agg.** *T.anat.* relativo alla valvola mitrale, proprio di tale valvola: *stenosi mitralica, insufficienza mitralica.*
mitràre o **mitriàre** (pres. *mìtr(i)o, mìtri*) [da *mitra¹*; sec. XV] **tr.** mettere sul capo la mitra come simbolo di dignità vescovile.
mitràto (*pps.* di *mitrare*) [a. 1388] **agg.** che ha la mitra: *abate mitrato*; anche *sm. i mitrati*, gli alti prelati che hanno la prerogativa di indossare la mitra.
mitrèo [dal gr. *Mithrâion*, dal n. del dio persiano Mitra; 1834] **sm.** *T.archeol.* nel mondo greco-romano, santuario del dio Mitra.
mitria v. MITRA¹.
mitriaco (pl. *-ci*) [dal lat. tardo *mithriacus*; a. 1862] **agg.** relativo al dio Mitra e al mitraismo: *culto mitriaco* || *cripta mitriaca*, mitreo || **N.** *Sin.* mitraico.
mitriàre v. MITRARE.
mitridàtico (pl. *-ci*) [dal n. proprio *Mitridate*; 1865 come *sm.*] **I agg.** relativo a Mitridate re del Ponto || *cura mitridatica*, assunzione di sostanze velenose in dosi progressivamente crescenti per immunizzarsi **II sm.** mitridato.
mitridatìsmo [dal n. proprio *Mitridate*, re del Ponto, che, per tema di morire avvelenato, si assuefaceva ai veleni assorbendone a piccole dosi; 1935] **sm.** immunità ai veleni acquisita gradualmente con l'assorbimento di dosi mano a mano più elevate.
mitridatizzàre [da *mitridatismo*; 1957] **tr.** immunizzare tramite cura mitridatica.
mitridatizzazióne [da *mitridatizzare*; 1957] **sf.** atto o effetto del mitridatizzare e del mitridatizzarsi; immunizzazione.
mitridàto [dal n. proprio *Mitridate*; prima metà sec. XIV] **sm.** *ant.* supposto antidoto contro il veleno.
Mitrìdi (sing. *-e*) [comp. di *mitra¹* e *-idi*; 1934] **sm.** *pl.* *T.zool.* famiglia di molluschi Gasteropodi, tra cui la mitra, presenti anche nel Mediterraneo.
mitteleuropèo [dal ted. *Mitteleuropa*; 1942] **agg.** dell'Europa centrale, spec. in rif. ad aspetti culturali: *influenza, educazione mitteleuropea.*
mittèna v. MITENA.
mittènte [dal lat. *mittens, -ĕntis*; 1821] **s.** chi spedisce una lettera o altro oggetto di corrispondenza: *indirizzo del mittente, rispedire al mittente* || **N.** mandante, speditore | destinatario. **Q.T.** *posta.*
mix (ingl., pr. [mɪks]) [letter. miscela, mescolanza; 1983] **sm.** *inv.* parola indicante mescolanza, miscela, tipica del gergo giovanile: *disco mix*, compilazione di brani di successo.
mixage (ingl., pr. ['mɪksɪdʒ] e fr., pr. [mik'sa:ʒ]) [da to *mix*, mischiare; 1957] **sm.** *inv.* *T.cin.* incisione, su un'unica banda sonora, dei dialoghi, rumori e musiche che costituiscono la colonna sonora di un film || **N.** *Sin.* missaggio, mixing.
mixedèma [comp. di *mix(o)* e *edema*; 1908] **sm.** *T.med.* stato patologico derivato da ipotiroidismo o asportazione della tiroide, caratterizzato da torpore intellettuale e tumefazione cutanea e sottocutanea.
mixedematóso [da *mixedema*; 1957] **I agg.** **1.** *T.med.* causato da mixedema: *idiozia mixedematosa*, arresto dello sviluppo psicofisico dovuto a insufficienza tiroidea **2.** *T.med.* affetto da mixedema **II sm.** (f. *-a*) *T.med.* persona affetta da mixedema.
mixer (ingl., pr. ['mɪksə]; pr. it. ['mikser]) [letter. che mescola; 1970] **sm.** *inv.* **1.** miscelatore || *in part.* vaso graduato per effettuare miscele di bevande diverse || parte del frullatore **2.** *mixer video*, il tecnico che si occupa degli effetti televisivi elettronici come dissolvenze, stacchi ecc. **3.** dispositivo per effettuare il missaggio.
mixing (ingl., pr. ['mɪksɪŋ]) [da to *mix*, mischiare; 1983] **sm.** *inv.* *T.cin.* missaggio.
mìxo-¹ [dal gr. *mýxa*, muco] **primo elem.** che, in composti della terminologia scientifica, vale "muco": **mixorrèa** || in medicina è usato per indicare i tumori con elementi cellulari riconducibili al mìxoma (*mixosarcoma*).
mìxo-² [dal gr. *mixo-*, da *mîxis*, mescolanza] **primo elem.** che, in parole composte dotte e scientifiche (per es. *mixotipo, mixotrofismo*) vale "misto".
mixòma o **missòma** [comp. di *mixo-* e *-oma*; 1912 *missoma*] **sm.** *T.med.* tumore benigno costituito da tessuto connettivo mucoso.
mixomatòṣi [comp. di *mixoma* e *-osi*; 1957] **sf.** *T.vet.* grave malattia virale che colpisce soprattutto i conigli.
Mixomicèti o **Missomicèti** (sing. *-e*) [comp. di *mixo-* e *micete*; 1965] **sm.** *pl.* *T.bot.* gruppo di vegetali saprofiti privi di clorofilla che vivono su foglie e legno in decomposizione. **Q.T.** *botanica.*
mixomònade [comp. di *mixo-* e gr. *monás, -ádos*, unità; 1978] **sf.** *T.bot.* cellula, tipica dei Mixomiceti, dotata di un flagello per il movimento.
mixoneuròṣi [comp. di *mixo-* e *neurosi*; 1934] **sf.** *T.med.* neurosi che provoca una secrezione abnorme di muco: *mixoneurosi inte-*

stinale.

mixosarcòma [comp. di *mixo-* e *sarcoma*; 1939] **sm.** *T.med.* tumore maligno che deriva dalla degenerazione di un mixoma in un sarcoma.

mixoscopìa [comp. di *mixo-*² e *-scopia*; 1988] **sf.** *T.psic.* perversione sessuale in cui si raggiunge l'orgasmo attraverso l'osservazione del coito compiuto da altri.

mixotìpo [comp. di *mixo-* e *tipo*; 1957] **sm.** *T.med.* individuo in cui confluiscono caratteri somatici appartenenti a due o tre tipi costituzionali diversi (longilineo, normolineo, brevilineo).

mixotrofìṣmo [comp. di *mixo-* e *trofismo*; 1957] **sm.** eterotrofia parziale, cioè capacità da parte dell'organismo vegetale di assumere parte del nutrimento sotto forma di sostanze inorganiche.

Miẓostòmidi (sing. *-e*) [comp. del gr. *mýzein*, succhiare, gr. *stóma*, bocca e *-idi*; 1965] **sm.** *T.zool.* classe di vermi marini degli Anellidi, di piccole dimensioni, parassiti di Echinodermi.

mnemònica [da (*arte*) *mnemonica*; 1829] **sf.** l'arte di esercitare e aiutare la memoria || **N.** *Sin.* mnemotecnica.

mnemònico (pl. *-ci*) [dal gr. *mnemonikós*; 1840] **agg.** *lett.* che concerne la memoria, della memoria, che serve ad aiutare la memoria: *esercizio mnemonico* || di studio, insegnamento e sim., basato sulla memoria, meccanico, poco ragionato.

mnemoniṣmo [da *mnemonico*; 1912] **sm.** tendenza ad attribuire eccessiva importanza all'apprendimento mnemonico.

mnemotècnica [comp. di *mnemo-* e *tecnica*; 1869] **sf.** tecnica per facilitare l'apprendimento e la resa mnemonica.

-mneṣìa [dal gr. *mnêsis*, ricordo, sul modello di *amnesia*] **elem. term.** di parole composte della terminologia medica (per es. *criptomnesia*) col valore di "memoria".

mnèstico o **mnèṣico** (pl. *-ci*) [da (*ana*)*mnestico*; 1957] **agg.** relativo alla memoria, della memoria: *disturbo mnestico, funzione mnestica.*

mo (pr. [mo] o [mɔ]) [da *modo*; sec. XIII] **avv.** *ant.* e *region.* ora, adesso.

mo' (pr. [mɔ]) [da *modo*; 1476] **sm.** apocope di *modo*; solo nella loc. *a mo' di*, in funzione di, a guisa di: *a mo' d'esempio, a mo' d'ombrello.*

mòa [da una voce maori, attr. l'ingl. *moa*; 1934] **sm.** *inv.* *T.zool.* gigantesco uccello ora estinto, diffuso un tempo in Nuova Zelanda.

moabìta [dal lat. tardo *Moabītes*; prima metà sec. XIV] **s.** abitante della regione di Moab.

moabìtico (pl. *-ci*) [da *moabita*; 1957] **agg.** relativo ai Moabiti, proprio dei Moabiti: *usanze moabitiche*; *lingua moabitica*, lingua semitica antica, affine al fenicio, all'arabo e all'aramaico.

mobìglia e der. forme rare di MOBILIA e der.

mòbile¹ [dal lat. *mōbile*, da *movēre*, muovere; 1305] **agg.** **1.** che è atto a muoversi o a essere mosso o trasportato: *struttura, attrezzatura mobile, ponteggi mobili* || *T.tip.* *caratteri mobili*, quelli da stampa, formati da tante lettere separate che si compongono e si scompongono || *beni mobili*, denaro, preziosi, titoli e, in gen., tutti i beni che si possono muovere e trasportare, in contrapposizione a quelli immobili o fissi (terreni, edifici ecc.) || *ricchezza mobile*, guadagni, rendite, stipendi ecc. che si hanno da beni diversi da quelli immobili || *T.mil.* di reparto dell'esercito o corpo specializzato, predisposto per spostamenti e interventi immediati: *battaglione, colonna, milizia mobile*; *Squadra Mobile*, reparto di agenti a disposizione della polizia giudiziaria; anche *sf.*: *la Mobile* || *feste mobili*, che non cadono sempre nello stesso giorno del mese, ad es. la Pasqua **2.** che si muove facilmente, vivace, instabile: *occhi mobilissimi*; *sabbie mobili*, v. SABBIA || *fig.* incostante, volubile, capriccioso: *la donna è mobile* || **N.** **1.** *Sin.* asportabile, estraibile, girevole, movibile | *Contr.* fisso, immobile, inamovibile.

mòbile² [dal lat. *mōbile*; a. 1294] **sm.** **1.** ciascuno degli elementi che costituiscono l'arredamento di un locale: *spostare, spolverare i mobili, mobili da ufficio* || *fig.* *bel mobile*, persona originale **2.** qualunque oggetto che si può muovere || *primo mobile*, secondo il sistema tolemaico, il nono cielo, che si riteneva girasse intorno alla Terra e impartisse e regolasse il movimento degli altri cieli || *dim.* mobilétto, mobilìno, mobilùccio; *accr.* mobilóne; *pegg.* mobilàccio || **N.** **1.** *Sin.* suppellettile; ammobiliamento, arredo, masserizia, mobilia | barocco, direttorio, impero, Luigi XIII-XIV-XV, neoclassico, novecento, rinascimento, rococò; d'epoca, in stile, moderno, rustico; imbottito, impiallacciato, intagliato, intarsiato; maggiolino; restaurato, scheggiato, sconquassato, sgangherato, zoppo | ammobiliare, mobiliare. **Q.T.** *arredamento* **TAV.** ***arredamento*** **p. 650** 3.2.

mobile (fr., pr. [mo'bil]) [letter. che si muove; 1983] **sm.** (pl. *mobiles*, pr. [mo'bil]) *T.scult.* nome dato da M. Duchamp a uno speciale tipo di scultura inventato da A. Calder, formato da una serie di lamine sottili, di forme e materiali vari, sospese a fili metallici in un delicato equilibrio che varia al minimo movimento dell'aria.

mobilézza [da *mobile*¹; prima metà sec. XIV] **sf.** *ant.* volubilità.

mobìlia [dal lat. *mobilia*; 1309] **sf.** l'insieme dei mobili di una casa: *caricare la mobilia, rinnovare la mobilia* || **N.** *Sin.* masserizia, mobilio.

mobiliàre¹ [dal fr. *mobilier*; a. 1835] **agg.** *T.econ.* di beni mobili: *proprietà mobiliare, reddito mobiliare* || che riguarda i titoli azionari: *mercato mobiliare* || *credito mobiliare*, quello a medio termine che serve alle aziende per investimenti a breve scadenza || **N.** *Contr.* immobiliare.

mobiliàre² (pres. *-ilio*) [da *mobilia*; 1668] **tr.** *region.* fornire di mobili un ambiente, ammobiliare.

mobiliatùra [da *mobiliare*; a. 1712] **sf.** *raro* il complesso di mobili che serve ad arredare un ambiente.

mobilière [da *mobile*²; 1935] **sm.** (f. *-a*) fabbricante o venditore di mobili. **Q.T.** *falegnameria.*

mobilifìcio (pl. *-ci*) [comp. di *mobile*² e *-ficio*; 1942] **sm.** fabbrica di mobili.

mobìlio [da *mobile*²; 1846] **sm.** mobilia.

mobilità [dal lat. *mobilitas, -ātis*; a. 1332 *mobilitade*] **sf.** **1.** proprietà di ciò che è mobile; la possibilità di muoversi o di essere mosso: *mobilità del corpo, ridurre la mobilità di un arto* **2.** *fig.* instabilità, leggerezza: *mobilità d'indole, mobilità delle cose umane* || **N.** **1.** *Sin.* movibilità | *Contr.* immobilità **2.** *Sin.* incostanza, irrequietezza, vivacità, volubilità. **Q.T.** *sociologia.*

mobilitàre (pres. *-ilito*) [dal lat. *mobilitāre*; 1834] **tr.** **1.** *T.mil.* di esercito, compiere la mobilitazione **2.** *per estens.* impegnare attivamente, smuovere: *mobilitare le coscienze per la causa della pace*; *mobilitare l'opinione pubblica* **3.** *T.econ.* di capitali, metterli in circolazione per farli fruttare || **rifl.** impegnarsi attivamente: *la popolazione si è mobilitata* || **N.** **tr.** **1.** *Contr.* smobilitare.

mobilitazióne [da *mobilitare*; 1869] **sf.** **1.** *T.mil.* il complesso delle operazioni che compie un esercito per passare dall'assetto di pace a quello di guerra; comprende richiami di classi, requisizioni di materiali, formazioni di grandi unità || *mobilitazione civile*, la trasformazione dell'organizzazione di pace in organizzazione di guerra di tutte le attività nazionali **2.** *per estens.* passaggio ad un impegno attivo: *mobilitazione politica delle masse, mobilitazione delle coscienze* || **N.** **1.** *Contr.* smobilitazione. **Q.T.** *sociologia.*

mobiliẓẓàre [da *mobile*, sul modello del fr. *mobiliser*, 1871 nel senso 3; 1957 nel senso 1] **tr.** **1.** *T.chim.* rendere più disposto a reagire un atomo o un composto organico **2.** *T.chir.* restituire ad un arto la capacità di muoversi **3.** *raro* mobilitare.

mobiliẓẓazióne [da *mobilizzare*, sul modello del fr. *mobilisation*; a. 1872 nel senso 2] **sf.** **1.** *T.med.* il restituire ad un arto che è rimasto immobilizzato per lungo tempo, la capacità di muoversi **2.** *raro* mobilitazione.

mòca o **mòka** [dall'ar. *al-Mukka*, n. della località di produzione; 1858] **sm.** *inv.* **1.** caffè a grani più piccoli del comune e di squisito profumo **2.** *sf.* un tipo di caffettiera per caffè all'italiana.

mocassìno [da una voce dei Pellirosse o Indiani dell'America Settentrionale, attr. il fr. *mocassine* e l'ingl. *moccassin*; 1932] **sm.** calzatura maschile o femminile in pelle, bassa, con punta squadrata, con o senza lacci, comoda da calzare || calzatura caratteristica degli indiani dell'America del Nord, costituita da pezzi di pelle conciata, cuciti e legati.

moccicàre (pres. *móccico, móccichi*) [lat. volg. **muccicāre*; 1691] **intr.** (aus. *avere*) *pop.* **1.** lasciare cadere il moccio dal naso **2.** *per estens.* di bambini, piangere in modo lamentoso, frignare.

moccichìno [da *moccicare*; 1353] **sm.** **1.** *pop.* fazzoletto da naso **2.** *non com.* bimbo che moccica.

móccico (pl. *-chi*) [da *moccicare*; 1863] **sm.** *tosc.* moccio, muco nasale.

moccicóne [da *moccicare*; a. 1446] **sm.** (f. *-a*) *tosc.* moccioso || anche rif. ad adulti, persona da poco.

moccicóso [da *moccicare*; 1342 ca.] **agg.** *pop.* sempre col moccio al naso.

móccio (pl. *-ci*) [dal lat. volg. **mucceum*; a. 1459] **sm.** muco nasale.

moccióne [da *moccio*; a. 1556] **agg.** e **sm.** (f. *-a*) che, chi è sempre sporco di moccio || *fig.* *spreg.* persona inetta; persona molto vecchia; moccioso.

moccióso [da *moccio*; a. 1566] **I agg.** pieno di moccio: *fazzoletto moccioso* **II sm.** (f. *-a*) *spreg.* ragazzino ancora inesperto e immaturo: *lascialo perdere, è solo un moccioso.*

moccolàia [da *moccolo*; a. 1729] **sf.** **1.** *tosc.* accumulo di fibra carbonizzata che si forma in cima al lucignolo che arde, rende la luce meno pura e manda cattivo odore **2.** colata di cera lungo la candela || **N.** **1.** *Sin.* fungo **2.** *Sin.* moccolo.

mòccolo o **móccolo** [lat. *mūccus*; 1353] **sm.** **1.** colata di cera, rappresa intorno alla candela || *per meton.* mozzicone di candela; candela di piccole dimensioni: *accendere un moccolo alla madonna* || *fig.* *portare, reggere, tenere il moccolo*, trovarsi in compagnia di innamorati che si scambiano effusioni; anche, favorire il loro incontro **2.** moccio pendente dal naso **3.** *pop.* (*antifr.* di *moccolo* come candela votiva) bestemmia: *tirare, mandare un moccolo*, dire una bestemmia || *accr.* moccolóne || **N.** CANDELA.

moccolóne (*accr.* di *moccolo*) [1779] **sm.** **1.** grosso mozzicone di candela o torcia **2.** (f. *-a*) *fig.* moccicone, moccioso.

mochétta [dal fr. *moquette*; 1834] **sf.** *non com.* *moquette.*

mòco o **mòcco** (pl. *-chi*) [etim. inc.; a. 1321 nel senso 2] **sm.** (spec. *pl.*) **1.** *tosc.* nome con cui si indicano varie piante erbacee delle Leguminose, alcune delle quali utilizzate come foraggio, ma i cui semi sono velenosi per l'uomo e per alcuni animali; fra queste il *girlo* **2.** *fig.* *ant.* cosa di poca importanza, inezia (per il poco valore che si attribuiva alle piante così dette): *non stimare un moco, non contare un moco.*

mòda [dal fr. *mode*; 1648] ***sf.*** **1.** usanza del momento, più o meno duratura in base a mutamenti di gusto: *la moda della cucina orientale, una moda culturale, una località di moda* || *in part.* rif. ad abbigliamento: *vestire all'ultima moda, i colori pastello sono di moda* **2.** abbigliamento di moda: *sfilata di moda, alta moda italiana, francese, moda pronta, industria della moda*; anche *pl.*: *negozio di mode* **3.** *T.stat.* il termine che, in una serie di dati statistici, si ripete con più frequenza || **N.** **1.** *Sin.* andazzo, attualità, foggia, gusto corrente, novità, vezzo, voga | passeggera, ridicola, strana, stravagante | andare, essere, passare, tornare di moda **3.** *Sin.* norma. **Q.T.** *copricapi, moda...*

modàle [da *modo*; sec. XV] ***agg.*** **1.** *T.gram.* relativo al modo in cui si svolge un'azione: *proposizione modale, avverbio modale* **2.** *T.fil.* caratterizzato dalla presenza di modalità (spec. possibilità e necessità): *enunciato modale*; relativo alla modalità: *logica modale*, lo studio dei concetti di possibilità e necessità **3.** *T.mus.* basato sui modi musicali dell'antica Grecia o del canto gregoriano: *musica modale* || terzo grado della scala diatonica **4.** *T.giur.* di atto liberale, vincolato a particolari condizioni: *donazione modale.*

modalişmo [da *modale*; 1954] ***sm.*** *T.eccl.* eresia (sec. II-III) che valutava le persone trinitarie come modi, manifestazioni di un'unica sostanza divina.

modalità [da *modale*; 1569] ***sf.*** **1.** maniera in cui si svolge o si deve svolgere un procedimento: *seguire le modalità d'uso, fissare le modalità della consegna* || *per estens.* formalità **2.** *T.ling.* in un enunciato, particolare assetto fonetico, grammaticale o lessicale che esprime l'intenzione o l'atteggiamento del parlante: *modalità esclamativa, interrogativa, esprimere la modalità con l'intonazione* **3.** *T.fil.* i concetti di possibilità e necessità (*modalità aletiche*) e quelli che ne condividono certe proprietà formali, ad es. quelli di permesso e obbligo (*modalità deontiche*).

modalizzatóre [da *modale*; 1986] ***sm.*** *T.ling.* in un enunciato, elemento che esplicita il giudizio dell'emittente in merito all'enunciato stesso (p. es. *forse, sicuramente, può darsi*).

modanàre (pres. *mòdano*) [da *modano*; 1869] ***tr.*** *T.arch.* ornare con modanature.

modanatóre [da *modano*; prima metà XIII sec.] ***sm.*** falegname che realizza modanature di mobili.

modanatrìce [da *modano*; 1957] ***sf.*** in falegnameria, macchina che esegue modanature.

modanatùra [da *modano*; 1563 *modenatura*] ***sf.*** *T.arch.* elemento decorativo lineare dal profilo uniforme, tipico di cornicioni, cornici, colonne ecc.; anche di mobili o altri oggetti; può essere costituita da superfici piane a spigoli vivi o, più spesso, da superfici curve: *modanatura concava, convessa* || **N.** aggetto, altezza, profilo o sagoma | astragalo, cordonatura, dentelli, echino, fascia, gola diritta o lesbia, gola rovescia o dorica, guscio o cavetto, listello, ovolo, scanalatura, scozia, toro. **Q.T.** *architettura.*

mòdano [dal lat. *modulus*; sec. XIV-XV] ***sm.*** **1.** modello in grandezza naturale impiegato nei cantieri per sagomare decorazioni architettoniche **2.** ago a due crune aperte, in metallo o in osso, usato per la lavorazione delle reti **3.** pizzo di fattura semplice, eseguito su una trama a rete, gen. a punto rammendo **4.** grosso perno per fissare corde e catene. **TAV.** *maglia...* **p. 1317** 16.

modèlla [da *modello*; a. 1829] ***sf.*** donna che posa per professione davanti a fotografi, pittori o scultori || *per restr.* fotomodella, indossatrice.

modellàbile [da *modellare*; 1724] ***agg.*** che si può modellare.

modellaménto [da *modellare*; 1865] ***sm.*** *non com.* il modellare.

modellàre (pres. *-èllo*) [da *modello*; 1598] ***tr.*** **1.** manipolare per dare una certa forma: *modellare la creta, la cera*; anche *ass.*: *modellare dal vero* || realizzare, utilizzando un certo materiale: *modellare un vaso in argilla* **2.** realizzare ispirandosi o copiando da un modello: *modellava il suo stile su quello dei cinquecentisti* **3.** imitare, riprodurre con un modello: *modellare le reazioni subatomiche, la struttura del linguaggio* || ***rifl.*** ispirarsi, conformarsi ad un esempio: *modellarsi su grandi maestri* || ***intr. pron.*** prendere forma: *un abito che si modella sul corpo* || **N.** ***tr.*** **1.** *Sin.* plasmare **2.** *Sin.* conformare. **Q.T.** *scultura.*

modellàto (*pps.* di *modellare*) [a. 1696] **I** ***agg.*** nei significati del verbo **II** ***sm.*** *T.art.* qualità plastiche di un'opera: *il modellato di una pittura, di una scultura.*

modellatóre [da *modellare*; a. 1696] ***agg.*** e ***sm.*** (f. *-trìce*) che o chi modella || *in part.* busto aderente di fibra elasticizzata che sostiene e dà forma.

modellatùra [da *modellare*; 1869] ***sf.*** atto ed effetto del modellare: *statua di vigorosa modellatura.*

modellazióne [da *modellare*; 1951] ***sf.*** *non com.* modellatura.

modellìno (*dim.* di *modello*) [da *modello*; a. 1571] ***sm.*** modello di piccole dimensioni || *in part.* riproduzione in scala ridotta, spec. di aerei, navi, automobili, congegni ecc., o di scenari, per effetti cinematografici, per collezionisti o altro.

modellişmo [da *modello*; 1957] ***sm.*** l'hobby consistente nella realizzazione e collezione di modelli di oggetti in scala ridotta, spec. elementi architettonici, navi, aerei e automobili || **N.** aeromodellismo.

modellìsta [da *modello*; 1901] ***s.*** **1.** addetto alla progettazione e alla costruzione di modelli e prototipi spec. di parti meccaniche o di capi di abbigliamento **2.** chi esegue, per hobby, modellini di navi, aerei e sim.

modellìstica [da *modello*; 1957] ***sf.*** tecnica di realizzazione e studio di modelli, per scopi industriali o di altro genere.

modellìstico (pl. *-ci*) [da *modello*; 1957] ***agg.*** che riguarda la modellistica o la teoria dei modelli: *semantica modellistica.*

modèllo [lat. volg. **modellus*; 1564] **I** ***sm.*** **1.** ciò che è oggetto di imitazione perché considerato esemplare: *un modello di eleganza, di eloquenza, di virtù*; *prendere a modello*, conformarsi a || la persona o la cosa che un artista ha innanzi a sé da ritrarre **2.** prototipo industriale, sulla base del quale si producono numerosi esemplari || *com.* nella produzione di serie, tipo: *un nuovo modello di auto, l'ultimo modello, il modello più venduto* **3.** copia, solitamente in scala ridotta, sulla base della quale viene realizzata un'opera (una scultura, un'opera architettonica, una nave ecc.) o riproducente un'opera già realizzata, a scopo di hobby o per studiarne le caratteristiche: *modello di un edificio, di un motore idraulico* || *T.metal.* forma sulla quale si costruisce la cavità che verrà colmata dalla colata || il disegno di un abito, e, *per meton.*, l'abito stesso: *un modello esclusivo, invernale*; *sfilata di modelli* || cartamodello: *ho tagliato il pigiama seguendo il modello* **4.** *T.scient.* costruzione astratta che ha alcune caratteristiche formali in comune con un insieme di fenomeni: *modello dell'atomo, modello dell'acquisizione del linguaggio, modello di una proteina* || in logica, *modello di una teoria*, interpretazione che rende vera la teoria; anche la struttura algebrica in cui la teoria viene interpretata; *teoria dei modelli*, il ramo della logica che studia l'interpretazione delle teorie in strutture astratte **5.** *T.bur.* foglio prestampato da compilare, modulo: *modello 740, modello 101*, moduli impiegati nella dichiarazione dei redditi **II** ***agg. inv.*** (sempre posposto): *fattoria modello, impiegato modello*, esemplare || *dim.* modellino, modellétto, modellùcio || **N.** **1.** *Sin.* archetipo, esempio, para-

MODA E SARTORIA

Atelier, camiceria, laboratorio di confezioni; abbigliamento, alta moda, collezione, confezione, creazione, fattura, foggia, guardaroba, linea (aderente, dritta, morbida), *look*, moda *casual*, modello (in esclusiva), *prêt-à-porter*, stile, taglio.

PERSONE: bustaia, camiciaia, creatore di moda, crestaia, cucitrice, figurinista, indossatrice, magliaia, maglierista, *mannequin*, modellista, modista, occhiellaia, pantalonaia, sarta, sartina, stilista, vestiarista.

ARNESI E MATERIALI: ago, alamari, animelle, automatici, bottone, cartamodello, cerniera lampo o zip, cesoie, ditale, fettuccia, figurino, filo cucirino, forbici, grogrè, macchina per cucire (V. MAGLIA, CUCITO, RICAMO), manichino, metro, micio o steatite, modello, nastro, passamano, *patron*, puntaspilli, refe, spilli.

STOFFA: alpaca, bambagina, bigello, broccatello, broccato, *cachemire*, *cheviot*, *chiffon*, cotone, *crêpe* (*de Chine*, *georgette*, *satin*), crespo, drappo, felpa, fiandra, fibra (acrilica, poliammidica), fustagno, *gabardine*, *jersey*, lamé, lana, *madras*, mussola, *moire*, mollettone, orbace, *organdis*, panno, picchè o *piqué*, *popeline*, raion, raso, sangallo, *satin*, sciamito, *shantung*, *shetland*, seta, spugna, stamigna, taffetà, tela, tulle, velluto, vergatino, vigogna; a disegni, a fiori, a quadretti, a quadri, a *pois*, a scacchi, a spina di pesce, *pied-de-poule*, rigata, screziata, sgargiante, spinata; cedevole, da estate, da inverno, *double-face*, elastica, fine, floscia, grezza, impermeabile, increspata, lavorata, leggera, lisa, liscia, logorata, morbida, operata, pieghettata, trasparente; avanzo, cimosa, dritto, grana, pezza, rovescio, scampolo, stacco, striscia, taglio.

AZIONI: allungare, appuntare, armare, confezionare, cucire, disfare, fare una filza, filettare, foderare, imbastire, imbottire, impunturare, ovattare, prendere (le misure, la lunghezza, la larghezza), provare, raffilare, rammendare, rattoppare, ribattere, rinfrinzellare, ritagliare, rivoltare (un abito, un colletto), scavare, scorciare, scucire, sdrucire, slungare, soppannare, spianare, staccare un abito, stringere, tagliare.

TERMINI VARI: busto, cinturino, davanti, di dietro, doppiopetto, dosso, fianchi, mostra, mostrina, petto, schienale, scollo (a barca, alla coreana, a vu, a barchetta, alla marinara); gherone, orlo, *pince*, piega, pistagna, rinforzo, risvolto, sbuffo, scavo, toppa; difetto, taglia, taglia forte. (V. anche i quadri terminologici ABBIGLIAMENTO, COPRICAPI).

digma **2.** originale; forma, tipo; modano; abbozzo, progetto **3.** copia, riproduzione. **Q.T.** *abbigliamento, moda..., pittura, scultura.*

mòdem [comp. di *mo*(*dulatore*) e *dem*(*odulatore*); 1973] **sm.** *inv. T.tel.* e *T.inform.* modulatore e demodulatore di frequenza che converte i segnali digitali in segnali analogici e viceversa, permettendo la trasmissione dei dati attraverso le linee telefoniche.

modenése [lat. *mutinensis*, da *Mutina*, Modena; a. 1520] **I agg.** di Modena: *salumi modenesi* || *pozzi modenesi*, pozzi artesiani **II s. 1.** abitante di Modena **2.** *sm.* (solo *sing.*) il territorio della provincia di Modena.

moderaménto [da *moderare*; a. 1292] **sm.** *non com.* il moderare.

moderàre (pres. *mòdero*) [dal lat. *moderāre*; 1308] **tr.** porre una misura, un freno a cosa che sia eccessiva: *moderare lo sdegno, le spese, le parole* || regolare, dirigere: *moderare il dibattito* || **rifl.** non esagerare, limitarsi: *moderarsi nel bere, nello spendere* || **N. tr.** *Sin.* addolcire, annacquare, attenuare, attutire, contenere, costringere, frenare, mitigare, rattenere, regolare, temperare.

moderatézza [da *moderare*; 1686] **sf.** capacità o abitudine di moderare le proprie parole, azioni o sentimenti.

moderatiṣmo [da *moderato*; a. 1872] **sm.** atteggiamento politico da moderato.

moderatìvo [da *moderare*; 1363] **agg.** *non com.* atto a moderare.

moderàto (*pps.* di *moderare*) [a. 1292] **agg.** temperato, non eccessivo: *è un caldo moderato, velocità, spesa moderata* || rif. a persona, che rifugge da eccessi: *moderato nel mangiare* || *T.pol.* appartenente a un partito o corrente relativamente meno estremista: *socialista moderato*; anche *sm.* (f. *-a*): *i moderati* || *T.mus.* didascalia che esprime un ritmo piuttosto lento: *allegro, andante moderato* || *pegg.* moderatùcolo || **moderataménte avv.** || **N.** *Sin.* discreto, equanime, equilibrato, giusto, misurato, parco, regolato, sobrio | *Contr.* eccessivo, estremista, sfrenato, smodato.

moderatóre [dal lat. *moderātor, -ōris*; 1308] **agg.** e **sm.** (f. *-trice*) **1.** che o chi modera: *esercitare un'influenza moderatrice* || *in part.* chi ha il compito di controllare e coordinare l'andamento di dibattiti, discussioni e sim. || *ant.* chi governa **2.** *T.idr.* bacino o canale in cui l'acqua scorre a bassa velocità per poter depositare le materie che porta in sospensione || *T.chim.* sostanza che serve a rallentare il decorso di una reazione, spec. di una fissione nucleare.

moderatòrio (pl. *-ri*) [da *moderare*; 1673] **agg.** *non com.* di moderazione.

moderatùme [da *moderato*; a. 1883] **sm.** *spreg. T.pol.* complesso di persone appartenenti al partito politico dei moderati.

moderazióne [dal lat. *moderātio, -ōnis*; 1308] **sf. 1.** misura, lontananza da ogni eccesso: *mangiare, spendere con moderazione* **2.** atto ed effetto del moderare: *moderazione degli eccessi* || **N. 1.** *Sin.* autocontrollo, compostezza, discrezione, equanimità, misuratezza, ponderatezza, prudenza, regola, sobrietà, temperanza | *Contr.* eccesso, esagerazione, indiscrezione, intemperanza, smoderatezza **2.** *Sin.* contenimento, limitazione.

modernariàto [da *moderno*, sul modello di *antiquariato*; 1979] **sm.** commercio e collezione di opere d'arte, oggetti o libri del passato recente.

moderniṣmo [dal fr. *modernisme*; 1883] **sm.** tendenza a rinnovare per adeguare ai tempi moderni || in part. *T.art.* movimento artistico vicino al *liberty* (v.) sorto in Catalogna alla fine del sec. XIX || *T.lett.* movimento letterario ispano-americano, antiromantico ed estetizzante (fine sec. XIX) || *T.rel.* movimento di rinnovamento religioso ed ecclesiale sorto in seno al Cattolicesimo alla fine del sec. XIX e condannato da Pio X nel 1907.

modernìsta [dal fr. *moderniste*; 1908] **s.** fautore, seguace del modernismo.

modernìstico (pl. *-ci*) [da *modernista*; a. 1911] **agg.** che si riferisce al modernismo.

modernità [da *moderno*; 1620] **sf.** carattere di ciò che è moderno: *modernità di uno stile* || *per estens.* qualità di ciò che è innovativo, che è indice di progresso o, se rif. al passato, che quasi precorre i tempi: *modernità di certi ideali.*

modernịzzàre [dall'ingl. *modernize*, attr. il fr. *moderniser*; 1844] **tr.** ristrutturare, riordinare secondo criteri più moderni: *modernizzare gli impianti, modernizzare le norme* || **N.** *Sin.* ammodernare, rimodernare, rinnovare, rivoluzionare, svecchiare.

modernịzzazióne [da *modernizzare*; a. 1928] **sf.** atto o effetto del modernizzare e del modernizzarsi.

modèrno [dal lat. tardo *modernus*; 1319] **agg.** dei tempi nostri o più vicini a noi: *scrittore moderno, l'arte moderna* || *per estens.* avanzato, progredito: *le più moderne tecnologie* || *evo moderno*, che va dalla fine del Medio Evo al 1815 (Congresso di Vienna); *storia moderna*, relativa a tale periodo || **modernaménte avv. 1.** in modo moderno **2.** nei tempi moderni || **N.** *Sin.* aggiornato, attuale, odierno, presente, recente | *Contr.* antiquato, desueto, disusato; ANTICO | modernizzare.

modèstia [dal lat. *modestia*; a. 1342] **sf. 1.** la virtù di chi rifugge da ostentazione e orgoglio dei propri meriti: *parla di sé con modestia, senza modestia, modestia sincera, falsa modestia* || *modestia a parte, a parte la modestia*, quando si riferiscono cose che tornano a proprio onore **2.** pudore: *scritto che offende la modestia* **3.** mancanza di sfarzo e lusso nel modo di vivere || *per estens.* povertà, scarsezza: *la modestia delle sue entrate non glielo permette* || **N. 1.** *Sin.* discrezione, micropsichia, riserbo, ritenutezza, umiltà | *Contr.* megalopsichia, superbia, vanità **2.** *Sin.* semplicità, sobrietà **3.** POVERTÀ.

modèsto [dal lat. *modestus*; 1308] **agg. 1.** che per sua indole evita ogni forma di esaltazione e ostentazione di virtù e meriti propri: *è troppo modesto per accettare queste lodi* || che rivela modestia: *un fare modesto* **2.** *per estens. lett.* pudico **3.** senza sfoggio né pretese: *un modesto tenore di vita, un appartamento modesto, un abito modesto* || non elevato, umile: *modeste origini, famiglia modesta* || scarso, mediocre: *modeste prestazioni, risultato modesto, modeste pretese, modesto stipendio* || **N. 1.** *Sin.* discreto, misurato, moderato, temperato, timido **2.** *Sin.* composto, costumato, riservato, ritroso, schivo **3.** *Sin.* dimesso, semplice, esiguo, insufficiente, limitato, modico.

modicità [dal lat. tardo *modicitas, -ātis*; 1769] **sf.** l'essere modico: *modicità di una spesa.*

mòdico (pl. *-ci*) [dal lat. *modicus*; a. 1758] **agg.** di spese, prezzi e sim., non eccessivo, contenuto: *modici interessi, tariffa modica.*

modìfica [da *modificare*; 1848] **sf.** modificazione, rettificazione: *introdurre una modifica al sistema di votazione, apportare modifiche al motore* || **N.** MODIFICAZIONE.

modificàbile [da *modificare*; 1865] **agg.** che può essere modificato.

modificabilità [da *modificabile*; 1869] **sf.** l'essere modificabile.

modificànte (*ppr.* di *modificare*) [1869] **agg.** che cambia; *avverbi modificanti*, avverbi di modo.

modificàre (pres. *-ìfico, -ìfichi*) [dal lat. *modificāre*; 1353] **tr.** cambiare in parte, correggere: *modificare la legge, il modo di vivere, la rotta, un programma* || **intr. pron.** trasformarsi, mutare: *certe abitudini si modificano col tempo* || **N. tr.** *Sin.* mutare, ridurre, riformare, ritoccare, trasformare, variare.

modificatìvo [da *modificare*; a. 1683] **agg.** atto a modificare; che tende a modificare.

modificatóre [dal lat. *modificator, -ōris*; 1773] **agg.** e **sm.** (f. *-trìce*) che o chi modifica.

modificazióne [dal lat. *modificātio, -ōnis*; a. 1642] **sf.** atto ed effetto del modificare e del modificarsi: *modificazione di una legge, modificazione del corso di un fiume* || **N.** *Sin.* cambiamento, mutamento, mutazione, riforma, variazione; alterazione, trasformazione.

modiglióne [lat. volg. **mutilio, -ōnis*; a. 1555] **sm.** *T.arch.* mensola, a forma di S, posta sotto i cornicioni di ordine corinzio, con funzione di sostegno.

mòdio (pl. *-di* o *-dii*) [dal lat. *modius*; sec. XIV] **sm. 1.** *T.stor.* nell'antica Roma, misura di capacità per aridi, pari a 8,73 litri **2.** *T.archeol.* copricapo di alcune divinità ctonie, a forma di vaso svasato verso l'alto.

modìsta¹ [da *moda*¹; 1825] **sf.** donna che fa, aggiusta o vende cappelli, cuffie o altre acconciature per teste femminili || **N.** crestaia. **Q.T.** *copricapi.*

modìsta² [da *modo*; 1987] **sm.** *T.fil.* *modisti*, filosofi medievali (sec. XIII-XIV) che cercavano di dimostrare la coincidenza delle categorie linguistiche con i modi dell'essere e del pensiero.

modisterìa [da *modista*¹; 1872] **sf.** negozio di modista || il mestiere di modista.

mòdo [lat. *modus*; a. 1294] **sm. 1.** aspetto mediante il quale si caratterizza un'azione o una situazione: *star seduti in modo corretto, ha reagito in modo sproporzionato* || *modo di fare* o *ass. pl. modi*, contegno abituale, maniera di comportarsi: *ha un modo di fare accattivante, modi bruschi, cortesi, che modi sono questi?* || limite accettabile: *passare il modo, oltre modo* (anche *oltremodo*) || in alcune loc.: *a modo* (anche *ammodo*), per bene; *al modo di*, secondo l'usanza di; *a modo mio, tuo* ecc., secondo lo stile, l'abitudine mia, tua ecc.; *a ogni modo*, comunque; *in certo modo, in (un) certo qual modo*, in un certo senso; *grosso modo*, all'incirca, più o meno; *modo di dire*, espressione idiomatica; *per modo di dire*, modifica in senso ironico o limitativo l'asserzione a cui si unisce: *durante le vacanze mi sono riposato, per modo di dire*, in realtà ben poco || in *loc. cong.*: *di modo che, in modo che, in modo da*, così che, così da: *ho dimenticato i documenti di modo che non mi fanno passare*; *fare in modo che*, agire affinché || *T.gram.* categoria del verbo che può esprimere l'intenzione di chi parla (imperativo, ottativo) o la realtà o la possibilità dell'azione (indicativo, congiuntivo, condizionale) || in italiano, *modi finiti*, indicativo, congiuntivo, condizionale, imperativo; *modi indefiniti* (meglio "forme nominali del verbo"), infinito, gerundio, participio **2.** *per estens.* sistema, mezzo: *ha trovato il modo di far soldi, non c'è modo di persuaderlo, in che modo faremo senza di lui* || occasione, possibilità: *avrà modo di pensarci con calma, dar modo di riflettere* || *in un modo o nell'altro*, bene o male, con qualche sistema || *in tutti i modi*, per ogni verso || *c'è modo e modo*, ci sono anche forme più corrette, adeguate **3.** *T.fil.* nella filosofia scolastica, determinazione accidentale della sostanza **4.** *T.mus.* la disposizione caratteristica di toni e semitoni che distingue le diverse scale: *modo dorico, eolico*; *modo maggiore, minore* || **N. 1.** *Sin.* abitudine, apparenza, aspetto, come, condotta, contegno, foggia, forma, guisa, maniera, ordine, tenore, tono, verso **2.** *Sin.* mezzo, procedura, regola; METODO. **Q.T.** *linguistica.*

modulàbile [da *modulare*¹; a. 1590] **agg.** che si può modulare: *canto modulabile.*

modulàre¹ (pres. *mòdulo*) [dal lat. *modulāri*; a. 1492] **tr. 1.** di voce o suono di strumento, regolare per intensità e timbro || *T.mus.* eseguire una modulazione || *ant.* comporre, musicare **2.** di grandezza fisica, cambiare d'intensità, far variare: *modulare una sorgente luminosa, un segnale* || ***intr.*** passare da una tonalità ad un'altra: *il brano modula da do maggiore a sol maggiore.*

modulàre² [da *modulo¹*; 1957] ***agg.*** **1.** *T.arch.* di costruzione, realizzata rispettando un determinato modulo **2.** costituito da o relativo a una pluralità di parti autonome ma collegate: *sistema modulare, mobile modulare, approccio modulare.*

modulàrio (pl. *-ri*) [da *modulo¹*; 1957] ***sm.*** blocco di moduli.

modulàto (*pps.* di *modulare*) [a. 1527] ***agg.*** ben intonato, regolato: *voce modulata* || **modulataménte** ***avv.***

modulatóre [dal lat. *modulator, -ōris*; 1675 nel senso 2] ***sm.*** **1.** *T.rad.* apparecchio che opera la modulazione **2.** (f. *-trìce*) *non com.* chi modula.

modulazióne [dal lat. *modulatio, -ōnis*; a. 1342] ***sf.*** **1.** *T.mus.* passaggio da una tonalità ad un'altra **2.** *T.elettròn.* trasformazione del messaggio (convertito in un segnale elettrico) in un segnale adatto a essere trasmesso su un canale di comunicazione: *modulazione di frequenza, d'ampiezza, di fase.*

mòdulo [dal lat. *modulus*; sec. XIV nel senso 2] ***sm.*** **1.** stampato contenente le formule invariabili di un documento, che va compilato negli appositi spazi per le parti variabili: *modulo d'iscrizione* || facsimile di un documento, che serve da riferimento: *per la domanda attenersi al modulo* || *T.inform. modulo continuo,* nastro di carta che scorre in una stampante **2.** misura, grandezza di riferimento || *in part. T.num.* diametro di una medaglia || *T.arch.* unità di misura per regolare le diverse proporzioni di un ordine architettonico o di un edificio **3.** *modulo d'acqua,* unità di misura della quantità d'acqua impiegata al secondo per un'irrigazione **4.** *T.mat. modulo di un numero,* il suo valore assoluto **5.** componente di una struttura meccanica, dal funzionamento autonomo; *in part.* nei veicoli spaziali: *modulo di servizio, di comando* || *per estens.* parte, totalmente o parzialmente autonoma, di un sistema fisico o teorico: *modulo di una libreria, modulo di un programma.* **Q.T.** *astronautica, numismatica* **TAV.** ***astronautica*** **p. 654** 2.19, 2.20, 4 **e p. 655** 12.4.

modus vivendi (lat., pr. it. ['mɔdus vi'vɛndi]) [letter. modo di vivere] ***loc. m.*** *inv.* accordo temporaneo; accomodamento.

moèrro [dal fr. *moire*; 1765] ***sm.*** *ant.* forma italianizzata per *moire* (v.).

mofèta [dal lat. *mophītis*; 1754] ***sf.*** esalazione gassosa di anidride carbonica e di metano, da terreni di origine vulcanica.

moffétta [dal fr. *moufette*; 1869] ***sf.*** piccolo mammifero dei Mustelidi, dalla pelliccia lunga e folta, striata di bianco; secerne, per difesa, un liquido fetido.

mògano [da *mahogany*, voce indigena americana; 1764 *maogano*] ***sm.*** pregiato legno da ebanisteria, scuro con riflessi rossi, ricavato da alcuni alberi delle Meliacee dell'America tropicale || **N.** acagiù.

moggiàta [da *moggio*; a. 1580] ***sf.*** *non com.* spazio di terreno in cui si può seminare un moggio di grano.

mòggio (pl. f. *mòggia*, ant. *mògge*; pl. m. non com. *mòggi*) [lat. *modius*; 1238] ***sm.*** **1.** antica misura di capacità per aridi, di vario valore nei diversi paesi **2.** recipiente di capacità pari a tale misura; *a moggia,* in gran quantità || *fiaccola, lampada sotto il moggio,* da una frase di una parabola evangelica, virtù o verità che si tiene nascosta.

mogifonìa [comp. del gr. *mógis*, a stento e *-fonia*; 1957] ***sf.*** *T.med.* rilassamento delle corde vocali, unito a disturbi fonatori, che può colpire persone che parlano a lungo.

mogigrafìa [comp. dal gr. *mógis*, a stento e *-grafia*; 1957] ***sf.*** *T.med.* crampo dei muscoli della mano che rende difficoltoso scrivere || **N.** *Sin.* crampo degli scrivani.

mògio (pl. m. *-gi*, pl. f. *-ge*) [etim. inc.; a. 1388] ***agg.*** abbattuto, avvilito; spesso iterato: *se ne sta mogio mogio ad ascoltare i rimproveri* || **N.** *Sin.* abbacchiato, TRISTE.

mogliàzzo [da *moglie*; a. 1311] ***sm.*** *ant.* sposalizio.

móglie (pl. *-gli*) [lat. *mulier*; fine sec. XII *molge*] ***sf.*** la donna congiunta in matrimonio, rispetto al marito || *essere marito e moglie,* essere sposati || *essere la moglie di Cesare,* di persona di cui non si deve neppure sospettare || *prov. moglie e buoi dei paesi tuoi; tra moglie e marito non mettere il dito* || *dim.* mogliétta, moglièttina || **N.** *Sin.* compagna, coniuge, consorte, dolce metà, signora, sposa | amorosa, bisbetica, diletta, dolce, fedele, legittima, onesta, savia | ammogliare, dare, impalmare, maritare, pigliare, prendere, ripudiare, sposare, trovare; portare i calzoni | bigamia, poligamia, vedovanza; divorzio, separazione | alimenti, beni parafernali, doario, dote, spillatico.

moglièra [dal lat. *mulier, mulieris*; prima metà sec. XII] ***sf.*** *ant.* moglie.

mogòl [dal pers. *mugāl*, mongolo; 1598] ***sm.*** *inv.* imperatore dei Mongoli || *Gran Mogol,* antico titolo degl'imperatori dell'India.

mohair (fr., pr. [mɔ'ɛːr]) [1868] ***sm.*** *inv.* fibra tessile morbida e lucente, fatta di pelo di capra d'Angora || il tessuto che se ne ricava.

mohicàno v. MOICÀNO.

mòia [dal lat. tardo *muria*, salamoia; a. 1555] ***sf.*** pozzo d'acqua salata da cui si estrae il sale: *le moie di Volterra.*

moicàno o **mohicàno** [dall'ingl. *mohican* dal nome indigeno della tribù; 1957 *mohican*] ***agg.*** e ***sm.*** (f. *-a*) membro di una delle tribù amerindie algonchine, ora estinte, stanziate un tempo sulle sponde dell'alto Hudson, nello stato di New York.

moiétta [dal fr. *moyette*; 1954] ***sf.*** laminato piatto usato per imballaggi, opere di carpenteria e sim.

moìna [etim. inc.; a. 1444] ***sf.*** (*com.* al *pl.*) carezza, affettuosità, spec. infantile o leziosa, perlopiù fatta con l'intento di ottenere qualcosa o per farsi perdonare || **N.** *Sin.* blandizia, cerimonia, frascheria, lusinga, smanceria, smorfia, svenevolezza, vezzo | carezzevole, lezioso, sdolcinato, smorfioso, svenevole.

moire (fr., pr. [mwaːr]) [a. 1704 *muerro*] ***sm.*** *inv.* stoffa marezzata.

mòka v. MOCA.

mòla [lat. *mola*; a. 1306] ***sf.*** **1.** utensile dotato di ruote abrasive, impiegato per affilare o lavorare materiali duri come vetro o metallo **2.** macina da mulino o frantoio **3.** *T.med.* formazione tumorale della placenta. **TAV.** *macchine utensili* 6.

molàle [da *mole²*; 1957] ***agg.*** *T.chim.* e *T.fis.* relativo alla mole, proprio della mole: *unità molale* || *soluzione molale,* contenente una mole di un composto in 1000 g di solvente; *concentrazione molale,* molalità.

molalità [da *molale*; 1957] ***sf.*** *T.chim.* e *T.fis.* in una soluzione, concentrazione espressa dal numero delle moli di un soluto presenti in 1000 g di solvente || **N.** *Sin.* concentrazione molale.

molàre¹ [dal lat. *molāris*; sec. XIV nel senso 2] ***agg.*** **1.** *denti molari* (o *sm. i molari*), quelli più grossi situati posteriormente nelle arcate dentali, che servono a triturare; sono caratteristici dei Mammiferi e particolarmente sviluppati negli erbivori; *per estens.* da: **2.** relativo a mola di mulino o frantoio: *pietra molare.* **TAV.** ***anatomia*** **p. 642** 21.6.

molàre² [da *mole²*; 1957] ***agg.*** *T.chim.* che si riferisce a una mole, grammomolecolare (v. MOLE²).

molàre³ (pres. *mòlo*) [da *mola*; 1447] ***tr.*** affilare, sgrossare, spianare e sim., impiegando la mola: *bicchieri molati artigianalmente.*

molarità [da *mole²*; 1957] ***sf.*** *T.chim.* e *T.fis.* concentrazione espressa dal numero delle moli di un soluto presenti in un litro di soluzione.

molàssa [da *mola*; 1890] ***sf.*** *T.geol.* roccia sedimentaria di arenaria friabile.

molatóre [da *molare*; 1957] ***sm.*** addetto alla molatura.

molatrìce [da *molare²*; 1957] ***sf.*** *T.tecn.* macchina costituita da una mola che ruota attorno al proprio asse, utilizzata per levigare, spianare o affilare.

molatùra [da *mola*; 1930] ***sf.*** l'operazione del molare e il suo effetto.

molàzza [da *mola*; 1901] ***sf.*** macchina per macinare e impastare impiegata spec. per materiali fibrosi o in edilizia per confezionare malta || macina per granaglie.

molazzatóre [da *molazza*; 1957] ***sm.*** operaio addetto al funzionamento della molazza.

mólcere (*dif.*, sono usati solo ind. pres. terza sing. *mólce*, raro seconda sing. *mólci*; cong. pres. terza sing. *mólca*, terza pl. *mólcano*; p.rem. raro terza sing. *mólse*; regolari l'ind. imp., il fut., il cong. imp. e il ger.; non ha pps. né tempi composti) [dal lat. *mulcēre*; 1374] ***tr.*** *poet.* blandire, lenire, addolcire, mitigare.

molcìre (pres. *-ìsco, -ìsci*) [da *molcere*; 1630] ***tr.*** molcere.

mòle¹ [dal lat. *mōles*; 1334] ***sf.*** **1.** entità, grandezza, dimensione, spec. se cospicua: *la mole di un edificio, di un pachiderma*; *la mole di un libro*; anche *fig.*: *compito, lavoro di gran mole, di scarsa mole* **2.** *per meton.* costruzione di grandi dimensioni a struttura massiccia: *la Mole Adriana, la Mole Antonelliana* || **N. 2.** colosso.

mòle² [da *mole(cola)*; 1957] ***sf.*** *T.chim.* quantità di una sostanza costituita da un numero di unità elementari pari al numero degli atomi di carbonio in dodici grammi dell'isotopo dodici del carbonio || **N.** *Sin.* grammomolecola.

molècola [dal lat. *molecula*, dim. di *mōles*; 1681] ***sf.*** **1.** *T.chim.* la più piccola parte in cui si può dividere una sostanza sia semplice che composta; costituita da uno o più atomi, conserva tutte le proprietà della sostanza **2.** *T.sociol.* piccolo gruppo considerato come elemento relativamente indipendente di una società: *ogni famiglia è una molecola sociale* || **N. 1.** macromolecola, polimero | aggregazione, coesione, peso; grammomolecola; formula. **Q.T.** *chimica.*

molecolàre [da *molecola*; a. 1855] ***agg.*** *T.chim.* di molecola: *coesione, struttura molecolare.* **Q.T.** *chimica, genetica...*

molènda [dal lat. *molenda*, cosa da macinare; a. 1363] ***sf.*** *raro* prezzo richiesto per la macinatura del grano, la frangitura delle olive e sim.

molestaménto [da *molestare*; a. 1349] ***sm.*** *non com.* il molestare.

molestàre (pres. *-èsto*) [dal lat. *molestāre*; a. 1292] ***tr.*** infastidire seriamente, arrecare grave disturbo, spesso con un'azione fisica || **N.** *Sin.* disturbare, gravare, importunare, incomodare, infestare, maltrattare, perseguitare, pungere, travagliare, turbare, vessare.

molestatóre [da *molestare*; a. 1555] ***sm.*** (f. *-trìce*) chi molesta.

molèstia [dal lat. *molestia*; sec. XIII *molesta*] ***sf.*** **1.** sensazione di disagio e impazienza generata da un disturbo alla serenità d'animo o al benessere fisico: *arrecare molestia, molestia provocata da rumore, da insetti* **2.** azione molesta: *sopportare le molestie di qualcuno* || **N. 1.**

Sin. cruccio, disturbo, fastidio, grattacapo, imbarazzo, incomodo, seccatura, tormento, vessazione | resistere, sopportare, superare, tollerare, vincere; dare, procurare, recare **2.** *Sin.* dispetto, persecuzione, vessazione.

molèsto [dal lat. *molestus*; a. 1292] **agg.** importuno, fastidioso: *una mosca molesta, una persona molesta, un rumore molesto* || **molestaménte** **avv.** || **N.** *Sin.* incomodo, increscioso, infesto, noioso, seccante, spiacevole, vessatorio.

molétta¹ [da *mola*; 1905] **sm.** *inv. sett.* arrotino.

molétta² [dal fr. *molette*; 1905] **sf.** cilindretto di acciaio inciso a rilievo, usato per la stampa di tessuti.

molettàre (pres. *-étto*) [da *moletta*; 1970] **tr.** incidere con la moletta i cilindri di rame usati per la stampa dei tessuti.

mólgere [dal lat. *mulgēre*; a. 1542] **tr.** *lett.* mungere.

mòli [dal lat. *moly*; a. 1498] **sm.** *inv. lett.* erba favolosa che i Greci credevano efficace contro gli incantesimi.

molibdàto [comp. di *molibd(eno)* e *-ato*; 1819] **sf.** *T.chim.* sale dell'acido molibdico.

molibdenìte [da *molibdeno*; 1817] **sf.** *T.min.* solfuro di molibdeno, di colore grigio piombo e lucentezza metallica, formato da numerose lamine; è il minerale dal quale si estrae il molibdeno.

molibdèno [dal lat. *molybdāena*; 1809] **sm.** elemento metallico bianco splendente, molto duro e poco fusibile; è impiegato come supporto ai filamenti nelle lampadine e in metallurgia per acciai speciali.

molìbdico (pl. *-ci*) [comp. di *molibd(eno)* e *-ico*; 1819] **agg.** *T.chim.* detto di composto del molibdeno trivalente e esavalente.

molibdìte [comp. di *molibd(eno)* e *-ite²*; 1934] **sf.** *T.min.* triossido di molibdeno che si forma nei giacimenti di minerali di molibdeno, per alterazione superficiale.

molinàra [da *molinaro*; 1969] **sf.** vitigno tipico del Veronese, dagli acini coperti di una sostanza biancastra, con i quali si preparano vini passiti.

molinàro V. MULINARO.

molinèllo V. MULINELLO.

molinétto [da *molino*; 1877] **sm.** *T.mar.* argano ad asse orizzontale adoperato per la manovra delle ancore.

molinìṣmo [dal n. proprio L. *Molina*, gesuita sp.; a. 1831] **sm.** *T.relig.* dottrina teologica che intende conciliare il libero arbitrio con la prescienza di Dio e la necessità della grazia.

molinista [da *molinismo*; a. 1793] **s.** *T.relig.* fautore, seguace del molinismo.

molino V. MULINO.

moliṣàno [dal n. della regione *Molise*; 1860] **I agg.** del Molise **II sm.** **1.** (f. *-a*) abitante del Molise **2.** (solo *sing.*) dialetto parlato nel Molise.

molitóre [da *molare³*; 1942] **sm.** **1.** operaio addetto alla molitura **2.** macchina per la molitura.

molitòrio (pl. *-ri*) [da *molare³*; 1934] **agg.** di o della macinazione dei cereali: *l'industria molitoria.*

molitùra [da *molare³*; 1739] **sf.** macinatura di cereali.

mòlla [da *mollare*; a. 1519] **sf.** **1.** organo meccanico che, soggetto a compressione, trazione o flessione, al cessare della sollecitazione riprende la primitiva posizione restituendo l'energia assorbita; è impiegato per trasmettere forze tra parti diverse di un congegno, assorbire urti o accumulare energia potenziale: *molle a flessione, a torsione, a balestra*; *molla dell'orologio,* negli orologi meccanici, lamina sottile d'acciaio avvolta mediante carica attorno all'albero del tamburo, donde si svolge lentamente secondo le regolate resistenze del rotismo e del bilanciere || *a molla,* che si muove o agisce per via di molle || *T.aut. molle a elica, a barre di torsione,* sistemi elastici impiegati nelle sospensioni degli autoveicoli || *fig. come una molla,* con prontezza, con vivacità: *saltare, scattare come una molla* || *fig.* ciò che funziona da stimolo e da sprone: *l'utilità e il diletto sono due potenti molle dell'attività umana* **2.** *pl.* strumento di ferro, simile a grosse pinze, impiegato per prendere carboni accesi e sim. || *fig. da trattare, da prendere con le molle,* di persona, scorbutico, poco conciliante; di problema, situazione e sim., difficile, delicato, scabroso || *dim.* mollétta, mollettina; *accr.* mollóne (*sm.*) || **N.** **1.** flessibilità, tensione | avvolgere, caricare | molleggiamento, sospensione. **TAV.** *macchine utensili* 9.4; *motori* 7.

mollacchióne [da *molle*; 1977] **sm.** (f. *-a*) *non com.* persona fiacca, priva di nerbo.

mollàme [da *molle*; a. 1292] **sm.** *non com. spreg.* complesso di cose molli, flosce.

mollàre (pres. *mòllo*) [da *molle*; a. 1313] **tr.** allentare a poco a poco; lasciare andare: *mollare la presa*; *mollare una fune, una catena* || *T.mar. mollare le vele,* spiegarle || *mollare gli ormeggi,* scioglierli || *fig. fam.* appioppare: *mollare un pugno, uno schiaffo* || *ass. fig.* desistere, cedere: *tieni duro, non mollare* || *colloq. molla!,* piantala!.

mòlle [lat. *mollis*, pieghevole; 1282] **agg.** **1.** cedevole al tatto: *consistenza molle, carni molli*; *T.anat. tessuti molli,* quelli che ricoprono lo scheletro **2.** *fig.* senza vigore, virilità e sim.: *carattere, educazione molle, vita molle, molli costumi* || languido, rilassato: *molle abbandono* **3.** dolce, flessuoso: *pieghe molli, molli forme* **4.** bagnato: *essere molle di sudore, di pioggia*; anche *sm.*: *camminare, sedersi sul molle, mettere a molle* || **molleménte** **avv.** languidamente || fiaccamente || **N.** **1.** *Sin.* flaccido, flessibile, floscio, frollato, mencio, morbido, moscio, pastoso, pieghevole, rilassato, soffice, tenero | *Contr.* duro, rigido, solido | infrollire | emolliente **2.** *Sin.* debosciato, effeminato, fiacco, frollito, snervato, svigorito | *Contr.* aspro, rude, vigoroso **3.** *Sin.* delicato, mite, soave **4.** *Sin.* fradicio, inzuppato, madido.

mollécca o **moléca** [dal lat. *mollis*, molle, attr. il venez. *moleca*; a. 1548] **sf.** granchio comune subito dopo la muta quando, avendo il tegumento tenero, è facilmente commestibile.

molleggiaménto [da *molleggiare*; 1803] **sm.** l'atto del molleggiare e del molleggiarsi.

molleggiàre (pres. *-éggio*) [da *molla*; 1609 *moleggiare*] **intr.** (aus. *avere*) essere comprimibile ed elastico per effetto di molle o di materiali elastici: *un materasso che molleggia troppo* || in attività sportive (spec. sci) usare l'articolazione delle ginocchia come una molla, per assorbire le irregolarità del terreno || **tr.** **1.** dotare di molleggio: *molleggiare un divano* **2.** di cavo o corda tesa, controllare la tensione e l'elasticità dando leggeri colpi || **intr. pron.** eseguire più volte con elasticità alcuni movimenti: *molleggiarsi sulle ginocchia* || avere un'andatura molleggiata.

molleggiàto (*pps.* di *molleggiare*) [1932] **agg.** **1.** fornito di molleggio: *poltrona poco molleggiata* **2.** elastico, flessuoso: *andatura molleggiata.*

molléggio (pl. *-gi*) [da *molleggiare*; 1942 nel senso 2] **sm.** **1.** il sistema di molle di cui sono forniti veicoli, poltrone, materassi ecc. **2.** l'elasticità che ne deriva: *automobile con ottimo molleggio* **3.** in ginnastica, movimento del corpo eseguito ripetutamente con rimbalzo elastico: *molleggio sulle gambe* || **N.** **1.** ammortizzatore, sospensione.

mollésco (pl. *-schi*) [da *molle*; 1957] **agg.** detto di un tipo particolare di mandorle, caratterizzate dal guscio tenero || **N.** *Sin.* premice.

mollétta (*dim.* di *molla*) [1638] **sf.** piccolo arnese dotato di molla, per fermare i panni stesi, appuntare i capelli ecc. || **N.** *Sin.* pinza.

mollettièra [dal fr. *molletière*, deriv. da *mollet*, polpaccio; 1921] **sf.** striscia di stoffa da avvolgere a spirale attorno alla gamba, dalla caviglia al ginocchio, in modo da fasciarla strettamente; era usata in passato da militari e alpinisti.

mollettóne [dal fr. *molleton*; 1765 *molletone*] **sm.** stoffa pesante e morbida, usata spec. per fare coperte, coprimaterassi e sottotovaglie.

mollézza [da *molle*; sec. XIII] **sf.** **1.** *fig.* effeminatezza, sensualità, fiacchezza **2.** *pl.* piaceri e raffinatezze che caratterizzano una vita condotta nell'ozio: *passa la sua vita tra le mollezze* **3.** *meno com.* qualità di ciò che è molle (in senso non fig.) || **N.** **1.** *Sin.* debolezza, delicatezza, languidezza, rilassatezza, tenerezza **2.** agi, comodità **3.** *Sin.* morbidezza.

mollica (e region. *mòllica*) [lat. volg. **mollīca*; a. 1380] **sf.** la midolla del pane || *pl.* briciole, minuzzoli, miche: *le molliche che cadono dalla mensa.*

mollìcchio (pl. *-chi*) [var. di *molliccio*; 1869] **sm.** *raro* luogo fangoso e molle.

mollìccio (pl. m. *-ci*, pl. f. *-ce*) [da *molle*; a. 1400] **agg.** sgradevolmente floscio e cedevole: *mani, carni mollicce* || intriso d'acqua, alquanto umido: *terreno molliccio*; anche *sm.*: *camminare sul molliccio* || **N.** *Sin.* flaccido; umidiccio.

mollificàre (pres. *-ìfico, -ìfichi*) [dal lat. tardo *mollificāre*; sec. XIV-XV] **tr.** *non com.* rendere molle || *fig.* addolcire || **intr. pron.** acquistare una consistenza molle: *la cera si mollifica al calore.*

mollificatìvo [da *mollificare*; prima metà sec. XIII] **agg.** *non com.* emolliente.

mollificazióne [da *mollificare*; a. 1320] **sf.** *raro* atto del mollificare.

mollìzia o **mollìzie** [dal lat. *mollitia* e *mollitiēs*; sec. XV] **sf.** mollezza; solo *fig.*

mòllo [dal lat. mediev. *mollus*; a. 1320] **agg.** *pop.* molle, bagnato; anche *sm.*: *mettere a mollo,* a bagno, per ammorbidire o lavare || *roman. pappa molla,* persona fiacca, smidollata.

mollóne (*accr.* di *molla*) [1899] **sm.** **1.** grande molla **2.** nelle antiche armi da fuoco portatili, molla principale del congegno di sparo **3.** *region.* sorta di cassettone dotato di molle su cui veniva appoggiato il materasso.

mollùme [da *molle*; a. 1320] **sm.** *non com.* **1.** umidità causata dalla pioggia **2.** *spreg.* cosa molle: *mollume senza scheletro* (D'Annunzio).

Mollùschi (sing. *-sco*) [dal lat. *molluscus*, molle; 1792] **sm. pl.** *T.zool.* tipo di animali invertebrati che conta circa 50000 specie; hanno corpo molle inarticolato, ravvolto in un involucro cutaneo detto *mantello,* spesso anche protetto da una conchiglia calcarea; sono marini, di acqua dolce o terrestri || **N.** cefalopodi, gasteropodi, lamellibranchi | arselle, calamari, cannelli, cozze, datteri di mare, lumache, mitili, nautili, ostriche, piovre, polipi, seppie, vongole. **Q.T.** *zoologia* **TAV.** ***zoologia*** **p. 1344.**

molluschicoltóre [comp. di *mollusco* e *-coltore*] **sm.** (f. *-trìce*) chi si dedica alla molluschicoltura.

molluschicoltùra [comp. di *mollusco* e *coltura*; 1957] **sf.** allevamento di molluschi commestibili.

mollùsco (pl. *-schi*) [dal lat. *molluscus*, molle; 1792 e 1847 nel senso 2] **sm.** **1.** ciascun individuo appartenente al tipo dei Molluschi **2.** *fig.* persona senza nerbo, smidollato **3.** *T.med.* piccolo tumore fibroso della cute. **Q.T.** *pesca.*

mòlo [gr. bizantino *môlos*; a. 1313] **sm.** argine in muratura, largo e praticabile, che dal porto si protende in mare; protegge dall'impeto delle onde e funziona come luogo d'approdo || **N.** frangiflutti. **Q.T.** *porto* **TAV.** *porto* 3.17.

molòc [dal lat. *Moloc*; 1834] **sm.** *inv.* **1.** *fig.* simbolo di potenza feroce e inesorabile **2.** sauro australiano col corpo ricoperto da numerosi aculei e sporgenze ma del tutto inoffensivo.

molòsso [dal lat. *molossus*; a. 1556] **sm.** **1.** *T.lett.* piede della metrica classica, composto di tre sillabe lunghe **2.** antica razza di cani coraggiosi e robusti, simili a grossi mastini, che i Romani utilizzavano per far la guardia e per combattimenti nelle arene.

molotov (russo, pr. ['mɔɫətəf]; pr. it. ['mɔlotof]) [dal n. proprio V.M. *Molotov*, uomo politico sovietico; 1964] **sf.** *inv.* rudimentale bomba, costituita da una bottiglia piena di benzina o altro liquido infiammabile, che scoppia e si incendia al momento dell'urto: *i dimostranti hanno lanciato sassi e alcune molotov* || anche in funzione di *agg. bottiglia molotov.*

moltèplice [dal lat. *multiplex, multiplicis*; a. 1332] **agg.** **1.** multiforme: *il molteplice ingegno di Ulisse* || fatto di più cose unite insieme: *fiore molteplice, nappa molteplice* (Parini) **2.** *pl.* numerosi e vari: *molteplici offerte di lavoro* || **N.** **1.** *Sin.* complesso, complicato, composto, multiforme, multiplo, plurimo, vario; eclettico, versatile | *Contr.* semplice **2.** *Sin.* differenti, diversi, numerosi, svariati.

molteplicità [dal lat. *multiplicitas, -ātis*; 1282 *moltiplicità*] **sf.** **1.** carattere di ciò che è molteplice: *la molteplicità della vita* **2.** pluralità, insieme di più elementi: *la molteplicità di significati di una parola* **3.** il numero degli elementi di un sistema; *molteplicità di una relazione*, il numero dei suoi termini.

molti- v. MULTI-.

moltiplica [da *moltiplicare*; 1812 nel senso 2] **sf.** **1.** nelle biciclette, il rapporto tra la ruota dentata del pedale e quella della ruota posteriore; *cambio di moltiplica* o *cambio*, dispositivo per variare il rapporto fra le due ruote dentate || la ruota stessa che trasmette il moto **2.** *pop.* moltiplicazione. **TAV.** ***motocicletta...*** **p. 1322** 1.9.

moltiplicàbile [dal lat. *multiplicābilis*; a. 1588] **agg.** che si può moltiplicare.

moltiplicabilità [da *moltiplicabile*; 1869] **sf.** qualità di ciò che è moltiplicabile.

moltiplicàndo [dal lat. *multiplicandus*; 1803] **sm.** *T.mat.* in una moltiplicazione, il primo dei due fattori.

moltiplicàre (pres. *-ìplico, -ìplichi*) [dal lat. *multiplicāre*; a. 1250 *multipricare*] **tr.** aumentare di numero: *moltiplicare i punti di vendita, moltiplicare gli sforzi* || *T.mat.* sommare tante volte quante solo le unità del moltiplicatore: *moltiplicare 2 per 3*; anche *ass.*, eseguire una moltiplicazione || **intr. pron.** riprodursi, crescere di numero: *si è moltiplicato il numero delle persone contagiate: le mie disgrazie si sono moltiplicate* || **N.** **tr.** duplicare, raddoppiare, triplicare, quadruplicare ecc., centuplicare, crescere, ingrandire, intensificare, potenziare, riprodurre.

moltiplicatìvo [dal lat. tardo *multiplicatīvus*; sec. XIV *multiplicativo*] **agg.** che si riferisce a moltiplicazione.

moltiplicatóre [dal lat. tardo *multiplicātor, -ōris*; sec. XIV] **I agg.** (f. *-trìce*) che moltiplica **II sm.** **1.** dispositivo atto a moltiplicare movimenti, giri, velocità e sim.: *moltiplicatore di frequenza, di tensione* **2.** *T.mat.* il secondo dei due fattori d'una moltiplicazione. **Q.T.** *elettricità.*

moltiplicazióne [dal lat. *multiplicātio, -ōnis*; a. 1364] **sf.** **1.** atto ed effetto del moltiplicare: *la moltiplicazione dei pani e dei pesci* **2.** *T.mat.* operazione aritmetica fra due numeri (*moltiplicando, moltiplicatore*) il cui risultato è uguale alla somma di tanti addendi, tutti uguali al primo numero, quante sono le unità del secondo numero: *fare una moltiplicazione* || **N.** **1.** aumento, propagazione, riproduzione **2.** fattori, multiplo, potenza, prodotto, sottomultiplo, tavola pitagorica. **Q.T.** *matematica...*

moltìplice e der. forme non com. di MOLTEPLICE e der.

moltitùdine [dal lat. *multitūdo, -inis*; a. 1294] **sf.** di persone, animali o cose, insieme numeroso: *una moltitudine di fedeli, di uccelli, di pensieri* || *ass. la moltitudine*, la massa, la folla: *la moltitudine è in fermento* || **N.** *Sin.* accozzaglia, ammasso, armento, brigata, calca, caterva, concorso, copia, crocchio, esercito, falange, fascio, frotta, gregge, infinità, legione, manipolo, mare, massa, popolo, processione, reggimento, schiera, sciame, stormo, stuolo, torma, turba; gente, volgo, FOLLA | bulicame, pigia pigia, serra serra.

mólto [lat. *multus*; a. 1250] **I agg.** *indef.* al sing., con nomi non numerabili, una gran quantità di: *molto spazio, molta spazzatura, molta noia, molto talento*; pl., con nomi numerabili, un gran numero di: *molti corteggiatori, molte idee, molti debiti* || in espr. ellittiche: *è molto che non lo vedo*, molto tempo; *ha investito molto in quell'affare*, molto denaro || ripetuto, *enf.*: *ha speso molto, ma molto denaro, dopo molti e molti anni* **II pron.** indef. negli stessi sensi dell'aggettivo: *avrei molto da dire al riguardo, non ne so molto, molti credono nell'astrologia; è* (*già*) *molto se...*, c'è da esserne paghi **III avv.** **1.** dopo un verbo (o dopo l'ausiliare in una forma composta), grandemente, intensamente ecc.: *mi piace molto il giardinaggio, ho molto desiderato il suo ritorno* || spesso: *va molto al cinema* **2.** anteposto ad un agg. o avv. ne intensifica il valore (con agg. qualificativi e avv. di maniera equivale al superlativo): *molto bello, molto intelligente, molto rapidamente, molto fuori della norma, molto su di giri* || *superl.* moltìssimo || **N.** I *Sin.* abbondante; molteplici, numerosi, parecchi, più, tanto | *Contr.* poco; pochi **III** **1.** *Sin.* assai, alquanto, parecchio | *Contr.* poco.

mòlva [prob. dal fr. ant. *molue*; a. 1589] **sf.** grosso pesce di mare, della famiglia dei Gadidi, dal corpo affusolato di colore scuro e muso appuntito.

momentàneo [dal lat. *momentāneus*; a. 1498] **agg.** che dura un momento, un tempo brevissimo: *dolore momentaneo* || *T.ling.* si dice delle consonanti occlusive, in opposizione alle continue || *aspetto momentaneo di un verbo*, quello di azione che si esaurisce in breve lasso di tempo (contrapposto a *durativo*) || **momentaneaménte** **avv.** per breve tempo || provvisoriamente, temporaneamente || **N.** *Sin.* breve, caduco, effimero, fugace, instabile, istantaneo, labile, passeggero, precario, provvisorio, temporaneo, transitorio.

moménto [lat. *momentum*; a. 1332] **sm.** **1.** minimo spazio di tempo, attimo, istante: *non ho un momento libero, smetti* (*per*) *un momento di parlare, è successo tutto in quel momento* || in varie loc.: *a momenti*, a seconda del momento: *a momenti è buono e a momenti cattivo*; di qui a pochi istanti, fra poco: *arriverà a momenti*; quasi, per poco: *a momenti mi faceva cadere* || *da un momento all'altro*, dopo poco; anche, *ant.*, all'improvviso: *da un momento all'altro si fermò* || *sul momento*, ora, in quell'istante: *sul momento non seppe cosa dire* || *per il momento*, per ora, fino a nuovo ordine: *per il momento non pensiamoci* || *ogni momento, tutti i momenti*, molto spesso: *mi telefona ogni momento* || *un momento!*, per interrompere o invitare alla calma o all'attesa: *un momento! non potete condannarlo, un momento, guardo se il dottore può riceverla* || *loc. cong. dal momento che*, poiché, dato che (regge l'indicativo) **2.** *per estens.* periodo di tempo; circostanza, contingenza: *in questo momento ho qualche problema finanziario, è un momento di sfiducia verso le istituzioni, sta vivendo il suo momento di gloria* || tempo opportuno; occasione: *non è il momento di scherzare, è il suo momento* || *l'uomo del momento, il cantante del momento*, quello di moda, di cui tutti parlano **3.** *fam.* piccola quantità: *bisogna scorciarla un momento*, un pochino **4.** *lett. di* (*gran*) *momento, di poco momento*, di molta, di poca importanza: *personaggio di poco momento* **5.** *T.fis. momento di una forza applicata in P rispetto a un punto 0*, prodotto vettoriale del vettore P-0 per la forza || *momento angolare* (o *della quantità di moto*) di una particella rispetto a un punto dato, il prodotto vettoriale dell'impulso della particella per il vettore spostamento della particella rispetto al punto || *momento d'inerzia di una particella rispetto a un asse*, quantità scalare pari al prodotto della massa della particella per il quadrato della distanza dall'asse: è l'analogo della massa per i moti rotatori || *dim.* momentìno, *pegg.* momentàccio || **N.** **1.** minuto, punto, secondo; in men che non si dica, in procinto, in un baleno, in un batter d'occhio, in un battibaleno, sul più bello.

mómmo [voce infantile; 1734] **sm.** *pop.* cosa da bere o da succhiare || *scherz.* vino.

móna [forse di orig. gr.; 1905] **I sf.** *ven. volg.* organo genitale femminile, vulva || *mandare in mona*, mandare al diavolo; *va in mona!*, va al diavolo **II sm.** *inv. sett. volg.* persona stupida.

mònaca [da *monaco*; 1279] **sf.** **1.** donna che fa parte d'un ordine religioso regolare || *far vita da monaca*, condurre vita ritirata || *com.* suora, religiosa **2.** *region.* scaldaletto || *dim.* monacèlla, monachèlla, monachìna || **N.** sposa di Dio, suora, vestale | badessa, conversa, monacanda, novizia, professa, superiora, terziaria | madre, sorella | cappuccine, carmelitane, clarisse, domenicane, oblate | chiudersi in convento, farsi monaca, monacarsi, prendere il velo, pronunziare i voti; smonacarsi | cella, chiostro, clausura, convento, monastero, soggolo, velo, vestizione, voto.

monacàle [dal lat. tardo *monachālis*; a. 1342] **agg.** **1.** di o da monaco o monaca: *vita, abito monacale* **2.** che ricorda l'austera semplicità della vita dei monaci: *rigore monacale* || **N.** *Sin.* claustrale, monastico.

monacàndo [da *monacare*; 1623] **sm.** (f. *-a*) chi è destinato a diventare monaco, chi sta per farsi monaco o monaca.

monacànto [comp. di *mono-* e dal gr. *ákantha*, spina; 1934] **sm.** *T.zool.* pesce teleosteo dei mari caldi caratterizzato da una spina seghettata al posto della prima pinna dorsale.

monacàre (pres. *mònaco, mònachi*) [da *monaco*; 1260] **tr.** rendere monaca, e, meno com., monaco || **rifl.** farsi monaca e, meno com., monaco || **N.** **tr.** *Contr.* smonacare.

monacàto [da *monacare*; prima metà sec. XIV] **sm.** **1.** lo stato di monaco o di monaca **2.** il complesso dei monaci e delle monache.

monacazióne [da *monac*, fine sec. XIII] **sf.** la cerimonia della vestizione e della professione dei voti di una monaca o di un monaco.

monàcchia [forse dal lat. *monedula*, gazza con influsso di *cornacchia*; 1869] **sf.** *centr.* corvo, cornacchia.

monacèlla (*dim.* di *monaca*) [1353] **sf.** **1.** giovane monaca || monaca di bassa statura **2.** fermaglio per orecchini, costituito da un filo d'oro da infilare nel lobo dell'orecchio e da una levetta a molla per la chiusura **3.** pesce castagnola.

monacènse [dal n. geogr. *Monaco* (di Baviera); 1860] **I agg.** della città di Monaco di Baviera: *l'università monacense* **II s.** abitante, nativo di Monaco di Baviera.

monachèlla (*dim.* di *monaca*) [1561] **sf.**

1. monaca giovane o di piccola statura **2.** uccello dei Turdidi, bianco con ali e gola nera, diffuso nella regione mediterranea **3.** mantide religiosa.

monachésimo (disus. *monachìsmo* e arc. *monacìsmo*) [da *monaco*; a. 1594 *monacismo*; a. 1603 *monachismo*; 1958 *monachesimo*] **sm.** fenomeno tipico di alcune religioni (spec. cristianesimo, buddismo, taoismo) per cui certi individui si allontanano dalla comune vita sociale per realizzare un ideale di perfezione spirituale || l'insieme delle istituzioni monastiche. **Q.T.** *religione.*

monachétto (*dim.* di *monaco*) [1681] **sm.** **1.** ferro nel quale entra il saliscendi per serrare la porta **2.** *T.mar.* piccola bitta di metallo fissata alle strutture della nave per legarvi corde || **N.** **1.** *Sin.* nasello.

monachìcchio (pl. *-chi*) [da *monaco*; 1945] **sm.** *merid.* nella tradizione popolare lucana, folletto scherzoso, immaginato come un bambino con un cappuccio da monaco.

monachìna (*dim.* di *monaca*) [a. 1665] **sf.** **1.** *fig.* e *iron.* di donna, che è diversa da quella umile e ingenua che appare; madonnina infilzata, acqua cheta: *con quell'aria di monachina* **2.** *pl.* le scintille che schizzano fuori dal fuoco e rapidamente si spengono **3.** uccello dei Caradriformi, dal lungo becco ricurvo, con piedi palmati e piumaggio bianco e nero **4.** dolce napoletano a base di panna, che un tempo era preparato dalle monache || **N.** **2.** *Sin.* favilla **3.** *Sin.* avocetta.

monachìno [da *monaco*; 1400] **I** **agg.** *ant.* di colore molto scuro, tendente al rosso **II** **sm.** **1.** *panno monachino,* tessuto con cui venivano confezionate le vesti dei monaci **2.** ciuffolotto.

monachìsmo v. MONACHESIMO.

monacìsmo v. MONACHESIMO.

mònaco (pl. *-ci*) [dal lat. tardo *monachus*; 1279] **sm.** **1.** persona che, abbandonati i beni terreni, si dedica al proprio perfezionamento spirituale, in solitudine o in comunità, con preghiere, meditazione e disciplina di vita: *monaci tibetani, buddisti* || *in part.* nel cattolicesimo, membro di un ordine monastico: *monaco benedettino, cistercense* || *prov. l'abito non fa il monaco,* l'apparenza esteriore non sempre è indice esatto delle qualità interiori **2.** *T.arch.* il legno della capriata posto verticalmente tra le testate dei due puntoni || *dim.* monachétto || **N.** **1.** anacoreta, cenobita; derviscio, eremita, fachiro, lama, padre; FRATE | converso, laico, novizio, osservante, terziario. **Q.T.** *religione.*

mònade [dal lat. *monas, -adis*; 1525] **sf.** *T.fil.* elemento semplice e indivisibile della realtà | *in part.* in Leibniz, unità autonoma priva di estensione, di natura spirituale, rappresentativa della totalità || *fig.* persona completamente autosufficiente o che presume di esserlo.

monadèlfo [comp. di *mono-* e dal gr. *adelphós,* fratello; 1834] **agg.** *T.bot.* detto di fiore con stami riuniti in un corpo unico.

monadìsmo [da *monade*; 1905] **sm.** *T.fil.* qualsiasi teoria che interpreti il mondo come coesistenza di monaci.

monadìstico (pl. *-ci*) [da *monadismo*; a. 1952] **agg.** relativo al monadismo, proprio del monadismo: *teoria monadistica.*

monadologìa (pl. *-gìe*) [comp. di *monade* e *-logia*; a. 1852] **sf.** *T.fil.* dottrina che concepisce il mondo come costituito da monadi.

monàndro [dal gr. *monándros,* che ha un marito solo; 1821] **agg.** *T.bot.* detto di pianta i cui fiori possiedono un solo stame: *fiore monandro.*

monàrca (pl. *-chi*) [dal lat. *monarcha,* gr. *monárchēs*; 1304] **sm.** la persona che ha il supremo governo di uno stato retto a monarchia || **N.** *Sin.* sovrano, RE; gran can, granduca, gran mogol, imperatore, kaiser, negus, principe, zar | corona, dinastia, lista civile, maestà, prerogative sovrane, scettro, trono.

monarchìa [dal lat. *monarchia,* gr. *monarchía*; 1308] **sf.** **1.** ordinamento politico di uno stato, in cui l'autorità sovrana è nelle mani d'uno solo; *monarchia assoluta,* in cui il monarca assomma effettivamente in sé tutti i poteri sovrani, esercitandoli direttamente e senza altro limite che il suo arbitrio; *monarchia costituzionale,* in cui invece il potere del monarca è limitato da una costituzione o statuto **2.** stato soggetto a regime monarchico: *la Gran Bretagna è una monarchia* || **N.** **1.** aristocratica, democratica, elettiva, ereditaria, universale | legge salica, legittimismo **2.** impero, regno. **Q.T.** *politica.*

monarchianìsmo [dal lat. tardo *monarchiani,* sostenitori del monarchianismo; 1929] **sm.** **1.** termine designante correnti del pensiero antico cristiano molto diverse tra loro, che avevano come elemento comune lo scopo di salvaguardare l'unità di Dio a scapito della distinzione reale delle persone **2.** corrente di pensiero teologico che sottolineava l'unità di Dio e del suo governo sul mondo, risalente a Noeto.

monarchiàno [dal lat. tardo *monarchiānus,* da *monarchia,* unicità di principio; 1958] **sm.** (f. *-a*) *T.teol.* fautore, seguace del monarchianismo.

monàrchico (pl. *-ci*) [dal gr. *monarchikós*; a. 1610] **agg.** **1.** di o della monarchia: *regime monarchico* **2.** fautore della monarchia; membro del partito monarchico; anche *sm.* || **monarchicaménte** **avv.**

monarchìsmo [dal fr. *monarchisme*; a. 1801] **sm.** *non com.* l'atteggiamento politico dei fautori dell'ordinamento monarchico.

monarcòmaco (pl. *-chi*) [comp. dal gr. *mónarchos,* monarca e *-machos,* da *máchestai,* combattere; a. 1769] **agg.** e **sm.** *lett.* che, chi, avversa il potere assoluto dei sovrani; *in part.* gli scrittori politici protestanti del XVI-XVII sec. che sostenevano il diritto del popolo di opporsi (anche col regicidio) ai sovrani che opprimevano la vita religiosa.

monasteriàle [dal lat. tardo *monasteriālis*; a. 1683] **agg.** *non com.* di, da monastero.

monastèro [dal lat. tardo *monasterium*; 1231 *monesteri*] **sm.** edificio che ospita una comunità di monaci e monache || **N.** *Sin.* CONVENTO.

monàstico (pl. *-ci*) [dal lat. *monasticus*; a. 1342] **agg.** relativo alle regole, alla consuetudine e all'ambiente di una comunità di monaci o monache: *abito, rigore monastico.* **Q.T.** *religione.*

monàtto [etim. discussa; a. 1584] **sm.** chi, durante gravi epidemie, aveva il compito di trasportare persone infette e bruciarne i cadaveri.

monazìte [comp. dal gr. *monázein,* stare solo e *-ite*²; 1934] **sf.** *T.min.* minerale di costituzione complessa, formato fondamentalmente da fosfato di cerio, didimio e altri metalli del gruppo delle terre rare, che si presenta in cristalli prismatici di colore giallastro.

monazìtico (pl. *-ci*) [da *monazite*; 1958] **agg.** *T.min.* che contiene monazite: *deposito monazitico, sabbia monazitica.*

moncherìno [da *monco*; fine sec. XIII] **sm.** braccio a cui sia stata tagliata via la mano || *per estens.* ciò che sia stato privato di una sua parte in modo grave e vistoso || **N.** *Sin.* moncone; braccio cionco, monco, mozzo.

monchézza [da *monco*; a. 1673] **sf.** *raro* l'essere monco.

monchìno [da *monco*; a. 1406] **sm.** *ant.* moncherino.

mónco (pl. *-chi*) [forse dall'incrocio di *manco,* manchevole e *tronco,* troncato; 1313] **I** **agg.** sprovvisto di un arto (spec. superiore) o di una sua parte: *persona monca, braccio monco* || *fig.* difettoso, mancante: *educazione monca, notizie monche* **II** **sm.** (f. *-a*) individuo monco || **N.** **I** *Sin.* cionco, menomato, minorato, mutilato; DIFETTOSO.

moncóne [da *monco*; a. 1484] **sm.** la parte che rimane di un arto gravemente menomato; moncherino || *per estens.* oggetto logoro o parzialmente distrutto; cosa incompleta || **N.** *Sin.* troncone.

mónda [da *mondare*; 1918] **sf.** operazione di ripulitura delle risaie dalle erbe infestanti.

mondaménto [da *mondare*; sec. XIV] **sm.** *ant.* **1.** mondatura di frutti, piante, terreni **2.** pulizia personale **3.** *fig.* purificazione dal peccato: *mondamento dell'anima.*

mondaneggiàre (pres. *-éggio*) [da *mondano*; 1950] **intr.** (aus. *avere*) *non com.* far vita di società.

mondanità [da *mondano*; 1534] **sf.** **1.** qualità di ciò che è mondano **2.** anche pl. divertimento mondano, frivolezze: *prender gusto alle mondanità* **3.** *raro* l'insieme delle persone del bel mondo, società elegante: *i personaggi più in vista della mondanità.*

mondàno [dal lat. *mundānus*; a. 1294] **I** **agg.** **1.** di mondo, rivolto alla vita sociale nei suoi aspetti di divertimento e frivolezza: *persona, vita mondana* **2.** relativo al bel mondo, all'alta società: *ricevimento, ritrovo mondano, cronaca mondana, cronista mondano* **3.** di questo mondo terreno: *felicità mondana e fugace* || **mondanaménte** **avv.** **II** **sm.** *ant.* persona laica || **sf.** *eufem. mondana,* prostituta || **N.** **I** **1.** *Sin.* frivolo, gaudente **3.** *Sin.* caduco, secolare, terrestre | *Contr.* celeste, divino, sacro.

mondàre (pres. *móndo*) [dal lat. *mundāre*; sec. XIII nel senso 2] **tr.** **1.** rif. spec. a prodotti vegetali, eliminare le parti superflue, guaste o nocive: *mondare l'orzo, l'insalata, una risaia* || *tosc.* sbucciare: *mondare le castagne* **2.** *fig.* purificare: *mondare l'anima dai peccati* || **N.** **1.** *Sin.* astergere, nettare, purgare, tergere, vagliare, PULIRE; sceverare; pelare.

mondarìso [comp. di *monda* e *riso*; 1905 *mondarisi*] **s.** *inv.* chi esegue le operazioni di mondatura nelle risaie || **N.** mondina.

mondatóio (pl. *-ói*) [da *mondare*; 1958] **sm.** *T.agr.* apparecchio che serve per sfogliare, pulire e cernere le olive.

mondatóre [dal lat. *mundātor, -ōris*; a. 1320] **agg.** e **sm.** (f. *-trìce*) chi o che monda.

mondatùra [da *mondare*; 1293] **sf.** **1.** l'operazione del mondare: *la mondatura delle risaie* **2.** parte guasta o superflua che si toglie via nel mondare.

mondazióne [dal lat. tardo *mundatio, -ōnis*; sec. XIV] **sf.** *ant.* il mondare.

mondézza [dal lat. *munditia*; 1306] **sf.** **1.** *lett.* l'essere mondo; nettezza, purezza **2.** *rom.* immondizia.

mondezzàio (pl. *-ài*) [da *mondezza*; 1598] **sm.** luogo dove si depongono le immondizie || *per estens.* luogo molto sporco: *vive in un mondezzaio* || *fig.* accumulo turpe: *quel giornale è un mondezzaio di calunnie, di oscenità.*

mondiàle [dal lat. tardo *mundiālis*; 1308] **agg**; che riguarda o coinvolge tutto il mondo o la maggior parte di esso: *esposizione mondiale, giornata missionaria mondiale, fama mondiale*; *guerra mondiale,* ciascuna delle due grandi guerre del sec. XX (1914-18 e 1939-45) || *in part. T.sport. campionati mondiali* o *sm. pl. i mondiali,* a cui partecipano atleti di tutto il mondo; *titolo mondiale,* conseguito in tali occasioni || *fam. iperb.* di qualità eccezionale.

mondìglia (pl. *-glie*) [da *mondo*²; 1313] **sf.** **1.** parte inutile o cattiva che si scarta mondando, materiale di scarto **2.** lega, metallo ignobile: *li fiorini ch'avevan tre carati di mondiglia*

(Dante) || **N.** **1.** immondizia, mondatura, pattume; scorie.

mondìna [da *monda*; 1863 nel senso 2] ***sf.*** **1.** l'operaia che esegue la monda del riso **2.** *tosc.* castagna sbucciata e lessata || **N.** **1.** *Sin.* risaiola, mondariso **2.** *Sin.* ballotta.

mondìzia [dal lat. *munditia*; a. 1342] ***sf.*** *raro* mondezza (nel senso 1), nettezza, eleganza.

móndo¹ [lat. *mundus*; a. 1292] ***sm.*** **1.** l'universo e tutto ciò che è in esso: *la creazione del mondo*; *la fine del mondo*, anche *fig.*, avvenimento sconvolgente, catastrofe; *iperb.* putiferio; con litote: *non è poi la fine del mondo*, non è poi così grave || *caschi il mondo*, qualunque cosa accada || *da che mondo è mondo*, in tutti i tempi, *ab aeterno* || *al mondo*, rafforza una negazione: *senza una ragione al mondo, non avere un pensiero al mondo* **2.** la Terra: *il fiume più lungo del mondo, il giro del mondo*; *le cinque parti del mondo*, i cinque continenti || *in capo al mondo*, lontanissimo, in un luogo remoto **3.** *per estens.* corpo celeste, in part. pianeta: *la guerra dei mondi*; *vide sotto l'etereo padiglion rotarsi più mondi* (Foscolo) **4.** il nostro pianeta come teatro delle attività umane: *venire al mondo*, nascere; *mettere al mondo*, partorire; *tutto il mondo è paese*, gli stessi costumi vigono ovunque; *il mondo è fatto a scale, chi le scende e chi le sale*, chi ha fortuna e chi no; *il mondo è grande*, c'è spazio per tutti; *fig.* *crede di essere il padrone del mondo?*, che cosa gli dà il diritto di essere così arrogante?; *com'è piccolo il mondo!*, si dice quando si scoprono conoscenze in comune; *l'altro mondo*, l'aldilà; *cose dell'altro mondo*, inverosimili, incredibili; *mondo cane, ladro, birbone!* escl. d'ira o disappunto || la società umana: *uomo, donna di mondo*, che sa muoversi in società; *il gran mondo, il bel mondo*, la società elegante; *abbandonare il mondo, rinunciare al mondo*, ritirarsi in convento **5.** dominio di enti e fenomeni, ambito di attività, sistema creato dalla fantasia o dall'arte: *il mondo animale, vegetale, il mondo romano, il mondo dei bambini, di Omero*; *vive in un mondo tutto suo*, o anche *vive fuori dal mondo*, in un ambiente che è frutto della sua fantasia **6.** *fam.* *un mondo*, una gran quantità || *loc. agg.* e *avv.*: *mi ha detto di te un mondo di bene*; *ci siamo divertiti un mondo*, moltissimo **7.** *T.gioc.* gioco infantile che si fa saltando su un piede in caselle tracciate sul pavimento, raccogliendo e spostando una pietra secondo certe regole || *pegg.* mondàccio || **N.** **1.** *Sin.* cosmo creato | demiurgo | cosmogonia, palingenesi; finimondo **2.** *Sin.* globo, orbe terracqueo **4.** valle di lacrime; consorzio umano **5.** *Sin.* dimensione, sfera; microcosmo **7.** *Sin.* campana, settimana.

móndo² [lat. *mundus*; sec. XIII] ***agg.*** **1.** mondato, netto: *pere monde, riso mondo, casa monda* **2.** *fig.* *lett.* puro: *mondo da ogni peccato* || **N.** **2.** *Sin.* PURO.

mondovisióne [comp. di *mondo¹* e *visione*; 1967] ***sf.*** collegamento televisivo intercontinentale via satellite: *trasmettere in mondovisione.*

monduàldo v. MUNDUALDO.

monegàsco (pl. *-schi*) [dal lig. *munegascu*; 1917] **I** ***agg.*** del Principato di Monaco: *la monarchia monegasca* **II** ***sm.*** (f. *-a*) abitante o nativo del Principato di Monaco.

monèl [da A. *Monell*, presidente della Canadian Copper Company; 1934] ***sm.*** *inv.* lega composta principalmente da nichel e rame e dotata di una buona resistenza alla corrosione da acidi e alla rottura.

monellerìa [da *monello*; 1803] ***sf.*** azione da monello.

monellésco (pl. *-schi*) [da *monello*; a. 1704] ***agg.*** da monello.

monèllo [etim. inc.; a. 1742] ***sm.*** (f. *-a*) **1.** fanciullo maleducato e discolo; perlopiù è detto con benevolenza **2.** *ant.* lestofante, ribaldo || *dim.* monellùccio; *pegg.* monellàccio || **N.** **1.** *Sin.* birba, birichino, ragazzaccio, sbarazzino, scapestrato, DISCOLO.

monèma [comp. di *mono-* e *-ema*; 1966] ***sm.*** *T.ling.* la più piccola unità linguistica portatrice di significato (p. es. *casa* è segmentabile nei monemi *cas-* e *-a*) || **N.** morfema.

monèra [dal gr. *monḗrēs*, unico; 1933] ***sf.*** organismo unicellulare ameboide, privo di organizzazione e di nucleo, considerato come la forma più primitiva di materia vivente e come il capostipite del regno animale e di quello vegetale per la presunta affinità con entrambi. **Q.T.** *botanica.*

monéta [dal lat. *monēta*; a. 1250] ***sf.*** **1.** piccolo disco metallico coniato da un'autorità che ne stabilisce lega, peso e potere d'acquisto: *monete d'oro, di bronzo, monete sonanti, una collezione di monete antiche*; *batter moneta*, coniarla || *sett.* con valore collettivo, spiccioli: *non posso darle il resto, vedo se ho moneta* **2.** qualsiasi bene utilizzato come mezzo di scambio per acquisto di merci, servizi e rimborso di debiti; valuta || *moneta cartacea*, banconota a corso legale || *moneta divisionaria*, il complesso delle monete metalliche di piccolo taglio || *moneta fiduciaria*, mezzi di pagamento quali assegni e cambiali, che possono sostituire le banconote || *moneta tipo*, quella il cui valore effettivo corrisponde a quello nominale || *corso della moneta*, la quotazione della valuta sul mercato dei cambi || *fig.* *prendere per moneta buona*, prestar fede || *fig.* *pagare, ripagare della stessa moneta, di pari moneta*, ricambiare un danno o un'offesa || *fig.* *farebbe moneta falsa*, farebbe qualsiasi cosa || *dim.* monetìna || **N.** **1.** area, contorno, cordone, diritto, effigie, esergo, granitura, impronta, leggenda, rovescio | asse, assegnato, baiocco, bezzo, bigato, carlino, centesimo, corona, crazia, darico, dollaro, doppia, dramma, ducato, fiorino, francescone, franco, giulio, libra, lira, luigi, maravedi, marco, marengo, mina, obolo, paolo, parpagliola, peseta, pezza, piastra, pistola, quadrigato, quattrino, reale, reis, rublo, scellino, scudo, sesterzio, soldo, sterlina, talento, tallero, testone, tornese, zecchino | battere, coniare | bilanciere, bimetallismo, lega, modulo, monometallismo, numismatica, riserva metallica, zecca **2.** *Sin.* DENARO; contanti, divisa, numerario | circolante, contraffatta, corrente, fuori corso, legale | aggio, cambio, corso forzoso, deflazione, deprezzamento, falsario, inflazione, taglio. **Q.T.** *banca, economia..., numismatica* **TAV.** *numismatica* 2.

monetàbile [da *monetare*; a. 1776] ***agg.*** **1.** che può essere ridotto a moneta: *metallo monetabile* **2.** *per estens.* che può essere valutato in denaro: *una perdita monetabile.*

monetàggio (pl. *-gi*) [da *moneta*; 1558] ***sm.*** la spesa che occorre per coniare la moneta.

monetàle [dal lat. *monetālis*; 1775] ***agg.*** *raro* relativo alle monete dal punto di vista della coniazione.

monetàre (pres. *-éto*) [da *moneta*; sec. XIV *munetare*] ***tr.*** ridurre a moneta: *monetare l'oro* || ***intr.*** (aus. *avere*) battere moneta.

monetàrio (pl. *-ri*) [dal lat. *monetārius*; a. 1776] **I** ***agg.*** relativo alle monete in quanto valuta: *sistema monetario, convenzione monetaria, circolazione monetaria, mercato monetario* **II** ***sm.*** *ant.* chi conia la moneta: *falso monetario.*

monetarìsmo [da *monetario*, sul modello dell'ingl. *monetarism*; 1956] ***sm.*** *T.econ.* dottrina secondo la quale inflazione e deflazione dipendono principalmente dalla quantità di moneta circolante; assegna, di conseguenza, alla moneta un ruolo essenziale, nelle fluttuazioni economiche, rispetto agli altri strumenti di politica economica.

monetarìsta [da *monetarismo*; 1979] ***s.*** *T.econ.* sostenitore del monetarismo.

monetarìstico (pl. *-ci*) [da *monetarismo*; 1979] ***agg.*** *T.econ.* relativo al monetarismo, che si basa sul monetarismo: *politica monetaristica.*

monetàto (*pps.* di *monetare*) [sec. XIV] ***agg.*** coniato: *metallo monetato* || che ha valore di moneta: *carta monetata.*

monetazióne [da *monetare*; a. 1776] ***sf.*** produzione di monete; coniazione.

monetière [da *moneta*; a. 1347] ***sm.*** **1.** chi conia monete, anche clandestinamente **2.** mobile a cassettini piatti per la conservazione di monete || **N.** **1.** *Sin.* coniatore; falsario **2.** *Sin.* medagliere.

monetìna (*dim.* di *moneta*) [a. 1694] ***sf.*** **1.** moneta di dimensioni ridotte o di scarso valore **2.** nel calcio, la moneta lanciata all'inizio di un incontro per decidere quale squadra dovrà battere il calcio d'inizio || *per estens.* *lanciare la monetina*, affidare la decisione alla sorte.

monetizzàre [dal fr. *monetiser*; a. 1861] ***tr.*** trasformare o tradurre in denaro contante: *monetizzare gli immobili.*

monetizzazióne [da *monetizzare*; 1980] ***sf.*** valutazione o conversione di un bene nel suo equivalente in denaro.

monferrìna [del *Monferrato*; 1802] ***sf.*** danza popolare piemontese in ritmo ternario di movimento vivace.

mongàna [da *mungere*; a. 1552] ***agg.*** solo *f.* *vitella mongana*, da latte.

mongolfièra [dal fr. *montgolfière*, dal n. proprio *Montgolfier*, cognome dei fratelli che l'inventarono; 1812] ***sf.*** globo aerostatico, gonfiato con aria calda.

mongòlia [dal n. geogr. *Mongolia*, 1973] ***sf.*** pelliccia di montone o agnello orientale dal pelo riccio e molto folto.

mongòlico (pl. *-ci*) [da *mongolo*; 1869] ***agg.*** di o dei Mongoli, della Mongolia.

mongòlide [da *mongolo*; 1941] ***agg.*** e ***sm.*** **1.** *T.etn.* di razza mongoloide **2.** *T.med.* affetto da mongolismo.

mongolìsmo [da *mongolo*; 1907] ***sm.*** *T.med.* anomalia congenita, dovuta ad alterazione cromosomica, caratterizzata da insufficienza mentale più o meno grave, sviluppo somatico più o meno inibito e fisionomia mongoloide (occhi a mandorla, naso camuso, cranio brachicefalo) || **N.** *Sin.* sindrome di Down, trisomia 21.

mòngolo [dal mongolo *mongol*; 1787] **I** ***agg.*** della Mongolia **II** ***sm.*** **1.** (f. *-a*) abitante, originario della Mongolia **2.** solo *sing.* lingua della mongolia.

mongolòide [da *mongolo*; 1895] ***agg.*** **1.** di razza, che ha caratteristiche somatiche simili a quelle dei mongoli (pelle giallo-olivastra, naso schiacciato, capelli neri e dritti) **2.** *T.med.* affetto da mongolismo; anche *s.*

mongoloidìsmo [da *mongoloide*; 1978] ***sm.*** *T.med.* mongolismo.

mongòmeri ***sm.*** *inv.* adattamento it. di *montgomery* (v.).

monìle [dal lat. *monīle*; sec. XIV] ***sm.*** collana d'oro o d'argento, a forma di catena da portare al collo || *per estens.* gioiello || **N.** *Sin.* collana, vezzo.

monìlia [da *monile*, per la disposizione dei conoidi; 1934] ***sf.*** *T.bot.* genere di funghi dei Deuteromiceti, parassiti della frutta, caratterizzati da conoidi disposti in cerchi concentrici.

Monilìali (sing. *-e*) [comp. di *monilia* e *-ali*; 1967] ***sf.*** *pl.* *T.bot.* funghi dei Deuteromiceti parassiti o saprofiti.

monilìaṣi [comp. di *monilia* e *-iasi*; 1958] ***sf.*** *T.med.* infezione causata da un fungo delle Moniliali, che colpisce la pelle e le mucose || *moniliasi orale*, mughetto.

monìṣmo [dal gr. *mónos*, solo; 1745] ***sm.***

T.fil. dottrina che riconduce ad un unico principio i molteplici aspetti della realtà.

monista [dal gr. *mónos*, solo; a. 1744] ***s.*** *T.fil.* seguace del monismo.

monistèro [dal lat. tardo *monasterius*; fine sec. XIII] ***sm.*** *ant.* monastero.

monìstico (pl. *-ci*) [da *monista*; 1925] ***agg.*** *T.fil.* di monismo, del monismo.

mònito [dal lat. *monitum*; 1855] ***sm.*** *lett.* ammonizione solenne: *a perenne monito* || **N.** *Sin.* RIMPROVERO.

monitor (ingl., pr. ['mɒnɪtə]; pr. it. ['mɔnitor]) [lett. avvistatore, dal lat. *monitor*; 1963] ***sm.*** *inv.* nella tecnica televisiva, piccolo teleschermo che permette di seguire e controllare le immagini mentre vengono riprese dalla telecamera || *per estens.* qualunque teleschermo dal quale si rileva l'andamento di un fenomeno o di un evento: *la polizia stradale controlla il traffico autostradale dai monitor della sala operativa.*

monitoràggio (pl. *-gi*) [da *monitor*, sul modello del fr. *monitorage*; 1979] ***sm.*** controllo dell'andamento di fenomeni fisici, chimici, biologici per mezzo di un monitor; *in part.* in medicina, controllo costante delle condizioni fisiche di un malato grave, in modo da consentire un intervento tempestivo in caso di peggioramento || *per estens.* controllo sistematico: *un monitoraggio dei prezzi.*

monitóre[1] [dal lat. *monitor, ōris*; a. 1406] ***sm.*** *ant.* chi ammonisce.

monitóre[2] [dal lat. *monitor, -ōris*, avvisatore; 1798] ***sm.*** titolo di certi giornali: *il Monitore dei Comuni.*

monitóre[3] [dall'ingl. *Monitor*, nome di una nave americana; 1866 *monitors* pl.] ***sm.*** **1.** *T.mar.* nave corazzata, bassa di bordo e di pescaggio ridotto, adatta a tragitti costieri e risalite di fiumi e canali **2.** *non com. monitor* (v.).

monitòrio (pl. *-ri*) [dal lat. *monitōrius*; a. 1527] ***agg.*** atto ad ammonire || *lettera monitoria*; anche *sm. monitorio*, missiva con cui l'autorità ecclesiastica ingiunge di palesare tutto ciò che si sa attorno a qualche fatto, sotto pena di scomunica.

mònna[1] [da *m(ad)onna*, mia signora; sec. XIII] ***sf.*** titolo che si dava nel Medioevo alle donne maritate, madonna: *monna Filippa* || *dim.* monnìna.

mònna[2] [dallo sp. e port. mona; 1547] ***sf.*** *ant.* scimmia; bertuccia || *pigliar la monna*, ubriacarsi.

mòno- [dal gr. *mónos*, solo] ***pref.*** che, in parole scientifiche o dotte, ha il valore di "uno", "uno solo", "costituito da uno solo" (per es. *monoblocco, monogamo, monomania*) || **N.** *Sin.* uni- | bi-, multi-.

monoàlbero [comp. di *mono-* e *albero*, 1965] ***agg.*** *inv.* *T.mecc.* detto del meccanismo di distribuzione dei motori a scoppio fornito di un solo albero a camme.

monoàsse [comp. di *mono-* e *asse*; 1957 nel senso 3; 1963 nel senso 1] ***agg.*** *inv.* **1.** *T.aut.* detto di veicolo dotato di un solo asse: *rimorchi monoasse* **2.** *T.ott.* detto di cristallo birifrangente con un solo asse ottico **3.** *T.zool.* detto di scheletro presente nel corpo di molti invertebrati, dotato di un solo asse.

monoatòmico (pl. *-ci*) [comp. di *mono-* e *atomico*; 1891] ***agg.*** *T.fis.* costituito da un solo atomo: *molecola monoatomica.*

monoauràle [comp. di *mono-* e *aurale*, dal lat. *auris*, orecchio; 1959 nel senso 2] ***agg.*** **1.** *T.med.* detto di disturbo che interessa un solo orecchio **2.** *T.fis.* in elettroacustica, si dice di apparecchio che registra i suoni non in stereofonia || **N.** **2.** *Sin.* monofonico.

monobàṣico (pl. *-ci*) [comp. di *mono-* e *basico*; 1891] ***agg.*** *T.chim.* di acido, che ha un solo atomo di idrogeno sostituibile da metalli, per es. l'acido cloridrico e l'acido nitrico.

monoblòcco [comp. di *mono-* e *blocco*; 1942] **I** ***agg.*** *inv.* (sempre posposto) costituito di un solo blocco **II** ***sm.*** (pl. *-chi*) struttura compatta che incorpora più elementi || *T.aut.* elemento del motore a combustione interna comprendente i cilindri, ottenuto per fusione in ghisa o lega leggera in un unico pezzo || *T.arr.* il mobile di cucina che incorpora lavello, lavastoviglie ed eventuali altri elettrodomestici.

monocàlibro [comp. di *mono-* e *calibro*; 1937] ***agg.*** *inv.* di nave da guerra, armata con cannoni dello stesso calibro.

monocàmera [comp. di *mono-* e *camera*; 1964] ***sf.*** appartamento costituito da una sola stanza, più i servizi || **N.** *Sin.* monolocale.

monocameràle [comp. di *mono-* e *camerale*; 1978] ***agg.*** *T.pol.* di sistema parlamentare, costituito da una sola camera di rappresentanti.

monocànna [comp. di *mono-* e *canna*; 1970] ***agg.*** *inv.* di fucile, a una sola canna. **TAV.** *caccia* 4.1.

monocarbossìlico (pl. *-ci*) [comp. di *mono-* e *carbossilico*; 1957] ***agg.*** *T.chim.* di acido organico la cui molecola presenta un solo radicale carbossilico.

monocàrpico (pl. *-ci*) [comp. di *mono-*, *-carpo* e il suff. agg.; 1891] ***agg.*** *T.bot.* di pianta, che fiorisce e fruttifica una volta sola nella propria vita.

monocàṣio (pl. *-ṣi*) [comp. di *mono-* e di un deriv. dal gr. *chásis*, separazione; 1957] ***sm.*** *T.bot.* tipo di ramificazione e infiorescenza che interessa un solo ramo laterale. **TAV.** ***fiori...*** **p. 671** 2.5.

monocèfalo [comp. di *mono-* e *-cefalo*; 1891 come sm.] **I** ***agg.*** con una sola testa || *T.arald.* di figura chimerica che rappresenta due animali con la testa in comune **II** ***sm.*** *T.med.* feto malformato in cui due gemelli hanno una sola testa.

monocellulàre [comp. di *mono-* e *cellulare*; 1934] ***agg.*** *T.biol.* di organismo, costituito da un'unica cellula || **N.** *Sin.* unicellulare.

monocilìndrico (pl. *-ci*) [comp. di *mono-* e *cilindrico*; 1955] ***agg.*** *T.aut.* di veicolo il cui motore ha un solo cilindro.

monocito o **monocita** [comp. di *mono-* e *-cita*; 1934] ***sm.*** *T.biol.* grosso globulo bianco, di forma ovale e con grande attività fagocitaria.

monocitòṣi [comp. di *monocito* e *-osi*; 1936] ***sf.*** *T.med.* aumento del numero dei monociti nel sangue.

monoclamidàto [com. di *mono-* e un der. di *clamide*; 1891] ***agg.*** *T.bot.* di fiore con perianzio non distinto in calice e corolla.

Monoclamìdee e **Monoclamidèe** [dal lat. scient. *Monochlamydeae*, basato sul gr. *mónos*, solo e gr. *chlamýs, -ýdos*; 1940] ***sf. pl.*** sottoclasse di piante dicotiledoni con fiori gen. a calice in cui il perianzio è semplice o del tutto assente; vi appartengono la quercia, il salice e il fico.

monoclàsse [comp. di *mono-* e *classe*; 1950] ***agg.*** *inv.* formato di una sola classe: *treno monoclasse.*

monoclinàle [comp. di *mono-* e *-clinale*, dal gr. *klínein*, inclinare; 1956] ***agg.*** *T.geol.* di strati rocciosi che presentano identica direzione e pendenza: *piega monoclinale* o *sf. monoclinale*, piega a una sola falda che collega due strati orizzontali posti a livello diverso.

monoclìno [comp. di *mono-* e del gr. *klínē* letto; 1891 nel senso 2] ***agg.*** **1.** *T.min.* di uno dei sistemi di cristallizzazione appartenente al gruppo trimetrico, in cui la croce assiale forma solo due angoli a 90° e i parametri differiscono tra loro || di minerale, che appartiene a tale sistema **2.** *T.bot.* di fiore, che ha insieme stami e pistilli, ermafrodito; di pianta, che ha fiori siffatti || **N.** **1.** ortoclasio. **Q.T.** *mineralogia.*

monòcolo [dal lat. tardo *monoculus*; sec. XIV come agg.] **I** ***sm.*** **1.** lente da vista per un solo occhio, che si incastra nell'orbita **2.** *arc.* cannocchiale provvisto di un'unica canna **II** ***agg.*** *lett.* che ha un solo occhio; che vede solo da un occhio || **N.** **I** **1.** *Sin.* caramella **II** *Sin.* orbo.

monocolóre [comp. di *mono-* e *colore*; 1950] ***agg.*** *inv.* **1.** di un solo colore **2.** *per meton.* costituito da esponenti di un solo partito: *governo, giunta monocolore*; anche *sm.* rif. a governo: *il monocolore ha vita travagliata.*

monocoltùra [comp. di *mono-* e *coltura*; a. 1937] ***sf.*** coltivazione di una sola specie vegetale.

monocòrde [da *monocordo* sul modello di *concorde*; 1913] ***agg.*** monotono, che tocca un unico argomento, sviluppa un unico tema: *poeta monocorde.*

monocòrdo [dal lat. tardo *monochordon*; sec. XIV *monacordo*] ***sm.*** *T.mus.* antico strumento musicale a una corda sola, usato per lo studio dei rapporti numerici fra suoni o per l'intonazione.

monocoriàle [comp. di *mono-* e *coriale*; 1932] ***agg.*** in biologia, che è caratterizzato da un solo corion: *gemelli monocoriali*, nati da una gravidanza in cui i due feti erano contenuti in un solo sacco coriale || **N.** *Sin.* monozigotico.

monocòrnia [da *mono-* sul modello di *bicornia*; 1958] ***sf.*** incudine con una punta sola, usata dai calderai.

monocotilèdone [comp. di *mono-* e *cotiledone*; 1813] **I** ***agg.*** *T.bot.* di pianta il cui embrione ha un solo cotiledone **II** ***sf. pl.*** *Monocotiledoni*, classe di Angiosperme con embrione dotato di un solo cotiledone, ramificazione scarsa e foglie gen. a nervature parallele. **TAV.** ***botanica*** **p. 661** 8.3.

monocottùra [comp. di *mono-* e *cottura*; 1983] ***sf.*** *inv.* tecnica di produzione di ceramiche per pavimento e rivestimenti, consistente nella cottura simultanea dello smalto e del supporto || il prodotto che si ottiene con tale tecnica, caratterizzato da maggior resistenza rispetto alla ceramica tradizionale.

monocràtico (pl. *-ci*) [comp. di *mono-* e *-cratico*; 1862] ***agg.*** *T.giur.* detto di organo giudicante costituito da una sola persona: *il pretore è un giudice monocratico.*

monocristàllo [comp. di *mono-* e *cristallo*; 1978] ***sm.*** *T.min.* pezzo cristallino unico, di dimensioni maggiori rispetto ai singoli elementi che compongono un aggregato policristallino.

monocromàtico (pl. *-ci*) [comp. di *mono-* e *cromatico*; 1869] ***agg.*** **1.** che ha un solo colore **2.** *T.fis.* di radiazione, che ha una determinata lunghezza d'onda || **N.** **1.** *Sin.* monocolore, monocromo.

monocromatiṣmo [da *monocromatico*; 1969] ***sm.*** **1.** *T.fis.* carattere monocromatico di un'onda luminosa, elettromagnetica o corpuscolare **2.** *T.med.* incapacità di distinguere i colori, che riduce la vista alla sola distinzione tra luce e oscurità **3.** nelle arti figurative, stile monocromatico.

monocromatiẓẓàre [da *monocromatico*; 1958] ***tr.*** *T.fis.* rendere monocromatico un fascio di luce.

monocromàto [dal lat. *monochrōmaton*; a. 1498] ***agg.*** e ***sm.*** dipinto di un solo colore o comunque con prevalenza di una tinta.

monocromatóre [da *monocromatico*; 1958] ***sm.*** *T.fis.* strumento che serve a rendere monocromatica una radiazione, per mezzo della dispersione della luce nei suoi colori complementari o per mezzo di sostanze che assorbono selettivamente le radiazioni.

monocromìa [da *monocromo*; 1958] ***sf.*** tecnica pittorica e tipografica basata sull'uso di un solo colore || opera realizzata con tale tecnica.

monocròmo o **monòcromo** [dal lat. *monochrōmon*; 1598] **agg.** d'un sol colore, monocromatico || *in part.* rif. a tecnica pittorica che sfrutta tutte le tonalità di un unico colore || **N.** *Contr.* policromo.

monoculàre [comp. di *mono-* e *oculare*; 1869 nel senso 2] **agg. 1.** relativo a un solo occhio, proprio di un solo occhio: *ottica monoculare* **2.** proprio della visione che si ottiene con un occhio solo || detto di strumento ottico realizzato per un occhio solo: *lente, canocchiale monoculare.*

monocultùra [comp. di *mono-* e *cultura*; 1983] **sf.** in antropologia, una società o gruppo etnico con modello culturale unico, sorto per convergenza e assimilazione di culture diverse.

monocuspidàle [comp. di *mono-* e *cuspidale*; 1891] **agg.** *T.arch.* di edificio a una sola cuspide.

monodìa [dal lat. *monōdia*; 1568] **sf.** *T.mus.* **1.** nel dramma greco, il monologo cantato da un personaggio sulla scena **2.** genere musicale in cui una o più persone cantano su una sola voce, con o senza accompagnamento strumentale.

monòdico (pl. *-ci*) [dal gr. *monōdikós*; a. 1647] **agg.** di monodia: *genere monodico.*

monodìsco [comp. di *mono-* e *disco*; 1958] **agg. inv.** che ha un solo disco || *frizione monodisco*, tipo di frizione per autoveicoli che attiva gli organi di trasmissione con un solo disco piano d'acciaio.

monodòṣe [comp. di *mono-* e *dose*; 1983] **agg. inv.** *T.farm.* detto di prodotto farmaceutico distribuito in confezioni da una sola dose: *antibiotici in confezione monodose* || **N.** *Sin.* unidose.

monòdromo [comp. di *mono-* e gr. *drómos*, corsa; 1954] **agg.** *T.mat.* che ha un solo valore || *funzione monodroma*, funzione che assume un solo valore per ogni valore della variabile indipendente || **N.** *Contr.* polidromo.

monoèlica [comp. di *mono-* e *elica*; 1970] **agg. inv.** dotato di una sola elica: *elicottero monoelica.*

monoèrgolo o **monoergòlo** o **monèrgolo** [da *mono-*, sul modello di *propergolo*; 1958] **sm.** carburante per motori a reazione che contiene sia il combustibile che il comburente || **N.** *Sin.* monopropellente.

monofagìa [comp. di *mono-* e *-fagia*; 1958] **sf. 1.** tipo di alimentazione basata su un solo cibo **2.** *T.biol.* caratteristica di un organismo che vive nutrendosi soltanto di una sostanza o di una specie di animali o piante.

monofàṣe [comp. di *mono-* e *fase*; 1958] **agg. inv.** (raro pl. *-i*) *T.elettron. sistema, motore monofase*, funzionante con una corrente alternata che mantiene la stessa fase in tutto il circuito.

monofilètico (pl. *-ci*) [dal gr. *monóphylos*, di una sola tribù; 1958] **agg.** *T.biol.* relativo al monofiletismo || **N.** *Sin.* monogenetico.

monofiletìṣmo [da *monofiletico*; 1958] **sm.** *T.biol.* ipotesi secondo la quale un determinato gruppo di organismi si è sviluppato da una sola forma primitiva || **N.** *Sin.* monogenesi.

monofillo [comp. di *mono-* e *-fillo*; a. 1725 *monofilo*] **agg.** *T.bot.* che ha una sola foglia.

monofiṣìṣmo [da *monofisita*; 1821] **sm.** *T.teol.* dottrina teologica che ammette la sola natura divina di Cristo (sec. V).

monofiṣìta [dal gr. *monophysîtai*; 1828] **I s.** *T.stor.* e *T.teol.* seguace del monofisismo **II agg.** relativo o conforme al monofisismo || **N.** *Sin.* eutichiano. **Q.T.** *religione.*

monofiṣìtico (pl. *-ci*) [da *monofisita*; 1965] **agg.** del monofisismo.

monòfito [comp. di *mono-* e *-fito*; 1954 nel senso 2] **agg. 1.** *T.agr.* di coltivazione, costituita da una sola specie vegetale **2.** *T.biol.* di pianta parassita, che vive su un solo organismo vivente.

monofobìa [comp. di *mono-* e *fobia*; 1958] **sf.** *T.psic.* paura morbosa di stare da solo.

monofònico (pl. *-ci*) [comp. di *mono-* e *fonico*; 1974] **agg.** in elettroacustica, si dice di sistema non stereofonico per la registrazione e la riproduzione di suoni e anche di componenti di tali sistemi non stereofonici: *registrazione magnetica monofonica.*

monòfora [comp. di *mono-* e (*bi*)*fora*; 1928] **agg.** e **sf.** *T.arch.* di finestra ad una sola apertura, senza suddivisioni || **N.** bifora, trifora.

monofùne [comp. di *mono-* e *fune*; 1954] **agg. inv.** di teleferica realizzata con un cavo unico, con funzione traente e portante.

monogamìa [dal lat. *monogamia*; sec. XIV] **sf.** sistema matrimoniale in cui l'unione è costituita da un solo uomo e una sola donna || **N.** bigamia, poligamia.

monogàmico (pl. *-ci*) [da *monogamia*; 1829] **agg.** che si riferisce a monogamia.

monògamo [dal lat. tardo *monogamus*; sec. XIV] **agg.** e **sm.** (f. *-a*) chi o che rispetta la monogamia: *popolazione monogama* || rif. a specie animali, in cui il maschio si accoppia con una sola femmina per una stagione riproduttiva o per tutta la vita.

monogèneṣi [comp. di *mono-* e *-genesi*; 1891] **sf.** origine unica: *la teoria della monogenesi del linguaggio* || **N.** *Sin.* monofiletismo.

monogenètico (pl. *-ci*) [da *monogenesi*; 1869] **agg. 1.** relativo alla monogenesi: *teoria monogenetica* **2.** *T.filol. errore monogenetico*, errore che, ricorrendo identico in due o più copie della stessa opera, rende inverosimile l'ipotesi che copisti diversi l'abbiano compiuto uno indipendentemente dall'altro (v. anche CONGIUNTIVO) e fa ritenere che le copie derivino tutte dallo stesso testimone o che siano copie derivate l'una dall'altra || **N. 1.** *Sin.* monofiletico **2.** *Contr.* poligenetico.

monogènico (pl. *-ci*) [da *monogenesi*; 1869] **agg.** di monogenesi e di monogenismo.

monogenìṣmo [da *monogenesi*; 1891] **sm.** dottrina o teoria che sostiene un'unica origine dei fenomeni || *in part.* teoria dell'origine del genere umano da un unico ceppo; *T.teol.* la dottrina che, conformemente alle attestazioni bibliche, afferma la discendenza del genere umano da un solo uomo || **N.** *Contr.* poligenismo.

monogenìsta [da *monogenismo*; 1869] **s.** e **agg.** chi, che segue e professa il monogenismo.

monografìa [comp. di *mono-* e *-grafia*; 1828] **sf.** scritto in cui si tratta in maniera approfondita un particolare argomento: *una monografia scientifica, politica* || **N.** trattatello, saggio critico.

monogràfico (pl. *-ci*) [da *monografia*; 1829] **agg.** focalizzato su un particolare argomento: *ricerca monografica, corso monografico*; *numero monografico*, di un periodico in cui tutti gli articoli vertono sullo stesso argomento.

monografista [da *monografia*, come il fr. *monographiste*; 1865] **s.** *non com.* autore di monografie.

monogràmma [dal lat. tardo *monogramma*; 1716] **sm.** simbolo grafico risultante dall'intreccio artistico delle lettere, o delle sole iniziali, di uno o più nomi, impiegato spec. per siglare o sigillare || **N.** cifra, iniziale, sigla; punzone.

monogrammàtico (pl. *-ci*) [da *monogramma*; 1871] **agg.** *raro* proprio di monogramma, a monogramma: *timbro monogrammatico, firma monogrammatica.*

monoicìṣmo [da *monoico*; 1934] **sm.** *T.biol.* e *T.bot.* presenza degli organi di entrambi i sessi nello stesso individuo || **N.** *Sin.* ermafroditismo.

monòico (pl. *-ci*) [comp. di *mono-* e del gr. *ôikos*, casa; 1809] **agg.** *T.bot.* di pianta, che sullo stesso individuo presenta fiori maschili e fiori femminili distinti || *T.biol.* ermafrodito || **N.** dioico.

monoindustriàle [comp. di *mono-* e *industriale*; 1977] **agg.** che ha un'economia basata su un'unica attività industriale: *città monoindustriale.*

monokìni [da *bikini*, con sostituzione di *bi-* erroneamente interpretato come pref.; 1964] **sm. inv.** costume da bagno femminile costituito dal solo slip.

monolatrìa [comp. di *mono-* e *-latria*; 1934] **sf.** adorazione di una sola divinità, a preferenza di tutte le altre.

monolìngue [da *mono-* sul modello di *bilingue*; 1966] **agg. 1.** che parla una sola lingua: *individuo monolingue* **2.** redatto in una sola lingua; *dizionario, vocabolario monolingue*, che contiene le parole di una sola lingua e le glosse in quella stessa lingua: *il Palazzi è un vocabolario monolingue* || **N. 2.** *Contr.* multilingue, bilingue.

monolinguìṣmo [comp. di *mono-* e (*pluri*)*-linguismo*; 1975] **sm. 1.** *T.ling.* condizione di un gruppo etnico o di un individuo che conosce e parla una sola lingua, o di una zona dove è di uso corrente una sola lingua o un solo dialetto locale **2.** *T.lett.* uso di un solo modulo espressivo o di un solo stile da parte di un autore o di una corrente letteraria.

monolìtico (pl. *-ci*) [da *monolito*; a. 1916] **agg. 1.** ricavato da un unico blocco di pietra: *statua monolitica* **2.** *fig.* fortemente unitario, compatto: *partito monolitico.*

monòlito (meno corretto ma più com. *monolito*) [dal lat. *monolithus*; 1869] **sm. 1.** pietra, perlopiù di grandi dimensioni, tutta di un pezzo **2.** elemento architettonico ricavato da un blocco di pietra (colonne, architravi e sim.).

monolocàle [comp. di *mono-* e *-locale*; 1978] **sm.** appartamento formato da un'unica stanza più servizi || **N.** *Sin.* monocamera.

monologàre (pres. *-òlogo, -òloghi*) [da *monologo*; 1890] **intr.** (aus. *avere*) **1.** recitare un monologo **2.** *non com.* parlare da soli.

monologhìsta [da *monologo*; 1891] **s.** *non com.* chi scrive monologhi, chi li rappresenta.

monòlogo (pl. *-ghi*) [dal fr. *monologue*; 1803] **sm. 1.** parte di un dramma recitata da un personaggio solo sulla scena || breve composizione scenica per un solo attore **2.** *monologo interiore*, tecnica narrativa tendente a tradurre le forme preconsce e disorganiche di ragionamento che si agitano nei personaggi **3.** discorso di una persona a se stessa || **N. 1.** assolo, monodia **3.** *Sin.* soliloquio.

monolùcido [comp. di *mono-* e *lucido*; 1925] **I agg.** *T.cart.* di carta lucidata solamente da un lato e ruvida dall'altro **II sm.** cilindro per produrre la carta monolucida.

monomandatàrio (pl. *-ri*) [comp. di *mono-* e *mandatario*; 1983] **sm.** (f. *-a*) agente di vendita che opera per conto di una sola azienda.

monòmane [da *monomania*; 1851] **agg.** e **s.** *T.med.* che, chi è affetto da monomania.

monomanìa [comp. di *mono-* e *mania*; 1824] **sf.** *T.psic.* fissazione su una singola idea delirante || *per estens.* interesse esasperato ed esclusivo per una sola cosa.

monomanìaco (pl. *-ci*) [da *monomania*; 1834] **agg.** *T.med.* di monomania || affetto da monomania; anche *sm.* (f. *-a*).

monòmero [dal gr. *monomerḗs*; 1957] **agg.** e **sm.** *T.chim.* molecola semplice che, addizionata ad altre molecole identiche, forma un polimero.

monometallìṣmo [comp. di *mono-*, *metallo* e *-ismo*; 1891] **sm.** l'impiego di un solo metallo, oro o argento per coniare moneta legale || **N.** *Contr.* bimetallismo.

monomètrico (pl. *-ci*) [comp. di *mono-* e *-metrico*; 1940] ***agg.*** **1.** *T.min.* di sistema cristallografico che comprende cristalli con i tre assi principali di uguale lunghezza **2.** *T.mat.* dotato di una sola unità di misura || **N. 1.** *Sin.* cubico | dimetrico, trimetrico | blenda, fluorite, pirite. **Q.T.** *mineralogia.*

monòmetro [dal lat. tardo *monometer*; a. 1636] ***agg.*** *T.lett.* nella metrica classica, poesia di un solo metro || **N.** *Contr.* polimetro.

monomiàle [da *monomio*; 1965] ***agg.*** *T.mat.* avente carattere di monomio.

monòmio (pl. *-mi*) [comp. di *mono-* e (*bi*)*-nomio*; 1803] ***sm.*** *T.mat.* espressione algebrica in cui non compaiono simboli di somma e sottrazione || **N.** polinomio.

monomotóre [comp. di *mono-* e *motore*; 1963] ***agg.*** detto spec. di aereo, dotato di un solo motore; anche *sm.*

mononucleàre [comp. di *mono-* e *nucleo* con suff. agg.; 1954] ***agg.*** *T.biol.* mononucleato.

mononucleàto [comp. di *mono-* e un deriv. di *nucleo*; 1958] **I *agg.*** *T.biol.* di cellula, dotata di un solo nucleo **II *sm.*** *T.biol.* globulo bianco caratterizzato da un nucleo compatto.

mononucleòsi [comp. di *mono-* e *nucleo* e *-osi*; 1954] ***sf.*** *T.med.* malattia infettiva di origine virale che comporta l'aumento del numero dei mononucleati del sangue, l'ingrossamento della milza e dei linfociti; si trasmette per via salivare || **N.** *Sin.* malattia dei fidanzati, malattia del bacio.

monopartìtico (pl. *-ci*) [comp. di *mono-* e un der. di *partito*; 1988] ***agg.*** *T.pol.* di sistema politico, che si basa su un solo partito o in cui un unico partito si propone come espressione della volontà popolare.

monopartitìsmo [comp. di *mono-* e (*bi*)*partitismo*; 1983] ***sm.*** *T.pol.* concezione o prassi di un sistema politico che si fonda su un unico partito.

monopàttino [comp. di *mono-* e *pattino*; 1939] ***sm.*** giocattolo formato da un'assicella di legno dotata di manubrio e ruote, sulla quale si poggia un piede mentre l'altro, a terra, imprime la spinta.

monopètalo [comp. di *mono-* e *petalo*; 1771] ***agg.*** *T.bot.* **1.** di fiori, che hanno un solo petalo **2.** *impropr.* gamopetalo.

monopètto [comp. di *mono-* e *petto*; 1942] ***sm.*** e ***agg. inv.*** di giacca, che ha una sola fila di bottoni; anche rif. all'intero abito || **N.** doppiopetto.

Monoplacòfori (sing. *-o*) [comp. di *mono-* e *placofori*; 1963] ***sm. pl.*** *T.zool.* classe di molluschi fossili dal corpo circolare, di cui fa parte un'unica specie vivente, dal dorso ricoperto di una conchiglia conica.

monoplàno [dal fr. *monoplan*; 1918] ***sm.*** *T.aer.* aeroplano munito di un solo piano di ali.

monoplegìa (pl. *-gìe*) [comp. di *mono-* e *plegia*; 1900] ***sf.*** *T.med.* paralisi che colpisce un solo muscolo, un solo gruppo muscolare o un solo arto.

monopòdico (pl. *-ci*) [comp. di *mono-* e *-podico*; 1958] ***agg.*** *T.bot.* di ramificazione con asse primario unico e permanente, caratteristico per es. delle Conifere.

monòpoli [dall'ingl. *monopoly* (*money*), moneta di monopolio, perché si gioca con denaro finto, che non ha corso legale; 1963] ***sm.*** gioco con dadi simile al gioco dell'oca, nel quale vengono simulate operazioni di compravendita di terreni e fabbricati.

monopòlio (pl. *-li*) [dal lat. *monopōlium*; 1337] ***sm.*** *T.econ.* **1.** condizione di mercato caratterizzata dalla concentrazione nelle mani di una o poche imprese dell'offerta di un dato tipo di beni || *monopolio bilaterale*, condizione di mercato in cui si fronteggiano un unico acquirente e un unico compratore || *monopolio fiscale*, istituto giuridico che garantisce allo Stato il privilegio di produzione e di vendita di determinati beni o servizi, quali, in Italia, i tabacchi, allo scopo principale di assicurare un'entrata tributaria **2.** *per meton.* l'impresa che esercita monopolio: *i grandi monopoli, legge, lotta contro i monopoli* **3.** *fig.* controllo esclusivo, dominio incontrastato: *il monopolio della cultura* || **N. 1.** PRIVILEGIO.

monopolìsta [da *monopolio*; 1618] ***s.*** chi esercita un monopolio.

monopolìstico (pl. *-ci*) [da *monopolio*; 1911] ***agg.*** che si riferisce a monopolio: *concentrazione monopolistica.*

monopolizzàre [dal fr. *monopoliser*; 1812] ***tr.*** fare oggetto di monopolio: *monopolizzare il commercio delle granaglie*; anche *fig.*: *monopolizzare la stampa, la cultura*, dominarla in modo incontrastato || *monopolizzare l'attenzione*, concentrarla su di sé.

monopolizzatóre [dal fr. *monopolisateur*; 1894] ***agg.*** e ***sm.*** (f. *-trice*) che o chi monopolizza.

monopolizzazióne [da *monopolizzare*; 1877] ***sf.*** atto ed effetto del monopolizzare.

monopósto [comp. di *mono-* e *posto*; 1929] ***agg. inv.*** di veicolo, aereo e sim., con un solo posto. **TAV.** ***automobile*** **p. 659** 6.

monopropellènte [comp. di *mono-* e *propellente*; 1974] ***sm.*** *T.chim.* propellente che contiene sia il combustibile che il comburente || **N.** *Sin.* monoergolo.

monopsònio (pl. *-ni*) [comp. di *mono-* e del gr. *opsṓnion*, provvista di viveri; 1958] ***sm.*** *T.econ.* forma di mercato in cui la richiesta di un bene o di un servizio è concentrata nelle mani di un solo compratore.

monòptero [dal gr. *monópteros*, con una sola ala; 1758] ***agg.*** *T.arch.* detto di tempio circolare con la cella circondata da una sola serie di colonne.

monòrchide [dal gr. *mónorchis*; 1834] ***agg.*** e ***sm.*** che, chi ha un solo testicolo.

monoreattóre [comp. di *mono-* e *reattore*; 1956] ***agg.*** di velivolo, azionato da un solo reattore. **TAV.** *aeronautica* 9.

monorèddito [comp. di *mono-* e *reddito*; 1981] ***agg. inv.*** che ha un solo reddito: *famiglia monoreddito*, che vive con i proventi dell'attività lavorativa di uno solo dei suoi componenti.

monorifrangènte [comp. di *mono-* e *rifrangente*; 1940] ***agg.*** *T.ott.* di cristallo o altro corpo, attraverso il quale la luce si propaga per rifrazione semplice, in modo da dare una sola immagine dell'oggetto || **N.** birifrangente.

monorifrangènza [da *monorifrangente*; 1958] ***sf.*** *T.fis.* proprietà di ciò che è monorifrangente.

monorìmo [comp. di *mono-* e *rima*; a. 1907] ***agg.*** *lett.* si dice di strofa i cui versi hanno tutti la stessa rima: *lasse, stanze monorime.*

monorìtmico (pl. *-ci*) [da *monoritmo*; 1869] ***agg.*** che è composto tutto sullo stesso ritmo.

monorìtmo [comp. di *mono-* e *ritmo*; 1834] ***agg.*** *lett.* di poesia, strofa, versi, composti tutti nello stesso ritmo; anche *sm.*

monorotàia [comp. di *mono-* e *rotaia*; 1934] ***sf.*** sistema di trasporto nel quale i veicoli corrono su di una sola rotaia, che può essere posta al di sopra o al di sotto di questi.

monosaccàride [comp. di *mono-* e *saccaride*; 1902] ***sm.*** *T.chim.* idrato di carbonio con la struttura più semplice comprendente da 3 a 10 atomi.

monoscàfo [comp. di *mono-* e *scafo*; 1988] ***sm.*** imbarcazione costituita da un solo scafo.

monoscì [comp. di *mono-* e *sci*; 1965] ***sm.*** sci d'acqua o da neve più grande del normale che si usa appoggiandovi entrambi i piedi. **TAV.** ***sci*** **p. 1332** 4.

monoscòpio (pl. *-pi*) [comp. di *mono-* e *-scopio*; 1959] ***sm.*** **1.** *T.tel.* immagine fissa con determinate caratteristiche geometriche e cromatiche, trasmessa periodicamente da un'emittente televisiva allo scopo di permettere la messa a punto del televisore **2.** tubo generatore impiegato per emettere tale segnale.

monosèmico (pl. *-ci*) [comp. di *mono-* e *-semico*; 1972] ***agg.*** *T.ling.* di parola o morfema, che ha un solo significato || **N.** *Contr.* polisemico.

monosillàbico (pl. *-ci*) [dal gr. *monosyllabikós*; 1869] ***agg.*** formato da una sola sillaba || *lingue monosillabiche*, quelle in cui ogni parola è di una sola sillaba.

monosillabo [dal gr. *monosýllabos*; a. 1406 come agg.] **I *sm.*** parola composta da una sillaba sola || *rispondere a monosillabi*, soltanto sì o no; *per estens.* in maniera concisa e reticente **II *agg.*** monosillabico.

monospèrmo [comp. di *mono-* e gr. *spérma*, seme; 1813] ***agg.*** *T.bot.* di frutto, che ha un solo seme.

monòssido [comp. di *mono-* e *ossido*; 1958] ***sm.*** *T.chim.* ossido la cui molecola presenta un solo atomo di ossigeno.

monostàbile [comp. di *mono-* e *stabile*; 1974] ***agg.*** *T.elettron.* di circuito multivibratore, che ha un solo stato di funzionamento stabile.

monòstico (pl. *-ci*) [dal lat. tardo *monostichus*, gr. *monóstichos*; a. 1651] ***agg.*** *T.lett.* composto di un solo verso; anche *sm.*

monostilìsmo [comp. di *mono-* e un der. di *stile*; 1987] ***sm.*** omogeneità di un testo dal punto di vista stilistico || **N.** *Contr.* pluristilismo.

monostròfico (pl. *-ci*) [dal gr. *monostrophikós*; 1834] ***agg.*** formato da una sola strofa: *componimento monostrofico.*

monoteìsmo [da *monoteista*; 1829] ***sm.*** sistema religioso che ammette un solo dio || **N.** politeismo. **Q.T.** *religione.*

monoteìsta [comp. di *mono-*, del gr. *theós* e di *-ista*; 1834] ***s.*** chi professa il monoteismo.

monoteìstico (pl. *-ci*) [da *monoteista*; 1869] ***agg.*** di monoteismo, di monoteista: *popolo monoteistico, le tre grandi religioni monoteistiche.*

monotelìsmo [da *monotelita*; 1834] ***sm.*** *T.teol.* eresia diffusa nel VII sec., secondo la quale Cristo possedeva le due nature, umana e divina, ma con una esclusiva volontà divina.

monotemàtico (pl. *-ci*) [comp. di *mono-* e *tematico*; 1965] ***agg.*** *T.mus.* di composizione musicale che si svolge su un solo tema.

monotipìa [da *monotype*; 1925] ***sf.*** *T.tip.* sistema di composizione tipografica che utilizza la *monotype.* **Q.T.** *tipografia.*

monotìpico (pl. *-ci*) [da *monotype*; 1958] ***agg.*** *T.tip.* detto di composizione tipografica realizzata col sistema monotype.

monotipìsta [da *monotipia*; 1942] ***s.*** *T.tip.* persona specializzata nel comporre in monotipia con la *monotype.*

monotipo[1] [comp. di *mono-* e *-tipo*; 1937] ***sm.*** *T.mar.* imbarcazione costruita in serie secondo un certo modello.

monotipo[2] ***sm.*** monotype.

monotonìa [dal gr. *monotonía*; a. 1647] ***sf.*** qualità di ciò che è monotono: *la monotonia di un discorso, di una musica*; *che monotonia queste giornate nebbiose!.*

monòtono [dal gr. *monótonos*; 1803] ***agg.*** che è tutto sullo stesso tono || *per estens.* noioso, monocorde: *una giornata, un romanzo monotono* || **N.** *Sin.* ripetitivo, uniforme; tedioso.

monotòno [comp. di *mono-* e *tono*; 1932] ***agg.*** *T.mat. funzione monotona*, funzione che si mantiene o sempre crescente o sempre decrescente in tutto l'intervallo di definizione.

Monotrèmi (sing. *-o*) [dal lat. scient. *monotremata*, basato sul gr. *mónos*, solo e gr. *trêma*, apertura; 1834] **sm.** *pl.* ordine di Mammiferi, con caratteri simili a quelli di Uccelli e Rettili: sono ovipari, possiedono una sola cloaca per i canali uro-genitali e alimentari, e sono dotati di un becco corneo; non hanno mammelle, ma allattano ugualmente i figli. **Q.T.** *zoologia* **TAV.** ***mammiferi*** **p. 1318**.

monottongazióne [da *monottongo*; 1965] **sf.** *T.ling.* riduzione di un dittongo a vocale semplice.

monottòngo (pl. *-ghi*) [dal gr. *monóphthongos*, di un suono solo; 1958] **sm.** *T.ling.* la vocale semplice considerata come riduzione di un dittongo o in opposizione a questo.

monotype (ingl., pr. ['mɒnətaɪp]; pr. it. [mono'taip]) [1917] **sf.** *inv.* macchina tipografica che compone caratteri mobili fondendoli separatamente lettera per lettera, a differenza della *linotype*, che fonde insieme tutte le lettere di una riga || **N.** monotipia. **Q.T.** *tipografia* **TAV.** ***tipografia*** **p. 1336** 2.

monoùso [comp. di *mono-* e *uso*; 1983] **agg.** *inv.* di oggetto, che si usa una volta e poi si getta: *siringa monouso.*

monovalènte [comp. di *mono-* e *valente*; 1954] **agg.** *T.chim.* **1.** di atomo o radicale, che ha valenza uno **2.** *T.med.* di siero, che è efficace contro un solo agente patogeno o veleno.

monovalènza [comp. di *mono-* e *valenza*; 1972] **sf.** *T.chim.* proprietà di un atomo di un composto chimico che può combinarsi con un solo atomo di idrogeno.

monovariànza [comp. di *mono-* e *varianza*; 1957] **sf.** *T.fis.* in termodinamica, condizione di un sistema che ha un unico grado di libertà, cioè una varianza di valore uno.

monovèrbo [comp. di *mono-* e *verbo*; a. 1910] **sm.** *T.gioc.* rebus la cui soluzione è data da una sola parola || **N.** poliverbo.

monovibrànte [comp. di *mono-* e *vibrante*; 1973] **sf.** *T.fon.* suono affine alla [r], ma prodotto con un solo rapido battito della lingua contro gli alveoli (*monovibrante alveolare*) o con un rapido scatto in avanti della lingua inizialmente rivolta all'indietro (*monovibrante retroflessa*).

monovoltinìsmo [da *monovoltino*; 1983] **sm.** *T.zool.* proprietà di alcune razze di bachi da seta che hanno una sola generazione all'anno.

monovoltìno [dall'ingl. *monovoltine*; 1957] **agg.** delle razze dei bachi da seta aventi una sola generazione all'anno.

monovulàre [comp. di *mono-* e un der. di *ovulo*; 1957] **agg.** in embriologia, derivante da un solo uovo: *gravidanza gemellare monovulare*, gravidanza gemellare provocata dalla fecondazione di un unico uovo da parte di un solo spermatozoo, con successivo sdoppiamento dell'uovo.

monozigòte [comp. di *mono-* e *zigote*; 1978] **agg.** e **sm.** *T.biol.* ciascuno dei gemelli nati da un unico uovo fecondato: *individuo monozigote, un monozigote.*

monozigòtico (pl. *-ci*) [da *monozigote*; 1958] **agg.** *T.biol.* che deriva da un unico zigote: *gemelli monozigotici.*

monregalése [dal lat. *Mons Regalis*, nome antico di Mondovì; 1860] **I agg.** relativo a Mondovì, di Mondovì **II s.** abitante, nativo di Mondovì.

monsignoràto [da *monsignore*; a. 1704] **sm.** *T.eccl.* dignità, grado, ufficio di monsignore.

monsignóre [dal fr. *monseigneur*; sec. XIII] **sm.** titolo d'onore che anticamente si dava ai grandi personaggi || oggi, titolo riservato a vescovi ed alti prelati.

monsiù v. MONSÙ.

monsóne [dall'ar. *mausim*, stagione, attr. lo sp. *monzon*; 1582] **sm.** vento periodico dominante nell'Oceano Indiano e nella parte occidentale del Pacifico, provocato da differenze termiche fra oceano e continente; *monsone estivo*, che spira dal mare verso il continente, nel semestre aprile-settembre; *monsone invernale*, che spira dal continente verso il mare, nel semestre da ottobre a marzo.

monsònico (pl. *-ci*) [da *monsone*; 1934] **agg.** che ha rapporto con i monsoni: *clima monsonico.*

monsù o **monsiù** [adattamento dal fr. *monsieur*, signore; 1632] **sm.** *piem.* signore.

mónta [da *montare*; a. 1597] **sf.** **1.** accoppiamento di bestie, spec. domestiche: *stallone da monta* || *per meton.* stalla con i maschi, dove vengono portate le femmine per l'accoppiamento **2.** modo di cavalcare || *per meton.* fantino **3.** *T.arch.* in un arco di volta, la distanza fra il punto interno più alto e il piano d'imposta.

montacàrichi [calco sul fr. *monte-charge*; 1919] **sm.** *inv.* impianto per il trasporto verticale di merci, gen. a motore || **N.** elevatore; montaliquidi.

montacàsca [comp. di *monta(re)* e *casca(re)*; 1614] **sm.** *inv.* nel canottaggio, il gravare sul remo, spingendo il corpo avanti e poi indietro.

montàggio (pl. *-gi*) [dal fr. *montage*; 1908] **sm.** **1.** serie di operazioni con cui si riuniscono le varie parti di una macchina o di una struttura edilizia, secondo il progetto || *catena di montaggio*, nastro trasportatore che fa scorrere l'oggetto in via di montaggio davanti a diversi operai ciascuno dei quali deve aggiungere un determinato pezzo; è il simbolo della ripetitività alienante del lavoro in fabbrica **2.** *T.cin.* ricomposizione di pellicole girate in riprese diverse, selezionate ed eventualmente trattate con effetti speciali, secondo le esigenze di sceneggiatura || **N.** **1.** *Sin.* assemblaggio. **Q.T.** *cinematografia.*

montàgna [lat. volg. **montania*; a. 1294] **sf.** **1.** rilievo geografico, spec. di proporzioni vaste e grandiose; monte: *scalare una montagna, una montagna rocciosa, impervia* || area montuosa, ad alta quota: *la montagna modenese, ama più la montagna del mare, aria di montagna, andare in montagna, attrezzatura da montagna* || *mal di montagna*, l'insieme dei disturbi provocati dalla diminuzione della pressione atmosferica || *le montagne stan ferme e gli uomini s'incontrano*, quando s'incontra qualcuno che non ci aspettavamo di vedere || *T.stor. la Montagna*, gruppo di deputati della Convenzione francese che sedevano negli scanni più alti dell'assemblea e sostenevano le proposte più violente **2.** *fig.* quantità enorme, ammasso: *una montagna di dolci, una montagna di lavoro* **3.** *montagne russe*, divertimento mozzafiato da fiera, formato da una struttura metallica che sorregge dei binari, con percorso pieno di dislivelli e curve, sui quali scorrono carrozzelle a 4 o più posti || *dim.* montagnòla, montagnétta || **N.** MONTE **3.** *Sin.* otto volante. **Q.T.** *alpinismo.*

montagnàrdo [dal fr. *montagnard*; a. 1907] **sm.** *T.stor.* durante la Rivoluzione Francese, deputato giacobino appartenente alla Montagna (cfr. MONTAGNA) || *per estens.* estremista.

montagnòlo [da *montagna*; a. 1547 come sm.] **I agg.** *non com.* di montagna: *parlata, energia montagnola* **II sm.** (f. *-a*) *non com.* persona di montagna.

montagnóso [lat. tardo *montaniōsus*; sec. XIV] **agg.** montuoso.

montalbàno [dal n. della catena di colli in Toscana; 1969] **sm.** *inv.* vino rosso da pasto, prodotto nelle province di Firenze e Pistoia.

montaliàno [dal n. proprio E. *Montale*, poeta italiano; 1960] **agg.** relativo al poeta Eugenio Montale, alla sua opera e al suo stile: *poesia montaliana, critica montaliana.*

montalìquidi [comp. di *monta(re)* e *liquido*; 1965] **sm.** *inv.* *T.tecn.* sistema di innalzamento di liquidi che utilizza la spinta di gas pressurizzati.

montanàro [da *montano*; 1319] **sm.** (f. *-a*) chi abita in montagna; anche *agg.*: *popolazione montanara* || **N.** *Sin.* alpigiano, montagnolo, montanino.

montanèllo [da *montano*; a. 1375] **sm.** fanello.

montanìno [da *montano*; sec. XIV] **agg.** di o della montagna: *usi montanini, castagne montanine*; anche *sm. raro* (f. *-a*): *campagnoli e montanini.*

montanìsmo [dal n. proprio *Montano*; 1891] **sm.** eresia iniziata da Montano (nel II sec.); predicava l'imminente fine del mondo ed era caratterizzata da un intransigente rigorismo morale.

montanìsta [dal n. proprio *Montano*; a. 1694] **I s.** *T.teol.* seguace del montanismo **II agg.** montanistico.

montanìstico (pl. *-ci*) [da *montanista*; 1965] **agg.** del montanismo: *eresia montanistica.*

montàno [lat. *montānus*; a. 1386] **agg.** proprio del monte: *villetta, erta montana.*

montànte (*ppr.* di *montare*) [sec. XIV] **I agg.** che sale: *marea montante* **II sm.** **1.** elemento allungato verticale in strutture, telai e sim., con funzione di sostegno e rinforzo || *T.sport.* nel gioco del calcio, ciascuno dei due pali verticali della porta: *la palla ha sfiorato il montante sinistro* **2.** *T.abb.* il risvolto del collo di un abito maschile **3.** nel pugilato, colpo dal basso in alto portato a braccio piegato **4.** *T.fin.* in matematica finanziaria, somma del capitale impiegato e degli interessi maturati dopo un certo periodo; *montante compensativo* (o *importo compensativo*), sovvenzione o imposizione applicata dalla CEE agli scambi di prodotti agricoli tra paesi comunitari, al fine di eliminare l'effetto delle variazioni dei tassi di cambio reali tra monete comunitarie sui tassi di cambio fittizi tra le monete comunitarie stesse e l'ECU **5.** *non com.* montatoio: *egli teneva il piede sul montante* (Pascoli) || **N.** **3.** *Sin.* *uppercut.* **TAV.** *abitazione* 2.14.

montàre (pres. *mónto*) [lat. volg. **montāre*; a. 1324; 1750 nel senso tr. 4] **intr.** (aus. *essere*) **1.** salire, andare sopra: *montare in bicicletta, in carrozza, a cavallo, montare sulla scala* || in numerose espr. fig., *montare in cattedra*, parlare in tono cattedratico; *montare in bestia, in collera*, andare su tutte le furie; *montare in superbia*, insuperbirsi; *gli è montato il sangue alla testa*, ha avuto un impeto furioso di collera **2.** *ass.* aumentare di volume, gonfiarsi: *dopo le piogge è montato il livello delle acque nei torrenti, la panna per montare bene deve essere fredda* || **tr.** **1.** percorrere salendo: *montare la scala* **2.** inforcare, cavalcare: *montare un purosangue*; anche *ass.*: *quel fantino monta discretamente* || rif. a femmina di animale, fecondare || *fig. montar la guardia o montar di guardia*, essere di guardia; anche, iniziare il turno di guardia **3.** far gonfiare: *montare a neve le chiare d'uovo* || *fig. montare un fatto, una notizia*, diffonderli esagerandoli || *fig. montare la testa a qualcuno*, indurlo a confidare oltre misura nelle proprie possibilità **4.** di oggetto che consiste di parti distinte, sistemare e fissare le varie parti per ricomporlo e renderlo funzionante: *montare una macchina, un attrezzo* || installare, collocare: *montare una cucina componibile, montare l'antenna sul tetto, montare le tende* || *montare una pietra preziosa*, incastonarla || *montar casa*, arredarla || *montare uno stampo, un quadro*, incorniciarli **5.** *T.cin. montare un film*, eseguirne il montaggio || **rifl. indir.** *montarsi la testa*, coltivare un'eccessiva stima di sé, e ambizioni esagerate; esaltarsi || **N.** **intr.** **1.** SALIRE **2.** *Sin.* crescere, lievitare, innalzarsi | **tr.** **4.** *Sin.* assemblare, comporre, riunire; combinare, collegare | *Contr.* smontare.

montàta [da *montare*; a. 1406] ***sf.*** *raro* **1.** l'atto del montare || *in part. montata lattea*, l'inizio della produzione di latte della puerpera **2.** risalita controcorrente del fiume, di certi pesci || **N. 2.** *Contr.* smontata.

montatóio (pl. *-ói*) [da *montare*; 1803] ***sm.*** sporgenza ai lati di una carrozza o di altra vettura, che facilita la salita || **N.** *Sin.* predellino, staffa.

montatóre [da *montare*, sul modello del fr. *monteur*; 1926] ***agg.*** e ***sm.*** (f. *-trice*) **1.** di operaio, specializzato nel montare macchine: *meccanico montatore* **2.** *T.cin.* il tecnico addetto al montaggio di un film.

montatùra [da *montare*; 1598 nel senso 3] ***sf.*** **1.** struttura di sostegno di uno strumento o di un gioiello: *la montatura degli occhiali, di un anello* **2.** *fig.* gonfiatura, esagerazione: *è tutta una montatura giornalistica* **3.** *non com.* atto ed effetto del montare || **N. 1.** *Sin.* telaio; castone **2.** *Sin. bluff*, finzione, gonfiatura, messinscena. **Q.T.** *pesca* **TAV. *ottica* p. 1329** 3.4.

montavivànde [comp. di *monta(re)* e *vivande*; 1940] ***sm.*** *inv.* piccolo ascensore per far salire le vivande dalla cucina alla sala da pranzo quando non siano sullo stesso piano.

mónte [lat. *mons, montis*; a. 1292] ***sm.*** **1.** rilievo naturale della superficie terrestre la cui vetta supera i 500-600 metri: *la cima del monte, il Monte Rosa* || *loc. prep. a monte di*, e *loc. avv. a monte*, rif. al corso di un fiume, più vicino alla sorgente; *fig.* più indietro nell'ordine delle cause: *la questione va esaminata a monte* || *fig. promettere mari e monti*, fare grandi promesse || *fig.* grande cumulo, mucchio: *un monte di grano*; genericamente, gran quantità: *un monte di sciocchezze* || *fig. monte premi*, somma di denaro da ripartire tra i vincitori di una lotteria, di un concorso e sim. **2.** in chiromanzia, ciascuno dei rilievi del palmo della mano che vengono esaminati e interpretati || *T.anat. monte di Venere*, nella donna, regione triangolare posta tra le pieghe dell'inguine, costituita da una leggera sporgenza adiposa coperta di peli **3.** *T.gioc. andare a monte, mandare a monte*, annullare la partita; *fig.* interrompersi; far fallire: *il progetto è andato a monte; mandare a monte un piano* **4.** istituto di credito: *Monte dei Paschi; Monte dei pegni* o *Monte di pietà*, istituto che concede prestiti, trattenendo in pegno oggetti di valore || *dim.* monticèllo, monticino, monticchio || **N. 1.** alpe, altopiano, altura, amba, catena, colle, contrafforte, diramazione, giogaia, guglia, mammellone, montagna, picco, poggio, promontorio | alpestre, alto, aspro, basso, boscoso, brullo, dirupato, dolce, erto, frastagliato, impervio, inaccessibile, nevoso, orrido, ripido, sassoso, scabro, scosceso | base o radice o piede, cima o colmo o vetta, cresta o crinale, declivio, dosso, falda, pendio, pendici, sella, sperone, spartiacque | anfratto, antro, balza, burrone, caverna, chiusa, conca, displuvio, forra, ghiacciaio, gola, grotta, rupe, scarpata, spelonca, terrazzo, valico, valle, varco | ascendere, salire, scendere, valicare | altimetria, ascensione, cordata, escursione, funicolare, ipsometria, morena, Oreadi, orografia, pianura, scalare, sciare, teleferica, tormenta, valanga, vulcano | ammasso, massa, MUCCHIO.

montebiànco [dal fr. *mont-blanc*; 1942] ***sm.*** *inv. T.cuc.* dolce composto di pasta di castagne e cacao ricoperta di panna montata.

monteprèmi o **mónte prèmi** [comp. di *monte* e *premio*; 1958] ***sm.*** *inv.* somma di denaro da ripartire tra i vincitori di una lotteria o sim.

montepulciàno [dal n. della città nella cui zona è coltivato; a. 1698] ***sm.*** vino rosso pregiato dell'omonima cittadina toscana || il vitigno da cui si produce.

montessoriàno [dal n. proprio M. *Montessori*; 1965] ***agg.*** ispirato alle teorie pedagogiche di Maria Montessori.

montgomery (ingl., pr. [mənt'gʌməri]; pr. it. [moŋ'gɔmeri]) [dal n. proprio *Montgomery*, maresciallo inglese che durante la seconda guerra mondiale indossava abitualmente questo cappotto; a. 1945] ***sm.*** *inv.* cappotto corto di tessuto ruvido con cappuccio, allacciato davanti con alamari di corda.

monticàre (pres. *móntico, móntichi*) [da *monte*; 1950] ***intr.*** (aus. *avere*) trasferirsi in montagna con bestiame per sfruttare i pascoli estivi.

monticazióne [da *monticare*; 1917] ***sf.*** trasferimento estivo del bestiame negli alpeggi montani || **N.** *Sin.* alpeggio, transumanza.

montonàta [da *montone*; 1891] ***sf.*** salto del cavallo che, sollevati gli arti posteriori, spinge in alto la groppa, per buttare a terra il cavaliere.

montonàto [da *montone*; 1958] ***agg.*** detto di roccia arrotondata per azione dei ghiacciai.

montóne [lat. volg. **multo, -ōnis*; a. 1292] ***sm.*** **1.** il maschio adulto della pecora || *salto del montone*, montonata **2.** *per meton.* giaccone di pelliccia di tale animale **3.** *T.stor.* e *T.mil.* macchina guerresca, formata di una grossa trave ferrata che, mossa su ruote e fatta avanzare e retrocedere, serviva a battere le mura di una fortezza, per aprirvi una breccia || **N. 1.** *Sin.* ariete **3.** *Sin.* ariete. **TAV. *mammiferi* p. 1318** 17.

montuosità [da *montuoso*; a. 1642] ***sf.*** condizione di zona montuosa || sollevamento montuoso.

montuóso [dal lat. *montuōsus*; a. 1367] ***agg.*** **1.** costituito da monti, pieno di monti: *catena montuosa, terreno montuoso* **2.** *lett.* simile a monte: *le onde montuose* || **N. 1.** *Sin.* montagnoso; alpestre, alpino, erto, montano.

montùra [dal fr. *monture*; 1699] ***sf.*** *non com.* uniforme, divisa militare.

monturàto [da *montura*; a. 1893] ***agg.*** e ***sm.*** *non com.* che o chi indossa la montura.

monumentàle [dal lat. tardo *monumentālis*; a. 1837] ***agg.*** **1.** di monumento, relativo a monumento: *iscrizione monumentale* || ricco di monumenti: *cimitero monumentale* **2.** *fig.* di gran mole, imponente: *un letto monumentale; un'opera monumentale.*

monumentalità [da *monumentale*; 1942] ***sf.*** carattere di ciò che è monumentale.

monuménto [dal lat. *monumentum*; a. 1292] ***sm.*** **1.** opera architettonica o scultorea eretta per riconoscere e ricordare il valore di persone, fatti o ideali: *monumento ai caduti per la libertà* **2.** opera architettonica del passato, di interesse documentario, archeologico o artistico: *i monumenti dell'antica civiltà, visitare i monumenti di una città; monumento nazionale*, edificio antico che abbia qualche importanza storica o artistica, che lo Stato sottopone perciò a certi vincoli || *fig.* opera scritta di grande prestigio e portata storica **3.** *ant.* sepolcro || **N. 1.** arco, avello, cenotafio, colonna, documento, *dolmen*, erma, lapide, mausoleo, nuraghe, obelisco, statua, tomba | autentico, ciclopico, commemorativo, sepolcrale, storico, trionfale | degno, eterno, imperituro, splendido | alzare, consacrare, dedicare, edificare, erigere, inaugurare, restaurare, scoprire | base, patina, piedistallo; antiquaria, archeologica, ermeneutica.

monzìcchio (pl. *-chi*) [forse dal fr. a. *moncel*; 1531] ***sm.*** *ant.* mucchio.

moog ® (ingl., pr. [mu:g]) [dal n. proprio R.A. *Moog*, ingegnere statunitense che lo inventò; 1973] ***sm.*** *inv.* nome commerciale di un tipo di sintetizzatore portatile in grado di riprodurre qualsiasi tipo di suono e effetto sonoro.

moon boot ® (ingl., pr. ['mu:n bu:t]) [letter. stivale lunare; 1983] ***sm.*** *inv.* (anche pl. *moon boots*, pr. ['mu:n bu:ts]) nome commerciale di un tipo di stivale in materiale plastico usato come doposci.

moplèn ® [comp. di *Mo(ntecatini) P(olipropi)len(e)*; 1961] ***sm.*** *inv.* nome commerciale di una materia plastica ottenuta per polimerizzazione del propilene.

mops (ted., pr. [mɔps]) [1905] ***sm.*** *inv.* piccolo cane di lusso, col muso nero e rincagnato, simile a un mastino.

moquette (fr., pr. [mɔ'kɛt]) [1917] ***sf.*** *inv.* tessuto di fibra robusta, a pelo lungo o rasato, impiegato per coprire interamente il pavimento di una stanza.

mòra[1] [dal lat. *mora*; a. 1306 nel senso 3] ***sf.*** **1.** *T.giur.* ritardo ingiustificato nel soddisfacimento di un'obbligazione: *essere, cadere in mora; mettere in mora*, costringere per via legale ad adempiere a un'obbligazione entro un dato tempo; anche *fig.*, costringere a far qualcosa entro un dato tempo || la relativa pena in denaro: *pagare una mora di 10000 lire* **2.** *T.metr.* unità corrispondente a sillaba breve **3.** *lett.* indugio: *nelle more*, in attesa.

mòra[2] [lat. *mora*; sec. XIV] ***sf.*** **1.** frutto del rovo, nero e rotondeggiante, costituito da numerose drupe di piccole dimensioni derivate da un unico fiore; comunissimo nei nostri boschi, è impiegato spec. per marmellate e sciroppi **2.** frutto del gelso (o moro), simile al precedente ma formato da un'infruttescenza.

mòra[3] [da una base prelatina **morra*; 1319] ***sf.*** *arc.* mucchio di pietre, muriccio: *sotto la guardia della grave mora* (Dante).

mòra[4] V. MORRA.

Moràcee [da *moro*; 1895] ***sf. pl.*** *T.bot.* famiglia di piante dicotiledoni a cui appartengono tra le altre il fico e il gelso.

moraiòlo [da *mora*[2]; a. 1512] **I** ***sm.*** un'apprezzata specie d'ulivo dal frutto assai scuro, diffusa in Toscana **II** ***agg.***: *olivo moraiolo; fico moraiolo*, dai frutti di colore scuro.

moràle [dal lat. *morālis*; a. 1292] **I** ***agg.*** **1.** che si riferisce ai costumi, agli atti, ai pensieri umani considerati rispetto al bene e al male: *qualità morali, apprezzamento morale, precetto, principio, legge morale, senso morale*, capacità di discernere il bene dal male || *filosofia morale*, etica (anche *sf. morale*) || *libertà morale*, libero arbitrio **2.** conforme a principi considerati giusti, ispirato al bene: *persona morale, azione morale, lettura, spettacolo morale* **3.** *per estens.* appartenente allo spirito, alla coscienza: *forza, certezza morale, sofferenza morale* || *schiaffo morale*, umiliazione || *vincitore morale di una gara*, quello che, stando ai meriti, avrebbe dovuto vincere || *certezza morale*, raggiunta nell'intimo, non su dati concreti; *aiuto morale*, offerto attraverso il consenso e la partecipazione emotiva || *T.giur. ente morale*, persona giuridica pubblica o privata, spec. se non ha finalità lucrative || *scienze morali*, le discipline umanistiche, contrapposte a quelle fisiche e matematiche || **moralménte** ***avv.*** **1.** secondo la norma morale: *vivere moralmente* **2.** secondo le ragioni morali, spirituali: *questa cosa mi sembra moralmente impossibile* **3.** dal punto di vista del morale: *moralmente è a terra* **II** ***sf.*** **1.** complesso di principi, norme e valori, proprio di una comunità o di un individuo, che ne guida il comportamento verso ciò che è considerato buono e giusto: *morale cattolica, giudicare secondo la morale corrente, la propria morale, uomo senza morale* **2.** di racconto, storia e sim., l'insegnamento che se ne può ricavare, il senso allegorico; *la morale della favola, fig. scherz.* la conclusione || ***sm.*** condizione di spirito: *avere il morale a terra, essere su, giù di morale, il morale della truppa è alto* || **N. I 1.** *Sin.* etico **2.** buono, costumato, edificante, giusto, intemerato, onesto, probo, virtuoso | *Contr.* amorale, immorale **3.** *Sin.* astratto, spirituale | *Contr.* fisico, materiale **II** **1.** *Sin.* etica; condotta, contegno, costume, educazione | austera, buona, irreprensibile, perfetta, pura, retta, sana. **Q.T.** *filosofia.*

moraleggiàre (pres. *-éggio*) [da *morale*; a. 1642] ***intr.*** (aus. *avere*) *spreg.* esprimere giudizi morali in modo eccessivo e inopportuno.

moralìsmo [da *morale*; 1934 nel senso 2] ***sm.*** **1.** tendenza a valutazioni astrattamente morali || intransigenza morale **2.** *T.fil.* dottrina che considera la perfezione morale come ideale supremo.

moralìsta [da *morale*; a. 1767] ***s.*** **1.** chi esercita continuamente e con particolare severità il giudizio morale **2.** scrittore che analizza e giudica caratteri e comportamenti umani, critico del costume: *moralisti francesi del '700* **3.** chi studia problemi morali.

moralìstico (pl. *-ci*) [da *moralista*; 1886] ***agg.*** proprio di moralismo o di moralista: *giudizio moralistico.*

moralità [dal lat. *moralitas, -ātis*; 1308 *moralitade*] ***sf.*** **1.** qualità di ciò che è conforme alle norme morali: *la moralità degli atti umani, uomo di dubbia moralità* **2.** insieme di norme morali; anche il complesso di atti che la mettono in pratica: *moralità pubblica, privata, comune* **3.** la sfera morale, l'ambito di ciò che è sottoposto a giudizio morale **4.** *T.teatr.* genere drammatico diffuso in Francia tra il sec. XV e il XVI, di carattere allegorico e contenuti edificanti || **N.** **1.** *Sin.* MORALE.

moralizzàbile [da *moralizzare*; 1745] ***agg.*** *non com.* che può moralizzarsi o rendersi morale.

moralizzàre [da *morale*; a. 1406] ***tr.*** rendere conforme a norme morali: *moralizzare la vita pubblica* || ***intr.*** (aus. *avere*) fare il moralista.

moralizzatóre [da *moralizzare*; 1841] ***agg.*** e ***sm.*** (f. *-trìce*) che, chi moralizza: *azione moralizzatrice.*

moralizzazióne [da *moralizzare*; a. 1642] ***sf.*** atto ed effetto del moralizzare.

moràndola [da *moro*; 1930] ***sf.*** *T.bot.* nome tosc. della pianta chiamata anche *morella* o *erba morella.*

moràto [da *mora*[2]; sec. XIII] ***agg.*** *non com.* nero come una mora, scurissimo.

moratòria [dal lat. *moratōria*; 1528] ***sf.*** *T.giur.* **1.** dilazione di un pagamento accordata in speciali circostanze ai debitori insolventi **2.** *per estens.* sospensione temporanea: *moratoria nucleare*, sospensione degli esperimenti nucleari.

moratòrio (pl. *-ri*) [dal lat. *moratōrius*; 1673] ***agg.*** **1.** relativo a mora: *interesse moratorio* **2.** relativo a moratoria.

moràvo [dal n. geogr. *Moravia*; 1860] **I** ***agg.*** della Moravia **II** ***sm.*** (f. *-a*) abitante od originario della Moravia.

mòrbida [da *morbido*; 1940] ***sf.*** stato intermedio della portata dei fiumi, tra la piena e la magra, conseguente a disgelo primaverile o a precipitazioni abbondanti.

morbidézza [da *morbido*; a. 1320] ***sf.*** **1.** la qualità di ciò che è morbido || *in part.* nelle arti figurative, dolcezza di linee e di tinte, attenuazione di contrasti **2.** *pl.* agi, mollezze: *vive tra le morbidezze* || **N.** **1.** *Sin.* cedevolezza, delicatezza, pastosità, tenerezza **2.** *Sin.* mollezza.

morbidìccio (pl. m. *-ci*, pl. f. *-ce*) [da *morbido*; 1869] ***agg.*** *ant.* che ha del morbido; anche ***sm.***: *sentì un certo morbidiccio.*

mòrbido [lat. *morbidus*; a. 1292] **I** ***agg.*** **1.** che cede piacevolmente a pressione e si deforma rispondendo più o meno elasticamente: *cuscino, materasso morbido, carni morbide, morbida cera*; *impasto morbido*, non troppo sodo **2.** che offre al tatto una superficie gradevolmente liscia e vellutata: *pelle morbida, panno morbido* **3.** *fig.* privo di durezze o rigidità, delicato: *il morbido tocco di un pianista, profilo, contorno morbido*; *abito di linea morbida*, che cade liberamente, senza aderire alla figura || di carattere dolce, quasi effeminato **4.** *lett.* languido, morboso || **morbidaménte** ***avv.*** **II** ***sm.*** cosa morbida: *sedere sul morbido* || *dim.* morbidìno, morbidétto, morbidòtto, morbidùccio; *accr.* morbidóne || **N.** **1.** *Sin.* arrendevole, boffice, cedevole, molle, plasmabile, soffice, tenero; flessibile, gommoso, molleggiato.

morbidùme [da *morbido*; 1869] ***sm.*** *non com. spreg.* quantità o qualità di cose molto morbide.

morbìfero [dal lat. *morbifer*; a. 1698] ***agg.*** *lett.* che porta, che comunica un morbo.

morbìgeno [comp. di *morbo* e *-geno*; a. 1961] ***agg.*** *T.med. non com.* che cagiona, genera malattie; patogeno.

morbilità [da *morbo*, sul modello di *natalità*; 1900] ***sf.*** *T.stat.* la frequenza di una malattia in una collettività.

morbìllo [da *morbo*; a. 1750] ***sm.*** malattia virale, spec. dell'infanzia, che si rivela con febbre, macchie rosse sulla pelle, catarro delle vie respiratorie superiori || **N.** esantema.

morbillóso [da *morbillo*; 1757] ***agg.*** e ***sm.*** (f. *-a*) che o chi è affetto da morbillo: *reparto dei morbillosi.*

morbìno [dall'ant. *morbio*, allegro, attr. il ven. *morbin*; 1512] ***sm.*** *reg.* vivacità e irrequietezza eccessive: *ha il morbino dei vent'anni.*

morbinóso [da *morbino*; a. 1536] ***agg.*** *reg.* molto vivace, che è incline a ridere e scherzare.

mòrbo [dal lat. *morbus*; a. 1348] ***sm.*** **1.** malattia grave, spec. epidemica || in varie denominazioni di malattie: *morbo di Parkinson, di Addison, morbo blu* **2.** *ant.* puzzo che ammorba || **N.** **1.** *Sin.* contagio, epidemia; MALATTIA; ammorbare, diffondersi, infierire.

morbosità [dal lat. tardo *morbositas, -ātis*; sec. XV] ***sf.*** **1.** qualità di ciò che è morboso **2.** *T.stat.* morbilità.

morbóso [dal lat. *morbōsus*; 1561] ***agg.*** *T.med.* che è sintomo o effetto di malattia: *pallore morboso* || *fig.* detto spec. di sentimenti, così intenso e incontrollabile da sembrare effetto di alterazione psichica: *curiosità morbosa, attrazione morbosa* || **morbosaménte** ***avv.*** || **N.** *Sin.* patologico; abnorme, anormale, malsano, ossessivo | *Contr.* sano.

morchèlla [dal ted. *Morchel*; 1813] ***sf.*** genere di funghi commestibili con gambo dritto e cappello ovoidale ad alveoli || **N.** *Sin.* spugnola.

mòrchia [lat. volg. *amurcula*; sec. XIV] ***sf.*** **1.** sedimento vischioso che l'olio lascia sul fondo dei recipienti **2.** *per estens.* deposito, feccia, grasso; *in part.* sedimento insolubile, originato da un olio lubrificante; anche il deposito catramoso che resta sul fondo del fornello della pipa.

morchióne [da *morchia*; 1958] ***sm.*** morchia delle olive usata come concime.

morchióso [da *morchia*; 1340] ***agg.*** pieno di morchia.

mordàcchia [da *mordere*; a. 1685] ***sf.*** strumento che si mette alla bocca degli animali (spec. del cavallo che non si lasci ferrare), per impedire loro di mordere; *ant.* anche alla bocca dei condannati per impedir loro di bestemmiare o gridare || **N.** bavaglio, museruola.

mordàce [dal lat. *mordax, -ācis*; a. 1292] ***agg.*** **1.** che morde facilmente: *cane mordace* || *per estens.* di tenaglia, morsa e sim., che stringe fortemente **2.** *fig.* verbalmente aggressivo, ironico, pungente: *critico mordace, recensione mordace* **3.** *ant.* saporito, piccante || **mordaceménte** ***avv.*** || **N.** **2.** *Sin.* acre, arguto, aspro, caustico, corrosivo, salato, sferzante, tagliente, velenoso.

mordacità [dal lat. *mordacitas, -ātis*; 1340 ca.] ***sf.*** l'essere mordace || *concr.* maldicenza pungente || **N.** causticità, lepidezza, malizia, veleno.

mordènte (*ppr.* di *mordere*) [sec. XIII] **I** ***agg.*** pungente: *freddo mordente* || mordace: *spirito mordente* **II** ***sm.*** **1.** sostanza che si usa per fissare le materie coloranti su tessuti e sim. || sostanza con cui si coprono le superfici da dorare o inargentare **2.** *T.mus.* abbellimento costituito da una nota uguale alla fondamentale seguita dalla seconda superiore (*mordente superiore*) o inferiore (*mordente inferiore*), da eseguire velocemente prima della fondamentale **3.** *fig.* capacità di far presa sulle opinioni e sui sentimenti, incisività: *una satira priva di mordente, un film che ha mordente* || spirito combattivo, grinta: *un pugile tecnico ma privo di mordente* || **N.** **3.** *Sin.* aggressività; determinazione, combattività.

mordenzàre (pres. *-ènzo*) [da *mordente*; 1958] ***tr.*** trattare un tessuto con un mordente.

mordenzatùra [da *mordenzare*; 1958] ***sf.*** operazione del mordenzare.

mòrdere (pres. *mòrdo*; p.rem. *mòrsi, mordésti, mòrse, mordémmo, mordéste, mòrsero*; pps. *mòrso*) [lat. volg. **mordere*; 1313] ***tr.*** **1.** stringere fra i denti con forza, bloccando, incidendo o smembrando: *mordere una pera, un panino, quel cane gli ha morso un polpaccio, quando senti male mordi con forza il fazzoletto* || *prov. can che abbaia non morde*, chi impreca e minaccia, di solito non passa ai fatti || *per estens.* di insetti, pungere: *una vespa mi ha morso* || *T.mar. l'ancora ha morso il fondo*, vi si è fissata || *fig. mordere il freno*, sopportare mal volentieri un vincolo, essere impaziente di liberarsene || *fig. mordere la polvere*, essere sconfitto **2.** *fig.* corrodere, intaccare: *acido che morde i metalli* || far presa, aderire: *pneumatici che mordono la strada* || essere aspro, pungente: *oggi il freddo morde, un gusto che morde*; *una satira che morde* || ***rifl. indir.*** *fig. mordersi le mani, le dita*, pentirsi || *fig. mordersi le labbra, la lingua*, per non parlare o pentendosi di aver parlato || ***rec.*** prendersi reciprocamente a morsi: *i due cani si morsero a sangue* || **N.** **1.** ***tr.*** *Sin.* addentare, azzannare, morsicare, rodere, rosicchiare; pinzare.

mordicchiàre (pres. *-ìcchio*) [da *mordere*; 1895] ***tr.*** rosicchiare con morsi piccoli e frequenti: *mordicchiare una mela.*

mordigallìna [comp. di *morde(re)* e *gallina*; prima metà del XIII sec.] ***sf.*** pianta delle Primolacee || **N.** *Sin.* anagallide.

mordiglióne [da *mordere*; 1958] ***sm.*** *T.edil.* attrezzo, costituito da un'asta con doppio uncino, usato per piegare le barre d'acciaio destinate alle strutture del cemento armato.

morditóre [da *mordere*; a. 1313 nel senso 2] ***sm.*** (f. *-trìce*) **1.** *non com.* chi o che morde; spec. *fig.* **2.** *ant.* motteggiatore mordace, quasi mestierante della mordacità: *esser non del tutto uom di corte, ma morditore* (Boccaccio).

mordorè [dal fr. *mauredoré*; a. 1797] ***agg.*** di pelle, trattata in modo da presentare un colore violetto a riflessi dorati.

moréccio (pl. *-ci*) [da *moro*[1]; a. 1802] ***sm.*** fungo porcino.

morèlla [lat. tardo *morella*; prima metà sec. XIII] ***sf.*** pianta erbacea annuale con fusto angoloso, foglie ovate, fiorellini bianchi in corimbi e bacche globose nere; è diffusa in tutto il mondo.

morèllo [da *moro*; a. 1310 come sm.] **I** ***agg.*** di colore tendente al nero **II** ***sm.*** mantello nero di cavallo; anche il cavallo stesso: *i miei cani, il mio morello, il mio spiedo egli chiedea* (Carducci); *in part. morello deciso* (o *ordinario*), di tinta uniformemente scura, come quella dell'inchiostro di china; *morello maltinto* (o *fosco* o *affumicato*), con riflessi più chiari tendenti al rossastro; *morello corvino* (o *giavazzo*), di colore nero lucentissimo || **N.** CAVALLO. **Q.T.** *cavallo.*

morèna [dal fr. *moraine*; 1860] **sf.** *T.geol.* ammasso di frammenti di rocce e detriti trasportati e accumulati dai ghiacciai nel loro movimento verso valle. **Q.T.** *alpinismo* **TAV.** ***geologia*** **p. 1313 5.9.**

morènico (pl. *-ci*) [dal fr. *morainique*; 1875] **agg.** proprio di, originato da morena: *anfiteatro, cumulo morenico.*

morésca [da *moresco*; sec. XV] **sf.** danza di origine araba, diffusa tra il sec. XV e XVII in Europa, di carattere sfarzoso e vivace, perlopiù collettiva; è ancora in uso nel folclore di alcuni paesi mediterranei.

morésco (pl. *-schi*) [da *moro*; a. 1455] **agg.** proprio dei Mori: *usanza, civiltà moresca* || *T.art. stile moresco*, derivato dalla fusione di diversi stile, spec. di origine musulmana, nell'area mediterranea occidentale; raffinatissimo e fastoso || *alla moresca*, all'usanza dei mori || *T.arch. arco moresco*, a ferro di cavallo. **TAV.** ***architettura*** **p. 646 6.6.**

more solito (lat., pr. it. ['mɔre 'sɔlito]) [letter. secondo il solito costume; 1868] **loc. avv.** secondo il solito; si dice del ripetersi di abitudini o eventi perlopiù sgraditi o riprovevoli: *Paolo, more solito, mancò all'appuntamento.*

morétta [da *moro*[1]; 1865 nel senso 2] **sf.** **1.** donna giovane con carnagione e capelli bruni **2.** maschera nera che copre solo gli occhi e il naso **3.** nome di alcune specie di anatre dal piumaggio scuro || *dim.* morettina || **N. 1.** *Sin.* brunetta **2.** *Sin.* bautta.

morétto (*dim.* di *moro*[1]) [1542 come sm.] **I** **agg.** di colore scuro **II** **sm.** **1.** giovane di carnagione scura **2.** paggetto negro || *non com.* galoppino.

more uxorio (lat., pr. it. ['mɔre uk'sɔrjo]) [1958] **loc. avv.** secondo il costume matrimoniale, rif. a convivenza di due persone di sesso diverso non unite da vincolo matrimoniale: *vivere more uxorio con qualcuno.*

morfèa [dal lat. mediev. *morphāea*, forse dal gr. *amorphía*, deformità; prima metà XIV sec.] **sf.** *T.veter.* piccola macchia bianca irregolare che appare sulla pelle dei cavalli dove essa è più delicata (spec. attorno alle mucose).

morfèma [comp. di *morfo-* e di *-ema*; 1934] **sm.** **1.** *T.ling.* elemento linguistico che serve a definire la funzione grammaticale e sintattica della parola; può essere isolato (preposizione) o far parte della parola (suffissi, infissi, prefissi, desinenze) **2.** *T.ling.* nella linguistica statunitense equivale sia al *monema* (e in tal caso è detto *morfema libero*), sia il *morfema* della linguistica europea (ed è detto allora *morfema legato*, quando si tratti di affisso) || **N.** monema.

morfemàtico (pl. *-ci*) [da *morfema*; 1958] **agg.** *T.ling.* relativo al morfema, proprio del morfema: *analisi morfematica.*

morfèmico (pl. *-ci*) [da *morfema*; 1969] **agg.** *T.ling.* morfematico.

-morfìa [dal gr. *-morphía*, da *morphḗ*, forma] **elem. term.** di sostantivi composti corrispondenti agli agg. in *-morfo* (per es. *polimorfia*).

morfìna [dal fr. *morphine*; 1821] **sf.** alcaloide dell'oppio, impiegato in medicina per le sue proprietà stupefacenti e fortemente analgesiche; l'uso ripetuto provoca assuefazione.

morfinìsmo [dal fr. *morphinisme*; 1881] **sm.** *T.med.* intossicazione cronica da morfina.

morfinòmane [dal fr. *morphinomane*; 1894] **s.** *T.med.* intossicato cronico da morfina.

morfinomanìa [comp. di *morfina* e *-mania*, come il fr. *morphinomanie*; 1908] **sf.** bisogno costante e morboso di morfina in dosi sempre più elevate, per assuefazione a tale droga.

-morfìsmo [da *-morfo*] **elem. term.** di sostantivi composti corrispondenti ad aggettivi in *-morfo.*

mòrfo- [dal gr. *morpho-*, da *morphḗ*, forma] **primo elem.** che, in parole composte delle terminologie scientifiche, vale "forma" (per es. *morfologia*) || in linguistica vale "che riguarda la morfologia", "che ha funzione distintiva sul piano morfologico" (per es. *morfofonema*).

-mòrfo [dal gr. *-morphos*, da *morphḗ*, forma] **elem. term.** che, in parole scientifiche composte (per es. *antropomorfo*), vale "che ha forma di".

morfofonèma o **morfonèma** [comp. di *morfo-* e *fonema*; 1949 *morfonema*] **sm.** *T.ling.* fonema che ha anche valore distintivo a livello morfologico (per es. in it. *o* e *i* che distinguono il singolare e il plurale in *punto* e *punti*).

morfofonemàtica o **morfonemàtica** [comp. di *morfo-* e *fonematica*; 1970] **sf.** *T.ling.* settore della linguistica che studia la struttura fonologica dei morfemi e le alternanze fonologiche che acquistano valore morfologico || **N.** *Sin.* morfofonologia.

morfofonèmico (pl. *-ci*) [da *morfofonema*; 1969] **agg.** *T.ling.* di morfofonema.

morfofonologìa o **morfonologìa** [comp. di *morfo-* e *fonologia*; 1949 *morfofonologia*] **sf.** *T.ling.* morfofonematica.

morfogènesi [comp. di *morfo-* e *genesi*; 1934] **sf.** *T.biol.* complesso dei fenomeni embriologici che portano alla formazione di un organismo e dei suoi componenti.

morfogenètico (pl. *-ci*) [comp. di *morfo-* e *genetico*; 1967] **agg.** *T.biol.* relativo alla morfogenesi, proprio della morfogenesi: *fase morfogenetica.*

morfologìa (pl. *-gie*) [dal ted. *Morphologie*; 1847] **sf.** **1.** *T.scient.* descrizione e studio delle forme e delle loro modificazioni, in relazione a una specifica branca di studio: *morfologia vegetale, animale* || *per estens.* conformazione, aspetto: *morfologia di un territorio* **2.** *T.gram.* parte della grammatica che studia la forma e la funzione che le parole assumono nella flessione e nella derivazione. **Q.T.** *linguistica.*

morfològico (pl. *-ci*) [da *morfologia*; 1869] **agg.** che si riferisce alla morfologia o alla forma.

morfonèma e der. V. MORFOFONEMA e der.

morfonologìa V. MORFOFONOLOGIA.

morfòsi o **mòrfosi** [dal gr. *mórphōsis*, formazione, trasformazione; 1967] **sf.** *T.biol.* modificazione della forma di un organismo o di una sua parte, in seguito all'azione di un fattore esterno, non ereditario.

morfosintàssi [comp. di *morfo-* e *sintassi*; 1976] **sf.** *T.ling.* settore della linguistica che studia la morfologia e la sintassi nelle loro reciproche connessioni. **Q.T.** *linguistica.*

morfosintàttico (pl. *-ci*) [comp. di *morfo-* e *sintattico*; 1975] **agg.** *T.ling.* attinente alla morfosintassi.

morganàtico (pl. *-ci*) [dal lat. mediev. *morganaticus*; 1855] **agg.** di matrimonio d'un principe o un nobile con donna non nobile per il quale la donna e i figli non hanno diritto alla successione e al titolo dello sposo e padre.

morgue (fr., pr. [mɔrg]) [da *morguer*, sfidare (la morte); 1895] **sf.** *inv.* obitorio.

morìa [da *morire*; a. 1444] **sf.** grande mortalità, detto spec. di animali: *l'inquinamento del fiume ha provocato una moria di pesci* || **N.** *Sin.* decimazione, strage, falcidia, sterminio.

moribóndo [dal lat. *moribundus*; 1342 *moribundo*] **agg.** e **sm.** (f. *-a*) vicino a morire: *soldato moribondo, assistere i moribondi* || *fig.* che è vicino a spegnersi: *istituzione moribonda* || **N.** *Sin.* agonizzante, al lumicino, in fin di vita, morente.

morìccia V. MURICCIA.

morigeràre (pres. *-ìgero*) [dal lat. *morigerāri*, compiacere; a. 1699] **tr.** *arc.* educare, correggere.

morigeratézza [da *morigerato*; 1749] **sf.** l'essere morigerato: *vero esempio di morigeratezza.*

morigeràto [dal lat. *morigerātus*; a. 1332] **agg.** di costumi esemplari per probità e temperanza: *una giovane tranquilla e morigerata* || **morigeratamènte** **avv.** || **N.** *Sin.* castigato, irreprensibile, moderato, regolato, sobrio.

moriglióne [dal fr. *morillon*, da *morel*, morello, per il colore; 1803] **sm.** **1.** uccello palustre, dal piumaggio nero e grigio, variamente colorato nel collo e nella testa, molto veloce nel volo **2.** *T.min.* smeraldo grezzo di piccole dimensioni.

morìnda [comp. di *moro*[2] e *ind(i)o*; 1834] **sf.** *T.bot.* genere di piante arboree o arbustive delle Rubiacee, di cui alcune specie forniscono sostanze coloranti.

morióne [dallo sp. *morrion*; 1559] **sm.** *T.stor.* elmo con cresta alta e tese rialzate, portato spec. dagli archibugeri nei sec. XVI e XVII || *dim.* morioncèllo || **N.** ELMO.

morìre (pres. *muòio, muòri, muòre, moriàmo, morìte, muòiono*; ant. o dial. *mòro, mòre* ecc.; pop. I sing. *mòio*, III pl. *mòiono*; p.rem. *morìi, morìsti, morì, morìmmo, morìste, morìrono*; fut. *morirò* o *morrò*; cong. pres. *muòia, moriàmo, moriàte, muòiano*; condiz. *morirèi* o *morrèi*; ppr. *morènte*; pps. *mòrto*) [lat. volg. **morīre*; 1219] **intr.** (aus. *essere*) **1.** cessare di vivere, rif. a esseri umani, animali e piante: *nell'incidente sono morte tre persone, il vitello è morto subito dopo il parto; era così bello il glicine, peccato che sia morto*; indicando la causa o il modo: *morire di malattia, di stenti, morire assiderato, morire per un collasso; morire nel sonno, serenamente, coi conforti della religione; morire da valoroso; morire come un cane*, abbandonato da tutti; *morire come le mosche*, in gran numero || *morire al mondo*, ritirarsi in convento || *prov. chi muore giace e chi vive si dà pace*, prima o poi ci si consola || *prov. chi non muore si rivede*, prima o poi ci si rincontra || *fig. iperb.* per enfatizzare un dolore angoscioso, un grave fastidio, un'emozione intensa o sempl. una qualità: *a quella notizia mi sono sentita morire, c'è un caldo da morire, morire di paura, di rabbia, di noia; morire dalla voglia*, avere un desiderio vivissimo; *morire dalle risate* o *dal ridere*, ridere smodatamente; *bello, simpatico da morire*, bellissimo, simpaticissimo **2.** *fig.* aver termine, sparire: *queste usanze stanno morendo, il sole, il giorno sta morendo, la voce andò morendo, il rigagnolo muore in quel prato, l'azione è morta sul nascere* || **intr. pron.** *ant.* terminare: *il giorno si morì* || **tr.** *arc.* o *pop. tosc.* uccidere || **N. 1.** *Sin.* addormentarsi, crepare, decedere, dipartirsi, estinguersi, mancare, perire, rimanerci, schiantare, schiattare, soccombere, spegnersi, spirare, trapassare | andare in cielo, andare in Paradiso, andare nel numero dei più, andarsene per sempre, cedere al fato, cessar di vivere, chiudere gli occhi alla luce, chiudere gli occhi per sempre, chiudere i propri giorni, esalare l'ultimo respiro, mancare ai vivi, passare a miglior vita, rendere l'anima a Dio, scendere nel sepolcro, tornare a Dio, uscir di vita; andare a ingrassare i cavoli, andare a Patrasso, andare al camposanto, andare al diavolo, andare all'altro mondo, cader morto, dar gli ultimi tratti, far l'ultimo viaggio, finir di penare o di tribolare, lasciar per sempre, lasciare la pelle, levare l'incomodo, restar sul colpo, ridursi al lumicino, stendere le gambe, tirar le cuoia, uscir di casa con le gambe innanzi | premorire, raccomandarsi l'anima, resuscitare, sopravvivere | agonia, coma, conforti religiosi, esequie, funerali, moribondo, mortorio, requiem, sepoltura, testamento, tomba.

moritùro [dal lat. *moritūrus*; sec. XIV] **agg.**

lett. che sta per morire; destinato a morire.

morlàcco (pl. *-chi*) [dal gr. biz. *mavróblachoi*, Valacchi mori; 1536] **I** *agg.* della Morlacchia, parte della Dalmazia: *costumi morlacchi* **II** *sm.* (f. *-a*) abitante della Morlacchia.

mórmiro [dal lat. *mormyr, mormyris*; 1821] *sm. T.zool.* mormora.

mormóne [dall'ingl. *Mormons*, dal n. proprio *Mormon*, preteso autore del testo dottrinario che sta alla base di questa religione; 1869] *s.* appartenente alla setta religiosa diffusa negli Stati Uniti da Joseph Smith (1805-1844) detta "Chiesa di Gesù Cristo dei Santi dell'Ultimo giorno". **Q.T.** *religione.*

mormònico (pl. *-ci*) [da *mormone*; 1969] *agg.* relativo ai mormoni, proprio dei mormoni e del mormonismo: *movimento mormonico.*

mormonìsmo [da *mormone*; 1869] *sm.* insieme delle dottrine religiose e morali dei mormoni.

mórmora [lat. volg. **mormura*, class. *mormyr, -yris*; 1925] *sf. T.zool.* pesce degli Sparidi, comune nei nostri mari, di colore argenteo con sette fasce trasversali nere, dalle carni molto pregiate.

mormoracchiàre (pres. *-àcchio, -àcchi*) [da *mormorare*; a. 1700] *intr.* (aus. *avere*) *raro* mormorare a bassa voce, borbottare.

mormoraménto [da *mormorare*; sec. XIV] *sm. raro* mormorazione, l'atto del mormorare.

mormoràre (pres. *mórmoro*) [dal lat. *murmurāre*; a. 1292 nel senso 2] *intr.* (aus. *avere*) **1.** produrre un suono lieve e costante: *il vento mormora tra le foglie, il ruscello mormora* **2.** parlare sommessamente: *qualcuno cominciò a mormorare dallo stupore* || *per estens.* lamentarsi o criticare non apertamente, spettegolare: *questa faccenda sarà presto risaputa: c'è già chi mormora; si mormora che*, si dice in giro che || *tr.* pronunciare a bassa voce: *mormorare qualche cosa tra i denti* || **N. 1.** *Sin.* frascheggiare, fremere, frusciare, stormire **2.** *Sin.* bisbigliare, bofonchiare, borbottare, brontolare, mormoreggiare, parlottare, rumoreggiare, sussurrare.

mormoratóre [dal lat. tardo *murmurātor, -ōris*; a. 1342] *sm.* (f. *-trìce* e ant. *-tóra*) chi, per abitudine, si lamenta o sparla senza rivelarsi apertamente || **N.** *Sin.* MALDICENTE.

mormorazióne [dal lat. *murmurātio, -ōnis*; a. 1342] *sf.* il mormorare contro qualcuno || le cose che si mormorano: *non badare alle mormorazioni della gente* || **N.** *Sin.* calunnia, denigrazione, detrazione, MALDICENZA.

mormoreggiaménto [da *mormoreggiare*; 1869] *sm. non com.* il mormoreggiare.

mormoreggiàre (pres. *-éggio*) [da *mormorare*; prima metà sec. XIII] *intr.* (aus. *avere*) mormorare insistentemente; brontolare.

mormorìo (pl. *-ìi*) [da *mormorare*; 1300 ca.] *sm.* **1.** rumore lieve e prolungato in sottofondo: *mormorio della foresta* **2.** rumore diffuso e indistinto prodotto da più persone che parlano sottovoce: *si levò un mormorio di sconcerto* || **N. 1.** *Sin.* fremito, fruscio, rombo, sussurro **2.** *Sin.* bisbiglio, borbottio, brontolio, brusio.

mórmoro [lat. volg. **mormura*, class. *mormyr, -yros*; 1825] *sm.* **1.** pesce dei Gadiformi, simile al merluzzo **2.** mormora.

mòro[1] [lat. *Māurus*; a. 1470] *agg.* e *sm.* (f. *-a*) **1.** abitante della Mauritania o, in gen., dell'Africa del Nord || *in part. i Mori*, i musulmani che invasero la Spagna dall'VIII sec. || *per estens.* uomo di razza nera || *testa di moro*, colore marrone molto scuro **2.** *per estens.* di colore scuro || *in part.* persona di carnagione bruna o semplicemente con capelli neri || tabacco forte da pipa di color nero || *arancio moro* (o *sm. moro*), con polpa profumata di color rosso intenso || *dim.* morétto, morettìno, moracchiòtto; *pegg.* moràccio || **N. 1.** negro, nero; saraceno.

mòro[2] [lat. *mōrus*; a. 1380] *sm.* gelso.

morosità [dal lat. *morositas, -ātis*; 1749] *sf. T.giur.* **1.** condizione di chi è moroso **2.** percentuale di persone morose.

moróso[1] [dal lat. *morōsus*; 1686] *agg. T.giur.* di debitore, che ritarda a pagare.

moróso[2] [da (*a*) *moroso*; a. 1294] *sm.* (f. *-a*) *pop.* innamorato: *la mia morosa.*

mòrra [etim. inc.; sec. XV] *sf.* gioco d'azzardo per due giocatori che devono aprire due o più dita del pugno della mano destra e contemporaneamente cercare di indovinare quante dita in totale vengono aperte, dicendo ad alta voce un numero da 2 a 10 || *morra cinese*, variante che prevede tre casi: pugno chiuso (pietra), pugno aperto (carta) e solo l'indice e il medio divaricati (forbici); la pietra vince sulle forbici, la carta sulla pietra e le forbici sulla carta.

mòrsa [da *morso*; 1582] *sf.* **1.** attrezzo impiegato per bloccare pezzi da lavorare al banco, costituito da due ganasce di cui una viene fatta scorrere per regolare l'ampiezza || *per estens.* ciò che stringe bloccando e la stretta stessa: *la morsa delle sue mani; fig. la morsa del freddo, essere stretto nella morsa dell'angoscia* **2.** mattone o pietra che viene fatta sporgere dal muro per rendere il collegamento a un nuovo muro più saldo || *dim.* morsétta, morsétto || **N. 1.** ammorsare **2.** *Sin.* addentellato. **TAV.** *utensili* **p. 1341** 17, 32.8.

morsàia [etim. inc.; 1958] *sf.* banco sottomarino vicino alla costa, costituito da un insieme di ciottoli, sabbia, alghe, conchiglie e sim.

morse (ingl., pr. [mɔ:s]; pr. it. [mɔrs]) [dal n. proprio S. *Morse*, inventore statunitense; 1956] *agg.* e *sm. inv. alfabeto morse, codice morse*, codice di comunicazione nel quale lettere e numeri sono rappresentati da punti e linee, realizzati per mezzo di impulsi elettrici rispettivamente brevi e lunghi || *apparecchio morse*, strumento con cui vengono trasmessi telegraficamente dei segnali per mezzo di impulsi elettrici inviati lungo una linea || *sistema morse*, sistema di trasmissione telegrafica realizzato per mezzo dell'alfabeto morse || *trasmettere in morse*, trasmettere un messaggio per mezzo del sistema morse.

morsecchiàre e der. forme non com. di MORSICCHIARE e der.

morsèllo [da *morso*; sec. XIII] *sm. raro* boccone; pezzetto.

morsettièra [da *morsetto*; 1958 nel senso 2] *sf.* **1.** *T.elettr.* dispositivo usato per collegamenti elettrici, formato di più morsetti **2.** morsetto di legno da falegname.

morsétto[1] (*dim.* di *morsa*) [1803] *sm.* **1.** piccola morsa non fissata ad alcun supporto, per serrare piccoli pezzi; *in part.* l'attrezzo che il falegname usa per tenere uniti saldamente pezzi di legno incollati **2.** dispositivo per collegare a pressione due conduttori elettrici. **TAV.** *elettrotecnica* 15.1.

morsétto[2] (*dim.* di *morso*) [a. 1499] *sm.* **1.** piccolo morso **2.** *ant.* boccone, pezzetto di cibo.

morsicàre (pres. *mòrsico, mòrsichi*) [lat. tardo *morsicāre*; 1300 ca. *morcecato*] *tr.* mordere, spec. di animali: *è stato morsicato da una vipera.*

morsicatùra [da *morsicare*; 1521] *sf.* il morsicare || il segno o la ferita che lascia.

morsicchiàre (pres. *-ìcchio, -ìcchi*) [da *morsicare*; a. 1449] *tr.* mordere leggermente e a più riprese || mangiare a piccoli morsi.

mòrso [lat. *morsum*; a. 1276] *sm.* **1.** l'atto del mordere: *con un morso gli staccò il naso, dar un morso, mangiare a piccoli morsi, il morso di un gatto* || *per meton.* boccone, piccolo pezzo: *me ne dai ancora un morso?* || *per meton.* il segno lasciato dal morso: *ho il braccio pieno di morsi di insetti* **2.** *fig.* acuta sensazione spiacevole o dolorosa; perlopiù al *pl.*: *i morsi della fame, della sete, dell'invidia* **3.** arnese metallico posto in bocca ai cavalli, al quale sono attaccate le redini; *cavallo dolce di morso*, che sente molto il morso || *fig. mettere il morso*, assoggettare, soggiogare **4.** *il morso delle tenaglie*, la parte di esse che serve ad afferrare || *dim.* morsétto, morsettìno, morsèllo, morsìno. **Q.T.** *cavallo* **TAV.** *finimenti* 2; *carri...* **p. 664** 10.1.

morsùra [lat. tardo *morsura*; 1925] *sf. T.tip.* tecnica tipografica che si realizza sottoponendo la lastra di zinco o di rame, appositamente preparata, all'azione corrosiva di solventi chimici, per ottenere l'incisione.

mòrta [da (*acqua*) *morta*; a. 1710] *sf.* **1.** tronco di alveo fluviale abbandonato dalla corrente **2.** stasi, inattività: *è un periodo di morta.*

mortadèlla [dal lat. *murtātum*, condito con mirto; sec. XIV] *sf.* insaccato di carne di maiale finemente tritata mista a cubetti di lardo e spezie. **TAV.** *alimentazione* 7.4.

mortàio (pl. *-ài*) [lat. *mortarium*; 1290] *sm.* **1.** vaso massiccio di pietra o di metallo dove, con il pestello, si triturano o polverizzano spezie o altre sostanze, usato spec. in cucina o in farmacia || *pestar l'acqua nel mortaio*, fare una fatica inutile **2.** *T.mil.* pezzo d'artiglieria, con canna corta e larga, per scagliare grossi proiettili, con tiro a parabola elevata **3.** *ant. T.metal.* sorta di fornello per fondere metalli. **TAV.** *armi* **p. 649** 26.

mortaìsta [da *mortaio*; 1954] *sm.* soldato addetto al funzionamento di un mortaio.

mortàle [dal lat. *mortālis*; a. 1294] **I** *agg.* **1.** che è soggetto a morte: *ella non parea figliola d'omo mortale, ma di deo* (Dante) || *per estens.* umano: *vita mortale* **2.** che cagiona morte: *ferita mortale, incidente, duello mortale* || *odio mortale*, feroce || *iperb.* opprimente: *noia mortale* || *salto mortale*, V. SALTO nel senso 1 || *T.rel. peccato mortale*, quello che provoca la morte dell'anima **3.** proprio della morte: *pallore mortale; silenzio mortale*, totale e prolungato || **mortalménte** *avv.* **II** *s.* essere umano, in quanto è destinato a morire: *noi poveri mortali* || **N. I 1.** *Sin.* caduco, morituro | *Contr.* immortale | corruttibile, mondano, terreno **2.** *Sin.* letale, micidiale, omicida **3.** *Sin.* cadaverico, ferale, funereo, funesto, macabro, mortuario.

mortalétto V. MORTARETTO.

mortalità [dal lat. *mortālitas, -ātis*; sec. XIII nel senso 2] *sf.* **1.** *T.stat.* in una popolazione, proporzione di decessi espressa dal rapporto tra il numero delle morti e quello dei componenti (*quoziente di mortalità*); *mortalità infantile*, rapporto tra il numero dei morti nel primo anno di vita e quello dei nati vivi **2.** condizione di ciò che è mortale: *la mortalità dell'uomo* || **N. 1.** moria.

mortarétto (*non com.* mortalètto) [da un ant. *mortaro*; 1686] *sm.* fuoco d'artificio consistente in un cartoccio pieno di polvere che, acceso, scoppia con grande rumore.

mortàṣa [dal fr. *mortaise*; 1813 *mortisa*] *sf. T.tecn.* la parte femmina di un incastro, destinata a ricevere il pezzo maschio || **N.** tenóne.

mortaṣàre [dal fr. *mortaiser*; 1939 *mortesare*] *tr. T.tecn.* scavare mortase.

mortaṣatóre [da *mortasare*; 1958] *sm.* falegname che lavora alla mortasatrice.

mortaṣatrìce [da *mortasa*; 1939 *mortesatrice*] *sf. T.tecn.* fresatrice verticale per eseguire mortase sul legno.

mòrte [lat. *mors, mortis*; sec. XII-XIII] *sf.* **1.** cessazione irreversibile della vita: *la morte è fin di una prigione oscura, a l'anime gentili* (Petrarca); *è andato serenamente incontro alla morte, questo veleno provoca una morte immediata; dare, darsi la morte*, uccidere, uccidersi; *morte fisiologica*, determinata da estrema vecchiaia e conseguente decadimento organico generale; *morte apparente*, condizione di un organismo le cui funzioni organiche sono talmente ridotte da sembrare scomparse (molto rara nell'uomo) || inflitta come pena: *condanna a morte, pena di morte* || *punto di morte,* il momento che precede immediatamente la morte: *ha confessato tutto in punto di morte* || *in morte di,* nell'occasione della morte di, intitolazione di opere letterarie: *in morte di Carlo Imbonati* || *fare la morte del topo,* morire schiacciato || *fig. avercela a morte con qualcuno,* odiarlo profondamente || *scherzare con la morte,* esporsi con spavalderia e presunzione a pericoli mortali || come grido di imprecazione: *morte al tiranno!* || *questione di vita o di morte,* della massima importanza || *fig. scherz. è la sua morte,* di modo di cucinare, condimento o contorno part. adatto per una vivanda: *la morte della lepre è in salmì* || *iperb. è una morte,* una noia terribile **2.** *T.gioc.* nel gioco dell'oca, una delle caselle, dove chi arriva paga e ricomincia da capo || nel gioco dei tarocchi, uno dei trionfi || **N. 1.** *Sin.* decesso, fine, sonno eterno, trapasso | atroce, bella, crudele, degna, dura, eroica, fulminante, gloriosa, ignominiosa, immatura, immeritata, improvvisa, inesorabile, inevitabile, infame, iniqua, misera, misteriosa, naturale, penosa, precoce, prematura, presunta, repentina, serena, sospetta, subitanea, temporale, tragica, violenta | eutanasia, moria, necrosi | giunge, sopravviene; colpisce, falcia, miete, stronca | affrontare, scampare, sfidare, vincere | agonia, cadavere, coma, rantolo, sudore; capezzale, estrema unzione | ferale, funebre, letale, macabro, postumo | fato, funerale, necroforo, necrologio, necromanzia, necroscopia, obitorio, parca, (messa da) requiem.

mortèlla [dal lat. tardo *morta,* mirto; sec. XIV] ***sf.*** mirto.

mortéṣa e der. V. MORTASA e der.

morticcio (pl. m. *-ci,* pl. f. *-ce*) [da *morto;* a. 1472] ***agg.*** *ant.* che all'aspetto ricorda cosa morta: *carnagione pallida e morticcia* || di acqua, stagnante.

morticino (*dim.* di *morto*) [1803] ***sm.*** (f. *-a*) bambino morto.

mortìfero [dal lat. *mortifer,* 1353] ***agg.*** *lett.* che apporta morte || *fig.* molto dannoso: *dottrine mortifere.*

mortificaménto [da *mortificare;* a. 1342] ***sm.*** *non com.* il mortificare.

mortificànte (*ppr.* di *mortificare*) [sec. XVII] ***agg.*** che causa dispiacere e vergogna, umiliante: *situazione mortificante, colloquio mortificante.*

mortificàre (pres. *-ìfico, -ìfichi*) [dal lat. tardo *mortificāre;* a. 1304] ***tr.* 1.** umiliare, deprimere, abbattere, far vergognare: *il giudizio del professore lo ha mortificato assai* || *mortificare la carne,* reprimere i sensi con pratiche ascetiche **2.** *ant.* condurre alla morte o quasi || ***intr. pron.*** provare un senso di abbattimento, di dispiacere intenso: *si è mortificato troppo per quei rimproveri* || ***rifl.*** sottoporre se stessi a disciplina penitenziale || **N. *tr.* 1.** *Sin.* avvilire, confondere, ferire, svergognare; macerare.

mortificatìvo [da *mortificare;* a. 1320] ***agg.* 1.** *raro* mortificante **2.** *arc.* letale.

mortificàto (*pps.* di *mortificare*) [a. 1635] ***agg.*** umiliato, offeso, abbattuto: *se ne è andato davvero mortificato.*

mortificatóre [da *mortificare;* 1869] ***agg.*** e ***sm.*** (f. *-trìce*) *non com.* che o chi mortifica.

mortificazióne [dal lat. tardo *mortificātio, -ōnis;* sec. XIV nel senso 2] ***sf.* 1.** il mortificare e il mortificarsi: *dare, subire, ricevere una mortificazione* **2.** disciplina penitenziale volta alla purificazione del corpo mediante sofferenze e privazioni: *mortificazione dei sensi* || *dim.* mortificazioncèlla || **N. 1.** avvilimento, biasimo, mortificamento, repressione, rimprovero, umiliazione.

mortìgno [da *morto;* a. 1539] ***agg.*** *ant.* di colore smorto.

mortìṣa V. MORTASA.

mortìzza [da (*acqua*) *morta;* a. 1710] ***sf.*** parte paludosa dell'alveo di un fiume.

mòrto (*pps.* di *morire*) [sec. XIII] **I *agg.* 1.** privo di vita: *un bimbo nato morto; cascare morto,* morire || *clinicamente morto,* di persona in cui sono cessate l'attività circolatoria e respiratoria || in alcune espr. iperb.: *stanco morto,* stanchissimo; *morto di fame,* molto affamato; *più com. spreg.* povero, che non ha da vivere; *morto di sonno,* che non si regge dal sonno; *fig.* pigro e abulico; *mezzo morto, più morto che vivo,* ridotto male **2.** *fig.* privo di movimento, di animazione: *città morta; binario morto,* troncone di binario impiegato per manovre od operazioni di carico e scarico || *acqua morta,* stagnante || *T.mil. angolo morto,* al riparo dai proiettili perché rientrante || *mare morto,* calmissimo, con onde lunghe || *peso morto,* inerte; *fig.* persona inutile e inattiva || *terreno morto,* sterile || *mano morta,* V. MANOMORTA || *essere, arrivare a un punto morto,* non essere in grado di proseguire, spec. in una trattativa **3.** *fig.* che non è usato, che non è in funzione; inattivo: *lingua morta; denaro, capitale morto,* non investito, quindi non fruttifero || *essere, restare lettera morta,* di norma, legge e sim., che non viene messa in pratica **II *sm.*** (f. *-a*) **1.** persona morta: *seppellire i morti, nello scontro a fuoco vi furono due morti e un ferito; il regno dei morti,* l'aldilà || *il giorno dei morti,* il 2 novembre || *suonare a morto,* delle campane, a rintocchi lenti, per accompagnare un funerale o annunciare un evento luttuoso || *fare il morto,* fingersi morto, non dare volutamente segno di vita; anche nuotare tenendosi supino sull'acqua **2.** *fam.* somma di denaro tenuta riposta: *sotto quell'albero, scavando, trovammo il morto* **3.** *T.gioc.* nel *bridge,* il giocatore che non prende parte al gioco limitandosi a mettere le proprie carte scoperte a disposizione del compagno (il dichiarante) || in altri giochi di carte si chiama *morto* un immaginario compagno assente, le cui carte vengono pure scoperte || *dim.* morticìno || **N. I 1.** *Sin.* defunto, esanime, estinto, trapassato | *Contr.* vivo **2.** fermo, immobile; improduttivo **II 1.** *Sin.* salma, vittima, CADAVERE | bara, camera ardente, catafalco, cenere, cimitero, cremazione, epitaffio, funerale, inferie, Mani, mummia, necrologia, scheletro, sepolcro, spoglie, suffragio, tomba, trigesimo. **TAV. *ferrovie...* p. 669** 5.18.

mortòrio (pl. *-ri*) [dal lat. *mortuōrum,* dei morti; 1354 nel senso 2] ***sm.* 1.** festa senza allegria; ritrovo spopolato, malinconico; **2.** *ant.* funerale.

mortuàle [dal lat. *mortuālis;* a. 1755] ***agg.*** *ant.* della morte.

mortuàrio (pl. *-ri*) [dal lat. *mortuarius;* sec. XIV] ***agg.*** che concerne i morti: *cella, lapide, messa mortuaria* || **N.** *Sin.* funebre.

mòrula [dim. latineggiante di *mora*²; 1895] ***sf.*** *T.biol.* in embriologia, primo stadio dello sviluppo dell'embrione, nel quale esso ha l'aspetto di un ammasso tondeggiante di cellule, simile a una mora.

mòrva [dal fr. *morve;* 1771] ***sf.*** *T.vet.* malattia infettiva del cavallo, trasmissibile ad altri animali, raramente all'uomo; è caratterizzata da ulcerazioni e noduli sulle mucose e sulla pelle.

mòrvido V. MORBIDO.

moṣaicàto [da *mosaico*¹; 1935] ***agg.*** *non com.* a mosaico, rivestito di mosaici: *pavimento mosaicato.*

moṣaicista o **muṣaicista** [da *mosaico*¹; 1736 *musaichista*] ***s.*** artigiano o artista che compone mosaici.

moṣàico¹ (pl. *-ci*) [lat. mediev. *musaicus;* a. 1348 musaico] ***sm.* 1.** tecnica di rivestimento e decorazione per pavimenti e superfici murarie, che si realizza con cubetti di materiali e colori vari (tessere), accostati e fissati su uno strato di calce o gesso, in modo da comporre un disegno: *rivestire una volta a mosaico* || opera realizzata con questa tecnica: *i mosaici dell'arte bizantina* **2.** *fig.* aggregato di numerosi elementi eterogenei: *un mosaico di stili, di culture diverse* **3.** *T.bot.* malattia delle piante provocata da un virus che determina alterazioni cromatiche delle foglie e malformazioni degli apparati vegetativi || **N. 1.** *Sin.* arte musiva | intarsio, tarsia **2.** centone, *pot-purri,* MESCOLANZA. **Q.T.** *pittura.*

moṣàico² (pl. *-ci*) [dal lat. tardo *Moysaicus;* 1306 *mosaico*] ***agg.*** di Mosé: *legge, istituzione mosaica.*

mosaicoltùra [comp. di *mosai(co)*¹ e *coltura;* 1958] ***sf.*** nel giardinaggio, disposizione di piante e fiori secondo un disegno che ricorda il mosaico.

moṣaìṣmo [dal n. proprio *Mosè,* patriarca biblico; a. 1852] ***sm.*** nella religione ebraica, l'insieme dei principi e istituzioni riconducibili alla figura di Mosè.

mósca [lat. *musca;* a. 1306] ***sf.* 1.** nome di numerose specie di insetti dei Ditteri assai diffuse in tutto il mondo; *mosca domestica,* la più comune presso l'uomo; ha testa voluminosa con grandi occhi composti e apparato boccale allungato, simile a una proboscide, capo tozzo coperto di setole; *mosca cavallina,* dittero che molesta bovini ed equini succhiandone il sangue; *mosca olearia,* le cui larve danneggiano le olive; *mosca tse-tse,* dittero africano che trasmette la malattia del sonno || *pesca a mosca,* in cui si usa come esca un ciuffo di peli e piume che imita un insetto || in numerose espr. fig.: *mosca bianca,* cosa o persona rara; *morire come le mosche,* in gran numero; *far saltar la mosca al naso,* far incollerire; *rimanere con le mani piene di mosche* o *con un pugno di mosche,* rimanere deluso, a mani vuote; *non far male a una mosca,* essere molto mite; *non si sentiva volare una mosca,* c'era assoluto silenzio || *mosca!, zitto e mosca!,* silenzio!, zitto! **2.** pizzetto, ciuffetto di peli lasciato crescere sotto il labbro inferiore || neo finto di varia forma che un tempo le dame si applicavano sul viso o sulle spalle **3.** in funzione di *agg. inv. T.sport. peso mosca,* nella lotta e nel pugilato, la categoria che comprende gli atleti di minor peso; *per meton. sm.* atleta che appartiene a tale categoria: *è un mosca* **4.** *T.gioc. mosca cieca,* gioco infantile nel quale un ragazzo bendato cerca di acchiappare uno dei compagni che gli stanno intorno; se questo viene riconosciuto prende il suo posto || *dim.* moschétta, moschìna, moschìno (*sm.*), moschettìna; *accr.* moscóna, moscóne (*sm.*); *pegg.* moscàccia || **N. 1.** moscerino, moscone, tafano | ronzare | carta moschicida, chiappamosche, moscaiola, scacciamosche; dionea, pigliamosche.

moscadèllo ***sm.*** *raro* V. MOSCATELLO.

moscàio (pl. *-ài*) [da *mosca;* a. 1865] ***sm.*** quantità di mosche riunite insieme; sciame || luogo pieno di mosche || *fig. non com.* noie, fastidi in gran quantità.

moscaiòla [da *mosca;* a. 1698] ***sf.* 1.** arnese di varie forme, costituito da un telaio coperto di rete metallica o di velo, sotto il quale si mettono le vivande che si vogliono riparare dalle mosche; anche a forma di mobiletto **2.** *non com.* trappola per mosche **3.** *disus.* sorta di reticella con strisce e nappe che i contadini mettevano sulla fronte dei buoi per difenderli dalle mosche.

moscardìno [dal lat. tardo *muscus;* 1598] ***sm.* 1.** piccolo roditore simile al ghiro, con pelliccia fulva e grossi occhi neri **2.** mollusco commestibile simile al polpo ma con una sola fila di ventose **3.** pasticca odorosa per l'alito, profumata al muschio **4.** *fig.* zerbinotto, damerino.

moscàrdo [da *mosca;* sec. XIV] ***sm.*** altro nome dello sparviero.

moscatèllo [dal lat. tardo *muscus*; a. 1348 *muscatelo*] **agg.** **1.** vitigno e uva di una varietà simile al moscato; anche *sm.* || il vino bianco che se ne fa, leggero e frizzante **2.** di frutta, che ha un sapore dolce simile a quello dell'uva prodotta dal moscatello.

moscàto[1] [da *mosca*; 1561] **agg.** *ant.* del mantello bianco dei cavalli, cosparso di macchiette nere a guisa di mosche.

moscàto[2] [dal lat. tardo *muscātus*; 1869] **I** **agg.** che ha un aroma che ricorda il muschio || *noce moscata*, v. NOCE **II** **sm.** nome di numerosi vitigni coltivati spec. in Piemonte, e le relative uve bianche e dolci || il vino che se ne ottiene, dal caratteristico aroma di muschio, da cui si producono gli spumanti italiani.

moscatùra [da *moscato*[1]; 1958] **sf.** insieme di piccole macchie nere sparse sul manto chiaro di un cavallo.

moscerìno [da *mosca*; 1525 *moscherino*] **sm.** nome generico di parecchi ditteri minuscoli che volano a sciami: *moscerino dell'aceto, del vino* || *fig.* persona gracile e assai minuta: *non avrai mica paura di quel moscerino?* || persona insignificante.

moscézza [da *moscio*; 1954] **sf.** *raro* l'esser moscio.

moschèa [dallo sp. *mezquita*, attr. il fr. *mosquée*; a. 1470] **sf.** edificio destinato dai musulmani al culto e all'insegnamento religioso || **N.** minareto, muezzin. **Q.T.** *religione* **TAV.** *tempio* **p. 1335** 2.

moschèra o **moschièra** [da *mosca*; 1957] **sf.** *T.pesc.* attrezzo da pesca costituito da una lenza innescata con una o più mosche artificiali, usato nella pesca sportiva || sistema di pesca che impiega questo attrezzo.

moscherìno **sm.** *raro* v. MOSCERINO.

moschétta (*dim.* di *mosca*) [1590] **sf.** **1.** mosca più piccola del normale **2.** *ant.* piccola freccia da balestra.

moschettàre (pres. *-étto*) [da *moschetto*; a. 1678] **tr.** *raro* uccidere col moschetto; fucilare.

moschettàta [da *moschetto*; a. 1552] **sf.** colpo di moschetto: *fu ucciso da una moschettata.*

moschettàto [da *mosca*; a. 1798] **agg.** spec. di mantello animale, cosparso di piccole macchie nere, moscato.

moschettatùra [da *moschettato*; 1856] **sf.** l'insieme di macchioline nere che caratterizzano un mantello moschettato.

moschetterìa [da *moschetto*; 1612] **sf.** complesso dei soldati armati di moschetto.

moschettièra [da *moschettiere*; 1927] **agg.** nella loc. *alla moschettiera*, alla maniera dei moschettieri del re di Francia: *guanti alla moschettiera*, di pelle, col polso alto che arriva a coprire il gomito.

moschettière [da *moschetto*; 1602] **sm.** **1.** soldato armato di moschetto **2.** in Francia nei sec. XVI e XVII, nobile componente della guardia armata del re || *moschettieri del duce*, militari della guardia d'onore di Mussolini.

moschétto [da un ant. *moschetta*, freccia lanciata da una balestra; a. 1563; 1803 nel senso 2] **sm.** **1.** *T.stor.* arma da fuoco a miccia, più grossa e più efficace dell'archibugio, in uso prima del fucile; si puntava appoggiandola ad una forcella **2.** carabina militare a canna corta più leggera del fucile.

moschettóne [da *moschetto*; 1869] **sm.** anello metallico con apertura rientrante a molla; *in part.* quello usato nella tecnica alpinistica per agganciare i chiodi da roccia e farvi passare la corda. **TAV.** *alpinismo* 8.

moschicìda [comp. di *mosca* e *-cida*; 1869] **sm.** e **agg.** atto a uccidere le mosche: *liquido moschicida*; *carta moschicida*, spalmata con una sostanza vischiosa che trattiene le mosche.

moschièra v. MOSCHERA.

moschìno (*dim.* di *mosca*) [a. 1571] **sm.** **1.** moscerino **2.** cane con pelo picchiettato di nero.

mosciàme o **musciàme** [dall'ar. *muschamma*, seccato, attr. lo sp. *moxama*, pesce salato; a. 1704] **sm.** filetto di tonno o di delfino salato e fatto seccare, servito per antipasto.

mosciàra o **musciàra** [forse dall'ar. *mu'aššar*, accoppiato; 1937] **sf.** *T.pesc.* nelle tonnare, la barca su cui prende posto il rais durante la manovra.

moscino v. MOSCHINO.

móscio (pl. m. *-sci*, pl. f. *-sce*) [lat. *musteus*; 1536] **agg.** **1.** floscio: *carni mosce* || *fig.* fiacco; mogio **2.** *erre moscia*, pronunciata imperfettamente per affettazione o per difetto articolatorio || **N.** **1.** *Sin.* FLOSCIO.

moscióne[1] [dal lat. tardo *mustio, -ōnis*; sec. XIII] **sm.** insetto che sta intorno alle botti di vino o ad altre sostanze che fermentano.

moscióne[2] [voce di area tosc., der. da *moscio*; 1869] **sm.** *region.* castagna secca.

mòsco (pl. *-schi*) [dal gr. *móschos*; 1737] **sm.** ruminante affine ai cervi, sprovvisto di corna, detto anche muschio; il maschio ha particolari ghiandole che sercernono una sostanza odorosa (muschio).

moscoleàto [dal gr. *moschélaion*, olio profumato di muschio, con influsso di *oleato*; 1353] **agg.** *arc.* odoroso di muschio.

moscóne [da *mosca*; 1313] **sm.** **1.** nome generico e volgare di Ditteri simili alle mosche domestiche, ma più grossi || *moscon d'oro*, cetonia **2.** *fig. fam.* chi ronza intorno a una ragazza per farle la corte **3.** *T.mar.* imbarcazione costituita da un sedile sostenuto da due galleggianti a forma di fuso, che si spinge coi remi, per diporto, lungo le spiagge marine || **N.** **3.** *Sin.* pattino.

moscovìta [da *Moscovia*, ant. n. di *Mosca*; 1500] **agg.** e **s.** di Mosca; abitante di Mosca.

mosquito (sp., pr. [mos'kito]) [da *mosca*, mosca; 1905] **sm.** *inv.* **1.** nome generico di varie specie di zanzare tropicali **2.** *T.mil.* aeroplano dell'aviazione inglese impiegato nella II guerra mondiale.

mòssa [da *muovere*; a. 1705] **sf.** **1.** l'atto e l'effetto del muovere o del muoversi, gesto, movenza: *fare una mossa col capo, col piede*; *basta la mossa*, basta un cenno (per capirsi) || colpo d'anca eseguito dopo alcune rotazioni del bacino, da ballerine, spec. d'avanspettacolo: *fare la mossa* **2.** *T.gioc.* nella dama e negli scacchi, ciascun movimento di una pedina o di un pezzo: *fare la prima mossa*; *il bianco vince in tre mosse* || *fig.* azione strategica, passo: *intuire le mosse del nemico, fare una mossa falsa, vincente* **3.** nelle arti plastiche, atteggiamento d'una figura umana, o di una sua parte: *la mossa del piede è resa con leggiadria* **4.** *T.sport.* il punto di partenza di una corsa di cavalli || in espr. fig.: *pigliare, prendere le mosse*, cominciare a fare qualcosa; *tener sulle mosse*, trattenere chi è impaziente di andarsene o di agire; *esser sulle mosse*, essere in procinto di fare, di partire; *dare la mossa a*, mettere in movimento; *darsi la* (o *una*) *mossa*, avviarsi, mettersi in movimento || *dim.* mossétta, mossettìna; *pegg.* mossàccia || **N.** MOVIMENTO.

mossière [da *mossa*; 1917] **sm.** chi dà il via o l'avvio ai corridori; *starter.*

mòsso (*pps.* di *muovere*) [sec. XIII-XIV] **agg.** **1.** che è stato mosso: *terreno mosso*, dissodato da poco, smosso || *fotografia mossa*, non nitida per spostamenti subiti dalla macchina e dall'oggetto al momento dello scatto **2.** vivo, agitato, animato: *mare mosso*; *trovò la vita invernale già molto mossa* (D'Annunzio), *ritmo più mosso*; *paesaggio mosso*, vario || *capelli mossi*, ondulati || *T.mus.* con moto, con animazione, annotazione che indica doversi eseguire la musica in quel punto con moto, con animazione, con vivacità, con brio.

mostacciàta [da *mostaccio*; a. 1556] **sf.** *ant.* colpo dato sul viso con la mano aperta.

mostàccio (pl. *-ci*) [dal lat. tardo *mustăceum*; fine sec. XIV] **sm.** *spreg.* faccia, volto || **N.** *Sin.* ceffo, muso, grugno, FACCIA.

mostacciòlo [dal lat. *mustăceum*, dim. di *mustum*, mosto; a. 1548 *mostazzolo*] **sm.** dolce a base di farina, zucchero, mandorle, fichi secchi, uva passa e mosto cotto, perlopiù a forma di rombo.

mostaccióne [da *mostaccio*; a. 1470] **sm.** *non com.* schiaffone.

mostàio (pl. *-ài*) [dal lat. *mostārius*; 1853] **agg.** che dà molto mosto, ricco di mosto: *ottobre mostaio.*

mostàrda [dal fr. ant. *moustarde*; sec. XIV] **sf.** *T.cuc.* **1.** salsa piccante a base di senape, aceto, pepe e altri aromi, adatta per carni e verdure || *far venire la mostarda al naso*, far venire la stizza, la collera **2.** *mostarda di Cremona*, frutta candita tenuta sotto sciroppo dolce e piccante, particolarmente adatta come contorno per carni bollite **3.** dolce siciliano impastato con farina e mosto cotto.

mostardièra [da *mostarda*; 1869] **sf.** *non com.* vasetto per servire la mostarda a tavola.

mostìmetro [comp. di *mosto-* e *-metro*; 1869] **sm.** strumento per misurare la quantità di zucchero contenuto in un mosto || **N.** *Sin.* glucometro.

mósto [lat. *mustum*; 1260] **sm.** il succo dell'uva, prima che cominci a fermentare per diventare vino; *mosto concentrato*, ad alta concentrazione zuccherina, ottenuto per disidratazione parziale; *mosto fiore*, ottenuto per sgrondatura spontanea dell'uva pigiata; *mosto muto*, non in grado di subire fermentazione alcolica || *per estens.* qualunque liquido zuccherino soggetto a fermentazione alcolica: *mosto di birra, di mele* || **N.** ammostare, glucometro o mostimetro, vinaccia. **Q.T.** *enologia* **TAV.** *enologia* 4.1.

mostóso [da *mosto*; a. 1494] **agg.** **1.** ricco di mosto, che dà molto mosto: *uve molto mostose* **2.** che ha profumo di mosto.

móstra [da *mostrare*; 1429 *monstra*] **sf.** **1.** esposizione al pubblico di una serie di oggetti, a scopo commerciale o culturale: *mostra di antiquariato, di libri, di quadri*; *mostra-mercato*, in cui gli oggetti esposti sono in vendita || rassegna: *mostra del cinema muto* || *disus.* saggio di mercanzia: *portò varie mostre di panni* || vetrina di negozio **2.** collocazione che mette in evidenza: *mettere in mostra*, esporre alla vista altrui; *ha messo in mostra i suoi bicipiti, mettere in mostra i propri meriti* || *far mostra*, ostentare, fingere: *fece mostra di perdonargli per vendicarsi più facilmente* || *mettersi in mostra*, attirare sopra di sé l'attenzione del pubblico || *far bella mostra di sé*, far bella figura || *mostra di un orologio*, il quadrante **3.** risvolto di panno di colore diverso da quello della veste **4.** *T.mar.* sulle navi da guerra, l'appello notturno periodico che si fa al personale della guardia di servizio (v.) || *dim.* mostrìna || **N.** **1.** fiera, salone **2.** esibizione, ostentazione; simulazione, parvenza; sfarzo, sfoggio. **Q.T.** *pittura.*

mostrànza [da *mostrare*; prima metà sec. XIII] **sf.** *arc.* apparenza.

mostràre (pres. *móstro*) [lat. *monstrāre*; a. 1294] **tr.** **1.** esporre all'attenzione o alla vista altrui, far vedere: *mostrare la carta d'identità, il biglietto, mostrare le gambe, mostrami la tua biblioteca* || indicare: *mostrami la strada* || *mostrare a dito qualcuno*, additare; *essere mostrato a dito*, essere molto conosciuto; anche essere oggetto di universale attenzione (e perlopiù deplorazione) || in espr. fig.: *mostrare il viso o la fronte*, opporsi coraggiosamente; *mostrare i pugni, i denti*, assumere un atteggiamento minaccioso; o anche far vedere di essere pronto a reagire con forza a una minaccia || spiegare, illustrare: *mostrare il funzionamento di una macchina, mostrare la soluzione del problema* **2.** manifestare, palesare: *mostra i suoi meriti, mostra di gradire il dono, ha mostrato indifferenza* || fingere: *mostra di non vederlo* || ***rifl.*** e ***intr. pron.*** apparire, farsi vedere: *si mostra sempre più di rado in pubblico; mostrarsi felice* || **N. 1.** *Sin.* affacciare, esibire, ostentare, presentare, sfoggiare; accennare | rivelare, scoprire, svelare **2.** *Sin.* esprimere, esternare; fingere, simulare | ***rifl.*** comparire, far capolino, APPARIRE.

mostratóre [lat. *monstrātor, -ōris*; a. 1292] ***agg.*** e ***sm.*** (f. *-trice*) *ant.* che, chi mostra qualcosa.

mostravènto [comp. di *mostra(re)* e *vento*; 1834] ***sm. inv.*** *T.mar.* e *T.aer.* indicatore della direzione del vento || **N.** banderuola, manica a vento.

mostreggiàto [da *mostrare*; a. 1842] ***agg.*** *non com.* che ha mostreggiature: *vestito mostreggiato.*

mostreggiatùra [da *mostrare*; 1865] ***sf.*** risvolto di tessuto o colore diverso applicato al collo o ai polsi di un abito || **N.** mostrina, mostra.

mostrìna (*dim.* di *mostra*) [1923] ***sf.*** *T.mil.* distintivo di stoffa o metallo, che i militari portano applicato al risvolto della giacca per palesare l'arma o il corpo di appartenenza || **N.** fiamma.

mostrìno [da *mostra*; 1863] ***sm.*** *T.orol.* in taluni orologi, il piccolo quadrante che misura i secondi.

móstro [dal lat. *monstrum*, prodigio; sec. XIV] ***sm.*** **1.** figura mitologica di aspetto fantastico, spesso risultante dall'incrocio di esseri diversi || *per estens.* essere spaventoso e raccapricciante: *incubi popolati di mostri* || *iperb.* persona molto brutta **2.** in biologia, animale o vegetale con caratteri aberranti **3.** persona fuori della norma per qualità positive o negative: *un mostro di sapere, di bravura; un mostro di ferocia* || maniaco omicida: *il mostro ha colpito di nuovo* || *dim. spreg.* mostricìno, mostriciàttolo || **N. 1.** babau, chimera, grifone, ippogrifo, orco, tritone, vampiro **2.** *Sin.* scherzo della natura; mutante **3.** *Sin.* portento, prodigio; genio.

mostruosità [da *mostruoso*; a. 1565] ***sf.*** **1.** l'essere mostruoso || *concr.* cosa o atto mostruoso: *commettere mostruosità* **2.** *T.biol.* grave malformazione congenita di un individuo || **N. 2.** teratologia.

mostruóso [dal lat. *monstruōsus*; 1282] ***agg.*** **1.** di o da mostro: *mani, naso mostruoso* || *fig.* proprio di mostro: *personaggi mostruosi, aspetto, naso mostruoso* **2.** efferato, bestiale: *un crimine mostruoso* **3.** *iperb.* straordinario: *mostruosa grandezza, un'intelligenza mostruosa* || **mostruosaménte** ***avv.*** || **N. 1.** *Sin.* abnorme, aberrante, deforme, teratologico **2.** *Sin.* crudele, disumano, feroce **3.** *Sin.* prodigioso, singolare.

mòta [lat. *maltha*; a. 1348] ***sf.*** *tosc.* fango.

motàccio (pl. *-ci*) [da *mota*; 1865] ***sm.*** *arc.* terreno molle e fangoso.

motèl [dall'ingl. d'America *motel*, comp. di *mot(or)*, automobile e *(ho)tel*; 1956] ***sm. inv.*** albergo per automobilisti, spesso ad un solo piano, con camere che danno direttamente su un piazzale adiacente alla strada.

motèlla [dal lat. *mustēla*, donnola, attr. il fr. *motelle*; 1934] ***sf.*** *T.zool.* genere di pesci dei Gadiformi, commestibili, dal corpo allungato, con muso fornito di bargigli e con lunga pinna dorsale.

motétto V. MOTTETTO.

motìglia (pl. *-glie*) [da *mota*; sec. XVIII] ***sf.*** (anche *sm. motiglio*; pl. *-gli*) fango appiccicoso.

motilità [dall'ingl. *motility*; 1834] ***sf.*** **1.** *T.biol.* capacità di un organismo vivente di modificare la propria posizione, o quella di una sua parte, rispetto all'ambiente **2.** *T.med.* proprietà di certi organi di muoversi indipendentemente dalla volontà: *motilità dei muscoli striati.*

motivàbile [da *motivare*; 1975] ***agg.*** che può essere spiegato: *un gesto motivabile, un giudizio motivabile.*

motivàre [da *motivo*; 1634] ***tr.*** **1.** di comportamento, intenzioni e sim., addurre i motivi: *non ha voluto motivare il suo rifiuto* **2.** essere responsabile, cagionare: *l'incomprensione reciproca motivò la separazione.*

motivàto (*pps.* di *motivare*) [a. 1694] ***agg.*** **1.** spiegato, chiarito in modo esauriente nelle sue motivazioni: *un parere motivato* **2.** fondato: *una reazione motivata* **3.** di persona, che ha motivazione a fare qualcosa: *l'impiegato poco motivato non rende pienamente nel lavoro.*

motivazionàle [da *motivazione*; 1963] ***agg.*** che riguarda i motivi, le ragioni di una scelta: *analisi motivazionale.*

motivazióne [da *motivare*; 1841] ***sf.*** **1.** l'esposizione dei motivi di un'azione, una decisione e sim. || *in part. T.giur.* l'insieme dei motivi che espone il giudice nella sentenza || la breve dichiarazione che accompagna ogni concessione di ricompensa, decorazione, premio e sim., che riassume ed esalta i motivi per i quali è stata concessa **2.** *T.psic.* complesso di fattori che determinano il comportamento di un individuo || **N. 1.** *Sin.* giustificazione **2.** *Sin.* MOTIVO.

motivétto (*dim.* di *motivo*) [a. 1917] ***sm.*** motivo musicale breve e orecchiabile: *un motivetto molto in voga.*

motìvo[1] [dal lat. tardo *motīvus*; a. 1342] ***sm.*** **1.** ciò che spinge a un'azione o comportamento: *per quale motivo non hai telefonato?, è assente per motivi familiari, essere motivo di soddisfazione, dare motivo di scandalo, ridere senza alcun motivo* || *a motivo di*, per, a causa di **2.** *T.mus.* il più piccolo frammento musicale che abbia un senso melodico, soggetto a ripetizioni o elaborazioni || *com.* la parte più orecchiabile di un brano o sempl. il brano stesso: *accennare un motivo col pianoforte, un motivo di facile ascolto* || *motivo conduttore*, quello che, ricorrendo spesso, caratterizza un brano; nell'opera può contraddistinguere i personaggi; *per estens.* la tematica, l'argomento centrale di un'opera letteraria **3.** nelle arti figurative, elemento formale ricorrente: *motivi ornamentali, floreali, geometrici* || *dim.* motivìno, motivétto; *accr.* motivóne; *pegg.* motivàccio || **N. 1.** *Sin.* cagione, causa, considerazione, fondamento, impulso, incentivo, movente, occasione, pretesto, ragione, riguardo, stimolo, titolo | futile, giusto, grave, impellente, legittimo, ridicolo, sufficiente, valido.

motìvo[2] [dal lat. tardo *motīvus*; sec. XIII] ***agg.*** *raro* che è atto a imprimere o a ricevere il moto.

mòto[1] [dal lat. *mōtus*; 1294] ***sm.*** **1.** *T.fis.* cambiamento di posizione di un corpo rispetto a un sistema di riferimento: *moto rettilineo, curvilineo*, in base alla traettoria; *moto uniforme, vario, uniformemente accelerato* e *uniformemente ritardato*, in base alla velocità || *moto rigido*, quello di un corpo i cui punti mantengono inalterata la loro distanza; *moto traslatorio*, in cui tutti i punti compiono lo stesso spostamento; *moto rotatorio*, in cui ogni punto descrive una circonferenza attorno a una retta || *moto perpetuo*, moto ideale di una macchina che, posta in movimento, funziona in perpetuo, senza l'azione di forze esterne; *fig.* di cosa impossibile o di problema insolubile: *è come cercare il moto perpetuo; avere addosso il moto perpetuo, fig.*, di chi non si ferma mai o non sta mai fermo || *T.fis. quantità di moto*, il prodotto della massa di una particella per la sua velocità || *T.astr.* lo spostamento di un corpo celeste nello spazio: *moto apparente*, quale appare dalla terra; *moto reale*, considerato rispetto al sole || *moto ondoso*, il movimento che l'azione del vento imprime alla superficie dei laghi e del mare || *T.gram. verbi di moto*, quelli che esprimono un movimento || *in moto*, in funzione, in attività: *l'auto è in moto; mettere in moto*, anche fig. avviare: *mettere in moto le indagini; mettersi in moto*, avviarsi || *fare del moto*, camminare, in quanto esercizio salutare: *il medico mi ha consigliato di fare un po' di moto* || *di moto proprio*, spontaneamente (V. MOTUPROPRIO) **2.** emozione, impulso: *moto dell'animo, un moto di stizza, di gelosia* **3.** sommossa, tumulto: *i moti del 1831* **4.** *T.mus.* passaggio della voce da un suono all'altro; *moto congiunto, disgiunto*, per gradi congiunti o disgiunti || *moto delle parti*, di due voci che procedono insieme, la direzione di ciascuna parte in relazione all'altra; *in part. moto retto*, entrambe salgono o scendono; *moto obliquo*, una voce è ferma, l'altra sale o scende; *moto contrario*, le due voci vanno in direzioni opposte || *con moto*, indicazione di esecuzione veloce e animata || **N. 1.** *Sin.* impeto, impulso, passaggio, scossa, urto; MOVIMENTO | armonico, centrifugo, centripeto, circolare, elicoidale, lineare, ondulatorio, oscillatorio, parabolico, radente, spontaneo, sussultorio, traslatorio | direzione, spazio, tempo, velocità; accelerazione, attrito, cinematica, dinamica, equilibrio, gravità, isocronismo, ondulazione, ostacolo, pressione, resistenza, spinta, traiettoria | mobile | fermare, rallentare | *Contr.* quiete **3.** *Sin.* insurrezione, ribellione, rivolta. **Q.T.** *fisica, musica.*

mòto[2] [da *motocicletta*; 1931] ***sf. inv.*** abbreviazione di *motocicletta*: *appassionato di moto, moto di grossa cilindrata.*

mòto- [da *moto(re)*] ***primo elem.*** che, in parole composte, ha il valore di "dotato di motore", "che funziona a motore": **motoaratóre, motoaratrice, motobàrca, motocarrèllo, motocarriòla, motofalciatrice, motolància, motoséga, motoseminatrice, motoslitta** || *in part.* può essere abbreviazione di *motocicletta*: **motòdromo, motopìsta, motovelòdromo**.

motoaliànte [comp. di *moto-* e *aliante*; 1973] ***sm.*** *T.aer.* aliante fornito di un motore di bassa potenza, che ne consente il volo orizzontale anche in assenza di correnti ascensionali || **N.** *Sin.* motoveleggiatore.

motoaratùra [comp. di *moto-* e *aratura*; 1940] ***sf.*** *T.agr.* aratura eseguita con la motoaratrice || più genericamente, aratura meccanica.

motocàlcio [comp. di *moto-* e *calcio*; 1963] ***sm. inv.*** *T.sport.* sport simile al calcio in cui i giocatori, in numero di sei per squadra, si muovono su motociclette.

motocannonièra [comp. di *moto-* e *cannoniera*; 1958] ***sf.*** *T.mar.* e *T.mil.* grosso motoscafo da guerra dotato di cannoni, impiegato per la difesa delle coste.

motocarrìsta [da *motocarro*; 1958] ***s.*** conduttore di motocarri.

motocàrro [comp. di *moto-* e *carro*; 1950] ***sm.*** veicolo a motore con tre ruote e comando a manubrio, provvisto posteriormente di un piano o cassone di carico per il trasporto di merci. **TAV.** ***motocicletta...*** **p. 1323** 9.

motocarrozzétta [comp. di *moto-* e *carrozzetta*; 1931] ***sf.*** motocicletta con a fianco una carrozzetta per il trasporto di una persona || **N.** *Sin. sidecar.* **TAV.** ***motocicletta...*** **p. 1323** 8.

motociclétta [dal fr. *motocyclette*; 1905] ***sf.*** veicolo a due ruote azionato da un motore a scoppio, a 2 o 4 tempi, adatto al trasporto di una o due persone. **Q.T.** *motocicletta* **TAV.** ***motocicletta...*** **p. 1323** 6.

motociclismo [da *motociclo*; 1908] **sm.** *T.sport.* sport che si pratica su motociclette, in gare di velocità e regolarità.

motociclista [da *motociclo*; 1908] **s.** chi guida una motocicletta || chi pratica il motociclismo. **Q.T.** *motocicletta.*

motociclistico (pl. *-ci*) [da *motociclista*; 1905] **agg.** che si riferisce a motociclismo: *gara motociclistica.*

motociclo [comp. di *moto-* e *ciclo*; 1905] **sm.** *meno com.* motocicletta.

motocistèrna [comp. di *moto-* e *cisterna*; 1937] **sf.** nave cisterna dotata di motore a combustione interna.

motocolónna [comp. di *moto-* e *colonna*; 1942] **sf.** *T.mil.* colonna di truppe motorizzate.

motocoltivatóre [comp. di *moto-* e *coltivatore*; 1919] **sm.** *T.agr.* macchina agricola di piccole dimensioni, a cui si applicano attrezzi specifici per varie colture leggere.

motocoltùra [comp. di *moto-* e *-coltura*; 1920] **sf.** *T.agr.* la coltivazione dei campi eseguita con macchine.

motocompressóre [comp. di *moto-* e *compressore*; 1955] **sm.** macchina composta di un motore e di un compressore, che serve per produrre aria compressa ad uso industriale.

motocorazzàto [comp. di *moto-* e *corazzato*; 1955] **agg.** *T.mil.* detto di reparto militare che dispone di mezzi motorizzati e corazzati.

motocròss [comp. di *moto-* e dell'ingl. *cross*, corsa campestre; 1948] **sm.** *inv.* *T.sport.* motociclismo condotto su percorsi accidentati.

motocrossista [da *motocross*; 1948] **s.** *T.sport.* atleta che pratica il motocross.

motoèlica [comp. di *moto-* e *elica*; 1958] **sf.** *inv.* elica messa in moto da uno o più motori alternativi.

motofalciatrice [comp. di *moto-* e *falciatrice*; 1958] **sf.** macchina per la falciatura meccanica.

motofurgóne [comp. di *moto-* e *furgone*; 1942] **sm.** piccolo motocarro di portata limitata. **TAV. *automobile* p. 659** 16.

motogeneratóre [comp. di *moto-* e *generatore*; 1958] **sm.** *T.elettr.* blocco formato da un apparato motore e da un generatore elettrico accoppiati direttamente, per la trasformazione di energia elettrica.

motoleggèra [comp. di *moto-* e *leggero*; 1934] **sf.** motocicletta con motore di cilindrata non superiore a 125 cm^3.

motomeccanizzàre [comp. di *moto-* e *meccanizzare*; 1963] **tr.** *T.mil.* fornire ad un reparto militare i mezzi a motore necessari per trasportare truppe, artiglierie e sim.

motomèzzo [comp. di *moto-* e *mezzo*; 1950] **sm.** motoveicolo.

motonàuta [comp. di *moto-* e *-nauta*; 1937] **s.** chi pratica la motonautica.

motonàutica [comp. di *moto-* e *nautica*; 1934] **sf.** **1.** *T.sport.* sport e navigazione da diporto praticati con imbarcazioni a motore **2.** tecnica di costruzione e di guida dei motoscafi.

motonàutico (pl. *-ci*) [comp. di *moto-* e *nautico*; 1923] **agg.** *T.sport.* che si riferisce alla navigazione con imbarcazioni a motore: *gare motonautiche.*

motonàve [comp. di *moto-* e *nave*; 1921] **sf.** *T.mar.* nave mossa da motore a scoppio; il nome si usa spec. per designare navi mercantili o passeggeri. **Q.T.** *nautica...*

motopescherèccio (pl. *-ci*) [comp. di *moto-* e *peschereccio*; 1932] **sm.** nave da pesca con motore.

motopómpa [comp. di *moto-* e *pompa*; 1935] **sf.** pompa meccanica funzionante con motore proprio.

motopròprio v. MOTUPROPRIO.

motopropulsóre [comp. di *moto-* e *propulsore*; 1955] **agg.** e **sm.** detto di gruppo formato da un propulsore (per es. elica) e da un motore che lo aziona: *apparato motopropulsore, un motopropulsore a elica.* **Q.T.** *aeronautica.*

motoràdio [comp. di *moto-* e *radio*; 1983] **sm.** *inv.* ricevitore o ricetrasmettitore radio predisposto per essere montato su un autoveicolo.

motoradùno [comp. di *moto-* e *raduno*; 1935] **sm.** raduno turistico o sportivo per motociclisti.

motóre¹ [dal lat. *motor, -ōris*; 1308] **agg.** e **sm.** (f. *-trìce*) che o chi muove: *albero motore, forze motrici; il Primo Motore,* Dio. **TAV. *automobile* p. 658** 3.33; ***ferrovie...* p. 669** 1.15.

motóre² [dal lat. *motor, -ōris*; 1869] **sm.** ogni apparecchio che trasforma una forma d'energia in energia meccanica, destinata a vari usi: *motore termico,* che utilizza l'energia prodotta dalla combustione di solidi, liquidi o fluidi; *motore elettrico,* che utilizza energia elettrica; *motore idraulico,* che sfrutta l'energia di una corrente fluida; *motore a combustione interna* o *endotermico,* motore termico che sfrutta la pressione prodotta interiormente dalla combustione del carburante || *motore a scoppio,* v. SCOPPIO || *motore in linea,* i cui cilindri sono allineati || *motore a V,* i cui cilindri sono disposti come i due bracci della lettera V || *a motore,* azionato da un motore: *carrello a motore* || *dim.* motorìno || **N.** alternatore, apparato motore, dinamo, locomotiva, macchina motrice, propulsore, servomotore, turbina | ad acqua, ad aria compressa, ad elettricità, a gas, a molla, a peso, a scoppio, a vapore | accendere, arrestare, avviare, spegnere | collettore, commutatore, induttore. **Q.T.** *aeronautica, automobile, elettricità, ferrovia, motocicletta* **TAV.** *motori*; ***astronautica* p. 654** 1.8, 1.10, 4.12 e **p. 655** 6.8; ***automobile* p. 658** 3.12, 5; ***ferrovie...* p. 669** 2.3, 2.12, 3.5.

motorétta [da *motore*; a. 1956] **sf.** motocicletta di piccola cilindrata con ruote di diametro ridotto.

motorhome (ingl., pr. ['moutəhoum]) [letter. casa motore; 1978] **sm.** *inv.* veicolo motorizzato fornito di una carrozzeria progettata e attrezzata per servire da abitazione || **N.** *Sin.* camper.

motorìno (*dim.* di *motore²*) [1917] **sm.** motocicletta la cui cilindrata non supera i 50 cm^3 || **N.** *Sin.* ciclomotore.

motòrio (pl. *-ri*) [dal lat. tardo *motōrius*; 1859] **agg.** che concerne il moto, che trasmette il moto: *nervo motorio.*

motorismo [da *motore*; 1905] **sm.** *T.sport.* il complesso degli sport praticati con mezzi a motore.

motorista [da *motore*; 1916] **s.** addetto alla riparazione e manutenzione di motori.

motorìstica [da *motorista*; 1942] **sf.** la tecnica di progettazione e costruzione di motori per gare sportive.

motorìstico (pl. *-ci*) [da *motorista*; 1955] **agg.** *T.sport.* che concerne gli sport praticati con mezzi a motore.

motorizzàre [dal fr. *motoriser*; 1931] **tr.** munire di mezzi da trasporto a motore: *motorizzare un reparto militare, l'esercito* || **rifl.** dotarsi di un veicolo a motore: *mi sono motorizzato.*

motorizzàto (*pps.* di *motorizzare*) [1935] **agg.** *T.mil.* *reparto motorizzato,* fornito di mezzi

MOTOCICLETTA

FORME: ciclomotore (fino a 50 cc, non targato); motociclo (oltre 50cc, oppure oltre 1,5 hp, targato).

TIPI: turismo, velocità, enduro, *cross*, regolarità, *trial, chopper, scooter, dragster*, motocarrozzetta (con *side-car*).

TELAIO: a doppia culla aperta o chiusa, monoscocca, a tubi tondi o quadri, in acciaio, lega di alluminio o materiali compositi.

PNEUMATICI: rigati, scolpiti, tassellati, artigliati, *slick* (lisci), *semi-slick*, radiali, *tubeless* (senza camera d'aria).

RUOTE: a raggi (quasi scomparse), in lega leggera.

FRENI: a tamburo (a comando meccanico); a disco, forati, rigati, flottanti, autoventilanti (a comando idraulico).

FORCELLA: a parallelogramma, a bracci oscillanti o biscottini, telescopica.

AMMORTIZZATORI: oleopneumatici, a gas, ad attrito.

MOTORE: a 1, 2, 3, 4, 5, 6, 8 cilindri, in linea fronte marcia, in linea longitudinale, boxer trasversale, a V trasversale, a V longitudinale, a sogliola, a quadrato, elettrico.

CAMBIO: a pedale, al manubrio, a innesti laterali, frontali, a 3, 4, 5, 6, 7 o più marce, automatico.

RAFFREDDAMENTO: ad aria, ad acqua, ad olio.

FRIZIONE: a secco, a bagno d'olio, monodisco, a dischi multipli, con comando meccanico o idraulico.

ALIMENTAZIONE: a carburatori, a iniezione, con turbocompressore.

ACCENSIONE: a puntine, elettronica.

DISTRIBUZIONE: a 4 tempi, valvole, alberi a eccentrici (*cammes*), cinghie, coppie coniche, catene; a 2 tempi, a più travasi, con ammissione lamellare o a disco rotante.

TRASMISSIONE: a cinghia, a catena, a cardano.

ALTRE PARTI MECCANICHE: punterie, candele, bilancieri, aste, pistoni (testa, segmenti elastici), bielle (occhio, piede), bronzine, albero motore, volano, *carter*, filtro aria, filtro olio, pipette, spinterogeno, batteria, bobina, alternatore, regolatore, anticipo (meccanico, elettronico, continuo, a gradini), radiatore (acqua, olio), tubo di scappamento (silenziatore, ghiera, raccordo, compensatore).

VOCI ATTINENTI: motociclista, centauro, pilota, crossista, regolarista, trialista, motoalpinista; motore sottoquadro, quadro, superquadro, imballato, ingolfato, grippato o fuso, stanco, rotondo, rialesato (cilindri), lucidato (condotti di alimentazione), sfiatato, preparato o elaborato; miscela grassa, magra; battere di banco, scampanare, grippare o fondere, sfarfallare (valvole), sbiellare, girare rotondo, entrare in coppia, aprire, riprendere, staccare, scalare, controsterzare, sovrasterzare, sottosterzare, impennare, derapare, andare a pacco (sospensioni).

meccanici per gli spostamenti.

motorizzazióne [dal fr. *motorisation*; 1931] ***sf.*** **1.** atto ed effetto del motorizzare e del motorizzarsi **2.** il complesso delle attività tecniche e burocratiche connesse all'impiego di mezzi di trasporto a motore: *motorizzazione civile* **3.** *T.aut.* di un modello d'auto, versione con un certo tipo di motore: *questo modello è venduto con dieci differenti motorizzazioni.*

motorsailer (ingl., pr. ['moʊtə,seɪlə]) [letter. veliero a motore; 1983] ***sm. inv.*** imbarcazione a vela da crociera, a uno o due alberi, equipaggiata anche per la navigazione a motore grazie a una motorizzazione di notevole potenza.

motorscooter (ingl., pr. ['moʊtə,sku:tə]; pr. it. [motos'kuter]) [letter. monopattino a motore; 1949] ***sm. inv.*** motociclo di limitata cilindrata a telaio aperto e con ruote di piccolo diametro ‖ **N.** *Sin.* motoretta, motorino; lambretta ®, vespa ®.

motoscàfo [comp. di *moto-* e *scafo*; 1921] ***sm.*** veloce imbarcazione funzionante con motore a scoppio.

motoscùter o **motoscòoter** (pr. [motos'kuter]) [1951] ***sm.*** adattamento it. di *motorscooter* (v.).

motoscuterista [da *motoscuter*; 1955 *motoscooterista*] ***s.*** chi conduce un motoscuter.

motosiluránte [comp. di *moto-* e *silurante*; 1942] ***sf.*** *T.mar.* piccola e veloce unità silurante, azionata da motore Diesel o a turbina.

motóso [da *mota*; 1940] ***agg. tosc.*** imbrattato di mota.

mototorpedinièra [comp. di *moto-* e *torpediniera*; 1937] ***sf.*** *T.mar.* varietà di torpediniera,

MOTORI

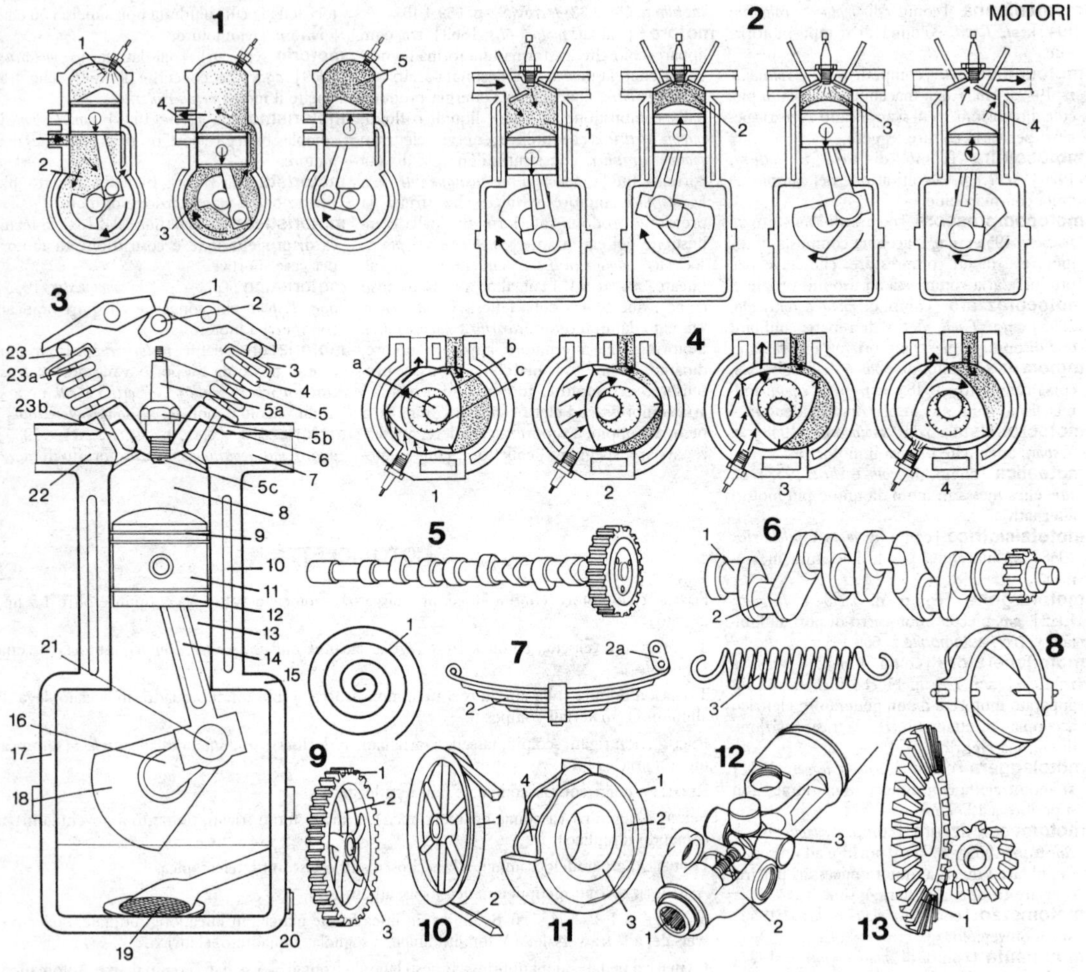

1. fasi del motore a due tempi
1.1. scoppio - 1.2. preaspirazione - 1.3. aspirazione - 1.4. scarico - 1.5. compressione

2. fasi del motore a quattro tempi
2.1. aspirazione - 2.2. compressione - 2.3. scoppio - 2.4. scarico

3. sezione su un cilindro di un motore a quattro tempi
3.1. bilanciere - 3.2. eccentrico - 3.3. piattello - 3.4. molla - 3.5. candela - 3.5a. isolante - 3.5b. corpo - 3.5c. elettrodo - 3.6. testa - 3.7. condotto di scarico - 3.8. camera di scoppio - 3.9. fasce elastiche - 3.10. camicia - 3.11. pistone - 3.12. fascia raschiaolio - 3.13. cilindro - 3.14. biella - 3.15. basamento - 3.16. albero motore (collo d'oca, albero a gomito) - 3.17. coppa dell'olio - 3.18. contrappeso - 3.19. pompa e filtro olio - 3.20. tappo scarico olio - 3.21. bronzina - 3.22. condotto di aspirazione - 3.23. valvola - 3.23a. gambo - 3.23b. fungo

4. fasi del motore *wenkel*
4.1. aspirazione - 4.1a. albero motore - 4.1b. pistone rotante (rotore a tre lobi) - 4.1c. camera - 4.1d. ingranaggi a satellite - 4.2. compressione - 4.3. scoppio - 4.4. scarico

5. albero a camme

6. albero a collo d'oca
6.1. bronzine di banco - 6.2. bronzine di biella

7. molle
7.1. molla a spirale - 7.2. molla a balestra - 7.2a. biscottino - 7.3. molla a tensione

8. valvola a farfalla

9. ruota dentata
9.1. corona - 9.2. raggio - 9.3. mozzo

10. puleggia
10.1. gola - 10.2. cinghia

11. cuscinetto a sfere
11.1. anello esterno - 11.2. gabbia - 11.3. anello interno - 11.4. sfera

12. giunto cardanico
12.1. albero - 12.2. forcella - 12.3. crociera

13. ingranaggi conici
13.1. corona

azionata da motore a scoppio.

mototrazióne [comp. di *moto-* e *trazione*; 1963] **sf.** trazione a motore.

motovedétta [comp. di *moto-* e *vedetta*; 1937] **sf.** *T.mar.* piccola e veloce motonave destinata al servizio di polizia sul mare: *una motovedetta della Guardia di Finanza.*

motoveicolo [comp. di *moto-* e *veicolo*; 1963] **sm.** veicolo a motore con una sola ruota anteriore, superiore ai 50 cm^3 di cilindrata, rispondente a determinati requisiti di estensione e di peso.

motoveleggiatóre [comp. di *moto-* e *veleggiatore*; 1937] **sm.** *T.aer.* motoaliante.

motovelièro [comp. di *moto-* e *veliero*; 1923] **sm.** nave a vela che, all'occorrenza, può valersi anche di un motore di riserva.

motovelòdromo [comp. di *moto-* e *velodromo*; 1948] **sm.** *T.sport.* impianto sportivo attrezzato per corse ciclistiche e prove motociclistiche.

motovettùra [comp. di *moto-* e *vettura*; 1958] **sf.** motoveicolo a tre ruote con carrozzeria chiusa, per il trasporto di persone || autoveicolo leggero a quattro ruote, simile a un motoveicolo.

motozàttera o **motozàttera** [comp. di *moto-* e *zattera*; 1950] **sf.** barca di piccolo pescaggio e di forme tozze, adoperata in azioni di sbarco.

motrice [da *motore*; 1869 *macchina motrice*] **sf.** macchina funzionante con motore elettrico o termico, impiegata spec. per la trazione di veicoli.

motricità [da *motrice*; 1963] **sf.** *T.biol.* e *T.psic.* capacità dei centri nervosi di comandare la contrazione dei muscoli e i conseguenti movimenti del corpo.

motrìglia (pl. *-glie*) [sovrapposizione di *poltiglia* a *mota*; 1831] **sf.** *tosc.* fanghiglia, poltiglia.

mòtta [dal lat. volg. **movita*, movimento; prima metà sec. XIV] **sf.** *region.* scoscendimento.

motteggévole [da *motteggiare*; 1353] **agg.** *lett.* che facilmente motteggia; mordace || **N.** *Sin.* arguto, burlevole, faceto, piccante, pungente, salace, satirico, spiritoso, tagliente.

motteggiaménto [da *motteggiare*; 1470] **sm.** *raro* l'atto del motteggiare || discorso pieno di frasi pungenti e spiritose.

motteggiàre (pres. *-éggio*) [da *motto*; a. 1342] **intr.** (aus. *avere*) parlare facendo uso di frasi scherzose e allusive, fare battute di spirito || **tr.** prendere in giro con ironia pungente: *lo motteggiò* || **N. intr.** *Sin.* celiare, satireggiare, scherzare | **tr.** beccare, beffeggiare, burlare, canzonare, mordere, pungere, punzecchiare, schernire, trafiggere, uccellare.

motteggiatóre [da *motteggiare*; sec. XIII] **sm.** (f. *-trìce*) chi motteggia || **N.** *Sin.* SPIRITOSO.

mottéggio (pl. *-gi*) [da *motteggiare*; a. 1498] **sm.** il motteggiare || detto arguto || **N.** *Sin.* battuta, buffonata, burla, celia, epigramma, facezia, frecciata, freddura, lazzo, puntura, punzecchiatura, sferzata, staffilata.

mottettìsta o **motettìsta** [da *mottetto*; 1958] **s.** *T.mus.* autore di mottetti.

mottettìstico o **motettìstico** (pl. *-ci*) [da *mottetto*; 1958] **agg.** che si riferisce al mottetto.

mottétto o **motétto** [da *motto*; sec. XIV *muteto*] **sm.** *T.mus.* composizione polifonica di origine francese, inizialmente (sec. XIII) basata su testi profani o liturgici, dal XV sec. a oggi basata su testi sacri.

mòtto [dal lat. tardo *muttum*; a. 1321] **sm.** **1.** detto breve e arguto, spesso pungente: *motto di spirito* **2.** breve sentenza che contiene un principio o una verità proverbiale; *in part.* quello adottato per simboleggiare lo spirito che guida l'agire di un singolo o di una comunità: *il motto dell'arma dei carabinieri è "nei secoli fedele"* **3.** solo in alcune loc. parola: *non fare, proferire motto, senza far motto* || **N.** **1.** *Sin.* arguzia, barzelletta, bisticcio, epigramma, facezia, freddura, frizzo, lazzo, motteggio, ribobolo, tratto di spirito **2.** *Sin.* MASSIMA; divisa, impresa.

motuléso [comp. del lat. *mōtus*, moto e *-leso*; 1947] **agg.** e **sm.** (f. *-a*) *T.med.* che, chi ha subito lesioni tali da compromettere le capacità motorie.

motuprò̀prio (non com. *motopròprio*) [loc. lat., letter. di propria iniziativa; a. 1571 *motoproprio*] **sm.** iniziativa personale di un sovrano o di un capo di Stato: *onorificenza concessa di motuproprio* || *per estens.* *di motuproprio*, spontaneamente.

mouliné (fr., pr. [muli'ne]) [pps. di *mouliner*, filare e torcere la seta; 1940] **agg.** e **sm.** *inv.* cotone ritorto usato spec. per ricamo.

mouse (ingl., pr. [maʊs]) [letter. topo; 1985] **sm.** *inv.* *T.inform.* dispositivo costituito da una piccola scatola dotata di uno o più pulsanti, connessa mediante opportuna interfaccia a un personal computer, a un terminale o a una stazione di lavoro; il suo movimento su una superficie piana genera un segnale che, acquisito dal calcolatore, permette all'utente di controllare in modo semplice uno o più programmi e di scambiare informazioni con essi.

mousse (fr., pr. [mus]) [letter. schiuma; 1940] **sf.** *inv.* **1.** *T.cuc.* impasto a base di prosciutto o tonno o fegato, e besciamella, fatto ghiacciare in uno stampo e servito freddo con una guarnizione di gelatina **2.** *T.cuc.* dolce cremoso a base di tuorli d'uovo, chiare montate e cioccolato (o altro ingrediente): *mousse al cioccolato, mousse di cioccolato.*

mousteriàno [dal n. geogr. *Le Moustier*, località fr.; 1931] **agg.** e **sm.** di fase del Paleolitico medio, durante la quale visse la razza neandertaliana: *civiltà mousteriana, periodo mousteriano.*

movènte (*ppr.* di *muovere*) [1597] **sm.** ciò che induce a compiere un'azione: *il movente del delitto.*

movènza [da *m(u)overe*; 1499 *movienza*] **sf.** movimento della persona: *le sue movenze gentili, leggiadre* || *fig.* rif. a opera letteraria o artistica, particolare aspetto stilistico dello svolgimento: *versi dalle movenze tardoromantiche.*

movìbile [da *m(u)overe*; a. 1356] **agg.** che può essere mosso, mobile || **N.** *Contr.* inamovibile.

movière [da *m(u)overe*; 1975] **sm.** *T.mil.* militare che ha il compito di dirigere il traffico in zona di operazioni militari.

movimentàre (pres. *-énto*) [dal fr. *mouvementer*; 1934] **tr.** dar vita, movimento: *cercare di movimentare una festa* || **N.** *Sin.* animare, smuovere.

movimentàto (*pps.* di *movimentare*) [a. 1957] **agg.** pieno di animazione, frenetico: *una giornata alquanto movimentata, una discussione movimentata.*

movimentìsmo [da *movimento*; 1987] **sm.** *T.pol.* in ambito politico o sindacale, tendenza a seguire e ad affermare la validità dell'iniziativa spontanea della base dei militanti rispetto alle iniziative organizzate dalle strutture gerarchiche tradizionali, cioè dagli organi direttivi dei partiti o dei sindacati.

moviménto [da *muovere*; sec. XIII] **sm.** **1.** atto ed effetto del muovere o del muoversi, cambiamento di posizione o disposizione; sin. di *moto*, ma di uso più esteso: *il lento movimento dei ghiacciai, ho urtato il bicchiere con un movimento brusco, in quella posizione riesce a fare pochi movimenti, mettere in movimento, i movimenti della nave* || *T.mil.* spostamento strategico: *movimento di truppe* **2.** *per estens.* andirivieni, attività che comporta spostamento di persone e cose: *un quartiere pieno di movimento, movimento di turisti, movimento di merci* || *in part.* *movimento della popolazione*, cambiamento demografico dovuto a nascite, morti e spostamenti || *movimento di cassa*, l'insieme di entrate e uscite || *T.ferr.* parte del servizio ferroviario che provvede all'arrivo e alla partenza dei treni **3.** gruppo politico, più informale e meno organizzato di un partito: *movimento per la vita, movimento studentesco* || corrente, tendenza letteraria, artistica ecc.: *movimento romantico* **4.** *T.mus.* il grado di celerità o lentezza, con cui si esegue un pezzo: *danza in movimento moderato* || *più com.* *per meton.* parte di composizione eseguita con una determinata indicazione di tempo: *il primo movimento della sonata* || **N.** **1.** balzo, barcollamento, beccheggio, contorcimento, dimenìo, divincolamento, dondolamento, evoluzione, fremito, gesto, guizzo, mossa, ondeggiamento, ondulazione, rollio, scatto, scuotimento, spostamento, tentennamento, urto | automatico, brusco, celere, dolce, impercettibile, lieve, naturale, pigro, rapido, riflesso, sciolto, spedito, spontaneo, svelto, tardo, veloce, vivace, volontario | accelerare, convertire, eccitare, eseguire, fare, imprimere, provocare, ritardare, secondare **2.** *Sin.* agitazione, brulichio, formicolio, traffico, viavai **3.** *Sin.* associazione, lega; partito **4.** *Sin.* tempo. **Q.T.** *letteratura..., musica, politica, sociologia.*

moviòla [dall'ingl. *movie*, film; 1930] **sf.** *T.cin.* apparecchio impiegato nel montaggio dei film che consente di esaminare su un piccolo video i vari spezzoni di pellicola e sincronizzarli con la colonna sonora || analoga apparecchiatura impiegata per controllare riprese televisive, spec. sportive, alla velocità desiderata. **TAV.** *cinematografia...* 4.

movitóre [da *muovere*; a. 1406] **agg.** e **sm.** che, chi muove.

mozaràbico (pl. *-ci*) [dall'ar. *musta'ribah*, straniero arabizzato, attr. lo sp. *mozárabe* e il fr. *mozarabique*; 1834] **agg.** *T.stor.* relativo ai Mozarabi, proprio dei Mozarabi, cristiani che mantennero la loro religione durante il dominio arabo in Spagna.

mozartiàno [dal n. proprio W.A. *Mozart*, musicista austriaco; 1952] **agg.** relativo alla vita, alle opere e all'arte di Mozart: *stile mozartiano.*

mozióne¹ [dall'ingl. e fr. *motion*; 1789] **sf.** proposta fatta in un'assemblea deliberante: *presentare, respingere, approvare, discutere una mozione; mozione d'ordine*, proposta riguardante l'ordine della discussione.

mozióne² [dal lat. *mōtio, -ōnis*; sec. XIV] **sf.** *ant.* movimento || *mozione degli affetti*, tentativo di un oratore di suscitare commozione nell'uditorio.

mozzafiàto [comp. di *mozza(re)* e *fiato*; 1963] **agg.** *inv.* affannoso, che toglie il respiro: *una corsa mozzafiato* || *fig.* che impressiona vivamente: *le imprese mozzafiato di quello scalatore.*

mozzaménto [da *mozzare*; a. 1396] **sm.** *non com.* atto ed effetto del mozzare.

mozzàre (pres. *mózzo*) [da *mozzo¹*; 1306] **tr.** tagliare via con un colpo forte e secco: *mozzare il capo, le gambe* || *mozzare il fiato*, impedire il respiro: *una corsa che mozza il fiato*; anche *iperb.*: *un panorama che mozza il fiato* || **N.** *Sin.* TRONCARE.

mozzarèlla [da *mozza*, mozzata; 1570] **sf.** formaggio fresco a pasta filata, di forma perlopiù rotonda, preparato con latte di bufala o di mucca || *mozzarella in carrozza*, mozzarella racchiusa tra due fette di pane, passata nell'uovo e fritta.

mozzaspighe [comp. di *mozza(re)* e *spiga*; 1958] **sm.** *inv.* piccolo Coleottero nero le cui larve rosicchiano dall'interno il fusto erbaceo del grano.

mozzatóre [da *mozzare*; 1869] **agg.** e **sm.** (f.

-trìce) *non com.* che o chi mozza: *mozzatori di teste.*

mozzatùra [da *mozzare*; a. 1374] **sf.** il mozzare || la parte portata via mozzando.

mozzétta [da *mozzo*[1]; 1550] **sf.** piccolo mantello abbottonato sul davanti, con cappuccio, portato dal papa (bianco), dai cardinali (rosso) o da alti prelati (violetto). TAV. *chiesa* 2.20.

mozzicàre (pres. *mózzico, mózzichi*) [da *mozzare*; 1292] **tr.** **1.** *ant.* smozzicare **2.** *merid.* mordere.

mózzico (pl. *-chi*) [da *mozzicare*; prima metà sec. XVII] **sm.** *merid.* morso.

mozzicóne [da *mozzicare*; sec. XIV] **sm.** ciò che resta di una cosa mozzata o parzialmente arsa o consumata: *un mozzicone di sigaro, di candela, di matita* || **N.** cicca.

mozzìno [da *mozzo*[1]; 1925] **sm.** *T.tip.* pagina stampata parzialmente, posta alla fine del libro o di un capitolo.

mózzo[1] [lat. volg. **mutius*; a. 1276] **I agg.** mozzato, reciso: *capo mozzo, braccio mozzo* || incompleto: *una frase mozza* **II sm.** *T.tip. mozzo di pagina*, lo stesso che *mozzino.*

mózzo[2] [dallo sp. *mozo*; 1602] **sm.** giovane marinaio di navi mercantili che non ha ancor compiuto i 18 anni di età e i 24 mesi di navigazione, addetto ai minori servizi di bordo || *ant. mozzo di stalla*, garzone che fa i servizi della stalla. Q.T. *nautica...*

mòzzo [lat. *modius*; a. 1502] **sm.** **1.** pezzo centrale della ruota, dove sono fissati i raggi || *mozzo dell'elica*, la parte centrale dove sono infisse le pale **2.** il pezzo massiccio di legno nel quale s'incassa la corona della campana per poterla tenere sospesa. TAV. *motori* 9.3; *carri...* p. 664 2.9.

mozzóne [da *mozzo*[1]; a. 1539 nel senso 2] **sm.** **1.** *disus.* sverzino **2.** *merid.* mozzicone di sigaro o di sigaretta.

mozzorécchi [comp. di *mozz(o)*[1] e *orecchio*; 1865] **sm. inv.** **1.** avvocato imbroglione, leguleio **2.** *ant.* truffatore punito col taglio delle orecchie || **N.** **1.** *Sin.* azzeccagarbugli, cavalocchi, causidico.

mu V. MI[3].

mùcca [etim. inc.; a. 1758] **sf.** vacca lattifera || *dim.* mucchétta, mucchìna, muccherèlla; *accr.* muccóna || **N.** mongana, vitella.

mucceria [da *mucciare*; a. 1363] **sf.** *ant.* villania, beffa.

mùcchio (pl. *-chi*) [etim. inc.; 1313] **sm.** quantità di cose accumulate senza ordine: *un mucchio di sassi, di legna*; anche *fig.*: *un mucchio di gente, un mucchio di bugie* || *fig. mettere tutti in un mucchio*, non fare distinzioni nel valutare || *fam. un mucchio*, un bel po': *ti è piaciuto? un mucchio!* || *dim.* mucchiétto, mucchiettìno || **N.** *Sin.* accozzamento, agglomeramento, ammasso, ammucchiamento, bica, catasta, coacervo, collezione, colmo, congerie, cumulo, fascio, groppo, gruzzolo, monte, raccolta, UNIONE | adunare, ammucchiare, RACCOGLIERE.

mucciàre[1] (pres. *mùccio*) [lat. volg. **mukyāre*; a. 1306] **intr.** (aus. *essere*) *ant.* scappare, ripararsi || **tr.** evitare, fuggire.

mucciàre[2] (pres. *mùccio*) [lat. volg. **mukyāre*; a. 1363] **tr.** *ant.* beffare.

mùcco e der. V. MUCO e der.

mùcido [dal lat. *mūcidus*; 1364] **agg.** *non com.* che ha odore e sapore di ammuffito: *pane mucido*; anche *sm.*: *questo prosciutto sa di mucido.*

mucidùme [da *mucido*; 1958] **sm.** *non com.* insieme di cose mucide.

mucillàgine [dal tardo lat. *mucilāgo, -āginis*; sec. XIV *mucellaggine*] **sf.** **1.** sostanza simile nell'aspetto alla gomma, in grado di assorbire e trattenere una notevole quantità d'acqua, presente nei tessuti di molti vegetali; quella di alcune piante è usata in medicina e cosmetica **2.** termine con cui i giornali indicano la sostanza vischiosa che si forma in acque eutrofizzate durante la stagione calda e in assenza di mareggiate: *la mucillagine infesta l'Adriatico* || **N.** **1.** adragante, gelatina, gomma.

mucillaginóso [dal lat. tardo *mucilaginōsus*; 1563] **agg.** che contiene mucillagine || di aspetto simile alla mucillagine.

mucìna [dal lat. *mūcus*; 1869] **sf.** *T.biol.* sostanza presente nelle secrezioni mucose.

mucìparo [comp. di *muco* e *-paro*; 1958] **agg.** **1.** *T.biol.* che produce muco: *ghiandola, cellula mucipara* **2.** *T.bot.* che produce mucillagine.

mùco (pl. *-chi*) [dal lat. *mūcus*; sec. XVII *mucco*] **sm.** *T.anat.* fluido viscoso prodotto dalle membrane mucose, con funzione protettiva e lubrificante.

mucósa [da *mucoso*; 1869] **sf.** *T.anat.* membrana di tessuto epiteliale che riveste le cavità interne del corpo collegate direttamente o indirettamente con l'esterno (tubo gastro-intestinale, vie respiratorie, orecchio medio ecc.); è tenuta costantemente umida da secrezioni di ghiandole sparse fra le sue cellule.

mucosità [da *mucoso*; a. 1698] **sf.** *non com.* qualità di ciò che è mucoso || *concr. T.med.* sostanza simile a muco.

mucóso [dal lat. tardo *mucōsus*; a. 1698] **agg.** che contiene o secerne muco: *ghiandole mucose* || di aspetto simile a quello del muco || *T.anat. corpo mucoso di Malpighi*, lo strato profondo dell'epidermide.

mucronàto [dal lat. *mucronātus*; 1499] **agg.** provvisto di terminazioni acuminate; *in part. T.biol.* di organi vegetali o animali, terminanti con punta rigida: *foglie, squame mucronate.*

mucróne [dal lat. *mūcro, -ōnis*; a. 1527 nel senso 2] **sm.** **1.** *non com. T.anat.* estremità inferiore del cuore **2.** estremità appuntita di un'arma || **N.** **2.** *Sin.* punta.

mùda [da *mudare*; a. 1292] **sf.** **1.** il rinnovamento di penne che fanno annualmente gli uccelli || *per meton.* il periodo in cui solitamente avviene || *per meton.* il luogo dove certi uccelli vengono messi a cambiare penne **2.** *per metaf.* carcere buio e freddo: *breve pertugio dentro dalla muda* (Dante).

mudàre [dal provenz. *mudar*, a. 1292] **intr.** *ant.* mutare penne.

muezzìn o **muezzìno** [dall'ar. *mu'adhdhin*; 1721 *muezini* pl.] **sm.** presso gli islamici, addetto al culto che dall'alto del minareto invita il popolo alla preghiera || **N.** moschea.

mùffa [etim. inc.; forse da una radice *muff-*, muffa; 1313] **sf.** strato di consistenza e colore variabile prodotta dalla proliferazione di Funghi saprofiti su certe sostanze organiche, che produce inconfondibili odori e sapori sgradevoli: *la conserva si è coperta di muffa, i limoni hanno fatto la muffa, il pane sa di muffa, in cantina c'è odore di muffa* || in espr. fig. *far la muffa*, restare inoperosi; *lasciare qualcosa a fare la muffa*, abbandonarla in disuso || *tosc. avere la muffa al naso*, essere pieni di boria || *dim.* muffétta, muffettina || **N.** ammuffire | mucido.

muffàre [da *muffa*; sec. XIV] **intr.** (aus. *essere*) *raro* prendere la muffa, ammuffire.

mùffido [da *muffa*; a. 1533] **agg.** *raro lett.* coperto di muffa, muffoso.

muffìgno [da *muffo*; a. 1862] **agg.** *raro* coperto di muffa || caratteristico della muffa.

muffìre (pres. *-ìsco, -ìsci*) [da *muffa*; 1563] **intr.** (aus. *essere*) ammuffire.

mùffo [da *muffare*; a. 1449] **agg.** *ant.* ammuffito.

mùffola [dal fr. *moufle*; 1550 nel senso 2] **sf.** **1.** guanto a sacchetto senza divisione in dita, o con il solo pollice distinto, adatto per sciatori e bambini **2.** cavità rivestita di materiale refrattario non a diretto contatto col fuoco, di cui sono dotati particolari forni (*forni a muffola*) per la cottura di ceramiche e porcellane **3.** rivestimento protettivo e isolante posto alla congiunzione di più cavi elettrici.

muffolista [da *muffola*; 1958] **s.** nell'industria ceramica e vetriera, operaio addetto ai forni a muffola.

muffosità [da *muffoso*; 1865] **sf.** **1.** *non com.* qualità di ciò che è muffoso || *concr.* muffa **2.** *fig. tosc.* alterigia.

muffóso [da *muffa*; 1560] **agg.** **1.** attaccato dalla muffa: *luogo muffoso, pane muffoso* || *fig.* desueto, stantio: *idee muffose* **2.** *tosc.* che si dà delle arie.

muflóne [lat. tardo *mufro, -ōnis*; 1598 *mufione*] **sm.** pecora selvatica originaria della Sardegna, caratterizzata dalle grosse corna del maschio ricurve all'indietro e da un'ampia macchia bianca sui fianchi che spicca sul resto del pelame bruno-rossiccio || pelliccia di tale animale.

muftì [dall'ar. *muftī*; 1529] **sm.** dottore della legge musulmana, investito di poteri legislativi e religiosi.

mugghiaménto [da *mugghiare*; a. 1292] **sm.** *non com.* il mugghiare.

mugghiàre (pres. *mùgghio*) [lat. volg. **mugulāre*; a. 1292 *muggiare*] **intr.** (aus. *avere*) *lett.* muggire || *per estens.* lamentarsi con grida, per ira o per dolore || *fig.* provocare un rumore prolungato e cupo: *il vento, il mare in burrasca mugghia* || **N.** MUGGIRE.

mùgghio (pl. *-ghi*) [da *mugghiare*; a. 1292] **sm.** il mugghiare || **N.** muggito.

mugginàra [da *muggine*; 1935] **sf.** *T.pesc.* rete trapezoidale formata da tre panni di rete a maglie diverse, usata nell'alto Tirreno per la pesca dei muggini.

mùggine [dal lat. *mūgilis*; sec. XIV] **sm.** pesce di mare, dell'ordine dei Teleostei, di forma affusolata e colore chiaro || **N.** *Sin.* cefalo.

muggìre (pres. *-ìsco, -ìsci, -ìsce* o *mùgge*) [lat. *mugīre*; a. 1327] **intr.** (aus. *avere*) di bovino, emettere la propria voce sonora e lamentosa || *per estens.* lamentarsi urlando || *fig. lett.* produrre un intenso e cupo rumore: *la foresta mugge al vento* || **N.** *Sin.* mugghiare, mugliare; rimbombare, rugghiare, ruggire, rumoreggiare.

muggìto [lat. *mugītus*; a. 1311] **sm.** verso caratteristico dei bovini, il muggire: *i vitelli sono richiamati dai muggiti delle madri* || *per estens.* lamento, urlo || *fig.* suono cupo e intenso: *il muggito del mare, del tuono* || **N.** *Sin.* boato, mugghiamento, mugghio, muglio; ruggito; boato, brontolio.

mughétto [dal fr. *muguet*; a. 1597] **sm.** **1.** pianta delle Liliacee, con foglie radicali ovate allungate, che cresce nei boschi ombrosi; ha fiorellini penduli raccolti in grappoli, bianchi e profumati **2.** *T.med.* malattia della mucosa della bocca che si manifesta con chiazze biancastre || **N.** **1.** *Sin.* giglio delle convalli **2.** *Sin.* moniliasi orale.

mugic o **mugik** (pl. *-chi* o *-ki*) [dal russo *mužik*; 1866 *mougik*] **sm.** contadino russo.

Mugilifórmi (sing. *-e*) [comp. del lat. *mūgil*, muggine e *-forme*; 1965] **sm. pl.** *T.zool.* ordine di pesci Teleostei marini e d'acqua dolce, tra cui i cefali e i latterini.

mugliàre (pres. *mùglio*) [lat. *mugilāre*; a. 1533] **intr.** (aus. *avere*) *tosc.* mugghiare, muggire.

mùglio (pl. *-gli*) [da *mugliare*; sec. XIV] **sm.** *tosc.* mugghio, muggito.

mugnaiàccio (pl. *-ci*) [da *mugnaio*, perché sembra infarinato; a. 1871] **sm.** uccello marino simile a un grosso gabbiano, diffuso nei mari nordici.

mugnàio (pl. *-ài*) [lat. tardo *molinarius*; 1277] **sm.** **1.** chi per mestiere macina granaglie || proprietario di un mulino || *sembrare* *un mugnaio*, essere imbrattato di farina || *alla mugnaia*, modo di cucinare il pesce, che viene infarinato e poi cotto nel burro **2.** *region.* gabbiano || *dim.* mugnaìno || **N. 1.** MULINO.

mùgnere [var. di *mungere*; prima metà sec. XIV] ***tr.*** *ant.* mungere.

mùgo (pl. *-ghi*) [voce di orig. prelatina; 1563] ***sm.*** albero delle Pinacee, detto anche *pino mugo*, dalla cui resina si estrae il mugòlio (v.).

mugolaménto [da *mugolare*; a. 1584] ***sm.*** *raro* il mugolare.

mugolàre (pres. *mùgolo*) [lat. volg. **mugulāre*; sec. XIV] ***intr.*** (aus. *avere*) mandar fuori una voce sommessa e lamentosa; si dice propr. del cane || di persona, produrre un suono indistinto, perlopiù a labbra chiuse: *mugolare di dolore, di dispiacere, di piacere* || **N.** *Sin.* gemere, uggiolare; guaire; lamentarsi; borbottare, mormorare.

mugòlio (pl. *-li*) [da *mugo*; 1934] ***sm.*** sostanza oleosa che viene estratta dalla resina del mugo, usata come balsamico dell'apparato respiratorio ed espettorante.

mugolìo (pl. *-ìi*) [da *mugolare*; 1688-1750] ***sm.*** il mugolare quando è frequente o continuato || **N.** *Sin.* guaito, uggiolio; gemito, lamento.

mùgolo [da *mugolare*; a. 1604] ***sm.*** *raro* il mugolare.

mugolóne [da *mugolare*; 1869] ***sm.*** di cane, che mugola a lungo || *fig. scherz.* brontolone.

mugugnàre [da *mugugno*; 1905] ***intr.*** (aus. *avere*) *region.* brontolare; protestare sommessamente, sordamente.

mugùgno [dal gen. *mugugnu*, di orig. onom.; 1959] ***sm.*** brontolio, manifestazione di disapprovazione e scontento.

mujahidin o ***mujaeddin*** (ar., pr. [mʊdʒæhɪˈdiːn]) [part. del v. ar. *jihāda*, dalla radice *Jhd*, sforzo; 1986] ***sm. pl.*** guerriglieri islamici; *part.* formazioni irregolari di resistenza attive in Afganistan durante l'occupazione sovietica.

mùla[1] [da *mulo*; 1361] ***sf.*** femmina del mulo.

mùla[2] [voce triestina; XV sec.] ***sf.*** *dial.* ragazza, giovinetta.

mulàcchia [incrocio di *monacchia* e *mula*; sec. XIV] ***sf.*** *region.* taccola || cornacchia bigia.

mulàggine [da *mulo*; 1834] ***sf.*** *raro* testardaggine.

mulattièra [da *mulatto*, dim. di *mulo*; 1869] ***sf.*** strada o sentiero di montagna, percorribile solo da muli, perché ripida, tortuosa e stretta; anche *agg.*: *strada mulattiera.*

mulattière [da *mulatto*, dim. di *mulo*; a. 1342] ***sm.*** chi guida i muli.

mulàtto [dallo sp. *mulato*; a. 1557] ***sm.*** (f. *-a*) figlio di un genitore di razza negra e di uno di razza bianca; anche *agg.* || **N.** METICCIO.

mùlcere [dal lat. *mulcēre*; 1375] ***tr.*** *ant.* molcere.

mulésco (pl. *-schi*) [da *mulo*; a. 1478] ***agg.*** *non com.* da, di mulo: *ostinazione mulesca.*

muleta (sp., pr. [muˈleta]; pl. *muletas*, pr. [muˈletas]) [letter. *gruccia*; 1873] ***sf.*** drappo di stoffa rossa, che l'*espada* tiene in una mano, per eccitare e sviare il toro.

mulétto [da *mùlo*; 1981] ***sm.*** nelle corse automobilistiche, macchina di riserva da cui vengono tratti i pezzi di ricambio.

mulièbre (raro *mulièbre*) [dal lat. *muliebris*; sec. XIV] ***agg.*** *lett.* femminile, di donna: *grazia, fascino muliebre; statua muliebre.*

muliebrità [dal lat. tardo *muliebritas, -ātis*; a. 1876] ***sf.*** *raro* qualità di ciò che è muliebre.

mulinàre (pres. *-ìno*) [da *mulino*; a. 1537 come intr.] ***tr.*** *non com.* **1.** far roteare: *il vento mulinava le foglie, mulinare le braccia* **2.** macchinare, tramare || ***intr.*** (aus. *avere*) roteare vorticosamente: *le foglie mulinavano al vento* || *fig.* di pensieri e sim., farsi presente alla mente con insistenza || di persona, fantasticare || **N.** ***intr.*** *Sin.* roteare, turbinare.

mulinàro o **molinàro** [dal lat. tardo *molinarius*; sec. XIV] ***sm.*** (f. *-a*) *pop.* mugnaio.

mulinèllo o **molinèllo** [da *mulino*; a. 1363] ***sm.*** **1.** nome di vari strumenti composti da una parte mobile che gira attorno a un asse || *in part. mulinello idrometrico*, serve a misurare la velocità di corrente dell'acqua || *T.pesc.* dispositivo applicato alla base della canna da pesca, formato da un tamburo con frizione; azionato da una manovella, riavvolge la lenza e consente di regolarne lo svolgimento || *T.mar. mulinello salpa ancore*, argano a motore, posto a bordo delle navi, attorno al quale si avvolge la fune dell'ancora al momento di salpare; *mulinello di afforco*, v. AFFORCO || ventilatore a elica installato gen. su porte e finestre, azionato dall'aria che si sposta da un ambiente all'altro per differenza di temperatura **2.** moto vorticoso del vento, dell'acqua e sim.; vortice || *far mulinello con qualcosa*, farla roteare || *T.sport.* nella scherma, rotazione che gli schermitori fanno con la sciabola intorno al corpo a scopo difensivo || *T.aer.* manovra acrobatica (cfr. TONNEAU) **3.** *T.gioc.* giocattolo formato da una canna che reca in cima una o più eliche che si muovono al vento **4.** *T.gioc.* filetto || **N. 2.** *Sin.* gorgo, roteamento, turbine. **Q.T.** *pesca* **TAV.** *pesca* 6.7; ***meteorologia*** **p. 1321** 5.3.

mulìno o **molìno** [lat. tardo *molīnum*; 1238] ***sm.*** macchina atta alla macinazione di grano o altri cereali, e in gen. per la frantumazione di materiali solidi; lo stabilimento attrezzato con tali macchine; *mulino ad acqua o idraulico*, in cui la macina è azionata da una ruota a pale fatta girare dalla corrente di un corso d'acqua; *mulino a vento*, in cui quattro enormi pale disposte a croce, fatte girare dalla spinta del vento, azionano la macina || *fig. tirar l'acqua al proprio mulino*, orientare una discussione o una deliberazione in modo da favorire i propri interessi; *combattere contro i mulini a vento*, combattere con nemici immaginari, inesistenti, come fece Don Chisciotte nel famoso romanzo di Cervantes; *parlare come un mulino a vento*, molto e continuamente || *prov. chi va al mulino si infarina*, frequentando un certo ambiente se ne subisce l'influenza || *prov. il mulino non macina senz'acqua*, per costruire qualcosa non si può partire dal niente || *T.geol. mulino glaciale*, cavità circolare scavata dall'acqua di superficie di un ghiacciaio || **N.** macinatoio, molazza; frantoio | ad acqua (colta, doccia, gora, margone, palmento, pescaia; lubecchio, ritrecine, ruota); a vento (albero, pale, stegolo) | macina o mola, tramoggia; buratto o frullone.

mullàghera [etim. inc.; 1813] ***sf.*** pianta delle Papilionacee con foglie ridotte in viticci e fiori di colore giallo || **N.** *Sin.* afaca.

mullah (persiano, pr. [mɔlˈlɒː]; pr. it. [mulˈla]) [voce persiana di orig. ar.; a. 1652] ***sm.*** *inv.* teologo e giurista islamico.

Mùllidi (sing. *-e*) [comp. del lat. *mullus*, nome di un pesce e *-idi*; 1891] ***sm. pl.*** *T.zool.* famiglia di pesci marini, tra cui le triglie.

mùlo [lat. *mūlus*; a. 1292] ***sm.*** (f. *mùla*) equino ibrido sterile, nato da un asino e una cavalla; è di corporatura più simile al cavallo (eccetto la testa) ma come l'asino è resistente alle fatiche e di modeste esigenze alimentari || *fig. essere un mulo, fare il mulo*, di persona, essere testardo || **N.** bardotto | rignare | zigrino; mulattiere.

mùlta [dal lat. *multa*; sec. XIV] ***sf.*** pena pecuniaria prevista dal codice penale per determinati reati || *com.* sanzione pecuniaria prevista per infrazioni o inadempienze anche relativamente a norme contrattuali: *infliggere una multa, cadere in multa, pagare una multa per eccesso di velocità* || **N.** *Sin.* ammenda, penale | multare.

multànime [comp. di *mult(i)* e *anima*; a. 1938] ***agg.*** *lett. raro* che ha molte anime, poliedrico.

multàre [dal lat. *multāre*; 1387] ***tr.*** condannare a una multa: *lo multarono per divieto di sosta.*

mùlti- (meno com. *mólti-*) [dal lat. *multi-*, da *multus*, molto] ***pref.*** di parole dotte composte, soprattutto agg., nelle quali vale "molto", "che ha molti", "(fatto) di molti" (per es. *multicellulare, multiforme, multilingue*) || **N.** *Sin.* poli-, pluri- | *Contr.* mono-, uni-.

multibàse [comp. di *multi-* e *base*; 1983] ***agg.*** *T.mat.* detto di sistema di numerazione non decimale: *calcolo multibase.*

multicanàle [comp. di *multi-* e *canale*; 1974] ***agg.*** *T.elettron.* detto di televisore o amplificatore a più canali.

multicollinearità [comp. di *multi-*, *con-* e *lineare*; 1988] ***sf.*** *T.stat. problema della multicollinearità*, problema che riguarda modelli statistici espressi tramite un'equazione lineare, con tutte le variabili fortemente correlate fra loro, per cui è molto difficile individuare separatamente l'influenza delle variabili e ottenere una stima attendibile dei loro singoli effetti.

multicolóre [dal lat. *multicŏlor, -ōris*; a. 1799] ***agg.*** di molti colori || **N.** *Sin.* iridato, policromo, variegato, variopinto.

multìfido [dal lat. *multifidus*; 1561] ***agg.*** diviso in più parti: *foglie multifide.*

multifocàle [comp. di *multi-* e *focale*; 1963] ***agg.*** *T.ott.* che ha più fuochi: *lente multifocale.*

multifòglio (pl. *-gli*) [comp. di *multi-* e *foglio*; 1958] ***sm.*** *T.geom.* figura piana ottenuta costruendo sui vertici di un poligono regolare archi di circonferenza il cui diametro sia pari al lato del poligono.

multifórme [dal lat. *multiformis*; sec. XIV *multiforme*] ***agg.*** che ha molte forme: *un ingegno multiforme* || **N.** *Sin.* eclettico, poliedrico, versatile; proteiforme.

multigrade (ingl., pr. [ˈmʌltɪgreɪd]) [comp. di *multi-*, multi- e *grade*, grado; 1961] ***agg.*** *inv.* detto di lubrificante per autoveicoli che, grazie all'alto grado di viscosità, può essere usato in qualsiasi condizione di temperatura.

multilaterale [dal fr. *multilatéral*; a. 1904] ***agg.*** che concerne più parti, che interessa più contraenti: *scambi multilaterali, forza atomica multilaterale.*

multilateralità [da *multilaterale*; 1951] ***sf.*** *non com.* l'avere carattere multilaterale.

multilìngue [comp. di *multi-* e *lingua*; a. 1846] ***agg.*** **1.** che parla più lingue: *popolazione, persona multilingue* **2.** *non com.* dotato di più lingue: *divinità multilingue*; *fig.*: *fiamma multilingue* || **N. 1.** *Sin.* plurilingue, poliglotta; bilingue | *Contr.* monolingue.

multilobàto [comp. di *multi-* e *lobato*; 1834] ***agg.*** e ***sf.*** *T.bot.* detto di organo vegetale che presenta molti lobi.

multilobo [comp. di *multi-* e *lobo*; 1834] ***agg.*** *T.bot.* detto di foglia suddivisa in molti lobi.

multiloquènza [dal lat. tardo *multiloquentia*; 1891] ***sf.*** *lett.* **1.** grande capacità oratoria, facondia **2.** fastidiosa verbosità.

multilòquio (pl. *-qui*) [dal lat. *multiloquium*; a. 1342] ***sm.*** *non com.* soverchio parlare.

multilùstre [comp. di *multi-* e *lustro*; a. 1533] ***agg.*** *lett. non com.* di più lustri, d'età superiore a più lustri.

multimiliardàrio (pl. *-ri*) [comp. di *multi-* e *miliardario*; 1931] ***agg.*** e ***sm.*** (f. *-a*) che, chi possiede molti miliardi || *iperb.* che, chi è molto ricco.

multimilionàrio (pl. *-ri*) [comp. di *multi-* e *milionario*; a. 1935] ***agg.*** e ***sm.*** (f. *-a*) che possiede molti milioni, plurimilionario.

multinazionàle [comp. di *multi-* e *nazionale*; 1973] **I** ***agg.*** relativo a più nazioni, formato da elementi appartenenti a più nazioni: *forze armate multinazionali*, forze armate di diversi stati poste sotto un unico comando in seguito a trattati di alleanza e cooperazione militare || *società multinazionale*, grande società industriale o finanziaria che opera sul mercato internazionale attraverso una serie di organizzazioni produttive, finanziarie e commerciali dislocate in diversi paesi **II** ***sf.*** società multinazionale: *le multinazionali americane, lo strapotere delle multinazionali.*

multinucleàre [comp. di *multi-* e *nucleare*; 1970] ***agg.*** *T.bot.* di organo, che ha più nuclei || **N.** *Sin.* plurinucleare.

multinucleàto [comp. di *multi-* e *nucleato*; 1958] ***agg.*** *T.bot.* multinucleare.

multìpara [comp. di *multi-* e *-paro*; 1565] ***agg.*** e ***sf.*** che ha partorito diverse volte; che ha avuto un parto plurigemino.

multiplàno [comp. di *multi-* e *-plano*; a. 1938] ***agg.*** di aereo, con più piani alari.

multiplicàre e der. forme ant. di MOLTIPLICARE e der.

multiplice e der. forme ant. di MOLTEPLICE e der.

mùltiplo [dal lat. tardo *multiplus*; 1748 come sm.] **I** ***agg.*** composto di più parti uguali fra loro; realizzato in più esemplari: *frutto multiplo*; *gravidanza multipla*, con due o più feti || *vettura multipla*, adibita al trasporto di più persone o merci, rispetto al modello normale **II** ***sm.*** **1.** *T.aritm.* numero che contiene più volte un altro numero: *9 è multiplo di 3* **2.** *T.art.* opera d'arte realizzata in più copie.

multipolàre [comp. di *multi-* e *polare*; 1931] ***agg.*** *T.fis.* che ha più poli.

multipòlo [comp. di *multi-* e *polo*[1]; 1971] ***agg.*** e ***sm.*** *T.fis.* sistema costituito da più poli: *termini di multipolo*, termini di ordine superiore al secondo nello sviluppo in serie di un potenziale.

multiprogrammazióne [comp. di *multi-* e *programmazione*; 1974] ***sf.*** *T.inform.* esecuzione contemporanea di più programmi da parte di un calcolatore.

multiproprietà [comp. di *multi-* e *proprietà*, sul modello del fr. *multipropriété*; 1978] ***sf.*** *inv.* **1.** *T.giur.* comproprietà di un immobile (gen. di una casa per le vacanze) il cui godimento è ripartito tra i proprietari, che lo possono utilizzare ciascuno per un certo periodo di tempo ogni anno **2.** *T.bur.* condominio.

multiproprietàrio (pl. *-ri*) [da *multiproprietà*; 1980] ***sm.*** (f. *-a*) *T.giur.* chi possiede un immobile in multiproprietà.

multirazziàle [comp. di *multi-* e *razziale*; 1979] ***agg.*** relativo a più razze: *un patrimonio genetico multirazziale* || detto di sistema politico e sociale che riconosce condizioni di parità ai diversi gruppi etnici che lo compongono.

multisàla [comp. di *multi-* e *sala*; 1980] ***sf.*** cinema che dispone di più sale dove possono essere proiettati contemporaneamente diversi film || anche *agg. inv.*: *il numero dei locali multisala aumenta.*

multiscàfo [comp. di *multi-* e *scafo*; 1983 *multiscafi*] ***agg.*** e ***sm.*** *inv.* in marina, di galleggiante provvisto di due o più scafi per il sostentamento || di imbarcazione a vela, spec. da regata, a due o tre scafi simmetrici e uniti fra loro || *nave multiscafo*, speciale unità con scafo a catamarano usata in alcune marine militari per compiti speciali, come, per es., ricerche oceanografiche.

multisonànte (raro *moltisonànte*) [comp. di *multi-* e *sonante*; 1723] ***agg.*** *lett.* che risuona con fragore, rimbombante: *mare multisonante.*

multistàbile [comp. di *multi-* e *stabile*; 1974] ***agg.*** *T.elettron.* detto di circuito elettrico caratterizzato dall'avere due o più stati di funzionamento, nei quali può rimanere per un tempo illimitato || **N.** astabile.

multistàdio [comp. di *multi-* e *stadio*; 1974] ***agg.*** *inv.* detto di missile composto di varie parti, alcune delle quali vengono sganciate dopo che hanno esaurito la loro funzione.

multitasking (ingl., pr. [ˌmʌltɪˈtɑːskɪŋ]; pr. it. [multiˈtaskiŋg]) [da to *task*, assegnare un compito; 1985] ***sm.*** *inv.* *T.inform.* capacità di un sistema operativo di gestire più programmi, e quindi più utenti, contemporaneamente || **N.** *Sin.* concorrenza.

multiùso [comp. di *multi-* e *uso*; 1983] ***agg.*** *inv.* detto di oggetto adatto a molti usi o dotato di accessori per diversi usi: *camicia multiuso, coltello multiuso* || **N.** *Sin.* milleusi, pluriuso.

multìvago (pl. *-ghi*) [comp. di *multi-* e *vago*; 1829] ***agg.*** *lett.* *raro* che vaga molto.

multivibratóre [comp. di *multi-* e *vibratore*; 1958] ***sm.*** *T.fis.* circuito elettronico utilizzato per generare forme d'onda quadre (*multivibratore astabile*) o impulsi (*multivibratore monostabile*), o per memorizzare dei bit (*multivibratore bistabile*). **Q.T.** *elettricità.*

multizonàle [comp. di *multi-* e *zonale*; 1983] ***agg.*** detto di struttura pubblica (spec. socio-sanitaria) che serve diverse zone di una circoscrizione amministrativa: *ospedale multizonale, presidio multizonale.*

mùmmia [dall'ar. *mumīyya*, cera, balsamo; a. 1492] ***sf.*** cadavere imbalsamato o disseccato naturalmente: *la mummia di Ramesse II* || *fig.* persona magra e rinsecchita || persona, gen. anziana, attaccata a valori e idee ormai sorpassate.

mummificàre (pres. *-ìfico, -ìfichi*) [da *mummia*, prob. per influsso del fr. *momifier*; 1834] ***tr.*** sottoporre a processo di mummificazione || ***intr. pron.*** subire un processo di mummificazione naturale || *fig.* diventare sorpassato e inadeguato ai tempi: *istituzioni che si mummificano* || **N.** imbalsamare.

mummificatóre [da *mummificare*; a. 1937] ***agg.*** e ***sm.*** (f. *-trice*) *non com.* che o chi mummifica.

mummificazióne [da *mummificare*, prob. per influsso del fr. *momification*; 1847] ***sf.*** arresto dei fenomeni putrefattivi cui è soggetto un cadavere, che può avvenire naturalmente, in particolari condizioni ambientali, o essere indotto artificialmente.

mùndio (pl. *-di*) [dal germ. *mund*, mano; a. 1750] ***sm.*** *T.stor.* nell'ambito del diritto germanico, l'istituto che garantiva al capofamiglia potere assoluto sui suoi familiari.

munduàldo [dal germ. *mundwald*; a. 1348] ***sm.*** *T.stor.* titolare del mundio (v.).

mùngere (pres. *mùngo* ecc., come UNGERE) [lat. tardo *mungere*; a. 1363] ***tr.*** far uscire il latte dalla mammella di animale lattifero, stringendo fra le dita a pugno i capezzoli e rilasciandoli, oppure impiegando la mungitrice || *fig.* spillar soldi, sfruttare: *mungere la borsa di qualcuno*, sottrargli i denari con arte || **N.** spremere, succhiare.

mungitóio (pl. *-ói*) [da *mungere*; 1935] ***sm.*** *disus.* locale adibito alla mungitura.

mungitóre [da *mungere*; 1891] ***sm.*** (f. *-trice*) chi o che munge; anche *fig.*: *mungitore di borse.*

mungitrìce [da *mungere*; 1917] ***sf.*** apparecchio elettrico per la mungitura di bestie lattifere, che funziona per mezzo di aspirazione.

mungitùra [da *mungere*; 1862] ***sf.*** operazione del mungere: *mungitura manuale, automatica.* **TAV.** *zootecnia* 17, 19.

mùngo (pl. *-ghi*) [dall'indiano *mangūs*; 1934] ***sm.*** piccolo carnivoro simile alla mangusta, diffuso in India || **N.** *Sin.* mangusta indiana.

municipàle [dal lat. *municipālis*; 1312] ***agg.*** che riguarda il municipio; comunale: *scuole, guardie, regolamenti, impiegati municipali* || *per estens.* *spreg.* campanilistico, grettamente provinciale: *spirito, lotte municipali.*

municipalésco (pl. *-schi*) [da *municipale*; a. 1910] ***agg.*** *spreg.* campanilistico.

municipalìsmo [da *municipale*; 1851] ***sm.*** in politica, tendenza a dirigere l'attenzione sui problemi locali anziché nazionali || campanilismo.

municipalìstico (pl. *-ci*) [da *municipale*; a. 1952] ***agg.*** di municipalismo.

municipalità [dal fr. *municipalité*; 1789] ***sf.*** **1.** il complesso delle autorità municipali **2.** in alcuni paesi europei (tra cui la Francia), circoscrizione amministrativa che dipende direttamente dal potere centrale, riservata alle città più importanti **3.** *non com.* carattere di ciò che è municipale.

municipalizzàre [dal fr. *municipaliser*; 1905] ***tr.*** affidare alla gestione comunale: *municipalizzare l'azienda dei trasporti urbani.*

municipalizzàto (*pps.* di *municipalizzare*) [1957] **I** ***agg.*** gestito dal comune: *azienda municipalizzata* **II** ***sf.*** *municipalizzata*, azienda posta sotto la gestione del comune: *approvato il bilancio delle municipalizzate.*

municipalizzazióne [dal fr. *municipalisation*; 1899] ***sf.*** atto ed effetto del municipalizzare.

municìpio (pl. *-pi*) [dal lat. *municipium*; a. 1338] ***sm.*** **1.** amministrazione comunale || *com.* la sede dei relativi uffici: *recarsi in municipio* **2.** *T.stor.* nell'antichità, città che si governava con proprie leggi e godeva i privilegi della cittadinanza romana || **N.** Comune, palazzo di città.

munificènte [dal lat. **munificens, -ĕntis*; 1483] ***agg.*** *lett.* munifico || **munificenteménte** ***avv.*** in modo munifico.

munificènza [dal lat. *munificentia*; sec. XIV] ***sf.*** generosità nello spendere il denaro e nel fare doni: *la munificenza di un principe, di un signore* || *concr.* azione munifica || **N.** liberalità, GENEROSITÀ.

munìfico (pl. *-ci*) (come superl. ha *munificentissimo*) [dal lat. *munificus*; a. 1504] ***agg.*** che dà molto e liberamente || che rivela generosità: *gesto, dono munifico* || **munificenteménte** ***avv.*** || **N.** *Sin.* generoso, liberale, magnifico, munificente.

munìre (pres. *-ìsco, -ìsci*) [dal lat. *munire*; 1420 nel senso 2] ***tr.*** **1.** dotare, mettere in grado di usare: *lo munì d'un salvacondotto*; *per estens.* da: **2.** *T.mil.* fortificare, rafforzare: *munire uno schieramento, munire il confine di mura e torri* || ***rifl.*** provvedersi: *munirsi dell'attrezzatura necessaria* || **N.** **1.** *Sin.* fornire, PROVVEDERE **2.** *Sin.* fortificare.

munìto (*pps.* di *munire*) [sec. XIV] ***agg.*** nei sign. del verbo; *ben munito*, ben provvisto: *ben munito di mezzi, di quattrini.*

munizionaménto [da *munizionare*; 1881] ***sm.*** *T.mil.* rifornimento di armi e munizioni.

munizióne [dal lat. *munītio, -ōnis*; a. 1446 *munigione*] ***sf.*** **1.** *pl.* *T.mil.* il complesso di proiettili, polvere da sparo ecc., necessario al caricamento di armi da fuoco: *essere a corto di munizioni*; *rifornirsi di munizioni* || *scherz.* *munizioni da bocca*, vettovaglie **2.** *arc.* fortificazione. **TAV.** *caccia* 3.

munizionière [da *munizione*; 1609] ***sm.*** *raro* *T.mil.* il responsabile della distribuzione di munizioni militari.

mùno [dal lat. *mūnus*; 1321] ***sm.*** *arc.* *lett.* dono, regalo.

mùnto *pps.* di *mungere* (v.).

muóne [comp. di *mu*, nome della lettera greca μ e *-one*[2]; 1958] ***sm.*** *T.fis.* particella subatomica, di massa 207 volte maggiore di quella dell'elettrone, che può avere carica positiva o negativa || **N.** *Sin.* mesone μ.

muòvere (pres. *muòvo, muòvi, muòve, moviàmo* o *muoviàmo, movéte* o *muovéte, muòvono*; imp. *movévo* o *muovévo*; p.rem. *mòssi, movésti* o *muovésti, mòsse, movémmo* o *muovémmo, movéste* o *muovéste, mòssero*; fut. *moverò* o *muoverò*; pps. *mòsso*) [lat. *movēre*; 1219 come intr. pron.] **tr. 1.** far compiere un movimento, anche prolungato o ripetuto: *non riesco a muovere il braccio, ruotare le spalle senza muovere il bacino, il vento muove le foglie* || far cambiare posizione o disposizione: *muovere un tavolo dal suo posto*; *muovere una pedina degli scacchi*, spostarla; anche *ass.*: *chi muove per primo?* || *muovere i primi passi*, cominciare a camminare **2.** mettere in moto, far funzionare: *muovere una ruota, un meccanismo, quale forza muove l'universo?* || *muovere il corpo*, far andare di corpo || *fig.* metter avanti, iniziare: *muovere un'accusa, un rimprovero*; *muovere causa*, intentarla; *muovere guerra*, dichiararla e attaccare **3.** *fig.* con rif. ai moti dell'animo: *muovere a pietà, a sdegno* e sim., suscitare nell'animo tali sentimenti || **intr. pron.** mettersi o essere in movimento, spostarsi: *finalmente il treno si muove, stai lì e non muoverti!, le fronde si muovono al vento*; *muoversi da un posto*, allontanarsene: *non si muove mai da casa* || *fig.* sbrigarsi: *movetevi, siamo già in ritardo!* || **intr.** (aus. *essere* o *avere*) **1.** prendere le mosse, partire: *il corteo muoverà da piazzale Roma, le truppe muovono alla volta del fronte* **2.** avere inizio: *il sentiero muove dal paese* || *fig.* derivare: *muovere da premesse discutibili* || **N. tr. 1.** *Sin.* rimuovere, smuovere, sospingere, spingere, spostare, trascinare, trasferire | agitare, articolare, dimenare, dondolare, menare, scrollare, scuotere; mobilitare **3.** *Sin.* indurre; commuovere | **intr. pron.** girare, ondeggiare, oscillare, vacillare, vibrare | **intr. 1.** ANDARE.

mùra [dallo sp. *amura*; 1877] **sf.** *T.mar.* grosso cavo che tira e fissa a prua le bugne delle vele basse, nei velieri a vele quadre. **TAV. *vela* p. 1342** 1.8.

muràglia (pl. *-glie*) [dal lat. *muralia*; sec. XIV *muraie*] **sf. 1.** muro alto e poderoso, eretto spec. per difendere da assalti nemici: *la muraglia cinese* o *Grande Muraglia* || *fig.* barriera: *una muraglia d'odio li separa* **2.** *T.alp.* parete rocciosa verticale || *accr.* muraglióne (*sm.*) || **N. 1.** MURO.

muraglióne (*accr.* di *muraglia*) [1699] **sm. 1.** opera muraria di proporzioni massicce con funzioni di riparo o sostegno: *i muraglioni del porto* **2.** vela supplementare di quella maestra, nelle imbarcazioni a vela latina.

muraiòla[1] o **moraiòla[1]** [da *muraiolo*; sec. XIV *moraiola*] **sf.** erba delle Urticacee dalle foglie pelose e dai fiori raccolti in glomeruli, impiegata in farmacologia come diuretico || **N.** *Sin.* erba vetriola, parietaria.

muraiòla[2] o **moraiòla[2]** [etim. inc., forse da *moro*[1] per il colore; a. 1586 *moraiolo*] **sf.** moneta coniata dal XVI sec. in poi nelle zecche pontificie dell'Emilia.

muraiòlo [da *muro*; 1856] **agg.** di pianta, che nasce sui muri, o di animale, che vi si arrampica: *erba muraiola*, altro nome della parietaria (v.).

muràle [dal lat. *murālis*; a. 1667] **I agg.** relativo a muro; che viene fatto o messo su muro: *pittura murale* (o *sm. murale*), fatta sui muri; *carta murale*, carta geografica o sim. da appendersi alle pareti; *giornale murale*, esposto al muro per consentire a tutti la lettura || *T.stor. corona murale*, che si dava a chi per primo saliva sulle mura d'una città assediata **II sm.** *T.fal.* particolare formato commerciale del legno || **N. I** parietale.

murales (sp., pr. [mu'rales]) [letter. (pitture) murali; 1972] **sm. pl.** pitture eseguite sulle pareti esterne degli edifici o su pannelli posti in luoghi pubblici, raffiguranti gen. scene della vita sociale e politica: *i murales cileni.* **Q.T.** *pittura.*

muralista [da *murales*; 1968] **s.** pittore di *murales.*

muraménto [da *murare*; sec. XIV] **sm.** *raro* il murare.

muràre[1] [dal lat. tardo *murāre*; 1238] **tr.** saldare, fissare a muro con calcina o cemento: *murare gli infissi, una mensola* || chiudere con muro: *fece murare la porta, murare un buco*; *murare vivo qualcuno*, isolarlo in uno spazio ristretto murando le aperture || *ass.* edificare || *murare a secco*, senza calcina; *fig.* mangiare senza bere || **rifl.** *fig.* rinchiudersi, isolarsi: *è un mese che si è murato in casa.* **Q.T.** *edilizia.*

muràre[2] [da *mura*; 1869] **tr.** *T.mar.* tirare con le corde dette *mure.*

muràrio (pl. *-ri*) [da *muro*; 1869] **agg.** del murare: *arte muraria* || in muratura: *opera muraria* || di mura: *cinta muraria.*

muràta [lat. *murātus*, pps. di *murāre*; 1602] **sf.** *T.mar.* la parete laterale di una nave, dalla linea di galleggiamento all'orlo superiore del fianco. **TAV. *vela* p. 1342** 2.20.

muràto (*pps.* di *murare*[1]) [sec. XIII] **I agg.** *non com.* circondato da muro: *città murata* **II sm.** *ant.* muro.

muratóre [da *murare*; 1250] **sm. 1.** operaio che esegue lavori in muratura **2.** *franco muratore*, frammassone. **TAV. *edilizia* p. 666** 12.

muratòrio (pl. *-ri*) [da *murare*; 1551] **agg.** *non com.* murario.

murattismo [dal n. proprio G. *Murat*; 1912] **sm.** movimento politico risorgimentale che proponeva di assegnare il regno delle due Sicilie a un discendente di Gioacchino Murat.

muratùra [da *murare*; 1279] **sf.** l'atto e l'effetto del murare || *in part.* tecnica edilizia realizzata aggregando materiali da costruzione (pietre, mattoni ecc.) resi stabili da impasti leganti, quali calce o cemento || *per meton.* i materiali da costruzione stessi, in quanto usati secondo tale tecnica: *un caminetto in muratura*, di mattoni. **Q.T.** *edilizia.*

muràzzo [accr. dial. venez. di *muro*; a. 1869] **sm. 1.** spec. *pl.* diga costiera eretta per proteggere la laguna veneta dall'azione erosiva del mare **2.** argini in muratura di un fiume: *i murazzi del Po.*

murèna [dal lat. *muraena*, gr. *mûraina*; a. 1292] **sf.** pesce marino dei Murenidi, dal corpo serpentiforme, testa allungata con bocca grande e denti appuntiti e ricurvi; apprezzata per le sue carni.

murétto (*dim.* di *muro*) [1353] **sm.** muro di ridotte dimensioni; *in part.* muro basso che serve da parapetto.

mùrgia (pl. *-ge*) [dal lat. *mūrex, muricis*, sasso acuto; a. 1806] **sf.** *merid.* rilievo montuoso a tavolato, costituito da calcari compatti.

mùria [dal lat. *muria*; 1340 ca.] **sf.** *raro* salamoia.

muriàtico (pl. *-ci*) [dal lat. *muria*, acqua salata; a. 1642] **agg.** *T.chim. acido muriatico*, altro nome dell'acido cloridrico.

murìccia (pl. *-ce*) [da *muro*; 1395 ca.] **sf.** *ant.* muro a secco || mucchio di sassi.

murìccio (pl. *-ci*) [da *muro*; 1681] **sm.** *T.edil.* muro sottile che suddivide gli spazi interni di una costruzione.

muricciòlo (*dim.* di *muro*) [1524] **sm.** muro piccolo e basso, spalletta.

mùrice (pl. *-ci*) [dal lat. *mūrex, mūricis*; sec. XIV] **sm.** nome com. di vari molluschi marini provvisti di bella conchiglia tondeggiante con apice allungato, da cui un tempo si ricavava la porpora.

murìcolo [comp. di *muro* e *-colo*; 1958] **agg.** *T.bot.* detto di pianta che cresce sui muri.

Mùridi (sing. *-e*) [comp. del lat. *mus, mūris*, topo e *-idi*; 1934] **sm. pl.** *T.zool.* famiglia di mammiferi Roditori, tra cui i topi.

murièlla [da *mora*[3]; a. 1472] **sf.** *tosc.* piastrella usata nei giochi dei ragazzi: *giocare alle murielle*, gioco consistente nel colpire un dato bersaglio lanciando un sasso appiattito.

murìno [dal lat. *murīnus*, di topo; a. 1568] **agg.** *lett.* relativo ai topi, proprio dei topi: *peste murina* || *colore murino*, colore grigio topo.

mùrmure [dal lat. *murmur, -is*; a. 1511] **sm.** *poet.* mormorio.

mùro (pl. m. *mùri*; nel senso 2 pl. f. *mùra*) [lat. *mūrus*; a. 1292] **sm. 1.** costruzione di pietre o di mattoni commessi con malta, l'uno sopra l'altro, ordinatamente; *muro maestro*, muro portante; *muro a secco*, senza malta, muriccia; *muro cieco*, senza aperture; *muro di spina*, muro longitudinale mediano di un edificio; *muro a una testa, a due teste*, largo quanto un mattone considerato, rispettivamente, nel senso della larghezza o della sua lunghezza; *muro a tre teste*, largo quanto due mattoni, uno dei quali considerato nel senso della lunghezza e l'altro in quello della larghezza; *muro a quattro teste*, largo quanto due mattoni considerati nel senso della lunghezza; *muro a opera incerta*, V. OPERA; *muro a bozze*, V. BOZZA || in varie espr. fig.: *dire, parlare al muro*, parlare a chi non ascolta; *dar di capo nel muro, battere la testa nel muro*, per la rabbia; *mettere qualcuno tra l'uscio e il muro, mettere qualcuno con le spalle al muro*: ridurlo senza una scappatoia, alle strette; *avere le spalle al muro*, non avere vie d'uscita; *mettere al muro*, fucilare **2.** *pl.* complesso di opere di recinzione e fortificazione che abbraccia un edificio o un luogo abitato: *le mura del castello, di una città, la prima cerchia di mura, assaltare le mura* || anche rif. a ciò che delimita l'ambito domestico: *tra quattro mura*, in casa **3.** *fig.* barriera, ostacolo: *un muro di silenzio, di ostilità*; *il muro del suono*, resistenza che l'aria offre a un corpo in volo prossimo alla velocità del suono: *l'aereo ha superato il muro del suono* || *fare muro*, far barriera; anche *fig.* **4.** *T.sport.* nel tennis, tattica difensiva basata sul gioco di rimando, in attesa di errori dell'avversario **5.** *T.sport.* nella pallavolo, respinta del pallone eseguita dai giocatori sulla linea d'attacco || *dim.* murétto, muricciòlo, muricèllo || **N. 1.** accoltellato, ammandorlato, antemurale, bozzato, contrafforte, maceria, muraglia, parapetto, parete, pilastro, scarpa, sprone, tramezzo | a bozze, a bugne, a cassetta, a scarpa, ciclopico, cieco, compatto, comune, coperto, diritto, divisorio, esterno, laterale, maestro, pieno, rustico; fatiscente, incrollabile, scalcinato, screpolato | alzare, demolire, diroccare, elevare, intonacare, puntellare, rafforzare, screpolare, scrostare | muro che crolla, che fa pancia, che minaccia, che pende, che rovina, che tentenna | aggetto, ala, cornice, cresta, intercapedine, nicchia, scrimolo; buco, crepa, fessura, rigonfiamento. **Q.T.** *architettura, edilizia* **TAV. *abitazione*** 1.22.

mùrra [dal lat. *murrha*; a. 1712] **sf.** *T.archeol.* minerale di composizione incerta (prob. fluorite), con cui anticamente si fabbricavano tazze e bicchieri.

murrìna [dal lat. *murrina*, vasi di murra; a. 1557] **sf.** oggetto di vetro tipico della tradizione dell'isola di Murano ottenuto saldando a fuoco varie canne di vetro monocrome o di colori diversi o gen., riunendo in vario modo pezzi di vetro di colori diversi.

murrìno [dal lat. *murrinus*; a. 1564] **agg.** detto di suppellettile, spec. vaso, realizzato con la murra.

mùsa[1] [dal lat. *mūsa*; 1313 nel senso 3] **sf. 1.** ciascuna delle nove dee che secondo i Greci e i Romani presiedevano alle arti: *alunno delle muse*, poeta || *la decima musa*, il cinema **2.** *fig.* ispirazione poetica: *la mia musa tace* || la persona o la cosa che ispira: *Beatrice fu la musa di Dante* **3.** *per meton. ant.* la poesia: *la musa italiana, la musa del Petrarca* || **N.** aonie, ascree, camene, castalie, febee vergini, meonidi, pieridi.

mùṣa² [dall'arab. *muza*; 1330] **sf.** genere tropicale delle Musacee, cui appartengono varie specie ornamentali coltivate nei giardini, e il banano.

Muṣàcee [da *musa²*; a. 1889 *musacei*] **sf. pl.** *T.bot.* famiglia di piante monocotiledoni, perlopiù dell'area tropicale, a grosse foglie.

muṣagète [dal lat. tardo *musagetes*; 1586] **agg.** *lett.* appellativo di Apollo, condottiero delle Muse.

muṣàico **sm.** *non com.* v. MOSAICO¹.

muṣànga [dallo sp. *musanga*; 1934] **sf.** mammifero carnivoro notturno dei Viverridi, dagli arti corti e coda molto lunga, diffuso in Asia sud-orientale ‖ **N.** *Sin.* paradossuro.

muṣaràgno [dal lat. tardo *musarāneus*; 1834] **sm.** altro nome del toporagno.

muṣàre [da *muso*; 1308] **intr.** (aus. *avere*) **1.** *arc.* star fissi a guardare con meraviglia o ostilità **2.** di cani, star col muso levato.

muṣaròla **sf.** *non com.* v. MUSERUOLA.

muṣàta [da *muso*; 1865 nel senso 2] **sf.** **1.** colpo dato col muso: *cadendo ha battuto una musata* **2.** *non com.* smorfia di disgusto o dispetto.

mùscari [dal gr. mod. *móschari*, giacinto a grappolo, dal gr. *móschos*, muschio; 1813] **sm.** *T.bot.* genere di piante erbacee perenni delle Liliacee, con foglie carnose e piccoli fiori azzurri a spiga o in grappoli, diffuse nelle regioni mediterranee.

muscarìna [dal lat. scient. (*Amanita*) *muscaria*, specie di funghi; 1918] **sf.** alcaloide velenoso contenuto in certi funghi.

muscarinìṣmo [da *muscarina*; 1958] **sm.** avvelenamento cronico prodotto da muscarina.

Muschi (sing. *-io*) [da *muschio²*; 1869] **sm.** *pl.* *T.bot.* classe delle Briofite comprendente numerose specie di piante minuscole senza radici, che prediligono ambienti umidi e in ombra, dove si riproducono fittamente.

muschiàto [da *muschio¹*; 1494] **agg.** **1.** che ha odore di muschio **2.** detto di vari animali che secernono muschio: *topo muschiato, bue muschiato.*

mùschio¹ (pl. *-chi*) [lat. tardo *mūscus*; sec. XIV *musco*] **sm.** in alcuni mammiferi, tra cui il mosco (v.), sostanza di forte odore prodotta da una ghiandola.

mùschio² v. MUSCO.

muschióso v. MUSCOSO.

muscìcapa [comp. del lat. *musca*, mosca e della radice del lat. *capere*, prendere; a. 1871] **sf.** passeraceo che si nutre preferibilmente di mosche ‖ **N.** *Sin.* pigliamosche.

Muscicàpidi (sing. *-e*) [comp. di *muscicapa* e *-idi*; a. 1871] **sm.** *pl.* *T.zool.* famiglia di uccelli dei Passeriformi di piccole dimensioni, con becco leggermente uncinato in punta, migratori o sedentari.

Mùscidi (sing. *-e*) [comp. del lat. *musca*, mosca e *-idi*; 1934] **sm.** *pl.* *T.zool.* famiglia di insetti dei Ditteri, dotati di antenne brevi, addome corto e apparato succhiatore o succhiatore pungente; tra di essi la mosca.

muscìpulo [dal lat. *muscipulum*, trappola per topi; 1958] **agg.** detto di organismo vegetale capace di catturare insetti.

muscìvoro [comp. del lat. *musca*, mosca e *-voro*; 1958] **agg.** *T.biol.* detto di animale o pianta che mangia le mosche.

mùsco o **mùschio** (pl. *-schi*) [dal lat. *mūscus*; 1333] **sm.** soffice coltre di minuscole piantine dei Muschi che ricopre le superfici umide e ombreggiate di rocce, tronchi ecc. ‖ **N.** borracina, capelvenere, felce, lichene. **TAV.** ***botanica*** **p. 661** 7.2.

muscolàre [da *muscolo*; a. 1698] **agg.** di muscoli, relativo ai muscoli: *sistema, tessuto muscolare, tono muscolare.* **Q.T.** *anatomia.*

muscolatùra [da *muscolo*; a. 1642] **sf.** l'insieme di muscoli del corpo ‖ **N.** energica, floscia, forte, poderosa, robusta.

muscolìna [da *muscolo*; 1869] **sf.** sostanza albuminoide sciolta nel liquido sanguigno della carne ed estraibile dai muscoli.

mùscolo¹ [dal lat. *mūsculus*, dim. di *mūs*, topo; 1340 ca.] **sm.** **1.** *T.anat.* ciascuno degli organi fibrosi contrattili del corpo animale, che servono a eseguire i vari movimenti; *muscoli striati* o *volontari*, che agiscono in dipendenza dal sistema nervoso centrale; *muscoli lisci* o *involontari*, collegati al sistema nervoso vegetativo ‖ *fig.* simbolo di forza fisica: *uomo tutto muscoli, lavorare più coi muscoli che col cervello* **2.** *T.mac.* nome di alcuni tagli di carne piuttosto magra e polposa **3.** *T.mil.* antica macchina da guerra, simile alla vinea ma più robusta e con una feritoia aperta nella parte anteriore ad uso degli arcieri ‖ *dim.* muscolétto, muscolìno; *accr.* muscolóne ‖ **N.** **1.** lacerto | abduttori, adduttori, contrattili, deduttori, dilagatori, elevatori, erettori, estensori, flessori, rotatori, tensori; ausiliari, bicipiti, complessi; flaccidi, pronunciati, rigidi, sviluppati | tendine; tonicità; atrofia, crampo, incordatura, miastenia, reuma, tic; miologia; culturismo | mio-. **Q.T.** *anatomia* **TAV.** *alimentazione.*

mùscolo² [dal lat. *mūsculus*; 1561] **sm.** mollusco chiamato anche *peocio* o *mitilo.* **TAV.** ***anatomia*** **p. 641** 1, 3 e **p. 642** 15.6, 19.8.

muscolocutàneo [comp. di *muscolo* e *cutaneo*; 1834] **agg.** *T.anat.* di nervo, connesso con i muscoli e la cute.

muscololacunàre [comp. di *muscolo* e *lacuna*, con suff. agg.; 1958] **agg.** *T.med.* di ernia, che penetra dentro una lacuna muscolare.

muscolomembranóso [comp. di *muscolo* e *membranoso*; 1958] **agg.** *T.anat.* di membrana, contenente fibre muscolari.

muscolosità [da *muscoloso*; 1869] **sf.** qualità di chi o di ciò che è muscoloso ‖ *concr.* presenza di muscoli: *le muscolosità del braccio.*

muscolóso [dal lat. *muscolōsus*; a. 1320] **agg.** che ha muscoli ben rilevati: *petto muscoloso, donna muscolosa* ‖ **N.** nerboruto, forzuto | culturismo.

muscóne [comp. del lat. *muscus*, muschio e *-one¹*; 1954] **sm.** *T.chim.* composto chetonico liquido, che costituisce il principio attivo del muschio ed è usato in profumeria.

muscóso [dal lat. *muscōsus*; 1340 *muschioso*] **agg.** coperto di musco: *atri muscosi.*

muscovite [dall'ingl. *Muscovy* (*glass*), vetro di Moscovia, cioè di Russia; 1895] **sf.** *T.min.*

MUSICA

MUSICA: appassionata, aspra, briosa, capricciosa, carezzevole, chiassosa, elevata, giocosa, maestosa, melodiosa, monotona, orecchiabile, seria, severa, soave, solenne, struggente, uggiosa, vivace; bitematica, cromatica, diafonica, diatonica, dodecafonica o seriale, modale, monodica / polifonica, monotematica, omeotonica, omofonica, omoritmica, pentatonica, tonale / atonale; a cappella, aleatoria, ambientale, a programma, bandistica, classica, concertata, concreta, contemporanea, corale, da ballo, da camera, da chiesa, da concerto, di consumo, d'intrattenimento, elettronica, *folk*, folcloristica, leggera, lirica, liturgica, operistica, popolare, sacra / profana, sinfonica strumentale, totale, tzigana, vocale; *beat, blues, boogie–woogie, country, disco–music, funk, hard rock, heavy metal, jazz, new wave, pop–music, ragtime, rap, reggae, rock, scat, soul music, videomusic*; antifonia, bitematismo, bitonalità, cacofonia, colorismo, diafonia, diatonia, dodecafonia, enarmonia, esatonia, mensuralismo, omofonia, omoritmia, omotonia, pentafonia, polifonia, polimelia, poliritmia, politonalità, tematismo, tonalismo.

GENERI E FORME: *anthem, arabesque*, aria (di bravura, di sortita, di baule, di sorbetto), arietta, arioso, arrangiamento, baccanale, bagatella, ballata, balletto, barcarola, battaglia, *berceuse*, bergamasca, burletta o burlesca, cabaletta, caccia, cacciatora, cadenza, canone, cantata, canto di lavoro, canto di protesta, canzone, canzonetta, capriccio, cassazione, cavatina, centone, *chanson*, colonna sonora, commedia musicale, concertato, concertino, concerto, concerto grosso, corale, coro, divertimento, duetto, egloga, fantasia, follia, frottola, fuga, gavotta, gitana, gondoliera, *gospel, ground, impromptu*, improvviso, inno, interludio, intermezzo, invenzione, *jingle*, lamento, *lied*, madrigale, marcia, melodramma, messa (barocca, concertata, da requiem, sinfonica, solenne; introito, kyrie, gloria, credo, offertorio, sanctus, agnus dei; proprio, ordinario), minuetto, miserere, mottetto, *musical*, nenia, ninnananna, notturno, novelletta, opera (seria, semiseria, buffa), operetta, oratorio, ottetto, *ouverture*, padovana, parafrasi, parodia, partita, passacaglia, passagallo, passione, pasticcio, pastorale, pavana, poema sinfonico, polacca o *polonaise*, postludio, *pot–pourri*, preludio, quartetto, quintetto, rapsodia, recitativo (secco o semplice, accompagnato od obbligato), ricercare, romanesca, romanza, rondello, *rondes*, rondò, salmo, sarabanda, scherzo, serenata, sestetto, settimino, siciliana, sigla musicale, sinfonia, solo, sonata, sonatina, *spiritual*, stornello, strambotto, studio, *suite*, tema con variazioni, terzetto, toccata, trio, tropo, valzer, *vaudeville*, villanella o villanesca, villotta, zarzuela, zingaresca (v. anche quadro terminologico DANZA).

NOTAZIONE E RITMO: accidente o alterazione (bemolle, bequadro, diesis, doppio bemolle, doppio diesis), armatura, battuta o misura (d'aspetto, vuota), biscroma, breve, cesura, chiave (di basso, di baritono, di soprano, di mezzosoprano, di contralto, di tenore; di fa, di do, di sol), corona, croma, figura, forcella, interpunzione, legatura, legatura di valore, metà, minima, neuma, nota, notina, partitura, pausa, pentagramma o rigo, plica, prolazione, proporzione, punto, rigata, semibiscroma, semibreve, semicroma, semiminima, segno dinamico, setticlavio, spazio, stanghetta, taglio, tetragramma, virga; accento, controtempo, duina, emiolia o sesquialtera, quartina, quintina, ritardo, sestina, sincope, tempo (a cappella, alla breve, dispari o ternario, misto, pari o binario), tempo debole o levare o arsi, tempo forte o battere o tesi.

LINEA MELODICA: abbellimento, acciaccatura, affetto, appoggiatura, arpeggio, coloratura, diminuzione, fioritura, gorgia, groppo, gruppetto, gruppo; intervallo (ascendente / discendente, congiunto / disgiunto; di prima, di seconda, di terza ecc.; giusto, maggiore, minore, diminuito, eccedente); frammento, frase, inciso, motivo, movimento, periodo, pezzo, soggetto; ambito tonale, anabasi, anacrusi, cantus firmus, clausola, cromatismo, do mobile, eptacordo, esacordo, figurazione, gamma, gamma ut, incipit, melopea, modo, ottacordo, pentacordo, pneuma, salto, semicadenza, semitono, solmisazione, tetracordo, tonalità, tono, trìtono.

SCALA: di modo maggiore, minore; naturale, armonica, melodica; cromatica, diatonica, esato-

segue

mica, costituita da silicato basico di alluminio e potassio, che si presenta in forma di lamine chiare e lucenti, facilmente sfaldabili.

muṣeàle [da *museo*; 1954] ***agg.*** *non com.* di, da museo: *organizzazione museale* || **N.** *Sin.* museografico.

muṣèllo [dal fr. ant. *musel*, muso; sec. XIII] ***sm.*** nei bovini, regione del muso compresa tra il naso e il labbro.

muṣèo [dal lat. *musēum*; 1538] ***sm.*** **1.** raccolta di oggetti interessanti per valore storico, scientifico, artistico ecc.: *museo di arte antica, museo del Risorgimento, museo di scienze naturali* || il luogo dove tali cose sono disposte || *roba da museo*, anticaglia, che non serve più a niente **2.** *T.archeol.* grotta con decorazioni murali che i Romani usavano costruire nei loro giardini || **N.** **1.** collezione, discoteca, galleria, gipsoteca, pinacoteca, raccolta | conservatore, esemplare. **Q.T.** archeologia.

muṣeografìa [comp. di *museo* e *-grafia*; 1939] ***sf.*** disciplina che studia i problemi tecnici e organizzativi relativi ai musei.

muṣeogràfico (pl. *-ci*) [da *museografia*; 1958] ***agg.*** relativo alla museografia, proprio della museografia || **N.** *Sin.* museale.

muṣeologìa [comp. di *museo-* e *-logia*; 1958] ***sf.*** *non com.* museografia.

muṣeotècnica [comp. di *museo* e *tecnica*; 1950] ***sf.*** arte di disporre adeguatamente i pezzi in un museo.

muṣeruòla [da *muso*; 1554] ***sf.*** arnese fatto con strisce di cuoio o di altra materia, che serve a serrare il muso ai cani o ad altri animali, perché non mordano, o per impedire loro di mangiare || *fig. mettere la museruola a qualcuno*, impedirgli di parlare liberamente.

muṣétta ***sf.*** adattamento it. di *musette* (v.).

musette (fr., pr. [my'zɛt]) [dim. di *muse*, cornamusa; 1722 *musetta*] ***sf.*** *inv.* *T.mus.* **1.** strumento musicale simile alla zampogna **2.** danza di carattere pastorale, in due o tre tempi, di origine medievale **3.** registro dell'organo, di timbro vicino a quello dell'oboe.

muṣétto (*dim.* di *muso*) [a. 1712] ***sm.*** faccia graziosa ed espressiva: *un bimbo con un bel musetto.*

mùṣica [dal lat. *mūsica*; a. 1294] ***sf.*** **1.** arte che utilizza il suono come mezzo espressivo: *studiare musica, storia della musica, appassionato di musica*; rispetto allo stile e alla provenienza: *musica barocca, romantica*; *musica persiana, latino-americana*; rispetto al genere e alla destinazione: *musica operistica, sinfonica*; *musica da ballo, liturgica*; *musica ambientale*, musica composta in funzione di un determinato uso e in un determinato spazio (per es. come sfondo sonoro di esposizioni, manifestazioni e sim.) || prodotto concreto di tale arte: *questa musica è stupenda, ricordo la musica ma non le parole, per animare la festa ci vorrebbe un po' di musica*; *musica maestro!*, anche *fig.* per invitare a dar inizio a qualcosa || *mettere in musica*, fornire di supporto melodico: *mettere in musica una poesia* || *musica a programma*, musica strumentale intesa a esprimere contenuti extramusicali || *carta da musica*, con pentagrammi già stampati; *per metaf.* tipo di pane sardo, secco e sottilissimo **2.** *per meton. pop.* banda di suonatori: *la musica del reggimento, davanti alla sfilata c'è la musica* **3.** *fig.* suoni dolci e armoniosi: *la musica dei versi foscoliani, la musica del vento, della pioggia*; *antifr. che musica!*, che frastuono! || *la solita musica, la stessa musica*, sempre la stessa noiosa storia, le stesse richieste || *dim.* musichétta; *accr.* musicóna; *spreg.* musicàccia || **N.** armonia, arte dei suoni, linguaggio musicale. **Q.T.** *musica* **TAV.** ***musica*** **p. 1324** sg.

muṣicàbile [da *musicare*; 1869] ***agg.*** che può essere convenientemente musicato.

muṣicabilità [da *musicabile*; 1950] ***sf.*** *non com.* l'essere musicabile; la qualità di ciò che è musicabile.

musical (ingl., pr. ['mju:zɪkəl]) [letter. musicale; 1963] ***sm.*** *inv.* commedia musicale. **Q.T.** danza.

muṣicàle [da *musica*; a. 1304] ***agg.*** di musica, attinente a musica: *composizione musicale, rivista musicale* || sensibile alla musica: *orecchio musicale* || dolce, melodioso: *versi musicali* || *T.ling. accento musicale*, con elevamento di tono || **muṣicalménte** ***avv.*** da un punto di vista musicale || **N.** melico, musico; armonioso, melodico, melodioso.

muṣicalità [da *musicale*; 1898] ***sf.*** qualità di ciò che ha la soavità di una musica: *musicalità di una voce, di una poesia* || la dote di chi è musicale.

muṣicànte [da *musicare*; 1810] ***s.*** *spreg.* musicista da strapazzo || **N.** bandista, musicista.

muṣicàre (pres. *mùṣico, mùṣichi*) [da *musica*; sec. XIV] ***tr.*** mettere in musica: *musicare un testo poetico* || ***intr.*** (aus. *avere*) *arc.* cantare o suonare musica.

muṣicassétta [comp. di *musica* e *cassetta*, sul modello dell'ingl. *musicassette*; 1973] ***sf.*** caricatore di nastro magnetico, di forma piatta e rettangolare, contenente musica già registrata, oppure vuoto, in modo da poter essere inciso || **N.** *Sin.* fonocassetta.

music-hall (ingl., pr. ['mju:zɪkhɔ:l]) [letter. sala da musica; 1894] ***sm.*** *inv.* teatro in cui si rappresentano spettacoli di varietà || lo spettacolo stesso.

muṣichévole [da *musicare*; 1629] ***agg.*** *arc.* musicale.

muṣicista [da *musica*; 1866] ***s.*** compositore di musica || suonatore di strumento musicale || **N.** esecutore, filarmonico, musico, strumentista, virtuoso.

mùṣico (pl. *-ci*) [dal lat. *mūsicus*; 1308 come sm.] **I** ***agg.*** *lett.* musicale: *musico suono, musiche mani* **II** ***sm.*** (f. *-a*) *arc.* musicista || *in part.* nel '700, cantante castrato.

mùṣico- [da *musica*] ***primo elem.*** che, in parole dotte composte (per es. *musicologo, musicomane*) vale "musica" || **N.** *Sin.* melo-.

muṣicògrafo [comp. di *musico-* e *-grafo*; 1834] ***sm.*** (f. *-a*) chi scrive su argomenti musicali.

muṣicologìa [comp. di *musico-* e *-logia*; 1917] ***sf.*** studio critico, scientifico e filologico dell'arte musicale.

muṣicològico (pl. *-ci*) [da *musicologia*; 1958] ***agg.*** che si riferisce alla musicologia.

segue MUSICA

nale o esafonica, pentafonica o pentatonica, temperata; dorica, eolia, ipodorica, ipofrigia, ipolidia; ut o do, re, mi, fa, sol, la, si; grado (primo, secondo, terzo ecc.); nota (tonica, sopratonica, mediana o mediante o caratteristica, sottodominante, dominante, sopradominante, sensibile; di passaggio, di volta, legata, lunga, puntata, reale, tenuta).

ARMONIA: accompagnamento, accordo (consonante, dissonante, fondamentale), anticipazione, bicordo, basso (albertino, cifrato o numerato, continuo, ostinato), bordone, cadenza (evitata, frigia, d'inganno, imperfetta, plagale, perfetta, sospesa), consonanza, controcanto, diapente, dicordo, disaccordo, discanto, dissonanza (di passaggio, su tempo forte), dissono, equisonanza, equisono, falso bordone, imbroglio, intreccio delle parti, modulazione, mutazione, organum, policordo, posizione (stretta, lata), preparazione, raddoppio, risoluzione, rivolto, triade, unisono.

CONTRAPPUNTO: alla decima, alla dodicesima, all'ottava, doppio, fiorito o florido, quadruplo, su canto dato, triplo; aumentazione, canone (a specchio, diretto, enigmatico, infinito, inverso, per aggravamento, perpetuo), diminuzione, fuga (tema o soggetto, controsoggetto, risposta, esposizione, controesposizione, ripresa, pedale, coda), imitazione, moto (contrario, retto, obliquo), progressione.

MOVIMENTO E DINAMICA: agogica, andamento, chironomia, direzione, fraseggio; accelerando, a capriccio, adagio, ad libitum, affettuoso, affrettando, agitato, allegretto, allegro, amabile, amoroso, andante, andantino, animato, a piacere, appassionato, arpeggiato, a solo, calando, con la parte, con brio, con espressione, con moto, crescendo, decrescendo, digradando, diminuendo, forte, fortissimo, glissando, grave, incalzando, larghetto, largo, lento, maestoso, martellato, moderato, morendo, mosso, perdendosi, pianissimo, piano, pizzicato, portato, precipitando, precipitato, prestissimo, presto, rallentando, rinforzando, rubato, scherzando, sfogato, sforzando, slargando, slentando, smorzando, sostenuto, staccato, stringendo, strisciando, vibrato, vivace.

VOCE: acuta, agile, argentina, armoniosa, calda, caprina, debole, delicata, dolce, espressiva, estesa, fioca, flautata, flebile, gutturale, lamentevole, leggera, limpida, metallica, nasale, pastosa, piena, profonda, robusta, roca, soave, spiegata, squillante, stentorea, stridula, tonante, velata; calante, di gola, di petto, di testa, girata, impostata / naturale, ingolata, in maschera; acuto, agilità, appoggio, battimenti, bel canto, coloritura, copertura, do di petto, emissione, estensione, falsetto, falsettone, fiorettatura, gorgheggio, impostazione, messa di voce o suono filato, mezza voce, oscuramento, passaggio di registro, picchiettato, portamento, sopracuto, stecca, stonatura, tessitura, timbro, trillo, vocalità, vocalizzo, volatina, volume di voce.

REGISTRI: basso (cantante, profondo, comico o buffo), baritono (drammatico, lirico), tenore (drammatico, lirico, di grazia), contralto, mezzocontralto, mezzosoprano, soprano (drammatico, lirico, leggero, di coloratura), falsettista, controtenore, contraltista, alto, sopranista, voce bianca.

STRUMENTI MUSICALI: a chiave, a corda, ad ancia, ad arco, ad aria, aerofono, a penna, a percussione, a pistone, a plettro, a fiato, a tastiera, cordofoni, elettrici, elettronici, membranofoni; accordio, angelica, archicembalo, arciliuto, armonica a bocca, armonium, arpa, arpeggione, arpicordo, autopiano, balalaica, bandola, bandura, *banjo*, barbito, bassanello, basso, bassotuba, batteria, bombarda, bombardino, bombardone, *booster*, caccavella, campana, campanaccio, campanello, campane tubolari, campionatore, *carillon*, castagnette, celesta, cello, cembalo, cembanella, cetra, chiarina, chitarra (classica, elettrica, hawaiana), chitarrone, ciaramella, cimbalo, cinira, clarinetto, clarone, clavicembalo, clavicordo, *clavioline*, colascione, conga, contrabbasso, controfagotto, cornamusa, cornetta, cornetto, corno (da caccia, da postiglione, di bassetto, inglese) cromorno, crotalo, crotta, duda, dulciana, dulcimero, endecacordo, enneacordo, fagotto, fisarmonica, fistola, flautino, flauto (dolce, di Pan, traverso), flicorno, fortepiano, ghironda,

segue

muṣicòlogo (pl. *-gi*) [comp. di *musico-* e *-logo*; 1917] ***sm.*** (f. *-a*) studioso di musicologia.
muṣicòmane [comp. di *musico-* e *-mane*; 1839] ***s.*** persona morbosamente appassionata di musica; anche *scherz.* || **N.** *Sin.* melomane.
muṣicomanìa [comp. di *musico-* e *-mania*; 1829] ***sf.*** morbosa passione per la musica.
muṣicoterapìa [comp. di *musico-* e *terapia*; 1935] ***sf.*** *T.med.* cura di certe malattie, spec. nervose, con la musica || **N.** *Sin.* meloterapia.
muṣìno (*dim.* di *muso*) [1585] ***sm.*** viso piccolo e aggraziato.
muṣìvo [dal lat. tardo *musīvus*; 1895] ***agg.*** di mosaico: *arte musiva, oro musivo.*
muṣmè [dal fr. *mousmée*; 1905] ***sf.*** in Giappone, giovane donna che lavora nelle case da tè.
mùṣo [lat. tardo *musus*; 1313] ***sm.*** **1.** la parte anteriore del capo degli animali: *il muso del gatto, della scimmia* || *fam. spreg.* il viso dell'uomo: *spaccare il muso a qualcuno, muso sudicio* || *un brutto muso,* persona dall'aria poco raccomandabile, o antipatica || *allungare il muso,* dimagrire || *dire una cosa a qualcuno sul muso,* dirgliela apertamente || *torcere il muso,* fare smorfie di disgusto o contrarietà || *fam.* broncio: *mettere, avere il muso* || *a muso duro,* in modo brutale e deciso **2.** *fig.* oggetto a forma allungata, simile a muso di animale || *in part.* la parte anteriore della carrozzeria di un autoveicolo o della fusoliera di un aereo || *dim.* musétto, musìno; *accr.* musóne; *pegg.* musàccio || **N. 1.** ceffo, grifo, grugno, mostaccio, mutria; FACCIA. **TAV. *mammiferi* p. 1318** 1.7.
Muṣofàgidi (sing. *-e*) [comp. di *musa*[2], *-fago* e *-idi*; 1934] ***sm. pl.*** famiglia di Uccelli comprendente varie specie africane.
muṣolièra [dal fr. *muselière*; a. 1783] ***sf.*** *ant.* museruola.
muṣóne [da *muso*; 1618] ***sm.*** (f. *-a*) persona scontrosa e poco socievole; anche chi suole tenere il broncio.
muṣonerìa [da *musone*; a. 1861] ***sf.*** scontrosità.
muṣórno [da *muso*; a. 1294] ***agg.*** *arc.* attonito, inebetito || imbronciato.
mussàre [dal fr. *mousser*; 1837] ***intr.*** (aus. *avere*) detto di bevande, spumeggiare || ***tr.*** *mussare una notizia,* nel gergo dei giornalisti, gonfiarla.
mussitazióne [dal lat. tardo *mussitātio, -ōnis*; 1834] ***sf.*** *T.med.* delirio tranquillo, nel quale il malato febbricitante muove le labbra ma non emette suoni.
mùssola [dal n. geogr. *Mossul*, città della Mesopotamia; 1819] ***sf.*** tessuto leggero, morbido e trasparente, di cotone o di lana.
mussolàra o **mussolièra** [da *mussolo*; 1937] ***sf.*** *T.pesc.* rete a strascico per la pesca di alto mare; serve comunemente per la pesca dei molluschi.
mussolìna [da *mussola*, attr. il fr. *mousseline*; 1706] ***sf.*** mussola.
mussolinIàno [dal n. proprio B. *Mussolini*; 1915] ***agg.*** di B. Mussolini: *la dittatura mussoliniana* || **N.** fascista.
mùssolo [da *mussola*; 1674] ***sm.*** mussola.
mussulmàno V. MUSULMANO.
must (ingl., pr. [mʌst]) [letter. dovere, essere obbligati; 1983] ***sm.*** *inv.* cosa che si deve necessariamente fare, vedere, possedere per essere alla moda: *l'abbronzatura invernale è un must per chi vuole essere accolto in quel circolo.*
mustacchìno (*dim.* di *mustacchio*) [a. 1865] ***sm.*** uccellino dei Passeracei con due ciuffetti neri ai lati del becco || **N.** *Sin.* basettino.
mustàcchio (pl. *-chi*) [dal gr. mediev. *moustákion*; 1524 *mostacchi*] ***sm.*** **1.** *pl.* baffi spec. se piuttosto folti e sviluppati: *lisciarsi, arricciarsi i mustacchi* **2.** *T.mar.* ciascuna delle sartie del bompresso || *dim.* mustacchìno; *accr.* mustacchiòni.
mustang (ingl., pr. [ˈmʌstæŋ]; pr. it. [musˈtaŋg]) [dallo sp. *mestengo*, di sangue misto; 1913] ***sm.*** *inv.* cavallo selvatico diffuso negli Stati Uniti e nel Messico.
mustèla [dal lat. *mustēla*; prima metà sec. XIV] ***sf.*** *T.zool.* genere di Mammiferi Carnivori a cui appartengono la faina, la donnola e l'ermellino.
Mustèlidi (sing. *-e*) [da *mustela*; 1934] ***sm. pl.*** *T.zool.* famiglia di Carnivori di media dimensione, con corpo molto allungato, spesso provvisti di belle e pregiate pellicce || **N.** donnola, ermellino, faina, furetto, lontra, martora, tasso, visone.
musterIàno [dal fr. *mousterien*, dal n. della città fr. *Le Moustier*; 1958] ***sm.*** e ***agg.*** relativo a una cultura preistorica diffusa in Europa nel Paleolitico medio.
musulmanéṣimo o **musulmaniṣmo** [da *musulmano*; 1869 *musulmanismo*] ***sm.*** islamismo.
musulmàno o **mussulmàno** [dal pers. *muslimān*; 1557 *mussulmano*] ***agg.*** e ***sm.*** (f. *-a*) che o chi professa la religione di Maometto || **N.** *Sin.* MAOMETTANO | islamismo.
mùta[1] [da *mutare*; a. 1363] ***sf.*** **1.** il mutare; cambio, avvicendamento: *darsi la muta* || *muta del vino,* travasatura || *in part.* in numerosi animali, rinnovamento dell'esoscheletro o dello strato corneo della pelle; anche il cambiamento di penne degli uccelli o di peli in certi mammiferi **2.** *concr.* il complesso di arredi, vesti e sim. di cui si fa uso per un dato scopo, sostituendo un altro complesso simile; ricambio; *una muta di candelieri, di vestiti, di vele*; *in part.* di cavalli da tiro: *una muta di cavalli, muta a quattro* **3.** tuta di gomma da subacqueo, impiegata nelle immersioni in acque fredde || nella loc. avv. *ant. a muta a muta,* vicendevolmente. **Q.T.** *pesca.*
mùta[2] [dal fr. *meute*; a. 1685] ***sf.*** di cani, gruppo addestrato per la caccia o per il traino: *sguinzagliare una muta di segugi.*
mutàbile [dal lat. *mutābilis*; a. 1292] ***agg.*** **1.** che si può mutare **2.** che cambia facilmente, volubile || **mutabilménte** ***avv.*** || **N. 1.** *Sin.* commutabile, sostituibile, permutabile **2.** *Sin.* instabile, mutevole, proteiforme, sfuggente, variabile.
mutabilità [dal lat. *mutābilitas, -ātis*; a. 1292 nel senso 2] ***sf.*** **1.** caratteristica di ciò che può essere mutato **2.** volubilità, incostanza.
mutaciṣmo [dal lat. tardo *metacismus*, con in-

segue MUSICA

gong, grancassa, guzla, launeddas, lira, lituo, liuto, *loure,* mandola, mandolino, manicordo, maracas, marimba, marranzano, monocordo, *musette,* nacchere, nasardo, negarit, oboe, oboe d'amore, organistrum, ocarina, oficleide, organetto, organetto di Barberia, organo (positivo, elettronico), ottavino, pectide, pandorio, pianoforte (a coda, a mezza coda, verticale), piatti, piffero, *pochette,* putipù, raganella, rastro, ribeca, salterio, sansa, sassofono, sassotromba, *saxhorn,* scacciapensieri, scatola musicale, serpentone, sintetizzatore, sestino, sirenetta, siringa, sistro, *sitar,* sordone, spinetta, talabalacco, tamburello a sonagli, tamburo, tamtam, *temple–block,* tenoron, tibia, timpano, tiorba, triangolo, tricche tracche, tricordo, tromba (dell'Aida, *jazz,* piccola), trombone, tuba, *ukulele,* viella, vina, viola (da braccia, da gamba, d'amore), violetta, violino, violoncello, violone, virginale, xilofono, zampogna, zimbalon, *zither,* zufolo.

PARTI: ancia (doppia, semplice), bischero, bocchino, canna, capotasto, catena, cavigliere, *console,* coperchio, cordiera, *coulisse,* ditale, leggio, mensola, mentoniera, pancone, pedale, pedaliera, penna, pirolo, pistone, plessimetro, plettro, ponticello, registro, ripieno, scappamento, smorzatore, tastiera, tasto, tavola, traversine, tiratutti, ventilabro.

PERSONE E GRUPPI: accompagnatore, accordatore, bandista, cantante (esordiente, di cartello, di mezzo cartello, di spolvero, bolso, sfiatato, stonato), cantastorie, cantautore, canterino, cantore, canzonettista, compositore, comprimario, concertatore, concertista, corista, critico musicale, dilettante, direttore d'orchestra, *disc–jockey,* esecutore, filarmonico, impresario teatrale, interprete, librettista, madrigalista, maestro del coro, maestro di canto, maestro di cappella, melomane, mottettista, musicista, musico, musicologo, musicomane, orchestrale, orecchiante, professore d'orchestra, rapsodista, solista, strimpellatore, strumentatore, strumentista, sonatista, suonatore, tecnico del suono, tempista, *vocalist*; arpista, batterista, chitarrista, citaredo, clarinettista, clavicembalista, contrabbassista, cornista, fagottista, flautista, gambista, liutista, oboista, organista, pianista, sassofonista, tastierista, timpanista, trombonista, violinista (primo violino, violino di fila, violino di spalla), violoncellista; banda, cappella, complessino, complesso, corifeo, coro (da camera, di voci bianche, femminile, misto, virile), duo, fanfara, filarmonica, *jazz band,* orchestra, orchestrina, *rock band.*

LUOGHI: auditorium, sala da concerto, teatro dell'opera, sala prove, sala d'incisione, conservatorio, liceo musicale, caffè–concerto, piano–bar, discoteca, biblioteca musicale.

OPERAZIONI E ATTIVITÀ: accelerare, accennare, accentare, accompagnare, accordare, allargare i tempi, andare a tempo, armonizzare, arrangiare, articolare, attaccare, baritoneggiare, battere il tempo, belare, bemollizzare, berciare, cadenzare, calare, cantare, cantare a squarciagola, canterellare, canticchiare, colorire, contrappuntare, crescere, cromatizzare, dare il la, dare l'attacco, dare l'intonazione, diesizzare, digitare, dirigere, discantare, diteggiare, eseguire, filare, fischiare, fraseggiare, gorgheggiare, grattare uno strumento, imitare, improvvisare, intavolare, interpretare, intonare, leggere a prima vista, mettere in musica, modulare, mugolare, musicare, pestare, picchiettare, pizzicare, preludiare, registare, salmodiare, scandire, sfiatarsi, sfumare, sincopare, solfeggiare, squillare, stonare, strimpellare, stringere i tempi, strombettare, strumentare, temperare, terzinare, trascrivere, trasporre, trasportare, vocalizzare.

TERMINI VARI: bacchetta, comma, corista o diapason, golfo mistico, incipitario, leggio, libretto, metronomo, *opus,* parte, partitura, podio orecchio (assoluto, relativo), solfeggio (cantato, parlato), spartito, tonarium; cassetta, *compact disc,* disco; assolo, attacco, audizione, competizione canora, concerto, debutto, esecuzione (oratoriale o in forma di concerto), esordio, festival, finale, improvvisazione, *jam–session, recital,* saggio; arcata, arco, gettata, daccapo, motivo conduttore o *leitmotiv,* ripresa, ritornello o *refrain,* strofa o *couplet*; digitazione, diteggiatura, intavolatura, strumentazione, temperamento equabile, trascrizione, trasporto; a due, a quattro mani; acustica, etnomusicologia, musicologia, musicoterapia, organologia, paleografia musicale, storiografia musicale.

flusso di *muto*; 1865] **sm.** tendenza a balbettare part. sulle consonanti labiali.

mutagènesi [comp. di *muta(zione)* e *genesi*; 1984] **sm.** *T.biol.* insieme dei processi che portano ad una alterazione permanente di un gene: *nuova varietà di grano creata con la tecnica della mutagenesi.*

mutàgeno [comp. di *muta(zione)* e *-geno*; 1961] **agg.** e **sm.** *T.biol.* detto di agente chimico o fisico che provoca mutazioni genetiche: *radiazioni mutagene.*

mutaménto [da *mutare*; a. 1292] **sm.** il mutare e il mutarsi; sin. dotto di *cambiamento*: *attendere mutamenti della situazione*; *un'aura dolce senza mutamento / avere in sé mi feria per la fronte* (Dante) || **N.** *Sin.* alterazione, metamorfosi, trasformazione; CAMBIAMENTO.

mutànde [lat. *mutandae*, (vesti) da cambiare; sec. XIV] **sf. pl.** indumento simile a calzoncini più o meno sgambati, che si indossano sulla pelle: *mutande di lana, di seta, da uomo, da bambino* || *dim.* mutandìne; *accr.* mutandóni (*sm. pl.*) || **N.** slip.

mutandìne (*dim.* di *mutande*) [1891] **sf. pl.** **1.** piccole mutande, spec. da bambino o da donna **2.** *mutandine da bagno*, costume da bagno per uomo o per bambini o parte inferiore del costume a due pezzi femminile.

mutànte (*ppr.* di *mutare*) [1958] **sm.** **1.** *T.biol.* gene che ha subìto una mutazione; anche *agg.* **2.** chi è portatore di una mutazione genetica; anche *agg.*: *individuo mutante.*

mutànza [da *mutare*; a. 1276] **sf.** *ant.* mutamento.

mutàre [lat. *mutāre*; 1219 nel senso 2] **tr.** **1.** sostituire qualcosa con altra dello stesso genere: *mutare l'acqua nei vasi, mutare opinione*; *mutare il letto*, sostituirvi le lenzuola **2.** trasformare: *il principe fu mutato in ranocchio, mutare l'acqua in ghiaccio* || **intr.** (aus. *essere*) cambiare, diventare diverso: *mio fratello è molto mutato* || **rifl.** cambiare, sostituire qualcosa che si ha indosso con altra analoga: *mutarsi d'abito* || **N. tr.** **1.** *Sin.* alterare, cangiare, commutare, modificare, variare, CAMBIARE **2.** *Sin.* convertire, trasformare, trasmutare.

mutatis mutandis (lat., pr. it. [mu'tatis mu'tandis]) [lett. mutate le cose che si devono mutare] **loc. avv.** fatte le debite varianti o correzioni.

mutatìvo [da *mutare*; a. 1440] **agg.** *non com.* che è atto a mutare o a produrre un mutamento.

mutatóre [lat. *mutator, -ōris*; a. 1292] **sm.** (f. *-trìce*) **1.** *non com.* chi muta **2.** *T.elettr.* dispositivo in grado di convertire una corrente alternata in continua e viceversa, o a trasformare la frequenza di una corrente.

mutatùra [dal lat. tardo *mutatūra*; sec. XIV] **sf.** atto ed effetto del mutare; mutamento, muta.

mutazionàle [da *mutazione*; 1983] **agg.** *T.biol.* relativo a mutazione genetica, proprio di una mutazione genetica: *sperimentazione mutazionale.*

mutazióne [dal lat. *mutātio, -ōnis*; 1282] **sf.** **1.** mutamento || *in part. T.teatr. mutazione di scena*, sostituzione del materiale scenografico tra un atto e l'altro **2.** *T.biol.* alterazione del patrimonio genetico di un individuo che determina nelle generazioni successive, l'insorgenza di caratteri non propri di quella specie; *mutazione spontanea*, che si verifica naturalmente nell'individuo; *mutazione indotta*, provocata da un agente mutageno (come ad es. i raggi X, γ, α, β) **3.** *T.lett.* ciascuna delle due prime parti in cui può essere divisa la strofa della ballata (*prima mutazione, seconda mutazione*) **4.** *T.mus.* metodo di notazione e lettura musicale usato nel Medio Evo, che consisteva nel cambiare le sillabe indicatrici delle note quando la melodia passava l'estensione dell'esacordo.

mutazionìsmo [da *mutazione*; 1942] **sm.** *T.biol.* teoria evoluzionistica secondo la quale le specie sarebbero normalmente stabili, e nuove specie si svilupperebbero solo in certi momenti ciclici, per l'insorgere di mutazioni senza particolare rapporto con l'ambiente.

mutazionìsta [da *mutazionismo*; 1981] **s.** *T.biol.* seguace o sostenitore del mutazionismo.

mutazionìstico (pl. *-ci*) [da *mutazionismo*; 1983] **agg.** *T.biol.* relativo al mutazionismo, proprio del mutazionismo.

mutévole [lat. *mutābilis*; sec. XIV] **agg.** che cambia facilmente: *l'aspetto mutevole delle cose, clima mutevole* || *indole, carattere mutevole*, volubile, incostante || **mutevolménte** **avv.**

mutevolézza [da *mutevole*; 1653] **sf.** qualità di chi o di ciò che è mutevole: *mutevolezza di carattere, di opinioni, d'idee* || **N.** *Sin.* volubilità.

mutézza [da *muto*; a. 1306] **sf.** *raro* l'essere muto.

mùtico (pl. *-ci*) [dal lat. *muticus*; 1803] **agg.** *T.agr.* di una varietà di grano la cui spiga è sprovvista di reste.

mutilaménto [da *mutilare*; a. 1673] **sm.** *raro* mutilazione.

mutilàre (pres. *mùtilo*) [dal lat. *mutilāre*; 1387] **tr.** di organismo umano o animale, privare di un organo, spec. di arto: *l'esplosione lo ha mutilato di un braccio*; *per estens.*: *mutilare una statua, un pupazzo* || *fig.* rendere incompleto, privare di una parte essenziale: *mutilare un romanzo* || **N.** *Sin.* amputare, menomare, mozzare, tagliare, troncare; evirare, snasare; sfigurare, sfregiare.

mutilàto (*pps.* di *mutilare*) [a. 1677] **agg.** e **sm.** (f. *-a*) che o chi è privo di un arto o altra parte esterna del corpo, perlopiù in seguito a trauma: *i mutilati di guerra, i mutilati del lavoro* || **mutilataménte** **avv.** *fig.* in modo incompleto, con molte omissioni: *narrare dei fatti mutilatamente* || *dim.* mutilatìno || **N.** *Sin.* invalido, minorato, monco, storpio.

mutilatóre [da *mutilare*; a. 1694] **agg.** e **sm.** (f. *-trice*) *non com.* che o chi mutila.

mutilazióne [dal lat. tardo *mutilātio, -ōnis*; 1673] **sf.** atto ed effetto del mutilare: *subire, riportare la mutilazione di un arto*; *la grave mutilazione del monumento* || *T.giur. mutilazione volontaria*, procurata per sottrarsi al servizio militare o per riscuotere premi di assicurazione; è un reato punibile dal codice penale militare e da quello comune || *mutilazione etnica* o *rituale*, quella che, presso varie culture, costituisce un gesto di valore simbolico nella sfera sacra o sociale. **Q.T.** *genetica...*

mùtilo [dal lat. *mutilus*; 1485 ca.] **agg.** *lett.* mutilato, spec. *fig.*: *codice, libro mutilo* || **N.** mutilato.

muting (ingl., pr. ['mju:tɪŋ]) [da *to mute*, mettere la sordina; 1983] **sm.** *inv.* negli amplificatori, comando che abbassa il volume d'ascolto || nei sintonizzatori, filtro che riduce il rumore di fondo durante la ricerca delle stazioni.

mutìsmo [dal fr. *mutisme*; 1860] **sm.** *T.med.* incapacità ad articolare parole o emettere suoni || *per estens.* silenzio deliberato e ostinato: *l'imputato si chiuse nel più ostinato e rigido mutismo.*

mùto [dal lat. *mūtus*; a. 1294] **agg.** **1.** privo della facoltà di parlare; anche *sm.* (f. *-a*) || *per estens.* che sta zitto: *stette muto e immobile ad ascoltare* || senza parole per un'improvvisa e profonda emozione: *muti di stupore, di terrore* || *fare scena muta*, non rispondere affatto nel corso di un'interrogazione scolastica || *muto come un pesce*, nella maniera più assoluta **2.** *fig.* che non emette rumore, silenzioso: *tastiera muta, orologio muto* || di sentimenti, non esternati: *un dolore muto* || *alfabeto muto*, complesso di gesti corrispondenti alle lettere dell'alfabeto, usato gen. dai bambini per scambiare messaggi || *lettera muta*, che si scrive ma è priva di valore fonetico (es. *h* in *ho, hai*), o è pronunciata appena: *la "e" muta del francese* || *cartina muta*, carta geografica che ha il solo disegno del paese, ma non i nomi, usata a scopo didattico || *cinema muto*, quello delle origini, prima dell'avvento del sonoro; anche *sm.*: *grande maestro del muto* || **mutaménte** **avv.** || **N.** **1.** ammutolito, mutolo, sordomuto; silente, taciturno | dattilologia.

mùtolo [lat. volg. **mutulus*; prima metà sec. XIII] **agg.** *lett.* muto.

mùtria [etim. inc.; 1825] **sf.** atteggiamento del volto che mostra orgoglio o sdegno || *non com.* faccia tosta: *ci vuole una bella mutria a dire, a fare così* || **N.** grugno, muso.

mutrióne [da *mutria*; a. 1861] **sm.** (f. *-a*) persona dall'aria corrucciata e altera.

mùtua [da *mutuo*; 1869] **sf.** associazione previdenziale in cui ciascun membro contribuisce finanziariamente per garantirsi l'assistenza || *com.* ente di diritto pubblico che predispone l'assistenza sanitaria in caso di malattia: *pagare la mutua, il medico della mutua*; *per meton.* l'assistenza stessa: *essere in mutua*; *mettersi in mutua*, essere assistiti, assentarsi dal lavoro per malattia.

mutuàbile[1] [da *mutua*; 1981] **agg.** che è compreso fra le prestazioni erogate o rimborsate degli enti previdenziali statali: *farmaco mutuabile, visita mutuabile.*

mutuàbile[2] [da *mutuo*[2]; 1983] **agg.** *T.econ.* che può essere fatto oggetto di prestito.

mutuàle [da *mutuo*; 1363] **agg.** *ant.* mutuo.

mutualìsmo [da *mutuale*; 1895] **sm.** **1.** *T.biol.* simbiosi tra due o più organismi animali o vegetali, per cui i singoli membri si aiutano mutuamente **2.** *non com.* mutualità.

mutualìstico (pl. *-ci*) [da *mutuale*; 1939 nei sensi 2 e 3] **agg.** **1.** che si riferisce a mutualismo tra organismi: *simbiosi mutualistica* **2.** che si riferisce alla mutua: *assistenza mutualistica* **3.** che si riferisce a mutualità.

mutualità [da *mutuo*; 1891] **sf.** **1.** forma di assistenza reciproca e volontaria fra i componenti di un gruppo **2.** carattere di ciò che è mutuo.

mutuànte (*ppr.* di *mutuare*) [1673] **agg.** e **s.** *T.giur.* l'ente o la persona che concede un mutuo.

mutuàre (pres. *mùtuo*) [dal lat. *mutuāre*; a. 1498] **tr.** **1.** prendere o dare a mutuo **2.** *fig.* spec. di elementi stilistici, culturali e sim., assumere, derivare: *è un'idea che ha mutuato dal suo maestro.*

mutuatàrio (pl. *-ri*) [da *mutuare*; 1673] **agg.** e **sm.** (f. *-a*) *T.giur.* colui che prende a mutuo.

mutuàto (*pps.* di *mutuare*) [1950] **sm.** (f. *-a*) chi è assistito da una mutua.

mutuazióne [dal lat. *mutuātio, -ōnis*; a. 1311] **sf.** *lett.* scambio reciproco.

mùtulo [dal lat. *mutilus*, mensola; a. 1527] **sm.** *T.arch.* ornamento costituito da una mensola sporgente dalla parte inferiore della trabeazione di edifici classici o classicheggianti.

mùtuo[1] [dal lat. *mūtuus*; 1308] **agg.** scambievole, reciproco: *la mutua fede, mutua approvazione, mutua assistenza* || *cassa mutua*, v. MUTUA || **mutuaménte** **avv.** || **N.** *Sin.* vicendevole.

mùtuo[2] [dal lat. *mutuus*; 1427] **sm.** *T.banc.* prestito concesso da un istituto di credito, garantito con iscrizione ipotecaria su un immobile: *accendere, estinguere un mutuo.*

N

n lettera dell'alfabeto italiano. Nome per esteso *enne,* di genere femminile o, più di rado, maschile: *una n minuscola* ma anche *un n minuscolo*; *n come Napoli,* nella compitazione delle parole ‖ *disus. figlio di NN,* figlio di sconosciuti ‖ rappresenta generalmente il suono della nasale alveolare [n], che, come tutte le nasali in italiano e nella maggior parte delle lingue, è sonora. In posizione intervocalica, o compresa tra vocale e semiconsonante, può essere semplice (*cane, coniare*), o geminata (*canne, condanniamo*). La *n* rappresenta anche altri suoni nasali con diversi punti di articolazione, la labiodentale [ɱ] (*anfibio*), la velare [ŋ] (*ancora*). Questi suoni, però, si trovano in italiano soltanto se seguiti immediatamente da un'altra consonante con lo stesso punto di articolazione (la [ɱ] solo davanti a *f, v*; la [ŋ] solo davanti a [k] e [g]), e non sono quindi in opposizione con [n]. La *n* si trova inoltre nel digramma *gn,* che rappresenta il suono della nasale palatale [ɲ], pronunciata sempre geminata in posizione intervocalica: *gnomo, ragno* ‖ per il comportamento dei verbi in *-gn-* alla prima persona pl. dell'ind. pres. v. *i* ‖ il gruppo *gn* ha all'inizio di parola lo stesso trattamento della *s* seguita da consonante (v.): *lo (uno) gnomo, gli gnocchi* ‖ per le sigle e abbreviazioni in cui compare, v. la lista relativa.

nabàbbo [dall'urdu *nawwāb,* prob. attr. il port.; 1708 *nabab*] ***sm.*** titolo dato ai governanti dell'India nell'impero mongolo ‖ *per estens.* principe indiano ‖ *scherz.* persona ricchissima, che vive nel lusso: *fa una vita da nababbo.*

nàca [dal gr. *nákē*; 1931] ***sf.*** *merid.* **1.** specie di culla sospesa **2.** piccola rete a sacco per la pesca a strascico.

nàcchera [dall'ar. *naqqāra,* timpano; a. 1348] ***sf.*** **1.** *pl.* strumento musicale a percussione, formato da due dischi di legno duro, che, tenuti nel palmo della mano, si battono velocemente l'uno contro l'altro per segnare o accompagnare il ritmo della danza; è caratteristico del folclore spagnolo **2.** mollusco bivalve di grosse dimensioni, di cui un tempo si impiegava la secrezione filamentosa per tessere una stoffa leggera **3.** *ant.* strumento a percussione, simile al tamburo ‖ *dim.* naccherétta, naccherìno (*sm.*) ‖ **N. 1.** *Sin.* castagnette, crotalo.

naccherino [da *nacchera*; a. 1348] ***sm.*** (f. *-a*) **1.** suonatore di nacchere **2.** *arc. tosc. vezz.* bambino.

nadìr [dall'ar. *nazir,* opposto; a. 1313] ***sm. inv.*** *T.astr.* il punto del cielo opposto allo zenit.

nàfta [dal lat. tardo e gr. *náphtha*; fine sec. XIV] ***sf.*** termine comprensivo di vari prodotti della distillazione del petrolio, ottenuti a temperature comprese fra i 30 e i 210 °C, impiegati per riscaldamento, illuminazione e come carburante per motori Diesel ‖ **N.** benzina.

naftàlico (pl. *-ci*) [da *naftalina*; 1958] ***agg.*** *T.chim. acido naftalico,* acido organico derivato dalla naftalina per introduzione di due gruppi carbossilici.

naftalina [dal fr. *naphtaline*; 1869] ***sf.*** *T.chim.* idrocarburo solido, bianco, di odore acre, che si ottiene dal catrame; è usato tra l'altro per proteggere le stoffe di lana dalle tarme e nella sintesi di materie coloranti e di insetticidi.

naftalizzazióne [da *nafta*; 1985] ***sf.*** inquinamento delle acque dovuto alla presenza di nafta.

naftène [comp. di *nafta* e *-ene*; 1954] ***sm.*** *T.chim.* nome di alcuni idrocarburi ciclici del petrolio.

naftènico (pl. *-ci*) [da *naftene*; 1958] ***agg.*** *T.chim.* detto di composto organico con struttura ciclica, ma con reazioni tipiche di un composto alifatico ‖ *acidi naftenici,* derivati degli idrocarburi naftenici che si presentano come liquidi oleosi e incolori; sono impiegati nell'industria delle vernici ‖ **N.** aliciclico.

naftilammìna [comp. di *naftile* e *ammina*; 1869] ***sf.*** derivato della naftalina per sostituzione di un atomo di idrogeno con un gruppo amminico.

naftìle [comp. di *nafta* e *-ile*; 1958] ***sm.*** in chimica organica, radicale monovalente ottenuto dalla naftalina per sottrazione di un atomo di idrogeno.

naftòlo [comp. di *nafta* e *-olo*[2]; 1875] ***sm.*** *T.chim.* ciascuno dei derivati della naftalina per sostituzione di un atomo di idrogeno con un ossidrile; simili ai fenoli, sono impiegati nell'industria chimica per la preparazione di coloranti, e in profumeria per il loro aroma di fiori d'arancio.

nagàica [dal russo *nagajka*; 1908] ***sf.*** staffile fatto di una correggia di cuoio attaccata a un breve manico di legno, usato dai cosacchi.

nagàna [dallo zulu *nakane,* attr. l'ingl. *nagana*; 1957] ***sm.*** *T.vet.* malattia infettiva del bestiame dell'Africa centrale, dovuta a un tripanosoma inoculato dalla mosca tse-tse.

nagualismo [dall'azteco *nagual*; 1929] ***sm.*** *T.rel.* nella religione totemistica delle antiche popolazioni dell'America centro-meridionale, convinzione che la vita di una persona sia legata a quella di un animale.

nàhuatl [attr. lo sp. *Nahuatl,* sing. di *Nahua,* n. di un popolo dell'America centrale; 1929] **I** ***agg. inv.*** del popolo e della lingua Nahuatl **II** ***s.*** **1.** appartenente alla popolazione che abita il Messico meridionale e l'America centrale **2.** *sm.* (solo *sing.*) lingua della civiltà azteca documentata da numerose iscrizioni e ancor oggi parlata in America centrale.

nàia[1] [dall'indostano *nāg,* serpente, attr. l'ingl. *naja*; 1869] ***sf.*** genere di serpenti velenosi (dei Colubridi) dell'Africa e dell'Asia, che hanno la facoltà di dilatare la parte anteriore del corpo ‖ **N.** vipera dagli occhiali, cobra, aspide.

nàia[2] [dal ven. (*sot la*) *naia,* sotto la genìa, la gentaglia; 1918] ***sf.*** *gerg. pop.* il servizio militare, spec. considerato come periodo di faticose sottomissioni alla rigida disciplina di caserma: *andare sotto la naia, ha ancora tre mesi di naia.*

nàiade [dal lat. *Nāias, -adis,* gr. *Naïás*; 1319] ***sf.*** *T.mit.* ninfa dei fiumi, degli stagni e delle fonti.

nàibi [dall'ar. *la'ib,* gioco, attr. lo sp. *naipe*; 1376] ***sf. pl.*** *arc.* carte da gioco.

nàide [dal gr. *náis,* naiade; 1834 nel senso 2] ***sf.*** **1.** naiade **2.** *T.zool.* piccolo anellide d'acqua dolce degli Oligocheti, il cui corpo è diviso in una serie di segmenti muniti di setole.

naïf (fr., pr. [na'if]) [letter. ingenuo, popolare; 1821] **I** ***agg. inv.*** di pittore istintivo e spontaneo o privo di preparazione artistica formale, e delle sue opere: *pittura, paesaggio naïf* **II** ***s. inv.*** (anche pl. *naïfs,* pr. [na'if]) pittore che realizza opere di questo tipo: *i primi naïfs.*

nàilon v. NYLON.

nanchino [dal n. geogr. *Nanchino,* città della Cina; a. 1836] ***sm.*** tipo di tessuto usato per vestiti estivi.

nandù [da una voce guarani; 1838 *nandu*] ***sm. inv.*** uccello dei Reiformi simile allo struzzo, ma alquanto più piccolo, che vive nell'America meridionale.

nànfa [dall'ar. *nafha,* odore, fragranza; 1353] ***agg.*** *arc. acqua nanfa,* acqua odorosa che si distillava dai fiori d'arancio ‖ anche *sf.*

nanismo [da *nano*; 1895] ***sm.*** *T.med.* nell'uomo, insufficiente sviluppo del corpo, dovuta a disfunzioni ormonali o di origine genetica; anche fenomeno analogo in animali e piante.

nanìstico (pl. *-ci*) [da *nanismo*; 1958] ***agg.*** relativo al nanismo, proprio del nanismo.

nanizzànte [da *nano,* sul modello di *fertilizzante*; 1970] ***agg.*** detto di prodotto che frena lo sviluppo delle piante.

nànna [voce infantile; 1319] **sf.** nel linguaggio infantile, il dormire: *andare a nanna, fare la nanna, mettere a nanna; ninna nanna,* v. NINNANANNA || *dim.* nannina || **N.** ninna.

nannoplàncton [comp. del gr. *nánnos,* var. di *nános,* molto piccolo e *plancton;* 1958] **sm.** *T.biol.* parte del plancton costituita dagli organismi più piccoli.

nannùfaro o **nannùfero** v. NENUFERO.

nàno [lat. *nānus;* 1308] **I agg. 1.** di dimensioni molto piccole rispetto alla media della sua specie o classe: *pere nane, razza nana* **2.** *T.astr. stelle nane,* classe di stelle comuni nella Galassia, a cui appartiene il Sole || *nane bianche,* stelle di dimensioni molto piccole e altissima densità; rappresentano uno degli ultimi stadi di evoluzione delle nane normali **II sm. 1.** (f. *-a*) persona affetta da nanismo: *nani da circo* **2.** mitico personaggio di favole e leggende spec. del Nord Europa; di piccola statura, abita i boschi ed è generalmente benefico || *dim.* nanétto, nanerèllo, naneròttolo || **N. I 1.** *Sin.* lillipuziano, pigmeo, PICCOLO | *Contr.* gigante, gigantesco | bonsai **II 2.** gnomo.

nàno- [dal gr. *nânos,* estremamente piccolo] ***primo elem.*** che, in parole composte della terminologia scientifica, e, in part., di quella biologica e medica, vale "di dimensioni molto piccole", "dallo sviluppo molto più ridotto del normale": **nanocefalìa, nanocèfalo, nanomelìa, nanomielìa** || anteposto a un'unità di misura, ne divide il valore per un miliardo (per es. *nanosecondo*) || **N. 2.** giga-.

nanoelettrònica [comp. di *nano-* e *elettronica;* 1983] **sf.** *inv.* settore dell'elettronica che opera nel campo della progettazione e dell'applicazione di circuiti elettronici miniaturizzati, i cui elementi hanno dimensioni dell'ordine del nanometro.

nanòmetro o **nanomètro** [comp. di *nano-* e *metro;* 1981] **sm.** unità di misura di lunghezza, corrispondente a un miliardesimo di metro.

nanosecóndo [comp. di *nano-* e *secondo*[1]; 1970] **sm.** unità di tempo, corrispondente a un miliardesimo di secondo.

nanùfero v. NENUFERO.

nàos [dal gr. *naós,* tempio; 1937] **sm.** *T.arch.* nei templi greci, cella interna che custodiva la statua della divinità.

nàpalm o **napàlm** [comp. di *na(ftenato)* e *(acido) palm(itico);* 1958] **sm.** *T.chim.* miscela di sali organici di alluminio che viene usata per fabbricare bombe incendiarie e sim.: *bombe al napalm.*

napèa [dal lat. *napǣa (nympha);* a. 1406] **sf.** *T.mit.* ninfa dei boschi, secondo la mitologia greca.

napèllo [dal lat. *napellus;* sec. XIV] **sm.** *T.bot.* aconito.

napoleóne [dal n. proprio *Napoleone* Bonaparte; 1809; 1965 nel senso 2] **sm. 1.** *T.num.* moneta d'oro del valore di venti franchi **2.** *T.gioc.* solitario che si fa con le carte da gioco **3.** tipo di bicchiere a calice, panciuto e con orlo ristretto, usato generalmente per il cognac || **N. 1.** *Sin.* marengo.

napoleònico (pl. *-ci*) [dal n. proprio *Napoleone* Bonaparte; a. 1816] **agg.** di Napoleone o relativo alla sua epoca: *vittorie napoleoniche.*

napoleònide [dal n. proprio *Napoleone* Bonaparte; 1846] **s.** membro della famiglia di Napoleone I.

napoletàna [da *napoletano;* 1829 nel senso 2; 1958 nel senso 1] **sf. 1.** tipo di caffettiera da capovolgere quando l'acqua è in ebollizione **2.** *T.gioc.* al gioco del tressette, la combinazione di tre, due e uno dello stesso seme **3.** pizza alla napoletana.

napoletanìsmo [da *napoletano;* 1627] **sm.** *T.ling.* espressione o parola tipica del dialetto napoletano, entrata nella lingua italiana (per es. *guaglione, scugnizzo* o *camorra*).

napoletanità [da *napoletano;* 1977] **sf.** insieme dei fattori culturali e sociali tipici di Napoli e dei napoletani.

napoletàno [lat. *napolitānus;* 1353] **I agg.** di Napoli: *dialetto napoletano, canzone napoletana; carte napoletane,* varietà di carte italiane e, *per estens.* carte italiane (con coppe, ori, bastoni e spade) || *alla napoletana,* alla maniera dei napoletani: *pizza alla napoletana,* con pomodoro, mozzarella e acciughe **II sm. 1.** (f. *-a*) abitante di Napoli **2.** (solo *sing.*) dialetto di Napoli.

nàpoli [dal n. geogr. *Napoli;* a. 1950] **s.** *inv. sett. spreg.* napoletano || *per estens.* meridionale emigrato al Nord || **sf. 1.** *region. T.gioc.* nella scopa e nel tresette, combinazione di asso, due e tre dello stesso seme, che totalizza tre punti; detta anche *napoletana* **2.** *T.cuc.* pizza alla napoletana.

nàppa [prob. lat. *mappa;* a. 1481] **sf. 1.** ornamento di più fili di seta, lana e sim., uniti a un'estremità: *la nappa del berretto, della tenda* || *per estens.* ciuffo di peli all'estremità della coda di parecchi quadrupedi **2.** *scherz.* naso grosso **3.** *nappa di cardinale,* amaranto || *dim.* nappìna, nappétta; *accr.* nappóne (*sm.*); *spreg.* nappàccia || **N. 1.** ciondolo, ciuffo, fiocco, penero, pennacchio, pompon.

nappìna (*dim.* di *nappa*) [1726] **sf.** *T.mil.* ornamento dei copricapi di alcuni corpi militari, costituito da un piccolo ciondolo rivestito di stoffa.

nàppo [dal germ. *knapp;* sec. XIII *napo*] **sm.** *ant. poet.* tazza o bicchiere per bere, coppa: *mise veleno in un nappo con vino* (Boccaccio).

naràncio (pl. *-ci*) [dall'ar.-pers. *nāranǧ;* a. 1487] **sm.** *arc.* arancio.

narbonése [dal lat. *Narbonensis;* a. 1492] **I agg.** di Narbona, città della Francia: *Gallia narbonese* **II s.** abitante di Narbona.

narceìna [comp. di *narco-* e *-ina;* 1869] **sf.** alcaloide secondario dell'oppio.

narcisìsmo [da *narciso*[2]; 1923 *narcissismo*] **sm.** *T.psican.* amore esclusivo dell'individuo per la propria persona || *per estens.* attenzione compiaciuta per sé. **Q.T.** *psicanalisi.*

narcisìsta [da *narciso*[2]; 1954] **s.** chi è affetto da narcisismo; chi dedica eccessiva attenzione a sé.

narcisìstico (pl. *-ci*) [da *narciso*[2]; 1954] **agg.** che rivela narcisismo o riguarda il narcisismo.

narcìso[1] [dal lat. *narcissus,* gr. *nárkissos;* 1340 ca.] **sm.** pianta delle Amarillidacee, i cui fiori hanno perigonio tuboloso svasato e increspato sul bordo esterno; vi sono numerose specie da giardino, derivate da quelle spontanee || **N.** *Sin.* giunchiglia.

narcìso[2] [dal fr. *narcisse;* a. 1742] **sm.** giovane frivolo e vanitoso || *dim.* narcisétto.

nàrco- [dal gr. *nárkē,* torpore] ***primo elem.*** che, in parole composte della terminologia scientifica, vale "sonno" (per es. *narcoterapia*) || in alcuni composti è abbreviazione di *narcotico* (per es. *narcomania*).

narcoanàlisi [comp. di *narco-* e *analisi;* 1950] **sf.** *T.psican.* metodo di indagine dell'inconscio mediante l'uso di farmaci stupefacenti o ipnotici, che provocano nel paziente un obnubilamento della coscienza e facilitano la liberazione dei contenuti psichici bloccati da inibizioni di varia natura.

narcofìna [comp. di *narco-* e *(mor)fina;* 1958] **sf.** sostanza stupefacente che ha un effetto più blando rispetto alla morfina.

narcoipnòsi [comp. di *narco-* e *ipnosi;* 1970] **sf.** *T.psic.* e *T.psican.* stato ipnotico provocato dalla somministrazione di farmaci.

narcolessìa [comp. di *narco-* e *-lessia;* 1899] **sf.** *T.med.* tendenza al sonno che si manifesta in maniera invincibile, caratteristica di alcune malattie del sistema nervoso.

narcomanìa [comp. di *narco-* e *-mania;* 1958] **sf.** *T.med.* tipo di tossicomania in cui si ha dipendenza da un narcotico.

narcòsi [dal gr. *nárkōsis,* torpore; 1821] **sf.** *T.med.* sopore accompagnato da immobilità, insensibilità e incoscienza, prodotto da sostanze specifiche || **N.** anestesia.

narcoterapìa [comp. di *narco-* e *terapia;* 1958] **sf.** *T.med.* metodo terapeutico basato sul sonno.

narcotèst [comp. di *narco-* e *test;* 1983] **sm.** *inv.* **1.** *T.med.* apparecchiatura per la misurazione della concentrazione dei gas usati nelle anestesie **2.** *T.farm.* test farmacologico effettuato per verificare se un soggetto ha assunto sostanze stupefacenti **3.** *T.chim.* analisi chimica con cui si accerta la presenza di sostanze stupefacenti in un'altra sostanza.

narcòtico (pl. *-ci*) [dal gr. *narkōtikós,* che fa intorpidire; a. 1313] **I agg.** relativo a narcosi, che provoca narcosi: *potere narcotico, sostanza narcotica* **II sm.** sostanza che determina uno stato di narcosi: *somministrare un narcotico, l'effetto del narcotico* || **N. I** anestetico, ipnotico, soporifero **II** barbiturico, bromuro, cloralio, cloroformio, etere, morfina, oppio, sonnifero.

narcotìna [comp. di *narcot(ico)* e *-ina;* 1821] **sf.** alcaloide dell'oppio, con azione meno intensa di quella della morfina.

narcotìsmo [da *narcotico;* 1834] **sm.** *T.med.* intossicazione dovuta all'assunzione di narcotici.

narcotizzàre [dal fr. *narcotiser;* 1892] **tr.** somministrare sostanze narcotiche, per far perdere coscienza e sensibilità: *narcotizzare il paziente prima dell'operazione* || *fig.* rendere inerte e insensibile sul piano intellettuale o emotivo.

narcotizzazióne [da *narcotizzare;* 1954] **sf.** l'atto e l'effetto del narcotizzare.

nàrdo [dal lat. *nardus,* gr. *nárdos;* 1313] **sm.** nome di varie erbe odorose da cui si estraggono oli essenziali || *in part. nardo celtico,* spigo alpino; *nardo comune,* lavanda.

nàre [dal lat. *nares,* narici; a. 1294] **sf.** *lett.* narice; usato quasi solamente nel *pl. le nari.*

narghilè [dal pers. *narguileh,* da *narguîl,* noce di cocco; 1875] **sm.** grossa pipa in cui il fumo, prima di arrivare alla bocca del fumatore, passa per un serbatoio pieno d'acqua aromatizzata, dove si purifica e si raffredda; vi possono fumare anche più fumatori contemporaneamente con più cannelli.

narìce (pl. *-ci*) [lat. volg. **naricae* pl.; 1544] **sf.** ciascuna delle due aperture del naso || **N.** froge, nari; coane. **TAV.** *rettili* 1.1; *pesci* **p. 1330** 1.6.

narràbile [dal lat. *narrābilis;* 1786] **agg.** che si può narrare || **N.** *Contr.* inenarrabile.

narràre [dal lat. *narrāre;* fine sec. XIII] **tr.** di fatti, riferire come si sono svolti; raccontare: *narrò le sue esperienze di guerra, narrare una favola* || **N.** *Sin.* contare, dire, novellare | descrivere, esporre.

narratage (ingl., pr. ['næratɪdʒ]) [da *to narrate,* fare il narratore; 1985] **sm.** *inv. T.cin.* tecnica narrativa cinematografica in cui l'azione che si svolge sullo schermo viene narrata da uno dei personaggi.

narratìva [dal lat. tardo *narratīvus;* 1515 nel senso 2; 1942 nel senso 1] **sf. 1.** il genere letterario narrativo || *concr.* l'insieme delle opere a carattere narrativo: *le tendenze della narrativa contemporanea* **2.** *T.giur.* nella motivazione di una sentenza, la parte in cui si illustrano le ragioni del giudizio **3.** *ant.* narrazione || **N. 1.** novella, racconto, romanzo. **Q.T.** *letteratura...*

narrativìsmo [da *narrativo;* 1938] **sm.** nella

teoria della storiografia, la posizione che considera la storiografia come narrazione più che come ricostruzione scientifica del passato, e la ritiene quindi affine alla narrativa letteraria più che alle scienze naturali.

narratìvo [dal lat. tardo *narratīvus*; a. 1565] ***agg.*** che narra, che è proprio del narrare: *stile, poema narrativo.*

narratologìa [dal fr. *narratologie*; 1977] ***sf.*** in semiotica, teoria e metodologia critica delle forme e dei modelli narrativi.

narratològico (pl. *-ci*) [da *narratologia*; 1984] ***agg.*** relativo alla narratologia, proprio della narratologia: *teoria e critica narratologica.*

narratóre [dal lat. *narrātor, -ōris*; 1294] ***sm.*** (f. *-trìce*) **1.** chi narra **2.** autore di opere di narrativa: *narratori italiani del Novecento.*

narratòrio (pl. *-ri*) [dal lat. tardo *narratōrius*; a. 1348] ***agg.*** *raro* relativo alla narrazione; narrativo.

narrazióne [dal lat. *narrātio, -ōnis*; 1308] ***sf.*** **1.** il narrare: *la narrazione è stata seguita con interesse* **2.** opera scritta in cui si narra un fatto ‖ **N.** cronaca, esposizione, novella, racconto, relazione, romanzo, storia | amena, appassionata, colorita, confusa, drammatica, efficace, epica, esatta, fredda, lucida, minuta, monca, noiosa, ordinata, prolissa, sbiadita, scialba, scolorita, tediosa, vivace.

nartèce [dal gr. *nárthēx, -ēkos*, ferula, cassetta; 1669] ***sm.*** **1.** *T.arch.* spazio porticato delle basiliche bizantine gen. situato a ridosso della facciata, dove, nei primi secoli del Cristianesimo, restavano i catecumeni e i penitenti, in quanto indegni di entrare in chiesa **2.** *T.stor.* cassetta di legno prezioso utilizzata come porta-unguenti ‖ **N.** **1.** ardica.

narvàlo [dal dan. *narhval*, attr. il fr. *narval*; 1745] ***sm.*** cetaceo simile al delfino, ma con il corpo chiaro cosparso di macchie brune e (il maschio) provvisto di un dente eccezionalmente sviluppato (fino a 2,5 m).

nasàle [da *naso*; a. 1566] ***agg.*** del naso, attinente al naso: *fosse nasali* ‖ *voce nasale*, in cui, per conformazione naturale o patologica, l'aria è sempre emessa in parte attraverso il naso, e che risulta pertanto di timbro poco limpido ‖ *in part. T.ling.* di foni (spec. occlusivi) articolati con il velo palatino abbassato e conseguente emissione dell'aria attraverso il naso; in italiano sono [m], [n], [ɲ] (e in particolari contesti [ŋ]) ‖ anche *sf.*: *le nasali.* **TAV.** *fonetica...* 1.19, 2.5; ***anatomia*** **p. 642** 6.9, 12.1.

nasalità [da *nasale*; a. 1786] ***sf.*** *T.ling.* di un suono o di una voce, qualità nasale.

nasaliẓẓàre [da *nasale*; 1958] ***tr.*** rif. a suono, pronunciare con voce nasale, rendere nasale ‖ ***intr. pron.*** diventare nasale o nasalizzato.

nasaliẓẓàto (*pps.* di *nasalizzare*) [a. 1965] ***agg.*** **1.** pronunciato con voce nasale **2.** *T.ling.* detto di fono (spec. vocalico o comunque continuo) prodotto con il velo palatino abbassato e conseguente emissione dell'aria anche attraverso il canale nasale: *vocale nasalizzata.*

nasaliẓẓazióne [da *nasalizzare*; 1958] ***sf.*** *T.ling.* articolazione di un fono con velo palatino abbassato.

nasàrdo [dal fr. *nasard*; 1826] **I** ***agg.*** *T.mus.* di strumento musicale, che ha un suono dal timbro nasale **II** ***sm.*** *T.mus.* nell'organo, registro appartenente al gruppo dei registri femminili a taglio largo; accordato una dodicesima sopra la nota fondamentale, produce un caratteristico suono nasale.

nasàre [da *naso*; a. 1552] ***tr.*** *arc.* o *region.* annusare.

nasàta [da *naso*; 1662] ***sf.*** colpo dato col naso: *cadendo ha battuto una nasata.*

nascènte (*ppr.* di *nascere*) [1321] ***agg.*** **1.** che nasce; anche *fig.*: *il giorno nascente; sole nascente* **2.** *T.arald.* di animale che, in uno stemma, sembra sorgere da una banda mostrando la testa, il collo e le zampe anteriori.

nàscere (pres. *nàsco, nàsci, nàsce, nasciàmo, nascéte, nàscono*; p.rem. *nàcqui, nascésti, nàcque, nascémmo, nascéste, nàcquero*; pps. *nàto*) [lat. volg. **nascere*; a. 1250] ***intr.*** (aus. *essere*) **1.** venire al mondo, alla vita; *in part.* di mammiferi, esser partorito; di ovipari, uscir dall'uovo: *se nasce un maschio, lo chiamo Michele; il bimbo è nato prematuro, il vitello appena nato sta già dritto* ‖ in varie espr. proprie e fig.: *nascere bene*, in una famiglia di livello sociale elevato; *come nasce?*, da che genere di famiglia proviene?; *essere nato con la camicia*, essere fortunato ‖ *non sono nato ieri*, non sono ingenuo ‖ *essere nato sotto una buona, una cattiva stella*, essere fortunato, sfortunato ‖ *essere nato per qualcosa*, esservi particolarmente portato: *è nato per lo studio* ‖ *nascere a qualcosa*, avere le prime esperienze in quella cosa: *nacque all'arte in età avanzata* **2.** di vegetali, spuntare dal terreno: *in questi luoghi nascono facilmente le primule* ‖ *per estens.* venir fuori, crescere: *sta nascendo il dente del giudizio* ‖ di corso d'acqua, scaturire, aver principio: *la Moldava nasce dalla Selva Boema* ‖ del Sole o della Luna, sorgere: *il Sole nasce a Oriente* **3.** *fig.* avere origine, avere inizio: *dall'ignoranza nasce l'orgoglio, da questa discussione è nata una lite, un'associazione nata spontaneamente, la termodinamica nacque con Mayer* ‖ **N.** **1.** *Sin.* essere generato, venire alla luce | *Contr.* morire | congenito, innato; natale **2.** *Sin.* fiorire, germogliare, rampollare, uscire; sgorgare **3.** *Sin.* derivare; apparire, comparire, emergere, sorgere.

nasciménto [da *nascere*; a. 1294] ***sm.*** *lett.* nascita.

nàscita [da *nascere*; a. 1597] ***sf.*** **1.** l'atto di nascere: *la nascita di Cristo, certificato di nascita, cieco dalla nascita* **2.** *fig.* inizio, comparsa: *la nascita del capitalismo moderno* **3.** *per meton.* lignaggio: *essere di umile, di buona nascita* ‖ **N.** **1.** creazione, genesi, genitura, natale, natività; palingenesi **2.** PRINCIPIO **3.** natali, prosapia, razza, schiatta, stirpe.

nascitùro [dal lat. *nascitūrus*; a. 1511] ***agg.*** e ***sm.*** (*non com.* f. *-a*) gen. di essere umano, che o chi sta per nascere: *l'attesa per il nascituro, determinare il sesso del nascituro.*

nàsco [dal sardo *nasco*; 1907] ***sm.*** vitigno coltivato in Sardegna ‖ il vino bianco aromatico che se ne ricava.

nascondarèlla o **nasconderèlla** [da *nascondere*; 1883] ***sf.*** *region.* gioco del nascondino o rimpiattino.

nascondarèllo [da *nascondere*; 1958] ***sm.*** *region.* nascondino, rimpiattino.

nascóndere (pres. *-óndo*; p.rem. *nascósi*; pps. *nascósto*) [dal lat. tardo *inabscondere*; sec. XIII] ***tr.*** sottrarre alla vista: *la foschia nasconde i monti, nascondere le mani dietro la schiena* ‖ mettere qualcosa o qualcuno in luogo riposto dove sia difficile da trovare: *nascondere il libro nel cassetto, nascondere il ricercato* ‖ *fig.* tener celato, per sottrarre all'altrui conoscenza: *non mi nascondere quel che pensi*; per litote: *non ti nascondo che mi hai irritato*, te lo dico chiaro ‖ *fig.* avere dentro di sé in modo non apparente: *queste tue parole nascondono un'insidia* ‖ ***rifl.*** e ***intr. pron.*** rendersi introvabile, sottrarsi alla vista o alla conoscenza altrui: *si è nascosto in cantina, nascondersi ai* (o *dai*) *nemici, che cosa si nasconde dietro la sua rispettabilità?*; *giocare a nascondersi*, a nascondino ‖ **N.** ***tr.*** *Sin.* coprire, dissimulare, fingere, mascherare, mimetizzare, occultare, ricoprire, riporre, sottintendere, velare | ***rifl.*** acquattarsi, appostarsi, rifugiarsi, rimpiattarsi, rincantucciarsi, rinselvarsi, rintanarsi | sotterfugio | clandestino, furtivo, implicito, irreperibile, latitante, occulto, segreto.

nasconderèlla v. NASCONDARELLA.

nascondìglio (pl. *-gli*) [da *nascondere*; a. 1364] ***sm.*** luogo segreto e perlopiù angusto, atto a nascondere o a starvi nascosto: *hanno scovato il nascondiglio dei rapinatori* ‖ **N.** latebra, recesso, ripostiglio, tana.

nascondiménto [da *nascondere*; a. 1353] ***sm.*** **1.** *lett.* l'atto del nascondere e del nascondersi **2.** *arc.* nascondiglio.

nascondìno [da *nascondere*; 1923] ***sm.*** gioco per ragazzi nel quale uno cerca gli altri che si sono nascosti ‖ **N.** *Sin.* rimpiattino.

nasconditóre [da *nascondere*; sec. XIV] ***sm.*** (f. *-trìce*) *raro* chi nasconde ‖ *fig.* simulatore.

nascóso [dal lat. tardo *inabscōnsus*; prima metà sec. XIII] ***agg.*** *poet.* nascosto.

nascósto (*pps.* di *nascondere*) [a. 1292] ***agg.*** **1.** sottratto alla vista, celato ‖ appartato, remoto: *l'angolo più nascosto della città* **2.** non palese, segreto: *significato nascosto, non conosco le sue intenzioni nascoste* ‖ nella ***loc. avv.*** *di nascosto*, in modo che nessuno se ne accorga ‖ **nascostaménte** ***avv.*** ‖ **N.** **1.** *Sin.* acquattato, ascoso, celato, chiuso, imbucato, riposto; clandestino, furtivo, latitante **2.** *Sin.* dissimulato, incognito, larvato, latente, occulto, recondito | ***loc. avv.*** *Sin.* alla chetichella, di contrabbando, di soppiatto, di straforo, in sordina, larvatamente, sottobanco, sotto sotto, tacitamente.

nasèllo[1] [lat. *asellus*, asinello, pesce di mare, con sovrapposizione di *naso*; 1684] ***sm.*** **1.** pesce dei Gadidi diffuso anche nel Mediterraneo, di forma allungata e colore grigio argenteo, più chiaro sul ventre; le sue carni sono assai pregiate **2.** *impropr.* merluzzo.

nasèllo[2] [da *naso*; 1868] ***sm.*** nella serratura a saliscendi, sporgenza metallica che riceve e ferma la stanghetta mobile.

nasétto (*dim.* di *naso*) [a. 1566] ***sm.*** **1.** naso piccolo e grazioso **2.** nasello della serratura.

nasica [dal fr. *nasique*; 1954] ***sm.*** *inv.* scimmia catarrina che vive nella foresta del Borneo, dotata di un caratteristico naso a forma di spatola.

nasièra [da *naso*; 1829] ***sf.*** arnese di ferro da stringere alle narici dei buoi aggiogati, per tenerli a freno e guidarli ‖ **N.** mordacchia, morso, museruola.

nàso [lat. *nāsus*; inizio sec. XIII] ***sm.*** **1.** nell'uomo e in alcuni animali, prominenza del volto tra la fronte e la bocca, vestibolo delle vie respiratorie e protezione dell'organo dell'olfatto: *un naso piccolo e ben proporzionato, soffiarsi il naso, fazzoletto da naso* ‖ *per meton. aver* (*buon*) *naso*, un buon fiuto; *fig.* essere sagace, accorto ‖ *menar uno per il naso*, ingannarlo, prenderlo in giro ‖ *cacciare* o *ficcare il naso in una cosa, dappertutto*, mettersi in mezzo, voler sapere i fatti altrui ‖ *metter fuori la punta del naso*, affacciarsi appena, uscire appena di casa ‖ *non vedere più in là del proprio naso*, essere incapace di comprendere qualunque situazione che esuli dal ristretto campo della propria esperienza ‖ *restare con un palmo di naso, con tanto di naso*, rimanere deluso ‖ *arricciare il naso*, mostrare scontento ‖ *mettere una cosa sotto il naso*, davanti agli occhi ‖ *far saltare* o *far montare la mosca al naso*, far perder la pazienza ‖ *a lume di naso, a naso*, seguendo l'istinto in base all'intuizione, a una prima impressione: *a naso direi che promette bene* **2.** parte sporgente e adunca di oggetti o strumenti: *naso dell'arcolaio, dell'ombrello* ‖ *in part.* nelle tegole piane, piccola sporgenza di aggancio ‖ *dim.* nasétto, nasìcchio, nasino, nasettìno, nasùccio; *accr.* nasóne; *pegg.* nasàccio ‖ **N.** **1.** a becco di anitra, a becco di civetta, adunco, affilato, appuntito, aquilino, arcuato, arricciato, a uncino, bitorzoluto, camuso, da pugile, gibboso, lungo, paonazzo, rigonfio, rincagnato, rosso, rubicondo, spugnoso | coane, dorso, etmoide, fosse, membrana pituitaria, mucose, narici, pinne, punta, radice, setto | moccio, muco | nasuto | froge, nappa, proboscide, rostro; cimurro, corizza, epistassi, polipo, raffreddore, rinalgia, rinite, rinoscopia | annusare, fiutare, grattare, intasare, pulire, soffiare, starnutire, tappare. **Q.T.** *anatomia* **TAV.** ***anatomia* p. 642** 17.

nasóne (*accr.* di *naso*) [a. 1566] ***sm.*** **1.** grosso naso **2.** *per meton.* persona provvista di un gran naso.

nasoscopìa [comp. di *naso* e *-scopia*; 1958] ***sf.*** *T.med.* esame interno dell'apparato nasale || **N.** *Sin.* rinoscopia.

nàspo [comp. di (*i*)*n* e *aspo*; a. 1306] ***sm.*** *region.* aspo.

nàssa [lat. *nassa*; a. 1320] ***sf.*** *T.pesc.* cesta di vimini usata per la pesca, spec. di aragoste e altri crostacei, con un'apertura a imbuto che facilita l'entrata degli animali ma ne impedisce l'uscita || **N.** bertuello. **TAV.** *pesca* 4.

nàsso [da una voce sett. *nass*; a. 1320] ***sm.*** l'albero del tasso: *dammi... bacche di nasso* (D'Annunzio).

nastìa [dal gr. *nastós*, compresso; 1925] ***sf.*** *T.bot.* movimento compiuto dagli organi di alcune piante, causato da uno stimolo esterno, la cui direzione è però determinata dalla struttura interna dell'organo stesso || **N.** tropismo.

nàstico (pl. *-ci*) [da *nastia*; 1954] ***agg.*** *T.bot.* tipico della nastia, relativo alla nastia: *movimento nastico.*

nastràio (pl. *-ài*) [da *nastro*; a. 1840] ***sm.*** (f. *-a*) *disus.* chi fa o vende nastri.

nastràre [da *nastro*; 1958] ***tr.*** **1.** applicare il nastro adesivo sugli imballaggi a mano o con strumenti meccanici **2.** *T.tecn.* rivestire un conduttore elettrico con nastro isolante o di rinforzo.

nastratrìce [da *nastrare*; 1970] ***sf.*** **1.** macchina usata per applicare nastro adesivo, spec. su imballaggi **2.** *T.tecn.* macchina per la nastratura dei circuiti elettrici.

nastratùra [da *nastrare*; 1958] ***sf.*** *T.tecn.* atto o effetto del nastrare, spec. circuiti elettrici || *per estens.* il rivestimento realizzato col nastro: *una nastratura metallica.*

nastrifórme [comp. di *nastro* e *-forme*; 1958] ***agg.*** che ha forma di nastro || *T.bot.* detto delle foglie affusolate di molte piante delle Graminacee.

nastrìno (*dim.* di *nastro*) [a. 1698] ***sm.*** **1.** piccolo nastro; *in part.* quello che si porta sul petto o all'occhiello, come segno di decorazione, di onorificenza **2.** *pl.* *T.cuc.* formato di pasta da minestra in striscioline.

nàstro [prob. dal got. *nastilo*, correggia; 1321 nel senso 2] ***sm.*** **1.** striscia di tessuto lunga ma di altezza ridotta, usata per guarnizioni, legature e sim.: *fermare i capelli con un nastro*; *tagliare il nastro*, per dare il via, inaugurare e sim. || *nastro azzurro*, quello che sostiene una decorazione militare al valore; la decorazione stessa: *l'hanno decorato col nastro azzurro*; *in part.* onorificenza concessa alla nave più veloce nella traversata dell'Atlantico **2.** *per estens.* oggetto di forma simile ma di materiale diverso: *nastro d'asfalto*, la strada asfaltata || *in part.* *nastro magnetico*, di materia plastica, ricoperto di sostanze ferromagnetiche, impiegato per registrazione e riproduzione di segnali analogici e numerici (audio o video) || *nastro adesivo*, ricoperto su uno dei due lati (*biadesivo*, su entrambi i lati) da una sostanza fortemente adesiva || *nastro isolante*, nastro di tela o plastica gommata per isolare conduttori elettrici || *nastro dattilografico*, quello intriso di inchiostro, posto nella macchina da scrivere || *nastro trasportatore*, nella catena di montaggio, l'elemento scorrevole su cui sono poggiati pezzi da montare || *T.mat.* *nastro di Möbius*, figura geometrica a una sola faccia e un solo bordo, ottenibile congiungendo i bordi di un nastro dopo averne fatto ruotare uno di 180° || *sega a nastro*, sega a lama continua mossa da una macchina || *dim.* nastrìno, nastrétto, nastricìno || **N.** **1.** aghetto, cordellina, fascia, fettuccia, frangia, gallone, passamano, stringa | cappio, fiocco, nappa **2.** banda; cinghia, correggia, fascetta. **Q.T.** *audiovisivi* **TAV.** *bandiere* 2.1.

nastrotèca [comp. di *nastro* e *-teca*; 1961] ***sf.*** raccolta di nastri magnetici, incisi con registrazioni sonore || ambiente in cui la raccolta è conservata.

nastùrzio (pl. *-zi*) [dal lat. *nasturtium*, prima metà sec. XIV] ***sm.*** **1.** pianta erbacea, comune nei giardini, con foglie orbicolari e bei fiori a cinque petali in varie sfumature di arancione **2.** crescione || **N.** **1.** *Sin.* cappuccina.

nàsua [dal lat. scient. *nasua*, da *nasus*, naso; 1869] ***sf.*** *T.zool.* genere di mammiferi sudamericani dei Procionidi, carnivori, dal naso allungato a forma di proboscide.

nasùto [dal lat. *nasūtus*; 1319] ***agg.*** fornito di grosso naso, nasone.

nat V. NIT.

natàle [dal lat. *natālis*; inizio sec. XIV] **I** ***agg.*** rif. al luogo, e meno com. al periodo, della nascita: *città, casa natale* **II** ***sm.*** **1.** giorno di nascita o fondazione; anche la relativa ricorrenza: *il natale di Roma, di Gesù Cristo* || *per anton.* il 25 dicembre, il giorno in cui si festeggia la nascita di Cristo: *quest'anno Natale viene di domenica* || *Babbo Natale*, personificazione del Natale raffigurato in un vecchio con la barba bianca che porta doni ai bambini || *albero di Natale*, generalmente un abete che nel periodo di Natale viene addobbato con palle di vetro o plastica colorate e doni **2.** *lett.* *pl.* nascita, origine: *illustri, alti, umili, bassi natali*, *egli ebbe i suoi natali in Firenze, Roma gli dette i natali* || **N.** I *Sin.* natio, nativo **II** **1.** avvento; ceppo, presepio | natalizio.

natalità [dal fr. *natalité*; 1895] ***sf.*** complesso delle nascite di una popolazione, rif. a un determinato periodo di tempo: *la natalità è in aumento* || *indice, tasso di natalità*, rapporto fra i nati vivi in un certo periodo, e la popolazione || **N.** *Contr.* mortalità | denatalità; demografia.

natalìzio (pl. *-zi*) [dal lat. *natalīcius*; 1583 nel senso 2] ***agg.*** **1.** relativo al Natale: *auguri, doni natalizi* **2.** *meno com.* relativo alla nascita: *giorno natalizio*, compleanno || anche *sm.*: *la ricorrenza del natalizio* || **N.** **2.** *Sin.* natale.

natànte [dal lat. *natans, -antis*; prima metà del sec. XIV] **I** ***agg.*** che nuota, che galleggia: *mine natanti* **II** ***sm.*** imbarcazione, spec. se non provvista di mezzi di propulsione autonomi || *impropr.* qualsiasi imbarcazione.

natatóia [da *natatorio*; 1875] ***sf.*** *T.zool.* organo di locomozione dei pesci.

natatóio (pl. *-ói*) [da *natatoia*; 1958] ***sm.*** *T.bot.* in alcune piante acquatiche, organo galleggiante.

natatòrio (pl. *-ri*) [dal lat. tardo *natatōrius*; a. 1400] ***agg.*** *T.zool.* che concerne il nuoto, che serve per il nuoto: *vescica natatoria*, cavità di cui sono provvisti i pesci, che regola gli spostamenti verticali in base alla quantità di aria che trattiene.

nàtica [lat. volg. **naticae*; inizio sec. XIII] ***sf.*** ciascuna delle due parti carnose e tondeggianti che sono in fondo alla schiena dell'uomo e anche di molti animali || **N.** *Sin.* chiappa, deretano, gluteo, mela.

naticùto [da *natica*; a. 1375] ***agg.*** *scherz.* *non com.* di persona, che ha grosse natiche.

natimortalità [da *nato morto*, sul modello di *mortalità*; 1958] ***sf.*** *T.stat.* rapporto, calcolato nell'arco di un anno, tra il numero dei nati morti e quello totale dei nati.

natìo (pl. *-ìi*) [dal lat. *natīvus*; 1313] ***agg.*** *poet.* nativo: *natio borgo selvaggio* (Leopardi).

nativìsmo [da *nativo*, come il fr. *nativisme*; 1940] ***sm.*** *T.fil.* innatismo.

natività [dal lat. tardo *nativitas, -ātis*; a. 1306 *nativitate*] ***sf.*** nascita; com. riferito soltanto alla nascita della Vergine, di Gesù Cristo o di un santo || raffigurazione o rappresentazione di tale evento: *la Natività di Piero della Francesca.*

natìvo [dal lat. *natīvus*; 1532] ***agg.*** **1.** di nascita: *luogo, paese nativo* || *parlante nativo di una lingua*, che la parla dalla nascita || del luogo di nascita: *l'aria nativa, idioma nativo* **2.** che si ha dalla nascita, innato: *virtù nativa* || *per estens.* naturale, spontaneo: *un bel prato fioria di nativi color vago e dipinto* (Ariosto) **3.** rif. a persona: *essere nativi di un luogo*, esserci nato; anche come *sm.*: *i nativi*, gli indigeni **4.** di elemento, che si trova puro in natura: *argento, oro nativo* || **N.** **1.** *Sin.* patrio **2.** congenito, connaturato; originale, schietto, sincero **3.** *Sin.* aborigeno, autoctono.

nàto (*pps.* di *nascere*) [1312] **I** ***agg.*** (gen. posposto) generato, venuto alla luce: *cieco, sordo nato*, dalla nascita || naturalmente dotato: *un artista, un oratore nato* || *fam.* *nato e sputato*, somigliantissimo: *è tutto suo nonno, nato e sputato* **II** ***sm.*** (f. *-a*) **1.** persona nata: *i nati del 1958* **2.** *lett.* figlio || **N.** NASCERE.

nàtola [etim. inc.; 1889] ***sf.*** *T.mar.* incavo della scalmiera in cui viene incastrato il ginocchio del remo.

natrìce [dal lat. *natrix, -īcis*; sec. XIV] ***sf.*** serpente acquatico dei Colubridi com. detto *biscia d'acqua.*

nàtron [dall'ar. *natrūn*, sodio; a. 1806] ***sm.*** *T.chim.* carbonato di sodio in agglomerati minerali che si trova in natura, spec. presso laghi salati o zone desertiche, la cui composizione è la stessa della soda.

nàtta [etim. inc.; sec. XIV] ***sf.*** **1.** *pop.* tumore benigno o cisti sebacea che si forma sul capo **2.** *fig.* *ant.* beffa.

natùra [dal lat. *natūra*; a. 1250] ***sf.*** **1.** l'universo, in tutti i suoi aspetti, considerato come indipendente dall'azione umana, in contrapposizione allo spirito: *i tre regni della natura* (animale, vegetale, minerale), *leggi di natura*, *scienze della natura* (fisica, chimica, biologia ecc.); *il plutonio non si trova in natura*; *Madre Natura*, personificazione dell'ordine naturale, spec. in relazione agli organismi viventi; *scherzo di natura*, mostro, fenomeno deviante rispetto alla norma; *un dono di natura*, un talento innato; *una seconda natura*, una capacità o abitudine acquisita tanto profondamente da parere innata; *contro natura*, difforme da quello che si ritiene l'ordine delle cose prima dell'intervento umano || *in part.* l'ambiente fisico e biologico con cui l'uomo ha immediatamente a che fare: *le bellezze della natura, vivere a contatto con la natura, tornare alla natura* || *T.pitt.* *natura morta*, dipinto che rappresenta oggetti naturali estratti dal loro ambiente (per es. fiori recisi, selvaggina morta ecc.) || *pagamento in natura*, mediante beni immediatamente fruibili, e, *per estens.*, con qualunque mezzo non monetario **2.** la condizione dell'uomo come specie animale, o comunque nei suoi aspetti preculturali: *T.rel.* *stato di natura*, prima della cacciata dall'Eden; *T.fil.* *stato di natura*, prima della costituzione della società **3.** l'essenza di qualcosa, carattere, ciò che ne fa quel che è: *la natura delle cose, non posso farci niente: è la mia natura, una ragazza di natura tranquilla, pigra per natura, è nella natura dell'orso andare in letargo, la natura dell'argomento richiede grande attenzione* **4.** *pop.* i genitali, spec. femminili: *per fortuna l'incidente gli ha risparmiato la natura* || **N.** *Sin.* **1.** cosmo, creato, mondo; ecosistema | incontaminata, intatta; benigna, previdente, provvida **3.** *Sin.* indole; animo, complessione, genio, tempra. **Q.T.** *ecologia.*

naturàle [dal lat. *naturālis*; a. 1284] **I** ***agg.*** **1.** relativo, conforme a, prodotto dalla natura: *fenomeni, forze, bisogni, istinti naturali*; *scienze* *naturali*, quelle che studiano il mondo indipendentemente dall'uomo, e l'uomo come specie animale; *storia naturale*, la descrizione sistematica di minerali, vegetali e animali; *selezione naturale*, v. SELEZIONE ‖ *in part. T.giur.* *diritto naturale*, non basato su alcuna legge stipulata ma determinato dalla natura umana (contrapposto a *diritto positivo*) ‖ *figlio naturale*, nato fuori dal matrimonio **2.** *per estens.* connaturato, spontaneo: *inclinazione naturale, un comportamento naturale* ‖ genuino, non prodotto artificialmente: *burro naturale, quello è il colore naturale dei suoi capelli* ‖ *in grandezza naturale*, di una riproduzione, che ha le stesse dimensioni dell'originale ‖ *al naturale*, senza aggiunte né modificazioni: *preferisci le fragole condite o al naturale?* ‖ *T.mus.* non alterato da diesis o bemolle: *si naturale* ‖ *T.mat.* *numeri naturali*, gli interi positivi e lo zero **3.** comprensibile, prevedibile: *mi sembra naturale che si arrabbi* ‖ come risposta affermativa: *naturale, è naturale!*, certamente!, si capisce! ‖ **naturalménte** *avv.* **1.** secondo natura; per natura: *è naturalmente dotato* **2.** con naturalezza: *si è comportato naturalmente* **3.** con valore frasale, è prevedibile, ovvio: *verrete a trovarci e, naturalmente, sarete nostri ospiti* ‖ con valore di affermazione, certamente sì: *posso fare una telefonata? Naturalmente!* **II** *sm. arc. pl.* abitanti originari: *i naturali del paese* ‖ **N.** I **2.** *Sin.* congenito, innato, istintivo | *Contr.* acquisito; alterato, artificiale, artificioso, innaturale, manipolato, sofisticato **3.** *Sin.* ovvio, normale.

naturalézza [da *naturale*; 1612] *sf.* qualità di ciò che non è o non appare artefatto, spontaneità, disinvoltura: *recita con naturalezza, si comporta ovunque con naturalezza* ‖ **N.** *Sin.* ingenuità, schiettezza, scioltezza, verità.

naturalismo [dal fr. *naturalisme*; 1849] *sm.* **1.** *T.fil.* dottrina filosofica che pone come primo principio la natura e che cerca di spiegare ogni fenomeno mediante le leggi naturali **2.** in generale, corrente artistica o letteraria che intende descrivere o riprodurre fedelmente la natura ‖ *in part.* il movimento letterario sorto in Francia a metà del XIX sec., che si proponeva una narrazione rigorosamente oggettiva: *il naturalismo di E. Zola.*

naturalista [da *naturale*, come il fr. *naturaliste*; 1406; 1984 come agg.] *s.* **1.** studioso di scienze naturali **2.** esponente o sostenitore del naturalismo **3.** amante della natura ‖ anche *agg.*: *politica naturalista.*

naturalistico (pl. *-ci*) [da *naturalista*; 1881] *agg.* **1.** concernente le scienze naturali **2.** relativo al naturalismo.

naturalità [dal lat. tardo *naturālitas, -ātis*; a. 1288] *sf.* **1.** qualità di ciò che è naturale; naturalezza **2.** *ant.* naturalizzazione, diritto di cittadinanza concesso a uno straniero.

naturalizzàre [dal fr. *naturaliser*, a. 1620] *tr.* concedere la cittadinanza: *un polacco naturalizzato americano*; anche detto di voci straniere accettate in una lingua ‖ *intr. pron.* di straniero, prendere la nazionalità: *si è naturalizzato inglese* ‖ *per estens.* rif. a specie animali, adattarsi.

naturalizzazióne [dal fr. *naturalisation*; a. 1602] *sf.* atto ed effetto del naturalizzare e del naturalizzarsi.

naturamortista [da *natura morta*; 1952] *s.* pittore che rappresenta nature morte.

naturàre (pres. *-ùro*) [da *natura*; a. 1292] *tr.* *arc.* creare ‖ *T.fil.* *natura naturante*, Dio in quanto origine di tutte le cose; *natura naturata*, l'universo in quanto originato da Dio.

nature (fr., pr. [na'ty:r]) [letter. natura; 1959] *agg. inv.* **1.** di persona o cosa, che appare in forma naturale, senza alterazioni di nessun tipo: *una bellezza nature* **2.** di cibo o bevanda, senza aggiunte: *tè nature.*

naturismo [dal fr. *naturisme*; 1958] *sm.* *T.fil.* movimento che si propone un genere di vita più vicino alla natura, abolendo ogni convenzione sociale che sia contraria alla sanità fisica e all'igiene e che sostiene quindi il nudismo, un'alimentazione equilibrata e il rispetto dell'ambiente ‖ *com.* nudismo.

naturista [da *naturismo*; 1908] *s.* seguace del naturismo ‖ *com.* nudista.

naturistico (pl. *-ci*) [da *naturista*; 1958] *agg.* che si riferisce al naturismo.

nàuco (pl. *-chi*) [dal lat. *naūcus*; 1958] *sm.* *T.bot.* in alcune drupe, parte carnosa che poi diventa secca (per es. il mallo delle noci).

naufragàre (pres. *nàufrago, nàufraghi*) [dal lat. tardo *naufragāre*; 1503] *intr.* (aus. *essere* e *avere*) fare naufragio, sia riferito alla nave, che alle persone: *hanno naufragato al largo della Corsica* ‖ *fig.* andare a finire male, fallire: *i suoi tentativi sono miseramente naufragati* ‖ **N.** *Sin.* affondare, andare o colare a picco, essere inghiottito dal mare, inabissarsi, sommergersi.
Q.T. *nautica*...

naufràgio (pl. *-gi*) [dal lat. *naufragium*; 1264] *sm.* incidente marittimo che provoca l'affondamento di un'imbarcazione o ne compromette irrimediabilmente il funzionamento: *fare naufragio, perire in un naufragio* ‖ *fig.* fallimento, rovina: *il naufragio di un'iniziativa* ‖ **N.** affondamento, annegamento, sommergimento, sommersione | battello di salvataggio, relitto, ricupero, salvagente, salvataggio.

nàufrago (pl. *-ghi*) [dal lat. *naufragus*; 1342] *sm.* (f. *-a*) chi ha naufragato, chi è superstite da un naufragio.

naumachia [dal lat. *naumachia*, gr. *naumachía*; sec. XIV] *sf.* battaglia navale ‖ *T.stor.* spec. nell'antica Roma, battaglia navale inscenata come spettacolo.

naupatia [comp. del gr. *nâus*, nave e *-patia*, come il fr. *naupathie*; 1954] *sf.* *T.med.* mal di mare.

nàusea [dal lat. *nāusea*, gr. *nausía*, mal di mare; a. 1468] *sf.* sgradevolissima sensazione fisica localizzata allo stomaco ma coinvolgente l'intero organismo, spesso seguita da vomito, caratteristica delle varie forme di chinetosi e frequente in gravidanza: *avvertire, provare, avere, dare, sentire nausea; sente nausea quando si alza al mattino* ‖ senso di ripugnanza provocata da certi odori, sapori o da cibo, spec. conseguente a sazietà: *questo odore mi dà nausea* ‖ avversione per cosa o persona provocata da profonda idiosincrasia; anche *fig.*: *il vostro servilismo fa nausea* ‖ *fig.* reazione di insofferenza per ciò che è assillante e monotono: *ha insistito fino alla nausea* ‖ **N.** avversione, disgusto, fastidio, repulsione, rimescolamento, schifo, turbamento | mal di mare, vomito.

nauseabóndo [dal lat. *nauseabundus*; 1803] *agg.* che dà nausea: *un sapore, un odore nauseabondo* ‖ **N.** *Sin.* nauseante, ributtante, stomachevole, stucchevole.

nauseànte (*ppr.* di *nauseare*) [da *nausare*; 1728] *agg.* che dà nausea; anche *fig.*: *uno spettacolo nauseante* ‖ **N.** *Sin.* disgustoso, nauseabondo, repellente.

nauseàre (pres. *nàuseo*) [dal lat. *nauseāre*; 1640 *nausare*] *tr.* provocare nausea: *la traversata mi sta nauseando, questo pranzo ci ha nauseato* ‖ anche *fig.*: *è nauseato dalla sua ipocrisia* ‖ **N.** *Sin.* disgustare, infastidire, ributtare, ripugnare, stomacare, stuccare.

nauseàto (*pps.* di *nauseare*) [1607] *agg.* che è preso da nausea ‖ **N.** infastidito, stomacato; SAZIO.

nauseóso [dal lat. *nauseōsus*; a. 1311] *agg.* *non com.* nauseante.

nàuta (pl. *-ti*) [dal lat. *nauta*, gr. *náutēs*;

NAUTICA E NAVI

NAVE: alturiera, a vapore, a vela, costiera, da guerra, d'alto bordo, di basso bordo, di cabotaggio, galluta, insommergibile, in zavorra, poppiera, prodiera, quartierata, stagna, stellata.

NAVI MERCANTILI E IMBARCAZIONI: aliscafo, battana, battello, burchiello, burchio, gondola, *hovercraft* o aeroscafo, motonave, nave (da crociera, da traghetto), naviglio, piroscafo, *steamer*, transatlantico, vaporetto; bastimento, caracca, caravella, cocca, giunca, goletta, legno, nave oneraria, navicello, negriera, orca, sambuco, sciabecco, tre alberi, velacciere, veliero; accone o chiatta, alleggio, barcone, maona, peata, pontone; *cargo-boat* o cargo, nave (cisterna, *container*), metaniera, petroliera; batiscafo, batisfera, draga, nave oceanografica, posacavi, rimorchio, rompighiaccio; barca (a remi, a vapore, a vela, da diporto, di salvataggio), barchetta, caicco, canoa, canotto, gommone, guscio, *kayak*, lancia, pattino o moscone, pedalò, pilotina, piroga, sandolino, schifo, scialuppa, zattera; entrobordo, fuoribordo, guardacoste, motoscafo, motovedetta, panfilo, *yacht*; bissona, bucintoro, margherotta. (V. anche i quadri terminologici VELA e PESCA).

NAVI DA GUERRA: bireme, trireme, pentecontoro, liburna, nave rostrata, dromone, *drakkar*, galea, bastarda, corsara, corsale, fusta, feluca, galera, galeazza, galeone, saettia, vascello, bombarda, galeotta, brigantino o *brick*; avviso, brulotto, cacciatorpediniere, corazzata, corvetta, esploratore, fregata, incrociatore, lanciamissili, mas, monitore, motocannoniera, nave (ammiraglia, blindata, capitana, civetta, di scorta, di vedetta, parlamentaria, pattuglia, stazionaria, sussidiaria), portaerei, sommergibile, sottomarino; armata, conserva, convoglio, divisione, flotta, flottiglia, squadra.

VOCI ATTINENTI: bastingaggio, blinda, corvo, feritoie, impavesata, rostro, santabarbara, siluro, torpedine.

ATTREZZI: alighiero o gaffa, alzaia, ancora, aplustro, argano, bandiera (fiamma, gagliardetto, guida, guidone, intelligenza, pennello, quadrato, triangolo), boa, fanale, frettazza, gavitello, gottazza, guardalati, guardamani, maniche a vento, pavese, pagaia, passerella, rampino, remeggio, remo (da bratto, da lancia, da gondola), rispetti, scala (biscaglina, di comando, di fuori bordo, levatoia), scalandrone, sessola.

PERSONE: ammiraglio, capitano (di corvetta, di fregata, di vascello, di lungo corso, di gran cabotaggio, di piccolo cabotaggio), commodoro, contrammiraglio, tenente (di vascello), guardiamarina, ufficiale (primo, secondo ecc.), nostromo, quartiermastro, padrone, pilota, timoniere, torpediniere, cambusiere, fuochista, macchinista, stivatore, vedetta, cannoniere, aguzzino, rematore, vogatore, galeotto, mozzo; alberante, gabbiere, pennoniere, treviere; bucaniere, corsaro, filibustiere, pirata; lupo di mare, marinaio, navigante, navigatore, navigatore solitario; armatore, imprenditore navale, caricatore, capitano di porto, arsenalotto, calafato, carpentiere, maestro d'ascia, marangone, squerarolo, scaricatore di porto; barcaiolo, battelliere, cabotiere,

segue

1532] **sm.** *T.lett. non com.* marinaio, navigatore, nocchiero.

-nàuta [dal lat. *nāuta*, navigante] **elem. term.** che, in parole composte dotte, vale "navigante, pilota", spec. nel campo della navigazione spaziale (per es. *astronauta, cosmonauta*). Q.T. *astronautica.*

nàutica [da *nautico*; fine sec. XVI] **sf. 1.** l'insieme delle cognizioni tecniche e pratiche per guidare le navi **2.** la pratica della navigazione da diporto e il complesso delle imbarcazioni da diporto: *la nautica è penalizzata da crescenti imposte.* Q.T. *nautica...*

nàutico (pl. *-ci*) [dal lat. *nauticus*, gr. *nautikós*; a. 1375] **agg.** che concerne la navigazione; che serve alla navigazione: *arte nautica, carta nautica* || che concerne la nautica (nel senso 2).

nàutilo [dal lat. *nautilus*, gr. *nautílos*; a. 1498] **sm.** mollusco dei Cefalopodi, provvisto di conchiglia a spirale divisa internamente in più camere, di cui solo l'ultima è occupata dall'animale.

navàho v. NAVAJO.

navaja (sp., pr. [na'βaxa]) [1559 *navagia*] **sf.** *inv.* coltello grande a serramanico dal filo tagliente e ricurvo.

navajo (sp., pr. [na'βaxo]) o **navàho** [dallo sp. (*Apache de*) *Navajó*, Apache del villaggio Navajó; 1929] **I agg.** *inv.* dei Navaho **II s.** *inv.* **1.** appartenente a una popolazione indigena dell'America settentrionale stanziata nel Nuovo Messico, in Arizona e nel Colorado **2.** *sm.* (solo *sing.*) linga parlata dai Navaho.

navàle [dal lat. *navālis*; 1353] **agg.** concernente le navi o la navigazione: *cantiere, battaglia navale*; *accademia navale*, dove si formano gli ufficiali di marina || *T.stor. corona navale*, che i Romani davano a chi primo montava sulla nave nemica. Q.T. *porto.*

navalèstro [forse lat. **naulista*, incrociato con *navale*; 1774] **sm. 1.** *raro* barcaiolo, traghettatore **2.** traghetto, chiatta per traghettare.

navalìsmo [da *navale*; 1918] **sm.** orientamento della politica economica e militare di uno stato a sviluppare le forze navali e i commerci per mare.

navalìstico (pl. *-ci*) [da *navalismo*; 1958] **agg.** relativo al navalismo, proprio del navalismo.

navalmeccànica [da *navalmeccanico*; 1958] **sf.** la scienza della progettazione e costruzione meccanica delle navi.

navalmeccànico (pl. *-ci*) [comp. di *navale* e *meccanco*; 1942] **I agg.** che si riferisce alla navalmeccanica **II sm.** *non com.* operaio delle industrie navalmeccaniche: *uno sciopero dei navalmeccanici.*

navàrca o **navàrco** (pl. *-chi*) [dal lat. *nauarchus*, gr. *náuarchos*; 1499] **sm.** *T.stor.* comandante di una nave o di una flotta, spec. nell'antica Grecia.

navarrése [dal n. geogr. *Navarra*; 1313] **I agg.** della Navarra, tipico della Navarra **II s.** nativo, abitante nella Navarra.

navarrìno [dal n. geogr. *Navarra*; 1827] **agg.** e **sm. 1.** (f. *-a*) navarrese: *razza navarrina*, razza di cavalli da sella e da tiro leggero **2.** *spreg.* nomignolo attribuito ai francesi nel sec. XVII per via del loro re Enrico di Navarra.

navàta [da *nave*; a. 1502] **sf.** *T.arch.* ciascuna delle divisioni longitudinali di una chiesa, realizzata con file di colonne o pilastri: *chiesa a tre* o *cinque navate* || **N.** *Sin.* nave. **TAV.** *chiesa.*

nàve [lat. *nāvis*; a. 1250] **sf. 1.** nome generico di ogni galleggiante di grandi dimensioni atto a navigare: *nave da carico, da trasporto, da guerra*; *nave scuola*, per addestrare i cadetti delle accademie navali; *fig. scherz. fare da nave scuola*, di persona esperta che ammaestra un novellino; *nave traghetto*, nave attrezzata per il trasporto di merci e di veicoli in brevi tratti di mare; *nave ammiraglia*, su cui è imbarcato l'ammiraglio; *nave fattoria*, in grado di lavorare il pesce appena pescato **2.** *fig. poet.* l'esistenza umana **3.** *non com.* navata di chiesa || *dim.* navicèlla, navicèllo (*sm.*). Q.T. *nautica..., porto* **TAV.** *araldica* **p. 645** 4.4; *nave* **p. 1326** sg.

nàvera [da un ant. *naverare*, ferire; sec. XVI] **sf.** *ant.* ferita da arma acuminata.

navétta [dal fr. *navette*; fine sec. XV *navecta*] **I sf. 1.** nel telaio, involucro fusiforme contenente la spola, che va avanti e indietro attraverso i fili dell'ordito || *fig. far navetta*, andare e venire **2.** *per estens.* mezzo di trasporto che compie servizio di collegamento su distanze brevi || *navetta spaziale*, v. SPACE SHUTTLE **3.** taglio di brillante o di altre pietre preziose, di forma oblunga con estremità appuntite **II agg.** *inv.* (sempre posposto) detto di ogni veicolo che vada avanti e indietro sullo stesso percorso: *servizio navetta, treno navetta*, gen. consente di attraversare trafori ferroviari. Q.T. *tessitura* **TAV.** *tessitura* 2.7, 3; *astronautica* **p. 655** 12; *maglia...* **p. 1317** 17.

navicèlla (*dim.* di *nave*) [fine sec. XIII] **sf. 1.** piccola nave **2.** *fig. la navicella di S. Pietro*, la Chiesa **3.** *T.aer.* abitacolo a forma di cesta appeso all'aerostato, destinato a contenere persone e carico; anche, cabina di un dirigibile || *T.astron. navicella spaziale*, veicolo spaziale **4.** contenitore a forma di piccola nave || nelle chiese, il recipiente in cui si tiene l'incenso || attrezzo impiegato nei laboratori chimici, in cui vengono bruciate delle sostanze. Q.T. *astronautica* **TAV.** *aeronautica* 1.6, 1.7, 2.4.

navicellàio (pl. *-ài*) [da *navicello*; metà del sec. XVI] **sm.** *arc.* traghettatore.

navicèllo [da *navicella*; sec. XIV] **sm.** *T.mar.* piccolo veliero a due alberi, tipico del mar Ligure e Tirreno.

navicert (ingl., pr. ['nævɪsəːt]) [da *navi*(*gation*) *cert*(*ificate*), certificato di navigazione; 1958] **sm.** *inv.* attestato rilasciato dal console di un Paese in stato di guerra a una nave di un Paese neutrale, per garantire che la merce trasportata non è destinata al nemico.

navichièro o **navichière** [dal lat. *nauclērus*, padrone della nave, con influsso di *navicare*, var. di *navigare*; a. 1375] **sm.** *arc.* o *lett.* nocchiero.

navicolàre [dal lat. tardo *naviculāris*; 1494] **agg.** che ha forma di piccola nave || *T.anat. osso navicolare*, piccolo osso del tarso o del carpo, a forma di navetta; scafoide || *T.anat. fossetta navicolare*, nome di diverse depressioni anatomiche.

navigàbile [dal lat. *navigābilis*; inizio sec. XIV *navicabile*] **agg. 1.** che si può agevolmente navigare: *canale, fiume navigabile* **2.** *ant.* che può navigare: *bastimento navigabile* **3.** *ant.* che può essere trasportato su un'imbarcazione: *merce navigabile.*

navigabilità [da *navigabile*; 1869] **sf. 1.** l'esser navigabile: *questo fiume ha una buona navigabilità* **2.** il complesso dei requisiti necessari a ogni mezzo di navigazione: galleggiabilità, stabilità, buono stato di conservazione dello scafo, dell'apparato motore ecc.; anche rif. ad aeromobili.

navigaménto [da *navigare*; a. 1292 *navicamento*] **sm.** *arc.* navigazione.

navigànte (*ppr.* di *navigare*) [1319] **s.** navigatore, marinaio. Q.T. *nautica...*

navigàre (pres. *nàvigo, nàvighi*) [dal lat. *navigāre*; prima metà del sec. XIII *navicare*] **intr.** (aus. *avere*) spostarsi su una superficie d'ac-

segue NAUTICA E NAVI

canottiere, gondoliere, navicellaio, nocchiero; naufrago, passeggero; ammiragliato, carovana, ciurma, equipaggio, maestranze.

MARE: agitato, burrascoso, tempestoso, gonfio, grosso, mosso, increspato, calmo, placido, quieto, lungo; ceruleo, inquinato, navigabile, profondo; abisso, acque territoriali, alto mare, fondale, fondo, largo, mare aperto, mare libero; arcipelago, atollo, bacino, baia, banchiglia, banchisa, banco (di sabbia, di ghiaccio), barra, barriera corallina, bassofondo, braccio di mare, cala, canale, golfo, *iceberg*, isola, laguna, porto, rada, sargassi, scoglio, secca, seno, sirte, stretto, tombolo (v. anche quadro terminologico PORTO).

COSTA: battigia o battima o bagnasciuga, falesia, fiordo, lido, *liman*, litorale, maremma, paraggio, promontorio, riva, riviera, saline, scogliera, spiaggia, vallone.

FENOMENI MARINI: bonaccia, calma, maretta, mareggio, gonfiamento, rabbuffamento, burrasca, fortunale, tempesta, libecciata, mareggiata, tifone, uragano, tromba marina, maremoto; crespa, cresta, spuma, flutto, frangente, onda, cavallone, maroso, risacca, risucchio, *maelstrom*, gorgo, corrente, marea (flusso, riflusso), eustatismo, sessa; fuochi di S. Elmo, miraggio, salsedine (v. anche quadro terminologico METEOROLOGIA).

RUMORI: ansito, muggito, mugghio, respiro, ruggito, ruglio, sciabordio, sibilo.

NAVIGAZIONE: caponare, disancorare, disormeggiare, issare l'ancora, levare l'ancora, prendere (il largo, il mare), salpare, varare; afforcare, amarrare, ancorare, approdare, attraccare, entrare in porto, ormeggiare, ormeggiare in andana, sbarcare; galleggiare, navigare, solcare il mare, tracciare la rotta; beccheggiare, rollare, tenere il mare, tonneggiare, virare; governare, manovrare, orientare; acconigliare, arrancare, passavogare, remare, sciare, vogare; aggottare, avvistare, battere bandiera, calumare, issare, mollare, sartiare, scandagliare; affondare, andare (a picco, a fondo), arenarsi, fare acqua, impopparsi, impruarsi, incagliarsi, naufragare; armare, attrezzare, calafatare, disalberare, disarmare, equipaggiare, fasciare, imbarcare, lapazzare, raddobbare, pavesare, stazzare, stivare, trasbordare, zavorrare; abbrivio, alaggio, bordata, deriva o scarroccio, rollio; cabotaggio, circumnavigazione, crociera, navigazione d'altura, traversata; battaglia navale, naumachia, regata. (V. anche quadro terminologico VELA).

STRUMENTI: assiometro, astrolabio, bussola, clinometro, cronometro, ecogoniometro, ecoscandaglio, dromometro, girobussola, idrofono, periscopio, radar, radiofaro, radiogoniometro, scandaglio, sestante, solcometro, telemetro; carta nautica, giornale (di bordo, di navigazione), inventario di bordo, manifesto di carico, patente, polizza di carico, portolano.

VOCI ATTINENTI: dislocamento, pescaggio, portata, stazza, tonnellaggio; avaria; insaccata, falla; accademia navale, compartimento navale; a poppavia, a proravia, sopravvento, sottovento; miglio marino, nodo marino, scala di Beaufort.

qua per mezzo di un'imbarcazione: *ha navigato lungo il fiume per due giorni* || anche rif. al mezzo: *il battello naviga presso le coste* || *per estens.* spostarsi nell'aria con un velivolo || *fig.* destreggiarsi, muoversi disinvoltamente nella società: *in politica bisogna saper navigare* || *fig. navigare male, in cattive acque,* essere in difficoltà, spec. economiche || *fig. navigare col vento in poppa,* attraversare un momento di fortuna || *navigare a seconda,* seguendo il corso dell'acqua || **tr. 1.** *non com.* percorrere: *navigare i mari* **2.** *arc.* trasportare su imbarcazione || **N. intr.** arrancare, bordeggiare, circumnavigare, costeggiare, doppiare, far rotta, far vela, filare, girare, incrociare, pilotare, prendere il largo, rimorchiare, solcare i mari, veleggiare, virare, vogare | a remi, a vapore, a vela; col vento in poppa, contro corrente, sulla scia.

navigàto (*pps.* di *navigare*) [1819] **agg.** *fig.* di persona, che ha grande esperienza della vita, del mondo: *quello è un uomo navigato* || *in part.* di donna, che ha avuto molte relazioni amorose.

navigatóre [dal lat. *navigātor, -ōris*; inizio sec. XIV] **I agg.** che naviga **II sm.** (f. *-trice*) **1.** chi naviga facendo lunghi viaggi; detto spec. di grandi personaggi del passato: *un popolo di santi, navigatori e poeti* || *navigatore solitario,* che intraprende da solo lunghe navigazioni su imbarcazioni piccole **2.** *T.aer.* ufficiale di rotta || *T.aut.* nei rally chi, a fianco del pilota, segnala le difficoltà della strada, leggendo la carta relativa al percorso di tappa. **Q.T.** *nautica...*

navigatòrio (pl. *-ri*) [da *navigare*; 1561] **agg.** *raro* che si riferisce alla navigazione.

navigazióne [dal lat. *navigātio, -ōnis*; 1308] **sf. 1.** l'azione del navigare: *navigazione a vela, a propulsione meccanica* || il viaggio fatto per mare: *la navigazione è stata ottima* **2.** *per estens.* il solcare i cieli e lo spazio con un veicolo: *navigazione aerea, spaziale* || **N. 1.** crociera, traversata, viaggio marittimo | costiera, di cabotaggio, di lungo corso, fluviale, lacuale, marittima, sottomarina. **Q.T.** *nautica...*

navìglio (pl. *-gli*) [lat. **navilium,* class. *navigium*; inizio sec. XIII *navilio*] **sm.** *non com.* **1.** complesso di navi dello stesso genere: *naviglio mercantile, da guerra, peschereccio* **2.** canale artificiale navigabile: *i navigli della Val Padana* **3.** *non com.* imbarcazione, nave.

navimodellìsmo [comp. di *nave* e *modellismo*; 1981] **sm.** hobby consistente nel costruire o collezionare modellini di navi.

navoncèlla [da *navone*; 1965] **sf.** farfalla dall'aspetto simile alla cavolaia, il cui bruco è dannoso al navone e ad altre crocifere.

navóne [prob. dal lomb. *navón*, lat. *napus*; a. 1320] **sm.** *T.bot.* pianta delle Crocifere la cui radice carnosa è commestibile || **N.** *Sin.* ravizzone.

nazarèno o **nazzarèno** [dal lat. tardo *nazarēnus*, gr. *nazarēnós*, di Nazaret; sec. XIII] **agg.** di Nazaret: *Gesù nazareno* o *per anton. il Nazareno* || *capelli alla nazarena,* lunghi e sciolti.

nazifascìsmo [comp. di *nazi(smo)* e *fascismo*; 1950] **sm.** il fascismo e il nazismo considerati unitariamente in quanto uniti nei propositi e nell'ideologia, spec. alla fine della seconda guerra mondiale.

nazifascìsta [da *nazifascismo*; 1943] **agg.** e **s.** del nazifascismo; fautore, seguace del nazifascismo.

nazificàre (pres. *-ìfico, -ìfichi*) [comp. di *nazi(sta)* e *-ficare*; 1958] **tr.** imporre l'ideologia e i metodi tipici del nazismo.

nazionalcomunìsmo [comp. di *nazionale* e *comunismo*; 1950] **sm.** in uno stato comunista, politica di conciliazione fra le esigenze nazionali e i principi del marxismo e del leninismo; più spesso *comunismo nazionale.*

nazionalcomunìsta [da *nazionalcomunismo*; 1983] **s.** fautore, seguace della politica del nazionalcomunismo.

nazionàle [da *nazione*; 1488] **I agg. 1.** della nazione: *lingua nazionale, inno nazionale* || *guardia nazionale,* milizia cittadina || *colori nazionali,* quelli della bandiera nazionale **2.** fautore della nazione, nazionalistico: *le forze politiche nazionali* || **nazionalménte avv.** *non com.* in ambito nazionale **II sf.** squadra di atleti che rappresenta la nazione in competizioni internazionali || nome commerciale di una sigaretta italiana: *fuma solo Nazionali senza filtro* || **s.** *T.sport.* membro della rappresentanza nazionale di uno sport: *un nazionale di sci* || **N.** I **1.** autarchico, nostrano, paesano, statale | *Contr.* straniero, forestiero.

nazionalìsmo [dal fr. *nationalisme*; a. 1872] **sm.** esaltazione programmatica di tutto ciò che è della nazione, con intenzioni antagonistiche e di supremazia rispetto alle altre nazioni || **N.** imperialismo, sciovinismo.

nazionalìsta [dal fr. *nationalist*; 1866] **I s.** seguace, fautore del nazionalismo **II agg.** nazionalistico: *politica nazionalista.*

nazionalìstico (pl. *-ci*) [da *nazionalista*; 1917] **agg.** del nazionalismo o dei nazionalisti: *far presa sui sentimenti nazionalistici.*

nazionalità [da *nazionale*; 1673] **sf. 1.** cittadinanza di uno Stato: *ha acquistato la nazionalità italiana, prendere, cambiare nazionalità* **2.** *per meton.* nazione: *persone che appartengono a diverse nazionalità.*

nazionalizzàre [dal fr. *nationaliser*; 1834] **tr.** di attività economiche o beni, attribuirne la proprietà allo Stato: *nazionalizzare le banche, l'industria elettrica* || **N.** *Sin.* statalizzare, statizzare.

nazionalizzazióne [dal fr. *nationalisation*; 1834] **sf.** l'atto e l'effetto del nazionalizzare: *la nazionalizzazione dei pubblici servizi, dell'energia elettrica.*

nazionalsocialìsmo [dal ted. *Nazional-Sozialismus,* prob. attr. il fr. *nationalsocialisme*; 1933] **sm.** movimento ideologico e politico sorto in Germania dopo la prima guerra mondiale, capeggiato da Adolf Hitler, che, scatenando a oltranza i sentimenti nazionalistici, sosteneva concezioni razzistiche, anticomuniste e di predominio imperialistico || **N.** *Sin.* nazismo. **Q.T.** *politica.*

nazionalsocialìsta [dal ted. *National-Sozialist,* prob. attr. il fr. *nationalsocialiste*; 1932] **agg.** e **s.** del nazionalsocialismo, seguace del nazionalsocialismo.

nazionalsocialìstico (pl. *-ci*) [da *nazionalsocialismo*; 1945] **agg.** *T.stor.* relativo al nazionalsocialismo, proprio del nazionalsocialismo.

nazióne [dal lat. *nātio, -ōnis,* nascita, poi popolazione; a. 1294] **sf. 1.** insieme di persone con origine, lingua e tradizione comuni, che hanno consapevolezza di questi vincoli: *lottare per l'indipendenza della nazione* || *per estens.* paese, stato: *studiosi provenienti da diverse nazioni, Organizzazione delle Nazioni Unite* **2.** *arc.* nascita || **N. 1.** famiglia etnica, gente, patria, popolo, stirpe | autonoma, indipendente, libera, oppressa.

nazireàto [da *nazireo*; 1607] **sm.** voto con cui gli antichi Ebrei si obbligavano per tutta la vita, o solo per un certo tempo, ad astenersi dal vino e a lasciare i capelli intonsi.

nazirèo [dal gr. *naziraîos*, ebr. *nazīr*, che si astiene; 1607] **sm.** nell'antica religione ebraica, fedele che aveva fatto voto di nazireato.

nazìsmo [dal ted. *Nazismus,* prob. attr. il fr. *nazisme*; 1934] **sm.** forma abbreviata di *nazionalsocialismo.*

nazìsta [da *nazismo*; 1934] **agg.** e **s.** del nazismo; seguace del nazismo: *ideologia nazista; i crimini dei nazisti* || *fig. spreg.* che, chi è particolarmente razzista e crudele.

nazzarèno V. NAZARENO.

'ndràngheta [voce calabrese, prob. da *'ndranghiti,* balordo, stupido e, in gergo, ladro; 1972] **sf.** in Calabria, delinquenza organizzata di stampo mafioso.

ne[1] (pr. [ne]) [lat. *(i)n(d)e,* di qui, indi; 1224 ca.] **I pron.** atono *m.* e *f. sing.* e *pl.*; equivale a prep. *di* o *da* seguita da un pronome (di lui, di lei, di ciò, di questo, di quello ecc.); può essere riferito sia a un concetto espresso in precedenza che sottinteso: *non ho notizie di mia sorella, è tanto tempo che non ne so nulla, ne ho ricavato una bella somma, ne ho abbastanza*; può anche precedere ciò a cui si riferisce o, in usi pleonastici, avere valore intensivo ed espressivo: *che ne dici della mia nuova cravatta, me ne vado a spasso* || si pospone e si unisce all'interiezione *ecco* e ai verbi di modo imperativo e infinito; quando si unisce a forme tronche del verbo raddoppia l'iniziale, altrimenti precede sempre il verbo: *eccone uno, dinne male, fanne ricerca*; unita ad altre particelle pronominali, sia in posizione proclitica che enclitica, viene per ultima; si unisce al pronome *gli*: *gliene* **II avv.** corrisponde alle prep. *di* o *da* seguite da *qui, là, lì*: *il passaggio è stretto: riesci a uscirne?* || *pleon.* in *andarsene, venirsene.*

ne[2] (pr. [ne]) [lat. *(i)n(d)e,* di qui, indi] **prep.** *arc.* o *poet.* forma assunta da *in* davanti ad articolo determinativo (*ne la, ne i*) nell'uso moderno viene unito formando una preposizione articolata (*nella, nei*), salvo quando l'articolo sia parte di un titolo: *è scritto ne «Il Milione»* (ma nell'uso anche *nel «Milione»*).

ne[3] (pr. [ne]) [forse dal lat. *(i)n(d)e,* di qui, indi; 1224 ca.] **pron. pers.** atono *poet.* ci, sia come complemento oggetto che di termine: *già eran desti, e l'ora s'appressava / che 'l cibo ne solea essere addotto* (Dante).

né [lat. *nĕc*; sec. XIII] **cong. 1.** sempre in frase negativa, correla due o più elementi sintatticamente equivalenti: *non ci andrà né l'uno né l'altro, non si può né vedere né toccare, non venire né troppo presto né troppo tardi* **2.** col valore di "e non"; coordina due frasi negative (*non è la prima né sarà l'ultima volta*) o, meno com., una frase positiva e una negativa (*lo vedo né mi par vero*).

neànche [comp. di *né* e *anche*; sec. XV] **I avv.** di negazione, è usato in correlazione con una negazione espressa in precedenza o sottintesa; neppure e nemmeno: *non mi parla e neanche mi guarda, io non vengo e lui neanche; neanche a un amico diresti questo*; può anche rafforzare una negazione: *non ci penso neanche!* **II cong.** non anche; introduce una proposizione concessiva (la negazione si riferisce alla reggente): *neanche impegnandosi al massimo ce la farà, neanche se volessi potrei aiutarti, ha paura a viaggiare da solo, neanche fosse un bambino!*

neandertalìano [dal n. geogr. *Neandertal*; 1958] **agg.** *T.paleont.* proprio del tipo di ominide denominato uomo di Neandertal, o relativo alla sua cultura.

neàntropo V. NEOANTROPO.

nébbia [lat. *nebula*; a. 1292] **sf. 1.** massa di vapori condensati che si forma vicino al suolo per abbassamento di temperatura o aumento di umidità: *una fitta nebbia* || *dissolversi come la nebbia,* essere di scarsa consistenza || *fig.* offuscamento: *la nebbia dell'ignoranza* || *insaccare nebbia,* far cosa vana || *stringer nebbia,* nulla **2.** *T.mil. nebbia artificiale,* fitto e persistente strato di fumo e vapore prodotto per impedire la visibilità al nemico **3.** nome di numerose malattie delle piante, caratterizzate dalla presenza, sul fusto o sulle foglie, di una patina biancastra **4.** pianta delle Graminacee con rami sottili e minuti fiorellini bianchi utilizzata spec. per composizioni floreali || *dim.* nebbiétta, nebbiettina, nebbiolina, nebbierèlla; *accr.*

nebbióne (*sm.*); *pegg.* nebbiàccia ‖ **N. 1.** bruma, caligine, foschia, vapori, velo | alta, bassa, cieca, cupa, densa, fitta, folta, fosca, grave, leggera, oscura, rada, tetra | banco, coltre | addensarsi, alzarsi, dileguarsi, diradarsi, espandersi, sgombrare, spezzarsi; annebbiare | fendinebbia **3.** *Sin.* mal bianco, oidio. **Q.T.** *meteorologia.*

nebbiògeno [comp. di *nebbia* e *-geno*; 1932] **I** *agg.* che produce nebbia **II** *sm. T.mil.* apparecchio atto a produrre cortine di nebbia artificiale per occultare mezzi bellici.

nebbiòlo o **nebiòlo** [dal piem. *nebieul*, perché gli acini sono ricoperti di una patina biancastra; 1606] *sm.* **1.** vitigno coltivato spec. in Piemonte e in Valtellina, utilizzato per la produzione di pregiati vini, tra cui il barolo e il barbaresco **2.** vino rosso ottenuto dall'omonimo vitigno.

nebbióne (*accr.* di *nebbia*) [a. 1472] *sm.* **1.** nebbia vasta, fitta e densa **2.** (f. *-a*) persona da poco o presuntuosa.

nebbiosità [da *nebbioso*; a. 1704] *sf.* **1.** carattere di ciò che è nebbioso **2.** *concr.* presenza di accumuli di nebbia.

nebbióso [dal lat. *nebulōsus*; a. 1320] *agg.* coperto di nebbia: *cielo nebbioso, tempo nebbioso* ‖ *fig.* non chiaro, non limpido: *discorso, ricordo, racconto nebbioso* ‖ **N.** brumoso, caliginoso, fosco, nebuloso, offuscato.

nebiòlo v. NEBBIOLO.

nèbride [dal lat. *nebris, -idis*, gr. *nébris*; a. 1498] *sf.* pelle di daino con cui veniva raffigurato Dioniso, indossata anche dai sacerdoti e dai seguaci del suo culto.

nèbula [dal lat. *nebula*; fine sec. XIII] *sf.* **1.** *T.astr.* nebulosa **2.** *arc. lett.* nebbia ‖ nuvola.

nebulàre [da *nebula*; fine sec. XIII] *agg.* **1.** *T.astr.* relativo alle nebulose **2.** *non com.* che ha aspetto e densità di nebbia o nuvola.

nebulizzàre [dall'ingl. to *nebulize*; 1915] *tr.* rif. a un liquido, ridurre in gocce minutissime ‖ cospargere con un liquido nebulizzato: *nebulizzare le piante con anticrittogamici* ‖ **N.** *Sin.* atomizzare, spruzzare.

nebulizzatóre [da *nebulizzare*; 1915] *sm.* apparecchio per nebulizzare ‖ **N.** *Sin.* atomizzatore.

nebulizzazióne [da *nebulizzare*; 1915] *sf.* il nebulizzare, l'essere nebulizzato.

nebulósa [da *nebuloso*; sec. XIV come agg.] *sf. T.astr.* aggregato di corpi celesti o di gas che, al telescopio, appare come un'area diffusa di luminosità diversa dallo sfondo. **Q.T.** *astronomia* **TAV. *astronomia* p. 656** 4.

nebulosità [dal lat. tardo *nebulōsitas, -ātis*; 1375 ca. *nibulositate*] *sf.* qualità di ciò che è nebuloso: *la nebulosità del cielo* ‖ *fig.* carattere di ciò che è vago e indeterminato: *la nebulosità di un ragionamento.*

nebulóso [dal lat. *nebulōsus*; 1313] *agg. lett.* **1.** nebbioso; di nubi: *formazioni nebulose* **2.** di aspetto simile a quello della nebbia: *un'immagine nebulosa* ‖ *fig.* poco chiaro o inconsistente: *stile, discorso nebuloso.*

necàre (pres. *nèco, nèchi*) [dal lat. *necāre*; a. 1332] *tr. ant.* uccidere.

néccio o **niccio** (pl. *-ci*) [etim. inc.; a. 1587 *nicci* pl.] **I** *sm. tosc.* focaccia di farina di castagne, cotta fra due piastre di terracotta roventi **II** *agg. tosc.* di castagne; solo nella loc. *farina neccia.*

nécessaire (fr., pr. [nese'sɛ:r]) [letter. necessario; 1877] *sm. inv.* astuccio o borsetta contenente quanto è necessario per una determinata attività, ma spec. per la pulizia personale: *nécessaire da viaggio, da lavoro.*

necessàrio (pl. *-ri*) [dal lat. *necessārius*; inizio sec. XIII] **I** *agg.* **1.** che è essenziale, di cui non si può far senza: *il riposo è necessario per riprendere con lena il giorno dopo, la tua presenza qui è necessaria a tutti* ‖ *com.* opportuno, dovuto: *prendere le necessarie precauzioni* **2.** *T.fil.* che non può non essere o essere diverso da com'è: *conseguenze necessarie di una premessa* ‖ *T.giur.* che dev'essere così per legge: *erede necessario* ‖ **necessariaménte** *avv.* per necessità, per forza, con valore frasale "è necessario che", "è inevitabile, indispensabile che": *deve necessariamente essere operato?* **II** *sm.* **1.** (solo *sing.*) ciò che è necessario, indispensabile per un dato scopo: *manca il necessario, porta lo stretto necessario* **2.** *arc.* cesso ‖ **N.** I **1.** *Sin.* bisognevole, indispensabile, occorrente; urgente; UTILE | *Contr.* superfluo **2.** ineluttabile, inevitabile, obbligatorio | *Contr.* contingente.

necessità [dal lat. *necessitas, -ātis*; a. 1294] *sf.* **1.** condizione o proprietà di ciò che è necessario: *la necessità del riposo, del cibo* **2.** estremo bisogno, ciò di cui si ha bisogno: *ho necessità di mangiare, le necessità primarie, le necessità dei poveri, per te la fuoriserie è una necessità* ‖ *per estens.* indigenza: *vive nella necessità* ‖ *esser di necessità*, esser necessario ‖ *fare di necessità virtù*, rassegnarsi all'inevitabile ‖ *di necessità*, necessariamente ‖ *concr. necessità corporali*, bisogni fisiologici, defecare e orinare **3.** l'ordine ineluttabile del cosmo, la legalità naturale: *la necessità che governa gli eventi, il caso e la necessità* ‖ **N. 2.** *Sin.* esigenza, obbligo, occorrenza, uopo, urgenza | apparente, assoluta, dura, estrema, fisica, giuridica, impellente, ineluttabile, inesorabile, morale, prepotente, stretta, strettissima, stringente | abbisognare.

necessitàre (pres. *-èssito*) [da *necessità*; sec. XIV come tr.] *intr.* aver bisogno: *questa casa necessita di urgenti restauri* ‖ essere necessario: *necessitano soccorsi, mi necessita il vostro aiuto*; anche con una frase come sogg.: *necessita che si prendano seri provvedimenti* ‖ *tr.* **1.** rendere necessario, richiedere: *la situazione necessita l'attenzione di tutti* **2.** *ant.* obbligare: *il minacciar da più parti lo necessitava a far guardie grandi* (Guicciardini).

necessitàto (*pps.* di *necessitare*) [a. 1342] *agg.* inevitabile, obbligatorio: *questa conseguenza è necessitata.*

necessitóso [da *necessità*; fine sec. XIII] *agg. ant.* di persona, che si trova in stato di necessità.

neck (ingl., pr. [nek]) [letter. collo; 1932] *sm. inv. T.geol.* antico camino vulcanico in cui si sono depositate lave raffreddate e materiale piroclastico.

nècro- [dl gr. *nekrós*, morto] *primo elem.* che, in parole composte dotte e della terminologia scientifica, vale "defunto", "cadavere" (per es. *necrofagia, necrofilia, necrologia*) o "morte" (per es. *necrobiosi*).

necrobiòsi [comp. di *necro-* e del gr. *bíos*, vita; 1905] *sf. T.biol.* processo di necrosi in atto su cellule o tessuti.

necrobiòtico (pl. *-ci*) [da *necrobiosi*; 1958] *agg. T.med.* e *T.biol.* relativo a necrobiosi, proprio della necrobiosi: *processo necrobiotico* ‖ colpito da necrobiosi: *tessuto necrobiotico.*

necrofagìa [comp. di *necro-* e *-fagia*; 1965] *sf.* il nutrirsi di cadaveri, tipico di diversi animali.

necròfago (pl. *-gi*) [comp. di *necro-* e *-fago*; 1821] *agg.* di animale, che si nutre di cadaveri.

necrofilìa [comp. di *necro-* e *-filìa*; 1899] *sf.* forma di perversione sessuale consistente in una morbosa attrazione per i cadaveri.

necròfilo [da *necrofilia*; 1911] *agg.* e *sm.* (f. *-a*) che o chi è affetto da necrofilia.

necrofito [comp. di *necro-* e *-fito*; 1958] *agg.* e *sm. T.bot.* di vegetale che cresce sopra organismi morti.

necrofobìa [da *necro-* e *-fobia*; 1865] *sf. T.med.* morbosa paura dei cadaveri.

necròforo [dal gr. *nekrophóros*, becchino; a. 1904] *sm.* **1.** (f. *-a*) addetto alla sepoltura di cadaveri **2.** coleottero nero a chiazze gialle le cui uova vengono deposte dentro cadaveri di piccoli animali, in modo che le larve se ne nutrano ‖ **N. 1.** *Sin.* becchino.

necrologìa (pl. *-gìe*) [comp. di *necro-* e *-logìa*; 1819] *sf.* discorso o scritto in elogio di un morto ‖ annuncio di morte.

necrològico (pl. *-ci*) [da *necrologia*; 1804] *agg.* che si riferisce a necrologia.

necrològio (pl. *-gi*) [dal lat. mediev. *necrologium*; 1714 nel senso 2] *sm.* **1.** annuncio funebre, *in part.* su quotidiani **2.** registro delle persone defunte, conservato presso una chiesa.

necrologìsta [da *necrologia*; 1891] *s.* chi fa o recita necrologie.

necromanzìa v. NEGROMANZIA.

nècron o **necròn** [dal gr. *nekrós*; 1958] *sm. inv.* complesso di vegetali morti che non sono ancora stati trasformati in humus.

necroormóne v. NECRORMONE.

necròpoli [da gr. *nekrópolis*; 1820] *sf. T.archeol.* luogo, di interesse archeologico, destinato alla sepoltura e al culto dei defunti: *la necropoli etrusca di Tarquinia* ‖ *per estens.* cimitero di grandi dimensioni ‖ **N.** CIMITERO.

necropsìa [comp. di *necro-* e *-opsia*; 1958] *sf.* autopsia, necroscopia.

necrormóne o **necroormóne** [comp. di *necro-* e *ormone*; 1954] *sm. T.fisiol.* sostanza liberata in conseguenza di una lacerazione di tessuti, che stimola la rigenerazione di tali tessuti.

necroscopìa [comp. di *necro-* e *-scopía*; 1829] *sf.* esame di un cadavere a scopo scientifico o giudiziario ‖ **N.** *Sin.* autopsia, necropsia, necrotomia, sezione cadaverica | settore anatomico, perito settore.

necroscòpico (pl. *-ci*) [da *necroscopia*; 1869] *agg.* di necroscopia; attinente a necroscopia.

necròscopo [da *necroscopia*; a. 1938] *sm.* (f. *-a*) medico che esamina un cadavere per certificarne la morte ed eventualmente individuarne le cause ‖ **N.** *Sin.* perito settore.

necròṣi [dal lat. tardo *necrōsis*, gr. *nékrōsis*, stato di morte, come il fr. *nécrose*; 1821] *sf. T.med.* e *T.biol.* morte delle cellule di una porzione di tessuto animale o vegetale ‖ **N.** *Sin.* cancrena.

necròtico (pl. *-ci*) [dal gr. *nekrōtikós*; 1940] *agg.* che presenta necrosi: *tessuto necrotico*; proprio della necrosi: *processo necrotico.*

necrotizzàre [da *necrotico*; 1914] *tr.* rendere necrotico ‖ *intr. pron.* andare in necrosi.

necrotomìa [comp. di *necro-* e *-tomia*; 1958] *sf. T.med.* autopsia, necroscopia.

nècton o **nèkton** [dall'ingl. *necton*, gr. *nēktón*, che nuota; 1927] *sm. inv. T.zool.* il complesso di animali che vivono nell'acqua e che sono in grado di muoversi autonomamente ‖ **N.** plancton.

nectònico (pl. *-ci*) [da *necton*; 1981] *agg.* relativo al necton, proprio del necton: *spostamenti nectonici* ‖ che appartiene al necton: *specie nectonica.*

neerlandése [dal fr. *néerlandais*, dei Paesi Bassi; 1935] **I** *agg. raro* olandese **II** *s.* **1.** *raro* abitante dell'Olanda **2.** *sm.* (solo *sing.*) lingua germanica parlata in Olanda e in Belgio ‖ **N.** II **2.** fiammingo.

nefandézza [da *nefando*; a. 1606 nel senso 2] *sf.* **1.** qualità di ciò che è nefando **2.** *concr.* atto o parola nefanda ‖ **N.** *Sin.* scelleratezza, turpitudine.

nefandìgia (pl. *-gie*) [da *nefando*; a. 1600] *sf. arc.* nefandezza.

nefandità [da *nefando*; a. 1686] *sf. arc.* nefandezza.

nefàndo [dal lat. *nefandus*, di cui non si può parlare; 1336 ca.] *agg.* che suscita orrore per la malvagità e la scelleratezza che esprime: *un delitto nefando, un'azione nefanda* || **N.** *Sin.* infame; TURPE.

nefàrio (pl. *-ri*) [dal lat. *nefārius*; a. 1375] **agg.** *lett.* scellerato, empio: *vita nefaria.*

nefàsto [dal lat. *nefāstus*; sec. XIV] **I agg.** **1.** *T.stor.* di giorno nel quale non era permesso esercitare determinate attività giudiziarie o religiose, perché considerato non propizio **2.** *per estens.* di cattivo augurio, che porta con sé sciagure e guai: *un incontro nefasto, una giornata nefasta* **II sm.** *raro* azione vergognosa: *narrare i fasti e i nefasti di qualcuno* || **N.** I **2.** *Sin.* malaugurato, disgraziato, infausto, sfortunato | *Contr.* fausto, favorevole.

nefelina [dal fr. *nepheline*, dal gr. *nephélē*, nuvola; 1819] **sf.** *T.min.* minerale del gruppo dei feldspati, di colore generalmente biancastro in cristalli prismatici.

nèfelo- [dal gr. *nephélē*, nube] **primo elem.** che, in parole composte della terminologia scientifica, vale "nebbia" o "torbidità" (per es. *nefelometria, nefeloscopio*).

nefelometrìa [comp. di *nefelo-* e *-metria*; 1948] **sf.** *T.chim.* metodo di analisi per stabilire la quantità di particelle in sospensione in un liquido, basato sulla rifrazione luminosa.

nefelomètrico (pl. *-ci*) [da *nefelometria*; 1958] **agg.** che concerne la nefelometria: *indagine nefelometrica.*

nefelòmetro [comp. di *nefelo-* e *-metro*; 1954] **sm.** *T.chim.* apparecchio impiegato per la nefelometria.

nefeloscòpio o **nefoscòpio** (pl. *-pi*) [comp. di *nefelo-* e *-scopio*; 1869] **sm.** *T.meteor.* strumento che misura l'altezza, la direzione e la velocità delle nubi.

nefoscòpio V. NEFELOSCOPIO.

nefrìte[1] [dal lat. *nephritis*, gr. *nephrîtis*; a. 1698] **sf.** *T.med.* infiammazione dei reni.

nefrìte[2] [dal gr. *nephrós*, rene; 1817] **sf.** *T.min.* silicato di calcio e magnesio, di colore verde, utilizzato per gioielli e oggetti ornamentali || **N.** *Sin.* giada di anfibolo.

nefrìtico (pl. *-ci*) [dal lat. *nephriticus*, gr. *nephritikós*; a. 1626] **agg.** *T.med.* relativo a nefrite; che deriva da nefrite: *dolori nefritici* || che è malato di nefrite; anche *sm.*

nèfro- [dal gr. *nephrós*, rene] **primo elem.** che, in parole composte della terminologia medica, vale "rene": **nefralgìa**, **nefrectomìa**, **nefrocèle**, **nefropatìa**, **nefroplegìa**, **nefroresezióne**, **nefroscleròsi** (o **nefrosclèrosi**), **nefrotomìa**.

nefrolitìasi [comp. di *nero-* e *litiasi*; 1834] **sf.** *T.med.* formazione di calcoli nei bacinetti renali.

nefròlito [comp. di *nefro-* e *-lito*; 1829] **sm.** *T.med.* calcolo renale.

nefrologìa [comp. di *nefro-* e *-logia*; 1979] **sf.** *T.med.* settore della medicina che si occupa della fisiologia e della patologia del rene.

nefroptòsi [comp. di *nefro-* e *-ptosi*; 1940] **sf.** *T.med.* spostamento del rene verso il basso.

nefrorragìa (o *nefroràgia*) (pl. *-gie*) [comp. di *nefro-* e *-ragia*; 1840] **sf.** *T.med.* emorragia renale.

nefròsi [dal gr. *nephrós*, rene; 1915] **sf.** *T.med.* nefropatia degenerativa a carattere cronico.

nefròtico (pl. *-ci*) [da *nefrosi*; 1958] **agg.** *T.med.* relativo alla nefrosi, proprio della nefrosi.

negàbile [da *negare*; 1745] **agg.** *non com.* che si può negare || **N.** *Contr.* innegabile, evidente.

negabilità [da *negabile*; 1745] **sf.** qualità di ciò che è negabile.

negàre (pres. *négo, néghi*) [dal lat. *negāre*; fine sec. XIII] **tr.** **1.** esprimere, solitamente a parole, che un fatto non sussiste o che un'affermazione non è vera: *negò di aver partecipato al delitto, nego questa teoria* || *ass.* dire di no: *alla mia domanda, ha negato recisamente* || *non negare*, ammettere **2.** rifiutare, non concedere: *mi ha negato quel piccolo favore, gli fu negata la grazia* || **rifl.** non concedersi, rifiutare di aver a che fare con qualcuno || **N.** **tr.** **1.** *Sin.* confutare, contraddire, contestare, disconoscere, impugnare, ricusare, rigettare, rinnegare, sconfessare, smentire.

negarit [voce amarica, letter. la annunciante; 1840 *nagaret*] **sm.** strumento musicale a percussione dell'Abissinia.

negativa [dal lat. tardo *negatīva*; sec. XV] **sf.** **1.** atteggiamento di negazione: *stare* o *mettersi sulla negativa* **2.** *T.fot.* negativo fotografico, immagine fotografica nella quale alle parti luminose dell'oggetto corrispondono parti oscure, e viceversa **3.** *T.gram.* frase negativa.

negativìsmo [dal ted. *Negativismus*; 1954] **sm.** *T.psic.* atteggiamento di rifiuto sistematico delle richieste altrui.

negatività [da *negativo*; 1846] **sf.** qualità di ciò che è negativo || *T.fis.* carica elettrica negativa di un corpo.

negativo [dal lat. *negatīvus*; 1306] **I agg.** **1.** che esprime o contiene negazione: *risposta negativa, particelle, proposizioni negative* || *T.med.* rif. ad analisi cliniche, che dimostra l'assenza di una determinata patologia o condizione: *il test di gravidanza è risultato negativo* || *T.teol.* *teologia negativa*, basata sul presupposto che la natura di Dio non sia descrivibile se non mediante determinazioni negative (non finito, non corporeo ecc.) **2.** *per estens.* che esprime dissenso, rifiuto o proibizione: *una critica negativa, voto, precetto negativo* **3.** *per estens.* che produce o ha prodotto effetti sfavorevoli o contrari a quelli sperati: *un'esperienza negativa, un influsso negativo degli astri, il colloquio ha avuto esito negativo* **4.** *T.mat.* di numero, inferiore a zero **5.** *T.scient.* che, per convenzione, si contrappone a positivo: *carica negativa, polo negativo* **6.** *T.fot.* di fotogramma o pellicola con valori cromatici inversi a quelli che risulteranno sulla stampa positiva; anche *sm.* || **negativaménte** **avv.** **1.** in modo sfavorevole **2.** dicendo di no: *rispondere negativamente* **II avv.** nei messaggi radio equivale a *no* || **N.** I **1.** *Contr.* affermativo **2.** *Sin.* opposto, contrario | *Contr.* positivo **3.** *Sin.* deleterio, malefico, svantaggioso | *Contr.* positivo. **Q.T.** *fotografia.*

negàto (*pps.* di *negare*) [a. 1883] **agg.** del tutto privo di attitudine o inclinazione: *è negato per gli affari.*

negatóne V. NEGATRONE.

negatóre [dal lat. tardo *negātor, -ōris*; 1304 ca.] **agg.** e **sm.** (f. *-trìce*) che o chi nega: *un negatore dell'evidenza.*

negatòria [dal lat. tardo (*actio*) *negatoria*; 1935] **sf.** *T.giur.* azione legale promossa dal proprietario di un bene per far riconoscere l'infondatezza dei diritti che altri pretendono di esercitare su tale bene.

negatòrio (pl. *-ri*) [dal lat. *negatōrius*; 1673] **agg.** di negazione.

negatoscòpio (pl. *-pi*) [comp. di *negat(ivo)* e *-scopio*; 1950] **sm.** schermo luminoso contro il quale si pongono le negative di fotografie e radiografie, per osservarle in trasparenza.

negatróne (o *negatóne*) [comp. di *nega(tivo)* e (*elet*)*trone*; 1942] **sm.** *T.fis.* particella con carica negativa; elettrone.

negazióne [dal lat. *negātio, -ōnis*; 1308] **sf.** **1.** il negare: *una negazione recisa* **2.** *concr.* azione o cosa assolutamente contraria ai principi che dovrebbero sostenerla: *questa legge è la negazione del buon senso* **3.** *T.gram.* espressione linguistica utilizzata per negare, rifiutare o proibire **4.** *raro* rinuncia, abnegazione: *negazione di sé* || **N.** **1.** *Sin.* annullamento, contestazione, contraddizione, contrordine, denegazione, diniego, negativa, rifiuto, rinuncia, ritrattazione, sconfessione | *Contr.* affermazione.

neghittosità [da *neghittoso*; a. 1705] **sf.** *lett.* l'essere neghittoso || **N.** *Sin.* apatia, indolenza, inerzia, infingardaggine, pigrizia, trascuratezza.

neghittóso [lat. *neglēctus*; a. 1292 *nighittoso*] **agg.** *lett.* pigro || **neghittosaménte** **avv.**

neglètto (*pps.* di *negligere*) [dal lat. *neglēctus*; 1321] **agg.** *lett.* lasciato da parte, disprezzato: *oggi la virtù è negletta* || *ant.* trascurato, sciatto: *stile negletto* || **neglettaménte** **avv.** trascuratamente.

négli **prep.** *art. m. pl.* composta da *in* e *gli.*

négligé (fr., pr. [negli'ʒe]) [letter. negletto; 1787] **sm.** *inv.* *T.abb.* vestaglia femminile da camera di linea elegante e civettuola.

negligènte (pr. [negli'dʒɛnte]) (*ppr.* di *negligere*) [a. 1294] **agg.** **1.** che trascura o svolge male i suoi compiti: *scolaro, impiegato negligente*; anche *sm.* **2.** *non com.* trasandato, trascurato || *accr.* negligentóne; *pegg.* negligentàccio || **negligenteménte** **avv.** || **N.** **1.** accidioso, disattento, incurante, indolente, infingardo, neghittoso, pigro, sbadato, scioperato | *Contr.* diligente.

negligènza (pr. [negli'dʒɛntsa]) [dal lat. *neglegentia*; a. 1294] **sf.** **1.** mancanza di impegno e attenzione nell'esecuzione di un compito: *il pessimo risultato è dovuto alla sua negligenza* **2.** *concr.* atto di persona negligente: *fu una imperdonabile negligenza* || **N.** **1.** *Sin.* accidia, disattenzione, ignavia, incuria, indolenza, infingardaggine, noncuranza, pigrizia, rilassatezza, sbadataggine, scioperataggine, svogliatezza, trascuranza, trascuratezza | *Contr.* diligenza.

negligere (pr. [ne'glidʒere]) (p.rem. *neglèssi, negligésti*; pps. *neglètto*; manca dell'ind. pres., dell'imper. e del cong. pres.; usato quasi esclusivamente all'ingl., al ppr. e al pps.) [dal lat. *neglegere*; sec. XIV] **tr.** *dif.* *lett.* trascurare; disprezzare.

negòssa [voce veneta; a. 1320] **sf.** *non com.* *T.pesc.* rete da pesca, a forma di borsa aperta, inastata a una pertica.

negoziàbile [da *negoziare*; 1855] **agg.** che si può negoziare: *valori negoziabili in Borsa*; *bene non negoziabile*, irrinunciabile, non scambiabile con altro || **N.** *Sin.* alienabile, commerciabile, scambiabile.

negoziabilità [da *negoziabile*; 1871] **sf.** l'essere negoziabile: *la negoziabilità di un titolo.*

negoziàle [dal lat. *negotiālis*; a. 1294] **agg.** *T.giur.* riguardante un negozio giuridico, proprio di un negozio giuridico: *atto negoziale.*

negoziànte (*ppr.* di *negoziare*) [da *negoziare*; a. 1370] **s.** chi esercita un commercio come proprietario o gestore di un esercizio pubblico: *negoziante all'ingrosso, al minuto, negoziante di vini* || **N.** *Sin.* bottegaio, commerciante, esercente, mercante; dettagliante | grossista.

negoziàre (pres. *-òzio*) [dal lat. *negotiāri*; a. 1348] **tr.** avere in trattativa per giungere a un accordo, spec. commerciale o diplomatico: *negoziare il prezzo del petrolio, la pace* || rif. a valute, titoli e sim., cambiare || **intr.** (aus. *avere*) *non com.* esercitare la compravendita: *negoziare in vini, in formaggi* || **N.** **tr.** mercanteggiare; maneggiare, trattare.

negoziàto [da *negoziare*; 1598] **sm.** gen. *pl.*, trattative condotte per raggiungere un accordo, spec. in ambito diplomatico: *i negoziati procedono bene, il tavolo dei negoziati, il fallimento dei negoziati di pace* || **N.** incontro, patteggiamento.

negoziatóre [dal lat. *negotiātor, -ōris*; 1343] **sm.** (f. *-trìce*) chi conduce trattative.

negoziazióne [prob. dallo sp. *negociación*; a. 1406] **sf.** **1.** trattativa diplomatica **2.** compravendita di titoli, divise estere, merci.

negòzio (pl. *-zi*) [dal lat. *negōtium*; 1321 nel

senso 2] **sm.** **1.** locale utilizzato per l'esposizione e la vendita di merce: *negozio di frutta e verdura, di ferramenta, negozio di lusso* **2.** affare, trattativa || *in part.* *T.giur.* azione mediante la quale una o più persona realizzano uno scopo avente rilevanza giuridica **3.** *ant.* occupazione, faccenda || *dim.* negoziétto, negoziùccio; *accr.* negozióne; *pegg.* negoziàccio || **N.** **1.** *Sin.* BOTTEGA **2.** *Sin.* AFFARE. **Q.T.** *commercio...*

negreggiàre V. NEREGGIARE.

negrézza [da *negro*; prima metà del sec. XIV] **sf.** *lett.* nerezza.

négride o **negride** [da *negro*; 1933] **agg.** che appartiene alla razza negra africana.

negrière [dal fr. *négrier*; 1871] **sm.** *non com.* negriero.

negrièro [dal fr. *négrier*; 1875 come sm.] **I agg.** relativo al commercio di schiavi negri: *nave negriera* **II sm.** (f. *-a*) **1.** mercante di schiavi negri **2.** *fig.* chi impone ritmi di lavoro stressanti ai suoi sottoposti.

negrillo [dallo sp. *negrillo*, negretto; 1942] **agg.** e **sm.** *disus.* pigmeo.

negrità [da *negro*; 1963] **sf.** l'insieme delle caratteristiche e dei valori propri della civiltà o della razza negra.

negritos (sp., pr. [ne'ɣritɔs]; pr. it. [ne'gritos]) [letter. negretti; 1895] **sm.** *pl.* nome dato ad alcune popolazioni pigmee delle Filippine e delle isole malesi.

negritùdine [dal lat. *negritūdo, -inis*, attr. il fr. *négritude*; 1972] **sf.** l'insieme dei valori della civiltà negra africana, e la consapevolezza di essi.

négro [dal lat. *niger*, attr. lo sp. *negro*; 1532] **I agg.** appartenente o relativo alla razza umana contraddistinta principalmente da pelle scura, capelli crespi, naso piatto e prognatismo: *popolazioni negre* **II sm.** (f. *-a*) **1.** individuo di razza negra: *negri d'America* || con riferimento alle condizioni dei negri schiavizzati: *lavorare come un negro*, a ritmo massacrante **2.** *fig.* chi per compenso realizza un'opera (spec. dell'ingegno) destinata ad essere attribuita ad altri || **N.** I *Sin.* moro.

negroamericàno [comp. di *negro* e *americano*; 1936] **agg.** relativo ai negri d'America, proprio dei negri d'America: *cultura negroamericana* || **N.** *Sin.* afroamericano.

negrofùmo [comp. di *negro* e *fumo*; 1963 *negro fumo*] **sm.** *non com.* nerofumo.

negròide [comp. di *negro* e *-oide*; 1862] **agg.** e **s.** *ant.* che o chi ha in tutto o in parte le caratteristiche somatiche della razza negra.

Negròidi [comp. di *negro* e *-oide*; 1958] **sm.** *pl.* gruppo umano presente in Africa, che comprende popolazioni negre, escluse quelle dei Pigmei Boscimani e degli Ottentotti.

negromànte [dal gr. *nekrómantis*, forse con influsso di *negro*; fine sec. XIII] **s.** chi esercita la negromanzia.

negromantésco (pl. *-schi*) [da *negromante*; 1711] **agg.** *spreg.* negromantico: *fissazioni negromantesche.*

negromàntico (pl. *-ci*) [da *negromante*; 1351] **agg.** di negromante, di negromanzia.

negromanzìa (o *necromanzia*) [dal lat. tardo *necromantia*, gr. *nekromantrìa*, forse con influsso di *negro*; fine sec. XIII] **sf.** **1.** arte di evocare i morti con l'intervento di forze demoniache, per consultarli su cose occulte o intorno all'avvenire dei vivi **2.** *per estens.* magia.

negróre [dal lat. *nigror, -ōris*, nerezza; prima metà del sec. XIV] **sm.** *ant.* o *lett.* l'essere nero.

negùndo [dal fr. *négundo* di or. indiana; 1585] **sm.** *T.bot.* piccola pianta delle Aceracee dal legno pregiato e dalle foglie verdi maculate di bianco || **N.** *Sin.* acero americano.

nègus [voce amarica, letter. sovrano; 1577] **sm.** *inv.* titolo dell'imperatore d'Etiopia.

negussìta [da *negus*; 1942] **agg.** del negus: *proprietà negussite.*

nèh [da *n(on) è*; a. 1533] **escl.** usata in particolare in Piemonte e Lombardia per ottenere conferma a quanto si è detto o per sottolinearlo: *sei arrivato in ritardo, neh?*

néi **prep.** *art.* composta da *in* e *i*: si usa davanti a parole maschili plurali che comincino per consonante (eccettuata la *s* seguita da consonante, *gn, ps, x, z*).

nèkton V. NECTON.

nél **prep.** *art.* composta da *in* e *il.*

nélla **prep.** *art.* composta da *in* e *la.*

nélle **prep.** *art.* composta da *in* e *le.*

nèllo **prep.** *art.* composta da *in* e *lo.*

nelùmbo [dal senegalese *nelembi*; 1754] **sm.** *T.bot.* genere di piante appartenenti alla famiglia delle Ninfeacee, cui appartiene il loto indiano.

nèma- [dal gr. *nêma*, filamento] **primo elem.** che, in parole composte della terminologia biologica, vale "filo", "filamento" (per es. *nemaspermio*).

nemaspèrmio o **nemaspèrma** (pl. *-mi*) [comp. di *nema-* e *sperma*; 1935] **sm.** *T.biol.* spermatozoo.

Nematelminti (sing. *-o*) [comp. di *nemato-* e del gr. *élmins, elminthos*, verme; 1954] **sm.** *pl.* *T.zool.* vermi dal corpo cilindrico non segmentato, dotati di rivestimento chitinoso, parassiti || **N.** Platelminti. **Q.T.** *zoologia.*

nèmato- [dal gr. *nêma, nēmatos*, filamento] **primo elem.** che, in parole composte della terminologia zoologica, vale "filo" o "filiforme" (per es. *Nematelminti, Nematoceri, Nematodi*).

Nematòceri [comp. di *nemato-* e *-cero*; 1834] **sm.** *pl.* *T.zool.* sottordine di insetti ditteri con antenne e zampe lunghe e filiformi, cui appartiene la zanzara.

nematocìda [comp. di *nemato-* e *-cida*; 1970] **sm.** vermicida.

Nematòdi (sing. *-e*) [dal gr. *nēmatṓdēs*, simile ad un filo; 1865] **sm.** *pl.* *T.zool.* tipo di invertebrati, per la maggior parte parassiti, che sono causa di gravi malattie: *la trichina e la filaria sono dei Nematodi.* **TAV. *zoologia* p. 1344.**

nematologìa (pl. *-gìe*) [da *nemato-* e *-logia*; 1980] **sf.** branca della zoologia che studia i *Nematodi.* **Q.T.** *zoologia.*

nembìfero [dal lat. *nimbifer*; a. 1788] **agg.** *raro poet.* apportatore di nembi.

némbo [dal lat. *nimbus*; fine sec. XIII] **sm.** *T.meteor.* massa di nuvole poco elevate, oscure, senza forme nette, a orli lacerati, apportatrici di piogge o di nevicate persistenti || *poet.* nuvola, spec. in quanto apportatrice di tempesta || *fig.* sciame, miriade: *nembo di fiori* || **N.** NUVOLA.

nembóso [da *nembo*; a. 1569] **agg.** *poet.* ricoperto di nembi, procelloso.

nembostràto [comp. di *nembo* e *strato*; 1965] **sm.** *T.meteor.* nube temporalesca di colore grigio-scuro molto estesa orizzontalmente e non molto elevata. **TAV. *meteorologia* p. 1321** 2.8.

Nemertìni (sing. *-o*) [dal lat. scient. *Nemertini*, basato sul lat. *Nemertes*, n. di una Nereide; 1954] **sm.** *pl.* tipo di Invertebrati Metazoi, gen. marini, a corpo vermiforme, provvisti di una proboscide che si estroflette.

nèmesi [dal lat. e gr. *Némesis*, dea della vendetta; 1550] **sf.** *inv.* *fig.* vendetta: *la nemesi storica*, personificazione della giustizia che vendica anche sui tardi discendenti le colpe storiche commesse dai progenitori; *ha ricevuto la sua nemesi*, il castigo che gli era destinato.

nemicàre [da *nemico*; a. 1324] **tr.** *ant.* inimicare.

nemìco (pl. m. *-ci*, pl. f. *-che*) [lat. *inimīcus*; fine sec. XIII] **I sm.** (f. *-a*) **1.** chi ha avversione per una cosa o persona, e cerca di rovinarla o farle del male: *farsi dei nemici, è il mio nemico numero uno*, il mio più acerrimo nemico; *nemico pubblico*, pericolo per la società || *per anton.* *il Nemico*, il diavolo **2.** *T.mil.* (con valore collettivo) gli appartenenti allo schieramento avversario: *combattere il nemico, il nemico è alle porte* **II agg.** **1.** avverso, ostile: *sono nemico della bugia, il meglio è nemico del bene* || nocivo: *la troppa umidità è nemica delle viti* (o *raro alle viti*) **2.** *T.mil.* del nemico, riguardante il nemico: *le intenzioni nemiche, l'esercito nemico* || **N.** I **1.** acerbo, acerrimo, crudele, dichiarato, eterno, fiero, giurato, implacabile, inesorabile, mortale, palese, occulto | inimicare, osteggiare | inimicizia **II** **1.** *Sin.* avversario, contrario, infesto, malevolo, oppositore | *Contr.* amico.

nemistà [dal provenz. *enemistat*; prima metà del sec. XIII *nimistà*] **sf.** *arc.* inimicizia.

nemmànco [comp. di *né* e *manco*; a. 1694] **cong.** e **avv.** *ant.* o *reg.* nemmeno.

nemméno [comp. di *né* e *meno*; a. 1694] **I avv.** neanche, neppure: *non l'ho visto nemmeno, nemmeno lui saprebbe rispondere* **II cong.** introduce una proposizione concessiva (la negazione si riferisce alla reggente): *nemmeno torturandolo te lo direbbe!*

nemoràle [dal lat. *nemorālis*, del bosco; 1954] **agg.** *T.bot.* detto di pianta, spec. erbacea, che vive nei boschi.

nènia [dal lat. *nēnia*, nenia, canto funebre; 1544 nel senso 2] **sf.** **1.** canto di ritmo lento in cui le parole insistono su una melodia elementare || *spreg.* brano o discorso monotono e insistente **2.** *T.stor.* nell'antica Roma, lamento funebre || **N.** **1.** *Sin.* cantafera, cantilena, tiritera.

nenùfero o **nenùfaro** (o *nannùfero* o *nanùfero*) [dall'ar. *nenūfar*; a. 1320] **sm.** pianta delle Ninfeacee coltivata nelle vasche dei giardini per i suoi bei fiori gialli || **N.** *Sin.* ninfea della Cina.

nèo (raro *nèvo*) [lat. *naevus*; 1353] **sm.** **1.** piccola macchia, perlopiù rotonda e nericcia, che si trova naturalmente sulla pelle, talvolta con un ciuffetto di peli || *per estens.* macchiolina artificiale che le donne, nel sec. XVIII, usavano applicarsi sul volto pensando di accrescerne la bellezza **2.** *fig.* piccola imperfezione, piccolo difetto: *peccato che vi sia qualche neo in quest'opera* || *dim.* neìno || **N.** **1.** mosca, tacca, voglia | artificiale, assassino, naturale **2.** DIFETTO.

nèo- [dal gr. *néos*, nuovo] **pref.** che, in parole dotte composte, vale "nuovo", "recente", "moderno" (per es. *neofilia, neoformazione*) || *in part.* è usato nelle denominazioni di movimenti artistici o di correnti di pensiero che riprendono, adattandoli al loro tempo, temi e principi di movimento o correnti del passato (per es. *neofascismo, neogotico, neopositivismo*).

neoaccadèmico (pl. *-ci*) [comp. di *neo-* e *accademico*; 1956] **agg.** e **sm.** (f. *-a*) che o chi appartiene alla media e nuova accademia platonica.

neoàntropo o **neàntropo** [comp. di *neo-* e *-antropo*; 1956] **sm.** in antropologia, denominazione del tipo umano fossile *Homo sapiens.*

neoaristotelismo [comp. di *neo-* e *aristotelismo*; 1988] **sm.** *T.fil.* nella filosofia morale contemporanea, la posizione che ritiene che la teorizzazione morale sia possibile solo facendo riferimento a una concreta comunità storica e ai valori che essa riconosce (sul modello dell'etica di Aristotele).

neoàttico (pl. *-ci*) [comp. di *neo-* e *-attico*; 1956] **agg.** relativo a un periodo dell'arte greca, verso il II sec. d.C., in cui vi fu una ripresa dei modelli e dei canoni classici.

neoavanguardìa [comp. di *neo-* e *avanguardia*; 1966] **sf.** *T.art.* denominazione di alcune tendenze dell'arte contemporanea riconducibili all'avanguardia storica.

neoaziendalismo [comp. di *neo-* e *aziendalismo*; 1959] **sm.** concezione e prassi industriale che si fonda sull'importanza dell'organizzazione aziendale e della sua efficienza.

neocapitalismo [comp. di *neo-* e *capitalismo*; 1958] **sm.** forma odierna del capitalismo, caratterizzata dalla tendenza alla concentrazione industriale e finanziaria, dal riferimento delle imprese al mercato mondiale, dall'aumento della loro capacità di condizionare le decisioni economiche e politiche dello Stato, dalla capacità di determinare i consumi delle masse e dal forte potere contrattuale dei sindacati.

neocapitalista [da *neocapitalismo*; 1965] **I s.** chi sostiene o chi attua una politica economica di tipo neocapitalistico **II agg.** neocapitalistico.

neocapitalistico (pl. *-ci*) [da *neocapitalismo*; 1962] **agg.** del neocapitalismo.

neoceràtodo [comp. di *neo-* e *ceratodo*; 1981] **sm.** *T.zool.* genere di pesci Dipnoi cui appartiene una sola specie vivente, il *neoceratodo di Forster*, diffuso esclusivamente in alcuni fiumi australiani, lungo quasi due metri con il corpo rivestito di scaglie.

neoclassicismo [comp. di *neo-* e *classicismo*; 1896] **sm.** tendenza artistica e letteraria fiorita verso la metà del sec. XVIII, che si ispirava ai canoni e alle concezioni artistiche dell'arte classica.

neoclassicista [da *neoclassicismo*; 1925] **s.** seguace del neoclassicismo.

neoclàssico (pl. *-ci*) [comp. di *neo-* e *classico*; a. 1907] **agg.** del neoclassicismo; seguace del neoclassicismo; anche *sm.*: *i neoclassici.*

neocolonialismo [dal fr. *néocolonialisme*; 1960] **sm.** politica adottata dalle ex potenze colonialistiche, in seguito all'indipendenza ottenuta dalle colonie, intesa a mantenerne lo sfruttamento mediante il controllo delle loro attività economiche e politiche.

neocolonialista [da *neocolonialismo*; 1970] **s.** sostenitore del neocolonialismo.

neocolonialistico (pl. *-ci*) [da *neocolonialismo*; 1965] **agg.** del neocolonialismo.

neocontrattualismo [comp. di *neo-* e *contrattualismo*; 1929] **sm.** *T.fil.* indirizzo teorico che ripropone, nell'ambito della filosofia politica, l'idea del patto sociale del contrattualismo classico.

neocorporativismo [comp. di *neo-* e *corporativismo*; 1985] **sm.** *T.econ.* particolare struttura delle relazioni tra lo stato e le organizzazioni delle forze produttive, manifestatasi in molti sistemi occidentali dal secondo dopoguerra in poi, caratterizzata dal coinvolgimento dei sindacati e delle associazioni degli imprenditori nel processo di formazione delle scelte politiche, per consentire una composizione, in sede istituzionale, dei conflitti sociali. **Q.T.** *politica.*

neocriticismo [comp. di *neo-* e *criticismo*; 1905] **sm.** *T.fil.* movimento sorto in Germania nella seconda metà del XIX sec., che proponeva un ritorno al criticismo di Kant, in opposizione all'idealismo e al positivismo || **N.** *Sin.* neokantismo.

neodadaismo [comp. di *neo-* e *dadaismo*; 1959] **sm.** tendenza artistica contemporanea che riprende i modi del dadaismo.

neodimio [comp. di *neo-* e *(di)dimio*; 1920] **sm.** *T.chim.* elemento metallico del gruppo dei lantanidi.

neoevoluzionismo [comp. di *neo-* e *evoluzionismo*; 1987] **sm.** in antropologia culturale, insieme di correnti che riprendono il concetto ottocentesco dell'evoluzione come principio motore della dinamica culturale e che tentano di mettere in luce i condizionamenti che l'ambiente naturale esercita sui fenomeni sociologici e culturali e sullo sviluppo tecnico.

neofascismo [comp. di *neo-* e *fascismo*; 1945] **sm.** tendenza politica che, dopo la caduta del fascismo, proclama la propria adesione alla sua ideologia e cerca di attuarne i programmi.

neofascista [comp. di *neo-* e *fascista*; 1943] **agg.** e **s.** che, chi è seguace del neofascismo: *trame neofasciste.*

neofascistico (pl. *-ci*) [da *neofascista*; 1956] **agg.** del neofascismo, dei neofascisti.

neofilìa [comp. di *neo-* e *-filia*; 1900] **sf.** *raro* amore del nuovo || **N.** filoneismo | *Contr.* misoneismo.

neòfita o **neòfito** (pl. *-ti*) [dal lat. tardo *neophytus*, gr. *neóphytos*, piantato di recente; a. 1602 *neofiti*] **s. 1.** chi da poco si è convertito alla fede cristiana **2.** *per estens. com.* chi da poco ha abbracciato un'idea politica o è entrato in un partito o ha intrapreso una nuova attività: *l'entusiasmo del neofita* || **N. 1.** catecumeno, iniziato, proselito.

neofobìa [comp. di *neo-* e *-fobia*; 1895] **sf.** paura di ogni novità || **N.** *Sin.* misoneismo.

neoformazióne [dal fr. *néoformation*; 1895] **sf. 1.** *T.med.* nei vegetali e negli animali, produzione patologica di nuovi tessuti, quali galle, tumori ecc. **2.** *T.ling.* introduzione di nuovi composti e derivati in una lingua; anche *concr.* neologismo.

neògene [dal gr. *neogenḗs*, nato da poco; 1895] **sm.** *T.geol.* l'ultimo periodo dell'era cenozoica || **N.** Miocene, Pliocene.

neogènico (pl. *-ci*) [da *neogene*; 1932] **agg. 1.** *T.geol.* che si riferisce, che è proprio del Neogene: *periodo neogenico, fauna neogenica* **2.** detto di minerale la cui formazione è posteriore rispetto a quella dei minerali circostanti || minerale che si forma a spese degli altri.

neoglicogènesi (pr. [neogliko'dʒɛnezi]) [comp. di *neo-* e *glicogenesi*; 1974] **sf.** *T.med.* trasformazione dei lipidi e protidi in glucidi nell'organismo.

neogòtico (pl. *-ci*) [comp. di *neo-* e *gotico*; 1961] **agg.** e **sm.** di movimento architettonico e decorativo del XIX sec., sviluppatosi particolarmente in Francia e in Inghilterra, caratterizzato da una ripresa delle forme gotiche.

neogrammàtica [da *neogrammatico*; 1956] **sf.** dottrina linguistica fondata sulla affermazione della regolarità delle leggi fonetiche || la scuola che sostenne tali teorie.

neogrammàtico (pl. *-ci*) [comp. di *neo-* e *grammatico*, sul modello del ted. *Junggrammatiker*, 1885] **I agg.** della neogrammatica **II sm.** (f. *-a*) appartenente alla scuola neogrammatica.

neogrèco (pl. *-ci*) [comp. di *neo-* e *greco*; 1876] **I agg.** relativo alla Grecia moderna, proprio della Grecia moderna: *letteratura neogreca* **II sm.** (solo *sing.*) lingua greca moderna.

neoguelfismo [comp. di *neo-* e *guelfismo*; 1882] **sm.** *T.stor.* la dottrina politica dei neoguelfi.

neoguèlfo [comp. di *neo-* e *guelfo*; a. 1853 *neo-guelfo*] **agg.** e **sm.** (f. *-a*) che, chi era sostenitore, durante il periodo del Risorgimento, di una Confederazione degli Stati Italiani sotto la supremazia del Papa.

neohegeliàno (pr. it. [neoege'ljano]) [comp. di *neo-* e *hegeliano*; 1958] **I agg.** *T.fil.* relativo al neohegelismo, proprio del neohegelismo **II sm.** (f. *-a*) *T.fil.* filosofo che si ispira al neohegelismo || **N.** *Sin.* neoidealista.

neohegelismo (pr. it. [neoege'lizmo]) [comp. di *neo-* e *hegelismo*; 1951] **sm.** *T.fil.* indirizzo filosofico nato alla fine del XIX sec., che si ispirava all'idealismo di Hegel || **N.** *Sin.* neoidealismo.

neoidealismo [comp. di *neo-* e *idealismo*; 1952] **sm.** *T.fil.* neohegelismo || in Italia l'indirizzo filosofico di B. Croce e G. Gentile.

neoidealista [comp. di *neo-* e *idealista*; 1951] **s.** filosofo che si ispira al neoidealismo || **N.** *Sin.* neohegeliano.

neoimpressionismo [comp. di *neo-* e *impressionismo*; 1958] **sm.** *T.art.* corrente artistica sorta in Francia verso la fine del XIX sec., che intendeva sviluppare e codificare i principi della pittura impressionistica || **N.** *Sin.* puntinismo.

neokantiàno [comp. di *neo-* e *kantiano*; 1908] **I agg.** *T.fil.* relativo al neokantismo, proprio del neokantismo **II sm.** (f. *-a*) *T.fil.* filosofo che si ispira al neokantismo.

neokantismo [comp. di *neo-* e *kantismo*; 1928] **sm.** *T.fil.* indirizzo filosofico, nato in Germania nella seconda metà del XIX sec., che si ispirava alla filosofia di Kant in opposizione al positivismo e al materialismo || **N.** *Sin.* neocriticismo.

neolalìa [comp. di *neo-* e *-lalia*; 1930] **sf.** *T.med.* disturbo conseguente a varie malattie mentali caratterizzato da produzione ed uso di forme linguistiche inventate.

neolatìno [comp. di *neo-* e *latino*; 1865] **agg.** che deriva dalla lingua latina: *lingue neolatine* || *stirpi neolatine*, che parlano una lingua neolatina; *letterature neolatine*, scritte in lingue neolatine. **Q.T.** *lingue...*

neoliberalismo [comp. di *neo-* e *liberalismo*; a. 1952] **sm. 1.** neoliberismo **2.** *T.pol.* movimento progressista, manifestatosi alla fine della seconda guerra mondiale, all'interno dei partiti liberali.

neoliberismo [comp. di *neo-* e *liberismo*; 1987] **sm.** *T.econ.* recente indirizzo di pensiero economico che si oppone alla tendenza alla riduzione della libertà di mercato, provocata dall'intervento statale e dalle concentrazioni monopolistiche e che chiede che lo stato si limiti a ristabilire le condizioni di concorrenzialità, astenendosi da altre forme di azione economica.

neolinguìstica [comp. di *neo-* e *linguistica*; 1925] **sf.** indirizzo della ricerca linguistica italiana della prima metà del Novecento; tiene conto della distribuzione areale delle varie lingue (e viene perciò anche detta *linguistica spaziale*), interessandosi soprattutto del fatto che un certo fenomeno dell'originaria lingua comune si conservi o non si conservi nelle lingue di una determinata area.

neolìtico (pl. *-ci*) [comp. di *neo-* e *-litico*, come l'ingl. *neolithic*; 1895] **agg.** *T.geol.* il secondo dei due periodi in cui è stata divisa l'età della pietra, caratterizzato da progressi nella tecnica della lavorazione della pietra || **N.** paleolitico.

neologìa [comp. di *neo-* e *-logia*; a. 1800] **sf. 1.** *T.ling.* il processo di formazione di neologismi **2.** *non com.* tendenza ad usare neologismi.

neològico (pl. *-ci*) [comp. di *neo-* e *logico*; 1825] **agg.** *T.ling.* proprio del neologismo || che si presenta come un neologismo, che ha la funzione di neologismo: *termine neologico.*

neologismo [dal fr. *néologisme*; 1785] **sm.** *T.ling.* voce nuova, o nuovo modo di dire, creati in una lingua o presi in prestito per esprimere nuovi concetti o per rappresentare nuove scoperte o invenzioni.

neologista [da *neologismo*; 1891] **s. 1.** chi spesso usa voci nuove **2.** studioso di neologismi.

neomalthusianésimo o **neomaltusianésimo** o **neomaltusianismo** [comp. di *neo-* e *malthusianesimo*; a. 1937] **sm.** teoria che, ispirandosi alle tesi dell'economista inglese Malthus, propone di risolvere il problema dell'esaurimento delle risorse della terra con la limitazione delle nascite e l'arresto della crescita economica.

neomalthusiàno o **neomaltusiàno**

[comp. di *neo-* e *malthusiano*; 1931] **I** **agg.** relativo al neomalthusianesimo, proprio del neomalthusianesimo **II** **sm.** (f. *-a*) sostenitore del neomalthusianesimo.
neomaltuṣiàno e der. V. NEOMALTHUSIANO e der.
neomenìa [dal gr. *neomēnía*; sec. XIV] **sf.** nell'antico calendario greco, novilunio.
neomicìna [comp. di *neo-* e del gr. *mýkēs, -ētos*, fungo; 1950] **sf.** antibiotico, usato contro numerose infezioni batteriche.
neomorfòṣi [comp. di *neo-* e *-morfosi*; 1936] **sf.** *T.zool.* rigenerazione di una parte del corpo diversa da quella amputata o perduta (per es. crescita di una coda al posto dell'arto posteriore nelle lucertole).
nèon [dall'ingl. *neon*, dal gr. *néon*, cosa nuova; 1925] **sm.** *T.chim.* elemento chimico appartenente al gruppo dei gas nobili, contenuto in piccola quantità dell'atmosfera; è impiegato come gas illuminante in lampade e insegne || *per estens. inv.* lampada, insegna illuminata per mezzo del neon: *i neon intermittenti intorno alla stazione.*
neonatàle [comp. di *neo-* e *natale*, sul modello del fr. *néonatal*; 1981] **agg.** che riguarda il bambino neonato: *periodo neonatale*, le prime settimane di vita del bambino.
neonàto [comp. di *neo-* e *nato*; sec. XV] **I** **sm.** (f. *-a*) bambino appena nato: *la puerpera e la neonata stanno bene* **II** **agg.** che è appena nato: *la neonata associazione* || **N.** **I** *Sin.* infante, BAMBINO.
neonatologìa [comp. di *neonato* e *-logia* sul modello dell'ingl. *neonatology*; 1982] **sf.** *T.med.* branca della medicina pediatrica che si occupa della fisiologia e della patologia dei neonati.
neonatòlogo (pl. *-gi*) [comp. di *neonato* e *-logo*; 1983] **sm.** (f. *-a*) *T.med.* medico pediatra specialista in neonatologia.
neonaziṣmo [comp. di *neo-* e *nazismo*; 1970] **sm.** corrente politica che, dopo il 1945, ha ripreso l'ideologia e la prassi politica del nazismo.
neonazìsta [da *neonazismo*; 1950] **agg.** e **s.** del neonazismo; seguace del neonazismo.
neonìsta [da *neon*; 1963] **s.** operaio specializzato nella costruzione e installazione di insegne al neon.
neopaganéṣimo [comp. di *neo-* e *paganesimo*; a. 1952] **sm.** secondo le chiese cristiane, tendenza, tipica della civiltà moderna dei consumi, a staccarsi dalla fede e dalla religione, per dare vita a una sorta di materialismo pagano.
neopitagòrico (pl. *-ci*) [comp. di *neo-* e *pitagorico*; a. 1869] **I** **agg.** relativo al neopitagorismo, tipico del neopitagorismo **II** **sm.** (f. *-a*) seguace del neopitagorismo.
neopitagoriṣmo [comp. di *neo-* e *pitagorismo*; a. 1905] **sm.** *T.fil.* corrente filosofico-religiosa, diffusasi nel I sec. a.C., che si ispirava a dottrine e opere, spesso apocrife, di Pitagora, contaminando il suo pensiero con tesi platoniche e aristoteliche.
neoplaṣìa [comp. di *neo-* e *-plasia*; 1875] **sf.** *T.med.* e *T.biol.* produzione patologica di nuovi tessuti, sotto forma di tumore benigno o maligno || **N.** neoplasma.
neoplàṣma (pl. *-mi*) [comp. di *neo-* e *plasma*; 1865] **sm.** neoplasia.
neoplasticiṣmo [comp. di *neo-* e *plasticismo*; 1958] **sm.** *T.art.* corrente artistica del primo Novecento che proponeva forme di rappresentazione prive di ogni legame analogico con la realtà naturale, ma ispirate alla purezza plastica e coloristica delle costruzioni geometriche e delle tinte primarie.
neoplàstico (pl. *-ci*) [da *neoplasma*; 1905] **agg.** *T.med.* che si riferisce a neoplasia.
neoplatònico (pl. *-ci*) [comp. di *neo-* e *platonico*; 1845] **I** **agg.** relativo a neoplatonismo: *scuola neoplatonica* **II** **sm.** (f. *-a*) seguace del neoplatonismo.
neoplatoniṣmo [comp. di *neo-* e *platonismo*; 1875] **sm.** *T.fil.* corrente filosofica sorta nella prima metà del III sec., caratterizzata da una ripresa di motivi e temi platonici, fusi con influenze delle filosofie orientali.
neopoṣitiviṣmo [comp. di *neo-* e *positivismo*; 1912 *neo-positivismo*] **sm.** *T.fil.* indirizzo filosofico sorto a Vienna e Berlino negli anni '20, caratterizzato da una rigida demarcazione tra discorsi dotati di senso (di cui sono modello le scienze naturali) e discorsi insensati, come la metafisica e la teologia || **N.** *Sin.* empirismo logico, positivismo logico.
neopoṣitivista [da *neopositivismo*; 1958] **I** **s.** seguace del neopositivismo **II** **agg.** neopositivistico.
neopoṣitivìstico (pl. *-ci*) [da *neopositivismo*; 1956] **agg.** del neopositivismo.
neoprène [comp. di *neo-* e *(iso)prene*; 1938] **sm.** *T.chim.* nome commerciale di una gomma sintetica particolarmente resistente.
neopuriṣmo [comp. di *neo-* e *-purismo*; 1939] **sm.** *T.ling.* dottrina fondata essenzialmente sul purismo, ma disposta ad ammettere innovazioni in una lingua, purché aventi un carattere di assoluta funzionalità o necessità.
neopurìsta [comp. di *neo-* e *purista*; 1958] **s.** *T.ling.* seguace del neopurismo.
neoquantitatìvo [comp. di *neo-* e *quantitativo*; 1988] **agg.** *T.econ.* che è proprio del monetarismo, che si ispira al monetarismo: *teorie neoquantitative* || **N.** *Sin.* monetarista.
neoreali̇ṣmo [comp. di *neo-* e *realismo*; a. 1937] **sm.** **1.** tendenza artistica, spec. letteraria e cinematografica, sviluppatasi nell'immediato dopoguerra, caratterizzata da una programmatica volontà di rappresentazione obiettiva della realtà sociale **2.** *T.fil.* tendenza filosofica contemporanea che, in opposizione all'idealismo, afferma l'oggettiva realtà delle cose.
neorealìsta [da *neorealismo*; 1948] **I** **s.** artista o pensatore seguace del neorealismo **II** **agg.** neorealistico.
neorealìstico (pl. *-ci*) [da *neorealismo*; 1949] **agg.** del neorealismo, ispirato ai motivi del neorealismo.
neoromàntico (pl. *-ci*) [comp. di *neo-* e *romantico*; 1932] **agg.** e **sm.** (f. *-a*) che, chi si ispira alla cultura del romanticismo ottocentesco.
neoscolàstica [comp. di *neo-* e *scolastica*; 1905] **sf.** neotomismo.
neoscolàstico (pl. *-ci*) [comp. di *neo-* e *scolastico*; 1891] **agg.** e **sm.** (f. *-a*) della neoscolastica, seguace della neoscolastica.
neostòma o **neòstoma** [comp. di *neo-* e gr. *stóma*, bocca; 1958] **sm.** *T.chir.* canale di comunicazione aperto chirurgicamente tra due organi analoghi o tra un organo e l'esterno.
neostomìa [comp. di *neo-* e *-stomia*; 1958] **sf.** *T.chir.* intervento chirurgico effettuato su un organo cavo, per metterlo in comunicazione con l'esterno o con un altro organo analogo || **N.** *Sin.* stomia; abboccamento, anastomosi.
neotenìa [comp. di *neo-* e gr. *teínō*, tendo; 1929] **sf.** **1.** *T.zool.* fenomeno per cui un organismo raggiunge la maturità sessuale pur conservando caratteri larvali, cioè prima di aver subito la metamorfosi || condizione di un carattere che si presenta permanentemente in fase larvale o giovanile **2.** *T.bot.* raggiungimento della maturità sessuale in uno stadio di sviluppo primitivo e poco differenziato, come avviene nei gametofiti delle spermatofite.
neotèrico (pl. *-ci*) [dal lat. *neotericus*, nuovo; 1563] **I** **sm.** (f. *-a*) esponente del circolo letterario di giovani poeti ellenizzanti attivo a Roma nel I sec. a.C; **II** **agg.** relativo a tali poeti: *corrente neoterica.*
neoteriṣmo [dal gr. *neōterismós*, innovazione, come l'ingl. *neoterism*; 1840] **sm.** **1.** *T.lett.* indirizzo e gusto poetico proprio dei neoterici **2.** *non com.* tendenza ad accogliere indiscriminatamente e con eccessivo entusiasmo ogni tipo di riforme e di innovazioni || **N.** **2.** *Sin.* neofilia, filoneismo | *Contr.* misoneismo.
neotestamentàrio (pl. *-ri*) [comp. di *neo-* e *testamentario*; da *Testamento*; a. 1956] **agg.** che si riferisce al Nuovo Testamento.
neotomiṣmo [comp. di *neo-* e *tomismo*; 1905] **sf.** indirizzo filosofico contemporaneo, che intende applicare le dottrine di San Tommaso d'Aquino al mondo contemporaneo e dimostrarne l'attualità || **N.** *Sin.* neoscolastica.
neotomìsta [da *neotomismo*; 1891] **I** **s.** seguace del neotomismo **II** **agg.** neotomistico.
neotomìstico (pl. *-ci*) [da *neotomismo*; 1956] **agg.** che si riferisce al neotomismo.
neòtrago (pl. *-ghi*) [comp. di *neo-* e *-trago*; 1954] **sm.** *T.zool.* antilope africana di dimensioni ridotte.
neottòlemo [dal n. proprio *Neottolemo*, mitico figlio di Achille; 1954] **sm.** grossa farfalla americana il cui maschio presenta ali di colore metallico con riflessi iridescenti.
neoveriṣmo [comp. di *neo-* e *verismo*; 1957] **sm.** in letteratura e in cinematografia, neorealismo.
neoẓelandése [dal n. geogr. *Nuova Zélanda*, come il fr. *néo-zélandais*; 1932] **I** **agg.** della Nuova Zelanda **II** **s.** abitante od originario della Nuova Zelanda.
neoẓòico (pl. *-ci*) [comp. di *neo-* e *-zoico*; 1879] **sm.** *T.geol.* l'era geologica più recente, in cui è apparso l'uomo sulla Terra; anche *agg.*: *era neozoica* || **N.** *Sin.* Quaternario | Paleozoico, Mesozoico, Cenozoico. **Q.T.** *geologia.*
nèpa [dal lat. *nepa*, scorpione; 1879] **sf.** insetto appartenente all'ordine degli Emitteri, provvisto di lunghe zampe anteriori a pinza; vive nelle acque stagnanti.
Nepentàcee [comp. di *nepente* e *-acee*; 1891] **sf.** *pl.* *T.bot.* famiglia di piante dicotiledoni rampicanti ed insettivore.
nepènte [dal gr. *nēpenthés*, che toglie il dolore; a. 1600] **sm.** **1.** nella mitologia greca, bevanda in grado di lenire e far dimenticare le sofferenze: *il nepente d'Elena* **2.** sedativo a base di morfina disciolta in marsala **3.** *T.bot.* pianta delle Nepentacee, che nasce nei luoghi paludosi dell'Asia.
nèper [dall'ingl. *neper*, dal n. proprio *Neper* o *Napier*, 1942] **sm.** *inv.* *T.fis.* unità di misura di attenuazione fra due punti di un circuito.
neperiàno [da *neper*, 1956] **agg.** *T.mat.* *logaritmi neperiani*, sistema di logaritmi che hanno come base il numero irrazionale *e*.
Nèpidi (sing. *-e*) [comp. di *nepa* e *-idi*; 1834 *nepidei*] **sm.** *pl.* *T.zool.* famiglia di insetti eterotteri acquatici che catturano la preda con arti robusti e uncinati.
nèpit V. NIT.
nepitèlla (o *nipitèlla*) [dal lat. *nepeta*; sec. XIV] **sf.** pianta aromatica delle Labiate, usata anche come condimento || **N.** *Sin.* mentuccia.
nepóte V. NIPOTE.
nepotiṣmo [da *nepote*, var. di *nipote*; a. 1667 *nipotismo*] **sm.** *T.stor.* politica di alcuni papi del Rinascimento, che favorivano eccessivamente i parenti con cariche, doni e privilegi || *per estens.* atteggiamento di chi, in virtù dei propri poteri, favorisce illecitamente parenti e amici.
nepotìsta [da *nepotismo*; 1846] **s.** chi pratica il nepotismo.
nepotìstico (pl. *-ci*) [da *nepotista*; 1958] **agg.** di nepotismo, da nepotista.
neppùre [comp. di *né* e *pure*; 1313 *né pure*]

avv. e ***cong.*** di uso più elevato, ma di significato identico a *neanche*: *lui non l'ha visto e io neppure; non lo direi neppure per scherzo; neppure vedendolo ci ha creduto.*

nequitóso [da un ant. *nequità*; a. 1292] ***agg.*** *ant.* pieno di nequizia, malvagio, ingiusto.

nequìzia [dal lat. *nequitia*; a. 1292] ***sf.*** *lett.* perversità abituale d'animo || **N.** *Sin.* cattiveria, crudeltà, MALVAGITÀ.

neràstro [da *nero*; a. 1730] ***agg.*** che tende al nero.

nerazzùrro o **neroazzurro** [comp. di *nero* e *azzurro*; 1930] **I *agg.*** **1.** detto di colore nero con riflessi azzurri: *granito nerazzurro* **2.** di colore nero alternato all'azzurro, detto di spec. di maglie sportive: *le maglie nerazzurre dei giocatori dell'Inter* **II *agg.*** e ***sm.*** **1.** *T.sport.* detto della squadra di calcio milanese dell'Inter e dei suoi giocatori: *la formazione nerazzurra, la rimonta dei Nerazzurri* **2.** (f. *-a*) tifoso della squadra di calcio dell'Inter: *il tifo dei nerazzurri.*

nerbàre (pres. *nèrbo*) [da *nerbo*; a. 1749] ***tr.*** *raro* battere, percuotere con nerbo; frustare.

nerbàta [da *nerbare*; a. 1665] ***sf.*** colpo di nerbo o di bastone: *lo prese a nerbate* || *dim.* nerbatina.

nerbatùra [da *nerbare*; 1891] ***sf.*** *raro* l'atto del nerbare.

nèrbo [lat. *nervus*; a. 1292] ***sm.*** **1.** staffile fatto di tendini bovini disseccati e intrecciati **2.** la parte più forte o efficace, che funge da sostegno: *il nerbo dell'esercito, il nerbo dello stile* **3.** *ant.* nervo || **N. 1.** scudiscio, STAFFILE **2.** vigore, FORZA.

nerborùto [da *nerbora*, ant. pl. di *nerbo*; a. 1348] ***agg.*** dotato di poderosi e validi muscoli, forte, gagliardo : *un giovane alto e nerboruto, braccia nerborute* || **N.** ROBUSTO.

nerbùto [da *nerbo*; a. 1430] ***agg.*** *non com.* nerboruto.

nereggiàre (raro *negreggiàre*) (pres. *-éggio*) [da *nero*; a. 1563] ***intr.*** (aus. *avere*) tendere al nero, apparire di colore nero: *il frutto maturo nereggiava* || ***tr.*** *meno com.* rendere di colore nero.

nerèide [dal lat. *Nereis, -eidos*, gr. *Nēreís, -ídos*; a. 1406] ***sf.*** **1.** *T.mit.* ciascuna delle cinquanta ninfe del mare, figlie di Nereo e di Doride **2.** *T.zool.* genere di Anellidi Policheti marini || **N.** naiade, oceanina.

nerétto (*dim.* di *nero*) [1925] ***sm.*** *T.tip.* carattere di stampa più scuro e più rilevato degli altri || *per meton.* articolo giornalistico evidenziato con tali caratteri || *dim.* nerettino || **N.** *Sin.* grassetto.

nerézza [da *nero*; a. 1320] ***sf.*** *non com.* qualità di ciò che è nero.

nericàre (pres. *nérico, nérichi*) [da *nero*; a. 1918] ***intr.*** (aus. *avere*) *lett.* nereggiare: *il frutto nerica.*

nerìccio (pl. m. *-ci*, pl. f. *-ce*) [da *nero*; 1550] ***agg.*** che tende al nero, piuttosto nero.

nerìgno [da *nero*; 1563] ***agg.*** *raro lett.* scuro (di pelle), nericcio.

nerìtico (pl. *-ci*) [dal gr. *nērítēs*, conchiglia marina; 1930] ***agg.*** *T.geogr.* detto della zona di mare che va da zero fino a duecento metri di profondità || detto di flora, fauna e formazione rocciosa presente in tale area.

néro [lat. *niger*; a. 1292] **I *agg.*** **1.** del colore del carbone; del colore percepito nei corpi che non riflettono radiazioni luminose: *abito nero, inchiostro nero, nero come la notte* || *uomo nero*, personaggio malvagio delle fiabe o degli incubi infantili; anche *T.gioc.* gioco di carte, con mazzo di 40, in cui chi al termine ha in mano il fante di picche (*l'uomo nero*) ha perso **2.** di colore molto scuro o, fra più cose dello stesso genere, di colore più scuro: *caffè nero*, senza latte; *vino nero*, vino rosso; *pane nero*, con farina integrale || *pozzo nero, acque nere*, fogna, ricettacolo degli escrementi || *per estens.* sporco: *guarda che polsini neri hai* || *fig. anima nera*, piena di peccati **3.** in conseguenza del valore simbolico o psicologico negativo associato a questo colore, triste; sfortunato: *periodo nero, giornata nera, essere (di umore) nero; vedere tutto nero*, essere pessimisti || macabro, luttuoso: *romanzo, umorismo nero; cronaca nera*, nei quotidiani, quella che si occupa di incidenti e fatti criminosi || illecito, clandestino: *mercato nero* (v. MERCATO); *lavoro nero*, prestato al di fuori delle norme contrattuali; *fondi neri*, non registrati a bilancio, usati in maniera o per scopi illeciti || *libro nero*, che riporta l'elenco delle persone sospette; *scherz. iperb.*, la lista dei nemici personali || *bestia nera*, cosa o persona che si odia o si teme || demoniaco: *magia nera* (v. MAGIA); *messa nera* (v. MESSA) **4.** come emblema di una fazione politica: *camicia nera*, iscritto al partito fascista; *per meton. nero*, neofascista: *terrorismo, piste nere* || *di parte nera*, nel Medioevo, appartenente alla fazione dei Guelfi Neri **II *sm.*** **1.** il colore nero: *il nero inquietante dei suoi occhi, vestire di nero; mettere nero su bianco*, scrivere chiaramente un accordo, un contratto e sim. || l'attivo di un'impresa commerciale (in quanto le cifre dell'avere si scrivono in inchiostro nero): *bilancio in nero*, in attivo **2.** sostanza nera usata come colorante: *nero di rodio, nero di seppia* **3.** negro: *i neri d'America* **4.** *T.gioc. puntare sul nero*, alla roulette, sulla metà dei numeri contraddistinti dal colore nero; negli scacchi, il giocatore che ha i pezzi neri: *il nero muove e vince in tre mosse* **5.** malattia delle piante, fumaggine || *dim.* nerétto, nerino, nerèllo, nerógnolo || **N. I 1.** atro, bruno, corvino, fosco, ghezzo, morello, moro, negro, nericcio | *Contr.* bianco | come fuliggine, come il carbone, come la pece, come l'ebano | annerare, annerire, imbrunare, nereggiare.

neroazzùrro v. NERAZZURRO.

nerofùmo [comp. di *nero* e *fumo*; a. 1574 *nero di fumo*] ***sm.*** residuo di combustione di alcune sostanze organiche, di color nero, usato come tinta, o per far inchiostri, lucido da scarpe e sim.

nerógnolo o **nerògnolo** [da *nero*; 1769] ***agg.*** un po' nero, tendente al nero.

nèrola [dal n. della principessa di *Nerola*, che ne introdusse l'uso; a. 1712] ***sf.*** neroli.

nèroli [dal n. della principessa di *Nerola*, che ne introdusse l'uso; a. 1712 *nerola*] ***sm.*** essenza tratta dai fiori d'arancio, usata nella preparazione dei profumi.

neroniano [dal lat. *neroniānus*, di Nerone; a. 1907] ***agg.*** **1.** *T.stor.* relativo all'imperatore romano Nerone, tipico di tale imperatore: *politica neroniana* **2.** *per estens.* simile a Nerone per crudeltà, malvagio, spietato: *governo neroniano, metodi neroniani.*

nerùme [da *nero*; a. 1342] ***sm.*** **1.** patina o macchia nera || sudiciume **2.** malattia dei cereali che comporta l'annerimento della spiga.

nervàto [da *nervo*; sec. XV] ***agg.*** fornito di nervature o di nervi, innervato. **TAV. *giardinaggio* p. 1314** 6.

nervatùra [da *nervo*; a. 1519] ***sf.*** **1.** *T.bot.* il complesso di tutti i fasci conduttori di una foglia **2.** *T.zool.* il complesso di tutte le ramificazioni di sostegno nelle ali degli insetti **3.** *T.edil.* struttura di sostegno incorporata (es. travi di cemento armato) o esterna all'opera muraria (es. costoloni o cordonate) **4.** *T.libr.* ciascuno dei rilievi orizzontali sul dorso di un libro rilegato **5.** *non com.* il complesso di nervi di un organismo vivente. **TAV.** *chiesa* 1.4; ***architettura* p. 646** 7.2a; ***fiori...* p. 671** 6.

nèrveo [da *nervo*; a. 1684] ***agg.*** *raro* relativo ai nervi.

nervétto (*dim.* di *nervo*) [sec. XVII] ***sm.*** *T.cuc.* spec. *pl. sett.* piatto freddo a base di testina e cartilagini di manzo o di vitello lesse e tagliuzzate finemente, fagioli, cipolline e sottaceti.

nervìno [dal lat. *nervīnus*; 1971] ***agg.*** di sostanza che agisce sui nervi: *gas nervino.*

nèrvo [lat. *nervus*; a. 1292] ***sm.*** **1.** *T.anat.* ciascuna formazione anatomica di forma allungata, costituita da fasci di fibre nervose, che dal midollo spinale si diramano in tutte le parti del corpo: *nervi afferenti* o *sensitivi*, trasmettono impulsi dalla periferia ai centri nervosi; *nervi efferenti* o *motori*, trasmettono stimoli dai centri motori agli organi esterni; *nervi vasomotori*, determinano il restringersi e l'allargarsi dei vasi sanguigni || *fig. urtare i nervi, dare ai nervi*, causare irritazione || *fig. avere i nervi*, essere irritato || *fig. avere i nervi scoperti, a fior di pelle*, essere in uno stato di particolare suscettibilità o eccitazione || *fig. avere i nervi saldi*, essere padroni di sé; *nervi a posto!*, esortazione a mantenere la calma **2.** *T.bot.* ciascuna costola della nervatura **3.** staffile || *dim.* nervétto, nervìno, nervettìno, nervicìno, nervolìno || **N. 1.** adduttori, centrifughi, centripeti, cervicali, encefalici, facciali, lombari, motori, olfattivi, secretori, spinali, vasomotori | cellula, fibra, filetti, ganglio, nucleo, plesso | acustico, gran simpatico, ipoglosso, olfattivo, ottico, patetico, trigemino, trocleare, vago | anestesia, atonia, crampo, crisi, distensione, energia, innervazione, iperestesia, scossa, spasmo, tensione. **Q.T.** *anatomia* **TAV. *anatomia* p. 641** 4 e **p. 642** 16.8, 18.8, 19.11.

nervosìsmo [dal fr. *nervosisme*; 1862] ***sm.*** stato di eccitazione nervosa che rende suscettibili e impazienti: *cominciava a dare segni di nervosismo.*

nervosità [dal lat. *nervositas, -ātis*; a. 1320] ***sf.*** **1.** *non com.* l'essere nervoso: *non saper dominare la propria nervosità* **2.** *fig.* carattere di stile scattante, rapido, vibrato.

nervóso [dal lat. *nervōsus*; a. 1320] **I *agg.*** **1.** relativo ai nervi: *terminazioni nervose*; *sistema nervoso*, comprendente tutti i nervi, l'encefalo e il midollo spinale **2.** incline al nervosismo: *stai attento, è un tipo nervoso, temperamento nervoso* || in stato di nervosismo: *oggi è un po' nervoso* || *fig. mercato borsistico nervoso*, instabile **3.** *fig.* asciutto, scattante: *gambe nervose, andatura nervosa* || rif. allo stile, incisivo ed essenziale: *prosa nervosa*; *guida nervosa*, il guidare un'automobile in modo brillante e sportivo || **nervosaménte** ***avv.*** **II *sm.*** *fam.* nervosismo: *avere il nervoso, lasciarsi prendere dal nervoso* || **N. 2.** *Sin.* agitato, bilioso, collerico, impaziente, irascibile, suscettibile. **Q.T.** *anatomia* **TAV. *anatomia* p. 641** 4.

nèsci [lat. *nescīre*, ignorare; a. 1612 nella loc. *fare del nescio*] ***sm. inv.*** *tosc.* solo nella loc. *fare il nesci*, fare finta di non sapere || **N.** *Sin.* gnorri.

nesciènte [dal lat. *nesciens, -entis*, ppr. di *nescīre*, ignorare; metà del sec. XIII] ***agg.*** che non sa.

nesciènza [dal lat. tardo *nescentia*; inizio sec. XIV] ***sf.*** *lett.* ignoranza.

nèscio (pl. m. *-sci*, pl. f. *-sce* o *-scie*) [dal lat. *nescius*; 1321] ***agg.*** e ***sm.*** *lett.* ignaro, ignorante, incosciente: *lo svegliato ciò che vede aborre | sì nescia è la subita vigilia* (Dante) || sciocco, stupido, tardo di mente.

nèspola [da *nespolo*; a. 1320] ***sf.*** **1.** frutto del nespolo; è un piccolo pomo oblungo o tondeggiante di colore bruno che viene raccolto acerbo e fatto maturare nella paglia || *prov. col tempo e con la paglia maturano le nespole*, un po' alla volta si fa tutto **2.** frutto del nespolo del Giappone, di forma allungata, color giallo o arancio tenue, con polpa succosa, dolce e acidula.

nèspolo [lat. *mespilus*; a. 1320] ***sm.*** *T.bot.* **1.** arbusto delle Rosacee a foglie caduche, spontaneo nei boschi **2.** *nespolo del Giappone*, albero sempreverde con lunghe foglie dure e scure, coltivato per i suoi frutti e come pianta ornamentale.

nèsso o **nésso** [dal lat. *nexus*; sec. XV] **sm.** **1.** legame, rapporto di interdipendenza, usato spec. in senso *fig.*: *nesso logico, trovare un nesso tra due cose* **2.** *T.paleogr.* fusione di più lettere insieme per abbreviazione (es. æ, œ) || **N. 1.** *Sin.* collegamento, connessione, relazione.

nessùno [lat. *n(e) ips(e) unus*, neppure uno; a. 1250] **I agg.** *indet.* (solo *sing.*; si tronca in *nessun* o si elide al femminile in *nessun'* secondo lo stesso criterio con cui si usa la forma dell'art. indet. *un*; *colloq.* il superl. *nessunissimo*) **1.** non uno, neppure uno (ad inizio di frase): *nessun parente l'ha visto, nessun dono è stato più gradito, nessuna donna è più bella di te*; (rafforzato da altra negazione se posposto al verbo) *non c'è nessun rischio, non ho nessuna intenzione di venire* **2.** (in frasi interrogative o dubitative) qualche: *c'è nessuna novità?* **II pron.** *indef.* rif. a persona, non uno, nemmeno uno: *nessuno riesce a sopportarti, spero che nessuno se ne accorga* || anche con valore di *sm.*, nessuna persona: *figli di nessuno*.

nestàia [da *nesto*; sec. XVI] **sf.** nel vivaio, terreno dove vengono piantati gli arboscelli da innestare || **N.** *Sin.* piantonaia.

nèsto [da *(in) nesto*; a. 1698] **sm.** *tosc.* gemma o ramoscello che viene staccato da una pianta per essere innestato su un'altra || **N.** *Sin.* marza.

nèstore [dal n. proprio *Nestore*, eroe omerico; 1727] **sm.** *per anton. lett.* il più vecchio e il più autorevole in un gruppo di persone.

nestorianésimo [dal n. proprio *Nestorio*; a. 1712] **sm.** *T.teol.* dottrina eretica diffusa da Nestorio (V sec.) che sosteneva la presenza in Gesù Cristo di due persone e di due nature, la divina e la umana senza unione ipostatica. **Q.T.** *religione*.

nestoriàno [dal lat. tardo *nestorianus*, gr. *nestorianós*; inizio del sec. XIV *nestorino*] **I sm.** (f. *-a*) seguace dell'eresia di Nestorio **II agg.** relativo a Nestorio o al nestorianesimo; del nestorianesimo.

net (ingl., pr. [net]) [letter. rete; 1905] **sm.** *inv. T.sport.* nel tennis e nel ping pong, lancio che sfiora la rete; se si tratta di un servizio, deve essere ripetuto. **Q.T.** *tennis*.

nettaménto [da *nettàre*; a. 1320] **sm.** *raro* atto ed effetto del nettare.

nettamìna [comp. di *nettà(re)* e *mina*; 1869] **sf.** strumento consistente in una lunga bacchetta metallica terminante a forma di cucchiaio, usato dai minatori per togliere i detriti dai fori di mina prima di porvi la carica.

nettapénne [comp. di *nettà(re)* e *penne*; 1891] **sm.** *inv.* mazzetto di dischi di stoffa cuciti insieme per pulire dall'inchiostro le penne || **N.** *sin.* puliscipenne.

nettapièdi [comp. di *nettà(re)* e *piedi*; 1948] **sm.** *inv.* zerbino, tappetino che si mette davanti alla porta d'ingresso.

nettapìpe [comp. di *nettà(re)* e *pipa*; 1970] **sm.** *inv.* piccolo strumento metallico che serve per pulire il fornello della pipa e comprimervi il tabacco || **N.** *Sin.* curapipe.

nèttare [dal lat. *nectar, -aris*, gr. *néctar*; 1319] **sm.** **1.** nella mitologia classica, bevanda degli Dei || *per estens.* bevanda eccellente **2.** *T.bot.* secrezione zuccherina prodotta da particolari organi dei fiori, detti *nettàri*; succhiato ed elaborato dalle api, si trasforma in miele || **N. 1.** *Sin.* ambrosia.

nettàre (pres. *nétto*) [da *netto*; a. 1306] **tr.** *lett.* mondare, privare della parte superflua o guasta: *nettare i carciofi, i fagioli* || *non com.* pulire: *nettare la faccia, le scarpe* || **N.** *Sin.* PULIRE.

nettàreo [dal lat. *nectareus*, gr. *nektáreos*; a. 1638] **agg.** **1.** *lett.* paragonabile al nettare, squisito **2.** *T.bot.* di nettare.

nettarino [da *nèttare*; 1935] **agg.** *pesca nettarina* (o *sf. nettarina*), pesca noce.

nettàrio (pl. *-ri*) [dal lat. scient. *nectarium*; 1801] **sm.** *T.bot.* organo del fiore che secerne il nettare.

nettarocónca [comp. di *nèttare* e *conca*; 1958] **sm.** *T.bot.* cavità del fiore che contiene il nettare.

nettarovìa [comp. di *nèttare* e *via*; 1933] **sf.** *T.bot.* organo del fiore che mette in comunicazione l'apertura del fiore con la nettaroconca.

nettatóia [da *nettare*; 1868] **sf.** *disus.* asse rettangolare di legno, su cui il muratore mette quel tanto di calcina che di volta in volta gli serve per il suo lavoro || **N.** *Sin.* sparviero.

nettatóio (pl. *-ôi*) [da *nettare*; fine sec. XV] **sm.** *non com.* ogni arnese o strumento con cui si netta.

nettatóre [da *nettare*; 1702] **agg.** e **sm.** (f. *-trice*) che o chi netta: *macchina nettatrice*.

nettatùra [da *nettare*; 1427] **sf.** **1.** *raro* l'atto e l'effetto del nettàre **2.** la parte che si scarta nettando || **N.** *Sin.* mondiglia.

nettézza [da *netto*; a. 1294] **sf.** **1.** pulizia, lindore: *la nettezza di una via, di una stanza* || *nettezza urbana*, servizio municipale, che cura la raccolta e il trasporto delle immondizie, la pulizia delle strade ecc. || *fig.* integrità morale, purezza; rettitudine: *nettezza di comportamento* **2.** precisione, definitezza: *nettezza di contorni* || **N. 1.** lindore, PULIZIA.

nétto [lat. *nitidus*; fine sec. XIII] **agg.** **1.** ciò che risulta dopo detrazioni di spese, imposte, tare ecc.: *reddito netto, peso netto* || *al netto di*, decurtato di: *stipendio al netto dei contributi* **2.** ben definito, chiaro; senza imprecisioni o frastagliamenti: *profilo netto, taglio netto* || che balza all'occhio con evidenza: *un netto miglioramento, un netto vantaggio* **3.** che è senza macchia o lordura || *fig.* puro, integro: *coscienza netta*; *mani nette*, di chi non è immischiato in loschi affari || *uscir netto da una cosa*, senza danno della fama || **nettaménte** **avv.** in modo chiaro ed evidente || **N. 1.** *Contr.* lordo **2.** *Sin.* nitido, perspicuo; evidente, lampante **3.** *Sin.* mondo, PULITO.

nettuniàno [dal n. proprio *Nettuno*, dio del mare; 1879] **agg.** **1.** *T.geol.* di roccia, di deposito o di sedimento che sia stato formato dalle acque del mare **2.** *T.astr.* relativo al pianeta Nettuno.

nettùnio (pl. *-ni*) [dall'ingl. *neptunium*, dal n. proprio *Nettuno*; 1948 come sm.] **I agg.** *lett.* di Nettuno, dio del mare; marino: *regno nettunio* **II sm.** *T.chim.* elemento chimico, artificiale, ottenuto bombardando l'uranio; tende a trasformarsi spontaneamente in plutonio.

nettunismo [dal n. proprio *Nettuno*, dio del mare; a. 1869] **sm.** *T.geol.* teoria geologica, oggi superata, secondo cui tutte le rocce si sono originate per sedimentazione marina.

nettùno [dal n. proprio *Nettuno*, dio del mare; 1313] **sm.** **1.** *poet.* mare **2.** (con iniziale maiuscola) ottavo pianeta in ordine di distanza dal Sole. **TAV.** *astrologia* 2.3.

netturbìno [da *Netturbe*, n. della società appaltatrice dei servizi di nettezza urbana a Palermo; 1942] **sm.** (f. *-a*) addetto alla nettezza urbana, spazzino.

network (ingl., pr. ['netwə:k]) [letter. lavoro a rete; 1980] **sm.** *inv.* rete di emittenti radiotelevisive collegate o associate tra di loro per trasmettere simultaneamente lo stesso programma || *com.* rete televisiva privata.

nèuma (pl. *-mi*) [dal gr. *nêuma*, segno; 1757] **sm.** *T.mus.* nella notazione musicale vocale bizantina e gregoriana, ciascuno dei segni, posti sopra le sillabe del testo da intonare, che indicavano l'andamento ascendente o discendente della melodia; da questi si è originata la moderna notazione.

neumàtico (pl. *-ci*) [da *neuma*; 1869] **agg.** di neuma.

neuràle [da *neuro-*; 1927] **agg.** *T.anat.* e *T.fisiol.* relativo al sistema nervoso centrale: *canale, tubo neurale*.

neuralgìa V. NEVRALGIA.

neurastenìa V. NEVRASTENIA.

neurectomìa [comp. di *neuro-* e *-ectomia*; 1899 *nevrectomia*] **sf.** *T.med.* intervento chirurgico di asportazione, anche parziale, di un nervo.

nèurico (pl. *-ci*) [dal gr. tardo *neurikós*; 1970] **agg.** dei nervi.

neurilèmma V. NEVRILEMMA.

neurìna [dall'ingl. *neurine*; 1956] **sf.** *T.chim.* sostanza che si forma nella decomposizione della lecitina; si rinviene nelle sostanze organiche in putrefazione.

neurinòma (pl. *-i*) [comp. di *neuro-* e del gr. *ís, inós*, fibra, nervo; 1929] **sm.** *T.med.* tipo di tumore benigno che si sviluppa sui nervi.

neurìte[1] [comp. di *neuro-* e *-ite*; 1931] **sm.** *T.anat.* prolungamento nervoso del neurone, cilindrasse.

neurìte[2] V. NEVRITE.

neurìtico V. NEVRITICO.

nèuro- [dal gr. *nêuron*, nervo] **primo elem.** che, in parole composte della terminologia scientifica e spec. di quella medica, vale "nervo" e in part. "relativo al sistema nervoso" (per es. *neurochirurgia, neurolabile, neurovegetativo*).

neurobalìstico o **nevrobalìstico** (pl. *-ci*) [comp. del gr. *nêuron*, corda e *balistico*; 1958] **agg.** *T.mil.* detto di antica macchina da guerra (come la balestra o la catapulta) che per lanciare un proiettile sfrutta una corda in tensione.

neurobàsto [comp. di *neuro-* e *-blasto*; 1954] **sm.** *T.med.* cellula dell'embrione, che dà origine a un neurone.

neurocheratìna [comp. di *neuro-* e *cheratina*; 1940] **sf.** albuminoide specifico del tessuto nervoso.

neurochìmica [comp. di *neuro-* e *chimica*; 1974] **sf.** *T.med.* branca della chimica che si occupa della struttura e del funzionamento del sistema nervoso.

neurochirurgìa [comp. di *neuro-* e *chirurgia*; 1948] **sf.** *T.med.* branca della chirurgia che si dedica agli interventi sul sistema nervoso.

neurochirùrgo (pl. *-ghi* o *-gi*) [comp. di *neuro-* e *chirurgo*; 1958] **sm.** (f. *-a*) *T.med.* medico chirurgo specializzato in neurochirurgia.

neurocìto [comp. di *neuro-* e *-cito*; 1954] **sm.** *T.anat.* cellula del sistema nervoso || **N.** *Sin.* neurone.

neuroepitèlio (pl. *-li*) [comp. di *neuro-* e *epitelio*; 1954] **sm.** *T.med.* particolare varietà di tessuto epiteliale che costituisce l'elemento ricettore degli organi di senso specifico.

neurofibrilla [comp. di *neuro-* e *fibrilla*; 1908] **sf.** *T.anat.* ciascuna di quelle minutissime fibre, che, unite in fascio, concorrono a formare la fibra del tessuto nervoso.

neurofisiologìa [comp. di *neuro-* e *fisiologia*; 1954] **sf.** *T.biol.* e *T.med.* branca della fisiologia che ha per oggetto le funzioni del sistema nervoso.

neuroglìa (pr. [neuro'glia]) [dal gr. *nêuron*, nervo; 1875] **sf.** *T.anat.* struttura di sostegno formata da un intreccio di sottili fibre, che trattiene cellule nervose e capillari sanguigni.

neurolàbile [comp. di *neuro-* e *labile*; 1983] **agg.** e **s.** che, chi è predisposto a turbe del sistema nervoso o neurovegetativo.

neurolèttico (pl. *-ci*) [comp. di *neuro-* e *(organo) lettico*; 1963] **I agg.** *farmaco neurolettico*, farmaco che ha azione sedativa sul sistema nervoso **II sm.** farmaco neurolettico || **N. I**

Sin. neurosedativo, tranquillante.

neurolinguìstica [comp. di *neuro-* e *linguistica*; 1979] **sf.** scienza che si occupa della parte del sistema nervoso che regola l'uso della parola e in part. delle relazioni tra le lesioni cerebrali e i disturbi linguistici ad esse connessi. **Q.T.** *linguistica.*

neurologìa [comp. di *neuro-* e *-logìa*; a. 1764] **sf.** *T.med.* parte della medicina che si occupa della fisiologia e patologia del sistema nervoso.

neurològico (pl. *-ci*) [da *neurologìa*; 1958] **agg.** *T.med.* che si riferisce alla neurologia: *reparto neurologico, esami neurologici.*

neuròlogo (pl. *-gi*) [da *neurologìa*; 1958] **sm.** medico specializzato in neurologia.

neuròma [dal lat. scient. *neuroma*; 1840] **sm.** *T.med.* tumore benigno che si sviluppa lungo il percorso del simpatico.

neuromotòrio (pl. *-ri*) [comp. di *neuro-* e *motorio*; 1988] **agg.** che si riferisce a impulsi nervosi di direzione centrifuga || *apparato neuromotorio,* sistema di fibrille, presente nei Protozoi, analogo al sistema nervoso delle forme di vita superiori.

neuromuscolàre [comp. di *neuro-* e *muscolare*; 1934] **agg.** *T.med.* relativo alle funzioni sovrapposte di nervi e muscoli: *sensibilità neuromuscolare.*

neuronàle [dal *neurone*; 1974] **agg.** relativo a neurone o ai neuroni.

neuróne [dal gr. *nêuron*, nervo; 1899] **sm.** *T.anat.* unità anatomica del sistema nervoso, costituita dalla cellula nervosa e dai suoi prolungamenti || **N.** dendriti, cilindrasse, sinapsi.

neuropatìa o **nevropatìa** [comp. di *neuro-* e *-patìa*; 1828] **sf.** *T.med.* denominazione generica di stato patologico del sistema nervoso.

neuropàtico o **nevropàtico** (pl. *-ci*) [da *neuropatìa*; 1905] **I agg.** *T.med.* che concerne una neuropatia **II sm.** (f. *-a*) chi è affetto da neuropatia.

neuropatologìa [comp. di *neuro-* e *patologìa*; 1829] **sf.** *T.med.* studio delle malattie nervose.

neuropatòlogo (pl. *-gi*) [da *neuropatologìa*; 1927] **sm.** (f. *-a*) medico specializzato in malattie nervose.

neuropsichiàtra [comp. di *neuro-* e *psichiatra*; 1974] **s.** *T.med.* medico specialista in malattie nervose e mentali.

neuropsichiatrìa [comp. di *neuro-* e *psichiatrìa*; 1954] **sf.** *T.med.* branca della medicina che si occupa delle malattie nervose e mentali.

neuropsìchico (pl. *-ci*) [comp. di *neuro-* e *psichico*; 1981] **agg.** *T.med.* relativo contemporaneamente al campo neurologico e a quello psichico: *disturbi neuropsicologici.*

neuropsicologìa [comp. di *neuro-* e *psicologìa*; 1981] **sf.** *T.psic.* branca della psicologia che si occupa dei comportamenti mentali dal punto di vista della neurofisiologia e della psicologia sperimentale.

neurosecrezióne [comp. di *neuro-* e *secrezione*; 1956] **sf.** *T.med.* secrezione di sostanze di tipo ormonale da parte di cellule nervose (ad es. nell'ipotalamo).

neurosedatìvo [comp. di *neuro-* e *sedativo*; 1958] **agg.** e **sm.** *T.farm.* detto di farmaco che esercita un'azione sedativa sul sistema nervoso, attenuandone l'eccitazione || **N.** *Sin.* neurolettico, tranquillante.

neuròṣi V. NEVROSI.

neurospàṣmo [comp. di *neuro-* e *spasmo*; 1958] **sm.** *T.med.* improvvisa contrazione muscolare dovuta a fenomeni irritativi a carico dei nervi.

neuròtico V. NEVROTICO.

neurotomìa [comp. di *neuro-* e *-tomìa*; 1834] **sf.** *T.med.* recisione chirurgica di un nervo.

neurotònico (pl. *-ci*) [comp. di *neuro-* e *tonico*; 1958] **agg.** e **sm.** detto di farmaco o altra sostanza che ha azione tonificante sul sistema nervoso.

Neuròtteri (o *Nevròtteri*) [comp. di *neuro-* e *-ttero*; 1834 *nevrotteri*] **sm. pl.** *T.zool.* ordine d'insetti, con quattro ali membranose fittamente reticolate; effettuano una metamorfosi completa. **Q.T.** *zoologia.*

neurovegetatìvo [comp. di *neuro-* e *vegetativo*; 1954] **agg.** del sistema nervoso che regola la vita vegetativa.

nèurula [dim. del gr. *nêuron*, nervo; 1958] **sf.** *T.biol.* nello sviluppo embrionale dei Cordati, stadio, successivo a quello della gastrula, nel quale inizia a formarsi il sistema nervoso.

nèuston [dal gr. *neustós*, natante; 1958] **sm.** *T.biol.* l'insieme degli organismi viventi di mole piccola o piccolissima, che si trovano sullo strato superficiale delle acque.

nèustria [etim. inc.; 1925] **sf.** varietà di farfalla crepuscolare, dei Bombici, di color giallo dorato con strisce bruno-rossicce sul paio di ali anteriori.

neutràle [dal lat. *neutrālis*; a. 1442] **I agg.** **1.** di paese, che non prende partito per nessuna delle parti in conflitto bellico: *i paesi confinanti si sono dichiarati neutrali* || relativo a paese neutrale: *porto neutrale* **2.** che non parteggia per nessuno tra due o più contendenti **3.** *T.fis.* e *T.chim.* neutro **II s.** chi è neutrale: *la quantità dei neutrali gioca a nostro favore* || **N.** **2.** *Sin.* imparziale.

neutralìṣmo [dall'ingl. *neutralism*; 1921] **sm.** **1.** atteggiamento politico mirante alla conservazione della neutralità nei conflitti bellici **2.** in ecologia, situazione di indifferenza di una specie rispetto alla presenza di altre || **N.** **2.** mutualismo, parassitismo.

neutralìsta [dall'ingl. *neutralist*; 1915] **s.** chi sostiene la neutralità rispetto a un conflitto fra stati.

neutralìstico (pl. *-ci*) [da *neutralismo*; 1965] **agg.** relativo al neutralismo e ai neutralisti; proprio del neutralismo e dei neutralisti: *politica neutralistica.*

neutralità [dal fr. *neutralité*; a. 1535] **sf.** **1.** posizione di chi si mantiene neutrale in una contesa o in un conflitto bellico || *neutralità armata,* in cui lo Stato si mantiene in armi, pronto a respingere le offese dei belligeranti **2.** *T.chim.* proprietà di una sostanza o soluzione che non mostra né reazione acida né basica || **N.** **1.** imparzialità, indifferenza | conservare, mantenere la neutralità, uscire dalla neutralità | *Contr.* intervento. **Q.T.** *diritto.*

neutraliẓẓàbile [da *neutralizzare*; 1958] **agg.** che può essere neutralizzato, spec. in chimica: *sostanza neutralizzabile* || *T.ling. opposizione neutralizzabile,* opposizione fonologica che in alcune posizioni può essere neutralizzata (ad es. in italiano l'opposizione tra [e] ed [ɛ] o tra [o] e [ɔ] si neutralizza in sillaba non accentata).

neutraliẓẓàre [dal fr. *neutraliser*; 1831 nel senso 2] **tr.** **1.** rendere neutrale || *T.chim.* portare una soluzione chimica a reazione neutra **2.** rendere vano annullando l'effetto: *neutralizzare un influsso negativo* || **rec.** annullarsi a vicenda; *le due forze scontrandosi si sono neutralizzate* || **intr. pron.** perdere di efficacia, venir meno: *gli effetti della sostanza si neutralizzano dopo sei ore* || **N.** **2.** *Sin.* annullare, vanificare.

neutraliẓẓazióne [dal fr. *neutralisation*; 1862] **sf.** l'atto e l'effetto del neutralizzare e del neutralizzarsi || *T.ling.* annullamento di un'opposizione fonologica in contesti particolari.

neutrìno [da *neutro*; 1933] **sm.** *T.fis.* particella del nucleo atomico priva di carica elettrica e di massa quasi nulla.

nèutro [dal lat. *neuter*, né l'uno né l'altro; 1397] **agg.** **1.** rif. a due possibili qualità o condizioni opposte, che non possiede o esprime né l'una né l'altra || *in part. T.gram. genere neutro* (o *sm. il neutro*), genere grammaticale presente insieme al maschile e al femminile in numerose lingue, in origine utilizzato per oggetti inanimati || *T.elettr. conduttore neutro,* in un sistema polifase, conduttore collegato al punto di connessione dei singoli circuiti || *T.fis.* di corpo, in cui le cariche positive e negative si bilanciano || *T.mat. elemento neutro,* in un'operazione definita in un insieme, quell'elemento che combinato con un qualunque elemento dell'insieme, lo lascia invariato; nell'addizione è lo zero, nella moltiplicazione l'uno **2.** *per estens.* non caratterizzabile in modo deciso: *colore, odore neutro* **3.** *terreno neutro,* che non appartiene a nessuno dei due stati confinanti o belligeranti || *T.sport. campo neutro,* campo di gioco che non appartiene a nessuna delle due squadre che si affrontano.

neutrofilìa [comp. di *neutro-* e *-filìa*; 1954] **sf.** *T.med.* aumento spiccato nel sangue di leucociti neutrofili.

neutròfilo [comp. di *neutro-* e *-filo*; 1954] **agg.** **1.** *T.biol.* di cellula, che mostra affinità con coloranti neutri || *per anton.* di una classe di leucociti; anche *sm.* **2.** *T.biol.* di organismo, che predilige ambienti né acidi né alcalini.

neutróne [comp. di *neutro-* e *-one*^{2}, come l'ingl. *neutron*; 1920] **sm.** *T.scient.* particella elementare priva di carica elettrica, di massa eguale a quella del protone, insieme al quale costituisce il nucleo dell'atomo.

neutrònico (pl. *-ci*) [da *neutrone*; 1970] **agg.** *T.fis.* che ha attinenza con i neutroni: *flusso neutronico.*

neutropenìa [comp. di *neutro(filo)* e *-penìa*; 1956] **sf.** *T.med.* diminuzione dei leucociti neutrofili nel sangue.

nevàia [da *neve*; 1891] **sf.** neviera.

nevàio (pl. *-ài*) [da *neve*; a. 1449] **sm.** accumulo di neve permanente che si forma in alta montagna, favorito da depressioni del terreno o esposizione a nord.

nevàle V. NIVALE.

nevàre (pres. *néva*) [da *neve*; 1308] **intr.** (aus. *essere*) *arc. impers.* nevicare.

nevàta [da *nevato*; fine sec. XIV] **sf.** *non com.* nevicata.

nevàto [da *nevare*; 1572 ca.] **I agg.** *lett.* nevoso, coperto di neve: *scintillan le nevate Alpi* (Carducci) || *fig.* bianco come neve: *i nevati cigni* **II sm.** ammasso di neve che si accumula dando luogo ai ghiacciai.

néve (pl. *-i*) [lat. *nix, nivis*; inizio sec. XIII] **sf.** precipitazione atmosferica del vapore acqueo in cristalli minutissimi che si raggruppano fra loro: *un manto di neve, un mucchio di neve, una tempesta di neve* || *neve artificiale,* provocata dai cannoni || *nevi perpetue,* quelle in alta montagna che non scompaiono mai durante l'anno || esempio di candore incontaminato: *bianco e puro come la neve, piume di neve* || *montare a neve,* di chiara d'uovo, sbattere fintanto che non gonfi e prenda l'aspetto di densa schiuma bianca || **N.** nevischio, gelo, ghiaccio, sinibbio | alta, crostosa, eterna, fangosa, farinosa, fitta, gelata, ghiacciata, marcia, sciolta, soffice | bioccolo, cristallo, falda, fiocco, stellina, lenzuolo, manto, mucchio, palla, pupazzo; nevaio, nevato, chiazza, valanga, slavina; fiorita, spruzzata, bufera, tempesta, tormenta, nevata | nevicare, mulinare, spalare, spazzare, squagliare, imbiancare, accumularsi, sciogliersi | nivale, niveo | sci, spartineve, spazzaneve. **Q.T.** *acqua, meteorologia* **TAV.** ***geologia*** **p. 1313** 5.2.

nevicàre (pres. *névica*) [lat. volg. **nivicāre*; 1353] **intr.** (aus. *essere* o *avere*) *impers.* cadere neve dal cielo: *quest'anno è* (o *ha*) *nevicato parecchio*; *scherz. gli è nevicato sui capelli,* detto di chi ha molti capelli bianchi || (anche con soggetto espresso) cadere in modo silenzioso e lento come la neve || *tr. poet.* spargere come neve: *di purpurei fiori vi nevicò di sopra un nembo* (Caro) || **N.** *intr.* fioccare, scendere, turbinare | forte, fitto, a fiocchi, a larghe falde.

nevicàta [da *nevicato*; a. 1872] *sf.* atto del nevicare || neve caduta.

nevicàto (*pps.* di *nevicare*) [a. 1321] *agg.* **1.** *lett.* coperto di neve **2.** *T.zool.* di cavallo, dal manto scuro cosparso di piccoli ciuffi bianchi.

nèvico (pl. *-ci*) [da *nevo*; 1937] *agg. T.med.* proprio dei nei, che riguarda i nei: *cellule neviche, focolaio nevico.*

nevièra [da *neve*; 1681] *sf.* grotta naturale o costruzione in muratura in cui un tempo si raccoglieva la neve che d'estate serviva per tenere in fresco il cibo.

nevischiàre (pres. *nevìschia*) [da *nevischio*; a. 1604] *intr.* (aus. *essere* o *avere*) *impers.* cadere nevischio.

nevìschio (pl. *-schi*) [da *neve*; metà sec. XV] *sm.* neve minutissima e fitta mista a pioggia.

nèvo V. NEO.

nevòmetro V. NIVOMETRO.

nevosità [da *nevoso*; a. 1320] *sf.* **1.** l'essere nevoso **2.** quantità di neve che normalmente cade in un dato luogo.

nevóso [lat. *nivōsus*; a. 1320] **I** *agg.* **1.** coperto di neve: *alpi nevose* **2.** abbondante di neve: *inverno nevoso* **II** *sm. T.stor.* quarto mese del calendario rivoluzionario francese, dal 21 dicembre al 19 gennaio.

nevralgìa o **neuralgìa** (pl. *-gìe*) [comp. di *nevro-* e *-algia*; 1828 *neuralgia*] *sf. T.med.* dolore acuto, localizzato, che insorge lungo il percorso di qualche nervo ed è dovuto a cause diverse (reumatismo, intossicazione, infiammazione).

nevràlgico (pl. *-ci*) [da *nevralgia*; a. 1912] *agg.* di nevralgia: *crisi nevralgica; punto nevralgico,* dolente; anche *fig.* il punto più delicato o critico: *il punto nevralgico della questione, un punto nevralgico per il traffico.*

nevràsse [comp. di *nevro-* e *asse*; 1895] *sm. T.anat.* l'encefalo e il midollo spinale || **N.** *Sin.* tubo neurale.

nevrastenìa o **neurastenìa** [comp. di *nevro-* e *astenia*; 1828 *neurastenia*] *sf.* debolezza del sistema nervoso, accompagnata da eccitabilità eccessiva, da debolezza e insonnia.

nevrastènico (pl. *-ci*) [da *nevrastenia*; 1886 *neurastenico*] **I** *agg.* **1.** proprio della nevrastenia: *crisi nevrastenica* **2.** *per estens.* irritabile, impulsivo **II** *sm.* (f. *-a*) chi è affetto da nevrastenia.

nevrilèmma o **neurilèmma** (pl. *-mi*) [comp. di *nevro-* e del gr. *lémma*; 1840] *sm. T.anat.* membrana sottile e trasparente, che avvolge lo strato mielico delle fibre nervose.

nevrìte o **neurìte** [dal gr. *nêuron*; 1865 *neurite*] *sf. T.med.* infiammazione di uno o più tronchi nervosi.

nevrìtico o **neurìtico** (pl. *-ci*) [da *nevrite*; 1958] *agg. T.med.* proprio della nevrite: *sintomi nevritici* || causato dalla nevrite: *dolori nevritici.*

nèvro- [dal gr. *nêuron*, nervo] *primo elem.* che, in parole composte della terminologia medica, vale "relativo al sistema nervoso" (per es. *nevralgia, nevrastenia, nevrosi*).

nevrobalistico V. NEUROBALISTICO.

nevroglia V. NEUROGLIA.

nevropatìa e der. V. NEUROPATIA e der.

nevròsi o **neuròsi** [dall'ingl. *neurose*; 1788 *neurosi*] *sf. inv. T.med.* stato patologico caratterizzato da disturbi della sfera affettiva e dell'emotività, a volte con conseguenze somatiche; si ritiene originato da conflitti psichici. **Q.T.** *psicanalisi, psicologia.*

nevròtico o **neuròtico** (pl. *-ci*) [da *nevrosi*; 1821 *neurotico*] **I** *agg.* di nevrosi: *sindrome nevrotica* || affetto da nevrosi **II** *sm.* (f. *-a*) chi è affetto da nevrosi.

nevrotizzàre [da *nevrotico*; 1981] *tr.* rendere nevrotico; provocare uno stato di nevrosi: *la vita moderna ci nevrotizza* || *intr. pron.* diventare nevrotico.

Nevròtteri V. NEUROTTERI.

nevvéro [da *n(on) è vero?*; a. 1612 *neh vero*] *avv.* posto alla fine di una frase, chiede, perlopiù retoricamente, una conferma di ciò che si è detto: *è stato un lavoro difficile, nevvero?*

new deal (ingl., pr. [ˌnjuː ˈdiːɫ]) [letter. nuovo corso; 1935] *loc. m. inv.* piano di interventi di politica economica formulato nel 1933-34 da F.D. Roosevelt, presidente degli U.S.A., per far fronte alle conseguenze della grande crisi del '29.

newton (ingl., pr. [ˈnjuːtən]; pr. it. [ˈnjuton]) [dal n. proprio J. *Newton*, fisico ingl.; 1950] *sm. inv. T.scient.* unità di misura di forza; equivale alla forza che, applicata a una massa di 1 kg, imprime un'accelerazione di $1 m/s^2$.

newtoniàno (pr. [njutoˈnjano]) [dal n. proprio J. *Newton*, fisico ingl.; 1752] *agg.* di Newton, relativo alle teorie di Newton.

new wave (ingl., pr. [ˈnjuːweɪv]) [letter. nuova ondata; 1980] *loc. f. inv.* corrente musicale, artistica, cinematografica o politica che intende staccarsi dalle linee tradizionali, proponendo un programma anticonformista e rinnovatore || usato anche come *loc. agg.*: *musica new wave, complesso new wave.*

ni[1] [comp. di *n(o)* e *(s)ì*; 1949] **I** *avv. scherz.* né sì né no, per indicare indecisione **II** *sm. fam.* risposta incerta, indecisione tra il sì e il no: *è ora di finirla con tanti ni.*

ni[2] (o raro *nu*) [dal gr. *nŷ*, lettura della lettera ν; 1561] *sm.* o *sf. inv.* nome della tredicesima lettera dell'alfabeto greco, corrispondente alla *n* dell'alfabeto latino.

niacìna [comp. di *ni(cot)ina* e *aci(do)*; 1956] *sf. T.chim.* acido nicotinico.

nìbbio (pl. *-bi*) [lat. tardo *nibulus*; sec. XIII] *sm.* grosso uccello dell'ordine dei Rapaci, simile al falco, con coda biforcuta e piumaggio fulvo o bruno striato, che verso la testa è grigio o bianco || **N.** poiana, astore.

nibelùngico (pl. *-ci*) [da *nibelungo*; 1955] *agg.* dei Nibelunghi: *ciclo nibelungico,* ciclo di leggende germaniche che trattano del tesoro dei Nibelunghi.

nibelùngo (pl. *-ghi* o *-gi*) [dal ted. *Nibelunge*; 1884] *sm.* **1.** appartenente alla leggendaria stirpe di nani demoniaci a cui i Burgundi sottrassero il tesoro **2.** *T.stor.* appartenente alla stirpe dei Burgundi **3.** *scherz.* nomignolo con cui si indicano i tedeschi: *biondi nibelunghi che si rosolano al sole.*

nicarchèo [dal n. proprio gr. *Níkarkhos*, epigrammista greco; 1958] *sm. T.metr.* verso della metrica greca considerato la variante catalettica del falecio.

nìcchia [prob. da *nicchio*; 1550] *sf.* **1.** incavo ricavato nello spessore di un muro, perlopiù di forma allungata in verticale, adatto spec. a contenere statue || *fig.* posizione sicura, sistemazione: *far la nicchia a qualcuno,* trovargli un impiego stabile || *T.biol. nicchia ecologica,* insieme delle condizioni ambientali favorevoli a una specie **2.** *T.alp.* piccola rientranza della roccia sufficiente a ospitare una persona **3.** *tosc.* conchiglia || **N.** **1.** ancona, edicola.

nicchiaménto [da *nicchiare*; sec. XIV] *sm. raro* il nicchiare || **N.** *Sin.* esitazione, tentennamento.

nicchiàre (pres. *nìcchio, nìcchi*) [etim. inc.; 1313 nel senso 2] *intr.* (aus. *avere*) **1.** esitare, tentennare **2.** *arc.* emettere gemiti durante le doglie || *per estens.* brontolare, lamentarsi || **N.** **1.** tergiversare, titubare.

nìcchio (pl. *-chi*) [forse dal lat. *mytilus*, mitilo; 1282] *sm.* **1.** guscio di conchiglia **2.** lucerna a olio con tre becchi || *fig. scherz.* cappello da prete a tre punte.

niccianésimo, **niccianìsmo** V. NIETZSCHIANESIMO.

nicciàno V. NIETZSCHIANO.

nìccio V. NECCIO.

nicèno [dal lat. tardo *Nicaenus* der. di *Nicaea*; 1558] *agg.* relativo a Nicea e ai dogmi proclamati in quel concilio: *credo niceno.*

nìchel o **nichèlio** o **nickel** [dallo sved. *nickel*, tratto dal ted. *Kupfernickel*, comp. di *Kupfer*, rame e *Nickel*, genietto; 1795] *sm. inv.* elemento metallico, duttile, tenace, bianco e lucente; è impiegato spec. per rivestimenti protettivi di altri metalli e per formare leghe.

nichelàre o **nichellàre** (pres. *nìchelo, nichèllo*) [da *nichel*; 1891] *tr.* sottoporre a nichelatura.

nichelatùra [da *nichelare*; 1895] *sf.* operazione di rivestimento in nichel di superfici metalliche, ottenuta con bagno elettrolitico || il sottile strato di nichel che si forma.

nichelcròmo [comp. di *nichel* e *cromo*; 1949] *sm. T.chim.* lega metallica di nichel e cromo.

nichelìno [da *nichel*; 1905] *sm.* moneta di nichel da venti centesimi, usata prima della seconda guerra mondiale in Italia.

nichèlio V. NICHEL.

nichellàre e der. V. NICHELARE e der.

nichilìsmo o **nihilìsmo** [dal fr. *nihilisme*, lat. *nihil*, nulla; 1869 nel senso 2] *sm.* **1.** *T.pol.* corrente filosofico-politica rivoluzionaria russa della seconda metà dell'Ottocento, che si prefiggeva la sovversione totale delle istituzioni **2.** *T.fil.* tendenza filosofica contemporanea che sostiene la caduta dei valori etico-religiosi tradizionali e il tramonto della metafisica su cui erano basati || in gen. atteggiamento filosofico di negazione dei valori tradizionali.

nichilìsta [da *nichilismo*; 1878] **I** *s.* seguace del nichilismo; anarchico **II** *agg.* nichilistico.

nichilìstico (pl. *-ci*) [da *nichilismo*; a. 1952] *agg.* fondato sul nichilismo, che si ispira al nichilismo: *teorie nichilistiche.*

nìckel V. NICHEL.

nìcol [dal n. proprio *Nicol*, fisico scozzese; 1930] *sm. inv. T.fis.* prisma polarizzatore usato nell'analisi dei minerali. **TAV.** ***ottica*** **p. 1329** 8.2, 8.9.

nicolaìsmo [dal n. proprio *Nicolao*; 1954] *sm.* **1.** setta eretica del I sec. d.C., che sosteneva una morale libertina **2.** *per estens.* corrente contraria al celibato ecclesiastico.

nicolaìta [da *nicolaismo*; sec. XIII] *s.* chi segue la dottrina del nicolaismo || *in part.* oppositore del celibato ecclesiastico.

nicotìna [dal fr. *nicotine*, dal n. del medico J. *Nicot*; 1875] *sf.* alcaloide velenoso contenuto nelle foglie del tabacco, responsabile delle intossicazioni croniche dei fumatori.

nicotinammìde [comp. di *nicotin(a)* e *ammide*; 1956] *sf. T.med.* l'ammide dell'acido nicotinico; fa parte di importanti sistemi enzimatici ed è usata per la cura della pellagra || **N.** vitamina PP.

nicotìnico (pl. *-ci*) [da *nicotina*; 1956] *agg. T.chim. acido nicotinico,* composto organico molto importante in biologia, come componente di alcuni coenzimi || **N.** *Sin.* niacina.

nicotinìsmo [dal fr. *nicotinisme*; 1899] *sm. T.med.* intossicazione cronica dovuta alla nicotina e i disturbi psicofisici che ne conseguono.

Nictaginàcee [dal lat. scient. *nyctāgo, -inis*, basato sul gr. *nýx, nyktós*; 1895] *sf. pl. T.bot.* famiglia di piante dicotiledoni a cui appartiene la bougainvillea.

nictalòpe V. NICTALOPO.

nictalopìa [dal fr. *nyctalopie*, basato sul gr.

nýx, nyktós e *ôps, ōpós,* vista; 1821 *nittalopia*] **sf.** *T.med.* alterazione della vista, per cui gli oggetti sono veduti meglio a luce smorzata che a luce viva ‖ **N.** *Contr.* emeralopia.

nictàlopo o **nictalòpe** [dal fr. *nyctalope*; 1840 *nittalopo*] **agg.** e **sm.** *T.med.* che o chi è affetto da nictalopia.

nictemeràle o **nittemeràle** [comp. di *nicto-* e del gr. *ēméra*; 1983] **agg.** *T.med.* di fenomeno, che cambia caratteristiche nel giro delle ventiquattro ore, in part. in relazione alla successione del giorno e della notte.

nìcti- V. NICTO-.

nictìcora o **nittìcora** [dal gr. *nyktikórax*, corvo notturno; a. 1871] **sf.** *T.zool.* uccello notturno dei Ciconiformi che vive nelle paludi e si nutre di piccoli animali acquatici.

nictipitèco o **nittipitèco** (pl. *-chi* o *-ci*) [comp. di *nicti-* e *-piteco*; 1891 *nittipiteco*] **sm.** genere di scimmie dal corpo agile e snello dell'America centro-meridionale, che conducono vita notturna.

nictitànte o **nittitànte** [dal lat. *nictāre*, battere le palpebre; 1687] **agg.** *T.zool. membrana nictitante,* membrana trasparente che ricopre l'occhio di alcuni anfibi, rettili e uccelli.

nictitazióne o **nittitazióne** [dal lat. *nictāre*, battere le palpebre; 1899] **sf.** *T.med.* atto involontario consistente nell'aprire e chiudere le palpebre in modo più frequente del normale, a causa di uno spasmo del muscolo orbicolare.

nicto- o **nicti-**, **nitti-**, **nitto-** [dal gr. *nýx, nyktós,* notte] ***primo elem.*** che, in parole composte della terminologia scientifica, vale "notte, oscurità": **nictofobìa**.

nictògrafo [comp. di *nicto-* e *-grafo*; 1956] **sm.** strumento per scrivere al buio, usato soprattutto dai ciechi.

nictùria [comp. di *nicto-* e *-uria*; 1929] **sf.** *T.med.* frequente bisogno di urinare durante la notte.

nidiàce e **nidàce** [lat. volg. **nidax, -ācis*; seconda metà del sec. XIII] **agg.** *lett.* di uccellino, che non è ancora uscito dal nido; anche **sm.**: *sembravano ninnare i loro nidiaci* (Pascoli).

nidiàceo [da *nidiace*; a. 1799] **agg.** *non com.* di nido; nidace.

nidiàndolo [voce tosc., da *nidio*, var. di *nido*; 1891] **sm.** uovo lasciato nel nido affinché la gallina torni lì a farne altre ‖ **N.** *Sin.* endice.

nidiàta [da *nido*; 1342] **sf.** l'insieme di uccelli nati da una covata ‖ *per estens.* anche di altri animali che facciano il nido: *una nidiata di topi* ‖ *fam.* molti figli: *ha una bella nidiata.*

nidìcolo [comp. di *nido* e *-colo*; 1958] **agg.** *T.zool.* di uccello, che dopo la schiusa non è in grado di provvedere da solo a se stesso e rimane per un certo tempo nel nido dove viene nutrito dai genitori ‖ **N.** *Contr.* nidifugo.

nidificàre (pres. *-ìfico, -ìfichi*) [dal lat. *nidificāre*; a. 1320] **intr.** (aus. *avere*) fabbricare, fare il nido.

nidificazióne [da *nidificare*; 1879] **sf.** il nidificare: *la nidificazione delle rondini non è ancora cominciata.*

nidìfugo (pl. *-ghi*) [comp. di *nido* e *-fugo*; 1958] **agg.** *T.zool.* di uccello, che subito dopo la schiusa sa volare e provvedere a se stesso ‖ **N.** *Contr.* nidicolo.

nìdo [lat. *nīdus*; a. 1257] **sm.** **1.** costruzione di varia materia e di varia forma fatta dagli uccelli per deporvi le uova e covarle, e per allevarvi i piccoli ‖ *per estens.* anche tana di altri animali: *un nido di topi, di calabroni* ‖ *non com. per meton.* nidiata: *gli portò un nido di passerotti* ‖ *T.cuc. nidi di rondine,* specialità della cucina cinese a base di nidi di una varietà di rondine di mare **2.** *fig.* luogo dove si è nati, casa, patria: *tornare al proprio nido* ‖ *farsi il proprio nido,* la propria casa; *per estens.* farsi una vita tranquilla, sistemarsi **3.** *fig.* covo, nascondiglio: *nido di delinquenti* **4.** *asilo nido,* asilo riservato a bimbi di età inferiore a tre anni **5.** *nido d'ape,* tipo di arricciamento di un tessuto, che forma tanti piccoli rombi: *cotone a nido d'ape* ‖ *dim.* nidìno, nidiétto, nidiettìno ‖ **N.** **1.** covo, tana | annidare, nidificare, snidare. **TAV.** *zootecnia* 8.6.

nidóre [dal lat. *nīdor, -ōris*; a. 1714] **sm.** *lett.* puzzo simile a quello di uova guaste.

nidoróso [dal lat. *nidorōsus*; 1734] **agg.** che ha nidore.

nièɡo (pl. *-ghi*) [da *negare*; sec. XIII] **sm.** *raro poet.* il negare ‖ atteggiamento di rifiuto.

niellàre (pres. *nièllo*) [da *niello*; a. 1537] **tr.** e **intr.** (aus. *avere*) lavorare di niello.

niellàto (*pps.* di *niellare*) [a. 1571] **I agg.** lavorato a niello: *argenti niellati russi* **II sm.** oggetto in oro, argento, o altro metallo prezioso lavorato a niello.

niellatóre [da *niellare*; a. 1810] **sm.** orafo specializzato nell'incidere a niello oggetti preziosi.

niellatùra [da *niellare*; 1925] **sf.** l'atto e l'effetto del niellare.

nièllo [lat. *nigellum*, nerastro; a. 1460] **sm.** **1.** *T.oref.* tecnica di lavorazione di metalli pregiati che si pratica scavandoli col bulino secondo un disegno e riempiendo poi i vuoti con smalto nero **2.** lo smalto adoperato per questo lavoro, composto di rame, piombo, argento e zolfo.

niènte [lat. mediev. *nec entem*; neppure una cosa; a. 1306] **I pron. indef. inv.** **1.** nessuna cosa; quando è posposto al verbo richiede sempre davanti al verbo stesso la negazione: *non so niente, non è successo niente* ‖ quando invece precede il verbo, la negazione deve essere omessa: *niente gli sta bene , a niente è valso il suo intervento* ‖ *per niente,* invano: *ho fatto tutta questa strada per niente*; gratuitamente: *l'ho avuto per niente* ‖ *finire in niente,* esaurirsi senza risultati: *tutto quel chiasso è finito in niente* ‖ *non fa niente, colloq. fa niente,* non importa: *se non volete venir con noi non fa niente* ‖ *non se ne fa niente,* si manda tutto a monte ‖ *non avere niente a che fare, a che vedere,* non avere relazione alcuna: *non ho niente a che vedere con quella gente* ‖ *buono a niente,* inetto ‖ *niente di niente,* assolutamente niente: *è sparito e non se ne sa niente di niente* ‖ come intercalare con valore limitativo: *cosa c'è che non va? niente, sono preoccupato per l'esame* ‖ *di niente,* risposta di cortesia a ringraziamenti o scuse: *"grazie, molto gentile", "di niente, si figuri"* **2.** in frasi interrogative o dubitative, qualche cosa: *c'è niente di interessante al cinema?, avete niente da dire?, domandagli se ne sa niente* **3.** cosa di minimo valore o rilievo: *con niente è riuscito a far fortuna, quello che hai visto è niente in confronto al resto, è un tipo nervoso, monta in bestia per niente* ‖ nella *loc. agg. da niente,* non grave, non importante: *si è ferito ma è una cosa da niente* **II agg. indef. inv.** in quantità nulla; nessuno, nessuna: *ho deciso, da domani niente sigarette*; *niente paura,* coraggio!; *colloq. non ho niente fame* **III sm.** **1.** l'assenza di qualcosa, il nulla: *creazione dal niente, è venuto su dal niente* ‖ *un bel niente,* un risultato irrisorio o inesistente: *in cambio dei suoi favori non ha ottenuto un bel niente* **2.** cosa da poco, piccolezza: *basta un niente per impaurirlo* **IV avv.** **1.** punto, affatto: *non me ne importa più niente* **2.** da solo e in *loc. avv. per niente, niente affatto,* decisamente non, affatto: *non ti sta per niente male quell'abito, non sembra niente stupido* ‖ *non per niente,* infatti: *ha un bel fisico, non per niente passa i pomeriggi in palestra* ‖ *niente niente,* appena: *niente niente mi muovo, casca il mondo* ‖ **N.** NULLA.

nientediméno [da *niente di meno*; a. 1292] **I avv.** di solito seguito da *che*, addirittura: *è intervenuto nientedimeno che il vescovo* ‖ usato nelle risposte rivela stupore o incredulità: *"ha vinto un terno al lotto", "nientedimeno!"* **II cong.** avversativa *ant.* non pertanto, ma.

nienteméno [da *niente (e) meno*; 1525] **avv.** nientedimeno, addirittura: *ha stabilito nientemeno che il primato del mondo*; nelle risposte rivela incredulo stupore: *"è passato col massimo dei voti", "nientemeno!".*

nientepopodiméno o **niènte po' po' di méno** [comp. di *niente, po(i)* e *di meno*; 1958] **avv.** *scherz.* e *iperb.* nientedimeno: *ho visto nientepopodimeno che il presidente!*

nietzschianèṣimo (pr. [nittʃa'nezimo]) o **niccianèṣimo** o **niccianìṣmo** [da *nietzschiano*; 1952] **sm.** il pensiero di F. Nietzsche, caratterizzato dall'esaltazione del superuomo.

nietzschiàno (pr. [nit'tʃano]) o **nicciàno** [dal n. proprio F. *Nietzsche*, filosofo ted.; a. 1909] **I agg.** relativo a F. Nietzsche ed alle sue dottrine **II sm.** (f. *-a*) seguace di Nietzsche.

nìfe [comp. di *ni(chel)* e *fe(rro)*; 1930] **sm.** *T.geol.* nucleo centrale della Terra, in quanto si suppone formato da nichel e ferro ‖ **N.** *Sin.* barisfera.

nìffo [dal germ. *nif*, becco, muso; a. 1367] **sm.** muso del maiale o del bue ‖ *spreg.* viso umano ‖ **N.** grugno, muso.

nigèlla [dal lat. *nigella*; a. 1320] **sf.** pianta delle Ranuncolacee, con fiori azzurrini, coltivata a scopo ornamentale ‖ **N.** *Sin.* fanciullaccia.

nigeriàno [dal n. geogr. *Nigeria*; 1958] **I agg.** della Nigeria **II sm.** (f. *-a*) abitante od originario della Nigeria.

night-club (ingl., pr. ['naitklʌb]) [letter. locale notturno; 1914] **sm.** *inv.* ritrovo notturno nel quale di solito si balla e talvolta si assiste ad attrazioni di varietà ‖ **N.** *tabarin.*

nigritèlla [dal lat. *niger*, nero; 1876] **sf.** pianta erbacea della famiglia delle Orchidacee, che cresce spontanea in montagna.

nihiliṣmo (pr. [nii'lizmo]) V. NICHILISMO.

nilgàu [dall'indostano *nîlgâû*; 1954] **sm.** *inv.* *T.zool.* specie di antilope propria dell'India.

nilòtico (pl. *-ci*) [dal lat. *niloticus*; 1869] **I agg.** del Nilo e delle regioni del suo bacino: *l'antica civiltà nilotica*; *lingue nilotiche,* gruppo di lingue di ceppo sudanese parlate da alcune popolazioni seminomadi della media e alta valle del Nilo **II sm.** (f. *-a*) abitante di una regione posta lungo la valle del Nilo.

nimbàto [da *nimbo*; a. 1906] **agg.** *lett.* cinto da aureola: *una teoria di figure nimbate.*

nìmbo [dal lat. *nimbus*; a. 1484] **sm.** **1.** *lett.* sfolgorio di luce ‖ in pittura e scultura, aureola intorno alla testa o alla figura di una divinità o di un santo **2.** *ant.* nembo.

nimbóso V. NEMBOSO.

nìnfa [dal lat. *nympha*, gr. *nýmphē*, sposa, fidanzata; 1319] **sf.** **1.** *T.mit.* ciascuna delle divinità minori femminili degli antichi, che abitavano e proteggevano i monti, le acque, i boschi ‖ *ninfa Egeria,* chi è fonte di ispirazione **2.** *fig.* giovinetta vezzosa **3.** *T.zool.* il secondo stadio della metamorfosi degli insetti; pupa **4.** *T.anat.* altro nome delle piccole labbra della vulva ‖ *dim.* ninfétta, ninfettìna ‖ **N.** **1.** driadi, amadriadi, naiadi, oceanine o nereidi, oreadi **2.** *Sin.* crisalide.

ninfàle [dal lat. tardo *nymphalis*; a. 1484] **I agg.** **1.** *lett.* relativo alle ninfe della mitologia **2.** *T.zool.* relativo allo stadio di ninfa: *sonno ninfale* **II sm.** **1.** *T.mit.* ornamento portato sul capo dalle ninfe **2.** racconto, poemetto e sim. relativo a ninfe: *il Ninfale Fiesolano.*

Ninfàlidi (sing. *-e*) [dal lat. scient. *Nymphalidae*; 1934] **sm.** *pl.* famiglia di Lepidotteri di grandi dimensioni, con livree sgargianti, zampe anteriori ridotte e pelose che servono per pulire le antenne.

ninfèa [dal lat. *nymphāea*, gr. *nymphāia*, pianta delle ninfe; 1546] ***sf.*** **1.** pianta acquatica delle Ninfeacee, con larghe foglie rotonde, fiori grandi adagiati sulla superficie dell'acqua, con numerosi petali bianchi che circondano un appariscente ciuffo giallo di stami **2.** *ninfea gialla*, nenufaro.

Ninfeàcee [comp. di *ninfea-* e *-acee*; 1875] ***sf. pl.*** *T.bot.* famiglia di piante dicotiledoni acquatiche.

ninfèo [dal lat. *nymphaeum*; 1499] ***sm.*** **1.** *T.archeol.* tempio o grotta consacrata alle ninfe **2.** fontana monumentale tipica dei giardini di ville rinascimentali.

ninfétta [dim. di *ninfa*, calco sull'ingl. *nymphet*; 1959] ***sf.*** ragazza che precocemente pone in risalto la propria sessualità.

ninfòmane [dal fr. *nynphomane*; 1894] ***sf.*** donna affetta da ninfomania.

ninfomanìa [dal fr. *nymphomanie*; 1783] ***sf.*** *T.med.* nella donna, forma di nevrosi che determina un aumento abnorme della libido.

ninfòsi [da *ninfa*; 1940] ***sf.*** *T.zool.* la metamorfosi dell'insetto in ninfa.

nìnna [voce infantile; sec. XV] ***sf.*** nel linguaggio infantile, il dormire || **N.** nanna.

ninnanànna o **nìnna-nànna** (pl. *ninnenanne*) [voce infantile; 1643] ***sf.*** **1.** cantilena che si canticchia ai bambini, dondolando la culla, per addormentarli **2.** *T.mus. berceuse*.

ninnàre [da *ninna*; 1617] ***tr.*** cullare un bimbo, cantandogli la ninnananna per farlo addormentare.

ninnolàre (pres. *nìnnolo*) [da *ninnolo*; a. 1873] ***tr.*** intrattenere, divertire con ninnoli e balocchi: *ninnolare i bimbi* || ***intr. pron.*** perdere il tempo in trastulli da ragazzi || **N. *intr. pron.*** *Sin.* baloccarsi, gingillarsi, trastullarsi.

nìnnolo [voce infantile; a. 1642] ***sm.*** **1.** trastullo, balocco da fanciulli **2.** gingillo || *tra ninnoli e nannoli*, tra una cosa e l'altra || *dim.* ninnolìno, ninnolétto || **N. 1.** GIOCATTOLO **2.** carabattola, *bibelot*, inezia.

ninnolóne [da *ninnolo*; 1927] ***agg.*** e ***sm.*** (f. *-a*) *non com.* persona che si ninnola, perdendo il tempo || **N.** *Sin.* ciondolone, fannullone.

nino [prob. dal n. proprio (*Giovan*) *nino*; 1879] ***sm.*** *tosc. vezz.* bambino || *dim.* ninétto, ninétta.

niòbio [dal ted. *Niobium*; 1869] ***sm.*** *T.chim.* elemento metallico raro, che entra nella composizione di leghe speciali.

nìpio- [dal gr. *nepios*, infante] ***primo elem.*** che, in parole composte della terminologia medica, vale "relativo ai primi anni di vita", "adatto ai bambini nei primi anni di vita": **nipiologìa**, **nipiosuppòsta**.

nipiològico (pl. *-ci*) [da *nipiologia*; 1958] ***agg.*** che riguarda la nipiologia.

nipiòlogo (pl. *-gi*) [comp. di *nipio-* e *-logo*; 1934] ***sm.*** medico pediatra specializzato nelle malattie e nello sviluppo psico-fisico del bambino nel primo periodo di vita.

nipitèlla v. NEPITELLA.

nipóte (lett. *nepóte*) [lat. *nepōs*, *ōtis*; fine sec. XIII] ***s.*** **1.** il figlio o la figlia del fratello o della sorella **2.** il figlio o la figlia del figlio o della figlia: *i miei nipoti, vostro nipote* **3.** *pl. lett.* i discendenti lontani, i posteri || *dim.* nipotìno; *pegg.* nipotàccio || **N.** abiatico, bisnipote, pronipote.

nipotìsmo v. NEPOTISMO.

nìpplo [dall'ingl. *nipple*, protuberanza, poi rubinetto di regolazione; 1958] ***sm.*** **1.** *T.mecc.* elemento tubolare filettato, impiegato per collegare due tubi **2.** *T.mecc.* elemento a vite usato per fissare al cerchione i raggi delle ruote di biciclette o motoveicoli.

nippo- [da *nipponico*] ***primo elem.*** che, in parole composte, vale "giapponese", "del Giappone": **nippocinése**, **nippoamericano**.

nippònico (pl. *-ci*) [dal n. geogr. *Nippon*, nome ufficiale del Giappone; 1908] ***agg.*** del Giappone.

nirvàna [dal sanscrito *nirvana*, estinzione; 1873] ***sm.*** secondo il Buddismo, stato di beatitudine dell'animo umano che ha estinto in sé ogni pensiero o legame con la realtà || *per estens.* felicità completa: *raggiungere il nirvana*.

nistàgmo [dal gr. *nystagmós*, sonnolenza; 1821] ***sm.*** *T.fisiol.* spasmo dei muscoli oculari, dovuto ad alterazione congenita o a lesioni, che provoca repentini spostamenti del bulbo.

nit o **nat** o **nèpit** [dal lat. *nit*(*idus*), brillante; 1958] ***sm.*** *inv.* *T.fis.* unità di misura della luminanza, corrispondente all'intensità luminosa di una candela per m^2 di area di emissione.

nitèlla [dal lat. scient. *nitella*; 1954] ***sf.*** *T.bot.* alga d'acqua dolce con ramificazioni lunghissime.

nitènte [dal lat. *nitens*, *nitentis*, ppr. di *nitēre*, risplendere; a. 1514] ***agg.*** *lett.* luminoso, risplendente: *quel nitente candor di castitade* (Cariteo) || levigato, liscio, lucido.

nitidézza [da *nitido*; 1549] ***sf.*** qualità di ciò che è nitido || **N.** *Sin.* limpidezza, lucentezza, nitore, splendore.

nìtido [dal lat. *nitidus*, splendente; 1321] ***agg.*** **1.** pulito, quasi splendente **2.** di stampa, disegno e sim., con i contorni netti, distinti; chiaro: *uno sfondo nitido, una stampa nitida* || di idee, discorso, scritto e sim., chiaro, trasparente, lucido: *prosa nitida* || **nitidaménte** ***avv.*** limpido, lucente, terso, lucido, netto.

Nitidùlidi (sing. *-e*) [dal lat. tardo *nitidulus*, dim. di *nitulus*, splendente; 1931] ***sm. pl.*** *T.zool.* famiglia di Coleotteri che si nutrono di sostanze vegetali, a volte recando danni alle piantagioni.

nìton o **nìto** [dall'ingl. *niton*; 1920] ***sm.*** *T.chim. non com.* radon.

nitóre [dal lat. *nitor*, *-ōris*, sec. XV-XVI] ***sm.*** *poet.* nitidezza, splendore.

nitràre [da *nitro-*; 1958] ***tr.*** *T.chim.* inserire nella molecola di un composto organico uno o più gruppi nitrici al posto di altrettanti atomi di idrogeno.

nitratàre (pres. *-àto*) [da *nitrato*; 1958] ***tr.*** *T.agr.* concimare un terreno con fertilizzanti a base di nitrati.

nitratazióne [da *nitratare*; 1958] ***sf.*** *T.agr.* nitratura.

nitràto [da *nitrico*, con cambio di suff.; 1694] ***sm.*** *T.chim.* sale formato dall'acido nitrico.

nitratùra [da *nitrare*; 1958] ***sf.*** *T.agr.* concimazione di un terreno con fertilizzanti a base di nitrati.

nitrazióne [da *nitr*(*ico*), come il fr. *nitration*; 1932] ***sf.*** *T.chim.* processo chimico per cui si sottopone la molecola di un composto all'azione dell'acido nitrico.

nìtrico (pl. *-ci*) [da *nitro*, come il fr. *nitrique*; 1795] ***agg.*** *T.chim.* di composto, in cui l'azoto è pentavalente: *acido nitrico*, acido a forte azione corrosiva, impiegato nella fabbricazione di coloranti, fertilizzanti e prodotti chimici.

nitrièra [da *nitro*; 1550] ***sf.*** **1.** giacimento naturale di nitrato di potassio **2.** ammasso di sostanze organiche fatte marcire assieme a legno e torba per ottenere il salnitro.

nitrificàre (pres. *-ifico*, *-ifichi*) [comp. di *nitro-* e *-ficare*; a. 1803] ***tr.*** *T.biol.* sottoporre a nitrificazione.

nitrificazióne [da *nitrificare*, come il fr. *nitrification*; 1834] ***sf.*** *T.scient.* processo per il quale l'ammoniaca che si forma nel terreno per decomposizione delle sostanze organiche è rapidamente trasformata in acido nitrico ad opera di microrganismi.

nitrìle [da *nitro*; 1875] ***sm.*** *T.chim.* estere dell'acido cianidrico.

nitrìre (pres. *-ìsco*, *-ìsci*) [da un ant. *annitrire*, lat. *hinnīre* con sovrapposizione di *hinnitāre*; a. 1476] ***intr.*** (aus. *avere*) di cavallo, emettere il proprio verso.

nitrìto[1] [da *nitrire*; 1581] ***sm.*** verso del cavallo.

nitrìto[2] [da *nitroso*, con cambio di suff.; 1795] ***sm.*** *T.chim.* sale dell'acido nitroso.

nìtro [dal lat. *nitrum*, gr. *nítron*; a. 1342] ***sm.*** *T.chim.* nitrato di potassio || **N.** *Sin.* salnitro.

nitro- [dal lat. scient. *nitrogenum*, azoto] ***primo elem.*** che, nella terminologia chimica, forma la denominazione di composti contenenti azoto o il radicale nitrico: **nitrobenzène**, **nitrobenzòlo**, **nitrocellulósa**, **nitrofosfàto**.

nitrobattèrio (pl. *-ri*) [comp. di *nitro-* e *batterio*; 1925] ***sm.*** batterio che trasforma l'ammoniaca del terreno in nitriti e nitrati.

nitroglicerìna (pr. [nitroglitʃe'rina]) [comp. di *nitro-* e *glicerina*; 1875] ***sf.*** *T.chim.* composto di glicerina e acido nitrico, usato per la preparazione della dinamite || **N.** fulmicotone, tritolo.

nitrósa [da *nitro-*; 1958] ***sf.*** *T.chim.* miscela di ossido di azoto e acido solforico, che si produce durante la fabbricazione dell'acido solforico.

nitróso [comp. di *nitro* e *-oso*; 1788] ***agg.*** *T.chim.* di acido, in cui l'azoto è trivalente.

nitrurazióne [come il fr. *nitruration*; 1933] ***sf.*** *T.ind.* procedimento termico a cui vengono sottoposti gli acciai in presenza di ammoniaca, che ha lo scopo di accrescerne la durezza superficiale.

nitrùro [come il fr. *nitrure*; 1925] ***sm.*** *T.chim.* composto di azoto e metalli || **N.** *Sin.* azoturo.

nittalopìa e der. v. NICTALOPIA.

nittemeràle v. NICTEMERALE.

nitti- v. NICTO-.

Nitticèbi [comp. di *nitti-* e *-cebo*; 1935] ***sm. pl.*** *T.zool.* genere di proscimmie arboricole diffuse nell'Asia sud-orientale, notturne, insettivore, lunghe fino a mezzo metro, caratterizzate da zampe corte, coda rudimentale e da grandi occhi con orbite rivolte in avanti.

nitticora v. NICTICORA.

nitto- e der. v. NICTO- e der.

niùno [la. *nē ūnus*, neppure uno; 1219 *neun*] ***agg.*** e ***pron.*** *indef. lett.* nessuno.

nivàle [dal lat. *nivālis*; 1474] ***agg.*** **1.** relativo alla neve: *flora nivale* **2.** nevoso, niveo.

nivazióne [dal lat. *nix*, *nivis*, neve; 1929] ***s.*** *T.geogr.* insieme di fenomeni esercitati da neve, gelo o disgelo sul terreno (per es. fessurazioni, spaccature, formazione di pozzi).

nìveo [dal lat. *niveus*; sec. XIV] ***agg.*** *lett.* candido come neve, bianchissimo.

nivòmetro o **nevòmetro** [comp. del lat. *nix*, *nivis*, neve e *-metro*; 1958] ***sm.*** apparecchio per la misurazione delle precipitazioni nevose.

nizzàrda [da *nizzardo*; 1617 nel senso 2] ***sf.*** **1.** cappello di paglia da donna a tesa larga, usato nel secolo scorso **2.** danza popolare simile alla monferrina **3.** *T.cuc. insalata nizzarda*, con acciughe, olive nere, tonno, uova sode.

nizzàrdo [dal n. geogr. *Nizza*; a. 1861] **I** ***agg.*** di Nizza **II** ***sm.*** (f. *-a*) abitante o nativo di Nizza || *per anton. il Nizzardo*, Giuseppe Garibaldi.

no (pr. [nɔ]) [lat. *nōn*; a. 1250] **I** ***avv.*** di negazione **1.** corrisponde a un'intera frase o a un predicato negativi nelle risposte o in frasi ellittiche che sottolineano un contrasto rispetto ad una frase affermativa precedente: *uscirà? No, spero di no, credo di no, sembra di no*; *Mario mangia carne, ma Luigi no*; *si rende perfettamente conto di quando una cosa si può fare e quando* (*invece*) *no* || ha valore rafforzato unito ad interiezioni, ad altri avverbi o reiterato: *no e poi no, assolutamente no*; *oh no, questa non ci voleva!, eh no, adesso basta!* || con valore cataforico, anticipa e rafforza una frase negativa: *no, con te non ci vengo più; no, così non va* || *sì e no,* all'incirca: *ci saranno state sì e no dieci persone* || *se no* (o *sennò*), altrimenti || *non saper dire di no,* non saper rifiutare; *non dico di no,* non è escluso **2.** contrapposto a un'espressione affermativa: *devi decidere se venire o no, simpatico o no devi sopportarlo; uomini e no* || *anzi che no,* alquanto, assai: *persona strana anzi che no* **3.** al termine di un'interrogativa retorica: *ti è piaciuto, no?,* non è così? **II sm. 1.** risposta negativa, rifiuto: *mi ha opposto un bel no, un no chiaro e tondo* || *essere tra il sì e il no,* in dubbio **2.** voto negativo: *nell'urna si trovarono quattro no.*

nō (giap., pr. [nɔ:]) [letter. abilità, talento; 1958] ***sm.*** *T.teatr.* genere del teatro giapponese classico, a carattere lirico e fortemente simbolico.

nòa [voce polinesiana; 1958] ***sm. inv.*** *T.etn.* tutto ciò che non è tabù.

nobel (sved., pr. [nɔ'bɛl]) [dal n. proprio A.B. *Nobel*; 1895] ***sm. inv.*** premio assegnato ogni anno a scienziati, letterati o personaggi benemeriti nel campo della pace fra i popoli: *il nobel per la medicina* || *com.* chi ha ricevuto il nobel: *al congresso c'era anche un nobel della fisica.*

nobèlio [dal n. proprio A.B. *Nobel*; 1963 *nobelium*] ***sm.*** *T.chim.* elemento artificiale, ottenuto mediante reazioni nucleari; non esiste in natura e tutti i suoi isotopi sono radioattivi.

nobildònna o **nòbil dònna** [comp. di *nobil(e)* e *donna*; sec. XIV] ***sf.*** donna di nobile origine, pur sprovvista di titolo nobiliare (anche abbreviato N.D.).

nòbile [dal lat. *nōbilis*; inizio sec. XIII] **I *agg.* 1.** che per nascita o per investitura appartiene all'aristocrazia, cioè alla classe più elevata (con caratteristiche diverse in nazioni e periodi storici diversi): *giovane di nobile famiglia* || relativo o appartenente a tale classe: *cognome nobile, palazzo nobile* || *nobil uomo, nobil donna,* V. NOBILUOMO, NOBILDONNA **2.** che ha o mostra elevatezza, dignità, e sentimenti alieni dal volgare: *animo nobile, nobile ingegno, sentimenti nobili, nobile gesto; una nobile professione,* con finalità elevate **3.** contraddistinto da speciali caratteristiche: *metallo nobile,* che non si ossida; *gas nobile,* che non si combina con nessun altro elemento || *piano nobile,* il primo piano di una casa, un tempo provvisto di stanze più ampie e maggiori comodità || *padre nobile, madre nobile,* nelle antiche compagnie drammatiche, l'attore e l'attrice che facevano parti di uomo e di donna maturi e gravi || **nobilménte** ***avv.*** **II *s.*** persona appartenente alla nobiltà: *un nobile spiantato* || ***sm.*** *T.num.* moneta d'oro coniata in Inghilterra nei sec. XIV e XV || *dim. spreg.* nobilùccio; *accr.* nobilóne || **N. 1.** *Sin.* aristocratico, gentildonna, gentilesco, gentiluomo, ottimate, patrizio, titolato | di antica o di fresca data, risalito, spiantato | lignaggio, stirpe **2.** distinto, elevato, preclaro, ragguardevole.

nobilésco (pl. *-schi*) [da *nobile*; a. 1767 nella loc. *alla nobilesca*] ***agg. spreg.*** di nobile, da nobile: *albagia nobilesca.*

nobiliàre [dal fr. *nobiliaire*; 1848] ***agg.*** di, della nobiltà: *casta nobiliare, titolo nobiliare.*

nobilitaménto [da *nobilitare*; 1710] ***sm.*** il nobilitare.

nobilitàre (pres. *nobìlito*) [dal lat. *nobilitāre*; 1308] ***tr.*** rendere nobile, elevato: *il lavoro nobilita l'uomo* || ***rifl.*** elevarsi con azioni nobili || **N.** annobilire, elevare, esaltare, ingentilire, innalzare.

nobilitazióne [da *nobilitare*; 1869] ***sf.*** l'atto e l'effetto del nobilitare e del nobilitarsi.

nobiltà [dal lat. *nōbilitas, -ātis*; 1308] ***sf.* 1.** condizione di chi è nobile: *famiglia di antica nobiltà* **2.** i nobili come ceto sociale: *la nobiltà si oppose* **3.** l'essere nobile in senso spirituale, elevatezza d'animo: *la nobiltà dell'animo* || **N. 2.** *Sin.* aristocrazia, casta nobiliare o gentilizia, patriziato | barone, cavaliere, conte, duca, marchese, nobiluomo, principe, visconte; boiardo, cadetto, grande di Spagna, hidalgo, lord, magnate, margravio, pari | araldica, blasone, divisa, libro d'oro, maggiorascato, motto, quarti, stemma.

nobilùme [da *nobile*; a. 1850] ***sm. spreg.*** il ceto dei nobili; insieme di nobili.

nobiluòmo o **nòbil uòmo** [comp. di *nobil(e)* e *uomo*; a. 1597] ***sm.*** uomo di nobile origine, anche se non provvisto di titolo nobiliare (anche abbreviato N.H.).

noblesse oblige (fr., pr. [nɔ'blɛs ɔ'bli:ʒ]) [letter. nobiltà fa obbligo; 1905] ***loc.*** frase usata per sottolineare che la nobiltà comporta doveri che altri non hanno; chi tiene alla nobiltà deve agire nobilmente.

nòcca (tosc. *nòccola*) [dal long. *knohha*; a. 1502] ***sf.* 1.** giuntura delle dita delle mani e dei piedi **2.** *T.zool.* nodello. **TAV. *mammiferi* p. 1318** 1.4.

nòcchia [prob. dal lat. *nucula*; sec. XV] ***sf.*** *region.* nocciola ancora verde.

nocchière o **nocchièro** [lat. *nauclērus*, gr. *náukleros*, padrone di nave; a. 1250] ***sm.* 1.** *lett.* chi governa e guida la nave **2.** *T.mil.* nella marina militare italiana, sottufficiale addetto a mansioni marinaresche || **N.** nostromo, pilota.

nocchierùto [da *nocchio*; fine sec. XIV] ***agg.*** pieno di nocchi.

nòcchio (pl. *-chi*) [prob. dal lat. *nucleus*, parte dura e rotonda di diversi oggetti; 1313] ***sm.*** di un fusto legnoso, nodo, ingrossamento derivato da una gemma non sbocciata || *per estens.* formazione simile su frutti o altri corpi || *dim.* nocchiétto, nocchiolìno || **N.** *Sin.* mazzocchio; brocco, nodello, nodo, nodosità.

nocchióso [da *nocchio*; 1340 ca.] ***agg.*** *raro* nocchieruto.

nocchiùto [da *nocchio*; a. 1470] ***agg.*** nocchieruto.

nocciòla (lett. *nocciuòla*) [lat. volg. **nuceola*; a. 1348] **I *sm.* 1.** il frutto del nocciòlo **2.** il colore delle nocciole, marrone chiaro: *il nocciola gli dona* **II *agg. inv.*** (sempre posposto) del colore delle nocciole: *occhi nocciola.*

nocciolàia [da *nocciola*; 1803] ***sf.*** uccello dei Corvidi dal piumaggio scuro a macchie bianche, che vive nei boschi di conifere nutrendosi di nocciole, ghiande, pinoli e sim. || **N.** *Sin.* nucifraga.

nocciolàio (pl. *-ài*) [da *nocciola*; 1891] ***sm.*** (f. *-a*) venditore ambulante di nocciole e sim.

nocciolàto [da *nocciola*; 1966] ***sm.*** cioccolato farcito con nocciole intere o tritate.

noccioléto [da *nocciolo*; 1963] ***sm.*** piantagione di noccioli.

nocciolìna (*dim.* di *nocciola*) [1923] ***sf.* 1.** piccola nocciola || *per estens.* cosa che ha la forma di una piccola nocciola: *una nocciolina di burro* **2.** *nocciolina americana,* arachide **3.** *pl.* pasta da minestra a forma di mezzo guscio di nocciola.

nocciolìno [da *nocciola*; 1954] ***sm.*** moscardino.

nòcciolo [prob. dal lat. *nuceus*, di noce; a. 1320] ***sm.*** la parte interna dura e legnosa dei frutti a drupa, che contiene il seme: *il nocciolo della pesca* || *fig. essere due anime in un nocciolo,* si dice di persone legate da amicizia saldissima || *per estens.* parte centrale di una struttura, di un congegno || *fig.* essenza, aspetto decisivo: *qui è il nocciolo della questione* || **N.** anima, mandorla, nodo, nucleo, osso | snocciolare.

nocciòlo (lett. *nocciuòlo*) [da *nocciola*; 1353] ***sm.*** albero delle Betulacee, a foglie cuoriformi, spontaneo nei boschi e coltivato per i suoi frutti, le nocciole.

nocciuòla V. NOCCIOLA.

nocciuòlo V. NOCCIÒLO.

nòccola V. NOCCA.

noccolùto [da *nocca*; 1891] ***agg.*** *raro* di mano, che ha nocche grosse.

nóce[1] (pl. *-ci*) [lat. *nux, nucis*; a. 1320] ***sm.* 1.** pianta d'alto fusto delle Iuglandacee, con foglie grandi ovate a margine liscio, legno duro e pesante usato per mobili di pregio **2.** il legno stesso: *un armadio di noce massiccio.* **TAV. *botanica* p. 661** 8.2.

nóce[2] (pl. *-ci*) [lat. *nux, nucis*; fine sec. XIII] ***sf.* 1.** il frutto del noce, drupa tondeggiante con sottile strato polposo verde, bruno a maturazione, che riveste un guscio bivalve in cui si trova il seme commestibile || *prov. una noce in un sacco non fa rumore,* una persona sola può far poco o nulla || *fig. guscio di noce,* barchetta assai piccola **2.** nome di vari semi o frutti che ricordano la noce: *noce di cocco* (V. COCCO); *noce vomica,* (V. VOMICO) || *noce moscata,* seme di un albero tropicale, di forma ovoidale, lungo circa 2-3 cm, scuro e compatto; grattugiato entra nella preparazione di numerose vivande per il suo forte aroma **3.** cosa di forma rotondeggiante: *una noce di burro* || *T.mac. noce di vitello,* parte interna della coscia || *fam. noce del piede,* malleolo || *dim.* nocìna; *accr.* nocióna; *pegg.* nociàccia || **N. 1.** gentile, malescia, vuota | anima, buccia o pellicina, gheriglio, guscio, mallo, spicchi o lobi, valve | abbacchiare, bacchiare, rompere, schiacciare, sgusciare, smallare | castellina, noceto, nocino, schiaccianoci, tannino. **TAV. *alimentazione*** 3.15; ***armi* p. 648** 14.3; ***fiori...* p. 671** 8.3.

nocèlla [da *noce*; a. 1571] ***sf.* 1.** l'osso rilevato del polso **2.** la parte tondeggiante dove si riuniscono le aste del compasso **3.** *T.bot.* nell'ovulo delle Fanerogame, la parte centrale **4.** *arc.* o *region.* nocciola.

nocènte (*ppr.* di *nuocere*) [a. 1347] ***agg.*** *disus.* **1.** dannoso, nocivo **2.** colpevole || **N. 2.** *Contr.* innocente.

nocepèsca [comp. di *noce* e *pesca*; a. 1597] ***sf.*** frutto del nocepesco || **N.** *Sin.* nettarina, pesca noce.

nocepèsco (pl. *-schi*) [comp. di *noce* e *pesco*; a. 1597] ***sm.*** varietà di pesco che produce frutti (*nocipesche*) un po' più piccoli di una pesca media, a buccia liscia.

nocéto [dal lat. *nucētum*; a. 1884] ***sm.*** boschetto di noci.

nocétta [da *noce*, forse con allusione al gioco *nocino*; 1940] ***sf.*** *T.cacc.* gruppo di alberi di alto fusto tra le cui fronde sono celate gabbie con uccelli da richiamo.

nocìno [da *noce*; 1824 nel senso 2] ***sm.* 1.** liquore fatto con le noci **2.** *T.gioc.* gioco infantile che consiste nel cercare di buttar giù un mucchietto di noci, con altra noce tirata a distanza.

nociùto *pps.* di *nuocere* (V.).

nocività [da *nocivo*; 1958] ***sf.*** caratteristica dell'essere nocivo || insieme di condizioni che rendono nocivo un ambiente: *l'eliminazione della nocività in fabbrica.*

nocìvo [dal lat. *nocīvus*; a. 1292] ***agg.*** che nuoce: *aria nociva, abitudini nocive* || *in part.* di sostanze chimiche, medicinali, alimenti dannoso per la salute: *un additivo molto nocivo, un colorante nocivo* || **nocivaménte** ***avv.*** *raro* || **N.** *Sin.* infesto, malefico, offensivo, ostile, pernicioso | *Contr.* innocuo.

no comment (ingl., pr. [noʊ 'kɒment]; pr. it. [no'kɔmment]) [1963] ***loc. m.*** nessun commento; è usata soprattutto da personalità o dai portavoce di enti, aziende e sim., per evitare di rispondere a domande o di prendere posizione rispetto a voci diffuse dai *media.*

noctilùca V. NOTTILUCA.

nocuménto [dal lat. tardo *nocumentum*; a. 1313 *nocumento*] ***sm.*** *lett.* l'atto e l'effetto del nuocere; ora quasi solo nelle espressioni *esser di (grave) nocumento, recar nocumento,* danneggiare || **N.** *Sin.* DANNO.

nòcuo [dal lat. *nocuus*; a. 1472] ***agg.*** *arc.* nocivo.

nodàle [da *nodo*; 1869] ***agg.*** **1.** relativo a nodo (nelle varie accezioni scientifiche) **2.** *fig.* centrale, essenziale: *una questione nodale.*

nodèllo [da *nodo*; a. 1498] ***sm.*** **1.** *T.zool.* nelle zampe dei quadrupedi, ingrossamento posto subito sotto lo stinco **2.** *T.bot.* ciascuno dei nodi di un fusto di canna.

noderóso [da *nodo*; a. 1375] ***agg.*** *non com.* pieno di nodi, nocchieruto.

nodìno (*dim.* di *nodo*) [1834] ***sm.*** **1.** piccolo nodo **2.** rocchetto o nastrino messo come ornamento a vestiti o ad acconciature femminili **3.** *T.mac.* bistecca con l'osso tagliata dalla lombata.

nòdo [dal lat. *nōdus*; 1353] ***sm.*** **1.** stretto legamento che si fa avvolgendo e intrecciando in vari modi un capo o i due capi di uno spago, un nastro e sim., o unendo due spaghi, nastri e sim. fra loro: *unire due pezzi di spago con un nodo, fare il nodo a una fune, sciogliere il nodo, stringere un nodo; fare un nodo al fazzoletto,* per ricordare qualcosa || groviglio, viluppo: *avere dei nodi nei capelli, sbrogliare una matassa piena di nodi* || *nodo scorsoio,* che scorre agevolmente, e tanto più si stringe quanto più si tira uno dei suoi capi || *nodo gordiano,* il mitico nodo che nessuno riusciva a sciogliere e che Alessandro Magno tagliò con la spada; *fig.* difficoltà cruciale, ostacolo decisivo || *nodo di Savoia,* uno dei segni araldici della Casa di Savoia e tipo di nodo, detto anche *nodo a otto* o *nodo d'amore* **2.** punto di incrocio o confluenza || *in part. T.geogr. nodo idrografico,* luogo da cui hanno origine diversi corsi d'acqua; *nodo orografico,* dove si congiungono più catene montuose || *T.astr.* punto di intersezione dell'orbita di un pianeta col piano dell'eclittica || *nodo ferroviario, stradale,* punto in cui convergono più linee ferroviarie o stradali || *T.mat. nodo* o *punto nodale,* punto doppio di una curva algebrica piana i cui due rami hanno tangenti diverse **3.** *fig.* punto difficile; punto cruciale: *qui sta il nodo della questione, una volta superato questo nodo, tutto diventerà più facile* || *prov. tutti i nodi vengono al pettine,* le malefatte prima o poi saltano fuori || intreccio di un'azione drammatica **4.** ingrossamento, ispessimento: *nodi del legno,* formazioni del fusto legnoso spesso dure e resistenti al taglio; *T.bot.* punto del fusto delle piante su cui sono inserite una o più foglie || *avere un nodo in gola,* provare un senso di soffocamento per l'intensa commozione o il nervosismo **5.** *fig.* vincolo, legame: *nodo matrimoniale* **6.** *T.mar.* ognuna delle parti in cui è divisa, da piccoli nodi, la cordicella dell'antico strumento misuratore della velocità delle navi || miglio marino (1852 metri): *la nave faceva venti nodi all'ora* **7.** *T.fis. nodo* o *punto nodale,* punto caratteristico di un'onda stazionaria con ampiezza zero **8.** *T.ling.* in un diagramma ad albero ogni punto di incontro di rami, gen. etichettato in modo da chiarire la relazione gerarchica rispetto ai nodi più bassi e più alti || *dim.* nodìno, nodétto || **N. 1.** cappio, legamento, groppo, intreccio, fiocco, maglia | accappiare, aggroppare, annodare, disgroppare, legare, slegare, snodare; disfare, fare, sciogliere. **Q.T.** *alpinismo, nautica..., vela.*

nodosità [dal lat. tardo *nodositas, -ātis*; a. 1320] ***sf.*** **1.** qualità di ciò che è nodoso **2.** ispessimento, nodo: *un tronco privo di nodosità* || *T.med.* callosità che deriva da concrezioni calcaree alle giunture.

nodóso [dal lat. *nodōsus*; a. 1306] ***agg.*** che ha molti nodi: *ramo nodoso, mani nodose* || **N.** *Sin.* noderoso, nocchieruto, nocchioso.

nodulàre [da *nodulo*; 1954] ***agg.*** *T.med.* relativo a un nodulo, proprio di un nodulo: *consistenza* nodulare || formato da noduli: *accrescimento nodulare.*

nòdulo [dal lat. *nodulus*; 1875 nel senso 2] ***sm.*** **1.** *T.med.* formazione tondeggiante dovuta a ispessimento o proliferazione dei tessuti: *noduli alle corde vocali, nodulo al seno* **2.** *T.min.* aggregato di un minerale incluso in roccia diversa.

nodulóso [da *nodulo*; 1958] ***agg.*** costituito da molti noduli: *aggregazione nodulosa.*

noèma (pl. *-i*) [dal gr. *nóēma,* pensiero; 1958] ***sm.*** *T.fil.* per Aristotele, qualsiasi nozione elementare; nella fenomenologia di Husserl, l'oggetto della nostra percezione o del nostro pensiero, nel suo intervenire nella nostra esperienza.

noemàtico (pl. *-ci*) [da *noema*; 1970] ***agg.*** relativo al noema, cioè al lato oggettivo dell'esperienza.

noèṣi [dal gr. *nóēsis*; 1958] ***sf.*** *T.fil.* in Aristotele, conoscenza intellettiva immediata, distinta da quella discorsiva; secondo la fenomenologia di Husserl, qualsiasi atto mediante il quale un soggetto coglie un oggetto in quanto dato nella sua esperienza.

noètico (pl. *-ci*) [dal gr. *noētikós*; 1958] ***agg.*** *T.fil.* che si riferisce alla noesi.

nói [lat. *nos*; a. 1243 *nui*] ***pron. pers. pl.*** di prima persona, di entrambi i generi: *noi uomini, noi donne*; è usato come soggetto: *noi diciamo* (omesso se non in rilievo); come compl. oggetto quando si voglia dargli un particolare rilievo: *loda proprio noi*; come compl. indiretto dopo una preposizione: *parla di noi, viene con noi*; nelle esclamazioni: *beati noi!*; come predicato dopo i verbi *essere, sembrare, parere* e simili: *non sembriamo più noi*; in tutti gli altri casi si adopera la forma non accentata *ci* || per rafforzarlo si aggiunge *altri* o *altre*: *noi altri* (o *noialtri*) *italiani siamo fatti così* || è usato al posto del sing. *io,* da sovrani, pontefici o alte autorità (plurale maiestatico o di maestà o *maiestatis*) *Noi Presidente della Corte di Appello ordiniamo*; altre volte invece il plurale è usato quando un oratore o uno scrittore vuol confondersi quasi con gli ascoltatori e i lettori (plurale di modestia): *come noi avevamo detto appunto nella passata lezione.*

nòia [dal provenz. (*e*)*noja*; sec. XII] ***sf.*** **1.** sensazione spiacevole causata da inerzia o da monotonia o da un senso di estraneità e indifferenza rispetto alla vita: *non sa come ammazzare la noia, essere oppresso dalla noia, noia mortale*; *venire a noia,* cominciare ad annoiare: *questo spettacolo mi è già venuto a noia* || *concr.* cosa o persona noiosa: *che noia quella conferenza!* **2.** fastidio, disturbo: *lascialo stare, che noia ti dà?* || *avere a noia,* in fastidio || *ant. prendere a noia,* finire per detestare **3.** *pl.* guai, beghe: *ha avuto delle noie con la legge, avere delle noie al motore* **4.** *ant.* pena, profondo dolore || **N. 1.** *Sin.* tedio, uggia; nausea, sazietà | annoiare, nauseare, saziare, stuccare, tediare, uggiare | sbadiglio **2.** *Sin.* contrattempo, cruccio, incomodo, molestia, seccatura | affliggere, importunare, infastidire, molestare, seccare, stufare.

noiàltri (o *nói àltri*) [a. 1356] ***pron. pers. m. pl.*** (f. *noiàltre*) forma più enfatica del solo *noi*: *noialtri verremo più tardi.*

noiàre (pres. *nòio*) [sec. XII] ***tr.*** *raro* annoiare.

noiosità [da *noioso*; 1639] ***sf.*** **1.** l'essere noioso **2.** *concr.* cosa noiosa.

noióso [dal prov. *enojos*; sec. XII] **I *agg.*** **1.** che provoca noia: *discorso, film, lavoro noioso* **2.** che infastidisce: *un rumore noioso, un noioso malessere* **3.** *ant.* o *lett.* angoscioso || **noiosaménte** ***avv.*** **II *sm.*** (f. *-a*) persona noiosa || **N. 1.** *Sin.* insopportabile, intollerabile, pesante, prolisso, soporifero, stucchevole, uggioso **2.** *Sin.* importuno, molesto, seccante **II** *Sin.* impiastro, pittima, seccatore.

noisette (fr., pr. [nwa'zɛt]) [letter. nocciola; 1896] **I *agg.*** *inv.* (sempre posposto) di color nocciola **II *sm.*** *inv.* color nocciola, marrone chiaro.

noleggiaménto [da *noleggiare*; fine sec. XIV] ***sm.*** *raro* noleggio.

noleggiànte (*ppr.* di *noleggiare*) [1585] ***s.*** *T.mar.* il proprietario o armatore che dà la propria nave mercantile in locazione ad altri per trasporto di merci o di passeggeri; *per estens.* anche chi dà a nolo altri mezzi di trasporto.

noleggiàre (pres. *-éggio*) [da *nolo*; 1397] ***tr.*** prendere o dare a nolo: *noleggiare una barca, i costumi per lo spettacolo.*

noleggiatóre [da *noleggiare*; 1396] ***sm.*** (f. *-trice*) chi prende a nolo || *com.* chi dà a nolo.

nolèggio (pl. *-gi*) [da *noleggiare*; 1570] ***sm.*** **1.** contratto riguardante l'uso temporaneo di un bene, spec. strumentale: *il noleggio di un'automobile, prendere un pianoforte a noleggio* || il prezzo del nolo || *in part. T.mar.* la locazione totale o parziale di una nave mercantile **2.** *per meton.* il luogo dove si noleggia o l'impresa che se ne occupa: *riportare la macchina al noleggio* || **N. 1.** *Sin.* AFFITTO | noleggiante, noleggiatore, nolo.

nolènte [dal lat. *nolens, -entis*; 1530] ***agg.*** *lett.* che non vuole, soprattutto nella loc. *volente o nolente,* sia che voglia o che non voglia, piaccia o non piaccia.

noli me tangere (lat., pr. it. ['nɔli mɛ 'tandʒere]) [letter. non mi toccare, parole dette da Gesù risorto a Maria Maddalena] ***loc.*** *scherz.* si dice di persona che non ammette scherzi, che se ne sta in sussiego e sim.

nòlo [lat. tardo *naulum,* gr. *nâlon*; a. 1342] ***sm.*** **1.** somma che viene corrisposta in cambio dell'uso temporaneo di un mezzo di trasporto o altro bene: *pagare il nolo* **2.** *com.* noleggio: *prendere a nolo* || **N. 1.** AFFITTO **2.** noleggio.

nolontà [dal lat. tardo *noluntas, noluntātis*; 1954] ***sf.*** **1.** *T.fil.* atto di volontà che frena un impulso **2.** *T.fil.* nella filosofia di A. Schopenhauer, negazione di ogni passione, che caratterizza la fase precedente il nirvana.

nòmade [dal lat. *nomas, -adis,* gr. *nomás,* che erra per mutare pascoli; a. 1494] **I *agg.*** di popolo o tribù, senza fissa dimora: *pastori nomadi*; *vita nomade,* di chi vaga da un posto all'altro **II *s.*** appartenente a una tribù nomade: *i nomadi del deserto* || *fig.* chi non ha sede fissa || **N.** I errante, ramingo, vagabondo; randagio.

nomadiṣmo [da *nomade*; 1872] ***sm.*** la consuetudine che i popoli nomadi hanno di non fissarsi in sedi stabili e di spostarsi frequentemente.

nomàre (pres. *nòmo*) [da *nome*; 1319] ***tr.*** *arc.* o *lett.* dare il nome, nominare, chiamare || ***intr. pron.*** chiamarsi.

nom de plume (fr., pr. [nɔ̃ də 'plym]) [letter. nome di penna; 1983] ***loc. m. inv.*** pseudonimo di uno scrittore.

nóme [dal lat. *nōmen, -inis*; inizio sec. XIII] ***sm.*** **1.** *T.gram.* parola con cui si designano persone, animali e oggetti; *nome concreto,* designa esseri e cose che cadono sotto i sensi; *nome astratto,* designa una qualità, un sentimento, un'idea che non ha una esistenza oggettiva; *nome comune,* usato per designare qualsiasi membro di una classe, indifferentemente (*cavallo, fiume*); *nome collettivo,* al singolare designa un aggregato di persone o cose (*popolo, vasellame*); *nome proprio,* designa un solo individuo (*Maria, Piero, Genova, Everest*) **2.** *in part.* nome proprio di persona: *dimmi il tuo nome, nome di battesimo, chiamare per nome*

|| schiatta, famiglia: *fa onore al suo nome* || *per meton.* fama, reputazione: *s'è fatto un nome, non voglio che il mio nome abbia a soffrirne, ne va di mezzo il buon nome della sua famiglia* || *per meton.* persona illustre: *ci sono i più bei nomi della letteratura* || *a nome di,* per conto di: *viene a nome di tuo padre* || *in nome di,* rappresentando l'autorità di: *in nome della legge* || *cose senza nome,* indicibili, inqualificabili || *chiamar le cose col loro nome,* dir le cose come sono || *fam. dire dei nomi,* insultare || *dim.* nomìno, nomìgnolo; *accr.* nomóne; *spreg.* nomàccio || **N. 1.** *Sin.* sostantivo **2.** appellativo, cognome, denominazione, nomignolo, prenome, pseudonimo, soprannome, titolo | di battaglia, di battesimo, patronimico, diminutivo, vezzeggiativo, spregiativo | cifra, firma, generalità, monogramma, sigla | appellare, apporre, battezzare, chiamare, citare, denominare, imporre, intitolare, iscrivere, menzionare, nomare, nominare, sbattezzare | anonimo, antonomasia, appellato, innominato, omonimo, onomastico, prestanome, sinonimo, toponomastica. **Q.T.** *linguistica.*

nomèa [da *nome*; a. 1363] **sf.** fama, spec. non buona: *si è fatto una cattiva nomea* || **N.** *Sin.* reputazione, FAMA.

nomenclatóre [dal lat. *nomenclātor, -ōris*; sec. XIV] **I sm. 1.** *T.stor.* nell'antica Roma, lo schiavo incaricato di ricordare al padrone i nomi dei clienti **2.** (f. *-trìce*) chi si dedica alla compilazione di nomenclature **II agg.** che ordina e classifica secondo una nomenclatura: *vocabolario nomenclatore.*

nomenclatùra [dal lat. *nomenclatūra*; a. 1556] **sf.** insieme sistematico dei nomi relativi ad un dato argomento, terminologia tecnica: *la nomenclatura di una barca a vela, nomenclatura chimica.*

nomenklatura (russo, pr. [nəmʲɪnkɫʌˈturə]; pr. it. [nomeŋklaˈtura]) [letter. nomenclatura, poi lista; 1971] **sf. 1.** nell'Unione Sovietica, lista di cariche la cui assegnazione avveniva esclusivamente per decisione degli organismi del partito comunista || i dirigenti che ricoprivano tali cariche **2.** *per estens.* spec. nel linguaggio giornalistico, l'insieme dei dirigenti di un apparato statale o di un'organizzazione politica.

-nomìa [dal gr. *-nomía,* da *nómos,* norma] **elem. term.** che in parole composte significa "governo" (per es. *autonomia*), "amministrazione, distribuzione" (per es. *agronomia, tassonomia*).

-nòmico (pl. *-ci*) [da *-nomìa*] **elem. term.** che forma gli aggettivi corrispondenti ai sostantivi in *-nomia* (ad es. *economico, tassonomico*).

nomignolo (*dim.* di *nome*) [a. 1406] **sm.** soprannome.

nòmina [da *nominare*; a. 1590] **sf.** l'atto di nominare a un posto, a una carica e sim.: *decreto di nomina, ricevere la nomina a direttore.*

nominàbile [dal lat. *nominabilis*; 1627] **agg.** che può essere nominato || **N.** *Contr.* innominabile.

nominàle [dal lat. *nominālis*; a. 1571] **agg. 1.** *T.gram.* relativo al nome: *flessione nominale, suffisso nominale; sintagma nominale,* che ha come testa un nome (es. *un bel cane*); *predicato nominale,* nella grammatica tradizionale, quello costituito da un verbo copulativo (*essere, sembrare* ecc.) seguito da un sintagma nominale o da un aggettivo; *stile nominale,* caratterizzato da frasi senza verbi o, più com., da nominalizzazioni (nel senso 2) **2.** che si riferisce a un nome proprio di persona: *appello nominale* (v. APPELLO) **3.** tale solo di nome, ma senza valore reale: *autorità nominale* || *T.econ. valore nominale,* quello scritto sul titolo, ma diverso da quello reale, effettivo || *tasso nominale,* quello degli interessi composti calcolato sul valore nominale || **nominalménte** **avv.** di nome ma non di fatto.

nominalịsmo [da *nominale,* come il fr. *nominalisme*; 1845] **sm.** *T.fil.* la dottrina filosofica secondo la quale i concetti universali, cioè i generi e le specie, non hanno alcuna esistenza nella realtà; reali sono soltanto gli oggetti individuali || **N.** *Contr.* realismo.

nominalista [da *nominalismo*; 1843] **s.** *T.fil.* chi professa il nominalismo.

nominalìstico (pl. *-ci*) [da *nominalista*; 1905] **agg.** relativo al nominalismo.

nominaliẓẓàre [da *nominale*; 1979] **tr.** *T.ling.* trasformare in un nome; effettuare una nominalizzazione.

nominaliẓẓatóre [da *nominalizzare*; 1973] **agg.** *T.ling. suffisso nominalizzatore,* suffisso per la trasformazione di un verbo o di un aggettivo in un nome (per es. *-ismo* da *qualunque* a *qualunquismo*; *-tura,* da *asciugare* a *asciugatura*).

nominaliẓẓazióne [da *nominalizzare*; 1973] **sf. 1.** *T.ling.* trasformazione di un verbo o di un aggettivo in nome, perlopiù attraverso l'aggiunta di un suffisso (per es. *nominalizzazione* da *nominalizzare*; *dinamicità* da *dinamico*), ma anche per derivazione diretta (per es. *scorporo* da *scorporare*) **2.** *T.ling.* trasformazione di una frase in sintagma nominale (per es. da *il treno è arrivato* a *l'arrivo del treno*).

nominànza [da *nominare*; a. 1306] **sf.** *raro lett.* fama.

nominàre (pres. *nòmino*) [dal lat. *nomināre*; 1353] **tr. 1.** pronunziare: *non nominare il nome di Dio invano, mai sentito nominare* **2.** eleggere: *lo nominò presidente* **3.** *non com.* porre nome || **intr. pron.** *raro* chiamarsi, aver nome || **N. 1.** *Sin.* chiamare, citare; DIRE **2.** *Sin.* ELEGGERE **3.** battezzare, designare, intitolare.

nominataménte [da *nominato, pps.* di *nominare*; a. 1294] **avv. 1.** per nome; a uno a uno **2.** espressamente.

nomination (ingl., pr. [ˌnɒmɪˈneɪʃən]; pr. it. [nomiˈnɛʃon]) [dal lat. *nominātio, -ōnis*; 1977] **sf. inv.** negli Stati Uniti, designazione, attraverso votazioni interne, del candidato di un partito ad una carica pubblica: *ha ottenuto la nomination repubblicana alla Presidenza* || *per estens.* candidatura di un film per l'ottenimento di un premio, *in part.* per l'oscar: *ha ottenuto nove nomination per l'oscar.*

nominatività [da *nominativo*; 1804] **sf.** qualità di ciò che è nominativo || *in part. T.econ.* regime giuridico di un titolo azionàrio intestato a persona determinata.

nominativo [dal lat. *nominātivus*; a. 1406] **I agg. 1.** che serve a nominare: *caso nominativo* **2.** *T.econ.* di titolo, intestato al nome del possessore (opposto a *al portatore*) **3.** organizzato per nomi: *elenco nominativo* **II sm.** *T.gram.* **1.** il caso che esprime il soggetto nelle lingue che hanno declinazione **2.** *T.mar.* il segnale che rappresenta il nome della nave, del semaforo, della stazione costiera di vedetta: *alzare il nominativo* **3.** *T.bur.* nome: *mi ha dato un nominativo sbagliato.*

nominatóre [dal lat. tardo *nominator, -ōris*; a. 1406] **agg.** e **sm.** (f. *-trìce*) che o chi nomina: *la Commissione nominatrice.*

nominazióne [dal lat. *nominātio, -ōnis*; a. 1342] **sf.** atto ed effetto del nominare, o del dare nomi alle cose.

nomịsma [dal gr. *nómisma,* moneta; 1929] **sm.** *T.num.* denominazione assunta in età bizantina dalla moneta aurea coniata da Costantino il Grande; costituì la principale unità monetaria dell'impero bizantino fino alla sua caduta.

nòmo [dal gr. *nómos,* provincia, distretto; 1840] **sm.** *T.stor.* ciascuna delle circoscrizioni amministrative dell'antico Egitto, fino al periodo romano.

nomofillo [comp. di *nomo-* e *-fillo*; 1932] **sm.** *T.bot.* foglia normale, che possiede clorofilla e non ha subito metamorfosi.

nomografìa [comp. del gr. *nómos,* legge e *-grafia*; 1925] **sf.** *T.mat.* insieme di norme necessarie per la costruzione di nomogrammi.

nomogràmma [comp. del gr. *nómos,* legge e *-gramma*; 1942] **sm.** *T.mat.* rappresentazione grafica di una funzione || **N.** *Sin.* abaco.

nomològico [da un disus. *nomologia,* dal gr. *nómos,* legge e *-logia*; 1958] **agg.** *T.fil.* di conoscenza, che si esprime in leggi universali: *scienze nomologiche,* le scienze naturali || **N.** *Sin.* nomotetico | *Contr.* idiografico.

nomotèta [dal gr. *nomothétes*; 1885] **sm.** *T.stor.* nell'antica Grecia, membro del corpo di savi eletti annualmente per rivedere le leggi.

nomotètico (pl. m. *-ci*) [dal ted. *nomothetisch*; 1907] **agg.** *T.stor.* termine filosofico usato da Kant per caratterizzare il giudizio riflettente, in quanto fornisce massime per l'unificazione delle leggi naturali, e da W. Windelband per designare le scienze naturali che descrivono i fenomeni comprendendoli sotto leggi universali, in contrapposizione alle scienze dello spirito o scienze storiche: *il metodo nomotetico delle leggi naturali* || **N.** *Contr.* idiografico.

nòn o **nón** (*ant.* e *poet.* davanti a *lo* diventa *nol*) [lat. *nōn*; sec. XIII] **avv.** forma la negazione del costituente a cui è preposto: *non piove, non tutti gli uomini sono mortali, una domanda non pertinente, vieni ma non troppo tardi, non di sera* || in espr. ellittiche: *non fiori ma opere di bene, devi farlo adesso, non quando ti fa comodo, partecipano giovani e non* || in casi particolari può precedere un nome: *principio di non contraddizione, patto di non belligeranza, il non io* || se posto all'inizio di frase, la negazione può essere raddoppiata da agg. indef.: *io non so nulla, non è venuto nessuno* (ma se questi precedono il verbo, *non* va omesso: *nessuno è venuto*) || con uso pleonastico: *cosa non farebbe per quella donna!, per poco non ci ha rimesso la pelle* || nell'imperativo negativo: *vai via e non farti più vedere!* || nelle interrogative retoriche: *che non può una volontà ferrea?, non crederai sul serio a ciò che dice?* || in litote: *non male,* piuttosto bene; *non poco,* assai; *non indifferente,* notevole; *non chiaro,* piuttosto oscuro || in loc. cong.: *non di meno, non pertanto, se non che* (v. la grafia unita).

nòna [da *nono*; a. 1292 nel senso 2] **sf. 1.** per ellissi di un *sf.* designa qualcosa che occupa il nono posto in una serie, gerarchia e sim. || *in part.* una delle ore dell'Ufficio divino, recitata verso le 15: *cantar la nona*; *per estens.* da: **2.** *T.stor.* nell'antica Roma, l'ora del giorno corrispondente alle 15 **3.** *T.mus.* intervallo musicale che abbraccia nove gradi della scala diatonica.

nonagenàrio (pl. *-ri*) [dal lat. tardo *nonagenārius,* da *nonagēni,* in numero di novanta; 1573] **I agg.** di novant'anni **II sm.** (f. *-a*) persona che ha raggiunto i novant'anni.

nonagèṣimo [dal lat. *nonagēsimus*; sec. XIV] **agg.** *lett.* novantesimo.

non allineaménto [comp. di *non* e *allineamento*; 1961] **loc. m.** *T.pol.* condizione di neutralità politica rispetto ai blocchi politico-militari occidentale e orientale.

non allineàto [comp. di *non* e *allineato*; 1961] **loc. agg.** e **loc. m.** (f. *-a*) *T.pol.* detto di paese che ha assunto una posizione di non allineamento: *si è aperta la conferenza dei non allineati.*

non belligerànza [comp. di *non* e *belligeranza*; 1939] **loc. f.** nel diritto internazionale, condizione di un paese che, pur non essendosi dichiarato neutrale, si impegna a non entrare in stato di guerra.

nonché [comp. di *non* e *che*; 1308 *non che*] ***cong.*** *com.* e anche, e inoltre: *c'era lui nonché sua moglie.*

nonconformìsta (o *non conformista*) [dall'ingl. *non conformist*; a. 1712] ***agg.*** e ***s.*** **1.** anticonformista **2.** *T.rel.* appartenente ad una setta protestante minoritaria; *in part.* nei sec. XVII-XVIII, ad una setta inglese dissidente dalla chiesa anglicana.

non credènte [comp. di *non* e *credente*; 1974] ***loc. s.*** chi rifiuta consapevolmente ogni tipo di religione || **N.** *Sin.* ateo.

noncurànte [comp. di *non* e *curante*; 1353 *non curante*] ***agg.*** che non si preoccupa di considerare le cose in rapporto alla loro obiettiva importanza: *noncurante dei suoi impegni lavorativi* || **N.** *Sin.* incurante, indifferente.

noncurànza [da *noncurante*; a. 1604] ***sf.*** qualità di chi è noncurante: *ostenta una noncuranza insopportabile* || **N.** disinteresse, disprezzo, incuria, indifferenza, negligenza, trascuranza | disinteressarsi, infischiarsi, non importare, non dar retta, passarci sopra, trascurare.

nondimànco o **non di mànco** [comp. di *non*, *di* e *manco*; a. 1363] ***cong.*** non di meno.

nondiméno o **non di méno** [comp. di *non*, *di* e *meno*; a. 1311] ***cong.*** *coordinante* pure, tuttavia; sovente in correlazione con una subordinante concessiva: *quantunque la situazione non sia rosea, nondimeno continueremo a sperare.*

nòne [dal lat. *nōnae* pl.; sec. XIV] ***sf. pl.*** *T.stor.* nel calendario romano, il nono giorno prima delle idi (perciò le none cadevano in alcuni mesi il 5 e negli altri il 7 del mese).

non èssere [comp. di *non* e *essere*; a. 1817] ***loc. m. inv.*** *T.fil.* ciò che non esiste || nella filosofia hegeliana, la determinazione che si contrappone all'essere.

non fumatóre [comp. di *non* e *fumatore*; 1975] ***loc. m.*** (f. *-trice*) persona che non fuma: *compartimento per non fumatori, il numero dei non fumatori è in aumento.*

non io [comp. di *non* e *io*; 1845] ***loc. m. inv.*** *T.fil.* spec. nella filosofia idealistica ciò che è altro dall'io, inteso come soggetto pensante; il mondo degli oggetti.

nònio (pl. *-ni*) [dal n. proprio latinizzato di Pedro *Nuñez*, dotto portoghese; 1780] ***sm.*** regolo graduato che scorre lungo un altro regolo consentendo di misurare frazioni delle divisioni del regolo principale || **N.** verniero. **TAV.** *geografia* 2.5; ***astronomia* p. 656** 9.3; ***meteorologia* p. 1321** 3.2; ***utensili* p. 1341** 19.2.

nònna [lat. tardo *nonna*, nutrice, balia; a. 1535] ***sf.*** la madre della madre o del padre: *nonna materna, paterna* || davanti a nome proprio si usa solitamente senza articolo: *nonna Lucia*; col possessivo può o no avere l'articolo determinativo: *mia nonna, la mia nonna* || *dim.* nonnìna, nonnétta, nonnùccia || **N.** bisnonna, trisavola.

nonnìsmo [da *nonno*, soldato anziano; 1986] ***sm.*** *gerg.* nella vita militare, condizione di privilegio e atteggiamento di prepotenza del soldato anziano nei confronti delle reclute.

nònno [lat. tardo *nonnus*, balio; a. 1528] ***sm.*** **1.** il padre del padre o della madre || *fam. pl.* antenati, maggiori: *i nostri nonni* || si dice con cortese familiarità a un vecchio incontrato per strada: *come va, nonno?* **2.** nel gergo di caserma, il commilitone con più anzianità di leva, che per consuetudine gode di determinati privilegi rispetto ai più giovani || *dim.* nonnìno, nonnétto || **N.** avo, bisnonno | nipote, abiatico.

nonnòtto [da *nonno*; 1958] ***sm.*** tarabusino.

nonnùlla [lat. *nonnūlla*, alcune cose; sec. XIV] ***sm. inv.*** cosa minima, da nulla: *tanto chiasso per un nonnulla* || **N.** inezia, MINUZIA.

nòno [dal lat. *nōnus*; sec. XIII] **I** ***agg. num. ord.*** di 9: *Pio nono*; *il nono secolo*, il periodo dal 801 al 900 (d.C.), o dal 900 all'801 (a.C.) || uno su nove, quasi solo nell'espressione *la nona parte* **II** *num. fraz.* la nona parte: *i cinque noni.*

nonostànte (meno com. *non ostànte*) [comp. di *non* e *ostante*, ppr. di *ostare*; inizio sec. XIV] **I** ***prep.*** malgrado; senza preoccuparsi di: *nonostante le opposizioni ha voluto partire*; *nonostante la pioggia* **II** ***cong.*** *nonostante* o *nonostante che* (col congiuntivo) sebbene, quantunque: *nonostante (che) sia estate fa piuttosto freddo.*

nonpertànto o **non per tànto** [comp. di *non* e *pertanto*; fine sec. XIII] ***cong.*** *coordinante lett.* pure, tuttavia, nondimeno.

non plus ultra (lat., pr. it. [nɔm plus 'ultra]) (anche nella forma unita *nonplusùltra*) [letter. non più oltre, loc. del lat. umanistico] ***loc. m. inv.*** il sommo, il massimo grado: *il non plus ultra della precisione*; anche *iron.*: *è il nonplusultra dell'ignoranza.*

non professionàle [comp. di *non* e *professionale*; 1980] ***loc. agg.*** detto di attività svolta da dilettanti: *cinema non professionale.*

non proliferazióne [comp. di *non* e *proliferazione*, sul modello dell'ingl. *non-proliferation*; 1966] ***loc. f.*** in politica internazionale, tendenza a limitare la produzione e la diffusione di armamenti: *trattato di non proliferazione nucleare.*

nonsènso o **non sènso** [formato sull'ingl. *non-sense*; 1754] ***sm.*** **1.** cosa contraria alla logica o al buon senso, assurdità, sciocchezza **2.** *T.biol. tripletta non senso*, v. TRIPLETTA.

non so ché (non com. *nonsoché*) [1353] **I** ***loc. agg. inv.*** non ben definibile, inesprimibile: *abbiamo provato non so che gioia a risentire la sua voce* **II** ***loc. m. inv.*** *un, quel (certo) non so che*, quel qualcosa di strano che difficilmente si riesce a definire: *ha quel non so che di esotico che affascina.*

non stop (ingl., pr. [ˌnɒn 'stɒp]) [letter. senza interruzione; 1959] ***loc. agg. inv.*** senza sosta, ininterrotto: *programma di musica non stop*; *volo non stop*, volo senza scali intermedi.

non tessùto [comp. di *non* e *tessuto*; 1978] ***loc. m.*** materiale tessile prodotto con sistemi diversi dalla tessitura (per es. mediante feltratura).

nontiscordardimé [formato prob. sul modello del ted. *Vergissmeinnicht*; 1875 *non ti scordar di me*] ***sm. inv.*** miosotide.

non udènte [comp. di *non* e *udente*; 1987] ***loc. s.*** *eufem.* persona cui manca il senso dell'udito, sordo: *film con sottotitoli per non udenti.*

nònuplo [da *nono*, formato sul modello di *quadruplo*; 1499 *nonoplo*] ***agg.*** *non com.* che è nove volte maggiore; anche *sm.*: *il nonuplo.*

non vedènte [comp. di *non* e *vedente*; 1980] ***loc. s.*** *eufem.* persona che non vede, cieco.

non violènto [comp. di *non* e *violento*; 1965] **I** ***loc. agg.*** relativo alla non violenza, proprio della non violenza: atteggiamento non violento; che si ispira alla non violenza: *movimento non violento* **II** ***loc. m.*** (f. *-a*) chi si ispira alla non violenza e si comporta di conseguenza.

non violènza o **nonviolènza** [comp. di *non* e *violenza*; 1930] ***loc. f.*** atteggiamento di chi rifiuta di ricorrere alla violenza per risolvere conflitti, spec. politici e sociali.

noologìa [comp. del gr. *nóos*, intelletto e *-logia*; 1933] ***sf.*** *T.fil.* dottrina relativa all'attività dello spirito e dell'intelletto.

noològico (pl. *-ci*) [da *noologia*, sul modello del ted. *noologisch*; 1862] ***agg.*** *T.fil.* di tutto ciò che si riferisce al pensiero, alla ragione.

norcino [dal n. geogr. *Norcia*, città dell'Umbria; 1585 *Norsini* pl.] ***sm.*** *region.* **1.** chi castra il maiale o è specializzato nella lavorazione delle sue carni; rivenditore di carni suine **2.** *fig. spreg.* cattivo chirurgo.

nòrd [dall'ingl. ant. *north*, attr. lo sp. *norte* e il fr. *nord*; 1534 *nort*] **I** ***sm.*** *inv.* **1.** *T.geogr.* uno dei quattro punti cardinali che, nell'emisfero boreale, è indicato dalla direzione della Stella Polare: *una finestra esposta a nord, popolazioni giunte da nord* **2.** *per estens.* (con iniziale maiuscola) regione posta a nord: *il Nord del Brasile* **II** ***agg.*** *inv.* (sempre posposto) che sta a nord; *settore nord* || **N.** I **1.** mezzanotte, settentrione, tramontana | aquilone, borea | artico.

nordafricàno [comp. di *nord* e *africano*; 1967] **I** ***agg.*** dell'Africa del Nord: *deserti nordafricani* **II** ***sm.*** (f. *-a*) abitante, nativo dell'Africa del Nord.

nordamericàno [comp. di *nord* e *americano*, come l'ingl. *North American*; 1842] **I** ***agg.*** dell'America settentrionale o, *per restr.*, degli Stati Uniti d'America: *un petroliere nordamericano* **II** ***sm.*** **1.** (f. *-a*) abitante od originario dell'America settentrionale **2.** (solo *sing.*) gruppo di lingue del Nord America. **Q.T.** *lingue...*

nordatlàntico (pl. *-ci*) [comp. di *nord* e *atlantico*; 1969] ***agg.*** relativo all'Oceano Atlantico settentrionale; proprio dell'Atlantico settentrionale: *isole nordatlantiche.*

nordeuropèo [comp. di *nord* e *europeo*; 1958] **I** ***agg.*** dell'Europa settentrionale: *stati nordeuropei* **II** ***sm.*** (f. *-a*) *raro* abitante, nativo dell'Europa del Nord.

nòrdico (pl. *-ci*) [da *nord*; 1575] **I** ***agg.*** del nord: *regioni nordiche* || caratteristico dei nordici: *temperamento nordico* **II** ***sm.*** (f. *-a*) abitante delle regioni del nord; *in part.* rif. alle regioni dell'Europa del nord || **N.** I *Sin.* settentrionale; aquilone, artico, boreale, iperboreo.

nordista [da *nord*; 1950] **I** ***s.*** **1.** durante la guerra di secessione americana, chi combatteva per il Nord o parteggiava per gli Stati del Nord **2.** *non com.* di chi vive nella parte settentrionale di uno stato diviso in due || chi è fautore della separazione delle regioni italiane settentrionali dal resto dell'Italia **II** ***agg.*** appartenente agli stati del Nord, con riferimento alla guerra di secessione americana: *la cavalleria nordista.*

nord-òvest [comp. di *nord* e *ovest*; 1504 *nordodeste*] ***sm.*** **1.** *T.geogr.* punto dell'orizzonte e della rosa dei venti equidistante da nord e da ovest **2.** sorta di impermeabile da marinaio con cappello a larga tesa.

nòria [dall'ar. *nā'ūra*, attr. lo sp. *noria*; sec. XVIII] ***sf.*** macchina per innalzare l'acqua, composta di una serie di recipienti attaccati gli uni agli altri in catena continua, che il moto di una ruota estrae l'uno dopo l'altro pieni da un serbatoio d'acqua per riportarveli poi vuoti; bindolo.

nòrico (pl. *-ci*) [dal lat. *noricus*; 1958] ***agg.*** *razza norica*: razza di cavalli pesanti e docili, adatti a lavori agricoli, originaria di Pinzgau, valle austriaca nei pressi di Salisburgo, e diffusa anche nel Tirolo, in Carinzia e in Stiria.

nòrma [dal lat. *norma*, squadra; a. 1294] ***sf.*** **1.** imperativo, regola che dev'essere osservata: *norme di comportamento, norme morali* || *in part.* *T.giur.* ciascuno degli enunciati prescrittivi che compongono un ordinamento giuridico || *a norma di*, conformemente a, in obbedienza a: *a norma di legge* **2.** consuetudine, regolarità: *di norma*, usualmente; *fuori della norma*, atipico, eccezionale || *in part.* *T.stat.* valore più frequente, moda || **N.** **1.** *Sin.* canone, direttiva, legge, ordine, precetto; REGOLA. **Q.T.** *diritto, sociologia.*

normàle [dal lat. *normālis*; a. 1683 come sf.] ***agg.*** **1.** conforme alla norma (nel senso 2), regolare, consueto: *appetito normale, normale stipendio, pulsazioni normali* || spec. in contrapposizione a *pazzo, pervertito, deviante* e sim., sano di mente e di comportamento; anche *s.*

2. *scuola normale,* prima della riforma Gentile, l'attuale istituto magistrale; sopravvive nella denominazione della *Scuola normale superiore* di Pisa, istituto a carattere universitario **3.** *T.geom.* perpendicolare: *retta normale al piano;* anche *sf.*: *la normale a una linea* o *superficie curva, in un dato punto,* la perpendicolare alla tangente della curva in quel punto **4.** *T.chim.* *soluzione normale,* contenente un grammo equivalente di soluto in un litro di solvente ‖ **normalménte** *avv.* **1.** (con valore frasale) solitamente, di regola: *normalmente chiudiamo di lunedì* **2.** nel modo consueto, come se niente fosse: *comportati normalmente; fa' finta di non averlo visto!* **3.** perpendicolarmente ‖ **N.** **1.** *Sin.* naturale, ordinario, regolare, solito, usuale | *Contr.* anormale; straordinario.

normalista [da (*scuola*) *normale*; a. 1907] **s.** studente di scuola normale ed in particolare studente della Scuola normale superiore di Pisa.

normalità [da *normale,* come il fr. *normalité*; 1869] **sf.** condizione di ciò che è normale: *tutto è tornato alla normalità.*

normalizzàre [dal fr. *normaliser*; 1927] **tr.** **1.** far tornare allo stato normale ‖ *in part.* *T.pol.* *eufem.* riportare all'ordine, spec. con mezzi repressivi: *normalizzare la situazione, la capitale è stata normalizzata* **2.** in campo industriale, conformare a uno standard: *normalizzare il formato di un prodotto* ‖ **intr. pron.** tornare a uno stato di normalità: *il flusso si è normalizzato.*

normalizzazióne [dal fr. *normalisation*; a. 1926] **sf.** atto ed effetto del normalizzare.

normànno [comp. del germ. *north,* nord e *man,* uomo; 1310 *normando*] **I agg.** **1.** della Normandia ‖ *T.zool.* nome di varie razze da allevamento: *bovini, suini normanni* **2.** appartenente o relativo al popolo dei Normanni: *invasioni normanne* ‖ *per estens.* scandinavo **II sm.** **1.** (f. *-a*) chi apparteneva al popolo normanno **2.** lingua dei Normanni **3.** carattere tipografico con asta piena e forte chiaroscuro usato per titolazioni e sim.

normatìva [da *normativo*; 1937] **sf.** l'insieme delle norme relative ad un campo specifico: *la normativa sanitaria.*

normatività [da *normativo*; 1965] **sf.** *non com.* carattere di ciò che è normativo.

normatìvo [dal fr. *normatif*; a. 1904] **agg.** prescrittivo, che esprime una norma: *giudizio normativo; grammatica normativa,* che stabilisce le regole di una lingua e le pone come norme da rispettare per un uso linguistico corretto ‖ **normativaménte** *avv.* ‖ **N.** *Contr.* descrittivo.

normazióne [da *norma*; 1973] **sf.** **1.** atto del normare **2.** lo stabilire norme e requisiti dei prodotti industriali per regolamentarne la produzione a livello nazionale o internazionale.

nòrmo- [da *norm(ale)*] **primo elem.** che, in parole composte della terminologia tecnica e scientifica e, in part., di quella medica, vale "normale" (per es. *normoteso*).

normògrafo [comp. di *norm(ale)* e *-grafo*; 1954] **sm.** *T.tecn.* striscia di plastica sulla quale sono intagliate lettere o altri simboli grafici, utilizzata per scrivere con caratteri uniformi. **TAV.** *disegno* 14.

normotéso [comp. di *normo-* e *teso,* sul modello di *iperteso*; 1958] **agg.** e **sm.** (f. *-a*) *T.med.* che, chi presenta una pressione arteriosa normale.

normotìpo [comp. di *norm(ale)* e *tipo*; 1954] **sm.** *T.med.* individuo di costituzione regolare ‖ **N.** longitipo, brachitipo.

nòrna [voce nordica di etim. inc.; 1939] **sf.** ciascuna delle divinità femminili della mitologia scandinava che stabilivano il destino di ogni individuo al momento della nascita ‖ **N.** parche.

norrèno [dal nordico *norrön,* del nord; 1954] **agg.** relativo alla lingua e alla letteratura norvegesi medievali; proprio di tali lingue e letterature.

norvegése [dal n. geogr. *Norvegia*; 1860 come sm.] **I agg.** della Norvegia **II s.** **1.** abitante od originario della Norvegia **2.** *sm.* (solo *sing.*) lingua della Norvegia.

nòsco [dal lat. *nobiscum*] **pron.** *arc.* con noi ‖ **N.** meco.

nòso- [dal gr. *nósos,* malattia] **primo elem.** che, in parole composte dotte e della terminologia medica, vale "malattia": **nosofobia**.

nosocomiàle [da *nosocomio*; 1828] **agg.** proprio di nosocomio, relativo a nosocomio: *malattia nosocomiale,* malattia contratta stando in ospedale.

nosocòmio (pl. *-mi*) [dal lat. tardo *nosocomium,* gr. *nosokoméion*; 1582] **sm.** ospedale ‖ **N.** OSPEDALE.

nosografìa [comp. di *noso-* e *-grafia,* come il fr. *nosographie*; 1821] **sf.** *T.med.* descrizione delle varie malattie.

nosogràfico (pl. *-ci*) [da *nosografia*; 1834] **agg.** *T.med.* che si riferisce a nosografia.

nosologìa [comp. di *noso-* e *-logia,* come il fr. *nosologie*; 1754] **sf.** *T.med.* studio descrittivo delle malattie.

nosològico (pl. *-ci*) [da *nosologia*; 1754] **agg.** *T.med.* che si riferisce a nosologia.

nossignóre [comp. di *no* e *signore*; 1842 *no signore*] **avv.** accentuazione enfatica della risposta negativa, in senso ironico o con intenzioni di cortese rifiuto: *nossignore, non sei riuscito a convincermi.*

nostalgìa (pl. *-gìe*) [comp. del gr. *nóstos,* ritorno e *álgos,* dolore; a. 1764] **sf.** desiderio cocente di rivedere persone o luoghi lontani, o di rivivere tempi passati: *provare, sentire nostalgia degli amici, del paese natio, dei tempi del liceo.*

nostàlgico (pl. *-ci*) [da *nostalgia*; 1834] **agg.** relativo a, determinato da nostalgia: *rimpianto nostalgico* ‖ che ha nostalgia: *persona nostalgica*; anche *sm.*: *i nostalgici del passato*; *per anton.* *un nostalgico,* uno che rimpiange il regime fascista ‖ **nostalgicaménte** *avv.*

nòstoc [etim. inc.; 1813] **sm.** *T.bot.* alga azzurra che vive in acqua e su terreni umidi formando colonie gelatinose ‖ **N.** *Sin.* spuma di primavera.

nostràle [da *nostro*; a. 1320] **agg.** nostrano.

nostràno [da *nostro*; a. 1303] **agg.** del nostro paese ‖ *per estens.* genuino, fatto in casa: *salame nostrano* ‖ *alla nostrana,* alla buona, in modo familiare ‖ **N.** *Sin.* nostrale; paesano, casereccio.

nòstro [lat. *noster*; fine sec. XII] **agg.** e **pron.** *poss.* (normalmente preposto al nome; posposto è più enfatico) di noi; esprime il possesso (*i nostri risparmi, le nostre valigie*) o rapporto di parentela o amicizia ecc. (*i nostri genitori, i nostri compagni di scuola*) ‖ che ci compete, che ci è proprio: *i nostri diritti e doveri, le nostre aspirazioni, la nostra natura* ‖ che ci è abituale, in cui solitamente stiamo o dove ci rechiamo: *la nostra passeggiata domenicale, il nostro dentista, la nostra patria* ‖ rif. ad azioni può indicare il soggetto o l'oggetto dell'azione: *la nostra rinuncia, la nostra condanna* (ambiguo fra "noi condanniamo" e "noi siamo condannati"), *la nostra rovina* ‖ caro, da noi diletto: *che ne dice il nostro Luigi?* ‖ in espr. ellittiche: *dalla nostra,* dalla nostra parte, a nostro favore: *abbiamo il giudice dalla nostra* ‖ *i nostri,* i nostri familiari, amici, i nostri alleati: *non sei più dei nostri; essere dei nostri,* anche essere in nostra compagnia, fra noi; *arrivano i nostri,* formula per indicare il tradizionale scioglimento di una situazione disperata con l'arrivo dei rinforzi (rif. a quanto avviene in certi film *western*) ‖ *lett.* *il nostro,* il nostro autore, l'autore di cui si sta parlando, ma soltanto al maschile: *dice il nostro che le più sincere testimonianze* ecc. ‖ usato come pron. vuole sempre l'art.: *le vostre ragioni e le nostre.*

nostròmo [dallo sp. *nostramo,* sottufficiale di bordo; 1614] **sm.** *T.mar.* chi, in una nave mercantile o da guerra, presiede all'equipaggio e ne dirige le manovre. **Q.T.** *nautica...*

nòta [dal lat. *nota*; sec. XIII] **sf.** **1.** breve scritto redatto per fissare impressioni, giudizi, informazioni ecc.: *prendere nota di quello che uno dice, blocco per note; degno di nota,* considerevole, rilevante **2.** osservazione, appunto circa la condotta o il rendimento e l'efficienza di determinate persone in un ufficio, industria, scuola e sim.: *questo impiegato ha delle eccellenti note, scrivere una nota sul registro* **3.** catalogo, elenco: *la nota delle spese, la nota degli invitati* ‖ *ass.* la specificazione e l'ammontare delle spese: *il sarto mi ha mandato la nota* **4.** *T.comm.* denominazione di scritture e documenti vari: *nota di addebito, di accredito,* comunicazione delle rettifiche da segnare a debito o a credito di una delle parti contraenti di un contratto; *nota di vendita,* fattura commerciale; *nota di copertura,* documento rilasciato dall'assicuratore a prova dell'avvenuto contratto di assicurazione ‖ *prima nota,* annotazione provvisoria di un'operazione commerciale da trascriversi sul libro mastro; anche il libro usato per tali annotazioni **5.** commento, spiegazione o integrazione di un testo: *nota introduttiva, esplicativa, un'edizione della Divina Commedia ricchissima di note* **6.** *T.mus.* segno grafico convenzionale che, opportunamente disposto sul pentagramma, indica la durata e l'altezza di un determinato suono: *scrivere le note sul rigo; nota di passaggio,* V. PASSAGGIO; *nota di volta,* V. VOLTA[2]; *nota reale,* V. REALE[1]; *nota tenuta,* V. TENUTO ‖ *per estens.* il suono che rappresenta: *una nota calante; mettere in nota,* musicare ‖ *fig.* *dire a chiare note,* parlare chiaro e tondo ‖ *una nota d'allegria, di colore,* un particolare che vivacizza, che rallegra ‖ *le dolenti note* (in riferimento a un celebre verso dantesco), l'aspetto sgradevole di una faccenda **7.** *T.fil.* *ant.* tratto definitivo di un concetto ‖ *dim.* notìna, noticìna, noterèlla ‖ **N.** **1.** *Sin.* annotazione, appunto, promemoria **3.** lista, tabella; parcella, conto. **Q.T.** *musica.*

nòta bène o **notabène** [comp. di *not(are)* e *bene*; 1818] **sm.** *inv.* indicazione che si premette per richiamo a un'avvertenza o un chiarimento (abbreviato N.B.).

notàbile [dal lat. *notābilis*; 1313] **I s.** persona ragguardevole e influente: *vi erano tutti i notabili del luogo* **II agg.** degno di nota: *indice delle cose notabili,* indice analitico ‖ **notabilménte** *avv.* ‖ **N.** I *Sin.* maggiorente, ottimate, personaggio, personalità.

notabilità [da *notabile*; 1745] **sf.** l'esser notabile: *la notabilità delle persone intervenute* ‖ **N.** *Sin.* ragguardevolezza, cospicuità, autorità, prestigio, IMPORTANZA.

Notacàntidi (sing. *-e*) [comp. di *notacanto* e *-idi*; 1932] **sm.** *pl.* *T.zool.* famiglia di pesci ossei marini dal corpo allungato fornito di una pinna dorsale spinosa.

notacànto [comp. del gr. *nóton,* dorso e *ákantha,* spina; 1834] **sm.** *T.zool.* pesce marino della famiglia dei Notacantidi.

notàio (pl. *-ài*) (ant. *notàro*) [lat. *notārius,* stenografo, segretario; a. 1250 *notaro*] **sm.** pubblico ufficiale che stende atti e scritture di rilievo giuridico, li autentica, li tiene in deposito, ne rilascia copie.

notalgìa (pl. *-gìe*) [comp. di *noto-* e *-algia*; 1834] **sf.** *T.med.* dolore localizzato alla schiena, mal di schiena.

notàre (pres. *nòto*) [dal lat. *notāre*; 1314 nel

senso 2] ***tr.*** **1.** considerare, osservare: *nota bene quel ch'egli farà* || sottolineare, evidenziare: *è necessario notare che in questo film non recitano attori professionisti* || rilevare, accorgersi di: *l'orlo è un po' scucito ma non si nota* **2.** annotare: *notare le spese sul taccuino* || **N. 1.** *Sin.* GUARDARE; avvertire, vedere, riscontrare, scorgere **2.** *Sin.* registrare, trascrivere, elencare.

notarésco (pl. *-schi*) [da *notaro*; a. 1609] ***agg.*** *spreg.* di o da notaio.

notariàto [da *nota(r)io*; 1550] ***sm.*** funzione, ufficio del notaio.

notarile [da *notaro*; 1772] ***agg.*** **1.** di o da notaio: *atto, studio notarile* **2.** di formato di carta delle dimensioni 28 × 34 cm; *doppio notarile, quadruplo notarile*, di formato di dimensioni, rispettivamente, 39 × 57 e 57 × 78 cm.

notàro v. NOTAIO.

notatóre [da *notare*; a. 1722] ***sm.*** (f. *-trìce*) *non com.* chi o che nota.

notazióne [dal lat. *notātio, -ōnis*; a. 1306 *notasone*] ***sf.*** **1.** atto ed effetto del notare (nel senso 2): *la notazione delle pagine*, la numerazione progressiva **2.** insieme di segni impiegati in uno specifico ambito || *in part. T.mus.* sistema di scrittura musicale: *notazione antica, neumatica*; *notazione alfabetica*, adattata nei paesi anglosassoni e tedeschi, in cui le note sono denominate con lettere dell'alfabeto || **N.** nota. **Q.T.** *musica* **TAV.** ***musica*** **p. 1324** 1.

nòtes [dal fr. *notes*, note; 1905] ***sm.*** *inv.* taccuino, blocco per appunti.

notévole [da *notare*; 1308] ***agg.*** degno di nota, considerevole: *una notevole prestazione* || rilevante, cospicuo: *un prestito notevole* || **notevolménte** ***avv.*** || **N.** *Sin.* ragguardevole.

notidàmo [comp. di *noto-* e gr. *idanós*, bello; 1958] ***sm.*** squalo dal corpo affusolato fornito di branchie a forma di fessura.

notìfica [da *notificare*; 1804] ***sf.*** *T.bur.* notificazione.

notificàndo [dal lat. *notificandus*, gerundivo di *notificāre*, notificare; 1958] ***sm.*** (f. *-a*) *T.bur.* persona a cui deve essere fatta una notificazione.

notificàre (pres. *-ìfico, -ìfichi*) [dal lat. *notificāre*; 1294] ***tr.*** *T.giur.* e *T.bur.* rif. a decreto giudicante o atto amministrativo, render noto alla parte interessata || **N.** COMUNICARE | notificazione.

notificatóre [da *notificare*; sec. XIV] ***agg.*** e ***sm.*** (f. *-trìce*) *non com.* che o chi notifica.

notificazióne [da *notificare*; 1356 *notificagione*] ***sf.*** *T.bur.* **1.** iter burocratico seguito per notificare: *procedere alla notificazione* **2.** la comunicazione che viene notificata: *ricevere una notificazione* || **N. 2.** notifica, intimazione, avviso, invito, chiamata, ingiunzione.

notìna (*dim.* di *nota*) [1869] ***sf.*** *T.mus.* nella notazione, nota di dimensioni più piccole impiegata per indicare abbellimenti o figurazioni aggiuntive.

notìsta [da *nota*; 1970] ***s.*** redattore di note, spec. politiche, su giornali o riviste.

notìzia [dal lat. *notitia*; 1319] ***sf.*** **1.** annuncio di un avvenimento, un fatto, gen. attuale e di qualche interesse: *dare, diffondere una notizia, buone, cattive notizie, leggere, ascoltare le ultime notizie*; *fare notizia*, essere tale da suscitare l'interesse generale: *un matrimonio che farà notizia* || ragguaglio: *fammi avere tue notizie* || informazione, delucidazione: *alcune notizie bibliografiche* **2.** *lett.* conoscenza: *portare un fatto a notizia di qualcuno* || *dim.* notiziétta, notiziuòla; *pegg.* notiziàccia || **N. 1.** *Sin.* aggiornamento, avviso, cenno, cognizione, comunicato, contezza, indicazione, novella, novità, nozione, nuova, partecipazione, relazione | buona, cattiva, certa, di prima mano, esatta, fresca, grave, importante, incerta, infondata, piacevole, precisa, recente, spiacevole, stantia, terribile | annunziare, apprendere, aspettare, assumere, attendere, attingere, chiedere, circolare, correre, comunicare, confermare, congetturare, divulgare, diffondere, domandare, giungere, informare, partecipare, pervenire, pescare, propalare, preannunziare, raccogliere, riferire, spargere, trapelare, trasmettere | *canard, reporter*, informatore, fonte, *scoop*. **Q.T.** *giornale*.

notiziàrio (pl. *-ri*) [da *notizia*; 1908] ***sm.*** **1.** quella parte del giornale, rivista, trasmissione televisiva o radiofonica dove si danno notizie di cronaca spicciola: *notiziario cittadino* **2.** il complesso delle notizie pubblicate su un giornale o su un periodico: *notiziario molto ampio, notiziario bibliografico*.

nòto[1] [dal lat. *nōtus*; 1313] **I *agg.*** conosciuto: *un viso noto, un noto pregiudicato, un medicinale noto fin dall'antichità* || *è noto che*, è risaputo che **II *sm.*** ciò che si conosce: *procedere dal noto all'ignoto* || **N.** I *Sin.* conosciuto, di dominio pubblico, manifesto, notorio, palese, risaputo, saputo, trito e ritrito | *Contr.* ignoto.

nòto[2] [dal lat. *Notus*; a. 1292] ***sm.*** vento del sud, austro.

nòto- [dal gr. *nôton*, dorso] ***primo elem.*** che, in parole composte della terminologia scientifica, vale "dorso, regione dorsale" (per es. *notalgia, notocorda*).

notocòrda [comp. del gr. *nôton*, dorso, e *corda*; 1875] ***sf.*** *T.zool.* organo costituito da un cordone di cellule, che si sviluppa come un'asta cilindrica nella linea mediana longitudinale del corpo animale; intorno ad essa si forma la colonna vertebrale || **N.** *Sin.* corda dorsale.

Notocordàti [da *notocorda*; 1958] ***sm.*** *pl.* lo stesso che *Vertebrati*.

Notodòntidi (sing. *-e*) [comp. di *noto-*, *-odonto* e *-idi*; 1924] ***sm.*** *pl. T.zool.* famiglia di insetti Lepidotteri, tra cui alcune farfalle notturne dal corpo tozzo e peloso.

notomìa [var. di *anatomia*; a. 1455] ***sf.*** *arc.* anatomia.

notomìsta [da *notomia*; a. 1519] ***s.*** *arc.* anatomista.

notonètta [dal lat. scient. *notonecta*; 1840] ***sf.*** *T.zool.* insetto predatore degli Emitteri che vive alla superficie degli stagni.

notorietà [da *notorio*, come il fr. *notoriété*; 1640] ***sf.*** **1.** la condizione di chi o di ciò che è ben noto; fama, celebrità, spec. non grandissima e limitata ad un ambiente: *un individuo giunto improvvisamene alla notorietà, godere di una certa notorietà* **2.** *T.giur. atto di notorietà*, documento redatto da un pubblico ufficiale autorizzato, che attesta e comprova un determinato fatto.

notòrio (pl. *-ri*) [dal lat. *notōrius*; a. 1342] ***agg.*** **1.** che è noto pubblicamente: *un fatto notorio* **2.** *T.giur. atto notorio*, atto di notorietà || **notoriaménte** ***avv.*** in modo notorio; (anche frasale) come tutti sanno: *i tedeschi sono notoriamente forti bevitori di birra* || **N. 1.** pubblico, NOTO.

notóso [da *nota*, prima metà sec. XIV] ***agg.*** *arc.* macchiato.

Notòstraci (sing. *-co*) [comp. di *noto-* e gr. *óstrakon*, conchiglia; 1930] ***sm.*** *pl. T.zool.* ordine di Crostacei caratterizzati da carapace a scudo.

nottambulismo [da *nottambulo*; 1842] ***sm.*** l'abitudine di essere nottambulo.

nottàmbulo [dal fr. *noctambule*; 1691] ***agg.*** e ***sm.*** (f. *-a*) **1.** che o chi ama stare sveglio fino a notte inoltrata, spec. a scopo di svago **2.** *ant.* sonnambulo.

nottànte [da *notte*; 1923] ***s.*** *non com.* persona che va a pagamento ad assistere malati durante la notte.

nottàta [da *notte*; a. 1556] ***sf.*** l'intero spazio di una notte: *d'inverno le nottate sono lunghe* || *fare nottata*, vegliare tutta la notte per motivi di lavoro, di studio e sim. || *pegg.* nottatàccia.

nòtte [lat. *nox, noctis*; fine sec. XIII] ***sf.*** intervallo di tempo tra il tramonto e l'alba: *una notte stellata*; *notte fonda, nel cuore della notte*, a notte avanzata || *a notte, di notte*, durante la notte || *da notte*, che si usa di notte: *camicia da notte* || *sul far della notte*, quando cala; *a notte fatta*, quando la notte è pienamente calata || *giorno e notte*, continuamente: *studiar giorno e notte* || *fare di notte giorno*, stare in piedi tutta la notte || *ci corre quanto dal giorno alla notte*, c'è una differenza abissale || *peggio che andar di notte*, sempre peggio || *buona notte*, augurio a chi va a letto; *fam.* esclamazione per significare che una cosa sta per andare in rovina; anche come formula conclusiva: *l'ho cacciato via e buona notte* || *fig. la notte dei tempi*, un passato remotissimo da cui non ci è giunta nessuna notizia sicura: *l'origine di questa usanza si perde nella notte dei tempi* || *eufem. la notte eterna*, la morte || *notte bianca* o *in bianco*, notte passata vegliando || come figura di oscurità profonda, ottenebramento: *la notte del Medioevo, del peccato*; *nero come la notte*, nerissimo || **N.** nottata, sera | alta, buia, chiara, cupa, dolce, fitta, illune, inoltrata, limpida, nera, serena, stellata, tenebrosa, tetra, umida | abbuiarsi, annottare, calare, imbrunire, pernottare, scurire, vegliare | mezzanotte, stanotte, nottetempo | equinozio, crepuscolo | notturno | nottambulo | insonnia.

nottetèmpo [comp. di *notte* e *tempo*; a. 1292] ***avv.*** durante la notte; anche *di nottetempo*.

nottilùca (o *noctilùca*) [dal lat. scient. *noctilūca*; 1834] ***sf.*** protozoo marino, dal corpo globoso provvisto di flagello, che vive in colonie; ad esso si deve la fosforescenza notturna del mare.

nottilucènte [comp. di *notte* e *lucente*; a. 1729] ***agg.*** *T.meteor. nube nottilucente*, nube che, durante i crepuscoli e le notti dei giorni estivi, riflette la luce divenendo fosforescente. **TAV.** ***meteorologia*** **p. 1321** 1.6.

nottìvago (pl. *-ghi*) [dal lat. *noctivagus*; 1499 *noctivago*] ***agg.*** *lett.* che gira di notte, nottambulo.

nòttola [lat. tardo *noctula*; a. 1336 nel senso 2] ***sf.*** **1.** pipistrello dal largo muso e discreta apertura alare (40 cm) che si nutre di insetti nei boschi e nelle campagne **2.** civetta: *portare nottole ad Atene*, portare cose dove ce n'è già una grande abbondanza, far cosa inutile; *la nottola di Minerva*, simbolo della filosofia **3.** grosso saliscendi per chiudere cancelli e sim.

nottolìno [da *nottola*; a. 1571] ***sm.*** **1.** in un arpionismo, l'elemento che blocca la rotazione dell'organo mobile in un solo verso (ad es. nell'orologio, quello che obbliga il rotino a girare, durante il caricamento, in un verso solo) **2.** piccolo saliscendi per porte e finestre.

nottolóne (*accr.* di *nottola*) [1563] ***sm.*** **1.** grosso pipistrello con ampia apertura alare **2.** uccello dei Passeracei che si nutre di insetti **3.** *fam.* nottambulo **4.** *tosc.* persona grande e grossa, ma ingenua e buona a nulla || **N. 2.** *Sin.* caprimulgo, succiacapre.

nòttua [dal lat. *noctua*, gufo notturno; 1891] ***sf.*** *T.zool.* nome di vari lepidotteri notturni.

Nottùidi (sing. *-e*) [comp. di *nottua* e *-idi*; 1932] ***sm.*** *pl. T.zool.* famiglia di farfalle perlopiù notturne dal corpo tozzo di colore scuro.

nottùrna [da *notturno*; 1955] ***sf.*** *T.sport.* incontro sportivo, spec. calcistico, che viene disputato a tarda sera, con campo da gioco illuminato artificialmente: *una notturna per la qualificazione*; *la finale verrà giocata in notturna*.

nottùrno [dal lat. *nocturnus*; a. 1306 come sm.] **I *agg.*** che è proprio della notte, che si svolge, è attivo o in funzione di notte: *spettacolo notturno, guardiano notturno, farfalla not-*

turna, farmacia notturna **II sm. 1.** una delle tre parti in cui è diviso l'ufficio liturgico del mattino **2.** *T.pitt.* quadro che si ispira a soggetti o a scene notturne **3.** *T.mus.* composizione musicale, piuttosto malinconica e patetica, che s'ispira alla notte: *un notturno di Chopin.*

nòtula [dal lat. tardo *notula*, piccolo segno, annotazione; 1498 nel senso 2; 1723 nel senso 1] **sf. 1.** nota dell'onorario che spetta ad un professionista || *per estens.* l'onorario stesso: *pagare la notula* **2.** *raro* breve nota.

noùmeno [dal gr. *noóumenon*, ciò che è pensato; 1845] **sm.** *T.fil.* ciò che è solo concepibile e non esperibile, in opposizione a *fenomeno.*

noûs (gr., pr. it. [nus]) [letter. mente; 1958] **sm.** *inv. T.fil.* nella filosofia di Aristotele, l'intelletto come facoltà capace di cogliere i principi || in filosofie di orientamento neoplatonico, l'intelletto inteso come entità trascendente creatrice ed ordinatrice del mondo.

nouveau roman (fr., pr. [nuvo rɔ'mɑ̃]) [letter. nuovo romanzo; 1960] **loc. m.** *inv. T.lett.* corrente letteraria sviluppatasi in Francia negli anni '50, che predilige una forma sperimentale di narrazione basata sulla descrizione freddamente oggettiva e quasi in forma di inventario della realtà e sul rifiuto dei canoni strutturali del romanzo tradizionale, come la linearità del racconto, lo studio psicologico dei personaggi, la successione logica ecc.

nouvelle vague (fr., pr. [nuvɛl 'vag]) [letter. nuova ondata; 1959] **loc. f.** *inv.* **1.** il gruppo di giovani registi francesi che diedero vita, nella Francia degli anni Cinquanta, ad una corrente cinematografica innovatrice, che illustrava nei film problemi e situazioni della gioventù contemporanea || la corrente cinematografica formata da tali registi **2.** *per estens.* nuove generazioni, nuove leve.

nòva [dal lat. *nova*, nuova; 1942] **sf.** *T.astr.* stella che, per un momentaneo aumento di splendore, si rende improvvisamente visibile, per tornare, in breve tempo, all'oscurità di prima.

novàle [dal lat. *novālis*; a. 1320 come agg.] **sm.** o **sf.** campo che, dopo lungo riposo, torna ad essere lavorato per una nuova coltura: *il verde tenero della novale* (Carducci).

novànta [lat. *nonaginta*, novanta, con sovrapposizione di *nove*; a. 1342] **agg.** e **sm.** *num. card.*, ar. 90, rom. XC || *la paura fa novanta*, corrisponde nella cabala del lotto al numero novanta; *fig.* la paura spinge ad azioni inconsuete, mette spavento.

novantènne [comp. di *novanta* ed *-enne*; 1869] **agg.** e **s.** che o chi ha novanta anni.

novantènnio (pl. *-ni*) [comp. di *novanta* e *-ennio*; 1925] **sm.** lasso di tempo di novant'anni.

novantìna [da *novanta*; 1869] **sf.** complesso o serie di novanta cose, o di circa novanta || *ass.* circa novanta anni: *dovrebbe essere già sulla novantina.*

novàre (pres. *nòvo*) [dal lat. *novāre*; a. 1755] **tr. 1.** *T.giur.* di debito, estinguere mediante novazione **2.** *arc.* rinnovare.

novatóre [dal lat. tardo *novātor, ōris*; 1554] **sm.** (f. *-trìce*) *lett.* chi introduce innovazioni, innovatore.

novazióne [dal lat. tardo *novātio, -ōnis*; 1573] **sf. 1.** *T.giur.* estinzione di un'obbligazione mediante la sua conversione in un'altra **2.** *lett.* innovazione, novità.

nòve [lat. *novem*; a. 1250] **agg.** e **sm.** *num. card.*, ar. 9, rom. IX || prova del nove, algoritmo per verificare il risultato di operazioni aritmetiche, in part. della moltiplicazione; *fig.* conferma, convalida: *questo comportamento è la prova del nove della sua inettitudine.*

novecentésco (pl. *-schi*) [da *Novecento*; 1954] **agg.** proprio del Novecento.

novecentìşmo [da *Novecento*; 1936] **sm.** il complesso di tendenze artistiche e letterarie dell'inizio del '900 || *in part.* movimento letterario italiano noto anche come *Novecento*, dal nome dell'omonima rivista uscita a Roma tra il 1926 e il 1929, attorno alla quale si formò.

novecentìsta [da *novecentismo*; 1826] **agg.** e **s. 1.** fautore o seguace del novecentismo **2.** studioso di fenomeni storici o culturali del '900.

novecentìstico (pl. *-ci*) [da *novecentista*; 1965] **agg.** proprio delle correnti artistiche del Novecento.

novecènto [comp. di *nove* e *cento*; a. 1451] **agg.** e **sm.** *num. card.*, ar. 900, rom. CM || *il Novecento*, il XX secolo: *un edificio dei primi del novecento* || movimento artistico sviluppatosi in Italia negli anni '20-'30, caratterizzato da una ripresa dei caratteri naturalistici delle avanguardie storiche, nel rispetto della purezza formale || come *agg. inv.* (sempre posposto) del novecento: *un mobile novecento.*

novela (port., pr. [nu'vɛlɐ] e sp., pr. [no'βela]) [letter. racconto avventuroso; 1983] **sf.** (pl. *novelas*, pr. port. [nu'vɛlɐʃ], pr. sp. [no'βelas]) telefilm a puntate di origine latinoamericana, girato interamente in interno, dal soggetto sentimentale-amoroso || **N.** *Sin.* telenovela.

novelization (ingl., pr. [nɒvəlaɪ'zeɪʃən]) [da to *novelize*, scrivere racconti; 1980] **sf.** *inv.* novelizzazione.

noveliẓẓazióne o **novelliẓẓazióne** [dall'ingl. *novelization*; 1983] **sf.** rielaborazione di una sceneggiatura cinematografica o televisiva per farne un'opera narrativa autonoma.

novèlla [da *novello*; fine sec. XIII] **sf. 1.** racconto piuttosto breve di fatti reali o inventati, gen. a carattere realistico: *le novelle di Boccaccio* **2.** nuova, notizia: *vi porto delle buone novelle* || *la Buona Novella*, il Vangelo **3.** *T.stor.* nell'antichità romana e bizantina, ciascuna delle leggi nuove promulgate successivamente a codici e costituzioni ufficiali || *dim.* novellétta, novellìna, novellùccia; *pegg.* novellàccia || **N. 1.** bozzetto, fiaba, narrazione, storia | novelliere **2.** NOTIZIA.

novellàme [comp. di *novello* e *-ame*; 1942] **sm.** insieme dei piccoli di varie specie animali, spec. dei pesci.

novellànte (*ppr.* di *novellare*) [a. 1566] **I agg.** *raro* che racconta, che narra **II s.** *spreg.* narratore noioso perché troppo prolisso.

novellàre (pres. *-èllo*) [da *novella*; 1353] **intr.** (aus. *avere*) **1.** *lett.* raccontar novelle **2.** *ant.* raccontare: *e novellando vien del suo buon tempo* (Leopardi) || **N.** favoleggiare.

novellatóre [da *novellare*; fine sec. XIII] **sm.** (f. *-trìce*) chi racconta novelle.

novellétta (*dim.* di *novella*) [1353] **sf. 1.** breve novella **2.** *T.mus.* brano musicale per pianoforte dall'andamento narrativo, diffuso nell'Ottocento: *le novellette di Schumann.*

novellière [da *novella*; a. 1342] **sm. 1.** (f. *-a*) scrittore di novelle **2.** *non com.* raccolta di novelle.

novellìno (*dim.* di *novello*) [a. 1587] **agg.** e **sm.** (f. *-a*) che, chi è nuovo, inesperto in un lavoro, in un affare e sim.: *un ufficiale novellino.*

novellìsta [da *novella*; 1640] **s.** novelliere.

novellìstica [da *novella*; 1908] **sf.** il genere letterario del racconto breve, cui appartengono le novelle || l'insieme delle novelle di un dato periodo o di un dato paese: *la novellistica indiana.*

novellìstico (pl. *-ci*) [da *novella*; a. 1913] **agg.** relativo alla novella, proprio della novella: *la struttura novellistica* || che riguarda la novella: *il patrimonio novellistico trecentesco.*

novelliẓẓazióne V. NOVELIZZAZIONE.

novèllo [dal lat. *novellus*; a. 1250] **I agg.** *lett.* nuovo, che da poco è entrato in una nuova condizione: *sposi novelli* || nato da poco, fresco: *insalatina novella, pollo novello* || *messa novella*, la prima messa di chi è stato ordinato sacerdote || *la stagione novella*, la primavera || di persona o cosa che sembra rinnovare i caratteri di un'altra precedente: *innocenti facea l'età novella, novella Tebe* (Dante) || **novellaménte** **avv.** *ant.* di nuovo; poco fa **II sm.** il pollone della pianta: *come novello del castagno al piè* (Carducci).

novèmbre [lat. *november, -bris*, da *novem*, nove; 1280 *novebre*] **sm.** undicesimo mese dell'anno secondo il calendario gregoriano e giuliano, nono dell'antico calendario romano.

novembrìno [da *novembre*; a. 1930] **I agg.** relativo al mese di novembre, tipico del mese di novembre: *le piogge novembrine* **II sm.** (f. *-a*) *raro* chi è nato in novembre.

novèna [dal lat. *novēni*, a nove a nove; a. 1685] **sf.** ciclo di preghiere protratto per nove giorni, in preparazione a una festività o per ottenere una grazia: *la novena di San Giuseppe, di Natale.*

novenàrio (pl. *-ri*) [dal lat. *novenarius*, di nove unità; 1869] **agg.** di verso, che ha l'ultimo accento sull'ottava sillaba; anche *sm.*: *una poesia in novenari.*

novendiàle [dal lat. *novendiālis*; 1587] **I agg.** che dura nove giorni **II sm. pl. 1.** *T.stor.* cerimonia religiosa romana, in onore di un defunto, che si celebrava per nove giorni dopo la sua morte **2.** *T.eccl.* i funerali del pontefice, che si protraggono per nove giorni.

novennàle [da *nove*, formato su *biennale*; a. 1694] **agg. 1.** che ricorre ogni nove anni **2.** che dura nove anni.

novènne [dal lat. tardo *novennis*; 1809] **agg.** e **s.** *raro* che o chi ha nove anni.

novènnio (pl. *-ni*) [da *novenne*; 1723] **sm.** lo spazio di tempo di nove anni.

noveràre (pres. *nòvero*) [lat. *numerāre*; 1306] **tr. 1.** annoverare, enumerare **2.** *per estens.* rievocare.

novèrca [dal lat. *noverca*; 1321] **sf.** *arc.* matrigna.

nòvero [lat. *numerus*; fine sec. XIII] **sm. 1.** categoria, classe: *lo hanno posto nel novero delle persone sospette* **2.** *arc.* numero.

novilùnio (pl. *-ni*) [dal lat. tardo *novilunius*; sec. XIV] **sm.** *T.astr.* la prima fase del ciclo del mese lunare, durante la quale la luna è completamente invisibile dalla terra. **TAV.** ***astronomia*** **p. 656** 5.4.

nòvio [etim. inc.; 1983] **sm.** coccinella di colore rosso impiegata nelle coltivazioni biologiche di agrumi per uccidere le cocciniglie.

novìssimo (*superl.* di *nuovo*) [dal lat. *novissimus*; a. 1292] **I agg.** *lett.* ultimo: *il novissimo bando*, il giorno del giudizio universale **II sm. pl.** *i novissimi*, per la religione cristiana, le quattro ultime cose che avvengono all'uomo, cioè la morte, il giudizio, l'inferno e il paradiso. **Q.T.** *religione.*

novità [dal lat. *novitas, -ātis*; a. 1292] **sf. 1.** carattere di ciò che è nuovo: *la novità dell'iniziativa è stata apprezzata* **2.** *concr.* cosa di recente messa in commercio, o entrata a contatto col pubblico per la prima volta: *novità teatrale assoluta, novità letteraria, l'ultima novità in fatto di orologi* || fatto nuovo, e anche il suo annuncio; notizia: *che novità sono queste? che novità ci sono, mi porti?* || **N. 1.** *Sin.* modernità, originalità | misoneismo **2.** *Sin.* cambiamento, innovazione, modifica.

novizìàle [da *novizio*; a. 1611] **agg.** relativo al novizio, proprio del novizio: *tunica noviziale* || relativo al noviziato, proprio del noviziato: *periodo noviziale.*

noviziàto [da *novizio*; sec. XIV] **sm. 1.** condizione di novizio || il tempo in cui si è novizi:

il noviziato dura due anni || *per estens.* periodo di tirocinio **2.** il luogo dove si educano i novizi || **N.** prova, apprendistato, addestramento.

novìzio (o raro *novìzzo*) (pl. *-zi*) [dal lat. *novīcius*; a. 1342] ***sm.*** (f. *-a*) chi, ammesso in un ordine religioso, sottostà a un periodo di prova prima di pronunziare i voti || *per estens.* chi è nuovo in una professione, affare ecc., e manca di esperienza || **N.** catecumeno, inesperto, neofita, novellino, praticante, tirone.

novìzzo v. NOVIZIO.

nòvo v. NUOVO.

novocaìna [dall'ingl. *novocaine*, comp. del lat. *novus* e ingl. (*co*) *caine* cocaina; 1911] ***sf.*** *T.chim.* nome commerciale di un tipo di anestetico locale.

nozionàle [da *nozione*; 1585] ***agg.*** *T.fil.* che riguarda la nozione (e non la cosa stessa).

nozióne [dal lat. *notio, -ōnis*; a. 1565] ***sf.*** **1.** conoscenza, elementare o puntuale; dato, informazione singola: *nozioni di diritto, non possiede alcuna nozione* **2.** cognizione, consapevolezza: *perdere la nozione del tempo* **3.** *T.fil.* concetto || *dim.* nozioncèlla || **N. 1.** *Sin.* principio, idea, concetto, notizia | imparare, impartire.

nozionịsmo [da *nozione*; 1950] ***sm.*** conoscenza fondata sull'apprendimento acritico ed asistematico di nozioni e dati || pratica pedagogica che insiste in modo eccessivo sull'apprendimento di nozioni.

nozionìsta [da *nozionismo*; 1965] ***s.*** sostenitore del nozionismo.

nozionìstico (pl. *-ci*) [da *nozionismo*; 1958] ***agg.*** proprio del nozionismo, improntato a nozionismo: *interrogazione nozionistica.*

nòzze [lat. *nuptiae*; fine sec. XIII] ***sf. pl.*** l'atto del contrarre matrimonio e le relative cerimonie e festeggiamenti: *invitare a nozze, cerimonia di nozze, pranzo di nozze; passare a seconde nozze,* risposarsi; *viaggio di nozze,* quello che gli sposi fanno subito dopo la cerimonia; *andare a nozze,* anche *fig.*, fare una cosa che piace molto; *invitare a nozze,* a far cosa assai gradita || *far le nozze coi fichi secchi,* fare qualcosa in grande economia, per indigenza o parsimonia || *nozze d'argento, d'oro, di diamante,* anniversario che si celebra rispettivamente dopo 25, 50 o 60 anni di matrimonio || **N.** connubio, imeneo, matrimonio, sponsali, sposalizio | alla buona, cospicue, illustri, pompose, sfarzose, solenni, sontuose, splendide | corredo, dote, epitalamio nuziale, fidanzamento, fiori d'arancio, paraninfo.

nu v. NI[2].

nuance (fr., pr. [nɥɑ̃:s]) [1883] ***sf.*** *inv.* (anche pl. *nuances*, pr. [nɥɑ̃:s]) sfumatura, gradazione, in senso sia proprio che *fig.* || **N.** tinta, colore, tono, tocco.

nùbe [lat. *nūbes*; 1319] ***sf.*** *lett.* nuvola; spesso ricorre in espr. fig.: *un cielo ricoperto di nubi; una nube di gas, di polvere; una nube di malinconia* || **N.** NUVOLA. **Q.T.** *meteorologia* **TAV.** ***meteorologia* p. 1321** 1.6, 2.

nubècola [dal lat. *nubecula*; 1587] ***sf.*** **1.** *lett.* nuvoletta **2.** *T.chim.* leggera impurità che rimane in sospensione in un liquido **3.** *T.astr.* piccola nebulosa.

nubifràgio (pl. *-gi*) [da *nube*, sul modello di *naufragio*; 1883] ***sm.*** *T.meteor.* grosso ed improvviso temporale con impeto di vento, che può provocare alluvioni e allagamenti || **N.** TEMPORALE.

nùbile [dal lat. *nubilis*, da *nūbere*, sposarsi; sec. XIV] ***agg.*** e ***sf.*** di donna, non ancora maritata || *stato nubile,* condizione di donna non maritata || **N.** fanciulla, pulzella, ragazza, vergine, zitella | celibe.

nùbilo [dal lat. *nūbilus*; 1224 ca.] ***agg.*** *poet.* nuvoloso; anche *fig.*

nubilóso [dal lat. tardo *nubilōsus*; a. 1374] ***agg.*** *poet.* nuvoloso.

nùca [dall'ar. *nuhā'*, midollo spinale, incrociato con l'ar. *nuqra*, fossa della nuca; a. 1320] ***sf.*** parte posteriore del collo: *un colpo alla nuca* || **N.** *Sin.* occipite; cervice, collottola, cuticagna.

nucàle [da *nuca*; 1958] ***agg.*** *T.anat.* proprio della nuca: *linea nucale, curvatura nucale.*

nucìfraga [comp. del lat. *nux, nucis*, noce e *-fragus*, da *frangere*, spezzare; a. 1871] ***sf.*** *T.zool.* uccello dei Corvidi che si nutre di nocciole, pinoli e ghiande || **N.** *Sin.* nocciolaia.

nucleàle [da *nucleo*; 1957] ***agg.*** proprio del nucleo, della parte centrale di qualcosa.

nucleàre [da *nucleo*; 1906] ***agg.*** **1.** proprio del nucleo; che si riferisce a nucleo: *famiglia nucleare,* quella costituita da una coppia di coniugi e dai loro figli, in contrapposizione a *famiglia patriarcale* || *in part.* *T.fis.* relativo al nucleo dell'atomo: *fisica nucleare,* quella parte della fisica che studia il nucleo dell'atomo e gli effetti che derivano dalla sua disintegrazione; *armi nucleari,* che utilizzano energia derivata da processi basati sulla fusione nucleare; anche *sm.* *il nucleare,* l'insieme delle attività di produzione di energia basate su tale processo **2.** *T.bot.* relativo al nucleo della cellula: *membrana nucleare, biochimica nucleare.*

nucleàto [da *nucleo*; 1958] ***agg.*** **1.** *T.biol.* che presenta un nucleo, fornito di nucleo: *cellula nucleata* **2.** *lett.* costituito, sostanziato: *un sistema logico* [...] *sostanzialmente nucleato di realtà e di vita* (Gadda). **Q.T.** *fisica.*

nuclèico (pl. *-ci*) [da *nucleo*, come il fr. *nucléique*; 1958] ***agg.*** *T.biol.* *acidi nucleici,* acidi organici complessi presenti nel nucleo e nel citoplasma della cellula, nei quali sono codificati i caratteri genetici di ogni individuo; i due tipi fondamentali di acido nucleico sono l'acido ribonucleico o RNA (v.) e l'acido desossiribonucleico o DNA (v.). **Q.T.** *genetica...*

nucleìna [da *nucleo*; 1883] ***sf.*** *T.biol.* sostanza complessa che costituisce il nucleo cellulare animale e vegetale.

nucleìnico (pl. *-ci*) [da *nucleo*; 1932] ***agg.*** *T.biol.* nucleico.

nùcleo [dal lat. *nucleus*, nocciolo; a. 1674] ***sm.*** **1.** la parte centrale, più riposta di qualcosa || *in part.* *T.fis.* l'elemento centrale dell'atomo avente carica elettrica positiva, intorno al quale gravitano gli elettroni || *T.biol.* corpo di forma variabile, più spesso tondeggiante, che si trova in ogni cellula e ne costituisce la parte più importante; è sede dei processi di riproduzione delle cellule || *T.astr.* la parte più densa di una cometa, intorno alla quale è la chioma **2.** *fig.* la parte essenziale, centrale, intorno a cui qualcosa si costituisce: *il nucleo di un'ideologia, il primo nucleo di immigrati, nucleo di resistenza* || *T.meteor.* *nucleo di condensazione,* particella di polvere, polline e sim., attorno alla quale nell'aria si condensano gocce d'acqua o cristalli **3.** raggruppamento minimo di persone: *nucleo familiare* || *nucleo antidroga, antisofisticazioni,* reparti specializzati della polizia preposti a compiti specifici. **Q.T.** *geologia* **TAV. *astronomia* p. 656** 2.1, 4.1; ***botanica* p. 661** 2.2; ***geologia* p. 1313** 1.4, 1.5.

nucleòide [comp. di *nucleo* e *-oide*; 1948] **I** ***agg.*** che è simile a un nucleo **II** ***sm.*** *T.biol.* zona compatta del citoplasma dei procarioti in cui risiede il DNA e in cui si svolgono funzioni analoghe a quelle del nucleo cellulare degli eucarioti.

nuclèolo [dal lat. *nucleolus*; 1875] ***sm.*** *T.biol.* corpuscolo di forma tondeggiante presente nel nucleo, che svolge un importante compito nella sintesi delle proteine.

nucleóne [da *nucleo*; 1958] ***sm.*** *T.fis.* particella che costituisce il nucleo dell'atomo (protone o neutrone).

NUMISMATICA

DATI PER LA CLASSIFICAZIONE DELLE MONETE: periodizzazione: datazione; zecca di emissione (fittizia, ossidionale, reale); autorità emittente; tecnica di fabbricazione: coniazione, fusione, graffitura; materiale impiegato: acmonital, alluminio, antimonio, argento, bronzo, elettro, italma, mistura, nichel, oro, oricalco, piombo, platino, porcellana, rame, stagno, zinco; titolo; peso; forma: bucata, concava, globulare, irregolare, lenticolare, ovale, rettangolare, rotonda, scodellata; modulo; figurazione o tipo monetale; grado di rarità: raro, molto raro, rarissimo, della più alta rarità; stato di conservazione: discreto, bello, molto bello, bellissimo, splendido, fior di conio, fior di stampa, fondo specchio; valore commerciale o quotazione.

PEZZI PER COLLEZIONI NUMISMATICHE:

DEL MONDO GRECO ANTICO: cistoforo, creseide, dracma o dramma (emidramma, dramma, didramma, tetradramma, pentadramma, decadramma), littra, mina, nummo, obolo (emiobolo, obolo, triobolo, tetrabolo), statere, talento.

DI ROMA REPUBBLICANA: *aes* (*grave, rude, signatum*), asse (della serie librale, semilibrale, sestantaria, unciale, semiunciale; oncia, sestante, quinario, quadrante, triente, semisse, asse, dupondio, tripondio, decusse), aureo (aureo, doppio aureo o binione), denaro, sesterzio, vittoriato (mezzo vittoriato, vittoriato, doppio vittoriato).

DI ROMA IMPERIALE: antoniniano, asse, denaro, follaro, miliarense o miliarese, nomisma, siliqua, solido.

DEI BIZANTINI: bisante o bisanto, follaro, nummo (pentanummo, esanummo, decanummo, dodecanummo), miliarense o miliarese, siliqua.

DEL MEDIOEVO E MODERNI: augustale, baiocco, bolognino, bratteato, carlino, cavallo, cavallotto, cotale, coronato, crazia, crosazzo, denaro, dollaro statunitense, doppia, dozzeno, ducato, ducatone, filippo, fiorino, follaro, forte, franco, francescone, genovina, gigliato, giulio, grano, grosso, lira, lira d'argento, lira sterlina, luigino, marengo, matapan, nobile, nummo, oncia, paolo, parpaiola o parpagliola, piastra, picciolo o piccolo, pierreale, quadrupla, quattrino, reale, ruspo, ruspone, scudo, senese, soldo, sovrana, tallero, tarì, testone, tornese, ungaro o ongaro, zecchino.

TERMINI TECNICI ATTINENTI ALLA MONETA: cerchiata, contornata, foderata, martellata, scodellata, serrata, suberata, unilaterale.

PARTI: campo o area, cerchio di perline o perlinatura, contorno, contromarca, diritto, esergo, impronta, leggenda, marchio di zecca, rovescio, segno di zecchiere; brunitura, patina.

VOCI ATTINENTI: banconota, cartamoneta, gettone, medaglia, medaglione, osella, peso monetale, placchetta, sigillo, tessera; collezione, raccolta, sequenza, serie; catalogo, lente d'ingrandimento, medagliere; (collezionista) numismatico, falsario, perito numismatico, zecchiere.

nucleònica [da *nucleone*; 1965] ***sf.*** fisica nucleare.

nucleoplàṣma [comp. di *nucleo* e *plasma*; 1906] ***sm.*** *T.biol.* il protoplasma proprio del nucleo || **N.** citoplasma.

nucleoproteìna [comp. di *nucleo* e *proteina*; 1932] ***sf.*** *T.med.* nucleoprotide.

nucleoprotìde [comp. di *nucleo* e *protide*; 1958 *nucleoproteide*] ***sm.*** *T.med.* sostanza proteica contenuta nel nucleo cellulare, costituita dall'unione di una proteina con acido nucleico.

nucleoṣìde [comp. di *nucleo* e (*gluco*)*side*; 1933] ***sm.*** *T.chim.* composto chimico, che costituisce la base dei nucleoprotidi, formato da una base purinica legata ad un glucide.

nucleotìde [come il fr. *nucléotide*; 1958] ***sm.*** *T.biol.* composto formato da acido fosforico, un carboidrato, una base purinica o pirimidinica; entra nella composizione degli acidi nucleici.

nuclìde [da *nucleo*; 1958] ***sm.*** *T.fis.* nucleo atomico in quanto caratterizzato da un determinato numero di massa e di carica.

nudàre [dal lat. *nudāre*; a. 1484] ***tr.*** *lett.* denudare, spogliare.

nude (ingl., pr. [nju:d]) [letter. nudo; 1966] ***agg. inv.*** nella moda, color carne: *biancheria intima nei colori bianco, nude, nero.*

nude look (ingl., pr. ['nju:d lʊk]) [letter. aspetto nudo; 1969] ***loc. m. inv.*** caratteristica di un abito o una camicetta femminile che lascia intravedere il seno in trasparenza: *la moda del nude look per gli abiti da sera.*

Nudibrànchi (sing. *-chio*) [comp. di *nudo* e *branchia*; 1875] ***sm. pl.*** *T.zool.* molluschi Gasteropodi senza conchiglia, muniti di branchie esterne.

nudìṣmo [da *nudo*; 1931] ***sm.*** movimento che auspica l'eliminazione del vestiario per una vita più vicina alla natura || *per estens.* la pratica della nudità in situazioni pubbliche e collettive || **N.** *Sin.* naturismo.

nudista [da *nudismo*; 1935] ***s.*** fautore, seguace del nudismo || **N.** *Sin.* adamita, naturista.

nudità [dal lat. tardo *nuditas, -ātis*; a. 1306 *nuditate*] ***sf.*** **1.** l'essere nudo **2.** *pl. concr.* le parti, le membra nude del corpo: *nascondere le nudità.*

nùdo [lat. *nūdus*; a. 1294] **I *agg.*** senza vestiti: *un corpo nudo, un bambino nudo, mettersi a torso nudo* || *per estens.* spoglio di arredi, rivestimenti e sim.: *pareti nude, la nuda facciata di un edificio* || *montagne nude,* prive di vegetazione; *dormire sulla nuda terra,* a diretto contatto col suolo; *essere seppellito nella nuda terra,* senza bara || *a occhio nudo,* senza l'aiuto di lenti || *fig.* senza fronzoli o ipocrisie, così com'è: *la nuda verità, gli dissi la cosa nuda e cruda; mettere a nudo,* scoprire, svelare || **nudaménte** ***avv.*** **II *sm.*** *T.art.* corpo umano nudo, in quanto soggetto di opera d'arte: *un nudo femminile, un nudo di Leonardo, esame di nudo* || **N.** I adamitico, brullo, scalzo, scoperto, seminudo, semplice, spoglio, svelato | denudare, spogliare, scoprire, svestire. **Q.T.** *pittura.*

nudrìre [var. di *nutrire*; fine sec. XIII *nodrire*] ***tr.*** *arc.* nutrire.

nugàce [dal lat. *nugax, -ācis*; a. 1588] ***agg.*** *arc.* vano; chiacchierone.

nùgolo [var. di *nuvolo*; a. 1320] ***sm.*** stormo; piccolo gruppo di animali o persone che si muovono rapidamente tutti insieme: *un nugolo di mosche, di nemici.*

nùlla [lat. *nulla,* neutro pl. di *nullus*; fine sec. XIII] **I *pron. indef.*** *inv.* **1.** nessuna cosa, niente: *non so nulla, non voglio nulla, basta un sorriso e nulla più*; (se preposto al verbo si omette la negazione) *a nulla valsero le sue proteste* || *nulla di nulla,* assolutamente nulla || *buono a nulla,* inetto, incapace **2.** in proposizioni dubitative e interrogative, qualcosa: *chiesi se sa nulla di lui, avete nulla da obiettare?* **II *sm.*** **1.** assenza di qualsiasi cosa: *prima della creazione c'era il nulla* || *è venuto dal nulla,* da basso stato sociale **2.** *non com. un nulla,* una cosa da nulla, un nonnulla || **N.** I **1.** un'acca, una nullità, un ette, un fico secco, un'inezia, uno zero | annientamento, annullamento | annichilire, annientare, cancellare, distruggere, estinguere, sparire.

nulla dies sine linea (lat., pr. it. ['nulla 'dies 'sine 'linea]) [letter. nessun giorno senza una linea] ***loc.*** nessun giorno senza una linea, cioè senza aver fatto qualche cosa; è antico motto di uomo operoso.

nulladiméno [da *nulla* di *meno*; 1525] ***avv.*** *lett.* nondimeno.

nullàggine [da *nulla*; 1840] ***sf.*** **1.** l'esser nulla, nullità **2.** cosa di poca importanza.

nullaòsta [comp. di *nulla* e *osta,* da *ostare,* sul modello del lat. curiale e cancelleresco *nihil obstat,* niente si oppone; 1869] ***sm. inv.*** dichiarazione di un'autorità, nella quale si attesta non esserci nulla in contrario a effettuare una determinata azione: *per l'assunzione ci vuole il nullaosta dell'ufficio di collocamento* || **N.** *imprimatur.*

nullatenènte [comp. di *nulla* e *tenente,* ppr. di *tenere*; a. 1803] ***agg.*** e ***s.*** senza beni di fortuna, che non possiede nulla || *in part. T.giur.* che non possiede redditi imponibili || **N.** *Sin.* POVERO.

nullatenènza [da *nullatenente*; 1877] ***sf.*** *non com.* l'essere nullatenente.

nullificàre (pres. *-ìfico, -ìfichi*) [dal lat. tardo *nullificāre*; 1920] ***tr.*** annullare, ridurre a nulla || **N.** *Sin.* annientare, vanificare, distruggere, azzerare.

nullìpara [comp. del lat. *nullus* e *-paro*; 1958] ***agg.*** e ***sf.*** *T.scient.* si dice di femmina adulta che non ha mai avuto parti.

nulliparità [da *nullipara*; 1958] ***sf.*** *T.med.* condizione di una donna che non ha mai partorito.

nullìṣmo [da *nulla*; a. 1852] ***sm.*** *T.fil.* nichilismo: *il nullismo del Leopardi* (Carducci).

nullità [dal lat. medievale *nullitas, -ātis*; a. 1306 *nullitade*] ***sf.*** **1.** insussistenza, invalidità || *in part. T.giur.* invalidità di un atto, per mancanza di un elemento essenziale: *la nullità di un lascito testamentario* **2.** *concr.* persona che non vale niente: *in confronto a te sono una nullità.*

nùllo [lat. *nūllus*; 1337 nel senso 2] **I *agg.*** **1.** inesistente, uguale a zero: *reddito nullo, profitto scarso, quasi nullo* **2.** non valido, da annullare: *scheda nulla,* in una votazione a scrutinio segreto, non valida perché non compilata conformemente alle regole prescritte; *T.sport. incontro nullo,* conclusosi in parità; *salto nullo,* irregolare e perciò non valido ai fini della classifica **II *agg. indef.*** nessuno: *se nulla nube il vela* (Petrarca); *prov. nulla nuova buona nuova* (cfr. NUOVA) || **N.** I *Sin.* irrito.

nùme [dal lat. *numen, numinis*; 1321] ***sm.*** **1.** divinità, spec. riferito alla mitologia classica: *e qual de' numi inimicollo? Il figlio / di Latona e di Giove* (V. Monti) || *escl. fam. numi!, santi numi!,* santo cielo! **2.** *ant. lett.* la volontà degli dei.

numeràbile [dal lat. *numerābilis*; sec. XI-XII] ***agg.*** da potersi numerare || *in part. T.mat.* di un insieme i cui elementi possono essere messi in corrispondenza biunivoca con i numeri naturali || *T.gram. nome numerabile,* che designa entità discrete e distinguibili; tale quindi da flettersi al plurale (*i libri*), essere determinato da certi agg. indef. (*qualche storiella, ogni dito*) o numerali (*sette cuccioli*); *nome non numerabile* (o *di massa*) compare solo al singolare (*lungimiranza, ciarpame, linguistica, fluorite*) e non può essere determinato da agg. numerali.

numerabilità [da *numerabile*; a. 1704] ***sf.*** qualità di ciò che è numerabile.

numeràle [dal lat. *numerālis*; 1363] ***agg.*** relativo ai numeri: *sistema numerale* || *T.gram. aggettivo* o *pronome numerale* (o *sm. numerale*), parte del discorso che indica un numero; *numerale cardinale,* indica una quantità (sette); *numerale ordinale,* stabilisce l'ordine di una serie (*terzo*).

numeràre (pres. *nùmero*) [dal lat. *numerāre*; 1308 nel senso 2] ***tr.*** **1.** attribuire un numero d'ordine progressivo: *numerare le pagine del libro* **2.** *raro* enumerare, contare: *è difficile*

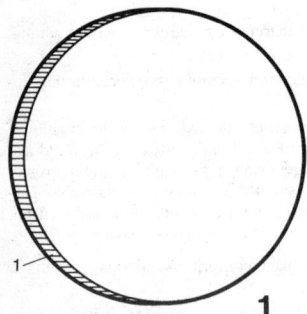

NUMISMATICA

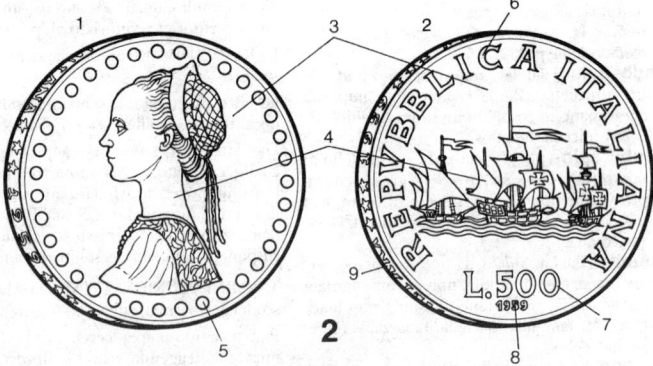

1. tondello o tondino
1.1. contorno zigrinato

2. moneta
2.1. diritto o recto - 2.2. rovescio o verso o esergo - 2.3. campo - 2.4. effige - 2.5. perlinatura - 2.6. leggenda o dicitura - 2.7. valore facciale - 2.8. data di coniazione - 2.9. contorno inscritto

numerare tutte le sue attività.

numeràrio (pl. *-ri*) [dal lat. *numerarius*, attr. il fr. *numéraire*; a. 1863] **I** ***sm.*** *T.banc.* denaro contante **II** ***agg.*** *disus.* d'impiegato e sim., che fa parte del ruolo organico (contrapposto a *soprannumerario*).

numeratìvo [da *numerare*; a. 1729] ***agg.*** atto a numerare.

numeràto (*pps.* di *numerare*) [1318] ***agg.*** contrassegnato con un numero: *posto numerato* nei teatri, stadi ecc., posto corrispondente ad un numero che lo spettatore ha segnato sul biglietto di ingresso, che gli assicura il posto a sedere || *T.mus. basso numerato* (o *cifrato* o *figurato*), indicazione numerica riportata sotto il basso continuo, relativa all'accordo da eseguire.

numeratóre [dal lat. tardo *numerātor, -ōris*; sec. XIV] ***sm.*** **1.** (f. *-trìce*) anche *agg.* chi o che numera || *numeratore* (*meccanico*) o *macchina numeratrice*, strumento per numerare progressivamente pagine a stampa **2.** *T.mat.* in una frazione, il numero posto sopra la linea, che indica quante parti delle unità espresse dal denominatore si prendono per formare la frazione.

numerazióne [dal lat. *numerātio, -ōnis*; sec. XIV] ***sf.*** **1.** atto ed effetto del numerare: *la numerazione delle pagine* **2.** *T.mat. sistema di numerazione* o *ass. numerazione*, modo di determinare i numeri (*numerazione decimale, binaria*) o di designarli (*numerazione romana, araba*).

numèrico (pl. *-ci*) [da *numero*; 1640] ***agg.*** di numeri, che consta di numeri o usa numeri: *calcolo numerico, proporzione, serie numerica* || **numericaménte** ***avv.*** **1.** con l'impiego di numeri **2.** rispetto al numero: *numericamente svantaggiati.*

nùmero [dal lat. *numerus*; a. 1294] ***sm.*** **1.** *T.mat.* ente astratto che può essere messo in corrispondenza con gli elementi di un insieme, in modo da stabilirne l'ordine e la quantità: *numeri naturali*, lo zero e gli interi positivi (1, 2, 3,...); *numero cardinale*, esprime la quantità di elementi di un insieme; *numero ordinale*, stabilisce l'ordine di un elemento di una serie; *numero primo*, che può essere diviso solo per 1 o per se stesso; *numeri relativi*, maggiori e minori di zero, zero compreso; *numero razionale*, che può essere espresso da una frazione; *numero irrazionale*, decimale illimitato non periodico (es. $\sqrt{2}$); *numeri reali*, l'insieme dei numeri razionali più quelli irrazionali; *numero immaginario*, radice di ordine pari di un numero negativo; *numero complesso*, somma di un numero reale e di un numero immaginario; *numero trascendente*, numero reale che non soddisfa nessuna equazione algebrica a coefficienti interi || *numero aureo* V. AUREO **2.** come contrassegno rispetto ad un qualche sistema di numerazione: *numero civico, numero di telefono, numero di scarpe* || *T.chim. numero di Avogadro*, numero di molecole contenute in una mole di una sostanza || *numero atomico* V. ATOMICO || *numero di ottano*, V. OTTANO || *fam. numero uno*, eccellente, capace, il primo nel suo genere: *è un disonesto numero uno, un galantuomo numero uno* || *per meton.* ciascuna delle edizioni di un periodico: *hai comprato l'ultimo numero della rivista?*; *numero unico*, giornale o fascicolo pubblicato una sola volta per speciali occasioni; *numero zero*, edizione di prova di un periodico, non in commercio || segno grafico che esprime un numero, numerale: *numeri arabi, romani* **3.** quantità numerabile: *un gran numero di invitati, un certo numero di persone* || cerchia, novero: *è nel numero dei prescelti* || *di numero*, aggiunto a un numero, quei tanti e non più: *ne ha mangiati tre di numero*; *far numero*, far presenza senza valere granché || *numero legale*, il numero minimo di membri la cui presenza è necessaria affinché un'adunanza di un consesso sia valida **4.** *T.gram.* determinazione grammaticale che esprime la quantità di ciò che è designato da un nome (in it. solo l'unità o la pluralità) o dalla quantità dei soggetti nell'azione (nei verbi) o degli oggetti a cui è attribuita una qualità (aggettivi) **5.** esibizione, in quanto parte di uno spettacolo di varietà: *i clown hanno fatto il loro numero, seguirà un numero di magia* || *colloq. farsi un numero*, commettere una ridicola gaffe **6.** *pl.* qualità, requisito necessari a un determinato compito: *è un giocatore che ha molti numeri* **7.** *T.lett. numero oratorio*, di composizione spec. in prosa, l'andamento ritmico || *dim.* numerétto, numerino; *accr.* numeróne; *pegg.* numeràccio || **N. 1.** centinaio, coppia, decina, dozzina, frequenza, maggioranza, migliaio, paio | calcolare, computare, contare **3.** calca, folla, massa; *quorum* | annoverare, ascrivere. **Q.T.** *linguistica, matematica..., telefono...*

numerologìa [comp. di *numero* e *-logia*; 1964] ***sf.*** arte dell'assegnare ai numeri significati magici e mistici.

numeròlogo (pl. *-gi*) [comp. di *numero* e *-logo*; 1983] ***sm.*** (f. *-a*) esperto di numerologia.

numerosità [da *numeroso*; sec. XIV] ***sf.*** **1.** l'essere numeroso **2.** *lett.* armoniosità del ritmo dovuto alla consonanza col numero oratorio (cfr. NUMERO nel senso 7).

numeróso [dal lat. *numerōsus*; 1340 ca.] ***agg.*** **1.** costituito da molti componenti: *un pubblico numeroso* **2.** *pl.* come *agg. indef.*, molti: *sono pervenute numerose lettere* **3.** *lett.* di verso, di metro, armonioso, dolce, ritmico: *i canti numerosi* (D'Annunzio).

nùmida [dal lat. *Numida*; prima metà sec. XIV] ***agg.*** e ***s.*** appartenente al popolo dei Numidi, abitante dell'antica Numidia.

numìdico (pl. *-ci*) [dal lat. *Numidicus*; 1554] ***agg.*** dei Numidi, della Numidia.

Numìdidi (sing. *-e*) [da *numida*; 1932] ***sm. pl.*** *T.zool.* famiglia di uccelli Galliformi originari dell'Africa centro-settentrionale, tra cui la gallina faraona.

numiṣmàtica [da *numismatico*; a. 1810] ***sf.*** studio storico delle monete e delle medaglie. **Q.T.** *numismatica* **TAV.** *numismatica.*

numiṣmàtico (pl. *-ci*) [dal gr. e lat. *nómisma*, moneta, con sovrapposizione del lat. *nummus*; 1745] **I** ***agg.*** di o della numismatica: *collezione numismatica* **II** ***sm.*** (f. *-a*) studioso di numismatica || *com.* collezionista di monete, spec. antiche. **Q.T.** *numismatica.*

nùmmo [dal lat. *nummus* denaro; a. 1338 nel senso 2] ***sm.*** **1.** nella Magna Grecia, unità monetaria di peso || presso i Romani, sesterzio **2.** *arc.* moneta.

nummolària [dal lat. tardo *nummulārius*, relativo alle monete; 1563 *nummularia*] ***sf.*** *T.bot.* erba perenne delle Primulacee dal fusto sdraiato con fiori gialli e piccole foglie tondeggianti || **N.** *Sin.* quattrina, quattrinaria, quattrinella.

nummulìte [dal lat. scient. *nummulites*, basato sul lat. *nummulus*, monetina, per la forma del guscio fossile; 1834] ***sf.*** foraminifera fossile a forma discoidale, di particolare interesse stratigrafico.

nummulìtico (pl. *-ci*) [da *nummulite*; 1895] **I** ***agg.*** detto di roccia che presenta nummuliti **II** ***sm.*** *T.geol.* periodo dell'età terziaria, in cui si sviluppò una grande quantità di nummuliti || **N.** II *Sin.* Paleogene.

nunciàre e der. V. NUNZIARE e der.

nuncupatìvo [dal lat. tardo *nuncupatīvus*, cosiddetto, preteso; 1389] ***agg.*** *T.giur.* di testamento nel quale il testatore designa il nome dell'erede a voce, davanti al notaio e ai testimoni; orale.

nuncupazióne [dal lat. *nuncupatio, -ōnis*; 1673] ***sf.*** *T.stor.* nel diritto romano, enunciazione ad alta voce di determinate formule per concludere negozi giuridici.

nùndine [dal lat. *nundinae*, sf. pl. da *nundinus*, pertinente a nove giorni; 1476] ***sf. pl.*** *T.stor.* spazio di nove giorni, intercorrente tra un mercato e l'altro, corrispondente per i Romani alla nostra settimana.

nunziàre o **nunciàre** (pres. *-ùnzio* o *-ùncio*) [dal lat. *nuntiāre*; metà sec. XIII] ***tr.*** *arc.* annunciare.

nunziatùra [da *nunzio*; 1602 *nunciatura*] ***sf.*** ufficio e dignità di nunzio || *per estens.* la sede dove si esplica, e anche la residenza fisica del nunzio.

nùnzio (pl. *-zi*) [dal lat. *nūntius*; 1304 ca. nel senso 2] ***sm.*** **1.** prelato che il papa manda come ambasciatore presso gli altri stati: *nunzio apostolico, nunzio pontificio* **2.** (f. *-a*) *lett.* messaggero. **Q.T.** *religione.*

nuòcere (per le forme con *o* atona, esistono entrambe le varianti *nuo-, no-*; pres. *nuòccio* o *nòccio, nuòci, nuòce, nociàmo, nocéte, nuòcciono*; imp. *nocévo*; p.rem. *nòcqui, nocésti, nòcque, nocémmo, noceste, nòcquero*; fut. *nocerò* o *nuocerò*; cong. pres. *nuòccia* o *nòccia*; ppr. *nocènte*; pps. *nociùto* o *nuociùto*) [lat. volg. **nocere*, class. *nocēre*; a. 1250] ***intr.*** (aus. *essere* e *avere*) essere cagione di danno: *non ha fatto altro che nuocere a sé stesso e agli altri*; *prov. tentar non nuoce*; *non tutti i mali vengono per nuocere* || **N.** *Sin.* compromettere, danneggiare, ledere, offendere, pregiudicare, rovinare | nocivo; innocuo.

nuòra [lat. volg. **nora*, class. *nurius*; a. 1306 *nora*] ***sf.*** la moglie del figlio nei confronti dei genitori di questo || *dire, parlare a nuora perché suocera intenda*, parlare a qualcuno perché altri, che è presenta, intenda || **N.** suocero, suocera; genero.

nuotàre (pres. *nuòto*) [lat. volg. **notāre*, class. *natāre*; a. 1311] ***intr.*** (aus. *avere*) muoversi dentro l'acqua in modo da stare a galla e al tempo stesso avanzare: *nuotare a rana, a stile libero, come un pesce, a crawl, a farfalla, a delfino, sul dorso* || *fig. nuotare nell'abbondanza, nell'oro*, essere largamente provvisto di beni || *nuotare nel latte e miele*, andare in solluchero || *per estens.* di cosa, essere immersa in molto liquido: *insalata che nuota nel condimento* || **N.** guizzare, galleggiare, fare il morto, tuffarsi, annaspare. **Q.T.** *nuoto.*

nuotàta [da *nuotare*; 1949] ***sf.*** atto del nuotare: *farsi una bella nuotata, nuotata sul dorso*

NUOTO

Agonistico, per salvamento, di fondo, subacqueo; *crawl*, stile libero, dorso, rana, delfino, farfalla, sincronizzato o artistico, *over*, alla marinara, rana sul fianco, *trudgen*; bracciata, recupero, passata, appoggio, presa, trazione, spinta, remata, battuta di gambe (dritta, incrociata, a frusta, a cuneo), sferzata, sforbiciata, virata (a dorso, a delfino, a rana, a capriola), tuffo (dalla piattaforma, dal trampolino, teso, carpiato, raggruppato), partenza, volo, entrata, toccata, immersione, tempo d'arresto, tempo di immersione; piscina, galleggiante, corsia, vasca, sponda, salvagente, tavoletta, giubbotto e cintura di salvataggio, pinne; annaspare, guizzare, rollare, fare il morto; natatorio; *crawlista*, delfinista, dorsista, farfallista, ranista, fondista, sub, palombaro, bagnino, natante, istruttore di nuoto.

|| *dim.* nuotatina.

nuotatóre [da *nuotare*; sec. XIV *notatore*] ***sm.*** (f. *-trice*) chi nuota: *un gran nuotatore.*

nuòto [da *nuotare*; sec. XIII] ***sm.*** l'esercizio del nuotare e lo sport relativo: *gara, corso di nuoto* || *a nuoto*, nuotando. **Q.T.** *nuoto* **TAV.** ***nuoto*** **p. 1328**.

nuòva [da *nuovo*; sec. XIII] ***sf.*** notozia di fatto recente: *non vi sono nuove per te* || *prov. nessuna nuova, buona nuova*, una cattiva notizia sarebbe giunta subito || **N.** NOTIZIA.

nuòvo (o raro *nòvo*) [lat. *nŏvus*; 1211] **I** ***agg.*** **1.** che è stato fatto o è accaduto di recente: *una nuova rivista, nuovi ritrovamenti archeologici, una nuova scoperta scientifica* || acquistato, comprato da poco: *soprabito nuovo, una nuova moto; nuovo di zecca, fiammante*, nuovissimo; *come nuovo*, in perfetto stato di conservazione, non consumato; *rimettere a nuovo*: riportare allo stato originario, rinnovare, racconciare || dell'ultimo raccolto, della produzione più recente: *patate nuove, vino nuovo* || che è cominciato or ora o sta per cominciare: *anno nuovo* || *essere nuovo di qualcosa*, non avere esperienza: *essere nuovo del posto, del mestiere* || *registrazione a nuovo*, in ragioneria, la scrittura di un fatto amministrativo redatta al principio di un esercizio **2.** che ne sostituisce uno precedente nella carica o nella funzione: *nuovo Provveditore, i nuovi vicini, le nuove disposizioni, le nuove tendenze della moda* || diverso dai precedenti; rinnovato: *il nuovo modo di fare automobili; la nuova Italia* || che si vede, si sente e sim. per la prima volta: *nuovi volti del cinema, nuove esperienze* **3.** che rinnova i caratteri di un altro, precedente: *un nuovo Cesare* || **nuovaménte** ***avv.*** un'altra volta, di nuovo: *ho nuovamente perso l'ombrello* **II** ***loc. avv.*** *di nuovo*, da capo; ancora: *è di nuovo venuto a chieder soldi* **III** ***sm.*** ciò che è nuovo: *essere diffidente verso il nuovo* || *in part.* i prodotti nuovi; opposto a *usato*: *il mercato del nuovo* || **N. 1.** *Sin.* fresco, novello, ultimo; aggiornato, moderno, rimodernato; intonso, integro, in buono stato **2.** *Sin.* sostitutivo, successivo; altro; innovativo; inaudito, inconsueto, inedito, insolito, inusitato, originale | innovare, riformare, rinnovare | misoneismo.

nuràghe (pl. *-ghi*) [voce sarda; 1854] ***sm.*** antichissima costruzione a forma di tronco di cono, d'uso incerto, che si trova di frequente per le campagne della Sardegna.

nuràgico (pl. *-ci*) [da *nuraghe*; 1914] ***agg.*** dei nuraghi, che si riferisce ai nuraghi: *civiltà nuragica.*

nurse (ingl., pr. [nəːs]) [dal lat. *nutrix, -icis*; 1905] ***sf.*** *inv.* (anche pl. *nurses*, pr. [ˈnəːsɪz]) governante, bambinaia.

nursery (ingl., pr. [ˈnəːsərɪ]) [da *nurse*, governante; 1930] ***sf.*** *inv.* nel reparto di maternità di un ospedale, locale appositamente attrezzato riservato ai neonati.

nutàre [dal lat. *nutāre*; sec. XIV] ***intr.*** *arc.* (aus. *avere*) agitarsi, vacillare.

nutazionàle [da *nutazione*; 1958] ***agg.*** relativo a nutazione, proprio della nutazione.

nutazióne [dal lat. *nutātio, -ōnis*, oscillazione, come l'ingl. *nutation*; 1749 nel senso 2] ***sf.*** **1.** *T.bot.* cambiamento di posizione degli organi di una pianta in via di accrescimento **2.** *T.astr. nutazione lunare*, piccola oscillazione che l'asse terrestre compie in diciotto anni e due terzi, per l'attrazione lunare.

nùto [dal lat. *nūtus*; a. 1492] ***sm.*** *arc.* segno, cenno: *il nuto di Dio.*

nùtria [dal lat. volg. **nutria*, class. *lutra*, lontra, attr. lo sp. *nutria*; 1564] ***sf.*** **1.** mammifero roditore acquatico del Sud America, con coda di topo e corpo da castoro **2.** *per estens.* pelliccia ricavata da tale animale || **N. 1.** *Sin.* miopotamo **2.** *Sin.* castorino.

nutricaménto [da *nutricare*; a. 1250 *nutrigamento*] ***sm.*** *lett. raro* nutrimento.

nutricàre (pres. *-ìco, -ìchi*) [dal lat. *nutricāri*; inizio sec. XII *nudrigare*] ***tr.*** *lett. raro* nutrire.

nutricatóre [da *nutricare*; a. 1292] ***sm.*** (f. *-trice*) *lett. raro* chi nutrica.

nutricazióne [dal lat. tardo *nutricatio, -ōnis*; a. 1419] ***sf.*** *lett. raro* nutrizione.

nutrice (pl. *-ci*) [dal lat. *nūtrix, -īcis*; a. 1320] ***sf.*** *lett.* colei che allatta un bambino, solamente se è persona diversa dalla madre || *fig. lett.* cosa che alimenta, dà vigore: *terra nutrice di civiltà* || **N.** BALIA.

nutriènte (*ppr.* di *nutrire*) [sec. XIV] ***agg.*** di cibo, che costituisce un buon nutrimento, sostanzioso: *uno spuntino leggero e nutriente* || *per estens.* di cosmetico, che cede alla pelle sostanze rigeneranti: *crema, maschera nutriente.*

nutriménto [dal lat. *nutrimentum*; a. 1320] ***sm.*** atto ed effetto del nutrire: *preoccuparsi del nutrimento dei cuccioli* || *concr.* cibo, alimento: *quel nutrimento non può bastare* || *fig.* cosa che dà forza, stimolo: *il nutrimento dello spirito* || **N.** ALIMENTO.

nutrìre (pres. *nùtro, nùtri*; o anche *nutrìsco, nutrìsci*) [dal lat. *nutrīre*; fine sec. XIII *nodrire*] ***tr.*** **1.** fornire le sostanze necessarie alla sopravvivenza e alla crescita: *nutrire un cane, una pianta* || *ass.* essere nutriente: *il pane nutre molto*; anche *fig.*: *le letture nutrono lo spirito* **2.** *fig.* di passione o sim., avere vivo nell'animo: *nutro per te affetto, una grande stima, nutro qualche sospetto* || ***rifl.*** mangiare abitualmente, cibarsi: *si nutre prevalentemente di cereali* || **N. 1.** *Sin.* alimentare, cibare, mantenere, pascere, satollare, sfamare, sostenere, sostentare, tener vivo. **Q.T.** *alimentazione.*

nutritivo [da *nutrire*; a. 1320] ***agg.*** che dà nutrimento, che è atto a nutrire: *alimento nutritivo* || *potere, valore nutritivo*, in un alimento, rapporto fra le sostanze utili all'organismo e il peso complessivo.

nutritìzio (pl. *-zi*) [da *nutrire*; a. 1712] ***agg.*** nutritivo.

nutrito (*pps.* di *nutrire*) [a. 1374] ***agg.*** **1.** *ben nutrito*, pasciuto; *mal nutrito* (o *malnutrito*), ridotto male per carenze alimentari **2.** *fig.* fitto, denso: *una nutrita serie di domande, fuoco nutrito di fucileria.*

nutritóre [dal lat. *nutritor, -ōris*; fine sec. XIII *nutridore*] ***sm.*** (f. *-trice*) chi nutre.

nutritùra [dal lat. tardo *nutritūra*; a. 1320] ***sf.*** *ant.* nutrizione.

nutrizionàle [da *nutrizione*; 1970] ***agg.*** *T.med.* relativo alla nutrizione; che concerne la nutrizione.

nutrizióne [dal lat. tardo *nutritio, -ōnis*; a. 1565] ***sf.*** il nutrire e il nutrirsi || *in part. T.biol.* il processo mediante il quale gli organismi viventi assumono dall'esterno le sostanze necessarie a svolgere le attività vitali || **N.** NUTRIMENTO.

nutrizionìsta [da *nutrizione*; 1963] ***s.*** chi studia i problemi e le caratteristiche della nutrizione.

nùvola [lat. volg. **nūbula*, class. *nūbila*, neutro pl.; a. 1292] ***sf.*** ammasso visibile di minute particelle d'acqua in sospensione, che si forma nell'atmosfera a varie altezze: *nuvole che si addensano all'orizzonte* || *fig. cascar dalle nuvole*, restare assai meravigliato per cosa inaspettata || *fig. avere la testa tra le nuvole*, essere distratto || *vivere nelle nuvole*, essere fuori della realtà || *fig. per estens.* ciò che ha forma di nuvola: *una nuvola di polvere* || *dim.* nuvolétta, nuvolìna; *accr.* nuvolóne (*sm.*); *pegg.* nuvolàccia || **N.** nube, nugolo, nuvolaglia, nuvolo | addensarsi, incappellare i monti | cielo a pecorelle | annuvolarsi, disperdere, dissipare, rasserenarsi, rompere, schiarirsi, sgombrare, squarciare, veleggiare | fasmate.

nuvolàglia [da *nuvola*; 1612] ***sf.*** grande distesa di nuvole, spec. se apportatrici di cattivo tempo.

nuvolàto [da *nuvola*; 1681] ***agg.*** **1.** di marmo, che presenta macchie di colori diversi **2.** detto di carta da legatoria o da parati in tinta unita, che presenta macchie di tonalità diversa.

nùvolo [lat. volg. **nūbulus*, class. *nūbilus*; fine sec. XIII] **I** ***sm.*** *lett.* nuvola grossa, densa e minacciosa || *fig. non com.* gran quantità di persone, o cose: *c'è in piazza un nuvolo di gente* **II** ***agg.*** *region.* nuvoloso: *oggi è nuvolo* || **N.** I nugolo, stormo.

nuvolóne (*accr.* di *nuvolo*) [prima metà sec. XVI] ***sm.*** grosso nuvolo, scuro e minaccioso.

nuvolosità [da *nuvoloso*; a. 1519] ***sf.*** l'essere nuvoloso: *la nuvolosità del cielo* || quantità di nuvole.

nuvolóso [da *nuvolo*; a. 1276 *nuviloso*] ***agg.*** pieno di nuvole: *tempo nuvoloso* || **N.** annuvolato, fosco, minaccioso, nubilo, nero, piovorno, scuro, torbido | *Contr.* sereno.

nuziàle [dal lat. *nuptiālis*; a. 1342] ***agg.*** relativo a, caratteristico delle nozze: *veste nuziale, contratto o patto nuziale, riti nuziali, marcia nuziale, torta nuziale* || **N.** NOZZE.

nuzialità [da *nuziale*; 1913] ***sf.*** *T.stat.* il numero di matrimoni celebrati in un dato tempo e luogo: *bassa, alta nuzialità.*

nylon o **nàilon** (ingl., pr. [ˈnaɪlɒn]; pr. it. [ˈnailon]) [1942] ***sm.*** *inv.* nome commerciale di prodotto chimico-sintetico da cui si possono ricavare fibre tessili molto resistenti, elastiche e di aspetto serico: *calze di nylon.*

O

o lettera dell'alfabeto italiano, di genere femminile o, più di rado, maschile: *una o accentata* ma anche *un o accentato*; *o come Otranto*, nella compitazione delle parole ‖ rappresenta i due suoni distinti [o] ed [ɔ], corrispondenti a due vocali posteriori arrotondate con diverso grado di apertura: la [ɔ] (*o aperta*) è più vicina ad *a*, la [o] (*o chiusa*) è più vicina ad *u*; l'opposizione tra [o] ed [ɔ] si ha solo nelle sillabe accentate: *rotto* ['rotto] e *cotto* ['kɔtto], ma *cottura* [kot'tura]. La grafia non nota tale distinzione; in questo dizionario, come è consuetudine lessicografica, si sono indicate in tutti i lemmi le [o] toniche con *ó* e le [ɔ] toniche con *ò*. L'opposizione tra [o] e [ɔ] è assente, o si realizza diversamente, in molte varianti regionali non toscane dell'italiano ‖ per le sigle e le abbreviazioni in cui compare, v. la lista relativa.

o¹ (pr. [o]) [lat. *ō*; a. 1250] ***escl.*** si prepone ai nomi per rafforzare il vocativo: *o Dio, o tu, o patria mia*; *fam.* per chiamare qualcuno: *o Piero, vieni qua!*

o² (pr. [o]) (talvolta davanti a vocale, spec. *o*, viene usata la variante eufonica *od*) [lat. *aut*; a. 1249 *od*] ***cong. disgiuntiva*** **1.** collega due o più espressioni della stessa categoria grammaticale, che perlopiù si escludono l'un l'altra, per esprimere incompatibilità o alternativa: *brutto o bello fa lo stesso, la vuole al sangue o ben cotta?*; anche ripetuto davanti al primo termine: *o lui o nessuno* ‖ con valore inclusivo: *se vuoi trovarmi devi venire di lunedì o di martedì* **2.** nel significato di "se no", "altrimenti", connette una frase imperativa e una dichiarativa: *la smetta o chiamo un vigile!* **3.** per indicare equivalenza, intersostituibilità di due o più espressioni, ovvero, ossia: *musica o arte dei suoni.*

o³ (pr. [o]) [prob. abbr. di *o*(*ra*); 1353] ***escl. tosc.*** è usata per introdurre una domanda retorica, un'esortazione: *o non è tuo fratello quello?, o lasciami in pace!*

oaks (ingl., pr. [ouks]) [dal n. geogr. The *Oaks*, in Inghilterra; 1930] ***sm. inv.*** corsa ippica per puledre di tre anni su un percorso di due chilometri e quattrocento metri (un miglio e mezzo).

oaṣi [dal gr. *óasis*, attr. il fr. *oasis*; 1819 *oasis* pl.] ***sf.*** *T.geogr.* tratto di terra fertile e verdeggiante situata in mezzo a un deserto ‖ *per estens.* spazio delimitato che offre consolazione, refrigerio e sim.: *un'oasi di pace, di tranquillità.*

obbediènza [dal lat. *oboedientia*; a. 1292] ***sf.*** lo stesso che *ubbidienza*, usato soprattutto nel linguaggio ecclesiastico o giuridico: *l'obbedienza ai superiori.*

obbedire e der. v. UBBIDIRE e der.

obbiettàre e der. v. OBIETTARE e der.

obbiettivo e der. v. OBIETTIVO e der.

obbligànte (*ppr.* di *obbligare*) [a. 1661] ***agg.*** cortese, affabile, tanto da obbligare a un comportamento analogo: *maniere obbliganti.*

obbligàre (pres. *òbbligo, òbblighi*) [lat. *obligāre*; 1278 *obligare*] ***tr.*** **1.** costringere, imporre: *mi ha obbligato a venire*; *moralmente obbligato*, tenuto, vincolato da un dovere morale **2.** *in part.* porre sotto vincolo giuridico: *le parti sono obbligate per contratto* ‖ ***rifl.*** impegnarsi con una obbligazione: *obbligarsi in proprio, in solido* ‖ **N. 1.** *Sin.* forzare **2.** *Sin.* impegnare, vincolare.

obbligàto (*pps.* di *obbligare*) [a. 1292 *obbrigato* nel senso 2] ***agg.*** **1.** legato da un debito di gratitudine: *vi sono obbligato, non voglio che vi sentiate obbligati* **2.** costretto: *obbligato a letto* **3.** obbligatorio ‖ *in part.* *T.mus.* che non si può omettere né variare: *parte obbligata, strumento obbligato* ‖ *discesa obbligata*, slalom ‖ *rime obbligate*, scelte da altri e sulle quali devono essere fatti i versi ‖ **obbligataménte** ***avv.***

obbligatorietà [da *obbligatorio*; 1877] ***sf.*** l'essere obbligatorio.

obbligatòrio (pl. *-ri*) [da *obbligare*; a. 1363] ***agg.*** **1.** che obbliga, che dev'essere obbedito: *precetto obbligatorio* **2.** che non può essere evitato, sostituito o modificato: *fermata obbligatoria, servizio militare obbligatorio, istruzione elementare obbligatoria* ‖ **obbligatoriaménte** ***avv.*** ‖ **N. 1.** *Sin.* coattivo, coercitivo, cogente, forzoso **2.** *Sin.* imprescindibile, indispensabile | *Contr.* facoltativo.

obbligazionàrio (pl. *-ri*) [da *obbligazione*; 1938] ***agg.*** *T.econ.* di obbligazione e obbligazioni (nel senso 3): *prestito, mercato obbligazionario.*

obbligazióne [da *obbligare*; 1308 *obligagione* nel senso 2] ***sf.*** **1.** l'obbligare e l'obbligarsi: *non voglio contrarre obbligazioni* **2.** *T.giur.* vincolo giuridico derivante da legge o da contratto **3.** *T.econ.* titolo di credito a reddito fisso; rappresenta una quota di un prestito emesso da un ente pubblico o privato, da rimborsarsi secondo un piano prestabilito ‖ *dim.* obbligazioncèlla ‖ **N. 1.** *Sin.* debito, impegno, obbligo, vincolo **2.** creditore, debitore **3.** azione, buono, cartella, cedola, certificato. **Q.T.** *diritto.*

obbligazionista [da *obbligazione*; 1877] ***s.*** chi possiede obbligazioni (titoli di credito): *assemblea degli obbligazionisti.*

òbbligo (pl. *-ghi*) [da *obbligare*; a. 1342] ***sm.*** vincolo morale o giuridico, imposto da ragioni di riconoscenza, da una legge, da una autorità: *ho con lei molti obblighi* ‖ condizione vincolante, patto: *te lo do con l'obbligo di restituirlo* ‖ nella *loc. agg. d'obbligo*, obbligatorio, da non potersi omettere: *le feste d'obbligo*, le feste di precetto ‖ **N.** *Sin.* canone, carico, dovere, giogo, impegno, incarico, legame, obbligazione, onere, peso, riconoscenza, servitù, vincolo | assoluto, esplicito, gratuito, preciso, spontaneo, stretto | adempiere, assolvere, assumere, contrarre, eludere, sfuggire, sottrarsi, trasgredire | cauzione, coazione, discarico, dispensa, esenzione, mora, prescrizione, refrattario, responsabilità. **Q.T.** *diritto.*

oblìo e der. forme rare di OBLIO e der. (v.).

obbròbrio (pl. *-ri*) [lat. *opprobrium*; a. 1294 *obbrobbrio*] ***sm.*** **1.** grave disonore: *l'obbrobrio della famiglia* **2.** *per meton.* cosa che offende il buongusto: *quella cravatta è un obbrobrio* ‖ **N. 1.** *Sin.* ignominia, vergogna, vituperio, INFAMIA.

obbrobriosità [da *obbrobrioso*; sec. XV] ***sf.*** *non com.* l'essere obbrobrioso.

obbrobrióso [dal lat. tardo *opprobriōsus*; a. 1342] ***agg.*** **1.** che comporta obbrobrio (nel senso 1), vergognoso **2.** che costituisce un obbrobrio (nel senso 2), disgustoso ‖ **obbrobriosaménte** ***avv.*** ‖ **N. 1.** *Sin.* disonorevole, infame, turpe, vituperevole.

obduzióne [comp. del lat. *ob-*, verso e *ductio, -ōnis*, il condurre; 1883] ***sf.*** *T.med.* esame effettuato sul cadavere, prima del seppellimento.

obèce [da una voce nigeriana; 1961 *obeche*] ***sm.*** grande albero dell'Africa con legno chiaro, usato spesso per lavori di impiallacciatura ‖ il legno dell'albero: *un rivestimento in obece.*

obelisco (pl. *-schi*) [dal lat. *obeliscus*; 1464 *obilisco*] ***sm.*** monumento di origine egiziana a base quadrangolare, a forma di guglia oblunga, con punta piramidale, ricavato da un solo grande blocco di pietra, con iscrizioni o decorazioni ‖ **N.** cippo, guglia, monolito.

òbelo [dal gr. *obelós*, spiedo; 1585] ***sm.*** lineetta che si pone ai margini di un testo in senso orizzontale come segno di richiamo.

oberàre (pres. *òbero*) [da *oberato*; 1894] ***tr.*** sovraccaricare: *lo hanno oberato di impegni, di responsabilità.*

oberàto [dal lat. *obaerātus*; 1806] ***agg.*** **1.** sovraccarico: *oberato di debiti, di impegni, di lavoro*; *per estens.* da: **2.** *T.stor.* nell'antica Roma, detto di debitore che diventava schiavo per insolvenza di un debito.

obesità [dal lat. *obēsitas, -ātis*; a. 1758] ***sf.*** *T.med.* aumento eccessivo del peso corporeo dovuto ad un accumulo di grassi nell'organismo ‖ **N.** *Sin.* pinguedine.

obèso [dal lat. *obēsus*; 1588] **agg.** affetto da obesità || **N.** *Sin.* adiposo, ciccione, corpacciuto, corpulento, panciuto, pingue, GRASSO.

obi (giap., pr. ['ɔbi]) [voce giap.; 1918] **sm.** lunga cintura di seta che si avvolge più volte attorno alla vita e che serve per tenere chiuso il chimono.

òbice [dal ted. *Haubitz*; a. 1786] **sm.** *T.mil.* piccolo cannone di canna compresa fra i 12 e i 25 calibri, a traiettoria molto curva || **N.** mortaio, proiettile, *shrapnel.*

obiettàre o **obbiettàre** (pres. *-ètto*) [dal lat. *obiectāre*; 1640] **tr.** porre come obiezione: *che cosa avete da obiettare?, mi ha obiettato che era illegale* || **N.** *Sin.* contrapporre, criticare, eccepire, notare, opporre, oppugnare.

obiettivàre o **obbiettivàre** (pres. *-ìvo*) [da *obiettivo*; 1848 nel senso 2] **tr.** **1.** *T.med.* rendere evidente con documentazione clinica **2.** *raro* oggettivare || **rifl.** *raro* porsi dal lato obiettivo; giudicare obiettivamente.

obiettivazióne o **obbiettivazióne** [da *obiettivare*; a. 1869] **sf.** *non com.* atto ed effetto dell'obiettivare e dell'obiettivarsi.

obiettivìsmo [da *obiettivo*; a. 1896] **sm.** oggettivismo.

obiettività o **obbiettività** [da *obiettivo*; a. 1855] **sf.** qualità di chi o di ciò che è obiettivo: *giudicare con obiettività, dar prova di obiettività* || **N.** *Sin.* imparzialità; realismo.

obiettìvo o **obbiettìvo** [lat. mediev. *obiectīvum*; a. 1565 *obbiettivo* nel senso 2] **I agg.** **1.** che valuta o giudica senza pregiudizi, imparzialmente: *un giudizio obiettivo* **2.** *non com.* oggettivo || **obiettivaménte** o **obbiettivaménte** **avv.** in modo obiettivo, da un punto di vista obiettivo: *è stato giudicato obiettivamente*; anche frasale: *questa persona, obiettivamente, non è all'altezza* **II sm.** **1.** *T.ott.* sistema di lenti in grado di fornire l'immagine di un oggetto ingrandita o rimpicciolita, posto in macchine fotografiche, apparecchi ottici e sim. **2.** *per estens.* scopo, fine a cui tende un'azione: *i suoi obiettivi erano chiari a tutti*; *in part.* come *T.mil.*: *l'obiettivo è la conquista della costa a nord* || **N.** **II** **2.** *Sin.* bersaglio, intento, mira. **Q.T.** *cinematografia, fotografia* **TAV.** *cinematografia...*; *geografia* 2.1; ***ottica*** **p. 1329**.

obiètto o **obbiètto** [lat. mediev. *obiectum*; 1308] **sm.** *arc. lett.* oggetto.

obiettóre o **obbiettóre** [dal lat. tardo *obiector, -ōris*; 1942] **sm.** (f. *-trìce*) chi obietta || *obiettore di coscienza*, chi si rifiuta di prestare servizio militare o, nel caso di un medico, di praticare un aborto, ritenendolo contrario alle proprie convinzioni religiose o morali.

obiezióne o **obbiezióne** [dal lat. tardo *obiĕctio, -ōnis*; a. 1375] **sf.** opposizione verbale che si fa all'opinione o alle proposte altrui: *fare, sollevare, muovere un'obiezione, ci sono obiezioni?, avete obiezioni?* || *obiezione di coscienza*, il rifiuto che oppone l'obiettore di coscienza || *dim.* obiezioncèlla || **N.** *Sin.* contestazione, eccezione, opposizione, osservazione.

òbito [dal lat. *obitus*; 1304] **sm.** **1.** *lett.* morte **2.** *T.eccl.* fondo istituito per celebrazioni in suffragio di defunti.

obitòrio (pl. *-ri*) [da *obito*; 1933] **sm.** camera mortuaria, dove si depositano le salme sconosciute o che vanno soggette ad autopsia o a indagini giudiziarie.

obituàrio (pl. *-ri*) [da *obito*; 1869] **sm.** *non com.* **1.** nel Medioevo, registro dei morti **2.** in pubblicazioni di vario genere, titolo di rubriche che registrano i personaggi deceduti in un dato periodo.

obiurgàre (pres. *-ùrgo, -ùrghi*) [dal lat. *obiurgāre*; 1867] **tr.** *lett.* rimproverare, mortificare.

obiurgazióne [dal lat. *obiurgātio, -ōnis*; a. 1342] **sf.** *ant. lett.* rimprovero, rimbrotto.

objet-trouvé (fr., pr. [ɔb'ʒɛ tru've]) [letter. oggetto trovato; 1988] **sm.** *inv.* *T.scult.* oggetto di uso comune che un artista assume come opera d'arte senza operare su di esso alcun intervento.

oblàto [dal lat. *oblātus*; sec. XVI] **sm.** (f. *-a*) **1.** nel Medioevo, chi si consacrava al servizio di opere religiose **2.** oggi, persona che, senza professare i voti, vive in un convento osservandone le regole **3.** nome di appartenenti a varie congregazioni religiose maschili e femminili: *gli oblati di S. Ambrogio.*

oblatóre [dal lat. tardo *oblātus*, *pps.* di *offerre*, offrire; 1618] **sm.** (f. *-trìce*) **1.** chi fa un'offerta per pietà o per beneficenza **2.** *T.giur.* chi, per mezzo di oblazione, estingue il reato commesso **3.** *ant.* nelle vendite all'asta, chi propone un prezzo || **N.** **1.** *Sin.* benefattore, donatore, offerente.

oblatòrio (pl. *-ri*) [da *oblatore*; 1723] **agg.** relativo all'oblazione, proprio dell'oblazione.

oblazióne [dal lat. tardo *oblātio, -ōnis*; a. 1292] **sf.** **1.** offerta devoluta in elemosina o beneficenza **2.** *T.eccl.* parte della Messa in cui si fa l'offerta del pane e del vino **3.** *T.giur.* pagamento di un'ammenda per ottenere l'estinzione dell'infrazione o del reato commesso || **N.** **1.** *Sin.* contribuzione, donazione, erogazione, obolo.

obliàre (pres. *-ìo*) [dal lat. volg. **oblitāre*, attr. il fr. *oblier*; a. 1250 *ubliare*] **tr.** *lett.* dimenticare: *oblia Rinaldo i pensieri egri e felli* (Tasso).

oblìo (pl. *-ìi*) [da *obliare*; sec. XIII] **sm.** perdita completa del ricordo || *essere, cadere nell'oblio*, venir completamente dimenticato || **N.** *Sin.* dimenticanza.

oblióso [da *obliare*; 1300 ca. *obblioso*] **agg.** *poet.* **1.** dimentico, immemore **2.** che fa dimenticare: *d'umido mèle, e d'obliosi papaveri, composto un suo miscuglio* (Caro).

obliquàngolo [comp. di *obliquo* e *angolo*; a. 1647] **agg.** *T.mat.* detto di una figura geometrica che non presenta alcun angolo retto.

obliquàre (pres. *-ìquo*) [dal lat. *obliquāre*; a. 1406] **intr.** (aus. *avere*) *non com.* andare per via obliqua, in direzione obliqua: *obliquare a destra* || **tr.** *raro* porre o dirigere in senso obliquo || **N.** **intr.** *Sin.* deviare, voltare | **tr.** *Sin.* piegare, sviare, torcere.

obliquità [dal lat. *obliquitas, -ātis*; a. 1527] **sf.** l'essere obliquo: *obliquità di una retta rispetto al piano* || *fig.* *non com.* mancanza di chiarezza; ambiguità: *obliquità di un ragionamento.*

oblìquo [dal lat. *oblīquus*; sec. XIV] **agg.** **1.** *T.geom.* non perpendicolare né parallelo || *com.* non dritto, inclinato: *taglio obliquo degli occhi* || *T.mus.* *moto obliquo* V. MOTO nel senso 4 **2.** *fig.* non diretto, non giusto: *è giunto al potere per vie oblique, venire a conoscenza per vie oblique* **3.** *T.gram.* *casi obliqui*, i vari casi della declinazione, eccetto il nominativo (caso retto) || **obliquaménte** **avv.** || **N.** **1.** *Sin.* deviato, diagonale, divergente, sbieco, sghembo, trasversale; in pendenza **2.** *Sin.* ambiguo, subdolo, tortuoso, traverso.

obliteràre (pres. *-ìtero*) [dal lat. *obliterāre*; 1470 ca. nel senso 2] **tr.** **1.** invalidare, annullare, di solito mediante apposizione di un timbro o altro contrassegno: *obliterare il biglietto dell'autobus* **2.** *ant. lett.* cancellare, spec. detto di scritto || *fig.* cancellare dalla memoria: *ricordi obliterati* **3.** *T.med.* occludere.

obliteratóre [da *obliterare*; 1965] **agg.** che annulla gen. mediante timbratura: *macchina obliteratrice*, macchina che annulla automaticamente francobolli, marche, biglietti per mezzi di trasporto o per locali pubblici e sim.

obliteratrìce [da *obliterare*; 1965] **sf.** macchina obliteratrice.

obliterazióne [dal lat. *obliterātio, -ōnis*; 1834 nel senso 2] **sf.** **1.** atto ed effetto dell'obliterare; cancellazione **2.** *T.med.* occlusione di un organo cavo per aderenza delle pareti.

oblivióne [dal lat. *oblivio, -ōnis*; 1308] **sf.** *ant. lett.* dimenticanza, oblìo.

oblivióso [dal lat. *obliviōsus*; a. 1406] **agg.** *ant. lett.* oblioso.

oblò [dal fr. *hublot*; 1923] **sm.** ciascuno dei finestrini rotondi che si aprono nei fianchi delle navi || lo sportello della lavatrice || **N.** *Sin.* portellino. **TAV.** ***nave*** **p. 1327** 6.4, 6.34.

oblomovìsmo [dal n. proprio *Oblomov*, protagonista dell'omonimo romanzo di A. Gončarov; 1935] **sm.** tipo di vita e di pensiero apatico e fatalistico, attribuito in part. alla piccola nobiltà russa.

oblùngo (pl. *-ghi*) [dal lat. *oblōngus*; a. 1571] **agg.** più lungo che largo, bislungo. **TAV.** ***fiori...*** **p. 671** 4.6.

obnubilaménto [da *obnubilare*; 1951] **sm.** **1.** *lett.* annebbiamento **2.** *T.med.* perdita della coscienza o dei sensi.

obnubilàre (pres. *-ùbilo*) [dal lat. *obnubilāre*, essere particolarmente nuvoloso; a. 1514] **tr.** *lett.* annebbiare, offuscare, spec. *fig.*: *con l'animo obnubilato dall'ira.*

obnubilazióne [dal lat. tardo *obnubilātio, -ōnis*; 1908] **sf.** *T.med.* obnubilamento.

obnuziàle [comp. del lat. *ob* e *nuptiāle*; 1950] **agg.** *T.giur.* fatto in occasione delle nozze, che concerne le nozze: *donazione obnuziale.*

òboe [dal fr. *hautbois*, flauto acuto; 1696 *oboè*] **sm.** *T.mus.* strumento a fiato, di legno, simile al clarinetto, ad ancia doppia, di registro medio acuto e timbro penetrante, leggermente nasale; *oboe d'amore*, suona una terza minore sotto e ha timbro più caldo e pastoso || **N.** corno inglese, fagotto; bombarda, dulciana. **TAV.** ***musica*** **p. 1324** 2.10.

oboìsta [dal fr. *hautboïste*; 1869] **s.** suonatore di oboe.

òbolo [dal lat. *obolus*, gr. *obolós*; a. 1498 *obuli* pl.] **sm.** **1.** piccola offerta per elemosina || *l'obolo di San Pietro*, offerta in denaro che i fedeli di tutto il mondo fanno al Pontefice **2.** *T.stor.* moneta greca di infimo valore (circa la sesta parte di una dramma). **Q.T.** *numismatica.*

obrettìzio (pl. *-zi*) [dal lat. tardo *obreptīcius*; a. 1667] **agg.** *raro* *T.giur.* ottenuto con inganno.

obrìzzo [dal lat. tardo *obryzum*(*aurum*); sec. XIV] **agg.** *arc.* purissimo, detto di oro, senza lega d'altro metallo.

obsidióne V. OSSIDIONE.

obsolescènte [dal lat. *obsolēscens, -entis*, ppr. di *obsolescere*; 1970] **agg.** che è in stato di obsolescenza.

obsolescènza [da *obsolescente*; 1958] **sf.** l'andare a poco a poco in disuso || *in part.* *T.econ.* il processo in base al quale alcuni mezzi di produzione ancora efficienti vengono progressivamente sostituiti da altri in grado di fornire migliori prestazioni.

obsolèto [dal lat. *obsolētus*; a. 1494] **agg.** *lett.* caduto in disuso, vieto: *parole, opinioni obsolete* || **N.** *Sin.* antiquato, disusato, superato.

òc [lat. *hoc*, ciò; 1308 *lingua d'oco*] **sm.** *T.lett.* solo nella loc. *lingua d'oc*, indicante il provenzale antico e anche i moderni dialetti della Francia del Sud e di parte del Piemonte occidentale || **N.** occitanico | oïl.

òca [lat. tardo *auca*; a. 1292] **sf.** **1.** nome com. di varie specie di uccelli degli Anseriformi, con ali larghe, zampe corte e piumaggio folto e morbido: *oca selvatica, domestica*; *fegato d'oca*, particolarmente apprezzato per la preparazione dell'omonimo pasticcio; *piumino d'oca*, imbottitura per giacche a vento, sacchi a pelo e sim., particolarmente leggera e calda, costituita dalle piume più leggere dell'oca; *penna d'oca*, che, temperata, serviva un tempo per scrivere || in varie espr. proprie e fig.: *ecco fatto il becco all'oca*, si dice scherz. dopo aver dato compimento a qualcosa; *pelle d'oca*, effetto prodotto sulla pelle dalla contrazione delle papille dei peli, tale da ricordare la pelle di un'oca spennata; è provocata da freddo, emozione intensa ecc.: *avere, far venire la pelle d'oca; a collo d'oca,* di qualunque oggetto, spec. pezzo meccanico, piegato a S, come il collo dell'oca || *fig. spreg.* donna o ragazza sciocca e frivola **2.** *T.gioc. gioco dell'oca,* gioco da tavolo per due o più persone che si svolge su tavoliere a spirale con 63 o 90 caselle numerate (alcune figurate e corredate di particolari istruzioni); ogni giocatore avanza di tante caselle quanti sono i punti ottenuti col lancio di due dadi || *dim.* ochìna, ochétta || **N. 1.** gloglottare, gridare, schiamazzare. **TAV.** *motori* 3.16, 6.

ocàggine [da *oca*; 1910] **sf.** l'essere oca, nel senso di donna sciocca || *concr.* atto o detto da persona stupida.

ocarìna [dall'emil. *ucarénna,* ochetta; 1905] **sf.** *T.mus.* strumento a fiato di terracotta, la cui forma ricorda la testa di un'oca, provvisto di otto o dieci fori. **TAV. *musica* p. 1325** 3.

occamìsmo [dal n. proprio Guglielmo di *Occam,* filosofo medievale; 1935] **sm.** *T.fil.* indirizzo filosofico iniziato in Europa nel XIV sec., che rielaborava e riproponeva il pensiero di Guglielmo di Occam || **N.** nominalismo.

occamìsta [dal n. proprio Guglielmo di *Occam,* filosofo medievale; 1911] **s.** seguace dell'occamismo.

occasionàle [da *occasione*; a. 1652] **agg. 1.** che dipende da un'occasione fortuita: *un incontro occasionale* **2.** che offre il pretesto: *causa occasionale* || **occasionalménte** **avv.** anche frasale, incidentalmente: *occasionalmente, ti ricordo che devi venire sabato* || **N. 1.** *Sin.* accidentale, casuale.

occasionalìsmo [da *occasionale*; 1865] **sm.** *T.fil.* dottrina (diffusa nel sec. XVII) secondo la quale un fenomeno può solo essere causa occasionale di un altro fenomeno, ma non produrlo, in quanto causa unica d'ogni accadere è Dio.

occasionàre (pres. *-óno*) [da *occasione*; 1566] **tr.** dar occasione, fornire il pretesto o il motivo immediato || **N.** *Sin.* provocare, CAUSARE.

occasióne [dal lat. *occăsio, -ōnis*; sec. XIV] **sf. 1.** incontro di circostanze che dà opportunità di fare o dire qualcosa: *ho avuto (l')occasione di vedere molte cose che non conoscevo; ebbe una buona occasione, ma se la lasciò sfuggire* || *all'occasione,* quando si presenti il momento opportuno || *in occasione di,* in concomitanza con e in vista di: *brano composto in occasione dell'incoronazione del re; poesia, discorso d'occasione,* commissionati per particolari circostanze o avvenimenti **2.** *oggetti d'occasione,* venduti a un prezzo favorevole, spesso perché usati; *per meton.* gli oggetti stessi: *vetrina, banco delle occasioni* **3.** circostanza importante (festività, ritrovo mondano ecc.): *per l'occasione ho sfoggiato l'anello col brillante* || **N. 1.** *Sin.* appiglio, caso, congiuntura, contingenza, destro, fortuna, incontro, modo, opportunità, pretesto; momento adatto, buono, favorevole, felice, opportuno; buon punto | approfittare, aspettare, cogliere | aspettare o cogliere la palla al balzo, battere il ferro fin che è caldo, prendere la fortuna per il ciuffo.

occàso [dal lat. *occāsus*; 1319] **sm. 1.** *lett.* occidente; tramonto **2.** *lett. fig.* fine, morte, declino.

occhiàccio (pl. *-ci*) (*pegg.* di *occhio*) [a. 1472 *occhiazzo*] **sm.** *fare gli occhiacci,* guardare male, per esprimere dissenso o minacciare.

occhiàia [da *occhio*; 1319] **sf. 1.** cavità dove stanno gli occhi, orbita **2.** ciascuno dei segni scuri e infossati posti sotto gli occhi, dovuti a malattia, stanchezza o anzianità || **N. 2.** *Sin.* calamaro.

occhialàio (pl. *-ài*) [da *occhiali*; 1551] **sm.** (f. *-a*) chi vende o ripara occhiali || **N.** *Sin.* ottico.

occhiàle [da *occhio*; a. 1696] **I agg.** *raro* attinente a occhio, oculare **II sm. 1.** *tosc.* ciascuna lente degli occhiali **2.** *ant.* cannocchiale || *dim.* occhialìno, occhialétto. **TAV. *ottica* p. 1329** 3; ***sci* p. 1333** 20.1.

occhialerìa [da *occhiali*; 1958] **sf.** *ant. raro* luogo dove si fabbricano e vendono occhiali.

occhialétto (*dim.* di *occhiale*) [1840] **sm.** occhiali per signore a una o due lenti, senza stanghetta, che si reggono per mezzo di un manico || **N.** *Sin.* caramella, *lorgnon,* monocolo, occhialino.

occhiàli [da *occhio*; 1306] **sm.pl. 1.** coppia di lenti inserite in una leggera armatura di metallo, plastica o altri materiali (*montatura*), grazie alla quale appoggiano su naso e orecchie: *un paio di occhiali*; può avere funzione correttiva della capacità visiva (*occhiali da vista*), o servire da protezione (*occhiali da sole, subacquei, da montagna*); *occhiali bifocali,* per presbiti, con lenti che presentano la metà superiore e inferiore a diverso raggio di curvatura || *mettiti gli occhiali!,* a chi non riesce a vedere o a capire qualcosa || *serpente dagli occhiali,* cobra **2.** *T.gioc.* nella dama, posizione di una pedina fra due pezzi avversari tale che sicuramente uno dei due verrà mangiato || *accr.* occhialóni || **N. 1.** *pince-nez,* visiera; OCCHIALETTO | asta o stanghetta, custodia, lenti | oculista, ottico | inforcare, portare. **TAV.** *alpinismo* 1.

occhialìno (*dim.* di *occhiale*) [a. 1726] **sm.** occhialetto.

occhialùto [da *occhiali*; a. 1928] **agg.** *scherz.* che porta gli occhiali, soprattutto se con lenti spesse.

occhiàre (pres. *òcchio*) [da *occhio*; a. 1558] **tr.** *raro* adocchiare.

occhiàta[1] [da *occhio*; 1427] **sf.** sguardo rapido ed espressivo: *mi ha lanciato un'occhiata di rimprovero, scambiarsi un'occhiata d'intesa* || *dare un'occhiata,* guardare fuggevolmente per un esame sommario: *dare un'occhiata al giornale*; anche sorvegliare, tener d'occhio: *dai un'occhiata al latte sul fuoco* || *dim.* occhiatìna; *pegg.* occhiatàccia || **N.** *Sin.* adocchiamento, cipiglio, guardata, piglio, sguardo, strizzata d'occhio | rapida | gettare, lanciare, scambiarsi | di sfuggita, di sotto in su, di straforo, di traverso, intorno.

occhiàta[2] [dal lat. *oculāta,* dotata di occhi; a. 1893] **sf.** *T.zool.* pesce commestibile degli Sparidi dagli occhi molto grandi e denti taglienti, diffuso in tutto il Mediterraneo.

occhiàto [da *occhio*; a. 1320] **agg.** con macchie o buchi simili a occhi: *la coda occhiata del pavone, formaggio occhiato.*

occhiatùra [da *occhiato*; 1958] **sf.** caratteristica di alcuni formaggi (ad es. il gruviera) di aver la pasta costellata di piccoli buchi.

occhiazzùrro [comp. di *occhio* e *azzurro*; a. 1729] **agg.** *poet.* che ha gli occhi azzurri.

occhicerùleo [comp. di *occhio* e *ceruleo*; 1822] **agg.** *poet.* che ha gli occhi cerulei || **N.** *Sin.* glaucopide.

occhieggiàre (pres. *-éggio*) [da *occhio*; 1584] **tr.** lanciare occhiate di tanto in tanto, più o meno apertamente o con intenzione: *occhieggiare una ragazza* || **intr.** (aus. *avere*) essere a momenti visibile e poi sparire; far capolino: *le fragoline occhieggiano tra le foglie* || **N.** GUARDARE.

occhiellàia [da *occhiello*; 1812] **sf.** operaia specializzata nella confezione di occhielli o asole.

occhiellatóre [da *occhiello*; 1889] **sm.** (f. *-trìce*) *T.magl.* artigiano specializzato nel praticare occhielli alle vele.

occhiellatrìce [da *occhiello*; 1925] **sf.** macchina per fare occhielli su stoffe || macchina che fissa occhielli metallici.

occhiellatùra [da *occhiello*; 1846 *ucchiellatura* nel senso 2] **sf. 1.** il fare occhielli **2.** serie di occhielli.

occhièllo [da *occhio*; 1356; 1869 nel senso 3] **sm. 1.** piccolo foro praticato su stoffa, cuoi, cartoni e sim., rinforzato sul bordo, attraverso cui passano legature, ganci e sim. || *in part.* negli abiti, ciascun taglietto orlato di filo, in cui entrano i bottoni, spec. quelli praticati nei risvolti delle giacche: *infilare un fiore all'occhiello*; *fig. fiore all'occhiello,* motivo di orgoglio: *il provvedimento sulle case è il fiore all'occhiello di questo governo* || *fig.* ferita d'arma da taglio: *gli fece un occhiello nel ventre* **2.** lo stesso anellino usato per rinforzare **3.** *T.tip.* il titolo di un libro o di un capitolo, posto su pagina bianca, innanzi al frontespizio || nei giornali, la breve scritta che a volte precede il titolo di un articolo || **N. 1.** *Sin.* asola **3.** *Sin.* mezzotitolo, soprattitolo. **TAV. *maglia...* p. 1316** 1.6, 1.14; ***tipografia* p. 1337** 11.3.

occhièra [da *occhio*; 1942] **sf.** bicchierino per bagni oculari, il cui orlo aderisce perfettamente all'orbita.

occhiétto (*dim.* di *occhio*) [a. 1484] **sm. 1.** occhio, spec. di bimbo, vivace ed espressivo: *due occhietti furbi* || *far l'occhietto,* fare l'occhiolino **2.** *T.tip.* occhiello.

òcchio (pl. *-chi*) [lat. *oculus*; a. 1250] **sm. 1.** ciascuno dei due organi simmetrici della vista grazie al quale gli stimoli luminosi sono trasmessi ai centri nervosi dando origine alle sensazioni visive; *occhio composto,* proprio degli Artropodi, costituito da una miriade di unità visive autonome || *in part.* nella fisionomia umana, elemento espressivo collegato a stati d'animo e intenzioni comunicative: *occhi minacciosi, compassionevoli*; *fare gli occhi dolci, di triglia,* languidi, da innamorato || in numerose espressioni proprie e fig.: *aprire gli occhi,* diventare accorti, accorgersi della verità; *aprire gli occhi a qualcuno,* metterlo in guardia; disingannarlo; *tenere gli occhi aperti,* essere vigili; anche nelle escl.: *occhio!, occhi aperti!,* stai, state attenti! || *eufem. chiudere gli occhi,* morire; *chiudere gli occhi a qualcuno,* assisterlo fino all'ultimo istante di vita; *non poter chiudere occhio,* non riuscire a dormire; *chiudere un occhio,* evitare di prendere i dovuti provvedimenti per clemenza o complicità; *a occhi chiusi,* fidandosi totalmente o con grande sicurezza; *strizzare l'occhio,* fare l'occhiolino; *essere un pugno in un occhio,* di elemento, che è sgradevolmente in contrasto estetico col resto; *essere come il fumo negli occhi, vedere qualcuno come il fumo negli occhi,* irritante e insopportabile; *gettare, buttare fumo* (*o polvere*) *negli occhi,* far apparire diversa la realtà, mistificare; *costare un occhio* (*della testa*), essere carissimo; *avere gli occhi foderati di prosciutto,* non vedere le cose più evidenti; *a vista d'occhio,* in modo vistosamente rapido: *crescere a vista d'occhio*; *in un batter d'occhio,* in un istante; *a occhio nudo,* senza l'ausilio di strumenti ottici: *stella visibile a occhio nudo* || *occhio per occhio dente per dente,* l'offesa si ripaga con altra offesa uguale (cfr. TAGLIONE) || *prov. occhio non vede cuore non duole,* ciò che non si vede non fa soffrire **2.** *per meton.* il senso della vista; l'atto del guardare: *avere l'occhio buono,* fine; *occhio di lince, di falco, d'aquila,* vista acutissima; anche *per meton.*: *un occhio di lince,* persona dalla vista formidabile || in alcune espr. proprie e fig.: *a occhio,* per quanto si può giudicare guardando: *a occhio mi sembrano dieci metri*; *a occhio e croce,* in modo approssimativo; *a perdita d'occhio,* fin dove può giungere lo sguardo; *guardare con la coda dell'occhio,* di traverso, senza muovere la testa; *sott'occhio,* vicino, a portata di sguardo; *tenere gli occhi addosso a qualcuno,* vigilarlo attentamente, senza distogliere lo sguardo; *mettere gli occhi addosso* *a qualcuno o a qualcosa,* osservare con grande attenzione o desiderio; *lasciare gli occhi su qualcosa,* desiderarla ardentemente; *mangiare, divorare con gli occhi,* guardare con desiderio intenso; *perdere d'occhio,* non vedere più, non poter più seguire con lo sguardo; *non perdere d'occhio, tener d'occhio,* vigilare di continuo; *dare nell'occhio,* essere vistoso; *dare, avere un occhio,* badare: *avere un occhio al gatto e uno alla padella,* tenere a bada contemporaneamente due situazioni; *avere un occhio di riguardo,* favorire || *prov. l'occhio del padrone ingrassa il cavallo,* è meglio curare personalmente le proprie faccende che fidarsi di altri || *fare l'occhio a qualcosa,* abituarsi a vederla || *essere tutt'occhi,* attentissimo || *balzare, saltare agli occhi,* essere molto evidente || *perdere il lume degli occhi,* adirarsi gravemente || *colpo d'occhio,* sguardo rapido che abbraccia un'immagine; *a colpo d'occhio,* a prima vista **3.** *fig.* senso critico, giudizio: *per questa faccenda ci vuole occhio, agli occhi della gente; vedere di buon occhio, di mal occhio,* considerare favorevolmente o sfavorevolmente || attenzione: *occhio alle borsette!* || *occhio clinico,* capacità che il medico ha di cogliere i sintomi di una malattia **4.** senso estetico: *una veduta che rinfranca, che appaga l'occhio; anche l'occhio vuole la sua parte,* si deve curare anche l'apparenza, la presentazione **5.** oggetto la cui forma ricorda quella di un occhio: *gli occhi della coda di pavone* || *in part. occhio del ciclone,* nel ciclone tropicale, area centrale caratterizzata da una diminuzione dei venti; *fig. essere nell'occhio del ciclone,* al centro di disavventure, polemiche e sim. || *fagioli dall'occhio,* piccoli e bianchi, con un dischetto scuro nella parte cava || *T.min. occhio di gatto,* varietà di quarzo contenente fibre di amianto che conferiscono una particolare lucentezza; *occhio di tigre,* varietà di quarzo con inclusioni giallo-marroni di ossido di ferro || gemma della pianta: *un ramo con numerosi occhi* || foro rotondo posto sul manico di attrezzi e strumenti: *l'occhio della zappa, gli occhi delle forbici* || *T.mar. occhio di bigotta,* foro da cui parte il cavo; *occhio di cubia,* v. CUBIA || *T.cuc. uova all'occhio di bue,* al tegamino, con tuorli interi; *occhio del brodo,* chiazza circolare di grasso che si forma sulla superficie del brodo || *T.tip.* nel carattere tipografico, la parte in rilievo che viene inchiostrata; *occhio medio,* il corpo centrale della lettera, senza aste superiori e inferiori || apertura circolare, foro; *T.arch. occhio di ponte,* foro di alleggerimento praticato tra due volte di un ponte || *dim.* occhiétto, occhiolìno, occhiettìno; *accr.* occhióne; *pegg.* occhiàccio || **N. 1.** abbacinato, acceso, acuto, a mandorla, amoroso, ardente, asciutto, assassino, assonnato, attonito, avido, bello, bieco, bovino, brillante, castano, ceruleo, cesio, chiaro, cisposo, compassionevole, cupo, diritto, dolce, espressivo, feroce, fiero, fisso, fulgido, furbo, glauco, grifagno, grigio, guercio, imbambolato, infossato, innocente, lacrimoso, languido, limpido, livido, losco, lucido, lustro, malinconico, mansueto, minaccioso, mite, obliquo, paterno, penetrante, pesto, porcino, puro, rilucente, sanguigno, sbarrato, screziato, scrutatore, sereno, sfavillante, sfolgorante, sgranato, sitibondo, smarrito, spaurito, spento, spiritato, sporgente, stralunato, supplice, supplichevole, tenero, torvo, traditore, triste, truce, vigile, vispo, vivace, vivo; fuori dalle orbite, iniettato di sangue | bulbo, caruncola lacrimale, ciglia, congiuntiva, cristallino, iride, macchia lutea, nervo ottico, orbita, palpebre, pupilla, sopracciglia, tuniche (cornea o sclerotica, coroide, retina), umore vitreo; occhiaia, orbita | albinismo, astigmatismo, cateratta, congiuntivite, daltonismo, emeralopia, esoftalmo, glaucoma, ipermetropia, leucoma, miopia, nictalopia, oftalmia, orzaiolo, presbiopia, ristagno, scotoma, strabismo | ammiccare, osservare, sbirciare, spiare, vedere, GUARDARE | abbacinare, abbassare, accecare, aggrottar le ciglia, alzare, chiudere, far solecchio, girare, serrare, stralunare, strizzare, stropicciare, tendere **2.** *Sin.* vista | oculista, ottico; decimo, diottria; enucleazione, paracentesi | lenti a contatto, occhiali, visiera; collirio, mascara, ombretto | cieco, guercio, losco; monocolo, occhiuto, oculare, oculato | -oftalmo, oftalmo-. **Q.T.** *anatomia* **TAV.** *chiesa* 1.1; ***anatomia* p. 642** 16; ***architettura* p. 646** 7.4a; ***tipografia* p. 1336** 1.4; ***utensili* p. 1340** 5.4.

occhiocòtto [comp. di *occhio* e *cotto,* per il color mattone dell'occhio; 1865] **sm.** uccello dei Passeriformi con testa nera e occhi rosso mattone con palpebra rossa, diffuso in zone arbustive || **N.** *Sin.* occhiorosso.

occhiolìno (*dim.* di *occhio*) [1518] **sm.** *fare l'occhiolino,* socchiudere un occhio in segno di intesa.

occhióne (*accr.* di *occhio*) [1554] **sm. 1.** uccello dei Caradriformi dai grandi occhi giallo-dorati e piumaggio striato; si nutre di insetti e piccoli vertebrati che caccia spec. di notte **2.** nei veicoli da traino, grosso anello cui viene agganciato il mezzo da trainare || **N. 1.** *Sin.* corrione.

occhiorósso [comp. di *occhio* e *rosso,* per il colore rosso della palpebra; a. 1871] **sm.** occhiocotto.

occhiùto [da *occhio*; a. 1530] **agg. 1.** pieno d'occhi: *il bel pavon l'occhiuta coda apria* (Carducci) **2.** che spia o sorveglia instancabilmente, spec. con cattive intenzioni.

occidentàle [lat. *occidentālis*; 1342] **I agg. 1.** che si trova a occidente: *Mediterraneo occidentale, emisfero occidentale* **2.** relativo alla cultura dei paesi europei e nordamericani: *abiti di foggia occidentale; blocco occidentale,* gli stati aderenti alla NATO **II s.** abitante od originario dell'Europa o dell'America del Nord.

occidentalìṣmo [da *occidentale*; 1921] **sm. 1.** posizione politica tendente a rafforzare la solidarietà tra i paesi occidentali, in part. tra Europa e Stati Uniti d'America **2.** corrente di pensiero, diffusa in Russia nel sec. XIX, che sostiene il ruolo fondamentale avuto dall'Occidente nella formazione della civiltà universale.

occidentalìsta [da *occidentale*; a. 1937] **s.** fautore dell'occidentalismo.

occidentalìstico (pl. *-ci*) [da *occidentalista*; 1950] **agg.** dell'occidentalismo.

occidentalizzàre [da *occidentale*; 1923] **tr.** imporre a un popolo la cultura e la civiltà dell'Occidente || ***intr. pron.*** fare proprie la cultura e la civiltà dell'Occidente.

occidentalizzazióne [da *occidentalizzare*; 1961] **sf.** atto ed effetto dell'occidentalizzare o dell'occidentalizzarsi.

occidènte [dal lat. *occidens, -entis*; a. 1250] **sm. 1.** la direzione in cui tramonta il sole: *perturbazioni provenienti da occidente, la Toscana è a occidente dell'Umbria* **2.** territorio posto a occidente || *per anton. l'Occidente,* con riferimento alla comune matrice storico-culturale, l'Europa occidentale e l'America del Nord || **N. 1.** *Sin.* ovest, ponente.

occìdere e der. forme arc. di UCCIDERE e der. (v.).

occìduo [dal lat. *occiduus*; a. 1514] **agg.** *poet.* che volge al tramonto: *il sole occiduo.*

-òccio [etim. inc.] **suff.** forma aggettivi che indicano il possesso di una certa qualità in grado attenuato rispetto a quello indicato dall'aggettivo da cui derivano: *belloccio, grassoccia.*

occipitàle [da *occipite*; 1659] **agg.** *T.anat.* dell'occipite: *osso occipitale* (o *sm. occipitale*), osso situato nella parte posteriore inferiore del cranio. **TAV. *anatomia* p. 642** 6.4.

occìpite [dal lat. *occiput, -itis*; 1583] **sm.** *T.anat.* la parte posteriore del cranio che corrisponde all'osso occipitale || l'osso stesso || **N.** *Sin.* collottola, nuca.

occiṣióne [dal lat. *occisio, -ōnis*; 1525] **sf.** *arc.* uccisione.

occitànico (pl. *-ci*) [da *Occitania,* da *oc*; a. 1827] **agg.** dell'antico provenzale; della lingua d'oc: *la letteratura, la poesia occitanica.*

occitàno [dal n. geogr. *Occitania*; a. 1913] **agg.** e **sm.** (f. *-a*) che o chi fa parte di una comunità nella quale si parla la lingua d'oc: *gli occitani del Piemonte.*

occlùdere (pres. *-ùdo* ecc., come CHIUDERE) [dal lat. *occlūdere*; 1869] **tr.** chiudere interrompendo un flusso (spec. nella terminologia medica e scientifica) || **N.** *Sin.* intasare, ostruire, otturare, tappare.

occluṣióne [dal lat. tardo *occlūsio, -ōnis*; a. 1911] **sf. 1.** atto ed effetto dell'occludere **2.** *T.med. occlusione intestinale,* ristagno di materie fecali in un tratto dell'intestino, dovuto a cause meccaniche o funzionali **3.** *T.ling.* fenomeno articolatorio per cui si verifica nell'apparato di fonazione una momentanea interruzione del flusso d'aria || **N. 1.** *Sin.* ostruzione, otturazione **2.** *Sin.* ileo.

occluṣìvo [da *occluso*; 1945] **I agg.** che si riferisce o che è dovuto a un'occlusione || *in part. T.ling. consonante occlusiva,* consonante nella cui articolazione si ha una momentanea occlusione del canale orale (per es. [p], [b], [t], [d], [k] e [g]) **II sf.** *T.ling.* consonante occlusiva. **TAV.** *fonetica...* 2.5, 2.6.

occlùṣo *pps.* di *occludere* (v.).

occluṣóre [da *occluso*; 1983] **sm.** disco di gomma o altro materiale, con cui si copre, a scopo terapeutico, una delle lenti degli occhiali, spec. dei bambini, per impedire la visione a un occhio.

occorrènte (*ppr.* di *occorrere*) [1635] **I agg.** che occorre o abbisogna a un dato effetto: *l'attrezzatura occorrente* **II sm.** ciò che occorre: *l'occorrente per scrivere* || **N. I** *Sin.* indispensabile, necessario **II** *Sin.* fabbisogno.

occorrènza [da *occorrere*; 1510] **sf. 1.** bisogno che può sorgere: *le occorrenze della vita* || *all'occorrenza,* in caso di bisogno || occasione, congiuntura **2.** rif. a simbolo di calcolo logico o matematico o rif. a elemento linguistico, comparsa, presenza: *contare le occorrenze di y in un'espressione* || **N. 1.** *Sin.* bisogno, evenienza, OCCASIONE.

occórrere (pres. *occórro* ecc., come CORRERE) [dal lat. *occurrere*; a. 1342 nel senso 2] **intr.** (aus. *essere*) **1.** essere necessario: *occorrono mille lire, non mi occorre nulla, occorre andare* **2.** *lett.* capitare, accadere, succedere || *in part.* comparire, ricorrere || **N. 1.** *Sin.* bisognare.

occórso (*pps.* di *occorrere*) [1686] **sm.** *arc.* avvenimento; incontro.

occultàbile [da *occultare*; 1863] **agg.** che si può occultare, nascondere; nascondibile.

occultaménto [da *occultare*; sec. XIV] **sm.** l'azione dell'occultare; *in part.* nel linguaggio militare, la sottrazione all'osservazione del nemico: *occultamento di carri armati, di manovre.*

occultàre [dal lat. *occultāre*; a. 1306] **tr. 1.** nascondere, celare: *occultò le prove, la refurtiva* **2.** *T.astr.* causare un'occultazione || **N.** *Sin.* NASCONDERE.

occultatóre [dal lat. *occultator, -ōris*; a. 1396 ca.] **agg.** e **sm.** (f. *-trìce*) che o chi occulta, nasconde.

occultazióne [dal lat. *occultātio, -ōnis*; a. 1330 ca.] **sf. 1.** *raro* occultamento **2.** *T.astr.* scomparsa di un astro alla vista per l'interposizione di un altro corpo celeste tra quello e la Terra.

occultìṣmo [dal ted. *Okkultismus*; 1890] **sm.** insieme di pratiche e dottrine legate alla convinzione dell'esistenza di forze naturali che si sottraggono alle normali osservazioni scientifiche || **N.** astrologia, cabala, metapsichica, spiritismo, teosofia, MAGIA.

occultìsta [da *occultismo*; 1908] ***s.*** chi si dedica all'occultismo.

occultìstico (pl. *-ci*) [da *occultista*; 1908] ***agg.*** che si riferisce all'occultismo: *pratiche occultistiche.*

occùlto [dal lat. *occultus*; 1308] ***agg.*** **1.** tenuto nascosto, segreto: *mire occulte, forze occulte della natura* **2.** arcano, esoterico: *poteri occulti; scienze occulte,* le presunte conoscenze che stanno alla base dell'occultismo || **occultaménte** ***avv.*** || **N. 1.** *Sin.* NASCOSTO, SEGRETO | *Contr.* manifesto, palese.

occupàbile [da *occupare*; 1788] ***agg.*** che si può occupare.

occupaménto [da *occupare*; 1342 ca.] ***sm.*** *raro* occupazione.

occupànte (*ppr.* di *occupare*) [1639] ***s.*** *T.giur. il primo occupante,* chi per primo occupa un luogo o una cosa, ancora non appartenente ad alcuno.

occupàre (pres. *òccupo*) [dal lat. *occupāre*; a. 1294] ***tr.*** **1.** di luogo, stanziarvisi e prenderne possesso, come azione di conquista, di protesta o esercitando un diritto: *le truppe hanno occupato la capitale, gli operai hanno occupato la fabbrica, occupare un alloggio* || *per estens.* tenere impegnato, non libero: *occupo la camera 103, se arrivi prima, occupa un posto anche per me* **2.** rif. a cariche, impieghi, rivestire, detenere: *occupa un posto di alta responsabilità* **3.** ingombrare, riempire: *così piegato occuperà pochissimo posto, l'armadio occupa metà parete, i pregiudizi occupano la mente degli stolti* || *fig.* impegnare, tenere in attività: *il nuovo lavoro lo occupa tutto il giorno, occupare le mani in qualche faccenda* **4.** impiegare, dare lavoro: *quella fabbrica occupa tremila operai* || ***intr. pron.*** **1.** dedicarsi; interessarsi: *mi occupo di politica, non occuparti degli affari altrui* **2.** incaricarsi, prendersi cura: *potresti occuparti del cane mentre sono in ferie?* **3.** trovare da lavorare: *mi sono occupato in quella ditta* || **N. *tr.* 1.** *Sin.* conquistare, espropriare, espugnare, invadere; installarsi, piazzarsi, stabilirsi **2.** *Sin.* ricoprire **3.** *Sin.* prendere, tenere | ***intr. pron.* 1.** *Sin.* attendere, curarsi **2.** *Sin.* accudire, badare.

occupàto (*pps.* di *occupare*) [a. 1342 nel senso 2] ***agg.*** **1.** non libero, perché tenuto o usato da qualcuno: *posto occupato, le camere dell'albergo sono tutte occupate, il telefono è ancora occupato, dà* (*il segnale di*) *occupato* **2.** di persona, intento, affaccendato: *è occupato a scrivere, in questo momento sono molto occupato* **3.** che esercita un'attività retribuita: *le persone occupate nel terziario* || **N. 1.** *Sin.* impegnato; assegnato, prenotato, riservato | *Contr.* disponibile, libero **2.** *Sin.* indaffarato, preso **3.** *Contr.* disoccupato.

occupatóre [dal lat. *occupator, -ōris*; a. 1324] ***agg.*** e ***sm.*** (f. *-trice*) che o chi occupa, prende possesso.

occupazionàle [da *occupazione*; 1963] ***agg.*** relativo all'occupazione lavorativa: *la difesa dei livelli occupazionali.*

occupazióne [dal lat. *occupātio, -ōnis*; 1301] ***sf.*** **1.** atto ed effetto dell'occupare (nel senso 1): *l'occupazione del paese nemico, occupazione delle fabbriche* **2.** *T.giur.* modo acquisitivo di proprietà, quando si tratti di cosa, suscettiva di dominio, che non sia di nessuno **3.** lavoro retribuito, impiego: *non ha ancora un'occupazione fissa* || attività, interesse: *è una persona con molte occupazioni* **4.** *per meton.* la condizione di chi ha un lavoro retribuito, e degli occupati nel loro insieme: *il livello dell'occupazione, mantenere, difendere l'occupazione* || *dim.* occupazioncèlla || **N. 1.** *Sin.* conquista, invasione, presa **3.** *Sin.* affare, briga, carica, cura, faccenda; *hobby,* passatempo, svago.

oceanàuta [comp. di *ocea*(*no*) e *-nauta*; 1981] ***s.*** ricercatore scientifico fornito di speciali attrezzature che gli consentono di rimanere a lungo sul fondo marino per fare rilevamenti ed esperimenti.

oceanïàno [dal n. geogr. *Oceania*; 1958] **I** ***agg.*** dell'Oceania **II** ***sm.*** (f. *-a*) abitante o nativo dell'Oceania.

oceànico (pl. *-ci*) [dal lat. tardo *oceanicus*; a. 1798 nel senso 2] ***agg.*** **1.** proprio dell'oceano: *flora, fauna oceanica* **2.** *fig.* immenso, grandioso come un oceano: *una folla oceanica.*

oceanìno [da *oceano*; 1728] ***agg.*** *lett.* di o dell'oceano: *ninfe oceanine,* ninfe del mare.

oceanìstica [dal n. geogr. *Oceania*; 1958] ***sf.*** parte della geografia antropica che si interessa dell'Oceania.

ocèano [dal lat. *ōceanus*; 1374 *occeano*] ***sm.*** ciascuna delle parti in cui viene solitamente suddivisa la massa d'acqua che circonda e separa i continenti: *oceano Indiano, Atlantico* || *fig.* mare, immensità: *un oceano di spropositi* || **N.** MARE. **Q.T.** *geografia* **TAV.** *geografia* 1.10.

oceanografìa [comp. di *oceano* e *-grafia*; 1895] ***sf.*** la scienza che studia il mare sotto gli aspetti fisico, chimico e biologico || **N.** *Sin.* talassografia; talassobiologia.

oceanogràfico (pl. *-ci*) [da *oceanografia*; 1906] ***agg.*** di oceanografia: *museo oceanografico.*

oceanògrafo [da *oceanografia*; a. 1916] ***sm.*** (f. *-a*) studioso di oceanografia.

ocellàto [da *ocello*; 1875] ***agg.*** **1.** di animale, che presenta ocelli o macchie simili a ocelli **2.** *T.zool.* di invertebrato, fornito di piccoli occhi semplici (*ocelli*). **TAV.** ***pesci*** **p. 1331** 4.

ocèllo [dal lat. *ocellus*; 1875 nel senso 2] ***sm.*** **1.** *T.zool.* ciascuno dei piccoli occhi semplici che sono propri degli invertebrati **2.** *T.zool.* ciascuna delle macchie rotonde circondate da un anello scuro, presenti nelle ali delle farfalle. **TAV.** *zootecnia* 2.3.

ocelot (fr., pr. [os'lo]) o **ozelòt** [da una voce azteca; 1969] ***sm. inv.*** **1.** mammifero dei Felidi, detto anche *gattopardo americano* **2.** la pelliccia pregiata di questo animale.

ochétta (*dim.* di *oca*) [1947] ***sf.*** **1.** piccola oca || *fam.* donna frivola e banale || *fig. fare le ochette,* detto delle onde del mare quando, increspandosi per il vento, si infrangono in una spuma bianca **2.** recipiente con beccuccio a forma di tubicino, usato per dare da bere agli ammalati che non possono sollevare il busto.

òcimo [dal gr. *ṓkimon*, basilico; a. 1498] ***sm.*** *T.bot.* genere di piante erbacee, tra cui il basilico.

ocimòide [dal gr. *ōkimoeidḗs*, simile al basilico; 1563] ***sf.*** *T.bot.* saponaria.

oclocràtico (pl. *-ci*) [da *oclocrazia*; 1806] ***agg.*** di oclocrazia.

oclocrazìa [dal gr. *ochlokratía*, potere della massa; a. 1550] ***sf.*** governo della plebe.

oclologìa [comp. del gr. *óchlos*, folla e *-logia*; 1958] ***sf.*** studio dei comportamenti della folla, spec. di quelli legati alla sua facile impressionabilità ed eccitabilità.

ocotòna [voce di origine mongola; 1935] ***sf.*** piccolo roditore simile alla cavia, con pelo fitto e orecchie arrotondate, che vive nei climi freddi.

òcra [dal lat. *ōchra*; a. 1347 *ocria*] **I** ***sf.*** terra di color giallo-rossiccio costituita in prevalenza da limonite (*ocra gialla*) o ematite (*ocra rossa*), usata come pigmento colorante || ***sm.*** giallo tendente al bruno-rossiccio: *l'ocra non ti dona* **II** ***agg. inv.*** (sempre posposto) del colore dell'ocra: *un abito ocra.*

ocràceo [da *ocra*; 1806] ***agg.*** **1.** che contiene ocra **2.** di colore simile all'ocra.

òcrea [dal lat. *ocrea*, gambale; 1834] ***sf.*** *T.bot.* guaina che circonda la parte di ramo o di fusto compresa tra due nodi.

òcta- V. OTTA-.

octàstilo V. OTTASTILO.

Octòpodi V. OTTOPODI.

oculàre [dal lat. tardo *oculāris*; a. 1535] **I** ***agg.*** relativo all'occhio: *bulbo oculare, affezione oculare* || *testimone oculare,* chi riferisce una cosa da lui veduta coi propri occhi || **ocularménte** ***avv.*** con i propri occhi: *verificare ocularmente* **II** ***sm.*** in uno strumento ottico, la lente situata dalla parte dove si applica l'occhio dell'osservatore. **TAV.** *cinematografia...* 12.3; *geografia*; ***astronomia*** **p. 656** 7.3; ***ottica*** **p. 1329.**

oculatézza [da *oculato*; a. 1686 *occulatezza*] ***sf.*** qualità di chi o di ciò che è oculato: *l'oculatezza di un'amministrazione* || **N.** *Sin.* accortezza, attenzione, avvedutezza, circospezione, sagacia, vigilanza.

oculàto [dal lat. *oculātus*; 1308] ***agg.*** **1.** avveduto, cauto, ponderato: *una decisione oculata* **2.** *ant.* fornito di occhi **3.** *ant.* che ha visto con i propri occhi || **oculataménte** ***avv.*** || **N. 1.** *Sin.* accorto, attento, avveduto, circospetto, sagace, vigile.

oculifórme [comp. del lat. *oculus* e *-forme*; 1958] ***agg.*** a forma di occhio: *chiazze, macchie oculiformi,* le macchie che si trovano sul corpo di alcuni animali (per es. quelle sulla coda del pavone).

oculìsta [dal lat. *oculus*; 1598] ***s.*** medico specializzato in oculistica. **Q.T.** *medicina.*

oculìstica [da *oculista*; 1856] ***sf.*** *T.med.* parte della medicina che tratta delle malattie dell'occhio.

oculìstico (pl. *-ci*) [da *oculista*; 1891] ***agg.*** di oculistica o di oculista: *studio oculistico, terapia oculistica.*

òculo- [dal lat. *oculus*] ***primo elem.*** che, in parole composte della terminologia medica, vale "occhio".

oculomotóre [comp. di *oculo-* e *motore*; 1929] ***agg.*** *T.anat.* di nervo, la cui funzione è di muovere i muscoli dell'occhio.

oculomozióne [comp. di *oculo-* e *mozione*; 1958] ***sf.*** *T.anat.* motilità dell'occhio: *difetto di oculomozione; oculomozione estrinseca,* propria di tutto il bulbo oculare rispetto all'orbita; *oculomozione intrinseca,* propria soltanto della muscolatura dell'iride.

od (pr. [od]) [lat. *āut*; a. 1249] ***cong.*** *disgiuntiva* lo stesso che *o*, con l'aggiunta della *d* eufonica; si usa davanti a vocale, spec. se altra *o*: *che tu sii od ombra od omo certo* (Dante).

òda V. ODE.

odalìsca [dal fr. *odalisque*, dal turco *odaliq*, ancella; 1835] ***sf.*** schiava addetta all'harem || *impropr.* concubina dei sultani.

odassìsmo [dal gr. *odaxēsmós*, prurito; 1834] ***sm.*** *raro T.med.* caratteristico prurito alle gengive che precede lo spuntare dei denti.

oddìo [comp. di *o*[1] e di *dio*[1]; 1939] ***escl.*** esprime rammarico, disappunto o incertezza: *oddio, ci siamo dimenticate di invitare Guido!* || può avere anche valore di attenuazione: *oddio, proprio ricchi non sono, diciamo benestanti.*

òde (arc. *òda*) [dal lat. tardo *ōde*, gr. *ōidḗ*; a. 1375] ***sf.*** componimento lirico della poesia classica, e per imitazione anche della poesia moderna, di varia forma metrica e strofica e di vario contenuto, prevalentemente a carattere civile e morale || *odi barbare,* che imitano i metri greci o latini || *dim.* odicìna || **N.** *Sin.* carme, POESIA | alcaica, anacreontica, pindarica, saffica.

odèon [dal gr. *ōideion*; 1598 *odeo*] ***sm. inv.*** edificio coperto, di forma simile a quella di un teatro, che, nella antica Grecia e in Roma, era destinato ai concerti musicali || oggi, nome di molti teatri e cinematografi (con accento anticipato ['ɔdeon]). **Q.T.** *teatro.*

odepòrico (pl. *-ci*) [dal gr. *hodoiporikós*; a. 1660] **I** ***agg.*** *raro lett.* relativo a viaggio **II** ***sm.*** *raro lett.* itinerario, descrizione di un viaggio.

odiàbile [da *odiare*; 1308 *odibile*] **agg.** da odiare; che può essere odiato.

odiàre (pres. *òdio*) [da *odio*; a. 1250] **tr.** avere in odio, detestare: *odiare a morte qualcuno, farsi odiare* ‖ non sopportare: *odiare i pettegolezzi, i formalismi* ‖ **N.** *Sin.* abominare, aborrire, avversare, detestare, esecrare, maledire, rifuggire | avercela, avere cattivo sangue con qualcuno, non poter soffrire, vedere di malocchio.

odiatóre [da *odiare*; fine sec. XIII] **sm.** (f. *-trìce*) *non com.* chi odia: *odiatore di poeti.*

odièrno [dal lat. *hodiernus*; 1336 ca.] **agg.** **1.** di oggi: *edizione odierna del bollettino* **2.** *per estens.* del tempo attuale: *le odierne scoperte scientifiche* ‖ **odiernaménte** **avv.** *non com.* ‖ **N. 2.** *Sin.* moderno.

-odinìa [dal gr. *-ōdynía*, da *odýnē*, dolore] **elem. term.** che, in parole composte della terminologia medica, vale "dolore fisico": **gastrodinìa**.

odìno- [dal gr. *odýnē*, dolore] **primo elem.** che, in parole composte della terminologia medica, vale "dolore fisico" (per es. *odinofagia, odinometro*).

odinofagìa [comp. di *odino-* e *-fagia*; 1958] **sf.** *T.med.* deglutizione dolorosa.

odinòlisi [comp. di *odino-* e *-lisi*; 1970] **sf.** *T.med.* diminuzione o totale scomparsa del dolore.

odinòmetro [comp. di *odino-* e *-metro*; 1954] **sm.** *T.med.* apparecchio con cui si misura la reazione agli stimoli dolorosi.

òdio (pl. *òdii*) [dal lat. *odium*; a. 1294] **sm.** sentimento d'avversione per cui si desidera il male altrui: *avere in odio qualcuno, nutrire odio per qualcuno, contro qualcuno*; *prendere in odio*, cominciare a odiare ‖ *essere in odio a qualcuno*, essere odiato ‖ con significato meno forte, intolleranza, ripugnanza o fastidio: *avere in odio i convenevoli* ‖ **N.** *Sin.* abominazione, aborrimento, accanimento, animosità, antipatia, astio, avversione, contraggenio, corruccio, disprezzo, esecrazione, inimicizia, livore, malevolenza, ostilità, rabbia, rancore, ribrezzo, ripugnanza, risentimento, ruggine, sdegno, stizza | accanito, acerrimo, atroce, cieco, compresso, estremo, fanatico, feroce, immenso, implacabile, impotente, inestinguibile, inveterato, mortale, profondo, rabbioso, truce, violento | accendere, aizzare, avvampare, covare, fomentare, istigare, nutrire, palesare, scemare, seminare, suscitare; convertirsi in odio, venir in odio.

odiosamàto [comp. di *odioso* e *amato*; 1803] **agg.** *poet.* che viene amato e odiato contemporaneamente.

odiosità [da *odioso*; 1640] **sf.** carattere di chi o di ciò che è odioso: *odiosità di un comportamento* ‖ *concr.* atto o parola odiosi, spiacevoli.

odióso [dal lat. *odiōsus*; a. 1347] **agg.** che suscita o merita odio: *una persona odiosa, un odioso provvedimento* ‖ *per estens.* antipatico, sgradevole: *mi hanno affidato un lavoro odioso* ‖ **odiosaménte** **avv.** ‖ **N.** *Sin.* detestabile, esecrabile, inviso, malvisto, malvoluto, ripugnante, sgradito, spiacevole.

odissèa [dal titolo del famoso poema di Omero; a. 1827] **sf.** serie di casi disgraziati; lunga peregrinazione, avventurosa e travagliata: *l'odissea degli scampati al naufragio* ‖ **N.** *Sin.* peripezie.

òdo- [dal gr. *odós*, strada] **primo elem.** che, in parole composte dotte o della terminologia scientifica, vale "via, strada" (per es. *odonomastica*) o "cammino, percorso" (per es. *odografo, odometro*).

odògrafo [comp. di *odo-* e *-grafo*; 1958] **sm.** *T.mecc.* curva che rappresenta la velocità istantanea di un punto materiale in movimento.

odologìa [comp. di *odo-* e *-logia*; 1958] **sf.** *T.med.* studio delle vie nervose del sistema nervoso centrale.

odòmetro [dal gr. *odómetron*; 1660] **sm.** *T.fis.* strumento per la misurazione della strada percorsa da un veicolo terrestre.

Odonàti (sing. *-o*) [dal gr. *odóus, odóntos*, dente; 1834] **sm. pl.** *T.zool.* ordine di insetti Ortotteri, provvisti di un robusto apparato boccale munito di mandibole dentate; tra di essi la libellula. **Q.T.** *zoologia.*

odonomàstica [comp. di *odo-* e *-onomastica*; 1950] **sf.** insieme dei nomi delle strade e la disciplina che se ne occupa.

odonomàstico (pl. *-ci*) [da *odonomastica*; 1965] **agg.** relativo all'odonomastica.

odontalgìa (pl. *-gìe*) [comp. di *odonto-* e *-algia*; 1778] **sf.** *T.med.* nome generico del dolore di denti.

odontàlgico (pl. *-ci*) [da *odontalgia*; 1821] **agg.** *T.med.* che ha rapporto con l'odontalgia: *rimedio odontalgico*, che placa il dolore di denti.

-odónte [dal gr. *odóus, odóntos*, dente] **elem. term.** che, in parole composte della terminologia zoologica, vale "dente" (per es. *ipsodonte, mastodonte, tecodonte*).

odònto- (*odònt-* davanti a voc.) [dal gr. *odóus, odóntos*, dente] **primo elem.** che, in parole composte della terminologia scientifica e di quella medica, vale "dente" (per es. *odontoiatra, odontometro, odontotecnica*).

Odontocèti (sing. *-o*) [comp. di *odonto-* e *-ceto*; 1931] **sm. pl.** *T.zool.* sottordine di Cetacei privi di fanoni e dotati di denti conici; tra di essi il delfino, l'orca, il capodoglio.

odontogènesi [come di *odonto-* e *genesi*; 1931] **sf.** *T.med.* processo di formazione e di sviluppo dei denti sia nell'embrione, sia nella dentizione permanente.

odontoiàtra [comp. di *odonto-* e *-iatra*; 1931] **s.** medico specialista delle malattie dei denti; dentista.

odontoiatrìa [comp. di *odonto-* e *-iatria*; 1887] **sf.** parte della medicina che studia le malattie dei denti e la loro cura ‖ **N.** DENTI. **TAV. *medicina...* p. 1320** 20.

odontoiàtrico (pl. *-ci*) [comp. di *odonto-* e *-iatrico*; 1888] **agg.** di odontoiatria, di odontoiatra.

odontologìa (pl. *-gìe*) [comp. di *odonto-* e *-logia*; 1803] **sf.** *non com.* lo studio e la cura dei denti, odontoiatria.

odontològico (pl. *-ci*) [da *odontologia*; 1958] **agg.** *T.med.* relativo all'odontologia.

odontòma [comp. di *odonto-* e *-oma*; a. 1883] **sm.** *T.med.* tumore benigno costituito da tessuti dentari.

odontòmetro [comp. di *odonto-* e *-metro*; 1930] **sm.** *T.filat.* piccolo strumento di cartoncino, plastica o metallo, usato per misurare la dentellatura dei francobolli. **TAV.** *filatelia* 8.5.

odontoscòpio (pl. *-pi*) [comp. di *odonto-* e *-scopio*; 1958] **sm.** **1.** *T.filat.* odontometro **2.** *T.med.* in odontoiatria, specchietto usato per l'ispezione dei denti.

odontostomatologìa [comp. di *odonto-* e *stomatologia*; 1983] **sf.** settore della medicina che si occupa dell'apparato boccale e dentale.

odontotècnica [comp. di *odonto-* e *tecnica*; 1942] **sf.** tecnica relativa alla preparazione di protesi dentarie.

odontotècnico (pl. *-ci*) [comp. di *odonto-* e *tecnico*; 1934 come sm.] **I agg.** che si riferisce all'odontotecnica: *laboratorio odontotecnico* **II sm.** (f. *-a*) tecnico specializzato in preparazioni di protesi dentarie.

odoràbile [dal lat. tardo *odorābilis*; 1551] **agg.** che si può odorare.

odoràre (pres. *-óro*) [dal lat. *odorāri*; 1308] **tr.** fiutare, sentire l'odore: *odorare un fiore* ‖ *fig.* avere sentore di: *odorare l'inganno* ‖ **intr.** (aus. *avere*) mandare odore: *le rose odorano gradevolmente, il bucato odora di pulito* ‖ *fig.* dare l'impressione, far presentire: *odorare di bugiardo* ‖ **N. tr.** *Sin.* annusare; braccheggiare, subodorare | **intr.** *Sin.* ammorbare, intanfire, olezzare, profumare, putire, puzzare.

odoratìvo [dal lat. tardo *odoratīvus*; a. 1558] **agg.** *raro* olfattivo.

odoràto[1] [dal lat. *odorātus*; a. 1292] **sm.** senso dell'olfatto.

odoràto[2] [da *odorare*; sec. XIV] **agg.** *lett.* odoroso: *oh, siediti a le nostre ombre odorate* (Carducci).

odóre [lat. *odor*; 1319] **sm.** **1.** sensazione percepita dalle terminazioni olfattive al contatto di molecole volatili di particolari corpi: *cattivo, buon odore, odore acre, odore di vernice* ‖ *per meton. ant.* sostanza odorosa: *metti nel fazzoletto un po' d'odore* **2.** *pl.* erbe aromatiche adoperate per dare sapore alle vivande: *un mazzetto di odori* **3.** *fig.* indizio, sentore: *odore di quattrini, sento odor di guai*; *odor di polvere*, di battaglia vicina ‖ *essere, morire in odore di santità*, in fama di santità ‖ *dim.* odorìno, odorétto; *spreg.* odorùccio; *pegg.* odoràccio ‖ **N. 1.** *Sin.* afrore, aroma, effluvio, esalazione, essenza, fetore, fragranza, lezzo, mefite, miasma, olezzo, profumo, puzzo, tanfo | acre, acuto, aromatico, balsamico, buono, cattivo, crudo, delicato, delizioso, dolce, fastidioso, fetido, forte, fragrante, gentile, gradito, grato, inebriante, nauseabondo, penetrante, ripugnante, soave, squisito | annusare, avvertire, effondere, esalare, mandare, sentire, sviluppare | deodorante; olfatto **2.** acetosa, alloro, aneto, basilico, borragine, cerfoglio, crescione, dragoncello, erba cipollina, erba di San Pietro, maggiorana, menta, origano, prezzemolo, rafano, rosmarino, ruta, salvia, santoreggia, timo.

odorìfero [dal lat. *odōrifer*; 1282] **agg.** *lett.* che manda odore, che contiene sostanze odorose: *fieno odorifero.*

odorìfico (pl. *-ci*) [comp. di *odore* e *-fico*; fine sec. XIII] **agg.** *non com.* odoroso.

odorìno (*dim.* di *odore*) [1615] **sm.** **1.** odore gradevole e stuzzicante, spec. di cibo: *dalla cucina arriva un odorino* **2.** *iron.* puzza, cattivo odore.

odorizzànte (*ppr.* di *odorizzare*) [1958] **agg.** e **sm.** detto di sostanza (spec. composto organico dello zolfo o dell'azoto) impiegata nel corso dell'odorizzazione.

odorizzàre [da *odore*; 1958] **tr.** aggiungere sostanze dall'odore forte ad altre sostanze prive di odore, per renderle percepibili all'olfatto: *odorizzare il gas.*

odorizzatóre [da *odorizzare*; 1958] **sm.** sostanza dall'odore penetrante utilizzata per l'odorizzazione.

odorizzazióne [da *odorizzare*; 1958] **sf.** atto ed effetto dell'odorizzare.

odoróso [da *odore*; 1353] **agg.** che ha buon odore, profumato: *erbette odorose* ‖ **odorosaménte** **avv.** ‖ **N.** *Sin.* aromatico, fragrante, odorifero, olente, olezzante.

oersted (dan., pr. [ˈœrsteð]; pr. it. [ˈœrsted], [ˈɛrsted]) [dal n. proprio H.Ch. *Ørsted*; 1937] **sm.** *inv.* unità di misura dell'intensità di campo magnetico, nel sistema CGS.

ofelimità [dal gr. *ophélimos*, vantaggioso; 1906] **sf.** sensazione soggettiva di piacere derivante dall'uso o dalla semplice detenzione di un bene.

off (ingl., pr. [ɒf]) [letter. fuori; 1974] **agg.** *inv.* (sempre posposto) **1.** negli apparecchi elettrici, dicitura che indica la posizione di spento, non attivato, in contrapposizione a *on* **2.** detto di forma di spettacolo alternativa: *cinema off, teatro off* ‖ *per estens.* detto di regista, attori, strutture e sim. alternative ‖ **N. 1.** *Sin.* chiuso, spento **2.** *Sin.* d'avanguardia, sperimentale.

òffa [dal lat. *offa*; a. 1498] ***sf.*** *lett.* per gli antichi Romani, focaccia di farro; era il boccone che si gettava a Cerbero per ammansirlo, da cui: *dare* o *gettare l'offa a qualcuno*, acquietarlo con doni, con mance || *dim.* offèlla.

offèlla (*dim.* di *offa*) [a. 1548] ***sf.*** *ant.* o *dial.* focaccina, schiacciata di pasta sfoglia.

offèndere (pres. *-èndo* ecc., come DIFENDERE; pps. ant. *offènso*) [lat. *offendere*, urtare; a. 1292] ***tr.*** **1.** rif. a persona, colpirne la dignità, l'onore ecc. trattandola senza il dovuto riguardo o con disprezzo: *il tuo comportamento mi offende, non vorrei offenderti* || *fig.* rif. a regole, norme o valori, violarle: *offendere la legge, il buon gusto* **2.** ledere, ferire, rif. a parti di un organismo: *il colpo mi ha offeso un arto* || ***intr. pron.*** provare risentimento in seguito al comportamento di altri: *non offenderti se ti dico che hai sbagliato; si è offeso del (per il) mancato invito, perché non è stato invitato* || **N. 1.** *Sin.* ingiuriare, oltraggiare, pungere; disgustare, molestare; infrangere, ledere | ***intr. pron.*** *Sin.* risentirsi, sdegnarsi.

offendévole [da *offendere*; a. 1342] ***agg.*** *ant.* offensivo.

offendìbile [da *offendere*; a. 1502] ***agg.*** *non com.* che può essere offeso || *luogo offendibile*, attaccabile.

offendìcola o **offendìcula** [dal lat. *offendicula*; a. 1342] ***sm. pl.*** ostacolo, inciampo; *in part.* punte di vetro o metallo, filo spinato ecc. a protezione di una proprietà.

offensióne [dal lat. *offensio, -ōnis*; sec. XIII] ***sf.*** *arc.* offesa.

offensiva [da *offensivo*; a. 1556] ***sf.*** *T.mil.* assalto, attacco: *prendere l'offensiva, passare all'offensiva*, iniziare un'azione di attacco; anche *fig.*: *l'offensiva dei cobas per il rinnovo del contratto* || **N.** *Contr.* difensiva | controffensiva.

offensìvo [da *offendere*; 1559 nel senso 2] ***agg.*** **1.** che costituisce un'offesa: *discorso, atteggiamento offensivo* **2.** *T.mil.* predisposto o attuato per condurre un'offensiva: *armi, azioni offensive* || **offensivaménte** ***avv.*** || **N. 1.** *Sin.* disonorevole, ingiurioso, irriverente, lesivo, mordace, oltraggioso **2.** *Contr.* difensivo, pacifico.

offènso *pps. ant.* di *offendere* (v.).

offensóre [dal lat. tardo *offensor, -ōris*; sec. XIV nel senso 2] ***sm.*** (f. *offenditrice*) **1.** chi offende **2.** *T.mil.* chi attacca per primo.

offerènte (*ppr.* di *offerire*) [sec. XIV] ***s.*** chi offre un prezzo, spec. nelle vendite all'asta: *l'ha venduto al primo, al migliore offerente* || **N.** *Sin.* oblatore.

offerire (pres. *-ìsco, -ìsci*) [lat. volg. **offerīre*; 1353] ***tr.*** *arc.* offrire.

offèrta [da *offerto*; 1305] ***sf.*** **1.** azione dell'offrire: *ricevere un'offerta di ospitalità* || *T.giur. offerta reale*, offerta formale per mezzo di notaio o di altro pubblico ufficiale, effettuata depositando la cosa o la somma dovuta; è il mezzo che ha il debitore di liberarsi dell'obbligazione, quando il creditore non voglia accettare la cosa dovutagli || *concr.* ciò che viene offerto: *raccogliere le offerte in chiesa, un'offerta cospicua* **2.** proposta: *offerta di impiego, di matrimonio* || *in part.* proposta di prezzo per cosa messa all'asta: *ci sono offerte migliori?* **3.** *T.econ.* l'insieme o la quantità di un bene messo a disposizione sul mercato: *l'offerta è superiore alla domanda* || *pegg.* offertàccia || **N. 1.** *Sin.* dono, oblazione, obolo, regalo | avara, forzata, generosa, grande, grata, larga, meschina, misera, modesta, piccola, povera, sgradita, spilorcia, splendida, spontanea | accettare, accogliere, dedicare, fare, porgere, presentare, raccogliere, respingere, rifiutare, sdegnare.

offèrto (*pps.* di *offrire*) [1319] ***sm.*** *ant.* oblato.

offertòrio (pl. *-ri*) [dal lat. tardo *offertorium*; sec. XIV] ***sm.*** *T.eccl.* parte della Messa nella quale il sacerdote offre a Dio il pane e il vino || le preghiere, e talora la musica, che accompagnano tale parte della Messa.

offésa [lat. *offensa*; a. 1250] ***sf.*** **1.** danno morale che si arreca a una persona o a un'istituzione con atti o con parole; gli atti e le parole stesse: *offesa grave, imperdonabile, offesa alla giustizia, alle istituzioni* **2.** *T.mil.* azione di attacco diretta verso il nemico: *prepararsi all'offesa* || *T.sport.* attacco **3.** danno, lesione: *le offese del tempo* || **N. 1.** *Sin.* affronto, dispetto, disprezzo, ingiuria, insulto, oltraggio, onta, provocazione, schiaffo morale, sfregio, smacco, villania | acerba, continua, dura, grave, iniqua, insopportabile, involontaria, lieve, mortale, pungente, ripetuta, sanguinosa, volontaria | cancellare, dimenticare, fare, perdonare, recare, ricambiare, rintuzzare, riparare, scontare, sopportare, sostenere | ammenda, perdono, permalosità, ritrattazione, soddisfazione, vendetta | legarsela al dito, rendere pan per focaccia.

offéso (*pps.* di *offendere*) [sec. XIII] **I** ***agg.*** **1.** di persona, oltraggiato, risentito: *dopo le tue parole se ne è andato offeso* **2.** di parti di un organismo, leso, ferito: *organo offeso* **II** ***sm.*** (f. *-a*) chi ha subito un'offesa: *fare l'offeso*, mostrarsi risentito, sdegnato anche senza motivo || **N.** I **1.** *Sin.* disonorato, ingiuriato, insultato, maltrattato, molestato, oltraggiato, percosso, provocato, schiaffeggiato, vilipeso **2.** *Sin.* colpito, danneggiato, leso.

office (ingl., pr. [ˈɒfɪs]) [letter. *ufficio*; 1933] ***sm.*** *inv.* locale di servizio che precede le grosse cucine di ristoranti, alberghi e sim.

office automation (ingl., pr. [ˌɒfɪs ɔːtəˈmeɪʃən]) [letter. automazione (del lavoro) d'ufficio; 1988] ***loc. f. inv.*** *T.inform.* l'insieme delle macchine e dei programmi per automatizzare il lavoro d'ufficio, facendo svolgere dal calcolatore una parte delle procedure (amministrative, contabili, di archiviazione ecc.) || **N.** *Sin.* burotica.

officiàle V. UFFICIALE.

officiànte (*ppr.* di *officiare*) (meno com. *ufficiànte*) [1869 *ufiziante*] ***sm.*** *T.rel.* chi presiede a una cerimonia religiosa in qualità di celebrante.

officiàre (pres. *-ìcio*) [dal lat. mediev. *officiāre*; a. 1342 *uficiare*] ***intr.*** (aus. *avere*) *T.rel.* celebrare in chiesa gli uffici divini || ***tr.*** nell'espr. *officiare una chiesa*, celebrarvi le funzioni.

officiatùra V. UFFICIATURA.

officìna [dal lat. *officīna*; sec. XIV] ***sf.*** **1.** stabilimento artigianale o industriale opportunamente attrezzato per lavori meccanici, sia di produzione sia di riparazione e manutenzione: *officina tipografica, elettromeccanica* **2.** *fig.* luogo di fervida attività letteraria o artistica **3.** *arc.* farmacia || **N. 1.** *Sin.* cantiere, fabbrica, ferriera, fonderia, fucina, laboratorio, magona, opificio. **TAV. *automobile* p. 658** 4.17.

officinàle [da *officina*; a. 1758] ***agg.*** di preparati medicinali o di erbe, che servono a scopi farmaceutici o terapeutici, o che sono confezionati dal farmacista. **Q.T.** *erboristeria.*

officio V. UFFICIO.

officiosità [dal lat. tardo *officiositas, -ātis*; a. 1320] ***sf.*** *lett.* carattere di ciò che è officioso: *essere pieno di officiosità* || *concr.* atto o detto officioso || **N.** *Sin.* cortesia, urbanità.

officióso [dal lat. *officiōsus*; sec. XIV] ***agg.*** **1.** *lett.* che rende volentieri servigi, premuroso **2.** *arc.* ufficioso || **officiosaménte** ***avv.*** || **N. 1.** *Sin.* cortese.

offìzio ***sm.*** *arc.* V. UFFICIO.

offizióso ***agg.*** *raro* V. OFFICIOSO.

off limits (ingl., pr. [ˌɒfˈlɪmɪts]) [letter. fuori dai limiti; 1950] ***loc. agg. inv.*** e ***loc. avv.*** **1.** *non com.* detto di luogo in cui è vietato l'accesso ai militari americani || *per estens.* detto di luogo in cui è proibita l'entrata, il passaggio e sim. **2.** *fig.* proibito, vietato: *discorsi off limits.*

off-line (ingl., pr. [ˈɒflaɪn]) [letter. fuori linea; 1983] **I** ***sm.*** *inv.* *T.inform.* stato di una periferica che, pur essendo fisicamente collegata a un calcolatore, non si trova sotto il suo diretto controllo **II** ***agg. inv.*** (sempre posposto) *T.inform.* relativo a tale stato || **N.** *Contr.* on-line.

offrìre (pres. *òffro*; p.rem. *offrìi* e *offèrsi, offrìsti, offrì* e *offèrse, offrìmmo, offrìste, offrìrono* e *offèrsero*; pps. *offèrto*) [lat. volg. **offerīre*; 1319] ***tr.*** **1.** mostrare di essere disposti a dare qualcosa che si ritiene gradito: *offrire un passaggio in macchina, mi ha offerto il suo aiuto, gli offerse di farsi interrogare al suo posto* || *fig.* esporre: *offrire il petto alle spade nemiche* || *in part.* rif. a somma di denaro, dichiarare di essere disposti a sborsarla: *offrire una cospicua mancia; chi offre di più?*, detto dal banditore a un'asta **2.** dare, regalare, pagare per: *offrire una rosa a un'amica, offrire il pranzo*; anche *ass.* *offro io!*, pago io per tutti || *fig.* *offrire l'occasione*, crearla || *offrire una cosa a Dio*, dedicargliela || ***rifl.*** candidarsi, proporsi: *offrirsi (come) volontario* || ***intr. pron.*** dichiararsi disposto: *si offrì di pagare per tutti* || *fig.* presentarsi: *mi si è offerta la possibilità di un nuovo lavoro* || **N.** ***tr.*** **1.** *Sin.* concedere, fornire, promettere, proporre; esibire, presentare **2.** *Sin.* donare | ***rifl.*** e ***intr. pron.*** farsi avanti, mettersi a disposizione, presentarsi.

offset (ingl., pr. [ˈɒfset]) [letter. posato fuori; 1939] ***sm.*** e ***agg. inv.*** (sempre posposto) *T.tip.* detto di procedimento di stampa indiretta in base al quale il foglio non entra a contatto con la matrice, ma con un rullo di gomma che riporta rovesciata l'immagine: *stampare in offset, macchina offset.* **Q.T.** *stampa..., tipografia* **TAV. *tipografia* p. 1336** 5 e **p. 1337** 7.

off-shore (ingl., pr. [ˌɒfˈʃɔː]) [letter. fuori spiaggia; 1958 nel senso 2] **I** ***agg. inv.*** **1.** detto di competizioni per motoscafi d'altura **2.** detto di ricerche petrolifere realizzate in mare da piattaforme fisse o da navi adeguatamente attrezzate **3.** detto di società finanziaria operante in paesi che offrono vantaggi fiscali **II** ***sm. inv.*** **1.** motoscafo d'altura **2.** motonautica d'altura: *l'off-shore nazionale.*

offside (ingl., pr. [ˌɒfˈsaɪd]) [letter. fuori lato; 1910] ***sm., agg. inv.*** (sempre posposto) e ***avv.*** *T.sport.* nel gioco del calcio, fuori gioco.

offuscaménto [da *offuscare*; 1598] ***sm.*** atto ed effetto dell'offuscare e dell'offuscarsi.

offuscàre (pres. *-ùsco, -ùschi*) [dal lat. tardo *offuscāre*; a. 1380] ***tr.*** rendere oscuro, togliere lucentezza, chiarezza, trasparenza || *fig.* rendere meno importante, mettere in secondo piano: *la sua gloria non offuscherà mai quella di suo padre* || ***intr. pron.*** diventare meno limpido, oscurarsi: *il cielo si offusca; gli si è offuscata l'intelligenza, la memoria* || **N.** *Sin.* adombrare, annebbiare, annerire, annuvolare, appannare, eclissare, obnubilare, oscurare, ottenebrare, velare.

offuscatóre [da *offuscare*; sec. XVII] ***agg.*** e ***sm.*** (f. *-trìce*) che o chi offusca.

offuscazióne [dal lat. tardo *offuscātio, -ōnis*; a. 1406] ***sf.*** *raro* offuscamento.

ofìași [lat. scient. *ophiasis*; 1834] ***sf.*** *T.med.* alopecia nella quale i capelli cadono a tratti estesi lasciando una superficie squamosa.

oficlèide [dal fr. *ophicléide*; 1834] ***sm.*** *T.mus.* strumento musicale di ottone, a chiavi, la cui forma ricorda quella di un serpente arrotolato || **N.** *Sin.* serpentone.

Ofìdi (sing. *-e*) [dal lat. scient. *Ophīdia*, dal gr. *óphis*, serpente; 1821] ***sm. pl.*** *T.zool.* sottordine dei Rettili || **N.** *Sin.* Serpenti. **Q.T.** *zoologia.*

ofidiofobìa [comp. di *ofidio*, serpente e *-fobia*; 1988] ***sf.*** *T.psic.* paura ossessiva dei serpenti.

ofidìșmo [dal gr. *óphis*, serpente; 1935] ***sm.***

T.med. avvelenamento per morso di serpenti.

òfio- o **òfi-** [dal gr. *óphis,* serpente] ***primo elem.*** che, in parole composte della terminologia scientifica, vale "serpente" (per es. *ofiolatria, ofiologia*).

ofiolatrìa [comp. di *ofio-* e *-latria;* 1834] ***sf.*** culto dei serpenti o di divinità in figura di serpente, caratteristico di alcune religioni orientali e africane.

ofiolite [comp. di *ofio-* e *-lite;* 1819] ***sf.*** *T.min.* varietà di serpentino di colore verde e bianco variegati.

ofiologìa [comp. di *ofio-* e *-logia;* 1834] ***sf.*** *T.zool.* la parte della zoologia che studia i serpenti.

ofisàuro [comp. di *ofi-* e *-sauro;* 1834] ***sm.*** sauro serpentiforme lungo più di un metro, privo degli arti anteriori e con arti posteriori ridotti, diffuso in Istria.

ofiùra [comp. di *ofio-* e *-uro*[2]; 1828] ***sf.*** animale degli Echinodermi, con corpo discoidale provvisto di braccia tentacolari; simile a una stella marina, ma con braccia cilindriche.

Ofiuròidi (sing. *-e*) [comp. di *ofiura* e *-oide;* 1958] ***sm. pl.*** *T.zool.* classe di animali Echinodermi che vivono sui fondi marini sabbiosi.

oftalmìa [dal lat. tardo *ophtalmia;* a. 1320 *oltalmia*] ***sf.*** *T.med.* termine generico che designa infiammazione dell'occhio: *oftalmia delle nevi,* dovuta a prolungata esposizione ai raggi solari.

oftàlmico (pl. *-ci*) [dal lat. tardo *ophtalmicus;* sec. XIV *ottalmico*] ***agg.*** *T.med.* dell'occhio, relativo all'occhio: *nervo oftalmico, ospedale oftalmico.*

oftalmite [comp. di *oftalmo-* e *-ite*[1]; 1823] ***sf.*** *T.med.* oftalmia.

oftàlmo- [dal gr. *ophthalmós,* occhio] ***primo elem.*** che, in parole composte della terminologia medica, vale "occhio": **oftalmoblenorrèa**, **oftalmoiàtra**, **oftalmoplegìa**, **oftalmospàșmo**, **oftalmoterapìa**.

-oftàlmo [dal gr. *ophthalmós,* occhio] ***elem. term.*** che, in parole composte della terminologia medica, spec. in denominazioni di malattie e malformazioni, vale "occhio": **eșoftàlmo**, **macroftàlmo**.

oftalmoiatrìa [comp. di *oftalmo-* e *-iatria;* 1821] ***sf.*** *T.med. raro* oculistica.

oftalmologìa [comp. di *oftalmo-* e *-logia;* 1821 *ottalmologia*] ***sf.*** *T.med.* oculistica.

oftalmològico (pl. *-ci*) [da *oftalmologia;* 1940] ***agg.*** che si riferisce a oftalmologia.

oftalmòlogo (pl. *-gi*) [comp. di *oftalmo-* e *-logo;* 1940] ***sm.*** (f. *-a*) studioso di oftalmologia || **N.** *Sin.* oculista.

oftalmometrìa [comp. di *oftalmo-* e *-metria;* 1958] ***sf.*** *T.med.* misurazione del grado di curvatura della cornea, mediante l'oftalmometro; serve per valutare il grado di astigmatismo.

oftalmòmetro [comp. di *oftalmo-* e *-metro;* 1834] ***sm.*** optometro.

oftalmometrologìa [comp. di *oftalmo-, -metro* e *-logia;* 1940] ***sf.*** *T.med.* l'insieme dei metodi di esame dell'occhio intesi a studiarne lo stato anatomico e la funzionalità.

oftalmoscopìa [comp. di *oftalmo-* e *-scopia;* 1821 *ottalmoscopia*] ***sf.*** *T.med.* l'osservazione oculare fatta con l'oftalmoscopio.

oftalmoscòpico (pl. *-ci*) [comp. di *oftalmo-* e *-scopico;* 1933] ***agg.*** *T.med.* relativo all'oftalmoscopia.

oftalmoscòpio (pl. *-pi*) [comp. di *oftalmo-* e *-scopio;* 1869] ***sm.*** strumento per esaminare l'interno e il fondo dell'occhio attraverso la pupilla.

oftalmòtropo [comp. di *oftalmo-* e *-tropo;* 1891] ***sm.*** *T.med.* strumento con cui viene misurato il grado di strabismo e le possibilità funzionali dei muscoli dell'occhio.

oggettìstica [da *oggetto;* 1986] ***sf.*** insieme di oggetti vari, generalmente piccoli accessori di arredamento, che possono avere utilità pratica o semplice funzione ornamentale: *un negozio d'oggettistica d'epoca.* **Q.T.** *archeologia, arredamento.*

oggettivàre (pres. *-ìvo*) [da *oggettivo;* a. 1855] ***tr.*** rendere oggettivo, concretizzare: *oggettivare un sentimento, un ideale* || ***rifl.*** e ***intr. pron.*** tradursi su un piano oggettivo, realizzarsi.

oggettivazióne [da *oggettivare;* a. 1855] ***sf.*** atto ed effetto dell'oggettivare e dell'oggettivarsi.

oggettivișmo [da *oggettivo;* 1867] ***sm.*** *T.fil.* qualsiasi posizione filosofica che ammette l'esistenza di oggetti indipendenti dal soggetto, o, più com., di valori, norme e sim. la cui validità è indipendente dal fatto che sia riconosciuta da qualcuno.

oggettivista [da *oggettivo;* a. 1855] ***s.*** *T.fil.* chi sostiene una qualche forma di oggettivismo.

oggettivìstico (pl. *-ci*) [da *oggettivo;* 1929] ***agg.*** dell'oggettivismo.

oggettività [da *oggettivo;* a. 1855] ***sf.*** caratteре di ciò che è oggettivo: *l'oggettività di una rappresentazione.*

oggettivo [dal lat. *obiectivus;* a. 1667] ***agg.*** **1.** che si riferisce all'oggetto, che tiene conto delle caratteristiche dell'oggetto o della realtà; fattuale: *realtà, situazione oggettiva* **2.** *per estens.* indipendente dal soggetto, spassionato, obiettivo: *giudizio, racconto oggettivo* **3.** *T.gram. proposizione oggettiva* (anche *sf. un'oggettiva*), che compie, rispetto alla proposizione da cui dipende, la funzione del complemento oggetto; *genitivo oggettivo,* quello che, rendendo verbale il costrutto, diventa complemento oggetto (per es. *previsioni del tempo / prevedere il tempo*) || **oggettivaménte** ***avv.*** da un punto di vista oggettivo, in modo oggettivo; anche frasale: *oggettivamente, hai bevuto troppo.*

oggètto [dal lat. *obiectum,* ciò che viene gettato contro; 1353 *obgetto*] ***sm.*** **1.** cosa: *sul tavolo ci sono tre oggetti, un oggetto pesante* **2.** *T.fil.* ogni cosa in quanto è concepita come indipendente (anche solo parzialmente) dal soggetto: *la relazione soggetto/oggetto* **3.** ogni termine di una relazione o attività: *oggetti di pensiero, l'oggetto della conoscenza* || *in part.* argomento, materia: *questo sarà l'oggetto del nostro studio, questa condanna sarà oggetto di discussione* || *T.inform. linguaggio oggetto,* V. LINGUAGGIO **4.** *T.gram.* il termine su cui va a cadere l'azione di un verbo transitivo (*oggetto diretto* o *complemento oggetto*) || *dim.* oggettìno, oggettùccio || **N.** **1.** *Sin.* roba, COSA **2.** meta-. **Q.T.** *linguistica.*

oggettuàle [da *oggetto;* 1963] ***agg.*** **1.** dell'oggetto, relativo all'oggetto **2.** *T.psic.* che riguarda il rapporto con l'oggetto.

òggi [lat. *hodie;* sec. XII *oi*] **I** ***avv.*** di tempo **1.** nel giorno presente: *oggi lavoro fino a sera, oggi mi sento stanco, quanti ne abbiamo oggi?* || *oggi a otto, a quindici,* otto, quindici giorni dopo oggi **2.** nell'età presente: *oggi questi pregiudizi sono scomparsi* || *oggi come oggi,* al presente **II** ***sm.*** **1.** il giorno presente: *il giornale di oggi, per oggi basta così; da oggi innanzi,* per l'avvenire || *dall'oggi al domani,* in breve tempo **2.** i tempi presenti: *l'oggi non promette niente di buono, speriamo nel domani, le auto di oggi sono più fragili* || *al giorno d'oggi,* nell'epoca attuale || **N.** domani, ieri | odierno.

oggidì [comp. di *oggi* e *dì;* a. 1292] ***avv.*** oggigiorno, nel tempo presente, nell'epoca attuale.

oggigiórno [comp. di *oggi* e *giorno;* a. 1597] ***avv.*** nel tempo presente.

oggimài [comp. di *oggi* e *mai;* a. 1292] ***avv.*** *lett.* ormai.

ogìva [dal fr. *ogive;* 1891] ***sf.*** **1.** *T.arch.* nervatura diagonale della volta a crociera || arco a sesto acuto, proprio dello stile gotico e islamico **2.** *T.mil.* la parte anteriore di un missile o di una fusoliera, la cui forma appuntita migliora le proprietà aerodinamiche e in cui si trova il carico (veicoli spaziali, strumenti o l'esplosivo) || *per meton. missile con ogiva nucleare,* con testata nucleare || *per estens.* oggetto di forma appuntita: *ogiva dell'elica.* **TAV. armi p. 649** 19.6, 22.2.

ogivàle [da *ogiva;* 1843] ***agg.*** *T.arch.* a ogiva, a sesto acuto: *arco, volta ogivale* || *per estens.* gotico: *architettura ogivale.*

ogliènte [var. di *olente;* sec. XIV] ***agg.*** *ant.* olente.

ógni o **ògni** [lat. *omnis;* a. 1250] ***agg. indef.*** *m.* e *f.* (è usato solo al sing. e precede sempre il nome; *ant.* si trova eliso davanti a vocale) **1.** rispetto a un insieme omogeneo, con valore distributivo, ciascuno preso singolarmente: *ogni paese ha le sue usanze, animali di ogni razza;* con valore collettivo, tutti: *ogni promessa è debito, ogni uomo è mortale* || *con ogni cura, con ogni riguardo* e sim., colla massima cura, riguardo ecc. || *in* (o *ad*) *ogni modo, ad ogni buon conto,* comunque || (*in, per*) *ogni dove,* (in, per) tutti i luoghi: *ogni dove in cielo è paradiso* (Dante) || *in ogni caso,* in qualunque caso **2.** con valore distributivo: *ogni tre giorni, ogni due anni, ogni tre metri,* a intervalli di tre giorni, due anni, tre metri || *ogni tanto,* di tanto in tanto || **N.** **1.** *Sin.* qualsivoglia, qualunque.

ogniqualvòlta [comp. di *ogni, qual(e)* e *volta;* a. 1698] ***cong.*** (regge l'indicativo) *lett.* ogni volta che: *ogniqualvolta ci incontriamo mi dice di salutarvi.*

Ognissànti [comp. di *ogni* e *santo;* 1284 ca.] ***sm.*** per la religione cattolica, il giorno in cui si celebrano tutti i santi, 1 novembre.

-ógnolo o **-ògnolo** [dalla fusione del lat. *-ōneus* e del suff. atono *-ulus*] ***suff.*** forma aggettivi che indicano il possesso di una certa qualità (spec. un colore) in grado attenuato rispetto a quello indicato dall'aggettivo da cui derivano: *azzurrognolo, amarognolo.*

ognóra (poet. *ognór*) [lat. *omni hora;* a. 1250 *ognura*] ***avv.*** *lett.* sempre || *ognora che,* ogni volta che.

ognùno [comp. di *ogn(i)* e *uno;* a. 1301] **I** ***pron. indef.*** (solo *sing.*) ciascuna persona, tutti: *ognuno ha il diritto di parlare, ognuna pensi per sé* || seguito dal partitivo: *ognuno di noi, di voi* **II** ***agg.*** *arc.* o *lett.* ogni: *ognuna persona dica* (Ariosto).

oh (pr. [ɔː] e [ʔɔ]) [voce onom.; 1313] ***escl.*** con durata e intonazione diversa può essere espressione di gioia, di dolore, di meraviglia, di dubbio, di sospetto, di sdegno, di compassione, di paura e sim.: *oh, che bella notizia!, oh, che disgrazia!, oh, guarda chi si vede!, oh no, di nuovo minestrone!*

ohé o **òhe** (pr. [oˈe], [ʔoˈe] e [ˈoe]) [voce onom.; 1842] ***escl.*** si usa per attirare l'attenzione di qualcuno: *ohe, voi lassù, ohe, c'è qualcuno?* || **N.** *Sin.* ehi.

òhi [voce onom.; sec. XIII *oit*] ***escl.*** esprime dolore e, meno com., disappunto, dispiacere e sim.: *ohi, ohi che male!, ohi, povero me!*

ohibò V. OIBÒ.

ohimè [comp. di *ohi* e *me;* sec. XIII] ***escl.*** di dolore, povero me!

òhm [dal n. proprio Georg Simon *Ohm,* fisico ted.; 1892] ***sm.*** *T.elettr.* unità di misura di resistenza elettrica, corrispondente alla resistenza di un conduttore che, sottoposto a differenza di potenziale di un volt, è attraversato dalla corrente di un ampère.

òhmetro V. OHMMETRO.

òhmico (pl. *-ci*) [da *ohm;* 1958] ***agg.*** *T.elettr.* di circuito o conduttore, che segue la legge di Ohm || *resistenza ohmica,* la cui impedenza è

pari alla resistenza.
ohmmetro o **ohmetro** [da *ohm*; 1958] ***sm.*** *T.elettr.* strumento per la misurazione di resistenze elettriche in ohm.
òi e der. v. OHI e der.
oibò o **ohibò** [voce onom.; 1534] ***escl.*** esprime riprovazione per cosa che suscita sdegno, repulsione, disprezzo e sim.
-òico [da (*benz*) *oico*] ***suff.*** che, nella terminologia della chimica organica, forma le denominazioni di acidi carbossilici a partire dal tema del nome dell'idrocarburo: **àcido propanòico**.
-òide [dal lat. *-oīdes*, gr. *oeidḗs*] ***suff.*** che, in parole dotte, indica affinità, somiglianza con quanto è indicato dal primo elem. (per es. *sferoide, antropoide*); spesso ha valore spreg. (per es. *intellettualoide, genialoide*).
-oidèe [da *-oide*] ***suff.*** che, nella sistematica botanica, forma le denominazioni delle sottofamiglie: **Pomoidèe**.
-oidèi o **-òidi** [da *-oide*] ***suff.*** che, nella sistematica zoologica, forma le denominazioni dei sottordini (per es. *Lemuroidei*).
-oidèo [da *-oide*] ***suff.*** che, in parole dotte e scientifiche, forma gli agg. corrispondenti ai sostantivi in *-oide* (per es. *sferoideo, mastoideo*).
-òidi v. OIDEI.
oìdio (pl. *-di*) [comp. del gr. *ōión*, uovo e di *-idio*; 1869] ***sm.*** **1.** *T.bot.* malattia di numerose piante dovuta a funghi parassiti delle Erisifacee, che si manifesta con una patina biancastra sopra foglie, fiori e frutti: *oidio della vite, della rosa* || il fungo stesso **2.** *T.bot.* frammento di micelio che determina la riproduzione vegetativa || **N. 1.** *Sin.* mal bianco, nebbia.
oidiomicòsi [comp. di *oidio* e *micosi*; 1954] ***sf.*** *T.med.* micosi provocata dal fungo del mughetto.
oïl [dal fr. ant. *oil*, dal lat. *hōc ille*; a. 1576 *oi*] ***sm.*** nella loc. *lingua d'oïl*, antica lingua letteraria della Francia del Nord || **N.** lingua d'oc.
oinochòe [dal gr. *oinochóē*, comp. di *óinos*, vino e *chêin*, versare; 1885 *oinocoe*] ***sm.*** nella Grecia arcaica, vaso a forma di brocca con cui si mesceva il vino.
oitànico (pl. *-ci*) [da *oïl*, sul modello di *occitanico*; 1963] ***agg.*** relativo alla lingua d'oïl, in lingua d'oïl.
o.k. (pr. [oʊ'keɪ]) v. OKAY.
okàpi [voce bantu; 1932] ***sm.*** mammifero degli Artiodattili, che vive nelle foreste del Congo; è grande all'incirca come un mulo, possiede arti zebrati e muso allungato.
okay (ingl., pr. [oʊ'keɪ]; pr. it. [o'kɛi]) [1931 *O.K.*] **I *avv.*** va bene, usato sia come risposta affermativa che in domande di conferma: *arrivo domani, okay?*; *lavora! Okay, capo!* || usato come *avv.* o come *agg. inv.* predicativo nella loc. *essere okay*, andare bene, essere giusto per qualcosa o qualcuno (spesso nella grafia abbreviato *o.k.*) **II *sm.*** *inv.* permesso, benestare: *avere l'okay* || *T.aer.* conferma apposta sul biglietto aereo.
ola (sp., pr. ['ola]) [letter. onda; 1984] ***sf.*** *inv.* movimento ritmico collettivo degli spettatori di uno stadio i quali abbassandosi e alzandosi per settori evocano un'onda che si propaga: *poiché in campo il gioco languiva, gli spettatori si divertivano a fare la ola.*
olà [comp. di *oh* e *là*; 1509] ***escl.*** è usata come richiamo, con tono di minaccia e talvolta di scherzo: *olà, fermi!*
olànda [da *Olanda*; 1561] ***sf.*** tela di lino piuttosto robusta, usata spec. per lenzuola.
olandése [da *Olanda*; a. 1642] **I *agg.*** proprio od originario dell'Olanda: *costumi olandesi*; *formaggio olandese*, prodotto in forme rotonde ricoperte di cera rossa; *vacca olandese* o *pezzata olandese*, razza bovina diffusa in tutto il mondo per l'alto rendimento lattiero, detta anche *frisona* **II *s.* 1.** abitante o nativo dell'Olanda **2.** *sm.* surrogato del caffè ricavato dalla cicoria **3.** *sf.* macchina che serve a sminuzzare stracci per la fabbricazione della carta **4.** *sm.* (solo *sing.*) lingua parlata in Olanda || **N.** I frisone; fiammingo.
olàro [lat. *ollarius*; sec. XIII] ***sm.*** *arc.* pentolaio.
oldowayàno (pr. [oldova'jano]) [dal n. geogr. *Oldoway*, località in Tanganica; 1958] ***agg.*** e ***sm.*** *T.archeol.* che è proprio, che riguarda l'industria del Paleolitico inferiore dell'Africa orientale, caratterizzata da strumenti costituiti da ciottoli e schegge ritoccate da punteruoli, ritrovati insieme a resti di diversi tipi di ominidi di notevole importanza antropologica.
olé (sp., pr. [o'le]) [voce onom.; a. 1946] **I *escl.*** *scherz.* usata per sottolineare e dare importanza a un'azione o un gesto **II *sm.*** danza solistica andalusa il cui tempo, in tre ottavi, è scandito dalle nacchere.
Oleàcee [comp. del lat. *olea*, olivo e *-acee*; 1875] ***sf. pl.*** *T.bot.* famiglia di piante arboree e arbustacee comprendente numerose specie diffuse nelle zone temperate, fra cui l'olivo e il frassino. **Q.T.** ***botanica.***
oleàceo [dal lat. tardo *oleāceus*; 1499] ***agg.*** *non com.* oleoso.
oleaginóso [dal lat. *oleaginus*; 1563] ***agg.*** *arc.* oleoso.
oleàndro [lat. *lorandrum*; 1499] ***sm.*** arbusto decorativo delle Apocinacee, con foglie verde-scuro e corimbi di fiori rosei o bianchi, contenenti sostanze tossiche || **N.** *Sin.* mazza di S. Giuseppe.
oleàre e der. v. OLIARE e der.
oleàrio (pl. *-ri*) [dal lat. *olearius*; 1794] ***agg.*** da olio, dell'olio: *produzione olearia* || *mosca olearia*, mosca che danneggia le olive.
oleàstro o **oliàstro** [dal lat. *oleāster*; a. 1347] ***sm.*** olivo selvatico impiegato come portainnesto per le varietà coltivate.
oleàto[1] [dal lat. tardo *oleātus*; 1707] ***agg.*** *non com.* oliato || *carta oleata*, carta resa impermeabile per mezzo di uno speciale trattamento con paraffina o cera.
oleàto[2] [da (*acido*) *ole*(*ico*), con cambio di suff.; 1834] ***sm.*** *T.chim.* di sale che è generato dall'acido oleico.
olecrànico (pl. *-ci*) [da *olecrano*; 1834] ***agg.*** *T.anat.* proprio dell'olecrano, relativo all'olecrano.
olècrano [dal gr. *olékranon*; a. 1673] ***sm.*** *T.anat.* l'apofisi superiore dell'osso dell'ulna.
olefìna [dal fr. *oléfiant*, con sostituzione del suff.; 1933] ***sf.*** *T.chim.* nome con il quale si definiscono alcuni idrocarburi non saturi da cui si ricavano importanti materie plastiche.
olefìnico (pl. *-ci*) [da *olefina*; 1938] ***agg.*** *T.chim.* relativo all'olefina, proprio dell'olefina: *gruppo olefinico.*
oleìco (pl. *-ci*) [comp. di *oleo-* e *-ico*; 1829] ***agg.*** *T.chim.* *acido oleico*, acido monocarbossilico presente in natura in grassi animali e oli vegetali da cui viene estratto mediante saponificazione.
oleicoltóre [comp. di *oleo-* e *-coltore*; 1942] ***sm.*** (f. *-trice*) *raro* olivicoltore.
oleicoltùra [comp. di *oleo-* e *-coltura*; 1942 *oleicultura*] ***sf.*** *raro* olivicoltura.
oleìfero [comp. di *oleo-* e *-fero*; 1846] ***agg.*** di seme o pianta, che contiene olio, che produce olio.
oleifìcio (pl. *-ci*) [comp. di *oleo-* e *-ficio*; 1881] ***sm.*** stabilimento in cui l'olio subisce tutte le operazioni di lavorazione.
oleìna [comp. di *oleo-* e *-ina*; 1869] ***sf.*** *T.chim.* acido oleico allo stato grezzo, contenente vari acidi polinsaturi.
olènte [dal lat. *olens, -entis*; a. 1315] ***agg.*** *ant.* e *lett.* che sparge odore: *male olente, bene olente.*
òleo- [dal lat. *oleum*, olio] ***primo elem.*** che, in parole composte della terminologia scientifica e di quella tecnica, vale "olio", "sostanza grassa" (per es. *oleodotto, oleografia*).
oleodótto [comp. di *oleo-* e *-dotto*; 1932] ***sm.*** complesso di tubazioni e pompe utilizzato per il trasporto di petrolio grezzo e altri oli minerali, dai pozzi ai centri di lavorazione.
oleografìa [comp. di *oleo-* e *-grafia*; 1873] ***sf.*** **1.** tecnica di riproduzione di pitture a olio che ne mantiene la grana e la luce || ciascuna riproduzione così ottenuta **2.** *fig. spreg.* dipinto convenzionale, non originale || *in gen.* rappresentazione eccessivamente ottimista, idilliaca di una situazione o di un fatto.
oleogràfico (pl. *-ci*) [da *oleografia*; 1891] ***agg.*** **1.** di o da oleografia **2.** *fig.* di maniera, banale e lezioso; scioccamente sentimentale.
oleografìsmo [da *oleografia*; 1938] ***sm.*** *T.art. spreg.* tendenza a ricorrere ai più vieti modelli, indulgendo nella retorica e nel sentimentalismo.
oleòmetro [comp. di *oleo-* e *-metro*; 1869] ***sm.*** strumento per misurare la densità degli oli, per rilevare eventuali sofisticazioni.
oleopneumàtico (pl. *-ci*) [comp. di *oleo-* e *pneumatico*; 1958] ***agg.*** *T.mecc.* detto di dispositivo che funziona sfruttando l'aria compressa e l'olio in pressione.
oleorèsina [comp. di *oleo-* e *resina*; 1875] ***sf.*** sostanza che trasuda dalle piante, costituita di resine e oli volatili: *la trementina è un'oleoresina.*
oleosità [da *oleoso*; sec. XVI] ***sf.*** consistenza oleosa di una sostanza.
oleóso [dal lat. *oleōsus*; a. 1498 *olioso*] ***agg.*** che contiene olio; che ricorda l'olio per aspetto e consistenza: *bevanda oleosa* || **N.** *Sin.* oleaginoso, olioso, untuoso.
òleum [dal lat. *oleum*; 1932] ***sm.*** *inv.* *T.chim.* miscela di anidride solforica in acido solforico concentrato; usato nell'industria specie per la produzione di esplosivi e coloranti.
olezzànte (*ppr.* di *olezzare*) [sec. XIV *ulezzante*] ***agg.*** odoroso, di cosa che manda olezzo.
olezzàre (pres. *-ézzo*) [dal lat. **olidiāre*; 1319] ***intr.*** (aus. *avere*) *lett.* mandar grato odore || *antifr. iron.* puzzare || **N.** *Sin.* aulire, fragrare, odorare, profumare.
olézzo [da *olezzare*; 1635] ***sm.*** **1.** *lett.* grato odore **2.** *antifr. iron.* cattivo odore || **N. 1.** *Sin.* effluvio, fragranza, ODORE.
olfattìvo [da *olfatto*; 1834] ***agg.*** dell'olfatto: *fosse olfattive, capacità olfattiva* || **N.** *Sin.* olfattorio.
olfàtto [dal lat. *olfactus*; 1340 *olfato*] ***sm.*** il senso che consente di percepire e distinguere gli odori: *un olfatto assai sviluppato, sgradevole all'olfatto* || **N.** *Sin.* odorato; naso | muco, narici, pituitaria; odore; anosmia, disosmia. **Q.T.** *anatomia* **TAV.** ***anatomia*** **p. 642** 17.
olfattometrìa [comp. di *olfatto* e *-metria*; 1935] ***sf.*** misurazione della capacità di recepire e distinguere gli odori.
olfattòmetro [comp. di *olfatto* e *-metro*; 1940] ***sm.*** *T.scient.* strumento per studiare l'acuità o finezza dell'olfatto.
olfattòrio (pl. *-ri*) [dal lat. tardo *olfactorius*; 1678] ***agg.*** concernente l'olfatto: *nervo olfattorio*, paio di nervi cranici che dalla mucosa del naso trasmette le eccitazioni olfattive all'ippocampo. **TAV.** ***anatomia*** **p. 642** 17.1.
oliàndolo [comp. di *olio* e *-*(*ve*)*ndolo*; 1312] ***sm.*** *tosc. ant.* venditore, spec. ambulante, di olio al minuto.
oliàre o **oleàre** (pres. *òlio* o *òleo*) [da *olio*; 1598 *o*(*g*)*liare*] ***tr.*** lubrificare, cospargere di olio: *oliare un motore* || *per estens. fam.* corrompere con denaro: *oliare le persone giuste* || *raro* condire con olio.
oliàrio (pl. *-ri*) [dal lat. *olearium*; a. 1502] ***sm.*** nell'oleificio, il locale destinato alla con-

servazione dell'olio.

oliàstro V. OLEASTRO.

oliàta[1] [da *olio*; 1869] ***sf.*** produzione d'olio di un'annata.

oliàta[2] [da *oliare*; 1981] ***sf.*** l'atto di ungere, di lubrificare: *dare un'oliata al motore* || *dim.* oliatina.

oliàto (*pps.* di *oliare*) [1605] ***agg.*** condito con olio || cosparso d'olio, lubrificato: *cardini ben oliati.*

oliatóre o **oleatóre** [da *oliare*; 1925] ***sm.*** *T.mecc.* arnese col quale s'introduce l'olio nei congegni che devono essere lubrificati.

oliatùra o **oleatùra** [da *oliare*; 1958] ***sf.*** atto ed effetto dell'oliare.

olìbano [dal gr. *líbanos*; prima metà sec. XIV] ***sm.*** *raro lett.* incenso.

olièra [da *olio*; 1640 *ogliera*] ***sf.*** recipiente per l'olio con beccuccio sottile che agevola il dosaggio || anche oggetto da tavola, di forma e materiale vari, costituito da un supporto che regge due recipienti, l'uno per l'olio e l'altro per l'aceto || **N.** acetoliera.

olifànte [dal fr. ant. *olifant*; sec. XV] ***sm.*** nel Medioevo, corno da caccia ottenuto da zanne d'elefante.

oligàrca (pl. *-chi*) [dal gr. *oligárchēs*; a. 1797] ***sm.*** membro di un governo oligarchico.

oligarchìa [dal gr. *oligarchía*; sec. XIV] ***sf.*** governo retto da un ristretto numero di persone || *per estens.* accentramento del potere nelle mani di pochi || **N.** GOVERNO. **Q.T.** *politica.*

oligàrchico (pl.. *-ci*) [dal gr. *oligarchikós*; 1600] ***agg.*** che si riferisce a oligarchia: *governo oligarchico* || **oligarchicaménte** ***avv.*** sulla base di un'oligarchia.

oligìsto [dal gr. *olígistos*, minimo; 1817] ***sm.*** *T.min.* ematite nera e lucida con scarsa quantità di ferro.

òligo- [dal gr. *olígos*, poco] ***primo elem.*** che, in parole composte dotte e della terminologia scientifica, vale "poco", "pochi" (per es. *oligofrenia, oligominerale, oligopolio*).

Oligocène [comp. di *oligo-* e *-cene*; 1911] ***sm.*** *T.geol.* periodo geologico che precede l'Eocene.

oligocènico (pl. *-ci*) [da *Oligocene*; 1974] ***agg.*** *T.geol.* relativo all'Oligocene.

Oligochèti (sing. *-o*) [comp. di *oligo-* e *-cheto*; 1883] ***sm. pl.*** *T.zool.* classe di Anellidi ermafroditi, terrestri o di acqua dolce, con corpo allungato cilindrico ed evidente metameria esterna.

oligocitemìa [comp. di *oligo-*, *cito-* e *-emia*; 1936] ***sf.*** *T.med.* riduzione del numero dei globuli rossi, che causa l'anemia || **N.** *Sin.* ipoglobulia.

oligoclàsio (pl. *-si*) [comp. di *oligo-* e *-clasio*, dal gr. *klásis*, frattura; a. 1875] ***sm.*** *T.min.* minerale grigio-verde, dai riflessi vitrei, costituito da un tipo di feldspato, frequente nelle rocce ricche di silice.

oligocrazìa [comp. di *oligo-* e *-crazia*; 1963] ***sf.*** *raro* oligarchia.

oligodinàmico (pl. *-ci*) [comp. di *oligo-* e *dinamico*; 1954] ***agg.*** *T.chim.* si dice di elementi presenti in minima quantità negli organismi viventi, che assolvono importanti funzioni vitali || anche, relativo all'azione esercitata da questi elementi.

oligoemìa [comp. di *oligo-* e *-emia*; 1834] ***sf.*** *T.med.* diminuzione della massa di sangue || **N.** anemia.

oligoèmico (pl. *-ci*) [da *oligoemia*; 1940] **I** ***agg.*** di oligoemia **II** ***sm.*** (f. *-a*) anemico.

oligofrenìa [comp. di *oligo-* e *-frenia*; 1935] ***sf.*** *T.med.* termine che designa vari gradi di deficienza mentale congenita o acquisita.

oligofrènico (pl. *-ci*) [comp. di *oligo-* e *-frenico*; 1958] **I** ***agg.*** *T.med.* relativo a oligofrenia, proprio di oligofrenia **II** ***agg.*** e ***sm.*** (f. *-a*) *T.med.* che o chi è affetto da oligofrenia.

oligominerale [comp. di *oligo-* e *minerale*; 1929] ***agg.*** di acqua minerale che contiene una quantità minima di sostanze minerali, e perciò transita rapidamente nell'organismo svolgendo azione diuretica.

oligopòlio (pl. *-li*) [comp. di *oligo-* e (*mono*)*-polio*; 1958] ***sm.*** *T.econ.* tipo di mercato in cui una data merce è offerta da pochi venditori o produttori, a fronte di una elevata domanda.

oligopolìsta [da *oligopolio*; 1958] ***s.*** chi vende in regime di oligopolio.

oligopolìstico (pl. *-ci*) [da *oligopolista*; 1970] ***agg.*** che si riferisce all'oligopolio, dell'oligopolio.

oligopsònio (pl. *-ni*) [comp. di *oligo-* e del gr. *opsṓnion*, provvista di viveri; 1958] ***sm.*** *T.econ.* situazione di mercato caratterizzata dalla presenza di un numero ridotto di compratori per un dato bene.

oligosaccàride [comp. di *oligo-* e *saccaride*; 1958] ***sm.*** *T.chim.* polisaccaride che, per idrolisi, può scindersi in un numero ridotto di molecole di monosaccaridi.

oligospermìa [comp. di *oligo-* e *-spermia*; 1834] ***sf.*** *T.med.* presenza di un basso numero di spermatozoi nello sperma.

oligospèrmo [comp. di *oligo-* e *-spermo*; 1834] ***agg.*** *T.bot.* detto di frutto con pochi semi.

oligùria [comp. di *oligo-* e *-uria*; 1911] ***sf.*** *T.med.* diminuzione della secrezione urinaria dovuta a cause fisiologiche o ad alcune malattie del rene.

olimpìaco (pl. *-ci*) [dal lat. *Olympiacus*; 1340] ***agg.*** *lett.* olimpico.

olimpìade [dal lat. *Olympias, -adis*, gr. *Olympiás, -ádos*; a. 1612] ***sf.*** **1.** *T.stor.* nell'antica Grecia, insieme di gare che si svolgevano ogni quattro anni a Olimpia in onore di Zeus || lo spazio di quattro anni tra una celebrazione e l'altra **2.** *pl.* gare internazionali sportive per dilettanti che si disputano ogni quattro anni in sedi diverse: *le olimpiadi di Los Angeles, di Città del Messico.* **Q.T.** *sport.*

olimpicità [da *olimpico*[2]; 1956] ***sf.*** serenità olimpica, imperturbabilità: *la sua olimpicità in tutte le situazioni è ammirevole.*

olìmpico[1] (pl. *-ci*) [dal lat. *Olympicus*, gr. *Olympikós*; sec. XIV] ***agg.*** relativo ad Olimpia, l'antica città della Grecia dove si disputavano le olimpiadi || *per estens.* relativo alle olimpiadi, antiche o moderne: *stadio, atleta olimpico.*

olìmpico[2] (pl. *-ci*) [dal lat. *Olympicus*, gr. *Olympikós*; sec. XIV] ***agg.*** del monte Olimpo, considerato anticamente sede degli dei || *per meton.* proprio degli dei, celestiale: *serenità, calma olimpica* || *fig.* sereno, imperturbabile || **olimpicaménte** ***avv.*** serenamente.

olìmpio (pl. *-pi*) [dal gr. *Olýmpios*; 1554 nel senso 2] ***agg.*** *lett.* **1.** del monte Olimpo: *Zeus olimpio* **2.** di Olimpia: *celebrazioni olimpie.*

olimpiònico (pl. *-ci*) [dal gr. *Olympiónikos*; 1865] ***agg.*** e ***sm.*** (f. *-a*) **1.** *T.stor.* vincitore nei giochi olimpici **2.** che o chi ha partecipato alle moderne olimpiadi: *i nostri olimpionici; squadra olimpionica.* **Q.T.** *sport.*

olìmpo [dal lat. *Olympus*, dal gr. *Ólympos*; 1319] ***sm.*** *lett.* cielo, paradiso || *fig.* sede di un ristretto gruppo privilegiato; anche il gruppo stesso: *l'olimpo letterario.*

-olino [ampliamento con l'infisso *-ol-* del suff. dim. *-ino*[1]] ***suff.*** (f. *-a*) altera in senso diminutivo il nome o l'aggettivo di base: *fogliolina, frescolino, magrolina, tavolino.*

òlio (pl. *òli*) [lat. *oleum*; a. 1292] ***sm.*** **1.** denominazione generica di varie sostanze grasse e liquide a temperatura ambiente e insolubili in acqua || *in part.* sostanza alimentare ricavata da spremitura di particolari semi, usata per condire, cuocere e conservare cibi: *condire con un filo d'olio, cuocere in olio bollente, carciofini sott'olio*; *olio d'oliva*, il più pregiato olio alimentare ottenuto per frangitura e spremitura di olive mature; *olio di semi*, olio vegetale alimentare, non d'oliva || anche di origine animale: *olio di balena, di fegato di merluzzo* || in cosmetica, liquido oleoso, spesso profumato, con particolari proprietà emollienti: *olio da bagno, olio solare* || *oli essenziali*, sostanze volatili di odore acuto che si trovano in varie parti delle piante, usate in medicina e in profumeria || *colori a olio*, stemperati in olio di lino; *pittura a olio*, con colori a olio || in alcune espr. fig.: *calmo come l'olio*, completamente disteso e cheto; *essere un olio*, detto di mare o di altro specchio d'acqua, non increspato dalla minima onda; *andar liscio come l'olio*, in modo facile e tranquillo, senza contrasti **2.** *in part. oli minerali*, miscele di idrocarburi ricavati dal petrolio greggio o altri prodotti naturali contenenti idrocarburi (per es. rocce asfaltiche), impiegati spec. come lubrificanti e combustibili; *olio combustibile*, nafta || *olio enologico*, olio puro di vaselina, usato per conservare il vino **3.** *T.rel. olio santo*, consacrato dal sacerdote durante le funzioni della Settimana Santa; serve per la somministrazione di alcuni sacramenti, spec. per l'estrema unzione; la stessa estrema unzione: *ricevere l'olio santo*; *essere all'olio santo*, vicino alla morte || *dim.* oliétto; *spreg.* oliàccio || **N.** **1.** di arachidi, di girasole, di mais, di mandorla, di ricino, di sesamo, di soia, di vinacciolo | fresco, rancido, saporito; extravergine, fino, sopraffino, vergine; di sansa; canforato, medicato, medicinale; siccativo | oleoso, unto, untuoso, viscoso | fondiglio, morchia | OLIVA | condire, friggere, ungere **2.** lubrificare, oliare. **Q.T.** *erboristeria, pittura.*

olióso e der. forme rare di OLEOSO e der. (v.).

olìre (pres. *-ìsco, -ìsci*; oggi usato solo il pres. e imp. ind., inf. e ppr.) [lat. volg. **olīre*; a. 1313] ***intr.*** *arc.* o *poet.* olezzare: *su per lo suol che d'ogni parte oliva* (Dante).

olìsmo [dal gr. *hólos*, intero; 1963] ***sm.*** *T.biol.* teoria per la quale l'organismo costituisce una totalità organizzata e non la semplice somma delle parti di cui è formato.

olìstico (pl. *-ci*) [da *olismo*; 1963] ***agg.*** relativo all'olismo, proprio dell'olismo.

olìva [lat. *olīva*; a. 1342] **I** ***sf.*** **1.** frutto dell'olivo; è una piccola drupa ovale di colore bruno verdastro o rossiccio quando è matura, da cui viene spremuto il più importante degli oli vegetali alimentari (*olio di oliva*); è anche utilizzata intera: *olive al forno, in salamoia, pollo alle olive* **2.** *T.anat. oliva bulbare*, sporgenza oblunga sul piano laterale del midollo allungato **II** nella ***loc. agg.*** *verde oliva*, del colore verde pallido tendente al grigio caratteristico della qualità più diffusa di olive || nella *loc. m.* usata come *loc. agg. color oliva*, del colore delle olive: *un panno color oliva* || *dim.* olivétta, olivìna; *accr.* olivóna || **N.** **1.** dolce, matura, nera, piccante, secca, verde | frangere, invaiolare, macinare | bacca, buccia, nocciolo; frantoio, olio, polpa, sansa, seme, trappeto; morchia | olivastro.

olivàceo [da *oliva*; 1819] ***agg.*** *non com.* di colore, verde simile a quello delle olive non mature.

olivàgno [dal gr. *eláiognos*, con influsso di *olivo*; a. 1590] ***sm.*** *T.bot.* pianta ornamentale con foglie lameolate, fiori profumati e frutto e drupa commestibili.

olivàio (pl. *-ài*) [da *oliva*; 1935] ***sm.*** in un oleificio, locale dove si conservano le olive, prima di lavorarle al frantoio.

olivàle [da *oliva*; a. 1556] ***agg.*** a forma di oliva.

olivàre [dal lat. tardo *olivāris*; 1499] ***agg.*** a forma di oliva.

olivàstro[1] [da *oliva*; 1525] ***agg.*** bruno verdastro, come le olive, detto spec. di carnagione: *pelle olivastra, colorito olivastro.*

olivàstro[2] [da *oleastro,* con influsso di *olivo*; sec. XIII-XIV] **sm.** olivo selvatico.

olivàto [da *oliva*; seconda metà sec. XIV] **agg.** *raro* di terreno, piantato a olivi.

olivèlla[1] [da *oliva*; a. 1564] **sf.** *disus.* strumento per sollevare e bloccare grossi massi.

olivèlla[2] [da *olivo*; 1563] **sf.** *region.* ligustro.

olivéta [f. di *oliveto*; 1499 nel senso 2; a. 1729 nel senso 1] **sf.** **1.** *non com.* oliveto **2.** *arc.* olivo.

olivetàno [dal n. geogr. Monte *Oliveto*; 1632] **agg.** e **sm.** appartenente all'ordine monastico benedettino fondato sul Monte Oliveto (Siena) da Bernardo Tolomei nel 1313.

olivéto [lat. *olivētum*; sec. XIV] **sm.** terreno piantato a olivi; bosco di olivi.

olivétta (*dim.* di *oliva*) [a. 1755] **sf.** pallottola di legno a forma d'oliva, coperta con stoffa di seta o di lana, per ornamento di tende e cuscini, o per allacciare vesti || **N.** alamaro.

olivìcolo [comp. di *olivo* e *-colo*; 1958] **agg.** relativo alla coltivazione delle olive: *il patrimonio olivicolo della Puglia.*

olivicoltóre [comp. di *olivo* e *-coltore*; 1942] **sm.** (f. *-trìce*) agricoltore dedito alla coltivazione dell'olivo.

olivicoltùra o **oliviculturà** [comp. di *olivo* e *-coltura*; 1935] **sf.** coltivazione degli olivi.

olivìgno [da *oliva*; a. 1348] **agg.** *non com.* olivastro.

olivìna [comp. di *oliva* e *-ina*; 1817] **sm.** *T.min.* silicato ricco di ferro e magnesio proprio di diverse rocce eruttive; una sua varietà è usata come gemma.

olìvo [da *oliva*; 1257] **sm.** albero delle Oleacee, a foglie persistenti, coriacee, con tronco contorto di legno duro e compatto impiegato in ebanisteria, part. diffuso nelle zone collinari dell'area mediterranea, apprezzato da millenni per l'olio che si ricava dai suoi frutti (olive) || *olivo benedetto,* ramoscello d'olivo, benedetto la Domenica delle Palme, che si conserva per devozione; *Domenica degli Olivi,* Domenica delle Palme; *ramoscello d'olivo,* simbolo di pace; *portare, porgere un ramoscello d'olivo,* portare proposte di conciliazione || **N.** mignola.

òlla [lat. *olla*; fine sec. XIII *ola*] **sf.** **1.** *T.archeol.* grosso vaso di coccio || *olla cineraria,* dove si conservano le ceneri di un defunto **2.** *lett.* pentola.

ollàre [dal lat. *ollāris*; 1819] **agg.** detto di un tipo di pietra (miscuglio di talco, mica e clorite) che può essere facilmente lavorata.

Olmàcee V. ULMACEE.

olmàia [da *olmo*; 1803] **sf.** olmeto.

olmària V. ULMARIA.

olméto [lat. tardo *ulmētum*; a. 1320] **sm.** terreno piantato a olmi, bosco di olmi.

òlmio o **hòlmio** [da *Holmia,* n. latinizzato della città di Stoccolma; 1930] **sm.** *T.chim.* elemento metallico del gruppo dei lantanidi.

ólmo [lat. *ulmus*; a. 1342] **sm.** albero delle Ulmacee, piuttosto diffuso nei nostri boschi, con foglie ovate, piccoli fiori verdi riuniti in glomeruli ascellari e frutti a samara; è comune come albero da viale || il legno di tale albero, chiaro e venato || *dim.* olmétto.

òlo- [dal gr. *ólos,* tutto] ***primo elem.*** che, in parole composte dotte e della terminologia scientifica, vale "tutto", "totale", "interamente" (per es. *olocene, olofrastico, ologenesi*).

-òlo[1] o **-uòlo** [lat. *-olus*] **suff.** (f. *-a*) altera in senso diminutivo il nome di base: *bestiola, facenduola, figliola, lacciolo, mazzuolo.*

-òlo[2] [da (*alc*)*ol*] **suff.** che, nella terminologia della chimica organica, indica la presenza di un ossidrile alcolico o fenolico (per es. *metanolo, naftolo*). **Q.T.** *chimica.*

-òlo[3] [dal lat. *oleum,* olio] **suff.** che, nella terminologia chimica, indica presenza di un olio o di caratteristiche simili a quelle di un olio (per es. *benzolo, pirrolo*). **Q.T.** *chimica.*

olocàusto [dal lat. tardo *holocaustum*; sec. XIV] **sm.** anticamente, sacrificio alla divinità, in cui la vittima veniva bruciata completamente || *per estens.* sacrificio totale, supremo: *offrire la propria vita in olocausto* || *per anton. l'Olocausto,* lo sterminio degli Ebrei ad opera del nazismo || **N.** *Sin.* sacrificio.

Olocèfali (sing. *-o*) [comp. di *olo-* e *cefalo*; 1954] **sm.** *pl.* *T.zool.* ordine di pesci marini con testa piuttosto grande, corpo fusiforme che si assottiglia verso la coda e scheletro cartilagineo || **N.** chimera. **TAV.** ***pesci*** **p. 1330.**

Olocène [comp. di *olo-* e *-cene*; 1932] **sm.** *T.geol.* ultimo periodo dell'era quaternaria, che va dalla fine dell'ultima glaciazione ai tempi attuali.

olocènico (pl. *-ci*) [da *Olocene*; 1958] **agg.** *T.geol.* di Olocene, che si riferisce a Olocene.

olocristallìno [comp. di *olo-* e *cristallino*; 1940] **agg.** *T.min.* di roccia, costituita esclusivamente da elementi cristallini.

oloèdrico (pl. *-ci*) [comp. di *olo-* e del gr. *hédra,* base; 1940] **agg.** *T.min.* di cristallo, che possiede il maggior numero di facce consentito al gruppo a cui esso appartiene.

olofràstico (pl. *-ci*) [comp. di *olo-* e del gr. *phrastikós,* esplicativo; 1925] **agg.** *T.gram.* si dice di parole che, da sole, valgono un'intera frase, stabilmente (come ad es. *sì, no, già*) o in un contesto particolare.

ologènesi [comp. di *olo-* e *genesi*; 1909] **sf.** *T.biol.* teoria evoluzionistica secondo cui nuove specie si sarebbero formate per progressiva diversificazione all'interno di una specie, indipendentemente da fattori esterni.

ologenètico (pl. *-ci*) [da *ologenesi*; 1958] **agg.** dell'ologenesi, che si riferisce all'ologenesi.

olografìa [comp. di *olo-* e *-grafia,* sul modello dell'ingl. *holography*; 1970] **sf.** *T.fis.* tecnica di riproduzione fotografica che, sfruttando la luce laser, consente di dare un'immagine tridimensionale dell'oggetto rappresentato.

ologràfico (pl. *-ci*) [da *olografia*; 1971] **agg.** *T.fis.* relativo all'olografia, proprio dell'olografia.

ològrafo [dal lat. tardo *holŏgraphus*; 1803] **agg.** *T.giur.* di testamento, scritto interamente di pugno dal testatore.

ologràmma [comp. di *olo-* e *-gramma*; sul modello dell'ingl. *hologram*; 1969] **sm.** immagine fotografica tridimensionale ottenuta mediante olografia.

olometabolìa [da *olometabolo*; 1958] **sf.** *T.zool.* metamorfosi completa di un insetto, in seguito alla quale l'adulto è totalmente diverso dalla larva.

olometàbolo [comp. di *olo-* e gr. *metabolḗ,* cambiamento; 1929] **agg.** *T.zool.* di insetto, che si sviluppa con olometabolia.

olomòrfo [comp. di *olo-* e *-morfo*; 1932] **agg.** *T.mat.* sinonimo di *analitico,* quando si tratta di funzioni di una o più variabili complesse: *funzione olomorfa.*

olóna [dal n. geogr. *Olonne,* città fr. nella quale veniva prodotta; 1813 *alona*] **sf.** tela assai resistente usata per fare vele, tende, tendoni, zaini ecc.

olònomo [comp. di *olo-* e *-nomo*; 1954] **agg.** *T.mat.* si dice di un sistema tale che i vincoli cui è soggetto siano traducibili da relazioni finite (cioè non differenziali) tra le coordinate del sistema.

olóre [dal lat. *olor, -ōris*; metà del sec. XIII] **sm.** *arc.* odore.

Olòstei [comp. di *olo-* e *-osteo*; 1821] **sm.** *pl.* *T.zool.* ordine di pesci marini con scheletro ossificato e corpo squamoso. **Q.T.** *zoologia* **TAV.** ***pesci*** **p. 1330.**

olotùria [dal lat. *Holothūria*; a. 1799] **sf.** echinoderma marino con corpo di forma allungata, cilindrico e molle || **N.** *Sin.* cetriolo di mare.

Oloturoidèi o **Oloturòidi** (sing. *-èo, -e*) [comp. di *oloturia* e *-oide*; 1932] **sm.** *pl.* *T.zool.* classe di Echinodermi dal corpo allungato e dotati di tentacoli boccali, che vivono sul fondo marino; tra di essi l'oloturia.

òlpe [dal gr. *ólpē*; 1909] **sf.** nella Grecia classica, vaso panciuto a una sola ansa e con il collo stretto, usato prob. per contenervi l'olio dei lottatori o i profumi.

oltàna [voce lomb. di etim. inc.; 1843 *oltrana*] **sm.** *T.pesc.* rete di filo, a maglie larghe, che serve per la pesca in acque dolci.

óltra [lat. *ultra*; a. 1348] **prep.** *arc.* o *dial.* oltre, al di là.

óltra- V. OLTRE-.

oltracciò [comp. di *oltra* e *ciò*; a. 1332 *oltre ciò*] **avv.** *non com.* oltre a ciò.

oltracotànte [dal provenz. *oltracuidan*; 1869] **agg.** *lett.* tracotante.

oltracotànza [dal provenz. *oltracuidanza*; sec. XIII] **sf.** *lett.* tracotanza.

oltraggiàbile [da *oltraggiare*; 1723] **agg.** *raro* **1.** che si può oltraggiare **2.** da oltraggiare; da condannare.

oltraggiaménto [da *oltraggiare*; 1834] **sm.** atto ed effetto dell'oltraggiare.

oltraggiàre (pres. *-àggio*) [dal fr. *outrager*; 1353] **tr.** offendere con oltraggio || **N.** *Sin.* ingiuriare, OFFENDERE.

oltraggiatóre [da *oltraggiare*; 1579] **sm.** (f. *-trìce*) chi oltraggia.

oltràggio (pl. *-gi*) [dal fr. ant. *oltrage*; a. 1250 *oltragio*] **sm.** **1.** grave ingiuria arrecata volontariamente a una persona: *subire, ricevere un oltraggio; vendicare, riparare l'oltraggio subito* || *T.giur. oltraggio a pubblico ufficiale,* il reato di chi con parole o atti offende il decoro di un pubblico ufficiale in sua presenza e a causa delle sue funzioni || azione o comportamento che oltrepassa quanto è di norma considerato giusto e conveniente: *oltraggio al buon gusto; oltraggio al pudore,* il reato di chi offende il pudore o il buon costume con atti, scritture o disegni osceni **2.** *fig.* danno: *gli oltraggi del tempo* **3.** *arc.* eccesso: *cede la memoria a tanto oltraggio* (Dante) || **N.** **1.** *Sin.* insolenza, vilipendio, INGIURIA, OFFESA.

oltraggióso [dal fr. *outrageux*; 1310] **agg.** che contiene oltraggio, che reca oltraggio: *parole oltraggiose* || **oltraggiosaménte** **avv.** || **N.** *Sin.* ingiurioso, offensivo.

oltràlpe (meno com. *oltr'alpe*) [comp. di *oltra-* e *alpe*; a. 1388] **I** **avv.** di là dalle Alpi: *recarsi oltralpe* **II** **sm.** regione situata al di là delle Alpi: *i vicini d'oltralpe, i costumi d'oltralpe.*

oltramàre **avv.** e **sm.** *arc.* V. OLTREMARE.

oltramarìno **agg.** *arc.* V. OLTREMARINO.

oltramondàno **agg.** *arc.* V. OLTREMONDANO.

oltramontàno o **oltremontàno** [comp. di *oltra-* e *montano*; 1312] **agg.** che abita, si trova o è tipico al di là dei monti, spec. di quelli che separano una nazione da un'altra || **N.** *Sin.* estero, straniero.

oltranaturàle [comp. di *oltra-* e *naturale*; a. 1685 *oltre naturale*] **agg.** *raro* soprannaturale.

oltrànza [dal fr. *outrance*; a. 1573] **sf.** **1.** solo nella loc. *a oltranza,* sino all'ultimo, fino alle conseguenze estreme: *combattimento a oltranza* || *per estens.* a tempo indeterminato: *sciopero a oltranza* **2.** *ant.* oltraggio.

oltranzìsmo [da *oltranza*; 1942] **sm.** atteggiamento politico di chi esaspera una presa di posizione fino all'estremo.

oltranzìsta [da *oltranza*; 1918] **s.** chi si comporta con oltranzismo.

oltranzìstico (pl. *-ci*) [da *oltranzista*; 1958] **agg.** proprio dell'oltranzismo, caratterizzato da oltranzismo: *condotta politica oltranzistica.*

oltràrno [comp. di *oltre* e *Arno*; metà del sec.

XIII] **I** ***avv.*** nella parte meridionale di Firenze, posta oltre l'Arno: *recarsi oltrarno* **II** ***sm.*** *per anton. l'Oltrarno*, il quartiere situato in tale parte.

óltre [lat. *ultra*; 1294] **I** ***prep.*** **1.** al di là di: *oltre i monti*; spesso senza articolo, spec. davanti a denominazioni geografiche: *oltre confine*; *oltre Po, oltre Arno* (anche come *sm. Oltrepò, Oltrarno*) || *oltre misura*, fuor di misura, eccessivamente **2.** più di: *è oltre un mese che ti aspetto* **3.** in aggiunta, insieme, gen. nella *loc. prep. oltre a*: *oltre ai fiori gli diede anche un bel regalo; oltre che perdonarlo, l'ho fatto anche mio amico* **II** ***avv.*** avanti, più avanti: *andare oltre, più oltre, fino a Milano e oltre* || ulteriormente: *non intendo aspettare oltre* || *andar troppo oltre*, eccedere.

óltre- od **óltra-** [lat. *ultra*] ***pref.*** che, unito a una parola, aggiunge l'idea di passaggio o di mutamento, e in genere di cosa che è al di là di un'altra (per es. *oltremare, oltretomba, oltrepassare*).

oltreché o **óltre che** [comp. di *oltre* e *che*; 1532] ***cong.*** *non com.* oltre al fatto che, in aggiunta a: *oltreché scusarsi gli ha fatto un regalo; questo libro, oltreché istruttivo, è di piacevole lettura.*

oltrecortina [comp. di *oltre-* e *cortina*; 1950] **I** ***avv.*** al di là della cosiddetta *cortina di ferro*, nell'Europa orientale **II** anche ***sm.*** (solo *sing.*): *paesi d'oltrecortina*, paesi socialisti dell'Est europeo.

oltremànica o **óltre Mànica** [comp. di *oltre* e del n. geogr. *Manica*; 1950] **I** ***agg.*** *inv.* e ***s.*** (solo *sing.*) che, chi sta al di là del canale della Manica; inglese **II** ***avv.*** al di là della Manica: *rifugiarsi oltre Manica.*

oltremàre (arc. *oltramàre*) [comp. di *oltre-* e *mare*; a. 1292 come avv., a. 1683 come sm. *oltramare*] **I** ***avv.*** di là dal mare: *andare oltremare* **II** ***sm.*** **1.** località situate al di là del mare: *paesi d'oltremare* **2.** pigmento azzurro intenso, un tempo ottenuto da lapislazzuli polverizzati, attualmente ricavato da una miscela di zolfo, caolino, carbone e carbonato di sodio **III** nella ***loc. agg.*** *blu oltremare*, del colore blu scuro e intenso del mare profondo || nella *loc. m.* usata come *loc. agg. color oltremare*, del colore del mare profondo || **N.** I oltreoceano.

oltremarino (arc. *oltramarino*) [da *oltremare*; sec. XIII nel senso 2] ***agg.*** **1.** d'oltremare: *approdo oltremarino* **2.** azzurro oltremare.

oltremiṣùra o **óltre miṣùra** [comp. di *oltre-* e *misura*; fine sec. XII] ***avv.*** smisuratamente, oltremodo.

oltremòdo [comp. di *oltre-* e *modo*; 1353] ***avv.*** smoderatamente; assai: *un comportamento oltremodo sfacciato, una poltrona oltremodo scomoda.*

oltremondàno (arc. *oltramondàno, ultramondàno*) [dal lat. tardo *ultramundānus*; a. 1565 *oltramondano*] ***agg.*** che è oltre questo mondo, che è dell'altro mondo.

oltremontàno v. OLTRAMONTANO.

oltremónti o **oltremónte** [comp. di *oltre-* e *monte*; a. 1311 *oltremonte*] ***avv.*** di là dai monti; all'estero.

oltreocèano [comp. di *oltre-* e *oceano*; a. 1912] ***avv.*** al di là dell'oceano, rif. in part. all'America: *recarsi, emigrare oltreoceano* || anche *sm.*: *usanze d'oltreoceano.*

oltrepassàbile [da *oltrepassare*; 1838] ***agg.*** *raro* valicabile, superabile.

oltrepassàre [comp. di *oltre-* e *passare*; 1673] ***tr.*** passare oltre, al di là: *oltrepassare la metà campo* || *fig.* eccedere: *oltrepassare i limiti della decenza* || **N.** *Sin.* superare, trapassare, travalicare, valicare, varcare; trasgredire.

oltrepò [comp. di *oltre-* e *Po*; a. 1816] **I** ***avv.*** nel territorio posto immediatamente al di là del fiume Po **II** ***sm.*** (spec. maiuscolo) i paesi posti al di là del Po: *l'Oltrepò pavese.*

oltretómba [comp. di *oltre* e *tomba*; 1883] ***sm.*** *inv.* ciò che è dopo la morte dell'uomo, l'aldilà: *il mistero dell'oltretomba; l'oltretomba cristiano, pagano.*

oltretùtto o **óltre tùtto** [comp. di *oltre* e *tutto*; 1958] ***avv.*** oltre ad ogni altra cosa: *Gianni non mi piace; oltretutto è bugiardo.*

oltreumàno [comp. di *oltre* e *umano*; a. 1705] ***agg.*** più che umano, che va al di là delle possibilità umane.

-òma [dal gr. *-ōma*] ***suff.*** che, in parole del linguaggio medico, di origine greca o di moderna formazione, indica processi infiammatori (per es. *tracoma*) o tumori (per es. *fibroma, sarcoma*), ma anche semplicemente tumefazioni (per es. *ematoma*) || in biologia e botanica indica un complesso di organi aventi una identica funzione (per es. *celoma, condrioma*).

omàccio (pl. *-ci*) (*pegg.* di *uomo*) [a. 1471] ***sm.*** **1.** *fam. un buon omaccio*, un bravo diavolo **2.** *spreg.* donna di corporatura e modi grossolani e mascolini || *accr.* omaccióne.

omaccióne (*accr.* di *omaccio*) [a. 1543] ***sm.*** uomo di grossa corporatura che può rivelare anche mitezza di carattere.

omaggiàre (pres. *-àggio*) [da *omaggio*; a. 1907] ***tr.*** ossequiare, onorare con omaggi.

omàggio (pl. *-gi*) [dal fr. ant. *omage*; sec. XIII nel senso 3] ***sm.*** **1.** atto di ossequio, di rispetto o venerazione: *numerosi sono intervenuti a rendere l'estremo omaggio; rendere omaggio alla bellezza, alla virtù di qualcuno* || *in omaggio al vero*, a dir la verità || *pl.* espressione di cortese saluto: *porga, presenti i miei omaggi alla signora, voglia gradire i miei più rispettosi omaggi*; anche *ass.*: *i miei omaggi!, omaggi!* **2.** dono che si fa per rendere omaggio: *omaggio floreale* || regalo di propaganda: *ne paghi due, il terzo è in omaggio, campione omaggio* **3.** *T.stor.* atto e professione di fedeltà del vassallo al suo signore || **N.** **1.** *Sin.* onoranza | far (atto di), porgere, prestare, tributare.

omàgra [comp. del gr. *hômos*, spalla e *-agra*, da *podagra*; 1821] ***sf.*** *T.med.* fenomeno gottoso che colpisce le spalle.

omài [da *oggimai*; a. 1250 *oimai*] ***avv.*** *poet.* ormai.

omarino (*dim.* di *uomo*) [1869] ***sm.*** *region.* uomo striminzito e insignificante.

òmaro [dal nordico ant. *humarr*, animale a volta, attr. il lat. scient. *Homarus*; 1905] ***sm.*** astice.

omàṣo o **òmaṣo** [dal lat. *omāsum*; 1561] ***sm.*** *T.zool.* la terza cavità nello stomaco dei ruminanti, detta com. *centopelli* || **N.** abomaso, reticolo, rumine.

ombelicàle [dal lat. tardo *umbilicālis*; 1494 *umbilicale*] ***agg.*** che appartiene o che si riferisce all'ombelico: *cordone ombelicale*, v. CORDONE.

ombelicàto [dal lat. *umbilicātus*; 1723] ***agg.*** *T.scient.* di organo, che abbia una depressione centrale simile a un ombelico: *fungo, frutto, scudo ombelicato, conchiglia ombelicata.*

ombelìco (pop. *ombellico*) (pl. *-chi*) [dal lat. *umbilīcus*; 1313 *umbilico*] ***sm.*** **1.** la cicatrice che si trova nella parte mediana del ventre, che si forma nel bambino dopo la caduta del cordone ombelicale **2.** *fig.* punto di mezzo, centro: *l'ombelico del mondo* || *non com.* umbone dello scudo **3.** *T.bot. ombelico di Venere*, erba perenne delle Crassulacee, a foglie carnose, che cresce su muri e terreni sassosi; scodellina || **N.** **1.** onfalite. **TAV.** ***araldica*** **p. 645** 1.11.

ombilicàto v. OMBELICATO.

ombilico e der. forme rare di OMBELICO e der. (v.).

ombóne v. UMBONE.

ómbra [lat. *umbra*; sec. XIII] **I** ***sf.*** **1.** oscurità parziale causata da corpo opaco che intercetta i raggi luminosi: *una zona d'ombra, far ombra* || *in part.* quella causata da un corpo che copre i raggi solari: *stare all'ombra di un pergolato, le prime ombre della sera* || *T.astr. cono d'ombra*, zona in ombra, di forma conica, che un pianeta investito dai raggi solari proietta in direzione opposta || *T.pitt.* il colore più o meno scuro che serve a dar rilievo alla figura: *tratteggiare le ombre*; *terra d'ombra*, colore usato in pittura, di origine minerale || *fig.* protezione, difesa: *starsene all'ombra delle leggi, del trono* || *tramare, agire, macchinare nell'ombra*, di nascosto; *rimanere, essere all'ombra*, nell'anonimato, sconosciuto; *lasciare qualcuno, un fatto nell'ombra*, non farlo conoscere, non divulgarlo **2.** l'immagine scura che un corpo illuminato proietta su una superficie, che riproduce il profilo di questo: *alla sera le ombre si allungano* || *T.gioc. ombre cinesi*, gioco nel quale si intrecciano le mani davanti a una sorgente luminosa, in modo da proiettare delle figure su uno schermo trasparente o sulla parete || *teatro delle ombre*, forma di rappresentazione drammatica caratteristica dell'Est asiatico, attuata con figure di cartone snodabili, le cui ombre vengono proiettate su uno schermo || *fig.* figura poco chiara, indistinta: *un'ombra si aggirava furtiva nel vicolo* || spettro, anima di un defunto: *il regno delle ombre, le ombre dannate* || parvenza, simulacro; lieve indizio: *non c'è nemmeno l'ombra del rispetto, non c'è ombra di dubbio* || in alcune espr. fig.: *aver paura della propria ombra*, aver paura di tutto; *essere l'ombra di qualcuno*, accompagnarlo dappertutto, essergli sempre dietro; *dare corpo alle ombre*, prendere i propri timori, sospetti ecc. per realtà || di persona magra, sparuta: *è un'ombra, non è più che l'ombra di se stesso*; anche *fig.*, non è all'altezza delle sue prestazioni migliori || *nemmeno per ombra*, niente affatto **II** ***agg.*** *inv.* (sempre posposto) **1.** *T.pol. governo, gabinetto ombra*, formato da membri del partito all'opposizione, incaricato di interessarsi e seguire i vari ministeri, pur senza poteri effettivi **2.** *bandiera ombra*, su yacht e navi, bandiera di nazionalità diversa da quella del proprietario, innalzata per evadere il fisco **3.** *T.magl. punto ombra*, eseguito sul rovescio di tessuti leggeri, e riportato solo nei contorni sul diritto || **N.** I **1.** aduggiamento, frescura, meriggio, mezzombra, oscuramento, penombra, rezzo, uggia | caliginosa, densa, fitta, folta, fresca, opaca | adombrare, aduggiare, gettare, nascondere, offuscare, ombreggiare, proiettare | *Contr.* luce **2.** *Sin.* sagoma, *silhouette*; larva. **TAV.** ***astronomia*** **p. 656** 1.7; ***maglia...*** **p. 1316** 1.10.

ombràcolo [dal lat. *umbraculum*; fine sec. XIV] ***sm.*** *arc.* **1.** pergola **2.** *fig.* difesa, protezione.

ombràre (pres. *ómbro*) [dal lat. *umbrāre*; a. 1333] ***tr.*** *lett.* coprire d'ombra || ***ass.*** fare ombra || *T.pitt.* tratteggiare con ombre || ***intr.*** (aus. *essere*) e ***intr. pron.*** *arc.* coprirsi d'ombra, farsi oscuro || *fig. arc.* adombrarsi.

ombràtile [dal lat. *umbrātilis*; a. 1375] ***agg.*** *non com.* umbratile.

ombràto (*pps.* di *ombrare*) [1308] **I** ***agg.*** **1.** coperto d'ombra, offuscato, velato **2.** di dipinto, che ha ombreggiature **II** ***sm.*** ombratura.

ombratùra [da *ombrare*; a. 1406] ***sf.*** chiazza, alone || *T.pitt. non com.* ombreggiatura.

ombreggiaménto [da *ombreggiare*; a. 1597] ***sm.*** ombreggiatura.

ombreggiànte (*ppr.* di *ombreggiare*) [1342] ***agg.*** che fa, che dà ombra || **N.** *Sin.* ombroso.

ombreggiàre (pres. *-éggio*) [da *ombra*; a. 1494 *ombregiare*] ***tr.*** **1.** coprire con la propria ombra: *le querce ombreggiano il prato* **2.** *T.pitt.* rifinire con chiaroscuri, dare il rilievo con le ombre: *ombreggiare un profilo a matita, a carboncino* || *ombreggiare gli occhi*, stendervi l'ombretto || **N.** **1.** *Sin.* adombrare, aduggiare, ombrare, oscurare **2.** *Sin.* sfumare. **Q.T.** *pit-*

tura.
ombreggiàto (*pps.* di *ombreggiare*) [1672] ***agg.*** **1.** coperto d'ombra, ombroso: *un viale ombreggiato* **2.** di disegno, che ha ombreggiature || *T.tip.* *carattere ombreggiato*, carattere di stampa, in cui le lettere sembrano essere accompagnate dalla loro ombra.
ombreggiatùra [da *ombreggiare*; 1865] ***sf.*** atto ed effetto dell'ombreggiare, spec. in pittura.
ombréggio (pl. *-gi*) [da *ombreggiare*; 1891] ***sm.*** *raro* l'ombreggiare.
ombrèlla o **umbrèlla** [da *ombra*; 1567] ***sf.*** **1.** *T.bot.* infiorescenza a peduncoli fiorali che partono tutti da un medesimo punto e arrivano tutti alla stessa altezza **2.** *region.* ombrello || **N. 1.** composta, semplice | corimbo. **TAV. *fiori...* p. 671** 2.7, 2.8.
ombrellàio (pl. *-ài*) [da *ombrello*; 1738] ***sm.*** (f. *-a*) artigiano che fa, vende o ripara ombrelli.
ombrellàta [da *ombrello*; 1841] ***sf.*** colpo dato con un ombrello.
Ombrellìfere [comp. di *ombrella* e *-fero*; 1825] ***sf. pl.*** *T.bot.* vastissima famiglia di piante dicotiledoni (con circa 2000 specie) caratterizzate da infiorescenza a ombrella, tra cui la carota, il finocchio, il prezzemolo. **Q.T.** *botanica.*
ombrellifìcio (pl. *-ci*) [comp. di *ombrello* e *-ficio*; 1963] ***sm.*** fabbrica di ombrelli.
ombrellìno (*dim.* di *ombrello*) [1803] ***sm.*** **1.** piccolo ombrello || *in part.* piccolo ombrello elegante che portavano le signore per ripararsi dal sole **2.** piccolo ombrello che si porta nelle sacre cerimonie per coprire il SS. Sacramento quando si trasporta da luogo a luogo.
ombrèllo [da *ombra*; a. 1588] ***sm.*** **1.** arnese per ripararsi da sole o pioggia, costituito da una calotta di tessuto sostenuta da stecche disposte a raggera intorno a un'asta: *ripararsi sotto l'ombrello, aprire, chiudere l'ombrello* **2.** *fig.* struttura protettiva simile a ombrello: *volta a ombrello, un ombrello di rami* || *T.mil.* *ombrello atomico*, sistema difensivo antinucleare || *dim.* ombrellìno, ombrellétto, ombrellùccio; *accr.* ombrellóne; *pegg.* ombrellàccio || **N. 1.** *Sin.* paracqua, parapioggia, parasole | da pioggia, da sole; automatico, pieghevole | asta o bastone, cappelletto, cinturino, controstecche, fodero o guaina, fusto, ghiera, manico, molla, puntale, stecche | portaombrelli.
ombrellóne (*accr.* di *ombrello*) [1869] ***sm.*** grande ombrello, coperto di stoffa a colori vivaci, che si usa d'estate, soprattutto sulle spiagge, in giardini e locali pubblici, o per proteggere le merci sui banchi dei mercati.
ombrétto [da *ombra*; 1942] ***sm.*** cosmetico in crema o polvere, usato per ombreggiare le palpebre.
ombrìa [da *ombra*; 1344 ca.] ***sf.*** *arc.* o *lett.* ombra leggera, zona in ombra: *l'ombria delle nubi fuggenti* (Carducci).
ombrìna [lat. volg. **umbrina*; a. 1380] ***sf.*** pesce, lungo circa 70 cm, grigio chiaro a strisce dorate, con testa corta e scagliosa, assai pregiato per il delicato sapore delle sue carni.
ombrinàle [dal gr. *ombrinós*; 1803] ***sm.*** *T.mar.* sulle navi, foro praticato nelle tavole di coperta per consentire lo scolo alle acque.
ómbro- [dal gr. *ómbros*, pioggia] ***primo elem.*** che, in parole composte della terminologia scientifica, vale "pioggia" (per es. *ombrofilia*², *ombrofobia*²).
ombrofilìa¹ [comp. di *ombra* e *-filia*; 1958] ***sf.*** *T.med.* attrazione ossessiva per gli ambienti scuri.
ombrofilìa² [comp. di *ombro-* e *-filia*; 1936] ***sf.*** *T.bot.* buona resistenza delle piante alla pioggia.
ombròfilo [comp. di *ombro-* e *-filo*; 1936] ***agg.*** *T.bot.* detto di pianta che sopporta bene le piogge.
ombròfita [comp. di *ombra* e *-fita*; 1965] ***agg.*** e ***sf.*** *T.bot.* di pianta che vive in condizioni di scarsa illuminazione.
ombrofobìa¹ [comp. di *ombra* e *-fobia*; 1958] ***sf.*** *T.med.* paura ossessiva degli ambienti ombrosi.
ombrofobìa² [comp. di *ombro-* e *-fobia*; 1958] ***sf.*** *T.bot.* incapacità di una pianta di sopportare piogge frequenti.
ombròfobo [comp. di *ombro-* e *-fobo*; 1936] ***agg.*** *T.bot.* detto di pianta che non sopporta piogge troppo frequenti.
ombrògrafo [comp. di *ombro-* e *-grafo*; 1958] ***sm.*** pluviografo.
ombròmetro [comp. di *ombro-* e *-metro*; 1834] ***sm.*** pluviometro.
ombrosità [da *ombroso*; sec. XIV] ***sf.*** l'essere ombroso: *ombrosità di un luogo*; anche *fig.*: *ombrosità di un carattere.*
ombróso [lat. *umbrōsus*; a. 1333] ***agg.*** **1.** posto all'ombra: *prato ombroso* || che fa ombra: *albero ombroso* **2.** di cavallo, che si spaventa facilmente || *fig.* di persona, sospettoso, diffidente, incline al risentimento **3.** *arc.* malinconico, triste || *dim.* ombrosétto, ombrosìno || **N. 1.** *Sin.* frondoso, fronzuto; ombreggiato, riparato; al fresco.
ombudsman (sved., pr. [ˈɔmbʉdsmann]; ingl., pr. [ˈɒmbʊdzmən]) [letter. rappresentante pubblico; 1983] ***sm.*** *inv.* *T.giur.* difensore civico.
omèga o **òmega** [dal gr. *ō méga*, o grande, lettura della lettera ω; 1321] ***sm.*** o ***sf.*** *inv.* nome dell'ultima lettera dell'alfabeto greco, corrispondente a un'*o* lunga || *fig.* fine: *dall'alfa all'omega*, dall'a alla zeta, dal principio alla fine || **N.** omicron.
omèi [da *o(i) mè*; a. 1375] ***sm. pl.*** *arc. poet.* lamenti, esclamazioni di dolore: *dopo tanti sospiri e tanti omei* (Lorenzo il Magnifico).
omeiòtico (pl. *-ci*) [dal gr. *hómoios*, simile; 1988] ***agg.*** *T.biol.* di una struttura, che assume la forma caratteristica di un'altra struttura della stessa serie.
omelétta ***sf.*** adattamento it. di *omelette* (v.).
omelette (fr., pr. [ɔmˈlɛt]) [alterazione di *alumette*, da *lamelle*, piccola lama; 1877] ***sf.*** *inv.* frittata arrotolata, gen. farcita: *omelette al formaggio, di spinaci, con marmellata.*
omelìa [dal lat. tardo *homelia*, gr. *homilía*; a. 1342] ***sf.*** **1.** *T.eccl.* sermone di spiegazione e commento a un passo delle Sacre Scritture, in stile semplice e piano, tenuto da un vescovo o da un sacerdote || *per estens.* predica **2.** *fig.* *scherz.* discorso moraleggiante, di rimprovero. **Q.T.** *religione.*
omelìsta [da *omelia*; 1870] ***s.*** chi tiene omelie || **N.** *Sin.* predicatore.
omentàle [da *omento*; 1958] ***agg.*** *T.anat.* proprio dell'omento: *resezione omentale.*
oménto [dal lat. *omentum*; 1561] ***sm.*** *T.anat.* ciascuna delle due pieghe del peritoneo, delle quali una (*grande omento*) è tesa dallo stomaco al colon, l'altra (*piccolo omento*) dal fegato al duodeno.
omèo- o **òmeo-** [dal gr. *hómoios*, simile] ***primo elem.*** che, in parole composte della terminologia scientifica, vale "simile", "uguale" (per es. *omeomeria, omeopatia, omeotermia*).
omeoarchìa [comp. di *omeo-* e *-archia*; 1983] ***sf.*** *T.filol.* errore nella copiatura di manoscritti causato da scambio tra parole che iniziano nello stesso modo ma sono diverse nel seguito (ad es. *diagramma* per *digramma*) || **N.** omeoteleuto.
omeomerìa [dal gr. *homoioméreia*; a. 1798] ***sf.*** *T.fil.* secondo Anassagora, ciascuna delle infinitesime particelle costituenti la materia.
omeomorfìsmo v. OMOMORFISMO.
omeomòrfo v. OMOMORFO.
omeòpata [da *omeopatia*; 1978] ***s.*** medico omeopatico.
omeopatìa [comp. di *omeo-* e *-patia*; 1828] ***sf.*** *T.med.* teoria medica basata sul principio che, per curare, si debbano somministrare quantità minime di sostanze che in una persona sana inducono gli stessi sintomi della malattia da curare || **N.** allopatia.
omeopàtico (pl. *-ci*) [da *omeopatia*; a. 1835 *omiopatico*] **I** ***agg.*** di omeopatia: *medicina omeopatica, farmaco omeopatico* **II** ***sm.*** (f. *-a*) medico che cura con l'omeopatia.
omeopolàre o **omopolàre** [comp. di *omeo-* e *polare*; 1931] ***agg.*** *T.chim.* detto di legame chimico ottenuto dall'unione di elettroni, provenienti da entrambi gli atomi interessati || **N.** *Sin.* covalente.
omeoptòto o **omeottòto** [dal lat. tardo *homoeoptōton*, gr. *homoióptōton*; 1695 *omeoptoton*] ***sm.*** *inv.* *T.ret.* corrispondenza di una stessa forma flessiva nell'isocolo senza che si determini necessariamente omoteleuto.
omeostàṣi [comp. di *omeo-* e *-stasi*; 1958] ***sf.*** *T.biol.* equilibrio dell'ambiente interno di un organismo o di un insieme di organismi animali, che si mantiene stabile anche al variare delle condizioni esterne.
omeostàtico (pl. *-ci*) [da *omeostasi*; 1958] ***agg.*** *T.biol.* relativo a omeostasi, caratterizzato da omeostasi: *sistema omeostatico.*
omeostàto [comp. di *omeo-* e *-stato*; 1981] ***sm.*** *T.biol.* organismo caratterizzato da omeostasi.
omeotelèuto o **omoiotelèuto** o **omotelèuto** [dal gr. *homoiotéleutos*; a. 1565] **I** ***agg.*** *non com.* che ha la medesima desinenza: *frasi, parole omeoteleute* **II** ***sm.*** **1.** tecnica della retorica latina che consisteva nel far terminare in modo simile le parti di un periodo contrapposte simmetricamente **2.** nella critica testuale indica la ripetizione di parole o frasi eguali o simili alla fine di un periodo, che può facilmente provocare l'omissione da parte del copista.
omeotermìa o **omotermìa** [comp. di *omeo-* e *-termia*; 1954] ***sf.*** *T.biol.* caratteristica, propria di alcuni animali quali uccelli e mammiferi, di mantenere costante la temperatura del corpo.
omeotèrmo o **omotèrmo** [comp. di *omeo-* e *-termo*; 1930] ***agg.*** e ***sm.*** *T.biol.* si dice degli animali che presentano omeotermia, com. detti *a sangue caldo.*
omeotònico (pl. *-ci*) [comp. di *omeo-* e *tonico*; 1940] ***agg.*** *T.mus.* di tonalità simile.
omeottòto v. OMEOPTOTO.
omeràle [da *omero*; 1727 *umerale*] ***agg.*** **1.** *T.anat.* dell'omero: *arteria omerale* **2.** *T.eccl.* *velo omerale*, larga fascia che, dalle spalle del sacerdote, ricade sul davanti, usata per maneggiare alcuni oggetti sacri evitando il contatto diretto. **TAV.** *chiesa* 2.25.
omèrico (pl. *-ci*) [dal lat. *Homēricus*; a. 1544] ***agg.*** relativo a Omero: *poemi omerici*; *questione omerica*, il problema della paternità e della datazione dei poemi omerici e degli altri scritti attribuiti a Omero || *risata omerica*, molto prolungata e sonora come le risate degli dei che vengono descritti nei poemi di Omero || *appetito omerico*, grandissimo, insaziabile, come l'appetito degli eroi omerici.
omerìsta [dal n. proprio *Omero*; a. 1642] ***s.*** studioso delle opere di Omero.
òmero [dal lat. *humerus*; 1313] ***sm.*** **1.** *T.anat.* osso lungo che va dalla spalla al gomito **2.** *lett.* spalla: *avere buoni omeri*, essere robusto, resistente || *fig.* *raro* cima di un monte || **N.** condilo, corpo, testa, troclea. **TAV. *anatomia* p. 641** 2.4.
omertà [etim. discussa, forse da *umiltà*; 1871] ***sf.*** forma di solidarietà della malavita che consiste nel non rivelare alle autorità alcuna notizia, ostacolando in tutti i modi la punizione

dei delitti || *per estens.* ogni forma di rifiuto ostinato di fornire indicazioni o notizie su fatti di cui si è al corrente, per proteggere la propria sicurezza personale e per solidarietà con chi verrebbe danneggiato dalla diffusione delle informazioni in questione || **N.** camorra, mafia.

omertóso [da *omertà*; 1983] **agg.** fondato sull'omertà: *complicità omertosa.*

oméssо *pps.* di *omettere* (v.).

ométtere (pres. *-étto* ecc., come METTERE) [dal lat. *omittere,* mandare via; sec. XIII *omettre*] **tr.** tralasciare: *omettere le formule di ossequio, omettere di fare una cosa importante* || **N.** *Sin.* lasciare, prescindere, pretermettere, risparmiare, saltare, sorvolare, sottacere, sottintendere, tacere, trascurare; astenersi.

ométto (*dim.* di *uomo*) [1551] **sm. 1.** piccolo uomo, usato con l'intenzione di lusingare un bambino: *sei diventato proprio un ometto!* **2.** *T.alp.* mucchietto piramidale di sassi che segnala un sentiero **3.** nel gioco del biliardo, birillo **4.** *region.* gruccia per abiti.

omiciàttolo (*dim.* e *spreg.* di *uomo*) [a. 1400 *omiciatto*] **sm.** uomo di poco conto.

omicìda [dal lat. *homicīda*; 1313] **I s.** chi uccide o ha ucciso una persona **II agg.** che ha dato la morte: *arma omicida* || **N.** I *Sin.* assassino, uccisore; fratricida, matricida, parricida, regicida, uxoricida II *Sin.* mortale.

omicìdio (pl. *-di* o *-dii*) [dal lat. *homicīdium*; a. 1306 *omecidio*] **sm.** uccisione di una o più persone: *commettere un omicidio, omicidio doloso o volontario, omicidio colposo, preterintenzionale* || **N.** *Sin.* assassinio, UCCISIONE; eccidio, genocidio, strage. **Q.T.** *diritto.*

òmicron [dal gr. *ō mikrón,* o piccola, lettura della lettera o; 1561] **sm.** o **sf.** *inv.* nome della quindicesima lettera dell'alfabeto greco che corrisponde a un'*o* breve || **N.** omega.

omilèta [da *omilia*; a. 1956] **s.** autore di omelie.

omilètica [da *omiletico*; 1925] **sf.** arte di comporre e recitare omelie || scienza che studia le omelie.

omilètico (pl. *-ci*) [dal lat. tardo *homilēticus*; 1869] **agg.** *T.lett.* relativo al genere dell'omelia.

omilìa e der. forme rare di OMELIA e der. (v.).

ominazióne [dal lat. *homo, -inis,* uomo; 1929] **sf.** in genetica, complesso dei processi evolutivi, come l'acquisizione di un'andatura bipede, lo sviluppo del cervello, la formazione di un linguaggio articolato che, da una forma primitiva di primate ominide, hanno condotto all'attuale specie umana.

Omìnidi (sing. *-e*) [dal lat. scient. *Hominidae,* da *homo, -inis*; 1890] **sm.** *pl.* famiglia dei Primati, comprendente le forme fossili dei tipi umani e l'uomo attuale.

omìno (*dim.* di *uomo*) [1745] **sm.** ometto, nei vari sensi.

Ominoidèi (sing. *-o*) [comp. del lat. *homo, -inis,* uomo e *-oidei*; 1988] **sm.** *pl.* superfamiglia di mammiferi primati comprendente le famiglie Ominidi ecc.

omissìbile [dal lat. *omissus,* omesso; 1958] **agg.** che si può omettere, evitabile, trascurabile.

omissióne [dal lat. tardo *omissio, -ōnis*; a. 1342 *ommissione*] **sf.** atto ed effetto dell'omettere: *omissione volontaria, involontaria, ho riscontrato una grave omissione nel resoconto* || *reato di omissione,* il reato di chi si astiene dal fare una cosa prescritta dalla legge: *omissione di soccorso,* il non soccorrere persone a cui sia capitato un incidente, spec. stradale || *T.rel. peccato di omissione,* il non fare ciò che è imposto dalla legge morale o divina || **N.** *Sin.* dimenticanza, lacuna, mancanza; ellissi.

omissis (lat., pr. it. [o'missis]) [dalla loc. *cēteris rebus omissis,* omesse le altre cose] **I** **avv.** *T.giur.* si usa negli estratti delle sentenze o degli atti notarili, per indicare le parti di essi che vengono tralasciate || **II sm.** *inv.* parte omessa, spec. con intenzione di censurare o di mantenere un segreto: *troppi omissis in quell'articolo, una deposizione piena di omissis.*

ommatìdio (pl. *-di*) [comp. del gr. *ómma, -atos,* occhio e *-idio*; a. 1965] **sm.** *T.zool.* ciascuno dei numerosi occhi elementari che formano l'occhio composto degli Artropodi.

òmni- v. ONNI.

òmnibus [dal lat. *omnibus,* per tutti; 1836] **sm.** *inv.* **1.** nell'Ottocento, vettura pubblica a cavalli che percorreva un itinerario cittadino **2.** *non com.* treno locale || **N.** autobus, carrozza, diligenza, filobus, tram.

omnidirezionàle v. ONNIDIREZIONALE.

omniscïènza **sf.** *raro* v. ONNISCIENZA.

omnium (lat., pr. it. ['ɔmnjum]) [letter. di tutti] **sm.** *inv.* *T.sport.* corsa aperta a partecipanti di categorie ed età diverse.

omnìvoro **agg.** *raro* v. ONNIVORO.

òmo [lat. *homo*; a. 1250] **sm.** *arc.* uomo.

òmo- [dal gr. *homós,* uguale] **primo elem.** che, in parole composte dotte e della terminologia scientifica, vale "uguale", "simile" (per es. *omofono, omomorfo, omosessuale*).

omoallèle [comp. di *omo-* e *allele*; 1988] **agg.** in genetica, detto di ogni gene che presenta mutazioni nello stesso sito || **N.** *Contr.* eteroallele.

omocèntrico (pl. *-ci*) [comp. di *omo-* e *-centrico*; a. 1557] **agg.** avente il medesimo centro || *T.fis.* detto di raggi luminosi che passano per lo stesso punto.

omocìclico (pl. *-ci*) [comp. di *omo-* e *ciclico*; 1932] **agg.** *T.chim.* di composto organico ciclico la cui molecola è formata da atomi dello stesso elemento, gen. carbonio.

omocromìa [comp. di *omo-* e *-cromia*; 1934] **sf.** *T.zool.* il fenomeno per il quale un animale presenta lo stesso colore dell'ambiente in cui vive || **N.** mimetismo.

omofonìa [dal gr. *homophōnía*; 1821 nel senso 2] **sf.** **1.** *T.ling.* l'identità di suono delle parole omofone **2.** *T.mus.* carattere di una composizione che abbia parti omofone.

omofònico (pl. *-ci*) [da *omofonia*; 1869] **agg.** di omofonia, che si riferisce a omofonia.

omòfono [dal gr. *homóphōnos*; 1695 nel senso 2] **agg.** **1.** *T.ling.* di parole, che, pur avendo lo stesso suono, hanno diversi significati (*pórta,* uscio, e *pòrta,* dal verbo *portare*) e talvolta grafia diversa **2.** *T.mus.* di parti strumentali o vocali, che procedono all'unisono o all'ottava.

omogeneità [da *omogeneo*; a. 1597] **sf.** caratteristica di ciò che è omogeneo || **N.** *Sin.* affinità, analogia, conformità, uniformità.

omogeneiẓẓàre [da *omogeneo*; 1958] **tr.** rendere omogeneo, uniforme nelle sue parti: *omogeneizzare un cibo.*

omogeneiẓẓàto [da *omogeneizzare*; 1970] **I agg.** *latte omogeneizzato,* latte i cui grassi sono stati suddivisi uniformemente in piccole parti **II sm.** nell'alimentazione infantile, qualsiasi tipo di alimento ridotto a una pasta cremosa che si possa inghiottire senza masticare.

omogeneiẓẓatóre [da *omogeneizzare*; 1954] **sm.** *T.chim.* apparecchio che serve per omogeneizzare.

omogeneiẓẓazióne [da *omogeneizzare*; 1958] **sf.** l'operazione o il processo dell'omogeneizzare.

omogèneo [dal gr. *homogenḗs*; a. 1558] **agg.** **1.** che è della stessa natura, sostanza, materiale: *corpi omogenei* (*tra loro*); ben adattato, armonizzante: *ben omogeneo al suo ambiente* || *fig.* simile, affine: *un punto di vista omogeneo al mio* || *T.scient. grandezze omogenee,* misurabili con la stessa unità di misura || *T.mat.* privo di termini noti: *sistema omogeneo, equazione differenziale omogenea* **2.** ben amalgamato, uniforme in ogni sua parte: *un impasto omogeneo* **3.** *T.mat.* di polinomio, con monomi dello stesso grado || **omogeneaménte** **avv.** || **N.** **1.** *Sin.* analogo, concorde, conforme.

omogeniẓẓàre e der. v. OMOGENEIZZARE e der.

omografìa [comp. di *omo-* e *-grafia*; 1929] **sf.** **1.** *T.ling.* identità di grafia fra parole omografe **2.** *T.geom.* corrispondenza biunivoca tra i punti di due spazi proiettivi.

omogràfico (pl. *-ci*) [da *omografia*; 1932] **agg.** *T.geom.* e *T.ling.* relativo all'omografia, proprio dell'omografia.

omògrafo [comp. di *omo-* e *-grafo*; 1891] **agg.** e **sm.** *T.ling.* detto di suoni diversi rappresentati con lo stesso segno grafico (per es. la *c* di *cielo* e di *cane*) e parole che, pur avendo eguale grafia, hanno pronuncia e significati diversi (per es. *bótte,* tino e *bòtte,* bastonate).

omoiotelèuto v. OMEOTELEUTO.

omoiuṣìa [comp. del gr. *hómoios,* simile e *ousía,* sostanza; 1965] **sf.** *T.teol.* secondo la dottrina ariana, condannata come eretica al concilio di Nicea, la semplice somiglianza e non identità tra il Padre e il Figlio nella Trinità || **N.** *Contr.* omousia.

omolìṣi [comp. di *omo-* e *-lisi*; 1981] **sf.** **1.** *T.chim.* scissione molecolare, che comporta la formazione di radicali liberi **2.** *T.biol.* lisi di cellule da parte di estratti del tessuto da cui provengono.

omolìtico (pl. *-ci*) [comp. di *omo-* e *-litico*; 1981] **agg.** *T.chim.* proprio di omolisi, relativo a omolisi: *scissione omolitica,* omolisi.

omologàbile [da *omologare*; 1967] **agg.** che può essere omologato: *un primato omologabile con difficoltà.*

omologàre (pres. *-òlogo, -òloghi*) [dal gr. *homologêin*; a. 1565] **tr.** *T.giur.* approvare, dare effetto legale, riconoscendo la rispondenza alle norme vigenti: *omologare il prototipo di un motore, omologare un contratto* || *T.sport.* rif. a risultato, convalidare in quanto ottenuto in modo regolare: *omologare un primato* || **N.** *Sin.* ratificare, sancire.

omologazióne [da *omologare*; 1828] **sf.** *T.giur.* atto ed effetto dell'omologare: *omologazione di separazione.*

omologìa (pl. *-gìe*) [dal gr. *homología*; 1598] **sf.** rapporto che lega cose o fenomeni omologhi || *T.biol.* in animali diversi, corrispondenza embriologica di organi che hanno funzioni e conformazioni diverse || *T.geom.* in geometria proiettiva, omografia fra piani sovrapposti tale che i piani corrispondenti siano allineati con un punto detto *centro* || *T.geom.* l'equivalenza di lati che, in figure simili, sono adiacenti ad angoli rispettivamente uguali.

omològico (pl. *-ci*) [da *omologia*; 1875] **agg.** *raro* relativo a omologia: *rapporto omologico.*

omòlogo (pl. *-ghi*) [dal gr. *homólogos*; a. 1642] **agg.** di cosa, che corrisponde ad altra, che ha le stesse qualità di un'altra: *caratteri, elementi omologhi* || *T.geom.* che presenta omologia: *punti omologhi, lati omologhi* || **omologaménte** **avv.** || **N.** *Sin.* affine, analogo, corrispondente, equivalente.

omomorfiṣmo o **omeomorfiṣmo** [da *omomorfo*; 1958] **sm.** **1.** *T.biol.* presenza di organi o strutture simili in organismi non affini filogeneticamente **2.** *T.zool.* tipo di mimetismo animale per cui il corpo assume forme o comportamenti che ne rendono difficile l'individuazione **3.** *T.mat.* corrispondenza tra due strutture algebriche G e G′ dello stesso tipo, che associa a ogni elemento di G uno e un solo elemento di G′ e che conserva le operazioni definite in G e G′.

omomòrfo o **omeomòrfo** [comp. di *omo-* e *-morfo*; 1933] **agg.** **1.** *T.biol.* che presenta omomorfismo **2.** *T.bot. fecondazione omomor-*

fa, fecondazione autogama **3.** *T.mat.* che presenta omomorfismo.

omonimìa [dal lat. tardo *homonymia*, gr. *homōnymía*; a. 1574] **sf.** appartenenza dello stesso nome proprio a cose o persone diverse: *un caso di omonimia* || *T.ling.* il fenomeno che esibiscono due o più parole omonime.

omònimo [dal lat. tardo e gr. *homṓnymos*; a. 1544] **I agg.** **1.** che ha lo stesso nome: *voci omonime, il nebbiolo è prodotto dall'omonimo vitigno* **2.** *T.ling.* di parole diverse per significato ma uguali per pronuncia (*omofoni*) o grafia (*omografi*) **II sm.** **1.** (f. *-a*) persona che ha lo stesso nome o cognome (o entrambi) di un'altra: *costui è un mio omonimo* **2.** *T.ling.* parola omonima.

omopàuṣa [comp. di *omo*(*sfera*) e *-pausa*; 1967] **sf.** *T.meteor.* strato dell'atmosfera terrestre che separa l'omosfera dall'eterosfera alla quota di circa 80-100 km.

omoplàta [dal gr. *ōmoplátē*; 1734] **sm.** *T.anat.* scapola.

omopolàre V. OMEOPOLARE.

omoritmìa [comp. di *omo-* e *-ritmia*, da *ritmo*; 1970] **sf.** *T.mus.* in una composizione polifonica, l'identità ritmica tra le parti.

omosessuàle [comp. di *omo-* e *sessuale*; 1908] **I agg.** relativo a omosessualità: *tendenze, rapporti omosessuali* || che pratica l'omosessualità **II s.** persona omosessuale: *un locale per omosessuali* || **N.** II lesbica, pederasta.

omosessualità [comp. di *omo-* e *sessualità*; 1900] **sf.** inclinazione o pratica sessuale che ha per oggetto individui del proprio sesso.

omosèx [abbr. dall'ingl. *homosexual*; 1972] **agg.** e **s.** *inv.* omosessuale.

omosfèra [comp. di *omo-* e *sfera*; 1967] **sf.** *T.meteor.* la parte bassa dell'atmosfera, fino a circa 100 km di altezza, a composizione gassosa omogenea.

omoteleùto V. OMEOTELEUTO.

omotermìa V. OMEOTERMIA.

omotèrmo V. OMEOTERMO.

omotetìa [comp. di *omo-* e di un der. del gr. *thetós*, posto; 1891] **sf.** *T.mat.* rapporto di corrispondenza fra figure geometriche || **N.** *Sin.* similitudine; dilatazione, traslazione.

omotètico (pl. *-ci*) [da *omotetia*; 1891] **agg.** *T.mat.* relativo a omotetia.

omotonìa [dal gr. *homótonos*; a. 1729] **sf.** *T.mus.* identità di accento o di suono.

omotònico (pl. *-ci*) [da *omotonia*; 1970] **agg.** *T.mus.* di uguale tono.

Omòtteri [dal gr. *homópteros*; 1875] **sm.** *pl.* *T.zool.* sottordine di insetti Emitteri cui appartengono la coccíniglia, gli afidi e la cicala.

omouṣìa [comp. di *omo-* e del gr. *ousía*, sostanza; 1965] **sf.** *T.teol.* perfetta identità tra Padre e Figlio nella Trinità, sostenuta contro la dottrina di Ario della somiglianza, e imposta dalla Chiesa cattolica come dogma nel Concilio di Nicea || **N.** *Contr.* omoiusia.

omoẓigòte [comp. di *omo-* e *zigote*; 1918] **agg.** e **sm.** *T.biol.* detto di individuo che ha ereditato geni identici dai due genitori per uno o più caratteri || **N.** eterozigote.

omoẓigòtico (pl. *-ci*) [da *omozigote*; 1929] **agg.** *T.biol.* relativo a omozigote, proprio di omozigote.

omùncolo [dal lat. *homunculus*; sec. XV nel senso 2] **sm.** **1.** uomo di scarse doti fisiche e mentali **2.** essere dotato di poteri eccezionali che gli alchimisti ritenevano di poter ottenere con la loro scienza **3.** *omuncolo motore*, in neurofisiologia, rappresentazione sulla corteccia cerebrale delle funzioni motorie, simile ad una figura umana.

on (ingl., pr. [ɒn]) [letter. sopra, su; 1974] **agg.** *inv.* sugli apparecchi elettrici, dicitura che indica la posizione di acceso, in funzione (in contrapposizione a *off*).

onàgro [dal lat. *onagrus*; a. 1292] **sm.** **1.** asino selvatico **2.** *T.mil.* antica macchina da guerra per lanciare grosse pietre.

onaniṣmo [dal n. proprio *Onan*, personaggio biblico, attr. il fr. *onanisme*; 1778] **sm.** **1.** masturbazione **2.** per la teologia morale cattolica, il peccato di chi compie pratiche antifecondative illecite.

onanìsta [da *onanismo*; 1863] **s.** chi pratica l'onanismo.

óncia (pl. *-ce*) [lat. *uncia*; 1313] **sf.** **1.** unità di misura di peso in uso prima dell'adozione del sistema metrico decimale, pari a 28 grammi circa || *fig.* minima quantità: *un'oncia di giudizio* **2.** nell'antichità, unità monetaria e ponderale corrispondente a un dodicesimo di libbra o di asse **3.** moneta d'oro coniata nel XVIII sec. a Napoli **4.** *arc.* unità di misura di lunghezza, con valore diverso nelle varie regioni || *dim.* oncìna. **Q.T.** *numismatica.*

onciàle [dal lat. *unciālis*; a. 1782] **agg.** e **sf.** detto di tipo di scrittura tardo-classica e medievale, caratterizzata da compattezza e rotondità di tratti.

ònco- [dal gr. *ónkos*, tumore] **primo elem.** che, in parole composte della terminologia medica, vale "tumore" (per es. *oncologia, oncoterapia*).

oncocìta [comp. di *onco-* e *-cita*; 1958] **sm.** *T.med.* cellula tumorale.

oncogèneṣi [comp. di *onco-* e *genesi*; 1958] **sf.** **1.** *T.med.* processo di formazione e di sviluppo dei tumori **2.** *T.med.* branca della medicina che studia la formazione e lo sviluppo dei tumori.

oncògeno [comp. di *onco-* e *-geno*; 1926] **agg.** *T.med.* in grado di provocare lo sviluppo di un tumore || **N.** *Sin.* cancerogeno.

oncologìa [comp. di *onco-* e *-logia*; 1891] **sf.** *T.med.* parte della medicina che studia i tumori.

oncològico (pl. *-ci*) [da *oncologia*; 1942] **agg.** che si riferisce a oncologia: *reparto oncologico.*

oncòlogo (pl. *-gi*) [comp. di *onco-* e *-logo*; 1942] **sm.** (f. *-a*) medico specializzato in oncologia.

oncoterapìa [comp. di *onco-* e *terapia*; 1942] **sf.** *T.med.* cura dei tumori.

oncotomìa [comp. di *onco-* e *-tomia*; 1834] **sf.** *T.chir.* asportazione di un tumore.

ónda [lat. *unda*; a. 1272] **sf.** **1.** ciascuno dei rilievi che si sviluppano su una superficie di acqua, con andamento periodico parallelo o concentrico, causati da una perturbazione esterna: *le onde del mare, dello stagno, la barchetta era in balìa delle onde*; *cresta dell'onda*, la cima spumeggiante dell'onda; anche *fig.*: *essere sulla cresta dell'onda*, attraversare un momento di popolarità o di fortuna; *seguire l'onda*, assecondare gli eventi, la tendenza dominante || *per meton. lett.* mare **2.** *fig.* ciò che ricorda le onde per il profilo sinuoso o l'incessante e impetuoso avanzare: *le onde dei capelli, una decorazione a onde, un'onda di folla, l'onda dei ricordi* **3.** *T.fis.* modificazione dello stato di un mezzo fisico, che si propaga nello spazio regolarmente con moto oscillatorio o vibratorio || *in part.* *onde sonore*, generate da un corpo vibrante e costituite da rarefazioni e condensazioni dell'aria o di altro mezzo elastico; *onde elettromagnetiche*, che si propagano modificando l'intensità di campo elettrico e magnetico e che, a seconda dell'ampiezza e della frequenza di oscillazione, producono raggi infrarossi, luminosi, ultravioletti, x o γ; *onde hertziane*, onde elettromagnetiche impiegate nelle comunicazioni radio, distinte in *corte*, *medie* e *lunghe*; da qui la loc. *in onda*, trasmesso per radio o televisione; *essere, mandare, rimandare in onda* || *onde sismiche*, movimenti sussultori od oscillatori che si propagano sulla crosta terrestre a partire da un epicentro || *dim.* ondétta, ondicìna || **N.** **1.** *Sin.* cavallone, flutto, maroso; cresta | candida, corta, impetuosa, increspata, lenta, liscia, lunga, minacciosa, quieta, rapida, veloce | accavallarsi, agitarsi, bagnare, battere, bollire, fluttuare, frangersi, gorgogliare, incresparsi, lambire, lavare, mormorare, mugghiare, ondeggiare, oscillare, percuotere, rifrangere, rompere, sballottare, spumeggiare, sussurrare, tremolare | ciclone, colpo di mare, fiotto, flusso, frangenti, gorgo, marea, mare lungo, ondeggiamento, riflusso, risacca, schiuma, spuma, tromba. **Q.T.** *audiovisivi, fisica.*

ondàmetro [comp. di *onda* e *-metro*; 1958] **sm.** *T.fis.* strumento con cui si misura la frequenza delle onde elettromagnetiche.

ondànte (*ppr.* di *ondare*) [prima metà sec. XIV] **agg.** *arc. poet.* traboccante.

ondàre (pres. *óndo*) [lat. *undāre*; a. 1533] **intr.** (aus. *avere*) *arc. poet.* ondeggiare.

ondàta [da *onda*; a. 1600] **sf.** **1.** colpo di onda: *un'ondata li travolse* **2.** *per estens.* afflusso: *ondata di caldo*; *ondata migratoria*, afflusso simultaneo di un gran numero di immigrati; anche *fig.*: *un'ondata di malcontento* || nella *loc. avv.* *a ondate* (*successive*), in fasi successive di afflusso, di intensificazione ecc.

ondàto [lat. *undātus*; a. 1519] **agg.** *non com.* increspato, ondulato.

ondàtra [da una voce indiana canadese; 1823] **sf.** roditore, vivente lungo i corsi d'acqua o i laghi dell'America settentrionale, pregiato per la sua pelliccia morbida e fittissima.

ondazióne [lat. tardo *undātio, -ōnis*; a. 1406] **sf.** *disus.* vibrazione, oscillazione.

ónde [lat. *unde*; a. 1250 *'nde*] **I avv.** *lett.* in frasi interrogative, da dove, da quale luogo: *onde venite?, chiesero onde provenisse* **II pron. rel.** dal qual posto: *la prigione onde era fuggito* || da cui, di cui: *i mali ond'era afflitto* **III cong.** affinché: *te lo dico onde ti serva di regola* || col verbo all'inf., per, in modo da: *farò il possibile, onde mostrare le mie doti*; *partiamo prima, onde tornare con calma* **IV sm.** nella loc. *avere (ben) onde*, avere un motivo.

ondeggiaménto [da *ondeggiare*; 1589] **sm.** movimento oscillante provocato dalle onde, o simile a questo: *ondeggiamento della nave*; *ondeggiamento di folla.*

ondeggiànte (*ppr.* di *ondeggiare*) [a. 1364] **agg.** **1.** *fig.* incerto, instabile: *posizione politica ondeggiante* **2.** *per estens.* ondulato: *capelli ondeggianti, fregio con motivi ondeggianti.*

ondeggiàre (pres. *-éggio*) [da *onda*; 1353] **intr.** (aus. *avere*) **1.** essere increspato da onde: *il lago ondeggia* || oscillare, muoversi per effetto delle onde: *la banca ondeggia* || *per estens.* muoversi, agitarsi: *le messi ondeggiano, la folla ondeggia* **2.** *fig.* essere dubbioso, incerto: *il mio animo ondeggia tra opposti pensieri* || **N.** **1.** *Sin.* fluttuare, ondulare, oscillare, tremolare, vacillare; beccheggiare, rollare.

ondeggiàto (*pps.* di *ondeggiare*) [sec. XIV] **agg.** *non com.* ondulato.

ondìna [dal ted. *Undine*; 1869] **sf.** **1.** divinità del mare e dei fiumi delle mitologie nordiche **2.** *fig.* nuotatrice abilissima || **N.** **1.** nereide, ninfa, oceanina.

ondìsono [dal lat. *undisonus*; 1499] **agg.** *poet.* che risuona del rumore delle onde.

ondìvago (pl. *-ghi*) [dal lat. tardo *undivagus*; 1810] **agg.** *lett.* che va errando per le onde: *l'ondivaga prora* (Pascoli).

ondoleggiàre (pres. *-éggio*) [intensivo di *ondulare*; a. 1755] **intr.** *raro* (aus. *avere*) ondeggiare leggermente.

ondosità [da *ondoso*; 1779] **sf.** stato di ciò che è ondoso || *concr.* rilievo a forma di onda.

ondóso [lat. *undōsus*; 1336 ca. nel senso 2] **agg.** **1.** relativo alle onde: *moto ondoso* **2.** pieno di onde, mosso dalle onde: *mare ondoso* || *fig.* ondulato || **N.** **2.** *Sin.* fluttuante, ondeggiante, oscillante.

ondulànte (*ppr.* di *ondulare*) [1834] ***agg.*** piegato a onda || *T.med. febbre ondulante,* stato febbrile prolungato, in cui si hanno alternativamente punte di alta e di bassa temperatura; è tipica della brucellosi.

ondulàre (pres. *óndulo*) [lat. volg. **undulāre*; 1865] ***intr.*** (aus. *avere*) *lett.* ondeggiare lievemente || ***tr.*** piegare a onde: *ondulare i capelli.*

ondulàto (*pps.* di *ondulare*) [1499 *undulato*] ***agg.*** sulla cui superficie si alternano più o meno regolarmente rilievi e depressioni: *terreno ondulato*; dal profilo mosso: *capelli ondulati, lamiera ondulata* || **N.** *Sin.* crespo, increspato, sinuoso, sinusoidale; a esse; marezzato.

ondulatóre [da *ondulare*; 1954] ***sm.*** *T.elettr.* apparecchio che serve a trasformare la corrente elettrica da continua in alternata.

ondulatòrio (pl. *-ri*) [da *ondulato*; 1835 *ondolatorio*] ***agg.*** **1.** *T.fis.* che si propaga a onde: *fenomeno ondulatorio* || *teoria ondulatoria,* una delle due ipotesi principali sul modo in cui si propaga la luce (l'altra è quella corpuscolare) **2.** di terremoto, che si propaga in senso orizzontale || **N.** **2.** *Contr.* sussultorio.

ondulazióne [dal lat. *undula*; 1754 *undulazione*] ***sf.*** **1.** atto ed effetto dell'ondulare: *ondulazione dei capelli a freddo* || disposizione a onde: *ondulazioni irregolari di un campo* **2.** *T.fis.* moto ondulatorio.

-óne[1] [dal lat. *-o, -onis*] ***suff.*** (f. *-a*) **1.** accrescitivo di aggettivi e di sostantivi: *pigrone, panciona* o *pancione, ladrone* **2.** da radici verbali forma sostantivi, gen. di uso fam., che indicano abitudine o eccesso: *mangiona, guardone, trafficone.*

-óne[2] [da (*chet*)*one*] ***suff.*** che, in chimica organica, indica la presenza di chetoni: *acetone.*

-óne[3] [dal gr. *-on,* desinenza agg. del neutro] ***suff.*** che, in fisica, indica particelle elementari di energia o materia: *elettrone, fotone, protone* || in biologia forma le denominazioni di unità funzionali: *codone, neurone.*

onèiro- V. ONIRO-.

oneràre (pres. *ònero*) [dal lat. *onerāre*; 1598] ***tr.*** *non com.* gravare di onere, caricare: *onerare i contribuenti con nuove tasse, di nuove imposte.*

oneràrio (pl. *-ri*) [dal lat. *onerārius*; sec. XIV] ***agg.*** *lett.* di nave, da carico, spec. nell'antica Roma.

oneràto (*pps.* di *onerare*) [a. 1420] **I** ***agg.*** gravato di un onere **II** ***sm.*** *T.giur.* erede che ha l'obbligo di eseguire un legato per conto del testatore.

ònere [dal lat. *onus, oneris*; 1640 nel senso 2 *onero*] ***sm.*** **1.** *T.giur.* obbligo, dovere previsto da legislazione o normativa || *oneri fiscali,* l'insieme degli aggravi fiscali e previdenziali cui è soggetto ogni contribuente **2.** *per estens.* peso, impegno: *assumersi l'onere della spesa*; *onere della prova,* il compito di dimostrare la propria tesi o le proprie affermazioni: *l'onere della prova grava sulla controparte*; *gli onori e gli oneri,* i vantaggi e gli svantaggi ad essi associati || **N.** **2.** *Sin.* incarico, incomodo, obbligo, spesa | accettare, addossarsi, assumersi, prendere.

oneróso [dal lat. *onerōsus*; sec. XIV] ***agg.*** gravoso, pesante: *condizioni, richieste onerose* || *T.giur. negozio oneroso,* quello che determina accrescimento patrimoniale con prestazione corrispettiva (per es. vendite e locazioni) || **onerosaménte** ***avv.***

onestà [dal lat. *honestas, -ātis*; a. 1292] ***sf.*** **1.** qualità di chi o di ciò che è onesto: *persona di grande onestà, dubitare dell'onestà di intenti* **2.** rif. a donna, virtuosità, integrità di costumi (soprattutto sessuali) **3.** *arc.* decoro, dignità || **N.** **1.** *Sin.* costumatezza, dirittura, galantomismo, integrità, lealtà, moralità, probità, rettitudine | esemplare, inconcussa, indiscussa, intemerata, provata, rara, specchiata; discutibile, dubbia | *Contr.* disonestà.

onestàre (pres. *-èsto*) [dal lat. *honestāre*, onorare; a. 1406] ***tr.*** *lett. raro* dare parvenza di onestà, rif. a cose sconvenienti o illecite.

one-step (ingl., pr. [wʌn'stɛp]) [letter. (ballo di) un passo; 1922] ***sm.*** *inv.* danza e musica per danza di origine statunitense, in ritmo binario e andamento vivace, ballato a coppie con un passo per ogni tempo, diffusosi in Europa negli anni '20, dove ha dato origine ad altre danze, tra cui il *fox-trot.*

onèsto [dal lat. *honestus*; sec. XIII] **I** ***agg.*** **1.** di persona, che si comporta con correttezza e lealtà: *un uomo, un avvocato, un giudice onesto* || *in part.* corretto nelle relazioni economiche e commerciali, non corrotto: *un negoziante onesto, un politico onesto* || *intellettualmente onesto,* schietto, sincero, spec. nel riconoscere i limiti delle proprie posizioni || di azione, relazione ecc., corretta, leale: *una transazione onesta, parole oneste* **2.** *per meton.* non troppo costoso, equo: *un prezzo onesto, un negozio onesto* **3.** con rif. alla sfera sessuale, di costumi integri, puro, casto: *una donna onesta, un pensiero non troppo onesto* **4.** *ant.* onorevole, dignitoso || **onestaménte** ***avv.*** **1.** in modo onesto **2.** con uso frasale, francamente, sinceramente: *onestamente, non credo che vincerai il primo premio* **II** ***sm.*** **1.** (f. *-a*) persona onesta: *rappresenta la speranza di tutti gli onesti* **2.** (solo *sing.*) ciò che è onesto, il giusto: *l'onesto e l'utile* || **N.** I **1.** *Sin.* buono, convenevole, corretto, giusto, incorruttibile, integro, intemerato, leale, lecito, morale, morigerato, onorato, probo, retto, specchiato | *Contr.* disonesto, illecito **3.** *Sin.* candido, innocente; pudico.

onestuòmo (pl. *onestuòmini*) [comp. di *onesto* e *uomo*; a. 1869] ***sm.*** persona leale e corretta, galantuomo.

onfalite [comp. di *onfalo-* e *-ite*; 1834] ***sf.*** *T.med.* infiammazione dell'ombelico.

ònfalo- [dal gr. *omphalós,* ombelico] ***primo elem.*** che, in parole composte della terminologia medica, vale "ombelico", "proveniente dall'ombelico" (per es. *onfalocele, onfalorragia*).

onfalocèle [comp. di *onfalo-* e *-cele*; 1834] ***sf.*** ernia ombelicale.

onfalorragìa (pl. *-gie*) [comp. di *onfalo-* e *-rragia*; 1834] ***sf.*** *T.med.* emorragia dall'ombelico.

onfalotomìa [comp. di *onfalo-* e *-tomia*; 1834] ***sf.*** *T.med.* resezione del cordone ombelicale.

óngaro V. UNGARO.

-óni [etim. inc.] ***suff.*** usato per la formazione di pochi avverbi indicanti modalità o condizione perlopiù del corpo umano: *bocconi, carponi, cavalcioni, penzoloni, tentoni, tastoni* || **N.** -mente.

-ònica [da (*elettr*)*onica*] ***elem. term.*** che, in parole composte della terminologia tecnica e scientifica, forma le denominazioni di scienze e tecnologie basate sull'elettronica (per es. *agronica, avionica, bionica*).

ònice [dal gr. *ónyx,* unghia; sec. XIV] ***sf.*** varietà preziosa di agata, con zone concentriche bianche e nere o rosse e nere, usata specialmente per rivestimenti e oggetti pregiati.

onichìa [da *onico-*; 1834] ***sf.*** *T.med.* ogni malattia delle unghie || **N.** *Sin.* onicosi.

ònico- [dal gr. *ónyx, ónychos,* unghia] ***primo elem.*** che, in parole composte della terminologia medica e di quella zoologica, vale "unghia" (per es. *onicofagia, Onicofori, onicosi*).

onicofagìa [comp. di *onico-* e *-fagia*; 1905] ***sf.*** *T.med.* l'abitudine, spesso di natura patologica, di rosicchiarsi le unghie.

onicòfago (pl. *-gi*) [comp. di *onico-* e *-fago*; a. 1956] ***agg.*** e ***sm.*** (f. *-a*) che o chi ha l'abitudine di rosicchiarsi le unghie.

Onicòfori [comp. di *onico-* e *foro*; 1883] ***sm.*** *pl.* *T.zool.* gruppo intermedio tra Anellidi e Artropodi, caratterizzato da specie a corpo allungato e diviso in segmenti, ciascuno provvisto di arti ungulati.

onicomicòsi [comp. di *onico-* e *micosi*; 1934] ***sf.*** **1.** *T.med.* malattia delle unghie, spec. delle mani, dovuta all'azione di funghi patogeni **2.** *T.vet.* negli equini, malattia che comporta la deformazione dello zoccolo, e ne impedisce la ferratura.

onicòsi [comp. di *onico-* e *-osi*; 1958] ***sf.*** *T.med.* qualsiasi malattia delle unghie.

-onimìa [da *-onimo*] ***elem. term.*** che, in parole composte dotte e della terminologia scientifica, spec. linguistica, forma i sostantivi corrispondenti agli agg. in *-onimo* (per es. *antonimia, omonimia, sinonimia*).

-ònimo [dal gr. *-ōnymos,* da *ónyma,* nome] ***elem. term.*** che, in parole composte dotte e della terminologia scientifica, spec. linguistica, vale "nome" (per es. *anonimo, antonimo, toponimo*).

-ònio [da (*amm*)*onio*] ***elem. term.*** utilizzato nelle denominazioni di composti chimici contenenti idrogeno o un radicale organico, l'unione di un acido e un atomo di un elemento non metallico (per es. *azonio*).

oniomanìa [comp. di un der. del gr. *ōnêisthai,* comprare e *-mania*; 1970] ***sf.*** *T.psic.* impulso sfrenato a fare acquisti.

oniomanìaco (pl. *-ci*) [da *oniomania*; 1970] ***agg.*** e ***sm.*** (f. *-a*) che o chi è spinto all'oniomania.

onìrico (pl. *-ci*) [dal gr. *óneiros*; 1899] ***agg.*** **1.** relativo a sogno, del sogno: *scena, angoscia onirica* **2.** *fig.* da sogno, che ha caratteri di sogno: *paesaggio onirico, poesia onirica.*

onirìsmo [da *oniro-*; 1936] ***sm.*** *T.med.* attività psichica caratterizzata dal succedersi di allucinazioni vissute come reali.

onìro- (raro *oneiro-*) [dal gr. *óneiros,* sogno] ***primo elem.*** che, in parole composte dotte e della terminologia scientifica, vale "sogno" (per es. *onirologia, oniromanzia*).

onirodinìa [comp. di *oniro-* e *-odinia*; 1834] ***sf.*** *T.psic.* stato di angoscia vissuto in un sogno.

onirologìa [comp. di *oniro-* e *-logia*; 1828] ***sf.*** studio scientifico dei sogni.

oniromanzìa [comp. di *oniro-* e *-manzia*; 1834] ***sf.*** l'arte d'interpretare i sogni, per trarre presagi sul futuro.

onisco (pl. *-schi*) [dal gr. *onískos,* piccolo asino; 1792] ***sm.*** *T.zool.* crostaceo terrestre dal corpo segmentato, comune nei luoghi umidi, che si avvolge su se stesso a scopo difensivo || **N.** *Sin.* porcellino di terra.

on-line (ingl., pr. [ɒn'laɪn]) [letter. in linea, comp. di *on,* su e *line,* linea; 1983] **I** ***sm.*** *inv.* *T.inform.* stato di una periferica che si trova sotto il diretto controllo del calcolatore cui è collegata **II** ***agg.*** *inv.* (sempre posposto) *T.inform.* relativo a tale stato || **N.** *Contr. off-line.*

ònne [lat. *omnis*; a. 1250] ***agg.*** *arc.* ogni.

ònni- o **òmni-** [dal lat. *omnis,* tutto] ***primo elem.*** che, in parole composte dotte, vale "tutto" o "dappertutto" (per es. *onnipossente, onnipresente, onnivoro*).

onnicomprensivo [comp. di *onni-* e *comprensivo*; 1950] ***agg.*** *lett.* in grado di comprendere tutto in sé: *termine onnicomprensivo.*

onnidirezionàle o **omnidirezionàle** [comp. di *onni-* e *direzionale*; 1963] ***agg.*** orientato in ogni direzione: *microfono onnidirezionale.*

onninaménte [dal lat. *omnīno*; sec. XIV] ***avv.*** *lett.* interamente, del tutto.

onnipossènte [comp. di *onni-* e *possente*; a. 1788] ***agg.*** *lett.* onnipotente.

onnipotènte [dal lat. *omnipotens, -entis*; 1224 ca.] **I** ***agg.*** che può tutto: *Dio solo è onnipotente* || *iperb.* che può moltissimo: *è un uomo* *onnipotente* **II** ***sm.*** *per anton. l'Onnipotente,* Dio.

onnipotènza [dal lat. tardo *onnipotentia*; 1304 *onnipotenzia*] ***sf.*** qualità di ciò che è onnipotente: *l'onnipotenza di Dio* || *per estens.* potere incontrastato: *l'onnipotenza del denaro.*

onnipreṣènte [comp. di *onni-* e *presente*; a. 1800] ***agg.*** che è presente in ogni luogo; attributo di Dio || *iperb. scherz.* di persona, che si incontra facilmente dappertutto.

onnipreṣènza [da *onnipresente*; a. 1764] ***sf.*** la prerogativa divina di essere presente in ogni luogo || **N.** *Sin.* ubiquità.

onnisciènte [comp. di *onni-* e del lat. *sciens, -entis*; a. 1745] ***agg.*** che sa ogni cosa; attributo di Dio || anche *iperb. scherz.*: *non fai che farmi domande, pensi che sia onnisciente?*

onnisciènza (raro *omnisciènza*) [comp. di *onni-* e *scienza*; sec. XV] ***sf.*** la prerogativa divina di essere onnisciente.

onniveggènte [comp. di *onni-* e *veggente*; 1821] ***agg.*** che vede ogni cosa; attributo di Dio || *fig.* di persona a cui niente sfugge.

onniveggènza [da *onniveggente*; 1840] ***sf.*** l'attributo divino di essere onniveggente.

onnìvoro (raro *omnìvoro*) [dal lat. *omnivorus*; 1598] ***agg.*** di animale, che mangia alimenti di origine sia animale che vegetale.

onnubilàre e der. forme non com. di OBNUBILARE e der. (v.).

onocèfalo [dal gr. *onoképhalos*; 1963] ***agg.*** *lett.* che ha testa d'asino.

onomanzìa [comp. del gr. *óno(ma)*, nome e *-manzia*; 1561] ***sf.*** l'arte di predire il futuro delle persone, per mezzo dell'interpretazione delle lettere che ne compongono il nome.

onomaṣiologìa [comp. del gr. *onomasía*, denominazione e *-logia*; 1904] ***sf.*** *T.ling.* parte della linguistica che studia tutte le denominazioni adottate in una stessa lingua o dialetto, o in lingue e dialetti diversi, per designare una medesima cosa o concetto || **N.** semasiologia.

onomaṣiològico (pl. *-ci*) [da *onomasiologia*; 1960] ***agg.*** relativo all'onomasiologia || *T.ling.* di opera, spec. di dizionario, che studia e dispone le parole raggruppandole per aree concettuali.

onomaṣiòlogo (pl. *-gi*) [da *onomasiologia*; 1950] ***sm.*** (f. *-a*) studioso di onomasiologia.

onomàstica [dal gr. *onomastiké*; 1911] ***sf.*** **1.** insieme dei nomi propri di persona e di luogo relativi a una lingua, un dialetto, una regione e sim. **2.** scienza che studia le origini di tali nomi || **N.** toponomastica.

onomàstico (pl. *-ci*) [dal gr. *onomastikós*; 1813] ***agg.*** **1.** *giorno onomastico* (più com. *sm. l'onomastico*), giorno in cui cade la festa del santo di cui si porta il nome **2.** che riguarda l'onomastica: *dizionario, lessico onomastico.*

onomatomanìa [comp. del gr. *ónoma, -atos* e *-mania*; 1834] ***sf.*** *T.med.* fissazione morbosa su un nome.

onomatopèa (lett. *onomatopèia*) [dal lat. tardo *onomatopōeia*, gr. *onomatopoiía*; a. 1498 *onomatopia*] ***sf.*** *T.ling.* fenomeno per cui una parola ha un suono che imita ciò che la parola significa (per es. *ticchettare, brusio, miagolare*); anche la parola stessa: *le onomatopee del Pascoli.*

onomatopèico (pl. *-ci*) [da *onomatopea*; 1639] ***agg.*** relativo a onomatopea; che costituisce onomatopea: *origine onomatopeica, voce onomatopeica, poesia onomatopeica.*

onoràbile [dal lat. *honorābilis*; a. 1342] ***agg.*** **1.** degno d'onore **2.** *arc.* che dà onore || **onorabilménte** ***avv.*** con onore || **N.** *Sin.* onorando, onorevole, ragguardevole, rispettabile, spettabile, venerabile, venerando.

onorabilità [da *onorabile*; sec. XIV] ***sf.*** **1.** onore, buon nome: *nessuno deve permettersi di offendere la tua onorabilità!* **2.** *non com.* la virtù di chi o di ciò che è onorabile.

onoràndo [dal lat. *honorandus*; a. 1324] ***agg.*** *lett.* degno d'essere onorato || **N.** ONORABILE.

onorànza [da *onorante*, ppr. di *onorare*; a. 1292 nel senso 2] ***sf.*** **1.** atto e segno di onorare || *pl.* onori resi a qualcuno, perlopiù a carattere pubblico e ufficiale: *le onoranze ai Caduti* || *onoranze funebri*, funerali **2.** *raro* onore || **N.** **1.** *Sin.* celebrazione, cerimonia, omaggio, onorificenza, ossequio, parentali, riverenza, venerazione.

onoràre (pres. *-óro*) [dal lat. *honorāre*; sec. XIII] ***tr.*** **1.** considerare, trattare con riguardo e rispetto, dimostrando la propria stima e devozione: *onorare il padre e la madre, onorare la memoria di qualcuno; onorare i santi, la Madonna,* con atti di culto || in alcune formule cortesi di circostanza: *onorare qualcuno con la presenza, onorare di una visita, non speravamo che lei ci avrebbe onorato della sua partecipazione* **2.** *bur. onorare una cambiale, una tratta,* rispettare la scadenza **3.** rendere degno di onore, costituire motivo di vanto: *questa azione lo onora altamente* || ***rifl.*** considerare come motivo di vanto per sé: *mi onoro della tua amicizia* || **N.** ***tr.*** **1.** *Sin.* adorare, celebrare, esaltare, glorificare, ossequiare, rispettare, riverire, venerare | ***rifl.*** *Sin.* fregiarsi, gloriarsi, pregiarsi.

onoràrio[1] (pl. *-ri*) [dal lat. *honorārius*; a. 1667 nel senso 2] ***agg.*** **1.** destinato a onorare: *iscrizione onoraria* **2.** di qualifica, carica e sim., conferita a solo titolo di onore, senza i vantaggi e gli obblighi che questa comporta: *socio onorario, presidente onorario.*

onoràrio[2] (pl. *-ri*) [dal lat. tardo *honorārium*; 1585] ***sm.*** compenso o provvigione che spetta a chi esercita una libera professione, per una singola prestazione o una serie di prestazioni || **N.** *Sin.* competenze, parcella, STIPENDIO.

onoratézza [da *onorato*; 1723] ***sf.*** l'essere onorato.

onoràto (*pps.* di *onorare*) [1320 ca. nel senso 2] ***agg.*** **1.** che è ritenuto degno di stima e di rispetto: *persona, famiglia onorata* || onesto, integro: *una vita onorata* || *l'onorata società,* la camorra napoletana **2.** *non com.* che dà onore; onorevole: *ufficio onorato* || **onorataménte** ***avv.*** || **N.** **1.** *Sin.* celebre, famoso, glorioso, nobile, ossequiato, pregevole, pregiato, reputato, stimato, venerato.

onoratóre [da *onorare*; sec. XV] ***agg.*** e ***sm.*** (f. *-trìce*) *lett. non com.* che o chi onora.

onóre [lat. *honor, -ōris*; sec. XIII] ***sm.*** **1.** la dignità e la reputazione riconosciuta a chi si impegna a fondo nel rispetto delle norme morali e civili: *ne va del vostro onore, non macchiare il tuo onore, difendere il proprio onore, l'onore è salvo* || *delitto d'onore*, per riparare l'onta di un adulterio || *giurì d'onore*, v. GIURÌ || *farsi onore,* comportarsi in modo meritevole: *in questa gara ti sei fatto onore* || *fare onore,* essere motivo di vanto: *questa azione non ti fa onore* || *per estens.* merito, rispetto: *avere qualcuno in onore; onore al merito!,* si riconoscano i giusti meriti! **2.** fiero sentimento della propria dignità: *il mio onore me lo impedisce, ferito nell'onore, il senso dell'onore, giurare sul proprio onore* || rif. a donna, castità, verginità || *uomo d'onore,* onesto, galantuomo; dove vige l'omertà, fidato, che non tradisce || *parola d'onore,* garanzia di sincerità, impegno formale a mantenere una promessa, un patto || *punto d'onore,* impegno, compito in cui si mette in gioco il proprio onore **3.** motivo di vanto e soddisfazione: *quel ragazzo è l'onore della famiglia* || com. in loc. di cortesia o di circostanza: *ho l'onore di annunciarvi, di presentare, è stato un grande onore fare la sua conoscenza, che onore!* **4.** espressione di stima e riguardo, spesso intesa a distinguere e a elevare: *dare una festa in onore di qualcuno, rendere onore, palco d'onore; T.sport. posto d'onore,* la seconda posizione in classifica || *fare gli onori di casa,* accogliere gli ospiti || *fig. fare onore a una vivanda,* mostrare di gradirla || *fare onore alla firma,* rispettare un impegno, pagare puntualmente || *dama d'onore,* gentildonna che accompagna una persona d'alto grado || *pl.* onorificenza, alta carica: *ambire gli onori, possedere ricchezze e onori* || rif. a particolari dignità: *l'onore della porpora,* dignità di cardinale; *onori accademici,* titoli; *l'onore della corona,* dignità regale || *l'onore degli altari,* la santità || *gli onori del mondo,* trionfi mondani e transitori **5.** *lett.* bellezza, ornamento: *l'onor del mento,* la barba **6.** *T.gioc.* una delle carte privilegiate a bridge e tressette || **N.** **1.** *Sin.* buon nome, decoro, dignità, fama, gloria, lustro, prestigio, reputazione | alto, intatto, integro, intemerato | denigrare, imbrattare, insidiare, intaccare, lacerare, ledere, offendere, oscurare, straziare | *Contr.* disdoro, disonore, disprezzo, ignominia, infamia, ingiuria, ludibrio, obbrobrio, onta, scorno, sfregio, smacco, vergogna, vilipendio, vituperio **2.** *Sin.* integrità, lealtà, onestà, rettitudine; fierezza, orgoglio **3.** *Sin.* fama, gloria, vanto **4.** *Sin.* lode; omaggio, onoranza, ossequio, pregio, rispetto, riverenza, stima, venerazione | decorazione, grado | rendere, tributare.

onorévole [lat. *honorābilis*; 1313] **I** ***agg.*** **1.** titolo che spetta ai membri del Parlamento italiano: *la onorevole deputata* **2.** di cosa, che fa, che dà onore: *atto onorevole, menzione onorevole* || che non lede l'onore e il prestigio, dignitoso: *compromesso onorevole, risultato onorevole* || **onorevolménte** ***avv.*** con onore || con magnificenza, splendidamente: *furono accolti onorevolmente* **II** ***s.*** parlamentare: *l'onorevole non ha rilasciato dichiarazioni* || **N.** I **2.** *Sin.* degno, meritevole, onorabile, onorando, onorato, onorifico, ragguardevole, reputato.

onorevolézza [da *onorevole*; sec. XIV] ***sf.*** *non com.* condizione o qualità di ciò che è onorevole.

onorificàre (pres. *-ìfico, -ìfichi*) [dal lat. tardo *honorificāre*; a. 1342] ***tr.*** *arc.* onorare.

onorificènza [dal lat. tardo *honorificentia*; a. 1375] ***sf.*** titolo d'onore concesso per riconoscimento di speciali meriti: *gli è stata conferita un'alta onorificenza.*

onorìfico (pl. *-ci*) [dal lat. *honorificus*; 1699] ***agg.*** che conferisce onore: *titolo onorifico, una carica onorifica* || **onorificaménte** ***avv.***

ónta [dal fr. ant. *houte*; sec. XII] ***sf.*** vergogna; ingiuria || *a onta di,* malgrado, a dispetto di: *a onta di tutte le calunnie* || **N.** *Sin.* INGIURIA | adontarsi.

ontanéta [da *ontano*; 1855] ***sf.*** *non com.* ontaneto.

ontanéto [da *ontano*; a. 1424] ***sm.*** terreno piantato a ontani.

ontàno [dal lat. tardo *alnetānus*; 1340 ca.] ***sm.*** albero delle Betulacee, con larga chioma, foglie ovate e amenti fruttiferi simili a pigne || il legno di tale albero, rossastro, di facile lavorazione e resistente all'acqua.

ontàre (pres. *ónto*) [dal fr. ant. *honter*; a. 1294] ***tr.*** *arc.* adontare, offendere.

ònto- [dal gr. *ṓn, óntos,* ente] ***primo elem.*** che, in parole composte della terminologia filosofica, vale "essere" (per es. *ontologia*) || in biologia vale "organismo vivente" (per es. *ontogenesi*).

ontogèneṣi [comp. di *onto-* e *-genesi*; 1905] ***sf.*** *T.biol.* il processo di formazione di un organismo animale, per giungere dall'ovulo allo stato perfetto || **N.** filogenesi.

ontogenètico (pl. *-ci*) [da *ontogenesi*; 1911] ***agg.*** relativo all'ontogenesi.

ontologìa (pl. *-gìe*) [comp. di *onto-* e *-logia*; 1739] ***sf.*** *T.fil.* parte della filosofia che studia l'essere come tale. **Q.T.** *filosofia.*

ontològico (pl. *-ci*) [da *ontologia*; a. 1749] ***agg.*** di o relativo a ontologia || *prova ontologica dell'esistenza di Dio,* enunciata da Sant'Anselmo da Aosta, che deduce l'esistenza di Dio dalla perfezione che è inseparabile dalla sua idea || **ontologicaménte** *avv.* dal punto di vista ontologico.

ontologìṣmo [da *ontologia*; 1858] *sm. T.fil.* dottrina che ritiene la conoscenza di Dio un'intuizione immediata, e la considera base per ogni altra conoscenza.

ontologìsta [da *ontologismo*; a. 1883] *s.* seguace delle dottrine dell'ontologismo.

ontòlogo (pl. *-gi*) [da *ontologia*; 1861] *sm.* (f. *-a*) *T.fil.* studioso di ontologia.

ontóso [da *onta*; a. 1294] *agg. arc.* **1.** che ha vergogna **2.** che reca onta.

onùsto [dal lat. *onustus*; 1340] *agg. lett.* gravato, carico: *onusto di gloria.*

òo- [dal gr. *ōión*, uovo] *primo elem.* che, in parole composte della terminologia scientifica, vale "uovo, gamete femminile" (per es. *oosfera, oospora*) o "di forma simile a un uovo" (per es. *oolite*).

ooblàsto [comp. di *oo-* e *-blasto*; 1954] *sm. T.biol.* cellula da cui deriva l'uovo.

oocìsti [comp. di *oo-* e *cisti*; 1934] *sf. T.zool.* in numerosi Sporozoi, cisti membranosa all'interno della quale avviene la formazione delle spore.

oocìta [comp. di *oo-* e *-cita*; 1904] *sm. T.biol.* la cellula uovo || **N.** *Sin.* ovulo.

ooforìte [comp. di *ooforo* e *-ite*[1]; 1875] *sf. T.med.* infiammazione di una o di entrambe le ovaie || **N.** *Sin.* ovarite.

oòforo [comp. di *oo-* e *-foro*; 1958] **I** *agg. T.zool.* contenente le uova: *follicolo ooforo* **II** *sm. T.anat.* ovario.

oogamìa [comp. di *oo-* e *-gamia*; 1932] *sf. T.bot.* riproduzione sessuata nella quale i due gameti sono rappresentati da forme molto differenziate (rispettivamente *oosfera* e *spermatozoide*).

oogèneṣi [comp. di *oo-* e *genesi*; 1932] *sf. T.biol.* formazione e sviluppo delle cellule uovo nell'ovaio.

oogònio (pl. *-ni*) [comp. di *oo-* e di un der. di *-gono*; 1883] *sm. T.bot.* organo di riproduzione femminile nelle piante, nel cui interno si formano le oospore.

oolìte [comp. di *oo-* e *-lite*; a. 1803] *sf. T.min.* formazione minerale sferica a strati concentrici, con diametro inferiore a 2 mm || **N.** *Sin.* pisolite.

oolìtico (pl. *-ci*) [da *oolite*; 1883] *agg.* di oolite, formato da aggregazione di ooliti: *struttura oolitica.*

Oomicèti (sing. *-e*) [comp. di *oo-* e *micete*; 1954] *sm. pl. T.bot.* sottoclasse di funghi dei Ficomiceti, cui appartengono note specie parassite e saprofite, quali la peronospora.

oosfèra [comp. di *oo-* e *sfera*; 1883] *sf. T.bot.* il gamete femminile da fecondare || **N.** *Sin.* ovocellula.

oospòra [comp. di *oo-* e *spora*; 1883] *sf. T.bot.* zigote prodotto dalla fecondazione di un'oosfera.

ootèca [comp. di *oo-* e *-teca*; 1954] *sf. T.zool.* involucro di cui molti insetti sono provvisti, atto a racchiudere le uova.

òpa [acronimo di *o(fferta) p(ubblica di) a(cquisto)*; 1974] *sf. inv. T.fin.* comunicazione pubblica agli azionisti di una società quotata in borsa dell'intenzione di comprare i loro titoli azionari a un prezzo determinato (perlopiù superiore al valore di borsa) con lo scopo di raggiungere o mantenere il controllo della società.

opacità [dal lat. *opacitas, -ātis*; a. 1544] *sf.* la qualità di ciò che è opaco: *l'opacità di un materiale, di un riflesso*; *fig.* mancanza di chiarezza, di vivacità: *l'opacità di un discorso.*

opacizzànte (*ppr.* di *opacizzare*) [1958] **I** *agg.* che rende opaco: *una patina opacizzante* **II** *sm.* nell'industria ceramica, sostanza che toglie trasparenza agli smalti.

opacizzàre [da *opaco*; 1958] *tr.* **1.** rendere opaco: *opacizzare uno smalto* **2.** *T.med.* rendere un organo opaco ai raggi X, mediante l'introduzione di apposite sostanze: *opacizzare lo stomaco* || *intr. pron.* diventare opaco.

opacizzazióne [da *opacizzare*; 1958] *sf.* atto ed effetto dell'opacizzare o dell'opacizzarsi: *opacizzazione del vetro* || *opacizzazione dello stomaco*, il renderlo opaco ai raggi X || *T.tess. opacizzazione delle fibre*, operazione con cui viene tolta la lucentezza alle fibre tessili.

opàco (pl. *-chi*) [dal lat. *opăcus*; a. 1416] *agg.* **1.** che non lascia passare i raggi luminosi: *corpo opaco*; *vetro opaco*, non trasparente || *per estens. T.fis.* anche rif. a radiazioni elettromagnetiche: *materiale opaco ai raggi X* || *fig.* scarsamente comprensibile: *argomentazione opaca, testo opaco* || *T.fil. contesto opaco*, in cui non è ammessa la sostituzione di espressioni equidenotanti **2.** *per estens.* poco luminoso o brillante: *un colore opaco, un'immagine opaca* || *poet.* poco rischiarato, in ombra: *le opache stalle* (Pascoli) **3.** *fig.* che manca di vivacità, intelligenza e sim.: *sguardo opaco* || di voce o suono, velato, non limpido || **N. 1.** *Sin.* torbido | *Contr.* diafano, trasparente.

opàle (meno com. *òpalo*) [dal lat. *opalus*, attr. il fr. *opale*; a. 1498] *sm.* minerale costituito da silice idrata amorfa, presente in varie specie, caratterizzato da iridescenza lattiginosa della superficie; *opale nobile*, varietà preziosa di color bianco azzurrognolo con magnifiche iridescenze di vari colori.

opalescènte [dal fr. *opalescent*; 1869] *agg.* che ha l'iridescenza e la semitrasparenza dell'opale: *liquido opalescente.*

opalescènza [dal fr. *opalescence*; 1788] *sf.* l'aspetto lattiginoso e iridescente di alcune sostanze solide o liquide || **N.** *Sin.* iridescenza.

opalìna[1] [da *opale*; 1937] *sf.* **1.** tipo di vetro opalescente con cui si fabbricano gen. oggetti artistici: *una lampada di opalina* || *per estens.* oggetto fabbricato con opalina: *una serie di opaline firmate* **2.** *T.tecn.* opacizzante usato nella fabbricazione di ceramiche **3.** stoffa in cotone, trasparente e leggera **4.** tipo di cartoncino semilucido usato spec. per biglietti da visita.

opalìna[2] [da *opale*, per il colore; 1932] *sf. T.zool.* protozoo cigliato che vive come parassita nell'intestino degli Anfibi.

opalinizzazióne [da *opalino*; 1936] *sf.* tecnica impiegata per rendere opalini i vetri.

opalìno [dal fr. *opalin*; 1806] *agg.* proprio dell'opale || simile all'opale: *colore, riflesso opalino.*

opalizzànte (*ppr.* di *opalizzare*) [1819] *agg.* cangiante: *colori opalizzanti.*

opalizzàre [da *opale*, forse attr. il fr. *opaliser*; 1865 come intr.; 1958 come tr.] *tr.* rendere opalescente || *intr.* (aus. *essere*) cambiar colore, essere di colore cangiante come l'opale.

opalizzàto (*pps.* di *opalizzare*) [1877] *agg.* diventato o reso di colore iridescente e cangiante come l'opale.

òpalo[1] v. OPALE.

òpalo[2] [dal lat. *opulus*, oppio; 1970] *sm.* oppio.

op art (ingl., pr. ['ɒp ɑːt]) [abbr. di *op(tical) art*, arte ottica; 1965] *loc. f. inv.* movimento artistico d'avanguardia, sviluppatosi in America negli anni Sessanta, interessato ai fenomeni della percezione visiva e basato su una concezione "non oggettiva" dell'opera d'arte; si serve di combinazioni di moduli geometrici variamente ripetuti per creare effetti di illusione ottica o per produrre l'illusione del movimento dell'immagine nello spettatore che si sposta rispetto all'opera.

ope legis (lat., pr. it. ['ɔpe'lɛdʒis]) [letter. in forza di legge] *loc. agg. inv.* e *loc. avv.* in forza di una legge, sulla base di una legge; per effetto di una legge.

open (ingl., pr. ['oupən]; pr. it. ['ɔpen]) [letter. aperto; 1958] **I** *agg. inv.* **1.** *T.sport.* di gara o torneo, aperto sia a professionisti che a dilettanti: *torneo open di tennis* **2.** detto di biglietto aereo, ferroviario o navale in cui non è indicata la data del viaggio **II** *sm. inv. T.sport.* gara open: *partecipare a un open.*

òpera (arc. o poet. *òpra*) [lat. *opera*; sec. XIII *opra*] *sf.* **1.** (solo *sing.*) complesso di attività di creazione o trasformazione, che produce un determinato risultato: *l'opera di Dio, dell'uomo, l'opera erosiva dei ghiacciai, svolgere opera di mediazione, di proselitismo*; *mettersi all'opera*, iniziare a lavorare; *porre, mettere in opera*, impiegare; mettere in grado di funzionare: *porre in opera un macchinario* || *ad opera di, per opera di*, coll'intervento di, per effetto di: *per opera della divina Provvidenza, aiuto portato ad opera di alcuni volontari*; *far opera di*, impiegare: *far opera di bulino* **2.** azione singola, spec. se riferita alla sua rilevanza morale: *compiere opere buone, peccare in pensieri, parole ed opere* || *T.rel. opera di misericordia*, v. MISERICORDIA **3.** istituzione benefica o di assistenza: *Opera pia, Opera Diocesana Pellegrinaggi* || *T.eccl.* fabbriceria: *l'opera del Duomo* **4.** il risultato materiale di un lavoro, il prodotto di un'attività: *opera d'alta tecnologia, opera di legno, in muratura* || *T.edil. a piè d'opera*, nei pressi del luogo di costruzione o di montaggio; *opere d'arte*, nelle costruzioni stradali, quanto viene realizzato con funzione di sostegno e protezione; *opera incerta*, disposizione di pezzi di pietra non squadrati in modo da costruire pavimentazioni, o strutture in genere, a mosaico irregolare || *T.mar. opera viva*, la parte inferiore della nave che sta sommersa, carena; *opera morta*, la parte della nave al di sopra della coperta || *T.mil.* lavoro di fortificazione: *opere distaccate* || *T.magl.* motivo decorativo lavorato su tessuto o maglia: *tessuto a opera* || *in part.* rif. ad attività intellettuale o artistica: *opera d'arte, un'opera dell'ingegno, un'opera di Picasso, di Pirandello, un'opera di divulgazione scientifica* || libro, pubblicazione: *consultare alcune opere di filosofia* || *disus. capo d'opera*, capolavoro **5.** *T.mus.* melodramma: *un appassionato d'opera, libretto d'opera*; *teatro dell'opera*, anche *ass.*: *andare all'opera*; *opera seria*, tragica, spesso di argomento storico o mitologico; *opera buffa*, con argomenti quotidiani e personaggi comuni **6.** *region.* lavoro a giornata, spec. di braccianti: *lavorare a opera* || *per meton.* l'operaio stesso: *ha preso quattro opere per la coltivazione* || *dim.* operìna, operétta; *accr.* operóna, operóne (*sm.*); *pegg.* operàccia || **N. 1.** *Sin.* lavoro, operato | accingere, desistere **2.** *Sin.* atto, fatica, impresa, operazione | biasimevole, eroica **4.** *Sin.* capolavoro, componimento, costruzione, edificio, manufatto, mole, monumento, parto, scritto, trattato, volume; *opera omnia* | gigantesca, grandiosa, incompleta, magistrale, manuale, originale, postuma, tardiva, titanica | compilare, comporre, erigere, innalzare, produrre. **Q.T.** *letteratura..., musica, teatro* **TAV. *vela* p. 1342** 1.9, 1.10.

operàbile [da *operare*; a. 1499] *agg. T.med.* che si può sottoporre a operazione chirurgica.

operabilità [da *operabile*; 1869] *sf. T.med.* condizione di chi è operabile o di parte del corpo che può essere operata.

operaiàto [da *operaio*; 1963] *sm.* l'insieme degli operai di un'azienda o di una serie di aziende, spesso in opposizione al ceto dirigenziale.

operàio (pl. *-ài*) [lat. *operārius*; a. 1308 *operario*] **I** *sm.* (f. *-a*) **1.** lavoratore dipendente che in prevalenza compie lavori manuali: *operaio specializzato, suo padre fa l'operaio, le rivendicazioni degli operai* **2.** *ant.* lavoratore manuale in generale **3.** *ant.* sovrintendente di un'opera che amministra e conserva chiese, monasteri e sim. (cfr. OPERA nel senso 3) **II** ***agg.*** **1.** di, relativo a operai: *classe operaia, rivendicazioni operaie, case operaie, movimento operaio* **2.** che fa l'operaio: *studente operaio* || *T.zool.* detto delle femmine di alcune specie di insetti sociali, che svolgono lavori necessari alla comunità: *formiche, api operaie* || **N. I 1.** apprendista, artefice, artiere, artigiano, bracciante, cottimista, giornaliero, lavorante, lavoratore, manovale, mercenario, salariato; maestranze | capace, disoccupato, esperto, fannullone, indefesso, inetto, infaticabile, laborioso, neghittoso, sciatto, scioperato, valente | crumiro, salario, sindacato, tuta.

operaismo [da *operaio*; 1925] ***sm.*** posizione politica che identifica negli operai di fabbrica il principale soggetto politico.

operaista [da *operaismo*; 1973] ***s.*** e ***agg.*** chi o che sostiene l'operaismo; fautore dell'operaismo: *ala operaista del movimento di sinistra.*

operaistico (pl. *-ci*) [da *operaismo*; 1957] ***agg.*** proprio dell'operaismo.

operante (*ppr.* di *operare*) [sec. XIV] ***agg.*** che opera, efficace: *grazia operante* || che è in vigore: *la legge diventerà operante a decorrere dal prossimo anno.*

opera omnia (lat., pr. it. ['ɔpera 'ɔmnja]) [letter. tutte le opere] ***loc. f. inv.*** la raccolta completa delle opere di un autore: *l'opera omnia di Galileo.*

operare (pres. *òpero*) [dal lat. *operāri*; a. 1294 *ovrare*] ***intr.*** (aus. *avere*) **1.** essere attivo, svolgere la propria attività: *ha operato per qualche tempo in zone depresse, opera nel settore alimentare* || produrre un effetto: *la grazia divina opera su di noi; un veleno che opera lentamente* **2.** tenere una certa condotta, comportarsi: *operare bene, male, bisogna operare con buon senso* || ***tr.*** **1.** fare, compiere: *operare miracoli* **2.** *T.med.* sottoporre a intervento chirurgico: *il chirurgo operò una povera donna, il veterinario operò il cane* || ***intr. pron.*** **1.** avvenire, compiersi: *s'è operato in lui un gran cambiamento* **2.** sottoporsi a intervento chirurgico: *s'è operato di prostata* || **N. *intr.*** **1.** *Sin.* esercitare | ***tr.*** **1.** *Sin.* FARE. **Q.T.** ***chirurgia.***

operativismo [da *operativo*; 1958] ***sm.*** *T.fil.* operazionismo.

operatività [da *operativo*; 1966] ***sf.*** qualità di ciò che è operativo; funzionamento, efficacia.

operativo [dal lat. tardo *operatīvus*; 1308] ***agg.*** **1.** relativo all'attuazione o al modo di agire, pratico: *piano operativo, disposizioni operative* || *in part.* con riferimento a operazioni tattiche militari: *zona operativa* || *T.econ. ricerca operativa*, l'applicazione di strumenti logici e matematici a problemi di gestione, allo scopo di individuare strategie ottimali || *T.inform. sistema operativo*, programma che gestisce il rapporto tra le richieste dell'utente e le risorse del calcolatore; *codice operativo*, parte di un'istruzione che specifica il comando per il calcolatore, e quindi il tipo di operazione che l'istruzione stessa controlla **2.** che ha virtù di operare: *azione operativa* || funzionante, operante: *legge operativa* || **operativamente** ***avv.***

operato (*pps.* di *operare*) [sec. XIII nel senso 2] **I** ***agg.*** **1.** che è stato da poco sottoposto a un'operazione chirurgica: *il paziente operato* **2.** *T.tess. tela, maglia operata*, lavorata e impreziosita con motivi decorativi **II** ***sm.*** **1.** (f. *-a*) chi è stato sottoposto ad operazione chirurgica **2.** l'insieme delle azioni svolte e il risultato di queste: *approvo il tuo operato.*

operatore [dal lat. tardo *operātor, -ōris*; 1300 ca. nel senso 4] ***sm.*** (f. *-trice*) **1.** persona specializzata nell'uso e nel controllo di determinati impianti o macchinari: *operatore televisivo, cinematografico* || *in part. T.inform.* chi fa funzionare un elaboratore **2.** *T.econ.* chi esegue operazioni finanziarie, per sé o per conto di altri: *operatore finanziario, di borsa* || chi svolge la propria attività in particolari settori: *operatore turistico, scolastico* **3.** *T.mat.* simbolo di operazione (per es. +, –, $\sqrt{\ }$) **4.** *T.med.* chirurgo.

operatorio (pl. *-ri* o *-rii*) [dal lat. tardo *operatōrius*; a. 1912] ***agg.*** **1.** che riguarda le operazioni chirurgiche: *sala, tavola operatoria* **2.** *T.mat.* relativo alle operazioni. **Q.T.** *chirurgia* **TAV. *medicina...* p. 1320** 11.

operazionale [dall'ingl. *operational*; 1963] ***agg.*** relativo ad operazione, operativo.

operazionalismo V. OPERAZIONISMO.

operazione [dal lat. tardo *operātio, -ōnis*; a. 1292] ***sf.*** **1.** azione perlopiù complessa e da eseguire secondo procedimenti determinati, per ottenere uno scopo: *operazione di verifica, operazione di montaggio, di lancio*; *in part.* rif. al settore economico: *operazione finanziaria, bancaria* || insieme di movimenti e azioni svolte in modo coordinato da più persone: *operazione militare, operazione di polizia, operazione di salvataggio, di recupero* || *per estens.* iniziativa, campagna: *è scattata l'operazione "mari puliti"* **2.** *T.med.* intervento chirurgico: *subire un'operazione, l'operazione ha avuto un felice esito* **3.** *T.mat.* procedimento che associa a uno o più elementi di un insieme un altro elemento dell'insieme di partenza (*operazione interna*) o appartenente ad altro insieme (*operazione esterna*); *operazione unaria, binaria, ternaria* ecc., che opera su uno, due, tre ecc. elementi; *com. le quattro operazioni*, addizione, sottrazione, moltiplicazione, divisione || *dim.* operazioncèlla, operazioncìna || **N. 1.** *Sin.* OPERA. **Q.T.** *banca, chirurgia, matematica...*

operazionismo o **operazionalismo** [dall'ingl. *operationism*; 1958] ***sm.*** *T.fil.* posizione epistemologica (sostenuta dal fisico americano P.W. Bridgman, 1882-1961) secondo cui i concetti scientifici devono essere definibili nei termini di semplici operazioni di misura.

opercolato [da *opercolo*; 1834 *operculato*] ***agg.*** *T.biol.* provvisto di opercolo: *organo opercolato.*

opercolatrice [da *opercolo*; 1974] ***sf.*** nell'industria farmaceutica, macchina per il dosaggio dei medicinali negli opercoli e per la loro sigillatura.

opercolo [dal lat. *operculum*, coperchio; 1779] ***sm.*** piccolo coperchio || *in part.* nome generico col quale, in zoologia e in botanica, s'indica una parte mobile che chiude un'apertura, a difesa o protezione di organi delicati: *gli opercoli bronchiali dei Teleostei.* **TAV.** *zootecnia* 7.5; *pesci* **p. 1330** 1.5.

operetta (*dim.* di *opera*) [a. 1292] ***sf.*** *T.mus.* rappresentazione teatrale parte in prosa, parte in musica, perlopiù d'intonazione buffa o comico-sentimentale || nella *loc. agg. da operetta*, non serio, con gli aspetti caricaturali tipici dei personaggi delle operette: *rivoluzionario da operetta, dittatore da operetta* || **N.** *musical*, rivista, *vaudeville.*

operettista [da *operetta*; 1908] ***s.*** chi compone operette musicali.

operettistico (pl. *-ci*) [da *operetta*; 1932] ***agg.*** che si riferisce a operette || *spreg.* vuoto e convenzionale, leggero.

operista [da *opera*; 1797] ***s.*** autore di opere liriche.

operistico (pl. *-ci*) [da *opera*; 1797] ***agg.*** che si riferisce all'opera musicale in genere: *concerto operistico.*

operone [dall'ingl. *oper(ator)*, operatore; 1983] ***sm.*** in genetica, unità funzionale, costituita dalla successione di un gene promotore, di un gene operatore e dei relativi geni strutturali contigui, che nei microrganismi regola la trascrizione di due o più geni strutturali.

operosità [dal lat. *operōsitas, -ātis*; 1598] ***sf.*** la qualità di chi è operoso || **N.** *Sin.* alacrità, attività, laboriosità, solerzia, zelo | *Contr.* oziosità.

operoso [dal lat. *operōsus*; 1427] ***agg.*** **1.** che svolge la propria opera con zelo, attivo: *uomo operoso, ingegno operoso, gente operosa* **2.** *lett.* che dà molto lavoro, faticoso: *professione operosa* || **operosamente** ***avv.*** || **N. 1.** *Sin.* alacre, efficiente, fattivo, industrioso, instancabile, laborioso, solerte, sollecito, svelto, zelante; stacanovista | *Contr.* inattivo, inoperoso.

-opia [dal gr. *ópsis*, vista, aspetto] ***elem. term.*** che, in parole composte della terminologia medica, vale "vista" (per es. *miopia, presbiopia*), e nella terminologia scientifica "aspetto": **isopia**, **eteropia**.

opianico V. OPPIANICO.

opificio (pl. *-ci*) [dal lat. *opificium*; 1785 *opifizio*] ***sm.*** fabbrica, stabilimento industriale || **N.** *Sin.* FABBRICA.

Opilionidi (sing. *-e*) [comp. del lat. *opilio, -ōnis* e *-idi*; 1967] ***sm. pl.*** *T.zool.* ordine di Aracnidi, i cui rappresentanti hanno zampe lunghissime e molto sottili.

opimo [dal lat. *opīmus*; 1321] ***agg.*** *poet.* pingue, abbondante || *per estens.* fertile, ricco: *terreno opimo* || *spoglie opime*, presso i Romani, le spoglie del capo dell'esercito nemico vinto in battaglia || **N.** *Sin.* abbondante, GRASSO.

opinabile [dal lat. *opinābilis*; sec. XIV] ***agg.*** che si può opinare, pensabile ma non sicuro né definito, su cui si possono avanzare opinioni diverse || *per estens.* discutibile: *un giudizio opinabile* || **opinabilmente** ***avv.***

opinabilità [da *opinabile*; 1970] ***sf.*** l'essere opinabile, discutibile.

opinare (pres. *-ìno*) [dal lat. *opināri*; sec. XIV] ***tr.*** e ***intr.*** (aus. *avere*) *lett.* avere opinione, pensare, supporre: *opino che tu abbia ragione* || **N.** *Sin.* credere, giudicare, reputare, ritenere, stimare, supporre.

opinativo [dal lat. tardo *opinatīvus*; a. 1332] ***agg.*** *raro lett.* **1.** atto a opinare **2.** che concerne un'opinione.

opinione [dal lat. *opīnio, -ōnis*; a. 1250] ***sf.*** **1.** credenza, convinzione personale più o meno fondata: *scienza e opinioni, la matematica non è un'opinione, è solo un'opinione* || parere, avviso: *è mia opinione che tu non debba andare*; *essere dell'opinione che*, ritenere che || *l'opinione pubblica*, l'orientamento, l'atteggiamento, il giudizio dei cittadini considerati come collettività; anche i cittadini stessi come soggetto collettivo di giudizi: *i giornali influenzano l'opinione pubblica, l'opinione pubblica ha reagito vivacemente allo scandalo* **2.** valutazione, stima: *farsi una buona* (*cattiva* ecc.) *opinione di qualcuno, ho di lui una pessima opinione* **3.** *T.fil.* credenza infondata, o fondata sull'apparenza || **N. 1.** *Sin.* congettura, giudizio, pensiero, persuasione **3.** *Contr.* scienza | arbitraria, assodata, assurda, comune, corrente, decisa, decisiva, discorde, dominante, esatta, esclusiva, eterodossa, falsa, fanatica, favorevole, ferma, fondata, giusta, infondata, ingiusta, invalsa, inveterata, modesta, ostinata, personale, prevalente, pubblica, salda, unanime | abbandonare, accettare, accostarsi, aderire, ammettere, cambiare, cedere, combattere, condannare, confutare, consentire, difendere, diffondere, divulgare, esprimersi, farsi, formarsi, imporre, manifestare, nutrire, prevalere, professare, ribadire, ricredersi, secondare, seguire, sostenere, sottoscrivere, sposare, suffragare | accordo, conversione, costanza, errore, influenza, palinodia, propaganda, ritrattazione, superstizione, tolleranza, transigenza; banderuola, camaleonte, girella, preopinante | chi la vuol lessa e chi arrosto, *tot capita tot sententiae.*

opinionista [da *opinione*; 1983] ***s.*** collaboratore prestigioso di un giornale, che scrive opinioni e commenti su fatti di attualità || **N.** *co-*

lumnist.

opinion leader (ingl., pr. [ə'pɪnjən ˌli:də]) [comp. di *opinion*, opinione e *leader*; 1985] **loc. s. inv.** *opinion maker.*

opinion maker (ingl., pr. [ə'pɪnjən ˌmeɪkə]) [comp. di *opinion*, opinione e *maker*, fabbricante; 1982] **loc. s. inv.** persona che, grazie al proprio prestigio, influenza in maniera determinante l'opinione pubblica.

opisto- [dal gr. *ópisthen*, indietro] **primo elem.** che, in parole composte dotte e della terminologia scientifica, vale "che sta nella parte posteriore" (per es. *Opistobranchi, opistodomo, opistotono*).

Opistobrànchi (sing. *-chio*) [comp. di *opisto-* e *-branchio*; 1932] **sm. pl.** *T.zool.* ordine di molluschi Gasteropodi marini provvisti di una sola branchia dietro al cuore.

opistòdomo [dal gr. *opisthódomos*; a. 1798] **sm.** *T.arch.* la parte posteriore del tempio greco, opposta al pronao.

Opistòglifi [comp. di *opisto-* e del gr. *glyphḗ*, incisione; 1931] **sm. pl.** *T.zool.* ordine di serpenti caratterizzati dal possedere uno o più paia di denti scanalati veleniferi, piantati nella parte posteriore dell'osso mascellare.

opistogràfico (pl. *-ci*) [comp. di *opisto-* e *-grafico*; 1958] **agg.** *T.paleogr.* di foglio, rotolo e sim., scritto su entrambe le facciate.

opistògrafo [comp. di *opisto-* e *-grafo*; 1925] **agg.** *T.paleogr.* opistografico.

opistòtono [dal gr. *opisthótonos*; 1563] **sm.** *T.med.* contrazione dei muscoli del dorso che fa assumere al corpo la forma di un arco; ricorre specialmente nel tetano e nella meningite.

opitulazióne [dal lat. *opitulātio*, *-ōnis*; metà sec. XIV] **sf.** *ant.* aiuto.

op là o **oplà** o **opplà** o **hoplà** [voce onom.; 1891 *oppelà*] grido con cui si incita un cavallo a saltare, o che si fa saltando o vedendo qualcuno compiere un salto o un movimento simile.

oplita o **oplite** [dal lat. *hoplītēs*, gr. *oplítēs*; 1642] **sm.** *T.stor.* soldato greco con armatura pesante.

opopònaco (pl. *-ci*) [dal lat. *opopanax*, *-acis*, gr. *opopánax*; a. 1347] **sm.** **1.** pianta erbacea delle Ombrellifere che produce una gomma resinosa **2.** la gommoresina che se ne estrae, gialla e fortemente aromatica, usata anche in profumeria.

opòssum [dall'ingl. *opossum*; 1771] **sm. inv.** **1.** piccolo mammifero dei Marsupiali provvisto di coda prensile, che vive in America **2.** la pelliccia grigiastra di tale animale, assai pregiata ‖ **N.** **1.** *Sin.* sàriga.

opoterapìa [comp. del gr. *opós*, succo e *terapia*; 1898] **sf.** *T.med.* ogni terapia basata sulla somministrazione di succhi estratti da organi animali ‖ **N.** *Sin.* organoterapia.

opoteràpico (pl. *-ci*) [da *opoterapia*; 1975] **agg.** **1.** *T.med.* di opoterapia, che si riferisce a opoterapia **2.** *T.farm.* detto di medicamento estratto da un organo animale.

óppela o **oppelà** o **óppe là** V. OP LÀ.

oppiàceo [da *oppio*; 1834] **I agg.** che contiene oppio: *sostanza oppiacea* **II sm.** sostanza oppiacea: *fare uso di oppiacei.*

oppiànico o **opiànico** (pl. *-ci*) [da *oppio*; 1869] **agg.** *T.chim.* *acido oppianico*, acido carbossilico della serie aromatica, ottenuto dall'ossidazione dell'idrastina o della narcotina.

oppiàre (pres. *òppio*) [da *oppio*; a. 1320] **tr.** drogare con oppio: *oppiare il vino*; *oppiare qualcuno*, addormentarlo.

oppiàto (*pps.* di *oppiare*) [sec. XIV] **I agg.** mescolato con oppio: *bevanda oppiata* **II sm.** *T.farm.* preparato contenente oppio.

òppido [dal lat. *oppidum*; a. 1375] **sm.** *arc.* castello, rocca, città fortificata.

oppignoràre (pres. *-ìgnoro*) [lat. *oppignerāre*, dare in pegno; 1683] **tr.** *arc. raro* sequestrare, pignorare.

oppilàre (pres. *òppilo*) [dal lat. *oppilāre*; sec. XIII] **tr.** *non com.* chiudere, ostruire ‖ **N.** *Sin.* CHIUDERE.

oppilatìvo [da *oppilare*; prima metà sec. XIV] **agg.** *raro* atto a occludere.

oppilazióne [dal lat. tardo *oppilātio*, *-ōnis*; 1313] **sf.** *raro* occlusione.

òppio (pl. *-pi*) [dal lat. *opium*, gr. *ópion*; a. 1347] **sm.** lattice ricavato per incisione dai frutti del papavero, che disseccato e condensato ha virtù ipnotiche e stupefacenti dovute ai numerosi alcaloidi che contiene ‖ **N.** anestetico, ipnotico, narcotico, sonnifero | codeina, eroina, morfina, narcotina, papaverina; laudano | alloppiare, oppiare. **Q.T.** *erboristeria.*

oppiofagìa [comp. di *oppio-* e *-fagia*; 1970] **sf.** *T.med.* abitudine di mangiare oppio.

oppiòfago (pl. *-gi*) [comp. di *oppio* e *-fago*; a. 1588] **sm.** (f. *-a*) persona che mangia oppio.

oppiòmane [comp. di *oppio* e *-mane*; 1920] **agg.** e **s.** *T.med.* che o chi è affetto da oppiomania.

oppiomanìa [comp. di *oppio* e *-mania*; 1940 nel senso 2] **sf.** **1.** *T.med.* assuefazione morbosa all'oppio **2.** *T.med.* demenza terminale cui vanno soggetti i mangiatori e i fumatori di oppio.

opplà V. OP LÀ.

opponènte (*ppr.* di *opporre*) [1797] **agg.** e **s.** che o chi fa opposizione, spec. in senso giuridico, oppositore.

oppónere **tr.** *arc.* V. OPPORRE.

opponìbile [da *opporre*; 1905] **agg.** che si può opporre: *pollice opponibile*, che si può appoggiare contro ogni dito della medesima mano.

oppórre (pres. *-óngo* ecc., come PORRE) [dal lat. *oppōnere*; a. 1292] **tr.** mettere contro come ostacolo o difesa: *opporre argini e trincee al nemico* ‖ *in part.* rif. ad argomenti, ragioni e sim., mettere avanti, addurre come motivo di rifiuto o dissenso: *opporre una buona ragione, non avere niente da opporre a qualcosa* ‖ **intr. pron.** **1.** rifiutare, respingere, contrastare (costruito con la prep. *a*): *si sono opposti con tutte le forze all'invasione, nessuno si è opposto alla decisione*; com. nel linguaggio forense: *Vostro Onore, mi oppongo!* ‖ essere di ostacolo, costituire una barriera: *niente si è opposto alla furia dei venti* **2.** *non com.* essere posto di fronte ‖ **rifl. rec.** essere in contrapposizione, essere l'uno di fronte all'altro ‖ **N.** **tr.** *Sin.* arginare, confutare, contestare, contraddire, contrapporre, contrariare, contrastare, discutere, disputare, impedire, obiettare, oppugnare, ostacolare, ostare, parare, protestare, reagire, respingere, ribattere, rimbeccare, rintuzzare, ripugnare | **intr. pron.** *Sin.* avversare, resistere, ribellarsi.

opportunìsmo [da *opportuno*, come il fr. *opportunisme*; a. 1872] **sm.** condotta politica e privata di chi, adattandosi di volta in volta alle circostanze, opera soltanto in vista di un interesse personale.

opportunìsta [da *opportuno*, come il fr. *opportuniste*; 1851] **s.** chi sfrutta le circostanze con opportunismo.

opportunìstico (pl. *-ci*) [da *opportunista*; 1909] **agg.** di o da opportunista: *comportamento opportunistico* ‖ **opportunisticaménte** **avv.**

opportunità [dal lat. *opportūnitas*, *-ātis*; 1308 *opportunitate*] **sf.** **1.** la condizione di ciò che è opportuno: *discutere l'opportunità di un intervento* **2.** *concr.* circostanza opportuna, occasione: *non ho avuto l'opportunità di salutarli, cogliere tutte le opportunità* ‖ **N.** **1.** *Sin.* agio, convenienza | *Contr.* inopportunità **2.** *Sin.* destro, momento buono, OCCASIONE | aspettare, attendere, capitare, dare, lasciarsi sfuggire, passare, perdere, togliere.

opportùno [dal lat. *opportūnus*; 1353 *oportuno*] **agg.** che è a proposito, secondo la necessità o il desiderio: *discorso opportuno, non è il momento più opportuno per parlare, intervento opportuno*; *ritengo opportuno che tu parta* ‖ **opportunaménte** **avv.** ‖ **N.** *Sin.* acconcio, adatto, appropriato, calzante, conforme, congruo, conveniente, pertinente, propizio, provvidenziale, tempestivo | attagliarsi, calzare, convenire, giovare, quadrare | *Contr.* fuori luogo, inopportuno.

oppositifòglio (pl. m. *-gli*, pl. f. *-glie*) [comp. del lat. *oppositus*, opposto e un der. di *foglia*; 1958] **agg.** *T.bot.* detto di fiore o di infiorescenza collocati in posizione opposta alla foglia (per es. il grappolo della vite).

oppositipètalo [comp. del lat. *oppositus*, opposto e *petalo*; 1970] **agg.** *T.bot.* di fiore, con gli stami opposti ai petali.

oppositisèpalo [comp. del lat. *oppositus*, opposto e *sepalo*; 1970] **agg.** *T.bot.* di fiore, con gli stami opposti ai sepali.

oppòsito [dal lat. *oppositus*; sec. XIII] **agg.** *arc.* opposto.

oppositóre [da *opposito*; a. 1535] **sm.** (f. *-trìce*) chi oppone o, più spesso, si oppone, avversario, perlopiù sul piano delle idee, posizioni politiche e sim.: *gli oppositori della politica del governo, accanito, tenace, fiero oppositore* ‖ **N.** *Contr.* sostenitore.

opposizióne [dal lat. tardo *oppositio*, *-ōnis*; 1282 nel senso 3] **sf.** **1.** l'atto dell'opporre o dell'opporsi: *ha comperato un'auto nuova nonostante l'opposizione della moglie*; *essere in opposizione*, in reciproco contrasto ‖ ciò che esprime opposizione: *le tue opposizioni sono infondate* ‖ *T.giur.* atto giuridico volto a impedire l'esecuzione di un provvedimento o di un'azione **2.** *T.pol.* nei paesi a regime parlamentare, la parte dello schieramento politico che si oppone al governo e alla maggioranza che lo sostiene: *essere, passare all'opposizione, partito, giornale, politica di opposizione* **3.** disposizione opposta o contraria ‖ *in part.* *T.astr.* posizione che due pianeti assumono quando, rispetto alla Terra, sono a 180° l'uno con l'altro: *la Luna è in opposizione col Sole* ‖ *T.fis.* *opposizione di fase*, fra due grandezze ondulatorie della stessa frequenza, differenza di 180° **4.** condizione di esclusione reciproca ‖ *in part.* *T.fil.* la relazione che sussiste fra coppie di termini che, in modo più o meno forte, si negano a vicenda ‖ *T.ling.* *opposizione fonologica* o *fonematica*, contrasto tra due foni che abbia carattere distintivo, determinando differenze di significato (ad es. quello tra [d] e [t] in *dare/tare*) ‖ *dim.* opposizioncèlla ‖ **N.** **1.** *Sin.* antagonismo, contestazione, contrapposizione, contrarietà, contrasto, disputa, inconciliabilità, lotta, obiezione, ostacolo, protesta, reazione, resistenza, rivolta | accanita, debole, fiacca, fiera, forte, insuperabile, ostinata, sistematica, tenace, viva | *Contr.* approvazione, consenso, sostegno **4.** antonimia | contraddittori, contrari, subcontrari. **Q.T.** *politica* **TAV.** *astrologia* 3.2.

oppósto (*pps.* di *opporre*) [a. 1327] **I agg.** **1.** posto contro o di fronte: *angoli opposti al vertice, andare nella direzione opposta* ‖ *T.bot.* *foglie opposte*, poste l'una di fronte all'altra e inserite sullo stesso nodo **2.** contrario, discordante: *vedute, tendenze opposte* **3.** *T.mat.* *numeri opposti*, di uguale modulo ma di segno contrario **II sm.** ciò che è opposto: *è l'opposto di ciò che tu dici* ‖ *all'opposto*, al contrario ‖ *T.fil.* *unità degli opposti*, principio in base al quale due termini o enti opposti si applicano a vicenda, o addirittura si identificano ‖ **N.** **I** **1.** *Sin.* avverso, contrapposto, inverso | davanti, dirimpetto **2.** *Sin.* divergente.

oppressàre (pres. *-èsso*) [da *oppresso*; a. 1324] **tr.** *arc.* opprimere.

oppressióne [dal lat. *oppressio, -ōnis*; a. 1348] **sf.** **1.** l'opprimere e l'essere oppresso, perlopiù in senso politico e sociale: *l'oppressione della dittatura, un paese che vive sotto l'oppressione militare* **2.** senso di affanno, gravezza per la quale sembra che manchi il respiro: *sentire un'oppressione al petto*; anche rif. allo stato d'animo || **N.** **1.** *Sin.* asservimento, coercizione, conculcamento, costrizione, soggezione, soverchieria; dittatura, giogo, schiavitù, servitù, tirannide **2.** *Sin.* ambascia, angoscia, disagio, noia, peso, preoccupazione.

oppressìvo [da *oppresso*; 1765] **agg.** che opprime: *governo oppressivo, tasse oppressive.*

opprèsso (*pps.* di *opprimere*) [sec. XIV] **I** **agg.** che patisce un'oppressione: *popoli oppressi* || *fig.* gravemente disturbato e avvilito: *un vecchio oppresso da mille acciacchi* **II** **sm.** (f. *-a*) chi è oggetto di continui soprusi: *si facevano difensori degli oppressi* || **N.** **I** *Sin.* angustiato, conculcato, depresso, distrutto, schiacciato, soffocato **II** *Sin.* schiavo, servo.

oppressóre [dal lat. *oppressor, -ōris*; sec. XIV] **agg.** e **sm.** che o chi opprime: *tiranno oppressore; ribellarsi all'oppressore* || **N.** *Sin.* conculcatore, despota, dittatore, prepotente, soverchiatore, tiranno.

oppressùra [da *oppresso*; 1340] **sf.** *arc.* oppressione, affanno.

opprimènte (*ppr.* di *opprimere*) [sec. XIV] **agg.** che opprime, spec. in senso *fig.*: *caldo, lavoro, occupazione opprimente.*

opprìmere (pres. *-imo* ecc., come COMPRIMERE) [dal lat. *opprimere*; 1303] **tr.** **1.** schiacciare col peso, gravare fastidiosamente: *questo sacco mi opprime*; più com. *fig.*: *questo caldo opprime tutti, essere oppressi dal lavoro, dalle tasse, dal dolore* **2.** sottoporre a dominio coercitivo, sottomettere: *opprimere un popolo, i più deboli* || **N.** **1.** *Sin.* aggravare, calcare, premere; estenuare, soverchiare, spossare **2.** *Sin.* angariare, asservire, calpestare, conculcare, costringere, deprimere, soffocare, tenere in schiavitù o in servitù, tener soggetto, tiranneggiare, vessare.

oppugnàbile [da *oppugnare*; a. 1938] **agg.** che si può oppugnare || **N.** *Contr.* inoppugnabile.

oppugnabilità [da *oppugnabile*; 1970] **sf.** l'essere oppugnabile: *l'oppugnabilità di un verdetto* || **N.** *Contr.* inoppugnabilità.

oppugnàre (pres. *-ùgno*) [dal lat. *oppugnāre*; sec. XIV] **tr.** **1.** confutare, contrastare: *oppugnare una teoria, una sentenza* **2.** *arc.* assaltare, combattere || **N.** **1.** *Sin.* avversare, combattere, contestare, contraddire, contrapporre, discutere, disputare, impugnare, inficiare, infirmare, invalidare, obiettare, opporre, replicare, respingere, ribattere, rimbeccare, rintuzzare.

oppugnatóre [dal lat. *oppugnātor, -ōris*; a. 1405] **sm.** (f. *-trìce*) **1.** chi oppugna **2.** *lett.* assalitore, combattente || **N.** **1.** *Sin.* contraddittore, opponente, oppositore.

oppugnazióne [dal lat. *oppugnātio, -ōnis*; sec. XIV nel senso 2] **sf.** **1.** confutazione: *l'oppugnazione di una tesi* **2.** *lett.* assalto || **N.** **1.** *Sin.* contraddizione, contrasto, impugnazione, obiezione, opposizione.

oppùre [comp. di *o* e *pure*; a. 1347] **cong.** *disgiuntiva* **1.** o invece: *basta la delega, oppure bisogna recarsi di persona?* **2.** o anche: *puoi trovarlo in quel negozio oppure in quello di fronte* **3.** se no, altrimenti: *devi allenarti con assiduità, oppure non ce la farai.*

òpra [lat. *opera*; sec. XIII] **sf.** **1.** *poet.* opera **2.** *tosc.* il lavoro d'un giorno || *per meton.* l'operaio stesso che lavora a giornata.

opràre e der. forme arc. di OPERARE e der. (v.).

-opsìa [dal gr. *ópsis*, vista] **elem. term.** che, in parole composte della terminologia scientifica e medica, vale "vista" (per es. *acromatopsia, megalopsia*).

opsònico (pl. *-ci*) [da *opsonina*; 1935] **agg.** *T.med.* relativo all'opsonina, proprio dell'opsonina || *indice opsonico*, grado di immunità.

opsonìna [dal gr. *ópson*, cibo; 1929] **sf.** *T.biol.* sostanza contenuta nel sangue, che agisce sugli eventuali batteri, rendendoli più suscettibili alla fagocitosi da parte dei leucociti o globuli bianchi.

optàre (pres. *òpto*) [dal lat. *optāre*; 1664 *ottare*; 1970 nel senso 2] **intr.** (aus. *avere*) **1.** scegliere tra due o più soluzioni o possibilità alternative: *fu eletto presidente di due società, ma optò per la prima* **2.** nelle operazioni di Borsa, acquistare con una opzione il diritto di essere preposti ad altri nell'acquisto di azioni o altro || **N.** **1.** *Sin.* preferire, scegliere.

optical art (ingl., pr. [ˌɒptɪkəl 'ɑːt]) v. OP ART.

optìmetro v. OTTIMETRO.

optimum (lat., pr. it. ['ɔptimum]) [letter. ottimo] **sm.** *inv.* il meglio che si possa ottenere in una data produzione, o in un dato campo: *ha raggiunto l'optimum del rendimento.*

optional (ingl., pr. ['ɒpʃənəl]; pr. it. ['ɔpʃonal]) [da *option*, opzione, scelta; 1967] **sm.** *inv.* su autoveicoli, elettrodomestici e altre macchine utensili, accessorio non compreso tra quelli in dotazione di serie, ma fornito su richiesta dell'acquirente e contro pagamento di un sovrapprezzo.

òpto- [dal gr. *optós*, visibile] **primo elem.** che, in parole composte della terminologia scientifica e di quella medica, vale "occhio" o "vista" (per es. *optografia, optometria*).

optoelettrònica [comp. di *opto-* e *elettronica*; 1978] **sf.** settore dell'elettronica che si occupa delle trasformazioni dei segnali elettrici in ottici e viceversa.

optoelettrònico (pl. *-ci*) [comp. di *opto-* e *elettronico*; 1974] **agg.** relativo all'optoelettronica, proprio dell'optoelettronica: *dispositivi, apparecchi optoelettronici.*

optografìa [comp. di *opto-* e *-grafia*; 1958] **sf.** *T.med.* fissazione dell'immagine visiva sulla retina per azione della luce.

optogràmma [comp. di *opto-* e *-gramma*; 1958] **sm.** *T.med.* immagine di un oggetto illuminato che si forma sulla retina e che è osservabile attraverso la pupilla.

optometrìa [comp. di *opto-* e *-metria*; 1942] **sf.** **1.** *T.med.* parte dell'oculistica che si occupa degli esami funzionali dell'occhio **2.** *T.med.* la misurazione dell'acutezza visiva e, *per estens.*, la scelta delle lenti correttrici.

optometrista [da *optometria*; 1979] **s.** ottico autorizzato a esaminare la vista e a prescrivere gli occhiali adatti.

optòmetro [comp. di *opto-* e *-metro*; 1869] **sm.** *T.med.* strumento per misurare la forza visiva.

optòtipo e der. v. OTTOTIPO e der.

opulènto [dal lat. *opulentus*; sec. XIV] **agg.** *lett.* **1.** molto ricco, abbondante: *campagna, regione opulenta, società opulenta* **2.** *fig.* sovrabbondante, eccessivo: *stile opulento*; *scherz.*: *donna dalle forme opulente* || **N.** **1.** *Sin.* ubertoso, RICCO **2.** *Sin.* enfatico, pletorico, ridondante, sovraccarico.

opulènza [dal lat. *opulentia*; 1470 *oppulenza*] **sf.** *lett.* l'essere opulento; abbondanza; anche *fig.* || **N.** *Sin.* RICCHEZZA.

opùnzia [dal lat. *Opūntius*, gr. *Opóuntios*; a. 1498] **sf.** *T.bot.* genere di Cactacee arbustive succulente, con bei fiori vivaci, cui appartiene il fico d'India.

opus (lat., pr. it. ['ɔpus]) [letter. opera, lavoro] **sm.** *inv.* **1.** *T.mus.* nella forma abbreviata *op.* è usato per la classificazione delle opere di un autore **2.** *T.archeol.* in alcune locuzioni della terminologia storica o artistica (per es. *opus incertum, opus reticulatum, opus tessellatum*) indica costruzioni fatte con materiali diversi, ed anche opere a mosaico.

opùscolo [dal lat. *opusculum*; sec. XIV] **sm.** libro di poche pagine: *opuscolo pubblicitario, esplicativo* || *dim.* opuscolétto, opuscolùccio; *pegg.* opuscolàccio || **N.** *Sin.* estratto, fascicolo, libretto, quaderno.

opzionàle [dall'ingl. *optional*; 1963] **agg.** facoltativo, affidato alla libera scelta: *materia opzionale.*

opzióne [dal lat. *optio, -ōnis*; 1676] **sf.** l'atto dell'optare; libera scelta: *avere diritto, facoltà di opzione* || *in part. T.comm. diritto d'opzione*, diritto degli azionisti di una società anonima di acquistare a preferenza di altri le nuove azioni emesse dalla società stessa; anche *ellitt. opzione*: *vendere, cedere le opzioni.*

ór [lat. *hōra*; a. 1250] **avv.** forma tronca di *ora*².

óra¹ [lat. *hōra*; a. 1250] **sf.** **1.** durata di tempo corrispondente alla ventiquattresima parte del giorno solare, suddivisa in 60 minuti primi: *arriverò fra tre ore, il treno ha un'ora e venti minuti di ritardo, non riuscirò a finire in un'ora, deve cuocere per due ore a fuoco basso, lavorare otto ore al giorno*; *lavorare a ore*, essere retribuito in base alle ore di lavoro || rif. alla velocità media: *andare a (ai) 180 all'ora, non superare i 50 all'ora* || come riferimento per periodi di tempo più brevi: *tra mezz'ora parto, mi sbrigo in un quarto d'ora*; *fam. passare un brutto quarto d'ora*, un momento angoscioso, sgradevole e sim. || *ore rubate*, ritagli di tempo || *battere le ore*, di orologio, scandire il termine di ciascuna ora (anche della mezz'ora o del quarto d'ora) **2.** particolare istante del giorno, determinato facendo riferimento alla divisione convenzionale in 24 ore: *ora siderea, media*, a seconda che sia calcolata sul giorno sidereo o medio; *ora legale* o *estiva*, anticipata per legge in numerosi paesi, spec. d'estate, per risparmio energetico; *ora locale*, calcolata sul meridiano passante per un certo luogo; *ora civile*, tempo medio del meridiano centrale rispetto al fuso orario di un determinato luogo; *ora solare*, calcolata in base al passaggio del sole dal meridiano centrale del fuso orario || nell'uso comune: *a che ora inizia lo spettacolo?, l'ora di chiusura, di partenza, di arrivo*; *che ora è, che ore sono?, sono le (ore) sei e venti*; più com. *ellitt.*: *è l'una, sono le cinque, alle undici vado a dormire* || parte del giorno: *le ore del mattino, della sera*; *ore di punta*, in città, quelle in cui c'è maggior traffico, movimento, consumo e sim. || *segnare le ore*, di orologio, indicare sul quadrante quale ora del giorno sia || *fare le ore piccole*, star sveglio fino a notte inoltrata (perché dopo le 24 si inizia di nuovo con numeri piccoli: *l'una, le due* ecc.) || *di buon'ora*, presto **3.** *per estens.* momento, periodo: *l'ora della verità, della riscossa, è ora di ritornare, è già ora?, non è ancora ora, là ho trascorso le ore più belle*; *l'ora è grave*, il momento è solenne || *è giunta l'ora*, è arrivato il momento atteso || *quando giungerà la sua ora*, l'ora della morte; anche, quando toccherà a lui || *non vedere l'ora*, attendere con impazienza || *era ora!, alla buon'ora*, finalmente || *dell'ultima ora*, recente: *notizie, avvenimenti dell'ultima ora* || *sarebbe ora!*, sarebbe tempo! || *di ora in ora*, da un momento all'altro **4.** *pl. T.rel. ore canoniche*, le varie parti in cui è diviso l'ufficio divino; *per meton.* le preghiere relative a tali ore: *recitare le ore*; *libro d'ore*, il breviario che contiene le preghiere da recitarsi nelle ore canoniche || *scherz. ora canonica*, l'ora di mangiare || *dim.* orétta, orùccia || **N.** **1.** intera, scarsa; breve, che non passa mai, eterna **2.** antimeridiana, bruciata, calda, convenuta, diurna, esatta, fuggente, imminente, insolita, notturna, opportuna/inopportuna, pomeridiana, precisa, serale, tarda, veloce, vespertina | battere, passare, scoccare, suonare | minuti primi, orario, orologio, secondi **3.** felice, gioconda, lieta, nera, solenne, suprema, terribile **4.** compieta, lodi, mattutino, nona, prima, sesta, terza, vespro. **Q.T.** *orologeria, religione.*

óra[2] [lat. *hōra*; a. 1292] **I avv. 1.** in questo tempo, adesso, attualmente: *ora sta dormendo, richiama fra un po', dovevi pensarci prima, ora è tardi* || pochissimo tempo fa: *siamo arrivati ora*; anche ripetuto: *è partito or ora* || fra brevissimo tempo, subito: *aspetta, ora ti raggiungo* || *ora come ora*, allo stato attuale delle cose, in questo momento: *ora come ora non posso decidere* || *d'ora in poi, d'ora in avanti*, da questo momento in poi; *fin d'ora*, fin da questo momento || *per ora*, per il presente || *cinque mesi, tre anni or sono*, cinque mesi, tre anni fa; *or non è molto, ant. or non è guari*, poco fa **2.** con valore correlativo, *ora... ora*, a volte... altre volte, in un momento... in un altro: *ora sembra che dorma ora si agita, ora piange ora ride* **II cong.** leggermente avversativa, ma, adesso: *hai voluto fare di testa tua, ora te ne pentirai* || per introdurre un nuovo discorso, spec. in narrazioni: *ora bisogna sapere che..., ora avvenne che...* || nella *loc. cong. ora che*, adesso che: *ora che ci ripenso, non mi hai ancora restituito quei soldi!*

òra [lat. *aura*; sec. XIII] **sf.** *poet. raro* aura, brezza: *l'alba vinceva l'òra mattutina* (Dante).

oracolàre [da *oracolo*; 1843] **agg.** di, relativo a oracolo: *responso oracolare* || *fig.* pomposo, solenne: *tono oracolare.*

oracoleggiàre (pres. *-éggio*) [da *oracolo*; 1861] **intr.** (aus. *avere*) *scherz.* parlare come un oracolo, sentenziare.

oracolista [da *oracolo*; 1639] **s.** *ant.* chi pretende di pronunziare oracoli.

oracolìstico (pl. *-ci*) [da *oracolista*; 1950] **agg.** *non com.* da oracolo, relativo a oracolo.

oràcolo [dal lat. *ōrāculum*; sec. XIV] **sm. 1.** nell'antichità, risposta profetica data dai sacerdoti e dalle sacerdotesse pagane in nome di una divinità ai fedeli che domandavano consiglio o pronostici sulle loro imprese || l'istituzione culturale basata sulla presenza di una profetessa o profeta in un luogo determinato; e anche la divinità in nome della quale si dava il responso: *interrogare l'oracolo* **2.** *fig. scherz.* persona autorevole e di gran sapere: *è un oracolo della medicina*; spesso *iron.*: *parla come un oracolo* **3.** *iron.* risposta, giudizio sentenzioso || **N. 1.** pitonessa, pizia, sibilla; indovino, tripode | predizione, profezia, responso, vaticinio.

oràda V. ORATA.

òrafo [lat. *aurifex*; 1211 *ovrafo*] **I agg.** che si riferisce a oreficeria: *arte orafa* **II sm.** (f. *-a*) artigiano che esegue lavori di oreficeria. **Q.T.** *oreficeria.*

oràle [dal lat. tardo *orālis*; 1827 nel senso 2] **I agg. 1.** della bocca: *la cavità orale, igiene orale* **2.** espresso, svolto o trasmesso mediante il linguaggio parlato: *tradizione orale*; *esame orale* **3.** *T.psican. fase orale*, fase dello sviluppo infantile dalla nascita a 2 anni, in cui la bocca è la principale fonte di piacere || **oralménte avv.** a voce **II sm.** di un esame, la prova orale: *devo ancora sostenere l'orale.* **TAV.** *fonetica...* 1.1; ***anatomia* p. 642** 12.2.

oralità [da *orale*; 1869] **sf.** qualità di ciò che è orale.

oramài V. ORMAI.

orànɡo (pl. *-ghi*) [dal malese *ōrang-ūtan*, uomo della foresta; 1869] **sm.** grande scimmia antropomorfa del Borneo e di Sumatra, con pelame rossiccio e lunghissimi arti anteriori.

orànte (*ppr.* di *orare*) [a. 1375] **agg.** e **s.** che o chi prega; nell'arte paleocristiana si dice di figura rappresentata nell'atto di pregare con le braccia rivolte verso l'alto.

oràre (pres. *òro*) [dal lat. *orāre*; fine sec. XII] **tr.** *arc.* o *lett.* pregare, anche *ass.* || **intr.** (aus. *avere*) far orazione.

oràrio (pl. *-ri*) [dal lat. *horārius*; 1642] **I agg. 1.** che concerne le ore: *tabelle orarie*; *segnale orario*, che indica l'ora esatta; *fusi orari*, V. FUSO **2.** *per estens. senso orario*, senso di rotazione delle lancette dell'orologio **3.** relativo a un periodo di un'ora: *velocità, tariffa oraria* || *disco orario*, V. DISCO **II sm. 1.** ordine prestabilito delle ore in cui si debbono svolgere determinate attività: *orario di lavoro, di studio, di apertura e chiusura dei negozi, il treno è in anticipo sull'orario, orario estivo, feriale* || *orario continuato*, periodo di tempo in cui si svolge un'attività lavorativa, senza interruzione a metà giornata: *il supermercato fa l'orario continuato* || *arrivare, partire, essere in orario*, conformemente all'orario precedentemente stabilito **2.** la tabella, il fascicolo che disciplina lo svolgimento di un'attività relativamente all'ora d'inizio, di termine, alla durata ecc.: *consultare un orario ferroviario, orario tascabile* || *dim.* orariétto.

oràta (meno com. *oràda*) [lat. *orāta*; a. 1375] **sf.** pesce degli Sparidi, di color grigio argenteo con riflessi aurei, molto pregiato per le sue carni squisite.

oratóre [dal lat. *orātor, -ōris*; a. 1294] **sm.** (f. *-trice*) **1.** persona che pronunzia discorsi in pubblico: *l'oratore è riuscito a tener desta l'attenzione in sala* || parlatore più o meno abile: *un oratore piacevole, convincente, pessimo* || nell'antichità, chi esercitava l'arte oratoria, retore **2.** *arc.* orante || **N. 1.** *Sin.* arringatore, concionatore, conferenziere, declamatore | affascinante, ampolloso, arguto, brillante, brioso, caldo, chiaro, conciso, efficace, eloquente, enfatico, estemporaneo, facondo, irresistibile, persuasivo, potente, prolisso, rugiadoso, sciatto, sobrio, stringato, valente, volgare | avvocato, panegirista, predicatore, tribuno | commuovere, concionare, confutare, declamare, esordire, perorare, ripetere, sviscerare.

oratòria [dal lat. *oratōria*; a. 1565] **sf. 1.** arte e tecnica del parlare in pubblico: *le antiche scuole di oratoria, oratoria moderna*; rispetto alla destinazione: *oratoria sacra, civile, forense, politica* **2.** l'insieme delle orazioni e degli oratori di un determinato periodo: *oratoria greca, romana* || **N. 1.** *Sin.* dialettica, eloquenza, retorica | cadenza, declamazione, prolessi. **Q.T.** *retorica...*

oratoriàle [da *oratorio*; 1958] **agg.** *T.mus.* **1.** relativo a oratorio: *brani oratoriali* **2.** nello stile dell'oratorio, senza scena né costumi: *eseguire un'opera in versione oratoriale.*

oratoriàno [da *oratorio*; a. 1956] **sm.** prete dell'ordine religioso dell'Oratorio, fondato da San Filippo Neri || **N.** *Sin.* filippino.

oratòrio[1] (pl. *-ri* o *-rii*) [dal lat. *oratōrius*; sec. XIV] **agg.** relativo a oratoria o a oratore: *stile oratorio, tecniche, doti oratorie.*

oratòrio[2] (pl. *-ri* o *-rii*) [dal lat. *oratōrium*; a. 1348] **sm. 1.** piccolo edificio sacro annesso a chiese, conventi, palazzi e sim. o isolato, destinato alla preghiera di un gruppo di fedeli o comunità religiose **2.** locale attiguo alla parrocchia, destinato a ricreazione ed educazione religiosa della gioventù **3.** *T.mus.* composizione musicale drammatica, da rappresentare senza allestimento scenico, il cui argomento è tratto dalla storia sacra: *un oratorio di Haydn.*

oraziàno [dal lat. *horatiānus*; 1639] **agg.** che è proprio della poesia di Q. Orazio Flacco: *metrica oraziana.*

orazióne [dal lat. *orātio, -ōnis*; sec. XII] **sf. 1.** discorso per il pubblico, di tono elevato e ufficiale o, spec. nell'antichità, tenuto secondo le tecniche oratorie: *le orazioni di Cicerone, orazione funebre* **2.** preghiera rivolta a Dio, alla Madonna o ai santi: *recitare le orazioni* || **N. 1.** *Sin.* allocuzione, apologia, arringa, concione, panegirico, predica, DISCORSO **2.** *Sin.* PREGHIERA.

orbàce [dal sardo *orbaci*, dall'ar. *al-bazz*; 1905] **sm. 1.** panno di grossa lana di pecora, tipico della Sardegna **2.** *per meton.* l'uniforme fascista, confezionata con l'orbace.

orbàco (pl. *-chi*) [lat. *lauri bacca*; prima metà sec. XIV] **sm.** *arc.* alloro.

orbàre (pres. *òrbo*) [dal lat. *orbāre*; a. 1294] **tr.** *lett.* **1.** privare per sempre, di solito rif. a persona cara: *fu orbato del padre, dei figli* **2.** privare della vista, accecare.

òrbe [dal lat. *orbis*; 1561] **sm.** *lett.* cerchio, circonferenza o sfera: *orbe terrestre, terracqueo*, il mondo || **N.** orbita.

orbèllo [dal lat. *orbis*, cerchio; 1865] **sm.** *ant. T.pell.* sorta di piastra provvista di manico, usata un tempo per spianare il cuoio da lavorare.

orbène o **or bène** [comp. di *or(a)* e *bene*; 1353] **cong.** ha valore esortativo o conclusivo, si pone all'inizio della frase: *orbene, alziamoci ed andiamocene.*

orbettino [da *orbo*; 1875] **sm.** piccolo rettile terrestre innocuo, di colore variabile dal giallo al bruno, zampe atrofizzate che gli conferiscono aspetto serpentiforme, e fragile coda che si distacca facilmente.

orbicolàre [dal lat. tardo *orbiculāris*; sec. XIV] **agg.** circolare: *moto orbicolare* || *in part. muscolo orbicolare* (o *sm. orbicolare*), muscolo circolare che determina la chiusura di un orifizio: *orbicolare dell'occhio, della bocca* || *T.bot.* di foglia, tondeggiante, con picciolo e venatura che partono dal centro || **N.** *Sin.* rotondo.

òrbita [dal lat. *orbita*, traccia della ruota; a. 1484; 1681 nel senso 3; 1822 nel senso 2] **sf. 1.** *T.scient.* linea curva descritta da un corpo che si muove intorno a un altro: *orbita di un pianeta, di un satellite artificiale, di un elettrone, orbita circolare, ellittica*; rif. a razzi o satelliti artificiali: *mandare, lanciare in orbita, entrare in orbita* **2.** *fig.* ambito di influenza o di competenza: *mantenersi nella propria orbita, attrarre nell'orbita delle proprie conoscenze* **3.** *T.anat.* ciascuna delle due cavità che ospitano il bulbo oculare || *fig. avere gli occhi fuori dalle orbite*, sgranarli, strabuzzarli, per incredulità, stupore e sim. || **N. 1.** *Sin.* traiettoria | eclittica **2.** esorbitare. **TAV. *astronautica* p. 654** 2.4, 2.15.

orbità [dal lat. *orbitas, -ātis*; sec. XIV] **sf.** *ant.* cecità || *fig.* privazione.

orbitàle [da *orbita*; 1865] **I agg. 1.** di o dell'orbita, oculare: *arterie orbitali* **2.** relativo a orbita come traiettoria: *movimento orbitale* **II sm.** *T.fis.* e *T.chim. orbitale atomico, molecolare*, regione dello spazio, definita da una funzione d'onda, in cui è massima la probabilità di trovare l'elettrone. **Q.T.** *astronautica, chimica.*

orbitàre (pres. *òrbito*) [da *orbita*; 1963] **intr.** (aus. *essere*) **1.** *T.astr.* muoversi secondo un'orbita determinata: *i satelliti che orbitano attorno a Giove* **2.** *fig.* gravitare attorno ad una persona importante.

orbitàrio (pl. *-ri*) [da *orbita*; 1958] **agg.** *T.anat.* relativo all'orbita (nel senso 3), proprio dell'orbita: *regione orbitaria*; *cavità orbitaria*, orbita.

orbiter (ingl., pr. [ˈɔːbɪtə]) [da *orbit*, orbita; 1983] **sm.** *inv.* *T.aer.* in una navetta spaziale, la parte che si stacca dal vettore, percorre un'orbita prefissata, e torna alla base di partenza in modo da essere riutilizzata per una nuova missione.

òrbo [lat. *orbus*, privo; sec. XIV] **agg. 1.** cieco, che non vede bene: *è orbo da un occhio* || *botte da orbi*, fortissime, date alla cieca **2.** *lett.* orbato, privato: *fanciullo orbo della madre* || **N. 1.** *Sin.* CIECO **2.** *Sin.* PRIVO.

òrca [dal lat. *orca*; a. 1498] ***sf.*** **1.** grosso cetaceo predatore degli Odontoceti, lungo sino otto metri, che assale tutti gli altri cetacei, compresa la balena **2.** mostro marino favoloso, che divorava gli uomini.

orchéssa [da *orco*; a. 1475] ***sf.*** moglie dell'orco delle fiabe || *fig.* donna brutta che ispira paura.

orchèstica [dal gr. *orchēstikḗ*; 1586] ***sf.*** *lett.* arte della danza.

orchèstico (pl. *-ci*) [dal gr. *orchēstikós*; a. 1597] ***agg.*** *lett.* relativo all'arte della danza.

orchèstra [dal lat. *orchēstra*; 1556] ***sf.*** **1.** *T.mus.* insieme di suonatori e di strumenti, necessari all'esecuzione di brani musicali, di numero e genere diverso, in rapporto a esigenze di repertorio (*orchestra sinfonica, da camera*) o di stile (*orchestra barocca, romantica*); *per estens.* da: **2.** *T.stor.* nell'antico teatro greco, spazio antistante alla scena, dove danzava e cantava il coro || *per estens.* nei moderni teatri, il luogo posto davanti al palcoscenico, che ospita gli strumentisti, detto anche *golfo mistico* || *dim.* orchestrìna; *accr.* orchestróna; *pegg.* orchestràccia || **N.** **1.** archi, fiati (legni / ottoni), percussioni; direttore, fila, orchestrale, partitura | concertare, dirigere. **Q.T.** *musica* **TAV.** ***musica*** **p. 1324** 2.

orchestràle [da *orchestra*; 1869] **I** ***agg.*** di o relativo a orchestra: *musica, società orchestrale* **II** ***s.*** chi suona in una orchestra. **Q.T.** *musica.*

orchestràre (pres. *-èstro*) [da *orchestra*; 1914 nel senso 2] ***tr.*** **1.** rif. a opera musicale, scrivere le parti per i vari strumenti **2.** *fig.* predisporre, coordinare: *orchestrare una manifestazione di protesta* || **N.** **1.** *Sin.* strumentare.

orchestrazióne [da *orchestra*; 1869] ***sf.*** atto ed effetto dell'orchestrare || **N.** *Sin.* strumentazione.

orchestrìna (*dim.* di *orchestra*) [1929] ***sf.*** orchestra di musica leggera, formata da pochi strumenti: *un'orchestrina da ballo.*

orchèstrion [dal ted. *Orchestrion*; 1834] ***sm.*** *inv.* strumento meccanico a tastiera, costruito con l'intento di riprodurre un'intera orchestra, diffuso all'inizio dell'800.

òrchi- o **òrchio-** [dal gr. *órchis*, testicolo] ***primo elem.*** che, in parole composte della terminologia medica, vale "testicolo": **orchiectomìa**, **orchitomìa**.

orchialgìa (pl. *-gìe*) [comp. di *orchi-* e *-algia*; 1958] ***sf.*** *T.med.* dolore ai testicoli.

Orchidàcee [comp. di *orchid(e)a* e *-acee*; 1958] ***sf.*** *pl.* *T.bot.* famiglia di piante monocotiledoni comprendente numerosissime specie diffuse spec. nelle regioni tropicali, o coltivate in serra per la multiforme bellezza e raffinatezza dei loro fiori.

orchidèa [dal gr. *orchis*, testicolo per la forma delle radici; 1821] ***sf.*** denominazione comune di fiori e piante del genere Orchidacee || **N.** labello.

òrchio- V. ORCHI-.

orchìte [comp. di *orchi-* e *-ite*; 1821 *orchitide*] ***sf.*** *T.med.* infiammazione dei testicoli.

orciàia [da *orcio*; 1751] ***sf.*** nell'oleificio, la stanza dove si tengono custoditi gli orci dell'olio.

orciàio (pl. *-ài*) [da *orcio*; 1891] ***sm.*** (f. *-a*) chi fa o vende orci || **N.** *Sin.* orciolaio, vasaio.

orciaiòlo o **orciaiuòlo** [da *orciaio*; 1970] ***sm.*** (f. *-a*) orciaio.

órcio (pl. *-ci*) [lat. *urceus*; 1300 ca.] ***sm.*** vaso di terracotta, più o meno grande, panciuto e provvisto di uno o due manici, usato per la conservazione del vino, dell'olio e sim. || *dim.* orcìno, orciuòlo, orcétto, orciolétto, orciolìno; *accr.* orcióne; *pegg.* orciolàccio || **N.** anfora, boccale, brocca, coppo, doglio, giara, mezzina.

orciolàio (pl. *-ài*) [da *orciolo*; sec. XIV-XV] ***sm.*** (f. *-a*) orciaio, vasaio.

orciòlo o **orciuòlo** [dal lat. volg. **urceolum*, class. *urceulum*; sec. XIII *orciuolo*] ***sm.*** **1.** piccolo orcio || *fig.* *far bocca d'orciolo*, fare una smorfia, torcendo la bocca **2.** *ant.* brocca, boccale || *fig.* *porre l'acqua negli orcioli fessi*, compiere un'azione inutile; *essere come l'orciolo dei poveri*, essere sudicio e volgare.

òrco (pl. *-chi*) [dal lat. *Orcus*; sec. XIII nel senso 2] ***sm.*** **1.** (solitamente con iniziale maiuscola) nella mitologia classica, averno || *per meton.* il dio dell'averno; simbolo di morte **2.** (f. *orchéssa*) nelle fiabe, mostro spaventoso che mangia i bambini || *fig.* persona brutta e cattiva || *voce da orco*, cavernosa **3.** *T.zool.* *orco marino*, uccello acquatico degli Anseriformi, dalle piume nere o bruno-scure, buon volatore e abilissimo tuffatore || **N.** **2.** befana, lupo mannaro, mostro.

òrda [dal tartaro *orda*, campo di un Can; 1520] ***sf.*** **1.** raggruppamento temporaneo di barbari nomadi: *l'orda dei Tartari, orde vandaliche* **2.** branco di persone scatenate e violente; anche *scherz.*: *un'orda di gente affamata* || **N.** **2.** *Sin.* accozzaglia, ciurma, ciurmaglia, marmaglia, razzumaglia, torma.

ordàlia o **ordalìa** [dal fr. *ordalie*; 1874] ***sf.*** *T.stor.* presso popolazioni germaniche, prova a cui si sottoponeva un accusato, il cui esito veniva interpretato come un responso divino della sua innocenza o colpevolezza || **N.** *Sin.* giudizio di Dio.

ordàlico (pl. *-ci*) [da *ordalia*; 1942] ***agg.*** *T.stor.* relativo all'ordalia.

ordìgno [lat. volg. **ordīnium*; 1313] ***sm.*** **1.** qualsiasi strumento meccanico di struttura complessa || arnese strano: *che ordigno stai maneggiando?, un ordigno sospetto* **2.** congegno esplosivo, bomba: *morì per lo scoppio di un ordigno* || **N.** **1.** *Sin.* arnese, congegno, meccanismo.

ordiménto [da *ordire*; sec. XIV] ***sm.*** *non com.* atto ed effetto dell'ordire.

ordinàbile [dal lat. tardo *ordinābilis*; sec. XIV] ***agg.*** che si può ordinare.

ordinabilità [da *ordinabile*; 1970] ***sf.*** l'essere ordinabile.

ordinàle [dal lat. tardo *ordinālis*; a. 1758] **I** ***agg.*** che segna l'ordine progressivo di cose o persone, in una serie: *aggettivo numerale ordinale*; *numero ordinale*, in un insieme ordinato, numero che indica la posizione di un elemento (primo, secondo, terzo ecc.) || **ordinalménte** ***avv.*** **II** ***sm.*** **1.** *T.eccl.* libro delle cerimonie ecclesiastiche in uso nella Chiesa anglicana **2.** *T.mat.* numero ordinale.

ordinaménto [da *ordinare*; a. 1294] ***sm.*** **1.** l'atto di disporre secondo un certo ordine funzionale, e il suo effetto; sistemazione, assetto coerente: *curare l'ordinamento di un catalogo*; *ordinamento del mondo* **2.** complesso di leggi, regolamenti e sim. che disciplinano il funzionamento di un'istituzione, di un settore della vita pubblica, di un'attività e sim.: *ordinamenti scolastici, ordinamenti civili, militari*; *ordinamento giuridico* o *per anton.* *ordinamento*, l'insieme delle norme di una legge. **Q.T.** *diritto.*

ordinàndo [da *ordinare*; 1671] ***sm.*** (f. *-a*) *T.eccl.* chi sta per ricevere gli ordini sacri.

ordinànte (*ppr.* di *ordinare*) [sec. XIV] ***agg.*** e ***s.*** **1.** *non com.* che o chi ordina **2.** *T.eccl.* che o chi conferisce gli ordini sacri.

ordinànza [dal fr. *ordonnance*; 1601] ***sf.*** **1.** *T.mil.* disposizione, regolamento; *d'ordinanza*, di prescrizione: *sciabola d'ordinanza, berretto fuori ordinanza* || *marciare in ordinanza*, schierati; *per meton.* squadra di soldati: *schierare le ordinanze* || *disus.* *ufficiale d'ordinanza*, che svolge mansioni d'ufficio del generale || *soldato d'ordinanza* (anche *ass.* *ordinanza*), soldato di servizio a un ufficiale; attendente **2.** *T.giur.* provvedimento preso in corso di causa da un organo giudiziario || decreto, ordine, statuto: *ordinanza ministeriale.*

ordinàre (pres. *órdino*) [dal lat. *ordināre*; fine sec. XIII] ***tr.*** **1.** mettere in ordine, introdurre un ordine in un insieme di oggetti: *ordinare alfabeticamente alcuni nomi, ordinare una biblioteca, ordinare le idee* || rif. a contenitori, mettere in ordine gli oggetti in essi contenuti: *ordinare un cassetto* || *meno com.* regolare in base a leggi, statuti e sim.: *fu chiamato a ordinare le scuole* **2.** dare come ordine, comandare: *ordinò il licenziamento di trenta operai, il comandante ordinò l'alt, il questore ha ordinato la chiusura dell'esercizio* || di medico, prescrivere: *il medico mi ha ordinato i bagni freddi* **3.** rif. a merce, richiederla, commissionarla: *ho ordinato un libro, una stoffa, ordinare una merce per telefono, ordinare l'abito dal sarto* || *in part.* in bar, ristoranti e sim.: *ordinare un cappuccino, l'antipasto* ecc., chiedere che vengano serviti; anche *ass.* richiedere la consumazione: *i signori hanno già ordinato?* **4.** conferire gli ordini sacri: *fu ordinato prete* || **N.** **1.** *Sin.* accomodare, aggiustare, allineare, apparecchiare, apprestare, assestare, classificare, coordinare, disporre, distribuire, organizzare, predisporre, preparare, rassettare, regolare, riordinare, sistemare | *Contr.* confondere, disordinare, mescolare, scompagnare, scompigliare, turbare; buttare all'aria, mettere a soqquadro, sottosopra **2.** *Sin.* decretare, imporre, intimare, COMANDARE **3.** *Sin.* commettere.

ordinariàto [da *ordinario*; 1869 nel senso 2] ***sm.*** **1.** ufficio, grado di professore ordinario **2.** *T.eccl.* l'ufficio vescovile e i suoi atti.

ordinarietà [da *ordinario*; 1983] ***sf.*** l'essere ordinario, scadente, volgare.

ordinàrio (pl. *-ri*) [dal lat. *ordinārius*; a. 1556 come sm.] **I** ***agg.*** **1.** che non esce dalla norma, che non ha niente di speciale, che si fa o avviene di solito: *statura ordinaria, corsa ordinaria di un treno, faccende ordinarie* || che si fa regolarmente al tempo stabilito: *seduta ordinaria* || *tariffe ordinarie, prezzi ordinari*, senza maggiorazione né sconti || *ordinaria amministrazione*, nella gestione di un patrimonio, quella che non intacca il complesso patrimoniale; l'attività puramente gestionale di un governo, che non altera la legislazione vigente; *per estens.* *cose, fatti di ordinaria amministrazione*, che si fanno o avvengono normalmente tutti i giorni || *d'ordinario*, di solito **2.** *per estens.* di poco conto, dozzinale: *è un lavoro ordinario* || rozzo, grossolano: *linamenti, modi, gusti ordinari* **3.** *professore ordinario*, che ha incarico stabile, di ruolo || **ordinariaménte** ***avv.*** **1.** in modo ordinario, nei vari sensi **2.** di solito; anche frasale: *ordinariamente, non ammettiamo estranei* **II** ***sm.*** **1.** ciò che è solito, che si fa di solito: *non esce dall'ordinario, non mangia più dell'ordinario, un abbigliamento fuori dell'ordinario* **2.** *T.eccl.* e *T.mus.* parte della messa il cui testo è inalterato per ogni giorno dell'anno **3.** *T.eccl.* vescovo che ha giurisdizione ecclesiastica; *ordinario militare*, il vescovo castrense **4.** professore di ruolo: *ordinario nei licei* || *dim.* ordinariétto, ordinariùccio; *accr.* ordinarióne; *pegg.* ordinariàccio || **N.** **I** **1.** *Sin.* abituale, comune, consueto, corrente, normale, solito | *Contr.* speciale, straordinario **2.** *Sin.* volgare **II** **2.** *kyrie*, gloria, credo, *sanctus, agnus dei.*

ordinàta[1] [da *ordinare*; 1940] ***sf.*** il mettere in ordine, in modo sbrigativo e sommario: *dare un'ordinata alla camera* || *dim.* ordinatìna.

ordinàta[2] [da *ordinare*; a. 1742] ***sf.*** **1.** *T.mat.* delle coordinate di un sistema di riferimento cartesiano, quella che indica nel piano la distanza di un punto dall'asse orizzontale; è indicata con la lettera *y* **2.** ciascuna delle sezioni trasversali della fusoliera di un velivolo o dello scafo di una nave || **N.** **1.** ascissa. **TAV.** *geometria* 23.3; ***vela*** **p. 1342** 2.10.

ordinatàrio (pl. *-ri*) [da *ordinare*; 1958] **sm.** (f. *-a*) *T.econ.* il beneficiario di un titolo di credito all'ordine.

ordinativo [dal lat. tardo *ordinatīvus*; a. 1535] **I agg.** diretto a ordinare: *princìpi ordinativi*; *numeri ordinativi*, ordinali **II sm. 1.** *T.comm.* richiesta per fornitura o acquisto di merce: *fare un grosso ordinativo, spedire, compilare un ordinativo* **2.** *T.banc.* mandato di pagamento.

ordinàto (*pps.* di *ordinare*) [fine sec. XIV nel senso 2] **agg. 1.** detto di contenitore in cui ogni cosa è sistemata al proprio posto: *un cassetto, un ripostiglio, un archivio ordinato* || che segue con precisione un certo ordine o disciplina: *una serie di grandezze ordinate, un'esposizione ordinata dei fatti, uno spostamento ordinato di persone* || *T.mat. insieme parzialmente, totalmente ordinato*, su cui è definito un ordine parziale o totale; *insieme ben ordinato*, in cui ciascun sottoinsieme ammette un primo elemento **2.** di persona, che agisce con ordine, tiene le proprie cose in ordine: *un bambino diligente e ordinato, cerca di essere più ordinato!* || **ordinataménte** **avv.** || **N. 1.** *Sin.* assestato; disciplinato, razionale, regolato | *Contr.* caotico, disordinato, scompigliato **2.** *Sin.* metodico, preciso, scrupoloso | *Contr.* arruffone, confusionario.

ordinatóre [dal lat. *ordinātor, -ōris*; 1336 ca.] **sm.** e **agg. 1.** (f. *-trìce*) chi o che ordina, che sistema: *intelligenza, mente ordinatrice*; *l'ordinatore di una biblioteca* **2.** (solo **sm.**) calcolatore elettronico.

ordinatòrio (pl. *-ri*) [da *ordinato*; 1673] **agg.** *T.giur.* che esprime un ordine: *provvedimento ordinatorio*; *termine ordinatorio*, termine che può essere anticipato o prorogato e la cui mancata osservanza non invalida l'atto compiuto || **N.** *Contr.* perentorio.

ordinazióne [dal lat. *ordinātio, -ōnis*; a. 1342 nel senso 2; a. 1786 nel senso 1] **sf. 1.** richiesta per la fornitura di merce: *fare, spedire, ricevere un'ordinazione, lavorare su ordinazione* || quanto viene richiesto da consumare in un locale pubblico: *annotare le ordinazioni dei clienti* **2.** *T.eccl.* conferimento di una dignità ecclesiastica o di un ordine sacro **3.** *raro* atto ed effetto del mettere in ordine || **N. 1.** *Sin.* commessa, commissione, ordinativo, ordine.

órdine [dal lat. *ordo, -inis*; fine sec. XIII] **sm. 1.** disposizione di un insieme di elementi conformemente a un criterio (di funzionalità, razionalità, estetica ecc.): *mettere in ordine una stanza, fare ordine nel cassetto, mettere ordine fra le proprie carte, esporre con ordine i fatti*; *essere, mettersi in ordine*, di persona, vestirsi e ravviarsi con proprietà || *in part.* degli elementi di una serie, il criterio in base al quale sono disposti l'uno dopo l'altro: *ordine cronologico, alfabetico, gerarchico, disporre i bambini in ordine d'altezza, esercizi in ordine di difficoltà crescente* || *per estens.* *T.mil.* assetto, schieramento tattico: *avanzare in ordine sparso, chiuso, ordine di marcia* **2.** funzionamento regolare di un meccanismo, di un organismo o di una comunità: *mettere in ordine un congegno, un motore*, metterlo a punto, in sesto; *ordine pubblico, un paese dove vige, regna l'ordine, mantenere, ristabilire l'ordine, richiamare all'ordine l'assemblea*; *forze, tutori dell'ordine*, corpo di polizia || *partiti dell'ordine*, conservatori o moderati || anche riferito al cosmo come perfetto congegno: *l'ordine dell'universo, del creato, della natura* **3.** insieme di elementi dello stesso genere, allineati o disposti altrimenti: *ordine di colonne, di denti, di alberi, primo, secondo ordine di posti in platea* || successione: *ordine di arrivo degli atleti* || *ordine del giorno*, la lista degli argomenti da discutere in un'assemblea, un'adunanza e sim.; *mozione d'ordine*, proposta a un'assemblea, che non riguarda il contenuto degli argomenti in discussione, ma l'ordine in cui devono essere discussi, e in generale lo svolgimento della riunione; *fig. essere all'ordine del giorno*, essere attuale, verificarsi con significativa frequenza: *rivolte e aggressioni sono all'ordine del giorno* **4.** *per estens.* categoria, livello || *in part.* livello qualitativo: *un albergo, un artista, una mente di primo, secondo, terz'ordine, infimo ordine*; anche *scherz.*: *un furfante di prim'ordine* || ambito: *siamo in un altro ordine di idee, di problemi, questioni di ordine morale, pratico, legale* || *T.bot.* e *T.zool.* ciascuna delle divisioni in cui è ripartita una classe, suddivisa a sua volta in famiglie || *T.arch.* *ordine architettonico*, stile dell'architettura greco-romana, espresso da determinati rapporti strutturali ed elementi decorativi: *ordine dorico, corinzio, toscano* || *T.mat.* numero distintivo di complessità o di grandezza: *equazioni del I, del II ordine*, con una o due variabili; *ordine di grandezza di una cifra*, appartenenza alle unità, decine, centinaia ecc.: *numeri di diverso ordine di grandezza, un numero dell'ordine delle centinaia di migliaia*; *ordine di un gruppo, di un corpo*, numero di elementi che li compongono || in logica, *linguaggio del I ordine*, in cui è ammessa solo la quantificazione di variabili individuali; *linguaggio del II ordine*, in cui è ammessa la quantificazione di variabili predicative **5.** *in part.* detto di categorie di persone, insieme di cittadini che esercitano una stessa professione o godono di una stessa dignità onorifica: *l'Ordine dei medici dentisti, degli avvocati*, le rispettive associazioni professionali || *ordini cavallereschi*, associazioni militari-religiose o onorifiche (gen. maiuscolo): *Ordine dei Templari, Ordine della Giarrettiera, Ordine al merito del lavoro* || *T.eccl. ordini religiosi*, associazioni di cristiani che seguono gli insegnamenti del Vangelo pronunciando voti di castità, obbedienza e povertà: *ordine dei carmelitani scalzi* **6.** *T.eccl. ordini sacri* o *ordine*, sacramento che il vescovo conferisce a chi vuole diventare ecclesiastico; *ordini minori*, l'accolitato, l'ostiariato, il lettorato, l'esorcistato; *ordini maggiori*, il suddiaconato, il diaconato e il sacerdozio **7.** comando, disposizione: *dare, impartire un ordine, ricevere, dare l'ordine di fare qualcosa, eseguire un ordine, ordine tassativo, per ordine del sindaco, spiccare, emettere un ordine di cattura, di comparizione*; *agli ordini!*, nel linguaggio militare, risposta di piena disponibilità a un superiore; *agli ordini di*, al servizio di: *combattere agli ordini di un generale* || *parola d'ordine*, parola e controparola segreta che servono per il riconoscimento fra militari, spec. in missioni segrete; *per estens.* punto di intesa, motto **8.** *T.comm.* commissione, ordinativo: *spedire ordini d'acquisto, buono d'ordine* || *all'ordine*, di titoli di credito, trasferibili mediante girata || **N. 1.** *Sin.* armonia; equilibrio, organicità, precisione, proporzione, simmetria | *Contr.* caos, disordine, entropia | assestamento, assetto, collocazione, coordinazione, disposizione, distribuzione, ordinamento, sistemazione; criterio, metodo, principio, regola, senso **3.** *Sin.* fila, filare, linea, sequenza, serie, successione **4.** *Sin.* dimensione, piano, ripartizione, settore, sfera **5.** *Sin.* associazione, congregazione, consorteria, UNIONE **7.** COMANDO. **Q.T.** *architettura, religione* **TAV. architettura p. 646** 1, 3.

ordìre (pres. *-ìsco, -ìsci*) [lat. *ordīri*; a. 1336] **tr. 1.** distendere in ordine, in senso longitudinale, i fili sul telaio per tessere la tela || intrecciare: *ordire canestri* **2.** *fig.* tramare, macchinare: *ordire congiure, inganni* **3.** impostare nelle linee essenziali, imbastire: *ordire un dramma, un romanzo* **4.** *T.mar. ordire un paranco*, formarlo passando la corda nelle carrucole || **N. 2.** *Sin.* congiurare **3.** *Sin.* abbozzare.

ordìto (*pps.* di *ordire*) [a. 1566] **sm. 1.** *T.tess.* l'insieme dei fili destinati a formare la lunghezza del panno da tessere sul telaio, tesi parallelamente tra il subbio e il subbiello || *piede dell'ordito*, l'estremità ripiegata nella quale è infilzata la bacchetta che ferma l'ordito al subbio || *croce dell'ordito*, estremità dell'ordito opposta al piede, nella quale i fili s'incrociano e sono fermati al subbiello **2.** *fig.* intrico: *un ordito di menzogne* || intreccio, trama: *l'ordito di un romanzo* || **N. 1.** *Sin.* orditura | trama. **Q.T.** *tessitura* **TAV.** *tessitura* 2.4.

orditóio (pl. *-ói*) [da *ordire*; sec. XIV] **sm.** strumento impiegato per preparare orditi.

orditóre [da *ordire*; 1298-1309] **sm.** (f. *-trìce*; pop. *-tóra*) **1.** operaio addetto all'operazione di orditura: *orditore di seta* **2.** *fig.* chi trama insidie e sim., macchinatore.

orditùra [da *ordire*; sec. XV] **sf. 1.** atto ed effetto dell'ordire **2.** *fig.* disposizione, disegno d'un lavoro letterario o sim. || macchinazione.

ordoviciàno [dall'ingl. *ordovician*, dal lat. *Ordovices*, n. di una popolazione preromana stanziata sulla costa occidentale della Britannia; 1935] **I sm.** *T.paleont.* sottoperiodo inferiore del Siluriano, caratterizzato dalla comparsa dei primi pesci e dallo sviluppo delle più antiche fasi dell'orogenesi caledoniana **II agg.** *T.paleont. periodo ordoviciano*, Ordoviciano.

-óre [variante di *-tore*] **suff.** (f. mancante o, dial. o arc., *-a*) variante di *-tore* (v.) indotta dal pps. irregolare (*diffusore, distruttore, lettore, oppressore, scrittore*) o dalla base dotta (*ascensore, distributore, percussore, precursore, promotore*) di alcuni verbi in *-ere* o *-ire*.

orèade [dal lat. *oreas, orēadis*, gr. *oreiás*; sec. XIV] **sf.** *T.mit.* nella mitologia classica, ninfa dei monti.

orécchia [lat. *auricula*, piccola orecchia; 1268] **sf. 1.** orecchio **2.** *per estens.* oggetto, protuberanza o sporgenza che ricorda un orecchio: *orecchie di un vaso*; *fare le orecchie a un foglio*, piegarne gli angoli || *T.zool. orecchia di mare*, aliotide || *dim.* orecchiétta.

orecchiàbile [da *orecchiare*; 1940] **agg.** di musica, che si può facilmente ricordare e riprodurre: *un motivetto orecchiabile.*

orecchiabilità [da *orecchiabile*; 1967] **sf.** l'essere orecchiabile: *l'orecchiabilità di un motivetto.*

orecchiànte (*ppr.* di *orecchiare*) [1851] **agg.** e **s.** che o chi canta o suona a orecchio, senza conoscere la musica || *per estens.* che o chi ha, in un certo campo, una preparazione superficiale e di seconda mano: *orecchiante in letteratura, nelle scienze.*

orecchiàre (pres. *-écchio*) [da *orecchio*; a. 1367] **intr.** (aus. *avere*) tendere l'orecchio per sentire || **tr.** acquisire informazioni e conoscenze in maniera casuale, ascoltando altri parlare: *aveva orecchiato qualche nozione di chimica* || **N. intr.** origliare.

orecchiétta (*dim.* di *orecchia*) [a. 1730] **sf. 1.** *T.anat.* ciascuna delle due cavità superiori del cuore, situate sopra i due ventricoli: *orecchietta destra, sinistra* **2.** (spec. *pl.*) *T.cuc.* tipo di pasta alimentare della gastronomia meridionale, a forma di dischetto incavato al centro: *orecchiette con cime di rapa.*

orecchìno [da *orecchio*; 1475 *origino*] **sm.** ornamento di varia forma e materiale che si fissa al lobo degli orecchi || **N.** *Sin.* buccola, campanella, cerchio, ciondolo, gocciola, pendente, rosetta, vezzo | a clip, a vite, per lobi bucati.

orécchio (pl. *-chi*; anche pl. f. *-chie*, spec. *sett.*) [lat. *auricula*, piccola orecchia; fine sec. XIII] **sm. 1.** ciascuno dei due organi simmetrici dell'udito, che nell'uomo e in altri animali pone in comunicazione il sistema interno della cavità dell'osso temporale con l'esterno, mediante un condotto munito di una sporgenza, membranosa e cartilaginea (padiglione) ‖ *com.* il padiglione dell'orecchio: *con un morso gli portò via l'orecchio; orecchi a sventola,* rivolti in avanti; *turarsi gli orecchi,* per non sentire ‖ in numerose espr. proprie e fig.: *dare, prestare orecchio,* ascoltare; *fig. non sentirci da un orecchio,* non volerne sapere; *fare orecchi di mercante* o *orecchio da mercante,* fingere di non capire o di non sentire; *mettere una pulce nell'orecchio,* insinuare un dubbio, un sospetto; *dire una parolina in un orecchio,* in confidenza, spec. raccomandando qualcuno o qualche cosa; *parlare all'orecchio,* in segretezza; *entrare da un orecchio e uscir dall'altro,* di cosa che non ricordiamo o non vogliamo ricordare; di notizia, fatto e sim., *giungere agli orecchi* (o *all'orecchio*), venire risaputa; *essere tutt'orecchi,* ascoltare attentamente; *star con gli orecchi aperti* o *tesi,* star bene attento a cogliere parole o rumori; *fig. dare una tiratina d'orecchi,* rimproverare **2.** *per meton.* udito: *essere duro d'orecchio, avere l'orecchio fino, un orecchio infallibile; offendere, straziare gli orecchi,* produrre suoni sgradevoli o troppo forti **3.** *T.mus.* particolare sensibilità musicale, capacità di percepire, distinguere e ricordare le melodie: *avere un buon orecchio; suonare, cantare a orecchio,* ricordando ciò che si è ascoltato ‖ *orecchio assoluto,* capacità di riconoscere o riprodurre i suoni di una determinata scala, senza l'ausilio di strumenti; *orecchio relativo,* capacità di riconoscere e riprodurre intervalli, partendo da una nota data **4.** oggetto simile per forma a un orecchio: *orecchie delle pagine,* gli angoli che per trascuratezza o per segno si fanno alle punte delle pagine di un libro; *orecchio dell'aratro,* versoio ‖ *T.mar.* aletta con cui termina ciascuna marra dell'ancora ‖ *T.bot. orecchio di topo,* miosotide; *orecchio di Giuda,* fungo commestibile dei Basidiomiceti, dalla cappella svasata e consistenza gelatinosa ‖ *dim.* orecchiétto; *accr.* orecchióne ‖ **N. 1.** mastoidite, otalgia, otite, parotite, sordità | abbassare, alzare, aprire, chiudere, rizzare, tappare, tendere, turare; ascoltare, orecchiare, origliare | acustica, otoiatria; audiometro, auricolare, cuffia, otoscopio, tromba acustica o corno acustico | oto- | udito. **Q.T.** *anatomia* **TAV.** ***anatomia*** **p. 642** 18.

orecchióne (*accr.* di *orecchio*) [a. 1698 *recchioni*] **sm. 1.** *pl.* parotite, infiammazione della parotide **2.** *T.mil.* ciascuno dei due pezzi cilindrici sporgenti ai lati della bocca da fuoco, con i quali essa poggia sull'affusto **3.** *T.mil.* ogni opera di fortificazione sporgente e arrotondata **4.** piccolo pipistrello con orecchi assai sviluppati rispetto al corpo **5.** *pop.* omosessuale.

orecchionièra [da *orecchione*; sec. XVII] **sf.** *T.mil.* ciascuno degli incavi dell'affusto in un cannone, dove posano gli orecchioni.

orecchiùto [da *orecchio*; 1342] **agg.** che ha grandi orecchi ‖ *fig.* (con allusioni agli orecchi dell'asino) ignorante.

oréfice [dal lat. *aurifex, -ficis*; sec. XIV] **s.** artigiano che lavora l'oro, le gemme e altri metalli preziosi ‖ *com.* venditore di preziosi. **Q.T.** *oreficeria.*

oreficerìa [da *orefice*; a. 1571] **sf. 1.** l'arte di lavorare l'oro e, in gen., i metalli pregiati e le pietre preziose per produrre gioielli od oggetti preziosi: *uno splendido lavoro d'oreficeria* **2.** il laboratorio o la bottega dell'orefice. **Q.T.** *oreficeria.*

oreggiàre (pres. *-éggio*) [da *oro*; a. 1646] **intr.** (aus. *avere*) *arc.* risplendere come oro.

orellàna [dal n. proprio F. de *Orellana*, esploratore sp.; 1875] **sf.** pianta arbustiva tropicale dalle foglie somiglianti a quelle del tiglio.

oremus (lat., pr. it. [o'remus]) [letter. preghiamo] **sm.** *inv.* preghiera recitata dal sacerdote nelle sacre funzioni, iniziante con questa parola ‖ il momento in cui viene recitata.

oreòtrago (pl. *-ghi*) [comp. del gr. *óros*, monte e *-trago*; 1834] **sm.** piccola antilope africana dal pelo folto e ispido ‖ **N.** *Sin.* saltarupe.

orerìa [da *oro*; sec. XIV] **sf.** (spec. *pl.*) *raro* più cose d'oro lavorato: *le orerie e le argenterie, comprare gioie e orerie.*

orézza [da *orezzare*; 1319] **sf.** *ant.* orezzo.

orezzàre (pres. *-ézzo*) [lat. volg. **auridiāre*; a. 1597] **intr.** (aus. *avere*) *ant.* **1.** di vento, spirare lievemente **2.** di persona, godere al rezzo, stare all'ombra.

orézzo [da *orezzare*; a. 1367] **sm.** *arc.* o *poet.* venticello grato e leggero; frescura.

orfanézza [da *orfano*; a. 1306] **sf.** *raro* condizione di chi è orfano.

orfanilità [da *orfano*; 1983] **sf.** l'essere orfano ‖ *T.psic.* condizione psicologica di chi si sente come orfano.

òrfano [dal lat. tardo *orphanus*; sec. XIV] **agg.** e **sm.** (f. *-a*) che o chi ha perduto uno o entrambi i genitori: *un bambino orfano, rimanere orfano, gli orfani di guerra, orfano di padre e di madre* ‖ *dim.* orfanèllo, orfanìno.

orfanotròfio (pl. *-fi*) [dal lat. tardo *orphanotrophium*; 1803] **sm.** istituto dove gli orfani sono ricoverati ed educati.

òrfico (pl. *-ci*) [dal lat. *Orphicus*, proprio di Orfeo; a. 1375; 1958 come sm.] **I agg.** relativo a Orfeo o all'orfismo: *canti, riti orfici* ‖ *fig.* oscuro, misterioso **II sm.** (f. *-a*) seguace dei riti orfici.

orfismo [dal n. proprio *Orfeo*; 1920] **sm. 1.** nella Grecia antica, religione misterica di cui si riteneva creatore Orfeo, i cui iniziati si sottoponevano a riti e pratiche religiose per la purificazione dell'anima **2.** *T.pitt.* corrente pittorica interna al cubismo, caratterizzata dalla scomposizione del colore e dalla ricerca di forme pure.

organàio **sm.** *raro* V. ORGANARO.

organaménto [da *organare*; 1865] **sm.** *raro* atto ed effetto dell'organare.

organàre (pres. *òrgano*) [da *organo*; 1319] **tr.** *non com.* organizzare, unire organicamente

OREFICERIA

PERSONE: orafo, cesellatore, battiloro, grossiere, minutiere, brunitore, damaschinatore, granitore, affinatore, saggiatore, doratore, smaltatore, smaltista, argentario, intagliatore, lapidario, corallaio.

STRUMENTI E ARNESI: anelliera, spina graduata, bilancia, saggiatore, truschino, compasso, calibro (a foro, a compasso), pietra di paragone, tocca, lente, calamita; banco, incudine (bicornia, tasso, torta), martello (a penna scantonata, a penna tonda, a due bocche), lima (piatta, tonda, a coltello, a trapezio, quadra, triangolare, a sghembo, da traforo, gentile, stucca), seghetto, morsa, quadrante, tenaglioli, cesoie, tronchesino, spina o fuso per anelli, trapano (a violino, a palla, elettrico), punta (a lancia, a perla), fresa, alesatoio, maschio, filiera, madrevite, laminatoio, trafila, tornio, mola, torcitoio, stampo, bilanciere, mandrino, bornitore, bulino (dritto, curvo, a baionetta), anello di cuoio, fuso a collare, punzone, cesello, cacciabòtte, granitoio, zigrinatore, sferinatore, pianatore, profilatore, ugnella o ciappola, scannellatore, perlinatore, stozzo, scalpello, rimbalzatore, raschietto, raspino, pantografo; forno (a muffola, a riverbero), coppella, crogiolo (a spalla, a bicchiere, a mattone), lingottiera, staffa, boraciere, cannello ferruminatorio, saldatrice, iniettore centrifugo, stecca, stampo di gomma, palettiere, cerino, prendipietra, pinzetta, morsella.

METALLI: argento (di coppella, falso, ossidato), argentana o argentone, alpacca, platino, *christofle.*

ORO: di coppella, zecchino, a ventiquattro carati, massiccio, grezzo, nativo, obrizzo, semilavorato, in foglietti, in libretti, laminato, in filo, lavorato, vecchio, bianco, verde, falso, canterino, matto, similoro, orpello, princisbecco; calìa, ganga, vena, pepita, pagliuzza, massello, lingotto, verga, mondiglia, limatura, limaglia, granaglia; titolo, carato.

PIETRE E MATERIALI PREZIOSI: gemma, pietra dura; acquamarina, agata, ametista, avventurina, berillo, calcedonio, carbonchio, corindone, crisolito, elitropio, giacinto, giada, granato, lapislazzuli, malachite, occhio di gatto, occhio di tigre, onice, opale, piropo, rubino, smeraldo, spinello, sardonica, topazio, turchese, zaffiro; perla, madreperla, avorio, corallo, ambra; purezza o acqua, vivacità, gatteggiamento, taglio, pulimento, lucentezza, pleocroismo, nitidezza, dispersione, ghiacciolo; cabochon.

DIAMANTE: solitario, brillante, rosetta; a tavola, a gradini, rosa olandese, *baguette*; corona, padiglione, cintura, apice, faccetta.

MATERIE VARIE: acido muriatico, acquaforte, acquaregia, allume di rocca, gesso, argilla, pomice, mastice, borace, loto, mecca, mordente, pece, smalto, smeriglio, *vermeil.*

LAVORI: amalgamazione, saggio, sbalzo, incisione, spuntatura, pianatura, galletta, orlatura, traforo, getto, fusione (a cera persa, all'osso di seppia), coppellazione, inquartazione, granaglia, liquazione, saldatura, pressofusione, ravvivatura, brunitura o bornitura, sabbiatura, niello, smaltatura, *cloisonné,* granulazione o granitura, filigrana, perlinatura, ramatura, nichelatura, argentatura, doratura, platinatura, finitura galvanica, galvanostegia, galvanoplastica, laminatura; caratare, granagliare, passare a filiera, placcare, granire, scannellare, smerigliare, polire, disargentare, forbire, bianchire, massellare, tondare; incassare, incastonare, brillantare, ingemmare, gioiellare, sfaldare, sfaccettare o affaccettare, montare.

OGGETTI PREZIOSI: anello (a griffa, a riviera, a scudo, a pavé), controanello, vera o fede, fascetta, bracciale, armilla, braccialetto, cerchio, cerchietto, spilla, *broche,* medaglia, medaglione, cammeo, spillone, fermaglio, fermacravatta, gemelli, fermezza, orecchino, buccola, *clips,* pendente, pendaglio, catena, catenina, collana, collare, *collier,* ciondolo, picchiapetto, corona, diadema, brattea, cavigliera, canutiglia; *parure,* monile, gingillo, vezzo, grosseria, minuteria, candelabro, calice, coppa, vaso, vassoio, posata; occhiello, griffa, festone, castone, riviera, scafatura.

VOCI ATTINENTI: astuccio, bacheca, custodia, portagioie, scrigno, teca; oreria, gioielli, gioie, preziosi, ori, argenteria; oreficeria, glittica, lapidaria; aureo, aurifero, crisoelefantino, pulica, limaglia.

(V. quadri terminologici METALLURGIA, FABBRO, STAMPA E RIPRODUZIONE).

le parti di un tutto.

organàrio (pl. *-ri*) [da *organo*; a. 1889] ***agg.*** relativo agli organi (nel senso 4) e ai loro costruttori: *tecnica organaria.*

organàro (raro *organàio*) [dal lat. *organarius*; 1774] ***sm.*** (f. *-a*) costruttore o aggiustatore di organi.

orgàndi o **orgàndis** [dal fr. *organdi*; 1835] ***sm. inv.*** tessuto di cotone piuttosto rigido ma trasparente e leggero, usato spec. per abiti femminili.

organétto (*dim.* di *organo*) [a. 1400] ***sm.*** **1.** piccola fisarmonica maneggevole che produce, col medesimo tasto, suoni diversi in fase di chiusura o apertura del mantice ‖ *organetto di Barberia*, strumento popolare, usato spec. in passato dai suonatori ambulanti, simile a un piccolo organo portatile azionato girando una manovella ‖ armonica a bocca **2.** uccello dei Passeriformi, con piumaggio grigio-marrone e fronte macchiata di rosso.

orgànica [da *organico*; 1924] ***sf.*** *T.mil.* quella parte dell'arte militare che si occupa della organizzazione delle forze armate.

organicàre (pres. *-ànico, -ànichi*) [da *organico*; 1958] ***tr.*** *T.biol.* trasformare elementi chimici inorganici in composti organici: *i batteri delle leguminose organicano l'azoto.*

organicazióne [da *organicare*; 1958] ***sf.*** *T.biol.* il processo per cui elementi chimici inorganici entrano a far parte di composti organici.

organicìsmo [da *organico*; 1869] ***sm.*** **1.** *T.fil.* qualunque teoria filosofica o scientifica che concepisca la natura o la società come un organismo, con caratteristiche analoghe a quelle degli esseri viventi **2.** *T.psic.* dottrina psichiatrica che vede nelle malattie mentali l'effetto di lesioni organiche del sistema nervoso e cerebrale.

organicìsta [da *organicismo*; 1958] ***s.*** sostenitore, seguace dell'organicismo.

organicìstico (pl. *-ci*) [da *organicista*; a. 1952] ***agg.*** relativo all'organicismo, proprio dell'organicismo: *teoria organicistica.*

organicità [da *organico*; 1938] ***sf.*** l'essere organico; in una struttura, la coerenza interna di tutte le sue parti: *l'organicità di un racconto.*

orgànico (pl. *-ci*) [dal lat. *organicus*; 1308] **I *agg.*** **1.** che si riferisce a organismi viventi: *residui, composti organici* ‖ *chimica organica*, che tratta dei composti del carbonio che si trovano o si producono negli organismi animali o vegetali **2.** relativo al corpo umano e ai suoi organi: *funzioni, disfunzioni organiche*; *malattie organiche*, dovute a lesione o alterazione anatomica (contrapposto a *funzionale*) ‖ *per estens.* inerente alla struttura: *difetto, vizio organico*; *riforma organica* **3.** composto di parti ben ordinate e armoniche: *un tutto organico, lavoro organico* ‖ *organico a*, inerente e funzionale a: *l'antisemitismo era organico al nazismo* ‖ *T.pol. intellettuale organico*, nella teoria politica gramsciana, l'intellettuale che subordina la propria competenza e capacità alla direzione politica del partito operaio ‖ **organicaménte** ***avv.*** in modo ordinato e razionale; anche nella *loc. prep. non com. organicamente a*, in maniera funzionale a: *agire organicamente a un piano preordinato* **II *sm.*** l'insieme dei ruoli e delle posizioni di lavoro in un'azienda, amministrazione e sim.; *per meton.* l'insieme delle persone che li occupano: *l'organico del mio ufficio è stato rinnovato* ‖ **N.** I **1.** *Contr.* inorganico **3.** *Sin.* omogeneo, regolare | *Contr.* disorganico.

organigràmma o **organogràmma** [comp. di *organo* e *-gramma*; 1963] ***sm.*** descrizione grafica delle rispettive funzioni, disposizioni gerarchiche, relazioni di organi di un medesimo ente.

organìno (*dim.* di *organo*) [1825] ***sm.*** organetto, spec. nel senso 1.

organìsmo [dal fr. *organisme*; 1831] ***sm.*** **1.** l'essere vivente in quanto composto di vari organi o parti, disposti armonicamente: *organismo animale, vegetale*; *per anton.* quello umano: *le difese dell'organismo, deperimento dell'organismo* **2.** *fig.* complesso costituito da più parti con funzioni coordinate: *organismo amministrativo, politico* ‖ **N.** **1.** *Sin.* complessione, corpo, costituzione, struttura | microrganismo | organi, parti, tessuti | anatomia, biologia, chimica organica, fisiologia, patologia **2.** *Sin.* sistema. **Q.T.** *ecologia, sociologia.*

organìsta [da *organo*; a. 1405] ***s.*** suonatore di organo ‖ **N.** ORGANO.

organìstico (pl. *-ci*) [da *organo*; 1950] ***agg.*** relativo all'organo o all'organista, proprio dell'organo o dell'organista: *pezzi organistici* ‖ per organo, eseguito da un organo: *concerto organistico.*

organistrum (lat., pr. it. [orga'nistrum]) [letter. luogo della chiesa dove sta l'organo; 1935] ***sm. inv.*** *T.mus.* strumento medievale a quattro corde, simile a un grosso liuto, che veniva suonato mediante una ruota girata da una manovella ‖ **N.** *Sin.* ghironda.

organizzaménto [da *organizzare*, a. 1625] ***sm.*** *raro* l'organizzare.

organizzàre [da *organo*; a. 1578] ***tr.*** **1.** disporre, ordinare secondo princìpi di efficienza: *organizzare un'impresa, il sistema di vendite* ‖ rif. ad evento collettivo, garantirne la riuscita, pianificandone le varie fasi e predisponendo quanto è necessario: *organizzare una festa, una dimostrazione* **2.** *T.biol.* rif. agli organi di un essere vivente in fase embrionale, formare e disporre per differenziazione ‖ ***rifl.*** **1.** prepararsi, munirsi di ciò che sarà necessario: *al prossimo viaggio ci organizzeremo meglio* **2.** *T.biol.* svilupparsi dando luogo ad organogenesi ‖ **N.** **1.** *Sin.* allestire, combinare, congegnare, coordinare, costituire, creare, istituire, predisporre, preparare.

organizzatìvo [da *organizzare*; 1953] ***agg.*** relativo a organizzazione: *comitato, problema organizzativo, sul piano organizzativo.*

organizzàto (*pps.* di *organizzare*) [1308] **I *agg.*** che funziona secondo un piano prestabilito: *un esercito male organizzato* **II *sm.*** (f. *-a*) chi appartiene a un'organizzazione.

organizzatóre [da *organizzare*, sul modello del fr. *organisateur*; 1800 ca.] ***agg.*** e ***sm.*** (f. *-trice*) che o chi organizza: *l'organizzatore di un festival, il comitato organizzatore.*

organizzazióne [da *organizzare*, sul modello del fr. *organisation*; sec. XIV] ***sf.*** **1.** atto ed effetto dell'organizzare e dell'organizzarsi: *curare l'organizzazione, un'organizzazione eccellente, ineccepibile, carente, scarsa* **2.** l'insieme delle persone preposte ad organizzare: *la responsabilità è dell'organizzazione* **3.** associazione di persone e beni dotata di personalità giuridica: *Organizzazione delle Nazioni Unite.* **Q.T.** *sociologia.*

òrgano [dal lat. *organum*, gr. *órganon*; 1308] ***sm.*** **1.** parte di un corpo vivente atto a una determinata funzione: *organo della vista* **2.** *per estens.* congegno con funzione specifica: *gli organi di trasmissione* ‖ settore di un sistema amministrativo, politico e sim., destinato a specifici compiti: *organo di vigilanza, direttivo* **3.** quotidiano o periodico che esprime l'opinione ufficiale di un partito, organizzazione e sim.; portavoce **4.** *T.mus.* strumento musicale degli aerofoni dotato di canne metalliche di varia lunghezza, che vengono fatte risuonare dall'aria immessa da un mantice, in base al comando di una tastiera e di una pedaliera che ne determinano l'altezza, e di una serie di registri che controllano il timbro ‖ *organo elettronico*, in cui il suono è prodotto da circuiti elettronici, dotato di svariatissime possibilità timbriche ‖ *dim.* organìno, organétto ‖ **N.** **1.** *Sin.* apparato, organismo **2.** *Sin.* componente, elemento **4.** portativo, positivo | registri (principali, flauti, viole, bordoni, quintadene), somiere, ventilabro. **Q.T.** *anatomia, musica.*

organogènesi [comp. di *organo* e *genesi*; 1901] ***sf.*** *T.biol.* sviluppo embrionale degli organi.

organogènico (pl. *-ci*) [da un disus. *organogenia*, organogenesi; 1869] ***agg.*** che si riferisce a organogenesi.

organògeno [comp. di *organ(ico)* e *-geno*; 1958] ***agg.*** *T.geol.* detto di sedimentazioni di origine organica: *detriti organogeni.*

organografìa [comp. di *organo* e *-grafia*; 1853] ***sf.*** **1.** *T.biol.* la descrizione delle forme esterne degli organi giunti a compiuto sviluppo **2.** *T.mus. non com.* organologia ‖ **N.** **1.** *Sin.* anatomia descrittiva.

organogràfico (pl. *-ci*) [da *organografia*; 1869] ***agg.*** che si riferisce a organografia (nel senso 1).

organogràmma v. ORGANIGRAMMA.

organolèttico (pl. *-ci*) [dal fr. *organoleptique*; 1841] ***agg.*** percettibile dagli organi dei sensi: *caratteristiche, proprietà organolettiche di un prodotto alimentare, di una sostanza chimica.*

organologìa [comp. di *organo* e *-logia*; 1834] ***sf.*** **1.** *T.mus.* la scienza che studia gli strumenti da un punto di vista storico e tecnico-espressivo **2.** *T.biol.* studio degli organi animali e vegetali nella loro struttura e nella loro funzione ‖ **N.** **2.** fisiologia, morfologia.

organològico (pl. *-ci*) [da *organologia*; 1940] ***agg.*** che si riferisce a organologia, nei vari sensi.

organòlogo (pl. *-gi*) [da *organologia*; 1958] ***sm.*** (f. *-a*) studioso di organologia, nei vari sensi.

organometàllico (pl. *-ci*) [comp. di *organ(ico)* e *metallico*; 1875] ***agg.*** *T.chim.* metallorganico.

organometàllo [comp. di *organ(ico)* e *metallo*; 1970] ***sm.*** *T.chim.* composto organico contenente un metallo, unito direttamente ad atomi di carbonio organico.

organoplastìa [comp. di *organo* e *-plastia*; 1875] ***sf.*** *raro* correzione di malformazioni; plastica.

organoplàstico (pl. *-ci*) [da *organoplastia*; 1875] ***agg.*** relativo a organoplastia.

organoscopìa [comp. di *organo* e *-scopia*; 1834] ***sf.*** *T.med.* esame di un organo eseguito con strumenti ottici o in maniera diretta.

organoterapìa [comp. di *organo* e *terapia*; 1905] ***sf.*** *T.med.* opoterapia.

organum (lat., pr. it. ['ɔrganum]) [letter. organo] ***sm. inv.*** *T.mus.* primitiva forma di polifonia in uso dal IX al XII sec., secondo cui la voce principale è accompagnata da un'altra voce parallela, distanziata di una quarta.

orgànza [dal fr. *organsin*; 1950] ***sf.*** organdi.

organzìno [dal fr. *organsin*; 1567] ***sm.*** filo di seta composto da più fili ritorti, usato nell'ordito ‖ *concr.* il tessuto così ottenuto.

orgasmàre [da *orgasmo*; 1977] ***intr.*** (aus. *avere*) *non com.* raggiungere l'orgasmo.

orgàsmico (pl. *-ci*) [da *orgasmo*; 1980] ***agg.*** relativo all'orgasmo sessuale.

orgàsmo [dal gr. tardo *orgasmós*; 1734] ***sm.*** *T.fisiol.* la fase culminante e conclusiva dell'eccitazione sessuale: *raggiungere l'orgasmo* ‖ *fig.* estrema agitazione ‖ **N.** ECCITAZIONE.

òrgia (pl. *òrge*) [dal lat. *orgia*, gr. *órgia*; a. 1375] ***sf.*** **1.** *T.etn.* celebrazione di significato sacrale, volta alla trasgressione di tabù imposti dalle norme sociali, in part. di carattere sessuale **2.** *per estens.* riunione di più persone che sfogano liberamente la loro libidine **3.** *fig.* profusione e varietà che stordiscono i sensi, tripudio: *orgia di colori, di profumi* ‖ **N.**

2. *Sin.* ammucchiata, baccanale, bagordo; baldoria, gozzoviglia.

orgiàsta [dal gr. *orgiastḗs*; 1758] **s.** chi partecipava a un'orgia in onore di Bacco.

orgiàstico (pl. *-ci*) [dal gr. *orgiastikós*; 1908] **agg.** di orgia: *riti orgiastici, feste orgiastiche.*

orgóglio (pl. *-gli*) [dal provenz. ant. *orgolh*; a. 1250 *orgolglio*] **sm.** **1.** vivissimo sentimento dei propri meriti e della propria persona: *è un uomo pieno d'orgoglio, un orgoglio smisurato, ferito nell'orgoglio* **2.** *per meton.* cosa o persona che sia motivo d'orgoglio: *egli è l'orgoglio della sua famiglia* || *dim.* orgogliétto; *pegg.* orgogliàccio || **N.** **1.** *Sin.* albagia, alterezza, alterigia, ambizione, amor proprio, arroganza, boria, burbanza, fierezza, iattanza, presunzione, sicumera, spocchia, sussiego, vanagloria, vanità, SUPERBIA | abbassare, fiaccare, rintuzzare | boriare, inorgoglire, insuperbire, pavoneggiarsi, vantarsi **2.** *Sin.* gloria, onore, vanto.

orgogliόso [da *orgoglio*; sec. XIV] **agg.** pieno di orgoglio; che dimostra orgoglio: *gente orgogliosa; risposta orgogliosa* || *essere orgoglioso di qualcuno o qualcosa*, esserne soddisfatto e fiero: *è orgoglioso delle sue origini* || **orgogliosaménte** **avv.** con orgoglio || *dim.* orgogliosétto; *pegg.* orgogliosàccio || **N.** *Sin.* altezzoso, borioso, burbanzoso, gonfio, pettoruto, presuntuoso, sprezzante, superbo, tronfio, vanitoso | *Contr.* modesto.

oriàna [var. di *orellana*; 1825] **sf.** sostanza colorante arancione estratta dal frutto della orellana || **N.** *Sin.* annatto.

òribi [dall'ingl. *oribi*; 1958] **sm.** *inv.* piccola antilope africana contraddistinta da una frangia tra carpo e metacarpo.

oricàlco (pl. *-chi*) [dal lat. *orichalcum*; sec. XIV] **sm.** *raro* lega di rame e zinco, simile all'ottone || *lett.* ottone || *per meton. poet.* tromba: *i bellici oricalchi* (Manzoni).

oricànno [etim. inc.; 1353] **sm.** *arc.* vasetto per essenze odorose.

òrice o **òrige** [dal lat. *oryx, origis*; sec. XIV] **sm.** antilope africana di grosse dimensioni e lunghe corna appuntite.

oricèllo [etim. inc.; a. 1347] **sm.** nome volgare di alcuni licheni e della sostanza rosso-violacea da essi ricavata, usata in chimica e in tintoria.

orichìcco o **orochìcco** (pl. *-chi*) [comp. di *oro* e *chicco*; sec. XIV] **sm.** *non com.* sostanza gommosa che stilla da alcune rosacee, come ciliegio, pesco, susino.

oricrinito [comp. di *oro* e *crinito*; a. 1673] **agg.** *raro poet.* che ha chiome di colore biondo, simile all'oro.

orientàbile [da *orientare*; 1929] **agg.** che può essere orientato in diverse direzioni: *antenna orientabile.*

orientàle [dal lat. tardo *orientalis*; 1319] **I agg.** **1.** che si trova verso oriente: *costa orientale, Europa orientale* **2.** proprio, caratteristico od originario dei paesi dell'Asia: *lingue orientali, ospitalità orientale, sete, spezie orientali* **II s.** persona dei paesi orientali || **N.** **I** **2.** *Sin.* asiatico, levantino.

orientaleggiànte [da *orientale*; 1958] **agg.** che tende ad assumere le caratteristiche più tipiche dell'Oriente: *una melodia, un abito orientaleggiante.*

orientalìsmo [dal fr. *orientalisme*; a. 1837] **sm.** diffusione dello stile e del gusto orientale, spec. nelle arti figurative.

orientalìsta [dal fr. *orientaliste*; 1838] **s.** **1.** studioso delle lingue e civiltà dei paesi orientali **2.** nelle arti figurative, artista simpatizzante e imitatore di temi e gusti orientali.

orientalìstica [da *orientalistico*; 1950] **sf.** insieme delle discipline che si occupano di culture e lingue orientali.

orientalìstico (pl. *-ci*) [da *orientale*; a. 1952] **agg.** relativo alle culture e alle lingue orientali || relativo all'orientalistica.

orientalizzàre [da *orientale*; 1951] **tr.** imporre modi di vita e abitudini orientali a popoli di altre civiltà || **intr.** (aus. *avere*) *raro* tendere a forme di vita tipicamente orientali || **intr. pron.** assumere caratteristiche orientali.

orientalizzazióne [da *orientalizzare*; 1958] **sf.** atto o effetto dell'orientalizzare e dell'orientalizzarsi.

orientaménto [da *orientare*; 1940] **sm.** **1.** l'atto, la capacità e l'effetto dell'orientarsi: *senso di orientamento*; anche *ass. l'orientamento*: *perdere l'orientamento* || *T.sport.* *gara di orientamento*: *orienteering* **2.** disposizione rispetto ai punti cardinali: *l'orientamento di una facciata, di una mappa* || *fig.* posizione rispetto a un panorama ideologico e sim.: *orientamento politico, culturale* **3.** il dare o assumere punti di riferimento precisi in vista di scelte di vita, di lavoro ecc.: *orientamento professionale* || **N.** **3.** indirizzo.

orientàre (pres. *-ènto*) [da *oriente*; 1803] **tr.** **1.** disporre secondo una determinata direzione: *orientare una costruzione, un cannone; orientare una carta geografica*, dirigendo verso il nord il bordo superiore || *T.mar.* *orientare i pennoni*, in modo che le vele facciano con la direzione del vento l'angolo più favorevole al cammino della nave **2.** *T.mat.* stabilire il verso di percorrenza: *orientare un segmento* **3.** *fig.* indirizzare: *è stato orientato verso gli studi scientifici* || **rifl.** conoscere o riconoscere il punto in cui ci si trova, per potersi dirigere nella direzione voluta: *orientarsi in un bosco, in un dedalo di viuzze, nell'oscurità non riesco ad orientarmi* || *fig.* ritrovarsi, raccapezzarsi: *in mezzo a tante voci contraddittorie non mi oriento più* || **N.** **tr.** **1.** *Sin.* rivolgere, volgere; mirare, puntare **3.** *Sin.* avviare, instradare | **rifl.** *Sin.* orizzontarsi | *Contr.* disorientarsi; perdersi.

orientatìvo [da *orientare*; 1954] **agg.** che serve ad orientare, spec. in senso *fig.*: *con intenzioni puramente orientative.*

orientàto (*pps.* di *orientare*) [a. 1907] **agg.** **1.** disposto in corrispondenza di un dato punto cardinale e spec. dell'ago della bussola disposto verso il Nord: *facciata orientata a Sud* **2.** *T.mat.* di ente geometrico, dotato di verso e di senso **3.** *fig.* propenso, incline: *è orientato verso una disciplina scientifica.*

orientazióne [da *orientare*; 1879] **sf.** orientamento.

oriènte [dal lat. *oriens, -entis*; sec. XIV] **sm.** **1.** la parte del cielo da cui si leva il sole, corrispondente a uno dei quattro punti cardinali: *una brezza che spira da oriente, incursioni nemiche da oriente, a oriente del fiume* **2.** area, regione posta a oriente: *alluvioni nell'oriente del paese* || *per anton.* i paesi posti a oriente dell'Europa: *merci preziose, lingue, civiltà dell'Oriente; Estremo Oriente*, Asia orientale; *Medio Oriente*, l'Asia sud-occidentale **3.** luogo dove opera una loggia massonica; *grande oriente*, assemblea che è a capo della massoneria, presieduta dal gran maestro e composta dai rappresentanti di tutte le logge **4.** *T.oref.* *oriente di una perla*, trasparenza che ne costituisce anche il valore || **N.** **1.** *Sin.* est, levante.

orienteering (ingl., pr. [ˌɔːrɪən'tɪərɪŋ]; pr. it. [orjen'tiriŋ(g)]) [voce ingl., dallo sved. *orientering*; 1987] **sm.** *inv.* tipo di corsa campestre, molto popolare nei paesi scandinavi, fatta servendosi di carta geografica e bussola.

orifiàmma [dal fr. ant. *orieflambe*; 1321 *oriafiamma*] **sf.** *T.stor.* standardo di seta rossa con fiamma d'oro che gli antichi re di Francia ricevevano dall'abate di Saint-Denis quando partivano per la guerra.

orifìcio (pl. *-ci*) [dal lat. *orificium*; sec. XIV] **sm.** orifizio.

orifìzio (pl. *-zi*) [dal lat. *orificium*; a. 1590] **sm.** foro di entrata o di uscita; rif. anche a parti del corpo umano: *orifizio nasale* || **N.** *Sin.* BUCO.

origami (giap., pr. [ɔ'riŋami]; pr. it. [ori'gami]) [letter. carta piegata; 1974] **sm.** *inv.* tecnica di antica tradizione giapponese per ottenere figure di cose, animali, fiori e sim., piegando la carta secondo delle linee precise, senza l'uso di forbici e colla.

origamìsta [da *origami*; 1974] **s.** esperto, appassionato di origami.

orìgano [dal lat. *origanum*, gr. *oríganon*; a. 1320] **sm.** pianta delle Labiate con piccole foglie pelose e fiorellini riuniti in pannocchie; per il suo intenso aroma è impiegato in numerosi piatti della cucina mediterranea.

òrige V. ORICE.

origenìsmo [dal n. proprio *Origene*, filosofo cristiano; 1932] **sm.** *T.fil.* complesso delle dottrine teologiche del filosofo cristiano Origene di Alessandria, che tendeva alla contaminazione della tradizione cristiana con la filosofia platonica.

origenìsta [dal n. proprio *Origene*, filosofo cristiano; sec. XIV] **I agg.** proprio della filosofia di Origene o dei discepoli di Origene: *pensiero origenista* **II s.** seguace, discepolo di Origene.

originàle [dal lat. *originālis*; sec. XIV come sm.] **I agg.** **1.** caratteristico dell'origine, della prima produzione di qualcosa: *un film in lingua originale, l'edizione originale di un'opera* **2.** autentico, non contraffatto: *documento originale, fontina originale della Val d'Aosta* **3.** di cosa, che non è frutto di imitazione, innovativo: *un modello originale, un cappellino originalissimo* || di persona, creativo, capace di opere originali: *un architetto, uno scrittore originale* || *per estens.* bizzarro, stravagante, strano: *un carattere, un cervello originale* **4.** presente fin dall'origine, originario: *peccato originale* || **originalménte** **avv.** **II sm.** opera o documento di cui vengono fatte copie o riproduzioni; modello: *la copia è grande quanto l'originale; è più bello l'originale che il ritratto* || **s.** persona bizzarra: *è un bell'originale* || **N.** **I** **2.** primo, vero; genuino, naturale, puro **3.** *Sin.* ardito, insolito; NUOVO **4.** ORIGINARIO.

originalità [da *originale*; 1793] **sf.** caratteristica di chi o di ciò che è originale (nei sensi 2 e 3): *avere dubbi sull'originalità di un manoscritto, uno stilista che si distingue per la sua originalità* || *concr.* azione originale, trovata || **N.** *Sin.* autenticità; creatività, ingegnosità; bizzarria, stravaganza.

originàre (pres. *-ìgino*) [da *origine*; a. 1580] **tr.** dare origine: *un piccolo malinteso ha originato questi guai* || **intr.** (aus. *essere*) e **intr. pron.** derivare, procedere: *la guerra si è originata da una provocazione* || **N.** **tr.** *Sin.* cagionare, creare, generare, ingenerare, produrre | **intr.** *Sin.* emanare, nascere.

originàrio (pl. *-ri*) [dal lat. tardo *originarius*; a. 1580] **agg.** **1.** che ha origine da, proveniente da: *è una famiglia originaria dell'Austria* **2.** iniziale, dell'origine: *ha perso la sua originaria spontaneità* **3.** in cui si è avuta origine, d'origine: *il paesino originario* || **originariaménte** **avv.** in origine, all'inizio; anche frasale || **N.** **1.** *Sin.* oriundo **2.** *Sin.* primigenio, primordiale **3.** natale, natio.

originatóre [da *originare*; a. 1571] **agg.** e **sm.** (f. *-trice*) che o chi origina, dà origine.

orìgine [dal lat. *orīgo, -inis*; 1308] **sf.** **1.** il primo costituirsi e manifestarsi; momento o periodo iniziale: *l'origine del mondo, della vita*; *com.* anche *pl. il cristianesimo delle origini* || *in origine*, inizialmente **2.** luogo di provenienza; estrazione: *un ballo di origine sudamericana, una famiglia di origine contadina, di origine nobile* | ambito di formazione, tipo: *l'origine psicosomatica di un'allergia* || *T.mat.* *origine di un sistema di assi cartesiani*, il punto comune ai tre assi, che vale zero; *origine di una semiretta*, il punto in cui inizia **3.** causa prima, motivo iniziale: *quella parola fu l'origine della lite* || *dare, trarre origine*, causare, essere causato: *la lenta erosione ha dato origine al vallone*; *essere all'origine di*, essere la causa remota (o una delle cause) || **N. 1.** *Sin.* comparsa, genesi, inizio, nascita, principio, scaturigine **2.** *Sin.* derivazione, discendenza, fonte, radice, sorgente; ceppo, etimo, stirpe; capo **3.** *Sin.* fondamento. **TAV.** *geometria* 23.1, 24.1.

origliàre (pres. *-iglio*) [da *oreglia*, orecchia, dal fr. *oreille*; sec. XV] ***intr.*** (aus. *avere*) stare ad ascoltare di nascosto quanto viene detto da altri || **N.** orecchiare, spiare, tendere l'orecchio.

origlière [dal fr. ant. *oreiller*, 1353] ***sm.*** *lett.* cuscino per la testa.

orina o **urina** [dal lat. *ūrīna*; a. 1292] ***sf.*** escrezione liquida prodotta dai reni, che si deposita nella vescica e viene poi espulsa dal canale uretrale, attraverso la quale l'organismo si libera di scorie e residui dei processi metabolici || **N.** *Sin.* pipì, piscio | acido urico, renella | albuminuria, anuresi, diabete, diuresi, ematuria, enuresi, incontinenza, litiasi o calcoli, poliuria, ritenzione, stranguria, uricemia | diuretici, litotomia, uroscopia, urometro.

orinàle [da *orina*; a. 1337] ***sm.*** recipiente in cui si orina || **N.** *Sin.* cantero, orinatoio, padella, pappagallo, pitale, vaso da notte.

orinàre (pres. *-ino*) [da *orina*; sec. XIV] ***intr.*** (aus. *avere*) mandar fuori orina || ***tr.*** espellere dall'apparato urinario: *orinare sangue* || **N.** *Sin.* fare (un po' d')acqua, mingere, pisciare.

orinàrio v. URINARIO.

orinàta [da *orinare*; 1734] ***sf.*** *raro* l'atto di orinare || l'orina emessa in una volta sola || **N.** *Sin.* pisciata.

orinatóio (pl. *-ói*) [da *orinare*; 1846] ***sm.*** luogo pubblico per orinare, generalmente per soli uomini || **N.** *Sin.* pisciatoio, vespasiano.

orinazióne [da *orinare*; 1940] ***sf.*** *raro* l'orinare.

oriolàio (pl. *-ài*) [da *oriolo*[1]; a. 1584] ***sm.*** (f. *-a*) *tosc.* orologiaio.

oriòlo[1] (lett. *oriuòlo*) [prob. dal lat. *horariŏlum*; 1321] ***sm.*** *arc.* o *pop. tosc.* orologio.

oriòlo[2] [lat. *aureolus*, dim. di *aureus*; sec. XVII] ***sm.*** rigogolo.

oritteròpo [comp. del gr. *oryktḗr*, scavatore e del gr. *póus*, piede; 1828] ***sm.*** *T.zool.* mammifero appartenente all'ordine dei Tubulidentati, proprio dell'Africa, con lungo muso, zampe tozze e corporatura massiccia, che si nutre prevalentemente di insetti terricoli.

oritto- [dal gr. *oriktós*, scavato] ***primo elem.*** che, in parole composte della terminologia scientifica, vale "fossile" (per es. *orittogeologia, orittografia*).

orittogenìa [comp. di *oritto-* e *-genia*; a. 1856] ***sf.*** *T.geol.* scienza che studia l'origine dei fossili.

orittogeologìa [comp. di *oritto-* e *geologia*; 1940] ***sf.*** *T.geol.* la parte della geologia che studia i fossili || **N.** paleontologia.

orittognosìa [comp. di *oritto-* e *-gnosia*; 1821] ***sf.*** *T.geol.* mineralogia.

orittografìa [comp. di *oritto-* e *-grafia*; 1925] ***sf.*** *T.min.* descrizione dei minerali e loro struttura.

orittologìa [comp. di *oritto-* e *-logia*; 1779] ***sf.*** *T.geol.* studio dei minerali.

oriùndo [dal lat. *oriundus*; a. 1703] **I *agg.*** proveniente, nativo, detto di chi si trova in paesi diversi da quelli di origine: *oriundo di Napoli* **II *sm.*** **1.** (f. *-a*) chi è originario di un paese diverso da quello in cui risiede **2.** *T.sport.* calciatore di origine italiana, ma di nazionalità straniera || **N.** I *Sin.* originario.

orizzontàle [da *orizzonte*; a. 1578 *orizontale*] **I *agg.*** **1.** parallelo al piano dell'orizzonte: *superficie orizzontale* || *per estens.* esteso nel senso della lunghezza, perpendicolare al verso che va dall'alto al basso: *decorazioni a strisce orizzontali*; *corpo in posizione orizzontale*, sdraiato **2.** *fig. T.econ. concentrazione orizzontale*, accordo di più ditte produttrici dello stesso prodotto || in un'organizzazione, *strutture orizzontali*, quelle a base territoriale, contrapposte a *verticali*, a base settoriale, centralizzate || **orizzontalménte** ***avv.*** **II *sf.*** (spec. *pl.*) *T.gioc.* parole di un cruciverba disposte in senso orizzontale || **N. 1.** *Sin.* disteso, supino | verticale. **TAV.** ***nave*** **p. 1327** 4.3.

orizzontalità [da *orizzontale*; a. 1647] ***sf.*** l'essere in posizione o in direzione orizzontale.

orizzontaménto [da *orizzontare*; 1812] ***sm.*** **1.** atto o effetto dell'orizzontare o dell'orizzontarsi **2.** *T.edil.* struttura orizzontale che ha la funzione di coprire un ambiente o di sorreggere pavimenti o coperture.

orizzontàre (pres. *-ónto*) [da *orizzonte*; 1798] ***tr.*** *non com.* orientare || ***rifl.*** riconoscere bene in che luogo si è || *fig.* ritrovarsi, raccapezzarsi.

orizzónte [dal lat. *horizon, -ŏntis*; 1319] ***sm.*** **1.** circolo che delimita ai nostri occhi la superficie visibile della Terra e dove pare che cielo e terra o mare si tocchino, tanto più vasto quanto più alto è il punto d'osservazione: *un'imbarcazione si delinea, scompare all'orizzonte, un filo di fumo si leva all'orizzonte* || *per estens.* porzione di cielo sopra tale linea: *orizzonte sereno, infuocato* || *T.astr. orizzonte vero* o *astronomico*, circolo massimo della sfera celeste il cui piano passa per il centro della Terra ed è perpendicolare alla verticale del luogo di osservazione || *orizzonte artificiale*, strumento che indica al pilota la posizione dell'aeromobile o della nave rispetto alla linea dell'orizzonte, anche quando questo è invisibile **2.** *fig.* prospettiva; campo di azione: *orizzonte politico, i nuovi orizzonti della scienza, ingegno di vasti orizzonti* || **N. 1.** nadir, punti cardinali, zenit. **Q.T.** *astronomia.*

orlàre (pres. *órlo*) [lat. volg. **orulāre*; a. 1311] ***tr.*** rifinire con orlo: *orlare una tovaglia, orlare con passamaneria* || *fig.* segnare, far risaltare tutt'intorno o all'estremità: *lo sporco orla le unghie* || **N.** *Sin.* bordare, filettare, listare.

orlàto (*pps.* di *orlare*) [a. 1311] ***agg.*** provvisto di orlo: *veste orlata di porpora* || *fig.* segnato, contornato: *nuvole orlate d'oro, di rosso.*

orlatóre [da *orlare*; 1891] ***sm.*** **1.** operaio specializzato in orlature **2.** accessorio della macchina per cucire, che serve a far orli nella stoffa.

orlatrìce [da *orlare*; 1958] ***sf.*** **1.** in sartoria, operaia addetta all'esecuzione di orli **2.** macchina per fare orli su asciugamani, lenzuola, tovaglie, attrezzata per l'esecuzione di diversi punti || macchina con cui si ripiega il bordo di una lamiera **3.** macchinetta che serve a fare l'orlo o a chiudere il cilindretto di cartone delle cartucce da caccia.

orlatùra [da *orlare*; a. 1543] ***sf.*** atto ed effetto dell'orlare || orlo: *un'orlatura vistosa.* **TAV.** ***maglia...*** **p. 1316** 1.5.

orléans (fr., pr. [ɔrle'ɑ̃]) [1891] ***sm.*** *inv.* stoffa lucida e leggera di lana e cotone, adatta per confezioni estive.

orlìccio (pl. *-ci*) [da *orlo*; a. 1492] ***sm.*** *tosc.* orlo irregolare.

órlo [lat. volg. **orulus*; 1313] ***sm.*** **1.** margine estremo: *l'orlo del bicchiere, del tetto, di una scarpata* || *fig. essere sull'orlo di*, vicino a, sul punto di: *essere sull'orlo della pazzia, del collasso*; *essere sull'orlo della fossa*, prossimo alla morte; *sull'orlo del precipizio*, vicino alla rovina **2.** lavoro di rifinitura praticato all'estremità di tessuti, pellami e sim., per impedire lo sfrangiamento, rinforzare o decorare, gen. costituito dal lembo rivoltato e cucito: *fare l'orlo ai pantaloni, un orlo di pizzo, avere l'orlo scucito* || *dim.* orlétto, orlìno; *spreg.* orlàccio || **N. 1.** *Sin.* bordo, ciglio, labbro, margine, scrimolo **2.** cimosa, vivagno | a giorno, a impuntura, a punto strega, a sopraggitto, a traforo, doppio, semplice.

òrlon ® [marchio di fabbrica; 1961] ***sm.*** fibra tessile sintetica, morbida e resistente.

órma [prob. dal gr. *osmḗ*, odore; 1313] ***sf.*** traccia lasciata sul terreno da un piede o una zampa: *orme umane, di lepre, orme fossili* || *fig. seguire le orme di qualcuno*, imitarlo, proseguirne il metodo e il lavoro: *ha seguito le orme del nonno* || *ritornare sulle proprie orme*, sul proprio cammino || **N.** *Sin.* impronta, pedata, segno, traccia, vestigio | ormare.

ormài o **oramài** [comp. di *or(a)* e *mai*; 1313] ***avv.*** ora, a questo punto, con riferimento al compimento di un processo: *ormai ce l'abbiamo fatta*; spesso con un senso di rammarico: *ormai è troppo tardi, è ormai un anno che non ti fai vedere.*

ormàre (pres. *órmo*) [prob. dal gr. *osmân*, odorare; a. 1566] ***tr.*** *non com.* andar dietro le orme, seguire.

ormeggiàre (pres. *-éggio*) [dal gr. *hormízein*, condurre un'imbarcazione in porto; 1322] ***tr.*** di imbarcazioni, assicurare fissando a terra o a un corpo morto, con catene, cavi e sim., o gettando l'ancora: *ormeggiare una barca, una nave* || ***intr. pron.*** fissarsi con ormeggi || **N.** *Sin.* ancorare, attraccare. **Q.T.** *nautica...*

orméggio (pl. *-gi*) [da *ormeggiare*; sec. XIV nel senso 3] ***sm.*** **1.** *T.mar.* l'atto e il modo di ormeggiarsi: *ormeggio a ruota*, su di una sola ancora; *ormeggio su due ancore*, o *a barba di gatto*, o *afforcato*, o *afforco*, sulle due ancore di posta, a prua; *ormeggio in quattro*, su due ancore a prua e due a poppa; *ormeggio a zampa d'oca*, con tre ancore di prua distese in tre diverse direzioni **2.** *com.* attrezzo che serve ad assicurare una nave; catena, gomena e sim. **3.** luogo adatto per ormeggiare: *cercare un ormeggio in porto* || **N. 1.** *Sin.* ancoramento, approdo, attracco.

ormeṣìno v. ERMISINO.

órmico (pl. *-ci*) [dal gr. *hormḗ*, impulso; 1962] ***agg.*** *T.psic.* orientato a uno scopo; *psicologia ormica*, studio delle attività orientate a uno scopo. **Q.T.** *psicologia.*

ormonàle [dall'ingl. *hormonal*; 1957] ***agg.*** di ormone, relativo agli ormoni: *disfunzione, secrezione ormonale.*

ormóne [dall'ingl. *hormone*, coniato sulla base del gr. *hormán*, stimolare; 1923] ***sm.*** *T.fisiol.* prodotto di ghiandole a secrezione interna o di sistemi cellulari specializzati, la cui funzione è di regolare l'equilibrio dei vari processi vitali, come l'accrescimento o lo sviluppo, il ricambio nutritivo.

ormònico (pl. *-ci*) [dall'ingl. *hormonic*; 1955] ***agg.*** concernente gli ormoni, ormonale.

ormonoterapìa [comp. di *ormone* e *terapia*; 1940 *ormoniterapia*] ***sf.*** *T.med.* terapia a base di ormoni naturali o prodotti sinteticamente.

ornamentàle [da *ornamento*; 1839] ***agg.*** di ornamento, che funge da ornamento: *funzione ornamentale, piante ornamentali, fregio ornamentale* || **N.** *Sin.* decorativo. **TAV.** ***maglia...*** **p. 1316** 1.16.

ornamentàre (pres. *-énto*) [dal fr. *ornamenter*; 1881] ***tr.*** *raro* abbellire con ornamenti, ornare.

ornamentazióne [da *ornamentare*; a. 1889] ***sf.*** atto ed effetto dell'ornamentare || l'insieme degli ornamenti: *ornamentazione fastosa.*

ornaménto [dal lat. *ornāmentum*; fine sec. XIII] ***sm.*** elemento che ha la funzione di abbellire, di arricchire: *ornamento di un ambiente, della facciata di un edificio, del corpo*; *ornamenti architettonici*, foglie, fiori, cartocci, archi e sim.; *ornamenti retorici*, abbellimenti di stile; *ornamenti musicali*, passaggi, trilli, gruppetti, acciaccature e sim. || *fig.* motivo di pregio e vanto: *la sincerità e il candore sono gli ornamenti dell'animo* || **N.** *Sin.* abbellimento, addobbo, adornamento, arredo, decorazione, finimento, guarnizione; fronzolo, orpello; eleganza, lusso, sfarzo | arabesco, alamaro, anello, borchia, ciondolo, conterie, cornice, drappo, festone, fiocco, frangia, gemma, ghirigoro, ghirlanda, gioiello, greca, lustrino, medaglione, merletto, modanatura, monile, nappa, nastro, ninnolo, paramento, pennacchio, piuma, pizzo, rosone, scartoccio, treccia, trina, trofeo, vezzo | barocco, rococò. **Q.T.** *abbigliamento.*

ornàre (pres. *órno*) [dal lat. *ornāre*; a. 1292] **tr.** abbellire con ornamenti: *ornare una stanza con quadri, un balcone con fiori, ornare un discorso con artifici retorici* || || **N.** *Sin.* abbellire, abbigliare, acconciare, addobbare, adornare, agghindare, aggraziare, arabescare, arricchire, azzimare, decorare, fiorire, frangiare, fregiare, gallonare, guarnire, impreziosire, infioccare, infiorare, infiorettare, infronzolare, ingemmare, ingentilire, ingioiellare, inorpellare, parare, pavesare, rallegrare, ravvivare.

ornatézza [da *ornare*; 1639] **sf.** abbondanza di motivi ornamentali: *ornatezza di stile.*

ornatista [da *ornato*²; a. 1810] **s.** artista, disegnatore che si dedica prevalentemente a lavori di ornato.

ornativo [dal lat. tardo *ornatīvus*; a. 1938] **agg.** *non com.* che vale, è atto a ornare: *genere ornativo, stile ornativo.*

ornàto¹ (*pps.* di *ornare*) [a. 1330] **agg.** adorno: *stile ornato* || *fig.* fornito, dotato: *donna ornata di virtù* || **ornataménte** **avv.** || **N.** *Sin.* arabescato, arricchito, fiorito, sfarzoso | *Contr.* disadorno, semplice.

ornàto² [dal lat. *ornātus*; a. 1553] **sm.** **1.** ornamentazione, decorazione, spec. architettonica: *ornato a intrecci e festoni* **2.** disegno non geometrico: *fogli per ornato.*

ornatóre [dal lat. tardo *ornātor, -ōris*; 1342] **agg.** e **sm.** (f. *-trice*) che o chi orna.

ornatùra [dal lat. tardo *ornatūra*; sec. XIV] **sf.** *non com.* ornamento, ornamentazione.

orneblènda [dal ted. *Hornblende*, blenda a corno; 1817 *orniblenda*] **sf.** *T.min.* minerale appartenente agli anfiboli, di colore verde, bruno o nero, a seconda del contenuto di ferro.

ornèllo o **ornièllo** [da *orno*; 1554] **sm.** albero simile al frassino, dal quale è estratta per incisione la manna || **N.** *Sin.* avornello, laburno | manna, manneto.

ornìto- [dal gr. *órnis, órnithos*, uccello] **primo elem.** che, in parole composte della terminologia scientifica, vale "uccello" (per es. *ornitologia, ornitomanzia, ornitorinco*).

ornitocorìa [comp. di *ornito-* e *-coria*; 1958] **sf.** *T.bot.* spargimento dei semi realizzato dagli uccelli.

ornitòcoro [comp. di *ornito-* e *-coro*; 1958] **agg.** di pianta, che dissemina i suoi semi attraverso l'azione degli uccelli.

ornitofilìa [comp. di *ornito-* e *-filia*; 1958] **sf.** *T.bot.* impollinazione delle piante da parte di uccelli.

ornitòfilo [comp. di *ornito-* e *-filo*; 1932] **agg.** *impollinazione ornitofila*, impollinazione delle piante per mezzo degli uccelli.

ornitofobìa [comp. di *ornito-* e *-fobia*; 1988] **sf.** *T.psic.* paura ossessiva e morbosa degli uccelli.

ornitògalo [dal gr. *ornithógalon*; a. 1498] **sm.** pianta erbacea appartenente alla famiglia delle Liliacee con grappoli di fiori gialli o bianchi, le cui radici vengono usate come mangime per uccelli.

ornitologìa [comp. di *ornito-* e *-logia*; a. 1712] **sf.** parte della zoologia che tratta degli uccelli. **Q.T.** *zoologia.*

ornitològico (pl. *-ci*) [da *ornitologia*; a. 1807] **agg.** che si riferisce all'ornitologia.

ornitòlogo (pl. *-ghi*) [da *ornitologia*; 1803] **sm.** (f. *-a*) studioso di ornitologia.

ornitomanzìa [dal gr. *ornithomantéia*, comp. di *ornitho-*, ornito- e *-mantéia*, -manzia; a. 1803] **sf.** arte divinatoria che trae presagi dal volo, dal canto, dal movimento degli uccelli.

ornitorìnco (pl. *-chi*) [comp. di *ornito-* e *-rinco*; 1821] **sm.** mammifero dei Monotremi, con muso a becco d'anitra, coda piatta simile a quella dei castori e piedi palmati; vive in Australia e nella Tasmania in prossimità di corsi d'acqua. **TAV.** ***mammiferi*** **p. 1318** 2.

ornitòṣi [comp. di *ornito-* e *-osi*; 1958] **sf.** *T.med.* malattia infettiva che colpisce gli uccelli, ma che può anche essere trasmessa all'uomo, spec. dai piccioni.

Ornitùri [comp. di *ornito-* e *-uro*²; 1958] **sm. pl.** *T.paleont.* antenati fossili degli Uccelli, comparsi nel Cretaceo superiore. **TAV.** ***uccelli*** **p. 1338.**

órno [lat. *ornus*; a. 1333] **sm.** orniello.

òro [lat. *aurum*; fine sec. XIII] **I sm.** **1.** elemento metallico prezioso, di color giallo splendente, duttile e malleabile, inattaccabile da quasi tutti gli acidi; è usato per la sua rarità e bellezza in oreficeria, in varie leghe: *bracciale, anello d'oro, penna, fermacravatte in oro*; *oro bianco*, lega di oro, platino e palladio; *oro rosso*, lega di oro e rame; *oro verde*, lega di oro e argento; *oro a 24 carati, zecchino, di coppella*, oro puro; *oro a 18 carati*, con diciotto parti d'oro su 24 || *oro falso* o *matto*, pirite || come cosa preziosa per antonomasia, è usato in numerose espr. proprie e fig.: *non fare qualcosa per tutto l'oro del mondo*, a nessun prezzo; *vale tanto oro quanto pesa*, è preziosissimo, insostituibile; *pagare qualcosa a peso d'oro*, carissimo; *prendere per oro colato*, rif. a discorsi, affermazioni e sim., credervi ciecamente || *prov. non è tutto oro quel che luccica* (o *che luce*), l'apparenza non è sostanza || *prov. il mattino ha l'oro in bocca*, le ore del mattino sono le migliori, le più proficue per lavorare || *d'oro*, prezioso, di grande efficacia: *un consiglio d'oro, parole d'oro*, pieni di saggezza; *un affare d'oro*, assai vantaggioso; di chi è buono e generoso: *è, ha un cuore d'oro*; *una persona d'oro*, squisita, adorabile **2.** *pl. per meton.* oggetti, gioielli d'oro, orerie: *sfoggia tutti gli ori, gli ori di una casa* **3.** *per meton.* ricchezza, denaro: *l'insaziabile sete di oro, nuotare nell'oro* **4.** colore simile a quello dell'oro, biondo dorato: *le messi d'oro, l'oro dei capelli* **II agg.** *inv.* (sempre posposto) del colore dell'oro: *un abito da sera nero con corpetto oro.* **Q.T.** *oreficeria.*

òro-¹ [dal lat. *ōs, ōris*, bocca] **primo elem.** che, in parole composte della terminologia medica, vale "bocca" (per es. *orofaringe*).

òro-² [dal gr. *óros*, monte] **primo elem.** che, in parole composte della terminologia scientifica, vale "monte", "montagna" (per es. *orogenesi, orografia, oronimia*).

Orobancàcee [comp. di *orobanche* e *-acee*; 1958] **sf. pl.** *T.bot.* famiglia di piante dicotiledoni, prive di clorofilla e parassite.

orobànche [dal lat. *orobanche*, gr. *orobánchē*; 1476 *orobante*] **sf.** pianta delle Orobancacee parassita delle Leguminose (spec. delle fave), priva di foglie e con una spiga dai fiori bianco-violacei || **N.** *Sin.* succiamele.

orochicco v. ORICHICCO.

orofarìnge [comp. di *oro-*¹ e *faringe*; 1958] **sf.** *T.anat.* sezione della faringe che è in contatto con la cavità orale.

orogèneṣi [comp. di *oro-*² e *genesi*; 1901] **sf.** *T.geol.* l'insieme dei fenomeni geologici che hanno dato luogo alla formazione delle montagne e dei rilievi terrestri. **Q.T.** *geologia.*

orogenètico (pl. *-ci*) [da *orogenesi*; 1935] **agg.** che concerne l'orogenesi: *fenomeni orogenetici.*

orografìa [comp. di *oro-*² e *-grafia*; 1829] **sf.** **1.** parte della geografia che si occupa dello studio e della descrizione fisica dei rilievi montuosi **2.** complesso di monti e loro distribuzione, rispetto a un'area o regione: *orografia del Piemonte.* **Q.T.** *geologia.*

orogràfico (pl. *-ci*) [da *orografia*; 1855 *oreografico*] **agg.** di orografia, che si riferisce a orografia: *descrizione, cartina orografica.*

oroidrografìa [comp. di *oro-*² e *idrografia*; 1958] **sf.** studio dei rilievi terrestri e dei corsi d'acqua situati in una regione.

oroidrogràfico (pl. *-ci*) [da *oroidrografia*; 1958] **agg.** relativo all'oroidrografia.

orologerìa [da *orologio*; 1770 nel senso 2] **sf.** **1.** meccanismo di orologio o simile a quello dell'orologio || *bomba a orologeria*, collegata a un congegno che la fa scoppiare a un'ora prefissata **2.** l'arte di costruire o riparare orologi: *la tradizione dell'orologeria svizzera* **3.** negozio di orologi || **N.** **1.** *Sin. timer.* **Q.T.** *orologeria.*

orologiàio (pl. *-ài*) [da *orologio*; 1815] **sm.** (f. *-a*) chi fa o vende orologi. **Q.T.** *orologeria.*

orologière [da *orologio*; 1803] **sm.** (f. *-a*) *raro* orologiaio.

orologièro [da *orologio*; 1950] **agg.** relativo alla fabbricazione e al commercio di orologi: *industria orologiera.*

orològio (pl. *-gi*) [dal lat. *hōrologium*; 1321] **sm.** **1.** strumento che misura e segna le ore con precisione variabile a seconda del principio che ne regola il funzionamento: *orologio meccanico*, composto da una molla, un regolatore e un sistema di ruote, che imprimono un movimento regolare e costante a due lancette poste su un quadrante indicatore; *orologio elettrico*, messo in movimento da un motore elettrico; *orologio al quarzo*, in cui la frequenza di risonanza di un cristallo di quarzo eccitato costituisce l'intervallo di riferimento, con una resa di altissima precisione; *orologio digitale*, in cui le ore sono indicate in numeri, e non (come nell'*orologio analogico*) dalla posizione delle lancette || *orologio a ripetizione*, che suona le ore || *orologio di precisione*, cronometro || *fig. essere un orologio*, di persona, precisa, puntualissima **2.** *orologio della morte*, anobio, il cui caratteristico martellio nel legno è considerato presagio funesto || *dim.* orologétto, orologìno; *pegg.* orologiàccio. **Q.T.** *arredamento, orologeria.*

oronimìa [da *oronimo*; 1972] **sf.** *T.ling.* settore della toponomastica che si occupa dei nomi dei monti e delle catene montuose || *per estens.* complesso dei nomi dei monti di una stessa regione: *l'oronimia dolomitica.*

orònimo [comp. di *oro-*² e *-onimo*; 1972] **sm.** nome di monte o di catena montuosa.

oroscopìa [da *oroscopo*; 1821] **sf.** *raro* arte di trarre gli oroscopi.

oroscòpico (pl. *-ci*) [dal lat. tardo *horoscopicus*; 1869] **agg.** *non com.* relativo agli oroscopi.

oròscopo [dal lat. *horoscopus*; sec. XIV] **sm.** **1.** la previsione circa il carattere e il destino di un individuo fatta in base alla posizione del sole e dei pianeti alla sua nascita; *per estens.* da: **2.** *propr.* la situazione delle stelle osservata all'ora della nascita di un individuo || **N.** astrologia, domificazione, predizione, pronostico, schema, significazione.

orpellaménto [da *orpellare*; a. 1556] **sm.** *raro* orpellatura.

orpellàre (pres. *-èllo*) [da *orpello*; a. 1483] **tr.** *lett.* coprire, mascherare con false apparenze || **N.** *Sin.* adonestare, colorire, fingere, imbellettare, inorpellare, nascondere; indorare la pillola.

orpellatùra [da *orpellare*; a. 1686] **sf.** atto ed effetto dell'orpellare; inorpellamento.

orpèllo [dal fr. ant. *oripel*, pelle dorata; 1447

nel senso 2; a. 1484 nel senso 1] **sm.** **1.** *fig.* ornamento, copertura che inganna; apparenza illusoria **2.** *disus.* lega di rame e zinco di un bel color giallo, che ha l'apparenza dell'oro || **N. 2.** *Sin.* similoro.

orpiménto [dal fr. *orpiment*, pigmento d'oro; a. 1320] **sm.** *T.chim.* solfuro d'arsenico, di color giallo oro, utilizzato come colorante.

orràre e der. forme arc. di ONORARE e der. (v.).

orrendézza [da *orrendo*; 1940] **sf.** *raro* la qualità di ciò che è orrendo.

orrèndo [dal lat. *horrendus*; a. 1514] **agg.** che fa orrore, che suscita raccapriccio: *una mutilazione orrenda, un'orrenda morte* || *iperb.* bruttissimo, pessimo: *un'orrenda cravatta, un tempo orrendo* || **orrendaménte** **avv.** || **N.** *Sin.* ORRIDO.

orrettìzio (pl. *-zi*) [dal lat. tardo *obreptīcius*; a. 1667] **agg.** *T.giur.* di fatto, esposto deliberatamente in modo non veritiero o con reticenze.

orrìbile [dal lat. *horribilis*; 1300] **agg.** che fa orrore, che provoca repulsione e turbamento: *una visione orribile, un orribile incidente* || *iperb.* brutto, sgradevole, pessimo: *un naso orribile, un sapore, un tanfo orribile, è stata una giornata orribile* || **orribilménte** **avv.** || **N.** *Sin.* ORRIDO.

orribilità [da *orribile*; sec. XIV *orribilitade*] **sf.** *raro* l'essere orribile.

orridézza [da *orrido*; a. 1667] **sf.** *raro* l'essere orrido, spaventosità.

orridità [dal lat. *horriditas*, *-ātis*; a. 1628] **sf.** *raro* orridezza.

òrrido [dal lat. *horridus*; 1353 come agg.; 1828 come sm.] **I** **agg.** **1.** che provoca orrore per la sua bruttezza o per il suo aspetto squallido: *un paesaggio orrido, un aspetto orrido* **2.** *lett.* ispido: *barba orrida* || **orridaménte** **avv.** **II** **sm.** precipizio, gola stretta di montagna creata dall'erosione di un corso d'acqua: *l'orrido di Chianocco* || **N.** **I** **1.** *Sin.* abominevole, atroce, brutto, orrendo, orribile, orripilante, raccapricciante, repellente, selvaggio, spaventoso, terribile, terrificante.

orrìfico (pl. *-ci*) [comp. di *orri(do)* e *-fico*; 1970] **agg.** orripilante, che suscita orrore.

orripilànte [dal lat. tardo *horripilans*, *-antis*, ppr. di *horripilāre*, avere il pelo dritto, attr. il fr. *horripilant*; 1905] **agg.** **1.** che fa rizzare i capelli e venire la pelle d'oca, raccapricciante: *uno spettacolo orripilante* **2.** *T.anat.* *muscoli orripilanti*, i muscoli lisci erettori dei peli || **N.** **1.** *Sin.* ORRIDO.

orripilazióne [dal lat. tardo *horripilātio*, *-ōnis*, attr. il fr. *horripilation*; 1905] **sf.** *T.fisiol.* fenomeno per il quale, in seguito a paura o a freddo, i peli tendono a raddrizzarsi sulla pelle.

orróre [dal lat. *horror*, *-ōris*; 1300 ca.] **sm.** **1.** profondo senso di spavento misto a ribrezzo: *destare, suscitare orrore, provare orrore* || repulsione: *ha orrore del vuoto, della solitudine* || *sacro orrore*, sentimento misto di timore e ammirazione, dinnanzi a oggetti o paesaggi che incutono venerazione || *avere in orrore*, detestare **2.** cosa o fatto che desta orrore: *gli orrori della guerra* || *concr.* *iperb.* di cosa o persona, bruttissima, deforme: *quel quadro è un orrore* || **N.** **1.** *Sin.* abominazione, paura, raccapriccio, ribrezzo, terrore.

orroróso [da *orrore*; inizio sec. XIX] **agg.** *lett.* che suscita orrore per le descrizioni, le scene e sim.: *un racconto orroroso.*

órsa [lat. *ursa*; 1313 nel senso 2] **sf.** **1.** la femmina dell'orso **2.** *T.astr.* *Orsa maggiore* e *minore*, nome di due costellazioni dell'emisfero boreale || **N. 2.** Carro, stella polare.

orsacchiòtto (*dim.* di *orso*) [1613] **sm.** **1.** orso giovane **2.** pupazzetto a forma di orso.

orsàggine [da *orso*; a. 1914] **sf.** l'essere un orso, nel senso fig. di persona poco socievole, scontrosità.

orsétto (*dim.* di *orso*) [a. 1517] **sm.** **1.** cucciolo di orso || pupazzo per bambini, morbido e peloso, in forma di piccolo orso **2.** pelliccia di gatto selvatico **3.** *T.zool.* *orsetto lavatore*, procione.

orsìno (raro *ursìno*) [dal lat. *ursīnus*; sec. XIV nel senso 1] **agg.** **1.** proprio, tipico dell'orso **2.** *uva orsina* (o *ursina*), V. UVA.

órso [lat. *ursus*; fine sec. XIII] **sm.** **1.** nome di varie specie di Ursidi, tutte con tronco lungo e forte, testa allungata, arti brevi, pelliccia folta; *orso bruno*, imponente, con pelliccia bruna a toni rossastri, diffuso in Asia, America e in alcune riserve in Europa; *orso bianco* o *polare*, caratterizzato dal vello candido (più gialliccio negli adulti), abilissimo nuotatore della banchisa polare; *orso nero*, di dimensioni più piccole e pelliccia quasi nera, che vive nel Nord America; *orso grigio* o *grizzly*, feroce e assai pericoloso, vive in Nord America || *prov.* *vendere la pelle dell'orso prima che sia morto*, disporre di una cosa prima di averla in possesso || *ballare, muoversi come un orso*, goffamente **2.** *fig.* persona di maniere selvatiche o poco socievole; misantropo || *dim.* orsétto, orsàtto, orsàcchio, orsacchiòtto; *pegg.* orsàccio || **N.** **1.** bramire, fremere, ringhiare, urlare.

orsolìna [da Sant'*Orsola*; 1834] **sf.** monaca appartenente all'ordine fondato da Angela Merici nel 1535 per l'educazione delle giovinette.

orsù [comp. di *or(a)* e *su*; a. 1400] **escl.** con valore esortativo, avanti!, animo!

ortàggio (pl. *-gi*) [da *orto*[1]; 1525] **sm.** nome generico di tutti i prodotti dell'orto, esclusa la frutta || **N.** *Sin.* erbaggio, legume, verdura | da bulbo, da foglie, da frutti, da radice, da tubero. **Q.T.** *giardinaggio...*

ortàglia (pl. *-glie*) [da *orto*[1]; 1561 nel senso 2; 1803 nel senso 1] **sf.** **1.** terreno piantato a orto **2.** *region.* ortaggi.

ortatòria [dal lat. tardo *hortatōria*; a. 1675] **sf.** *T.lett.* componimento esortativo, realizzato secondo i principi della retorica classica.

ortènse [da *orto*[1]; sec. XIV] **agg.** di orto, che nasce negli orti: *prodotti ortensi.*

ortènsia [dal fr. *hortense*; 1813] **sf.** pianta delle Sassifragacee, originaria della Cina e del Giappone, con infiorescenze a corimbo di numerosi fiori inodori ma assai decorativi, di colore che varia dal rosa pallido all'azzurro; molto comune negli angoli ombrosi dei giardini.

ortica (raro *urtìca*) [lat. *urtīca*; a. 1303] **sf.** **1.** pianta erbacea perenne delle Urticacee, con fusto e foglie coperte di peli che, al contatto, secernono un acre umore irritante; molto comune nei boschi e ai bordi dei campi || *fig.* *gettare la tonaca alle ortiche*, spretarsi **2.** *ortica di mare*, nome di varie specie di Cnidari urticanti.

Orticàcee V. URTICACEE.

orticàio (pl. *-ài*) [da *ortica*; 1604] **sm.** luogo pieno di ortiche.

orticànte V. URTICANTE.

orticària (raro *urticària*) [dal lat. scient. (*febris*) *urticāria*; 1869] **sf.** *T.med.* eruzione cutanea a macchie rosse gonfie e pruriginose, simili a quelle causate dalle punture dell'ortica; frequente come sintomo di allergia o intossicazione.

ortìcolo [da *orto*[1]; 1869] **agg.** di orto; che concerne gli orti e la loro coltivazione: *mostra orticola.*

orticoltóre o **orticultóre** [comp. di *orto*[1] e *-coltore*; 1846] **sm.** (f. *-trìce*) chi coltiva ortaggi. **Q.T.** *giardinaggio...*

orticoltùra o **orticultùra** [comp. di *orto*[1] e *-coltura*; 1829] **sf.** coltivazione degli ortaggi. **Q.T.** *giardinaggio...*

ortifrutticultóre V. ORTOFRUTTICOLTORE.

ortite [comp. del gr. *orthós*, retto e *-ite*[2]; 1932] **sf.** *T.min.* minerale degli epidoti, contenente cerio e lantanio.

ortìvo[1] [da *orto*[1]; 1389] **agg.** adatto per l'orto: *terreno ortivo, piante ortive.*

ortìvo[2] [dal lat. tardo *ortīvus*; a. 1642] **agg.**

OROLOGERIA

OROLOGIO: a bilanciere, a *carillon*, a cristalli liquidi, a cucù, ad acqua, ad ancora, a diapason, al quarzo, a molla, a peso, a ripetizione, astronomico, atomico, automatico, digitale, di precisione, elettrico, subacqueo; a muro, da polso, da sala, da tasca, da tavolo, da torre; a braccialetto, a campana; cipolla, clessidra, contaminuti o *timer*, cronometro, meridiana (ago, gnomone, linee orarie, stilo), pendolo, quadrante solare, radiosveglia, saponetta, sveglia, svegliarino.

PARTI DELL'OROLOGIO.

ESTERNE: barretta, battente, calotta, cassa (semplice, doppia; coperchio, fondo), cinturino, filetto, lancette (sfere, aghi, indici, frecce), lunetta, maglia, mostra o quadrante, mostrino, pulsante di carica, soneria, vetro o cristallo.

INTERNE: asse del bilanciere, barilotto, batteria, bilanciere, cilindro, compensatore, corona, crociera, forcella, guardacorda, incassatura, ingranaggio, leva, mobili (primi, secondi), molla (occhio di dentro, occhio di fuori, brida), movimento, nottolino o cricchetto, oscillatore elettronico, pignone, piedini, pietra o rubino, piezoscillatore, piramide (albero di movimento, cuore, rotino della catena), platina, ponte del barilotto, potenza, racchetta, remontorio, rotismo, ruota (secondi, minuti, ore, otto giorni, centro), scappamento (ad ago, ad ancora, a caviglia, a cilindro, a palette, a verga, a retrocedimento, a riposi), spirale, tamburo, virola; contrappeso, corda, forchetta, frate, lente, martello, pirone, scatto, zoccolo.

ARNESI E STRUMENTI: accecatoio, allargatoio, alzamolle, brunitore, calibratoio o alesatoio, calibro, chiodaia, compasso (a fungo, a molla, a otto, a pernio, a punta), fungo, lima (a cerniera, a coda di topo, a coltello, a spalliera, a timpano, bastarda, dolce, dura, piana), livellatoio, martello, mezzamela, morsa, piattaforma, pinzette, riparella, seghetto, stampo, torchio, tornio.

AZIONI.

DELL'OROLOGIO: andare, andare avanti, andare indietro, andar bene, battere le ore, camminare, correre, essere preciso, fallare, galoppare, pulsare, ritardare, sbagliare, scoccare, sgarrare, spaccare il minuto, suonare.

DI CHI LO USA: azzerare, caricare, regolare, sincronizzare.

DELL'OROLOGIAIO: calibrare, disfare, limare, montare, pareggiare, pulire, registrare, rimettere, rimontare, ritoccare, rotondare, smontare, tornire.

VOCI ATTINENTI: fuso orario, isocronia, ora legale / solare, ora locale, orologeria, orario, oscillazioni, portaorologio, rintocco, scocco, tempo medio, tempo vero, tocco, ticchettio.

T.astr. di punto, in cui un astro sorge all'orizzonte: *latitudine ortiva.*

òrto[1] [lat. *hortus*; fine sec. XIII] **sm.** **1.** pezzo di terreno, perlopiù cintato, in cui si coltivano erbaggi e piante da frutto: *concimare, innaffiare l'orto* || *non è la via dell'orto,* di via lunga e difficile, o pericolosa da percorrere || *non è erba del suo orto,* non è farina del suo sacco || *stare coi frati e zappare l'orto,* affidarsi alle decisioni di altri **2.** *fig.* (com. nel *dim. orticèllo*) luogo, ambito limitato e controllato delle attività e degli interessi di qualcuno: *coltivare il proprio orticello,* dedicarsi esclusivamente alle poche cose che si conoscono bene **3.** *orto botanico,* grande giardino coltivato con piante esotiche, a scopo di studio || *dim.* orticìno, orticèllo; *accr.* ortóne; *pegg.* ortàccio || **N.** *Sin.* brolo, giardino, pomario, verziere, vivaio | aiuola, erbaggio, ortaggio, ortaglia, orticoltore, ortivo, ortolano, pergolato, spalliera, verdura. **Q.T.** *agricoltura, giardinaggio...*

òrto[2] [dal lat. *ortus*; a. 1321] **sm.** *poet.* il sorgere del sole e dei pianeti || *per estens.* oriente: *dall'orto all'occaso.*

òrto- [dal gr. *orthós,* diritto] **primo elem.** che, in parole composte dotte e della terminologia scientifica, vale "giusto", "esatto", "retto" (per es. *ortodossia, ortoepia, ortocentro*).

ortocèntrico (pl. *-ci*) [da *ortocentro*; 1954] **agg.** *T.mat.* relativo all'ortocentro.

ortocèntro [comp. di *orto-* e *centro*; 1937] **sm.** *T.mat.* in un triangolo, punto di inconro delle tre altezze.

ortoclàṣio [comp. di *orto-* e gr. *klásis,* frattura; 1930] **sm.** minerale dei feldspati monoclino prismatico, costituito da silicati di alluminio e potassio, di colore bianco, rosa o giallino; presente in numerose rocce eruttive o metamorfiche, tra cui il granito.

ortocromàtico (pl. *-ci*) [comp. di *orto-* e *cromatico*; 1904] **agg.** *T.fot.* di materiale sensibile usato in fotografia, che copre la gamma di colori dall'ultravioletto al rosso; è impiegato in fotoriproduzione di disegni, progetti e sim. perché produce contrasti netti.

ortodossìa [dal gr. *orthodoxía,* retta opinione; 1551 *ortodossa*] **sf.** **1.** conformità a una dottrina religiosa o a princìpi di ideologia, scienza o arte; *ortodossia cattolica, ortodossia marxista, allontanarsi dall'ortodossia* || anche la dottrina stessa nella sua purezza **2.** *T.rel.* la religione della Chiesa greco-ortodossa || **N.** **1.** *Contr.* eterodossia. **Q.T.** *religione.*

ortodòsso [dal lat. tardo *orthodoxus*; gr. *orthódoxos,* che ha retta opinione; 1478] **agg.** **1.** di persona, che aderisce senza deviazioni a una dottrina religiosa, politica, scientifica ecc.: *cristiano, marxista ortodosso*; di teoria, posizione e sim., conforme all'ortodossia: *linea, corrente ortodossa* **2.** *chiesa* (*greco-*) *ortodossa,* chiesa cristiana autonoma derivata dallo scisma del 1054, alla cui guida è posto il patriarca di Costantinopoli || **N.** **1.** *Contr.* eterodosso.

ortodromìa [dal gr. *orthodromêin,* correre diritto; 1803] **sf.** *T.geogr.* arco di circonferenza che, congiungendo due punti della superficie terrestre, corrisponde alla rotta più breve.

ortodròmico (pl. *-ci*) [da *ortodromia*; 1889] **agg.** che si riferisce all'ortodromia: *linea ortodromica* (o *sf. ortodromica*), ortodromia.

ortoepìa [dal gr. *orthoépeia,* discorso corretto; 1829] **sf.** *T.ling.* retta pronuncia di una lingua: *rispettare l'ortoepia.*

ortoèpico (pl. *-ci*) [da *ortoepia*; 1869] **agg.** che si riferisce alla ortoepia.

ortoflorofrutticolo [da *ortofrutticolo,* con inserimento di *flori*(*colo*); 1983] **agg.** relativo alla coltivazione e al commercio di ortaggi, fiori e frutta: *mercato ortoflorofrutticolo.*

ortoflorofrutticoltùra [da *ortofrutticoltura,* con inserimento di *flori*(*coltura*); 1963] **sf.** produzione e commercio su scala industriale di ortaggi, fiori e frutta.

ortofonìa [comp. di *orto-* e *-fonia*; 1868] **sf.** **1.** *T.fisiol.* pronuncia corretta, non alterata da disturbi di fonazione (come la balbuzie) **2.** ortoepia.

ortofònico (pl. *-ci*) [da *ortofonia*; 1869] **agg.** di ortofonia: *trattamento ortofonico,* destinato a rieducare la voce e correggere vizi di pronuncia.

ortofonìsta [da *ortofonia*; 1967] **s.** *T.med.* specialista nella cura dei disturbi di fonazione.

ortofrenìa [comp. di *orto-* e *-frenia*; 1942] **sf.** *T.med.* parte della psichiatria che studia le caratteristiche dei ritardi di sviluppo mentale dei minorati psichici e i metodi per curarli.

ortofrènico (pl. *-ci*) [da *ortofrenia*; 1931] **agg.** *T.med.* dell'ortofrenia, relativo all'ortofrenia.

ortofrutticolo [comp. di *orto*[1], *frutto* e *-colo*; 1931] **agg.** relativo alla orticoltura e frutticoltura: *mercato ortofrutticolo.*

ortofrutticoltóre o **ortofrutticultóre** (meno com. *ortifrutticultóre*) [comp. di *orto, frutto* e *-coltore*; 1970] **sm.** (f. *-trìce*) chi si dedica alla coltivazione di frutta e verdura.

ortofrutticoltùra o **ortofrutticultùra** [comp. di *orto*[1], *frutto* e *coltura*; 1958] **sf.** la coltivazione della frutta e della verdura.

ortofrutticultóre V. ORTOFRUTTICOLTORE.

ortofrutticultùra V. ORTOFRUTTICOLTURA.

ortogèneṣi [comp. di *orto-* e *genesi*; 1932] **sf.** *T.biol.* evoluzione di una specie o di un organo per successive variazioni, che si mantiene con regolarità in una stessa direzione, senza deviazioni.

ortogenètico (pl. *-ci*) [da *ortogenesi*; 1935] **agg.** relativo all'ortogenesi.

ortognatiṣmo [da *ortognato*; 1905] **sm.** *T.anat.* caratteristica tipologica, propria della razza bianca, tale che la linea che va dalla fronte al mento risulta quasi verticale.

ortognàto [comp. di *orto-* e *-gnato*; 1929] **agg.** *T.anat.* che esibisce ortognatismo: *cranio ortognato, razza ortognata.*

ortognèiss (pr. [ortog'nɛis] o [ortoɲ'ɲeis]) [comp. di *orto-* e *gneiss*; 1932] **sm.** *inv.* roccia metamorfica composta in prevalenza di quarzo, feldspato e mica.

ortogonàle [dal lat. *orthogōnius,* gr. *orthogónios,* ad angolo retto; 1583] **agg.** che forma angolo retto: *retta ortogonale a un piano* || **ortogonalménte** **avv.**; anche nella *loc. prep. ortogonalmente a,* formando un angolo di 90° con || **N.** *Sin.* normale, perpendicolare.

ortogonalità [da *ortogonale*; 1817] **sf.** *T.geom.* l'essere ortogonale.

ortografìa [dal lat. *orthographia,* gr. *orthographía,* scrittura corretta; a. 1561] **sf.** *T.ling.* maniera corretta di scrivere le parole e usare i segni di interpunzione: *ortografia antica, moderna, in questo compito vi sono errori di ortografia* || **N.** *Sin.* grafia, scrittura | accento, apice, apostrofo, aspirazione, cediglia, dieresi, dittongo, due punti, elisione, iato, interpunzione o punteggiatura, parentesi, puntini, punto esclamativo, punto e virgola, punto fermo, punto interrogativo, segni diacritici, tilde, tratto o lineetta, virgola, virgoletta.

ortogràfico (pl. *-ci*) [da *ortografia*; a. 1646] **agg.** **1.** di ortografia; che si riferisce a ortografia: *dizionario ortografico,* che indica la scrittura corretta **2.** *proiezione ortografica,* in cartografia, quella in cui il centro di proiezione è a distanza infinita e, di conseguenza, i raggi visuali sono paralleli fra loro e perpendicolari al piano del disegno || **ortograficaménte** **avv.** secondo l'ortografia.

ortolàno [dal lat. tardo *hortulānus*; a. 1320] **I** **agg.** ortense: *fave ortolane* **II** **sm.** **1.** (f. *-a*) chi lavora e custodisce l'orto, orticoltore **2.** (f. *-a*) chi vende ortaggi **3.** *T.zool.* uccelletto dei Fringillidi, dalle piume gialle e brune tendenti al verde nella parte superiore del corpo, comune in pianura nel periodo estivo. **Q.T.** *giardinaggio...*

ortomercàto [comp. di *orto*(*frutticolo*) e *mercato*; 1965] **sm.** mercato ortofrutticolo all'ingrosso.

Ortonèttidi (sing. *-e*) [comp. di *orto-* e del gr. *nḗktēs* nuotatore; 1958] **sm.** *pl.* *T.zool.* parassiti di vermi e molluschi appartenenti ai Mesozoi.

ortopedagogìa [comp. di *orto-* e *pedagogia*; 1974] **sf.** l'insieme delle tecniche educative, e dei relativi princìpi ispiratori, che mirano al recupero di soggetti con difficoltà mentali e caratteriali, e al loro inserimento nella vita sociale.

ortopedagògico (pl. *-ci*) [comp. di *orto-* e *pedagogico*; 1974] **agg.** relativo all'ortopedagogia, proprio dell'ortopedagogia: *clinica ortopedagogica,* clinica per il recupero di soggetti con difficoltà mentali.

ortopedagogìsta [comp. di *orto-* e *pedagogista*; 1974] **s.** specialista in ortopedagogia.

ortopedìa [dal fr. *orthopédie*; 1803] **sf.** parte della medicina che si occupa della prevenzione e della cura delle alterazioni di colonna vertebrale, arti e articolazioni, congenite o acquisite.

ortopèdico (pl. *-ci*) [da *ortopedia*; 1840] **I** **agg.** di ortopedia: *istituto ortopedico* || costruito per rimediare o prevenire malformazioni, correttivo: *busto, materasso ortopedico* || **ortopedicaménte** **avv.** dal punto di vista ortopedico **II** **sm.** (f. *-a*) **1.** medico specialista in ortopedia **2.** chi costruisce o vende apparecchi ortopedici.

ortopràssi [comp. di *orto-* e *prassi*; 1975] **sf.** l'agire in modo retto, perfettamente conforme a una dottrina, a un credo, a un complesso di norme e di principi.

ortorómbico (pl. *-ci*) [comp. di *orto-* e *rombico*; 1954] **agg.** in cristallografia, *sistema ortorombico,* sistema rombico, uno dei sette sistemi di simmetria dei cristalli.

ortoscopìa [comp. di *orto-* e *-scopia*; 1958] **sf.** **1.** *T.ott.* caratteristica di un sistema ottico, che riesce a fornire immagini non alterate **2.** *T.min.* metodo di osservazione di sostanze trasparenti eseguita per mezzo dell'ortoscopio **3.** *T.med.* radioscopia effettuata su un soggetto in posizione eretta.

ortoscòpio (pl. *-pi*) [comp. di *orto-* e *-scopio*; 1958] **sm.** **1.** *T.ott.* apparecchio ottico di ingrandimento usato in mineralogia **2.** *T.ott.* apparecchio per radioscopie a persone in posizione eretta.

ortòṣe V. ORTOSIO.

ortosimpàtico (pl. *-ci*) [comp. di *orto-* e *simpatico*[2]; 1954] **agg.** *T.anat.* *sistema ortosimpatico* (o *sm. ortosimpatico*), uno dei due settori del sistema neurovegetativo || **N.** *Sin.* simpatico.

ortòṣio o **ortòṣe** [da *orto-*; 1834] **sm.** ortoclasio.

ortostàtico (pl. *-ci*) [dal gr. *orthóstatos,* eretto; 1934] **agg.** *T.med.* il fenomeno connesso con la posizione eretta del corpo.

ortostatiṣmo [da *ortostatico*; 1954] **sm.** *T.med.* la posizione eretta del corpo.

ortòstica [comp. di *orto-* e del gr. *stíchos,* fila; 1958] **sf.** *T.bot.* linea immaginaria parallela al fusto, che congiunge la base delle foglie o di altri organi posti su di esso e sovrapposti l'un l'altro || la disposizione delle foglie secondo tale linea || **N.** *Sin.* fillotassi.

Ortòtteri [comp. di *orto-* e *-ttero*; 1821] **sm.** *pl.* *T.zool.* ordine d'insetti a metamorfosi graduale, con quattro ali reticolate diritte, provvisti di robuste e lunghe zampe atte al salto e di organi stridulatori || **N.** cavalletta, grillo, grillotalpa, locusta. **Q.T.** *zoologia.*

ortòttica [comp. di *orto-* e *ottica*; 1958] **sf.**

T.med. disciplina che si occupa della rieducazione dell'occhio, particolarmente in alcune forme di strabismo.

ortòttico (pl. *-ci*) [comp. di *orto(gonale)* e *ottico*; 1965] **I** ***agg.*** *T.med.* relativo all'ortottica: *visita ortottica* **II** ***sm.*** (f. *-a*) *T.med.* ortottista.

ortottista [da *ortottica*, sul modello di *oculista*; 1963] ***s.*** *T.med.* oculista specializzato in ortottica.

ortovivaista [comp. di *orto-* e *vivaista*; 1988] ***s.*** *T.giard.* chi coltiva ortaggi e piante in un vivaio. **Q.T.** *giardinaggio...*

orvietàno [dal n. geogr. *Orvieto*; sec. XVII come sm.] **I** ***agg.*** di Orvieto **II** ***sm.*** **1.** (f. *-a*) abitante di Orvieto **2.** *ant. region.* elettuario composto di molti ingredienti spacciato dai ciarlatani come rimedio d'ogni sorta di mali.

orviéto [dal n. geogr. *Orvieto*; 1869] ***sm.*** vino bianco di Orvieto, pastoso e pregiatissimo.

òrza [etim. inc.; 1319 nel senso 2] ***sf.*** **1.** *T.mar.* corda che si lega nel capo dell'antenna della nave da sopravvento, per tirare la vela dal lato stesso **2.** *per estens.* il fianco della nave sopravvento || *andare all'orza, venire all'orza*, veleggiare muovendo angolarmente la prua verso il lato dal quale spira il vento, orzare || **N.** *Contr.* poggia.

orzaiòlo (ant. *orzaròlo*) [dal lat. tardo *hordeolum*; sec. XIV *orzajuolo*] ***sm.*** piccolo foruncolo che si forma per infiammazione sul margine delle palpebre.

orzàre (pres. *òrzo*) [da *orza*; a. 1477] ***intr.*** (aus. *avere*) *T.mar.* andare all'orza, cioè dirigere una nave portando la sua prora ad avvicinarsi alla direzione da cui spira il vento || **N.** *Contr.* poggiare.

orzaròlo v. ORZAIOLO.

orzàta [da *orzo*; a. 1311] ***sf.*** **1.** bevanda di farina d'orzo stemperata in acqua **2.** sciroppo profumato al latte di mandorle.

orzàta [da *orzare*; seconda metà sec. XVI] ***sf.*** *T.mar.* il movimento ad angolo acuto che la nave descrive nell'orzare.

orzàto [da *orzo*; 1308] ***agg.*** *pane orzato*, pane fatto con farina di orzo.

orzièro [da *orza*; 1889] ***agg.*** *T.mar.* si dice di imbarcazione che tende spontaneamente a disporsi con la prua all'orza, ossia contro il vento || **N.** *Contr.* poggiero.

òrzo [lat. *hordeum*; sec. XII *orzeo*] ***sm.*** erba annua delle Graminacee, simile al grano, che fa spighe con lunga resta e frutti a cariosside allungata utilizzati nell'alimentazione umana a chicchi interi o come farina, o per la fabbricazione della birra; i chicchi tostati e tritati servono a preparare una bevanda di gusto simile al caffè: *orzo mondo, perlato, minestra d'orzo; caffè d'orzo; orzo tallito*, orzo inumidito e germinato in cui l'amido è diventato maltosio, destinato alla preparazione della birra || **N.** farro, malto.

osànna [dal lat. eccl. *hosānna*, ebr. *hōsha'nā*, salvaci; a. 1306 come sm.] **I** ***escl.*** nella Bibbia e nel Vangelo, invocazione di lode a Dio **II** ***sm.*** *inv.* espressione di acclamazione, plauso e gioia: *intonare gli osanna*.

osannàre [da *osanna*; 1321] ***intr.*** (aus. *avere*) cantare o gridare osanna || ***tr.*** acclamare, lodare con entusiasmo: *la folla ha osannato il vincitore*.

osàre (pres. *òso*) [lat. tardo *ausāre*; a. 1301] ***tr.*** avere l'ardire (gen. seguito da frase infinitiva): *ha osato fissarmi negli occhi, chi osa sfidarlo?, non oserei mai mentire, nessuno ha mai osato tanto* || com. in espr. di valore attenuante: *non oso pensare, credere, sperare; oserei dire...*, mi permetto di dire... || *ass.* rischiare, compiere un atto di coraggio || **N.** *Sin.* ardire, arrischiare, azzardare; avere l'audacia, il coraggio, il cuore, il fegato, la faccia tosta, la temerità | *Contr.* aver paura, esitare, peritarsi.

òscar [dal n. proprio *Oscar*; 1950] ***sm.*** *inv.* **1.** *T.cin.* il premio conferito annualmente a Hollywood dall'Accademia di Pittura, Arti e Scienze, a film, produttori e attori cinematografici; ha la forma di una statuetta di metallo dorato || *per meton.* l'attore o il film premiato **2.** *per anton.* primo premio: *l'oscar della cortesia, dell'eleganza*.

oscenità [dal lat. *obscēnitas, -ātis*; sec. XIV] ***sf.*** **1.** carattere di ciò che è osceno: *oscenità di un'immagine, di un discorso* **2.** atto o detto osceno: *spettacolo, libro pieno di oscenità, dire un'oscenità* || **N.** *Sin.* bruttura, disonestà, immoralità, impudicizia, impurità, indecenza, laidume, lascivia, licenziosità, lordura, lubricità, porcheria, sconcezza, scurrilità, spudoratezza, turpitudine | pornografia.

oscèno [dal lat. *obscēnus*; a. 1311] ***agg.*** che offende gravemente il pudore: *scritti osceni, spettacoli osceni* || *fig.* di pessimo gusto, bruttissimo: *si trucca in modo osceno, un palazzo osceno* || **oscenaménte** ***avv.*** || **N.** *Sin.* dissoluto, immondo, immorale, impudico, impuro, indecente, inverecondo, laido, lascivo, licenzioso, lordo, lubrico, pornografico, sboccato, scandaloso, schifoso, sconcio, scostumato, scurrile, sporco, spudorato, sudicio, turpe, volgare.

oscillànte (*ppr.* di *oscillare*) [a. 1754] ***agg.*** sottoposto ad oscillazioni: *ago, massa oscillante*; o a variazioni: *quotazioni oscillanti, atteggiamento oscillante*.

oscillàre [dal lat. tardo *oscillāre*, dondolare; 1782] ***intr.*** (aus. *avere*) **1.** di corpo che sia fissato a un'estremità, muoversi in modo alternato fra due posizioni estreme: *il pendolo, l'asta del metronomo oscilla, l'urto fa oscillare il lampadario* **2.** di cifre, prezzi o misure, variare più volte di valore in un determinato intervallo: *il prezzo oscilla dalle 6 alle 8 mila lire, un peso che oscilla fra i 48 e i 53 chili* **3.** *fig.* essere incerto, esitare || **N.** **1.** *Sin.* barcollare, ciondolare, dondolare, fluttuare, ondeggiare, pencolare, tentennare, tremolare, vibrare.

oscillatóre [da *oscillare*; 1935] ***sm.*** sistema fisico che produce oscillazioni: *oscillatore meccanico; oscillatore elettronico*, che produce impulsi periodici.

oscillatòria [da *oscillare*; 1844] ***sf.*** *T.bot.* piccola alga azzurra, che vive in colonie filamentose, caratterizzata da un moto oscillatorio nell'acqua.

oscillatòrio (pl. *-ri* o *-rii*) [da *oscillare*; a. 1730] ***agg.*** che avviene per oscillazioni, che ha il carattere dell'oscillazione: *moto, fenomeno oscillatorio*.

oscillazióne [da *oscillare*; a. 1742] ***sf.*** **1.** movimento periodico fra due posizioni estreme: *l'oscillazione del pendolo* **2.** *T.mecc.* moto alternativo, gen. periodico, di un corpo intorno a una posizione di equilibrio; anche il cammino percorso dal corpo nell'intervallo di tempo di un semiperiodo (*oscillazione semplice*) o di un periodo (*oscillazione completa*) **3.** variazione periodica contenuta fra un massimo e un minimo: *oscillazione di una quotazione, di temperatura* **4.** *fig.* incertezza || **N.** **1.** *Sin.* fluttuazione, ondeggiamento; beccheggio, rollio. **Q.T.** *fisica*.

oscillografìa [comp. di *oscill(azione)* e *-grafia*; 1958] ***sf.*** misurazione e registrazione dei dati rilevati con l'oscillografo.

oscillogràfico (pl. *-ci*) [da *oscillografo*; 1958] ***agg.*** relativo all'oscillografo, proprio dell'oscillografo; eseguito per mezzo dell'oscillografo: *rilevamento oscillografico*.

oscillògrafo [comp. di *oscill(azione)* e *-grafo*; 1930] ***sm.*** *T.fis.* strumento che misura l'ampiezza o l'intensità di grandezze periodiche e ne descrive un tracciato.

oscillogràmma [comp. di *oscill(azione)* e *-gramma*; 1935] ***sm.*** registrazione mediante oscillografo.

oscillòmetro [comp. di *oscill(azione)* e *-metro*; 1958] ***sm.*** *T.med.* apparecchio per misurare le variazioni della pressione arteriosa || **N.** *Sin.* rollometro, sfigmomanometro.

oscilloscòpio (pl. *-pi*) [comp. di *oscill(azione)* e *-scopio*; 1958] ***sm.*** *T.fis.* oscillografo || *T.elettron.* *oscilloscopio a raggi catodici*, strumento che permette di visualizzare su uno schermo i segnali a corrente alternata.

oscitànza [dal lat. *oscitans*, che sbadiglia; 1602] ***sf.*** *raro* negligenza, trascuratezza.

òsco (pl. *òsci* o *òschi*) [dal lat. *Oscus*; 1825 come agg.] **I** ***sm.*** **1.** (f. *-a*) appartenente all'antica popolazione insediata nell'area corrispondente alla Campania, prima dell'espansione romana **2.** (solo *sing.*) la lingua di tale popolo **II** ***agg.*** relativo agli Osci: *lingua, influenza osca*.

òsco-ùmbro (pl. *òsco-ùmbri*) [comp. di *osco* e *umbro*; 1935] ***agg.*** e ***sm.*** (solo *sing.*) *T.ling.* detto di gruppo linguistico indoeuropeo che comprende le lingue parlate in età preromana in Italia centro-meridionale, cioè le parlate osche, umbre e sabelliche.

osculàre (pres. *òsculo*) [dal lat. *osculāri*, baciare; a. 1607] ***tr.*** **1.** *lett.* e *ant.* o *scherz.* baciare **2.** *T.mat.* realizzare un'osculazione.

osculatóre [dal lat. *osculatus*, pps. di *osculari*, baciare; a. 1742] ***agg.*** *T.geom.* *cerchio osculatore di una curva*, cerchio tangente che ha come raggio e centro quelli della curva in quel punto.

osculazióne [dal lat. *osculātio, -ōnis*, il baciare; 1869] ***sf.*** *T.geom.* contatto fra due curve tangenti in un punto, di cui una sia interna all'altra.

òsculo [dal lat. *ōsculum*, piccola bocca; 1936] ***sm.*** **1.** *T.zool.* l'apertura della cavità gastrica delle spugne **2.** *T.bot.* poro atto a germinare **3.** *arc. poet.* bacio.

oscuraménto [da *oscurare*; a. 1292] ***sm.*** **1.** atto ed effetto dell'oscurare e dell'oscurarsi || *in part.* mascheramento notturno di tutte le sorgenti luminose, imposto durante le guerre, per proteggere uomini e cose dalle offese nemiche, spec. aeree **2.** *T.mus.* nel canto, emissione piuttosto coperta che produce un suono più scuro || **N.** *Sin.* adombramento, annerimento, appannamento, eclissamento, offuscamento, ottenebramento.

oscurantìsmo [dal fr. *obscurantisme*; 1836] ***sm.*** opposizione sistematica al progresso e al diffondersi dell'istruzione.

oscurantista [dal fr. *obscurantiste*; 1848] ***s.*** chi persegue l'oscurantismo; retrogrado.

oscurantìstico (pl. *-ci*) [da *oscurantismo*; 1848] ***agg.*** dell'oscurantismo o degli oscurantisti.

oscuràre (pres. *-ùro*) [dal lat. *obscurāre*; 1308] ***tr.*** **1.** rendere oscuro, privare della luce: *oscurare una stanza*; coprire, impedendo la luminosità: *la luna ha oscurato il sole, una nube che oscura il cielo* || *bestemmie da far oscurare il sole*, orribili, abominevoli **2.** *fig.* offuscare, fare impallidire: *la sua fama oscurò quella dei predecessori* || ***intr. pron.*** divenire oscuro; anche *fig.*: *oscurarsi in viso*, manifestare sul volto una sopraggiunta preoccupazione o turbamento || **N.** *tr.* *Sin.* abbuiare, adombrare, annerire, annottare, appannare, infoscare, intenebrare, offuscare, ombrare, ottenebrare, rabbuiare, scurire, velare | *Contr.* illuminare, rischiarare.

oscuratóre [da *oscurare*; a. 1645] **I** ***agg.*** che oscura **II** ***sm.*** **1.** (f. *-trice*) chi oscura **2.** *T.mar.* portello rotondo posto internamente all'oblò, che serve per impedire il passaggio della luce.

oscurazióne [dal lat. *obscurātio, -ōnis*; sec. XIII] ***sf.*** *non com.* oscuramento, offuscamento.

oscurità [dal lat. *obscūritas, -ātis*; a. 1294 *oscuritate*] ***sf.*** **1.** assenza di luce, buio: *la stanza è piombata nell'oscurità totale, l'oscurità della* *notte* **2.** *fig.* scarsa chiarezza e intelligibilità: *l'oscurità di una spiegazione, di un discorso* **3.** *fig.* assenza di notorietà: *passare la vita nell'oscurità; oscurità di natali,* umile origine ‖ **N. 1.** *Sin.* buio, caligine, latebra, notte, ombra, tenebra | avvolgere, diradare, infittire, rompere | compiuta, fitta, impenetrabile, profonda **2.** *Sin.* confusione, incomprensibilità.

oscùro [dal lat. *obscūrus*; a. 1292] **I** ***agg.*** **1.** privo o carente di luce: *notte oscura, vicolo oscuro* ‖ *camera oscura,* v. CAMERA ‖ *non com.* poco chiaro e brillante: *rosso oscuro* **2.** *fig.* avvolto nel mistero, di cui si sa poco o niente: *oscura origine*; spesso con allusione a vicende travagliate o torbide: *secoli oscuri, un oscuro passato, oscuri maneggi* **3.** *fig.* di difficile comprensione, confuso: *un verso oscuro, un poeta oscuro, punti oscuri di un discorso* ‖ **oscuraménte** ***avv.*** in modo poco chiaro **II** ***sm.*** nella loc. fig. *essere, tenere all'oscuro,* non informato: *mi hanno tenuto all'oscuro delle loro intenzioni* ‖ **N. I 1.** *Sin.* atro, buio, caliginoso, cieco, cupo, fosco, nero, ombroso, opaco, scuro, tenebroso, tetro, torbido **2.** *Sin.* ambiguo, misterioso, sinistro **3.** *Sin.* astruso, confuso, enigmatico, ermetico, incomprensibile, indecifrabile.

osé (fr., pr. [o'ze]) [letter. osato; 1966] ***agg. inv.*** audace, azzardato, spinto, in grado di scandalizzare: *uno spettacolo osé, una battuta osé.*

oṣèlla [dal ven. *osèl,* uccello, in sostituzione del quale la moneta fu coniata; 1521] ***sf.*** moneta veneziana che veniva coniata in numero eguale ai componenti del Maggior Consiglio, e distribuita annualmente dal Doge come dono simbolico, in sostituzione di un dono di anatre fatto in precedenza.

osfialgìa (pl. *-gìe*) [comp. del gr. *osphŷs,* lombo e *-algia*; 1834 *osfalgia*] ***sf.*** *T.med.* sciatica.

-òṣi [dal gr. *-ōsis*] ***suff.*** che, in parole della terminologia medica, indica stabilità o permanenza di una condizione patologica o di una lesione (per es. *necrosi, calcolosi, nefrosi, nevrosi*).

-òṣio o **-òṣo** [dal fr. *-ose*] ***suff.*** che, in chimica organica, indica i carboidrati (per es. *destrosio, glucosio*).

oṣmànico (pl. *-ci*) [dal n. proprio turco *Osman,* adattamento dall'ar. *'Othmān*; 1958] **I** ***agg.*** dei turchi ottomani: *lingua osmanica* **II** ***sm.*** (solo *sing.*) lingua appartenente al ramo meridionale delle lingue turche, che nei sec. XVI-XIX ha costituito una koinè linguistica in tutto l'impero turco.

oṣmànli [dal turco *osmanli,* dall'ar. *'Othmān*; 1932] **I** ***agg.*** ottomano **II** ***s.*** **1.** turco ottomano **2.** *sm.* (solo *sing.*) lingua turca osmanica.

oṣmidròṣi [comp. del gr. *osmḗ,* odore e *hidrṓs, hidrôtos,* sudore; 1875] ***sf.*** *T.med.* sudorazione dall'odore sgradevole.

òṣmio [dal lat. scient. *osmium,* basato sul gr. *ózein,* odorare; 1819] ***sm.*** elemento metallico raro, pesante e durissimo; è impiegato in leghe, come indurente.

oṣmirìdio [comp. di *osmio* e *iridio*; 1875] ***sm.*** lega presente in natura di osmio e iridio, di particolare durezza.

oṣmòmetro [comp. di *osmo(si)* e *-metro*; 1936] ***sm.*** *T.fis.* strumento che serve a misurare la pressione osmotica.

oṣmòṣi [dal fr. *osmose*; 1874] ***sf.*** **1.** passaggio di liquidi o gas, attraverso una membrana semipermeabile che separa gli ambienti in cui sono contenuti **2.** *fig.* trasmissione (di informazioni, atteggiamenti e sim.) che avviene in modo impercettibile e fuori dai canali riconosciuti: *apprendere per osmosi dall'ambiente* ‖ **N. 1.** endosmosi, esosmosi, diosmosi.

oṣmotattìṣmo [comp. di *osmo(si)* e *tattismo*; 1958] ***sm.*** *T.biol.* orientamento degli organismi inferiori dovuto a stimoli di natura osmotica.

oṣmòtico (pl. *-ci*) [da *osmosi*; 1875] ***agg.*** di, relativo a osmosi: *pressione osmotica.*

oṣmòtrofo [comp. di *osmo(si)* e *-trofo*; 1984] ***agg.*** in ecologia, detto di organismo privo di apparato digerente che si nutre per osmosi attraverso il tegumento.

oṣmùnda [dal fr. *osmonde*; 1813] ***sf.*** felce ornamentale a foglie lunghissime.

òṣo (*pps.* arc. di *osare*) [sec. XIII-XIV] ***agg.*** *lett.* audace, ardito, temerario: *forse la mia parola par tropp'osa* (Dante).

-óso [dal suff. lat. *-ōsus,* avente in origine il valore di "avere odore", e poi quello di "esser pieno"] ***suff.*** **1.** forma aggettivi denominali di relazione (talora sostantivati), sia nella lingua comune (*amoroso, mafioso, noioso, odioso*), sia nel linguaggio scientifico (*arterioso, venoso*) ‖ spesso forma aggettivi che sottolineano l'abbondanza in qualcosa o qualcuno di ciò che è espresso dal nome di base: *acquoso, erboso, fangoso, muscoloso, nebbioso, nuvoloso* **2.** nella terminologia chimica, forma le denominazioni di ossiacidi inorganici (*acido ipocloroso, acido solforoso*) o sali derivanti da elementi a basso grado di ossidazione (*cloruro ferroso*) ‖ **N. 2.** -ico.

-òṣo v. -OSIO.

òsol [comp. di *o(ssido)* e *sol(furo)*; 1970] ***sm. inv.*** *T.geol.* una delle parti del nucleo terrestre, costituita in prevalenza da ossidi e solfuri.

ospedàle [lat. volg. **hospitāle*; a. 1400] ***sm.*** edificio organizzato con attrezzature e personale specializzato, in cui si ricoverano e curano i malati: *essere ricoverato in ospedale, venir dimesso dall'ospedale* ‖ *ospedale da campo,* in guerra, installazione precaria attrezzata per le prime assistenze ai feriti ‖ *scherz. essere un ospedale ambulante,* avere o fingere d'avere una gran quantità di malattie ‖ *fig. mandare qualcuno all'ospedale,* picchiarlo a tal punto da provocargli ferite e contusioni ‖ *dim.* ospedalétto; *spreg.* ospedalùccio ‖ **N.** *Sin.* ambulanza, ambulatorio, arcispedale, astanteria, casa di cura, clinica, dispensario, infermeria, lazzaretto, nosocomio, policlinico | contumaciale, da campo, navale | anfiteatro anatomico, camera mortuaria, corsia, farmacia, padiglione, sala operatoria, sala parto | aiuto, assistente, caposala, infermiere, inserviente, medico, primario, suora | degenza, ricovero, spedalità; barella, lettiga, portantina | essere di guardia. **Q.T.** *medicina.*

ospedalièro [da *ospedale*; a. 1928 *ospitaliero*] **I** ***agg.*** dell'ospedale, che riguarda l'ospedale: *assistenza ospedaliera, chirurgo ospedaliero* **II** ***sm.*** (f. *-a*) chi appartiene al personale dell'ospedale: *rivendicazioni degli ospedalieri.* **Q.T.** *medicina.*

ospedalìṣmo [da *ospedale,* sul modello del fr. *hospitalisme*; 1968] ***sm.*** *T.psic.* insieme degli effetti psicofisici negativi che possono insorgere in un paziente costretto a rimanere in ospedale per lungo tempo.

ospedalità o **spedalità** [da *ospedale*; 1983] ***sf.*** **1.** insieme delle pratiche relative al ricovero ospedaliero dei pazienti **2.** periodo di degenza di un malato in ospedale ‖ costo di tale degenza.

ospedaliẓẓàre o **spedaliẓẓàre** [da *ospedale*; 1943] ***tr.*** ricoverare in ospedale.

ospedaliẓẓazióne o **spedaliẓẓazióne** [da *ospedale*; 1911] ***sf.*** **1.** ricovero ospedaliero **2.** ospedalismo.

ospitàle [dal lat. *hospitālis*; a. 1565] ***agg.*** che ospita cordialmente: *città, famiglia ospitale* ‖ **ospitalménte** ***avv.*** ‖ **N.** *Contr.* inospitale.

ospitalière [da un ant. *ospitale,* ospedale; a. 1574 *ospitagliero*] ***agg.*** *frati ospitalieri,* quelli dell'ordine di S. Giovanni di Dio.

ospitalità [dal lat. *hospitālitas, -ātis*; a. 1342 nel senso 2] ***sf.*** **1.** la qualità di chi è ospitale: *la calda ospitalità dei meridionali* **2.** l'atto di ospitare: *rifiutare, dare ospitalità*; anche *fig.*: *un giornale che dà ospitalità alle opinioni di tutti* ‖ **N. 1.** ampia, cordiale, cortese, larga **2.** *Sin.* accoglienza | accettare, concedere, dare, esercitare, godere, offrire, trovare.

ospitànte (*ppr.* di *ospitare*) [a. 1907] **I** ***agg.*** che ospita: *squadra ospitante,* nel gioco del calcio, squadra che gioca in casa, cioè sul proprio campo di gioco **II** ***s.*** chi dà ospitalità.

ospitàre (pres. *òspito*) [dal lat. *hospitāri*; 1687] ***tr.*** **1.** accogliere nella propria casa per periodi più o meno lunghi: *venite a trovarci, vi ospiteremo volentieri* ‖ *per estens.* consentire l'accesso e la permanenza: *una città che ospita migliaia di turisti* ‖ consentire lo svolgimento, contribuendo ad organizzare: *il paese che ospiterà le prossime olimpiadi, ospitare una manifestazione* **2.** *per estens.* dare spazio, ammettere: *una rivista che ospita le opinioni più diverse* ‖ **N. 1.** *Sin.* alloggiare, ricevere.

òspite [lat. *hospes, -pitis*; a. 1342] ***s.*** **1.** persona che viene ospitata: *un ospite gradito, indesiderato; avere ospiti a pranzo* ‖ in funzione di *agg.* (sempre posposto): *la squadra ospite,* che gioca fuori casa **2.** persona che dà ospitalità: *un ospite perfetto, doveri di ospite.*

ospìzio (pl. *-zi*) [dal lat. *hospitium,* luogo per accogliere gli ospiti; sec. XIV nel senso 2; 1716 nel senso 1] ***sm.*** **1.** istituto per il ricovero e l'assistenza, spec. di anziani e bisognosi: *ospizio per i poveri, dei vecchi* **2.** *ant.* alloggio, ricovero per viandanti e pellegrini ‖ **N. 1.** *Sin.* brefotrofio, gerontocomio, orfanotrofio, sanatorio **2.** *Sin.* asilo, convento, foresteria, rifugio.

ospodaràto [da *ospodaro*; 1869] ***sm.*** *T.stor.* titolo e dignità dell'ospodaro ‖ durata di tale carica.

ospodàro [dallo slavo *gospodar,* padrone; 1869] ***sm.*** *T.stor.* titolo degli antichi governatori dei principati danubiani.

ossalàto [comp. di *ossal(ico)* e *-ato*; 1862] ***sm.*** *T.chim.* nome generico dei sali dell'acido ossalico.

ossalemìa [comp. di *ossal(ico)* e *-emia*; 1954] ***sf.*** *T.med.* eccesso di acido ossalico nel sangue, tipico del diabete e del reumatismo cronico.

ossàlico (pl. *-ci*) [dal fr. *oxalique*; 1834] ***agg.*** *T.chim. acido ossalico,* acido organico presente in natura in numerosi sali; tossico per l'organismo, viene eliminato come ossalato di calcio con l'orina.

Ossalidàcee o **Oxalidàcee** [da *ossalide*; 1954] ***sf. pl.*** *T.bot.* famiglia di piante dicotiledoni affine alle Geraniacee, a cui appartiene l'acetosella.

ossàlide [lat. scient. *oxalis, -idis,* dal gr. *oxalís, -ídos,* acetosella; a. 1498 *oxalide*] ***sf.*** *T.bot.* genere di piante delle Ossalidacee comprendente numerosissime specie diffuse nelle zone temperate e tropicali; presentano bulbi o rizomi e frutti a capsula.

ossalurìa o **ossalùria** [comp. di *ossal(ico)* e *-uria*; 1875] ***sf.*** *T.med.* eccesso di acido ossalico nelle orine.

ossàme [da *osso*; 1313] ***sm.*** grande quantità d'ossa.

ossàrio (pl. *-ri*) [da *osso*; 1869] ***sm.*** luogo dove si raccolgono in piccole celle le ossa dei morti esumate dopo un certo numero di anni ‖ monumento commemorativo dove si raccolgono le ossa di molte persone, spec. di soldati morti in guerra: *l'ossario di Palestro.*

ossatùra [da *osso*; a. 1529] ***sf.*** **1.** il complesso delle ossa del corpo o di una sua parte: *una robusta, fragile ossatura* **2.** *fig.* struttura portante: *l'ossatura di un edificio, di un discorso, di una nave* ‖ **N. 1.** *Sin.* carcame, scheletro | forte, gracile, grossa, minuta, vigorosa **2.**

Sin. armatura, castello, *châssis*, fusto, impalcatura, intelaiatura, sostegno, telaio.

ossecrazióne [dal lat. *obsecrātio, -ōnis*; a. 1321] **sf.** *lett. raro* preghiera fervente.

osseìna [da *osso*; 1869] **sf.** *T.biol.* materia organica caratteristica del tessuto osseo e delle cartilagini.

òsseo [da *osso*; 1599] **agg.** di, relativo a osso: *tessuto, tumore osseo* || che ha natura di osso: *consistenza ossea.* **TAV. anatomia p. 642** 11.

ossequènte (da evit. *ossequiènte*) [dal lat. *obsequens, -entis*, condiscendente; 1470 ca.] **agg.** che ha o dimostra ossequio: *essere ossequente a una norma, a un superiore* || **N.** *Sin.* deferente, obbediente, ossequioso, osservante, rispettoso, riverente.

ossequiàre (pres. *-èquio*) [dal lat. *obsequi*, accondiscendere; 1618] **tr.** fare oggetto di ossequio: *ossequiare la padrona di casa, il nuovo capufficio* || **N.** *Sin.* rendere omaggio, riverire, ufficiare, venerare.

ossequiènte v. OSSEQUENTE.

ossèquio (pl. *-qui*) [dal lat. *obsequium*; sec. XIV] **sm.** **1.** profondo rispetto, perlopiù esternato con atti o parole: *manifestare il proprio ossequio, atto, espressione di ossequio* || *in ossequio a* o *di*, in obbedienza a: *l'ho fatto in ossequio alle leggi* **2.** *pl.* formula di saluto, di commiato gentile e deferente: *riceva, voglia gradire i miei ossequi* || **N.** **1.** *Sin.* deferenza, devozione, omaggio, onore, osservanza, reverenza | affettuoso, devoto, doveroso, fedele, giusto, libero, profondo, ragionevole, rispettoso, riverente, servile, umile **2.** *Sin.* omaggi.

ossequiosità [da *ossequioso*; 1869] **sf.** qualità di chi o di ciò che è ossequioso || *concr.* azione ossequiosa.

ossequióso [dal lat. *obsequiōsus*; sec. XIV] **agg.** pieno d'ossequio; che dimostra ossequio: *impiegato ossequioso*; *parole ossequiose* || **ossequiosaménte** **avv.** || **N.** *Sin.* complimentoso, deferente, devoto, obbediente, ossequente, rispettoso, riverente.

osservàbile [da *osservare*; a. 1642] **agg.** che si può osservare || *in part. T.fis.* in meccanica quantistica, di grandezza che può essere misurata in senso statistico.

osservabilità [da *osservabile*; 1975] **sf.** qualità di ciò che può essere osservato.

osservandìssimo [dal lat. *observandus*; a. 1536 *observandissimo*] **agg.** *disus.* titolo d'ossequio: *osservandissimo signore*, degnissimo d'onore.

osservànte (*ppr.* di *osservare*) [a. 1421 nel senso 2] **agg.** **1.** che osserva, rispetta e sim.: *uomo osservante delle leggi* || che si attiene scrupolosamente alle prescrizioni di una religione: *ebreo, cattolico osservante* **2.** di ordine di francescani, che osserva strettamente la prima rigorosa regola di San Francesco: *minori osservanti* || anche *sm.*: *gli Osservanti* || **N.** **1.** *Sin.* fedele, ligio, rispettoso; ortodosso.

osservànza [dal lat. *observāntia*; sec. XIV] **sf.** **1.** rispetto pieno: *l'osservanza dei doveri, della fede, dei contratti* || nell'espr. bur. *in osservanza a*, in conformità a **2.** ossequio, spec. in formule conclusive della corrispondenza ufficiale: *con osservanza, con perfetta osservanza* **3.** *T.rel.* l'ordine dei Minori Osservanti || **N.** **1.** *Sin.* adempimento, deferenza, diligenza, disciplina, ossequio, ubbidienza.

osservàre (pres. *-èrvo*) [dal lat. *observāre*; 1219 nel senso 4] **tr.** **1.** guardare con attenzione: *osservare un dipinto, osservare attentamente gli indizi*; anche mediante strumenti: *telescopio per osservare i pianeti, osservare al microscopio* || *per estens.* rilevare, cogliere le caratteristiche, mediante i sensi o mediante strumenti più o meno complessi: *osservare il ripetersi di un fenomeno, osservare la situazione economica, il mercato del lavoro, il quadro politico* **2.** notare: *hai osservato che non balbetta più?, ho osservato cambiamenti sorprendenti* **3.** esprimere il proprio giudizio, fare rilievi; spesso *eufem.* per "criticare", "obiettare": *devo osservare che le norme non sono state rispettate, avete qualcosa da osservare?*; *fare osservare*, portare all'attenzione, spec. in senso critico: *mi permetto di farle osservare che il suo abbigliamento è inadeguato* **4.** rif. a ordini, impegni, leggi, mantenerli, metterli in atto, non trasgredirli: *osservare le norme contrattuali, osservare una dieta* || **N.** **1.** *Sin.* badare, considerare, controllare, esaminare, esplorare, fissare, indagare, investigare, sbirciare, scandagliare, scrutare, sorvegliare, spiare, squadrare, vigilare **2.** *Sin.* avvertire, avvistare, constatare, ravvisare, riconoscere, riscontrare **4.** *Sin.* attenersi, conformarsi, obbedire, rispettare, seguire.

osservatìvo [da *osservare*; 1851] **agg.** *lett.* **1.** che ha la funzione di osservare **2.** fondato sull'osservazione.

osservatóre [dal lat. *observātor, -ōris*; sec. XIV] **I** **sm.** (f. *-trìce*) **1.** chi osserva: *essere un buon osservatore*; *in part.* come centro di un sistema di riferimento: *al lato sinistro, a ovest, di fronte all'osservatore* **2.** in congressi, conferenze e sim., chi partecipa senza intervenire: *recarsi a un convegno in qualità di osservatore* || in diplomazia, delegato inviato a presenziare e controllare lo svolgimento di fatti e operazioni di particolare rilievo **II** **agg.** abile nell'osservare: *occhio osservatore.*

osservatòrio (pl. *-ri*) [da *osservare*; a. 1642] **sm.** luogo adatto per osservare || *in part.* edificio opportunamente piazzato, fornito di strumenti atti a condurre osservazioni scientifiche: *osservatorio meteorologico, astronomico, economico* || *T.mil.* luogo da cui si possono osservare le mosse o le posizioni del nemico, o i tiri delle artiglierie || **N.** *Sin.* specola. **Q.T.** *astronomia* **TAV. astronomia p. 656** 7.

osservazióne [dal lat. *observātio, -ōnis*; sec. XIV] **sf.** **1.** atto dell'osservare: *osservazione scrupolosa, accurata, spirito di osservazione* || *T.med. tenere, avere un paziente in osservazione*, ricoverato e tenuto sotto controllo clinico || *T.scient.* indagine diretta su fenomeni naturali: *osservazioni astronomiche, meteorologiche, oceanografiche* **2.** rilievo, giudizio: *fare osservazioni acute, intelligenti, banali, chi ha osservazioni da fare?* || giudizio critico, rimprovero: *fare un'osservazione al cameriere* || *dim.* osservazioncèlla || **N.** **1.** *Sin.* controllo, disamina, esame, esperimento, esplorazione, indagine, ricerca, rilevazione, riscontro, studio, verifica **2.** *Sin.* annotazione, appunto, avvertenza, considerazione, nota.

ossessionànte (*ppr.* di *ossessionare*) [a. 1944] **agg.** che costituisce un'ossessione: *un ricordo ossessionante* || che infastidisce e stanca per la sua insistenza: *una musica ossessionante.*

ossessionàre (pres. *-óno*) [da *ossessione*; 1928] **tr.** **1.** tormentare qualcuno provocando incubi o altri turbamenti psicologici; affliggere, perseguitare: *è un timore che lo ossessiona* **2.** *iperb.* infastidire in maniera insistente e assillante: *mi ossessiona con le sue telefonate!*

ossessionàto (*pps.* di *ossessionare*) [a. 1974] **agg.** **1.** perseguitato, tormentato; infastidito **2.** *ant.* posseduto dal demonio, invasato.

ossessióne [dal lat. *obsessio, -ōnis*, assedio, poi nel lat. eccl. invasamento demoniaco; 1834] **sf.** **1.** *T.psican.* turba nevrotica caratterizzata dal ricorrere frequente di pensieri, sentimenti o comportamenti che si impongono alla coscienza, nonostante il loro carattere di assurdità riconosciuto dallo stesso soggetto (per es. fobie, scrupoli maniacali, riti superstiziosi e sim.) || *com.* ansia persecutoria **2.** *fig. iperb.* assillo tormentoso e martellante: *questa pubblicità è un'ossessione!* **3.** invasamento demoniaco || **N.** **2.** *Sin.* fissazione, incubo, mania, paranoia; idea fissa. **Q.T.** *psicologia.*

ossessività [da *ossessivo*; 1970] **sf.** la condizione di chi o di ciò che è ossessivo.

ossessìvo [da *ossessione*; 1933] **I** **agg.** **1.** che costituisce un'ossessione (spec. nel senso 2): *una musica dal ritmo ossessivo, il ripetersi ossessivo delle stesse immagini* **2.** relativo a ossessione, di ossessione: *sintomo ossessivo, nevrosi ossessiva* || **ossessivaménte** **avv.** **II** **sm.** (f. *-a*) chi è affetto da ossessione (e perciò ne mostra i sintomi) || **N.** **I** **1.** *Sin.* assillante, tormentoso.

ossèsso [dal lat. *obsessus*, pps. di *obsidēre*, occupare, lat. tardo possedere; a. 1342] **agg.** e **sm.** (f. *-a*) indemoniato: *urlare come un ossesso*, furiosamente || **N.** *Sin.* energumeno, indiavolato, insatanassato, invasato, posseduto, spiritato.

òssi- [dal gr. *oxýs*, acuto] **primo elem.** che, in parole composte della terminologia della chimica inorganica, indica la presenza di ossigeno (per es. *ossidrico*) || in chimica organica indica la presenza di uno o più gruppi ossidrilici (per es. *ossibenzene*).

ossia [comp. di *o* e *sia*; a. 1694] **cong.** **1.** cioè, vale a dire, ovvero (accosta un concetto a un altro, per spiegarlo meglio o ampliarlo): *la fillossera, ossia il peggior nemico della vite, la pantoclastia, ossia furia distruttiva* **2.** *raro* oppure.

ossiacànta [dal gr. *oxyákantha*, comp. di *oxýs*, acuto e *ákantha*, spina; 1563] **sf.** *T.bot.* biancospino.

ossiacetilènico (pl. *-ci*) [comp. di *ossi-* e *acetilenico*; 1914] **agg.** *T.chim.* composto di ossigeno e acetilene || *fiamma ossiacetilenica*, ottenuta bruciando l'acetilene in una corrente di ossigeno; giunge a un calore di 3000 gradi e serve per la saldatura e il taglio dei metalli. **TAV. utensili p. 1340** 16.

ossiàcido [comp. di *ossi-* e *acido*; 1834 *ossacido*] **sm.** *T.chim.* acido contenente gruppi carbossilici e ossidrilici, che presenta alcune proprietà degli alcoli.

ossiànico (pl. *-ci*) [dal n. proprio *Ossian*; 1869] **agg.** di Ossian, bardo scozzese del III secolo d.C. a cui si ispirò Macpherson nel comporre dei poemetti che pubblicò attribuendoli a lui: *poesia ossianica* || *per estens.* fantastico e sepolcrale.

ossibenzène [comp. di *ossi-* e *benzene*; 1983] **sm.** *T.chim.* fenolo.

ossicarbossìlico (pl. *-ci*) [comp. di *ossi(geno)* e *carbossilico*; 1984] **agg.** *T.chim.* denominazione generica dei composti organici aventi la funzione ossidrilica e quella carbossilica, come, per es., l'acido salicilico e l'acido tartarico.

ossicìno (*dim.* di *osso*) [a. 1311 nel senso 1; 1935 nel senso 2] **sm.** **1.** piccolo osso **2.** *T.anat.* ognuna delle tre piccole ossa dell'orecchio medio.

ossidàbile [da *ossido*; 1795] **agg.** che va soggetto a ossidazione || **N.** *Contr.* inossidabile.

ossidabilità [da *ossidabile*; 1869] **sf.** la proprietà di ciò che è ossidabile.

ossidànte (*ppr.* di *ossidare*) [1869] **agg.** e **sm.** di composto, che cede ossigeno in un processo di ossidazione. **Q.T.** *astronautica.*

ossidàre (pres. *òssido*) [da *ossido*; 1834] **tr.** combinare con ossigeno: *ossidare il ferro* || **intr. pron.** combinarsi con ossigeno, arrugginirsi: *l'oro non si ossida.*

ossidàsi [comp. di *ossido* e *-asi*; 1904] **sf.** *T.biol.* speciale enzima che si trova nei tessuti e favorisce i processi di ossidazione o combustione dell'organismo.

ossidazióne [da *ossidare*; 1795] **sf.** *T.chim.* reazione chimica in cui un composto o un elemento si combina con ossigeno: *ossidazione del ferro esposto all'aria* || *per estens.* reazione in cui un composto viene privato dell'idrogeno o comunque è soggetto a una perdita di elettroni.

ossidiàna [dal lat. *obsidiāna*, attr. il fr. *obsidienne*; a. 1498] **sf.** roccia vetrosa di color nero, di origine vulcanica, che si scheggia facilmente in frammenti taglienti e quindi fu usata nel Neolitico per armi e utensili.

ossidimetrìa [comp. di *ossido* e *-metria*; 1954] **sm.** *T.chim.* metodo di analisi quantitativa che consiste nell'ossidare i composti da analizzare, per mezzo di quantità conosciute di sostanze ossidanti.

ossidionàle [dal lat. tardo *obsidionālis*; prima metà sec. XIV] **agg.** *T.stor.* di assedio || *corona ossidionale*, che i Romani davano a chi liberava una città dall'assedio nemico || *moneta ossidionale*, che si coniava in tempo d'assedio.

ossidióne (arc. *obsidióne*) [dal lat. *obsidio, -ōnis*; 1340 ca.] **sf.** *arc. lett.* assedio.

òssido [da *ossi-*; 1795] **sm.** *T.chim.* composto formato da ossigeno e metallo (*ossido metallico*) o non metallo (*ossido non metallico* o *anidride*).

ossidoriduzióne [comp. di *ossido* e *riduzione*; 1929] **sf.** *T.chim.* reazione fra due sostanze in cui quella ossidante acquisisce gli elettroni ceduti da quella riducente.

ossìdrico (pl. *-ci*) [comp. di *ossi-* e *-idrico*; 1918] **agg.** *T.chim.* composto d'idrogeno e d'ossigeno || *fiamma ossidrica*, fiamma caldissima che si ottiene bruciando l'idrogeno nell'ossigeno anziché nell'aria || *cannello ossidrico*, speciale cannello per produrre la fiamma ossidrica.

ossidrìle [comp. di *ossi-*, *idr(ogeno)* e *-ile*; 1911] **sm.** *T.chim.* radicale monovalente costituito da un atomo d'ossigeno e uno d'idrogeno.

ossidrìlico (pl. *-ci*) [da *ossidrile*; 1931] **agg.** *T.chim.* relativo a ossidrile, proprio di ossidrile.

ossìdulo [comp. di *ossi-* e *(aci)dulo*; 1834] **sm.** *T.chim.* fra gli ossidi di un elemento, quello in cui l'ossigeno è presente nella percentuale minore || **N.** *Sin.* protossido.

ossiemoglobìna [comp. di *ossi-* e *emoglobina*; 1883] **sf.** *T.biol.* emoglobina ossigenata dalla respirazione, che successivamente cede l'ossigeno ai tessuti.

ossìfero [comp. di *osso* e *-fero*; 1869] **agg.** che contiene ossa di animali: *caverne ossifere, terreno ossifero.*

ossificàre (pres. *-ìfico, -ìfichi*) [comp. di *osso* e *-ficare*; a. 1673] **tr.** determinare un processo di ossificazione; anche *fig.* || **intr. pron.** subire ossificazione.

ossificazióne [da *ossificare*; 1727] **sf.** **1.** *T.biol.* processo che conduce alla formazione di tessuto osseo **2.** *fig.* di fenomeni culturali, istituzioni e sim., arresto dello sviluppo, riduzione a una forma semplificata e immutabile: *l'ossificazione del marxismo, della costituzione* || **N. 1.** osteoblasto **2.** *Sin.* pietrificazione, sclerosi.

ossifluènte [comp. di *osso* e *fluente*; 1875] **agg.** *T.med.* che si sparge lungo le ossa || *ascesso ossifluente*, ascesso che si forma nei casi di osteite tubercolare delle vertebre.

ossìfraga [dal lat. *ossifraga*; a. 1498] **sf.** procellaria di grosse dimensioni che vive nei mari dell'emisfero australe, spesso al seguito delle navi.

ossigenàre (pres. *-ìgeno*) [da *ossigeno*; 1834] **tr.** **1.** *T.chim.* saturare, trattare con ossigeno: *ossigenare una soluzione* || *ossigenare i capelli*, sottoporli all'azione decolorante di sostanze che liberano ossigeno **2.** fornire aria fresca: *la stanza va ossigenata* || *fig.* aiutare, sostenere con contributi finanziari: *ossigenare l'edilizia* || **rifl.** **1.** immettere nel corpo aria buona, ricca di ossigeno **2.** schiarirsi i capelli, farseli biondi.

ossigenàto (*pps.* di *ossigenare*) [1795] **agg.** **1.** saturo di ossigeno || *acqua ossigenata*, perossido di idrogeno, decolorante e disinfettante || *aria ossigenata*, pura, ricca di ossigeno **2.** trattato con acqua ossigenata: *capelli ossigenati* || di persona, con i capelli ossigenati: *una bionda ossigenata.*

ossigenatóre [da *ossigenare*; 1961] **sm.** apparecchio per l'erogazione di ossigeno.

ossigenatùra [da *ossigenare*; 1965] **sf.** ossigenazione || *in part.* schiaritura o decolorazione dei capelli mediante l'uso di acqua ossigenata.

ossigenazióne [da *ossigeno*; a. 1795] **sf.** atto ed effetto dell'ossigenare e dell'ossigenarsi.

ossìgeno [comp. di *ossi-* e *-geno*, sul modello del fr. *oxygène*; 1795] **sm.** *T.chim.* elemento gassoso, il più comune in natura, presente libero nell'aria e combinato con idrogeno nell'acqua; quello dell'aria ha una funzione essenziale nei processi vitali di tutti gli animali, permettendo, con l'ossidazione dei processi metabolici, la produzione di calore ed energia || *tenda, camera a ossigeno*, ambiente isolato arricchito con ossigeno a scopo terapeutico || *fig. dare ossigeno, avere bisogno di ossigeno*, dare aiuti, aver bisogno di aiuti, spec. finanziari || **N.** anidridi, ossidi. **TAV. *astronautica* p. 654** 1.4.

ossigenòfilo [comp. di *ossigeno* e *-filo*; 1984] **agg.** e **sm.** *T.biol.* di organismo, in grado di vivere solo in presenza di ossigeno || **N.** *Sin.* aerobio.

ossigenòfobo [comp. di *ossigeno* e *-fobo*; 1984] **agg.** e **sm.** *T.biol.* di organismo, in grado di vivere in totale assenza di ossigeno || **N.** *Sin.* anaerobio.

ossigenoterapìa [comp. di *ossigeno* e *terapia*; 1958] **sf.** *T.med.* immissione di ossigeno nell'organismo, per inalazione o iniezione.

ossìmoro [dal gr. *oxýmōron*; 1598] **sm.** *T.ret.* figura consistente nell'accostamento di parole di significato opposto o apparentemente discorde (es. *terribilmente affascinante, gelida fiamma*).

ossitòcico v. OXITOCICO.

ossitocìna v. OXITOCINA.

ossitonizzàre [da *ossitono*; 1983] **tr.** *T.ling.* porre l'accento tonico sull'ultima sillaba: *il francese è una lingua che ossitonizza le parole provenienti da altre lingue.*

ossìtono [dal gr. *oxýtonos*, dall'accento acuto; 1828] **agg.** *lett.* di vocabolo greco, che ha l'accento acuto sull'ultima vocale || *per estens.* di parola accentata sull'ultima sillaba, tronca || **N.** acrotonico.

ossiurìaṣi o **ossiuràṣi** [comp. di *ossiuro* e *-asi*; 1935] **sf.** *T.med.* malattia provocata dalla presenza di ossiuri nell'intestino.

ossiùro [comp. del gr. *oxýs*, acuto, sottile e *-uro*; 1821] **sm.** piccolo verme (4-9 mm) filiforme dei Nematelminti, che vive parassita nell'intestino crasso e retto, spec. dei bambini, con effetti molto fastidiosi.

ossìvoro [comp. di *osso* e *-voro*; 1929] **agg.** *T.chir. pinza ossivora*, robusta pinza a becchi taglienti usata in chirurgia per regolarizzare monconi ossei, per praticare osteotomie e per prelevare stecche per innesti.

òsso (pl. f. *òssa*, quelle di un organismo nel loro complesso; pl. m. *òssi* negli altri usi) [dal lat. *ossum*, var. di *os, ossis*; fine sec. XIII] **sm.** **1.** ciascuna delle parti che formano lo scheletro dei vertebrati superiori: *le ossa del cranio, del bacino, ossa lunghe, piatte, corte, ossa fratturate, deboli, fragili* || in alcune espr. proprie e fig.: *essere tutt'ossa*, di persona magrissima; *essere ridotto pelle e ossa*, dimagrito in modo impressionante; *in carne e ossa*, in persona: *è lui in carne e ossa*; *farsi le ossa*, attraversare un processo di formazione, addestramento e sim.: *come venditore deve ancora farsi le ossa*; *rompersi l'osso del collo*, ferirsi gravemente; *rompere le ossa a qualcuno*, bastonarlo || *per meton.* le membra; spoglie mortali: *far riposare le stanche ossa* **2.** *in part.* parte dello scheletro di animale macellato: *un osso per il bollito, bistecca con, senza osso, rosicchiare, spolpare un osso* || *in part.* (non numerabile) come materiale per fabbricare piccoli oggetti o accessori: *statuina d'osso, fibbia, bottoni d'osso* || in varie espr. fig. in quanto residuo ultimo e tenace della vivanda di carne: *un osso duro*, cosa difficile da affrontare e superare: *quell'avversario sarà un osso duro*; *essere all'osso*, non avere più niente da consumare, spendere e sim.; *ridurre all'osso*, consumare tutto; *fare economia fino all'osso*, la massima possibile || roba da rodere, da sfruttare: *sono tutti intorno a quest'osso* || *scherz. molla l'osso!*, rimetti giù, restituisci quello che hai preso! **3.** *per estens.* parte rigida simile ad osso per funzione o consistenza: *osso di seppia*, la conchiglia interna della seppia; *osso di balena*, materiale ricavato dai fanoni || *pop.* nòcciolo: *osso di pesca* || *dim.* ossétto, ossino, ossicìno, ossicciuòlo, ossicèllo; *pegg.* ossàccio || **N. 1.** apofisi, cartilagini, diafisi, endostio, epifisi, midollo, periostio | acetabolo, alveoli, canali, cavità, cellule, condotti, fessure, fori, glene, lacune, protuberanze, scanalature, scissure, solchi, suture | atrofia, callo, carie, frattura (comminuta, composta, doppia, multipla, traumatica, unica), ipertrofia, osteite, osteomielite, osteoporosi, periostite, rachitismo, soprosso, tubercolosi ossea | articolare, cigolare, crocchiare, disarticolare, dinoccare, dinoccolare, fratturare, lussare, ossificare, rompere, scricchiolare, stritolare | muscoli, osteologia, tendini. **TAV. *anatomia* p. 642** 9, 10, 11.

ossobùco (pl. *ossibùchi*) [comp. di *osso* e *buco*, attraverso il milan. *òss bus*; a. 1869] **sm.** *T.cuc.* taglio di carne ricavato dal garretto, col tipico osso circolare pieno di midollo, da cucinare in umido.

ossonièṇse v. OXONIENSE.

ossùto [da *osso*; 1359] **agg.** dalle ossa grandi e vistose, spec. per magrezza accentuata: *persona ossuta, spalle ossute.*

ostacolàre (pres. *-àcolo*) [da *ostacolo*; 1866] **tr.** frenare, intralciare o impedire: *ostacolare la vittoria degli avversari, questo avvenimento ostacola i miei progetti* || **N.** *Sin.* boicottare, contrariare, contrastare, fermare, imbarazzare, inceppare, ingombrare, inibire, intercettare, interdire, intoppare, limitare, opporsi, ostruire, precludere, proibire, sabotare, sbarrare, vietare | mettere i bastoni tra le ruote.

ostacolìsta [da *ostacolo*; 1938] **s.** *T.sport.* atleta o cavallo specializzato in gare di corsa con ostacoli.

ostàcolo [dal lat. *obstāculum*; sec. XIV] **sm.** **1.** tutto ciò che si frappone al libero svolgersi di un'azione o attività, producendo rallentamento o interruzione: *le Alpi sono un ostacolo naturale per le correnti fredde del nord, un tragitto pieno di ostacoli* || *fig.* evento o situazione difficile: *gli ostacoli della vita* **2.** *T.sport.* attrezzo o impedimento di vario genere posto lungo un percorso per aumentarne la difficoltà: *correre i 110 (m) ostacoli* || **N. 1.** *Sin.* barriera, contrarietà, difficoltà, imbarazzo, impaccio, impedimento, incaglio, inceppamento, inciampo, inconveniente, ingombro, intoppo, opposizione, pastoia, ritegno, scoglio | insormontabile, insuperabile, superabile | abbattere, attraversare, frammettere, frapporre, girare, imbattersi in, incontrare, levare, levar di mezzo, rimuovere, rovesciare, scansare, sgombrare, sopprimere, sormontare, sorpassare, spazzare, spianare, superare, togliere di mezzo, vincere. **TAV. *atletica* p. 657** 1.3.

ostàggio (pl. *-gi*) [dal fr. ant. *ostage*; sec. XIV] **sm.** persona consegnata nelle mani di nemici o alleati, o che il nemico prende e tiene in suo potere, come pegno dell'osservanza dei patti, o per evitare tradimenti od offese: *prendere in ostaggio, lo scambio degli ostaggi* || persona catturata da banditi e minacciata di violenze o di morte, per garantirsi l'incolumità, ottenere certe condizioni e sim.: *i rapinatori hanno trattenuto due ostaggi per coprirsi la fuga* || **N.** *Sin.* prigioniero | dare in ostaggio, prendere.

ostàre (pres. *òsto*; *dif.*, manca il p.rem., il pps. e i tempi composti) [dal lat. *obstāre*, stare davanti; sec. XIV] ***intr.*** (aus. *avere*) *non com.* fare ostacolo, opporsi || *nulla osta*, formula concessiva, di permissione e sim.: *nulla osta al proseguimento dei lavori, nulla osta che tu abbia l'aumento*; v. anche NULLAOSTA || **N.** OSTACOLARE.

ostatìvo [da *ostare*; 1803] ***agg.*** *T.giur.* che crea o costituisce motivo di impedimento.

òste[1] [lat. *hospes, -pitis*, attr. il fr. *oste*; 1256] ***sm.*** **1.** (f. *ostéssa*) chi gestisce un'osteria || *fare i conti senza l'oste*, determinare da sé quello a cui dovrebbe concorrere anche l'altrui volontà **2.** *arc.* ospite || **N. 1.** *Sin.* bettoliere, taverniere.

òste[2] [lat. *hostis*; 1246 nel senso 2] ***sm.*** *arc.* o *lett.* **1.** nemico in guerra **2.** (talvolta anche *sf.*) esercito schierato **3.** campo di battaglia || *stare a oste*, essere in guerra.

ostealgìa (pl. *-gìe*) [comp. di *osteo-* e *-algia*; 1834] ***sf.*** *T.med.* dolore osseo.

osteggiàre (pres. *-éggio*) [da *oste*[2]; 1859] ***tr.*** ostacolare con atteggiamento ostile, avversare: *osteggiare una decisione, l'ascesa politica di qualcuno* || **N.** *Sin.* contrastare, oppugnare, OSTACOLARE.

osteìte [comp. del gr. *ostéon*, osso e *ite*[1]; 1875] ***sf.*** *T.med.* infiammazione del tessuto osseo per trauma o per malattia.

Osteìtti [comp. di *osteo-* e del gr. *ichtýs*, pesce; 1967] ***sm. pl.*** *T.zool.* classe di pesci forniti di scheletro osseo.

ostèllo [dal fr. ant. *ostel*; fine sec. XIII] ***sm.*** **1.** *ant. poet.* albergo, abitazione: *d'in sui veroni del paterno ostello* (Leopardi) || rifugio; ricettacolo: *ahi, serva Italia, di dolore ostello* (Dante) **2.** *ostello della gioventù*, albergo attrezzato per accogliere i giovani turisti, che vi possono alloggiare con piccola spesa.

ostèndere (pres. *-èndo* ecc., come TENDERE) [dal lat. *ostendere*; a. 1294] ***tr.*** *arc.* mostrare, dimostrare.

ostensìbile [dal lat. *ostendere*; a. 1644] ***agg.*** che si può mostrare || **ostensibilménte** ***avv.*** visibilmente.

ostensióne [dal lat. *ostēnsio, -ōnis*; 1640] ***sf.*** *lett.* **1.** presentazione, esposizione: *l'ostensione del Santissimo*, l'esposizione dell'ostia consacrata **2.** *T.fil.* indicazione: *gesto di ostensione*, quello con cui si indica qualcosa.

ostensìvo [dal lat. tardo *ostensīvus*; a. 1342] ***agg.*** **1.** che si può mostrare; ostensibile: *lettera ostensiva* **2.** atto a dimostrare || *T.fil. definizione ostensiva*, data mostrando concretamente ciò che l'espressione denota || **ostensivaménte** ***avv.***

ostensóre [dal lat. *ostēnsor, -ōris*; 1509] ***sm.*** *non com.* chi mostra qualche cosa.

ostensòrio (pl. *-ri* o *-rii*) [dal lat. *ostendere*; a. 1696] ***sm.*** *T.eccl.* arredo sacro, gen. di metallo prezioso, in cui si presenta per l'adorazione ai fedeli il SS. Sacramento || **N.** lunetta, raggiera, sfera. **Q.T.** ***chiesa...*** **TAV.** *chiesa* 2.6.

ostentaménto [da *ostentare*; 1350 ca.] ***sm.*** *non com.* l'ostentare.

ostentàre (pres. *-ènto*) [dal lat. *ostentāre*; a. 1540] ***tr.*** mostrare con affettazione in modo da attirare l'attenzione: *ostentare le proprie ricchezze, ostentare i propri meriti, ostentare la fede* || **N.** *Sin.* affettare; pavoneggiarsi, vantarsi; darsi aria o importanza o tono, far mostra, far pompa, menar vanto.

ostentatìvo [da *ostentare*; a. 1667] ***agg.*** *non com.* atto a ostentare.

ostentàto (*pps.* di *ostentare*) [a. 1646] ***agg.*** esibito, messo in mostra in maniera volutamente esagerata: *si è allontanato con ostentata indifferenza* || **ostentataménte** ***avv.***

ostentatóre [dal lat. *ostentātor, -ōris*; a. 1472] ***agg.*** e ***sm.*** (f. *-trìce*) che o chi ostenta || **N.** *Sin.* borioso, fanfarone, megalomane, rodomonte, tronfio.

ostentazióne [dal lat. *ostentātio, -ōnis*; sec. XIV] ***sf.*** l'atto dell'ostentare; pomposa mostra, ambiziosa dimostrazione: *ostentazione esagerata della propria ricchezza, porgere con ostentazione una grossa mancia* || **N.** *Sin.* sfoggio; boria, grandigia, iattanza, importanza, millanteria, pompa, sfarzo, sicumera, spavalderia, superbia, tronfiezza, vanagloria.

ostentóso [da *ostentare*; a. 1472] ***agg.*** *raro* che ostenta, vanaglorioso.

òsteo- [dal gr. *ostéon*, osso] ***primo elem.*** che, in parole composte della terminologia scientifica, vale "osso", "relativo alle ossa" (per es. *osteoblasto, osteogenesi, osteologia*).

-òsteo [dal gr. *ostéon*, osso] ***elem. term.*** che, in parole composte della terminologia scientifica, vale "osso", "dotato di scheletro osseo" (per es. *Olostei, Teleostei*).

osteoblàsto [comp. di *osteo-* e *-blasto*; 1875] ***sm.*** *T.biol.* cellula situata nel midollo delle ossa, che elabora nuova sostanza ossea.

osteoclasìa [comp. di *osteo-* e *-clasia*; 1834] ***sf.*** *T.med.* operazione chirurgica che consiste nel produrre la frattura delle ossa per correggerne poi le deformità.

osteoclàste [comp. di *osteo* e gr. *klástēs*, che rompe; 1875] ***sm.*** *T.chir.* strumento chirurgico a morsa, con cui si pratica l'osteoclasia.

osteogènesi [comp. di *osteo-* e *genesi*; 1834] ***sf.*** *T.biol.* formazione di sostanza ossea.

Osteoglòssidi (sing. *-e*) [comp. di *osteo-*, *-glossa* e *-idi*; 1967] ***sm. pl.*** *T.zool.* famiglia di pesci Teleostei carnivori, d'acqua dolce, forniti di lingua munita di denti; vivono nelle regioni tropicali.

osteologìa [comp. di *osteo-* e *-logia*; 1687] ***sf.*** *T.anat.* parte dell'anatomia che studia le ossa.

osteològico (pl. *-ci*) [da *osteologia*; 1862] ***agg.*** relativo all'osteologia, proprio dell'osteologia: *ricerche osteologiche.*

osteòlogo (pl. *-gi*) [comp. di *osteo-* e *-logo*; 1957] ***sm.*** (f. *-a*) *T.med.* studioso di osteologia.

osteòma [comp. di *osteo-* e *-oma*; 1875] ***sm.*** *T.med.* tumore benigno che prolifera su tessuto osseo.

osteomalacìa (pl. *-cìe*) [comp. di *osteo-* e *malacia*; 1834] ***sf.*** *T.med.* rammollimento progressivo delle ossa dovuto a carenza di calcio e vitamina D_2.

osteomielìte [comp. di *osteo-* e *mielite*; 1865] ***sf.*** *T.med.* infiammazione, di origine batterica, del midollo osseo.

osteomielìtico (pl. *-ci*) [da *osteomielite*; 1935] ***agg.*** *T.med.* proprio, tipico dell'osteomielite: *infiammazione osteomielitica, sintomi osteomielitici.*

osteopatìa [comp. di *osteo-* e *-patia*; 1930] ***sf.*** *T.med.* ogni processo patologico che colpisce l'apparato scheletrico.

osteoperiostìte [comp. di *osteo-* e *periostite*; 1875] ***sf.*** *T.med.* infiammazione che colpisce contemporaneamente l'osso e il periostio.

osteoporòsi [comp. di *osteo-*, gr. *póros*, passaggio e *-osi*; 1828] ***sf.*** *T.med.* rarefazione del tessuto osseo che ne determina un'estrema fragilità.

osteosarcòma [comp. di *osteo-* e *sarcoma*; 1834] ***sm.*** *T.med.* tumore maligno che attacca il tessuto osseo.

osteoscleròsi [comp. di *osteo-* e *sclerosi*; 1883] ***sf.*** *T.med.* ispessimento del tessuto osseo.

osteòsi [comp. di *osteo-* e *-osi*; 1834] ***sf.*** *T.med.* ogni tipo di affezione non infiammatoria dello scheletro.

osteotomìa [comp. di *osteo-* e *-tomia*; 1771] ***sf.*** *T.chir.* resezione chirurgica delle ossa.

osteòtomo [comp. di *osteo-* e *-tomo*; 1875] ***sm.*** *T.chir.* strumento chirurgico per la resezione delle ossa.

osterìa [da *oste*[1]; a. 1363] ***sf.*** **1.** luogo pubblico di mescita del vino, in cui si dà talvolta anche da mangiare **2.** *ant.* locanda || *fig. fermarsi alla prima osteria*, prendere la prima cosa che capita, senza fare una scelta || *dim.* osteriòla, osteriétta; *spreg.* osteriùccia; *pegg.* osteriàccia || **N. 1.** *Sin.* bettola, cantina, fiaschetteria, mescita, taverna | avventore, insegna, oste, taverniere.

osterìggio (pl. *-gi*) [dall'ingl. *steerage*, alloggio di poppa; 1889] ***sm.*** *T.mar.* costruzione a forma di abbaino con vetri e grata di ottone, a spioventi sollevabili, posta sulla coperta delle navi, per dare aria e luce ai locali sottostanti.

ostéssa [da *oste*[1], sul modello del fr. *ostesse*; a. 1484] ***sf.*** **1.** donna che gestisce un'osteria **2.** la moglie dell'oste.

ostètrica [dal lat. *obstetrix, -īcis*, che sta davanti alla partoriente; a. 1794] ***sf.*** infermiera o medico-donna specializzata in ostetricia || **N.** *Sin.* levatrice.

ostetrìcia [dal lat. *obstetrīcia*, cure dell'ostetrica; 1803] ***sf.*** parte della medicina che si occupa della gestazione, del parto e delle prime settimane di puerperio: *medico specializzato in ginecologia e ostetricia, infermiera specializzata in ostetricia* || **N.** ginecologo, levatrice, ostetrico.

ostètrico (pl. *-ci*) [dal lat. *obstetrīcius*, con influsso degli agg. sdruccioli in *-ico*; 1761] **I** ***agg.*** di o relativo a ostetricia: *clinica ostetrica, ginecologo ostetrico* **II** ***sm.*** (f. *-a*) medico specializzato in ostetricia.

òstia [dal lat. *hostia*, vittima; sec. XIV] ***sf.*** **1.** la sottilissima falda di farina di grano, di forma circolare che il sacerdote consacra e offre nel sacrificio della messa || sottilissima sfoglia di farina, usata spec. per racchiudere polveri medicinali e sim. **2.** *lett.* la vittima che anticamente veniva sacrificata agli dei pagani || *per estens.* vittima; *in part.* Gesù Cristo, in quanto sacrificato per la redenzione dell'umanità || **N. 1.** *Sin.* particola, specie, viatico; *cachet*, cialda | ciborio, comunione, corporale, eucaristia, ostensorio.

ostiariàto [da *ostiario*; 1644] ***sm.*** *T.eccl.* il primo dei quattro ordini sacri minori, il quale conferiva la facoltà di aprire e chiudere le porte della chiesa.

ostiàrio (pl. *-ri*) [dal lat. *ostiārius*, portiere; a. 1342] ***sm.*** **1.** *T.eccl.* chi ha ricevuto l'ostiariato **2.** *per estens.* portiere, usciere.

òstico (pl. *-ci*) [dal lat. *hosticus*, ostile; sec. XIV] ***agg.*** **1.** duro, difficile da affrontare o sopportare: *una materia ostica, un lavoro ostico* **2.** *lett.* di sapore sgradevole: *un cibo ostico* || **N. 1.** *Sin.* arduo, DIFFICILE.

ostière[1] [da *oste*[1]; a. 1424] ***sm.*** *arc.* **1.** (f. *-a*) albergatore; taverniere **2.** ostello.

ostière[2] [da *oste*[2]; a. 1595] ***sm.*** *arc.* campo di soldati nemici.

ostìle [dal lat. *hostīlis*; a. 1342] ***agg.*** **1.** animato da avversione, contrario: *comportamento, sguardo ostile, giornale ostile al governo* **2.** *raro* del nemico: *esercito ostile* || **ostilménte** ***avv.*** || **N. 1.** NEMICO.

ostilità [dal lat. tardo *hostīlitas, -ātis*; a. 1631] ***sf.*** **1.** sentimento o atteggiamento di rifiuto o avversione: *mostrare ostilità nei confronti di una persona, avvertire l'ostilità di un ambiente* **2.** *concr.* spec. *pl.* atto ostile || *in part.* *T.mil.* azioni belliche: *sospendere, riprendere le ostilità* || **N. 1.** *Sin.* contrarietà, diffidenza, inimicizia, intolleranza, malanimo, rifiuto **2.** *Sin.* offesa; combattimenti.

ostinàrsi (pres. *-ìno*) [dal lat. *obstināre*; 1505] ***intr. pron.*** insistere con irragionevole o inopportuna tenacia: *ostinarsi a sostenere un'i-*

dea sbagliata, si ostina a portare quella ridicola acconciatura || **N.** *Sin.* accanirsi, fissarsi, impuntarsi, incaparbirsi, incaponirsi, intestarsi, persistere | fare il sordo, puntare i piedi, tener duro.

ostinatézza [da *ostinarsi*; a. 1789] **sf.** il carattere di chi o di ciò che è ostinato || **N.** *Sin.* OSTINAZIONE.

ostinàto [dal lat. *obstinātus*; 1308] **I agg.** **1.** irragionevolmente o inopportunamente tenace nel proposito, caparbio: *peccatore ostinato* **2.** che dura a lungo, che persiste: *resistenza ostinata, silenzio ostinato* **3.** *T.mus.* di tema, che ritorna continuamente, spec. nella parte del basso: *basso ostinato* || **ostinataménte** **avv.** **II sm.** **1.** (f. *-a*) persona caparbia **2.** *T.mus.* tema che si ripete continuamente || **N.** I **1.** *Sin.* cocciuto, fermo, impenitente, incaponito, inconcusso, incorreggibile, incrollabile, inflessibile, irremovibile, irriducibile, pertinace, pervicace, refrattario, restìo, testardo | *Contr.* arrendevole **2.** *Sin.* costante, saldo, tenace.

ostinazióne [dal lat. *obstinātio, -ōnis*; sec. XIV] **sf.** **1.** irremovibile volontà di continuare, spesso ingiustificata o controproducente: *negare con ostinazione l'evidenza, ostinazione irragionevole* **2.** *fig.* persistenza: *ostinazione di una malattia, della pioggia* || **N.** **1.** *Sin.* accanimento, caparbietà, caponaggine, cocciutaggine, costanza, durezza, fermezza, immutabilità, impenitenza, inflessibilità, insistenza, irremovibilità, ostinatezza, perseveranza, pertinacia, pervicacia, rigidezza, tenacia, testardaggine.

òstio (pl. *-ti*) [dal lat. *ōstium*, apertura, porta; sec. XV] **sm.** *T.anat.* orifizio terminale di un condotto: *osti arteriosi*, situati nel cuore, da cui si dipartono l'aorta e l'arteria polmonare; *osti venosi*, che mettono in comunicazione atri e ventricoli corrispondenti || *T.zool.* orifizio capillare nel corpo dei Poriferi, che lascia passare l'acqua nell'interno.

ostìolo [dal lat. *ōstiolum*, porticina; a. 1511] **sm.** *T.bot.* orifizio attraverso il quale gli organi di riproduzione delle Crittogame comunicano con l'esterno.

ostolàre V. USTOLARE.

ostràceo V. OSTREACEO.

ostracìsmo [dal gr. *ostrakismós*; a. 1527] **sm.** **1.** *T.stor.* esilio di dieci anni a cui potevano essere condannati in Atene i cittadini che per la loro popolarità destavano sospetti politici **2.** *fig.* avversione, condanna unanime, messa al bando: *subire l'ostracismo dell'opinione pubblica*; *dare l'ostracismo*, togliere di mezzo, bandire.

ostracizzàre [da *ostracismo*; a. 1604] **tr.** *lett.* colpire per mezzo dell'ostracismo; anche *fig.*

òstraco (pl. *-ci* e *-chi*) [dal gr. *óstrakon*, conchiglia; 1983] **sm.** **1.** *T.zool.* lo strato calcareo più cospicuo nella conchiglia dei molluschi **2.** ostrakon.

Ostracòdi (sing. *-e*) [dal gr. *ostrakṓdēs*, simile a una conchiglia; 1834] **sm. pl.** *T.zool.* ordine di piccoli Crostacei marini o d'acqua dolce, forniti di arti corti e di una corazza a due valve.

ostrakon (gr., pr. it. [ˈɔstrakon]) [letter. conchiglia, poi coccio] **sm.** (pl. *ostraka*, pr. it. [ˈɔstraka]) nel mondo antico, pezzo di coccio o tavoletta su cui si incidevano o si scrivevano brevi note, appunti e sim. || *in part.* ad Atene, quello sul quale si votava per le condanne all'ostracismo.

ostreàceo o **ostràceo** [dal gr. *óstreon*, ostrica; a. 1642] **sm.** *T.zool.* mollusco provvisto di conchiglia || **N.** *Sin.* testaceo.

ostregàra [dal ven. *ostrega*, ostrica; 1958] **sf.** *T.pesc.* rete a strascico molto allungata, usata, soprattutto di notte, su fondali bassi sabbiosi e fangosi, per la pesca delle ostriche e di altri molluschi.

òstrica [lat. *ostrea*, prob. con influsso del veneziano *ostrega*; a. 1294] **sf.** mollusco dei Lamellibranchi, privo di piede, con conchiglia dal contorno irregolare, rugosa esternamente e formata da uno spesso strato madreperlaceo; è uno dei più pregiati frutti di mare || *ostrica perlifera*, meleagrina || *stare attaccato come l'ostrica allo scoglio*, essere molto legato, inseparabile || *chiuso come un'ostrica*, di persona, impenetrabile, eccessivamente riservato || *T.cuc.* *uovo all'ostrica*, tuorlo appena condito con limone e sale e consumato crudo || *dim.* ostrichétta, ostrichìna; *accr.* ostricóna || **N.** valve.

ostricàio (pl. *-ài*) [da *ostrica*; 1730 nel senso 2] **sm.** **1.** (f. *-a*) venditore di ostriche **2.** luogo naturalmente ricco di ostriche o in cui si pratica l'ostricoltura.

ostricoltóre [comp. di *ostri(ca)* e *-coltore*; 1954 *ostricultore*] **sm.** (f. *-trìce*) chi si dedica all'allevamento di ostriche.

ostricoltùra [comp. di *ostri(ca)* e *coltura*, sul modello del fr. *ostreiculture*; 1882 *ostricultura*] **sf.** l'allevamento razionale di ostriche perlifere o commestibili.

òstro[1] [dal lat. *ostrum*; 1340] **sm.** **1.** *lett.* porpora **2.** *per meton.* drappo tinto di porpora.

òstro[2] [dal lat. *auster*; 1300 *ostra*] **sm.** *poet.* austro, sud || vento che spira da sud.

ostrogòtico (pl. *-ci*) [da *ostrogoto*; 1869] **agg.** relativo agli Ostrogoti, proprio degli Ostrogoti.

ostrogòto [dal lat. tardo *Ostrogothus*; 1831] **I agg.** **1.** che appartiene, proprio degli Ostrogoti **2.** *fig.* barbaro, incivile **II sm.** **1.** (f. *-a*) appartenente alla tribù o alla popolazione dei Goti orientali che invasero l'Italia nel V e VI sec. **2.** (f. *-a*) persona incivile **3.** (solo *sing.*) la lingua parlata dagli Ostrogoti || *parlare ostrogoto*, in modo incomprensibile || **N.** I **1.** goto, visigoto.

ostruìre (pres. *-ìsco, -ìsci*; pps. *ostruito*) [dal lat. *obstruere*; 1525] **tr.** rif. a condotto, passaggio e sim., chiudere del tutto o in parte, in modo da impedire od ostacolare il flusso o l'accesso: *la frana ha ostruito il tunnel* || **intr. pron.** chiudersi, intasarsi || **N.** **tr.** *Sin.* imbarazzare, ingorgare, intasare, occludere, otturare, serrare, turare | *Contr.* deostruire, liberare.

ostruttìvo [da *ostruire*; 1618] **agg.** atto a ostruire.

ostruzióne [da *ostruire*; 1598 *ostruttione* nel senso 2; 1940 nel senso 1] **sf.** **1.** atto ed effetto dell'ostruire: *ostruzione provocata da una frana* **2.** ciò che chiude e impedisce il libero flusso, transito e sim.: *rimuovere l'ostruzione* || *T.mil.* *ostruzione galleggiante, subacquea*, sbarramento artificiale all'ingresso di porti, canali o tratti di mare interno **3.** *non com.* ostruzionismo: *fare ostruzione* || **N.** **1.** *Sin.* arresto, costipazione, imbarazzo, impedimento, incagliamento, ingorgamento, intasamento, occlusione, oppilazione, otturamento, ristagno.

ostruzionìsmo [da *ostruzione*, sul modello dell'ingl. *obstructionism*; 1894] **sm.** **1.** opposizione sistematica volta a rallentare o impedire lo svolgimento di un'attività || *in part.* *ostruzionismo parlamentare*, metodo di lotta politica delle minoranze, consistente nello sfruttamento di tutti i mezzi ammessi dai regolamenti per ritardare l'attuazione o la discussione di determinati provvedimenti **2.** *T.sport.* nel rugby e nel calcio, azione fallosa per impedire all'avversario di continuare l'azione. **Q.T.** *politica.*

ostruzionìsta [da *ostruzione*, sul modello dell'ingl. *obstructionist*; 1904] **s.** chi pratica l'ostruzionismo.

ostruzionìstico (pl. *-ci*) [da *ostruzionismo*; 1908] **agg.** di o dell'ostruzionismo: *tattica ostruzionistica.*

oṣùra V. USURA.

otalgìa (pl. *-gìe*) [dal gr. *otalgía*; 1749] **sf.** *T.med.* dolore acuto all'orecchio, spec. di origine nevralgica.

otàlgico (pl. *-ci*) [dal gr. *otalgikós*; 1828] **agg.** di otalgia.

otàrda o **ottàrda** [dal lat. *avis tarda*, letter. uccello lento, attr. il fr. *outarde*; a. 1698 *ottarda*] **sf.** grosso uccello dei Gruiformi, corridore, di color cinerino sul collo, rossiccio con striature nere sul dorso.

otària [dal fr. *otarie*; 1875] **sf.** grosso mammifero dei Pinnipedi simile alla foca, dotato però di arti posteriori che lo rendono più agile nel movimento a terra; vive sulle coste del Pacifico del Sud ed è oggetto di caccia per il grasso e per la pregevole pelliccia || **N.** *Sin.* leone marino.

-òtico [dal gr. *-ōtikós*] **suff.** che forma gli agg. corrispondenti ai sostantivi in *-osi* (per es. *necrotico, nevrotico, sclerotico*).

otiorìnco V. OZIORINCO.

otìte [comp. di *oto-* e *-ite*; 1828 *otitide*] **sf.** *T.med.* infiammazione acuta o cronica dell'orecchio || **N.** otalgia.

otìtico (pl. *-ci*) [da *otite*; 1958] **agg.** *T.med.* relativo all'otite, proprio dell'otite.

òto- [dal gr. *ôus, otós*, orecchio] **primo elem.** che, in parole composte della terminologia medica, vale "orecchio" (per es. *otoiatria, otopatia, otosclerosi, otoscopia*).

otocióne [comp. di *oto-* e del gr. *kýōn, kyonós*, cane; 1935] **sm.** mammifero dei Canidi vivente nelle steppe africane, fornito di orecchie molto sviluppate.

otocìsti [comp. di *oto-* e *cisti*; 1954] **sm.** *T.zool.* organo elementare dell'udito nei Molluschi e in altri animali.

otoiàtra [comp. di *oto-* e *-iatra*; 1954] **s.** medico specialista in malattie dell'orecchio.

otoiatrìa [comp. di *oto-* e *-iatria*; 1871] **sf.** *T.med.* parte della medicina che studia e cura le malattie dell'orecchio.

otolìte [comp. di *oto-* e *-lite*; 1865] **sm.** *T.zool.* ciascuno dei granuli calcarei posti nell'endolinfa dell'orecchio interno dei Vertebrati, che muovendosi concorrono a determinare il senso dell'equilibrio.

otopatìa [comp. di *oto-* e *-patia*; 1839] **sf.** *T.med.* termine generico con cui si definiscono tutte le affezioni relative all'organo dell'udito.

otoplàstica [comp. di *oto-* e *plastica*; 1865] **sf.** intervento di chirurgia plastica per il rimodellamento dell'orecchio esterno.

otorìno [abbr. di *otorinolaringoiatra*; 1958] **s.** *inv.* otorinolaringoiatra.

otorinolaringoiàtra [comp. di *oto-*, *rino-*, *laringe* e *-iatra*; 1905] **s.** *T.med.* medico specialista in otorinolaringoiatria.

otorinolaringoiatrìa [comp. di *oto-*, *rino-*, *laringe* e *-iatria*; 1940] **sf.** *T.med.* parte della medicina che studia e cura le varie malattie dell'orecchio, del naso e della gola.

otorinolaringoiàtrico (pl. *-ci*) [da *otorinolaringoiatria*; 1975] **agg.** *T.med.* relativo all'otorinolaringoiatria, proprio dell'otorinolaringoiatria.

otorragìa (pl. *-gìe*) [comp. di *oto-* e *-rragia*; 1834] **sf.** *T.med.* perdita di sangue da un orecchio.

otorrèa [comp. di *oto-* e *-rrea*; 1834] **sf.** *T.med.* scolo purulento dall'orecchio, gen. dovuto a otite.

otosclerọ̀si o **otosclèrọsi** [comp. di *oto-* e *sclerosi*; 1934] **sf.** *T.med.* sclerosi dell'apparato labirintico dell'orecchio che provoca sordità totale.

otoscopìa [comp. di *oto-* e *-scopia*; 1891] **sf.** *T.med.* esame dell'orecchio effettuato mediante otoscopio.

otoscòpio (pl. *-pi*) [da *oto-* e *-scopio*; 1839] **sm.** *T.med.* strumento per l'ispezione dell'orecchio.

ótre [lat. *uter, utris*; sec. XIV] **sm.** recipiente per liquidi a forma di sacco, ricavato da una intera pelle di capra, conciata e cucita: *un otre di vino, di olio* || *fig. pieno, gonfio come un otre,* ben rimpinzato || di un ubriacone: *è un otre di vino* || *dim.* otricèllo, otrèllo || **N.** *Sin.* ghirba.

otricolàre [da *otricolo*; 1869] **agg.** **1.** a forma di otre: *vescica otricolare* **2.** *T.anat.* relativo a otricolo.

otricolària [da *otricolo*; 1958] **sf.** *T.bot.* pianta acquatica provvista di vescichette che la tengono a galla e servono alla cattura di animaletti acquatici.

otrìcolo [dal lat. *utriculus,* piccolo otre; 1694 *utricolo*] **sm.** **1.** *T.anat.* formazione membranosa a sacco posta nel labirinto dell'orecchio interno **2.** *T.bot.* frutto simile ad achenio, con pericarpo più sottile.

òtta [etim. inc.; 1313] **sf.** *arc.* ora; tempo || *a otta a otta, otta per vicenda,* di tanto in tanto || *a otta,* in tempo || *a bell'otta,* al momento opportuno || *ogni otta,* ogni volta.

òtta- o **òcta-** [dal gr. e lat. *okta-*] **primo elem.** che, in parole composte dotte e della terminologia scientifica, vale "otto", "composto di otto" (per es. *ottaedro, ottagono*) || in chimica è utilizzato nelle denominazioni di composti caratterizzati dalla presenza di otto atomi o di otto radicali uguali (per es. *ottano*).

ottacòrdo [dal lat. *octachordos,* gr. *oktáchordos,* che ha otto corde; 1774] **agg.** e **sm.** *T.mus.* detto di strumento a otto corde.

ottaèdrico (pl. *-ci*) [da *ottaedro*; 1681] **agg.** che ha figura di ottaedro.

ottaèdro [dal lat. *octaēdros,* gr. *oktáedros*; a. 1597] **sm.** *T.geom.* figura solida a otto facce; *ottaedro regolare,* le cui facce sono triangoli equilateri || **N.** bipiramide.

ottagonàle [da *ottagono*; a. 1555] **agg.** a forma di ottagono.

ottàgono [dal lat. *octagōnos*; a. 1492 *octagono*] **sm.** *T.geom.* poligono che ha otto lati e otto angoli.

ottàle [da *otto*; 1974] **agg.** *T.mat. sistema numerico ottale,* sistema di numerazione con base di 8 numeri, dallo zero al sette.

ottàmetro [dal lat. *octameter,* gr. *oktámetros*; 1781] **sm.** *T.metr.* nella poesia classica, verso di otto piedi: *un ottametro giambico.*

ottangolàre [da *ottangolo*; a. 1465] **agg.** *raro* ottagonale.

ottàngolo [dal lat. tardo *octangulus*; a. 1519] **sm.** *raro* ottagono.

ottànico (pl. *-ci*) [da *ottano*; 1950] **agg.** relativo a ottano || che contiene ottano.

ottanizzàre [da *ottano*; 1958] **tr.** aumentare il numero di ottani di una benzina.

ottàno [da *otto* e *-ano*[2], sul modello del fr. *octane*; 1950] **sm.** *T.chim.* idrocarburo saturo con otto atomi di carbonio; dei suoi numerosi isomeri alcuni sono presenti nella benzina || *numero di ottano,* indice della resistenza alla detonazione di un carburante || **N.** isottano.

ottànta [prob. lat. volg. **octāinta,* class. *octōginta*; 1268 *octanta*] **agg.** e **sm.** *num. card.*, ar. 80, rom. LXXX || rif. ad età: *essere sugli ottanta, avvicinarsi agli ottanta.*

ottantanòve [comp. di *ottanta* e *nove*; 1958] **agg.** e **sm.** *num. card.*, ar. 89, rom. LXXXIX || si usa per indicare l'anno 1789, in cui ebbe inizio la Rivoluzione francese: *i principi dell'Ottantanove,* quelli enunciati nella Dichiarazione dei diritti dell'uomo e del cittadino, redatta dall'Assemblea nazionale costituente, che doveva essere la base delle nuove istituzioni politico-sociali della Francia rivoluzionaria.

ottànte [dal lat. *octans, -antis,* n. di strumento di misura; 1813] **sm.** *T.mar.* strumento ormai disusato, misuratore di angoli, simile al sestante, ma di soli 45 gradi di ampiezza, cioè uguale all'ottava parte di un angolo giro.

ottantènne [comp. di *ottanta* ed *-enne*; 1869] **agg.** e **s.** che o chi ha ottanta anni: *un arzillo ottantenne* || **N.** *Sin.* ottuagenario.

ottantìna [da *ottanta*; 1863] **sf.** complesso di ottanta cose, o di circa ottanta: *un'ottantina di persone* || *ass.* s'intende sempre di anni: *un uomo sull'ottantina.*

ottàrda V. OTARDA.

ottàre (pres. *òtto*) [dal lat. *optāre*; 1640] **tr.** *arc.* desiderare || **intr.** (aus. *avere*) *raro* ambire.

ottàstilo o **octàstilo** [dal lat. *octastylos,* gr. *oktástylos*; a. 1798 *octastilo*] **agg.** *T.arch.* di tempio, con otto colonne sulla facciata.

ottatìvo [dal lat. (*modus*) *optatīvus*; sec. XIV] **agg.** e **sm.** *T.gram.* di modo del verbo, che esprime desiderio o possibilità; ha una specifica forma solo in alcune lingue indoeuropee (per es. in greco classico); in italiano è reso dal congiuntivo || *proposizione ottativa,* quella che esprime un desiderio (per es. *possa tu essere sempre lieto e felice!*).

ottàva [da *ottavo*; 1284 ca.] **sf.** **1.** periodo di otto giorni che precedono o seguono una festa solenne religiosa: *ottava di Natale* **2.** *T.mus.* intervallo di due suoni di cui il più alto ha frequenza doppia del più grave: *trasportare un brano un'ottava sotto* || una delle due note di tale intervallo: *intonare l'ottava superiore* **3.** *T.metr.* stanza poetica di otto endecasillabi, di cui i primi sei hanno rime alternate e i due ultimi baciate. **Q.T.** *metrica.*

ottavàrio (pl. *-ri*) [dal lat. eccl. *octavārius*; 1685] **sm.** periodo di otto giorni consecutivi a una festa, durante i quali si fanno preghiere e prediche in prosecuzione della solennità || il complesso di preghiere e riti religiosi che si fanno in tale occasione.

ottavìno [da *ottava,* sul modello del fr. *octavin*; 1801] **sm.** *T.mus.* strumento simile al flauto traverso, i cui suoni sono di una ottava più alta di quelli del flauto. **TAV.** ***musica*** **p. 1324** 2.9.

ottàvo [dal lat. *octavus*; 1282] **I agg.** *num. ord.* di 8: *Carlo ottavo; l'ottavo secolo,* il periodo dal 701 all'800 (d.C.) o dall'800 al 701 (a.C.) || *T.metr. ottava rima,* V. OTTAVA nel senso 3 || *l'ottava meraviglia, scherz.* cosa di enorme bellezza o valore (cfr. MERAVIGLIA nel senso 2) **II** *num. fraz.* **1.** l'ottava parte: *tre ottavi* **2.** *T.tip. in ottavo,* di formato equivalente a quello del foglio di stampa piegato tre volte, in modo che risultino otto pagine per facciata: *volume, edizione in ottavo* **3.** *T.sport. ottavi di finale,* quartultimo turno eliminatorio che segue i sedicesimi di finale e precede i quarti di finale.

ottemperànza [da *ottemperare*; 1640] **sf.** *T.bur.* atto ed effetto dell'ottemperare, osservanza: *in ottemperanza alle vigenti leggi.*

ottemperàre (pres. *-èmpero*) [dal lat. *obtemperare*; 1470 ca.] **intr.** (aus. *avere*) rif. a ordine o prescrizione, adempiere, obbedire || **N.** UBBIDIRE.

ottenebraménto [da *ottenebrare*; 1686] **sm.** atto ed effetto dell'ottenebrare e dell'ottenebrarsi.

ottenebràre (pres. *-ènebro*) [dal lat. tardo *obtenebrāre*; a. 1306] **tr.** privare della luce, oscurare || *com. fig.* privare di lucidità o razionalità, confondere: *i pregiudizi, gli alcolici ottenebrano la mente, una mente ottenebrata dalla follia* || **intr. pron.** perdere luminosità, chiarezza: *il cielo si ottenebra*; anche *fig.* || **N.** OSCURARE.

ottenebraziòne [dal lat. tardo *obtenebrātio, -ōnis*; a. 1642] **sf.** ottenebramento.

ottenére (pres. *-èngo* ecc., come TENERE) [dal lat. *obtinēre,* tener fermo; 1353] **tr.** **1.** conseguire ciò che si desidera, si chiede o si merita: *ottenere il permesso di espatrio, ottenere una licenza, ha ottenuto i migliori risultati* **2.** produrre, ricavare: *il malto si ottiene dall'orzo germinato* || **N.** **1.** *Sin.* acquistare, attingere, cavare, conquistare, guadagnare, procurare, raggiungere, ricavare, riportare, riscuotere, riuscire, vincere | arrabattarsi, brigare, cercare, esaudire, estorcere, intercedere, mirare | pigliare due piccioni con una fava.

ottenìbile [da *ottenere*; a. 1712] **agg.** che si può ottenere || **N.** *Sin.* conseguibile, facile, impetrabile, possibile, raggiungibile; alla portata.

otteniménto [da *ottenere*; a. 1547] **sm.** l'ottenere || **N.** *Sin.* conseguimento, raggiungimento.

ottènne [dal lat. tardo *octennis*; 1869] **agg.** di otto anni: *bambino ottenne.*

ottènnio (pl. *-ni*) [dal lat. tardo *octennium*; 1831] **sm.** periodo di otto anni.

ottentòtto [dall'afrikaans *ottentot, hottentoo,* attr. l'ol. *hottentot*; 1761] **I agg.** degli Ottentotti **II sm.** **1.** (f. *-a*) appartenente a una popolazione indigena dell'Africa meridionale, un tempo diffusa in tutta questa area, oggi notevolmente ridotta **2.** (solo *sing.*) la lingua parlata dagli Ottentotti, affine a quella dei Boscimani **3.** (f. *-a*) *fig. non com.* barbaro || **N.** II **2.** *koisan.*

ottétto [da *otto,* sul modello di *duetto*; 1940] **sm.** **1.** *T.mus.* gruppo di otto esecutori: *ottetto d'archi, ottetto madrigalesco* **2.** *T.mus.* composizione musicale per otto strumenti.

òttica [dal gr. *optikḗ* (*téchnē*), arte ottica; 1598] **sf.** **1.** *T.fis.* parte della fisica che studia i fenomeni luminosi; *ottica geometrica,* considera la propagazione della luce per raggi rettilinei che non interferiscono tra loro; *ottica ondulatoria,* basata sulla teoria ondulatoria della luce; *ottica elettronica,* studia il comportamento di fasci elettronici nell'interazione con campi magnetici ed elettrici **2.** tecnica di costruzione degli strumenti ottici **3.** il complesso di lenti, specchi e sim., di uno strumento ottico: *l'ottica del cannocchiale è eccellente* **4.** *fig.* punto di vista, prospettiva: *in questa ottica,* da questo punto di vista. **Q.T.** *fisica, unità di misura* **TAV.** ***ottica*** **p. 1329.**

òttico (pl. *-ci*) [dal gr. *optikós*; 1574 *optico*] **I agg.** **1.** di vista, che si riferisce alla vista: *nervo ottico, illusione ottica* **2.** che concerne l'ottica: *fenomeno ottico, strumento ottico* || **otticaménte** **avv.** da un punto di vista ottico **II sm.** (f. *-a*) chi fabbrica o vende strumenti ottici e spec. occhiali. **TAV.** ***anatomia*** **p. 642** 16.8.

ottìle [comp. di *ott*(*ano*) e *-ile*; 1958] **sm.** *T.chim.* radicale alchilico monovalente ottenuto dall'ottano per perdita di un atomo di idrogeno.

ottimàle [da *ottimo,* sul modello dell'ingl. *optimal*; 1950] **agg.** nella condizione più favorevole, ideale, che costituisce l'optimum: *livelli ottimali di produzione, preparazione atletica ottimale.*

ottimalizzàre [da *ottimale*; 1965] **tr.** ottimizzare.

ottimalizzaziòne [da *ottimalizzare*; 1965] **sf.** atto ed effetto dell'ottimalizzare.

ottimàre (pres. *òttimo*) [da *ottimo*; 1965] **tr.** *raro* portare un processo o un prodotto ai massimi livelli di rendimento.

ottimàte [dal lat. *optimas, -ātis*; a. 1484 *optimati*] **sm.** *T.stor.* nell'antica Roma, cittadino del ceto più elevato: *governo degli ottimati* || *per estens.* che ricopre un'elevata posizione sociale || **N.** *Sin.* maggiorente, notabile, oligarca.

ottimaziòne [da *ottimare*; 1971] **sf.** ottimizzazione.

ottìmetro o **optìmetro** [comp. del gr. *optós,* visibile e *-metro*; 1889] **sm.** strumento di precisione con cui si misurano lunghezze dell'ordine di 0,2 micron.

ottimìsmo [da *ottimo,* sul modello del fr. *optimisme*; 1759 nel senso 2; 1869 nel senso 1] **sm.** **1.** disposizione a dare un'interpretazione positiva di ciò che avviene e a confidare nel buon esito degli eventi futuri: *il suo ottimismo non lo abbandona mai* **2.** *T.fil.* la dottrina secondo la quale nell'universo tutto va per il meglio e noi viviamo nel migliore dei mondi possibili || **N.** **1.** veder tutto rosa | *Contr.* pessimismo.

ottimìsta [da *ottimismo*; 1818] **I** ***s.*** chi dà prova di ottimismo, chi fa previsioni favorevoli **II** ***agg.*** ottimistico || **N.** *Contr.* pessimista.

ottimìstico (pl. *-ci*) [da *ottimismo*; 1931] ***agg.*** che dimostra ottimismo, che è caratterizzato da ottimismo: *giudizio ottimistico, persona ottimistica* || **ottimisticaménte** ***avv.*** con ottimismo.

ottimiẓẓàre [da *ottimo*, sul modello dell'ingl. to *optimize*; 1970] ***tr.*** rendere ottimale || *in part.* perfezionare un procedimento, un impianto e sim., in modo da ottenere il miglior rendimento: *ottimizzare un processo produttivo.*

ottimiẓẓazióne [da *ottimizzare*; 1966] ***sf.*** atto o effetto dell'ottimizzare.

òttimo [lat. *optimus*; a. 1294 come sm.] **I** ***agg.*** superl. di *buono*, nei vari sensi, rif. a qualità materiali, morali, di funzionamento, resa ecc.: *un'ottima stoffa, un motore in ottimo stato, un ottimo cuoco, prezzi, affari ottimi, salute, cera ottima* || **ottimaménte** ***avv.*** **II** ***sm.*** **1.** ciò che è ottimo; l'optimum || *T.econ. ottimo paretiano*, nella teoria dell'equilibrio economico di Vilfredo Pareto, situazione di allocazione delle risorse tale che la posizione di un soggetto non può essere migliorata senza peggiorare quella di un altro **2.** la massima qualifica di merito che viene data a certi dipendenti statali || **N.** I *Sin.* eccellente, magnifico, splendido, superlativo | *Contr.* pessimo.

òtto [lat. *octo*; 1211] ***agg.*** e ***sm.*** *num. card.*, ar. 8, rom. VIII || *oggi a otto*, tra una settimana || *gli otto giorni*, il preavviso minimo di otto giorni al licenziamento, previsto dalla legge: *dare gli otto giorni*, annunciare il licenziamento || *in quattro e quattr'otto*, in brevissimo tempo || *T.stor. gli Otto*, magistratura fiorentina che aveva giurisdizione penale || *T.tip. corpo otto*, carattere con forza di corpo di otto punti || *T.sport.* imbarcazione usata nelle gare di canottaggio, con otto vogatori azionanti un remo ciascuno e un timoniere: *otto con* (*timoniere*), *otto di punta* || *T.sport.* una delle figure del pattinaggio ottenuta tracciando sul ghiaccio un percorso simile ad un 8 || *otto volante* (pl. *ottovolanti*), gioco da luna park, simile alle montagne russe ma con percorso a 8. **TAV.** *canottaggio* 1.

òtto- forma assimilata di OPTO- (v.).

-òtto [variante di *-etto*] ***suff.*** (f. *-a*) **1.** altera in senso diminutivo il nome di base: *ancorotto, bambolotto, barilotto* || *in part.* aggiunto al nome di alcuni animali, ne indica il piccolo: *aquilotto, balenotto, leprotto, passerotto* || in alcuni casi, al valore diminutivo si associa quello spregiativo: *contadinotto, sempliciotto, signorotto* **2.** aggiunto ad aggettivi può avere il valore di "alquanto", "piuttosto": *anzianotto, bassotto, pienotto, vecchiotto.*

ottobràta [da *ottobre*; a. 1885] ***sf.*** *fam.* scampagnata che si fa nel mese di ottobre; in part. quella che si fa da Roma ai Castelli.

ottóbre [lat. *octōber, -bris*; 1211] ***sm.*** il decimo mese dell'anno del calendario gregoriano, ottavo nel calendario romano.

ottobrìno [da *ottobre*; 1891] ***agg.*** tipico di ottobre: *luce ottobrina.*

ottocentésco (pl. *-schi*) [da *ottocento*; 1932] ***agg.*** dell'Ottocento: *palazzo ottocentesco* || *spreg.* anacronistico, antiquato: *mentalità ottocentesca.*

ottocentìsta [da *ottocento*; 1923] ***s.*** **1.** scrittore o artista dell'Ottocento **2.** studioso di letteratura, arte, storia dell'Ottocento **3.** *T.sport.* atleta che corre gli 800 metri piani.

ottocentìstico (pl. *-ci*) [da *ottocento*; a. 1907] ***agg.*** che riguarda l'Ottocento.

ottocènto [comp. di *otto* e *cento*; a. 1348] ***agg.*** e ***sm.*** *num. card.*, ar. 800, rom. DCCC **1.** *l'Ottocento*, il diciannovesimo secolo: *letteratura dell'Ottocento*; anche *agg. inv.* (sempre posposto): *mobile, quadro Ottocento* **2.** titolo dell'argento, con 800 parti su 1000 di argento puro **3.** *T.sport. gli ottocento*, in atletica, gara di corsa che si svolge sulla distanza di ottocento metri piani: *vincere gli ottocento.*

ottocìfre [comp. di *otto* e *cifra*; 1965] ***sm.*** *inv.* arnese a forma di otto, usato dagli orologiai e dagli orafi per raddrizzare il bilanciere.

ottomàna [da *ottomano*, sul modello del fr. *ottomane*; 1797] ***sf.*** divano con spalliera di cuscini mobili, utilizzabile anche come letto.

ottomàno [dall'ar. *uthmānī*, agg. di *Uthmān*, n. del capostipite della dinastia ottomana; 1542 nel senso 1; 1958 nel senso 2] **I** ***agg.*** **1.** turco, com. riferito al periodo della dinastia iniziata da Othman I (XIV sec. - 1923): *impero ottomano* **2.** *T.tess. tessuto ottomano*, tipo di tessuto con armatura derivata dalla tela **II** ***sm.*** **1.** (f. *-a*) turco **2.** *T.tess.* tessuto ottomano.

ottomìla [comp. di *otto* e *mila*; a. 1342] ***agg.*** e ***sm.*** *num. card.*, ar. 8000, rom. VIII || *T.alp.* vetta che supera gli 8000 metri: *un ottomila.*

ottonàio (pl. *-ài*) [da *ottone*; 1470] ***sm.*** (f. *-a*) chi lavora l'ottone.

ottonàme [da *ottone*; 1863] ***sm.*** quantità di oggetti di ottone, di lavori in ottone.

ottonàre (pres. *-óno*) [da *ottone*; 1869] ***tr.*** coprire con una patina di ottone: *metallo ottonato.*

ottonàrio (pl. *-ri*) [dal lat. mediev. *octonārius*, gruppo di otto divisioni di un salmo; a. 1566] ***agg.*** *T.metr.* di verso, che ha otto sillabe || anche *sm.*: *gli ottonari del Metastasio.*

ottonatùra [da *ottonare*; 1869] ***sf.*** **1.** operazione dell'ottonare **2.** rivestimento d'ottone.

ottóne [forse dall'ar. *lātūn*, oro; 1271] ***sm.*** **1.** lega di rame e zinco, di color giallo, malleabile, largamente impiegata per oggetti di arredamento, gioielli, accessori e pezzi di macchine **2.** *per meton. pl.* strumenti a fiato fatti di ottone || **N.** **2.** corno, flicorno, sassofono, tromba, trombone, tuba. **Q.T.** *musica.*

Ottòpodi o **Octòpodi** (sing. *-e*) [dal gr. *oktṓpous, oktṓpodos*; 1834] ***sm. pl.*** *T.zool.* ordine di molluschi Cefalopodi (cui appartiene il polpo comune) dotati di otto tentacoli con ventosa e privi di conchiglia.

ottosìllabo [comp. di *otto* e *sillabo*; a. 1550] ***sm.*** e ***agg.*** **1.** verso composto da otto sillabe **2.** parola di otto sillabe || **N.** **1.** *Sin.* ottonario.

ottotìpico o **optotìpico** (pl. *-ci*) [da *ottotipo*; 1958] ***agg.*** *tavola ottotipica*, ottotipo.

ottòtipo o **optòtipo** [comp. di *otto-* e *-tipo*, prob. sul modello dell'ingl. *optotype*; 1935] ***sm.*** tavola su cui sono segnate delle lettere in grandezza decrescente, impiegata per l'esame della vista.

ottuagenàrio (pl. *-ri*) [dal lat. *octogenārius*, con influsso di *settuagenario*; 1640 *ottogenario*] ***agg.*** e ***sm.*** (f. *-a*) di persona, che o chi ha ottanta anni d'età.

ottùndere (pres. *-ùndo*; p.rem. *ottùṣi, ottundésti*; pps. *ottùṣo*) [dal lat. *obtundere*; sec. XIV] ***tr.*** *lett.* **1.** rif. a punta o lama, smussarla, privarla del filo **2.** *fig.* rendere meno efficace, offuscare: *una sostanza che ottunde le capacità mentali* || ***intr. pron.*** *fig.* perdere vigore, acutezza || **N.** ***tr.*** **1.** *Sin.* spuntare.

ottundiménto [da *ottundere*; 1935] ***sm.*** atto ed effetto dell'ottundere.

ottuplicàre (pres. *-ùplico, -ùplichi*) [dal lat. **octuplāre*, pps. *octuplicātus*; 1640 *ottoplicare*] ***tr.*** moltiplicare per otto.

òttuplo [dal lat. *octuplus*; a. 1565] **I** ***agg.*** otto volte maggiore **II** ***sm.*** quantità maggiore di otto volte.

otturaménto [da *otturare*; a. 1739] ***sm.*** l'atto e l'effetto dell'otturare e dell'otturarsi || **N.** *Sin.* chiusura, ostruzione, otturazione.

otturàre (pres. *-ùro*) [dal lat. *obturāre*; sec. XIV] ***tr.*** turare, ostruire completamente: *qualcosa ha otturato lo scarico* || *otturare un dente*, ricoprire con un amalgama specifico lo spazio lasciato scoperto da una carie || ***intr. pron.*** occludersi, turarsi: *la valvola di sicurezza si è otturata* || **N.** OSTRUIRE | *Contr.* sgorgare, stasare, sturare.

otturatóre [da *otturare*; 1889] ***sm.*** **1.** *T.mil.* parte del fucile a retrocarica o del cannone, che serve per chiudere la culatta dopo aver introdotto la carica **2.** *T.fot.* nelle macchine fotografiche e nelle cineprese, il congegno che regola l'esposizione alla luce della pellicola. **Q.T.** *fotografia* **TAV.** ***armi* p. 649** 20.3.

otturazióne [da *otturare*; 1891] ***sf.*** **1.** atto ed effetto dell'otturare: *l'otturazione dello scarico ha provocato l'allagamento* **2.** ciò che ottura || *in part.* la pasta con cui il dentista chiude la cavità di un dente cariato: *l'otturazione si è consumata.*

ottuṣàngolo [dal lat. tardo *obtusiangulus*; a. 1615] ***agg.*** *T.geom.* di triangolo, che ha un angolo ottuso.

ottuṣità [dal lat. tardo *obtūsitas, -ātis*; 1681] ***sf.*** l'essere ottuso || *fig.* mancanza di perspicacia, grossezza di ingegno.

ottùṣo (*pps.* di *ottundere*) [dal lat. *obtūsus*; 1321 nel senso 2 e 3; a. 1556 nel senso 1] ***agg.*** **1.** *non com.* che non ha punta acuta, smussato **2.** *T.geom.* di angolo, che è maggiore di 90° e minore di 180° **3.** *fig.* d'ingegno, capacità di apprendimento e sim., privo di penetrazione, lento **4.** *non com.* angusto: *stanza ottusa* || di suono, sordo || **ottuṣaménte** ***avv.*** || **N.** **1.** *Contr.* affilato, appuntito **3.** *Sin.* tardo, torpido, STUPIDO. **TAV.** *geometria* 3.3.

out (ingl., pr. [aʊt]) [letter. fuori; 1905 come sm.] **I** ***avv.*** e ***agg.*** *inv.* (sempre posposto) superato, fuori moda **II** ***sm.*** *inv. T.sport.* **1.** spazio fuori dal terreno di gioco **2.** verdetto di sconfitta del pugile a terra: *dare l'out*, decretare il fuori combattimento **III** ***escl.*** **1.** nel tennis, grido del giudice di linea per segnalare il fallo della palla lanciata fuori campo **2.** formula pronunciata dall'arbitro alla fine del conteggio del pugile a terra; forma abbreviata di *knock-out* (v.).

outburst (ingl., pr. ['aʊtbəːst]) [letter. scoppio fuori; 1961] ***sm.*** *inv. burst.*

outdoor (ingl., pr. [ˌaʊt'dɔː]) [comp. di *out*, fuori e *door*, porta; 1964] ***agg.*** *inv. T.sport.* detto di competizione o incontro sportivo, spec. di atletica leggera, che si svolge all'aperto || **N.** *Contr. indoor.*

output (ingl., pr. ['aʊtpʊt]) [letter. produzione; 1970] ***sm.*** *inv. T.inform.* il risultato di un'elaborazione || **N.** *input.*

outrigger (ingl., pr. ['aʊtˌrɪgə]) [letter. armato fuori; 1889 *outriggero*] ***sm.*** *inv.* **1.** *T.mar.* buttafuori metallico della scalmiera **2.** *T.sport.* nel canottaggio, imbarcazione con scalmiera sporgente dai fianchi, a coppie di vogatori, ciascuno con un solo remo.

outsider (ingl., pr. [aʊt'saɪdə]; pr. it. [aut'saider]) [letter. estraneo; 1895] ***sm.*** *inv.* **1.** atleta o cavallo da corsa che vince contro ogni pronostico **2.** *per estens.* chi vince in una competizione qualsiasi, pur avendo all'inizio poche probabilità: *le elezioni presidenziali sono state vinte da un outsider* **3.** *per estens.* persona che non appartiene veramente ad un gruppo, ambiente e sim., pur avendo rapporti con esso: *un outsider nel mondo dell'informatica.*

ouverture (fr., pr. [uvɛr'tyːr]) [letter. apertura; 1825] ***sf.*** *inv. T.mus.* brano strumentale o vocale, che precede o introduce una composizione || **N.** introduzione, preludio, prologo, sinfonia.

ovàia [dal lat. tardo *ovarium*, contenitore di

uova; a. 1597] *sf. T.anat.* organo dell'apparato genitale femminile, in cui si producono gli ovuli. **TAV. *anatomia* p. 641** 5.8a.

ovàio (pl. *-ài*) [lat. tardo *ovarius*; 1865] **I** *agg.* che produce uova, ovaiolo: *gallina ovaia*; *gennaio ovaio*, nel quale le galline fanno più uova **II** *sm.* (f. *-a*) *raro* chi vende uova.

ovaiòlo [da *ovaio*; 1868 *ovaiuolo* come sm. nel senso 2] **I** *agg.* atto a produrre uova: *galline ovaiole* **II** *sm.* **1.** (f. *-a*) *raro tosc.* venditore di uova **2.** portauovo.

ovalàre [da *ovale*; 1875] *agg. T.biol.* e *T.med.* che ha forma ovale: *zona ovalare*.

ovàle [lat. volg. **ovālis*; a. 1455] **I** *agg.* di figura il cui profilo ha la forma della sezione longitudinale di un uovo || *per estens.* ellittico: *un vassoio ovale, foglia ovale* **II** *sm.* **1.** nicchia o spazio di forma ovale **2.** contorno ovale del viso: *un bell'ovale, un ovale regolare*. **TAV. *fiori...* p. 671** 4.7.

ovalizzàre [da *ovale*; 1958] *tr.* dare forma ovale, spec. a parti meccaniche: *ovalizzare un tubo* || *intr. pron.* deformarsi diventando ovale: *questo tubo si è ovalizzato*.

ovalizzazióne [da *ovalizzare*; 1958] *sf.* atto ed effetto dell'ovalizzare e dell'ovalizzarsi.

ovànte [dal lat. *ovans, ovantis*, ppr. di *ovāre*, esultare; prima metà sec. XIV] *agg. lett.* esultante, festante, trionfante.

ovàrico (pl. *-ci*) [da *ovario*; 1964] *agg.* **1.** *T.anat.* relativo alle ovaie, proprio delle ovaie: *cisti ovarica* **2.** *T.bot.* relativo all'ovario, proprio dell'ovario.

ovariectomia [comp. di *ovario* e *-ectomia*; 1931] *sf. T.chir.* asportazione di una o di tutte le due ovaie.

ovàrio (pl. *-ri*) [dal lat. tardo *ovārium*; 1813] *sm.* **1.** *T.anat.* ovaia **2.** *T.bot.* la parte del pistillo che contiene gli ovuli || **N.** *Sin.* ooforo. **TAV. *fiori...* p. 671** 1.3.

ovariocèle [comp. di *ovario* e *-cele*; 1875] *sf. T.med.* ernia dell'ovaia.

ovariocisti [comp. di *ovario* e *cisti*; 1970] *sf. T.med.* cisti dell'ovaia.

ovariostàtico (pl. *-ci*) [comp. di *ovario* e *-statico*; 1974] *agg.* di farmaco, che sospende l'ovulazione.

ovarite [comp. di *ovario* e *-ite*[1]; 1875] *sf. T.med.* infiammazione di una o di entrambe le ovaie || **N.** *Sin.* ooforite.

ovàto [dal lat. *ovātus*; a. 1519] *agg.* ovale: *foglie ovate*.

ovàtta [dal fr. *ouate*; a. 1712] *sf.* cotone misto a cascami sfilacciati, impiegato per imbottiture o, opportunamente trattato, per scopi sanitari || **N.** *Sin.* bambagia, capoc, cotone idrofilo.

ovattàre [dal fr. *ouater*; 1865] *tr.* **1.** imbottire o foderare con ovatta **2.** *fig.* attutire, smorzare: *la nebbia ovatta i suoni*.

ovattàto (*pps.* di *ovattare*) [1855] *agg. fig.* di suono, senza risonanza e intensità, attutito: *un rumore ovattato*.

ovattatùra [da *ovattare*; 1925] *sf.* imbottitura con ovatta.

ovattificio (pl. *-ci*) [comp. di *ovatta* e *-ficio*; 1942] *sm.* stabilimento in cui viene fabbricata ovatta.

ovazióne [dal lat. *ovātio, -ōnis*; sec. XIV nel senso 2; a. 1590 nel senso 1] *sf.* **1.** festosa accoglienza, applausi generali: *il suo ingresso è stato accolto da un'ovazione*; *per estens.* da: **2.** *T.stor.* onore militare concesso al generale romano, inferiore al vero trionfo.

óve [lat. *ubi*; fine sec. XIII] **I** *avv. lett.* **1.** dove: *surse ver lui del loco ove pria stava* (Dante) **2.** ovunque: *ove sia chi per prova intenda amore, spero trovar pietà nonché perdono* (Petrarca) **II** *cong.* **1.** (con valore condizionale, regge il congiuntivo) nel caso che, qualora: *ove fosse necessaria una consulenza, mi rivolgerò a voi* **2.** *lett.* (con valore avversativo, regge l'indicativo) mentre, quando invece: *si è espresso senza mezzi termini ove era necessario più tatto*.

over (ingl., pr. ['ouvə]; pr. it. ['ɔver]) [da *over(arm)*, sopra braccio; 1935] *sm. inv.* stile di nuoto eseguito sul fianco, muovendo un braccio a pagaia e le gambe a rana, mentre la testa rimane sopra il pelo dell'acqua || **N.** *Sin.* nuoto alla marinara.

overdose (ingl., pr. ['ouvədous]; pr. it. [over'dɔze]) [comp. di *over*, troppo e *dose*, dose; 1979] *sf. inv.* dose eccessiva, gen. mortale, di stupefacenti, spec. eroina: *è il quarto morto per overdose dall'inizio dell'anno* || *per estens. scherz.* eccesso, esagerazione: *un'overdose di televisione*.

overdrive (ingl., pr. ['ouvədraɪv]) [letter. sfruttamento; 1970] *sm. inv.* meccanismo posto nell'albero di trasmissione del motore di un'automobile per aumentarne la velocità a parità di giri del motore.

oversize (ingl., pr. ['ouvəsaɪz]) [comp. di *over*, sopra e *size*, misura; 1978] *agg. inv.* e *sm. inv.* di indumento, di taglia superiore a quella di chi lo deve indossare: *ai giovani piacciono gli oversize*.

overtùra *sf.* adattamento it. di *ouverture* (v.).

òvest [dal fr. *ouest*; 1561] **I** *sm. inv.* **1.** *T.geogr.* punto cardinale corrispondente alla direzione in cui si vede tramontare il sole: *esposizione a ovest, giungere da ovest* **2.** (con iniziale maiuscola) parte di territorio, stato e sim., posta a ovest: *gente dell'Ovest* **II** *agg. inv.* (sempre posposto) occidentale: *l'ala ovest del castello* || **N.** **1.** *Sin.* occaso, occidente, ponente, tramonto.

òvi- v. OVO-.

o via v. OVVIA.

ovidótto [dal lat. scient. *oviductus*, introdotto sull'esempio di *aquaeductus*; a. 1698 *ovidutto*] *sm. T.anat.* canale attraverso il quale l'uovo va dall'ovaia all'esterno o viene convogliato in un altro organo.

ovifórme [comp. di *ovi-* e *-forme*; a. 1730] *agg.* a forma d'uovo || **N.** *Sin.* ovoidale.

ovile [dal lat. *ovīle*; 1321 nel senso 2] *sm.* **1.** luogo dove si racchiudono le pecore o le capre **2.** *fig.* la dimora consueta, il proprio ambiente: *ritornare, ricondurre all'ovile* || **N.** **1.** addiaccio, caprile, stalla.

Ovìni [dal lat. *ovīnus*; 1891] *sm. pl. T.zool.* sottofamiglia dei Bovidi comprendente varie razze domestiche di pecore e capre e alcune specie selvatiche, tra cui il camoscio e il muflone. **TAV. *mammiferi* p. 1319**.

ovìno [dal lat. *ovīnus*; sec. XIV] **I** *agg.* relativo agli ovini: *bestiame, allevamento ovino, macelleria ovina* **II** *sm.* ogni individuo appartenente alla sottofamiglia degli Ovini.

ovìparo [dal lat. tardo *oviparus*; a. 1694] *agg.* e *sm. T.zool.* di animale, che o chi depone uova fecondate in cui poi si completa lo sviluppo del nuovo individuo || **N.** ovoviviparo, viviparo.

ovisàcco (pl. *-chi*) [comp. di *ovi-* e *sacco*; 1875] *sm. T.anat.* epitelio in cui è racchiuso l'ovulo.

òvo v. UOVO.

òvo- o **òvi-** [dal lat. *ōvum*, uovo] *primo elem.* che, in parole composte della terminologia scientifica, vale "uovo" (per es. *ovidotto, oviparo, ovocellula*).

ovocèllula [comp. di *ovo-* e *cellula*; 1950] *sf. T.biol.* oosfera.

ovogènesi [comp. di *ovo-* e *genesi*; 1932] *sf. T.biol.* processo di formazione e maturazione dell'ovocellula.

ovoidàle [da *ovoide*; 1869] *agg.* a forma d'uovo || **N.** *Sin.* oviforme.

ovòide [da *ovo*; 1772] **I** *agg.* oviforme: *frutto ovoide* **II** *sm.* corpo di forma ovoidale.

ovolàccio (pl. *-ci*) [da *ovolo*; 1892] *sm.* altro nome dell'ovolo malefico.

ovolàio (pl. *-ài*) [da *ovolo*; a. 1826] *sm.* vivaio in cui si piantano gli ovoli degli ulivi.

òvolo o **òvulo** [dal lat. tardo *ōvulum*, piccolo uovo; sec. XIV-XV *uovolo* nel senso 3; 1612 nel senso 1] *sm.* **1.** (*Amanita caesarea*) uno dei più pregiati funghi mangerecci, con gambo sottile, lamelle gialle e cappello arancione, che nella prima fase di sviluppo è tondeggiante e avvolto da una membrana bianca || *ovolo malefico* (*Amanita muscaria*) fungo della stessa famiglia, simile per l'aspetto da giovane ma velenoso; si distingue da quello edule per il colore rosso più vivo del cappello, per i frammenti di membrana che lo ricoprono e per le lamelle bianche **2.** *T.arch.* modanatura dal profilo curvilineo; echino **3.** *T.arch.* motivo ornamentale tipico dell'ordine ionico, formato da una serie di rilievi ovoidali contornati di foglie o linee **4.** *T.bot.* protuberanza che si forma nelle radici e nel ceppo dell'olivo, usata per la riproduzione. **TAV. *architettura* p. 646** 3.7.

ovomaltina ® [comp. di *ovo*, *malto* e *-ina*; 1942] *sf.* nome di un prodotto ricostituente ed energetico a base di latte, cacao, zucchero e malto, che serve a preparare una bevanda ricca di calorie.

ovopositóre [comp. di *ovo-* e *positore*, che depone; a. 1916] *sm. T.zool.* organo mediante il quale le femmine di alcuni animali, spec. insetti, depongono le uova.

ovovìa [comp. di *ovo-*, per la forma delle cabine e *-via*; 1975] *sf.* funivia con piccole cabine a due posti a forma di uovo.

ovovivìparo [comp. di *ovo-* e *viviparo*; 1935] *agg. T.zool.* di animale, che partorisce figli vivi sviluppatisi nell'uovo, all'interno del corpo materno (come avviene per es. nella vipera) || **N.** oviparo, viviparo.

ovulàre[1] [da *ovulo*; 1958] *agg.* **1.** *T.bot.* relativo all'ovulo **2.** dalla forma ovale.

ovulàre[2] (pres. *òvulo*) [da *ovulo*; 1962] *intr.* (aus. *avere*) *T.biol.* avere l'ovulazione.

ovulazióne [da *ovulo*; 1958] *sf. T.biol.* distacco dall'ovario delle cellule-uovo mature, pronte ad essere fecondate || il periodo in cui tale fenomeno si verifica.

òvulo [dal lat. *ōvulum*, piccolo uovo; 1834 nel senso 2] *sm.* **1.** ovolo **2.** *T.bot.* ognuno dei corpiccioli contenuti nell'ovario dei fiori, destinati a divenire semi **3.** *T.biol.* oocita.

ovùnque [lat. *ubi unquam*, class. *ubicumque*; a. 1292] *avv. lett.* dovunque (con valore relativo): *mi troverai ovunque vorrai cercarmi*.

ovvéro [comp. di *o* e *vero*; fine sec. XIII] *cong.* **1.** (per specificare o chiarire) ossia, cioè: *il pesce azzurro, ovvero sardine e alici* **2.** (per indicare un'alternativa) oppure, altrimenti: *puoi arrivare comodamente in treno ovvero in autobus*.

ovverosia [comp. di *ovvero* e *sia*; 1891] *cong. lett.* ossia.

ovvia o **o via** [comp. di o^3 e di *via*; a. 1665] *escl.* esprime incoraggiamento, esortazione e sim.: *ovvia, usciamo!*

ovviàre (pres. *-io, -ii* e anche *io òvvio, tu òvii*) [dal lat. *obviāre*, andare incontro, agire contro; sec. XIV] *intr.* (aus. *avere*) **1.** porre rimedio: *ovviare ad un inconveniente* **2.** *ant.* andare incontro.

ovvietà [da *ovvio*; 1957] *sf.* qualità di ciò che è ovvio: *l'ovvietà di una situazione in un racconto* || *concr.* affermazione ovvia, banalità: *non sa dire altro che ovvietà*.

òvvio (pl. *-vi*) [dal lat. *obvius*; 1672] *agg.* facile a presentarsi alla mente; banalmente prevedibile: *una supposizione, una risposta ovvia* || **ovviaménte** *avv.* **1.** in modo ovvio: *si è comportato del tutto ovviamente* **2.** con valore frasale, chiaramente, naturalmente, com'è sottinteso: *con quella cifra, ovviamente, non potevi aspettarti di meglio* || **N.** *Sin.* evidente, lampante, logico, naturale, scontato.

Oxalidàcee v. OSSALIDACEE.

oxer (ingl., pr. [ˈɒksə]; pr. it. [ˈɔkser]) [letter. staccionata del recinto dei bovini; 1965] ***sm.*** *inv. T.sport.* nei percorsi ippici, ostacolo artificiale costituito da un fosso e due siepi.

oxford (ingl., pr. [ˈɒksfəd]; pr. it. [ˈɔksford]) [dal n. geogr. *Oxford*; 1905] ***sm.*** *inv.* tessuto di cotone per camicie, a quadri o righe.

oxitòcico o **ossitòcico** (pl. *-ci*) [comp. del gr. *oxýs*, acuto e *tókos*, parte; 1958] ***agg.*** *T.med.* di farmaco che stimola le contrazioni dell'utero, affrettando il parto.

oxitocìna o **ossitocìna** [da *oxitocico*; 1958] ***sf.*** *T.biol.* ormone dell'ipofisi che provoca le contrazioni uterine durante il parto e la secrezione lattea durante il puerperio.

oxoniènse o **ossonièense** [da *Oxonia*, n. lat. di *Oxford*; 1958] ***agg.*** e ***s.*** *lett.* della città e dell'università di Oxford, in Inghilterra: *tradizione universitaria oxoniense* || *pronuncia oxoniense*, pronuncia colta dell'inglese.

ozelòt v. OCELOT.

ozèna [dal lat. *ozǣna*, gr. *ózaina*; sec. XIV] ***sf.*** *T.med.* infiammazione cronica atrofizzante della mucosa nasale con secrezione purulenta fetida.

oziàre (pres. *òzio*) [dal lat. *otiāri*; 1640] ***intr.*** (aus. *avere*) starsene in ozio, stare senza fare nulla: *invece di oziare tutto il giorno, cerca di renderti utile!* || **N.** *Sin.* bighellonare, ciondolare, gingillarsi, impigrire, ozieggiare, poltrire, poltroneggiare | batter la fiacca, buttarsi sull'imbraca, darsi al beato far nulla, darsi bel tempo, far l'arte di Michelaccio, girarsi i pollici, perdere tempo, scaldare le sedie, stare con le mani in mano o alla cintola, starsene in panciolle.

ozieggiàre (pres. *-éggio*) [da *oziare*; 1640] ***intr.*** (aus. *avere*) *raro* oziare, gingillarsi.

òzio (pl. *òzi*) [dal lat. *ōtium*; 1308 nel senso 2] ***sm.*** **1.** inattività dovuta a indolenza o pigrizia: *abbandonarsi all'ozio, vivere nell'ozio* **2.** inoperosità: *la malattia lo ha costretto a un ozio forzato, nei momenti di ozio* || *in part.* condizione di distacco (perlopiù temporaneo) dall'attività produttiva, per dedicarsi a occupazioni spirituali: *ozio filosofico*; frequente al pl.: *ozi letterari* || *pegg.* oziàccio || **N. 1.** *Sin.* inazione, inerzia; il dolce far niente **2.** *Sin.* ricreazione, riposo, tempo libero.

oziorìnco o **otiorìnco** (pl. *-chi*) [comp. del gr. *ōtíon*, piccolo orecchio e *-rinco*; 1958] ***sm.*** piccolo insetto dei Coleotteri che vive sulla vite e sull'olivo, provocando gravi danni alle piante.

oziosàggine [da *ozioso*; a. 1799] ***sf.*** il vizio di chi se ne sta abitualmente in ozio.

oziosità [dal lat. tardo *otiōsitas, -ātis*; 1308 *oziositade*] ***sf.*** **1.** vizio di chi o di ciò che è ozioso (nei vari sensi) **2.** *concr.* cosa, discorso ozioso (nel senso 2): *sono tutte oziosità* || **N. 1.** *Sin.* abulia, indolenza, inerzia, neghittosità, pigrizia, poltroneria, scioperataggine **2.** *Sin.* inutilità, superfluità.

ozióso [dal lat. *otiōsus*; a. 1292 nel senso 2] **I** ***agg.*** **1.** che ama stare in ozio: *gente oziosa* || inattivo; condotto nell'ozio: *giornata, vita oziosa* **2.** di cosa, questione e sim., inconsistente, vano, superfluo: *parole oziose* || **oziosamènte** ***avv.*** **II** ***sm.*** (f. *-a*) persona oziosa || **N. I 1.** *Sin.* bighellone, ciondolone, fannullone, gingillone, inerte, infingardo, inoperoso, neghittoso, perdigiorno, poltrone, scaldapanche, scansafatiche, scioperato, sfaccendato.

ozocerite o **ozocherite** [comp. del gr. *ózein*, mandare odore e gr. *kērós*, cera; 1925] ***sf.*** *T.chim.* miscuglio di idrocarburi di aspetto ceroso, residuo dell'evaporazione spontanea dei giacimenti di petrolio.

ozònico (pl. *-ci*) [da *ozono*; 1869] ***agg.*** di ozono.

ozonizzàre [da *ozono*; 1950] ***tr.*** saturare di ozono: *ozonizzare l'acqua*, per sterilizzarla || rif. a ossigeno, trasformare in ozono.

ozonizzatóre [da *ozono*; 1935] ***sm.*** apparecchio elettrochimico adoperato per trasformare l'ossigeno in ozono.

ozonizzazióne [da *ozono*; 1908] ***sf.*** l'atto e l'effetto dell'ozonizzare; spec. come metodo di sterilizzazione o purificazione: *ozonizzazione dell'aria.*

ozòno [dal gr. *ózōn*, ppr. di *ózein*, mandare odore; 1865] ***sm.*** *T.chim.* elemento allotropo dell'ossigeno, che si produce naturalmente nell'atmosfera per effetto di scariche elettriche; ha un odore speciale caratteristico, detto popolarmente *odore del fulmine* || *buco dell'ozono*, fenomeno di progressiva rarefazione dell'ozonosfera, soprattutto in corrispondenza dell'Antartide, per effetto dell'inquinamento chimico.

ozonometrìa [comp. di *ozono* e *-metria*; 1869] ***sf.*** misurazione della quantità di ozono presente nell'aria.

ozonomètrico (pl. *-ci*) [comp. di *ozono* e *-metrico*; 1925] ***agg.*** relativo all'ozonometria.

ozonosfèra [comp. di *ozono* e *sfera*; 1958] ***sf.*** *T.meteor.* parte dell'atmosfera, a circa 30 km dal suolo, nella quale è particolarmente concentrato l'ozono. **TAV.** ***meteorologia*** **p. 1321** 1.8.

ozonoterapìa [comp. di *ozono* e *terapia*; 1958] ***sf.*** *T.med.* cura di alcune malattie basata sulla somministrazione di ossigeno ozonizzato.

ozzìmo [dal lat. *ozynum*, gr. *ózymon*; a. 1340] ***sm.*** *ant.* la pianta del basilico.

P

p lettera dell'alfabeto italiano. Nome per esteso *pi*, di genere femminile o, più di rado, maschile: *una p maiuscola*, ma anche *un p maiuscolo*; è però maschile nell'espressione *p greco* (*T.mat.*), rapporto tra le lunghezze della circonferenza e del diametro di un cerchio; *p come Padova*, nella compitazione delle parole || rappresenta in tutti i contesti il suono della consonante occlusiva bilabiale sorda [p]; in posizione intervocalica, o compresa tra vocale e [r], [l], [j], [w], può essere semplice (*rapa, copia, capra, triplo*) o geminata (*tappo, coppia, approdo, applicare*) || non può essere preceduta da *n*, ma soltanto dalla nasale bilabiale *m*: *impadronirsi, impossibile* (parole come *panpepato, benpensante* si giustificano come grafia unita di *pan pepato* e *ben pensante*) || i gruppi *ps, pn, pt* hanno all'inizio di parola lo stesso trattamento della *s* seguita da consonante (v.): *quello psicologo, lo pneumatico, gli pterodattili* || per le sigle e le abbreviazioni in cui compare, v. la lista relativa.

pà [da *pa(dre)*; a. 1742] ***sm.*** *region.* forma tronca di *padre.*

pàbbio (pl. *-bi*) [lat. *pābulum*, pascolo, pastura; 1813] ***sm.*** nome regionale di diverse piante erbacee usate come foraggio.

pàbulo [dal lat. *pābulum*, pascolo, pastura; 1565] ***sm.*** *arc. lett.* pascolo || cibo, alimento.

pabulóso [dal lat. *pabulōsus*; sec. XIII-XIV] ***agg.*** *arc.* ubertoso.

pàca [da una voce tupì, attr. lo sp. e port. *paca*; 1563 *paco*] ***sm.*** *inv.* mammifero roditore dal pelo scuro screziato di chiaro; vive in America centro-meridionale ed è ricercato per le carni.

pacàre (pres. *pàco, pàchi*) [dal lat. *pacāre*; a. 1496] ***tr.*** *raro* mettere in pace, calmare || ***intr. pron.*** placarsi.

pacatézza [da *pacato*; 1745] ***sf.*** qualità di persona o atteggiamento pacati: *rispondere con pacatezza* || **N.** *Sin.* calma, flemma, placidità, posatezza, serenità, tranquillità.

pacàto (*pps.* di *pacare*) [a. 1492] ***agg.*** calmo, non turbato né eccitato: *animo pacato*; spec. rif. al modo di parlare: *discorso pacato, voce, risposta pacata* || **pacataménte** ***avv.*** || **N.** *Sin.* flemmatico, misurato, pacifico, sereno, TRANQUILLO | *Contr.* agitato, concitato, scomposto.

pàcca [voce onom.; a. 1665] ***sf.*** colpo dato a mano aperta, perlopiù amichevole: *dare una pacca sulla spalla, sul sedere* || *dim.* pacchina || **N.** *Sin.* manata, PERCOSSA.

pacchèo [voce tosc.; 1830] ***sm.*** (f. *-a*) *raro* uomo sciocco.

pacchétto (*dim.* di *pacco*) [dal fr. *paquet*; 1529 *pacheto*] ***sm.*** **1.** confezione di carta o cartone, di piccolo formato: *un pacchetto di biscotti, un pacchetto di sigarette* **2.** *T.econ. pacchetto azionario*, gruppo di azioni di una società, appartenente ad un unico proprietario **3.** serie di proposte, decisioni, leggi e sim., da approvare o respingere in blocco **4.** *T.sport.* la mischia del rugby effettuata dagli otto avanti di ciascuna squadra **5.** *T.fis. pacchetto d'onda*, quanto **6.** *T.tip.* colonna senza margine, composta da un certo numero di righe **7.** *T.inform. pacchetto integrato, package.*

pàcchia [da *pacchiare*; 1559 nel senso 2] ***sf.*** *pop.* **1.** *fig.* lieto vivere, cuccagna: *adesso l'hai trovata la pacchia, eh?, che pacchia questo lavoro!* **2.** mangiata.

pacchianàta [da *pacchiano*; 1922] ***sf.*** atto o detto da pacchiano, cosa pacchiana.

pacchianerìa [da *pacchiano*; a. 1914] ***sf.*** l'essere pacchiano, grossolano.

pacchiàno [etim. inc.; 1905 come sm., 1923 come agg.] **I** ***agg.*** volgare e chiassoso: *arredamento, abito pacchiano, gusto pacchiano* || **pacchianaménte** ***avv.*** **II** ***sm.*** (f. *-a*) contadino vestito a festa con i costumi tradizionali || **N. I** *Sin.* grossolano, *kitsch*, vistoso; di cattivo gusto.

pacchiàre (pres. *pàcchio*) [di orig. onom.; seconda metà sec. XIV] ***intr.*** (aus. *avere*) *raro* mangiare con ingordigia, a due ganasce.

pacchiatóre [da *pacchiare*; sec. XV] ***agg.*** e ***sm.*** (f. *-trice*) *non com. scherz.* mangione.

pacchieròtto [da *pacchiare*; a. 1566] ***sm.*** *ant. raro* giovinetto o ragazzo grasso, paffuto.

pacchióne [da *pacchia*; a. 1600] ***sm.*** (f. *-a*) *non com. scherz.* mangione.

pacciamatùra [da *pacciame*; 1958] ***sf.*** *T.agr.* copertura del terreno alla base delle piante, con paglia o altro materiale (spec. fogli sottili di plastica nera), che impedisce l'eccessiva evaporazione e la crescita di erbacce.

pacciàme [di orig. onom.; a. 1597] ***sm.*** ammasso di residui vegetali, foglie secche, vinacce, ecc. che si depositano sul terreno di orti o giardini e sim.

pàcco (pl. *-chi*) [prob. dall'ol. *pack*, in orig. balla di lana; 1804] ***sm.*** involto ben legato: *un pacco di libri, pacco postale, confezionare, scartare un pacco* || confezione contenente quanto serve per un determinato scopo: *pacco ostetrico, di medicazione* || *pacco viveri, pacco dono*, contenente generi alimentari o di vestiario, distribuito per beneficenza o assistenza || *dim.* pacchétto, pacchettìno; *accr.* paccóne || **N.** *Sin.* cartata, cartoccio, collo, involto, plico | impacchettare, piombare, sigillare, spacchettare | ceralacca, imballaggio, sigillo, spago. **Q.T.** *posta.*

pacottìglia (non com. *pacotiglia*) (pl. *-glie*) [dallo sp. *pacotilla*, attr. il fr. *pacotille*; 1765 *pacotille*] ***sf.*** **1.** quantità di merce di poco prezzo e perlopiù scadente **2.** *T.stor.* quantità di merce che i membri di un equipaggio potevano imbarcare per fare commercio proprio.

pàce [lat. *pax, pacis*, pace; a. 1292] ***sf.*** **1.** assenza di discordie o guerre fra popoli o nazioni: *la pace europea* || assenza di lotte o conflitti interni a uno stato: *pace pubblica* || *per estens.* rif. a piccolo gruppo di persone, buon accordo: *riportare la pace in famiglia, essere, stare, vivere in pace con gli altri* || *fare la pace*, riconciliarsi || assenza di turbamenti, travagli o passione interiore: *avere la pace nel cuore, nell'anima, essere in pace con se stesso*; *darsi pace, mettersi il cuore in pace*, rassegnarsi; *con buona pace di*, spec. *iron.*, senza offendere, col permesso di || in loc. di origine religiosa o liturgica: *la pace eterna*, la morte; di persona defunta: *riposa in pace, pace all'anima sua*; *andate in pace*, formula di congedo che termina alcune liturgie **2.** cessazione dello stato di guerra e l'atto o il documento che vi pone fine: *trattato di pace, firmare la pace* **3.** tranquillità materiale, quiete, riposo: *quel ragazzo non mi dà un momento di pace, che pace in questo bosco!*; *in pace*, tranquillo, non disturbato da niente e nessuno: *volevo starmene in pace, lasciatemi in pace!* **4.** *T.eccl.* immagine sacra su metallo prezioso, che viene baciata da dignitari ecclesiastici presenti alla messa || **N. 1.** *Sin.* accordo, conciliazione, concordia, serenità | armata, breve, disonorevole, duratura, feconda, felice, ferma, gloriosa, imperturbabile, insidiosa, lunga, onorevole, operosa, profonda, separata, sicura, simulata, stabile, universale | conferenza, congresso, preliminari, proposizioni; trattato | assicurare, cercare, chiedere, domandare, fare, godere, mantenere, offrire, ottenere, perdere, regnare, rifiutare, ristabilire, rompere, sollecitare, turbare, violare | pacifico, pacifista | conciliare, pacificare | araldo, feziale; caduceo, colomba, olivo | *Contr.* contrasto, discordia, guerra, lite, rancore **2.** armistizio, tregua **3.** *Sin.* calma, silenzio.

pace maker (ingl., pr. [ˈpeɪs ˌmeɪkə]) [letter. chi fa il passo; 1963] ***sm.*** *inv.* **1.** *T.anat.* il punto del cuore in cui si origina lo stimolo motore **2.** *T.med.* stimolatore cardiaco elettronico inserito sotto pelle in soggetti cardiopatici, che mantiene costante il ritmo delle pulsazioni.

pacfòng ***sm.*** *inv.* adattamento it. di *packfong* (v.).

pachanga (sp., pr. [paˈtʃaŋga]) [etim. inc.; 1965] ***sf.*** *inv.* danza cubana derivata dal cha-

-cha-cha.

pàchi- [dal gr. *pachýs*, grasso, denso, spesso] ***primo elem.*** che, in parole composte della terminologia scientifica, vale "spesso, ingrossato" (per es. *pachidermia, pachimeninge*).

pachidèrma (raro *pachidèrmo*) [dal gr. *pachýdermos*, dalla grossa pelle; 1821] ***sm.*** **1.** denominazione generica di mammifero dalla pelle dura (per es. l'ippopotamo e l'elefante) **2.** *fig.* persona di mole imponente || persona insensibile.

pachidermìa [dal gr. *pachydermía*, grossezza della pelle; 1899] ***sf.*** *T.med.* ingrossamento dello strato corneo della cute.

pachidèrmico (pl. *-ci*) [da *pachiderma*; 1914] ***agg.*** proprio di pachiderma, spec. *fig.*: *una sensibilità pachidermica.*

pachidèrmo V. PACHIDERMA.

pachimenìnge [comp. di *pachi-* e *meninge*; 1939] ***sf.*** *T.anat.* meninge esterna costituita da una robusta membrana fibrosa, che ricopre l'encefalo e il midollo spinale || **N.** *Sin.* duramadre.

pachinèma [comp. di *pachi-* e gr. *nêma*, filamento; 1988] ***sm.*** in genetica, pachitene.

pachistàno o **pakistàno** [dal n. geogr. *Pakistan*; 1958] **I *agg.*** del Pakistan **II *sm.*** (f. *-a*) abitante od originario del Pakistan.

pachitène [comp. di *pachi-* e gr. *tainía*, nastro; 1948] ***sf.*** in genetica, terzo stadio della profase meiotica, al termine della quale ogni cromosoma si è duplicato in due cromatidi || **N.** *Sin.* pachinema.

paciàre (pres. *pàcio*) [da *pace*; a. 1348] ***tr.*** *ant.* pacificare.

paciàro [da *pace*; a. 1312] ***agg.*** e ***sm.*** *arc.* paciere.

pacière [da *pace*; 1604] ***sm.*** (f. *-a*) mediatore di pace: *fare da paciere* || **N.** *Sin.* conciliatore, negoziatore di pace, pacificatore.

pacìfero [dal lat. *pacifer*, 1321] ***agg.*** *lett.* che porta pace, che è segno di pace.

pacificàbile [da *pacificare*; 1686] ***agg.*** che si può pacificare: *nemici pacificabili.*

pacificaménto [da *pacificare*; 1835] ***sm.*** *non com.* pacificazione.

pacificàre (pres. *-ìfico, -ìfichi*) [dal lat. *pacificāre*; 1284 ca.] ***tr.*** tra contendenti, metter pace: *pacificò il padre col figlio, il padre e il figlio* || ridurre a stato di pace: *pacificare un paese* || ***rifl. rec.*** riconciliarsi: *i vicini di casa si sono pacificati* || ***intr. pron.*** raggiungere la pace: *la situazione si è pacificata, l'animo si è pacificato* || **N.** ***tr.*** *Sin.* aggiustare, amicare, appaciare, comporre, conciliare, concordare, placare, quietare, sedare, spartire i contendenti; disarmare.

pacificatóre [dal lat. *pacificātor, -ōris*; a. 1337] ***agg.*** e ***sm.*** (f. *-trìce*) che o chi pacifica: *intervento pacificatore* || **N.** *Sin.* paciere.

pacificazióne [dal lat. *pacificātio, -ōnis*; a. 1420] ***sf.*** atto ed effetto del pacificare e del pacificarsi.

pacìfico (pl. *-ci*) [dal lat. *pacificus*; a. 1292] ***agg.*** **1.** non animato da spirito bellicoso, incline alla pace: *intenzioni pacifiche, parole pacifiche, paese pacifico* **2.** che ama la pace e la tranquillità: *uomo pacifico* || non turbato né agitato: *animo pacifico* **3.** fuori discussione, non soggetto a controversia: *il buon esito della prova è pacifico*; *è pacifico che*, non si discute sul fatto che || **pacificaménte** ***avv.*** || **N. 1.** *Sin.* incruento, mansueto, mite, pacifista **2.** *Sin.* pacione, placido, tranquillo.

pacifismo [dal fr. *pacifisme*; 1908] ***sm.*** movimento ideologico o atteggiamento contrario alla violenza come mezzo per la soluzione di controversie internazionali.

pacifista [dal fr. *pacifiste*; 1905] ***agg.*** e ***s.*** fautore della pace universale, nemico delle guerre || **N.** *Contr.* guerrafondaio.

pacifìstico (pl. *-ci*) [da *pacifista*; a. 1952] ***agg.*** proprio del pacifismo, che sostiene il pacifismo: *movimenti pacifistici.*

pacioccóne [voce rom., da *pace*; 1891] ***sm.*** (f. *-a*) *fam.* persona grassa e paffuta, di indole bonaria; bonaccione || **N.** BONARIO.

pacióne [da *pace*; 1853] ***sm.*** (f. *-a*) placido, amante del quieto vivere || **N.** PACIFICO.

pacióso [da *pace*; a. 1767] ***agg.*** *region.* pacifico, mansueto.

paciùgo (pl. *-ghi*) [voce onom.; 1963] ***sm.*** **1.** *region.* liquido appiccicoso formato da una mescolanza di sostanze diverse: *ma che paciugo stai facendo con quei colori?* **2.** nome commerciale di una coppa di gelato con frutta sciroppata e panna montata.

pack (ingl., pr. [pæk]; pr. it. [pak]) [propr. pacco (di ghiaccio); 1887] ***sm.*** *inv.* nei mari polari, grande area di blocchi di ghiaccio galleggiante || **N.** banchiglia, banchisa, banco di ghiaccio, *iceberg, icefield.*

package (ingl., pr. ['pækɪdʒ]) [letter. pacco, imballaggio; 1972] ***sm.*** *inv.* *T.inform.* insieme di programmi che svolgono una gamma di funzioni fra loro correlate || **N.** *Sin.* pacchetto.

packaging (ingl., pr. ['pækɪdʒɪŋ]) [da *pack*, pacco; 1987] ***sm.*** *inv.* fase del *marketing* che consiste nello studio della confezione del prodotto, per renderlo attraente agli occhi del consumatore e garantirne il mantenimento della qualità e integrità durante il trasporto.

packfong (ingl., pr. [pæk'fɒŋ]) [var. di *paktong*, dal cinese *peh*, bianco e *t'ung*, rame; 1840] ***sm.*** *inv.* argentone.

pacotìglia V. PACCOTTIGLIA.

padanità [da *padano*; 1958] ***sf.*** *non com.* l'insieme di qualità caratteristiche della piana del Po e degli abitanti della pianura padana.

padàno [dal lat. *padānus*, agg. di *Padus*, Po; 1895] ***agg.*** del Po e della valle del Po.

pàdda [dall'ingl. *paddy*(*-bird*), uccello che becca il riso, dal malese *pādī*, riso; 1839] ***sm.*** *inv.* piccolo uccello dell'ordine dei Passeriformi, dal forte becco rosso e bianco a forma di cono.

paddock (ingl., pr. ['pædək]) [propr. recinto; 1749] ***sm.*** *inv.* **1.** recinto interno all'ippodromo dove vengono fatti passeggiare liberamente i cavalli **2.** *T.zoot.* recinto per la stabulazione libera dei maiali.

padèlla [lat. *patĕlla*; 1305] ***sf.*** **1.** utensile da cucina, di metallo, tondo e poco fondo con lungo manico, usato generalmente per friggere o rosolare: *zucchini saltati in padella, pesciolini in padella*; *padella forata*, per cuocere a fuoco vivo le caldarroste || *cadere dalla padella nella brace*, per schivare un male, incorrere in uno peggiore **2.** oggetto di forma simile adibito a determinati usi || *in part.* recipiente impiegato per far fare ai malati i bisogni del corpo stando a letto || crogiuolo per fondere vetro o metalli || vaso in cui un tempo veniva fatto fondere sego o altro grasso da ardere nelle luminarie **3.** nel gergo di cacciatori e tiratori, colpo o bersaglio mancato: *far* (*una*) *padella* **4.** *region.* patacca d'unto || *dim.* padellétta, padellìna, padellìno (*sm.*), padellùccia; *accr.* padellóna, padellóne (*sm.*); *pegg.* padellàccia || **N. 1.** fondo, manico, occhio | friggere, grillare, soffriggere.

padellàio (pl. *-ài*) [da *padella*; 1262] ***sm.*** (f. *-a*) chi fa o vende padelle.

padellàre (pres. *-èllo*) [da *padella*; 1959 nel senso 2] ***tr.*** **1.** *T.cuc.* passare in padella a fuoco vivo una pietanza per completarne la cottura o insaporirla: *padellare velocemente la pasta prima di servirla* **2.** nella lingua dei cacciatori, mancare il bersaglio: *ha padellato la lepre* || **N. 2.** *Sin.* spadellare.

padellàta [da *padella*; a. 1424] ***sf.*** **1.** quantità di cibo che si frigge nella padella in una volta sola: *una padellata di patatine* **2.** colpo assestato con una padella.

padellìna (*dim.* di *padella*) [1598 *padelina*] ***sf.*** piattello di cristallo o metallo che, nei candelieri, raccoglie le gocce di cera sotto la candela.

padellóne (*accr.* di *padella*) [1942] ***sm.*** *T.teatr.* riflettore.

padiglióne [lat. *papilio, -ōnis*, farfalla, poi (nel lat. tardo) tenda militare; fine sec. XIII] ***sm.*** **1.** singola costruzione all'interno di un parco, giardino o altra estensione delimitata, solitamente parte di un complesso edilizio, permanente o provvisorio: *i padiglioni dell'ospedale, della fiera*; *per estens.* da: **2.** costruzione piccola ed elegante, in passato dislocata nel parco di una villa signorile: *padiglione di caccia* **3.** grande e fastosa tenda militare da campo destinata ad accogliere personaggi importanti **4.** *per estens.* struttura con copertura di forma simile: *il padiglione del letto*, il baldacchino || *T.arch.* *volta a padiglione*, innalzata su pianta poligonale, gen. quadrata, con costoloni dal profilo curvo; *tetto a padiglione*, tetto che consta di più falde che si incontrano secondo linee dette *linee di displuvio* quando dividono le acque scorrenti su falde contigue e *linee di compluvio* o *impluvio* o *di conversa* quando le raccolgono || *T.aut.* il tetto dell'automobile coi suoi montanti || parato ornamentale di porte, finestre, arcate e sim. **5.** *T.anat.* *padiglione auricolare*, la parte esterna dell'orecchio, che raccoglie le onde sonore e le dirige nell'orecchio interno **6.** *T.mar.* sui velieri, l'insieme di sartie e stragli di ciascun albero || *dim.* padiglioncìno, padiglioncèllo || **N. 1.** chiosco, edicola; *stand*; ala, reparto **3.** tabernacolo, trabacca **4.** baldacchino, cortina. **Q.T.** *anatomia* **TAV. *anatomia* p. 642** 18.1; ***araldica* p. 645** 5.6; ***architettura* p. 646** 7.3; ***automobile* p. 658** 3.45; ***mammiferi* p. 1318** 4.3.

padiscià [dal persiano *pādishāh, pādshāh*, comp. di *pād*, protettore e *shah*, sovrano; a. 1529] ***sm.*** *inv.* in passato, titolo spettante al Gran Sultano di Turchia e allo Scià di Persia || **N.** pascià, scià.

pàdo [dal gr. *pádos*; 1835] ***sm.*** albero delle Rosacee, dal legno color giallo rossiccio.

padovàna (arc. *paduàna*) [da *padovano*; a. 1590] ***sf.*** *T.mus.* pavana.

padovàno [dal n. geogr. *Padova*; a. 1313] **I** ***agg.*** di Padova || *T.zoot.* *razza padovana*, pregiata razza di polli dalle penne bianche **II** ***sm.*** **1.** (f. *-a*) abitante od originario di Padova **2.** (solo *sing.*) dialetto di Padova || **N. I** *Sin.* patavino **II 2.** pavano.

pàdre [lat. *pater, patris*; sec. XII *patre*] ***sm.*** **1.** uomo che ha uno o più figli (col possessivo *mio, tuo, suo*, senz'articolo: *mio padre, nostro padre*; ma: *il loro padre*; *lett.* al vocativo: *padre ascoltatemi!*, più com. *papà* o *babbo*): *essere un buon padre, padre di tre maschietti, firma del padre o di chi ne fa le veci*; *padre di famiglia*, chi ha moglie e figli, con i conseguenti obblighi e responsabilità || *padre adottivo di qualcuno*, che l'ha adottato come figlio; *padre putativo*, che si reputa essere padre di qualcuno ma non lo è || *di padre in figlio*, da una generazione all'altra: *leggende, ricette, segreti tramandati di padre in figlio* || *fare da padre, essere come un padre*, allevare, educare con cura e amore da vero padre || *padre spirituale*, sacerdote che confessa e consiglia su questioni spirituali; *per estens.* maestro, guida della mente e dell'anima || *per estens.* animale di sesso maschile che ha generato: *il padre del vitello è un toro pezzato* **2.** progenitore, capostipite: *il primo, l'antico padre*, Adamo; più com. *pl.* *i padri, gli antichi padri*, gli antenati || fondatore e maestro di una disciplina, iniziatore: *Cicerone è il padre dell'eloquenza romana, l'ozio è il padre dei vizi* || *padri della Chiesa*, i primi grandi pensatori e scrittori del Cristianesimo, attivi fra il II e il V sec. **3.**

T.rel. appellativo proprio di monaci, frati o religiosi secolari: *padre Cristoforo, padre guardiano* || *il Santo Padre,* il Papa **4.** *T.rel.* la prima persona della Trinità nella teologia cristiana: *il Padre, il Figlio e lo Spirito Santo* || creatore, Dio: *Padre nostro che sei nei cieli, Dio padre; Padre eterno* (per l'uso fig. v. PADRETERNO) **5.** *T.stor. padri coscritti,* nell'antica Roma, senatori **6.** *T.teatr., padre nobile,* ruolo di persona matura e dignitosa, del teatro ottocentesco || **N. 1.** *Sin.* babbo, capo famiglia, genitore, papà | affettuoso, rigido, severo, snaturato, tenero, tiranno; all'antica | paterno | figlio, parricidio, paternità, patria potestà, patrigno.

padreggiàre (pres. *-éggio*) [da *padre*; 1612] ***intr.*** (aus. *avere*) somigliare al padre, nel fisico e nel carattere.

padrenòstro o **pàdre nòstro** (pl. *padrenòstri*) [comp. di *padre* e *nostro*; 1281] ***sm.*** paternostro.

padretèrno [comp. di *padre* e *eterno*; 1922 nel senso 2] ***sm.*** **1.** lo stesso che *Padre eterno* (v. PADRE) **2.** *fig. fam.* persona influente, pezzo grosso || *com.* chi abusa o fa sfoggio del proprio prestigio o superiorità, reale o presunta: *si crede un padreterno, darsi arie da padreterno.*

padrìgno v. PATRIGNO.

padrìno (meno com. *patrìno*) [lat. mediev. *patrīnus,* da *pater*; a. 1396 *patrino*] ***sm.*** **1.** persona di sesso maschile che tiene a battesimo o a cresima, con funzioni analoghe a quelle della madrina: *fare da padrino* **2.** nelle cosche mafiose, persona al vertice dell'organizzazione che controlla e dirige con la massima autorità le attività criminali, ufficialmente rispettabile e coperto da altra attività **3.** testimonio di una vertenza cavalleresca, che assisteva uno dei duellanti perché tutto si svolgesse secondo le regole || **N. 2.** *Sin.* boss.

padronàggio (pl. *-gi*) [da *padrone*; a. 1363] ***sm.*** *raro* superiorità, dominio da padrone.

padronàle [lat. tardo *patronālis*; 1673] ***agg.*** **1.** del padrone: *casa padronale* (contrapposto a *colonica*); *ingresso padronale,* dei padroni di casa (contrapposto a *di servizio*) **2.** di o relativo al datore di lavoro: *associazione padronale.*

padronànza [da *padrone*; a. 1594] ***sf.*** **1.** piena conoscenza che consente un uso disinvolto e corretto: *padronanza della lingua, di una materia* || controllo: *avere padronanza dei propri nervi* **2.** diritto derivato dall'essere proprietario: *esercitare la padronanza di un bene* || *per estens.* arroganza, tracotanza da padrone: *avere, prendere aria di padronanza* || **N. 1.** *Sin.* dominio **2.** patronato, predominio, scettro, signoria.

padronàto [lat. *patronātus*; a. 1580] ***sm.*** **1.** il fronte dei datori di lavoro, spec. in tono polemico: *respingere gli attacchi del padronato* **2.** condizione di proprietario: *di padronato,* padronale **3.** *tosc.* insieme di fondi di un unico padrone **4.** *arc.* patronato.

padroncino (*dim.* di *padrone*) [a. 1566] ***sm.*** **1.** giovane proprietario di un'azienda o sim.; figlio del proprietario **2.** proprietario di una piccola azienda, piccolo imprenditore **3.** tassista proprietario dell'auto, o autotrasportatore proprietario del camion, con cui lavora in proprio.

padróne [lat. *patrōnus,* patrono; 1314 nel senso 4] ***sm.*** (f. *-a*) **1.** rif. a un bene, chi ne ha la proprietà: *il padrone della casa, della fabbrica* || *in part.* rif. ad animali, posseduti come beni o anche solo tenuti per compagnia: *il padrone del cavallo, di una mandria, un cane senza padrone; fig. legare l'asino dove vuole il padrone,* fare qualcosa a beneplacito di un superiore || *prov. l'occhio del padrone ingrassa il cavallo,* ai propri affari è più proficuo provvedere da sé **2.** chi tiene qualcuno (spec. domestici, contadini e operai) alle proprie dipendenze: *chiedere l'aumento al padrone* || *in part. i padroni, il padrone,* con tono polemico, la classe imprenditoriale: *uniti contro il padrone* **3.** chi ha il potere di disporre a proprio piacimento: *in casa mia sono padrona di fare come voglio, i sovrani di un tempo erano padroni assoluti degli stati* || libero di agire: *vuole andarsene? padrone!,* o col superl. *padronissimo!* || *fare il, fare da padrone,* spadroneggiare || *essere padrone di una situazione,* averla sotto controllo **4.** chi ha conoscenza o grande perizia di una disciplina: *è padrone della grammatica, di uno strumento musicale* **5.** *T.mar.* nella marina mercantile, grado di chi viene riconosciuto capace di comandare navi mercantili di portata limitata || *dim.* padroncìno; *accr.* padroncióne; *pegg.* padronàccio || **N. 1.** *Sin.* possessore, proprietario; detentore | acquistare, appropriarsi, conquistare, impossessarsi **2.** *Sin.* datore di lavoro, principale; capo | austero, brontolone, dispotico, duro, inflessibile, rigido, severo **3.** *Sin.* dominatore, signore, sovrano; despota.

padroneggiàre (pres. *-éggio*) [da *padrone*; a. 1370] ***tr.*** **1.** usare con padronanza: *padroneggiare una lingua* **2.** dominare: *padroneggiare la folla* || ***rifl.*** dominarsi: *quell'uomo non sa padroneggiarsi.*

padronésco (pl. *-schi*) [da *padrone*; a. 1562] ***agg.*** di o da padrone: *maniere padronesche.*

paduàna v. PADOVANA.

padùk [da una voce birmana; 1958] ***sm.*** *inv.* denominazione commerciale di legni che si ricavano da alcune specie di piante della famiglia delle Papilionacee; si tratta generalmente di legni duri, resistenti all'azione degli insetti, di lunga durata, impiegati soprattutto nella fabbricazione di mobili.

padùle [da *palude,* con metatesi; sec. XIII] ***sm.*** (*arc.* anche f.) *tosc.* palude: *il padule di Fucecchio.*

paella (sp., pr. [pa'eʎa]) [letter. padella; 1963] ***sf.*** *inv.* (anche pl. *paellas,* pr. [pa'eʎas]) *T.cuc.* specialità gastronomica spagnola, in part. di Valenza, a base di riso cucinato con verdure, frutti di mare, pezzetti di pollo e coniglio, aromi vari.

paeṣàggio (pl. *-gi*) [dal fr. *paysage*; 1552] ***sm.*** **1.** vasta porzione di territorio, spec. in quanto provvisto di una particolare fisionomia e come oggetto di veduta: *paesaggio campestre, montano, un inquietante paesaggio lunare, da quella finestra si vede un bel paesaggio* || opera pittorica raffigurante un paesaggio: *un paesaggio del tardo '800* **2.** *T.geogr.* area, regione considerata per le sue caratteristiche fisiche, antropiche, biologiche, etniche: *paesaggio desertico, industriale, urbano* || **N. 1.** *Sin.* panorama, veduta, vista | paesista. **Q.T.** *pittura.*

paeṣaggiṣmo [da *paesaggio*; 1987] ***sm.*** il genere della pittura di paesaggi || lo stile dei pittori di paesaggi.

paeṣaggista [da *paesaggio,* sul modello del fr. *paysagiste*; 1901] ***s.*** artista che dipinge prevalentemente paesaggi, paesista.

paeṣaggìstica [da *paesaggio*; 1983] ***sf.*** **1.** in pittura, l'arte e la tecnica di dipingere paesaggi **2.** l'insieme delle opere pittoriche raffiguranti paesaggi.

paeṣaggìstico (pl. *-ci*) [da *paesaggio*; 1952] ***agg.*** relativo al paesaggio, e spec. della pittura dei paesaggi.

paeṣanìṣmo [da *paesano*; 1954] ***sm.*** carattere, gusto paesano, rif. perlopiù a opera letteraria o artistica.

paeṣàno [da *paese*; a. 1294 come sm.] **I** ***agg.*** del paese, come piccolo centro di campagna: *sagra paesana, usanze paesane* || *alla paesana,* secondo l'usanza del paese: *vestire alla paesana* || *per estens.* provinciale: *mentalità paesana* **II** ***sm.*** (f. *-a*) **1.** abitante del paese: *tutti i paesani corsero a vederlo* **2.** *region.* compaesano: *è un mio paesano* || **N. I** *Sin.* campagnolo, contadino, rustico, villereccio; indigeno, nostrano **II 1.** abitante; terrazzano.

paéṣe [lat. *pagensis,* agg. di *pagus,* villaggio; a. 1250 *paisi*] ***sm.*** **1.** centro abitato di dimensioni limitate: *un grosso paese agricolo, un piccolo paese di montagna, un paese di pescatori* || *per estens.* la gente che lo abita: *lo sa già tutto il paese* || *paese della cuccagna,* v. CUCCAGNA || *mandare a quel paese,* all'inferno, al diavolo || *prov. paese che vai, usanze che trovi,* ogni luogo ha i suoi costumi || *prov. moglie e buoi dei paesi tuoi,* bisogna ammogliarsi con una donna del proprio paese per poter andare d'accordo con lei || *prov. tutto il mondo è paese,* dappertutto si incontra la stessa somma di bene e di male || *non com. scoprir paese,* tastare un terreno, informarsi su qualcosa **2.** unità territoriale politicamente autonoma, stato, nazione: *paesi industrializzati, sottosviluppati, paesi dell'est* || *per estens.* popolo: *il paese è in stato di emergenza; paese legale,* la classe politica; *paese reale,* la restante parte del popolo || *il Bel Paese, per anton.* l'Italia **3.** estensione più o meno grande di territorio, gen. abitato e coltivato: *un paese ricco di boschi, ubertoso* || *dim.* paesétto, paesèllo, paesìno; *accr.* paesòtto, paesóne; *pegg.* paesùcolo, paesàccio || **N. 1.** borgo, cittadina, comune, villaggio **2.** *Sin.* nazione, stato; popolo **3.** contrada, landa, luogo, marca, plaga, provincia, regione, sito, terra | alpestre, ameno, fertile, florido, inesplorato, inospitale, malsano, marittimo, montagnoso, montuoso, ospitale, piano, popoloso, povero, ricco, salubre, sano, selvaggio, soleggiato, sterile | corografia, topografia. **Q.T.** *città.*

paeṣìsta [da *paese*; 1678] ***s.*** paesaggista.

paeṣìstico (pl. *-ci*) [da *paesista*; 1905] ***agg.*** **1.** relativo al paesaggio || *T.giur. vincolo paesistico,* norma intesa a salvaguardare l'integrità di un determinato ambiente **2.** *non com.* attinente alla pittura di paesaggi.

paf o **pàffete** [voce onom.; 1879] voce onom. che imita il suono di uno schiaffo, un colpo o di cosa che cade a terra.

paffutézza [da *paffuto*; 1879] ***sf.*** l'essere paffuto.

paffùto [voce imitativa; a. 1375] ***agg.*** piacevolmente grassottello, sodo e pieno: *guance, mani paffute* || *star paffuto,* a proprio agio || *non com.* detto di frutti od oggetti: *cercami un bel melone paffuto* || *dim.* paffutèllo || **N.** *Sin.* carnacciuto, cicciottello, florido, grassoccio, rotondetto, GRASSO.

pàga [da *pagare*; a. 1294] ***sf.*** salario, stipendio: *il ventisette d'ogni mese riscuote la paga* || *paga base,* al netto di straordinari, indennità e sim. || *libro paga,* libro contabile dove vengono registrate le paghe corrisposte || *busta paga,* che contiene la retribuzione e ne riporta il computo analitico; *per restr.* il computo stesso: *leggere la busta paga* || *fig. non com.* ricompensa: *avere qualcosa per paga di un favore concesso* || *dim.* paghétta; *pegg.* pagàccia || **N.** *Sin.* compenso, emolumento, mercede, mesata, onorario, pagamento, prebenda, prezzo, propina, retribuzione, soldo | riscuotere, ritirare.

pagàbile [da *pagare*; a. 1446] ***agg.*** che si può pagare: *cambiale pagabile a vista.*

pagàia [dal malese *pengajceh,* attr. il fr. *pagaie*; 1769] ***sf.*** remo a una o due pale, adoperato senza appoggio alla falchetta, su imbarcazioni leggere || **N.** *Sin.* remo alla battana. **TAV.** *canottaggio* 6, 8.

pagaiàre (pres. *-àio, -ài*) [da *pagaia*; 1889] ***intr.*** (aus. *avere*) remare con la pagaia.

pagaménto [da *pagare*; 1277] ***sm.*** **1.** atto ed effetto del pagare: *fare, effettuare un pagamento, dare in pagamento; a pagamento,* dietro compenso: *WC a pagamento* || *concr.* la somma che si dà o si riceve: *inviare il pagamento* **2.** *fig. raro* ricompensa || **N. 1.** acconto, ammortamento, annualità, anticipo, arretrato, canone, caparra, compenso, corresponsione, emolumento, mercede, oblazione, paga, parcella, quota, rata, responsione, ricompensa, saldo, sborsamento, sborso, scotto, versamento | anticipato, immediato, parziale, posticipato, ritardato, totale | esigere, pretendere, prorogare, riscuotere, ritardare, sospendere | mandato, mora, polizza, proroga, quietanza, ribasso, sconto.

paganeggiànte (*ppr.* di *paganeggiare*) [a. 1907] ***agg.*** che si ispira a modelli pagani, spec. edonistici e materialistici: *visione paganeggiante della vita.*

paganeggiàre (pres. *-éggio*) [da *pagano*; a. 1571] ***intr.*** (aus. *avere*) ispirarsi nei costumi o nello spirito a un modello pagano.

paganèllo [forse da *pagano*; 1609] ***sm.*** ghiozzo molto diffuso nei mari italiani, caratterizzato da squame di colore bruno giallastro.

paganésimo [dal lat. tardo *paganismus*; a. 1311 *paganismo*] ***sm.*** la religione politeistica del mondo classico || **N.** gentilesimo, idolatria. **Q.T.** *religione.*

paganìa [da *pagano*; seconda metà sec. XIII] ***sf.*** *arc.* paese, popolazione di non cristiani, in part. di musulmani.

paganità [da *pagano*; 1609] ***sf.*** paganesimo || insieme delle religioni pagane e loro adepti, gen. contrapposto a *cristianità.*

paganizzàre [da *pagano*; 1314] ***tr.*** ridurre, portare al paganesimo: *paganizzare un popolo.*

pagàno [dal lat. *pagānus*, abitante del villaggio; fine sec. XII] **I *sm.*** (f. *-a*) non cristiano || *in part.* seguace della religione dei Greci o dei Romani, prima del cristianesimo: *diffusione del Cristianesimo fra i pagani* || nei racconti epico-cavallereschi, infedele, spec. saraceno, musulmano **II *agg.*** relativo, appartenente ai pagani o al paganesimo: *riti pagani, scrittori pagani* || **N.** I *Sin.* gentile, idolatra, politeista.

pagànte (*ppr.* di *pagare*) [1522] ***agg.*** *socio pagante*, che paga una quota a differenza di quello onorario || *pubblico pagante* (o *sm. pl. i paganti*), coloro che hanno acquistato il biglietto (contrapposto a *invitati*).

pagàre (pres. *pàgo, pàghi*) [lat. *pacāre*, pacificare; 1211] ***tr.*** **1.** dare del denaro come corrispettivo per merci, prestazioni o servizi: può avere come oggetto ciò che si ha in cambio del denaro (*pagare un chilo di aranci, una consulenza*), la persona che riceve il denaro (*pagare il salumiere, il massaggiatore*), il denaro stesso (*pagare una cifra esorbitante, il giusto prezzo*) || saldare, soddisfare: *pagare il conto dal meccanico, la bolletta del telefono, una tassa* || offrire: *chi perde paga da bere, pagare una cena* || in alcune espr.: *non so cosa pagherei!, pagherei un occhio della testa!*, per esprimere desiderio vivissimo || *fig. chi rompe paga*, chi commette un fallo deve scontarne la pena || *prov. Dio non paga il sabato*, v. SABATO || **2.** *fig.* scontare; espiare: *pagare un errore a caro prezzo; pagare il fio, lo scotto delle proprie colpe*, subirne la pena meritata; *pagare di persona*, subire personalmente le conseguenze **3.** ripagare, contraccambiare: *pagare i benefici ricevuti con l'ingratitudine* || dare il meritato castigo: *se lo trovo lo pago come merita* || *ass.* gen. preceduto da negazione, recare utilità: *il delitto non paga, è una politica che non paga* || ***intr.*** (aus. *avere*) quando è seguito solo da compl. di prezzo o avv. o loc. avv. che indicano come avviene il pagamento: *pagare molto, poco, malvolentieri, a rate* || *pagare in natura*, usando un prodotto o un oggetto anziché denaro || ***rifl.*** trattenersi la somma dovuta: *non ho moneta: pagati con questo diecimila e dammi il resto* || **N. 1.** *Sin.* anticipare, corrispondere, dare, regolare, sborsare, tacitare, versare | far onore alla firma | caro, generosamente, lautamente, profumatamente, salato | alla consegna, a peso d'oro, a pronta cassa, a rate, a vista, in contanti | fattura **3.** *Sin.* ricompensare.

pagatóre [da *pagare*; sec. XIII] ***agg.*** e ***sm.*** (f. *-trice*) che o chi paga: *ufficiale pagatore* || **N.** buono, cattivo, esatto, insolvente, moroso, puntuale.

pagatorìa [da *pagatore*; a. 1712] ***sf.*** ufficio incaricato di eseguire i pagamenti per conto dell'erario.

page v. À LA PAGE.

pagèlla [dal lat. *pagella*, paginetta; 1895] ***sf.*** documento rilasciato da scuole medie o elementari, attestante la frequenza e il profitto nelle varie materie, in un anno scolastico || *per estens.* i voti stessi: *che brutta pagella!*

pagèllo [lat. volg. **pagellus*; fine sec. XV] ***sm.*** pesce di mare dei Perciformi, con ventre argentato, commestibile e comune nel Mediterraneo || **N.** *Sin.* fragolino.

paggerìa [da *paggio*; a. 1681] ***sf.*** *ant.* **1.** insieme di paggi, spec. al seguito di un nobile **2.** collegio per l'educazione dei paggi fanciulli **3.** condizione e qualità di paggio.

pàggio (pl. *-gi*) [dal fr. *page*; a. 1304] ***sm.*** giovinetto di nobile famiglia che prestava servizio nelle corti medievali || *capelli alla paggio* o *alla paggetto*, con caschetto corto e frangia || *dim.* paggétto || **N.** paggeria.

pagherò [prima persona ind. di *pagare*; 1673] ***sm.*** *inv.* *T.comm.* cambiale all'ordine contenente un riconoscimento di debito (contrapposto a *tratta*) || **N.** *Sin.* vaglia cambiario.

pàgina [dal lat. *pāgina*, orig. pergolato di viti, poi colonna di scrittura, pagina; 1485 ca.] ***sf.*** **1.** ciascuna delle due facce dei fogli di un libro, giornale, quaderno e sim.: *pagina stampata, scritta, bianca, nota a piè di pagina* || lo stesso foglio: *strappare una pagina* || *T.giorn. terza pagina*, quella dei quotidiani, in cui vengono trattati argomenti culturali **2.** *per meton.* il contenuto della pagina: *studiare a memoria le prime tre pagine, alcune pagine commoventi, pagine pianistiche, le più belle pagine di narrativa* **3.** *fig.* episodio, momento importante: *una bella pagina nella storia del suo paese* || *voltar pagina*, cambiare argomento; iniziare un periodo diverso per abitudini o attività **4.** *T.bot.* ciascuna superficie di una foglia: *pagina superiore, inferiore* **5.** *T.inform.* parte di memoria di lunghezza prefissata (gen. 2048-4096 *byte*) || *dim.* paginétta; *accr.* paginóne (*sm.*), paginóna; *pegg.* paginàccia || **N. 1.** carta, faccia, facciata | intonsa | antiporta, frontespizio, occhiello | capopagina, capoverso, colonne, contorno, intestazione, margine, numerazione, orlo, smangio | in calce, impaginatura, retto, verso. **TAV. *tipografia* p. 1337** 12.

paginatùra [da *pagina*; 1849] ***sf.*** la numerazione delle pagine di un libro.

paginazióne [da (*im*)*paginare*; 1958] ***sf.*** **1.** paginatura **2.** impaginazione.

pàglia (pl. *-glie*) [lat. *palea*; 1262] ***sf.*** **1.** (come non numerabile) quantità di steli di grano o d'altri cereali, già secchi e battuti: *un mucchio, una balla di paglia, lettiera di paglia, dormire sulla paglia* || lavorata e intrecciata per confezionare oggetti: *artigianato della paglia, cappello, borsa di paglia*; *per meton.* oggetti di paglia: *una paglia di Firenze* || *color paglia*, giallo chiaro || in espr. fig.: *fuoco di paglia*, passione che presto divampa e presto si spegne; *uomo di paglia*, prestanome, o persona che non ha autorità propria, ma rappresenta (anche se in modo non dichiarato) il potere di qualcun altro; *aver la coda di paglia*, avere la coscienza sporca, essere quindi timoroso e suscettibile; *mettere la paglia accanto al fuoco*, esporre alla tentazione, al pericolo || *col tempo e con la paglia maturano le nespole* (*e la canaglia*), v. MATURARE **2.** *per estens.* materiale in fili o trucioli: *paglia d'acciaio* (v. PAGLIETTA nel senso 2) || *T.cuc. paglia e fieno*, tagliatelle all'uovo normali (gialle) miste a tagliatelle con spinaci (verdi) **3.** (come numerabile) un singolo stelo di paglia: *usare una paglia per cannuccia, leggero come una paglia* || *sigari con la paglia*, che hanno una specie di bocchino di paglia **4.** *T.metal.* incrinatura che si genera durante la cottura dei metalli || *dim.* pagliétta, pagliùcola, pagliùzza; *pegg.* pagliàccia || **N. 1.** stoppia, strame; rafia, sala | impagliare | festuca, filo, fuscello, nastro, pagliaio, treccia. **TAV.** *zootecnia* 18.6.

pagliaccésco (pl. *-schi*) [da *pagliaccio*; 1931] ***agg.*** *spreg.* da pagliaccio; poco serio.

pagliaccétto [da *pagliaccio*; 1942] ***sm.*** abitino per bambini composto di corpetto e mutanda in un sol pezzo || capo di biancheria intima femminile, simile al body ma di linea più morbida e arricciato in vita.

pagliacciàta [da *pagliaccio*; 1841] ***sf.*** azione o fatto che dimostra mancanza di serietà || **N.** *Sin.* buffonata.

pagliàccio (pl. *-ci*) [da *paglia*, così detto per l'abito che ricordava la fodera d'un pagliericcio; 1741] ***sm.*** **1.** buffone da circo, caratterizzato da abiti e trucco vistosamente caricaturali e da una comicità elementare e grottesca **2.** *fig. spreg.* persona che dimostra poca serietà o dignità **3.** *arc.* pagliericcio || **N. 1.** *Sin. clown*; buffone, guitto, *pierrot*, zanni.

pagliàio (pl. *-ài*) (arc. *pagliàro*) [lat. *paleārium*; a. 1342] ***sm.*** cumulo di paglia di forma conica, sostenuto da un palo centrale, che i contadini innalzano presso la casa colonica || *cane da pagliaio*, di nessun pregio || *cercare un ago in un* (*nel*) *pagliaio*, v. AGO || **N.** fienile, stollo.

pagliàrdo [dal fr. *paillard*, uomo che dorme sulla paglia, poi libertino; a. 1484] ***agg.*** e ***sm.*** *ant.* **1.** miserabile **2.** uomo di vita dissoluta.

pagliàro v. PAGLIAIO.

pagliaròlo [da *pagliaro*, per il colore giallo; a. 1871] ***sm.*** uccello dei Passeracei dalle penne giallastre recanti ognuna una macchia nera, diffuso in zone paludose.

pagliàta [voce d'area centr. di etim. inc.; 1950] ***sf.*** *T.cuc.* piatto tradizionale della cucina romana costituito da pezzi di budella di vitellino cotti al sugo, come condimento per pasta asciutta, o cotti al forno con patate.

pagliàto [da *paglia*; 1652] ***agg.*** di colore, simile a quello della paglia, paglierino.

paglierìccio (pl. *-ci*) [da *paglia*; 1526] ***sm.*** saccone pieno di paglia o altre fibre vegetali, usato come materasso || *per estens.* il fusto a molle del letto, su cui poggia il materasso || **N.** *Sin.* paglione, saccone, stramazzo | impuntito, trapuntato.

paglierìno [da *paglia*; 1799 *pagliarino*] ***agg.*** di colore, simile alla paglia, cioè giallo pallido: *vino giallo paglierino.*

pagliétta [da *paglia*; 1905] ***sf.*** **1.** cappello di paglia da uomo, basso e con tesa piatta e circolare **2.** matassina di trucioli metallici usata in cucina per pulire utensili di metallo **3.** *nap. spreg.* leguleio cavilloso e di poco merito **4.** *T.elettr.* lamina metallica su cui vengono saldati i cavi conduttori di un circuito **5.** adattamento di *paillette.*

pagliétto [da *paglia*, con cui era fatto, sul modello del fr. *paillet*; a. 1859] ***sm.*** **1.** *T.mar.* grossa fodera di corde intrecciate, stoppa o stuoie con cui si coprono gomene, pennoni e sim. per proteggerle dagli urti || *paglietto penzolo*, pendente dal bordo esterno **2.** *pl.* barriere fatte di cordame, brande e altro materiale chiuse in reti o casse, che cingevano i bastimenti della marina militare || **N. 1.** *Sin.* mantelletto delle gomene.

paglìno [da *paglia*; 1871] ***sm.*** il piano di paglia di una seggiola impagliata.

pagliolàia [lat. *palearia*; a. 1292] ***sf.*** piega

della pelle che pende dal collo di bovini, ovini e conigli || **N.** *Sin.* giogaia.

pagliolàto [forse da *paglia*; 1889] **sm.** *T.mar.* pagliolo.

pagliòlo [da *paglia*, prob. perché in origine era coperto da paglia; 1602] **sm.** il fondo di una barca, costituito da tavole amovibili. **TAV.** ***vela* p. 1342** 2.15.

paglióne [da *paglia*; a. 1749] **sm.** *ant.* o *region.* **1.** pagliericcio, stramazzo || *fig. bruciare il paglione*, mancare a un impegno; andarsene senza pagare **2.** *raro* paglia trita.

pagliùca [da *paglia*, sul modello di *festuca*; a. 1566] **sf.** *non com.* pagliuzza.

pagliùzza (*dim.* di *paglia*) [1551] **sf.** **1.** filino di paglia **2.** minutissima parte d'oro, d'argento o altro metallo lucente, dispersa dentro una massa compatta di terra o in un minerale **3.** lustrino.

pagnòtta [dal provenz. *panhota*; 1400 ca.] **sf.** pane in forma tondeggiante più o meno grossa || *fig. lavorare per la pagnotta*, per guadagnarsi da vivere || *dim.* pagnottìna, pagnottèlla. **Q.T.** ***pane.***

pàgo[1] (pl. *-gi*) [dal lat. *pāgus*; a. 1504] **sm.** *T.stor.* presso gli antichi Romani, distretto rurale.

pàgo[2] (pl. *-ghi*) [forma contratta di *pagato*, pps. di *pagare*; a. 1294] **agg.** *lett.* soddisfatto, appagato: *pago della propria condizione* || **N.** *Sin.* contento.

pagòda [dal pracrito *bhagodī*, divino, attr. il port. *pagode*; 1554 *pagode*] **sf.** **1.** edificio sacro buddista a pianta quadrata; è costruito in più piani che si restringono verso l'alto, ciascuno dotato di tetti spioventi a profilo concavo || *tetto a pagoda*, a falde spioventi **2.** *ant.* statuetta sacra orientale. **TAV.** ***tempio* p. 1335** 5.

pagolìno V. PAOLINO[2].

pàgro [dal lat. *phager*, gr. *phágros*; a. 1498] **sm.** pesce di mare degli Sparidi di color roseo variegato con riflessi argentei, dalle carni prelibate.

pagùro [dal lat. *pagūrus*, gr. *págouros*, propr. la cui coda è composta di ghiaccio; sec. XV] **sm.** crostaceo dei Decapodi con addome molle, che usa come involucro protettivo il guscio vuoto di un gasteropode; su questo si impianta un'attinia con la quale vive in simbiosi.

pàido- e der. V. PEDO-[1] e der.

paillard (fr., pr. [pa'ja:r]) [dal n. proprio *Paillard*, proprietario d'un ristorante parigino; 1963 *paillarde*] **sf.** *inv.* sottile fetta di vitello ai ferri.

paillette (fr., pr. [pa'jet]) [propr. dim. di *paille*, paglia; 1900 *paietes*] **sf.** (pl. *paillettes*, pr. [pa'jet]) lustrino, laminetta di materiale luccicante e forma varia, da applicare su indumenti e accessori.

paìno [etim. inc., forse lat. volg. **paginus*, da *pagus*, villaggio; 1866] **sm.** *dial.* elegantone, bellimbusto.

pàio (pl. *pàia*) [dal pl. *paia*, a sua volta dal lat. *paria*, neutro pl. di *par*, pari; 1262] **sm.** coppia di oggetti della medesima specie che sono o si considerano insieme: *un paio di scarpe, un bel paio di gambe* || anche di cosa non divisibile, ma formata di due parti distinte: *un paio di forbici, di calzoni, di occhiali* || di unità di misura, approssimativamente due: *tra un paio d'ore sono da te, una bistecca di un paio d'etti* || *fig. essere un altro paio di maniche*, trattarsi di cosa del tutto diversa || *essere una coppia e un paio*, essere in tutto simili, spec. nei difetti; *fare il paio*, star bene insieme || *non saper quante paia fan tre buoi*, detto di uomo sciocco || **N.** DUE | abbinare, accoppiare, appaiare, appaigliare, spaiare, sparigliare.

paiolàta [da *paiolo*; 1640] **sf.** quantità di roba contenuta in un paiolo: *una paiolata di rape.*

paiòlo [lat. volg. **pariolum*; 1182 *pairol*] **sm.** **1.** recipiente capace di rame, a pareti spesse e bombate, con manico di ferro mobile e ad arco con cui si può appendere al gancio del camino, adatto spec. per cuocere erbaggi, minestroni o polenta **2.** *T.mil.* in passato, parte delle fortificazioni, sulla quale venivano disposte le artiglierie || *dim.* paiolìno, paiolétto || **N.** **1.** caldaia, caldaio.

paisà [voce merid., da (*com*)*paesano*; 1946] **sm.** *merid.* (vocativo) compaesano, compatriota; con questo nome i soldati italo-americani chiamavano i civili italiani durante la seconda guerra mondiale.

pakistàno V. PACHISTANO.

pàla[1] [lat. *pala*; a. 1292] **sf.** **1.** attrezzo costituito da un lungo bastone di legno da impugnare a due braccia, che si innesta in un elemento metallico piatto e squadrato, talvolta a bordi laterali rialzati, atto a raccogliere da terra e contenere materiali spec. granulosi o friabili; è usato per rimuovere, caricare, ammucchiare e sim. || *pala da forno*, di forma simile ma interamente di legno, per infornare pane, pizze ecc. || *per estens. pala meccanica*, macchina cingolata provvista di un grosso braccio snodato terminante con un elemento cavo atto a scavare, spingere e trasportare materiali **2.** parte di attrezzo o congegno di forma larga e piatta o di sagoma aerodinamica, tale da agire su un fluido e riceverne una reazione di spinta: *pale di un mulino ad acqua, a vento, remo a una, a due pale, le pale di un'elica* **3.** tavola di grandi dimensioni, dipinta con soggetti sacri, posta sopra l'altare: *una pala del Giorgione* || *dim.* palétta || **N.** **1.** badile, gottazza, mestola, vanga | spalare **3.** ancona, paliotto. **TAV.** *canottaggio* 7.1; ***edilizia* p. 666** 9.

pàla[2] [voce veneto-trentina, prob. da *pala*[1]; 1892] **sf.** lunga e ripida parete rocciosa.

pàla- [da *pala*(*sport*)] ***primo elem.*** che in parole composte ha valore di "palazzo", e indica grandi strutture coperte attrezzate per ospitare manifestazioni di vario tipo (sportive, musicali ecc.): **palaghiàccio**.

paladinésco (pl. *-schi*) [da *paladino*; 1542] **agg.** *spreg.* o *iron.* da paladino: *aria paladinesca.*

paladìno [lat. mediev. *palatīnus*, della corte imperiale; a. 1292] **sm.** **1.** ciascuno dei dodici valorosi cavalieri che formavano una specie di guardia nobile di Carlomagno **2.** (f. *-a*) *fig.* valoroso difensore, campione: *paladino della libertà.*

palafìtta [comp. del lat. *pala* e *ficta*, pali conficcati; a. 1320] **sf.** **1.** sostegno di pali infissi nel terreno, spec. paludoso, per costruire o rafforzare edifici **2.** abitazione preistorica eretta su palafitte.

palafittàre [da *palafitta*; 1681] **tr.** *T.arch.* munire o sostenere con palafitte.

palafitticolo [da *palafitta*; 1905] **sm.** (f. *-a*) abitante di antichi villaggi costruiti su palafitte.

palafrenière [da *palafreno*; 1353 *pallafreniere*] **sm.** **1.** chi custodisce e governa un palafreno; staffiere **2.** nelle scuole militari di equitazione, istruttore degli allievi cavallerizzi.

palafrèno o **palafréno** [dal lat. tardo *paraverēdus*, cavallo da posta, attr. il provenz. *palafre*; sec. XIII] **sm.** nel Medioevo, cavallo nobile da parata o da viaggio, non da battaglia || **N.** destriero.

palàgio (pl. *-gi*) [var. di *palazzo*; fine sec. XIII] **sm.** *arc. lett.* palazzo.

palàia [da *palo*; a. 1597] **sf.** bosco utilizzato per ricavarne pali.

palamedèa [dal lat. scient. *palamedea*, dal n. proprio *Palamede*, eroe greco; 1871] **sf.** grosso uccello degli Anseriformi che vive nell'America Meridionale; ha il corpo tozzo, testa piccola, becco breve e sottile corno eretto sulla testa.

palaménto [da *palare*, munire di pali; 1535] **sm.** *T.mar.* l'insieme dei remi di una imbarcazione || *per meton.* l'equipaggio che rema.

palamidóne [dal n. proprio *Palamede*, personaggio teatrale, con accostamento a *palo*; 1750 nel senso 2; 1892 nel senso 1] **sm.** **1.** lungo cappotto da inverno || *scherz.* cappottone troppo lungo, che intralcia e rende goffi **2.** *ant.* spilungone, sciocco.

palamìta [dal gr. biz. *palamída*; sec. XV] **sf.** pesce marino dei Perciformi affine al tonno, ma alquanto più piccolo; ha carni molto saporite.

palamitàra [da *palamita*, sul modello di *tonnara*; a. 1799] **sf.** *T.pesc.* rete da pesca alta e lunghissima, usata per la pesca notturna del pesce spada.

palamite o **palàmito** [dal gr. *polýmitos*, formato di molti fili; a. 1698] **sm.** *T.pesc.* attrezzo da pesca, che consiste in una lunga funicella (*trave*) da cui pendono altre cordicelle più corte (*braccioli*) provviste di ami.

palànca[1] [lat. volg. **palanca*, class. *p*(*h*)*alanga*, gr. *phálanx*, tronco, bastone; a. 1411] **sf.** **1.** grosso palo, travone **2.** *T.mar.* ponte volante che si pone tra il bordo di una nave e una banchina, per lo sbarco e l'imbarco delle persone **3.** antica fortificazione formata da pali ravvicinati conficcati nel terreno || *dim.* palanchìno || **N.** **1.** barra, sbarra, tavola, trave | scaletta.

palànca[2] [prob. dallo sp. *blanca*, bianca, nome di una moneta; 1905] **sf.** antica moneta di rame da un soldo || *per estens. pop. le palanche*, il denaro.

palancàta [da *palanca*[1]; a. 1488] **sf.** palancato.

palancàto [da *palanca*[1]; a. 1292] **sm.** steccato fatto con assi o palanche.

palanchìno[1] [dal port. *palanquim*, dall'indostano *pâlaki*; a. 1602] **sm.** portantina per personalità di riguardo, usata in Oriente.

palanchìno[2] (*dim.* di *palanca*[1]) [1612] **sm.** robusta asta di metallo, usata per far leva.

palànco (pl. *-chi*) [var. di *paranco*; 1612] **sm.** *non com.* paranco.

palàncola [da *palanca*[1]; a. 1590] **sf.** **1.** palanca o tavolone posto di traverso su canali, fossi e sim., per attraversarli **2.** *T.edil.* ciascuno degli elementi prefabbricati in legno, metallo o cemento armato, collegabili fra loro per formare diaframmi stagni.

palandàra [var. di *palamitara*; 1937] **sf.** *T.mar. sicil.* palamitara.

palàndra [var. di *palandrana*; 1400 ca.] **sf.** *raro* palandrana.

palandràna [etim. inc.; a. 1556] **sf.** *ant.* o *scherz.* veste da uomo per casa, lunga e larga, in uso nel '600 || *scherz.* abito troppo lungo e largo || **N.** GABBANA.

palangàro o **palàngaro** [dal gr. *polyánkistron*, che ha molti ami; 1937] **sm.** *T.pesc.* attrezzo da pesca simile al palamite, impiegato nella pesca d'alto mare.

palàre[1] [lat. *palāre*; 1340] **tr.** *non com.* sostenere con pali ficcati nel terreno: *palare le viti.*

palàre[2] [da *pala*[1]; 1583] **tr.** *non com.* muovere con la pala: *palare il grano.*

palaspòrt [da *pala*(*zzo dello*) *sport*; 1961] **sm.** *inv.* palazzo dello sport: *approvata la costruzione del nuovo palasport con ventimila posti.*

palàta [da *pala*[1]; 1563] **sf.** **1.** quantitativo di materiale raccolto da una pala in una volta sola: *una palata di neve* || *a palate*, in gran quantità: *soldi a palate* **2.** colpo di pala: *tramortito da una palata* **3.** colpo che si dà col remo vogando. **Q.T.** *canottaggio.*

palatàle [dal fr. *palatal*; 1870] **agg.** di o relativo al palato || *T.fon.* di suono articolato con il dorso della lingua spostato in avanti, verso (o a contatto con) il palato duro; *consonanti* *palatali* (o *sf. le palatali*), in italiano [ʎ] (*gli* di *ciglio*), [ɲ] (*gn* di *bagno*).

palatalizzàre o **palatizzàre** [da *palatale*, come il fr. *palataliser*, 1954] ***tr.*** *T.fon.* sottoporre a palatalizzazione || ***intr. pron.*** divenire palatale o palatalizzato.

palatalizzàto [da *palatalizzare*; 1973] ***sm.*** *T.fon.* di fono in cui all'articolazione principale (che può essere labiale, dentale ecc.) si sovrappone un avanzamento del dorso della lingua verso il palato duro: *le consonanti palatalizzate del russo.*

palatalizzazióne o **palatizzazióne** [da *palatalizzare*, come il fr. *palatalisation*; 1888] ***sf.*** *T.fon.* spostamento del punto di articolazione di un suono verso il palato duro, in modo che divenga palatale (per es. il passaggio della pronuncia velare di *ci* e *ce* in *Cicero*, pr. lat. [ˈkikero], a quella palatale di *Cicerone*, pr. [tʃitʃeˈrone]).

palatìna [dal fr. *palatine*, dal nome *Palatine* della principessa Anna Gonzaga; a. 1712] ***sf.*** *ant.* pelliccia che portavano le donne francesi intorno al collo nel XVI sec.

palatinàto [da *palatino*[1]; 1557] ***sm.*** dignità di conte palatino || territorio su cui si esercitava la giurisdizione di conte palatino.

palatìno[1] [dal lat. *palatīnus*, da *palatium*, palazzo imperiale; 1513] ***agg.*** di o del palazzo reale o imperiale || *guardia palatina*, milizia pontificia || *T.stor. conte palatino* (o *sm. palatino*), principe rappresentante dell'autorità imperiale in alcune contee della Germania medievale; *per anton.* il sovrano del Palatinato, uno degli elettori imperiali.

palatìno[2] [dal lat. *Palatinum*, colle Palatino; 1835] ***agg.*** relativo al Palatino, uno dei sette colli di Roma.

palatìno[3] [da *palato*; a. 1694] ***agg.*** del palato: *ossa palatine, velo palatino.*

palatizzàre e der. v. PALATALIZZARE e der.

palàto [dal lat. *palātum*; a. 1292 nel senso 2] ***sm.*** **1.** volta interna che limita superiormente la bocca; *palato duro* o *osseo*, o *volta palatina*, la parte anteriore; *palato molle* o *velo palatino* o *velo pendulo*, la parte posteriore, molle perché non sostenuta da alcuna parte ossea **2.** *per meton.* (in quanto un tempo considerata sede del gusto) il senso del gusto: *non avere palato* || persona che ama la buona cucina: *è un palato fino.* **TAV.** *fonetica...* 1.2, 1.3; ***anatomia* p. 642** 21.11.

palatoalveolàre [comp. di *palat(ale)* e *alveolare*; 1958] ***agg.*** *T.fon.* di suono il cui punto di articolazione comprende gli alveoli e parte del palato duro (per es. in it. [ʃ] in *pesce*, [tʃ] in *cervo* e [dʒ] in *gemma*).

palatogràmma [comp. di *palato* e *-gramma*; 1963] ***sm.*** *T.fon.* in fonetica sperimentale, disegno o fotografia della volta palatale e del modo in cui vi si appoggia la lingua per articolare un suono. **TAV.** *fonetica...* 2.5a, 2.6a.

palatoschìsi [comp. di *palato* e *schisi*; 1954] ***sf.*** *T.med.* anomalia della volta palatale che si presenta non completamente chiusa nella linea mediana.

palatùra [da *palare*[1]; a. 1425] ***sf.*** *T.agr.* l'operazione del palare, rif. spec. ad alberi da frutto e viti.

palazzìna [da *palazzo*; 1830] ***sf.*** abitazione signorile a uno o due piani, gen. con giardino || *per estens.* edificio di abitazione a più piani, più o meno lussuoso, un po' isolato dagli altri e perlopiù con giardino || *T.stor.* nel '700, edificio signorile di campagna, usato per brevi periodi, spec. per la caccia || **N.** villino, villa.

palazzinàro [da *palazzina*; 1978] ***sm.*** (f. *-a*) *spreg.* imprenditore edilizio che si arricchisce costruendo edifici di basso costo e cattiva qualità.

palàzzo [lat. *Palātium*, monte Palatino, poi palazzo imperiale che ivi sorgeva; fine sec. XIII] ***sm.*** **1.** edificio di ragguardevoli dimensioni e pregio artistico, residenza di corti reali o famiglie nobili, o sede di organi governativi, uffici giudiziari e sim.: *palazzo reale, palazzo d'inverno, palazzo Rucellai, palazzo del Comune, palazzo di giustizia* || *congiura, intrighi di palazzo*, alle corti di un sovrano || *per estens.* grosso edificio moderno destinato a ospitare manifestazioni pubbliche: *palazzo dello sport, dei congressi, delle esposizioni* **2.** edificio formato da numerosi appartamenti per abitazione civile: *anonimi palazzi di periferia* **3.** (spec. maiuscolo) *fig.* l'insieme di coloro che governano, usato come simbolo del potere: *si fanno sempre più frequenti le critiche della piazza contro il Palazzo* || *dim.* palazzétto, palazzìno, palazzòtto; *accr.* palazzóne; *pegg.* palazzàccio || **N. 1.** castello, magione, reggia | atrio, aula, portone, sala **2.** *Sin.* condominio, stabile.

palazzòtto (*dim.* di *palazzo*) [a. 1540] ***sm.*** palazzo di modeste dimensioni, ma dalla struttura massiccia: *il palazzotto di don Rodrigo, con la sua torre piatta, elevato sopra le casucce ammucchiate* (Manzoni).

palcàto [da *palco*; 1723] ***agg.*** *non com.* impalcato.

palchettìsta[1] [da *palchetto*; 1872] ***s.*** chi ha la proprietà o l'uso continuato d'un palchetto teatrale.

palchettìsta[2] v. PARCHETTISTA.

palchétto (*dim.* di *palco*) [a. 1320] ***sm.*** **1.** asse che si pone di traverso negli armadi, scaffali e sim.: *scaffale a sei palchetti* **2.** palco di teatro per spettatori: *palchetti di secondo ordine* **3.** *T.giorn.* articolo in una o due colonne, messo in evidenza da una cornice **4.** larga pedana posta all'aperto o coperta da un tendone, in cui si balla nelle feste paesane: *ballo a palchetto* || *accr.* palchettóne || **N. 1.** *Sin.* ripiano **2.** barcaccia.

palchìsta [da *palco*; 1871] ***s.*** palchettista.

pàlco (pl. *-chi*) [dal long. **balk*, trave; fine sec. XIII] ***sm.*** **1.** piano di assi e travi rialzato da terra, usato come piattaforma, gen. provvisoria, per vari usi: *allestire, montare un palco per un comizio, per uno spettacolo all'aperto; palco d'onore*, da cui le personalità assistono a uno spettacolo || *palco di giustizia*, su cui venivano giustiziati i condannati a morte, patibolo || *in part.* sostegno di tavole mobili di un ponteggio **2.** struttura di legno che forma il cielo di una stanza e funge da sostegno al pavimento della stanza superiore || *palco morto* o *a tetto*, il più alto della casa, che sostiene il tetto **3.** *T.teatr.* ciascuno degli stanzini aperti verso il palcoscenico e disposti in più ordini sulle pareti che circondano la sala, dai quali si assiste agli spettacoli: *palco centrale, laterale, di proscenio, prenotare un palco, palco di I, II, III ordine* || *non com.* palcoscenico **4.** *non com.* strato: *frutta disposta a palchi* **5.** *T.mar.* nelle antiche galee, la tavola su cui sedeva una serie di rematori: *nave a tre palchi* || *palco di comando*, ponte di comando **6.** *T.zool.* ramificazione delle corna dei Cervidi || *dim.* palchétto; *accr.* palcóne, palchettóne || **N. 1.** assito, impalcatura, palancato, *parquet*, pedana, podio, ponte, soppalco, tribuna. **Q.T.** *teatro.*

palcoscènico (pl. *-ci*) (raro *pàlco scènico*) [comp. di *palco* e *scenico*; 1813 *palco scenico*] ***sm.*** *T.teatr.* il palco su cui recitano gli attori di teatro || *per meton.* l'arte drammatica: *aver pratica del palcoscenico.* **Q.T.** *teatro.*

paleàntropo o **paleoàntropo** [comp. di *paleo-* e *-antropo*; 1942] ***sm.*** nome con il quale, nella classificazione dell'antropologo Sergi, è indicato l'uomo antico del Pleistocene medio.

paleàrtico o **paleoàrtico** (pl. *-ci*) [comp. di *paleo-* e *artico*; 1932] ***sm.*** *T.geogr.* relativo alla regione geografica e biogeografica che comprende tutto il vecchio continente e la Siberia.

paleggiaménto [da *paleggiare*; 1869] ***sm.*** *raro* atto ed effetto del paleggiare.

paleggiàre (pres. *-éggio*) [da *pala*[1]; prima metà del sec. XIV] ***tr.*** *raro* agitare, prendere con la pala.

paleìno (*dim.* di *paleo*) [1813] ***sm.*** erba perenne delle Graminacee dai fiori profumati in spiga di colore giallo.

palèlla [prob. da *pala*[1]; 1889] ***sf.*** **1.** *T.mar.* scalpello piatto da calafato **2.** particolare modo di unire le estremità di due pezzi di legno da costruzione per formarne uno solo; incastro a coda di rondine.

Palemònidi (sing. *-e*) [dal lat. scient. *palaemonidae*; 1958] ***sm. pl.*** *T.zool.* famiglia di crostacei marini, com. detti *gamberetti.*

palèo[1] [etim. inc.; 1280 ca.] ***sm.*** **1.** grossa trottola **2.** nell'hockey su ghiaccio, altro nome del disco.

palèo[2] [etim. inc.; a. 1375] ***sm.*** nome volgare di più graminacee da foraggio || *dim.* paleìno.

pàleo- [dal gr. *palaiós*, antico] ***primo elem.*** che, in parole composte dotte e della terminologia scientifica, vale "antico", "relativo a una fase antica o originaria" (per es. *paleocristiano, paleografia, paleozoico*).

paleoàntropo v. PALEANTROPO.

paleoantropologìa [comp. di *paleo-* e *antropologia*; 1895] ***sf.*** disciplina che studia i resti fossili di specie umane preistoriche.

paleoàrtico v. PALEARTICO.

paleoasiàtico (pl. *-ci*) [comp. di *paleo-* e *asiatico*; 1929] ***agg.*** dei popoli mongolici dell'Asia nord-orientale parlanti lingue non inseribili in una precisa famiglia linguistica.

paleoavanguàrdia [comp. di *paleo-* e *avanguardia*; 1972] ***sf.*** insieme di vari movimenti culturali dell'inizio del '900, caratterizzati da un comune rifiuto della tradizione del passato.

paleobotànica [comp. di *paleo-* e *botanica*; 1954] ***sf.*** settore della botanica che si occupa dei resti fossili vegetali.

paleobotànico (pl. *-ci*) [comp. di *paleo-* e *botanico*; 1958] **I *agg.*** relativo alla paleobotanica: *studi paleobotanici* **II *sm.*** (f. *-a*) chi si occupa di paleobotanica.

paleocapitalìsmo [comp. di *paleo-* e *capitalismo*; 1980] ***sm.*** fase arcaica del capitalismo, che fa riferimento al periodo stesso della rivoluzione industriale o a quello immediatamente successivo, caratterizzati dal passaggio dalla produzione artigianale a quella di fabbrica e dalle prime forme di meccanizzazione del lavoro.

Paleocène [comp. di *paleo-* e *-cene*; 1931] ***sm.*** *T.geol.* primo periodo del Paleogene.

paleocristiàno [comp. di *paleo-* e *cristiano*; 1958] ***agg.*** del primo periodo del cristianesimo, fino al sec. VI (rif. spec. all'arte).

paleoetnologìa v. PALETNOLOGIA.

Paleògene [comp. di *paleo-* e *-geno*; 1895] ***sm.*** *T.geol.* Nummulitico.

paleogènico[1] (pl. *-ci*) [da *Paleogene*; 1931] ***agg.*** *T.geol.* proprio del Paleogene, relativo al Paleogene; caratteristico del Paleogene.

paleogènico[2] (pl. *-ci*) [comp. di *paleo-* e di un der. del gr. *génos*, generazione; 1958] ***agg.*** *T.biol.* proprio delle specie più arcaiche: *endemismo paleogenico.*

paleogeografìa [comp. di *paleo-* e *geografia*; 1911] ***sf.*** studio delle caratteristiche delle terre e dei mari nelle ere geologiche passate.

paleogeogràfico (pl. *-ci*) [da *paleogeografia*; 1935] ***agg.*** proprio della paleogeografia, relativo alla paleogeografia.

paleografìa [comp. di *paleo-* e *grafia*; a. 1729] ***sf.*** studio dei testi scritti antichi: *paleografia classica, medievale, paleografia musicale* || **N.** diplomatica, epigrafia; codice, papiro. **Q.T.** *filologia...*

paleogràfico (pl. *-ci*) [dal fr. *paléographique*; 1858] ***agg.*** che si riferisce alla paleografia.

paleògrafo [dal fr. *paléographe*; 1865] ***sm.*** (f. *-a*) studioso di paleografia.

paleolìtico (pl. *-ci*) [dall'ingl. *paleolithic*; 1892] **I *sm.*** il primo periodo dell'età della pietra, in cui i manufatti di pietra erano ancora rozzi o semplicemente scheggiati **II *agg.*** che si riferisce a tale periodo ‖ **N.** I *Sin.* età della pietra grezza.

paleomagnetismo [comp. di *paleo-* e *magnetismo*; 1974] ***sm.*** *T.geol.* studio dell'intensità e dell'orientamento del campo magnetico terrestre durante le varie ere geologiche, fondato sui dati offerti dalle rocce vulcaniche.

paleontogràfico (pl. *-ci*) [comp. di *paleo-*, *onto-* e *-grafico*; 1891] ***agg.*** *T.geol.* concernente la descrizione di fossili animali e vegetali.

paleontologìa [dal fr. *paléontologie*; 1841] ***sf.*** scienza che studia i resti fossili di animali e piante.

paleontològico (pl. *-ci*) [dal fr. *paléontologique*; 1857] ***agg.*** che si riferisce a paleontologia.

paleontòlogo (pl. *-gi*) [dal fr. *paléontologue*; 1865] ***sm.*** (f. *-a*) studioso di paleontologia.

paleoslàvo [comp. di *paleo-* e *slavo*] ***sm.*** *T.ling.* antica lingua del gruppo meridionale affine al bulgaro, in cui furono redatti i più antichi testi slavi a partire dall'evangelizzazione ad opera dei santi Cirillo e Metodio (sec. IX).

paleozòico (pl. *-ci*) [comp. di *paleo-* e *-zoico*; 1856] ***agg.*** *T.geol.* di era antica nella cronologia del globo terrestre, nei cui strati si trovano le prime tracce abbondanti di animali: *l'èra paleozoica, fossile paleozoico* ‖ **N.** Cambriano, Siluriano, Devoniano, Carbonifero, Permiano. **Q.T.** *geologia.*

paleozoologìa [comp. di *paleo-* e *zoologia*, come il fr. *paléozoologie*; 1829] ***sf.*** *T.zool.* parte della paleontologia che si occupa dei fossili animali.

palesaménto [da *palesare*; sec. XIV] ***sm.*** *non com.* atto ed effetto del palesare.

palesàre (pres. *-éso*) [da *palese*; fine sec. XIII] ***tr.*** rendere palese: *palesare le proprie intenzioni* ‖ ***intr. pron.*** diventare chiaro, manifesto; apparire ‖ **N.** *Sin.* appalesare, dimostrare, esprimere, esternare, estrinsecare, manifestare, mostrare, propalare, rivelare, scoprire, svelare.

palesatóre [da *palesare*; a. 1530] ***agg.*** e ***sm.*** (f. *-trìce*) *non com.* che o chi palesa, svela.

palése [dal lat. *palam*, palesemente; a. 1292] ***agg.*** manifesto, noto; chiaramente visibile: *una palese contraddizione, proposito palese, è ormai palese che darà le dimissioni* ‖ *far palese*, manifestare ‖ *non com. in palese*, palesemente ‖

paleseménte ***avv.*** ‖ **N.** *Sin.* evidente, lampante, notorio, visibile, NOTO.

palestinése [dal n. geogr. *Palestina*; 1954] **I *agg.*** della Palestina **II *s.*** abitante od originario della Palestina.

palèstra [dal lat. *palǣstra*; 1342] ***sf.*** **1.** locale attrezzato per lo svolgimento di esercizi ginnici, allenamenti o gare di alcuni sport: *palestra di pallavolo, di culturismo, palestra di una scuola* ‖ l'esercizio o l'allenamento che vi si svolge: *sono necessarie almeno quattro ore di palestra alla settimana* ‖ *T.alp. palestra di roccia*, parete di roccia, anche artificiale, per l'addestramento alle arrampicate **2.** *fig.* esercizio propedeutico intellettuale o morale: *la scuola è palestra di vita* **3.** *T.stor.* luogo in cui i giovani romani e greci si esercitavano alla lotta e agli altri ludi ginnici. **Q.T.** *sport.*

palestràle [da *palestra*; a. 1375] ***agg.*** *ant.* di, da palestra.

palestrìta [dal lat. *palaestrīta*; a. 1539] ***sm.*** *lett.* lottatore.

paletnologìa o **paleoetnologìa** [comp. di *paleo-* e *etnologia*; a. 1539] ***sf.*** studio delle culture preistoriche.

paletnològico (pl. *-ci*) [da *paletnologia*; 1954] ***agg.*** attinente alla paletnologia: *museo paletnologico.*

paletnòlogo (pl. *-gi*) [da *paletnologia*; 1927] ***sm.*** (f. *-a*) studioso di paletnologia.

paletot (fr., pr. [pal'to]) [dal medio ingl. *paltok*, giacca corta; 1838] ***sm.*** *inv.* cappotto.

palétta[1] (*dim.* di *pala*[1]) [1303] ***sf.*** **1.** piccola pala, con manico corto, usata per raccogliere cenere, carbone, immondizie e sim. ‖ attrezzo da cucina per prendere i cibi o servire porzioni: *paletta da lasagne, da dolci* ‖ piccola pala giocattolo: *secchiello e paletta* **2.** attrezzo di forma simile a una pala ‖ *in part.* disco con manico usato per segnalare la partenza e l'arresto, impiegato da capostazioni, polizia stradale e sim. ‖ *T.idr.* elemento della girante di una turbina ‖ *T.orol.* ciascuna delle alette della ruota di riscontro degli orologi. **TAV.** *alpinismo* 2.3.

palétta[2] adattamento it. di *pallet* (v.).

palettàre (pres. *étto*) [da *paletto*; a. 1597] ***tr.*** *non com.* munire di paletti.

palettàta [da *paletta*[1]; 1863] ***sf.*** quanta roba si può prendere con una paletta in una volta sola ‖ colpo dato con una paletta.

palettatùra [da *paletta*[1]; 1949] ***sf.*** *T.idr.* l'insieme delle palette disposte sulla girante di una turbina.

palettizzàre o **pallettizzàre** [da *paletta*[2]; 1970] ***tr.*** disporre su *pallet* merci imballate.

palettizzatóre [da *palettizzare*; 1988] ***sm.*** macchina solitamente elettrica che raccoglie gli imballaggi e li accumula sui *pallet* disponendoli in modo regolare e preciso, per facilitarne il trasporto.

palettizzazióne o **pallettizzazióne** [da *palettizzare*; 1974] ***sf.*** il palettizzare.

palétto (*dim.* di *palo*) [a. 1342] ***sm.*** **1.** spranga di ferro quadrangolare, usata per assicurare la chiusura delle porte; chiavistello **2.** asta che si pianta nel terreno per recintare, sostenere fili o cartelli ecc. ‖ picchetto da tenda ‖ asta che serve per sostenere le porte, durante le gare di sci.

pàli [dal sanscrito *pāli*, propr. linea, serie, con riferimento alla serie dei testi canonici; a. 1869] ***sm.*** *inv.* lingua indoeuropea medioariana, in cui è stato redatto il canone buddista più diffuso; anche lingua letteraria e religiosa di Birmania, Thailandia e Ceylon ‖ **N.** pracrito, sanscrito.

palificàre (pres. *-ìfico*, *-ìfichi*) [da *palo*; a. 1519] ***intr.*** (aus. *avere*) far palizzate; piantare pali in terra.

palificàta [da *palificare*; a. 1502] ***sf.*** palizzata; palificazione.

palificazióne [da *palificare*; 1554] ***sf.*** l'operazione di palificare ‖ *concr. T.edil.* struttura di sostegno nelle fondamenta di un edificio, formata da più pali fissati con tavole trasversali o saldate con calcestruzzo ‖ serie di pali di una linea telefonica, telegrafica e sim.

paligrafìa [comp. dal gr. *pálin*, di nuovo e *-grafia*; 1958] ***sf.*** *T.med.* anomalia del linguaggio scritto caratterizzata dalla ripetizione di sillabe, parole o frasi.

palilalìa [comp. dal gr. *pálin*, di nuovo e *-lalia*; 1958] ***sf.*** *T.med.* anomalia del linguaggio, in seguito alla quale vengono ripetute più volte le stesse parole o frasi.

palìlie [dal lat. *Palilia*; a. 1600] ***sf. pl.*** *T.stor.* festa in onore di Pale, dea dei pascoli, che si celebrava in Roma il 21 aprile di ogni anno.

palilogìa (pl. *-gìe*) [dal lat. tardo *palillogia*, gr. *palillogía*; 1639] ***sf.*** *T.ret.* ripetizione della stessa parola o della stessa frase.

palimpsèsto V. PALINSESTO.

palìna [da *palo*; 1598] ***sf.*** **1.** *T.top.* paletto verniciato di bianco e di rosso usato nelle operazioni topografiche **2.** *raro* bosco destinato a fornire pali.

palìndromo [dal gr. *palíndromos*, propr. che corre indietro; 1695 *palindromon*] ***agg.*** e ***sm.*** *T.lett.* di parola, frase o verso che, letti da destra a sinistra o da sinistra a destra, mostrano la stessa successione di lettere (come *radar*, o il famoso esametro virgiliano: *in girum imus nocte et consumimur igni*) ‖ **N.** *Sin.* bifronte.

palingènesi [dal lat. tardo *palingenesia*, gr. *palingenesía*, ritorno alla vita; 1809 nel senso 2; 1871 nel senso 1] ***sf.*** **1.** *T.fil.* rinascita che comporta un radicale rinnovamento ‖ *in part.* nella visione stoica del divenire cosmico, la periodica ricostituzione del mondo successiva alla distruzione ‖ nel Nuovo Testamento, avvento finale e definitivo del regno di Dio ‖ rif. a un individuo, mutamento, rinnovamento totale: *palingenesi operata dallo Spirito Santo* **2.** *fig.* cambiamento radicale di un'istituzione o situazione: *palingenesi politica.*

palingenètico (pl. *-ci*) [da *palingenesi*; a. 1862] ***agg.*** attinente alla palingenesi.

palinodìa [dal lat. tardo *palinodia*, gr. *palinoidía*; a. 1530] ***sf.*** *T.lett.* componimento poetico in cui si smentisce quanto è stato affermato in uno precedente ‖ *per estens.* ritrattazione in genere.

palinografìa [comp. del gr. *palýnein*, spargere la farina e *-grafia*; 1958] ***sf.*** *T.bot.* descrizione dei vari tipi di polline e di spore.

palinologìa [comp. del gr. *palýnein*, spargere la farina e *-logia*; 1958] ***sf.*** *T.bot.* settore della botanica che studia i vari tipi di polline e di spore, e li classifica.

palinsèsto (raro *palimpsèsto*) [dal lat. *palimpsēstus*, gr. *palímpsēstos*, raschiato di nuovo; sec. XVI-XVII] ***sm.*** **1.** codice pergamenaceo in cui lo scritto originale è stato raschiato via per poter scrivere una seconda volta **2.** nel gergo radiotelevisivo, schema ordinato delle trasmissioni da mandare in onda in un certo periodo ‖ **N.** **2.** *Sin.* programma. **Q.T.** *filologia...*

pàlio (pl. *-ii*) [var., prob. sett., di *pallio*; a. 1342] ***sm.*** nel Medioevo, drappo preziosamente ricamato, dato in premio al vincitore di una corsa ‖ *correre il palio*, far la corsa il cui premio è un palio ‖ *il palio di Siena*, tradizionale gara equestre fra le contrade di Siena disputata ogni anno (il 2 luglio e il 16 agosto) in piazza del Campo ‖ *mettere in palio*, proporre, offrire come premio, in una gara.

paliòtto [da *palio*; sec. XIII-XV *pagliotto*] ***sm.*** *T.eccl.* paramento, perlopiù di broccato artisticamente lavorato, del colore liturgico del giorno, che copre la parte anteriore dell'altare ‖ rivestimento prezioso della parte anteriore dell'altare ‖ **N.** *Sin.* dossale.

palischérmo [forse dal gr. *polýskalmos*, dai molti remi, con accostamento pop. a *palo* e *schermo*; a. 1347 *paliscarmo*] ***sm.*** **1.** *T.pesc.* nelle tonnare, barca lunga circa dodici metri, munita di argano, che prende parte alla manovra delle reti e alla mattanza **2.** in passato, grossa barca al seguito di un bastimento.

palissàndro [da una voce indigena della Guyana, attr. l'ol. *palissander* e il fr. *palissandre*; 1770] ***sm.*** legno molto pregiato, di color bruno violetto, fornito da alcune piante del Brasile e dell'India, che viene usato in ebanisteria.

palizzàta [da *palizzo*; a. 1304 *palicciata*] ***sf.*** steccato fatto con pali ‖ **N.** *Sin.* palancato, STECCATO.

palizzo [dal lat. mediev. *palicium*, *palitium*, dal lat. *palus*, palo; 1312] ***sm.*** *ant.* palizzata, steccato.

pàlla[1] [dal long. **palla*; a. 1292] ***sf.*** **1.** corpo di forma sferica: *palla di neve, di legno, di fuoco, decorare l'albero di Natale con palle variopinte; fare una palla di stracci, di carta*, comprimerli, schiacciarli dando loro una forma tondeggiante || *palla del cavolfiore*, l'infiorescenza commestibile || *palla di neve*, varietà coltivata di viburno dalle infiorescenze bianche e tondeggianti || *palla dell'occhio*, globo oculare || *pesce palla*, v. PESCE **2.** *in part. T.sport.* corpo sferico di materiale elastico (atto a rimbalzare) o rigido e pesante (atto a rotolare), variamente usato in numerosi giochi: *giocare a palla* o *alla palla, palla da football, da rugby, da bowling, da biliardo* || *per estens.* gioco in cui è usato il pallone: *palla a volo* (v. PALLAVOLO), *palla a canestro* (v. PALLACANESTRO), *palla base* (v. PALLABASE), *palla a mano* (v. PALLAMANO) || in alcune espr. fig.: *cogliere la palla al balzo*, cogliere l'occasione propizia; *essere, sentirsi in palla*, in forma; *mancare una palla*, una buona occasione **3.** sfera di legno con cui si facevano un tempo votazioni segrete, bianca o nera a seconda che indicasse voto favorevole o contrario: *dar palla bianca*, votare a favore **4.** proiettile di arma da fuoco: *palla di cannone, di fucile* || *sparare a palla*, col proiettile, non a salve || *fig. tirare a palle infuocate*, contraddire focosamente **5.** *T.arald.* figura araldica presente nell'insegna di casa Medici **6.** *T.arch.* sfera di metallo o di pietra posta a coronamento di cupole, guglie e sim. **7.** pesante sfera di piombo che un tempo i reclusi trascinavano a un piede con una catena || *fig.* grave intralcio: *essere, avere una palla al piede* **8.** *pl. volg.* testicoli || *fig. volg. rompere le palle*, seccare, annoiare; *rompersi le palle*, annoiarsi, ma anche averne abbastanza; *far girare le palle*, irritare molto, far salire il sangue alla testa; *averne le palle piene*, essere al limite della sopportazione; *che palle!*, che fastidio!, che noia!; *stare sulle palle*, essere antipatico **9.** frottola, fandonia: *non credere a quello che dice, son tutte palle* || *dim.* pallétta, pallìna, pallìno (*sm.*), pallettìna; *accr.* pallettóna, pallettóne (*sm.*), pallóne (*sm.*) || **N. 1.** *Sin.* boccia, globo, pomo, sfera | appallottolare **2.** *Sin.* pallina, pallone | bocce, calcio, *cricket, golf*, pallacanestro, pallacorda, palla elastica, pallamaglio, pallanuoto, *pelota, tennis*; bracciale, mazza, racchetta, tamburello | battere, cogliere, colpire, fallire, pigliare, rimandare, rimbalzare, rimettere, tirare | balzo, salto, tiro, volata **8.** *Sin.* coglioni. **TAV.** *caccia* 3.2; *tennis* 5.

pàlla² [dal lat. *palla*; 1313 nel senso 2] **sf. 1.** lunga e ampia sopravveste usata dalle antiche donne romane **2.** *T.eccl.* pezzo di lino quadro, con cui il sacedote copre il calice durante la messa. **Q.T.** *chiesa...* **TAV.** *chiesa* 2.2.

pallabàṣe o **pàlla bàṣe** (raro *pàlla a bàṣe*) [comp. di *palla¹* e *base*, sul modello dell'ingl. *baseball*; 1963] **sf.** *inv. non com. baseball.*

pallacanèstro o **pàlla a canèstro** [comp. di *palla¹* e *canestro*, sul modello dell'ingl. *basket-ball*; 1920 *palla al canestro*] **sf.** *inv.* gioco che si disputa tra due squadre di cinque giocatori ciascuna, nel quale segna due punti a vantaggio della propria squadra il giocatore che riesce a gettare la palla in un cesto posto in alto all'estremità del campo avversario.

pallacòrda [comp. di *palla¹* e *corda*; a. 1535 *palla da fare alla corda*] **sf.** *inv.* antico gioco simile al tennis || il luogo dove si gioca alla pallacorda o in genere alla palla || *per anton. la Palla corda*, la sala dove si svolse l'assemblea del Terzo Stato, da cui ebbe inizio la Rivoluzione francese.

palladiàno [dal n. proprio Andrea *Palladio*; 1958] **agg. 1.** di A. Palladio, proprio dello stile architettonico di A. Palladio, o di stile che lo imita: *ville palladiane inglesi* **2.** *pavimento alla palladiana* o *sf. palladiana*, tipo di pavimento a grandi lastre di marmo o pietra disposte irregolarmente.

pallàdico (pl. *-ci*) [da *palladio³*; 1871] **agg.** *T.chim.* di composto del palladio tetravalente.

pallàdio¹ (pl. *-di*) [dal lat. *Palladium*, gr. *Palládion*, immagine di Pallade; 1313] **sm.** *T.stor.* statua di Pallade cui venivano attribuiti poteri protettivi su abitazioni o città || *fig. lett.* ciò che protegge o difende: *l'esercito è il palladio delle istituzioni.*

pallàdio² (pl. *-di*) [dal lat. *palladius*, gr. *palládios*; 1342] **agg.** *lett.* di Pallade, sacro a Pallade: *la palladia fronda*, l'olivo.

pallàdio³ [dall'ingl. *palladium*, con allusione all'asteroide *Pallas*, Pallade; 1817] **sm.** *T.chim.* elemento metallico, di color bianco argenteo, simile al platino ma più molle; ha la proprietà di assorbire notevoli quantità d'idrogeno.

pàlla-gòl (pl. *pàlle-gòl*) [comp. di *palla¹* e *gol*; 1964] **sf.** *T.sport.* nel gioco del calcio, pallone lanciato in modo tale da poter essere inviato facilmente nella rete avversaria.

pallàio (pl. *-ài*) [da *palla¹*; 1871] **sm.** *tosc.* area recintata per il gioco delle bocce.

pallamàglio o **pàlla a màglio** [da *palla¹ a maglio*; fine sec. XV *palla a maglio*] **sm.** o **sf.** *inv.* antico gioco simile al cricket, in cui una palla di legno veniva fatta correre con un maglio.

pallamàno o **pàlla a màno** [comp. di *palla¹* e *mano*, sul modello dell'ingl. *handball*; 1950] **sf.** *inv.* gioco simile a quello del calcio, dal quale differisce per il fatto che la palla viene colpita con le mani anziché coi piedi.

pallamùro o **pàlla a mùro** [comp. di *palla¹*, *a* e *muro*; 1958] **sf.** *inv.* antico gioco a squadre in cui i concorrenti devono lanciare, con le mani o con una paletta, una palla di gomma contro un muro.

pallanuotìsta o **pallanotìsta** [da *pallanuoto*; 1942] **s.** giocatore di pallanuoto.

pallanuòto o **pàlla a nuòto** [comp. di *palla¹* e *nuoto*, sul modello dell'ingl. *water polo*; 1942] **sf.** *inv.* sport di origine inglese che si gioca tra due squadre di sette nuotatori ciascuna, che cercano di mandare la palla nella porta degli avversari.

pàlla ovàle v. PALLOVALE.

pallàta [da *palla¹*; a. 1584] **sf.** colpo dato con una palla: *mi è arrivata una pallata nella schiena.*

pallàto [da *palla¹*; 1871] **agg.** *raro* del pelame di un animale, che ha macchie tonde come palle: *bue, cavallo pallato.*

pallavolìsta [da *pallavolo*; 1964] **s.** *T.sport.* giocatore di pallavolo.

pallavólo o **pàlla a vólo** [comp. di *palla¹* e *volo*, sul modello dell'ingl. *volleyball*; 1920 *palla al volo*] **sf.** *inv.* sport in cui due squadre di sei giocatori ciascuna si rinviano la palla al di sopra di una rete, alta circa due metri e mezzo, senza mai lasciarla toccare terra e senza colpirla più di tre volte di seguito nello stesso campo.

palleggiaménto [da *palleggiare*; 1911] **sm.** atto del palleggiare o del palleggiarsi.

palleggiàre (pres. *-éggio*) [da *palla¹*; 1618] **intr.** (aus. *avere*) esercitarsi nel palleggio; eseguire un palleggio || **tr.** lanciare e riprendere, come si fa con una palla: *palleggiare l'asta* || *fig.* sballottare || **rec.** *palleggiarsi la responsabilità, le accuse*, addossarsele a vicenda.

palleggiatóre [da *palleggiare*; 1871] **sm.** (f. *-trice*) chi palleggia.

pallléggio (pl. *-gi*) [da *palleggiare*; 1804] **sm.** *T.sport.* rimbalzo ripetuto di una palla || *in part.* nel calcio, serie di calci dati da uno o più giocatori al pallone senza fargli toccare terra; nella pallacanestro, azione che consiste nel far rimbalzare ripetutamente la palla tra la mano e il terreno; nella pallanuoto, nel tennis e sim., scambio di colpi tra le due squadre o i due giocatori.

pallènte [dal lat. *pallens, -entis*, ppr. di *pallēre*, impallidire; a. 1332] **agg.** *poet.* che impallidisce: *le pallenti spighe.*

pallésco (pl. *-schi*) [da *palla¹*, con riferimento allo stemma medico; 1527] **sm.** (f. *-a*) partigiano dei Medici, ai tempi di Savonarola || **N.** piagnone.

pallet (ingl., pr. ['pælɪt]) [propr. piatto; 1958] **sm.** *inv.* piattaforma di legno su cui vengono disposte le merci imballate, che viene agganciata e spostata dai carrelli elevatori.

pallético v. PARLETICO.

pallettàro [da *palletta*, dim. di *palla¹*; 1982] **sm.** (f. *-a*) *T.sport.* nel tennis, il giocatore che gioca in difesa con colpi lenti e pallonetti, o che fa prevalentemente muro.

pallettàta [da *palletta*, dim. di *palla¹*; 1982] **sf.** *T.sport.* nel tennis, colpo teso e violento.

pallettiẓẓàre v. PALETTIZZARE.

pallettiẓẓazióne v. PALETTIZZAZIONE.

pallettóne (*accr.* di *palla¹*) [1886] **sm.** (spec. *pl.*) pallino da caccia molto grosso, usato per selvaggina di una certa mole: *fucile caricato a pallettoni, sparare a pallettoni.*

palliaménto [da *palliare*; seconda metà sec. XIV] **sm.** *raro* l'atto e l'effetto del palliare.

palliàre (pres. *pàllio*) [dal lat. tardo *palliāre*; a. 1342] **tr.** *raro lett.* **1.** vestire, coprire con il pallio **2.** coprire, mascherare con apparenze oneste atti non buoni.

palliàta [dal lat. *palliāta* (*fabula*), così detta perché gli attori la rappresentavano indossando il pallio; 1639] **sf.** antica commedia latina in cui agivano personaggi greci || **N.** togata.

palliatìvo [da *palliare*; 1784] **sm.** rimedio che attenua il male senza guarirlo: *quelle medicine sono palliativi inutili* || *fig.* provvedimento poco efficace, di effetto temporaneo: *in politica i palliativi sono pericolosi.*

pallidézza [da *pallido*; 1344 ca.] **sf.** qualità, aspetto di ciò che è pallido || **N.** *Sin.* pallidità, pallore, scolorimento; anemia, clorosi.

pallidìccio (pl. m. *-ci*; pl. f. *-ce*) [da *pallido*; a. 1597] **agg.** di un brutto color pallido; piuttosto pallido.

pallidità [da *pallido*; a. 1406] **sf.** *lett.* pallidezza.

pàllido [dal lat. *pallidus*; a. 1292 *palido*] **agg. 1.** del colorito di una persona, smorto, sbiancato, esangue: *diventare pallido; viso pallido*, appellativo con cui i Pellerossa chiamavano i bianchi || *per estens.* di cose, poco brillante, offuscato: *cielo pallido, pallida luna* **2.** *fig.* attenuato, poco rilevato, evanescente: *una pallida immagine del vero; non ne ho la più pallida idea*, la minima idea **3.** come modificatore di agg. di colore, poco brillante, attenuato: *rosa pallido, giallo pallido* || **pallidaménte** **avv.** || *dim.* pallidétto, pallidìno, pallidùccio; *accr.* pallidóne || **N. 1.** *Sin.* cereo, dilavato, illividito, impallidito, livido, pallente, terreo; bianco come un cencio | illividire, impallidire, sbiancare, trascolorare **2.** *Sin.* vago **3.** *Sin.* scialbo, scolorito, smorticcio, smorto, tenue.

pallidóre [da *pallido*; a. 1347] **sm.** *ant.* pallore.

pallìna (*dim.* di *palla¹*) [1585] **sf.** la piccola palla usata per giocare a ping-pong || sferetta usata in vari giochi infantili, bilia: *giocare a palline.* **Q.T.** *tennis.*

pallìno (*dim.* di *palla¹*) [1640] **sm. 1.** la palla più piccola nel gioco delle bocce o del biliardo **2.** *pl.* granellini di piombo usati come munizioni da caccia **3.** *pl.* motivo decorativo di tessuti, parati e sim., a forma di dischetto più o meno grande: *una camicetta bianca a pallini rossi* **4.** *fig.* mania, idea fissa: *ha il pallino degli abiti firmati* || **N. 1.** *Sin.* boccino, grillo, lecco **2.** impallinare **3.** *Sin.* pois. **TAV.** *caccia* 3.1e.

pàllio (pl. *-li*) [dal lat. *pallium*; sec. XIV] **sm. 1.** *T.stor.* ampio mantello portato dai Greci sopra la tunica; adottato poi dai Romani **2.** *T.eccl.* stola lunga e stretta, ornata di sei croci, segno di autorità ecclesiastica superiore alla vescovile; s'indossa nelle occasioni solenni al disopra dei paramenti **3.** *T.anat.* in anatomia comparata, la parte superiore e laterale del telencefalo, corrispondente alla corteccia cerebrale nei Mammiferi **4.** *T.zool.* mantello.

pallìsta [da *palla*[1]; 1982] *s.fam.* chi racconta abitualmente frottole, fandonie || **N.** *Sin.* fanfarone.

pallonàio (pl. *-ài*) [da *pallone*; 1576] **sm.** (f. *-a*) **1.** chi fa o vende i palloni **2.** chi gonfia i palloni per coloro che giocano **3.** *scherz.* spaccone.

pallonàta [da *pallone*; a. 1816] **sf.** **1.** colpo di pallone **2.** *fig.* vanteria, millanteria.

palloncìno (*dim.* di *pallone*) [1865 nel senso 2; 1920 nel senso 1] **sm.** **1.** piccolo globo di materiale elastico, gonfiato con gas leggero che lo fa salire in aria, con cui giocano i bambini **2.** lampioncino di carta colorata, per illuminazione, detto anche, dai fiorentini, *rificolona* **3.** *non com.* frusta, frullino.

pallóne (*accr.* di *palla*[1]) [1565] **sm.** **1.** palla di cuoio con camera d'aria gonfiata a pressione, usata nel gioco del calcio, della pallacanestro, della pallanuoto ecc.: *calciare, respingere, parare il pallone* || *per anton. giocare a* (o *al*) *pallone*, a calcio || *pallone elastico*, V. ELASTICO **2.** involucro di forma sferica o allungata, provvisto di una navicella per ospitare persone, che, gonfiato con gas leggero, sale in aria; aerostato, mongolfiera || *pallone frenato*, trattenuto da funi che gli consentono di sollevarsi soltanto sino a una certa altezza || *pallone sonda*, usato per ricerche meteorologiche nell'alta atmosfera || in espr. fig.: *essere un pallone gonfiato*, di persona vana e boriosa; *essere, andare nel pallone*, in uno stato di confusione, non capir più nulla **3.** *T.chim. pallone di vetro*, recipiente di vetro, piuttosto grande, a forma sferica, usato nei laboratori || *dim.* palloncìno, pallonétto. **TAV. *meteorologia* p. 1321** 7.

pallonétto (*dim.* di *pallone*) [1930] **sm.** *T.sport.* nel calcio, lancio del pallone a parabola stretta, per superare gli avversari o giungere insidiosamente in rete sotto la traversa || nel tennis, colpo con traiettoria molto alta, dato per superare un avversario che si trovi sotto rete. **Q.T.** *tennis.*

pallóre [dal lat. *pallor, -ōris*; a. 1243] **sm.** colore pallido del volto: *pallore cadaverico, mortale.*

pallosità [da *palloso*; 1980] **sf.** *fam.* l'essere noioso o fastidioso in maniera insopportabile.

pallóso [da *palla*[1]; 1977] **agg.** *fam.* noioso, fastidioso, insopportabile: *un film davvero palloso.*

pallòttola [da *palla*[1], attr. un ant. *pallotta*; a. 1311] **sf.** **1.** palla più o meno piccola spec. di materiale compresso: *far pallottole di carta* **2.** proiettile di arma da fuoco portatile: *estrarre la pallottola dalla ferita* || *dim.* pallottolétta, pallottolìna || **N.** **2.** bossolo, cartuccia.

pallottolièra [da *pallottola*; a. 1527] **sf.** fermaglio per la cocca della freccia, posto nel mezzo della corda dell'arco o della balestra.

pallottolière [da *pallottola*; 1841] **sm.** telaietto con sbarrette metalliche in cui sono infilate pallottole disposte in più ordini e scorrenti; serviva per insegnare a far di conto ai bambini || **N.** *Sin.* abaco.

pallovàle o **pàlla ovàle** [comp. di *palla*[1] e *ovale*; 1942] **sf.** *inv. non com. rugby.*

pàlma[1] [lat. *palma*; 1319] **sf.** la parte inferiore della mano, compresa tra la fine del polso e l'attaccatura delle dita: *rivolgere le palme all'insù*; *giungere le palme*, unire le mani in atto di preghiera || *portare qualcuno in palma di mano*, tenerlo in gran pregio || *palma dei piedi*, la membrana che riunisce le dita delle zampe negli uccelli acquatici (da cui *palmipedi*).

pàlma[2] [lat. *palma*, palma della mano, poi parte del tronco (in part. dell'albero di palma); 1306] **sf.** **1.** nome comune di numerose specie di piante dicotiledoni tropicali delle Palmacee, con fusto a colonna non ramificato, sormontato da foglie verdi e flessibili: *palma da datteri, palma da cocco, palma da olio*; *palma dum*, originaria dell'Eritrea, possiede semi durissimi da cui si ricava l'avorio vegetale **2.** nel mondo greco-romano, foglia o ramo di palma, consegnato ai vincitori di pubbliche gare, in segno di onore || *fig.* vittoria riportata in qualche gara: *ottenere, riportare la palma* || *la palma del martirio*, la gloria concessa da Dio ai martiri della fede || *Domenica delle Palme*, la domenica che precede la Pasqua di Risurrezione, nella quale si commemora l'entrata trionfale di Gesù in Gerusalemme, e si distribuiscono palme o rami d'ulivo benedetti || *palma benedetta*, ramoscello di palma o d'ulivo benedetto dato ai fedeli la Domenica delle Palme || *dim.* palmétta. **TAV. *botanica* p. 661** 8.3.

Palmàcee [comp. di *palma*[2] e *-acee*; 1974] **sf.** *pl. T.bot.* la numerosa famiglia arborea delle varie specie di palme.

palmàre [da *palma*[1]; a. 1673] **agg.** **1.** *T.anat.* della o relativo alla palma della mano: *muscolo palmare* **2.** *fig.* di evidenza lampante, chiaro: *prova palmare, errore palmare* **3.** *ant.* della misura di un palmo.

palmàrio (pl. *-ri*) [dal lat. tardo *palmārium*, onorario dell'avvocato che ha vinto la causa, da *palma*, simbolo di vittoria; 1737] **sm.** *raro T.giur.* compenso dell'avvocato, subordinato all'esito favorevole della vertenza.

palmàta [da *palma*[1]; sec. XIII-XIV] **sf.** **1.** colpo inferto sulla palma della mano con una riga o sim., spec. come punizione scolastica del passato **2.** colpo di palme e stretta di mano che sancisce, sulla reciproca fiducia, un patto, un contratto e sim.

palmàto [dal lat. *palmātus*; 1813] **agg.** **1.** *T.bot.* di foglia, che ricorda una mano aperta, per le nervature principali che si aprono a ventaglio (suddivise in foglioline come nell'ippocastano, o in un'unica foglia come nell'acero) **2.** *T.zool.* di piede che ha le dita unite da una membrana. **TAV. *fiori...* p. 671** 4.10.

palmatòria [dallo sp. *palmatoria*, da *palma*, palma della mano; 1954] **sf.** *T.eccl.* piccolo candeliere usato nelle funzioni pontificali alla presenza di un cardinale, di un vescovo o di un abate.

palmatosètto [comp. di *palmato* e *setto*; 1958] **agg.** *T.biol.* di foglia palmata, suddivisa fino al picciolo.

palmèlla [da *palma*[2]; 1808] **sf.** **1.** *T.pell.* nell'industria conciaria, attrezzo costituito da una tavoletta di sughero incollata su un supporto di legno, con cui si eseguiva la palmellatura a mano **2.** *ant.* tipo di lana molto corta **3.** *T.bot.* genere di alghe Cloroficee che vivono su rocce bagnate negli stagni e nei ruscelli, o su terra umida **4.** *T.zool.* stadio di sviluppo dei Protozoi Flagellati, caratterizzato dalla perdita totale dei flagelli.

palmellatùra [da *palmella*; 1988] **sf.** *T.pell.* nell'industria conciaria, operazione compiuta manualmente, con una palmella, o meccanicamente, con una macchina palmellatrice, per ammorbidire le pelli.

palménto [forse lat. volg. **paumentum*, class. *pavimentum*; a. 1300] **sm.** **1.** macina da mulino ad acqua || *fig. macinare* o *mangiare a due, a quattro palmenti*, mangiare ingordamente || edificio che contiene le macine e altre attrezzature **2.** *merid.* vasca in cui si pigiano le uve.

pàlmer[1] [dal n. proprio J. *Palmer*, inventore; 1958] **sm.** *inv. T.fis.* apparecchio per misurare il diametro o lo spessore di tondi, barre, piastre ecc. || calibro, micrometro.

pàlmer[2] [dal n. proprio *Palmer*, fabbricante di pneumatici; 1918] **sm.** *inv.* pneumatico tubolare per biciclette da corsa. **TAV. *motocicletta...* p. 1322** 1.17.

palméto [dal lat. *palmētum*; a. 1499] **sm.** bosco o piantagione di palme.

palmétta (*dim.* di *palma*[2]) [1758 nel senso 2] **sf.** **1.** forma di potatura delle piante a spalliera, per cui i rami si sviluppano come nelle palme **2.** *T.arch.* motivo decorativo ad imitazione delle foglie di palma.

palmière [da *palma*[2], come il fr. ant. *palmier*, a. 1321] **sm.** *ant.* pellegrino di Terra Santa || **N.** *Sin.* romeo.

palmìfero [dal lat. *palmifer*; 1749] **agg.** *lett.* ricco di palme.

palminèrvio (pl. *-vi*) [comp. di *palma*[2] e *-nervio*; 1875] **agg.** *T.bot.* di foglia, con le nervature disposte a ventaglio, come le dita divaricate di una mano.

palmìpede [dal lat. *palmipes, -edis*; 1499] **agg.** e **sm.** *T.zool.* di uccelli che hanno le zampe con le dita palmate, cioè unite da una membrana || *disus. pl.* Anseriformi. **TAV. *uccelli* p. 1338**.

palmìsti [dal fr. *palmiste*, propr. palma da olio; 1931] **sm.** denominazione commerciale dei semi della palma da olio || *olio di palmisti*, olio estratto da tali semi, impiegato nell'industria chimica e in quella alimentare.

pàlmite [dal lat. *palmes, -itis*; 1340 ca.] **sm.** *poet.* tralcio della vite.

palmìtico (pl. *-ci*) [da *palmitina*; 1871] **agg.** *T.chim. acido palmitico*, acido organico monobasico, che costituisce uno dei componenti fondamentali dell'olio di palma; è impiegato, assieme all'acido stearico, nella produzione di candele || detto di ogni composto ricavato da tale acido: *anidride palmitica.*

palmitìna [dal fr. *palmitine*; 1871] **sf.** *T.chim.* sostanza solida che si ricava per pressione dall'olio di palma, usata nell'industria stearica e nei saponi.

palmìzio (pl. *-zi*) [dal lat. tardo *palmicius*; a. 1311] **sm.** **1.** l'albero della palma **2.** lavoro fatto con foglie di palma variamente intrecciate.

pàlmo [lat. *palmus*, da *palma*, palma della mano; 1809] **sm.** **1.** la distanza dall'estremità del pollice a quella del mignolo, misurata con la mano aperta e le dita distese: *largo, profondo due palmi* || *restare con un palmo di naso*, restare deluso || nella *loc. avv. a palmo a palmo*, a poco a poco: *conquistò il territorio a palmo a palmo*; *conoscere un luogo a palmo a palmo*, conoscerlo bene, in ogni particolare **2.** palma della mano || **N.** **1.** *Sin.* spanna.

pàlmola [dal lat. *palmula*, da *palma*, palma della mano; 1868] **sf.** **1.** *T.mecc.* eccentrico destinato a trasformare un moto continuo di rotazione in moto rettilineo intermittente **2.** forcone a due o più rebbi, per uso agricolo || **N.** **1.** *Sin.* camma.

palmóne [da *palma*[2]; a. 1320] **sm.** *raro T.cacc.* palo con verghe, per la caccia con la pania.

pàlo [lat. *pālus*; 1130] **sm.** **1.** elemento rigido di forma allungata a sezione tondeggiante, di legno o altro materiale resistente; conficcato nel terreno è utilizzato come sostegno o elemento costruttivo: *palo di sostegno per piante, palo di fondazione, pali di uno steccato*; *palo della luce, del telegrafo*, che ne sorregge i cavi || *supplizio del palo*, impalamento || *dritto come un palo*, rigido nei movimenti; anche impettito per superbia e sim. || *gerg. fare il palo* o *da palo*, controllare che non arrivi nessuno, mentre i compagni commettono un furto o qualche altra azione criminosa || *saltare di palo in frasca*, passare da un discorso all'altro senza proposito **2.** *in part. T.sport.* nel calcio, ciascuna delle aste che sorreggono la porta || *per estens.* il tiro che colpisce il palo: *fare palo* **3.** nel gioco del bridge, l'insieme delle carte di un determinato seme che un giocatore possiede || *dim.* palétto; *accr.* palóne || **N. 1.** antenna, canna, forcella, palanca, palanchino, pertica, puntello, stanga, stilo, trave, traversina, tutore | capra, palafitta, palizzata | battipalo, berta, maglio | impalare **2.** traversa **3.** *Sin.* seme.

palómba [da *palombo*; a. 1511] ***sf.*** altro nome della colombella || *dim.* palombèlla, palombìna.

palombàccio (pl. *-ci*) [da *palombo*; 1835] ***sm.*** *region.* colombaccio.

palombàro [prob. lat. tardo *palumbarius*, con uso metaforico; 1314] ***sm.*** (f. *-a*) persona attrezzata con scafandro e altri mezzi idonei, addestrata a lunghe permanenze sott'acqua per lavori di recupero di relitti, riparazioni, indagini scientifiche ecc. || **N.** *Sin.* marangone, sommozzatore, sub, tuffatore | braca.

palómbo [lat. *palumbus*, colombo selvatico; a. 1472] ***sm.*** **1.** nome di alcune specie commestibili di piccoli squali marini dei Selaci **2.** *region.* colombo selvatico || *dim.* palombìno.

palpàbile [dal lat. tardo *palpābilis*; a. 1342] ***agg.*** che ha consistenza, che si può palpare || *fig.* evidente: *verità palpabili* || **palpabilménte** ***avv.*** in modo evidente, chiaro || **N.** *Contr.* impalpabile.

palpabilità [da *palpabile*; a. 1686] ***sf.*** l'essere palpabile.

palpaménto [dal lat. tardo *palpamentum*; a. 1681] ***sm.*** l'atto del palpare || **N.** *Sin.* palpata, palpeggiamento, tastata.

palpàre [dal lat. *palpāre*; a. 1276] ***tr.*** toccare con la mano aperta affondando ripetutamente i polpastrelli, per sentire la consistenza: *palpare una bestia per sentire se è gravida, palpare un muscolo* || *T.med.* eseguire una palpazione || **N.** *Sin.* brancicare, palpeggiare, smanacciare, tastare.

palpàta [da *palpare*; a. 1600] ***sf.*** l'atto del palpare: *dare una palpata* || *dim.* palpatìna.

palpatóre [dal lat. *palpātor*, *-ōris*; a. 1364] ***sm.*** (f. *-trìce*) *raro* chi palpa.

palpazióne [dal lat. tardo *palpātio*, *-ōnis*; sec. XIV] ***sf.*** atto ed effetto del palpare || *T.med.* esplorazione manuale diretta di un organo o di un tessuto, effettuata a scopo diagnostico.

pàlpebra [dal lat. *palpebra*; a. 1292] ***sf.*** *T.anat.* ciascuna delle membrane cutanee mobili che coprono, difendono e tengono lubrificata la superficie del bulbo oculare: *palpebra inferiore, superiore* || **N.** ciglia, congiuntiva, orlo | ammiccare, sbattere | ablefaria, blefarite, cispa, congiuntivite, orzaiolo, tracoma. **TAV.** ***anatomia*** **p. 642** 16.1.

palpebràle [dal lat. tardo *palpebrālis*; 1829] ***agg.*** *T.anat.* delle palpebre: *muscoli, vene palpebrali.*

palpebràre (pres. *pàlpebro*) [dal lat. tardo *palpebrāre*; a. 1420] ***intr.*** (aus. *avere*) *disus.* muovere rapidamente le palpebre, sbattere le palpebre.

palpebrazióne [dal lat. tardo *palpebrātio*, *-ōnis*; 1871] ***sf.*** *disus.* il palpebrare.

palpeggiaménto [da *palpeggiare*; a. 1604] ***sm.*** atto del palpeggiare; palpamento.

palpeggiàre (pres. *-éggio*) [da *palpare*; fine sec. XIV *palpizare*] ***tr.*** palpare ripetutamente in punti diversi || **N.** *Sin.* palpare.

palpeggiàta [da *palpeggiare*; a. 1861] ***sf.*** atto del palpeggiare una volta || *dim.* palpeggiatìna.

palpitaménto [da *palpitare*; 1640] ***sm.*** *raro* palpitazione.

palpitànte (*ppr.* di *palpitare*) [1342] ***agg.*** che palpita: *era ancora vivo e palpitante* || vivo, attuale, perciò ricco di interesse: *palpitante d'attualità* || di persona, fremente: *palpitante di gioia.*

palpitàre (pres. *pàlpito*) [dal lat. *palpitāre*; a. 1333] ***intr.*** (aus. *avere*) detto di cuore o altri organi, battere con frequenza, pulsare: *dopo la corsa sento palpitare forte il cuore, le viscere dell'agnello sacrificale palpitavano* || *fig.* essere fremente, in preda a forte agitazione: *palpitare di desiderio, d'amore* || **N.** *Sin.* martellare, sussultare.

palpitazióne [dal lat. *palpitātio*, *-ōnis*; 1583] ***sf.*** *T.med.* aumento della frequenza dei battiti del cuore, con difficoltà di respiro e abbattimento di forze || *fig.* emozione violenta || **N.** *Sin.* batticuore, cardiopalmo, tachicardia; palpito.

pàlpito [da *palpitare*; sec. XV] ***sm.*** ciascuna pulsazione del cuore || genericamente, battito || *fig.* agitazione, emozione: *palpiti d'amore* || **N.** *Sin.* battito; fremito, moto.

pàlpo [dal lat. scient. *palpus*; a. 1916] ***sm.*** *T.zool.* appendice articolata dell'apparato boccale degli insetti, solitamente con funzioni tattili.

paltò [dal fr. *paletot*; 1838] ***sm.*** *inv.* adattamento di *paletot* (v.) || *dim.* paltoncìno.

paltoncìno (*dim.* di *paltò*) [1880] ***sm.*** cappottino da bambino || soprabito femminile leggero.

paltonière [dal fr. ant. *pautonier*, uomo spregevole; 1353] ***sm.*** *non com. lett.* **1.** vagabondo, pitocco **2.** ribaldo, brigante da strada, manigoldo.

paludaménto [dal lat. *paludāmentum*; inizio sec. XIV] ***sm.*** **1.** *T.stor.* il corto mantello nero, fermato su una spalla, indossato dai generali romani nelle occasioni solenni **2.** *per estens.* ampio e ricco manto; manto regio; anche *iron.* **3.** *pl. fig.* ornamenti stilistici sovrabbondanti || **N.** MANTO.

paludàre (pres. *-ùdo*) [fatto sul lat. *paludatus*; 1958] ***tr.*** rivestire, ornare con paludamenti; anche *fig.*: *paludare uno scritto di artifici retorici* || ***rifl.*** vestirsi con abiti vistosi.

paludàto [dal lat. *paludātus*; sec. XIV] ***agg.*** **1.** che indossa il paludamento || abbigliato in modo sontuoso; anche *iron.* **2.** carico di ornamenti e artifici stilistici: *discorso paludato.*

palùde [lat. *pălus*, *-ūdis*; 1313] ***sf.*** terreno pianeggiante coperto d'acqua stagnante: *bonificare, prosciugare una palude, aria malsana della palude* || *pl.* regioni paludose || **N.** *Sin.* acquitrino, maremma, padule, pantano, stagno; sabbie mobili | palustre | impaludare, impantanare, stagnare | belletta, brago, fango, melma | risanare.

paludìcolo [comp. di *palude* e *-colo*; a. 1803] ***agg.*** di animale o vegetale, che vive in terreni paludosi.

paludìna [da *palude*; 1875] ***sf.*** mollusco gasteropode, vivente nelle acque dolci stagnanti, provvisto di conchiglia bruna globosa.

paludìsmo [dal fr. *paludisme*; 1899] ***sm.*** *ant.* malaria.

paludóso [dal lat. *paludōsus*; 1340 ca.] ***agg.*** di terreno, che è pieno di paludi, che è una palude; acquitrinoso.

palùstre [dal lat. *palūstris*; a. 1374] ***agg.*** **1.** di palude; che cresce o vive nelle paludi: *piante palustri, uccelli palustri* **2.** *non com.* paludoso, acquitrinoso.

palvése V. PAVESE[1].

pam [voce onom.; a. 1927] voce onom. **1.** riproduce il rumore di un colpo d'arma da fuoco **2.** riproduce il rumore di qualcosa che cade a terra o sbatte pesantemente.

pam- V. PAN-.

pamèla [dal n. proprio *Pamela*, personaggio dell'omonimo romanzo di S. Richardson; 1856] ***sf.*** cappello di paglia a larghe falde, da donna.

pàmfete [voce onom.; 1970] voce onom. riproduce il rumore di qualcosa che cade a terra o sbatte pesantemente.

pampa (sp., pr. ['pampa]) [dal quechua *pampa*, pianura; 1834 *Pampas*] ***sm.*** (pl. *pampas*, pr. ['pampas], anche *non com.* pl. *pampe*) pianura stepposa dell'America meridionale, in part. dell'Argentina, con pascoli estesissimi di graminacee che permettono un diffuso allevamento di bestiame.

pàmpana [var. di *pampano*; prima metà sec. XIV] ***sf.*** *ant.* pampino.

pàmpano [dal lat. *pampinus*; a. 1320] ***sm.*** pampino.

pampeàno [dallo sp. *pampeano*; 1929] ***agg.*** della pampa: *vegetazione pampeana.*

pampepàto V. PANPEPATO.

pampèro [dallo sp. *pampero*; 1905] ***sm.*** vento caldo e impetuoso di sud-ovest, che ha origine nelle pampas e spira sulle coste orientali dell'America meridionale.

pamphlet (fr., pr. [pɑ̃'flɛ]) [da *Pamphilet*, titolo di una commedia pop. lat. del XII sec.; a. 1764] ***sm.*** *inv.* breve scritto di carattere polemico, satirico o diffamatorio || **N.** *Sin.* libello.

pamphlettista (pr. [paŋflet'tista]) V. PANFLETTISTA.

pampìneo [dal lat. *pampineus*; 1478] ***agg.*** *poet.* fatto con pampini; ricco, adorno di pampini.

pampinìfero [comp. di *pampino* e *-fero*; 1728] ***agg.*** *lett.* che reca pampini || ornato di pampini, usato spec. come epiteto di Bacco.

pàmpino [dal lat. *pampinus*; 1342] ***sm.*** la foglia della vite.

pampinóso [dal lat. *pampinōsus*; 1521] ***agg.*** *raro* pieno di pampini, adorno di pampini.

pamplegìa (pl. *-gìe*) [comp. di *pan-* e *-plegia*; 1970] ***sf.*** *T.med.* paralisi totale, spec. degli arti.

pamporcìno V. PANPORCINO.

pampsichìsmo V. PANPSICHISMO.

pan- (o, davanti a bilabiale, *pam-*) [dal gr. *pân*, neutro di *pâs*, *pantós*, tutto] ***pref.*** che, in parole composte dotte o della terminologia scientifica, vale "tutto", "interamente" (per es. *panartrite, pancromatico, pandemia*) || *in part.* unito a etnici o ai relativi astratti, indica unità di tutti i popoli appartenenti a una stessa area geografica o culturale o etnica (per es. *panafricanismo, panafricano, panellenico, panellenismo, pangermanesimo, pantedesco*).

pànace [dal lat. *panax*, *-acis*; a. 1498 nel senso 1] ***sm.*** **1.** pianta delle Ombrellifere con le foglie a cinque lobi, dalla quale si ricavava l'opoponaco **2.** *T.bot.* genere di piante delle Araliacee cui appartiene il ginseng; ha specie diffuse in Cina, nell'Africa equatoriale e nell'America del Nord.

panacèa [dal lat. *panacēa*, gr. *panákeia*, propr. che cura tutti i mali; a. 1536] ***sf.*** **1.** pianta medicinale di cui si faceva grande uso nell'antichità **2.** *per estens.* rimedio che guarisce tutti i mali; anche *fig.*: *a sentire lui, possiede la panacea per tutti i mali sociali* || **N. 1.** *Sin.* specifico, toccasana.

panacène [da *Panace*; 1980] ***sm.*** sostanza tonica e antifebbrile, contenuta nel ginseng || **N.** ginsenina.

panachage (fr., pr. [pana'ʃa:ʒ]) [1923] ***sm.*** *inv.* *T.pol.* sistema di votazione in cui l'elettore ha la facoltà di indicare sulla scheda candidati di liste diverse.

panache (fr., pr. [pa'naʃ]) [propr. pennacchio; 1905] ***sm.*** *inv.* nella loc. *far panache*, inciampare e capovolgersi, detto di cavallo col cavaliere; *per estens.* di motociclista o ciclista, venir sbalzato al di sopra del manubrio.

panafricanìsmo [comp. di *pan-* e *africano*, sul modello dell'ingl. *pan-africanism*; 1963] ***sm.*** movimento politico e ideologico tendente a rendere solidali ed uniti i popoli e gli Stati africani.

panafricanìsta [da *panafricanismo*; 1983] ***s.*** seguace o sostenitore del panafricanismo.

panafricàno [comp. di *pan-* e *africano*; 1965] ***agg.*** che concerne tutti i popoli dell'Africa:

conferenza panafricana.

panàgia (pl. *-gie*) o **panàghia** [dal gr. *panaghía*, f. di *panághios*, letter. tutto santo; 1644] ***sf.*** **1.** attributo dato dai cristiani d'Oriente alla Vergine Maria **2.** medaglione apribile con l'effigie della Madonna.

pànama [dall'ingl. *Panama hut*, dal n. della regione dell'America centr.; 1891] ***sm.*** *inv.* leggero cappello estivo da uomo, circolare e a tesa molto larga, fatto con lo stelo di una palma dell'America centrale || *dim.* panamìno.

panamégno [dallo sp. *panameño*; 1970] ***agg.*** e ***sm.*** (f. *-a*) panamense.

panamènse [dal n. geogr. *Panama*; 1860] **I *agg.*** di Panama **II *s.*** abitante od originario di Panama.

panamericanismo [comp. di *pan-* e *americano*, sul modello dell'ingl. *pan-americanism*; 1935] ***sm.*** movimento politico e ideologico tendente a rendere solidali ed uniti tutti i popoli delle tre Americhe, sotto l'egemonia degli Stati Uniti.

panamericàno [comp. di *pan-* e *americano*, sul modello dell'ingl. *pan-american*; 1950] ***agg.*** che concerne tutti i popoli del continente americano: *il congresso panamericano* || di tutto il continente americano: *autostrada panamericana.*

panarabismo [comp. parasint. di *pan-* e *arabo*; 1929] ***sm.*** movimento politico e ideologico tendente a rendere solidali ed uniti tutti i popoli arabi.

panàrabo [comp. di *pan-* e *arabo*; 1967] ***agg.*** che concerne tutti i popoli arabi.

panàre [da *pane*[1]; 1819] ***tr.*** *T.cuc.* passare nel pane grattugiato, per poi friggere: *panare le cotolette, le melanzane.*

panaréccio V. PATERECCIO.

panàrio (pl. *-ri*) [da *pane*[1]; 1835] ***agg.*** relativo al pane: *industria panaria.*

panartrìte [comp. di *pan-* e *artrite*; 1929] ***sf.*** *T.med.* infiammazione delle articolazioni, che si estende al tessuto osseo e al tessuto molle circostante.

panasiàtico (pl. *-ci*) [comp. di *pan-* e *asiatico*; 1965] ***agg.*** che concerne tutti i popoli e gli Stati asiatici.

panasiatismo [comp. parasint. di *pan-* e *asiatico*; 1929] ***sm.*** movimento politico e ideologico tendente a rendere solidali e uniti tutti i popoli e gli Stati asiatici.

panàta (sett. *panàda*) [da *pane*[1]; a. 1389 *panada*] ***sf.*** *T.cuc.* minestra rustica di pane raffermo o pangrattato cotti nell'acqua, variamente condita con olio, burro, odori, formaggio, uova e pomodori.

panatenàico (pl. *-ci*) [dal lat. *Panathenaicus*, gr. *Panathēnaikós*; a. 1498] ***agg.*** concernente le Panatenee, panateneo.

panatenèo [dal lat. *Panathenaeus*, gr. *Panathḗnaios*; 1695] ***agg.*** *T.stor.* relativo alle Panatenee, le solenni feste in onore di Atena Poliade celebrate ogni anno nell'antica Atene.

panàtica [da *pane*[1]; a. 1348] ***sf.*** *T.mar.* il vitto o l'equivalente in denaro spettante ai marinai delle navi mercantili || *per estens. scherz.* cibarie, vitto.

panattièra [da *pane*[1], come il fr. ant. *panetière*, tascapane; 1598] ***sf.*** **1.** nelle mense signorili del passato, vassoio per portare a tavola il pane **2.** tascapane dei pastori.

pànca [dal long. *panka*; 1303] ***sf.*** **1.** asse sorretta da piedi, con o senza schienale, su cui possono sedere più persone: *le panche della chiesa* || *far ridere le panche*, dire spiritosaggini che non fanno ridere nessuno; anche, dire spropositi || *scaldare le panche*, star in ozio, andare a scuola e non imparare **2.** la parte inferiore della staffa, su cui poggia il piede del fantino || *dim.* panchétta, panchétto, panchettìna, panchettino (*sm.*), panchìna; *accr.* pancóne (*sm.*); *pegg.* pancàccia, pancàccio (*sm.*) || **N.** banco, cassapanca, scanno, sgabello. **TAV.** *finimenti* 1.8b.

pancàccia (pl. *-ce*) (*pegg.* di *panca*) [a. 1527] ***sf.*** *tosc. stare alle pancacce*, stare in ozio all'osteria a bere, a chiacchierare.

pancàccio (pl. *-ci*) (*pegg.* di *panca*) [a. 1802] ***sm.*** piano di legno, usato come giaciglio da guardie, soldati, marinai, carcerati || **N.** *Sin.* pancone, tavolaccio.

pancake (ingl., pr. [ˈpæŋkeɪk]) [letter. frittella; 1942] ***sm.*** *inv.* cosmetico compatto che, spalmato sul volto, rende la pelle di colore uniforme || **N.** *Sin.* fondotinta.

pancàle [da *panca*; 1353] ***sm.*** *ant.* panno con cui si ricoprono panche o sedili, per ornamento.

pancarrè [comp. di *pane*[1] e fr. *carré*, quadrato; 1956] ***sm.*** *inv.* pane quadrato senza crosta, pane in cassetta. **TAV.** *alimentazione* 2.3.

pancàta [da *panca*; a. 1498] ***sf.*** **1.** l'insieme delle persone sedute su una panca || *per estens. non com.* fila, serie **2.** colpo dato con una panca o uno sgabello.

pancèra V. PANCIERA.

pancétta (*dim.* di *pancia*) [a. 1548 *panciette di porco*] ***sf.*** **1.** *scherz.* adiposità incipiente sulla pancia: *corre per smaltire la pancetta* **2.** parte adiposa con striature di carne del ventre del suino, salata o affumicata anche insieme alla cotenna **3.** *T.mac.* taglio di carne della regione addominale, usata arrotolata per arrosti: *pancetta di vitello al forno* || **N. 2.** carnesecca, lardo, rigatino. **TAV.** *alimentazione* 4.10, 6.7.

panchétto (*dim.* di *panca*) [1618] ***sm.*** piccolo sgabello per sedere o appoggiare i piedi || *dim.* panchettino.

panchìna (*dim.* di *panca*) [1865] ***sf.*** **1.** panca di legno, di pietra o di ferro, collocata spec. in viali e giardini **2.** *in part.* quella ai lati di un campo da gioco, su cui siedono i giocatori in riserva, gli allenatori ecc.; *per meton.* le riserve o l'allenatore che vi siedono durante le partite: *panchina lunga, corta*, più o meno fornita di riserve.

pància (pl. *-ce*) [lat. *pantex, -icis*; 1313] ***sf.*** **1.** *fam.* ventre: *avere mal di* (o *alla*) *pancia, tirare in dentro la pancia; essere a pancia piena, vuota*, avere o non avere mangiato || *per estens.* ventre piuttosto prominente: *avere la pancia, metter su pancia* || *stare a pancia all'aria*, giacere supino senza far nulla || *grattarsi la pancia*, starsene in ozio || *a crepa pancia*, V. CREPAPANCIA || *serbar la pancia per i fichi*, tenersi leggero all'inizio di un pranzo per gustare le portate successive; *fig.* non esporsi a rischi **2.** *fig.* sporgenza rigonfiamento: *la pancia di un fiasco, di un vaso* || *far* (*la*) *pancia*, detto di un muro che comincia a sporgere in fuori, segno di prossima rovina || *dim.* pancétta, pancìna, pancìno (*sm.*); *accr.* panciόne (*sm.*); *pegg.* panciàccia || **N. 1.** *Sin.* addome, buzzo, VENTRE | panciera, sottopancia, ventriera.

panciafichismo [da *panciafichista*; 1915] ***sm.*** *spreg.* pacifismo, neutralismo.

panciafichista [da *pacifista*, con influsso del modo di dire *salvar la pancia per i fichi*; 1915] ***s.*** *spreg.* neutralista.

panciàta [da *pancia*; 1640 nel senso 2] ***sf.*** **1.** colpo dato con la pancia o contro la pancia: *più che un tuffo è stata una panciata* **2.** abbondante mangiata, scorpacciata.

pancièra o **pancèra** [da *pancia*; inizio sec. XIII *panziera* nel senso 2] ***sf.*** **1.** fascia di lana, di tessuto elasticizzato e sim., per sostenere la pancia o per tenerla ben calda; ventriera **2.** parte dell'armatura medievale, che proteggeva la pancia. **TAV.** ***armi* p. 648** 6.10.

panciòlle [da *pancia*, sul modello di molti nomi di luogo toscani uscenti in *-olle*; fine sec. XV] solo nella ***loc. avv.*** *stare in panciolle*, adagiato comodamente e in ozio.

panciόne (*accr.* di *pancia*) [a. 1566] ***sm.*** **1.** (f. *-a*) persona molto grassa **2.** *T.zool.* rumine.

panciòtto [da *pancia*; 1804] ***sm.*** indumento da uomo, senza maniche, che si porta tra la camicia e la giacca || **N.** *Sin.* corpetto, *gilè.*

panciùto [da *pancia*; a. 1494 *panzuto*] ***agg.*** che ha la pancia grossa: *uomo panciuto* || *fig.* gonfio e rotondo: *fiasco panciuto* || **N.** pancione; obeso.

pancóne (*accr.* di *panca*) [a. 1452] ***sm.*** **1.** asse robusta e di grosso spessore || banco con un grosso piano di legno, su cui lavorano gli artigiani **2.** strato di terreno sodo e resistente che s'incontra scavando **3.** *T.mus.* parte dell'organo dove sono inserite le canne.

pancòtto [comp. di *pane*[1] e *cotto*; fine sec. XV] ***sm.*** pane cotto nell'acqua e condito || **N.** *Sin.* panata, pan bollito, pappa.

pancraziàste [dal lat. *pancratiastes*, gr. *pankratiastḗs*; 1551] ***sm.*** *T.stor.* ginnasta che gareggiava nel pancrazio.

pancràzio (pl. *-zi*) [dal lat. *pancratium*, gr. *pankrátion*, comp. di *pân-* e *krátos*, forza; a. 1604] ***sm.*** *T.stor.* nell'antica Grecia, gara che comprendeva la lotta e il pugilato a mano nuda.

pàncreas [dal gr. *pánkreas*, comp. di *pân-* e *kréas*, carne, prob. attr. il fr. *pancréas*; a. 1568 *pancreasso*] ***sm.*** *inv.* *T.anat.* ghiandola a secrezione interna ed esterna, di forma allungata, situata posteriormente all'addome; secerne il succo pancreatico, destinato alla elaborazione delle sostanze alimentari. **Q.T.** *anatomia* **TAV.** ***anatomia* p. 641** 5.7 e **p. 642** 13.7.

pancreàtico (pl. *-ci*) [da *pancreas*, come il fr. *pancréatique*; 1684] ***agg.*** del pancreas: *canale pancreatico* || *succo pancreatico*, la secrezione del pancreas, di fondamentale importanza nei processi digestivi.

pancreatina [da *pancreas*, attr. la forma del genitivo gr. *pankréatos*; 1871] ***sf.*** *T.chim.* complesso dei tre diversi enzimi che sono contenuti nel succo pancreatico, estratto dal pancreas di maiale o di bue, usato per integrare scompensi dell'attività pancreatica esocrina.

pancreatite [comp. di *pancreas* e *-ite*[1]; 1829] ***sf.*** *T.med.* infiammazione localizzata al pancreas.

pancristiano [comp. di *pan-* e *cristiano*; 1928] ***agg.*** di movimento tendente a promuovere l'unità di tutte le chiese cristiane.

pancromàtico (pl. *-ci*) [dal fr. *pancromatique*, comp. di *pan-* e *cromatique*, cromatico; 1930] ***agg.*** *T.fot.* di lastre e pellicole fotografiche rese sensibili a tutti i colori || **N.** ortocromatico.

pànda [voce del Nepal; 1875] ***sm.*** *inv.* nome di due mammiferi carnivori che vivono in Asia orientale: *panda minore*, dell'Himalaia, grande come un gatto, ha grandi orecchie, pelo fulvo e lunga coda; *panda gigante*, della giungla di bambù del Tibet, ha pelo ruvido bianco e nero, ed è di più grandi dimensioni; quest'ultimo è detto anche *orso del bambù.*

Pandanàcee [dal lat. scient. *pandanaceae*; 1829] ***sf. pl.*** *T.bot.* famiglia di piante monocotiledoni arboree, diffuse spec. in regioni tropicali.

pandàno [voce malese; 1829] ***sm.*** albero tropicale delle Pandanacee, con ciuffi di foglie grandi e lineari e grossi frutti simili ad ananas.

pandemìa [dal gr. *pandēmía*, letter. tutto il popolo; 1821] ***sf.*** *T.med.* epidemia diffusa su un'estesissima area.

pandèmico (pl. *-ci*) [da *pandemia*; 1966] ***agg.*** di malattia epidemica, che tende a diffondersi rapidamente e ovunque.

pandèmio (pl. *-mi*) [dal gr. *pandḗmios*, di tutto il popolo; 1819] ***agg.*** *lett.* pubblico, che appartiene a tutti || *Venere pandemia* (o *sf. pandemia*), meretrice.

pandemònio (pl. *-ni*) [dall'ingl. *pandemonium*, basato sul gr. *pân*, tutto e gr. *daimónion*, demonio; 1730] **sm.** **1.** rumore e confusione sfrenati: *è successo, si è scatenato un pandemonio* **2.** *lett.* tregenda di tutti i demoni || **N.** **1.** *Sin.* diavoleto, diavolio, CONFUSIONE.

pandétte o **pandètte** [dal lat. tardo *Pandectae*, gr. *pandéktai*, propr. che raccolgono tutto; 1585] **sf. pl.** titolo di vaste trattazioni di diritto romano redatte da celebri giureconsulti.

pandit (hindi, pr. ['paṇḍit]) [voce indostana; 1819 *Pandito*] **sm.** *inv.* titolo che si dà in India ad un uomo di casta brahmanica, colto e particolarmente erudito in letteratura sanscrita.

pandólce [comp. di *pane*[1] e *dolce*; a. 1872 *pan dolce*] **sm.** dolce natalizio genovese simile al panettone.

pandòrio (pl. *-ri*) [dal lat. tardo *pandorius*; a. 1625] **sm.** *T.mus.* strumento a fiato, siringa.

pandòro [comp. di *pane*[1] e *d'oro*; 1927] **sm.** dolce natalizio veronese, a forma troncoconica con contorno stellato, impastato con uova, zucchero, molto burro e farina.

pandùra o **pandòra** [dal lat. *pandūra*, gr. *pandoûra*; a. 1625] **sf.** *T.mus.* cetra munita di tre corde; cembalo; mandolino.

pàne[1] (frequente in loc., proverbi e sim. la forma tronca *pan*) [lat. *pānis*; 1158] **sm.** **1.** alimento fatto di farina, perlopiù di grano, impastata con acqua, lievitata e cotta al forno: *pane e companatico, mangiare pane e formaggio* || *pane di soia, di segala, di granturco,* ottenuto mischiando farina di grano con farina di soia, segala o granturco || *pane azzimo,* senza lievito || *pane integrale,* fatto con grano macinato, senza abburattamento della farina || *pane inferigno,* di farina mista a cruschello || *pan grattato,* pane secco ridotto in minutissime briciole || *pane all'olio, condito,* nel cui impasto è presente olio o strutto || *pane comune,* senza grassi, in forme piuttosto grosse, a prezzo calmierato || *ant. pane di munizione,* pane militare per l'alimentazione dei soldati || *stare, mettere a pane e acqua,* con tale vitto, per punizione || *per estens.* il vitto necessario: *ha assicurato il pane alla famiglia; perdere il pane,* perdere il lavoro da cui si traeva il sostentamento || *fig.* alimento spirituale: *pane degli angeli,* l'ostia consacrata || *levarsi il pane di bocca,* fare grossi sacrifici per aiutare qualcuno || *per un pezzo, un tozzo di pane,* a bassissimo prezzo: *ha comprato un podere per un pezzo di pane* || *non è pane per i miei, tuoi denti* ecc., non fa per me, per te ecc. || *trovare pane per i propri denti,* dover affrontare una situazione o una persona che mettono a dura prova le proprie capacità || *dire pane al pane,* dire le cose chiaramente come sono; chiamare le cose col loro nome || *essere come pane e cacio,* esser in piena concordia || *essere meglio del pane* o *buono come il pane,* di persona, d'indole buona, mite, generosa || *pane sudato,* guadagnato con fatica || *mangiare il pane a tradimento,* senza guadagnarselo || *rendere pan per focaccia,* vendicarsi di un'offesa patita || *se non è zuppa è pan bagnato,* in fondo si tratta della stessa cosa, sotto diverso aspetto || *non si vive di solo pane,* anche lo spirito va nutrito **2.** (come nome numerabile) ciascuna delle forme di pezzatura varia, in cui viene preparato il pane: *un grosso pane da 3 chili, la moltiplicazione dei pani e dei pesci* **3.** denominazione di varie specialità dolciarie: *pan di Spagna* (o *pandispagna*), con uova, zucchero, burro, farina e fecola che lo rende particolarmente leggero || *pan pepato,* V. PANPEPATO || *pan forte,* V. PANFORTE **4.** confezione in blocchi squadrati e compatti: *pane di burro, pane di piombo* || *pan di zucchero,* massa di zucchero sodo, a forma conica || *a pan di zucchero,* a forma di cono molto appuntito || *T.agr. pane di terra,* massa di terra lasciata attorno alle radici di una pianta da trapiantare **5.** *T.bot. albero del pane,* albero delle Moracee proprio dell'Asia tropicale, con grossi frutti commestibili dalla polpa farinacea || *pan porcino,* ciclamino || *pan di cuculo,* orchidea assai comune, a fiori porporini disposti in spiga || *dim.* panétto, panèllo, panìno; *accr.* panóne; *pegg.* panàccio || **N.** **4.** *Sin.* lingotto, massello. **Q.T.** *pane* **TAV.** *alimentazione* 2.

pàne[2] [prob. lat. *pānus*, filo (del tessitore); 1550] **sm.** *T.mecc. pane della vite,* la parte sporgente a spirale || **N.** *Sin.* filetto.

panefòrte V. PANFORTE.

panegìrico (pl. *-ci*) [dal lat. *panegyricus*, gr. *panēgyrikós* (*lógos*), discorso per un'assemblea; 1546] **sm.** **1.** *T.stor.* discorso tenuto da un oratore greco in occasione di qualche festa, per celebrare le glorie della patria e dei suoi eroi || *per estens.* discorso encomiastico || *in part. T.rel.* discorso pubblico in lode di un santo: *il panegirico di San Giuseppe* **2.** *fig.* lode esagerata: *ha fatto il panegirico di se stesso* || **N.** **2.** *Sin.* elogio, LODE.

panegirìsta [dal lat. tardo *panegyrista*, gr. *panēgyristḗs*, propr. chi prende parte all'adunanza solenne; 1678] **s.** declamatore o autore di panegirici: *il panegirista di un principe* || **N.** *Sin.* lodatore.

panellènico (pl. *-ci*) [comp. di *pan-* ed *ellenico*, sul modello del fr. *panhellénique*; 1935] **agg.** che riguarda tutta la Grecia: *feste panelleniche.*

panellenìsmo [comp. di *pan-* ed *ellenismo*, sul modello del fr. *panhellénisme*; 1935] **sm.** *T.stor.* tendenza politica a riunire in un'unica nazione tutti i popoli di razza greca, sorta alla fine del XVIII sec.

panellenìstico (pl. *-ci*) [da *panellenismo*; 1967] **agg.** *T.stor.* ispirato, tendente al panellenismo.

panèllo [da *pane*[1]; a. 1597] **sm.** massa di residui della prima lavorazione di semi oleosi compressi in forma di parallelepipedo, usata come alimento per il bestiame.

panenteìsmo [dal ted. *Panentheismus*, dal gr. *pân en theô*(*i*), tutto in Dio; a. 1952] **sm.** *T.fil.* dottrina filosofica secondo cui Dio ha in sé il mondo senza tuttavia esaurirsi in esso; è termine usato spec. per riferirsi alla filosofia di Spinoza.

paneréccio V. PATERECCIO.

panettàio (pl. *-ài*) [da *panetto*; 1966] **sm.** (f. *-a*) operaio di un caseificio addetto alla panettatrice.

panettatrìce [da *panetto*; 1958] **sf.** macchina da caseificio che confeziona panetti di burro.

panetterìa [da *panettiere*; 1379] **sf.** negozio in cui si vende il pane. **Q.T.** *pane.*

panettière [dal fr. ant. *panetier*, 1296 *panattieri* sing.] **sm.** (f. *-a*) venditore di pane || fornaio. **Q.T.** *pane.*

panétto (*dim.* di *pane*[1]) [prima metà sec. XIV] **sm.** **1.** panino **2.** massa compatta in forma di parallelepipedo più o meno piccolo: *un panetto di burro* **3.** nel gergo del teatro, applauso di sortita o a scena aperta.

panettóne [dal milan. *panatton*; 1803 *panattone*] **sm.** tradizionale dolce natalizio milanese, a forma di cupola, fatto con farina, burro, uova, cedro candito e uva passa || *dim.* panettoncìno.

paneuropèo [comp. di *pan-* e *europeo*; 1958] **agg.** che si riferisce o coinvolge tutta l'Europa.

pànfano [var. di *panfilo*; a. 1348] **sm.** *T.stor.* antica nave da guerra, più piccola della galera.

pànfilo [dal gr. biz. *pámphylos*, (nave) della Panfilia; sec. XIV *panfilio*] **sm.** **1.** imbarcazione da diporto, di grosse dimensioni **2.** *T.stor.* nave da guerra in uso nel Medioevo || **N.** **1.** *Sin. yacht.* **Q.T.** *vela.*

panflettista o **pamphlettista** [da *pamphlet*; 1900] **s.** autore di scritti brevi, dal carattere polemico, satirico o diffamatorio || **N.** *Sin.* libellista.

panflettistico (pl. *-ci*) [da *pamphlet*; a. 1937] **agg.** relativo a pamphlet o a panflettista, proprio di pamphlet o di panflettista.

panfòrte (non com. *panefòrte*) [comp. di *pane*[1] e *forte*, duro; 1804 *pan forte*] **sm.** dolce senese di impasto duro, forma tonda e schiacciata, fatto con mandorle, canditi, zucchero, poca farina e alcune spezie || **N.** panpepato.

pangermanèṣimo o **pangermanìṣmo** [comp. di *pan-* e *germanismo*, sul modello del fr. *pangermanisme*; 1873 *pan-germanismo*] **sm.** movimento ideologico e politico che tende a riunire in un unico stato tutti i popoli di razza germanica; anche collegato a teorie razzistiche.

pangermanista [da *pangermanismo*; 1898]

PANE

PANE: al latte, alle olive, all'olio, al sesamo, a pasta dura o ferrarese, azzimo, bianco, casalingo, casereccio, comune, condito, di crusca, di segale, di soia, integrale, nero, pugliese, sardo, scondito, senza sale o toscano, siciliano; abbrustolito, ammuffito, arrostito, biscottato, boffice, croccante, di giornata, duro, fino, fresco, raffermo, secco, soffice, stantio, tostato; boccone, briciola, cantuccio, corteccia, crosta, fetta, midolla o mollica, minuzzolo, tocco, tozzo.

SPECIALITÀ: bastoncino, bastone, biova, bocconcino, carta da musica, chifel, ciambella, cornetto, filoncino o sfilatino, filone, maggiolino, mica, michetta, pagnotta, pan carré, panino, rosetta, semel, triangolo.

ALTRI PRODOTTI DA FORNO: biscotto, *brioche*, calzone, focaccia, galletta, grissino, piada, pizza, schiacciata.

CIBI A BASE DI PANE: bruschetta, crostino, crostone, panata, pancotto, pangrattato, panzanella, *sandwich*, tartina, *toast*, tramezzino, zuppa.

FORNO: a carbone, a legna, a gas, a riscaldamento interno, a riscaldamento esterno, a vapore, da campagna, elettrico; alare, bocca, bocchetta, camera, camicia, camino, cappa, chiudenda o chiusino, cielo o volta, focolare, piano, sfogatoio, tambellone.

OPERAZIONI: abburattare, appanare, biscottare, cuocere, gramolare, impalare, impastare, infornare, intridere, lievitare, miscelare, panificare, scaldare, sfornare, spegnere la farina, spianare la pasta, stacciare.

STRUMENTI: asse, attizzatoio, buratto o frullone, gramola, impastatrice meccanica, madia, mattarello, pala, radimadia o rasiera, siringa, spazzaforno o spazzatoio, spianatoio, setaccio, tirabrace.

VOCI ATTINENTI: arte bianca, crusca, cruschello, farina, fornata o infornata, impasto, lievito (chimico, di birra, naturale), panetteria, panettiere, panificazione, panificio, pasta, pastone. (V. tavola ALIMENTAZIONE).

s. fautore del pangermanesimo.

pangermanìstico (pl. *-ci*) [da *pangermanista*; 1928] **agg.** che riguarda il pangermanesimo o i pangermanisti: *fanatismo pangermanistico.*

pangiàllo o **pàn giàllo** [comp. di *pane*¹ e *giallo*; 1923] **sm.** dolce natalizio romano a base di farina, uva passa, scorze candite di cedro e arancia, nocciole, noci e pinoli.

pangolino [dal malese *pang-goling,* colui che si arrotola, attr. il fr. *pangolin*; 1772] **sm.** *T.zool.* genere di mammiferi dei Folidoti, con corpo coperto di dure placche cornee, muso appuntito e lunga coda; vive in Africa e in Asia ‖ **N.** *Sin.* manide.

pangràmma [comp. di *pan-* e gr. *grámma,* lettera; 1988] **sf.** *T.gioc.* gioco enigmistico che consiste nel ricavare tutte le parole che possono essere formate con le lettere che compaiono in una parola data (es.: GATTO, gotta, gota, toga, atto, ago, tao).

pangrattàto o **pàn grattàto** [comp. di *pane*¹ e *grattato*; 1619 *pangratà*] **sm.** pane secco grattugiato, usato spec. per panare le vivande.

pània [lat. *pāgina*; a. 1320] **sf. 1.** sostanza appiccicosa prodotta dalle bacche del vischio, con cui si preparano trappole vischiose per piccoli uccelli (gen. sui rami) ‖ la trappola stessa **2.** *fig.* inganno, lusinga: *cadde nella pania amorosa* ‖ **N.** paniaccio, panione, paniuzza | impaniare. **Q.T.** *caccia.*

paniàccio (pl. *-ci*) [da *pania*; 1612] **sm.** pezzo di pelle, tela cerata e sim., dentro cui si avvolgono le paniuzze per la caccia.

panicastrèlla [da *panìco*; a. 1590] **sf.** nome di varie piante delle Graminacee, simili al panìco.

panicàto [da *panìco*; a. 1597] **agg.** di carne suina o bovina, che presenta panicatura.

panicatùra [da *panicato*; 1922] **sf.** infestazione di carni suine o bovine, da parte di larve di tenia che, per la forma granulare, ricordano i chicchi di panìco.

paniccia (pl. *-ce*) [dal lat. tardo *panicium,* migliaccio; sec. XIV] **sf. 1.** *pop. tosc.* farinata; *per estens.* impasto, poltiglia molle e informe **2.** in Piemonte, zuppa a base di riso con vari ingredienti **3.** in Liguria, polenta di farina di ceci ‖ **N. 2.** *Sin.* panizza.

panicità [da *pànico*; 1958] **sf.** *lett.* di una dottrina o di un pensiero, carattere panico.

pànico (pl. *-ci*) [dal gr. *panikós,* del dio Pan, attr. il fr. *panique*; 1565] **I agg. 1.** *timor panico, terrore panico,* inquietudine e sgomento che gli antichi ritenevano provocati dal dio Pan; *per estens.* paura che fa perdere il dominio di sé **2.** basato su una concezione animistica della natura, che è vista come dominata da una pluralità di potenze e di spiriti: *sentimento panico della poesia di D'Annunzio* **II sm.** terrore che rende incapaci di ragionare: *lasciarsi prendere dal panico, essere in preda al panico.*

panìco (pl. *-chi*) [lat. *panīcum,* da *pānus,* spiga del miglio; 1225 ca.] **sm.** pianta delle Graminacee, i cui semi minuti, riuniti in infiorescenze a pannocchia, costituiscono un ottimo alimento per gli uccelli ‖ **N.** miglio.

panicolàto [dall'ant. *panicola,* pannocchia; a. 1499 *panniculato*] **agg.** *T.bot.* a forma di pannocchia: *fusto panicolato,* fusto con rami profondamente separati; *ombrella panicolata,* caratterizzata da ramificazioni disposte a pannocchia.

panicuòcolo [dal lat. mediev. *panicoculus,* comp. del class. *panis,* pane e dal tema di *coquere,* cuocere; sec. XIV] **sm.** *ant.* fornaio che cuoceva il pane fatto da altri.

panièra [da *paniere*; a. 1292] **sf.** cesta larga e bassa, di vimini, perlopiù con due manici alle estremità: *paniera da biancheria* ‖ *dim.* panierétta, panierìna, panierùzzola; *accr.* panieróna; *pegg.* panieràccia ‖ **N.** PANIERE.

panieràio (pl. *-ài*) [da *paniere*; 1551 *panerraio*] **sm.** (f. *-a*) chi fa o vende panieri; canestraio.

panieràta [da *paniere*; 1871] **sf.** quantità di roba contenuta in un paniere o in una paniera.

panière [da lat. *panārium,* cesta per il pane, attr. il fr. *panier*; fine sec. XIII] **sm. 1.** cesta di vimini o altro materiale di grandezza e forma varie, perlopiù rotonda e con manico arcuato: *un paniere colmo di funghi, di ortaggi* ‖ panierata: *un paniere d'uva* ‖ *far la zuppa nel paniere,* fare cosa inutile o che non può riuscire ‖ *rompere le uova nel paniere,* guastare i progetti di qualcuno ‖ *T.magl. punto paniere,* punto di ricamo a sbarrette incrociate, che imita un intreccio **2.** *T.econ.* i prodotti di largo consumo e i servizi sulla base dei quali viene calcolato il costo della vita ‖ *dim.* panierìno, panierétto, panierùzzo, panierùzzolo; *accr.* panieróne; *pegg.* panieràccio ‖ **N.** bùgnola, canestro, cestello, cesto, corba, corbello, gerla | vetrice, vimini, vinco.

panierino (*dim.* di *paniere*) [a. 1574 *panerino*] **sm.** piccolo cesto con coperchio, usato dai bambini per portare la merenda e oggetti personali all'asilo.

panificàre (pres. *-ìfico, -ìfichi*) [prob. dal fr. *panifier*; a. 1606] **tr.** impiegare per fare pane: *panificare la farina* ‖ **intr.** (aus. *avere*) fare il pane. **Q.T.** *pane.*

panificatóre [da *panificare*; 1942] **sm.** (f. *-trice*) addetto alla fabbricazione del pane; fornaio.

panificazióne [prob. dal fr. *panification*; 1812] **sf.** l'insieme dei procedimenti necessari alla produzione di pane: *panificazione tradizionale, meccanizzata.* **Q.T.** *pane.*

panificio (pl. *-ci*) [dal lat. *panificium,* panificazione; 1750 nel senso 2] **sm. 1.** laboratorio attrezzato per la produzione di pane **2.** *arc.* l'arte di fare il pane. **Q.T.** *pane.*

panifòrte [da *pani forti,* pannelli resistenti; 1934] **sm.** robusto pannello in legno realizzato con due fogli di compensato che rivestono un telaio centrale.

paninàro [da *panino*; 1984] **sm.** (f. *-a*) appartenente a gruppi giovanili degli anni '80, che frequenta abitualmente paninoteche e indossa abiti e accessori ricercati: *il perfetto paninaro porta piumini e scarpe firmati.*

paninerìa [da *panino*; 1983] **sf.** paninoteca.

panino (*dim.* di *pane*¹) [1841] **sm.** *panino imbottito* o *ass. panino,* tagliato a metà e riempito con salumi, formaggio o altro ‖ **N.** *Sin. sandwich*; tramezzino. **Q.T.** *pane.*

paninotèca [comp. di *panino* e *-teca*; 1983] **sf.** specie di snack bar nel quale si può fare uno spuntino scegliendo in un vasto assortimento di panini, tramezzini e sim.

panióne [da *pania*; a. 1543] **sm.** verga impaniata per prendere uccelli ‖ **N.** pania.

panislàmico (pl. *-ci*) [comp. di *pan-* e *islamico*; 1958] **agg.** che concerne tutti i popoli islamici.

panislamismo [comp. di *pan-* e *islamismo*; 1965] **sm.** dottrina e movimento politico-religioso che tende all'unione di tutte le nazioni e di tutti i popoli islamici.

panismo [da *pànico*; a. 1917] **sm.** sentimento o atteggiamento panico verso la natura.

paniùzza [da *pania*; a. 1566] **sf.** fuscello impaniato per prendere uccelli; vergello.

panìzza [adatt. di varianti centro-sett. di *paniccia*; seconda metà sec. XIII *paniza*] **sf.** *region.* paniccia nel senso 2.

panlògico (pl. *-ci*) [da *panlogismo*; 1965] **agg.** attinente al panlogismo.

panlogismo [dal ted. *Panlogismus,* comp. del gr. *pân,* tutto e *logismós,* pensiero; 1904] **sm.** *T.fil.* posizione propria del pensiero di Hegel, di identificazione di realtà e razionalità.

pànna¹ [da *panno*; a. 1548 *pana*] **sf.** la parte grassa del latte, che nel latte non pastorizzato tende a formare in superficie uno strato di colore più giallo; è usata in pasticceria e in cucina o, ulteriormente lavorata, per fare il burro: *tortellini alla panna*; *panna centrifugata,* ottenuta centrifugando il latte; *panna montata,* zuccherata e resa densa e spumosa frullandola ‖ **N.** crema, fior di latte | pannare; scremare, sfiorare, spannare | pannarola, spannatoia.

pànna² [dal fr. *panne,* parte laterale d'un pennone; 1813] **sf. 1.** *T.mar.* disposizione della velatura per cui il vento non esercita più pressione e la nave si ferma: *mettere una nave in panna* **2.** *disus. panne.*

pannaiòlo [da *panno*; sec. XIII-XIV] **sm.** (f. *-a*) *ant.* mercante che vende panni di lana al minuto.

pannàre [da *panna*¹; 1803] **intr.** (aus. *avere*) *non com.* del latte, far venire a galla la panna.

pannaròla [da *pannare*; 1803] **sf.** cucchiaio di legno con cui si screma il latte.

pannaróne o **pannerone** [dal milan. *pânera,* panna; 1954] **sm.** formaggio bianco fermentato, di gusto e odore forti, tipico della Lombardia.

panne (fr., pr. [pan]; pr. it. ['panne]) [1905] **sf.** *inv.* rif. a veicolo, motore e sim., arresto per avaria: *essere, rimanere in panne, avere il motore in panne.*

panneggiaménto [da *panneggiare*; 1663] **sm.** atto ed effetto del panneggiare.

panneggiàre (pres. *-éggio*) [da *panno*; 1557] **intr.** (aus. *avere*) disporre un tessuto in modo che formi pieghe armoniose ‖ *per estens.* in un'opera d'arte, riprodurre le pieghe di panni e vesti ‖ ‖ **N.** *Sin.* drappeggiare.

panneggiàto (*pps.* di *panneggiare*) [a. 1574] **I agg.** disposto a panneggio, drappeggiato **II sm.** drappeggio.

pannéggio (pl. *-gi*) [da *panneggiare*; a. 1750] **sm.** l'insieme di pieghe di un tessuto, disposte con buon gusto ‖ *per estens.* in pittura e scultura, la rappresentazione delle pieghe delle stoffe.

pannellatùra [da *pannello*; 1982] **sf.** insieme, serie di pannelli ‖ rivestimento mediante pannelli: *la pannellatura della parete divisoria.*

pannèllo [prob. dal fr. *panneau*; 1908] **sm. 1.** riquadro, gen. in legno, dipinto, intarsiato o liscio, utilizzato come elemento decorativo o di copertura, per pareti, porte, mobili e sim. **2.** *per estens. T.tecn.* componente piatto con funzione di protezione, copertura o sostegno ‖ *T.elettr.* quadro che raggruppa gli strumenti di comando e di controllo di un impianto ‖ *pannello solare,* dispositivo che assorbe le radiazioni solari per convertirle in altra forma di energia **3.** *pannello radiante,* sistema di tubazioni percorse da acqua calda, posto nel pavimento o nel soffitto di un ambiente, usato in certi impianti di riscaldamento **4.** tessuto sottile e leggero ‖ *T.abb.* lembo di tessuto che si stacca dal resto dell'abito. **TAV.** *elettrodomestici* 3.1; ***astronautica* p. 655** 6.6.

pannerone V. PANNARONE.

panneurite [comp. di *pan-* e *neurite*; 1958] **sf.** *T.med.* neurite diffusa e generalizzata ‖ *panneurite endemica,* beri beri ‖ **N.** *Sin.* polineurite.

pannicèllo (*dim.* di *panno*) [sec. XIV] **sm.** pezzo non molto grande di panno ‖ *pannicelli caldi,* nella medicina popolare, applicazioni di pezze di stoffa riscaldate, *fig.* rimedi inefficaci, palliativi.

pannìcolo [dal lat. *panniculus*; a. 1320] **sm.** *T.anat.* membrana ‖ *pannicolo adiposo,* lo strato grasso sottocutaneo.

pannilàno V. PANNOLANO.

pannilìno V. PANNOLINO¹.

pànno [lat. *pānnus*; 1243] **sm.** **1.** tessuto morbido e pesante di lana cardata o follata: *gonna, cappotto di panno* || *ant.* stoffa, tessuto in gen. **2.** pezzo di stoffa usato per determinati scopi: *coprire il tavolo con un panno, panno per togliere la polvere, panno per stirare* || *bianco come un panno lavato*, pallidissimo **3.** *pl.* abiti, vesti: *panni pesanti, estivi, lavare i panni* || in espr. fig.: *essere, mettersi nei panni di qualcuno*, immaginare di trovarsi nella sua condizione; *stringere i panni addosso a qualcuno*, metterlo alle strette; *tagliare i panni addosso a qualcuno*, sparlarne gravemente quando è assente; *non stare più nei propri panni*, essere fuori di sé per la gioia o l'impazienza; *i panni sporchi si lavano in famiglia*, sui fatti spiacevoli va mantenuto il riserbo; *Dio manda il freddo secondo i panni*, Dio ci manda le disgrazie a misura di quello che possiamo sopportare **4.** *non com.* velo, pellicola che si forma sulla superficie di certi liquidi: *panno dell'aceto* || *panno dell'uovo*, la membrana che circonda l'albume || *dim.* pannétto, pannettìno, pannicèllo, pannicíno, pannùccio.

pannòcchia [lat. volg. **panucula*, class. *panicula*, da *panus*, spiga del miglio; a. 1320] **sf.** **1.** la spiga del granturco e, per similitudine, del miglio e di altre graminacee: *pannocchie arrostite, bollite* **2.** *T.bot.* infiorescenza a grappolo con peduncoli secondari ramificati **3.** *T.zool.* crostaceo marino decapodo, di forma allungata, detto anche *cicala di mare* o *conocchia* || *dim.* pannocchiétta, pannocchìna || **N.** **1.** barba, cartoccio, chicchi, tutolo o torso; pennacchio | granire, scartocciare, sgranare, spannocchiare **2.** *Sin.* grappolo composto. **TAV.** ***fiori...* p. 671** 2.6.

pannocchìna (*dim.* di *pannocchia*) [1625] **sf.** erba perenne delle Graminacee, con fiori riuniti in spighette e foglie lineari, utilizzata come foraggio || **N.** *Sin.* erba mazzolina.

pannocchiùto [da *pannocchia*; sec. XV] **agg.** che ha pannocchia, o forma di pannocchia.

pannofix ® [n. commerciale; 1958] **sm.** *inv.* pelliccia a pelo rasato ottenuta con una particolare lavorazione della pelliccia d'agnello.

pannogràfico (pl. *-ci*) [comp. di *panno* e *-grafico*; 1983] **agg.** *lavagna pannografica*, sussidio didattico, consistente in un quadrato in panno su cui vengono fatte aderire immagini di carta o di plastica.

pannolàno o **pannilàno** (pl. *pannilàni*) [comp. di *panno* e *lana*; a. 1347] **sm.** *tosc.* panno pesante di lana, gen. usato come coperta.

pannolènci o **pànno lènci** ® [comp. di *panno* e *Lenci*, n. della fabbrica torinese che per prima produsse bambole rivestite con tale tipo di panno; 1975] **sm.** *inv.* (anche pl. *pannilenci*) panno leggero di buona consistenza, usato per realizzare pupazzi, cuscini e sim.

pannolìno¹ o **pannilìno** (pl. *pannilìni*) [comp. di *panno* e *lino*; 1211 *panno linio*] **sm.** **1.** tessuto morbido e leggero di lino o cotone **2.** *pl.* biancheria intima o da casa, confezionata in lino || *in part.* mutandoni.

pannolino² (pl. *pannolini*) [da *panno*; 1958] **sm.** **1.** lembo di tessuto, fazzoletto **2.** striscia di cotone e spugna o, più com., di ovatta rivestita di carta e resa impermeabile all'esterno, impiegata per l'igiene dei neonati e della donna mestruata.

pannolóne [da *pannolino*², con cambio di suff.; 1989] **sm.** assorbente igienico per persone adulte incontinenti.

pannònico (pl. *-ci*) [dal lat. *pannonicus*; a. 1292] **agg.** dei Pannoni, popolazione che anticamente occupava la regione corrispondente all'attuale Ungheria (Pannonia).

panòplia [dal gr. *panoplía*, attr. il fr. *panoplie*; a. 1729] **sf.** *T.stor.* **1.** l'intera armatura di un guerriero **2.** trofeo di armi e parti di armatura, appeso a un muro per decorazione.

panoràma [dall'ingl. *panorama*, comp. del gr. *pân*, tutto e *hórama*, vista; 1824] **sm.** **1.** veduta naturale di una grande estensione di paese, spec. da una posizione sopraelevata: *dal terrazzo si gode uno splendido panorama* || *fig.* situazione nel suo insieme: *il panorama economico non è incoraggiante* **2.** rappresentazione d'insieme, esposizione di una situazione: *un panorama della letteratura italiana contemporanea* **3.** *T.teatr.* fondale a semicerchio che simula il cielo || **N.** **1.** *Sin.* diorama, paesaggio, prospettiva, scena, scenario, veduta, vista.

panoràmica [da *panoramico*; 1915 nel senso 3] **sf.** **1.** *T.fot.* immagine estesa e profonda di un paesaggio || *T.cin.* ripresa effettuata facendo ruotare la macchina da presa per un largo angolo **2.** strada panoramica **3.** *fig.* veduta d'assieme, carrellata.

panoramicità [da *panoramico*; 1950] **sf.** *non com.* l'essere panoramico: *la panoramicità di una strada.*

panoràmico (pl. *-ci*) [da *panorama*; 1840] **agg.** **1.** che consente di osservare un esteso panorama: *strada, terrazza panoramica, ripresa panoramica; obiettivo panoramico*, grandangolare || *schermo panoramico*, molto largo e leggermente curvo, che dà anche un effetto di profondità **2.** *fig.* che dà un'idea generale, un'immagine sintetica: *rassegna panoramica, esposizione panoramica della situazione economica.*

panormìta [dal gr. *Panormítēs*; 1860] **agg.** e **s.** di Palermo; abitante di Palermo.

panòrpa [comp. di *pan-* e del gr. tardo *hórpē*, falce, forse per la forma delle zampe; 1835] **sf.** *T.zool.* insetto dei Mecotteri diffuso in ambienti umidi, il cui maschio presenta un addome rigonfio e munito di pinza.

panpepàto o **pampepàto** o **pan pepàto** [comp. di *pane*¹ e *pepato*; inizio sec. XV *pane pepato*] **sm.** dolce senese di farina, miele, canditi, mandorle, pinoli e talvolta pepe, confezionato in sode forme rotonde e schiacciate.

panporcìno o **pamporcìno** o **pàn porcìno** [comp. di *pane*¹ e *porcino*, perché i tuberi sono cibo gradito ai porci; prima metà sec. XIII *pan porcino*] **sm.** *pop.* ciclamino.

panpsichìṣmo o **pampsichìṣmo** [comp. di *pan-*, del gr. *psyché*, anima e *-ismo*; a. 1952] **sm.** *T.fil.* dottrina filosofica secondo la quale anima e spirito sono comuni a tutti gli esseri viventi || dottrina filosofica che nega l'esistenza della materia, ritenendo esistente soltanto lo spirito.

panromànzo [comp. di *pan-* e *romanzo*¹; 1958] **agg.** *T.ling.* diffuso in tutte le lingue romanze: *fenomeno vocalico panromanzo, voce panromanza.*

pansé o **panzé** **sf.** *non com.* adattamenti it. di *pensée* (v.).

pansessuàle [comp. di *pan-* e *sessuale*; 1983] **agg.** relativo al pansessualismo, proprio del pansessualismo; ispirato al pansessualismo: *tendenza pansessuale.*

pansessualìṣmo [comp. di *pan-* e *sessuale*; 1942] **sm.** ogni concezione che consideri l'istinto sessuale come fattore che determina ogni altro aspetto dell'attività psichica di un individuo.

panṣlavìṣmo [comp. parasint. di *pan-* e *slavo*; 1851] **sm.** movimento ideologico e politico tendente a unire in un solo Stato tutti i paesi abitati da popoli appartenenti alla razza slava.

panṣlavìsta [da *panslavismo*; 1895] **s.** seguace, fautore del panslavismo.

pantacàlza [comp. di *panta*(*lone*) e *calza*; 1986] **sf.** *T.abb.* pantalone aderentissimo in tessuto elasticizzato, che si indossa gen. abbinato a un abito o a un camicione || **N.** *Sin.* *fuseau.*

pantagònna o **pantagónna** [comp. di *panta*(*lone*) e *gonna*; 1971] **sf.** *T.abb.* gonna pantalone.

pantagruèlico (pl. *-ci*) [dal fr. *pantagruélique*, da *Pantagruel*, personaggio del romanzo *Gargantua e Pantagruel* di F. Rabelais; 1889] **agg.** di Pantagruel, degno di Pantagruel: *pranzo pantagruelico*, abbondante e succulento; *mangiatore pantagruelico*, gran divoratore.

pantalàssico (pl. *-ci*) [comp. di *pan-* e *talasso-* con suff. agg.; 1958] **agg.** di organismo animale o vegetale marino, che vive sia in prossimità della costa, sia al largo.

pantalonàia [da *pantalone*¹; 1942] **sf.** operaia che confeziona pantaloni.

pantalóne¹ [dal fr. *pantalone*, dal n. della maschera veneziana *Pantalon* che l'indossava; 1809] **sm.** *pl.* calzoni: *un paio di pantaloni da donna, da uomo, corti* || *sing.* ciascuna metà, corrispondente a una gamba || *gonna pantalone*, pantaloni da donna corti al ginocchio, molto larghi e svasati. **TAV.** ***sci* p. 1333** 20.3.

pantalóne² [dal n. proprio *Pantaleone*; 1580] **sm.** maschera della commedia dell'arte veneziana, che rappresenta un vecchio bonario mercante veneziano, spesso gabbato || *fig.* *paga Pantalone*, il popolo paga gli errori dei suoi governanti.

pantàna [da *pantano*; a. 1871] **sf.** uccello di palude dei Caradriformi, dal lungo becco di colore scuro leggermente ricurvo verso l'alto e piumaggio bianco maculato di grigio sul dorso.

pantàno [voce di orig. preindeuropea; 1310 ca.] **sm.** **1.** luogo pieno d'acqua stagnante e melmosa || *per estens.* terreno molle, fangoso: *le piogge hanno reso il sentiero un pantano* **2.** *fig.* intrigo poco pulito; anche, situazione confusa in cui è difficile districarsi: *sono entrato, mi sono cacciato in un bel pantano* || **N.** PALUDE | impantanarsi.

pantanóso [da *pantano*; a. 1292] **agg.** che abbonda di pantani || pieno di fango e acqua stagnante; melmoso.

pantavènto [comp. di *panta*(*lone*) e *vento*; 1988] **sm.** *inv.* pantaloni di tessuto impermeabile che si mettono sopra ai normali pantaloni per ripararsi dal freddo e dalla pioggia.

pantedésco (pl. *-schi*) [comp. di *pan-* e *tedesco*; 1963] **agg.** che concerne tutti i tedeschi per lingua e civiltà.

pantegàna [voce ven. dal gr. *póntikos*, topo, propr. del Ponto Eusino; a. 1832] **sf.** *ven.* topo di fogna di grosse dimensioni.

panteìṣmo [dall'ingl. *pantheism*, attr. il fr. *panthéisme*, comp. del gr. *pân*, tutto e *theós*, dio; 1786] **sm.** *T.fil.* qualsiasi dottrina che identifichi Dio e il mondo; *panteismo acosmico*, secondo cui il mondo è un aspetto della divinità; *panteismo ateistico*, che considera la natura animata e pervasa da uno spirito divino. **Q.T.** *religione.*

panteìsta [dall'ingl. *pantheist*, attr. il fr. *panthéiste*; a. 1748] **s.** chi segue la dottrina del panteismo.

panteìstico (pl. *-ci*) [dall'ingl. *pantheistic*; 1850] **agg.** di panteismo; dei panteisti.

pànteon V. PANTHEON.

pantèra¹ [dal lat. *panthēra*, gr. *pánthēr*, *pánthēros*; a. 1276] **sf.** **1.** altro nome del leopardo || *pantera nera*, varietà dell'Asia sud-orientale, dal mantello nero || esempio di agilità flessuosa e carattere aggressivo, spec. rif. a donna **2.** *gerg.* automobile della Polizia, potente e veloce **3.** nel linguaggio giornalistico, nome dato ai movimenti di protesta degli studenti universitari italiani, in part. all'ondata di manifestazioni del 1990.

pantèra² [lat. *panther*, *-ēris*, gr. *panthēra*, propr. caccia agli animali selvatici; sec. XIII] **sf.** grossa rete tenuta in posizione verticale da due aste laterali, usata per la caccia notturna,

spec. di uccelli.
pantésco (pl. *-schi*) [da *Pant(elleria)*; 1958] **I** *agg.* dell'isola di Pantelleria: *vino pantesco* **II** *sm.* (f. *-a*) abitante, nativo di Pantelleria.
pàntheon o **pànteon** [dal gr. *pántheon*; sec. XIV] *sm. inv.* **1.** *T.stor.* nella religione greco-romana, tempio dedicato a tutti gli dei || *per estens.* tutti gli dei di una religione politeistica: *pantheon babilonese* **2.** chiesa o edificio contenente le tombe di uomini illustri: *il pantheon di S. Croce.*
pànto- [dal gr. *pâs, pantós*, tutto] *primo elem.* che, in parole composte dotte e della terminologia scientifica, vale "tutto", "ogni cosa" (per es. *pantoclastia, pantografo, Pantopodi*).
pantoclastìa [comp. di *panto-* e *-clastia*, sul modello di *iconoclastia*; 1899] *sf. T.med.* mania, furore morboso di distruzione.
pantoclàstico (pl. *-ci*) [da *pantoclastia*; 1988] *agg. T.med.* relativo alla pantoclastia, proprio della pantoclastia.
pantocràtore [dal gr. *pantokrátōr, pantokrátoros*, onnipotente; 1821] *agg.* onnipotente, epiteto usato spec. per divinità greche o, nel cristianesimo d'Oriente, rif. a Gesù Cristo || *Cristo pantocratore* o *per anton. il Pantocratore*, nell'arte bizantina, l'immagine di Cristo benedicente, posta gen. al centro della volta absidale.
pantòfago (pl. *-gi*) [comp. di *panto-* e *-fago*; 1835] *agg. T.zool.* di animale, che mangia ogni tipo di cibo || **N.** *Sin.* onnivoro.
pantòfola [etim. inc.; a. 1502 *pantofla*] *sf.* calzatura comoda da casa, perlopiù di stoffa || *dim.* pantofolétta, pantofolìna || **N.** *Sin.* babbuccia, ciabatta, pianella.
pantofolàio (pl. *-ài*) [da *pantofola*; 1891] *sm.* (f. *-a*) **1.** chi fa o vende pantofole **2.** *per estens.* casalingo, incline al quieto vivere; anche *spreg.* conservatore || anche *agg.*: *politica pantofolaia.*
pantofolerìa [da *pantofola*; 1954] *sf.* fabbrica di pantofole || negozio di pantofole.
pantogràfico (pl. *-ci*) [da *pantografo*; 1983] *agg.* relativo al pantografo, proprio del pantografo.
pantografista [da *pantografo*; 1983] *s.* chi lavora con il pantografo.
pantògrafo [comp. di *panto-* e *-grafo*; 1821] *sm.* **1.** strumento costituito da un parallelogramma articolato, che serve per far copie di disegni, anche in scala ingrandita o ridotta || dispositivo funzionante secondo lo stesso principio, applicato a macchine utensili per ottenere pezzi meccanici in scala **2.** *T.ferr.* apparecchio di forma somigliante che trasmette la corrente elettrica dai fili aerei alla motrice ferroviaria. **TAV.** *disegno* 8; *ferrovie...* **p. 669** 3.3.
pantomìma [dal fr. *pantomime*, pantomimo, poi pantomima; 1757] *sf.* azione scenica consistente esclusivamente in movimenti del corpo ed espressioni del volto || *per estens.* l'atteggiamento di chi gesticola per farsi intendere senza parlare || *fig.* comportamento poco serio; messinscena: *non gli dare retta, è tutta una pantomima* || **N.** danza, mimo.
pantomìmico (pl. *-ci*) [dal lat. *pantomīmicus*; 1804] *agg.* di pantomima o di pantomimo.
pantomìmo [dal lat. *pantomīmus*; 1538] *sm.* chi esegue una pantomima || **N.** mimo.
Pantòpodi (sing. *-e*) [comp. di *panto-* e *-pode*; 1954] *sm. pl. T.zool.* classe di piccoli animali marini degli Artropodi, simili ai ragni.
pantrito [comp. di *pane*[1] e *trito*; a. 1861] *sm. raro* pan grattato.
panùnto o **pàn ùnto** [comp. di *pane*[1] e *unto*; a. 1528] *sm.* **1.** fetta di pane abbrustolito su cui si fa colare il grasso delle salsicce, l'unto dell'arrosto o sim. **2.** *scherz.* l'arte della cucina || *mastro panunto*, il cuoco || *tosc. aver studiato i libri del panunto*, pensare sempre e solo al cibo.
panùrgo (pl. *-ghi*) [dal n. *Panurge*, personaggio del romanzo *Gargantua e Pantagruel* di F. Rabelais, dal gr. *panóurgos*, scaltro; a. 1566] *sm.* furfante, astuto imbroglione.
pànza e der. forme dial. di PANCIA e der.
panzàna [etim. inc.; a. 1565] *sf.* frottola, bugia: *raccontar panzane* || **N.** BUGIA.
panzanèlla [etim. inc.; 1817] *sf. T.cuc.* piatto rustico preparato con fette di pane bagnate, strizzate ed eventualmente sbriciolate, condite con olio, sale, aceto, pomodori e basilico.
panzaròtto o **panzeròtto** [voce merid. da *panza*, per la forma rigonfia; 1797] *sm. T.cuc.* grosso raviolo fatto con pasta lievitata ripiena di un impasto a base di formaggi, salumi e uova, fritto nell'olio e cotto al forno. **TAV.** *alimentazione* 1.14.
panzé V. PANSÉ.
panzer (ted., pr. [ˈpantsɐ]; pr. it. [ˈpantser]) [propr. corazza; 1942] *sm. inv.* **1.** carro armato, spec. di quelli tedeschi della seconda guerra mondiale **2.** *fig.* persona che persegue i propri intenti con ferrea determinazione, senza badare a ostacoli.
panzeróne [da *panz(i)era*, var. di *panciera*; sec. XIV] *sm. arc.* parte dell'armatura, che difende la pancia.
panzeròtto V. PANZAROTTO.
paolìno[1] [dal n. proprio *Paolo*; a. 1600] *agg.* **1.** attinente a S. Paolo: *epistolario paolino, teologia paolina*; *privilegio paolino*, in diritto canonico, possibilità di sciogliere un matrimonio tra non battezzati, se uno di questi si è convertito al cattolicesimo **2.** relativo a un papa di nome Paolo: *cappella, rocca paolina.*
paolìno[2] o **pagolìno** [forse dal n. proprio *Paolino*; a. 1375] *sm. arc.* uccello grigio simile al gabbiano || *fig.* sciocco, ingenuo.
pàolo [dal n. proprio *Paolo* III papa; a. 1584 *pavolo*] *sm.* moneta d'argento coniata a metà del XVI sec. in sostituzione del grosso papale.
paolòtto [da (S. Francesco da) *Paola*, cittadina calabrese; a. 1803] *sm.* **1.** appartenente all'Ordine dei Frati Minimi, fondato da S. Francesco da Paola **2.** *fig. spreg.* bigotto.
paonàzzo (raro *pavonàzzo*) [lat. *pavonāceus*, simile alla coda del pavone; sec. XIV-XV *pagonazzo*] **I** *agg.* di colore rosso-violaceo scuro, spec. rif. a colorito del volto: *avere il naso paonazzo per il freddo, essere paonazzo dalla vergogna* || *abito paonazzo*, quello dei vescovi **II** *sm.* **1.** il color paonazzo **2.** veste di color paonazzo.
pàpa [dal lat. tardo *pāpa*; fine sec. XII] *sm.* **1.** il capo della Chiesa cattolica, il sommo pontefice (quando è preposto al nome proprio si usa senza articolo: *papa Gregorio*): *stare come un papa, vivere come un papa*, ottimamente, con ogni agio || *andare a Roma e non vedere il papa*, tralasciare, di una cosa, quel che era più importante || *ad ogni morte di papa*, molto raramente || *prov. morto un papa, se ne fa un altro*, nessuno è indispensabile **2.** *T.gioc.* nei tarocchi, uno dei trionfi || **N.** **1.** *Sin.* pontefice, sommo sacerdote, Sua Santità, Vicario di Cristo | anello piscatorio, camauro, cattedra, chiavi pontificie, falda, fanone, flabello, mitra, sedia gestatoria, tiara o triregno | allocuzione, bolla, breve, canone, decretale, enciclica, giubileo, indulgenza, rescritto | antipapa, concilio, concistoro, conclave, dogma, incoronazione, infallibilità, scomunica.
papà [dal fr. *papa*; a. 1556 *pappà*] *sm. inv. fam.* padre, con connotazione affettiva || *spreg. figlio di papà*, chi vive sfruttando il prestigio e la ricchezza della famiglia || *dim.* papìno, paparìno || **N.** *Sin.* babbo, PADRE. **Q.T.** *religione.*
papàbile [da *papa*; a. 1566] *agg.* e *sm.* **1.** di cardinale, che abbia possibilità o probabilità di essere eletto papa **2.** *per estens.* spesso *scherz.* che ha probabilità di successo in una candidatura civile o in imprese di altro genere: *la rosa dei papabili.*
papàia [dallo sp. *papaya*, di orig. caribica; 1565 al pl.] *sf.* pianta delle Caricacee, dell'America tropicale, a fusto non ramificato che reca alla sommità un ciuffo di foglie e i frutti simili ai meloni || il frutto stesso.
papaìna [da *papaia*; 1886] *sf.* enzima ricavato dal succo dei frutti della papaia, usato in medicina per facilitare la digestione nei malati di dispepsia.
papàle [da *papa*; sec. XIII] *agg.* **1.** di papa, del papa: *benedizione papale* || *alla papale*, come usano i papi **2.** in *loc. avv. fam. alla papale, papale papale*, con franchezza, senza mezzi termini || **N.** **1.** *Sin.* apostolico, pontificale, pontificio.
papalìna [da *papalino*, perché somiglia allo zucchetto del papa; 1768] *sf.* copricapo maschile di forma rotonda, col fondo piatto e senza tesa, perlopiù con una nappina penzolante, portato in casa in passato, spec. da persone anziane.
papalìno [da *papale*; 1652] **I** *agg.* spesso *spreg.* del papa, pontificio: *governo papalino* **II** *sm.* **1.** (f. *-a*) sostenitore del potere temporale del papa **2.** soldato, funzionario alle dipendenze del papa.
paparàzzo [dal n. proprio di un fotografo nel film *La dolce vita* di F. Fellini; 1961] *sm.* fotografo specializzato nel ritrarre celebrità, spec. in situazioni compromettenti.
papàsso [dal gr. biz. *papâs*, class. *pápas*, padre; 1484] *sm.* **1.** sacerdote della religione greco-ortodossa **2.** *ant.* sacerdote orientale, spec. musulmano **3.** *fig.* caporione.
papàto [da *papa*; sec. XIII] *sm.* **1.** governo, potere politico e spirituale dei papi: *lotte fra papato e impero* **2.** dignità del papa; anche il suo periodo di regno **3.** *fig. non com. godersi il papato*, spassarsela || **N.** **1.** *Sin.* pontificato | camerlengo, caudatario, curia romana, dataria, protonotario, Sacra Rota, sagrista; exequatur, sillabo.
Papaveràcee [dal lat. scient. *Papaveraceae*; 1834] *sf. pl. T.bot.* famiglia di piante erbacee dicotiledoni cui appartiene il papavero, con frutto a capsula che produce un liquido lattiginoso.
papavèrico (pl. *-ci*) [da *papavero*; 1803] *agg.* **1.** del papavero **2.** *non com. fig.* che fa addormentare, soporifero: *lettura papaverica.*
papaverìna [da *papavero*; 1871 come sm.] *sf. T.chim.* alcaloide dell'oppio, usato in medicina come antispastico.
papàvero [lat. volg. **papāverus*, class. *papāver*; a. 1320] *sm.* **1.** pianta erbacea delle Papaveracee, con grossi fiori solitari, rosei o violacei, e frutti tondi con molti piccoli semi || *papavero selvatico*, rosolaccio || *papavero da oppio*, varietà a fiori bianchi o rosa, la cui coltivazione è proibita in numerosi paesi, da cui si estrae l'oppio **2.** *fig. gli alti papaveri*, persone altolocate, potenti **3.** *fig. non com.* persona noiosa. **TAV.** *erboristeria* 1.
pàpera [f. di *papero*; 1353 nel senso 1; 1863 nel senso 2] *sf.* **1.** oca femmina giovane **2.** *fam.* errore di dizione, soprattutto se commesso nel recitare: *fare, prendere una papera* || *dim.* paperìna, paperétta || **N.** **2.** impaperarsi.
paperìna (*dim.* di *papera*) [1871] *sf.* **1.** piccola papera **2.** scarpetta da donna, senza tacco e con suola flessibile || **N.** **2.** *Sin.* ballerina.
pàpero [voce di orig. onom.; 1293] *sm.* giovane maschio dell'oca; anche in senso generico, oca: *un branco di paperi* || *i paperi menano a bere le oche*, si dice quando un ignorante pretende di far da maestro a chi sa || *dim.* paperìno, paperòtto, paperòttolo; *accr.* paperóne.
papésco (pl. *-schi*) [da *papa*; a. 1552] *agg.* perlopiù *spreg.* del papa, da papa.
papéssa [da *papa*; 1545] *sf.* **1.** donna ele-

vata alla carica pontificia: *la leggendaria papessa Giovanna* || *fig. scherz.* donna che se ne vive beata negli agi **2.** *iron.* papa debole **3.** *T.gioc.* uno dei trionfi dei tarocchi.

papier collé (fr., pr. [pa'pje kɔ'le]) [letter. carta incollata; 1965] ***loc. m. inv.*** opera pittorica ottenuta incollando pezzi di carta colorata o altro materiale, sulla tela || **N.** *Sin. collage.*

papier découpé (fr., pr. [pa'pje deku'pe]) [letter. carta ritagliata; 1988] ***sm. inv.*** gioco per bambini che consiste nel ritagliare carta di ogni tipo (giornali, fogli colorati ecc.) e incollarla su cartoncini per formare disegni.

Papilionàcee [dal lat. scient. *papilionaceae*, dal class. *papilio, -ōnis*, farfalla; a. 1869] ***sf. pl.*** *T.bot.* famiglia di Leguminose a fiore zigomorfo e frutto a legume, che comprende numerose specie di grande valore alimentare quali il fagiolo, il pisello, la lenticchia e la soia.

papilionàceo [dal lat. scient. *papilionaceus*, dal class. *papilio, -ōnis*, farfalla; 1813] ***agg.*** *T.bot. corolla papilionacea*, i cui petali sono disposti come ali di farfalla. **TAV. *fiori...* p. 671 3.6.**

Papiliònidi (sing. *-e*) [dal lat. scient. *papilionidae*, dal class. *papilio, -ōnis*, farfalla; 1954] ***sm. pl.*** *T.zool.* famiglia di Lepidotteri, comprendente alcune grosse e belle farfalle diurne con ali vivacemente colorate e a coda, come il macaone e il podalirio.

papilla [dal lat. *papilla*, dim. di *papula*, pustola, bolla; sec. XV] ***sf.*** *T.anat.* piccola prominenza delle mucose o della cute, perlopiù provvista di specifiche terminazioni nervose: *papille gustative*, quelle che ricoprono la lingua e consentono di percepire i sapori; *papilla ottica*, punto della retina in cui entra il nervo ottico, sprovvisto di coni e bastoncelli; è detto anche *punto cieco.* **Q.T.** *anatomia.*

papillàre [da *papilla*; 1749] ***agg.*** di papilla; che ha natura o forma di papilla.

papillòma [comp. di *papilla* e *-oma*; 1899] ***sm.*** *T.med.* tumore benigno che si forma sulla superficie della cute e delle mucose.

papillon (fr., pr. [papi'jɔ̃]) [dal lat. *papilio, -ōnis*, farfalla; 1939] ***sm. inv.*** (anche pl. *papillons*, pr. [papi'jɔ̃]) cravatta annodata a farfalla.

papillóso [da *papilla*; 1813] ***agg.*** *raro* che ha papille.

papìno [da *papa*; 1871] ***sm.*** **1.** la prima carta dei tarocchi **2.** *fig. fare un papino*, nel gioco del biliardo, fare una stecca.

papiràceo [dal lat. *papyrāceus*; 1499 *papiracio*] ***agg.*** di o da papiro: *carta papiracea.*

papìro [dal lat. *papȳrus*, gr. *pápyros*; a. 1320] ***sm.*** **1.** pianta rizomatosa acquatica delle Ciperacee, con fusto erbaceo sottile terminante con un ciuffo di foglie lineari **2.** il materiale scrittorio ricavato dalle sezioni del fusto di tale pianta, sovrapposte e pressate, usato spec. nell'antichità: *un rotolo di papiro, documento scritto su papiro* **3.** (come numerabile) scritto, documento redatto su papiro: *antichi papiri babilonesi, decifrare un papiro* **4.** *scherz.* foglio scritto, documento spec. se prolisso **5.** nel gergo goliardico, foglio con riferimenti scherzosi, disegni ecc. rilasciato dagli studenti universitari anziani alle matricole come attestato del superamento di una prova di iniziazione; *per meton. fare il papiro a qualcuno*, costringerlo a superare la prova suddetta || nelle università dell'Italia nord-orientale, manifesto scherzoso che gli amici preparano per lo studente che si laurea.

papirografìa [comp. di *papiro* e *-grafia*; 1958] ***sf.*** tecnica di disegno per mezzo di carta nera ritagliata e incollata su carta bianca, ovvero chiusa tra due vetri.

papirologìa [comp. di *papiro* e *-logia*; 1908] ***sf.*** disciplina che si occupa della decifrazione e dello studio degli antichi papiri.

papirològico (pl. *-ci*) [da *papirologia*; 1954] ***agg.*** attinente alla papirologia.

papirologista [da *papirologia*; 1954] ***s.*** papirologo.

papiròlogo (pl. *-gi*) [da *papirologia*; 1922] ***sm.*** (f. *-a*) studioso che si occupa di papirologia.

papiṣmo [dall'ingl. *papism*; 1644] ***sm.*** *spreg.* la religione cattolica; termine polemico usato dai protestanti.

papista [dal ted. *Papist*; a. 1543] ***s.*** *spreg.* cattolico, nella polemica protestante.

papistico (pl. *-ci*) [da *papista*; 1673] ***agg.*** relativo al papismo, proprio del papismo.

pàppa [lat. *pappa*; a. 1313] ***sf.*** **1.** pane cotto nell'acqua o nel brodo, o vivanda della stessa consistenza molle: *pappa col pomodoro, pappa d'amido, d'avena*; anche vivanda eccessivamente cotta: *il risotto è diventato una pappa* || *per estens.* poltiglia; *T.pesc.* impasto di farine, pane e altri ingredienti, usato sia come esca, sia come pastura || *mangiare la pappa in capo a uno*, essere molto più alto (e *fig.* più potente) di lui || *volere la pappa fatta*, volere le cose senza far alcuna fatica **2.** nel linguaggio infantile, cibo, pasto: *è l'ora della pappa*; *scherz.* anche detto da adulti **3.** *pappa reale*, sostanza prodotta dalle api operaie per nutrire le larve di regina e, nei primi giorni, anche di operaia; è usato anche dall'uomo come energetico e ricostituente || ***sm. inv.*** *volg.* sfruttatore di prostitute || *dim.* pappìna, pappétta, pappettìna || **N. 1.** *Sin.* pappolata, pastone; panata, pancotto | pappare, spappolare.

pappacéci (meno com. *pappacéce*) [comp. di *pappa(re)* e *ceci*; a. 1700] ***sm. inv.*** mangiapane, parassita || *mangiare a pappaceci*; mangiar con avidità; *fig.* essere credulone.

pappafico (pl. *-chi*) [etim. inc.; a. 1522 *papafico*] ***sm.*** **1.** *T.mar. disus.* sui velieri a vele quadre, il pennone e la vela di velaccino (il penultimo pennone e la penultima vela del trinchetto) **2.** *ant.* cappuccio con maschera di panno che riparava dal freddo o nascondeva le fattezze del viso || cuffia **3.** *region.* pizzo.

pappagallerìa [da *pappagallo*; a. 1837] ***sf.*** *non com.* l'atteggiamento di chi fa il pappagallo.

pappagallésco (pl. *-schi*) [da *pappagallo*; 1560] ***agg.*** di o da pappagallo (in senso *fig.*) || **pappagallescaménte** ***avv.***

pappagalliṣmo [da *pappagallo*; 1963] ***sm.*** **1.** atteggiamento di chi è solito rivolgere frasi, proposte galanti od oscene alle donne che passano per strada **2.** *non com.* tendenza a ripetere in modo meccanico e superficiale ciò che si è letto, udito o visto fare || **N. 2.** *Sin.* psittacismo.

pappagàllo [dall'ar. *babagā*, attr. il biz. *papagâs*, con influsso di *gallo*; a. 1292] ***sm.*** **1.** nome di vari uccelli tropicali degli Psittaciformi, con grosso becco fortemente ricurvo e piume vivacemente colorate; alcune specie imparano facilmente a ripetere parole e suoni **2.** *fig.* chi ripete qualcosa a memoria, meccanicamente, senza intenderne il significato: *imparare, ripetere a pappagallo* **3.** *fig.* chi importuna le donne per strada, con apprezzamenti o proposte insistenti **4.** recipiente di vetro o plastica per far orinare un uomo che non può scendere dal letto || *dim.* pappagallétto, pappagallìno || **N. 1.** ara, cacatua, cocorita, inseparabili, loreto | squittire | gruccia, trespolo | psittacosi.

pappagòrgia (pl. *-ge*) [comp. di *pappa* e *gorgia*; a. 1686] ***sf.*** piega di tessuto adiposo che pende sotto il mento delle persone molto grasse || **N.** *Sin.* doppio mento; barbigli, giogaia.

pappalàrdo [comp. di *pappa(re)* e *lardo*; sec. XIV] ***sm.*** **1.** uomo sciocco, balordo **2.** *raro* mangione, ghiottone **3.** *arc.* uomo avido.

pappardèlla [prob. da *pappare*; 1364] ***sf.*** **1.** *pl. T.cuc.* pasta simile alle lasagne ma più stretta, cotta in acqua o brodo e condita con sugo di carne: *pappardelle alla lepre* || *stare in pappardelle*, in feste e in gozzoviglie **2.** *scherz.* discorso lungo e noioso.

pappàre [lat. *pappāre*; a. 1367] ***tr.*** *fam.* **1.** mangiare ingordamente **2.** *fig.* fare guadagni illeciti: *se non c'è da pappare, non ne vuol sapere* || **N. 1.** *Sin.* mangiare.

pappàta [da *pappare*; 1563] ***sf.*** **1.** pasto abbondante e ghiotto **2.** *fig.* guadagno illecito.

pappatàci [comp. di *pappa(re)* e *tacere*; 1525 nel senso 2] ***sm. inv.*** **1.** piccolo insetto dei Ditteri, che punge e vola senza far rumore; può provocare la *febbre da pappataci* (caratterizzata da dolori ai reni, indolenzimento muscolare e mal di testa) **2.** *fig. disus.* chi sopporta cose vergognose tacendo, per pusillanimità o anche tornaconto.

pappatóre [da *pappare*; 1427] ***sm.*** (f. *-trice*) chi pappa, gran mangiatore, mangione.

pappatòria [da *pappare*; a. 1700] ***sf.*** *fam.* **1.** grossa mangiata, crapula **2.** *fig.* mangeria, guadagno illecito.

pappifórme [comp. di *pappo*[1] e *-forme*; 1970] ***agg.*** *T.bot.* a forma di pappo.

pappìna (*dim.* di *pappa*) [1598] ***sf.*** impiastro di semi di lino.

pappìno [da *pappa*; a. 1665] ***sm.*** (f. *-a*) *tosc. spreg.* infermiere d'ospedale.

pàppo[1] [dal lat. *pappus*, gr. *páppos*; a. 1498] ***sm.*** *T.bot.* ciuffo di filamenti piumosi che corona i semi di alcune piante, per facilitarne il volo.

pàppo[2] [voce infantile; 1319] ***sm.*** *ant.* nel linguaggio infantile, cibo, pappa: *il pappo e il dindi* (Dante).

pappolàta [da *pappa*; a. 1492] ***sf.*** **1.** vivanda troppo cotta e quasi liquida **2.** *fig.* discorso prolisso e sciocco || **N. 1.** *Sin.* pappa **2.** *Sin.* broscia, cicalata, tantafera.

pappóne [da *pappare*; a. 1675] ***sm.*** **1.** (f. *-a*) chi pappa molto, mangione; anche *fig.* **2.** *gerg.* sfruttatore di prostitute.

pappóso[1] [da *pappo*[1]; 1813] ***agg.*** di pianta, che ha semi provvisti di pappo.

pappóso[2] [da *pappa*; 1953] ***agg.*** che ha la consistenza molle di una pappa.

pappùccia (pl. *-ce*) [dal pers. *pāpūsh*; a. 1698] ***sf.*** *raro* babbuccia.

pàprica o **pàprika** [voce ungherese; 1881] ***sf.*** *T.alim.* droga piccante in polvere, ottenuta triturando peperoni essiccati, caratteristica della cucina ungherese.

pap-test (ingl., pr. ['pæptest]) [da *Pap(anicolau) test*, test di Papanicolau, anatomista greco naturalizzato statunitense; 1975] ***sm. inv.*** *T.med.* esame citologico di un campione di secrezione vaginale, per la diagnosi precoce di tumori del collo dell'utero.

pàpua [dal malese *pūah-pūah*, letter. crespo; a. 1876] ***agg. inv.*** (sempre posposto) che si riferisce alle popolazioni e alle lingue della Papuasia: *lingue papua.* **Q.T.** *lingue...*

papuàno o **papuàṣo** [dal n. *Papua*, popolazione della Nuova Guinea; 1871] **I** ***agg.*** della Papuasia **II** ***sm.*** (f. *-a*) abitante od originario della Papuasia.

pàpula [dal lat. *papula*, bolla; 1745] ***sf.*** *T.med.* salienza cutanea di forma tondeggiante, che compare in alcune malattie della cute.

papulóso [da *papula*; 1835] ***agg.*** *T.med.* proprio, tipico della papula || che presenta papule: *irritazione papulosa.*

pàra [dal n. geogr. *Parà*, stato del Brasile; 1905] ***sf.*** gomma naturale d'ottima qualità, che si ottiene dal latice di una pianta brasiliana: *scarpe con suola di para.*

pàra- [dal gr. *pará*, presso, accanto] ***pref.*** che, in parole dotte e scientifiche composte, indica vicinanza (per es. *paradenzio*), somiglianza o affinità (per es. *paramedico, parascolastico, pa-*

ratifo, paranormale).

parabancàrio (pl. *-ri*) [comp. di *para-* e *bancario*; 1982] **agg.** di attività di intermediazione finanziaria, che utilizza mezzi e canali diversi da quelli utilizzati tradizionalmente dalle banche (per es. leasing, factoring ecc.).

paràbaṣi [dal gr. *parábasis*, letter. il camminare; 1564] **sf.** *lett.* intermezzo della commedia greca, nel quale il coro faceva una digressione satirica.

parabèllum [dal lat. (*si vis pacem*), *para bellum*, (se vuoi la pace), prepara la guerra; 1935] **sm.** *inv.* **1.** tipo di pistola semiautomatica di fabbricazione tedesca **2.** tipo di fucile mitragliatore a caricatore cilindrico di fabbricazione sovietica **3.** tipo di cartuccia per arma da fuoco portatile.

paràbile [da *parare*; 1958] **agg.** *T.sport.* nel calcio, che può essere parato: *tiro parabile.*

parabiòṣi [comp. di *para-* e del gr. *bíōsis*, vita; 1954] **sf.** *T.biol.* esperimento compiuto collegando due organismi in modo che l'uno alimenti l'altro.

paràbola[1] [dal gr. *parabolḗ*, parabola, sezione conica; 1556 *parabole*] **sf.** **1.** *T.geom.* figura curvilinea, descritta dalla sezione di un cono parallela alla generatrice; definita anche come luogo dei punti equidistanti da un punto (*fuoco*) e da una retta (*direttrice*) || curva descritta da un corpo lanciato in direzione non verticale: *parabola di un proiettile, di un pallone* **2.** *fig.* andamento nel tempo di ciò che inizia in ascesa e termina in declino: *la parabola di una carriera, dell'impero romano* || **N.** **1.** conica. **TAV.** *geometria* 14; ***astronomia* p. 656** 11.2.

paràbola[2] [dal lat. *parabola*, gr. *parabolḗ*, avvicinamento, paragone; a. 1342] **sf.** **1.** racconto allegorico che racchiude un insegnamento morale o religioso: *la parabola del buon samaritano* **2.** *arc.* parola.

parabolàno [da *parabola*[2]; seconda metà sec. XIV] **sm.** *non com.* chiacchierone, ciarlone, bugiardo.

parabòlico (pl. *-ci*) [da *parabola*[1]; a. 1642] **agg.** *T.geom.* **1.** che ha figura di parabola: *curva parabolica, moto parabolico* **2.** a forma di paraboloide: *specchio parabolico.* **TAV.** ***astronomia* p. 656** 7.6.

paraboloìde [comp. di *parabola*[1] e *-oide*; 1771] **sm.** *T.geom.* nome di due tipi di superfici tridimensionali del secondo ordine, le cui sezioni secondo piani passanti per l'asse di simmetria sono parabole; *paraboloide ellittico, paraboloide iperbolico*, le cui sezioni perpendicolari all'asse di simmetria sono ellissi o iperboli || **N.** quadrica.

paraboloìdico o **paraboloìdico** (pl. *-ci*) [da *paraboloide*; 1958] **agg.** *T.geom.* con forma e proprietà di paraboloide: *superficie paraboloidica.*

parabolóne [da *parabola*[2]; a. 1956] **sm.** *non com.* parabolano.

parabórdo [comp. di *para(re)* e *bordo*; 1813] **sm.** *T.mar.* riparo di forma e materiale vario che si mette esternamente ai fianchi delle navi quando sono attraccate, per proteggerle dagli urti o dagli attriti.

parabràce [comp. di *para(re)* e *brace*; 1970] **sm.** *inv.* lamina metallica posta davanti ai caminetti o ai focolari, per contenere le braci.

parabrézẓa [comp. di *para(re)* e *brezza*, calco sul fr. *parebrise*; 1918 *parabrise*] **sm.** *inv.* in un veicolo, elemento trasversale in materiale trasparente, posto davanti al conducente, per proteggerlo dal vento, dalla pioggia, dalla polvere ecc. **TAV.** *aeronautica* 4.1; ***automobile* p. 658** 3.17.

paracadutàre (pres. *-ùto*) [da *paracadute*; 1945] **tr.** lanciare da un aereo persone o cose munite di paracadute: *paracadutare materiali, viveri* || **rifl.** lanciarsi col paracadute.

paracadùte [comp. di *para(re)* e *cadute*, sul modello del fr. *parachute*; 1818] **sm.** *inv.* dispositivo atto a rallentare la caduta di un corpo lanciato da un aeromobile, costituito da una calotta in materiale leggero e resistente, fissata con numerose funi ad un'imbracatura che sorregge persone e cose durante il volo; è usato spec. in situazioni d'emergenza, operazioni militari, di salvataggio e sim. || *fig. fare da paracadute a qualcuno*, proteggerlo, attenuare gli effetti di qualche suo sbaglio || **N.** calotta, lancio. **TAV.** *aeronautica* 11; ***astronautica* p. 654** 3.7, 3.8 e **p. 655** 7.5, 7.6.

paracadutìsmo [da *paracadute*, sul modello del fr. *parachutisme*; 1942] **sm.** attività militare o sportiva di chi si lancia col paracadute.

paracadutista [da *paracadute*, sul modello del fr. *parachutiste*; 1931] **s.** persona addestrata nelle discese col paracadute; anche in posizione attributiva (sempre posposto): *reparto paracadutista.*

paracadutìstico (pl. *-ci*) [da *paracadutista*; 1958] **agg.** che riguarda il paracadutismo e i paracadutisti.

paracàlci [comp. di *para(re)* e *calcio*[1]; 1871] **sm.** *inv.* parte del finimento del cavallo che gli impedisce di alzar la groppa e di calciare.

paracàlli [comp. di *para(re)* e *callo*; 1891] **sm.** *inv.* anello di feltro o altro materiale, da applicare sui calli dei piedi per evitare l'attrito con la scarpa.

paracamìno [comp. di *para(re)* e *camino*; a. 1869] **sm.** pannello da collocare a chiusura del camino spento.

paracàrro [comp. di *para(re)* e *carro*; 1838] **sm.** colonnetta di pietra, plastica o altro, collocata lungo le strade, per riparare i veicoli che vi passano e segnalare la presenza del margine stradale.

paracénere [comp. di *para(re)* e *cenere*; 1869] **sm.** *inv.* sponda accessoria da porre davanti al caminetto, per riparare il pavimento dalla caduta della cenere.

paracènteṣi o **paracentèṣi** [dal lat. *paracentesis*, gr. *parakéntēsis*; 1730] **sf.** *T.med.* estrazione da una cavità naturale del corpo, di materie liquide accumulate per effetto di malattia.

paracentràle [comp. di *para-* e *centrale*; 1986] **agg.** *T.ferr.* di ingresso di una carrozza passeggeri, posto né alle estremità né al centro del vagone.

paracièlo [comp. di *para(re)* e *cielo*; 1871] **sm.** *raro* ogni riparo che si stende in alto su qualche cosa, tettoia: *paracielo del pulpito.*

paracineṣìa [comp. di *para-* e un der. del gr. *kínesis*, movimento; 1841 *paracinesi*] **sf.** *T.med.* difficoltà o incapacità di controllare i movimenti muscolari.

paraclàṣi [comp. di *para-* e *-clasi*; 1940] **sf.** *T.geol.* frattura della crosta terrestre || **N.** *Sin.* faglia.

paraclèto o **paràclito** [dal lat. tardo ed ecclesiastico *paraclētus*, dal gr. *paráklētos* o *paráklitos*, propr. invocato; 1260 ca. *paraclito*] **agg.** consolatore; attributo che si dà allo Spirito Santo; anche *sm.*: *il paracleto.*

paracóda [comp. di *para(re)* e *coda*; 1983] **sm.** *inv.* *T.sport.* fascia usata per proteggere la coda del cavallo.

paracólpi [comp. di *para(re)* e *colpo*; 1949 *paracolpo*] **sm.** *inv.* cilindro di materiale elastico fissato a porte, finestre e simili per evitare che battano contro il muro.

paracomunista [comp. di *para-* e *comunista*; 1982] **agg.** e **s.** **1.** ideologicamente affine alla linea del partito comunista: *quotidiano di tendenza paracomunista* **2.** che, chi sostiene il partito comunista, pur non essendovi iscritto: *intellettuale paracomunista.*

paraconsistènte [dall'ingl. *paraconsistent*; 1979] **agg.** *T.fil. logiche paraconsistenti*, per cui non vale il principio di contraddizione.

paràcqua [comp. di *para(re)* e *acqua*; 1795] **sm.** *inv.* *region.* ombrello da pioggia.

paracùlo [comp. di *para(re)* e *culo*; 1959 *paragulo* nel senso 2] **sm.** **1.** *pop.* omosessuale passivo **2.** (f. *-a*) *fig. pop.* individuo scaltro, opportunista, abile nel volgere le situazioni a proprio vantaggio senza darlo a vedere; anche *agg.* (sempre posposto) || **N.** **2.** *Sin.* opportunista, profittatore, ruffiano.

paracuṣìa [comp. di *para-* e del gr. *ákousis*, audizione, come il fr. *paracousie*; 1828 *paracusi*] **sf.** *T.med.* difetto dell'orecchio, per il quale la percezione uditiva diviene esagerata e fastidiosa.

paradèllo [da *parare*; 1905] **sm.** *dial.* la lunga pertica di cui si servono per la pesca in laguna i pescatori di Comacchio.

paradenìte [comp. di *para-* e *adenite*; 1899] **sf.** *T.med.* infiammazione dei tessuti posti attorno a una ghiandola.

paradènti [comp. di *para(re)* e *dente*; 1954] **sm.** *inv.* apparecchio di gomma che i pugili tengono in bocca, dietro le labbra, a protezione dei denti.

paradentìte [comp. di *para-*, *dente* e *-ite*; 1970] **sf.** *T.med.* infiammazione del paradenzio || **N.** *Sin.* periodontite.

paradentòṣi [comp. di *para-*, *dente* e *-osi*; 1958] **sf.** *T.med.* tipo di piorrea alveolare che provoca la degenerazione del paradenzio.

paradènzio (pl. *-zi*) [comp. di *para-* e un der. del lat. *dēns*, *dentis*, dente; 1931] **sm.** *T.anat.* l'insieme dei tessuti che fissano i denti || **N.** *Sin.* periodonto.

paradìgma [dal lat. tardo *paradīgma*, gr. *parádeigma*, attr. il fr. *paradigme*; 1821] **sm.** **1.** schema di riferimento, modello; anche prospetto schematico, tavola **2.** *in part.* *T.gram.* modello della coniugazione di un verbo o della declinazione di un nome **3.** *T.fil.* prototipo, esemplare || nella filosofia di T. Kuhn, complesso coerente di teorie, metodi, concetti ecc. che caratterizzano una fase della storia della scienza: *il paradigma newtoniano* || **N.** **1.** *Sin.* modello; diagramma, quadro sinottico, sinopsi, specchietto, tabella.

paradigmàtico (pl. *-ci*) [dal lat. tardo *paradigmaticus*, gr. *paradeigmatikós*; 1871] **agg.** *lett.* **1.** che funge da paradigma; esemplare: *un caso paradigmatico* **2.** *T.ling.* che riguarda la relazione che sussiste fra elementi linguistici che potrebbero occupare lo stesso posto in un enunciato (contrapposto a *sintagmatico*): *asse paradigmatico, rapporto paradigmatico.* **Q.T.** *linguistica.*

paradiṣèa [da *paradiso*; 1829] **sf.** uccello del paradiso.

paradiṣìaco (pl. *-ci*) [dal lat. tardo *paradisiacus*; sec. XIV] **agg.** di o del paradiso: *una pace paradisiaca.*

paradìṣo[1] [dal lat. tardo *paradīsus*, gr. *parádeisos*, giardino; a. 1250] **sm.** **1.** nella teologia cristiana, la sede che le anime dei salvati raggiungono dopo la morte, in cui rimangono per l'eternità in stato di beatitudine: *i santi del paradiso* || *andare, volare in paradiso*, morire in grazia di Dio; anche *eufem.* morire || *guadagnarsi il paradiso*, soffrendo e penando || *voler andare in paradiso in carrozza*, avendo in vita tutti i propri comodi || *volere entrare in paradiso a dispetto dei santi*, voler stare in un posto dove non si è graditi || luogo di felicità e di pace: *quell'albergo è un paradiso* || *di paradiso*, per indicare il sommo grado di bellezza, delizia e sim.: *c'è un'aria di paradiso, è una musica di paradiso* **2.** *paradiso terrestre*, secondo l'Antico Testamento, la natura incorrotta in cui Dio collocò Adamo ed Eva appena creati, e dove questi rimasero finché non peccarono **3.** *uccello del paradiso*, uccello dei Passeracei, diffuso spec. in Nuova Guinea, il cui maschio possiede una splendida livrea a colori sgargianti che ai lati del corpo si allunga in due ciuffi di lunghissime penne || **N.** **1.** cielo, empireo, regno dei cieli; campi elisi, elisio | angeli, corte celeste **2.** *Sin.* eden **3.** *Sin.* paradisea.

paradiṣo[2] [da *paradiso*[1]; sec. XIV-XV] **agg.** di alcune specie di frutta, di una qualità part. dolce e profumata: *uva, pera, mela paradisa.*

paradòrso o **paradórso** o **paradòsso[2]** [comp. di *para(re)* e *dorso*; 1958 *paradosso*] **sm.** *T.mil.* muratura per la protezione delle fortificazioni o delle trincee, situata alle spalle dei difensori.

paradossàle [da *paradosso*[1]; a. 1552] **agg.** che ha del paradosso; che è un paradosso || **paradossalménte** **avv.**

paradossalità [da *paradossale*; 1905] **sf.** caratteristica di ciò che è paradossale: *la paradossalità di un'affermazione.*

paradossàre (pres. *-òsso*) [da *paradosso*[1]; a. 1588] **intr.** (aus. *avere*) *ant.* dire, fare, sostenere paradossi.

paradòssico (pl. *-ci*) [da *paradosso*[1]; a. 1647] **agg.** *ant.* paradossale.

paradossìsta [da *paradosso*[1]; a. 1642] **s.** *raro* chi fa o sostiene paradossi.

paradòsso[1] [dal gr. *parádoxon*, neutro sost. di *parádoxos*, contrario alla comune opinione; 1541 *paradossa*] **sm.** **1.** *T.fil.* argomentazione, logicamente corretta almeno in apparenza, che deduce conclusioni contraddittorie da premesse plausibili **2.** affermazione bizzarramente contraria al senso comune: *si esprime per paradossi* || **N.** **1.** *Sin.* antinomia; contraddizione, paralogismo, sofisma.

paradòsso[2] v. PARADORSO.

paradossùro [comp. del gr. *parádoxos*, eccezionale, straordinario e *-uro*; 1835] **sm.** *T.zool.* genere di mammiferi carnivori Viverridi dalla coda internamente anellata, diffusi in Malesia || **N.** musanga.

paràfa o **paràffa** [dal fr. *paraphe*; 1726 *paraffo*] **sf.** **1.** ghirigoro, svolazzo tracciato al termine di una firma o che, da solo, funge da firma **2.** firma apposta in documenti notarili o diplomatici.

parafàngo (pl. *-ghi*) [comp. di *para(re)* e *fango*; 1598] **sm.** parte della carrozzeria di un veicolo che copre le ruote. **TAV.** *agricoltura* 2.1; *carri...* **p. 664** 7.5; *motocicletta...* **p. 1323** 6.8, 6.24.

parafàre o **paraffàre** (pres. *-àfo*) [dal fr. *parapher* o *parafer*; 1812] **tr.** firmare con parafa || **N.** *Sin.* siglare.

parafarmacèutico (pl. *-ci*) [comp. di *para-* e *farmaceutico*; 1983] **agg.** di prodotto che, pur essendo venduto nelle farmacie, non è vero e proprio medicinale (per es. un prodotto igienico, cosmetico, dietetico e sim.).

parafarmacìa [comp. di *para-* e *farmacia*; 1985] **sf.** la produzione e la vendita di parafarmaci || il complesso dei parafarmaci.

parafàrmaco (pl. *-ci*) [comp. di *para-* e *farmaco*; 1983] **sm.** prodotto parafarmaceutico.

parafaṣìa [comp. di *para-* e *-fasia*; 1899] **sf.** *T.med.* alterazione patologica della facoltà di parlare, che conduce a modificare sillabe o parole intere o a sostituirle impropriamente con altre || **N.** afasia, parafrasia, paralalia.

parafatùra o **paraffatùra** [da *parafare*; 1931] **sf.** atto ed effetto del parafare.

parafernàle [dal gr. tardo *parápherna*, beni portati dalla moglie oltre alla dote; a. 1396] **agg.** *T.giur.* *beni parafernali*, in passato, beni della moglie non facenti parte della dote, né costituiti in patrimonio familiare o in comunione, di cui pertanto essa aveva pieno dominio e libera amministrazione || **N.** *Sin.* estradotale.

paràffa e der. v. PARAFA e der.

paraffìna [dal ted. *Paraffin*, dal lat. *parum affinis*, poco affine, perché scarsamente affine agli altri idrocarburi; 1834] **sf.** sostanza solida e cerosa composta da una miscela di idrocarburi, ottenuta dalla distillazione del petrolio; è impiegata per fare candele, per rendere impermeabili stoffe, come lubrificante, isolante ecc. || *guanto di paraffina*, sistema utilizzato per accertare l'uso di arma da fuoco; consiste nell'analizzare chimicamente la paraffina precedentemente cosparsa sulla mano, per riscontrare tracce di polvere da sparo.

paraffinàggio (pl. *-gi*) [da *paraffinare*; 1958] **sm.** paraffinatura.

paraffinàre (pres. *-ìno*) [da *paraffina*; 1958] **tr.** ricoprire, impregnare di paraffina.

paraffinatùra [da *paraffinare*; 1958] **sf.** l'operazione del paraffinare.

paraffìnico (pl. *-ci*) [da *paraffina*; 1911] **agg.** *T.chim.* proprio della paraffina, relativo alla paraffina.

parafiàmma [comp. di *para(re)* e *fiamma*; 1958] **I** **agg.** *inv.* (sempre posposto) che impedisce il propagarsi delle fiamme: *paratia parafiamma* **II** **sm.** *inv.* **1.** paratia divisoria in materiale ininfiammabile o refrattario al fuoco, posta tra due ambienti per evitare scoppi e impedire il propagarsi di incendi **2.** dispositivo applicato alla bocca delle armi da fuoco o dei pezzi d'artiglieria per smorzare le fiammate degli spari.

parafilìa [comp. di *para-* e *-filia*, sul modello del ted. *Paraphilie*; 1958] **sf.** *T.psic.* impulso morboso e ossessivo verso forme anormali o socialmente riprovate di soddisfazioni dell'istinto, spec. sessuale || **N.** deviazione, perversione.

parafiscàle [comp. di *para-* e *fiscale*; 1982] **agg.** relativo alla parafiscalità: *tributi parafiscali.*

parafiscalità [comp. di *para-* e *fiscalità*; 1958] **sf.** imposizione e riscossione di tributi da parte di enti pubblici non territoriali (per es. gli enti di previdenza).

parafraṣàre (pres. *-àfraṣo*) [da *parafrasi*; 1575 *parafrizare*] **tr.** esporre per mezzo di parafrasi: *parafrasare una citazione, un brano poetico.*

paràfraṣi [dal gr. e lat. *paráphrasis*; 1541] **sf.** **1.** ripetizione di un testo in forma e parole diverse, a scopo esplicativo o didattico: *fare la parafrasi di una poesia* || *concr.* testo che esprime lo stesso significato di un altro, con altre parole **2.** *T.mus.* rielaborazione di un componimento musicale preesistente || **N.** **1.** circonlocuzione.

parafraṣìa [comp. di *para-* e *-frasia*; 1895] **sf.** *T.med.* disturbo del linguaggio caratterizzato da un'emissione scoordinata di frasi e parole.

parafràste [dal gr. *paraphrastḗs*; a. 1600] **sm.** *lett.* chi parafrasa.

parafràstico (pl. *-ci*) [dal gr. *paraphrastikós*; 1639] **agg.** dato in forma di parafrasi, che contiene parafrasi: *esposizione parafrastica, commento parafrastico* || **parafrasticaménte** **avv.** per mezzo di parafrasi.

parafrenìa [comp. di *para-* e *-frenia*; 1899] **sf.** *T.psic.* sindrome psicotica in cui l'individuo presenta stati di allucinazione e di delirio, pur mantenendo un certo contatto col mondo esterno.

parafùlmine [comp. di *para(re)* e *fulmine*, sul modello del fr. *parafoudre*; 1808] **sm.** dispositivo che protegge dai fulmini, installato su edifici, impianti, navi ecc.; nella forma più semplice è costituito da un'asta a una o più punte, installata in posizione elevata e collegata a terra o al mare con un conduttore. **TAV.** *abitazione* 1.21.

parafùmo [comp. di *para(re)* e *fumo*; 1899] **sm.** *inv.* copertura a forma di dischetto posta anticamente sopra il lume ad olio per evitare che il fumo annerisse il soffitto.

parafuòco (pl. *-chi*) [comp. di *para(re)* e *fuoco*; a. 1597] **sm.** schermo protettivo da porre innanzi al caminetto, costituito da un telaio in metallo o legno, a volte rivestito di stoffa.

paràggio[1] (pl. *-gi*) [prob. dallo sp. *paraje*, luogo di sosta; sec. XV] **sm.** spec. *pl.* *T.mar.* tratto di mare vicino a una costa; regione marittima: *paraggi del golfo, del porto* || *per estens. com.* dintorni, vicinanze: *abito nei paraggi del parco.*

paràggio[2] (pl. *-gi*) [dal fr. *parage*, parentela, nobiltà; fine sec. XII] **sm.** **1.** lignaggio, casato: *persona di gran paraggio* || *ass.* nobiltà **2.** nel diritto medievale, la quota di patrimonio che i figli cadetti ricevevano dal primogenito.

paragócce [comp. di *para(re)* e *goccia*; 1958] **agg.** e **sm.** *inv.* tappo per bottiglie atto a impedire che il liquido goccioli lungo il collo; anche di accorgimento adottato per lo stesso scopo: *anello paragocce.*

paragòge [dal lat. tardo *paragōge*, gr. *paragōgḗ*, il condurre a fianco; a. 1565] **sf.** figura metrica per cui si aggiunge una lettera o una sillaba in fine delle parole (ad es. *virtude, fue*) || **N.** *Sin.* epitesi.

paragògico (pl. *-ci*) [da *paragoge*; 1745] **agg.** relativo a, costituito da paragoge.

paragonàbile [da *paragonare*; 1550] **agg.** **1.** che può essere messo a confronto **2.** *per estens.* somigliante.

paragonàre (pres. *-óno*) [dal gr. *parakonân*, affilare, aguzzare; a. 1306] **tr.** **1.** fra due cose, situazioni, persone ecc., istituire un confronto per rilevare somiglianze o diversità: *paragonare due stili, un'epoca con un'altra* **2.** fra due termini, stabilire una similitudine o un'equivalenza: *non si può paragonare l'efficienza di questa organizzazione con l'altra, paragonare un banco di nubi a un gregge* **3.** *arc.* provare un oggetto d'oro alla pietra di paragone || **rifl.** mettersi a confronto: *pensa che si paragona a te!* || **N.** **1.** *Sin.* accostare, commisurare, comparare, confrontare, raffrontare, ragguagliare; collazionare **2.** *Sin.* equiparare; associare **3.** *Sin.* saggiare.

paragóne [da *paragonare*; sec. XIII] **sm.** **1.** atto ed effetto del paragonare, come confronto o equiparazione: *fare, istituire un paragone fra due periodi, fra due culture; mettere a paragone due persone, i due termini di un paragone* || *concr.* esempio di ciò che si considera simile: *cercare, portare un paragone appropriato, calzante* || *reggere il paragone*, essere all'altezza; *non c'è paragone!*, è decisamente superiore!; *essere senza paragone*, il migliore || *a paragone di*, in confronto a || *T.gram.* *complemento di paragone*, il secondo termine di una comparazione, introdotto da *di* o *che* **2.** *T.oref.* varietà di diaspro nero su cui si sfrega l'oro per saggiarlo; è detta anche *pietra di paragone*; *fig.* banco di prova, verifica: *le sventure sono la pietra di paragone dell'amicizia* || *per estens.* prova, cimento: *il paragone delle armi* || **N.** **1.** *Sin.* comparazione, parallelo, raffronto, ragguaglio, riscontro, similitudine.

paragrafàre (pres. *-àgrafo*) [da *paragrafo*; 1640] **tr.** distinguere, compilare in paragrafi.

paràgrafo [dal lat. *paragraphus*, gr. *parágraphos*, propr. scritto accanto; 1294] **sm.** **1.** ciascuna delle suddivisioni di un capitolo, d'un contratto, di una legge **2.** il segno con cui si distingue il paragrafo (§) || *dim.* paragrafétto || **N.** *Sin.* alinea, articolo, comma.

paraguaiàno [dal n. geogr. *Paraguay*; 1860 *paraguayano*] **I** **agg.** del Paraguay **II** **sm.** (f. *-a*) abitante o nativo del Paraguay || **N.** guaranì.

paraguànto [dallo sp. *para guantes*, propr. per i guanti; 1618] **sm.** *arc.* mancia.

paraìnguine [comp. di *para(re)* e *inguine*; 1988] **sm.** *T.sport.* nel pugilato e nelle arti marziali, triangolo concavo di plastica, rivestito di stoffa, che si fissa con corregge intorno ai fianchi per riparare dai colpi i genitali || **N.** *Sin.* conchiglia.

paraipotàssi [comp. di *para(tassi)* e *ipotassi*; 1958] **sf.** *T.gram.* costruzione sintattica, ricorrente spec. nell'italiano antico, costituita da una frase subordinata anteposta e da una principale posposta, legata alla secondaria da una congiunzione coordinativa (per es. *s'io dissi falso, e tu falsasti il conio,* Dante).

paralalìa [comp. di *para-* e *-lalia*; 1899] **sf.** *T.med.* turba del linguaggio che provoca confusione e scambi di parole foneticamente simili.

paralèssi [dal gr. *paráleipsis*, l'omettere; a. 1604 *paralipsi*] **sf.** *T.ret.* preterizione.

paraletteràrio (pl. *-ri*) [comp. di *para-* e *letterario*; a. 1975] **agg.** proprio della paraletteratura, relativo alla paraletteratura.

paraletteratùra [comp. di *para-* e *letteratura*; 1983] **sf.** letteratura di consumo. **Q.T.** *letteratura...*

paralinguìstica [comp. di *para-* e *linguistica*; 1969] **sf.** *T.ling.* studio dei tratti soprasegmentali (tono, intonazione, qualità di voce, tempo di elocuzione ecc.) della comunicazione verbale.

paralipòmeni [dal gr. *paraleipómena*, pps. di *paraléipein*, lasciare da parte; 1354 *paralipomenon* sing.] **sm.** *pl. lett.* composizione letteraria che rappresenta la continuazione o l'integrazione di un'altra || *per anton. i Paralipomeni*, nella bibbia greca o nella Vulgata, i due libri che integrano i libri dei Re (detti oggi libri delle Cronache).

paràlisi [dal gr. e lat. *parálysis*, dissolvimento, paralisi; a. 1288 *paralisìa*] **sf.** *T.med.* **1.** perdita parziale o totale della motilità di un segmento scheletrico o gruppo muscolare: *essere colpito da, avere una paralisi* || *paralisi flaccida*, seguita da ipotonia muscolare; *paralisi spastica*, seguita da ipertonia muscolare; *paralisi infantile*, poliomelite || *paralisi sensitiva*, diminuzione o perdita della sensibilità, anestesia || *paralisi progressiva*, malattia di origine sifilitica che colpisce progressivamente i centri nervosi e determina turbe somatiche, demenza e infine la morte **2.** *fig.* blocco, arresto determinato da impedimento grave; crisi: *paralisi del traffico; paralisi dell'economia* || **N. 1.** emiparesi, emiplegia, paresi **2.** *Sin.* cessazione, interruzione.

paralìtico (pl. *-ci*) [dal lat. *paralyticus*, gr. *paralytikós*; 1305 *paraletico*] **agg.** relativo a paralisi: *rigidità paralitica* || colpito da paralisi; anche *sm.* (f. *-a*): *carrozzella da paralitico.*

paralizzàre [dal fr. *paralyser*, 1812] **tr. 1.** privare della facoltà di muoversi: *la lesione gli ha paralizzato gli arti superiori*; anche *iperb.*: *il terrore gli ha paralizzato le gambe* **2.** *fig.* bloccare, fermare: *paralizzare il commercio, le attività culturali* || **N. 1.** *Sin.* atrofizzare, intorpidire **2.** *Sin.* immobilizzare, impastoiare, impedire, inceppare; neutralizzare, soffocare, tarpare.

parallàsse [dal gr. *parállaxis*, attr. il fr. *parallaxe*; 1623] **sf.** *T.astr.* e *T.fis.* angolo tra le rette visuali di uno stesso oggetto relative a due luoghi di osservazione differenti, rif. in part. a corpi celesti; anche la variazione apparente di posizione, rispetto allo sfondo, che tale corpo sembra compiere || *in part. T.astr. parallasse diurna, annua*, gli angoli di visuale entro cui, da un corpo celeste, sono compresi rispettivamente il raggio equatoriale o il semidiametro dell'orbita terrestre || *errore di parallasse*, nella lettura di uno strumento di misura, l'errore indotto da una visuale inclinata rispetto al piano passante per l'indice e la scala graduata.

parallàttico (pl. *-ci*) [dal gr. *parallaktikós*; 1646] **agg.** *T.astr.* relativo a parallasse: *angolo parallattico.*

parallèla [da *parallelo*; 1871] **sf. 1.** retta parallela **2.** *T.mil.* ciascuna linea di trinceramento parallela al fronte d'attacco: *prima, seconda parallela* **3.** *pl. T.sport.* attrezzo da ginnastica, formato da due sbarre orizzontali, sostenute da quattro montanti regolabili, su cui si fanno esercizi di volteggio; *parallele asimmetriche*, attrezzo simile ma con sbarre poste a diversa altezza, impiegato solo nella ginnastica femminile **4.** strumento che serve per tracciare linee parallele. **TAV.** *geometria* 2.2; ***atletica*** **p. 657** 2.1, 2.7.

parallelepìpedo [dal gr. *parallēlepípedon*, comp. di *parállēlos*, l'uno accanto all'altro, e *epípedon*, superficie piana; 1556] **sm.** *T.geom.* solido a sei facce, in cui le facce opposte sono parallele. **TAV.** *geometria* 17.

parallelìgrafo [comp. di *parallelo* e *-grafo*] **sm.** qualsiasi tipo di strumento per il disegno tecnico atto a tracciare linee tra loro parallele.

parallelinèrvio (pl. *-vi*) [comp. parasint. di *parallelo* e un der. di *nervo*; 1960] **agg.** *T.bot.* di foglia, che presenta nervature parallele. **TAV.** ***fiori...*** **p. 671** 6.3.

parallelìsmo [da *parallelo*, come il fr. *parallélisme*; 1712] **sm. 1.** la relazione che sussiste fra rette o piani paralleli **2.** *fig.* corrispondenza, analogia: *stabilire un parallelismo fra due fenomeni* || *in part. T.biol.* l'evoluzione di organi con funzioni analoghe, in specie distinte **3.** *T.lett.* forma stilistica dell'antica poesia orientale, spec. biblica, che consiste nell'enunciare un pensiero in due forme diverse ma equivalenti nella sostanza.

parallèlo [dal lat. *parallēlus*, gr. *parállēlos*, l'uno accanto all'altro; 1321] **I agg. 1.** *T.geom.* di rette complanari, piani o piani e rette, che non si intersecano || *per estens.* che si mantiene per tutta la lunghezza alla stessa distanza: *una strada parallela alla costa, una decorazione parallela al bordo* **2.** *fig.* di fatti, che avvengono contemporaneamente ma senza reciproca interferenza || **parallelaménte** **avv.** in posizione parallela || *fig.* in concomitanza e corrispondenza, di pari passo (anche frasale) || nella *loc. prep. parallelamente a*: *disporsi parallelamente alla parete, parallelamente a questi eventi la guerra continuava* **II sm. 1.** *T.geom.* cerchio che si ottiene sezionando una superficie di rotazione con un piano perpendicolare all'asse di rotazione || *T.geogr. paralleli terrestri, celesti*, circoli ideali paralleli all'equatore terrestre o celeste, e minori di esso; sulla base di questi è determinata la latitudine **2.** *T.elettr. collegamento in parallelo*, collegamento degli elementi di un circuito in sincronia di tensione || *in gen. in parallelo*, simultaneamente e indipendentemente l'uno dall'altro **3.** comparazione, confronto: *non si può fare il parallelo tra cose diverse.* **Q.T.** *geografia* **TAV.** *geografia* 1.3.

parallelogràmma o **parallelogràmmo** [dal lat. tardo *parallelogrammus*, gr. *parallēlógrammon*; sec. XIV] **sm.** *T.geom.* quadrilatero con lati opposti paralleli || **N.** *Sin.* romboide. **TAV.** *geometria* 7.

paralogìsmo [dal gr. *paralogismós*; 1529] **sm.** *T.fil.* per Aristotele, ragionamento scorretto perché basato su un'ambiguità (uno stesso termine viene usato in due o più sensi diversi) || *in gen.* ragionamento formalmente scorretto || in alcuni usi filosofici, sofisma involontario.

paralogìstico (pl. *-ci*) [dal gr. *paralogistikós*; 1871] **agg.** da paralogismo; che costituisce un paralogismo.

paralogizzàre [dal gr. *paralogízesthai*; a. 1588] **intr.** (aus. *avere*) usare paralogismi; ragionare in modo logico solo in apparenza.

paralùce [comp. di *para(re)* e *luce*; 1958] **sm.** *inv. T.fot.* cilindro che si avvita all'obiettivo fotografico per proteggerlo dai raggi che potrebbero produrre aloni o velature.

paralùme [comp. di *para(re)* e *lume*; 1846] **sm.** schermo di stoffa, carta e sim. solitamente a forma di tronco di cono, che ripara gli occhi dalla luce diretta e troppo viva di una lampada. **TAV.** ***arredamento*** **p. 650** 3.5.

paramagnètico (pl. *-ci*) [comp. di *para-* e *magnetico*; 1871] **agg.** *T.fis.* di corpo che abbia una debole permeabilità magnetica || **N.** diamagnetico.

paramagnetìsmo [comp. di *para-* e *magnetismo*; 1875] **sm.** *T.fis.* magnetismo analogo a quello del ferro ma meno pronunciato, presente in alcuni minerali (per es. alluminio, cromo, manganese).

paramàno [dal fr. *parement*, paramento, con accostamento a *para(re)* e *mano*; a. 1755] **sm. 1.** parte rivoltata della manica, che copre il braccio sopra il polso **2.** *mattoni da paramano* (o *ass. paramani*), mattoni a spigoli vivi usati per rivestimento ornamentale di edifici || **N. 1.** *Sin.* polsino, risvolto.

paramècio (pl. *-ci*) [dal gr. *paramēkēs*, oblungo; 1821] **sm.** microrganismo dei Protozoi, dal corpo ovale provvisto di ciglia vibratili.

paramèdico (pl. *-ci*) [comp. di *para-* e *medico*; 1978] **agg.** e **sm.** (f. *-a*) operatore sanitario che collabora con il personale medico nell'assistenza e nella terapia dei malati (per es. infermiere, fisioterapista, ostetrica ecc.).

paraménto [dal lat. mediev. *paramentum*, dal class. *parāre*, preparare; 1306] **sm. 1.** spec. *pl.* addobbo, ornamento; *in part.* rif. ai drappi o agli oggetti sacri usati nelle funzioni liturgiche: *paramenti dell'altare* || indumento indossato dal sacerdote nelle sacre funzioni: *paramenti viola da lutto* **2.** *non com.* atto ed effetto del parare **3.** *T.edil.* superficie laterale di una struttura muraria. **Q.T.** *chiesa...* **TAV.** *chiesa* 2.

paramètrico (pl. *-ci*) [da *parametro*; 1958] **agg.** *T.mat.* proprio di un parametro, di parametro || *equazione parametrica*, equazione contenente uno o più parametri (nel senso 2).

paramètrio [comp. di *para-* e un der. dal gr. *mḗtra*, utero; 1954] **sm.** *T.anat.* fascia di tessuto connettivo che circonda e sostiene l'utero.

parametrìte [comp. di *parametrio* e *-ite*[1]; 1935] **sf.** *T.med.* infiammazione del parametrio.

parametrizzàre [da *parametro*; 1974] **tr.** *T.mat.* e *T.fis.* rappresentare con uno o più parametri.

parametrizzazióne [da *parametro*; 1965] **sf.** *T.mat.* e *T.fis.* operazione del parametrizzare.

paràmetro [comp. di *para-* e *-metro*, come il fr. *paramètre*; 1739] **sm. 1.** *T.mat.* particolare variabile indipendente (non di rado definita in un ambito diverso dalle altre) tale che ogni suo valore individua uno specifico membro di una famiglia di equazioni o funzioni **2.** *T.mat.* variabile ausiliaria in termini della quale si possono esprimere le variabili dipendenti e indipendenti di un'equazione, che si dice allora scritta in forma parametrica (per es. il tempo nell'equazione di una traiettoria) **3.** *T.inform.* variabile a cui è assegnato un valore determinato in vista di un'applicazione specifica **4.** *T.scient.* qualunque variabile o espressione indicativa della misura di una grandezza || *per estens.* termine di confronto o di valutazione.

paramezzàle [forse dal gr. biz. **paramesárion*, dal class. *parámesos*; fine sec. XIV *paramigiale*] **sm.** *T.mar.* elemento longitudinale della nave che, dall'interno, fissa i madieri alla chiglia. **TAV.** ***vela*** **p. 1342** 2.12.

paramilitàre [comp. di *para-* e *militare*; 1934] **agg.** che ha un ordinamento, un'impostazione di tipo militare: *istruzione paramilitare.*

paramine [comp. di *para(re)* e *mina*; 1932] **sm.** *inv. T.mar.* attrezzo che taglia gli ormeggi alle mine e le trasporta lontano, montato su navi che in tempo di guerra navigano in paraggi sbarrati da mine nemiche.

paramneṣia [comp. di *para-* e *-mnesia*; 1875] **sf.** *T.med.* anomalia della memoria per cui gli eventi vengono spostati nel tempo o si riconosce come già veduto o sentito ciò che in realtà si vede o si sente per la prima volta.

paramontùra [dal fr. *parementure*; 1965] **sf.** copririsvolto.

paramorfìṣmo [comp. di *para-* e *-morfismo*; 1875] **sm.** **1.** modificazione di una stessa sostanza in forme cristalline appartenenti a sistemi diversi **2.** *T.med.* deformazione della forma esterna del corpo umano causata da astenia e ipotonia muscolare.

paramósche [comp. di *para(re)* e *mosca*; inizio sec. XIV] **sm.** *inv.* arnese di varia forma, usato per riparare cibi, bevande e sim. dalle mosche || **N.** *Sin.* moscaiola.

parancàre (pres. *-ànco*) [da *paranco*; 1866] **intr.** (aus. *avere*) lavorare con paranchi.

parànco (pl. *-chi*) [voce genov., var. di *palanca*; 1567] **sm.** sistema di due o più carrucole (di cui una fissa e le altre mobili) collegate da una fune o da un cavo d'acciaio, utilizzato spec. sulle navi, per sollevare grossi carichi || *dim.* paranchìno; *accr.* parancóne.

paranéve [comp. di *para(re)* e *neve*; 1954] **sm.** *inv.* **1.** struttura adatta a riparare dalla neve strade o binari ferroviari **2.** tipo di cavigliera applicata dagli sciatori per evitare che la neve entri negli scarponi.

paranìnfo [dal lat. *paranymphus*, gr. *paránymphos*; a. 1416] **sm.** (f. *-a*) **1.** *T.stor.* presso gli antichi Greci, il giovane che conduceva la sposa a casa del marito || la donna che accompagnava la sposa al talamo nuziale **2.** *per estens.* mezzano di matrimonio || **N. 1.** *Sin.* pronubo.

paranòcche [comp. di *para(re)* e *nocca*; 1970] **sm.** *inv.* riparo di cuoio per i nodelli del cavallo.

paranòia [dal gr. *paránoia*, attr. il ted. *Paranoia*; 1829] **sf.** *T.med.* psicosi a decorso cronico caratterizzata dalla presenza di idee deliranti (per es. di onnipotenza, di persecuzione ecc.), che non compromette la capacità di ragionare e di agire || *com. essere, andare in paranoia*, in uno stato di crisi e depressione conseguente a un senso di disagio, noia, frustrazione, ecc. **Q.T.** *psicanalisi, psicologia.*

paranòico (pl. *-ci*) [da *paranoia*; 1894] **I agg.** di o da paranoia || **paranoicaménte avv.** **II sm.** (f. *-a*) persona affetta da paranoia.

paranòide [da *paranoia*; 1968] **agg.** *T.med.* affine alla paranoia, che presenta i sintomi della paranoia: *schizofrenia paranoide.*

paranormàle [comp. di *para-* e *normale*, prob. sul modello dell'ingl. *paranormal*; 1935] **agg.** **1.** di fenomeno psichico o fisico, che non ha spiegazione secondo le leggi scientifiche note (per es. la telepatia, la chiaroveggenza, la levitazione): *poteri paranormali* **2.** *T.med.* quasi normale, non completamente normale.

paranormalità [da *paranormale*; 1970] **sf.** carattere di ciò che è paranormale.

paràntropo [comp. di *para-* e del gr. *ánthrōpos*, uomo; 1949] **sm.** *T.geol.* ominide i cui resti fossili, rinvenuti in Sudafrica, risalgono al Pleistocene.

parànza [voce merid., da *paro*, paio; a. 1806] **sf.** *T.mar.* **1.** barca a lunga antenna, con vela latina, adoperata per la pesca in coppia **2.** la rete usata per tale pesca || *dim.* paranzèlla || **N. 2.** *Sin.* sciabica. **Q.T.** *pesca.*

paranzèlla (*dim.* di *paranza*) [1871] **sf.** barca più piccola della paranza, con vele più ridotte e senza fiocco.

paraòcchi (meno com. *paròcchi*) [comp. di *para(re)* e *occhio*; 1772] **sm.** *inv.* ciascun pezzo di cuoio ai lati della testiera del cavallo, che impedisce la vista laterale || *fig. avere, mettersi i paraocchi*, ignorare o voler ignorare cose evidenti. **TAV. *carri...* p. 664** 10.3.

paraónde [comp. di *para(re)* e *onda*; 1937] **sm.** *inv.* *T.mar.* riparo posto in coperta e attorno ai boccaporti delle navi per deviare l'acqua che supera il trincarino.

paraorécchie [comp. di *para(re)* e *orecchio*; 1972] **sm.** *inv.* **1.** finimento per cavalli o altri animali da tiro, che copre le orecchie **2.** casco imbottito indossato dai giocatori di rugby, per riparare la testa e le orecchie **3.** nei berretti invernali, prolungamenti laterali che coprono le orecchie || coppette, gen. rivestite di peluche colorato e collegate da un cerchietto, che coprono le orecchie, difendendole dal freddo.

paraoṣmìa v. PAROSMIA.

parapàlle [comp. di *para(re)* e *palla*; 1931] **sm.** *inv.* *T.mil.* nei poligoni di tiro, terrapieno che ferma i proiettili fuori bersaglio.

parapedóne [comp. di *para(re)* e *pedone*; 1984] **sm.** *inv.* ogni ostacolo posto ai bordi dei marciapiedi, per evitare che vi possano salire le auto ostruendo il passaggio ai pedoni.

parapèndio (pl. *-ii*) [comp. di *para(cadute)* e *pendio*; 1987] **sm.** *inv.* tipo di paracadute orientabile, a sezione rettangolare, usato per lanciarsi da pareti ripide di montagne || *per estens.* lo sport di lanciarsi dalle pareti delle montagne con tale paracadute.

parapettàta [f. sost. di *parapettato*; 1965] **sf.** *T.teatr.* scena d'interno, che gira intorno al palcoscenico, chiudendolo da tre lati.

parapettàto [da un disus. *parapettare*; 1880] **agg.** fornito di parapetti.

parapètto [comp. di *para(re)* e *petto*; a. 1348] **sm.** **1.** elemento protettivo che circonda strutture sospese (ponti, terrazzi, rampe e sim.), su cui ci si può appoggiare e affacciare || *T.mar.* protezione analoga che circonda i ponti scoperti di una nave **2.** *T.mil.* struttura di riparo in fortificazioni o trincee, da cui i soldati sparano || **N. 1.** *Sin.* antimuro, balaustrata, davanzale, ringhiera, spalletta **2.** propugnacolo. **TAV. *abitazione*** 2.5; ***architettura* p. 646** 8.1; ***nave* p. 1327** 5.19.

parapìglia [comp. di *para(re)* e *piglia(re)*; a. 1673] **sm.** *inv.* gran confusione improvvisa di persone, che si accalcano e si azzuffano, spec. per paura o sim. || **N.** *Sin.* mischia, pigia pigia, serra serra, tafferuglio.

parapiòggia [comp. di *para(re)* e *pioggia*, prob. sul modello del fr. *parapluie*; 1846] **sm.** *inv.* ombrello da pioggia.

paraplàṣma [comp. di *para-* e *(proto)plasma*; 1954] **sm.** *T.biol.* parte fluida del protoplasma cellulare costituita da materiali di riserva, secrezioni e pigmenti.

paraplegìa (pl. *-gìe*) [dal gr. *paraplēgíē*; 1749] **sf.** *T.med.* paralisi dei due arti inferiori.

paraplègico (pl. *-ci*) [dal gr. *paraplēgikós*; 1829] **I agg.** attinente alla paraplegia **II sm.** (f. *-a*) chi è affetto da paraplegia.

parapòdio (pl. *-di*) [comp. di *para-* e di un deriv. del gr. *póus, podós*, piede; 1929] **sm.** *T.zool.* negli Anellidi Policheti, appendice muscolare con setole e cirri, che serve alla locomozione.

parapsìchico (pl. *-ci*) [dal fr. *parapsychique*; 1952] **agg.** di fenomeno mentale che sembra non conforme alle teorie scientifiche comunemente accettate.

parapsicologìa [comp. di *para-* e *psicologia*, come il ted. *Parapsychologie*; 1935] **sf.** studio dei fenomeni parapsichici e paranormali.

parapsicològico (pl. *-ci*) [da *parapsicologia*; 1983] **agg.** proprio della parapsicologia, che riguarda la parapsicologia: *fenomeni parapsicologici.*

parapsicòlogo (pl. *-gi*) [comp. di *para-* e *psicologo*; 1979] **sm.** (f. *-a*) appassionato, esperto di parapsicologia.

paràre [lat. *parāre*, preparare; a. 1294] **tr.** **1.** rif. ad atto offensivo, neutralizzare bloccando od ostacolando: *parare i colpi con lo scudo* || frapporsi all'azione di, schermare: *l'ombrello para la pioggia, le tende parano la luce del sole* || *in part.* *T.sport.* rif. a lancio di pallone verso la porta, evitare che entri in rete, bloccandolo o respingendo: *ha parato un rigore!* **2.** riparare, difendere: *parare qualcuno con l'ombrello, parare la testa dal sole* **3.** *ant.* porgere, tendere: *se qualcuno ti dà uno schiaffo, tu para l'altra guancia, para il grembiule, che ti do le noci; parare la mano*, chiedere l'elemosina || rif. a bestiame, spingere avanti: *l'uno parava sufolando al monte / pecore tante, quante son l'onde* (Pascoli) **4.** rivestire con paramenti: *parare la chiesa per la festa* || *per estens.* abbellire, arricchire **5.** *ant. lett.* allestire, preparare || **intr.** (aus. *avere*) andare a finire, mirare, tendere: *dove vuole andare a parare con questi discorsi allusivi?* || **rifl.** indossare i paramenti sacri; abbigliarsi con eleganza: *pararsi a festa* || **intr. pron.** comparire, mettersi davanti, anche all'improvviso, come ostacolo: *girato l'angolo gli si parò innanzi un muro* || **N. tr. 1.** *Sin.* annullare, evitare, fermare, intercettare, sbarrare, sventare **2.** *Sin.* coprire, proteggere **3.** *Sin.* spingere, stendere **4.** *Sin.* addobbare, ornare | **intr. pron.** *Sin.* apparire, presentarsi.

paraṣanga [dal lat. *parasanga*, gr. *parasángēs*, persiano *farsang*; 1561] **sf.** *T.stor.* misura itineraria degli antichi Persiani pari a circa 6 km.

parasartìe [comp. di *para(re)* e *sartia*; 1835 *parasarchie*] **sm.** *inv.* *T.mar.* nelle imbarcazioni a vela, robusta tavola posta orizzontalmente fuori bordo in corrispondenza di ciascun albero della nave; ad essa fanno capo sartie e paterazzi.

parascènio (pl. *-ni*) [dal gr. *paraskḗnion*; a. 1798] **sm.** negli antichi teatri greci, una delle parti laterali della scena, che raffigurava colonnati, edifici o portici.

parascève [dal lat. tardo e eccl. *parasceve*, gr. *paraskeuḗ*, preparazione; 1644] **sf.** *T.rel.* per la religione ebraica, la vigilia del sabato, in cui si preparavano le provvigioni per il giorno seguente || nella liturgia cristiana, il Venerdì Santo.

paraschégge [comp. di *para(re)* e *scheggia*; 1958] **agg.** e **sm.** *inv.* *T.mil.* di struttura difensiva posta vicino alle trincee o alle artiglierie, per fermare le schegge dei proiettili.

parascintìlle [comp. di *para(re)* e *scintilla*; 1954] **sm.** *inv.* **1.** sulle locomotive a vapore, griglia che ferma la fuoriuscita delle braci dalla caldaia **2.** dispositivo applicato agli interruttori elettrici, per evitare che scocchino scintille tra i contatti.

parascolàstico (pl. *-ci*) [comp. di *para-* e *scolastico*; 1942] **agg.** che integra, affianca la normale attività scolastica: *istituto, corso parascolastico.*

paraselène o **paraselènio** (pl. *-ni*) [comp. di *para-* e del gr. *selḗnē*, luna; a. 1597] **sm.** *T.astr.* fenomeno ottico dovuto alla rifrazione della luce lunare sui cristalli di ghiaccio presenti nell'atmosfera, che determina la comparsa di un disco luminoso a fianco della luna || **N.** parelio.

parasimpàtico (pl. *-ci*) [comp. di *para-* e *simpatico*; 1929] **agg.** *T.anat. sistema parasimpatico* (o *sm. il parasimpatico*), una delle due sezioni del sistema neurovegetativo || **N.** simpatico.

parasintètico (pl. *-ci*) [dal gr. *parasýnthetos*; 1958 *parasinteto*] **agg.** *T.ling.* di vocabolo, gen. un verbo, derivato da un altro per l'aggiunta contemporanea di un prefisso e di un suffisso (per es. *arrossire, spennellare*).

parasinteto [dal gr. *parasýnthetos*, derivato di un composto; 1945] **sm.** *T.ling.* composto parasintetico.

parasóle [comp. di *para(re)* e *sole*; a. 1597] **sm.** *inv.* ombrello che ripara dai raggi del sole.

paraspàlle [comp. di *para(re)* e *spalla*; 1954] **sm.** *inv.* protezione per le spalle dei giocatori di hockey.

paraspìgolo [comp. di *para(re)* e *spigolo*; 1936] **sm.** *T.edil.* listello di metallo che ripara l'intonaco dei muri in corrispondenza degli spigoli || *in gen.* ogni copertura a diedro che serve a proteggere uno spigolo.

parassìta [dal lat. *parasītus*, gr. *parásitos*, propr. commensale; sec. XV] **s.** **1.** chi vive alle spalle di altri, senza lavorare: *un parassita della società* || *per estens.* *T.biol.* organismo animale o vegetale che vive a spese di un altro: *un parassita dell'intestino dei Bovini, pianta infestata da parassiti* || anche in posizione attributiva (sempre posposto): *ente parassita*; *in part.* *T.fis.* si dice di un fenomeno che si sovrappone ad altri arrecando perturbazioni **2.** *T.stor.* nell'Attica, assistente ai templi che, nei giorni di solennità apprestava il banchetto e poi sedeva a mensa coi sacerdoti || **N.** **1.** *Sin.* leccapiatti, mangiaminestre, mangiaufo, sanguisuga, scroccone, succhione, vampiro. **Q.T.** *agricoltura, giardinaggio...*

parassitàre (pres. *-ìto*) [da *parassita*; a. 1574] **tr.** e **intr.** (aus. *avere*) *T.biol.* vivere da parassita, a spese di un altro organismo: *gli acari parassitano anche gli uomini.*

parassitàrio (pl. *-ri*) [prob. dal fr. *parasitaire*; 1884] **agg.** che si comporta da parassita, che costituisce un caso di parassitismo: *microorganismo parassitario*; *impresa economica parassitaria* || **parassitariaménte** **avv.**

parassiterìa [da *parassita*; a. 1556] **sf.** *raro* parassitismo.

parassiticìda [comp. di *parassita* e *-cida*; 1958] **agg.** e **sm.** detto di sostanza in grado di uccidere i parassiti.

parassìtico (pl. *-ci*) [da *parassita*, sul modello del fr. *parasitique*; 1549 *parasitico*] **agg.** di parassitismo, da parassita: *relazione parassitica, fenomeno parassitico.*

parassitìṣmo [da *parassita*, sul modello del fr. *parasitisme*; 1865 *parasitismo*] **sm.** **1.** *T.biol.* tipo di simbiosi in cui un organismo (*parassita*) trae vantaggio dall'altro (*ospite*) che viene danneggiato in modo più o meno grave **2.** tendenza, di un individuo o di un gruppo sociale, a essere improduttivo e vivere a spese altrui. **Q.T.** *zoologia.*

parassitologìa [comp. di *parassita* e *-logia*; 1895] **sf.** parte della biologia che studia i parassiti in quanto causa di malattie per organismi animali e vegetali. **Q.T.** *zoologia.*

parassitològico (pl. *-ci*) [da *parassitologia*; 1931] **agg.** attinente alla parassitologia.

parassitòlogo (pl. *-gi*) [da *parassitologia*; 1958] **sm.** (f. *-a*) studioso di parassitologia.

parassitòṣi [comp. di *parassita* e *-osi*; 1942] **sf.** *T.med.* ogni malattia prodotta da parassiti.

paràsta [dal lat. *parastas*, dal gr. *parástas*, messo accanto; 1950 *parastra*] **sf.** *T.arch.* lesena, pilastro o colonna con funzione portante e decorativa, inserito in una parete e parzialmente sporgente all'esterno.

parastatàle [comp. di *para-* e *statale*; 1923] **agg.** **1.** di ente che, pur non appartenendo all'amministrazione dello Stato, persegue tuttavia scopi di pubblica utilità, ed è perciò sottoposto alla vigilanza del Governo **2.** dipendente di un ente parastatale; anche *s.*: *il contratto dei parastatali.*

parastàto [comp. di *para-* e *stato*; 1965] **sm.** insieme degli enti parastatali || complesso dei dipendenti parastatali.

parastìnchi [comp. di *para(re)* e *stinco*; 1942] **sm.** *inv.* imbottitura usata in vari sport per proteggere gli stinchi.

parastràppi [comp. di *para(re)* e *strappo*; 1948] **sm.** *inv.* *T.mecc.* nei motori dei veicoli e in alcuni motori d'aviazione, giunto elastico inserito tra due organi di trasmissione per assorbire le sollecitazioni dovute a brusche variazioni di velocità.

paràta[1] [da *parare*; 1553] **sf.** *T.sport.* nella scherma e nel pugilato, l'atto del parare, di arrestare un colpo avversario || nei giochi di palla, l'azione del portiere, che impedisce l'entrata in porta del pallone: *compiere una parata acrobatica.* **TAV.** *scherma* 6; ***arti marziali* p. 653** 1.1, 1.3, 5.1.

paràta[2] [dallo sp. *parada*; 1604] **sf.** **1.** *T.mil.* rivista, rassegna, schieramento di uomini e mezzi, come festeggiamento od onoranza: *sfilare in parata, passo di parata* || *per estens.* sfilata: *una parata di maschere di carnevale* || *T.mar.* lo schieramento degli equipaggi per il saluto alla voce: *schieramento in parata* || ricca mostra, sfoggio: *pranzo, abito di parata* **2.** situazione, solo nella loc. *mala parata* (anche *malaparata*), V. MALA PARATA **3.** *ant.* barriera, riparo, spec. in opere di fortificazione.

paratàsche [comp. di *para(re)* e *tasca*; 1869] **sm.** *inv.* pezzo di stoffa che copre e ripara l'apertura della tasca, spec. nei vestiti maschili || **N.** *Sin.* patta.

paratàssi [comp. di *para-* e *-tassi*; 1931] **sf.** *T.gram.* struttura del periodo a frasi coordinate o giustapposte; coordinazione || **N.** ipotassi.

paratàttico (pl. *-ci*) [da *paratassi*; 1960] **agg.** attinente alla paratassi.

paratèlla [da *parete*, con influsso di *parare*; a. 1597] **sf.** *T.cacc.* tipo di rete da uccellagione.

paratèsto [comp. di *para-* e *testo*; 1989] **sm.** *T.lett.* l'insieme di elementi più o meno accessori che possono accompagnare un testo, quali titolo, sottotitolo, titoli dei capitoli, indice, note, prefazioni, avvertenze, dediche, motti, illustrazioni.

paratìa [f. del disus. *paratio*; 1804] **sf.** *T.mar.* ciascuno dei tramezzi che suddividono in compartimenti la parte immersa della nave; *paratia stagna*, a tenuta d'acqua, in modo da impedire il passaggio di acqua da un compartimento all'altro; *paratia di collisione*, la paratia di prora. **TAV.** ***astronautica* p. 655** 12.4, 12.9.

paràtico (pl. *-ci*) [da *parata*[2], perché i membri dell'associazione sfilavano con uno stendardo; 1627] **sm.** *T.stor.* nel periodo comunale medievale, associazione di mercanti e artigiani || **N.** *Sin.* arte.

paratièra [da *parare*; prima metà sec. XIV] **sf.** *ant.* corazza, usbergo.

paratìfico (pl. *-ci*) [da *paratifo*; 1935] **agg.** *T.med.* del paratifo, relativo al paratifo: *bacilli paratifici, infezione paratifica.*

paratìfo [comp. di *para-* e *tifo*; 1906] **sm.** *T.med.* malattia infettiva che presenta gli stessi aspetti clinici del tifo, provocata da bacilli affini a quelli del tifo.

paratiròide [comp. di *para-* e *tiroide*; 1906] **sf.** *T.anat.* ciascuna delle quattro ghiandole a secrezione interna, poste ai lati della tiroide, responsabili della percentuale di fosforo e calcio nel sangue. **TAV.** ***anatomia* p. 641** 5.4.

paràto [da *parare*; 1304 come agg., a. 1574 come sm.] **sm.** **1.** rivestimento per pareti costituito da stoffa o carta: *carta da parati, muro rivestito di parati floreali* **2.** drappo decorativo, cortinaggio: *una sala con parati di damasco* || baldacchino da letto **3.** *T.mar.* nei cantieri navali, ciascuna delle grosse travi di quercia squadrate che fanno parte dell'intelaiatura del piano inclinato || **N.** **1.** *Sin.* tappezzeria **2.** addobbo, arazzo, balza, capoletto, cascata, drappellone, festone, frangia, paramento, pendone, tendaggio.

paratóia [da *parare*; a. 1796] **sf.** portello mobile che permette di regolare il flusso delle acque di un canale.

paratóre [da *parare*; 1869] **sm.** (f. *-trice*) chi fa parature per chiesa o sim.

paratùra [dal lat. tardo *paratūra*; a. 1851] **sf.** **1.** l'insieme dei parati per un addobbo **2.** *non com.* atto ed effetto del parare, dell'addobbare.

paraùrti [comp. di *para(re)* e *urto*; 1941] **sm.** *inv.* **1.** nelle automobili, elemento trasversale, gen. di metallo o di materiale plastico rigido, posto dinanzi e dietro per attenuare il danno di possibili urti **2.** *T.ferr.* struttura di metallo provvista di respingenti e murata saldamente a terra, situata all'estremità di un binario per bloccare le vetture. **TAV.** ***automobile* p. 658** 3.6.

paravènto [comp. di *para(re)* e *vento*; 1550] **sm.** riparo mobile di stoffa o carta distesa su un telaio pieghevole, usato per difendersi dalle correnti d'aria, per nascondere parte di una stanza o per riparare una persona che si cambia d'abito || *fig.* copertura, schermo: *le buone intenzioni servono spesso da paravento alle malvagie.*

paraẓònio (pl. *-ni*) [dal lat. *parazonium*, gr. *parazṓnion*; 1499] **sm.** *T.stor.* corta spada fissata alla cintura, portata perlopiù come insegna di grado dai tribuni dell'esercito romano.

pàrca [dal lat. *Parca*; 1481] **sf.** *lett.* **1.** *T.mit.* ciascuna delle tre divinità della mitologia romana (affini alle Moire greche), che stabilivano il destino di ogni individuo **2.** *per meton.* *lett.* morte.

parcàre [dal fr. *parquer*; a. 1786] **tr.** **1.** disporre materiale bellico o autoveicoli in un parco **2.** *raro* parcheggiare.

parcèlla [dal fr. *parcelle*, propr. particella; 1381] **sf.** **1.** nota dei rimborsi e compensi spettanti a un libero professionista per un lavoro compiuto: *la parcella dell'avvocato* **2.** piccolo appezzamento di terreno, particella || **N.** **1.** *Sin.* competenza, conto, indennità, onorario, paga; distinta, specifica.

parcellàre [dal fr. *parcellaire*; 1841 *parcellario*] **agg.** **1.** particellare, spec. con riferimento alle suddivisioni catastali **2.** *T.med.* che interessa una zona limitata: *lesione parcellare.*

parcellazióne [da *parcellare*; 1965] **sf.** divisione di un fondo agricolo in piccoli appezzamenti.

parcelliẓẓàre [dal fr. *parcelliser*; 1977] **tr.** **1.** dividere un insieme in unità più piccole **2.** frammentare il lavoro industriale in un gran numero di operazioni minute, effettuate ognuna da un lavoratore o un gruppo di lavoratori diverso, col risultato di produrre effetti alienanti sul lavoratore || *per estens.* frammentare, distinguere perdendo di vista l'insieme.

parcelliẓẓazióne [dal fr. *parcellisation*; 1977] **sf.** atto o effetto del parcellizzare.

parcheggiàre (pres. *-éggio*) [da *parcheggio*; 1954] **tr.** **1.** rif. ad automezzo, collocare in sosta: *parcheggiare la macchina in divieto di sosta* || *ass.* eseguire le manovre di parcheggio: *ho perso un'ora per parcheggiare* **2.** *fig.* collocare provvisoriamente: *parcheggiare i bambini da una vicina* || **N.** **1.** *Sin.* posteggiare.

parchéggio (pl. *-gi*) [da *parco*[2]; 1938] **sm.** **1.** area in cui è consentito parcheggiare, o espressamente riservata a questo uso: *parcheggio sotterraneo, parcheggio riservato ai clienti* **2.** atto ed effetto del parcheggiare: *parcheggio in doppia fila* || **N.** **1.** *Sin.* posteggio. **TAV.** ***astronautica* p. 654** 2.4, 2.15.

parchettatùra [da *parquet*; 1958] **sf.** copertura di un pavimento con assicelle tra loro connesse a formare un *parquet.*

parchettìsta o **palchettìsta** [da *parquet*; 1966] **s.** operaio che esegue lavori di parchettatura.

parchézza [da *parco*[1]; 1734] ***sf.*** *non com.* carattere di chi o di ciò che è parco || **N.** *Sin.* frugalità, moderazione.

parchìmetro [comp. di *parco*[2] e *-metro*; 1942 *parcometro*] ***sm.*** apparecchio collocato in certi parcheggi a pagamento, che misura il tempo per cui un veicolo ha diritto a sostare.

parcità [dal lat. *parcitas, -ātis*; a. 1292 *parcitade*] ***sf.*** *ant.* qualità di chi o di ciò che è parco.

pàrco[1] (pl. *-chi*) [dal lat. *parcus*; 1321] ***agg.*** frugale, misurato: *essere parco nel bere, nel mangiare; essere parco di parole* || **parcaménte** ***avv.*** || **N.** *Sin.* astinente, moderato, sobrio, temperante, temperato; conciso, stringato | *Contr.* smodato; prodigo.

pàrco[2] (pl. *-chi*) [dal fr. *parc*; a. 1348] ***sm.*** **1.** estensione di terreno comprendente boschi e prati allo stato naturale o disposti e curati ad arte, che circonda una residenza signorile o è incluso nel tessuto urbano: *il parco di una villa settecentesca, parco pubblico, privato* **2.** *parco nazionale*, territorio protetto dallo Stato per tutelare la flora, la fauna e le bellezze paesaggistiche e consentirne la fruizione: *parco nazionale dello Stelvio* || *per estens. parco ittico*, riserva di pesca **3.** *T.mil.* area occupata da materiale bellico di vario tipo: *parco munizioni, parco di artiglieria* || *per meton.* il materiale stesso **4.** *per estens.* quantità di attrezzature in dotazione || *in part. parco automobili, parco vetture*, l'insieme delle auto di cui dispone un ente, una società e sim.; il complesso delle vetture circolanti in una determinata regione. **Q.T.** *ecologia.*

parcòmetro [comp. di *parco*[2] e *-metro*; 1942] ***sm.*** parchimetro; *in part.* tipo di parchimetro, unico per un'intera area di parcheggio, che emette una ricevuta da esporre sul parabrezza, nella quale sono riportate l'ora iniziale e quella finale del periodo di sosta per il quale è stato pagato il pedaggio.

pardatùra [da *pardo*; 1958] ***sf.*** serie di chiazze sul mantello dei cavalli, che viene ad assumere un aspetto simile a quello del leopardo.

pardessus (fr., pr. [pardə'sy]) [letter. per di sopra; 1905] ***sm.*** *inv.* soprabito, spec. leggero, da mezza stagione.

pardìglio (pl. *-gli*) [dallo sp. *pardillo*, dim. di *pardo*, grigio; 1565] **I** ***agg.*** *ant.* di colore grigio **II** ***sm.*** bardiglio.

pàrdo [dal lat. *pardus*, gr. *párdos*; a. 1374] ***sm.*** *lett.* leopardo.

pardon (fr., pr. [par'dɔ̃]) [propr. perdono; 1842] formula con cui si chiede scusa per qualche scortesia commessa o per un'azione che si sta per fare: *pardon! l'ho pestata?, pardon, vorrei passare!*

parécchio (pl. *-chi*) [lat. volg. *_pariculus_, dello stesso genere; sec. XIII] **I** ***agg. indef.*** al sing., con nomi non numerabili, una notevole quantità di: *c'è parecchia gente, è parecchio tempo che non ti fai vivo*; al *pl.*, con nomi numerabili, un notevole numero di: *un motore con parecchi difetti* **II** ***pron. indef.*** **1.** molto, in espr. ellittiche o con valore neutro: *è parecchio che non vado al cinema*, molto tempo; *c'è parecchio di qui a casa tua?*, molta strada; *ho parecchio da fare, hanno detto parecchio su questo argomento* **2.** *pl.* molte persone: (*in*) *parecchi mi hanno sconsigliato di partire* **III** ***avv.*** assai, alquanto: *mi sono stancata parecchio, si è parecchio offeso; parecchio costoso* || **N.** MOLTO.

pareggiàbile [da *pareggiare*; 1660] ***agg.*** **1.** che si può pareggiare, livellabile **2.** uguagliabile; comparabile || **N.** *Contr.* impareggiabile.

pareggiaménto [da *pareggiare*; 1549] ***sm.*** atto ed effetto del pareggiare, del rendere uguale || **N.** *Sin.* equiparazione, livellamento, parificazione, uguagliamento.

pareggiàre (pres. *-éggio*) [da *pari*[1]; a. 1276] ***tr.*** **1.** portare a una dimensione uniforme, livellare: *pareggiare l'erba del prato, la frangia, pareggiare le gambe del tavolo*; rendere equivalente: *pareggiare le uscite con le entrate; pareggiare i conti*, sistemarli; anche *fig.* ricambiare un'offesa ricevuta **2.** *lett.* essere di pari valore di, uguagliare: *una figura che pareggia il vero* || ***intr.*** (aus. *avere*) concludere una partita in parità: *le due squadre hanno pareggiato* || ***rec.*** essere equivalente, di pari pregio: *le nostre risorse economiche si pareggiano* || **N.** ***tr.*** **1.** *Sin.* agguagliare, uniformare; spuntare; adeguare, compensare, conguagliare, parificare **2.** *Sin.* assomigliare, coincidere, corrispondere | ***intr.*** *Sin.* impattare; essere pari e patta.

pareggiàto (*pps.* di *pareggiare*) [a. 1537] ***agg.*** di scuola privata i cui corsi hanno gli stessi ordinamenti e gli stessi effetti legali di quelli delle scuole statali || **N.** *Sin.* parificato.

pareggiatóre [da *pareggiare*; 1680 *pareggiatrice*] ***agg.*** e ***sm.*** (f. *-trìce*) *non com.* che o chi pareggia.

pareggiatùra [da *pareggiare*; 1681] ***sf.*** atto ed effetto del pareggiare.

paréggio (pl. *-gi*) [da *pareggiare*; sec. XIV] ***sm.*** **1.** condizione di parità: *pareggio del bilancio*, uguaglianza tra le entrate e le uscite **2.** *T.sport.* punteggio pari conseguito da due squadre alla fine di una competizione.

parèlio (pl. *-li*) [dal lat. *parēlion*, gr. *parḗlios*; 1542 *parilion*] ***sm.*** fenomeno ottico dovuto alla rifrazione della luce solare sui cristalli di ghiaccio che sono sospesi nell'atmosfera, che provoca la comparsa di macchie luminose attorno al sole || **N.** paraselene.

paremìa [dal lat. tardo *parœ̄mia*, gr. *paroimía*; 1536] ***sf.*** *raro* proverbio, contenente a volte l'enunciazione di un dogma giuridico.

paremiografìa [comp. di *paremia* e *-grafia*; 1841] ***sf.*** raccolta e studio dei proverbi.

paremiògrafo [comp. di *paremia* e *-grafo*; 1958] ***sm.*** (f. *-a*) paremiologo.

paremiologìa [comp. di *paremia* e *-logia*; 1893] ***sf.*** studio dei proverbi.

paremiològico (pl. *-ci*) [da *paremiologia*; 1958] ***agg.*** che si riferisce a paremiologia.

paremiòlogo (pl. *-gi*) [da *paremiologia*; 1958] ***sm.*** (f. *-a*) raccoglitore e studioso di proverbi.

parènchima [dal gr. *parénchyma*; 1673 nel senso 2] ***sm.*** *T.anat.* **1.** di un organo, la parte costituita da tessuto differenziato, specifico per una determinata funzione **2.** *T.bot.* tessuto vegetale formato da cellule con membrane non lignificate e spazio intercellulare adibito a deposito di materiale di riserva.

parenchimàtico (pl. *-ci*) [da *parenchima*; 1700] ***agg.*** che si riferisce a parenchima.

parenchimatóso [da *parenchima*; 1792] ***agg.*** di parenchima.

parèneṣi [dal lat. *parāenesis*, gr. *paráinesis*; 1684] ***sf.*** *lett.* esortazione, ammonimento.

parenètico (pl. *-ci*) [dal gr. *parainetikós*; 1586] ***agg.*** esortativo, ammonitorio: *discorso parenetico.*

parentàdo (raro *parentàto*) [dal lat. tardo *parentātus*, propr. cerimonia funebre in onore dei parenti defunti; a. 1243] ***sm.*** **1.** spec. *scherz.* l'insieme dei parenti: *è venuto a saperlo tutto il parentado* || stirpe, lignaggio: *le insegne del parentado* **2.** legame di parentela, spec. acquisito col matrimonio || *per meton.* il matrimonio stesso: *ha fatto un bel parentado* || **N.** PARENTELA.

parentàle [dal lat. *parentalis*; a. 1388] ***agg.*** *non com.* proprio dei genitori o dei parenti; relativo ai genitori o ai parenti: *autorità parentale* || *malattia parentale*, malattia ereditaria.

parentàli [dal lat. *parentālia*; 1781] ***sm. pl.*** *T.stor.* solennità degli antichi Romani in onore dei parenti morti || *per estens.* commemorazione solenne di personaggi illustri defunti: *celebrare i parentali di Giacomo Leopardi* || **N.** novendiale.

parentàto V. PARENTADO.

parènte [dal lat. *parens, -entis*, genitore; a. 1250] ***s.*** **1.** persona legata da vincolo di parentela, su basi biologiche o giuridiche **2.** *fig.* cosa che ha stretta affinità con un'altra: *il sonno è parente della morte* **3.** *lett.* genitore: *il primo parente*, Adamo || **N.** **1.** *Sin.* congiunto, consanguineo; agnato; affine | acquisiti, ascendenti, collaterali, discendenti, germani, lontani, prossimi, stretti | grado, linea | apparentare, imparentare | PARENTELA. **Q.T.** *antropologia.*

parentèla [dal lat. tardo *parentēla*; 1308] ***sf.*** **1.** vincolo esistente fra persone discendenti dal medesimo individuo; *parentela in linea diretta*, che lega individui discendenti l'uno dall'altro || *parentela d'acquisto*, legame fra un coniuge e i parenti dell'altro coniuge **2.** l'insieme dei parenti: *oggi s'aduna tutta la parentela* **3.** *fig.* stretta affinità || *parentela linguistica*, relazione esistente fra una lingua originaria e altre lingue da essa derivate || **N.** **1.** *Sin.* ascendenza, consanguineità, discendenza, filiazione, genitura; genealogia | femminile, maschile, materna, paterna | grado, linea (retta o obliqua) | arcavola, arcavolo, ava, avo, bisavola, bisavolo, bisnonna, bisnonno, cugina, cugino, cognata, cognato, figlia, figlio, fratello, genero, madre, nipote, nonna, nonno, nuora, padre, sorella, sposa, sposo, suocera, suocero, trisavola, trisavolo, zia, zio; collaterale, figliastro, fratellastro, matrigna, patrigno, sorellastra | atavismo, avito | degenerazione, ereditarietà **2.** *Sin.* parentado. **Q.T.** *antropologia.*

parenteràle [comp. di *para-* e gr. *énteron*, intestino, sul modello dell'ingl. *parenteral*; 1958] ***agg.*** *T.med.* di modalità di somministrazione, che segue vie diverse da quella gastro-intestinale (per es. iniezioni sottocutanee, intramuscolari o endovenose). **Q.T.** *farmacia.*

parènteṣi [dal gr. e lat. *parénthesis*, inserzione; 1549] ***sf.*** **1.** parola o espressione inserita nel discorso ma sintatticamente autonoma, introdotta per chiarimento o precisazione: *aprire, chiudere una parentesi; fare una parentesi*, anche *fig.*, fare una pausa in cui si svolge un'attività diversa dalla principale **2.** ciascuno dei due segni grafici che in uno scritto precedono e seguono una parentesi; *parentesi tonde*, ( ); *parentesi quadre*, [ ]; *parentesi graffe*, { }; anche usate in espressioni matematiche per indicare l'ordine di esecuzione di una serie di operazioni: *scrivere, mettere, racchiudere fra parentesi* || *tra parentesi, sia detto tra parentesi*, incidentalmente || **N.** *Sin.* **1.** chiosa, digressione, divagazione, *excursus*, inciso.

parentètico (pl. *-ci*) [da *parentesi*; 1954] ***agg.*** *lett.* che si riferisce a parentesi || che sta fra parentesi: *proposizioni parentetiche.*

parentévole [da *parente*; 1353] ***agg.*** *ant.* da parente, affettuoso: *unito con nodo parentevole.*

parèo [da una voce tahitiana, attr. il fr. *paréo*; 1936] ***sm.*** veste femminile tahitiana, costituita da un riquadro rettangolare in cotone leggero a tinte vivaci, da avvolgere attorno al corpo || *per estens.* indumento femminile da spiaggia che imita l'originale tahitiano.

parére[1] (pres. *pàio, pàri, pàre, paiàmo*, meno com. *pariàmo, paréte, pàiono*; imp. *parévo*; p.rem. *pàrvi, parésti, pàrve, parémmo, paréste, pàrvero*; fut. *parrò, parrài, parrà, parrémo, parréte, parrànno*; pps. *pàrso*) [lat. *parēre*, apparire; a. 1249] **I** come verbo copulativo **1.** sembrare senza essere: *pare facile, ma non lo è* **2.** lasciar supporre con buone probabilità di essere: *suo marito pare onesto, questo pare l'investimento migliore* **3.** assomigliare a: *pare un morto, talmente è fermo* **II** come verbo modale: sembrare, dare l'impressione, avere l'aria di (usato con o senza il compl. di termine): *Mario pare essersi rassegnato, paiono star tutti bene* || spesso con frasi soggettive: *pare che farà meno caldo, mi pare che non si dica così* || (con compl. di termine) apparire conveniente, vero, giusto; *mi pare che,* ritengo che, credo che; *si dice così? Non mi pare, erano le tre, mi pare* ‖ *che te ne* (o *che ti*) *pare?*, cosa ne pensi? ‖ *se ti pare,* se credi, se giudichi ben fatto ‖ *fare quello che pare e piace,* i propri comodi ‖ in formule di cortesia: *ma le pare!*, si figuri! **III** *intr.* (aus. *essere*) *lett. arc.* comparire: *l'affanno che in essi non pare* (Dante) ‖ nella loc. *senza parere,* in modo tacito, senza che la cosa appaia: *così, senza parere, ha accumulato miliardi* ‖ **N.** apparire, risultare, sembrare.

parére[2] [da *parere*[1]; prima metà sec. XIII *parire*] **sm.** opinione, giudizio personale: *pareri discordi, mi dia il suo parere* ‖ *a mio parere,* secondo me; *a parere di qualcuno,* secondo qualcuno ‖ *essere del parere di* (con l'infinito), *che* (col congiuntivo), giudicare opportuno, giusto o vero ‖ **N.** *Sin.* avviso, impressione | contrario, favorevole, sfavorevole | concordia, consenso, contrasto, dissenso | esprimere, formulare, pronunciare; essere, restare del parere; chiedere, rimettersi a, sentire.

parèrgo (pl. *-ghi* o *-ga*) [dal gr. e lat. tardo *párergon*; a. 1565] **sm.** *lett.* o *ant.* aggiunta, ornamento accessorio, spec. in opere architettoniche ‖ *per estens.* in un'opera letteraria, appendice.

parèṣi [dal gr. *páresis,* rilassamento, paralisi; 1821] **sf.** *T.med.* paralisi attenuata, che consiste nell'indebolimento della mobilità dei muscoli.

parestesìa [comp. di *para-* e gr. *áisthēsis,* percezione, sensazione; 1829] **sf.** *T.med.* alterazione della percezione di stimoli tattili, che provoca pruriti e formicolii improvvisi.

paretàio (pl. *-ài*) [da *parete*; 1296] **sm.** *T.cacc.* sistema per la cattura di uccelli, che utilizza una coppia di reti stese a terra che si chiudono a scatto: *tendere il paretaio* ‖ *per meton.* il terreno su cui sono disposte le reti ‖ *fig.* luogo in cui si attirano gli inesperti per ingannarli: *le case da gioco sono dei grandi paretai* ‖ **N.** paretella.

paretària V. PARIETARIA.

paréte [lat. volg. **parēte,* class. *paries, -etis*; fine sec. XIII] **sf.** **1.** ciascuno dei muri interni d'un edificio, che formano e separano le stanze: *appendere un quadro alla parete, abbattere, costruire una parete divisoria* ‖ *le pareti domestiche,* la casa **2.** *per estens.* la superficie interna od esterna che delimita un vano o uno spazio in gen.: *le pareti di una grotta, di un pozzo, di una vettura; le pareti di una scatola* ‖ *in part. T.anat.* quella che circonda e racchiude un organo: *le pareti dello stomaco, di un'arteria* **3.** *T.alp.* fianco roccioso verticale o quasi, di una montagna: *scalare la parete nord dell'Eiger* ‖ **N.** **1.** *Sin.* accoltellato, coltellata, muro, tramezzo | dipinta, ornata, parato, tappezzata.

paretèlla [da *parete*; a. 1528] **sf.** *T.cacc.* ciascuna delle due reti del paretaio.

parètico (pl. *-ci*) [da *paresi*; 1931] **agg.** e **sm.** (f. *-a*) affetto da paresi: *arto paretico.*

paretimologìa o **paraetimologìa** (pl. *-gìe*) [comp. di *para-* e *etimologia*; 1963] **sf.** *T.ling.* etimologia priva di sostegno storico o scientifico, basata perlopiù su assonanza e analogia di significato.

paretimològico (pl. *-ci*) [da *paretimologia*; 1958] **agg.** *T.ling.* proprio della paretimologia, relativo alla paretimologia; derivato mediante paretimologia.

pargoleggiàre (pres. *-éggio*) [da *pargolo*; 1319] **intr.** (aus. *avere*) *lett.* esibire atti e comportamenti tipici dell'infanzia ‖ detto anche di adulti: *già fra l'armi omicide / vaneggia Achille e pargoleggia Alcide* (Metastasio).

pargolétto (*dim.* di *pargolo*) [1294] **I** **sm.** (f. *-a*) *lett.* bambino, fanciullo grazioso **II** **agg.** *lett.* di, da bambino: *l'albero cui tendevi la pargoletta mano* (Carducci).

pargolézza [da *pargolo*; sec. XIV] **sf.** *arc.* **1.** fanciullezza **2.** piccolezza.

pàrgolo [lat. *parvulus,* dim. di *parvus,* piccolo; inizio sec. XIII] **I** **sm.** (f. *-a*) *lett.* bambino, fanciullo: *lasciate che i pargoli vengano a me* **II** **agg.** *lett.* di tenera età; proprio di pargolo, piccolo: *la forza pargola di Dore* (Pascoli) ‖ *dim.* pargolétto, pargolétta.

pàri[1] [lat. *par, paris*; fine sec. XII *pare*] **I** **agg.** *inv.* **1.** dello stesso valore, uguale: *essere di pari condizione, due recipienti di pari volume, la circonferenza è pari al raggio per 2* ‖ *andare di pari passo,* procedere alla stessa andatura, insieme, anche *fig.*; *essere pari,* nel gioco, essere allo stesso punteggio; tra due persone, non avere da dare o ricevere, aver saldato i conti, ricambiato offese e sim.; anche nell'espr.: *essere pari e patta* ‖ *fig.* all'altezza, consono: *non era pari al compito che gli fu affidato* **2.** di livello uniforme, senza sporgenze o rientranze; in piano, che non pende: *rendere pari il terreno di gioco, un ripiano perfettamente pari* ‖ non sfalsato, allineato: *le gambe del tavolo sono pari* ‖ *a piè pari,* a piedi uniti: *saltare a piè pari*; *fig.* tralasciare, evitare del tutto: *saltare a piè pari la pagina dell'economia* **3.** *T.mat. numero pari,* divisibile esattamente per due ‖ corrispondente, associato a un numero pari: *le pagine pari di un libro, i giorni pari* **4.** *T.anat.* di organo, simmetrico nelle due metà del corpo: *l'occhio e l'orecchio sono organi pari* **II** **avv.** in parità: *finire, arrivare pari* ‖ in *loc. avv. pari pari,* senza modifiche, così com'è: *ha copiato pari pari il compito dal compagno* ‖ *alla pari,* in condizione di parità; *in part.* rif. alla condizione di ospitalità, per cui una persona riceve da una famiglia vitto, alloggio e una paghetta, in cambio di piccoli lavori: *essere ospitato alla pari, trattamento alla pari, ragazza alla pari*; di vendite, senza guadagno, a prezzo di costo; di azioni commerciali, al valore assegnato in origine: *azioni contrattate alla pari* ‖ *disus. al pari,* egualmente: *non c'è cosa che giovi al pari di questa*; in confronto: *al pari di lui son tutti dei poveracci* ‖ *essere in pari,* non avere arretrati accumulati ‖ *in pari,* in piano, non in pendenza **III** **s.** *inv.* persona della stessa condizione o valore: *trattalo come un tuo pari; da par mio, tuo, suo* ecc., come si conviene a persone della stessa condizione; *T.antrop.* e *T.sociol. gruppo dei* (o *di*) *pari,* in società in cui l'appartenenza a un gruppo è determinata dall'età, dal grado o dallo stato degli individui, gruppo di persone in quanto rilevante per i comportamenti e i valori dei suoi membri ‖ *senza pari,* senza nessuno che lo eguagli ‖ **sm.** numero pari: *giocare a pari e dispari* ‖ **N.** **I** **1.** *Sin.* uguale **2.** *Sin.* piano **3.** *Contr.* dispari.

pàri[2] [dall'ingl. *peer,* dal fr. ant. *pair,* pari; 1532] **sm.** *inv.* ciascuno dei membri della Camera dei Lord: *i pari d'Inghilterra* ‖ in età feudale, titolo spettante ai nobili ‖ paladino di Carlo Magno.

pària [dall'indiano *parayan,* attr. l'ingl. *pariah*; 1820] **sm.** *inv.* nel sistema sociale indiano (oggi soppresso), chi apparteneva alla casta più bassa ed era perciò "intoccabile" dagli appartenenti alle altre caste ‖ *fig.* emarginato, reietto.

parìa [da *pari*[2]; 1849] **sf.** la dignità di Pari.

Pàridi (sing. *-e*) [comp. del lat. tardo *parus,* cinciallegra e *-idi*; a. 1871] **sm.** *pl.* *T.zool.* famiglia di uccelli Passeriformi, con becco corto e appuntito, corpo tondeggiante e piumaggio morbido.

parietàle [dal lat. tardo *parietālis,* di parete; 1927 nel senso 1; 1659 nel senso 2] **agg.** **1.** eseguito su parete, detto spec. di arte preistorica: *pittura, scultura parietale* **2.** *T.anat.* relativo alle pareti di un organo; *in part. osso parietale,* ciascuno dei due ossi piatti e laterali della volta cranica; *sutura parietale,* che unisce le due ossa parietali. **TAV.** ***anatomia*** **p. 642** 6.2.

parietària (meno com. *paretària*) [dal lat. tardo (*herba*) *parietāria*; a. 1320] **sf.** erba con foglie lanceolate alterne e fusto vischioso, che nasce spontanea sui vecchi muri ‖ **N.** *Sin.* erba muraiola, erba vetriola.

parìfica [da *parificare*; 1958] **sf.** *T.bur.* parificazione.

parificaménto [da *parificare*; a. 1406] **sm.** *raro* l'atto del parificare ‖ **N.** *Sin.* parificazione; pareggiamento.

parificàre (pres. *-ìfico, -ìfichi*) [comp. di *pari*[1] e *-ficare*; a. 1883 nel senso 1; 1673 nel senso 2] **tr.** **1.** attribuire parità giuridica: *parificare una scuola* **2.** *non com.* rendere pari, simile ‖ **N.** *Sin.* equiparare.

parificàto (*pps.* di *parificare*) [1935] **agg.** di scuola privata, equiparata a quella pubblica.

parificazióne [da *parificare*; 1745] **sf.** atto ed effetto del parificare.

parigìna [f. sost. di *parigino*; 1891] **sf.** **1.** stufa economica a combustione lenta **2.** nel gioco del biliardo, partita giocata da più giocatori sul biliardo all'italiana, ciascuno con un proprio punteggio **3.** *T.ferr.* rampa di smistamento per vagoni ferroviari.

parigìno [dal n. geogr. *Parigi*; 1265 *pariscino*] **I** **agg.** della città di Parigi ‖ *T.cuc. gnocchi alla parigina,* gnocchi di farina, latte, burro e uova, conditi con salsa bianca e gratinati **II** **sm.** (f. *-a*) abitante di Parigi ‖ *vestire come un parigino,* con molta eleganza.

parìglia (pl. *-glie*) [dallo sp. *pareja,* da *par,* pari; 1535] **sf.** **1.** coppia di cose uguali; *in part.* coppia di cavalli da tiro: *carrozza a due pariglie* ‖ *T.gioc.* nel gioco dei dadi, risultato di un lancio, in cui i due dadi mostrano la stessa faccia ‖ nel gioco delle carte, due carte di egual valore **2.** contraccambio, spec. per offesa ricevuta: *gli resero la pariglia* ‖ *dim.* pariglìna ‖ **N.** apparigliare, sparigliare | coppia, paio, DUE.

parigràdo [comp. di *pari*[1] e *grado*; 1930] **agg.** *inv.* che ha lo stesso grado.

pariménti [da *pari*[1]; a. 1342] **avv.** nello stesso modo; similmente.

pàrio (pl. *-ri* o *-rii*) [dal lat. *Parius,* gr. *Pários,* di Paro; a. 1514] **agg.** dell'isola di Paro; si dice di marmo proveniente da quest'isola, usato nell'antichità e celebre per la sua bianchezza: *stanza di marmo pario.*

paripennàto [comp. di *pari*[1] e *pennato*; 1835] **agg.** *T.bot.* di foglia composta, pennata, che ha un numero pari di foglioline da entrambi i lati ‖ **N.** imparipennato. **TAV.** ***fiori...*** **p. 671** 4.12.

parisìllabo [comp. di *pari*[1] e *sillabo,* sul modello di *endecasillabo*; 1829] **agg.** **1.** *T.metr.* che è di un numero pari di sillabe: *verso parisillabo* **2.** rif. spec. a parola del latino, che flessa nei diversi casi mantiene lo stesso numero di sillabe ‖ **N.** imparisillabo.

parìṣoṣi [dal gr. *parísōsis*; 1989] **sf.** *T.ret.* figura di parola consistente in un parallelismo (di ampiezza e di struttura sintattica) tra periodi, frasi o sintagmi, o tra versi o loro parti (come in *compri due, paghi uno*) ‖ **N.** *Sin.* isocolo.

parità [dal lat. *paritas, -ātis*; 1308 *paritade*] **sf.** **1.** relazione tra cose, situazioni ecc. che sono pari: *rivendicare la parità dei diritti, a parità di titolo di studio, conta l'anzianità* ‖ *in part. T.sport.* risultato parziale o definitivo di una competizione, in cui il punteggio di due avversari si equivale: *l'incontro si è concluso in parità* **2.** *T.mat.* di numero, la proprietà di essere pari ‖ *T.inform. controllo di parità,* controllo effettuato per evidenziare eventuali errori nella rappresentazione di dati e consistente nel verificare che il numero dei bit presente nelle varie porzioni di memoria sia sempre pari o sempre dispari **3.** *T.fis.* in meccanica quantistica, proprietà della funzione che definisce il moto di particelle poste in un potenziale simmetrico rispetto all'origine **4.** *T.econ. parità aurea,* valore di un'unità monetaria espresso in oro || **N. 1.** *Sin.* equivalenza, uguaglianza.

paritàrio (pl. *-ri*) [da *parità*, sul modello del fr. *paritaire*; a. 1937] ***agg.*** che è in condizioni di parità || che stabilisce condizioni di parità: *trattamento paritario.*

pariteticità [da *paritetico*; 1958] ***sf.*** l'essere paritetico.

paritètico (pl. *-ci*) [dal ted. *paritätisch*, da *Parität*, parità; 1919] ***agg.*** che è caratterizzato da parità: *in part. commissione paritetica,* con poteri giurisdizionali per dirimere o conciliare controversie, nella quale le parti in contrasto sono parimenti rappresentate || **pariteticaménte** ***avv.***

pàrka [da una voce delle isole Aleutine; 1958] ***sm.*** *inv.* indumento eschimese di pelli di foca, munito di cappuccio, impermeabile all'acqua || *per estens.* giaccone di tela con cappuccio, spesso foderato di pelliccia o imbottito || **N.** *Sin.* eskimo.

parkerizzàre [da *parkerizzazione*; 1963] ***tr.*** *T.chim.* sottoporre a parkerizzazione.

parkerizzazióne [dal n. proprio *Parker*, ditta ingl. che per prima adottò questa tecnica; 1942] ***sf.*** *T.chim.* trattamento chimico protettivo cui vengono sottoposti il ferro e le sue leghe.

parkinsoniàno [dal n. proprio J. *Parkinson*, medico ingl.; 1932] **I** ***agg.*** *T.med.* proprio del morbo di Parkinson, relativo al morbo di Parkinson || *sindrome parkinsoniana,* parkinsonismo **II** ***sm.*** (f. *-a*) persona colpita dal morbo di Parkinson.

parkinsonìsmo [dal n. proprio J. *Parkinson*, medico ingl.; 1942] ***sm.*** *T.med.* sintomatologia caratterizzata da uno speciale tremore e da rigidità muscolare simile a quella del morbo di Parkinson.

parlàbile [da *parlare*; a. 1803] ***agg.*** che si può parlare.

parlàgio o **parlàscio** (pl. *-gi* o *-sci*) [etim. inc.; a. 1348] ***sm.*** nei centri urbani del Medioevo, luogo in cui si tenevano assemblee politiche, riunioni militari o sim.

parlamentàre[1] [da *parlamento*; 1849] **I** ***agg.*** **1.** di o del parlamento: *discussione, attività parlamentare* || *regime parlamentare,* in cui il governo si fonda sulla fiducia ad esso accordata dal Parlamento; *immunità parlamentare,* v. IMMUNITÀ **2.** *fig.* che rispetta le dovute forme di cortesia: *modi parlamentari* **II** ***s.*** **1.** membro del parlamento **2.** chi, in tempo di guerra, è mandato a trattare col nemico || **N. II 1.** deputato, senatore **2.** ambasciatore, araldo, negoziatore, plenipotenziario.

parlamentàre[2] (pres. *-énto*) [da *parlamento*; a. 1348] ***intr.*** (aus. *avere*) trattare a voce col nemico in vista di un accordo || *fig. scherz.* discutere con qualcuno per giungere a un accordo: *andrò io a parlamentare con l'oste.*

parlamentàrio (pl. *-ri*) [da *parlamento*; a. 1645] ***sm.*** *ant.* lo stesso che *parlamentare*[1].

parlamentarìsmo [dal fr. *parlementarisme*; 1859] ***sm.*** sistema politico in cui il Parlamento, oltre alla normale funzione legislativa, ha il compito di contribuire alla formazione del Governo e di controllarne la politica.

parlamentarista [da *parlamentarismo*; 1871] **I** ***s.*** fautore del parlamentarismo **II** ***agg.*** parlamentaristico.

parlamentaristico (pl. *-ci*) [da *parlamentarismo*; 1927] ***agg.*** attinente al parlamentarismo.

parlaménto [da *parlare*; 1219 nel senso 2] ***sm.*** **1.** nei moderni stati democratici, assemblea legislativa i cui membri sono liberamente eletti dal popolo; *per meton.* l'edificio in cui si riunisce questa assemblea **2.** *T.stor.* nel Medioevo e in tempi moderni, assemblea pubblica riunita per deliberare **3.** *arc.* conversazione; atto del parlare: *chiamare qualcuno a parlamento* || *dim.* parlamentino || **N. 1.** assemblea legislativa, Camera, corpo legislativo, rappresentanza nazionale | aula, banco, emiciclo, seggio, settore (destra, centro, sinistra, estrema sinistra, estrema destra), tribuna | extraparlamentare, parlamentare **2.** arengo, concione, *cortes,* dieta, *duma,* Stati generali. **Q.T.** *politica.*

parlànte (*ppr.* di *parlare*) [a. 1294] **I** ***agg.*** dotato della facoltà di parlare: *gli animali parlanti delle fiabe* || *un ritratto, un busto parlante,* così somigliante da sembrare vivo || *grillo parlante* (da un personaggio di *Pinocchio* di C. Collodi), chi, senza avere particolari titoli, emette pareri su tutto con tono d'autorità || *fig.* chiaro, evidente: *prove parlanti* **II** ***s.*** chi fa uso di una lingua: *i parlanti nativi dell'italiano.*

parlantìna [da *parlante*; a. 1565] ***sf.*** facilità e abbondanza di parola || **N.** CHIACCHIERA.

parlantìno [da *parlante*; 1612] ***agg.*** *arc.* loquace.

parlàre [lat. volg. **parabolāre*, da *parabola*, parola; inizio sec. XIII] **I** ***intr.*** (aus. *avere*) **1.** manifestare con la voce la facoltà del linguaggio pronunciando parole e frasi dotate di senso secondo determinati sistemi linguistici: *ha solo tre anni ma parla già bene* || *in part.* rif. all'emissione e all'articolazione dei suoni: *parlare sottovoce, a voce alta; parlare di gola, di naso,* con risonanza gutturale o nasale; *parlare in maschera,* con voce in maschera, come quella degli attori di teatro; *parlare tra i denti,* con articolazione minima; *parlare a fior di labbra,* sussurrando || rif. al modo e allo stile: *parlare con proprietà di linguaggio, con ricercatezza, in modo forbito, come un libro stampato, alla buona; parlare male,* non rispettando le norme linguistiche o stilistiche o esprimendosi in maniera volgare; *parlare in punta di forchetta,* in modo affettato; *guardi come parla!,* moderi il tono!, misuri le parole!; *parlare al plurale,* usare la prima persona plurale || rivolgersi, indirizzare un discorso: *parlare a un uditorio attento, ehi, sto parlando con te!; parlare tra sé e sé,* da solo; *parlare al vento, al muro, al deserto,* a chi non dà ascolto; *parlare a braccio,* improvvisare un discorso; al telefono: *pronto chi parla?, con chi parlo?*; anche *ass.*: *il presidente parlerà stasera in televisione, parlare in piazza, a un comizio, dal pulpito* **2.** *in part. parlare di,* avere come oggetto del discorso, trattare: *parlare di sport, di politica, del più e del meno; parliamo d'altro,* cambiamo argomento || *far parlare di sé,* suscitare l'interesse generale, essere sulla bocca di tutti: *un personaggio che ha fatto parlare molto di sé* || in alcune espr. con la particella *ne,* prendere in considerazione: *ne parliamo poi, se ne parla il prossimo anno, non se ne parla nemmeno!* **3.** *ass.* svelare un segreto, confessare: *non parlerò nemmeno sotto tortura* || dire un'opinione, esprimersi: *se le cose stanno così, non parlo più, qua non si può parlare liberamente; iron.* a chi si esprime in modo sentenzioso: *ha parlato l'oracolo!; senti chi parla!,* proprio la persona meno indicata **4.** *fig.* di scritto, svolgere, trattare: *un'opera che parla della vita di corte nel '700, un articolo che parla di giardinaggio, come fai a non saperlo, ne parlano tutti i giornali!* **5.** *fig.* essere molto espressivo, significativo: *gli indizi parlano da soli; far parlare uno strumento musicale,* suonarlo con espressione || essere segno; evocare un ricordo: *il creato parla di Dio; tutto in quella casa parla di te* || aver effetto, provocare impressione: *parlare al cuore, agli occhi* || ***tr.*** **1.** rif. a una lingua, dialetto e sim., usare, esprimersi; conoscerli: *parla l'italiano in modo stentato, l'esperanto è parlato persino in Cina* || per indicare il registro, il sottocodice, lo stile e sim.: *parlare una lingua familiare, elevata; parlare un linguaggio chiaro, incomprensibile* **2.** *arc.* o *lett.* dire: *che parli? / e donde il sai?* (Alfieri) || ***rec.*** **1.** parlare l'un con l'altro: *i detenuti e i parenti in visita si parlano dalla grata* **2.** *pop.* avere una relazione amorosa: *quei due è già molto che si parlano* || ***rifl. indir.*** *parlarsi addosso,* parlare molto, con compiaciuta soddisfazione di quanto si dice **II** ***sm.*** l'atto del parlare; parlata, dialetto: *il parlare è proprio dell'uomo; il bel parlare, parlari emiliani* || **N. I 1.** *Sin.* anfanare, arringare, balbettare, berciare, bisbigliare, blaterare, bofonchiare, borbottare, chiacchierare, cianciare, ciarlare, cicalare, cinguettare, comunicare, concionare, confabulare, conferire, conversare, delirare, dilungarsi, discutere, dissertare, divagare, esprimersi, farfugliare, favellare, fiatare, gridare, interloquire, mormorare, parlottare, predicare, proferire, ragionare, sbraitare, straparlare, strepitare, strillare, sussurrare, tartagliare, tuonare, urlare, vociferare; articolare, biascicare, compitare, declamare, esclamare, recitare, scandire, sillabare, snocciolare; cantare, spiattellare, spifferare, vuotare il sacco, DIRE | *Contr.* tacere | a bassa voce, a cuore aperto, adagio, ad alta voce, a mezza bocca, a proposito, a sproposito, a stento, a vanvera, a vuoto, concisamente, confidenzialmente, diffusamente, enfaticamente, forte, in fretta, laconicamente, sommessamente, sottovoce; in modo affettato, chiaro, concitato, confuso, disordinato, lezioso, ordinato, preciso | annodarsi la lingua, imbrogliarsi, impaperarsi, interrompere, pesar le parole, sciogliere la lingua, sputar veleno, tagliar corto; vuotare il sacco | chiacchiera, dialogo, eloquio, loquacità, papera, parlantina, scilinguagnolo, soliloquio | megafono, microfono | afasia, parafasia, parafrasia, paralalia | -lalia.

parlàscio v. PARLAGIO.

parlàsia [dal lat. e gr. *parálysis*; a. 1294] ***sf.*** *arc.* paralisi.

parlàta [da *parlare*; a. 1640 nel senso 2] ***sf.*** **1.** modo di parlare, sia riguardo alla pronuncia, sia ai vocaboli o alle espressioni (più generico di *dialetto*): *lo riconobbi alla parlata; parlata siciliana* **2.** *non com.* discorso: *mi fece una lunga parlata* || **N. 1.** accento, cadenza, dialetto, idioma, lingua, linguaggio, pronuncia, vernacolo.

parlàto[1] (*pps.* di *parlare*) [1785] **I** ***agg.*** *lingua parlata,* che si usa comunemente parlando (contrapposto a *lingua scritta*) || *cinema parlato,* quello in cui le immagini sono accompagnate dai dialoghi (contrapposto a *cinema muto*) **II** ***sm.*** **1.** il dialogo registrato sulla colonna sonora di un film **2.** la lingua parlata: *la sintassi del parlato.*

parlàto[2] [da *pari*[1], perché doppio; 1889] ***sm.*** *T.mar.* nodo doppio stretto intorno a un'asta.

parlatóre [da *parlare*; a. 1294] ***sm.*** (f. *-trice*) **1.** chi è dotato di facilità di eloquio, oratore **2.** *non com.* chi parla || **N. 1.** dicitore, oratore.

parlatòrio (pl. *-ri* o *-rii*) [da *parlare*; a. 1342] ***sm.*** in collegi, conventi, carceri e sim., locale in cui è consentito ricevere i visitatori esterni e intrattenersi con loro.

parlatùra [da *parlare*; a. 1292] ***sf.*** *arc.* **1.** discorso **2.** parlata.

parlètico (pl. *-ci*) (tosc. *pallético*) [dal lat. *paralyticus*, gr. *paralitikós*; prima metà sec. XIV] ***sm.*** *ant.* e *pop.* tremore localizzato spec. alle mani, dovuto a disturbi circolatori.

parlottàre (pres. *-òtto*) [da *parlare*; a. 1342] ***intr.*** (aus. *avere*) parlare a bassa voce, come in segreto || **N.** *Sin.* mormorare; confabulare.

parlottìo (pl. *-ìi*) [da *parlottare*; a. 1912] ***sm.*** il parlottare di più persone, continuo e insistente.

parlucchiàre (pres. *-ùcchio*) [da *parlare*; 1871] **tr.** parlare una lingua in modo approssimativo, alla meno peggio: *parlucchio un po' di tedesco.*

pàrma [dal lat. *parma*; a. 1494] **sf.** *T.stor.* nell'esercito romano, piccolo scudo rotondo in dotazione a truppe armate alla leggera.

parmènse [dal lat. *Parmensis*; 1769] **I agg.** di Parma **II s.** abitante o nativo di Parma.

parmigiàno [dal n. geogr. *Parma*; fine sec. XIII-inizio sec. XIV] **agg.** di Parma || *formaggio parmigiano* (più com. *sm. parmigiano*), pregiato formaggio a pasta granosa, stagionato in grosse forme: *scaglie, cuori di parmigiano, grattugiare il parmigiano* || *T.cuc. alla parmigiana*, di verdura infarinata e cotta con sugo di pomodoro e parmigiano grattugiato: *melanzane, zucchine alla parmigiana* || **N.** grana, lodigiano, padano.

parnàșio (pl. *-și*) [dal lat. *parnasius*; a. 1514] **agg.** *lett.* del Parnaso: *le cime, le vette parnasie* || *per estens.* relativo alla poesia.

parnàșo (lett. *parnàsso*) [dal lat. *Parnasus*, gr. *Parnasós*, monte della Grecia sacro a Febo e alle Muse; 1319] **sm.** **1.** *per meton. lett.* la poesia **2.** l'insieme dei poeti di un ambiente, di un'epoca e sim.: *il parnaso italiano.*

parnàssia [dal lat. *parnassius*, del Parnaso; 1835] **sf.** *T.bot.* genere di piante erbacee appartenente alla famiglia delle Sassifragacee.

parnassianìșmo o **parnassianèșimo** [da *parnassiano*; 1915] **sm.** la corrente letteraria francese della fine dell'Ottocento che, in opposizione al Romanticismo, proponeva un modello classico di austerità e perfezione formale.

parnassiàno [dal fr. *parnassien*, da *Parnasse*, Parnaso; 1903] **I agg.** di o relativo al parnassianismo **II sm.** (f. *-a*) seguace o fautore di tale scuola letteraria.

parnàssio (pl. *-si*) [dal lat. tardo *Parnassius*, var. di *Parnasius*, gr. *Parnásios*; 1835] **sm.** grossa farfalla diurna dalle ali bianche a macchie nere e rosse, molto diffusa sulle Alpi.

parnàsso V. PARNASO.

pàro (pl. arc. *pàra*) [var. di *paio*; prima metà sec. XIV] **sm.** **1.** *colloq.* paio, solo nella forma tronca: *un par di camicie, un par di giorni* **2.** *arc.* o *dial.* pari || *a paro*, a confronto.

-paro [dal lat. *-parus*, da *parere*, partorire] ***elem. term.*** che, in parole composte della terminologia scientifica, vale "che genera", "che partorisce" (per es. *oviparo, primipara, viviparo*).

parocchétto V. PARROCCHETTO.

paròcchi V. PARAOCCHI.

parocìșmo V. PAROSSISMO.

parodìa [dal gr. *parōidía*; 1575] **sf.** **1.** opera comica che ripropone uno stile, un'opera letteraria, un film e sim., accentuandone i caratteri in modo caricaturale: *la parodia di un romanzo di appendice, dello stile tragico, di un film western*; anche rif. a persone: *la parodia di un attore* || *fig.* versione scadente, mal funzionante: *una parodia delle istituzioni* **2.** *T.mus.* diffusa pratica medievale e rinascimentale consistente nel riutilizzare melodie e testi preesistenti per realizzare nuove opere polifoniche, spec. sacre (senza intenti comici): *messa parodia* || **N.** **1.** *Sin.* caricatura; imitazione | centone, parafrasi **2.** tropo.

parodiàre (pres. *-òdio*) [da *parodia*; 1728] **tr.** mettere in parodia, fare una parodia di: *parodiare Dante, la Divina Commedia* || **N.** *Sin.* imitare.

paròdico (pl. *-ci*) [dal gr. *parōidikós*; 1631] **agg.** di parodia: *versi parodici.*

parodìsta [da *parodia*; 1807] **s.** **1.** chi compone parodie letterarie **2.** chi si esibisce in imitazioni caricaturali, imitatore.

parodìstico (pl. *-ci*) [da *parodia*; 1927] **agg.** di, relativo a parodia; che costituisce una parodia || **parodisticaménte** **avv.**

pàrodo [dal gr. *párodos*; 1575] **sm.** **1.** nel teatro greco antico, ciascuna delle entrate laterali che conducevano all'orchestra **2.** nella tragedia greca, l'ingresso del coro; anche la parte del dramma recitata subito dopo.

paròdo [dal gr. *parōidós*; 1634] **sm.** *ant.* parodista.

paròla [lat. *parabola*; 1250] **sf.** **1.** unità linguistica a cui sono associati una funzione grammaticale e un significato, separata graficamente da spazi e dotata di coesione interna che si oppone all'inserimento di altri elementi; può indicare sia una unità astratta suscettibile di flessione (e in questo senso è sin. di *lemma*), sia ciascuna delle forme che si ottengono flettendola: *una parola di origine celtica, cosa vuol dire questa parola?, un vocabolario di 80.000 parole; questa è una definizione di 54 parole, una parola di 5 lettere, ricordo solo le prime parole della poesia* || *parola per parola*, per filo e per segno || *parole (in)crociate*, cruciverba || *gioco di parole*, frase o espressione a doppio senso || *giro di parole*, perifrasi || *in altre parole*, detto altrimenti **2.** *per estens.* spec. *pl.* discorso, frase: *parole di conforto, di sdegno, parole d'amore, non seguo le tue parole, volevo aggiungere due parole; parole al vento*, discorsi che non trovano ascolto; *non avere parole per*, non riuscire ad esprimere; *lasciare, restare senza parole*, senza capacità di replicare, per lo sbigottimento, la sorpresa ecc.; *scambiare una, due parole*, discorrere || *passare parola*, trasmettere l'informazione: *la riunione sarà stasera a casa mia; passa parola* || *essere di poche, di molte parole*, laconico oppure loquace || *non far parola*, tacere || *in poche parole*, concisamente; per farla breve: *in poche parole, è un vigliacco* || *far parola di qualcosa*, parlarne, farne menzione || *togliere la parola di bocca a qualcuno*, anticipare quanto sta per dire || *mettere, spendere una buona parola per qualcuno*, parlarne in favore, raccomandarlo || *venire a parole*, discutere, litigare; *male parole*, ingiurie || *parole d'oro!, parole sante!*, ben detto! || *in parola*, di cui si parla: *la persona, la questione in parola* || *avere l'ultima parola*, in una discussione, concluderla; in una contrattazione, dire l'ultimo prezzo; *non è ancora detta l'ultima parola*, la questione non è ancora conclusa || *parola d'ordine*, V. ORDINE || *in part.* spec. *pl.* in contrapposizione ai fatti concreti, discorsi inconcludenti o velleitari, chiacchiere: *essere buoni a parole, è una parola!, sono solo vuote parole* **3.** consiglio, ammaestramento: *ascoltare, seguire la parola di qualcuno* || *in part. T.rel. parola di Dio*, le Sacre Scritture; *liturgia della parola*, la prima parte della messa in cui vengono letti e commentati passi dell'Antico e Nuovo Testamento **4.** *per meton.* facoltà di parlare: *gli manca solo la parola, il dono della parola* || l'azione di parlare, di esprimere le proprie idee: *libertà di parola, prendere, passare, dare, togliere, chiedere la parola, la parola alla difesa!* **5.** impegno verbale, promessa: *ti do la mia parola, parola d'onore, tenere, mantenere la parola data; essere (un uomo) di parola*, che mantiene gli impegni presi; *sulla parola*, sulla sola base di un impegno verbale: *comprare un cavallo sulla parola, ti credo sulla parola* || *prendere in parola qualcuno*, dar peso alle sue affermazioni, contarci **6.** *T.inform.* insieme di bit (gen. da 8 a 6) considerati come singola unità nella memoria || *dim.* parolìna, parolétta, parolùccia; *accr.* parolóne (*sm.*), parolóna; *pegg.* parolàccia || **N.** **1.** *Sin.* espressione, termine, vocabolo, voce | bisdrucciola, piana, sdrucciola, sesquipedale, tronca | biascicare, dire, emettere, gridare, mangiare, misurare, pesare, sillabare, spendere, suggerire, PARLARE **2.** affettuosa, benevola, dolce, magica, melliflua, sdolcinata, solenne. **Q.T.** *linguistica.*

parolàccia (pl. *-ce*) (*pegg.* di *parola*) [a. 1472] **sf.** parola sconcia, volgare o detta per offendere.

parolàio (pl. *-ài*) [da *parola*; a. 1722] **sm.** (f. *-a*) chi fa tanti discorsi vuoti e inconcludenti; anche in posizione attributiva (sempre posposto): *politica parolaia* || **N.** ciarlone, garrulo, CHIACCHIERONE.

parole (fr., pr. [pa'rɔl]) [letter. parola; 1969] **sf. inv.** **1.** *T.ling.* nella teoria di F. de Saussure, ciascuno degli atti linguistici realizzati dall'individuo come manifestazione concreta di un sistema codificato, detto *langue* **2.** nel poker, formula con cui un giocatore passa al successivo il diritto di aprire il gioco.

parolétta (*dim.* di *parola*) [a. 1321] **sf.** **1.** parola breve **2.** parola dolce e affettuosa: *l'ha calmata con due parolette.*

paroliberìșmo [da *parolibero*; a. 1944] **sm.** tecnica letteraria futurista delle "parole in libertà", cioè senza nessi logici e sintattici.

parolìbero [comp. di *paro(la)* e *libero*; a. 1917] **agg.** relativo alla tecnica compositiva delle "parole in libertà".

parolière [da *parola*, sul modello del fr. *parolier*; 1958] **sm.** (f. *-a*) chi scrive testi per canzoni moderne.

parolìna (*dim.* di *parola*) [1473] **sf.** **1.** parola breve **2.** parola dolce, amorosa, affettuosa **3.** breve discorso confidenziale o di rimprovero: *fermati un attimo!, ho due paroline da dirti.*

parolóna (*accr.* di *parola*) [1618] **sf.** parola difficile, di grande effetto ma di poca sostanza: *un discorso infarcito di parolone.*

parolóne (*accr.* di *parola*) [a. 1565] **sm.** parolona.

paromeòși [dal gr. *paromoíōsis*; 1669 *paromiosis*] **sf.** *T.ret.* classe di figure di parola, comprendente l'omoteleuto, in cui si sfruttano somiglianze fonetiche tra parole (come in *straziami, ma di baci saziami*).

paronìchia [dal lat. *paronychia*, gr. *parōnychía*; seconda metà sec. XVI] **sf.** *T.med.* infiammazione del tessuto intorno a un'unghia, che ne provoca la caduta || **N.** giradito, patereccio.

paronimìa [da *paronimo*, come il fr. *paronymie*; 1958] **sf.** il rapporto che sussiste tra due vocaboli paronimi.

paronìmico (pl. *-ci*) [da *paronimia*, come il fr. *paronymique*; 1958] **agg.** di paronimia.

parònimo [dal gr. *parṓnymos*, come il fr. *paronyme*; 1821] **sm.** *T.ling.* parola che nella forma assomiglia ad un'altra, ma che ne differisce per il significato (per es. *contegno, congegno*).

paronomàsia [dal lat. *paronomasia*, gr. *paronomasía*; 1574 *paranomasia*] **sf.** *T.ret.* figura in cui sono accostate due parole di suono simile, ma di significato diverso, come *amore amaro* || **N.** *Sin.* annominazione, bisticcio; allitterazione.

paroșmìa o **paraoșmìa** [comp. di *para-* e un der. del gr. *osmḗ*, odore; 1835] **sf.** *T.med.* alterazione del senso dell'olfatto, per cui gli odori vengono confusi e non ben riconosciuti.

parossìșmo (ant. *parocìșmo*) [dal gr. *paroxysmós*; 1354 *parocismo*] **sm.** **1.** *T.med.* fase acuta di una manifestazione patologica **2.** *fig.* acme, colmo: *parossismo dell'odio* || **N.** **2.** *Sin.* culmine, esacerbazione, estremo.

parossìstico (pl. *-ci*) [da *parossismo*; 1911] **agg.** *T.med.* caratterizzato da parossismo: *fase parossistica* || *fig.* al massimo dell'intensità: *odio parossistico* || **parossisticaménte** **avv.**

parossitònico (pl. *-ci*) [da *parossitono*; 1983] **agg.** *T.ling.* di lingua nella quale prevalgono le parole parossitone: *l'italiano è una lingua parossitonica.*

parossìtono [dal gr. *paroxýtonos*; 1829] **agg.** e **sm.** di parola del greco classico, che ha l'accento acuto sulla penultima sillaba; *per estens.*

anche rif. ad altre lingue, parola piana || **N.** ossitono, proparossitono.

paròtide [dal lat. *parotis, -idis*, gr. *parōtís*; 1574] ***sf.*** *T.anat.* ciascuna delle due ghiandole salivari maggiori, poste sotto il meato dell'orecchio.

parotidèo [da *parotide*; 1835] ***agg.*** della parotide.

parotite [comp. di *parot(ide)* e *-ite*; 1829] ***sf.*** *T.med.* infiammazione delle parotidi come effetto secondario di malattie infettive || *parotite epidemica*, malattia infettiva che provoca la tumefazione di alcune ghiandole, e in part. di quelle salivari, determinando un caratteristico rigonfiamento dell'area retromandibolare || **N.** *Sin.* gattoni, orecchioni.

parotìtico (pl. *-ci*) [da *parotite*; 1958] ***agg.*** *T.med.* relativo alla parotite, proprio della parotite: *virus parotitico.*

parpagliòla o **parpaiòla** [dal provenz. *parpalhola*; 1461] ***sf.*** antica moneta di origine provenzale diffusa in Lombardia nel sec. XVI, di lega poco pregiata.

parquet (fr., pr. [par'kɛ]) [propr. dim. di *parc*, parco; a. 1866] ***sm. inv.*** pavimento a tasselli di legno, gen. disposti a spina di pesce || **N.** assito, intavolato, tassellato.

pàrra [dal lat. *parra*, upupa; 1891] ***sf.*** uccello africano con zampe e dita lunghe, che gli consentono di correre sulla vegetazione galleggiante.

parricìda [dal lat. *parricīda*; 1319 *paricida*] ***s.*** **1.** chi commette un parricidio; anche in funzione aggettivale (sempre posposto): *ferro parricida* **2.** *fig.* traditore della patria.

parricìdio (pl. *-di* o *-dii*) [dal lat. *parricīdium*; sec. XIV] ***sm.*** **1.** l'uccisione del padre o, meno com., di uno stretto congiunto **2.** *per estens.* delitto esecrando; tradimento della patria.

parrocchétto (meno com. *parocchétto*) [dal fr. *perroquet*, pappagallo, poi vela; 1602 nel senso 2] ***sm.*** **1.** nome di alcuni uccelli degli Psittaciformi, affini ai pappagalli **2.** *T.mar.* nei velieri a vele quadre, la vela immediatamente al disopra di quella maggiore (la più bassa) dell'albero di trinchetto. **TAV. *vela* p. 1343** 6.17, 6.18.

parròcchia [dal lat. tardo *parochia*; 1297 *parroccia*] ***sf.*** **1.** *T.eccl.* ciascuna delle circoscrizioni ecclesiastiche in cui è divisa una diocesi, sottoposta a un parroco e provvista di una propria chiesa || la chiesa dove il parroco celebra le sue funzioni, e gli edifici annessi: *ritrovarsi in parrocchia* **2.** *fig. spreg.* cricca, consorteria: *son tutti della stessa parrocchia* || **N. 1.** cura, pieve, prepositura.

parrocchiàle [da *parrocchia*; 1354] ***agg.*** di, relativo a parrocchia: *attività parrocchiali*; *libro parrocchiale*, in cui sono registrati i battesimi e gli altri sacramenti impartiti ai parrocchiani.

parrocchialità [da *parrocchiale*; 1673] ***sf.*** **1.** carattere di parrocchia, spec. in senso *fig.* **2.** carattere di ciò che spetta a o è dovere di un parroco.

parrocchiàno [da *parrocchia*; 1264] ***sm.*** (f. *-a*) ciascuno dei fedeli di una parrocchia.

pàrroco (pl. *-ci*) [dal lat. *parochus*, gr. *párochos*, approvvigionatore, con influsso di *parrocchia*; a. 1598] ***sm.*** sacerdote cui è affidata la cura delle anime di una parrocchia: *un parroco di campagna* || **N.** curato, pievano, priore, preposto | coadiutore, vicario | congrua, prebenda; canonica.

parrùcca [dal fr. *perruque*; a. 1463 *perucca*] ***sf.*** **1.** capigliatura posticcia usata a scopo estetico, per travestimenti o per esigenze di scena; in passato, spec. nel XVII e XVIII sec., considerata complemento necessario dell'abbigliamento maschile dei ceti superiori **2.** *fig.* persona con idee antiquate, tradizionalista **3.** *pop.* forte rimprovero, sgridata || *dim.* parrucchìno; *accr.* parruccóne || **N. 1.** *chignon*, posticcio, *toupet.*

parruccàio (pl. *-ài*) [da *parrucca*; 1958] ***sm.*** (f. *-a*) chi crea o vende parrucche.

parrucchière [dal fr. *perruquier*, 1640 *perucchiere*] ***sm.*** (f. *-a*) persona specializzata nell'acconciare capigliature, spec. femminili: *parrucchiere per signora.* **Q.T.** *barbiere...*

parrucchìno (*dim.* di *parrucca*) [a. 1729] ***sm.*** piccola parrucca da uomo che copre soltanto le zone colpite da calvizie.

parruccóne (*accr.* di *parrucca*) [1797] ***sm.*** (f. *-a*) *fig.* persona di idee antiquate, moralista retrogrado, codino.

pàrsec [dall'ingl. *parsec*, comp. di *par(allax)*, parallasse e *sec(ond)*, minuto secondo; 1942] ***sm. inv.*** unità di misura di lunghezza usata in astronomia, pari a 3,26 anni luce.

parser (ingl., pr. ['pɑːsə]; pr. it. ['parser]) [letter. analizzatore; 1985] ***sm. inv.*** sistema automatico che accetta in entrata espressioni linguistiche e dà come risultato una rappresentazione delle relazioni che sussistono fra le parole || **N.** *Sin.* analizzatore sintattico.

pàrsi [dal persiano *pārsī*, persiano; a. 1869] ***agg.*** e ***sm.*** appartenente ad un popolo di origine persiana immigrato in India nel sec. VIII.

parsimònia [dal lat. *parsimōnia*; sec. XIV] ***sf.*** la virtù di chi spende e consuma non più del necessario: *vivere con parsimonia, amministrare i beni con parsimonia*; *per estens.* moderazione, misura: *usare il sale con parsimonia, esprimersi con parsimonia* || **N.** *Sin.* economia, sobrietà, temperanza | *Contr.* prodigalità.

parsimonióso [da *parsimonia*; a. 1904] ***agg.*** che si comporta con parsimonia, caratterizzato da parsimonia: *una persona, una vita parsimoniosa* || **parsimoniosaménte** ***avv.*** || **N.** *Sin.* contenuto, moderato, sobrio, temperato | *Contr.* dissipatore, prodigo; scialacquatore.

parsìsmo [da *parsi*; 1917] ***sm.*** nell'India moderna, la religione dei Parsi, derivata dal mazdeismo di Zoroastro. **Q.T.** *religione.*

pàrso *pps.* di *parere* (v.).

partàccia (pl. *-ce*) (*pegg.* di *parte*) [a. 1793] ***sf.*** **1.** ruolo difficile o poco soddisfacente da recitare: *mi è toccata una partaccia* **2.** rimprovero, scenata: *fare una partaccia a qualcuno*, rimproverarlo aspramente **3.** figuraccia || **N. 2.** RIMPROVERO.

pàrte [lat. *pars, partis*; 960] ***sf.*** **1.** ciascuna delle frazioni in cui può essere suddiviso o scomposto un intero: *tagliare la torta in otto parti uguali, dividere un segmento in tre parti, tre parti di farina e due di acqua* || *in part.* ciò che spetta a ciascuno nella suddivisione di beni, guadagni e sim.: *ciascuno ha avuto la sua parte, rinuncio alla mia parte di guadagno*; *fare le parti*, spartire; anche *fig.*: *la propria parte di merito, di responsabilità* || ciascun elemento che compone o in cui può essere analizzato un tutto: *le parti di un congegno, di un edificio, il corso si articolerà in tre parti*; *le parti del mondo*, i continenti; *in part.* rif. al corpo umano: *massaggiare la parte dolorante* || *essere, far parte di qualcosa*, esserne un costituente; essere incluso o implicito: *questo fa parte dell'etica professionale* || *prendere parte*, partecipare, intervenire: *prender parte a un dibattito, a un incontro sportivo* || *mettere qualcuno a parte di qualcosa, far parte a qualcuno di qualcosa*, informarlo || *parte, una parte*, una certa quantità o porzione: *(una) parte dell'incasso sarà devoluta in beneficenza*; anche correlato: *parte degli amici hanno apprezzato, parte no* || *in parte*, parzialmente, non del tutto: *si è rimesso solo in parte dal trauma*; con ulteriori indicazioni dell'entità, della proporzione: *in piccola, in minima parte, in massima, in gran parte*; *la maggior parte* || rispetto a una determinata proprietà: *la parte alta, bassa di un territorio, le parti fibrose, molli di un tessuto, tralascio le parti meno significative* **2.** *in part.* rif. all'estensione e alla collocazione, luogo, regione: *lo conoscono da tutte le parti, da qualche parte sarà pur finito, se passi da queste parti vieni a trovarmi, ha percorso il paese da una parte all'altra*; *passare da parte a parte*, trafiggere || direzione, verso: *acciuffatelo, è fuggito da quella parte!, la parte destra, sinistra, di sopra, di sotto, non so da che parte cominciare* || in numerose loc.: *a parte*, separatamente: *una questione da esaminare a parte, le spese di viaggio sono a parte*; come *loc. prep.* omettendo, escludendo: *a parte la leggera pancetta, ha ancora un bel fisico*; nella *loc. cong. a parte il fatto che* || *mettere da parte*, smettere di usare, di considerare: *mettere da parte ogni pregiudizio, ogni ritegno*; serbare, risparmiare: *quello che ho messo da parte è una miseria* || *fig. da una parte*, in un certo senso: *da una parte è giusto che le cose stiano così*; anche correlato: *da una parte vorrei farlo, dall'altra (parte) temo le conseguenze* || con valore avversativo *d'altra parte*, del resto: *d'altra parte se l'è voluta lui* || *da parte di*, da, per conto di: *queste orchidee vengono da parte di un ammiratore, fagli sapere da parte mia che non sono d'accordo*; anche come rafforzativo del pronome personale: *io da parte mia* (o *per parte mia*) *penso che abbia torto* || *da parte di madre, di padre*, dalla o nella famiglia della madre o del padre || *per estens.* rif. al tempo: *da un anno, da un mese a questa parte*, da un anno, da un mese fa ad ora; *da un po' di tempo a questa parte*, ultimamente **3.** l'insieme di battute spettanti all'attore che interpreta un dato personaggio: *imparare la parte a memoria* || il personaggio stesso: *avere, fare, interpretare una parte, una parte teatrale, cinematografica, televisiva, la parte del protagonista, di Mirandolina, una parte prestigiosa, secondaria* || rif. ad atteggiamenti, funzioni e compiti reali: *questa volta ha fatto la parte dell'ingenuo, mi tocca fare una parte odiosa*; *fare la parte del leone*, prendere la parte migliore, la più grossa || *fare una parte a qualcuno*, ammonirlo; anche comportarsi con lui in modo scorretto **4.** *T.mus.* in un brano d'assieme, la musica relativa a ciascuno strumento o interprete vocale: *la parte dei violini, del solista, del baritono, provare a parti separate* || nel contrappunto, sin. di *voce* || *con la parte*, notazione dinamica che indica, a uno strumento che accompagna, di seguire e assecondare il solista || partitura: *leggere le parti, eseguire senza le parti* **5.** in guerre, contese e sim., ciascuno degli schieramenti avversari: *scontro tra le parti, le parti in lotta* || partito, fazione: *era di parte guelfa* || nella *loc. agg. di parte*, non imparziale: *un giudizio di parte* || *senza arte né parte*, di persona, privo di qualificazioni, di capacità professionali, di identità sociale || *prendere le parti di qualcuno*, schierarsi al suo fianco || *T.giur.* in un processo civile, ciascuno dei soggetti del contraddittorio istituito davanti al giudice, nei confronti dei quali quest'ultimo pronuncia il suo provvedimento: *essere parte in causa*; anche *fig.* essere coinvolto; nel processo penale, l'imputato o il soggetto passivo del reato (*parte lesa*) || *parte civile*, il soggetto passivo che richiede il risarcimento del danno conseguente al reato || soggetto che stipula un atto giuridico bilaterale (per es. un contratto) o che costituisca un rapporto giuridico (per es. un'obbligazione) || *dim.* particciuòla, particèlla, particìna; *pegg.* partàccia || **N. 1.** *Sin.* brano, componente, costituente, elemento, fetta, frammento, frazione, metà, pezzo, porzione, ramo, razione, segmento, settore, sezione, spicchio, suddivisione, tratto; aliquota, quota, rata; accessorio, annesso, componente, elemento, membro, modulo, organo, ramo, settore **2.** *Sin.* ala, area, banda, faccia, fascia, lato, livello, paraggio, posto, punto, zona **3.** *Sin.* ruolo **5.** controparte. **Q.T.** *musica.*

partecipàbile [dal lat. tardo *participābilis*;

1632] **agg.** che si può partecipare, condividere: *notizia partecipabile* || **N.** *Sin.* comunicabile.

partecipaménto [da *partecipare*; prima metà sec. XIV] **sm.** *non com.* il partecipare; partecipazione.

partecipànte (*ppr.* di *partecipare*) [dal lat. *participans, -antis*; a. 1396 *participante*] **s.** chi partecipa: *tutti i partecipanti riceveranno un attestato.*

partecipànza [da *partecipante*; a. 1704] **sf.** **1.** *T.giur.* godimento di beni di proprietà collettiva da parte del singolo in concorrenza con altri singoli **2.** *arc.* partecipazione.

partecipàre (pres. *-écipo*) [dal lat. *participāre*; 1306 *participare*] **intr.** (aus. *avere*) **1.** essere presente, prendere parte attiva: *partecipare a una festa, a una trasmissione televisiva*; *partecipare a una spesa,* contribuire; *partecipare agli utili,* beneficiare di una parte di essi || rif. a emozioni, sentimenti e sim. di altri, condividerli: *partecipare al lutto, al dolore, alla gioia di qualcuno* **2.** (seguito dalla prep. *di*) avere in sé come costituente la propria essenza: *quest'opera partecipa della grandezza del suo autore, Cristo partecipa di due nature* || **tr.** **1.** rendere noto: *ti partecipo il matrimonio di mio figlio* **2.** *lett.* concedere, distribuire || **N.** **intr.** **1.** *Sin.* aderire, compartecipare, concorrere, intervenire; condolersi, congratularsi | **tr.** **1.** *Sin.* comunicare.

partecipatóre [da *partecipare*; sec. XIV *participatore*] **sm.** (f. *-trìce*) *raro* partecipante.

partecipazióne [dal lat. tardo *participātio, -ōnis*; a. 1363 *participazione*] **sf.** **1.** l'atto del partecipare a un evento collettivo, a un'emozione: *partecipazione a un'operazione bellica, al dolore di qualcuno*; anche *ass.*, spec. in formule di cortesia: *con viva partecipazione* **2.** annuncio, comunicazione || *com. concr.* biglietto con cui si rendono noti eventi familiari ad amici e parenti: *partecipazioni di nozze* **3.** *T.econ.* possesso di obbligazioni e azioni di società da parte di un privato, di un'altra società o dello Stato; *Ministero delle partecipazioni statali,* che controlla e coordina le società private di cui lo Stato detiene parte del capitale azionario **4.** *T.fil.* nel pensiero di Platone, la relazione che una cosa ha con la sua idea, per cui essa è costitutiva della natura della cosa || **N.** **1.** *Sin.* adesione, intervento, presenza **2.** *Sin.* avviso, notificazione **3.** *Sin.* compartecipazione. **Q.T.** *sociologia.*

partécipe [dal lat. *particeps, participis*; a. 1342] **agg.** **1.** che prende parte intervenendo attivamente o condividendo un sentimento: *sono partecipe del vostro dolore* || che beneficia o usufruisce: *essere partecipe di beni comuni* **2.** che possiede come carattere sostanziale || **N.** **1.** *Sin.* compartecipe, partecipante, socio.

parteggiaménto [da *parteggiare*; a. 1606] **sm.** *non com.* atto del parteggiare || **N.** *Sin.* adesione.

parteggiàre (pres. *-éggio*) [da *parte*; fine sec. XIII] **intr.** (aus. *avere*) schierarsi a favore, in contrasti spec. politici: *parteggiava per l'ala democratica*; anche *ass.* essere parziale: *fu accusato di parteggiare* || **N.** *Sin.* favorire, sostenere.

parteggiatóre [da *parteggiare*; a. 1850] **sm.** (f. *-trìce*) *raro* fautore, seguace || **N.** *Sin.* PARTIGIANO.

partènio (pl. *-ni*) [dal lat. *parthenium*, gr. *parthénion,* da *parthénos,* vergine; a. 1597] **sm.** **1.** *lett.* canto corale che un gruppo di vergini intonava in onore di una divinità **2.** erba delle Composite dai fiori giallastri di sapore amaro, dotata di poteri medicinali || **N.** **2.** *Sin.* amarella.

partenocarpìa [comp. del gr. *parthénos,* vergine e un der. di *-carpo*; 1932] **sf.** *T.bot.* caratteristica di alcune piante che senza impollinazione producono frutti, i quali però o sono privi di semi o hanno semi sterili.

partenogènesi [dall'ingl. *parthenogenesis,* comp. del gr. *párthenos,* vergine e *génesis,* genesi; 1864] **sf.** *T.biol.* riproduzione sessuale in cui l'uovo si sviluppa senza la fecondazione.

partenogenètico (pl. *-ci*) [dall'ingl. *parthenogenetic*; 1875] **agg.** attinente alla partenogenesi || che si sviluppa per partenogenesi || **partenogeneticaménte** **avv.** attraverso partenogenesi.

partenopèo [dal lat. *Parthenopēius,* da *Parthenope,* antico n. di Napoli; 1476] **I agg.** *lett.* napoletano, di Napoli: *repubblica partenopea* **II sm.** (f. *-a*) abitante, nativo di Napoli.

partènte (*ppr.* di *partire*) [a. 1348] **s.** chi è in procinto di partire, spec. in gare di corsa.

partènza [da *partire*; a. 1294] **sf.** atto del partire: *rimandare la partenza, orario delle partenze, alla partenza erano presenti tutti gli amici*; *essere in* (o *di*) *partenza,* sul punto di partire: *il rapido delle otto è in partenza sul terzo binario* || *in part.* l'inizio di una gara sportiva di velocità: *dare il segnale di partenza, falsa partenza, atleti, cavalli allineati per la partenza* || *fig.* *punto di partenza,* inizio, condizione iniziale: *dopo tanta fatica, siamo di nuovo al punto di partenza*; rif. a discorso o ragionamento, l'insieme delle sue premesse || **N.** *Sin.* allontanamento, avvio, commiato, dipartita, distacco; *start* | mossiere, *starter.* **TAV. *astronautica* p. 654** 3.1.

parterre (fr., pr. [par'tɛr]) [1623 *perterra*] **sm. inv.** **1.** nei teatri, platea || negli stadi, posti situati nel rettilineo centrale, al di sotto delle tribune **2.** in un giardino all'italiana, il complesso delle aiuole.

particèlla (*dim.* di *parte*) [1306] **sf.** **1.** *T.fis.* *particelle elementari,* costituenti ultimi di materia o energia, non ulteriormente scomponibili; *particelle subatomiche,* di cui sono composti gli atomi **2.** *T.gram.* *particelle pronominali, avverbiali,* forme atone di pronomi o avverbi di luogo (*mi, ti, ci, vi*; *lo, la, li, le, gli*; *ci, vi, ne*) **3.** *T.giur.* *particella catastale,* unità catastale costituita da un'estensione di terreno, di costituzione e impiego omogeneo, appartenente al medesimo proprietario || **N.** **2.** *Sin.* clitico. **Q.T.** *fisica.*

particellàre [da *particella*; 1791 nel senso 2] **agg.** **1.** *T.fis.* caratterizzato o costituito da particelle elementari di materia **2.** *T.giur.* relativo a particelle catastali, costituito da particelle catastali: *mappa particellare.*

particìna (*dim.* di *parte*) [1871] **sf.** nella recitazione di un film o di uno spettacolo teatrale, parte breve e marginale.

participiàle [dal lat. *participiālis,* attr. il fr. *participial*; 1561] **agg.** *T.gram.* di o relativo a participio: *forma participiale.*

particìpio (pl. *-pi*) [dal lat. *participium,* attr. il fr. *participe*; sec. XIV] **sm.** *T.gram.* forma nominale del verbo, che presenta l'azione come attributo e occupa la stessa posizione dell'aggettivo: *participio presente,* indica un'azione in via di svolgimento (*oscillante, coprente*) ma ne è sempre più raro l'uso verbale (*coprente una superficie*); *participio passato,* indica azione compiuta (*cresciuto, impallidito*), ha valore passivo se deriva da verbo transitivo (*tagliato, venduto*) ed è usato per formare tempi composti dei verbi insieme agli ausiliari (*è impazzito, ha percorso*).

partìcola [dal lat. *partĭcula*; a. 1292 nel senso 2, a. 1484 nel senso 1] **sf.** **1.** l'ostia consacrata con cui si amministra il sacramento dell'Eucaristia **2.** *ant.* particella || **N.** **1.** *Sin.* ostia.

particolàre [dal lat. tardo *particulāris*; 1306] **I agg.** **1.** relativo a una singola persona, a un fatto o a un elemento distinto, proprio di un gruppo ristretto: *segni particolari di riconoscimento, usi particolari di un paese, segretario particolare* || specifico, determinato: *usa solo quella particolare marca di deodorante* **2.** *per estens.* fuori dal comune, speciale: *una particolare predisposizione, una musica di particolare bellezza* || insolito, bizzarro: *gusti, abitudini del tutto particolari* || *amicizie particolari,* fra omosessuali || *in particolare,* specialmente, specificamente **3.** *arc.* privato: *casa particolare* || **particolarménte** **avv.** in modo speciale, soprattutto **II sm.** **1.** elemento minimo di un intero, dettaglio: *un particolare trascurabile, insignificante, cura minuziosa dei particolari, mi era sfuggito questo particolare* **2.** *ant.* interesse personale || **N.** I **1.** *Sin.* idiomatico, individuale, peculiare; *sui generis*; distinto **2.** *Sin.* eccezionale, esclusivo, raro, singolare **II** **1.** *Sin.* minuzia, particolarità.

particolareggiàre (pres. *-éggio*) [da *particolare*; a. 1571] **tr.** e **intr.** (aus. *avere*) rilevare ogni minuto particolare, ogni circostanza; raccontare assai minutamente.

particolareggiàto (*pps.* di *particolareggiare*) [a. 1571] **agg.** curato nei minimi particolari: *una descrizione particolareggiata*; *piano particolareggiato,* che specifica tutti i particolari rilevanti || **N.** *Sin.* circostanziato, minuto, minuzioso.

particolarìsmo [da *particolare,* come il fr. *particularisme*; 1847] **sm.** tendenza a occuparsi troppo dei propri interessi, o di quelli della propria città o regione || protezione o favore concessi per scopi personali a particolari persone; parzialità, favoritismo || **N.** *Sin.* campanilismo, regionalismo.

particolarìstico (pl. *-ci*) [da *particolarismo*; 1923] **agg.** attinente a particolarismo || che esprime particolarismo: *atteggiamento particolaristico.*

particolarità [da *particolare*; 1342] **sf.** l'essere particolare || *concr.* particolare qualità, aspetto particolare: *ogni segno zodiacale ha le sue particolarità.*

partigiàna [da *partigiano*; 1451] **sf.** *T.stor.* antica arma costituita da un'asta alla cui estremità era fissata una lama appuntita con profilo inferiore a forma di mezzaluna || **N.** alabarda.

partigianerìa [da *partigiano*; 1871] **sf.** atteggiamento di parte, faziosità.

partigianésco (pl. *-schi*) [da *partigiano*; 1922] **agg.** *spreg.* da partigiano, fazioso.

partigiàno [da *parte*; sec. XIV] **I agg.** **1.** di parte, fazioso: *politica partigiana, legge partigiana* **2.** relativo ai partigiani della II guerra mondiale: *guerra, difesa partigiana* **II sm.** (f. *-a*) **1.** chi parteggia, chi segue le parti di un gruppo, di un partito, di un ideale e sim.: *partigiani degli oppressi, della pace* **2.** chi partecipa alla guerriglia contro gli invasori del proprio paese || *in part.* appartenente ai movimenti di resistenza contro i nazifascisti durante la II guerra mondiale || **N.** I **1.** *Sin.* parziale, settario **II** **1.** *Sin.* favoreggiatore, fautore, partitante, sostenitore, zelatore **2.** antifascismo.

partiménto [da *partire*[1]; fine sec. XII - prima metà sec. XIII] **sm.** *ant.* **1.** divisione in più parti || *concr.* ciascuna delle parti risultanti **2.** separazione.

partìre[1] (pres. *-ìsco, -ìsci*) [dal lat. *partīri,* dividere, separare; 1186] **tr.** *lett.* **1.** dividere in parti, separare: *il bel paese che Apennin parte* (Petrarca) **2.** distribuire, spartire: *come villani ch'hanno da partire un buon raccolto* (Carducci) **3.** allontanare, separare: *avea l'anello caro, né mai da sé il partiva* (Boccaccio) || **intr. pron.** *lett.* separarsi; allontanarsi.

partìre[2] (pres. *pàrto*) [da *partire*[1]; a. 1243 nel senso 3] **intr.** (aus. *essere*) **1.** andar via, allontanarsi (da un luogo per andare in un altro, perlopiù lontano e per lungo tempo); iniziare un viaggio o un percorso: *prima di partire ha salutato tutti gli amici, se parti adesso arriverai tardi, partire per le vacanze, partire militare, il rapido delle otto parte sul binario tre* || schizzare via a forte velocità: *è partito un colpo mentre puliva l'arma; partire in quarta, a razzo,* velocissimo fino dall'inizio **2.** mettersi in moto, iniziare a funzionare: *la macchina non parte perché fa troppo freddo, fai partire il giradischi* **3.** *fig.* avere origine, inizio; prendere le mosse: *un prurito che parte dal naso e si sposta fino all'orecchio, partire da una premessa, da un presupposto, un sospiro che parte dal cuore* || nella descrizione di un assetto, di una configurazione: *una fila di pioppi che parte dal bordo del campo, un ricamo che parte dall'attaccatura della manica e va fino al polsino* || *a partire da oggi,* cominciando da oggi, a datare da oggi **4.** *fig. fam.* andare fuori uso, rompersi: *è partita una lampadina;* saltare, andar fuori posto: *è partito un bullone, un bottone* || **intr. pron.** *partirsene,* andare via || **N. 1.** *Sin.* andarsene, avviarsi, dipartirsi, emigrare, incamminarsi; far fagotto; mettersi in cammino, in viaggio **3.** *Sin.* cominciare, iniziare, originarsi.

partìta¹ [da *partire²*; a. 1321] ***sf.*** *arc.* partenza || *l'estrema partita,* la morte.

partìta² [da *partire¹*; 1260 nel senso 2; 1535 nel senso 1] ***sf.*** **1.** quantità più o meno grande di merce che si consegna o si ordina in una volta sola: *una partita di frutta, di stoffa* **2.** *T.comm.* nota di debito o credito di una contabilità; *partita di giro,* voce del bilancio affiancata dall'uscita o dall'entrata corrispondente che la compensa; *partita semplice,* sistema di scrittura contabile in cui ogni operazione è riportata una volta sola || *partita doppia,* in cui ogni operazione è registrata in due conti diversi, come dare e come avere || *partita IVA,* la registrazione delle operazioni con l'indicazione dell'IVA da corrispondere; *per estens.* il numero che viene attribuito dal fisco a imprese o professionisti, che deve essere indicato in ogni fattura, ricevuta o altro documento rilevante ai fini della dichiarazione IVA **3.** *T.mus.* composizione strumentale del periodo barocco, in cui viene sviluppata una serie di variazioni su una melodia || nel '700 sin. di *suite* || **N. 1.** *Sin.* blocco, *stock* **2.** partitario. **Q.T.** *commercio...*

partìta³ [da *partire¹*; 1612] ***sf.*** gara, incontro, competizione: *una partita a bocce, a carte; assistere a una partita di calcio, di tennis; giocare, vincere, perdere, disputare, fare una partita* || *per anton. la partita,* partita di calcio: *andare alla partita* || *dare partita vinta a qualcuno,* ritirarsi quando tutto è perduto, cedere all'avversario || *partita d'onore,* duello || *partita di caccia,* battuta di caccia || *essere della partita,* partecipare, aderire || *dim.* partitìna; *accr.* partitóna, partitóne (*sm.*); *pegg.* partitàccia || **N.** cappotto. **Q.T.** *calcio, giochi.*

partitànte [da *partito²*; a. 1612] ***agg.*** *raro* che prende parte a favore di una persona o di una cosa; fautore || **N.** PARTIGIANO.

partitàrio (pl. *-ri*) [da *partita²*; 1853] ***sm.*** libro commerciale in cui si registrano le partite del dare e dell'avere.

partìtico (pl. *-ci*) [da *partito²*; 1950] ***agg.*** di un partito.

partitìșmo [da *partito²*; 1934] ***sm.*** *T.pol.* tendenza dei partiti ad assumere una funzione determinante nella vita politica ed economica di una nazione.

partitìssima [da *partita³*; 1964] ***sf.*** *T.sport.* partita, spec. di calcio, molto importante e attesa, o di notevole livello tecnico o agonistico.

partitìvo [da *partito¹*; 1540] ***agg.*** *T.gram.* che si riferisce a parte di un tutto: *articolo partitivo* (o *sm. il partitivo*), la preposizione *di* articolata, utilizzata al posto dell'articolo con nomi singolari non numerabili, per indicare una quantità imprecisata (*ha lasciato del brodo*) o con nomi plurali col valore di articolo indeterminativo plurale (*vi sono delle persone*); *genitivo partitivo,* in latino, il caso che esprime l'intero di cui il nome che lo regge indica la parte.

partìto¹ (*pps.* di *partire¹*) [1282] ***agg.*** **1.** suddiviso, ripartito || *lett.* diviso in fazioni: *li cittadin de la città partita* (Dante) **2.** *T.arald.* *scudo partito,* diviso in due parti da una linea verticale || **partitaménte** ***avv.*** a uno a uno; distintamente. **TAV. *araldica* p. 645** 3.1.

partìto² [da *partire¹*; a. 1385] ***sm.*** **1.** libera associazione, formale o informale, di persone unite da un interesse comune o da una stessa propensione ideologica, che si propongono di influenzare il potere politico o di assumerlo in proprio: *il partito filospartano nell'antica Atene, il partito giacobino* || *in part.* nei sistemi democratico-parlamentari moderni, associazione di cittadini che perseguono obiettivi politici spec. attraverso la partecipazione alle elezioni: *partito di governo, di opposizione, i partiti di sinistra, partito liberale, comunista* **2.** alternativa, soluzione: *appigliarsi al miglior partito, non saper che partito prendere* || *per partito preso,* in base a una decisione presa in precedenza **3.** occasione di matrimonio: *c'è un buon partito per tua sorella* || la persona stessa che si offre per il matrimonio: *Giovanni mi sembra un buon partito* **4.** condizione, ormai solo nelle loc. *ridursi, essere, trovarsi a mal partito* || *mettere la testa a partito,* a giudizio **5.** *arc.* patto, accordo || *dim.* partitèllo, partitìno, partitùccio; *accr.* partitóne; *pegg.* partitàccio || **N. 1.** consorteria, fazione, setta; gruppo parlamentare | comitato centrale, corrente, direttivo, direzione, esecutivo, ufficio politico; affiliato, indipendente, iscritto, membro, segretario; manifesto | defezione, propaganda. **Q.T.** *politica.*

partitocràtico (pl. *-ci*) [da *partitocrazia*; 1950] ***agg.*** attinente alla partitocrazia || che ha carattere di partitocrazia.

partitocrazìa [comp. di *partito²* e *-crazia*; 1950] ***sf.*** accentramento del potere politico nei partiti, a danno del parlamento e del governo. **Q.T.** *politica.*

partitóna (*accr.* di *partita³*) [1979] ***sf.*** *T.sport.* partita di alto livello agonistico o spettacolare.

partitóre [dal lat. tardo *partitor, -ōris*; a. 1250 nel senso 2; a. 1930 nel senso 1] ***sm.*** **1.** *T.tecn.* dispositivo atto a ripartire una certa grandezza secondo proporzioni definite; *in part.* in idraulica, elemento che ripartisce la portata di un canale, in prossimità di canali derivati **2.** *lett.* (f. *-trìce*) chi divide in parti o fa le parti.

partitùra [da *partire¹*; 1679] ***sf.*** **1.** *T.mus.* l'insieme di tutte le parti, vocali o strumentali, che costituiscono una composizione, trascritte in parallelo, in modo che le battute da eseguire contemporaneamente siano incolonnate l'una sotto l'altra: *partitura d'orchestra, dirigere senza partitura* **2.** *raro* la spartizione dei prodotti tra padrone e contadino.

partizióne [dal lat. tardo *partītio, -ōnis*; 1337 *partigione*] ***sf.*** il dividere in parti, divisione || *concr.* scomparto, sezione || *T.mat.* suddivisione di un insieme in sottoinsiemi tra loro disgiunti || **N.** *Sin.* ripartizione, spartizione.

partner (ingl., pr. ['pɑ:tnə]; pr. it. ['partner]) [da *parcener,* dal fr. ant. *parçonier,* 1862] ***s. inv.*** (anche pl. *partners,* pr. ['pɑ:tnəz]) chi collabora con un'altra persona, in un'attività di coppia: *i nostri partner nella gestione dell'impresa* || *in part.* la persona con cui si ha un rapporto sessuale: *un partner focoso* || *T.sport.* il compagno in un gioco disputato a coppie || **N.** *Sin.* collaboratore, collega, socio.

partnership (ingl., pr. ['pɑ:tnəʃɪp]) [comp. di *partner,* socio e *-ship,* condizione, stato; 1958] ***sf. inv.*** accordo, alleanza più o meno temporanea tra entità economiche o politiche per la gestione di un progetto comune.

pàrto¹ [dal lat. *partus*; a. 1294] ***sm.*** **1.** l'uscita di uno o più feti dai genitali femminili, al termine della gravidanza: *parto prematuro, tardivo, parto gemellare, trigemino, naturale, cesareo; parto pilotato,* in cui le contrazioni vengono accelerate mediante farmaci **2.** *per meton. lett.* il figlio partorito: *manifesta di cui questo parto si generasse* (Boccaccio) || *fig.* produzione, spec. dell'ingegno, creazione: *parto poetico* || *un parto della fantasia,* una menzogna || **N. 1.** nascita, puerperio; nullipara, pluripara, primipara; distocia.

parto² [dal lat. *Parthus*; a. 1375] ***agg.*** appartenente all'antica popolazione iranica dei Parti.

partoriènte (*ppr.* di *partorire*) [a. 1304 *parturiente*] ***sf.*** donna che sta per partorire o che sta partorendo.

partorìre (pres. *-ìsco, -ìsci*) [dal lat. *parturīre*; a. 1294 *parturire*] ***tr.*** dare alla luce con il parto: *ha partorito un bel maschietto, la cavalla ha partorito un bel puledro;* anche *ass.*: *sua moglie deve ancora partorire* || *fig.* produrre con l'ingegno: *cosa ha partorito la sua mente diabolica?* || causare: *la violenza partorisce odio* || **N.** *Sin.* figliare, generare, mettere al mondo.

part time (ingl., pr. ['pɑ:t 'taɪm]; pr. it. [par'taim]) [letter. tempo parziale; 1969] **I *loc. agg. inv.*** e ***loc. avv.*** **1.** di lavoro, che viene svolto in un orario ridotto rispetto all'orario previsto come normale dal contratto di lavoro: *lavorare (a) part-time, avere un'attività part time* **2.** di lavoratore, che svolge la propria attività ad orario ridotto: *segretaria part time* **II *loc. m. inv.*** rapporto di lavoro ad orario ridotto: *ha scelto il part time* || ***loc. s. inv.*** lavoratore che svolge il proprio lavoro ad orario ridotto: *per le pulizie ha preso una part time.*

party (ingl., pr. ['pɑ:tɪ]) [dal fr. *partie,* partita; 1942] ***sm. inv.*** ricevimento, festa, trattenimento || **N.** *cocktail-party, garden-party.*

parure (fr., pr. [pa'ry:r]) [da *parer,* preparare; 1867] ***sf. inv.*** insieme coordinato di due o più oggetti, spec. di abbigliamento od ornamento: *parure di biancheria, parure da viaggio, parure di gioielli.*

parușìa [dal gr. *parousía,* presenza; 1923] ***sf.*** **1.** *T.teol.* il ritorno di Cristo il giorno del Giudizio Universale **2.** *T.fil.* in Platone, presenza delle idee nella realtà sensibile.

parùto [da *parere*; a. 1348] *pps. arc.* di *parere,* parso.

parvènte (*ppr.* di *parere*) [fine sec. XII-prima metà sec. XIII] ***sm.*** **1.** *arc.* apparenza **2.** parere, giudizio, opinione: *a ciò che mi riscrivan suo parvente* (Dante).

parvenu (fr., pr. [parvə'ny]) [letter. arrivato; 1855] ***sm. inv.*** persona venuta su dal niente, arricchita in fretta conservando ancora mentalità e costumi del ceto di provenienza || **N.** *Sin.* nuovo ricco.

parvènza [dal provenz. *parvensa*; 1300 ca.] ***sf.*** *lett.* apparenza, aspetto || *com.* accenno, presenza minima: *non c'è la minima parvenza di legalità.*

parvità [dal lat. *parvitas, -ātis*; sec. XIII] ***sf.*** *lett.* piccolezza, pochezza, esiguità.

pàrvolo [dal lat. *parvulus,* dim. di *parvus,* piccolo; a. 1292] ***agg.*** e ***sm.*** (f. *-a*) *poet.* pargolo.

parziàle [dal lat. *partiālis*; a. 1363] ***agg.*** **1.** che riguarda solo una parte, non totale: *eclissi parziale, parziale infermità di mente* **2.** che favorisce, anche contro giustizia, una parte rispetto all'altra: *giudizio parziale, un giudice parziale* || **parzialménte** ***avv.*** **1.** in parte: *parzialmente restaurato* **2.** *non com.* non obiettivamente || **N. 1.** *Sin.* incompleto | *Contr.* completo, integrale, totale **2.** *Sin.* ingiusto, iniquo | *Contr.* equo, imparziale, spassionato.

parzialeggiàre (pres. *-éggio*) [da *parziale*; a. 1675] ***intr.*** (aus. *avere*) *raro* mostrare parzialità, essere parziale.

parzialità [da *parziale*; a. 1406] ***sf.*** qualità di ciò che è parziale: *un giudizio che denota parzialità* || *concr.* azione ingiusta che favorisce una delle parti: *sono state fatte delle parzialità* || **N.** *Sin.* favoritismo, ingiustizia, iniquità, partigianeria, settarismo.

parzializzàbile [da *parzializzare*; 1970] ***agg.*** che può subire una parzializzazione.

parzializzàre [da *parziale*; a. 1644] ***tr.*** **1.** dividere in parti **2.** *T.tecn.* variare la portata di un condotto idraulico modificandone la sezione.

parzializzatóre [da *parzializzare*; 1963] ***sm.*** *T.tecn.* dispositivo per regolare la portata di un fluido in una condotta.

parzializzazióne [da *parzializzare*; 1958] ***sf.*** atto o effetto dal parzializzare.

parziarietà [da *parziario*; 1958] ***sf.*** *T.giur.* condizione di ciò che è parziario.

parziàrio (pl. *-ri*) [dal lat. tardo *partiārius*; a. 1609] ***agg.*** *T.giur.* si dice di obbligazione e di contratto in cui vi siano più contraenti, ciascuno dei quali può richiedere o essere tenuto a compiere una parte della prestazione totale.

parzionària [dal lat. *pars, partis*, parte; 1958] ***sf.*** *T.giur.* nel Medioevo, contratto in seguito al quale un proprietario cedeva un appezzamento di terreno sterile a un coltivatore che, dopo averlo dissodato e ridotto a coltura, ne diveniva in parte proprietario.

pascàl [dal n. proprio B. *Pascal*, scienziato e filosofo fr.; 1981] ***sm. inv.*** **1.** unità di misura della pressione nel Sistema Internazionale; equivale alla pressione esercitata dalla forza di 1 Newton agente perpendicolarmente su una superficie di 1 metro quadrato (N/m^2) **2.** *T.inform.* linguaggio di programmazione per calcolatori.

pàscere (pres. *pàsco, pàsci*; p.rem. *pascètti, pascéi*; pps. *pasciùto*) [dal lat. *pāscere*; a. 1292] ***tr.*** **1.** di erbivori, mangiare, brucare: *pascere le tenere erbette*; anche *ass.*: *portare le pecorelle a pascere* **2.** condurre, tenere al pascolo: *pascere il gregge su per la montagna* || alimentare, nutrire; anche *fig.*: *pascere la mente, l'animo, pascere il corpo di voluttà* || ***intr.*** (aus. *avere*) *non com.* nutrirsi: *pascere d'erba* || ***rifl.*** cibarsi, nutrirsi || *fig.* trovare soddisfazione, appagamento: *cibo non prende già, ché dei suoi mali / solo si pasce e sol di pianto ha sete* (Tasso); *pascersi di vento, di speranze, d'illusioni* || **N.** ***tr.*** **1.** *Sin.* mangiare **2.** *Sin.* pascolare, pasturare, NUTRIRE | ***rifl.*** *Sin.* bearsi, compiacersi, deliziarsi, dilettarsi.

pascià [dal turco *paša*; a. 1470 *bascià*] ***sm. inv.*** titolo d'alta dignità spettante a governatori e alti funzionari dell'impero turco: *Amir pascià* || in alcune espr.: *vivere da pascià, come un pascià*, nel lusso, con tutti gli agi || **N.** padiscià.

pascialàto [da *pascià*; 1853] ***sm.*** dignità di pascià || il distretto dove egli governa.

pascióna [lat. *pastio, -ōnis*; sec. XV] ***sf.*** **1.** abbondanza di pascolo; annata abbondante || *per estens.* luogo di pascolo abbondante **2.** *fig.* abbondanza, prosperità, cuccagna: *adesso non è più la pasciona di tanti anni fa.*

pasciulì [1905] ***sm. inv.*** adattamento it. del fr. *patchouli* (v.).

pasciùto (*pps.* di *pascere*) [a. 1306] ***agg.*** florido, nutrito: *ben pasciuto, bambini sani e ben pasciuti, vitelli ben pasciuti.*

pàsco (pl. *-schi*) [lat. *pascuum*; 1313] ***sm.*** *arc.* o *poet.* terreno a pascolo.

pascolàre (pres. *pàscolo*) [da *pascolo*; a. 1411] ***tr.*** rif. a bestiame, condurre al pascolo e sorvegliare: *pascolare le capre* || ***intr.*** (aus. *avere*) **1.** cibarsi al pascolo, essere in pastura: *un gruppo di capre che pascolano su un pendio roccioso* **2.** *fig.* sfruttare a proprio favore una situazione, trovarcisi a proprio agio || **N.** ***tr.*** *Sin.* aderbare, pascere, pasturare | ***intr.*** **1.** *Sin.* brucare | addiaccio, brado, pabulo, prateria.

pascolatìvo [da *pascolare*; 1891] ***agg.*** adatto al pascolo: *terreno pascolativo.*

pàscolo [lat. *pascuum*; sec. XIV] ***sm.*** **1.** terreno coperto di vegetazione erbacea, più o meno abbondante, anche coltivato, su cui viene condotto il bestiame a nutrirsi: *pascolo montano, di pianura, pascolo grasso, magro*; *pascolo continuo*, che fornisce erba tutto l'anno; *pascolo discontinuo*, usato come tale solo in periodi di riposo del terreno || l'erba stessa: *coltivare, lasciare un campo a pascolo, un pascolo abbondante* **2.** l'atto del pascolare: *durante il pascolo le mucche si recano di tanto in tanto a bere*; *condurre, portare al pascolo, pascolo abusivo* **3.** *fig.* alimento, nutrimento: *la lettura è un buon pascolo per la mente*; *dar pascolo all'invidia* || *dare in pascolo*, dare in pasto || **N.** **1.** *Sin.* pabulo, pastura; foraggio | alpeggio, pasciona, stazzo, tratturo.

pascóre [dal fr. ant. e provenz. *pascor*, di Pasqua; a. 1237] ***sm.*** *arc.* primavera.

pas de deux (fr., pr. [pɑdə'dø]) [letter. passo di due (persone); 1831 *padedù*] ***sm. inv.*** nella danza, il momento più importante di una composizione coreografica, normalmente corrispondente al duetto d'amore in un'opera.

pas de quatre (fr., pr. [pɑdə'katr]) [letter. passo di quattro (persone); 1988] ***sm. inv.*** danza che si inserisce in un balletto o in un'opera, interrompendone lo svolgimento.

pasigrafìa [dal fr. *pasigraphie*, basato sul gr. *pasi(n)*, per tutti; 1823] ***sf.*** *T.ling.* lingua scritta universale, sistema di segni scritti di cui si presume che siano universalmente comprensibili.

pasilalìa [dal fr. *pasilalie*, basato sul gr. *pasi(n)*, per tutti; 1835] ***sf.*** *T.ling.* lingua artificiale in cui i segni scritti di una pasigrafia corrispondono a gruppi di suoni pronunciabili.

pàsmo [dal fr. ant. *pasme*; a. 1306] ***sm.*** *arc.* spasimo.

paso doble (sp., pr. ['paso 'ðoβle]; pr. it. ['pɑso 'doble]) [letter. passo doppio; 1942] ***loc. m. inv.*** danza moderna da sala, di origine spagnola, di ritmo binario e tempo veloce.

pàsqua [lat. cristiano *pascha*, gr. *páscha*, dall'ebr. *pesaḥ*, passaggio; 1246 nel senso 2; a. 1342 nel senso 1] ***sf.*** **1.** la festa con cui gli Ebrei celebravano la liberazione dalla schiavitù dell'Egitto **2.** (solitamente maiuscolo) festa cristiana in cui si commemora la risurrezione di Cristo; si celebra nella domenica successiva al plenilunio di marzo: *Pasqua di Resurrezione, celebrare la Pasqua, augurare, dare la buona Pasqua*; *prov.* *Natale con i tuoi, Pasqua con chi vuoi*; *Pasqua alta, bassa*, a seconda che cada tardi o presto || *Pasqua di rose*, la Pentecoste || *prender la Pasqua*, confessarsi e comunicarsi nel tempo pasquale, secondo il precetto della Chiesa cattolica **3.** *pop.* festa; occasione di gioia || *essere contento come una pasqua*, contentissimo || *mala pasqua*, sfortuna, malasorte: *avere, augurare la mala pasqua* || *dim.* pasquétta || **N.** **2.** alleluia, cero pasquale, settimana santa; colomba, uovo.

pasquàle [dal lat. tardo *paschālis*; sec. XIV] ***agg.*** di pasqua, che concerne la pasqua: *feste pasquali, colomba pasquale.*

pasquaròsa [comp. di *pasqua* e *rosa*; 1918] ***sf.*** nome popolare della solennità della Pentecoste.

pasquétta (*dim.* di *pasqua*) [1911] ***sf.*** *pop.* **1.** il lunedì dopo la Pasqua, tradizionalmente dedicato a gite e scampagnate **2.** *region.* l'Epifania || la Pentecoste.

pasquinàta [da *Pasquino*, nome dato ad un avanzo di gruppo marmoreo a Roma; a. 1535] ***sf.*** satira pungente d'impronta popolaresca, gen. d'argomento politico || **N.** SATIRA.

pàssa [imper. di *passare*; 1958] solo nella ***loc. avv.*** *e passa*, e oltre, e più: *l'ha pagato un milione e passa.*

pàssa-àlto [comp. di *passa(re)* e *alto*; 1958] ***sm. inv.*** *T.elettrot.* in elettrotecnica, telecomunicazioni, radiotecnica, tipo di filtro che opera sullo spettro di un segnale in modo da attenuare le frequenze inferiori a un valore dato (detto *frequenza di taglio*) e lasciare il più possibile inalterate quelle superiori || **N.** passa-basso.

pàssa-bànda [comp. di *passa(re)* e *banda*; 1958] ***sm. inv.*** *T.elettrot.* in elettrotecnica, radiotecnica, acustica, dispositivo a due porte atto a modificare lo spettro di frequenza di un segnale attenuandone i contenuti all'esterno di un intervallo di frequenza e trasmettendo il più possibile inalterati quelli all'interno || **N.** arresta-banda.

pàssa-bàsso [comp. di *passa(re)* e *basso*; 1958] ***sm. inv.*** *T.elettrot.* in elettrotecnica, telecomunicazioni, radiotecnica, tipo di filtro che opera sullo spettro di un segnale in modo da attenuare le frequenze superiori a un valore dato (detto *frequenza di taglio*) e lasciare il più possibile inalterate quelle inferiori || **N.** passa-alto.

passàbile [dal fr. *passable*; a. 1729] ***agg.*** accettabile, discreto: *è un libro passabile* || **passabilménte** ***avv.***

passabròdo [comp. di *passa(re)* e *brodo*; a. 1876] ***sm. inv.*** colabrodo.

passacàglia (pl. *-glie*) [dallo sp. *pasacalle*; 1620 *passacallo*] ***sf.*** *T.mus.* composizione in ritmo ternario derivante da un'antica danza italiana o spagnola, affine alla ciaccona, composta da variazioni su un basso ostinato.

passacàvo [comp. di *passa(re)* e *cavo*; 1937] ***sm.*** **1.** *T.mar.* elemento metallico che fa da guida ai cavi di ormeggio e di rimorchio **2.** fasciatura a spirale fissata all'estremità di un filo o di un cavo metallico || **N.** **2.** *Sin.* passafilo.

passafièno [comp. di *passa(re)* e *fieno*; 1958] ***sm. inv.*** apertura nel pavimento del fienile sopra la stalla, attraverso la quale si fa passare il fieno per gli animali.

passafili [comp. di *passa(re)* e *filo*; 1983] ***sm. inv.*** in chirurgia, strumento con cui si infila il filo negli aghi da sutura.

passafilm [comp. di *passa(re)* e *film*; 1960] ***s. inv.*** *T.cin.* assistente del montatore, che ha il compito di revisionare le copie dei film.

passafilo [comp. di *passa(re)* e *filo*; 1958] ***sm.*** passacavo, nel senso 2.

passafina [comp. di *passa(re)* e *fino*; 1970] ***sf.*** passafino.

passafino [comp. di *passa(re)* e *fino*; 1958] ***sm.*** sottile nastro in cotone usato per rinforzare orli e cuciture || **N.** *Sin.* passamano.

passafuòri [comp. di *passa(re)* e *fuori*; 1958] ***sm. inv.*** *T.edil.* trave di legno di piccole dimensioni che è infissa nel muro per sorreggere il cornicione.

passagàllo [dallo sp. *pasacalle*; a. 1722] ***sm.*** *T.mus.* **1.** passacaglia **2.** accompagnamento ritmato di stornelli, serenate e sim.

passàggio (pl. *-gi*) [dal fr. *passage*; a. 1257] ***sm.*** **1.** atto ed effetto del passare per un luogo: *il passaggio della processione, ci sono tracce fresche del loro passaggio, passaggio di pedoni, di auto, di selvaggina, passaggio di corrente in un filo* || *eufem.* *il gran passaggio*, la morte || *T.astr.* passaggio di un pianeta davanti al sole, transito; *passaggio al meridiano*, di un corpo celeste, il momento in cui si trova al meridiano di una data località; *strumento dei passaggi*, cannocchiale astronomico, montato in modo da potersi muovere nel piano del meridiano, col quale si osserva il passaggio al meridiano di un corpo celeste || *di passaggio*, come *loc. agg.*, che si trova a passare di lì, che si ferma per breve tempo durante un tragitto: *clienti, turisti di passaggio*; rif. a luogo, che si attraversa solamente: *stanza, corridoio di passaggio*; come *loc. avv.* di sfuggita, incidentalmente: *ho accennato alla questione solo di passaggio* **2.** trasporto, viaggio su nave o altro veicolo; anche il prezzo relativo || accompagnamento con un mezzo di trasporto proprio: *chiedere, offrire un passaggio, non devi accettare passaggi da sconosciuti* **3.** cambiamento di stato o condizione: *passaggio dal caldo al freddo, dalla schiavitù alla libertà, passaggio di proprietà* || *T.mus. passaggio (di registro)*, nell'emissione vocale di una serie di note ascendenti, punto, variabile da voce a voce, in cui si richiede un adattamento della laringe, che si inclina in avanti, e un allungamento delle corde vocali, per facilitare l'emissione; anche tale adattamento: *avere il passaggio sul fa, riuscire bene nel passaggio* || *T.mus. note di passaggio*, quelle che si collegano per grado congiunto con le note reali e non sono parte dell'accordo tonale; hanno valore melodico ma non armonico **4.** luogo attraverso il quale si passa: *hanno chiuso il passaggio, un passaggio stretto, comodo, aprire un passaggio tra i rovi*; *passaggio a livello*, punto in cui una ferrovia attraversa una strada ordinaria **5.** brano, frammento di un'opera letteraria o musicale: *declamare un passaggio di una poesia, un passaggio virtuosistico per clavicembalo* || ciascuna parte di un'operazione complessa: *scrivere una dimostrazione omettendo alcuni passaggi* || *T.alp.* punto più o meno impegnativo da superare in una scalata: *un passaggio di sesto grado* **6.** l'azione di passare qualcosa, invio, spinta; *in part.* come azione nei giochi di palla: *passaggio di sinistro, di testa, lungo, corto* || *passaggio delle consegne*, cessione degli incarichi, delle funzioni al successore || **N. 1.** *Sin.* transito; scorrimento **2.** *Sin.* traghetto, traversata; strappo **3.** *Sin.* transizione, MODIFICAZIONE **4.** cammino, cavalcavia, condotto, corridoio, passatoio, passerella, ponte, traforo, valico, varco. **Q.T.** *calcio.*

passamanerìa [dal fr. *passementerie*; 1839] ***sf.*** l'insieme di nastri, bordi intrecciati, frange e sim., usato per guarnire o rifinire abiti e tessuti d'arredamento.

passamàno¹ [dal fr. *passement*; 1516] ***sm.*** nastro per guarnizione di tessuti || **N.** *Sin.* passafino.

passamàno² [comp. di *passa(re)* e *mano*; 1889] ***sm.*** **1.** passaggio di cose per le mani di più persone l'una di fianco all'altra: *fare il passamano per scaricare oggetti da un camion* **2.** parte della ringhiera su cui ci si appoggia || **N. 2.** *Sin.* corrimano.

passaménto [da *passare*; 1305] ***sm.*** *arc.* passaggio.

passamèzzo o **passemèzzo** [comp. di *passo* e *mezzo*, con accostamento a *passare*; 1561] ***sm.*** *T.mus.* antica danza italiana in ritmo binario affine alla pavana ma più mossa.

passamontàgna [comp. di *passa(re)* e *montagna*, sul modello del piem. *passemõuntagne*; a. 1885] ***sm.*** *inv.* cappuccio di lana che copre interamente la testa fino al collo, lasciando scoperta solo la parte superiore del volto.

passanàstro [comp. di *passa(re)* e *nastro*; 1958] ***sm.*** pizzo con aperture ad occhiello nelle quali si infila un nastro; è usato come ornamento negli indumenti.

passànte (*ppr.* di *passare*) [a. 1320] **I *agg.*** **1.** in araldica, di animale raffigurato nell'atto di camminare **2.** *T.sport.* nel tennis, *tiro passante*, tiro teso che supera lateralmente l'avversario sceso a rete; anche *sm.* **II *s.*** chi cammina, passa in un luogo: *tendeva la mano ai passanti* || ***sm.*** strisciolina di cuoio o di stoffa che forma una specie di anello attraverso il quale passa la cintura || **N. II *s.*** *Sin.* viandante. **TAV. *araldica* p. 645** 4.15.

passaparòla [comp. di *passa(re)* e *parola*; 1614] ***sm.*** *inv.* **1.** in ambiente militare, trasmissione di un ordine da un capo all'altro di una fila di soldati, facendolo ripetere da ognuno al proprio vicino **2.** *per estens.* gioco consistente nel far passare una parola o una frase da un capo all'altro di una fila o di un cerchio, facendola ripetere velocemente sottovoce da ognuno al proprio vicino, e nel confrontare la parola di partenza con quella finale.

passapatàte [comp. di *passa(re)* e *patata*; 1958] ***sm.*** *inv. region.* schiacciapatate.

passapiède [comp. di *passa(re)* e *piede*, sul modello del fr. *passe-pied*; 1871] ***sm.*** antica danza francese in tempo ternario, piuttosto mossa.

passapòrto [comp. di *passa(re)* e *porto*, sul modello del fr. *passeport*; 1578] ***sm.*** documento che consente a un cittadino di uscire liberamente dal proprio Stato per andare all'estero: *chiedere, concedere, rinnovare il passaporto* || **N.** licenza, salvacondotto, visto.

passàre [lat. volg. **passāre*; a. 1250] ***intr.*** (aus. *essere*) **1.** muoversi percorrendo uno spazio, seguendo un percorso (designa l'atto nella fase centrale, senza indicazione della provenienza e della destinazione): *è passato un elicottero sulle nostre teste, il corteo passerà per il corso, in piazza, la corrente passa nei fili*; anche con moto per luogo sottinteso: *l'autobus dovrebbe passare fra poco, ho visto passare tuo figlio* || *passare di, da*, raggiungere, toccare durante un tragitto; far tappa a, anche *fig.*: *al ritorno passa dal mercato, sbaglio o siamo già passati di qua?*; *la nuova autostrada passerà per il capoluogo, una retta passante per due punti, questi soldi sono passati per le mani di molti* || *fig. passare sopra*, non dare importanza, sorvolare || *fig. passare per la testa*, venire in mente: *cosa mai ti passa per la testa?* **2.** avanzare oltre un limite, andare al di là, entrare: *senza documenti non si può passare, chi passa per primo?, sono riusciti a far passare la merce alla frontiera, passare col rosso* || *fig.* superare un esame, essere promosso o approvato: *è passato in quinta elementare, passare in semifinale, la proposta di legge non è passata* || *in part.* rif. a passaggio delimitato lateralmente, varco e sim.: *passare dalla porta di servizio, passare fra due colonne, il pallone gli è passato tra le gambe* || *passare alla storia*, divenire celebre || *fig. passare per*, essere reputato; fare la figura di: *passa per uno dei migliori, si fa passare per laureato*; *non voglio passare per scemo* || *fig.* (con *ci* pleonastico, *passarci*), intercorrere: (*ci*) *passa una bella differenza fra voi due* || *passare per il rotto della cuffia*, per un pelo, in extremis || *per questa volta passi!*, lasciamo correre || filtrare, passare attraverso: *la luce passa da uno spiraglio, un tessuto che non fa passare il freddo* **3.** trasferirsi, andare (con l'indicazione della provenienza e della destinazione o solo di questa): *passare da un ambiente caldo a uno freddo, passare da una piccola città a una metropoli*; *passiamo pure in salotto a chiacchierare, passare al nemico* || proseguire (alla fase, allo stadio successivo): *passiamo ad un altro argomento, passerei direttamente al dolce* || *fig.* rif. ad attività, condizione o collocazione, cambiare, modificarsi: *passare dal riso al pianto, passare in secondo piano, passare di grado*; *eufem. passare a miglior vita*, morire; *passare di cottura*, scuocere || *passare di mente*, venir dimenticato || *ass.* di cibo, cominciare ad avariarsi: *questa ricotta è passata* **4.** di tempo o eventi, trascorrere, fluire: *sono passati undici anni e sembra ieri, senza far niente, il tempo non passa mai, sono le dodici passate da cinque minuti, gli anni più belli sono ormai passati* || andar via; cessare: *il mal di testa non accenna a passare, il temporale è passato, quel colore è passato di moda*; *canta che ti passa*, cantando la malinconia, il malumore se ne vanno || ***tr.*** **1.** oltrepassare, attraversare: *passare il confine, passare il fiume a nuoto, l'ultima stazione di servizio l'abbiamo passata da un bel po'* || rif. a entità misurabili, superare, eccedere: *ha già passato la sessantina, ha passato di due o tre chili il suo peso forma*; *passare la misura, il (ogni) limite, i limiti, il segno*, del giusto e del conveniente, esagerare: *questa volta hai proprio passato il segno!* || *fig. passare il Rubicone*, prendere una decisione importante, fare il passo decisivo || *T.mil. passare in rivista, in rassegna le truppe, i soldati*, ispezionarli percorrendone le file; *per estens.* esaminare, controllare uno a uno: *passare in rassegna le notizie del giorno* || *passare il giornale, uno scritto*, dargli una scorsa **2.** far andare (dall'altra o da un'altra parte); introdurre: *passare il filo nella cruna dell'ago, passare la cintura nei passanti* || *passare le patate, le verdure*, ridurle in poltiglia schiacciandole su attrezzo forato || trasferire, assegnare: *passare un impiegato a un'altra mansione* || promuovere: *passare uno studente all'anno successivo*; approvare: *passare una legge* || *passare le acque*, fare una cura con acque termali **3.** far scorrere su una superficie, strofinare: *passare una mano sulla fronte, passare lo straccio sul pavimento, passare una vivanda nella farina* || spalmare, distribuire: *passare un velo di crema sul viso, passare la cera, passare una mano di vernice* **4.** dare, porgere, consegnare: *mi passi il sale?, è meglio che passi l'incarico a qualcun altro, passare gli alimenti al coniuge* || *T.sport. passare la palla*, lanciarla a un compagno di squadra; anche *ass.*: *passare all'ala destra* || *passare (la) parola*, trasmettere un'informazione, un ordine ad altri || *in part.* nelle comunicazioni radiotelefoniche, mettere in comunicazione con: *mi passi il responsabile*; *passare la linea*, cederla per consentire di inserirsi, di trasmettere: *passo la linea allo studio, passo e chiudo* || fornire, offrire: *il collegio passa la divisa ma non le scarpe, accontentarsi di ciò che passa il convento*, anche *fig.* accontentarsi di quello che c'è **5.** rif. a tempo, trascorrerlo, consumarlo: *ha passato la sua vita a fare del bene, ho passato le feste lavorando*; *fig. passare un brutto quarto d'ora*, essere in un momento difficile, spec. affrontare un pericolo o subire un'aggressione || *passarsela bene, male*, essere in buone o cattive condizioni; *come te la passi?*, come va? || *passarla liscia*, senza ricevere punizioni o danno || subire: *ne ho passate di tutti i colori*; *passare una visita*, esservi sottoposto || anche con valore di *sm.*: *col passare del tempo tutto si aggiusterà* **6.** trafiggere da parte a parte: *gli ha passato il petto con la spada* || **N. *intr.*** **1.** *Sin.* avanzare, correre, muoversi, procedere, scorrere, sfilare, transitare; snodarsi **2.** *Sin.* entrare **3.** *Sin.* accedere, andare, saltare, trasferirsi; colare, filtrare, trapelare, trasudare **4.** *Sin.* andarsene, dileguare, finire, fluire, svanire, trascorrere | ***tr.*** **1.** *Sin.* attraversare, eccedere, oltrepassare, percorrere, scavalcare, solcare, sorpassare, superare, tagliare, valicare, varcare; scorrere **2.** *Sin.* assegnare, introdurre, traghettare; setacciare, vagliare **3.** *Sin.* cospargere, distendere, spalmare, stendere, strofinare **4.** *Sin.* cedere, consegnare, dare, offrire, porgere; buttare, lanciare, mandare; comunicare, riferire, trasmettere **5.** *Sin.* sopportare, subire, vivere **6.** *Sin.* infilzare, trapassare.

passàta [da *passare*; 1353] ***sf.*** **1.** evento di breve durata, fenomeno passeggero: *una passata di pioggia* || *di passata*, di passaggio, di sfuggita **2.** atto ed effetto del passare, del far scorrere o distribuire su una superficie, spec. in modo sommario e sbrigativo: *dare una passata col ferro, col pennello, dare una passata in padella alla carne, una passata di cera* || *dare una passata al giornale*, dargli una scorsa **3.** verdura, legumi ecc. passati al setaccio: *una passata di patate, di piselli* **4.** *non com.* transito, spec. di selvaggina, passo || *ant.* passaggio **5.** *T.sport.* nel nuoto, una delle fasi della bracciata **6.** *region.* cerchietto fermacapelli || *dim.* passatìna. **TAV. *nuoto* p. 1328** 1.2.

passatèlla [da *passata*; a. 1866] ***sf.*** gioco d'osteria che consiste nell'ordinare in gruppo una certa quantità di vino e nel farsela passare l'un l'altro secondo gli ordini di coloro che regolano il gioco (padrone e sottopadrone) che, a loro piacimento, fanno bere o tengono a bocca asciutta i compagni.

passatèlli [da *passato*; 1889] ***sm. pl.*** pasta alimentare fatta in casa, spec. in Emilia, con semolino o pangrattato, uova e formaggio; di forma allungata, è impiegata per minestre in brodo.

passatèmpo [comp. di *passa(re)* e *tempo*, sul modello del fr. *passe-temps*; a. 1535] ***sm.*** occupazione amena che riesce a far passare il tempo senza noia: *leggo questo libro per passatempo* || **N.** *Sin.* diporto, ricreazione, spasso, svago, DIVERTIMENTO.

passatismo [da *passato*; 1914] ***sm.*** atteggiamento proprio dei passatisti.

passatista [da *passato*; 1914] ***s.*** chi, spec. in campo artistico, si attiene alle idee tradizionali.

passatìstico (pl. *-ci*) [da *passatismo*; 1945] ***agg.*** proprio del passatismo e dei passatisti, relativo al passatismo e ai passatisti.

passàto (*pps.* di *passare*) [a. 1292] **I *agg.*** **1.** trascorso, già avvenuto: *nei tempi passati, le cose passate* || *T.gram.* di tempo del verbo, che denota l'azione già passata; anche *sm.*: *passato prossimo, remoto* || antecedente, scorso: *l'amministrazione passata, la passata stagione* **2.** che ha perduto la sua freschezza: *è una bellezza passata* || di verdura, carne, che incomincia a guastarsi: *questa anguria è ormai passata* || *passato di cottura*, stracotto **II *sm.*** **1.** il tempo passato: *il passato non torna più* || *per estens.* la vita trascorsa: *non ha un bel passato* || *uomo senza passato*, oscuro, senza meriti **2.** piatto di verdure o altro schiacciate e ridotte in poltiglia o crema: *passato di piselli* || *dim.* passatìno, passatèllo; *accr.* passatòtto || **N.** I **1.** *Sin.* andato, decorso, precedente, preterito, scorso, trapassato, trascorso | *Contr.* futuro **2.** *Sin.* deteriorato, sciupato; guasto.

passatóia [da *passare*; 1891] ***sf.*** tappeto o stuoia di forma stretta e allungata, distesa su scale, corridoi e sim. || **N.** *Sin.* guida.

passatóio (pl. *-ói*) [da *passare*; sec. XIV] **I *sm.*** pietra o fila di pietre o legni messi attraverso un corso d'acqua poco profondo per passarvi sopra **II *agg.*** *arc.* agevole da percorrere.

passatóre [da *passare*; a. 1595] ***sm.*** **1.** chi, un tempo, trasportava persone da sponda a sponda; traghettatore **2.** *ant.* chi passa da un luogo; viaggiatore.

passatòtto (*accr.* di *passato*) [1871] ***agg.*** alquanto passato; si dice spec. di persone in età piuttosto avanzata; anzianotto.

passatrìce [da *passato*; 1965] ***sf.*** nell'industria alimentare, macchina che fa passare attraverso setacci i prodotti alimentari, riducendoli in poltiglia.

passatùra [da *passare*; 1871] ***sf.*** **1.** *T.tess.* l'operazione manuale dell'infilare i fili dell'ordito nei denti del pettine **2.** rammendo eseguito passando più volte il filo sopra e sotto, per rafforzare un panno logoro.

passatùtto [comp. di *passa(re)* e *tutto*; 1958] ***sm. inv.*** utensile usato in cucina per passare verdure, legumi ecc.

passavànti [comp. di *passa(re)* e *avanti*, sul modello del fr. *passavant*; a. 1859] ***sm. inv.*** **1.** *T.mar.* negli antichi velieri, uno dei due tavolati che univa il cassero di poppa al cassero di prua **2.** nel diritto di navigazione, documento che funge provvisoriamente da atto di nazionalità di una nave di recente costruzione.

passaverdùra o **passaverdùre** [comp. di *passa(re)* e *verdura*; 1958] ***sm.*** *inv.* lo stesso che *passatutto*.

passavivànde [comp. di *passa(re)* e *vivanda*; 1983] ***sm.*** *inv.* passaggio a forma di finestrella attraverso il quale le vivande vengono portate dalla cucina alla sala da pranzo.

passavogàre (usato solo all'imper. *passavóga*) [comp. di *passa(re)* e *vogare*; 1614] ***intr.*** vogare al massimo delle possibilità.

passavolànte [comp. di *passa(re)* e *volante*; a. 1502] ***sm.*** *T.stor.* antico pezzo d'artiglieria a canna lunga e sottile, per lanci a grande distanza.

passe (fr., pr. [pa:s]) [propr. (luogo di) passaggio; 1974] ***sf.*** *inv.* nel gioco della roulette, l'insieme dei numeri da diciannove a trentasei || **N.** *manque.*

passeggèro (raro *passeggièro*) [dal fr. *passager*; a. 1543 come sm.] **I *agg.*** che passa presto, di breve durata: *malessere passeggero, amicizia passeggera* **II *sm.*** **1.** (f. *-a*) chi viaggia su di un mezzo di trasporto: *passeggeri di una nave, di un autobus, di un aereo* **2.** *arc.* o *lett.* viandante || **N.** I *Sin.* effimero, momentaneo, temporaneo, transitorio, FUGACE | *Contr.* duraturo. **Q.T.** *ferrovia* **TAV. *nave* p. 1327** 6.

passeggiàre (pres. *-éggio*) [da *passare*; 1313] ***intr.*** (aus. *avere*) camminare ad andatura moderata, gen. per svago: *passeggiare per il corso* || *per estens.* andare avanti e indietro: *passeggiare per la stanza a grandi passi* || ***tr.*** **1.** *ant.* o *lett.* percorrere passeggiando: *passeggiò tutto il giardino* **2.** *raro passeggiare un cavallo*, condurlo a mano per fargli fare un po' di moto || **N.** ***intr.*** *Sin.* andare a spasso, a passeggio, a diporto, in giro, a zonzo; girellare, deambulare, vagabondare, vagare; fare del moto.

passeggiàta [da *passeggiare*; a. 1566 nel senso 1; a. 1789 nel senso 2] ***sf.*** **1.** camminata distensiva: *è l'ora della passeggiata* || *passeggiata militare*, gita fatta per esercizio di marcia; *fig.* impresa militare facile, conquista non contrastata || *per estens.* impresa facile **2.** luogo dove si passeggia: *passeggiata a mare, panchina lungo la passeggiata* || *dim.* passeggiatèlla, passeggiatìna || **N.** **1.** *Sin.* camminata, giro, moto, trottata, scarpinata.

passeggiatóre [da *passeggiare*; sec. XIV] ***agg.*** e ***sm.*** (f. *-trìce*) *non com.* che o chi passeggia.

passeggiatrìce [da *passeggiare*; 1950] ***sf.*** *eufem.* prostituta da marciapiede || **N.** *Sin.* peripatetica.

passeggièro V. PASSEGGERO.

passeggìno [da *passeggio*; 1958] ***sm.*** seggiolino montato su un telaio a quattro ruote su cui si fanno sedere i bambini piccoli per portarli a passeggio.

passéggio (pl. *-gi*) [da *passeggiare*; 1549 nel senso 1; 1600 nel senso 3] ***sm.*** **1.** atto del passeggiare: *andare a passeggio, bastone da passeggio* **2.** l'insieme della gente che passeggia in un luogo: *oggi c'era un bel passeggio in centro* **3.** il luogo dove si passeggia || **N.** **1.** *Sin.* struscio **3.** corso, galleria, giardino pubblico, parco, viale.

passemèzzo V. PASSAMEZZO.

passe-partout (fr., pr. [paspar'tu]) [letter. passa dappertutto; 1895] ***sm.*** *inv.* **1.** chiave che apre tutte le serrature di una casa, di un albergo e sim. **2.** rettangolo o riquadro di cartone, talvolta foderato, che copre il margine fra il quadro e la cornice.

pàssera [f. di *passero*; a. 1342] ***sf.*** **1.** femmina del passero **2.** *passera di mare*, pesce commestibile di mare a corpo ovale appiattito, meno pregiato della sogliola **3.** *pop.* vulva || *dim.* passerìna.

Passeràcei [da *passero*; 1875] ***sm. pl.*** *T.zool.* Passeriformi.

passeràio (pl. *-ài*) [da *passero*; a. 1729] ***sm.*** un gran pigolio di passeri || *fig.* confuso cicaleccio di più persone.

passerèlla [dal fr. *passerelle*; 1803 *passarella*] ***sf.*** **1.** ponticello provvisorio, perlopiù costituito da una o più assi poste trasversalmente fra le sponde di fiumi, fossati e sim. || elemento mobile o fisso che consente il collegamento fra strutture sopraelevate di cantieri, impianti e sim. || ponte di sbarco **2.** corsia sopraelevata su cui sfilano le indossatrici che presentano dei modelli **3.** nei teatri di varietà, pedana che circonda l'orchestra, su cui sfilano gli attori e i ballerini alla fine di uno spettacolo: *fare la passerella*, sfilare per ricevere l'applauso finale || *fig.* rassegna: *passerella di cantanti, di artisti del '900.*

Passerifórmi (sing. *-e*) [comp. di *passero* e *-forme*; 1965] ***sm. pl.*** ordine di uccelli comprendente numerose e diversificate specie aventi in comune le dimensioni modeste, le ali ben sviluppate e l'attitudine canora. **Q.T.** *zoologia* **TAV. *uccelli* p. 1339.**

passerìna (*dim.* di *passera*) [1942 nel senso 2] ***sf.*** **1.** *pop.* vulva **2.** *tosc.* tipo di pane rotondo con una fessura lungo il diametro || **N.** **2.** *Sin.* francesina.

passerìno[1] [dal lat. tardo *passerīnus*; 1986] ***agg.*** proprio del passero, relativo al passero: *piede passerino*, piede che presenta tre dita in avanti e l'alluce rivolto all'indietro.

passerìno[2] [da *passare*; 1889] ***sm.*** *T.mar.* cavo teso che, nelle navi, serve di sostegno alle persone || *passerino dell'argano*, cavetto per allacciare le punte delle manovelle.

passerio (pl. *-ìi*) [da *passero*; a. 1910] ***sm.*** *non com.* passeraio.

pàssero [lat. *passer, -eris*; a. 1374] ***sm.*** uccello dei Passeriformi con piccolo becco a cono, piumaggio variabile dal grigio al bruno, a seconda delle specie; *passero d'Italia*, comunissimo ovunque, ha piume cinerine e castane o nere, con screziature bianche; nidifica su alberi o sotto i tetti; *passero domestico*, simile al precedente ma con piumaggio più grigio; è diffuso in Europa ma non in Italia; *passero mattugio*, con macchie nere sulle guance, è specie più selvatica e d'inverno migra verso sud; *passero solitario*, tordo che vive isolato e non in branchi, nidifica sulle torri e nelle rocce; ha un canto soavemente malinconico || *dim.* passerino, passerétto, passeròtto || **N.** cinguettare, garrire, pigolare.

passeròtto (*dim.* di *passero*) [fine sec. XIII *pasaroto*] ***sm.*** **1.** passero giovane || *vezz.* passero adulto **2.** *fig.* sproposito.

passétta [dal fr. *passette*; 1933] ***sf.*** *T.tess.* nella tessitura della lana, strumento con cui si allargano i fili dell'ordito, per farvi passare la navetta.

passétto (*dim.* di *passo*) [1337] ***sm.*** antica misura itineraria italiana, di valore variabile nelle varie regioni.

pàssi [propr. terza pers. pres. del congiuntivo di *passare*; 1958] ***sm.*** *inv.* nei ministeri o negli uffici pubblici, autorizzazione ad accedere all'interno.

passìbile [dal lat. tardo *passibilis*, attr. il fr. *passible*; 1342] ***agg.*** *essere passibile di*, poter essere colpito da, poter subire: *è passibile di multa.*

passibilità [dal lat. tardo *passibilitas, -ātis*, attr. il fr. *passibilité*; a. 1342] ***sf.*** *ant.* l'essere passibile.

passiflòra [comp. del lat. tardo *passio, -ōnis*, e *flōs, flōris*, propr. fiore della passione; 1802] ***sf.*** pianta rampicante esotica dal caratteristico fiore profumato i cui organi ricordano gli strumenti della passione di Cristo: chiodi e corona di spine || **N.** *Sin. maracuja.*

Passifloràcee [da *passiflora*; 1871] ***sf. pl.*** *T.bot.* famiglia di piante dicotiledoni tropicali comprendente la passiflora.

passim (lat., pr. it. ['passim]) [1895] ***avv.***

in più luoghi, qua e là; si usa nelle citazioni di libri, per indicare che ciò a cui ci si riferisce è citato da vari punti di un'opera.

passìno [da *passare*; 1958] **sm.** utensile da cucina con buchi o reticella attraverso cui si fanno filtrare tè, caffè e sim. || **N.** *Sin.* colino.

pàssio [dal lat. *passio, -ōnis*, passione; sec. XIII] **sm.** (solo *sing.*) *T.eccl.* la parte del Vangelo dove si racconta la passione e la morte di Cristo: *durante la settimana santa viene cantato il passio* || *fig. lungo come il passio*, prolisso, che non finisce più.

passionàle [dal lat. tardo *passionālis*, attr. il fr. *passionnel*; a. 1276] **agg.** di passione; soggetto a passione; che è effetto di passione, spec. amorosa: *slancio passionale*; *temperamento passionale*; *delitto passionale* || **passionalménte** **avv.** || **N.** *Sin.* appassionato, patetico.

passionalità [da *passionale*; 1897] **sf.** carattere di chi o di ciò che è passionale.

passionàre (*dif.*, usato solo l'inf., il pps. e i tempi composti) [da *passione*; a. 1311] **tr.** *arc.* far patire, suppliziare, tormentare.

passionàrio¹ (pl. *-ri*) [da *passio*; a. 1498] **sm.** *T.eccl.* **1.** libro che contiene il passio di tutti e quattro gli Evangelisti **2.** libro contenente gli atti dei martiri || **N.** **2.** *Sin.* martirologio.

passionàrio² (pl. *-ri*) [da *passione*; 1983] **agg.** e **sm.** (f. *-a*) che o chi è facile preda delle passioni.

passionàto (*pps.* di *passionare*) [a. 1306] **agg.** **1.** *non com.* influenzato da una passione, quindi non obbiettivo **2.** *ant.* soggetto alla passione, spec. amorosa || tormentato.

passióne [dal lat. *passio, -ōnis*; a. 1294] **sf.** **1.** sentimento intenso che pervade l'animo e condiziona in modo più o meno forte la volontà e la razionalità: *essere preda, schiavo delle passioni, la gelosia e l'invidia sono le passioni che turbano il suo animo* || *in part.* bramosia erotico-amorosa per una persona: *la passione per quella donna lo ha consumato* || *per estens.* vivo interesse, dedizione particolare: *ha la passione della fotografia, svolge il suo lavoro con grande passione, non ha alcun vantaggio personale, lo fa per passione* || *per meton.* ciò che costituisce oggetto di passione o che piace molto: *quella donna è stata la sua prima passione*; *la mia passione è la fantascienza, le torte di mele sono la sua passione*; *per estens.* da: **2.** *ant.* l'atto di subire un'azione, passività: *azioni e passioni*; *in part.* modificazione, affezione dell'animo || pena profonda; compassione; ancora usata l'espr. *morire di passione*, di crepacuore || *che passione*, che pena **3.** patimento fisico, solo rif. alla sofferenza di Cristo: *passione e morte di N.S. Gesù Cristo* || *settimana di passione*, quella che precede la settimana santa || *per estens.* la narrazione della passione, fatta nel Vangelo: *passione secondo Matteo* || *T.mus.* genere a carattere oratoriale ispirato alla passione || *dim.* passioncèlla; *pegg.* passionàccia || **N.** **1.** *Sin.* affetto, affezione, appetito, brama, bramosia, concupiscenza, cupidità, delirio, desiderio, eccitazione, esaltazione, fanatismo, febbre, fiamma, frenesia, furore, lussuria, mania, palpito, parossismo, slancio, tormento, trasporto, vizio, voluttà; debole, inclinazione, pallino, predilezione | ardente, aspra, brutale, cieca, crudele, divorante, drammatica, eccessiva, folle, forte, furiosa, grave, imperiosa, impetuosa, inebriante, insana, insaziabile, invincibile, irrefrenabile, schietta, sfrenata, smaniosa, soverchia, sregolata, torbida, triste, veemente, violenta | accesso, cecità, crisi, ebbrezza, fervore, impeto, rabbia, recrudescenza, scatto, scoppio, stimolo, tempesta | appassionare, attizzare, contrastare, domare, eccitare, esacerbare, fomentare, frenare, inacerbire, inasprire, infiammare, invescare, irretire, prorompere, ravvivare, sfogare, sollecitare, struggersi, stuzzicare, vincere.

passionìsta [da *passione*; 1806] **sm.** religioso appartenente all'ordine istituito da San Paolo della Croce nel 1720.

passìre (pres. *-ìsco, -ìsci*) [da *passo³*; a. 1793] **intr.** (aus. *essere*) *arc.* appassire.

passìsta [da *passo¹*; 1942] **s.** *T.sport.* corridore ciclista specializzato nelle corse in pianura.

passìto [da (*uva*) *passita*; 1918] **agg.** e **sm.** di vino fatto con uva passa; dolce e profumato è particolarmente adatto per il dolce.

passivànte (*ppr.* di *passivare*) [1958] **agg.** *T.gram.* della particella *si*, che si premette alle terze persone singolari e plurali del verbo attivo per trasformare il verbo in passivo (come in *si è battuto il record*).

passivàre (pres. *-ìvo*) [da *passivo*; 1958] **tr.** *T.chim.* sottoporre a passivazione.

passivazióne [da *passivare*; 1954] **sf.** *T.chim.* fenomeno spontaneo o indotto per cui un metallo acquista resistenza alla corrosione (ad es. con la formazione di uno strato ossidato che funge da protezione).

passivìsmo [da *passivo*; 1921] **sm.** **1.** comportamento di chi subisce l'iniziativa altrui **2.** *T.psic.* accettazione passiva dei voleri altrui in ambito sessuale.

passività [dal lat. tardo *passivitas, -ātis*; 1673] **sf.** **1.** carattere di ciò che è passivo || atteggiamento di chi subisce senza reagire **2.** condizione di impresa che si trovi in passivo || *concr.* elemento passivo di un bilancio **3.** *T.chim.* inerzia chimica che deriva da passivazione.

passìvo [dal lat. tardo *passīvus*; 1308] **I** **agg.** **1.** che subisce senza reagire; contraddistinto da assenza di iniziativa o dinamicità: *rimanere passivo, avere un contegno, un atteggiamento passivo, ruolo passivo, obbedienza passiva*; *difesa passiva*, senza contrattacco || *resistenza passiva*, quella di chi si limita a non collaborare con l'avversario, disattende le sue richieste ecc. || *T.giur. soggetto passivo*, in un rapporto di obbligazione, chi è tenuto a soddisfare l'interesse del creditore (*soggetto attivo*) **2.** *T.gram.* di forma del verbo che esprime un'azione subita dal soggetto: *diatesi passiva*; anche *sm.*: *le desinenze del passivo* **3.** *T.econ.* che non dà utile o guadagno o in cui i debiti prevalgono sui crediti: *impresa passiva, bilancia dei pagamenti passiva* || **passivaménte** **avv.** senza reazione o partecipazione **II** **sm.** l'insieme delle spese, dei debiti di un bilancio patrimoniale; la sezione del bilancio in cui viene riportato: *segnare, registrare al passivo*; anche *fig.*, considerare come fatto negativo || **N.** I **1.** *Sin.* acquiescente, arrendevole, condiscendente, remissivo, sottomesso, succube, supino; abulico, inattivo, inerte | *Contr.* attivo.

pàsso¹ [lat. *passus*; a. 1276] **sm.** **1.** ciascuno dei movimenti coordinati e alterni che gli arti inferiori compiono nel camminare; rif. sia all'uomo che agli animali: *un passo lungo, corto, se c'è un volontario, faccia un passo avanti, rumore di passi strascicati, passi agili e felpati di un felino* || *volgere i passi*, dirigersi; *a grandi passi*, in fretta; *allungare il passo*, affrettarsi; *fare due passi*, una breve passeggiata || *in part. T.mil. andare al passo*, muovere i piedi in sincronia con gli altri; *fig. andare, essere al passo coi tempi*, aggiornato; *perdere il passo*, perdere il ritmo di marcia; *segnare il passo*, arrestarsi continuando a battere i piedi con lo stesso ritmo; *fig.* non avanzare, non progredire: *le riforme segnano il passo* || *passo!*, ordine gridato per marcare tutti insieme la cadenza col piede destro; *passo di strada*, libero, senza cadenza || *in part.* particolare movimento dei piedi in una danza; *passo di valzer, di quadriglia* || in espr. proprie e fig.: *muovere i primi passi*, iniziare a camminare; *fig.* cominciare a far pratica di qualcosa; *tornare sui propri passi*, ricominciare o rivedere un lavoro già fatto; *far passi da gigante*, progredire rapidamente; *fare il passo più lungo della gamba*, andare oltre le proprie capacità o possibilità || *passo passo*, da presso || *per meton.* orma: *seguire i passi sulla neve* || *per meton.* andatura: *passo lento, svelto, deciso*; *andare di buon passo*, speditamente; di veicoli, *andare a passo d'uomo*, a velocità minima || *di pari passo*, alla stessa andatura; *fig.* contemporaneamente e allo stesso modo || *di questo passo*, a questo ritmo, con questo andamento: *se continua di questo passo, si distruggerà* || *per meton.* lo spazio percorso con un passo: *da qui alla finestra ci sono tre passi*; per indicare breve distanza: *la stazione è a due, a tre passi da qui* || *fig. a un passo da*, molto vicino, sull'orlo di: *sono a un passo dalla separazione* **2.** *fig.* azione, spec. se risolutiva o significativa: *un passo importante, un passo doloroso ma necessario*; *il gran passo*, un atto decisivo; *compiere un passo falso*, un'imprudenza che può compromettere la situazione **3.** *T.tecn.* distanza fra due elementi successivi di una serie || *in part. passo di filettatura, di un ingranaggio*, distanza fra due risalti o denti contigui || *T.cin.* larghezza della pellicola misurata dal centro di un foro a quello corrispondente posto sull'altro margine: *passo normale*, di 35 mm; *passo ridotto*, 16 mm || *T.aut.* distanza fra gli assi delle ruote posteriori e anteriori di un veicolo || *passo dell'elica*, lo spazio di cui avanzerebbe ad ogni giro la pala dell'elica, qualora potesse avanzare come una vite in una madrevite **4.** brano di un'opera letteraria: *citare un passo dell'Orlando Furioso* || *dim.* passìno, passétto; *accr.* passóne || **N.** **1.** ambio, movenza | accelerato, cadenzato, di carica, di lumaca, di tartaruga, frettoloso, legato, lesto, malfermo, misurato, saltellante, sciolto, spedito, vacillante | fruscio, rumore, strepito | accelerare, affrettare, allentare, cedere, fermare, misurare, raddoppiare, regolare, stendere; incedere **2.** *Sin.* mossa. **Q.T.** *cinematografia, danza* **TAV.** *cinematografia...* 9.3.

pàsso² [da *passare*; 1313] **sm.** **1.** passaggio, transito: *cedere il passo*, lasciar passare || *in part.* rif. al movimento migratorio degli uccelli: *il passo dei tordi, uccelli di passo* **2.** varco: *aprirsi il passo fra i rovi, lasciare libero il passo*; *passo carrabile*, v. CARRABILE || valico: *passo del Pordoi*.

pàsso³ [lat. *passus*, da *pandere*, stendere, far appassire; a. 1250] **agg.** appassito: *uva passa*.

pàssola [da *passo³*; a. 1342] **agg.** *uva passola* (o anche *passola, sf.*), uva passa.

passolina (*dim.* di *passola*) [a. 1799] **agg.** e **sf.** varietà di uva senza semi usata per ottenere uva passa.

password (ingl., pr. ['pɑ:swə:d]) [letter. parola d'ordine; 1972] **sm.** *inv.* *T.inform.* codice formato da pochi caratteri alfa-numerici, che permette ad un utente di accedere al calcolatore.

pàsta [lat. tardo *pasta*, gr. *pastái* pl., farina con salsa; a. 1320] **sf.** **1.** miscuglio di farina, acqua ed eventuali altri ingredienti, di consistenza compatta ed elastica, base per la preparazione di numerose vivande: *fare la pasta per il pane, per la pizza, lasciar lievitare la pasta*; anche il prodotto cotto, di consistenza variabile, a seconda di lavorazione e ingredienti; *in part. pasta frolla*, con burro, uova e zucchero, friabile; *fig. uomo di pasta frolla*, senza carattere ed energia; *aver le mani di pasta frolla*, lasciar cadere tutto di mano; *pasta sfoglia*, ottenuta spianando e ripiegando più volte un impasto di farina, acqua e burro, si sfalda in sottili strati; *pasta reale*, di uova e farina, a forma di palline leggere, da cuocere in brodo || *pasta di mandorle*, a base di mandorle triturate, zucchero e uova, adatta per pasticcini || *fig. aver le mani in pasta*, essere addentro a un'impresa, a un'opera || (come numerabile) piccolo dolce, pasticcino: *un vassoio di paste* **2.** *in part. pasta alimentare* o *ass. pasta,* impastata con farina di semola di grano duro e acqua, modellata in numerosi formati e lasciata essiccare, viene cotta in brodo, o in acqua e poi scolata e condita; tradizionale primo piatto della nostra cucina: *pasta e fagioli, pasta al pomodoro, al burro, pasta al forno; pasta lunga,* di forma allungata (spaghetti, bucatini e sim.); *pasta corta,* di formato medio (rigatoni, fusilli e sim.); *pasta all'uovo,* impastata con l'uovo, tiene maggiormente la cottura; *pasta fresca,* non essiccata **3.** *per estens.* impasto omogeneo di più sostanze, perlopiù morbido e malleabile: *pasta di stucco, di cenci, pasta d'acciughe, pasta dentifricia* ‖ pomata medicamentosa **4.** *per estens.* polpa di alcuni frutti, spec. per indicarne il tipo e la consistenza: *pesche a pasta gialla, pasta soda, granulosa* **5.** natura, indole: *un uomo di buona pasta* o *di pasta buona, essere della stessa pasta; essere di pasta grossa,* grossolano, materiale ‖ *dim.* pastìna, pastétta; *accr.* pastóne (*sm.*); *pegg.* pastàccia ‖ **N. 1.** gramolare, impastare, intridere, maneggiare, manipolare, spianare, stendere | gramola, impastatrice, madia, matterello, spianatoia **2.** un filo, una forchetta, un piatto | al dente, scotta | condire, scolare. **Q.T.** *alimentazione* **TAV.** *alimentazione* 1.

pastàio (pl. *-ài*) [da *pasta;* 1804] **sm.** (f. *-a*) chi fa o vende pasta alimentare.

pastasciùtta o **pàsta asciùtta** [comp. di *pasta* e *asciutto;* 1871 *paste asciutte*] **sf.** primo piatto di pasta alimentare cotta in acqua, scolata e condita in vari modi: *pastasciutta al pomodoro, al ragù.*

pastasciuttàio (pl. *-ài*) [da *pastasciutta;* a. 1944] **agg.** e **sm.** (f. *-a*) *fam. scherz.* che, chi è avido di pastasciutta.

pastècca [etim. inc.; a. 1536] **sf.** *T.mar.* carrucola di legno, a una puleggia, di forma ovale, rinforzata di ferro e munita di gancio girevole.

pasteggiàbile [da *pasteggiare;* a. 1712] **agg.** di vino, che si può bere durante i pasti, perché amabile e leggero.

pasteggiaménto [da *pasteggiare;* a. 1602] **sm.** *raro* atto ed effetto del pasteggiare.

pasteggiàre (pres. *-éggio*) [da *pasto;* fine sec. XIV *pastizare*] **intr.** (aus. *avere*) consumare un pasto; cibarsi: *pasteggiare a pesce; pasteggiare a vino rosso, a champagne,* accompagnare il pasto con tali bevande ‖ **tr.** *non com.* **1.** mangiare lentamente, assaporando **2.** *tosc.* bere durante un pasto: *pasteggiare un vino.*

pastèlla [da *pasta;* 1948] **sf.** impasto semiliquido di acqua, farina e talvolta uova, in cui si passano alcuni cibi da friggere; anche impiegato per fare frittelle.

pastellìsta [da *pastello;* 1891] **s.** chi dipinge con i pastelli.

pastèllo [da *pasta;* a. 1571] **I sm.** impasto di materia colorata, ridotto in forma di piccolo cilindro, usato per dipingere: *pastelli a cera; matite a pastello,* rivestite di legno ‖ *per meton.* dipinto fatto coi pastelli: *i famosi pastelli di Rosalba Carriera* **II agg.** *inv.* (sempre posposto) rif. a colore, tenue, delicato: *rosa, verde pastello.* **Q.T.** *pittura.*

pastènula [etim. inc.; 1965] **sf.** pesce osseo dei Gadiformi munito di lunga pinna dorsale e dalle carni commestibili.

pastétta [da *pasta;* 1905] **sf. 1.** pasta d'acqua e farina per fare frittelle; pastella **2.** *fig.* imbroglio, spec. elettorale.

pasteurèlla (pr. [pastø'rɛlla] o [paste'rɛlla]) [dal n. proprio L. *Pasteur,* biologo fr.; 1931] **sf.** genere di Batteri a forma di bastoncelli, gram-negativi, responsabili di varie malattie infettive di alcuni animali domestici e dei roditori, che possono trasmettersi all'uomo.

pasteurellòsi (pr. [pastørel'lɔzi] o [pasterel'lɔzi]) [da *pasteurella;* 1954] **sf.** denominazione di varie malattie infettive causate dai batteri del genere Pasteurella.

pasteurizzàre e der. forme non com. di PASTORIZZARE e der. (v.).

pasticca [da *pasta;* 1623] **sf.** pastiglia: *pasticca per la tosse, alla menta* ‖ **N.** PASTIGLIA.

pasticcère V. PASTICCIERE.

pasticcerìa [dal fr. *pâtisserie;* 1640 nel senso 1, 1685 nel senso 2, 1853 nel senso 3] **sf. 1.** laboratorio o negozio di prodotti dolciari **2.** insieme assortito di dolci o paste: *pasticceria secca, fresca* **3.** la tecnica della preparazione dei dolci.

pasticciàre (pres. *-iccio*) [da *pasticcio;* 1530 *pastizar*] **intr.** (aus. *avere*) combinare pasticci, agire (spec. nel lavoro) in modo inconcludente e deleterio ‖ **tr. 1.** eseguire male: *pasticciare un disegno* **2.** imbrattare: *pasticciare un libro.*

pasticciàto (*pps.* di *pasticciare*) [a. 1708] **agg.** di vivanda, condita con burro, formaggio parmigiano e sugo di carne.

pasticcière o **pasticcère** [dal fr. *patissier;* 1400 ca. *pastiscieri*] **sm.** (f. *-a*) chi produce o vende dolciumi.

pasticcìno [da *pasticcio;* 1841] **sm.** piccola pasta dolce: *prendere il tè coi pasticcini, pasticcini alla crema, alla frutta.*

pastìccio (pl. *-ci*) [lat. volg. **pastīcium;* 1525 nel senso 2] **sm. 1.** vivanda formata da una crosta di pasta, ripiena di carne o altri ingredienti variamente conditi, e cotta al forno: *pasticcio di lepre, pasticcio di maccheroni con tartufo* **2.** *fig.* lavoro malfatto, disordinato e confuso: *quel quadro è un pasticcio* ‖ faccenda ingarbugliata; situazione difficile: *non voglio cacciarmi nei pasticci* **3.** *T.mus.* opera costituita da pezzi di vari autori ‖ *dim.* pasticcétto; *pegg.* pasticciàccio ‖ **N. 1.** *Sin.* timballo **2.** *Sin.* garbuglio, guazzabuglio, imbroglio **3.** *Sin.* centone, fantasia, *pot-pourri.*

pasticcióne [da *pasticcio;* a. 1602] **agg.** e **sm.** (f. *-a*) detto di persona che fa le cose in maniera disordinata, ottenendo risultati confusi e incoerenti, arruffone.

pastiche (fr., pr. [pas'tiʃ]) [letter. pasticcio; 1933] **sm.** *inv.* componimento letterario o musicale ispirato a opere di altri autori; centone, pasticcio.

pastièra [da *pasta;* 1935] **sf.** torta pasquale napoletana di pasta frolla, ripiena di grano cotto, ricotta, canditi e profumata con acqua di fiori d'arancio.

pastificàre (pres. *-ifico, -ifichi*) [comp. di *pasta* e *-ficare;* 1950] **tr.** confezionare pasta alimentare.

pastificatóre [da *pastificare;* 1954] **sm.** (f. *-trice*) operaio che esegue la pastificazione.

pastificazióne [da *pastificare;* 1954] **sf.** procedimento per la produzione di pasta alimentare.

pastifìcio (pl. *-ci*) [comp. di *pasta* e *-ficio;* 1908] **sm.** fabbrica di paste alimentari.

pastìglia (pl. *-glie*) [dallo sp. *pastilla;* 1620] **sf. 1.** prodotto medicinale o balsamico di piccolo formato e consistenza perlopiù gommosa o zuccherina, da sciogliere lentamente in bocca: *pastiglia per il mal di gola, alla menta* **2.** pasta di gesso e colla usata per decorazione di mobili o altri oggetti di arredamento **3.** piastra che nei freni a disco fa attrito contro il disco e determina la frenatura ‖ *dim.* pastiglìna, pastigliétta ‖ **N. 1.** *Sin.* caramella, compressa, confetto, pasticca, pillola.

pastigliàre (pres. *-iglio*) [da *pastiglia;* 1954] **tr.** nell'industria farmaceutica, confezionare in pastiglie.

pastigliatrìce [da *pastigliare;* 1974] **sf.** macchina per confezionare pastiglie ‖ **N.** pillolìera.

pastìna (*dim.* di *pasta*) [1890] **sf.** pasta alimentare da brodo, di piccolo formato.

pastinàca [dal lat. *pastināca;* 1304] **sf. 1.** pianta delle Ombrellifere con fiori gialli e radice carnosa e mangereccia, detta anche carota bianca **2.** pesce dei Raiformi, simile alla razza.

pàsto [dal lat. *pastus;* 1313] **sm.** atto del mangiare, spec. a ore determinate: *fare due pasti al giorno, prendere una medicina prima dei pasti, lontano dai pasti, il pasto di mezzogiorno; a pasto, fuori pasto,* durante il pasto o lontano da questo; *vino da pasto,* da bere mangiando, non troppo alcolico ‖ *essere di poco pasto,* mangiar poco ‖ *fig. non com. a tutto pasto,* continuamente; abbondantemente ‖ *dare in pasto,* da mangiare; *fig.* rif. a notizie riservate o segrete: *dare in pasto al pubblico, alla stampa,* divulgarle soddisfacendo la curiosità della gente ‖ **N.** cena, colazione, desinare, merenda, pranzo, spuntino | copioso, frugale, gustoso, lauto, luculliano, pantagruelico, parco, ricco, semplice, sontuoso, sostanzioso | antipasto, aperitivo, digestivo | consumare; saltare. **Q.T.** *alimentazione.*

pastòcchia [da *pasta;* 1612] **sf.** inganno, finzione, fandonia ‖ **N.** impastocchiare.

pastocchióne [da *pastocchia;* 1871] **sm.** (f. *-a*) persona di corporatura robusta e grassoccia e di indole bonaria e credulona.

pastóia [lat. *pastus,* pascolo; a. 1320] **sf. 1.** fune che si lega alle zampe anteriori delle bestie mentre pascolano, perché non s'allontanino; o che si lega alla zampa anteriore e alla corrispondente posteriore perché l'animale impari l'ambio ‖ *fig.* intralcio, impedimento **2.** il punto della zampa sotto il nodello dove si lega la pastoia; pastorale ‖ **N. 1.** OSTACOLO.

pastóne (*accr.* di *pasta*) [1557] **sm. 1.** miscuglio di crusca e acqua preparato come pasto per vari animali da cortile: *dare il pastone alle galline* **2.** *T.giorn.* articolo di giornale nel quale gli avvenimenti politici della giornata sono riassunti attraverso le notizie di agenzia e i commenti dei giornali stranieri.

pastóra [da *pastore;* 1565] **sf.** donna che custodisce le bestie al pascolo ‖ *dim.* pastorèlla, pastorétta ‖ **N.** PASTORE.

pastoràle¹ [dal lat. *pastorālis;* a. 1243 nel senso 2] **I agg. 1.** relativo a, o proprio dei pastori: *costumi, canti pastorali;* detto spec. di opere ispirate a una visione idealizzata del loro mondo: *poesia, favola pastorale, scenografia pastorale* **2.** che riguarda la funzione ecclesiale della cura e direzione della comunità; *lettera pastorale* (o *sf. pastorale*), quella che il vescovo scrive ai parroci o ai suoi diocesani sui temi della fede o di vita sociale; *visita pastorale,* quella che periodicamente il vescovo compie nelle parrocchie della sua diocesi; *teologia pastorale,* parte della teologia, relativa alla direzione spirituale ‖ **pastoralménte** **avv.** **II 1.** *sf. T.mus.* composizione strumentale o vocale di carattere idillico e andamento moderato, che rievoca il mondo dei pastori (ad es. con il suono delle pive) **2.** *sm. T.eccl.* lungo bastone con manico ricurvo, simbolo di autorità e funzione vescovile ‖ **N. I 1.** *Sin.* arcadico, bucolico; agreste, campestre. **TAV.** *chiesa* 2.22.

pastoràle² (ant. *pasturàle*) [dall'ant. *pastora,* pastoia; a. 1320] **sm.** la prima falange degli arti degli equini.

pastoràre V. PASTURARE.

pastóre [lat. *pastor, -ōris;* fine sec. XIII] **sm. 1.** chi custodisce e porta al pascolo greggi e armenti **2.** *fig.* conduttore, guida: *pastore di popoli;* spec. in ambito spirituale: *pastore di anime,* sacerdote; *il Buon Pastore,* Gesù Cristo ‖ *in part.* appellativo di ministro del culto di chiesa cristiana riformata: *pastore anglicano, metodista* **3.** nome di alcune razze di cani adatti alla custodia degli armenti ma buone anche da guardia e da compagnia: *pastore tedesco, scozzese, bergamasco* **4.** membro dell'Accademia dell'Arcadia || *dim.* pastorèllo || **N. 1.** *Sin.* capraio, pecoraio | bovaro, buttero, cavallaro, *cow-boy, gaucho,* mandriano, porcaro, vaccaro, vergaro | alpeggio, baita, casera, malga; addiaccio, pascolo, pastura, stazzo, tratturo; piva, zampogna, zufolo. **TAV. *cani* p. 663.**

pastoréccio (pl. m. *-ci*; pl. f. *-ce*) [da *pastore*; a. 1543] ***agg.*** *raro* pastorale (nel senso 1): *vita, melodia pastoreccia.*

pastorèlla[1] (*dim.* di *pastora*) [a. 1300 *pasturella*] ***sf.* 1.** fanciulla che custodisce il gregge **2.** poetessa dell'Arcadia.

pastorèlla[2] (*dim.* di *pastora*) [1801 nel senso 2] ***sf.* 1.** componimento poetico o musicale della tradizione provenzale, in cui dialogano una giovane pastora e un cavaliere che la corteggia **2.** canzoncina o poesia natalizia.

pastorellerìa [da *pastorella*[2]; 1765] ***sf.*** *spreg.* componimento letterario di genere pastorale, artificioso e svenevole: *le pastorellerie dell'Arcadia.*

pastorìzia [dal lat. (*ars*) *pastoricia*; a. 1320] ***sf.*** l'attività di allevare, custodire e pascolare il bestiame e di utilizzarne i prodotti: *praticare la pastorizia.*

pastorìzio (pl. *-zi*) [dal lat. *pastoricius*; a. 1544] ***agg.*** relativo a pastorizia.

pastorizzàre [dal fr. *pasteuriser*; 1895] ***tr.*** sottoporre a pastorizzazione: *pastorizzare il latte, il vino.*

pastorizzatóre [dal fr. *pasteurisateur*; 1958] ***sm.* 1.** apparecchio che serve a pastorizzare liquidi **2.** (f. *-trice*) operaio addetto alla pastorizzazione.

pastorizzazióne [dal fr. *pasteurisation*; 1914] ***sf.*** trattamento termico (tra 60 e 80 °C) cui vengono sottoposti certi liquidi organici (per es. latte e vino) allo scopo di diminuirne l'attività batterica ed enzimatica, e prolungarne la conservazione con minima alterazione delle proprietà alimentari ed organolettiche.

pastosità [da *pastoso*; 1657] ***sf.*** la consistenza di ciò che è pastoso.

pastóso [da *pasta*; fine sec. XV] ***agg.* 1.** morbido e trattabile come pasta: *materia pastosa, consistenza pastosa* **2.** *fig.* ricco, pieno ma ben amalgamato: *stile, colorito pastoso*; *voce pastosa,* di chi canta con un timbro morbido ma ricco di armonici || di vino, leggermente abboccato || **N. 1.** MORBIDO.

pastranèlla [da *pastrano*; 1871] ***sf.*** cappotto pesante a più baveri, indossato anticamente da cocchieri, servitori e sim.

pastràno [dal nome di uno dei duchi di *Pastrana,* città della Spagna; a. 1673] ***sm.*** soprabito pesante da uomo || *dim.* pastranìno, pastranèllo; *spreg.* pastranùccio; *accr.* pastranóne; *pegg.* pastranàccio || **N.** *Sin.* cappotto, paltò, tabarro.

pastricciàno [dalla voce disus. *pastricciano,* pastinaca, con prob. influsso di *pasta, pasticcio*; a. 1543] ***sm.*** *ant.* bonaccione, ingenuo.

pastròcchio (pl. *-chi*) [dal ven. *pastrocio*; a. 1837] ***sm.*** *pop.* e *dial.* intruglio, pasticcio; anche *fig.*

pastùme [da *pasta*; sec. XIV] ***sm.*** *raro* pastone per le galline || *fig. spreg.* pasta scotta.

pastùra [dal lat. tardo *pastūra*; a. 1292] ***sf.* 1.** luogo dove pascolano greggi e mandrie: *condurre le bestie alla* (*in*) *pastura* || l'erba di cui si pascono || *fig. menar l'oche in pastura,* far cosa inutile **2.** *T.pesc.* cibo gettato in acqua per attirare i pesci, solitamente della stessa qualità di quello usato come esca, ma in quantità maggiore.

pasturale V. PASTORALE[2].

pasturàre o **pastoràre** (pres. *-ùro* o *-óro*) [da *pastura*; 1297] ***tr.* 1.** condurre, tenere al pascolo: *pasturare il gregge* || rif. a zona di pesca, gettarvi pastura per attirare i pesci **2.** *fig. lett.* nutrire || ***intr.*** (aus. *avere*) stare al pascolo.

pasturazióne [da *pasturare*; 1983] ***sf.*** *T.pesc.* preparazione della zona di pesca ottenuta gettandovi pastura.

patàcca [etim. inc.; a. 1566] ***sf.* 1.** nome di varie monete del passato, piuttosto grosse ma di valore scarso || *per estens.* oggetto senza pregio spacciato per antico o prezioso: *gli hanno affibbiato una patacca*; *non valere una patacca,* poco o niente || *scherz.* decorazioni o medaglie che si portano sul petto **2.** *fam.* grossa macchia, spec. di unto: *un abito pieno di patacche* || *dim.* patacchìna; *accr.* pataccóne || **N. 2.** MACCHIA.

pataccàro [da *patacca*; 1950] ***sm.*** *region.* chi vende oggetti di scarso valore spacciandoli per antichi o pregiati || *per estens.* truffatore, imbroglione.

pataccóne (*accr.* di *patacca*) [sec. XVI] ***sm.* 1.** grossa patacca **2.** (f. *-a*) chi ha sovente gli abiti imbrattati di macchie **3.** grosso e vecchio orologio da tasca, cipollone.

pataccóso [da *patacca*; 1952] ***agg.*** *fam. tosc.* coperto di patacche, impataccato.

patàffio (pl. *-fi*) [var. pop. di *epitaffio*; 1367 come sf. pl.] ***sm.*** *arc.* epitaffio.

pataffióne o **patanfióne** [dal disus. *pataffio,* persona che si dà importanza; 1605] ***sm.*** (f. *-a*) **1.** *pop.* persona grossa e goffa **2.** *arc.* persona piena di burbanza.

patàgio (pl. *-gi*) [dal lat. *patagium*; 1930] ***sm.*** *T.zool.* espansione cutanea che unisce il corpo agli arti in alcuni mammiferi, tra cui i pipistrelli, che consente il volo o frena le cadute. **TAV. *mammiferi* p. 1318** 4.1.

patagóne [dallo sp. *patagones* pl.; a. 1525] ***sm.*** (f. *-a*) abitante della Patagonia.

patanfióne V. PATAFFIONE.

patapùm o **patapùnfete** [voce onom.; a. 1886] voce onomatopeica che imita il rumore di una caduta.

pataràcchio V. PATERACCHIO.

patarasso V. PATERAZZO.

patàrazzo V. PATERAZZO.

patarìa [da *patarino*; 1896] ***sf.*** *T.stor.* movimento popolare politico e religioso sviluppatosi nel sec. XI in Lombardia, che lottò contro la corruzione dell'alto clero e per l'attuazione di riforme democratiche.

patarìnico (pl. *-ci*) [da *patarino*; 1958] ***agg.*** *T.stor.* proprio della pataria, dei patarini o del patarinismo; ad essi relativo: *movimento patarinico.*

patarinìsmo [da *patarino*; a. 1937] ***sm.*** *T.stor.* la dottrina riformatrice dei patarini.

patarìno o **paterìno** [etim. inc.; a. 1292 *paterino*] ***sm.*** (f. *-a*) **1.** seguace della pataria **2.** nel XII e XIII sec., appartenente a una setta eretica che sosteneva la prevalenza del merito personale sull'autorità ecclesiastica || *per estens. spreg.* eretico.

patassìo (pl. *-ìi*) [da un ant. *patassare,* percuotere; a. 1862] ***sm.*** *tosc.* confusione di cose e persone, baccano; tafferuglio || **N.** CONFUSIONE.

patàta [dallo sp. *patata*; 1525] ***sf.* 1.** pianta erbacea delle Solanacee, con fiori bianchi sfumati di violetto e foglie pelose nella pagina inferiore **2.** il tubero di tale pianta, che si mangia cotto in vari modi e dal quale si ottiene fecola, amido e alcol: *patate al forno, contorno di patate fritte* || *fig. patata bollente,* grave questione da risolvere con urgenza: *passarsi la patata bollente* || *spirito di patata,* arguzia insulsa || *essere, sembrare un sacco di patate,* goffo, impacciato || *fam. naso a patata,* non lungo ma con la punta tondeggiante **3.** *patata americana* o *dolce,* V. BATATA || *dim.* patatina; *accr.* patatóne (*sm.*), patatóna || **N. 1.** solanina **2.** passata, purè | novelle, primaticce, tardive.

pataticoltóre [comp. di *patata* e *-coltore*; 1958] ***sm.*** (f. *-trice*) chi coltiva patate.

pataticoltùra [comp. di *patata* e *coltura*; 1958] ***sf.*** coltivazione delle patate.

patatìna (*dim.* di *patata*) [1922] ***sf.* 1.** patata novella, di piccole dimensioni || *naso a patatina,* naso piccolo e tondeggiante **2.** spec. *pl.* fette sottili di patate fritte nell'olio, preparate al momento o vendute in confezioni sigillate: *un sacchetto di patatine* **3.** *fig. fam.* bambina piccola e grassottella di aspetto grazioso.

patatràc [voce onom.; 1863] voce onomatopeica che imita il rumore di cosa che cade rumorosamente e si rompe || anche come *sm.* sconquasso, disastro: *succederà un bel patatrac in quella casa.*

patavinità [dal lat. *patavinitas, -atis*; a. 1517] ***sf.*** la patina padovana che aveva il latino di Tito Livio || insieme dei caratteri riscontrabili nell'italiano con interferenze del dialetto padovano.

patavìno [dal lat. *patavīnus*; a. 1495] **I *agg.*** *lett.* di Padova, padovano: *università patavina* **II *sm.*** (f. *-a*) *lett.* abitante di Padova.

patchouli (fr., pr. [patʃu'li]; pr. it. [pa'tʃuli]) [da una voce indigena dell'India merid.; a. 1886 *pacciulì*] ***sm. inv.*** pianta delle Labiate coltivata in regioni tropicali, da cui viene estratta un'essenza dal profumo intenso.

patchwork (ingl., pr. ['pætʃwɔ:k]) [comp. di *patch,* pezza e *work,* opera; 1970] **I *sm.*** *inv.* **1.** operazione con cui si cuciono assieme vari pezzi di stoffa o di maglia di colori diversi, per formare un unico tessuto multicolore || la stoffa risultante da tale lavoro di cucitura **2.** *fig.* lavoro raffazzonato, mal riuscito, rabberciato **II *agg.*** *inv.* (sempre posposto) di capo d'abbigliamento o di arredamento ottenuto cucendo assieme pezzi di stoffe diverse.

pâté (fr., pr. [pɑ'te]) [da *pâte,* pasta; 1890] ***sm. inv.* 1.** *T.cuc.* pasticcio **2.** *T.cuc.* impasto sodo e omogeneo di vari ingredienti, spec. carne, modellato in uno stampo e servito freddo: *pâté di fegato d'oca, di tonno, di cinghiale* || **N. 2.** *Sin. mousse,* spuma.

patefàtto [dal lat. *patefactus*; a. 1375] ***agg.*** *arc.* chiaro, manifesto.

patèlla [dal lat. *patella,* piatto; 1560] ***sf.* 1.** mollusco marino dei Gasteropodi, con conchiglia a forma di cono schiacciato percorsa da scanalature **2.** *T.anat.* rotula.

patellàre [da *patella*; 1929] ***agg.*** *T.anat.* proprio della rotula, relativo alla rotula: *riflessi patellari.*

patèma [dal gr. *páthēma*; a. 1730] ***sm.*** accoramento grave, turbamento; spec. nell'espr. *patema d'animo.*

patèna [dal lat. *patena*; a. 1348] ***sf.*** piattino d'oro e d'argento usato per coprire il calice e per mettervi l'ostia durante la celebrazione della messa.

patentàto [da *patente*[2]; a. 1566] ***agg.*** che è munito di patente || perlopiù *scherz.* in piena regola, matricolato: *è un imbecille patentato.*

patènte[1] [dal lat. *patens, -entis*; 1314] ***agg.* 1.** *arc.* aperto || *fig. lett.* manifesto, evidente: *è un'ingiustizia patente* || *lettera patente,* lettera che fa nota la volontà di un'autorità; *in part.* quella con cui uno stato comunica ad un altro la nomina di un nuovo console **2.** di foglia, che si apre perpendicolarmente al fusto **3.** di simbolo o insegna, che si allarga verso i bordi: *croce patente* || **patenteménte** ***avv.***

patènte[2] [da (*lettera*) *patente*; 1512] ***sf.*** concessione scritta, rilasciata da una competente autorità per l'esercizio di un diritto o di una professione || *in part. patente di guida* o più com. *ass. patente,* documento che autorizza a condurre veicoli rilasciato a chi abbia superato gli esami di guida: *prendere, rinnovare la patente* || *T.mar. patente sanitaria,* documento che attesta lo stato sanitario del luogo di partenza e le condizioni igieniche della nave, dell'equipaggio, dei passeggeri all'inizio del viaggio e a ogni approdo || *fig. scherz. dare a qualcuno la patente di ladro, di asino* ecc., qualificarlo pubblicamente come tale || *dim.* patentino (*sm.*) || **N.** brevetto, diploma.

patentino (*dim.* di *patente*²) [1871] ***sm.*** patente di breve durata, provvisoria: *patentino di caccia, di guida.*

pater (lat., pr. it. ['pater]) [abbr. di *pater* (*noster*); a. 1533] ***sm.*** *inv.* paternostro: *recitare un pater.*

pàtera¹ [dal lat. *patera*; a. 1367] ***sf.*** *T.stor.* nell'antichità greco-romana, coppa larga e poco profonda, senza manici e talvolta con un rialzo centrale, impiegata nei sacrifici per raccogliere il sangue delle vittime e per libagioni.

pàtera² [da *patera*¹, con influsso del fr. *patère*; 1958] ***sf.*** *non com.* sorta di attaccapanni a muro.

pateràcchio o **pataràcchio** (pl. *-chi*) [forse alterazione di *pataffio*; 1734] ***sm.*** **1.** *tosc. scherz.* accordo amichevole; gen. rif. a contratto di matrimonio **2.** compromesso poco onorevole o poco ragionevole.

pateràzzo o **pateràsso** o **pataràsso** [dal fr. *pataras*; 1869 *paterasso*] ***sm.*** *T.mar.* ciascuna di quelle corde, generalmente metalliche, che, aggiunte alle sartie, assicurano lateralmente le parti medie degli alberi di un veliero || *dim.* paterazzétto.

pateréccio (pop. *paneréccio* o *panaréccio*) (pl. *-ci*) [lat. tardo *panaricium*; a. 1449 *ppatereccioło*] ***sm.*** *T.med.* infiammazione localizzata attorno alle unghie che provoca gonfiore e arrossamento; è dovuta all'infiltrazione di germi attraverso piccole lesioni || **N.** *Sin.* giradito, paronichia.

pater familias (lat., pr. ['pater fa'miljas]) [letter. padre di famiglia] ***loc. m.*** *inv.* l'individuo più anziano dell'antica famiglia patriarcale romana.

paterìno V. PATARINO.

paternàle [da (*sgridata*) *paternale*, sgridata del padre; 1841] ***sf.*** rimprovero, rampogna || **N.** *Sin.* partaccia, predicozzo, ramanzina, sfuriata, RIMPROVERO.

paternalismo [dall'ingl. *paternalism*; 1924] ***sm.*** atteggiamento di sovrani assoluti che concedevano leggi favorevoli alla classe popolare, considerandole atti di benevolenza personale e non riconoscimenti dei diritti del popolo || *per estens.* analogo atteggiamento del datore di lavoro verso i dipendenti.

paternalista [dall'ingl. *paternalist*; 1950] ***s.*** chi pratica il paternalismo.

paternalìstico (pl. *-ci*) [dall'ingl. *paternalistic*; a. 1937] ***agg.*** proprio del paternalismo; informato a paternalismo: *politica paternalistica* || **paternalisticaménte** ***avv.***

paternità [dal lat. tardo *paternitas, -atis*; a. 1342] ***sf.*** **1.** condizione di padre; il rapporto di parentela che lega il padre ai figli || *per estens.* su documenti e sim., nome e cognome del padre **2.** *fig.* la qualità di autore: *è messa in dubbio la paternità di quegli scritti* **3.** *T.rel.* titolo reverenziale dato a religiosi: *vostra Paternità* || **N. 1.** generazione, maternità, PADRE.

patèrno [dal lat. *paternus*; 1308] ***agg.*** di padre o del padre: *la casa paterna, affetto paterno* || da parte di padre: *zio paterno, nonno paterno* || da padre, amorevole come di padre: *un'ammonizione paterna* || **paternaménte** ***avv.*** || **N.** materno.

paternòster [lat. *pater noster*, padre nostro; sec. XIII] ***sm.*** *inv.* paternostro nel senso 1.

paternòstro [lat. *pater noster*, padre nostro; a. 1292] ***sm.*** **1.** la principale preghiera cristiana, insegnata da Cristo ai discepoli: *disse dieci paternostri* || *saper una cosa come il paternostro*, saperla benissimo, a menadito || *il paternostro della scimmia*, una filza di bestemmie **2.** ciascuno dei grani più grossi del rosario, giunti ai quali si recita tale preghiera || *per estens. T.mar.* ciascuna delle bocce di legno forate, infilate nella trozza per facilitare la legatura dei pennoni **3.** *T.cuc.* formato di pasta alimentare a forma di corti cilindri, adatta per minestre || **N. 1.** *Sin. pater.*

pateticità [da *patetico*; a. 1967] ***sf.*** l'essere patetico.

patètico (pl. *-ci*) [dal lat. tardo *pathēticus*, gr. *patetikós*; 1575] **I *agg.*** **1.** che esprime o mira a suscitare passioni, profonde affezioni dell'animo: *sinfonia patetica, discorso patetico* || tristemente doloroso, commovente: *vicenda patetica* || disarmante per la sua palese inadeguatezza: *uno sforzo patetico* **2.** *T.anat. nervo patetico*, quarto paio di nervi cranici che termina nel muscolo grande obliquo dell'occhio; serve alla rotazione dell'occhio verso il basso || **pateticaménte** ***avv.*** **II *sm.*** **1.** il genere patetico: *tratta bene il patetico* || tono, atteggiamento patetico: *andare sul patetico* **2.** (f. *-a*) chi si comporta cercando di suscitare commozione || **N. I 1.** *Sin.* commovente, malinconico, mesto, pietoso, strappalacrime.

pateticùme [da *patetico*; 1871] ***sm.*** *spreg.* insieme fastidioso di elementi patetici.

patetismo [da *patetico*, sul modello del fr. *pathétisme*; 1919] ***sm.*** sentimentalismo languido, malinconico, svenevole: *il patetismo del melodramma italiano.*

pàthos o **pàtos** [dal gr. e lat. tardo *páthos*, patimento, commozione; 1821] ***sm.*** *inv.* intensa carica emotiva, spec. di un'opera d'arte: *una scena, un'esecuzione ricca di pathos*; *non coglie il pathos della situazione.*

-patìa [dal gr. *-pátheia*, da *páthos*, sofferenza] ***elem. term.*** **1.** in parole composte della terminologia medica, vale "disturbo", "affezione generica" (all'organo o alla funzione indicata dal primo elemento) (per es. *cardiopatia, epatopatia, psicopatia*) **2.** in parole composte dotte vale "sentimento", "passione" (per es. *antipatia, apatia, telepatico*).

patìbile [dal lat. *patibilis*; 1525] ***agg.*** **1.** che si può patire; anche come *sm.*: *patii il patibile* **2.** *ant.* passibile.

patiboláre [dal fr. *patibulaire*; 1848] ***agg.*** di patibolo, degno del patibolo || *faccia patibolare*, faccia sinistra, da patibolo.

patìbolo [dal lat. *patibulum*; sec. XIV] ***sm.*** la forca, la ghigliottina e sim. o il palco dove il condannato a morte viene giustiziato: *fu condotto al patibolo* || *scherz. andare al patibolo*, detto di chi si accinge a fare cosa sgradevole: *pare che vada al patibolo* || **N.** ceppo, supplizio.

-pàtico (pl. *-ci*) [da *-patia*] ***elem. term.*** che forma gli agg. corrispondenti ai sostantivi in *-patìa* (per es. *antipatico, cardiopatico, psicopatico*).

patiménto [da *patire*; a. 1311] ***sm.*** atto del patire, del provare gravi sofferenze: *è morto senza patimenti, patimenti dello spirito* || **N.** *Sin.* sofferenza, tormento, DOLORE.

pàtina [dal lat. *patina*, scodella, poi pasticcio contenuto in essa; a. 1696] ***sf.*** **1.** oscuramento o alterazione del colore che si forma col tempo sulla superficie di oggetti, per effetto di agenti atmosferici: *la patina di una statua di bronzo, di un antico dipinto*; *patina artificiale*, impressa per conferire un aspetto antico ad oggetti nuovi **2.** *per estens.* sottile copertura, velo || *in part.* la sostanza utilizzata per la patinatura, e la superficie con essa trattata || *T.med.* velatura bianca o giallastra che appanna la lingua, sintomo di disfunzioni gastriche || *fig.* apparenza superficiale: *dietro una patina di arroganza nasconde un cuore d'oro* || **N. 2.** inverniciatura, vernice.

patinàre (pres. *pàtino*) [da *patina*; 1863] ***tr.*** ricoprire con una patina.

patinàto (*pps.* di *patinare*) [1863] ***agg.*** *carta patinata*, tipo di carta pregiata, adatta per stampe con illustrazioni, resa morbida e lucida con la patinatura.

patinatóre [da *patinare*; 1958] ***agg.*** e ***sm.*** (f. *-trìce*) che, chi è addetto alla patinatura della carta.

patinatùra [da *patinare*; 1871] ***sf.*** **1.** l'azione e l'effetto del patinare artificialmente un oggetto metallico per farlo sembrare più vecchio **2.** applicazione di sostanze minerali e di un fissatore sulla carta da stampa.

patìno V. PATTÌNO.

patio (sp., pr. ['patjo]) [1895] ***sm.*** *inv.* (anche pl. *patios*, pr. ['patjɔs]) cortile ampio, perlopiù con porticato, proprio delle case spagnole.

patìre (pres. *-ìsco, -ìsci*) [lat. volg. **patīre*, class. *pati*; a. 1250] ***intr.*** (aus. *avere*) **1.** provare un'impressione dolorosa per cause fisiche o morali: *a sentirlo schernire così, pativo per lui* || *patire di stomaco, di nausee* ecc., esserne abitualmente disturbato **2.** ricevere danno: *il grano ha patito per la siccità; ne patisce l'onore* || ***tr.*** **1.** subire: *non deve patir la pena chi non ha colpa* || provare dolorosamente su di sé: *patire la fame, il freddo* || *fig.* soggiacere all'opera: *qualche angusta valle / sola pativa il ferro delle vanghe* (Pascoli) **2.** sopportare: *non può patire la lana sulla pelle; non può patire l'offesa subita* || **N.** ***intr.*** *Sin.* penare, SOFFRIRE | ***tr.*** **2.** *Sin.* tollerare.

patìte [comp. del gr. *páthos*, affezione, malattia e *-ite*¹; 1958] ***sf.*** *T.med.* nome generico di un processo infiammatorio.

patìto (*pps.* di *patire*) [a. 1363] **I *agg.*** smunto per sofferenze o malnutrizione: *quel bambino è un po' patito* **II *sm.*** (f. *-a*) **1.** sostenitore acceso, appassionato quasi fanatico: *un patito del jazz* **2.** *raro scherz.* innamorato || **N. I** *Sin.* macilento, magro.

pàto- [dal gr. *páthos*, sofferenza] ***primo elem.*** che, in parole composte della terminologia medica, vale "malattia" (per es. *patofobia, patogenesi, patologia*).

patofobìa [comp. di *pato-* e *-fobia*; 1895] ***sf.*** *T.psic.* fobia o paura di contrarre qualche malattia || **N.** *Sin.* ipocondria.

patòfobo [comp. di *pato-* e *-fobo*; 1970] ***sm.*** (f. *-a*) e ***agg.*** *T.med.* chi, che è ossessionato dalla paura delle malattie.

patogènesi [comp. di *pato-* e *genesi*; 1895] ***sf.*** modalità di insorgenza di una malattia, e la parte della patologia che se ne occupa.

patogenètico (pl. *-ci*) [da *patogenesi*, come il fr. *pathogénétique*; 1965] ***agg.*** attinente alla patogenesi.

patògeno [comp. di *pato-* e *-geno*, prob. sul modello del fr. *pathogène*; 1895] ***agg.*** *T.med.* che è causa di malattia: *agenti patogeni.*

patognomònico (pl. *-ci*) [dal gr. *pathognōmikós*; 1707] ***agg.*** *T.med.* di sintomo, che è proprio di una data malattia.

patois (fr., pr. [pa'twa]) [da *patte*, zampa, forse per indicare che le persone che lo parlano sono rozze; 1958] ***sm.*** *inv.* in Francia, antico dialetto ora soppiantato dalla lingua ufficiale e ridotto ad un uso molto circoscritto, ristretto a una regione o a un villaggio.

patologìa (pl. *-gie*) [dal fr. *pathologie*; 1583] ***sf.*** **1.** *T.med.* parte della medicina che studia le cause e la natura delle malattie **2.** complesso di manifestazioni morbose: *una patologia poco nota* || **N. 1.** eziologia, nosologia, patogenesi | comparata, generale, speciale. **Q.T.** *medicina.*

patològico (pl. *-ci*) [dal gr. *pathologikós*, attr. il fr. *pathologique*; 1663] ***agg.*** **1.** che concerne la patologia: *anatomia patologica* **2.** che si riferisce a, o costituisce una malattia: *stato, sintomo patologico* || *scherz. è un caso patologico*, ha una fissazione inguaribile || **patologicaménte** ***avv.*** in modo patologico || dal punto di vista patologico || **N.** **2.** *Sin.* morboso; clinico.

patòlogo (pl. *-gi*) [da *patologia*; 1816] ***sm.*** (f. *-a*) studioso di patologia.

pàtos V. PATHOS.

patòṣi [comp. di *pato-* e *-osi*; 1933] ***sf.*** *T.med.* nome generico di malattie che si manifestano soprattutto in degenerazioni delle cellule.

patràsso [alterazione della locuz. biblica *ire ad patres*, con accostamento a *Patrasso*, città del Peloponneso; 1612] ***sm.*** solo nelle frasi: *andare* o *mandare a patrasso*, all'aldilà; *per estens.* andare o mandare in rovina.

pàtri- [dal lat. *pater*, *patris*, padre] ***primo elem.*** che, in parole composte part. della terminologia antropologica, vale "padre", "da parte di padre", "per via maschile" (per es. *patrilineare*, *patrilocale*) || **N.** matri-.

pàtria [dal lat. (*terra*) *patria*; a. 1294] ***sf.*** **1.** la terra, la nazione cui è legato per nascita un individuo o un popolo, a cui sono riferite le comuni tradizioni storiche, culturali, affettive e sim.: *il suolo della patria, difendere, rinnegare la patria* || *patria d'elezione*, quella in cui si emigra || *per estens.* la città nativa: *Firenze è la patria di Dante* || *madre patria*, V. MADREPATRIA || *la patria celeste*, il paradiso **2.** *per estens.* di oggetti, animali, fatti culturali, luogo di origine: *Bologna è la patria dei tortellini* || **N.** **1.** *Sin.* paese nativo | aborigeno, autoctono, compatriota, connazionale, cosmopolita, indigeno, nativo, straniero; esilio, espatrio, rimpatrio; campanilismo, nazionalismo | naturalizzare.

patriàrca [dal lat. tardo *patriarcha*, gr. *patriárchēs*; a. 1292] ***sm.*** **1.** in certe società antiche, il capo di una grande famiglia, con poteri assoluti su tutti i discendenti || *per estens.* capo venerato di molti discendenti **2.** nell'Antico Testamento, gli antenati di Mosè, progenitori del popolo ebraico: *età dei patriachi, i patriarchi anteriori al diluvio* **3.** *T.eccl.* nella chiesa cattolica, titolo spettante al vescovo di una giurisdizione ecclesiastica autonoma: *patriarca di Gerusalemme* || titolo concesso ai titolari di alcune sedi vescovili: *il patriarca di Venezia* || nelle chiese cristiane orientali, la carica ecclesiastica di rango più elevato: *il patriarca di Costantinopoli.*

patriarcàle [dal lat. tardo *patriarchalis*; a. 1396] ***agg.*** **1.** di o relativo a patriarca: *autorità patriarcale* || *società, ordinamento patriarcale*, fondato sul patriarcato || che ricorda le consuetudini semplici e austere della società patriarcale: *famiglia patriarcale* **2.** *T.eccl.* relativo a patriarca: *chiesa, dignità patriarcale* || **N.** **1.** matriarcale.

patriarcàto [da *patriarca*; a. 1292] ***sm.*** **1.** tipo di organizzazione sociale basata sulla famiglia in cui vige l'autorità dell'individuo più anziano di sesso maschile, e in cui i beni e il potere sono trasmessi in linea maschile **2.** *T.eccl.* dignità e giurisdizione di patriarca; durata del suo incarico e la sede in cui viene svolto || **N.** **1.** matriarcato.

patriarchìo (pl. *-ìi*) [dal gr. *patriarchêion*; 1835 *patriarchia*] ***sm.*** palazzo in cui risiede il patriarca.

patricìda [dal lat. tardo *patricīda*; prima metà sec. XIV] ***s.*** *raro* parricida.

patricìdio (pl. *-di* o *-dii*) [da *patricida*; a. 1363] ***sm.*** *raro* parricidio.

patrìgno o **padrìgno** [lat. volg. **patrignus*, sul modello di *matrigna*; sec. XIV] ***sm.*** nuovo marito della madre, rispetto ai figli di primo letto.

patrilineàre [comp. di *patri-* e un deriv. di *linea*, discendenza; 1983] ***agg.*** *T.etn.* *discendenza patrilineare*, discendenza in linea paterna || **N.** *Contr.* matrilineare.

patrilìneo [comp. di *patri-* e un deriv. di *linea*, discendenza; 1958] ***agg.*** *T.etn.* patrilineare, in linea paterna, per via paterna.

patrilocàle [comp. di *patri-* e *locale*[1]; 1958] ***agg.*** *T.etn.* relativo alla patrilocalità, proprio della patrilocalità || **N.** *Sin.* virilocale.

patrilocalità [da *patrilocale*; 1958] ***sf.*** *T.etn.* norma sociale secondo cui la coppia sposata vive nel gruppo del padre dello sposo || **N.** *Sin.* virilocalità.

patrimoniàle [dal lat. tardo *patrimoniālis*; a. 1375] ***agg.*** di o del patrimonio: *beni, rendite patrimoniali.*

patrimònio (pl. *-ni*) [dal lat. *patrimonium*, fine sec. XIII] ***sm.*** **1.** l'insieme dei beni mobili e immobili facenti capo a una persona fisica o giuridica: *patrimonio di famiglia, di un ente, dello Stato* || *fig.* somma ingente: *per quel regalo ho speso un patrimonio* **2.** *fig.* complesso di elementi culturali e sociali che una persona o una collettività si è formata in un determinato momento storico: *il patrimonio artistico della nazione* **3.** *T.biol.* *patrimonio genetico*, l'insieme dei caratteri ereditari di un individuo, codificata nei cromosomi || *dim.* patrimoniétto, patrimoniùccio; *accr.* patrimonióne || **N.** **1.** *Sin.* avere, bene, capitale, facoltà, fortuna, mezzi, possesso, proprietà, sostanza | cospicuo, libero, oberato, ricco | accrescere, accumulare, conservare, dilapidare, dissipare, impinguare, intaccare, scialacquare, spendere, sperperare.

patrìno V. PADRINO.

pàtrio (pl. *-tri*) [dal lat. *patrius*; a. 1374] ***agg.*** **1.** della patria: *le patrie galere* || per la patria: *amor patrio* **2.** paterno: *la patria potestà*, potestà esercitata dai genitori sui figli minorenni || *per estens.* dei padri, degli antenati: *le patrie soglie* || **N.** **2.** avito.

patriòta o **patriòtta** (raro *patriòtto*) [dal lat. tardo *patriōta*, gr. *patriṓtēs*, compatriota; 1400 ca. *patriotto*] ***s.*** **1.** chi ama la patria: *i patrioti del Risorgimento*; *in part.* partigiano della Resistenza **2.** *ant.* compatriota.

patriotàrdo V. PATRIOTTARDO.

patriòtico V. PATRIOTTICO.

patriòtta V. PATRIOTA.

patriottàrdo (raro *patriotàrdo*) [dal fr. *patriotard*; 1903] ***agg.*** e ***sm.*** (f. *-a*) che o chi sfoggia un patriottismo fanatico; acceso nazionalista.

patriòttico (lett. *patriòtico*) (pl. *-ci*) [dal fr. *patriotique*; a. 1764] ***agg.*** di o da buon patriota: *sentimenti patriottici* || ispirato a patriottismo: *canzoni, letture patriottiche* || **patriotticaménte** ***avv.***

patriottịsmo [dall'ingl. *patriotism*, attr. il fr. *patriotisme*; 1765] ***sm.*** amore per la patria, spec. se manifestato con l'impegno per la sua difesa e conservazione: *un'eroica dimostrazione di patriottismo.*

patriòtto V. PATRIOTA.

patripassianịsmo [da *patripassiano*; 1929] ***sm.*** dottrina trinitaria dei patripassiani.

patripassiàno [dal lat. tardo *patripassiani* pl.; 1481] ***sm.*** seguace dell'eresia che, nei secoli II e III, sosteneva che Dio Padre aveva partecipato all'incarnazione e alla passione, negandone quindi la separazione personale dal Figlio || **N.** modalismo, monarchianismo.

patrìstica [dal lat. *pater*, *patris*; 1876] ***sf.*** **1.** l'insieme delle dottrine formulate dai Padri della Chiesa **2.** patrologia. **Q.T.** ***religione.***

patrìstico[1] (pl. *-ci*) [da *patristica*; 1925] ***agg.*** attinente alla patristica: *studi patristici.*

patrìstico[2] [dal lat. *pater*, *patris*, padre (nel senso di monaco); 1958] ***agg.*** *carte patristiche*, antiche carte geografiche, disegnate in genere da monaci, che rappresentavano la Terra piana e circondata completamente dall'Oceano.

patriziàle [da *patrizio*; a. 1869] ***agg.*** *raro* proprio del patrizio, da patrizio: *autorità patriziale.*

patriziàto [dal lat. *patriciatus*; 1554] ***sm.*** **1.** nell'antica Roma, dignità di patrizio **2.** il ceto dei patrizi || *per estens.* aristocrazia || **N.** NOBILTÀ.

patrìzio (pl. *-zi*) [dal lat. *patricius*; fine sec. XII *patriciu*] ***agg.*** e ***sm.*** (f. *-a*) **1.** *T.stor.* nell'antica Roma, cittadino libero discendente dalle famiglie più antiche e potenti, che poteva accedere alle cariche dello Stato **2.** *per estens.* nobiliare: *stirpe, casa patrizia* || *in part.* *T.arald.* titolo nobiliare che segue quello di nobile || **N.** NOBILE.

patriẓẓàre [dal lat. tardo *patrizāre*; a. 1375] ***intr.*** (aus. *avere*) somigliare al padre, nei modi e nella fisionomia.

patrocinànte (*ppr.* di *patrocinare*) [1679] ***s.*** avvocato difensore.

patrocinàre (pres. *-ìno*) [dal lat. *patrocināri*; a. 1363] ***tr.*** **1.** *T.giur.* difendere in un processo civile o penale: *patrocinare una delle parti, una causa* || anche *ass.* esercitare la professione di avvocato: *patrocinare in tribunale* **2.** *per estens.* sostenere, promuovere: *l'iniziativa è patrocinata dal Comune* || **N.** **1.** *Sin.* perorare, DIFENDERE.

patrocinatóre [da *patrocinare*; 1673] ***sm.*** (f. *-trice*) *T.giur.* patrocinante, legale.

patrocìnio (pl. *-ni*) [dal lat. *patrocinium*; sec. XIV] ***sm.*** **1.** *T.stor.* nell'antica Roma, protezione concessa dal patrono al cliente || *per estens.* tutela, difesa **2.** *T.giur.* difesa del cliente da parte dell'avvocato; *gratuito patrocinio*, tutela legale concessa gratuitamente ai non abbienti || **N.** PROTEZIONE.

patrologìa (pl. *-gie*) [comp. del lat. *pater*, *patris* e *-logia*; 1841] ***sf.*** **1.** studio letterario delle opere dei Padri della Chiesa **2.** raccolta di opere patristiche: *patrologia latina.*

patrològico (pl. *-ci*) [da *patrologia*; 1983] ***agg.*** proprio della patrologia, relativo alla patrologia: *raccolte patrologiche.*

patròlogo (pl. *-gi*) [da *patrologia*; 1841] ***sm.*** (f. *-a*) studioso di patrologia.

patron (fr., pr. [pa'trɔ̃]) [propr. patrono; 1942 nel senso 2] ***sm. inv.*** **1.** organizzatore di una gara sportiva o di una manifestazione **2.** *raro* modello in carta di un vestito.

patronàle [dal lat. tardo *patronālis*; 1871] ***agg.*** di o relativo a patrono (nei vari sensi): *proprietà patronale, diritti patronali; festa patronale.*

patronàto [dal lat. tardo *patronātus*; a. 1869] ***sm.*** **1.** istituto assistenziale: *patronato dell'infanzia abbandonata* || *patronato scolastico*, fino al 1977, istituzione che si occupava dell'assistenza degli scolari disagiati **2.** *T.stor.* nel diritto romano, legame giuridico che si stabiliva fra lo schiavo liberato e il padrone **3.** nel diritto canonico, il complesso dei diritti spettanti ai fondatori di chiese o benefici.

patronéssa [dall'ingl. *patroness*; 1834] ***sf.*** signora promotrice di iniziative di carattere assistenziale.

patronìa [da *patrono*; 1363] ***sf.*** *arc.* padronanza.

patronimìa [da *patronimico*; 1958] ***sf.*** consuetudine per cui il nome del figlio deriva da quello del padre o dell'avo.

patronìmico (pl. *-ci*) [dal lat. tardo *patronymicus*, gr. *patrōnymikós*; 1958] ***agg.*** *T.gram.* *nome patronimico* (o *sm.* *patronimico*), nome o cognome derivato dal nome del padre o di un avo per mezzo di un suffisso o di una preposizione (Atride, Ivanovna, D'Ambrogio, De Luca).

patròno [dal lat. *patrōnus*; sec. XIV] ***sm.*** (f. *-a*; *-éssa* nel senso 4) **1.** santo venerato come protettore, da una città, da una confraternita o da una categoria sociale: *S. Andronico è il patrono degli argentieri* **2.** *T.stor.* il cittadino romano che proteggeva i clienti o gli schiavi da lui manomessi **3.** *T.eccl.* chi, secondo il diritto ecclesiastico, esercita il diritto di patronato **4.** *T.giur.* avvocato difensore **5.** promotore, sostenitore di un'istituzione di beneficenza o, in gen., di un'iniziativa || **N.** **1.** *Sin.* PROTET-

TORE.

pàtta¹ [etim. inc.; 1500 *stare de patta*] ***sf.*** *T.gioc.* pareggio, perlopiù nelle espr. *far patta, far pari e patta.*

pàtta² [voce di orig. dial., forse sett.; 1935] ***sf.*** **1.** striscia di stoffa che copre l'abbottonatura di alcuni indumenti || *per meton.* l'abbottonatura stessa, spec. dei pantaloni maschili **2.** risvolto esterno delle tasche.

pàtta³ [dal fr. *patte*, zampa; 1835] ***sf.*** *T.mar.* la parte a uncino della marra nelle ancore. **TAV.** ***vela*** **p. 1342** 3.3.

pattàre [da *patta*¹; a. 1543] ***intr.*** (aus. *avere*) impattare, pareggiare.

patteggiàbile [da *patteggiare*; 1871] ***agg.*** che si può patteggiare, trattabile: *armistizio patteggiabile.*

patteggiaménto [da *patteggiare*; a. 1311; 1981 nel senso 2] ***sm.*** **1.** il patteggiare, trattativa **2.** *T.giur.* nel Nuovo Codice di procedura penale, accordo fra le parti processuali, cioè pubblico ministero e imputato, sulla pena da applicare nel caso di reati minori.

patteggiàre (pres. *-éggio*) [da *patto*; 1312] ***intr.*** (aus. *avere*) far proposte e discutere per giungere a un accordo || **N.** *Sin.* contrattare, pattuire; accordarsi, mercanteggiare, transigere.

patteggiatóre [da *patteggiare*; 1361] ***sm.*** (f. *-trìce*) *non com.* chi patteggia.

pattinàggio (pl. *-gi*) [dal fr. *patinage*; 1880] ***sm.*** lo sport praticato coi pattini a rotelle o a lama: *pattinaggio artistico, di velocità, pista di pattinaggio.* **Q.T.** *pattinaggio.*

pattinàre (pres. *pàttino*) [dal fr. *patiner*; 1789] ***intr.*** (aus. *avere*) **1.** muoversi sui pattini da ghiaccio o a rotelle; praticare il pattinaggio **2.** *per estens.* muoversi sugli sci, scivolando ora sull'uno ora sull'altro, come si fa pattinando **3.** di auto in corsa, slittare nell'accelerazione. **Q.T.** *pattinaggio.*

pattinatóio (pl. *-ói*) [da *pattinare*; 1939] ***sm.*** pista per il pattinaggio.

pattinatóre [da *pattinare*; 1875] ***sm.*** (f. *-trìce*) chi pratica lo sport del pattinaggio. **Q.T.** *pattinaggio.*

pàttino [dal fr. *patin*; sec. XVII] ***sm.*** **1.** *T.sport.* attrezzo posto sotto le scarpe che consente di correre o scivolare velocemente su apposite superfici; *in part. pattino a rotelle,* telaio metallico provvisto di quattro piccole ruote, da applicare alla scarpa; *pattino da ghiaccio,* lama d'acciaio con punta incurvata, fissata sotto speciali scarponcini, più lunga per il pattinaggio di velocità || *com.* anche la calzatura munita di pattino **2.** *per estens.* elemento atto a facilitare lo scivolamento, posto sotto veicoli da neve quali ad es. slitta e bob **3.** *T.aer.* parte accessoria del carrello di certi aeroplani; serve a facilitare la presa di contatto col suolo || *pattino di coda,* serve a sostenere la coda dell'aeroplano durante il rullaggio **4.** *T.mecc.* parte mobile di un congegno, che scorre in apposita guida; corsoio **5.** rettangolo di feltro usato in casa sotto le scarpe, per non rigare i pavimenti lucidati a cera. **Q.T.** *pattinaggio* **TAV.** *aeronautica* 8.3.

pattìno o **patìno** [da *pàttini*, o *pattìni*, per il ghiaccio, data la somiglianza tra questi e i due galleggianti; 1891] ***sm.*** *T.mar.* galleggiante balneare a remi, formato da due scafi sottili, affiancati e uniti mediante traverse e forniti di banchi sopraelevati su cui siedono i vogatori || **N.** *Sin.* moscone, pedalò.

pattìzio (pl. *-zi*) [dal lat. tardo *pactīcius*; 1983] ***agg.*** *T.giur.* che si basa su un patto o deriva da un patto: *un sistema di norme pattizio, un accordo pattizio.*

pàtto [dal lat. *pactum*; fine sec. XIII] ***sm.*** **1.** accordo formale fra due o più parti, che le impegna a rispettare certe condizioni: *patto di pace, d'amicizia* || *pl.* le clausole dell'accordo: *stare ai patti,* mantenere gli impegni assunti; *venire, scendere a patti,* abbandonare una posizione di intransigenza per cercare un accordo || *prov. patti chiari, amicizia lunga,* per mantenere l'amicizia bisogna parlare chiaramente || *patto sociale,* secondo le teorie contrattualistiche, tacito accordo su cui si fonda la società civile **2.** condizione: *vendere a buoni patti*; nella *loc. cong. a patto che,* purché || **N. 1.** *Sin.* accordo, concordato, contratto, intesa, trattato | inviolabile, rovinoso, sacro, segreto, solenne, vantaggioso | accettare, concludere, confermare, contrarre, fare, stringere, suggellare; mantenere, osservare, rispettare; annullare, rescindere, rompere, sciogliere, trasgredire, violare.

pattóna [lat. *pactus*, congiunto; a. 1665] ***sf.*** *tosc.* polenta di farina di castagne || minestra troppo cotta.

pattùglia (pl. *-glie*) [dal fr. *patrouille*; 1565] ***sf.*** *T.mil.* formazione militare composta da pochi uomini gen. forniti di armi o mezzi di spostamento, cui vengono assegnati determinati compiti: *pattuglia di ricognizione, pattuglia esplorativa, aerea* || *essere di pattuglia,* essere di servizio in pattuglia || *accr.* pattuglióne (*sm.*) || **N.** guardia, ronda.

pattugliaménto [da *pattugliare*; 1958] ***sm.*** *T.mil.* controllo, sorveglianza di una zona ad opera di pattuglie.

pattugliànte (*ppr.* di *pattugliare*) [1983] ***agg.*** e ***s.*** che, chi svolge un servizio di pattuglia || che, chi fa parte di una pattuglia di soldati.

pattugliàre (pres. *-ùglio*) [da *pattuglia*; 1800] ***intr.*** (aus. *avere*) di soldati, svolgere il servizio di pattuglia || ***tr.*** perlustrare con una pattuglia; controllare, sorvegliare: *pattugliare una zona, una strada.*

pattugliatóre [da *pattugliare*; 1931] ***sm.*** (f. *-trìce*) *T.mil.* chi fa parte di una pattuglia.

pattuìre (pres. *-ìsco, -ìsci*) [da *patto*; a. 1292 *pattovire*] ***tr.*** decidere o definire sulla base di un patto: *pattuire la resa, le condizioni di pagamento* || **N.** patteggiare.

pattuìto (*pps.* di *pattuire*) [a. 1500] ***agg.*** concordato, stabilito, stipulato: *il compenso pattuito.*

pattuizióne [da *pattuire*; 1950] ***sf.*** *T.giur.* definizione di un accordo, di un contratto.

pattumàio (pl. *-ài*) [da *pattume*; 1835] ***sm.*** immondezzaio.

pattùme [dal lat. *pactus*, congiunto, unito; fine sec. XIV] ***sm.*** **1.** roba da buttare via, immondizia **2.** *non com.* melma.

pattumièra [da *pattume*; 1841] ***sf.*** recipiente in cui si raccoglie la spazzatura || **N.** *Sin.* portaimmondizie.

patullàre [etim. inc.; 1871] ***tr.*** **1.** prendere in giro, canzonare **2.** *per estens.* cullare, sballottare, dondolare: *lo patulla il vento* (Pascoli) || ***intr. pron.*** trastullarsi, stare in ozio a godersela.

pàtulo [dal lat. *patulus*; a. 1375] ***agg.*** *raro lett.* ampio, esteso, largo, vasto.

patùrnie o **patùrne** [etim. inc.; a. 1712] ***sf.*** *pl. pop.* tristezza, cattivo umore: *avere le paturnie.*

paulònia [dal n. proprio Anna *Pavlovna*, figlia dello zar Paolo I; 1875] ***sf.*** grande albero ornamentale della famiglia delle Scrofulariacee, dalle foglie ovali e fiori violetti a grappoli.

pauperìșmo [dal lat. *pauper, -eris*, povero, attr. l'ingl. *pauperism*; 1832 nel senso 1; 1958 nel senso 2] ***sm.*** **1.** fenomeno sociale di miseria estesa a gran parte della popolazione, dovuto a varie cause (carestia, guerre, malgoverno ecc.) **2.** l'ideale di estrema povertà fatto proprio da certi ordini religiosi.

pauperìstico (pl. *-ci*) [da *pauperismo*; 1950] ***agg.*** relativo al pauperismo: *fenomeno pauperistico; ideale pauperistico.*

pauperizzazióne [dal lat. *pāuper, -eris*, povero; 1988] ***sf.*** grave riduzione delle ricchezze economiche di una nazione o di una classe sociale || **N.** *Sin.* impoverimento.

paupulàre (pres. *pàupulo*) [dal lat. tardo *paupulāre*; 1883] ***intr.*** (aus. *avere*) di pavone, emettere il proprio verso: *i pavoni si mirano le penne e paupulano* (Carducci).

paùra [lat. *pavor, -ōris*; sec. XII] ***sf.*** **1.** la reazione emotiva di grave turbamento, conseguente alla percezione di un pericolo: *in quella strada buia per un attimo ho avuto paura, vincere, dominare la paura*; anche, sentimento costante di avversione e timore: *avere paura dei cani, dei tuoni, degli scippatori, chi ha paura di chi?* || *mettere, far paura,* suscitarla in qualcuno || *iperb. da far paura,* che fa impressione: *brutto, magro da far paura, un tempaccio da far paura* **2.** timore, preoccupazione: *ha paura di ingrassare troppo, ho paura di non farcela* || presentimento, sospetto, spec. di cosa non gradita: *ho paura che la colpa sia proprio sua* || *dim.* paurétta; *pegg.* pauràccia || **N. 1.** *Sin.* allarme, apprensione, batticuore, fifa, fobia, inquietudine, orrore, panico, sbigottimento, sgomento, spaghetto, spavento, terrore, timore, tremarella, tremore, trepidazione | -fobia | cieca, grande, invincibile, matta, pazza, terribile, tremenda | incutere, infondere | accapponarsi la pelle, aver la pelle d'oca, impallidire, palpitare, rabbrividire, stralunare gli occhi, tremare | allarmare, atterrire, impaurire, intimorire, sbigottire, spaurire, spaventare.

pauràccia (pl. *-ce*) (*pegg.* di *paura*) [1842] ***sf.*** grossa paura.

PATTINAGGIO

VARIE SPECIALITÀ: a rotelle (su pista a curve sopraelevate, su pista piana, su strada), su ghiaccio.

PATTINAGGIO DI VELOCITÀ.

GARE: femminili, maschili; a cronometro, a eliminazione, a inseguimento, a tappe, a tempo, a traguardi, in linea (fondo, mezzofondo, sprint), staffetta.

PATTINAGGIO ARTISTICO: individuale, a coppie, ritmico o "danza".

TECNICHE DI BASE: angelo, alzata, arresto, avvitamento, boccola, cambio di direzione, cambio di filo, contro volta, dietro front, marcia indietro, partenza, passo bilanciato, passo incrociato, ripresa, salto, spirale, tre, trottola, volta, volteggio; movimenti a specchio, movimenti in ombra.

ESERCIZI (O FIGURE) OBBLIGATORI: contro-tre, doppio tre ecc.

ESERCIZI LIBERI.

PERSONE: pattinatore, pattinatrice; fondista, *pistard*, stradista, velocista.

VOCI ATTINENTI: colpo di pattino, giro, passo, scivolata, slancio, strisciata.

PATTINO: a rotelle (piastra, ruote, scarpa, sterzo), da ghiaccio (attacco, freno, lama, scarponcino).

pauróso [da *paura*; a. 1250] ***agg.*** **1.** che si spaventa per niente: *un bambino pauroso*; che, per paura, non si espone a rischi anche minimi: *un uomo poco intraprendente e pauroso* || *meno com.* spaventato **2.** che incute paura: *un film pauroso, una paurosa voragine* || *iperb.* straordinario: *ha una memoria paurosa* || **paurosaménte** ***avv.*** **1.** con paura **2.** straordinariamente || **N. 1.** *Sin.* codardo, fifone, pavido, timido, timoroso, vigliacco; allarmato, sbigottito, spaurito | *Contr.* coraggioso, impavido **2.** *Sin.* ORRIDO.

pàuṣa [dal lat. *pausa*; sec. XV] ***sf.*** **1.** interruzione momentanea di un'attività: *concedersi una breve pausa per il caffè*; *fare pausa*, interrompersi, spec. parlando || *in part.* parlando, recitando e sim., momento di silenzio: *una pausa di grande valore espressivo* **2.** *T.mus.* interruzione del suono di uno strumento o del canto; nella notazione, ciascuno dei segni posti sul rigo a indicare un'interruzione di durata specifica: *pausa di semiminima, di croma* || **N. 1.** *Sin.* cesura, intervallo, posa, sosta, tregua. **TAV. *musica* p. 1324** 1.6.

-pàuṣa [da *pausa*] ***elem. term.*** che, in parole composte della terminologia scientifica, vale "interruzione", "cessazione" (per es. *andropausa, menopausa, omopausa*).

pauṣàre (pres. *pàuṣo*) [dal lat. tardo *pausare*, cessare; inizi sec. XII] ***tr.*** *non com.* interrompere con pause: *pausare un discorso* || ***intr.*** (aus. *avere*) *lett.* fare pausa, fermarsi.

pauṣàrio (pl. *-ri*) [dal lat. *pausarius*; 1889] ***sm.*** *T.stor.* il capo dei rematori, che sedendo a poppa scandiva il ritmo della voga || **N.** celeuste, comito.

pavàna [da (*danza*) *pavana*, danza padovana; 1508] ***sf.*** *T.mus.* danza in ritmo binario, di carattere grave, diffusa nelle corti del XVI e XVII sec.

pavàno [dal ven. *pavan*, da *Pava*; sec. XIV - inizi sec. XV] **I *agg.*** *raro* padovano **II *sm.*** (solo *sing.*) la parlata padovana rustica: *il Ruzzante scrisse belle commedie in pavano.*

pavé (fr., pr. [pa've]) [letter. lastricato; 1950] ***sm.*** *inv.* selciato a piccoli cubetti di pietra non cementati, posti su uno strato di sabbia, perlopiù a formare una serie di archi concentrici; comune nei Paesi Bassi e nella Francia settentrionale.

paventaménto [da *paventare*; prima metà sec. XIV] ***sm.*** *raro* l'atto del paventare.

paventàre (pres. *-ènto*) [lat. volg. **paventāre*; sec. XIII] ***intr.*** (aus. *avere*) **1.** *lett.* aver paura: *come verrò, se tu paventi, / che suoli al mio dubbiar esser conforto?* (Dante) **2.** *region.* di bestie, imbizzarrire, adombrarsi: *è un cavallo che paventa* || ***tr.*** *lett.* temere: *paventa il mio sdegno.*

paventóso [dal disus. *pavento*; a. 1292] ***agg.*** *lett.* **1.** che ha paura; timoroso: *popolo ignudo, paventoso e lento, / che ferro mai non strigne* (Petrarca) **2.** che mette paura.

pavére (*dif.*, usato solo alla terza pers. sing. dell'ind. pres. *pàve*) [dal lat. *pavēre*; a. 1374] ***intr.*** e ***tr.*** *poet.* aver paura.

paveṣàre (pres. *-éṣo*) [da *pavese*[1]; 1804] ***tr.*** *T.mar.* di nave, ornarla col pavese || *per estens.* imbandierare, addobbare: *pavesare una sala, un teatro.*

paveṣàta [da *pavese*[1]; a. 1552] ***sf.*** *T.mar.* **1.** impavesata **2.** gala di bandiere || decorazione.

pavése[1] o **pavéṣe**[1] (ant. *palvéṣe*) [da (*scudo*) *pavese*, scudo di Pavia; 1280 *panvese*] ***sm.*** **1.** grande scudo rettangolare di legno o vimini, coperto di pelle, usato dai fanti del Medioevo **2.** *T.mar.* gala di bandiere che addobba la nave in segno di festa: *piccolo, gran pavese* || *per estens.* analoga decorazione festosa posta per le strade o alle finestre. **TAV. *bandiere*** 8; ***nave* p. 1327** 6.6.

pavése[2] o **pavéṣe**[2] [dal n. geogr. *Pavia*; 1816] **I *agg.*** di Pavia || *zuppa pavese*, minestra preparata rompendo un uovo su una fetta di pane rosolata al burro, versandovi sopra brodo bollente e spolverando con abbondante parmigiano **II *s.*** abitante di Pavia.

pàvia [dal n. proprio P. *Paw*, botanico ol.; 1813] ***sf.*** ippocastano dai fiori di colore rosso o giallo che viene piantato gen. nei parchi o lungo i viali.

pavidità [da *pavido*; 1958] ***sf.*** l'essere pavido || **N.** *Sin.* paura, timidezza, viltà.

pàvido [dal lat. *pavidus*; 1342] ***agg.*** *lett.* pauroso; vile: *cuore pavido* || **pavidaménte** ***avv.*** || **N.** *Sin.* PAUROSO.

paviglióne[1] [var. di *padiglione*, con influsso del fr. ant. *pavillon*, tenda, bandiera; a. 1306] ***sm.*** *arc.* padiglione.

paviglióne[2] [dal fr. ant. *pavillon*; 1674] ***sm.*** *ant.* bandiera navale.

pavimentàle [da *pavimento*; 1958] ***agg.*** proprio di pavimento, relativo a pavimento: *mosaico pavimentale.*

pavimentàre (pres. *-énto*) [dal lat. *pavimentāre*, battere, spianare; 1556] ***tr.*** ricoprire con un pavimento: *pavimentare una strada, una chiesa* || **N.** *Sin.* ammattonare, lastricare, selciare.

pavimentatóre [da *pavimentare*; 1954] ***sm.*** (f. *-trice*) operaio che esegue lavori di pavimentazione.

pavimentazióne [da *pavimentare*; 1866] ***sf.*** **1.** messa in opera di un pavimento **2.** pavimento, spec. stradale: *pavimentazione flessibile, rigida* || **N. 2.** PAVIMENTO. **Q.T.** *edilizia, falegnameria.*

pavimentista [da *pavimento*; 1966] ***s.*** operaio specializzato nel fare pavimenti.

paviménto [dal lat. *pavimentum*, terra battuta, pavimento; 1319] ***sm.*** **1.** strato di mattoni, legno, cemento o altro materiale, che ricopre il suolo o che comunque costituisce la base di un ambiente, in modo da offrire una superficie piana, uniforme e stabile al passaggio: *pavimento di una stanza, pavimento di marmo, di linoleum, lucidare il pavimento, pavimento stradale* **2.** *pavimento abissale*, fondale oceanico posto al di sotto dei 2500 m **3.** *T.anat.* in alcuni organi o apparati, parete inferiore: *pavimento orale* || **N. 1.** acciottolato, assito, impiantito, lastricato, *parquet*, selciato, tavolato; macadam, *pavé* | a lisca di pesce, alla veneziana, a mandorla, a mosaico, a rete, arrotato, a spina, intarsiato, lucido, terso | ambrogetta, fornello, marmetta, massello, mattonella, quadrello. **Q.T.** *architettura* **TAV.** *abitazione* 1.4.

pavimentóso [da *pavimento*; 1958] ***agg.*** *T.anat.* di tessuto epiteliale, costituito da cellule la cui forma ricorda quella delle piastrelle di un pavimento: *cellule pavimentose, epitelio pavimentoso.*

pavonàzzo V. PAONAZZO.

pavoncèlla [da *pavone*; 1622] ***sf.*** **1.** uccello acquatico, dei Caradriformi, simile al colombo, con un ciuffo in testa, di color bruno nel dorso e col ventre bianco **2.** farfalla le cui ali hanno grosse macchie simili agli occhi della coda del pavone.

pavóne [lat. *pavo, -ōnis*; sec. XIII *paone*] **I *sm.*** uccello dei Gallinacei, con testa, collo e ventre di color azzurro, dorso verde dorato e lunga coda di penne verdi recanti all'estremità una macchia azzurra a forma di occhio || *fig.* detto di persona vanitosa: *è un pavone, fa il pavone*; *coprirsi delle penne del pavone*, vantarsi di meriti non propri **II** nelle ***loc. agg.*** *verde, blu pavone*, del colore verde o blu cangiante, piuttosto intenso, tipico di alcune zone delle penne del pavone maschio: *un tessuto blu pavone* || nella *loc. m.* usata come *loc. agg. color pavone*, del colore di alcune zone delle penne del pavone maschio: *una stoffa color pavone* || **N. I** chiocciare, paupulare, stridere.

pavoneggiàrsi (pres. *-éggio*) [da *pavone*; 1353 *paoneggiare*] ***intr. pron.*** esibirsi, ostentare le proprie presunte qualità con compiacimento eccessivo || **N.** *Sin.* gonfiarsi, vagheggiarsi.

pavonéssa [da *pavone*; a. 1327] ***sf.*** la femmina del pavone.

pavònia [da *pavone*; 1875] ***sf.*** grossa farfalla notturna dalle ali grigiastre con una macchia a cerchi concentrici su ogni ala.

pavonìccio (pl. m. *-ci*, pl. f. *-ce*) [da *pavone*; 1612] ***agg.*** *arc.* paonazzo.

pay-tv (ingl., pr. ['peɪ tiː,viː]; pr. it. [peiti'vi] o [peiti'vu]) [letter. TV a pagamento; 1990] ***sf.*** *inv.* servizio di diffusione di programmi televisivi (film recenti, spettacoli di varietà ecc.) per abbonati forniti di un dispositivo in grado di decodificare il segnale.

pazientàre (pres. *-ènto*) [da *paziente*; a. 1527] ***intr.*** (aus. *avere*) avere pazienza: *dovrai pazientare ancora un po'* || **N.** *Sin.* patire, soffrire, sopportare, tollerare.

pazïènte [dal lat. *patiens, -entis*, sec. XIII] **I *agg.*** **1.** che ha pazienza, che sopporta: *bisogna essere pazienti con gli anziani, un genitore paziente* **2.** che fa le cose con calma e cura: *uno studioso paziente* **3.** di cosa, che richiede o ha richiesto pazienza e precisione: *cure pazienti, un paziente lavoro di restauro* || **pazienteménte** ***avv.*** con pazienza **II *s.*** chi è sottoposto a cure, interventi e sim.: *il paziente non mostra segni di miglioramento* || **N. I 1.** *Sin.* longanime, tollerante | *Contr.* impaziente **3.** *Sin.* METICOLOSO.

pazïènza [dal lat. *patientia*; a. 1294] ***sf.*** **1.** la qualità di chi affronta e sopporta avversità, dolori e in gen. ogni cosa molesta, mantenendo la calma, senza lamentarsi o arrabbiarsi: *coi bambini ci vuole tanta pazienza, bisogna aver pazienza, se hai pazienza di aspettare verrà anche il tuo turno, porta pazienza!, armarsi di pazienza*; *perdere la pazienza*, arrabbiarsi; *far scappare la pazienza*, far arrabbiare; *avere la pazienza di Giobbe, una pazienza da santo, da certosino*, molto grande || come escl. di rassegnazione: *questa volta non ce l'ho fatta; pazienza, sarà per la prossima*; o con valore concessivo: *se almeno fosse simpatico, pazienza, ma oltre a essere brutto è anche odioso!* || *abbi pazienza*, formula di scusa o di preghiera: *abbi pazienza ma devi spiegarmi di nuovo tutto*; anche invito alla ragionevolezza: *abbi pazienza ma questo non è il modo di fare!* || *santa pazienza!*, escl. di chi è sul punto di perderla **2.** costanza, diligenza nel lavoro e sim.: *un lavoro che richiede una grande pazienza* || *giochi di pazienza*, che richiedono tempo, calma e precisione **3.** *T.eccl.* veste religiosa dei carmelitani, senza maniche e aperta ai lati, che pende ugualmente davanti e dietro || il cordone che cinge la tonaca dei frati **4.** *T.mar.* cavigliera **5.** *ant.* sofferenza || **N. 1.** *Sin.* fermezza, fortezza, perseveranza, resistenza; indulgenza, longanimità; mansuetudine, rassegnazione, sopportazione, tolleranza; filosofia | *Contr.* impazienza, insofferenza, smania **2.** *Sin.* diligenza, meticolosità. **TAV.** ***vela* p. 1343** 6.37.

pazzarèllo V. PAZZERELLO.

pazzarièllo o **pazziarièllo** [da *pazziare*; 1905] ***sm.*** a Napoli, banditore vestito con un costume del Seicento o comunque in modo bizzarro, che accompagnato da suonatori di tamburo, grancassa e sim. gira per la città pubblicizzando prodotti o negozi.

pazzeggiàre (pres. *-éggio*) [da *pazzo*; a. 1449] ***intr.*** (aus. *avere*) far pazzie, folleggiare || **N.** *Sin.* impazzare, matteggiare.

pazzerèllo (*dim.* di *pazzo*) (dial. *pazzarèllo*) [a. 1444] ***agg.*** e ***sm.*** (f. *-a*) sventato, capriccioso; anche *fig.*: *un tempo pazzerello.*

pazzerellóne [da *pazzerello*; 1863] ***sm.*** (f. *-a*) persona di natura allegra, amante di spassi e burle.

pazzésco (pl. *-schi*) [da *pazzo*; sec. XIV] **agg.** di o da pazzo: *le tue sono idee pazzesche* || *iperb.* eccessivo, straordinario: *una spesa pazzesca, un ingorgo pazzesco* || **pazzescaménte** **avv.** || **N.** *Sin.* demenziale.

pazzìa [da *pazzo*; a. 1311 nel senso 2] **sf.** **1.** nel linguaggio corrente, alterazione delle facoltà mentali: *dare segni di pazzia, nella famiglia del padre c'è una vena di pazzia* || *per estens.* stravaganza nelle abitudini, mancanza di ragionevolezza **2.** *concr.* azione sconsiderata, da pazzo: *comprare quella casa è stata una pazzia, il suo esaurimento potrebbe spingerlo a qualche pazzia*; *iperb.* spesa eccessiva || *fig.* azione esuberante e fuori dalla norma: *le pazzie di un innamorato* || *dim.* pazziòla || **N.** **1.** *Sin.* aberrazione, alienazione, demenza, dissennatezza, follia, forsennatezza, frenesia, furia, insania, insensatezza, mania, mattana.

pazziàre [da *pazzia*; 1963] **intr.** (aus. *avere*) *nap.* scherzare, fare il pazzo, fare stranezze.

pazziarièllo V. PAZZARIELLO.

pazzìccio (pl. m. *-ci*, pl. f. *-ce*) [da *pazzo*; sec. XVI] **agg.** *ant.* un po' pazzo; stravagante.

pàzzo [etim. inc.; 1280 ca.] **agg.** **1.** anche *sm.* (f. *-a*), malato di mente, matto: *diventare pazzo, pazzo omicida, il gesto di un pazzo* || in espr. iperb., per alludere a qualità e comportamenti bizzarri, esagerati e sim.: *gridare, correre, agitarsi come un pazzo, fare il pazzo*; *cose da pazzi*, insensate, assurde || *esser pazzo di, andar pazzo per una cosa*, desiderarla, amarla assai; *va pazzo per il Barbiere di Siviglia, sono pazzo di te* **2.** da pazzo; eccessivo, strano: *una pazza idea, spesa pazza*; *darsi alla pazza gioia*, ai più sfrenati divertimenti || *fig.* di tempo, incostante, mutevole || **pazzaménte** **avv.** **1.** come un pazzo **2.** eccessivamente: *pazzamente innamorato* || *dim.* pazzerèllo || **N.** **1.** *Sin.* alienato, demente, dissennato, folle, forsennato, insano, maniaco, mentecatto, paranoico, psicopatico, scemo | agitato, furioso, incurabile, tranquillo | ammattire, dar di volta il cervello, impazzire, perder il lume della ragione; rinsavire.

pazzòide [comp. di *pazzo* e *-oide*; 1944] **agg.** e **s.** che, chi si comporta in maniera strana, bizzarra e imprevedibile.

peàna (pl. *-ni* e *-na*) [dal lat. *Paeāna*, gr. *Paián*, epiteto di Apollo; 1321] **sm.** inno in onore di Apollo || *per estens.* canto, inno di lode o di vittoria; *com. scherz.* discorso altamente elogiativo.

peàta [voce ven.; 1720] **sf.** *T.mar.* grossa barca piatta, con prua alta e rotonda, da carico, in uso nella laguna veneta.

pebrìna [dal fr. *pébrine*; 1875] **sf.** malattia mortale del baco da seta provocata da uno sporozoo.

pècari [voce di orig. caribica, attr. il fr. *pécari*; 1772] **sm.** *inv.* mammifero degli Artiodattili diffuso in America Meridionale, simile al cinghiale ma con canini rivolti verso il basso || la pelle di tale mammifero ricercata per confezionare scarpe, borse ecc.

pècca [da *peccare*; sec. XIII] **sf.** **1.** difetto non grave, neo **2.** *ant.* peccato.

peccadìglio (pl. *-gli*) [dallo sp. *pecadillo*, dim. di *pecado*, peccato; 1534] **sm.** *ant.* peccatuccio.

peccaminosità [da *peccaminoso*; a. 1956] **sf.** carattere di ciò che è peccaminoso.

peccaminóso [formato sul lat. *peccamen, -aminis*, peccato; 1689] **agg.** che costituisce peccato: *azioni peccaminose* || **peccaminosaménte** **avv.**

peccàre (pres. *pècco, pècchi*) [lat. *peccāre*; a. 1250] **intr.** (aus. *avere*) **1.** commettere peccato: *peccare in pensieri, parole ed opere* **2.** *per estens.* essere manchevole, difettoso: *un quadro che pecca nel colorito*; *non pecca certo di modestia*, è tutt'altro che modesto || **N.** **1.** *Sin.* mancare, prevaricare, ERRARE.

peccàto [lat. *peccātum*; a. 1250] **sm.** **1.** trasgressione volontaria delle leggi divine: *commettere un peccato, peccato di superbia, di lussuria*; *chi è senza peccato scagli la prima pietra* (frase evangelica) || *peccato originale*, nella teologia cristiana, il peccato di Adamo ed Eva, i cui effetti si trasmettono a tutti gli uomini con la nascita e sono poi cancellati dal battesimo || *peccato mortale*, grave, che causa la dannazione eterna; *peccato veniale*, che non toglie la grazia; *peccato di omissione*, che consiste nel non fare ciò che è comandato; *peccato di commissione*, che consiste nel commettere un'azione proibita || *brutto come il peccato*, bruttissimo || con valore attenuato, sbaglio: *peccato di gioventù*, azione commessa da giovani e più tardi rinnegata o giudicata con bonaria indulgenza; perlopiù *scherz.*: *quelle poesie sono un peccato di gioventù* **2.** errore in quanto causa di dispiacere o disappunto: *è un peccato lasciare le ciliegie sull'albero a marcire, mi sembra un peccato non approfittare di quel ben di Dio*; in espr. ellittiche: *sarebbe una bella casa, peccato che riceva poca luce, è un modello originale, peccato il colore* || come *escl.* che esprime dispiacere o disappunto: *per un pelo non ce l'ho fatta, peccato!, che peccato!* || *dim.* peccatùccio; *pegg.* peccatàccio || **N.** **1.** *Sin.* colpa, delitto, errore, fallo, mancanza | accidia, avarizia, gola, invidia, ira, lussuria, superbia | abominevole, grave, imperdonabile, irremissibile, lieve, orrendo, scusabile | assoluzione, attrizione, confessione, contrizione, coscienza, esame di coscienza, espiazione, giubileo, indulgenza, innocenza, penitenza, pentimento, perdono, remissione | cancellare, confessare, espiare, incorrere, lavarsi, liberarsi, mondarsi, pentirsi, redimersi, riconoscere, scontare; cadere in peccato. **Q.T.** *religione.*

peccatóre [lat. tardo *peccātor, -ōris*; sec. XI] **sm.** (f. *-trìce*) chi commette o ha commesso peccato, ma spec. chi pecca abitualmente: *siamo tutti peccatori* || **N.** impenitente, penitente, pentito.

pècchero [dal long. *behhari*; a. 1698] **sm.** *ant.* sorta di grande bicchiere.

pécchia [lat. *apicula*, dim. di *apis*, ape; a. 1320] **sf.** ape || *accr.* pecchióne.

pecchiaiòlo o **pecchiaiuòlo** [da *pecchia*; 1954] **sm.** uccello rapace affine al falco, che si nutre di api e vespe.

pecchióne (*accr.* di *pecchia*) [1568] **sm.** maschio dell'ape, fuco.

péccia (pl. *-ce*) [etim. inc.; a. 1449] **sf.** *ant.* pancia.

péce [lat. *pix, picis*; inizio sec. XII] **sf.** residuo bituminoso della distillazione del catrame di carbon fossile, di colore scuro, impiegato come impermeabilizzante, combustibile o come componente di asfalti; *per estens.* prodotto di aspetto e impiego analogo || *nero come la pece*, nerissimo || *pece greca*, colofonia || **N.** bitume, catrame, resina | calafatare, impeciare, impegolare | pecioso, piceo.

pecétta [da *pece*; a. 1850] **sf.** **1.** cerotto || *per estens.* toppa rabberciata **2.** *fig.* persona noiosa, seccatore importuno: *costui è una vera pecetta.*

pechblènda (pr. [pek'blenda]) [dal ted. *Pechblende*; 1817] **sf.** *T.min.* uraninite.

pechinése [dal n. geogr. *Pechino*; 1766] **I** **agg.** di Pechino **II** **s.** **1.** abitante di Pechino **2.** *sm.* (solo *sing.*) il cinese parlato a Pechino **3.** piccolo cane di lusso dal pelo morbido e lungo. **TAV.** ***cani* p. 663.**

pècia (pl. *-cie*) [var. di *pezza*; 1958] **sf.** fascicolo dei libri medievali, formato da un foglio piegato in quattro e rilegato con gli altri.

peciàro [da *pecia*; 1958] **sm.** nel Medioevo, chi era addetto alla custodia, al noleggio o alla vendita di pecie.

pecile [dal lat. *Poecile*, gr. *poikílē* (*stoá*), (portico) dipinto; a. 1494] **sm.** *T.stor.* celebre portico di Atene, ornato di ricche pitture.

Pecìlidi o **Pecilìidi** (sing. *-e*) [comp. del gr. *poikílos*, variopinto e *-idi*; 1958] **sm. pl.** *T.zool.* famiglia di pesci ossei, costituita da specie di piccole dimensioni e dai colori vivaci; tra di essi la gambusia.

pecionàta [da *pecione*; 1965] **sf.** *rom.* lavoro fatto malamente, in modo approssimativo o abborracciato.

pecióne [da *pece*; 1952] **sm.** (f. *-a*) *rom.* calzolaio di poco valore, che usa molta pece e non fa lavori rifiniti || *per estens.* chi fa lavori affrettati, approssimativi.

pecióso [da *pece*; a. 1729] **agg.** sporco di pece.

pècora [lat. *pecora*, pl. di *pecus*, bestiame; fine sec. XIII] **sf.** ruminante domestico dei Bovidi, con corpo tozzo e arti sottili, corna cave (ben sviluppate solo nei maschi), peli folti e ricciuti; oltre che per la lana ricavata dal suo mantello è allevata fin dalla preistoria per il latte, la carne e la pelle che fornisce || carne di pecora macellata: *stufato di pecora* || *pecora crinita*, ammotrago || *fig.* simbolo di docile sottomissione, di pavidità o di conformismo gregario: *se alzi un po' la voce, sono un branco di pecore* || *pecora nera*, chi, in un gruppo, si distingue per carattere e comportamento considerati disdicevoli: *la pecora nera della famiglia* || *prov.* *chi pecora si fa il lupo se la mangia*, chi si mostra debole è soggetto ai soprusi di tutti || *dim.* pecorétta, pecorèlla, pecorìna; *accr.* pecoróne (*sm.*), pecoróna; *pegg.* pecoràccia || **N.** agnello, ariete, montone, muflone; ovino | cartapecora, lana, tosone, vello; gregge, ovile, pascolo, pastore, tosatura | belare, brucare.

pecoràggine [da *pecora*; 1353] **sf.** codardia, viltà, perlopiù unite a stupidità || tendenza a imitare e seguire gli altri pedissequamente.

pecoràio (pl. *-ài*) (region. *pecoràro*) [da *pecora*; fine sec. XIII] **sm.** (f. *-a*) pastore di pecore || *fig.* persona rozza e ignorante.

pecoràme [da *pecora*; 1831] **sm.** grande quantità di pecore || *fig.* branco di persone pavide e sottomesse.

pecoràro V. PECORAIO.

pecoréccio (pl. m. *-ci*, pl. f. *-ce*) [da *pecora*; 1353] **I** **agg.** *raro* **1.** di pecora **2.** *fig.* grossolanamente osceno **II** **sm.** **1.** letame di pecora depositato nel luogo di sosta **2.** *fig.* intrigo, confusione, impaccio: *sono entrato in un bel pecoreccio.*

pecorèlla (*dim.* di *pecora*) [1319] **sf.** **1.** piccola pecora **2.** *fig.* si dice di cristiano relativamente alla sua guida spirituale (*il pastore*); *pecorella smarrita*, il peccatore **3.** *pl.* nuvolette bianche addossate l'una all'altra, da cui il proverbio: *cielo a pecorelle, acqua a catinelle.*

pecorésco (pl. *-schi*) [da *pecora*; a. 1798] **agg.** *non com.* *spreg.* da pecora: *imitazione pecoresca.*

pecorile [da *pecora*; a. 1400] **agg.** *non com.* di o da pecora.

pecorìno [lat. tardo *pecorīnus*; 1309] **I** **agg.** di pecora: *carne pecorina*; *formaggio pecorino* **II** **sm.** formaggio fatto con latte di pecora, piuttosto saporito, spec. se stagionato: *pecorino fresco con le fave.*

pècoro [m. di *pecora*; a. 1290] **sm.** **1.** *raro* montone **2.** *fig.* pecorone.

pecoróne (*accr.* di *pecora*) [1353] **sm.** (f. *-a*) *fig.* persona sciocca e senza giudizio; anche, uomo servile e sottomesso: *sono un branco di pecoroni.*

pecoróso [dal lat. *pecorōsus*; a. 1828] **agg.** *lett.* di campo, paese, regione ricca di pecore: *feconda pecorosa Ftia* (Monti).

pecorùme [da *pecora*; 1860] **sm.** **1.** massa di pecoroni **2.** sottomissione, servilismo.

pèctico o **pèttico** (pl. *-ci*) [dal gr. *pēktikós*,

atto a congelare; 1871] ***agg.*** *T.chim.* relativo alla pectina || *acido pectico*, acido organico presente in natura nei tessuti vegetali e ottenuto per idrolisi enzimatica delle pectine.

pèctide o **pèttide** [dal gr. *pēktís, pēktídos*; 1581] ***sf.*** *T.mus.* antico strumento a corde simile all'arpa.

pectìna o **pettìna** [dal gr. *pektós*, condensato, attr. il fr. *pectine*; 1871] ***sf.*** sostanza con potere gelatinizzante, abbondante nella frutta, usata spec. per confezionare marmellate e gelatine.

peculàto [dal lat. *peculātus*; 1673 *pecolato*] ***sm.*** *T.giur.* appropriazione indebita del denaro pubblico commessa da chi ha l'ufficio di riceverlo, custodirlo o amministrarlo || **N.** malversazione.

peculiàre [dal lat. *peculiāris*; a. 1498] ***agg.*** **1.** particolare, proprio, specifico: *caratteristiche peculiari di una lingua* **2.** nel diritto romano, relativo a peculio || **peculiarménte** ***avv.*** || **N. 1.** PARTICOLARE.

peculiarità [da *peculiare*; a. 1827] ***sf.*** carattere di ciò che è peculiare || *concr.* tratto caratteristico, proprietà specifica.

pecùlio (pl. *-li*) [dal lat. *peculium*; a. 1292] ***sm.*** **1.** nel diritto romano, somma di denaro che il *pater familias* consegnava a un figlio o a uno schiavo che lo amministrava in proprio **2.** *per estens. scherz.* somma di denaro che uno ha messo insieme a furia di risparmi, gruzzolo **3.** *arc.* gregge, bestiame.

pecùnia [dal lat. *pecūnia*; sec. XIII] ***sf.*** denaro; perlopiù in tono scherzoso.

pecuniàrio (pl. *-ri*) [dal lat. *pecuniārius*; a. 1320] ***agg.*** di pecunia, di denaro || *pena pecuniaria*, pena per la quale si è condannati a pagare una somma di denaro, multa, ammenda (contrapposto a *pena detentiva*).

pedàggio (pl. *-gi*) [dal fr. *péage*; 1300] ***sm.*** nel Medioevo, tributo richiesto al passaggio di persone, mezzi e merci, su strade o ponti || oggi, tassa richiesta per il transito di autoveicoli su determinate strade: *pedaggio autostradale*.

pedàgna [lat. tardo *pedānea*, che riguarda il piede; 1602] ***sf.*** *T.mar.* traversa di legno, fissata sul fondo della barca, contro la quale i rematori fanno forza coi piedi nel vogare.

pedagogìa (pl. *-gìe*) [dal gr. *paidagōgía*; 1590] ***sf.*** disciplina che si occupa delle finalità e dei metodi dell'educazione.

pedagògico (pl. *-ci*) [dal gr. *paidagōgikós*; 1716 ca.] ***agg.*** relativo all'educazione o alla pedagogia: *norme pedagogiche* || **pedagogicaménte** ***avv.*** secondo la pedagogia.

pedagogìsmo [da *pedagogia*; 1639] ***sm.*** **1.** prevalenza del punto di vista pedagogico **2.** zelo pedagogico eccessivo e inopportuno.

pedagogista [da *pedagogia*; 1871] ***s.*** studioso di pedagogia.

pedagogizzàre [da *pedagogo*; 1639] ***intr.*** (aus. *avere*) *raro* fare il pedagogista || *iron.* atteggiarsi a pedagogo in modo noioso e inopportuno.

pedagògo (pl. *-ghi*) [dal lat. *paedagōgus*, gr. *paidagōgós*; 1319] ***sm.*** (f. *-a*) istitutore e precettore di fanciulli || *iron.* chi assume toni da saccente ammaestratore || **N.** aio, educatore, insegnante, istitutore, maestro.

pedalàbile [da *pedalare*; 1958] ***agg.*** *T.sport. strada pedalabile*, nel ciclismo, strada il cui fondo omogeneo e compatto consente di pedalare senza troppa fatica.

pedalàre (pres. *-àlo*) [da *pedale*; 1895] ***intr.*** (aus. *avere*) muovere coi piedi i pedali di un veicolo || *per estens.* correre in bicicletta.

pedalàta [da *pedalare*; a. 1909] ***sf.*** spinta data col piede sul pedale || modo di pedalare: *ha la pedalata disuguale*.

pedalatóre [da *pedalare*; 1958] ***sm.*** (f. *-trìce*) chi pedala, ciclista.

pedàle [lat. *pedālis*, che riguarda il piede; 1304 ca. nel senso 4; 1561 nel senso 1] ***sm.*** **1.** parte di un congegno meccanico che, mosso o spinto coi piedi, trasmette il movimento ad altro meccanismo o lo mette in funzione: *pedale d'accensione, pedale della frizione, della bicicletta*; *a pedale, a pedali*, che funziona azionando uno o due pedali: *macchina da cucire a pedale* || *T.mus.* dispositivo di numerosi strumenti, che viene azionato col piede, per ottenere effetti timbrici o d'intensità (per es. nel piano), per selezionare i registri (nel clavicembalo), per modificare l'intonazione o produrre determinati suoni (nell'organo) **2.** *per meton. T.mus.* nota tenuta a lungo, che fa da sfondo allo sviluppo delle altre parti, anche armonicamente non connessa **3.** *T.calz.* striscia di pelle di cui si servono i calzolai per tener ferma la scarpa mentre la cuciono **4.** parte inferiore dell'albero, tronco || **N. 2.** bordone; ostinato. **TAV.** ***motocicletta...*** **p. 1322** 1.8; ***musica*** **p. 1325** 15.6.

pedaleggiàre (pres. *-éggio*) [da *pedalare*; 1801 *pedalizzare*] ***intr.*** (aus. *avere*) azionare il pedale di uno strumento musicale.

Pedaliàcee [dal gr. *pēdálion*, timone per la forma delle foglie; 1938] ***sf. pl.*** *T.bot.* famiglia di piante dicotiledoni tropicali, perlopiù erbacee, cui appartiene il sesamo.

pedalièra [da *pedale*; 1816] ***sf.*** l'insieme dei pedali di un congegno o di uno strumento || *in part. T.mus.* nell'organo, grossa tastiera posta all'altezza dei piedi, costituita da pedali di legno che producono i suoni più gravi || *T.aer.* in piccoli aerei a elica, dispositivo su cui il pilota appoggia i piedi per regolare il timone di direzione. **TAV.** ***automobile*** **p. 658** 3.19.

pedalìna [da *pedale*; 1925] ***sf.*** *T.tip.* piccola macchina da stampa, che si aziona con un pedale.

pedalìno [voce rom.; a. 1936] ***sm.*** *region.* calzino.

pedalò [dal fr. *pedalo*, derivato da *pédale*, pedale; 1983] ***sm.*** *inv.* moscone, pattino a pedali.

pedàna [lat. volg. **pedāna*, da *pedis*, piede; a. 1712] ***sf.*** **1.** struttura gen. di legno, che isola e innalza dal pavimento: *pedana della cattedra* **2.** *T.sport.* piano di legno su cui si disputano le gare di scherma || area di rincorsa e di slancio per il salto in alto e il lancio di attrezzi **3.** *T.abb.* rinforzo di panno cucito al bordo di un indumento || **N. 1.** *Sin.* predella, PALCO. **TAV.** ***scherma*** 6.3.

pedàno [voce di orig. sett.; 1880] ***sm.*** scalpello impiegato per incidere e tagliare il legno trasversalmente alle fibre.

pedantàggine [da *pedante*; a. 1566] ***sf.*** *non com.* pedanteria.

pedànte [formato prob. sul lat. *pēs, pedis*, piede; a. 1449 come sm. nel senso 2] **I *agg.*** **1.** che sfoggia e cerca di imporre una cultura libresca e antiquata: *un maestro pedante* **2.** *per estens.* che mostra scrupolosità eccessiva per le regole, o attenzione esagerata per le minime imperfezioni: *un esame pedante*; anche *s.*: *fare il pedante* || **pedanteménte** ***avv.*** **II *sm.*** **1.** nel teatro cinquecentesco, il personaggio caratterizzato da un linguaggio ampolloso intessuto di latinismi **2.** *arc.* pedagogo || *dim.* pedantìno, pedantèllo, pedantùccio; *accr.* pedantóne; *pegg.* pedantàccio || **N. I** *Sin.* barbassoro, formalista, perfezionista, pignolo, sofistico.

pedanteggiàre (pres. *-éggio*) [da *pedante*; a. 1600] ***intr.*** (aus. *avere*) fare il pedante, il pignolo || **N.** *Sin.* cruscheggiare, impedantire, sofisticare; cercare il pelo nell'uovo.

pedanterìa [da *pedante*; a. 1556] ***sf.*** carattere di chi o di ciò che è pedante || *concr.* atto o detto da pedante.

pedantésco (pl. *-schi*) [da *pedante*; 1538] ***agg.*** **1.** proprio di chi è pedante, eccessivamente minuzioso: *controllo pedantesco* **2.** *lingua pedantesca*, caricatura del linguaggio poetico classicheggiante gonfio di artifici retorici e latinismi, venne impiegata in poesie satiriche nel XVI sec. || **pedantescaménte** ***avv.*** con pedanteria.

pedantìsmo [da *pedante*; a. 1764] ***sm.*** pedanteria.

pedàta [dal lat. *pēs, pedis*, piede; a. 1337 nel senso 2] ***sf.*** **1.** colpo dato con un piede, calcio: *è stato cacciato fuori a pedate* **2.** orma del piede: *lasciare le pedate sul pavimento* **3.** la parte dello scalino dove si appoggia il piede || **N. 2.** ORMA. **TAV.** *abitazione* 1.41.

-pede [dal lat. *pēs, pedis*, piede] ***elem. term.*** che, in parole composte della terminologia zoologica, vale "piede" o "che ha piedi" (per es. *massillipede, palmipede*).

pedecollinàre [comp. del lat. *pēs, pedis*, piede e di *collinare*; 1983] ***agg.*** situato ai piedi di una collina: *piantagioni pedecollinari*.

pedemontàno [comp. del lat. *pēs, pedis*, piede, e *montānus*, montano; a. 1854] ***agg.*** **1.** *T.geogr.* situato al margine di catene montuose: *zona pedemontana, pianura pedemontana* **2.** *lett.* piemontese.

pederàsta [dal gr. *paiderastḗs*, prob. attr. il fr. *pédéraste*; 1788] ***sm.*** chi pratica la pederastia.

pederastìa [dal gr. *paiderastía*, prob. attr. il fr. *pédérastie*; 1768] ***sf.*** attrazione erotica e pratica sessuale di un uomo adulto diretta verso bambini e adolescenti maschi || *per estens.* omosessualità maschile || **N.** pedofilia.

pederàstico (pl. *-ci*) [dal gr. *paiderastikós*; a. 1686] ***agg.*** proprio di pederasta e della pederastia; relativo a pederasta e alla pederastia.

pedèstre [dal lat. *pedester, pedestris*; 1340 *pedestro*] ***agg.*** **1.** poco originale, rozzo, mediocre: *stile pedestre, una pedestre imitazione* **2.** *non com.* che va a piedi (opposto a *equestre*): *milizia pedestre*.

pedète [dal gr. *pēdētḗs*, saldatore; 1954] ***sm.*** roditore africano notturno di notevoli dimensioni, fornito di arti posteriori molto più sviluppati di quelli anteriori, pelo lungo e morbido scuro sul dorso e chiaro sul ventre.

pediàtra [comp. di *pedo-*[1] e *-iatra*; 1841 *pediatro*] ***s.*** medico specializzato in pediatria.

pediatrìa [comp. di *pedo-*[1] e *-iatria*; 1829] ***sf.*** *T.med.* parte della medicina che studia e cura le malattie proprie dei bambini || **N.** *Sin.* medicina infantile.

pediàtrico (pl. *-ci*) [da *pediatria*; 1913] ***agg.*** di pediatria: *ospedale pediatrico*.

pedibus calcantibus (lat., pr. it. ['pedibus kal'kantibus]) [letter. con i piedi che calcano (il terreno)] ***loc. avv.*** *scherz.* a piedi: *la macchina è guasta, perciò andremo pedibus calcantibus*.

pèdica [lat. volg. **pedica*, da *pēs, pedis*, piede; sec. XIV] ***sf.*** orma del piede.

pèdice [dal lat. *pēs, pedis*, piede, sul modello di *indice*; 1983] ***sm.*** in espressioni e formule algebriche o chimiche, numero, lettera o simbolo che compare, in corpo minore, in basso a destra, accanto a un'altra lettera || **N.** *Sin.* deponente.

pedicellària [da *pedicello*[2]; 1932] ***sf.*** in alcuni Echinoderni, ciascuna delle appendici a forma di pinza con cui viene afferrato il cibo.

pedicellàto [da *pedicello*[2]; 1823] ***agg.*** *T.bot.* di fiore, dotato di pedicello.

pedicèllo[1] [lat. volg. **pedicellus*, var. del lat. *peduculus*, pidocchio; a. 1449] ***sm.*** **1.** *region.* brufolo **2.** *arc.* piccolo verme **3.** *arc.* pidocchio.

pedicèllo[2] [dal lat. volg. **pedicellus*; a. 1725] ***sm.*** **1.** *T.bot.* ciascuno dei peduncoli che sorreggono i fiori in un'infiorescenza **2.** *T.zool. pedicello ambulacrale*, organo locomotorio provvisto di ventose terminali, di cui sono provvisti gli echinodermi.

pedicolàre [dal lat. *pediculāris*; 1895] **agg.** *T.med.* relativo ai pidocchi: *malattia pedicolare.*

Pedicolàti o **Pediculàti** [dal lat. *pediculus*, piedino; 1875] **sm. pl.** *T.zool.* ordine di pesci marini degli Attinotterigi, la cui ampia pinna dorsale è munita di peduncoli mobili con cui attirano le prede.

pediculo [dal lat. *pediculus*, pidocchio; sec. XIV-XV] **sm.** *T.zool.* pidocchio.

pediculòși [comp. del lat. *pediculus*, pidocchio e *-osi*; 1895] **sf.** parassitosi cutanea dovuta a pidocchi, che si manifesta con pruriti e può provocare infezioni.

pedicùre (anche pr. [pedi'kyr]) [dal fr. *pédicure*; 1879] **s.** *inv.* **1.** persona specializzata nel trattamento igienico ed estetico dei piedi **2.** *sm. inv. per estens.* il trattamento stesso: *farsi il pedicure* ‖ **N.** manicure.

pedidio (pl. *-di*) [dal lat. scient. *pedidius*; 1835] **agg.** *T.anat.* che appartiene al piede: *arteria pedidia, muscolo pedidio.*

pedignóne [dal lat. *pernio, -ōnis*, gelone, con sovrapposizione di *pēs, pedis*, piede; a. 1449] **sm.** *ant.* gelone ai piedi.

pedigree (ingl., pr. ['pedɪgri:]) [letter. genealogia, dal fr. ant. *pié de grue*, piede di gru, per il segno a tre linee usato nel disegnare alberi genealogici; 1895] **sm.** *inv.* genealogia degli animali di puro sangue ‖ il documento che la attesta.

pedilùvio (pl. *-vi*) [dal fr. *pédiluve*; a. 1771] **sm.** immersione più o meno prolungata dei piedi nell'acqua semplice o medicata.

pedina [prob. fatto sul lat. *pēs, pedis*, piede; 1561] **sf.** **1.** ciascuno dei dischetti con cui si gioca a dama: *muovere una pedina* **2.** *ant.* nel gioco degli scacchi, pedone **3.** *fig.* persona priva di potere, che agisce per volontà altrui: *essere una pedina nelle mani di qualcuno.*

pedinaménto [da *pedinare*; 1931] **sm.** l'azione del pedinare.

pedinàre (pres. *-ino*) [forse lat. volg. **pedināre*; a. 1562] **tr.** stare dietro a qualcuno, a una certa distanza e con circospezione, per spiarne gli atti: *la polizia lo ha pedinato a lungo* ‖ **intr.** (aus. *avere*) *T.cacc.* di uccelli selvatici, spostarsi velocemente sul terreno, per sottrarsi al cacciatore ‖ **N.** **tr.** *Sin.* braccare, codiare, seguitare, spiare.

pedipàlpo [comp. del lat. *pēs, pedis*, piede e *palpo*; 1875 *pedipalpi*] **sm.** *T.zool.* arto boccale degli Aracnidi.

pedissequo [dal lat. *pedissequus*, servo che accompagna a piedi il padrone; a. 1498] **agg.** e **sm.** (f. *-a*) **1.** *fig.* che o chi ricalca un modello preesistente, senza variazioni o apporti personali: *un pedissequo imitatore dei classici* **2.** nell'antica Roma, lo schiavo che seguiva a piedi il padrone ‖ **pedissequaménte** *avv.*

pedivèlla [dal lat. *pēs, pedis*, piede, sul modello di *manovella*; 1905] **sf.** nelle biciclette, la leva che unisce il pedale al perno di movimento. **TAV.** *motocicletta...* **p. 1322** 1.10.

pèdo [dal lat. *pedum*, vincastro; a. 1566] **sm.** **1.** grosso bastone nodoso usato dai pastori per guidare il bestiame **2.** bastone diritto alla cui estremità superiore è posto un crocifisso; costituisce una delle insegne del papa.

pèdo-[1] o **pàido-** (davanti a vocale *ped-*) [dal gr. *pâis, paidós*, bambino] **primo elem.** che, in parole composte della terminologia medica e di quella scientifica, vale "bambino", "relativo ai bambini" (per es. *pediatria, pedogenesi, pedologia*).

pèdo-[2] [dal gr. *pédon*, pianura] **primo elem.** che, in parole composte dotte, vale "suolo, terreno" (per es. *pedogenesi, pedologia*).

pèdo-[3] [dal lat. *pēs, pedis*, piede] **primo elem.** che, in parole composte della terminologia tecnica, vale "piede" (per es. *pedometro*).

pedocèntrico o **paidocèntrico** (pl. *-ci*) [comp. di *pedo-*[1] o *paido-* e *-centrico*; 1958] **agg.** relativo a pedocentrismo, caratterizzato da pedocentrismo: *teorie pedagogiche pedocentriche.*

pedocentrìșmo o **paidocentrìșmo** [comp. di *pedo-*[1] o *paido-* e *-centrismo*; 1958] **sm.** teoria e pratica pedagogica secondo cui come punto di partenza per l'educazione del bambino vanno considerate la sua personalità, le sue esigenze e i suoi interessi.

pedofilìa o **paidofilìa** [comp. di *pedo-*[1] o *paido-* e *-filia*; 1935] **sf.** attrazione erotica nei confronti di bambini o adolescenti.

pedòfilo [da *pedofilia*; 1969] **agg.** e **sm.** (f. *-a*) che, chi ha inclinazione alla pedofilia.

pedogèneși[1] [comp. di *pedo-*[1] e *genesi*; 1934] **sf.** *T.biol.* riproduzione per partenogenesi, tipica di alcuni insetti allo stato larvale.

pedogèneși[2] [comp. di *pedo-*[2] e *genesi*; 1958] **sf.** *T.geol.* l'insieme dei fenomeni che portano alla formazione di un terreno naturale, vegetale o agrario.

pedologìa[1] [comp. di *pedo-*[1] e *-logia*; 1923] **sf.** scienza che ha per oggetto la natura e lo sviluppo del bambino.

pedologìa[2] [comp. di *pedo-*[2] e *-logia*; 1932] **sf.** scienza che studia il terreno in vista della sua utilizzazione nell'agricoltura.

pedològico (pl. *-ci*) [da *pedologia*[2]; 1958] **agg.** relativo alla pedologia agricola, proprio della pedologia agricola.

pedòlogo (pl. *-gi*) [da *pedologia*[2]; 1958] **sm.** (f. *-a*) appassionato, studioso di pedologia agricola.

pedòmetro [comp. di *pedo-*[3] e *-metro*; 1821] **sm.** strumento simile all'orologio che permette di contare il numero di passi fatti da una persona.

pedonàglia (pl. *-glie*) [da *pedone*; a. 1388] **sf.** *arc.* insieme di soldati a piedi.

pedonàle [da *pedone*; 1841] **agg.** dei pedoni, riservato ai pedoni: *isola, passaggio pedonale, strisce pedonali.*

pedonalizzàre [da *pedonale*; 1967] **tr.** riservare alcune zone della città, spec. il centro storico, al solo passaggio pedonale, vietandone il transito agli autoveicoli a motore.

pedonalizzazióne [da *pedonalizzare*; 1968] **sf.** il pedonalizzare.

pedóne [dal lat. *pēs, pedis*, piede; sec. XIII] **sm.** **1.** (f. *-a*) chi cammina a piedi, in contrapposizione a chi si serve di un qualsiasi veicolo: *viale riservato ai pedoni* **2.** *T.gioc.* negli scacchi, ognuno degli otto pezzi di ciascun colore, di valore inferiore a quello delle figure **3.** *raro* soldato a piedi.

pedùccio (pl. *-ci*) [dim. di *piede*; a. 1400 nel senso 1; 1499 nel senso 2] **sm.** **1.** zampetto, spec. di maiale **2.** *T.arch.* pietra su cui posano gli spigoli delle volte ‖ piccola base per busto o statuetta ‖ **N.** **2.** beccatello, mensola, sostegno. **TAV.** *alimentazione* 5.8.

pedùla o **pèdula** [voce di orig. sett. da *pedule*; 1902 *peduli*] **sf.** *T.alp.* calzatura alpinistica per arrampicarsi sulla roccia, con massima aderenza della suola ‖ anche, calzatura da riposo o passeggio in montagna, con tomaia di tela o di cuoio, e suola formata da parecchi strati di tela strettamente cuciti insieme. **TAV.** *alpinismo* 9.

pedùle [dal lat. tardo *pedūle*, neutro di *pedūlis*, per i piedi; fine sec. XIII] **sm.** la parte della calza che veste la pianta del piede.

peduncolàre [da *peduncolo*; 1829] **agg.** *T.bot.* di peduncolo; a forma di peduncolo.

peduncolàto [da *peduncolo*; 1813] **agg.** *T.bot.* che è sostenuto da un peduncolo.

pedùncolo [formato sul lat. *pēs, pedis*, piede, sul modello di *foruncolo*; 1804] **sm.** **1.** *T.bot.* struttura di sostegno di forma esile e allungata, cui sono congiunti fiori, frutti o foglie **2.** *T.anat.* formazione allungata uscente da un organo, che collega e sostiene: *peduncoli cerebellari* ‖ *T.med.* punto di insediamento di formazione tumorale ‖ *dim.* peduncolétto, peduncolìno; *pegg.* peduncolàccio ‖ **N.** **1.** gambo, pedicello, picciolo, stelo. **TAV.** *fiori...* **p. 671** 1.8.

peeling (ingl., pr. ['pi:lɪŋ]) [letter. sbucciatura; 1970] **sm.** *inv.* in cosmesi, abrasione superficiale della prima pelle del volto, allo scopo di eliminarne le cellule morte o attenuarne eventuali impurità o difetti.

pegamòide [dall'ingl. *pegamoid*; 1902] **sf.** finto cuoio ‖ **N.** dermoide.

pegașèo [dal lat. *Pegaseus*; 1560] **agg.** *lett.* di Pegaso, il cavallo alato della mitologia greca: *fonte pegasea*, Ippocrene, originata da un colpo di zoccolo di Pegaso, è simbolo di ispirazione poetica.

Pegașifórmi (sing. *-e*) [dal lat. scient. *Pegasiformes*; 1965] **sm. pl.** *T.zool.* ordine di pesci dal corpo ricoperto di piastre ossee, con grandi pinne pettorali.

pegèa [dal gr. *Pēgáia*; 1835] **sf.** *raro* naiade; ninfa.

pèggio [lat. *pēius*; inizio sec. XIII *peço*] **I** **avv.** *compar.* di *male*, in modo peggiore, meno soddisfacente: *sembra che guidi peggio di prima, le cose vanno sempre peggio* ‖ seguito da pps. forma il comparativo di minoranza: *è peggio preparato di te*, o il superlativo relativo: *fra di noi è sempre il peggio vestito* ‖ *cambiare in peggio*, passare a una situazione peggiore; *andare di male in peggio*, peggiorare sempre di più ‖ *ellitt.* nell'escl. *(tanto) peggio per lui!, per loro!*, le conseguenze negative se l'è volute lui, se le sono volute loro **II** **agg.** *inv.* con verbi copulativi, peggiore, meno soddisfacente: *questo inverno sembra peggio dello scorso* ‖ con valore neutro, indica cosa svantaggiosa, meno opportuna: *non arrabbiarti, altrimenti sarà peggio*; preceduto da *di* con valore partitivo: *non poteva capitare niente di peggio* ‖ *pop.* anche con l'articolo per formare il superlativo relativo: *la peggio razza* **III** **sm.** *inv.* la cosa, l'evento, la parte peggiore: *prepariamoci al peggio, il peggio deve ancora venire, il peggio tocca sempre a me* ‖ anche *sf.*: *avere la peggio*, perdere, soccombere ‖ *alla peggio*, nel caso peggiore ‖ *fare qualcosa alla (meno) peggio*, farlo male.

peggioraménto [da *peggiorare*; a. 1348] **sm.** passaggio a situazione o condizione meno buona, più critica: *riscontrare un vistoso peggioramento, peggioramento del tempo* ‖ **N.** *Sin.* aggravamento, deterioramento, inasprimento, recrudescenza.

peggioràre (pres. *-óro*) [lat. tardo *peiorāre*; a. 1292] **tr.** ridurre una cosa in uno stato peggiore di quello in cui si trovava: *la nebbia ha peggiorato la viabilità* ‖ **intr.** (aus. *essere*; se rif. a persone, anche aus. *avere*) ridursi in stato meno buono: *il malato peggiora, la situazione economica è peggiorata* ‖ **N.** **tr.** *Sin.* aggravare; deteriorare, guastare, inasprire, logorare, rincrudire | *Contr.* migliorare | **intr.** *Sin.* declinare, degenerare, deperire, precipitare, tralignare; andare di male in peggio, cadere dalla padella nella brace.

peggiorativo [da *peggiorare*; a. 1565] **agg.** che rende peggiore ‖ *T.gram.* di suffisso, che altera negativamente il significato di un sostantivo o di un aggettivo (per es. *-accio, -astro* in *uccellaccio, medicastro*); di sostantivo o aggettivo, alterato con tali suffissi ‖ anche *sm.*: *formare il peggiorativo di un nome.*

peggioratóre [da *peggiorare*; 1871] **agg.** e **sm.** (f. *-trice*) che o chi produce un peggioramento.

peggióre [lat. *peior, -ōris*; inizio sec. XIII *peçor*] **agg.** *compar.* di *cattivo*; preceduto da art. forma il superlativo relativo; detto di persona, il più incapace, con più difetti: *il peggior cantante che abbia sentito*; di capacità, meno efficiente o sviluppata: *un udito peggiore, un peggior senso* *degli affari*; anche rif. a qualità d'animo: *è l'individuo peggiore che conosca* || meno soddisfacente o vantaggioso: *peggiori condizioni di vendita, nella peggiore delle ipotesi* || meno opportuno: *la tattica peggiore* || **N.** infimo, pessimo.

pégli ***prep.*** *art. ant.* composta da *per* e *gli*; si usa davanti a parole m. pl. che iniziano per vocale, per *s* seguita da consonante o per *gn, ps, x, z.*

pegmatite [dal gr. *pêgma, pégmatos*, condensamento; 1817] ***sf.*** *T.min.* roccia intrusiva a grana molto grossa, da cui si estraggono cristalli preziosi o materiali di impiego industriale; si presenta sotto forma di filoni.

pégno [lat. *pĭgnus*; 1186 *pingnu*] ***sm.*** **1.** *T.giur.* diritto reale di garanzia costituito su beni mobili che vengono consegnati al creditore; *concr.* il bene stesso che viene consegnato: *dare, prendere in pegno; monte dei pegni*, v. MONTE nel senso 4 **2.** *fig.* prova, testimonianza: *pegno d'amicizia, d'amore* **3.** *T.gioc.* in certi giochi, oggetto depositato da chi ha perso o ha sbagliato, da riconquistare mediante una penitenza || *per meton.* la penitenza stessa che deve fare chi perde || **N. 1.** ipoteca, malleveria | disimpegnare, impegnare, pignorare, spegnare | pignoratizio.

pegnorare v. PIGNORARE.

pégola [lat. tardo *picula*, dim. di *pix, picis*, pece; 1313] ***sf.*** **1.** *raro* pece **2.** *region.* sfortuna.

pegolièra [da *pegola*; 1869] ***sf.*** **1.** negli arsenali, tettoia sotto cui si lavora con la pece **2.** grossa imbarcazione munita di caldaia in cui bolle la pece per lavori di calafataggio.

péi ***prep.*** *art. lett.* composta da *per* e *i* (meglio scrivere: *per i*); si usa davanti a parola m. pl. cominciante per consonante, eccetto *s* seguita da un'altra consonante, *gn, ps, x, z.*

peignoir (fr., pr. [pɛ'ɲwa:r]) [1835] ***sm.*** *inv.* mantelletto che le donne si pongono sulle spalle quando si pettinano.

pél ***prep.*** *art. poet.* composta da *per* e *il*; si usa davanti a parole m. sing. che cominciano per consonante, eccetto *s* seguita da un'altra consonante, *gn, ps, x, z.*

pelacàni [comp. di *pela(re)* e *cane*; 1361] ***s.*** *inv.* **1.** persona bassa e volgare **2.** *arc.* conciatore di pelle.

pelàgia (pl. *-gie*) [dal gr. *pelágia*, propr. marina, del mare; 1835] ***sf.*** medusa degli Scifozoi, con ombrella munita ai bordi di otto lunghi tentacoli, che, se viene toccata, reagisce diventando luminosa.

pelagianìsmo o **pelagianésimo** [da *pelagiano*; a. 1712] ***sm.*** *T.teol.* corrente teologica dei sec. IV e V, condannata dal Concilio di Cartagine, che considerava l'uomo dotato di libero arbitrio e di forza morale sufficiente a preservare l'anima dal peccato, e negava la trasmissione del peccato originale.

pelagiàno [dal n. proprio *Pelagio*, monaco britannico; 1575] ***agg.*** e ***sm.*** (f. *-a*) seguace del pelagianismo. **Q.T.** *religione.*

pelàgico (pl. *-ci*) [dal lat. *pelagicus*, gr. *pelagikós*; 1561] ***agg.*** che vive, che è proprio dell'alto mare: *fauna, flora pelagica.*

Pelàgidi (sing. *-e*) [comp. di *pelagia* e *-idi*; 1958] ***sm.*** *pl. T.zool.* famiglia di meduse, tra cui la pelagia.

pèlago (pl. *-ghi*) [dal lat. *pelagus*, gr. *pélagos*; inizio sec. XIII] ***sm.*** *lett.* **1.** alto mare **2.** *fig.* moltitudine d'impacci: *un pelago di guai* || *dim.* pelaghétto || **N. 1.** *Sin.* mare.

pelàme [da *pelo*; a. 1431] ***sm.*** l'insieme dei peli di un animale || **N.** *Sin.* mantello, manto, vello.

pelaménto [da *pelare*; sec. XIV] ***sm.*** *raro* atto del pelare.

pelànda[1] [da *pelare*, sul modello di *filanda*; 1963] ***sf.*** pelatoio.

pelànda[2] v. PELLANDA.

pelandróne [voce piem.; 1902] ***agg.*** e ***sm.*** (f. *-a*) *sett.* scansafatiche.

pelapatàte [comp. di *pela(re)* e *patata*; 1927] ***sm.*** *inv.* utensile da cucina per pelare le patate.

pelàre (pres. *pélo*) [lat. *pilāre*; a. 1342] ***tr.*** **1.** privare dei peli; rif. a volatili, strappare via le penne e le piume: *pelare una gallina* || *scherz.* rif. a persona, rapare: *quando era militare lo hanno pelato ben bene* || *fig. gatta da pelare*, situazione intricata da cui è difficile uscire || *fig.* lasciare senza soldi a causa di prezzi esorbitanti o vincendo al gioco: *in quel negozio ti pelano* **2.** *per estens.* privare della buccia o della pelle: *pelare le patate* || *fig.* rif. all'effetto di caldo o freddo intenso: *una tramontana che pela la faccia* || ***intr. pron.*** perdere i capelli o i peli: *con la chemioterapia si pelò tutto* || **N. 1.** *Sin.* depilare, radere, sbarbare, spelacchiare, spelare, spennare, spiumare, tosare **2.** *Sin.* mondare, sbucciare, spellare.

pelargònio (pl. *-ni*) [dal gr. *pelargós*, cicogna, per la forma del fiore che ricorda il becco di una cicogna; 1821] ***sm.*** *T.bot.* genere di piante delle Geraniacee, comunemente chiamate *gerani.*

pelàsgico (pl. *-ci*) [dal lat. *Pelasgicus*, gr. *Pelasgikós*; a. 1494] ***agg.*** dei Pelasgi, antica popolazione del Mediterraneo orientale || *per estens.* relativo alla Grecia arcaica: *mura pelasgiche.*

pelàta [da *pelare*; 1871] ***sf.*** **1.** l'atto del pelare, perlopiù in modo sbrigativo: *dare una pelata* **2.** *scherz.* calvizie; testa calva || *dim.* pelatìna.

pelatìna (*dim.* di *pelata*) [a. 1584] ***sf.*** *ant.* tigna.

pelàto (*pps.* di *pelare*) [a. 1306] ***agg.*** **1.** senza peli o capelli: *zucca pelata*, testa calva || *per estens.* brullo, spoglio **2.** senza pelle o buccia: *pomodori pelati*, sbucciati e inscatolati interi || anche *sm. pl.*: *una scatola di pelati.*

pelatóio (pl. *-ói*) [da *pelare*; sec. XIV] ***sm.*** **1.** strumento per pelare **2.** locale del mattatoio adibito alla pelatura dei maiali macellati.

pelatóre [da *pelare*; a. 1502] ***sm.*** (f. *-trice*) e ***agg.*** chi o che pela, spec. *fig.*

pelatrìce [da *pelare*; 1965] ***sf.*** nell'industria alimentare, operaia addetta a sbucciare frutta o verdura || macchina o strumento usato per sbucciare frutta o verdura.

pelatùra [da *pelare*; sec. XIV] ***sf.*** atto ed effetto del pelare.

Pelecanifórmi (meno com. *Pellicanifórmi*) (sing. *-e*) [comp. del lat. tardo *pelecanus*, pellicano e *-forme*; 1965] ***sm. pl.*** *T.zool.* ordine di uccelli acquatici, buoni volatori, provvisti di piedi palmati e lungo becco. **Q.T.** *zoologia* **TAV.** ***uccelli*** **p. 1338.**

pelifero v. PILIFERO.

peligno [dal lat. *Paelignus*; 1623] **I** ***sm.*** (f. *-a*) appartenente all'antica popolazione insediata nell'area corrispondente a parte dell'Abruzzo **II** ***agg.*** relativo ai Peligni: *dialetto peligno* || relativo alla regione occupata da tale popolazione.

peliòsi [dal gr. *pelíōsis*, lividura; 1829] ***sf.*** *T.med. disus.* porpora.

pélla ***prep.*** *art. ant.* composta da *per* e *la.*

pellàccia (pl. *-ce*) (*pegg.* di *pelle*) [1483] ***sf.*** **1.** persona che resiste a fatiche, disagi, dolori e sim.: *è una pellaccia dura* **2.** persona senza scrupoli, cattivo soggetto.

pellàgra [prob. da *pelle* con influsso di *podagra*; 1780] ***sf.*** *T.med.* malattia provocata da carenza di vitamina PP, frequente in popolazioni povere che mangiano prevalentemente granturco; si manifesta con eruzioni cutanee sulle parti scoperte, disturbi di digestione e mentali || **N.** *Sin.* maidismo.

pellagróso [da *pellagra*; 1785] ***agg.*** affetto da pellagra; anche *sm.* (f. *-a*): *i pellagrosi* || relativo a pellagra: *eritema pellagroso.*

pellàio (pl. *-ài*) (dial. *pellàro*) [lat. *pellārius*; 1347] ***sm.*** (f. *-a*) chi vende o concia pelli.

pellàme [da *pelle*; 1472] ***sm.*** **1.** quantità di pelli conciate **2.** *spreg.* pelle cascante, floscia. **Q.T.** *pellicciaio...*

pellànda o **pelànda** [dal fr. *houppelande*; sec. XIV *pelanda*] ***sf.*** sopravveste molto ampia, gen. foderata di pelliccia, con cappuccio e larghe maniche, aperta davanti, diffusa nei sec. XIV e XV.

pellàro v. PELLAIO.

pèlle [lat. *pellis*; fine sec. XII nel senso 3] ***sf.*** **1.** membrana che copre esteriormente il corpo dell'uomo e degli altri animali: *una pelle fresca e vellutata, malattie della pelle, trapianto di pelle, pelle di pollo; pelle d'oca*, v. OCA || *essere pelle e ossa*, magrissimo || *non star più nella pelle*, essere impazienti o esultanti || *avere la pelle dura*, essere insensibili, o anche resistenti || *a fior di pelle*, superficialmente, anche *fig.*: *avere i nervi a fior di pelle*, essere nervoso e irrequieto **2.** *fig. fam.* vita: *salvare, rimetterci la pelle; ci giocherei la pelle*, quando si è sicurissimi di qualcosa || *portare a casa la pelle*, scampare a un pericolo || *amici per la pelle*, profondamente legati || *vender cara la (propria) pelle*, dar del filo da torcere prima di perdere, arrendersi e sim. **3.** pelle di animale conciata: *commercio di pelli, libro rilegato in pelle, accessori di pelle, pelle scamosciata; pelle finta* o *finta pelle*, prodotta con materiali sintetici, imita l'aspetto e la consistenza di quella vera ma è meno pregiata || *pelli di foca*, v. FOCA **4.** *per estens.* rivestimento esterno, buccia; *pelle dell'uovo*, la membrana interna aderente al guscio || *pelle d'uovo* o *pelle ovo*, tessuto fine e leggerissimo adatto per biancheria || *dim.* pellicìna, pelliciàttola, pellìcola; *pegg.* pellàccia || **N. 1.** *Sin.* cute; cotenna, cotica, cuoio, spoglia, tegumento; carnagione | epidermide, derma, sottocutaneo o ipoderma | ghiandole sebacee e sudoripare, papille, peli, pori; peluria, penne, scaglie, squame | abbronzata, acneica, asfittica, cascante, delicata, dura, elastica, fine, floscia, grassa, grinzosa, mista, morbida, olivastra, rugosa, ruvida, secca, sensibile, sottile, squamosa; a buccia d'arancia, a grana fine, grossa | grinza, plica, ruga, solco | abrasione, bolla, callo, cheloide, chiazza, cicatrice, comedone, contusione, crosta, desquamazione, durone, ecchimosi, edema, eritema, eruzione, esantema, escoriazione, escrescenza, esfoliazione, esulcerazione, foruncolo, graffio, lacerazione, lentiggine, livido, macchia, neo, papula, petecchia, piaga, porro, pustola, ragade, rossore, scalfittura, screpolatura, scorticatura, smagliatura, ulcera, ustione, verruca, voglia; tatuaggio; dermatite, dermatosi; acne, antrace, erpete, psoriasi; orticaria, prurigine; albinismo | cutaneo, dermico, dermatologico, epidermico, ipodermico | dermo-. **Q.T.** *pellicciaio...* **TAV.** ***anatomia*** **p. 642** 19.

pellegrina [f. di *pellegrino*, formato sul modello del fr. *pèlerine*, colletto del mantello dei pellegrini; a. 1767] ***sf.*** **1.** corta mantella da donna con o senza bavero, in uso nell'800 **2.** formato di carta da scrittura delle dimensioni di cm 42 × 62 o di cm 30 × 41.

pellegrinàggio (pl. *-gi*) [da *pellegrino*; a. 1292] ***sm.*** **1.** viaggio che si fa per devozione o per voto, verso luoghi santi: *recarsi, andare in pellegrinaggio, un santuario meta di pellegrinaggi* || *per estens.* visita a luoghi celebri per memorie storiche o culturali: *pellegrinaggio a Caprera, alla tomba di un poeta* || insieme di pellegrini: *è arrivato un pellegrinaggio* **2.** *ant.* peregrinazione.

pellegrinàre (pres. *-ìno*) [lat. tardo *peregrināre*; 1300 ca.] ***intr.*** (aus. *avere*) *lett.* **1.** andare in pellegrinaggio **2.** peregrinare, vagabondare.

pellegrinazióne [da *pellegrinare*; 1303] **sf.** *raro* **1.** l'atto del pellegrinare **2.** peregrinazione.

pellegrìno [lat. *peregrīnus*, straniero; fine sec. XII] **I sm.** (f. *-a*) **1.** chi si reca in pellegrinaggio: *i pellegrini della Mecca, una comitiva di pellegrini, andare pellegrino* **2.** *arc.* viandante **II agg.** **1.** ramingo; straniero **2.** *fig.* nuovo, strano, peregrino: *idee, usanze pellegrine* **3.** *falco pellegrino*, di color grigio scuro e ampia apertura alare, è addommesticabile per la caccia.

pelleróssa o **pellirόssa** (pl. *pellirósse*) [comp. di *pelle* e *rossa*, sul modello del fr. *Peau-rouge*; 1848 *pelli-rosse*] **s.** indigeno dell'America del Nord.

pellética [da *pelle* con influsso di *cotica*; 1863] **sf.** *pop.* **1.** carne di bestie macellate, vizza e con molte pelli **2.** *spreg.* pelle floscia e cascante.

pelletterìa [dal fr. *pelleterie*; a. 1494 *pellettaria* nel senso 1; 1935 nel senso 2] **sf.** **1.** insieme di oggetti in pelle, come portafogli, borse e sim.: *negozio, articolo di pelletteria* || *per estens.* il negozio in cui si vendono: *entrò nella pelletteria a fianco* **2.** lavorazione e produzione di oggetti in pelle; la relativa industria.

pellettière [dal fr. *pelletier*, sec. XIV] **sm.** (f. *-a*) chi fabbrica o vende oggetti di pelle.

Pellicanifórmi v. PELECANIFORMI.

pellicàno [lat. tardo *pelecānus*, gr. *pelekán*; a. 1292] **sm.** **1.** uccello dei Pelecaniformi, con becco largo e lunghissimo provvisto di un'ampia sacca in cui immagazzina il pesce catturato || simbolo di abnegazione, poiché si credeva che il pellicano nutrisse i suoi figli con le proprie viscere **2.** oggetto che ricorda la testa e il collo di tale uccello || *in part.* strumento chirurgico per l'estrazione di denti || recipiente di vetro da laboratorio, con collo lungo e ritorto. **TAV. *uccelli* p. 1339** 5.

pellicceria [da *pelliccia*; a. 1536 *pellizaria*] **sf.** **1.** laboratorio per la confezione di pellicce; negozio di pellicce **2.** lavorazione delle pelli da pelliccia, e il loro impiego per la confezione di capi di abbigliamento. **Q.T.** *pellicciaio...*

pellìccia (pl. *-ce*) [prob. lat. tardo (*indumenta*) *pellicia*, indumenti di pelle; a. 1320 nel senso 2; 1958 nel senso 1] **sf.** **1.** pelle di animale vivo con pelo lungo: *una folta e lunga pelliccia protegge l'orso polare* || la stessa, conciata e trattata in modo da conservare il pelo, impiegata per la confezione di pregiati capi di abbigliamento **2.** indumento di pelliccia, spec. cappotto o mantello: *una pelliccia di visone, una signora in pelliccia; pelliccia ecologica*, sintetica || *dim.* pelliccìna, pelliccétta, pelliccιòtto (*sm.*); *accr.* pelliccióne (*sm.*), pellicciόna. **Q.T.** *pellicciaio...*

pelliccιàio (pl. *-ài*) [da *pelliccia*; 1243] **sm.** (f. *-a*) chi vende o lavora pellicce. **Q.T.** *pellicciaio...*

pellicciàme [da *pelliccia*; a. 1764] **sm.** *non com.* quantità di pellicce; insieme di molte pellicce.

pellicciàre (pres. *-ìccio*) [da *pelliccia*; 1835] **tr.** *ant.* impellicciare.

pelliccière [da *pelliccia*; a. 1363] **sm.** (f. *-a*) *ant.* pellicciaio.

pelliccióne (*accr.* di *pelliccia*) [1262] **sm.** ampia cappa foderata di pelo, usata da uomini e donne nel Medioevo.

pelliccιòtto (*dim.* di *pelliccia*) [a. 1603] **sm.** giacca, giubbotto di pelliccia.

pellicìno [lat. *pedicinus*; sec. XIV] **sm.** *ant.* ciascuna estremità cucita, agli angoli di un sacco, che agevola la presa: *prendere il sacco per i pellicini*, svuotarlo del tutto || *per meton.* sacco, otre.

pellìcola [dal lat. *pellicula*; a. 1320 nel senso 1; 1870 nel senso 2] **sf.** **1.** membrana o buccia sottile che ricopre qualcosa come pelle: *il latte ha fatto la pellicola* **2.** *T.fot.* sottile foglio di celluloide o sim. che, coperto di una emulsione sensibile alla luce, serve per usi fotografici e cinematografici || *per meton.* film: *una pellicola interessante.* **Q.T.** *cinematografia, fotografia* **TAV.** *cinematografia...* 4.3, 9.

pellicolàre [da *pellicola*; 1902] **agg.** **1.** simile a una pellicola, proprio di una pellicola: *spessore pellicolare* **2.** *T.elettr. effetto pellicolare*, fenomeno per cui, in un conduttore, le correnti ad alta frequenza si distribuiscono prevalentemente nella zona più esterna.

pellirόssa v. PELLEROSSA.

pellucidità [da *pellucido*; 1730] **sf.** proprietà di ciò che è pellucido.

pellùcido [dal lat. *pellūcidus*; 1749] **agg.** semitrasparente || *T.scient.* di corpo, che si lascia attraversare solo parzialmente dalla luce: *membrana pellucida* || **N.** *Sin.* diafano, traslucido. **TAV. *anatomia* p. 642** 7.3.

pélo [lat. *pilus*; 1272] **sm.** **1.** *T.anat.* ciascuna formazione cornea, sottile e allungata, a sezione circolare, che spunta in diverse parti della pelle dei mammiferi, con densità variabile: *peli di cane, di gatto, peli delle ascelle, delle gambe* || in espr. fig. come simbolo di cosa minuscola: *ci mancò un pelo che non cadesse, ho perso il treno per un pelo, a un pelo dalla vittoria* || *non torcere neanche un pelo a qualcuno*, non fargli la minima offesa || *cercare il pelo nell'uovo*, considerare troppo minutamente una cosa, con l'intenzione di scoprirvi un qualche difetto || *non aver peli sulla lingua*, parlare apertamente, senza riguardi || *per estens.* filo di tessuto o lana cardati: *una maglia che lascia i peli* **2.** insieme di peli, manto: *pelo raso, lucente, rinnovare, perdere il pelo*; *prov. il lupo perde il pelo ma non il vizio* (v. LUPO) || *essere d'un pelo e d'una buccia*, della stessa natura || *fare il pelo e il contropelo*, rasare prima in un verso e poi nell'altro; *fig.* sparlare di qualcuno || *di primo pelo*, con la prima barba dell'adolescenza; *fig.* inesperto, novellino || *avere il pelo sullo stomaco* (meno com. *sul cuore*), essere cinico e senza scrupoli **3.** *T.bot.* formazione epidermica filiforme con svariate funzioni: *peli urticanti, radicali* **4.** pelliccia conciata e lavorata: *un colletto di pelo* **5.** superficie superiore, gen. rif. a liquido: *sul pelo dell'acqua*; *a pelo d'acqua*, rasente la superficie || *dim.* pelìno, pelétto, pelùzzo; *accr.* pelóne; *pegg.* pelàccio || **N.** **1.** bulbo, cuticola, papilla, radice, stelo; capello; crine, setola; tricoma; baffi, barba, ciglia, sopracciglia | arruffato, duro, fitto, folto, grosso, ispido, liscio, morbido, rado, ruvido, setoloso, sottile | aggrovigliare, arricciare, arruffare, depilare, drizzare, pelare, rabbuffare, scarmigliare | orripilazione; alopecia, canizie | trico- **2.** *Sin.* mantello, pelame, vello; lanugine, peluria **3.** papilla, villo; tomento. **Q.T.** *anatomia* **TAV. *anatomia* p. 642** 19; ***mammiferi* p. 1318** 1.9.

pelòbate [comp. del gr. *pēlós*, fango e del gr. *-bátēs*, da *báinein*, andare; 1875] **sm.** *T.zool.* genere di anfibio simile al rospo, che durante il giorno vive affondato nel fango.

pelòbio (pl. *-bi*) [comp. del gr. *pēlós*, fango e *-bio*; 1958] **agg.** *T.biol.* di organismo acquatico, che vive nei fondali melmosi.

pelòfilo [comp. del gr. *pēlós*, fango e *-filo*; 1958] **agg.** *T.biol.* pelobio.

peloponnesìaco (pl. *-ci*) [dal lat. *Peloponnesiacus*, gr. *Peloponnēsiakós*; 1860] **I agg.** del Peloponneso: *guerra peloponnesiaca* **II sm.** (f. *-a*) abitante del Peloponneso.

pelosìna [da *peloso*; 1880] **sf.** prima dormita dei bachi da seta.

pelosità [da *peloso*; a. 1468] **sf.** la caratteristica di chi o di ciò che è peloso || quantità di peli: *pelosità scarsa.*

pelóso [lat. *pilōsus*; fine sec. XIII] **agg.** cosparso di peli: *braccia pelose, un grosso ragno nero con le zampe pelose, stoffa, maglia pelosa* || *per anton. il Peloso*, il doge F. Morosini || *in part.* di vegetale, ricoperto di peli vegetali, quindi vellutato al tatto: *fusto, foglie pelosi* || *fig. carità pelosa*, esercitata con secondi fini || *dim.* pelosìno, pelosétto; *pegg.* pelosàccio || **N.** *Sin.* irsuto, villoso; barbuto, ispido, lanoso, setoloso, tomentoso | *Contr.* glabro, pelato, spelacchiato.

pelòta [dal fr. ant. *pelote*, attr. lo sp. *pelota*; 1905 *pelote*] **sf.** gioco di origine basca, giocato in un campo rettangolare da due gruppi di due o tre giocatori che si scambiano la palla lanciandola con una tipica racchetta di vimini ricurva, contro un muro di sponda || **N.** *Sin.* palla basca.

pelòxeno [comp. di *pelo-* e *-xeno*; 1958] **agg.** *T.biol.* di organismo acquatico, che evita acque melmose.

pèlta [dal lat. *pelta*, gr. *péltē*; sec. XIV] **sf.** *T.stor.* piccolo scudo leggero, di legno o vimini ricoperti di cuoio, usato dai Greci.

peltàsta [dal lat. *peltasta*, gr. *peltastḗs*; 1554] **sm.** soldato armato di pelta.

peltàto [dal lat. *peltātus*; 1554 nel senso 1; 1795 nel senso 2] **agg.** **1.** armato di pelta **2.** *T.bot.* di foglia, a forma tonda e con piccio-

PELLICCIAIO E CONCIATORE

PELLE: fresca, grezza, in trippa, lavorata, scamosciata, semilavorata; cuoio, finta pelle o similpelle, *madras*, pellame, pellicciame, pelliccia, skai, spoglia; buccio, carne, carniccio, crosta, derma, fiore, schiappa; bufalo, camoscio, capra, capriolo, coccodrillo, daino o dante, lucertola, montone, pitone, serpente, vacca, vacchetta, vitello.

PELLICCE: agnellino di Persia o persiano, astrakan, *breitschwanz*, *caracul*, castoro, cincillà, coniglio o *lapin*, ermellino, *hamster*, leopardo, lepre, lince, lontra, marmotta, martora, *ocelot*, orso, pantera, pecora, *petit-gris*, *rat musqué*, scoiattolo, talpa, tasso, tigre, vaio, visone, zibellino, zigrino o sagrì; pellicce sintetiche o ecologiche.

PRODOTTI: borsa, borsellino, borsello, borsetta, cinghia, cintura, finimenti, fodera, fodero, guanti, guarnizioni, marocchino, portafoglio, rifinitura, rilegatura, tomaia, valigia; boa, cappa, colbacco, collo, manicotto, pelliccia, pellicione, pellicciotto, *renard*, stola; tosone, vello.

OPERAZIONI: scuoiatura, salatura, piclaggio, essiccamento; affaiteria, rinverdimento, depilazione o slanatura, purga o macerazione, graminatura, decalcificazione, scarnatura, spaccatura; concia o conciatura (al tannino, vegetale, al cromo, all'allume, all'olio); rifinitura, messa a vento, seccaggio, borraschiatura, rasatura, cilindratura, margaritaggio, palmellatura, marocchinatura, tintura; abbancare, allumare, impiumare, scamosciare, scarnicciare.

PERSONE: conciatore, cuoiaio, guantaio, pellaio, pellettiere, pellicciaio.

STRUMENTI: aspo, bottale, calcinaio, cavalletto, coltello tondo, essiccatoio, ferro (da pelare, da purgare, da scarnare), liscia, lunetta, orbello, palmella, pettine, pinza, scarnatoio, sommacco, spazzola, troscia.

lo innestato al centro.

peltràio (pl. *-ài*) [da *peltro*; 1978] ***sm.*** (f. *-a*) artigiano specializzato nella lavorazione del peltro.

péltro [etim. inc.; 1313] ***sm.*** lega di stagno, piombo e rame, utilizzata per fare vasellame e altri oggetti anche di pregio artistico.

peluche (fr., pr. [pəˈlyʃ]; pr. it. [peˈluʃ]) [dall'ant. *peluchier*, togliere i peli; 1765] ***sm.*** *inv.* tessuto di lana o fibra sintetica, pesante, fabbricato come il velluto, ma coi fili molto più lunghi: *orsacchiotto di peluche* || *per meton.* giocattolo (spec. a forma di animale) di peluche.

pelùria [da *pelo*; sec. XIV *peluia*] ***sf.*** quantità di peli morbidi e sottili, o di minuscole piume: *non sono ancora i baffi di un adulto ma solo peluria, la peluria di un pulcino* || *per estens.* peli corti e sottili di certi frutti o foglie || **N.** *Sin.* calugine, lanugine.

pelùto [da *pelo*; a. 1686] ***agg.*** *ant.* peloso.

pèlvi [dal lat. *pelvis*; a. 1730] ***sf.*** *inv. T.anat.* bacino.

pèlvico (pl. *-ci*) [da *pelvi*; 1842] ***agg.*** *T.anat.* della pelvi, del bacino: *regione pelvica.*

pelvimetrìa [comp. di *pelvi* e *-metria*; 1875] ***sf.*** *T.scient.* misurazione del bacino.

pèmfigo o **pènfigo** (pl. *-gi*) [dal gr. *pémphix, pémphigos*, pustola; 1835 *penfigo*] ***sm.*** *T.med.* malattia della pelle caratterizzata da formazione di bolle, spesso contenenti pus.

pemmican (ingl., pr. [ˈpemɪkən]) [dall'algonchino *pimekan*; 1883 *pemmicano*] ***sm.*** *inv.* alimento a lunga conservazione, costituito da carne di renna o di pesce seccata, polverizzata e compressa; originario delle popolazioni indigene dell'America sett., è impiegato anche come approvvigionamento in lunghe navigazioni o spedizioni.

péna [lat. *pœna*; 1211] ***sf.*** **1.** *T.giur.* provvedimento punitivo previsto da un ordinamento giuridico per trasgressione alla legge, commisurato alla gravità di questa: *pena corporale, interdittiva*; *pena pecuniaria*, che si sconta pagando una somma di denaro; *pena detentiva*, che prevede la reclusione || nelle loc. *a pena di, sotto pena di*, per indicare la conseguenza penale o, in gen., punitiva: *è stato diffidato dal ripetere il gesto sotto pena di espulsione, di scomunica*; anche *ass.*: *pena l'interdizione dai pubblici uffici* || in ambito religioso, il castigo divino per i peccati commessi: *pene eterne, pene dell'inferno*; *iperb. patire le pene dell'inferno*, sopportare un grave dolore fisico o morale; *essere un'anima in pena*, non darsi pace **2.** qualunque afflizione del corpo, e spec. dell'animo: *a vederlo ridotto così, sento una gran pena, ha sofferto pene strazianti prima di morire*; *pene d'amore* || cura, sollecitudine; ansia: *non si pigli pena, non stia in pena per me* || *darsi pena*, affannarsi; *non si dia (la) pena di venire*, non si disturbi a venire || *a mala pena*, a fatica || *non vale la pena*, lo sforzo non è ripagato a sufficienza, non merita || **N. 1.** *Sin.* castigo, punizione, sanzione, supplizio | ammenda, arresto, bando, confino, degradazione, detenzione, ergastolo, esilio, multa, reclusione, retrocessione | bagno penitenziario, casa di correzione, ergastolo, galera, riformatorio | arbitraria, commisurata, disciplinare, equa, esemplare, giusta, grave, infamante, iniqua, irremissibile, meritata, mite, morale, severa | abbreviare, accrescere, aggravare, alleggerire, alleviare, applicare, condonare, dare, diminuire, esacerbare, inasprire, infliggere, meritare, minacciare, mitigare, patire, prolungare, rimettere, sfuggire | amnistia, condono, espiazione, grazia, indulto, perdono | capro espiatorio, commutazione, raddolcimento **2.** DOLORE. **Q.T.** *diritto.*

penàce [da *pena*; a. 1306] ***agg.*** *arc.* che dà pena: *fuoco d'amor penace* (Jacopone).

penàle [dal lat. *poenālis*; a. 1363] **I *agg.*** che concerne la definizione e l'applicazione di pene, come conseguenza prevista dall'ordinamento giuridico per i reati: *codice, diritto, processo penale* || **penalménte** ***avv.*** secondo le norme penali **II *sf.*** pena pecuniaria, stabilita dalle parti, per chi manca a un patto contrattuale || **N.** I civile. **Q.T.** *diritto.*

penalista [da (*diritto*) *penale*; 1871] ***s.*** **1.** studioso di diritto penale **2.** avvocato specializzato in cause penali.

penalìstico (pl. *-ci*) [da *penalista*; 1950] ***agg.*** attinente ai penalisti o al diritto penale.

penalità [da *penale*; sec. XIV] ***sf.*** **1.** sanzione pecuniaria, penale **2.** *T.sport.* provvedimento punitivo applicato da un giudice di gara per irregolarità di gioco, gen. consistente in sospensione o modifica del punteggio: *infliggere una penalità.*

penalizzàre [dall'ingl. *to penalize*; 1942] ***tr.*** **1.** *T.sport.* punire infliggendo una penalità **2.** *per estens.* danneggiare, svantaggiare.

penalizzazióne [dall'ingl. *penalization*; 1958] ***sf.*** atto ed effetto del penalizzare.

penalty (ingl., pr. [ˈpenəltɪ]; pr. it. [ˈpenalti]) [letter. penalità; 1905] ***sm.*** *inv. T.sport.* calcio di rigore.

penàre (pres. *péno*) [da *pena*; a. 1250] ***intr.*** (aus. *avere*) **1.** patire pene, sopportare angustie, disagi: *ha penato molto in esilio*; *eufem. finire di penare*, morire **2.** *per estens.* faticare: *ho penato a ritrovarlo, quanto m'ha fatto penare, prima di accondiscendere!* || **N. 1.** SOFFRIRE.

penàti [dal lat. *penātes*; a. 1556] ***sm.*** *pl.* divinità minori che gli antichi Romani veneravano come protettori della famiglia e della patria || *scherz.* dimora: *trasportare i propri penati altrove* || **N.** lari.

pence V. PENNY.

penchant (fr., pr. [pɑ̃ˈʃɑ̃]) [da *pencher*, propendere; 1905] ***sm.*** *inv.* inclinazione, propensione.

pencolaménto [da *pencolare*; 1946] ***sm.*** barcollamento, oscillazione, tentennamento.

pencolàre (pres. *pèncolo*) [prob. lat. volg. **pendiculāre*; 1855] ***intr.*** (aus. *avere*) barcollare da una parte all'altra, accennando a cadere, vacillare || essere in equilibrio precario, pendere: *pencolare pericolosamente da un lato* || *fig.* essere indeciso || **N.** *Sin.* oscillare, pendere.

pencolìo (pl. *-ìi*) [da *pencolare*; 1954] ***sm.*** un pencolare continuo.

pendàglio (pl. *-gli*) [da *pendere*; a. 1400 *pendaglie*] ***sm.*** **1.** cosa che pende; *in part.* ornamento o gioiello che si porta appeso al collo, al polso e sim. || *fig. scherz.* o *spreg. pendaglio da forca*, meritevole di morte, criminale **2.** cinturino di cuoio che sostiene la sciabola al cinturone || **N. 1.** *Sin.* ciondolo, medaglione, pendente, picchiapetto; dragona, penero, pendone.

pendant (fr., pr. [pɑ̃dɑ̃]) [letter. pendente; 1803] ***sm.*** *inv.* nella loc. *far pendant*, far riscontro, fare il paio, essere armonicamente abbinato: *la borsa fa pendant con la cintura* || **N.** accompagnarsi, accordarsi, essere simmetrico.

pendènte (*ppr.* di *pendere*) [1342] **I *agg.*** **1.** in pendenza; non perfettamente in pari: *la torre pendente, piano pendente* **2.** *T.giur.* di causa e sim., che è tuttora sotto giudizio, da definire: *lite pendente, carichi pendenti* **II *sm.*** **1.** gioiello da appendere, ciondolo || orecchino a goccia **2.** *T.pesc.* rete impiegata per la pesca dell'agone, che viene calata in acqua anche con una delle estremità fissate a riva **3.** *arc.* pendio || **N.** I **1.** *Sin.* inclinato II **1.** PENDAGLIO.

pendènza [da *pendere*; 1551 nel senso 2] ***sf.*** **1.** lo stato di ciò che è inclinato rispetto all'asse verticale o al piano orizzontale: *pendenza di un edificio, di un pavimento, forte pendenza, una strada in pendenza* || *in part.* in un tratto di strada, canale e sim., rapporto tra il piano pendente e la sua proiezione orizzontale: *una pendenza del tre per cento* || *concr.* pendio, declivio **2.** lite, questione e sim. non ancora risolta; partita di credito non saldato: *risolvere, regolare una pendenza, pendenze giudiziarie.*

pèndere (pres. *pèndo*; p.rem. *pendéi* o *pendètti, pendésti, pendètte, pendémmo, pendéste, pendèttero*; pps. *ant. pendùto*) [lat. volg. **pendere*; 1313] ***intr.*** (aus. *avere*) **1.** essere appeso a qualcosa che sostenga dall'alto: *dalla volta pende un bel lampadario, una sciabola pende al suo fianco* || *fig. pendere dalle labbra di qualcuno*, stare attentissimo a ciò che dice || *fig.* incombere, sovrastare, essere imminente: *un grave pericolo pende su di noi* **2.** di causa, vertenza e sim., non essere ancora risolta: *un processo che pende da vari anni* **3.** essere inclinato rispetto alla perpendicolare o al piano orizzontale: *un edificio che pende pericolosamente da un lato, l'orlo della gonna pende leggermente davanti* || essere in pendenza: *quella strada pende molto* **4.** *fig.* essere orientato, propendere: *il giudice pende per una delle parti* || **N. 1.** *Sin.* ciondolare, penzolare **3.** *Sin.* declinare, piegare, sbilanciare.

pendìce [lat. volg. **pendix, -īcis*; a. 1303] ***sf.*** spec. *pl.*, fianco di un monte, di un colle e sim.: *le pendici della collina.*

pendìno [da *pendere*; 1958] ***sm.*** *T.ferr.* tirante verticale che sostiene il conduttore di contatto alla fune portante.

pendìo (pl. *-ìi*) [da *pendere*; 1306] ***sm.*** inclinazione, pendenza: *una strada in pendio* || *concr.* terreno in pendenza: *la casa è posta su quel pendio* || **N.** *Sin.* calata, china, costa, declivio, discesa, scarpata, scoscendimento, sdrucciolo, versante | aspro, dolce, erto, forte, leggero.

pèndola [dal fr. *pendule*; 1841] ***sf.*** orologio a pendolo.

pendolaménto [da *pendolare*; 1958] ***sm.*** movimento del pendolo o di ciò che oscilla in modo analogo.

pendolàre[1] (pres. *pèndolo*) [da *pendolo*; a. 1523] ***intr.*** (aus. *avere*) **1.** oscillare con un movimento periodico simile a quello del pendolo **2.** *per estens.* viaggiare periodicamente da una città ad un'altra, spec. per ragioni di lavoro: *pendola tra Milano e Venezia* || *T.mar.* di una nave da guerra, muoversi avanti e indietro a scopo di sorveglianza o di agguato.

pendolàre[2] [da *pendolo*; 1891 nel senso 1; 1965 nel senso 2] ***agg.*** **1.** che compie un movimento simile a quello del pendolo **2.** di studenti o lavoratori che, abitando in località diversa da quella di studio o di lavoro, sono costretti a raggiungerla con quotidiani viaggi di andata e ritorno || anche *s.*: *un autobus di pendolari* || **pendolarménte** ***avv.***

pendolarìsmo [da *pendolare*; 1971] ***sm.*** **1.** il fenomeno dei lavoratori pendolari; pendolarità **2.** atteggiamento di chi tentenna, rimanendo incerto tra due posizioni contrastanti || il presentare un periodico ritorno al punto di partenza.

pendolarità [da *pendolare*[2]; 1971] ***sf.*** condizione dei lavoratori pendolari.

pendolinìsta [da *pendolino*[1]; 1942] ***s.*** che si serve di un pendolino per esperimenti di rabdomanzia e radioestesia.

pendolìno[1] (*dim.* di *pendolo*) [1871] ***sm.*** piccolo pendolo usato in rabdomanzia o radioestesia.

pendolìno[2] [da *pendolo*, per la forma del nido; 1797] ***sm.*** piccolo uccello dell'ordine dei Passeriformi, dal capo biancastro con una striscia frontale nera; costruisce un caratteristico nido a forma di fiasco pendente dai rami degli alberi.

pèndolo [dal lat. *pendulus*, pendente; 1631] ***sm.*** **1.** solido oscillante attorno a un asse orizzontale per l'azione della forza di gravità, con periodo costante per piccole oscillazioni || *orologio a pendolo*, che sfrutta l'isocronia di tale meccanismo; anche *ass.*: *un pendolo antico* || *pendolo sismico*, componente del sismografo per rilevare i movimenti della crosta terrestre **2.** *T.alp.* manovra effettuata per superare pareti impervie e canaloni, in cui l'alpinista si assicura a una corda a cui imprime poi un'oscillazione || *dim.* pendolìno || **N. 1.** asta, centro di oscillazione, elongazione. **Q.T.** *orologeria*.

pendolóni o **pendolóne** [da *pendolo*; a. 1642] **agg.** e **avv.** *region.* penzoloni.

pendóne [da *pendere*; 1598] **sm.** stoffa disposta a festone, per ornamento: *i pendoni del letto*.

pèndulo [dal lat. *pendulus*; 1342] **agg. 1.** pendente, che sta penzoloni **2.** *T.anat.* *velo pendulo* (o *velopendulo*), lamina muscolare, pendente dal fondo del palato, che separa la bocca dalle fosse nasali || **N. 2.** *Sin.* velo palatino; ugola.

pène [dal lat. *pēnis*, coda, poi membro virile; 1775] **sm.** *T.anat.* organo esterno dell'apparato uro-genitale maschile.

penèio (pl. *-èi*) [dal lat. *penēius*; 1321] **agg.** di Peneo, padre di Dafne, la ninfa trasformata in alloro || *fronda peneia*, corona del poeta, intrecciata di foglie d'alloro.

penèlope [dal lat. *penelops, -opis*, gr. *pēnélops*; a. 1498] **sf.** anatra marina dai colori brillanti che proviene dai paesi nordici e sverna in Italia || **N.** *Sin.* fischione.

penèo [dal lat. *Penēus*, in orig. n. di un fiume della Tessaglia e del suo dio; 1983] **sm.** *T.zool.* genere di crostacei Decapodi.

penepiàno [dall'ingl. *peneplain*; 1930] **sm.** *T.geogr.* regione pressoché pianeggiante formatasi in seguito all'erosione di catene montuose.

peneràta [da *penero*; 1618] **sf.** *ant.* penero.

pènero [forse lat. volg. **pedinus*; 1334] **sm.** la parte terminale dei fili dell'ordito che, non essendo tessuti, formano una frangia: *il penero di una coperta, di un asciugamano*.

penetràbile [dal lat. *penetrābilis*; sec. XIV] **agg. 1.** che può essere penetrato **2.** *ant.* che può penetrare || **N. 1.** *Sin.* accessibile, attraversabile, compenetrabile, permeabile | *Contr.* impenetrabile.

penetrabilità [da *penetrabile*; a. 1652] **sf.** proprietà di ciò che è penetrabile || **N.** *Contr.* impenetrabilità.

penetràle [dal lat. *penetrālis*; 1499] **sm.** gen. *pl.* **1.** nell'antica Roma, la stanza più interna di una casa o di un tempio, in cui venivano custoditi i simulacri dei penati o degli dei **2.** *per estens.* luogo recondito o inaccessibile || *fig.* la parte intima: *nei penetrali della sua coscienza* || **N. 1.** sacrario, sancta sanctorum.

penetraménto [da *penetrare*; a. 1524] **sm.** *non com.* il penetrare.

penetrànte (*ppr.* di *penetrare*) [1321] **agg.** che va a fondo: *indagini penetranti* || di stimoli sensoriali, acuto, pungente: *odore penetrante, freddo penetrante* || *ingegno, intelletto penetrante*, acuto e profondo; *sguardo penetrante*, intenso, vivo e indagatore.

penetrànza [da *penetrare*; 1938] **sf.** *T.fis.* *penetranza aerodinamica*, attitudine di un corpo a penetrare in un mezzo fluido a una certa velocità.

penetràre (pres. *pènetro*; poet. *penètro*) [dal lat. *penetrāre*; 1321] **intr.** (aus. *essere*) entrare dentro, con l'idea di una resistenza da vincere, o di accesso ristretto: *penetrare in una selva, in una fortezza, il sole penetra da uno spiraglio* || insinuarsi: *una locuzione straniera ormai penetrata nell'uso*; *l'errore penetrò nel suo cuore* || **tr. 1.** attraversare raggiungendo l'interno: *la luce penetra i corpi diafani* || *penetrare una donna*, congiungersi carnalmente con lei **2.** *fig.* arrivare a conoscere, a capire: *penetrò i più oscuri misteri della scienza* || **intr. pron.** *penetrarsi di una cosa*, convincersene, persuadersene || **N.** *intr. Sin.* addentrarsi, ficcarsi, infiltrarsi, internarsi, introdursi, invadere, irrompere, ENTRARE.

penetratìvo [da *penetrare*; a. 1320] **agg.** *lett.* atto a penetrare; che ha forza di penetrare || *fig.* d'ingegno, pronto, perspicace.

penetraziòne [dal lat. *penetrātio, -ōnis*; a. 1320] **sf. 1.** atto ed effetto del penetrare; anche *fig.*: *graduale penetrazione degli usi occidentali in Oriente* **2.** *fig.* facoltà di comprendere a fondo, acume || **N. 1.** *Sin.* addentramento, infiltrazione, internamento; compenetrazione.

pènfigo V. PEMFIGO.

-penìa [dal gr. *penía*, povertà] **elem. term.** che, in parole composte della terminologia medica, vale "presenza in quantità inferiore alla norma" (per es. *leucopenia, linfopenia, piastrinopenia*).

penìce [voce lig. dal fr. *peniche*; 1937] **sf.** *T.mar.* specie di chiatta, talvolta pontata, per trasporto di materiali nell'interno di arsenali.

penicillìna [da *penicillio*; 1948] **sf.** sostanza antibiotica estratta dalle colture di una muffa, di grande efficacia antibatterica.

penicillìnico (pl. *-ci*) [da *penicillina*; 1963] **agg.** attinente alla penicillina || contenente penicillina.

penicìllio (pl. *-li*) [dal lat. *penicillum*, pennello, per la forma; 1875] **sm.** *T.bot.* muffa delle Aspergillacee con ife a ciuffo; alcune specie sono parassite dell'uomo e causa di malattie, altre vengono utilizzate per estrarne la penicillina.

penicìllo [dal lat. *penicillum*, pennello; 1838] **sm.** *T.biol.* organo a forma di ciuffo.

peninsulàre [voce formata sul lat. *paeninsula*, penisola; a. 1836] **agg.** di o relativo a penisola.

penìṣola [dal lat. *paenīnsula*; a. 1494] **sf.** terra emersa che si protende verso il mare, collegata al continente da un solo lato: *la penisola iberica*; *ass.* l'Italia: *addensamento a nord della penisola* || *dim.* penisolétta || **N.** collo, istmo; lingua di terra; promontorio. **TAV.** *geografia* 1.15.

penitènte [dal lat. *paenitens, -entis*; 1308] **I agg.** che si pente, spec. dei peccati commessi: *è un peccatore penitente* **II s.** chi va a confessarsi da un sacerdote: *è una mia penitente* || **N. I** *Sin.* compunto, contrito, pentito, ravveduto, umiliato | *Contr.* impenitente, incallito, incorreggibile.

penitènza [dal lat. *paenitentia*; sec. XII] **sf. 1.** pratica o atteggiamento di espiazione di colpe o peccati commessi || *in part.* per la dottrina cattolica, uno dei sette sacramenti (detto anche *confessione*) tramite il quale vengono rimessi i peccati successivi al battesimo, a chi si pente e li confessa || la pena che il confessore impone al penitente come parziale soddisfazione dei peccati commessi: *per penitenza deve recitare il rosario* || *per estens.* mortificazione della carne; ascesi purificatoria: *sottoporsi a dure penitenze* || *giorno di penitenza*, di digiuno **2.** *per estens.* pena, castigo || *T.gioc.* la prova ridicola o di abilità che si impone al giocatore che ha sbagliato, perlopiù in giochi di bambini o di società: *chi arriva ultimo deve fare la penitenza* || *mettere in penitenza*, in castigo || **N. 1.** astinenza, disciplina, macerazione; cilicio.

penitenziàle [da *penitenza*; sec. XIV] **agg.** di penitenza: *liturgia penitenziale*; da fare come penitenza: *opere penitenziali* || *salmi penitenziali*, salmi composti dal re David per penitenza dei suoi peccati, ed entrati nella liturgia cristiana come preghiera di espiazione.

penitenziàrio (pl. *-ri*) [dal fr. *pénitentiaire*; a. 1835 come agg.] **I agg.** attinente all'espiazione di una pena: *sistema penitenziario* **II sm.** stabilimento carcerario || **N. II** PRIGIONE.

penitenzière [da *penitenza*; a. 1348] **sm.** *T.eccl.* in passato, sacerdote di una cattedrale che imponeva penitenze pubbliche; oggi, confessore di una cattedrale che ha autorità di assolvere da particolari censure.

penitenzierìa [da *penitenziere*; a. 1476] **sf.** *T.eccl.* tribunale ecclesiastico che concede assoluzioni, dispense dai voti e sim.

pénna [lat. *pinna*, penna, piuma, e *penna*, ala; inizio sec. XIII] **sf. 1.** ciascuna delle produzioni epidermiche di natura cornea che ricoprono il corpo degli uccelli adulti, formata da un sottile stilo tubolare (*rachide*) da cui si dipartono sottili ramificazioni, che nella parte basale è più larga e cava (*calamo*), e si impianta nella cute || *fig.* *lasciarci, rimetterci le penne*, morire, rovinarsi || *per meton.* uccello: *cane da penna*, addestrato alla caccia degli uccelli || *per meton. pl.* ali: *spiegare le penne*, volare || *penna nera*, alpino (per allusione alla penna nera fissata sul cappello) **2.** strumento impiegato per scrivere manualmente su carta, un tempo ricavato da una penna d'oca, conciata e temperata, oggi perlopiù di metallo o plastica; *penna stilografica*, V. STILOGRAFICA; *penna a sfera* (o *biro*), in cui il pennino è sostituito da una piccola sfera metallica che ruotando porta alla carta un filo di inchiostro || *lasciare, rimanere nella penna*, si dice di cosa che si voleva scrivere e poi s'è tralasciata || *non saper tenere la penna in mano*, non saper scrivere || *per meton.* scrittore: *una delle migliori penne del nostro giornalismo* **3.** oggetto o parte di un attrezzo che ricorda una penna || *in part.* l'estremità del martello più o meno aguzza, opposta a quella che batte || l'impennaggio di una freccia, posto vicino alla cocca || *T.mar.* parte superiore dell'antenna di una nave || *T.mus.* laminetta sottile con cui si suona il mandolino o altri strumenti a corda, plettro || *T.inform.* *penna luminosa, light pen* **4.** spec. *pl.* tipo di pasta alimentare cilindrica, a superficie liscia o rigata, tagliata trasversalmente: *penne all'arrabbiata* || *dim.* pennétta, pennìna, pennolìna; *pegg.* pennàccia || **N. 1.** piuma; livrea; *aspri* | barbe, cacchioni, cannello, costola, vessillo | remigante, timoniera | impennare, spennare | muda **2.** asta, cappuccio, cartuccia, fermaglio, pennino, refill, serbatoio, stantuffo. **TAV.** *alimentazione* 1.8; *disegno* 4; ***armi* p. 648** 11.2; ***uccelli* p. 1339** 1, 2; ***utensili* p. 1340** 5.1.

pennacchièra [da *pennacchio*; sec. XVI] **sf.** mazzo di penne di vari colori, usata in passato come ornamento sugli elmi, o sulla testa dei cavalli delle carrozze di gala.

pennàcchio (pl. *-chi*) [lat. tardo *pinnāculum*; a. 1470] **sm. 1.** mazzo di penne colorate che adornano un cappello: *il pennacchio dei carabinieri* **2.** *fig.* *pennacchio di fumo*, colonnina di fumo che si leva da una ciminiera, un camino e sim. **3.** *T.arch.* tratto di muro triangolare curvilineo, che serve da raccordo tra la base di una volta sferica e la sottostante parte quadrata di un edificio || *dim.* pennacchiétto || **N. 1.** impennacchiare. **TAV.** ***architettura* p. 646** 7.4d; ***armi* p. 648** 6.1.

pennacchiùto [da *pennacchio*; 1634] **agg.** *scherz.* adorno di un gran pennacchio.

pennaccìno [da *pennacchio*; 1930] **sm.** *T.mar.* puntone di rinforzo dell'albero di bompresso, collocato sotto e perpendicolarmente a questo.

pennàio (pl. *-ài*) [da *penna*; 1869] **sm.** (f. *-a*) operaio addetto alla lavorazione delle penne di volatili.

pennaiòlo [da *penna*; 1298] **sm. 1.** (f. *-a*) *spreg.* chi scrive per lucro, pennivendolo **2.** *ant.* arnese di supporto per calamaio, inchiostro e penne **3.** (f. *-a*) *ant.* venditore di penne.

pennarèllo [n. commerciale; 1970] **sm.** tipo

di penna il cui tratto è realizzato da una punta di feltro imbevuta di inchiostro: *pennarello a punta media, fine.*

pennàta [da *penna*; a. 1566] **sf.** **1.** la quantità di inchiostro che può prendere una penna intinta nel calamaio **2.** tratto di penna, frego **3.** colpo dato con la punta della penna || *dim.* pennatìna.

pennatifido [comp. di *pennato*[2] e *-fido*; 1823] **agg.** *T.bot.* di foglia, divisa fino a metà della distanza tra il margine e la nervatura centrale.

pennàto[1] [da *penna*; a. 1320] **sm.** *T.agr.* strumento adunco di ferro, dal cui dorso sporge una lama quadrata e affilata, che può essere impiegata come un'accetta per potare i rami più grossi || **N.** roncola.

pennàto[2] [dal lat. *pennātus*; sec. XIV] **agg.** **1.** a forma di penna **2.** *T.bot.* di foglie composte, in cui due serie di foglioline sono innestate simmetricamente da un lato e dall'altro della rachide, come le barbe di una penna **3.** *non com.* pennuto. **TAV. *fiori...* p. 671** 4.11.

pennatopartito [comp. di *pennato*[2] e *partito*; 1954] **agg.** *T.bot.* di foglia, divisa per un tratto superiore alla distanza tra il margine e la nervatura centrale.

pennatosètto [comp. di *pennato*[2] e *setto*; 1958] **agg.** pennatifido.

pennàtula [dal lat. scient. *pennatula*; a. 1799] **sf.** *T.zool.* genere di Celenterati che vive in colonie formate da un polipo centrale su cui si dispongono tanti piccoli polipi che producono leggera fosforescenza.

pennécchio (pl. *-chi*) [lat. *peniculus*, pennello, propr. piccola coda; 1321] **sm.** quantità di lino o canapa o lana che si mette in una volta sulla rocca per essere filata.

pennellàre (pres. *-èllo*) [da *pennello*; 1640] **tr.** **1.** tinteggiare col pennello, spennellare: *pennellare una superficie*; anche ass. **2.** tratteggiare a pennellate, dipingere || *fig.* nel gergo giornalistico sportivo: *pennellare un cross, un lancio* e sim., eseguirli con eleganza e precisione **3.** *T.mar.* appennellare.

pennellàta [f. sost. di *pennellato*; 1541] **sf.** **1.** colpo dato col pennello su una superficie da tinteggiare o su un dipinto; *per estens.* il colore che in questo modo viene steso: *una pennellata di bianco, il tremolio delle onde è reso con minuscole pennellate*; con rif. allo stile e al modo di maneggiare il pennello: *pennellate incerte, decise* **2.** *fig.* in un testo letterario, caratterizzazione efficace per la sua brevità e intensità: *descrivere una scena in poche pennellate* || *dim.* pennellatìna. **Q.T.** *pittura.*

pennellatùra [da *pennellare*; 1680] **sf.** atto del pennellare || *in part.* applicazione di sostanze medicamentose sulla parte malata mediante un pennello.

pennelleggiàre (pres. *-éggio*) [da *pennello*; 1319] **tr.** colorire, dipingere; anche *ass.* lavorare di pennello.

pennellèssa [da *pennello*; 1865] **sf.** pennello di forma larga, schiacciato, usato per imbiancare superfici estese.

pennellifìcio (pl. *-ci*) [comp. di *pennello* e *-ficio*; 1950] **sm.** fabbrica di pennelli.

pennèllo[1] [lat. volg. **penellus*, dim. di *penis*, coda; 1319] **sm.** **1.** strumento formato da un mazzetto di peli, naturali o artificiali, fissati a un manico, impiegato per verniciare ed eseguire pitture, stendere sostanze di vario tipo su una superficie o spolverare con cura: *pennello da imbianchini, da cucina, da trucco, per tinture medicinali*; *pennello da barba*, con manico corto e tozzo per passare il sapone sul viso prima della rasatura || *per meton.* pittore: *è uno dei migliori pennelli d'Italia* || *a pennello*, alla perfezione: *un lavoro eseguito a pennello, un abito che calza a pennello* **2.** *T.fis. pennello di luce, di elettroni*, fascio sottile uscente da una sorgente puntiforme **3.** *T.mar.* ancorotto che si getta insieme all'ancora maggiore, per rafforzarla **4.** opera di difesa costruita perpendicolarmente alla costa o alla sponda di un fiume, che allontana la corrente e preserva dalla corrosione || *dim.* pennellétto, pennellìno, pennellùccio; *accr.* pennellóne; *pegg.* pennellàccio || **N.** **3.** appennellare. **Q.T.** *pittura* **TAV. *edilizia* p. 666** 12.6.

pennèllo[2] [dal fr. ant. *penel*; a. 1290] **sm.** **1.** *T.mar.* banderuola per segnalazioni, di forma allungata **2.** stendardo. **TAV.** *bandiere* 7.

pennése [etim. inc.; a. 1348] **sm.** *T.mar.* marinaio destinato alla custodia dei depositi del materiale di consumo o di riserva.

pennichèlla [dal lat. volg. *pendicāre*, pendolare; a. 1955] **sf.** *rom.* pisolino, sonnellino del dopopranzo o del pomeriggio: *fare la pennichella.*

penniforme [comp. di *penna* e *-forme*; 1875] **agg.** a forma di penna.

penninèrvio (pl. *-vi*) [comp. di *penna* e un der. di *nervo*; 1875] **agg.** *T.bot.* detto di foglia che presenti una nervatura centrale dalla quale se ne diramano altre come le barbe di una penna. **TAV. *fiori...* p. 671** 6.1.

pennino [da *penna*; 1871] **sm.** sottile lamina metallica a sezione circolare, terminante a punta, fissata al cannello di una penna; in passato veniva intinto direttamente nel calamaio, nelle attuali penne stilografiche è collegato alla cartuccia dell'inchiostro.

pennivéndolo [comp. di *penna* e un der. di *vendere*, sul modello di *pescivendolo*; 1904] **sm.** (f. *-a*) giornalista o scrittore corrotto.

pennòla [da *penna*; 1875] **sf.** *T.mar.* **1.** corta antenna che sostiene il lato superiore delle vele al terzo e al quarto **2.** asta di legno posta tra una imbarcazione sospesa a una gru di bordo e la gru stessa.

pennoncèllo (*dim.* di *pennone*) [1353] **sm.** **1.** pennacchietto posto sull'elmo **2.** piccola bandiera posta vicino alla punta della lancia; banderuola.

pennóne [da *penna*, prob. attr. il fr. *pennon*; a. 1266] **sm.** **1.** lunga asta gen. sporgente all'esterno di edifici pubblici, che regge la bandiera **2.** *T.mar.* antenna trasversale all'albero, che regge il lato superiore delle vele quadre **3.** piccola bandiera di forma allungata, usata nel Medioevo come insegna militare || grosso stendardo della cavalleria francese e italiana fino al XVIII sec.; *per meton.* combattenti riuniti sotto lo stesso stendardo || *dim.* pennoncèllo. **Q.T.** *vela.*

pennonière [da *pennone*, prob. sul modello del fr. ant. *penonier*; prima metà sec. XIV] **sm.** *T.mar.* marinaio addetto ai pennoni.

pennùto [da *penna*; 1313] **I agg.** coperto di penne: *animali pennuti* **II sm.** uccello.

penny (ingl., pr. ['penɪ]; pr. it. ['penni]) [1749] **sm.** *inv.* (anche pl. *pence*, pr. [pens]) moneta equivalente, fino alla riforma decimale, alla dodicesima parte di uno scellino, attualmente alla centesima parte della sterlina.

penómbra [dal fr. *pénombre*; 1745] **sf.** ombra che consente una parziale visibilità; semioscurità || *in part.* *T.astr.* *regione di penombra*, in un'eclissi, la regione attorno al cono d'ombra, in cui i raggi della sorgente luminosa sono proiettati solo parzialmente. **TAV. *astronomia* p. 656** 1.6.

penosità [da *penoso*; 1931] **sf.** qualità di ciò che è penoso: *la penosità di uno spettacolo.*

penóso [da *pena*; sec. XIII] **agg.** che suscita compassione; che reca pena e sofferenza: *una storia penosa, mi è penoso pensarci* || che provoca disagio, imbarazzante per la sua inadeguatezza: *un penoso silenzio, risultati penosi* || **penosaménte** **avv.** in modo penoso || a fatica, con pena || **N.** *Sin.* acerbo, doloroso, ingrato, molesto, straziante, tormentoso.

pensàbile [da *pensare*; a. 1704] **agg.** che si può pensare || **N.** *Sin.* concepibile, congetturabile, immaginabile | *Contr.* impensabile.

pensabilità [da *pensabile*; 1857] **sf.** l'essere pensabile.

pensaménto [da *pensare*; a. 1250] **sm.** *lett.* il pensare || *concr. disus.* la cosa pensata: *uomo di nobili pensamenti.*

pensànte (*ppr.* di *pensare*) [a. 1294] **agg.** che pensa: *l'uomo è un animale pensante* || *ben pensante*, V. BENPENSANTE.

pensàre (pres. *pènso*) [lat. *pensāre*; a. 1250] **intr.** (aus. *avere*) **1.** meditare, riflettere: *per pensare ho bisogno di assoluto silenzio, a forza di pensare ho la mente annebbiata, questa è una faccenda che fa pensare, che dà da pensare* **2.** *pensare a*, considerare, valutare: *ho pensato molto alle sue parole, pensaci bene prima di decidere* || richiamare alla mente, rievocare: *pensavo agli ultimi giorni che ho trascorso là* || rivolgere la mente e l'affetto: *non fa che pensare a quella donna* || figurarsi, immaginarsi: *penso alla faccia che farà quando aprirà il pacco, pensa alla città senza automobili* || *per estens.* rivolgere le cure, occuparsi, preoccuparsi: *tu pensa al vino, al resto ci penso io, e ai tuoi figli non ci pensi?, invece di languire nello sconforto è meglio pensare al futuro, pensa agli affari tuoi* || **tr.** **1.** elaborare o raffigurare nella mente: *che stai pensando?, una formulazione da pensare con calma, pensa che noia, tutto il giorno da solo* **2.** *per estens.* escogitare, ideare: *ho pensato questo bello scherzetto, una ne fa e cento ne pensa* **3.** (seguito da oggettiva) ritenere, supporre: *penso che non ce la faremo a finire in tempo, pensi di girare così conciato senza dare nell'occhio?* || avere in progetto, far conto: *penso di lavorare ancora un po' e poi uscire* || all'imperativo, per sottolineare un fatto notevole: *pensa che se n'è andato senza lasciar traccia*; anche come inciso: *parla benissimo e, pensa, ha solo tre anni* || **N. intr.** *Sin.* almanaccare, astrarre, cogitare, divisarsi, fantasticare, fissarsi, ponzare, raccogliersi, riflettere, rimuginare, ripensare, ruminare, scervellarsi; arrovellarsi il cervello, lambiccarsi | PENSIERO | **tr.** **1.** *Sin.* concepire, congetturare, elucubrare, esaminare, immaginare, meditare, ponderare, speculare **2.** *Sin.* inventare, macchinare, premeditare **3.** *Sin.* giudicare, stimare.

pensàta [da *pensare*; a. 1292] **sf.** idea, trovata: *ha avuto questa bella pensata*; anche *iron.*

pensàto (*pps.* di *pensare*) [a. 1292] **agg.** meditato, assai ben considerato; come espressione di approvazione: *ben pensato!* || **pensataménte** **avv.** *non com.* deliberatamente, apposta.

pensatóio (pl. *-ói*) [da *pensato*; a. 1512] **sm.** *scherz.* luogo dove si pensa: *entrare nel pensatoio.*

pensatóre [da *pensare*; sec. XIV] **sm.** (f. *-trìce*) **1.** filosofo e, in gen., autore di riflessioni filosofiche: *un grande pensatore del '700* **2.** *libero pensatore*, chi ammette piena libertà di coscienza in fatto di religione; anche come sin. di *agnostico* e *ateo.*

pensée (fr., pr. [pɑ̃'se]) [letter. pensata; 1813 *panzea*] **sf.** *inv.* viola del pensiero.

pensière [var. di *pensiero*; a. 1250 *penseri*] **sm.** *arc.* pensiero.

pensierino (*dim.* di *pensiero*) [a. 1729] **sm.** **1.** frase composta per esercizio dagli alunni delle elementari **2.** *fam. fare un pensierino su qualcosa*, metterci sopra gli occhi, desiderarla **3.** regalino, atto gentile: *non ringraziarmi nemmeno, è solo un pensierino.*

pensièro [dal provenz. *pensier*, 1294] **sm.** **1.** la facoltà e l'atto del pensare: *la forza, i limiti del pensiero, i rapporti tra pensiero e linguaggio, difficoltà, incertezze di pensiero* || *fermare, fissare il pensiero su qualcosa*, concentrarsi su di essa || *andare, riandare col pensiero a qualcosa,* ricordarla ‖ mente: *con il corpo sono qui ma con il pensiero sono altrove, leggere nel pensiero* ‖ *per estens.* attività speculativa, dottrina filosofica: *storia del pensiero antico, il pensiero di Vico* **2.** *concr.* ciò che viene pensato dalla mente, idea: *esprimere, esporre i propri pensieri, un pensiero confuso, distorto* ‖ *per estens.* opinione, parere: *vorrei conoscere il vostro pensiero in proposito* ‖ *in part.* massima, sentenza: *i pensieri di Mao, di Leopardi* **3.** *in part.* rif. a ciò che si presenta di frequente alla mente in quanto motivo di preoccupazione, angoscia e sim.: *poveretta, è assillata da mille pensieri, i figli danno tanti pensieri, essere senza pensieri; darsi pensiero,* preoccuparsi; *essere, stare in pensiero,* in apprensione ‖ *fare un pensiero su qualcosa,* valutarne tra sé l'opportunità di farla, acquistarla e sim. (con l'idea di un orientamento favorevole) **4.** gesto che rivela affetto o attenzione gentile; regalo: *è stato un pensiero carino da parte sua farmi trovare tutto pronto* **5.** *viola del pensiero,* v. VIOLA ‖ *dim.* pensierìno, pensierétto, pensierùccio; *accr.* pensieróne; *pegg.* pensieràccio ‖ **N. 1.** *Sin.* elucubrazione, ispirazione, meditazione, riflessione, speculazione; intelletto, intelligenza **2.** *Sin.* concetto, congettura, considerazione, fantasia, fissazione, immagine, pensata, pregiudizio, preoccupazione, proposito | acerbo, allegro, alto, arguto, astratto, atroce, bizzarro, casto, cattivo, chiaro, dominante, elevato, fallace, incerto, indefinito, informe, insistente, irrequieto, ispirato, lieve, lucido, malinconico, maturo, meschino, originale, oscuro, ostinato, profondo, ricorrente, sagace, savio, sciocco, segreto, serio, sinistro, soave, strano, stravagante, sublime, tenace, tetro, titubante, tormentoso, triste, umano, vago, volubile | allontanare, celare, covare, formulare, nascondere, nutrire, raccogliere, richiamare, riordinare, scacciare; balenare, folgorare, nascere, svilupparsi; prendere corpo. **Q.T.** *filosofia.*

pensierosità [da *pensieroso*; a. 1909] **sf.** *non com.* l'essere pensieroso.

pensieróso [da *pensiero*; a. 1556] **agg.** pieno di pensieri, spec. preoccupanti o fastidiosi ‖ **pensierosaménte** **avv.** ‖ **N.** *Sin.* assorto, cogitabondo, concentrato, meditabondo, raccolto | *Contr.* spensierato.

pènsile [dal lat. *pēnsilis*; sec. XIV] **agg.** che sta sospeso; *giardino pensile,* sorretto da impalcature, o su terrazzi ‖ che sta appeso: *mobiletti pensili;* anche *sm.*: *un pensile di cucina.* **TAV.** ***arredamento*** **p. 650** 1.6, 1.9.

pensilìna [da *pensile*; 1918] **sf.** tettoia sporgente da un muro, o sorretta da pilastri, che serve a riparare dal sole e dalla pioggia persone in attesa: *la pensilina della fermata dell'autobus, della stazione.* **TAV.** *abitazione* 3.19.

pensionàbile [da *pensionare*; 1958] **agg.** **1.** che può essere computato per la pensione: *quota pensionabile dello stipendio* ‖ che dà diritto ad una pensione: *età pensionabile* **2.** che può essere messo in pensione: *dipendente pensionabile.*

pensionabilità [da *pensionabile*; 1973] **sf.** condizione, stato di chi può andare in pensione.

pensionaménto [da *pensionare*; a. 1928] **sm.** messa a riposo di un lavoratore che ha maturato i requisiti che danno diritto alla pensione: *pensionamento anticipato, posticipato* ‖ **N.** *Sin.* giubilazione.

pensionànte [da *pensione*; 1922] **s.** chi alloggia in pensione o albergo; anche ospite pagante di una casa privata ‖ in passato, negli ospedali, ricoverato che paga in proprio.

pensionàre (pres. *-óno*) [da *pensione,* sul modello del fr. *pensionner*; 1607] **tr.** mettere a riposo assegnando una pensione ‖ giubilare.

pensionàrio (pl. *-ri*) [dal fr. *pensionnaire*; 1520] **agg.** e **sm.** *ant.* **1.** in passato, che o chi beneficiava di una pensione derivante da un ufficio pubblico o da un beneficio ecclesiastico **2.** (f. *-a*) pensionante.

pensionàtico (pl. *-ci*) [da *pensione*; 1693] **sm.** antico diritto di pascolo in possedimenti altrui, concesso dietro pagamento di un canone.

pensionàto (*pps.* di *pensionare*) [1619] **sm.** **1.** (f. *-a*) chi ha cessato di lavorare e gode di pensione: *i pensionati dello Stato* **2.** istituto dove alloggiano a pensione studenti, persone sole, anziani e sim.

pensióne [dal lat. *pensio, -ōnis,* pesatura, poi pagamento; a. 1519] **sf.** **1.** somma corrisposta periodicamente dallo Stato o da organizzazioni previdenziali, al lavoratore messo a riposo per raggiunti limiti di età (*pensione di anzianità*) o inabilità al lavoro (*pensione di invalidità*), o, in caso di morte, ai suoi familiari (*pensione di reversibilità,* contrapposta a quelle precedenti, *dirette*): *maturare il diritto alla pensione, riscuotere la pensione* ‖ *pensione sociale,* erogata dallo Stato alle persone oltre i 65 anni, prive di reddito ‖ *pensione di guerra,* spettante al militare che per ragioni di servizio ha riportato gravi lesioni, o ai familiari dei militari morti in guerra **2.** prestazione di vitto e alloggio a tariffa stabilita; la somma che si paga per essa: *andare, tenere, vivere a pensione; pagare la pensione; mezza pensione,* che prevede l'alloggio e un solo pasto (contrapposto a *pensione completa*) **3.** *per estens.* l'esercizio in cui si offre vitto e alloggio, gen. di dimensioni e pretese modeste: *una pensione a conduzione familiare* ‖ *dim.* pensioncìna, pensioncèlla; *spreg.* pensionùccia ‖ **N. 1.** *Sin.* quiescenza, vitalizio.

pensionìstico (pl. *-ci*) [da *pensione*; 1963] **agg.** *T.bur.* relativo alle pensioni, che concerne le pensioni: *sistema pensionistico.*

pènso [dal lat. *pēnsum*; a. 1808] **sm.** **1.** *T.stor.* nell'antica Roma, quantità di lana da filare consegnata giornalmente alle schiave per essere filata **2.** *per estens. scherz.* compito scolastico, spec. se dato per punizione.

pensosità [da *pensoso*; a. 1930] **sf.** la condizione, il carattere di chi è pensoso.

pensóso [da *pensare*; a. 1250] **agg.** **1.** assorto in pensiero, in meditazione: *solo e pensoso i più deserti campi / vo mesurando a passi tardi e lenti* (Petrarca) **2.** *lett.* sollecito: *pensoso più di sé che d'altri* ‖ **pensosaménte** **avv.** ‖ **N. 1.** PENSIEROSO.

pènta- [dal gr. *penta-*] **primo elem.** che, in parole composte dotte e della terminologia scientifica, vale "cinque", "composto di cinque" (per es. *pentaedro, pentagono, pentapartito*) ‖ in chimica è utilizzato nelle denominazioni di composti caratterizzati dalla presenza di cinque atomi o di cinque radicali uguali (per es. *pentano*).

pentàcolo o **pentàculo** [etim. inc.; 1483] **sm.** stella a cinque punte disegnata o incisa su pezzi di metallo o pietre che venivano portati appesi al collo per allontanare influenze magiche o maligne ‖ *per estens.* amuleto, talismano ‖ **N.** MAGIA.

pentacòrdo [dal lat. tardo *pentachordon,* gr. *pentáchordos*; 1556] **sm.** *T.mus.* **1.** antico strumento musicale a cinque corde **2.** scala di cinque gradi, com. detta *scala pentafonica.*

pentàculo v. PENTACOLO.

pentadàttilo [dal lat. *pentadactylus,* gr. *pentádaktylos*; 1835] **agg.** **1.** di arto, munito di cinque dita **2.** *T.bot.* di pianta, che presenta le foglie digitate divise in cinque foglioline.

pèntade [dal gr. *pentás, -ádos*; 1958] **sf.** *non com.* insieme di cinque cose uguali.

pentadecàgono [comp. di *penta-, deca-* e *-gono*; 1821] **sm.** *T.geom.* poligono di quindici lati.

pentàdico (pl. *-ci*) [da *pentade*; 1958] **agg.** *non com.* di sistema di numerazione, basato sul numero cinque.

pentadràmma [dal gr. *pentádrachmos,* di cinque dramme; 1932] **sm.** *T.num.* antica moneta greca del valore di 5 dramme.

pentaèdro [comp. di *penta-* e *-edro*; 1821] **sm.** *T.geom.* solido a cinque facce.

pentafillo [comp. di *penta-* e *-fillo*; 1499] **sm.** pianta erbacea delle Rosacee con fiori gialli e foglie composte da cinque foglioline, da cui si ricava un decotto astringente ‖ **N.** *Sin.* cinquefoglie.

pentafonìa [comp. di *penta-* e *-fonia*; 1801] **sf.** *T.mus.* sistema musicale fondato su una scala di cinque gradi.

pentafònico (pl. *-ci*) [da *pentafonia*; 1935] **agg.** *T.mus.* proprio della pentafonia: *sistema pentafonico.*

pentagonàle [da *pentagono*; 1564] **agg.** di pentagono; a forma di pentagono.

pentàgono [dal lat. *pentagōnum,* gr. *pentágōnon*; sec. XIV] **sm.** *T.geom.* figura piana con cinque lati e cinque angoli.

pentagràmma [comp. di *penta-* e *-gramma*; 1871] **sm.** *T.mus.* la serie di cinque linee parallele e dei quattro spazi fra esse compresi, su cui si scrive la musica. **TAV.** ***musica*** **p. 1324** 1.1.

pentagrammàto [da *pentragramma*; 1950] **agg.** si dice della carta sulla quale sono stampati o disegnati pentagrammi.

pentàmero [dal gr. *pentamerés*; 1906] **I** **agg.** *T.bot.* di fiore con cinque petali e cinque sepali **II** **sm.** *T.chim.* polimero costituito da cinque molecole uguali.

pentàmetro [dal lat. *pentameter,* gr. *pentámetros*; a. 1472] **sm.** *T.metr.* verso greco e latino di sei piedi, di cui il terzo o il sesto tronchi, che si usa unire all'esametro per formare il distico elegiaco.

pentàno [comp. di *penta-* e *-ano*[2]; 1895] **sm.** *T.chim.* idrocarburo alifatico composto di cinque atomi di carbonio, che si ricava dal petrolio grezzo e dai gas naturali.

pentanùmmo [comp. di *penta-* e *nummo*; 1934] **sm.** *T.num.* antica moneta bizantina del valore di 5 nummi.

pentapartìto [comp. di *penta-* e *partito*; 1982] **sm.** *T.pol.* governo costituito o appoggiato da una coalizione di cinque partiti ‖ anche *agg.* (sempre posposto): *l'alleanza pentapartita.*

pentapodìa [comp. di *penta-* e di un deriv. di *póus, podós,* piede; a. 1912] **sf.** *T.metr.* nella metrica classica, successione di cinque piedi.

pentàpoli [dal gr. *pentápolis*; a. 1292] **sf.** **1.** nell'antichità, gruppo di cinque città unite politicamente **2.** nell'epoca bizantina, circoscrizione amministrativa.

pentàrca (pl. *-chi*) [da *pentarchia*; a. 1803] **sm.** ciascun membro di una pentarchia.

pentarchìa [dal gr. *pentarchía*; 1860] **sf.** governo formato da cinque persone ‖ *in part.* antica magistratura cartaginese composta da cinque membri.

pentasìllabo [dal lat. e gr. *pentasýllabos*; a. 1595] **agg.** e **sm.** di verso o parola, costituito da cinque sillabe ‖ **N.** *Sin.* quinario.

pentatèuco [dal lat. tardo *Pentatēuchus,* gr. *Pentáteuchos*; a. 1565 *penteteuco*] **sm.** (solo *sing.*) *T.lett.* i primi cinque libri della Bibbia (Genesi, Esodo, Levitico, Numeri, Deuteronomio).

pèntathlon o **pèntatlon** o **pèntatlo** [dal lat. tardo *pentăthlum,* gr. *péntathlon*; a. 1566 *pentatlo*] **sm.** *inv.* *T.sport.* nell'antica Grecia, gara comprendente cinque prove (lancio del disco, corsa, salto, lotta, giavellotto o talvolta pugilato) ‖ specialità multipla dell'atletica femminile sostituita, a partire dal 1981, dall'eptathlon ‖ *pentathlon moderno,* ispirato al viaggio di un corriere militare, comprende gare di equitazione, scherma, nuoto, tiro al bersaglio, corsa campestre, da disputarsi in cinque giorni diversi.

pentatlèta [dal gr. *pentathlētēs*; 1958] **s.** atleta specialista di pentathlon.

pèntatlo V. PENTATHLON.

pèntatlon V. PENTATHLON.

pentatònico (pl. *-ci*) [comp. di *penta-* e *tonico*; 1940] **agg.** *T.mus.* di cinque suoni: *scala pentatonica*, priva di semitoni (ha solo intervalli di seconda maggiore e di terza minore); è caratteristica spec. di musiche non europee || relativo a scala pentatonica.

pentecòntoro [dal gr. *pentēkóntoros*; a. 1494 *pentecontero*] **sf.** grossa nave da guerra dell'antica Grecia mossa da cinquanta remi disposti in un solo ordine.

pentecostàle [dal lat. tardo *pentecostālis*; 1749] **I agg.** della Pentecoste **II s.** spec. *pl.* seguace di alcune sette protestanti che mirano al rinnovamento dello spirito e alla sua perfezione, mediante esperienze comunitarie animate da fervore mistico, intese a ripetere la discesa vivificatrice dello Spirito Santo.

pentecostalìsmo [da *pentecostale*; 1970] **sm.** il movimento dei pentecostali, e le loro dottrine e pratiche religiose.

pentecòste [dal lat. tardo *pentecoste*, gr. *pentēkostḗ* (*hēméra*), cinquantesimo (giorno); 1284 ca.] **sf.** festa della tradizione cristiana che si celebra cinquanta giorni dopo Pasqua, per commemorare la discesa dello Spirito Santo sugli Apostoli.

pentèlico (pl. *-ci*) [dal lat. *Pentelicus*, gr. *Pentelikós*; a. 1604] **agg.** *marmo pentelico*, bianco, assai rinomato nell'antichità; veniva estratto dall'omonimo monte.

pentemìmero [dal gr. *penthēmimerḗs*; 1561] **agg.** *T.metr. cesura pentemimera*, che cade a metà del terzo piede || **N.** *Sin.* semiquinario.

pentérsi **intr. pron.** *arc.* V. PENTIRSI.

pentiménto [da *pentirsi*; a. 1257] **sm.** **1.** rammarico, rimorso per aver o non aver compiuto un'azione: *provò sincero pentimento del suo fallo* **2.** mutamento di opinione o proposito || *per meton.* correzione dell'autore apportata a opera già scritta: *questo tuo scritto è pieno zeppo di pentimenti* || **N.** **1.** *Sin.* attrizione, compunzione, contrizione, resipiscenza, rimpianto, rincrescimento; penitenza; lacrime di coccodrillo; *mea culpa* **2.** *Sin.* ripensamento; ravvedimento.

pentìrsi (pres. *pènto*) [lat. *paenitēre*; a. 1250] **intr. pron.** **1.** provare sincero dolore della colpa commessa, con proposito di non commetterla più || *per estens.* provare rammarico per aver o non aver fatto una cosa: *si pentì d'aver accettato quel lavoro, non è voluto venire con noi ma se n'è pentito* **2.** cambiare idea, proposito: *voleva fare il medico, ma poi se ne pentì* || **N.** **1.** *Sin.* dolersi, rammaricarsi, rimpiangere, rincrescere; battersi il petto **2.** *Sin.* ripensarci; convertirsi, emendarsi, ravvedersi.

pentitìsmo [da *pentito*; 1982] **sm.** tendenza di terroristi o criminali in stato di detenzione a dichiararsi pentiti e a collaborare con la giustizia.

pentìto (*pps.* di *pentire*) [sec. XI *pentuta* agg.; 1980 come sm.] **agg.** e **sm.** (f. *-a*) terrorista o criminale appartenente alla malavita organizzata che dopo la cattura collabora con la giustizia, per motivi ideologici o per ottenere riduzioni di pena, e fornisce informazioni sulle azioni compiute e sugli altri appartenenti alla propria organizzazione: *terrorista pentito; l'accusa si fonda sulle dichiarazioni dei pentiti.*

pèntodo [dall'ingl. *pentode*; 1949] **sm.** *T.rad.* tubo elettronico a cinque elettrodi: catodo, griglia di controllo, griglia schermo, griglia soppressore, placca.

péntola [dim. del lat. volg. **pinta*, propr. vaso dipinto; fine sec. XIII] **sf.** **1.** recipiente da cucina gen. in metallo con due manici, adatto a cuocere vivande brodose o lessare carni e ortaggi: *pentola d'acciaio, di terracotta, mettere la pentola al fuoco* || *pentola a pressione*, a chiusura ermetica e valvola, permette una cottura rapida dei cibi || *per meton.* il contenuto di una pentola, pentolata: *una pentola di fagioli* || *fig. bollire in pentola*, di faccende importanti o segrete macchinazioni, essere in preparazione: *qualcosa di grosso sta bollendo in pentola* || *prov. il diavolo fa le pentole ma non i coperchi*, le cattive azioni finiscono sempre per essere scoperte **2.** *pop.* gote paffute || *dim.* pentolétta, pentolìna, pentolìno (*sm.*); *accr.* pentolóne (*sm.*), pentolóna; *pegg.* pentolàccia || **N.** **1.** *Sin.* marmitta, pignatta | bocca, fondo, ventre o pancia | bollire, borbottare, schiumare | coperchio, testo.

pentolàccia (pl. *-ce*) (*pegg.* di *pentola*) [a. 1704] **sf.** **1.** grossa pentola deteriorata per l'uso **2.** *tosc.* gioco in cui, a occhi bendati, si deve rompere con un lungo bastone una fra più pentole di coccio sospese in alto; se si indovina quella piena di doni, questi si tengono in premio || *domenica della pentolaccia*, la prima domenica di quaresima, in cui è tradizione fare questo gioco.

pentolàio (pl. *-ài*) [da *pentola*; fine sec. XIII] **sm.** (f. *-a*) chi vende o fabbrica pentole e altri vasi || *far come l'asino del pentolaio*, di chi, in cammino, si ferma ogni istante a chiacchierare o a curiosare || **N.** vasaio.

pentolàre [da *pentola*; 1958] **agg.** e **sm.** *elmo pentolare* o *pentolare*, elmo medievale di forma cilindrica, simile a una pentola rovesciata, munito di un nasale di bronzo e di due fessure per gli occhi.

pentolàta [da *pentola*; 1618 nel senso 2; a. 1686 nel senso 1] **sf.** **1.** quantità di roba che può essere contenuta o si cuoce in una pentola **2.** colpo dato per mezzo di una pentola.

pentolìno (*dim.* di *pentola*) [a. 1342] **sm.** **1.** piccolo recipiente da cucina, gen. con un manico || *per meton.* ciò che vi può essere contenuto: *un pentolino di latte* **2.** *scherz.* berrettino tondo e rigido, chepì.

pentòso o **pentòsio** (pl. *-si*) [comp. di *penta-* e *-osio*; 1954] **sm.** *T.chim.* zucchero con cinque atomi di carbonio, presente in alcune cellule vegetali e nelle urine umane.

pentotàl [nome commerciale, da *pent(hi)o-(barbi)tal*; 1948] **sm.** *inv.* nome commerciale di un anestetico generale a base di barbiturici.

pentrìte [da *pentaeritrite*, comp. di *penta-* e *eritrite*; 1931 *pentrinite*] **sf.** potente esplosivo usato per caricare mine, proiettili e micce detonanti.

pènula [dal lat. *pǣnula*; a. 1455] **sf.** mantello circolare, con o senza cappuccio, che gli antichi romani indossavano in viaggio.

penùltimo [dal lat. tardo *paenultimus*; a. 1308] **agg.** e **sm.** (f. *-a*) che o chi precede immediatamente l'ultimo.

penùria [dal lat. *paenūria*; a. 1342] **sf.** grande scarsità, insufficienza, rif. a generi di prima necessità: *penuria d'acqua, di medicinali* || *per estens.* anche rif. ad altro: *c'è penuria di notizie* || **N.** *Sin.* carestia, SCARSITÀ.

penzolàre (pres. *pènzolo*) [da *penzolo*; a. 1304] **intr.** (aus. *avere*) essere sospeso dall'alto, per un lato, in modo da poter ondeggiare: *salami e salsicce che penzolano dal soffitto, dalle sue labbra penzola sempre un sigaro* || **N.** *Sin.* ciondolare; dondolare, pendere | penzoloni.

pènzolo [lat. volg. **pendiolus*; sec. XIV] **I sm.** **1.** cosa che penzola || *in part.* grappolo o più grappoli d'uva pendenti **2.** *T.mar.* pezzo di corda di canapa o d'acciaio con ambedue le estremità foggiate a occhio o munite di ganci **II agg.** *ant.* che pende.

penzolóni [da *penzolo*; 1550] **I agg.** *inv.* (sempre posposto) che penzola: *si è seduto sul muretto con le gambe penzoloni* **II avv.** in modo da penzolare: *è rimasto attaccato penzoloni a una corda* || **N.** *Sin.* ciondoloni, dondoloni, pendoloni.

peòcio (pl. *-ci*) [voce venez., propr. pidocchio; 1792 *peochio*] **sm.** *ven.* mitilo || **N.** *Sin.* cozza.

peon (sp., pr. [pe'ɔŋ]) [letter. pedone; 1875] **sm.** (anche pl. *peones*, pr. [pe'ones]) **1.** nell'America Latina, bracciante indiano o meticcio, di condizione poverissima, che lavora per compensi minimi **2.** *pl.* *T.pol.* parlamentari di grossi partiti che non hanno alcun potere decisionale e vengono utilizzati passivamente per votare seguendo le decisioni degli organi dirigenti del partito cui appartengono.

peóne[1] [dal lat. *pǣon, -ōnis*, gr. *paiṓn*, epiteto di Apollo; a. 1550] **sm.** *T.metr.* metro della antica poesia greca formato da una sillaba lunga e tre brevi.

peóne[2] **sm.** adattamento it. dello sp. *peon* (V.).

peònia [dal lat. *paeōnia*, gr. *paiōnía*, salutare; a. 1327] **sf.** arbusto perenne delle Ranuncolacee, che produce fiori profumati di vario colore, simili alla rosa; è coltivata nei giardini per ornamento.

peònio[1] (pl. *-ni*) [dal lat. *paeōnius*, gr. *paiṓnios*; 1835] **agg.** *lett.* di Apollo: *arte peonia*, arte medica.

peònio[2] (pl. *-ni*) [da *peone*[1]; a. 1912] **agg.** *T.metr. metro peonio, piede peonio*, peone[1].

peòta [voce veneziana; a. 1536] **sf.** *T.mar.* imbarcazione di media grandezza, con più remi e una vela, usata un tempo a Venezia.

pepaiòla o **peparòla** [da *pepe*; a. 1606] **sf.** piccolo recipiente con tappo bucherellato, per contenere il pepe; anche, macinapepe.

pepàre (pres. *pépo*) [da *pepe*; 1920] **tr.** condire col pepe.

peparòla V. PEPAIOLA.

pepàto [da *pepare*; 1618] **agg.** **1.** condito con molto pepe || *pan pepato*, V. PANPEPATO **2.** *fig.* pungente, salace: *risposta pepata.*

pépe [lat. *piper*; a. 1292] **sm.** **1.** pianta tropicale rampicante delle Piperacee, dalle cui piccole bacche nere, secche, si ottiene una spezia, di forte e acuto aroma, usata per condimento dei cibi **2.** la spezia che se ne ricava: *pepe nero, bianco, in grani, macinato, filetto al pepe* || *per estens.* sostanza piccante di aroma intenso: *pepe di Caienna*, paprika; *pepe del Perù*, pimento; *falso pepe*, schino || nella *loc. agg.* (sempre posposta) *tutto pepe*, vivacissimo, arguto, caustico: *essere tutto pepe, una ragazza tutto pepe* || *(color) pepe e sale*, di capelli o barba, brizzolati || *dim.* pepìno.

peperìna V. PIPERITA.

peperìni [dal lat. *piper*, pepe; 1970] **sm.** *pl.* pastina da brodo a forma di minuscoli granelli.

peperìno o **piperìno** [dal lat. tardo *piperīnus*; a. 1537 *peperigno*] **sm.** tufo grigio scuro picchiettato di nero diffuso nell'Italia centrale, impiegato anche per costruzioni.

peperìta V. PIPERITA.

peperòmia [comp. del gr. *péperi*, pepe e *hómoios*, simile; 1835] **sf.** *T.bot.* genere di piante ornamentali delle Piperacee, dalle foglie a forma di cuore, rugose con screziature chiare.

peperonàta [da *peperone*; 1954] **sf.** vivanda a base di peperoni tagliati a pezzi e cotti in teglia con olio, cipolla e pomodori.

peperoncìno (*dim.* di *peperone*) [a. 1863] **sm.** varietà di peperone dai frutti di forma tonda o allungata e di sapore molto piccante, che vengono usati come spezie e, tritati e macinati, costituiscono la paprica: *spaghetti con aglio, olio e peperoncino.*

peperóne [dal lat. *piper*, pepe; a. 1735] **sm.** **1.** pianta erbacea delle Solanacee con foglie ovali lanceolate e fiorellini poco appariscenti, largamente coltivata per il frutto edule a bacca che produce **2.** il frutto di tale pianta, cavo, con polpa sottile, forma tondeggiante o allungata, colore verde, giallo o rosso a seconda delle varietà, e sapore dolce o piccante: *peperoni al forno, ripieni* || *scherz.* in riferimento alle dimensioni o al colore rosso acceso di talune varietà: *ha un naso che sembra un peperone, è diventato rosso come un peperone dalla vergogna* || *dim.* peperoncino.

pepiàno [dal ven. *pepian*, piano terra; 1908] ***sm.*** *T.teatr.* nella loc. *palco di pepiano*, palco di platea.

pepièra [da *pepe*; 1971] ***sf.*** vasetto nel quale si porta in tavola il pepe macinato.

pepinièra [dal fr. *pépinière*; 1879] ***sf.*** vivaio, semenzaio.

pepìno (*dim.* di *pepe*) [1871] ***sm.*** **1.** bambino assai vivace **2.** *tosc. far pepino*, riunire le punte delle mani e scaldarle soffiandoci sopra.

pepita [dallo sp. *pepita*, propr. seme; 1817] ***sf.*** massa di metallo allo stato nativo, a forma di ciottolo: *una pepita d'oro, di rame*; *ass.* pepita d'oro: *i bambini giocavano a cercare pepite nel torrente.*

pèplo [dal lat. *peplum* e *peplus*, gr. *péplos*; 1483] ***sm.*** tipico abito femminile dell'antica Grecia, costituito da un ampia striscia di tessuto, spesso decorata su un lato, drappeggiato attorno al corpo, fissato nella parte terminale, sulle spalle || abito, anche moderno, di foggia simile || **N.** chitone.

pepolìno [etim. inc.; prima metà sec. XVIII] ***sm.*** serpillo, timo.

pepònide [dal gr. *pépōn*, popone; 1813] ***sf.*** *T.bot.* varietà di frutto con epicarpo duro, mesocarpo carnoso ed endocarpo molle contenente i semi (tipico delle Cucurbitacee, come la zucca).

pepònio (pl. *-ni*) [dal gr. *pépōn*, popone; 1970] ***sm.*** *T.bot.* peponide.

pèppola [voce di orig. onom.; a. 1871] ***sf.*** uccello dei Passeriformi, che sverna nelle nostre regioni; ha becco a forma di cono, testa e dorso di color nero, mentre il petto e la gola sono giallo-rossicci.

pèpsi [dal gr. *pépsis*, cottura, digestione; 1821] ***sm.*** *T.med.* digestione.

pepsina [da *pepsi*; 1856] ***sf.*** *T.fisiol.* enzima presente nel succo gastrico, che interviene nella digestione delle proteine, scindendole in peptoni.

pèptico (pl. *-ci*) [dal lat. *pepticus*, gr. *peptikós*; seconda metà sec. XVI] ***agg.*** *T.med.* che serve per la digestione; relativo ai processi digestivi.

peptidàṣi [da *peptide*; 1954] ***sm.*** *T.chim.* enzima che scinde i legami peptidici tra gli aminoacidi.

peptide [dal gr. *pept(ikós)*; 1920] ***sm.*** *T.chim.* molecola costituita da una catena di pochi aminoacidi; l'unione di più catene dà origine alle complesse molecole proteiche.

peptìdico (pl. *-ci*) [da *peptide*; 1958] ***agg.*** *T.chim.* relativo ai peptidi: *catena peptidica.*

peptiẓẓazióne [dalla voce rara *peptizzare*; 1954] ***sf.*** *T.chim.* passaggio di una sostanza solida o liquida allo stato di soluzione colloidale.

peptóne [dal ted. *Pepton*; 1875] ***sm.*** prodotto dell'azione compiuta dalla pepsina sulle molecole proteiche; sostanze proteiche trasformate in peptoni (predigerite) sono anche usate come alimento.

peptonizẓazióne [da *peptone*, sul modello dell'ingl. *peptonization*; 1958] ***sf.*** *T.biol.* azione esercitata dalla pepsina sulle proteine per trasformarle in peptoni.

per (pr. [per]) [lat. *per*; 960] ***prep.*** (*poet.* o *disus.* unito con gli articoli determinativi per formare prep. art.) || introduce numerosi complementi: — di moto per luogo: *passare per Firenze, lo hanno inseguito per le campagne, è rientrato per la finestra*; anche con senso di diffusione e spargimento: *corse la notizia per tutta la città, i suoi gorgheggi si sentono per tutta la casa* | — di stato in luogo: *star seduto per terra* | — di moto a luogo: *è partito per Roma, la strada per la Francia* | — di tempo continuato: *per tutta la notte si udirono tuoni, è riuscito a non fumare per tre mesi* | — di tempo determinato: *contiamo di farcela per il prossimo anno, per le otto sono da te* | — di distribuzione: *ne tocca uno per ciascuno, me li restituirai un po' per volta*; nell'indicazione di percentuale: *un interesse del quindici per cento*; indica l'operazione della moltiplicazione: *due per cinque fa dieci* | — di fine: *stoffa per abiti invernali, andar per funghi, è già tutto pronto per la cena, lavorare per la pagnotta* | — di vantaggio o svantaggio: *ha sempre lavorato per i figli, l'ho fatto per il tuo bene, due a zero per il Torino, un danno per l'economia* | — di causa: *è verde per la rabbia, lo hanno ricoverato per una frattura multipla, lo sposa solo per i suoi soldi* | — di mezzo: *spedire per posta, l'ho salutato per telefono, afferrare la tazza per il manico, prendere per la gola* | — di limitazione: *per pigrizia non lo batte nessuno, per le mie finanze è proibitivo, per questa volta chiudo un'occhio, per quanto ne so io, per quel che mi riguarda*; anche, secondo il giudizio di: *per me ti sbagli, per te si chiama vivere questo?*; secondo la possibilità di: *è troppo pesante per te* | — di prezzo e stima: *l'ha venduto per due soldi, per quella cifra trovo di meglio, i suoi beni sono valutati per cifre colossali* | — complemento predicativo: *lo hanno dato per disperso, dare per scontato, per esempio, l'ha avuto per compagno di banco* | — di modo: *passavo di qui per caso, scrivi per esteso, te lo chiedo per favore, il mio nome comincia per T* || indica sostituzione o scambio: *prendere fischi per fiaschi, l'ha lasciata per un'altra, lo scambiano sempre per uno straniero* || in esclamazioni o imprecazioni: *per Bacco!, per la miseria!, per tutti i fulmini!*; anche invocazioni o giuramenti: *per carità!* || introduce varie proposizioni con verbo all'infinito: — consecutiva: *è troppo astuto per essere ingannato, sta abbastanza bene per alzarsi dal letto* | — finale: *preparo la valigia per partire, ha chiesto una settimana per pensarci* | — concessiva: *per essere opera di un dilettante è di un certo interesse* | — causale: *lo hanno punito per aver disobbedito* | — limitativa: *per andare va, ma è proprio una vecchia carretta* || in alcune loc.: *essere, star per*, essere sul punto di | in *loc. cong.* con valore concessivo: *per quanto si sforzi non ce la fa*; *per bello, per buono, per caro* ecc. *che sia...*, nonostante sia...; *per male che vada*, anche nella peggiore delle ipotesi | in *loc. avv.* di tempo: *per il momento, per adesso, per ora*; di spazio: *per lungo, per largo, per dritto, per di qua.*

per- (pr. [per]) [dal lat. *per*, attraverso] ***pref.*** che, nella terminologia chimica, indica composto ossigenato in cui un elemento si combina alla massima valenza: *perfosfato, permanganato.*

péra [lat. *pira*; 1314] ***sf.*** **1.** frutto del pero, con buccia sottile, apprezzato per la polpa dolce e soda: *sbucciare una pera, pere cotte, confettura di pere* || *cascare come le pere cotte*, cader giù di colpo; morire; *fig.* innamorarsi; anche, lasciarsi ingannare || nella *loc. agg. a pera*, che ricorda la forma di tale frutto, oblunga, appuntita da un lato e tondeggiante dall'altro: *testa fatta a pera*; *fig. scherz.* sconclusionato, bislacco: *ragionamento a pera* **2.** oggetto o arnese a forma di pera || *in part.* recipiente di gomma per clisteri || *T.sport.* globo di cuoio o di gomma a forma di pera, appeso per mezzo di un giunto a una piattaforma, contro il quale i pugili si esercitano in palestra || *scherz.* testa: *grattarsi la pera*¯ **3.** *gerg.* iniezione di sostanza stupefacente: *farsi una pera* || *dim.* perétta, perìna; *pegg.* peràccia || **N. 1.** abate, bergamotta, butirra, coscia, ghiacciola, giugnola, kaiser, moscatella, spadona | sidro.

peràcido [comp. di *per-* e *acido*, sul modello del ted. *Persäure*; 1949] ***sm.*** *T.chim.* acido contenente due atomi di ossigeno legati direttamente fra loro.

peracottàio (pl. *-ài*) (region. *peracottàro*) [da *pera cotta*; 1863] ***sm.*** (f. *-a*) *region.* venditore di pere cotte || *fig.* buono a nulla.

peràltro o **per àltro** [comp. di *per* e *altro*; 1584] ***avv.*** del resto, però, d'altra parte.

peramèle [dal lat. scient. *peramĕles*; 1835] ***sm.*** *T.zool.* genere di piccoli marsupiali, dal muso lungo e sottile e dal mantello giallo-scuro; vivono in Austrialia.

perànco o **per ànco** o **perànche** [comp. di *per* e *anco*; a. 1635] ***avv.*** *lett.* ancora, fino ad ora: *come! se il mio pensiero / non palesai peranco?* (Metastasio).

perbàcco o **per bàcco** o **per Bàcco** [comp. di *per* e *Bacco*, nome di divinità mitologica; 1752] ***escl.*** esprime disappunto o meraviglia.

perbène [comp. di *per* e *bene*; 1841] **I *agg.*** *inv.* (sempre posposto) dabbene, onesto, costumato: *in questo palazzo abita solo gente perbene* **II *avv.*** con ordine, con accuratezza: *spiegami perbene quella faccenda* || *dim.* perbenìno.

perbeniṣmo [da *perbene*; 1942] ***sm.*** l'atteggiamento di chi tiene ad avere una reputazione di onestà e decoro, e deplora ogni anticonformismo o eccentricità.

perbenìsta [da *perbenismo*; 1980] ***agg.*** e ***s.*** che, chi mostra perbenismo.

perbenìstico (pl. *-ci*) [da *perbenismo*; 1975] ***agg.*** improntato al perbenismo, caratterizzato dal perbenismo: *modi, atteggiamenti perbenistici.*

perboràto [comp. di *per-* e *borato*, sul modello del fr. *perborate*; 1920] ***sm.*** *T.chim.* sostanza costituita da acqua ossigenata combinata con borato di sodio, usata per sbiancare o disinfettare.

percàlle (raro *percàllo*) [dal pers. *pergale*, pezzo di tessuto, attr. il fr. *percale*; 1811 *perkal*] ***sm.*** tela leggera di cotone per grembiuli, tende e sim. || *dim.* percallìna.

percallìna (*dim.* di *percalle*) [a. 1890] ***sf.*** tessuto di cotone più leggero del percalle, usato per foderami.

percàllo V. PERCALLE.

percentìle [da *percento*; 1958] ***sm.*** e ***agg.*** *T.stat.* ognuno dei quantili che ripartiscono un insieme di valori ordinati in senso non decrescente in cento sottoinsiemi successivi, contenente ciascuno lo stesso numero di dati: *i dati percentili.*

percènto o **per cènto** [comp. di *per* e *cento*, sul modello del fr. *pour cent*; 1881] ***sm.*** *non com.* percentuale.

percentuàle [da *percento*; 1878] **I *agg.*** calcolato in rapporto a cento unità: *guadagno percentuale* **II *sf.*** frazione con denominatore uguale a 100, che esprime la proporzione fra due grandezze: *la percentuale dei maschi sulla popolazione.*

percentualiẓẓàre [da *percentuale*; 1963] ***tr.*** calcolare in percentuale i risultati di dati statistici o matematici.

percentualiẓẓazióne [da *percentualizzare*; 1963] ***sf.*** atto ed effetto del percentualizzare.

percepìbile [dal lat. *percipibilis*; 1871] ***agg.*** che si può percepire (nei vari sensi): *un suono chiaramente percepibile*; *una cifra non percepibile* || **N.** *Sin.* avvertibile, percettibile.

percepibilità [da *percepibile*; 1958] ***sf.*** l'essere percepibile; caratteristica di ciò che è percepibile.

percepìre (pres. *-ìsco, -ìsci*) [lat. *percipere*; a. 1342] ***tr.*** **1.** avvertire, esperire mediante i sensi: *percepire un rumore, un odore* || divenire consci di, intuire: *ho percepito una notevole differenza, ha percepito il mio disagio* **2.** riscuotere, ricevere: *percepire un piccolo stipendio* || **N.** **1.** *Sin.* cogliere, sentire.

percettìbile [dal lat. tardo *perceptibilis*; a. 1424] ***agg.*** sufficientemente intenso o marcato da poter essere percepito, avvertito: *suoni appena percettibili* || **N.** *Sin.* percepibile | *Contr.* impercettibile.

percettibilità [da *percettibile*; 1871] ***sf.*** qualità di ciò che è percettibile.

percettività [da *percettivo*; a. 1639] ***sf.*** facoltà di percepire.

percettìvo [dal fr. *perceptif*; a. 1639] ***agg.*** **1.** relativo a percezione **2.** intuitivo, capace di cogliere (spec. stati d'animo) || anche *sm.* (f. *-a*): *è un percettivo.*

percètto [dal lat. *perceptus*; 1835] **I *agg.*** *T.giur.* *frutti percetti*, già percepiti e quindi autonomi rispetto al bene che li ha prodotti **II *sm.*** *T.fil.* ciascun contenuto della percezione (in contrapposizione a *concetto*).

percettóre [dal lat. tardo *perceptor*, *-ōris*; a. 1342] ***agg.*** e ***sm.*** (f. *-trìce*) *T.bur.* che o chi percepisce (nel senso 2); *in part.* esattore.

percezióne [dal lat. tardo *perceptio*, *-ōnis*; 1294] ***sf.*** **1.** presa di coscienza di un oggetto esterno tramite i sensi **2.** *T.bur.* riscossione di una somma. **Q.T.** ***psicologia.***

percezionismo [da *percezione*, come il fr. *perceptionnisme*; 1954] ***sm.*** *T.fil.* dottrina filosofica che afferma che la percezione ci fa conoscere l'oggetto come è in se stesso; detta anche *realismo ingenuo.*

perché (ant. *per che*) [comp. di *per* e *che*; a. 1250] **I *avv.*** *inter.* è impiegato per frasi interrogative dirette o indirette con valore causale o finale: *perché l'hai fatto?, perché ti arrabbi?, non so perché sia scappato, dimmi perché non parli, non so perché vada tutto storto*; anche in espr. ellittiche: *perché queste ingiustizie?, non l'ha gradito, chissà perché*; rafforzato da *mai*: *perché mai dovrei subire passivamente?* || in interrogative retoriche, seguito da infinito: *perché prendersela tanto?* **II *cong.*** con valore causale (con verbo all'indicativo): *non vengo perché è tardi, non sa quel che dice perché è ubriaco* || con valore finale (col verbo al cong.): *l'ha fatto perché tu non ti spaventassi, lo nutre bene perché cresca sano e robusto* || con valore consecutivo (con verbo al cong.): *è troppo furbo perché lo si possa cogliere in fallo* || con valore relativo: *non c'è motivo perché tu non accetti* || *ant.* con valore concessivo, sebbene, seppure || *ant.* per la qual cosa, per il qual motivo || in espr. colloq. per evitare spiegazioni o giustificazioni: *perché sì!, perché no!, perché due non fa tre* **III *sm. inv.*** **1.** motivo, ragione: *ti dirò il perché, c'è il suo perché* || *volle sapere il perché e il percome*, volle avere una spiegazione dettagliata || *gioco del perché*, gioco di società nel quale si deve rispondere a molte domande senza tuttavia ripetere mai la parola *perché* **2.** domanda, interrogativo: *una risposta per ogni perché.*

percheron (fr., pr. [pɛrʃə'rɔ̃]) [letter. proveniente dalla regione della Perche; 1931] ***sm. inv.*** razza di cavallo dal mantello solitamente grigio, originario della regione della Perche, a sud-ovest di Parigi, oggi diffuso in tutto il mondo e usato soprattutto come cavallo da tiro.

Pèrcidi (sing. *-e*) [comp. del lat. *perca*, pesce persico e *-idi*; 1929] ***sm. pl.*** *T.zool.* famiglia di pesci Perciformi che vivono in acque dolci o salmastre nell'emisfero settentrionale; hanno modeste dimensioni e sono molto apprezzati per la bontà della loro carne. Vi appartiene, tra gli altri, il pesce persico.

Perciférmi (sing. *-e*) [dal lat. scient. *perciformes*; 1954] ***sm. pl.*** *T.zool.* ordine di numerosissime specie di pesci marini o d'acqua dolce comprendente la maggior parte dei pesci commestibili dei nostri mari, quali cernia, triglia, orata. **TAV. *pesci* p. 1331.**

perciò (non com. *per ciò*) [comp. di *per* e *ciò*; fine sec. XIII] ***cong.*** con valore conclusivo, per questo, per la qual cosa, quindi: *è piuttosto in là con gli anni, perciò è difficile che guarisca in fretta.*

perciocché o **perciò che** o **per ciò che** [comp. di *per*, *ciò* e *che*; a. 1294] ***cong.*** *ant.* per il motivo che, poiché.

perciostésso [comp. di *per*, *ciò* e *stesso*; 1965] ***cong.*** per questa stessa ragione, perciò.

percipièndo [dal lat. *percipiĕndus*; 1958] ***agg.*** *T.giur.* che deve essere percepito, incassato; solo nell'espr. *frutti percipiendi*, riferiti a un bene che li deve ancora produrre.

percloràto [comp. di *per-* e *clorato*; 1869] ***sm.*** sale dell'acido perclorico dotato di grande potere ossidante; usato per preparare esplosivi.

perclòrico (pl. *-ci*) [comp. di *per-* e *clorico*; 1829] ***agg.*** *T.chim.* *acido perclorico*, acido del cloro al grado massimo di ossidazione.

percloruro [comp. di *per-* e *cloruro*; 1871] ***sm.*** *T.chim.* cloruro con grado di ossidazione molto elevato.

percolàre (pres. *-òlo*) [dal lat. *percolāre*, filtrare; 1954] ***tr.*** e ***intr.*** (aus. *essere*) eseguire la percolazione di liquidi.

percolatóre [da *percolare*; 1954] ***sm.*** apparecchio per eseguire la percolazione.

percolazióne [dal lat. *percolātio*, *-ōnis*; 1937] ***sf.*** *T.chim.* lento passaggio di un liquido attraverso una massa filtrante.

percóme [comp. di *per* e *come*; 1563 *per come*] ***sm.*** solo nella loc. colloq. *il perché e il percome*, tutti i motivi spiegati in dettaglio: *dire, voler sapere il perché e il percome.*

percorrènza [da *percorrere*; 1922] ***sf.*** tragitto, percorso, spec. ferroviario o di altro mezzo di trasporto; anche il tempo richiesto per compierlo.

percórrere (pres. *-órro* ecc., come CORRERE) [dal lat. *percurrere*; 1795] ***tr.*** attraversare per tutta la lunghezza o l'estensione: *percorse la strada da cima a fondo, abbiamo percorso tutta la costa a sud, la strada percorre le più belle campagne*; anche *fig.*: *ha percorso tutti i gradi della magistratura* || **N.** *Sin.* esplorare, girare, passare, perlustrare; peregrinare, scorrazzare, spaziare, vagare, viaggiare.

percorrìbile [da *percorrere*; 1958] ***agg.*** che si può percorrere.

percorribilità [da *percorribile*; 1984] ***sf.*** l'essere percorribile: *informazioni sulla percorribilità delle strade* || condizione morfologica di un fondo stradale che può essere percorso a piedi o con un mezzo di locomozione.

percórso (*pps.* di *percorrere*) [a. 1764] ***sm.*** tragitto, itinerario che si percorre: *il percorso di una linea tramviaria* || l'atto del percorrere: *durante il percorso* || **N.** *Sin.* cammino, percorrenza, viaggio.

percòssa [f. sost. di *percosso*; 1260] ***sf.*** violento colpo dato con la mano o con qualche corpo contundente allo scopo di provocare dolore: *sul suo corpo erano rimasti i segni delle percosse ricevute* || **N.** *Sin.* bastonata, battitura, botta, bussa, calcio, cazzotto, ceffone, fendente, frustata, legnata, manrovescio, nerbata, pacca, pedata, pugno, randellata, scappellotto, schiaffo, scudisciata, staffilata, COLPO | bernoccolo, contusione, corno, ecchimosi, livido.

percossióne V. PERCUSSIONE.

percòsso *pps.* di *percuotere* (v.).

percòtere V. PERCUOTERE.

percotiménto [da *percuotere*; a. 1292] ***sm.*** *ant.* atto del percuotere; percossa.

percotitóre o **percuotitóre** [da *percuotere*; a. 1347] ***sm.*** o ***agg.*** (f. *-trìce*) *raro* chi o che percuote: *martellino percotitore.*

percuòtere (lett. *percòtere*) (pres. *-òto*; p.rem. *percòssi, percotésti* o *percuotésti, percòsse, percotémmo* o *percuotémmo, percotéste* o *percuotéste, percòssero*; pps. *percòsso*; nel resto della coniugazione in posizione atona si può trovare *uo* o *o*) [lat. *percutere*; fine sec. XIII] ***tr.*** **1.** fare oggetto di percosse: *è stato percosso e insultato da alcuni teppisti, percuotere a sangue* || rif. a oggetti inanimati, colpire con forza, bussare: *me, non nato a percuotere le dure illustri porte* (Parini) **2.** *fig.* impressionare fortemente, commuovere: *la sciagura ha percosso il paese* || rif. ai sensi, disturbare violentemente, ferire: *il sole gli percuote gli occhi* **3.** *lett.* agitare, far vibrare con forza: *un suono che percuote l'aria* || anche rif. a strumenti musicali: *percuotere le corde dell'arpa* **4.** *arc.* urtare; imbattersi in || ***rec.*** picchiarsi l'un l'altro || **N.** **1.** *Sin.* bastonare, colpire, frustare, legnare, malmenare, menare, pestare, picchiare, randellare, schiaffeggiare, scudisciare; conciare per le feste, prendere a botte; menar le mani.

percussióne (raro *percossióne*) [dal lat. *percussio*, *-ōnis*; a. 1292] ***sf.*** **1.** il percuotere e il suo effetto || *a percussione*, di fucili nei quali l'accensione è comunicata alla polvere dalla percussione del cane sul fulminante **2.** *in part.* *T.med.* il picchiare con le dita, a martello, sul torace o sull'addome di un malato per dedurre le condizioni di certi organi interni dal suono che rendono **3.** *T.mus.* *strumenti a percussione*, il cui suono è ottenuto battendo su membrane tese, lamine, verghe e sim. (come in timpani, sistri, campane, tamburi, triangolo e sim.). **Q.T.** ***musica.***

percussionìsta [da *percussione*; 1980] ***s.*** musicista che suona uno o più strumenti a percussione.

percussóre [dal lat. *percussor*, *-ōris*; 1895] ***sm.*** nel meccanismo di sparo di un'arma da fuoco, elemento appuntito di acciaio che, al momento dello sparo, viene lanciato dalla forza di una molla a spirale dentro la capsula della cartuccia provocando l'esplosione della carica e il lancio del proiettile. **TAV. *armi* p. 649** 20.2, 24.7, 25.1.

perdèndosi [propr. ger. di *perdere*; 1826] ***sm.*** *T.mus.* notazione dinamica che indica il progressivo smorzarsi della frase musicale.

perdènte (*ppr.* di *perdere*) [fine sec. XIII] ***agg.*** e ***s.*** che o chi ha perduto in una contesa, in una competizione, in una lite e sim. || chi subisce spesso sconfitte nella competizione della vita: *è un perdente.*

perdènza [da *perdere*; fine sec. XIII] ***sf.*** *ant.* **1.** perdita **2.** *fig.* danno morale.

pèrdere (pres. *pèrdo*; p.rem. *pèrsi* o *perdéi* o *perdètti, perdésti, pèrse* o *perdé* o *perdètte, perdémmo, perdéste, pèrsero* o *perdérono* o *perdèttero*; pps. *pèrso* o *perdùto*) [lat. *perdere*; a. 1250] ***tr.*** **1.** restare definitivamente privo, non avere più: *perdere un dente, i capelli, l'auto ha perso la marmitta, la giacca ha perso un bottone* || smarrire: *perdere il portafogli, l'ombrello* || lasciar fuoriuscire: *ha perso molto sangue, il serbatoio perde acqua*; anche *ass.*: *il rubinetto perde* || rif. a facoltà, qualità o sentimenti, esaurire, anche solo parzialmente: *perdere la vista, la memoria, il lume della ragione, il suo sguardo ha perso l'usuale vivacità, non perdiamo il coraggio, le speranze, perdere interesse* || *perdere le staffe, la testa, la bussola, il lume degli occhi*, non avere più il controllo di se stessi || *perdere la stima, la fiducia di qualcuno*, non goderne più; *perdere l'onore, la reputazione*, essere screditati; *perdere la faccia*, fare una pessima figura || rif. a persona, rimanerne privo, per morte: *ha perso entrambi i genitori in un incidente* || *perdere un amico, un cliente*, non averlo più come tale || *perdere di vista*, non vedere più || *prov.* *il lupo perde il pelo ma non il vizio*, V. LUPO **2.** *per estens.* rimetterci: *ha perso una grossa somma in quell'affare, ha perso tutto al gioco* || *non avere niente da perdere*, non correre rischi: *provaci, tanto non hai niente da perdere* || *perdere terreno*, di truppe, ritirarsi, retrocedere; *fig.* cominciare a cedere || *perdere quota,* di aereo, abbassarsi **3.** lasciarsi sfuggire, non cogliere: *perdere il treno, perdere il turno, non ha perso nemmeno una puntata del giallo, hai perso un'occasione d'oro* **4.** rif. a incontro sportivo o bellico, venir sconfitti o superati dall'avversario: *ha perso la partita per pochi punti, perdere una battaglia, la guerra*; anche *ass.*: *chi perde paga da bere, bisogna saper perdere* **5.** *lasciar perdere,* lasciar correre, trascurare, non pensarci più: *lascialo perdere, lasciamo perdere i dettagli* **6.** *non com.* mandare alla perdizione: *le cattive compagnie sono riuscite a perderlo* || **intr.** (aus. *avere*) **1.** diminuire, calare: *perdere di importanza, di valore, di interesse* **2.** nella *loc. agg. a perdere,* che non si dà indietro, che si può gettar via: *vuoto, vetro a perdere* || **intr. pron. 1.** smarrire la strada, non orientarsi più: *perdersi in un bosco, in un labirinto*; anche *fig.*: *sono problemi intricati, mi ci perdo*; *perdersi in un bicchier d'acqua,* essere in difficoltà di fronte a problemi elementari **2.** confondersi, sparire: *è fuggito e si è perso tra la folla, il suono si perse in distanza*; anche *fig.* lasciarsi andare, abbandonarsi: *spesso si perde nei suoi fantastici sogni* **3.** *perdersi d'animo, di coraggio,* avvilirsi, scoraggiarsi **4.** essere occupato sprecando tempo: *perdersi in chiacchiere, perdersi dietro a qualcuno* **5.** rovinarsi, dannarsi || **N. tr. 1.** *Contr.* riacquistare, riavere, ritrovare **2.** *Contr.* guadagnare, vincere **3.** *Sin.* sciupare, sprecare **4.** *Contr.* vincere **5.** *Contr.* salvare | **intr. 1.** *Contr.* aumentare.

perdiàna [comp. di *per* e *Diana,* come var. di *perdio*; 1823] **escl.** *eufem.* perdio.

perdifiàto [comp. di *perdere* e *fiato*; a. 1861] solo nella **loc. avv.** *a perdifiato,* con tutte le forze, sino a perdere il fiato: *correre, gridare a perdifiato.*

perdigiórno [comp. di *perdere* e *giorno*; 1536 *perde-il-giorno*] **s. inv.** scioperato, vagabondo, ozioso.

perdilégno [comp. di *perdere* e *legno*; 1954] **sm.** farfalla dei Cossidi, dal corpo tozzo e ali grigie, la cui larva provoca notevoli danni ai tronchi degli alberi in cui si insedia.

perdiménto [da *perdere*; a. 1292] **sm. 1.** *non com.* perdita **2.** *arc.* perdizione, rovina.

perdìnci, perdindirindina [eufem. in luogo di *perdio*; 1694 *per dinci*; 1922 *perdindirindina*] **escl.** *eufem.* perdio; esprime sdegno, meraviglia, impazienza e simili, perlopiù in tono ironico e bonario.

perdìo (meno com. *per Dìo*) [comp. di *per* e *Dio*; sec. XIV] **escl.** esprime disappunto o impazienza.

pèrdita [dal lat. *perditus*; a. 1292] **sf. 1.** atto ed effetto del perdere, del rimanere privato: *la perdita dei diritti civili, della vista, della fiducia di qualcuno* || smarrimento: *perdita di un documento* || morte, in quanto lascia un vuoto: *la perdita del padre, di un amico, una perdita incolmabile per il mondo della cultura* **2.** diminuzione, calo: *si è registrata una perdita di interesse, la monotonia del lavoro ha determinato una perdita di efficienza* **3.** spreco: *è tutta una perdita di tempo* **4.** flusso, fuoriuscita anomala: *lo scoppio è stato causato da una perdita di gas.*

perditèmpo [comp. di *perdere* e *tempo*; 1558 nel senso 1; a. 1643 nel senso 2] **sm.** attività che fa perdere il tempo; vano impiego del tempo: *questi ricevimenti sono veri e propri perditempi* || **s. inv.** sfaccendato, perdigiorno.

perditóre [dal lat. *perditor, -ōris,* distruttore; a. 1375] **sm.** (f. *-trice*) *raro* chi perde, spec. nel gioco e sim. || **N.** *Sin.* perdente.

perdizióne [dal lat. *perditio, -ōnis*; a. 1294] **sf.** rovina, spec. morale: *essere sulla via della perdizione, luogo di perdizione*; *andare in perdizione* || *T.rel.* nella teologia cristiana, dannazione dell'anima || **N.** ROVINA.

perdonàbile [da *perdonare*; a. 1729] **agg.** non troppo grave, che si può perdonare || **N.** *Sin.* condonabile, remissibile, scusabile | *Contr.* imperdonabile.

perdonànza [da *perdonare,* prob. sul modello del fr. ant. *pardonance*; fine sec. XII-prima metà sec. XIII] **sf.** *arc.* **1.** perdono **2.** *T.rel.* remissione dei peccati, indulgenza.

perdonàre (pres. *-óno*) [dal lat. mediev. *perdonare*; a. 1250] **tr. 1.** reprimere e vincere il sentimento d'ira o di rancore verso chi ci ha danneggiato od offeso, o verso chi ha commesso una colpa (come oggetto può avere sia la persona che la colpa, l'offesa e sim.): *le ha portato un mazzo di fiori per farsi perdonare, non gli ho ancora perdonato quelle frasi ingiuriose, per un sol sguardo tutto a lei perdona* (Poliziano) || rif. a peccato contro le leggi divine, rimettere, condonare: *perdona loro Padre, perché non sanno quel che fanno*; *che Dio li perdoni*; *per estens.* anche rif. a leggi terrene: *perdonare una pena* **2.** in espr. di cortesia rif. a lieve mancanza o disturbo, scusare: *perdonate il ritardo, perdonami l'indiscrezione, mi perdoni, da che parte è la piazza?, perdonami se ti interrompo* **3.** *fig.* risparmiare, aver riguardo verso: *la morte non perdona nessuno*; *ha un male che non perdona* || **intr.** (aus. *avere*) concedere il perdono: *mi ha disobbedito ma per questa volta gli perdono* || **rec.** assolversi l'un l'altro: *perdoniamoci i nostri falli* || **N. tr.** *Sin.* amnistiare, assolvere, dimenticare, graziare, indulgere, scusare.

perdonatóre [da *perdonare*; a. 1306] **sm.** (f. *-trice*) *non com.* chi perdona.

perdóno [da *perdonare*; sec. XIII] **sm. 1.** magnanima rinuncia a vendetta, punizione o risentimento verso chi ha commesso una colpa: *la miglior vendetta è il perdono, chiedere perdono* || *T.eccl.* indulgenza ottenuta da chi si reca in pellegrinaggio in determinati luoghi di culto; anche il luogo stesso: *il perdono di Assisi* **2.** scusa: *ti chiedo perdono, se ti ho disturbato*; anche ellittico come *escl.*: *perdono!* || **N. 1.** *Sin.* amnistia, assoluzione, condono, giustificazione, grazia, indulto, perdonanza, remissione, venia | chiedere, impetrare, implorare, negare, rifiutare | clemenza.

perdùcere V. PERDURRE.

perduellióne [dal lat. *perduellio, -ōnis*; a. 1556] **sf.** *T.giur.* nel diritto romano, delitto contro la sicurezza dello Stato; alto tradimento.

perduràbile [da *perdurare*; a. 1311] **agg.** *raro* che dura a lungo.

perduràre [dal lat. *perdurāre*; 1342] **intr.** (aus. *avere* ed *essere*; come DURARE) continuare, persistere (da un passato più o meno lontano al momento presente): *una tradizione che perdura fino a oggi, perdura il maltempo*; anche di persona, intestardirsi: *perdurare in un atteggiamento, in un proposito* || **N.** *Sin.* ostinarsi, resistere, rimanere.

perdurévole [da *perdurare*; prima metà sec. XIV] **agg.** *raro* persistente.

perdùrre (ant. *perdùcere*) (pres. *-ùco, -ùci*; p.rem. *perdùssi, perducésti*; pps. *perdùtto*) [dal lat. *perdūcere*; a. 1342] **tr.** *arc.* condurre, guidare.

perdùto (*pps.* di *perdere*) [1308] **agg. 1.** irrimediabilmente corrotto, dedito al vizio: *uomo perduto, donna perduta*; *anima perduta,* dannata **2.** in condizioni disperate, spacciato: *essere, sentirsi, vedersi perduto* **3.** che non serve più: *braccio perduto,* paralizzato || *a fondo perduto,* di somma versata senza diritto di averne gli utili e nemmeno di riprenderla || **perdutaménte** **avv.** con dedizione totale, appassionatamente: *perdutamente innamorato* || **N. 1.** *Sin.* dissoluto, traviato.

perdùtto *pps.* di *perdurre* (v.).

peregrinàre (pres. *-ìno*) [dal lat. tardo *peregrināre*; 1342] **intr.** (aus. *avere*) andare vagando penosamente qua e là, spec. per paesi stranieri || **N.** *Sin.* errare, vagabondare; andare ramingo.

peregrinazióne [dal lat. *peregrinātio, -ōnis*; sec. XIII-XIV] **sf.** spec. *pl.*, spostamenti incessanti e penosi da un luogo all'altro: *dopo anni di peregrinazioni si sono fermati.*

peregrinità [dal lat. *peregrīnitas, -ātis*; a. 1729] **sf.** *non com.* qualità di ciò che è peregrino, singolarità, rarità: *peregrinità di costumi, di stile.*

peregrino [dal lat. *peregrīnus*; 1525] **agg. 1.** raro; prezioso e ricercato: *stile peregrino*; stravagante e insolito: *idee peregrine* **2.** *lett.* forestiero.

perennàre (pres. *-ènno*) [dal lat. *perennāre*; a. 1725] **intr.** (aus. *avere*) *T.bot.* vivere più di un anno || **tr.** *lett.* perpetuare.

perènne [dal lat. *perennis*; a. 1492] **agg. 1.** destinato a durare per sempre: *fama, gloria perenne, perenne memoria* || *fonte perenne,* che non si prosciuga mai || *ghiacciai, nevi perenni,* che non si sciolgono mai **2.** *T.bot.* di pianta erbacea che vive per oltre due anni || **perenneménte** **avv.** per sempre || costantemente: *è perennemente senza soldi* || **N. 1.** *Sin.* eterno, immortale, imperituro, perpetuo, CONTINUO.

perennità [dal lat. *perēnnitas, -ātis*; a. 1712] **sf.** permanenza illimitata nel tempo, perpetuità.

perènto [dal lat. *peremptus*; 1812] **agg.** *lett.* estinto, esaurito || *T.giur.* di atto legale, che ha perduto ogni valore, essendo trascorso il termine concesso dalla legge: *contratto perento*; *azione, citazione perenta* || **N.** *Sin.* scaduto.

perentorietà [da *perentorio*; 1953] **sf.** carattere, qualità di ciò che è perentorio.

perentòrio (pl. *-ri*) [dal lat. *peremptōrius*; sec. XIV] **agg. 1.** energico e determinato, che non ammette repliche: *una risposta, un'intimazione perentoria* **2.** *T.giur.* che non ammette dilazione: *termine perentorio per l'iscrizione* || **perentoriaménte** **avv.** || **N. 2.** *Contr.* ordinatorio.

perenzióne [dal lat. tardo *peremptio, -ōnis*; 1581] **sf.** *T.giur.* prescrizione che annulla una procedura; estinzione dell'azione giudiziale: *perenzione di un processo per inattività delle parti.*

perepepè [voce onom.; 1970] voce onom. che riproduce uno squillo di tromba.

perequàre (pres. *-èquo*) [dal lat. tardo *peraequāre*; 1521] **tr.** *T.bur.* rendere equa (e spec. paritaria) una distribuzione di risorse: *perequare gli stipendi* || in statistica, sottoporre a perequazione || **N.** *Sin.* adeguare, eguagliare, pareggiare.

perequatìvo [da *perequare*; 1950] **agg.** *T.bur.* che ha l'effetto di perequare: *norma perequativa.*

perequazióne [dal lat. tardo *peraequātio, -ōnis*; 1607] **sf. 1.** atto ed effetto del perequare; parità: *perequazione delle imposte, degli stipendi* **2.** in statistica, procedimento impiegato per eliminare irregolarità di distribuzione dei dati || **N.** *Contr.* sperequazione.

peréto [da *pero*; a. 1320] **sm.** terreno coltivato a peri.

perétta (*dim.* di *pera*) [1962] **sf. 1.** interuttore elettrico di forma ovoidale applicato all'estremità del filo di una lampada, di un campanello e sim. **2.** apparecchio igienico in gomma a forma di pera, usato per fare clisteri, irrigazioni e sim. || *per estens.* clistere o irrigazione fatta con tale apparecchio **3.** *gerg.* nel linguaggio dei drogati, iniezione di eroina.

perfettìbile [da *perfetto*; a. 1588] **agg.** *lett.* che si può perfezionare, che è suscettibile di miglioramento.

perfettibilità [dal fr. *perfectibilité*; 1798] **sf.** capacità di miglioramento.

perfettìvo [dal lat. tardo *perfectīvus*; 1363]

agg. **1.** atto a perfezionare **2.** *T.ling. aspetto perfettivo,* aspetto del verbo che si riferisce ad azione portata a compimento.

perfètto [dal lat. *perfectus*; a. 1292] **I** ***agg.*** **1.** compiuto in ogni sua parte; che ha raggiunto la sua completa realizzazione: *una descrizione perfetta della realtà, è ritornato in perfetta forma, un materiale che garantisce un perfetto isolamento* || di organismo vivente, giunto al compiuto sviluppo, adulto: *fiore, insetto perfetto* || *T.giur. negozio giuridico perfetto,* completo di ogni elemento previsto dalla legge || *T.mat. numeri perfetti,* quelli uguali alla somma dei loro divisori **2.** *T.mus. accordo perfetto,* quello di una nota con la sua terza e la sua quinta **3.** *T.gram.* il tempo del verbo che denota un'azione già compiuta; *più che perfetto,* il trapassato || anche *sm.*: *il perfetto greco* **4.** che non ha il minimo difetto: *nessuno è perfetto, un lavoro, un corpo perfetto, un'escursione perfetta, un marito perfetto, una segretaria perfetta*; anche *iron. un perfetto idiota* || *T.fis. gas perfetto,* gas ideale, senza interazione tra le molecole che lo compongono, al cui comportamento si approssima quello dei gas reali, con l'alzarsi della temperatura e l'abbassarsi della pressione || **perfettaménte** ***avv.*** **1.** totalmente, completamente: *è perfettamente inutile, hai capito perfettamente* || usato anche per rispondere affermativamente, esattamente, proprio così **2.** in modo perfetto, ineccepibile: *si è comportato perfettamente, un orologio che funziona perfettamente* **II** ***avv.*** *perfetto!,* risposta entusiasta ad una domanda, esprime soddisfazione, accordo || **N.** I 1. *Sin.* compiuto, completo, finito, intero, totale; maturo | *Contr.* imperfetto; incompiuto, manchevole **4.** *Sin.* aureo, divino, eccellente, esemplare, ideale, ineccepibile, irreprensibile, squisito | *Contr.* difettoso.

perfezionàbile [da *perfezionare*; 1841] ***agg.*** che si può perfezionare || **N.** *Sin.* migliorabile.

perfezionaménto [da *perfezionare*; a. 1729] ***sm.*** atto ed effetto del perfezionare e del perfezionarsi: *perfezionamento di un metodo* || *studi, corsi di perfezionamento,* nei quali si approfondisce un ramo degli studi già compiuti || *concr.* miglioramento: *apportare un perfezionamento al motore* || **N.** *Sin.* affinamento, compimento, coronamento, raffinatura, rifinitura, ritocco.

perfezionàndo (*gerundivo* di *perfezionare*) [1970] ***agg.*** e ***sm.*** (f. *-a*) che, chi sta seguendo un corso di perfezionamento.

perfezionàre (pres. *-óno*) [dal fr. *perfectionner*; 1553] ***tr.*** sottoporre a modifiche per eliminare difetti o apportare miglioramenti: *perfezionare il proprio metodo di studio, perfezionare un congegno, una tecnica* || ***rifl.*** migliorare, approfondire le proprie conoscenze, capacità, competenze e sim.: *perfezionarsi in una disciplina, in un'arte* || **N.** *Sin.* affinare, limare, rifinire, ritoccare; mettere a punto.

perfezionatìvo [da *perfezionare*; 1620] ***agg.*** *raro* atto a perfezionare.

perfezióne [dal lat. *perfectio, -ōnis*; 1308] ***sf.*** **1.** proprietà, condizione di ciò che è perfetto, totalmente compiuto ed esente da difetti o errori: *raggiungere la perfezione, mirare, aspirare alla perfezione, perfezione morale, tecnica, un elevato grado di perfezione*; *perfezione di un negozio giuridico,* perfetta rispondenza di ogni suo elemento ai dettami di legge || *a* (o *alla*) *perfezione,* perfettamente **2.** *concr. non com.* qualità in grado perfetto: *ha tutte le perfezioni* || **N.** **1.** *Sin.* apice, compiutezza, eccellenza, finitezza, maturità, quintessenza **2.** *Contr.* difetto, imperfezione, pecca.

perfezionișmo [dall'ingl. *perfectionism*; 1958] ***sm.*** tendenza a perseguire sempre la perfezione in tutte le proprie azioni.

perfezionìsta [dall'ingl. *perfectionist*; 1958] ***s.*** chi tende ossessivamente alla perfezione nelle proprie azioni.

perfezionìstico (pl. *-ci*) [da *perfezionista*; 1973] ***agg.*** di o da perfezionista; fondato sul perfezionismo.

perfìcere (*dif.*, usato solo alla terza pers. sing. del p.rem. *perféce*, al pps. *perfètto,* al ppr. *perficiènte,* all'inf. pres. e nei tempi composti) [dal lat. *perficere*; a. 1306] ***tr.*** *arc.* rendere perfetto.

perfìdia [dal lat. *perfidia*; 1321] ***sf.*** astuta e sleale malvagità || cattiveria profonda || *concr.* azione dettata da tale disposizione d'animo: *è una vera perfidia* || **N.** *Sin.* cattiveria.

perfidiàre (pres. *-ìdio*) [da *perfidia*; a. 1311] ***intr.*** (aus. *avere*) *raro* **1.** essere perfido **2.** ostinarsi con mala fede e non cedere alla verità.

perfidióso [dal lat. *perfidiōsus*; sec. XIV] ***agg.*** *raro* ostinato, caparbio.

pèrfido [dal lat. *perfidus,* sleale; 1313] ***agg.*** **1.** *ant.* che manca alla parola data, traditore **2.** che agisce con perfidia, che è mosso da perfidia: *un perfido rivale, un'azione perfida* **3.** *colloq.* di gusto pessimo: *quel vino era perfido* || **perfidaménte** ***avv.*** || **N.** **1.** MALVAGIO.

perfìne [comp. di *per* e *fine*; a. 1292] nella ***loc. avv.*** *non com. alla perfine,* alla fin fine, finalmente: *e alla perfine è arrivato!*

perfìno [comp. di *per* e *fino*; 1807] ***avv.*** persino, finanche; sottolinea il carattere inaspettato di un evento: *il tuo amico è stato perfino al Polo Nord, ha dovuto vendere perfino i suoi mobili.*

perforàbile [da *perforare*; 1871] ***agg.*** che si può perforare più o meno facilmente.

perforaménto [da *perforare*; a. 1320] ***sm.*** *non com.* atto ed effetto del perforare.

perforànte (*ppr.* di *perforare*) [a. 1704] ***agg.*** che perfora; in grado di perforare || *T.mil. proiettile perforante,* che è capace di forare le corazze dei mezzi blindati || *T.med.* che provoca profonde ulcerazioni.

perforàre (pres. *-óro*) [dal lat. *perforāre*; a. 1320] ***tr.*** forare profondamente: *perforare il terreno* || passare da parte a parte: *perforare una lastra* || **N.** *Sin.* bucare, traforare, trapanare, trapassare, trivellare.

perforàto (*pps.* di *perforare*) [a. 1320] ***agg.*** che ha subito una perforazione: *scheda perforata,* scheda meccanografica su cui sono codificate informazioni mediante fori.

perforatóre [dal lat. *perforātor, -ōris*; 1829] ***sm.*** **1.** (f. *-trice*) persona addetta alla perforazione **2.** macchina o attrezzo impiegato per scavare in profondità il terreno; anche in posizione attributiva: *martello perforatore* **3.** *T.inform.* unità periferica dei primi sistemi di elaborazione che codifica, con perforazioni su schede, l'informazione proveniente dall'unità centrale.

perforatrìce [f. di *perforatore*; 1884] ***sf.*** **1.** macchina impiegata per la perforazione di rocce **2.** macchina o attrezzo che pratica fori (su nastri, pellicole, schede, fogli di carta e sim.).

perforatùra [da *perforare*; 1967] ***sf.*** *non com.* perforazione. **Q.T.** *filatelia.*

perforazióne [dal lat. tardo *perforātio, -ōnis*; a. 1320] ***sf.*** **1.** operazione manuale o meccanica con cui si praticano fori su elementi laminari, schede e sim. || escavazione, trivellazione di rocce o terreni **2.** *concr.* il foro o la serie di fori ottenuti perforando || *in part. T.cin.* la serie di fori ai due lati di una pellicola cinematografica che le permettono di girare nell'apposito dispositivo || serie di forellini allineati e ravvicinati che consentono di distaccare agevolmente un tagliando, un francobollo e sim. dal foglio intero: *strappare lungo la perforazione.* **Q.T.** *archeologia, cinematografia* **TAV.** *cinematografia...* 9.1.

performance (ingl., pr. [pə'fɔ:məns]; pr. it. [per'formans]) [1895] ***sf.*** *inv.* prestazione, impresa, spec. sportiva || anche rif. ad altri campi, prova, esecuzione: *la performance di un attore* || *T.ling.* nella teoria linguistica di Chomsky, l'esecuzione, l'uso effettivo del linguaggio da parte del parlante.

performatìvo [dall'ingl. *performative,* esecutivo; 1969] ***agg.*** *T.ling.* detto di verbo o espressione che ha valore di azione vera e propria (per es. *ringraziare, promettere, giurare,* sono verbi performativi perché, proferendoli al tempo presente e alla prima pers. sing. o pl., si compie l'azione rispettivamente di ringraziare, promettere, giurare).

performer (ingl., pr. [pə'fɔ:mə]) [da to *perform,* eseguire; 1967] ***sm.*** *inv.* nel linguaggio ippico, cavallo che ha raggiunto importanti prestazioni || ***s.*** *inv.* artista, esecutore.

perfosfàto [comp. di *per-* e *fosfato*; 1878] ***sm.*** *T.chim.* prodotto ottenuto trattando il fosfato tricalcico con acido solforico; è usato come concime chimico nell'agricoltura.

perfrigeràre (pres. *-ìgero*) [dal lat. tardo *perfrigerāre,* raffreddare; 1954] ***tr.*** *T.med.* portare a una temperatura molto bassa provocando perfrigerazione.

perfrigerazióne [da *perfrigerare*; 1958] ***sf.*** *T.med.* stato patologico provocato dall'esposizione del corpo a bassissime temperature || **N.** assideramento, congelazione.

perfușióne [dal lat. *perfusio, -ōnis*; a. 1758] ***sf.*** *lett. T.med.* introduzione a scopo terapeutico di un liquido in una vena o in una cavità interna.

perfùșo [dal lat. *perfūsus*; sec. XIV] ***agg.*** *lett.* asperso, irrorato: *non più perfusi del tuo fiume sacro* (Carducci).

pergamèna [dal lat. (*charta*) *pergamēna,* (carta) di Pergamo; 1211] ***sf.*** **1.** pelle di pecora o d'agnello, conciata in modo da risultare sottile come una membrana, utilizzata, spec. in passato, come supporto scrittorio, attualmente come rivestimento per libri, paralumi e sim. **2.** *per meton.* documento antico scritto su pergamena: *studiare antiche pergamene* || **N.** **1.** codice membranaceo, palinsesto.

pergamenàceo [da *pergamena*; 1958] ***agg.*** **1.** di pergamena **2.** simile a pergamena: *materiale pergamenaceo.*

pergamenàto [da *pergamena*; 1905] ***agg.*** di carta, fatta a imitazione della pergamena.

pergamìna [da *pergamena*; 1823] ***agg.*** e ***sf.*** *carta pergamina* o *pergamina,* tipo di carta molto resistente, impermeabile e trasparente, con cui si incartano gli alimenti.

pèrgamo [dal lat. *Pergamum,* n. della rocca di Troia, con influsso di *pergula*; fine sec. XIII] ***sm.*** pulpito.

pèrgola (meno com. nel senso 2 *pèrgula*) [lat. *pergula,* loggetta; 1340 ca.] ***sf.*** **1.** struttura di sostegno per piante rampicanti, costituita da pali infissi nel terreno collegati alla sommità da altri pali o fili metallici, in modo che, coperta dal fogliame, formi una volta ombrosa: *una pergola di glicine* **2.** *T.arch.* iconostasi **3.** *ant.* e *region.* balcone, loggetta, poggiolo || **N.** **1.** *Sin.* frascato, ombracolo, pergolato.

pergolàto [da *pergola*; 1353] ***sm.*** riparo ombroso costituito da una grossa pergola o da più pergole.

pèrgula V. PERGOLA.

pèri- [dal gr. *perí,* intorno] ***pref.*** forma parole in cui ha lo stesso valore delle preposizioni "intorno", "circa", "verso" e sim. (per es. *pericarpo, periartrite, perigonio*).

periàcto V. PERIATTO.

periàmbo [dal lat. *periambus,* comp. del lat. *peri-,* peri- e *iambus,* giambo; 1871] ***sm.*** *T.metr.* nei versi classici, piede formato da due sillabe brevi || **N.** *Sin.* pirrichio.

perianàle [comp. di *peri-* e *anale*; 1958] ***agg.*** *T.med.* posto intorno o vicino all'ano: *varici perianali.*

periànzio (pl. *-zi*) [comp. di *peri-* e del gr. *ánthos*, fiore; 1809 *perianto*] **sm.** *T.bot.* l'insieme delle parti protettive degli organi riproduttori del fiore (calice o corolla) quando sono distinte tra loro || **N.** perigonio.

periarterite [comp. di *peri-* e *arterite*; 1899] **sf.** *T.med.* infiammazione della tonaca esterna delle arterie.

periartrite [comp. di *peri-* e *artrite*; 1958] **sf.** *T.med.* infiammazione dei tessuti posti intorno a un'articolazione.

periàstro [comp. di *peri-* e *astro*; 1954] **sm.** *T.astr.* punto dell'orbita di un pianeta intorno a un astro, in cui il pianeta si trova più vicino all'astro stesso || **N.** perielio, perigeo.

periàtto o **periàcto** [dal gr. *períaktos*; a. 1570] **sm.** *T.teatr.* nell'antico teatro greco, quinta girevole a tre facce, che consentiva di cambiare rapidamente la scena.

peribolo [dal lat. tardo *peribolus*, gr. *períbolos*; a. 1798] **sm.** *T.arch.* spazio sacro delimitato da un muro, che recingeva templi orientali e greci antichi.

pericàrdico (pl. *-ci*) [da *pericardio*; 1935] **agg.** *T.anat.* proprio del pericardio, relativo al pericardio: *liquido pericardico.*

pericàrdio (pl. *-di*) [comp. di *peri-* e *-cardio*; 1684] **sm.** *T.anat.* involucro membranoso dentro il quale è racchiuso il cuore.

pericardite [comp. di *pericardio* e *-ite*[1]; 1821] **sf.** *T.med.* stato infiammatorio del pericardio.

pericàrpo (meno com. *pericàrpio*, pl. *-pi*) [comp. di *peri-* e *-carpo*; a. 1729 *pericarpio*] **sm.** *T.bot.* nei frutti, l'involucro che protegge il seme || **N.** endocarpo, epicarpo, mesocarpo.

periciclo [dal gr. *períkyklos*, rotondo; 1931] **sm.** *T.bot.* complesso di tessuti del caule e della radice, situato tra l'endodermide e i fasci conduttori.

periclitàre (pres. *-ìclito*) [dal lat. *periclitāri*; prima metà sec. XIV] **intr.** (aus. *avere*) *ant. lett.* trovarsi in pericolo.

pericolànte (*ppr.* di *pericolare*) [a. 1348] **agg.** che minaccia di cadere, di crollare: *costruzione pericolante* || *fig.* instabile, vacillante: *un governo pericolante.*

pericolàre (pres. *-ìcolo*) [dal lat. *periculāri*; 1839] **intr.** (aus. *avere*) *raro* minacciare di cadere, di rovinare: *la casa pericola* || **N.** *Sin.* pencolare, tentennare, traballare, vacillare.

pericolite [comp. di *peri-* e *colite*; 1958] **sf.** *T.med.* infiammazione della membrana che avvolge il colon.

pericolo [dal lat. *perīculum*, prova; a. 1294] **sm.** **1.** sensibile probabilità di evento dannoso, più o meno grave: *pericolo di morte, di frane, segnale di pericolo, quando avverte il pericolo il cucciolo corre dalla madre; il malato è in pericolo, è fuori pericolo*, rischia, non rischia la vita **2.** (numerabile) cosa o persona pericolosa, che può procurare danni: *la strada ghiacciata costituisce un pericolo per gli automobilisti, quell'uomo in libertà è un vero pericolo pubblico, un percorso pieno di pericoli* **3.** *fam. antifr. iron.* probabilità (di evento favorevole): *non c'è pericolo che faccia una gentilezza* || **N. 1.** *Sin.* periglio, repentaglio, rischio; mala parata, mal partito, minaccia | certo, fatale, immaginario, immediato, imminente, incerto, lontano, mortale, oscuro, prossimo, serio, vicino | affrontare, avvertire, correre, esporsi, evitare, fuggire, scansare, scongiurare, sfidare, superare; allontanarsi, cessare, incombere, passare; mettere in pericolo; salvare, strappare, trarre dal pericolo.

pericolóne [da *pericolo*; 1871] **sm.** (f. *-a*) *non com.* persona che in ogni cosa vede un pericolo.

pericolosità [da *pericoloso*; 1912] **sf.** carattere di ciò che è pericoloso, rischio elevato: *la pericolosità di un lavoro, di un'impresa.*

pericolóso [dal lat. *periculōsus*; a. 1294] **agg.** che può provocare danni, incidenti e sim.; pieno di rischi e insidie: *un'arrampicata, un'avventura pericolosa, una pericolosa missione; una persona pericolosa*, di cui è meglio non fidarsi, che può provocare guai || **pericolosaménte** **avv.** || **N.** *Sin.* critico, dannoso, insidioso, minaccioso, nocivo, pernicioso, rischioso, rovinoso.

pericondràle [da *pericondrio*; 1958] **agg.** *T.anat.* relativo al pericondrio, proprio del pericondrio.

pericòndrio (pl. *-dri*) [comp. di *peri-* e gr. *chóndros*, cartilagine, prob. attr. il fr. *périchondre*; 1771 *pericondro*] **sm.** *T.anat.* membrana che avvolge le cartilagini non articolari.

pericondrite [comp. di *pericondrio* e *-ite*[1]; 1899] **sf.** *T.med.* infiammazione del pericondrio.

pericope [dal gr. *perikopḗ*; 1945] **sf.** **1.** brano tratto dalle Sacre Scritture e recitato durante la liturgia della messa **2.** breve brano estratto, isolato, da un testo.

peridèrma [comp. di *peri-* e *derma*; 1875] **sm.** *T.bot.* lo strato di cellule che costituisce la corteccia nelle piante a cormo arboreo.

perididimo [comp. di *peri-* e del gr. *dídymos*, testicolo; 1958] **sm.** *T.anat.* membrana che riveste il testicolo.

peridio (pl. *-di*) [dal gr. *pērídion*, dim. di *pḗra*, sacca; 1835] **sm.** *T.bot.* parete membranosa che avvolge alcuni funghi, entro cui si formano le spore.

peridotite [comp. di *peridoto* e *-ite*[2]; 1931] **sf.** *T.min.* roccia eruttiva di color verde, il cui componente essenziale è l'olivina.

peridòto [dal fr. *péridot*; 1817] **sm.** *T.min.* olivina.

peridròlo [comp. di *per-* e *idrolo*; 1958] **sm.** *T.chim.* nome commerciale di una soluzione concentrata al 30% di acqua ossigenata.

periduodenite [comp. di *peri-*, *duodeno* e *-ite*[2]; 1932] **sf.** *T.med.* infiammazione dei tessuti circostanti il duodeno.

perièco (pl. *-ci*) [dal gr. *períoikos*; 1561] **sm.** *T.stor.* nell'antica Grecia, nome con cui venivano designati gli appartenenti alla classe che godeva dei diritti civili, ma non di quelli politici.

perielìaco (pl. *-ci*) [da *perielio*; 1958] **agg.** *T.astr.* relativo al perielio, del perielio.

perièlico (pl. *-ci*) [da *perielio*; 1970] **agg.** *T.astr.* perieliaco.

perièlio (pl. *-li*) [dal lat. scient. *perihelium*; a. 1739] **sm.** *T.astr.* punto dell'orbita di un pianeta in cui il pianeta stesso si trova più vicino al Sole || **N.** *Contr.* afelio | apogeo, perigeo. **TAV.** ***astronomia*** **p. 656** 6.3.

periferìa [dal lat. tardo *peripherīa*, gr. *periphéreia*, circonferenza; sec. XIV] **sf.** **1.** in una città, l'area più esterna, più distante dal centro e gen. di edificazione più recente: *in periferia la vita è meno cara* || *in gen.* l'insieme delle parti più lontane, rispetto a un centro || nella *loc. prep. alla periferia di* e *loc. avv. alla periferia*, nella parte o zona più lontana dal centro, dal valore medio e sim.: *il sangue va dal cuore alla periferia* **2.** *ant.* perimetro.

perifèrico (pl. *-ci*) [da *periferia*; 1829] **agg.** **1.** della periferia: *luogo, villino periferico, organo periferico* **2.** *per estens.* marginale, secondario **3.** *T.inform. unità periferica* (o *sf. periferica*), macchina che funziona in collegamento e sotto il controllo dell'unità centrale || **perifericaménte** **avv.**; anche nella *loc. prep. perifericamente a*, in senso sia proprio sia *fig.* || **N.** **1.** eccentrico. **Q.T.** ***informatica.***

perifrașàre (pres. *-ifrașo*) [dal fr. *périphraser*; a. 1729] **tr.** *raro* dire, esprimere con perifrasi.

perifrași [dal fr. *périphrase*; a. 1729] **sf.** circonlocuzione impiegata per esprimere qualcosa in termini diversi da quelli propri; giro di parole || **N.** eufemismo.

perifràstico (pl. *-ci*) [dal gr. *periphrastikós*, attr. il fr. *périphrastique*; 1866] **agg.** di perifrasi; espresso con perifrasi || *T.ling.* di forma verbale, composta da una parte non flessa, portatrice del valore semantico e da un ausiliare che svolge la funzione grammaticale (per es. in italiano, il passato prossimo o la forma *avere da* più infinito).

perigastrite [comp. di *peri-* e *gastrite*; 1899] **sf.** *T.med.* infiammazione del peritoneo dello stomaco.

perigèo [dal gr. *perígeios*, intorno alla Terra, attr. il fr. *périgée*; 1623] **sm.** *T.astr.* punto dell'orbita d'un pianeta nel quale esso è più vicino alla Terra || **N.** *Contr.* apogeo | afelio, perielio.

perigliàre (pres. *-iglio*) [da *periglio*; 1617] **tr.** e **intr.** (aus. *avere*) *raro lett.* pericolare.

perìglio (pl. *-gli*) [dal provenz. *perilh*; fine sec. XII - inizio sec. XIII] **sm.** *lett.* pericolo, rischio.

periglióso [da *periglio*, sul modello del fr. *perilleux*; fine sec. XII - inizio sec. XIII] **agg.** *lett.* pericoloso.

perigònio (pl. *-ni*) [comp. di *peri-* e di un der. del gr. *gónos*, seme; 1813] **sm.** *T.bot.* l'insieme delle parti protettive del fiore (calice e corolla) quando sono saldate in un solo involucro, le cui parti si chiamano *tepali* || **N.** perianzio.

perigordiàno [dal n. geogr. *Périgord*, regione fr.; 1948] **agg.** e **sm.** termine usato per designare gli aspetti culturali del Paleolitico superiore dell'Europa occidentale.

perilinfa [comp. di *peri-* e *linfa*; 1954] **sf.** *T.anat.* liquido che si trova nel labirinto dell'orecchio.

periménto [da *perire*; a. 1698] **sm.** *T.giur.* il venir meno di una cosa oggetto di un diritto.

perimetràle [dal fr. *périmétral*; 1922] **agg.** del perimetro, corrispondente al perimetro; esterno: *muri perimetrali.* **TAV.** *abitazione* 1.11.

perimetrìa [da *perimetro*; 1958] **sf.** *T.med.* misurazione dell'ampiezza del campo visivo.

perimètrico (pl. *-ci*) [da *perimetro*; 1871] **agg.** di perimetro: *linea perimetrica.*

perimetro [dal fr. *périmètre*; a. 1642] **sm.** **1.** *T.geom.* linea o complesso di linee che formano il contorno di una figura piana || *per estens.* fascia più esterna di una superficie, di una città e sim. **2.** *T.med.* in oculistica, strumento impiegato per effettuare perimetrie.

perimìșio (pl. *-și*) [dal lat. scient. *perimysium*; 1835] **sm.** *T.anat.* membrana connettivale con fibre elastiche che avvolge ogni muscolo.

perinatàle [comp. di *peri-* e *natale*; 1976] **agg.** *T.med.* relativo al periodo immediatamente prima e dopo la nascita.

perineàle [da *perineo*; 1835] **agg.** *T.anat.* del perineo, attinente al perineo.

perinèo [dal gr. *períneos*, attr. il fr. *périnée*; 1712] **sm.** *T.anat.* il complesso dei muscoli, dei tessuti sottocutanei e delle membrane fibrose che chiudono la parte inferiore del bacino.

perinèrvio (pl. *-vi*) [comp. di *peri-* e di un der. di *nervo*; 1835 *perinevrio*] **sm.** *T.med.* membrana fibrosa che avvolge ciascun tronco nervoso.

perìoca [dal lat. tardo *periocha*, gr. *periochḗ*; 1821 *perioche*] **sf.** *T.filol.* sommario, riassunto di un'opera antica.

periodàre (pres. *-ìodo*) [da *periodo*; a. 1729] **intr.** (aus. *avere*) formare periodi e unirli in discorso || anche *sm.*: *un periodare sciolto, pesante.*

periodicista [da *periodico*; 1970] **s.** *non com.* persona che collabora a un periodico.

periodicità [da *periodo*, forse sul modello del fr. *périodicité*; 1829] **sf.** la caratteristica di ciò che è periodico.

periòdico (pl. *-ci*) [dal lat. *periodicus*, gr. *periodikós*; a. 1320] **I agg.** **1.** che avviene, che si ripresenta a intervalli regolari di tempo o di spazio: *crisi periodica, venti periodici, pubblicazione periodica; dolori periodici*, dovuti alle mestruazioni || *T.chim. sistema periodico degli elementi*, classificazione sistematica degli elementi chimici ordinati secondo il numero atomico, in cui le caratteristiche fisiche e chimiche si ripresentano a intervalli precisi || *T.fis. moto periodico*, quello descritto da un punto che torna nella stessa posizione dopo un intervallo di tempo caratteristico (*periodo*) **2.** *T.mat. numero periodico*, numero decimale in cui, dopo la virgola, da un certo punto in poi si ripete la stessa serie di cifre || *funzione periodica*, in cui il valore della variabile indipendente non è alterato, quando ad essa si aggiunge una quantità costante (*periodo*) || **periodicaménte** *avv.* a intervalli regolari **II sm.** pubblicazione edita regolarmente a intervalli di tempo determinati || **N.** **1.** *Sin.* ciclico **II** *Sin.* rivista. **Q.T.** *giornale.*

periodizzaménto [da *periodizzare*; 1917] **sm.** *non com.* periodizzazione.

periodizzàre [da *periodo*; 1950] **tr.** dividere qualcosa in periodi.

periodizzazióne [da *periodizzare*; 1917] **sf.** suddivisione in periodi. **Q.T.** *storiografia.*

perìodo [dal lat. *periodus*, gr. *períodos*; 1603] **sm.** **1.** intervallo di tempo individuato da particolari eventi o caratteristiche: *un periodo felice, di crisi, il periodo migliore per la semina, l'ultimo periodo della sua vita*; *in part.* nella cronologia: *il periodo alessandrino, delle crociate* || *T.geol.* ciascuna suddivisione di un'era **2.** *T.fis.* nello svolgimento di un fenomeno fisico a carattere periodico, intervallo di tempo fra due configurazioni o valori simili successivi || *T.astr.* arco di tempo necessario a un astro per compiere un giro completo della sua orbita o sul suo asse **3.** *T.gram.* complesso di una o più proposizioni collegate, sintatticamente autonomo e di senso compiuto: *un periodo complesso, analisi del periodo* || *per estens.* *T.mus.* successioni di frasi musicali collegate fra loro || *T.mat.* serie di cifre che si ripete in un numero periodico dopo la virgola || *T.mat.* quantità minima di una funzione periodica che, aggiunta alla variabile indipendente, ne mantiene costante il valore || *dim.* periodétto, periodino, periodùccio; *accr.* periodóne; *pegg.* periodàccio || **N.** **1.** *Sin.* epoca, era, età, fase, momento **2.** *Sin.* ciclo **3.** frase; costrutto; membro. **Q.T.** *astronomia, linguistica.*

periodontìte [comp. di *peri-*, *odonto-* e *-ite*[1]; 1875] **sf.** *T.med.* infiammazione acuta o cronica del tessuto alveolo-dentario || **N.** *Sin.* paradentite.

periodònto [comp. di *peri-* e *-odonto*; 1931] **sm.** *T.anat.* tessuto circostante la radice del dente || **N.** *Sin.* paradenzio.

perióstio (pl. *-sti*) [dal gr. e lat. tardo *perió(o)steon*; 1574 *periostios*] **sm.** *T.anat.* membrana fibrosa, ricca di vasi sanguigni, che sta intorno alle ossa.

periostìte [comp. di *periost(io)* e *-ite*[1]; 1829] **sf.** *T.med.* infiammazione del periostio.

peripatètica [f. di *peripatetico*, sul modello del fr. *péripatéticienne*; 1923] **sf.** *eufem.* prostituta da strada, passeggiatrice.

peripatètico (pl. *-ci*) [dal lat. *peripateticus*, gr. *peripatētikós*; 1308] **agg.** di filosofo o dottrina, scuola e sim., appartenente alla scuola di Aristotele, il quale insegnava passeggiando sotto il portico del Liceo di Atene || *in gen.* aristotelico; anche *sm.* (f. *-a*): *i peripatetici* || *scherz. conversazione peripatetica*, conversazione fatta passeggiando per strada.

peripatetismo [dal fr. *péripatétisme*; 1804] **sm.** *T.fil. non com.* aristotelismo.

peripezìa [dal gr. *peripéteia*, evento imprevisto; a. 1550] **sf.** spec. *pl.*, vicenda complessa e rischiosa: *dopo molte peripezie è riuscito a tornare a casa* || **N.** *Sin.* traversia.

periplanèta [dal gr. *periplanḗs*, errante; 1988] **sf.** insetto dei Blattoidei, frequente nei bastimenti e nelle città marittime.

pèriplo [dal lat. *periplus*, gr. *períplous*, che naviga intorno, attr. il fr. *périple*; 1829] **sm.** *lett.* **1.** circumnavigazione, viaggio intorno a un'isola o a un continente **2.** nell'antichità classica, narrazione di un viaggio per mare.

perìptero o **perìttero** [dal gr. e lat. *perí(i)pteros*; 1521] **agg.** *T.arch.* di tempio greco o romano, circondato di colonne da tutti i lati || **N.** peristilio. **TAV.** ***architettura* p. 646** 9.

perìre (pres. *ìsco, -ìsci*, poet. *pèro, pèri*; cong. *perìsca*, poet. *pèra*) [dal lat. *perīre*; fine sec. XIII] **intr.** (aus. *essere*) *lett.* morire, detto spec. di morte non naturale o immatura: *nel naufragio perirono due persone*; *prov. chi di spada ferisce di spada perisce*, la violenza genera violenza || *fig.* andar perduto o distrutto: *la sua fama non perirà* || **N.** MORIRE.

periscòpico (pl. *-ci*) [da *periscopio*; 1835] **agg.** di, del periscopio; *quota periscopica*, il limite della profondità alla quale un sommergibile può servirsi del periscopio.

periscòpio (pl. *-pi*) [dall'ingl. *periscope*; 1905] **sm.** strumento ottico a riflessione, che permette di osservare l'intero giro dell'orizzonte da posizione coperta; usato nei sommergibili e nei carri armati. **Q.T.** *nautica...* **TAV.** ***armi* p. 649** 27.2; ***astronautica* p. 655** 7.4; ***nave* p. 1327** 4.2.

perispèrma [comp. di *peri-* e *sperma*; 1835 *periperrmio*] **sm.** *T.bot.* involucro di sostanze nutritive di riserva, che circonda il seme.

perispòmeno [dal gr. e lat. *perispṓ(ō)menon*; 1875] **agg.** di parola greca, che ha l'accento circonflesso sull'ultima sillaba.

Perisporiàcee [dal lat. scient. *Perisporiaceae*; 1965 *perisporacee*] **sf. pl.** *T.bot.* famiglia di funghi Ascomiceti responsabile della fumaggine.

Perissodàttili [comp. del gr. *perissós*, superfluo, dispari, e *-dattilo*; 1895] **sm. pl.** *T.zool.* ordine dei mammiferi Ungulati, caratterizzato da zampe con tre dita; il dito centrale, assai sviluppato, sostiene interamente il peso || **N.** Equidi, Rinoceronti, Tapiridi. **TAV.** ***mammiferi* p. 1319**.

perissologìa (pl. *-gìe*) [dal lat. tardo *perissologia*, gr. *perissología*; a. 1589] **sf.** *T.ret.* nella retorica classica, espressione ridondante, consistente per es. nell'affermare un concetto e negare il suo contrario.

peristàlsi [voce ricostruita su *peristaltico*; 1895] **sf.** *T.fisiol.* movimento di contrazione del tubo digerente, che provoca l'avanzamento del chimo nel tratto successivo.

peristàltico (pl. *-ci*) [dal gr. *peristaltikós*; a. 1698] **agg.** *T.fisiol.* relativo alla peristalsi: *movimento peristaltico*, il movimento involontario di contrazione e rilassamento alternato che si verifica nella peristalsi.

peristìlio (pl. *-li*) [dal lat. *peristȳlium*, gr. *peristýlion*; 1570] **sm.** *T.arch.* **1.** cortile porticato interno di edifici dell'antico Oriente e del mondo classico, caratteristico in part. di case e ville romane **2.** *per estens.* loggia o colonnato che circonda un edificio || **N.** **1.** chiostro, portico **2.** periptero.

peristòma [comp. di *peri-* e del gr. *stóma*, bocca; 1835] **sm.** *T.biol.* elemento che circonda un orifizio, di forma e funzione varia; *in part.* quello attorno all'apparato boccale dei Celenterati.

peritàle [da *perito*; 1831] **agg.** *T.giur.* di perito o di perizia: *prova peritale.*

peritànza [da *peritarsi*; a. 1294] **sf.** esitazione timorosa || **N.** TIMORE.

peritàrsi (pres. *pèrito*) [dal lat. tardo *pigritāre*, esser molto pigro; a. 1375] **intr. pron.** **1.** non aver l'ardire di fare o dire una cosa: *non mi perito di chiederti questo favore* **2.** *non com.* avere soggezione, vergognarsi.

peritèca [comp. di *peri-* e del gr. *thḗkē*, cassa; 1986] **sf.** *T.bot.* peritecio.

peritècio (pl. *-ci*) [dal lat. scient. *perithecium*; 1821] **sm.** *T.bot.* in alcuni funghi Ascomiceti, involucro globoso contenente le spore.

peritèlio (pl. *-li*) [comp. di *peri-* e *(epi)telio*; 1958] **sm.** *T.anat.* rivestimento esterno della parete dei capillari sanguigni.

peritelióma [da *peritelio*; 1958] **sm.** *T.med.* tumore in cui le cellule neoplastiche si dispongono spec. intorno ai vasi arteriosi.

perìto [dal lat. *perītus*; a. 1396 come agg.; a. 1616 come sm.] **I sm.** (f. *-a*) **1.** esperto chiamato a emettere un giudizio o fare una stima: *il tribunale nominò un perito calligrafo* **2.** *perito navale, industriale, agrario, informatico*, diplomato delle corrispondenti scuole superiori a orientamento professionale **II agg.** *non com.* che è esperto, abile || **N.** **1.** periziare.

peritoneàle [da *peritoneo*; 1829] **agg.** *T.anat.* relativo al peritoneo, proprio del peritoneo: *membrana, siero peritoneale.*

peritonèo [dal lat. tardo *peritonāeum*, gr. *peritónaion*, propr. teso intorno; 1574] **sm.** *T.anat.* membrana sottile e sierosa, che avvolge i visceri dell'addome || **N.** omento.

peritonìte [comp. di *peritoneo* e *-ite*[1], prob. sul modello del fr. *péritonite*; 1821] **sf.** *T.med.* infiammazione del peritoneo.

peritóso [da *peritarsi*; fine sec. XIII] **agg.** *lett.* che si perita, titubante || **N.** *Sin.* esitante, timido, vergognoso.

perìttero V. PERIPTERO.

perituro [dal lat. *peritūrus*; a. 1342] **agg.** destinato a perire, a cessare || **N.** *Sin.* caduco, effimero, fugace, labile, mortale, precario | *Contr.* imperituro.

perìzia [dal lat. *perītia*; a. 1348] **sf.** **1.** maestria, abilità quale deriva da lunga esperienza: *un disegno eseguito con perizia* **2.** relazione in cui il perito esprime il suo giudizio: *perizia psichiatrica, autoptica.*

periziàle [da *perizia*; 1848] **agg.** *non com.* peritale.

periziàre (pres. *-ìzio*) [da *perizia*; 1838] **tr.** sottoporre a perizia, stimare.

periziatóre [da *periziare*; 1954] **sm.** (f. *-trice*) *T.sport.* nelle corse a handicap, addetto a distribuire ai concorrenti agevolazioni o svantaggi.

perizòma [dal gr. e lat. tardo *perí(i)zōma*; 1313] **sm.** striscia di tessuto o altro materiale, che cinge i fianchi, copre e protegge i genitali; indumento ancora in uso presso popolazioni primitive.

pèrla [forse da *pērula*, bisaccia, piccolo bagaglio di forma tondeggiante; 1310 *pierla*] **I sf.** **1.** sferetta madreperlacea prodotta da alcuni molluschi come reazione alla presenza di un corpo estraneo interno alle valve; di color bianco opalescente leggermente tendente al giallo o al rosa, è molto pregiata e impiegata per la fabbricazione di gioielli: *una collana, un filo di perle, perle naturali*; *perle coltivate*, ottenute inserendo artificialmente frammenti di una perla nel mantello del mollusco || *per estens.* i denti, con rif. al colore bianco luminoso, alla levigatezza e alla regolarità: *sorridendo mise in mostra una fila di candide perle* **2.** *fig.* detto di persona, buona, eccellente: *una perla di marito* || elemento di spicco e particolare pregio o splendore: *Bangkok, la perla dell'oriente*; *antifr.* errore grossolano: *alcune perle raccolte dai giornali* **3.** oggetto che, per la forma, ricorda una perla || *in part.* piccola capsula rotonda contenente prodotti medicinali o cosmetici: *perle da bagno, di olio di ricino* **II agg.** *inv.* (sempre posposto) del colore della perla: *grigio perla*, chiaro con riflessi opalescenti ||

dim. perlìna, perlétta; *accr.* perlóna ‖ **N.** I meleagrina, ostrica perlifera | scaramazza.

perlàceo [da *perla*; 1839 ca.] **agg.** che ha colore o riflessi di perla: *cielo, mare perlaceo.*

perlage (fr., pr. [per'la:ʒ]) [dal fr. ant. *perler*, ornare di perle; 1988] **sm.** *inv.* l'insieme delle bollicine che si formano in un vino spumante o frizzante versato nel bicchiere.

perlagióne [da *perla*; 1721] **sf.** *lett.* il riflesso della perla.

perlàio (pl. *-ài*) [da *perla*; 1871] **sm.** (f. *-a*) chi lavora o vende perle.

per la quàle o **perlaquàle** [da *per la qual* (*cosa*); 1871] I **loc. agg.** *inv.* (sempre posposta) *fam.* per bene, raccomandabile: *non è un tipo molto per la quale* II **loc. avv.** *fam.* bene: *l'esame non è andato troppo per la quale.*

perlàto [da *perla*; 1664] **agg.** **1.** che ha riflessi perlacei **2.** che presenta una superficie levigata e brillante; *in part.* *riso, orzo perlato*, sottoposto a trattamento di sbiancatura e levigazione ‖ *cotone perlato*, tipo pregiato di cotone, impiegato nel ricamo per la sua brillantezza **3.** *punto perlato*, punto di ricamo con il quale si ottengono tanti piccoli nodi allineati **4.** ornato di perle: *la regina bionda e perlata* (D'Annunzio) ‖ **N.** **2.** *Sin.* brillato **4.** *Sin.* imperlato.

perlé (fr., pr. [pɛr'le]) [letter. perlato; 1940] **agg.** *inv.* (sempre posposto) di cotone, perlato.

perlìfero [comp. di *perla* e *-fero*; 1640] **agg.** che produce perle, in grado di produrre perle: *ostrica perlifera.*

perlìna (*dim.* di *perla*) [1804] **sf.** **1.** perla di piccole dimensioni ‖ *per estens.* globetto di vetro o plastica colorato e forato, per bigiotteria: *una collana di perline colorate* **2.** listello di legno per rivestimenti di pareti.

perlinàto [da *perlina*; 1958] I **agg.** *T.cin.* di schermo cinematografico, ricoperto di minuscoli globi di vetro che ne aumentano la capacità riflettente II **sm.** rivestimento di legno realizzato con perline (nel senso 2).

perlinatóre [da *perlina*; 1988] **sm.** *T.oref.* punzone ad estremità incavata, usato per cesellare piccole semisfere.

perlinatùra [da *perlina*; 1983] **sf.** **1.** applicazione di uno strato di microscopiche perline di vetro speciale sulla superficie degli schermi cinematografici, per ottenere maggior potere riflettente **2.** rivestimento di pareti con tavole di legno **3.** motivo ornamentale costituito da una serie di perline o di elementi tondeggianti simili a perline. **TAV.** *numismatica* 2.5.

perlinguàle [comp. di *per*, attraverso, e di un der. di *lingua*; 1963] **agg.** *T.farm.* relativo ad assorbimento mediante le mucose linguali: *uso, via, azione perlinguale.*

perlìte [comp. di *perla* e *-ite*[2]; 1875] **sf.** **1.** *T.metal.* lega di ferro e carbonio raffreddata lentamente, che presenta una caratteristica struttura a globuli **2.** *T.min.* roccia effusiva costituita in gran parte da vetro in forma di minuscoli aggregati tondeggianti.

perlocutìvo [dall'ingl. *perlocutionary*; 1988] **agg.** *T.ling.* perlocutorio.

perlocutòrio (pl. *-ri*) [dall'ingl. *perlocutionary*; 1988] **agg.** *T.ling.* aspetto dell'atto linguistico consistente nel suo effetto sull'interlocutore, per es. il timore suscitato da una minaccia, o la speranza indotta da una promessa ‖ **N.** illocutorio, locutorio, performativo.

perlométo o **per lo méno** [da *per lo meno*; 1958] **avv.** almeno, a dir poco, come minimo: *avrà perlomeno cinquant'anni.*

pèrlon ® [n. commerciale; 1942] **sm.** *inv.* fibra tessile sintetica.

perlopiù o **per lo più** [da *per lo più*; a. 1558] **avv.** nella maggior parte dei casi.

perlustràre [dal lat. *perlustrāre*, percorrere con l'occhio, prob. attr. l'ingl. to *perlustre*; 1812] **tr.** percorrere con cautela ispezionando: *la polizia ha perlustrato il quartiere in cerca dei malviventi* ‖ **N.** *Sin.* esplorare.

perlustratóre [da *perlustrare*, prob. sul modello dell'ingl. *perlustrator*; 1841] **agg.** e **sm.** (f. *-trìce*) che o chi perlustra.

perlustrazióne [da *perlustrare*, prob. sul modello dell'ingl. *perlustration*; 1674] **sf.** atto ed effetto del perlustrare: *uscire in perlustrazione.*

permafrost (ingl., pr. ['pə:məfrɒst]; pr. it. ['pɛrmafrost]) [comp. di *perma*(*nent*), permanente e *frost*, freddo; 1974] **sm.** *inv.* *T.geol.* permagelo.

permagèlo [comp. di *perma*(*nente*) e *gelo*, sul modello dell'ingl. *permafrost*; 1987] **sm.** *T.geol.* suolo tipico dei climi freddi, che in profondità rimane gelato per tutto l'anno.

permalosità [da *permaloso*; 1958] **sf.** l'essere permaloso ‖ **N.** *Sin.* suscettibilità.

permalóso [da (*aversene*) *per male*; 1612] **agg.** e **sm.** (f. *-a*) che o chi si offende con facilità ‖ *dim.* permalosétto ‖ **N.** *Sin.* ombroso, suscettibile | adontarsi, impermalirsi, offendersi, risentirsi.

permanènte (*ppr.* di *permanere*) [sec. XIV] I **agg.** che dura, che rimane: *mostra permanente, un permanente stato di insoddisfazione*; *T.mil.* *esercito permanente*, che comprende le classi di milizia in servizio attivo, in tempo di pace ‖ *T.ferr.* *biglietto permanente* (o **sm.** *il permanente*), concessione gratuita per viaggiare sulle reti ferroviarie dello Stato ‖ *dentizione permanente*, quella definitiva, successiva alla dentizione infantile ‖ **permanentemènte** **avv.** costantemente, stabilmente II **sf.** ondulazione dei capelli ottenuta applicando impacchi, a caldo o a freddo, di particolari sostanze che mantengono la piega anche per mesi ‖ **N.** I *Sin.* durevole, perenne, STABILE | *Contr.* caduco, fugace, provvisorio, temporaneo.

permanènza [da *permanere*; a. 1294] **sf.** **1.** il fatto di permanere, continuità: *la permanenza di una situazione, di un sintomo* ‖ *in permanenza*, stabilmente **2.** soggiorno, dimora: *una lunga permanenza al mare, buona permanenza!*

permanére (pres. *-àngo* ecc., come RIMANERE; p.rem. *permàsi* o *permàṣi*, *permanésti*, *permàse* o *permàṣe* ecc.; ant. *permànsi*, *permànse* ecc.; pps. *permàso* o *permàṣo*) [dal lat. *permanēre*; a. 1294] **intr.** (aus. *essere*) **1.** continuare ad essere, perdurare: *permane lo stato di crisi, le condizioni di viabilità permangono difficili* **2.** *disus.* sostare, rimanere: *permango ancora due giorni.*

permanganàto [comp. di *per-* e *manganato*; 1869] **sm.** sale dell'acido permanganico: *permanganato di potassio*, sale in cristalli violetti da cui si ottiene una soluzione fortemente disinfettante.

permangànico (pl. *-ci*) [comp. di *per-* e *manganico*; 1871] **agg.** *T.chim.* detto di composto del manganese contenente la più alta percentuale di ossigeno: *acido permanganico.*

permàṣo o **permàso** *pps.* di *permanere* (v.).

permeàbile [dal lat. tardo *permeābilis*; a. 1712] **agg.** *T.scient.* che lascia passare attraverso di sé liquidi o gas: *un corpo, un terreno permeabile* ‖ **N.** *Sin.* penetrabile | *Contr.* impermeabile.

permeabilità [da *permeabile*; 1829] **sf.** **1.** la proprietà di ciò che è permeabile **2.** *T.fis.* *permeabilità magnetica*, grandezza che esprime la tendenza che un corpo ha a magnetizzarsi ‖ **N.** *Contr.* impermeabilità.

permeànza [da *permea*(*bilità*), sul modello di *induttanza*; 1954] **sf.** *T.fis.* grandezza caratteristica di un circuito magnetico che corrisponde all'inverso della riluttanza.

permeàre (pres. *pèrmeo*) [dal lat. *permeāre*, attraversare; 1741] **tr.** **1.** filtrare dentro impregnando: *l'acqua ha ormai permeato i muri* **2.** *fig.* pervadere, informare: *una cultura permeata di cattolicesimo*; *permeò di sé, del suo spirito tutta un'epoca* ‖ **N.** **1.** *Sin.* imbibire, intridere, inzuppare; imbevere.

permeazióne [da *permeare*; 1745] **sf.** *non com.* l'atto e l'effetto del permeare.

permésso (*pps.* di *permettere*) [sec. XIV] I **agg.** consentito: *balneazione permessa* II **sm.** concessione, autorizzazione: *chiedere il permesso di fumare, chi ti ha dato il permesso di entrare?*; in formule di cortesia: *con il vostro permesso, con permesso, permesso!*, per chiedere permesso, in part. per chiedere l'autorizzazione ad entrare, o per far scostare altre persone per passare avanti ‖ *in part.* facoltà data a impiegati, militari e sim., di allontanarsi dall'ufficio, dalla caserma ecc.: *chiedere un permesso per motivi familiari, un permesso di due ore* ‖ autorizzazione rilasciata da un'autorità, che consente lo svolgimento di una determinata attività: *richiedere il permesso di soggiorno*; il documento che comprova tale autorizzazione: *esibire il permesso all'entrata* ‖ **N.** I *Sin.* ammesso, lecito | *Contr.* vietato II beneplacito, consenso; licenza | *Contr.* divieto | avere, concedere, negare, ottenere, revocare, rilasciare, sollecitare.

perméttere (pres. *-étto* ecc., come METTERE) [lat. *permittere*; a. 1311] **tr.** **1.** concedere facoltà, licenza, di fare o dire qualcosa: *il padre non le permette di uscire di sera, la manifestazione è stata permessa* ‖ in formule di cortesia: *permette questo valzer signorina?, permetti che faccia una telefonata?* ‖ anche in espressioni risentite ma garbate: *se permette tocca prima a me* **2.** tollerare, lasciare: *non permetto che mio figlio venga trattato così, non dovresti permettergli tutta questa confidenza* ‖ rendere possibile, non ostacolare: *verrò se la stagione lo permetterà*; com. anche col gerundio: *ci sarà anche il nonno, salute permettendo* ‖ **rifl. indir.** *permettersi qualcosa*, avere la possibilità (spec. economica) di realizzarla: *questa vacanza non possiamo permettercela, non può permettersi di riconoscere il suo torto*; anche prendersi la libertà di, osare: *come si permette di telefonare a quest'ora?, mi permetto di farle notare che ha il cravattino storto* ‖ **N.** **tr.** **1.** *Sin.* acconsentire, ammettere, assentire, autorizzare, condiscendere, esimere | *Contr.* proibire, vietare **2.** *Sin.* soffrire, sopportare; lasciar correre.

permettività [da *permettere*; 1958] **sf.** *T.fis.* *non com.* costante dielettrica.

permiàno [dall'ingl. *Permian*, dalla provincia russa di Perm; 1875] **agg.** e **sm.** *T.geol.* relativo all'ultimo periodo dell'era primaria, che segue il Carbonifero.

pèrmico (pl. *-ci*) [dal n. geogr. *Perm*, provincia russa; 1922] **agg.** e **sm.** *T.geol.* permiano.

permissìbile [da *permesso*; a. 1580] **agg.** *non com.* che si può permettere ‖ **N.** *Sin.* tollerabile.

permissióne [dal lat. *permissio*, *-ōnis*; 1306] **sf.** *ant.* permesso, concessione, licenza.

permissivìṣmo [da *permissivo*; 1977] **sm.** atteggiamento di eccessiva tolleranza, spec. in campo pedagogico.

permissività [da *permissivo*; 1971] **sf.** caratteristica di società o individuo eccessivamente tollerante.

permissìvo [dal lat. *permissus*, permesso; 1963] **agg.** **1.** che concede molta libertà, molto tollerante, fin troppo: *un insegnante molto permissivo* **2.** che accorda un permesso **3.** *T.giur.* *norma permissiva*, norma che non impone espressamente l'ordine di fare o non fare qualcosa ‖ **permissivaménte** **avv.**

permotóre [da un arc. *permuovere*, sul modello di *motore*; 1321] **sm.** *arc.* principio motore di ciascun essere: *Questi ne porta il foco inver la Luna; / queste ne' cor mortali è permotore.* (Dante).

permselettività [da *permselettivo*; 1987] **sf.**

T.scient. caratteristica di una membrana di essere permeabile in misura selettiva rispetto a specie diverse di molecole o di ioni.

permselettìvo [comp. di *perm(eabile)* e *selettivo*; 1987] ***agg.*** *T.scient.* caratterizzato da permselettività.

pèrmuta [da *permutare*; 1507] ***sf.*** *T.giur.* contratto per cui si trasferisce ad altri la proprietà di una cosa in cambio di un'altra || **N.** *Sin.* baratto, scambio.

permutàbile [dal lat. tardo *permutābilis*; sec. XIV] ***agg.*** di bene, che si può permutare.

permutabilità [da *permutabile*; 1871] ***sf.*** proprietà di ciò che è permutabile; commutabilità.

permutaménto [da *permutare*; a. 1558] ***sm.*** *non com.* permuta.

permutànte (*ppr.* di *permutare*) [1835] **I** ***agg.*** che permuta **II** ***sm.*** *T.giur.* in un contratto di permuta, ciascuna delle due parti.

permutàre (pres. *pèrmuto*) [dal lat. *permutāre*; 1321] ***tr.*** **1.** scambiare sulla base di un contratto di permuta **2.** *T.mat.* sottoporre a permutazione **3.** *arc.* spostare da un luogo a un altro, trasferire || far passare da una persona all'altra || **N.** **1.** *Sin.* barattare, scambiare; commutare.

permutativo [da *permutare*; seconda metà sec. XVI] ***agg.*** *raro* che permuta; atto a permutare.

permutatóre [da *permutare*; 1342] ***agg.*** e ***sm.*** **1.** *permutatore telefonico*, dispositivo che collega linee provenienti dall'esterno con la centrale telefonica **2.** (f. *-trìce*) *ant.* che o chi opera sostituzioni o trasforma.

permutazióne [dal lat. *permutātio*, *-ōnis*; 1342] ***sf.*** **1.** *T.mat.* scambio di posizione fra più elementi ordinati || *concr.* nel calcolo combinatorio, ciascuno dei gruppi diversi che si possono ottenere agendo su un'insieme di *n* elementi e variandone l'ordine **2.** *ant.* permuta.

permutìte [n. commerciale; 1958] ***sf.*** nome commerciale di una sostanza usata per rendere le acque meno dure.

pernàcchia [voce merid., lat. *vernăculus*, relativo agli schiavi nati in casa; 1918] ***sf.*** suono volgare che, tipicamente, viene prodotto facendo vibrare per mezzo di un forte soffio le labbra serrate attorno alla lingua parzialmente sporgente in fuori; esprime disprezzo o beffa: *per tutta risposta fece una sonora pernacchia*.

pernìce [lat. *perdix*, *-īcis*; a. 1294] ***sf.*** **1.** nome di varie specie di uccelli dei Galliformi || *in part.* *pernice rossa*, con livrea dorsale e zampe bruno-rossicce, petto chiaro chiazzato di bruno e occhi circondati da una striscia nera che si prolunga verso il collo || *pernice bianca*, adattata alle alte quote, ha un piumaggio invernale bianco su tutto il corpo, nero sulla coda || *pernice grigia*, starna || *pernice del deserto*, V. PTEROCLE **2.** *occhio di pernice*, callo che si forma tra le dita dei piedi || *dim.* perniciòtto || **N.** **1.** coturnice.

perniciosità [da *pernicioso*; 1686] ***sf.*** *non com.* carattere di ciò che è pernicioso, dannosità.

perniciόso [dal lat. *perniciōsus*; a. 1342] ***agg.*** assai dannoso, che ha conseguenze gravi: *azione, influenza perniciosa*; *in part.* detto di malattie: *anemia perniciosa* (o *sf. perniciosa*), caratterizzata da scarsa presenza di globuli rossi dal volume e contenuto emoglobinico aumentati; *febbre perniciosa* (o *sf. perniciosa*), febbre malarica violenta che può avere esiti mortali || **perniciosaménte** ***avv.*** || **N.** *Sin.* esiziale, pregiudizievole, rovinoso, PERICOLOSO.

perniciòtto (*dim.* di *pernice*) [sec. XVI] ***sm.*** il pulcino della pernice.

pèrno (meno com. *pèrnio*) [lat. *perna*, coscia, poi prosciutto, per la somiglianza della forma; a. 1406] ***sm.*** **1.** *T.mecc.* elemento cilindrico che funge da supporto e consente la rotazione di un altro elemento mobile in cui è infisso: *il perno di una ruota* || *far perno su*, ruotare attorno; *fig.* basarsi: *il suo metodo fa perno sull'innata curiosità dei ragazzi* || *gen.* asta di metallo o sim. che unisce più pezzi insieme o sostiene qualcosa **2.** *T.sport.* una delle figure del pattinaggio, eseguita ruotando su una gamba piegata, mentre l'altra è tesa parallelamente al terreno **3.** *fig.* sostegno, fondamento: *il perno della famiglia, del racconto* || *dim.* pernétto, pernettino || **N.** **1.** asse, cardine, fulcro. **TAV. *maglia...* p. 1317** 13.3.

pernottaménto [da *pernottare*; 1804] ***sm.*** atto del pernottare: *cena e pernottamento sono inclusi nel prezzo*.

pernottàre (pres. *-òtto*) [dal lat. *pernoctāre*; 1319] ***intr.*** (aus. *avere*) fermarsi a dormire fuori casa, spec. durante un viaggio: *abbiamo pernottato in un motel lungo la strada*.

péro [lat. *pirus*; a. 1320] ***sm.*** albero delle Rosacee, con tronco diritto, corteccia liscia, foglie ovali e fiori bianchi in corimbi, coltivato per i gustosi frutti che produce (pere) || il legno di quest'albero: *tavola di pero* || **N.** PERA.

però [lat. *per hoc*, per questo; a. 1348] ***cong.*** **1.** ma (con valore avversativo più forte): *vieni pure, però non farmi fare brutte figure*; *pop.* *ma però* || non di meno, tuttavia: *lui non è riuscito a venire, ha mandato però un amico* **2.** *pop.* o *ant.* gen. preceduto da *e* (anche *epperò*), per questo motivo, perciò.

perocché o **però che** [comp. di *però* e *che*; a. 1250] ***cong.*** *lett.* o *ant.* **1.** poiché **2.** sebbene.

peróne o **pèrone** [dal gr. *perónē*, spilla, poi perone; 1821] ***sm.*** *T.anat.* l'osso laterale della gamba, che si accoppia con la tibia || **N.** *Sin.* fibula.

peronèo [da *perone*; 1802] ***agg.*** connesso col perone: *muscoli, nervi peronei*.

peronièro [da *perone*; 1958] ***agg.*** *T.anat.* peroneo.

peronìsmo [dal n. proprio J.D. *Perón*, uomo politico argentino; 1972] ***sm.*** regime autoritario di natura social-nazionalista instaurato in Argentina da J.D. Perón negli anni '40 || movimento e partito politico argentino di carattere populista, che si richiama all'eredità di Perón.

peronìsta [dal n. proprio J.D. *Perón*, uomo politico argentino; 1949] ***s.*** sostenitore, seguace del peronismo.

peronòspora [comp. del gr. *perónē*, spilla e *sporá*, seme; 1875] ***sf.*** **1.** *T.bot.* genere di funghi Ficomiceti delle Peronosporacee, comprendente numerose specie parassite di piante **2.** *T.bot.* grave malattia di numerose piante, causata da tali funghi o da altri della stessa famiglia, caratterizzata dalla comparsa su foglie, fusti o frutti, di una patina bianca o giallastra: *peronospora della vite, del tabacco, della patata*.

Peronosporàcee [comp. di *peronospora* e *-acee*; 1954] ***sf. pl.*** *T.bot.* famiglia di funghi Ficomiceti comprendente molte specie parassite o saprofite.

peroràre (pres. *pèroro* o *peròro*) [dal lat. *perorāre*; a. 1543] ***tr.*** sostenere con fervore e slancio parlando in favore: *perorare una causa* || ***intr.*** (aus. *avere*) *T.ret.* chiudere il discorso cercando di commuovere gli ascoltatori || **N.** *Sin.* difendere.

perorazióne [dal lat. *perorātio*, *-ōnis*; 1566 *peroratione*] ***sf.*** **1.** appassionato discorso in difesa o sostegno **2.** *T.ret.* l'ultima parte dell'orazione, nella quale si cerca di commuovere l'animo degli ascoltatori.

peròssido [comp. di *per-* e *ossido*; 1829] ***sm.*** *T.chim.* composto in cui sono presenti atomi di ossigeno legati direttamente fra loro: *perossido di idrogeno*, acqua ossigenata.

perpendicolàre [dal lat. *perpendiculāris*; a. 1320] ***agg.*** **1.** che cade a piombo, verticale: *un muro perpendicolare al terreno* **2.** *T.mat.* ortogonale: *rette, piani perpendicolari* || anche *sf.*: *tracciare la perpendicolare al segmento dato* || **perpendicolarménte** ***avv.***; anche nella *loc. prep.* *perpendicolarmente a* || **N.** **2.** *Sin.* normale.

perpendicolarità [da *perpendicolare*; 1561] ***sf.*** *raro* relazione che sussiste fra piani o rette perpendicolari || verticalità.

perpendìcolo [dal lat. *perpendiculum*; sec. XIV] ***sm.*** **1.** nella *loc. avv.* *a perpendicolo*, a piombo, perpendicolarmente **2.** *ant.* filo a piombo.

perpetràre (pres. *pèrpetro*) [dal lat. *perpetrāre*; a. 1321] ***tr.*** *lett.* mandare ad effetto, compiere, detto quasi solo di azione malvagia: *perpetrare un delitto, un misfatto* || **N.** *Sin.* commettere, eseguire, COMPIERE.

perpetratóre [dal lat. tardo *perpetrator*, *-ōris*; seconda metà sec. XIV] ***sm.*** (f. *-trìce*) *raro* chi perpetra.

perpetrazióne [dal lat. tardo *perpetrātio*, *-ōnis*; sec. XIV] ***sf.*** atto del perpetrare.

perpètua [dal n. proprio *Perpetua*, governante di don Abbondio nei *Promessi Sposi*; 1838] ***sf.*** donna di servizio di un sacerdote || *per estens.* domestica vecchia e ciarliera.

perpetuàbile [da *perpetuare*; 1871] ***agg.*** che si può perpetuare.

perpetuàre (pres. *-ètuo*) [dal lat. *perpetuāre*; 1353] ***tr.*** rendere durativo, far durare nel tempo: *perpetuare il nome, il ricordo, perpetuare la propria fama* || ***intr. pron.*** prolungarsi nel tempo || **N.** ***tr.*** *Sin.* eternare, immortalare.

perpetuatóre [da *perpetuare*; a. 1704] ***agg.*** e ***sm.*** (f. *-trìce*) che, chi perpetua; che, chi conserva mantenendo vivo (un costume, una tradizione ecc.): *perpetuatore di antiche e nobili tradizioni*.

perpetuazióne [da *perpetuare*; 1540] ***sf.*** *non com.* atto ed effetto del perpetuare o del perpetuarsi.

perpetuìno [da *perpetuo*; 1813] ***sm.*** denominazione comune di alcune piante erbacee della famiglia delle Composite che si conservano a lungo e, essiccandosi, mantengono inalterati i colori || **N.** *Sin.* semprevivo.

perpetuità [dal lat. *perpetuitas*, *-ātis*; sec. XIV] ***sf.*** *raro* perenne continuità nel tempo.

perpètuo [dal lat. *perpetuus*; a. 1321] ***agg.*** **1.** che dura per sempre, eterno: *gioia, dannazione perpetua, il perpetuo movimento degli astri, lapide a perpetua memoria* || *calendario perpetuo*, che permette di determinare in che giorno della settimana cade ciascun giorno del mese, per ogni anno futuro || *moto perpetuo*, V. MOTO || *in perpetuo*, per sempre || che dura tutta la vita: *carcere, esilio perpetuo* **2.** continuo, non interrotto: *un perpetuo gridare, essere in perpetua ansia* **3.** *T.mecc.* *vite perpetua*, che fa muovere una ruota dentata senza mai avanzare || **perpetuaménte** ***avv.*** || **N.** **1.** *Sin.* perenne, sempiterno; immortale, imperituro, inestinguibile, ETERNO | *Contr.* effimero, fugace, provvisorio **2.** *Sin.* costante, incessante **3.** *Sin.* vite senza fine.

perplessità [dal lat. tardo *perplexitas*, *-ātis*; fine sec. XIV] ***sf.*** lo stato d'animo di chi è perplesso: *non nascose la sua perplessità*; dubbio, anche *pl.*: *avere alcune perplessità* || **N.** *Sin.* esitanza, incertezza, indecisione, irresolutezza, peritanza, titubanza.

perplèsso [dal lat. *perplexus*, intricato, confuso; a. 1342] ***agg.*** **1.** incerto, dubbioso su cosa fare o pensare: *deve scegliere ma è piuttosto perplesso*; sconcertato: *una dichiarazione che lascia perplessi* **2.** *raro* ambiguo || **perplessaménte** ***avv.*** *non com.* || **N.** **1.** *Sin.* esitante, indeciso, irresoluto, titubante, INCERTO.

perquiṣìre (pres. *-ìsco*, *-ìsci*) [voce rifatta su

perquisizione; 1871] **tr.** frugare una persona o un ambiente (locale, appartamento e sim.), spec. in cerca di oggetti appartenenti a un reato: *la polizia perquisì con cura tutto l'appartamento, alla dogana furono perquisiti* || **N.** *Sin.* investigare, ricercare, setacciare.

perquisitóre [dal lat. tardo *perquisitor, -ōris*; 1321] **sm.** *raro* chi perquisisce.

perquisizióne [dal lat. tardo *perquisitio, -ōnis*; 1640] **sf.** l'atto del perquisire: *eseguire una perquisizione; mandato di perquisizione,* autorizzazione a perquisire un edificio privato, concessa dall'autorità giudiziaria.

pèrsa o **pèrsia** [dal lat. *persea*; inizio sec. XIV] **sf.** maggiorana.

perscrutàbile [da *perscrutare*; sec. XIV] **agg.** che si può perscrutare || **N.** *Contr.* imperscrutabile.

perscrutàre [dal lat. *perscrutāri*; a. 1472] **tr.** *lett.* indagare in profondità: *chi può perscrutare la volontà di Dio?* || **N.** INVESTIGARE.

pèrsea [dal lat. *persea*, gr. *perséa*, perché ritenuta di origine persiana; 1835] **sf.** *T.bot.* avocado.

persecutóre [dal lat. *persecutor, -ōris*; 1319] **sm.** (f. *-trìce*) chi perseguita: *un implacabile persecutore.*

persecutòrio (pl. *-ri*) [da *persecutore*; 1958] **agg.** da persecutore, di persecuzione: *atteggiamento persecutorio.*

persecuzióne [dal lat. *persecutio, -ōnis*, inseguimento, poi persecuzione; a. 1294] **sf.** **1.** azione ostile sistematica volta a danneggiare o sopprimere, spec. minoranze politiche, religiose o etniche: *le persecuzioni contro i cristiani, la persecuzione degli ebrei* || *iperb.* molestia continua: *tocca di nuovo a me? ma è una persecuzione!* **2.** *T.psican. delirio di persecuzione,* convinzione di essere perseguitato, tipica degli stati paranoidi || *dim.* persecuzioncèlla || **N.** **1.** *Sin. pogrom,* vessazione; tormento.

perseguìbile [da *perseguire*; 1958] **agg.** *T.giur.* che può essere perseguito penalmente.

perseguiménto [da *perseguire*; a. 1848] **sm.** atto ed effetto del perseguire.

perseguìre (pres. *-éguo*) [lat. *persequi*; 1313] **tr.** **1.** impegnarsi per ottenere, tendere a: *perseguire uno scopo* **2.** applicare la legge contro chi si rende colpevole di un reato: *i malversatori non furono perseguiti,* anche col reato come oggetto: *perseguire il contrabbando, lo spaccio di droga* **3.** *ant.* e *lett.* perseguitare.

perseguitàre (pres. *-éguito*) [da *perseguire*, con influsso di *seguitare*; fine sec. XIII] **tr.** **1.** fare oggetto di persecuzioni: *fu perseguitato dai nazisti* **2.** assillare, tormentare senza tregua: *la sorte lo perseguita, è perseguitato dai creditori* **3.** *arc.* seguitare || **N.** **1.** *Sin.* opprimere, vessare **2.** *Sin.* accanirsi contro, prendere di mira.

perseguitàto (*pps.* di *perseguitare*) [a. 1580] **sm.** (f. *-a*) chi subisce una persecuzione: *perseguitato politico.*

Persèidi [dal lat. scient. *Perseides*; 1891] **sf. pl.** *T.astr.* fascio di meteoriti che attraversano il cielo in corrispondenza della costellazione del Perseo attorno all'11 agosto di ogni anno.

persésco (pl. *-schi*) [dalla voce disus. *perso*, persiano; a. 1347] **agg.** *arc.* persiano.

perseveraménto [da *perseverare*; a. 1294] **sm.** *disus.* atto del perseverare.

perseverànte (*ppr.* di *perseverare*) [a. 1294] **agg.** costante, tenace || **perseveranteménte** **avv.**

perseverànza [dal lat. *perseverantia*; a. 1294] **sf.** la virtù di chi è perseverante || **N.** *Sin.* fermezza, insistenza, tenacia, COSTANZA.

perseveràre (pres. *-èvero*) [dal lat. *perseverāre*; a. 1294] **intr.** (aus. *avere*) continuare con costanza e fermezza, insistere: *perseverare nello studio, nell'errore* || **N.** *Sin.* persistere, proseguire.

perseverazióne [dal lat. tardo *perseverātio, -ōnis*; a. 1306] **sf.** **1.** *T.med.* persistenza di uno stesso movimento dovuto a rigidità o a condizione psicopatica **2.** *arc.* perseveranza.

pèrsia V. PERSA.

persiàna [dal fr. *persienne*; 1771] **sf.** chiusura esterna delle finestre, composta di due battenti con stecche parallele di legno oblique verso il basso; si aprono verso l'esterno o scorrono e rientrano nello spessore del muro (*persiane incanalate*) || **N.** *Sin.* gelosia | avvolgibile, scuro, tapparella.

persianìsta [da *persiano*; 1954] **s.** studioso di lingua e letteratura persiana moderna e in genere della civiltà persiana moderna.

persianìstica [da *persiano*; 1942] **sf.** studio della lingua e letteratura persiana moderna e in genere della civiltà persiana moderna.

persiàno [dal n. geogr. *Persia*; 1805 come sm.] **I agg.** che è proprio, caratteristico od originario della Persia (sia antica che moderna): *cultura persiana, tappeto persiano* || *gatto persiano,* varietà di gatto domestico a pelo lungo, gen. di colore grigio **II sm.** **1.** (f. *-a*) abitante o nativo della Persia, iraniano **2.** (solo *sing.*) *persiano antico,* lingua indoeuropea del ceppo indo-ario, parlata dagli Achemenidi attorno al VII-IV sec. a.C.; *persiano moderno,* lingua attualmente parlata in Iran e Afghanistan. **Q.T.** *pellicciaio...* **TAV.** *gatti* **p. 672.**

pèrsica [lat. *persica*, neutro pl. di *persicum* (*malum*), propr. (frutto) della Persia; sec. XIII] **sf.** *ant.* e *dial.* pesca.

persicària [da *persica*; a. 1320] **sf.** pianta delle Poligonacee dai fiori rosati in spighe e foglie lanceolate, che cresce lungo i fossi.

persichino [da *persico*[3]; a. 1347] **I agg.** *non com.* del colore roseo che ha il fiore del pesco **II sm.** varietà di marmo della Versilia, venato di rosso e rosa.

pèrsico[1] (pl. *-ci*) [dal lat. *persicus*, gr. *persikós*; a. 1446] **agg.** di Persia, com. solo in alcune denominazioni geografiche: *Golfo Persico.*

pèrsico[2] (pl. *-ci*) [prob. dal long. *parsik*; 1518] **agg.** *pesce persico* (o *sm. persico*), pesce d'acqua dolce dal corpo appiattito ai lati, attraversato da strisce verticali scure, molto apprezzato per le carni delicate; *persico trota,* pesce d'acqua dolce di origine nordamericana (*black bass*) ora diffuso anche in Europa, più grosso del precedente, dal capo robusto e gibboso sul dorso, con grande bocca.

pèrsico[3] (pl. *-ci*) [lat. *persicus* (*malus*); sec. XIII] **sm.** *region.* pesco.

pèrsico-tròta o **pèrsico tròta** (pl. *pèrsici tròta*) [comp. di *persico* e *trota*; 1958] **sm.** pesce d'acqua dolce, originario dell'America del Nord ma ora diffuso anche in Europa, dal corpo robusto e slanciato, che raggiunge rapidamente dimensioni considerevoli; le sue carni sono commestibili.

persìno [da *per sino*; 1470 *persì*] **avv.** perfino.

persistènte (*ppr.* di *persistere*) [1829] **agg.** che persiste: *dolore, profumo persistente* || *in part. T.bot.* di organo che rimane sulla pianta oltre il normale periodo vegetativo: *foglie persistenti* || **persistenteménte** **avv.** || **N.** *Sin.* fermo, insistente, ostinato, perseverante, pertinace, pervicace, tenace.

persistènza [da *persistere*; 1704] **sf.** il persistere, permanenza tenace: *persistenza del cattivo tempo* || **N.** *Sin.* costanza, insistenza, ostinazione, perseveranza, pertinacia, tenacia.

persìstere (pres. *-isto* ecc., come ASSISTERE) [dal lat. *persistere*; sec. XIV] **intr.** (aus. *avere*) **1.** continuare con insistenza, quasi ostinatamente: *egli persiste nel vizio* **2.** durare, protrarsi: *il caldo persiste* || **N.** **1.** *Sin.* insistere, perseverare, OSTINARSI **2.** *Sin.* durare, perdurare, permanere.

pèrso[1] (*pps.* di *perdere*) [a. 1294] **agg.** perduto || *tempo perso,* speso inutilmente || *lavorare a tempo perso,* nei momenti liberi || *darsi per perso,* darsi per vinto || nella *loc. avv. perso per perso,* quando tutto è perduto, val la pena di affrontare qualsiasi rischio || *avvocato delle cause perse,* che difende le cause già perdute in partenza || **N.** *Sin.* perduto.

pèrso[2] [dal lat. mediev. *persus*; a. 1276] **agg.** *arc.* d'un colore oscuro che tende al rosso: *per l'aere perso* (Dante).

persolfàto [comp. di *per-* e *solfato*; 1954] **sm.** *T.chim.* sale dell'acido persolforico impiegato come imbiancante di fibre e come disinfettante in parecchie operazioni industriali.

persolfòrico (pl. *-ci*) [comp. di *per-* e *solforico*; 1954] **agg.** *T.chim.* detto di composto dello zolfo esavalente: *acido persolforico,* peracido dello zolfo, dotato di potere ossidante.

persóna [dal lat. *persōna*, maschera dell'attore, poi personaggio, carattere; a. 1250] **sf.** **1.** individuo umano, uomo o donna: *c'è una persona che chiede di te, un gruppo di persone, possono salire solo quattro persone, che persona squisita!, una persona degna di fede, poco raccomandabile* || *a persona,* per ciascuno: *viene a costare 50.000 lire a persona* || *per interposta persona,* per mezzo di un intermediario || *T.giur. delitto contro la persona,* contro la vita, la libertà o l'onore di individui singoli || in frasi negative, nessuno: *non c'è persona disposta a crederci* || *la mia, tua, sua persona,* io, tu, egli **2.** *T.giur. persona fisica,* ciascun essere umano in quanto soggetto di diritto; *persona giuridica,* persona o insieme di persone o cose, considerato come soggetto di diritto **3.** corpo, corporatura: *ha molta cura della sua persona, un abito poco adatto alla sua persona* || *in persona,* in carne ed ossa: *è proprio lui in persona* || *di persona,* personalmente: *ci andò di persona, lo conosco di persona* || *pagare di persona,* affrontare direttamente i costi (reali o metaforici) di qualcosa || *fatto persona, in persona,* personificato: *è la superbia in persona* **4.** *T.gram.* categoria deittica del verbo e del pronome, usata da chi parla per riferirsi a se stesso (*I persona*), all'ascoltatore (*II persona*) o a persona diversa da queste due (*III persona*) **5.** *T.rel. le persone della SS. trinità,* Padre, Figlio e Spirito Santo || *dim.* personcìna; *pegg.* personàccia || **N.** **1.** *Sin.* individuo; tale, tizio **3.** *Sin.* complessione, fisico **5.** *Sin.* ipostasi.

personàggio (pl. *-gi*) [dal fr. *personnage*; a. 1556] **sm.** **1.** persona importante, d'alto grado o assai famosa: *i grandi personaggi della storia, un personaggio della politica, del mondo dello spettacolo* **2.** ciascuna delle figure che agiscono in un dramma, un film, un'opera e sim.: *personaggi e interpreti del film, un personaggio secondario* || *fam.* tipo strano o buffo || **N.** **1.** *Sin.* autorità, notabile **2.** *Sin.* parte, protagonista, ruolo.

personal (ingl., pr. ['pə:sənəl]; pr. it. ['personal]) [da *personal* (*computer*); 1982] **sm.** *inv. personal computer.* **Q.T.** *informatica.*

personal computer (ingl., pr. [ˌpə:sənəl kəm'pju:tə]; pr. it. ['personal kom'pjuter]) [comp. di *personal*, personale e *computer*; 1983] **sm.** *inv.* elaboratore elettronico di piccole dimensioni e capacità, utilizzabile da piccole aziende o da privati.

personàle [dal lat. tardo *personālis*; a. 1344] **I agg.** **1.** della persona, attinente alla persona: *offesa personale, oggetti personali, questioni di carattere strettamente personale, grazie al suo personale interessamento* || che vale solo per una determinata persona, che non si può cedere ad altri: *biglietto, tessera, invito personale* || *per estens.* soggettivo, originale: *una personale interpretazione di un'opera* || *mostra personale* (o *sf. una personale*), esposizione di opere di un artista moderno: *la galleria ospiterà una personale dello scultore* **2.** *T.gram. pronomi persona-*

li, quelli che indicano la persona grammaticale (*io, tu, lui* ecc.); *costruzione personale,* che richiede un soggetto determinato concordante col verbo || **personalménte** ***avv.*** **1.** con diretta presenza della persona: *voglio assistere personalmente, me lo ha detto personalmente* **2.** (come frasale) per quanto riguarda opinioni o interessi personali (dal punto di vista di chi parla): *personalmente, avrei preferito aspettare ancora un po'* **II** ***sm.*** **1.** la forma, le fattezze del corpo: *quella donna ha un bel personale, un personale slanciato* **2.** (solo *sing.*) la categoria di persone che svolge una determinata funzione (gli impiegati, gli addetti, gli operai ecc.): *il personale delle Ferrovie; ufficio personale,* in cui sono custoditi i documenti e trattate le pratiche relative al personale || **N. I 1.** *Sin.* individuale, privato | *Contr.* collettivo, comune **2.** *Contr.* impersonale **II 1.** *Sin.* complessione, corporatura.

personalismo [dal fr. *personnalisme*; 1902] ***sm.*** **1.** *T.fil.* ogni dottrina che riconosce alla persona singola un valore assoluto **2.** *T.fil.* la posizione teologica che concepisce la divinità come una persona (in contrapposizione a *panteismo*) **3.** tendenza ad anteporre gli interessi personali a quelli della collettività; anche come numerabile: *basta coi personalismi!*

personalista [da *personalismo*; 1831] ***agg.*** e ***s.*** **1.** che, chi tende al personalismo **2.** *T.fil.* seguace del personalismo.

personalìstico (pl. *-ci*) [da *personalismo*; 1954] ***agg.*** proprio del personalismo || caratterizzato da personalismo, nel senso 2.

personalità [dal lat. tardo *persōnālitas, -ātis*; a. 1406] ***sf.*** **1.** qualità di ciò che è personale: *ha dimostrato personalità di giudizio* **2.** il complesso dei caratteri psichici, affettivi e di comportamento che contraddistinguono una persona: *una personalità debole, forte*; *ass.* carattere deciso, volitivo: *avere, mancare di personalità* || *T.pol. culto della personalità,* estrema sopravvalutazione delle qualità e dei meriti di un dirigente politico || *T.psic.* e *T.antrop. Cultura e Personalità,* movimento di pensiero psicologico applicato alle società di interesse etnologico; sorto negli anni Trenta, nel suo ambito attenzione particolare è rivolta ai processi educativi e alla formazione delle caratteristiche culturali della personalità **3.** *T.giur. personalità giuridica,* il complesso dei requisiti che conferiscono capacità giuridica **4.** persona di prestigio, di autorità: *una personalità del mondo cinematografico* || **N. 2.** *Sin.* carattere, individualità, indole, natura, temperamento. **Q.T.** *psicologia.*

personalizzàre [da *personale*; 1964] ***tr.*** rendere personale introducendo modifiche secondo il gusto personale: *personalizzare una stanza, un abito* || *T.inform. personalizzare un programma,* adattarlo alle esigenze specifiche di un utente.

personalizzàto (*pps.* di *personalizzare*) [1969] ***agg.*** reso personale, adattato o adeguato ai gusti e alle esigenze di una persona: *un portachiavi personalizzato.*

personalizzazióne [da *personalizzare*; 1967] ***sf.*** il personalizzare, l'essere personalizzati.

personeggiàre (pres. *-éggio*) [da *persona*; a. 1827] ***tr.*** *raro* interpretare come ruolo drammatico.

personificàre (pres. *-ìfico, -ìfichi*) [dal fr. *personnifier*; a. 1788] ***tr.*** **1.** rif. a cosa inanimata o astratta, attribuire figura, qualità e sentimenti umani: *personificare la notte, la fede* **2.** rappresentare, simboleggiare: *il padre personifica la famiglia.*

personificazióne [dal fr. *personnification*; 1820] ***sf.*** **1.** atto ed effetto del personificare: *personificazione delle virtù* **2.** *fig.* persona che mostra al massimo grado una qualità: *è la personificazione della rettitudine, del male, dell'astuzia* || **N. 1.** allegoria, prosopopea | antropomorfismo.

perspicàce [dal lat. *perspicax, -ācis*; a. 1375] ***agg.*** acuto e provvisto di fine intuito: *persona, mente perspicace* || **perspicaceménte** ***avv.*** || **N.** *Sin.* sagace; avveduto, intelligente.

perspicàcia (pl. *-cie*) [dal lat. *perspicācia*; 1664] ***sf.*** qualità di chi è perspicace || **N.** *Sin.* acume, sagacia.

perspicacità [dal lat. tardo *perspicācitas, -ātis*; a. 1375] ***sf.*** *ant.* perspicacia.

perspicuità [dal lat. *perspicuitas, -ātis*; 1550] ***sf.*** l'essere perspicuo; evidenza, chiarezza.

perspìcuo [dal lat. *perspicuus*; a. 1496] ***agg.*** evidente, che si coglie o si comprende immediatamente: *discorso perspicuo* || **N.** *Sin.* trasparente.

perspiràre (pres. *-iro*) [dal lat. *perspirāre*; 1970] ***tr.*** e ***intr.*** (aus. *avere*) eliminare acqua per perspirazione.

perspirazióne [dal lat. scient. *perspirātio, -onis,* basato sul lat. *perspirāre,* traspirare; a. 1729] ***sf.*** eliminazione continua di acqua attraverso i tessuti cutanei, indipendentemente dalla occasionale sudorazione.

persuadére (pres. *-àdo* ecc., come DISSUADERE) [dal lat. *persuadēre*; 1319] ***tr.*** **1.** indurre a credere o a fare qualcosa: *lo persuase che aveva torto, l'ha persuasa a prendere la patente* (si distingue da *convincere* perché comporta la piena adesione di chi è persuaso) **2.** *per estens.* piacere, soddisfare, andare a genio: *quelle moine mi persuadono poco* || ***rifl.*** acquisire consapevolezza o certezza di qualcosa; fare opera di autoconvincimento || **N.** *Sin.* capacitare, convertire, inculcare | *Contr.* dissuadere.

persuadévole [da *persuadere*; 1738] ***agg.*** *raro* atto a persuadere, suadevole, persuasivo.

persuadìbile [da *persuadere*; a. 1573] ***agg.*** *raro* persuasibile.

persuaditóre [da *persuadere*; 1871] ***sm.*** (f. *-trìce*) *raro* persuasore.

persuasìbile [dal lat. *persuasibilis*; 1551] ***agg.*** **1.** che è facile a persuadersi **2.** *arc.* che persuade, credibile.

persuasióne [dal lat. *persuāsio, -ōnis*; 1308] ***sf.*** **1.** atto del persuadere e del persuadersi: *usare la persuasione e non la coercizione, possedere grande forza di persuasione* **2.** ferma credenza, opinione profondamente radicata || **N. 1.** *Sin.* esortazione, suggestione | *Contr.* dissuasione **2.** *Sin.* certezza, convincimento, fissazione, opinione, sicurezza.

persuasìva [f. sost. di *persuasivo*; 1608] ***sf.*** *non com.* facoltà di persuasione.

persuasìvo [da *persuaso*; a. 1363] ***agg.*** atto a persuadere: *argomento persuasivo* || **persuasivaménte** ***avv.*** || **N.** *Sin.* convincente, efficace, incalzante, suasivo.

persuàso (*pps.* di *persuadere*) [a. 1536] ***agg.*** convinto, certo: *sono persuaso della sua innocenza* || **N.** *Sin.* risoluto, sicuro.

persuasóre [dal lat. tardo *persuāsor, -ōris*; sec. XIV-XV] ***sm.*** (f. *persuaditrìce*) chi è abile nel persuadere || *persuasori occulti,* nella tecnica pubblicitaria, quelli che convincono il consumatore agendo sul suo subcosciente.

persùtto v. PROSCIUTTO.

pertànto [comp. di *per* e *tanto*; a. 1363] ***cong.*** quindi, perciò, dunque: *siamo in ritardo col lavoro, pertanto faremo degli straordinari* || *non pertanto,* tuttavia, nondimeno.

pertèrrito [pps. del verbo disus. *perterrire,* spaventare; 1521] ***agg.*** *ant.* atterrito.

pèrtica [lat. *pertica*; a. 1320] ***sf.*** **1.** bastone molto lungo: *bacchiare le noci con una pertica* || *fig. scherz.* persona molto alta e magra **2.** *T.sport.* palo alto e liscio fissato al suolo e al soffitto, per fare esercizi di arrampicamento **3.** antica misura lineare o di superficie, di valore diverso nelle varie regioni || *dim.* pertichétta, pertichìna; *accr.* perticóna, perticóne (*sm.*); *pegg.* perticàccia || **N. 1.** *Sin.* bacchio, palo, stecca, stollo.

perticàre (pres. *pèrtico, pèrtichi*) [da *pertica*; a. 1536] ***tr.*** *ant.* **1.** misurare con la pertica **2.** bastonare, percuotere con pertica.

perticàta [da *pertica*; 1550] ***sf.*** *non com.* colpo di pertica.

perticàto [da *pertica*; 1576] ***sm.*** **1.** diritto del salariato di seminare per sé a granoturco un appezzamento del conduttore **2.** antica imposta su terreno misurato a pertiche.

perticóne (*accr.* di *pertica*) [a. 1535] ***sm.*** (f. *-a*) *fam.* e *scherz.* persona molto alta e magra.

pertinàce [dal lat. *pertinax, -ācis*; a. 1348] ***agg.*** tenace fino all'ostinazione: *è pertinace nello studio* || **pertinaceménte** ***avv.*** || **N.** *Sin.* caparbio, cocciuto, ostinato, testardo.

pertinàcia (pl. *-cie*) [dal lat. *pertinacia*; sec. XIV] ***sf.*** la qualità di chi è pertinace || **N.** *Sin.* tenacia, COSTANZA, OSTINAZIONE.

pertinènte [dal lat. *pertinens, -entis*; 1353] ***agg.*** *lett.* che appartiene, che spetta: *sono funzioni pertinenti alla sua carica* || che ha a che fare con, che riguarda; naturalmente connesso: *non è una domanda pertinente all'argomento* || **N.** *Sin.* attinente, concernente, riguardante; spettante; appropriato.

pertinènza [da *pertinente*; a. 1348] ***sf.*** **1.** l'essere pertinente: *la scarsa pertinenza di un intervento* || competenza giuridica: *è di pertinenza del Tribunale dei minori* **2.** *T.giur. pl.* cose destinate in modo durevole a servizio e ornamento di un'altra cosa || **N. 1.** *Sin.* proprietà.

pertinenziàle [da *pertinenza*; 1958] ***agg.*** *T.giur.* relativo a pertinenza (nel senso 2): *vincolo pertinenziale.*

pertìngere (pres. *pertingo* ecc., come TINGERE) [dal lat. *pertingere*; a. 1342] ***intr.*** (aus. *avere*) *arc.* arrivare, giungere.

pertìte [comp. del n. geogr. *Perth,* città del Canadà e *-ite*[2]; 1958] ***sf.*** roccia costituita da feldspato potassico e albite, presente in materiali eruttivi.

pertósse [comp. di *per-* e *tosse*; 1859] ***sf.*** *T.med.* malattia prevalentemente infantile, caratterizzata da una persistente tosse spasmodica || **N.** *Sin.* tosse asinina, tosse canina, tosse cattiva.

pertrattàre [dal lat. *pertractāre*; 1308] ***tr.*** *lett.* trattare compiutamente, esaminare a fondo.

pertrattazióne [dal lat. *pertractātio, -ōnis*; seconda metà sec. XVI] ***sf.*** *lett.* trattazione molto approfondita ed esauriente.

pertugiàre (pres. *-ùgio*) [lat. volg. **pertusiāre*; 1313] ***tr.*** *arc.* forare.

pertùgio (pl. *-gi*) [da *pertugiare*; 1313] ***sm.*** buco, foro || **N.** BUCO.

perturbaménto [da *perturbare*; 1551] ***sm.*** grande turbamento d'animo.

perturbàre [dal lat. *perturbāre*; a. 1320] ***tr.*** **1.** turbare grandemente, mettere in grande agitazione: *perturbare l'equilibrio interiore* **2.** scompigliare, sommuovere: *perturbare la quiete, lo svolgimento di una manifestazione* || ***intr. pron.*** di tempo atmosferico, guastarsi || **N. 2.** *Sin.* sobillare.

perturbatìvo [da *perturbare*; 1499] ***agg.*** che perturba, inerente a perturbazione: *azione perturbativa.*

perturbatóre [dal lat. tardo *perturbātor, -ōris*; a. 1472] ***agg.*** e ***sm.*** (f. *-trìce*) che o chi perturba, spec. la quiete o l'ordine pubblico; anche in posizione attributiva: *elemento perturbatore* || **N.** *Sin.* sobillatore; sovversivo.

perturbazióne [dal lat. *perturbātio, -ōnis*; a. 1337] ***sf.*** **1.** alterazione di uno stato di equilibrio o di quiete, agitazione: *gravi perturbazioni della stabilità sociale; perturbazione dell'animo* || *in part. T.meteor. perturbazione atmosferica,* peggioramento del tempo dovuto agli effetti di un ciclone **2.** *T.astr.* leggera deviazione che un pianeta compie rispetto all'orbita, per effetto gravitazionale di altri pianeti **3.** *T.mat.* *metodo delle perturbazioni*, procedimento per la risoluzione approssimata di equazioni che non ammettono soluzioni esatte ‖ **N.** **1.** *Sin.* disturbo, sommovimento.

pèrula [dal lat. *perula*, piccola tasca; 1835] *sf.* *T.bot.* piccola fogliolina che protegge la gemma.

perùsto [dal lat. *perustus*, pps. di *perurere*, bruciare; sec. XIII] *agg.* *lett.* torrido, bruciato, arso.

peruviàno [dal fr. *péruvien*; 1608 *peruano*] **I** *agg.* del Perù **II** *sm.* (f. *-a*) abitante od originario del Perù.

pervàdere (pres. *-àdo* ecc., come EVADERE) [dal lat. *pervādere*; 1843] *tr.* penetrare spargendosi uniformemente, invadere: *il fumo ha pervaso la stanza, una melodia pervasa di struggente dolcezza* ‖ **N.** *Sin.* colmare, riempire, saturare; diffondersi, dilagare.

pervàṣo *pps.* di *pervadere* (v.).

pervenìre (pres. *-èngo* ecc., come VENIRE) [dal lat. *pervenīre*; 1308] *intr.* (aus. *essere*) **1.** arrivare, giungere: *mi pervengono ogni giorno lettere di sollecitazione, questa è la conclusione a cui sono pervenuto*; talvolta implica difficoltà o sforzo: *pervenire alla cima del monte* **2.** *ant.* spettare, toccare: *va' col corredo quale a te perviene* (Pascoli) ‖ **N.** **1.** ARRIVARE.

perversióne [dal lat. *perversio*, *-ōnis*; sec. XIV] *sf.* **1.** alterazione in peggio, degenerazione: *subire un processo di perversione, perversione del gusto* **2.** (numerabile) deviazione degli istinti, spec. sessuali ‖ **N.** **1.** *Sin.* pervertimento.

perversità [dal lat. *perversitas*, *-ātis*; a. 1342] *sf.* **1.** carattere di chi o di ciò che è perverso **2.** *concr.* azione perversa ‖ **N.** *Sin.* cattiveria, depravazione, iniquità, malvagità.

pervèrso [dal lat. *perversus*; 1308] *agg.* **1.** che trae godimento dal compiere il male, malvagio: *animo, indole perversa* ‖ che è conseguenza di tale disposizione: *azione perversa, gioia perversa* **2.** ostile, avverso: *destino perverso* ‖ **perversaménte** *avv.* ‖ **N.** CATTIVO.

pervertiménto [da *pervertire*; sec. XIV] *sm.* atto ed effetto del pervertire e del pervertirsi: *pervertimento degli istinti, della morale* ‖ **N.** *Sin.* corrompimento, corruzione, degenerazione, depravazione.

pervertìre (pres. *-èrto*) [dal lat. *pervertere*, sconvolgere; a. 1292] *tr.* far deviare da una condizione considerata normale, giusta, spec. in campo morale: *pervertire gli animi, gli istinti* ‖ *intr. pron.* corrompersi, degenerare ‖ **N.** *Sin.* corrompere, depravare, guastare.

pervertìto (*pps.* di *pervertire*) [a. 1315] **I** *agg.* corrotto, degenerato: *gusto pervertito, un giovane pervertito* **II** *sm.* (f. *-a*) persona che mostra perversione sessuale.

pervertitóre [da *pervertire*; sec. XIV] *sm.* (f. *-trìce*) e *agg.* chi o che perverte ‖ **N.** *Sin.* corruttore, depravatore, sovvertitore.

pervicàce [dal lat. *pervicax*, *-ācis*; a. 1292] *agg.* *lett.* ostinato, caparbio ‖ **pervicacemènte** *avv.* ‖ **N.** OSTINATO.

pervicàcia (pl. *-cie*) [dal lat. *pervicacia*; 1585] *sf.* *lett.* il carattere di chi o di ciò che è pervicace ‖ **N.** OSTINAZIONE.

pervietà [da *pervio*; 1958] *sf.* *T.anat.* stato di un organo cavo quando presenta l'interno libero: *la pervietà di una vena.*

pervìgile [dal lat. *pervigil*; 1871] *agg.* *lett.* assai vigilante.

pervìnca [dal lat. *pervinca*; sec. XIV] **I** *sf.* pianta erbacea perenne, che fa bei fiori a cinque petali azzurri, raramente rosa o bianchi ‖ *sm.* il colore della pervinca: *il pervinca è intonato ai suoi occhi* **II** *agg. inv.* (sempre posposto) del colore azzurro-violaceo del fiore di questa pianta: *un abito pervinca.*

pèrvio (pl. *-vi*) [dal lat. *pervius*; a. 1375] *agg.* *lett.* che consente il passaggio ‖ *T.med.* di canale o cavità del corpo, che consente il transito di sostanze organiche.

pésa [da *pesare*; 1318] *sf.* **1.** pesatura **2.** il luogo dove si pesa e l'apparecchio per pesare: *la pesa pubblica* **3.** antica tassa richiesta per far controllare il peso a merci vendute pubblicamente.

pesabambìni [comp. di *pesa(re)* e *bambino*, sul modello del fr. *pèse-bébé*; 1954] *sm.* e *agg.* *inv.* bilancia usata per pesare bambini, spec. neonati: *bilancia pesabambini.*

pesàbile [da *pesare*; a. 1776] *agg.* che si può pesare ‖ **N.** *Sin.* ponderabile.

pesafìltro [comp. di *pesa(re)* e *filtro*; 1954] *sm.* *T.chim.* piccolo recipiente cilindrico di vetro a chiusura ermetica, usato per essiccare e pesare piccole quantità di precipitati raccolti su filtro.

pesage (fr., pr. [pəˈza:ʒ]) [letter. *pesatura*; 1905] *sm. inv.* nell'ippodromo, luogo in cui si pesano i fantini prima e dopo la corsa.

pesalàtte [comp. di *pesa(re)* e *latte*, sul modello del fr. *pèse-lait*; 1965] *sm. inv.* lattodensimetro.

pesalèttere [comp. di *pesa(re)* e *lettera*; 1891] *sm.* o *sf. inv.* bilancetta per pesare lettere o pacchetti da spedire per posta, per calcolare l'affrancatura.

pesaménto [da *pesare*; 1868] *sm.* *raro* pesatura.

pesànte (*ppr.* di *pesare*) [a. 1294] *agg.* **1.** che ha un peso: *tutti i corpi sono pesanti, questo pacco è più pesante di quello* ‖ *per restr.* che ha un peso considerevole: *una valigia pesante, due pesanti mobili*; *acqua pesante*, nella cui molecola l'idrogeno è sostituito dal deuterio, e che ha quindi un peso atomico maggiore; *olio pesante*, spesso, che brucia con fiamma fumosa; *tessuti, abiti pesanti*, di stoffa spessa e calda; *terreno pesante*, fangoso, sicché il piede, appesantito, avanza con difficoltà **2.** *fig.* opprimente, che dà un senso di peso: *cibi pesanti*, difficili da dirigere; *aria pesante*, viziata ‖ anche in senso psichico: *clima pesante*, situazione opprimente, di forte tensione; *persona, discorso pesante*, noioso **3.** che richiede grande sforzo fisico o impegna molta forza: *lavoro pesante*; *atletica pesante*, lotta e sollevamento pesi; *industria pesante*, metallurgica e metalmeccanica ‖ *fig.* gravoso, impegnativo: *pesanti responsabilità, un incarico pesante* **4.** *fig.* che colpisce duramente: *aver la mano pesante*, picchiare sodo e *fig.* essere severi; *gioco pesante*, falloso; *pesanti allusioni, un giudizio pesante*, molto negativi; *battuta pesante*, volgare e offensiva **5.** *fig.* non lieve, massiccio: *tratto pesante*, spesso e marcato; *stile pesante, una figura pesante* ‖ **pesantemènte** *avv.* ‖ **N.** **2.** *Sin.* greve **3.** *Sin.* faticoso **4.** *Sin.* carico, sovraccarico | *Contr.* leggero, lieve. **TAV.** ***atletica*** **p. 657** 3.

pesantézza [da *pesante*; 1733] *sf.* **1.** proprietà di ciò che è pesante, nei vari sensi: *pesantezza di un mobile*; *lavoro di eccessiva pesantezza*; *pesantezza di stile* **2.** sensazione fisica di oppressione, dovuta a disturbi vari: *pesantezza allo stomaco, di testa, alle gambe* ‖ **N.** **1.** *Sin.* gravezza, gravosità, peso, ponderosità.

pesapersóne [comp. di *pesa(re)* e *persona*; 1971] *sm.* o *sf.* e *agg. inv.* bilancia per pesare le persone: *bilancia pesapersone.*

pesàre (pres. *péso*) [lat. *pensāre*, a. 1320] *intr.* (aus. *avere* ed *essere*) **1.** avere un determinato peso: *quel sacco pesa dieci chili, i polli ruspanti pesano più di quelli d'allevamento, questo zaino pesa come il piombo* ‖ *per estens.* essere molto pesante: *se la borsa ti pesa la porto io, come pesa quel tavolo!* **2.** esercitare un peso, appoggiarsi, gravare: *la volta pesa su quei pilastri* ‖ *fig.* incombere: *pesa su di lui una condanna implacabile, qualche peccatuccio gli pesa sulla coscienza* ‖ avere autorità, influenza: *so quanto pesano i suoi giudizi* **3.** essere molesto, faticoso, opprimente: *gli pesa molto alzarsi ogni mattina alle sei, l'età comincia a pesare* ‖ *tr.* **1.** determinare il peso: *pesare un sacco di grano, pesare i bagagli all'aeroporto, pesare un chilo di mele* **2.** *fig.* considerare attentamente, valutare: *pesare il pro e il contro*; *pesare le parole*, parlare con cautela ‖ *rifl.* stabilire il proprio peso ‖ **N.** *tr.* **2.** *Sin.* ponderare, soppesare, vagliare.

pesàta [f. sost. di *pesato*; 1868] *sf.* **1.** operazione del pesare **2.** quantitativo pesato in una sola volta.

pesàto (*pps.* di *pesare*) [a. 1292] *agg.* considerato, accorto: *con parole pesate* ‖ **pesataménte** *avv.* *non com.*

pesatóre [da *pesare*; a. 1306] *sm.* (f. *-trice*) persona addetta alla pesatura.

pesatùra [da *pesare*; 1311] *sf.* **1.** l'atto del pesare: *procedere alla pesatura del vitello, eseguire la pesatura di un pacco postale* **2.** pesa (nel senso 3).

pèsca [lat. *persica*, neutro pl. di *persicum* (*malum*), propr. (frutto) della Persia; a. 1320] **I** *sf.* **1.** frutto del pesco con polpa gustosa, tenera e profumata, gialla o bianca, buccia sottile e vellutata: *marmellata di pesche, pesche al forno* ‖ *pelle di pesca*, liscia e vellutata **2.** *fig.* *tosc.* occhiaie molto livide per stanchezza o malore ‖ livido lasciato sul volto da una percossa **II** *agg. inv.* (sempre posposto) del colore della pesca: *rosa pesca*, di tonalità calda, leggermente aranciato ‖ *dim.* peschétta, peschìna ‖ **N.** **1.** buccia, mandorla, nocciolo, picciolo, polpa | duracina, noce, spiccagnola.

pésca [da *pescare*; a. 1535] *sf.* **1.** attività del pescare: *la pesca dei tonni, economia basata sulla pesca, andare a pesca, divieto di pesca*; *pesca d'altura*, in alto mare; *pesca subacquea*, che si pratica con speciale attrezzatura, nuotando sotto la superficie dell'acqua **2.** l'insieme dei pesci pescati: *una pesca abbondante, buona pesca* **3.** specie di lotteria, in cui da un'urna vengono estratti dei numeri corrispondenti a premi: *pesca di beneficenza.* **Q.T.** ***pesca*** **TAV.** ***pesca.***

pescàggio (pl. *-gi*) [da *pescare*; 1900] *sm.* profondità di immersione misurata dalla distanza fra la superficie dell'acqua e l'estremità della chiglia. **Q.T.** ***nautica...***

pescagióne [dal lat. tardo *piscātio*, *-ōnis*; sec. XIV] *sf.* *non com.* **1.** pesca **2.** pescaggio.

pescàia [lat. *piscaria*, propr. pescheria; fine sec. XIII] *sf.* sbarramento artificiale innalzato in un fiume per favorire la pesca ‖ *per estens.* sbarramento fluviale per deviare il corso delle acque o per altri scopi ‖ **N.** *Sin.* chiusa.

pescaiòlo [da *pescaia*; a. 1348] *sm.* *non com.* pescaia.

pescanóce o **pèsca nóce** (pl. *peschenóci* o *pèsche nóci*) [comp. di *pesca* e *noce*; sec. XVI] *sf.* nocepesca.

pescàre (pres. *pésco, péschi*) [lat. *piscāri*; a. 1182] *tr.* **1.** rif. a pesci o altri animali acquatici, catturare con attrezzature adatte: *ho pescato due trote, un'imbarcazione adatta per pescare merluzzi, pescare coralli, spugne, perle* ‖ *ass.* praticare la pesca, cercare di catturare pesci: *andare a pescare, sta pescando da un'ora ma non ha preso niente*; *pescare a mosca*, in acque dolci, con esca artificiale che imita un insetto alato: *alla traina*, in mare, da un'imbarcazione in movimento che traina una lenza molto lunga ‖ *per estens.* recuperare, tirar su dall'acqua: *pescare un relitto* ‖ *fig.* *pescare nel torbido*, sfruttare a proprio vantaggio una situazione poco limpida **2.** *fig.* riuscire a trovare: *dove hai pescato questa notizia?, guai se ti pesco con le mani nel sacco!* **3.** prendere a caso: *pesca una carta, pescare un numero della lotteria* ‖ *intr.* (aus. *avere*) di navi o altri corpi posti in acqua o in altri liquidi, essere più o meno profondamente immerso: *la nave pesca tre metri, il tubo pescava nell'acqua per due metri.* **Q.T.** ***pesca.***

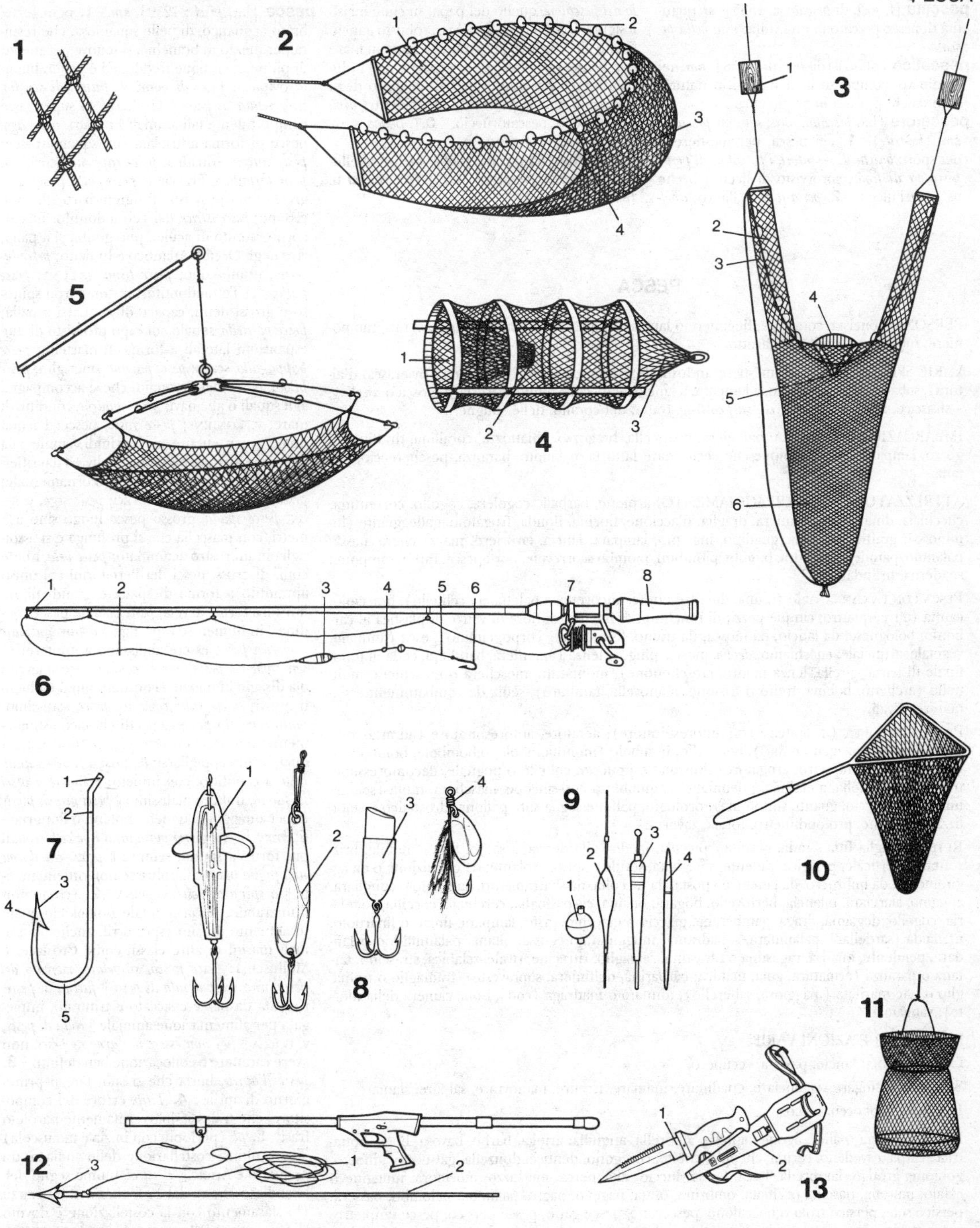

1. maglia di rete da pesca

2. sciabica
2.1. braccio - 2.2. galleggiante - 2.3. sacco - 2.4. piombo

3. sfogliara o rete a strascico
3.1. tavolone divergente - 3.2. braccio - 3.3. galleggiante - 3.4. rabbio - 3.5. bocca - 3.6. sacco

4. nassa
4.1. bocca - 4.2. collo - 4.3. sacco

5. bilancia

6. canna da pesca
6.1. cimino - 6.2. lenza - 6.3. galleggiante - 6.4. piombino - 6.5. setale - 6.6. amo - 6.7. mulinello - 6.8. impugnatura

7. amo
7.1. paletta o occhiello - 7.2. gambo - 7.3. ardiglione - 7.4. punta - 7.5. curva

8. esche artificiali
8.1. *devon* - 8.2. cucchiaino ondulante - 8.3. plugo - 8.4. cucchiaino rotante

9. galleggianti
9.1. a palla - 9.2. a pera-goccia - 9.3. bombato - 9.4. a penna d'istrice

10. guadino

11. retino portapesci

12. fucile subacqueo
12.1. sagola - 12.2. asta - 12.3. arpone

13. coltello da pesca subacquea
13.1. coltello - 13..2. fodero da gamba

pescàta [f. sost. di *pescato*; a. 1535] **sf.** quantità di pesce pescato in una volta: *una bella pescata*.

pescàtico (pl. *-ci*) [da *pescare*; 1958] **sm.** nel Medioevo, compenso in denaro o in natura, dato da chi pescava in acque altrui.

pescatóre [lat. *piscātor, -ōris*; sec. XII *pescaor*] **sm.** (f. *-trice*) **1.** chi pesca, per mestiere o per sport: *barche di pescatori, i pescatori di perle*; *pescatore di frodo*, sprovvisto di licenza o che usa mezzi illeciti **2.** *per anton.* S. Pietro; *anello del pescatore*, quello del papa, su cui è inciso il sigillo di S. Pietro **3.** *T.mar.* robusto gancio fissato alla corda di un paranco, calato in mare per recuperare l'ancora a ceppo || nell'industria mineraria utensile per il recupero degli attrezzi di sondaggio in caso di incidenti || *dim.* pescatorèllo, pescatorùccio. **Q.T.** *pesca*.

pescatòrio V. PISCATORIO.

pescatrìce [da *pescare*; 1646] **sf.** forma ellittica per *rana pescatrice* (v.). **TAV.** ***pesci* p. 1331** 14.

PESCA

PERSONE: apneista, coralliere, fiociniere o lanciatore, pescatore a mosca o *angler*, rais, ramponiere, subacqueo o sub, tonnarotto.

VARIE SPECIE: sportiva, di mestiere, industriale; fluviale, lacustre, marittima (rivierasca, d'altura), subacquea; a bolentino, a lampara, a lancio, al tocco, a fondo, a frusta, a mosca o *angling*, a strascico, al traino, mattanza, *surf-casting*, tratta; del corallo, delle spugne.

IMBARCAZIONI DA PESCA: baleniera, bilancella, bragozzo, chiattozza, corallina, draffiniera, gozzo, lampara, lancia, motopeschereccio, nave fattoria, palamito, paranza, peschereccio, tartana.

ATTREZZATURA ED EQUIPAGGIAMENTO: arpione, barbaia, cogolera, cogollo, correntina, cucchiaia, dinamite, draffiniera, draglia, filaccione, fiocina, fionda, frugatoio, galleggiante (luminoso), graffio, graticcia, guadino, ingegno, lampara, lancia, lavoriero, mazzacchera, nassa, palamito, paradello, pastura, piombi, piombini, piombo scorrevole, portapesce, raffio, rampone, spaderna, tirlindana.

PESCA CON LA CANNA: amo (a una, due, tre punte, ancoretta, a paletta, a occhiello), bracciolo, canna (a tre, quattro, cinque pezzi; di tonchino, di bambù, di fibra di vetro, di plastica al carbonio; bolognese, da lancio, da mosca, da traino, fissa; piede, corpo, cimino), esca (animale; vegetale; artificiale: cucchiaino, *devon*, mosca, plugo), lenza (amettiera, bandiera, coda di topo, finale di lenza, girella, lenza madre, moschettone), montatura, moschera o moschiera, mulinello (archetto, bobina, freno o frizione, manovella, tamburo), sedia da combattimento, slamatore, stivali.

PESCA SUBACQUEA (in apnea / con autorespiratore); aeratore, autorespiratore (ad aria compressa o ARA, a ossigeno o ARO), boccaglio, bombole (monobombole, bibombole, bombolino; rubinetteria, manometro, erogatore), bussola, cappuccio, coltello o pugnale, decompressimetro, fucile (a molla, a elastico, pneumatico), giubbotto anti-sincope, maschera, muta (stagna, umida; cappuccio, guanti, sottomuta), orologio, pallone segna sub, pallone idrostatico o stabilizzatore, pinne, profondimetro, torcia, zavorra.

RETE (a maglia fitta / rada, grande / piccola, media; alla deriva, a sacco, fissa / mobile, orizzontale / verticale, pelagica, radente, smagliata, sottile / spessa, volante; da circuizione o da aggiramento, da imbrocco, da lancio, da posta, da raccolta, da sbarramento, da traino); agugliara, angamo, alacciara, bilancia, bertovello, bogara, bucina, carpasfoglia, cerchiaia, cocchia, cogolaria, cogollo, degagna, draga, gamberana, giaccio o giacchio, grifo, lampara, linaio o linaruolo, menaida (sardellara, palamitara, squadrara), mugginara, negossa, oltana, palamitara o palandara, pendente, quadra, ragastina o ravastina, rezzaglio, ritrecine, rivale, sciabica, strascino, tartana o paranza (armatura, gola, manica; cerbarina, delfiniera, sopraveste), tramaglio o tremaglio o rete maritata (maggiora, salterello), tonnara o madraga (coda, isola, camera della morte), vangaiola.

MOVIMENTI E AZIONI VARIE.

CON LA CANNA: lancio, passata, recupero.

SUL PESCE: affogare, agganciare, guadinare, inamare, irretire, manovrare, salpare, slamare.

DEL PESCE: abbocco, tocco.

PESCE: acciuga o alice, agone, aguglia, alborella, anguilla, aringa, barbo, bavosa, boga, bottatrice, carpa, cavedano, cernia, cheppia, cobite, coregono, dentice, donzella, gattuccio, ghiozzo, gobione, grongo, lampreda, lasca, leccia, luccio, lucioperca, merluzzo, mormora, muggine o cefalo, murena, nasello, occhiata, ombrina, orata, pagello, pagro, palamita, palombo, passera, persico sole, persico trota o boccalone, pescecane, pesce gatto, pesce persico, pesce sanpietro, pesce spada, pigo, razza, rombo, salmerino, salmone, salpa, sanguinerola, sarago, sarda, scardola, scazzone, sciarrano, scorfano, sgombro, sogliola, spigola o branzino, spinarello, squalo, storione, temolo, tinca, tonno, torpedine, triglia, triotto, trota, vairone.

FRUTTI DI MARE, MOLLUSCHI E CROSTACEI: aragosta, arsella, astice, calamaro, cannello, canocchia o cannolicchio, cicala di mare, dattero di mare, folade, gambero (di fiume, marino o omaro), granchio, litodomo, lumaca, mitilo o muscolo o cozza, murice, oloturia o *trepang* o cocomero di mare, ostrica, polpo, riccio di mare, seppia, tartufo di mare, tellina, vongola.

MAMMIFERI MARINI: balena, delfino, capodoglio, narvalo.

VOCI ATTINENTI: bandita, calata, chiusa o ferma, frega, migrazione, pescagione, pescaia, pescato, pescheria, retata, ripopolamento, riproduzione, riserva.

ALLEVAMENTO, INDUSTRIA E CONSERVAZIONE DEL PESCE: acquacoltura, mitilicoltura, molluschicoltura, ostricoltura, peschiera, piscicoltura, vivaio; affumicamento, congelazione, essiccazione, inscatolamento sott'olio, marinatura, refrigerazione, salagione, surgelazione.

SISTEMI DI COTTURA DEL PESCE: al cartoccio, alla griglia, al forno, arrosto, brasato, fritto, in carpione, in umido, lessato.

pésce [lat. *piscis*; 1250] **sm.** **1.** ogni vertebrato acquatico, di pelle squamosa, che respira per mezzo di branchie, si muove per mezzo di pinne, ha sangue freddo, ed è generalmente oviparo: *pesce di mare, di fiume, di scoglio, una retata di pesci* || *pl. T.zool.* la superclasse comprendente tali animali || *in part. pesce ago*, pesce di forma affusolata con squame ossee; *pesce angelo*, squadro; *pesce cappone*, scorfano; *pesce farfalla*, V. PTEROIDE; *pesce gatto*, pesce con grossa testa provvista di lunghi barbigli, voracissimo; *pesce istrice*, dei Tetraodontiformi, con corpo munito di aculei, può gonfiarsi a palla; vive negli Oceani Atlantico e Indiano; *pesce lucerna*, uranoscopo; *pesce luna*, V. LUNA; *pesce palla*, dei Tetraodontiformi, con corpo spinoso e grossi denti, capace di gonfiarsi a palla; *pesce martello*, squalo col capo provvisto di due espansioni laterali a forma di martello; *pesce pappagallo*, scaro; *pesce pavone*, smeriglio; *pesce pilota*, pesce dei Carangidi che si accompagna agli squali o alle navi; *pesce rondine*, rondine di mare, V. RONDINE; *pesce rosso*, pesce d'acqua dolce appartenente ai Ciprinidi, simile alla carpa ma privo di barbigli, con livrea dai riflessi rossi e dorati, allevato a scopo ornamentale; *pesce San Pietro*, V. SAMPIETRO; *pesce sega*, V. SEGA; *pesce spada*, grosso pesce lungo sino a 5 metri, con mascella che si prolunga e si assottiglia in un rostro acuminato; *pesce vela*, nome com. di grossi pesci dei Perciformi col muso appuntito a forma di spada e grandi pinne dorsali a forma di vela; *pesce volante*, pesce rondine || in numerose espr. fig.: *nuotare, guizzare come un pesce*, essere abilissimo a nuotare; *essere come un pesce fuor d'acqua*, essere smarrito o a disagio in mezzo a consuetudini o ambienti nuovi; *essere sano come un pesce*, sanissimo; *muto come un pesce*, detto di chi tace ostinatamente; *non saper che pesci pigliare*, non saper a qual partito appigliarsi; *buttarsi a pesce su qualcosa*, a capofitto, con impeto; *prendere a pesci in faccia*, trattare malissimo || *pesci grossi, piccoli*, personaggi più o meno potenti o importanti; *prov. i pesci grossi mangiano i pesci piccoli*, il più forte la spunta sempre || *prov. chi dorme non piglia pesci*, chi poltrisce non ottiene niente || *a spina di pesce*, V. SPINA **2.** (come non numerabile) le carni di tale animale, in quanto alimento umano (spesso rif. anche ad animali marini di altre classi, come Crostacei e Molluschi): *pesce fresco, surgelato, mercato del pesce, una scorpacciata di pesce* || *farina di pesce*, ricavata da pesce essiccato e triturato, impiegata per alimentazione animale || *colla di pesce*, V. COLLA || *fig. non essere né carne né pesce*, non avere carattere o collocazione ben definiti **3.** *pesce d'aprile*, burla che si suol fare il primo giorno di aprile **4.** *T.tip.* errore del compositore, che tralascia inavvertitamente parole o frasi **5.** *pl.* (perlopiù con iniziale maiuscola) *T.astr.* ultima costellazione dello zodiaco, tra Acquario e Ariete || *T.astrol.* ultimo segno dello zodiaco che va dal 19 febbraio al 20 marzo (lo sfasamento con la costellazione è dovuto al fenomeno della precessione) || *per meton.* persona nata sotto il segno dei Pesci: *i Pesci sono fantasiosi, romantici e altruisti* || *dim.* pescìno, pescétto, pesciolìno, pesciùccio, pesciùzzo, pesciòtto; *accr.* pescióne; *pegg.* pesciàccio || **N. 1.** branchie, lisca, pinne o natatoie (caudali, dorsali, pettorali, ventrali), resta, spina, squama o scaglia, vescica natatoria | avannotto, ittiologia, piscicoltura, uova | ittio- **2.** affumicato, carpionato, marinato, salato, secco; al cartoccio, in salamoia | lavare, pulire, sbuzzare, squamare. **Q.T.** *alimentazione, pesca, zoologia* **TAV.** *astrologia* 1.12; ***araldica* p. 645** 4.8; ***pesci* p. 1330** sg.

pescecàne [comp. di *pesce* e *cane*; 1483] **sm.** **1.** squalo **2.** *fig.* affarista insaziabile e senza scrupoli. **TAV.** ***pesci* p. 1330** 2.

pescèra v. PESCIERA.

pescheréccio (pl. m. *-ci*, pl. f. *-ce*) [da *pescare*; 1532 *pescareccio*] **I** ***sm.*** nave attrezzata per la pesca **II** ***agg.*** attinente alla pesca: *barche peschereccce.*

pescheria [lat. *piscaria*; prima metà sec. XIV nel senso 2; a. 1400 nel senso 1] ***sf.*** **1.** negozio in cui si vende il pesce **2.** *ant.* arte di pescare.

peschéto [da *pesco*; 1958] ***sm.*** terreno coltivato a peschi.

peschìcolo [comp. di *pesco* e *-colo*; 1958] ***agg.*** che riguarda la coltivazione del pesco.

peschicoltóre [comp. di *pesco* e *-coltore*; 1958] ***sm.*** (f. *-trice*) chi coltiva piante di pesco.

peschicoltùra [comp. di *pesco* e *coltura*; 1958] ***sf.*** coltivazione di piante di pesco.

peschièra [var. sett. di *pescaia*; a. 1320] ***sf.*** **1.** vasca o sim. in cui si allevano pesci **2.** rete per la cattura di pesce, che si fissa al fondo mediante pali || **N.** **1.** *Sin.* vivaio.

pesciaiòla (raro *pesciaiuòla*) [da *pesce*; 1863] ***sf.*** recipiente di forma allungata usato per cuocervi il pesce.

pesciaiòlo (raro *pesciaiuòlo*) [da *pesce*; a. 1348] ***sm.*** (f. *-a*) chi vende il pesce.

pesciaiuòla v. PESCIAIOLA.

pesciaiuòlo v. PESCIAIOLO.

pescicoltóre v. PISCICOLTORE.

pescicoltùra v. PISCICOLTURA.

pescièra o **pescèra** [da *pesce*; 1885] ***sf.*** **1.** tegame ovale con doppio fondo sollevabile, usato per lessare il pesce **2.** vassoio ovale su cui si serve il pesce in tavola.

pescino (*dim.* di *pesce*) [1958] ***sm.*** imbarcazione leggera e molto agile su cui sta una sola persona, usata spec. per la caccia in palude.

pesciolino (*dim.* di *pesce*) [a. 1375] ***sm.*** **1.** pesce di piccole dimensioni: *vasca di pesciolini rossi* **2.** *pesciolino d'argento*, piccolo insetto aptero di colore argentato.

pescivéndolo [comp. di *pesce* e *-vendolo*; a. 1556] ***sm.*** (f. *-a*) venditore di pesce.

pèsco (pl. *-schi*) [lat. *persicus* (*malus*); a. 1320] ***sm.*** albero delle Rosacee con foglie lanceolate, fiori rosa che ricoprono la chioma prima della comparsa delle foglie, diffuso e coltivato per i gustosi frutti che produce (pesche): *peschi in fiore* || **N.** PESCA.

pescosità [da *pescoso*; 1958] ***sf.*** l'essere pescoso.

pescóso [dal lat. *piscōsus*; a. 1566] ***agg.*** di corso d'acqua, mare o lago, in cui la pesca è fruttuosa.

peseta (sp., pr. [pe'seta]; pr. it. [pe'zeta]) [1871 *pezzetta*] ***sf.*** (pl. *pesetas*, pr. [pe'setas]; pr. it. [pe'zetas]) unità monetaria spagnola.

pesièra [da *peso*; 1958] ***sf.*** la serie completa dei pesi campione per una bilancia || anche la cassetta che li contiene.

pesista [da *peso*; 1942] ***s.*** *T.sport.* **1.** atleta che pratica il sollevamento pesi **2.** atleta che pratica il lancio del peso.

pesìstica [da *peso*; 1942] ***sf.*** sport detto più frequentemente *sollevamento pesi.*

pesìstico (pl. *-ci*) [da *pesista*; 1958] ***agg.*** proprio della pesistica e dei pesisti; relativo alla pesistica e ai pesisti.

péso¹ [lat. *pēnsum*, propr. quantità di lana che la schiava doveva filare in un giorno; 1279] ***sm.*** **1.** la spinta o la trazione verso il basso, che un corpo esercita, in proporzione alla propria massa, su ciò che lo sostiene o lo trattiene, per effetto della forza di gravità terrestre: *la trave reggeva tutto quel peso, l'impalcatura non ha retto al peso ed è crollata* || la misura di tale forza: *il suo peso ideale dovrebbe essere 56 chili, determinare il peso di un carico* || *in part. T.fis. peso specifico assoluto*, rapporto fra il peso e il volume; *peso specifico relativo*, rapporto fra il peso di un corpo e il peso di uno stesso volume di acqua a 4 °C || *T.chim. peso atomico*, rapporto tra la massa di un elemento e la dodicesima parte della massa di un atomo dell'isotopo dodici del carbonio; *peso molecolare*, somma dei pesi atomici degli atomi che compongono una molecola || nella compravendita, *peso netto*, di una merce, privo di tara; *peso lordo*, che comprende la tara; *vendere a peso*, con prezzo proporzionale al peso; *rubare sul peso*, far risultare la merce di peso superiore a quello reale; *vendere a buon peso*, con abbondanza rispetto al prezzo; *a peso d'oro*, a carissimo prezzo || *prendere di peso*, caricare sollevando da terra tutto in una volta; *fig.* pari pari, in blocco **2.** *fig.* aggravio, affanno: *il peso della famiglia, degli anni, il peso di questo lavoro è tutto sulle nostre spalle* || importanza, influenza: *sono questioni di poco peso, le sue parole hanno avuto un peso decisivo, non dar troppo peso a quelle malignità* **3.** ciò che pesa: *toglimi questo peso dalle spalle* || *peso morto*, corpo inerte; *fig.* persona che non collabora, più d'intralcio che d'aiuto || *avere un peso sullo stomaco*, fastidio allo stomaco dovuto a cattiva digestione; *fig.* avere un cruccio || *fig. avere un peso sulla coscienza*, provare rimorso || *in part.* oggetto pesante adoperato per vari usi: *i pesi dell'orologio, i pesi della bilancia* || *T.sport.* nell'atletica pesante, il bilanciere appesantito con dischi, usato nelle gare di sollevamento; nell'atletica leggera, sfera liscia di metallo che viene scagliata nelle gare di lancio (*lancio del peso*) **4.** *T.sport.* nel pugilato e nell'atletica pesante, ciascuna categoria di competitori stabilita in base al peso: *peso mosca, peso gallo, peso piuma, peso leggero, peso medioleggero, peso medio, peso medio-massimo, peso massimo* **5.** strumento per pesare; *avere, fare due pesi e due misure*, v. MISURA nel senso 2 || il luogo in cui si trova: *peso pubblico* || negli ippodromi, recinto dove si pesano i cavalli e i fantini prima della corsa; *pesage* || *dim.* pesìno, pesétto, pesùccio || **N.** **1.** *Sin.* gravezza, gravità, pesantezza | aerometro, bilancia, stadera | adeguare, aggravare, alleggerire, alleviare, bilanciare, compensare, gravare, onerare, portare, ragguagliare, sostenere, sovraccaricare **2.** *Sin.* fastidio, oppressione; autorità, valore **3.** *Sin.* carico, contrappeso, grave, zavorra; fardello | argano, binda, burbera, carrucola, gru, leva, martinetto, paranco, verricello. **Q.T.** *atletica, pugilato, unità di misura* **TAV. *atletica* p. 657** 1.10, 3.4.

péso² [da *pesare*; a. 1449] ***agg.*** *tosc.* pesante.

peso (sp., pr. ['peso]) [letter. peso; 1533] ***sm.*** (pl. *pesos*, pr. ['pesɔs]) unità monetaria di alcuni paesi dell'America Latina (Argentina, Bolivia, Colombia, Cuba, Repubblica Dominicana, Messico, Uruguay) e delle Filippine.

pésolo [lat. *pēnsilis*; fine sec. XIII] ***agg.*** *arc.* pendente, pendulo.

pessàrio (pl. *-ri*) [dal lat. tardo *pessarium*, dal gr. *pessós*, dado; 1871] ***sm.*** **1.** *T.med.* protesi in materiale plastico, gen. di forma circolare, che permette di far conservare la giusta posizione all'utero o ai visceri tendenti al prolasso **2.** supposta **3.** contraccettivo di forma circolare e materiale plastico, che va applicato al collo dell'utero || **N.** **3.** *Sin.* diaframma.

pessimismo [dal fr. *pessimisme*; 1875] ***sm.*** **1.** disposizione a dare un'interpretazione negativa di ciò che avviene o a prevedere esiti infausti o svantaggiosi per il futuro **2.** *T.fil.* posizione filosofica che afferma la prevalenza, nel mondo, del male sul bene: *il pessimismo di Schopenhauer* || **N.** *Contr.* ottimismo.

pessimista [dal fr. *pessimiste*; 1818] **I** ***s.*** chi dà prova di pessimismo, chi fa previsioni sfavorevoli **II** ***agg.*** pessimistico || **N.** **I** scettico | veder nero | *Contr.* ottimista.

pessimìstico (pl. *-ci*) [da *pessimista*; 1914] ***agg.*** proprio del pessimismo; da pessimista: *previsione, visione pessimistica* || **pessimisticaménte** ***avv.***

pèssimo [dal lat. *pessimus*; a. 1292] ***agg.*** superl. di *cattivo*, nei vari sensi, rif. a qualità materiali, morali, di funzionamento, resa e sim.: *un pessimo materiale, una casa in pessime condizioni, un pessimo sciatore, un pessimo affare, salute pessima, gusti pessimi* || **pessimaménte** ***avv.*** || **N.** CATTIVO.

pésta [f. sost. di *pesto*; a. 1292] ***sf.*** quasi solo *pl.* orma: *le peste della selvaggina, seguir le peste di qualcuno* || *fig. essere, lasciare nelle peste*, in difficoltà.

pestàggio (pl. *-gi*) [da *pestare*; 1948] ***sm.*** serie di percosse violente inferte a scopo intimidatorio o punitivo, da più persone || **N.** linciaggio.

pestaménto [da *pestare*; fine sec. XIV] ***sm.*** *raro* il pestare.

pestapépe [comp. di *pesta*(*re*) e *pepe*; 1618] ***s. inv.*** *disus.* **1.** garzone di drogheria **2.** *fig.* persona da poco.

pestàre (pres. *pésto*) [lat. tardo *pistāre*; sec. XIII] ***tr.*** **1.** battere o schiacciare in modo da ammaccare o ridurre in polvere o in poltiglia: *pestare il pane secco, pestare aglio e basilico nel mortaio* || *fig.* ammaccare con percosse: *ti pesto il muso a forza di pugni, è stato pestato a sangue* || *pestar l'acqua nel mortaio*, far cosa inutile || *pestare il pianoforte*, suonarlo con maldestra foga **2.** schiacciare col piede, calpestare: *ha pestato tutta l'erba del prato, pestare un insetto molesto, scusi se le ho pestato un piede!* || *pestare i piedi*, batterli in segno di collera; *fig.* intestardirsi || *fig. pestare i calli*, danneggiare, ostacolare qualcuno intromettendosi nella sua sfera d'influenza abituale || **N.** **1.** *Sin.* acciaccare, frantumare, spiaccicare, triturare | mortaio, pestello.

pestàta [f. sost. di *pestato*; a. 1492] ***sf.*** **1.** l'atto del pestare, del frantumare con qualche colpo: *dare una pestata al pepe* **2.** scarica di botte: *gli hanno dato una bella pestata* **3.** pressione, anche involontaria, esercitata col piede, pestone: *ho ricevuto una pestata* || *dim.* pestatina.

pestatóio (pl. *-ói*) [da *pestare*; sec. XIV] ***sm.*** *raro* pestello.

pestatóre [da *pestare*; 1958] ***sm.*** (f. *-trice*) picchiatore.

pestatùra [da *pestare*; a. 1537] ***sf.*** **1.** l'atto del pestare, del frantumare **2.** pestaggio.

pèste [dal lat. *pestis*; a. 1327] ***sf.*** **1.** grave malattia epidemica trasmessa all'uomo dalle pulci dei ratti, che nella forma più comune (*peste bubbonica*) provoca febbre alta, delirio, vomito, diarrea e tumefazione delle linfoghiandole che evolve in bubboni suppuranti; *peste polmonare*, forma ancora più grave che attacca i polmoni ed è gen. letale || nome di alcune gravi malattie che colpiscono il bestiame: *peste suina, bovina, aviaria* **2.** *fig.* tutto ciò che corrompe o procura danni: *l'adulazione è la peste dell'amicizia* || di persona, molesto, insopportabile, spesso *iperb.*: *quel bambino è una peste* || *dir peste e corna di qualcuno*, dirne peggio che si può **3.** *fam.* puzzo, fetore: *senti che peste c'è qui dentro* || **N.** **1.** contagio, epidemia, infezione, morbo, pestilenza | covare, infuriare, scoppiare; appestare | lazzaretto, monatti, quarantena, untore.

pestèllo [lat. volg. **pestellus*, class. *pistillus*; 1353] ***sm.*** strumento di forma allungata più largo e leggermente appiattito a un'estremità, impiegato per pestare nel mortaio || organo di un apparecchio meccanico, con funzioni analoghe || **N.** battola.

pesticciàre (pres. *-iccio*) [da *pestare*; 1958] ***tr.*** pestare ripetutamente coi piedi.

pesticida [dall'ingl. *pesticide*, comp. di *pest*, organismo dannoso e *-cide*, -cida; 1974] ***sm.***

prodotto chimico usato in agricoltura per distruggere organismi animali o vegetali nocivi || **N.** fitofarmaco. **Q.T.** *agricoltura.*

pestìfero [dal lat. *pestiferus*; 1353] **agg. 1.** dannoso, maligno, esiziale: *idee, influenze pestifere* || di persona, terribilmente molesto: *un branco di ragazzini pestiferi* **2.** fetido: *gas pestiferi* **3.** che trasmette la peste, relativo alla peste: *morbo pestifero.*

pestilènte [dal lat. *pestilens, -entis*; inizio sec. XIV] **agg.** *non com.* pestifero (nei vari sensi).

pestilènza [dal lat. *pestilentia*; a. 1292] **sf. 1.** epidemia di peste || *in gen.* epidemia di malattia grave e contagiosa **2.** *fig.* grave danno **3.** *fam.* puzzo, fetore.

pestilenziàle [da *pestilenza*; 1300 ca.] **agg. 1.** che porta pestilenza, relativo a pestilenza **2.** puzzolente: *miasmi pestilenziali* **3.** *fig.* nocivo, dannoso, molesto.

pestilenzióso [dal lat. tardo *pestilentiōsus*; a. 1347] **agg.** *arc.* pestilenziale (nei vari sensi).

pésto [pps. contratto di *pestare*; a. 1306] **I agg.** *ant.* pestato, frantumato: *pepe pesto* || *com.* in alcune espr. fig.: *buio pesto*, fittissimo; *occhi pesti*, cerchiati di lividi **II sm. 1.** *T.cuc.* miscuglio di ingredienti pestati || *pesto alla genovese*, salsa per paste asciutte, tipica della cucina ligure, a base di basilico, pinoli, aglio, olio di oliva e formaggio grattugiato, che secondo l'antica ricetta erano pestati nel mortaio di marmo **2.** pasta di stracci macerati, per la fabbricazione della carta.

pestóne [da *pestare*; metà sec. XV nel senso 2; a. 1861 nel senso 1] **sm. 1.** *fam.* pestata di piede, piuttosto violenta **2.** grosso pestello per rassodare il terreno o per la frantumazione di minerali.

pestóso [da *peste*; 1958] **agg.** *T.med.* della peste, che provoca la peste.

petàcchio (pl. *-chi*) [dall'ar. *batāš*, nave a due alberi, attr. lo sp. e fr. *patache*; 1651] **sm.** nave da guerra con due alberi a vele quadre, diffusa nel sec. XV nei mari del Nord, facente funzione ausiliaria.

petacciòla (lett. *petacciuòla*) [dal lat. *pitacium*, impiastro, perché le foglie erano utilizzate come impiastro; prima metà sec. XIII] **sf.** piantaggine.

petalifórme [comp. di *petalo* e *-forme*; 1954] **agg.** *T.bot.* a forma di petalo.

pètalo [dal gr. *pétalon*; 1499] **sm.** *T.bot.* ciascuna delle foglie modificate, gen. colorate, che formano la corolla composta del fiore || **N.** sepali, tepali. **TAV.** *fiori...* **p. 671** 1.5.

petàrdo [dal fr. *pétard*; 1601] **sm. 1.** piccola bomba di carta che viene fatta esplodere durante feste e sim., per fare rumore || *T.ferr. petardo di segnalazione*, applicato alle rotaie, esplode al passaggio del treno, fungendo da segnale in caso di nebbia **2.** *T.stor.* sorta di piccolo mortaio carico di polvere che si applicava a un muro da abbattere || **N. 1.** *Sin.* castagnola, mortaretto.

pètaso [dal lat. *petasus*, gr. *pétasos*; a. 1566] **sm.** *T.stor.* cappello a larghe falde usato in viaggio dai Greci.

petàuro [dal lat. *petauristes*, gr. *petauristḗs*, acrobata; 1875] **sm.** piccolo e agilissimo marsupiale australiano simile a uno scoiattolo.

petècchia [prob. lat. volg. *(*im*)*peticula*, dim. del lat. tardo *impetix, -icis*, impetigine; 1512] **sf. 1.** *T.med.* emorragia che si manifesta con macchie cutanee puntiformi dovute a rottura di capillari, che sovente è sintomo di malattia (per es. tifo) **2.** insieme di macchioline nere, più o meno profonde, che caratterizza la buccia di mele e agrumi colpiti da alcune malattie.

petecchiàle [da *petecchia*; a. 1714] **agg.** *T.med.* che è accompagnato da petecchie: *tifo petecchiale.*

pètere [dal lat. *petere*; fine sec. XII] **tr.** *arc.* chiedere.

petit-four (fr., pr. [pəti 'fu:r]) [prop. piccolo dolce al forno; 1908 *petits fours*] **sm. inv.** pasticcino da tè, tondeggiante, con una ciliegina candita al centro.

petit-gris (fr., pr. [pəti 'gri]) [propr. piccolo grigio; 1857] **sm. inv.** preziosa pelliccia ricavata dalle pelli dello scoiattolo siberiano || **N.** *Sin.* vaio.

petitòrio (pl. *-ri*) [dal lat. tardo *petitōrius*; 1396 ca.] **agg.** *T.giur. azioni petitorie*, azioni a difesa della proprietà (contrapposte a *possessorie*, rivolte al semplice possesso).

petizióne [dal lat. *petītio, -ōnis*; a. 1292] **sf. 1.** domanda fatta per iscritto a un'autorità da parte di più cittadini, su questioni di interesse comune **2.** *T.fil. petizione di principio*, sofisma in cui si dà come concesso ciò che invece si deve dimostrare || **N. 1.** *Sin.* domanda, indirizzo, istanza, richiesta, supplica.

péto [lat. *peditum*; seconda metà sec. XIII] **sm.** espulsione di gas intestinali attraverso l'ano || **N.** *Sin.* flatulenza | carminare.

-peto [dal lat. *-petus*, da *petere*, dirigersi verso] **elem. term.** che, in parole composte della terminologia scientifica, vale "che si muove verso" (per es. *centripeto*) || **N.** *Contr.* -fugo.

petonciàno o **petronciàno** [dall'ar. *bādingān*; a. 1587] **sm.** *region.* melanzana.

petràia V. PIETRAIA.

petràme V. PIETRAME.

petrarcheggiàre (pres. *-éggio*) [dal n. proprio *Petrarca*, come il fr. *pétrarquiser*, 1745] **intr.** (aus. *avere*) imitare Petrarca nello stile poetico.

petrarchésco (pl. *-schi*) [dal n. proprio *Petrarca*; a. 1556] **agg.** proprio di Petrarca: *produzione petrarchesca* || fatto a imitazione di Petrarca: *stile petrarchesco* || **petrarchescaménte avv.**

petrarchìsmo [dal n. proprio *Petrarca*, come il fr. *pétrarquisme*; 1801] **sm.** imitazione dello stile di Petrarca, spec. come corrente letteraria sorta nel '500 e diffusa anche fuori d'Italia.

petrarchìsta [dal n. proprio *Petrarca*; 1539] **s. 1.** imitatore dello stile di Petrarca; seguace del petrarchismo **2.** studioso di Petrarca.

petrèllo [dal fr. *pétrel*; a. 1837] **sm.** uccello dei Procellariformi, presente nell'emisfero australe, con corpo tozzo, ali corte e colore grigiastro.

petrièro o **petrière** [m. di un disus. *petriera*; 1577] **sm.** *T.stor.* cannone, mortaio e sim., atto a lanciare palle di pietra.

petrificàre e der. forme arc. di PIETRIFICARE e der. (v.).

petrigno [da *p*(*i*)*etra*; a. 1406] **agg.** *raro* somigliante alla pietra per aspetto o consistenza.

pètro- [dal gr. *petro-*, da *pétra*, pietra] **primo elem.** che, in parole composte dotte e della terminologia scientifica, vale "pietra, roccia" (per es. *petrogenesi, petroglifo, petrografia*).

petrochìmico V. PETROLCHIMICO.

petrodòllaro o **petroldòllaro** [comp. di *petro*(*lio*) e *dollaro*; 1974] **sm.** spec. *pl.* l'insieme dei fondi in dollari accumulati dai paesi produttori di petrolio in pagamento delle loro esportazioni e depositati perlopiù in banche europee.

petrogènesi [comp. di *petro-* e *genesi*; 1895] **sf.** *T.geol.* l'insieme dei processi che danno luogo alla formazione delle rocce.

petròglifo [comp. di *petro-* e del gr. *glýphein*, incidere; 1958] **sm.** incisione su roccia, tipica dell'arte dei popoli preistorici e di alcune tribù primitive.

petrografìa [comp. di *petro-* e *grafia*; 1829] **sf.** *T.geol.* branca della geologia che studia i processi di formazione e la struttura delle rocce. **Q.T.** *geologia, mineralogia.*

petrògrafo [da *petrografia*; 1958] **sm.** (f. *-a*) studioso di petrografia.

petrolchìmica [comp. di *petrol*(*io*) e *chimica*; 1963] **sf.** parte della chimica industriale che studia i sistemi per la produzione e l'impiego dei derivati chimici del petrolio o dei gas naturali || **N.** petrolio.

petrolchìmico o **petrochìmico** (pl. *-ci*) [comp. di *petro*(*l*)(*io*) e *chimico*; 1963] **agg.** che concerne la petrolchimica: *stabilimento petrolchimico.*

petroldòllaro V. PETRODOLLARO.

petrolièra [da (*nave*) *petroliera*; 1921] **sf.** *T.mar.* nave per il trasporto di combustibili liquidi, come petrolio, benzina, nafta. **Q.T.** *nautica...* **TAV.** *nave* **p. 1326** 3.

petrolière [dal fr. *pétrolier*, 1922 nel senso 2] **sm.** (f. *-a*) **1.** proprietario di pozzi petroliferi, industriale del settore petrolifero: *i petrolieri arabi* **2.** chi lavora come tecnico od operaio nell'industria del petrolio **3.** *disus.* rivoluzionario, incendiario.

petrolièro [dal fr. *pétrolier*, 1889] **agg.** *non com.* attinente al petrolio.

petrolìfero [dal fr. *pétrolifère*, 1886] **agg. 1.** ricco di petrolio, atto a fornir petrolio, che dà petrolio: *giacimenti petroliferi, pozzi petroliferi* **2.** relativo all'estrazione e alla trasformazione del petrolio: *compagnia petrolifera.*

petròlio (pl. *-li*) [dal lat. mediev. *petroleum*, comp. di *petra*, pietra e *oleum*, olio, attr. il fr. *pétrole*; a. 1375 *petroio*] **sm.** miscela viscosa giallo-bruna di idrocarburi naturali misti a piccole quantità di composti ossigenati, azotati e solforati che si estrae, mediante trivellazione del terreno, da depositi sotterranei; frazionato per distillazione nei suoi costituenti primari, fornisce materie prime impiegate come combustibili, per illuminazione e per la produzione di numerosi prodotti di sintesi || **N.** giacimento, oleodotto, petroliera, pozzo, raffineria | acqua ragia, benzina, bitume, cherosene, gasolio, olio combustibile | petrolchimica.

petrologìa [comp. di *petro-* e *-logia*; 1954] **sf.** scienza che studia la genesi e la struttura delle rocce || **N.** *Sin.* litologia, petrografia. **Q.T.** *geologia, mineralogia.*

Petromizónti o **Petromizóntidi** (sing. *-e*) [dal lat. scient. *Petromizontidae*; 1931] **sm. pl.** *T.zool.* famiglia di Cordati comprendente la lampreda.

petronciàno V. PETONCIANO.

petroniàno [da San *Petronio*, protettore di Bologna; 1835] **I agg.** di Bologna **II sm.** (f. *-a*) abitante di Bologna.

petrosèllo [lat. mediev. *petrosillum*, class. *petroselīnum*; a. 1338] **sm.** *ant.* o *region.* prezzemolo.

petróso V. PIETROSO.

pettàta [da *petto*; a. 1292 nel senso 2] **sf. 1.** ripida e faticosa salita **2.** *non com.* colpo dato col petto, o ricevuto sul petto.

pettazzùrro o **pètto azzùrro** [comp. di *petto* e *azzurro*; a. 1871] **sm.** uccello dei Passeriformi con penne azzurre sul petto e sulla coda.

pettégola [f. di *pettegolo*; 1827] **sf.** uccello palustre dei Caradriformi dal lungo becco rosso e dalle zampe sottili rosse o gialle, che, in caso di pericolo, emette un suono stridulo molto prolungato.

pettegolàre (pres. *-égolo*) [da *pettegolo*; 1536] **intr.** (aus. *avere*) far pettegolezzi, spettegolare.

pettegolàta [da *pettegolo*; a. 1802] **sf.** discorso da persona pettegola.

pettegoleggiàre (pres. *-éggio*) [da *pettegolo*; 1618] **intr.** (aus. *avere*) *raro* spettegolare.

pettegolézzo o **pettegolézzo** [da *pettegolo*; 1780] **sm.** discorso indiscreto su faccende altrui: *vuoi sapere l'ultimo pettegolezzo che circola sul tuo conto?* || **N.** *Sin.* chiacchiera, ciancia, diceria, indiscrezione, maldicenza, malignità.

pettegolìo (pl. *-ii*) [da *pettegolare*; 1871] **sm.**

1. un pettegolare insistente **2.** cicaleccio, chiacchierio.

pettégolo [dal ven. *petegolo*, di etim. inc.; a. 1556] ***agg.*** e ***sm.*** (f. *-a*) che o chi riporta voci indiscrete sui fatti privati di altri: *non dar retta alle chiacchiere di quelle pettegole.*

pettegolùme [da *pettegolo*; 1871] ***sm.*** quantità di pettegolezzi o di gente pettegola.

pèttico V. PECTICO.

pèttide V. PECTIDE.

pettièra [da *petto*; 1572] ***sf.*** pettorale del cavallo.

pettignóne [lat. volg. **pectinio, -ōnis*, dal lat. class. *pecten, -inis*, pettine; a. 1348] ***sm.*** *ant.* pube.

pettìna V. PECTINA.

pettinàio (pl. *-ài*) [da *pettine*; 1319] ***sm.*** (f. *-a*) chi fabbrica o vende pettini.

pettinàre (pres. *pèttino*) [lat. *pectināre*; 1353] ***tr.*** **1.** ravviare adoperando il pettine: *una capigliatura di lunghi riccioli difficili da pettinare, tutte le mattine pettina con cura i suoi baffi, pettinare il pelo di un animale* || *ass. non com.* ordinare, acconciare i capelli: *non so dove ha imparato a pettinare così bene* || anche rif. a persona: *vuole essere pettinata coi capelli all'indietro* **2.** *per estens.* rif. a lino, canapa e sim., sottoporre a pettinatura **3.** *fig.* rimproverare fortemente; dare una bella lezione, conciare per le feste: *l'ha pettinato per benino* || ***rifl.*** ravviarsi i capelli col pettine: *pettinati prima di uscire, sembri una medusa* || ***rifl. indir.*** *pettinarsi i capelli* || **N. 1.** *Sin.* annodare, districare, inanellare, racconciare, spazzolare; strigliare. **Q.T.** *barbiere...*

pettinàta [f. sost. di *pettinato*; 1741] ***sf.*** **1.** l'atto del pettinare **2.** rimprovero severo || *dim.* pettinatìna; *pegg.* pettinatàccia.

pettinàto (*pps.* di *pettinare*) [sec. XIII *petenato*] ***agg.*** e ***sm.*** detto di filato o tessuto, ottenuto con lana o cotone sottoposti a pettinatura, pertanto liscio e di struttura omogenea: *un completo in pettinato di cotone* || **N.** cardato.

pettinatóio (pl. *-ói*) [da *pettinato*; a. 1562 ca.] ***sm.*** mantellina posta sulle spalle mentre ci si pettina || **N.** *Sin. peignoir.*

pettinatóre [da *pettinare*; a. 1370] ***sm.*** (f. *-trice*) addetto all'operazione di pettinatura di un filato.

pettinatrìce [f. di *pettinatore*; 1855] ***sf.*** **1.** parrucchiera **2.** *T.tess.* macchina che esegue la pettinatura di filati.

pettinatùra [da *pettinare*; 1612 nel senso 2; 1745 nel senso 1] ***sf.*** **1.** acconciatura dei capelli: *cambiare pettinatura, una pettinatura stravagante* **2.** *T.tess.* operazione cui vengono sottoposti lana o cotone per ottenere filati pregiati con fibre parallele e prive di impurità. **Q.T.** *barbiere..., tessitura.*

pèttine [lat. *pecten, -inis*; a. 1182 *pectini* pl.] ***sm.*** **1.** strumento di materiale rigido costituito da una fitta serie di sottili denti, riuniti a un'estremità da una costola, impiegato per ravviare e tenere in ordine i capelli; *pettine da testa*, di forma analoga ma più stretto e con pochi denti ricurvi, talvolta decorato, viene usato per fermare ciocche di capelli o chignon sulla testa; *pettine fitto*, provvisto di due file di denti opposte, utilizzato per pulire i capelli; *pettine a coda*, con la costola che si prolunga in un sottile manico || per analogia con la disposizione parallela dei denti: *parcheggio a pettine*; *volo a pettine*, di due serie di aerei che si incrociano volando || nello sci, serie di cinque porte chiuse che si incontrano nella discesa obbligata || *tutti i nodi vengono al pettine*, le difficoltà devono essere affrontate prima o poi **2.** *T.tess.* parte del telaio formata da numerose e sottili asticelle metalliche parallele in mezzo a cui passano i fili dell'ordito; serve a tenere divisi i fili e a serrare contro il tessuto ciascun successivo filo della trama **3.** il ferro ornamentale lucido, alto e dentato, che le gondole veneziane hanno sulla prua e che con i suoi sei denti ricorda i sei rioni (sestieri) della città di Venezia **4.** mollusco dei Lamellibranchi, con conchiglia bivalve, piatta la superiore, convessa l'inferiore, elegantemente scanalate a raggiera || *dim.* pettinìno, pettinìna || **N. 1.** doppio, fitto, rado | costola, dentatura, dente, lamina | avorio, celluloide, osso, plastica, tartaruga **4.** *Sin.* conchiglia dei pellegrini, ventaglio. **Q.T.** *barbiere...* **TAV.** *tessitura* 1.3, 2.6.

pettinèlla [da *pettine*; 1561] ***sf.*** **1.** pettine a denti fitti impiegato per pulire i capelli **2.** strumento di legno per modellare le figure di creta.

petting (ingl., pr. ['petɪŋ]; pr. it. ['pettiŋ(g)]) [da *to pet*, vezzeggiare; 1951] ***sm.*** *inv.* insieme delle pratiche erotiche che non giungono all'atto sessuale completo.

pettinièra [da *pettine*; sec. XIV] ***sf.*** **1.** scatola, perlopiù di vetro, dove si tengono i pettini **2.** tavolinetto, provvisto di specchio, per toilette femminile.

pettinìna [da *pettine*; a. 1920] ***sf.*** pettinella (nel senso 1).

pettinìno (*dim.* di *pettine*) [1958] ***sm.*** **1.** piccolo pettine; pettine da tasca o da borsetta **2.** fermaglio per capelli a forma di piccolo pettine.

pettìno (*dim.* di *petto*) [1846 nel senso 1] ***sm.*** **1.** parte del grembiule che sale a riparare il petto **2.** parte anteriore della camicia, staccata e inamidata, adatta per abiti da cerimonia **3.** applicazione di stoffa su abiti femminili, all'altezza dello scollo, che copre il petto: *pettino traforato ornato da una gala* || **N.** *Sin.* pettorina.

pettirósso [comp. di *petto* e *rosso*; 1483] ***sm.*** uccello dei Passeriformi, con dorso bruno e petto rosso ruggine, buon cantore.

pètto [lat. *pectus*; 1250 ca.] ***sm.*** **1.** la parte anteriore del torace umano: *ferito al petto, una barba che scende sul petto, pancia in dentro, petto in fuori!, petto villoso, muscoloso, scarno*; *petto carenato*, con sterno sporgente; *battersi il petto*, con i pugni, in segno di contrizione; *fig.* pentirsi || rif. a donna, seno: *un petto prosperoso, scarno*; *avere al petto un bambino*, allattarlo || *fig. prendere qualcuno di petto*, affrontarlo in maniera decisa e diretta || nella *loc. avv. petto a petto*, l'uno di fronte all'altro: *trovarsi petto a petto* || nella *loc. prep. a petto di*, in confronto || *stare al petto con*, reggere al paragone **2.** l'insieme degli organi racchiusi nel torace: *malattie di petto*, malattie polmonari, spec. la tisi; *attacco di petto*, crisi cardiaca || *voce, registro di petto*, emissione sonora del parlato e del cantato, a laringe bassa, in cui prevalgono le risonanze gravi tracheo-bronchiali; *do di petto*, a voce piena (v. anche DO) || *fig.* animo, cuore: *ha il petto acceso di amor patrio, un petto gonfio di commozione, serba gelosamente quel segreto nel petto*; *prendere, avere a petto qualcosa*, averla a cuore **3.** la parte corrispondente del torace di un animale; *in part.* come taglio di carne macellata: *punta di petto di vitello*; nei volatili, la porzione muscolosa che circonda lo sterno: *petti di pollo al limone* **4.** ciascuna delle due parti anteriori di una giacca o di altro indumento abbottonato davanti: *giacca a doppio petto*, in cui le due parti si sovrappongono e quella anteriore ha una doppia fila di bottoni; *giacca a un petto*, in cui l'abbottonatura rimane centrale **5.** scarpata di un argine di una diga || *dim.* pettìno; *accr.* pettóne || **N. 1.** clavicola, costato, costola, gabbia toracica, mammelle, sterno | impettito, pettoruto. **TAV.** *alimentazione* 3.13, 4.11, 5.7.

pètto azzùrro V. PETTAZZURRO.

pettoràle [dal lat. *pectorālis*; sec. XIV] **I** ***agg.*** del petto: *muscoli pettorali* || *croce pettorale*, la croce d'oro appesa a un cordone, che scende sul petto dei vescovi **II** ***sm.*** **1.** striscia di cuoio che passa davanti al petto del cavallo sellato o bardato **2.** nelle gare sportive, quadrato di stoffa da portare sul torace, che contrassegna il numero del concorrente **3.** parapetto di costruzione difensiva medievale. **TAV.** *finimenti* 6.1a; ***anatomia*** **p. 641** 1.7; ***pesci*** **p. 1330** 1.9.

pettorìna [dal lat. *pectus, pectoris*, petto; sec. XIV] ***sf.*** **1.** lembo di tessuto spesso a colori e ricami, che un tempo le donne mettevano sotto il busto, che si intravedeva dalle allacciature o sporgeva dallo scollo **2.** pettino || *per estens.* nella *salopette*, la parte di stoffa che copre il petto.

pettorùto [dal lat. *pectus, pectoris*, petto; 1353] ***agg.*** **1.** che ha un petto largo e robusto **2.** che va col petto in fuori, spec. per fierezza o eccessivo compiacimento di sé || **N. 2.** *Sin.* impettito, tronfio; impalato.

petulànte [dal lat. *petulans, -antis*; a. 1600] ***agg.*** **1.** che interviene continuamente a dare giudizi su tutto, in maniera invadente e importuna **2.** *ant.* che chiede con insistenza e in modo importuno || **petulanteménte** ***avv.***

petulànza [dal lat. *petulantia*; sec. XIV] ***sf.*** carattere di chi o di ciò che è petulante.

petùlco (pl. *-ci*) [dal lat. *petulcus*, da *petere*, dirigersi, attaccare; a. 1508] ***agg.*** *lett.* che assale con le corna, detto spec. di capretto, bizzoso, aggressivo.

petùnia [dal fr. *pétunie*, da *petun*, tabacco voce di orig. tupì; 1868] ***sf.*** pianta delle Solanacee, molto coltivata nei giardini per i suoi fiori imbutiformi di svariati colori, che produce a profusione per tutta l'estate.

pévera [etim. inc.; 1480] ***sf.*** grosso imbuto di legno per riempire le botti || **N.** *Sin.* imbottavino.

peveràccia V. POVERACCIA.

peveràccio (pl. *-ci*) [dall'ant. e sett. *pevere*, pepe; 1933] ***sm.*** fungo commestibile delle Agaricacee il cui cappello imbutiforme, dal sapore piccante, è usato in alcuni condimenti.

peveràda [lat. *piperata*; inizio sec. XII *peveradha*] ***sf.*** *T.cuc.* salsa piccante a base di peperoni.

peverèlla [dall'ant. e sett. *pevere*, pepe; 1563] ***sf.*** nome generico di alcune erbe piccanti, tra cui la santoreggia.

peyotina [da *peyotl*; 1988] ***sf.*** sostanza allucinogena contenuta nei fiori del peyotl || **N.** mescalina.

peyòtl [voce di orig. azteca; 1954] ***sm.*** pianta delle Cactacee, presente in alcune regioni messicane, contenente alcuni alcaloidi tra cui la mescalina || **N.** *Sin.* mescal.

pezìolo o **pezìolo** [dal lat. *petiolus*; 1813] ***sm.*** **1.** *T.zool.* segmento anteriore del peduncolo che, in alcuni insetti, collega il torace all'addome **2.** *ant.* picciolo.

pèzza [lat. volg. **pettia*; 1263 nel senso 2] ***sf.*** **1.** piccolo pezzo di stoffa, utilizzato per rattoppare, fasciare ecc.: *porre una pezza bagnata sulla fronte, un abito vecchio pieno di pezze*; *fig. metterci una pezza*, porre rimedio alla buona || *ant.* pannolino bianco con cui si avvolgono i neonati || *pezze da piedi*, con cui un tempo i soldati si fasciavano i piedi al posto dei calzini; *fig. essere considerati una pezza da piedi*, essere maltrattati e trascurati **2.** confezione di stoffa arrotolata che viene venduta a metri: *comincerò per lei una pezza nuova, una pezza di cinquanta metri* **3.** macchia di colore contrastante sul mantello di un animale: *toro bianco a pezze rosse* **4.** *T.num.* moneta d'oro del XVI-XVII sec. || *per estens.* in senso generico, moneta **5.** *T.arald. pezze onorevoli*, le figure araldiche principali che si trovano sugli scudi (per es. striscia, lista, pergola, sbarra) **6.** *pezza giustificativa*, documento che serve a giustificare una spesa **7.** *ant.* o *lett.* tratto di tempo: *da lunga pezza non* *ne ho notizie* **8.** *rom.* taglio di carne di bue nel quarto posteriore ‖ *dim.* pezzétta, pezzettìna, pezzuòla; *pegg.* pezzàccia. **TAV.** *alimentazione* 4.5.

pezzàme [da *pezzo*; 1550] **sm.** *non com.* quantità di pezzi, di avanzi: *pezzami di ferro, di stoffa* ‖ scarti della lavorazione della lana.

pezzàto [da *pezza*; a. 1470] **agg.** di animale, che ha il pelame a larghe macchie colorate: *un cavallo, un cane pezzato.*

pezzatùra¹ [da *pezzato*; 1768] **sf.** l'insieme delle macchie sul mantello di un animale.

pezzatùra² [da *pezzo*; 1942] **sf.** **1.** grandezza e formato in cui un prodotto viene messo in commercio: *pezzatura piccola, media, pezzatura del pane* **2.** *non com.* divisione in pezzi.

pezzènte [lat. volg. **petiens, -entis*; a. 1306] **agg.** e **s.** straccione: *va in giro vestito come un pezzente* ‖ *per estens.* mendicante, accattone ‖ **N.** *Sin.* mendicante, POVERO.

pezzenterìa [da *pezzente*; 1633] **sf.** *raro* l'essere pezzente ‖ *concr.* azione da pezzente, da accattone.

pezzétta (*dim.* di *pezza*) [sec. XIV] **sf.** **1.** piccola pezza, spec. per impacchi **2.** *ant. pezzetta di levante,* stoffa morbida tinta in modo tale da lasciare sul volto una leggera patina di rosso.

pèzzo [m. di *pezza*; sec. XIII] **sm.** **1.** parte di una cosa solida, divisa dal tutto: *un pezzo di pane, di carne, un grosso pezzo di legno*; *fare a pezzi,* rompere e, *fig.*, picchiare duramente, anche a morte; *fig. essere a pezzi,* stanchissimo; *andare in* (*cento, mille*) *pezzi,* frantumarsi; *cadere a pezzi,* andare in rovina, essere fatiscente; *a pezzi e bocconi,* un po' per volta e faticosamente: *la verità venne fuori a pezzi e bocconi*; *fam. pezzo di carta,* titolo di studio; *fig. essere un pezzo di legno, di marmo, di ghiaccio,* insensibile, imperturbabile; *uomo tutto d'un pezzo,* integerrimo **2.** parte di qualcosa: *s'intravede un pezzo di cielo, il primo pezzo della salita è il più faticoso* ‖ *in part.* parte di un congegno: *pezzi di ricambio, questo pezzo del motore non si può sostituire* ‖ *ass.* intervallo di tempo: *non lo vedo da un* (*bel*) *pezzo, è un pezzo che non gli parlo* **3.** elemento singolo in genere, ma spec. come parte di una serie o di una collezione: *pezzo* (*d'artiglieria*), arma da fuoco pesante; *pezzi degli scacchi, della dama* ecc.; *pezzo da museo,* oggetto che meriterebbe di figurare in un museo, e, *fig.*, persona o cosa vecchia per età, per idee ecc. ‖ esemplare: *un* (*bel*) *pezzo d'uomo,* robusto, aitante; *pezzo grosso,* persona importante; in espressioni offensive: *pezzo d'asino, d'imbecille* e sim. **4.** brano di componimento letterario e spec. musicale; *per estens.* composizione musicale: *un pezzo di Rossini, di Charlie Parker, pezzo di bravura,* esecuzione (spec. musicale) in cui rifulge l'abilità dell'esecutore; *il pezzo forte,* quello in cui l'esecutore dà miglior prova di sé ‖ articolo di giornale: *è pronto il pezzo sugli scandali?* ‖ *dim.* pezzétto, pezzìno, pezzettìno, pezzùccio; *accr.* pezzóne; *pegg.* pezzàccio ‖ **N.** **1.** *Sin.* avanzo, boccone, brano, brandello, briciolo, brincello, brindello, fetta, frammento, frantume, lacerto, minuzzolo, morsello, mozzicone, porzione, ritaglio, rocchio, scampolo, scaglia, scheggia, tocco, tozzo | dividere, fracassare, frangere, frantumare, lacerare, rompere, sbranare, sbriciolare, sbrindellare, scheggiare, sfaldare, spezzare, spezzettare, tagliare, tritare | racconciare, rappezzare, rattoppare.

pezzòla V. PEZZUOLA.

pezzòtto [da *pezzo*; a. 1917 nel senso 2] **sm.** **1.** tappeto rustico tipico della Valtellina, realizzato artigianalmente unendo ritagli di stoffe variopinte **2.** nel costume tradizionale delle donne liguri, velo puntato sui capelli che scende fino ai fianchi.

pezzùllo [voce nap., propr. pezzetto; a. 1942] **sm.** *T.giorn.* breve articolo di nessuna pretesa.

pezzuòla o **pezzòla** [da *pezza*; a. 1306] **sf.** *ant.* fazzoletto: *proteggersi la testa con una pezzuola, pezzuola da naso* ‖ pezzo di stoffa, cencio ‖ *dim.* pezzolétta, pezzolìna.

phaéton (fr., pr. [fae'tõ]) [dal lat. *Phăeton,* Fetonte; 1905] **sm. inv.** carrozza o antica vettura signorile a quattro ruote, scoperta, con due sedili.

phi V. FI.

phillipsite V. FILLIPSITE.

phlox [dal gr. *phlóx,* fiamma; 1972] **sf.** *inv.* pianta ornamentale con fiori bianchi o rosa molto vivaci, riuniti in corimbi, appartenente alla famiglia delle Polemoniacee.

phon V. FON².

phot V. FOT.

photo finish (ingl., pr. [ˌfoutə'fɪnɪʃ]; pr. it. [fɔto 'finiʃ], anche nell'adattamento *fotofinish*) [comp. di *photo*(*graph*), fotografia e *finish,* fine; 1963] **sm.** *inv. T.sport.* fotografia dell'arrivo di una gara, spec. di una corsa, per determinarne con esattezza il vincitore.

photofit (ingl., pr. ['foutoufɪt]; pr. it. [ˌfɔto'fit]) [comp. di *photo,* fotografia e to *fit,* allestire; 1974] **sm.** *inv.* ricostruzione del presumibile aspetto di una persona da identificare, effettuata dalla polizia sulla base delle testimonianze raccolte, accostando particolari del volto tratti da fotografie d'archivio di soggetti diversi ‖ **N.** *Sin.* identikit.

physique du rôle (fr., pr. [fi'zik dy ro:l]) [letter. fisico del ruolo; 1942] **sm.** *inv.* aspetto fisico adatto a un determinato ruolo teatrale o cinematografico ‖ *per estens.* aspetto fisico che si adatta bene alla professione di una persona, al suo ruolo, e sim.: *ha il physique du rôle per fare il magistrato.*

pi [lettura della lettera *p,* sia quella dell'alfabeto italiano, sia quella dell'alfabeto greco (π)] **sf.** nome della *p,* quindicesima lettera dell'alfabeto italiano ‖ **sm.** nome della sedicesima lettera dell'alfabeto greco ‖ *pi greco,* rapporto tra la lunghezza di una circonferenza e il diametro (3,14).

piaccichìccio (pl. *-ci*) [di orig. onom.; 1871] **sm.** *non com.* fango appiccicaticcio, melma.

piaccicóne [di orig. onom.; 1871] **sm.** (f. *-a*) *tosc.* chi fa le cose lentamente e male.

piaccicóso [da *piaccicone*; 1871] **agg.** *non com.* lordo di materia viscosa.

piaccicòtto [da *piaccicone*; 1871] **sm.** *tosc.* lavoro, spec. rammendo, malfatto.

piacentàre (pres. *-ènto*) [da *piacente*; sec. XIV] **intr.** (aus. *avere*) *ant.* piaggiare, adulare.

piacènte (*ppr.* di *piacere*) [prima metà sec. XIII] **agg.** attraente: *donna piacente.*

piacenterìa [da *piacente*; a. 1342] **sf.** *lett. non com.* piaggeria.

piacènza [lat. tardo *placentia*; fine sec. XII] **sf.** *ant.* **1.** qualità di chi o di ciò che è piacente; piacevolezza **2.** piacere.

piacére¹ (pres. *piàccio, piàci, piàce, piacciàmo, piacéte, piàcciono*; p.rem. *piàcqui, piacésti, piàcque, piacémmo, piacéste, piàcquero*; pps. *piaciùto*) [lat. *placēre*; sec. XII] **intr.** (aus. *essere*) **1.** suscitare gradevole impressione per soddisfazione dei sensi o conformità ai gusti estetici: *ho fatto la torta di mele che gli piace tanto, ti piace il mio nuovo profumo?, gli piace passeggiare, questa è la musica che piace ai giovani, gli piacciono le brunette procaci* **2.** sembrare giusto, desiderabile o rispondente a criteri di convenienza od opportunità: *fai quello che ti pare e piace, gli piacque agire così, nelle questioni di affari mi piace la chiarezza, gli sarebbe piaciuto avere un figlio avvocato*; *a Dio piacendo,* se Dio lo vorrà; come augurio: *piaccia a Dio!* ‖ **rec.** provare reciproca attrazione: *si son piaciuti fin dal primo incontro* ‖ **intr. pron.** *arc.* compiacersi ‖ **N.** **1.** *Sin.* aggradare, affascinare, allettare, appagare, attrarre, beare, deliziare, dilettare, garbare, giovare, incantare, incontrare, soddisfare; adorare, amare, apprezzare, gradire, gustare, prediligere, simpatizzare, trovar gusto; sfagiolare; a fagiolo, andare a genio, andar giù, andarne pazzo; GODERE.

piacére² [sost. di *piacere¹*; a. 1243] **sm.** **1.** godimento, appagamento dei sensi o dello spirito: *provare piacere, mugolio di piacere, il piacere della buona tavola, di una lunga dormita, un brivido di piacere lungo la schiena, ho appreso con piacere questa notizia, mi farebbe molto piacere avervi qua* ‖ *viaggio di piacere,* che si fa per svago o diletto ‖ *casa di piacere,* postribolo ‖ nelle presentazioni: *piacere, Bianchi, il piacere è tutto mio, piacere di conoscerla* ‖ *T.psican. piacere d'organo,* eccitazione di una zona erogena che trova il suo appagamento nel luogo stesso in cui si produce indipendentemente dal soddisfacimento delle altre zone; *principio del piacere,* l'insieme delle attività fisiche che hanno per scopo di evitare il dispiacere e di procurare il piacere **2.** (come numerabile) esperienza o causa di godimento; *in part.* svago, divertimento: *il cinema è l'unico piacere che si concede*; *dedito ai piaceri,* al godimento dei sensi ‖ *fam. che è un piacere,* si dice di cosa o azione che rechi conforto: *studia che è un piacere*; anche *iron.*: *piove che è un piacere* **3.** favore, servizio: *potresti farmi un piacere, per piacere abbassa il volume, gli sono riconoscente per i piaceri che mi ha fatto*; *fammi, mi faccia* (*il santo*) *piacere,* espr. di stizza o disapprovazione **4.** volontà, discrezione personale: *faccia il piacer suo, a mio, tuo, suo ... piacere*; *a piacere,* quanto si vuole, secondo il gusto personale; anche *T.mus.* indicazione di esecuzione che lascia all'esecutore libertà di tempo e interpretazione **5.** *arc. poet.* vaghezza, bellezza, amabilità: *mi prese del costui piacer si forte* (Dante) ‖ *dim.* piacerìno, piacerétto, piacerùcolo; *accr.* piaceróne ‖ **N.** **1.** *Sin.* delizia, diletto, giovamento, goduria, gradimento, gusto, sollievo, sollazzo, voluttà; allegria, compiacimento, conforto, consolazione, contentezza, divertimento, gaudio, giocondità, gioia, giubilo, letizia, tripudio | *Contr.* dolore; dispiacere; disgusto | fisico, materiale, morale, spirituale; delicato, disonesto, dolce, effimero, grande, grossolano, innocente, intenso, intimo, leggero, onesto, piccolo, raffinato, raro, rozzo, soave, vile, vivo | correr dietro ai piaceri, darsi ai piaceri, tuffarsi nei piaceri | edonismo; masochismo, sadismo | epicureo, gaudente **2.** *Sin.* bagordo, baldoria, diporto, distrazione, festa, passatempo, ricreazione, spasso, trastullo **3.** FAVORE **4.** *Sin.* piacimento; *ad libitum.*

piacévole [lat. tardo *placibilis*; a. 1292] **agg.** **1.** che procura piacere, che piace: *sensazione piacevole al tatto, occupazione piacevole, una piacevole vacanza* ‖ di persona, gradevole, simpatico: *è un uomo piacevole nella conversazione* **2.** *ant.* compiacente, condiscendente ‖ **piacevolménte** **avv.** ‖ **N.** **1.** *Sin.* ameno, attraente, bello, ben accetto, caro, delizioso, dilettevole, dolce, gradevole, gradito, grato, gustoso, incantevole, piacente, soave; affabile, amabile, garbato, gentile, gioviale | *Contr.* disgustoso, doloroso, sgradevole, sgradito.

piacevoleggiàre (pres. *-éggio*) [da *piacevole*; a. 1364] **intr.** (aus. *avere*) *raro* dir piacevolezze, motteggiare ‖ **N.** *Sin.* scherzare.

piacevolézza [da *piacevole*; fine sec. XIII] **sf.** **1.** qualità di ciò che è piacevole **2.** *concr.* detto spiritoso, scherzo garbato ‖ **N.** **1.** *Sin.* amenità, avvenenza, giocondità, giovialità, grazia **2.** *Sin.* battuta, spiritosaggine.

piaciménto [da *piacere¹*; fine sec. XII] **sm.** gradimento, volontà: *era di mio piacimento*; *a piacimento,* a volontà: *se la torta ti va, prendine a tuo piacimento.*

piàda [voce romagnola, dal dial. *piàdena,* larga scodella; 1905] **sf.** tradizionale focaccia romagnola senza lievito, sottile, cotta su una lastra di pietra; più com. il dim. *piadina.*

piaffàre [dal fr. *piaffer*, 1958] **intr.** (aus. *avere*) *T.ipp.* eseguire sul posto un trotto cadenzato e misurato.

piàga [lat. *plāga*, colpo, poi ferita; sec. XIII] **sf. 1.** lacerazione della pelle non cicatrizzata e duratura: *corpo coperto di piaghe, piaga purulenta, in via di guarigione*; *piaga da decubito*, causata da lunga permanenza orizzontale, gen. di un ammalato || *fig. mettere il dito sulla piaga*, toccare un argomento imbarazzante o spiacevole **2.** *fig.* male persistente, danno: *la piaga dell'ignoranza* || flagello: *le sette piaghe d'Egitto* **3.** persona che si lagna continuamente: *non fare la piaga* || *dim.* piaghétta, piaghettìna; *accr.* piagóna; *pegg.* piagàccia || **N. 1.** *Sin.* esulcerazione, ferita, fistola, stigmate, ulcera; guidalesco; PELLE | aperta, cancerosa, cavernosa, incurabile, profonda, recente | asciugarsi, cicatrizzarsi, infistolirsi, rimarginarsi | bendare, bruciare, detergere, disinfettare, esplorare, medicare, sanare | lembo, margine | cicatrice, escara, granulazione, suppurazione.

piagàre (pres. *-àgo, -àghi*) [lat. tardo *plagāre*; prima metà sec. XIII] **tr.** ricoprire con una o più piaghe || **N.** *Sin.* ferire, ulcerare.

piagentàre (pres. *-ènto*) [da *piagente*, var. di *piacente*; a. 1400] **tr.** *arc.* assecondare per far piacere, piaggiare.

piagènza [da una voce disus. *piàgere*; a. 1250] **sf.** *arc.* avvenenza, piacenza.

piaggerìa [da *piaggiare*; 1862] **sf.** *lett.* adulatoria condiscendenza || lusinga || **N.** ADULAZIONE.

piàggia (pl. *-ge*) [lat. mediev. *plagia*; 1308] **sf.** *lett.* **1.** luogo campestre in pendio non molto ripido **2.** *poet.* spiaggia del mare **3.** luogo campestre in genere, plaga.

piaggiaménto [da *piaggiare*; a. 1565] **sm.** *lett.* l'atto del piaggiare; adulazione.

piaggiàre (pres. *-àggio*) [forse da *piaggia*; 1313] **tr.** assecondare adulando per conseguire un fine || **intr.** (aus. *avere*) *arc.* navigare lungo la spiaggia || **N. tr.** *Sin.* ADULARE.

piaggiatóre [da *piaggiare*; 1733] **agg.** e **sm.** (f. *-trìce*) *lett.* che o chi piaggia; adulatore.

piagnistèo [da *piagnere*, var. di *piangere*; a. 1563] **sm. 1.** pianto noioso e insistente, spec. di bambini || *per estens.* lamento fastidioso, lagna **2.** *arc.* lamento funebre || **N. 1.** *Sin.* piagnucolio; PIANTO.

piagnolóso [da *piagnere*, var. di *piangere*; 1827] **agg.** *raro* piagnucoloso.

piagnóne [da *piagnere*, var. di *piangere*; sec. XV] **sm.** (f. *-a*) **1.** chi piange spesso, per motivi da poco **2.** (spec. *pl.*) *T.stor.* appellativo spreg. dei seguaci di Girolamo Savonarola || **N. 1.** *Sin.* piagnucolone; gemebondo, lamentoso, piagnucoloso, querulo **2.** arrabbiati, palleschi.

piagnucolaménto [da *piagnucolare*; 1858] **sm.** *raro* atto del piagnucolare.

piagnucolàre (pres. *-ùcolo*) [da *piagnere*, var. di *piangere*; 1618] **intr.** (aus. *avere*) piangere a lungo in modo sommesso e lamentoso, spec. di bambini || **N.** *Sin.* frignare; PIANGERE.

piagnucolìo (pl. *-ìi*) [da *piagnucolare*; 1875] **sm.** il piagnucolare continuato di una o più persone, spec. bambini || **N.** *Sin.* lagna, piagnisteo.

piagnucolóne [da *piagnucolare*; 1863] **agg.** e **sm.** (f. *-a*) che o chi piagnucola sempre || **N.** *Sin.* piagnone, piagnucoloso.

piagnucolóso [da *piagnucolare*; 1871] **agg.** che piagnucola sovente, piagnucolone: *bambino piagnucoloso* || tipico di chi piagnucola: *faccia, voce piagnucolosa.*

piagóso [lat. *plagōsus*; a. 1708] **agg.** *non com.* pieno di piaghe.

piàlla [lat. volg. *plānula*, propr. dim. f. dell'agg. *plānus*, piano; sec. XIV] **sf.** strumento di legno dalla cui faccia inferiore sporge un poco obliquamente, attraverso una feritoia in cui è incastrato con una bietta, un ferro tagliente a scalpello; serve ai falegnami per assottigliare, spianare, pulire o raddrizzare il legno || *dim.* piallétta, piallétto (*sm.*), piallettìna; *accr.* piallóne (*sm.*) || **N.** sponderuola | truciolo. **TAV.** *macchine utensili* 3; ***utensili* p. 1340** 4.

piallàccio (pl. *-ci*) [da *pialla*; 1688] **sm.** ciascuno dei sottilissimi fogli di legno pregiato con cui si riveste un lavoro in legno meno pregiato, per abbellirlo || **N.** impiallacciare, impiallacciatura.

piallàre [da *pialla*; a. 1292] **tr.** rifinire e spec. spianare con la pialla o con la piallatrice.

piallàta [da *piallare*; 1605] **sf.** colpo di pialla || *dim.* piallatìna.

piallatóre [da *piallare*; 1678] **sm.** (f. *-trìce*) addetto alla piallatura.

piallatrìce [da *piallare*; 1899] **sm.** macchina per piallare il legno o trattare analogamente superfici metalliche.

piallatùra [da *piallare*; a. 1574] **sf.** l'atto e l'effetto del piallare.

piallettàre (pres. *-étto*) [da *pialletto*; 1863] **tr.** *T.mur.* spianare un muro con il pialletto.

piallétto (*dim.* di *pialla*) [sec. XV] **sm. 1.** piccola pialla per rifiniture o lavori di precisione **2.** strumento dei muratori, costituito da una tavoletta con impugnatura, per lisciare l'intonaco.

piamàdre o **pìa màdre** [comp. di *pio* e *madre*, perché protegge come una madre, sul modello dall'ar. *umm al-dimagh-al-raqiqah*'; 1557] **sf.** *T.anat.* la più interna e più sottile delle tre meningi.

piàna [f. sost. di *piano*[2]; fine sec. XIII-inizio sec. XIV] **sf. 1.** *lett.* terreno pianeggiante, pianura **2.** *non com.* travicello più lungo del corrente **3.** *non com.* pietra squadrata per stipiti di finestre.

pianàle [da *piano*[2]; sec. XIII nel senso 1; 1918 nel senso 2] **sm. 1.** tratto di terreno pianeggiante **2.** ripiano di un veicolo, adibito al trasporto di merci || *T.ferr.* carro ferroviario per merci, senza sponde o con sponde bassissime. **TAV. *carri...* p. 664** 2.3.

pianàre [lat. tardo *planāre*; a. 1320] **tr.** *raro lett.* spianare.

pianatóio (pl. *-ói*) [da *pianare*; 1561] **sm.** cesello a testa piatta utilizzato per pianeggiare.

pianatóre [da *pianare*; 1931] **sm.** *T.oref.* **1.** (f. *-a*) chi leviga le superfici del vasellame d'argento con un pianatoio **2.** pianatoio.

pianatùra [da *pianare*; 1970] **sf. 1.** *T.oref.* levigazione delle superfici d'argento **2.** *T.calz.* appiattimento di pezzi di cuoio per la fabbricazione di suole **3.** levigatura della superficie delle candele **4.** *T.tess.* preparazione del panno per la cimatura.

piancìto v. PIANTITO.

pianeggiànte (*ppr.* di *pianeggiare*) [1789] **agg.** senza grossi dislivelli, con superficie perlopiù in piano: *area, strada pianeggiante.*

pianeggiàre (pres. *-éggio*) [da *piano*[1]; 1638] **intr.** (aus. *avere*) essere prevalentemente in piano, tendere a una configurazione superficialmente uniforme || **tr.** pareggiare, spianare.

pianèlla [da *piano*[1]; a. 1313] **sf. 1.** calzatura priva della parte che copre il calcagno e senza allacciatura **2.** *pianella della madonna*, orchidea selvatica **3.** mattone sottile per copertura di tetti o pavimentazione || *dim.* pianellétta, pianellìna, pianellùccia; *accr.* pianellóne (*sm.*) || **N. 1.** *Sin.* ciabatta, pantofola **2.** *Sin.* cipripedio, scarpetta di Venere.

pianellàio (pl. *-ài*) [da *pianella*; a. 1348] **sm.** (f. *-a*) *disus.* chi fa o vende pianelle, pantofole e sim.

pianellàta [da *pianella*; 1552] **sf.** *non com.* colpo di pianella.

pianèllo (*dim.* di *piano*[2]) [sec. XV] **sm.** striscia di terreno tra due filari di viti.

pianeròttolo [da *piano*[2]; a. 1470] **sm.** in un edificio a più piani, ripiano situato all'estremità di una rampa di scale, che consente la sosta e dà accesso agli alloggi di quel piano || **N.** ballatoio, piattaforma. **TAV.** *abitazione* 1.34, 1.35.

pianéta[1] [lat. tardo *planēta*, gr. *planḗtēs*, vagante; 1282 *planeta*] **sm. 1.** *T.astr.* corpo celeste opaco che ruota attorno a una stella di cui riflette la luce: *il pianeta Venere, i pianeti del sistema solare* **2.** *arc.* corpo celeste in gen.; stella **3.** la sorte predetta su basi astrologiche || *pianeta della fortuna* (*pop.* anche *sf. la pianeta*), oroscopo stampato su un foglietto || *dim.* pianetìno. **TAV.** *astrologia* 2.

pianéta[2] [lat. tardo *planēta*; a. 1342] **sf.** la veste liturgica più esterna che il sacerdote indossa per celebrare la messa || *dim.* pianetìna || **N.** dalmatica, paramenti. **TAV.** *chiesa* 2.27.

pianetìno (*dim.* di *pianeta*[1]) [1660] **sm.** *T.astr.* ciascuno dei piccoli pianeti non visibili a occhio nudo, che ruotano attorno al Sole, tra l'orbita di Marte e quella di Giove || **N.** *Sin.* asteroide, planetoide.

pianézza [lat. *planitia*; a. 1294] **sf.** *raro* **1.** proprietà di ciò che è piano **2.** *fig.* semplicità, chiarezza.

piangènte (*ppr.* di *piangere*) [1342] **agg. 1.** pieno di pianto, accompagnato dal pianto: *voce piangente* **2.** *salice piangente*, albero delle Salicacee, con rami lunghi e flessuosi chini verso terra.

piàngere (arc. o poet. *piàgnere*) (pres. *piàngo, piàngi*; p.rem. *piànsi, piangésti*; pps. *piànto*) [lat. *plangere*, battere, battersi il petto; a. 1250] **intr.** (aus. *avere*) **1.** versare lacrime, per dolore fisico o morale o forte emozione: *piangere per la disperazione, di rabbia, dalla gioia, piangi pure sulla mia spalla, smettila di piangere, non ho più lacrime per piangere*; *piangere come una vite tagliata*, a dirotto; anche per disagio fisico: *il bimbo piange: o ha fame o va cambiato*; o per pura reazione fisiologica: *le cipolle mi fanno piangere* || sentire grave dolore: *ha fatto quel che ha voluto e ora piange*; *mi piange il cuore vederlo ridotto così* || *cose da far piangere i sassi*, sommamente dolorose **2.** *fig.* gocciolare, stillare: *la vite piangeva* || *prov. aprile quando piange e quando ride*, rif. all'instabilità del tempo || **tr.** *piangere lacrime amare, cocenti, di pietà*, versarle || con il motivo del dolore come oggetto: *piangere la morte del padre*; con la persona come oggetto diretto, essere in lutto per la sua morte: *piangeva entrambi i genitori, l'amico più caro*; rif. a cose, dolersi per la loro scomparsa: *piangeva gli anni della gioventù ormai trascorsi* || *piangere miseria*, lamentare la propria vera o presunta povertà || **rifl. indir.** *piangersi addosso*, affliggersi, commiserarsi con insistenza e compiacimento || **N. intr. 1.** *Sin.* frignare, lacrimare, piagnucolare; gemere, singhiozzare, strillare, vagire; commuoversi | amaramente, forte, silenziosamente; a calde lacrime, a dirotto | avere un nodo alla gola, dare sfogo al pianto, ingoiare le lacrime, scoppiare in lacrime, struggersi in pianto, versare un mare di lacrime | occhi inumiditi, luccicanti, rossi, turgidi | goccioloni, lacrime, lucciconi; singulto | **tr.** *Sin.* compiangere, lamentare, rimpiangere.

piangévole [da *piangere*; 1325 ca.] **agg.** *ant.* **1.** che piange; che è incline al pianto **2.** che muove al pianto, strappalacrime: *una storia piangevole.*

piangitóre [da *piangere*; a. 1294] **sm.** (f. *-trìce*) *raro* chi piange.

piangiucchiàre (pres. *-ùcchio*) [da *piangere*; 1968] **intr.** (aus. *avere*) *non com.* piagnucolare.

piangolóso [da un disus. *piangolare*; sec. XIV] **agg.** *raro* piagnucoloso.

pianificàbile [da *pianificare*; 1958] **agg.** che

si può o si deve disciplinare in base a un piano.

pianificabilità [da *pianificare*; 1983] ***sf.*** l'essere pianificabile.

pianificàre (pres. *-ìfico, -ìfichi*) [comp. di *piano*[3] e *-ficare*, sul modello del fr. *planifier*; 1937] ***tr.*** **1.** determinare lo sviluppo di qualcosa mediante un piano coerente di interventi: *pianificare l'economia di un paese* **2.** progettare, darsi come programma: *pianificare un intervento di risanamento* **3.** *raro* spianare, pareggiare || **N. 1.** *Sin.* programmare.

pianificàto (*pps.* di *pianificare*) [1949] ***agg.*** regolato secondo un piano prestabilito: *economia pianificata.*

pianificatóre [da *pianificare*; 1948] ***agg.*** e ***sm.*** (f. *-trìce*) che o chi pianifica.

pianificazióne [da *pianificare*, sul modello del fr. *planification*; 1937] ***sf.*** atto ed effetto del pianificare, programmazione || **N.** dirigismo.

pianigiàno [da *piano*[2]; a. 1498] **I** ***agg.*** *non com.* di piano **II** ***sm.*** (f. *-a*) chi abita in pianura: *i pianigiani.*

pianìno (*dim.* di *piano*[1]) [1950] ***avv.*** *fam.* adagio; spec. nella *loc. avv. pian pianino*, adagio adagio; o anche, a voce sommessa.

pianìsmo [da *piano*[4]; 1942] ***sm.*** *T.mus.* modo di suonare il pianoforte: *il pianismo di Richter.*

pianìssimo (*superl.* di *piano*[1]) [1778] ***avv.*** *T.mus.* notazione dinamica (indicata con *pp*) che prevede intensità minima; anche come *sm.*: *finire con un pianissimo.*

pianista [da *piano*[4]; 1826] ***s.*** suonatore di pianoforte professionista.

pianìstico (pl. *-ci*) [da *pianista*; 1954] ***agg.*** di pianoforte, che si riferisce a pianoforte: *concerto pianistico, musica pianistica.*

piàno[1] [lat. *plānus*; a. 1272] **I** ***agg.*** **1.** che presenta una superficie uniforme, non concavo né convesso: *lente piana, piatto piano, recipiente a fondo piano* **2.** pianeggiante, orizzontale: *terreno piano*; *strada piana*, non in salita né in discesa; *T.sport. corsa piana, 100 m piani*, su pista piana, senza ostacoli || nella *loc. agg.* e *avv. in piano*, orizzontale, orizzontalmente: *il tavolo pende, non è in piano* **3.** *T.geom. figura piana*, bidimensionale; *geometria piana*, che studia le figure piane **4.** *fig.* semplice, comprensibile: *discorso piano, spiegazione piana* || *messa piana*, solo recitata, non cantata || *non com. alla piana*, alla buona **5.** *T.ling. parola piana*, che ha l'accento sulla penultima sillaba (per es. *tortellìno*) || di verso, che termina con parola piana || **pianaménte** ***avv.*** **1.** senza far rumore **2.** tranquillamente, modestamente **3.** con lentezza **II** ***avv.*** **1.** lentamente, adagio: *vai piano che qui si scivola* || *piano piano* (o col dim. *pian pianino*), un po' per volta, gradualmente; con calma e pazienza: *piano piano lo verranno a sapere tutti, ti siedi lì e piano piano finisci tutti i compiti* || *colloq. andarci piano*, non essere avventati o imprudenti: *vacci piano con quella roba, può farti male*; anche *ellitt.*: *ehi, piano con le offese!* **2.** sommessamente, a bassa voce: *parlare, cantare piano* || *in part. T.mus.* notazione dinamica (indicata con *p*) che richiede debole intensità di esecuzione; anche *sm.*: *mezzo piano* (o *mezzopiàno*) (indicato con *mp*) prevede un'esecuzione di intensità intermedia fra il mezzo forte e il piano; anche *loc. m.* || *dim.* pianìno || **N. I 1.** *Sin.* levigato, liscio, livellato, piallato, piatto, spianato **4.** *Sin.* chiaro, facile.

piàno[2] [lat. *plānum*; a. 1292] ***sm.*** **1.** superficie piana: *piano d'appoggio, il piano della strada, del tavolo, piano di lavoro della cucina*; *piano di cottura*, su cui sono disposti fornelli e piastre || *piano caricatore*, in scali, depositi e sim., costruzione che si eleva all'altezza di aperture e portelli di camion, vagoni e sim., per facilitare le operazioni di carico e scarico || terreno, luogo piano; pianura: *è sceso al piano* || *T.aer.* struttura piatta con particolari funzioni aerodinamiche: *piano portante*, la superficie delle due ali; *piano di coda*, deriva e stabilizzatore; *piani mobili*, timone e alettoni **2.** *T.geom.* ente geometrico primitivo che corrisponde intuitivamente a una superficie illimitata priva di curvatura in ogni suo punto: *rette giacenti sullo stesso piano, piani paralleli, convergenti*; *piano di simmetria*, quello che divide una figura o un oggetto in due parti simmetriche || in un'immagine in prospettiva, ciascuna delle diverse superfici verticali ideali, perpendicolari alla linea di fuga, in cui si collocano i vari elementi: *una figura posta in primo, in secondo piano*; *fig.* per riferirsi all'importanza o alla notorietà di un fatto o di un personaggio: *una figura di primo piano nel campo della medicina, una vicenda passata ormai in secondo piano* || *T.cin. primo piano*, inquadratura che comprende il volto di una persona o un oggetto ripreso da vicino: *fare un primo piano, riprendere con un primo piano*; *piano medio, piano americano*, inquadrature gradualmente più lontane del primo piano, comprendenti la metà della figura (busto) o i tre quarti di essa **3.** *per estens.* livello, strato: *disporre la merce su vari piani* || *fig. porre due cose sullo stesso piano*, considerarle di uguale importanza || *in part.* ciascuno degli ordini di stanze che si elevano l'uno sull'altro in un edificio: *un grattacielo di trenta piani, abito al sesto piano*; *piano rialzato* o *piano nobile*, V. NOBILE; *piano terra*, pianterreno || *dim.* pianèllo || **N. 1.** *Sin.* piattaforma, ripiano, spiazzo. **Q.T.** *abitazione, cinematografia, matematica...* **TAV.** ***arredamento*** **p. 650** 1.10.

piàno[3] [dal fr. *plan*, disegno, rappresentazione; 1758] ***sm.*** insieme di istruzioni che preordinano un'azione, un'attività; progetto: *piano d'azione, di lavoro, un piano ingegnoso per svaligiare la banca*; *piano di sviluppo economico*, progetto che prevede interventi e vincoli sulle attività economiche, con lo scopo di ottenere determinati risultati a determinate scadenze; *piano quadriennale, quinquennale* ecc., che scandisce gli interventi e prevede i risultati nell'arco di quattro, cinque anni ecc. || *piano regolatore*, programma approvato da un'amministrazione comunale, relativo al futuro ampliamento e sviluppo della città o di aree circostanti || *piano di studi*, elenco degli esami che uno studente intende sostenere nel corso della carriera universitaria o di un anno accademico. **Q.T.** *città.*

piàno[4] [da *piano(forte)*, prob. sul modello del fr. *piano*; 1831] ***sm.*** abbreviazione di *pianoforte.*

piàno-bar o **pianobàr** [comp. di *piano*[4] e *bar*; 1963] ***sm. inv.*** bar o altro locale pubblico in cui, nelle ore serali e notturne, si possono consumare liquori, bibite ed altro con un sottofondo di brani musicali eseguiti al piano, a volte con accompagnamento canoro.

piàno-cilìndrico o **pianocilìndrico** (pl. *-ci*) [comp. di *piano*[2] e *cilindrico*; 1925] ***agg.*** nelle arti grafiche, detto di stampa realizzata facendo passare su un cilindro rotante, che reca impressa la forma, il piano con il foglio.

pianocòncavo [comp. di *piano*[1] e *concavo*; 1745] ***agg.*** *T.ott.* di lente, con un lato piano e uno concavo. **TAV.** ***ottica*** **p. 1329** 1.5.

pianoconvèsso [comp. di *piano*[1] e *convesso*; 1745] ***agg.*** *T.ott.* di lente, con un lato piano e uno convesso. **TAV.** ***ottica*** **p. 1329** 1.2.

pianofòrte (pl. *pianofòrti*) [comp. di *piano*[1] e *forte*; 1771] ***sm.*** strumento musicale a tastiera in cui il suono è prodotto da martelletti che il meccanismo dei tasti fa battere su corde metalliche tese: *pianoforte verticale*, in cui le corde sono disposte verticalmente; *pianoforte a coda, a mezza coda*, con corde orizzontali || **N.** *Sin.* piano; armonium, cembalo, clavicembalo | leggio, meccanica, pedale, scappamento, smorzatore, sordina, tastiera | pestare, strimpellare, suonare | accompagnamento, accordatore, pianista | a quattro mani. **Q.T.** *musica* **TAV.** ***musica*** **p. 1325** 15.

pianòla [voce commerciale anglo-americana, da *piano*[4]; 1923] ***sf.*** pianoforte meccanico, in cui il movimento di due pedali fa svolgere un rotolo di carta con fori corrispondenti alle varie note.

pianòro [da *piano*[2]; 1841] ***sm.*** altopiano posto tra altura e altura.

pianotèrra [comp. di *piano*[2] e *terra*; a. 1948 *pianterra*] ***sm. inv.*** pianterreno.

pianoterréno o **piàno terréno** V. PIANTERRENO.

piànta[1] [lat. *planta*; sec. XIII] ***sf.*** **1.** nome generico di organismo vegetale: *animali e piante, pianta unicellulare, tropicale, arborea, innaffiare le piante del giardino, una pianta di melanzane, di glicine* || nella loc. *di sana pianta*, per intero, in modo radicale: *l'ha inventato di sana pianta* **2.** *lett.* stirpe, progenie || *dim.* piantìna, pianticìna, pianticèlla; *accr.* piantóna. **Q.T.** *botanica, ecologia, erboristeria, giardinaggio...*

piànta[2] [lat. *planta*; a. 1292] ***sf.*** la parte del piede che poggia a terra; la parte corrispondente della calzatura: *scarpe a pianta larga.*

piànta[3] [da *pianta*[1]; a. 1529] ***sf.*** **1.** riproduzione in scala della sezione orizzontale di un oggetto, di un edificio o di un'area; carta topografica: *la pianta di un'aula, della città* **2.** *T.bur.* organico, ruolo: *pianta del personale medico*; *in pianta stabile*, con inserimento definitivo: *essere assunto in pianta stabile*; *fig.* costantemente: *è in pianta stabile a casa sua.*

piantàbile [da *piantare*; a. 1601] ***agg.*** **1.** che può essere piantato: *albero piantabile* **2.** *non com.* di terreno, coltivabile.

piantacaròte [comp. di *pianta(re)* e *carota*; 1891] ***s. inv.*** *fam.* chi racconta fandonie.

piantàggine [lat. *plantāgo, -inis*; prima metà sec. XIII] ***sf.*** pianta erbacea molto comune nei prati, con foglie ovali a nervature resistenti parallele e infiorescenza a spiga || **N.** *Sin.* petacciola.

Piantaginàcee V. PLANTAGINACEE.

piantagióne [lat. *plantātio, -ōnis*; a. 1320 nel senso 2] ***sf.*** **1.** terreno in cui si coltiva una data qualità di piante: *piantagioni di caffè, di cotone* **2.** *non com.* il piantare.

piantagràne [comp. di *pianta(re)* e *grana*; 1941] ***s. inv.*** termine originario del gergo militare, che si attribuisce a chi solleva questioni anche su fatti di poca importanza.

piantaménto [da *piantare*; a. 1320] ***sm.*** atto ed effetto del piantare.

piantàna [da *pianta*[1]; 1963] ***sf.*** **1.** sostegno verticale, spesso di metallo, per scaffali **2.** *T.edil.* asta o tubo che sostiene impalcature **3.** lampada a stelo.

piantàre [lat. *plantāre*; 1280] ***tr.*** **1.** mettere nel terreno perché germogli o attecchisca: *piantare un seme, degli arbusti, pomodori, fiori* || rif. a terreno, seminarlo: *piantare un campo a bietole* || *fig. piantar carote*, dire bugie || *fig. andare a piantar cavoli*, morire **2.** *per estens.* conficcare saldamente: *piantare due chiodi nel muro, un bastone in terra* || *fig. piantare gli occhi su qualcuno*, fissare intensamente lo sguardo su di lui || *fig. piantar chiodi*, far debiti || *piantar le tende*, drizzarle per accamparsi; *fig.* stabilirsi in un luogo **3.** abbandonare, lasciare: *mi ha piantato qui e se n'è andato, ha piantato a metà il lavoro, piantare il fidanzato*; *piantare in asso*, lasciare da solo; *piantare baracca e burattini*, abbandonare un'attività a mezzo, mollare tutto || *colloq. piantarla*, smetterla: *piantala con quel fracasso!, sarebbe ora di piantarla* **4.** *non com.* impiantare || ***intr. pron.*** conficcarsi: *il dardo è andato a piantarsi nel tronco* || ***rifl.*** fermarsi saldamente sui due piedi: *si piantò sull'uscio di casa* ‖ **N. 1.** *Sin.* mettere a dimora, seminare, trapiantare **2.** *Sin.* affondare, ficcare **3.** *Sin.* mollare | ***rifl.*** *Sin.* puntarsi.

piantàta [f. sost. di *piantato*; a. 1540] ***sf.*** **1.** l'azione del piantare **2.** fila o più file di piante, l'una accanto all'altra: *una piantata di gelsi* **3.** sistema di coltivazione della vite su tutori vivi in filari paralleli, tipico dell'Emilia: *terreni a piantata.*

piantàto (*pps.* di *piantare*) [seconda metà sec. XIII] ***agg.*** **1.** immobile, impalato: *stette lì piantato come un palo* **2.** *ben piantato,* detto di persona robusta.

piantatóio (pl. *-ói*) [da *piantato*; 1981] ***sm.*** *T.agr.* grosso cavicchio con cui si praticano fori nel terreno per piantare le talee e le barbatelle ‖ **N.** *Sin.* foraterra.

piantatóre [dal lat. tardo *plantātor, -ōris*; prima metà sec. XIV] ***sm.*** (f. *-trìce*) **1.** chi pianta; coltivatore **2.** chi possiede una piantagione.

piantatrìce [f. di *piantatore*; 1962] ***sf.*** *T.agr.* macchina per piantare bulbi, tuberi e sim. **TAV. *giardinaggio* p. 1314** 9.

piantatùra [da *piantare*; 1891] ***sf.*** **1.** atto o effetto del piantare **2.** stagione in cui si pianta.

piantèlla [da *pianta*[2]; 1988] ***sf.*** *T.calz.* parte esterna della suola di una calzatura.

pianterréno o **pianoterréno** o **piàno terréno** [comp. di *piano*[2] e *terreno*; a. 1465] ***sm.*** il piano della casa che rimane a livello del terreno o è poco più alto ‖ **N.** *Sin.* pianoterra; piano nobile, piano rialzato.

piantime [da *pianta*[1]; a. 1915] ***sm.*** pianticella generata da un seme, pronta per essere trapiantata.

piantina (*dim.* di *pianta*[1]) [1776] ***sf.*** **1.** picola pianta **2.** *gerg.* militare che sta di piantone.

piantito o **piancito** [da (*im*)*piantito*; a. 1698] ***sm.*** *dial.* pavimento.

piànto[1] *pps.* di *piangere* (v.).

piànto[2] [lat. *planctus*; fine sec. XII] ***sm.*** **1.** atto del piangere: *cessare il pianto, pianto disperato, crisi di pianto, passare dal riso al pianto* ‖ *pianto funebre,* lamento funebre ‖ *pianto greco,* lagna interminabile ‖ *muro del pianto,* a Gerusalemme, il muro che include alla base alcuni massi rimasti dopo la distruzione del tempio di Salomone, dove gli Ebrei vanno a pregare; *scherz.* di persona, con cui tutti vanno a lamentarsi o, anche, lamentoso **2.** *per meton.* dolore: *la sua fine immatura è stata un pianto per tutti noi* ‖ causa di dolore: *dopo quel ciclone, la campagna era un pianto* **3.** emissione di linfa dalla corteccia lacerata di una pianta: *il pianto della vite* ‖ **N. 1.** *Sin.* piagnisteo, piagnucolio, singhiozzo, urlo, vagito | prorompere, rompere, sbottare, sciogliersi, scoppiare in pianto; muovere il pianto; PIANGERE | lacrime.

piantonàia [da *piantone*[2]; 1759] ***sf.*** (anche *sm. piantonàio*) *T.agr.* in arboricoltura, terreno dove si trapiantano gli arboscelli tolti dal semenzaio, in attesa della definitiva messa a dimora ‖ **N.** *Sin.* nestaia.

piantonaménto [da *piantonare*; 1935] ***sm.*** atto ed effetto del piantonare.

piantonàre[1] (pres. *-óno*) [da *piantone*[1]; 1890] ***tr.*** **1.** sorvegliare in qualità di piantone: *piantonare una stanza, un ferito* **2.** far sorvegliare da piantoni.

piantonàre[2] (pres. *-óno*) [da *piantone*[2]; 1891] ***tr.*** trasferire gli arboscelli dal semenzaio alla piantonaia.

piantóne[1] [dal fr. *planton*; 1824] ***sm.*** *T.mil.* addetto alla sorveglianza disarmata e alla pulizia di un locale: *essere di piantone alle camerate* ‖ *per estens.* chi vigila ininterrottamente: *stare di piantone.* **Q.T.** *forze armate.*

piantóne[2] [da *piantare*; 1298] ***sm.*** **1.** ramo che si stacca dal ceppo della pianta, per esser trapiantato ‖ arboscello giovane **2.** *T.mecc.* l'asse che collega il volante al meccanismo di sterzo **3.** *T.arch.* ciascuna delle esili colonne che separano gli archi di una finestra in stile gotico ‖ **N. 1.** talea.

pianùra [da *piano*[2]; a. 1292] ***sf.*** vasto tratto di terreno piano, solitamente non più elevato di 500 m sul livello del mare: *la pianura Padana, pianura alluvionale; pianura ondulata,* con rilievi di modesta entità ‖ *dim.* pianurétta, pianurìna ‖ **N.** acrocoro, altipiano, bassopiano, chiana, deserto, distesa, lama, landa, pampa, piana, piano, pianoro, savana, spianata, spiazzo, tavoliere. **Q.T.** *geografia.*

pianùzza [dal lat. *platessa,* attr. il catalano *platussa*; 1875] ***sf.*** passera di mare.

piàre (pres. *pìo*) [da *pio*[1]; a. 1257] ***intr.*** (aus. *avere*) *poet.* pigolare: *non appena l'augel pia* (Carducci).

piassàva [da una voce tupì, attr. il port. *piaçaba*; 1838 *piassaba*] ***sf.*** fibra vegetale leggera e resistente usata nella costruzione di cavi galleggianti, scope, spazzole e sim.

piàstra[1] [prob. da *impiastrare*; metà sec. XIII] ***sf.*** **1.** elemento largo e piatto di materiale rigido, spec. di metallo: *una piastra di ferro* ‖ *in part.* come componente di un congegno o di una struttura: *piastra di cottura,* disco metallico scaldato da una resistenza, posto sul piano di cottura di una cucina ‖ *piastra della serratura,* lastra di ferro quadrata su cui sono fissate le varie parti della serratura ‖ *T.elettr.* l'elemento metallico con cui si realizza l'elettrodo di un accumulatore ‖ *T.orol.* supporto piatto per la meccanica di un orologio ‖ *in part.* ciascuna delle lamine di ferro che formavano le antiche armature **2.** *piastra di registrazione* (*ass. piastra*), registratore e lettore di cassette in un impianto stereo **3.** *T.biol. piastra laterale,* parte del mantello mesodermico dell'embrione ‖ *T.zool.* nome di varie formazioni laminari: *piastra apicale, cornea* **4.** *T.inform.* scheda ‖ *dim.* piastrétta, piastrìna, piastrèlla, piastricìna, piastrìno; *accr.* piastróne ‖ **N. 1.** *Sin.* lamina. **TAV.** *audiovisivi* 8.7; *elettrodomestici* 4.6; *rettili* 4.2, 4.3.

piàstra[2] [da *piastra*[1]; 1561] ***sf.*** nome di varie monete antiche (*piastra spagnola d'argento, piastra romana, bolognese*), o tuttora in circolazione (*piastra egiziana, turca*).

piastrèlla (*dim.* di *piastra*[1]) [sec. XIV-XV] ***sf.*** **1.** laterizio di materiale vario, a spessore ridotto, impiegato per pavimentazione o rivestimenti di muri: *piastrelle di cemento, smaltate, in cotto, decorate* **2.** piccola pietra piatta, di cui si servono i bambini in alcuni giochi: *giocare a piastrelle* ‖ **N. 1.** *Sin.* mattonella, pianella. **TAV.** *abitazione* 1.2.

piastrellàio (pl. *-ài*) [da *piastrella*; 1958] ***sm.*** (f. *-a*) operaio addetto alla posa delle piastrelle.

piastrellaménto [da *piastrellare*; 1958] ***sm.*** effetto di rimbalzo di aereo o motoscafo che piastrella.

piastrellàre (pres. *-èllo*) [da *piastrella*; 1936 come intr.; 1958 come tr.] ***tr.*** ricoprire con piastrelle: *piastrellare il bagno* ‖ ***intr.*** (aus. *avere*) di idrovolante, motoscafo e sim., rimbalzare sull'acqua per eccesso di velocità o per errore di manovra ‖ *per estens.* anche di un aereo che rimbalzi sul terreno durante l'atterraggio.

piastrellàto (*pps.* di *piastrellare*) [1975] ***agg.*** rivestito di piastrelle.

piastrellatóre [da *piastrellare*; 1967] ***sm.*** (f. *-trìce*) piastrellista.

piastrellista [da *piastrella*; 1965] ***s.*** piastrellaio.

piastriccio (pl. *-ci*) [da (*im*)*piastricciare*; a. 1665] ***sm.*** *fam.* miscuglio che appiccica e insudicia; *fig.* garbuglio, pasticcio.

piastrina (*dim.* di *piastra*[1]) [1824] ***sf.*** **1.** piccola piastra **2.** piccola targa di metallo con gli estremi di identificazione che ogni soldato porta con sé **3.** *T.biol.* elemento corpuscolare del sangue di forma tondeggiante, che interviene nei processi di coagulazione ed emostasi.

piastrino (*dim.* di *piastra*[1]) [1612] ***sm.*** piastrina.

piastróne (*accr.* di *piastra*[1]) [a. 1470 nel senso 1; 1922 nel senso 2] ***sm.*** **1.** nella scherma, giubbotto protettivo indossato dai maestri ‖ *piastrone a muro,* piastra di cuoio o di tela imbottita di crine, contro la quale lo schermidore si addestra in sala d'armi **2.** *T.zool.* la parte inferiore della corazza delle tartarughe ‖ **N.** 2. carapace. **TAV.** *rettili* 4.3.

piatire (pres. *-ìsco, -ìsci*) [da *piato*; a. 1294] ***intr.*** (aus. *avere*) **1.** *lett.* contendere in giudizio; litigare **2.** *fam.* chiedere con insistenza e senza ritegno ‖ ***tr.*** chiedere, mendicare: *piatire un favore.*

piàto [lat. *placitum,* propr. parere; prima metà del sec. XIII] ***sm.*** *lett. raro* **1.** lite giudiziaria; contesa **2.** richiesta noiosa e pressante.

piàtta [f. sost. di *piatto*[1]; a. 1348] ***sf.*** *raro* chiatta.

piattabànda (pl. *piattebànde*) [comp. di *piatto*[1] e *banda,* sul modello del fr. *plate-bande*; 1863] ***sf.*** *T.arch.* arco a curvatura minima, simile ad architrave, che chiude superiormente le luci di finestre e porte.

piattafórma [comp. di *piatto*[1] e *forma,* sul modello del fr. *plate-forme*; 1546 *forma piatta*] ***sf.*** **1.** porzione di terreno naturalmente piana o spianata artificialmente, impiegata come base d'appoggio, di posa o di fondamento: *piattaforma stradale,* piano della massicciata ‖ nella pratica militare, area di installazione dei pezzi di artiglieria **2.** *per estens.* struttura piatta di sostegno, appoggio e sim., presente in macchinari, impalcature e sim. ‖ *T.ferr. piattaforma girevole,* piano metallico ruotante su un perno, usato nelle stazioni ferroviarie per voltare i vagoni e le locomotive ‖ *piattaforma di lancio,* la struttura da cui si stacca il missile alla partenza ‖ *in part. T.sport.* trampolino rigido in cemento o metallo, posto a varie altezze, da cui si eseguono i tuffi; *piattaforma di lancio,* pedana per il lancio di attrezzi ‖ *piattaforma galleggiante,* ampia struttura piatta che ospita attrezzature per installazioni o ricerche sottomarine **3.** *T.geol. piattaforma continentale,* proseguimento della massa continentale al di sotto della superficie marina, fino a circa 200 m sotto tale livello **4.** *fig.* l'insieme dei punti base di un programma politico e sim.: *la piattaforma elettorale, piattaforma rivendicativa.*

piattàia [da *piatto*[2]; 1868] ***sf.*** **1.** rastrelliera per tenere i piatti lavati a scolare **2.** alzata di credenza o scaffale pensile per esporre piatti e vasellame ‖ **N. 1.** *Sin.* scolapiatti.

piattàio (pl. *-ài*) [da *piatto*[2]; 1875] ***sm.*** (f. *-a*) chi fa o vende piatti e sim.

piattèllo (*dim.* di *piatto*[2]) [1353] ***sm.*** **1.** *far piattello,* di aereo o idrovolante, piastrellare **2.** piccolo disco a forma di piatto ‖ *T.sport.* piccolo disco di terracotta lanciato in aria da un dispositivo automatico, che costituisce il bersaglio per tiratori armati di fucile: *tiro al piattello* **3.** *T.gioc.* gioco di carte; detto anche *pitocchetto.* **TAV.** *motori* 3.3.

piattézza [da *piatto*[1]; 1915] ***sf.*** qualità di ciò che è piatto; spec. *fig.*: *piattezza di stile.*

piattina [da *piatto*[1]; 1941 nel senso 2; 1958 nel senso 1 e 3] ***sf.*** **1.** cordone elettrico costituito da due conduttori avvolti in una guaina piatta **2.** sottile nastro metallico per vari usi **3.** carrello privo di sponde, impiegato per il trasporto di materiali in miniera.

piattino (*dim.* di *piatto*[2]) [1800] ***sm.*** **1.** piccolo piatto, spec. quello che si mette sotto un bicchiere o una tazza **2.** pietanza appetitosa, manicaretto: *gli preparò un piattino ghiotto.*

piattitùdine [dal fr. *platitude*; a. 1952] **sf.** *lett.* assenza di originalità, di vivacità || **N.** *Sin.* monotonia, piattezza.

piàtto[1] [lat. volg. **plattus*; 1313] **agg. 1.** piano, privo di rilievi: *una piatta distesa di sabbia, recipiente a fondo piatto*; schiacciato: *faccia piatta* || *loc. avv. di piatto*, con la parte piana o più estesa, spec. di una lama (in contrapposizione a *di taglio, di costa, di punta*): *lo colpì di piatto*; *un libro, un mattone appoggiato di piatto* **2.** *T.geom. angolo piatto*, di 180° **3.** *fig.* scialbo, monotono: *interpretazione, conversazione, personalità piatta* || **piattaménte** **avv.** || **N. 1.** PIANO **3.** *Sin.* anonimo, banale, fiacco, inespressivo, insulso, smorto. **TAV.** *geometria* 3.4.

piàtto[2] [forma sost. di *piatto*[1]; metà sec. XIII] **sm. 1.** recipiente circolare, più o meno concavo, gen. di ceramica o porcellana, adoperato per posarvi le vivande da portare in tavola, o per mangiarvi direttamente: *servizio di piatti da sei, lavare i piatti*; *piatto fondo*, a bordo rialzato, per minestre; *piatto piano*, per cibi solidi; *piatto di portata*, più grande e di forma varia, in cui si portano le vivande in tavola **2.** *per meton.* la vivanda che vi è contenuta: *un bel piatto di gnocchi* || *per estens.* vivanda, pietanza: *un buon piatto, un piatto leggero e nutriente, piatto caldo, freddo* || portata: *primo, secondo piatto*; *piatto unico*, vivanda elaborata e sostanziosa che viene servita come primo e secondo piatto insieme; *piatto forte*, il piatto più sostanzioso di un pranzo; *fig.* il meglio di uno spettacolo || *piatto tipico*, vivanda propria di una determinata regione o paese **3.** *T.gioc.* in vari giochi di carte, l'insieme delle poste dei giocatori; con l'espr. *il piatto piange*, quando manca la posta di qualche giocatore **4.** oggetto o strumento schiacciato e dal contorno circolare: *il piatto del giradischi, i piatti della bilancia* || *pl. T.mus.* strumento idiofono a percussione, gen. di bronzo o in leghe d'ottone, costituito da due dischi di metallo con impugnatura centrale di cuoio che, percossi l'uno contro l'altro, emettono un suono squillante; oppure, montati all'estremità di un'asta, vengono azionati a pedale o, se singoli, fatti vibrare da una bacchetta || *dim.* piattìno, piattèllo; *accr.* piattóne; *pegg.* piattàccio || **N. 1.** fiamminga, guantiera, pesciera, scodella, sottocoppa, stoviglia, vassoio | acciottolare, lavare, rigovernare, risciacquare | colonna, pila; piattaia, rastrelliera, scolapiatti; lavapiatti **3.** *Sin.* posta. **Q.T.** *alimentazione* **TAV.** *musica* **p. 1324** 2.25 e **p. 1325** 16.6.

piàttola [lat. volg. **blattula*, dim. di *blatta*, blatta; a. 1498 nel senso 2] **sf. 1.** specie di pidocchio che vive nella regione ascellare e pubica dell'uomo **2.** *fig.* persona molesta, assillante, noiosa **3.** *tosc.* scarafaggio || *accr.* piattolóne (*sm.*) || **N. 1.** *Sin.* pidocchio del pube.

piattonàre (pres. *-óno*) [da *piatto*[1]; 1607] **tr.** *non com.* colpire di piatto con la lama di un'arma: *piattonare la folla.*

piattonàta [da *piattonare*; a. 1400] **sf.** colpo di spada, sciabola e sim., dato di piatto.

piattóne [da *piattola*, con cambio di suff.; a. 1556] **sm.** pidocchio del pube, piattola.

piàzza [lat. *platea*; sec. XII-XIII] **sf. 1.** luogo pubblico, spazioso e scoperto, che si apre nell'abitato in corrispondenza dell'incrocio di più strade o dell'allargamento di una via: *piazza San Marco, piazza del Duomo, la piazza del mercato* || *per estens.* luogo pubblico: *scendere in piazza*, protestare in una dimostrazione pubblica; *mettere in piazza i fatti propri*, divulgarli; *disus. vettura di* (o *da*) *piazza*, V. VETTURA || *fig. far piazza pulita*, sgomberare, sgominare o consumare del tutto: *fare piazza pulita degli avversari, ha fatto piazza pulita in dispensa* || *fig. scherz. andare in piazza*, diventare calvo || *T.mil. piazza d'arme* o *d'armi*, area per esercitazioni militari; rif. all'ampiezza di tale luogo: *sembrare una piazza d'armi* || *per meton.* la massa dei cittadini in quanto soggetta ad azione politica diretta: *cercare il favore della piazza* **2.** *T.econ.* città o area più ampia, in quanto sede di operazioni economiche o finanziarie: *Milano è una buona piazza*; *farsi una piazza*, creare e consolidare il proprio mercato; *rovinare la piazza a qualcuno*, ostacolarlo con la concorrenza, indebolire la sua presenza sul mercato; *fig.* rovinarne l'immagine denigrando || *T.banc.* territorio comunale, sede di sportello bancario, nel quale viene tratto un assegno di conto corrente: *assegno su piazza, fuori piazza* **3.** *T.mil.* luogo fortificato base di operazioni militari: *conquistare una piazza importante, piazza permanente* || *piazza forte*, V. PIAZZAFORTE **4.** posto, posizione: *piazza d'onore*, in classifica, il secondo e il terzo posto || *letto a una, a due piazze*, per una o due persone; *a una piazza e mezzo*, di misura intermedia; anche rif. alla relativa biancheria: *coperta a due piazze* || *dim.* piazzétta, piazzuòla; *accr.* piazzóne (*sm.*) || **N. 1.** *Sin.* agora, campo, esedra, foro, largo, piazzale, rondò | fontana, lastricato, monumento, portico, selciato. **Q.T.** *città.*

piazzafòrte (pl. *piazzefòrti*) [comp. di *piazza* e *forte*, sul modello del fr. *place forte*; 1551] **sf. 1.** città fortificata **2.** *fig.* difesa, baluardo.

piazzaiolàta [da *piazzaiolo*; 1891] **sf.** atto o detto da piazzaiolo || **N.** *Sin.* chiassata, piazzata.

piazzaiòlo [da *piazza*; 1870] **I agg.** *spreg.* da piazza, svolto in piazza: *lavoro, tumulto piazzaiolo* || *eloquenza piazzaiola*, che cerca il favore della folla **II sm.** (f. *-a*) **1.** chi lavora in piazza **2.** *spreg.* persona volgare e chiassosa.

piazzàle [da *piazza*; metà sec. XIV] **sm.** area vasta, a volte alberata, limitata almeno in parte da edifici, spesso situata in posizione panoramica: *piazzale Michelangelo, il piazzale prospiciente la chiesa* || area adiacente a stazione di servizio, aeroporto e sim., opportunamente attrezzata: *piazzale di sosta, di rifornimento* || **N.** PIAZZA.

piazzaménto [da *piazzare*; 1884] **sm. 1.** *raro* atto o effetto del piazzare **2.** *T.sport.* posizione raggiunta in una classifica o in una graduatoria: *ancora un ottimo piazzamento dell'atleta italiano.*

piazzàre [dal fr. *placer*; 1812] **tr. 1.** mettere in posizione, installare: *piazzare il cannone in posizione di tiro, piazzare l'antenna sul tetto* **2.** mandare a segno, assestare: *piazzare un bel pallone a fil di palo, un pugno nello stomaco* **3.** *T.econ.* vendere, collocare sul mercato: *piazzare un prodotto* || **rifl. 1.** *T.sport.* classificarsi (perlopiù in buona posizione): *si è piazzato al terzo posto, ha scommesso su un cavallo che non si è nemmeno piazzato* **2.** *T.sport.* nel calcio, collocarsi in una posizione che permette di intercettare o raccogliere un pallone **3.** prendere posto, perlopiù occupando o ingombrando in modo stabile: *si è piazzato davanti al televisore per tutto il pomeriggio, si è piazzato in mezzo alla strada.*

piazzàta [da *piazza*; 1677] **sf.** atto volgarmente clamoroso; scenata.

piazzàto (*pps.* di *piazzare*) [a. 1540] **agg. 1.** *T.ipp.* di cavallo, che è giunto al secondo o al terzo posto; anche *sm.*: *un piazzato* **2.** *T.sport. calcio piazzato*, nel calcio e nel rugby, calcio al pallone da fermo (per es. *corner* e calcio di rigore).

piazzeggiàre (pres. *-éggio*) [da *piazza*; fine sec. XIII] **intr.** (aus. *avere*) *ant.* passeggiare.

piazzìsta [da *piazza*; 1901] **s.** promotore alle vendite, dipendente di una ditta; commesso viaggiatore || **N.** *Sin.* propagandista.

piazzòla o **piazzuòla** (*dim.* di *piazza*) [a. 1598] **sf.** piccola superficie pianeggiante; piccola piazza || *in part.* quella posta in margine alla strada, per depositarvi materiali di manutenzione o consentire la sosta dei veicoli || *T.mil.* postazione di tiro per i pezzi di artiglieria || *T.sport. piazzola di partenza*, nel golf, area da cui si effettua il primo tiro. **TAV.** *automobile* **p. 658** 4.18.

pìca [dal lat. *pīca*; 1319] **sf. 1.** gazza **2.** *T.med.* picacismo.

picacìsmo [da *pica*; 1875] **sm.** *T.med.* alterazione del gusto caratteristica di certi stati nervosi o fisiologici (per es. della gravidanza), che può condurre a ingestione di sostanze non alimentari, come carbone, calce ecc. || **N.** *Sin.* malacia, pica.

picador (sp., pr. [pika'ðɔr]) [da *picar*, pungere; 1829] **sm.** *inv.* (anche pl. *picadores*, pr. [pika'ðores]) cavaliere che, nella corrida, ferisce il toro con una lunga lancia per indebolirlo.

picarésco (pl. *-schi*) [dallo sp. *picaresco*; 1635] **agg.** di novella o romanzo, tipico della letteratura spagnola del '500, in cui sono rappresentate la vita e le avventure dei picari || di, da picaro: *figura, vicenda picaresca.*

pìcaro [dallo sp. *picaro*, imbroglione; 1606] **sm.** furfante vagabondo, furbo e spregiudicato, protagonista dei romanzi picareschi.

picàto [dal lat. *picātus*, impeciato; a. 1498] **agg.** *ant.* di vino, che ha preso sapor di pece.

pìcca[1] [dal fr. *pique*; 1520] **sf. 1.** *T.stor.* lunga arma ad asta, terminante con un ferro a forma di lingua appuntita; *mezza picca*, picca a manico corto che, dopo l'adozione delle armi da fuoco, fu portata ancora per qualche tempo dagli ufficiali come insegna di comando || *per meton.* soldato armato di picca, picchiere **2.** *pl. T.gioc.* uno dei semi delle carte da gioco francesi || *essere* o *parere il fante di picche*, di chi pretende molto e vale poco || *contare quanto il fante di picche* (anche *il due di picche*), non contare nulla || *rispondere picche*, rispondere negando il proprio consenso || **N. 1.** alabarda, lancia, partigiana.

pìcca[2] [dal fr. *pique*, alterco; a. 1547] **sf.** gara di puntiglio tra due persone: *fanno a picca a chi riesce prima* || puntiglio, ostinazione: *non lo fare per picca* || **N.** ripicca.

piccamàrra (pl. *picchemàrre*) [comp. di *picca* e *marra*; 1965] **sf.** *T.agr.* attrezzo agricolo che presenta una zappa da una parte e un piccone dall'altra; viene usato per lo scalzamento e il taglio delle radici degli alberi.

piccànte [dal fr. *piquant*; a. 1597] **agg. 1.** dal sapore pungente, che provoca leggero bruciore: *salsa piccante, peperoni piccanti* **2.** *fig.* licenzioso, spinto: *una storiella piccante, raccontaci i particolari piccanti di quella storia* || *dim.* piccantìno.

piccàrdo [dal fr. *picard*; 1272] **I agg.** della Piccardia **II sm. 1.** (f. *-a*) abitante della Piccardia **2.** (solo *sing.*) dialetto della Piccardia.

piccàre (pres. *pìcco, picchi*) [da *picca*[2], come il fr. *piquer*; a. 1635] **tr.** *non com.* pungere || **intr.** (aus. *avere*) essere pungente || **intr. pron. 1.** rif. a qualità reali o presunte, vantare con ostinazione, ostentare: *si picca di conoscere bene quella lingua, piccarsi dell'origine nobile* **2.** incaponirsi, ostinarsi || *piccarsi con qualcuno*, impermalirsi.

piccàta[1] [dal fr. *piqué*, lardellato; sec. XVII] **sf.** *T.cuc.* fettina di vitello cucinata al burro e condita con succo di limone e prezzemolo tritato || *dim.* piccatìna.

piccàta[2] [da *picca*[1]; 1512] **sf.** *ant.* colpo di picca.

piccàto[1] (*pps.* di *piccare*) [1617] **agg.** punto nel vivo, risentito.

piccàto[2] [dal fr. *piqué*; 1936] **sm.** *non com. piqué.*

picchè **sm.** adattamento it. di *piqué* (v.).

picchettàggio (pl. *-gi*) [da *picchettare*; 1963]

sm. attività di sorveglianza degli accessi al luogo di lavoro, condotta da scioperanti o sindacalisti, per impedire l'ingresso di chi non aderisce allo sciopero.

picchettaménto [da *picchettare*; 1965] **sm.** **1.** atto del picchettare **2.** *non com.* picchettaggio.

picchettàre (pres. *-étto*) [da *picchetto*; 1826 nel senso 2; 1891 nel senso 1; 1964 nel senso 2] **tr.** **1.** delimitare, segnare con una serie di picchetti infissi nel terreno: *picchettare una strada, un perimetro* **2.** sorvegliare mediante picchettaggio: *picchettare i cancelli della fabbrica* **3.** *T.mus. raro* picchiettare.

picchettatóre [da *picchettare*; 1891] **sm.** (f. *-trìce*) chi pianta picchetti nel terreno.

picchettatùra [da *picchettare*; 1891] **sf.** l'atto e l'effetto del picchettare.

picchettazióne [da *picchettare*; 1958] **sf.** il picchettare il terreno per eseguire rilievi topografici.

picchétto [dal fr. *piquet*; 1607 nel senso 3] **sm.** **1.** paletto con una estremità appuntita, da piantare nel terreno in corrispondenza di un tracciato o per fissare tende, corde e sim. **2.** *T.mil.* reparto di soldati cui è assegnato un servizio particolare: *picchetto di guardia*; *picchetto d'onore*, che ha il compito di rendere omaggio alle personalità ‖ *ufficiale di picchetto*, ufficiale di guardia, a cui è affidata la sorveglianza della caserma per ventiquattro ore ‖ *essere di picchetto*, di guardia ‖ *per estens.* gruppo di scioperanti che esegue il picchettaggio all'ingresso delle sedi di lavoro **3.** *T.gioc.* antico gioco di carte originario della Francia ‖ **N.** **1.** *Sin.* piolo.

picchiaménto [da *picchiare*; prima metà sec. XIV] **sm.** *non com.* atto del picchiare.

picchiapètto (pl. *picchiapètti*) [comp. di *picchia(re)* e *petto*; 1353] **s.** *non com.* **1.** bacchettone, beghino **2.** **sm.** gioiello da portare al collo, pendente sul petto ‖ **N.** **2.** *Sin.* medaglione.

picchiàre (pres. *pìcchio*) [prob. voce onom.; a. 1292] **tr.** **1.** battere, percuotere (con la persona o cosa percossa come oggetto diretto): *se non stai buono ti picchio, lo hanno picchiato selvaggiamente e derubato, picchiare un chiodo col martello* **2.** mandare contro, calare con forza (con lo strumento come oggetto diretto): *picchiare il pugno sul tavolo, la testa contro lo spigolo* ‖ **rifl. indir.** darsi colpi: *picchiarsi il petto in segno di contrizione, picchiarsi la fronte con la mano* ‖ **rec.** scambiarsi percosse, azzuffarsi: *si stanno picchiando, qualcuno li divida!* ‖ **intr.** (aus. *avere*) **1.** dare colpi ripetuti, battere: *picchiare alla porta, picchiare col martello su un chiodo, la pioggia picchia sui tetti* ‖ *fig. il sole picchia*, è caldissimo ‖ *T.aut. picchiare in testa*, di motore, in cui si verifica l'accensione della miscela in coincidenza con la fine della fase di compressione **2.** *T.aer.* scendere in picchiata ‖ **N.** **tr.** **1.** *Sin.* pestare, PERCUOTERE; tempestare, urtare **2.** sbattere | **intr.** **1.** *Sin.* bussare, martellare, picchierellare.

picchiàta [f. sost. di *picchiato*; 1348] **sf.** **1.** l'atto del picchiare; serie di colpi ripetuti **2.** *T.aer.* discesa con la prua dell'aereo molto inclinata verso terra: *scendere in picchiata* ‖ *fig.* a rotta di collo ‖ **N.** **1.** percossa.

picchiatèllo [da *picchiare*; 1937] **agg.** e **sm.** (f. *-a*) alquanto bizzarro e pazzerello, quasi che da piccolo avesse picchiato il capo cadendo e fosse rimasto un po' scemo; tocco nel cervello.

picchiàto (*pps.* di *picchiare*) [a. 1406] **agg.** **1.** percosso, colpito **2.** *T.mus. corde picchiate*, corde battute con colpi secchi, ad es. quelle del pianoforte **3.** *fig. scherz.* bizzarro, strambo, stravagante.

picchiatóre [da *picchiare*; 1958] **sm.** (f. *-trìce*) chi picchia; *in part.* chi è assoldato per pestaggi intimidatori: *picchiatori fascisti* ‖ pugile forte e aggressivo.

picchiatùra [da *picchiare*; a. 1712] **sf.** atto del picchiare.

picchière [dal fr. *piqueur*; a. 1557] **sm.** *T.stor.* soldato armato di picca.

picchierellàre (pres. *-èllo*) [da *picchiare*; a. 1704] **tr.** e **intr.** (aus. *avere*) **1.** battere a colpi rapidi e leggeri: *la pioggia picchierella sulla finestra, picchierellare le dita sul tavolo* **2.** usare il picchierello; battere col picchierello ‖ **N.** **1.** *Sin.* picchiettare, tamburellare.

picchierèllo [da *picchiare*; 1681] **sm.** *T.scult.* martello con le due punte ottuse adoperato dagli scultori per lavorare il porfido.

picchiettàre (pres. *-étto*) [da *picchiare*; a. 1665] **tr.** picchiare a colpi lievi e rapidi, con strumento appuntito o pennello, producendo numerosi forellini o macchioline ‖ **intr.** (aus. *avere*) **1.** dare ripetutamente lievi colpi perlopiù con le dita: *picchiettare sulle rughe dopo aver passato un velo di crema, picchiettare nervosamente sul tavolo* **2.** *T.mus.* eseguire una serie di note brevi e staccate sul violino, con un solo colpo d'arco o, nel cantato, con leggeri colpi di diaframma **3.** *T.mar.* raschiare la vecchia vernice e la ruggine delle lamiere per poterle di nuovo verniciare ‖ **N.** **tr.** **1.** *Sin.* punteggiare | **intr.** **1.** *Sin.* picchierellare **3.** picchiettino.

picchiettàto (*pps.* di *picchiettare*) [1681] **I** **agg.** **1.** punteggiato: *ali nere picchiettate di bianco* **2.** eseguito picchiettando: *note picchiettate* **II** **sm.** *T.mus.* passaggio eseguito con note picchiettate ‖ la tecnica relativa: *preparazione al picchiettato*.

picchiettatùra [da *picchiettare*; a. 1712] **sf.** l'atto e l'effetto del picchiettare, del punteggiare; serie fitta di puntini.

picchiettìno [da *picchiettare*; 1937] **sm.** marittimo addetto a picchiettare.

picchiettìo (pl. *-ìi*) [da *picchiettare*; 1930] **sm.** successione ininterrotta di colpetti leggeri: *il picchiettio della grandine*.

picchiétto[1] (*dim.* di *picchio*[1]) [1835] **sm.** picchio rosso minore.

picchiétto[2] [da *picchiare*; 1958] **sm.** attrezzo, simile a un martello, usato nei cantieri navali per scrostare le lamiere di una nave prima di pitturarle.

pìcchio[1] (pl. *-chi*) [lat. volg. **piculus*, dim. di *picus*; a. 1292] **sm.** nome di vari uccelli dei Piciformi, caratterizzati da robusto becco appuntito atto a perforare la corteccia degli alberi con vigorosi colpi ribattuti con cui scavano ed estraggono gli insetti di cui si nutrono; *picchio nero*, il più grande, con piumaggio totalmente nero, presente nei boschi di conifere; *picchio verde*, con penne verdi sul dorso, bianche sul petto e vivace colorazione rossa sulla testa; *picchio rosso*, con piumaggio nero a grandi macchie o striature bianche, e capo superiormente rosso ‖ *dim.* picchiétto. **TAV. *uccelli* p. 1339** 14.

pìcchio[2] (pl. *-chi*) [da *picchiare*; a. 1470] **sm.** *tosc.* singola percossa; urto.

picchìo (pl. *-ìi*) [da *picchiare*; 1879] **sm.** picchiare insistente; serie ininterrotta di colpi.

picchiolàre (pres. *pìcchiolo*) [da *picchiare*; 1863] **tr.** *raro* picchiettare.

picchiottàre (pres. *-òtto*) [da *picchiotto*; a. 1936] **tr.** e **intr.** (aus. *avere*) bussare alla porta di casa col picchiotto.

picchiòtto [da *picchiare*; 1846] **sm.** arnese metallico, di foggia varia, pendente alla porta di casa, usato per bussare ‖ **N.** *Sin.* batacchio, batocchio, battaglio, battente.

picchiòttolo [da *picchiotto*; 1830] **sm.** picchiotto.

pìccia (pl. *-ce*) [da (*ap*)*picciare*, unire; prima metà sec. XV] **sf.** *tosc.* coppia, paio, detto perlopiù di piccoli pani o fichi attaccati insieme ‖ *a picce*, in abbondanza.

piccinerìa [da *piccino*; 1877] **sf.** piccolezza meschina e gretta, di mente e di animo ‖ atto o detto denotante meschinità ‖ **N.** *Sin.* grettezza, meschinità.

piccinìna (*dim.* di *piccino*) [a. 1803 nel senso 1; a. 1944 nel senso 2] **sf.** **1.** bambina piccola **2.** *lomb.* giovane apprendista di sartoria.

piccìno [da una base onom. **pitš*; sec. XIV] **I** **agg.** **1.** piccolo, spec. di età o statura: *è ancora piccino per capire, due manine piccine piccine* ‖ *farsi piccino*, voler passare inosservato, perdere ogni baldanza, per vergogna o timore **2.** *spreg.* angusto, meschino, gretto: *mente piccina, cuore piccino* **II** **sm.** (f. *-a*) bambino; figlioletto: *divertimento assicurato per grandi e piccini, la mamma è in ansia per il (suo) piccino* ‖ *dim.* piccinìno ‖ **N.** *Sin.* PICCOLO.

picciolàto [da *picciòlo*; 1983] **agg.** *T.bot.* di organo vegetale, spec. di foglia, fornito di picciolo.

pìcciolo [da *piccolo*, con influsso di *piccino*; fine sec. XII-prima metà sec. XIII] **I** **agg.** *poet.* piccolo, piccino ‖ breve, corto: *in picciol tempo* **II** **sm.** *T.stor.* antica moneta fiorentina del valore di un quarto di quattrino ‖ *fam.* moneta di valore minimo, spicciolo: *non vale un picciolo, non aver più un picciolo* ‖ *dim.* picciolìno, picciolétto, picciolèllo.

picciòlo o **picciuòlo** [lat. volg. **peciolus*, class. *petiolus*; sec. XIII] **sm.** formazione allungata a sottile sezione cilindrica, mediante la quale il lembo fogliare si collega al fusto ‖ *per estens.* gambo di frutto ‖ **N.** *Sin.* peduncolo.

piccionàia [da *piccione*; a. 1726] **sf.** **1.** stanza situata sottotetto, spec. di case coloniche, utilizzata per l'allevamento di piccioni ‖ *per estens.* locale all'ultimo piano; soffitta **2.** la galleria più alta e più economica di un teatro, loggione; *per meton.* il pubblico che lo occupa: *questa sera la piccionaia applaude* ‖ **N.** **1.** colombaia.

piccioncìno (*dim.* di *piccione*) [a. 1580 nel senso 1; 1961 nel senso 2] **sm.** (f. *-a*) **1.** piccolo piccione **2.** *fig. fam.* innamorato, spec. quando esprime con gesti e parole la sua affettuosità: *come tubano quei due piccioncini!*

piccióne [lat. tardo *pipio, -ōnis*; 1472] **sm.** (f. *-a*) **1.** nome generico di alcune razze di uccelli dei Columbidi, di colore grigio ardesia, con iridescenze sulla testa e sul collo, anche allevato a scopo alimentare: *piccione torraiolo, selvatico*; *piccione arrosto* ‖ *piccione viaggiatore*, addestrato a tornare al luogo di partenza anche se liberato lontano, è impiegato per portare messaggi ‖ *T.sport. tiro al piccione*, gara fra tiratori col fucile, in cui il bersaglio è costituito da un piccione liberato da una cassetta; *fig.* situazione in cui qualcuno è esposto, senza possibilità di difesa, alla critica spietata di altri ‖ *prendere due piccioni con una fava*, cogliere un'occasione per sbrigare due faccende insieme **2.** *T.mac.* taglio di carne ricavato tra la rosa e il lombo ‖ *dim.* piccioncìno, piccioncèllo ‖ **N.** **1.** *Sin.* colombo | grugare, tubare | muta.

picciòtto [dal sic. *picciottu*, piccolo; 1901] **sm.** **1.** *sic.* ragazzo ‖ *T.stor.* ciascuno dei giovani siciliani che seguirono Garibaldi nella sua spedizione di Sicilia **2.** chi occupa lo scalino iniziale della gerarchia mafiosa.

piccirìllo [voce nap., propr. piccino; 1870] **sm.** (f. *-a*) *nap.* bambino.

picciuòlo v. PICCIOLO.

pìcco (pl. *-chi*) [dal fr. *pic*, punta d'una montagna; 1612] **sm.** **1.** cima di montagna, e la montagna stessa quando è alta e aguzza: *scalare un picco* ‖ *a picco*, a perpendicolo: *costa, roccia a picco sul mare*; rif. all'inclinazione di imbarcazione che affonda: *colare a picco*; anche *fig.* andare in rovina **2.** *T.mar.* specie di mezzo pennone al quale si allaccia il lato superiore della randa **3.** *T.tecn.* valore massimo che una grandezza variabile assume ad un certo istante ‖ **N. 1.** *Sin.* PUNTA **3.** *Sin.* cresta.

piccolézza [da *piccolo*; sec. XIII] **sf. 1.** l'essere piccolo: *piccolezza di statura* ‖ anche *fig.*, meschinità **2.** *concr.* cosa da poco, inezia: *non badare a queste piccolezze* ‖ **N. 2.** *Sin.* MINUZIA.

piccolo [da una base onom. **pikk*; a. 1292] **I agg. 1.** di dimensioni ridotte, rispetto a una media o norma perlopiù imprecisata: *un piccolo paese di campagna, mele piccole ma saporite, una piccola agenda da borsetta*; rif. a persone, di bassa statura: *è piuttosto piccolo per la sua età, in famiglia siamo tutti piccoli*; *piccola industria*, l'insieme delle aziende industriali di dimensioni ridotte; *auto di piccola cilindrata*, inferiore a 100 cc ‖ il riferimento a una norma è evidenziato se l'agg. è posposto: *una casa piccola, occhi piccoli*; frequente l'intensivo *piccolo piccolo*: *un giardinetto piccolo piccolo* ‖ limitato nella quantità: *a piccole dosi*, poco per volta; *un piccolo numero di invitati*, pochi ‖ *fig.* di poca importanza, rilievo: *un piccolo difetto, una piccola, innocente bugia, piccole gioie della vita* ‖ *piccola borghesia*, nel marxismo, il ceto sociale che non ha la proprietà dei mezzi di produzione, né vive di lavoro salariato; *per estens.* il settore meno ricco del ceto medio ‖ nella *loc. avv. in piccolo*, in dimensioni ridotte: *riprodurre in piccolo, è suo padre in piccolo*; in espr. metaf.: *una piccola Parigi*, come Parigi ma in piccolo; spesso *iron.*: *un piccolo Napoleone*, di persona con manie di grandezza **2.** *fig.* meschino, angusto, gretto: *animo piccolo, persona di piccole vedute* **3.** non ancora adulto, bambino: *sei piccolo e certe cose non puoi ancora capirle, quando era piccolo, da piccolo voleva diventare uno scienziato* ‖ accompagnato da un appellativo, che ne ha tutti i requisiti pur essendo bambino: *quella piccola peste è di nuovo qua, una piccola donna di casa* **II sm. 1.** (f. *-a*) bambino: *gioco, spettacolo per i piccoli*; anche fratello più piccolo: *il grande è partito e la piccola è dalla nonna*; anche rivolto a donna come vezzeggiativo: *ciao piccola, sei libera stasera?* ‖ cucciolo: *la gatta ha avuto i piccoli* **2.** *nel mio* (*tuo, suo* ecc.) *piccolo*, nell'ambito delle mie (tue, sue ecc.) limitate possibilità: *nel suo piccolo ha ottenuto dei brillanti risultati* ‖ *compar.* minore; *superl.* minimo, piccolissimo ‖ *dim.* piccolétto, piccolòtto; *vezz.* piccolìno ‖ **N. I 1.** *Sin.* angusto, basso, breve, contenuto, esiguo, esile, impercettibile, infinitesimo, leggero, lieve, lillipuziano, magro, microscopico, mingherlino, minimo, minuto, misero, modico, ridotto, scarso, stiracchiato, stretto, striminzito, trascurabile **2.** *Sin.* ristretto **3.** *Sin.* piccino.

piccolòtto (*dim.* di *piccolo*) [a. 1533] **agg.** e **sm.** (f. *-a*) che, chi ha una statura piuttosto bassa.

picconàio (pl. *-ài*) [da *piccone*; a. 1324] **sm.** *raro* picconiere.

picconàre (pres. *-óno*) [da *piccone*; a. 1648] **tr.** rompere col piccone.

picconàta [da *piccone*; 1871] **sf.** colpo di piccone.

piccóne [da una base **pikk*, punta; a. 1348] **sm.** strumento di ferro a due punte lunghe, di cui una a taglio, con lungo manico, impiegato per sfondare terreni, rompere o smuovere macigni, e sim.: *demolire a colpi di piccone*; *l'opera del piccone*, di demolizione; *fig. a colpi di piccone*, senza andare per il sottile ‖ **N.** gravina. **TAV. *edilizia* p. 666** 12.12.

picconière [da *piccone*; 1375] **sm.** chi lavora di piccone.

piccosàggine [da *piccoso*; 1871] **sf.** *raro* piccosità.

piccosità [da *piccoso*; 1871] **sf.** *raro* permalosità.

piccóso [da *picca*²; a. 1729] **agg.** e **sm.** (f. *-a*) che o chi si risente facilmente, permaloso: *è un ragazzo piccoso* ‖ *dim.* piccosìno, piccosétto; *pegg.* piccosàccio.

piccòzza [voce di orig. sett., da una base **pikk*, punta; 1908] **sf.** *T.alp.* attrezzo di forma simile a un piccone ma di dimensioni ridotte, provvisto di manico terminante con punta d'acciaio, usato dagli scalatori per appigliarsi alla roccia e scavarla ‖ *dim.* piccozzìno (*sm.*). **Q.T.** *alpinismo* **TAV.** *alpinismo* 2.

piccòzzo V. PICOZZO.

picea [etim. inc.; a. 1472] **sf.** *T.bot.* abete rosso.

piceo [dal lat. *piceus*; 1550] **agg.** *lett.* che ha natura di pece; nero come la pece.

Picifórmi (sing. *-e*) [dal lat. scient. *Piciformes*; 1954] **sm. pl.** *T.zool.* ordine di uccelli arboricoli dal becco forte e robusto, cui appartiene il picchio. **Q.T.** *zoologia* **TAV. *uccelli* p. 1339.**

pickpocket (ingl., pr. [ˈpɪkˌpɒkɪt]) [da to *pick*, prendere e *pocket*, tasca; 1905] **sm.** *inv.* borsaiolo, tagliaborse.

pick-up (ingl., pr. [ˈpɪkʌp]) [letter. piglia su; 1931] **sm.** *inv.* testina del giradischi ‖ **N.** *Sin.* fonorivelatore.

piclàggio (pl. *-gi*) [dall'ingl. *picklage*; 1931] **sm.** *T.calz.* bagno di acido muriatico e sale in cui vengono immerse le pelli da conciare ‖ *per estens.* il metodo di concia delle pelli che s'avvale di tale bagno.

picnic (ingl., pr. [ˈpɪknɪk]) [dal fr. *pique-nique*; 1824] **sm.** *inv.* colazione o merenda in campagna, spuntino all'aperto.

picnidio (pl. *-di*) [da *picno-*, con allusione allo spessore dei conidi; 1875] **sm.** *T.bot.* piccolo ricettacolo dei funghi Deuteromiceti, ricoperto da ife che producono conidi.

picno- [dal gr. *pyknós*, denso, fitto] **primo elem.** che, in parole composte della terminologia scientifica, vale "denso", "fitto" (per es. *picnometro, picnostilo*).

picnòmetro [comp. di *picno-* e *-metro*, prob. sul modello dell'ingl. *pycnometer*; 1889] **sm.** strumento per la determinazione della densità dei liquidi e dei solidi.

picnòsi [dal gr. *pýcnōsis*, condensazione; 1835] **sf.** *T.biol.* processo degenerativo del nucleo della cellula che evolve verso necrosi.

picnòstilo [dal lat. *pycnostȳlos*, gr. *pyknóstylos*, a fitte colonne; 1499] **agg.** e **sm.** *T.arch.* di tempio in cui l'intercolunnio sia largo una volta e mezzo il diametro della colonna.

picnòtico (pl. *-ci*) [da *picnosi*; 1835] **agg.** *T.biol.* proprio della picnosi, relativo alla picnosi: *degenerazione picnotica.*

pico- [dallo sp. *pico*, frazione, piccola quantità] **primo elem.** che, anteposto a un'unità di misura, ne divide il valore per un trilione: **picofàrad.**

picolit [voce friulana, letter. piccolo; a. 1803] **sm.** *inv.* vino che deriva dalle uve leggermente appassite dell'omonimo vitigno dei colli orientali del Friuli; ha colore paglierino carico e profumo delicato; è considerato uno dei migliori vini d'Italia.

picòzzo o **piccòzzo** [da *picco*; 1692 *picozza* sf.] **sm.** *T.vet.* ciascuno dei denti incisivi mediani di equini, bovini, ovini e suini.

picrico (pl. *-ci*) [dal gr. *pikrós*, amaro, prob. attr. il fr. *picrique*; 1871] **agg.** *T.chim. acido picrico*, acido ottenuto per nitrazione dal fenolo, in cristalli gialli, usato per la fabbricazione di esplosivi e come colorante.

pictografia V. PITTOGRAFIA.

picùra [etim. inc.; 1970] **sf.** rientranza del vetro nel fondo di alcune bottiglie, spec. di vino.

pidgin (ingl., pr. [ˈpɪdʒɪn]) [prob. deformazione dell'ingl. *business* (*English*), inglese degli affari; 1983] **sm.** *inv.* *T.ling.* lingua ausiliaria nata dal contatto dell'inglese con lingue dell'Estremo Oriente ‖ *per estens.* ogni lingua lessicalmente e sintatticamente semplificata, nata dal contatto non profondo tra popolazioni di lingue differenti e adoperata in ambiti circoscritti, perlopiù commerciali ‖ **N.** creolo.

pidocchieria [da *pidocchio*; 1353] **sf.** avarizia estrema, grettezza ‖ *concr.* atto o pensiero gretto ‖ **N.** *Sin.* meschinità, piccineria, pitoccheria, spilorceria.

pidòcchio (pl. *-chi*) [lat. tardo *peduclus*, class. *peduculus* e *pediculus*; prima metà sec. XIII] **sm. 1.** insetto degli Anopluri parassita dell'uomo e degli animali, che si insedia sulla cute e succhia il sangue; la femmina depone le uova (*lendini*) sui peli o sui capelli; *in part. pidocchio del capo*, di colore scuro, infesta il capo e altre zone del corpo umano coperte di peli; *pidocchio dei vestiti*, più chiaro, si insinua e depone le uova anche nelle pieghe degli abiti; *pidocchio del pube*, più piccolo e di forma schiacciata e tondeggiante, si installa e prolifica tra i peli del pube **2.** nome generico di numerosi parassiti di animali e piante; *pidocchio delle galline*, V. POLLINO; *pidocchio delle rose*, V. AFIDE **3.** *fig. spreg.* persona gretta, spilorcio ‖ *dim.* pidocchiétto, pidocchìno; *accr.* pidocchióne; *pegg.* pidocchiàccio ‖ **N. 1.** ftiriasi, pediculosi | pedicolare **2.** acaro, afide, cimice, pulce.

pidocchióso [da *pidocchio*; 1357] **agg. 1.** che è pieno di pidocchi **2.** *fig.* avaro, sordido.

piè [lat. *pes, pedis*; a. 1292] **sm. 1.** forma tronca di *piede*, d'uso poetico o presente in alcune locuzioni: *saltare a piè pari*, a piedi uniti; *fig.* omettere in blocco; *a ogni piè sospinto*, tutti i momenti, sovente ‖ *a piè di*, alla base, in fondo: *nota a piè di pagina* **2.** *piè di capra*, spranga con estremità biforcuta e ricurva.

pièce (fr., pr. [pjɛs]) [propr. pezzo; 1905] **sf.** *inv.* opera teatrale.

piedàrm o **pièd' àrm** [da *arm*(*i*) (*al*) *pied*(*e*); 1898] **I** *T.mil.* comando con cui si ordina ai militari di assumere la posizione eretta, tenendo il fucile lungo il fianco, col calcio a terra **II sm.** la posizione stessa.

pied-à-terre (fr., pr. [pjetaˈtɛːr]; pr. it. [pjedaˈtɛr]) [propr. piede a terra; 1891 *piedaterra*] **sm.** *inv.* appartamento o anche semplice stanza ammobiliata tenuta come abitazione occasionale.

piedattèrra **sm.** *inv.* adattamento it. di *pied-à-terre* (V.).

piède [lat. *pes, pedis*; a. 1250] **sm. 1.** parte terminale degli arti inferiori dell'uomo, atta a garantire appoggio stabile nella deambulazione e nella stazione eretta: *poggiare i piedi a terra, tenere i piedi uniti, divaricati, stoppare il pallone col piede, guarda dove metti i piedi, piedi doloranti per una lunga camminata, camminare in punta di piedi* ‖ *per estens.* il corrispondente segmento distale di arto animale ‖ nei Molluschi, formazione muscolare della zona ventrale, di forma variabile, con funzioni prensili e locomotorie ‖ in numerose espr. proprie e fig.: *a piedi*, senza l'ausilio di un mezzo di locomozione: *non è lontano, puoi andarci a piedi*; *rimanere a piedi*, per aver perso il treno, l'autobus, per un guasto e sim.; *fig.* venire a trovarsi in cattive condizioni; *soldati a piedi*, fanti o cavalieri appiedati ‖ *in piedi*, in posizione eretta: *stare, alzarsi, rimanere in piedi, non si regge in piedi dal sonno, ci sono solo posti in piedi*; *per estens.* sveglio: *alle sei era già in piedi*; *fig. non stare in piedi*, di discorso, ragionamento e sim., non avere fondamento, essere incoerente; *mettere in piedi*, preparare, allestire; *fig. tenere in piedi*, mantenere in funzione, mandare avanti: *è lui che tiene in piedi la ditta*; *fig. cadere in piedi*, uscire senza danni da una situazione rischiosa; *su due piedi*, lì per lì, sul momento:

così su due piedi non saprei rispondere || *da capo a piedi*, per tutta la lunghezza del corpo: *mi ha squadrato da capo a piedi*; *per estens.* da cima a fondo || *metter piede in un luogo*, andarci: *sparisci e non mettere più piede in questa casa!* || *mettere un piede in fallo*, inciampare, scivolare; *fig.* commettere un errore || *fig. mettere sotto i piedi*, maltrattare, disprezzare || *mettere i piedi sul collo a qualcuno*, imporglisi con la forza, in spregio al diritto || *puntare i piedi*, piantarli saldamente a terra per non farsi trascinare; *fig.* impuntarsi, ostinarsi || *pestare i piedi*, batterli alternatamente a terra per freddo o collera || *cadere, gettarsi ai piedi di qualcuno*, per chiedere umilmente pietà o perdono; anche *fig.* || *avere tutti ai propri piedi*, essere molto corteggiato || *andare coi piedi di piombo*, procedere, agire con la massima cautela || *avere le ali ai piedi*, andare velocissimo || *darsi la zappa sui piedi*, agire involontariamente contro il proprio interesse || *fig. sentirsi mancare la terra sotto i piedi*, sentirsi perduto, per il venir meno di un riferimento sicuro, di una speranza e sim. || *tenere i piedi in due staffe*, fare il doppio gioco || *avere (già) un piede nella fossa*, essere vicino alla morte || *tra i piedi*, fastidiosamente d'intorno: *essere, stare tra i piedi, levati dai piedi!*; *togliersi qualcuno dai piedi*, liberarsene || *avere mani e piedi legati*, non essere libero di agire || *fare qualcosa coi piedi*, in modo sconclusionato e maldestro: *ragionare coi piedi, questo lavoro è fatto coi piedi* || *prendere piede*, affermarsi, diffondersi: *un'usanza che ha ormai preso piede* || *T.giur. a piede libero*, di chi è in stato d'accusa ma non in stato d'arresto || *essere sul piede di guerra*, mobilitati e pronti a far la guerra; anche *fig.* || *politica del piede di casa*, concentrata sugli affari interni, senza iniziativa internazionale **2.** *fig.* base, sostegno: *i piedi del tavolo, del letto*; estremità inferiore: *il masso è rotolato fino ai piedi del monte*; *piede di una pianta*, porzione del fusto vicina alla radice || *piede del fungo*, il gambo || *T.mat. piede di una perpendicolare*, il punto in cui questa incontra un piano o un'altra retta || *T.tip.* la parte inferiore di un carattere tipografico (contrapposto a *occhio*) **3.** oggetto che ricorda un piede o una zampa: *piede* (*o piè*) *di porco*, paletto di ferro foggiato a zampa biforcuta, impiegato per sollevare grossi carichi o per scardinare porte || *T.alp. piede d'elefante*, sacco imbottito usato nei bivacchi per proteggere i piedi || *T.mar. piede di pollo*, nodo tondeggiante fatto all'estremità di una corda **4.** *T.metr.* nella metrica classica, unità di versificazione, ottenuta combinando, secondo certi schemi, sillabe brevi e lunghe: *piede dattilico, giambico* || ciascuna delle due parti in cui può essere suddivisa la fronte nelle strofe di canzone **5.** unità di misura lineare in uso nei paesi anglosassoni, pari a 30,48 cm || *dim.* piedìno, piedùccio, piedùzzo; *accr.* piedóne; *spreg.* piedàccio || **N. 1.** artiglio, zampa, zoccolo | delicato, nudo, scalzo, tornito; dolce, equino, piatto, valgo, varo | PARTI: alluce, calcagno o tallone, collo, dita, dorso, malleolo o noce, pianta o volta, unghia | pestare, scivolare, storcersi, strascicare, strisciare | atassia locomotoria, callo, distorsione, geloni, gotta, lussazione, occhi di pernice, pedignone, podagra | bipede, palmipede, quadrupede, solipede | calcio, impronta, orma, pedata; pedicure, pediluvio; poggiapiedi, scaldapiedi | podo- **4.** arsi, tesi. **Q.T.** *metrica* **TAV.** ***anatomia* p. 641** 2.20 e **p. 642** 10.

piedestàllo v. PIEDISTALLO.

piedino (*dim.* di *piede*) [a. 1422] ***sm.*** **1.** piccolo piede || *fare, farsi piedino*, toccarsi furtivamente con i piedi sotto un tavolo, come segno di intesa o complicità, o come approccio erotico || *T.mac. piedini di maiale, di vitello*, l'estremità della zampa **2.** *T.giorn.* trafiletto, annuncio pubblicitario o breve articolo stampato a piè di pagina **3.** pezzo della macchina da cucire che tiene fermo il tessuto durante la cucitura **4.** *T.orol.* ciascuno dei piccoli gambi di acciaio o di ottone, che serve per fissare i pezzi negli orologi. **TAV.** *alimentazione* 6.8.

piedipiàtti [comp. di *piede* e *piatto*[1], sul modello dell'ingl. *flatfoot*; 1959] ***sm. inv.*** *spreg.* poliziotto.

piedistàllo o **piedestàllo** [comp. di *piede* e *stallo*, appoggio; a. 1290] ***sm.*** pesante blocco di forma squadrata, liscio o rifinito con modanature, che funge da base per statue, colonne o altro || *fig. mettere sul piedistallo qualcuno*, esaltarlo, farne oggetto di venerazione || **N.** basamento, base, cippo, stereobate, stilobate; cimasa, dado, zoccolo. **TAV.** ***architettura* p. 646** 1.1.

piedritto [comp. di *piede* e *ritto*; a. 1798] ***sm.*** *T.arch.* sostegno verticale su cui poggia una struttura muraria (per es. un arco) || **N.** pilastro, spalla, stipite.

pièga [da *piegare*; 1225 ca.] ***sf.*** ciascuna ondulazione o cresta che interrompe l'uniformità di un elemento laminare (spec. stoffa o carta) non perfettamente disteso, o di una superficie compressa in senso orizzontale; anche il segno che rimane su ciò che è stato piegato o schiacciato: *stendere bene la tovaglia per togliere ogni piega, una piega della pelle, fare una piega all'angolo della pagina, ha allungato i pantaloni, ma è rimasta la vecchia piega* || *in part.* quella impiegata per rifinire o decorare capi di abbigliamento o tappezzerie: *una gonna a pieghe, fare la piega ai pantaloni, le pieghe di una tenda* || *in part. T.geol.* deformazione a onda più o meno accentuata, osservabile in alcune rocce sedimentarie o scistose, originata da pressioni tettoniche || *per estens.* arricciatura dei capelli: *capelli che non tengono la piega, messa in piega* || in alcune espr. fig.: *prendere una cattiva, una brutta piega*, lasciar presagire sviluppi negativi, cominciare ad andar male: *la faccenda ha preso una brutta piega*; *non fare una piega*, restare imperturbato, spec. di fronte a critiche, rimproveri e sim.; anche, di ragionamento, discorso e sim., essere ineccepibile, scorrere liscio || *dim.* pieghétta, pieghettìna, piegolìna, piegùccia; *accr.* piegóna; *pegg.* piegàccia || **N.** *Sin.* arricciatura, basta, cannoncino, centina, crespa, cresta, circonvoluzione, corrugamento, drappeggio, grinza, increspatura, onda, piegatura, plica, rialzo, rilievo, ruga, sboffo, sinuosità, solco | piegare | distendere, spiegare, stirare. **Q.T.** *barbiere*... **TAV.** ***geologia* p. 1313** 2.4, 2.5.

piegabàffi [comp. di *piega(re)* e *baffo*; 1938] ***sm. inv.*** nastro di tela per conservare la piega dei baffi, che in passato si teneva legato sui baffi e dietro la testa.

piegàbile [da *piegare*; sec. XV] ***agg.*** che si può piegare || **N.** *Sin.* PIEGHEVOLE.

piegaciglia [comp. di *piega(re)* e *ciglia*; 1965] ***sm. inv.*** piccolo arnese di metallo che serve a piegar all'insù le ciglia.

piegafèrro [comp. di *piega(re)* e *ferro*; 1958] ***sm. inv.*** **1.** mordiglione **2.** operaio addetto alla piegatura del ferro.

piegaménto [da *piegare*; a. 1333] ***sm.*** l'atto del piegare o del piegarsi || *in part.* nella ginnastica, flessione.

piegàre (pres. *piègo, pièghi*) [lat. *plicāre*; prima metà sec. XIII] ***tr.*** **1.** conferire un profilo curvo o ad angolo più o meno accentuato, spec. vincendo una resistenza: *piegare un'asta di ferro, il vento piega le cime degli alberi, il peso del libro ha piegato lo scaffale* **2.** rif. a oggetti di materiale sottile e cedevole, metterne a contatto parti diverse, sovrapponendo e stendendo una o più volte, spec. per sistemarli in ordine o renderli meno ingombranti: *piegare la tovaglia, piegare in quattro il giornale, piegare un angolo della pagina* **3.** rif. al corpo umano, articolare in corrispondenza di una giuntura: *piegare il polso, il busto, la gamba*; *piegare la fronte, il capo*, abbassarli; *fig.* rassegnarsi, sottomettersi **4.** *fig.* smuovere da un fermo proposito, con la forza o con persuasione; sottomettere, domare: *lo ha piegato ai suoi voleri, è riuscito a piegare il suo fiero carattere* || ***intr.*** (aus. *avere*) fare una curva, svoltare: *la strada, il fiume piega a sinistra* || ***intr. pron.*** **1.** torcersi, incurvarsi: *la sua schiena si è piegata sotto il peso degli anni* **2.** inclinarsi, pendere: *la barca si piegò su un lato e si capovolse* || ***rifl.*** *fig.* cedere, adattarsi, sottomettersi: *piegarsi al volere di qualcuno, mi spezzo ma non mi piego* || **N.** ***tr.*** **1.** *Sin.* conflettere, curvare, deformare, flettere, inarcare, torcere | *Contr.* raddrizzare **2.** *Sin.* ripiegare | *Contr.* dispiegare, spiegare, stendere **3.** *Sin.* reclinare.

piegàta [f. sost. di *piegato*; 1891] ***sf.*** **1.** il piegare una volta, spec. in modo sbrigativo: *diamo una piegata a questo lenzuolo* **2.** *non com.* curva, svolta || *dim.* piegatìna.

piegatondìno [comp. di *piega(re)* e *tondino*] ***sm.*** *T.edil.* macchina che serve per piegare i tondini di ferro per il cemento armato.

piegatóre [da *piegare*; a. 1332] ***sm.*** (f. *-trìce*) operaio addetto alla piegatura.

piegatrìce [f. di *piegatore*; 1922] ***sf.*** macchina che effettua la piegatura di fogli stampati o, nell'industria meccanica, di lamiere, profilati metallici, sbarre e sim.

piegatùra [da *piegare*; a. 1320] ***sf.*** **1.** l'atto del piegare: *la piegatura dei fogli di stampa, piegatura del gomito* **2.** il punto in cui una cosa si piega; il segno che vi rimane: *la piegatura del braccio, della gamba*; *sul foglio è rimasta la piegatura.*

pieghettàre (pres. *-étto*) [da *piegare*; 1841] ***tr.*** increspare con piccole pieghe: *pieghettare un panno, un foglio di carta.*

pieghettàto (*pps.* di *pieghettare*) [1684] ***agg.*** di stoffa o abito lavorato a piccole pieghe: *gonna pieghettata* || **N.** *Sin.* plissettato.

pieghettatóre [da *pieghettare*; 1891 *pieghettatora* sf.] ***sm.*** (f. *-trìce*) addetto alla pieghettatura.

pieghettatrìce [f. di *pieghettatore*; 1940] ***sf.*** macchina che esegue la pieghettatura di stoffe.

pieghettatùra [da *pieghettare*; 1857] ***sf.*** atto ed effetto del pieghettare.

pieghévole [da *piegare*; a. 1290] **I *agg.*** **1.** che si può facilmente piegare: *materiale pieghevole* **2.** *fig.* di persona, che si lascia persuadere facilmente || versatile: *ingegno pieghevole* **3.** che si può ripiegare: *tavolino, leggio pieghevole* || **pieghevolménte** ***avv.*** **II *sm.*** foglio stampato e ripiegato recante indicazioni pubblicitarie || **N. I 1.** *Sin.* cedevole, flessibile, tenero, trattabile | *Contr.* duro, rigido **II** *Sin. dépliant.*

pieghevolézza [da *pieghevole*; a. 1643] ***sf.*** proprietà di ciò che è pieghevole || **N.** *Sin.* elasticità, flessibilità.

piègo (pl. *-ghi*) [da *piegare*; a. 1527] ***sm.*** *non com.* involto ben piegato, plico.

pielìte [comp. di *pielo-* e *-ite*[1]; 1865] ***sf.*** *T.med.* infiammazione del bacinetto renale.

pièlo- [dal gr. *pýelos*, bacino] ***primo elem.*** che, in parole composte della terminologia medica, vale "bacinetto renale" (per es. *pielografia, pielonefrite*).

pielografia [comp. di *pielo-* e *-grafia*; 1911] ***sf.*** *T.med.* esame radiologico della pelvi renale.

pielogràfico (pl. *-ci*) [da *pielografia*; 1954] ***agg.*** *T.med. esame pielografico*, pielografia.

pielogràmma [comp. di *pielo-* e *-gramma*; 1937] ***sm.*** *T.med.* lastra radiografica ottenuta mediante pielografia.

pielonefrìte [comp. di *pielo-* e *nefrite*; 1930] ***sf.*** *T.med.* infiammazione del rene che coinvolge anche il bacinetto renale.

piemia o **pioemia** [comp. di *pi(o)-* ed *-emia*; 1875] ***sf.*** *T.med.* malattia dovuta alla presenza di microrganismi patogeni nel sangue, che si manifesta con la formazione di ascessi purulenti multipli in vari organi del corpo.

piemontése [dal n. geogr. *Piemonte*; 1558] **I** ***agg.*** del Piemonte **II** ***s.*** **1.** abitante del Piemonte **2.** *sm.* (solo *sing.*) dialetto del Piemonte.

piemontesismo [da *piemontese*; a. 1907] ***sm.*** parola, locuzione, pronuncia propria dell'italiano parlato dai piemontesi.

pièna [f. sost. di *pieno*; a. 1292] ***sf.*** **1.** improvviso forte aumento della portata di un corso d'acqua, dovuto a piogge o allo scioglimento delle nevi: *fiume in piena* ‖ *per estens.* straripamento, alluvione: *il raccolto fu distrutto dalla piena* ‖ *fig.* sovrabbondanza: *la piena degli affetti* **2.** *ant. fig.* moltitudine di gente, calca: *al teatro c'era una piena!* ‖ *dim.* pienarèlla; *accr.* pienóne (*sm.*), pienóna ‖ **N.** **1.** *Sin.* ingrossamento; inondazione | *Contr.* magra **2.** *Sin.* affollamento, pienone.

pienézza [da *pieno*; a. 1320] ***sf.*** **1.** stato di ciò che è pieno, sodo o corposo: *pienezza di carni, di voce* ‖ sazietà: *pienezza di stomaco* **2.** forma ottimale; completezza di sviluppo: *essere nella pienezza delle forze, della forma*; *pienezza dei tempi*, maturità, spec. riferito alla venuta di Cristo.

pièno [lat. *plēnus*; sec. XIII] **I** ***agg.*** **1.** che contiene quanto è capace di contenere, che non ha più spazio disponibile: *borsa, damigiana piena, bicchiere, serbatoio pieno, mezz'ora prima dello spettacolo il teatro era già pieno*; anche rafforzato: *pieno zeppo*; perlopiù con determinazione del contenuto: *un piatto pieno di pastasciutta, uno scrigno pieno di gioielli*; *a pieni polmoni*, riempiendoli al massimo di aria; *fig. a piene mani*, con abbondanza o prodigalità: *spendere, elargire a piene mani* ‖ *per estens.* non vuoto, con qualcosa dentro: *baccelli pieni, noci piene*; *medicine da prendere a stomaco pieno* ‖ *essere, sentirsi pieno*, sazio; *fig.* stufo: *di questi discorsi sono già pieno* ‖ *iperb.* occupato, invaso o cosparso: *la città è piena di turisti, un mobile pieno di tarli, una stanza piena di odori, di luce, una festa piena di colori e di suoni, una stoffa piena di buchi, di macchie* ‖ *per estens.* rif. a qualità, sentimenti e sim., dominato, pervaso: *essere pieni di rancore, di ammirazione, di gratitudine, di odio*; *essere pieni di debiti, di grattacapi, di soldi*, averne molti **2.** che non ha spazi vuoti all'interno, massiccio: *legno pieno, gomma piena, muro pieno* ‖ sodo, in carne: *gambe piene e tornite* ‖ *fig. giornata piena*, intensa, movimentata **3.** intero, completo: *prezzo pieno, vittoria piena*; *pieni poteri, facoltà* ecc., non soggetti a restrizioni; *luna piena*, che mostra tutto l'emisfero illuminato dal sole ‖ nelle *loc. avv. a voce piena*, con voce dispiegata liberamente; *a pieni voti*, con votazione massima ‖ *per estens.* (preposto al s.) che si trova nel momento culminante del suo sviluppo, nella fase centrale del suo svolgimento: *in piena maturità, in piena epoca di fioritura, in piena estate, i macchinari funzionano a pieno ritmo*; anche riferito a una collocazione centrale nello spazio: *è stato colpito in pieno petto* ‖ **pienaménte** ***avv.*** completamente, del tutto: *è pienamente comprensibile, esperimento pienamente riuscito* **II** ***sm.*** **1.** il momento centrale o di massimo sviluppo o intensità: *nel pieno della notte, della festa, nel pieno delle sue forze* ‖ nella *loc. avv. in pieno*, totalmente, completamente: *hai sbagliato in pieno le previsioni* **2.** carico, rifornimento completo (spec. di carburante): *fare il pieno, con un pieno vado avanti una settimana* ‖ *dim.* pienòtto; *accr.* pienóne ‖ **N.** I **1.** *Sin.* affollato, colmo, completo, farcito, fitto, folto, gonfio, gravido, gremito, imbottito, ingombro, pregno, ricolmo, rimpinzato, ripieno, saturo, stipato, stracolmo, traboccante; coperto, disseminato, infestato, ricoperto; informato, intriso, perfuso, permeato, pervaso | *Contr.* vuoto **2.** *Sin.* compatto, denso.

pienóne (*accr.* di *pieno*) [1922] ***sm.*** grande affluenza di gente a uno spettacolo, a una manifestazione e sim.: *all'inaugurazione c'era un pienone.*

pienòtto (*dim.* di *pieno*) [1541] ***agg.*** grassoccio, paffuto: *è una ragazza pienotta, faccia pienotta.*

Pièridi (sing. *-e*) [dal lat. scient. *pieridae*; 1954] ***sf. pl.*** *T.zool.* famiglia di farfalle diurne con ali perlopiù gialle o bianche a macchie scure, a cui appartiene la cavolaia.

pièrio (pl. *-ri*) [dal lat. *Pierius*, dalla Pieria; a. 1663] ***agg.*** della Pieria, dimora delle Muse: *fonte pierio* (Foscolo).

pierreàle [comp. di *Piero* e *reale*; a. 1347 *piereale*] ***sm.*** *T.num.* moneta d'oro o d'argento, fatta coniare da Pietro III d'Aragona, re di Sicilia.

pierrot (fr., pr. [pjɛ'ro]) [propr. dim. di *Pierre*, Pietro; 1890] ***sm.*** *inv.* maschera francese con abito candido e ampio, composto da pantaloni e casacca con vistosi bottoni neri, largo colletto circolare a pieghe e calottina nera in capo; rappresentò prima il servo sciocco e poi l'innamorato infelice.

pièta [dal lat. *pietas*, pietà; 1313] ***sf.*** *arc.* affanno, pena, angoscia.

pietà (poet. *pietàde*, arc. *pietàte*) [lat. *pietas*, *-ātis*; a. 1272 *pietate*] ***sf.*** **1.** sentimento di compassione ispirato dalle sofferenze altrui: *avere, sentire, provare pietà per qualcuno, suscitare pietà, m'assale / una pietà sì forte di me stesso / che mi conduce spesso / ad altro lagrimar ch'io non soleva* (Petrarca) ‖ misericordia: *un giudice senza pietà* ‖ *iperb. far pietà*, essere malfatto, malconcio o brutto: *un disegno che fa pietà, è vestito da far pietà* **2.** amore e rispetto verso i genitori, la patria, i parenti: *pietà di figlio* ‖ amore e reverenza verso Dio, devozione religiosa: *opere di pietà* **3.** la scultura o pittura che rappresenti la Madonna con in grembo il Figlio deposto dalla Croce: *la Pietà di Michelangelo* **4.** *Monte di Pietà*, Monte dei pegni (V. MONTE nel senso 4) ‖ **N.** **1.** *Sin.* commiserazione, comprensione, compatimento; benevolenza, magnanimità, umanità | commiserare, commuoversi, compatire, compiangere.

pietàde V. PIETÀ.

pietànza [da *pietà*, attr. il provenz. ant. *pietansa*, pietà, poi elemosina e porzione di cibo per i poveri; fine sec. XIII] ***sf.*** **1.** vivanda servita a tavola, spec. come secondo piatto: *pietanza delicata, pietanza di carne, di pesce* **2.** *ant.* convito; *far pietanza*, dare o fare da mangiare ‖ *dim.* pietanzìna, pietanzétta; *pegg.* pietanzàccia.

pietanzièra [da *pietanza*; 1970] ***sf.*** piccolo contenitore metallico a chiusura ermetica per la conservazione e il trasporto di vivande da consumare fuori casa.

pietàte V. PIETÀ.

pietismo [dal ted. *Pietismus*; 1749] ***sm.*** **1.** *T.stor.* movimento religioso sorto in Germania nel XVII sec., in opposizione al rigido razionalismo dell'ortodossia protestante, che esaltava l'aspetto mistico e sentimentale della fede e rivendicava il diritto a una pratica religiosa individuale **2.** *per estens.* pratica esagerata di devozione religiosa **3.** eccessiva propensione all'indulgenza.

pietista [dal ted. *Pietist*; 1749] ***s.*** seguace del pietismo.

pietistico (pl. *-ci*) [da *pietismo*; 1927] ***agg.*** **1.** del pietismo: *corrente, influenza pietistica* **2.** *spreg.* bigotto, che dimostra una esagerata devozione **3.** animato da pietismo (nel senso 3).

pietóso [da *pietà*; sec. XIII] ***agg.*** **1.** che sente pietà, incline alla pietà: *cuore pietoso*; che dimostra pietà, mosso da pietà: *atto pietoso, pietosa bugia* ‖ *prov. il medico pietoso fa la piaga cancrenosa*, in qualche caso la pietà è dannosa **2.** che suscita compassione: *storia pietosa, situazione, scena pietosa* ‖ *iperb.* che provoca un penoso disagio: *uno spettacolo pietoso, fare una pietosa figura*; brutto, malconcio o malfatto: *un lavoro pietoso, le scarpe sono ridotte in uno stato pietoso* **3.** pio: *canto l'armi pietose* (Tasso) ‖ **pietosaménte** ***avv.*** ‖ **N.** **1.** *Sin.* benevolo, benigno, caritatevole, indulgente, misericordioso, sensibile, umano **2.** *Sin.* commiserevole, commovente, compassionevole, penoso, straziante, toccante.

piètra [lat. *petra*; inizio sec. XIII *piera*] ***sf.*** **1.** (non numerabile) aggregato di sostanze minerali, duro e compatto, di formazione naturale, spec. in quanto utilizzato come materiale da costruzione, decorazione o altro: *parete, sedile, muretto di pietra, edificare sulla pietra viva, sulla nuda pietra, utensili di pietra*; *età della pietra*, epoca preistorica precedente alla scoperta dei metalli ‖ esempio di durezza e insensibilità: *avere un cuore di pietra*; *farsi, rimanere di pietra*, rigido, immobile; impassibile ‖ *in part. pietra focaia*, varietà di quarzo adoperata un tempo per battere l'acciarino e provocare scintille ‖ *pietra di paragone*, varietà di diaspro di colore nero, usata per saggiare l'oro e l'argento ‖ *pietra litografica*, calcare di grana finissima, adoperato per la litografia ‖ *pietra infernale*, nitrato d'argento, adoperato in medicina come caustico ‖ *pietra serena*, arenaria grigio-azzurrognola tipica delle colline fiesolane, costituita da frammenti di quarzo, quarzite e silicati, saldati da un cemento calcareo argilloso ‖ *pietra pomice*, V. POMICE **2.** (numerabile) frammento di roccia più o meno grosso: *lanciare una pietra, dissodare il terreno e ripulirlo dalle pietre, schiacciare le noci con una pietra*; *fig. avere una pietra sullo stomaco*, sentirsi pesanti per digestione difficoltosa ‖ anche lavorata e sagomata per usi particolari: *pietra angolare*, posta alla base di un edificio, dove due muri convergono ‖ *pietra miliare*, V. MILIARE ‖ *pietra tombale, sepolcrale*, lapide ‖ *T.eccl. pietra sacra*, pietra quadrata incassata nella tavola di altari portatili contenenti reliquie di santi ‖ *pietra filosofale*, V. FILOSOFALE ‖ *pietra molare*, pesante e di forma circolare, gira nella macina tritando e schiacciando ‖ *metterci una pietra sopra*, non parlarne più ‖ *porre la prima pietra*, collocarla con solennità nel luogo in cui sorgerà un edificio pubblico e sim., per dare inizio ai lavori; *fig.* dare l'avvio, porre le basi ‖ *pietra dello scandalo*, causa di scandalo ‖ *T.med. male della pietra*, calcolosi renale o della vescica **3.** *pietra preziosa*, minerale impiegato per la fabbricazione di gioielli, gemma ‖ *pietra dura*, meno pregiata della precedente, viene comunque tagliata e levigata per lavori di oreficeria o decorazioni ‖ *dim.* pietrìna, pietrolìna; *spreg.* pietrùccia, pietrùcola; *accr.* pietróna, pietróne (*sm.*); *pegg.* pietràccia ‖ **N.** **1.** *Sin.* roccia; marmo | blocco, frantume, lastra, rocchio, scheggia; pietrisco | dolce, dura, faldata, friabile, greggia, incisa, levigata, liscia, lucida, picchiettata, rozza, ruvida, scolpita, tagliata, vaiolata, venata | pietroso | cava, pietraia; scalpellino, spaccapietra, tagliapietra; glittica | lito- **2.** *Sin.* ciottolo, cogolo, lapillo, macigno, masso, meteorite, sasso; bozza, breccia, bugna, lapide; ravaneto. **Q.T.** *edilizia, oreficeria* **TAV.** *gemme.*

pietràia (lett. *petràia*) [da *pietra*; 1319] ***sf.*** **1.** ammasso di pietre; luogo arido cosparso di pietre **2.** cava di pietre.

pietràio (pl. *-ài*) [da *pietra*; 1779] ***sm.*** *ant.* operaio che lavora la pietra.

pietràme (raro *petràme*) [da *pietra*; a. 1775] ***sm.*** ammasso di pietre. **Q.T.** *edilizia.*

pietràta [da *pietra*; a. 1566] **sf.** colpo di pietra.

pietrificàre (ant. *petrificàre*) (pres. *-ìfico, -ìfichi*) [comp. di *pietra* e *-ficare*; 1550] **tr.** **1.** far assumere consistenza di pietra, sottoporre a pietrificazione: *foreste pietrificate, legno pietrificato dal tempo* **2.** *fig.* rendere rigido, immobile: *il terrore lo pietrificò* || **intr. pron.** **1.** subire un processo di pietrificazione **2.** rimanere impietrito || **N.** **1.** *Sin.* fossilizzare.

pietrificazióne (ant. *petrificazióne*) [da *pietrificare*; 1685] **sf.** atto ed effetto del pietrificare e del pietrificarsi || *in part.* tipo di fossilizzazione per sostituzione di sostanze organiche con minerali.

pietrìna (*dim.* di *pietra*) [a. 1484] **sf.** **1.** piccola pietra, sassolino **2.** cilindretto di una particolare lega usato negli accendisigari come pietra focaia.

pietrìsco (pl. *-schi*) [da *pietra*; 1826] **sm.** ammasso di minuti frammenti di pietra.

pietrìsta [da *pietra*; 1958] **s.** **1.** operaio addetto alla fabbricazione di pietre artificiali imitanti speciali materiali da costruzione **2.** chi dipinge pareti o porte imitando la pietra o il legno.

pietrosità [da *pietroso*; 1940] **sf.** *non com.* qualità o consistenza di pietra.

pietróso (lett. *petróso*) [lat. *petrōsus*; a. 1292] **agg.** **1.** pieno di pietre: *sentiero pietroso* || fatto con pietre: *muro pietroso* **2.** di consistenza simile a pietra: *materiale pietroso* || *fig. lett.* duro, insensibile come pietra || **N.** **1.** *Sin.* sassoso.

pievàle V. PIVIALE.

pievanìa [da *pievano*; 1710] **sf.** **1.** ministero e dignità di pievano, territorio su cui è esercitata la giurisdizione spirituale del pievano **2.** casa del pievano.

pievàno o **piovàno**[1] [da *pieve*; a. 1292] **sm.** sacerdote rettore di una pieve.

pième [lat. *plebs, plebis*, popolo, poi gruppo di fedeli; 1253 *pleve*] **sf.** nel Medioevo, chiesa principale di una circoscrizione ecclesiastica rurale; termine rimasto nella toponomastica; *Pieve a Nievole* || parrocchia di campagna || **N.** cura.

pievelóce o **piè velóce** [comp. di *piè* e *veloce*, sul modello del gr. *pódas ōkýs*; a. 1808] **agg.** attributo omerico di Achille, veloce nella corsa || *iron.* si dice di persona che va adagio.

pièzo- [dal gr. *piézein*, premere] **primo elem.** che, in parole composte della terminologia scientifica e di quella tecnica, vale "pressione" (per es. *piezoelettricità, piezometro*).

piezoelettricità [comp. di *piezo-* e *elettricità*, sul modello del ted. *Piëzoelektrizität*; 1900] **sf.** *T.fis.* fenomeno per cui certi cristalli, per effetto di compressione, si elettrizzano.

piezoelèttrico (pl. *-ci*) [comp. di *piezo-* e *elettrico*; 1889] **agg.** *T.fis.* che si riferisce a piezoelettricità, che sfrutta la piezoelettricità: *accendigas piezoelettrico.*

piezometrìa [comp. di *piezo-* e *-metria*; 1970] **sf.** **1.** *T.fis.* parte della fisica che si occupa della compressibilità dei liquidi **2.** misurazione della compressibilità di un liquido.

piezomètrico (pl. *-ci*) [da *piezometria*; 1929] **agg.** *T.fis.* relativo a piezometria || relativo alla pressione esercitata su un liquido: *energia piezometrica.*

piezòmetro [comp. di *piezo-* e *-metro*; 1829] **sm.** *T.fis.* strumento per misurare la compressibilità dei liquidi.

piezooscillatóre [comp. di *piezo-* e *oscillatore*; 1958] **sm.** *T.orol.* oscillatore piezoelettrico.

pif o **pìffete** [voce onom.; 1891] voce onom. che riproduce il rumore di un colpo leggero || *pif e paf*, voce onom. che riproduce il rumore di due schiaffi.

pifferàio (pl. *-ài*) (region. *pifferàro*) [da *piffero*; 1839] **sm.** (f. *-a*) suonatore di piffero.

pifferàre (pres. *piffero*) [da *piffero*; a. 1590 *piffarare*] **intr.** (aus. *avere*) *raro* suonare il piffero.

pifferàro V. PIFFERAIO.

pifferàta [da *piffero*; a. 1552] **sf.** suonata di pifferi.

pìffero [dal medio alto ted. *pīfer*, suonatore di piffero; fine sec. XIV] **sm.** **1.** strumento popolare a fiato, simile al flauto dritto, con timbro affine a quello dell'oboe ma di registro più acuto **2.** *per meton.* suonatore di piffero || *fare come i pifferi di montagna, che andarono per suonare e furono suonati*, di chi è troppo sicuro di sé ma poi ha la peggio || **N.** cennamella, cornamusa, piva, zampogna.

pìffete V. PIF.

pigaròlo [da *pigo*; 1937] **sm.** *T.pesc.* rete da pesca usata per catturare i pighi.

pigiadiraspatrice [comp. di *pigia(trice)* e *diraspatrice*; 1981] **sf.** macchina che separa i chicchi dai raspi e li schiaccia. **TAV.** *enologia* 10.

pigiàma (pl. *-a* o *-i*) [dal persiano *pāy jamè*, propr. vestito da gamba, attr. l'ingl. *pyjamas*; 1905] **sm.** indumento maschile e femminile da notte, formato da calzoni e giacca, di solito molto leggeri: *pigiama di seta, di lana, di flanella*; *pigiama palazzo*, abito femminile da sera con pantaloni molto ampi; *pigiama-party*, festicciola a cui bisogna partecipare in pigiama o camicia da notte || *dim.* pigiamìno.

pigiaménto [da *pigiare*; a. 1704] **sm.** *non com.* atto ed effetto del pigiare.

pìgia pìgia [imper. raddoppiato di *pigiare*; 1865] **loc. m. inv.** calca, folla che spinge da tutte le parti: *per avere l'autografo c'era un pigia pigia!* || **N.** *Sin.* serra serra.

pigiàre (pres. *pìgio*) [lat. volg. **pinsiāre*, class. *pinsere*; a. 1320] **tr.** premere, comprimere entro un contenitore o un ambiente: *pigiare le uve nel tino* || *fig. pigiare la penna*, esagerare nel conto || *ass.* spingere, schiacciare con il corpo: *non pigiate, un po' per volta entriamo tutti!, così la valigia non si chiude, pigia più forte* || **N.** *Sin.* spingere, PREMERE.

pigiàta [da *pigiare*; 1871] **sf.** l'atto del pigiare, perlopiù in modo sbrigativo || *dim.* pigiatìna.

pigiatóio (pl. *-ói*) [da *pigiare*; 1922] **sm.** strumento impiegato per pigiare l'uva a mano.

pigiatóre [da *pigiare*; a. 1320] **sm.** (f. *-trice*) chi pigia, preme, calca, calpesta.

pigiatrice [f. di *pigiatore*; 1900] **sf.** attrezzo o macchina per pigiare l'uva. **TAV.** *enologia* 3.

pigiatùra [da *pigiare*; 1534] **sf.** atto ed effetto del pigiare: *la pigiatura delle uve.*

pigìdio (pl. *-di*) [dal gr. *pygídion*; 1931] **sm.** segmento terminale del corpo degli Anellidi e Artropodi, in corrispondenza del quale si trova l'ano || **N.** *Sin.* telson.

pigìo (pl. *-ìi*) [da *pigiare*; 1842] **sm.** *tosc.* ressa, calca.

pigionàle [da *pigione*; 1303] **s.** **1.** pigionante **2.** *tosc.* contadino che affitta un podere.

pigionànte [da *pigione*; sec. XVI] **s.** chi sta a pigione.

pigióne [lat. *pensio, -ōnis*, pesatura, poi pagamento; 1130 ca. *pisone*] **sf.** **1.** locazione di bene immobile: *dare, prendere a pigione una camera* || *fam. prendere a pigione una cosa* o *un luogo*, adoperarla o starvi a lungo e senza discrezione **2.** il prezzo corrisposto: *riscuotere, pagare la pigione* || **N.** *Sin.* affitto.

pìglia [da *pigliare*; 1871] **sm. inv.** **1.** persona che piglia, arraffone **2.** nella *loc. m. inv. piglia piglia*, situazione confusa, in cui ognuno cerca di arraffare ciò che può: *è un piglia piglia generale.*

pigliaménto [da *pigliare*; a. 1292] **sm.** *raro* presa.

pigliamósche [comp. di *piglia(re)* e *mosca*; 1804 nel senso 2; 1932 nel senso 1] **sm. inv.** **1.** dionea **2.** uccello dei Passeracei di color grigio-bruno sul dorso e chiaro sul petto || **N.** **2.** *Sin.* muscicapa.

pigliàre (pres. *pìglio*; disus. nei tempi composti dove è sostituito da *prendere*) [prob. lat. volg. **piliāre*, lat. tardo *pilāre*, rubare; prima metà sec. XIII] **tr.** sinonimo, di uso più familiare, di *prendere*; talvolta con valore più espressivo e immediato; preferito in alcune espr.: *non saper che pesci pigliare, chi dorme non piglia pesci.*

pigliasciàmi [comp. di *piglia(re)* e *sciame*; 1970] **sm. inv.** sacco speciale, tenuto aperto da sostegni di canna o di ferro, utilizzato per catturare uno sciame d'api.

pigliatùtto [comp. di *piglia(re)* e *tutto*; 1937] **agg. inv.** *T.gioc.* solo nella loc. *asso pigliatutto*, gioco di carte simile alla scopa, in cui l'asso prende in un sol colpo tutte le carte in tavola.

pìglio[1] [da *pigliare*; a. 1294] **sm. inv.** l'atto del pigliare; solo nell'espr. *dar di piglio*, prendere con rapidità, con impeto, con forza.

pìglio[2] (pl. *-gli*) [da *(ci)piglio*; a. 1300] **sm.** **1.** modo di guardare, di atteggiare il volto: *piglio altero, risoluto, fiero, soldatesco, minaccioso* **2.** *per estens.* atteggiamento, tono: *un testo dal piglio vivace.*

pigmalióne [dal n. del mitico re di Cipro che si innamorò di una statua di donna fatta da lui stesso, la quale, resa viva da Venere, divenne sua moglie; 1983] **sm.** persona che scopre o valorizza le capacità intellettuali di una persona rozza e incolta e, facendole da maestro, contribuisce in modo determinante al suo successo.

pigmeìsmo [da *pigmeo*; 1934] **sm.** insieme dei caratteri somatici propri dei pigmei.

pigmentàle [da *pigmento*; 1958] **agg.** *T.biol.* di cellula, che contiene pigmento || **N.** *Sin.* pigmentifero | cromatoforo.

pigmentàre (pres. *-ènto*) [da *pigmento*; 1965] **tr.** colorare con pigmenti || **intr. pron.** assumere una determinata colorazione per effetto di pigmenti.

pigmentàrio (pl. *-ri*) [dal lat. *pigmentārius*; 1958] **agg.** relativo al pigmento, proprio del pigmento.

pigmentazióne [da *pigmentare*; 1895] **sf.** *T.biol.* distribuzione di pigmenti in organismi animali o vegetali, e la colorazione che ne deriva: *pigmentazione scarsa, abbondante, scura, verde.*

pigmentìfero [comp. di *pigmento* e *-fero*; 1958] **agg.** *T.biol.* contenente pigmenti || *cellula pigmentifera*, cellula pigmentale, cromatoforo.

pigménto [dal lat. *pigmentum*; 1838] **sm.** **1.** sostanza colorata presente in tessuti vegetali e animali, che ne determina la colorazione: *pigmento biliare, cutaneo*; *pigmento clorofilliano*, che dà la colorazione verde alle piante **2.** sostanza colorata, organica o inorganica, insolubile in acqua e in solventi organici, usata per fabbricare vernici. **Q.T.** *pittura.*

pigmèo [dal lat. *pygmaeus*, gr. *pygmâios*, propr. alto un cubito; a. 1470 *pimmeo*] **agg.** e **sm.** (f. *-a*) **1.** *T.etn.* detto di individuo appartenente al gruppo umano fondamentale, presente nelle foreste equatoriali dell'Africa, caratterizzato da statura assai piccola (1,36 - 1,45), cranio brachimorfo, pelle scura, naso largo e piatto e capelli crespi: *ho visitato un villaggio di Pigmei*; *razza pigmea* || *per estens.* persona di statura molto bassa, nano **2.** appartenente a una mitica popolazione che, secondo gli antichi Greci, viveva a sud dell'Egitto o in India.

pìgna [lat. *pīnea*; inizio sec. XIV] **sf.** **1.** frutto conico del pino, a squame legnose che racchiudono i semi (*pinoli*) || *per estens.* grappolo d'uva grosso e ben granito || *fig. avere le pigne in testa*, avere idee balorde || *pigna verde*, avaro, taccagno **2.** *T.arch.* ornamento che vien collocato fra i dentelli delle cornici spec. in angolo, o come motivo decorativo sugli acroteri || *in gen.* elemento decorativo di forma appuntita **3.** specie di coperchio bucherellato che si pone all'estremità dei tubi di aspirazione delle pompe perché non vengano aspirate anche materie solide.

pignàtta [lat. volg. **pinguiătta*, da **pinguia* (*ōlla*), recipiente per il grasso; a. 1342] ***sf.*** **1.** pentola piuttosto capace; *per meton.* ciò che vi è contenuto: *una pignatta di fagioli* **2.** laterizio forato a forma di parallelepipedo, impiegato nella costruzione di solai misti || *dim.* pignattìna, pignattèlla.

pignattàio (pl. *-ài*) (region. *pignattàro*) [da *pignatta*; sec. XV] ***sm.*** (f. *-a*) *disus.* chi fa o vende pignatte, pentolaio.

pìgnere¹ [var. di (*s*)*pingere*; sec. XIII] ***tr.*** e ***intr.*** (aus. *avere*) *arc.* spingere.

pìgnere² [var. di (*di*)*pingere*; a. 1510] ***tr.*** *arc.* dipingere.

pignoccàta [da *pignocco*; a. 1536 *pignocada*] ***sf.*** **1.** *T.cuc.* dolce a base di miele e pinoli **2.** *T.cuc.* dolce siciliano a forma di pigna ovale, fatto di farina fritta nell'olio ricoperta da miele e pistacchi.

pignòcco V. PINOCCHIO.

pignolàggine [da *pignolo*¹; 1905] ***sf.*** pignoleria abitudinaria, meticolosità.

pignolàta¹ [da *pignolo*¹; 1967] ***sf.*** comportamento da pignolo; pignolaggine, pignoleria.

pignolàta² [da *pignolo*²; 1963] ***sf.*** *T.cuc.* dolce a base di pinoli.

pignolàto [da *pignolo*²; inizio sec. XIV] ***sm.*** *ant.* tessuto di lino operato a disegni somiglianti a pinoli.

pignoleggiàre (pres. *-éggio*) [da *pignolo*¹; 1942] ***intr.*** (aus. *avere*) agire da pignolo.

pignolerìa [da *pignolo*¹; 1942] ***sf.*** carattere di chi è pignolo || *concr.* atto o detto da pignolo.

pignolésco (pl. *-schi*) [da *pignolo*¹; 1942] ***agg.*** di, da pignolo.

pignòlo¹ (lett. *pignuòlo*) [prob. da *pignolo*²; 1908] ***agg.*** e ***sm.*** (f. *-a*) persona pedante e meticolosa, eccessivamente attenta ai minimi particolari: *è molto pignolo nelle correzioni, non fare il pignolo!*

pignòlo² [da *pigna*; sec. XIV] ***sm.*** pinolo.

pignóne [lat. volg. **pinnio, -ōnis*, da *pinna*, merlo delle mura; 1343] ***sm.*** **1.** muraglia piena di sassi e rottami fatta sulla riva dei fiumi o presso le testate dei ponti per arginare la corrente e impedire l'erosione **2.** *T.mecc.* piccola ruota dentata, anche a forma di cono tronco, che s'ingrana in una ruota più grande || **N. 1.** *Sin.* pennello **2.** rocchetto. **TAV.** ***armi*** **p. 649** 20.15.

pignoràbile [da *pignorare*; 1958] ***agg.*** *T.giur.* che si può pignorare: *il letto non è pignorabile.*

pignorabilità [da *pignorabile*; 1958] ***sf.*** *T.giur.* qualità di ciò che può essere soggetto a pignoramento.

pignoraménto [da *pignorare*; 1384] ***sm.*** *T.giur.* insieme di atti con cui si dà inizio all'espropriazione forzata di beni di un debitore.

pignorànte (*ppr.* di *pignorare*) [1963] ***s.*** *T.giur.* il creditore che procede al pignoramento.

pignoràre (pres. *pìgnoro*) (non com. *pegnoràre*) [dal lat. *pignorāre*; 1287] ***tr.*** *T.giur.* **1.** sottoporre a pignoramento: *pignorare i mobili* **2.** dare in pegno || **N.** PEGNO.

pignoratàrio (pl. *-ri*) [da *pignorare*; 1940] ***sm.*** (f. *-a*) *T.giur.* il debitore che subisce il pignoramento.

pignoratìvo [da *pignorare*; 1871] ***agg.*** *T.giur.* che riguarda un pignoramento.

pignoratìzio (pl. *-zi*) [dal lat. *pigneratīcius*; 1539] ***agg.*** *T.giur.* che ha un pegno, munito di pegno: *creditore pignoratizio.*

pignoratóre [dal lat. *pignorātor, -ōris*; 1976] ***sm.*** (f. *-trìce*) *non com.* **1.** *T.giur.* chi effettua un pignoramento **2.** chi lascia in pegno qualcosa.

pignuòlo V. PIGNOLO¹.

pigo (pl. *-ghi*) [etim. inc.; sec. XVI] ***sm.*** pesce d'acqua dolce dei Ciprinidi, dal corpo affusolato scuro, commestibile.

pìgola [da (*s*)*pigola*; a. 1865] ***sf.*** appezzamento di terreno che ha forma irregolare e risulta spec. come residuo della suddivisione in campi rettangolari: *campo a pigola*, campo a forma triangolare o trapezoidale.

pigolaménto [da *pigolare*; seconda metà sec. XVI] ***sm.*** il pigolare.

pigolàre (pres. *pìgolo*) [lat. volg. **piulāre*; a. 1292] ***intr.*** (aus. *avere*) **1.** di uccelli di nido o di pulcini, emettere il proprio verso, costituito da suoni brevi e acuti; piare **2.** *fig.* lamentarsi noiosamente.

pigolìo (pl. *-ìi*) [da *pigolare*; 1775] ***sm.*** il pigolare frequente di uno o più uccelli piccoli: *il pigolio dei pulcini.*

pigolóne [da *pigolare*; a. 1520] ***sm.*** (f. *-a*) *fig. fam.* persona che richiede sempre in modo lamentoso e importuno.

Pigopòdidi (sing. *-e*) [comp. del gr. *pygḗ*, natiche e *-pode*, dalla posizione in cui si trovano i piedi; 1970] ***sm. pl.*** *T.zool.* famiglia di rettili sauri dotati solo di arti posteriori di forma simile a una pigna.

pigrézza [lat. *pigritia*; a. 1292] ***sf.*** *raro* pigrizia.

pigrìzia [dal lat. *pigritia*; a. 1292] ***sf.*** indole o carattere di chi è pigro: *la pigrizia è madre di povertà, se non si dà da fare è solo per pigrizia* || **N.** *Sin.* accidia, acedia, fiacca, ignavia, indolenza, inerzia, infingardaggine, malavoglia, neghittosità, negligenza, poltronaggine, scioperataggine, torpore | batter la fiacca, gingillarsi, impigrire, impoltronire, infingardirsi.

pìgro [dal lat. *piger*; a. 1292] ***agg.*** **1.** lento e svogliato nell'operare; restio a spendere energie: *uno studente, un impiegato pigro, è così pigro che prende l'ascensore per andare al primo piano* || *per estens.* lento a funzionare o nel muoversi: *la pigra lumaca, acque pigre, mente pigra* || *eufem. intestino pigro*, stitichezza || che esprime pigrizia, proprio di chi è pigro: *passo, sonno pigro* **2.** che rende pigri: *il pigro gelo* (Carducci) || *T.fil. ragion pigra*, ogni principio che induca a considerare vana la ricerca della verità || *accr.* pigróne; *pegg.* pigràccio || **pigraménte** ***avv.*** || **N. 1.** *Sin.* accidioso, addormentato, ignavo, indolente, inerte, infingardo, lento, neghittoso, negligente, poltrone, scansafatiche, sonnacchioso, svogliato, tardigrado, tardivo, tardo, tiepido, torpido.

pìla¹ [lat. *pīla*; a. 1320] ***sf.*** **1.** serie di più elementi sovrapposti a formare una colonna: *una pila di piatti, di libri* || *per estens. T.inform.* struttura di dati in cui possono essere successivamente aggiunti o tolti valori in modo tale che il primo a essere tolto è sempre l'ultimo che è stato introdotto **2.** *T.fis.* sistema privo di parti meccaniche, in grado di generare differenza di potenziale elettrico utilizzata per produrre un flusso di corrente; prodotto e diffuso in versione pratica e ad alta resa (*pila a secco*) è normalmente impiegata per far funzionare piccoli apparecchi, utensili e sim.: *cambiare, sostituire le pile, pile scariche; a pila, a pile*, che funziona con una o più pile: *orologio a pila, radiolina a pile; pila solare*, V. SOLARE || *pila nucleare* o *atomica*, reattore nucleare **3.** *per meton.* torcia elettrica funzionante a pile **4.** ciascuno dei massicci pilastri di sostegno di un ponte, gen. munito di un profilo che non ostacola il flusso delle acque, o dotato di fori di alleggerimento || *dim.* pilìna, pilétta, pilùccia; *accr.* pilóne (*sm.*) || **N. 1.** *Sin.* catasta, MUCCHIO **2.** *Sin.* alimentatore, batteria | anodo, catodo, elettrodo, polo **4.** *Sin.* piedritto, pilone. **Q.T.** ***elettricità*** **TAV.** ***elettrotecnica*** 18; ***architettura*** **p. 646** 8.6.

pìla² [lat. *pīla*, mortaio; 1298] ***sf.*** vaso di pietra, capace, usato spec. per contenere acqua: *la pila della fontana; pila* (o *piletta*) *dell'acqua santa*, posta all'ingresso delle chiese, contiene l'acqua benedetta. **TAV.** ***chiesa*** 1.15.

pilàf o **pilào** [dal persiano *pilāu*, attr. il turco *pilaw*; 1542] ***agg.*** e ***sm.*** *inv.* riso cotto in forno con poco brodo in modo che i chicchi risultino ben cotti ma asciutti e staccati.

pilào V. PILAF.

pilàre [voce di orig. sett., dal lat. *pilāre*, calcare fortemente; sec. XVIII] ***tr.*** rif. a riso, sottoporre a pilatura.

pilastràta [da *pilastro*; 1641] ***sf.*** serie di pilastri.

pilàstro [forse da *pila*¹; 1342 come sf.] ***sm.*** **1.** *T.edil.* elemento edilizio verticale, a sezione quadrangolare, impiegato per sostenere architravi, archi e sim.: *pilastro in acciaio, in cemento armato* **2.** *T.anat. pilastri del palato*, ripiegature della mucosa boccale che limitano lateralmente le fauci **3.** *T.geol. pilastro tettonico*, formazione verticale dovuta a pressioni tettoniche su terreni stratificati || *accr.* pilastróne; *dim.* pilastrìno || **N. 1.** *Sin.* piedritto, pilone, COLONNA. **TAV.** ***abitazione*** 3.16; ***chiesa*** 1.19.

pilatóio (pl. *-ói*) [da *pilare*; 1970] ***sm.*** strumento impiegato per la pilatura del riso.

pìlatro [dal lat. *pyrethrum*, gr. *pýrethron*; sec. XIII] ***sm.*** iperico.

pilatùra [da *pilare*; 1901] ***sf.*** insieme di operazioni cui viene sottoposto il riso grezzo per liberarlo dalla lolla e renderlo più idoneo al consumo || **N.** brillatura, pulitura, sbiancatura, sbramatura.

pileàto [dal lat. *pileātus*; 1353] ***agg.*** *T.stor.* che porta il pileo.

pilèggio (pl. *-gi*) [etim. inc.; 1958] ***sm.*** *arc.* rotta, navigazione, viaggio per mare, traversata || tratto di mare.

pìleo [dal lat. *pīleus*; a. 1494] ***sm.*** **1.** *T.stor.* berretto di feltro, senza tesa, a forma di mezzo uovo, più o meno appuntito, portato dagli antichi Romani **2.** *T.zool.* parte superiore del capo degli uccelli **3.** *T.bot.* il cappello dei funghi || **N. 1.** pileato.

pileorìza o **pilorìza** o **pileorrìza** [comp. di *pileo* e del gr. *rhíza*, radice; 1906] ***sf.*** *T.bot.* rivestimento protettivo posto sull'apice vegetativo della radice, che lo protegge dalle asperità del terreno.

pilerìa [da *pilare*, sul modello del fr. *pilerie*; 1958] ***sf.*** **1.** stabilimento in cui si effettua la pilatura del riso **2.** lavorazione del riso || **N. 1.** *Sin.* brillatoio.

pilière [dal fr. *pilier*; a. 1348] ***sm.*** **1.** *T.ipp.* i due pali infissi nel terreno a due passi di distanza l'uno dall'altro, usati nel maneggio per addestrare i cavalli **2.** *non com.* pilastro.

pilìfero o **pelìfero** [comp. del lat. *pilus*, pelo e *-fero*; 1813] ***agg.*** che produce peli, e in gen. dei peli, relativo ai peli: *bulbo pilifero, follicolo, apparato pilifero* || ricoperto di peli; *in part. T.bot. zona pilifera*, parte della radice in cui crescono i peli radicali.

pillàcchera [etim. inc.; 1536] ***sf.*** *tosc.* schizzo di fango che rimane attaccato alle vesti.

pillaccheróso [da *pillacchera*; a. 1562] ***agg.*** *tosc.* pieno di pillacchere.

pillàre [lat. *pilāre*, calcare; a. 1512] ***tr.*** calcare, premere con il pillo.

pillàto (*pps.* di *pillare*) [1653] ***agg.*** battuto e compresso col pillo: *zucchero pillato*, zucchero a grossi cristalli, pigiato col pillo.

pilling (ingl., pr. ['pɪlɪŋ]) [da (*to*) *pill*, pelare; 1974] ***sm.*** *inv.* fenomeno per cui sulle maglie e sui tessuti si forma una peluria superficiale che si aggroviglia in bioccoli.

pillo [lat. *pīlum*, pestello; sec. XIV] **sm.** grosso ceppo con manici usato per assodare massicciate, terreni e sim. || **N.** *Sin.* mazzapicchio, mazzeranga, pestello.

pillola [lat. *pilula*, pallottolina; 1340 ca.] **sf.** preparato farmaceutico da assumere per via orale, di forma tondeggiante: *pillole purgative, digestive, ricostituenti, anticoncezionali* || *per anton.* pillola anticoncezionale: *prendere la pillola* || *ridurre in pillole*, spezzettare, sminuzzare; *fig. in pillole*, in piccole dosi facili da assimilare, solitamente spreg.: *scienza in pillole* || *fig. indorare la pillola*, rendere accettabile una cosa spiacevole o dura da sopportare, presentandola sotto una luce favorevole || *dim.* pillolina, pillolétta; *accr.* pillolóna, pillolóne (*sm.*) || **N.** PASTIGLIA.

pillolièra [da *pillola*; 1967] **sf.** *T.farm.* macchinario con cui si dà forma di pillola a un prodotto medicinale || **N.** *Sin.* pastigliatrice.

pillolière [da *pillola*; 1835] **sm.** pilloliera.

pillòtta [dal lat. *pīla*, palla, attr. il fr. *pelote*; sec. XIV] **sf.** *ant.* palla da gioco molto dura, coperta di spicchi di cuoio, simile a quella che si usa nel gioco della pelota.

pillottàre o **pilottàre** (pres. *-òtto*) [etim. inc.; 1483] **tr.** di arrosto allo spiedo, irrorare con l'olio raccolto dalla ghiotta, mediante il pillotto.

pillòtto o **pilòtto** [da *pillottare*; 1557] **sm.** *T.cuc.* mestolo con beccuccio, da cui si fa sgocciolare sull'arrosto che gira allo spiedo l'unto raccolto dalla ghiotta.

pilo [dal lat. *pīlum*; a. 1292] **sm.** *T.mil.* arma in asta, con punta metallica, adoperata dalla fanteria romana.

pilóne (*accr.* di *pila*[1]) [1499] **sm.** **1.** pilastro di grosse dimensioni, perlopiù messo a sostegno di ampie cupole, campate di ponti || sostegno di funi portanti di impianti di risalita, condutture elettriche aeree e sim. fatto di metallo o di cemento armato, traliccio || *pilone d'ormeggio*, pilastro a cui si attraccano le navi nei porti e un tempo i dirigibili negli aeroporti **2.** *T.sport.* nel rugby, ogni giocatore della prima linea di mischia **3.** strumento di legno col quale si comprime e si batte fortemente la terra prima di alzare opere di fortificazione || **N.** **1.** *Sin.* pila. **TAV.** ***ferrovie...*** **p. 669** 6.3.

pilòrico (pl. *-ci*) [da *piloro*; 1835] **agg.** *T.med.* che riguarda il piloro.

pilorizza V. PILEORIZA.

pilòro [da lat. tardo *pylōrus*, gr. *pylōrós*, propr. guardiano della porta; 1598] **sm.** *T.anat.* orifizio, chiuso da valvola, che consente il passaggio del chimo dallo stomaco al duodeno.

piloroplàstica [comp. di *piloro* e *plastica*; 1936] **sf.** *T.chir.* intervento chirurgico di dilatazione del lume del piloro.

pilòta (arc. *pilòto*) [etim. inc.; 1353] **I s.** **1.** persona posta alla guida di un veicolo per il quale è necessario un addestramento particolare: *pilota di aereo, di un'auto da corsa, di nave spaziale, brevetto di pilota, primo e secondo pilota* || *T.aer. pilota automatico*, apparecchio contenente amplificatori, giroscopi e servomotori, che guidano e controllano automaticamente aerei e missili **2.** *T.mar.* chi, un tempo, dirigeva il corso di una nave || attualmente, persona che risiede nei luoghi di approdo e, per conoscenza della costa, delle maree, dei porti, canali, e per esperienza di cose marinaresche, è legalmente autorizzato a dirigere le manovre di entrata e di uscita delle navi **II** in funzione di **agg.** *inv.* (sempre posposto) che funge da modello, da punto di riferimento per altri che vengono dopo: *scuola pilota, impianto pilota* || *pesce pilota*, V. PESCE || **N.** **I** **1.** *Sin.* autista, conducente, guidatore, macchinista, manovratore; autopilota. **Q.T.** *aeronautica, nautica...* **TAV.** ***armi*** **p. 649** 27.13.

pilotàggio (pl. *-gi*) [dal fr. *pilotage*; 1571] **sm.** atto del pilotare || insieme delle manovre e delle tecniche occorrenti per pilotare.

pilotàre (pres. *-òto*) [dal fr. *piloter*; 1813] **tr.** guidare come pilota: *pilotare una macchina da corsa* || rif. alle manovre navali nel porto, dirigere dall'esterno: *pilotare una nave all'ormeggio*; *per estens. scherz.* accompagnare, far giungere: *mi hanno pilotato fin qui.* **Q.T.** *aeronautica.*

pilotìna [da *pilota*; 1958] **sf.** *T.mar.* piccola imbarcazione a motore addetta a portare il pilota a bordo di una nave in arrivo o a guidare una nave per una zona pericolosa.

pilòto V. PILOTA.

pilottàre V. PILLOTTARE.

pilòtto V. PILLOTTO.

piluccàre (pres. *-ùcco, -ùcchi*) [forse lat. volg. **piluccāre*; fine sec. XIII] **tr.** spiccare a uno a uno chicchi d'uva dal grappolo e mangiarli || *per estens.* mangiare un cibo pezzetto per pezzetto, sbocconcellare: *piluccare un dolce* || *fig.* rif. a patrimonio, sottrarre a poco a poco.

piluccatóre [da *piluccare*; 1438] **sm.** (f. *-trìce*) *raro* chi pilucca.

piluccóne [da *piluccare*; a. 1412] **sm.** (f. *-a*) *non com.* chi pilucca per consuetudine.

pim [voce onom.; a. 1876] voce onom. **1.** riproduce il rumore di un colpo d'arma da fuoco, cui ne seguono altri più forti: *pim, pam, pam!* **2.** riproduce il rumore di qualcosa che viene colpito || *pim e pam*, riproduce il rumore di due colpi, spec. due schiaffi, che si susseguono velocemente l'uno all'altro.

pimèlia [dal gr. *pimelḗs*, grasso, per l'addome rigonfio; 1835] **sf.** coleottero dal corpo tozzo e peloso di colore nero, con abitudini notturne, diffuso nelle zone subdesertiche dell'Africa.

pimelòdo [dal gr. *pimelṓdēs*; 1875] **sm.** pesce tropicale dei Siluridi, con livrea dorata a macchie e barbigli molto lunghi, che viene allevato anche in acquario.

pimelòsi [dal gr. *pimelḗs*, grasso; 1970] **sf.** *T.med.* obesità || flogosi del tessuto adiposo.

pimentàre (pres. *-énto*) [da *pimento*; a. 1914] **tr.** condire, rendere saporito con pimento.

piménto [dallo sp. *pimiento*; 1563 *pimienta*] **sm.** pianta delle Mirtacee originaria della Giamaica dai cui frutti essiccati si ricava una spezia piccante || *per estens.* la spezia stessa || **N.** *Sin.* pepe di Caienna.

pìmfete o **pìnfete** [voce onom.; 1927] voce onom. che riproduce il rumore di un tonfo || in una narrazione indica il verificarsi di un evento improvviso e inaspettato o il compimento di un movimento rapido o precipitoso, usato anche come *escl.*: *gli si è avvicinato senza farsi vedere e pimfete l'ha spinto a terra.*

pimpànte [dal fr. *pimpant*; 1862 *pimpant*] **agg.** di veste o di portamento, sgargiante, vistoso || *per estens. fam.* allegro, festoso: *era tutto pimpante per la vittoria.*

pimperimpèra o **pimperimpàra** o **pimpirimpì** [dal gr. *diá triōn peperéōn*, (sostanza fatta) di tre spezie; 1891 *pimpirimpì*] **sm.** *inv.* *scherz. polvere del pimperimpera*, polvere magica usata dagli illusionisti || *fig.* illusione.

pimpinèlla [lat. tardo *pimpinella*; prima metà sec. XIII] **sf.** **1.** pianta erbacea delle Rosacee le cui foglioline ovali dentate sono impiegate per insaporire le insalate **2.** *T.bot.* genere di piante erbacee delle Ombrellifere cui appartiene l'anice comune || **N.** **1.** *Sin.* salvastrella.

pimpirimpì V. PIMPIRIMPERA.

pìmpla [dal gr. *pimplân*, riempire; 1835] **sf.** insetto degli Imenotteri con corpo nerastro e zampe gialle; è molto utile perché depone le uova nel corpo delle ninfe di Lepidotteri parassiti di piante.

pimplèo [dal lat. *Pimplēus*; a. 1663] **agg.** *lett.* delle Muse, alle quali la fonte Pimpla era consacrata: *le pimplee corone* || anche come *sf. pl. le Pimplee*, le Muse.

pìna [f. di *pino*; a. 1347] **sf.** *tosc.* pigna.

pinàccia (pl. *-ce*) [dal fr. *pinace*, perché costruita con legno di pino; 1602] **sf.** **1.** *T.mar.* piccola imbarcazione a vela o a remi impiegata un tempo nella sorveglianza delle coste o come rimorchiatore **2.** *T.mar.* piccola imbarcazione a remi di cui anticamente erano dotate le navi a vela.

pinàce [dal lat. tardo *pinax, -ăcis*, gr. *pínax, -akos*, tavoletta per incidere; 1889] **sm.** *T.mar.* tavola girevole in cui era dipinta la rosa degli otto venti principali e dei rombi interposti, che si orientava a mano riferendosi al sole e agli astri || **N.** bussola.

Pinàcee [comp. di *pino* e *-acee*; 1954] **sf. pl.** *T.bot.* famiglia di Conifere comprendente numerose specie diffuse nelle regioni fredde o temperate || **N.** abete, cedro, larice, pino.

pinacòide [dal gr. *pinakoeidḗs*, in forma di tavola; 1940] **agg.** e **sm.** *T.min.* di forma cristallografica semplice, costituita da due facce parallele.

pinacotèca [dal lat. *pinacothēca*, gr. *pinakothḗkē*; 1499] **sf.** luogo dove sono custoditi ed esposti al pubblico quadri di valore artistico: *la pinacoteca di Brera* || **N.** *Sin.* galleria. **Q.T.** *pittura.*

pinàstro [dal lat. *pinaster*; 1534] **sm.** pino marittimo.

pinàto [da *pina*; 1871] **agg.** *tosc.* paffuto, florido, sodo come una pigna.

pìnca [etim. inc.; 1353] **sf.** *ant.* **1.** cetriolo **2.** *fig.* sciocco, minchione.

pince (fr., pr. [pɛ̃:s]) [da *pincer*, pizzicare, stringere; 1939] **sf.** (pl. *pinces*, pr. [pɛ̃:s]) piccola piega, rientrante e cucita, fatta per modellare un abito secondo l'ampiezza e la forma desiderata.

pince-nez (fr., pr. [pɛ̃:s 'ne]) [propr. stringi naso; 1867] **sm.** *inv.* occhiali a molla, senza stanghette.

pincèrna [dal lat. tardo *pincerna*; prima metà sec. XIV] **sm.** *arc.* coppiere: *della nutrice di Giove e del suo pincerna* (Boccaccio).

pincióne [lat. tardo *pincio, -ōnis*; a. 1400] **sm.** fringuello da richiamo.

pìnco (pl. *-chi*) [var. di *pinca*; a. 1424] **sm.** *fam.* minchione, sciocco || *Pinco Pallino*, nome fittizio con cui si indica una persona qualunque, con tono lievemente spreg.: *un qualsiasi Pinco Pallino.*

pindàrico (pl. *-ci*) [dal lat. *pindaricus*, gr. *pindarikós*; 1546] **agg.** alla maniera di Pindaro || *voli pindarici*, trapassi arditi da un argomento all'altro, senza passaggi intermedi || *T.metr.* detto di verso della metrica greca antica formato da un reiziano di cinque sillabe, un *hemiepes* maschile e da un reiziano di cinque sillabe (◡–́◡–́◡ / –́◡◡–́◡◡–́ / ––́◡–́–).

pindarìsmo [dal n. del poeta greco *Pindaro*; a. 1907] **sm.** imitazione dello stile, delle tematiche e della forma metrica della poesia di Pindaro: *il pindarismo di Chiabrera.*

pineàle [dal fr. *pinéal*; a. 1730] **agg.** *T.anat.* *ghiandola* o *corpo pineale*, epifisi.

pinèlla [etim. inc.; 1954] **sf.** *T.gioc.* nel gioco della canasta, carta del due di qualsiasi seme, che ha valore di matta.

pinéta [dal lat. *pinēta*, pl. di *pinētum*; 1319] **sf.** bosco di pini.

pinéto [dal lat. *pinētum*; a. 1320] **sm.** *lett.* pineta.

pìnfete V. PIMFETE.

pìngere[1] (pres. *pìngo* ecc., come DIPINGERE) [dal lat. *pingere*; a. 1250] **tr.** *lett.* dipingere.

pìngere[2] (pres. *pìngo* ecc., come SPINGERE) [da (*s*)*pingere*; prima metà sec. XIII] **tr.** e **intr. pron.** *lett.* spingere, sospingere; spingersi.

ping-pong o ***ping pong*** (ingl., pr. ['pɪŋ pɒŋ]; pr. it. [pim 'pɔŋg]) [voce di orig.

onom.; 1905] ***sm.*** *inv.* gioco simile al tennis che utilizza un ampio tavolo come campo da gioco, una piccola racchetta di legno gommata e una pallina leggera di celluloide. **Q.T.** *tennis.*

pìngue [dal lat. *pinguis*; 1321] ***agg.*** ben provvisto di riserva adiposa, grasso: *un uomo reso pingue dall'inattività, macellare un pingue porcellino* || *per estens.* di terra, campi, pascoli e sim., fertile, ubertoso || di guadagno, patrimonio e sim., ricco, lucroso || **N.** *Sin.* GRASSO | impinguare.

pinguèdine [dal lat. *pinguēdo, -inis*; a. 1342] ***sf.*** grassezza eccessiva; quantità sovrabbondante di adipe || **N.** *Sin.* obesità, GRASSEZZA.

pinguìcola [dal lat. tardo *pinguiculus*, grassoccio; 1935] ***sf.*** pianta erbacea alpina insettivora, dalle foglie a rosetta secernenti un liquido vischioso.

pinguìno [dal fr. *pinguoin*; 1751 *pinguim*] ***sm.*** **1.** uccello degli Sfenisciformi diffuso nelle zone antartiche, dotato di ali rudimentali non atte al volo, piedi palmati, posizione del corpo quasi eretta, coda corta; è di colore grigio-ardesia nel sommo del capo e nel dorso, bianco nel resto del corpo **2.** gelato da passeggio, di crema rivestita di cioccolato. **TAV.** ***uccelli*** **p. 1339** 4.

pinìfero [dal lat. *pinifer*; a. 1732] ***agg.*** **1.** *lett.* di terreno, ricco di pini **2.** che produce pigne.

pinite[1] [comp. di *pino* e *-ite*[2]; 1871] ***sf.*** tipo di zucchero ricavato dalla essudazione di un pino californiano.

pinite[2] [comp. di *Pini*, n. di una miniera in Sassonia e *-ite*[2]; 1871] ***sf.*** *T.min.* prodotto ricavato dall'alterazione del minerale dicroite.

pìnna [dal lat. *pĭnna*; sec. XV] ***sf.*** **1.** organo di locomozione e direzione dei pesci e di alcuni mammiferi adattati alla vita acquatica, costituito da un'espansione cutanea a forma di aletta, sorretta da scheletro cartilagineo o osseo: *pinne impari* (*dorsale, caudale, anale*), *pinne pari* (*pettorali, ventrali*) **2.** calzatura di gomma con la parte anteriore assai allungata e svasata, piatta e flessibile, usata dai nuotatori, spec. subacquei, per nuotare più velocemente **3.** *T.mar.* nelle imbarcazioni, ciascuna delle alette disposte ai lati della carena, nella parte immersa, con funzioni antirollio **4.** *T.anat.* in ciascuna narice esterna, la parte laterale, molle, cartilaginea e leggermente rigonfia **5.** grosso mollusco marino dei Lamellibranchi con guscio bivalve. **Q.T.** *nuoto, pesca* **TAV.** ***mammiferi*** **p. 1318** 11.1; ***pesci*** **p. 1330** 1.

pinnàcolo[1] [dal lat. *pinnăculum*; a. 1342] ***sm.*** **1.** *T.arch.* motivo architettonico a forma di cono molto appuntito, assai usato negli edifici gotici, per coronare le parti alte **2.** *per estens.* vetta rocciosa e appuntita di una montagna || **N. 1.** *Sin.* guglia.

pinnàcolo[2] [dall'ingl. *pinocle*, accostato paretimologicamente a *pinnacolo*[1]; 1942] ***sm.*** (anche *sf. pinnàcola*) *T.gioc.* gioco di carte in cui vince chi riesce a formare combinazioni di maggior punteggio, liberandosi progressivamente di tutte le proprie carte.

pinnàto [da *pinna*; 1983] ***agg.*** *T.sport. nuoto pinnato*, nuoto realizzato con l'aiuto delle pinne.

Pinnipedi (sing. *-e*) [dal lat. *pinnipes, -edis*; 1875] ***sm. pl.*** *T.zool.* sottordine di mammiferi marini, con capo affusolato e arti adattati alla vita acquatica (con dita palmate o trasformate in pinne), cui appartengono le foche, le otarie e i trichechi. **Q.T.** *zoologia* **TAV.** ***mammiferi*** **p. 1319.**

pinnotèro o **pinnotère** [dal lat. *pinnotēres, -is*, gr. *pinnotḗrēs*; a. 1498] ***sm.*** piccolo granchio che vive in simbiosi nella conchiglia di alcuni molluschi bivalvi, spec. della pinna || **N.** *Sin.* guardapinna.

pìnnula [dal lat. *pinnula*, piccola pinna; 1958] ***sf.*** *T.zool.* in alcuni pesci, ciascuna delle numerose piccole pinne poste dietro la pinna dorsale e anale.

pìno [lat. *pīnus*; a. 1292] ***sm.*** **1.** *T.bot.* genere di piante arboree sempreverdi delle Conifere, presenti in varie specie nell'area mediterranea, con corteccia scabra e resinosa, foglie aghiformi e fiori monoici; i frutti conici (*pigne*) racchiudono i semi (*pinoli*) entro squame legnose: *pino marittimo*, con fusto alto e inclinato dai venti, e chioma appiattita; *pino mugo*, presente oltre i 1200 m, fornisce un'essenza balsamica e medicinale (*mugòlio*); *pino domestico*, di cui sono utilizzati i pinoli commestibili e il legno || *per estens.* il legno che si ottiene dal fusto di tali alberi: *una trave di pino* **2.** *fig. pino vulcanico*, la colonna di vapore che sale dal vulcano attivo, formando un addensamento simile alla chioma di un pino. **TAV.** ***botanica*** **p. 661** 8.1.

pinoccàta ***sf.*** *non com.* v. PINOCCHIATA.

pinocchiàta [da *pinocchio*; a. 1566 come sm.] ***sf.*** *T.cuc.* pasta dolce fatta con pinoli, zucchero e chiara d'uovo.

pinocchìno (*dim.* di *pinocchio*) [1940] ***sm.*** ghiaia minuta.

pinòcchio (raro *pignòcco*) (pl. *-chi*) [lat. volg. **pinuculum*, dim. di *pinus*, pino; a. 1320] ***sm.*** pinolo || *dim.* pinocchìno.

pinòlo [da *pina*; 1863] ***sm.*** seme commestibile del pino, racchiuso nella pigna, ingrediente aromatico di molte specialità gastronomiche.

pinot (fr., pr. [pi'no]) [da *pin*, pino, perché il grappolo assomiglia a una pigna; 1874] ***sm.*** *inv.* vino giallo paglierino chiaro, di sapore asciutto leggermente amarognolo, di media gradazione (11°-14°); è prodotto, tra l'altro, in alcune zone delle tre Venezie dal vitigno omonimo || *pinot chardonnay*, v. CHARDONNAY.

pìnta[1] [dal fr. *pinte*; sec. XIII] ***sf.*** antica misura di capacità in uso in varie regioni italiane, oscillante da 1,37 l (in Piemonte) a 2,26 l (a Modena); attualmente è ancora usata in Inghilterra con valore pari a 0,568 l e negli Stati Uniti dove equivale a 0,551 l.

pìnta[2] ***sf.*** *ant.* v. SPINTA.

pìnto[1] (*pps.* di *pingere*[1]) [a. 1250] ***agg.*** *ant.* o *lett.* dipinto, colorato.

pìnto[2] (*pps.* di *pingere*[2]) [1319] ***agg.*** *lett.* spinto, sospinto.

pintóre [lat. *pictor, -ōris*, con influsso di *pingere*, dipingere; sec. XIII] ***sm.*** *ant.* pittore.

pintùra [lat. *pictūra*, con influsso di *pingere*, dipingere; a. 1250] ***sf.*** *ant.* pittura, dipinto.

pinturìcchio (pl. *-chi*) [da *pintore*; a. 1912] ***agg.*** *spreg.* pittore da poco, da strapazzo.

pin-up girl (ingl., pr. ['pɪnʌp gɜ:l]) [propr. ragazza da appuntare su; 1950] ***loc. f. inv.*** (anche abbreviato in *pin-up*) ragazza dalla bellezza seducente le cui fotografie vengono spesso ritagliate dai rotocalchi e attaccate alle pareti.

pìnza [prob. dal fr. *pince*; 1875] ***sf.*** **1.** (gen. *pl.*) utensile metallico costituito da due ganasce piatte e parallele, snodate a cerniera, impiegato per afferrare saldamente e schiacciare, piegare e sim.: *pinze da elettricista, da meccanico, regolabili* **2.** strumento per afferrare piccoli oggetti o per lavori di precisione, formato da due barrette metalliche saldate a molla da un lato e appuntite o variamente sagomate dall'altro || *pinza da bucato*, molletta per stendere i panni lavati || *in part. T.med.* strumento chirurgico atto a maneggiare organi e tessuti, o a eseguire determinate operazioni: *pinze per suture, pinze emostatiche* **3.** ciascuna delle chele di un crostaceo || *dim.* pinzétta. **TAV.** ***medicina...*** **p. 1320** 8, 13, 14; ***utensili*** **p. 1341** 21, 32.9.

pinzàre [prob. dal fr. *pincer*; a. 1749] ***tr.*** **1.** afferrare con le pinze || stringere come si farebbe con le pinze: *l'orlo del vestito è rimasto pinzato dalla portiera della macchina* **2.** *region.* di vespe, zanzare e sim., pungere; anche *ass.*

pinzàta [da *pinzare*; 1891] ***sm.*** singolo atto del pinzare.

pinzatrìce [da *pinzare*; 1930] ***sf.*** strumento manuale a pressione usato per unire tra di loro più fogli di carta con punti metallici || **N.** *Sin.* cucitrice.

pinzatùra [da *pinzare*; 1958] ***sf.*** puntura di insetto.

pinzétta (*dim.* di *pinza*) [inizio sec. XV] ***sf.*** (gen. *pl.*) pinze a molla di piccole dimensioni usate spec. per afferrare piccoli oggetti delicati: *pinzette per francobolli, per sopracciglia* || *dim.* pinzettìna || **N.** molletta. **TAV.** *filatelia* 8.2.

pinzillàcchera [forse incrocio di *pinzare* e *pillacchera*; 1930 ca.] ***sf.*** cosa senza importanza, inezia, bagatella || **N.** *Sin.* MINUZIA.

pinzimònio (pl. *-ni*) [da *pinzare*; 1804] ***sm.*** olio condito con sale e pepe, nel quale s'intingono verdure da mangiare crude: *sedani in pinzimonio.*

pìnzo[1] [da *pinzare*; 1871] ***sm.*** *tosc.* puntura di vespa, ape, zanzara e sim.

pìnzo[2] [da (*im*)*pinz*(*ato*), pps. di *impinzare*; a. 1606] ***agg.*** *tosc.* ben riempito, sodo, perlopiù di persona.

pinzòchero [etim. inc., da accostare a *bizzoco*; 1277] ***sm.*** (f. *-a*) **1.** terziario di un ordine religioso, spec. francescano **2.** *spreg.* bigotto, bacchettone: *quella vecchia pinzochera.*

pìo[1] [voce onom.; a. 1484] voce onom. che imita il suono emesso dai pulcini e altri uccelli da nido; usato anche come *sm.* perlopiù raddoppiato: *dal nido proveniva un flebile pio pio* || *far pio pio*, pigolare.

pìo[2] (pl. *pii*) [dal lat. *pius*; 1313] ***agg.*** **1.** animato da profonda devozione religiosa: *uomo pio, pensiero pio, vita pia* || *per estens.* di opere e di istituti, retti da religiosi, perlopiù a scopo di carità a beneficio di malati, poveri, orfani, ecc.: *pio istituto, opera pia, pia casa* || *luoghi pii*, santuari, chiese **2.** misericordioso: *una persona pia l'ha soccorso* **3.** che mostra rispetto verso i genitori, la patria, la tradizione: *il pio Enea* **4.** *T.anat. pia madre*, una delle tre membrane che avvolgono l'encefalo || **piaménte** ***avv.*** || **N.** *Contr.* empio.

pio- [dal gr. *pýon*, pus] ***primo elem.*** che, in parole composte della terminologia medica, vale "pus" (per es. *piemia, piogeno, piuria*).

piocèle [comp. di *pio-* e *-cele*; 1835] ***sm.*** *T.med.* produzione e ristagno di materia purulenta in alcune cavità.

piòda [voce lomb.; 1942] ***sf.*** *T.alp.* grande lastrone di roccia, molto liscio e più o meno inclinato, caratteristico delle montagne di granito.

pioemia v. PIEMIA.

pioftalmìa [comp. di *pio-* e *oftalmia*; 1835] ***sf.*** *T.med.* infezione all'occhio che provoca fuoriuscita di pus.

piogènico (pl. *-ci*) [da *piogeno*; 1875] ***agg.*** *T.med.* relativo a piogeno.

piògeno [comp. di *pio-* e *-geno*; 1920] ***agg.*** e ***sm.*** *T.med.* che o chi produce un'infiammazione purulenta: *germi piogeni*; *infezione da piogeni* || **N.** stafilococchi, streptococchi.

pioggerèlla (*dim.* di *pioggia*) [a. 1729] ***sf.*** pioggia leggera, rada e sottile || *dim.* pioggerellina.

piòggia (pl. *-ge*) [lat. volg. **ploia*, class. *pluvia*; a. 1250] ***sf.*** **1.** precipitazione in gocce del vapore acqueo condensatosi nelle regioni alte dell'atmosfera: *pioggia sottile, insistente, scende, cade la pioggia*; *pioggia acida*, contenente residui chimici dell'inquinamento atmosferico, particolarmente dannosa per la vegetazione e i monumenti || *a pioggia*, di sostanza liquida o farinosa che cade dall'alto, in modo da spargersi uniformemente: *far cadere la semola a pioggia, innaffiare a pioggia* || *far la pioggia e il bel tempo,* dettar legge || *per estens.* caduta abbondante e profusa: *pioggia di cenere e lapilli, una pioggia di fiori* **2.** *T.cin.* difetto della pellicola per cui compaiono delle rigature sullo schermo || *dim.* pioggerèlla, pioggétta, pioggettìna, pioggiolìna || **N.** **1.** *Sin.* acquata, acquazzone, acquerugiola, acquetta, acquivento, annacquata, diluvio, nubifragio, passata, rinfrescata, rovescio, rovescione, scossa, scroscio, tempesta | a bigonce, a cataratte, a catinelle, a rovesci, a secchi, a spruzzi | devastatrice, fina, fitta, greve, lenta, minuta, ostinata, purificatrice, rovinosa, torrenziale, violenta | ampolle o gallozzole o sonagli; profluvio | piovosità, pluviometro. **Q.T.** *acqua, meteorologia.*

piòlo (ant. *piuòlo*) [etim. inc.; 1353] **sm.** **1.** cilindretto di legno o di metallo appuntito, da conficcare nel terreno o piantare nel muro o altrove, con funzione di sostegno, appiglio e sim.: *legare una capra a un piolo; i pioli dell'attaccapanni; piolo della tenda,* picchetto || *scala a pioli,* scala portatile costituita da una serie di paletti incastrati in due assi parallele **2.** cavicchio per fare buchi in cui collocare piantine o semi **3.** *tosc.* colonnina di marmo paracarri || **N.** **1.** *Sin.* paletto, picchetto.

piombàggine [lat. *plumbāgo, -āginis*; a. 1498] **sf.** **1.** grafite **2.** pianta erbacea che cresce nei luoghi aridi o sui muri, con foglie lanceolate e fiorellini violetti in grappoli.

piombàggio (pl. *-gi*) [da *piombare*; 1958] **sm.** **1.** chiusura con sigilli di piombo: *piombaggio di un pacco* **2.** *T.med. piombaggio polmonare,* introduzione nel cavo pleurico di miscele a base di paraffina e sostanze oleose, per attuare la collassoterapia || **N.** **1.** *Sin.* piombatura.

piombàre (pres. *piómbo*) [da *piombo*; 1313] **intr.** (aus. *essere*) **1.** cadere giù all'improvviso e violentemente: *il sasso è piombato, l'auto è piombata nel precipizio* || *fig.* rif. a stato d'animo o condizione, sprofondarvi all'improvviso: *piombare nell'angoscia, nella miseria più nera* **2.** *fig.* sopraggiungere all'improvviso: *mi è piombato in casa quel seccatore, gli è piombata addosso questa disgrazia* || assalire con impeto: *i soldati piombarono sul drappello nemico* **3.** cadere a piombo: *l'abito non piomba bene sul davanti* || **tr.** **1.** sigillare con piombo: *piombare un carro ferroviario, una cassa, un pacco* **2.** ricoprire o rafforzare con piombo; *in part.* otturare con una lega di piombo: *piombare un dente* || **N.** **intr.** **1.** *Sin.* precipitare, CADERE **2.** *Sin.* capitare | **tr.** **1.** *Sin.* impiombare.

piombàto (*pps.* di *piombare*) [1308] **agg.** rafforzato con piombo: *mazza piombata* || chiuso con sigillo di piombo: *vagone, baule, collo piombato.*

piombatóia [f. di *piombatoio*; a. 1465] **sf.** piombatoio.

piombatóio (pl. *-ói*) [da *piombare*; a. 1405] **sm.** *T.stor.* il foro aperto nello sporto dei parapetti di fortificazioni per rovesciare sul nemico piombo fuso, pietre, olio bollente e sim. || **N.** *Sin.* caditoia.

piombatùra [da *piombare*; 1640] **sf.** **1.** atto ed effetto del piombare, come sigillo o rinforzo **2.** *T.agr.* malattia dell'olivo che provoca macchie color piombo sulle foglie || **N.** **1.** *Sin.* piombaggio.

piombìfero [comp. di *piombo* e *-fero*; a. 1869] **agg.** che contiene piombo, che dà piombo: *miniere piombifere.*

piombinàre [da *piombino*; 1889] **tr.** spiombinare.

piombìno [da *piombo*; a. 1292] **sm.** **1.** cilindretto di piombo legato a una funicella, usato per riscontrare la profondità di un luogo o la perpendicolarità di un'opera muraria **2.** piccolo pezzo di piombo impiegato per appesantire || *in part.* pezzetto di piombo cucito negli orli di abiti, tende e sim. per farli cadere bene || *T.pesc.* pallina di piombo fissata attorno alla rete o lungo la lenza, per farla andare a fondo **3.** dischetto di piombo impiegato per sigillare **4.** martin pescatore || **N.** **1.** filo a piombo, perpendicolo; scandaglio. **Q.T.** *pesca* **TAV.** *pesca* 6.4.

piómbo [lat. *plumbum*; a. 1294] **I sm.** **1.** il più pesante degli elementi stabili, metallico, tenero e di colore azzurrognolo chiaro, che si ossida facilmente ricoprendosi di una patina grigio-bluastra; in natura si trova principalmente nella galena; viene impiegato per rivestimenti protettivi, tubature, lastre per accumulatori, in varie leghe e come schermante per radiazioni nucleari e raggi X || *lucidatura a piombo,* fatta su pavimenti di pietra, marmo e sim., con dischi di piombo rotanti || indicato come esempio di grave peso: *quella valigia pesa come il piombo, pare di piombo, il cielo è una cappa di piombo* || *andare coi piedi di piombo,* procedere con grande prudenza || *antifr. lesto, agile come una gatta di piombo,* lento, per niente agile || *cadere di piombo,* pesantemente, a corpo morto **2.** *per meton.* (numerabile) oggetto di piombo || *in part.* sigillo di piombo: *togliere i piombi a una cassa* || laminetta impiegata per fissare tra loro i tasselli colorati di una vetrata policroma || piombino da pesca || cilindretto di piombo che, appeso a un filo, costituisce uno strumento per verificare la perpendicolarità di una parete; *filo a piombo,* lo strumento stesso; da cui la *loc. avv. a piombo,* a perpendicolo, secondo un movimento o un'inclinazione perfettamente verticale: *il muro è a piombo; una rupe tagliata a piombo, cadere a piombo* || *T.stor. i Piombi,* carceri nel Palazzo Ducale di Venezia, poste sotto il tetto coperto di lastre di piombo **3.** *in part.* proiettile di piombo: *s'udir potessi ancor gli alti rimbombi / che fanno i cavi bronzi e i fusi piombi* (Marino); *com.* al sing. come collettivo: *sentiva il piombo fischiare* || *anni di piombo,* gli anni '70, caratterizzati, in Italia, Germania e altri paesi, da attività terroristiche e dalle conseguenti misure straordinarie di ordine pubblico **4.** *T.tip.* lega di piombo, stagno e antimonio, utilizzata per fondere caratteri di stampa; *per meton.* singolo carattere o composizione di caratteri; *lettura in piombo,* fatta leggendo al contrario, sulla composizione tipografica della pagina **5.** colore grigio scuro opaco, simile a quello della patina ossidata del piombo: *cielo di piombo* **II agg.** *inv.* (sempre posposto) del colore del piombo: *grigio piombo, vernice color piombo* || **N.** **I** **1.** biacca, grafite, litargirio, minio | saturnismo | impiombare | plumbeo. **TAV.** *edilizia* p. 666 12.16.

piombóne [da *piombo*; a. 1870] **sm.** *fam.* uomo greve, pigro e lento nei movimenti.

piombóso [lat. *plumbōsus*; 1336 ca.] **agg.** *raro* **1.** pesante come il piombo **2.** del colore del piombo **3.** contenente piombo.

pióne [comp. di *pi* (*greco*) e *-one*; 1958] **sm.** *T.fis.* mesone che ha spin nullo e interazione forte con i nucleoni.

pionefròsi [comp. di *pio-* e *nefrosi*; 1899] **sf.** *T.med.* infiammazione purulenta del bacinetto renale estesa anche al rene.

pionière [dal fr. *pionnier*; 1886] **sm.** (f. *-a,* nei sensi 1, 2 e 3) **1.** chi inizia la colonizzazione di nuovi territori; *in part.* i primi americani che si recarono a colonizzare le terre a Ovest **2.** *fig.* chi per primo introduce nuove tecniche, idee, attività e sim.: *un pioniere della medicina, dell'aviazione* || anche in posizione attributiva: *un'azienda pioniera nel settore* **3.** appartenente ad associazioni giovanili comuniste **4.** *disus. T.mil.* guastatore || **N.** **1.** *Sin.* colonizzatore, esploratore **2.** *Sin.* antesignano.

pionierìsmo [da *pioniere*; 1940] **sm.** **1.** attività di pioniere **2.** *per estens.* spirito d'avventura, tendenza alla ricerca di novità.

pionierìstico (pl. *-ci*) [da *pioniere*; 1942] **agg.** di, da pioniere.

pìo pìo V. PIO[1].

piopneumotoràce [comp. di *pio-* e *pneumotorace*; 1899] **sm.** *T.med.* raccolta di pus e di gas nella cavità pleurica.

piòppa [da *pioppo*; a. 1494] **sf.** *region.* pioppo.

pioppàia [da *pioppo*; 1788] **sf.** *non com.* pioppeto.

pioppèlla [da *pioppo*; a. 1919] **sf.** giovane pianta di pioppo, in genere coltivata in vivaio e destinata a essere messa a dimora.

pioppéto [da *pioppo*; 1663] **sm.** terreno piantato a pioppi, bosco di pioppi.

pioppìcolo [comp. di *pioppo* e *-colo*; 1958] **agg.** attinente alla pioppicoltura.

pioppicoltóre [comp. di *pioppo* e *-coltore*; 1942] **sm.** (f. *-trìce*) chi coltiva pioppi.

pioppicoltùra [comp. di *pioppo* e *-coltura*; 1942] **sf.** coltivazione dei pioppi.

pioppìno [da *pioppo*; a. 1737] **I agg.** *raro* di pioppo: *legno pioppino* **II sm.** **1.** fungo chiodino **2.** *tosc.* tipo di cappello a cencio.

piòppo [lat. volg. **ploppus,* class. *populus*; a. 1320] **sm.** **1.** genere di alberi delle Salicacee, diffuso in varie specie || *pioppo nero,* comunissimo, ha fusto molto alto, dritto, scorza bianchiccia, rami diritti, semi ravvolti in fiocchi cotonosi, legno bianco e leggero || *pioppo bianco* o *gattice,* proprio dei luoghi umidi, con tronco biancastro e foglie con fitti peli bianchi sulla pagina inferiore || *pioppo tremulo,* con foglie dal lungo peduncolo, spontaneo nei boschi **2.** *per estens.* il legno chiaro del pioppo, tenero e facilmente lavorabile: *tavola di pioppo.*

piórno [da *pio(vo)rno*; 1319] **agg.** *arc.* piovoso.

piorrèa [dal gr. *pyórroia*; 1829] **sf.** *T.med.* scolo di pus || *piorrea alveolare,* infiammazione con sviluppi degenerativi del periodonto, che determina prima la mobilità del dente, poi la sua lenta espulsione.

piorròico (pl. *-ci*) [da *piorrea*; 1958] **agg.** *T.med.* attinente alla piorrea.

piosalpìnge [comp. di *pio-* e *salpinge*; 1958] **sf.** *T.med.* presenza di pus nella salpinge.

piòta [prob. lat. *plăutus,* piatto, largo; 1313] **sf.** **1.** zolla di terra ricoperta d'erba || la terra che si lascia intorno alle radici della pianta da trapiantare **2.** *ant.* o *lett.* pianta del piede || *fig.* antenato, capostipite || **N.** **1.** *Sin.* pane.

piotàre (pres. *-òto*) [da *piota*; 1804] **tr.** rif. a terreno, ricoprire con piote per farne un prato.

piòva [da *piovere*; a. 1292] **sf.** *lett.* *poet.* pioggia.

piovanàtico (pl. *-ci*) [da *piovano*[1]; fine sec. XIV] **sm.** *arc.* piovanato.

piovanàto [da *piovano*[1]; a. 1459] **sm.** *non com.* la dignità di pievano.

piovanèllo [forse da *piovano*[2]; a. 1871] **sm.** uccello dei Caradriformi di piccole dimensioni, con lunghe zampe e becco sottile e appuntito, diffuso nelle zone marine e palustri.

piovàno[1] V. PIEVANO.

piovàno[2] [da *piova*; fine sec. XIII] **agg.** di acqua, che cade sotto forma di pioggia: *acqua piovana.*

piovàsco (pl. *-schi*) [da *piova,* sul modello del genov. *ciùvasco*; 1889] **sm.** colpo di vento accompagnato da scroscio improvviso di pioggia.

piovènte (*ppr.* di *piovere*) [1340 ca.] **agg.** e **sm.** *non com.* spiovente.

piòvere (pres. *piòve*; p.rem. *piòvve*; pps. *piovùto*) [lat. tardo *plovere,* class. *pluere*; fine sec. XII-inizio sec. XIII] **intr.** (aus. *essere* o *avere*) *impers.* cadere pioggia dal cielo: *sta comincian-*

do a piovere, è (o ha) smesso di piovere || piove sul bagnato, si dice quando, a chi è già fortunato, capitano nuove fortune || tanto tuonò che piovve, rif. a eventi che, lungamente minacciati, infine sopraggiungono || colloq. su questo non ci piove, non ci sono dubbi, è assolutamente certo || per estens. (con soggetto espresso) cadere dall'alto e in abbondanza: piovono sassate, fiori || fig. giungere, capitare in abbondanza: piovono auguri, telegrammi, doni, sciagure, a primavera gli stranieri piovono in Italia; anche per indicare arrivo inaspettato o del tutto fortuito: mi è piovuto in casa un curioso ospite || **tr.** lett. riversare, lasciar cadere, gettare: i meli... piovvero i bianchi petali (Pascoli) || **N.** **intr.** Sin. diluviare, gocciolare, piovigginare, scrosciare, spruzzare, stillare; piovere a catinelle, a ciel rotto, a dirotto, a rovesci, a secchi, come Dio la manda, fitto fitto | Contr. spiovere | PIOGGIA.

pioviccicàre (pres. -ìccica) [a. 1872] **intr.** impers. (aus. avere o essere) tosc. piovigginare.

piovigginàre (pres. -iggina) [da piovere; sec. XII-XIII] **intr.** impers. (aus. essere o avere) piovere minutamente, a gocce rade.

pioviggine [da piovigginare; 1958] **sf.** T.meteor. precipitazione piovosa leggera e uniforme, con gocce di diametro inferiore a mezzo millimetro.

piovigginóso [da piovigginare; 1313] **agg.** caratterizzato da pioviggine; che minaccia di piovigginare: tempo piovigginoso.

piovischio (pl. -schi) [dall'arc. piova, sul modello di nevischio; 1895] **sm.** pioggerella.

pioviscolàre (pres. -ìscola) [da piova, attr. una forma *pioviscola; a. 1698] **intr.** impers. (aus. essere o avere) non com. piovere minutamente, piovigginare.

piovitùra [da piovere; 1612] **sf.** ant. stagione delle piogge || continuità di piogge.

piovórno [da piova; 1880] **agg.** lett. piovoso || di pioggia: dei pini si udì l'aereo murmure piovorno (Pascoli).

piovosità [da piovoso; a. 1704] **sf.** **1.** carattere di ciò che è piovoso: piovosità di un clima, di una stagione **2.** la quantità di pioggia che cade in una regione in un tempo determinato: scarsa, elevata piovosità.

piovóso [lat. pluviōsus; a. 1306] **I agg.** **1.** caratterizzato da piogge abbondanti o frequenti: giornata, stagione piovosa **2.** non com. che porta pioggia: vento piovoso **II sm.** Piovoso, quinto mese del calendario repubblicano in Francia, che andava dal 20 gennaio al 19 febbraio.

piòvra [dal fr. pieuvre; 1891] **sf.** **1.** nome generico di grosso cefalopode decapode **2.** fig. persona che si avvinghia ad altri tenacemente per cavarne continuo e vorace profitto **3.** fig. persona o istituzione i cui poteri arrivano molto lontano (come i tentacoli di una piovra); per anton. la mafia.

pipa[1] [dal fr. pipe; 1640 pippa] **sf.** **1.** arnese per fumare, costituito da un piccolo recipiente gen. di legno (fornello) di forma tondeggiante, che si riempie di tabacco, comunicante per mezzo di una piegatura ad angolo con un cannello fornito di bocchino: pipe di gesso, di radica, di schiuma || per meton. la quantità di tabacco che essa contiene, pipata: fumo due pipe al giorno **2.** scherz. naso lungo e grosso || botte bislunga, per vini e liquori **3.** arnese tubolare per soffiare il vetro **4.** T.ling. il segno diacritico ˇ, che nell'ortografia di alcune lingue slave e in alcuni sistemi di trascrizione fonetica indica articolazione palatale (es. š pr. [ʃ]) || dim. pipétta, pipettina, pipino (sm.); spreg. pipùccia; accr. pipóna, pipóne (sm.); pegg. pipàccia || **N.** **1.** curapipe, scovolino; narghilè | accendere, caricare, nettàre **4.** Sin. pipetta.

pìpa[2] [da pipál, n. prob. africano dell'animale; 1793] **sf.** anfibio anuro americano, la cui femmina ospita sul dorso le uova e i figli nei primi stadi vitali.

pipàio (pl. -ài) [da pipa[1]; 1966] **sm.** (f. -a) chi fabbrica pipe o articoli per fumatori.

pipàre [da pipa[1]; a. 1719] **intr.** (aus. avere) non com. fumare la pipa.

pipàta [f. sost. di pipato; 1714] **sf.** **1.** l'atto di fumare con la pipa: ogni sera dopo cena si fa la sua brava pipata **2.** quantità di tabacco contenuto in una pipa: una pipata di tabacco || dim. pipatina, pipatèlla.

pipatóre [da pipare; a. 1913] **sm.** non com. scherz. grande fumatore di pipa.

pipelet (fr., pr. [pip'lɛ]) [dal n. di un personaggio dei Misteri di Parigi di E. Sue; 1905] **sm.** inv. portinaio || scherz. portiere di squadra di calcio.

pipe-line o ***pipeline*** (ingl., pr. ['paɪplaɪn]) [propr. linea di tubi; 1935] **sf.** inv. oleodotto.

Piperàcee [dal lat. scient. Piperaceae; 1875] **sf.** pl. T.bot. famiglia di piante dicotiledoni perlopiù erbacee, originarie dei paesi tropicali || **N.** pepe, peperomia.

piperazìna [dal fr. e ingl. piperazine; 1954] **sf.** T.chim. sostanza usata come rimedio contro alcuni parassiti intestinali.

piperìna [dal lat. piper, -eris, pepe; 1835] **sf.** sostanza contenuta in alcune varietà di pepe, dotata di forte potere insetticida.

piperìno v. PEPERINO.

piperìta o **peperìta** [dal lat. scient. (Mentha) piperita, da piper, pepe; 1813] **agg.** solo nella loc. menta piperita, particolare varietà di menta coltivata, molto diffusa.

pipèrno [dal n. geogr. Piperno; a. 1502] **sm.** T.min. roccia vulcanica del Lazio, ruvida al tatto, cenerognola, usata per lastricare strade o come materiale edilizio.

pipétta (dim. di pipa) [1931] **sf.** **1.** T.chim. tubo cavo di vetro, graduato, usato nei laboratori chimici, per l'esatta misurazione di piccole quantità di sostanze liquide che vengono aspirate al suo interno **2.** lo stesso che pipa nel senso 4.

pipì [voce infantile; 1891 pì pì] **sf.** fam. orina: fare la pipì, ti scappa la pipì?

pipiàre (pres. -ìo) [dal lat. pipiāre; 1564] **intr.** (aus. avere) non com. pigolare, piare.

pipilàre (pres. pìpilo) [dal lat. pipilāre; 1624] **intr.** (aus. avere) lett. pigolare; cinguettare.

pipistrèllo [lat. vespertilio; 1300 ca. pinestrello] **sm.** **1.** nome con cui si designano com. gli appartenenti a varie specie di Chirotteri **2.** pastrano senza maniche, in luogo delle quali si trova una specie di mantellina interrotta sul dorso || maniche a pipistrello, ampie, che partono dai fianchi || **N.** **1.** nottola, vampiro. **TAV.** ***mammiferi*** **p. 1318** 4.

pipìta [lat. volg. *pipīta, class. pituīta; a. 1320] **sf.** **1.** malattia che colpisce i polli, caratterizzata da una pellicola bianca che ricopre la lingua e impedisce la deglutizione || scherz. avere la pipita, detto a chi non parla; gli, ti venisse la pipita, detto invece a chi parla troppo **2.** pellicola che si solleva ai lati o alla base delle unghie della mano dell'uomo.

pippio (pl. -pi) [da pipa[1]; 1574] **sm.** ant. beccuccio, canaletto adunco di un vaso, da cui vengono fatti stillare liquidi.

pippiolìno [da pippolo; 1965] **sm.** T.magl. punto decorativo per bordi o merletti, formato da un piccolo rilievo tondeggiante, gen. ripetuto a distanze regolari.

pippionàta [da pippione; a. 1565] **sf.** ant. cosa da pippione, insulsaggine.

pippióne [lat. tardo pipio, -ōnis; a. 1348] **sm.** ant. o region. **1.** piccione, colombo **2.** fig. sciocco, ingenuo || dim. pippioncino, pippionòtto; pegg. pippionàccio.

pippolo [dim. della voce tosc. pippo, chicco; 1891] **sm.** tosc. chicco, granello || per estens. escrescenza, sporgenza.

pìpra [dal gr. pípra, var. di pipṓ, picchio; 1875] **sf.** uccello dei Passeriformi diffuso in Sud America, caratterizzato da piumaggio vivacemente colorato.

piqué (fr., pr. [pi'ke]) [propr. pps. di piquer, trapuntare; 1811] **sm.** inv. tessuto di cotone a due facce con motivi in rilievo.

pìra [dal lat. pyra, gr. pyrá; 1313] **sf.** lett. catasta di legna preparata per bruciarvi sopra i cadaveri o per giustiziare i condannati al rogo.

piràgna **sm.** inv. adattamento it. di piranha (v.).

piràlide [dal lat. pyrallis, -adis, fr. pyrallís, -ídos; 1862] **sf.** T.zool. nome di varie specie di farfalle della famiglia Piralidi; in part. piralide del granturco, di colore bianco, è assai dannosa nella fase larvale per le colture di granoturco e canapa; piralide degli alveari, la cui larva si sviluppa a spese degli alveari || **N.** Sin. pirausta.

Piràlidi (sing. -e) [da piralide; 1875] **sm.** pl. T.zool. famiglia di Lepidotteri comprendente numerose specie dannose per le colture, fra cui la piralide del granturco.

piramidàle [dal lat. tardo pyramidālis; 1282] **agg.** **1.** a forma di piramide: edificio piramidale **2.** T.anat. cellule piramidali, cellule nervose della corteccia cerebrale con cilindrasse appuntito che si incunea nella sostanza bianca || fascio piramidale, fascio di fibre nervose provenienti da cellule piramidali di alcune zone della corteccia cerebrale **3.** iperb. madornale, enorme: sproposito piramidale. **TAV.** ***anatomia*** **p. 642** 9.12.

piramidàto (pps. di un disus. piramidare) [a. 1537] **agg.** a forma di piramide.

piràmide [dal lat. pyramis, -idis, gr. pyramís, -ídos; 1282] **sf.** **1.** T.geom. solido limitato da facce triangolari con vertice comune, e da una base poligonale: piramide triangolare, quadrilatera, esagonale ecc., a base rispettivamente triangolare, quadrata, esagonale ecc. **2.** grandioso edificio innalzato dagli antichi Egizi, a forma di piramide quadrata, costruito per sepoltura regale e avente nell'interno una grande camera decorata nella quale veniva posta la mummia || per estens. edificio di forma più o meno piramidale (come gli zigurrat babilonesi) || per estens. oggetto o insieme di oggetti a forma di piramide: una piramide di sassi, di libri || nella loc. avv. a piramide, in forma di piramide: cespugli potati a piramide || T.orol. pezzo conico di ottone, largo e basso, sulle spire piane del quale si avvolge la catena nell'atto di caricare l'orologio || T.anat. piramidi del Malpighi, formazioni coniche di sostanza midollare, nel rene || T.sport. piramide umana, figura ginnica nella quale una persona sale con i piedi sulle spalle di altre due; sistema usato da scalatori e rocciatori per superare brevi pareti di ghiaccio o roccia || T.geogr. piramide di erosione, formazione rocciosa conica più o meno affusolata, sovrastata da un macigno, dovuta all'azione erosiva degli agenti atmosferici su strati rocciosi di composizione diversa **3.** fig. organizzazione o assetto di un gruppo sociale tale che all'aumento di potere, ricchezza e sim. corrisponda un numero decrescente di individui: piramide sociale, della gerarchia militare || dim. piramidétta, piramidùccia. **TAV.** ***geometria*** 19.

pirandelliàno [dal n. proprio Pirandello; a. 1937] **agg.** proprio dello scrittore siciliano L. Pirandello || in part. rif. a temi ricorrenti nelle sue opere, volto a una paradossale e ironica dimostrazione dell'illusorietà della realtà.

pirandellìsmo [dal n. proprio Pirandello; a. 1937] **sm.** l'insieme delle caratteristiche tecniche e stilistiche dell'opera di Pirandello || l'imitazione dello stile e dei procedimenti propri di Pirandello || atteggiamento di dubbio scettico sull'oggettività della realtà.

piranha (port., pr. [pi'rɐɲɐ]; pr. it. [pi-

'raɲɲa]) [da una voce tupì; 1838] **sm.** *inv.* pesce dei fiumi dell'America Meridionale, dell'ordine dei Cipriniformi, piccolo e voracissimo; vive in branchi numerosi in grado di spolpare in breve tempo anche prede di grossa mole.

pirargirìte [comp. di *piro-* e *argirite*; 1935] **sf.** *T.min.* solfuro di antimonio e argento che cristallizza assumendo color rosso fuoco e lucentezza metallica.

piràta [dal lat. *pirāta*, gr. *peiratḗs*; 1313] **I** **sm.** **1.** chi, a bordo di bastimenti armati, commetteva, per propria iniziativa e lucro, ruberie e violenze contro navi e popolazioni rivierasche: *coste infestate da pirati, una incursione di pirati* || *per estens. pirata dell'aria*, dirottatore di aerei || *pirata della strada*, chi, a bordo di automezzi, investe una persona e fugge omettendo di soccorrerla **2.** chi sfrutta senza scrupoli le fatiche altrui: *i pirati della finanza* **II** **agg.** *inv.* (sempre posposto) **1.** di pirati, relativo a pirati: *nave pirata* **2.** *fig.* clandestino, abusivo: *emittente pirata, incisione pirata* || **N.** I **1.** *Sin.* bucaniere, corsaro, corseggiatore, filibustiere, ladrone di mare, predatore.

pirateggiàre (pres. *-éggio*) [da *pirata*; a. 1686] **intr.** (aus. *avere*) esercitare la pirateria || *fig.* sfruttare il lavoro altrui.

piraterìa [da *pirata*; 1650] **sf.** **1.** il brigantaggio marittimo esercitato dai pirati || spec. *pl.* incursione o assalto di pirati **2.** *per estens.* ruberia sfrontata e senza scrupoli in campo commerciale || plagio: *pirateria letteraria.*

piratésco (pl. *-schi*) [da *pirata*; 1941] **agg.** di, da pirata.

piràtico (pl. *-ci*) [dal lat. *piraticus*, gr. *peiratikós*; a. 1556] **agg.** *disus.* piratesco.

piràusta [dal gr. *pyráustes*; 1823] **sf.** farfalla dalle ali di color giallo-biancastro, le cui larve attaccano piante di canapa, mais, tabacco ecc. || **N.** *Sin.* piralide della canapa, piralide del mais.

pireliògrafo o **piroeliògrafo** [comp. di *piro-*, *elio-* e *-grafo*; 1958] **sm.** apparecchio che misura e registra graficamente l'intensità della radiazione solare al suolo.

pireliòmetro o **piroeliòmetro** [comp. di *piro-*, *elio-* e *-metro*; 1865] **sm.** *T.fis.* strumento atto a misurare l'intensità delle radiazioni solari.

pirenàico (pl. *-ci*) [dal lat. tardo *Pyrenāicus*; a. 1758] **agg.** dei Pirenei.

pirène [comp. di *piro-* e *-ene*; 1871] **sm.** *T.chim.* idrocarburo aromatico composto di quattro anelli benzenici, presente nel catrame del carbon fossile.

pirèno [dal gr. *pyrḗn*, *pyrênos*, nocciolo; 1958] **agg.** *T.bot. frutto pireno*, frutto che contiene all'interno uno o più semi || detto di pianta con frutti pireni.

Pirenomicèti (sing. *-e*) [comp. del gr. *pyrḗn*, *-ênos*, nocciolo e *-micete*; 1929] **sm.** *pl.* *T.bot.* antica denominazione dei funghi Ascomiceti, con corpo fruttifero a peritecio.

piressìa [dal gr. *pyréssein*, aver la febbre; 1829] **sf.** *T.med.* stato febbrile || **N.** *Contr.* apiressia.

pirètico (pl. *-ci*) [dal gr. *pyretós*, febbre; 1749] **agg.** *T.med.* di febbre.

piretògeno [comp. di *pireto-* e *-geno*; 1956] **agg.** e **sm.** pirogeno || **N.** *Sin.* pirogeno.

piretoterapìa [comp. di *pireto-* e *terapia*; 1942] **sf.** *T.med.* induzione di stato febbrile a scopo terapeutico.

piretrìna [da *piretro*; 1875] **sf.** *T.chim.* sostanza ad elevata azione insetticida, ricavata dai fiori di piretro.

pirètro o **pìretro** [dal gr. e lat. *pýrethron*; sec. XIV] **sm.** pianta delle Composite, coltivata spec. in Africa, per la polvere con potere insetticida (*piretrina*) ottenuta dai capolini essiccati.

pìrico (pl. *-ci*) [dal gr. *pŷr*, *pyrós*, fuoco, prob. attr. il fr. *pirique*; 1821] **agg.** *T.scient.* relativo al fuoco; che produce fuoco; *polvere pirica*, polvere da sparo.

piridìna [dal fr. *pyridine*; 1875] **sf.** *T.chim.* sostanza ricavata dal catrame di carbon fossile, impiegata nell'industria farmaceutica come calmante delle vie respiratorie.

piridossìna [comp. di *pirid(ina)*, *ossi-* e *ina*; 1956] **sf.** *T.chim.* altro nome della vitamina B_6.

pirifórme [comp. del lat. *pirum*, pera e *-forme*; 1681] **agg.** a forma di pera || *T.anat.* di forma allungata simile a quella di una pera: *muscolo piriforme*, muscolo posto alla base del bacino che permette al femore movimenti di rotazione e abduzione; muscolo piramidale.

pirimidìna [da *piridina*, con inserimento di (*am*)*mide*; 1956] **sf.** *T.chim.* composto eterociclico organico tra i cui derivati vi sono alcuni componenti dell'acido nucleico.

pirimidìnico (pl. *-ci*) [da *pirimidina*; 1958] **agg.** *T.chim.* di sostanza derivata dalla pirimidina.

pirite [dal gr. e lat. *pyrítēs*, attr. il fr. *pyrite*; inizio sec. XIV *pirritesse*] **sf.** *T.min.* bisolfuro di ferro, in cristalli di colore giallo chiaro, tendente al grigio, largamente impiegato per la produzione di anidride solforosa e acido solforico, e per l'estrazione del ferro; *pirite aurifera*, che ha particelle d'oro.

pirìtico (pl. *-ci*) [da *pirite*; 1788] **agg.** che contiene pirite; che si riferisce a pirite.

pìrla [prob. da *pirlare*, girare come una trottola; 1961 nel senso 2] **sm.** **1.** *volg. sett.* pene **2.** *per estens. volg. sett.* persona goffa e ingenua che cade facilmente nell'imbroglio: *fare la figura del pirla*; *faccia da pirla.*

pirlàta [da *pirla*; 1962] **sf.** *volg. sett.* sciocchezza; azione da stupido.

pìro- [dal gr. *pŷr*, *pyrós*, fuoco] **primo elem.** che, in parole composte dotte e della terminologia scientifica, vale "fuoco", "calore" (per es. *pirofilo, pirogeno, piromania*) || in denominazioni di imbarcazioni indica la presenza, gen. in aggiunta alle vele, di un propulsore a vapore (per es. *pirocorvetta, pirofregata*).

piroclàṣi [comp. di *piro-* e *-clasi*; 1958] **sf.** *T.min.* piroscissione.

piroclàstico (pl. *-ci*) [comp. di *piro-* e *clastico*; 1930] **agg.** *T.geol.* di roccia, originata dall'accumulo e cementazione di materiali vulcanici.

piroclastite [comp. di *piroclast(ico)* e *ite*²; 1958] **sf.** *T.geol.* roccia costituita da materiali piroclastici.

piroconducibilità [comp. di *piro-* e *conducibilità*; 1965] **sf.** *T.fis.* proprietà, che talune sostanze esibiscono, di variare notevolmente la conducibilità elettrica al variare della temperatura.

pirocorvétta [comp. di *piro-* e *corvetta*; 1889] **sf.** *T.mar.* piccola nave da guerra del XIX sec., dotata dell'attrezzatura a vela della corvetta e di macchine motrici a vapore con propulsori prima a ruota, poi a elica.

piroelettricità [comp. di *piro-* e *elettricità*; 1875] **sf.** *T.fis.* fenomeno di elettrizzazione indotta in alcune sostanze mediante riscaldamento.

piroelèttrico (pl. *-ci*) [comp. di *piro-* e *elettrico*; 1835] **agg.** relativo alla piroelettricità, che presenta piroelettricità || *effetto piroelettrico*, in alcuni cristalli, sviluppo di cariche elettriche dovuto a variazione di temperatura.

piroeliògrafo v. PIRELIOGRAFO.

piroeliòmetro v. PIRELIOMETRO.

piroétta (raro *piruétta*) [dal fr. *pirouette*; 1696 *piruetta*] **sf.** figura di danza, di pattinaggio artistico e su ghiaccio, consistente in una rotazione completa del corpo, che fa perno sulla punta di un solo piede || in equitazione, giro compiuto su se stesso dal cavallo, poggiato su una delle zampe posteriori || *per estens.* giravolta, capriola.

piroettàre (pres. *-étto*) [dal fr. *pirouetter*; 1818] **intr.** (aus. *avere*) far piroette.

piròfila [f. sost. di *pirofilo*; 1958] **sf.** tegame da cucina realizzato in materiale, gen. vetroso, resistente al fuoco.

piròfilo [comp. di *piro-* e *-filo*; 1942] **agg.** dotato di particolare resistenza alle alte temperature: *vetro pirofilo.*

pirofobìa [comp. di *piro-* e *-fobia*; 1821] **sf.** *T.psic.* timore ossessivo del fuoco.

piròfobo [da *pirofobia*; 1835] **sm.** (f. *-a*) *T.psic.* affetto da pirofobia.

pirofòrico (pl. *-ci*) [dal gr. *pyrophóros*; 1871] **agg.** di sostanza che, a contatto con l'aria, si combina immediatamente con l'ossigeno sviluppando calore.

pirofregàta [comp. di *piro-* e *fregata*; a. 1874] **sf.** *T.mar.* fregata a vela dotata anche di apparato propulsore a vapore.

piròga [dalla voce caraibica continentale *piragua*, attr. il fr. *pirogue*; 1565 *piragua*; 1771 *piroga*] **sf.** imbarcazione a remi e a vela fatta con un tronco d'albero scavato o con cortecce d'alberi e pelli cucite insieme, impiegata fin dalla preistoria nella navigazione fluviale, lacustre e marina.

pirogàllico (pl. *-ci*) [comp. di *piro-* e *gallico*; 1891] **agg.** *T.chim. acido pirogallico*, pirogallolo.

pirogallòlo [comp. di *pirogall(ico)* e *-olo*²; 1956] **sm.** *T.chim.* fenolo contenuto nei tannini ed usato in fotografia come rilevatore di immagine per la sua capacità di assorbire ossigeno.

pirogenàre (pres. *-ògeno*) [comp. di *piro-* e *-geno*, con suff. verb.; 1958] **tr.** decomporre un composto chimico mediante calore.

pirogenazióne [da *pirogenare*; 1937] **sf.** atto o effetto del pirogenare; piroscissione.

pirògeno [comp. di *piro-* e *-geno*; 1911] **agg.** e **sm.** di sostanza che, introdotta nell'organismo, provoca stato febbrile || **N.** *Contr.* antipiretico.

pirografìa [comp. di *piro-* e *-grafia*; 1908] **sf.** disegno eseguito su legno, cuoio, stoffa o cartone, con una punta metallica arroventata.

pirogràfico (pl. *-ci*) [da *pirografia*; 1954] **agg.** attinente alla pirografia || eseguito mediante pirografia.

pirografìsta [da *pirografia*; 1956] **s.** chi è specializzato nella tecnica pirografica.

pirògrafo [comp. di *piro-* e *-grafo*; 1958] **sm.** apparecchio dotato di punta metallica resa incandescente dal passaggio di corrente elettrica.

pirolétta e der. forme region. di PIROETTA e der.

piròliṣi [comp. di *piro-* e *-lisi*; 1875] **sf.** *T.chim.* decomposizione di sostanze organiche provocata dal calore || **N.** *Sin. cracking*, piroscissione.

pirolìtico (pl. *-ci*) [da *pirolisi*; 1958] **agg.** proprio della pirolisi, relativo alla pirolisi.

piròlo [var. di orig. sett. di *pinolo*; a. 1342 nel senso 2] **sm.** **1.** chiavetta di strumento musicale ad arco, che serve a tendere le corde **2.** cavicchio, piolo **3.** *T.gioc.* ciascuno dei birilli che sono in mezzo al biliardo || **N.** **1.** *Sin.* bischero. **TAV. *musica* p. 1325** 4.2.

pirolușite [comp. di *piro-*, gr. *lóusis*, lavaggio e *-ite*², perché viene usata come decolorante del vetro; 1865] **sf.** *T.min.* biossido di manganese, in cristalli grigio scuri, con riflessi metallici, usato nell'industria siderurgica, del vetro e dello smalto.

piromagnetiṣmo [comp. di *piro-* e *magnetismo*; 1940] **sm.** *T.scient.* l'insieme dei fenomeni connessi alla variazione di magnetismo col variare della temperatura.

piròmane [dal fr. *pyromane*; 1954] **s.** chi è affetto da piromania.
piromanìa [comp. di *piro-* e *-mania*; 1841] **sf.** *T.psic.* impulso incoercibile a provocare incendi.
piromànte [dal lat. *pyromantis*, gr. *pyrómántis*; a. 1327] **s.** chi esercita la piromanzia.
piromanzìa [dal lat. *pyromantīa*, gr. *pyromantéia*; 1354] **sf.** divinazione del futuro basata sull'osservazione del colore e del movimento delle lingue di fuoco.
piromatìta [comp. di *piro-* e *matita*; 1935] **sf.** nel pirografo, la punta metallica rovente.
pirometallurgìa [comp. di *piro-* e *metallurgia*; 1970] **sf.** *T.metal.* parte della metallurgia che si occupa dell'estrazione dei metalli dai minerali e della loro successiva raffinazione mediante calore. **Q.T.** *metallurgia.*
pirometallùrgico (pl. *-ci*) [da *pirometallurgia*; 1988] **agg.** *T.metal.* di processo di separazione dei metalli che si svolge a temperatura relativamente elevata.
pirometrìa [comp. di *piro-* e *-metria*; 1932] **sf.** la tecnica usata per misurare alte temperature.
piromètrico (pl. *-ci*) [da *pirometria*; 1935] **agg.** relativo a pirometria: *misurazioni pirometriche.*
pirometrìsta [da *pirometro*; 1966] **s.** in siderurgia, l'operaio che controlla la temperatura dei forni.
piròmetro [dal fr. *pyromètre*; 1771] **sm.** strumento per misurare temperature altissime, come quelle dei forni per fusione di metalli, cottura di porcellane ecc. || *pirometro ottico*, che fa riferimento alla variazione di luminosità del corpo incandescente.
piromorfìte [comp. di *piro-* e un der. del gr. *morphḗ*, forma; 1987] **sf.** minerale (clorofosfato di piombo) di forma esagonale bipiramidale, di colore verde, giallo o grigio, che si trova prevalentemente nelle zone ossidate dei depositi di piombo.
piróne [prob. der. dalla voce dial. *piro*, palo; 1473 nel senso 2] **sm.** **1.** *T.mar.* tarozzo **2.** *raro* cavicchio; pirolo.
piropescheréccio (pl. *-ci*) [comp. di *piro-* e *peschereccio*; 1953] **sm.** nome generico dei pescherecci a vapore.
piro-piro [voce onom.; 1827] **sm.** *inv.* nome comune di alcune specie di uccelli dei Caradriformi, con piumaggio scuro o picchiettato di chiaro, presenti vicino ai corsi d'acqua.
piroplaṣmòṣi [da *piroplasma*, nome di un genere di sporozoi parassiti del sangue di animali domestici; 1956] **sf.** *T.vet.* malattia parassitaria di bovini, equini, ovini e cani, trasmessa da zecche.
piròpo [dal lat. *pyrōpus*, gr. *pyrōpós*, propr. che ha aspetto di fuoco; a. 1333] **sm.** *T.min.* varietà di granato molto lucente, di color rosso acceso; usata anche come pietra ornamentale.
piròscafo [dal fr. *pyroscaphe*; 1840] **sm.** *T.mar.* nave dotata di apparato propulsore a vapore: *piroscafo a ruote, a elica, da passeggeri, da carico.*
piroscissióne [comp. di *piro-* e *scissione*; 1939] **sf.** *T.chim.* reazione chimica di scissione provocata dalla temperatura, in composti costituiti da grandi molecole || **N.** *Sin.* pirolisi.
piròṣi [dal gr. *pýrōsis*, bruciamento; 1875] **sf.** *T.med.* bruciore di stomaco esteso anche al tratto superiore dell'esofago.
pirosolfàto [comp. di *piro-* e *solfato*; 1956] **sm.** *T.chim.* sale dell'acido pirosolforico.
pirosolfito [comp. di *piro-* e *solfito*; 1956] **sm.** *T.chim.* metabisolfito.
pirosolfòrico (pl. *-ci*) [comp. di *piro-* e *solforico*; 1956] **agg.** *T.chim.* *acido pirosolforico*, in cui lo zolfo è esavalente, ottenuto per riscaldamento dell'acido solforico.
pirosolforóso [comp. di *piro-* e *solforoso*; 1958] **agg.** *T.chim.* *acido pirosolforoso*, acido dello zolfo tetravalente presente in natura solo sotto forma di sali.
pirossènico (pl. *-ci*) [da *pirosseno*; a. 1869] **agg.** di roccia che presenta grandi quantità di pirosseni.
piròsseno [dal fr. *pyroxène*; 1817 *pirossena*] **sm.** *T.min.* nome di alcuni minerali silicati di composizione varia, presenti spec. in rocce eruttive.
pirossilina [dalla voce disus. *pirossilo*, cotone fulminante; 1905] **sf.** *T.chim.* nitrocellulosa.
pirotècnica [comp. di *piro-* e *tecnica*; 1871] **sf.** arte di fabbricare e usare i fuochi artificiali || **N.** bengala, candela romana, castagnola, colombina, falò, fontana, girandola, granata, mortaretto, petardi, razzo, salterello, scappata.
pirotècnico (pl. *-ci*) [comp. di *piro-* e *tecnico*; 1771 come agg.; 1871 come sm.] **I** **agg.** **1.** che concerne la pirotecnica e i fuochi artificiali: *spettacolo pirotecnico* **2.** *T.mil.* *stabilimento pirotecnico*, in cui si fabbricano cannelli per bossoli, inneschi per spolette ecc. **II** **sm.** **1.** (f. *-a*) chi è esperto di pirotecnica **2.** stabilimento pirotecnico.
pìrrica [dal lat. *pyrrhicha*, gr. *pyrríchē* (*órchēsis*), (danza) di Pirrico; a. 1597] **sf.** danza guerriera dell'antica Grecia, che imitava gli assalti e le difese della battaglia.
pirrìchio (pl. *-chi*) [dal lat. *pyrrhichius*, gr. *pyrríchios* (*póus*), (piede) usato per la danza pirrica; a. 1550] **sm.** *T.metr.* piede del verso classico, composto di due sillabe brevi || **N.** *Sin.* periambo.
pirròfita [comp. del gr. *pyrrós*, rosso e *-fita*; 1958] **sf.** *T.bot.* alga unicellulare che vive prevalentemente in acque salmastre o marine.
pirròlo [dal ted. *Pyrrol*; 1871] **sm.** *T.chim.* composto organico presente nel catrame, incolore, di odore sgradevole, che diventa scuro e viscoso a contatto con l'aria.
pirroniṣmo [dal n. proprio *Pirrone*, filosofo greco; a. 1744] **sm.** *T.fil.* lo scetticismo della scuola di Pirrone di Elide || *per estens.* scetticismo.
pirronista [da *pirronismo*; a. 1750] **s.** seguace del pirronismo; scettico.
pirronìstico (pl. *-ci*) [da *pirronista*; 1951] **agg.** *T.fil.* proprio del pirronismo e dei pirronisti; ad essi relativo || *per estens.* scettico.
pirrotina [dal gr. *pyrrótēs*, color rosso; 1875] **sf.** *T.min.* solfuro di ferro in cristalli bronzei o in agglomerati granulari, con tracce di cobalto, rame e manganese.
pirrotite [dal gr. *pyrrótēs*, color rosso; 1930] **sf.** *T.min.* pirrotina.
piruétta v. PIROETTA.
pirùvico (pl. *-ci*) [comp. di *piro-* e *uva*; 1875] **agg.** *T.chim.* *acido piruvico*, composto organico prodotto in fasi intermedie del metabolismo degli zuccheri o della fermentazione alcolica.
pisàno [dal n. geogr. *Pisa*; sec. XIII] **I** **agg.** proprio, originario di Pisa || *punto pisano*, punto di ricamo intagliato molto complesso in uso nel Cinquecento **II** **sm.** **1.** (f. *-a*) abitante, nativo di Pisa || *scherz. fam.* *arrivano i pisani*, arriva il sonno (per avvicinamento a *pisolo*) **2.** (solo *sing.*) dialetto di Pisa **3.** territorio che circonda Pisa.
piscatòrio (pl. *-ri*) (raro *pescatòrio*) [dal lat. *piscatōrius*; 1639] **agg.** *lett.* di pescatore || *T.eccl.* *anello piscatorio*, anello del papa, quale successore del pescatore Pietro, primo apostolo e primo papa.
pìscia (pl. *-sce*) [da *piscia*(*re*); 1640] **sf.** *pop. volg.* orina.
pisciacàne [comp. di *piscia*(*re*) e *cane*; 1499] **sm.** *pop.* tarassaco.
piscialètto o **piscialètto** [da *piscia*(*re*) *a letto*; a. 1665] **s.** *inv.* bambino piccolo che fa ancora la pipì a letto || *per estens. spreg.* giovane imberbe || **sm.** *inv. dial.* dente di leone.
pisciàre (pres. *pìscio*) [voce onom.; fine sec. XIII] **intr.** (aus. *avere*) *pop. volg.* orinare: *pisciare a letto* || *pisciare sopra a qualcosa*, disprezzarla || *per estens.* di fontana, botte e sim., emettere un filo di liquido, perdere || **tr.** emettere orinando: *pisciare sangue* || *per estens.* lasciar fuoriuscire, perdere || **rifl. indir.** orinare nelle mutande: *pisciarsi addosso*; *pisciarsi sotto dal ridere* || **N.** *Sin.* fare pipì, orinare.
pisciarèlla [da *pisciare*; a. 1665] **sf.** *pop. fam.* stimolo frequente e irrefrenabile a orinare: *avere la pisciarella.*
pisciasàngue [comp. di *piscia*(*re*) e *sangue*; a. 1597] **sm.** *inv.* nome pop. della piroplasmosi, caratterizzata dalla presenza di emoglobine nell'orina.
pisciàta [da *pisciare*; a. 1726] **sf.** *pop. volg.* atto di pisciare || quantità di orina emessa in una volta || *fig.* discorso prolisso e di scarso contenuto || *dim.* pisciatina || **N.** ORINA.
pisciatóio (pl. *-ói*) [da *pisciare*; sec. XV] **sm.** *volg.* orinatoio || **N.** *Sin.* vespasiano.
piscicoltóre o **pescicoltóre** [comp. del lat. *piscis* e *-coltore*; 1884] **sm.** (f. *-trice*) chi si occupa di piscicoltura.
piscicoltùra o **pescicoltùra** [comp. del lat. *piscis*, pesce e *-coltura*; 1861] **sf.** allevamento di pesci in vasche o specchi di acqua artificiali o naturali, a scopo commerciale || **N.** *Sin.* itticoltura. **Q.T.** *pesca.*
piscifórme [comp. del lat. *piscis*, pesce e *-forme*; a. 1886] **agg.** di forma allungata e affusolata, simile a quella di un pesce.
piscina [lat. *piscīna*, propr. peschiera; sec. XIII] **sf.** grande vasca, gen. rettangolare, per bagnarsi ed esercitarsi nel nuoto: *piscina scoperta, coperta, a cinque corsie, pubblica, fare il bagno in piscina, andare in piscina*; *per estens.* rif. anche all'edificio e agli impianti annessi || nell'edilizia romana antica, bacino d'acqua utilizzato come vivaio di pesci, per bagni termali, nuoto o altro || *piscina probatica*, la grande vasca che era presso il tempio di Gerusalemme, dove si lavavano gli animali destinati al sacrificio. **Q.T.** *nuoto.*
pìscio [da *pisciare*; sec. XIV] **sm.** (solo *sing.*) *volg.* l'orina emessa.
piscióne [da *pisciare*; 1871] **sm.** (f. *-a*) *pop. volg.* chi piscia spesso; rif. perlopiù a bambini.
piscióso [da *piscia*, *piscio*; 1832] **agg.** *volg.* lordo, imbrattato di orina.
piscivoro [comp. del lat. *piscis*, pesce e *-voro*; 1824] **agg.** di animale che si ciba prevalentemente o esclusivamente di pesci.
pisellàia [da *pisello*; a. 1565] **sf.** orto seminato a piselli.
pisellàio (pl. *-ài*) [da *pisello*; 1612] **sm.** pisellaia.
pisellàta [da *pisello*; a. 1597] **sf.** minestra di piselli passati al setaccio.
pisèllo [lat. volg. **pisellum*, dim. di *pīsum*, pisello; a. 1320] **I** **sm.** **1.** pianta leguminosa rampicante, annua, con fiore bianco e baccello allungato || il baccello stesso e ciascuno dei semi rotondi verdi, commestibili, in esso contenuti: *piselli surgelati, secchi, crema di piselli* **2.** *pisello odoroso*, specie affine, a fiori giganti colorati, coltivata come pianta ornamentale **3.** *pop.* pene **II** nella **loc. agg.** *verde pisello*, del colore verde chiaro tendente al giallo tipico del pisello || nella *loc. m.* usata come *loc. agg.* *color pisello*, del colore del pisello || *dim.* pisellino, pisellétto; *spreg.* pisellùccio; *accr.* pisellóne; *pegg.* pisellàccio.
pisellóne (*accr.* di *pisello*) [a. 1494] **sm.** (f. *-a*) *fig.* sciocco, sempliciotto.
pisifórme [comp. del lat. *pīsum*, pisello e *-forme*; 1835] **sm.** *T.anat.* una delle otto piccole ossa che formano il carpo; si articola con l'osso piramidale. **TAV. anatomia p. 642** 9.13.
piṣolàre (pres. *piṣolo*) [prob. da un disus. *pesolo*, pendulo; 1554] **intr.** (aus. *avere*) *fam.*

dormire leggermente, spec. per breve tempo || **N.** *Sin.* dormicchiare, sonnecchiare; appisolarsi.

piṣolìno (*dim.* di *pisolo*) [a. 1904] ***sm.*** sonnellino leggero e breve || **N.** *Sin.* riposino.

piṣolìte o **pisolìte** [comp. del gr. *píson*, pisello e *-lite*; a. 1730] ***sf.*** *T.min.* piccola pietra calcarea di forma tondeggiante, simile a un pisello || **N.** *Sin.* oolite.

pìṣolo [da *pisolare*; 1858] ***sm.*** *fam.* sonnellino || *dim.* pisolino.

pispigliàre (pres. *-ìglio*) [di orig. onom.; 1319] ***intr.*** (aus. *avere*) *lett.* bisbigliare: *che ti fa ciò che quivi si pispiglia?* (Dante).

pispìglio (pl. *-ìi*) [da *pispigliare*; 1891] ***sm.*** *lett.* bisbiglio.

pispiglìo (pl. *-ìi*) [da *pispigliare*; prima metà sec. XIV] ***sm.*** *lett.* bisbiglio.

pispillòria [da *pispillare*, var. di *pispigliare*; a. 1705] ***sf.*** cicaleccio chiassoso di uccelli || *per estens.* brusio, mormorio di più persone.

pispinàre (pres. *pìspino*) [di orig. onom.; a. 1756] ***intr.*** (aus. *essere* e *avere*) *tosc.* zampillare.

pispìno [di orig. onom.; a. 1557] ***sm.*** *tosc.* zampillo; sottile getto d'acqua.

pìspola [di orig. onom.; 1483] ***sf.*** **1.** uccello dei Passeracei, olivastro o rossiccio con screziature chiare sul dorso, chiaro sul petto, frequente in giuncheti e scopeti **2.** *T.cacc.* fischietto da uccellatori che imita il canto della pispola o di altri uccelli || *dim.* pispolìna, pispolétta; *accr.* pispolóne.

pispolàre (pres. *pìspolo*) [da *pispola*; 1853] ***intr.*** (aus. *avere*) fischiare con la pispola.

pispolóne (*accr.* di *pispola*) [a. 1871] ***sm.*** uccello dei Passeriformi poco più grosso della pispola, di colore giallo scuro a strisce brune, diffuso nell'Italia settentrionale.

pìsside [dal lat. *pyxis*, gr. *pyxís*; 1644] ***sf.*** **1.** *T.eccl.* calice emisferico, perlopiù d'argento, dorato internamente, con coperchio sormontato da una croce, in cui si conservano le particole destinate alla comunione dei fedeli **2.** *T.bot.* frutto secco a deiscenza trasversale. **TAV.** *chiesa* 2.5.

pissìdio (pl. *-di*) [dal gr. *pyxídion*; 1835] ***sm.*** *T.bot.* pisside.

pìssi pìssi [voce onom.; a. 1427] ***loc. m.*** bisbiglio, parlottio, segreto e affrettato.

pìsta [prob. var. merid. di *pesta*; 1447] ***sf.*** **1.** traccia, orma: *essere su una buona pista, la polizia è sulla pista dei banditi* || *pista rossa, nera*, insieme di indizi che suggeriscono la colpevolezza (per qualche crimine) di estremisti rispettivamente di sinistra o di destra || *per estens.* tratto agibile creato da passaggio frequente **2.** terreno opportunamente predisposto per il transito veloce di uomini o mezzi || *in part.* *T.sport.* circuito, talvolta diviso in corsie, su cui si svolgono gare o prove di velocità: *pista di atletica, automobilistica, fare un giro in pista, collaudo su pista* || percorso su neve battuta, per sci da discesa o da fondo: *pista verde, blu, rossa, nera*, così denominate per indicare difficoltà crescente || *pista!*, detto da chi sta sopraggiungendo a forte velocità, per farsi dare strada || negli aeroporti, lo spazio, di solito cementato o asfaltato, riservato a decollo, atterraggio o rullaggio degli aerei || *pista ciclabile*, parte della strada riservata al transito delle biciclette **3.** area riservata allo svolgimento di alcune attività sportive o ricreative: *pista di pattinaggio, pista da ballo*; *in part.* lo spazio circolare in cui si esibiscono gli artisti del circo **4.** in supporti magnetici, pellicole cinematografiche sonore e sim., la linea lungo la quale sono registrati gli impulsi corrispondenti a cifre, suoni ecc. **Q.T.** *aeronautica, cinematografia, sport* **TAV.** *aeronautica* 11.3; *cinematografia...* 9.2.

pistacchiàta [da *pistacchio*; a. 1584] ***sf.*** dolce di pistacchi.

pistàcchio (pl. *-chi*) [lat. *pistacium*, gr. *pistákion*; a. 1320] **I *sm.*** **1.** pianta arborea delle Anacardiacee, originaria dell'Asia Minore, coltivata in regioni calde per i suoi semi **2.** il seme edule aromatico di tale pianta, consumato essiccato e salato, o impiegato per profumare salse o salumi o in pasticceria e gelateria **II** nella ***loc. agg.*** *verde pistacchio*, del colore verde chiaro proprio della mandorla del pistacchio || nella *loc. m.* usata come *loc. agg.* *color pistacchio*, del colore della mandorla del pistacchio.

pistàgna [dallo sp. *pestaña*, orlo; 1589] ***sf.*** **1.** *T.abb.* striscia imbottita ricoperta di velluto o di panno che forma il collo del vestito, del cappotto e sim.; bavero **2.** *T.abb.* bordino di colore contrastante applicato sulle cuciture esterne dei pantaloni, sui polsini e sulle spalline di alcune divise militari || *dim.* pistagnìna, pistagnìno.

pistaiòlo [da *pista*; 1905] ***sm.*** *T.sport.* *non com.* *pistard* || *scherz.* sciatore che scia solo su pista.

pistard (fr., pr. [pis'ta:r]) [da *piste*, pista; 1905] ***sm.*** *inv.* ciclista specializzato in corse su pista || **N.** *Contr.* stradista.

pistillìfero [comp. di *pistillo* e *-fero*; 1813] ***agg.*** *T.bot.* di fiore, privo di stami e dotato unicamente di pistilli.

pistìllo [dal lat. *pistillum*, propr. pestello; 1747] ***sm.*** *T.bot.* organo femminile del fiore, posto nella parte centrale, di forma ovale o sferica nella parte inferiore (*ovario*), più allungato e sottile nella parte centrale (*stilo*) e dilatato o lobato nella parte superiore (*stimma*).

pistòcco (pl. *-chi*) [dal ted. *Alpenstock*; 1933] ***sm.*** adattamento del ted. *Alpenstock*.

pistòla[1] [dal ceco *pišt'ala*, attr. il ted. *Pistole*, fr. *pistole*; 1574] ***sf.*** **1.** arma da fuoco, corta, da impugnare con una sola mano, per tiri a breve distanza: *pistola a una, a due canne, a tamburo, automatica* || *pistola mitragliatrice*, impiegata per lanciare razzi di segnalazione **2.** *per estens.* attrezzo di forma e funzionamento analogo: *pistola a spruzzo*, provvista di serbatoio per vernice e dispositivo ad aria compressa per la distribuzione uniforme del liquido; *pistola ad acqua*, pistola-giocattolo per lanciare spruzzi d'acqua || *dim.* pistolétta, pistolettìna, pistolìno (*sm.*); *accr.* pistolóne (*sm.*); *pegg.* pistolàccia || **N.** *Sin.* *revolver*, rivoltella, scacciacani | calcio, cane, canna, caricatore, coccia, fondina, grilletto, mirino, otturatore, percussore, sicura, tamburo. **Q.T.** *armi* **TAV.** ***armi*** **p. 648** 16.

pistòla[2] [dal fr. *pistole*; 1602] ***sf.*** moneta d'oro spagnola del sec. XVI, del valore di due scudi.

pìstola [forma aferetica di *epistola*; a. 1294] ***sf.*** *ant.* epistola.

pistolènza o **pistolènzia** [var. pop. di *pestilenza*; prima metà del sec. XIII] ***sf.*** *arc.* pestilenza.

pistolèro [dallo sp. *pistolero*; 1935] ***sm.*** avventuriero abile maneggiatore di pistola.

pistolése [dal n. geogr. *Pistoia*; sec. XV] ***sm.*** *T.stor.* pugnale da caccia, di lama corta e larga, a due tagli, che si fabbricava a Pistoia.

pistolettàta [da *pistola*[1]; 1611] ***sf.*** colpo di pistola.

pistolétto [da *pistola*[1]; 1565] ***sm.*** *T.stor.* pistola di forma allungata, in uso un tempo nella cavalleria.

pistolière [da *pistola*[1]; 1900] ***sm.*** *T.stor.* soldato di cavalleria dei secoli XVI-XVII, armato di lunghe pistole.

pistolìno (*dim.* di *pistola*[1]) [1982] ***sm.*** *fam.* pene.

pistolóne [da *pistola*[1]; 1580] ***sm.*** *T.stor.* sorta di archibugio corto che era in uso nel secolo XIX per soldati a cavallo.

pistolòtto [da *pistola*[1]; a. 1585] ***sm.*** **1.** scritto o discorso enfatico ed edificante; perlopiù *scherz.* **2.** chiusa declamatoria di un discorso, che vuol provocare applausi || **N.** **1.** *Sin.* fervorino, sermone **2.** *Sin.* perorazione.

pistóne [dall'it. ant. *pistone*, pestone, attr. il fr. *piston*; a. 1537] ***sm.*** **1.** cilindro mobile che scorre in una pompa di motore a scoppio e sim., stantuffo **2.** *T.mus.* negli ottoni, ciascuno dei cilindretti (da tre a cinque) che, premuti dalle dita, scorrono perpendicolarmente al tubo modificandone la lunghezza e, di conseguenza, l'intonazione || *dim.* pistoncìno. **Q.T.** *automobile, motocicletta* **TAV.** *motori* 3.11, 4.1b; ***automobile*** **p. 658** 5.13, 5.14; ***musica*** **p. 1325** 8.2.

pistóre [lat. *pistor*, *-ōris*; prima metà sec. XIII] ***sm.*** *ant.* o *lett.* fornaio, panettiere.

pistrìce [dal lat. *pistrix*, *-icis*, gr. *pístris*, *pístreōs*; a. 1498] ***sf.*** *lett.* immaginario cetaceo enorme e mostruoso.

pistrinàio (pl. *-ài*) [lat. tardo *pistrinārius*; a. 1589] ***sm.*** (f. *-a*) *ant.* e *lett.* mugnaio; fornaio.

pistrìno [lat. *pistrīnum*; a. 1348] ***sm.*** *ant.* e *lett.* mulino; forno.

pitàffio ***sm.*** *arc.* V. EPITAFFIO.

pitagoreìṣmo V. PITAGORISMO.

pitagorèo [dal lat. *pythagorēus*, gr. *pythagóreios*; 1678] ***agg.*** *non com.* pitagorico.

pitagoriciṣmo [da *pitagorico*; 1891] ***sm.*** *T.fil.* pitagorismo.

pitagòrico (pl. *-ci*) [dal lat. *pythagoricus*, gr. *pythagorikós*; 1308 come sm.] **I *agg.*** **1.** *T.fil.* di Pitagora: *filosofia pitagorica* **2.** *T.mat.* *tavola pitagorica*, tabella contenente i prodotti fra i primi dieci numeri naturali, ordinati su dieci righe e dieci colonne **II *sm.*** (f. *-a*) seguace della filosofia di Pitagora.

pitagoriṣmo (meno com. *pitagoreìṣmo*) [dal gr. *pythagorismós*; a. 1758] ***sm.*** *T.fil.* l'insieme dei principi filosofici e scientifici e delle pratiche a carattere iniziatico su cui si fondava la scuola di Pitagora, che considerava il numero come il principio essenziale di tutte le cose.

pitàle [prob. dal gr. tardo *pithárion*, piccola giara per il vino, con sovrapposizione di *orinale*; a. 1535] ***sm.*** *pop.* vaso da notte, orinale.

pitcher (ingl., pr. ['pɪtʃə]) [propr. lanciatore; 1963] ***sm.*** *inv.* *T.sport.* nel baseball, lanciatore.

pitch-pine (ingl., pr. ['pɪtʃ paɪn]) [letter. abete resinoso; 1908] ***sm.*** *inv.* pino americano che dà un legno adatto per lavori d'ebanisteria.

pitecàntropo [comp. del gr. *píthēkos*, scimmia e *-antropo*; 1905] ***sm.*** antropoide fossile, il cui scheletro scoperto a Giava presenta caratteri intermedi tra le scimmie antropomorfe e l'uomo.

pitècia (pl. *-cie*) [dal gr. *píthēkos*, scimmia; 1871] ***sf.*** tozza scimmia dei Primati diffusa nelle foreste dell'Amazzonia, caratterizzata da lungo e folto pelame grigio ondulato e coda pelosa non prensile.

pitèco (pl. *-chi*) [dal gr. *píthēkos*; 1549] ***sm.*** *raro* scimmia in genere || sottofamiglia di scimmie platirrine.

pitèco- [dal gr. *píthēkos*, scimmia] ***primo elem.*** che, in parole composte dotte e della terminologia scientifica, vale "scimmia" (per es. *pitecantropo, pitecoide*).

-pitèco [dal gr. *píthēkos*, scimmia] ***elem. term.*** che, in parole composte della terminologia scientifica, vale "scimmia" (per es. *australopiteco, cercopiteco*).

pitecòide [comp. del gr. *píthēkos*, scimmia e *-oide*; 1905] ***agg.*** che ha aspetto di scimmia.

pìtia V. PIZIA.

pitiàmbico o **piziàmbico** (pl. *-ci*) [comp. del gr. *pýthios*, pizio e *iambikós*, giambico; 1880] ***agg.*** e ***sm.*** *T.metr.* di sistema strofico della poesia classica, costituito da un esametro dattilico e da un dimetro o un trimetro giambico.

pìtico (pl. *-ci*) [dal lat. *pȳthicus*, gr. *pythikós*; a. 1597] ***agg.*** *lett.* relativo ad Apollo Pizio: *giochi pitici.*

pitio v. PIZIO.

pitiriași [dal gr. *pityríasis*, da *pítyron*, crusca; 1829] ***sf.*** *T.med.* denominazione generica di uno stato patologico della cute, caratterizzato da una desquamazione superficiale a lamelle sottili come quelle della crusca.

pitoccàre (pres. *-òcco*, *-òcchi*) [da *pitocco*; 1598] ***intr.*** (aus. *avere*) **1.** chiedere l'elemosina **2.** *per estens.* chiedere con lagnosa insistenza, facendo leva sulla propria miseria.

pitoccherìa [da *pitocco*; 1598] ***sf.*** **1.** qualità di chi è pitocco **2.** azione e comportamento da pitocco ‖ **N.** *Sin.* avarizia, spilorceria, tirchieria.

pitocchétto [da *pitocco*; 1905] ***sm.*** *T.gioc.* gioco di carte in cui vince chi fa 35 punti dello stesso colore ‖ **N.** *Sin.* piattello.

pitòcco (pl. *-chi*) [dal gr. *ptōchós*, mendicante; a. 1492] ***sm.*** (f. *-a*, nei sensi 1 e 2) **1.** mendico, accattone, con una sfumatura spreg. **2.** tirchio, spilorcio; chi vive sordidamente potendo vivere altrimenti **3.** *ant.* sorta di veste corta da uomo: *tu, Siro, lo tieni per lo pitocco di dietro* (Machiavelli) ‖ *dim.* pitocchìno; *accr.* pitoccóne.

pitóne [dal lat. *Pȳthon*, gr. *Pýthōn*, n. di un serpente ucciso da Apollo; 1871] ***sm.*** nome di alcune specie di serpenti dei Boidi, gen. di grosse dimensioni (fino a 9 m), con livrea a chiazze geometriche chiare su fondo bruno, non velenosi ma in grado di soffocare le prede fra le spire del corpo e ingerirle intere; sono diffusi in Africa, Asia e Australia.

pitonéssa [dal lat. tardo *pythonissa*, f. di *pȳthon*, indovino; 1354 *fitonessa*] ***sf.*** **1.** *lett.* maga, indovina; anche *scherz.* **2.** *impropr.* sacerdotessa di Apollo, pizia.

pitònico (pl. *-ci*) [dal lat. tardo *pythōnicus*; a. 1342] ***agg.*** *lett.* divinatorio: *spiriti pitonici.*

pitòsforo v. PITTOSPORO.

pittàre[1] [voce di orig. lig., da *pità* per *picà*, beccare; 1937] ***tr.*** *T.pesc.* di pesce, dare successivi strappi intorno all'amo e all'esca senza abboccare.

pittàre[2] [lat. volg. **pictāre*; sec. XVI] ***tr.*** *dial.* pitturare.

pittière [da *petto*; 1565] ***sm.*** *lett.* pettirosso.

pìttima[1] [dal gr. *epíthēma*, cataplasma; 1346] ***sf.*** **1.** sorta di decotto di erbe aromatiche in vino, che un tempo veniva applicato caldo sulla regione del cuore per eccitarne le facoltà; *fig.* impiastro **2.** *fig.* persona noiosa e sempre d'attorno **3.** *raro* spilorcio.

pìttima[2] [forse da *pittima*[1]; 1804] ***sf.*** uccello dei Caradriformi con becco lungo e appuntito e lunghe zampe, dorso bruno e testa fulva, che vive presso fiumi e paludi.

PITTURA

PERSONE: acquarellista, alluminatore o miniatore, caposcuola, caricaturista, cartellonista, colorista, decoratore, disegnatore, figurista, frescante, illustratore, imbrattamuri, imbrattatele, macchiaiolo, madonnaro, maestro, mosaicista, ornatista, paesaggista o paesista, pittore, quadraturista, restauratore, ritoccatore, ritrattista, rovinista, scenografo, scolaro, vedutista.

SCUOLE E MOVIMENTI: *action painting* o arte informale o *tachisme*, *art brut*, arte (cinetica, comportamentale, concettuale, concreta, povera, procedurale, programmata), *art nouveau* o *liberty* o floreale o secessionismo o modernismo o *Jugendstil*, *arts and crafts movement*, astrattismo, barocco, *Bauhaus*, *Blaue Reiter*, *die Brücke*, classicismo, *cloisonnisme*, costruttivismo, cubismo, dadaismo, *De Stijl* (neoplasticismo), divisionismo, espressionismo, espressionismo astratto, fauvismo, futurismo, futurismo, gotico, impressionismo, *land art*, manierismo, *minimal art*, neoclassicismo, neogotico, neoimpressionismo, neorealismo, novecentismo, *optical art* o *op art*, orfismo, pittura metafisica, poesia visiva, *pointillisme* o puntinismo, *pop-art*, preraffaellismo, primitivismo, raggismo, realismo, realismo espressionista, realismo socialista, rinascimento, rococò, romanico, romantico, simbolismo, spazialismo, suprematismo, surrealismo, vorticismo.

TECNICHE E SPECIE VARIE: acquerello, aerografo, affresco, a matita, a olio, a pennello, chiaroscuro o monocromia, *collage* (polimaterico, *merz*, *combine painting*), disegno (a carboncino, a contorno, architettonico, dal vero, di figura, d'ornato, geometrico, lineare, schematico), *dripping*, encausto, *frottage*, *grisaille*, *gouache* o guazzo, lumeggiatura, mascheratura, mosaico, *murales*, *papier collé*, *papier coupé* o *silhouette*, pastello, pittura murale, sanguigna, seppia, smalto, spolvero, spruzzo, tempera, tempera grassa, tratteggio, velatura; allegorica, arabesco, aulica, caricatura, decorativa, di figura (mezza figura, tutta figura), di genere (di animali, natura morta, bambocciata, marina, veduta), d'interno, effige, fregio, ghirigoro, intima, liturgica, nudo, ornato, paesaggio, panorama, patriottica, popolare, profilo, religiosa, ritratto, scenografia, storica, viticci; abbozzo, ancona, bozzetto, cartellone, cartone, dipinto, dittico, icona, manifesto, miniatura, pala, paliotto, pannello, polittico, predella, quadro (battente, cornice, maglietta, *passe-partout*, supporto, tela, telaio, vetro), scena, schizzo, sinopia, studio, tavola, telero, trittico, vetrocromia, vignetta.

COLORI: acquamarina, albino, amaranto, arancio, argento, avana, azzurro, biavo, bianco, bianco latte, bigio, biondo, blu, blu oltremare, bruno, caffè, castano, celeste, celestino, cenerino, cereo, ceruleo, cremisi, cròceo, fuliggine, giallo, giallo canarino, giallo cobalto, giallo isabella, giallo oro, giallo paglierino, glauco, gridellino, grigio, grigio perla, grigio ferro, malva, marrone, monachino, morello, nero, nocciola, opalino, persichino, perso, plumbeo, rosa, rosso, rosso fulvo, rosso lacca, rosso magenta, rosso porpora, rosso sangue, rosso scarlatto, rosso vermiglio, ruggine, tabacco, turchese, turchino, verde, verde oliva, viola violetto; abbagliante, acceso, allegro, annacquato, brillante, caldo, cangiante o allocroico o gatteggiante o iridescente o opalizzante, carico, chiaro, chiassoso, corposo, crudo, cupo, debole, deciso, delicato, denso, diafano, dilavato, elettrico, fiacco, florido, forte, fosco, freddo, fuso, gaio, incerto, intenso, intermedio, leggero, livido, luminoso, marezzato, morbido, opaco, opalescente, pallido, pastoso, pesante, pieno, profondo, ricco, rutilante, sbiadito, scialbo, scolorito, screziato, scuro, severo, sfacciato, slavato, smagliante, smorto, sordo, squallido, stinto, tenue, tetro, torbido, trasparente, unito, vistoso, vivace, vivido; accordo, affinità di toni, armonia, asprezza, colori primari o fondamentali, colori complementari, contrasto, disarmonia, fusione, gamma, gradazione, impasto, intonazione dei colori, mescolanza, qualità, scala cromatica, scomposizione del colore, sfumatura, tono, tonalità; armonizzare, cangiare, digradare, sbiadire, scolorire, sfumare, trascolorare.

segue

pitto [lat. *pictus*; a. 1455] ***agg.*** *ant.* pinto, dipinto.

pittografìa o **pictografìa** [dall'ingl. *pictography*; 1925] ***sf.*** antico sistema di scrittura, ancora in uso presso alcuni popoli primitivi, che consiste nel rappresentare idee e fatti per mezzo di disegni più o meno stilizzati, senza indicazioni fonetiche ‖ **N.** ideografia; geroglifico.

pittogràfico (pl. *-ci*) [da *pittografia*; 1966] ***agg.*** relativo a pittografia, proprio di pittografia ‖ espresso mediante pittogrammi, figurazioni, simboli: *scrittura pittografica, disegni pittografici* ‖ **pittograficaménte** ***avv.***

pittogràmma [dall'ingl. *pictogram*; 1958] ***sm.*** ciascuno dei disegni usati in pittografia ‖ *per estens.* disegno stilizzato impiegato come segnale (per es. nella segnaletica stradale).

pittóre [dal lat. *pictor*, *-ōris*; prima metà sec. XIV] ***sm.*** (f. *-trìce*) **1.** chi esercita l'arte della pittura: *pittore originale, di maniera, di paese* **2.** chi tinteggia pareti; decoratore, imbianchino ‖ *dim.* pittorìno; *spreg.* pittorèllo, pittorùcolo, pittorùccio; *accr.* pittoróne; *pegg.* pittoràccio. **Q.T.** *pittura.*

pittorésco (pl. *-schi*) [da *pittore*; a. 1566] ***agg.*** **1.** degno di esser ritratto da un pittore, in quanto particolarmente espressivo o suggestivo per la felice combinazione di elementi, o per la presenza di aspetti caratteristici: *un pittoresco tramonto sul lago, pittoreschi costumi della vallata, una pittoresca scena di vita quotidiana* **2.** *per estens. fig.* vivo e colorito: *stile, scritto pittoresco, usare espressioni pittoresche* **3.** *ant.* di o da pittore ‖ **pittorescaménte** ***avv.***

pittoricișmo [da *pittorico*; 1963] ***sm.*** tendenza a creare effetti pittorici, nelle arti figurative e nella poesia.

pittoricità [da *pittorico*; a. 1952] ***sf.*** l'essere pittorico, espressivo, vivace.

pittòrico (pl. *-ci*) [da *pittore*; 1704] ***agg.*** **1.** che concerne i pittori o la pittura: *arte pittorica* **2.** *fig.* rif. ad altra tecnica espressiva, che fa uso di mezzi analoghi e ottiene effetti paragonabili a quelli della pittura; *linguaggio, stile pittorico, effetti musicali pittorici* ‖ **pittoricaménte** ***avv.*** relativo alla pittura.

pittòsporo o **pitòsforo** [comp. del gr. *pítta*, pesce e *-sporo*, così detto per la polpa resinosa che racchiude i semi; a. 1965] ***sm.*** pianta arbustiva dalle foglie lucide e fiori bianchi molto profumati che, resistendo bene alla salsedine, è coltivata nei centri balneari come pianta ornamentale: *la siepe / cimata dei pitosfori* (Montale).

pittùra [dal lat. *pictūra*; 1319] ***sf.*** **1.** l'arte del dipingere: *studiare pittura, scuola di pittura* ‖ *concr.* immagine dipinta: *è una bella pittura, mostra di antiche pitture* **2.** *fig.* rappresentazione di particolare efficacia espressiva: *quel romanzo è una fedele pittura del tempo* **3.** *region.* tinteggiatura; vernice: *una mano di pittura* ‖ *dim.* pitturétta, pitturettìna; *accr.* pitturóna; *pegg.* pitturàccia. **Q.T.** *pittura.*

pitturàre [da *pittura*; 1340] ***tr.*** **1.** dipingere, ornare di pitture **2.** *più com.* coprire di tinta, verniciare: *pitturare le pareti* ‖ ***rifl.*** *fam.* imbellettarsi: *ogni mattina sta due ore allo specchio a pitturarsi* ‖ **N.** *Sin.* DIPINGERE. **Q.T.** *pittura.*

pituìta [dal lat. *pituīta*, resina, poi muco; a. 1498] ***sf.*** *T.med.* muco, catarro spec. nasale.

pituitàrio (pl. *-ri*) [da *pituita*; a. 1673] ***agg.*** **1.** della mucosa che tappezza le cavità nasali e continua le terminazioni del nervo olfattivo: *mucosa pituitaria* **2.** *ghiandola pituitaria*, ipofisi.

più [lat. *plūs*; fine sec. XII *plù*] **I** ***avv.*** **1.** *compar.* di *molto*, preposto ad agg., avv. o loc. equivalente forma il comparativo di maggioranza: *più leggero dell'aria, più in gamba del pa-*

dre, più velocemente di tutti gli altri || col secondo termine di paragone sottinteso: *fatti più in là, andava a duecento all'ora o più* || in costruz. ellittiche, per caratterizzare processi di accrescimento, miglioramento ecc.: *diventa ogni giorno più brava* (s'intende, di prima), *è sempre più bello, sempre più difficile!* || preceduto da articolo e seguito da agg. forma il superlativo relativo: *il giorno più bello della mia vita* || con avv. per esprimere il grado massimo di una maniera: *il più velocemente possibile, quanto più rapidamente si può* **2.** quando la comparazione è tra espressioni della stessa categoria sintattica e il secondo termine è introdotto da *che*, vale "piuttosto": *la sua pazzia è più presunta che reale, s'impegna più per dovere che per passione, più che mangiare divora* || *più che altro*, essenzialmente, principalmente: *è più che altro un presuntuoso*; anche con valore frasale: *più che altro, non sapevo che pesci pigliare* || *più che* seguito da agg. (ma anche da verbo o gruppo nominale) ha valore correttivo nel senso della superiorità, fa spostare il valore comparativo verso il superlativo: *è più che carina, è splendida, questo è più che vincere, è stravincere, è più che un dirigente, è un vero leader* **3.** posposto al verbo, forma costruzioni comparative di livello frasale: *lavora più di Giovanni, si è arrabbiato più del solito*; quando il secondo termine di paragone è sottinteso assume obbligatoriamente la forma *di più*: *lavora di più* || nella *loc. m. il di più*, ciò che avanza || *per di più*, inoltre, in aggiunta, per sottolineare un eccesso: *non ha pagato, e per di più ha detto che non lo farà*; *in più*, d'avanzo, in sovrappiù: *controlli il resto, ci sono dei soldi in più* || in costruzioni correlative: *più lo guardo più mi sembra lui, più bevo più berrei, più spiega meno capisco*; prec. da *tanto*: *tanto più insiste, tanto meno mi convince* || nella *loc. cong. tanto più che*, specialmente per il fatto che, a maggior ragione, dato che: *non vengo, tanto più che ho un impegno* || nella *loc. avv. a più non posso*, il più possibile, fino al limite delle forze: *gridava a più non posso, studiare a più non posso per l'esame* **4.** in frasi negative, ulteriormente, oltre: *non ne voglio più, non ci metterò più piede* || *niente più*, nient'altro: *una lacrima, un addio, e niente più* || *che più?*, che altro (dire)? **5.** *più o meno*, pressappoco: *hanno più o meno la stessa età*; *chi più chi meno*, all'incirca nella stessa misura: *chi più chi meno hanno dato tutti un contributo*; *né più né meno*, esattamente: *è andata così, né più né meno* **II** ***agg.*** *inv.* con nomi al sing., una quantità maggiore di, un grado più alto di: *mangia più verdura che carne, più convinzione, più entusiasmo*; con nomi al pl., un maggior numero di: *ci sono più tedeschi che italiani* || spesso usato col nome sottinteso: *spende più (denaro) di quanto guadagna* (o *guadagni*), *ci metterò più (tempo) di un'ora*; nel modo di dire *chi più ne ha più ne metta*, per terminare un'enumerazione: *schiaffi, pugni, calci, e chi più ne ha più ne metta* **III** ***sm.*** *inv.* **1.** la parte maggiore o principale: *il più è convincerlo, spreca il più delle sue energie* **2.** *pl.* la maggioranza: *i più sono restii a seguirlo, è opinione dei più che abbia torto*; *eufem. passare nel numero* (o *nel mondo*) *dei più*, morire **3.** nella *loc. avv. per lo più* o *perlopiù*, nella maggior parte dei casi, solitamente: *il sabato perlopiù ceniamo fuori, in queste situazioni è perlopiù assente* **4.** *parlare del più e del meno*, conversare di argomenti vari, tanto per parlare **5.** nella *loc. avv. dal più al meno*, all'incirca (come *più o meno*) **6.** nelle *loc. avv. al più, tutt'al più*, al massimo; anche frasale, per male che vada: *tutt'al più arriveremo in ritardo* **7.** il segno "+" **IV** ***prep.*** **1.** *T.mat.* indica l'operatore di addizione: *otto più quindici fa ventitré* **2.** *per estens.* con l'aggiunta di, oltre a: *c'era tutta la famiglia più il cane.*

piuccheperfètto o **più che perfètto** [dal lat. *plūs quăm perfectum*, attr. il fr. *plus-que-parfait*; 1774 *più che perfetto*] ***sm.*** *T.gram.* tempo del verbo che esprime un'azione o uno stato anteriore ad un'altra azione o stato passati; si usa gen. per il latino e il greco classico, rif. all'italiano indica il trapassato prossimo.

piùma [lat. *plūma*; sec. XIII] ***sf.*** **1.** ciascuna delle formazioni cornee simili a penne ma morbide e leggere, a stelo ridotto e barbe libere, che ricoprono l'epidermide degli uccelli || impiegata anche come soffice materiale per imbottire cuscini, fodere e sim. o, se di particolare pregio, per decorare abiti, copricapi, acconciature ecc.: *un materasso di piume, un ventaglio di lunghe piume, un cappellino impreziosito da due piume di fagiano*; anche con valore collettivo: *una trapunta di piuma d'oca* || *per meton.* guanciale, coltrice, spec. con rif. a vita agiata, condotta nelle mollezze: *seggendo in piuma, in fama non si vien* (Dante) || esempio di leggerezza o fatuità: *l'ha sollevata da terra come una piuma, le sue parole si sono disperse come piume al vento* **2.** in funzione di *agg. inv. T.sport. peso piuma*, nel pugilato, nella lotta e nel sollevamento pesi, una delle categorie di peso minore **3.** *poet.* lanugine, barba; *senza piume al mento*, detto di giovane imberbe || *dim.* piumétta, piumettìna, piumìno (*sm.*) || **N. 1.** calugine, peluria, piumino | airone, casuario, marabù, struzzo; *aigrette, asprì* | cimiero, pennacchio | impennacchiare, impiumarsi, spiumacciare, spiumare | implume, spiumato. **Q.T.** *pugilato.*

piumàccio (pl. *-ci*) [lat. tardo *plumācium*; a. 1342] ***sm.*** **1.** *ant.* o *region.* guanciale o saccone di piuma **2.** *T.mar.* stuoia rinforzata usata come turafalle || *dim.* piumaccétto, piumacciòlo.

piumacciòlo (*dim.* di *piumaccio*) [sec. XIV] ***sm.*** **1.** piccolo cuscino o imbottitura, messo fra due oggetti per attutire gli urti **2.** *T.med.* compressa di garza, batuffolo **3.** *T.arch.* il cuscinetto del capitello ionico.

piumàggio (pl. *-gi*) [prob. dal fr. *plumage*; a. 1476 *piomagio*] ***sm.*** l'insieme di penne e piume che copre il corpo degli uccelli || **N.** *Sin.* livrea.

piumàio (pl. *-ài*) [da *piuma*; 1834] ***sm.*** (f. *-a*) *non com.* addetto alla lavorazione di piume da letto o da ornamento.

piumàrio (pl. *-ri*) [da *piuma*; 1545] ***agg.*** di piuma, delle piume || *arte piumaria*, l'arte di preparare le piume degli uccelli per farne pennacchi o altri ornamenti.

piumàto [lat. *plumātus*; a. 1320] ***agg.*** coperto, adorno di piume: *elmo, cappello piumato* || **N.** *Sin.* pennuto, piumoso | *Contr.* implume, spiumato.

piumétta (*dim.* di *piuma*) [sec. XVII nel senso 1; 1773 nel senso 2] ***sf.*** **1.** piccola piuma

segue PITTURA

COMPOSIZIONE DEI COLORI.

PIGMENTI: aureolina o giallo cobalto, azzurrite, biacca, biadetta, bianco (d'argento, di cerussa, di piombo, di titanio, di zinco), bistro, bitume, blu (cobalto, di Prussia), bruno di Firenze, buccino, carbone, carminio, cinabro, garanza, giallo (brillante, cadmio, cobalto, cromo, di Napoli, indiano), gommagutta, indaco, lacca, lapislazzuli, malachite, minio, nero d'avorio, nerofumo, ocra, ocra gialla, orpimento, rame, realgàr, rosso (di Venezia, indiano), seppia, solfuro di mercurio, terra (di Siena, d'ombra, rossa, verde), verde (linfa, smeraldo).

LEGANTI: cera, gomma arabica o gomma adragante, olio (di girasole, di lino, di noce), sostanze acriliche, uovo.

DILUENTI O SOLVENTI: acetone, benzina, benzolo, essenza di petrolio, essenza di trementina rettificata.

ESSICCANTI.

ATTREZZATURA E MATERIALI VARI: acquarelli, aerografo, appoggiamano, appretto, battispolvero, biacca, calcatoio, carboncino (carboncino in polvere, carbonella, fusaggine, matita a carboncino), carta lucida, cavalletto, colla, colore (in bastoncino, in polvere, in tubetto, solido; acrilico, a olio, a tempera, *gouache* o guazzo), compasso, compressore, curvografo o curvilineo, diafanografo, emulsione, fissativo, gesso, gomma da cancellare, gomma pane, graffio, intonaco (rinzaffo, arriccio), graticola o reticolato, inchiostro, macina da colori, manichino, matita, mestica, mestichino, mordente, pantografo, parallele, pastelli, penna (a cannuccia, stilografica, a china o *rapidograph*, a serbatoio o *graphos*, con punta in feltro o *marker* o pennarello), pennellessa, pennello (piatto, a lingua di gatto, rotondo, a spatola; asticciola, setole), pistola a spruzzo, ponteggio, preparazione, rapportatore, regolo, riga, sfumino, solvente, spatola, squadra, stampino, tavoletta, tavolozza, temperino, tiralinee, vernice, verucolo.

AZIONI: abbozzare, accennare, accordare i colori, affrescare o frescare, aggruppare le figure, arabescare, armonizzare, atteggiare, calcare, campare, campeggiare, campire, caricare di colore, chiaroscurare, colorire, comporre, contornare, copiare, correggere, dare movenza alle figure, decorare, delineare, digradare, dipingere, disegnare, drappeggiare, fondere, illustrare, imbrattare le tele, impannare, impastare, impiastricciare, istoriare, lumeggiare, mescolare, miniare, modellare, ombreggiare, panneggiare, pitturare, profilare, quadrettare, raffigurare, ricalcare, ritoccare, ritrarre, schizzare, scorciare, screziare, segnare, smorzare le tinte, spolverare, stemperare i colori, tinteggiare, tracciare, tratteggiare, velare.

TERMINI TECNICI VARI: campitura, campo, color locale, composizione, contorno, copia, crosta, effetti di luce, equilibrio, espressione, fattezza, figura, fondo, forma, gesto, grossezza della tinta, intensità della luce, lume, mano di colore, mezzombra, movenze, muscolatura, ombra, originale, pennellata, piega, plasticismo, profilo, proporzione (scala di proporzione, sezione aurea), prospettiva (piano-lineare, obliqua, curvilinea, cilindrica o panoramica, sferica; punto di stazione, di vista, di fuga, piano di terra, d'orizzonte, linea di terra, d'orizzonte, quadro), restauro, rilievo, ristata, sbattimento, scorcio, segno, sfumatura, soggetto, strato di colore, *texture*, tocco, tono, tratto.

VOCI ATTINENTI: filatterio o cartiglio, *happening*, maniera, modello, patina, scuola pittorica, stile pittoresco, *trompe-l'oeil*, *vernissage*; collezione, esposizione, galleria, mostra, museo, pinacoteca, quadreria, *salon*, studio.

(V. tavola DISEGNO e quadro terminologico STAMPA E RIPRODUZIONE).

2. *T.bot.* parte dell'embrione vegetale che darà poi origine alle due prime foglie.

piumìno (*dim.* di *piuma*) [1511] **sm.** **1.** l'insieme delle piume più sottili e morbide, spec. in quanto utilizzate per imbottire: *una trapunta di piumino* **2.** *per meton.* copriletto imbottito di piume, leggero e caldissimo ‖ grosso guanciale pieno di piume che si tiene sul letto per scaldare i piedi **3.** giaccavento imbottita di piuma d'oca **4.** nappetta di piume, spec. di cigno, usata per incipriarsi **5.** attrezzo per spolverare formato da un manico lungo e sottile, terminante con un ciuffo di piume **6.** *disus.* ciuffo di piume usato per guarnizione **7.** proiettile per fucili ad aria compressa, di piombo, provvisto di una coda di piume **8.** *T.bot.* erioforo.

piumóne [da *piuma*; 1983] **sm.** **1.** coperta da letto imbottita di piume o di materiale sintetico **2.** giaccone impermeabile imbottito di piuma d'oca.

piumosità [da *piumoso*; a. 1519] **sf.** *non com.* qualità di ciò che è piumoso.

piumóso [lat. *plumōsus*; 1360 ca.] **agg.** **1.** coperto di piume **2.** soffice e carezzevole come piuma ‖ **N.** **1.** *Sin.* piumato.

piuòlo V. PIOLO.

piùria o **piurìa** [comp. di *pi(o)-* e *-uria*; 1821] **sf.** *T.med.* presenza di pus nelle urine.

piuttòsto [da *più tosto*; a. 1294] · **I** **avv.** **1.** alquanto, notevolmente: *è piuttosto malandato di salute, rincasò piuttosto tardi, mi sembra piuttosto giù di morale* **2.** correlato con *che*, indica che il primo termine della correlazione costituisce una caratterizzazione più adeguata del secondo: *piuttosto originale che bello*, meglio caratterizzabile come originale che come bello (anche *originale piuttosto che bello*) ‖ preferibilmente, maggiormente: *viene piuttosto di lunedì che di martedì* **3.** con valore avversativo, invece, anzi: *non prendertela, piuttosto cerca di capire dove hai sbagliato* ‖ per rettificare o precisare: *spedisci questo pacco, o piuttosto portaglielo di persona* **II** nella **loc. cong.** *piuttosto che, piuttosto di*, anziché, pur di non, purché non: *piuttosto di star lì fermo, vieni a darmi una mano, piuttosto che tradire si farebbe uccidere.*

pìva [prob. lat. volg. **pīpa*, da *pipīre*, pigolare; a. 1313] **sf.** cornamusa, zampogna ‖ *fig. tornarsene con le pive nel sacco*, scornati, senza aver conseguito quanto si desiderava ‖ *dim.* pivétta.

pivèllo [dalla voce disus. *pivo*, ragazzo; 1545] **sm.** (f. *-a*) *fam.* **1.** principiante, novellino **2.** *region.* ragazzo pretenzioso, che si dà delle arie ‖ *dim.* pivellìno.

piviàle o **pievàle** [lat. *pluvialis*, della pioggia, attr. il lat. mediev. *pluviale*, (mantello) da pioggia; 1353 *pievale*] **sm.** *T.eccl.* paramento sacro costituito da un ampio e lungo mantello fermato sul petto da una fibula, che il sacerdote indossa nelle funzioni solenni e nelle processioni.

pivière¹ [dal fr. *pluvier*; a. 1440] **sm.** nome di alcuni uccelli dei Caradriformi con ali ampie, zampe provviste di tre sole dita e piumaggio bruno variamente chiazzato o striato di grigio o bianco-dorato.

pivière² [da *pieve*; 1321] **sm.** *arc.* il tratto di territorio che è sotto la giurisdizione del pievano.

pivieréssa [da *piviere¹*; 1827] **sf.** uccello costiero dei Caradriformi di medie dimensioni, di colore bianco a chiazze nere, molto ricercato per le carni pregiate.

pivot (fr., pr. [pi'vo]) [propr. perno; 1958] **sm.** *inv.* *T.sport.* nella pallacanestro, il giocatore che in fase d'attacco sta prevalentemente presso il canestro degli avversari per realizzare azioni offensive o conquistare palloni di rimbalzo.

pixel (ingl., pr. ['pɪksəl]; pr. it. ['piksel]) [comp. di *pix*, pl. di *pic(ture)*, pittura ed *el(ement)*, elemento; 1983] **sm.** *inv.* *T.inform.* unità elementare d'informazione grafica, corrispondente a un punto luminoso sullo schermo di un computer.

pìzia o **pitìa** [dal lat. *Pȳthia*, gr. *Pythía*; a. 1498] **sf.** *T.stor.* la sacerdotessa di Apollo che vaticinava in Delfi ‖ *fig.* persona che si esprime in modo oscuro e allusivo.

piziàmbico V. PITIAMBICO.

pìzio o **pìtio** (pl. *-zi*, *-ti*) [dal lat. *pȳthius*, gr. *Pȳthios*; prima metà sec. XIV] **agg.** epiteto di Apollo.

pìzza [voce di orig. nap.; 1565] **sf.** **1.** specialità della tradizione napoletana, costituita da una sottile focaccia di farina di grano duro cotta al forno con un condimento, nella ricetta più diffusa, di pomodori pelati, mozzarella, acciughe, origano e olio, oppure preparata con i più svariati ingredienti, secondo il gusto e la fantasia del pizzaiolo ‖ *region.* torta salata, focaccia all'olio **2.** *T.cin.* scatola piatta contenente la pellicola; *per estens.* la pellicola stessa **3.** *colloq.* cosa o persona noiosa: *che pizza quella conferenza!*

pizzaccherìno [da *pizzo*, becco; 1884] **sm.** *dial.* beccaccino maggiore o reale.

pizzaiòlo [da *pizza*; 1884] **sm.** (f. *-a*) **1.** chi impasta e inforna pizze **2.** *carne alla pizzaiola*, cotta nell'olio e condita con salsa di pomodoro, aglio, sale, pepe e origano.

pizzàrda [da *pizzo*, punta, becco; 1622] **sf.** **1.** nel Lazio, lo stesso che *beccaccia* **2.** nome che si dava a Roma nell'Ottocento al cappello a due punte delle guardie municipali.

pizzardóne [da *pizzarda*; 1871] **sm.** *rom.* nome dato nell'Ottocento alle guardie municipali, ed oggi ai vigili urbani.

pizzerìa [da *pizza*; 1884] **sf.** locale pubblico attrezzato con forno, in cui si preparano e si servono pizze.

pizzicàgnolo [da *pizzicare*, così detto perché vende cibi piccanti; a. 1348] **sm.** (f. *-a*) salumiere.

pizzicaiòlo V. PIZZICAROLO.

pizzicaménto [da *pizzicare*; 1683] **sm.** **1.** il pizzicare, il dare pizzicotti **2.** prurito.

pizzicàre (pres. *pìzzico*, *pìzzichi*) [da un disus. *pizzare*, pizzicare; 1306] **tr.** **1.** stringere con maggiore o minore forza, fra il pollice e l'indice, spec. rif. a carne del corpo: *pizzicare una gamba a qualcuno* (o *qualcuno a una gamba*) **2.** *per estens.* stringere (e perlopiù immobilizzare stringendo) per un lembo, un'estremità e sim.: *il foglio è stato pizzicato nel cassetto* **3.** *fig. fam.* acchiappare, cogliere: *ti ho pizzicato sul fatto, è stato pizzicato dalla polizia* **4.** *region.* di insetti, pungere: *mi ha pizzicato una vespa* **5.** *fig. pizzicare la lingua, il palato*, risultare piccante al gusto; anche *ass.*: *come pizzicano questi peperoni!*; *fam. acqua che pizzica*, frizzante **6.** *T.mus.* rif. a corde di uno strumento, far vibrare con la punta delle dita o con un attrezzo ‖ **intr.** (aus. *avere*) **1.** dare sensazione di pungente bruciore: *mi pizzica il naso dal freddo* ‖ *fig. sentirsi pizzicare le mani*, aver voglia di picchiare **2.** *non com.* aver qualche cosa di: *pizzica di matto* ‖ **N.** **tr.** **2.** *Sin.* pinzare **3.** *Sin.* beccare.

pizzicaròlo o **pizzicaiòlo** [da *pizzicare*, perché vende cibi piccanti; a. 1262 *pizicaiuolo*] **sm.** (f. *-a*) **1.** *ant.* droghiere, speziale **2.** *rom.* pizzicagnolo, salumiere.

pizzicàta [da *pizzicare*; a. 1560] **sf.** *non com.* pizzico (nei vari sensi).

pizzicàto (*pps.* di *pizzicare*) [1325 ca.] **sm.** *T.mus.* tecnica di esecuzione per gli archi, consistente nel far vibrare la corda con brevi colpi direttamente con le dita.

pizzicherìa [da *pizzicare*; 1550] **sf.** bottega del pizzicagnolo, salumeria.

pizzichìno [da *pizzicare*; 1863] **agg.** *fam.* frizzantino; piccante.

pìzzico (pl. *-chi*) [da *pizzicare*; 1340 ca.] **sm.** **1.** la quantità di sostanza presa con la punta di due o più dita della mano unite insieme: *un pizzico di sale* ‖ *fig.* un tantino: *un pizzico di fantasia, di pazzia* **2.** pizzicore: *sento un certo pizzico sulla lingua* **3.** puntura di insetto ‖ pizzicotto ‖ **N.** **1.** *Sin.* presa, punta.

pizzicóre [da *pizzicare*; a. 1292] **sm.** **1.** prurito, leggero bruciore **2.** *fig.* voglia, desiderio capriccioso ‖ *dim.* pizzicorìno.

pizzicorìno (*dim.* di *pizzicore*) [1863] **sm.** **1.** leggero pizzicore **2.** solletico: *smetti di farmi il pizzicorino.*

pizzicottàre (pres. *-òtto*) [da *pizzicotto*; 1855] **tr.** *fam.* prendere a pizzicotti ‖ **rec.** darsi scambievolmente dei pizzicotti; *fig.* pungersi l'un l'altro con parole.

pizzicòtto [da *pizzico*; 1538] **sm.** singolo atto del pizzicare una parte molle del corpo fra le dita: *un affettuoso pizzicotto sulle guance* ‖ *dim.* pizzicottìno.

pìzzo [voce di orig. espressiva; metà sec. XIV] **sm.** **1.** ciuffetto di barba appuntito che si lascia crescere sul mento **2.** trina, merletto: *pizzo al tombolo, guarnizione, coperta di pizzo* **3.** angolo appuntito: *il pizzo del fazzoletto* ‖ *in part.* picco montuoso: *Pizzo dei Tre Signori* **4.** *gerg.* nel gergo mafioso e camorristico, tangente estorta a commercianti, imprenditori e sim. ‖ *dim.* pizzétto.

pizzòcchero [etim. inc.; a. 1459 nel senso 2; 1553 nel senso 1] **sm.** **1.** *pl.* *T.cuc.* tradizionali tagliatelle della Valtellina, impastate con farina di grano saraceno, che conferisce loro il tipico color grigio scuro **2.** *ant.* pinzochero.

pizzutèllo [da *pizzuto*; 1560] **sm.** varietà di uva da tavola con acini lunghi, a punta e ricurvi.

pizzùto [da *pizzo*; 1606] **agg.** *region.* aguzzo, a punta ‖ *faccia pizzuta*, imbronciata.

placàbile [dal lat. *placābilis*; 1340] **agg.** che può essere placato, che si lascia placare ‖ **N.** *Contr.* implacabile.

placaménto [dal lat. *placamentum*; a. 1606] **sm.** atto del placare e del placarsi.

placàre (pres. *plàco*, *plàchi*) [dal lat. *placāre*; 1321] **tr.** rif. a persona agitata da ira, sdegno e sim., ricondurre a tranquillità, a mitezza: *se perde le staffe, nessuno riesce a placarlo* ‖ mitigare, temperare, sedare: *nulla vale a placare il suo odio, placare i morsi della fame* ‖ **intr. pron.** attenuarsi, calmarsi: *il vento, il mare si è placato, il dolore si sta placando* ‖ **N.** *Sin.* CALMARE.

placatìvo [da *placare*; a. 1444] **agg.** *raro* atto a placare.

placatóre [da *placare*; a. 1667] **agg.** e **sm.** (f. *-trìce*) che o chi placa: *preghiera placatrice.*

plàcca [dal fr. *plaque*; 1665] **sf.** **1.** sottile piastra di metallo, perlopiù con parole, numeri o altri segni incisi, per il riconoscimento di persone o cose ‖ *T.elettr.* ciascuna delle due piastrine dell'accumulatore **2.** *T.anat.* *placca motrice*, formazione terminale della fibra nervosa, collegata al tessuto muscolare **3.** *T.med.* area circoscritta della pelle o della mucosa, di colore e consistenza alterati, dovuta a processi infiammatori ‖ *sclerosi a placche*, infiammazione della sostanza bianca midollare ed encefalica, che evolve irreversibilmente in sclerosi, determinando gravi disturbi motori ‖ *placca batterica*, colonia di batteri in forma di patina che si forma in prossimità del colletto, sullo smalto dei denti **4.** *T.fis.* elettrodo positivo (anodo) di un tubo termoelettrico **5.** *T.alp.* lastrone di ghiaccio privo di appigli ‖ *dim.* placchétta ‖ **N.** **1.** *Sin.* lastra, piastra, piastrina, targa **3.** displasia, leucoplasia, macchia.

placcàggio (pl. *-gi*) [dal fr. *placage*; 1958] **sm.** *T.sport.* nel rugby, l'azione del placcare un avversario.

placcàre (pres. *plàcco, plàcchi*) [dal fr. *plaquer*, 1841] **tr.** **1.** rivestire con una laminetta di metallo (gen. più prezioso o resistente): *placcare d'oro un bracciale d'argento* **2.** *T.sport.* nel rugby, arrestare un avversario afferrandolo per le gambe.
placcàto (*pps.* di *placcare*) [a. 1916] **agg.** rivestito da una lamina sottile di metallo: *orecchini placcati d'oro.*
placcatùra [da *placcare*; 1929] **sf.** operazione di rivestimento di una superficie con una sottile laminetta metallica o di altro materiale || *concr.* la laminetta stessa || **N.** impiallacciatura.
placchétta (*dim.* di *placca*) [1890, nel senso 2] **sf.** **1.** piccola placca **2.** bassorilievo in metallo di piccole dimensioni **3.** nelle montature degli occhiali, ciascuna delle due alette che poggiano sul naso.
placebo (lat., pr. it. [pla'tʃɛbo]) [letter. prima pers. sing. fut. del lat. *placēre*, piacere; 1958] **sm.** *inv.* prodotto farmaceutico composto interamente da sostanze inerti; viene somministrato a pazienti con disturbi di natura non organica, a scopo suggestivo, oppure, nella sperimentazione di nuovi farmaci, ai membri di un gruppo di controllo || in funzione di **agg.** *inv.* posposto, *effetto placebo*, miglioramento delle condizioni di un paziente, ottenuto per suggestione da farmaci placebo.
placènta [dal lat. *placenta*, propr. focaccia; a. 1698] **sf.** **1.** *T.anat.* nei mammiferi superiori, organo membranoso ricco di vasi sanguigni che avvolge il feto durante la gestazione; serve per dar nutrimento al feto e viene espulso dopo il parto **2.** *T.bot.* zona interna all'ovario del fiore, su cui sono inseriti gli ovuli.
placentàle [da *placenta*; 1965] **agg.** *T.anat.* e *T.bot.* attinente alla placenta.
placentàre [da *placenta*; 1936] **agg.** *T.anat.* e *T.bot.* placentale.
Placentàti [da *placenta*; 1922] **sm.** *pl.* *T.zool.* mammiferi dotati di placenta.
placentazióne [da *placenta*; 1835 nel senso 2] **sf.** **1.** *T.anat.* processo di formazione della placenta **2.** *T.bot.* disposizione della placenta: *placentazione marginale, laminare*, a seconda che sia esterna o interna ai carpelli.
placet (lat., pr. it. ['platʃet]) [propr. piace; a. 1552] **sm.** *inv.* *T.stor.* negli stati giurisdizionalisti, l'approvazione che l'autorità civile concedeva alle disposizioni dell'autorità ecclesiastica per ciò che riguardava la collocazione dei benefici minori || *per estens.* autorizzazione: *ottenere, richiedere il placet* || **N.** *Sin.* *exequatur.*
placidézza [da *placido*; a. 1643] **sf.** *non com.* placidità.
placidità [dal lat. *placiditas, -ātis*; 1597] **sf.** tranquillità, calma, spec. come disposizione di una persona.
plàcido [dal lat. *placidus*, propr. che piace; a. 1364] **agg.** **1.** poco incline a turbamenti d'animo o a reazioni violente o vivaci, quieto: *uomo placido, sonno placido, indole placida* || serenamente rilassato; tranquillo: *starsene placido sul divano ad aspettare* **2.** *per meton.* che esprime o infonde pace, serenità, tranquillità: *colli placidi, mare placido* || *fiume placido*, che scorre lentamente || *morte placida*, senza agonia dolorosa || **placidaménte** **avv.** || **N.** TRANQUILLO.
placitàre (pres. *plàcito*) [da *placito*; a. 1536] **tr.** *ant.* intimare con un decreto.
placitazióne [da *placet*; 1870] **sf.** *T.stor.* negli stati giurisdizionalisti, il controllo esercitato dallo Stato sulle disposizioni delle autorità ecclesiastiche: *diritto di placitazione.*
plàcito [dal lat. *placitum*, propr. che piace; a. 1424] **sm.** **1.** nel Medioevo, sentenza emessa da un'autorità, decreto: *un placito imperiale* **2.** *T.stor.* al tempo di Carlo Magno, assemblea giudicante a cui prendeva parte il popolo; in epoca comunale, corte di giustizia **3.** *lett.* libera scelta, piacimento: *a tuo, suo placito*; *bene placito*, V. BENEPLACITO.
Placòfori [comp. di *placo-* e *-foro*; 1956] **sm.** *pl.* *T.zool.* classe di Molluschi marini con conchiglia formata da otto piastre articolate e un grosso piede nella faccia ventrale, con il quale si fissano alle rocce.
plafonatùra [da *plafone*; 1970] **sf.** costruzione di un plafond || plafond || **N.** *Sin.* soffittatura.
plafond (fr., pr. [pla'fɔ̃]) [letter. soffitto; 1939] **sm.** *inv.* **1.** *fig.* limite massimo: *plafond del reddito, di un credito* || *in part.* *T.aer.* la massima altezza che un dato aereo può raggiungere **2.** *non com.* soffitto.
plafóne **sm.** adattamento it. di *plafond* (v.).
plafonièra **sf.** adattamento it. di *plafonnier* (v.).
plafonnier (fr., pr. [plafɔ'nje]) [da *plafond*, soffitto; 1933] **sm.** *inv.* lampada aderente al soffitto.
plàga[1] (pl. *-ghe*; arc. *-ge*) [dal lat. *plaga*; 1321] **sf.** *lett.* regione, zona del cielo o della terra: *le remote plaghe d'Oriente.*
plàga[2] [dal lat. *plaga*; sec. XIII] **sf.** *arc.* piaga.
plagàle [dal lat. tardo *plagālis*; a. 1549] **agg.** *T.mus.* nella musica gregoriana, di ciascuno dei quattro modi derivati dai quattro autentici spostando l'estensione di una quarta sotto || *cadenza plagale*, quella che conclude su un accordo di dominante giungendo da quello di sottodominante.
plagiàre (pres. *plàgio*) [dal lat. tardo *plagiāre*, rubare; 1884] **tr.** **1.** copiare l'opera altrui facendola passare per propria: *De Chirico è stato spesso plagiato, plagiare una lirica francese* **2.** assoggettare alla propria volontà annullando il giudizio e l'iniziativa personale: *il capo della setta ha plagiato tutti gli adepti.*
plagiàrio (pl. *-ri*) [dal lat. *plagiārium*, attr. il fr. *plagiaire*; a. 1686] **sm.** (f. *-a*) reo di plagio (nel senso 1).
plàgio (pl. *-gi*) [dal lat. tardo *plagium*; 1745] **sm.** **1.** appropriazione dell'opera o di parte di un'opera artistica, letteraria o scientifica altrui, per spacciarla come propria || *concr.* l'opera che è il risultato del plagio **2.** nel diritto romano, reato di chi comprava un uomo libero e lo teneva o vendeva per servo, o di chi esercitava indebitamente la potestà su servi altrui || nel diritto moderno, reato di chi assoggetta qualcuno dominandolo psichicamente.
plàgio- [dal gr. *plágios*, obliquo] **primo elem.** che, in parole composte della terminologia scientifica, vale "che ha posizione obliqua" (per es. *plagiocefalia, plagioclasio, plagiotropismo*).
plagiocefalìa [comp. di *plagio-* e *-cefalia*; 1931] **sf.** *T.med.* malformazione del cranio causata da posizione obliqua dell'asse principale.
plagioclàṣio (pl. *-ṣi*) [comp. del gr. *plágios*, obliquo e un der. del gr. *klân*, rompere; 1922] **sm.** *T.chim.* nome generico dei silicati sodio-calcici del gruppo dei feldspati.
plagiotropìṣmo [comp. di *plagio-* e *tropismo*; 1958] **sm.** *T.bot.* fenomeno per cui un organo vegetale assume una posizione obliqua o inclinata, spec. in seguito a sollecitazioni luminose.
plaid (ingl., pr. [plæd]) [dallo scozzese *plaide*; 1757] **sm.** *inv.* coperta di lana, gen. a riquadri colorati e sfrangiata alle due estremità.
planaménto [da *planare*; 1956] **sm.** il planare.
planàre[1] [dal fr. *planer*, 1918] **intr.** (aus. *avere*) **1.** *T.aer.* di velivolo, volare senza l'ausilio del motore, secondo una traiettoria obliqua verso il basso || *per estens.* volare con volo librato: *il falco scendeva planando* **2.** *T.mar.* di imbarcazione, scivolare sull'acqua a forte velocità mantenendo immersa solo una piccola parte dello scafo.
planàre[2] [dal lat. tardo *planāris*; 1970] **agg.** che ha forma piana.
planària [dal lat. *planus*, piano; 1829] **sf.** *T.zool.* nome comune di vermi dei Platelminti che vivono prevalentemente nelle acque dolci, di forma appiattita a nastro ed elevata capacità rigenerativa.
planàta [da *planare*; 1929] **sf.** **1.** *T.aer.* l'azione del planare, e il tratto di volo percorso planando **2.** *T.mar.* l'andatura di un'imbarcazione che scivola veloce sull'acqua planando.
plància (pl. *-ce*) [prob. dall'occitano o catalano ant. *plancha*, ponticello; 1905] **sf.** *T.mar.* **1.** la parte scoperta del ponte di comando delle navi **2.** passerella d'imbarco e sbarco di merci e passeggeri, che collega la nave alla banchina. **TAV.** ***automobile*** **p. 658** 3.51; ***nave*** **p. 1327** 6.7.
planctòbio (pl. *-bi*) [comp. di *plancto(n)* e *-bio*; 1935 *planctobî* pl.] **sm.** *T.biol.* organismo animale o vegetale che contribuisce a formare il plancton.
plàncton o **plànkton** [dal gr. *planktón*, neutro di *planktós*, errante, attr. il ted.; 1895] **sm.** *inv.* l'insieme eterogeneo di piccoli esseri vegetali e animali che vivono sospesi nelle acque dolci o marine e costituiscono il nutrimento della maggior parte degli animali acquatici.
planctònico (pl. *-ci*) [da *plancton*; 1935] **agg.** proprio del plancton, relativo al plancton: *massa planctonica* || che interviene a formare il plancton: *organismo planctonico.*
planetàrio (pl. *-ri*) [dal fr. *planétaire*; 1521] **I** **agg.** **1.** *T.astr.* di o relativo a pianeta: *sistema planetario* **2.** *fig.* universale, cosmico **II** **sm.** apparecchio col quale viene proiettata all'interno di una cupola, rappresentante la volta celeste, una raffigurazione della posizione e dei movimenti relativi degli astri. **TAV.** ***astronomia*** **p. 656** 10.
planetòide [comp. del lat. *planeta*, pianeta e *-oide*; 1963] **sm.** pianetino || **N.** *Sin.* asteroide.
planetologìa [comp. del lat. *planēta*, pianeta e *-logia*; 1983] **sf.** studio dei pianeti.
planetològico (pl. *-ci*) [da *planetologia*; 1983] **agg.** proprio della planetologia, relativo alla planetologia.
plàngere (pres. *plàngo, plàngi*) [dal lat. *plangere*; sec. XIII] **intr.** (aus. *avere*) *arc.* piangere.
plàni- [dal lat. *plāni-*, da *plānus*, piano] **primo elem.** che, in parole composte della terminologia biologica, vale "piano" in rif. all'aspetto di organi vegetali o animali (per es. *Planipenni*) || in parole composte della terminologia scientifica vale "piano" in rif. a figure geometriche piane o alla rappresentazione in piano di oggetti (per es. *planimetria, planisfero*).
planimetrìa [comp. di *plani-* e *-metria*; sec. XIV] **sf.** **1.** *T.top.* studio della rappresentazione su un piano di una superficie a rilievi || *concr.* proiezione in scala sul piano orizzontale: *planimetria di un fabbricato, di un alloggio* **2.** *T.geom.* parte della geometria che si occupa della misurazione e della rappresentazione delle figure piane.
planimètrico (pl. *-ci*) [dal fr. *planimétrique*; 1867] **agg.** attinente alla planimetria.
planìmetro [dal fr. *planimètre*; 1865] **sm.** apparecchio per determinare sul disegno l'area di una qualsiasi superficie piana.
Planipènni (sing. *-e*) [comp. di *plani-* e *penna*; 1875] **sm.** *pl.* *T.zool.* sottordine dei Neurotteri, cui appartiene il formicaleone.
planiròstro [comp. di *plani-* e *rostro*; 1970] **agg.** *T.zool.* di animale, con becco appiattito: *uccello planirostro.*
planisfèrio V. PLANISFERO.
planisfèro (ant. *planisfèrio*) [da *plani-*, sul modello di *emisferio, emisfero*; a. 1536] **sm.** proiezione sul piano in un unico disegno, del-

l'intera superficie terrestre. **Q.T.** *geografia.*

planitùdine [dal lat. tardo *planitūdo, -inis*; 1958] ***sf.*** condizione di una superficie piana.

plànkton v. PLANCTON.

planning (ingl., pr. ['plænɪŋ]) [da *to plan,* progettare, prevedere; 1966] ***sm.*** *inv.* **1.** nella organizzazione aziendale e nella pubblica amministrazione, redazione di un piano di lavoro dettagliato **2.** pianificazione economica.

planoconìdio (pl. *-di*) [comp. di *plano-* e *conidio*; 1936] ***sm.*** *T.bot.* conidio provvisto di organi di moto || **N.** *Sin.* zooconidio.

planogamète [comp. di *plano-* e *gamete*; 1932] ***sm.*** *T.bot.* gamete che è in grado di muoversi mediante ciglia, flagelli o sim. || **N.** *Sin.* zoogamete.

planografia [comp. di *plano-* e *grafia*; 1925] ***sf.*** **1.** *T.tip.* stampa realizzata utilizzando matrici piane **2.** *T.med.* stratigrafia.

planogràfico (pl. *-ci*) [da *planografia*; 1933] ***agg.*** *T.tip.* relativo alla planografia, proprio della planografia.

plantagenèto [dall'ingl. *Plantagenet*; 1956] ***agg.*** della dinastia reale inglese dei Plantageneti.

Plantaginàcee (non com. *Piantaginàcee*) [dal lat. scient. *plantaginaceae*; 1956] ***sf. pl.*** *T.bot.* famiglia di piante dicotiledoni comprendente numerose specie erbacee con foglie basilari a nervature parallele e fiori a spiga || **N.** piantaggine.

plantàre [dal lat. *plantāris*; 1804] **I** ***agg.*** *T.anat.* relativo alla pianta del piede: *arterie plantari* **II** ***sm.*** supporto ortopedico da inserire nelle scarpe, sagomato in modo da mantenere la pianta del piede in posizione correttamente arcuata.

plantazióne [dal fr. *plantation*; 1988] ***sf.*** *T.teatr.* nel teatro ottocentesco di repertorio, progetto di disposizione degli elementi scenici sull'impiantito del palcoscenico, e anche la loro materiale messa in opera.

plantìgrado [dal fr. *plantigrade*; 1829] ***sm.*** **1.** *T.zool.* mammifero che cammina appoggiando l'intera pianta del piede sul terreno (per es. l'orso) **2.** *fam. spreg.* persona molto lenta || **N. 1.** digitigrado.

plàntula [dim. del lat. *plānta*, pianta; 1835] ***sf.*** *T.bot.* piantina appena germinata.

plànula [dal lat. *plānus*, piatto; 1931] ***sf.*** *T.zool.* larva marina ciliata dei Celenterati, piccola e di forma ovoidale, da cui si sviluppa il polipo.

plaquette (fr., pr. [pla'kɛt]) [propr. dim. di *plaque*, placca; 1905] ***sf.*** *inv.* opuscolo di poche pagine, gen. pregiato e a tiratura limitata.

-plaṣia [dal gr. *plásis*, formazione] ***elem. term.*** che, in parole composte della terminologia medica, vale "alterazione" (per es. *neoplasia*).

plàṣma [dal lat. tardo *plasma*, creatura, gr. *plásma*, cosa plasmata, forma; 1865] ***sm.*** **1.** *T.biol. plasma sanguigno*, la parte liquida del sangue, costituita per circa il novanta per cento di acqua, contenente proteine, sali minerali ed altre sostanze organiche, in cui sono sospesi globuli bianchi, globuli rossi e piastrine **2.** *T.fis.* materia allo stato gassoso diffusa nelle masse stellari, costituita da molecole fortemente ionizzate **3.** *T.min.* varietà di calcedonio.

plaṣmàbile [dal lat. tardo *plasmābilis*; 1871] ***agg.*** che si lascia facilmente plasmare: *creta plasmabile*; anche *fig.*: *l'animo dei giovani è facilmente plasmabile.*

plaṣmabilità [da *plasmabile*; 1922] ***sf.*** l'essere plasmabile.

plaṣmalèmma [comp. di *plasma* e gr. *lémma*, guscio, involucro; 1958 *plasmolemma*] ***sm.*** *T.bot.* membrana esterna della cellula vegetale.

plaṣmàre [dal lat. tardo *plasmāre*; a. 1294] ***tr.*** **1.** rif. a massa cedevole e amorfa, far assumere una forma determinata, perlopiù con sapiente manipolazione: *plasmare un volto nella creta* (ma anche *plasmare la creta*) **2.** *fig.* dar forma, configurare: *plasmare un personaggio, una teoria* || educare: *plasmare l'animo* || **N. 1.** *Sin.* foggiare, modellare; forgiare **2.** *Sin.* creare, definire, sviluppare, FORMARE.

plaṣmàtico (pl. *-ci*) [da *plasma*; 1875] ***agg.*** attinente al plasma sanguigno: *membrana plasmatica*, v. MEMBRANA.

plaṣmatóre [dal lat. tardo *plasmātor, -ōris*; metà sec. XIV] ***agg.*** e ***sm.*** (f. *-trìce*) *lett.* che o chi plasma.

plaṣmodèṣma [comp. di *plasma* e del gr. *dérma*, pellicola; 1931] ***sm.*** *T.bot.* ciascuno dei filamenti che attraversano le membrane e congiungono le cellule, garantendo così scambi di materia e passaggio di stimoli.

plaṣmòdio (pl. *-di*) [dal lat. scient. *plasmodium*; 1875 nel senso 2] ***sm.*** **1.** *T.biol.* massa di protoplasma con molti nuclei **2.** *pl. T.zool.* genere di microrganismi dei Protozoi, comprendente alcune specie responsabili delle febbri malariche.

plaṣmodiòfora [comp. di *plasmodio* e *-foro*; 1930] ***sf.*** *T.bot.* genere di funghi parassiti dei Ficomiceti, che producono galle sul fusto e sulla radice dei vegetali.

Plaṣmodioforàcee [dal lat. scient. *Plasmodiophoraceae*; 1956] ***sf. pl.*** *T.bot.* famiglia di funghi Ascomiceti parassiti di piante e altri funghi.

plàstica [dal lat. *plastica*, gr. *plastikḗ* (*téchnē*), (arte) plastica; a. 1498 nel senso 1] ***sf.*** **1.** arte di modellare materiali pastosi (come creta, cera ecc.) per ottenere figure o ornamenti in rilievo **2.** operazione chirurgica di modificazione o ricostruzione: *plastica al naso, all'utero* **3.** materia plastica: *un bambolotto di plastica, tovaglia, fiori, tubo di plastica* || **N. 3.** acetilcellulosa, fibra acrilica, fenoplasto, nitrato di cellulosa, resina poliacrilica, resina poliammidica, poliestere, polietilene, polipropilene, polistirolo (espanso), poliuretano, polivinile.

plasticàre (pres. *plàstico, plàstichi*) [da *plastica*; a. 1600 nel senso 1; 1965 nel senso 2] ***tr.*** *non com.* **1.** modellare, plasmare: *plasticare la creta* **2.** plastificare: *plasticare un tessuto.*

plasticatóre [dal lat. tardo *plasticātor, -ōris*; a. 1600] ***sm.*** (f. *-trìce*) *non com.* chi modella materie plasmabili.

plasticiṣmo [da *plastico*; a. 1907] ***sm.*** nell'arte della plastica e nella scultura, ricerca e creazione di particolari effetti di rilievo; *per estens.* anche rif. ad altre arti.

plasticità [dal fr. *plasticité*; 1843] ***sf.*** **1.** il carattere di ciò che può essere facilmente modellato per la sua morbidezza || *T.fis.* la proprietà di un corpo che si deforma stabilmente sotto l'azione di forze esterne **2.** *T.art.* impressione di particolare rilievo che un'opera riesce a suggerire **3.** *T.psican. plasticità della libido*, capacità della libido di cambiare con più o meno facilità oggetto e modo di soddisfacimento.

plàstico (pl. *-ci*) [dal lat. *plasticus*, gr. *plastikós*, attr. il fr. *plastique*; 1585] **I** ***agg.*** **1.** che dà una forma, che modella: *arti plastiche*, scultura, ceramica e, in gen., le arti figurative che producono forme in rilievo || *per estens.* che mette in rilievo le forme, spec. esaltandone la bellezza e l'armonia: *figura, forma plastica, effetto plastico di una descrizione* || modellato, costruito in tre dimensioni: *rappresentazione plastica di un edificio* **2.** cedevole, molle, che si presta a essere plasmato: *una massa plastica d'argilla* || *esplosivo plastico*, miscuglio di sostanze esplosive di consistenza pastosa, tale da poter essere modellato su ciò che deve essere fatto esplodere **3.** *T.chim. materie plastiche*, prodotti di sintesi a struttura molecolare polimerica, ricavate da sostanze organiche (es. idrocarburi e cellulosa), largamente diffusi in vari tipi con proprietà meccaniche ed estetiche diverse; caratterizzati da scarsa conducibilità, inossidabilità, insolubilità, gen. infiammabilità e proprietà di poter essere sagomati stabilmente **4.** *T.med. chirurgia plastica*, branca della chirurgia che si occupa di interventi ricostruttivi sulla cute e sui suoi annessi, allo scopo di riparare malformazioni congenite, traumatiche, o per fini estetici || di o relativo a chirurgia plastica: *intervento plastico* || **plasticaménte** ***avv.*** con plasticità **II** ***sm.*** **1.** *T.top.* rappresentazione in rilievo di una determinata zona di terreno, di un edificio e sim., modellino in scala: *il plastico della città, di un progetto* **2.** esplosivo plastico: *bomba al plastico* || **N. I 2.** *Sin.* duttile, malleabile, plasmabile **3.** PLASTICA.

plastìdio (pl. *-di*) [dal gr. *plastós*, plasmato; 1895] ***sm.*** *T.bot.* corpuscolo granulare immerso nel protoplasma delle cellule vegetali, contenente sostanze di riserva o pigmenti.

plastificànte [dal fr. *plastifiant*; 1949] ***agg.*** e ***sm.*** *T.chim.* di prodotto chimico aggiunto a sostanze al fine di migliorarne la lavorabilità e la plasticità.

plastificàre (pres. *-ìfico, -ìfichi*) [dal fr. *plastifier*; 1954] ***tr.*** **1.** dare plasticità mediante l'aggiunta di plastificanti **2.** ricoprire di un sottile strato di plastica: *libro con copertina plastificata, plastificare un documento.*

plastificazióne [dal fr. *plastification*; 1958] ***sf.*** l'operazione del plastificare.

plastilìna [da *plasti(ca)*; 1895] ***sf.*** nome commerciale di una miscela di argilla, cera, zolfo, ossido di zinco e olio, facilmente plasmabile, che si indurisce all'aria, usata per modellare figurine.

-plàsto [dal gr. *plastós*, formato] ***elem. term.*** che, in parole composte della terminologia biologica, vale "plastidio" (per es. *cloroplasto, leucoplasto*).

plastòmero [comp. di *plast(ico)* e *-mero*; 1974] ***sm.*** materia plastica in gen.

plastron (fr., pr. [plas'trɔ̃]) [dall'it. *piastrone*, in orig. armatura che protegge il petto; 1901] ***sm.*** *inv.* **1.** cravatta a nodo fatto, assai ampia, che ricopriva lo sparato della camicia, in uso ai primi del Novecento **2.** nella scherma, indumento intimo di protezione usato dagli schermidori. **TAV.** *scherma* 5.

Platanàcee [comp. di *platano* e *-acee*; 1895] ***sf. pl.*** *T.bot.* famiglia di piante dicotiledoni arboree diffuse nella fascia temperata, a cui appartiene il platano.

platanària [da *platano*; 1835] ***sf.*** acero riccio.

platanéto [da *platano*; 1759] ***sm.*** bosco di platani; terreno coltivato a platani.

platanista [dal gr. *platanistés*; a. 1498] ***sf.*** cetaceo simile al delfino, di lunghezza compresa tra uno e tre metri, che vive nei grandi fiumi dell'India.

plàtano [dal lat. *platanus*, gr. *plátanos*; a. 1320] ***sm.*** maestoso albero delle Platanacee, con larghe e robuste foglie palmate, fiori poco appariscenti, infruttescenze sferiche pendule che si disfano in semi pelosi; sopporta bene l'inquinamento atmosferico e pertanto è impiegato per viali e giardini cittadini || il legno chiaro e resistente di tale albero.

platèa [dal lat. *platēa*, var. di *platea*, via larga; a. 1704] ***sf.*** **1.** la parte più bassa del teatro, posta innanzi al palcoscenico, in cui sono disposte le poltrone per il pubblico: *prenotare due posti in platea, dalla platea sono giunti fiori e ovazioni* || *per meton.* il pubblico che occupa la platea: *la platea era visibilmente commossa* || *per estens.* pubblico: *platea televisiva* **2.** *T.edil.*

il piano delle fondamenta di un edificio || *T.mar.* il fondo del bacino di carenaggio **3.** *T.geol.* *platea continentale*, rilievo sottomarino con superficie estesa e piatta. **Q.T.** *teatro.*

plateàle [da *platea*; 1810] ***agg.*** **1.** ostentato; fin troppo evidente: *gesto plateale*; *errore plateale* **2.** *non com.* volgare, triviale: *insulti, modi plateali* || **platealménte** ***avv.***

plateàtico (pl. *-ci*) [dal lat. *platea*, piazza; 1500] ***sm.*** *T.stor.* nel Medioevo, tassa richiesta per occupazione di suolo pubblico, al fine di esporre e vendere merci.

plateau (fr., pr. [pla'to]) [da *plat*, piatto; 1819 nel senso 3; 1900 nel senso 2] ***sm. inv.*** **1.** cassetta bassa a listelli di legno, com. usata per trasportare prodotti ortofrutticoli: *un plateau di fragole, di funghi* **2.** vassoio **3.** *T.geol.* altopiano; *plateau oceanico*, platea continentale.

Platelmìnti (sing. *-a*) [comp. di *plati-* ed *elminti*; 1895] ***sm. pl.*** *T.zool.* invertebrati a simmetria bilaterale, con corpo piatto e allungato (di varia lunghezza), con apparato digerente a fondo cieco e bocca ventrale da cui vengono anche espulsi gli escrementi; vivono in acqua, nel terreno oppure sono parassiti di animali superiori (es. la tenia). **Q.T.** *zoologia* **TAV.** ***zoologia* p. 1344**.

platènse [dallo sp. *platense*, da (*Rio de la*) *Plata*; 1935] ***agg.*** che si riferisce al territorio attraversato dal Rio de la Plata: *vegetazione platense.*

plateré̀sco (pl. *-schi*) [dallo sp. *plateresco*; 1967] ***agg.*** di stile architettonico caratterizzato da forme decorative fastose e ricercate che uniscono elementi popolari, gotici e rinascimentali, diffuso in Spagna nel sec. XVI.

plàti- [dal gr. *platýs*, largo] ***primo elem.*** che, in parole composte della terminologia zoologica, vale "largo", "piatto" (per es. *Platelminti, platicerco, Platirrine*).

platicèrco (pl. *-chi*) [comp. di *plati-* e *-cerco*; 1875] ***sm.*** pappagallo australiano dai colori vivaci e dalla coda larga.

plàtina[1] o **platìna** [dal fr. *platine*; 1937] ***sf.*** **1.** *T.tip.* il piano che, nel torchio a mano per stampare, si abbassa per effetto di leve e fa pressione sul foglio di carta sovrapposto alla forma tipografica || la macchina stessa **2.** *T.orol.* piastra, gen. di forma circolare, che costituisce il pezzo base degli orologi su cui vengono montate le varie parti.

plàtina[2] [dallo sp. *platina*; 1769] ***sf.*** platino.

platinàggio (pl. *-gi*) [da *platinare*; 1958] ***sm.*** il rivestire la superficie di un oggetto di uno strato di platino || **N.** *Sin.* platinatura.

platinàre (pres. *plàtino*) [da *platino*, prob. sul modello del fr. *platiner*; 1871] ***tr.*** **1.** rivestire di platino mediante bagni galvanici **2.** di capelli, decolorare chimicamente conferendo colore biondo chiaro con riflessi metallici.

platinàto (*pps.* di *platinare*) [1948] ***agg.*** **1.** rivestito di platino **2.** di capelli o del loro colore, schiariti artificialmente: *una bionda platinata.*

platinatùra [da *platinare*; 1841] ***sf.*** atto ed effetto del platinare || **N.** *Sin.* platinaggio.

platinìfero [comp. di *platino* e *-fero*, prob. sul modello del fr. *platinifère*; 1871] ***agg.*** *T.min.* che contiene platino: *giacimento, minerale platinifero.*

platinìte [comp. di *platino* e *-ite*; 1929] ***sf.*** **1.** lega metallica contenente ferro e un'alta quantità di nichel, impiegata in elettrotecnica al posto del platino **2.** *T.min.* minerale di color grigio scuro e lucentezza metallica, contenente zolfo.

plàtino [dallo sp. *platina*, propr. lamina d'argento; 1788] ***sm.*** metallo nobile, assai duttile e malleabile, pesante, di colore più chiaro dell'argento; è utilizzato per fabbricare recipienti da laboratorio ed elettrodi, in oreficeria e nell'industria chimica || *spugna di platino*, platino allo stato poroso, adoperato in chimica come catalizzatore. **Q.T.** *oreficeria.*

Platirrìne [dal gr. *platýrrinos*, dalle larghe narici; 1905] ***sf. pl.*** *T.zool.* scimmie americane di medie dimensioni, con setto nasale largo e naso schiacciato, spesso anche con coda prensile, ma prive di tasche boccali. **TAV.** ***mammiferi* p. 1318**.

platirrìno [dal gr. *platýrrinos*, dalle larghe narici; 1835] ***agg.*** che possiede un naso largo e piatto.

platònico (pl. *-ci*) [dal lat. *platōnicus*, gr. *platōnikós*; sec. XV] **I *agg.*** **1.** di Platone, proprio del pensiero di Platone: *filosofia platonica* **2.** *com.* che non si vuole o non si può attuare, ideale, irreale: *desiderio platonico* || *amore platonico*, puramente spirituale, scevro di sensualità; anche *scherz.* || **platonicaménte** ***avv.*** idealmente **II *sm.*** (f. *-a*) seguace della filosofia platonica: *i platonici.*

platonìṣmo [da *Platone*; a. 1718] ***sm.*** *T.fil.* ogni indirizzo di pensiero ispirato alla filosofia di Platone || *in part.* in filosofia della matematica, la tesi secondo cui la matematica è la descrizione di un dominio di enti ideali oggettivi.

plaudìre (pres. *plàudo*, come APPLAUDIRE) [dal lat. *plaūdere*, con cambio di coniugazione; 1827] ***intr.*** (aus. *avere*) **1.** *lett.* applaudire **2.** *fig.* approvare con entusiasmo: *la nazione plaude a questa campagna morigeratrice.*

plauṣìbile [dal lat. *plausibilis*; a. 1590] ***agg.*** **1.** accettabile per la sua verosimiglianza: *scusa plausibile, argomento plausibile* **2.** *lett.* degno di lode e approvazione || **plauṣibilménte** ***avv.*** || **N.** **1.** *Sin.* ammissibile.

plauṣibilità [da *plausibile*; a. 1712] ***sf.*** l'essere plausibile.

plàuṣo [dal lat. *plausus*; a. 1514] ***sm.*** **1.** approvazione viva, consenso pieno: *ha ottenuto il plauso di tutto il paese* **2.** *lett.* applauso.

plàustro [dal lat. *plaustrum*; 1319] ***sm.*** *lett.* **1.** grande carro rustico a due o a quattro ruote piene, usato dagli antichi romani || *lett.* carro: *il padre... regge il dipinto plaustro* (Carducci) **2.** *poet.* l'Orsa Maggiore.

plautìno [dal lat. *plautīnus*; 1524] ***agg.*** proprio dello scrittore comico latino T. Maccio Plauto || *comicità plautina*, semplice e grossolana.

play (ingl., pr. [pleɪ]) [letter. gioco; 1942] ***escl.*** nel tennis, espressione pronunciata dal giocatore che sta per battere, per avvertire l'avversario che inizia il gioco || **N.** *ready.*

playback (ingl., pr. ['pleɪbæk]) [propr. gioca, recita di nuovo; 1942] ***sm. inv.*** tecnica cinematografica o televisiva che consiste nel sincronizzare le riprese con una colonna sonora realizzata precedentemente.

playboy (ingl., pr. ['pleɪbɔɪ]) [comp. di *to play*, giocare, recitare e *boy*, ragazzo; 1954] ***sm. inv.*** uomo o ragazzo dedito a vita frivola e mondana, che ostenta la compagnia di donne sempre diverse.

playmaker (ingl., pr. ['pleɪmeɪkə]; pr. it. [plei'mɛker]) [comp. di *play*, gioco e *maker*, colui che fa; 1964] ***sm. inv.*** *T.sport.* nella pallacanestro e nell'hockey, giocatore cui spetta di guidare l'attacco al canestro o alla rete avversaria.

play-off (ingl., pr. ['pleɪɒf]; pr. it. [plei'ɔf]) [da *to play off*, finire, concludere; 1980 *play-offs*] ***sm. inv.*** *T.sport.* in un campionato, serie di partite disputate per l'aggiudicazione del titolo finale tra le squadre prime classificate di uno o più gironi di qualificazione.

plazer (provenz., pr. [pla'zer]) [letter. piacere; 1988] ***sm. inv.*** *T.lett.* componimento poetico provenzale in cui si elencano le cose più piacevoli della vita || **N.** *Contr.* enueg.

plebàglia (pl. *-glie*) [da *plebe*; 1600] ***sf.*** *spreg.* massa di gente miserabile e di cattivi costumi: *una plebaglia inferocita.*

plebàno [dalla voce ant. *plebe*, pieve; 1820] ***agg.*** *raro* *T.eccl.* posto sotto la giurisdizione di una pieve.

plèbe [dal lat. *plebs, plebis*; 1313] ***sf.*** **1.** *T.stor.* la parte del popolo romano distinta dai patrizi e dai cavalieri **2.** la parte più arretrata e povera del popolo || *spreg.* massa popolare, moltitudine || *pegg.* plebàglia, plebàccia; *spreg.* plebùccia || **N.** **2.** *Sin.* ciurmaglia, fango, gentaglia, marmaglia, piazza, popolino, teppa, turba, volgo; popolo minuto.

plebeìṣmo [da *plebeo*; 1639] ***sm.*** *non com.* modo di dire plebeo, locuzione volgare, triviale || atteggiamento da plebeo.

plebeiẓẓàre [da *plebeo*; a. 1642] ***intr.*** (aus. *avere*) *raro* usare plebeismi; avere modi plebei.

plebèo [dal lat. *plebēius*; 1342] **I *agg.*** **1.** di plebe, della plebe dell'antica Roma: *origine plebea, magistratura plebea* **2.** *per estens.* del popolo; perlopiù *spreg.* volgare, triviale: *modi plebei, parole plebee* || **plebeaménte** (disus. *plebeiaménte*) ***avv.*** da plebeo **II *sm.*** (f. *-a*) chi appartiene alla plebe: *patrizi e plebei* || **N.** I **2.** *Sin.* piazzaiolo, popolaresco, proletario, volgare.

plebiscitàrio (pl. *-ri*) [da *plebiscito*; 1872] ***agg.*** **1.** relativo a plebiscito: *sistema plebiscitario* **2.** unanime: *votazione plebiscitaria* || **plebiscitariaménte** ***avv.***

plebiscìto [dal lat. *plebiscītum*, decisione del popolo; sec. XIV] ***sm.*** **1.** *T.stor.* presso i Romani, deliberazione della plebe, su proposta dei tribuni, che finì per assumere valore di vera e propria legge **2.** votazione diretta di tutto il popolo, su questioni riguardanti le strutture fondamentali dello Stato: *i plebisciti per l'unità d'Italia* **3.** *per estens.* consenso generale. **Q.T.** *politica.*

Plecòtteri [dal lat. scient. *Plecoptera*; 1835] ***sm. pl.*** *T.zool.* ordine di insetti a metamorfosi incompleta che depongono le uova nell'acqua.

-plegìa (pl. *-gìe*) [dal gr. *plēgḗ*, percossa] ***elem. term.*** che, in parole composte della terminologia medica, vale "paralisi" (per es. *diplegia, emiplegia*).

-plègico (pl. *-ci*) [da *-plegia*] ***elem. term.*** che, in parole composte della terminologia medica, indica pazienti affetti dalla corrispondente malattia terminante in *-plegia* (per es. *emiplegico*).

plèiade [da *pleiade*, n. di una costellazione; 1871] ***sf.*** *T.lett.* eletta schiera: *una pleiade di artisti.*

Plèiadi [dal lat. *Plēiades*, gr. *Plēïádes*, letter. figlie di Pleione; a. 1320 *pliade*] ***sf. pl.*** *T.astr.* costellazione di sette stelle, in cui gli antichi credevano mutate le sette figlie di Atlante e di Pleione, sorelle delle Iadi.

plein-air (fr., pr. [plɛ'nɛ:r]) [letter. piena aria; 1958] ***sm.*** e ***agg. inv.*** usato in riferimento alla pittura all'aria aperta, spec. degli Impressionisti.

plèio- V. PLEO-.

pleiotropìa [comp. di *pleio-* e *-tropia*; 1958] ***sf.*** *T.biol.* caratteristica propria di un gene che determina due o più caratteri fenotipici in apparenza non correlati tra di loro || **N.** *Sin.* polifenia.

pleiotròpico (pl. *-ci*) [da *pleiotropia*; 1958] ***agg.*** *T.biol.* *gene pleiotropico*, gene caratterizzato da pleiotropia.

Pleistocène [comp. del gr. *plêistos*, superl. di *polýs*, molto e *-cene*, attr. l'ingl. *pleistocene*; 1879] ***sm.*** *T.geol.* il primo periodo dell'èra quaternaria, caratterizzato da imponenti glaciazioni e dalla comparsa dell'uomo.

pleistocènico (pl. *-ci*) [da *pleistocene*, 1864] ***agg.*** del Pleistocene: *periodo pleistocenico.*

plenàrio (pl. *-ri*) [dal lat. tardo *plenārius*, da

plenus, pieno; seconda metà sec. XIV] ***agg.*** **1.** di consesso, a cui partecipano tutte le persone che ne hanno diritto: *assemblea, udienza, seduta plenaria* **2.** *T.eccl.* *indulgenza plenaria*, la remissione totale della pena dei peccati che rimane dopo l'assoluzione sacramentale; essa viene concessa dalla chiesa in certi limiti, forme e circostanze, ed è applicabile ai vivi e ai defunti **3.** *arc.* assoluzione con formula piena || **plenariaménte** ***avv.***

Plenicòrni [comp. del lat. *plēnus*, pieno e *corno*; 1931] ***sm. pl.*** *T.zool.* genere di mammiferi ruminanti dotati di corna piene || anche *agg.*: *ruminanti plenicorni* || **N.** *Contr.* cavicorni.

plenilunàre [da *plenilunio*; a. 1729] ***agg.*** *lett. non com.* del plenilunio: *notte, chiarore plenilunare.*

plenilùnio (pl. *-ni*) [dal lat. *plenilūnium*; 1321] ***sm.*** fase lunare durante la quale la luna, trovandosi in opposizione col sole, mostra agli osservatori terrestri tutto il disco illuminato || **N.** novilunio. **TAV. *astronomia* p. 656** 5.2.

plenipotenziàrio (pl. *-ri*) [dal lat. *plenipotens*; 1636] ***agg.*** che ha la facoltà di trattare e condurre a termine determinate trattative fra lo Stato dal quale ha ricevuto i pieni poteri e un altro Stato: *ministro plenipotenziario*; anche *sm.*: *i plenipotenziari nemici.*

plenitùdine [dal lat. *plenitūdo*, *-inis*; 1304] ***sf.*** *ant. lett.* **1.** pienezza; perfezione **2.** moltitudine.

plenum (lat., pr. it. ['plεnum]) [neutro sost. dell'agg. *plēnus*, pieno; 1895] ***sm. inv.*** riunione plenaria di partito o di organo statale: *importante riunione del plenum del Soviet Supremo.*

plèo- o **plèio-** [dal gr. *pléon*, più] ***primo elem.*** che, in parole composte della terminologia scientifica, vale "in quantità notevole", "in quantità superiore alla norma" (per es. *pleocroismo, pleiotropia*) || **N.** *Sin.* multi-, poli-, pluri-.

pleocroìsmo [comp. di *pleo-* e un der. di *chróa*, colore; 1875] ***sm.*** *T.min.* proprietà di alcuni cristalli che cambiano colore al variare dell'inclinazione, se osservati in trasparenza di fronte ad una luce polarizzata.

pleonàsmo [dal lat. tardo *pleonasmus*, gr. *pleonasmós*, sovrabbondanza, poi pleonasmo; 1585 *pleonasmos*] ***sm.*** *T.gram.* ridondanza di parole nel parlare e nello scrivere che può conferire maggior efficacia al discorso (es. "*a lui* preferisco parlar*gli* io") || parola o frase superflua || **N.** *Sin.* ridondanza, riempitivo, riempitura, ripieno, superfluità, zeppa.

pleonàstico (pl. *-ci*) [da *pleonasmo*; 1865] ***agg.*** di pleonasmo superfluo, che costituisce un pleonasmo: *figura, locuzione pleonastica* || **pleonasticaménte** ***avv.***

pleròma[1] [dal lat. tardo *plerōma*, gr. *plḗrōma*, pienezza; 1835] ***sm.*** *T.bot.* tessuto cellulare dell'apice vegetativo delle piante che dà origine alla parte centrale del fusto.

pleròma[2] o **plèroma** [dal lat. tardo *plerōma*, gr. *plḗrōma*, pienezza; 1835] ***sm.*** *T.fil.* la perfezione o pienezza dell'essere, secondo gli gnostici.

plesiosàuro [comp. del gr. *plēsíos*, vicino e *-sauro*; 1829] ***sm.*** *T.paleont.* rettile vissuto nel Giurassico e nel Cretaceo, lungo oltre cinque metri, con arti trasformati in pinne e una testa piccola sorretta da un collo lunghissimo.

plessìmetro [comp. del gr. *plêxis*, percossa e *-metro*; 1829] ***sm.*** *non com.* **1.** *T.med.* piastra rigida che si appoggia sulla parte interessata per praticare la percussione indiretta **2.** *raro* *T.mus.* metronomo.

plèsso [dal lat. *plexus*, intrecciato; a. 1673] ***sm.*** **1.** *T.anat.* viluppo o rete di elementi affini, spec. nervi o vasi sanguigni: *plesso cardiaco, nervoso*; *plesso solare* (o *celiaco*), grosso plesso simpatico posto nella regione celiaca **2.** complesso coordinato, spec. con funzione direttiva centrale: *plesso amministrativo* || nodo, nucleo: *plesso di concetti.* **TAV. *anatomia* p. 641** 4.

plètora [dal gr. *plēthṓra*, propr. pienezza; 1583] ***sf.*** **1.** *T.med.* sovrabbondanza di massa sanguigna che, oltre certi limiti, può provocare ipertensione e apoplessia **2.** aspetto costituzionale del soggetto pletorico **3.** *fig.* sovrabbondanza, eccesso: *una pletora di provvedimenti legislativi.*

pletòrico (pl. *-ci*) [dal gr. *plēthorikós*; 1493] ***agg.*** **1.** *T.med.* relativo a pletora sanguigna: *costituzione pletorica, disturbo pletorico* **2.** *soggetto pletorico*, corpulento e sanguigno **3.** *fig.* sovrabbondante, eccessivamente numeroso || **pletoricaménte** ***avv.***

plèttro [dal lat. *plectrum*, gr. *plêktron*; 1375] ***sm.*** **1.** piccolo strumento piatto di osso, corno e sim., solitamente con profilo a forma di goccia, usato per pizzicare le corde di uno strumento, tenuto fra le dita (mandolino, chitarra o, anticamente, cetra, liuto e sim.) o inserito nella meccanica di uno strumento a tastiera e corde pizzicate (spinetta, virginale e clavicembalo) **2.** *per meton. lett.* facoltà poetica.

plèura [dal gr. *pleurá*, fianco; 1494] ***sf.*** *T.anat.* membrana che avvolge ciascun polmone, formata da due foglietti fra i quali scorre un liquido sieroso || **N.** pleurite | pleurocentesi | pleurico.

pleuràle [da *pleura*; 1935] ***agg.*** **1.** *T.anat.* relativo alla pleura, proprio della pleura; pleurico **2.** *T.zool.* che costituisce la pleura.

plèurico (pl. *-ci*) [dal lat. *plēuricus*, gr. *pleurikós*, laterale; 1887] ***agg.*** di o della pleura: *cavità pleuriche.*

pleurite [dal lat. *pleuritis*, *-ĭdis*; 1556 *pleuritide*] ***sf.*** *T.med.* infiammazione della pleura accompagnata da secrezione di un liquido che riempie la cavità tra i due foglietti pleurici (*pleurite essudativa* o *umida*), talvolta con presenza di pus (*pleurite purulenta*), oppure dalla formazione di un rivestimento fibroso che fa aderire la pleura al polmone (*pleurite fibrinosa secca*) || **N.** empiema.

pleurìtico (pl. *-ci*) [dal lat. *pleurĭticus*, gr. *pleuritikós*; a. 1498] **I** ***agg.*** di o relativo a pleurite: *essudato pleuritico* || affetto da pleurite: *un paziente pleuritico* **II** ***sm.*** (f. *-a*) chi è affetto da pleurite.

plèuro- [dal gr. *pleurá*, fianco] ***primo elem.*** che, in parole composte della terminologia medica, vale "pleura" (per es. *pleurocentesi, pleurotomia*) || in parole composte della terminologia zoologica indica posizione su un fianco di un corpo (per es. *pleuronettidi, pleuronettiformi*).

pleurocentèsi [comp. di *pleuro-* e del gr. *kéntēsis*, puntura; 1895] ***sf.*** *T.med.* puntura praticata alla pleura per estrarne il siero o il liquido purulento.

pleurodinìa [comp. di *pleuro-* e *-odinia*; 1835] ***sf.*** *T.med.* dolore al torace, simile a quello avvertito in caso di pleurite.

Pleuronèttidi (sing. *-e*) [comp. di *pleuro-* e del gr. *nḗktēs*, nuotatore; 1835] ***sm. pl.*** *T.zool.* famiglia di pesci ossei marini (a cui appartiene la sogliola) con entrambi gli occhi situati su un lato del corpo.

Pleuronettifórmi (sing. *-e*) [comp. del lat. scient. *Pleuronectes* e *-forme*; 1965] ***sm. pl.*** *T.zool.* ordine di pesci Teleostei assai comuni in tutti i mari, dal corpo appiattito con una faccia scolorita che poggia sul fondo e una pigmentata e provvista di occhi. **TAV. *pesci* p. 1331.**

pleuroperitonite [comp. di *pleuro-* e *peritonite*; 1835] ***sf.*** *T.med.* processo infiammatorio che colpisce la pleura e il peritoneo.

pleuropolmonite [comp. di *pleuro-* e *polmonite*; 1899] ***sf.*** *T.med.* polmonite accompagnata da infiammazione alla pleura.

pleurotomìa [comp. di *pleuro-* e *-tomia*; 1891] ***sf.*** *T.med.* incisione del foglietto pleurico esterno, a scopo di drenaggio.

plèuston [dal gr. *plêin*, navigare; 1958] ***sm. inv.*** *T.biol.* insieme degli organismi animali e vegetali che vivono in sospensione nell'acqua o alla sua superficie, conferendole colorazione verdastra.

plexiglàs o **plèxiglas** [voce ingl. comp. di *plexi*, dal lat. *plexus*, intrecciato e *glass*, vetro; 1949] ***sm. inv.*** nome commerciale di una materia plastica trasparente, simile al vetro ma più leggera e infrangibile.

plica [dal lat. volg. **plica*, piega; 1640 nel senso 2] ***sf.*** **1.** *T.anat.* piega di un tessuto **2.** *T.mus.* nella *ars antiqua*, nota di abbellimento equivalente a un'appoggiatura, distinta da una gambetta supplementare.

plico (pl. *-chi*) [voce tratta dal lat. *plicāre*, piegare; a. 1503] ***sm.*** fascio di lettere, fogli o documenti contenuti nello stesso involto, busta e sim. **Q.T.** *posta.*

pliniàno [dal lat. *pliniānus*; 1521] ***agg.*** **1.** relativo agli autori latini Plinio il Vecchio e Plinio il Giovane; proprio di Plinio il Vecchio e Plinio il Giovane: *i trattati pliniani* **2.** *T.geol.* *eruzione di tipo pliniano*, eruzione iniziale della sommità di un vulcano quiescente || *fase pliniana*, fase iniziale dell'eruzione di un vulcano.

plinto [dal lat. *plinthus*, gr. *plínthos*, mattone; a. 1452] ***sm.*** **1.** *T.arch.* base quadrangolare sulla quale è posata la colonna **2.** *T.edil.* basamento in cemento armato posto sotto pilastri di fondazione **3.** *T.sport.* attrezzo ginnico di legno, per esercizi di volteggio, a forma di tronco di piramide || **N. 1.** *Sin.* basamento, base, dado, zoccolo. **TAV. *architettura* p. 646** 3.14.

Pliocène [comp. del gr. *plêion*, più e *-cene*, attr. l'ingl. *pliocene*; 1879] ***sm.*** *T.geol.* quarto e ultimo periodo dell'èra terziaria (da 7 a 2 milioni di anni fa), in cui la fisionomia delle terre emerse divenne simile a quella attuale e comparvero numerose specie antenate di quelle attuali.

pliocènico (pl. *-ci*) [da *pliocene*; 1864] ***agg.*** di o relativo a Pliocene.

plissé (fr., pr. [pli'se]) [pps. di *plisser*, pieghettare; 1905] ***agg. inv.*** (sempre posposto) pieghettato, increspato: *tessuto plissé.*

plissettàre (pres. *-étto*) [da *plissettato*; 1935] ***tr.*** rif. a tessuto, pieghettare.

plissettàto [1963] ***agg.*** adattamento it. di *plissé* (v.).

plissettatùra [da *plissettare*; 1974] ***sf.*** stiratura o lavorazione a piegoline, pieghettatura.

Plistocène e der. v. PLEISTOCENE e der.

Plocèidi (sing. *-e*) [dal gr. *plokéns*, che intreccia; 1954] ***sm. pl.*** *T.zool.* famiglia di uccelli Passeriformi, abili costruttori di nidi variamente intrecciati e fissati ai rami.

plongeon (fr., pr. [plɔ̃'ʒɔ̃]) [propr. immersione; 1920] ***sm. inv.*** *T.sport. disus.* nel calcio, tuffo del portiere.

plop (ingl., pr. [plɒp]) [voce onom.; 1970] voce onom. che imita il tonfo di un corpo che cade in un liquido || imita il rumore di una bottiglia di spumante che viene stappata.

ploràre (pres. *plòro*) [dal lat. *plorāre*; a. 1306] ***intr.*** (aus. *avere*) *poet.* piangere || ***tr.*** deplorare.

plòro [da *plorare*; metà sec. XIII] ***sm.*** *poet.* pianto.

plot (ingl., pr. [plɒt]) [letter. storia, trama; 1980] ***sm. inv.*** trama, intreccio di un film o di un'opera letteraria.

plòto [dal gr. *plōtós*, che nuota; 1875] ***sm.*** uccello tropicale dei Pelecaniformi, dal collo lungo, esile e senza piumaggio.

plotóne [dal fr. *peloton*, gruppo di soldati; a. 1680] ***sm.*** *T.mil.* ciascuna delle piccole unità in cui si divide una compagnia di fanteria o uno squadrone di cavalleria ‖ *plotone d'esecuzione*, il drappello che esegue una condanna a morte mediante fucilazione ‖ **N.** coorte, manipolo.

plotter (ingl., pr. ['plɒtə]; pr. it. ['plɔtter]) [letter. tracciatore, da to *plot*, disegnare, tracciare; 1983] ***sm.*** *inv. T.inform.* in un elaboratore elettronico, unità di uscita in grado di visualizzare dati in forma grafica ‖ **N.** *Sin.* tracciatore.

pluf [voce onom.; 1978] voce onom. che riproduce il rumore di un oggetto leggero che cade in un liquido.

plùgo (pl. *-ghi*) [dall'ingl. *plug*, tappo; 1958] ***sm.*** *T.pesc.* tipo di esca artificale a forma di piccolo pesce, composta da vari elementi mobili di legno o di plastica. **TAV.** *pesca* 8.3.

Plumbaginàcee [dal lat. scient. *Plumbaginaceae*; 1875] ***sf. pl.*** *T.bot.* famiglia di piante dicotiledoni, erbacee o arbustacee, con fiori in capolini o spighe e foglie alterne, diffuse spec. nelle zone litoranee.

plùmbeo [dal lat. *plumbeus*; a. 1492] ***agg.*** che ricorda il piombo per il colore grigio fosco e opaco o per opprimente pesantezza: *cielo plumbeo*; anche *fig.*: *clima politico plumbeo.*

plum-cake (ingl., pr. ['plʌm keɪk]; pr. it. [plum 'keik]) [comp. di *plum*, prugna e *cake*, dolce; 1905] ***sm.*** *inv.* dolce d'origine inglese, a base di farina, burro uova, canditi, uva passa e rhum, cotto in stampi rettangolari.

pluràle [dal lat. *plurālis*; a. 1294] **I** ***agg.*** **1.** *T.gram.* di nome numerabile o pronome, che designa una quantità superiore a uno, per mezzo di una marca morfologica (nas*i*, quell*i*) o lessicale (*noi*); di aggettivo o verbo, che concorda con nome o pronome plurale **2.** *per estens.* che consta di più elementi o aspetti, molteplice: *realtà plurale* ‖ **pluralménte** ***avv.*** *raro* **II** ***sm.*** una delle forme in cui si esprime la categoria del numero (opposto a *singolare* e, in alcune lingue, a *duale* e *triale*): *volgere al plurale un verbo, un nome usato solo al plurale* ‖ *plurale maiestatico*, V. MAIESTATICO.

pluralis maiestatis (lat., pr. it. [plu'ralis majes'tatis]) [letter. plurale di maestà] ***loc. m.*** *inv.* in allocuzioni solenni di personalità illustri o in atti ufficiali, uso della prima persona plurale da parte del parlante o dello scrivente per indicare se stesso.

pluralịsmo [dal lat. *plurālis*, plurale, attr. il ted. *Pluralismus*; 1895] ***sm.*** **1.** *T.fil.* ogni dottrina filosofica che considera l'universo composto di una molteplicità irriducibile di enti **2.** *T.pol.* integrazione nel sistema politico di più soggetti (partiti, sindacati, associazioni ecc.) più o meno fortemente istituzionalizzati **3.** *pluralismo ideologico*, disposizione a consentire e promuovere la compresenza e il rispetto reciproco di tendenze ideologiche diverse e anche contrapposte ‖ **N. 1.** *Contr.* monismo.

pluralis modestiae (lat., pr. it. [plu'ralis mo'dɛstje]) [letter. plurale di modestia] ***loc. m.*** *inv.* in un discorso o in uno scritto, uso della prima persona plurale finalizzato a mettere in ombra per modestia l'io parlante o a coinvolgere l'ascoltatore nelle tematiche.

pluralista [da *pluralismo*; 1947] ***s.*** seguace del pluralismo.

pluralistico (pl. *-ci*) [da *pluralismo*; 1958] ***agg.*** che si ispira al pluralismo.

pluralità [dal lat. tardo *pluralitas*, *-ātis*; sec. XIV] ***sf.*** molteplicità: *pluralità di opinioni, di significati.*

pluralizzàre [da *plurale*; 1728] ***tr.*** *raro* volgere al plurale.

plùri- [dal lat. *pluri-*, da *plus*, *pluris*, più] ***pref.*** che, in parole composte dotte, vale "(fatto) di più di uno", "in numero maggiore di uno" (per es. *pluriatomico*, *pluridecorato*, *pluriennale*) ‖ **N.** *Sin.* multi-, poli- | *Contr.* mono-, uni-.

pluriaggravàto [comp. di *pluri-* e *aggravato*; 1950] ***agg.*** *T.giur.* di reato, commesso con molte circostanze aggravanti.

pluriatòmico (pl. *-ci*) [comp. di *pluri-* e *atomico*; 1965] ***agg.*** *T.fis.* di molecola, composta da più atomi; di sostanza, composta da tali molecole.

pluricellulàre [comp. di *pluri-* e *cellula* con suff. agg.; 1878] ***agg.*** *T.biol.* di organismo, formato da più cellule ‖ **N.** *Contr.* unicellulare. **TAV.** ***botanica*** **p. 661** 3.

pluriclàsse [comp. di *pluri-* e *classe*; 1950] ***sf.*** nella scuola elementare, gruppo di più classi riunite (ciascuna composta da pochi alunni) nel quale insegna un solo maestro.

pluricolóre [comp. di *pluri-* e *colore*; a. 1970] ***agg.*** *non com.* multicolore.

pluricoltùra [comp. di *pluri-* e *coltura*; 1958] ***sf.*** *T.agr.* coltivazione nella stessa azienda di più prodotti agricoli.

pluridecennàle [comp. di *pluri-* e *decennale*; 1926] ***agg.*** di più decenni, che dura da decenni: *in questo campo ha una esperienza pluridecennale.*

pluridecoràto [comp. di *pluri-* e *decorato*; 1942] ***agg.*** e ***sm.*** (f. *-a*) che o chi ha avuto molte decorazioni: *militare pluridecorato.*

pluridimensionàle [comp. di *pluri-* e *dimensionale*; 1958] ***agg.*** che ha più dimensioni ‖ *fig.* che ha più aspetti: *il carattere pluridimensionale del problema* ‖ **N.** *Sin.* multidimensionale.

pluridimensionalità [da *pluridimensionale*; 1970] ***sf.*** l'essere pluridimensionale.

pluridirezionàle [comp. di *pluri-* e *direzionale*; 1965] ***agg.*** che si estende in più direzioni.

pluriennàle [comp. di *pluri-* sul modello di *biennale*; 1865] ***agg.*** che dura più anni: *programma pluriennale.*

plurigemellàre [comp. di *pluri-* e *gemellare*; 1958] ***agg.*** *parto plurigemellare*, parto in cui nascono più di due gemelli | *gravidanza plurigemellare*, gravidanza che precede tale parto.

plurigèmino [comp. di *pluri-* e *gemino*; 1942] ***agg.*** di parto, in cui vengono alla luce tre o più figli.

plurilateràle [comp. di *pluri-* e di un der. del lat. *latus*, *-eris*, lato; 1950] ***agg.*** si dice di accordi o discussioni in cui intervengono più di due parti ‖ **N.** *Sin.* multilaterale.

plurilateralità [da *plurilaterale*; 1970] ***sf.*** l'essere plurilaterale ‖ **N.** *Sin.* multilateralità.

plurilìngue [comp. di *pluri-* e *-lingue*; 1958] ***agg.*** *inv.* multilingue.

plurilinguịsmo [comp. di *pluri-* e (*bi*) *linguismo*; 1975] ***sm.*** uso di più lingue o dialetti da parte di una comunità ‖ uso di livelli di linguaggio o moduli espressivi diversi da parte di un autore o corrente letteraria ‖ **N.** bilinguismo, monolinguismo.

pluriloculàre [comp. di *pluri-* e di un der. del lat. *loculus*, dim. di *locus*, luogo; 1835] ***agg.*** *T.bot.* di ovario o frutto, suddiviso internamente in molte logge o loculi.

plurimandatàrio (pl. *-ri*) [comp. di *pluri-* e *mandatario*; 1983] **I** ***agg.*** *agente plurimandatario*, agente di vendita che opera per diverse ditte non concorrenti **II** ***sm.*** (f. *-a*) agente plurimandatario ‖ **N.** *Contr.* monomandatario.

plurimiliardàrio (pl. *-ri*) [comp. di *pluri-* e *miliardario*; 1983] ***agg.*** e ***sm.*** (f. *-a*) che, chi possiede molti miliardi ‖ **N.** *Sin.* multimiliardario.

plurimilionàrio (pl. *-ri*) [comp. di *pluri-* e *milionario*; 1958] ***agg.*** e ***sm.*** (f. *-a*) che, chi possiede molti milioni ‖ **N.** *Sin.* multimilionario.

plurimillenàrio (pl. *-ri*) [comp. di *pluri-* e *millenario*; 1950] ***agg.*** che dura da più millenni; che esiste da più millenni: *una civiltà plurimillenaria.*

plùrimo [dal lat. *plūrimus*; 1958] ***agg.*** molteplice ‖ *sistema a voto plurimo*, sistema elettorale adottato in passato, in cui alcuni elettori privilegiati potevano esprimere più voti.

plurimotóre [comp. di *pluri-* e *motore*; 1936] ***agg.*** di aereo, che ha più motori; anche *sm.*: *un plurimotore* ‖ **N.** quadrimotore.

plurinazionàle [comp. di *pluri-* e *nazione* con suff. agg.; 1954] ***agg.*** che comprende o riguarda più nazioni o nazionalità ‖ **N.** *Sin.* multinazionale.

plurinominàle [comp. di *pluri-* sul modello di *uninominale*; 1922] ***agg.*** di sistema elettorale in cui ciascuna circoscrizione elegge più rappresentanti ‖ **N.** *Contr.* uninominale.

plurinucleàre [comp. di *pluri-* e *nucleare*; 1988] ***agg.*** *T.bot.* multinucleare.

plurinucleàto [comp. di *pluri-* e *nucleato*; 1958] ***agg.*** *T.biol. cellula plurinucleata*, cellula che possiede più di un nucleo.

pluriomicìda [comp. di *pluri-* e *omicida*; 1980] ***s.*** chi ha commesso più omicidi.

plurìpara [comp. di *pluri-* e *-paro*; 1939] **I** ***agg.*** (solo *f.*) **1.** di donna che ha già partorito due o più volte **2.** *gravidanza pluripara*, gravidanza plurigemellare **II** ***sf.*** donna pluripara ‖ **N.** *Sin.* multipara.

pluripartìtico (pl. *-ci*) [comp. di *pluri-* e *partito*; 1958] ***agg.*** che vede la partecipazione di più partiti: *governo pluripartitico.*

pluripartitịsmo [comp. di *pluri-* e *partitismo*; 1983] ***sm.*** sistema politico che prevede la presenza di più partiti, alcuni dei quali stanno al governo, altri all'opposizione.

pluriplàno [comp. di *pluri-* e *-plano*; 1970] **I** ***agg.*** di velivolo, che presenta più ali sovrapposte con funzione aerodinamica **II** ***sm.*** velivolo pluriplano ‖ **N.** *Sin.* multiplano.

pluripósto [comp. di *pluri-* e *posto*; 1958] ***agg.*** e ***sm.*** *inv.* di mezzo di trasporto, spec. di velivolo, che ha più posti.

plurireattóre [comp. di *pluri-* e *reattore*; 1970] ***agg.*** e ***sm.*** *T.aer.* di aereo, azionato da più reattori.

plurisecolàre [comp. di *pluri-* e *secolo* con suff. agg.; 1958] ***agg.*** della durata di parecchi secoli.

plurisìllabo [comp. di *pluri-* sul modello di *polisillabo*; 1958] ***agg.*** e ***sm.*** di parola, composta di più sillabe.

pluristàdio (pl. *-di*) [comp. di *pluri-* e *stadio*; 1958] ***agg.*** di missile, formato da più stadi.

pluristilịsmo [comp. di *pluri-* e un der. di *stile*; 1987] ***sm.*** compresenza in un testo di diversi registri di stile ‖ **N.** *Contr.* monostilismo.

pluriùso [comp. di *pluri-* e *uso*; 1970] ***agg.*** *inv.* che può avere usi diversi: *apparecchi pluriuso* ‖ **N.** *Sin.* multiuso.

plurivalènte [comp. di *pluri-* e *valente*; 1979] ***agg.*** **1.** che ha molti valori **2.** *T.chim.* polivalente.

plurìvoco (pl. *-ci*) [comp. di *pluri-* e (*uni*)*voco*; 1958] ***agg.*** **1.** *T.mat. funzione plurivoca*, in cui ad ogni variabile indipendente corrisponde una o più variabili dipendenti **2.** *per estens.* che ha più significati, che è suscettibile di più interpretazioni ‖ **N. 1.** *Sin.* polidromo.

plùṣia [dal gr. *plóusios*, ricco, per le macchie d'oro e d'argento che ha sulle ali; 1875] ***sf.*** farfalla crepuscolare e notturna, con una macchia argentea sulle ali grigie.

plusvalènza o **pluṣvalènza** [adattamento del fr. *plus-value*, comp. di *plus*, più e *value*, propr. valuta; 1863] ***sf.*** *T.econ.* differenza positiva tra il valore di un bene a un dato momento e il suo valore in un momento precedente.

plusvalóre o **pluṣvalóre** [comp. di *plus* e *valore*, calco sul ted. *Mehrwert*; 1905] ***sm.*** *T.econ.* nella teoria marxista dell'economia capitalistica, la differenza fra il valore prodotto dal lavoratore e la sua retribuzione.

plùteo [dal lat. *pluteus*, parete di difesa; fine sec. XIII nel senso 3] **sm.** **1.** nelle chiese medievali, parapetto istoriato che delimita l'altare, la cantoria o il presbiterio **2.** nelle biblioteche medievali e rinascimentali, mobile per la custodia dei manoscritti, il cui ripiano superiore, inclinato, serviva da leggio **3.** *T.stor.* parapetto mobile su tre ruote, usato anticamente dai soldati che avanzavano all'assalto di città o fortezze, a scopo di protezione.

plutòcrate [dall'ingl. *plutocrat*; 1918] **s.** chi esercita potere politico o influenza nella vita sociale, in forza della propria ricchezza || *per estens.* riccone (perlopiù *spreg.*).

plutocràtico (pl. *-ci*) [dall'ingl. *plutocratic*; 1891] **agg.** relativo a plutocrate o a plutocrazia: *governo plutocratico* || **plutocraticaménte** **avv.**

plutocrazìa [dal gr. *plontokratía*, attr. l'ingl. *plutocracy*; 1835] **sf.** sistema sociale basato sulla supremazia politica dei ricchi. **Q.T.** *politica.*

plutodemocrazìa [comp. di *pluto(crazia)* e *democrazia*; 1939] **sf.** lo stesso che *demoplutocrazia.*

plutóne [dal n. proprio *Plutone*, divinità sotterranea della mitologia greca; 1958] **sm.** **1.** *T.geol.* massa rocciosa di origine magmatica, consolidatasi in profondità nella crosta terrestre **2.** (con iniziale maiuscola) nono e ultimo pianeta del sistema solare posto alla massima distanza dal Sole. **TAV.** *astrologia* 2.2.

plutoniàno[1] [da *Plutone*; 1871] **agg.** **1.** attinente al pianeta Plutone **2.** plutonico.

plutoniàno[2] [da *plutone*; 1875] **agg.** *T.geol.* attinente alle effusioni magmatiche e ai fenomeni ad esse collegati.

plutònico (pl. *-ci*) [da *plutone*; a. 1869] **agg.** *lett.* *T.geol.* di origine vulcanica: *rocce plutoniche* || **N.** *Sin.* intrusivo.

plutònio (pl. *-ni*) [dal n. proprio *Plutone*; 1948] **sm.** *T.chim.* elemento chimico artificiale radioattivo, utilizzato per generare energia nucleare nei reattori, o a scopo bellico.

plutonismo [da *plutone*; a. 1869] **sm.** *T.geol.* **1.** l'insieme dei fenomeni magmatici che avvengono sotto la crosta terrestre **2.** teoria che attribuisce all'azione del calore e della pressione interna la formazione delle rocce (contrapposto a *nettunismo*).

plùvia [dal lat. *pluvia*; sec. XIII] **sf.** *arc.* pioggia.

pluviàle [dal lat. *pluviālis*; prima metà sec. XIV] **I agg.** di, relativo a pioggia: *acqua pluviale*, acqua piovana || *foresta pluviale*, distribuita nelle regioni equatoriali a clima costantemente caldo e precipitazioni abbondanti, ideale per il rigoglio di licheni, muschi, orchidee e numerose specie arboree **II sm.** canale verticale di scarico dell'acqua piovana dalla grondaia a terra. **TAV.** *abitazione* 1.32.

plùvio (pl. *-vi*) [dal lat. *pluvius*; prima metà sec. XIV] **agg.** *raro lett.* piovoso: *tempo pluvio* || *Giove pluvio*, dispensatore della pioggia.

plùvio- [dal lat. *pluvia*, pioggia] **primo elem.** che, in parole composte della terminologia scientifica, vale "pioggia" (per es. *pluviografo*, *pluviometro*).

pluviografìa [comp. di *pluvio-* e *-grafia*; 1986] **sf.** *T.meteor.* registrazione grafica del livello della pioggia caduta.

pluviogràfico (pl. *-ci*) [comp. di *pluvio-* e *-grafico*; 1958] **agg.** *T.meteor.* relativo a pluviografo o pluviografia: *misurazioni pluviografiche.*

pluviògrafo [comp. di *pluvia* e *-grafo*; 1954] **sm.** pluviometro dotato di apparato registratore || **N.** *Sin.* ombrografo.

pluviometrìa [dal fr. *pluviométrie*; 1915] **sf.** la tecnica di misurare la pioggia per mezzo del pluviometro.

pluviomètrico (pl. *-ci*) [dal fr. *pluviométrique*; 1871] **agg.** *T.meteor.* di pluviometro o di pluviometria: *rilevazioni, osservazioni pluviometriche.*

pluviòmetro [dal fr. *pluviomètre*; 1821] **sm.** *T.meteor.* apparecchio che serve a misurare la quantità di pioggia caduta in un luogo in un determinato tempo || **N.** *Sin.* misurapioggia, ombrometro.

pluvioscòpio (pl. *-pi*) [comp. di *pluvio-* e *-scopio*; 1958] **sm.** apparecchio per la misurazione della durata di una precipitazione atmosferica.

pluvióso [dal lat. *pluviōsus*; a. 1306] **agg.** *arc.* piovoso.

-pnèa [dal gr. *pneîn*, respirare] **elem. term.** che in parole composte della terminologia scientifica indica "respirazione" (per es. *eupnea, tachipnea*).

pnèuma [dal lat. tardo *pnēuma*, gr. *pnêuma*, soffio; 1521] **sm.** **1.** *T.mus.* melisma prolungato su una sola sillaba, tipico dei canti del primo Cristianesimo **2.** *T.fil.* nella filosofia dei presocratici e nello stoicismo, lo spirito divino che anima la natura **3.** *T.rel.* nella Patristica, lo Spirito Santo.

pneumàtico (pl. *-ci*) [dal lat. tardo *pneumaticus*, gr. *pneumatikós*; a. 1687] **I agg.** **1.** *T.fis.* relativo all'aria || *in part.* *macchina pneumatica*, quella che serve ad aspirare aria da un recipiente per farvi il vuoto || *posta pneumatica*, sistema per il recapito immediato di documenti racchiusi in bossoli, che si avvale di tubazioni a pressione d'aria **2.** *T.fil.* e *T.rel.* permeato di spirito divino, detto spec. di individui privilegiati, che si consideravano in rapporto diretto con la divinità **II sm.** rivestimento tubolare di gomma, con o senza camera d'aria, gonfiato ad alta pressione, che copre le ruote di alcuni veicoli allo scopo di attenuare gli urti contro le asperità del percorso e garantire aderenza al terreno. **Q.T.** *automobile, motocicletta* **TAV.** ***automobile*** **p. 658** 2; ***motociclet-ta...*** **p. 1323** 6.19.

pnèumato- [dal gr. *pnêuma, -atos*, soffio] **primo elem.** **1.** in parole composte della terminologia scientifica, vale "aria", "gas" (per es. *pneumatoforo, pneumatometro*) **2.** in parole composte della terminologia filosofica vale "spirito" (per es. *pneumatologia*) || **N.** **1.** *Sin.* pneumo-[1].

pneumatòforo [comp. di *pneumato-* e *-foro*; 1954] **sm.** *T.bot.* radice aerea propria di certe piante che vegetano sulle coste paludose delle zone tropicali.

pneumatologìa [comp. di *pneumato-* e *-logia*; 1771 nel senso 1] **sf.** **1.** *T.fil.* in varie dottrine filosofiche dei secoli XVII-XIX, la scienza di Dio e delle anime (o anche delle sole anime) **2.** *T.teol.* lo Spirito Santo.

pneumatòmetro [comp. di *pneumato-* e *-metro*; 1970] **sm.** *T.med.* pneumometro.

pneumectomìa [comp. di *pneumo*[2] e *-ectomia*; 1885] **sf.** *T.chir.* intervento chirurgico per l'asportazione di un polmone || **N.** *Sin.* pneumonectomia.

pnèumo-[1] [dal gr. *pnêuma, -atos*, soffio, vento] **primo elem.** che, in parole composte della terminologia scientifica, vale "aria", "gas" (per es. *pneumoencefalo, pneumotorace*) || **N.** *Sin.* pneumato-.

pnèumo-[2] [dal gr. *pnéumōn, -onos*, polmone] **primo elem.** che, in parole composte della terminologia medica, vale "polmone" (per es. *pneumografia, pneumorragia, pneumotomia*) || **N.** *Sin.* pneumono-.

pneumocèle [comp. di *pneumo-*[2] e *-cele*; 1835] **sm.** *T.med.* ernia del polmone estroflessa in uno spazio intercostale.

pneumocòcco (pl. *-chi*) [comp. di *pneumo-*[2] e *cocco*; 1899] **sm.** *T.med.* diplococco che provoca la polmonite.

pneumoconiòsi [comp. di *pneumo-*[2] del gr. *kónis*, polvere e *-osi*; 1939] **sf.** *T.med.* ogni malattia polmonare dovuta a inalazione prolungata di polveri (per es. la silicosi, l'alluminosi, l'antracosi e sim.).

pneumoencèfalo [comp. di *pneumo-*[1] ed *encefalo*; 1958] **sm.** *T.med.* introduzione di aria nelle cavità cerebrali, come terapia coadiuvante in alcune forme di epilessia o come tecnica di indagine radiologica.

pneumoencefalografìa [comp. di *pneumoencefalo* e *-grafia*; 1958] **sf.** *T.med.* indagine radiologica delle cavità cerebrali effettuata con la tecnica del pneumoencefalo.

pneumogàstrico (pl. *-ci*) [comp. di *pneumo-*[2] e *gastrico*; 1835] **agg.** *nervo pneumogastrico*, nervo vago.

pneumografìa [comp. di *pneumo-*[2] e *-grafia*; 1888] **sf.** *T.scient.* registrazione grafica, col pneumografo, dei movimenti respiratori.

pneumògrafo [comp. di *pneumo-*[2] e *-grafo*; 1902] **sm.** *T.scient.* apparecchio che serve a registrare il movimento respiratorio del polmone.

pneumologìa [comp. di *pneumo-*[2] e *-logia*; 1835] **sf.** *T.med.* branca della medicina che si occupa dei polmoni dal punto di vista anatomico, fisiologico e patologico.

pneumometrìa [comp. di *pneumo-*[2] e *-metria*; 1899] **sf.** *T.scient.* determinazione della capacità respiratoria dei polmoni.

pneumòmetro [comp. di *pneumo-*[2] e *-metro*; 1929] **sm.** *T.med.* apparecchio con cui si misura la capacità inspiratoria ed espiratoria di un polmone || **N.** *Sin.* pneumatometro, spirometro.

pneumonectomìa [comp. di *pneumono-* ed *-ectomia*; 1948] **sf.** *chir.* asportazione chirurgica parziale o totale del polmone || **N.** *Sin.* pneumectomia.

pneumonìa [dal gr. *pneumonía*; 1835] **sf.** *T.med.* *raro* polmonite.

pneumònico (pl. *-ci*) [dal gr. *pneumonikós*; 1745] **agg.** *raro* di polmone, relativo a polmone.

pneumonite [comp. di *pneumo-*[2] e *-ite*[1]; 1835] **sf.** *raro* polmonite.

pnèumono- [dal gr. *pnéumōn, -onos*, polmone] **primo elem.** *raro* che, in parole composte della terminologia medica, vale "polmone" (per es. *pneumonectomia*) || **N.** *Sin.* pneumo-[2].

pneumopatìa [comp. di *pneumo-*[2] e *-patia*; 1958] **sf.** nome generico di malattia del polmone.

pneumopericàrdio (pl. *-di*) [comp. di *pneumo-*[1] e *pericardio*; 1875] **sm.** *T.med.* penetrazione di aria nel sacco pericardico.

pneumoperitonèo [comp. di *pneumo-*[1] e *peritoneo*; 1958] **sm.** *T.med.* penetrazione di aria nella cavità peritoneale.

pneumorragìa (pl. *-gie*) [comp. di *pneumo-*[2] e *-rragia*; 1835] **sf.** *T.med.* emorragia polmonare.

pneumotomìa [comp. di *pneumo-*[2] e *-tomia*; 1835] **sf.** *T.med.* incisione chirurgica del polmone.

pneumotoràce [comp. di *pneumo-*[1] e *-torace*; 1821] **sm.** *T.med.* **1.** presenza di aria o gas nella cavità della pleura per cause naturali **2.** sistema di cura per la tubercolosi polmonare, che prevede l'immissione di gas (azoto) nella cavità pleurica con conseguente immobilizzazione del polmone che facilita la cicatrizzazione.

po'[1] (pr. [pɔ]) troncamento di *poco.*

po'[2] (pr. [pɔ]) troncamento di *poi.*

pòa [dal gr. *póa*, erba, foraggio; a. 1878] **sf.** *T.bot.* genere di piante erbacee delle Graminacee, coltivate perché ottime foraggere.

poàna V. POIANA.

poc'ànzi [comp. di *poco* e *anzi*; 1541] **avv.** poco tempo fa, poco prima.

póccia (pl. *-ce*) [da *poppa*[2], con influsso di *ciucciare*; sec. XIV-XV] **sf.** *tosc.* mammella, poppa.

1

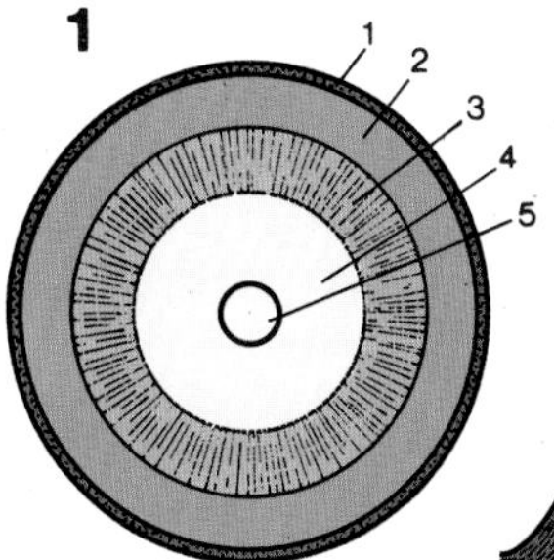

2

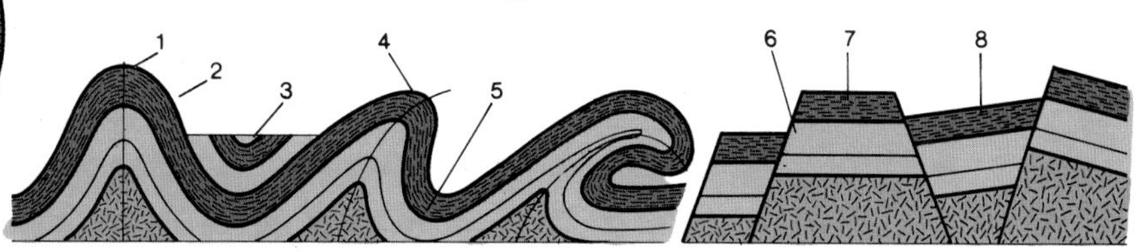

3

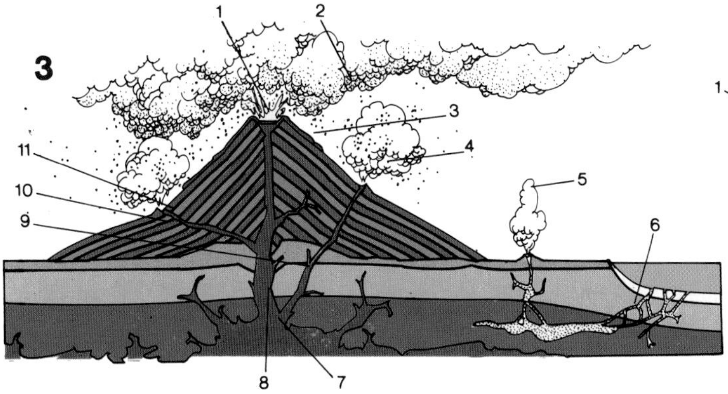

5

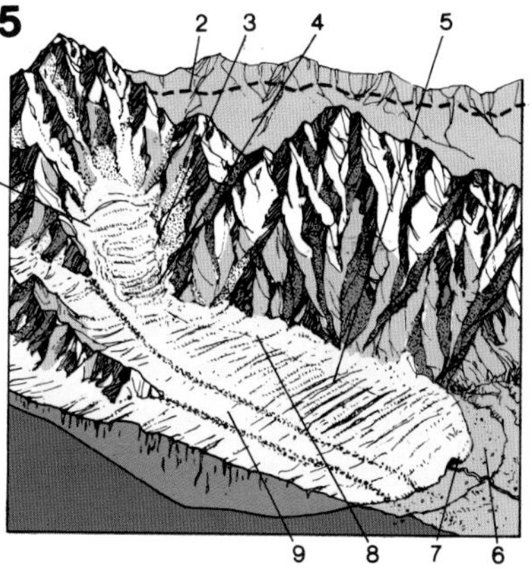

4

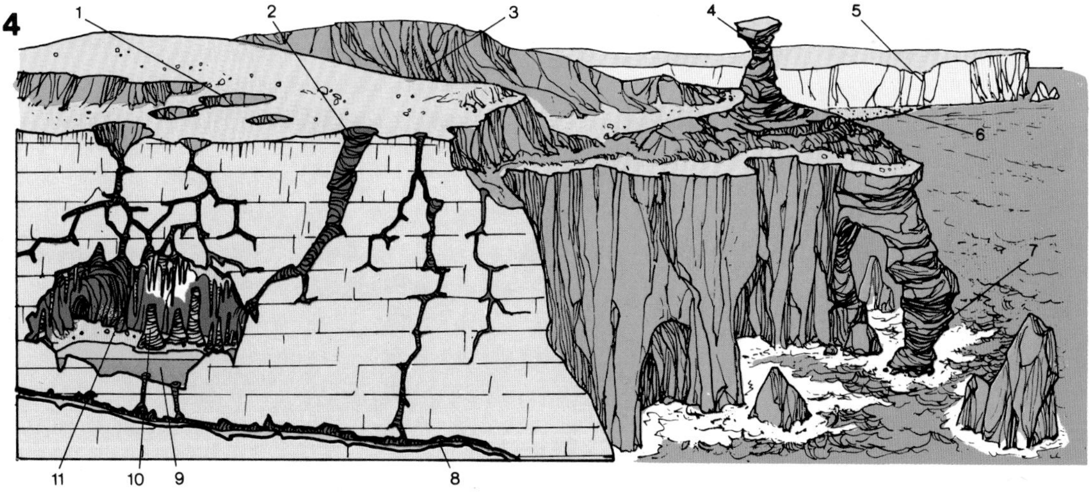

1. struttura terrestre
1.1. crosta - 1.2. mantello superiore - 1.3. mantello inferiore - 1.4. nucleo esterno - 1.5. nucleo interno

2. geologia strutturale
2.1. asse - 2.2. anticlinale - 2.3. sinclinale - 2.4. piega inclinata - 2.5. piega rovesciata - 2.6. faglia - 2.7. *horst* - 2.8. *graben*

3. vulcano
3.1. cratere - 3.2. ceneri - 3.3. lava - 3.4. lapilli - 3.5. soffione - 3.6. infiltrazioni d'acqua - 3.7. magma - 3.8. gola - 3.9. condotto - 3.10. colata - 3.11. cono secondario

4. ghiacciaio
4.1. crepaccio terminale - 4.2. neve perpetua - 4.3. bacino collettore - 4.4. seracchi - 4.5. crepacci - 4.6. torrente glaciale - 4.7. bocca a porta - 4.8. bacino ablatore - 4.9. morena

5. fenomeni geologici
5.1. dolina - 5.2. voragine - 5.3. calanchi - 5.4. erosione eolica - 5.5. falesia - 5.6. sabbia - 5.7. erosione marina - 5.8. fiume sotterraneo - 5.9. grotta - 5.10. stalagmiti - 5.11. stalattiti

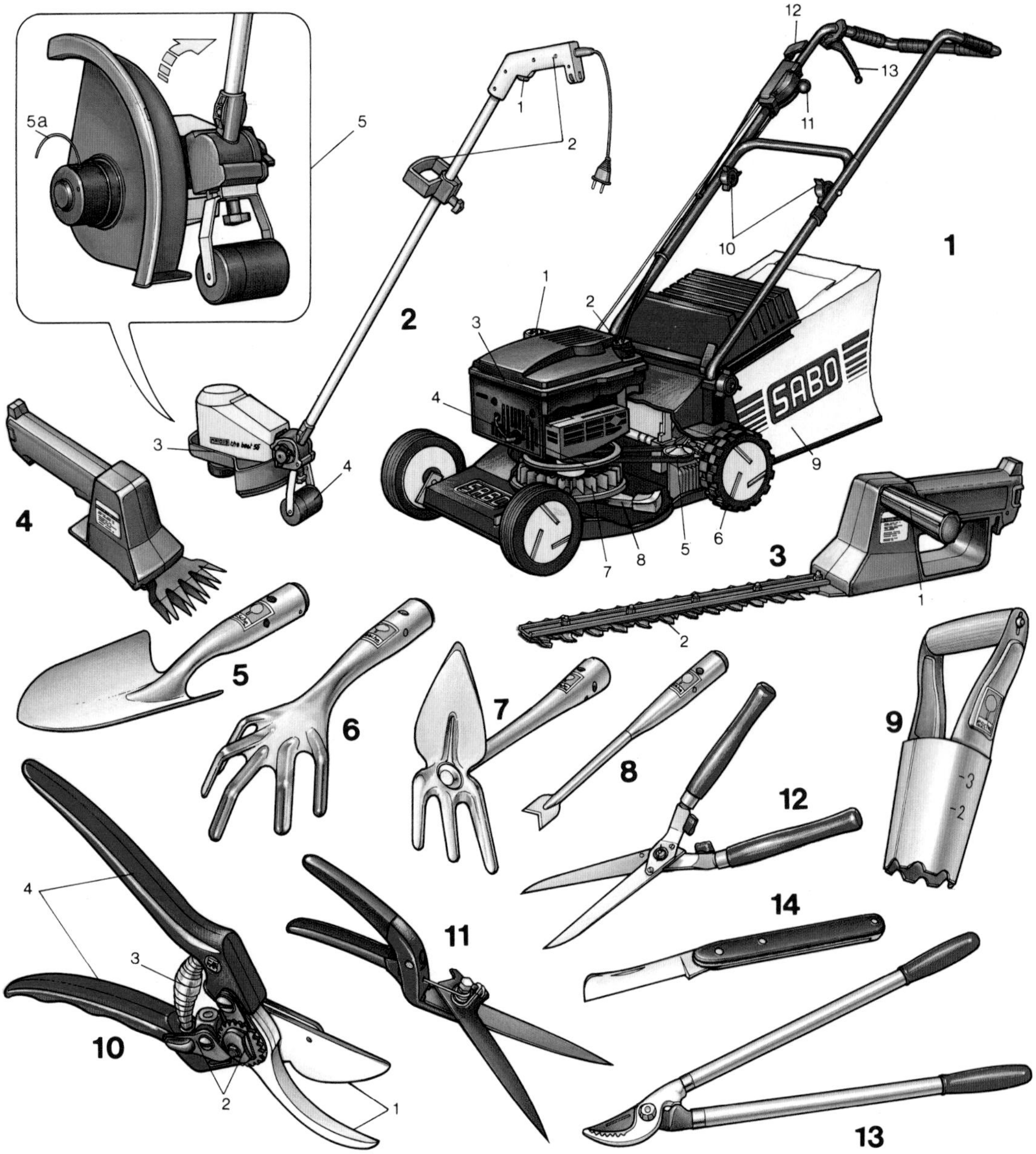

1. tosaerba ad avanzamento continuo, a motore a scoppio
1.1. indicatore livello carburante - 1.2. tappo del serbatoio - 1.3. serbatoio carburante - 1.4. motore - 1.5. cinghia di trasmissione - 1.6. ruota motrice - 1.7. ventola per l'aspirazione di erba o foglie - 1.8. lama rotante - 1.9. cesto raccogli-erba - 1.10. manopole di regolazione della lunghezza del manico - 1.11. interruttore semovenza - 1.12. leva di avviamento - 1.13. freno lama

2. tagliabordi elettrico a testa orientabile
2.1. pulsante di accensione - 2.2. impugnatura - 2.3. testa - 2.4. rullo di guida - 2.5. dettaglio della testa orientabile - 2.5a. filo di nylon rotante

3. tosasiepi a batteria
3.1. impugnatura laterale - 3.2. doppia lama

4. forbice da erba a batteria

5. trapiantatore

6. coltivatore-sarchiatore a denti nervati

7. zappetta tridente a lama a cuore

8. estirpatore

9. piantatore per bulbi

10. forbice per potare
10.1. lame - 10.2. meccanismo per il blocco in posizione chiusa - 10.3. molla - 10.4. impugnatura

11. forbici da erba

12. tosasiepi

13. cesoia per rami

14. coltello per innesti

15. vanga

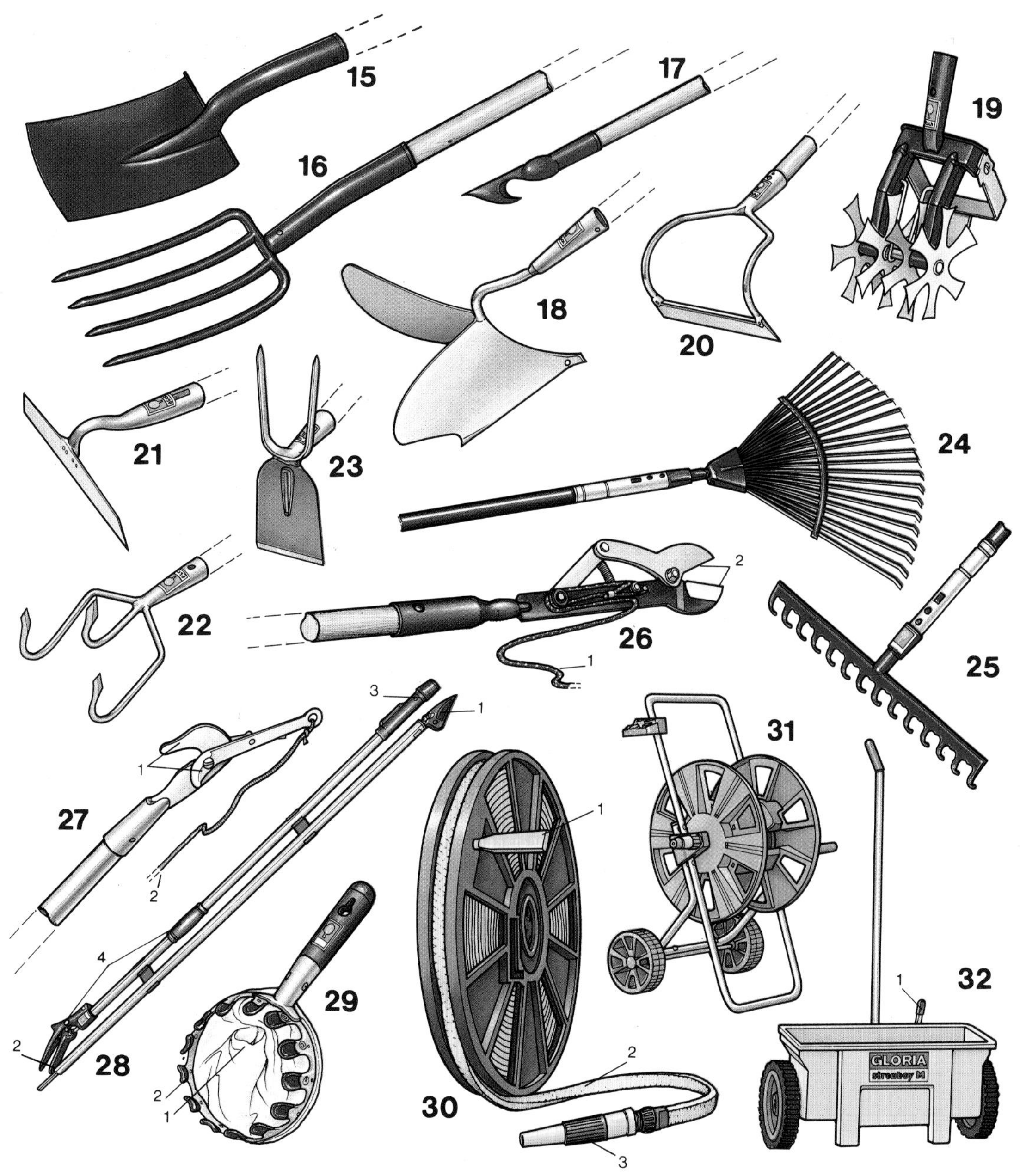

16. forca

17. estirpatore

18. rincalzatore

19. fresa frangizolle a ruote dentate

20. sarchiatore ad arco

21. sarchiatore a zappetta

22. coltivatore a punte lanceolate

23. zappa bidente a lama rettangolare

24. scopa per prato

25. rastrello

26. cesoia per rami alti
26.1. cavetto di comando della lama mobile - 26.2. lame

27. svettatoio
27.1. lame - 27.2. cavetto di comando della lama mobile

28. raccoglifrutta a cesoia
28.1. lame - 28.2. leva di comando della lama mobile - 28.3. giunto d'innesto delle due metà dell'asta - 28.4. impugnature

29. raccoglifrutta a strappo
29.1. sacchetto - 29.2. corona in lamiera

30. avvolgitubo da parete
30.1. maniglia per l'avvolgimento del tubo - 30.2. tubo per innaffiare - 30.3. lancia a getto variabile

31. avvolgitubo a carrello

32. carrello spandi-concime e spandi-sementi
32.1. leva per la regolazione della quantità rilasciata

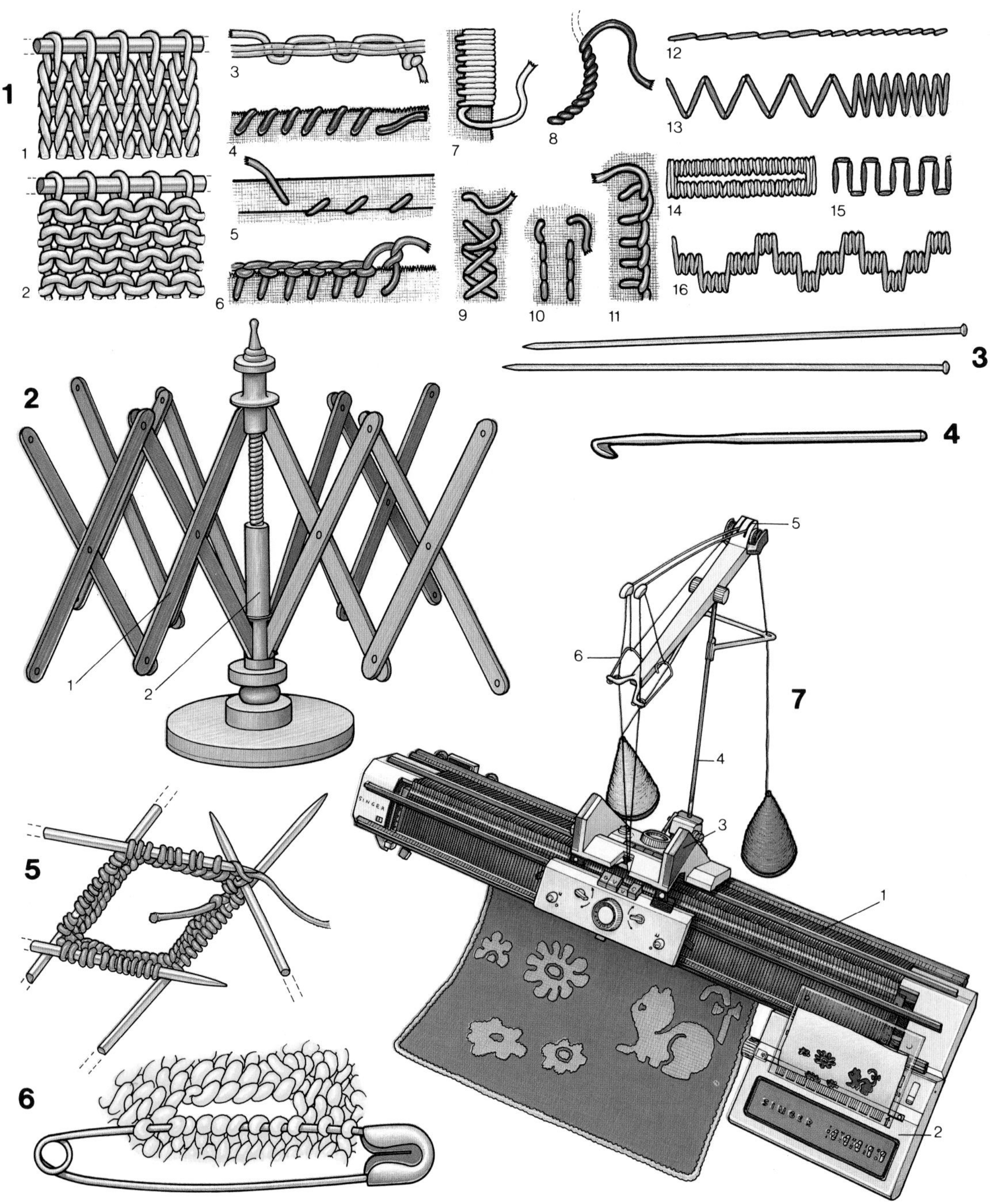

1. campionario di punti
1.1. maglia a diritto - 1.2. maglia a rovescio - 1.3. imbastitura - 1.4. sopraggito - 1.5. orlatura - 1.6. punto occhiello - 1.7. punto raso - 1.8. punto erba - 1.9. punto croce - 1.10. punto ombra - 1.11. festone o smerlo - 1.12. punto cordoncino - 1.13. punto zig zag - 1.14. punto occhiello - 1.15. punto elastico - 1.16. esempio di punto ornamentale

2. arcolaio
2.1. stecche - 2.2. albero o stilo

3. ferri da maglia

4. uncinetto

5. gioco di cinque ferri da maglia per lavorazione in tondo

6. spillone per maglie in sospeso

7. macchina per maglieria
7.1. aghi - 7.2. computer - 7.3. carrello - 7.4. portafili - 7.5. serrafilo - 7.6. tendifilo

8. metro da sarto a nastro

9. ditale

10. ago
10.1. cruna - 10.2. punta

11. gessetto o pastello da sarto

12. formati di filato da cucito o ricamo
12.1. gomitolino - 12.2. rocchetto - 12.3. spoletta

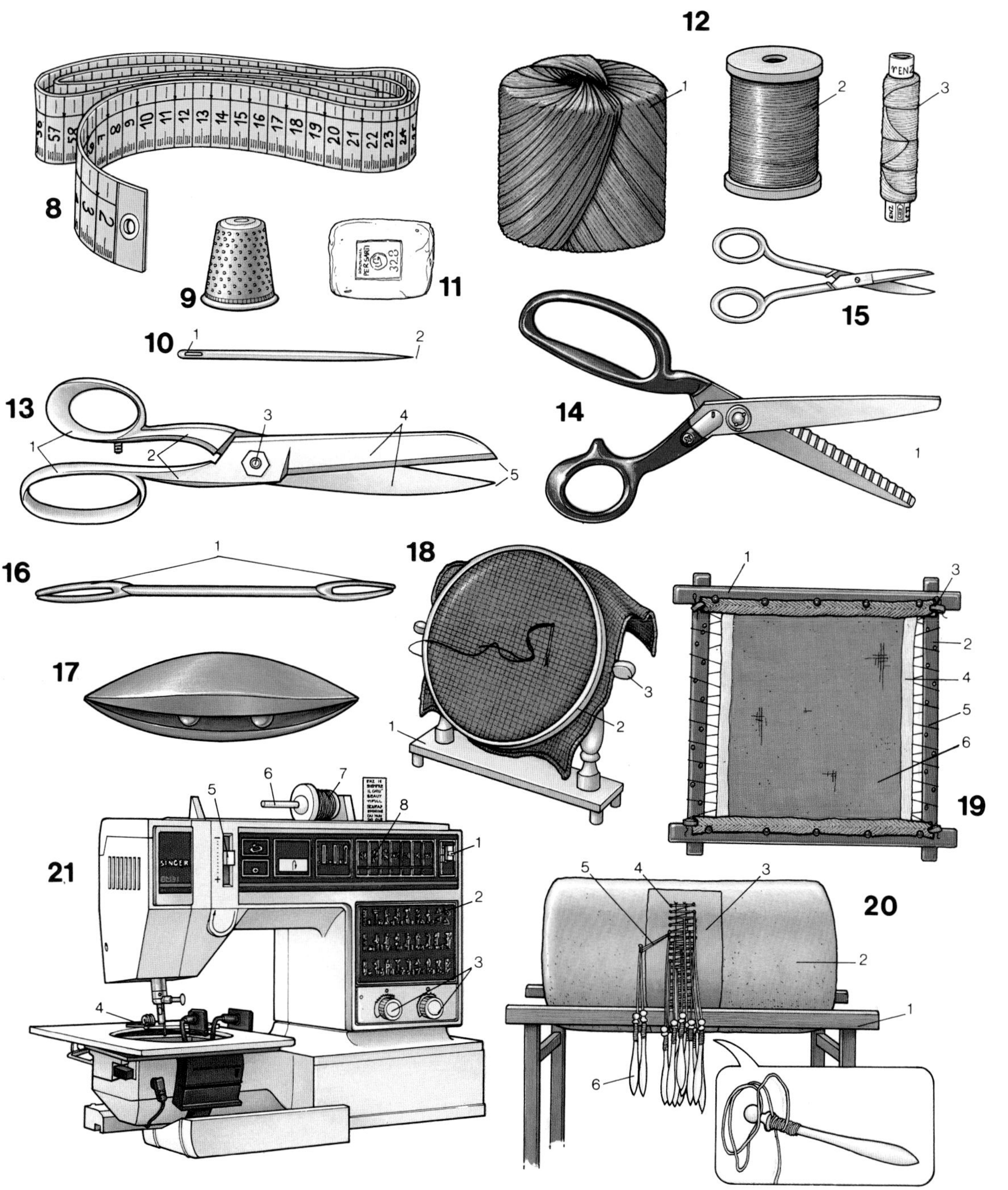

13. forbice da sarto da taglio
13.1. anelli - 13.2. bracci - 13.3. perno - 13.4. lame - 13.5. punte

14. forbice da sarto per taglio a zig zag
14.1. lame sagomate

15. forbice da ricamo

16. modano o ago da rete
16..1. crune aperte

17. navetta per ricamo a chiacchierino

18. telaio svizzero
18.1. supporto da tavolo - 18.2. cerchio superiore - 18.3. chiavette di regolazione dell'inclinazione dei cerchi

19. telaio
19.1. regolo - 19.2. staggia forellata - 19.3. chiodo di connessione tra regolo e staggia - 19.4. fettuccia di tela - 19.5. cucitura a punto lanciato - 19.6. tela

20. tombolo
20.1. supporto da terra per il tombolo - 20.2. tombolo - 20.3. tela da ricamo - 20.4. spillo - 20.5. filo da ricamo - 20.6. fusello

21. macchina da cucire elettrica
21.1. interruttore di accensione - 21.2. pannello con campioni di punti e relativi comandi in codice - 21.3. selettori dei punti - 21.4. ago - 21.5. cursore di controllo della lunghezza del punto - 21.6. portarocchetto - 21.7. rocchetto di filato - 21.8. pannello di comando computerizzato

1. mammifero
1.1. unghione (ruminante) - 1.2. zoccolo (equino) - 1.3. zampa - 1.4. nocca - 1.5. arto anteriore - 1.6. ganascia - 1.7. muso - 1.8. testa - 1.9. pelo - 1.10. garrese - 1.11. groppa - 1.12. coda - 1.13. arto posteriore - 1.14. garretto - 1.15. mammelle

2. ornitorinco

3. canguro
3.1. marsupio

4. pipistrello
4.1. patagio - 4.2. trago
4.3. padiglione

5. cebo
5.1. coda prensile

6. gorilla

7. scoiattolo

8. lepre

9. lupo

10. leone

11. foca
11.1. pinne

12. balena
12.1. fanoni

13. zebra

14. rinoceronte

15. maiale

16. cammello

17. montone

18. elefante

19. formichiere

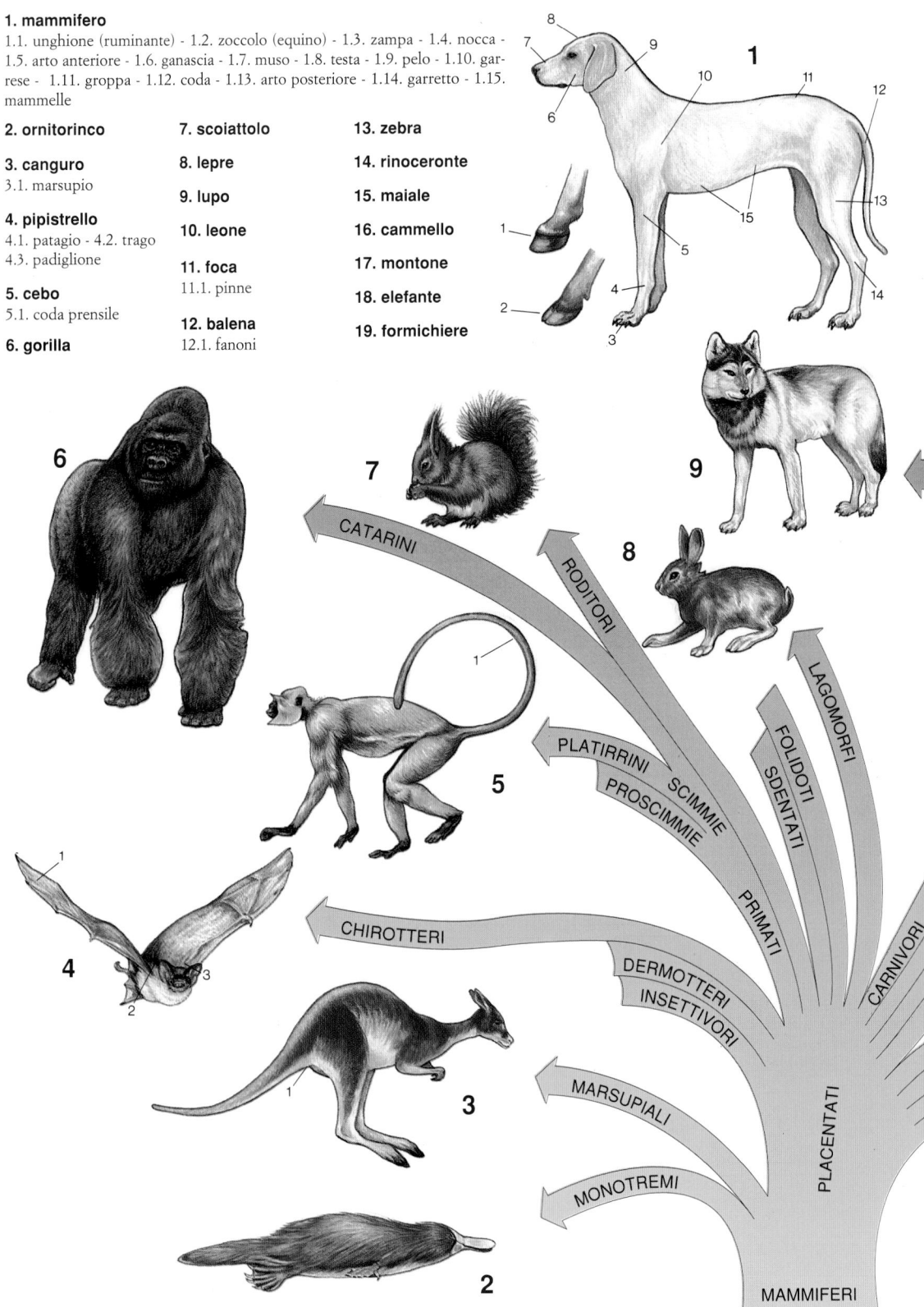

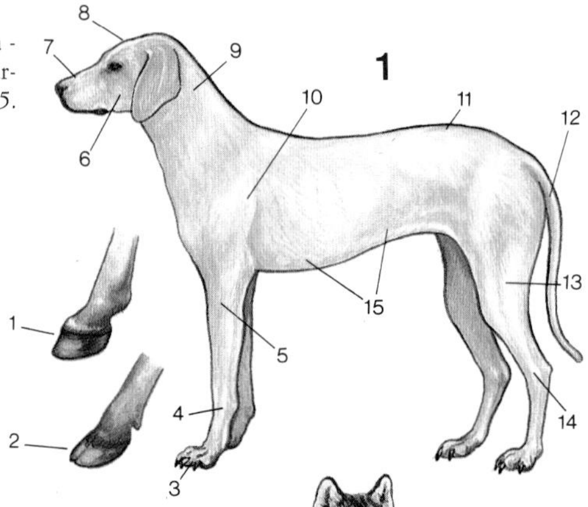

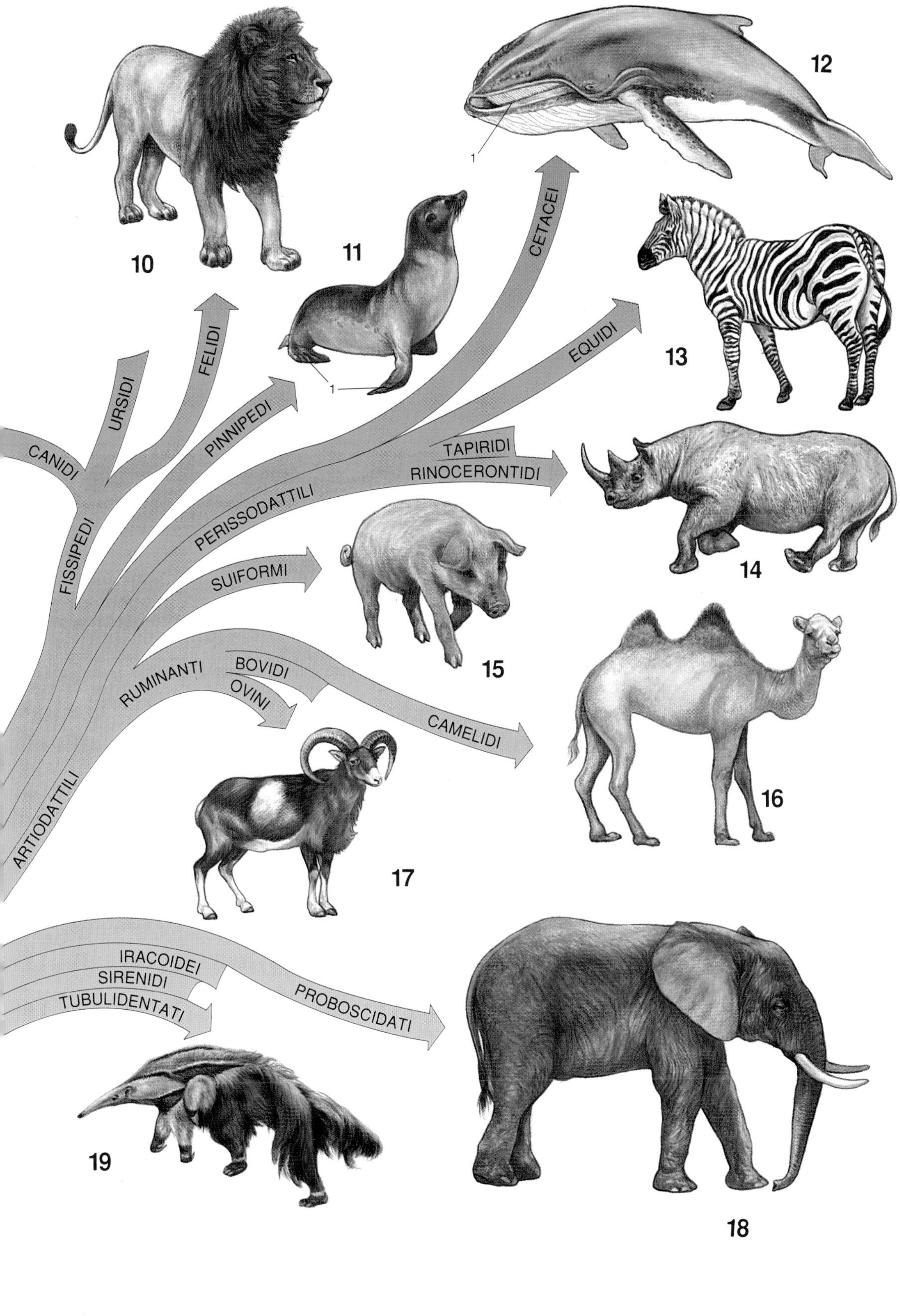

10
11
12
13
14
15
16
17
18
19
1
1
CANIDI
URSIDI
FELIDI
FISSIPEDI
PINNIPEDI
CETACEI
EQUIDI
TAPIRIDI
RINOCERONTIDI
PERISSODATTILI
SUIFORMI
RUMINANTI
BOVIDI
OVINI
CAMELIDI
ARTIODATTILI
IRACOIDEI
SIRENIDI
TUBULIDENTATI
PROBOSCIDATI

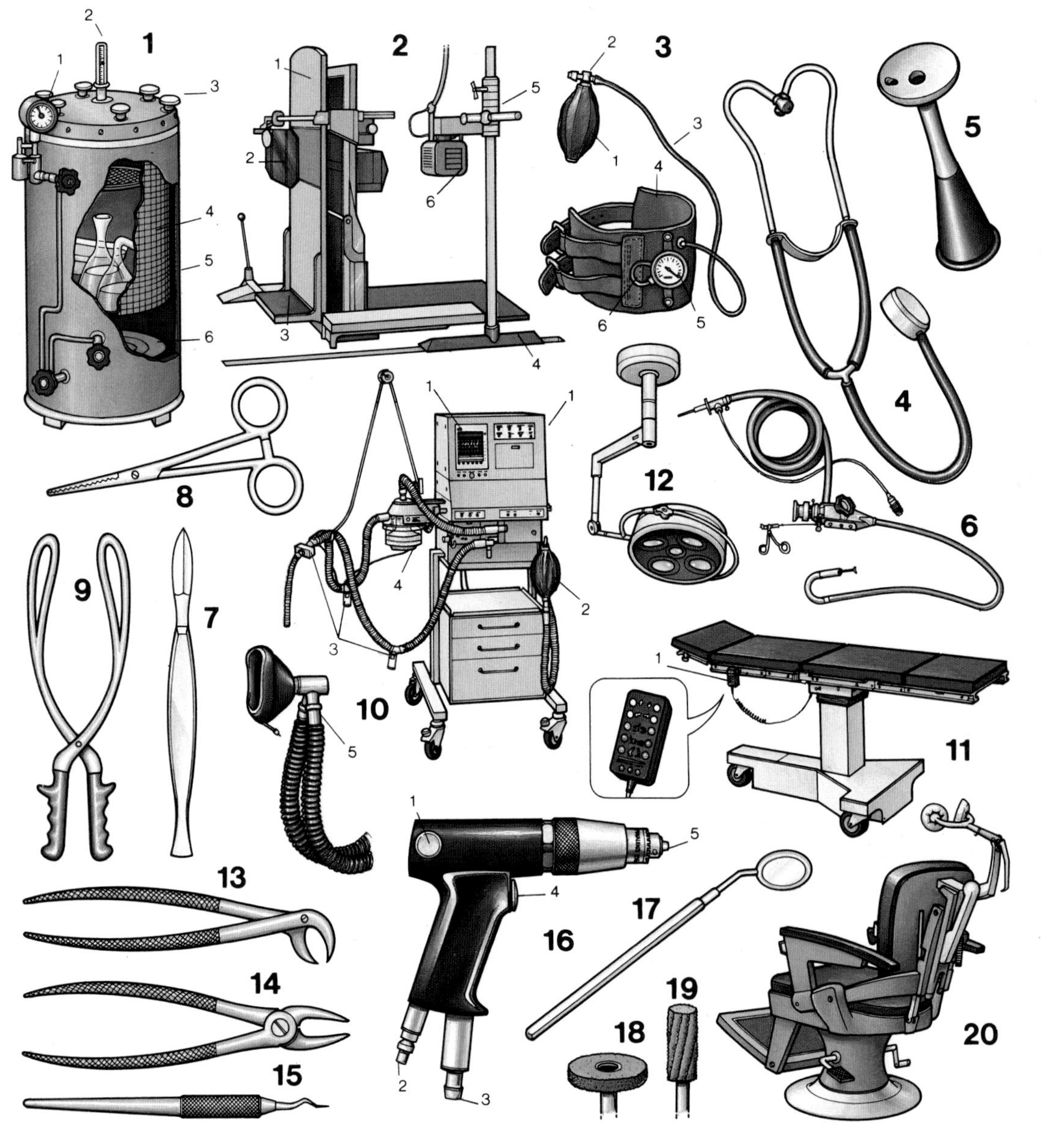

1. autoclave
1.1. manometro - 1.2. termometro - 1.3. vite di chiusura - 1.4. cesto - 1.5. caldaia - 1.6. fonte di calore

2. apparecchio radiografico e radioscopico
2.1. tavola - 2.2. schermo o portalastre - 2.3. pedana - 2.4. scorrevole orizzontale - 2.5. scorrevole verticale - 2.6. sorgente raggi X

3. sfigmomanometro
3.1. pompetta a mano - 3.2. valvola di scarico - 3.3. tubo d'immissione aria - 3.4. manicotto - 3.5. manometro - 3.6. raccordo manicotto-manometro

4. fonendoscopio

5. stetoscopio

6. gastroscopio

7. bisturi

8. pinze per legature

9. forcipe

10. apparecchio d'anestesia
10.1. monitor - 10.2. pompa di regolazione della respirazione - 10.3. attacchi per la maschera - 10.4. filtro di depurazione dell'aria - 10.5. maschera per la respirazione

11. tavolo o lettino operatorio
11.1. comando elettrico

12. lampada scialitica

13. pinze per denti inferiori

14. pinze per denti superiori

15. ablatore

16. trapano ad aria compressa
16.1. invertitore di rotazione - 16.2. ingresso dell'aria - 16.3. fuoriuscita dell'aria - 16.4. regolatore di rotazione - 16.5. mandrino

17. specchietto

18. rotella

19. fresa

20. poltrona odontoiatrica

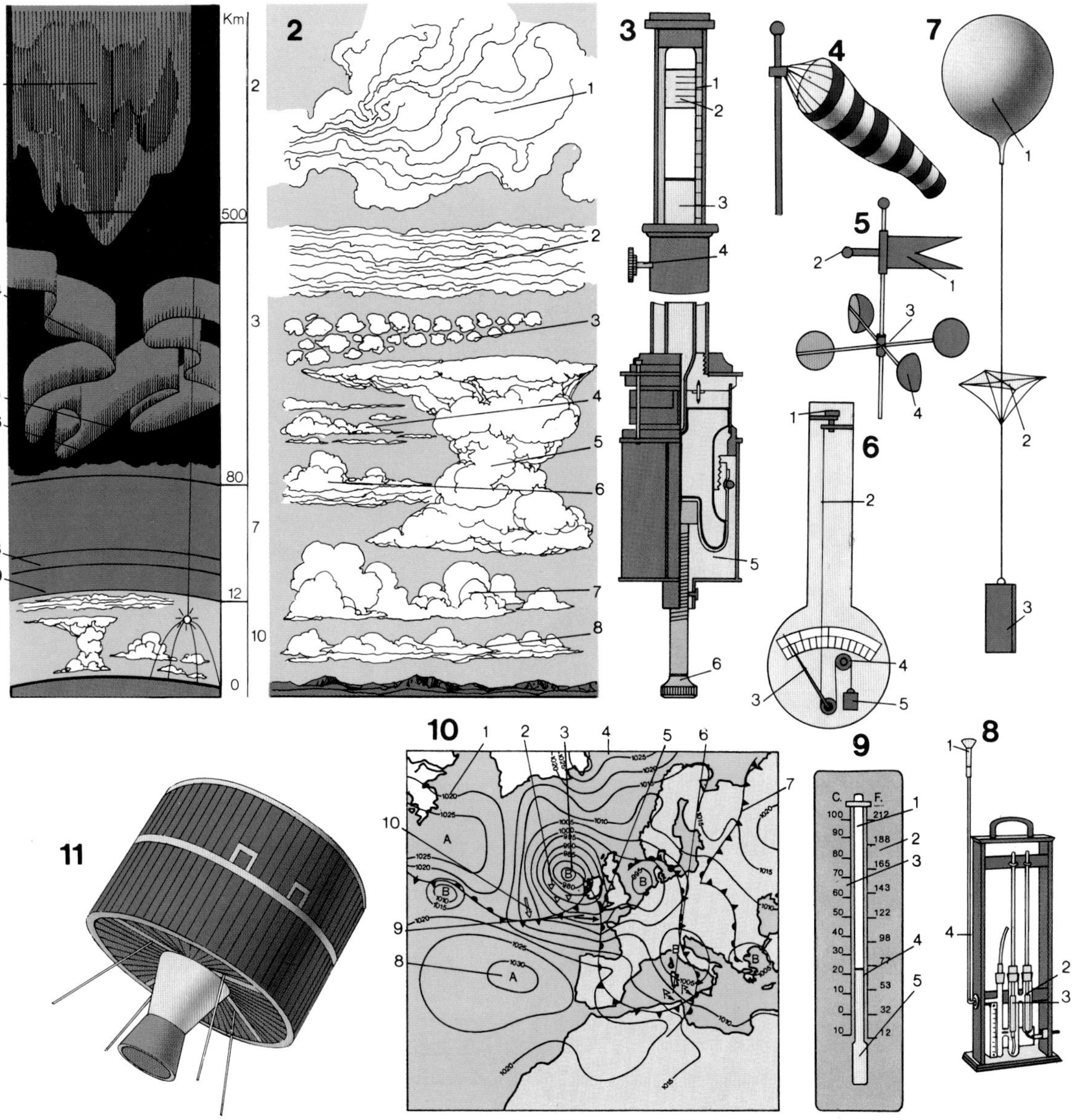

1. atmosfera terrestre
1.1. particelle solari - 1.2. esosfera - 1.3. ionosfera - 1.4. aurora boreale - 1.5. raggi cosmici - 1.6. nube nottilucente - 1.7. stratosfera - 1.8. ozonosfera - 1.9. tropopausa - 1.10. troposfera

2. tipi di nubi
2.1. cirro - 2.2. cirrostrato - 2.3. cirrocumulo - 2.4. strato - 2.5. nembocumulo - 2.6. stratocumulo - 2.7. cumulo - 2.8. nembostrato

3. barometro
3.1. scala graduata - 3.2. nonio - 3.3. colonna di mercurio - 3.4. vite del nonio - 3.5. cisterna - 3.6. vite di regolazione

4. manica a vento

5. anemometro
5.1. banderuola - 5.2. contrappeso - 5.3. mulinello - 5.4. tazza

6. igrometro
6.1. tenditore - 6.2. capello - 6.3. indice - 6.4. carrucola - 6.5. contrappeso

7. pallone sonda
7.1. involucro - 7.2. schermo radar - 7.3. strumenti

8. psicrometro
8.1. aspiratore - 8.2. termometro asciutto - 8.3. termometro bagnato - 8.4. tubo aspirante

9. termometro
9.1. tubo capillare - 9.2. gradi Fahrenheit - 9.3. gradi Celsius - 9.4. colonnina di mercurio - 9.5. bulbo

10. cartina meteorologica
10.1. pressione barometrica in millibar - 10.2. acquazzoni - 10.3. zona di bassa pressione - 10.4. linea isobara - 10.5. fronte caldo - 10.6. temporali - 10.7. fronte freddo - 10.8. zona di alta pressione - 10.9. aria calda - 10.10. aria fredda

11. satellite

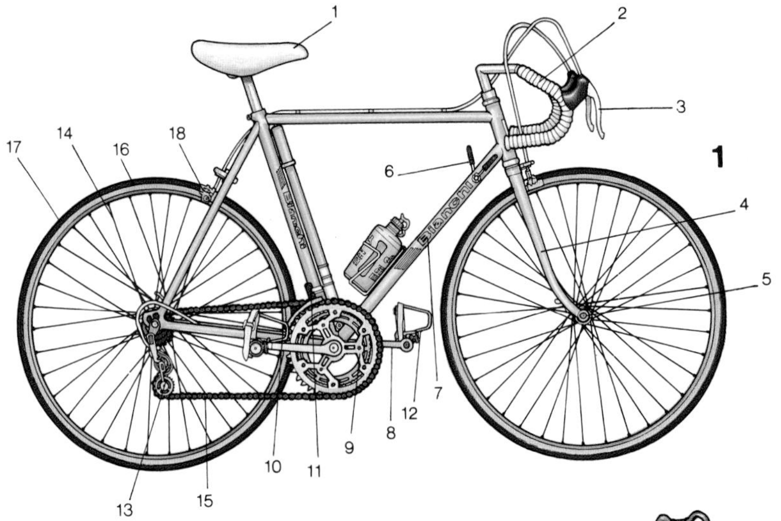

1

2

3

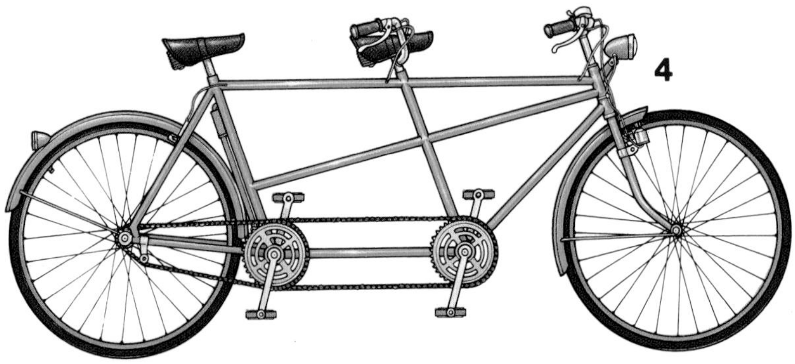

4

5

1. bicicletta da corsa
1.1. sellino - 1.2. manubrio - 1.3. leva del freno - 1.4. forcella - 1.5. galletto - 1.6. leva del cambio - 1.7. telaio - 1.8. pedale - 1.9. moltiplica - 1.10. pedivella - 1.11. deragliatore - 1.12. puntapiedi - 1.13. cambio - 1.14. raggi - 1.15. catena - 1.16. cerchione - 1.17. tubolare o palmer - 1.18. freno

2. bicicletta da montagna

3. velocipede

4. tandem

5. ciclomotore

6

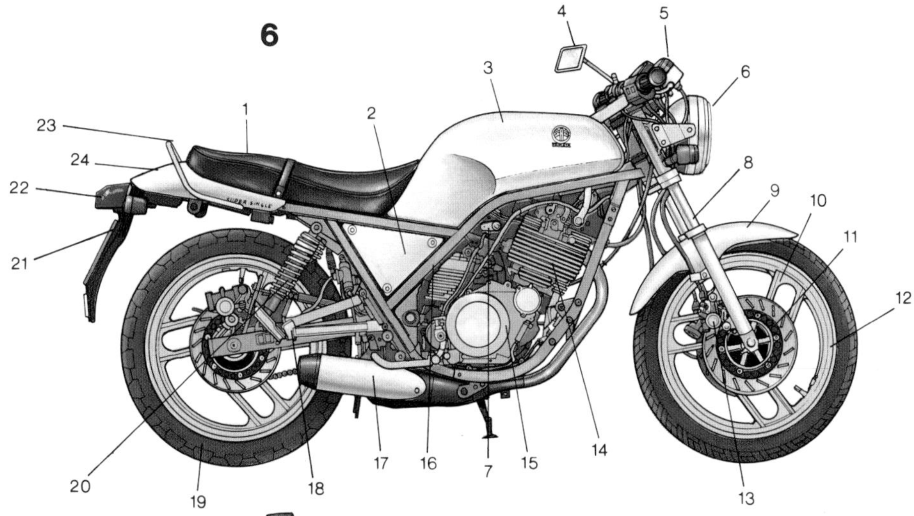

7

8

9

6. motocicletta
6.1. sella - 6.2. vano del filtro dell'aria - 6.3. serbatoio - 6.4. retrovisore - 6.5. contagiri - 6.6. faro anteriore - 6.7. carburatore - 6.8. parafango anteriore - 6.9. forcella anteriore - 6.10. razza - 6.11. disco forato - 6.12. cerchione - 6.13. pinza - 6.14. cilindro alettato - 6.15. carter - 6.16. telaio a tubi quadrati - 6.17. scarico - 6.18. forcellone oscillante - 6.19. pneumatico tubeless - 6.20. sospensione posteriore - 6.21. targa - 6.22. faro posteriore - 6.23. ringhierina posteriore - 6.24. parafango posteriore

7. scooter

8. motocarrozzetta o sidecar

9. motocarro

1

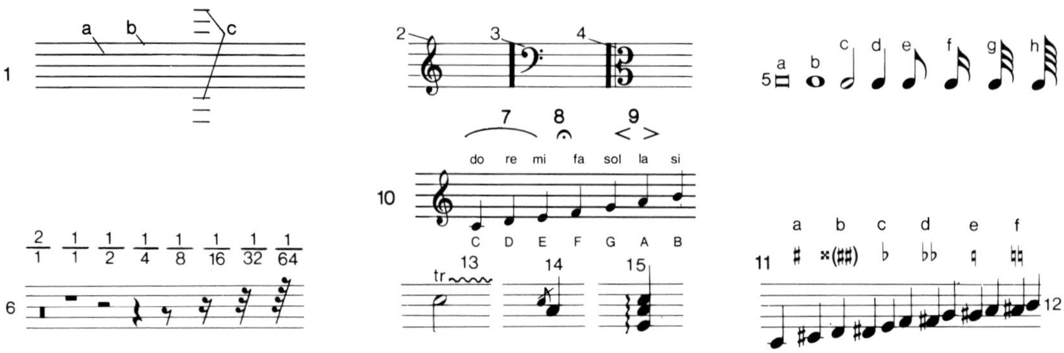

2

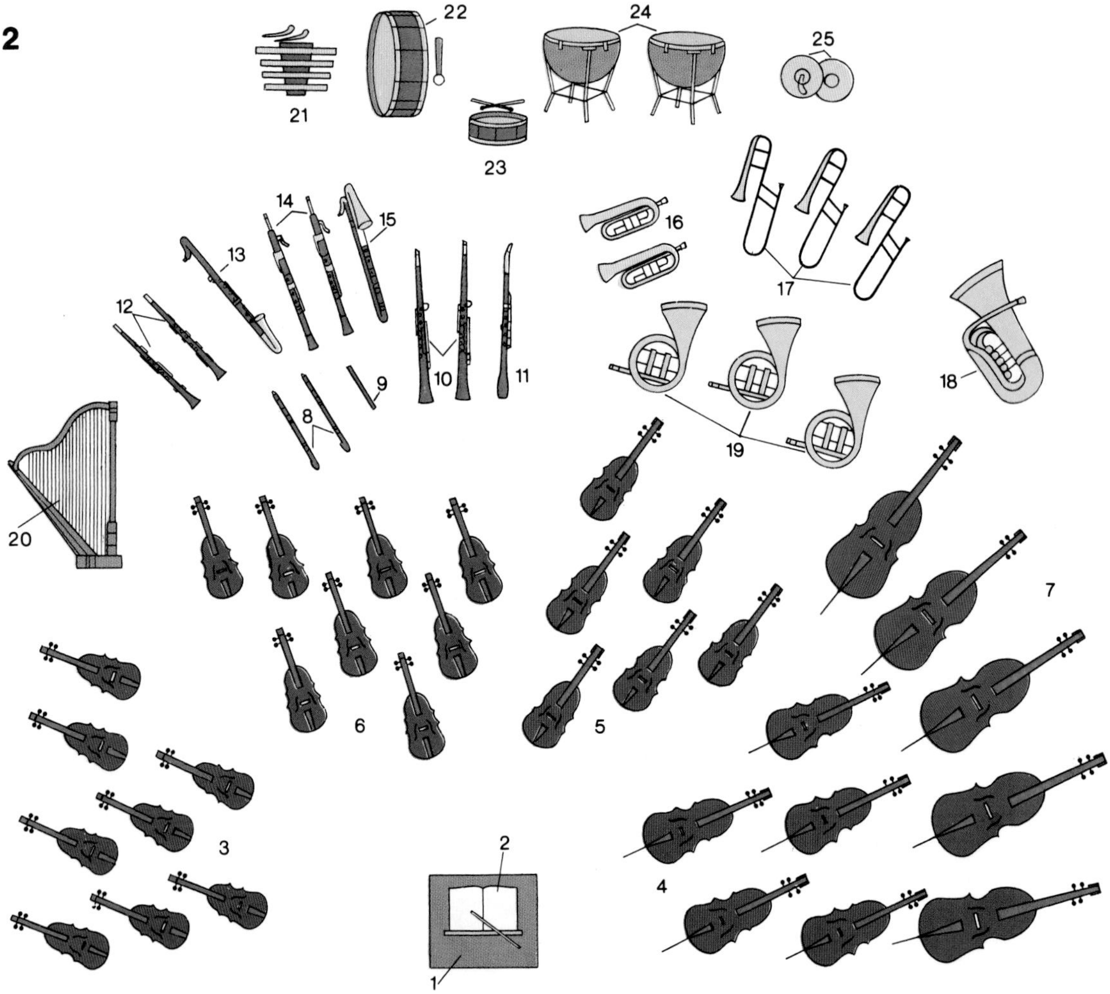

1. notazione

1.1. pentagramma - 1.1a. spazio - 1.1b. riga - 1.1c. tagli addizionali - 1.2. chiave di sol - 1.3. chiave di fa - 1.4. chiave di do - 1.5. durata delle figure - 1.5a. breve - 1.5b. semibreve - 1.5c. minima - 1.5d. semiminima - 1.5e. croma - 1.5f. semicroma - 1.5g. biscroma - 1.5h. semibiscroma - 1.6. pause corrispondenti ai valori delle note - 1.7. legatura - 1.8. corona - 1.9. crescendo e diminuendo - 1.10. scala di do maggiore e corrispondente notazione alfabetica - 1.11. alterazioni - 1.11a. diesis - 1.11b. doppio diesis - 1.11c. bemolle - 1.11d. doppio bemolle - 1.11e. bequadro - 1.11f. doppio bequadro - 1.12. scala cromatica - 1.13. trillo - 1.14. acciaccatura - 1.15. arpeggio

2. strumenti di orchestra

2.1. podio - 2.2. leggio - 2.3. primi violini 2.4. violoncelli - 2.5. viole - 2.6. secondi violini - 2.7. contrabbassi - 2.8. flauti - 2.9. ottavino - 2.10. oboe - 2.11. corno inglese - 2.12. clarinetti - 2.13. clarino basso - 2.14. fagotti - 2.15. controfagotto - 2.16. trombe - 2.17. tromboni - 2.18. tuba - 2.19. corni - 2.20. arpa - 2.21. xilofono - 2.22. grancassa - 2.23. tamburo militare - 2.24. timpani - 2.25. piatti

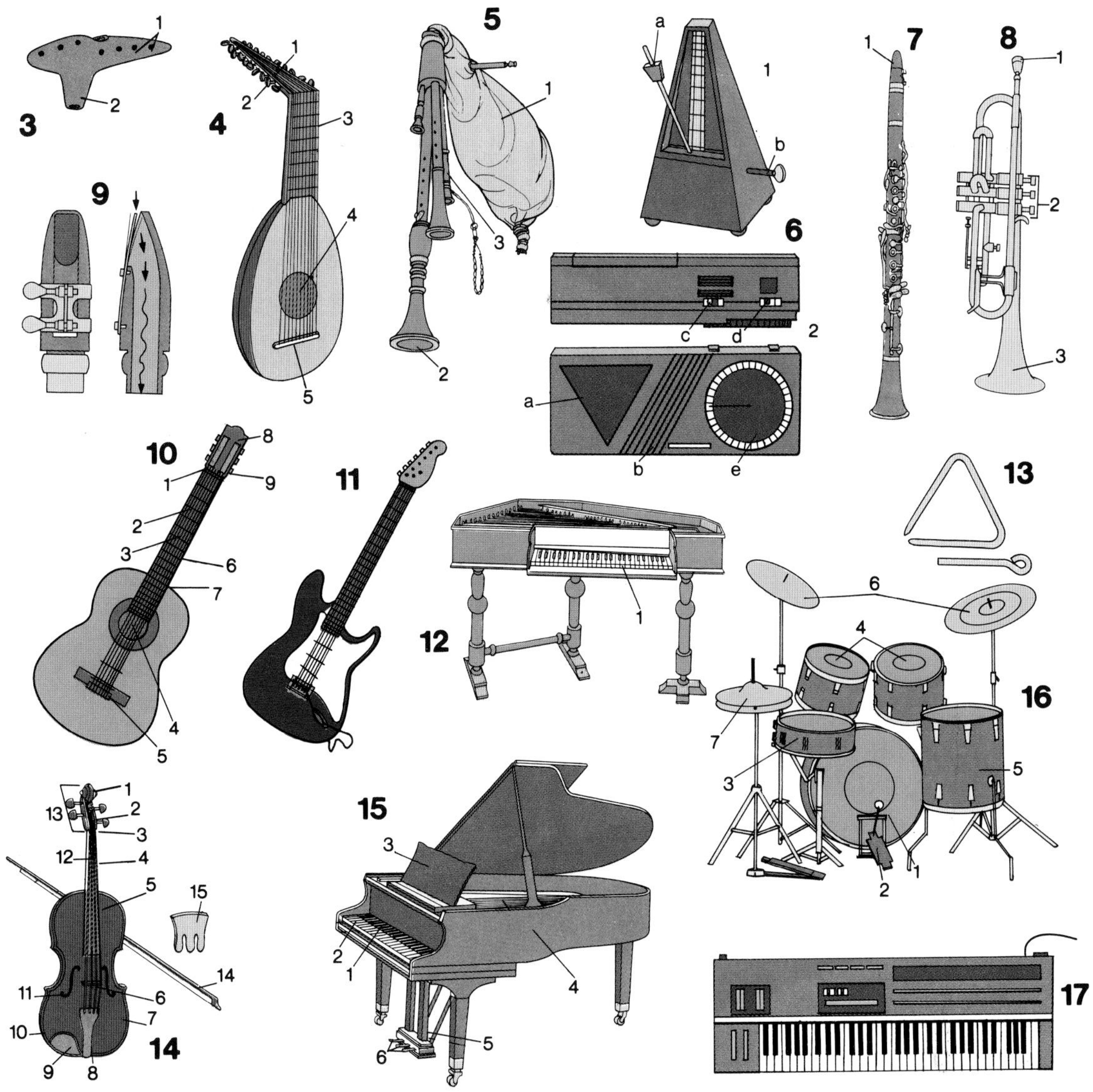

3. ocarina
3.1. fori per le dita - 3.2. bocchino

4. liuto
4.1. cavigliere - 4.2. piroli - 4.3. tastiera - 4.4. foro e cassa di risonanza - 4.5. cordiera

5. zampogna
5.1. sacco d'aria - 5.2. tubo della melodia - 5.3. tubo del bordone

6. metronomo
6.1. metronomo vecchio tipo - 6.1.a. lente - 6.1.b. chiave di carica - 6.2. metronomo nuovo tipo - 6.2.a. misuratore dei battiti al minuto - 6.2.b. altoparlante - 6.2.c. selettore di metro e frequenza - 6.2.d. accensione e selettore di tempo - 6.2.e. selettore di intonazione

7. clarinetto
7.1. bocchino

8. tromba
8.1. bocchino - 8.2. pistone - 8.3. padiglione

9. bocchino di clarinetto
9.1. chiavi di fissaggio - 9.2. lingua vibratile (sezione) - 9.3. aria

10. chitarra classica
10.1. capotasto - 10.2. tastiera - 10.3. tasto - 10.4. buca - 10.5. ponticello - 10.6. manico - 10.7. tallone - 10.8. paletta - 10.9. meccaniche

11. chitarra elettrica

12. spinetta
12.1. tastiera

13. triangolo

14. violino
14.1. riccio - 14.2. bischero - 14.3. capotasto - 14.4. manico - 14.5. corde - 14.6. ponticello - 14.7. cassa di risonanza - 14.8. cordiera - 14.9. mentoniera - 14.10. fasce - 14.11. tagli «a effe» - 14.12. tastiera - 14.13. cavigliere - 14.14. archetto - 14.15. sordina

15. pianoforte a coda
15.1. tastiera - 15.2. tasto - 15.3. leggio - 15.4. cassa armonica - 15.5. bacchetta - 15.6. pedali

16. batteria acustica
16.1. grancassa - 16.2. pedale della grancassa - 16.3. rullante - 16.4. tom tom - 16.5. tamburo - 16.6. piatti - 16.7. charleston

17. tastiera elettronica

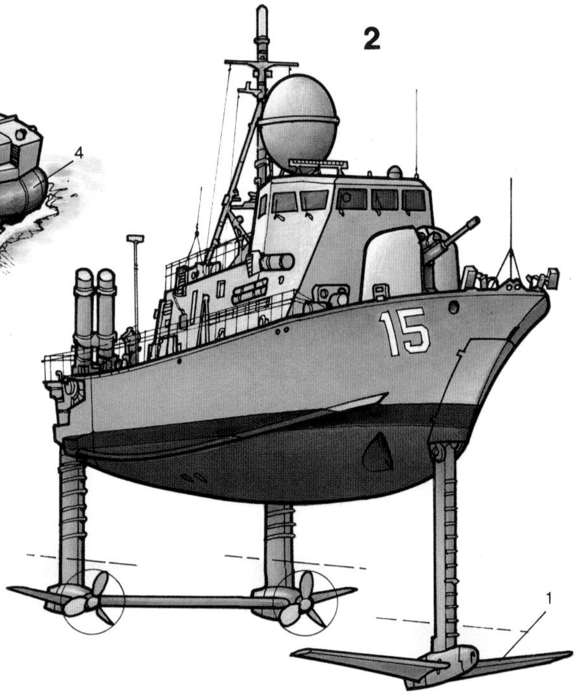

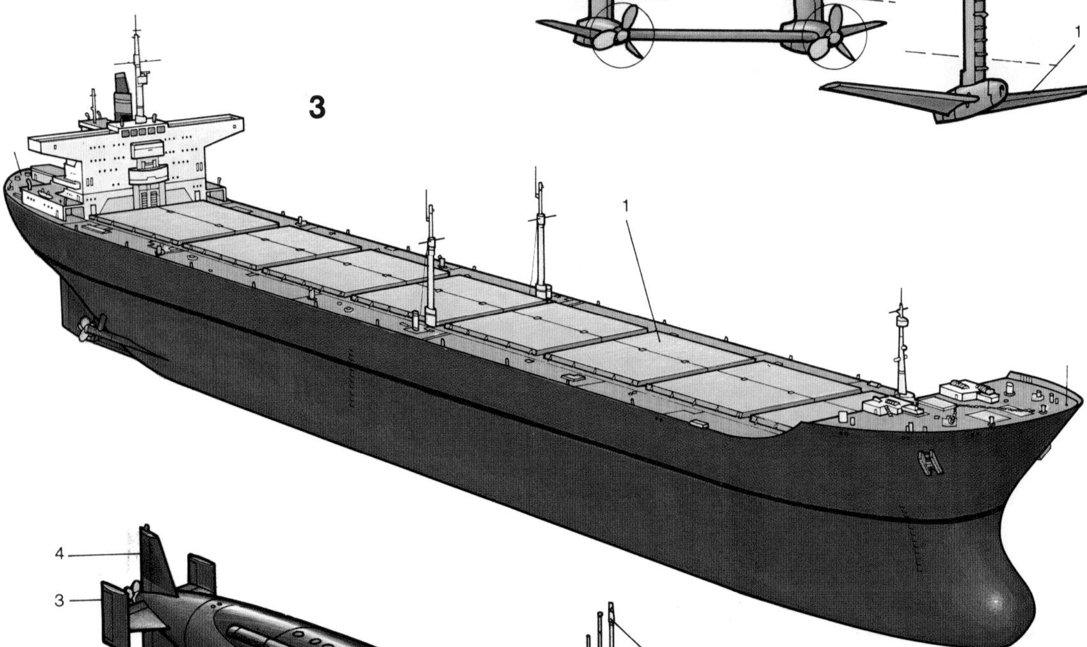

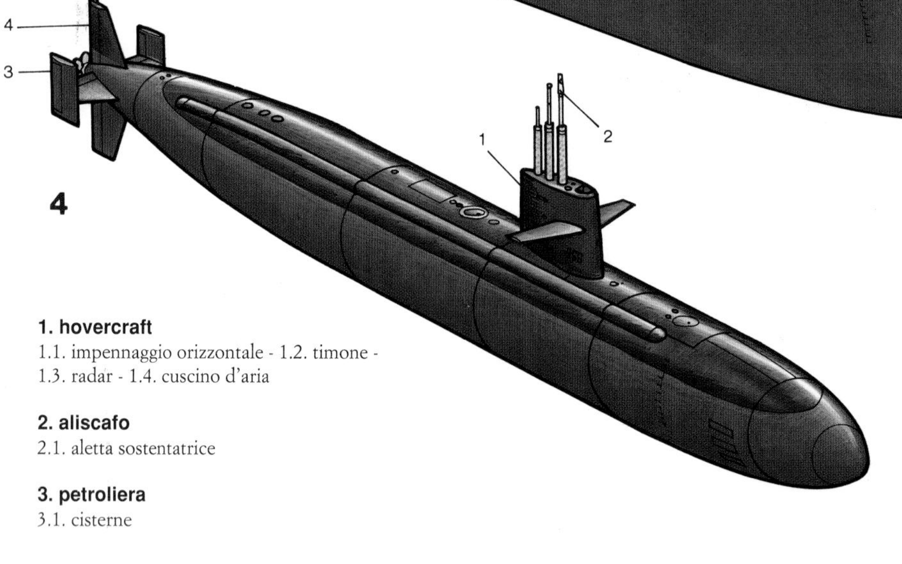

1. hovercraft
1.1. impennaggio orizzontale - 1.2. timone - 1.3. radar - 1.4. cuscino d'aria

2. aliscafo
2.1. aletta sostentatrice

3. petroliera
3.1. cisterne

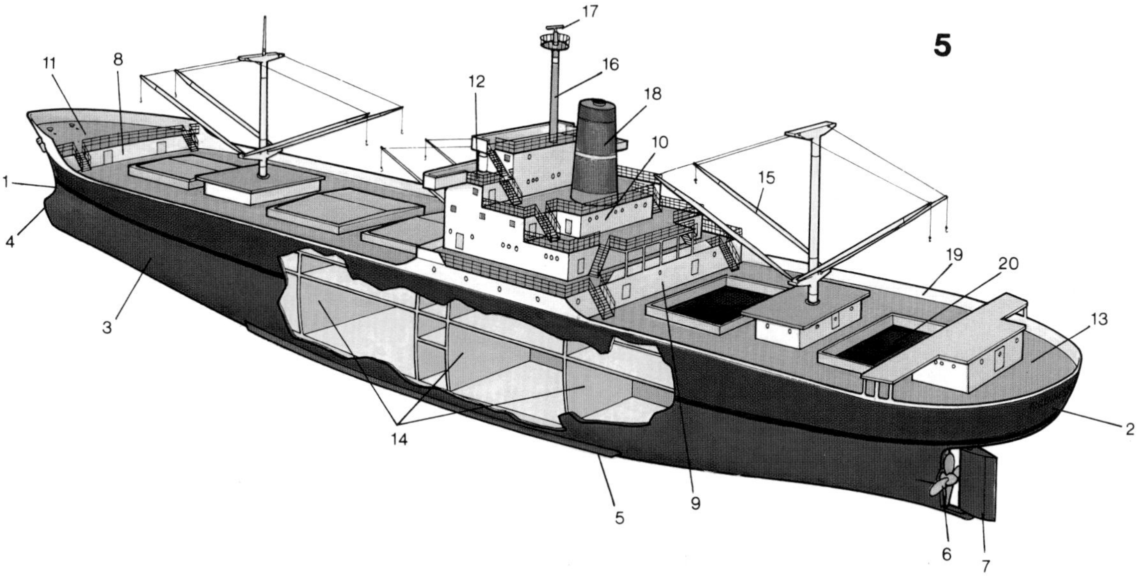

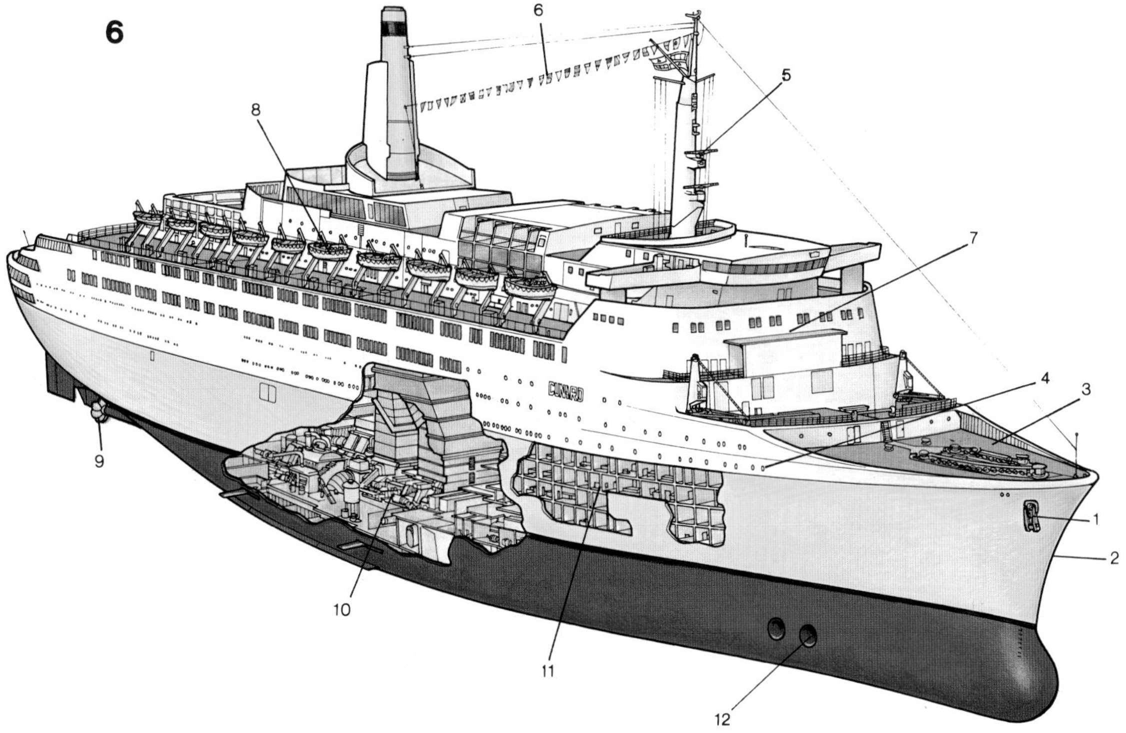

4. sommergibile

4.1. torretta - 4.2. periscopio - 4.3. timone orizzontale - 4.4. timone verticale

5. nave da carico

5.1. prua - 5.2. poppa - 5.3. fianco - 5.4. bulbo prodiero - 5.5. aletta di rollio - 5.6. elica - 5.7. timone - 5.8. cassero di prora o castello - 5.9. cassero centrale - 5.10. tuga - 5.11. ponte di prua o di cassero - 5.12. ponte di comando - 5.13. ponte di coperta - 5.14. paratia - 5.15. picco di carico - 5.16. albero segnali - 5.17. antenna del radar - 5.18. fumaiolo - 5.19. parapetto - 5.20. boccaporto

6. nave passeggeri

6.1. cubia - 6.2. prua - 6.3. ponte di prua - 6.4. oblò - 6.5. coffa - 6.6. gran pavese - 6.7. plancia - 6.8. lance di salvataggio - 6.9. elica - 6.10. sala macchine - 6.11. cabine passeggeri - 6.12. propulsori di prua

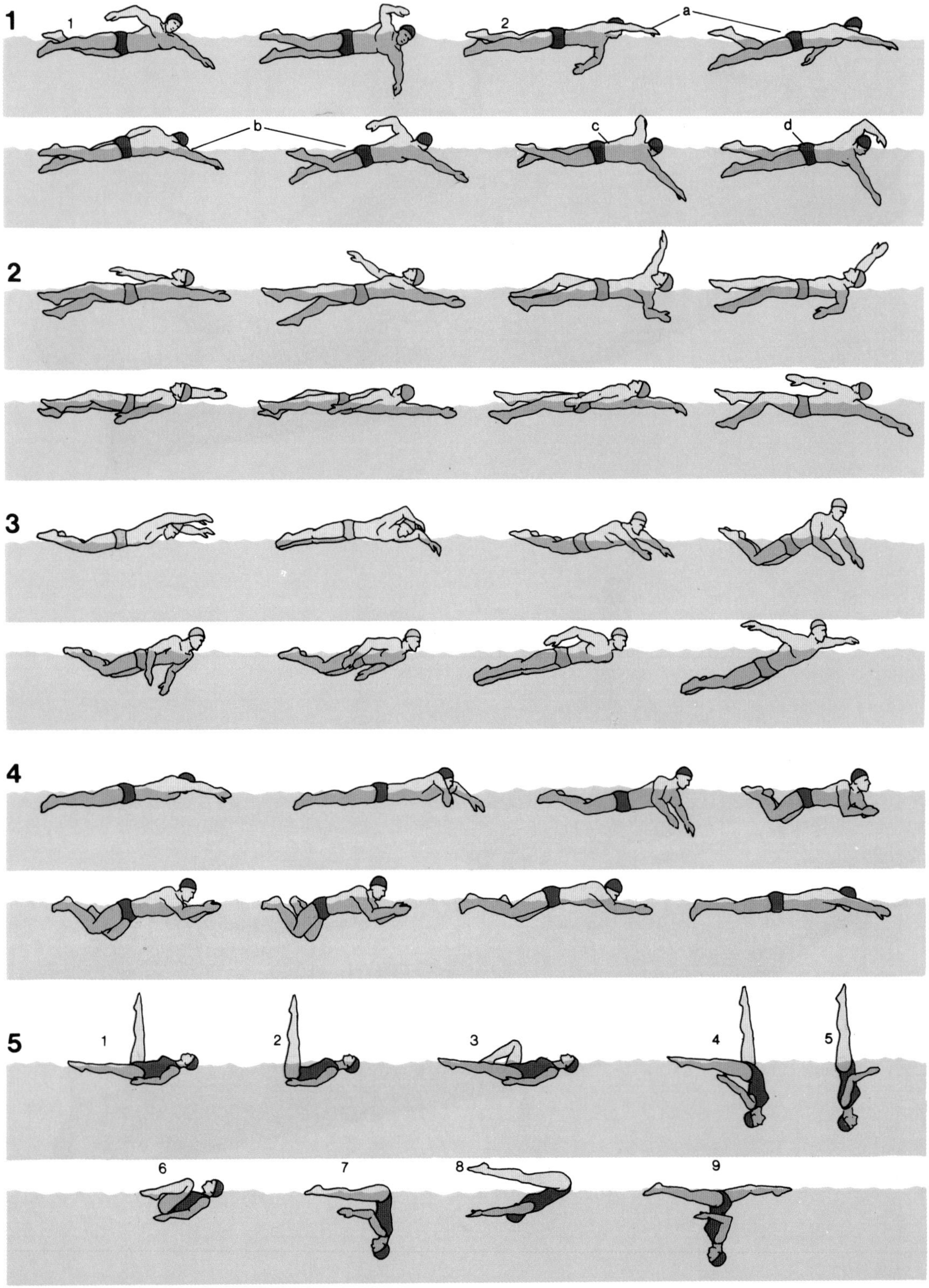

1. stile libero o *crawl*

1.1. recupero - 1.2. passata - 1.2.a. appoggio - 1.2.b. presa - 1.2.c. trazione - 1.2.d. spinta

2. dorso

3. delfino

4. rana

5. posizioni e movimenti base del nuoto sincronizzato

5.1. una gamba tesa - 5.2. due gambe tese - 5.3. ginocchio piegato - 5.4. cavaliere o castello -5.5. verticale - 5.6. posizione carpiata - 5.7. squadra in avanti -5.8. squadra indietro - 5.9. spaccata

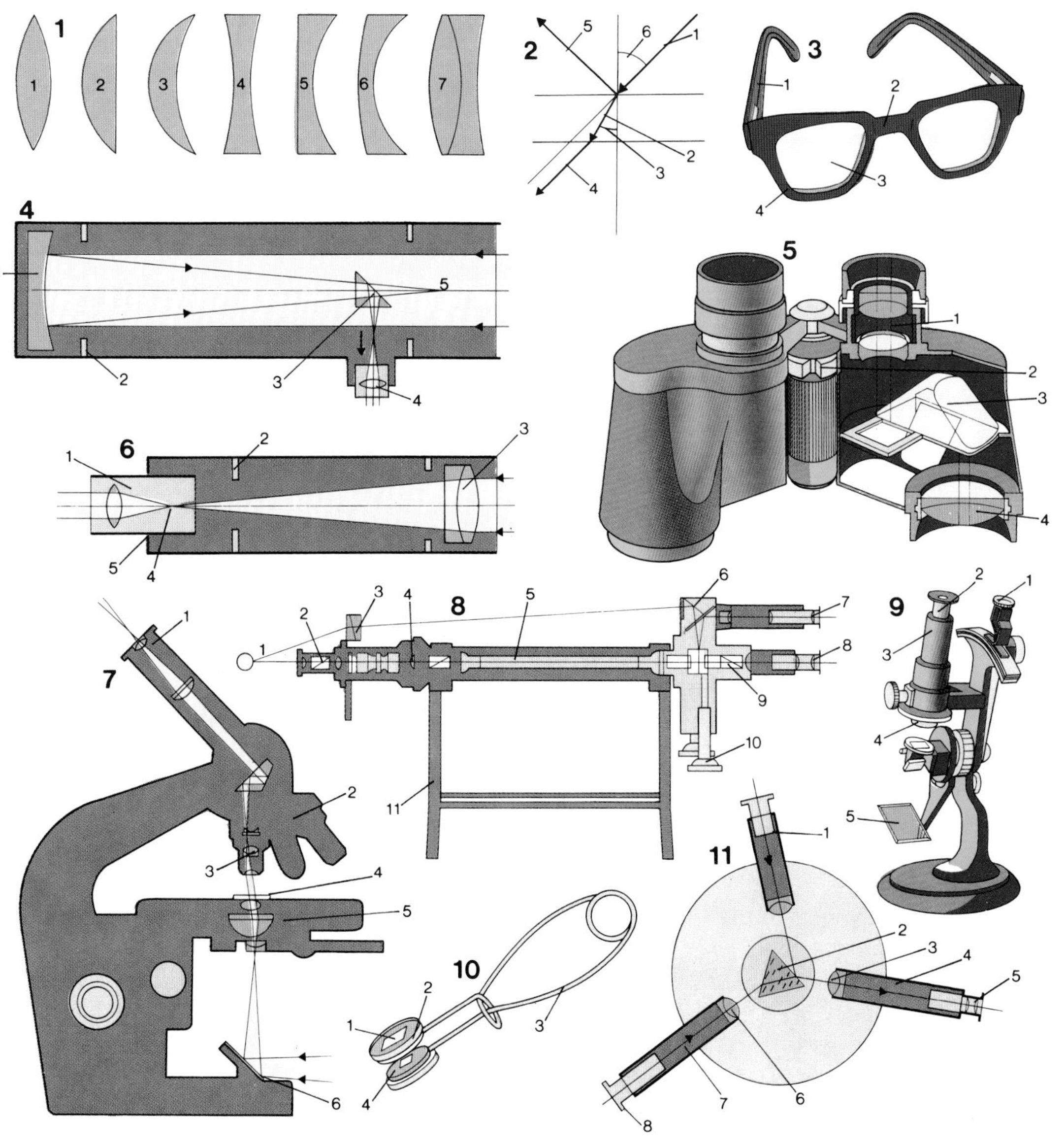

1. tipi di lenti
1.1. biconvessa - 1.2. pianoconvessa - 1.3. meniscoconvergente - 1.4. biconcava - 1.5. pianoconcava - 1.6. meniscodivergente - 1.7. composta

2. rifrazione
2.1. raggio incidente - 2.2. raggio rifratto - 2.3. angolo di rifrazione - 2.4. raggio emergente - 2.5. raggio riflesso - 2.6. angolo di incidenza

3. occhiali
3.1. stanghetta o susta - 3.2. ponticello - 3.3. lente - 3.4. montatura

4. schema di telescopio
4.1. specchio concavo - 4.2. diaframma - 4.3. prisma - 4.4. obiettivo - 4.5. fuoco dello specchio

5. binocolo prismatico
5.1. oculare - 5.2. regolazione lunghezza focale - 5.3. prisma - 5.4. obiettivo

6. schema di cannocchiale
6.1. oculare - 6.2. diaframma - 6.3. obiettivo - 6.4. fuoco dell'obiettivo - 6.5. regolazione del fuoco

7. microscopio
7.1. oculare - 7.2. torretta portaobiettivi - 7.3. obiettivo - 7.4. vetrino - 7.5. condensatore - 7.6. specchio illuminatore

8. polarimetro
8.1. sorgente di luce - 8.2. nicol divisore - 8.3. deviatore - 8.4. lente immagine - 8.5. tubo di osservazione - 8.6. specchio - 8.7. obiettivo immagine - 8.8. oculare principale - 8.9. nicol di estinzione - 8.10. comando compensazione - 8.11. supporto

9. rifrattometro
9.1. comando micrometrico - 9.2. oculare - 9.3. cannocchiale - 9.4. obiettivo - 9.5. superficie riflettente

10. pinzetta a tormalina
10.1. tormalina - 10.2. anello - 10.3. branca - 10.4. disco di sughero

11. spettroscopio
11.1. proiettore della scala graduata - 11.2. prisma - 11.3. obiettivo - 11.4. cannocchiale - 11.5. oculare - 11.6. lente convergente - 11.7. collimatore - 11.8. fessura

1

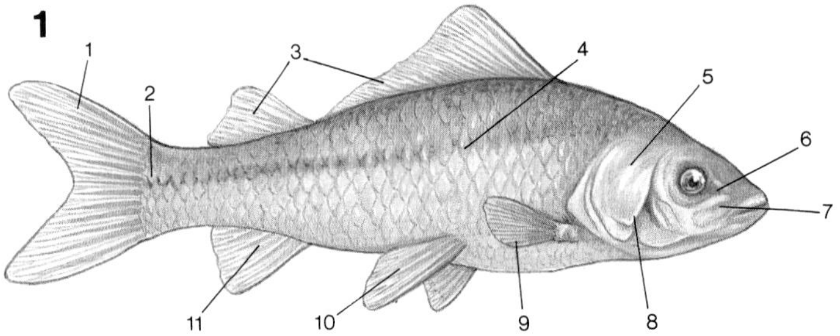

1. pesce

1.1. pinna caudale - 1.2. squama - 1.3. pinna dorsale - 1.4. linea laterale - 1.5. opercolo - 1.6. narice - 1.7. bargiglio - 1.8. fessura branchiale - 1.9. pinna pettorale - 1.10. pinna ventrale - 1.11. pinna anale

2. pescecane o squalo

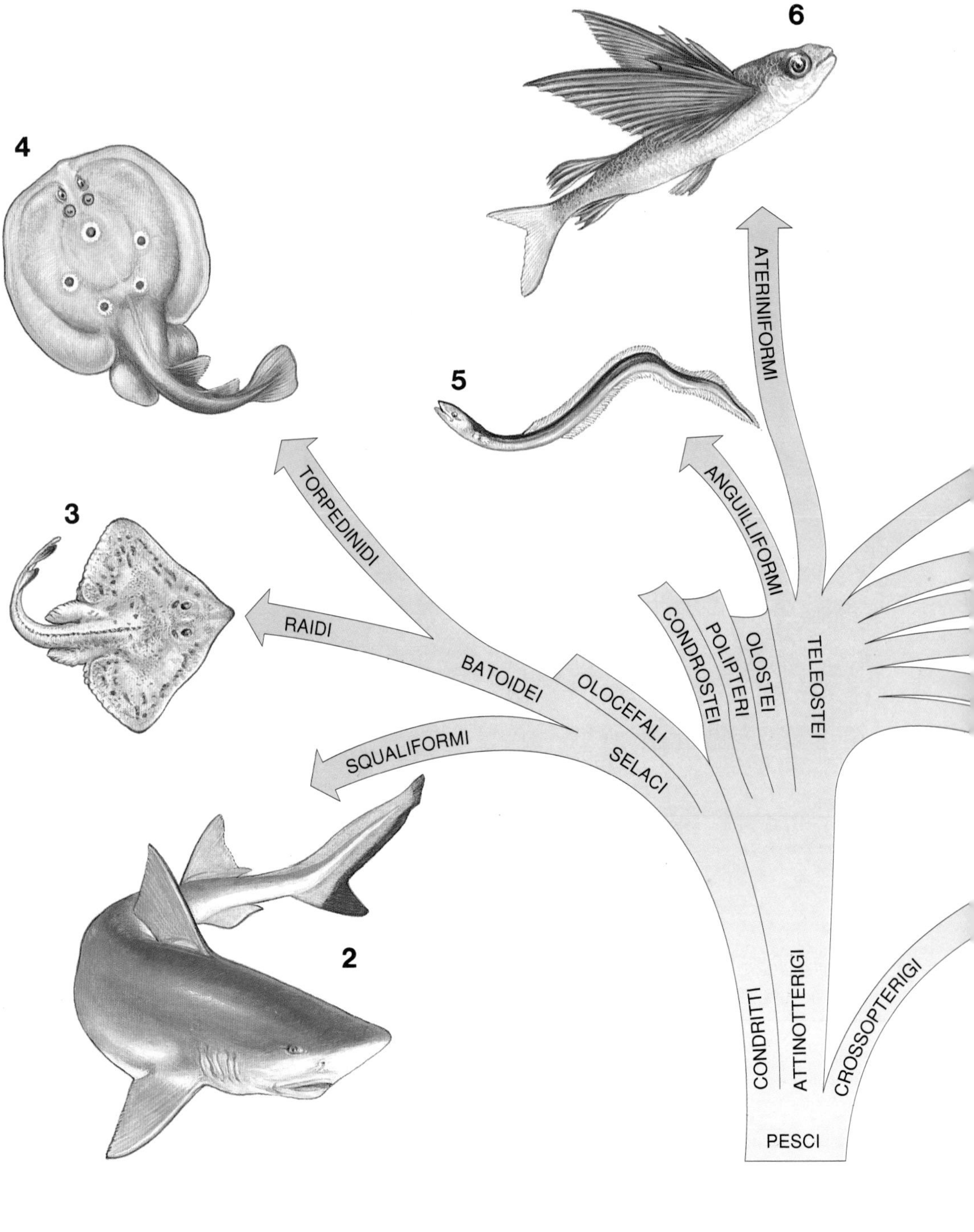

3. razza
4. torpedine ocellata
5. anguilla
6. esoceto volante
7. cavalluccio marino o ippocampo
8. pesce ago
9. pesce San Pietro
10. pesce spada
11. remora
12. sogliola
13. pesce luna
14. rana pescatrice

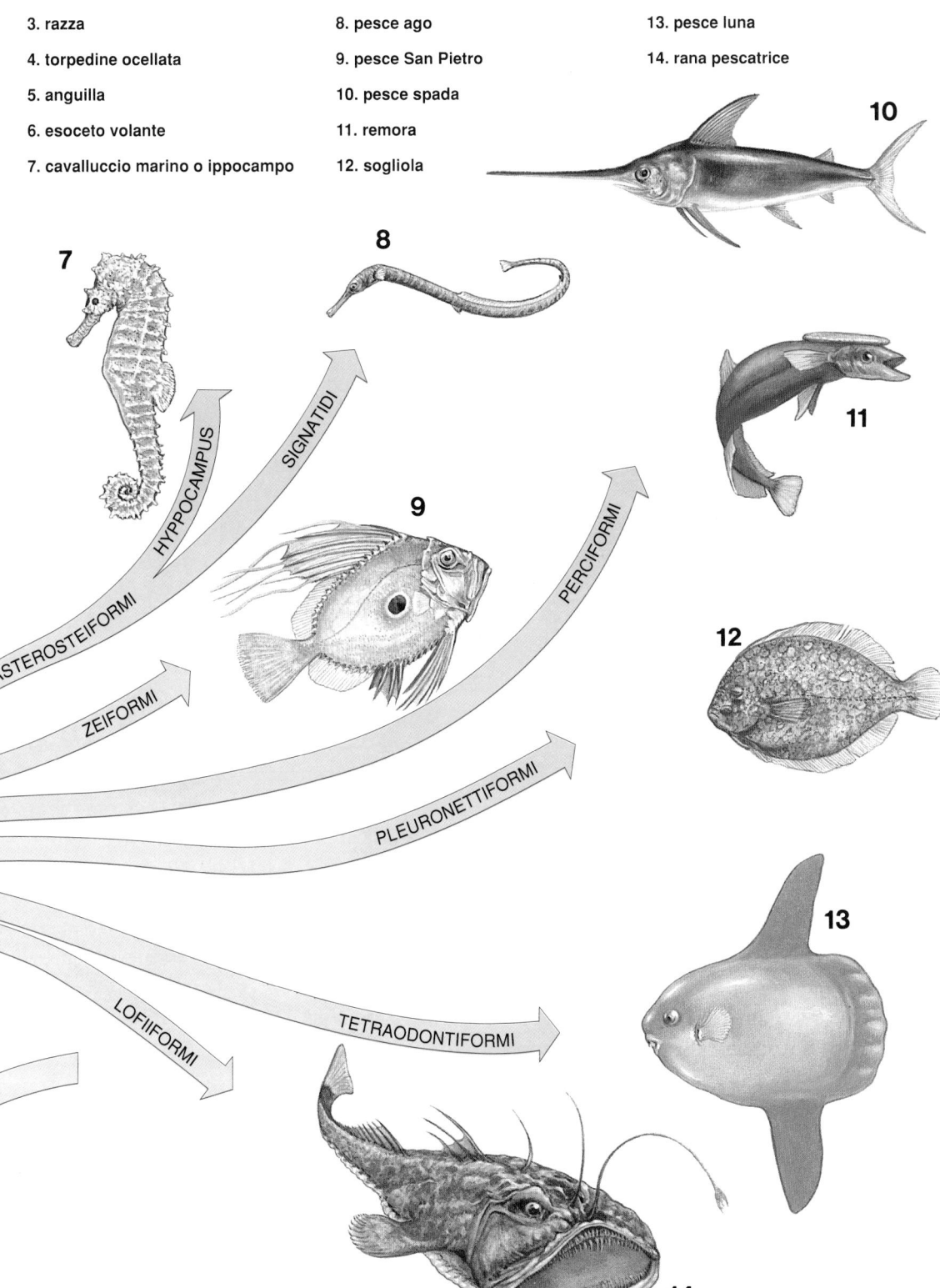

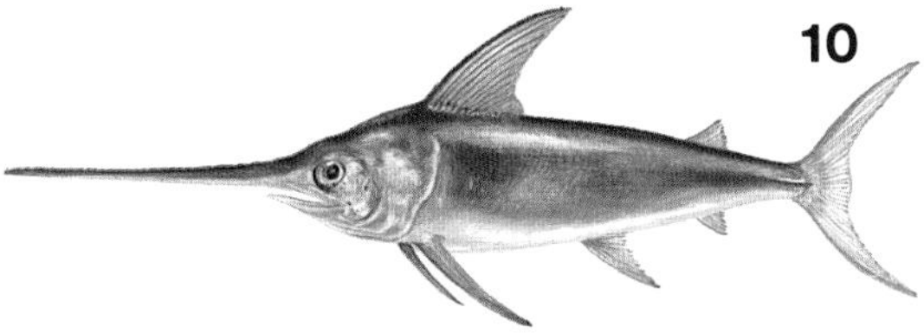

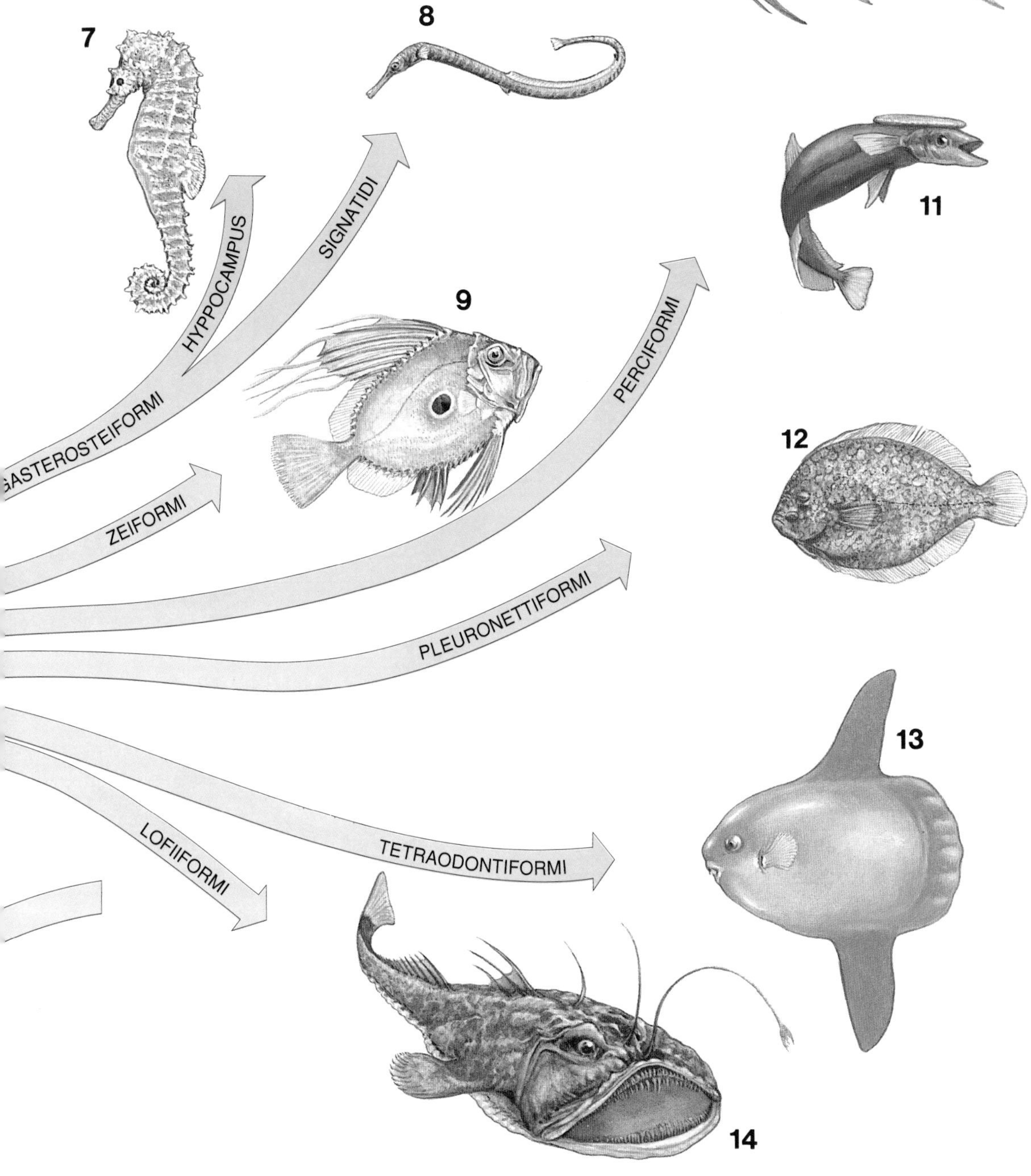

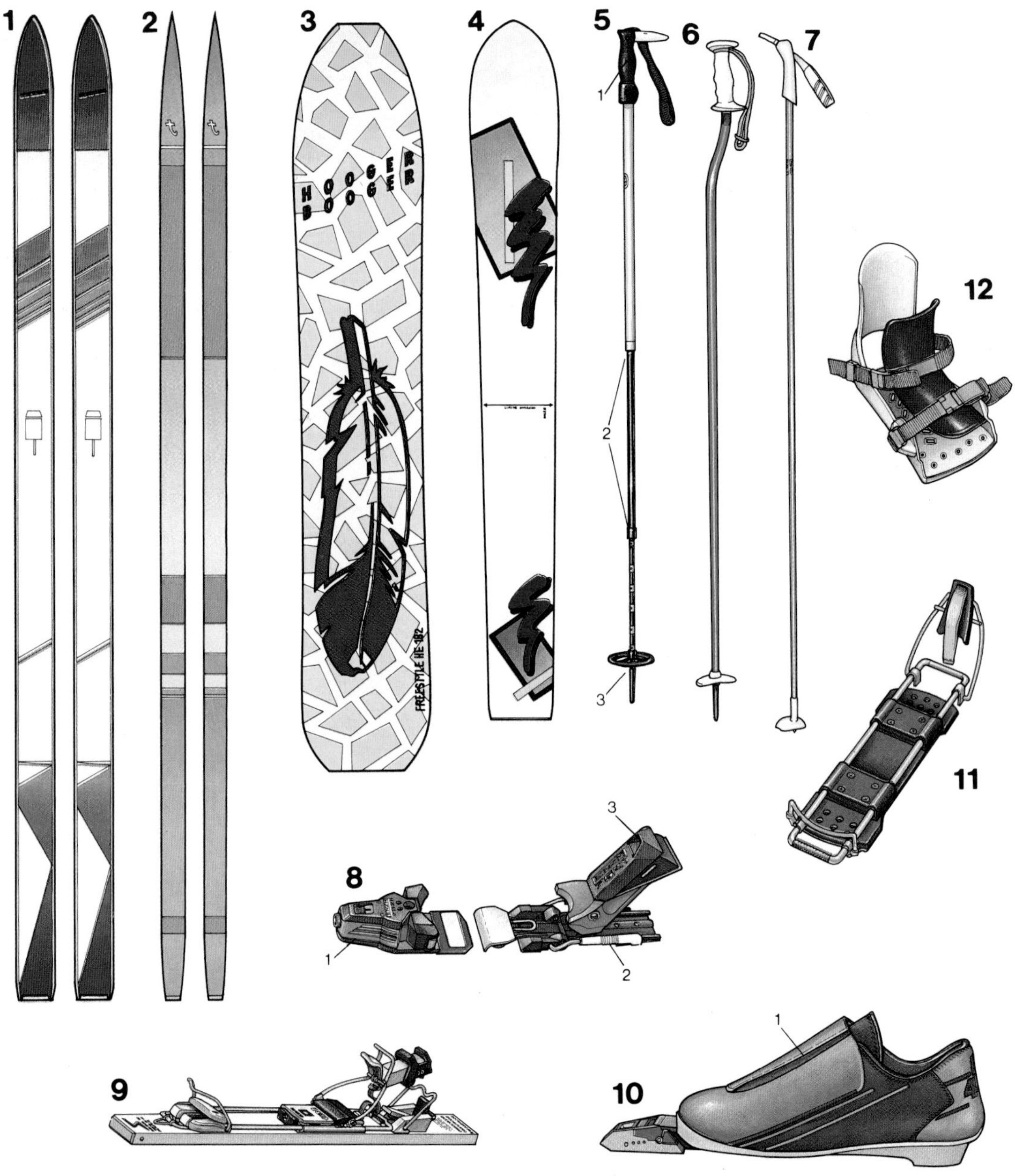

1. sci da discesa

2. sci da fondo

3. ***surf***

4. monosci

5. bastoncino telescopico

5.1. manopola - 5.2. ghiera per regolare la lunghezza - 5.3. rondella

6. bastoncino da discesa

7. bastoncino da fondo

8. attacco da discesa

8.1. puntale - 8.2. *ski-stopper* - 8.3. talloniera

9. attacco da scialpinismo

10. attacco da fondo

10.1. scarpa da fondo

11. attacco da ***surf*** **rigido**

12. attacco da ***surf*** **morbido**

13
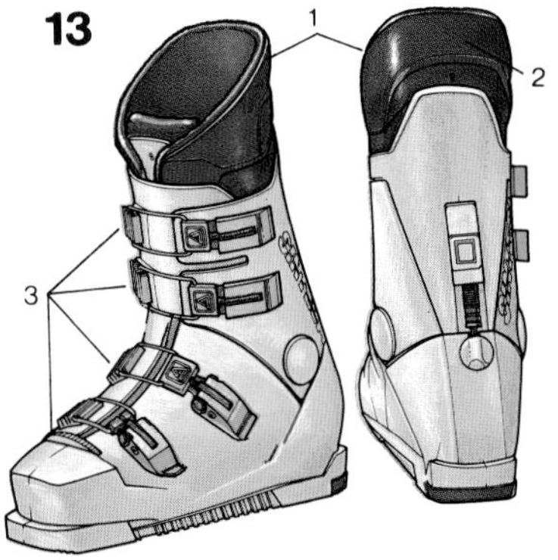

14

15

16

17

18
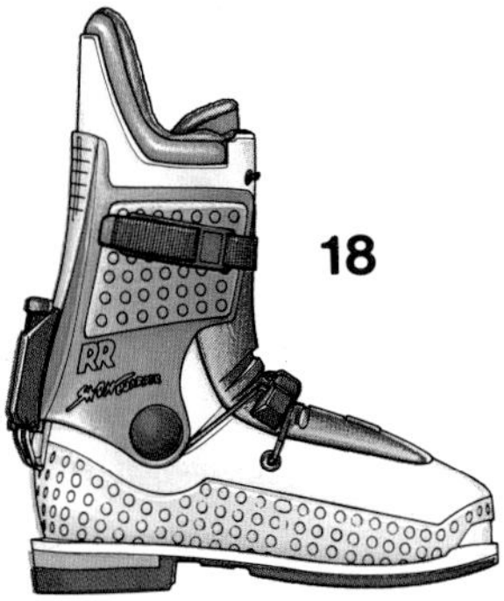

19

20

21

13. scarpone da discesa
13.1. scarpetta interna - 13.2. *spoiler* - 13.3. ganci regolabili

14. scarpone da *telemark*
14.1. leve micrometriche

15. scarpone da *surf* morbido

16. scarpa da fondo escursionismo

17. scarpone da scialpinismo

18. scarpone da *surf* rigido

19. equipaggiamento da sci
19.1. occhiali da sole - 19.2. giacca a vento - 19.3. pantaloni con imbottitura

20. curva saltata (sci ripido)

21. curva *telemark*

1. telefoni a tastiera

1.1. microtelefono o cornetta - 1.2. tastiera composizione numero - 1.3. cordone - 1.4. ricevitore - 1.5. orologio digitale - durata conversazione - 1.6. *display* - 1.7. tasto interruzione comunicazione - 1.8. microfono

2. autotelefono veicolare

3. telefono cellulare

4. segreteria telefonica

5. cerca persone a distanza

6. carta telefonica

7. gettone telefonico

8. telefono pubblico

8.1. *display* - 8.2. spia fuori servizio - 8.3. fessura inserimento monete e gettoni - 8.4. fessura inserimento carta telefonica - 8.5. fessura uscita carta telefonica - 8.6. vano raccolta monete e gettoni inutilizzati - 8.7. pulsante restituzione monete e gettoni

9. telegrafo

9.1. nastro - 9.2. rotellina scrivente - 9.3. tampone - 9.4. bobina - 9.5. cilindri guida carta - 9.6. elettrocalamita - 9.7. manubrio di arresto - 9.8. molla a coltello - 9.9. molla di pressione - 9.10. nottolino - 9.11. ruota di arresto - 9.12. chiave di caricamento - 9.13. tasto trasmettitore

1. dolmen

Ricciarini

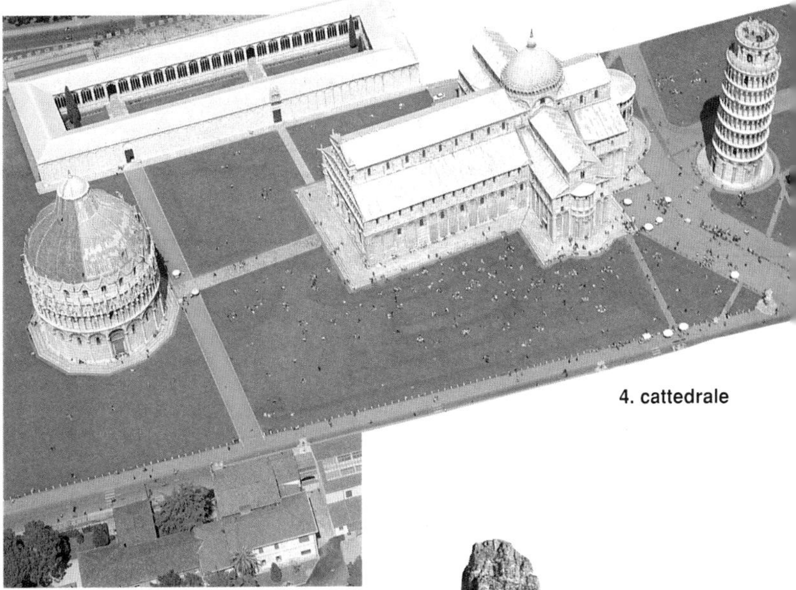

4. cattedrale

Ricciarini

2. moschea

G. Ottolenghi

5. pagoda

P2 - Ricciarini

7. tempio maya

P2 - Ricciarini

3. tempio greco-romano

E. Re - Stradella

6. tempio indiano

G. Nimatallah - Ricciarini

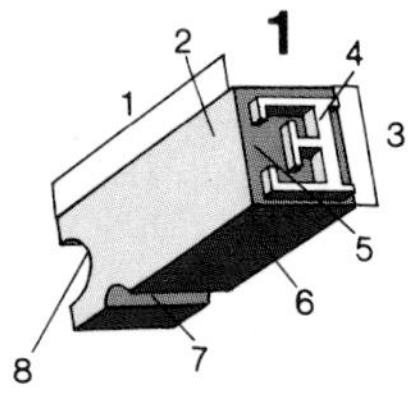

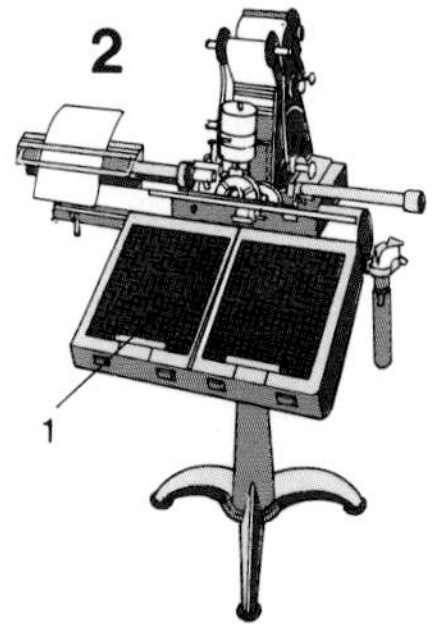

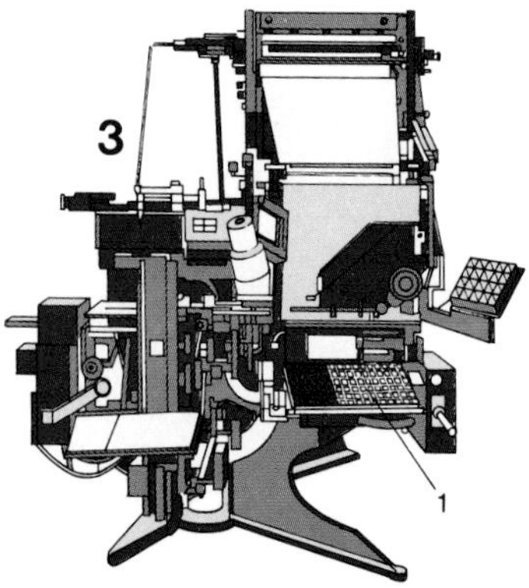

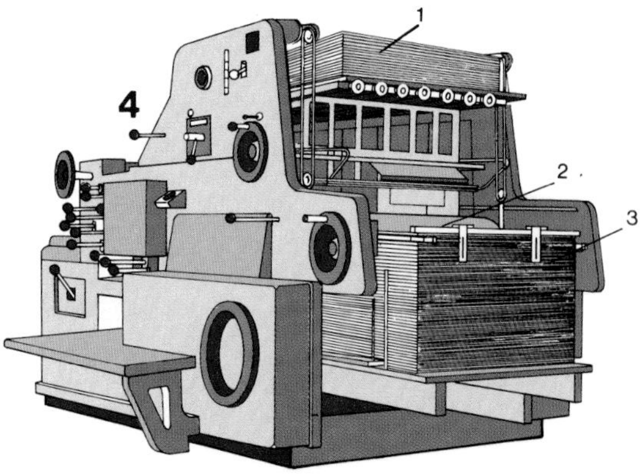

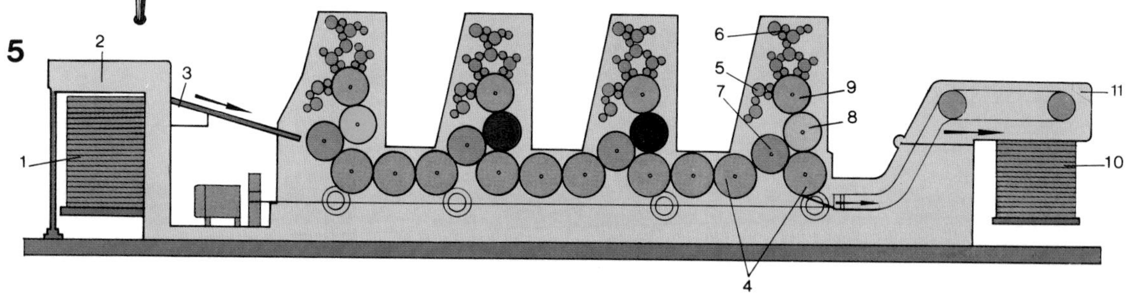

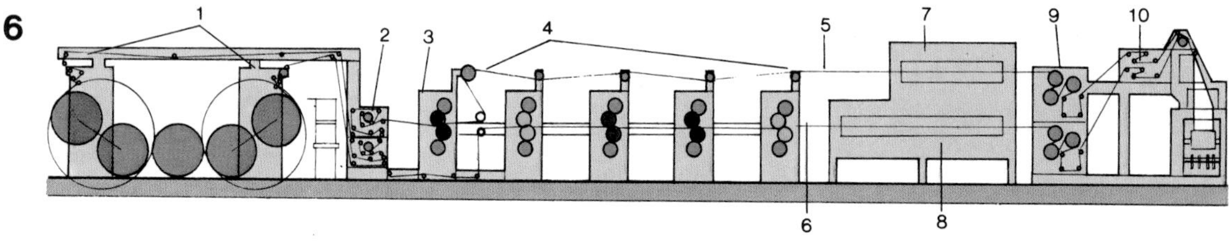

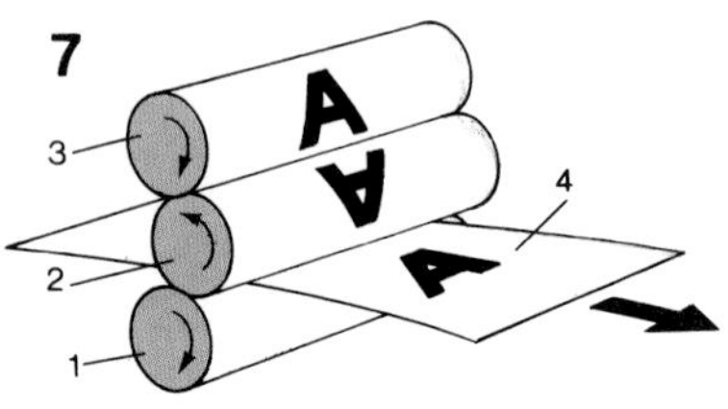

1. carattere mobile
1.1. altezza - 1.2. forza - 1.3. corpo - 1.4. occhio - 1.5. spalla - 1.6. spessore - 1.7. tacca - 1.8. incavo

2. *monotype*
2.1. tastiera

3. *linotype*
3.1. tastiera

4. macchina ad arresto del cilindro (tipografica piana)
4.1. fogli bianchi - 4.2. cilindro stampante - 4.3. fogli stampati

5. offset a foglio
Macchina offset da foglio a 4 castelli (ognuno stampa un colore), impiegata per la realizzazione di stampati in quadricromia (nero, ciano, magenta e giallo).
5.1. impilatura dei fogli da stampare - 5.2. mettifoglio - 5.3. tavola di puntatura e scorrimento dei fogli - 5.4. tamburi di trasferimento dei fogli - 5.5. rulli bagnatori - 5.6. rulli inchiostratori - 5.7. cilindro di pressione - 5.8. cilindro porta-caucciù (con l'immagine rovesciata) - 5.9. cilindro porta-lastra (con l'immagine diritta) - 5.10. impilatura dei fogli stampati - 5.11. levafogli (dispositivo che provvede automaticamente alla impilatura dei fogli in uscita)

6. rotooffset a bobina
Macchina rotooffset con 2 bobine e 5 gruppi di stampa in bianca e volta
6.1. sbobinatori con 2 bobine ciascuno (una in corso di stampa e una di scorta) - 6.2. gruppi per il controllo della tensione della banda di carta - 6.3. gruppo a due ele-

8

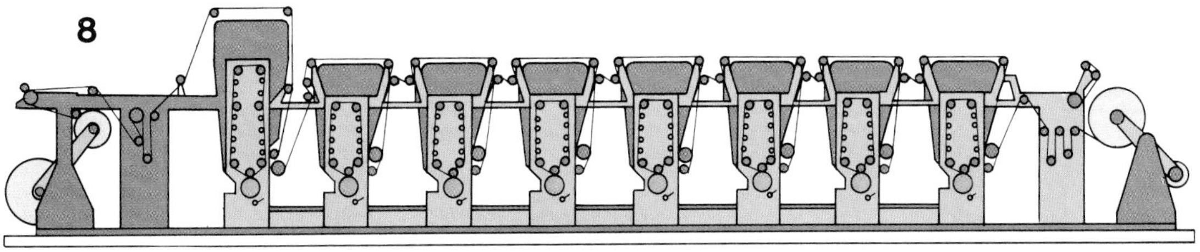

9

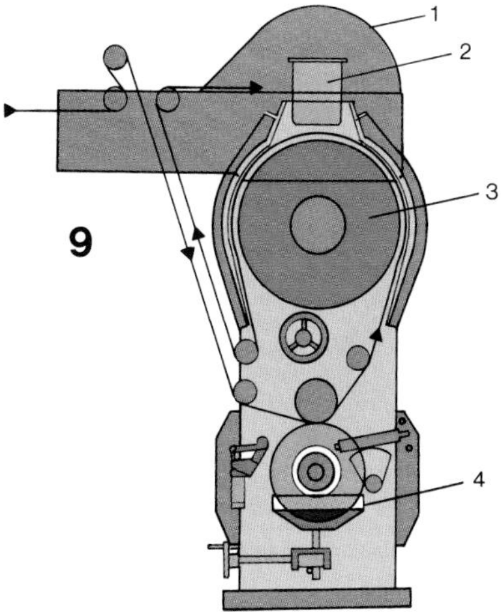

10

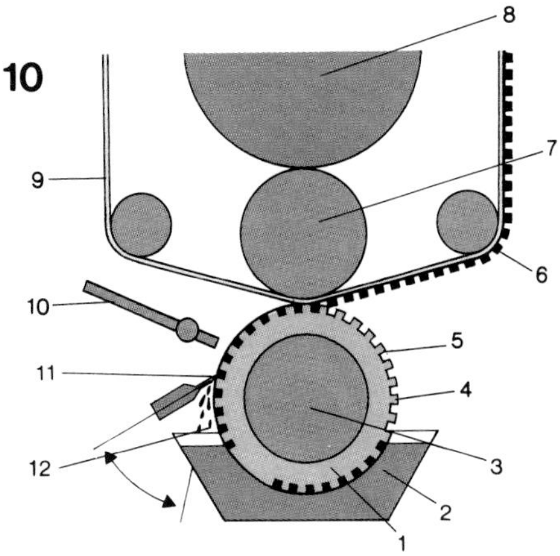

11

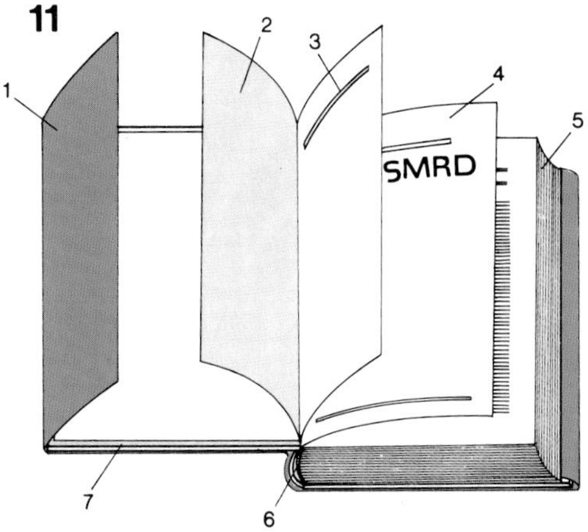

12

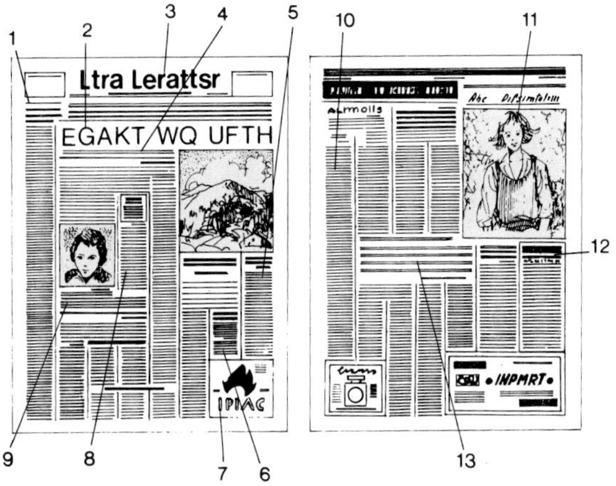

menti che stampa a un colore su entrambe le facciate - 6.4. gruppo a otto elementi che stampa a 4 colori su entrambe le facciate - 6.5. banda di carta stampata su entrambe le facciate a un colore - 6.6. banda di carta stampata su entrambe le facciate a 4 colori - 6.7. forno a gas per l'essiccazione della banda stampata a un colore - 6.8. forno a gas per l'essiccazione della banda stampata a 4 colori - 6.9. gruppi di raffreddamento ed eventuale siliconatura - 6.10. gruppo finale di piega

7. schema stampa offset

7.1. cilindro di pressione - 7.2. cilindro porta-caucciù (con l'immagine rovesciata) - 7.3. cilindro porta-lastra (con l'immagine diritta) - 7.4. foglio stampato con l'immagine diritta

8. rotativa rotocalco a bobina

Sono necessari 8 elementi di stampa poiché la banda di carta riceve separatamente i colori in bianca e i colori in volta.

9. elemento di stampa rotocalco

9.1. riparo del captatore (dei solventi) - 9.2. aspiratore - 9.3. tamburo essiccatore - 9.4. calamaio

10. gruppo inchiostratore della rotativa rotocalco

10.1. cilindro (forma stampante) - 10.2. vasca del calamaio - 10.3. cilindro con incisione - 10.4. contrografismi (parti non stampanti) - 10.5. grafismi (parti stampanti) - 10.6. carta stampata - 10.7. cilindro con gomma - 10.8. cilindro di pressione - 10.9. carta bianca - 10.10. aria - 10.11. racla - 5.12. inchiostro in eccesso

11. libro

11.1. aletta della sopraccoperta o risvolto - 11.2. risguardo - 11.3. occhiello - 11.4. frontespizio - 11.5. costa - 11.6. dorso - 11.7. copertina

12. giornale

Prima pagina

12.1. articolo di fondo - 12.2. titolo - 12.3. testata - 12.4. sommario - 12.5. articolo di spalla - 12.6. sottotitolo - 12.7. pubblicità - 12.8. intervista - 12.9. taglio

Terza pagina

12.10. elzeviro - 12.11. illustrazione - 12.12. asterisco - 12.13. taglio di terza

8
9
10
FENICOTTERIFORMI
FALCONIFORMI
STRIGIFORMI
6
7
CICONIFORMI
RAPACI
GALLIFORMI
ANSERIFORMI
PALMIPEDI
PELECANIFORMI
5
STRUZZIFORMI
PALEOGNATI
NEOGNATI
SFENISCIFORMI
4
3
UCCELLI
ORNITURI

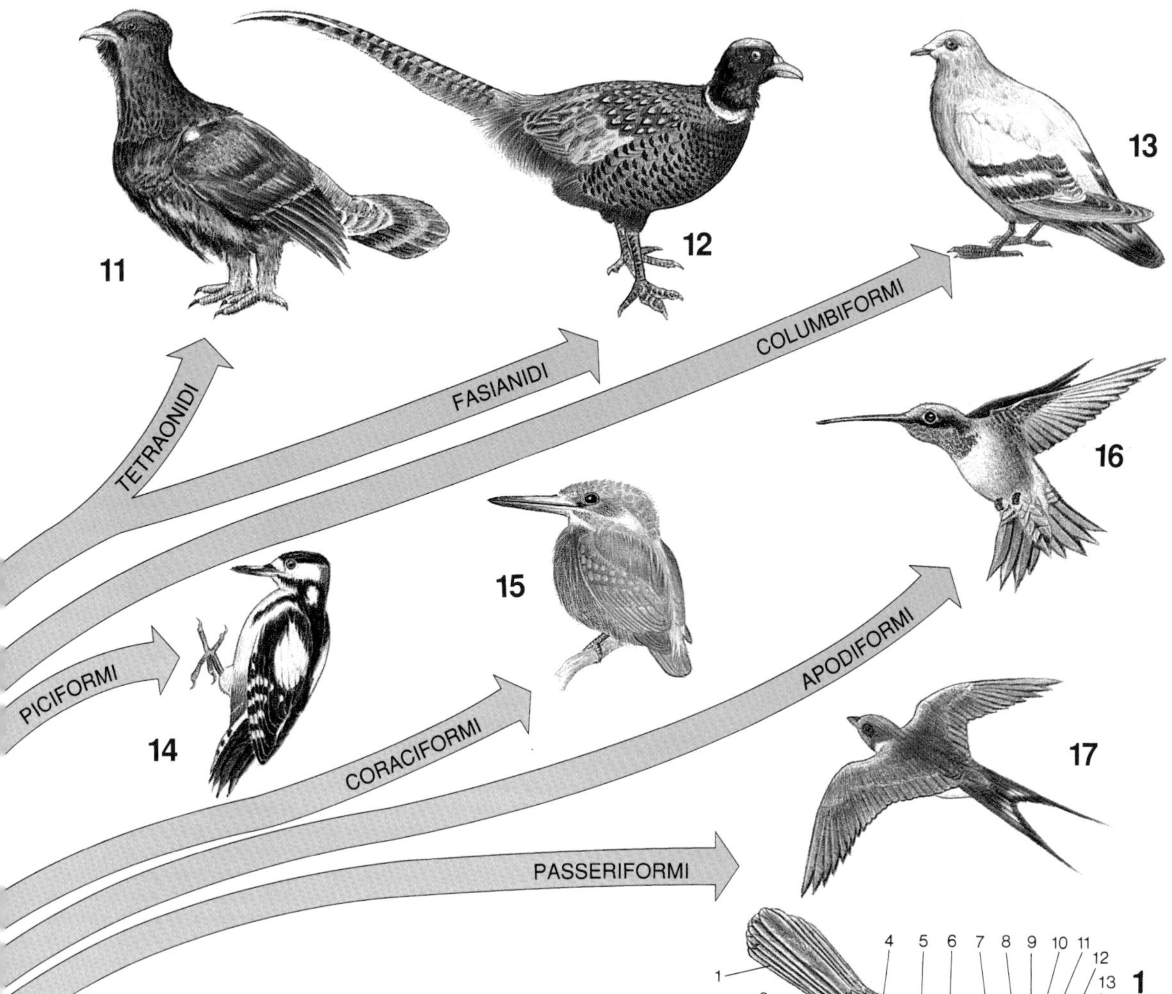

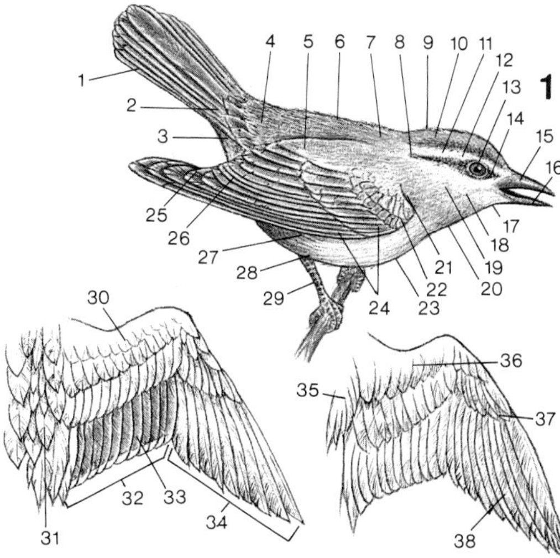

1. uccello

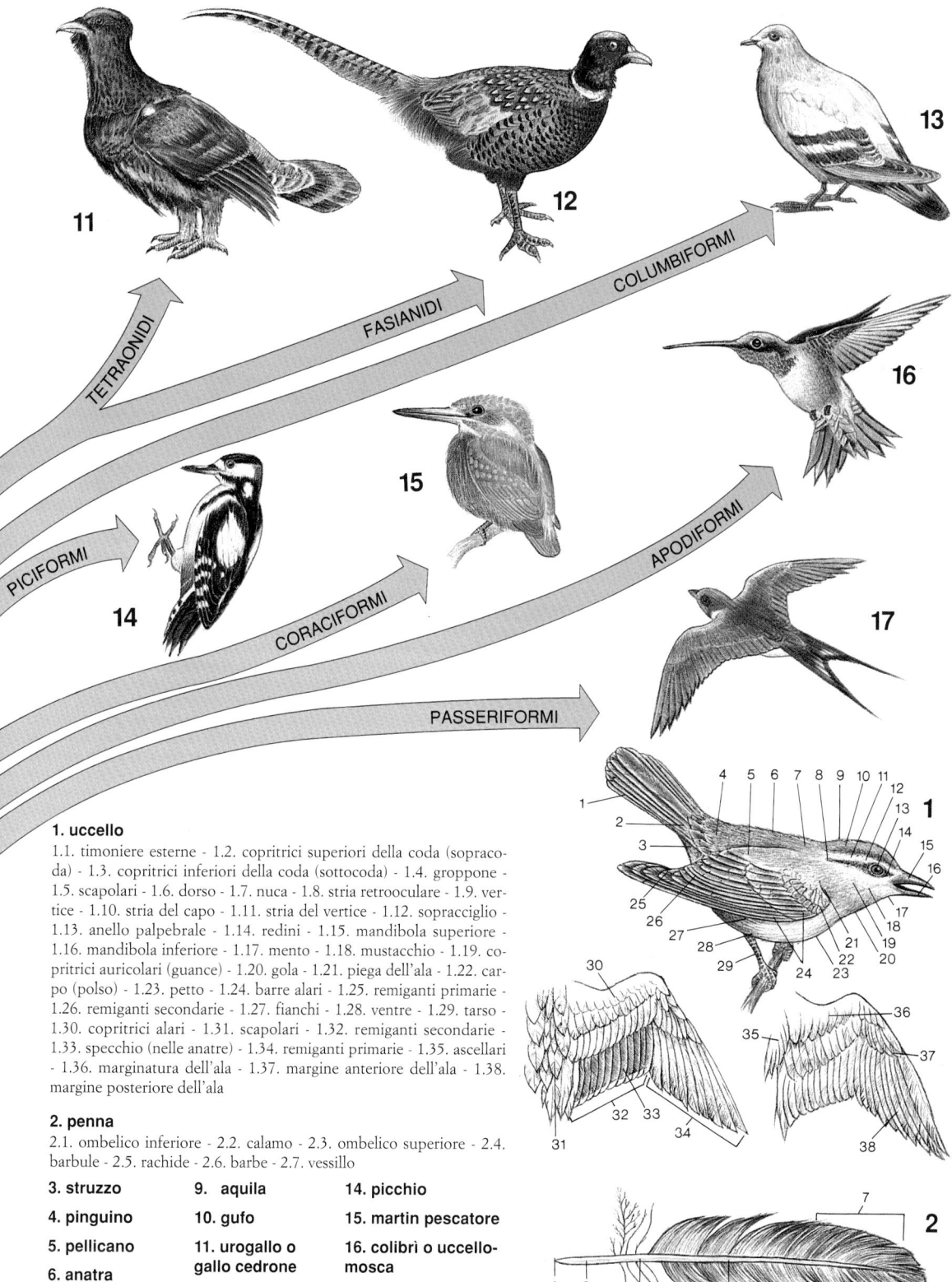

1.1. timoniere esterne - 1.2. copritrici superiori della coda (sopracoda) - 1.3. copritrici inferiori della coda (sottocoda) - 1.4. groppone - 1.5. scapolari - 1.6. dorso - 1.7. nuca - 1.8. stria retrooculare - 1.9. vertice - 1.10. stria del capo - 1.11. stria del vertice - 1.12. sopracciglio - 1.13. anello palpebrale - 1.14. redini - 1.15. mandibola superiore - 1.16. mandibola inferiore - 1.17. mento - 1.18. mustacchio - 1.19. copritrici auricolari (guance) - 1.20. gola - 1.21. piega dell'ala - 1.22. carpo (polso) - 1.23. petto - 1.24. barre alari - 1.25. remiganti primarie - 1.26. remiganti secondarie - 1.27. fianchi - 1.28. ventre - 1.29. tarso - 1.30. copritrici alari - 1.31. scapolari - 1.32. remiganti secondarie - 1.33. specchio (nelle anatre) - 1.34. remiganti primarie - 1.35. ascellari - 1.36. marginatura dell'ala - 1.37. margine anteriore dell'ala - 1.38. margine posteriore dell'ala

2. penna

2.1. ombelico inferiore - 2.2. calamo - 2.3. ombelico superiore - 2.4. barbule - 2.5. rachide - 2.6. barbe - 2.7. vessillo

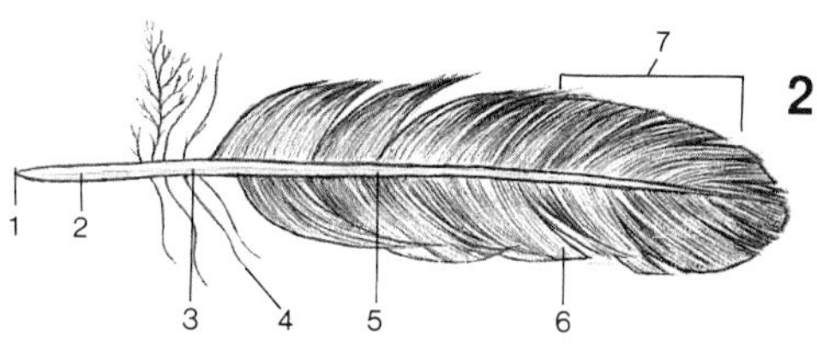

3. struzzo
4. pinguino
5. pellicano
6. anatra
7. cicogna
8. fenicottero
9. aquila
10. gufo
11. urogallo o gallo cedrone
12. fagiano
13. colombo
14. picchio
15. martin pescatore
16. colibrì o uccello-mosca
17. rondine

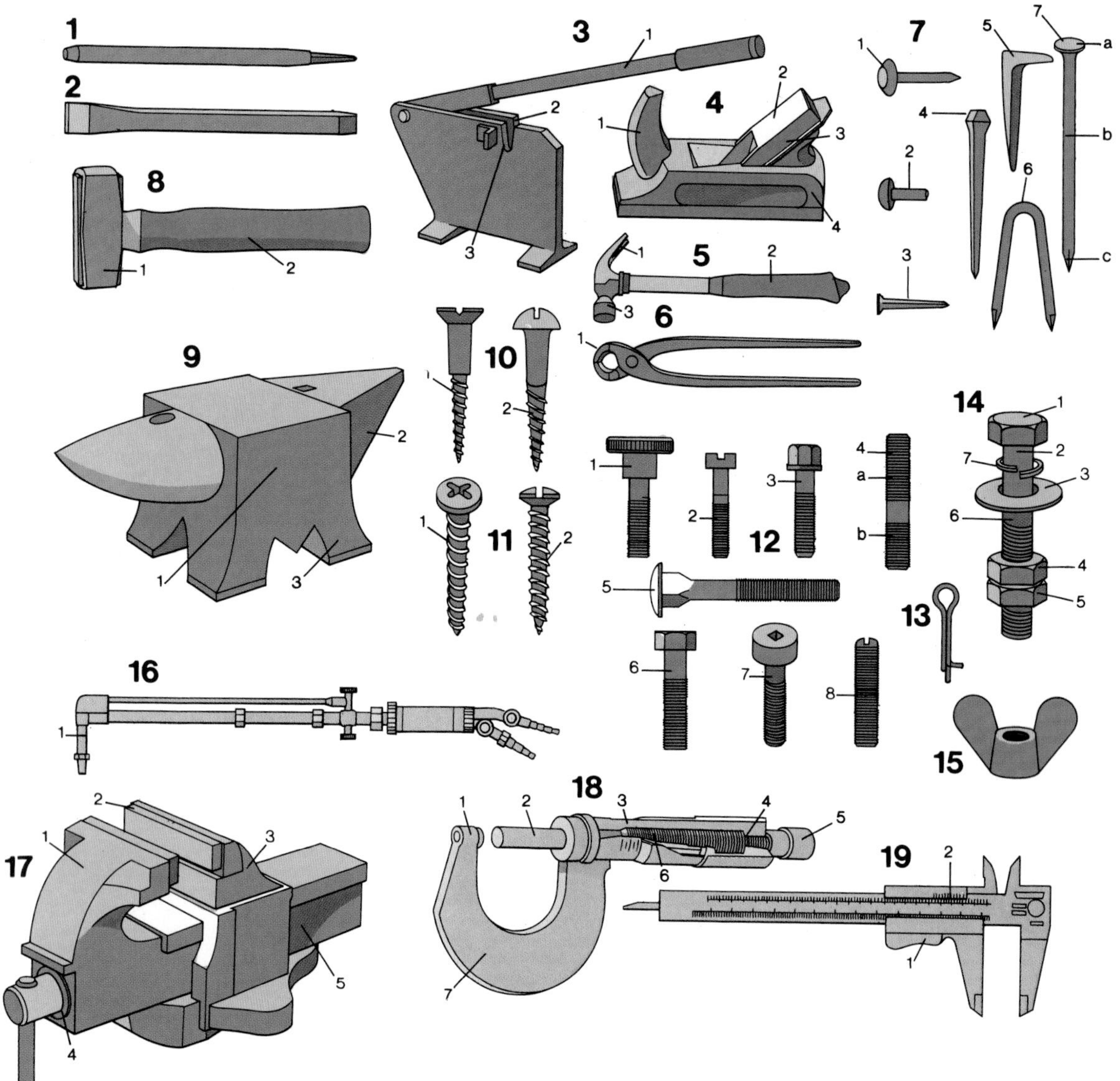

1. punzone

2. scalpello

3. trancia
3.1. leva - 3.2. lama piatta - 3.3. gola

4. pialla
4.1. impugnatura - 4.2. cuneo - 4.3. lama (ferro) - 4.4. cassa (ceppo)

5. martello
5.1. penna - 5.2. manico - 5.3. testa - 5.4. occhio

6. tenaglia
6.1. ganascia

7. chiodi
7.1. bulletta - 7.2. ribattino - 7.3. semenza - 7.4. chiodo da cavallo - 7.5. gancio (rampino) - 7.6. doppino o cambretta - 7.7. punta Italia - 7.7a. testa - 7.7b. corpo - 7.7c. punta

8. mazza
8.1. battente o testa - 8.2. manico

9. incudine
9.1. base - 9.2. braccio (corno) - 9.3. coda

10. viti da legno
10.1. v. a testa piatta svasata con intaglio - 10.2. v. a testa tonda con intaglio

11. viti da lamiera
11.1. v. autofilettante con incasso a croce - 11.2. v. autofilettante

12. viti meccaniche
12.1. v. a testa zigrinata con colletto - 12.2. v. a testa cilindrica con intaglio - 12.3. v. a testa quadra con bordino - 12.4. v. prigioniera - 12.4a. gambo - 12.4b. radice - 12.5. v. a testa tonda larga e quadro sottotesta - 12.6. v. a testa esagonale - 12.7. v. a testa cilindrica con incasso quadrato - 12.8. v. senza testa con intaglio

13. coppiglia

14. bullone
14.1. testa - 14.2. gambo - 14.3. rondella - 14.4. dado - 14.5. controdado - 14.6. filettatura - 14.7. rondella a molla

15. galletto

16. cannello ossiacetilenico
16.1. becco

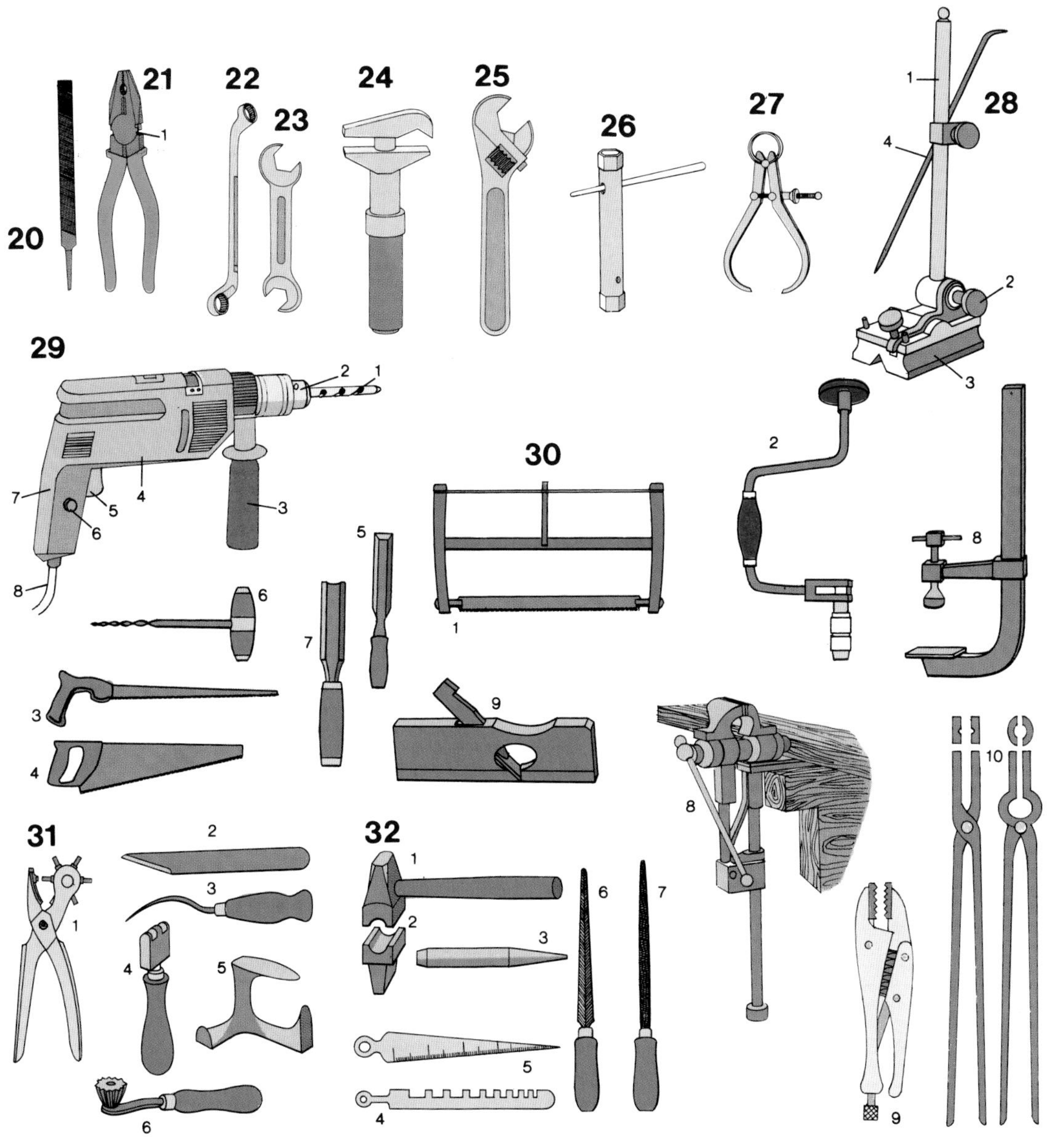

17. morsa
17.1. branca mobile - 17.2. ganascia - 17.3. branca fissa - 17.4. vite di pressione - 17.5. piede

18. micrometro
18.1. limite fisso - 18.2. albero principale - 18.3. armatura fissa - 18.4. armatura mobile - 18.5. comando - 18.6. vite micrometrica - 18.7. sostegno

19. calibro a corsoio
19.1. arresto - 19.2. nonio

20. lima

21. pinze
21.1. tagliafili

22. chiave poligonale

23. chiave fissa doppia

24. chiave inglese

25. chiave americana

26. chiave a tubo

27. compasso a molla

28. truschino
28.1. asta - 28.2. boccola di serraggio - 28.3. base e appoggio - 28.4. graffietto

29. trapano elettrico
29.1. punta metallica - 29.2. mandrino - 29.3. impugnatura anteriore regolabile - 29.4. involucro di plastica - 29.5. interruttore generale - 29.6.manopola per la regolazione di velocità - 29.7. impugnatura posteriore - 29.8. cavo di alimentazione

30. falegname
30.1. sega - 30.2. menarola - 30.3. gattuccio o foretta - 30.4. saracco - 30.5. scalpello - 30.6. succhiello - 30.7. sgorbia - 30.8. sergente grande - 30.9. sponderuola

31. calzolaio
31.1. fustella a pinza - 31.2. trincetto - 31.3. lesina - 31.4. lissa - 31.5. piede di ferro - 31.6. marcapunti

32. fabbro
32.1. stampo - 32.2. controstampo - 32.3. punzone - 32.4. calibro a denti - 32.5. calibro per fori - 32.6. lima a triangolo - 32.7. lima a coda di topo - 32.8. morsa a gamba - 32.9. pinze autobloccanti - 32.10. tenaglie da fabbro

1

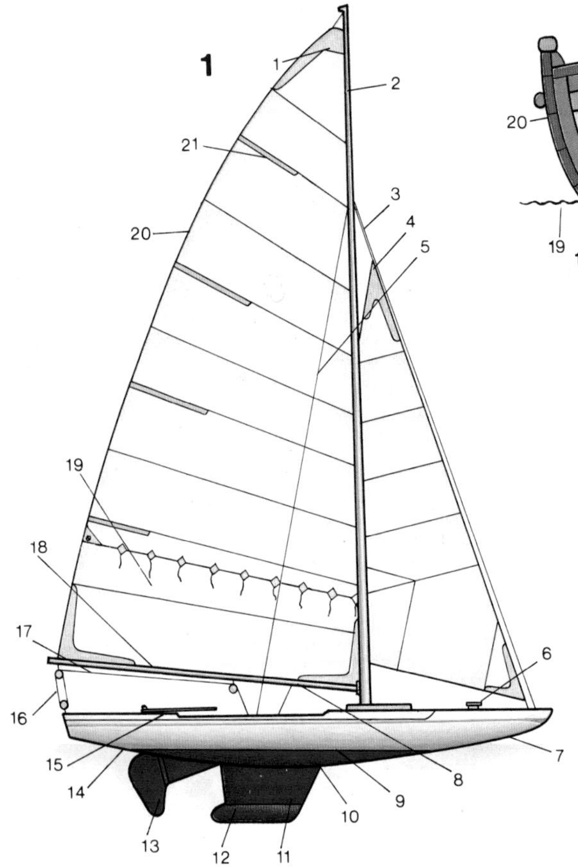

2

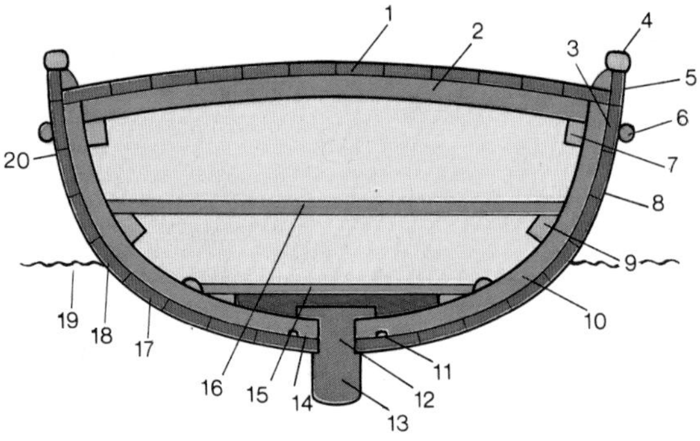

3

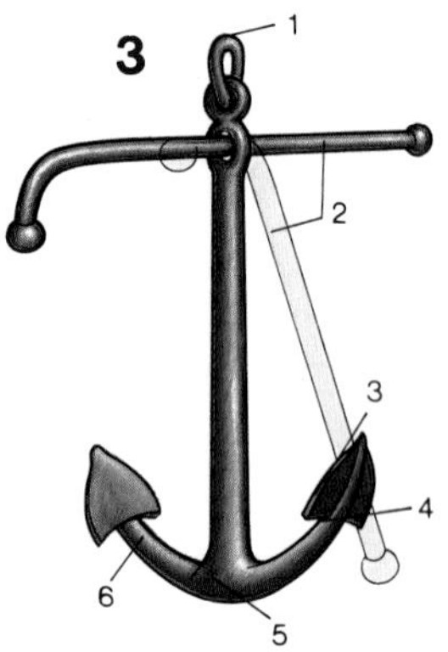

4

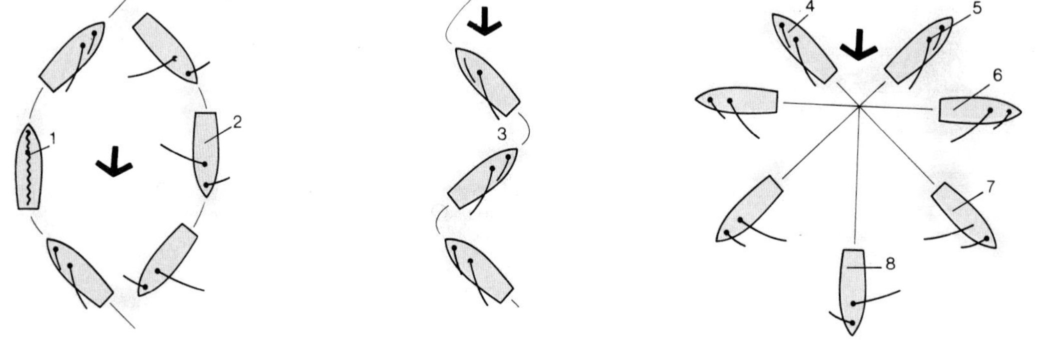

1. barca a vela

1.1. tavoletta - 1.2. albero - 1.3. strallo (straglio) - 1.4. angolo di drizza - 1.5. sartia - 1.6. bitta di ormeggio - 1.7. prua (prora) - 1.8. angolo di mura - 1.9. opera morta - 1.10. opera viva - 1.11. chiglia - 1.12. bulbo - 1.13. timone - 1.14. poppa - 1.15. barra - 1.16. bozzello - 1.17. scotta - 1.18. boma - 1.19. matafioni - 1.20. balumina - 1.21. stecca

2. scafo (sezione)

2.1. tavole di coperta - 2.2. baglio - 2.3. trincarino - 2.4. falchetta - 2.5. impavesata - 2.6. bordino - 2.7. dormiente - 2.8. fasciame - 2.9. serretta - 2.10. ordinata - 2.11. biscia - 2.12. paramezzale - 2.13. chiglia - 2.14. torello - 2.15. pagliuolo - 2.16. banco - 2.17. corsi di carena - 2.18. corsi di bagnasciuga - 2.19. linea di galleggiamento - 2.20. corsi di murata

3. ancora ammiragliato

3.1. cicala - 3.2. ceppo mobile - 3.3. patta - 3.4. unghia - 3.5. diamante - 3.6. marra - 3.7. fuso

4. manovre e andature

4.1. virata in prua - 4.2. abbattuta - 4.3. bordeggio - 4.4. bolina mure a destra - 4.5. bolina mure a sinistra - 4.6. traverso o mezza nave - 4.7. lasco - 4.8. poppa

5

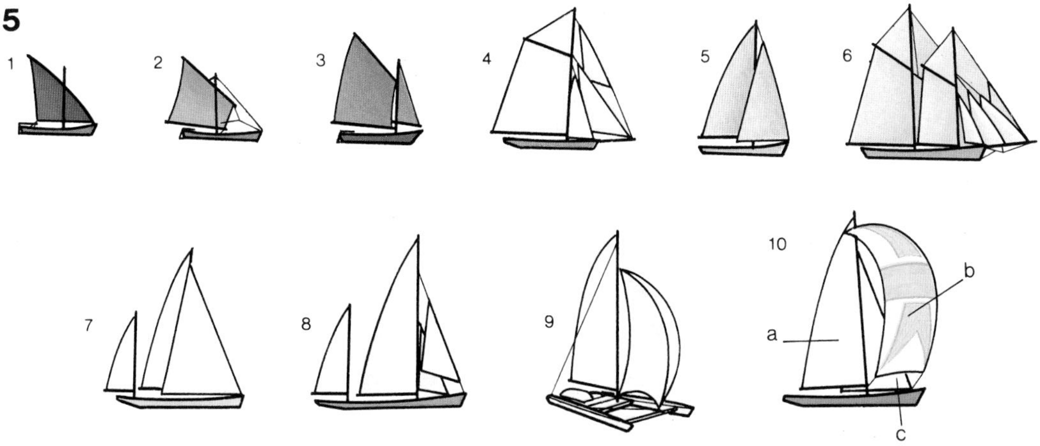

6

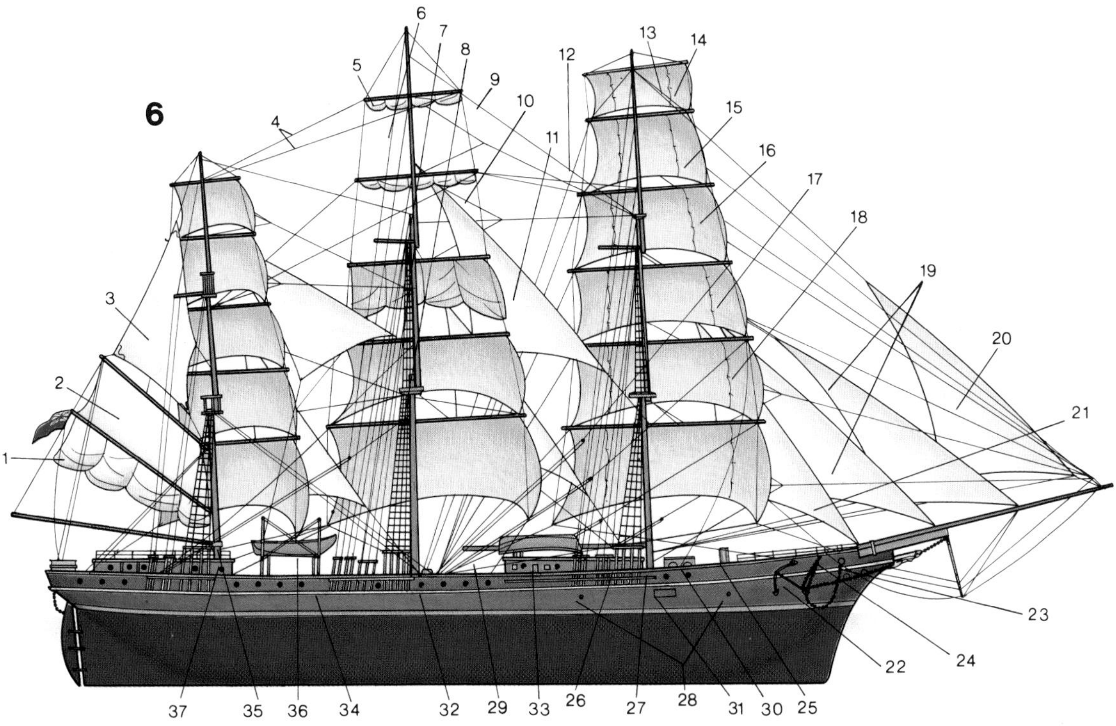

5. velature e imbarcazioni tipiche

5.1. vela latina - 5.2. vela al terzo - 5.3. *sloop* a randa aurica - 5.4. *cutter* a randa aurica e controranda - 5.5. *sloop* marconi - 5.6. *schooner* (goletta americana) - 5.7. *yawl* - 5.8. *ketch* - 5.9. catamarano - 5.10. deriva - 5.10a. randa - 5.10b. *spinnaker* - 5.10c. fiocco

6. *clipper*

6.1. randa - 6.2. controranda - 6.3. freccia - 6.4. bracci - 6.5. marciapiedi - 6.6. sartie di alberetto - 6.7. sartie di albero di gabbia - 6.8. sartie di coffa - 6.9. mantigli - 6.10. catene delle scotte - 6.11. vele di straglio di maestra - 6.12. caricascotte - 6.13. caricamezzi - 6.14. controvelaccino di trinchetto - 6.15. velaccino volante di trinchetto - 6.16. velaccino fisso di trinchetto - 6.17. parrocchetto volante di trinchetto - 6.18. parrocchetto fisso di trinchetto - 6.19. fiocco - 6.20. controfiocco - 6.21. trinchettina - 6.22. ancora - 6.23. cubia - 6.24. argano - 6.25. torretta del fanale di via - 6.26. bassa vela, o trevo, di trinchetto - 6.27. albero di trinchetto - 6.28. bocche di granchio ovale - 6.29. scotta delle vele di trinchetto - 6.30. tuga della caldaia - 6.31. portello scarico acqua - 6.32. albero di maestra - 6.33. tuga - 6.34. oblò - 6.35. albero di mezzana - 6.36. lancia di salvataggio - 6.37. pazienza o cavigliera del palo

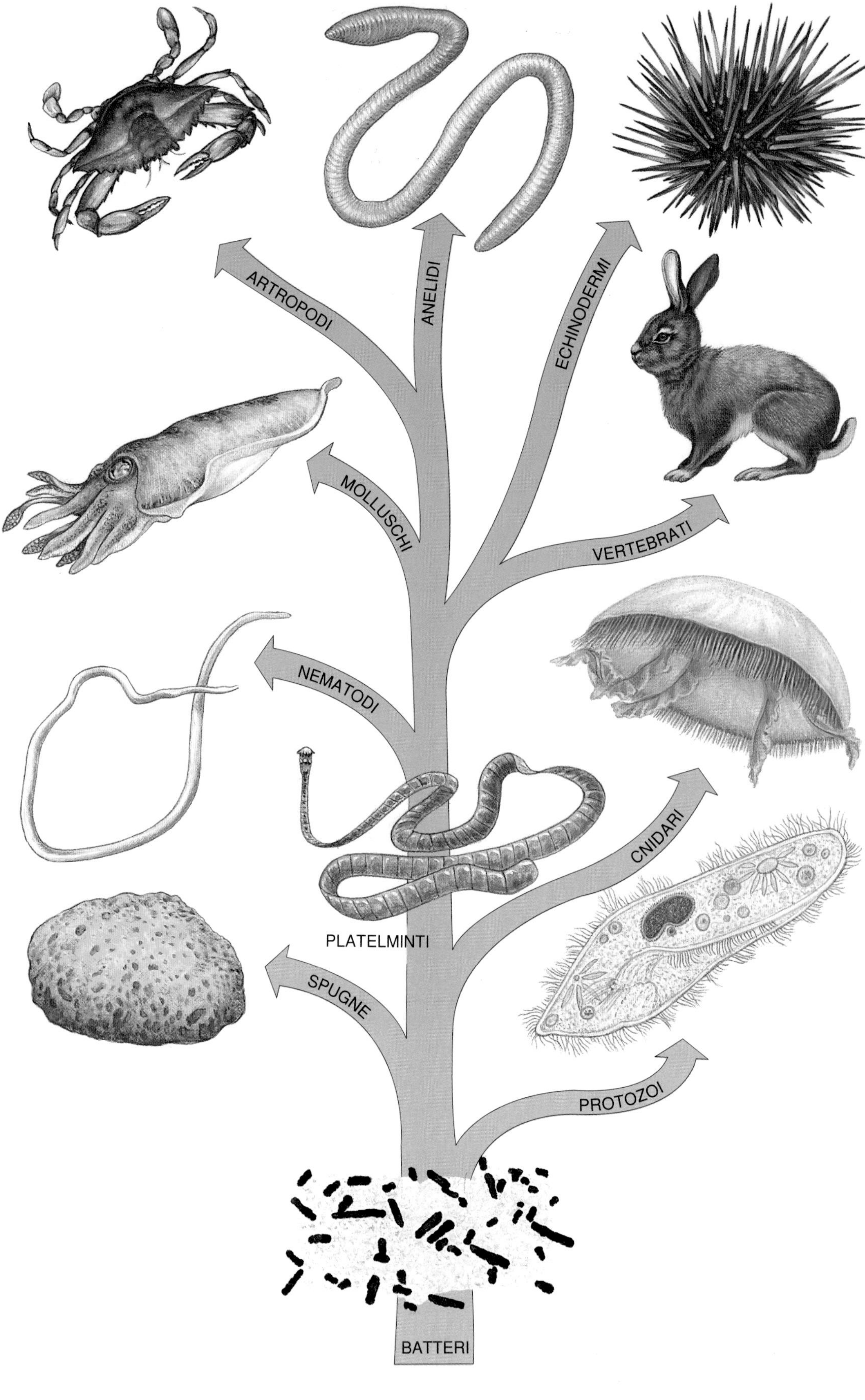
ARTROPODI
ANELIDI
ECHINODERMI
MOLLUSCHI
VERTEBRATI
NEMATODI
CNIDARI
PLATELMINTI
SPUGNE
PROTOZOI
BATTERI

pocciàre (pres. *póccio*) [da *poccia*; sec. XIV] **tr.** *tosc.* poppare.

pochade (fr., pr. [pɔ'ʃad]) [propr. abbozzo; 1900] **sf.** *inv.* commedia farsesca ricca di intrecci ed equivoci, che ebbe fortuna in Francia nella Belle Epoque.

pòcher [1905] **sm.** *inv.* adattamento it. di *poker* (v.) || *dim.* pocherino.

pochette (fr., pr. [pɔ'ʃɛt]) [letter. dim. di *poche*, tasca; 1826 nel senso 2] **sf.** *inv.* **1.** borsetta da sera che viene tenuta in mano: *una pochette di vernice* **2.** *T.mus.* tipo di violino di piccole dimensioni, apparso in Francia alla fine del sec. XVI.

pochézza [da *poco*; a. 1294] **sf.** scarsezza: *pochezza di mezzi, d'ingegno* || modestia o meschinità di condizione: *nella mia, nella sua pochezza* || **N.** *Sin.* esiguità, insufficienza, modestia.

pocket book (ingl., pr. ['pɒkɪt,bʊk]) [letter. libro tascabile; 1961] **loc. m.** *inv.* volume tascabile, da portare in tasca.

pòco [lat. *paucus*; metà sec. XIII] **I agg.** *indef. sing.*, con nomi non numerabili, una quantità piccola, scarsa, insufficiente: *poca pastasciutta, poco tempo, poca pazienza*; *pl.*, con nomi numerabili, un piccolo numero di: *pochi invitati, pochi giorni, poche speranze* || in espr. ellittiche, poco tempo: *è poco che ci siamo lasciati, ci vediamo fra poco, è successo poco fa*; *ogni poco*, a brevi intervalli; poco denaro: *guadagna poco, costa poco, lo vende a poco* ecc. **II pron.** *indef.* negli stessi sensi dell'aggettivo: *ho poco o niente da aggiungere, ne so poco di quella faccenda, fai troppo poco per ottenere qualcosa* || in alcune espr.: *a dir poco*, come minimo: *ci vorranno a dir poco due giorni*; *c'è poco da*, è fuori luogo, non è il caso di: *con i tempi che corrono c'è poco da scherzare*; *mancare poco*, essere sul punto di avvenire: *c'è mancato poco che battesse il naso*; *per poco (non)*, quasi: *per poco (non) ci cascavo* || *da poco*, di scarso valore, impegno ecc.: *un lavoretto da poco* || nella *loc. s. un poco di buono*, un disonesto **III avv.** **1.** dopo un verbo (o dopo l'ausiliare in una forma composta), scarsamente, debolmente ecc.: *quel tizio mi piace poco, pensa troppo poco al suo futuro* || raramente: *viene poco a trovarmi* || con litote *non poco*, assai: *ho penato non poco a trovarti* || *a poco a poco*, gradualmente, pian pianino **2.** anteposto ad un agg., un avv., o locuzione equivalente, ne diminuisce (o anche capovolge) il valore: *poco velocemente, se vai poco più su lo vedi, poco conveniente, poco di parola, poco dignitoso, azioni poco belle* **IV sm.** (solo *sing.*) **1.** scarsa quantità di oggetti, beni, tempo ecc.: *con il poco che guadagna sopravvive a malapena* **2.** (gen. nella forma tronca *po'*) quantità imprecisata, pezzo, parte: *lasciami un po' di torta, assaggia di tutto un po', è stato un po' di tempo all'estero, quel po' di inglese che ho studiato a scuola non basta, un po' di moto gli farebbe bene, ci vuole un po' di umiltà* || *un bel po'*, una quantità notevole: *ha avuto davvero un bel po' di fortuna* || ripetuto *po' po'* ha valore antifr. per sottolineare dimensioni o quantità ragguardevoli o eccessive: *che po' po' di scollatura, che po' po' di sfacciataggine* **V** nella **loc. avv.** *un po'*, per un certo tempo: *dovrà stare ancora un po' ad aspettare, devi crescere ancora un po', pensaci un po' e poi fammi sapere* || usata anche per attenuare un comando, un'esortazione; un momento, un attimo: *vieni un po' qua birbante!, dimmi un po', dove sei stato ieri?*, anche solo per esprimere enfasi: *ma guarda un po' cosa mi doveva capitare!, sta' un po' a vedere che me l'hanno rubato davvero* || in una certa misura, alquanto: *un abito un po' troppo stretto, non è ubriaco, è solo un po' su di giri, un signore un po' in carne* || *superl.* pochìssimo; *dim.* pochettino, pochétto, pochino, pocolino.

pòculo o **pòcolo** [dal lat. *poculum*; a. 1508] **sm.** *lett.* calice, bicchiere.

podàgra [dal lat. *podagra*, gr. *podágra*, propr. laccio per prendere l'animale ai piedi; inizio sec. XIII] **sf.** *T.med.* forma di gotta che colpisce le articolazioni delle dita dei piedi.

podàgrico (pl. *-ci*) [dal lat. *podagricus*, gr. *podagrikós*; a. 1320] **agg.** *T.med.* di podagra: *febbre podagrica.*

podagróso [dal lat. *podagrosus*; sec. XIV] **agg.** e **sm.** (f. *-a*) che o chi è malato di podagra.

podàlico (pl. *-ci*) [dal gr. *póus, podós*, piede, prob. sul modello dell'ingl. *podalic*; 1935] **agg.** *T.med.* di presentazione del feto al collo dell'utero con la parte inferiore del corpo, e di parto che comincia con tale presentazione.

podalìrio (pl. *-ri*) [dal n. proprio *Podalirio*, figlio di Esculapio; 1829] **sm.** grande farfalla dei Papilionidi, con ali bianco-gialle striate di nero e ali posteriori prolungate a coda.

podàrgo (pl. *-ghi*) [dal gr. *pódargos*, dai piedi agili; 1835] **sm.** uccello notturno dell'Australia e dell'Asia meridionale appartenente all'ordine dei Caprimulgiformi, dal becco piatto e uncinato e coda lunga.

podària [dal gr. *póus, podós*, piede; 1958] **sf.** *T.mat. podaria* o *pedale* di una curva rispetto ad un punto, il luogo dei piedi delle perpendicolari condotte dal punto alle tangenti della curva.

-pode V. -PODO.

poderàle [da *podere*; 1828] **agg.** di o relativo a podere: *strada poderale, casa poderale.*

poderànte [da *podere*; 1788] **agg.** e **s.** *raro* chi o che conduce un podere o ne è proprietario.

podére[1] [da *potere* nel senso di possesso; a. 1312] **sm.** estensione di terreno, di varia dimensione, a coltivazione perlopiù mista, di viti, grano, olivi ecc., gen. condotta da una famiglia || *essere a podere*, di contadino, che lavora in un podere || *dim.* poderino, poderétto; *accr.* poderóne; *spreg.* poderùccio, poderùcolo; *pegg.* poderàccio || **N.** *Sin.* campo, fondo, masseria, mezzadrìa, predio, tenuta, terra | appoderare. **Q.T.** *agricoltura.*

podére[2] [var. di *potere*; a. 1249 *podire*] **sm.** *arc.* potere.

poderóso [da *podere*[2]; a. 1320] **agg.** di gran forza, intensità o efficacia spesso unita a imponenza: *braccio poderoso, voce poderosa, esercito poderoso, mente poderosa* || **poderosaménte** **avv.** || **N.** *Sin.* gagliardo, potente, robusto, vigoroso, FORTE.

podestà [lat. *potestas, -ātis*; 1288] **sm.** **1.** *T.stor.* nei comuni medievali, il magistrato unico eletto fra i forestieri a garanzia di imparzialità, in carica dai sei mesi ai due anni, cui era affidato l'esercizio del potere giudiziario **2.** nel regime fascista, funzionario di nomina governativa, con funzioni di capo dell'amministrazione comunale || **N.** **1.** gonfaloniere, governatore; podestariato, podesteria.

podestaréssa [da *podestà*; a. 1536] **sf.** *non com.* perlopiù *scherz.* la moglie del podestà.

podestariàto [da *podestà*; 1416] **sm.** la carica del podestà || il periodo della sua durata.

podestarile [da *podestà*; 1926] **agg.** di podestà: *carica podestarile, ufficio podestarile.*

podesteria [da *podestà*; a. 1348] **sf.** la carica del podestà || il territorio sotto la giurisdizione del podestà || sede del podestà.

podiàtra [comp. di *podo-* e *-iatra*; 1965] **s.** *disus.* medico specialista in malattie del piede.

pòdice [dal lat. *podex, -icis*; 1598] **sm.** **1.** parte inferiore del corpo del feto **2.** *lett. raro* deretano, ano.

pòdio (pl. *-di*) [dal lat. *podium*, gr. *pódion*, propr. dim. di *póus, podós*, piede; 1521] **sm.** **1.** palco rialzato su cui salgono gli oratori per parlare, le autorità per presiedere a una cerimonia e sim. || la pedana di legno su cui sale il direttore di un'orchestra o di un coro **2.** basamento su cui venivano costruiti i templi classici **3.** *T.archeol.* muro basso, a terrazzo, che circondava internamente l'arena romana, dove prendevano posto i magistrati per parlare, le autorità per presiedere a una cerimonia e sim. **TAV. *musica* p. 1324** 2.1.

podismo [comp. di *podo-* e *-ismo*; 1905] **sm.** *T.sport.* parte dell'atletica leggera comprendente tutte le specialità di corsa e di marcia.

podista [da *podismo*; 1905] **s.** chi pratica il podismo.

podistico (pl. *-ci*) [da *podismo*; 1905] **agg.** di podismo: *gara, corsa podistica.*

pòdo- [dal gr. *póus, podós*, piede] ***primo elem.*** che, in parole composte della terminologia scientifica, vale "piede", "zoccolo" (per es. *podologia, podometro*) || nella terminologia botanica vale "peduncolo" (per es. *podocarpo*).

-podo o **-pode** [dal gr. *póus, podós*, piede] ***elem. term.*** che, in parole composte della terminologia zoologica, vale "piede" o "che ha piedi" (per es. *Gasteropodi, Miriapodi, Scafopodi*).

podocàrpo [comp. di *podo-* e *-carpo*; 1835] **sm.** *T.bot.* genere di Conifere tropicali e subtropicali dalle foglie lanceolate e fiori sostenuti da un peduncolo che diventa carnoso.

podofillina [da *podofillo*; 1875] **sf.** resina ricavata da rizoma dal podofillo, usata in farmacia come lassativo.

podofillo [comp. di *podo-* e *-fillo*; 1821] **sm.** pianta erbacea delle Berberidacee, con rizoma strisciante da cui si innalzano i germogli terminanti con due foglie ed un unico fiore bianco.

podoflemmatite [comp. di *podo-* e di un der. del gr. *phlégma, -atos*, infiammazione; 1875] **sf.** *T.vet.* negli Ungulati, infiammazione dei tessuti molli del piede.

podologìa [comp. di *podo-* e *-logia*; 1865] **sf.** parte della veterinaria che si occupa del piede degli animali, spec. bovini ed equini.

podològico (pl. *-ci*) [da *podologia*; 1940] **agg.** di o della podologia.

podòlogo (pl. *-gi*) [comp. di *podo-* e *-logo*; 1983] **sm.** (f. *-a*) specialista nella cura, nell'igiene e nella cosmesi del piede || **N.** callista, pedicure.

podòmetro [comp. di *podo-* e *-metro*; 1865] **sm.** **1.** strumento del maniscalco atto a misurare il piede del cavallo **2.** contapassi.

podsòl [dal russo *podzol*; 1933] **sm.** *inv.* tipo di terreno caratteristico delle zone temperate freddo-umide (ad es. in Europa settentrionale, tra la zona delle tundre e quella delle steppe).

podùra [comp. di *podo-* e *-ura*; a. 1799] **sf.** insetto minuscolo dei Collemboli, presente in grandissimo numero nelle pozze d'acqua.

poèma [dal lat. *poēma*, gr. *póiēma*; 1321] **sm.** *T.lett.* **1.** narrazione poetica di ampie proporzioni, d'argomento vario: *poema eroico, cavalleresco, epico, burlesco, eroicomico, didascalico* || *per anton. il divino poema*, la Divina Commedia di Dante || *fig. scherz.* con allusione alla mole o al contenuto straordinario di tale composizione: *questa non è una lettera, è un poema, la sua vita è tutta un poema* **2.** *T.mus. poema sinfonico*, genere di musica orchestrale a programma, senza struttura prefissata, ispirata a temi naturalistici o letterari, diffuso spec. nell'800: *il poema sinfonico di Ottorino Respighi* || *dim.* poemétto; *spreg.* poemùccio; *accr.* poemóne; *pegg.* poemàccio.

poeméssa [da *poema*; a. 1642] **sf.** *scherz.* poema scadente o prolisso.

poesìa [dal lat. *poēsis*, gr. *póiēsis*; 1319] **sf.** **1.** genere letterario che si avvale di risorse ritmiche (rispetto di schemi metrici più o meno rigidi), sonore (rime, assonanze, silenzi, onomatopee ecc.) e retoriche per conferire all'opera una carica espressiva superiore a quella del linguaggio piano; è veicolo privilegiato di emozioni e sensazioni profonde ma è stato, spec. in passato, impiegato per fini didascalici, narrativi e drammatici; *in part.* contrapposto a *prosa*: *un'opera in prosa con brani in poesia*; *mettere in poesia*, in versi ‖ *concr.* produzione poetica di un'epoca, di un filone o di un singolo autore: *la poesia cinese, ermetica, di Pablo Neruda* **2.** *per estens.* capacità di suscitare emozioni e sensazioni, forte potere evocativo; rif. a generi artistici diversi o a situazioni, elementi naturali ecc.: *la poesia di un quadro, di un brano musicale*; *la poesia del creato, di un incontro* **3.** ispirazione, sensibilità poetica: *un animo pieno di poesia* ‖ *in part.* in filosofie idealistiche, pura intuizione estetica che si traduce nella forma artistica: *in alcuni passi dell'opera si sente vibrare la poesia* **4.** (numerabile) singolo componimento in versi: *imparare due poesie a memoria, una raccolta di poesie dialettali* ‖ *dim.* poesiétta, poesiòla; *pegg.* poesiàccia; *spreg.* poesiùccia ‖ **N. 4.** *Sin.* acrostico, alba, ballata, canzone a ballo, cantata, canzone, canzonetta, cantica, capitolo, carme, cobbola, coro, ditirambo, egloga, elegia, epicedio, epigramma, epitalamio, epodo, frottola, idillio, inno, intermezzo, *lai*, laude, madrigale, maggiolata, mottetto, ode, palinodia, peana, poema, polimetro, rapsodia, rispetto, romanza, saga, satira, sermone, sirventese, sonetto (caudato, rinterzato), stornello, strambotto, sestina, tecnopegnìa, tenzone | di vena, d'occasione, estemporanea, popolare | amorosa, bernesca, bucolica, burlesca, cavalleresca, civile, dialettale, didascalica, ditirambica, drammatica, elegiaca, epica, epigrammatica, eroica, erotica, giocosa, goliardica, idillica, lirica, maccheronica, melica, patriottica, satirica; alcaica, anacreontica, barbara, saffica | accento, armonia, assonanza, antistrofe, chiusa, congedo, licenza, invio, consonanza, emistichio, epodo, lassa, piede, prosodia, rima, ripresa, ritmo, ritornello, sirima, stanza, strofe, volta | canzoniere | VERSO. **Q.T.** *letteratura...*

poèta [dal lat. *poēta*, gr. *poiētḗs*; a. 1294] **sm.** (f. *poetéssa*) **1.** chi compone in versi: *poeta lirico, epico, classico, moderno* ‖ *T.stor. poeta cesareo*, quello ufficiale, stipendiato dalla corte imperiale di Vienna ‖ *per anton. il divino Poeta*, Dante **2.** chi è naturalmente dotato di fervida immaginazione e forte sensibilità: *animo di poeta* ‖ *scherz.* persona dotata di scarso senso pratico, che vagheggia poco realisticamente alti ideali ‖ *dim.* poetino; *pegg.* e *spreg.* poetàccio, poetùccio, poetùcolo, poetónzolo, poetàstro ‖ **N. 1.** *Sin.* aedo, alunno delle Muse, bardo, cantore, dicitore in rima, giullare, menestrello, rapsodo, rimatore, scaldo, trovatore, troviere, vate, verseggiatore, versificatore | arcade, cesareo, civile, comico, coronato, decadente, dialettale, drammatico, epico, ermetico, estemporaneo, futurista, gnomico, improvvisatore, laureato, lirico, satirico, simbolista, servile, tragico | estro, fantasia, fuoco sacro, furore poetico, genio. **Q.T.** *letteratura...*

poetàbile [da *poetare*; 1920] **agg.** *raro* di argomento, che si può trattare degnamente in poesia: *imprese, leggende poetabili.*

poetànte (*ppr.* di *poetare*) [1338 ca.] **s.** *raro* chi compone poesie.

poetàre (pres. *poèto*) [dal lat. *poetāri*; 1308] **intr.** (aus. *avere*) scrivere in versi, comporre poesie ‖ **tr.** *ant.* mettere in versi.

poetàstro (*spreg.* di *poeta*) [1639] **sm.** (f. *-a*) poeta di bassa levatura.

poeteggiàre (pres. *-éggio*) [da *poetare*; a. 1449] **intr.** (aus. *avere*) fare versi di quando in quando ‖ atteggiarsi a poeta.

poetéssa [f. di *poeta*; a. 1333] **sf.** donna che compone poesie.

poètica [dal lat. *poētica*, gr. *poiētikḗ* (*téchnē*); 1550] **sf.** **1.** insieme di norme concernenti la produzione artistica e il giudizio estetico **2.** programma d'arte di un singolo artista o di un movimento: *la poetica di Leopardi, di Cézanne, del Surrealismo.* **Q.T.** *letteratura...*

poeticherìa [da *poetico*; 1715] **sf.** *spreg.* *raro* stranezza o fantasticheria da poeta.

poeticità [da *poetico*; 1900] **sf.** l'essere poetico: *poeticità di una frase, di un'immagine.*

poeticizzàre [da *poetico*; 1958] **tr.** rendere poetico.

poètico (pl. *-ci*) [dal lat. *poeticus*, gr. *poiētikós*; a. 1313] **agg.** **1.** di poeta, di poesia: *linguaggio, argomento poetico, intonazione, vena poetica* ‖ *licenza poetica*, espressione non conforme alle regole grammaticali o retoriche, ma efficace e lecita in poesia **2.** che ispira poesia, che suscita emozioni intense: *luoghi poetici, immagine poetica* ‖ di persona, sensibile, incline alla poesia ‖ **poeticaménte** **avv.**

poetìsmo [dal ceco *poetism*; 1958] **sm.** movimento letterario ceco, sorto a Praga negli anni '20, che si richiamava soprattutto al dadaismo.

poetizzàre [da *poeta*; prima metà sec. XIV] **intr.** (aus. *avere*) *ant.* poetare ‖ **tr.** **1.** *raro* mettere in versi **2.** rendere poetico, vedere sotto un aspetto poetico ‖ **N. 2.** *Contr.* spoetizzare.

poffarbàcco [da *può fare Bacco*; a. 1806] **escl.** *scherz.* esprime grande meraviglia o stupore.

poffardìo [da *può fare Dio*; a. 1735] **escl.** *raro* poffarbacco, poffare.

poffàre [da *può fare*; 1608 *può fare*] **escl.** *disus.* esprime meraviglia o sdegno; anche unita ad altre parole: *poffare il Cielo!*

pòggia (pl. *-ge*) [lat. tardo *podia*, gr. *podía*, da *póus, podós*, piede; 1321] **sf.** *T.mar.* **1.** corda legata alla parte inferiore dell'antenna, che serve a manovrare la vela **2.** parte sottovento di una nave; *andare o venire a poggia*, mettersi sotto vento, poggiare ‖ **N. 2.** orza.

poggiacàpo [comp. di *poggia*(*re*)[1] e *capo*; 1891] **sm.** *inv.* lo stesso che *appoggiacapo.*

poggiafèrro [comp. di *poggia*(*re*) e *ferro*; 1958] **sm.** *inv.* piastra di vari materiali su cui viene appoggiato il ferro da stiro caldo.

poggiaiòlo [da *poggio*; 1871] **agg.** e **sm.** (f. *-a*) *raro* che o chi abita su un poggio o una collina.

poggiamàno [comp. di *poggia*(*re*)[1] e *mano*; 1957] **sm.** *inv.* lo stesso che *appoggiamano.*

poggiapièdi [comp. di *poggia*(*re*) e *piede*; 1958] **sm.** *inv.* sgabello per appoggiare i piedi quando si è seduti.

poggiàre[1] (pres. *pòggio*) [lat. volg. **podiāre*; 1294] **intr.** (aus. *avere*) **1.** appoggiarsi, fondarsi, anche *fig.*: *questo muro poggia su uno strato roccioso, tutto il ragionamento poggia su false premesse* **2.** *lett.* salire in alto, innalzarsi: *poggia l'angel, ne' può Ruggier frenarlo* (Ariosto) ‖ **tr.** appoggiare appena, lievemente, o per poco: *poggiare la testa sul cuscino, un piede a terra.*

poggiàre[2] o **puggiàre** (pres. *pòggio* o *pùggio*) [da *poggia*; a. 1512] **intr.** (aus. *avere*) **1.** allontanare la prua di una nave dalla direzione da cui spira il vento, in modo da riceverlo più favorevolmente al cammino, andare a poggia ‖ *per estens.* rifugiarsi in un porto, in una rada, a ridosso di un'isola per evitare i danni di una navigazione con cattivo tempo **2.** *arc.* ritirarsi ‖ **N. 1.** orzare.

poggiàta[1] [da *poggio*; 1871] **sf.** spazio di terreno in salita.

poggiàta[2] [da *poggiare*[2]; seconda metà sec. XVI] **sf.** *T.mar.* il movimento angolare compiuto da una nave nel poggiare ‖ **N.** orzata.

poggiatèsta [comp. di *poggia*(*re*) e *testa*; 1929 *poggia testa*] **sm.** *inv.* **1.** nelle automobili, accessorio applicato alla sommità dei sedili, spec. anteriori, sul quale si può appoggiare il capo **2.** *T.etnol.* arnese in legno o in bambù, sagomato in diverse forme, diffuso presso diverse popolazioni extraeuropee per poggiarvi il capo durante il sonno. **TAV.** ***automobile*** **p. 658** 3.49.

poggièro o **puggièro** [da *poggia*; 1871] **agg.** *T.mar.* detto di imbarcazione a vela che, per la sua conformazione, tende a poggiare.

pòggio (pl. *-gi*) [lat. *podium*, piedestallo; sec. XIII] **sm.** altura tondeggiante di dimensioni più modeste di una collina; in gen. colle, collina: *disgombrava già di neve i poggi / l'aura amorosa che rinova il tempo* (Petrarca) ‖ *dim.* poggerèllo, poggétto ‖ **N.** MONTE.

poggiòlo (lett. *poggiuòlo*) [lat. volg. **podiolum*; 1400 ca.] **sm.** balcone, terrazza di una casa.

poggióso [da *poggio*; 1550] **agg.** a poggi, collinare.

poggiuòlo V. POGGIOLO.

pogrom (russo, pr. [pʌ'grɔm]) [propr. distruzione; 1908] **sm.** *inv.* rivolta, persecuzione feroce contro gli ebrei.

pòh [voce onom.; a. 1542] **escl.** esprime disapprovazione e disprezzo.

pòi (arc. *dipòi*; lett. o region. troncato in *po'*) [lat. *post*; a. 1292] **I avv.** **1.** in seguito, più tardi, in un secondo tempo: *si volevano sposare, poi hanno cambiato idea, adesso lascia parlare me, tu interverrai poi, prima il dolce e poi la frutta, arrivederci a poi*; *region. pleon.* con altri avv. di tempo: *se non ci pensi ora, poi dopo saranno guai* ‖ rif. a spazio, più in là: *prima c'è il monumento poi la stazione* ‖ *prima o poi*, presto o tardi, una volta o l'altra: *prima o poi si farà vivo* ‖ *in poi*, in avanti: *ho deciso, da ora in poi sarò una persona seria* ‖ *prov. del senno di poi son piene le fosse*, quando una vicenda è ormai compiuta, tutti sanno sentenziare come bisognava regolarsi **2.** in secondo luogo; per di più: *è di pessimo gusto e poi non si intona con la tappezzeria, non si impegnano e poi hanno il coraggio di protestare* ‖ per collegare un discorso al precedente, per introdurre un nuovo argomento: *per quanto riguarda poi la retribuzione non ci sono problemi* **3.** dunque, infine: *hai poi deciso che regalo comprare?* ‖ alla fin fine, tutto sommato: *non sono poi quei quattro soldi che ti mandano in rovina, è poi così bello come dicono?* **4.** con valore avversativo, perlopiù non all'inizio di frase, però, invece: *me lo hanno riferito, se poi sia vero non so, zuccherato è già cattivo, amaro poi!*; anche rafforzato da *ma*: *io te lo sconsiglio, ma poi tu fai come credi* **II prep.** *arc.* dopo; dietro **III cong.** *arc.* poiché **IV sm.** il tempo a venire, il futuro: *non pensiamo al poi.*

poiàna o **poàna** o **pùia** o **puiàna** [lat. volg. **pulliana*, da *pullus*, piccolo (d'ogni animale); a. 1476] **sf.** uccello rapace diurno, piuttosto comune nelle nostre vallate, lungo fino a 50 cm, di colore bruno con striature chiare sul petto e sulla coda.

poiché [comp. di *poi* e *che*; fine sec. XII *poi ke*] **cong.** **1.** introduce una proposizione causale con verbo all'indicativo, dato che, dal momento che: *poiché ti sei comportato male sarai punito, siate clementi, poiché dovrete essere giudicati anche voi* **2.** *ant.* (perlopiù separato *poi che*) dopo che: *poi che ebbe udito, si convinse.*

poichilocìta o **poichilocìto** [comp. del gr. *poikílos*, vario e *-cito*; 1936] **sm.** *T.med.* globulo rosso che ha assunto forma e dimensioni anomale.

poièsi [dal gr. *póiēsis*, produzione; 1950] **sf.** **1.** *T.fil.* per Aristotele, l'attività dell'uomo che ha come scopo la produzione di oggetti, e ha quindi il suo fine fuori sé (contrapposta alla *prassi*, che ha il suo fine in sé) **2.** *T.art.* la capacità creativa dell'artista e il momento in cui si realizza.

poiètico (pl. *-ci*) [da *poiesi*; a. 1952] **agg.**

T.fil. e *T.lett.* relativo alla poiesi, proprio della poiesi; creativo: *attività poietica.*

pointer (ingl., pr. ['pɔɪntə]; pr. it. ['pointer]) [propr. (cane) da punta; 1841] **sm.** *inv.* cane da caccia da ferma, con muso allungato, orecchie pendenti, mantello dal pelo raso e pezzato. **TAV. *cani* p. 663**.

pointillisme (fr., pr. [pwɛ̃ti'jism]) [da *pointiller*, punteggiare; 1950] **sm.** *inv. T.pitt.* divisionismo.

pois (fr., pr. [pwa]) [propr. pisello; 1905] **sm.** *inv.* solo nella *loc. agg. a pois,* a pallini: *camicetta nera a pois bianchi.*

poise (fr., pr. [pwa:z]) [dal n. proprio J.L.M. *Poiseuille*, fisiologo fr.; 1958] **sm.** *inv. T.fis.* unità di misura di viscosità, pari a una dina al sec. per cm^2.

poker (ingl., pr. ['poʊkə]; pr. it. ['pɔker]) [voce di etim. inc.; 1905] **sm.** *inv.* gioco d'azzardo di carte, di origine americana, in cui ciascuno dei giocatori (da 2 a 5), con le cinque carte distribuite ad ogni mano, deve cercare di ottenere la combinazione di valore più alto: *una partita a poker* || una delle combinazioni maggiori del gioco omonimo, costituita da quattro carte dello stesso valore: *un poker d'assi* || *dim.* pokerìno || **N.** coppia, doppia coppia, *tris*, scala, *full*, colore, *poker*, scala reale | *bluff.*

pokerìno (*dim.* di *poker*) [1942 *pocherino*] **sm.** *fam.* poker giocato tra amici e con una posta bassa.

pokerìsta o **pocherìsta** [da *poker*; 1950] **s.** giocatore di poker.

pòla [lat. *Paula*, n. proprio di pers.; a. 1348] **sf.** beccaccia.

polàcca [f. sost. di *polacco*; 1813] **sf. 1.** *T.mus.* danza in tempo moderato, di origine polacca, nata nel sec. XVI come solenne danza cerimoniale in ritmo binario e divenuta in ritmo ternario dal sec. XVII **2.** *T.abb.* giacca da donna in uso nei sec. XVIII e XIX, stretta in vita, scollata e con falde drappeggiate sul dietro **3.** scarpa pesante con gambaletto allacciato || *dim.* polacchìno (*sm.*).

polacchìno (*dim.* di *polacca*) [1910 *polacchina* sf.] **sm.** spec. *pl.* stivaletto, spec. da donna, con gambale alla caviglia e fitta allacciatura a stringa.

polàcco (pl. *-chi*) [dal polacco *polak*, della Polonia; 1558] **I agg.** della Polonia, originario, tipico della Polonia **II sm. 1.** (f. *-a*) abitante o nativo della Polonia **2.** (solo *sing.*) lingua della Polonia.

polaccóne [dalla voce disus. *polacca*, veliero; 1814] **sm.** *T.mar.* vela triangolare simile al fiocco ma più ampia.

polàre [dal fr. *polaire*; 1607] **agg. 1.** relativo ai poli terrestri: *calotta, banchisa polare*; *circolo polare artico, antartico,* ciascuno dei due paralleli distanti 23,66° dal Polo Nord (*circolo polare artico*) o dal Polo Sud (*circolo polare antartico*); *terre polari*, situate oltre i circoli polari; *giorno, notte polare,* ai poli, periodo di sei mesi in cui il sole rimane rispettivamente al di sopra o al di sotto dell'orizzonte; *freddo polare,* il freddo rigidissimo dei poli; anche *iperb.*: *oggi fa un freddo polare* || relativo ai poli celesti: *stella polare,* l'ultima del timone della costellazione dell'Orsa Minore, prossima al polo celeste artico **2.** *T.chim. legame polare,* legame ionico **3.** *T.scient.* in varie scienze, pure o applicate, relativo a ciò che è definito come polo || *in part. T.mat. coordinate polari,* insieme di distanze ed angoli misurate su un sistema di assi aventi origine in un punto (polo), necessario a individuare un altro punto nello spazio || *T.mar. rilevamento polare,* sistema per definire la collocazione di un punto, basato sulla distanza di questo dalla nave, e sull'angolo che la congiungente forma con l'asse longitudinale della nave **4.** *fig.* antitetico, opposto: *locuzioni polari,* coppie di termini di significato contrario (per es. "bene o male", "prima o poi") || **polarménte** *avv.* in modo antitetico, diametralmente opposto. **TAV. *geografia* 1.2.**

polarimetrìa [da *polarimetro*; 1891] **sf.** *T.fis.* studio e misurazione della capacità di certe sostanze di far ruotare il piano della luce polarizzata.

polarimètrico (pl. *-ci*) [da *polarimetria*; 1963] **agg.** attinente alla polarimetria o al polarimetro.

polarìmetro [dal fr. *polarimètre*; 1865] **sm.** *T.fis.* strumento ottico per la misurazione dell'angolo di rotazione del piano di polarizzazione della luce che attraversa una sostanza otticamente attiva. **TAV. *ottica* p. 1329** 8.

polarità [da *polare*; 1749] **sf. 1.** *T.fis.* proprietà posseduta da certi corpi che presentano poli magnetici o elettrici o comunque sono percorsi da corrente elettrica secondo una direzione determinata **2.** *T.biol.* proprietà di un corpo animale o vegetale di orientarsi e funzionare in una determinata direzione rispetto a un asse ideale **3.** *fig.* l'essere opposto, in antitesi: *la polarità di due concezioni* || polo, estremo: *questa posizione rappresenta una delle due polarità.*

polariẓẓàre [dal fr. *polariser*; 1871] **tr. 1.** sottoporre a un processo di polarizzazione: *polarizzare la luce* **2.** *fig.* orientare, attrarre, concentrare: *un fenomeno che ha polarizzato l'attenzione generale* || **intr. pron.** subire un processo di polarizzazione.

polariẓẓàto (*pps.* di *polarizzare*) [1837] **agg.** di schermo, lente, vetro e sim., che annulla i riflessi di oggetti luccicanti come vetri, specchi ecc.

polariẓẓatóre [dal fr. *polarisateur*; 1875] **agg.** e **sm.** (f. *-trìce*) che o chi polarizza || *in part.* strumento capace di polarizzare la luce per riflessione o per rifrazione.

polariẓẓazióne [dal fr. *polarisation*; 1835] **sm. 1.** *T.fis.* nell'ambito delle radiazioni elettromagnetiche fenomeno per cui l'evoluzione del vettore di campo, rappresentato dal modello matematico della radiazione stessa, manifesta particolari caratteristiche di simmetria sul piano perpendicolare alla direzione di propagazione **2.** *T.fis.* fenomeno per cui materiali altrimenti inerti, sotto opportune eccitazioni manifestano un momento di dipolo (magnetico o elettrico) e sono quindi sede di campi di forza **3.** *T.elettron.* procedimento volto a fissare il punto di funzionamento a riposo (cioè in mancanza di stimoli esterni) di un circuito elettronico, mediante opportune reti di componenti (sin. di *alimentazione* ma con un'accezione più vasta).

polarografìa [comp. di *polare* e *-grafia*; 1954] **sf.** *T.chim.* metodo di analisi chimica basato sull'impiego della corrente elettrica continua.

polaròid ® [n. commerciale; 1967] **sf.** *inv.* macchina fotografica che permette di produrre stampe fotografiche in positivo pochi secondi dopo lo scatto || procedimento che permette di realizzare tali stampe fotografiche.

polaròide [dall'ingl. *polaroid*; 1942] **sm.** strumento per polarizzare la luce costituito da un foglio trasparente su cui vengono depositati e poi orientati minuti cristalli.

pòlca **sf.** adattamento it. di *polka* (v.).

polder (ol., pr. ['pɔłdər]) [voce di etim. inc.; 1640 *poldro*] **sm.** *inv.* in Olanda, estensione di terreno coltivata, situata al disotto del livello del mare dal quale è separata mediante una diga.

polédro v. PULEDRO.

poléggia v. PULEGGIA.

polemàrco (pl. *-chi*) [dal gr. *polémarchos*; 1563] **sm.** *T.stor.* in Atene, il terzo degli arconti, cui spettavano inizialmente incarichi di conduzione militare che successivamente passarono agli strateghi.

polèmica [f. sost. di *polemico*; a. 1782] **sf.** controversia, spesso vivace, su argomenti letterari, artistici, scientifici, politici ecc. || *per estens.* discussione fine a se stessa: *sono sempre a far polemica* || **N.** *Sin.* combattimento, contesa, critica, diatriba, discussione, disputa | polemista | polemizzare; aprire, chiudere, sostenere; scendere in polemica | accesa, acre, aspra, feroce, fiera, vivace.

polemicità [da *polemico*; 1958] **sf.** carattere che anima chi o ciò che è polemico.

polèmico (pl. *-ci*) [dal gr. *polemikós*, attr. il fr. *polémique*; a. 1729] **agg.** che ha la tendenza a originare e sostenere discussioni o contese animate, talvolta anche solo per il gusto di criticare e imporre le proprie opinioni: *scrittore, spirito polemico*; *atteggiamento polemico* || **polemicaménte** *avv.*

polemìsta [dal gr. *polemistḗs*, attr. il fr. *polémiste*; 1862] **s.** *lett.* autore di scritti a carattere polemico.

polemiẓẓàre [dal gr. *polemízein*, attr. il fr. *polémiser*; 1905] **intr.** (aus. *avere*) discutere, far polemiche, contendere per mezzo di scritti o di discorsi.

polemologìa [comp. del gr. *pólemos*, guerra e *-logia*; 1970] **sf.** studio delle guerre dal punto di vista militare || branca della scienza politica che studia le guerre nelle loro relazioni con i fenomeni, i processi e le istituzioni politiche.

polemològico (pl. *-ci*) [da *polemologia*; 1982] **agg.** relativo alla polemologia, proprio della polemologia.

polemòlogo (pl. *-gi*) [comp. del gr. *pólemos*, guerra e *-logo*; 1974] **sm.** (f. *-a*) studioso, esperto di polemologia.

Polemoniàcee [comp. di *polemonio* e *-acee*; 1875] **sf. pl.** *T.bot.* famiglia di piante dicotiledoni, erbacee a fusto eretto, originarie dell'America del Nord, di cui si coltivano alcune specie a scopo ornamentale.

polemònio (pl. *-ni*) [dal gr. *polemṓnion*, n. di una pianta; 1935] **sm.** *T.bot.* genere di piante Polemoniacee, che vivono prevalentemente in climi temperati e freddi dell'emisfero boreale; sono perlopiù erbe perenni, con grandi fiori blu, violetti, bianchi o gialli.

polèna [dal fr. *poulaine*; 1804] **sf.** *T.mar.* figura scolpita nel legno, che veniva posta a scopo decorativo sulla prora delle navi || **N.** *Sin.* acrostolio.

polènta [lat. *polenta*; a. 1320] **sf.** vivanda di farina di mais cotta in acqua e rimestata di continuo, di consistenza soda, condita poi con sughi di carne o pesce, burro, formaggio ecc.: *sformare, tagliare la polenta* || *polenta dolce*, di preparazione e consistenza analoghe ma a base di farina di castagne || *per estens. spreg.* poltiglia densa, pappa || *dim.* polentìna; *accr.* polentóna, polentóne; *pegg.* polentàccia || **N.** farinata | dimenare, scodellare | mestone, paiolo.

polentàta [da *polenta*; a. 1910] **sf.** *non com.* mangiata di polenta.

polentìna (*dim.* di *polenta*) [a. 1890] **sf. 1.** quantità scarsa di polenta **2.** pappa di farina di lino, che si applica sul corpo a scopo curativo; cataplasma, impiastro.

polentóne (*accr.* di *polenta*) [a. 1686] **sm.** (f. *-a*) **1.** persona dai movimenti tardi e goffi: *sbrigati, polentone!* **2.** gran mangiatore di polenta; spec. come epiteto scherz. usato nei confronti degli Italiani settentrionali.

poleografìa [comp. del gr. *pólis, póleōs*, città e *-grafia*; 1841] **sf.** *T.geogr.* parte della geografia che studia in part. le città.

poleògrafo [da *poleografia*; 1965] **sm.** (f. *-a*) studioso di poleografia.

pole position (ingl., pr. [ˌpoʊł pə'zɪʃən]; pr. it. ['pol po'ziʃon]) [comp. di *pole*, polo e *position*, posizione; 1978] **loc. f.** *inv. T.sport.*

nelle gare automobilistiche in circuito, la posizione di partenza più vantaggiosa, perché in prima fila e interna rispetto alla curva, assegnata al corridore che ha conseguito il miglior tempo nelle prove || *per estens. fig.* posizione di vantaggio.

poleṣàno¹ [dal n. geogr. *Pola*; 1954] **agg.** e **sm.** (f. *-a*) abitante, originario di Pola.

poleṣàno² [dal n. geogr. *Polesine*; 1954] **agg.** e **sm.** (f. *-a*) abitante, originario del Polesine.

polèṣine [voce di orig. ven., dal gr. biz. *polýkenos*, che ha molti vuoti; sec. XIV] **sm.** *T.geogr.* terreno compreso tra due rami di un fiume che poi sboccano separatamente nel mare || *per anton. il Polesine*, il delta del Po || **N.** delta.

pòlfer [da *pol(izia) fer(roviaria)*; 1966] **sf.** *inv.* polizia ferroviaria.

pòli- [dal gr. *polýs*, molto] **pref.** che, in parole composte dotte e della terminologia scientifica, vale "molto", "(fatto) di molti", "che ha molti" (per es. *poliandria, poliatomico, poligrafo*) || **N.** *Sin.* multi-, pluri- | *Contr.* mono-, uni-.

-poli [dal gr. *pólis*, città] **elem. term.** che, in parole composte dotte, vale "città" (per es. *metropoli, baraccopoli, megalopoli*). **Q.T.** *città.*

poliachènio (pl. *-ni*) [comp. di *poli-* e *achenio*; 1906] **sm.** *T.bot.* frutto composto di molti acheni.

poliacrìlico (pl. *-ci*) [comp. di *poli-* e *acrilico*; 1958] **agg.** *T.chim.* di prodotto della polimerizzazione di composti acrilici: *resine poliacriliche.*

poliaddizióne [comp. di *poli-* e *addizione*; 1970] **sf.** *T.chim.* reazione in cui due o più gruppi attivi di composti diversi si combinano tra di loro senza liberare alcun componente.

poliadenìte [comp. di *poli-* e del gr. *adḗn, -énos*, ghiandola; 1899] **sf.** *T.med.* infiammazione di molte ghiandole.

poliàdico (pl. *-ci*) [da *poli-*, sul modello dei der. di *monade, triade* ecc.; 1965] **agg.** *T.mat.* a più termini: *relazione poliadica*, che ha tre o più termini; *predicato poliadico*, a tre o più argomenti.

polialìte [comp. di *poli-* e del gr. *háls, halós*, sale; 1875] **sf.** *T.min.* solfato idrato di magnesio, calcio e potassio, spesso presente sotto forma di masse granulari grigie, gialline o rossastre nei giacimenti salini.

poliambulànza [comp. di *poli-* e *ambulanza*; 1890] **sf.** poliambulatorio.

poliambulatòrio (pl. *-ri*) [comp. di *poli-* e *ambulatorio*; 1954] **sm.** ambulatorio attrezzato per la diagnosi e la cura di varie malattie.

poliammìde [comp. di *poli-* e *ammide*; 1929] **sf.** *T.chim.* polimero azotato da cui si ottengono importanti fibre sintetiche, tra cui il nylon.

poliammìdico (pl. *-ci*) [da *poliammide*; 1983] **agg.** *T.chim.* che presenta la composizione chimica della poliammide: *fibra poliammidica.*

poliandrìa [comp. di *poli-* e del gr. *anḗr, andrós*, uomo; a. 1769] **sf.** matrimonio di una sola donna con due o più uomini || **N.** poligamia, monogamia.

poliàndrico (pl. *-ci*) [da *poliandria*; 1974] **agg.** di poliandria: *sistema poliandrico.*

poliàndro [comp. di *poli-* e *-andro*; 1835] **agg.** **1.** *T.bot.* di fiore, che presenta un alto numero di stami **2.** *T.archeol.* di sepolcro, in cui si trovano i resti di più persone.

poliantèa [dal gr. *polyánthea*, ricca di fiori; a. 1712] **sf.** *T.lett.* antologia, florilegio.

poliarchìa [dal gr. *polyarchía*; a. 1600] **sf.** governo di molti || **N.** *Contr.* monarchia; oligarchia.

poliàrchico (pl. *-ci*) [da *poliarchia*; a. 1667] **agg.** di poliarchia: *governo poliarchico.*

poliartrìte [comp. di *poli-* e *artrite*; 1875] **sf.** *T.med.* artrite che colpisce molte articolazioni contemporaneamente || *poliartrite reumatica*, reumatismo articolare acuto diffuso.

poliartrìtico (pl. *-ci*) [da *poliartrite*; 1940] **I** **agg.** *T.med.* di poliartrite **II** **sm.** (f. *-a*) affetto da poliartrite.

poliatòmico (pl. *-ci*) [comp. di *poli-* e *atomo*; 1875] **agg.** *T.fis.* di molecola, costituita da più atomi.

polibàṣico (pl. *-ci*) [dall'ingl. *polybasic*; 1871] **agg.** *T.chim.* di acido che, contenendo più atomi d'idrogeno, può dare origine a sali diversi di uno stesso metallo.

polìboro [dal gr. *polýboros*, molto vorace; 1835] **sm.** uccello rapace dell'America meridionale, di aspetto simile al falco, con becco lungo e piumaggio chiaro.

policàrpico (pl. *-ci*) [dal gr. *polýkarpos*, ricco di frutti; 1875] **agg.** *T.bot.* **1.** di gineceo di un fiore, costituito da più carpelli **2.** di pianta perenne, che fruttifica e fiorisce più volte nel corso degli anni.

policèntrico (pl. *-ci*) [comp. di *poli-* e *-centrico*; 1875] **agg.** che ha più centri. **TAV. *architettura* p. 646** 6.3, 6.5.

policentrìṣmo [da *policentrico*; 1963] **sm.** *T.pol.* l'esistenza di parecchi centri di direzione politica.

Polichèti (sing. *-e*) [dal gr. *polychâitēs*; 1958] **sm. pl.** *T.zool.* classe di Anellidi acquatici con corpo provvisto di numerose setole.

policìclico (pl. *-ci*) [comp. di *poli-* e *ciclico*; 1958] **agg.** *T.chim.* di composto organico, che presenta più anelli ciclici nella sua struttura.

policitemìa [comp. di *poli-*, *cito-* ed *-emia*; 1899] **sf.** *T.med.* aumento numerico assoluto dei globuli rossi del sangue || **N.** *Sin.* poliglobulia.

policlìnica [comp. di *poli-* e *clinica*; 1875] **sf.** clinica che presta servizi specialistici in diverse discipline mediche e chirurgiche.

policlìnico (pl. *-ci*) [dal fr. *policlinique*; 1875 *policlinica* sf.] **sm.** centro ospedaliero per la cura di numerose malattie.

policloroprène V. NEOPRENE.

policoltùra [comp. di *poli-* e *coltura*; 1958] **sf.** *T.agr.* presenza di coltivazioni di diverso tipo sullo stesso territorio.

policondensazióne [comp. di *poli-* e *condensazione*; 1958] **sf.** *T.chim.* reazione che comporta la formazione di polimeri per mezzo di condensazioni ripetute.

policoràle [comp. di *poli-* e *corale*; 1958] **agg.** *T.mus.* di composizione vocale e strumentale che prevede l'intervento di più cori e gruppi di strumenti, perlopiù dislocati in modo da creare particolari effetti sonori; di carattere grandioso, ebbe la massima diffusione nel sec. XVI a Venezia.

policòrdo [dal gr. *polychórdos*, che ha molte corde; a. 1647] **sm.** *T.mus.* strumento musicale a più corde.

policromàre (pres. *-ìcromo*) [da *policromo*; 1958] **tr.** decorare con più colori.

policromàtico (pl. *-ci*) [da *policromo*; 1871] **agg.** **1.** *T.fis.* di luce o di qualsiasi radiazione elettromagnetica, costituita da più componenti monocromatiche **2.** *raro* policromo.

policromìa [da *policromo*; 1865] **sf.** combinazione di più colori che produce particolari effetti ottici o decorativi: *la policromia di un paesaggio, di una bolla di sapone* || l'arte di decorare con più colori edifici, statue e sim.

polìcromo [dal gr. *polýchrōmos*; 1829] **agg.** multicolore || decorato con più colori: *ceramica, vetrata policroma* || **N.** *Sin.* multicolore, variegato, variopinto | *Contr.* monocromo.

policrònio (pl. *-ni*) [dal gr. biz. *polychrónion*; 1835] **I** **agg.** *raro* longevo **II** **sm.** *T.stor.* inno augurale che era cantato in onore di ogni nuovo imperatore in Bisanzio.

policuspidàle [comp. di *poli-* e *cuspidale*; 1940] **agg.** *T.arch.* di edificio che termina con più cuspidi.

polidattilìa [dal gr. *polydáktilos*, dalle molte dita; 1835] **sf.** *T.anat.* malformazione congenita per la quale un arto presenta dita in soprannumero.

polidattilìṣmo [da *polidattilo*; 1970] **sm.** *T.med.* polidattilia.

polidàttilo [dal gr. *polydáktylos*, che ha molte dita; 1829] **agg.** e **sm.** (f. *-a*) *T.med.* che, chi è colpito da polidattilia.

polidemonìṣmo [comp. di *poli-*, *demone* e *-ismo*; sul modello dell'ingl. *polydaemonism*; 1940] **sm.** forma di religione intermedia tra l'animismo e il politeismo, caratterizzata dalla credenza in una numerosa quantità di demoni influenti sulla realtà.

polidentàto [comp. di *poli-* e un der. di *dente*; 1988] **agg.** *T.chim.* *legante polidentato*, legante che forma con l'atomo centrale più di un legame di coordinazione || **N.** *Contr.* monodentato.

polidipsìa [comp. di *poli-* e un der. del gr. *dípsa*, sete; 1931] **sf.** *T.psic.* e *T.med.* sensazione di sete molto intensa che induce a bere quantità di liquido nettamente superiori al fabbisogno normale; può essere sintomo di diabete o di nevrosi.

polidrogàggio (pl. *-gi*) [comp. di *poli-* e *drogaggio*; 1988] **sm.** assuefazione congiunta a sostanze legali (per es. alcol) e illegali (per es. eroina).

polidromìa [da *polidromo*; 1965] **sf.** *T.mat.* caratteristica delle funzioni polidrome.

polìdromo [comp. di *poli-* e *-dromo*; 1958] **agg.** *T.mat.* *funzione polidroma*, funzione di variabili indipendenti in cui ad una scelta generica delle variabili corrispondono più valori || **N.** *Sin.* plurivoco | *Contr.* monodromo.

poliedricità [da *poliedrico*; 1942] **sf.** proprietà di ciò che è poliedrico; spec. *fig.*: *la poliedricità di un artista.*

polièdrico (pl. *-ci*) [da *poliedro*; 1739] **agg.** **1.** di o relativo a poliedro: *solido poliedrico* **2.** *fig.* di molteplici attività, interessi, attitudini, aspetti: *uomo poliedrico, ingegno, carattere poliedrico* || **poliedricaménte** **avv.** || **N.** **2.** *Sin.* eclettico, molteplice, versatile.

polièdro [dal gr. *polýedros*, dai molti sedili; a. 1712] **sm.** *T.geom.* solido limitato da più facce piane || *poliedro regolare*, le cui facce sono poligoni regolari || **N.** tetraedro, pentaedro, esaedro, ottaedro, dodecaedro, icosaedro. **Q.T.** *matematica...*

poliembrionìa [comp. di *poli-* e di un der. di *embrione*; 1954] **sf.** *T.biol.* formazione di più embrioni dalla segmentazione di un unico uovo.

poliennàle [da *poli-*, sul modello di *biennale*; 1918] **agg.** di più anni, che dura più anni.

polièstere [comp. di *poli-* e *estere*; 1949] **sm.** *T.chim.* polimero ottenuto per reazione fra un acido e un alcol, da cui si ricavano numerose materie plastiche impiegate nell'industria tessile || anche in funzione di *agg. inv.* sempre posposto: *prodotto poliestere.*

poliesteṣìa [comp. di *poli-* ed *-estesia*; 1899] **sf.** *T.med.* anomalia della sensibilità, per la quale la cute, toccata da una punta, ne percepisce due o più.

polietilenàto V. POLITENATO.

polietilène [comp. di *poli-* ed *etilene*; 1950] **sm.** *T.chim.* materia plastica ottenuta per polimerizzazione dell'etilene, di aspetto paraffinoso, impiegato spec. per oggetti stampati, materiali isolanti e fogli per imballaggi.

polifagìa [dal gr. *polyphagía*, voracità; 1829] **sf.** **1.** *T.med.* voracità abnorme che spinge all'assunzione continua dei più svariati tipi di cibo, presente nella sintomatologia diabetica, della tenia, negli stati isterici ecc. **2.** *T.biol.* la capacità di nutrirsi di sostanze diverse || **N.**

1. *Sin.* bulimia.
polìfago (pl. *-gi*) [dal gr. *polyphágos*, che mangia molto; a. 1569] **agg.** e **sm.** (f. *-a*) **1.** *T.med.* che o chi è affetto da polifagia **2.** *T.biol.* che o chi si nutre di più sostanze.
polifàṣe [comp. di *poli-* e *fase*; 1899] **agg.** *T.elettr.* di due o più correnti alternate che, conservando lo stesso periodo, passano rispettivamente per i loro valori massimi e minimi in tempi diversi || **N.** *Contr.* monofase.
polifenìa [comp. di *poli-* e del tema del gr. *pháinomai*, apparire; 1986] **sf.** *T.biol.* qualità tipica di un gene che determina due o più caratteri fenotipici apparentemente non correlati tra di loro || **N.** *Sin.* pleiotropia.
polifillo [dal gr. *polýphyllos*, che ha molte foglie; 1813] **agg.** *T.bot.* che presenta molte foglie.
polifonìa [dal gr. *polyphonía*, molteplicità di voci; 1835] **sf.** *T.mus.* genere musicale caratterizzato dalla compresenza di più linee melodiche combinate secondo le leggi dell'armonia e del contrappunto, dotate ciascuna di un senso autonomo (contrapposta a *monodia* e *monodia accompagnata*) || *in gen.* qualsiasi sovrapposizione di due o più suoni in una composizione musicale || anche *per estens.* la sovrapposizione o simultaneità di colori, stili, discorsi ecc.
polifònico (pl. *-ci*) [da *polifonia*; 1826] **agg.** di polifonia: *composizione polifonica* || **polifonicaménte** **avv.** secondo la tecnica polifonica || **N.** *Sin.* polimelodico.
polifoniṣmo [da *polifonia*; 1954] **sm.** *T.mus.* l'uso delle tecniche polifoniche.
polifonista [da *polifonia*; 1958] **s.** chi compone musica polifonica.
polìgala [dal gr. *polýgalos*, dal molto latte, attr. il lat. *polygala*; a. 1498] **sf.** pianta erbacea delle Poligalacee, a fiorellini vivaci, la cui radice è usata in medicina contro la tosse.
Poligalàcee [da *poligala*; 1954] **sf. pl.** *T.bot.* famiglia di piante erbacee diffuse spec. nell'America del Nord.
poligamìa [dal lat. tardo *poligamia*, gr. *polygamía*; a. 1610] **sf.** **1.** sistema matrimoniale in cui l'unione è costituita da un individuo di un sesso e due o più dell'altro sesso **2.** *T.zool.* abitudine di un animale di accoppiarsi con più individui dell'altro sesso **3.** *T.bot.* la presenza in certe piante di fiori ermafroditi insieme con fiori unisessuati || **N.** **1.** bigamia, poliandria | *Contr.* monogamia.
poligàmico (pl. *-ci*) [da *poligamia*; 1871] **agg.** di poligamia, relativo alla poligamia.
polìgamo [dal gr. *polýgamos*; 1702] **I agg.** **1.** che pratica la poligamia: *società poligama* **2.** *T.bot.* che presenta poligamia vegetale: *pianta poligama* **II sm.** (f. *-a*) chi pratica la poligamia || **N.** **I** **1.** *Contr.* monogamo.
poligène [comp. di *poli-* e *gene*; 1958] **sm.** *T.biol.* gene che concorre con altri diversi alla formazione di un solo carattere.
poligèneṣi [comp. di *poli-* e *genesi*; 1875] **sf.** molteplicità di origine: *la poligenesi del linguaggio* || **N.** *Contr.* monogenesi.
poligenètico (pl. *-ci*) [da *poligenesi*; 1927] **agg.** attinente alla poligenesi, caratterizzato da poligenesi || *T.filol.* *errore poligenetico*, che si può produrre indipendentemente presso copisti diversi in differenti condizioni di luogo e tempo || **poligeneticaménte** **avv.** || **N.** *Contr.* monogenetico.
poligènico (pl. *-ci*) [da *poligene*; 1958] **agg.** **1.** *T.biol.* relativo a poligene, proprio di poligene **2.** fondato sulla poligenesi.
poligeniṣmo [da *poligenesi*; 1875] **sm.** *T.fil.* dottrina opposta al monogenismo, secondo la quale i diversi tipi umani avrebbero avuto un'origine molteplice.
poliginìa [comp. di *poli-* e del gr. *gyné*, donna; 1932] **sf.** **1.** *T.etn.* istituzione sociale che prevede che un uomo abbia in moglie più donne **2.** *T.zool.* poligamia del maschio.
poligìnico (pl. *-ci*) [da *poliginia*; 1932] **agg.** *T.etn.* e *T.zool.* relativo alla poliginia, proprio della poliginia.
poligìnio (pl. *-ni*) [dal gr. *polygýnoios*, che ha molte mogli; 1970] **agg.** *T.bot.* di pianta o fiore, che ha numerosi carpelli.
poliglobulìa [comp. di *poli-* e un der. di *globulo*; 1932] **sf.** *T.med.* policitemia.
poliglòtta [dal gr. *polýglōttos*, dalle molte lingue; 1749] **agg.** e **s.** che o chi conosce e parla più lingue || di opera scritta, stampata in più lingue: *Bibbia poliglotta, dizionario poliglotta.*
poliglòttico (pl. *-ci*) [da *poliglotta*; 1958] **agg.** pertinente a più lingue || relativo a poliglottismo.
poliglottiṣmo [da *poliglotta*; 1958] **sm.** **1.** capacità di parlare più lingue **2.** uso di più lingue in una stessa popolazione.
poliglòtto [var. di *poliglotta*; 1745] **agg.** e **sm.** (f. *-a*) poliglotta.
Poligonàcee [dal lat. scient. *Polygonaceae*; 1875] **sf. pl.** *T.bot.* famiglia di piante erbacee, a cui appartengono l'acetosa, il grano saraceno e il rabarbaro.
poligonàle [da *poligono*; 1871] **agg.** *T.geom.* relativo a poligono; che ha forma di poligono: *sezione poligonale*: *linea poligonale* (o *sf. poligonale*), *T.geom.* linea spezzata composta di segmenti di retta.
poligonàto [dal lat. *polygonátos*, gr. *polýgonaton*; 1875] **sm.** *T.bot.* pianta delle Liliacee dai fiori bianchi penduli, che vive in luoghi ombrosi.
poligonazióne [da *poligono*; 1958] **sf.** in geodesia e topografia, complesso delle operazioni di rilevamento e misurazione di una poligonale.
polìgono [dal lat. tardo *polygōnus*, gr. *polýgōnos*, a più angoli; a. 1455] **sm.** *T.geom.* **1.** figura piana limitata da segmenti di retta || *poligono regolare*, che ha lati ed angoli uguali || *poligono sferico*, parte della superficie di una sfera limitata da archi di circonferenze massime; *poligono convesso, concavo*, a seconda che i prolungamenti dei lati siano rispettivamente esterni o interni all'area **2.** *T.mil.* campo chiuso dove si procede ad esercizi di tiro con fucili o artiglierie; balipedio. **Q.T.** *matematica...*
poligrafàre (pres. *-ìgrafo*) [da *poligrafo*; 1905] **tr.** riprodurre in più copie per mezzo del poligrafo; anche *ass.*
poligrafìa [dal gr. *polygraphía*, lo scrivere di vari soggetti; a. 1686 nel senso 2] **sf.** riproduzione in più copie di scritti o disegni || *concr.* ciascuna copia || **N.** **2.** *non com.* l'attività di chi scrive su vari argomenti: *la poligrafia di Varrone.*
poligràfico (pl. *-ci*) [da *poligrafia*; 1812] **I agg.** **1.** che impiega vari metodi di stampa: *officina poligrafica* || relativo a vari sistemi di stampa **2.** relativo al poligrafo: *copia poligrafica, inchiostro poligrafico* **II sm.** (f. *-a*) operaio di un'officina poligrafica || dipendente del settore della stampa.
polìgrafo [dal gr. *polygráphos*, che scrive molto, scrittore di vario soggetto; 1771] **sm.** **1.** *T.lett.* chi scrive intorno a molti e vari argomenti: *Varrone fu il principe dei poligrafi latini* **2.** apparecchio usato in passato per la riproduzione di scritti o disegni per mezzo di un particolare inchiostro copiativo.
poliìbrido [comp. di *poli-* e *ibrido*; 1929] **sm.** *T.biol.* in genetica, ibrido che discende da genitori che presentano molte coppie di caratteri allelomorfi.
polilobàto [comp. di *poli-* e *lobato*; 1958] **agg.** *T.arch.* polilobo.
polìlobo [comp. di *poli-* e *lobo*; 1967] **agg.** *T.arch.* di arco o finestra, che presenta un intradosso costituito da una serie di piccoli archi o lobi.
polimatèrico (pl. *-ci*) [comp. di *poli-* e *materia*, con suff. agg.; 1934] **agg.** e **sm.** *T.art.* di pittura o scultura, realizzata con l'impiego di diversi materiali.
polimateriṣmo [comp. di *poli-*, *materia* e *-ismo*; 1965] **sm.** uso di materiali diversi nel realizzare un'opera d'arte.
polimatìa o **polimazìa** [dal gr. *polymathía*; 1835] **sf.** erudizione che spazia in diversi campi, ma ha carattere disorganico e superficiale.
polimelìa [dal gr. *polymelés*, di molti toni; 1871] **sf.** *T.mus.* unione di più melodie.
polimelòdico (pl. *-ci*) [comp. di *poli-* e *melodico*; 1958] **agg.** *T.mus.* che presenta più melodie sovrapposte || **N.** *Sin.* polifonico.
poliménto [da *polire*; a. 1547] **sm.** *raro* l'essere polito, e anche l'atto di polire.
polimeràṣi [comp. di *polimero* e *-asi*; 1988] **sm.** *T.biol.* enzima che serve per la riunione dei nucleotidi del DNA e del RNA || **N.** *Sin.* replicasi.
polimerìa [da *polimero*; 1875 nel senso 2] **sf.** **1.** *T.biol.* fenomeno per cui più geni sono responsabili di un unico carattere genetico quantitativo **2.** *T.chim.* lo stesso che *polimerismo.*
polimèrico (pl. *-ci*) [da *polimeria*; 1871] **agg.** **1.** *T.biol.* relativo a polimeria; soggetto a polimeria **2.** *T.chim.* che presenta polimerismo.
polimeriṣmo [da *polimero*; 1835] **sm.** *T.chim.* condizione di polimero.
polimerizẓàre [da *polimero*; 1958] **tr.** *T.chim.* sottoporre a polimerizzazione || **intr. pron.** subire un processo di polimerizzazione.
polimerizẓazióne [da *polimerizzare*; 1929] **sf.** *T.chim.* combinazione di più molecole semplici (*monomeri*) in catene molecolari complesse (*polimeri*).
polìmero [dal gr. *polymerés*, di molte parti; 1905] **sm.** *T.chim.* composto naturale (per es. gomme e cellulosa) o artificiale (per es. le materie plastiche), le cui molecole complesse sono lunghe catene di monomeri.
polimetrìa [da *polimetro*; 1894] **sf.** *T.lett.* successione di metri differenti in un medesimo componimento poetico.
polimètrico (pl. *-ci*) [da *polimetria*; 1871] **agg.** *T.lett.* composto con vari metri: *poemetto polimetrico.*
polìmetro [dal gr. *polýmetros*; 1871] **I agg.** polimetrico **II sm.** *T.lett.* componimento poetico in cui si varia metro.
polimorfìa [dal gr. *polymorphía*; 1958] **sf.** polimorfismo.
polimòrfico (pl. *-ci*) [da *polimorfismo*; 1864] **agg.** relativo al polimorfismo, proprio del polimorfismo.
polimorfiṣmo [da *polimorfo*; 1865] **sm.** **1.** *T.min.* proprietà di alcuni minerali di presentarsi sotto due o più forme cristalline **2.** *T.biol.* in una stessa specie, presenza di forme diverse. **Q.T.** *genetica...*
polimòrfo [dal gr. *polýmorphos*; 1804] **agg.** **1.** di varie forme || *in part.* *T.biol.* che presenta polimorfismo genetico: *specie polimorfa* || *T.zool.* *colonia polimorfa*, gruppo di individui che, pur appartenendo a un'unica specie, differiscono a seconda della loro funzione **2.** *T.min.* che presenta polimorfismo.
polineṣiàno [dal n. geogr. *Polinesia*; 1936] **I agg.** della Polinesia **II sm.** **1.** (f. *-a*) abitante della Polinesia **2.** (solo *sing.*) gruppo di lingue parlate in Polinesia.
polinevrìte o **polineurìte** [comp. di *poli-* e *nevrite*; 1885] **sf.** *T.med.* infiammazione estesa a molti nervi contemporaneamente || **N.** *Sin.* panneurite.
polinomiàle [da *polinomio*, sul modello

dell'ingl. *polynomial*; 1965] **agg.** *T.mat.* di polinomio, che ha struttura di polinomio.

polinòmio (pl. *-mi*) [da *poli-*, sul modello di *binomio*; 1771] **sm.** *T.mat.* la somma algebrica di più monomi || **N.** binomio, trinomio, quadrinomio.

polinucleàre [comp. di *poli-* e un der. di *nucleo*; 1954] **agg.** **1.** *T.chim.* di composto organico la cui struttura contiene più anelli **2.** *T.med.* di una lesione o di un'immagine radiologica che presenta diversi elementi circolari || **N. 1.** *Sin.* policiclico.

polinucleàto [comp. di *poli-* e *nucleo*, con suff. agg.; 1958] **agg.** *T.med.* di cellula, che presenta più nuclei.

polinucleòtide [comp. di *poli-* e *nucleotide*; 1958] **agg.** *T.biol.* di composto organico, che deriva dalla combinazione di più nucleotidi; tipico esempio è l'acido ribonucleico.

pòlio [1959] **sf.** *inv.* forma abbreviata di *poliomielite*.

poliomielite [dall'ingl. *polyomielitis*; 1890] **sf.** *T.med.* infiammazione della sostanza grigia del midollo spinale, che provoca paralisi e atrofie muscolari e colpisce spec. i bambini sino a 4 anni.

poliomielìtico (pl. *-ci*) [da *poliomielite*; 1935] **agg.** e **sm.** (f. *-a*) chi o che è affetto da poliomielite.

poliopìa o **poliopsìa** [comp. di *poli-* e *-opia* o *-opsia*; 1835 *poliopsia*] **sf.** *T.med.* difetto della vista che determina una visione a distanza, doppia o tripla.

poliorcète [dal gr. *poliorkētḗs*, assediatore; a. 1604] **agg.** e **sm.** *lett.* espugnatore, conquistatore di città.

poliorcètica [f. sost. di *poliorcetico*; 1601] **sf.** *T.mil.* l'arte di espugnare le città || **N.** strategia.

poliorcètico (pl. *-ci*) [dal gr. *poliorkētikós*; 1585] **agg.** *raro* attinente a poliorcetica.

polipàio (pl. *-ài*) [da *polipo*; 1958] **sm.** colonia di polipi.

polipeptìde [comp. di *poli-* e *peptide*, sul modello del ted. *Polypeptyd*; 1911] **sm.** *T.biol.* prodotto organico di trasformazione parziale delle proteine, costituito dall'unione di più amminoacidi.

polipètalo [comp. di *poli-* e *petalo*; a. 1799] **agg.** di fiore, la cui corolla è composta di più petali.

poliplòide [comp. di *poli-* e (*a*)*ploide*; 1932] **agg.** e **sm.** *T.biol.* che, chi presenta poliploidia: *cellula poliploide*.

poliploidìa [da *poliploide*; 1948] **sf.** *T.biol.* presenza, nel nucleo di una cellula, di un numero di cromosomi superiore a quello normale della specie.

polipnèa [comp. di *poli-* e *-pnea*; 1930] **sf.** *T.med.* aumento del numero e dell'intensità dei movimenti respiratori.

polipnòico (pl. *-ci*) [da *polipnea*; 1970] **agg.** *T.med.* relativo alla polipnea, proprio della polipnea.

pòlipo [dal lat. *pōlypus*, gr. *polýpous*, dai molti piedi; a. 1333] **sm.** **1.** una delle due forme dei Celenterati, che vive isolato o in colonie; ha forma di sacco a doppia parete, con l'apertura circondata perlopiù da tentacoli **2.** *T.med.* escrescenza carnosa che si forma spec. a spese delle mucose, alle quali aderisce con un peduncolo, sporgendo in una cavità o in un canale del corpo: *polipi del naso* **3.** *com.* polpo || **N. 1.** polipaio; medusa.

Polipodiàcee [dal lat. scient. *Polypodiaceae*; 1875] **sf. pl.** *T.bot.* famiglia di felci comprendente numerosissime specie, gen. erbacee e di piccole dimensioni, a rizoma strisciante e foglie divise || **N.** asplenio, capelvenere.

polipòdio (pl. *-di*) [dal lat. *polypodium*, gr. *polypódion*; prima metà sec. XIV] **sm.** *T.bot.* felce dorata.

polipòide [comp. di *polipo* e *-oide*; 1917] **agg.** *T.biol.* simile al polipo: *organismo polipoide* || relativo al polipo, proprio del polipo.

polipòlio (pl. *-li*) [comp. di *poli-* e (*mono*)*polio*; 1805] **sm.** *T.econ.* situazione di mercato in cui esistono più produttori o venditori del medesimo bene o del medesimo servizio.

Poliporàcee [da *poliporo*; 1954] **sf. pl.** *T.bot.* famiglia di funghi Basidiomiceti comprendente in prevalenza specie parassite del legno.

polìporo [comp. di *poli-* e *poro*; 1829] **sm.** nome di varie specie di funghi delle Poliporacee con cappello coriaceo a ventaglio.

polipòsi [da *polipo*; 1911] **sf.** *inv.* *T.med.* presenza di numerose formazioni polipose: *poliposi gastrica, nasale*.

polipóso [da *polipo*; a. 1758] **agg.** *T.med.* di polipo, che ha natura di polipo.

polipropilène [comp. di *poli-* e *propilene*, sul modello del fr. *polypropylène*; 1958] **sm.** *T.chim.* materia plastica derivata dalla polimerizzazione del propilene, da cui si ricavano, per stampaggio, numerosi oggetti di uso corrente (spec. contenitori), o per filatura, varie fibre sintetiche (per es. il meraklon ®).

polipsònio (pl. *-ni*) [comp. di *poli-* e (*mono*)*psonio*; 1958] **sm.** *T.econ.* situazione di mercato in cui il medesimo bene o servizio è richiesto da un alto numero di clienti.

Polipteriformi (sing. *-e*) [comp. di *polipitero* e *-forme*; 1970] **sm. pl.** *T.zool.* famiglia di pesci ossei dal corpo allungato e spina dorsale composta, diffusi nei fiumi africani. **Q.T.** *zoologia*.

polìptero o **polìttero** [dal gr. *polýpteros*, che ha molte penne; 1835 *polittero*] **sm.** *T.zool.* pesce osseo africano dei Polipteriformi che, durante la stagione calda, si affossa nel fango e respira attraverso i polmoni. **TAV.** ***pesci*** **p. 1330**.

poliptòto o **polittòto** [dal lat. tardo *polyptōton*, gr. *polýptōtos*, di molti casi; 1821] **sm.** figura retorica per cui si ripete in periodi diversi una stessa parola, di solito la prima del primo periodo, cambiando il caso, il genere o il numero (per es. "*a chi* abbia chiesto aiuto, *per chi* l'abbia fatto o *da chi* sia stato costretto non lo sapremo mai").

polìre (pres. *-ìsco*, *-ìsci*) [dal lat. *polīre*; a. 1374] **tr.** **1.** *T.tecn.* levigare, render liscio: *polire un blocco di legno, di marmo* || *fig.* rifinire, limare: *versi politi* **2.** *ant.* pulire.

polirème [da *poli-* sul modello di *bireme*; 1889] **sf.** *T.stor.* antica nave a più ordini di remi sovrapposti || **N.** bireme, trireme.

poliribosòma [comp. di *poli-* e *ribosoma*; 1981] **sm.** *T.biol.* gruppo di più ribosomi (da 5 a 20) che intervengono nella sintesi delle proteine.

poliritmìa [comp. di *poli-* e *-ritmia*; 1965] **sf.** *T.mus.* uso simultaneo di ritmi diversi in una medesima composizione.

poliritmico (pl. *-ci*) [comp. di *poli-* e *ritmo* con suff. agg.; a. 1941] **agg.** *T.mus.* caratterizzato da poliritmia.

pòlis [dal gr. *pólis*, città; 1918] **sf.** *inv.* (anche pl. *pòleis*) *T.stor.* ciascuna delle organizzazioni politiche autonome dell'antica Grecia, identificate con le città e i territori contigui, e i cittadini che vi abitavano || **N.** *Sin.* città-stato.

polisaccàride [comp. di *poli-* e *saccaride*, sul modello del ted. *Polysaccharid*; 1895] **sm.** *T.chim.* composto organico complesso (come cellulosa o amido) ottenuto dalla combinazione di più monosaccaridi.

poliscàfo [comp. di *poli-* e *scafo*; 1987] **sm.** imbarcazione composta da due o più scafi || **N.** catamarano, multiscafo, proa, trimarano.

polisemàntico (pl. *-ci*) [comp. di *poli-* e *semantico*; 1929] **agg.** *T.ling.* polisemico.

polisemantìsmo [da *polisemantico*; 1954] **sm.** *T.ling.* carattere di una lingua che presenta molti casi di polisemia.

polisemìa [voce der. dal gr. *polýsēmos*, attr. il fr. *polysémie*; 1954] **sf.** *T.ling.* l'avere più significati connessi fra loro, rif. a una parola o a un'espressione (quando i significati sono del tutto irrelati, si parla di *ambiguità* o di *omonimia*). **Q.T.** *linguistica*.

polisèmico (pl. *-ci*) [da *polisemia*; 1975] **agg.** *T.ling.* di segno, che ha più di un significato: *"terra" è una parola polisemica perché vale sia "globo terrestre" sia "suolo terrestre"* || **N.** *Contr.* monosemico.

polisèmo [dal gr. *polýsēmos*, che ha molti significati; 1841] **agg.** *T.ling.* polisemico.

polisènso [comp. di *poli-* e *senso*; a. 1375] **I** **agg.** che ha più significati; che offre varie interpretazioni: *frase polisensa* **II** **sm.** *T.gioc.* gioco enigmistico in cui si deve indovinare una parola che ha parecchi significati in base alle definizioni corrispondenti ai vari significati.

polisettoriàle [comp. di *poli-* e *settoriale*; 1966] **agg.** che riguarda molti settori, che comprende molti settori, spec. economici.

polisillàbico (pl. *-ci*) [da *polisillabo*; 1886] **agg.** formato da più sillabe.

polisìllabo [dal lat. tardo *polysyllabus*, gr. *polysýllabos*; a. 1730] **agg.** di più sillabe; anche **sm.** || **N.** *Sin.* plurisillabo | *Contr.* monosillabo.

polisillogìsmo [comp. di *poli-* e *sillogismo*; 1871] **sm.** *T.fil.* catena di sillogismi nella quale la conclusione del sillogismo antecedente funge da premessa maggiore nel sillogismo susseguente.

polisindètico (pl. *-ci*) [da *polisindeto*; 1975] **agg.** *T.gram.* proprio del polisindeto, relativo al polisindeto: *ripetizione polisindetica* || costituito da polisindeti: *periodo polisindetico*.

polisìndeto [dal gr. *polysýndetos*; 1695] **sm.** figura grammaticale costituita dall'unione di termini congeneri mediante una congiunzione ripetuta ogni volta, come nella frase: *e mangia e beve e dorme e veste panni* (Dante) || **N.** asindeto.

polisintètico (pl. *-ci*) [comp. di *poli-* e *sintetico*, sul modello dell'ingl. *polysynthetic*; 1952] **agg.** **1.** che ha origine da più elementi diversi **2.** *T.ling.* incorporante nel senso 2.

polisolfùro [comp. di *poli-* e *solfuro*; 1871] **sm.** *T.chim.* solfuro con un numero di atomi di zolfo superiore a quello previsto dalla valenza dello zolfo.

polisportìvo [comp. di *poli-* e *sportivo*; 1942] **agg.** che concerne svariati sport: *società polisportiva*; anche **sf.**: *la polisportiva*.

polista [da *polo*[2]; 1958] **s.** *T.sport.* giocatore di polo.

polistàdio (pl. *-di*) [comp. di *poli-* e *stadio*; 1958] **agg.** *inv.* *apparecchio polistadio*, apparecchio a più stadi || *T.mil.* *missile polistadio*, missile formato da più stadi, ognuno dei quali, esaurita la propria carica di propellente, si stacca || **N.** *Sin.* multistadio.

poliste [dal gr. *polystḗs*, costruttore di città; 1835] **sf.** piccola vespa nera e gialla che costruisce nidi su alberi e travi.

polistèle [comp. di *poli-* e *stele*; 1958] **sf.** *inv.* *T.bot.* struttura del fusto formata da diverse stele, ognuna dotata di periciclo e endodermide propria.

polìstico (pl. *-ci*) [da *polo*[2]; 1967] **agg.** *T.sport.* relativo al gioco del polo e ai polisti; proprio del gioco del polo e dei polisti.

polìstilo [dal gr. *polýstylos*, dalle molte colonne; a. 1798] **agg.** *T.arch.* di pilastro o colonna, contornati da altre colonne, frequente nell'architettura gotica.

polistirène [comp. di *poli-* e *stirene*; 1958] **sm.** *T.chim.* polistirolo.

polistiròlico (pl. *-ci*) [da *polistirolo*; 1970] **agg.** *T.chim.* proprio del polistirolo, relativo al polistirolo: *resina polistirolica*.

polistiròlo [comp. di *poli-* e *stirolo*; 1938]

sm. *T.chim.* materia plastica ottenuta per polimerizzazione dello stirolo, particolarmente diffusa per le buone proprietà chimiche e meccaniche unite a basso costo di produzione.

politeàma [comp. di *poli-* e del gr. *théama,* spettacolo; 1871] ***sm.*** teatro che può servire a vari generi di spettacoli || **N.** teatro. **Q.T.** *teatro.*

politècnico (pl. *-ci*) [dal gr. *polýtechnos,* abile in molte arti, attr. il fr. *polytechnique;* 1796] **I** ***agg.*** che concerne più arti e scienze **II** ***sm.*** istituto universitario per l'insegnamento dell'ingegneria e dell'architettura.

politeìsmo [dal gr. *polýtheos,* attr. il fr. *polythéisme;* 1745] ***sm.*** ogni religione che ammette più divinità || **N.** *Contr.* monoteismo. **Q.T.** *religione.*

politeìsta [dal fr. *polythéiste;* 1745] ***s.*** e ***agg.*** chi o che professa il politeismo || **N.** *Contr.* monoteista.

politeìstico (pl. *-ci*) [da *politeismo;* 1758] ***agg.*** relativo a politeismo o a politeista.

politemàtico (pl. *-ci*) [comp. di *poli-* e *tematico;* 1958] ***agg.*** *T.mus.* basato su più temi: *composizione politematica* || **N.** *Contr.* monotematico.

politenàto o **polietilenàto** [da *politene;* 1988] ***agg.*** costituito da politene.

politène [da *poli(e)t(il)ene;* 1948] ***sm.*** forma contratta di *polietilene.*

politenìa [comp. di *poli-* e gr. *tainía,* nastro; 1948] ***sf.*** *T.biol.* tipo di poliploidia in cui i cromosomi, riproducendosi, non si scindono, ma restano raggruppati in fasci, dando origine a cromosomi giganti.

politènico (pl. *-ci*) [da *politenia;* 1988] ***agg.*** *T.biol.* relativo al fenomeno della politenia.

politézza [da *polito;* a. 1406] ***sf.*** **1.** precisione di rifinitura e levigatezza **2.** *fig.* perfezione formale, eleganza: *politezza dello stile* || raffinatezza: *politezza di modi.*

polìtica [dal gr. *politikḗ(téchnē),* (arte) politica; a. 1294] ***sf.*** **1.** la teoria e spec. la prassi dell'organizzazione e della conduzione dello Stato: *la politica è l'arte del possibile, discutere di politica, darsi alla politica, disinteressarsi di politica; politica interna,* relativa agli affari interni di un paese; *politica estera,* relativa ai rapporti di uno Stato con altri Stati; *politica internazionale,* relativa ai rapporti degli stati tra di loro; *politica da bar, da farmacia,* fatta, e soprattutto discussa, da incompetenti **2.** strategia politica; insieme di misure, provvedimenti, comportamenti coordinati ad un fine politico: *una politica innovatrice, d'emergenza, contorta; politica economica,* insieme coordinato di misure economiche emanato dall'autorità politica; *politica dei redditi,* politica economica di controllo dei prezzi e dei salari in vista di una maggiore equità distributiva **3.** *per estens.* strategia di gestione di un organismo, o del comportamento di un singolo individuo: *la politica della nuova direzione aziendale, la sua politica con le donne è di attesa* || comportamento cauto, ispirato a tatticismi: *ci vuole un po' di politica, è buona politica non interromperlo mentre parla.* **Q.T.** *politica.*

politicànte [da *politica;* 1834] ***agg.*** e ***s.*** *spreg.* che o chi si occupa di politica per ambizione o profitto personale || chi mette la politica in ogni cosa; anche chi, in ogni campo di attività di per sé non politica, assume atteggiamenti caratteristici della politica (tatticismi, manovre di corridoio ecc.) || **N.** *Sin.* arrivista, camaleonte, demagogo, funambolo, girella, opportunista, politicone.

politicàstro (*pegg.* di *politico*) [a. 1694] ***sm.*** (f. *-a*) politicante, politico da strapazzo.

politichése [da *politica;* 1982] ***sm.*** *spreg.* nell'uso dei giornalisti, il linguaggio degli uomini politici, in quanto semanticamente oscuro o ambiguo e sintatticamente contorto, e per questo di difficile comprensione.

politichìno (*dim.* di *politico*) [a. 1704] ***sm.*** (f. *-a*) **1.** politico meschino e intrigante **2.** *fam.* chi con modi garbati e accattivanti riesce a ottenere sempre ciò che vuole.

politicìsmo [da *politica;* 1931] ***sm.*** tendenza a dare un valore preponderante alla politica, e ad attribuire un significato politico a ogni aspetto della vita e della cultura.

politicità [da *politico;* 1942] ***sf.*** l'essere politico.

politicizzàre [da *politico,* sul modello dell'ingl. to *politicize;* 1950] ***tr.*** **1.** dare carattere politico: *politicizzare l'arte* **2.** rendere politicamente consapevole: *politicizzare gli operai.*

POLITICA

Ambientale, agraria, coloniale, commerciale, culturale, degli armamenti, dei redditi, dei salari, demografica, economica, estera, finanziaria, interna, monetaria, sociale.

FORME DI GOVERNO: aristocrazia, assolutismo, autarchia, autocrazia, democrazia (costituzionale, parlamentare, rappresentativa; diretta, indiretta; popolare), dispotismo, dittatura, gerontocrazia, monarchia (assoluta, costituzionale, elettiva), oligarchia, partitocrazia, plutocrazia, principato, repubblica (aristocratica, democratica, parlamentare, popolare, presidenziale, sociale, socialista), signoria, tecnocrazia, teocrazia, timocrazia, tirannia o tirannide, totalitarismo.

FORME DI STATO (o DI REGIME) POLITICO-SOCIALE: collettivismo, comunismo, corporativismo, fascismo, feudalesimo, liberalismo, nazionalsocialismo, neocorporativismo, regime militare, sistema parlamentare (monocamerale, bicamerale), sistema partitico (monopartitico, pluripartitico), socialismo, stato di polizia. V. inoltre le forme di stato relative alle singole forme di governo.

POSIZIONI, TEORIE E MOVIMENTI POLITICI: anarchismo, anticomunismo, antifascismo, bolscevismo, bonapartismo, castrismo, cattolicesimo liberale, centrismo, clericalismo, conservatorismo, ecologismo, europeismo, fabianesimo, fascismo, federalismo, franchismo, gaullismo, giacobinismo, internazionalismo, isolazionismo, laburismo, laicismo, leninismo, liberalismo, liberalsocialismo, maccartismo, maoismo, marxismo, nazionalsocialismo, neoguelfismo, pacifismo, peronismo, populismo, progressismo, revisionismo, riformismo, separatismo, socialdemocrazia, socialismo, stalinismo, tradunionismo, trotzkismo.

ELEZIONI: amministrative, politiche; dirette, indirette; circoscrizionali, comunali, provinciali, regionali; generali, parziali; europee; presidenziali; plebiscito, referendum (abrogativo, consultivo, decisionale), suffragio (ristretto, universale); affluenza alle urne, astensione, astensionismo, autocandidatura, ballottaggio, broglio, cabina, campagna elettorale, candidatura, circoscrizione elettorale, collegio elettorale, comizio, consultazione elettorale, contestazione, corpo elettorale, elettorato, lista, partecipazione, preferenza, propaganda elettorale, quorum, quoziente elettorale, ricandidatura, rieleggibilità, rielezione, ripartizione dei seggi, scheda (deturpata; non votata, votata; bianca, nulla, valida), scrutinio, seggio, sezione elettorale, simbolo di partito, slogan elettorale, spoglio, urna, votazione, voto (consultivo, deliberativo; a scrutinio segreto, palese; di lista, di preferenza; contrario, favorevole; nullo); candidato, capolista, elettore, presidente di seggio, rappresentante di lista, scrutatore, segretario di sezione.

SISTEMI ELETTORALI: maggioritario / proporzionale, uninominale / plurinominale.

SISTEMA POLITICO-AMMINISTRATIVO ITALIANO.

PRESIDENTE DELLA REPUBBLICA.

CORTE COSTITUZIONALE.

POTERE LEGISLATIVO: parlamento (camera dei deputati, senato).

POTERE ESECUTIVO: governo (consiglio dei ministri); pubblica amministrazione: ministeri (dell'aeronautica, dell'agricoltura, dei beni culturali, del bilancio, della cassa del mezzogiorno, del commercio con l'estero, della difesa, dell'ecologia, degli enti di gestione, degli esteri, delle finanze, della funzione pubblica, di grazia e giustizia, dell'industria e del commercio, degli interni, dei lavori pubblici, del lavoro e della previdenza sociale, della marina mercantile, delle partecipazioni statali, della politica europea, delle poste e telecomunicazioni, della protezione civile, della pubblica istruzione, dei rapporti col parlamento, delle regioni, della riforma burocratica, dell'Università e della ricerca scientifica e tecnologica, dell'immigrazione, della sanità, del tesoro, dei trasporti, del turismo e dello spettacolo), enti locali (comprensorio, comune, comunità montana, provincia, regione a statuto ordinario, regione a statuto speciale).

POTERE GIUDIZIARIO: magistratura (Consiglio superiore della magistratura, Corte di cassazione, corti d'appello, corti d'assise d'appello, corti d'assise, tribunali, preture).

ORGANI AUSILIARI: consultivi (Avvocatura dello stato, Consiglio di stato, Consiglio nazionale dell'economia e del lavoro), di controllo (Corte dei conti, Ragioneria di stato).
Corpo elettorale.

ATTIVITÀ POLITICA IN ITALIA.

PRESIDENTE DELLA REPUBBLICA: comando delle forze armate, consultazione con i partiti, emanazione di decreti legge, indizione delle elezioni, invio di messaggi alle camere, nomina di senatori a vita, presidenza del Consiglio di difesa, presidenza del Consiglio superiore della magistratura, scelta e nomina del presidente del Consiglio dei ministri, scioglimento anticipato delle camere.

PARLAMENTO: aggiornamento, appoggio, approvazione, conversione in legge, convocazione, discussione, disegno di legge, illustrazione, immunità parlamentare, interpellanza, interrogazione, intervento, iter parlamentare, legge (ponte, quadro), legislatura, legislazione, maggioranza (assoluta, relativa), minoranza, mozione d'ordine, numero legale, opposizione (costruttiva, dura, morbida), ordine del giorno, ostracismo, ostruzionismo, petizione, progetto di legge, promulgazione, proposta (di emendamento, di legge), protesta, ratifica, rinvio, scioglimento (antici-

segue

politicizzazióne [da *politicizzare*; 1950] ***sf.*** atto ed effetto del politicizzare.

político (pl. *-ci*) [dal lat. *polītĭcus*, gr. *politikós*, agg. di *polítēs*, cittadino; a. 1375] **I *agg.* 1.** attinente alla politica: *scritti politici, storia del pensiero politico, opinione, associazione politica, risvolto politico di una vicenda, panorama politico internazionale; uomo politico,* chi fa politica con continuità, e spec. per professione ‖ *diritti politici,* di partecipare alla conduzione dello Stato direttamente o indirettamente tramite il voto ‖ *elezioni politiche,* dei deputati al parlamento; anche *sf.*: *le politiche hanno avuto risultati sorprendenti* ‖ *classe politica,* l'insieme dei professionisti della politica ‖ *delitto, reato politico,* commesso contro lo Stato ‖ *prigioniero politico,* accusato per reati politici ‖ *economia politica,* v. ECONOMIA ‖ *scienze politiche,* insieme di discipline attinenti all'esercizio del potere politico ‖ *prezzo politico,* mantenuto dallo Stato al di sotto di quello reale, per alcune merci o servizi di prima necessità ‖ *geografia politica,* parte della geografia che studia la distribuzione geografica dei gruppi organizzati; *carta politica,* carta geografica che evidenzia la divisione in unità politiche territoriali **2.** di persona, abile nelle manovre tattiche e diplomatiche; di cosa, opportuna, utile come mezzo per un fine: *un dirigente più politico di un altro, agire a questo modo non è molto politico* **3.** *raro* naturalmente predisposto alla vita sociale: *l'uomo è un animale politico* ‖ **politicaménte** ***avv.*** da un punto di vista politico; con risvolti politici **II *sm.*** (f. *-a*, nei sensi 1 e 2) **1.** uomo politico: *le promesse dei politici* **2.** chi raggiunge i propri scopi manovrando abilmente **3.** la sfera dei rapporti politici: *autonomia del politico* ‖ *dim.* politichìno; *accr.* politicóne, politicóna; *pegg.* politicàstro. **Q.T.** *politica.*

segue POLITICA

pato) delle camere, seduta (comune o a camere riunite o parlamentare), sessione, verbale, votazione (a scrutinio segreto, per alzata e seduta, per appello nominale); capogruppo, commissione parlamentare, deputato, gruppo parlamentare, senatore (a vita).

GOVERNO: abbozzo (d'intesa, di programma), accordo (di governo, di legislatura, interpartitico, programmatico), alleanza, coalizione, compagine governativa, concordanza di vedute, confronto, contrasto, convergenza, crisi di governo, dimissioni, divergenza, emanazione di decreti legge, incarico, incontro (interlocutorio, risolutivo), intesa, mandato (esplorativo, formale, informale), modifica, piano, piattaforma, portafoglio, preambolo, pregiudiziale, programma, proposta (d'intesa, programmatica), protocollo, questione di fiducia, rimpasto, scontro, sfiducia, *summit,* verifica, vertice; consiglio dei ministri (ministri e segretari di stato, presidente del consiglio), viceministri o sottosegretari di stato.

ENTI LOCALI: assemblea, consiglio, giunta; assessore, consigliere, presidente (della giunta provinciale, della regione), prosindaco, sindaco.

PARTITI: agitazione, alleanza, appello, coalizione, comizio, controinformazione, dimostrazione, elezioni, linea politica, manifestazione, mobilitazione, opposizione, organizzazione, programma, propaganda, reclutamento, speakeraggio, strategia, tattica, volantinaggio; costituire, disciogliere, fondare; epurazione, espulsione, militanza, scissione; base, cellula, comitato, congresso, corrente, direzione, quadro, sezione, stato maggiore, statuto, ufficio politico; addetto stampa, aderente, amministratore, capo, capogruppo, comitato (cittadino, provinciale, regionale, nazionale o centrale), consiglio nazionale, delegato, dirigente, esecutivo, gruppo parlamentare, indipendente, iscritto, *leader* (carismatico, storico), militante, presidente, proboviro, segretario, sezione, simpatizzante, tesoriere, tesserato, vicesegretario.

SINDACATI E ASSOCIAZIONI PROFESSIONALI: accordo, associazione, astensione dal lavoro, autodisciplina, confederazione, conflitto, conflittualità, contrattazione (aziendale, di categoria, di settore, nazionale, territoriale), contratto (collettivo, di solidarietà, controparte, controversia, coordinamento, corporativismo, federazione, fermata, iscrizione, lotta, microconflittualità, neocorporativismo, piattaforma, picchettaggio, precettazione, quota, regolamentazione, rinnovo, rivendicazione (normativa, occupazionale, salariale), sciopero (a scacchiera, bianco, di categoria, generale, selvaggio, territoriale), *trade union,* trattativa, unione, vertenza.

LINGUAGGIO DELLA POLITICA: abdicazione, ala (del parlamento, di un partito, di uno schieramento), allargamento (di un accordo, di un'intesa), alleanza, alternanza, anarchia, apertura / chiusura verso un partito, apparato (di un partito, statale), appoggio, area, armistizio, assemblea, associazionismo, attivismo, autodeterminazione, autogestione, autogoverno, autonomia, autorità, autoritarismo, bipartitismo / monopartitismo / pluripartitismo, bonapartismo, buongoverno, burocratizzazione, burocrazia, censo, centro, centro del potere, centro destra, centro sinistra, ceto, cesarismo, classe, clientelismo, coalizione, cogestione, collettività, colonialismo, colpo di stato, competenza istituzionale, comunità politica, concordato, conflitto politico, conquista, consenso, contrattazione collettiva, contrattualismo, controllo degli armamenti, controllo sociale, convergenza, cooperazione, cooptazione, corporativismo, corruzione politica, crisi politica, decolonizzazione, demagogia, democrazia consociativa, depoliticizzazione, deposizione, destabilizzazione, destra, deviazionismo, difesa, diplomazia, diritti (dell'uomo, politici), disobbedienza civile, dissenso, distensione, divisione dei poteri, dogmatismo, dominio, egemonia, esercizio del potere, estremismo, eversione, falangismo, federalismo, fiducia tecnica, forza, forze armate, gestione del potere, *golpe,* governabilità, governo (debole, forte), gruppo (d'influenza, d'interesse, di pressione), guerra, guerra fredda, guerriglia, ideologia, imperialismo, indipendenza, indirizzo politico, ingerenza, insabbiamento, insurrezione, integrazione, interclassismo, interferenza, intervento, istituzione, *leadership,* legalità, legislatura, legislazione, legittimazione, legittimità, *lobby, lobbying,* maggioranza, malgoverno, militarismo, minoranza, moto, movimento (controrivoluzionario, cooperativo, extraparlamentare, operaio, studentesco, scissionista ecc.), nazionalismo, nazione, nepotismo, neutralismo, neutralità, nonviolenza, opinione pubblica, opposizione, ordine pubblico, orientamento politico, parte politica, partitismo, pluralismo, policentrismo, politicizzazione, popolo, potere (di coalizione, esecutivo, federativo, giurisdizionale o giuridico, legislativo), programma (di governo, di partito, di riforma ecc.), *putsch,* ragion di stato, rapporti politici, rappresentanza, reazione, relazioni internazionali, regime paternalistico, repressione, resistenza, riarmo, ribellione, riforma, scambio politico, secessione, servizi di sicurezza, settarismo, solidarietà, sovversione, sovranità, spionaggio, stabilità politica, stato, struttura politica, successione (al potere, al trono), territorio, titolarità del potere, totalitarismo, uguaglianza, utopia, vertice, volontà generale.

LINGUAGGIO DELLA PUBBLICISTICA: balletto del potere, clima politico, compromesso storico, convergenze parallele, decisionismo, delfino, diagnosi della situazione politica, franco tiratore, galoppino, impegno, inversione di tendenza, linea politica, lottizzazione, machiavellismo, migliorismo, movimentismo, pacchetto di proposte, partecipazione (elettorale, politica), piattaforma di rivendicazioni, portaborse, qualunquismo, scollamento della maggioranza, sottobosco, sottogoverno, trasformismo.

DISCIPLINE ATTINENTI: antropologia politica, diritto, filosofia della politica, filosofia politica, geopolitica, sociologia, storia delle dottrine politiche, storia delle istituzioni.

politicóne (*accr.* di *politico*) [a. 1635] ***sm.*** (f. *-a*) **1.** politico abile e pieno di esperienza **2.** chi, con abilità e furbizia sa destreggiarsi nelle proprie faccende private riuscendo a ottenere ciò che vuole.

polìtipo [comp. di *poli-* e *tipo*; 1868] ***sm.*** *T.tip.* fusione in un solo pezzo delle sillabe e dei digrammi più frequentemente usati nella composizione tipografica ‖ **N.** *Sin.* logotipo.

pulito (*pps.* di *polire*) [a. 1327] ***agg.* 1.** lisciato, lustrato, detto perlopiù di materie dure, pietre, metalli ecc. **2.** *fig.* di scritto o discorso, molto accurato, forbito: *stile, parlatore polito.*

politologìa [comp. di *poli(tica)* e *-logia*; 1977] ***sf.*** scienza che ha per oggetto lo studio dei sistemi e dei problemi politici.

politològico (pl. *-ci*) [da *politologia*; 1984] ***agg.*** relativo alla politologia, proprio della politologia: *dibattiti politologici.*

politòlogo (pl. *-gi*) [comp. di *poli(tica)* e *-logo*; 1971] ***sm.*** (f. *-a*) studioso, esperto di politologia.

politonàle [comp. di *poli-* e *tonale*; 1935] ***agg.* 1.** *T.mus.* di composizione, che presenta più tonalità contemporaneamente **2.** *T.lett.* che presenta vari registri stilsitici: *opera, autore politonale.*

politonalità [da *politonale*; 1930] ***sf.*** *T.mus.* presenza simultanea di due o più tonalità in uno stesso brano, tipica spec. della musica del '900.

polìtrico (pl. *-chi*) [dal gr. e lat. *polýtrichon*, folto di peli; a. 1498] ***sm.*** genere di muschio dalle molte foglioline.

polìtropo [dal gr. *polýtropos*, molteplice; a. 1566] ***agg.*** *lett.* che possiede un ingegno acuto, ricco di risorse e di iniziative: *il politropo Ulisse* (D'Annunzio).

polìttero v. POLIPTERO.

polìttico (pl. *-ci*) [dal gr. *polýptychos*, con molte piegature; a. 1758 nel senso 2] ***sm.* 1.** *T.art.* opera d'arte sacra, dipinta o incisa, composta da più pannelli racchiusi in un'unica cornice e collocata gen. dietro l'altare ‖ *per estens.* opera d'altro genere (letteraria, musicale ecc.) composta da parti indipendenti ma che seguono lo stesso tema **2.** *T.stor.* nella Roma tardoimperiale, il registro su cui venivano segnati i beni di uno stesso proprietario ‖ **N. 1.** dittico, trittico. **Q.T.** *pittura.*

polìttòto v. POLIPTOTO.

politùra [da *polire*; a. 1498] ***sf.*** levigatezza; perfezione formale ‖ nella lavorazione del vetro, operazione di rifinitura che gli conferisce la levigatezza.

poliuretànico (pl. *-ci*) [da *poliuretano*; 1970] ***agg.*** relativo a poliuretano, proprio di poliuretano: *resina poliuretanica,* poliuretano.

poliuretàno [comp. di *poli-* e *uretano*; 1958] **sm.** materia plastica impiegata per preparare vernici e adesivi o come isolante termico.

poliurìa [comp. di *poli-* e *-uria*; 1829] **sf.** *T.med.* emissione di una quantità eccessiva di orina.

poliùrico (pl. *-ci*) [da *poliuria*; 1835] **agg.** di poliuria, che è affetto da poliuria; anche con valore di *sm.* (f. *-a*): *i poliurici.*

polivalènte [comp. di *poli-* e *valente*; 1911] **agg. 1.** *T.chim.* di elemento, che si combina secondo valenze diverse **2.** che vale, ha effetto in svariati usi: *vaccino polivalente, una legge polivalente* **3.** *T.fil. logica polivalente*, che ammette più valori di verità (oltre al Vero e Falso).

polivalènza [da *polivalente*; 1958] **sf. 1.** *T.chim.* la proprietà che hanno certi elementi di possedere variabilità di valenza, ossia di combinarsi con uno stesso elemento in proporzioni variate, dando origine a composti completamente diversi per proprietà fisiche e chimiche **2.** *fig.* qualità di ciò che serve a diversi usi, che mira a diversi scopi.

polivinìle [comp. di *poli-* e *vinile*; 1949] **sm.** *T.chim.* nome generico delle numerose materie plastiche ottenute per polimerizzazione di composti vinilici.

polivinìlico (pl. *-ci*) [da *polivinile*; 1949] **agg.** proprio del polivinile, relativo al polivinile: *resina polivinilica*, polivinile.

polivisióne [comp. di *poli-* e *visione*; 1957] **sf. 1.** *T.cin.* tecnica di ripresa e proiezione cinematografica che utilizza tre immagini diverse su altrettanti schermi attigui **2.** nella televisione, suddivisione del video in più immagini.

polivòmere [comp. di *poli-* e *vomere*; 1892] **agg.** di aratro, munito di due o più vomeri.

polizìa [dal lat. *polītīa*, greco *politéia* organizzazione politica, governo; 1363] **sf. 1.** attività di vigilanza, prevenzione e repressione che lo Stato esercita al fine di assicurare l'ordine pubblico, tutelare l'incolumità dei singoli e garantire il rispetto delle leggi: *forze di polizia, azione di polizia* **2.** l'insieme di organi e persone che esercitano tale attività: *chiamare la polizia, denunciare alla polizia, la polizia è giunta troppo tardi* || *in part.* suddivisa a seconda delle competenze: *polizia marittima, di frontiera, ferroviaria*; *polizia giudiziaria*, alle dipendenze dell'autorità giudiziarie, si occupa di rintracciare autori di reati e rilevare prove che consentano l'applicazione delle pene previste || *polizia sanitaria*, che vigila sulla salute pubblica || *polizia tributaria*, che fa indagini sui contribuenti e combatte le evasioni fiscali || *polizia stradale*, che fa rispettare il Codice della strada || *polizia scientifica*, che si avvale di moderni strumenti scientifici per l'individuazione del reo || *polizia privata*, istituto di vigilanza privato || **N. 2.** Pubblica Sicurezza, questura | agente, brigadiere, commissario, confidente, guardia, ispettore, poliziotto, questurino, questore, sbirro, vigile; cagnotto, *coroner*, *detective* | ammanettare, arrestare, catturare, fare una retata, fermare, foglio di via, guardina, manette, pattuglia, perlustrare, precetto, sorvegliare, squadra mobile, vigilanza speciale. **Q.T.** *diritto.*

poliziésco (pl. *-schi*) [da *polizia*; 1871] **agg.** di polizia, appartenente alla polizia || *romanzo, film poliziesco*, in cui si narra di delitti e delle ricerche fatte dalla polizia per scoprirne gli autori || ha spesso senso *spreg.*: *metodi polizieschi* || **poliziescaménte** **avv.**

poliziòtto [da *polizia*; 1848] **I sm.** (f. *-a*) agente di polizia || *poliziotto privato, dilettante*, chi svolge indagini poliziesche per conto di un privato, o per conto proprio **II agg.** *inv.* (sempre posposto): *cane poliziotto*, addestrato a ritrovare e catturare delinquenti; *donna poliziotto*, che milita nella polizia.

polizòico (pl. *-ci*) [comp. di *poli-* e *-zoico*; 1940] **agg.** di animale, apparentemente unico, che risulta invece composto di più animali viventi insieme in colonia, come le spugne.

pòlizza [lat. *apodixis*, gr. *apódeixis*, dimostrazione; 1291] **sf.** documento contenente indicazioni in parte stampate e in parte scritte, che serve per contrassegno, ricevuta, obbligazione, ordine di pagamento ecc.: *polizza di pegno, di deposito* || *polizza di carico*, il foglio che accompagna le merci nel viaggio e ne descrive la qualità e la quantità || *polizza di assicurazione*, contratto di assicurazione e foglio che ne pattuisce i modi e i termini || *dim.* polizzìno || **N.** biglietto, bolletta, cartella, cedola, fattura, ricevuta.

polizzàrio (pl. *-ri*) [da *polizza*; 1865] **sm.** *ant.* custodia o registro di polizze.

polizzìno (*dim.* di *polizza*) [a. 1547] **sm.** titolo di credito per importi modesti.

polka (ung., pr. ['polkɒ]; pr. it. ['pɔlka]) [dal ceco *polka*, propr. mezzo passo; 1847] **sf.** danza di origine boema in 2/4, di tempo vivace, diffusa a partire dalla metà del sec. XIX.

pólla [da *pollare*; a. 1498] **sf.** vena di acqua sorgiva che scaturisce dalla terra || **N.** *Sin.* fonte, scaturigine, sorgente.

pollachiurìa o **pollachiùria** [comp. del gr. *pollákis*, molte volte e *-uria*; 1899] **sf.** *T.med.* frequente bisogno di orinare, sintomo di varie malattie (cistiti, uretriti ecc.).

pollàio (pl. *-ài*) [da *pollo*; a. 1320] **sm.** terreno recintato o locale dentro il quale si allevano i polli || l'insieme dei polli || *fig.* luogo sporco, disordinato o pieno di confusione: *la stanza dove lavora è ormai un pollaio* || *fig. bastone da pollaio*, persona o cosa sudicia. **TAV.** *zootecnia* 14.

pollaiòlo (dial. *pollaròlo*) [da *pollo*; a. 1348] **sm.** (f. *-a*) chi vende pollame, pollivendolo.

pollàme [da *pollo*; a. 1479] **sm.** l'insieme dei volatili da allevamento per uso alimentare (polli, tacchini, anitre ecc.).

pollànca [dalla voce mer. *pullanca*; 1698] **sf.** *dial.* **1.** tacchina giovane **2.** *fig.* giovinetta attraente.

pollàre (pres. *póllo*) [dal lat. tardo *pullāre*, germogliare; 1340 ca.] **intr.** (aus. *essere*) *ant.* scaturire.

pollàrio (pl. *-ri*) [dal lat. *pullārius*; a. 1527] **sm.** *T.stor.* nell'antica Roma, chi allevava polli e altri uccelli destinati agli auspici.

pollaròlo V. POLLAIOLO.

pollàstra [lat. *pullastra*; a. 1388] **sf. 1.** gallinella giovane, che non ha ancora deposto le uova **2.** *fig. scherz.* ragazza semplice, inesperta, che si lascia abbindolare || *dim.* pollastrìna, pollastrèlla.

pollàstro [da *pollastra*; 1262] **sm. 1.** galletto giovane **2.** *fig. scherz.* persona ingenua che si lascia facilmente intrappolare o raggirare: *spennare il pollastro al gioco, il pollastro c'è cascato* || *dim.* pollastrìno, pollastrèllo, pollastròtto; *accr.* pollastróne || **N. 2.** *Sin.* merlo, merlotto.

pollastróne (*accr.* di *pollastro*) [prima metà sec. XV] **sm.** (f. *-a*) *fig.* persona non più giovane, ma ancora molto ingenua e credulona.

pollédro V. PULEDRO.

pollerìa [da *pollo*; a. 1400] **sf.** negozio di pollame.

pòllice [dal lat. *pollex, -icis*; 1367] **sm. 1.** il dito più grosso della mano, opponibile alle altre quattro dita || *pop.* alluce || *avere il pollice verde*, essere abili nel giardinaggio **2.** unità di misura inglese equivalente a circa 25 mm || *per estens.* breve spazio: *non cedere di un pollice.*

pollicoltóre o **pollicultóre** [comp. di *pollo* e *-coltore*; 1884] **sm.** (f. *-trìce*, meno com. *-tóra*) chi si occupa di allevamento dei polli.

pollicoltùra o **pollicultùra** [comp. di *pollo* e *-coltura*; 1883] **sf.** l'allevamento razionale dei polli. **TAV.** *zootecnia.*

pollìna [da (*merda*) *pollina*, f. sost. di *pollino*[2]; prima metà sec. XIII] **sf.** lo sterco dei polli usato come concime.

pollinàro [da *pollo*; a. 1400] **sm.** *ant.* pollaiolo.

pòlline [dal lat. *pollen, -inis*, fior di farina; 1802] **sm.** *T.bot.* polvere composta di granelli assai piccoli, di colore perlopiù giallo, prodotti dall'antera del fiore e contenenti l'elemento fecondatore dell'ovulo. **TAV.** *zootecnia* 6.1.

pollìnico (pl. *-ci*) [da *polline*; 1802] **agg.** *T.bot.* di o relativo a polline: *massa pollinica*; *budello* o *tubo pollinico*, germinazione tubolare del granello di polline maturo, che si impianta sull'oosfera e permette la fecondazione.

pollìno[1] [lat. *pullus*, molle; 1761] **sm.** *raro* **1.** terreno paludoso **2.** isolotto di terreno stabile circondato da palude.

pollìno[2] [da *pollo*; sec. XIV] **agg.** di pollo: *sterco pollino* || *pidocchio pollino*, parassita dei polli e dei volatili in genere || *fam. occhio pollino*, *fam.* callo tra dito e dito, occhio di pernice.

pollinòsi [da *polline*; 1942] **sf.** *T.med.* malattia di natura allergica provocata da inalazione di pollini, caratterizzata da starnuti, rinorrea, lacrimazione ecc.

pollivéndolo [comp. di *pollo* e *-vendolo*; 1872] **sm.** (f. *-a*) venditore di polli.

póllo [lat. *pullus*, piccolo (di ogni animale); a. 1320] **sm. 1.** nome generico di gallo o gallina giovane, spec. in quanto utilizzata a scopo alimentare: *allevamento di polli, pollo ruspante, di batteria* || *andare a letto coi polli* o *all'ora dei polli*, molto presto, appena buio || *alzarsi coi polli*, prestissimo || *fare come i polli di Renzo*, litigare tra compagni di sventura, come nell'episodio dei *Promessi sposi* (cap. III) || *conoscere i propri polli*, conoscere le persone con le quali si deve trattare || *far ridere i polli*, essere insensati o ridicoli **2.** *fig.* persona ingenua, facilmente raggirabile: *che pollo, ci sei cascato in pieno!* **3.** *pollo d'India*, tacchino || *pollo sultano*, uccello dei Gruiformi, con piumaggio azzurro vivo e lungo becco rosso, diffuso spec. in Sardegna e Sicilia || **N. 1.** gallinaceo; cappone, chioccia, galletto, gallina, gallo, pollastro, pulcino | anca, ala, bargigli, becco, budella, carcassa, catriosso, coda, codrione, collo, coscia, cresta, fegato, forcella, gozzo, ovidotto, pelo, peluria, penne, petto, piume, sperone, ventriglio | appollaiarsi, bezzicare, chicchiriare, covare, raspare, razzolare, ruspare, schiamazzare, sparnazzare, spollinarsi, starnazzare | alla cacciatora, alla diavola, al mattone, arrosto, fritto, in galantina, in gratella | accapponare, disossare, imbeccare, lardellare, sbuzzare, scalcare, scosciare, spennare, sventrare, tirare il collo | becchime, capponaia, covata, mangime, pastone, pollaio, posatoio, stia; calcinaccio, colera, corizza, pipita | allevamento, incubatrice, pollicoltura.

pollóne [dal lat. *pullus*, germoglio; a. 1320] **sm. 1.** *T.bot.* germoglio che nasce dal rizoma o da gemma avventizia al pedale di un vecchio tronco **2.** *fig. lett.* rampollo || *dim.* polloncèllo || **N. 1.** *Sin.* germoglio, getto, messa, sprocco, stolone.

pollonéto [da *pollone*; 1738] **sm.** vivaio di polloni.

pollùto [dal lat. *pollūtus*, pps. di *polluere*, macchiare; a. 1342] **agg.** *lett.* contaminato, imbrattato, macchiato.

polluzióne[1] [dal lat. *pollutio, -onis*; a. 1342] **sf.** *T.med.* eiaculazione spontanea che ha luogo spec. durante il sonno.

polluzióne[2] [dall'ingl. *pollution*; 1983] **sf.** inquinamento ambientale.

polmonàre [da *polmone*; a. 1698] **agg.** del polmone, dei polmoni: *vena, tubercolosi polmonare.* **TAV.** ***anatomia*** **p. 642** 8.8, 8.9, 15.2, 15.3.

polmonària o **pulmonària** [da *polmone*; 1499] **sf.** pianta erbacea delle Borraginacee con foglie lanceolate e ovate a macchie biancastre e fiori violacei, alla quale si attribuivano proprietà medicamentose nelle affezioni polmonari.

Polmonàti [da *polmone*; 1891] **sm.** *pl.* *T.zool.* sottoclasse di molluschi Gasteropodi terrestri o d'acqua dolce, tra cui le lumache e le chiocciole, nei quali la cavità del mantello ha funzione di polmone.

polmóne [dal lat. *pulmo*, *-ōnis*; a. 1306] **sm.** **1.** *T.anat.* ciascuno dei due organi della respirazione contenuti nella gabbia toracica dei vertebrati a respirazione aerea: *polmone destro, polmone sinistro*; *respirare a pieni polmoni*, profondamente ‖ in alcune espr. fig.: *consumare, sputare i polmoni*, sfiatarsi, perlopiù inutilmente, a persuadere qualcuno, a discorrere con altri, a insegnare ecc.; *scherz. avere buoni polmoni*, si dice di chi parla o canta a voce altissima; *sentirsi allargare i polmoni*, quando, dopo ansie, giunge una buona notizia a confortare **2.** *polmone d'acciaio*, apparecchio che induce una respirazione artificiale in soggetti colpiti da paralisi dei muscoli respiratori esercitando alternativamente compressione e depressione sul torace **3.** cosa che rinfranca, rigenera, sostiene e sim.: *quel parco è un polmone (di) verde per il quartiere* ‖ **N.** **1.** ala, alveoli, apice, arterie polmonari, bronchi, caverne, lobi, lobuli, mediastino, petto, pleura, trachea, vene | aspirare, espettorare, espirare, inspirare; spolmonarsi | broncopolmonite, emottisi, enfisema, etisia, pleurite, polmonite, tabe polmonare, tisi, tosse, tubercolosi polmonare | rantoli, ronchi, sibili | docimasia polmonare; pneumotorace, pneumotomia. **TAV. *anatomia* p. 642** 8.7, 12.5.

polmonite [da *polmone*; 1871] **sf.** *T.med.* infiammazione acuta o cronica a carico dei polmoni: *polmonite lobare* o *massiva*, che interessa un solo lobo; *polmonite doppia*, estesa a entrambi i lobi.

pòlo[1] [dal lat. *polus*, gr. *pólos*, perno, asse (della terra); 1308] **sm.** **1.** *T.astr.* ciascuno dei due punti in cui la superficie di un corpo celeste rotante incontra l'asse di rotazione ‖ *in part.* rif. alla terra: *Polo Nord* o *artico* o *boreale*, *Polo Sud* o *antartico* o *australe*; *per estens.* le regioni attorno ai poli: *missione scientifica al Polo Nord* ‖ *iperb. dall'uno all'altro polo*, da un capo all'altro della terra ‖ *poli celesti*, i due punti in cui l'asse di rotazione terrestre interseca la volta celeste **2.** *fig.* posizione antitetica: *in quanto a gusti musicali siamo ai poli opposti* **3.** *T.elettr.* in un generatore di corrente, il punto corrispondente alla concentrazione di carica massima (*polo positivo*) o minima (*polo negativo*) ‖ *polo magnetico*, in un magnete, ciascuno dei due punti in cui maggiormente si manifestano proprietà magnetiche; *poli magnetici terrestri*, verso cui si orienta l'ago della bussola, non coincidenti coi poli terrestri **4.** *T.biol.* *polo di una cellula*, ciascuna delle estremità terminali del fuso **5.** *fig.* punto di maggior attività, intensità, spec. in quanto attrae a sé o influenza: *polo dell'attenzione, polo di sviluppo economico* **6.** *T.mat.* punto di riferimento di un sistema di coordinate polari ‖ **N.** **1.** circolo polare, banchisa **3.** magnetismo. **Q.T. *astronomia, fisica, geografia*** **TAV. *geografia*** 1.1.

pòlo[2] [dal tibetano balti *polo*, palla, attr. l'ingl. *polo*; 1895] **sm.** *T.sport.* gioco che si disputa su un campo erboso tra due squadre di quattro giocatori a cavallo, i quali cercano di mandare in rete una palla di caucciù o di legno utilizzando lunghi bastoni a punta ricurva.

pòlo[3] [dal fr. *polo*, così detta perché imita la casacca dei giocatori di *polo*[2]; 1965] **sf.** *inv.* maglietta, gen. di cotone, con colletto e corta abbottonatura sul davanti; nel linguaggio della moda anche con valore di agg. inv. sempre posposto: *una maglietta polo.*

polonaise (fr., pr. [pɔlɔˈnɛːz]) [f. di *polonais*, polacco; 1954] **sf.** *inv.* *T.mus.* polacca.

polonése [dal fr. *polonaise*; 1858] **I agg.** e **sm.** tessuto d'arredamento con righe in rilievo trasversali **II sf.** *T.mus.* adattamento it. di *polonaise*.

polònico (pl. *-ci*) [dal n. geogr. *Polonia*; 1871] **agg.** *ant.* polacco; *influenza polonica*, malattia infettiva trasmessa dai pidocchi.

polònio (pl. *-ni*) [dal fr. *polonium*, da *Polonia*, paese di origine di Maria Curie che lo scoprì; 1905] **sm.** *T.chim.* elemento chimico affine al tellurio, di elevata radioattività, presente in tracce nei minerali di uranio.

polòno [dal n. geogr. *Polonia*; a. 1529] **agg.** e **sm.** *arc.* polacco.

pólpa [lat. *pulpa*; 1319] **sf.** **1.** la parte carnosa e compatta di un corpo animale, costituita da masse muscolari; *in part.* *T.mac.* carne magra senz'osso: *polpa di manzo, di vitello*; *polpa di granchio* ‖ rif. al corpo umano: *essere in polpe*, ben pasciuto, in carne ‖ polpaccio: *calzoni a mezza polpa* **2.** *T.anat.* tessuto molle: *polpa dentale*, sostanza molle che riempie la cavità centrale del dente, composta di vasi sanguigni e nervi **3.** la parte succosa e molle della frutta: *pesche a polpa gialla* **4.** *fig.* parte sostanziale, centrale: *la polpa del discorso, di una dottrina* ‖ **N.** **1.** polposo, polputo, spolpato ‖ impolpare, rimpolpare **4.** *Sin.* nòcciolo, nucleo, sostanza, succo.

polpàccio (pl. *-ci*) [da *polpa*; a. 1406] **sm.** **1.** rilievo muscoloso tondeggiante della parte posteriore della gamba: *gonna lunga fino al polpaccio, polpacci scarni, robusti* **2.** *raro* polpastrello del pollice **3.** pezzo di carne magra di animale macellato.

polpacciòlo [da *polpaccio*; 1871] **sm.** *raro* **1.** pezzo di carne di bestia macellata: *polpacciolo di vitella* **2.** polpastrello.

polpacciùto [da *polpaccio*; a. 1698] **agg.** **1.** fornito di vistosi polpacci **2.** che ha molta polpa, ben in carne.

polpàra [da *polpo*; 1937] **sf.** *T.pesc.* attrezzo da pesca costituito da un pezzo di metallo a forma di tronco di cono, dipinto di bianco, in cui sono infissi numerosi uncini; si usa attaccato a una lenza, per catturare polpi ‖ **N.** *Sin.* totanara.

polpastrèllo [da *polpa*; prima metà sec. XIV] **sm.** la parte carnosa e tondeggiante che si trova nell'ultima falange di ogni dito.

polpétta [da *polpa*; a 1557] **sf.** *T.cuc.* carne tritata compressa in forme tondeggianti, variamente condita e cucinata: *polpette fritte, al pomodoro* ‖ *fig. fam. far polpette di qualcuno*, conciarlo male, farlo a pezzi: *se mi viene a tiro ne faccio polpette* ‖ *per estens.* boccone avvelenato adoperato per uccidere cani, volpi, lupi ecc. ‖ *dim.* polpettìna; *accr.* polpettóne (*sm.*) ‖ **N.** crocchetta, *hamburger*.

polpettóne (*accr.* di *polpetta*) [1549] **sm.** **1.** *T.cuc.* vivanda simile alla polpetta, ma assai più grossa e di forma allungata, che, una volta cotta, si taglia a fette: *polpettone in umido* **2.** *fig.* opera voluminosa, disordinata ‖ scritto composto di elementi eterogenei.

pólpo [lat. *pulpus*; a. 1292] **sm.** mollusco marino dei Cefalopodi, senza conchiglia, con otto braccia disposte intorno alla cavità orale, non retrattili e provviste di ventose; comune nel Mediterraneo, vicino agli scogli, è ricercato per la bontà delle sue carni ‖ **N.** piovra.

polpóso [lat. *pulpōsus*; 1563] **agg.** **1.** ricco di polpa, rif. perlopiù a frutta: *pesca polposa* **2.** che ha la consistenza di polpa, sodo, carnoso ‖ **N.** **2.** *Sin.* polputo.

polpùto [da *polpa*; a. 1342] **agg.** **1.** rif. a persona o animale, ben provvisto di carne soda e muscolosa: *gambe polpute* **2.** *non com. fig.* di vino, corposo, vigoroso ‖ **N.** **1.** *Sin.* polpacciuto.

polsino (*dim.* di *polso*) [1846] **sm.** **1.** *T.abb.* striscia di tessuto cucita al fondo di ciascuna manica di una camicia, o di un abito femminile, che si chiude attorno al polso abbottonandola o fermandola con gemelli: *polsini staccabili, doppi, inamidati* **2.** *per meton.* bottone o gemello da polsino: *polsino d'oro* **3.** nella scherma, il colpo di taglio inferto al polso della mano con cui l'avversario impugna l'arma ‖ **N.** **1.** manichino, manopola, paramano, risvolto.

pólso [lat. *pulsus*, battito; a. 1294] **sm.** **1.** *T.anat.* segmento dell'arto superiore umano, in cui la mano si articola al braccio: *polsi robusti, fragili, slogarsi i polsi, cronometro da polso* **2.** *per estens.* bordo terminale delle maniche di un indumento: *polsi ricamati, di pelliccia* **3.** *T.med.* l'urto dato dal sangue contro le pareti delle arterie, a ogni movimento di sistole del cuore; se ne esamina il ritmo premendo leggermente con le dita un punto ove un'arteria diventa superficiale: *polso debole, regolare*; *fig. tastare il polso a qualcuno*, cercare di scoprire le intenzioni con caute domande ‖ *fig.* fermezza: *uomo di polso* ‖ *dim.* polsìno ‖ **N.** **3.** accelerato, agitato, aritmico, forte, frequente, ineguale, intermittente, irregolare, irrequieto, lento, normale, regolare, veloce, vivace; polso giugulare, linguale, radiale | cercare, sentire, toccare | battito, battuta, pulsazione.

polsonétto [forse lat. *punctio*, *-ōnis*, il pungere, per indicare una misura garantita da una punzonatura; 1614] **sm.** recipiente semisferico di rame, usato per cuocere lentamente creme e salse.

polstràda [da *pol(izia) strada(le)*; 1964] **sf.** *inv.* polizia stradale.

pólta [lat. *puls*, *pultis*, polenta; 1340 ca.] **sf.** *ant.* intriso di farina cotta o fave, che costituiva il cibo dei poveri e degli schiavi nell'antica Roma ‖ *non com.* pastone di farinacei per galline.

poltàceo (ant. *pultàceo*) [da *polta*; a. 1758] **agg.** *T.med.* di feci, che hanno consistenza di pappa.

poltiglia (pl. *-glie*) [lat. tardo *pulticula*, attr. il fr. ant. *poltille*; a. 1320] **sf.** **1.** intriso denso e appiccicoso; spesso con valore spreg.: *questo risotto è una poltiglia* ‖ *fig. ridurre qualcuno in poltiglia*, riempirlo di botte, annientarlo ‖ *T.enol. poltiglia bordolese*, V. BORDOLESE **2.** *non com.* fanghiglia: *c'è poltiglia per le strade* ‖ **N.** **1.** *Sin.* pappa.

poltiglióso [da *poltiglia*; 1824] **agg.** *non com.* che ha consistenza di poltiglia ‖ pieno di poltiglia.

poltràcchio (pl. *-chi*) [dalla voce disus. *poltro*, puledro; a. 1400] **sm.** *arc.* puledro.

poltriccio (pl. *-ci*) [da *poltro*, letto; a. 1406] **sm.** *arc.* giaciglio misero e disordinato.

poltrire (pres. *-ìsco*, *-ìsci*) [da *poltro*, letto; a. 1543] **intr.** (aus. *avere*) **1.** stare a letto senza dormire, per pigrizia **2.** *per estens.* stare in ozio, fare il poltrone ‖ **N.** **2.** *Sin.* OZIARE.

póltro [forse lat. volg. **pullitrus*, piccolo d'ogni animale; 1319 come agg.; 1491 come sm.] **I agg.** *arc.* **1.** di animale, non domato, indocile: *come fan bestie spaventate e poltre* (Dante) **2.** indolente, pigro: *le poltre membra* (Ariosto) **II sm.** *arc.* letto.

poltróna [da *poltro*, letto; a. 1787] **sf.** **1.** sedia molto ampia e comoda, perlopiù imbottita e con braccioli ‖ *fig. starsene in poltrona*, oziare ‖ *T.teatr.* posto distinto per gli spettatori, situato nella parte anteriore della platea **2.** *per meton.* incarico redditizio e prestigioso, spec. di tipo dirigenziale: *una buona poltrona, una poltrona molto ambita* ‖ *dim.* poltroncìna ‖ **N.** **1.** *bergère, duchesse*; canapè, divano, seggiolone, sofà; a dondolo, a rotelle, a sdraio; di cuoio, di paglia, di pelle, di plastica, di vimini | bracciolo, fusto, imbottitura, capiera, schienale, spalliera | SEDIA. **Q.T.** *arredamento.*

poltronàggine [da *poltrone*; 1871] **sf.** vizio di chi è poltrone, poltroneria abituale || **N.** *Sin.* PIGRIZIA.

poltroncìna (*dim.* di *poltrona*) [a. 1827] **sf.** **1.** piccola poltrona **2.** a teatro, posto in platea più arretrato della poltrona. **TAV.** *arredamento* **p. 650** 3.4.

poltróne [da *poltro*, letto; fine sec. XIII] **agg.** e **sm.** (f. *-a*) **1.** che o chi ama poltrire e vive inerte e svogliato; pigro, ozioso, infingardo **2.** *non com.* vile: *i bravi alla guerra e i poltroni alla scodella* **3.** altro nome del bradipo || *dim.* poltroncèllo; *accr.* poltroncióne; *pegg.* poltronàccio || **N.** **1.** *Sin.* PIGRO.

poltroneggiàre (pres. *-éggio*) [da *poltrone*; 1353] **intr.** (aus. *avere*) *non com.* fare il poltrone; poltrire.

poltronerìa [da *poltrone*; 1353] **sf.** l'inerzia del poltrone; infingardaggine || **N.** *Sin.* PIGRIZIA.

poltronésco (pl. *-schi*) [da *poltrone*; a. 1600] **agg.** *raro* da poltrone: *vita, oziosità poltronesca.*

poltronière o **poltronièro** [da *poltrone*; inizio sec. XIV] **sm.** (f. *-a*) **1.** infingardo; vigliacco **2.** individuo tristo, mascalzone.

poltronìssima [da *poltrona*; 1942] **sf.** *T.teatr.* posto in prima fila.

poltronìte [da *poltrone*, sul modello di *polmonite*; 1891] **sf.** *scherz.* poltroneria: *quel ragazzo mi sembra affetto da poltronite acuta.*

pólve [lat. *pulvis*; a. 1306] **sf.** *poet.* *non com.* polvere.

polveràccio (pl. *-ci*) [da *polvere*; 1540] **sm.** **1.** *non com.* polvere grossolana || polverume **2.** letame di pecore o sim. seccato, ridotto in grossa polvere e mescolato alla terra come concime.

polveràia [da *polvere*; a. 1568] **sf.** *non com.* polverìo.

polveràio (pl. *-ài*) [da *polvere*; 1853] **I agg.** *non com.* che solleva molta polvere per il vento, nel prov. tosc.: *gennaio polveraio empie il granaio*, gennaio asciutto e ventoso fa buono il raccolto **II sm.** ricettacolo di polvere.

polveràre (pres. *pólvero*) [da *polvere*; prima metà sec. XIV] **tr.** *arc.* impolverare.

pólvere [lat. *pulver, -eris*; sec. XII-XIII] **sf.** **1.** insieme di minute particelle di materiale vario (spec. terra) che viene sollevato e diffuso dal minimo movimento di aria per poi depositarsi lentamente sugli oggetti: *una strada sterrata piena di polvere, togliere la polvere dai mobili, vecchi libri pieni di polvere* || in varie espr.: *mangiare la polvere*, respirare aria carica di polvere; *fig.* perdere, essere superato in competizioni da altri che passando sollevano polvere o comunque risultano migliori; *fig.* *scuotere la polvere di dosso a qualcuno*, malmenarlo; *polvere dei secoli*, oblio, abbandono, *gettare polvere negli occhi*, cercare di ingannare illudendo; *mordere la polvere*, cadere vinto e umiliato al suolo || *fig.* materia inerte che sola rimane dopo distruzione e morte: *ricordati che polvere sei e polvere tornerai, degli splendori antichi ormai non è rimasto che un pugno di polvere* **2.** qualsiasi materiale ridotto in frammenti minutissimi, come residuo di lavorazioni e processi naturali o appositamente preparato per vari scopi: *polvere di carbone, di marmo, di ferro; cacao, latte in polvere, cipria in polvere* || *ridurre in polvere*, triturare finemente; *fig.* distruggere **3.** *polvere pirica, da sparo, nera* o *ass.* *polvere*, miscela esplosiva di carbone, nitrato di potassio e zolfo finemente macinati; *polvere bianca* o *senza fumo*, esplosivo da lancio che produce poco fumo e scarsi residui solidi || *dar fuoco alle polveri*, iniziare le ostilità || *tenere asciutte le polveri*, tenersi pronto per la battaglia || *sentire, esserci odore di polvere*, di battaglia || *dim.* polverìna, polverìno; *accr.* polveróne (*sm.*) || **N.** **1.** pulviscolo, smog; polverone | granello, nugolo, nuvolo, strato | impolverare, spolverare **2.** farina, limatura | macinare, pestare, polverizzare **3.** ESPLOSIVO. **Q.T.** *farmacia* **TAV.** *caccia* 3.1a.

polverièra [da *polvere*, sul modello del fr. *poudrière*; 1733] **sf.** **1.** *T.mil.* edificio, gen. isolato, in cui si custodiscono polvere da sparo, proiettili, esplosivi e munizioni in generale **2.** *fig.* luogo o situazione in cui si concentrano forti tensioni politiche o sociali, da cui possono nascere conflitti.

polverifìcio (pl. *-ci*) [comp. di *polvere* e *-ficio*; 1881] **sm.** fabbrica in cui si preparano polveri da sparo o altri esplosivi.

polverìna (*dim.* di *polvere*) [a. 1764] **sf.** sostanza, spec. medicinale, in polvere sottile: *una polverina solubile* || *gerg.* stupefacente in polvere.

polverìno (*dim.* di *polvere*) [a. 1566] **sm.** **1.** polvere minerale finissima che si metteva sullo scritto fresco perché si asciugasse || *ant.* *fig.* *metterci il polverino*, approvare uno scritto altrui senza esaminarlo || il contenitore con coperchio bucherellato che lo conteneva **2.** polvere minuta di carbone **3.** polvere da sparo di grana minuta usata un tempo per innescare armi ad avancarica.

polverìo (pl. *-ìi*) [da *polvere*; a. 1292] **sm.** grande quantità di polvere che si alza da terra per il vento, per il passaggio di veicoli e sim.

polverizzàbile [da *polverizzare*; a. 1320] **agg.** che può essere agevolmente ridotto in polvere.

polverizzaménto [da *polverizzare*; 1666] **sm.** *non com.* polverizzazione.

polverizzàre [lat. tardo *pulverizāre*; a. 1320] **tr.** **1.** ridurre in polvere: *polverizzare il marmo, una sostanza minerale* || *per estens.* rif. a liquido, diffondere in gocce minutissime, nebulizzare **2.** *fig.* distruggere, annientare: *polverizzare il nemico* || *iperb.* superare in modo schiacciante: *il record del mondo è stato polverizzato* **3.** *non com.* ricoprire di una sostanza in polvere || **intr. pron.** divenire polvere, disintegrarsi; *fig.* annientarsi || **N.** **tr.** **1.** *Sin.* atomizzare, disintegrare, frantumare, macinare, sbriciolare, sgretolare, sfarinare, triturare.

polverizzatóre [dal fr. *pulvérisateur*; 1930] **sm.** **1.** strumento per polverizzare, spec. di impiego agricolo, per sminuzzare foraggi o frangere zolle **2.** apparecchio per ridurre un liquido in goccioline minutissime, nebulizzatore.

polverizzazióne [dal fr. *pulvérisation*; a. 1642] **sf.** atto ed effetto del polverizzare.

polveróne (*accr.* di *polvere*) [a. 1735] **sm.** **1.** grande quantità di polvere sollevata, nuvola di polvere: *che polverone al passaggio della mandria!* || *fig.* situazione confusa, in cui non si vede chiaro: *la notizia ha sollevato un gran polverone* **2.** spesso strato di polvere.

polveróso [da *polvere*; 1313] **agg.** **1.** cosparso di polvere: *abito polveroso, strade polverose* || *fig.* vetusto, antiquato: *idee polverose* **2.** *non com.* che ha consistenza di polvere farinosa: *neve polverosa.*

polverulènto [lat. *pulverulentus*; 1521] **agg.** *lett.* **1.** che ha aspetto e consistenza di polvere **2.** *lett.* che solleva polvere.

polverùme [da *polvere*; 1837] **sm.** grande quantità di polvere depositata col tempo sugli oggetti || *per estens.* oggetti vecchi e polverosi; vecchiume.

polvìglio (pl. *-gli*) [dallo sp. *polvillo*; 1698] **sm.** *ant.* **1.** fine polvere cosmetica **2.** guancialetto ripieno di spigo per profumare la biancheria.

polvìscolo V. PULVISCOLO.

póma [lat. *pōma*, neutro pl. di *pōmum*, pomo; 1260 ca.] **sf.** *arc.* mela, pomo.

Pomàcee [comp. di *pomo* e *-acee*; 1875] **sf.** *pl.* *T.bot.* famiglia di piante dicotiledoni che danno come frutti pomi.

pomàceo [da *pomo*; 1791] **agg.** *ant.* di pomo.

pomàio V. POMARIO.

pomarància (pl. *-ci*) [comp. di *pomo* e *arancio*; a. 1367] **sm.** *raro* melarancio.

pomàrio o **pomàio** (pl. *-ri* o *-ài*) [lat. *pomārius*; a. 1348 *pomaro*] **sm.** *lett.* frutteto, pometo.

pomàta [da *pomo*, con cui si profumavano gli unguenti; 1525] **sf.** unguento medicinale o cosmetico || **N.** *Sin.* crema.

pomàto [da *pomo*; seconda metà sec. XIV] **agg.** *raro* **1.** di terreno, piantato ad alberi da frutta **2.** di cavallo, pomellato.

póme V. POMO.

pomellàto [da *pomello*; prima metà sec. XIV] **agg.** del mantello del cavallo, cosparso di macchie tondeggianti di colore diverso dal fondo || **N.** *Sin.* maculato, pallato, picchiettato.

pomellatùra [da *pomellato*; 1958] **sf.** l'insieme delle macchie dei cavalli pomellati.

pomèllo (*dim.* di *pomo*) [sec. XIV] **sm.** **1.** rilievo tondeggiante della gota in corrispondenza dello zigomo **2.** impugnatura od ornamento di forma tondeggiante: *pomello di un cassetto, di una porta, un bastone con pomello intarsiato.*

pomèlo [dall'ingl. *pomelo*; 1958] **sm.** *T.bot.* frutto affine al pompelmo, più asprigno e meno succoso.

pomeràno [dal n. geogr. *Pomerania*; 1860] **I agg.** della Pomerania **II sm.** **1.** (f. *-a*) abitante della Pomerania **2.** (solo *sing.*) il dialetto della Pomerania.

pomeridiàno [dal lat. *pomeridiānus*; 1598] **agg.** del pomeriggio, che si svolge nel pomeriggio: *ore pomeridiane, seduta pomeridiana.*

pomerìggio (pl. *-gi*) [da *pomeridiano*, con sovrapposizione di *meriggio*; 1848] **sm.** le ore comprese tra il mezzogiorno e la sera: *verrò da te nel pomeriggio, primo, tardo pomeriggio* || anche, al posto delle loc. avv. *nel, di pomeriggio*, come *avv.*: *lunedì pomeriggio sarò da te* || **N.** meriggio, vespro.

pomèrio (pl. *-ri*) [dal lat. *pomērium*; prima metà sec. XIV] **sm.** *T.stor.* in Roma antica, striscia di terreno consacrato che circondava le mura dell'Urbe, in cui non si poteva né fabbricare, né arare, né abitare.

pómero [dal ted. *Pommer*, dal n. geogr. *Pommern*, Pomerania; a. 1686] **sm.** varietà di cane volpino || *fig.* *scherz.* persona di bassa statura.

pométo [dal lat. tardo *pomētum*; 1564] **sm.** *non com.* meleto, e in gen. frutteto.

pòmfo o **pònfo** [dal gr. *pomphós*, bolla; 1899] **sm.** *T.med.* vescicola tondeggiante, di color roseo o rosso, sovente causata da forme allergiche, che scompare in breve senza lasciare segni.

pomfòide o **ponfòide** [comp. di *pomfo* e *-oide*; 1958] **agg.** *T.med.* simile a un ponfo per forma e caratteristiche.

pómice [lat. tardo *pomex, -icis*, class. *pūmex*; prima metà sec. XIV] **sf.** materia vulcanica effusiva, grigio cenere, porosa, ruvida al tatto, leggera, che si adopera come abrasivo o isolante acustico e termico || *dare la pomice*, pulire con la pomice, impomiciare.

pomiciàre (pres. *pómicio*) [da *pomice*; a. 1571 come tr.; 1950 come intr.] **intr.** (aus. *avere*) *pop.* sbaciucchiarsi e carezzarsi reciprocamente spec. in pubblico || **tr.** levigare, pulire con la pomice || **N.** **tr.** impomiciare.

pomiciàta [da *pomiciare*; 1970] **sf.** *pop.* scambio di effusioni amorose.

pomiciatùra [da *pomiciare*; 1868] **sf.** levigatura, rifinitura con la pomice.

pomicióne [da *pomiciare*; 1942] **sm.** (f. *-a*) *volg.* chi ha l'abitudine di pomiciare.

pomicióso [da *pomice*; 1779] **agg.** *non com.* ricco di pomice || di sostanza simile alla pomice, che ha la natura della pomice.

pomicoltóre o **pomicultóre** [comp. di *pomo* e *-coltore*; 1954] **sm.** (f. *-trice*) *raro* frutticoltore.

pomicoltùra o **pomicultùra** [comp. di *pomo* e *-coltura*; 1862] **sf.** frutticoltura.

pomidòro e der. forme pop. di POMODORO e der. (v.).

pomière [dal fr. *pommier*; a. 1292] **sm.** *arc.* pomario, frutteto.

pomìfero [dal lat. *pomiferus*; a. 1342] **agg.** *ant. lett.* ricco di frutti.

pommaròla v. PUMMAROLA.

pómo (poet. *póme*) (pl. *pómi*, poet. *póma*) [lat. *pōmum*; sec. XII] **sm.** **1.** mela o frutto di simile forma o carnosità ‖ *pop.* albero di mele: *un orto di pomi* ‖ *T.bot.* il falso frutto prodotto dall'ingrossamento del ricettacolo di alcune rosacee (per es. melo o pero) ‖ *pomo della discordia*, quello d'oro che la Discordia, alle nozze di Peleo e di Teti, gettò sulla tavola perché fosse attribuito alla più bella e diede origine alla contesa di Giunone, Minerva e Venere, al giudizio di Paride, alla guerra troiana e a un'infinità di guai; *fig.* causa di discordia **2.** oggetto di forma tondeggiante, spec. come impugnatura o motivo decorativo: *pomo d'argento, di ottone, pomo del bastone, del fioretto* ‖ *T.mar.* galletta ‖ *pl.* mammelle **3.** *il pomo di Adamo*, protuberanza che si nota nella gola, specialmente maschile, dovuta alle cartilagini della laringe ‖ *dim.* pomèllo, pométto, pomùccio. **TAV.** *bandiere* 1.2; *fiori...* **p. 671** 8.9.

pomodoràta [da *pomodoro*; 1940] **sf.** colpo dato lanciando un pomodoro maturo contro una persona, in segno di disprezzo: *lo presero a pomodorate*.

pomodòro (pl. *pomodòri*; pop. o dial. *pomidòro* e *pomidòri*) [da *pomo d'oro*; 1563 *pomi d'oro*] **sm.** **1.** pianta erbacea delle Solanacee originaria dell'America del Sud, largamente coltivata per le bacche eduli che produce **2.** la bacca rossa e sugosa di tale pianta, di forma tondeggiante, schiacciata o oblunga, a seconda delle varietà; è utilizzata cruda o cotta, specialmente sotto forma di salsa: *insalata di pomodori, pomodori ripieni*; *sugo, conserva, passato, succo di pomodoro* ‖ rif. al colore acceso della buccia e della polpa: *è diventato rosso come un pomodoro* **3.** *pomodoro di mare*, varietà di attinia ‖ *dim.* pomodorino, pomodorétto; *accr.* pomodoróne; *pegg.* pomodoràccio.

pomogranàto [da *pomo*, sul modello di *melogranato*; sec. XIV] **sm.** *region.* melograno.

pómolo [lat. tardo *pōmulum*, dim. di *pōmum*, frutto, per la forma rotonda; a. 1536] **sm.** maniglia, impugnatura di forma tondeggiante. **TAV.** *scherma* 1.4.

pomologìa [comp. di *pomo* e *-logia*; 1802] **sf.** la scienza che si occupa della coltivazione razionale della frutta ‖ **N.** *Sin.* frutticoltura, pomicoltura.

pomològico (pl. *-ci*) [da *pomologia*; a. 1869] **agg.** che si riferisce o ha attinenza alla pomologia.

pomòlogo (pl. *-gi*) [da *pomologia*; 1845] **sm.** (f. *-a*) studioso di pomologia.

pomóso [dal lat. *pomōsus*; 1556] **agg.** *lett. raro* ricco di frutti, carico di frutti: *autunno pomoso*.

pómpa^{1} [dal fr. *pompe*; 1525] **sf.** **1.** dispositivo atto allo spostamento di sostanze liquide (*pompa idraulica*) o gassose (*pompa pneumatica*), sia mediante aspirazione che mediante compressione: *pompa a stantuffo, prendere un secchio d'acqua alla pompa*; *pompa per bicicletta*, per gonfiare le camere d'aria; *pompa centrifuga*, in cui la forza centrifuga di palette rotanti aspira il liquido da un tubo distributore a un collettore; *pompa a* (o *per*) *vuoto*, impiegata per creare il vuoto in un recipiente mediante aspirazione ‖ *pompa di calore*, impianto per trasferire calore da un sistema ad un altro, che sfrutta il principio di un circuito refrigerante **2.** *com.* *pompa di benzina*, distributore di carburante ‖ *dim.* pompétta ‖ **N.** **1.** aspiratore, compressore, coclea, idrovora; iniettore, sifone. **TAV.** *motori* 3.19; ***automobile*** **p. 658** 5.19, 5.25.

pómpa^{2} [dal lat. *pompa*, corteo, gr. *pompḗ*; 1306] **sf.** **1.** dimostrazione di magnificenza che accompagna una festa, una celebrazione e sim.: *il matrimonio fu fatto con gran pompa* ‖ *pompe funebri*, il trasporto di una salma alla sepoltura, i preparativi e i riti connessi: *impresa di pompe funebri* ‖ *per estens.* grande ricchezza, sfarzo: *vestire con pompa, disprezzare le pompe del mondo*; anche in espr. scherz.: *mettersi in pompa magna*, indossare gli abiti più eleganti ‖ ostentazione, sfoggio vanaglorioso: *far pompa di erudizione*; *per estens.* da: **2.** *T.stor.* nell'antica Roma, processione, corteo solenne connessi a celebrazioni sacre ‖ **N.** **1.** *Sin.* fasto, lusso, sontuosità.

pompàggio (pl. *-gi*) [dal fr. *pompage*; 1958] **sm.** l'operazione del pompare ‖ **N.** aspirazione, compressione; drenaggio, travaso.

pompàre (pres. *pómpo*) [dal fr. *pomper*; 1640] **tr.** **1.** aspirare o immettere mediante una pompa: *pompare acqua dal sottosuolo, pompare aria nelle ruote*; *ass.* mettere in azione una pompa **2.** *fig.* gonfiare, esagerare: *la notizia è stata pompata dai giornalisti* ‖ lodare eccessivamente: *un artista pompato dai critici*.

pompàta [da *pompare*; 1891] **sf.** singolo atto del pompare ‖ quantità di liquido o gas innalzato, estratto o immesso con la pompa ‖ *dim.* pompatina.

pompatùra [da *pompare*; a. 1973] **sf.** l'azione e l'effetto del pompare ‖ *fig.* gonfiatura.

pompeàno v. POMPEIANO^{2}.

pompeggiàre (pres. *-éggio*) [da *pompa*^{2}; prima metà sec. XIV] **intr.** (aus. *avere*) *raro* far pompa, apparire con sfarzo ‖ **intr. pron.** pavoneggiarsi, gonfiarsi.

pompeiàna [f. sost. di *pompeiano*^{1}; 1745] **sf.** *non com.* vasca da bagno che permette di stare solo seduti.

pompeiàno^{1} [dal lat. *Pompeiānus*; 1600] **agg.** di Pompei ‖ *rosso pompeiano*, rosso vivo simile a quello che fa da sfondo in molti affreschi di Pompei.

pompeiàno^{2} o **pompeàno** [dal lat. *Pompeiānus*; 1321] **I agg.** di Gneo Pompeo **II sm.** soldato o seguace di Pompeo nella lotta contro Licinio Crasso e Giulio Cesare.

pompèlmo [dall'ol. *pompelmoes*, comp. di *pompel*, grosso e del malese *limoes*, limone; 1876] **sm.** **1.** pianta delle Rutacee, sempreverde, coltivata nei paesi tropicali per i suoi frutti **2.** il frutto di tale pianta, simile ad un grosso arancio, leggermente schiacciato con la buccia gialla; ha polpa sugosa leggermente amarognola; *pompelmo rosa*, varietà con buccia e polpa rosata, di sapore più dolce.

pompétta (*dim.* di *pompa*^{1}) [a. 1939] **sf.** piccola pompa aspirante o premente, perlopiù di materiale elastico: *pompetta per l'olio lubrificante*.

pompière [dal fr. *pompier*; 1811] **sm.** **1.** *pop.* vigile del fuoco ‖ *fig.* chi s'incarica di limitare e sopire una rivolta, un'azione rivendicativa e sim., agendo dall'interno del movimento che l'ha generata **2.** *fig.* *T.art.* artista, spec. pittore, che ricerca effetti di monumentale solennità.

pompierìstico (pl. *-ci*) [da *pompiere*; a. 1960] **agg.** *non com.* di o relativo a pompiere, spec. *fig.*

Pompìlidi (sing. *-e*) [comp. di *pompilo*^{2} e *-idi*; 1932] **sm. pl.** *T.zool.* famiglia di Imenotteri, veloci corridori e aggressivi cacciatori, le cui femmine si servono di aculei per ferire i ragni e deporre le uova nel loro corpo.

pòmpilo^{1} [dal lat. *pompilus*, gr. *pompílos*, a. 1498 nel senso 1; 1875 nel senso 2] **sm.** **1.** *ven.* tonno **2.** insetto degli Imenotteri, frequente sulle rive sabbiose di mare o fiume, che si nutre di ragni.

pòmpilo^{2} [da *pompilo*^{1}; 1875] **sm.** insetto dei Pompilidi di grosse dimensioni, che caccia i ragni paralizzandoli con una puntura.

pompìsta [dal fr. *pompiste*; 1942] **s.** **1.** sorvegliante al funzionamento di una pompa **2.** operaio addetto alla pompa di benzina.

pompon (fr., pr. [pɔ̃'pɔ̃]) [voce di orig. espressiva; 1806] **sm.** *inv.* ciuffo tondeggiante di filo di lana o altro, usato come decorazione, spec. di cappelli.

pomposità [da *pomposo*; sec. XIV] **sf.** ostentazione di sfarzo e grandiosità: *pomposità di una cerimonia* ‖ eccessiva magniloquenza, ampollosità; *si esprime con una certa pomposità*.

pompóso [dal lat. tardo *pompōsus*; a. 1342] **agg.** pieno di pompa, che è fatto con pompa ostentata: *abito, addobbo pomposo* ‖ ampolloso, altisonante: *discorso pomposo, fregiarsi di un titolo pomposo* ‖ **pomposaménte** **avv.** ‖ **N.** *Sin.* fastoso, grandioso, principesco, regale, sfarzoso, solenne, spettacolare, splendido, superbo, teatrale; coreografico | grandeggiare, ostentare, pavoneggiarsi, sfoggiare.

pònce [a. 1890] **sm.** adattamento it. dell'ingl. *punch* ‖ *dim.* poncino.

poncho (sp., pr. ['pɔntʃo]) [etim. inc.; 1860] **sm.** *inv.* pezzo quadrangolare di stoffa, gen. a strisce multicolori, con una fessura centrale in cui si fa passare la testa, che si posa sulle spalle come un mantello; usato nell'America meridionale.

pòncio (pl. *-ci*) [1749] **sm.** forma italianizzata dello sp. *poncho*.

ponderàbile [dal lat. tardo *ponderābilis*; 1737] **agg.** **1.** di cui si può calcolare il peso **2.** *fig.* che si deve considerare con attenzione ‖ **N.** *Contr.* imponderabile.

ponderabilità [da *ponderabile*; 1871] **sf.** **1.** qualità di ciò che può essere pesato: *la ponderabilità dell'aria, degli astri* **2.** *fig.* qualità di ciò che può o deve essere considerato, soppesato.

ponderàle [dal lat. tardo *ponderalis*; 1521] **agg.** *T.scient.* attinente al peso: *sistema ponderale*.

ponderàre (pres. *pòndero*) [dal lat. tardo *ponderāre*; a. 1363] **tr.** **1.** considerare, valutare attentamente, esaminare e sim. prima di fare, dire, giudicare ecc.: *bisogna ponderare bene il pro e il contro, pondera bene tutte le parole* **2.** *arc.* pesare **3.** *T.stat.* rif. ai valori di una distribuzione, attribuire un coefficiente (peso), proporzionale all'importanza relativa ‖ **N.** **1.** *Sin.* bilanciare, cogitare, considerare, dormirci sopra, esaminare, maturare, meditare, misurare bene, osservare, pensare, pesare, riflettere, rimasticare, rimuginare, ruminare, soppesare, valutare.

ponderatézza [da *ponderare*; a. 1841] **sf.** propensione ad agire dopo attenta riflessione, senza impulsività o leggerezza ‖ **N.** *Sin.* giudizio; senno | *Contr.* avventatezza.

ponderàto (*pps.* di *ponderare*) [a. 1405] **agg.** **1.** che in tutto procede con ponderatezza, prudente, riflessivo: *un uomo ponderato* ‖ ben soppesato, vagliato attentamente: *un discorso assai ponderato, una decisione ponderata* **2.** *T.stat.* a cui è stato attribuito un coefficiente proporzionale all'importanza relativa.

ponderatóre [dal lat. tardo *ponderātor, -ōris*; 1600] **agg.** e **sm.** (f. *-trice*) *raro* che o chi pondera, riflette.

ponderazióne [dal lat. tardo *ponderatio, -ōnis*; a. 1519] **sf.** **1.** atto ed effetto del ponderare; esame, considerazione ‖ ponderatezza: *una decisione che richiede ponderazione* **2.** *T.stat.* procedimento con cui si ponderano valori || **N. 1.** *Sin.* riflessione.

ponderosità [da *ponderoso*; sec. XIV] ***sf.*** *lett. raro* l'essere ponderoso; gravezza, difficoltà.

ponderóso [dal lat. *ponderōsus*; 1321] ***agg.*** *lett.* **1.** gravoso, faticoso, di gran mole: *lavoro, volume ponderoso* **2.** assai pesante || **ponderosaménte** ***avv.***

pòndo [dal lat. *pondus*; sec. XIII] ***sm.*** *lett.* peso, gravezza || ciò che pesa: *il mortal pondo*, il corpo umano || *fig.* importanza, gravità || **N.** *Sin.* PESO.

ponènte [da (*sole*) *ponente*, sole che tramonta; 1275 ca.] ***sm.*** **1.** punto dell'orizzonte dove il sole tramonta; ovest, occidente: *una finestra che guarda a ponente* || *non com.* i paesi posti a ponente **2.** il vento che spira da ponente || *dim.* ponentìno.

ponentìno (*dim.* di *ponente*) [1918] ***agg.*** e ***sm.*** **1.** vento di ponente leggero e gradito **2.** che o chi viene da ponente || **N. 2.** levantino.

ponèra [dal gr. *ponērós*, faticoso; 1835] ***sf.*** formica di dimensioni gigantesche delle foreste brasiliane, munita di un aculeo velenoso.

pónere (pres. *póngo*) [dal lat. *ponere*; seconda metà sec. XIV] ***tr.*** *arc.* porre.

pònfo V. POMFO.

ponfòide V. PONFOIDE.

Pòngidi (sing. *-e*) [dal lat. *Pongidae*; 1965] ***sm.*** *pl.* *T.zool.* famiglia di scimmie antropomorfe, comprendente il gorilla, lo scimpanzè e l'orango.

pòngo¹ [dal congolese *mpungu*, scimmia; 1835] ***sm.*** genere di scimmie antropomorfe dei Pongidi, tra cui l'orango.

pòngo² [n. commerciale; 1964] ***sm.*** tipo di materiale plastico colorato, usato da bambini e ragazzi per modellare figure.

poniménto [da *ponere*; 1340 ca.] ***sm.*** *lett.* l'atto del porre, il mettere.

ponitóre [da *ponere*; a. 1320] ***sm.*** (f. *-trìce*) *arc.* chi pone, colloca.

ponsò [dal fr. *ponceau*; 1681] ***agg.*** e ***sm.*** *inv.* *raro* nel linguaggio della moda, colore rosso vivo, rosso fuoco.

pontàggio (pl. *-gi*) [dal fr. ant. *pontage*; 1782] ***sm.*** *T.stor.* lo stesso che *pontatico.*

pontaiòlo (ant. *pontàio*) [da *ponte*; 1966] ***sm.*** lo stesso che *ponteggiatore.*

pontàre (pres. *pónto*) [var. di *puntare*; a. 1276] ***tr.*** e ***intr.*** (aus. *avere*) *arc.* o *lett.* puntare, appoggiare facendo forza; poggiare: *il tristo buco sovra 'l qual pontan tutte l'altre rocce* (Dante).

pontàta [da *ponte*; sec. XIV-XVI] ***sf.*** quantità di lavoro che un muratore, o altro operaio, può fare su un singolo ponteggio: *ancora due pontate e il lavoro è finito.*

pontàtico (pl. *-ci*) [da *ponte*; a. 1795] ***sm.*** nel Medioevo, il diritto di far pagare il transito per un ponte.

pontàto [da *ponte*; 1891] ***agg.*** *T.mar.* di imbarcazione, fornita di ponte di coperta.

pontatóre [da *pontare*; 1958] ***sm.*** *T.edil.* ponteggiatore.

pónte [lat. *pons, pontis*; 1253] ***sm.*** **1.** costruzione di cemento, legno, pietra o acciaio, posta da una sponda all'altra di fiumi, canali, depressioni del terreno o altri ostacoli naturali o artificiali, che consente il passaggio di persone o mezzi; *ponte a travata*, in cui la sovrastruttura è essenzialmente costituita da elementi rigidi longitudinali, sorretti o meno da piloni intermedi; *ponte ad arco*, con campata a volta; *ponte sospeso*, in cui l'impalcato è sorretto da tiranti collegati a un cavo portante che è teso fra due o più piloni || *ponte levatoio*, ponte mobile, che può alzarsi o abbassarsi; *ponte girevole*, che gira su se stesso, intero o diviso in due tronchi, permettendo il passaggio di navi || *ponte a schiena d'asino*, a una sola arcata, su cui s'inarca anche il passaggio || *ponte di chiatte, di barche*, struttura provvisoria per l'attraversamento di corsi d'acqua realizzata avvicinando fianco a fianco numerose imbarcazioni || *testa di ponte*, V. TESTA nel senso 4 || in alcune espr.: *tagliare, rompere i ponti*, rompere le relazioni; *bruciarsi i ponti alle spalle*, precludersi la possibilità di tornare sui propri passi; *far ponti d'oro*, facilitare, agevolare; *prov. a nemico che fugge ponti d'oro*; *quanta acqua è passata sotto i ponti!*, quanto tempo è passato || in posizione attributiva sempre posposto, indica soluzione o situazione di transizione: *governo ponte* **2.** *fig. T.rad. ponte radiofonico* o *televisivo*, collegamento radiofonico o televisivo tra due o più luoghi distanti || *ponte aereo*, collegamento tra due località, in caso di emergenza, tenuto da mezzi aerei **3.** *per estens.* elemento di sostegno e collegamento che ricorda un ponte, per funzione o struttura || *in part.* impalcatura, armatura o castello, perlopiù di legno, che serve ai muratori per innalzare o restaurare un edificio, o agli imbianchini o ai pittori per imbiancare o dipingere volte o pareti || *T.teatr.* nei teatri di posa, o talora anche in esterni, il praticabile su cui sono collocati gli apparecchi di illuminazione || *T.arr. composizione a ponte*, soluzione d'arredamento costituita da un unico mobile, in cui gli armadi e i vani sono disposti ai lati e sopra un divano letto || *T.mar.* ciascuno dei piani orizzontali che dividono l'interno della nave: *ponte di passeggiata, di comando, di coperta* || *T.orol.* sostegno degli alberi del meccanismo || *T.aut.* gruppo posteriore del telaio formato da differenziale e semiassi || *T.med.* in odontoiatria, protesi applicata in sostituzione di uno o più denti mancanti, sorretta da denti naturali || *T.anat. ponte di Varolio*, protuberanza a forma di anello che unisce i due lobi del cervelletto **4.** *T.sport.* figura ginnica in cui il bacino si solleva da terra, la schiena si inarca mentre i piedi e le palme delle mani poggiano a terra **5.** successione di giorni che inizia e termina con giorni festivi, sicché i giorni intermedi, normalmente lavorativi, vengono anch'essi considerati giorni di vacanza: *il ponte di Ferragosto*; *fare il ponte*, far vacanza in un giorno lavorativo tra due festività **6.** *T.gioc. non com.* bridge || *dim.* ponticèllo, ponticìno; *pegg.* pontàccio || **N. 1.** cavalcavia, passerella, sovrappasso, viadotto | ala, arcata, banchina, campata, cassone, impalcato, intradosso, luce, marciapiede, parapetto, pilone, platea, spalla **3.** *Sin.* scheletrato. **Q.T.** *anatomia* **TAV.** ***anatomia* p. 642** 7.9; ***architettura* p. 646** 8; ***nave* p. 1327** 5, 6.3.

pontefìcàle V. PONTIFICALE.

pontefìcàto V. PONTIFICATO.

pontéfice [dal lat. *pontifex, -icis*, propr. colui che faceva costruire il ponte sul fiume; a. 1292] ***sm.*** **1.** designazione del capo della Chiesa cattolica, il Papa: *il Sommo Pontefice* **2.** *T.stor.* nell'antica Roma, ciascuno dei componenti il collegio sacerdotale che aveva la vigilanza del culto e della tradizione romana; *pontefice massimo*, il sacerdote che presiedeva tale collegio **3.** *per estens.* il capo di una scuola, di un partito e sim. || **N. 1.** *Sin.* PAPA.

ponteggiatóre [da *ponteggio*; 1958] ***sm.*** operaio addetto alla sistemazione dei ponteggi.

pontéggio (pl. *-gi*) [da *ponte*; 1942] ***sm.*** impalcatura su cui lavorano gli operai nella costruzione di un edificio.

ponticèllo (*dim.* di *ponte*) [1313] ***sm.*** **1.** piccolo ponte **2.** *T.mus.* negli strumenti ad arco, sottile tavoletta di legno, provvista di tacche e posta verticalmente sulla tavola armonica allo scopo di tenere sollevate e distanziate fra loro le corde **3.** parte curva dell'impugnatura della spada, tra la coccia e il pomolo || nelle armi da fuoco, elemento metallico ricurvo che circonda e protegge il grilletto **4.** elemento centrale degli occhiali, che poggia sul naso. **TAV.** *caccia* 1.5; ***armi* p. 648** 16.8; ***musica* p. 1325** 10.5, 14.6; ***ottica* p. 1329** 3.2.

pòntico¹ (pl. *-ci*) [dal lat. *Ponticus*, gr. *Pontikós*; a. 1292] ***agg.*** *lett.* del Ponto, del Mar Nero.

pòntico² (pl. *-ci*) [da *pontico¹*, con evoluzione semantica non chiara; a. 1320] ***agg.*** *ant.* amarognolo, acidulo, detto della frutta o del vino.

pontière [dal fr. *pontier*; 1867] ***sm.*** **1.** soldato dell'arma del genio addetto alla costruzione e al riattamento dei ponti **2.** tecnico addetto alla realizzazione di ponti radio || **N. 1.** *Sin.* pontoniere.

pontificàle (arc. *pontefìcàle*) [dal lat. *pontificālis*; 1336 ca.] **I** ***agg.*** **1.** di pontefice, attinente al pontefice o ai vescovi cattolici: *abito, sedia, paramento pontificale* **2.** *fig. scherz.* maestoso e autoritario: *assumere un tono pontificale* **3.** relativo ai pontefici dell'antica Roma || **pontificalménte** ***avv.*** *scherz.* in modo cerimonioso e solenne **II** ***sm.*** **1.** libro in cui sono contenute le preghiere e le cerimonie religiose dei vescovi **2.** la funzione religiosa solenne fatta da un vescovo con paramenti pontificali.

pontificàre (pres. *-ìfico, -ìfichi*) [dal fr. *pontifier*; 1848] ***intr.*** (aus. *avere*) **1.** celebrare il pontificale o altre funzioni sacre: *il cardinale pontificherà domani in duomo* **2.** *fig.* discorrere su un argomento con aria di autorevolezza.

pontificàto (arc. *pontefìcàto*) [dal lat. *pontificatus*; sec. XIII] ***sm.*** **1.** la dignità e l'autorità di papa, e il tempo durante il quale viene esercitata **2.** *T.stor.* nell'antica Roma, titolo e carica di pontefice || **N. 1.** *Sin.* papato.

pontifìcio (pl. *-ci*) [dal lat. *pontificius*; 1507] ***agg.*** relativo, pertinente al pontefice della Chiesa cattolica: *bolla pontificia, palazzi pontifici*; *breve, nunzio, legato pontificio* || **N.** apostolico.

pontìle [dal lat. tardo *pontīlis*, attr. il veneziano *pontil*; a. 1465] ***sm.*** *T.mar.* opera di legno o muratura costruita perpendicolarmente al lido per agevolare l'attracco d'imbarcazioni o piccole navi || **N.** *Sin.* imbarcadero, molo, scalo. **Q.T.** *porto* **TAV.** *porto* 3.21.

pontìno [dal lat. *Pomptīnus*, n. di una regione del Lazio; a. 1808] ***agg.*** attinente o appartenente alla regione del Lazio chiamata Agro Pontino: *paludi pontine.*

pontìsta [da *ponte*; 1958] ***sm.*** operaio che alza i ponteggi, ponteggiatore.

pònto [dal lat. *pontus*, gr. *póntos*, propr. luogo di passaggio; a. 1556] ***sm.*** *poet.* mare: *sórte dagli abissi del ponto* (D'Annunzio).

pontoàle [prob. da *ponte*; 1970] ***sm.*** *T.mar.* nelle navi in legno, pezzo di costruzione su cui poggia il baglio all'altezza del ponte.

pontonàio (pl. *-ài*) [da *pontone*; sec. XIV] ***sm.*** **1.** addetto al trasporto col pontone **2.** *ant.* guardia del ponte; addetto alla riscossione del pontatico.

pontóne [dal lat. *ponto, -ōnis*; a. 1527] ***sm.*** *T.mar.* grossa e robusta piattaforma galleggiante ancorata al fondo marino, posta al largo o in prossimità della riva, come punto di attracco o base per macchinari, operazioni sui fondali e sim.

pontonière [dal fr. *pontonnier*; a. 1869] ***sm.*** **1.** *T.mar.* marinaio addetto alla custodia e ai lavori dei pontoni **2.** pontiere.

pony (ingl., pr. [ˈpɒnɪ]) [dallo scozzese *powney*; 1829 *poney*] ***sm.*** *inv.* cavallo di taglia ridotta e pelo lungo, originario della Scozia e dell'Irlanda. **Q.T.** *cavallo.*

ponzaménto [da *ponzare*; 1891] ***sm.*** *non com.* effetto del ponzare, pensata.

ponzàre (pres. *pónzo*) [lat. volg. **punctiāre*; a. 1565] ***intr.*** (aus. *avere*) **1.** *scherz.* pensare a lungo e faticosamente: *ha ponzato un anno e* *non è riuscita a mettere insieme niente di buono* **2.** *ant.* fare sforzi, spec. per espellere feci o partorire || **tr.** escogitare con fatica: *ha ponzato un romanzo.*

ponzatóre [da *ponzare*; 1891] **agg.** e **sm.** (f. *-trice*) *non com. scherz.* chi o che ponza, perlopiù *fig.*

ponzatùra [da *ponzare*; 1711] **sf.** *raro* atto ed effetto del ponzare.

pool (ingl., pr. [puːɫ]) [propr. l'ammontare complessivo delle puntate e delle multe dei giocatori in certi giochi di carte; 1930] **sm.** *inv.* **1.** *T.sport.* gara in cui il premio è costituito dalle poste dei singoli concorrenti o degli spettatori || gioco di biliardo con quindici biglie numerate e una bianca **2.** *T.econ.* accordo tra imprese concorrenti, per gestire le attività di comune interesse || *per meton.* l'insieme delle imprese che si accordano: *il pool dell'acciaio* || *per estens.*, anche *scherz.*, la messa in comune di beni, strumenti ecc. **3.** *T.biol.* *pool genico,* insieme dei geni comune a una popolazione || **N.** **2.** *Sin.* cartello, *trust.*

pop (ingl., pr. [pɒp]) [da *pop(ular)*, popolare; 1964] **I** **agg.** *inv.* (sempre posposto) relativo alla *pop-art* o alla *pop-music*: *stile pop*; che aderisce alla *pop-art* o alla *pop-music*: *cantante pop, pittore pop* || popolare, di massa **II** **sm.** *inv.* l'insieme dei valori e prodotti artistici, culturali e di costume ispirati alla *pop-art.*

pop-art (ingl., pr. [ˌpɒp ˈɑːt]) [da *pop(ular) art*; arte popolare; 1964] **sf.** *inv.* tendenza artistica degli anni '50-'60, che utilizza immagini e oggetti banali e quotidiani (per es. oggetti di largo consumo, immagini pubblicitarie, rifiuti) come oggetti d'arte, spesso in accostamenti surreali, in modo da conferirgli una carica espressiva e provocatoria.

pop-corn (ingl., pr. [ˈpɒp kɔːn]) [comp. di *pop*, scoppiato e *corn*, granturco; 1958] **sm.** *inv.* chicchi di grano turco fatti scoppiare dalla fiamma, che acquistano così un buon sapore.

pòpe [dal russo *pop*; 1611] **sm.** *inv.* prete della religione greco-ortodossa.

pòpelin **sm.** adattamento it. di *popeline* (v.).

popelina **sf.** adattamento it. di *popeline* (v.).

popeline (fr., pr. [pɔpˈlin]; pr. it. [ˈpɔplin]) [dall'ingl. *poplin*; 1835] **sm.** *inv.* tessuto di cotone, leggero e a trama fitta, impiegato per camicie maschili.

pòplite [dal lat. *poples, -itis*; prima metà sec. XIV] **sm.** la parte posteriore dell'articolazione del ginocchio, che è limitata da cordoni tendinei laterali.

poplitèo [da *poplite*; a. 1673] **agg.** *T.med.* del poplite: *arteria poplitea,* prolungamento dell'arteria del femore che attraversa la regione del poplite; *vena poplitea,* raccoglie il sangue venoso del piede e della gamba e prosegue nella vena femorale.

pop-music (ingl., pr. [ˌpɒp ˈmjuːzik]; pr. it. [pop ˈmjuzik]) [comp. di *pop(ular)*, popolare e *music*, musica; 1965] **sf.** *inv.* musica leggera, rif. spec. alle canzoni americane dagli anni '50 in poi.

popò [voce infantile; 1950] **sf.** nel linguaggio dei bambini, le feci || **sm.** il sedere || **N.** **sf.** *Sin.* cacca.

popolàglia (pl. *-glie*) [da *popolo*; prima metà sec. XIV] **sf.** *non com.* plebaglia.

popolaménto [da *popolare*; 1571] **sm.** atto ed effetto del popolare: *popolamento del territorio* || **N.** *Sin.* insediamento, occupazione, ripopolamento.

popolàno [da *popolo*; a. 1324] **I** **sm.** (f. *-a*) chi appartiene al popolo considerato come ceto: *un coraggioso popolano* **II** **agg.** *ant.* del popolo, popolare.

popolàre¹ (pres. *pòpolo*) [dal lat. *populāre*; a. 1348] **tr.** **1.** rendere abitato, occupare andando o mandando a vivere (rif. sia a persone che ad animali): *regioni d'oltroceano popolate dai primi colonizzatori, popolare di pesci un laghetto artificiale* **2.** riempire, affollare: *creature mostruose popolano i suoi sogni* || **intr. pron.** divenire sede di insediamenti stabili; aumentare il numero degli abitanti: *territori che si stanno gradualmente popolando* || **N.** **tr.** **1.** *Sin.* abitare, colonizzare; insediarsi, stanziarsi | *Contr.* spopolare.

popolàre² [dal lat. *populāris*; metà sec. XIII] **agg.** **1.** relativo all'intera collettività di individui di una nazione: *referendum popolare, sovranità popolare* **2.** proprio della fascia sociale più numerosa, costituita dal ceto meno abbiente; adatto alle esigenze e ai gusti di tale ceto: *case, prezzi popolari, partito, legge popolare* || *in part.* che appartiene alla tradizione non colta ufficiale: *danze, pitture popolari, credenza, medicina popolare* **3.** conosciuto e apprezzato dalla maggior parte delle persone: *un popolare attore del cinema* **4.** che suscita simpatia e consensi: *un provvedimento popolare* || **popolarménte** **avv.** secondo il popolo; con popolarità || **N.** **1.** *Sin.* democratico **2.** *Sin.* folcloristico, *naif,* POPOLARESCO **3.** *Sin.* diffuso, famoso; in auge, in voga **4.** *Contr.* impopolare.

popolareggiànte [da *popolare²*; 1928] **agg.** di opera d'arte, che imita le forme proprie dell'arte spontanea, popolare.

popolarésco (pl. *-schi*) [da *popolare²*; a. 1375] **agg.** del popolo, secondo i costumi o l'indole, sovente schietti, vivaci, dei popolani: *espressione, usanza popolaresca* || **popolarescaménte** **avv.** || **N.** *Sin.* popolano, popolare; plebeo, triviale, volgare.

popolarità [dal lat. *popularitas, -ātis*; a. 1573] **sf.** **1.** consenso, favore e simpatia riscossi presso una vasta fascia della popolazione: *godere* o *cercare popolarità* **2.** qualità di ciò che è popolare, affine e consono al gusto e al carattere del popolo: *popolarità di stile* || **N.** **1.** *Sin.* celebrità, notorietà, voga, FAMA | *Contr.* impopolarità.

popolarizzàre [dal fr. *populariser*, 1650] **tr.** *non com.* rendere popolare; diffondere: *popolarizzare una dottrina* || **N.** *Sin.* divulgare, volgarizzare.

popolàto (*pps.* di *popolare*) [1264] **agg.** abitato: *quartiere molto popolato* || *per estens.* cosparso, riempito || **N.** *Contr.* spopolato.

popolatóre [da *popolare*; 1549] **agg.** e **sm.** (f. *-trice*) *non com.* chi o che popola; colonizzatore.

popolazióne [dal lat. tardo *populātio, -ōnis*; a. 1527] **sf.** **1.** il complesso degli abitanti di un luogo, nazione, regione, città, paese ecc.: *la popolazione delle campagne, incremento della popolazione mondiale* **2.** in demografia e statistica, gruppo di individui accomunati da qualche carattere: *popolazione residente, prescolastica, attiva* **3.** *per estens.* gruppo di individui di una o più specie che popolano una determinata area: *la popolazione dell'oceano, della foresta* **4.** *T.astr.* *popolazione stellare,* ciascun grande gruppo in cui vengono classificate le stelle in base al tempo di formazione || **N.** **1.** *Sin.* abitanti, gente, popolo; borghigiani, cittadini, contadini, indigeni, montanini, nativi, paesani, valligiani, terrazzani | anagrafe, censimento, demografia, statistica. **Q.T.** *genetica..., geografia, sociologia.*

popolazionismo V. POPULAZIONISMO.

popolésco (pl. *-schi*) [da *popolo*; prima metà sec. XIV] **agg.** *ant. spreg.* di popolo, popolare.

popolino (*dim.* di *popolo*) [1512] **sm.** il popolo minuto, il volgo; include l'idea d'ignoranza e superstizione.

pòpolo [dal lat. *populus*; fine sec. XIII] **sm.** **1.** insieme di persone legate da vincoli storici, culturali, linguistici o etnici, gen. organizzate in unità politiche indipendenti o comunque consce di tali vincoli e tendenti a conservare la propria identità e autonomia: *un popolo civile, primitivo, migrazione di popoli, il popolo nigeriano, canadese, ebreo* **2.** *in part.* l'insieme dei cittadini di uno stato, spec. considerati in contrapposizione a chi li governa: *in nome del popolo italiano, il popolo è sovrano, il popolo ha espresso il suo voto, un re temuto dal suo popolo* || nei comuni medievali, *popolo grasso,* ricchi borghesi; *popolo minuto,* i meno ricchi || *per estens.* il ceto sociale più numeroso, costituito dalle persone di condizione meno elevata: *è venuto su dal popolo, credenze, usanze del popolo, donna del popolo, voce di popolo, voce di Dio* || *per estens.* folla, moltitudine: *piazza gremita di popolo* **3.** *per estens.* il complesso di abitanti di una città, regione e sim.: *il popolo di Milano, l'intraprendente popolo emiliano* || *dim.* popolìno; *pegg.* popolàccio, popolùccio || **N.** **1.** *Sin.* nazione, stato; gruppo etnico, razza, stirpe | casta, ceto, famiglia, fazione, partito, setta, tribù | diaspora, genocidio | barbaro, bellicoso, civile, errante, florido, indipendente, invasore, leggendario, libero, mitico, nomade, oppresso, progredito, prosperoso, schiavo, selvaggio, straniero **2.** *Sin.* massa, sudditi; proletariato, volgo | agitazione, assembramento, assemblea, comizio, dimostrazione, fermento, rivolta, rivoluzione, sommossa | opinione pubblica, plebiscito, referendum | democrazia **3.** *Sin.* cittadinanza, popolazione; collettività, comunità. **Q.T.** *sociologia.*

popolóso [dal lat. *populōsus*; prima metà sec. XIV] **agg.** assai popolato, che ha gran numero di abitanti: *regione, città popolosa.*

poponàia [da *popone*; a. 1783] **sf.** luogo coltivato a poponi.

poponàio (pl. *-ài*) [da *popone*; a. 1639] **sm.** (f. *-a*) chi vende i poponi.

popóne [lat. volg. **popo, -ōnis*, class. *pepo, -ōnis*; sec. XIII] **sm.** **1.** *tosc.* melone **2.** *fam. scherz.* gobba || *dim.* poponcino.

póppa¹ [lat. *puppis*; fine sec. XIII - inizio sec. XIV] **sf.** *T.mar.* la parte posteriore di un'imbarcazione || *avere il vento in poppa,* averlo favorevole, cosicché il navigare è agevole e spedito; *fig.* trovarsi in un momento favorevole, avere fortuna || *dim.* poppétta. **TAV.** *aeronautica* 1.4; ***nave*** **p. 1327** 5.2; ***vela*** **p. 1342** 1.14, 4.8.

póppa² [lat. volg. **puppa*, class. *pūpa*; a. 1292] **sf.** mammella: *una mucca con le poppe gonfie di latte; dare la poppa,* allattare || *dim.* poppétta, poppìna.

poppànte (*ppr.* di *poppare*) [sec. XIV] **agg.** e **s.** bambino lattante || *iron. spreg.* di ragazzi ancora inesperti che si atteggiano ad adulti.

poppàre (pres. *póppo*) [da *poppa²*; a. 1348] **tr.** **1.** succhiare dalla poppa, dal biberon e sim.: *ha poppato un bel po' di latte*; *ass.* succhiare latte: *ha poppato un'ora e poi si è addormentato* || *per estens. fam.* tenere in bocca succhiando: *poppare il dito* **2.** *fig.* bere con gusto, scolare.

poppàta [da *poppare*; 1871] **sf.** singolo atto del poppare || la quantità di latte presa in un pasto dal lattante || *dim.* poppatìna.

poppatóio (pl. *-ói*) [da *poppare*; 1885] **sm.** bottiglia di vetro graduata provvista di tettarella di gomma, usata nell'allattamento artificiale || **N.** *Sin. biberon.*

poppatóre [da *poppare*; a. 1625] **agg.** e **sm.** (f. *-trice*) *raro* che o chi poppa; poppante.

poppavia [comp. di *poppa¹* e *via*; 1585] **sf.** *T.mar.* solo nella *loc. avv. a poppavia,* in direzione della poppa d'una nave: *l'albero di mezzano è messo a poppavia dell'albero di maestra.*

poppése [da *poppa¹*; a. 1348] **I** **agg.** *T.mar.* della poppa **II** **sm.** ciascuno dei grossi cavi che si mandano fuori bordo dalla poppa per le manovre di tonneggio.

poppétta (*dim.* di *poppa¹*) [1937] **sf.** *T.mar.* nelle imbarcazioni, il piccolo spazio compreso tra il limite estremo della poppa e lo schienale

del sedile di estrema poppa; è il luogo dove siede chi tiene la barra del timone.
poppière [da *poppa*[1]; a. 1625] **sm.** *T.mar.* rematore che sta a poppa || marinaio addetto alle manovre di poppa.
poppièro [da *poppa*[1]; 1889] **agg.** *T.mar.* relativo alla poppa, che si trova dalla parte della poppa: *albero poppiero, cannoni poppieri; nave poppiera,* che segue la poppa di un'altra nave.
poppóne [da *poppare*; 1891] **agg.** e **sm.** (f. *-a*) *raro scherz.* poppatore.
poppùto [da *poppa*[2]; a. 1808] **agg.** *lett.* o *scherz.* con mammelle molto sviluppate: *una mucca popputa.*
populazionìṣmo o **popolazionìṣmo** [dal lat. tardo *populātio, -ōnis*; 1942] **sm.** movimento politico e sociale tendente a favorire l'incremento demografico.
popùleo [dal lat. *populeus*; fine sec. XIII-prima metà sec. XIV] **agg.** *lett.* del pioppo: *fronda populea* || di luogo, piantato a pioppi, ricco di pioppi: *sul populeo Po* (Carducci).
populìna [dal lat. *pōpulus*, pioppo; 1871] **sf.** *T.chim.* sostanza che si estrae dal pioppo tremulo.
populìṣmo [dal lat. *populus*, popolo, attr. l'ingl. *populism*; 1921] **sm.** **1.** movimento politico russo della metà del sec. XIX, che vedeva nelle masse contadine la forza su cui gli intellettuali dovevano premere per sovvertire il sistema zarista e realizzare il socialismo **2.** *per estens.* ogni atteggiamento politico, conservatore o progressista, che identifica nel popolo (in contrapposizione alle classi dirigenti, al ceto politico, ai ricchi ecc.) il soggetto politico positivo **3.** *impropr.* demagogia.
populìsta [dal lat. *populus*, popolo, attr. l'ingl. *populist*; 1919] **I s.** seguace, sostenitore del populismo **II agg.** populistico.
populìstico (pl. *-ci*) [da *populismo*; 1963] **agg.** **1.** attinente al populismo, da populista **2.** demagogico.
populìt o **pòpulit** [nome commerciale tratto dal lat. *pōpulus*, pioppo; 1942] **sm.** *inv.* nome commerciale di un materiale di fibra legnosa e cemento, usato nell'edilizia per pannelli coibenti ed isolanti.
pòpulo e der. forme arc. di POPOLO e der. (v.).
pòr **sf.** *lett. raro* forma apocopata di *porta*; usata nella toponomastica: *por Santa Maria a Firenze.*
pòrca [lat. *porca*; a. 1320] **sf.** la striscia rilevata di terra a forma convessa, che si trova nei campi lavorati tra due solchi vicini e li separa: *consegnava il grano alle soffici porche* (Pascoli).
porcacciόne [da *porco*; a. 1921] **sm.** (f. *-a*) sudicione || *fig.* chi asseconda con eccessiva libertà i propri istinti libidinosi, in modo più o meno morboso.
porcàio[1] (pl. *-ài*) [lat. tardo *porcārius*; a. 1320] **sm.** (f. *-a*) porcaro, guardiano o mercante di porci.
porcàio[2] (pl. *-ài*) [da *porco*; 1871] **sm.** **1.** luogo sudicio || *fig.* luogo, affare immorale **2.** porcile.
porcaréccia (pl. *-ce*) [lat. volg. **porcaricia*; 1559] **sf.** luogo dove si allevano porci o maiali.
porcàro [lat. tardo *porcārius*; sec. XIV-XV] **sm.** (f. *-a*) guardiano di porci.
porcàta [da *porco*; 1928] **sf.** *fig. spreg.* azione indegna, da porco, che svilisce e degrada chi la subisce: *le fece delle innominabili porcate* || grossa scorrettezza, azione vile || cosa di scarsissimo gusto o valore: *quella trasmissione è una solenne porcata.*
porcèlla [etim. inc.; 1891] **sf.** *T.arch.* il vano che rimane al disopra della volta, quando, per non caricarla troppo, si lascia uno spazio vuoto tra l'estradosso dell'arco e il soprastante pavimento.
porcellàna[1] [da *porcellana*[2], per la lucidezza della superficie, simile alle conchiglie; sec. XIV] **sf.** il più pregiato dei prodotti ceramici, per la purezza dei componenti primi (caolino, silice quarzosa e feldspato), dotata di durezza e compattezza cristallina, buona resistenza ad agenti chimici e al calore; è impiegata per stoviglie, soprammobili e sim., spesso di pregio artistico, e come isolante in elettrotecnica; *porcellana tenera,* cotta sotto i 1300°C; *porcellana dura,* cotta sopra i 1300°C, più dura, bianca e compatta || come numerabile, oggetto di tale materiale: *una collezione di porcellane inglesi, una porcellana di Capodimonte* || **N.** *biscuit,* ceramica, faenza, gres; maiolica, terracotta, terraglia | vetrificazione, vetrina; muffola.
porcellàna[2] [da *porcella*, perché la conchiglia le somiglia nella forma, oppure perché la fessura della conchiglia sembra la vulva della scrofa giovane; sec. XIV] **sf.** mollusco marino con conchiglia univalve levigata e lucida, macchiata di bruno su fondo azzurrognolo || **N.** *Sin.* ciprea.
porcellàna[3] [lat. volg. **porcillana*, class. *porcillaca*; prima metà sec. XIV] **sf.** pianta cespugliosa delle Portulacacee, con fusto e foglie succulente e piccoli fiori ascellari gialli || **N.** *Sin.* portulaca.
porcellanàre [da *porcellana*[1]; 1922] **tr.** ricoprire con una vernice opaca e vetrosa che conferisce un aspetto simile a quello della porcellana.
porcellanàto (*pps.* di *porcellanare*) [1930] **agg.** ricoperto di smalto lucente e levigato come porcellana: *pentola porcellanata.*
porcellìno (*dim.* di *porcello*) [1262] **sm.** **1.** il piccolo del porco: *una scrofa con un branco di porcellini* || (f. *-a*) *fig. scherz.* bambino sporco o che si imbratta sempre **2.** *porcellino d'India,* roditore originario dell'America Meridionale, con pelo liscio e orecchie rotonde, usato come animale per esperimenti di laboratorio, detto anche *cavia* **3.** *porcellino di terra,* crostaceo terrestre di colore grigiastro che può arrotolarsi a palla **4.** piccola stufa di ferro, di forma cilindrica, posta per lungo su quattro zampette.
porcèllo (*dim.* di *porco*) [1272 nel senso 1; a. 1950 nel senso 2] **sm.** (f. *-a*) **1.** porco giovane **2.** *fig.* persona sporca; anche *fig.* || *dim.* porcellìno, porcellétto, porcellòtto; *accr.* porcellóne.
porcellóne (*accr.* di *porcello*) [1865] **sm.** (f. *-a*) persona poco pulita || sporcaccione.
porcheggiàre (pres. *-éggio*) [da *porco*; a. 1556] **intr.** (aus. *avere*) *raro* comportarsi da porci.
porcheréccia (pl. *-ce*) [var. di *porcareccia*; 1829] **sf.** porcareccia.
porcherìa [da *porco*; a. 1543] **sf.** **1.** cosa sudicia, rifiuto: *hanno lasciato il prato pieno di porcherie* || escremento **2.** *fig.* cibo o bevanda malsani o sgradevoli: *stanno davanti al televisore a mangiare porcherie, che porcheria questo sugo!* || cosa brutta e malfatta: *che porcheria di film abbiamo visto, quel rammendo è una porcheria* **3.** azione, frase o immagine riprovevole e sconcia: *un giornaletto pieno di porcherie* || *dim.* porcherìola || **N.** **1.** *Sin.* immondizia, sozzume **2.** *Sin.* porcata, robaccia, schifezza **3.** *Sin.* oscenità, sconcezza.
porchétta (*dim.* di *porco*) [sec. XIV] **sf.** *T.cuc.* maialino di latte cotto tutt'intero allo spiedo o al forno con dentro varie erbe aromatiche e spezie.
porchettàio (pl. *-ài*) (rom. *porchettàro*) [da *porchetta*; 1808] **sm.** (f. *-a*) venditore al minuto di porchetta arrostita.
porchettàro V. PORCHETTAIO.
porciglióne [da *porcello*; 1827] **sm.** uccello dei Rallidi, di media grandezza, dalle piume brune e azzurre, con strisce bianche sui fianchi || **N.** *Sin.* rallo.
porcìle [da *porco*, sul modello di *ovile*; sec. XII] **sm.** la stalla dei porci || *fig.* luogo sudicio o malfamato || **N.** stabbiolo, trogolo, STALLA.
porcinèllo (*dim.* di *porcino*) [1892] **sm.** fungo commestibile, simile al porcino, con gambo più slanciato, carnoso e biancastro a squame brune, e cappello color marrone o rossastro.
porcìno [lat. *porcīnus*; a. 1320] **I agg.** **1.** di porco: *carne porcina* || *occhi porcini,* piccoli e infossati come quelli del maiale **2.** *pan porcino,* V. PANPORCINO **II sm.** nome di vari funghi dei Boleti, di color marrone più o meno scuro, col cappello convesso spugnoso, col gambo bianco e sodo, dritto e panciuto, a seconda della varietà, di buon gusto e assai ricercati; *porcino malefico,* specie velenosa con cappello di color livido e gambo rossastro reticolato || *dim.* porcinèllo || **N.** **II** *Sin.* moreccio.
pòrco (pl. *-ci*) [lat. *porcus*; 1262] **I sm.** (f. *-a* usato solo nei sensi fig.) **1.** maiale: *stalla di porci* || carne di maiale: *porco sotto sale, non mangia porco* || in varie espr. in cui è simbolo di sporcizia, ingordigia o indolenza abituale: *mangia e beve come un porco, fa la vita di un porco, grasso come un porco* || di cose preziose offerte agli indegni: *sono perle buttate ai porci* || *piè* o *piede di porco,* leva di ferro con un'estremità bifida, usata spec. dai ladri per aprire porte o finestre **2.** *fig.* persona sporca, materialmente o moralmente, che pensa al proprio godimento e tornaconto, sleale e disonesta: *si è comportato da vero porco, quel porco vende droga*; *in part.* persona lasciva e viziosa: *giù le mani brutto porco!* **II agg.** da porco: *viene, fa i suoi porci comodi e se ne va*; schifoso, orribile: *una porca vita, che stagione porca*; usato in varie esclamazioni di rabbia, stizza e sim.: *porco diavolo! porco mondo! porco cane! porca miseria* || **porcaménte** **avv.** come un porco, in modo sudicio || *dim.* porcèllo, porchétta, porchétto; *accr.* porcóne; *pegg.* porcàccio, porcaccióne, porconàccio || **N.** *Sin.* MAIALE.
porcospìno [comp. di *porco* e *spino*; a. 1367] **sm.** **1.** *pop.* istrice o anche riccio || *fig.* di persona ruvida e scontrosa: *è un porcospino* **2.** *porcospino americano,* ursone.
porcùme [da *porco*; a. 1803] **sm.** insieme di cose sudicie; anche *fig.*
pòrfido [dal gr. *porphýreos*, purpureo, attr. il lat. mediev. *porphyrus*; 1319] **sm.** *T.min.* roccia d'origine vulcanica, a struttura porfirica, di colore rossastro o verde, impiegata per la sua resistenza all'usura in pavimentazioni stradali e rivestimenti, oltre che in opere di scultura || **N.** porfirite, serpentino rosso antico.
porfìreo [dal gr. *porphýreos*, propr. di porpora; a. 1556] **agg.** *lett.* porfirico.
porfirìa [dal gr. *porphýra*, porpora; 1958] **sf.** *T.med.* insieme di manifestazioni patologiche causate da un alterato metabolismo delle porfirine, fra cui gravi alterazioni cutanee nelle zone esposte alla luce e disturbi a carico dell'apparato digerente e del sistema nervoso.
porfìrico[1] (pl. *-ci*) [da *porfiro*; 1449] **agg.** *T.min.* di porfido || *struttura porfirica,* quella delle rocce che in una pasta fondamentale, microcristallina o vetrosa, contengono grossi cristalli.
porfìrico[2] (pl. *-ci*) [da *porfiria*; 1983] **agg.** *T.med.* relativo alla porfiria, proprio della porfiria: *sindrome porfirica.*
porfirìna [dal gr. *porphýra*, porpora; 1942] **sf.** *T.chim.* pigmento organico la cui molecola è composta da quattro nuclei di pirrolo.
porfirióne [dal lat. *porphyrio, -ōnis*, gr. *porphýriōn*; a. 1498] **sm.** pollo sultano.
porfirìte [dal lat. *porphyrītes*, gr. *porphyrītēs*; a. 1498] **sf.** *T.min.* roccia vulcanica a struttura porfirica.

porfirizzàre [da *porfiro*; 1835] **tr.** *T.farm.* ridurre un corpo duro in minutissima polvere, macinandolo col porfido o altro materiale duro.

porfirizzazióne [da *porfirizzare*; 1804] **sf.** *T.farm.* operazione del porfirizzare.

pòrfiro [var. di *porfido*; fine sec. XIII] **sm.** *arc.* porfido.

porfirogènito [dal gr. bizantino *porphyrogénnētos*, lett. generato nella porpora; a. 1685] **agg.** *T.stor.* d'imperatore o di destinato all'impero, nato nella porpora, avvolto in fasce di porpora: *Costantino Porfirogenito* || *fig.* dei cristiani, in quanto redenti dal sangue di Cristo.

porfiròide [dal gr. *porphyroeidḗs*, purpureo; 1819] **I agg.** simile al porfido **II sm.** *T.min.* roccia metamorfica di color grigio verdognolo che deriva da porfidi quarziferi.

pòrgere (pres. *pòrgo, pòrgi*; p.rem. *pòrsi*; pps. *pòrto*) [dal lat. *porrigere*; a. 1250] **tr. 1.** avvicinare garbatamente a qualcuno, in modo che possa essere toccato o afferrato; protendere: *porgimi il libro, porgere la guancia* || in alcune espr.: *porgere la mano* o *una mano*, dare un aiuto; *porgere il braccio*, offrirlo curvato perché altri vi si appoggi; *porgere orecchio*, ascoltare || *fig.* offrire, presentare: *porgere aiuto, l'occasione* **2.** *ass.* rif. a oratore, attore e sim., pronunciare bene le parole accompagnandole con gesti: *l'arte del porgere* || **rifl.** *lett.* avvicinarsi, mostrarsi || **N. 1.** DARE, PRESENTARE.

porgiménto [da *porgere*; 1355] **sm.** *raro* il porgere.

porgitóre [da *porgere*; a. 1380] **sm.** (f. *-trice*) oratore, attore e sim., che sa porgere: *è un buon porgitore.*

pòri- v. PORO-.

Poriferi [comp. di *poro-* e *-fero*; 1875] **sm. pl.** *T.zool.* tipo di Invertebrati, gen. marini, a forma di minuscolo sacco con pareti porose che fanno fluire acqua nella cavità interna, e un unico foro (*osculo*) da cui questa esce insieme a prodotti di rifiuto; vivono perlopiù in colonie e i resti dell'apparato scheletrico di alcune specie vengono trattati per ottenere le spugne di uso comune. **Q.T.** *zoologia*.

porìsma [dal gr. e lat. tardo *pórisma*; a. 1332] **sm.** corollario.

pòrno- [da *porno(grafico)*] **primo elem.** che, in parole composte, vale "pornografico" (può essere sostituito da *porno*, posposto in funzione appositiva: *film porno, rivista porno*): **pornodìva**, **pornofilm**, **pornorivista**, **pornostàmpa**, **pornostar**.

pornografia [dal fr. *pornographie*; 1865] **sf.** rappresentazione mediante foto, film, disegni e sim., di soggetti osceni, il cui unico scopo è di procurare eccitazione sessuale: *il mercato della pornografia, più che erotismo è pornografia.*

pornogràfico (pl. *-ci*) [dal fr. *pornographique*; 1884] **agg.** di pornografia, che fa o costituisce pornografia: *giornaletto pornografico, attrice pornografica* || **pornograficaménte avv.** || **N.** *Sin. hard-core*.

pornògrafo [dal fr. *pornographe*; 1865] **sm.** (f. *-a*) autore di opere pornografiche.

pòro [dal lat. tardo *porus*, gr. *póros*, passaggio; a. 1311] **sm. 1.** *T.anat.* piccola apertura nella pelle o in altri tessuti animali, nella quale di solito si apre un canale sudorifero, sebaceo, acquifero ecc.; rif. a pelle umana s'intende poro sudorifero: *pelle con pori dilatati* || *fig. schizzare rabbia, veleno*, oppure *gioia* ecc. *da tutti i pori*, essere visibilmente molto arrabbiato, felice, in salute ecc. **2.** orifizio minuscolo, forellino; meato: *pori di una roccia, del legno.* **TAV. anatomia p. 642** 19.1.

pòro- o **pòri-** [dal gr. *póros*, passaggio] **primo elem.** che, in parole composte della terminologia scientifica, vale "passaggio, orifizio": *porìfero, poroadenite.*

-poro [dal gr. *póros*, passaggio] **elem. term.** che, in parole composte della terminologia scientifica, vale "passaggio, orifizio" (per es. *blastoporo*).

poròforo [comp. di *poro-* e *-foro*; 1965] **agg.** e **sm.** *T.chim.* di sostanza facilmente volatilizzabile, atta a rendere poroso il materiale cui sia stata mescolata.

porosità [da *poroso*; 1499] **sf. 1.** qualità di ciò che è poroso **2.** *T.fis.* la proprietà fondamentale dei corpi solidi per cui le molecole che li compongono sono separate da spazi vuoti.

poróso [da *poro*; a. 1320] **agg.** che ha pori; che ha molti pori: *spugna, pietra porosa, legno poroso* || **N.** *Sin.* bucherellato, cavernoso, spugnoso, traforato.

porpezìte [comp. dal n. geogr. *Porpez*, in Brasile, dove fu trovata e di *ite*[2]; 1883] **sf.** *T.min.* lega naturale di oro e palladio in proporzioni variabili.

pórpora [dal lat. *purpura*, gr. *porphýra*; a. 1250 nel senso 3] **I sf. 1.** sostanza colorante estratta da una ghiandola di alcuni molluschi usata spec. nell'antichità per tingere di rosso le stoffe **2.** colore rosso vermiglio: *cielo di porpora; diventare di porpora*, arrossire **3.** *per meton.* veste di tale colore: *porpora cardinalizia, indossare la porpora* || *fig.* carica, dignità che questa veste rappresenta, in part. quella di cardinale: *elevare, aspirare alla porpora* **4.** *T.anat. porpora retinica*, rodopsina **5.** *T.med.* esantema prodotto da emorragie cutanee, che si presenta con macchie rosse tondeggianti o irregolari, localizzate spec. agli arti superiori **II agg. inv.** (sempre posposto) del color della porpora: *una sciarpa porpora, tende porpora* || **N. I 1.** *Sin.* ostro **2.** porporino, purpureo.

porporàio (pl. *-ài*) [dal lat. *purpurārius*; a. 1498] **sm.** *T.stor.* chi preparava la porpora estraendola dai molluschi.

porporàto [dal lat. *purpurātus*; a. 1347] **I agg.** coperto o vestito di porpora **II sm.** cardinale.

porporeggiàre (pres. *-éggio*) [da *porpora*; a. 1426] **intr.** (aus. *avere*) *raro* diventare di, tendere al color porpora.

porporìna [f. sost. di *porporino*; sec. XIV-XV] **sf. 1.** polvere composta di minuscoli frammenti metallici, impiegata per coprire e decorare superfici **2.** sostanza colorante rossa.

porporìno [da *porpora*; a. 1332] **agg.** di colore rosso acceso, vermiglio: *guance, labbra porporine; rosa, veste porporina* || **N.** *Sin.* purpureo, rubicondo, ROSSO.

porràccio (pl. *-ci*) [da *porro*; a. 1826] **sm.** asfodelo.

porràceo [dal lat. *porrāceus*; a. 1698] **agg.** di porro, dal colore di porro, verde come un porro.

porràio (pl. *-ài*) [da *porro*; a. 1597] **agg.** di una sorta di cipolla che ha aspetto e sapore di porro.

porràta [da *porro*; a. 1587] **sf.** *non com.* insalata di porri || minestra a base di porri.

pórre (arc. *pónere*) (pres. *póngo, póni, póne, poniàmo, ponéte, póngono*; p.rem. *pósi, ponésti, póse, ponémmo, ponéste, pósero*; fut. *porrò*; cong. pres. *pónga, poniàmo, poniàte, póngano*; cond. *porrèi, porrésti* ecc.; ger. *ponèndo*; pps. *pósto*) [lat. *pōnere*; fine sec. XIII] **tr. 1.** sin. di *mettere* in numerosi usi, ma di tono più elevato || posare, collocare, appoggiare: *porre i fiori nel vaso, porre la prima pietra, porranno una lapide alla sua memoria, le ha posto le mani sul capo*; apporre: *porre la firma in calce* || fissare, stabilire: *poniamo un limite a questo spreco, porre una scadenza, un termine, le condizioni di un affare* || determinare, attuare: *porre fine, porre termine, porre rimedio; porre in essere*, realizzare; *porre ad effetto*, tradurre in atto, dare esecuzione a || supporre, ammettere: *poniamo il caso che..., poniamo per un istante che tu abbia ragione; posto che*, premesso che, nell'ipotesi che: *posto che i fatti si siano svolti così, lui non ha colpa*; in *loc. verb. porre mano a*, iniziare; *porre mente*, fare attenzione, badare || portare, far andare: *porre in salvo, in serbo; porre in dubbio*, dubitare di || *ant.* piantare: *porre un terreno a vigna* **2.** rivolgere, presentare: *un fatto che pone inquietanti interrogativi, una domanda mal posta*; proporre: *porre la propria candidatura* || **intr.** (aus. *avere*) *arc.* del sole, tramontare || **rifl.** mettersi: *porsi in disparte, a sedere*, porsi in contrasto con qualcuno || **N. 1.** *Sin.* METTERE.

porridge (ingl., pr. [ˈpɒrɪdʒ]) [dal fr. *potage*, minestra; 1825] **sm.** *inv.* zuppa di avena e latte, consumata nei paesi anglosassoni come prima colazione.

porrìna [etim. inc.; 1565] **sf.** giovane pianta di castagno allevata per farne pali, pertiche e simili, o anche legname da lavoro.

pòrro [lat. *porrum*; 1280] **sm. 1.** pianta erbacea delle Gigliacee coltivata per il bulbo piccolo, oblungo, bianco, di sapore acuto simile a quello della cipolla, consumato spec. lessato in zuppe **2.** *T.med.* piccola escrescenza carnosa, rotondeggiante, di aspetto calloso, indolore, che viene perlopiù sulle mani || **N. 2.** *Sin.* verruca.

porróso [da *porro*; 1641] **agg.** che è pieno di porri: *mano porrosa* || simile a porro.

pòrta [lat. *porta*; fine sec. XIII] **sf. 1.** apertura munita di serramenti ricavata in un muro esterno o interno a un edificio, o in un muro di recinzione, che consente l'entrata, l'uscita o il transito da un ambiente all'altro: *la porta di casa, il mobile è troppo largo, non passa per la porta, stava sulla porta ad aspettarlo, ostruire, murare una porta, è crollata la porta*; *porta carraia*, quella principale di un edificio, che consente l'accesso dei veicoli || i serramenti stessi: *bussare, picchiare alla porta, sbattere, sfondare, chiudere la porta, una porta in noce, di vetro, a soffietto, girevole, blindata* || *mettere alla porta*, cacciare di casa; *prendere la porta*, uscire, andarsene || *indicare a qualcuno la porta*, invitarlo ad andarsene || *per meton.* casa: *abitare porta a porta*, essere vicini di casa; *andare di porta in porta*, recarsi di casa in casa || in espr. fig.: *chiudere la porta in faccia a qualcuno*, rifiutargli l'aiuto, respingerlo; *sfondare una porta aperta*, cercare di convincere un interlocutore di una cosa di cui è già convinto; anche, darsi gran da fare per cosa già fatta da altri; *bussare a tutte le porte*, cercare aiuto da tutti; *trovare tutte le porte chiuse*, vedersi negato ogni aiuto || *a porte chiuse*, di processi, discussioni giudiziarie, ai quali non è ammesso il pubblico || *fig. lett.* ciò che consente di raggiungere un determinato scopo, tramite: *i sogni sono la porta dell'inconscio* **2.** *in part.* ciascuna delle aperture di accesso sulle mura monumentali di una città, nucleo fortificato e sim.: *la porta ad arco di Volterra una guarnigione a difesa delle porte* || in denominazioni di toponomastica urbana: *Porta Pia, Porta Palazzo*; anche il quartiere posto in prossimità della porta: *il mercatino di Porta Portese* || *fuori porta*, fuori dalle mura; *alle porte*, vicino alla città: *giunsero alle porte di Firenze, il nemico è alle porte*; anche *fig.*, di ciò che è ormai imminente: *la brutta stagione è ormai alle porte* || *T.stor. porta decumana*, nell'accampamento romano, quella principale, posta contro il nemico **3.** *per estens.* anta di un mobile o sportello di un veicolo, di una macchina e sim.: *la porta dell'armadio, di un vagone, della cella frigorifera* **4.** *T.sport.* nel calcio, hockey e altri sport di squadra, ciascuno degli spazi a fondo delle due metà campo, delimitati da intelaiatura rigida e chiusi posteriormente da una rete, in cui i giocatori devono cercare di mandare il pallone e che il portiere della squadra avversaria deve difendere: *il pallone è stato mandato, è entrato in porta* || nello sci, passaggio obbligato, delimitato da paletti, nelle gare di discesa **5.** *T.stor. Sublime porta*, la corte del sultano turco **6.** *T.med. vena porta*, grossa vena che convoglia al fegato il sangue proveniente da milza, stomaco e intestino **7.** *T.geogr.* apertura alla base della fronte del ghiacciaio || *dim.* porticìna, portèlla, portèllo, porticciòla; *accr.* portóne; *pegg.* portàccia; *spreg.* portùccia || **N. 1.** antiporta, apertura, battiporta, bussola, cancellata, cancello, controporta, portale, portello, portiera, portoncino, portone, saracinesca, sportello, usciale, uscio, vetrata; accesso, adito, atrio, entrata, ingresso, passaggio, postierla, uscita, varco, vestibolo | arcata, blindata, bugnata, ferrata, finta, rustica, stagna; di servizio, laterale, maestra, principale, segreta | arcale, architrave, arco, arpione, banda, bandella, battente, cardine, catena, catenaccio, centina, chiavistello, cornice, cornicione, fianchi, gangheri, gattaiola, imposta, intelaiatura, limitare, luce, maniglia, martello, nasello, paletto, paracarro, picchio, picchiotto, piedritto, saliscendi, serratura, soglia, soprapporta, stipite, strombatura, strombo, vano | accompagnare, accostare, aprire, battere, bussare, chiudere, forzare, picchiare, puntellare, sbarrare, sbatacchiare, scardinare, scassinare, serrare, sfondare, socchiudere, spalancare, sprangare; cigolare | guardaportone, portiere, portinaio. **Q.T.** *abitazione, architettura, calcio* **TAV.** *abitazione* 1.16, 1.38; ***anatomia* p. 642** 8.17; ***ferrovie...* p. 669** 4.6.

portaàcqua o **portàcqua** [comp. di *porta(re)* e *acqua*; 1729 *portacqua*] **s. inv.** **1.** acquaiolo **2.** *T.sport.* nelle gare ciclistiche, portaborracce.

portaàghi o **portàghi** [comp. di *porta(re)* e *ago*; 1835 *portaago*] **sm. inv.** *T.med.* pinza chirurgica per manovrare gli aghi da sutura.

portabagàgli [comp. di *porta(re)* e *bagaglio*, sul modello del fr. *porte-bagages*; 1914 nel senso 2; 1950 nel senso 1] **I sm.** *inv.* **1.** su mezzi di trasporto, sostegno, ripiano o altra struttura atta al trasporto di bagagli: *montare il portabagagli sul tetto dell'auto, portabagagli di un autobus, di una bicicletta* **2.** *fam.* bagagliaio di un'auto **3.** facchino di stazioni ferroviarie, marittime e sim. **II agg.** *inv.* (sempre posposto) adibito al trasporto di bagagli: *carrello, ripiano portabagagli* || **N. I 1.** *Sin.* portapacchi **2.** *Sin.* bauliera. **TAV. *carri...* p. 664** 1.1.

portabandièra [comp. di *porta(re)* e *bandiera*, sul modello del fr. *porte-bannière*; 1824] **sm.** *inv.* **1.** in cortei, sfilate e sim., chi ha il compito di portare la bandiera; anche in funzione di *agg. inv.* (sempre posposto): *ufficiale portabandiera* **2.** *fig.* esponente più rappresentativo di un movimento, di un gruppo politico e sim. || **N. 1.** *Sin.* alfiere, portainsegna, portastendardi, signifero **2.** *Sin.* alfiere, leader.

portabastóni [comp. di *porta(re)* e *bastone*; 1931] **I sm.** *inv.* **1.** rastrelliera per bastoni da passeggio **2.** nel golf, ragazzo che porta la sacca con le mazze e controlla il gioco **II agg.** *inv.* (sempre posposto): *mobiletto portabastoni*, portabastoni nel senso 1.

portabiancherìa [comp. di *porta(re)* e *biancheria*; 1970] **I sm.** *inv.* mobiletto in cui si ripone la biancheria da lavare **II agg.** *inv.* (sempre posposto): *mobile portabiancheria.*

portàbile [dal lat. tardo *portabilis*; a. 1375] **agg.** atto ad essere portato: *bagaglio portabile, un abito ancora portabile.*

portabilità [da *portabile*] **sf. 1.** *T.abb.* vestibilità **2.** *T.inform.* proprietà di programma che può essere usato su più di un computer o sistemi di computer.

portàbiti [comp. di *porta(re)* e *abito*; 1963] **sm.** *inv.* struttura su cui si appendono gli abiti maschili per tenerli ben stesi || anche, attaccapanni.

portabóllo [comp. di *porta(re)* e *bollo*; 1950] **sm.** custodia per il bollo di circolazione dei veicoli a motore; trasparente, viene fatta aderire all'interno del parabrezza in modo che il bollo sia visibile dall'esterno.

portabómbe [comp. di *porta(re)* e *bomba*; 1958] **I sm.** *inv.* su un aeromobile militare, vano che contiene le bombe da sganciare **II agg.** *inv.* (sempre posposto): *vano portabombe.*

portaborràcce [comp. di *porta(re)* e *borraccia*; 1963] **sm.** *inv.* nelle corse ciclistiche, il gregario che provvede a rifornire di bevande il caposquadra.

portabórse [comp. di *porta(re)* e *borsa*; 1980] **s.** *inv. spreg.* chi lavora al seguito di un personaggio importante, svolgendo anche compiti molto umili || **N.** *Sin.* galoppino, reggiborsa.

portabottìglie [comp. di *porta(re)* e *bottiglia*, sul modello del fr. *porte-bouteilles*; 1846] **I sm.** *inv.* speciale scaffalatura per conservare le bottiglie **II agg.** *inv.* (sempre posposto): anche con valore di *agg.*: *cesto portabottiglie*, suddiviso in scomparti per il trasporto delle bottiglie.

portabùrro [comp. di *porta(re)* e *burro*; 1970] **I sm.** *inv.* piccolo vassoio coperto in cui si conserva il burro da tavola **II agg.** *inv.* (sempre posposto): *vassoio portaburro* || **N. I** *Sin.* burriera.

portacappèlli [comp. di *porta(re)* e *cappello*; a. 1594] **sm.** *inv. non com.* cappelliera.

portacàrte [comp. di *porta(re)* e *carta*, sul modello del fr. *porte-cartes*; 1870] **sm.** *inv.* contenitore di varia forma e materia, perlopiù a scomparti, per tenervi ordinate varie specie di carte e documenti; anche come *agg. inv.* (sempre posposto): *borsa portacarte.*

portacatìno [comp. di *porta(re)* e *catino*; a. 1909] **sm.** *inv.* trespolo perlopiù di ferro che regge il catino || **N.** lavamano.

portacénere [comp. di *porta(re)* e *cenere*; 1908] **sm.** *inv.* piattino, recipiente e sim. in cui si fa cadere la cenere di sigarette e si spengono i mozziconi || **N.** *Sin.* posacenere. **TAV. *automobile* p. 658** 1.11.

portacéste [comp. di *porta(re)* e *cesta*; 1908] **sm.** *inv. T.teatr.* addetto al trasporto di abiti e oggetti personali degli attori.

portachiàvi [comp. di *porta(re)* e *chiave*, sul modello del fr. *porte-clefs*; 1954] **sm.** *inv.* anello o astuccio con più anelli, usato per raccogliere le chiavi; anche *agg. inv.* (sempre posposto): *anello portachiavi.*

portacìpria [comp. di *porta(re)* e *cipria*; 1942] **sm.** *inv.* scatolino di varia forma e materia, da portare nella borsetta, contenente cipra e piumino (e, nella faccia interna del coperchio, uno specchio).

portacolóri [comp. di *porta(re)* e *colore*; 1958] **sm.** *inv. T.sport.* atleta che gareggia per i colori di una società, scuderia, casa e sim.

portacontàiner (semiingl., pr. [portakon'tεiner]) o **portacontàiners** (semiingl., pr. [portakon'tεiners]) [comp. di *porta(re)* e *container*; 1968] **I agg.** *inv.* (sempre posposto) detto di mezzo, adibito al trasporto di containers: *nave portacontainers* **II sm.** o **sf.** *inv.* nave, autocarro o altro mezzo adibito al trasporto di containers.

portacontenitóri [comp. di *porta(re)* e *contenitore*; 1983] **agg.** e **sm.** o **sf.** *inv.* portacontainers.

portacovóni [comp. di *porta(re)* e *covone*; 1965] **sm.** *inv. T.agr.* parte della macchina mietilegatrice che provvede allo scarico dei covoni.

portàcqua V. PORTAACQUA.

portadìschi [comp. di *porta(re)* e *disco*; 1965] **I sm.** *inv.* album, mobile, supporto in cui si ripongono i dischi fonografici **II agg.** *inv.* (sempre posposto): *piatto portadischi*, nel giradischi, piatto rotante su cui si posa il disco.

portadólci [comp. di *porta(re)* e *dolce*; 1846] **sm.** *inv.* vaso perlopiù di cristallo o metallo, di varia foggia, per servire i dolci.

portaelicòtteri [comp. di *porta(re)* e *elicottero*, sul modello del fr. *porte-hélicoptères*; 1961] **sf.** *inv. T.mil.* nave da guerra il cui armamento è costituito da elicotteri impiegati nella caccia a sommergibili o in operazioni di sbarco || anche come *agg. inv.* (sempre posposto): *nave portaelicotteri.*

portaèrei [comp. di *porta(re)* e *aereo*; 1931] **I sf.** *inv. T.mar.* nave dotata di lunghi ponti adibiti a piste di decollo e atterraggio, e di attrezzature di trasporto, rifornimento e assistenza per gli aerei **II agg.** *inv.* (sempre posposto) predisposto al trasporto di aerei: *aereo portaerei*, anche *sm.*: *un portaerei.*

portaferìti [comp. di *porta(re)* e *ferito*; 1902] **sm.** *inv.* soldato che durante o dopo il combattimento cura il trasporto dei soldati feriti ai vicini posti di medicazione.

portafiàccole [comp. di *porta(re)* e *fiaccola*; 1861] **sm.** *inv.* braccio di sostegno per fiaccole applicato ai muri, di solito esterni.

portafiammìferi [comp. di *porta(re)* e *fiammifero*, sul modello del fr. *porte-allumettes*; 1891] **sm.** *inv.* piccolo astuccio, vasetto o sim. per custodire i fiammiferi.

portafiàschi [comp. di *porta(re)* e *fiasco*; 1735] **sm.** *inv.* **1.** paniere a scomparti in cui si pongono fiaschi da trasportare **2.** *più com. portafiasco*, cestello di metallo, per mettere il fiasco sulla tavola e versare il vino comodamente nei bicchieri.

portafìli [comp. di *porta(re)* e *filo*; 1958] **sm.** *inv. T.tess.* dispositivo del telaio meccanico, attraverso il quale i fili dell'ordito vengono mantenuti nella giusta posizione.

portafinèstra o **pòrta finèstra** (pl. *portefinèstre*) [comp. di *porta* e *finestra*; 1935] **sf.** porta che dà sull'esterno di una abitazione, gen. su un balcone o una terrazza, con vetri nella parte superiore o per tutta la lunghezza. **TAV.** *abitazione* 1.15, 2.6.

portafióri [comp. di *porta(re)* e *fiore*; 1891] **sm.** *inv.* sorta di cesta o trespolo per tenere piante ornamentali nelle sale || vaso, di varia foggia e materia, per tenervi fiori recisi o vasi di fiori su tavole, mobili ecc. || **N.** *Sin.* fioriera, portavasi.

portafòglio o **portafògli** [comp. di *porta(re)* e *foglio*, sul modello del fr. *portefeuille*; 1804] **sm. 1.** custodia di pelle, o materiale simile, gen. di dimensioni tascabili, suddivisa in tasche e scomparti, nella quale si tengono banconote, monete, documenti o altro: *portafoglio di coccodrillo, di plastica*; *avere il portafoglio ben fornito, gonfio*, avere tanto denaro; *mettere mano al portafoglio*, dare denaro || *alleggerire qualcuno del portafoglio*, rubarglielo **2.** *per estens.* busta di pelle o borsa a scomparti per la custodia di documenti **3.** *fig.* carica ministeriale: *il portafoglio degl'Interni*; *ministro senza portafoglio*, che non ha la responsabilità di un dicastero con capacità di spesa **4.** *T.banc.* il complesso delle cambiali e dei titoli di credito posseduti da una banca.

portafórma [comp. di *porta(re)* e *forma*; 1986] **agg.** *inv. T.tip.* in una macchina a pressione piana, detto del piano fisso su cui poggia la forma di piombo.

portafortùna [comp. di *porta(re)* e *fortuna*, sul modello del fr. *porte-bonheur*; 1908] **sm.** *inv.* amuleto; anche in funzione di *agg. inv.* (sempre posposto): *ciondolo portafortuna.*

portafrùtta [comp. di *porta(re)* e *frutta*; 1937] **sm.** *inv.* fruttiera || anche con valore di *agg. inv.* (sempre posposto): *piatto portafrutta.*

portafusìbili [comp. di *porta(re)* e *fusibile*; 1965] **sm.** *inv. T.elettr.* alloggiamento delle valvole fusibili, in genere in posizione facilmente raggiungibile per permettere la sostituzione delle valvole stesse.

portagiòie [comp. di *porta(re)* e *gioia*; 1958] ***sm. inv.*** portagioielli || anche con valore di *agg. inv.* (sempre posposto): *scrigno portagioie.*

portagioièlli [comp. di *porta(re)* e *gioiello*; 1958] ***sm. inv.*** cofanetto in cui si posano temporaneamente o si conservano i gioielli || anche con valore di *agg. inv.* (sempre posposto): *bauletto portagioielli.*

portagomìtoli [comp. di *porta(re)* e *gomitolo*; 1941] ***sm. inv.*** astuccio usato per custodire i gomitoli affinché non si sporchino durante il lavoro a maglia.

portagrissìni [comp. di *porta(re)* e *grissini*; 1962] ***sm. inv.*** contenitore da tavola per i grissini, generalmente a vassoio o a cilindro.

portaimmondìzie [comp. di *porta(re)* e *immondizia*; 1958] ***sm. inv.*** recipiente spec. di piccole dimensioni, in cui si gettano i rifiuti domestici || **N.** *Sin.* pattumiera.

portaimprónta [comp. di *porta(re)* e *impronta*; 1973] ***sm. inv.*** strumento con cui il dentista prende le impronte dentarie per le protesi.

portaincènso o **portincènso** [comp. di *porta(re)* e *incenso*; 1958] ***sm. inv.*** recipiente di metallo in cui si custodisce l'incenso e che nelle funzioni religiose è portato insieme al turibolo; è detto anche *navicella.*

portainnèsto o **portinnèsto** [comp. di *porta(re)* e *innesto*; 1958] ***sm. inv.*** *T.agr.* la pianta che riceve l'innesto.

portainségna o **portinségna** [comp. di *porta(re)* e *insegna*, sul modello del fr. *porte-enseigne*; sec. XVI] ***sm. inv.*** portabandiera || *fig.* chi incarna, rappresenta un'idea, un movimento, un partito || **N.** *Sin.* alfiere, portastendardo, vessillifero.

portalàmpada o **portalàmpade** [comp. di *porta(re)* e *lampada*; 1949] ***sm. inv.*** dispositivo di porcellana e di metallo, a cui viene avvitata la lampadina elettrica, che stabilisce il contatto fra questa e il circuito di alimentazione.

portalàpis [comp. di *porta(re)* e *lapis*, sul modello del fr. *porte-crayon*; 1853] ***sm. inv.*** cilindretto di metallo o di altra materia, internamente cavo, nel quale si pone la matita che si fa sporgere in parte a uno dei capi del cilindro stesso, in modo da poterla usare anche se consumata || astuccio o contenitore da scrivania, in cui si ripongono i lapis.

portàle [da *porta*; 1905] ***sm.*** **1.** porta principale di un edificio monumentale, gen. ornata di sculture, bassorilievi o altri motivi di pregio artistico: *i portali di ardesia dei palazzi genovesi* **2.** *T.edil.* struttura portante di un vano, costituita da due elementi verticali e uno trasversale.

portalèttere [comp. di *porta(re)* e *lettera*; a. 1547] ***s. inv.*** impiegato delle poste che ha l'incarico di recapitare le lettere || **N.** *Sin.* postino; distributore, fattorino, cursore. **Q.T.** *posta.*

portaliquóri [comp. di *porta(re)* e *liquori*; 1970] ***sm. inv.*** vassoio su cui si posano la bottiglia di liquore ed i bicchieri.

portamantèlli [comp. di *porta(re)* e *mantello*; a. 1922] ***sm. inv.*** appendiabiti.

portamantèllo [comp. di *porta(re)* e *mantello*; 1806] ***sm.*** sacca per il vestiario usata un tempo da militari e civili || anche *agg. inv.* (sempre posposto): *sacca portamantello.*

portamatìta (pl. *portamatite*) [comp. di *porta(re)* e *matita*; 1939] ***sm.*** lo stesso che *portalapis* (nel senso 1).

portamatìte [comp. di *porta(re)* e *matita*; 1958] ***sm. inv.*** astuccio o vasetto per contenere le matite.

portaménto [da *portare*; a. 1250] ***sm.*** **1.** atteggiamento della persona spec. nel camminare: *portamento nobile, scomposto, sguaiato* **2.** *ant. fig.* modo di comportarsi, condotta, costume di vita: *portamento lodevole* **3.** *T.mus.* passaggio da una nota all'altra con l'esecuzione scivolata di tutti i suoni intermedi; può essere una tecnica di esecuzione espressamente richiesta o (nel canto) un difetto di esecuzione: *portamento della voce* || **N. 1.** *Sin.* andatura, aria, atteggiamento, contegno, garbo, incesso, movenza | austero, dimesso, grave, impettito, marziale, severo, superbo, umile **3.** *Sin.* glissando.

portamìna o **portamìne** [comp. di *porta(re)* e *mina*, sul modello del fr. *porte-mine*; 1958] ***sm. inv.*** matita automatica il cui cannello contiene una mina che viene fatta avanzare da un pulsante. **TAV.** *disegno* 2.

portamìssili [comp. di *porta(re)* e *missile*; 1958] ***sm. inv.*** apparecchiatura adibita al trasporto di missili || anche in funzione di *agg. inv.* (sempre posposto): *aereo portamissili.*

portamonéte [comp. di *porta(re)* e *moneta*, sul modello del fr. *porte-monnaie*; 1958] ***sm. inv.*** astuccio di pelle o altro materiale, a una o più tasche, chiuso perlopiù da cerniera, nel quale si tiene la moneta spicciola || *vuotare il portamonete*, spendere tutto quello che si ha con sé || **N.** *Sin.* borsellino; portafogli.

portamòrso [comp. di *porta(re)* e *morso*; 1562] ***sm. inv.*** striscia di cuoio che regge il morso.

portampólle [comp. di *porta(re)* e *ampolla*; 1869] ***sm. inv.*** oliera.

portamunizióni [comp. di *porta(re)* e *munizione*; 1918] ***sm. inv.*** militare addetto al trasporto delle munizioni.

portamùṣica [comp. di *porta(re)* e *musica*; 1940] ***sm. inv.*** *non com.* piccolo mobile sul quale si posano partiture e fogli di musica || leggio.

portanòdi [comp. di *porta(re)* e *nodo*; 1940] ***sm. inv.*** nel lavoro del macramè, il filo che si dispone orizzontalmente e che serve di base alla frangia.

portànte (*ppr.* di *portare*) [seconda metà sec. XIII] **I** ***agg.*** **1.** che ha funzione di portare la maggior parte di un carico, spec. di costruzioni o macchinari: *struttura, colonna, asse portante* || *fune portante*, il cavo d'acciaio a cui è sospesa la teleferica || *T.aer. superficie portante*, superficie alare su cui agisce la portanza **2.** *onda portante* (o *sf. la portante*), onda emessa da un apparato trasmittente in assenza di segnale modulante sulla quale viene impressa la modulazione in fase di trasmissione **II** ***sm.*** speciale andatura del cavallo, detta anche *ambio.*

portantìna [da *portante*; 1745] ***sf.*** **1.** sedia portatile, chiusa da una cabina provvista di finestrini e sportello, sorretta da due portatori (detti *portantini*) per mezzo di lunghe stanghe, usata in passato (fino al '700) per brevi tragitti **2.** lettiga per il trasporto degli infermi || **N. 1.** *Sin.* bussola, palanchino **2.** *Sin.* barella.

portantìno [da *portare*; 1726] ***sm.*** **1.** chi trasportava la portantina **2.** (f. *-a*) infermiere addetto a lavori di fatica e al trasporto di ammalati **3.** nelle vetrerie, l'operaio addetto al trasporto degli oggetti di vetro lavorato al forno di raffreddamento || **N. 1.** *Sin.* bussolante.

portànza [da *portare*; 1929] ***sf.*** la forza aerodinamica che agisce sul piano alare di un velivolo, che consente a questo di mantenersi in volo.

portaobiettìvi o **portaobbiettìvi** [comp. di *porta(re)* e *obiettivo*; 1983] ***sm. inv.*** dispositivo montato su cineprese o microscopi, al quale sono applicati più obiettivi intercambiabili || custodia per obiettivi. **TAV.** ***ottica*** **p. 1329** 7.2.

portaoggètti [comp. di *porta(re)* e *oggetto*; 1770 *porta-oggetto*] **I** ***agg. inv.*** (sempre posposto) che serve a riporre oggetti di diverso tipo: *ripiano portaoggetti* || *vetrino portaoggetti*, vetrino su cui viene messa la sostanza da osservare al microscopio **II** ***sm. inv.*** **1.** vetrino portaoggetti **2.** mobiletto o piccolo scaffale destinato a contenere soprammobili o oggetti d'uso comune.

portaombrèlli o **portombrèlli** [comp. di *porta(re)* e *ombrello*, sul modello del fr. *para-pluie*; 1912] ***sm. inv.*** vaso o supporto di varia foggia, tenuto nell'ingresso, in cui si appoggia l'ombrello, spec. se bagnato.

portaórdini [comp. di *porta(re)* e *ordine*; 1918] ***sm. inv.*** militare incaricato di recapitare di persona gli ordini.

portaòvo v. PORTAUOVO.

portapàcchi [comp. di *porta(re)* e *pacco*; 1922 nel senso 2] ***sm. inv.*** **1.** sostegno posto sul parafango anteriore di moto o biciclette, o sul tetto di automobili, su cui si assicurano oggetti da trasportare **2.** fattorino || **N. 1.** *Sin.* portabagagli.

portapénne [comp. di *porta(re)* e *penna*, sul modello del fr. *porte-plume*; 1871] ***sm. inv.*** **1.** astuccio o contenitore cilindrico da scrivania, in cui si ripongono le penne **2.** asticciola nella quale si infila la penna per scrivere.

portapiàtti [comp. di *porta(re)* e *piatto*; 1958] ***sm. inv.*** **1.** scolapiatti **2.** grande vassoio usato per portare i piatti in tavola.

portapìpe [comp. di *porta(re)* e *pipa*; 1970] ***sm. inv.*** rastrelliera per pipe.

portaposàte [comp. di *porta(re)* e *posata*; 1958] ***sm. inv.*** cassetta aperta, a scomparti, in cui si ripongono le posate.

portaprànẓi [comp. di *porta(re)* e *pranzo*; 1912] ***sm. inv.*** cesta, vassoio o carrello atti al trasporto di vivande calde || **N.** *Sin.* portavivande.

portapùnta [comp. di *porta(re)* e *punta*; 1925 come sm. nel senso 2] **I** ***agg. inv.*** (sempre posposto): *mandrino portapunta*, mandrino in cui viene fissata la punta di un trapano **II** ***sm. inv.*** **1.** mandrino portapunta **2.** asticciola in cui si fissa la punta secca per le incisioni ad acqua forte.

portaràẓẓi [comp. di *porta(re)* e *razzo*; 1937] ***sm.*** e ***agg. inv.*** (sempre posposto) lo stesso che *portamissili.*

portàre (pres. *pòrto*) [lat. *portāre*; a. 1250] ***tr.*** **1.** reggere, trasportare reggendo: *portare il bambino in braccio, una borsa a tracolla, riesce a portare pesi enormi, mi aiuti a portare le valigie?* || essere in grado di trasportare: *la sua auto porta cinque persone* **2.** sostenere: *queste quattro colonne portano tutto il peso del soffitto* || essere in grado di reggere, avere come portata: *la bilancia porta fino a dieci chili* **3.** rif. a cose o comunque a oggetti considerati passivi, far arrivare, far avere: *portale questo bigliettino, portami il giornale, mi porti del brasato con cipolline, portare in tavola il cibo, portami il colpevole vivo o morto, qual buon vento ti porta?* || *fig. portare a conoscenza*, far conoscere; *portare a termine*, terminare || *fig. portare avanti*, far avanzare, intraprendere e sostenere: *portare avanti una dura battaglia* || *fig.* trasmettere: *portagli i miei saluti, mi ha portato una buona notizia* || *fig.* addurre, allegare: *portare un esempio, una prova* || *fig.* avere come conseguenza, implicare, causare: *tutto questo odio porterà solo violenza, la pigrizia porta la miseria, il 13 porta fortuna, la notte porta consiglio* || *portare via*, sottrarre, asportare: *i ladri gli hanno portato via tutto, porti subito via questa brodaglia, bisogna portar via le macerie* **4.** condurre, accompagnare, rif. a persone o animali: *la porta a scuola tutte le mattine, preparati che ti porto fuori a cena, portare a spasso il cane, portare le pecore al pascolo* || di strada, avere come sbocco o destinazione: *questo sentiero porta al lago, tutte le strade portano a Roma* || *fig.* indurre, spingere: *le critiche lo hanno portato a rivedere la sua teoria, quella donna lo porterà alla perdizione* || *fam.* guidare: *sai portare la moto?* **5.** *fam.* in un calcolo, riportare: *scrivo 3 e porto 2* **6.** indossare, vestire: *porta sempre quei quattro miseri stracci, porta solo abiti firmati, portare il cappello sulle 23, porta molto bene il giallo, portare le lenti a contatto, il busto ortopedico, il parrucchino*; acconciare: *portare i capelli raccolti sulla nuca, porta la frangia lunga e spettinata* || *fig. portare bene, male gli anni*, dimostrarne di meno o di più **7.** avere su di sé: *porta ancora i segni dei maltrattamenti, la copertina porta il titolo in oro zecchino, la lapide porta incise queste parole, lo stemma porta una croce blu in campo bianco* || *in part.* rif. a nome, titolo e sim.: *porta lo stesso nome del nonno, porta il marchio infamante della spia* || ***intr. pron.*** **1.** recarsi, giungere: *il nostro atleta è riuscito a portarsi in testa al gruppetto, la nave si è portata in vicinanza del porto* **2.** stare, mantenersi: *ha 80 anni ma si porta bene* **3.** *ant.* comportarsi || ***rifl. intens.*** avere, tenere o trasportare con sé: *portati anche il cane se vuoi, mi sono portato un sacco di soldi, il pranzo lo passano ma la colazione devi portartela da casa* || **N.** ***tr.*** **1.** *Sin.* someggiare, trascinare, traslocare, trasportare; sobbarcarsi **2.** *Sin.* reggere, sollevare, tenere **3.** *Sin.* arrecare, consegnare, dare, recapitare; comunicare, porgere, presentare, riferire, trasmettere; addurre, aggiungere, allegare, apportare; comportare, implicare, originare **4.** *Sin.* guidare, tradurre, trasferire **6.** *Sin.* indossare, vestire **7.** *Sin.* avere, mostrare, recare, riportare.

portaritràtti [comp. di *porta(re)* e *ritratto*; 1891] ***sm. inv.*** cornice con vetro, in cui si pongono ritratti fotografici per tenerli esposti.

portariviste [comp. di *porta(re)* e *rivista*, sul modello del fr. *porte-revues*; 1958] ***sm.*** *inv.* mobiletto in cui si ripongono giornali e riviste.

portarocchétto [comp. di *porta(re)* e *rocchetto*; 1940] ***sm.*** *inv.* asticciola della macchina da cucire, sulla quale s'infila il rocchetto. **TAV. *maglia...* p. 1317** 21.6.

portarossétto [comp. di *porta(re)* e *rossetto*; 1970] **I *sm.*** *inv.* custodia in metallo o in plastica per il rossetto **II *agg. inv.*** (sempre posposto): *astuccio portarossetto.*

portasapóne [comp. di *porta(re)* e *sapone*, sul modello del fr. *porte-savon*; 1954] ***sm.*** *inv.* contenitore per sapone, da portare in viaggio || supporto per appoggiare il sapone, posato sul lavandino o fissato al muro.

portascàlmo [comp. di *porta(re)* e *scalmo*; 1889] ***sm.*** *inv. T.mar.* ponticello con un foro in cui penetra lo scalmo del remo.

portascì [comp. di *porta(re)* e *sci*; 1983] **I *sm.*** *inv.* tipo di portabagagli da autovettura adatto per fissarvi gli sci durante il trasporto **II *agg.*** *inv.* (sempre posposto) detto di custodia o fodero usato per proteggere gli sci.

portasciugamàno (pl. *portasciugamàni*) [comp. di *porta(re)* e *asciugamano*; 1970] ***sm.*** accessorio della stanza da bagno, di varia forma e materiale, che regge l'asciugamano.

portasigarétte [comp. di *porta(re)* e *sigaretta*; 1878] ***sm.*** *inv.* astuccio di varia materia nel quale si tengono le sigarette || scatola di vario materiale, che funge da soprammobile, in cui si tengono le sigarette.

portasigari [comp. di *porta(re)* e *sigaro*; sul modello del fr. *porte-cigares*; 1846] ***sm.*** *inv.* astuccio lungo, perlopiù di cuoio, nel quale si ripongono i sigari.

portaspazzolìni [comp. di *porta(re)* e *spazzolino*; 1967 *portaspazzolino*] ***sm.*** *inv.* accessorio della stanza da bagno adatto a contenere gli spazzolini da denti e il dentifricio.

portaspazzolìno [comp. di *porta(re)* e *spazzolino*; 1958] **I *sm.*** *inv.* astuccio in plastica o altro materiale, in cui si ripone lo spazzolino da denti **II *agg.*** *inv.* (sempre posposto): *astuccio portaspazzolino.*

portaspìlli [comp. di *porta(re)* e *spillo*; 1891] ***sm.*** *inv.* cuscinetto su cui si appuntano gli spilli; torsello.

portastànghe [comp. di *porta(re)* e *stanga*; 1869] ***sm.*** *inv.* cinghia di cuoio provvista di fibbie che serve a fissare all'animale da tiro le stanghe del carro, del barroccio o sim.

portastecchìni [comp. di *porta(re)* e *stecchino*; 1940] ***sm.*** *inv.* contenitore da tavolo per stuzzicadenti.

portastendàrdo [comp. di *porta(re)* e *stendardo*; a. 1915] ***sm.*** *inv.* chi porta lo stendardo || **N.** *Sin.* PORTABANDIERA.

portastuzzicadènti [comp. di *porta(re)* e *stuzzicadente*; 1970] ***sm.*** *inv.* portastecchini.

portàta [da *portare*; sec. XIV nel senso 4] ***sf.*** **1.** ciascuna vivanda che si porta in tavola: *alla seconda portata ero già sazia* **2.** *T.mil.* la massima distanza alla quale una bocca da fuoco può lanciare un proiettile: *cannone di lunga portata, essere a portata di fucile* || la distanza che l'occhio o uno strumento ottico può misurare: *telescopio di grande portata* **3.** *per estens.* distanza a cui si può giungere: *è a portata di mano*; *a portata di voce*, fin dove giunge la voce non amplificata || *fig.* limite massimo raggiungibile: *il miglioramento del record non è alla sua portata, un linguaggio zeppo di citazioni e riferimenti al di là della portata del lettore medio* **4.** massimo carico, in peso o volume, che un aereo, nave, o altro veicolo è in grado di trasportare: *nave di grande, media portata* || *per estens. portata di una trave, di un ponte* e sim., il carico maggiore che può sostenere || rif. a strumenti di precisione, il valore massimo che può registrare **5.** *fig.* potenza, forza, importanza: *personaggi tutti della stessa portata, una nuova scoperta di eccezionale portata* **6.** quantità d'acqua trasportata da un corso d'acqua in un determinato tempo || **N.** **2.** *Sin.* gittata **3.** *Sin.* capacità **4.** portanza **5.** *Sin.* levatura.

portatèssere o **portatèssera** [comp. di *porta(re)* e *tessera*; 1942] ***sf.*** *inv.* custodia per documenti personali.

portatìccio (pl. m. *-ci*, pl. f. *-ce*) [da *portare*; 1871] ***agg.*** *non com.* di terreno sedimentario, che viene trasportato dalle acque.

portàtico (pl. *-ci*) [da *porta*; a. 1795] ***sm.*** nel Medioevo, tributo riscosso al transito per una porta della città o all'entrata nel porto.

portàtile [da *portato*, sul modello di *portabile*; inizio sec. XIV] ***agg.*** di dimensioni e peso tali da consentire il trasporto manuale: *televisione portatile.*

portàto (*pps.* di *portare*) [1313] **I *agg.*** **1.** predisposto, incline: *è portato alla clemenza, essere portato per le materie letterarie* **2.** *T.mus. note portate*, con gli strumenti ad arco, legate ed eseguite con un unico colpo d'arco **II *sm.*** **1.** *lett.* creatura portata in seno dalla madre: *ove sponesti il tuo portato santo* (Dante) **2.** effetto, prodotto: *questo è un portato della civiltà.*

portatóre [dal lat. *portātor*, *-ōris*; 1293] ***sm.*** (f. *-trìce*) **1.** chi porta; in part., chi trasporta carichi in gen.: *portatori di una battuta di caccia, di un'escursione* **2.** chi consegna, latore: *portatore di una lettera, di un messaggio* **3.** *T.banc.* chi è in possesso materiale di un titolo || nella *loc. agg. al portatore* (contrapposto a *nominativo*), riscuotibile da chi lo esibisce: *libretto di risparmio al portatore* **4.** *T.med.* soggetto clinicamente sano su cui sono insediati i germi patogeni che possono propagare malattie contagiose **5.** *portatore di handicap*, handicappato.

portatovagliòlo [comp. di *porta(re)* e *tovagliolo*; 1954] ***sm.*** custodia di tela o carta, o anello in cui si ripone il tovagliolo.

portatùra [da *portare*; 1264] ***sf.*** **1.** *disus.* il portare, trasporto **2.** *ant.* modo di acconciare i capelli o la barba **3.** *arc.* portamento, contegno.

portauòva [comp. di *porta(re)* e *uovo*; 1954] ***sm.*** *inv.* contenitore a più vaschette, di materiale vario, usato per trasportare le uova o per conservarle in frigorifero senza pericolo che si rompano.

portauòvo o **portaòvo** [comp. di *porta(re)* e *uovo*; 1954] ***sm.*** *inv.* supporto su cui si poggiano le uova barzotte o alla coque, per mangiarle a tavola.

portautensìli [comp. di *porta(re)* e *utensile*; 1949] ***sm.*** *inv.* nelle macchine utensili, supporto mobile a cui si fissa l'utensile con cui si lavora il pezzo.

portavalóri [comp. di *porta(re)* e *valore*; 1970] ***s.*** e ***agg.*** *inv.* (sempre posposto) chi, che è addetto o adibito al trasporto di denaro liquido, assegni, titoli di credito e sim. per conto di una banca o di un'azienda: *borsa, furgone portavalori.*

portavàṣi [comp. di *porta(re)* e *vaso*, sul modello del fr. *cache-pot*; 1889 *portavase* nel senso 2; 1942 nel senso 1] ***sm.*** *inv.* **1.** contenitore in ceramica, paglia o altro, in cui viene inserito, gen. con funzione ornamentale, un vaso di terracotta con una pianta || trespolo a più supporti che reggono vasi da fiori **2.** *T.mar.* negli scali di costruzione, lunghi tavoloni di quercia levigati sui quali scivolano le invasature durante il varo || **N.** **1.** *Sin. cache-pot.*

portavènto [comp. di *porta(re)* e *vento*; 1666] ***sm.*** *inv.* tubatura che porta l'aria compressa nelle canne dell'organo, nelle fucine ecc.

portavivànde [comp. di *porta(re)* e *vivanda*, sul modello del fr. *porte-dîner*; 1846] ***sm.*** *inv.* cilindro metallico a chiusura ermetica o carrello atto a trasportare vivande calde || pirofila con supporto in alluminio, argento e sim. per portare in tavola le vivande || **N.** *Sin.* portapranzi. **TAV. *arredamento* p. 650** 1.16.

portavóce [comp. di *porta(re)* e *voce*, sul modello del fr. *porte-voix*; 1815] ***sm.*** *inv.* **1.** tubo metallico che collega due ambienti distanti e trasmette la voce di chi vi parla dentro; usato in passato, spec. sulle navi || *non com.* megafono **2.** *s. inv.* (anche *fig.*) chi è incaricato di riferire o esporre opinioni, commenti, programmi e sim., per conto di altri: *il portavoce della Casa Bianca.*

porte-enfant (pseudofr., pr. [pɔrtɑ̃'fɑ̃]) [pseudofr., comp. del fr. *porte(r)*, portare e *enfant*, infante, bambino; 1901] ***sm.*** *inv.* trapuntino a forma di sacco che serviva un tempo per reggere in braccio i neonati.

portégno [dallo sp. *porteño*, dal n. geogr. *Puerto* ant. n. di Buenos Aires; 1942] ***agg.*** di Buenos Aires.

portèlla (*dim.* di *porta*) [fine sec. XIII-inizio sec. XIV] ***sf.*** porticina, sportello.

portellerìa [da *portello*; 1937] ***sf.*** *T.mar.* l'insieme di tutti gli sportelli e finestrini che si aprono sui fianchi di una nave.

portellìno (*dim.* di *portello*) [1600] ***sm.*** *T.mar.* finestrino tondo che si apre sui fianchi di una nave || **N.** *Sin.* oblò.

portèllo (*dim.* di *porta*) [a. 1424] ***sm.*** **1.** apertura rettangolare provvista di battente, che si trova sulle fiancate di una nave o sulla fusoliera di un aereo **2.** imposta di armadi o altri mobili **3.** piccola porta, ricavata nel battente di una porta più grande, per evitare la fatica di aprirla tutta quanta || *dim.* portellìno; *accr.* portellóne. **TAV. *astronautica* p. 654** 4.3 e **p. 655** 7.8, 12.18, 12.19.

portellóne (*accr.* di *portello*) [1937] ***sm.*** **1.** *T.mar.* o *T.aer.* sul fianco degli aerei e sullo scafo delle navi, grande portello per l'imbarco di merci o passeggeri **2.** *T.aut.* nelle automobili a due volumi, portello posteriore.

portèndere [dal lat. *portendere*; seconda metà sec. XIV] *tr. arc.* pronosticare, presagire.

portènto [dal lat. *portentum*; 1340 ca.] *sm.* evento miracoloso che suscita grande meraviglia, prodigio; spesso *iperb.*: *una lozione che fa portenti* || *portento di sapienza, di memoria* ecc. persona di eccezionale sapienza, memoria ecc. || **N.** *Sin.* miracolo.

portentóso [dal lat. *portentōsus*; 1525] *agg.* che è un portento, che avviene per portento || *iperb.* straordinario, eccezionale: *una cura portentosa, un'abilità portentosa* || **portentosaménte** *avv.* || **N.** *Sin.* meraviglioso, miracoloso, prodigioso.

porterìa [da *porta*; a. 1603] *sf.* stanza situata a pian terreno presso la porta dei conventi o dei collegi, dove dimora il portinaio o sostano gli estranei.

portfòlio [dall'ingl. *portfolio*, derivato dall'it. *portafoglio*; 1983] *sm. inv.* raccolta di materiale dimostrativo, scritto e illustrato, relativo a un nuovo prodotto, a una nuova attività commerciale o a una campagna pubblicitaria.

porticàle [da *portico*; a. 1292] *sm. arc.* portico.

porticàto [da *portico*; 1554] **I** *agg.* fornito di, circondato da portici: *cortile porticato* **II** *sm.* lungo e ampio portico a carattere monumentale: *il porticato del Bernini* || **N.** PORTICO.

pòrtico (pl. *-ci*) [dal lat. *porticus*; a. 1292] *sm.* **1.** *T.arch.* galleria coperta, posta al livello del suolo, fiancheggiata da pilastri o colonne; può trovarsi all'esterno o nel cortile di un edificio, o lungo una strada, con funzione decorativa o di riparo: *i portici di via Roma, passeggiare sotto i portici* **2.** nelle case rurali, ampio e rudimentale riparo per carri e attrezzi || *fig. fare il portico dietro la casa*, far cosa che è contraria al buon senso, agli usi e alla convenienza **3.** *T.fil.* denominazione della scuola del filosofo greco Zenone di Cizio così detta per la consuetudine che egli aveva di insegnare ai suoi allievi passeggiando sotto il Portico Pecile di Atene || *dim.* portichétto; *spreg.* porticàccio || **N. 1.** loggia, loggiato, peristilio, porticato, pronao, propileo, stoa; chiostro, esedra **2.** tettoia. **TAV.** *abitazione* 3.17; *chiesa* 9.2.

portièra [da *porta*; a. 1556 nel senso 2] *sf.* **1.** sportello di automobile o altro autoveicolo: *sbattere, chiudere bene la portiera* **2.** tenda di velluto, di seta o di altro tessuto, spec. pesante, che si pone alle porte per riparo o per ornamento **3.** portinaia || moglie del portiere. **TAV.** ***automobile* p. 658** 3.22.

portieràto [da *portiere*; 1950] *sm.* attività, compito svolto dal portinaio di un edificio.

portière [lat. *portārius*, attr. il fr. *portier*; 1319] *sm.* **1.** persona preposta alla sorveglianza all'ingresso di abitazioni civili o edifici pubblici || negli alberghi, chi riceve i clienti, assegna le camere ecc.: *portiere di giorno, di notte* || negli alberghi di lusso, dipendente addetto all'apertura della porta d'ingresso per i clienti che entrano ed escono **2.** *T.sport.* nel calcio o in altri sport di palla, il giocatore che difende la porta cercando di parare i tiri avversari || **N. 1.** PORTINAIO.

portinàio (pl. *-ài*) [da *porta*; 1318] *sm.* (f. *-a*) addetto alla custodia di uno stabile privato: *ti ho lasciato un pacco presso il portinaio* || anche in posizione attributiva, spec. rif. a religioso o religiosa addetti alla custodia della porta dei conventi e sim.: *frate portinaio* || **N.** *Sin.* custode, guardaportone, ostiario, portiere, usciere.

portincènso V. PORTAINCENSO.

portinerìa [dal lomb. *portinarìa*; 1885] *sf.* **1.** stanza o piccolo appartamento vicino all'ingresso di un edificio, in cui il portinaio svolge il suo lavoro e, solitamente, abita **2.** portierato.

portinfànte [dal fr. *porte-enfant*; 1954] *sm. non com.* adattamento it. di *porte-enfant*.

portinnèsto V. PORTAINNESTO.

portinségna V. PORTAINSEGNA.

pòrto[1] [1313] *pps.* di *porgere* (v.).

pòrto[2] [da *portare*; prima metà del sec. XIV nel senso 2] *sm.* **1.** atto del portare; solo nella loc. *porto d'armi*, licenza di possedere ed usare un'arma per caccia o per difesa personale **2.** trasporto; *per estens.* il prezzo pagato per il trasporto: *porto assegnato*, pagato da chi riceve; *franco di porto*, di merce il cui trasporto è pagato da chi spedisce.

pòrto[3] [dal lat. *portus*; a. 1250] *sm.* **1.** specchio di acqua lungo la costa, in cui difese naturali o artificiali permettono alle imbarcazioni di sostare, rifornirsi, sbarcare o imbarcare merci e passeggeri, ed essere al riparo dalle tempeste o dalle correnti: *entrare in porto, uscire dal porto, porto commerciale, militare* || *porto naturale*, creato dalla conformazione naturale della costa; *porto artificiale*, formato dall'uomo con opere murarie (dighe, moli ecc.) e con escavazione del fondo || *porto d'armamento*, quello nel quale ogni nave mercantile tiene in deposito i propri materiali di ricambio, e dove essa si reca per riparazioni e carico di equipaggio e materiali || *porto franco*, quello dove le merci entrano senza pagar dazio; anche la città in cui si trova tale porto, dove le merci vengono poste in vendita || *fig. essere un porto di mare*, di casa o altro luogo, in cui vi è un continuo andare e venire di gente diversa **2.** in alcune espr. fig. come simbolo di meta raggiunta: *condurre in porto*, condurre a fine un lavoro, un affare ecc.; *condurre a buon porto*, molto avanti, a buon punto || *fig.* rifugio, riparo, luogo di pace || *dim.* porticino, porticèllo, porticciòlo; *pegg.* portàccio. **Q.T.** *nautica..., porto* **TAV.** *porto.*

porto-canàle [comp. di *porto*[3] e *canale*; 1889 *portaccanale*] *sm.* porto costruito nel tratto finale di canali navigabili o piccoli fiumi scarsamente influenzati dalla marea.

portogàllo [dal n. geogr. *Portogallo*; a. 1755] *sm. region.* arancio e arancia.

portoghése [dal port. *portuguez*, del Portogallo; a. 1529] **I** *agg.* del Portogallo, proprio del Portogallo || *latte alla portoghese*, crema a base di latte e rosso d'uovo, fatta addensare a bagnomaria **II** *s.* **1.** abitante, nativo del Portogallo **2.** *sm.* (solo *sing.*) lingua parlata in Portogallo, negli arcipelaghi delle Azzorre e Madeira e in Brasile **3.** chi entra a teatro o al cinema a sbafo, senza pagare il biglietto.

portolanìa [da *portolano*; 1611] *sf.* anticamente, nel territorio di Napoli, l'ufficio del portolano.

portolàno (arc. *portulàno*) [da *porto*, prob. sul modello di *ortolano*; a. 1347 nel senso 2; 1440 *portollan* nel senso 1] *sm.* **1.** *T.mar.* libro che contiene la descrizione delle coste e dei porti, insieme a tutti i dati utili alla navigazione (venti, maree ecc.) || *per estens. T.aer.* analoga guida degli aeroporti, ad uso dei piloti **2.** *arc.* guardiano, sovrintendente di un porto. **Q.T.** *nautica..., porto.*

portolàto o **portolàtto** (anche *sf. portolàta*) [dal veneziano *portolata*; 1937] *sm. T.mar.* motobarca che prende il pesce dalle barche da pesca al largo e lo porta rapidamente ai luoghi di smercio e di consumo.

portombrèlli V. PORTAOMBRELLI.

portoncìno (*dim.* di *portone*) [a. 1922] *sm.* **1.** piccolo portone **2.** porta secondaria di accesso a un edificio dalla pubblica via, di dimensioni uguali a quelle di una porta interna, o poco maggiori.

portóne (*accr.* di *porta*) [a. 1494] *sm.* porta di grandi dimensioni, spec. quella principale di un palazzo || *dim.* portoncìno. **TAV.** *abitazione* 3.18.

portorealìsta [dal fr. *port-royaliste*, dal n. geogr. *Port-Royal*; a. 1793] *s.* e *agg.* membro della comunità giansenista di studiosi, che ebbe sede a Port-Royal-des-Champs nel sec. XVII || di Port-Royal e degli studiosi che facevano capo a quell'abbazia.

portoricàno [dal n. geogr. *Portorico*; 1965] **I** *agg.* di Portorico **II** *sm.* (f. *-a*) abitante, originario di Portorico.

portòrio (pl. *-ri*) [dal lat. *portōrium*; a. 1626] *sm. T.stor.* presso gli antichi Romani, dazio sulle merci in transito.

portòro [forse da *portare* e *oro*; 1875] *sm.* marmo nero venato di giallo che si trova a Portovenere.

portuàle [da *porto*; 1871; 1950 come sm.] **I** *agg.* di o relativo al porto: *lavori portuali, polizia portuale* **II** *s.* chi lavora nel porto. **Q.T.** *aeronautica, porto.*

portuàrio (pl. *-ri*) [da *porto*; 1871] *agg. non com.* portuale.

portulàca [dal lat. *portulāca*; a. 1468] *sf.* pianta erbacea della famiglia delle Portulacacee, dalle foglie carnose commestibili e fiori variamente colorati, adatta per aiuole solegiate || **N.** *Sin.* porcellana.

Portulacàcee [da *portulaca*; 1958] *sf. pl. T.bot.* famiglia di piante dicotiledoni erbacee, con fusti e foglie succulenti, cui appartiene la portulaca.

portulàno V. PORTOLANO.

portuóso [dal lat. *portuōsus*; sec. XIV] *agg.* ricco di porti; che può servir da porto: *regione, costa portuosa.*

porzióne [dal lat. *portio, -ōnis*; sec. XIV] *sf.* **1.** parte di un tutto, divisa o da dividersi: *ebbe la sua porzione di eredità*; anche *fig.* parte: *ciascuno ha la sua porzione di guai* **2.** quantità di una vivanda, che spetta a ciascun commensale: *una porzione di arrosto, una porzione ab-*

PORTO

PORTO: artificiale, commerciale, di ormeggio, di rifugio, esterno, fluviale, franco, interno, lacuale, marittimo, naturale, peschereccio, turistico; ancoraggio, ansa, approdo, baia, cala, fiordo, golfo, insenatura, porto-canale, porto militare o base navale, rada, scalo, seno.

PARTI: avamporto, barra, scogliera, frangiflutti, colmata, bacino, canale, dicco, conca, molo (di sopraflutto, di sottoflutto), imboccatura o bocca, semaforo (alberi, bracci, disco), faro o lanterna (a luce fissa, a luce girevole, a luce intermittente, a luce alternata; focolare, regolatore, specchio, gabbia), silo, settore di traversia, calata, ponte, pontile, imbarcadero, banchina d'approdo, andana, sporgente, *dock*, capitaneria di porto, dogana, magazzini (generali, frigoriferi), scaricatoio, piattaforma d'ormeggio, *terminal* (passeggeri, per *containers*).

CANTIERE NAVALE: arsenale, bacino (di carenaggio, di raddobbo), corderia, darsena, mandracchio, molo di allestimento, parco (lamiere, profilati), pegoliera, scalo-bacino, scalo (di alaggio, di costruzione), squero, taccata, veleria.

MACCHINE E ATTREZZI: biga, calcastoppa, castagna, catrame, cordami, longherina, maglietto, mano di ferro, paterasso, platea, portavasi, puntello, tela, tirante, traverse, tura, vaso.

bondante, scarsa || *dim.* porzioncìna, porzioncèlla; *accr.* porzioncióna || **N.** *Sin.* PARTE.

porzionière [dal fr. ant. *portionnier*; sec. XIV] ***sm.*** *arc.* azionista.

pos- v. POST-.

pòsa [dal lat. *pausa*, cessazione; a. 1292] ***sf.*** **1.** l'azione del posare, del deporre: *la posa delle mine, dei cavi; la posa della prima pietra*, v. PIETRA **2.** interruzione più o meno breve di un lavoro o di un'azione qualsiasi, pausa, sosta: *senza posa*, incessantemente || *lett. raro non avere, non trovar posa*, non aver riposo, quiete **3.** atteggiamento, posizione studiata e immobile, assunti da chi deve essere ritratto, fotografato e sim.: *si è messo in posa solenne, una posa plastica* || *per estens.* comportamento calcolato e innaturale: *fare, dire qualcosa per posa, assumere delle pose da prima donna* || *T.teatr.* nella recitazione accademica, atteggiamento gestuale relativo all'espressione di una determinata emozione **4.** *T.fot.* esposizione alla luce della pellicola: *posa prolungata, breve, tempo di posa* || *per meton.* fotografia: *un rullino da 36 pose* || *teatro di posa*, studio cinematografico **5.** sedimento che resta sul fondo di un liquido che si è lasciato decantare; deposito || **N. 3.** *Sin.* posizione. **Q.T.** *scultura.*

posacàvi [comp. di *posa(re)* e *cavo*; 1937] ***sf.*** *inv. T.mar.* nave attrezzata per la posa e la riparazione dei cavi sottomarini.

posacénere [comp. di *posa(re)* e *cenere*; 1916] ***sm.*** *inv.* portacenere.

posafèrro [comp. di *posa(re)* e *ferro*; 1891] ***sm.*** *inv.* supporto mobile o incorporato in un'asse da stiro, su cui si appoggia il ferro quando è caldo.

posaménto [da *posare*; sec. XIV-XV] ***sm.*** *non com.* l'atto del posare.

posamìne [comp. di *posa(re)* e *mina*; 1918] ***agg.*** e ***sf.*** *inv. T.mar.* nave da guerra attrezzata per collocare mine || **N.** affondamine.

posamòlle [comp. di *posa(re)* e *molla*; 1869] ***sm.*** *inv.* arnese al quale si appoggiano le molle, la paletta e sim. del caminetto.

posapiàno [comp. di *posa(re)* e *piano*; 1618] ***s.*** *inv. scherz.* chi va piano o è lento nei suoi atti.

posàre (pres. *pòso*) [dal lat. tardo *pausāre*; fine sec. XII - prima metà sec. XIII] ***tr.*** **1.** mettere giù, deporre (perlopiù con cura e lentezza): *posare la valigia a terra, posa quel coltello!* || di parte del corpo, appoggiare: *gli posò la mano sul capo, posare la testa sul guanciale* **2.** *fig.* fissare, fermare: *posare gli occhi, lo sguardo su qualcosa* **3.** *lett.* calmare, cessare: *posare le ire* || ***intr.*** (aus. *avere*) **1.** aver fondamento: *questo edificio posa su roccia viva*; anche *fig.* **2.** assumere e conservare una posizione, per essere ritratti o fotografati: *ho posato tre volte per quel ritratto* || *fig.* atteggiarsi in modo affettato: *è solito posare a eroe* **3.** *arc.* o *poet.* fermarsi; riposare: *ove posa il corpo di quel grande* (Foscolo) || di accento, cadere su una data sillaba || ***intr. pron.*** **1.** calare lentamente dall'alto e fermarsi: *la neve si posò sulle cime più alte, la rodine si è posata sul tetto* **2.** di liquido, lasciar depositare il fondo: *il vino va travasato dopo che si è posato* **3.** *arc.* o *poet.* fermarsi, aver tregua: *non trovava luogo ove posarsi* || **N.** ***tr.*** **1.** *Sin.* adagiare, appoggiare, riporre | ***intr. pron.*** **2.** *Sin.* decantare, depositare, far sedimento, precipitare.

posaréti [comp. di *posa(re)* e *rete*; 1937] ***sf.*** *inv.* nave da guerra attrezzata per la posa di reti atte ad ostruire i passaggi; anche in posizione attributiva: *nave posareti.*

posàta¹ [da *posato*; 1620] ***sf.*** ciascuno degli utensili impiegati a tavola per dividere o portare alla bocca il cibo, come cucchiaio, forchetta e coltello: *un servizio di posate d'argento; posate di portata*, quelle che si usano per distribuire il cibo nei piatti, prendendolo dai piatti di portata || *per meton. disus.* coperto: *aggiungi una posata* || *dim.* posatìna; *accr.* posatóna; *pegg.* posatàccia. **Q.T.** *arredamento.*

posàta² [da *posare*; a. 1375] ***sf.*** *raro* **1.** l'atto e l'effetto del posarsi, fermata, sosta || *T.cacc.* luogo in cui hanno consuetudine di posarsi gli uccelli **2.** il deposito lasciato da certi liquidi || *dim.* posatìna; *accr.* posatóna; *pegg.* posatàccia.

posaterìa [da *posata¹*; 1936] ***sf.*** servizio o assortimento di posate.

posatézza [da *posato*; 1670] ***sf.*** indole o abitudine ad agire senza fretta, con ponderazione || **N.** *Sin.* calma, placidezza, ponderatezza, riflessività, tranquillità.

posàto (*pps.* di *posare*) [a. 1290] ***agg.*** che agisce con ponderazione; di indole tranquilla || **posataménte** ***avv.*** || **N.** *Sin.* calmo, quieto, riflessivo, tranquillo | *Contr.* avventato.

posatóio (pl. *-ói*) [da *posare*; a. 1597] ***sm.*** l'asta su cui si posano gli uccelli in gabbia, o anche l'albero o altro supporto su cui, per abitudine, si posano gli uccelli.

PORTO

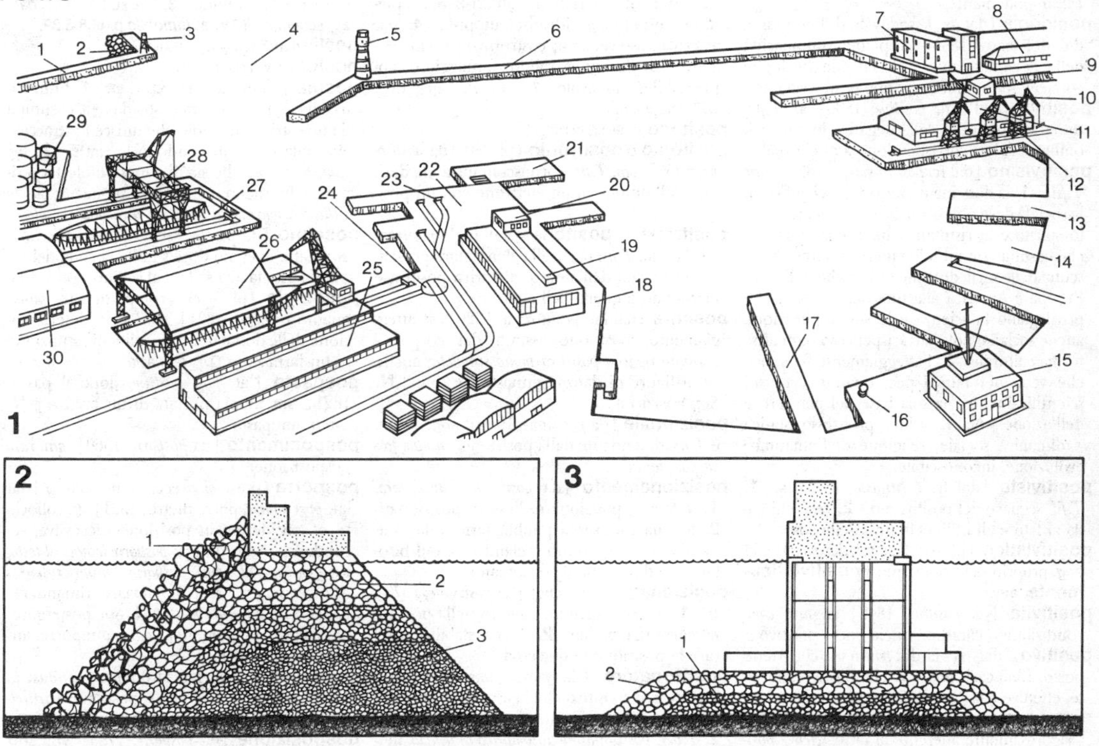

1. porto

3.1. antemurale - 3.2. - diga foranea - 3.3. fanale - 3.4. imboccatura - 3.5. lanterna - 3.6. diga frangiflutti - 3.7. silo - 3.8. capannone - 3.9. sbarramento doganale - 3.10. dogana - 3.11. magazzino - 3.12. gru portuale - 3.13. calata - 3.14. darsena - 3.15. capitaneria - 3.16. bitta - 3.17. molo - 3.18. banchina - 3.19. stazione passeggeri - 3.20. uffici portuali - 3.21. pontile di sbarco - 3.22. scalo - 3.23. raccordo ferroviario - 3.24. scambio girevole - 3.25. arsenale - 3.26. cantiere - 3.27. bacino di carenaggio - 3.28. gru a cavalletto - 3.29. serbatoi del petrolio - 3.30. officina

2. diga a scarpata

1.1. blocchi artificiali - 1.2. massi di scogliera - 1.3. detriti di cava

3. diga a pareti verticali

2.1. scogliera a pietrame minuto - 2.2. scogliera

posatóre [da *posare*; 1728 nel senso 1; a. 1915 nel senso 2] **sm.** (f. *-trìce*) **1.** chi è addetto alla posa, all'installazione **2.** persona di maniere affettate.

posatùra [da *posato*; a. 1498] **sf.** deposito di un liquido, sedimento: *la posatura del vino*.

poșbèllico V. POSTBELLICO.

pòsca [dal lat. *posca*; seconda metà sec. XIII] **sf.** *arc.* o *lett.* **1.** miscela di acqua e aceto, usata come bevanda, come medicamento o per mettervi mele o sim. a macerare **2.** vino leggero o di cattiva qualità.

pòscia [lat. *postea*, dopo; a. 1243] **I** **avv.** *lett.* poi, dopo **II** nella **loc. cong.** *lett.* *poscia che* e *posciaché*, con valore temporale o causale, poiché: *poscia che m'ebbe ragionato questo / li occhi lucenti lacrimando volse* (Dante).

posciadésco (pl. *-schi*) [da *pochade*; 1950] **agg.** posciadistico.

posciadìstico (pl. *-ci*) [da *pochade*; 1954] **agg.** proprio di una *pochade* || che ha carattere di *pochade*.

poscóndola [comp. di *pos(t)-*, dietro e un der. del lat. *condere*, riporre; a. 1597] **sf.** *arc.* piccolo spazio o praticello chiuso tra la vegetazione.

posconsonàntico V. POSTCONSONANTICO.

poscrìtto [lat. *post scriptum*, dopo lo scritto; 1561] **sm.** breve scritto che si aggiunge alla lettera dopo averla terminata e firmata, gen. preceduto dalla sigla P.S. (*Post Scriptum*).

poșdatàre e der. forme pop. di POSTDATARE e der. (v.).

poșdentàle V. POSTDENTALE.

poșdiluviàno V. POSTDILUVIANO.

poșdomàni o **posdomàni** (ant. *poșdomàne*) [comp. di *post-* e *domani*; a. 1444] **avv.** *lett.* dopodomani.

poșidònia [dal gr. *Poseidônios*, di Poseidone, dio del mare; 1835] **sf.** pianta sottomarina delle Potamogetonacee, le cui lunghe foglie coriacee sono utilizzate come crine vegetale.

poșitìva [dall'ingl. *positive*; 1895] **sf.** *T.fot.* fotografia ottenuta dalla negativa in cui luci, ombre e colori corrispondono a quelli reali.

poșitivìșmo [dal fr. *positivisme*; a. 1852] **sm.** *T.fil.* **1.** la dottrina di A. Comte, secondo cui la società deve organizzarsi conformemente allo spirito e ai risultati delle scienze positive, che costituiscono il solo sapere autentico || ciascuna delle varie dottrine filosofiche diffuse in Europa e America alla fine del sec. XIX, che privilegiano la scienza e le sue applicazioni, anche sociali e politiche, rispetto ad ogni altra forma culturale **2.** l'atteggiamento filosofico che vede nei fatti (spec. quando acquisiti scientificamente) la sola base del pensiero e dell'azione || **N. 1.** ordine, progresso; statica / dinamica sociale; religione dell'umanità | evoluzione, inconoscibile.

poșitivìsta [dal fr. *positiviste*; 1875] **s. 1.** *T.fil.* seguace del positivismo **2.** *com.* chi bada ai fatti e all'utilità effettiva delle cose.

poșitivìstico (pl. *-ci*) [da *positivismo*; 1905] **agg.** proprio del positivismo || **poșitivisticaménte** **avv.**

poșitività [da *positivo*; 1848] **sf.** *non com.* condizione o carattere di ciò che è positivo.

poșitìvo [dal lat. tardo *positīvus*, che viene posto; 1336 ca.] **agg. 1.** che esiste realmente, effettivo || *in part.* di fatto o fenomeno empiricamente riscontrabile: *dato, evento positivo* || rigorosamente aderente ai fatti: *scienze positive*, le scienze esatte e quelle naturali; *T.giur.* *scuola positiva*, nel diritto penale, corrente sorta alla fine dell'800, che sosteneva la necessità di studiare l'esecutore del reato, nei suoi aspetti psicologici e sociali || *T.fil.* *stadio positivo*, nella filosofia di Comte, lo stadio scientifico del sapere, in cui i fenomeni vengono ricondotti a leggi naturali, e non a principi religiosi e metafisici || sicuro, certo: *è positivo che*, è certo che; nella *loc. avv. disus.* *di positivo*, certamente **2.** istituito dall'uomo, storico: *diritto positivo*, determinato dal legislatore, mutevole nelle varie epoche e società (contrapposto a *diritto naturale*); *religione positiva*, ciascuna religione che si è concretizzata storicamente in un complesso di riti e credenze particolari **3.** che ha una visione scientifica della realtà, che bada al concreto; poco incline a idealismi e utopie; che non dà credito a fantasie, superstizioni e sim.: *persona, indole, educazione positiva* || rivolto a questioni materiali o utilitaristiche **4.** che asserisce, che conferma: *la domanda ha avuto esito positivo, risposta positiva* || *T.med.* rif. ad analisi cliniche, che conferma la presenza di una determinata patologia o condizione: *il test è risultato positivo* **5.** *per estens.* buono, favorevole: *impressione, critica positiva, le trattative si sono svolte in un clima positivo, esercitare un'influenza positiva* **6.** *T.scient.* che, per convenzione, si contrappone a ciò che è definito *negativo*: *carica elettrica positiva* || *T.chim.* *ione positivo*, carente di elettroni || *T.elettr.* *polo positivo*, quello che ha maggior potenziale elettrico || *T.chim.* *catalizzatore positivo*, che accelera una reazione **7.** *T.mat.* di numero, superiore a zero **8.** *T.ling.* *grado positivo*, di aggettivo o avverbio, la forma normale (contrapposto a *grado comparativo* e *superlativo*) **9.** *T.fot.* *immagine positiva*, V. POSITIVA **10.** *T.mus.* *organo positivo*, organo a canne, di dimensioni ridotte, facilmente trasportabile || **poșitivaménte** **avv.** || **N. 1.** *Sin.* certo, oggettivo, reale, solido, vero; empirico, induttivo, sperimentale | *Contr.* ideale, irreale, metafisico **2.** *Sin.* convenzionale | *Contr.* naturale **3.** *Sin.* positivistico, pragmatico, pratico; materialista, utilitaristico; coi piedi per terra | *Contr.* idealista, utopista **4.** *Sin.* assertivo, asseverativo; costruttivo | *Contr.* negativo **5.** *Sin.* utile, valido; vantaggioso; apprezzabile, lodevole **7.** *Contr.* negativo. **Q.T.** *fotografia*.

poșitóne V. POSITRONE.

poșitònio o **poșitrònio** (pl. *-ni*) [da *positrone*; 1965] **sm.** *T.fis.* corpuscolo instabile derivato dall'unione di un elettrone con un positrone.

poșitróne o **poșitóne** [dall'ingl. *positron*; 1934] **sm.** *T.fis.* particella elementare presente nel nucleo dell'atomo, di carica positiva e massa pari a quella dell'elettrone.

poșitùra [dal lat. *positūra*; a. 1320] **sf.** atteggiamento, posizione assunti dal corpo: *è sdraiato in una positura molto scomoda*; anche rif. a figure di danza, ginnastica e sim. || **N.** *Sin.* POSIZIONE.

poșizionàle [da *posizione*; 1950] **agg.** *T.mat.* e *T.fis.* dipendente dalla posizione: *campo, forza posizionale*.

poșizionaménto [da *posizione*; 1983] **sm. 1.** *T.tecn.* il posizionare, l'essere posizionato **2.** in una campagna pubblicitaria, relazione stabilita tra il prodotto reclamizzato e il bisogno che di esso ha il consumatore.

poșizionàre (pres. *-óno*) [da *posizione*; 1978] **tr. 1.** *T.tecn.* porre un oggetto nella posizione corretta o voluta **2.** *T.tecn.* stabilire, rilevare la posizione di qualcosa.

poșizionatóre [da *posizionare*; 1974] **sm. 1.** *T.tecn.* dispositivo che fa assumere automaticamente ad un oggetto una posizione precisa **2.** *T.aer.* *posizionatore automatico di lancio*, nelle portaerei, dispositivo che fa assumere automaticamente ai velivoli la posizione prefissata sulle piattaforme di lancio.

poșizióne [dal lat. *positio, -ōnis*; sec. XIII] **sf. 1.** luogo, punto in cui è situata una cosa o una persona rispetto all'ambiente circostante: *la casa è in una bella posizione, una posizione esposta, riparata, panoramica, posizione reale, apparente di un pianeta* || *T.mil.* luogo più o meno fortificato occupato da truppe: *posizione imprendibile, strategica, conquistare una posizione* || *luci, fanali di posizione*, in automezzi, imbarcazioni, aerei e sim., che hanno la funzione di segnalare a distanza la presenza || rif. all'ordine dei concorrenti di gare di velocità o a una classifica: *conquistare la prima posizione, posizione di testa, di coda* || collocazione di un fonema all'interno di una parola: *posizione intervocalica* || *fig.* collocazione rispetto a uno schieramento di forze, al termine di un dibattito ecc.: *precisare la propria posizione politica*; *prendere posizione*, esprimere pubblicamente la propria opinione, pronunciarsi **2.** modo in cui una persona o una cosa è atteggiata o posta: *sedere in posizione scomoda, assumere una posizione scorretta, posizione di equilibrio, instabile, posizione prona, supina, di attenti, di riposo*; *posizione fetale*, quella rannicchiata che assume il feto || *T.mus.* disposizione dei suoni che formano un accordo: *posizione stretta, lata di un accordo*, a seconda che i tre suoni superiori siano compresi o meno in un'ottava || *T.gioc.* negli scacchi, disposizione dei pezzi sulla scacchiera in un dato momento del gioco **3.** *fig.* situazione, condizione: *trovarsi in una posizione delicata, imbarazzante, di grande responsabilità* || *ass.* condizione di prestigio e benessere: *farsi, raggiungere una posizione* || *T.comm.* situazione dei debiti e dei crediti di un cliente rispetto a una banca, un'azienda ecc. || *T.giur.* *posizione giuridica*, situazione in cui è considerato un soggetto giuridico (diritto, facoltà, onere, obbligo ecc.) || *dim.* posizioncìna || **N. 1.** *Sin.* postazione, posto, punto, sito, ubicazione; grado, livello **2.** *Sin.* atteggiamento, attitudine, giacitura, portamento, posa, positura, postura; assetto, configurazione **3.** *Sin.* stato. **Q.T.** *danza, scherma* **TAV.** ***automobile*** **p. 658** 3.39.

poșlimìnio V. POSTLIMINIO.

poșlùdio V. POSTLUDIO.

pòșola [etim. inc.; sec. XIV] **sf. 1.** finimento del cavallo o di altra bestia da tiro, costituita da una striscia di cuoio che unisce lo straccale alla sella e da cui pendono le staffe **2.** *fig. fam. tosc.* cosa che sia di danno, molestia o rimorso || fardello, malloppo: *con questa posola sulla coscienza!, ha ereditato una bella posola*.

poșolìno [da *posola*; seconda metà sec. XV] **sm.** staffa di cuoio dove s'infila la coda del cavallo, fermata alla sella o al sellino; sottocoda.

poșologìa (pl. *-gìe*) [comp. del gr. *pósos*, quanto e *-logia*; 1821] **sf.** *T.med.* determinazione delle dosi e delle modalità di assunzione di un farmaco. **Q.T.** *farmacia*.

pospàsto [lat. *post pastum*, dopo il pasto; 1621] **sm.** ultima portata di un pranzo || **N.** *Contr.* antipasto.

posponiménto [da *posporre*; 1560] **sm.** *raro* posposizione.

pospórre (pres. *-óngo* ecc., come PORRE) [dal lat. *post ponere*, porre dietro; 1321] **tr.** collocare o considerare in posizione successiva, secondaria o subordinata: *posporre le note al testo, un aggettivo al nome, posporre i propri interessi al bene comune* || *in part.* rinviare, rimandare: *posporre un appuntamento* || **N.** *Sin.* postergare, sacrificare, sommettere | *Contr.* anteporre, anticipare; preferire.

pospoșitìvo [dal lat. tardo *postpositīvus*; a. 1565] **agg.** enclitico, che si pospone: *particella pospositiva*.

pospoșizióne [da *posporre*; 1733] **sf.** l'atto e l'effetto del posporre || **N.** *Contr.* anteposizione, anticipazione.

pòssa [da *possa*, prima pers. del cong. pres. di *potere*; a. 1306] **sf.** *lett.* forza, vigore, potenza || *a tutta possa*, con tutte le forze.

possànza [dal fr. ant. *poissance*; a. 1250] **sf.** *ant.* o *lett.* vigore, forza: *vino di molta possanza*.

possedére (pres. *possièdo*, lett. *possèggo*, *possièdi*, *possiède*, *possediàmo*, *possedéte*, *possièdono*, lett. *possèggono*; p.rem. *possedètti, possedésti*; cong. pres. *possièda*, lett. *possègga*; pps. *possedùto*) [lat. *possidere*; 960] ***tr.*** **1.** avere in possesso, in proprietà: *possedere terreni, case, possiede solo quanto gli serve per vivere* || *ass.* essere possidente, ricco: *è uno che possiede* || essere dotato di, avere: *possiede una rara virtù* || *possedere un'arte, una disciplina*, conoscerla a fondo **2.** *fig.* dominare: *la passione del gioco ormai lo possiede, è posseduto dal demonio* **3.** *possedere una donna*, avere con lei un rapporto sessuale || **N. 1.** *Sin.* avere, detenere, disporre di; impossessarsi, occupare, prendere possesso **2.** *Sin.* padroneggiare; invasare.

possediménto [da *possedere*; a. 1347] ***sm.*** **1.** cosa posseduta, spec. rif. a poderi, terreni e sim.: *ricchi e vasti possedimenti* || territorio sottoposto alla sovranità di uno stato straniero: *i possedimenti inglesi in Africa* **2.** *non com.* atto del possedere || possesso || **N. 1.** *Sin.* dominio, fondo, latifondo, podere, tenuta; averi, beni, immobili, ricchezza.

posseditóre [da *possedere*; 1319] ***sm.*** (f. *-trìce*) *raro* possessore.

possedùto (*pps.* di *possedere*) [1319] ***sm.*** (f. *-a*) indemoniato, ossesso, invasato.

possènte [dal fr. ant. *poissant*; a. 1276] ***agg.*** *lett.* di gran potere, di grande forza: *voce, principe, nemico possente*; anche *fig.*: *possenti ragioni, i tratti possenti di un dipinto* || **possenteménte** ***avv.*** || **N.** POTENTE.

possessióne [dal lat. *possessio, -ōnis*; 1231] ***sf.*** *non com.* **1.** possesso **2.** vasto possedimento terriero **3.** invasamento.

possessìvo [dal lat. *possessīvus*; 1321] ***agg.*** **1.** *T.gram.* che indica possesso: *pronome, aggettivo possessivo, genitivo possessivo* **2.** di chi in un rapporto tra persone, pretende di esercitare un controllo totale sull'altro e di avere per sé tutte le sue attenzioni e il suo affetto: *marito, padre possessivo*; proprio di tale atteggiamento: *carattere possessivo* || **possessivaménte** ***avv.***

possèsso [dal lat. *possessus*; a. 1556] ***sm.*** **1.** *T.giur.* potere sulla cosa, che si manifesta in un'attività corrispondente all'esercizio della proprietà o di altro diritto reale; si distingue dalla semplice *detenzione*, in quanto in questa manca l'intenzione di avere la cosa per sé, e dalla *proprietà*, in quanto una cosa o un diritto può essere legittimamente posseduto anche da chi non ne è proprietario, come avviene per l'inquilino rispetto all'appartamento in cui abita || *com.* il poter disporre di una cosa; godimento di essa, proprietà: *essere, entrare in possesso di qualcosa* || *prendere possesso*, rif. a ufficio, carica e sim., assumere con le formalità d'uso **2.** *fig.* dominio, padronanza: *non è in pieno possesso delle sue facoltà mentali* **3.** spec. *pl.* beni stabili, possedimenti || **N. 1.** allodio, beneficio, compossesso, godimento, manomorta, possessione, signoria; evizione, usucapione | acquistare, appropriarsi, concedere, conferire, confiscare, espropriare, immettere, impossessarsi, incamerare, insediare, investire, occupare, perdere, recuperare, reintegrare, rivendicare, sequestrare, spodestare, spogliare, spossessare, trasmettere, turbare il possesso **3.** *Sin.* possedimento.

possessóre [dal lat. *possessor, -ōris*; a. 1306] ***sm.*** (f. *posseditrice*; raro *-óra*) chi possiede: *il fortunato possessore del biglietto vincente* || *possessore di mala fede*, colui che detiene consapevolmente cosa non sua, godendola come fosse sua || **N.** *Sin.* detentore, proprietario; comproprietario, compossessore; usufruttuario.

possessòrio (pl. *-ri*) [dal lat. tardo *possessōrius*; a. 1396] ***agg.*** che si riferisce a possesso || *T.giur. azione possessoria*, diritto di rivolgersi al magistrato per mantenere un possesso legittimo o per evitare che questo sia turbato, che si esercita anche contro lo stesso proprietario || *giudizio possessorio*, il procedimento che garantisce la manutenzione del possesso || **N.** petitorio.

possìbile [dal lat. *possibilis*; 1292] **I** ***agg.*** **1.** che può esistere o verificarsi, compatibile con le leggi di natura: *non è possibile che un pezzo di ferro galleggi, i casi possibili sono solo due* || compatibile con le leggi logiche o con i principi della matematica, non contraddittorio: *non è possibile quadrare il cerchio, l'unicorno è un ente possibile, il circolo quadrato no*; *T.fil. mondo possibile*, per Leibniz, ciascuno degli universi non contraddittori che Dio avrebbe potuto creare; nella filosofia contemporanea, ciascuna delle descrizioni del mondo logicamente coerenti **2.** fattibile, alla portata delle risorse di volta in volta specificate: *oggi è possibile andare sulla Luna, non mi è possibile far di meglio* **3.** accettabile: *non è possibile che tu sia sempre in ritardo!* || plausibile: *è possibile che questa volta non accetti* || **possibilménte** ***avv.*** (quasi solo frasale) se è possibile, preferibilmente: *possibilmente, arrivate entro le otto* **II** ***sm.*** ciò che è possibile: *fare tutto il possibile* || **N. I 1.** *Sin.* ammissibile, concepibile, virtuale | *Contr.* impossibile **2.** *Sin.* attuabile, praticabile **3.** *Sin.* ammissibile; probabile.

possibilìṣmo [dal fr. *possibilisme*; 1908] ***sm.*** l'adattare l'azione politica alle possibilità pratiche, rinunciando all'intransigenza delle proprie posizioni ideologiche; anche *spreg.*

possibilìsta [dal fr. *possibiliste*; 1905] ***agg.*** incline al possibilismo in politica || *per estens.* di persona, flessibile, non rigido, incline al compromesso: *mi è sembrato che su questo fosse abbastanza possibilista.*

possibilìstico (pl. *-ci*) [da *possibilista*; 1963] ***agg.*** di, da possibilista; che non esclude la possibilità di compromessi.

possibilità [dal lat. tardo *possibilitas, -ātis*; 1308 *possibilitade*] ***sf.*** **1.** la condizione di ciò che è possibile: *la possibilità della sua venuta non può essere esclusa* || *T.fil.* una delle tre modalità principali (insieme a realtà e necessità) **2.** *concr.* la cosa stessa che è possibile: *ci sono due possibilità: una è dimettersi, l'altra restare al proprio posto* **3.** occasione, opportunità: *non ho ancora avuto la possibilità di incontrarlo* **4.** *pl.* facoltà, risorse: *ho lavorato al limite delle mie possibilità* || **N. 1.** *Sin.* eventualità | *Contr.* impossibilità **2.** *Sin.* alternativa **4.** *Sin.* capacità.

possidènte [dal lat. *possidens, -entis*; prima metà sec. XIV] ***s.*** chi possiede beni stabili e vive, in tutto o in gran parte, della rendita di quelli: *ricco, grande, piccolo possidente* || **N.** latifondista | *Contr.* nullatenente.

possidènza [da *possidente*; 1785] ***sf.*** *raro* **1.** il possedere, possesso **2.** *concr.* ciò che è posseduto **3.** il ceto dei possidenti.

pòst- o **pòs-** (davanti a consonante) [dal lat. *post*, dopo, dietro] ***pref.*** indica successione nel tempo (*postglaciale, postmoderno, posdomani, postdatare*) o, meno com., nello spazio (*postdentale*) || in parole riferentesi a movimenti ideologici o politici, oppure a correnti culturali o spirituali, indica superamento o evoluzione: **postcomunìṣmo**, **postcristianéṣimo**, **postclassicìṣmo**.

pòsta [lat. *posita*, neutro pl., (luoghi) posti, fissati; a. 1292 nel senso 6; 1589 nel senso 1] ***sf.*** **1.** servizio pubblico di spedizione e recapito della corrispondenza: *spedire un pacco, una lettera, una raccomandata per posta*; *posta aerea*, che trasporta la corrispondenza per mezzo di aerei || frequente al pl.: *Ministero delle Poste e Telecomunicazioni, impiegato delle poste* || *giro di posta*, il tempo che intercorre tra la spedizione di una lettera e l'arrivo della risposta: *a stretto giro di posta*, appena ricevuta la corrispondenza || *spese di posta*, l'affrancatura || *posta elettronica*, sistema di trasmissione di mes-

POSTA

PERSONE: accollatario, fattorino telegrafico, impiegato postelegrafonico, portalettere o postino, staffetta; correntista postale, destinatario, mittente.

LOCALI DELL'AMMINISTRAZIONE POSTE E TELECOMUNICAZIONI: Direzione (Centrale, Compartimentale, Provinciale), Uffici Principali (Arrivi e Distribuzione, Corrispondenza e Pacchi, Lettere ferrovia, Pacchi, Telegrafico, Vaglia e Risparmi), Uffici Locali e Agenzie, Ricevitorie, Collettorie, Recapiti.

SERVIZI PRESTATI DALL'AMMINISTRAZIONE PT: postali (v. paragrafo successivo), di bancoposta (buoni postali fruttiferi, conti correnti — assegno, postagiro —, libretti postali di risparmio, riscossione di crediti, vaglia (interno / internazionale; di servizio ordinario, telegrafico)), di telecomunicazioni (telefonici — v. il quadro terminologico TELEFONO E TELEGRAFO —, telegrafici (telefoto, telegrammi, telex)), radioelettrici (ponti radio, stazioni di radioamatore ecc.), secondari o di concessione (legalizzazione atti, notificazione atti giudiziari), delegati (bollette di legittimazione spiriti, pagamento pensioni, rendite e indennità varie, tessere di riconoscimento).

SERVIZI POSTALI.

OGGETTI DI CORRISPONDENZA: aerogrammi, biglietti postali, campioni merci, cartoline (illustrate, postali), lettere, manoscritti aperti (con o senza lettera d'accompagnamento), pacchi postali, partecipazioni, pieghi o plichi, stampe (periodiche e non, propagandistiche).

PRESTAZIONI ORDINARIE: raccolta (cassette di impostazione o buche delle lettere: a doppia feritoia, gialle, rosse), timbratura o bollatura, smistamento o ripartizione, avvio, trasporto (automezzi postali, autoservizi extraurbani di linea o autolinee, treni postali, ambulanti, messaggeri, aerei, traghetti), recapito (casella postale, cassetta per le lettere, portineria).

PRESTAZIONI ACCESSORIE: assicurazione, avviso di ricevimento, contrassegno, espresso, fermoposta, posta aerea, posta pneumatica, raccomandazione.

OPERAZIONI VARIE: affrancatura (con conto di credito, francobolli, macchina affrancatrice), emissione, giro di raccolta o gita, impostazione, indennizzo, levata, pagamento, rinvio al mittente.

VOCI ATTINENTI: bollettino di spedizione, bollo, busta, bustometro, casellario americano, causale del versamento, centro meccanografico, codice di avviamento postale o CAP, corrispondenza (epistolare e no, inesitata), diritto (fisso, proporzionale), disguido, dispaccio, franchigia postale, fuorisacco, giacenza, (im)porto assegnato, indirizzo, modulo, pesalettere, privativa o monopolio postale, ricevuta di ritorno, punzone, sconosciuto al portalettere, segnatasse, segreto epistolare, tassata, timbro, Unione Postale, valore dichiarato.

saggi via computer da mittente a destinatario, spesso tramite un calcolatore centrale che tiene i messaggi giunti a disposizione del destinatario, quando questi non è collegato alla rete nel momento in cui il messaggio arriva ‖ *loc. avv. fermo posta,* di corrispondenza che non viene recapitata a domicilio ma ritirata direttamente all'ufficio postale: *spedire un pacco fermo posta* ‖ *per meton.* l'ufficio postale: *ritirare un pacco alla posta* **2.** la corrispondenza stessa: *cassetta per la posta, distribuzione della posta, scorrere la posta del giorno* **3.** in passato, luogo in cui sostavano le carrozze o altre vetture, per effettuare fermate o il cambio dei cavalli: *locanda della posta;* anche il servizio: *cavalli di posta* **4.** *T.cacc.* il punto in cui si ferma il cacciatore in attesa del passaggio della selvaggina: *aspettare il cinghiale alla posta* ‖ *stare alla posta,* in agguato ‖ *per estens.* anche rif. a persone: *fare la posta a qualcuno,* attenderlo al varco; sorvegliarne le mosse ‖ *ant.* luogo determinato, assegnato, per fermarsi o ritrovarsi: *darsi la posta,* darsi convegno ‖ spazio assegnato a un cavallo nella scuderia: *i cavalli normanni alle lor poste* (Pascoli) **5.** *T.gioc.* nei giochi d'azzardo, somma di denaro puntata: *fissare, raddoppiare la posta* ‖ *fig.* in un'impresa, ciò che si rischia o che si può ottenere: *in quest'affare la posta in gioco è troppo alta per commettere errori* **6.** *ant.* volontà, piacimento: *a sua posta* ‖ ancora in uso nelle *loc. avv. a bella posta, a posta* (più com. nella grafia unita *apposta*), deliberatamente, di proposito ‖ *dim.* posticciòla ‖ **N. 4.** *Sin.* appostamento **5.** *Sin.* piatto. **Q.T.** *filatelia, posta* **TAV.** *zootecnia* 19.3.

pósta [f. sost. di *posto;* 1313 nel senso 2] ***sf.*** **1.** *non com.* atto del porre, installazione, collocazione ‖ *tosc.* messa a dimora: *la posta degli ulivi* ‖ imposizione: *la posta del nome* **2.** *arc.* traccia, orma: *dietro alle poste de le care piante* (Dante).

postagiro (pl. *-ro* e *-ri*) [comp. di *posta* e *giro;* 1926] ***sm.*** trasferimento di fondi da un conto corrente postale ad un altro.

postàle [da *posta;* 1809] **I *agg.*** della posta, attinente alla posta (nei sensi 1 e 2): *servizio, ufficio postale; cassetta postale,* ciascuna delle cassette con buca, appese in vari luoghi della città, dove s'imbuca la corrispondenza ‖ *cartolina, biglietto postale,* messi in vendita già affrancati ‖ *pacco postale,* spedito per posta ‖ *franchigia postale,* esenzione dalla tassa di affrancatura ‖ *T.filat. intero postale,* ogni mezzo di corrispondenza (lettera, cartolina ecc.) affrancato e passato per posta **II *sm.*** nave, treno o altro mezzo di trasporto, che svolge servizio di posta. **Q.T.** *posta.*

postàre (pres. *pósto*) [da *posto;* a. 1537] ***tr.*** *T.mil. non com.* collocare, disporre secondo esigenze tattiche: *postare le artiglierie, i soldati* ‖ ***rifl.*** *non com.* mettersi in agguato; appostarsi.

postazióne [da *postare;* 1920] ***sf.*** *T.mil.* **1.** atto del postare, installazione: *la postazione di un cannone* **2.** luogo in cui sono disposti pezzi di artiglieria: *le postazioni del nemico.*

postbèllico o **posbèllico** (pl. *-ci*) [dall'espressione lat. *post bellum,* dopo la guerra; 1915] ***agg.*** del periodo che segue una guerra: *ripresa postbellica.*

postbruciatóre [comp. di *post-* e *bruciatore;* 1958] ***sm.*** parte di un turbomotore compresa tra la turbina e l'ugello di scarico, dove viene bruciato l'ulteriore combustibile.

postcommùnio (pl. *-ni*) [comp. del lat. *post,* dopo e *commūnio,* comunione; a. 1396] ***sm.*** *T.eccl.* l'orazione detta dal sacerdote durante la messa, subito dopo la comunione.

postconsonàntico (pl. *-ci*) [comp. di *post-* e *consonante* con suff. agg.; 1954] ***agg.*** *T.ling.* che segue immediatamente una consonante.

postdatàre (pop. *posdatàre*) [comp. di *post-* e *datare;* 1723] ***tr.*** **1.** apporre su un documento una data posteriore a quella effettiva: *posdatare un assegno* **2.** rif. a un evento storico, a un'opera del passato e sim., attribuire a un'epoca più recente rispetto a quella comunemente accettata ‖ **N.** *Contr.* retrodatare.

postdatàto [da *postdatare;* 1950] ***agg.*** che porta una data posteriore a quella vera: *una lettera postdatata, un documento postdatato.*

postdatazióne [da *postdatare;* 1958] ***sf.*** atto ed effetto del postdatare.

postdentàle [comp. di *post-* e *dentale;* 1954] ***agg.*** e ***sf.*** *T.fon.* di articolazione prodotta opponendo la punta della lingua alla superficie interna degli incisivi superiori (come avviene per [t] e [d] in italiano).

postdiluviàle [dall'ingl. *postdiluvial;* 1958] ***agg.*** e ***sm.*** *T.geol.* lo stesso che *olocenico* e *Olocene.*

postdiluviàno [dall'ingl. *postdiluvian;* 1733] ***agg.*** che è avvenuto dopo il diluvio universale ‖ **N.** *Contr.* antidiluviano.

posteggiàre[1] (pres. *-éggio*) [da *posta;* 1864] ***tr.*** *raro* rif. ad animale o a persona, appostarsi per spiarla e sorprenderla.

posteggiàre[2] (pres. *-éggio*) [da *posto;* 1958] ***tr.*** lasciare in sosta un veicolo in un posteggio, parcheggiare.

posteggiatóre [da *posteggiare*[2]; 1905 nel senso 2; 1963 nel senso 1] ***agg.*** e ***sm.*** (f. *-trìce*) **1.** chi custodisce un posteggio **2.** suonatore girovago che suona abitualmente in determinati luoghi **3.** a Roma, venditore che paga il posteggio.

postéggio (pl. *-gi*) [da *posteggiare*[2]; 1918 nel senso 3; 1942 nel senso 2] ***sm.*** **1.** l'atto del posteggiare: *è proibito il posteggio* **2.** area del suolo pubblico che può essere occupata da vetture in sosta: *posteggio a pagamento, incustodito, custodito* **3.** in un mercato, posto fisso occupato da un venditore ‖ **N. 1.** *Sin.* parcheggio, stazionamento.

postelegràfico (pl. *-ci*) [comp. di *post(ale)* e *telegrafico;* 1908] **I *agg.*** di posta e telegrafo **II *sm.*** (f. *-a*) impiegato delle poste e dei telegrafi.

postelegrafònico (pl. *-ci*) [comp. di *post(ale), telegra(fico)* e *(tele)fonico;* 1918] **I *agg.*** di posta, telegrafo e telefono; che appartiene all'amministrazione delle Poste, dei Telegrafi e dei Telefoni **II *sm.*** (f. *-a*) impiegato in detta amministrazione.

postelementàre [comp. di *post-* e *elementare;* 1955] ***agg.*** di corso di studio, successivo alle scuole elementari.

postèma [lat. *apostēma,* gr. *apóstēma;* 1306] ***sf.*** *pop. arc.* apostema, ascesso.

poster (ingl., pr. ['poustə]; pr. it. ['pɔster]) [da *to post,* collocare; 1971] ***sm. inv.*** manifesto da appendere al muro.

postergàle [dalla voce disus. *postergo,* dietro, tergo; 1804] ***sm.*** *raro* la parte posteriore di un seggiolone, di una cassapanca o di altro mobile.

postergàre (pres. *-èrgo*) [dall'espressione lat. *post tergum,* dietro il dorso; a. 1349 nel senso 1; 1970 nel senso 2] ***tr.*** *lett.* **1.** gettarsi dietro le spalle, quasi solo *fig.,* trascurare, sprezzare: *postergare ogni principio di religione, di onore* **2.** *T.bur.* rif. a lettere, documenti e sim., annotare sul retro.

postergazióne [da *postergare;* a. 1873] ***sf.*** il postergare, l'essere postergato.

posterìa [voce milan., da *posta,* parte del suolo di una piazza o di un mercato assegnato ai singoli venditori; a. 1794] ***sf.*** *sett.* negozio di generi alimentari.

posterióre [dal lat. *posterior, -ōris;* 1308] **I *agg.*** **1.** che è dietro: *la parte posteriore del duomo, zampe posteriori, sedili posteriori dell'auto* **2.** che viene dopo: *un evento posteriore a quella data, la fama è stata posteriore alla sua morte* ‖

posteriorménte ***avv.*** **1.** nella parte posteriore **2.** in tempo successivo ‖ nella *loc. prep. posteriormente a,* dietro **II *sm.*** deretano; perlopiù *scherz.* ‖ **N.** I **2.** *Sin.* successivo | *Contr.* anteriore.

posteriorità [da *posteriore;* 1640] ***sf.*** condizione di ciò che è posteriore: *posteriorità di un fatto, di un luogo.*

posterità [dal lat. *posteritas, -ātis;* fine sec. XIII] ***sf.*** **1.** i discendenti di una persona: *la posterità di Giulio Cesare* **2.** *per estens.* i posteri: *passare alla posterità,* acquistare fama che duri anche tra i posteri.

postèrla v. POSTIERLA.

pòstero [dal lat. *posterus;* 1476] **I *agg.*** *lett.* che segue nel tempo, posteriore **II *sm.*** quasi solo al *pl.,* le generazioni future: *ai posteri l'ardua sentenza* (Manzoni) ‖ **N.** II *Sin.* discendente | antenato.

postfazióne [comp. di *post-* e di *(pre)fazione;* 1982] ***sf.*** commento di un libro, di tipo analogo alla prefazione, scritto gen. da persona diversa dall'autore del testo e posto alla fine del libro.

postglaciàle [comp. di *post-* e *glaciale;* 1958] ***agg.*** e ***sm.*** *T.geol.* lo stesso che *olocenico* e *Olocene.*

postìccia (pl. *-ce*) [f. sost. di *posticcio,* prima metà sec. XV] ***sf.*** filari di alberi piantati spec. a difesa e rinforzo di argini.

posticciàre (pres. *-ìccio*) [da *posticcia;* sec. XVI-XVIII] ***tr.*** *disus. T.agr.* porre a dimora, trapiantare in filari nel terreno.

posticciàta [da *posticcia;* sec. XVI-XVIII] ***sf.*** *ant.* alberata, rinforzo di posticce.

postìccio (pl. m. *-ci,* pl. f. *-ce*) [lat. tardo *appositīcius;* a. 1320] **I *agg.*** che è applicato, inserito per sostituire qualcosa (di cui costituisce un'imitazione): *capelli, denti posticci* ‖ *per estens.* temporaneo: *muro, ponte posticcio* **II *sm.*** **1.** *toupet* **2.** piantina o vivaio di piantine da trapiantare ‖ **N.** I *Sin.* artificiale, falso, finto, fittizio | pseudo-.

posticìno (*dim.* di *posto*) [a. 1861] ***sm.*** **1.** piccolo posto **2.** luogo tranquillo e confortevole: *ho passato le vacanze in un bel posticino di montagna.*

posticipàre (pres. *-ìcipo*) [dal lat. tardo *posticipāre,* seguire a; 1676] ***tr.*** spostare in un tempo successivo a quello fissato o consueto: *posticipare il pranzo, la partenza* ‖ **N.** *Sin.* differire, prorogare, rimandare, rinviare | *Contr.* anticipare.

posticipàto (*pps.* di *posticipare*) [1673] ***agg.*** rinviato ad un tempo successivo; *in part.* di stipendio, salario, pagamento, consegnato alla fine del tempo fissato, del lavoro compiuto ecc.: *affitto, paga posticipata.*

posticipazióne [da *posticipare;* 1673] ***sf.*** atto ed effetto del posticipare, rinvio.

postìco (pl. *-chi*) [dal lat. *postīcum,* neutro sost. di *postīcus,* posteriore; prima metà sec. XIV] ***agg.*** e ***sm.*** *T.archeol.* di elemento architettonico, situato nella parte posteriore di un edificio.

postière [da *posta;* 1585] ***sm.*** in passato, chi teneva i cavalli della posta e ne organizzava il servizio.

postièri [lat. *post heri,* propr. dietro a ieri; metà sec. XIII] ***avv.*** *arc.* ieri l'altro.

postièrla o **postèrla** o **pustièrla** [lat. tardo *posterula;* a. 1348] ***sf.*** *T.stor.* porticina segreta nelle mura delle città o dei castelli per il passaggio di una sola persona alla volta.

postiglióne [dal fr. *postillon;* 1585] ***sm.*** chi guidava i cavalli di una vettura di posta, che gen. montava il cavallo di sinistra ‖ *per estens.* cocchiere di famiglia signorile che guidava cavalcando uno dei cavalli della pariglia.

postilla [dal lat. *post illa,* dopo quelle (parole); 1321] ***sf.*** **1.** breve nota fatta nel margine o in calce alla pagina di un libro; chiosa **2.** *T.giur.* aggiunta a un atto apposta da un notaio per modificare o integrare il testo **3.** *arc.* contorni del viso, lineamenti: *tornan dei nostri visi le postille* (Dante) || **N.** **1.** *Sin.* commento, glossa.

postillàre [da *postilla*; a. 1498] ***tr.*** annotare con postille, chiosare.

postillatóre [da *postillare*; 1565] ***sm.*** (f. *-trìce*) *lett.* chi postilla || **N.** *Sin.* chiosatore, commentatore, glossatore.

postillatùra [da *postillare*; a. 1729] ***sf.*** *non com.* il postillare, l'annotare || l'insieme delle postille.

postìme [da *postare*, sul modello di *concime*; a. 1597] ***sm.*** *tosc.* giovane pianticella da trapiantare.

postimpressionìṣmo [comp. di *post-* e *impressionismo*; 1927] ***sm.*** movimento artistico francese che reagisce all'impressionismo.

postindustriàle [comp. di *post-* e *industriale*; a. 1975] **I** ***agg.*** *T.econ.* relativo alla fase economica in cui le attività del terziario si impongono su quelle agricole e industriali **II** ***sm.*** il complesso delle attività proprie di tale fase.

postinfartuàle [comp. di *post-* e di un der. di *infarto*; 1986] ***agg.*** *T.med.* successivo ad un infarto: *decorso postinfartuale.*

postìno [da *posta*; 1841] ***sm.*** (f. *-a*) portalettere. **Q.T.** *posta.*

postìte [comp. del gr. *pósthē*, prepuzio e *-ite*[1]; 1835] ***sf.*** *T.med.* infiammazione del prepuzio.

postlarvàle [comp. di *post-* e *larvale*; 1986] ***agg.*** *T.biol.* che segue la fase larvale: *periodo postlarvale.*

postlimìnio (pl. *-ni*) (raro *poṣlimìnio*) [dal lat. *postliminium*; 1556] ***sm.*** *T.stor.* nel diritto romano, la legge che garantiva al cittadino romano, che ritornava in patria dopo una prigionia, il riacquisto dei propri diritti e beni.

postlùdio o **poṣlùdio** (pl. *-di*) [da *preludio*, con cambio di pref.; 1871] ***sm.*** **1.** *T.mus.* breve pezzo per organo eseguito alla fine di una cerimonia religiosa || brano eseguito al termine di un'opera teatrale o composizione vocale **2.** *fig.* evento, discorso ecc., che ne segue un altro e ne costituisce quasi la conclusione.

postmilitàre [comp. di *post-* e *militare*; 1935] ***agg.*** d'istruzione che viene impartita ai soldati in congedo || **N.** *Contr.* premilitare.

postmodernìṣmo [comp. di *post-* e *modernismo*; 1983] ***sm.*** *T.art.* complesso delle tendenze culturali e degli atteggiamenti postmoderni.

postmodernità [comp. di *post-* e *modernità*; 1978] ***sf.*** *T.art.* **1.** postmodernismo **2.** l'epoca attuale, caratterizzata come postmoderna.

postmodèrno [comp. di *post-* e *moderno*; 1980] **I** ***agg.*** **1.** *T.art.* che si riferisce o è proprio dello stile architettonico sorto alla fine degli anni settanta, che mira al superamento dei princìpi del movimento moderno (razionalità, funzionalismo, subordinazione alle innovazioni tecnologiche e agli interessi industriali) **2.** *per estens.* di atteggiamento culturale che afferma la crisi della modernità, nei suoi principi di razionalità e di fiducia in un progresso illimitato **II** ***sm.*** l'insieme di idee, di atteggiamenti, di prodotti culturali postmoderni.

pósto[1] [lat. *positus*; 1452] ***sm.*** **1.** (non numerabile) spazio occupabile: *c'è ancora posto in valigia, fai posto che mi siedo, un mobile che occupa troppo posto* || *fig.* opportunità di agire: *non c'è posto per chi ha paura* **2.** sede, collocazione abituale: *rimettere i libri al loro posto, ho notato alcuni oggetti fuori posto* || *a posto*, in ordine: *mettere a posto la camera, mettersi a posto l'acconciatura*; nella posizione o sistemazione più conveniente: *tenere le mani, la lingua a posto*, senza compiere gesti o dire cose sconvenienti; *avere la coscienza a posto*, averla pulita; *avere la testa a posto*, essere equilibrato e giudizioso **3.** (numerabile) luogo, punto assegnato in cui accomodarsi, installarsi o permanere per svolgere determinate attività: *una vettura a cinque posti, posto di guida, di osservazione, di combattimento, aggiungere un posto a tavola* || *fig. saper stare al proprio posto*, non eccedere i limiti del proprio rango, della propria autorità e sim. || *in part.* ciascuna sedia, poltrona o spazio delimitato in cui trovano sistemazione le persone che stanno in platee, stadi, aule e sim.: *un teatro con cinquecento posti, occupami il posto, torno subito, ci sono solo più posti in piedi, torna a(l) posto, e la prossima volta studia di più!*; *prendere posto*, accomodarsi, sistemarsi; *posto letto*, ciascun letto di ospedali, alberghi e sim. || *posto d'onore*, nei banchetti, quello alla destra del padrone di casa || *fig.* situazione, condizione: *se tu fossi al mio posto capiresti* **4.** località, luogo: *è un posto ancora inesplorato, un posto fuori mano, incantevole, molto frequentato, non è questo il posto adatto per mettersi a discutere* || luogo circoscritto attrezzato per particolari scopi: *posto di blocco, di ristoro, posto telefonico pubblico* || il luogo in questione: *la gente del posto è molto cordiale, la polizia è giunta subito sul posto* || locale: *un posto sempre frequentato da tipacci, un posto dove si mangia bene a un prezzo onesto* || *eufem. volg. prendersela in quel posto* (s'intende nel sedere), essere ingannato o truffato; *mandare a prendersela in quel posto*, mandare al diavolo **5.** lavoro, impiego stabile: *lottare per mantenere il posto, trovare un posto da segretaria; perdere il posto*, venir licenziato || ruolo, carica: *occupa un posto di grande responsabilità* || *dim.* posticìno; *pegg.* postàccio || **N.** **1.** SPAZIO **3.** *Sin.* ubicazione | comodo, largo, libero, occupato, prenotato, riservato, stretto | assegnare, cedere **4.** LUOGO **5.** *Sin.* ufficio | vacante.

pósto[2] (*pps.* di *porre*) [1211] ***agg.*** collocato, situato: *un castello posto sulle rive del lago.*

postònico (pl. *-ci*) [comp. di *post-* e *tonico*; 1873] ***agg.*** che segue la sillaba o la vocale tonica: *consonante postonica.*

postoperatòrio (pl. *-ri*) [comp. di *post-* e *operatorio*; 1954] ***agg.*** che viene dopo o in seguito ad una operazione chirurgica: *complicazione postoperatoria.*

postprandiàle [dal lat. *post prandium*, dopo il pranzo; a. 1552] ***agg.*** *lett.* che viene dopo il pranzo.

postraumàtico (pl. *-ci*) [comp. di *post-* e *trauma*, con suff. agg.; 1957] ***agg.*** che viene dopo o in seguito ad un trauma.

postrèmo [dal lat. *postrēmus*; 1321] ***agg.*** *lett.* ultimo; estremo.

postribolàre [da *postribolo*; 1950] ***agg.*** di, da postribolo, triviale: *linguaggio postribolare.*

postrìbolo [dal lat. *prostibulum*, in orig. prostituta, poi bordello; sec. XIV] ***sm.*** *lett.* casa di prostituzione, bordello.

postridentìno [comp. di *post-* e *tridentino*; 1950] ***agg.*** successivo al Concilio di Trento.

postrisorgimentàle [comp. di *post-* e *risorgimentale*; 1963] ***agg.*** che si svolge nel periodo immediatamente successivo al Risorgimento || che concerne tale periodo.

post scriptum (lat., pr. it. [pɔst 'skriptum]) [propr. dopo lo scritto; 1819] ***loc. m. inv.*** lo stesso che *poscritto* (gen. abbreviato con *P.S.*).

postulànte (*ppr.* di *postulare*) [1640] ***s.*** **1.** chi fa domanda o rivolge una supplica per ottenere un impiego, un soccorso, una grazia e sim. **2.** *T.eccl.* aspirante novizio che si trova nel periodo di postulato || **N.** **1.** *Sin.* istante, richiedente, supplicante.

postulàre (pres. *pòstulo*) [dal lat. *postulāre*; metà sec. XIV] ***tr.*** **1.** far domanda per ottenere un lavoro: *postulare l'impiego di usciere* **2.** *lett.* chiedere con insistenza **3.** in argomentazioni filosofiche o matematiche, ammettere come vero senza dimostrazione || *per estens.* di tesi, conclusioni e sim., esigere come condizione necessaria **4.** in diritto canonico, chiedere di essere ammesso a un ordine religioso.

postulàto[1] (*pps.* di *postulare*) [1631] ***sm.*** *T.fil.* e *T.mat.* proposizione che viene ammessa come vera senza dimostrazione.

postulàto[2] [da *postulare*, sul modello di *noviziato*; 1958] ***sm.*** *T.eccl.* periodo di prova che precede il noviziato.

postulatóre [dal lat. *postulātor*, *-ōris*; a. 1745] ***sm.*** (f. *-trìce*) **1.** *non com.* postulante **2.** *T.eccl.* chi presenta gli atti occorrenti alla canonizzazione.

postulatòrio (pl. *-ri*) [dal lat. *postulatōrius*; a. 1675] ***agg.*** *raro* che ha carattere di postulato; anche *spreg.*, gratuito, non argomentato.

postulazióne [dal lat. *postulātio*, *-ōnis*; a. 1311] ***sf.*** **1.** *raro* supplica, istanza **2.** *T.eccl.* richiesta di beatificazione.

pòstumo [dal lat. *postumus*; 1342] **I** ***agg.*** **1.** di figlio, nato dopo la morte del padre **2.** *per estens.* di opera, pubblicata o diffusa dopo la morte dell'autore || in gen., successivo alla morte: *fama postuma* **II** ***sm. pl.*** *T.med.* segni, disturbi che rimangono al termine di una malattia o dopo un trauma: *i postumi del tifo, della scarlattina, di una frattura* || *per estens.* le conseguenze negative, strascichi: *i postumi della crisi.*

postùra [var. di *positura*; 1313] ***sf.*** **1.** *T.fisiol.* la posizione del corpo **2.** *arc.* patto segreto e fraudolento.

posturàle [da *postura*; 1958] ***agg.*** *T.fisiol.* attinente alla postura || *attività posturale*, il tono muscolare.

postùtto [comp. di *post-* e *tutto*; prima metà sec. XIII] ***avv.*** solo nella *loc. avv. ant.* o *lett.*: *al postutto*, infine, insomma, in fin dei conti.

postvocàlico (pl. *-ci*) [comp. di *post-* e *vocalico*; 1958] ***agg.*** *T.ling.* che segue immediatamente una vocale: *consonante, posizione postvocalica.*

postvulcànico (pl. *-ci*) [comp. di *post-* e *vulcanico*; 1958] ***agg.*** *T.geol.* di fenomeno, che accompagna la fine di un ciclo vulcanico.

potàbile [dal lat. tardo *potābilis*; seconda metà sec. XV - prima metà sec. XVI] ***agg.*** di acqua, bevibile senza pregiudizio della salute.

potabilità [da *potabile*; a. 1936] ***sf.*** l'essere potabile.

potabiliẓẓàre [da *potabile*; 1935] ***tr.*** rendere potabile.

potabiliẓẓazióne [da *potabilizzare*; 1958] ***sf.*** il complesso di operazioni cui si sottopone l'acqua per renderla potabile.

potàcchio (pl. *-chi*) [etim. inc.; 1585] ***sm.*** *dial.* manicaretto brodoso alla cacciatora.

potage (fr., pr. [pɔ'taːʒ]) [da *pot*, vaso, pentola; 1905] ***sm.*** *inv.* passato di verdure.

potàggio o **pottàggio** (pl. *-gi*) [dal fr. *potage*; 1389 ca.] ***sm.*** *arc.* pietanza costituita da carne in umido.

potagióne [lat. *putātio*, *-ōnis*; a. 1320] ***sf.*** *arc.* potatura.

potaiòlo [da *potare*; 1416] ***sm.*** *non com.* potatoio.

potamochèro o **potamocèro** [comp. di *potamo-* e del gr. *chôiros*, porco; 1875] ***sm.*** mammifero africano dei Suidi, simile ad un cinghiale, con due ciuffetti sulle orecchie appuntite.

Potamogetonàcee [comp. del gr. *potamogéitōn*, (erba che cresce) vicino al fiume e *-acee*; 1937] ***sf. pl.*** *T.bot.* famiglia di erbe acquatiche monocotiledoni dalle foglie nastriformi o filiformi.

potamologia [comp. del gr. *potamós*, fiume e *-logia*; 1754] ***sf.*** parte della geografia che studia i fiumi.

potàre (pres. *póto*) [lat. *putāre*; a. 1311] ***sf.***

1. sottoporre a potatura: *potare il melo, la vite, potare i rami secchi* || *potare lungo, corto,* lasciare, potando, rami lunghi, corti || *potare a corona,* tagliare tutti i rami a uguale lunghezza **2.** *fig.* tagliar via, eliminare || **N. 1.** *Sin.* capitozzare, dibrucare, roncare, scacchiare, sfrondare, spollonare, succidere, svettare, tondare, tosare | a bicchiere, a cono, a ombrello, a paniere, a pergola, a spalliera, a ventaglio, a vaso | pennato, potatoio, roncola.

potàssa [dal fr. *potasse*; 1795] ***sf.*** *T.chim.* denominazione corrente del carbonato di potassio, impiegato soprattutto nella fabbricazione di vetri duri || *potassa caustica,* idrato potassico impiegato come reagente in chimica e nella produzione di saponi.

potàssico (pl. *-ci*) [dal fr. *potassique*; a. 1869] ***agg.*** di potassio: *sali, cloruri potassici.*

potàssio (pl. *-si*) [dall'ingl. *potassium*; 1829] ***sm.*** *T.chim.* elemento metallico, bianco argento, molle come cera, che si ossida rapidamente all'aria, piuttosto diffuso in natura in numerosi minerali; *carbonato di potassio, idrossido di potassio,* v. POTASSA; *nitrato di potassio,* impiegato per la fabbricazione di polvere nera e in pirotecnica; com. detto *salnitro.*

potatóio (pl. *-ói*) [dal tardo *putatōrium*; 1618] ***sm.*** arnese per potare, roncola || **N.** *Sin.* falcetto, falciola, pennato, ronchetto.

potatóre [lat. *putātor, -ōris*; a. 1320] ***sm.*** (f. *-trice*) chi esegue la potatura.

potatùra [da *potare*; 1312] ***sf.*** operazione che si effettua su alberi o piante, consistente nel tagliare ad arte i rami in modo da eliminare le parti secche o malate, modificarne la forma a scopo estetico o, se si tratta di viti e alberi da frutta, migliorarne il rendimento: *potatura a palmetta, a piramide* || *non com.* i rami asportati: *una fascina di potatura.* **TAV. *giardinaggio* p. 1314** 10.

pot-au-feu (fr., pr. [pɔto'fø]) [propr. pentola al fuoco; 1905] ***sm. inv.*** lesso di manzo con brodo e verdura.

potazióne¹ [dal lat. *potātio, -ōnis*; a. 1306] ***sf.*** *arc.* bevuta, libagione; bevanda.

potazióne² [lat. *putātio, -ōnis*; a. 1320] ***sf.*** *arc.* potatura.

potentàrio (pl. *-ri*) [da *potente*; a. 1698] ***sm.*** *arc.* signore, dominatore.

potentàto [dal lat. *potentātus*; a. 1494] ***sm.*** *lett.* **1.** potenza, governo, Stato: *i potentati d'Europa* **2.** signore che ha dominio, principe sovrano || *per estens.* persona potente.

potènte [dal lat. *potens, -entis*; fine sec. XII] **I *agg.*** **1.** che ha gran potere, influenza o autorità: *una potente organizzazione mafiosa, ha amici potenti che lo aiutano* **2.** in grado di fornire grandi prestazioni, ad alta resa per la forza o la qualità: *un potente atleta, un muscolo, un motore potente, cannocchiale potente* || ben sviluppato, assai capace: *memoria, ingegno potente* || *per estens.* efficace, di grande effetto: *sonnifero, veleno potente* || realizzato con grande energia: *un potente sinistro lo ha messo K.O.* || **potenteménte** ***avv.*** con forza ed efficacia **II *sm.*** spec. *pl.* chi ha grandi poteri, chi comanda o governa: *i potenti della terra* || **N. I 1.** *Sin.* autorevole, influente **2.** *Sin.* energico, forte, poderoso, vigoroso.

potentìlla [voce formata con suff. latineggiante *-illa* sul lat. *potentia,* nel senso di piccola virtù (medicinale); 1561] ***sf.*** pianta erbacea delle Rosacee simile alla fragola, ma dai fiori gialli.

potènza [dal lat. *potentia,* fine sec. XII - prima metà sec. XIII] ***sf.*** **1.** facoltà, condizione di chi è potente, ed è in grado di decidere, controllare o influenzare il corso degli eventi, dovuta a larga disponibilità di mezzi economici, militari, politici ecc.: *potenza di una nazione, di un partito, un'associazione che ha raggiunto la sua massima potenza* **2.** *concr.* Stato od organizzazione potente: *alleanza fra le potenze occidentali, una potenza invincibile; una potenza nel settore finanziario* || *potenze occulte,* forze magiche **3.** energia, vigore propri di chi o di ciò che può esercitare grande forza, o funzionare con grande efficienza: *la straordinaria potenza di quell'atleta, le due auto si eguagliano per potenza, potenza distruttiva di un ordigno esplosivo; potenza di un telescopio* || capacità di produrre effetti, di influenzare: *potenza dell'autosuggestione, dell'inconscio, dell'amore, un brano di grande potenza evocativa* || rif. a maschio, capacità sessuale **4.** *T.fil.* nella filosofia aristotelica, attitudine, facoltà propria di ogni sostanza di assumere una determinata forma (in contrapposizione ad *atto*) || *in potenza,* con tutti i requisiti potenziali: *è, in potenza, un grande artista* **5.** *T.mat.* prodotto di un numero, detto *base,* per se stesso tante volte quanto è indicato da un altro numero detto *esponente*: *elevare a potenza; iperb. all'ennesima potenza,* in sommo grado, assai || *insieme potenza,* di un insieme, l'insieme dei suoi sottoinsiemi **6.** *T.fis.* quantità di lavoro totale divisa per unità di tempo || *T.orol. potenza dell'organo motore,* forza necessaria a mantenere in movimento un orologio **7.** *T.geol.* spessore di uno o più strati rocciosi, misurato perpendicolarmente alle loro superfici || **N. 1.** *Sin.* ascendente, autorità, dominio, influenza, influsso, onnipotenza, plenipotenza, potere, potestà, prestigio, strapotenza; magia | accrescere, consolidare, declinare **3.** *Sin.* carica, efficacia, incisività.

potenziàle [dal lat. *potentia*; a. 1320] **I *agg.*** **1.** che è contenuto in potenza e, nelle condizioni opportune, può manifestarsi o svilupparsi (contrapposto ad *attuale*): *le sue potenziali capacità non vengono sfruttate, forza, resa potenziale* || *per estens.* possibile, eventuale: *un potenziale nemico, una vittoria potenziale* || *T.gram.* di modo o tempo verbale, che esprime la possibilità di un'azione: *congiuntivo potenziale* **2.** *T.fis. energia potenziale,* l'energia di una particella o di un corpo in un campo, dipendente dalla posizione || **potenzialménte** ***avv.*** virtualmente, in potenza **II *sm.*** **1.** *T.fis.* ciascuna delle varie funzioni dalle quali si può calcolare l'intensità e la velocità di ogni punto di un campo || *in part. differenza di potenziale elettrico,* in un campo elettrico, la tensione esistente fra due punti, che rappresenta il lavoro necessario a trasferire un'unità di elettricità da un punto all'altro **2.** complesso di mezzi a disposizione: *potenziale bellico, industriale* || disponibilità, capacità: *potenziale di lavoro, potenziale di vendita, di mercato* || **N. I 1.** *Sin.* virtuale; teorico; latente **2.** alto / basso.

potenzialità [da *potenziale*; a. 1498] ***sf.*** condizione di ciò che è potenziale || *concr.* mezzi, risorse disponibili: *potenzialità finanziarie.*

potenziaménto [da *potenziare*; 1932] ***sm.*** incremento o miglioramento delle risorse: *potenziamento di un settore economico.*

potenziàre (pres. *-ènzio*) [da *potenza*; 1927] ***tr.*** fornire una maggiore capacità di resa incrementando le risorse: *potenziare l'industria, una flotta, un motore* || rinforzare, accrescere: *potenziare la memoria.*

potenziàto (*pps.* di *potenziare*) [1915] ***agg.*** *T.arald. croce potenziata,* con tre soli bracci, a forma di T.

potenziometrìa [comp. di *potenzia(le)* e *-metria*; 1986] ***sf.*** *T.elettr.* misurazione delle differenze di potenziale elettrico e delle intensità delle correnti e delle resistenze.

potenziomètrico (pl. *-ci*) [da *potenziometro*; 1931] ***agg.*** *T.elettr.* relativo al potenziometro e alla potenziometria, proprio del potenziometro e della potenziometria.

potenziòmetro [comp. del lat. *potentia* e *-metro*; 1889] ***sm.*** *T.elettr.* dispositivo per misurare le differenze di potenziale.

potére¹ (pres. *pòsso, puòi, può, possiàmo, potéte, pòssono*; p.rem. *potéi, potésti, poté, potémmo, potéste, potérono*; fut. *potrò, potrài* ecc.; cong. pres. *pòssa, possiàmo, pòssano,* cond. pres. *potrèi, potrésti* ecc.; manca l'imperativo; pps. *potùto*) [lat. volg. **potēre*; a. 1237] **I** come verbo modale, seguito da un inf. (se coniugato nei tempi composti, prende l'ausiliare del verbo a cui è unito: *non sono potuta tornare in tempo, non ho potuto mangiare*) **1.** essere liberi di, avere il diritto o la facoltà di: *sei sei maggiorenne puoi sposarti, non potete farmi questo, vigliacchi!, puoi venire a trovarci quando vuoi* || avere motivo di: *con questo stipendio non posso lamentarmi* || può essere costruito anche con soggetto inanimato, spec. in frasi passive, implicando sempre permesso o facoltà di scelta per una persona (anche non espressa): *i pagamenti possono essere effettuati a mezzo vaglia, le richieste possono giungere entro il 15 del mese* || per ottenere un permesso, spesso con il cond.: *posso entrare?, potrei avere ancora un po' di minestra?* **2.** avere la forza o la capacità di; farcela, riuscire: *posso portare la valigia da sola, non posso certo battere una cintura nera; non posso più andare avanti così* || essere in grado di: *potere udire bene le mie parole?* || essere in condizione di, spec. in formule di cortesia: *posso esservi utile?*; anche nel senso di "trovare comodo, opportuno": *potresti ritelefonare più tardi?* **3.** essere nella condizione potenziale — sovente probabile — di, avere l'opportunità di (spesso attenuata dall'uso del condizionale): *puoi farti male con quel coltello, se vieni potrai conoscere molte persone simpatiche, il tempo può (potrebbe) cambiare da un momento all'altro, potrebbero essere le sei; può darsi che, può essere che,* è possibile che || in espr. ottative: *possa cadere fulminato se ti sto mentendo!* **4.** (in questo senso all'ind. non si usa nei tempi composti, ma si usa l'inf. passato del verbo che segue) di soggetto inanimato o astratto (o comunque considerato indipendentemente dalla sua volontà), ammettere la possibilità logica o fisica di: *un triangolo può avere un angolo ottuso, sotto quel ponte possono passare veicoli alti fino a m 2,50, l'incidente può essere stato causato solo dalla nebbia o dal ghiaccio* **5.** per sottolineare il carattere ipotetico e soggettivo di una stima: *potranno essere state le sei, potrà avere sedici anni al massimo* **6.** in varie espr. ellittiche; essere in grado di fare: *si fa quel che si può, cosa non può l'amore!* || essere efficace: *l'esempio può più delle parole* || essere facoltosi o potenti: *è gente che può* || *non poterne più,* non riuscire più a sopportare, essere al limite: *non se ne può più di questo lavoro* || nella *loc. avv. a più non posso,* con il massimo dell'impegno o dello sforzo: *gridare, correre a più non posso* **II *tr.*** avere in proprio potere, essere in condizione di fare: *è un uomo che può molto, Dio può tutto.*

potére² [sost. di *potere*¹; fine sec. XII - prima metà sec. XIII] ***sm.*** **1.** capacità di compiere determinate azioni o di ottenere determinati effetti: *non è in mio potere aiutarti, questo va oltre i miei poteri, una pozione magica che conferisce magici poteri, poteri paranormali, ha il potere di confondermi le idee* || in gen., facoltà di disporre e agire in un determinato ambito: *concedere larghi poteri, ambasciatore con pieni poteri, abuso di potere* || *T.fis.* attitudine di un corpo o di una sostanza a manifestare un fenomeno, gen. caratterizzabile quantitativamente: *potere calorifico, frenante, assorbente* || *T.econ. potere d'acquisto,* quantità di beni e servizi acquistabili con un'unità monetaria **2.** (non numerabile) in una società, possibilità di determinare (in misura variabile) il comportamento dei suoi membri, anche contro la loro volontà: *mirare al potere, brama di potere* || considerato come una quantità divisibile: *oggi i sindacati hanno molto potere, perdere, acquisire potere* || *in part.*

potere politico, facoltà di prendere e imporre decisioni sulla cosa pubblica: *la presa del potere di Enrico IV, dei bolscevichi, in democrazia il potere appartiene al popolo, un partito che è al potere da quarant'anni* **3.** (numerabile) ciascuna specificazione del potere nel senso 2: *i tre poteri,* nel liberalismo classico, legislativo, esecutivo, giudiziario; *il quarto potere,* la capacità di influenzare l'opinione pubblica, e *per meton.* i mezzi di comunicazione di massa, in part. i giornali; *potere temporale,* quello politico; *potere spirituale,* quello delle autorità ecclesiastiche **4.** dominio, controllo: *sei ormai in mio potere, la situazione cadde in suo potere* || **N. 1.** *Sin.* facoltà; forza; proprietà, virtù **2.** *Sin.* autorità, comando, dominio, potenza, sovranità | accentrare, accrescere, assumere, conservare, ereditare, perdere, trasmettere **4.** *Sin.* soggezione. **Q.T.** *diritto.*

potestà [dal lat. *potestas, -ātis*; a. 1294] ***sf.*** **1.** diritto o autorità di comandare o di disporre: *non abbiamo la potestà di farlo* || *essere in potestà di qualcuno,* essergli sottomesso, dovergli obbedienza || *patria potestà,* il diritto che ha il padre di famiglia (o, in sua assenza, la madre) sui figli minori di farli obbedire e di amministrare i loro beni **2.** *T.teol.* la terza gerarchia di angeli, che segue le Dominazioni e le Virtù **3.** *arc.* potenza || **N. 1.** arbitrio, balìa, licenza.

potestatìvo [dal lat. tardo *potestatīvus,* attr. il fr. *potestatif*; 1806] ***agg.*** *T.giur.* di condizione il cui verificarsi dipende dalla volontà di una delle parti contraenti: *diritto potestativo.*

potesterìa [da *potestà*; sec. XIII-XVI] ***sf.*** podesteria.

potin (fr., pr. [po'tɛ̃]) [da *pot,* vaso, boccale; 1905] ***sm.*** *inv.* pettegolezzo.

potìssimo [dal lat. *potissimus*; 1308] ***agg.*** *arc. lett.* principalissimo, specialissimo.

pòto [dal lat. *pōtus*; a. 1306] ***sm.*** *arc. lett.* il bere.

potòrio (pl. *-ri*) [dal lat. *potōrius*; 1880] ***agg.*** *lett.* attinente al bere.

pot-pourri (fr., pr. [popu'ri]) [propr. pentola putrida; a. 1729] ***sm.*** *inv.* **1.** piatto di varie carni cotte con verdure **2.** *fig. T.mus.* composizione che riunisce arie o brani tratti da opere diverse **3.** *fig.* mescolanza, zibaldone, guazzabuglio.

pottàggio v. POTAGGIO.

pottinìccio (pl. *-ci*) [etim. inc.; a. 1742] ***sm.*** *fam. tosc.* fanghiglia || *fig.* guazzabuglio, intruglio || lavoro mal fatto.

pòtus [dal lat. scient. *pothos*; 1835 *poto*] ***sm.*** *inv.* pianta ornamentale della famiglia delle Aracee, dalle foglie cuoriformi, e dal fusto ricadente.

pouf (fr., pr. [puf]) [di orig. onom.; 1905] ***sm.*** *inv.* **1.** sgabello imbottito a forma di cuscino **2.** acconciatura speciale di capelli, per signora.

poujadismo (pr. [puʒa'dizmo]) [dal n. proprio P. *Poujade*; 1958] ***sm.*** movimento che si sviluppò in Francia tra il 1953 e il 1956 per iniziativa di Pierre Poujade per esprimere la protesta dei piccoli commercianti e degli artigiani contro la politica fiscale del governo || **N.** qualunquismo.

poulain (fr., pr. [pu'lɛ̃]) [propr. puledro; 1958] ***sm.*** *inv.* **1.** puledro **2.** in gergo sportivo, allievo che viene preparato per un dato sport.

poule (fr., pr. [pul]) [propr. gallina; 1905] ***sm.*** *inv.* **1.** gara in cui il premio è costituito dalle poste messe dai singoli giocatori || *in part.* varietà di gioco al biliardo in cui i giocatori sono progressivamente eliminati e l'ultimo vince la posta **2.** l'insieme dei vari gironi, in una gara a eliminazione.

pouponnière (fr., pr. [pupɔ'njɛ:r]) [da *poupon,* bamboccio; 1963] ***sf.*** *inv.* asilo-nido.

pour cause (fr., pr. [pur'ko:z]) [propr. per causa; 1905] ***loc. avv.*** per una buona ragione, per motivi fondati.

pourparler (fr., pr. [pur par'le]) [comp. di *pour,* per e *parler,* parlare; 1905] ***sm.*** *inv.* trattativa preliminare, abboccamento a scopo di trattativa.

poussoir (fr., pr. [pu'swa:r]) [da *pousser,* spingere; 1942] ***sm.*** *inv. T.abb.* piccolo bottone metallico che non si allaccia, ma si incastra a pressione.

povènta [da *po',* dopo, dietro e *vento*; 1863] ***sf.*** *tosc.* e *umbro* solo nella *loc. avv. a poventa,* al riparo dal vento.

poveràccia o **peveràccia** o **poveràzza** (pl. *-ce*) [dal sett. *pevere,* pepe, per il sapore, con influsso di *povero*; a. 1742] ***sf.*** denominazione di alcuni molluschi lamellibranchi.

poveràccio (pl. m. *-ci,* pl. f. *-ce*) (*pegg.* di *povero*) [a. 1525] ***sm.*** (f. *-a*) persona povera e sfortunata; spesso per esprimere compassione: *poveraccio, ha sofferto tanto!.*

poveràglia (pl. *-glie*) [da *povero*; a. 1449] ***sf.*** *spreg.* insieme di molti poveri, di molti mendicanti.

poveràzza v. POVERACCIA.

poverèllo (*dim.* di *povero*) [1225 ca.] ***sm.*** (f. *-a*) **1.** persona che versa in misere condizioni e suscita benevola compassione || *per anton. il Poverello d'Assisi,* S. Francesco **2.** *region.* poverino.

poverétto (*dim.* di *povero*) [a. 1536] ***sm.*** (f. *-a*) poverino: *poveretto, deve fare tutta quella strada a piedi!.*

poverézza [da *povero*; a. 1294] ***sf.*** *ant.* povertà.

poverìno (*dim.* di *povero*) [sec. XIV] ***sm.*** (f. *-a*) chi si trova in condizioni disagevoli o penose e suscita compassione affettuosa: *non lo fanno mai giocare con loro, poverino!* || anche *iron.*: *poverino, non ha potuto studiare!.*

pòvero [lat. *pauper, -eris*; fine sec. XII] **I *agg.*** **1.** (perlopiù posposto al nome) che vive in ristrettezza di mezzi o ne è addirittura privo, indigente: *è nata in una famiglia povera e numerosa, un ente che assiste le persone povere e sole della città, gente povera che si arrangia come può*; caratterizzato da povertà, che denota povertà: *i paesi poveri e arretrati, un'esistenza povera, una casa, una cena povera* || *povero in canna,* senza un soldo, poverissimo **2.** *per estens.* disadorno, privo di qualsiasi ornamentazione: *architettura povera, stile povero* || *in lingua povera, in parole povere,* chiaramente e direttamente, senza tanti fronzoli o circonlocuzioni: *in parole povere, è un imbecille* || *T.art. arte povera,* movimento artistico contemporaneo i cui esponenti si propongono di ridurre ai minimi termini, impoverire i segni, giungendo agli archetipi **3.** carente, mancante: *montagne povere di pascoli, una regione povera di minerali, essere poveri di idee, una dieta povera di vitamina A*; *terreno povero,* sterile || *povero di spirito,* nel linguaggio evangelico, che ha l'anima libera dalle vanità mondane: *beati i poveri di spirito perché di essi è il regno dei cieli*; ma *com.* povero d'intelletto, sciocco **4.** (preposto al nome) che suscita compassione o commiserazione per la sua condizione misera, precaria, disagevole ecc.: *quante ne ha dovute sopportare quel pover'uomo, qualcuno aiuti quella povera vecchietta, povera bestia, come è ridotta male!*; *basta con questo fracasso, le mie povere orecchie non resistono*; anche in espressioni esclamative di commiserazione: *oh poveri noi!, povera me!, povere le mie gambe!* || *povero diavolo, povero Cristo,* persona infelice e sfortunata || rif. a persona morta, indica affettuosa pietà: *il povero nonno Virgilio ci sperava tanto!* || **poveraménte** ***avv.*** **II *sm.*** (f. *-a*) persona povera: *rubava ai ricchi per dare ai poveri* || mendicante: *all'angolo stava un povero con la mano tesa* || *dim.* poverèllo, poverétto, poverìno; *pegg.* poveràccio || **N. I 1.** *Sin.* affamato, bisognoso, miserabile, misero, nullatenente, spiantato | *Contr.* benestante, ricco | andare in rovina, decadere, essere al verde, essere in cattive acque, essere sul lastrico, impoverire, mendicare, ridursi in miseria, stentare, tirare la cinghia **2.** *Sin.* austero, parco, piatto, scarno, spoglio | *Contr.* fiorito, ornato, prezioso, ricercato **3.** *Sin.* scarso **4.** *Sin.* sventurato, tapino **II** *Sin.* guitto, paria, pezzente, pitocco, straccione.

povertà [lat. *paupertas, -ātis*; primi decenni sec. XII *povertad*] ***sf.*** **1.** la condizione di chi è povero, miseria: *vivere, cadere in povertà* || *fare voto di povertà,* la rinuncia ai beni mondani che fa chi entra negli ordini religiosi **2.** scarsità, penuria: *povertà di mezzi, di idee* || **N. 1.** *Sin.* angustia, bisogno, disagio, fame, indigenza, inopia, mendicità, necessità, penuria, privazione, ristrettezza, stenti, tapinità | cenciosa, decorosa, dignitosa, estrema, onorata, pulita, rassegnata, squallida | pauperismo.

poveruòmo (anche *pòver'uòmo* o *pòver uòmo*; pop. *poveròmo*) (pl. *poveruòmini*) [comp. di *pover(o)* e *uomo*; primi decenni sec. XII] ***sm.*** persona che suscita compassione || *spreg.* persona dappoco.

powellite (pr. [povel'lite]) [comp. del n. proprio J.W. *Powell,* geologo statunitense e *-ite*[2]; 1954] ***sf.*** *T.min.* molibdato di calcio in cristalli di color giallo-verde.

pozióne [dal lat. *potio, -ōnis*; inizio sec. XIII *posone*] ***sf.*** **1.** bevanda medicinale: *una pozione calmante* **2.** filtro magico. **Q.T.** *alimentazione, linguistica.*

pozióre [dal lat. *potior, -ōris*; 1673] ***agg.*** spec. nel linguaggio giuridico, che ha maggior diritto, che ha precedenza.

poziorità [da *poziore*; a. 1428] ***sf.*** *T.giur.* superiorità, precedenza.

pózza [da *pozzo*; 1313] ***sf.*** piccola cavità del suolo, di poca profondità, piena d'acqua: *strade piene di pozze* || *per estens. una pozza d'olio, una pozza di sangue,* molto olio o sangue versati in terra || *dim.* pozzétta; *pegg.* pozzàccia || **N.** *Sin.* buca, fossa, pozzanghera.

pozzànghera [da *pozza,* con formazione non chiarita; a. 1306] ***sf.*** piccola pozza di acqua fangosa, spec. di origine piovana.

pozzétta (*dim.* di *pozza*) [prima metà sec. XIV] ***sf.*** **1.** piccola pozza **2.** fossetta delle guance o del mento **3.** la cavità che si apre nel mucchio della farina da impastare o in altra materia solida, in cui versare del liquido.

pozzétto (*dim.* di *pozzo*) [a. 1616] ***sm.*** **1.** piccolo pozzo **2.** *sedia, poltroncina a pozzetto,* con lo schienale concavo, a forma di semicilindro su cui poggiano anche le braccia **3.** apertura che dà accesso alla fognatura **4.** *T.mar.* posto protetto, nelle navi da diporto e nelle imbarcazioni pontate, situato nella zona centro-poppiera, per i passeggeri e per il timoniere.

pózzo [lat. *puteus,* fossa, poi pozzo; a. 1292] ***sm.*** **1.** cavità scavata più o meno profondamente nel terreno; *in part.* quella, gen. cilindrica, che consente di attingere acqua da falde sotterranee, spesso rivestita internamente da opera in muratura ed esternamente protetta da parapetto o coperchio; *pozzo artesiano,* che raggiunge falde in pressione, tali da spingere l'acqua fino in superficie || *pozzo petrolifero,* trivellato fino a raggiungere giacimenti di petrolio o metano || *pozzo di assorbimento,* che convoglia acque di terreni paludosi da bonificare || *pozzo di fondazione,* nelle fondazioni su pilastri, scavo che raggiunge il terreno resistente, in cui viene poi costruito il pilastro || *pozzo di estrazione,* quello provvisto di ascensore o montacarichi, che collega vari livelli di una miniera || *pozzo nero,* vano sotterraneo in cui vengono convogliati i liquami di case sprovviste di fognature **2.** *T.mar.* sulle navi, vano stretto a cui si accede da un'apertura posta sul ponte: *pozzo delle catene, pozzo della sentina* **3.** *colloq.* quantità enorme, inesauribile: *avere un pozzo di quattrini; un pozzo di scienza, di erudizione,* persona coltissima, eruditissima || *fam. pozzo di San Patrizio,* ricchezza senza fine: *ci vorrebbe il pozzo di San Patrizio* || *dim.* pozzétto, pozzìno, pozzolìno; *pegg.* pozzàccio || **N. 1.** bocca, gola, parapetto, puteale, tettuccio; bindolo, burbera, carrucola o puleggia, corda, graffio o mazzacavallo, pompa, raffio, secchia | attingere acqua, purgare, scarrucolare; scavare, trivellare.

pozzolàna [lat. *puteolanu(m pulvis)*, (polvere) di Pozzuoli; 1471 ca. *pizzolana*] **sf.** *T.min.* roccia vulcanica di color grigio rosso; macinata e impastata a calce e acqua, forma un cemento particolarmente resistente all'azione dell'acqua, impiegato per opere subacquee.

pozzolànico (pl. *-ci*) [da *pozzolana*; 1871] **agg.** composto da pozzolana; che ha le proprietà della pozzolana.

pràcrito [dal sanscrito *prākrta*, naturale, volgare; 1819] **sm.** *T.lett.* lingua indoaria popolare, parlata nella fase precedente al consolidamento del neoindiano.

pragmàtica [dall'ingl. *pragmatics*; 1949] **sf.** *T.fil.* parte della semiotica che studia i rapporti tra il linguaggio e le persone che lo usano || *in part.* oggi, teoria delle condizioni di riuscita degli atti linguistici.

pragmàtico (pl. *-ci*) [dal lat. tardo *pragmaticus*; a. 1540] **agg. 1.** *T.fil.* e *T.ling.* della pragmatica: *analisi pragmatica* **2.** *T.fil.* relativo alla funzione, agli scopi o all'utilità: *valore pragmatico di un concetto* **3.** *per estens. com.* determinato dall'obiettivo dell'utilità o dell'efficacia: *una scelta puramente pragmatica* **4.** *T.fil.* nel pensiero di Kant, fondato su considerazioni empiriche (anziché su principi razionali): *antropologia pragmatica* || **pragmaticaménte** **avv.**

pragmatismo [dall'ingl. *pragmatism*; 1904] **sm. 1.** *T.fil.* movimento filosofico sorto negli Stati Uniti ad opera spec. di C.S. Pierce e W. James, che pone il criterio della verità dei principi teorici nella loro portata pratica **2.** *com.* spec. in politica, atteggiamento orientato al proprio utile immediato.

pragmatìsta [dall'ingl. *pragmatism*; 1905] **s.** *T.fil.* seguace del pragmatismo || pragmatistico.

pragmatìstico (pl. *-ci*) [da *pragmatismo*; 1906] **agg.** riguardante il pragmatismo e i pragmatisti || **pragmatisticaménte** **avv.**

pràho [voce malese; 1525 *prao*] **sm.** *inv.* imbarcazione a vela o a remi molto leggera e maneggevole, di origine malese.

pralìna [dal fr. *praline*, perché confezionata per la prima volta dal cuoco del maresciallo du Plessis-*Praslin*; 1941] **sf.** confetto costituito da una mandorla o nocciola tostata ricoperta di zucchero caramellato o di cioccolato.

pralinàre [da *pralina*; 1983] **tr.** ricoprire di zucchero caramellato o di cioccolato: *mandorla pralinata.*

prammàtica [dal lat. tardo *pragmatica*; a. 1536] **sf.** pratica prescritta e seguita nelle relazioni sociali: *una domanda di prammatica, questo è di prammatica.*

prammàtico (pl. *-ci*) [var. di *pragmatico*; 1673] **agg. 1.** *prammatica sanzione,* costituzione o decreto imperiale emanato per decidere questioni di particolare importanza **2.** *disus.* pragmatico.

prammatismo e der. forme disus. di PRAGMATISMO e der. (v.).

pràndere (*dif.* usati solo il pres. ind. *prànde*, il pps. *prànso* e i tempi composti) [dal lat. *prandēre*; 1321] **intr.** (aus. *avere*) *arc.* far pranzo, mangiare || **tr.** *arc.* nutrire.

pràndio (pl. *-di*) [dal lat. *prandium*; a. 1374] **sm.** *arc.* convito, pranzo.

pranoterapèuta [comp. del sanscrito *prana*, soffio vitale e *terapeuta*; 1984] **s.** chi esercita la pranoterapia.

pranoterapèutico (pl. *-ci*) [comp. del sanscrito *prana*, soffio vitale e *terapeutico*; 1987] **agg.** relativo alla pranoterapia, proprio della pranoterapia.

pranoterapìa [comp. del sanscrito *prana*, soffio vitale e *terapia*; 1981] **sf.** forma di medicina alternativa, nella quale una persona, che emetterebbe un fluido benefico, guarisce un paziente imponendo le proprie mani sulla parte malata.

pranoteràpico (pl. *-ci*) [da *pranoterapia*; 1983] **agg.** relativo alla pranoterapia, proprio della pranoterapia: *cura pranoterapica.*

pranoterapìsta [da *pranoterapia*; 1981] **s.** persona che guarisce per mezzo di un fluido speciale di cui sono dotate le sue mani.

prànso (*pps.* di *prandere*) [1319] **agg.** *arc.* satollo, sazio, pasciuto: *le capre... prima che sien pranse* (Dante).

pranzàre [da *pranzo*; fine sec. XIII] **intr.** (aus. *avere*) consumare il pranzo || **N.** *Sin.* mangiare.

pranzétto (*dim.* di *pranzo*) [1821] **sm.** pranzo semplice, di poche pretese, ma gustoso: *è stato proprio un pranzetto ben riuscito.*

prànzo [lat. *prandium*; fine sec. XIII] **sm. 1.** il pasto di mezzogiorno: *a pranzo mi tengo leggera e mangio di più a cena, offrire un pranzo, essere invitato a pranzo, fare pranzo; sala da pranzo,* la sala dove abitualmente si mangia || *meno com.* il pasto della sera (in tal caso associato all'uso di *prima* e *seconda colazione* per i pasti che precedono) || banchetto: *un pranzo di gala con duecento invitati* || il cibo servito a pranzo: *un pranzo abbondante, indigesto* **2.** l'ora in cui si fa pranzo: *dopo pranzo, prima di pranzo* || *dim.* pranzìno, pranzétto, pranzettìno, pranzùccio (anche *spreg.*); *accr.* pranzóne; *pegg.* pranzàccio || **N. 1.** *Sin.* convito, desinare, tavolata | alla buona; di gala, di nozze, di parata, diplomatico, familiare, frugale, lauto, leggero, lussuoso, lucullìano, magro, modesto, nuziale, pantagruelico, parco, sardanapalesco, semplice, sfarzoso, sontuoso, squisito | anfitrione, commensale, convitato, invitato, parassita. **Q.T.** ***arredamento*** **TAV. *arredamento* p. 650** 2.

praseodìmio (pl. *-mi*) [comp. del gr. *prâseios* (lezione errata di *prásios*, verdastro) e (*dí*)*dymos*, doppio; 1920] **sm.** *T.chim.* elemento metallico del gruppo dei lantanidi.

pràsino [dal lat. *prasinus*, verde; prima metà sec. XIII] **agg.** *lett.* di colore verde scuro, come le foglie del porro.

pràsio (pl. *-si*) [dal gr. *prásios*, verdastro; inizio sec. XIV] **agg.** e **sm.** *T.min.* varietà di quarzo color verdeporro con gocce color sanguigno, usata come pietra preziosa || anche in funzione attributiva: *pranzo prasio.*

pràssi [dal gr. *prâxis*, azione; 1829] **sf. 1.** *T.fil.* nel pensiero di Aristotele, attività che non risulta nella produzione di oggetti (contrapposto a *poiesi*) || in gen., l'attività pratica (opposto a *teoria*); *filosofia della prassi,* il materialismo storico **2.** procedura abituale, consuetudine: *è la prassi, secondo la prassi.*

pratàglia (pl. *-glie*) [lat. volg. **pratālia*, da *pratum*, prato; a. 1494] **sf.** *ant.* prateria.

prataiòla [da *prato*; 1965] **sf.** *T.bot.* margherita di campo || **N.** *Sin.* pratolina.

prataiòlo (lett. *prataiuòlo*) [da *prato*; 1544] **I agg.** dei prati: *gallina prataiola* **II sm.** ciascuna delle varie specie di funghi commestibili delle Agaricacee con cappello bianco superiormente e bruno rosato inferiormente || **N.** I *Sin.* pratense.

pratellìna [dal disus. *pratello*; 1804] **sf.** *non com.* margheritina dei prati, pratolina.

pratènse [dal lat. *pratensis*; a. 1585] **agg.** *lett.* di prato; che nasce, che vive nei prati: *fiori pratensi, trifoglio pratense* || **N.** *Sin.* prataiolo.

prateria [da *prato*; 1336 ca.] **sf.** vasta pianura con vegetazione di tipo erbaceo.

pràtica [f. sost. di *pratico*; a. 1292] **sf. 1.** l'esercizio continuativo di un'attività, che porta a divenirne esperti: *la pratica del canottaggio sviluppa i muscoli* || *in part.* tirocinio professionale: *far pratica presso un notaio* **2.** esercizio effettivo e concreto, esecuzione (in contrapp. a *teoria*): *questo può essere vero in teoria, ma non lo è in pratica; mettere in pratica,* realizzare concretamente; nella *loc. avv. in pratica,* in sostanza, alla fin fine: *in pratica, non avete concluso nulla* **3.** esperienza acquisita con il lungo esercizio: *si vede che non ha pratica; avere pratica di un luogo,* esserci stato spesso e quindi sapercisi orientare; *prov. val più la pratica della grammatica,* l'esercizio e l'esperienza contano più della teoria **4.** (spec. *pl.*) operazione, manipolazione, rituale: *pratiche occulte, devote; pratiche abortive,* operazioni volte a procurare l'aborto **5.** (perlopiù *pl.*) atto o formalità burocratica: *le pratiche per la vendita andarono per le lunghe* || insieme di documenti relativi ad un affare, ad un procedimento burocratico e sim.: *hai seguito l'iter della pratica Rossi?* **6.** *disus.* intrallazzo amoroso || *pegg.* praticàccia || **N. 1.** esercitarsi, impratichirsi **3.** *Sin.* abilità, competenza, conoscenza, dimestichezza, familiarità, padronanza, perizia, sicurezza | *Contr.* imperizia, inesperienza | aver sulla punta delle dita, intendersene, sapere il fatto proprio.

praticàbile [da *pratica*; 1573] **I agg. 1.** che si può mettere in pratica; attuabile: *un metodo, una terapia praticabile* **2.** che consente il transito, agibile: *strada, scala, guado praticabile;* anche *fig.*: *una soluzione praticabile* **II sm.** *T.teatr.* costruzione provvisoria sul palcoscenico dei teatri, studi cinematografici e sim., dove gli attori possono salire e camminare || *T.tecn.* parte di macchina, su cui l'operaio può salire senza pericolo || *T.sport.* tappeto su cui i ginnasti eseguono gli esercizi a corpo libero || **N.** I **2.** *Contr.* impraticabile.

praticabilità [da *praticabile*; a. 1704] **sf.** l'essere praticabile || **N.** *Contr.* impraticabilità.

praticàccia (pl. *-ce*) (*pegg.* di *pratica*) [a. 1465] **sf. 1.** pratica lunga e difficoltosa **2.** esperienza, abilità derivante dal lungo esercizio più che da conoscenze teoriche: *s'è l'è cavata grazie alla sua praticaccia* || **N. 2.** *Sin.* mestiere.

praticàle [da *pratica*; a. 1642] **agg.** *arc.* che si fa usualmente per semplice pratica.

praticantàto [da *praticante*; 1942] **sm.** *non com.* periodo di addestramento precedente al vero e proprio esercizio di una professione.

praticànte (*ppr.* di *praticare*) [1363] **I agg.** che segue le pratiche religiose: *cattolico praticante* **II s. 1.** chi fa pratica in un mestiere, in una professione: *una praticante in uno studio legale* **2.** chi esercita praticamente un'attività ma non ne ha una specifica conoscenza teorica: *non mi fido di quel praticante* || **N.** II **1.** TIROCINANTE.

praticàre (pres. *pràtico, pràtichi*) [da *pratico*; sec. XIII] **tr. 1.** svolgere con continuità, esercitare: *praticare un'arte, un mestiere* (rif. a professione, anche *ass.*: *è dottore in legge ma non pratica*), *praticare uno sport* **2.** osservare come norma o consuetudine sociale o religiosa: *praticare la poligamia, la circoncisione; praticare l'induismo* **3.** mettere in pratica, in atto: *praticare una virtù* **4.** rif. ad un'operazione singola, eseguire, fare: *praticare un taglio, un foro, praticare la respirazione artificiale* || *praticare uno sconto,* concederlo **5.** frequentare: *pratica dei brutti locali, non pratico quella zona, è gente che praticavo in passato* || percorrere, attraversare: *una strada che si pratica solo d'estate* || **intr.** (aus. *avere*) essere in relazione di amicizia, essere spesso insieme: *dimmi con chi pratichi e ti dirò chi sei* || **N.** **3.** *Sin.* attuare **4.** *Sin.* fare **5.** *Sin.* bazzicare.

pratichézza [da *pratica*; 1880] **sf.** *arc.* familiarità.

praticismo [da *pratica*; 1851] **sm.** atteggiamento di chi bada più alla pratica che alla teoria; perlopiù con valore limitativo.

praticìstico (pl. *-ci*) [da *praticismo*; 1942] **agg.** *spreg.* conforme al praticismo.

praticità [da *pratico*; 1897] **sf.** facilità di impiego unita ad efficacia: *è un congegno sofisticato ma manca di praticità.*

pràtico (pl. *-ci*) [dal lat. tardo *practicus*, gr. *praktikós*; 1308] **agg.** **1.** che ha pratica, esperto: *essere pratico di contabilità, di motori, di riparazioni idrauliche, non sono pratico della zona* **2.** che riguarda la pratica, l'esecuzione concreta di qualcosa (contrapposto a *teorico*): *un problema di carattere pratico, metodo pratico per l'apprendimento di una lingua*; di persona: *avere spirito, senso pratico*, saper risolvere nel modo diretto ed efficace problemi di tipo concreto, spec. di tutti i giorni || *all'atto pratico*, al momento di mettere in pratica; quando si viene al dunque, in ultima analisi **3.** comodo, facile da usare o applicare: *un pratico attrezzo per sbucciare le patate, una praticissima poltrona, un pratico sistema per combattere le calvizie* **4.** *T.fil.* che riguarda l'azione: *filosofia pratica* || **praticaménte** **avv.** **1.** da un punto di vista pratico, in modo pratico: *risolvere un problema praticamente* **2.** (frasale) in pratica, in sostanza: *ha praticamente già finito il suo lavoro* || *accr.* praticóne || **N.** **1.** *Sin.* abile, padrone, perito, provetto, scaltrito; essere addentro, aver le mani in pasta | *Contr.* inesperto **2.** *Sin.* concreto, effettivo | *Contr.* teorico **3.** *Sin.* efficiente, funzionale | *Contr.* scomodo **4.** *Contr.* speculativo, teorico.

praticòlo [comp. di *prato* e *-colo*; 1958] **agg.** di animale, che vive nei prati.

praticoltùra [comp. di *prato* e *coltura*; 1958] **sf.** coltivazione razionale dei prati.

praticóna [f. di *praticone*; 1973] **sf.** donna che procura clandestinamente aborti.

praticóne (*accr.* di *pratico*) [1476] **sm.** (f. *-a*) perlopiù *spreg.* chi esercita un'arte, senza aver compiuto studi regolari, per pura e lunga pratica || *pegg.* praticonàccio.

pratìle [da *prato*, calco sul fr. *prairial*; 1801] **sm.** *T.stor.* il terzo mese del calendario repubblicano francese, che andava dal 20 maggio al 18 giugno.

pratìo (pl. *-ii*) [var. di *prativo*; a. 1642] **agg.** *poet.* prativo.

pratìto [da *prato*; a. 1826] **agg.** *non com.* di terreno, tenuto o ridotto a prato, con erba folta.

pratìvo [lat. *pratīvus*; 1738] **agg.** **1.** di terreno, tenuto a prato **2.** che cresce nei prati: *fiore prativo.*

pràto (pl. arc. *pràtora, pràta*) [lat. *pratus*; fine sec. XII] **sm.** terreno erboso: *giocare in un prato, un prato di alta montagna, prato artificiale, naturale*; *in part.* terreno coltivato a foraggio per il pascolo delle bestie o la raccolta del fieno: *tenere a prato un campo*; *rompere un prato*, ararlo per mettere altra coltura || *dim.* pratellino, pratèllo, praticèllo || **N.** baraggia, brughiera, landa, marcita, prateria, radura, savana | pratense, prativo. **TAV.** ***giardinaggio*** **p. 1315** 24.

pratolìna [f. sost. del disus. *pratolino*; 1804] **sf.** margheritina dei prati || **N.** *Sin.* prataiola.

pratolìno [da *prato*; 1823 come sm.] **I** **agg.** *raro* del prato **II** **sm.** fungo prataiolo.

pratóso [da *prato*; 1499] **agg.** *non com.* di terreno, che ha buoni prati o pascoli; erboso.

pravità [dal lat. *prāvitas, -ātis*; a. 1342] **sf.** *lett. non com.* l'essere pravo, malvagità, cattiveria.

pràvo [dal lat. *prāvus*; seconda metà sec. XIII] **agg.** *lett.* cattivo per animo corrotto, perverso, ostinato nel male: *anime prave*; anche *sm.*: *calcando i buoni e sollevando i pravi* (Dante) || **N.** MALVAGIO.

pre- (pr. [pre]) [dal lat. *prae*] **pref.** indica anteriorità nel tempo (*preesistente, preannunciare*) o nello spazio (*preporre, prefazione*); in senso *fig.* indica superiorità o preferenza (*prevalere, prediligere*).

preaccennàre (pres. *-énno*) [comp. di *pre-* e *accennare*; a. 1688] **tr.** accennare, nominare prima.

preadamìta [comp. di *pre-* e del n. proprio *Adamo* con suff. agg.; a. 1712] **s.** vissuto prima di Adamo.

preadamìtico (pl. *-ci*) [da *preadamita*; 1863] **agg.** che è esistito prima di Adamo || *scherz.* antiquato, primitivo.

preadolescènte [comp. di *pre-* e *adolescente*; 1963] **s.** e **agg.** chi, che ha un'età compresa tra gli undici e i quattordici anni.

preadolescènza [comp. di *pre-* e *adolescenza*; 1963] **sf.** età compresa tra gli undici e i quattordici anni.

preagònico (pl. *-ci*) [comp. di *pre-* e *agonico*; 1911] **agg.** di stato, che precede di poco l'agonia.

preallàrme [comp. di *pre-* e *allarme*; 1942] **sm.** *T.mil.* segnale che precede l'allarme vero e proprio, quando si preveda un pericolo imminente || *essere in stato di preallarme*, pronti a mettersi effettivamente in stato di allarme: *l'esercito è in stato di preallarme.*

prealpéggio (pl. *-gi*) [comp. di *pre-* e *alpeggio*; 1965] **sm.** breve periodo di tempo durante il quale gli animali che dovranno andare al pascolo estivo vengono riabituati alla vita all'aperto.

prealpìno [dal n. geogr. *Prealpi*; a. 1869] **agg.** attinente alle Prealpi, le catene montuose che fiancheggiano le Alpi.

preambolàre (pres. *-àmbolo*) [da *preambolo*; a. 1470] **intr.** (aus. *avere*) *ant.* fare preamboli.

preàmbolo [dal lat. tardo *praeambulus*; sec. XIV] **sm.** breve testo o discorso introduttivo che precede una trattazione, un'esposizione e sim.: *prima di iniziare è necessario un breve preambolo* || *per estens.* giro di parole che ritarda la parte essenziale di un discorso: *basta coi preamboli, vieni al sodo* || *dim.* preambolétto; *accr.* preambolóne || **N.** *Sin.* cappello, esordio, introduzione, prefazione, preliminare, preludio, proemio, protasi.

preamplificatóre [comp. di *pre-* e *amplificatore*; 1958] **sm.** tipo di amplificatore che riceve in ingresso segnali di piccola ampiezza (bassa intensità), generalmente provenienti da un trasmettitore o da un rivelatore, e li fornisce amplificati a un amplificatore, minimizzando il contributo di rumore aggiunto. **TAV.** *audiovisivi* 8.4.

preannunciàre o **preannunziàre** (pres. *-ùncio* o *-ùnzio*) [comp. di *pre-* e *annunciare*; 1891] **tr.** annunciare in precedenza: *la preannunciata manifestazione si svolgerà regolarmente* || *fig.* lasciar prevedere: *il calo di temperatura preannuncia la neve* || **intr. pron.** dare i primi cenni che lasciano presagire: *la giornata si preannuncia fruttuosa* || **N.** **tr.** *Sin.* preavvertire, preavvisare, preconizzare, predire.

preannunciatóre o **preannunziatóre** [da *preannunziare*; 1958] **agg.** e **sm.** (f. *-trice*) che, chi preannunzia.

preannùncio o **preannùnzio** (pl. *-ci, -zi*) [comp. di *pre-* e *annuncio*; 1952] **sm.** atto ed effetto del preannunziare || annunzio || **N.** *Sin.* preavvertimento, preavviso, preconio, predizione, profezia.

preappennìnico (pl. *-ci*) [da *Preappennino*, n. generico delle catene montuose che affiancano gli Appennini; 1958] **agg.** *T.geogr.* proprio del Preappennino, relativo al Preappennino.

preàrio (pl. *-ri*) [comp. di *pre-* e *ario*; 1958] **agg.** si dice di fenomeno linguistico precedente alle lingue arie || anche di popolazione comparsa in una regione prima che vi si diffondesse una lingua aria.

preatlètico (pl. *-ci*) [comp. di *pre-* e *atletico*; 1930] **agg.** si dice di ginnastica eseguita da un atleta in preparazione alla sua specialità.

preavvertiménto [comp. di *pre-* e *avvertimento*; 1940] **sm.** atto ed effetto del preavvertire || avvertimento dato in anticipo; preannunzio.

preavvertìre (pres. *-èrto*) [comp. di *pre-* e *avvertire*; 1641] **tr.** avvertire in anticipo, preavvisare || **N.** *Sin.* PREANNUNCIARE.

preavvisàre [comp. di *pre-* e *avvisare*; 1830] **tr.** avvisare in precedenza.

preavvìso [comp. di *pre-* e *avviso*; 1829] **sm.** avviso dato prima di quello formale e di solito più generico; avvertimento preventivo: *preavviso di pagamento, segnale di preavviso* || *in part.* in un rapporto di lavoro, avviso anticipato di cessazione del rapporto lavorativo da parte del lavoratore o del datore di lavoro: *preavviso di licenziamento* || *per estens.* anche il periodo che intercorre tra tale comunicazione e la cessazione del rapporto di lavoro: *essere in preavviso.*

prebàrba [comp. di *pre-* e *barba*; 1963] **sm.** *inv.* lozione che, pulendo la pelle dai grassi, facilita la rasatura; anche *agg. inv.* (sempre posposto): *lozione prebarba* || **N.** dopobarba.

prebaròcco (pl. *-chi*) [comp. di *pre-* e *barocco*; 1950] **agg.** che precede o preannuncia il barocco: *stile prebarocco.*

prebèllico (pl. *-ci*) [comp. di *pre-* e *bellico*, sul modello di *postbellico*; a. 1928] **agg.** che è anteriore alla guerra || **N.** *Contr.* postbellico.

prebènda [dal lat. tardo *praebenda*, propr. gerundio di *praebēre*, offrire; a. 1294] **sf.** **1.** *T.eccl.* beneficio ecclesiastico, e la rendita fissa che ne deriva **2.** *per estens.* guadagno facile, che costa poco o nessuna fatica **3.** *arc.* razione di cibo o foraggio; profenda || **N.** **1.** congrua.

prebendàrio (pl. *-ri*) [da *prebenda*; sec. XIV] **sm.** *T.eccl.* chi gode di una prebenda.

prebendàto [da *prebenda*; a. 1306] **agg.** chi o che è provvisto di prebenda: *canonico prebendato.*

precambriàno [comp. di *pre-* e *Cambriano*; 1958] **sm.** *T.geol.* era o serie di ere che precedono il Cambriano. **Q.T.** ***geologia.***

precàmbrico (pl. *-ci*) [comp. di *pre-* e *cambrico*; 1929] **sm.** *T.geol.* precambriano.

precampionàto [comp. di *pre-* e *campionato*; 1950] **sm.** serie di incontri sportivi amichevoli che si giocano prima del campionato || anche in funzione di *agg. inv.* (sempre posposto): *una partita precampionato* (*sf.* *una precampionato*).

precària [da *precario*; 1932] **sf.** *T.stor.* nel Medioevo, concessione temporanea di beni immobili, in cambio di un rimborso in denaro.

precariàto [da *precario*; 1980] **sm.** condizione dei lavoratori precari, spec. nel settore dell'istruzione pubblica || insieme dei lavoratori precari.

precarietà [da *precario*; 1851] **sf.** qualità, condizione di ciò che è precario: *precarietà dei redditi, della salute, di un posto di lavoro* || **N.** *Sin.* incertezza, instabilità, provvisorietà, temporaneità.

precàrio[1] (pl. *-ri*) [dal lat. *precārius*, ottenuto con preghiere; 1645] **I** **agg.** che non ha garanzie di stabilità, incerto: *impiego precario, salute precaria, un equilibrio precario* || **precariaménte** **avv.** **II** **sm.** (f. *-a*) chi ha un rapporto di lavoro di durata incerta: *i precari della scuola* || **N.** **I** *Sin.* dubbio, effimero, instabile, malsicuro, momentaneo, provvisorio, temporaneo.

precàrio² (pl. *-ri*) [dal lat. tardo *precarium*, neutro sost. di *precārius*; a. 1667] ***sm.*** *T.giur.* tipo di comodato con scadenza non prefissata, in cui il comodatario è tenuto a restituire la cosa concessagli non appena il comodante la richieda.

precarìsta [da *precario²*; 1954] ***s.*** concessionario di un precario.

precauzionàle [da *precauzione*; 1848] ***agg.*** fatto per precauzione: *misure, interventi precauzionali.*

precauzióne [dal lat. tardo *preaecautio, -ōnis*, prob. attr. il fr. *précaution*; 1611] ***sf.*** **1.** atteggiamento di attenzione prudente, volto a evitare eventi dannosi o spiacevoli: *agire con grande precauzione* **2.** misura preventiva: *usare, prendere le precauzioni del caso, precauzioni sanitarie* ‖ *dim.* precauzioncèlla ‖ **N. 1.** *Sin.* cautela; circospezione, prudenza **2.** prevenzione, profilassi, rimedio preventivo.

prèce [dal lat. *prex, precis*; fine sec. XII] ***sf.*** *ant.* o *lett.* preghiera: *preci per i defunti, innalzare le preci a Dio.*

precedènte (*ppr.* di *precedere*) [1321] **I** ***agg.*** che precede, che viene prima nel tempo o nello spazio: *le pagine precedenti, la lezione precedente, riassunto delle precedenti puntate* ‖ **precedenteménte** ***avv.*** in un tempo precedente, prima; nella *loc. prep. precedentemente a*, prima di **II** ***sm.*** **1.** *T.giur.* provvedimento, concessione o deliberazione, che possano essere invocati in favore di altre richieste in avvenire: *invocare un precedente* ‖ in gen., azione o comportamento da cui può prendersi norma successivamente: *creare, stabilire un precedente* ‖ *senza precedenti*, di avvenimento, mai verificatosi prima **2.** *pl.* condotta anteriore a un dato fatto o a un dato momento: *avere dei buoni precedenti*; *in part. precedenti penali*, di un imputato, condanne subite in passato ‖ **N. I** *Sin.* antecedente, anteriore, previo **II 1.** *Sin.* antefatto.

precedènza [dal lat. tardo *praecedentia*; 1547 *precedensia*] ***sf.*** diritto o privilegio di passare o di venire considerati per primi: *i traumatizzati gravi hanno la precedenza, nell'assegnazione di questo posto viene data la precedenza ai disoccupati*; *in part.* nella circolazione stradale e ferroviaria: *i veicoli che provengono da destra hanno la precedenza, il rapido ha la precedenza sul locale*; *diritto di precedenza*, diritto di passare per primo ‖ *fig.* maggior importanza, priorità: *le questioni finanziarie hanno la precedenza* ‖ nella *loc. avv. in precedenza*, prima, precedentemente.

precèdere (pres. *precèdo*; p.rem. *precedètti, precedésti, precedètte, precedémmo, precedéste, precedèttero*; e lett. *precèssi, precedésti* ecc.; pps. *precedùto* e lett. raro *precèsso*) [dal lat. *praecēdere*; 1260 ca.] ***tr.*** **1.** venire prima (rispetto ad una direzione di marcia), camminare avanti: *la guida precedeva il resto della comitiva* ‖ essere collocato prima, in una sequenza: *l'articolo è preceduto da alcune note* **2.** venire prima in ordine di tempo: *il giorno che precede l'esame è il più difficile, il concerto fu preceduto da una dotta conferenza* ‖ *precedere qualcuno*, anticiparlo, agire prima di lui: *stavo per dirlo ma tu mi hai preceduto* **3.** *fig. non com.* essere superiore per qualità o rango ‖ **N. 2.** *Sin.* antecedere, precorrere, preesistere.

precellènte [dal lat. *praecellens, -entis*; sec. XIV] ***agg.*** *raro* che eccelle su tutti.

precellènza [dal lat. tardo *praecellentia*; 1847] ***sf.*** *raro* superiorità, preminenza.

precessióne [dal lat. tardo *praecessio, -ōnis*; a. 1647] ***sf.*** **1.** *T.fis.* in un corpo che ruota (es. trottola o giroscopio), il lento movimento conico descritto dall'asse di rotazione in senso contrario a quello del corpo **2.** *T.astr.* anticipazione: *precessione degli equinozi*, l'annuale anticipazione degli equinozi dovuta a tale movimento dell'asse di rotazione terrestre.

precèsso *pps. raro* di *precedere* (v.).

precessóre [dal lat. tardo *praecessor, -ōris*; 1280] ***sm.*** *ant.* predecessore.

precettàre (pres. *-ètto*) [dal lat. *praeceptāre*, raccomandare ripetutamente; a. 1608] ***tr.*** **1.** *T.giur.* invitare formalmente all'adempimento di un obbligo ‖ *in part. T.mil.* rif. a militare in congedo, richiamare al distretto in caso di mobilitazione o di guerra **2.** *per estens.* rif. a dipendenti pubblici, imporre l'adempimento del proprio ufficio, per ragioni di sicurezza, ordine pubblico e sim., sotto minaccia di sanzioni penali: *precettare i controllori di volo al terzo giorno di sciopero* **3.** *ant.* comandare, ordinare.

precettatóre [da *precettare*; a. 1729] ***sm.*** (f. *-trìce*) *raro* chi dà regole, precetti.

precettazióne [da *precettare*; 1942] ***sf.*** richiamo formale all'adempimento di un obbligo ‖ l'atto del precettare nel senso 2.

precettìsta [da *precetto*; a. 1798] ***s.*** **1.** *spreg.* chi insegna utilizzando un rigido e pedantesco schema di precetti **2.** *raro* chi dà precetti attorno a una disciplina.

precettìstica [da *precetto*; 1879] ***sf.*** **1.** l'insieme di precetti relativi a una disciplina **2.** metodo di insegnamento basato su precetti.

precettìstico (pl. *-ci*) [da *precettista*; 1874] ***agg.*** da precettista: *insegnamento precettistico* ‖ relativo alla precettistica.

precettivo [dal lat. *praeceptīvus*; 1575] ***agg.*** che dà precetti, che è diretto a dare precetti: *filosofia precettiva, opera precettiva* ‖ *T.giur. norma precettiva*, che definisce un obbligo e si può direttamente applicare (contrapposto a *norma programmatica*, v.).

precètto [dal lat. *praeceptum*; fine sec. XII] ***sm.*** **1.** ciascun principio o comandamento che regola la condotta in un determinato ambito: *precetto morale, civile* ‖ *in part.* nella dottrina cattolica, obbligo fondamentale di carattere pratico, che ogni credente deve rispettare: *i cinque precetti della chiesa*; *festa di precetto*, in cui è d'obbligo ascoltare la Messa e astenersi dal lavoro; *essere di precetto*, costituire un precetto; *per meton.* il contenuto del precetto: *precetto pasquale*, il ricevere l'Eucaristia in tempo pasquale **2.** *per estens.* massima, insegnamento: *i precetti degli antichi* **3.** *T.giur.* intimazione di adempiere un obbligo relativo a un titolo esecutivo, fatto da un creditore all'obbligato **4.** ordine scritto emesso da un'autorità giudiziaria o militare: *ricevere il precetto di richiamo alle armi*; come apposizione: *cartolina precetto*, il documento scritto con cui si comunica tale ordine (*per anton.* quella che comunica la chiamata in servizio di leva) ‖ **N. 1.** REGOLA **2.** INSEGNAMENTO **3.** ingiunzione.

precettóre [dal lat. *praeceptor, -ōris*; a. 1375] ***sm.*** (f. *-trìce*) **1.** insegnante privato di giovinetti nelle case signorili (spec. in passato) **2.** nei collegi, addetto alla sorveglianza dei collegiali quando non si svolgono le lezioni ‖ *dim.* precettorèllo ‖ **N. 1.** *Sin.* aio, istitutore, pedagogo.

precettòria [da *precettore*; a. 1536] ***sf.*** *arc.* rettoria.

precìdere (pres. *precìdo*; p.rem. *precìṣi, precidésti*; pps. *precìṣo*) [dal lat. *praecīdere*; 1321] ***tr.*** *lett.* mozzare, troncare ‖ *fig.* tagliare, interrompere.

precìngere (pres. *-ìngo* ecc., come CINGERE) [dal lat. *praecingere*; a. 1342] ***tr.*** *lett.* cingere, circondare ‖ ***rifl.*** *raro lett.* mettersi la cintura.

precinto (*pps.* di *precingere*) [1321 come sm.] ***sm.*** *ant. lett.* recinto.

precinzióne [dal lat. *praecinctio, -ōnis*; 1521] ***sf.*** *lett.* **1.** *T.archeol.* negli antichi teatri e circhi romani, gradino largo che correva tra l'uno e l'altro ordine di gradini della cavea **2.** *raro* atto ed effetto del precingere.

precipitàbile [da *precipitare*; a. 1847] ***agg.*** *T.chim.* di sostanza disciolta in soluzione, che può precipitare.

precipitabilità [da *precipitabile*; a. 1306] ***sf.*** *raro T.chim.* condizione di ciò che è precipitabile.

precipitaménto [da *precipitare*; a. 1306 *precipitamento* o *pricipitamento*] ***sm.*** *ant.* l'atto e l'effetto del precipitare ‖ *fig.* rovina.

precipitàndo [propr. ger. di *precipitare*; 1958] ***sm.*** *T.mus.* notazione dinamica che prescrive una rapida accelerazione del tempo di esecuzione.

precipitànte (*ppr.* di *precipitare*) [a. 1547] ***sm.*** *T.chim.* reagente chimico che determina una precipitazione.

precipitàre (pres. *-ìpito*) [dal lat. *praecipitāre*; a. 1364] ***intr.*** (aus. *essere*) **1.** cadere rovinosamente dall'alto: *i due alpinisti precipitarono nel crepaccio* ‖ *fig.* cadere in rovina, in miseria **2.** evolvere in fretta verso una conclusione negativa: *gli eventi precipitano* **3.** *T.chim.* di sostanza disciolta, separarsi dalla soluzione e depositarsi sul fondo ‖ ***tr.*** **1.** scagliare in basso con impeto: *Lucifero fu precipitato nell'Inferno* **2.** concludere o attuare frettolosamente: *dovettero precipitare le nozze, precipitare la partenza* ‖ *fig. precipitare una decisione, un giudizio*, prenderla o darlo in modo avventato, sconsigliatamente; in questo senso anche *ass.*: *nel prendere una decisione non bisogna precipitare* **3.** *T.chim.* rif. a soluzione, far sì che si separi e si depositi sul fondo una sostanza solida ‖ ***intr. pron.*** recarsi in gran fretta: *appena l'ha saputo si è precipitato qui* ‖ ***rifl.*** gettarsi verso il basso: *si è precipitato da una rupe.*

precipitàto (*pps.* di *precipitare*) [metà sec. XIV] **I** ***agg.*** affrettato, non ponderato: *giudizio precipitato* ‖ **precipitataménte** ***avv.*** **II** ***sm.*** **1.** *T.mus.* notazione dinamica che prevede movimento molto veloce **2.** *T.chim.* il prodotto della precipitazione: *un precipitato bianco si è depositato sul fondo.*

precipitazióne [dal lat. *praecipitātio, -ōnis*; a. 1396] ***sf.*** **1.** *T.meteor.* condensazione e caduta del vapor acqueo atmosferico, sia in gocce più o meno grosse di acqua (rugiada, pioggia ecc.) che in cristalli di ghiaccio (neve, grandine ecc.) **2.** *non com.* atto ed effetto del precipitare **3.** *fig.* fretta eccessiva nel decidere e nell'agire. **Q.T.** *meteorologia.*

precìpite [dal lat. *praeceps, praecipitis*, col capo all'ingiù; a. 1472] ***agg.*** *lett.* **1.** di persona, che cade a testa in giù **2.** *fig.* ripido, scosceso, erto: *monte precipite.*

precipitévole [da *precipitare*; a. 1576] ***agg.*** *non com.* **1.** che va, che scende o si sposta con impeto **2.** ripido: *china precipitevole* **3.** *fig.* affrettato ‖ **precipitevolménte** ***avv.***

precipitevolissimevolménte [a. 1712] ***avv.*** *scherz. sup.* di *precipitevolmente.*

precipitóso [da *precipite*; prima metà sec. XIV] ***agg.*** **1.** che avanza o si svolge con irruente velocità: *corsa, corrente precipitosa* **2.** caratterizzato o mosso da fretta sconsiderata: *uomo, giudizio precipitoso, lavoro precipitoso* ‖ **precipitosaménte** ***avv.*** ‖ **N. 1.** *Sin.* impetuoso **2.** *Sin.* affrettato, avventato, frettoloso.

precipìzio (pl. *-zi*) [dal lat. *praecipitium*; a. 1342] ***sm.*** luogo dirupato, in cui è facile precipitare: *cadere in un precipizio, fermarsi sull'orlo di un precipizio* ‖ *fig. essere sull'orlo del precipizio*, essere prossimo a rovina fatale ‖ nella *loc. avv. a precipizio*, a strapiombo: *una rupe a precipizio sul fiume*; anche *fig.* con gran fretta e irruenza: *correre, parlare a precipizio* ‖ **N.** *Sin.* baratro, DIRUPO.

precìpuo [dal lat. *praecipuus*, propr. che si prende prima; a. 1375] ***agg.*** *lett.* principale e proprio: *il dovere precipuo di un cittadino* ‖ pe-

culiare, caratteristico: *elementi precipui di un'epoca* || **precipuaménte** *avv.* || **N.** PRINCIPALE.
precisàre (pres. *-iso*) [da *preciso*[1], sul modello del fr. *préciser*; 1670] *tr.* **1.** determinare, illustrare con maggior precisione: *puoi precisare quanto hai detto?* **2.** *per estens.* indicare con precisione: *mi preciserete l'ora del vostro arrivo* **3.** *per estens.* sottolineare, mettere in evidenza: *tendo a precisare la mia estraneità ai fatti.*
precisazióne [da *precisare*; a. 1837] *sf.* **1.** atto del precisare: *si richiede la precisazione dei dati pertinenti* **2.** testo o discorso con cui si precisa: *è necessario premettere una precisazione.*
precisióne [dal lat. *praecisio, -ōnis*; a. 1642] *sf.* qualità di chi o di ciò che è preciso (nei vari sensi): *la precisione di un impiegato, precisione di linguaggio, un intervento che richiede un alto grado di precisione*; *strumento, ordigno di precisione*, che effettua misurazioni o tiri molto precisi || *per la precisione*, per dirla esattamente: *erano parecchi, per la precisione sette* || *T.inform. precisione semplice, doppia*, nella rappresentazione di un numero decimale, uso di 8 o 16 cifre, rispettivamente || **N.** *Sin.* accuratezza, compiutezza, cura, diligenza, perfezione; attenzione, scrupolosità; puntualità, rigore.
preciso[1] [dal lat. *praecīsus*, tagliato a picco; 1313] *agg.* **1.** accurato, corretto anche nei particolari: *un lavoretto veloce e preciso, una descrizione precisa dell'accaduto, cerca di essere più preciso quando parli* || netto: *divise le due metà con un taglio preciso* || ben determinato: *non ho un'opinione precisa in merito, avere idee ben precise sull'argomento* || nella *loc. avv. di preciso*, con esattezza: *non so di preciso quanti anni abbia* **2.** di persona, che lavora con esattezza, curando i particolari: *per fare questo lavoro ci sarebbe bisogno di un tipo preciso* **3.** *fam.* rispondente anche nei dettagli, uguale: *una copia precisa dell'originale, nella voce è preciso a suo padre* **4.** di misurazione o di strumento di misura, perfettamente accurato: *una bilancia molto precisa, pesa 10 kg precisi, sono le 18 precise* || **precisaménte** *avv.* **1.** in modo preciso **2.** esattamente: *non è precisamente quello che ho detto* || *dim.* precisino || **N. 1.** *Sin.* accurato, ordinato | *Contr.* approssimativo, impreciso **2.** *Sin.* diligente, meticoloso, metodico; pedante | *Contr.* disordinato **3.** *Sin.* fedele, rispondente, uguale **4.** *Contr.* approssimato.
preciso[2] (*pps.* di *precidere*) [1321] *agg. arc.* tagliato via, troncato.
precitàto [comp. di *pre-* e *citato*; a. 1729] *agg. non com.* citato in precedenza.
preclarità [dal lat. *praeclaritas, -ātis*; 1940] *sf. lett. raro* qualità di ciò che è preclaro.
preclàro [dal lat. *praeclārus*; a. 1294] *agg. lett.* illustre, insigne, eccelso: *uomo preclaro, virtù preclare.*
preclùdere (pres. *preclùdo*; p.rem. *preclùsi, precludésti*; pps. *preclùso*) [dal lat. *praeclūdere*; a. 1472] *tr.* impedire, bloccare: *quelle rivelazioni hanno precluso la sua carriera presidenziale, tutte le possibilità di salvezza sono precluse* || **N.** *Sin.* ostacolare, sbarrare.
preclusióne [dal lat. tardo *praeclusio, -ōnis*; 1954] *sf.* **1.** atto ed effetto del precludere **2.** *T.giur.* impossibilità di compiere un determinato atto giuridico, perlopiù come conseguenza di un precedente comportamento.
preclusivo [da *precluso*; 1950] *agg.* che preclude o può precludere.
preclùso *pps.* di *precludere* (v.).
prèco V. PREGO[2].
precòce [dal lat. *praecox, praecocis*, propr. che è cotto prima; 1580] *agg.* **1.** di pianta o frutto, che fiorisce o matura prima del tempo || *per estens.* che raggiunge pieno sviluppo prima del consueto: *ragazzo precoce, ingegno precoce* **2.** che avviene o si manifesta in anticipo: *inverno precoce, morte precoce* || *diagnosi precoce*, effettuata prima che si manifestino i sintomi della malattia || **precoceménte** *avv.* || **N. 1.** *Sin.* primaticcio | *Contr.* tardivo **2.** *Sin.* acerbo, anticipato, immaturo, intempestivo, prematuro.
precocità [da *precoce*; 1826] *sf.* l'essere precoce: *precocità di maturazione, d'ingegno.*
precògnito [dal lat. *praecognitus*; a. 1519] *agg. lett.* conosciuto prima.
precognizióne [dal lat. tardo *praecognitio, -ōnis*; 1561] *sf. non com.* conoscenza di un evento prima che questo accada || **N.** *Sin.* preconoscenza, prescienza.
precòio V. PROCOIO.
precolombiàno [comp. di *pre-* e del n. proprio *Colombo*, con suff. agg.; 1895] *agg.* che, in America, è anteriore alla scoperta da parte di Cristoforo Colombo: *città, religione precolombiana.*
precompressióne [comp. di *pre-* e *compressione*; 1958] *sf. T.tecn.* compressione preventiva di un materiale che ne migliora la resistenza a trazione: *in part. T.edil.* operazione di tensione preliminare dei cavi metallici disposti nel calcestruzzo che, a colata avvenuta, determina una contrazione e quindi una compressione sul conglomerato.
precomprèsso (*pps.* di *precomprimere*) [1954] *agg.* che ha subito precompressione: *cemento armato precompresso.*
precomprìmere [comp. di *pre-* e *comprimere*; 1958] *tr. T.tecn.* sottoporre a precompressione.
preconcètto [comp. di *pre-* e *concetto*, sul modello del fr. *preconçu*; a. 1680] **I** *agg.* concepito o provato prima che sia possibile averne motivo, e perciò infondato: *un'antipatia preconcetta, giudizio preconcetto* **II** *sm.* concezione immotivata, pregiudizio: *con la mente sgombra da preconcetti* || **N.** II *Sin.* prevenzione, PREGIUDIZIO.
precondizióne [comp. di *pre-* e *condizione*; 1985] *sf.* condizione necessaria, requisito.
precóne [dal lat. *prāeco, -ōnis*; sec. XIV] *sm. arc.* banditore.
preconfezionàre (pres. *-óno*) [comp. di *pre-* e *confezionare*; 1970] *tr.* confezionare in precedenza.
precongressuàle [comp. di *pre-* e *congresso* con suff. agg.; 1950] *agg.* che precede un congresso: *fase precongressuale* || che è finalizzato a un congresso: *dibattito precongressuale.*
precònio (pl. *-ni*) [dal lat. *praecōnium*; 1321] *sm. arc.* **1.** annuncio pubblico solenne, bando **2.** lode, encomio, elogio: *incominciando l'alto preconio* (Dante).
preconizzàre [da *preconio*; a. 1304] *tr.* **1.** *disus.* annunciare pubblicamente || *T.eccl.* del Pontefice, proclamare la creazione di un vescovo o di un prelato avente giurisdizione: *è vescovo nominato, ma non ancora preconizzato* **2.** *per estens.* preannunciare, presagire sulla base di notevoli indizi || **N. 2.** *Sin.* profetizzare.
preconizzatóre [da *preconizzare*; a. 1686] *agg.* e *sm.* (f. *-trìce*) *lett.* che o chi preconizza.
preconizzazióne [da *preconizzare*; a. 1626] *sf.* pubblica nomina fatta dal Papa in concistoro delle persone che vuol promuovere al vescovato o al cardinalato.
preconoscènza [comp. di *pre-* e *conoscenza*; a. 1565] *sf. lett.* prescienza, conoscenza anticipata, precognizione.
preconóscere (pres. *preconósco* ecc., come CONOSCERE) [dal lat. *praecognōscere*; a. 1519] *tr. lett.* conoscere prima, prevedere, presentire.
preconosciménto [da *preconoscere*; a. 1673] *sm. raro* atto del preconoscere.
precònscio (pl. *-sci*) [comp. di *pre-* e *conscio*, sul modello del ted. *Vorbewusste*; 1950] *sm. T.psican.* sfera psichica, assai prossima alla coscienza, i cui contenuti possono facilmente essere resi presenti alla coscienza.
preconsonàntico (pl. *-ci*) [comp. di *pre-* e *consonantico*; 1958] *agg. T.ling.* che precede immediatamente una consonante || **N.** *Contr.* postconsonantico.
precòrdi [dal lat. *praecordia*; sec. XIV] *sm. pl.* (*arc. sf. pl. le precòrdia*) **1.** precordio **2.** secondo gli antichi, membrana racchiudente il cuore e altri organi della cavità toracica, sede anche di affetti; diaframma || *fig.* l'intimo, l'interiorità più profonda: *soffrire fin nei precordi.*
precordiàle [da *precordio*; 1500] *agg. T.anat.* relativo al precordio.
precòrdio (pl. *-di*) [dal lat. *praecordia*; 1835] *sm. T.anat.* parte anteriore del torace in corrispondenza del cuore.
precórrere (pres. *precórro* ecc., come CORRERE) [dal lat. *praecurrere*; 1321] *tr.* **1.** precedere nel tempo, anticipare: *precorrere un desiderio*; *precorrere i tempi*, di scoperte, idee o avvenimenti precoci rispetto al tempo in cui si realizzano; *per estens.* da: **2.** *lett.* precedere nella corsa || *intr.* (aus. *essere*) *lett.* **1.** correre avanti: *era precorso per dargli l'annunzio* **2.** *fig.* venire prima nel tempo || **N.** *tr. Sin.* precedere.
precorritóre [da *precorrere*; 1607] *agg.* e *sm.* (f. *-trìce*) *lett.* che o chi precorre: *spuntava già l'alba precorritrice del nuovo giorno* || **N.** *sm. Sin.* antesignano.
precostituìre (pres. *-ìsco, ìsci*) [comp. di *pre-* e *costituire*; 1947] *tr.* costituire in precedenza: *precostituire la maggioranza.*
precostituìto (*pps.* di *precostituire*) [1958] *agg.* formato in precedenza || *T.giur. prova precostituita*, prova disposta all'inizio di un processo || *maggioranza precostituita*, nelle democrazie parlamentari, maggioranza assicurata prima della votazione, sulla base di accordi preliminari.
precristiàno [comp. di *pre-* e *cristiano*; 1951] *agg.* che precede il cristianesimo: *religioni precristiane.*
precrìtico (pl. *-ci*) [comp. di *pre-* e *critico*; 1970] *agg. T.fil.* nel pensiero di Kant, periodo che precede il criticismo.
precuòio V. PROCOIO.
precursóre [dal lat. *praecursor, -ōris*; a. 1342] **I** *sm.* (f. *precorritrice*) chi, in un determinato campo, è artefice di scoperte o teorie, promotore di attività e sim., pienamente sviluppate o apprezzate solo in epoca successiva: *un precursore del Romanticismo, della teoria quantistica* **II** *agg.* (sempre posposto) che precede e annuncia: *i segni precursori della tempesta* || **N.** I *Sin.* antecessore, antesignano, anticipatore, avanguardia, preconizzatore, precorritore, predecessore, pioniere **II** *Sin.* annunciatore, anticipatore.
prèda [lat. *prāeda*; 1297] *sf.* **1.** animale inseguito o catturato da cacciatori o da altri animali: *inseguire, raggiungere la preda, l'agnello è preda del lupo*; *uccelli da preda*, rapaci; anche *coll.*: *i cacciatori tornarono carichi di preda* || *fig.* qualunque cosa sia oggetto di cattura, di conquista o di appropriazione più o meno violenta: *una ricca preda di guerra* || *T.mar. Commissione delle prede*, quella che in tempo di guerra giudica della legittimità delle prede e quindi del diritto di confisca **2.** *fig. esser preda di*, essere vittima di, essere posseduti da: *essere preda delle passioni*; *essere in preda all'angoscia*, esserne dominati; *cadere in preda al panico*, lasciarsene dominare || **N. 1.** *Sin.* bottino, spoglie opime **2.** *Sin.* vittima.
predàce [da *preda*, sul modello di *rapace*; a. 1561] *agg. ant.* o *lett.* che preda, rapace.
predaménto [da *predare*; a. 1292] *sm. raro* l'azione del predare, saccheggio, depredazione.
predàre (pres. *prèdo*) [lat. *praedāri*; 1295] *tr.* prendere con la forza (rif. a prede sia di guerra sia di caccia): *predare un villaggio*; anche

ass.: *una volpe che preda nei dintorni* || **N.** *Sin.* corseggiare, depredare, pirateggiare, razziare; far una razzìa o scorrerìa, mettere a sacco.

predatóre [lat. *praedātor, -ōris*; 1300 ca.] **I** ***sm.*** (f. *-trìce*) **1.** persona dedita abitualmente a scorrerie e saccheggi **2.** animale che vive cacciando prede **II** ***agg.*** (sempre posposto) che preda, *popolo predatore*; *uccello predatore*.

predatòrio (pl. *-ri*) [dal lat. *praedatōrius*; 1745] ***agg.*** *non com.* proprio di predatore o dell'attività del predare.

predazióne [dal lat. *praedatio, -ōnis*, depredazione; 1972] ***sf.*** tecnica di sussistenza di alcuni animali che consiste nella cattura e nell'uccisione della preda per cibarsene.

predecessóre [dal lat. *praedecessor, -ōris*; a. 1342] ***sm.*** (f. *-a*) chi viene prima di un altro in un ordine, una successione e sim.: *2 è il predecessore di 3* || *in part.* chi ha tenuto prima di un altro una carica, un ufficio e sim.: *il suo predecessore nell'ufficio di questore* || *pl. i* (*nostri*) *predecessori*, gli antenati, le generazioni passate || **N.** *Sin.* antecessore | *Contr.* successore.

predèlla¹ [dal long. *pretil*, assicella; a. 1342] ***sf.*** **1.** piano di legno che circonda l'altare e sul quale sta il sacerdote celebrando gli uffici divini || piano di legno rialzato da terra sul quale poggiano la cattedra e la sedia dell'insegnante in una scuola **2.** parte inferiore di una pala o di un polittico in cui sono raffigurate o scolpite una o più scene minori **3.** in alcuni portoni, rinforzo di legno applicato nella parte inferiore **4.** predellino di un veicolo **5.** *arc.* sgabello || *dim.* predellìna, predellìno (*sm.*); *accr.* predellóne (*sm.*) || **N. 1.** *Sin.* pedana. **TAV.** ***chiesa*** 2.17.

predèlla² [dal long. *pridel*, redine; 1319] ***sf.*** *arc.* parte del freno dove si tiene la mano conducendo il cavallo.

predellìno (*dim.* di *predella¹*) [a. 1535] ***sm.*** **1.** piccola predella **2.** in vetture tranviarie, ferroviarie e sim., gradino che agevola la salita e la discesa **3.** *fare il predellino*, fra due persone, intrecciare le mani per farvi sedere, per gioco, un bambino. **TAV.** ***carri...*** **p. 664** 1.7.

prederìa [da *predare*; a. 1588] ***sf.*** *arc.* quantità di beni predati.

predestinàre (pres. *-ìno*) [dal lat. *praedestināre*; 1321] ***tr.*** **1.** *T.teol.* di Dio, determinare fin dall'inizio dei tempi, quanto al destino di salvezza o dannazione: *i dannati sono predestinati al male* **2.** *per estens.* destinare fin da prima (perlopiù in costruzioni passive): *era predestinato a compiere quella missione*; *era predestinato che*, era destino, era fatale che || **N. 1.** *Sin.* destinare **2.** *Sin.* prestabilire.

predestinatìvo [da *predestinare*; a. 1694] ***agg.*** *raro* atto a predestinare.

predestinaziàno [da *predestinazione*, sul modello del fr. *prédestinatien*; 1696] **I** ***agg.*** attinente al predestinazionismo **II** ***sm.*** (f. *-a*) seguace o fautore del predestinazionismo.

predestinazióne [dal lat. tardo *praedestinātio, -ōnis*; a. 1292] ***sf.*** atto ed effetto del predestinare; *in part. T.teol.* la determinazione, da parte di Dio, della salvezza o dannazione di ciascuno.

predestinazionìsmo [da *predestinazione*; 1835] ***sm.*** *T.teol.* dottrina sorta nel V sec. e accettata da luterani, calvinisti e giansenisti, secondo la quale Dio predestina alcuni alla salvezza e altri alla dannazione, senza che l'uomo abbia la possibilità di condizionare tale scelta.

predeterminàre (pres. *-èrmino* ecc., come DETERMINARE) [comp. di *pre-* e *determinare*; a. 1673] ***tr.*** determinare in anticipo, prestabilire.

predeterminàto (*pps.* di *predeterminare*) [1679 nel senso 2; a. 1876 nel senso 1] ***agg.*** **1.** determinato in anticipo **2.** *arc.* fermamente intenzionato || **predeterminataménte** ***avv.***

predeterminazióne [comp. di *pre-* e *determinazione*; a. 1673] ***sf.*** *non com.* determinazione anticipata.

predétto (*pps.* di *predire*) [1253 *predito*] ***agg.*** sopra detto, detto prima: *per la ragione predetta* || **N.** *Sin.* precitato, prefato, suddetto, sullodato.

prediàle [da *predio*; a. 1419] ***agg.*** *T.giur.* attinente a podere, a fondo: *servitù prediale*; *tassa prediale*; anche *sf.*: *pagare la prediale.* **Q.T.** *diritto*.

prèdica [da *predicare*; a. 1292] ***sf.*** **1.** discorso di spiegazione delle Scritture ed esortazione alla fede, rivolto dal sacerdote ai fedeli nel corso della messa: *fare, ascoltare la predica*; *suonare a predica*, darne annuncio col suono delle campane || *tosc. bastonare come suonare a predica*, bastonare di santa ragione || *da quale pulpito viene la predica*, detto a chi accusa altri di mancanze di cui è egli stesso gravemente colpevole **2.** *fam.* discorso lungo di esortazione o ammonimento, ramanzina: *non farmi la predica* || *dim.* predichìna, predichétta; *spreg.* predicùccia; *accr.* predicóna; *pegg.* predicàccia || **N. 1.** *Sin.* omelia; sermone, quaresimale | pergamo, pulpito **2.** RIMPROVERO. **Q.T.** *religione*.

predicàbile [dal lat. *praedicābilis*; sec. XIV] **I** ***agg.*** **1.** che può essere oggetto di predica **2.** *T.fil.* che può essere predicato di un soggetto **II** ***sm.*** *T.fil.* nella filosofia aristotelica e scolastica, ciascuno dei tipi di predicazione possibili riguardo a un soggetto (accidente, genere, proprio e definizione).

predicaménto [dal lat. tardo *praedicamentum*; a. 1455] ***sm.*** **1.** *T.fil.* lo stesso che *categoria* **2.** *arc.* predica.

predicàre (pres. *prèdico, prèdichi*) [dal lat. *praedicāre*; a. 1292] ***tr.*** **1.** annunciare, spiegare per far opera di edificazione e proselitismo, rif. spec. a credo religioso e, per estens., a ideologia o missione: *predicare la buona novella agli infedeli, predicare le crociate, la pace, la rivoluzione* **2.** *T.fil.* rif. a predicato, attribuire a un soggetto **3.** *lett.* elogiare, celebrare pubblicamente **4.** *arc.* scongiurare || ***intr.*** (aus. *avere*) fare la predica: *predicare ai fedeli in chiesa* || *per estens.* dare consigli e ammonimenti con tono autorevole || parlare o leggere con enfasi da predicatore: *smetti di predicare* || *predicare bene e razzolare male*, dar buoni consigli agli alri, senza seguirli || *predicare al deserto, al vento, ai porri*, dar consigli che nessuno ascolta || **N.** ***tr.*** **1.** *Sin.* divulgare, esortare, evangelizzare, indottrinare, propagare | ***intr.*** *Sin.* pontificare, sentenziare.

predicatìvo [dal lat. tardo *praedicatīvus*; 1585] ***agg.*** **1.** relativo a predicato; che ha funzione di predicato || *in part. T.gram. complemento predicativo del soggetto, dell'oggetto*, aggettivo o sostantivo (o espressione equivalente) che si riferisce rispettivamente al soggetto o al complemento oggetto, ma integra il significato del verbo (come in "il clima è diventato *rigido*" e "lo considero *il più caro amico*") || *verbo predicativo*, quello che da solo costituisce un predicato || del verbo *essere*, usato solo come semplice copula e non con il valore di "esistere" **2.** *calcolo predicativo*, in logica simbolica, estensione del calcolo proposizionale che ammette la quantificazione di variabili di individui (*calcolo predicativo del I ordine*) o anche di variabili di predicato (*calcolo predicativo del II ordine*).

predicàto (*pps.* di *predicare*) [sec. XV] ***sm.*** **1.** *T.fil.* in logica, il secondo termine del giudizio, che esprime qualcosa attorno al soggetto **2.** *T.gram.* in analisi logica, il verbo, in quanto esprime qualcosa riguardo al soggetto; *predicato verbale*, costituito dal solo verbo (es. Davide *arrossisce*); *predicato nominale*, costituito dal verbo *essere* unito a sintagma nominale, a sintagma aggettivale o pronome (es. "Davide *è irascibile*", "Marte *è un pianeta*", "mio zio *è lui*") **3.** *essere in predicato*, essere tra i probabili candidati: *essere in predicato a una carica, a una dignità* **4.** *predicato d'onore*, titolo onorifico usato per determinate personalità (come *eccellenza, santità, maestà* ecc.) || *predicato nobiliare*, la parte di un titolo nobiliare, che specifica il luogo a cui un tempo era legato tale titolo (es. "conte *di Fratta*"). **Q.T.** *linguistica*.

predicatóre [dal lat. *praedicātor, -ōris*; prima metà sec. XIII] ***sm.*** (f. *-trìce*; pop. *-tóra*) **1.** chi spiega e diffonde la verità di una fede; chi tiene prediche religiose: *il predicatore ha parlato dal pulpito*; *ordine dei predicatori* o, in funzione attributiva, *frati predicatori*, i domenicani || *per estens.* sostenitore convinto e tenace divulgatore: *un predicatore della pace, dell'uguaglianza* **2.** *scherz.* chi fa lunghi e pesanti discorsi di ammonimento **3.** *non com.* lodatore || **N. 1.** dicitore sacro, oratore sacro, quaresimalista.

predicatòrio (pl. *-ri*) [dal lat. tardo *praedicatōrius*, di elogio; 1745] ***agg.*** di o da predicatore: *tono predicatorio*.

predicazióne [dal lat. *praedicātis, -ōnis*; inizio sec. XIII] ***sf.*** **1.** l'ufficio e l'esercizio del predicare: *si è dato alla predicazione* || *raro* predica **2.** *T.fil.* in logica, attribuzione di un predicato a un soggetto.

predìcere (pres. *predìco* ecc., come DIRE) [dal lat. *praedīcere*; 1306] ***tr.*** *arc.* predire.

predicòzzo [da *predica*; a. 1802] ***sm.*** *scherz.* discorso ammonitorio perlopiù di tono bonario || **N.** *Sin.* fervorino, paternale, ramanzina.

predigerìto [comp. di *pre-* e *digerito*; 1965] ***agg.*** di sostanza alimentare, che ha subito predigestione.

predigestióne [comp. di *pre-* e *digestione*; 1875] ***sf.*** **1.** *T.fisiol.* operazioni preliminari della digestione (masticazione e insalivazione) **2.** processo cui viene sottoposta artificialmente una sostanza alimentare per renderla più digeribile o direttamente assimilabile.

predilètto (*pps.* di *prediligere*) [a. 1342] **I** ***agg.*** amato sopra tutti: *studi prediletti, figlio prediletto* **II** ***sm.*** (f. *-a*) beniamino: *il prediletto della maestra* || **N. I** *Sin.* amato, caro, favorito, preferito **II** *Sin.* cocco.

predilezióne [comp. di *pre-* e *dilezione*; 1611 *predilettione*] ***sf.*** **1.** affetto, simpatia preferenziale: *ha una predilezione spiccata per i bambini* **2.** *concr.* l'oggetto prediletto: *quel bravo ragazzo è la mia predilezione* || **N. 1.** *Sin.* preferenza.

predilìgere (pres. *predilìgo, predilìgi*; p.rem. *predilèssi, prediligésti, predilèsse*; pps. *predilètto*) [comp. di *pre-* e *diligere*; 1673] ***tr.*** rif. a cosa o persona, amarla preferendola ad altre: *egli predilige la musica classica* || **N.** *Sin.* preferire.

prèdio (pl. *-di*) [dal lat. *praedium*; sec. XIII-XV] ***sm.*** *T.giur.* possedimento fondiario: *predio rustico*, podere; *predio urbano*, case, fabbricati || **N.** prediale.

predìre (pres. *-ìco* ecc., come DIRE) [dal lat. *praedīcere*, rifatto su *dire*; 1306] ***tr.*** annunciare prima che avvenga: *predire l'esito delle trattative, predire il futuro* || **N.** *Sin.* divinare, preannunciare, preconizzare, presagire, prevedere, profetare, vaticinare.

predisponènte (*ppr.* di *predisporre*) [1835] ***agg.*** che predispone || *T.med. fattori predisponenti*, fattori che predispongono l'organismo a contrarre certe malattie.

predispórre (pres. *-óngo* ecc., come PORRE) [comp. di *pre-* e *disporre*, prob. sul modello del fr. *prédisposer*; 1611] ***tr.*** **1.** disporre, organizzare in anticipo in modo da facilitare una determinata operazione: *predisporre tutto per la spedizione, aveva già predisposto tutto in caso di morte* **2.** rendere propenso, disporre: *queste* *letture predispongono al sonno* || rendere soggetto a: *l'alcool predispone alle malattie nervose* || **rifl.** prepararsi, premunirsi || **N.** **tr.** **1.** *Sin.* allestire, premunire, preparare **2.** *Sin.* inclinare.

predisposizióne [comp. di *pre-* e *disposizione*, prob. sul modello del fr. *prédisposition*; 1829] **sf.** **1.** condizione di chi o di ciò che è predisposto: *predisposizione di uno strumento* **2.** inclinazione: *mostra una viva predisposizione alla pittura* **3.** *T.med.* diatesi || **N.** **2.** *Sin.* INCLINAZIONE.

prèdito [dal lat. *praeditus*; sec. XIV] **agg.** *arc.* fornito, dotato.

predizióne [dal lat. *praedictio, -ōnis*; a. 1540] **sf.** atto del predire || *concr.* ciò che è predetto: *un'inquietante predizione sul suo futuro, la predizione si è avverata* || *dim.* predizioncèlla || **N.** *Sin.* anticipazione, augurio, auspicio, divinazione, oracolo, preannuncio, previsione, profezia, pronostico, vaticinio.

prèdola [dal long. *pretil; 1868] **sf.** *T.cart.* asse inclinata sulla quale il levatore pone l'uno sopra l'altro i fogli, separandoli dai feltri, dopo la pressatura.

predominànte (*ppr.* di *predominare*) [1598] **agg.** di maggior rilievo, prevalente: *il colore predominante della stanza è il grigio.*

predominànza [da *predominante*; 1871] **sf.** predominio, prevalenza || **N.** PREMINENZA.

predominàre (pres. *-òmino*) [comp. di *pre-* e *dominare*; a. 1470] **intr.** (aus. *avere*) **1.** dominare nettamente per superiorità di mezzi; avere maggior potenza, intensità e sim.: *in lui il raziocinio predomina sugli impulsi dell'istinto* **2.** essere massicciamente presente o diffuso, risultando elemento caratterizzante: *in quella città predomina il gotico, adesso nel bosco predominano i colori caldi dell'autunno* || **tr.** *raro* sopraffare || **N.** **1.** *Sin.* padroneggiare, signoreggiare **2.** *Sin.* prevalere; essere preponderante.

predominazióne [da *predominare*; a. 1549] **sf.** *raro* predominio.

predomìnio (pl. *-ni*) [da *predominare*; 1342] **sm.** **1.** superiorità incontrastata, supremazia: *predominio delle passioni, il predominio dei barbari in Italia, mantenere, esercitare il predominio* **2.** presenza diffusa, sovrabbondanza: *silicati con predominio di miche* || **N.** *Sin.* **1.** egemonia, padronanza, PREMINENZA **2.** *Sin.* preponderanza.

predóne [dal lat. *praedo, -ōnis*; 1313] **sm.** (f. *-a*) chi vive predando e saccheggiando, gen. in bande organizzate: *predoni del deserto, del mare.*

preelèggere (pres. *-èggo* ecc., come LEGGERE) [dal lat. tardo *praeligere*; 1304] **tr.** *ant.* o *lett.* prescegliere: *il Signore preeleggeva Maria a essere madre del Salvatore.*

preelezióne [dal lat. tardo *praelectio, -ōnis*; 1673] **sf.** *raro* l'atto del preeleggere, predestinazione.

preellènico (pl. *-ci*) [comp. di *pre-* e *ellenico*; 1902] **agg.** delle popolazioni che abitarono la Grecia prima dell'occupazione degli Elleni (terzo sec. a.C.): *divinità preelleniche.*

preeminènza v. PREMINENZA.

preesistènte (*ppr.* di *preesistere*) [a. 1342] **agg.** che esisteva precedentemente; che esisteva da prima: *condizioni preesistenti; la sua condizione di moglie è preesistente a quella di madre.*

preesistènza [dal lat. tardo *praeexistentia*; 1715] **sf.** esistenza precedente: *la preesistenza dell'anima* || *concr.* cosa che esisteva da prima: *preesistenze architettoniche.*

preesìstere [dal lat. tardo *praeexistere*; 1745] **intr.** (aus. *essere*) esistere in un tempo anteriore; esistere sin da prima.

prefabbricàre (pres. *-àbbrico, -àbbrichi*) [comp. di *pre-* e *fabbricare*, sul modello dell'ingl. to *prefabricate*; 1954] **tr.** costruire lontano dalla sede definitiva, secondo le tecniche della prefabbricazione.

prefabbricàto [da *prefabbricare*; 1942] **I** **agg.** di edificio, ottenuto componendo nella sede definitiva, pezzi prefabbricati: *ponte, edificio prefabbricato* **II** **sm.** struttura o parte di una struttura, prodotta mediante prefabbricazione || *in part.* edificio prefabbricato.

prefabbricazióne [comp. di *pre-* e *fabbricazione*, sul modello dell'ingl. *prefabrication*; 1954] **sf.** *T.tecn.* procedimento costruttivo che prevede la fabbricazione degli elementi di una struttura in una sede separata da quella definitiva di montaggio.

prefàto [dal lat. *praefātus*; prima metà sec. XIV] **agg.** *lett.* detto o rammentato prima, già citato.

prefatóre [da *prefazione*; a. 1806] **sm.** chi scrive una prefazione.

prefàzio (pl. *-zi*) [dal lat. *praefatio*; a. 1306] **sm.** *T.eccl.* **1.** parte della messa che precede il canone, in cui si recita la prima parte della preghiera eucaristica **2.** *arc.* prefazione, proemio.

prefazionàre (pres. *-óno*) [da *prefazione*; 1882] **tr.** *non com.* rif. a libro, scriverne la prefazione.

prefazióne [dal lat. *praefatio, -ōnis*; 1493] **sf.** breve scritto che precede un'opera letteraria, in cui l'autore, o altra persona, chiarisce l'origine, lo scopo, il metodo ecc. di tale opera: *la prefazione deve essere breve e sostanziosa* || *dim.* prefazioncèlla, prefazioncìna || **N.** *Sin.* esordio, introduzione, isagoge, preludio, proemio, prolegomeni, prologo, prolusione, protasi.

preferènza [da *preferire*; 1611] **sf.** inclinazione nei confronti di una fra più possibilità di scelta: *dichiarare, esprimere la propria preferenza, hai una preferenza per qualche autore?; dare la preferenza*, preferire || *fare preferenze*, essere parziali || *di, a preferenza*, piuttosto, più volentieri || *titolo di preferenza*, in un concorso pubblico, titolo che, a parità di punteggio, assegna una posizione più avanzata in graduatoria: *la maternità costituisce titolo di preferenza* || *voto di preferenza* o *preferenza*, in un sistema elettorale plurinominale, voto dato a uno o più candidati della lista prescelta || **N.** *Sin.* predilezione, prelazione, propensione.

preferenziàle [dal fr. *préférentiel*; 1922] **agg.** che costituisce o esprime una preferenza: *trattamento preferenziale; voto preferenziale*, che esprime una preferenza per un candidato || *corsia preferenziale*, corsia stradale riservata ai mezzi di trasporto pubblici || **preferenzialménte** **avv.**

preferìbile [da *preferire*; 1686] **agg.** da preferirsi, che è opportuno preferire o scegliere: *questa è la soluzione preferibile, è preferibile rimandare la partenza* || **preferibilménte** **avv.** di preferenza, se possibile; anche frasale: *preferibilmente, tienimi informato; preferibilmente per me*, in maniera che io preferisco.

preferire (pres. *-ìsco, -ìsci*) [lat. *praeferre*; sec. XIV] **I** **tr.** rispetto a una o più alternative, anteporre per gradimento, utilità od opportunità; amare, gradire di più: *preferisco la poesia alla prosa, fra tutti loro preferisco Mario* || scegliere considerando più opportuno: *per la passeggiata ho preferito l'abito comodo a quello elegante* **II** usato come verbo modale viene seguito da un infinito: *preferisci viaggiare in treno o in auto?; preferisco partire (piuttosto) che restare, ho preferito tacere* || **N.** *Sin.* prediligere, preporre, prescegliere.

preferito (*pps.* di *preferire*) [a. 1532] **I** **agg.** prediletto, favorito: *quella lungo il fiume è la mia passeggiata preferita* **II** **sm.** **1.** (f. *-a*) chi è amato più degli altri: *è il suo preferito* **2.** cioccolatino al liquore contenente una ciliegina || **N.** I *Sin.* caro, prescelto II **1.** *Sin.* cocco, beniamino.

prefestìvo [comp. di *pre-* e *festivo*; 1958] **agg.** che precede immediatamente una festa: *giorno prefestivo* || che si riferisce ad un giorno prefestivo, che ha luogo in un giorno prefestivo: *orario prefestivo, messa prefestiva.*

prefettéssa [da *prefetto*; 1512] **sf.** *scherz.* la moglie del prefetto di una provincia.

prefettìzia [da (*veste*) *prefettizia*, perché usata dai *prefetti*; 1905] **sf.** abito da cerimonia a lunghe falde; finanziera.

prefettìzio (pl. *-zi*) [da *prefetto*; 1811] **agg.** del prefetto, della prefettura: *decreto prefettizio* || *commissario prefettizio*, nominato temporaneamente dal prefetto per sostituire il sindaco di un comune.

prefètto [dal lat. *praefectus*, pps. di *praficere*, mettere a capo; a. 1292] **sm.** **1.** rappresentante del governo in ciascuna provincia, le cui attribuzioni comprendono compiti di coordinamento e vigilanza sulle pubbliche amministrazioni locali e tutela dell'ordine pubblico **2.** *T.eccl.* ciascuno dei cardinali che presiedono alle sacre congregazioni || *prefetto apostolico*, sacerdote che esercita funzioni di rappresentante pontificio in quelle terre di missione dove non è ancora costituita l'organizzazione della diocesi **3.** nei seminari o nei collegi, responsabile di una camerata || *non com.* istitutore **4.** *T.stor.* nell'antica Roma, chi era posto a capo di istituti od ordini civili o militari: *prefetto della città, della flotta, dell'erario* || *dim.* prefettino || **N.** **1.** governatore, intendente, sottoprefetto, viceprefetto; prefettura, consigliere di prefettura.

prefettùra [dal lat. *praefectūra*; 1308] **sf.** **1.** l'ufficio e la dignità di prefetto || la residenza del prefetto e gli uffici annessi: *andare in prefettura* **2.** *T.eccl.* *prefettura apostolica*, l'ufficio e la dignità del prefetto apostolico e il territorio su cui si esercitano **3.** *T.stor.* nell'antica Roma, la circoscrizione del territorio italico in cui un prefetto inviato dal pretore esercitava funzioni amministrative.

prèfica [dal lat. *praefica*; a. 1659] **sf.** *T.stor.* nell'antica Roma, donna pagata per piangere e lodare il morto durante il funerale || *per estens. scherz.* chi piange disgrazia, piagnone.

prefìggere (pres. *prefiggo, prefiggi*; p.rem. *prefissi, prefiggésti*; pps. *prefisso*) [dal lat. *praefigere*, ficcare in cima; 1528] **tr.** **1.** stabilire, fissare; quasi solo in costruzioni pronominali: *prefiggersi uno scopo, gli ho prefisso un obiettivo* **2.** *raro* anteporre come prefisso: *preposizione che si prefigge a un verbo* || **N.** **1.** *Sin.* imporsi, proporsi, riproporsi.

prefiggiménto [da *prefiggere*; a. 1694] **sm.** *raro* atto del prefiggere e del prefiggersi; proposito.

prefiguraménto [da *prefigurare*; a. 1729] **sm.** *raro* prefigurazione.

prefiguràre (pres. *-ùro*) [dal lat. tardo *praefigurāre*; 1260 ca.] **tr.** rif. a eventi o persone future, costituirne una anticipazione allegorica o simbolica; detto spec. nell'esegesi biblica: *nella sposa del Cantico dei Cantici alcuni vogliono che sia prefigurata la Chiesa di Cristo* || *per estens.* di elementi letterari, artistici o culturali in gen., anticipare: *un motivo che prefigura il Romanticismo* || raffigurare qualcosa di futuro: *il piano economico prefigura l'Italia del Duemila.*

prefiguratìvo [comp. di *pre-* e *figurativo*; 1970] **agg.** di dipinti dell'età preistorica che non raffigurano soggetti di tipo naturalistico.

prefigurazióne [dal lat. tardo *praefigurātio, -ōnis*; a. 1375] **sf.** il prefigurare || *concr.* figura o simbolo, variamente espresso, anteriore alla persona o al fatto che sta a significare o a simboleggiare || **N.** profezia.

prefinanziaménto [da *prefinanziare*; 1958] **sm.** finanziamento concesso da un istituto di credito a un'impresa che sia prossima ad incassare l'importo di un finanziamento, concesso dallo Stato, che funge da pegno.

prefinanziàre (pres. *-ànzio*) [comp. di *pre-* e *finanziare*; 1965] ***tr.*** concedere un prefinanziamento.

prefinìre (pres. *-ìsco, -ìsci*) [dal lat. *praefinīre*; a. 1472] ***tr.*** *lett. raro* predeterminare.

prefinizióne [dal lat. *praefinitio, -ōnis*; 1579] ***sf.*** *lett. raro* predeterminazione.

prefiorìre (pres. *-ìsco, -ìsci*) [comp. di *pre-* e *fiorire*; 1958] ***intr.*** (aus. *essere*) fiorire prima del periodo normale di fioritura.

prefioritùra [comp. di *pre-* e *fioritura*; 1954] ***sf.*** *T.bot.* fioritura anticipata.

prefissàle [da *prefisso*; 1983] ***agg.*** *T.ling.* relativo al prefisso, proprio del prefisso: *posizione prefissale.*

prefissàre [comp. di *pre-* e *fissare*; a. 1874] ***tr.*** fissare, stabilire in anticipo: *prefissarsi una meta.*

prefissàto (*pps.* di *prefissare*) [1947] **I** ***agg.*** fissato in anticipo **II** ***sm.*** *T.ling.* parola derivata da un'altra mediante l'aggiunta di un prefisso.

prefissazióne [da *prefissare*; 1986] ***sf.*** *T.ling.* processo di formazione di derivati per mezzo dell'aggiunta di un prefisso alla parola base.

prefìsso (*pps.* di *prefiggere*) [a. 1869] ***sm.*** **1.** *T.ling.* elemento che, posto davanti a una parola, ne produce una di significato diverso (per es. "*intra*muscolare", "*dis*abitato") **2.** *T.tel.* nelle chiamate in teleselezione, la serie di cifre che è necessario comporre davanti al numero del destinatario, allorché questo si trovi all'esterno del distretto telefonico || **N. 1.** affisso, infisso, suffisso; prefissoide. **Q.T.** *linguistica, telefono...*

prefissòide [comp. di *prefisso* e *-oide*; 1935] ***sm.*** *T.ling.* primo elemento di una parola composta, che deriva da parola autonoma dotata di significato proprio (per es. *auto* in "*auto*botte", "*auto*scuola" ecc.).

preflorazióne [comp. di *pre-* e un der. del lat. *flōs, -ōris*, fiore; 1875] ***sf.*** *T.bot.* la disposizione degli elementi del fiore nella gemma florеale || **N.** *Sin.* estivazione.

prefogliazióne [comp. di *pre-* e un der. di *foglia*; 1875] ***sf.*** *T.bot.* la disposizione delle foglie nella gemma || **N.** *Sin.* vernazione.

preformàre (pres. *-órmo*) [dal lat. *praeformāre*; 1835] ***tr.*** formare prima.

preformazióne [dal lat. tardo *praeformātio, -ōnis*; 1775] ***sf.*** **1.** atto ed effetto del preformare **2.** teoria biologica superata, secondo la quale nell'uovo o nello spermatozoo sarebbe già presente l'individuo formato in tutti i particolari.

prèga [da *pregare*; a. 1342] ***sf.*** *ant.* preghiera.

pregadìo o **pregaddìo** o **prèga dìo** [comp. di *prega(re)* e *Dio*; 1934 nel senso 2] ***sm.*** *inv.* **1.** inginocchiatoio **2.** *pop.* mantide religiosa.

pregàdo [voce veneziana, propr. pregato; 1500] ***sm.*** membro del senato della Repubblica Veneta, al quale il Doge chiedeva di esprimere il proprio parere al Maggior Consiglio.

pregàre (pres. *prègo, prèghi*) [lat. *precāri*; metà sec. XI] ***tr.*** **1.** chiedere con fervore per ottenere qualcosa che non è dovuto ma che viene concesso solo per magnanimità, buon cuore, generosità ecc.: *la pregò piangendo di tornare da lui* || come verbo performativo: *ti prego di aiutarmi!, ti prego, ascoltami!* || *farsi pregare*, richiedere ripetuti e pressanti inviti o sollecitazioni prima di fare qualcosa || invitare gentilmente: *lo pregò di sedersi, vi preghiamo di provvedere al pagamento entro i termini prestabiliti* **2.** rivolgersi a Dio, spec. per invocarne l'aiuto: *pregò Dio di concedergli una grazia*; frequente *ass.*: *pregare per i defunti, è rimasto solo a pregare* || **N. 1.** *Sin.* impetrare, implorare, invitare, raccomandarsi, richiedere, scongiurare, supplicare, CHIEDERE **2.** *Sin.* adorare, orare; intercedere; giungere le mani, inginocchiarsi, levar le mani al cielo, snocciolare o infilzare paternostri | a fior di labbra, a calde lacrime, a mani giunte, calorosamente, col cuore, con le lacrime agli occhi, con tutta l'anima, fervidamente, in ginocchio, sottovoce.

pregatóre [lat. *precātor, -ōris*; a. 1294] ***agg.*** e ***sm.*** (f. *-trìce*) *raro* chi o che prega.

pregévole [da *pregio*; 1598] ***agg.*** di pregio, da tenere in pregio: *libro, persona pregevole, un ritratto di pregevole fattura* || **pregevolménte** ***avv.*** || **N.** *Sin.* apprezzabile, degno, eccellente, egregio, meritevole, nobile, notevole, pregiabile, pregiato, prezioso, ragguardevole | *Contr.* spregevole.

pregevolézza [da *pregevole*; 1840] ***sf.*** *non com.* grande qualità, pregio.

preghièra [lat. volg. **precāria*, f. sost. di *precārius*, ottenuto con preghiere, attr. il provenz. *preguiera*; a. 1250] ***sf.*** **1.** atto del pregare: *essere assorto in preghiera* **2.** *concr.* le parole con cui il devoto si rivolge alla divinità, spontanee o preordinate in formule fisse: *rivolgere una lunga preghiera a Dio, un libro di preghiere* || *tappeto di preghiera*, piccolo tappeto usato dai fedeli musulmani per impedire il contatto con la terra, considerata impura, durante la preghiera **3.** richiesta di favore più o meno accorata: *ragazzi, vi rivolgo una preghiera, siate quieti, vi invio questi scritti, con preghiera di restituzione* || *dim.* preghierìna, preghierùccia; *accr.* preghieróna || **N. 1.** *Sin.* deprecazione, domanda, giaculatoria, impetrazione, invocazione, orazione, raccomandazione, supplica, voto **2.** breviario, filotea, inginocchiatoio, libro delle ore, libro di devozione, oratorio. **Q.T.** *religione.*

pregiàbile [da *pregiare*; 1622] ***agg.*** *lett.* pregevole.

pregiabilità [da *pregiabile*; a. 1729] ***sf.*** *raro* pregevolezza.

pregiàre (pres. *prègio*) [lat. tardo *pretiāre*, apprezzare; a. 1250] ***tr.*** *lett.* **1.** avere, tenere in pregio, stimare **2.** *raro* lodare, celebrare || ***intr. pron.*** ritenersi onorato: *mi pregio di darvi questa notizia* || com. in formule di cortesia, spec. epistolari: *ci pregiamo di inviarLe, di comunicarLe* ecc.

pregiàto (*pps.* di *pregiare*) [fine sec. XII] ***agg.*** **1.** di gran valore, di qualità superiore: *vino pregiato, pregiate sete cinesi* **2.** assai stimato; com. nelle intestazioni di lettere: *pregiata ditta*; anche con il superl.: *pregiatissimo Signor Rossi.*

pregiatóre [da *pregiare*; 1363] ***sm.*** (f. *-trice*) *non com.* estimatore.

prègio (pl. *-gi*) [lat. *pretium*; fine sec. XII] ***sm.*** **1.** qualità, merito che rende degni di stima o conferisce valore: *conosco i tuoi pregi, il pregio della sincerità, uno stile che ha il pregio della concisione e della chiarezza* || *di pregio*, di valore: *quadro di grande pregio* **2.** stima, considerazione: *essere in pregio, in gran pregio* || **N. 1.** *Sin.* valore, virtù | *Contr.* difetto.

pregiudicàre (pres. *-ùdico, -ùdichi*) [dal lat. *praeiudicāre*, giudicare anticipatamente; 1312] ***tr.*** **1.** compromettere con giudizi, parole, atti prematuri, inopportuni, avventati: *pregiudicare la questione, gli interessi, la salute, il proprio avvenire* **2.** *ant.* giudicare prima || **N. 1.** *Sin.* danneggiare, inficiare, nuocere, precludere, rovinare.

pregiudicatìvo [da *pregiudicare*; 1560] ***agg.*** *raro* atto a pregiudicare: *risposta pregiudicativa.*

pregiudicàto (*pps.* di *pregiudicare*) [1559] **I** ***agg.*** compromesso, votato a insuccesso: *è un affare pregiudicato* **II** ***sm.*** (f. *-a*) *T.giur.* chi ha già subìto una o più condanne penali || **N. II** *Sin.* recidivo | *Contr.* incensurato.

pregiudiziàle [dal lat. tardo *praeiudiciālis*; 1589] **I** ***agg.*** che precede il giudizio || *T.giur. questione pregiudiziale*, in un processo, questione che deve essere risolta prima di quella principale (per es. il riconoscimento di paternità in una causa di alimenti) || **pregiudizialménte** ***avv.*** **II** ***sf.*** questione pregiudiziale || *per estens.* in una discussione, trattativa e sim., questione che una delle due parti richiede di esaminare preliminarmente, come condizione di avvio della trattativa: *porre delle pregiudiziali.*

pregiudizialità [da *pregiudiziale*; 1673] ***sf.*** rapporto di dipendenza logica tra materie giuridiche diverse, per cui la soluzione di una questione che rientra nell'ambito di una di esse si rende necessaria per affrontare e risolvere l'altra.

pregiudiziévole [da *pregiudizio*; 1573] ***agg.*** che porta o può portare pregiudizio o danno: *cosa pregiudizievole alla salute* || **N.** *Sin.* compromettente, dannoso.

pregiudìzio (pl. *-zi*) [dal lat. *praeiudicium*; a. 1276] ***sm.*** **1.** opinione precostituita, non fondata su un esame diretto e attento: *è pieno di pregiudizi sulle donne, pregiudizi di classe, affrontare una questione senza pregiudizi* **2.** superstizione, credenza infondata: *i pregiudizi del popolo* **3.** *essere di pregiudizio a* (o *per*), pregiudicare, mettere gravemente a rischio: *un tuo ritiro sarebbe di pregiudizio alla carriera* || *dim.* pregiudiziétto; *pegg.* pregiudiziàccio || **N. 1.** *Sin.* preconcetto, prevenzione | di casta, di partito, di scuola, di setta | artistico, inveterato, politico, popolare, scientifico, vieto | dissipare, distruggere, sbarbare, spazzare via, spogliarsi, sradicare, togliere.

pregnànte [dal lat. *praegnans, -āntis*; a. 1320] ***agg.*** **1.** denso di significati: *frase, parola pregnante*; *fig.* di: **2.** pregno, gravido || **pregnanteménte** ***avv.***

pregnànza [da *pregnante*; a. 1597] ***sf.*** **1.** densità di significati, forte carica espressiva: *pregnanza di un'espressione linguistica* **2.** *disus.* gravidanza.

pregnézza [da *pregno*; a. 1292] ***sf.*** *arc.* gravidanza.

prégno [forse da *pregnante* o lat. volg. **praegnis*; 1225 ca.] ***agg.*** **1.** gravido; perlopiù detto di femmine di animali: *pecora pregna* **2.** *fig.* intriso, impregnato: *scarpe pregne d'acqua, animo pregno d'odio* || **N. 2.** PIENO.

prègo¹ [prima pers. sing. dell'ind. pr. di *pregare*; 1868] formula cortese di risposta a chi dice *grazie!*, o usata per invitare a entrare, ad accomodarsi o a prendere qualcosa: *prego, s'accomodi!.*

prègo² o **prièɡo** o **prèco** (pl. *-ghi* o *-chi*) [da *pregare*; 1173] ***sm.*** *arc.* preghiera.

pregrèco (pl. *-ci*) [comp. di *pre-* e *greco*; 1958] ***agg.*** precedente il sorgere e il manifestarsi della civiltà e delle culture greche: *civiltà pregreche* || che risale a una lingua anteriore al greco: *vocaboli pregreci* || **N.** *Sin.* preellenico.

pregrèsso [dal lat. *praegressus*; 1942] ***agg.*** spec. nella lingua medica e burocratica, che è accaduto o è maturato in un momento precedente a quello cui ci si riferisce: *trauma pregresso, anzianità pregressa.*

pregustaménto [da *pregustare*; 1871] ***sm.*** *non com.* l'atto del pregustare; pregustazione.

pregustàre [dal lat. *praegustāre*; a. 1342] ***tr.*** immaginare, simulare col pensiero l'effetto piacevole che un evento atteso e imminente procurerà: *pregustare la gioia, la vendetta, le fragole con panna* || **N.** *Sin.* assaporare.

pregustatóre [dal lat. *praegustātor, -ōris*; 1745] ***sm.*** (f. *-trìce*) *T.stor.* nell'antichità, il servo che assaggiava i cibi del suo signore per garantire che non fossero avvelenati || **N.** *Sin.* assaggiatore.

pregustazióne [da *pregustare*; 1342] ***sf.*** atto ed effetto del pregustare.

pregùsto [da *pregustare*; a. 1595] ***sm.*** *arc.* pregustazione.

preindeuropèo [comp. di *pre-* e *indeuropeo*;

1932] **agg.** di fenomeno linguistico o culturale, precedente all'affermarsi della cultura e della lingua indoeuropea: *influssi, tracce preindoeuropee.*

preindicàto [comp. di *pre-* e *indicato*; a. 1847] **agg.** *raro* indicato prima, sopraindicato.

pre-industriàle o **preindustriàle** [comp. di *pre-* e *industriale*; 1987] **agg.** anteriore allo sviluppo delle tecniche di produzione industriale o alla mentalità che con esse si è affermata || **N.** premoderno.

preìre (*dif.*, come IRE) [dal lat. *praeīre*; a. 1375] **tr.** *arc.* (aus. *avere*) andare avanti, precedere.

preistòria [voce formata su *preistorico*; 1895] **sf.** **1.** periodo della storia del genere umano anteriore a quello documentato da testi scritti, per la ricostruzione del quale ci si basa su reperti archeologici o paletnologici **2.** *per estens.* le prime e remote origini di un fenomeno: *la preistoria di un'arte, di una disciplina* || **N.** **1.** *Sin.* età della pietra **2.** *Sin.* albori. **Q.T.** *storiografia.*

preistòrico (pl. *-ci*) [dall'ingl. *prehistoric*; 1871] **agg.** **1.** della, relativo alla preistoria: *età preistorica, ruderi preistorici* **2.** *fig. scherz.* vecchissimo, disusato || **preistoricaménte** **avv.** in tempi preistorici || **N.** **1.** *Sin.* antidiluviano, preadamitico.

prelatésco (pl. *-schi*) [da *prelato*; a. 1556] **agg.** *spreg.* da prelato || **N.** *Sin.* prelatizio.

prelatìno [comp. di *pre-* e *latino*; 1954] **agg.** precedente all'insediamento in una regione di popolazioni latine || relativo al substrato linguistico del latino: *influssi prelatini* || **N.** *Sin.* preromano.

prelatìvo [da *prelazione*; 1673] **agg.** *raro* che dà titolo di prelazione; atto a prelazione.

prelatìzio[1] (pl. *-zi*) [da *prelato*; 1673] **agg.** di o da prelato: *collegio, abito, onore prelatizio* || **N.** *Sin.* prelatesco.

prelatìzio[2] (pl. *-zi*) [da *prelazione*; 1967] **agg.** *T.giur.* relativo a prelazione; che dà diritto a prelazione.

prelàto [dal lat. *praelātus*, messo innanzi; a. 1243] **I sm.** *T.eccl.* chi ha alta dignità ecclesiastica con giurisdizione || *prelati maggiori*, vescovi e cardinali; *prelati minori*, abati, vicari generali ecc. || anche sacerdote della curia romana con speciali privilegi ma privo di giurisdizione **II agg.** *ant. lett.* anteposto, posto sopra altre persone || **N.** **I** *Sin.* alto clero, dignitario, mitrato, preposto, presule, primate; eminenza, monsignore | abate, archimandrita, arcivescovo, camerlengo, cardinale, patriarca, vescovo | dalmatica, faldistorio, mitra.

prelatùra [da *prelato*; a. 1342] **sf.** **1.** grado e dignità di prelato **2.** circoscrizione su cui il prelato esercita la sua giurisdizione **3.** l'insieme dei prelati.

prelavàggio (pl. *-gi*) [comp. di *pre-* e *lavaggio*; 1964] **sm.** breve lavaggio preliminare che le lavatrici e le lavastoviglie possono effettuare prima del lavaggio vero e proprio.

prelaziόne [dal lat. *praelātio, -ōnis*, preferenza; 1607] **sf.** **1.** *T.giur.* *diritto di prelazione*, diritto per cui alcune categorie di creditori (ipotecari, pignoratizi e privilegiati) vengono soddisfatti a preferenza di altri creditori non muniti di garanzie speciali **2.** *T.giur.* preferenza accordata a una parte, sul diritto di acquisto di un bene, nel caso l'altra abbia intenzione di venderlo **3.** *arc.* preferenza.

prelegàto [dal lat. *praelegātus*, pps. di *praelegāre*, lasciare per testamento con privilegio di antiparte; 1673] **sm.** *T.giur.* legato che il testatore lascia di preferenza a uno degli eredi oltre la sua porzione.

prelèggi [comp. di *pre-* e *legge*; 1942] **sf. pl.** *T.giur.* le disposizioni sulla legge in generale, che sono premesse al codice civile.

preletteràrio (pl. *-ri*) [comp. di *pre-* e *letterario*; 1965] **agg.** che precede il costituirsi di una civiltà letteraria.

prelevaménto [da *prelevare*; 1812] **sm.** l'atto del prelevare; spec. *T.comm.* e *T.banc.*: *prelevamento di merce dal magazzino, di una somma dalla banca* || *concr.* quantità di merce o di denaro || **N.** *Sin.* prelievo.

prelevàre (pres. *-èvo*) [dal lat. tardo *praelevāre*; 1780] **tr.** **1.** rif. a somma di denaro depositata, ritirare: *prelevare lo stipendio dalla banca* || rif. a parte di merce accumulata in magazzini e sim., togliere, portar via **2.** *T.med.* rif. a tessuto, essudato o altro prodotto organico, asportare a scopo diagnostico o terapeutico: *prelevare il sangue* **3.** *per estens.* portar via con la forza, rapire, arrestare: *è stato prelevato dai carabinieri* || *scherz.* passare a prendere.

prelezióne [dal lat. *praelectio, -ōnis*, lettura esplicativa; a. 1642] **sf.** *ant.* lezione introduttiva ad un ciclo di lezioni, prolusione.

prelibàre (pres. *-ibo*) [dal lat. *praelibāre*; 1321] **tr.** *lett.* gustare, assaggiare anticipatamente || anche *fig.*: *dietro pensando a ciò che si preliba* (Dante).

prelibatézza [da *prelibato*; 1970] **sf.** gusto squisito, eccellente || *concr.* cosa prelibata, squisitezza.

prelibàto (*pps.* di *prelibare*) [a. 1494] **agg.** di bevanda o cibo, eccellente, squisito: *vino prelibato* || **prelibataménte** **avv.** || **N.** *Sin.* SQUISITO.

prelièvo [da *prelevare*; 1952] **sm.** **1.** atto del prelevare, dell'asportare una parte (di solito piccola): *effettuare un prelievo di sangue, di tessuto*; *prelievo di un campione alimentare* **2.** *in part.* ritiro di denaro da un deposito || *prelievo d'imposta*, riscossione d'imposta; *prelievo fiscale*, l'insieme di tasse e imposte riscosse dallo Stato || **N.** **2.** *Sin.* prelevamento. **Q.T.** *medicina.*

preliminàre [comp. di *pre-* e del lat. *limen, -inis*, soglia con suff. agg.; 1637] **I agg.** che serve a introdurre o preparare ciò che deve essere ancora affrontato: *riunione, discussione preliminare, fase preliminare di un accordo* || **preliminarménte** **avv.** **II sm.** ciò che viene fatto preventivamente per consentire l'inizio e favorire lo svolgimento di un'azione, spec. bilaterale: *preliminari di un accordo per la pace, preliminari amorosi* || **N.** **I** *Sin.* preparatorio | INTRODUZIONE.

prelodàto [comp. di *pre-* e *lodato*; a. 1577] **agg.** *lett.* sullodato.

prelògico (pl. *-ci*) [comp. di *pre-* e *logico*; a. 1952] **agg.** *T.psic.* dei modi di pensiero delle popolazioni primitive o della prima infanzia, ritenuti devianti rispetto alla logica.

prelogìsmo [da *prelogico*; 1958] **sm.** modo di pensare non conforme ai principi della logica classica, caratteristico, secondo alcune teorie, dei bambini e dei popoli primitivi.

prelùdere (pres. *prelùdo*; p.rem. *prelùsi, preludésti*; pps. *prelùso*) [da *preludio*; 1628] **intr.** (aus. *avere*) **1.** precedere e preannunziare: *quella rottura diplomatica preluse alla guerra* **2.** *non com.* fare un breve discorso prima di entrare in materia: *preludere a un'esposizione* || **N.** **1.** *Sin.* preannunziare, preludiare.

preludiàre (pres. *-ùdio*) [da *preludio*; 1826] **intr.** (aus. *avere*) **1.** *T.mus.* fare da preludio, costituire il preludio **2.** *non com. fig.* preludere.

prelùdio (pl. *-di*) [dal lat. *praelūdium*; a. 1472] **sm.** **1.** *T.mus.* brano introduttivo di una composizione strumentale, talvolta esistente anche come brano autonomo: *preludio di un'opera, preludio di una fuga, i preludi di Chopin* **2.** *fig.* ciò che precede e anticipa qualcosa, segno precursore: *fu il preludio della guerra* || **N.** **1.** *ouverture*; toccata **2.** INTRODUZIONE.

prelùso *pps.* di *preludere* (v.).

pre-maman (pseudofr., pr. [prema'mã] e [prema'man]) [pseudofr., comp. di *pré*, pre- e *maman*, mamma; 1965] **sm.** *inv.* abito confezionato per le gestanti, dalla foggia ampia e comoda || spesso in posizione attributiva: *casacca pre-maman.*

prematrimoniàle [comp. di *pre-* e *matrimonio* con suff. agg.; 1932] **agg.** che precede il matrimonio: *visita, esperienze prematrimoniali.*

prematurità [da *prematuro*; 1954] **sf.** l'essere prematuro, spec. riferito ai neonati venuti alla luce prima del nono mese.

prematùro [dal lat. *praematūrus*; 1586] **agg.** che viene o avviene prima del tempo debito: *frutto prematuro, partenza, morte prematura*; *parto, neonato prematuro*, avvenuto o partorito prima dei nove mesi || *per estens.* avventato, frettoloso: *decisione prematura* || **prematuraménte** **avv.** || **N.** *Sin.* PRECOCE.

premeditàre (pres. *-èdito*) [dal lat. *praemeditāri*; a. 1342] **tr.** preparare con la mente, rif. spec., ad atti criminali o comunque non buoni: *premeditare un furto, la vendetta*; *l'assassinio è stato premeditato* || **N.** *Sin.* congegnare, covare, macchinare, maturare, prestabilire, studiare, tramare.

premeditàto (*pps.* di *premeditare*) [a. 1363] **agg.** compiuto con premeditazione: *delitto premeditato* || **premeditataménte** **avv.**

premeditazióne [dal lat. *praemeditātio, -ōnis*; a. 1563] **sf.** il premeditare: *lunga premeditazione, agì senza alcuna premeditazione* || *in part.* *T.giur.* circostanza aggravante nei delitti di omicidio volontario e lesioni personali || **N.** *Sin.* deliberato proposito.

prementovàto [comp. di *pre-* e *mentovato*; a. 1673] **agg.** *lett. raro* citato, ricordato in precedenza.

prèmere (pres. *prèmo*; p.rem. *premètti* e *preméi, preméstì, premètte* e *premé*; pps. *premùto*) [lat. *premere*; a. 1292] **intr.** (aus. *avere* nei sensi 1 e 2) **1.** esercitare una pressione, una spinta: *premere con le dita sul pulsante, la folla preme contro le transenne, le sue labbra ardenti premevano sulle guance di lei, premere sull'acceleratore* || gravare, pesare: *il peso preme tutto sulle stanghe del carro* **2.** *fig.* insistere per indurre in un determinato comportamento o avere certi risultati: *premono su di lui perché faccia testamento, preme per avere quel posto* **3.** *fig.* importare, stare a cuore: *mi preme l'avvenire di mio figlio, gli preme di riuscire* || **tr.** **1.** schiacciare, spingere: *premere i tasti del pianoforte, premere un bottone* **2.** *fig. lett.* opprimere: *disperato dolor che il cor mi preme* (Dante) || **N.** **intr.** **2.** *Sin.* costringere, obbligare; incalzare **tr.** **1.** *Sin.* ammaccare, calcare, calpestare, cilindrare, comprimere, pestare, pigiare, pressare, puntare, ricalcare.

premèssa [f. sost. di *premesso*; a. 1565] **sf.** **1.** discorso o testo introduttivo, che prepara una trattazione e ne costituisce un presupposto: *prima di entrare nel merito della questione sono necessarie alcune premesse* **2.** *T.fil.* ciascuna delle due prime proposizioni del sillogismo (*premessa maggiore* e *minore*), da cui discende la conclusione || nella logica moderna, ogni passo di un ragionamento, che non è né un assioma, né dedotto da passi precedenti **3.** *per estens.* condizione: *una solida preparazione è premessa indispensabile al buon esito dell'esame* **4.** *T.gram.* protasi.

premèsso (*pps.* di *premettere*) [1308] **agg.** messo prima: *le premesse considerazioni* || *premesso che*, in funzione di *loc. cong.*, posto che, ammesso che.

premestruàle [comp. di *pre-* e *mestruale*; 1958] **agg.** che precede la mestruazione: *dolori premestruali.*

premèttere (pres. *-ètto* ecc., come METTERE) [dal lat. *praemittere*; a. 1320] **tr.** mettere innanzi a titolo di premessa, enunciare come presupposto: *premettere alcune considerazioni* || **N.** *Sin.* anteporre; far precedere.

premiàndo (*gerundivo* di *premiare*) [1871] **sm.** (f. *-a*) persona che si è aggiudicata un premio ma deve ancora riceverlo.

premiàre (pres. *prèmio*) [dal lat. tardo *praemiāre*; 1353] **tr.** ricompensare con un premio: *premiare i vincitori della corsa, premiare la fedeltà, la sua costanza va premiata* || **N.** *Sin.* coronare, gratificare, retribuire, rimunerare, ripagare.

premiàto (*pps.* di *premiare*) [a. 1444] **sm.** (f. *-a*) chi ha avuto un premio: *elenco dei premiati.*

premiatóre [dal lat. tardo *praemiātor, -ōris*; a. 1342] **agg.** e **sm.** (f. *-trìce*) *raro* chi o che premia.

premiazióne [da *premiare*; a. 1406] **sf.** l'atto del premiare, e spec. la cerimonia della distribuzione dei premi ai premiati.

prèmice [da *premere*; 1804] **agg.** *non com.* che si può schiacciare con la sola pressione delle dita: *mandorla premice, ceci premici* || **N.** *Sin.* fragile, friabile.

premier (ingl., pr. ['premɪə]; pr. it. ['prɛmjer]) [dal fr. *premier*, primo; 1844] **sm.** *inv.* primo ministro.

première (fr., pr. [prə'mjɛ:r]) [f. sost. di *premier*, primo; 1877] **sf.** *inv.* **1.** la prima rappresentazione di un'opera teatrale **2.** nelle sartorie, prima lavorante, maestra.

premilitàre [comp. di *pre-* e *militare*; 1931] **I agg.** d'istruzione, che era impartita ai giovani fra i 16 e i 20 anni come preparazione al servizio militare; abolita dopo la II guerra mondiale; anche *sf. la premilitare* **II sm.** il giovane che nel periodo fascista riceveva tale istruzione: *convocare i premilitari.*

preminènte [dal lat. *praeeminens, -entis*; a. 1440] **agg.** che ha preminenza, che si distacca dagli altri per valore, importanza ecc.: *posizione preminente* || **preminentemènte** **avv.** || **N.** *Sin.* predominante, PRINCIPALE.

preminènza (arc. *preeminènza*) [dal lat. tardo *praeeminentia*; 1353] **sf.** condizione di superiorità sugli altri, spec. per autorità o importanza: *posizione di preminenza* || **N.** *Sin.* eccellenza, egemonia, predominio, prevalenza, primato, rilievo, spicco, supremazia.

prèmio (pl. *-mi*) [dal lat. *praemium*; a. 1306] **I sm.** **1.** quanto viene dato come ricompensa a chi conquista la prima o una delle prime posizioni di una gara: *gareggiare per il primo premio, targhe e coppe in premio ai migliori classificati; premio di consolazione*, previsto per i concorrenti che non si piazzano ai posti migliori || ricompensa per opera meritoria: *l'ha avuto come premio per le sue fatiche, la virtù è premio a se stessa* || somma di denaro, oggetto di valore o altro che spetta al vincitore di una lotteria o concorso simile: *al primo estratto una crociera in premio; concorso a premi*, di solito associato all'acquisto di determinati prodotti e indetto dalle case produttrici come forma di propaganda e incentivo all'acquisto **2.** *per meton.* gara o concorso in cui viene assegnato un premio: *premio letterario, Premio automobilistico di Monza, Premio Nobel per la Pace*; *per meton.* anche la persona che vince tale premio: *parteciperà il premio Viareggio di quest'anno* **3.** somma di denaro concessa da enti pubblici o privati ai dipendenti, come indennità straordinaria: *premio di produzione, premio stabilito dalla CEE per gli allevatori di conigli* || *T.sport. premio di ingaggio*, somma di denaro concessa da una società sportiva a un atleta per gareggiare; *premio partita*, pagato ai giocatori di una squadra in caso di vittoria o pareggio **4.** *premio di assicurazione*, la quota che l'assicurato corrisponde alla società di assicurazioni **5.** *T.econ.* nell'espr. *far premio*, sin. di *aggio* || anche *fig.*: *l'arroganza fa premio sull'onestà*, ha più successo, ha maggiori riconoscimenti **II agg.** *inv.* (sempre posposto) concesso, ottenuto come premio: *viaggio premio, licenza premio* || *dim.* premiétto; *accr.* premióne || **N.** **1.** *Sin.* compenso, guiderdone, mercede, taglia, vincita; alloro, corona, medaglia, menzione, onoranza, palma | graduatoria | aggiudicare, aspirare, assegnare, concorrere, conferire, conseguire, istituire, negare, ottenere, perdere, rifiutare, riportare.

premistòffa [comp. di *premere* e *stoffa*; 1958] **sm.** *inv.* accessorio della macchina per cucire che ha la funzione di tenere la stoffa ben aderente al piano di cucitura; è avvitato sull'asta porta-ago e viene abbassato sul tessuto prima d'incominciare la cucitura e poi rialzato a fine di essa.

premistóppa [comp. di *preme(re)* e *stoppa*; 1899] **sm.** *inv.* *T.mecc.* elemento che comprime le guarnizioni di tenuta per tubi e per alberi rotanti, in modo da garantirne la tenuta ermetica.

prèmito [da *premere*; 1547] **sm.** *T.med.* contrazione dolorosa dei muscoli dell'addome, dei muscoli dell'intestino o dell'utero, dovuta a colica o a sforzi del parto.

premitùra [da *premere*; prima metà sec. XIV] **sf.** *non com.* atto ed effetto del premere.

pre-modèrno o **premodèrno** [comp. di *pre-* e *moderno*; 1988] **agg.** anteriore alla diffusione di tecniche di produzione e modi di vita caratteristici del mondo moderno || **N.** pre-industriale.

premolàre [comp. di *pre-* e *molare*; 1922] **agg.** e **sm.** ciascuno degli otto denti dell'uomo tra i canini e i molari, con corona larga, e radice più piccola dei molari. **TAV. *anatomia* p. 642 21.5.**

premonìre (pres. *-ìsco, -ìsci*) [dal lat. *praemonēre*; sec. XV] **tr.** *lett.* avvertire in anticipo.

premonitóre [dal lat. *praemonitor, -ōris*; a. 1498] **I agg.** che costituisce un avvertimento per il futuro: *indizio, sogno premonitore* **II sm.** (f. *-trìce*) chi premonisce.

premonitòrio (pl. *-ri*) [dal lat. tardo *praemonitōrius*; 1875] **agg.** premonitore.

premonizióne [dal lat. tardo *praemonitio, -ōnis*; 1611] **sf.** **1.** in parapsicologia, fenomeno per cui si avverte un evento che deve ancora verificarsi **2.** *arc.* ammonizione fatta in anticipo, avvertimento.

premorièenza [da *premorire*; 1673] **sf.** *T.giur.* e *T.bur.* morte avvenuta prima di quella di un'altra persona o prima di un termine fissato: *in caso di sua premorienza.*

premorìre (pres. *premuòio* ecc., come MORIRE) [dal lat. *praemori*; seconda metà del sec. XVI] **intr.** (aus. *essere*) morire prima di un'altra persona o di un termine prestabilito: *premorire alla moglie.*

premòrte [comp. di *pre-* e *morte*; 1942] **sf.** *non com.* premorienza.

premòrto (*pps.* di *premorire*) [1673] **agg.** che è morto prima di altri.

premostràre (pres. *-óstro*) [dal lat. *praemonstrāre*; 1342] **tr.** *non com.* mostrare prima.

premozióne [comp. del lat. *prae*, prima e *motio, -ōnis*, movimento; sec. XVI] **sf.** *T.teol. premozione fisica*, la predeterminazione da parte di Dio delle azioni umane volte al bene.

premunìre (pres. *-ìsco, -ìsci*) [dal lat. *praemunīre*; 1673] **tr.** **1.** munire anticipatamente di opere di difesa: *premunire una fortezza* **2.** *fig.* predisporre mezzi idonei a opporre resistenza, a preservare: *ha premunito le coltivazioni contro i danni della grandine* || **rifl.** provvedersi, armarsi, assicurarsi i mezzi di difesa o di lotta: *si premunì di un fucile; premunirsi contro le insidie, contro le tentazioni* || **N.** **tr.** **2.** *Sin.* assicurare, munire; DIFENDERE.

premunizióne [dal lat. *praemunitio, -ōnis*; 1871] **sf.** *non com.* **1.** azione del premunire o del premunirsi **2.** *T.med.* resistenza nei riguardi di determinate malattie **3.** *T.ret.* figura che consiste nel premunirsi contro le obiezioni avversarie.

premùra [da *premere*; 1518] **sf.** **1.** cura o sollecitudine per cosa o persona che preme, che sta a cuore: *dimostra una grande premura per me* **2.** *concr.* azione cortese e affettuosa con la quale si manifesta tale cura o sollecitudine: *mi colma di premure* **3.** urgenza, fretta: *ho premura di sbrigare quest'affare* || *far premura*, sollecitare || **N.** **1.** *Sin.* attenzione, riguardo.

premuràre (pres. *-ùro*) [da *premura*; 1843] **tr.** *non com.* far premura presso qualcuno || **intr. pron.** preoccuparsi, darsi cura di: *mi sono premurata di avvisarlo.*

premurosità [da *premuroso*; 1961] **sf.** l'essere premuroso.

premuróso [da *premura*; 1641] **agg.** che dimostra premura, sollecito e pieno di attenzioni: *mi mette a disagio perché è eccessivamente premuroso, essere premuroso verso, con qualcuno* || interessato: *era premuroso di aver notizie* || **premurosamènte** **avv.** con premura.

prenarràre [dal lat. *praenarrare*; 1669] **tr.** *ant.* narrare avanti; spec. al pps.: *il prenarrato episodio.*

prenàscere (pres. *-àsco* ecc., come NASCERE) [dal lat. *praenāsci*; 1702] **intr.** (aus. *essere*) nascere prima: *prenascere a qualcuno.*

prenatàle [comp. di *pre-* e *natale*, sul modello dell'ingl. *prenatal*; a. 1916] **agg.** che precede la nascita: *vita prenatale del feto.*

prènce [dal fr. ant. *prince*; 1260 ca.] **sm.** *arc.* o *poet.* principe.

prèndere (pres. *prèndo, prèndi*; p.rem. *prési, prendésti, prése, prendémmo, prendéste, présero*; fut. *prenderò*; pps. *préso*) [lat. *praehendere*; 1158] **tr.** nel primo gruppo di sensi (1-10) indica un'azione volontaria di contatto e controllo diretto da parte del soggetto, per trasferire o mantenere qualcosa nella propria sfera di azione; in un secondo gruppo di sensi (11-12) indica azione ricettiva, o comunque passiva di qualcosa proveniente dall'esterno che produce un determinato effetto sul soggetto **1.** afferrare, stringere con le mani o altra parte del corpo o con l'ausilio di un apparecchio o attrezzo idoneo, per spostare, portare via, sollevare o avvicinare a sé: *prendere la valigia e poggiarla sul portabagagli, prendere un libro dallo scaffale, i soldi dalla borsa*; determinando il mezzo o il modo: *prendere le paste con le apposite pinze, prendere la tazzina per il manico, la prese teneramente fra le braccia* || in espr. comuni: *prendere il toro per le corna*, affrontare direttamente una situazione; *prendere per i fondelli, per il sedere, per il naso, in giro*, schernire, canzonare; *prendere per la gola*, far leva sulla golosità || prelevare, ritirare: *passo a prenderti alle dieci, domani vengono a prendere il lavoro terminato* **2.** catturare: *lo hanno preso mentre cercava di scappare, prendetelo vivo o morto!, ha preso due belle trote, un'occasione da prendere al volo* || cogliere, sorprendere: *lo hanno preso in flagrante, prendere in fallo, sul fatto, in castagna* **3.** conquistare: *hanno preso Costantinopoli* **4.** occupare: *quel mobile prendeva troppo spazio, il suo lavoro gli prende metà giornata* || di persona, impegnare, dominare: *è molto preso dal suo lavoro* (anche *ass.*: *fino a giovedì sono molto preso*), *essere preso da un raptus, certe volte sono presa da una smania incontrollabile, preso d'amore per quella donna* **5.** acquisire, acquistare: *prendere in prestito, in affitto, prendiamo una doppia con bagno; prendere moglie, marito*, sposarsi || assumere: *prendere un segretario alle proprie dipendenze* || ordinare, farsi portare per consumare: *i signori prendono ancora qualcosa?* || sottrarre con la violenza o con la frode: *i ladri gli hanno preso tutto* **6.** assumersi, far proprio: *prendere una decisione, prendere posizione* *riguardo a una questione, prendere un impegno, ti sei preso una bella responsabilità, prendersi cura di una persona, di un affare; prendersi la colpa di qualcosa,* farsene carico || ingerire, mangiare: *pastiglie da prendere a stomaco pieno, prendere una medicina per via orale; al mattino prendo solo tè e biscotti; prendere una boccata d'aria,* uscire all'aperto; *prendere fiato,* anche *fig.*, concedersi un attimo di sosta **7.** rif. a mezzo di trasporto (spec. pubblico), salirci per utilizzarlo: *prendere l'autobus, il treno delle quattro, l'ascensore, l'aereo* **8.** colpire, raggiungere: *ottimo lancio, hai preso il bersaglio in pieno, il proiettile lo prese al cuore* || imbattersi in, scontrarsi con: *ha slittato e ha preso in pieno il palo, fig. prendere una cantonata,* sbagliare **9.** rilevare, ricavare: *prendere le impronte digitali, prendere appunti;* fissare: *prendere un appuntamento* || *prendere le misure di,* misurare e, *fig.*, farsi un'idea del tipo di persona con cui si ha a che fare **10.** inquadrare, comprendere: *un'inquadratura che prende bene tutto il panorama, riesci a prendere anche la cima della montagna?* **11.** ricevere sul corpo, essere oggetto, bersaglio di: *prendere un pugno, un calcio; fig.* essere il destinatario di: *prendere molte lodi, prendere una sgridata* || rif. a emozione o sensazione breve e intensa, subire, provare: *ha preso un bello spavento, ha preso una sbandata, una cotta per quella donna; prendere una sbronza, una sbornia,* ubriacarsi || essere esposto a, subire l'effetto di: *copriti che prendi freddo, prendere il sole sulla spiaggia, il legno se prende umidità si deforma, la stanza prende luce da due finestre* || di apparecchio radiotelevisivo, ricevere, captare: *il televisore non prende bene il secondo canale* || farsi dare: *prende lezioni di recitazione;* rif. a tariffe, guadagnare: *per le lezioni private prende una cifra modesta, prende lo stipendio sindacale* || accettare: *una macchinetta che prende solo banconote in buono stato* **12.** venire contagiato da, contrarre: *ha preso una brutta malattia, per estens.* rif. ad atteggiamento, abitudine e sim.: *ha preso un brutto vizio, stando tanti anni là ha preso l'accento del posto* || derivare, ereditare (anche *ass.*): *nel parlare ha preso dalla madre* || acquisire, assumere: *la lava indurita prese la forma dell'anfora, per un malefico sortilegio, il bel principe prese le sembianze di un rospo bavoso, stando in montagna ha preso un bel colore, la faccenda sta prendendo una brutta piega* **13.** con valore incoativo, indica la fase iniziale di un sentimento, qualità, processo o altro, che avanza, cresce o si va fissando: *prendere amore, simpatia per qualcuno, l'ipotesi va prendendo corpo, prenderci gusto, prendere consistenza, coraggio, forza; prendere l'aire, l'avvio, il via, le mosse,* iniziare; *prendere piede,* V. PIEDE; *prendere la mano,* V. MANO; *prendere atto di,* accettare un fatto come tale; *prender contatto con,* entrare in contatto con; *prender quota,* innalzarsi e, *fig.*, crescere nella stima del pubblico o di qualcuno in particolare; *prendere il volo,* alzarsi in volo e, *fig.*, fuggire || sempre con valore fraseologico, concorre alla formazione di numerose loc. verbali in cui il senso è dato dal sostantivo a cui è unito: *prendere posto,* sedersi, sistemarsi; *prendere servizio,* entrare in servizio; *prendere il largo, il mare,* allontanarsi dalla riva, salpare **14.** valutare, considerare: *prendere sul serio, prendere come modello, prendere fischi per fiaschi, prendere in considerazione, in esame, per chi mi hai preso?* || trattare: *lo ha preso a pesci in faccia, a calci, è un tipo suscettibile, bisogna saperlo prendere* (o *prenderlo per il giusto verso*) || unito al pronome clitico *la* che designa genericamente situazione, faccenda ecc. (anche rinforzato nella forma rifl. intens.) reagire: *quando lui l'ha lasciata lei l'ha presa piuttosto male, prendila con filosofia!, prendersela a male,* anche *ass. prendersela,* arrabbiarsi, offendersi: *non prendertela per così poco* || affrontare o intraprendere qualcosa: *prenderla larga, alla lontana,* fare molte parole prima di giungere al nòcciolo della questione; *prendersela con calma, con comodo* (o *calma, comoda*), andar piano, non avere fretta; anche *fig.* || ***intr.*** (aus. *avere*) **1.** (seguito da *a* più infinito) iniziare: *all'improvviso ha preso a trattarmi male, ha preso a grandinare furiosamente* **2.** attecchire: *il fuoco ha preso bene, la piantina ha preso* || far presa: *un cemento che prende subito* **3.** (aus. *essere*) rif. a persona, capitare, piombare addosso: *gli è presa una crisi di astinenza, gli è preso un infarto, un raptus di follia, cosa ti prende mai?,* anche per inveire: *che ti prenda un accidente, un colpo!* || ***rec.*** **1.** *prendersi a pugni, a botte* e sim., venire alle mani **2.** *giocare a prendersi,* a rincorrersi e acchiapparsi || ***rifl. intens.*** fare proprio: *la più bella se l'è presa lui; prendersi cura di,* occuparsi con sollecitudine; *prendersi a cuore qualcosa,* occuparsene con impegno, come di cosa a cui si tiene; *prendersi la libertà di,* riconoscersi il diritto di fare o dire qualcosa che può ferire altri: *si è preso la libertà di decidere senza interpellarlo;* buscarsi: *prendersi un malanno* || **N.** ***tr.*** **1.** *Sin.* abbracciare, abbrancare, afferrare, aggrapparsi, artigliare, attanagliare, carpire, impugnare, pigliare, raccattare, raccogliere, ritirare, serrare, stringere, strizzare, tenere, trattenere | *Contr.* lasciare **2.** *Sin.* accalappiare, acchiappare, acciuffare, agguantare, fermare, pescare, pizzicare, sorprendere **5.** acquistare, assicurarsi, procurarsi; appropriarsi, arraffare, carpire, estorcere, impadronirsi, rapire, rubare, scroccare, sgraffignare, sottrarre, spillare, strappare, togliere, trafugare, usurpare **6.** *Sin.* adottare, arrogarsi, assumere **8.** *Sin.* cogliere **9.** *Sin.* fissare, ricavare, rilevare **11.** *Sin.* beccarsi, buscare, provare, ricevere, subire | *Contr.* dare **12.** accettare, accogliere, attingere, captare, derivare, recepire **14.** *Sin.* considerare, interpretare, valutare.

prendìbile [da *prendere;* 1728] ***agg.*** che si può prendere, catturabile, espugnabile.

prendiménto [da *prendere;* a. 1276] ***sm.*** *ant.* l'azione del prendere: *prendimento del cibo.*

prendipiètra [comp. di *prend(ere)* e *pietra;* 1988] ***agg. inv.*** *T.oref. cerino prendipietra,* strumento costituito da un'asta metallica con a un'estremità una capocchia di cera e polvere di carbone la quale, fusa, crea sul metallo un cappuccio con proprietà adesive sulle pietre preziose.

prendisóle [comp. di *prendere* e *sole;* 1939] ***sm. inv.*** abito, o altro indumento, ampiamente scollato, adatto per prendere il sole.

prenditóre [da *prendere;* a. 1257] ***sm.*** (f. *-trìce*) chi prende || *in part. T.banc. prenditore di una cambiale,* colui a favore del quale è rilasciata (opposto ad *emittente*) || *T.sport.* nel baseball, il giocatore che deve prendere le palle mancate dal battitore || *ant. prenditore del lotto,* ricevitore del lotto.

prenditorìa [da *prenditore;* a. 1850] ***sf.*** *ant.* botteghino del lotto, ricevitoria.

prenestìno [dal lat. *Praeneste,* nome classico dell'odierna Palestrina; prima metà sec. XIV] **I** ***agg.*** **1.** proveniente da, relativo all'antica città di Preneste **2.** proveniente da, relativo all'odierna Palestrina **II** ***sm.*** (f. *-a*) **1.** abitante o nativo dell'antica Preneste **2.** abitante o nativo dell'odierna Palestrina.

prenóme [dal lat. *praenōmen;* 1389] ***sm.*** *T.stor.* nome che presso i Romani designava la persona, e si preponeva al nome della famiglia; corrisponde al nome proprio di persona che si pone oggi davanti al cognome.

prenominàto [comp. di *pre-* e *nominato;* 1308] ***agg.*** *lett.* nominato o detto in precedenza || **N.** *Sin.* PREDETTO.

prenotàre (pres. *-òto*) [dal lat. *praenotāre,* intitolare, prendere nota; 1308] ***tr.*** fissare, far riservare per sé: *prenotare una poltrona a teatro, una stanza d'albergo, una copia del romanzo* || ***rifl.*** farsi mettere in nota per fissare qualcosa: *prenotatevi in tempo, i posti sono limitati.*

prenotazióne [dal lat. tardo *praenotātio, -ōnis;* 1815] ***sf.*** atto ed effetto del prenotare o del prenotarsi: *posti con prenotazione obbligatoria, facoltativa, prenotazione telefonica;* anche il documento che lo comprova: *esibire la prenotazione.*

prenozióne [dal lat. *praenōtio, -ōnis;* 1569] ***sf.*** *T.fil.* cognizione precedente all'esperienza; idea innata, preconoscenza.

prènsile [dal lat. *prehensus,* preso; 1804] ***agg.*** di organo animale, atto ad afferrare: *coda prensile.* **TAV. *mammiferi* p. 1318** 5.1.

prensióne [dal lat. *prehensio, -ōnis;* 1837] ***sf.*** *T.scient.* funzione svolta da un organo prensile; presa.

prenunziàre (pres. *-ùnzio*) [dal lat. *praenuntiāre;* a. 1342] ***tr.*** *lett.* predire, preannunziare.

prenùnzio (pl. *-zi*) [dal lat. *praenuntius;* a. 1364] ***sm.*** *lett.* preannunzio.

preoccupànte (*ppr.* di *preoccupare*) [1673] ***agg.*** che desta preoccupazione || **N.** *Sin.* inquietante | *Contr.* rassicurante.

preoccupàre (pres. *-òccupo*) [dal lat. *praeoccupāre,* occupare prima; a. 1342] ***tr.*** **1.** mettere in apprensione, dar motivo di ansia facendo temere pericoli, danni, dolori e sim.: *questa faccenda non deve preoccuparti, mio figlio mi preoccupa* **2.** *ant.* prevenire, influenzare **3.** *arc.* occupare, impossessarsi prima di altri || ***intr. pron.*** **1.** stare in ansia, essere impensierito: *non preoccuparti, andrà tutto bene!* **2.** *per estens.* darsi da fare; prendersi cura: *si preoccupa sempre molto di apparire allegro, chi si preoccupa di avvertirli?* || **N.** ***tr.*** **1.** *Sin.* angosciare, impensierire | ***intr. pron.*** **1.** *Sin.* darsi pena.

preoccupàto (*pps.* di *preoccupare*) [a. 1342] ***agg.*** impensierito, ansioso: *sono molto preoccupato per la sua salute* || **N.** *Sin.* allarmato, angosciato, angustiato, crucciato, inquieto, pensoso.

preoccupazióne [dal lat. *praeoccupatio, -ōnis,* precedente occupazione; sec. XIV] ***sf.*** **1.** pensiero che occupa la mente, apprensione: *preoccupazioni familiari, economiche, un'attività che non dà preoccupazioni* **2.** *arc.* occupazione precedente || *dim.* preoccupazioncèlla || **N.** **1.** *Sin.* affanno, afflizione, angustia, ansia, apprensione, cruccio, grattacapo, incubo, inquietudine, malinconia, orgasmo, pensiero, sollecitudine, tormento.

preolìmpico (pl. *-ci*) [comp. di *pre-* e *olimpico;* 1986] ***agg.*** preolimpionico.

preolimpiònico (pl. *-ci*) [comp. di *pre-* e *olimpionico;* 1942] ***agg.*** di gara, organizzata per scegliere gli atleti da inviare alle olimpiadi.

preomèrico (pl. *-ci*) [comp. di *pre-* e *omerico;* 1936] ***agg.*** precedente l'epoca in cui furono scritti i poemi omerici || *civiltà preomeriche,* quelle che sono rispecchiate nei poemi omerici.

preomìnide [comp. di *pre-* e *ominide;* 1958] ***sm.*** termine generico usato per riferirsi a essere primitivo umanoide ancora privo delle caratteristiche definitivamente umane.

preopinànte [dal lat. tardo *praeopinans, -antis;* a. 1803] ***agg.*** e ***s.*** *non com.* chi o che in un'assemblea ha manifestato prima di altri la propria opinione.

preoràle [comp. di *pre-* e *orale;* 1958] ***agg.*** *T.zool.* di organo, posto anteriormente alla bocca: *rostro preorale.*

preordinaménto [da *preordinare;* 1871] ***sm.*** **1.** il preordinare **2.** ordinamento provvisorio.

preordinàre (pres. *-órdino*) [dal lat. tardo *praeordināre;* a. 1342] ***tr.*** ordinare, indirizzare in precedenza verso uno scopo: *preordinare qualcosa a un dato fine* || **N.** *Sin.* predisporre, prestabilire.

preordinazióne [dal lat. tardo *praeordinātio, -ōnis*; a. 1617] **sf.** l'atto e l'effetto del preordinare.

prepagaménto [comp. di *pre-* e *pagamento*; 1987] **sm.** pagamento anticipato: *apparecchio telefonico a prepagamento.*

prepagàto [comp. di *pre-* e *pagato*; 1981] **agg.** di bene o servizio, pagato anticipatamente: *biglietto prepagato.*

prepalatàle [comp. di *pre-* e *palatale*; 1932] I **agg.** *T.fon.* di suono che viene articolato nella parte anteriore del palato: *consonanti prepalatali* II **sf.** *T.ling.* consonante prepalatale.

preparaménto [da *preparare*; prima metà sec. XIV] **sm.** *raro* preparazione.

preparàre (pres. *-àro*) [dal lat. *praeparāre*; 1353] **tr.** **1.** rif. a oggetto materiale, sistemare nel modo più opportuno, in vista di un determinato uso: *preparare il letto, la stanza degli ospiti, la valigia*; rif. a vivanda, cucinare, confezionare: *preparare la cena, un panino, il caffè* **2.** rif. a evento o azione, fare tutto quanto è necessario per consentire o realizzare in modo ottimale: *preparare la partenza, un esame, una gara, uno spettacolo* **3.** rif. a persona, addestrare con il necessario tirocinio, rendere pronto: *devo preparare i due ragazzi all'esame, devi prepararlo alle difficoltà della vita, preparare gli animi* || **rifl.** mettersi nella condizione necessaria o più opportuna per affrontare, superare o attuare qualcosa: *prepariamoci al grande evento, preparati, che fra poco usciamo* || **N.** **1.** *Sin.* accomodare, acconciare, allestire, ammannire, apparecchiare, apprestare, approntare, curare, disporre, mettere in ordine **2.** *Sin.* elaborare, organizzare, predisporre, preordinare, prestabilire, provvedere.

preparatìvo [da *preparare*; sec. XIV] I **sm.** (spec. *pl.*) che viene fatto per preparare, o prepararsi a, un evento: *i preparativi della festa, i preparativi della partenza, di guerra* II **agg.** *raro* preparatorio || **N.** **1.** *Sin.* preliminare, preparazione.

preparàto (*pps.* di *preparare*) [fine sec. XII] I **agg.** disposto, pronto: *preparato ad affrontare le difficoltà della vita*; *in part. ass.* rif. a scolaro, studente e sim., che ha studiato e perciò è pronto ad affrontare un'interrogazione, un esame ecc.: *eri preparato stamattina?* || *ass.* competente: *un medico molto preparato* II **sm.** **1.** prodotto impiegato a scopo terapeutico: *preparati farmaceutici* **2.** pezzo di materiale organico, opportunamente trattato e sezionato, impiegato per studio || **N.** I *Sin.* acconcio, maturo, ordinato, predisposto | *Contr.* impreparato. **Q.T.** *farmacia.*

preparatóre [dal lat. tardo *praeparātor, -ōris*; seconda metà sec. XV] **sm.** (f. *-trìce*) chi prepara || *in part.* tecnico di laboratorio che prepara il materiale necessario a esperimenti od osservazioni, spec. di anatomia.

preparatòrio (pl. *-ri*) [dal lat. tardo *praeparatōrius*; 1353] **agg.** che serve alla preparazione: *scuole, lezioni preparatorie* || che costituisce preparazione: *tutto ciò è solo preparatorio* || **N.** *Sin.* preliminare.

preparazióne [dal lat. *praeparātio, -ōnis*; 1319] **sf.** **1.** atto del preparare o del prepararsi: *alcuni esercizi di preparazione, preparazione atletica, spirituale, un piatto di facile preparazione* || competenza acquisita con l'esercizio e spec. con lo studio: *il candidato mostra una preparazione inadeguata* **2.** *T.mus.* accorgimento adottato in armonia per attenuare la durezza di una dissonanza; consiste nell'anticipare una o entrambe le note prima di eseguirle insieme **3.** preparato: *preparazioni anatomiche, citologiche* || **N.** **1.** *Sin.* addestramento, allestimento, apprestamento, approntamento, esercizio, gestazione, incubazione, preliminari, propedeutica. **Q.T.** *farmacia.*

prepensionaménto [comp. di *pre-* e *pensionamento*; 1983] **sm.** pensionamento anticipato rispetto al termine regolare.

preponderànte (*ppr.* di *preponderare*) [1673] **agg.** che ha maggiore importanza, peso, influenza rispetto ad altre cose dello stesso genere: *fattore preponderante*: *forza, partito, opinione, pensiero preponderante* || **N.** *Sin.* prevalente.

preponderànza [da *preponderante*; a. 1667] **sf.** il preponderare: *preponderanza delle forze, preponderanza marittima* || **N.** *Sin.* maggioranza, predominio, prevalenza, superiorità, PREMINENZA.

preponderàre (pres. *-òndero*) [dal lat. *praeponderāre*, pesare di più; 1565] **intr.** (aus. *avere*) *non com.* avere maggior peso; *fig.* avere più forza, prevalere.

prepórre (pres. *-óngo* ecc., come PORRE) [dal lat. *praepōnere*; prima metà sec. XIII] **tr.** **1.** porre innanzi, mettere prima: *questa pagina va preposta all'altra* || *fig.* dare la preferenza, dare maggior valore: *preporre una persona a un'altra* **2.** mettere a capo, deputare: *fu preposto alla difesa della città* || **N.** **1.** *Sin.* anteporre, premettere; preferire.

prepoṣitàle [da *preposito*; 1871] **agg.** preposto, di prepositura: *chiesa prepositale.*

prepoṣitìvo [dal lat. tardo *praepositīvus*; a. 1565] **agg.** **1.** che si prepone: *particella, articolo prepositivo* **2.** relativo a preposizione: *locuzione prepositiva*, che ha funzione di preposizione (per es. *al di là di, in rapporto a*).

prepòṣito [dal lat. *praepositus*, pps. di *praeponere*, preporre; prima metà sec. XIV] **sm.** **1.** *T.stor.* nella Roma imperiale, titolo di funzionari posti a capo di un settore dell'amministrazione o di un servizio militare **2.** *non com.* *T.eccl.* preposto.

prepoṣitùra [dal lat. tardo *praepositūra*; a. 1348] **sf.** *T.eccl.* l'ufficio e la dignità di preposto || edificio in cui risiede il preposto.

prepoṣituràle [da *prepositura*; 1820] **agg.** *T.eccl.* di prepositura: *chiesa prepositurale.*

prepoṣizionàle [da *preposizione*; 1969] **agg.** *T.gram.* relativo alla preposizione, proprio della preposizione: *sintagma preposizionale*, sintagma costituito da una preposizione seguita immediatamente da un sintagma nominale (per es. *a Parigi* in *Pietro è andato a Parigi*).

prepoṣizióne [dal lat. tardo *praepositiōne(m)*; a. 1472] **sf.** **1.** *T.gram.* parte invariabile del discorso che mette in relazione costituenti nominali o verbali con altri costituenti nominali o verbali (con verbo all'infinito) di una frase, stabilendo un rapporto logico di dipendenza (per es. "torno *da* scuola", "pigiama *di* seta", "bevo *per* dimenticare"); *preposizioni proprie*, le seguenti: *di, a, da, in, con, su, per, tra, fra*; *preposizioni improprie*, che svolgono funzione di preposizione ma provengono da altre parti del discorso (per es. *contro, salvo, rasente, mediante* ecc.); *preposizione articolata*, preposizione propria unita ad articolo determinativo (*dalla, colle, nei* ecc.); *preposizione semplice*, nella forma isolata (*di, da, in* ecc.) **2.** *raro* atto, effetto del preporre. **Q.T.** *linguistica.*

prepossènte [comp. di *pre-* e *possente*, sul modello di *prepotente*; 1683] **agg.** *lett.* strapotente.

prepòstero [dal lat. *praeposterus*; a. 1498] **agg.** **1.** *ant.* che viene prima mentre dovrebbe venire dopo: *con ordine prepostero* **2.** *fig.* inopportuno.

prepósto (*pps.* di *preporre*) [a. 1364] I **agg.** messo a capo, deputato: *le forze preposte al mantenimento dell'ordine pubblico* II **sm.** *T.eccl.* titolo di dignità capitolare nelle chiese collegiate || parroco che ha preminenza su altri parroci || **N.** II pievano, prevosto.

prepotènte [dal lat. *praepotens, -entis*; 1644] I **agg.** **1.** che fa soprusi, che impone senza riguardi la propria volontà: *fa il prepotente coi deboli* **2.** impellente, irrefrenabile: *sentivo il prepotente bisogno di gridare* || **prepotenteménte** **avv.** II **s.** persona prepotente: *in compagnia fa sempre il prepotente* || *dim.* prepotentèllo; *spreg.* prepotentùccio, prepotentùcolo; *accr.* prepotentóne; *pegg.* prepotentàccio || **N.** I **1.** *Sin.* arrogante, autoritario, strapotente, violento; despota, sopraffattore, soverchiatore, tiranno.

prepotènza [dal lat. tardo *praepotentia*, onnipotenza; 1667] **sf.** carattere o atteggiamento di chi o di ciò che è prepotente: *l'ha ottenuto con la prepotenza* || nella *loc. avv. di prepotenza*, con la forza, sopraffacendo || *concr.* atto da prepotente: *è stufo delle sue prepotenze* || **N.** *Sin.* arroganza, dispotismo, oppressione, tirannia; angheria, arbitrio, ingiustizia, sopraffazione, sopruso, soverchieria.

prepotére [comp. di *pre-* e *potere*; 1849] **sm.** eccesso di potere, strapotere: *prepotere della classe magnatizia.*

prepùbere o **prepuberàle** [comp. di *pre-* e *pubere*, sul modello di *impubere*; 1930] **agg.** della prepubertà: *periodo prepubere.*

prepubertà [comp. di *pre-* e *pubertà*; 1958] **sf.** periodo che precede la pubertà.

prepuziàle [da *prepuzio*; 1932] **agg.** *T.anat.* del prepuzio, relativo al prepuzio.

prepùzio (pl. *-zi*) [dal lat. *praepūtium*; a. 1364] **sm.** *T.anat.* rivestimento cutaneo dell'estremità del pene.

prequòio V. PROCOIO.

preraffaellìsmo [dall'ingl. *pre-raphaelism*; 1896] **sm.** scuola pittorica ed estetica sorta in Inghilterra a metà del sec. XIX, con l'intento di recuperare la semplicità e la purezza della pittura precedente a Raffaello.

preraffaellita [dall'ingl. *preraphaelite*; 1889] I **agg.** relativo a preraffaellismo II **s.** esponente del preraffaellismo.

preraffreddaménto [comp. di *pre-* e *raffreddamento*; 1958] **sm.** raffreddamento preventivo di merci deperibili, spec. alimentari, per prepararne il trasporto frigorifero.

preraffreddàre (pres. *-éddo*) [comp. di *pre-* e *raffreddare*; 1958] **tr.** sottoporre a preraffreddamento.

preregistràre [comp. di *pre-* e *registrare*; 1988] **tr.** registrare in anticipo.

preregistràto (*pps.* di *preregistrare*) [1988] **agg.** *nastro preregistrato*, nastro già registrato || **N.** *Contr.* vergine.

prerinascimentàle [comp. di *pre-* e *rinascimentale*; 1963] **agg.** antecedente o preannunciante il Rinascimento.

preriscaldaménto [comp. di *pre-* e *riscaldamento*; 1949] **sm.** riscaldamento cui vengono sottoposti certi materiali o apparecchi, prima del loro impiego.

preriscaldàre [comp. di *pre-* e *riscaldare*; 1963] **tr.** sottoporre a preriscaldamento.

preriscaldatóre [da *preriscaldare*; 1942] **sm.** *T.tecn.* apparecchio usato per il preriscaldamento, spec. dell'acqua o altro fluido che circola in un sistema.

prerogatìva [dal lat. *praerogatīva*, centuria che votava per prima nei comizi centuriati, poi preferenza, scelta; a. 1290] **sf.** **1.** diritto speciale concesso a qualcuno, privilegio: *prerogative regie, diplomatiche* || *in part. per anton.* nell'antico diritto inglese, l'insieme dei poteri di sovrano assoluto, che il re conserva anche in regime costituzionale **2.** *per estens.* pregio o qualità specifica: *l'onestà è una sua prerogativa, la calamita ha la prerogativa di attrarre il ferro* **3.** in diritto amministrativo, sin. di *competenza* || **N.** **1.** *Sin.* PRIVILEGIO **2.** *Sin.* QUALITÀ.

preromànico (pl. *-ci*) [comp. di *pre-* e *romanico*; 1964] **agg.** di opera d'arte, che precede o anticipa l'avvento dello stile romanico: *chiesa preromanica.*

preromàno [comp. di *pre-* e *romano*; a. 1907] **agg.** anteriore, preesistente alla conquista da parte dei Romani: *lingue preromane della Spagna* ‖ **N.** *Sin.* prelatino.

preromanticìsmo [comp. di *pre-* e *romanticismo*; 1902] **sm.** complesso di fermenti letterari che precedettero e preannunciarono il Romanticismo.

preromàntico (pl. *-ci*) [comp. di *pre-* e *romantico*; 1908] **I agg.** proprio del preromanticismo **II sm.** (f. *-a*) esponente del preromanticismo.

preromànzo [comp. di *pre-* e *romanzo*; 1925] **agg.** *T.lett.* precedente la nascita delle lingue romanze.

présa [f. sost. di *preso*; sec. XII-XIII] **sf.** **1.** atto del prendere, dell'afferrare: *ha allentato la presa*; *abbandonare la presa*, anche *fig.* lasciare ciò che è quasi in nostro potere ‖ *venire, essere alle prese*, azzuffarsi, contendere; *fig.* affrontare: *è alle prese con un difficile passaggio virtuosistico* ‖ *in part.* atto dell'afferrare l'avversario in alcuni sport: *presa alla cintura, al collo*; o anche il pallone: *presa al volo, raso terra* ‖ aggancio stabile: *l'ancora fa presa sul fondo*; *T.mar. presa d'ormeggio*, colonna a cui si lega la corda d'ormeggio ‖ in varie *loc. s. derivate dalle corrispondenti loc. verb.*: *presa di possesso, presa in esame*; *presa in giro*, canzonatura; *presa di posizione*, dichiarazione esplicita della propria posizione riguardo a una disputa ‖ *T.giur. presa d'atto*, atto con cui un determinato soggetto viene formalmente a conoscenza di un fatto, e in part., il riconoscimento di un'attività privata da parte di un'autorità pubblica: *corsi professionali con presa d'atto regionale* **2.** cattura, conquista: *la presa della Bastiglia, presa del potere* ‖ *T.cacc. cane da presa*, che insegue e cattura la preda **3.** *T.cin.* ripresa: *presa diretta, macchina da presa* **4.** processo di consolidamento e indurimento che si verifica in determinati materiali, che li rende adatti a essere utilizzati come malte, colle e sim.: *presa del gesso, della calce, cemento a presa rapida* ‖ *far presa*, trattenere saldamente rapprendendosi, solidificandosi: *questa colla fa una buona presa*; *fig.* far effetto, aver efficacia: *le sue doti straordinarie hanno fatto presa sul pubblico* **5.** *concr.* dispositivo terminale di una rete di distribuzione, che consente l'erogazione e il prelievo di un fluido o di elettricità, o semplicemente bocca, apertura che ne consente il passaggio: *presa del gas, dell'acqua, presa d'aria*; *in part. presa di corrente*, quella che, attraverso una spina, alimenta un apparecchio elettrico di uso domestico o industriale; *presa a ciabatta o a vaschetta*, serie di prese collocate in fila una accanto all'altra su un supporto isolante ‖ elemento di connessione fra i conduttori di un circuito **6.** quanto può essere trattenuto fra due o tre dita, pizzico: *presa di tabacco, di sale, una presa di rabarbaro e due di bicarbonato* **7.** elemento sporgente di un oggetto, che funge da manico ‖ pezzo di stoffa spesso o imbottito con cui si prendono recipienti caldi, per evitare di scottarsi ‖ *dim.* presétta, presettìna, presìna; *accr.* presóna ‖ **N. 1.** *Sin.* abbraccio, morsa, stretta **2.** *Sin.* espugnazione **5.** morsetto **7.** *Sin.* appiglio, MANICO; presina. **Q.T.** *giochi, scherma* **TAV.** *elettrotecnica* 6; *ferrovie...* **p. 669** 3.2.

preṣàgio (pl. *-gi*) [dal lat. *praesāgium*; a. 1374] **sm.** **1.** predizione di eventi futuri basata sull'interpretazione di segni premonitori: *trarre presagi da alcuni indizi* **2.** *per estens.* segno premonitore ‖ **N. 1.** *Sin.* augurio, auspicio, divinazione, profezia, pronostico, previsione.

preṣagìre (pres. *-ìsco, -ìsci*) [dal lat. *praesagīre*; 1547] **tr.** **1.** avvertire come imminente, presentire: *presagire una catastrofe* **2.** pronosticare: *presagire il futuro* ‖ **N. 2.** *Sin.* INDOVINARE.

preṣàgo (pl. *-ghi*) [dal lat. *praesāgus*; 1321] **agg.** *lett.* che ha presentimento del futuro: *cuore e animo presaghi.*

presalàrio (pl. *-ri*) [comp. di *pre-* e *salario*; 1960] **sm.** somma di denaro che lo Stato corrisponde agli studenti universitari in condizioni economiche disagiate o con particolari requisiti di merito.

presàme [da *preso*; a. 1292] **sm.** *T.chim.* sostanza impiegata per rapprendere il latte ‖ **N.** *Sin.* caglio.

presantificàto [comp. di *pre-* e *santificato*; 1696] **I agg.** *T.eccl.* santificato prima **II sm.** ostia consacrata in una messa precedente: *messa dei Presantificati*, messa solenne, con ostie consacrate il giovedì santo.

preṣbiacuṣìa [comp. del gr. *présbys*, vecchio e gr. *ákousis*, udizione; 1940 *presbiacusi*] **sf.** diminuzione della facoltà uditiva che si verifica specialmente nelle persone anziane.

preṣbiofrenìa [comp. del gr. *présbys*, vecchio e *phrḗn, phrenós*, mente; 1933] **sf.** *T.med.* demenza senile caratterizzata spec. da disturbi della memoria.

preṣbiopìa [comp. del gr. *présbys*, vecchio e *-opia*; 1821] **sf.** difetto della vista dovuto alla perdita di elasticità del cristallino, quale si verifica specialmente nelle persone anziane, che rende difficoltosa la visione ravvicinata.

prèṣbite [dal gr. *presbýtēs*, vecchio; 1672] **agg.** e **s.** che o chi è affetto da presbiopia.

preṣbiteràle [da *presbitero*; 1363] **agg.** *non com.* relativo a presbitero o presbiterato ‖ relativo a prete.

preṣbiteràto [dal lat. tardo *presbyterātum*, carica presbiterale; a. 1292] **sm.** *T.eccl.* l'ultimo degli ordini sacri maggiori, con cui si conferisce il sacerdozio ‖ ufficio e dignità di prete ‖ ordine dei cardinali preti.

preṣbiterianéṣimo o **preṣbiterianìṣmo** [dall'ingl. *presbyterianism*; 1822] **sm.** *T.eccl.* confessione riformata di orientamento calvinista, nata in Scozia, caratterizzata dall'assenza di gerarchie ecclesiastiche, retta semplicemente da un consiglio di anziani per ciascuna chiesa locale e da un sinodo, in cui sono rappresentati i vari consigli, che decide per le questioni generali. **Q.T.** *religione*.

preṣbiteriàno [dall'ingl. *presbyterian*; 1654] **agg.** e **sm.** (f. *-a*) che o chi è seguace del presbiterianesimo.

preṣbitèrio (pl. *-ri*) [dal lat. tardo *presbyterium*, collegio dei preti, gr. *presbytérion*, consiglio degli anziani; sec. XIV] **sm.** **1.** *T.arch.* nelle chiese cristiane, lo spazio che circonda l'altare, riservato al clero; è separato dal resto della chiesa da un pluteo e, spesso, più alto di qualche gradino **2.** nella chiesa presbiteriana, consiglio di laici e ecclesiastici **3.** *ant.* collegio presbiteriale di una chiesa, con a capo il vescovo. **TAV.** *chiesa* 1.8.

preṣbìtero [dal gr. *presbýteros*, più vecchio; sec. XII] **sm.** **1.** nel Vecchio Testamento, gli anziani che governano la comunità **2.** *per estens.* sacerdote, spec. nel Cristianesimo riformato.

preṣbitìṣmo [da *presbite*; 1871] **sm.** presbiopia.

prescégliere (pres. *-élgo* ecc., come SCEGLIERE) [comp. di *pre-* e *scegliere*, sul modello del lat. *praeeligere*; a. 1729] **tr.** scegliere, preferire tra più alternative: *è stato prescelto fra una rosa di candidati.*

prescegliménto [da *prescegliere*; 1871] **sm.** *raro* l'atto del prescegliere; preelezione.

prèscia (pl. *-sce*) [lat. volg. **pressia*; sec. XIII-XIV] **sf.** *rom.* fretta.

presciènte [dal lat. *praesciens, -entis*; 1611] **agg.** *lett.* che ha il dono della presciènza.

presciènza [dal lat. tardo *praescentia*; a. 1290] **sf.** **1.** *T.teol.* l'attributo divino di conoscere eventi ed esseri prima della loro esistenza o realizzazione **2.** capacità di prevedere eventi futuri, preveggenza.

presciìstico (pl. *-ci*) [comp. di *pre-* e *sciistico*; 1970 come sf.] **I agg.** di ginnastica, che viene eseguita come preparazione e riscaldamento prima di sciare **II sf.** *presciistica*, ginnastica presciistica.

prescìndere (pres. *prescìndo*; p.rem. *prescindéi* e *prescìssi*; non usato nei tempi composti) [dal lat. *praescindere*, tagliare davanti; 1673] **intr.** lasciar da parte, trascurare come inessenziale o non pertinente: *prescindiamo dai particolari* ‖ nelle loc. *a prescindere da, prescindendo da*, non considerando: *a prescindere dal costo, non vedo l'utilità* ‖ **N.** *Sin.* ESCLUDERE.

presciùtto [var. di *prosciutto*; sec. XIV] **sm.** *dial.* prosciutto.

prescolàre [comp. di *pre-* e *scolare*; 1963] **agg.** anteriore all'età in cui inizia l'obbligo scolastico: *età prescolare.*

prescolàstico (pl. *-ci*) [comp. di *pre-* e *scolastico*; 1958] **agg.** che precede l'età della scuola: *educazione prescolastica.*

prescrittìbile [da *prescrivere*; 1673] **agg.** *T.giur.* che può essere soggetto a prescrizione ‖ **N.** *Contr.* imprescrittibile.

prescrittibilità [da *prescrittibile*; a. 1835] **sf.** *T.giur.* condizione e qualità di ciò che è prescrittibile.

prescrittìvo [da *prescrivere*; 1673] **agg.** **1.** *T.giur.* che è atto a prescrivere **2.** che esprime o presuppone una norma (contrapposto a *descrittivo*): *giudizio prescrittivo, grammatica prescrittiva.*

prescrìtto (*pps.* di *prescrivere*) [a. 1374] **I agg.** **1.** stabilito, imposto da una norma: *prescritto dall'igiene, dal regolamento* **2.** *T.giur.* caduto in prescrizione, estinto **3.** *ant.* scritto in precedenza **II sm.** norma, precetto.

prescrìvere (p.rem. *prescrìssi*; pps. *prescrìtto*) [dal lat. *praescrībere*, scrivere davanti, ordinare; 1321] **tr.** **1.** ordinare, stabilire: *questo è quanto prescrive la legge* **2.** *in part.* rif. a medicinali e sim., assegnare a scopo terapeutico: *il medico mi ha prescritto gli antibiotici, molto riposo* **3.** mandare in prescrizione ‖ **intr. pron.** andare in prescrizione ‖ **N. 1.** *Sin.* comandare, imporre, STABILIRE.

prescriviménto [da *prescrivere*; a. 1694] **sm.** *ant.* atto del prescrivere.

prescrizionàle [da *prescrizione*; 1950] **agg.** *T.giur.* di prescrizione ‖ *termine prescrizionale*, quello che segna il cadere in prescrizione di un delitto o di una pena.

prescrizióne [dal lat. *praescriptio, -ōnis*, intestazione; a. 1303] **sf.** **1.** ordine particolareggiato di una autorità, disposizione di legge: *le prescrizioni del medico, della legge*; *attenersi alle prescrizioni* **2.** *T.giur.* istituto giuridico che prevede l'estinzione di un diritto nel caso in cui il titolare non lo eserciti per un certo periodo: *cadere in prescrizione, un pagamento con un termine di prescrizione di 5 anni* ‖ *prescrizione di una pena, di un reato*, decadimento dell'interesse dello Stato a perseguire un reato o a infliggere una pena, previsto dalla legge allo scadere di un certo termine; *prescrizione acquisitiva*, usucapione. **Q.T.** *farmacia*.

presedére e der. forme arc. di PRESIEDERE e der. (v.).

presegnalàre (pres. *-àlo*) [comp. di *pre-* e *segnalare*; 1963] **tr.** segnalare con anticipo: *presegnalare un ingorgo.*

presegnalazióne [comp. di *pre-* e *segnalazione*; 1963] **sf.** segnalazione che anticipa una segnalazione successiva.

presegnàle [comp. di *pre-* e *segnale*; 1963] **sm.** segnale che anticipa un altro segnale per preannunciarlo: *presegnale di un semaforo.*

preselettóre [comp. di *pre-* e *selettore*; 1958] **sm.** *T.tel.* apparecchio di selezione che serve per la commutazione telefonica automatica.

preselezionàre (pres. *-óno*) [comp. di *pre-* e *selezionare*; 1963] ***tr.*** compiere una selezione preliminare.

preselezióne [comp. di *pre-* e *selezione*; 1958] ***sf.*** selezione preliminare ‖ *in part.* nella tecnica della commutazione telefonica automatica, il primo stadio del collegamento che precede la scelta vera e propria dell'utente chiamato ‖ incanalamento del traffico in differenti corsie di marcia in previsione di un incrocio, deviazione ecc.

presèlla [da *presa*; 1804] ***sf.*** **1.** appezzamento di terreno messo da poco a coltura **2.** *T.tecn.* pezzo di ferro o d'acciaio su un capo del quale si batte col martello per portare il colpo dove altrimenti non si potrebbe colpire **3.** parte della briglia che si stringe cavalcando.

presenile [comp. di *pre-* e *senile*, sul modello dell'ingl. *presenile*; 1935] ***agg.*** che precede la senilità.

presentàbile [da *presentare*, sul modello del fr. *présentable*; 1871] ***agg.*** che può essere presentato o mostrato con decoro: *il suo lavoro è appena presentabile*; anche rif. a persona: *mi vado a ripulire, per essere presentabile* ‖ **N.** *Sin.* decente, decoroso | *Contr.* impresentabile.

presentabilità [da *presentabile*; 1940] ***sf.*** l'essere presentabile.

presentàneo [dal lat. *praesentāneus*; 1499] ***agg.*** *arc.* che opera subito; che è rapido, istantaneo, sollecito.

presentàre (pres. *-sènto*) [dal lat. *praesentāre*; fine sec. XII - prima metà sec. XIII] ***tr.*** **1.** sottoporre alla vista, esibire: *presentare una lettera, presentare i documenti*; *presentare le armi*, portare con ambedue le mani il fucile dritto innanzi a sé, come fa il soldato in segno d'onore ‖ *fig.* esporre, rivolgere: *la casa presenta la facciata a sud, presentare la prua al vento* ‖ *fig.* offrire, prospettare: *è la soluzione che presenta minori inconvenienti* **2.** far giungere, porgere: *le presento le mie scuse, i miei omaggi, presentare un dono, "saluti la sua signora", "grazie, presenterò"*; *presentare la domanda entro i termini richiesti* ‖ proporre: *presentare la propria candidatura, il nuovo progetto* **3.** condurre alla presenza, al cospetto: *furono presentati al generale* ‖ *per estens.* far conoscere personalmente: *ti presento mia cugina Maddalena, quel tuo amico è simpatico, presentamelo*; introdurre ufficialmente: *presentare a un circolo, in una famiglia* **4.** introdurre, illustrare dinnanzi a più persone: *stasera presentano il suo nuovo libro, sarà presentata la nuova collezione autunno-inverno* ‖ condurre: *lo spettacolo sarà presentato dal popolare attore* ‖ ***rifl.*** **1.** comparire personalmente, portarsi alla presenza di, giungere: *presentarsi al comando di polizia, si è presentato puntualissimo all'appuntamento*; in part. rif. all'aspetto, al decoro con cui ci si mostra: *ma ti pare questo il modo di presentarsi a una cerimonia?* **2.** dire il proprio nome e cognome per farsi conoscere ‖ ***intr. pron.*** **1.** occorrere, capitare: *gli si presentò un insolito fatto* **2.** offrirsi: *era l'ultima occasione che le si era presentata* ‖ apparire: *la questione si presenta assai intricata* ‖ **N.** ***tr.*** **1.** *Sin.* affacciare, esporre, mostrare, parare; sporgere, stendere **2. Sin.** avanzare, consegnare, dare, inoltrare, porgere, rassegnare.

presentat'àrm o **presentatàrm** [da *presentat(e le) arm(i)*; 1799] comando militare con cui si ordina di presentare le armi, secondo i regolamenti per rendere gli onori.

presentatóre [da *presentare*; 1320 ca.] ***sm.*** (f. *-trìce*) chi o che presenta; spec. chi presenta al pubblico i numeri di uno spettacolo teatrale, televisivo e sim.

presentazióne [da *presentare*; 1313] ***sf.*** **1.** inoltro, recapito diretto, spec. di domande scritte, documenti e sim.: *presentazione della richiesta di esonero* **2.** l'atto del presentare una persona o del presentarsi di una persona ad un'altra: *fare le presentazioni* ‖ *presentazione al Tempio di Maria Vergine*, festa cattolica minore (21 novembre) che ricorda l'ingresso di Maria al Tempio **3.** illustrazione introduttiva scritta o orale: *breve discorso di presentazione del personaggio* ‖ occasione in cui qualcosa viene illustrato: *ci vediamo alla presentazione del suo libro.*

presènte[1] [dal lat. *praesens, -entis*; 1253] **I** ***agg.*** **1.** che è nello stesso luogo e tempo nel quale o del quale si parla: *gli alunni sono tutti presenti, ero presente al fatto e posso testimoniare*; in costrutti assoluti: *presente la moglie, lui ha ammesso tutto*; *essere presente a se stesso*, avere piena coscienza di ciò che si dice o si fa ‖ preceduto dall'articolo, sostituisce l'agg. dimostrativo *questo*: *la presente questione, il presente documento, la presente lettera* (anche *sf. la presente*) **2.** *fig.* (sempre come compl. predicativo dell'oggetto) che si ricrea con immagine precisa, distinta, come fosse davanti agli occhi: *ho ben presente quel sorriso sprezzante*; *tener presente*, tenere in conto, in considerazione; *far presente*, rammentare o far notare **3.** attuale, che si riferisce ai tempi correnti, di adesso: *le presenti generazioni, la presente situazione politica* ‖ *T.gram. tempo presente*, che fa coincidere il tempo a cui si fa riferimento nella frase col tempo in cui viene espresso l'enunciato, oppure che è impiegato per affermazioni sempre valide (*presente atemporale*), come in "il sole tramonta a ovest", o che si riferisce ad azioni passate, per darne un'immagine vivida (*presente storico*) ‖ **presenteménte** ***avv.*** al momento attuale **II** **1.** *s.* (anche f.) persona presente: *una domanda rivolta a tutti i presenti, contare i presenti in sala* **2.** *sm.* (solo *sing.*) il tempo attuale: *vivere nel presente, immagina un antico egiziano trasportato nel presente* ‖ *T.gram.* il tempo presente ‖ nella *loc. avv. al presente*, attualmente, per ora ‖ **N.** **I** **1.** *Sin.* contemporaneo **3.** *Sin.* odierno, vigente **II** **1.** *Sin.* astante.

presènte[2] [dal fr. *présent*; inizio sec. XIII] ***sm.*** dono, regalo: *ricevere un presente.*

presentiménto [da *presentire*, sul modello del fr. *pressentiment*; 1712] ***sm.*** impressione vaga su eventi imminenti, spec. spiacevoli: *avere un presentimento, presentimento di morte* ‖ **N.** *Sin.* intuizione, percezione, preannuncio, preconoscenza, presagio, prescienza, preveggenza, previsione, profezia.

presentìre (pres. *-ènto*) [dal lat. *praesentīre*; fine sec. XIII] ***tr.*** avvertire confusamente gli indizi di un evento futuro, spec. non piacevole: *presentii che la cosa non mi sarebbe riuscita bene, presentire una sciagura.*

presènza [dal lat. *praesĕntia*; fine sec. XII - prima metà sec. XIII] ***sf.*** **1.** l'essere presente in un dato luogo: *fu notata la presenza del prefetto, la sua presenza alla discussione è indispensabile, gettone di presenza*, V. GETTONE ‖ *fare atto di presenza*, presentarsi in un luogo o in un'adunanza e sim., e poi subito andarsene, senza aver preso parte attivamente ‖ *per estens.* esistenza: *in quest'acqua è stata riscontrata la presenza di bacilli del tifo* ‖ *presenza di spirito*, prontezza di reazione nel risolvere questioni improvvise, difficili o imbarazzanti ‖ *in presenza di, alla presenza di*, al cospetto di, dinnanzi a ‖ *di presenza*, personalmente **2.** aspetto: *un uomo di bella presenza*; *ass.* bell'aspetto: *per quel lavoro è necessaria una certa presenza, non aver presenza* ‖ **N.** **1.** *Contr.* assenza **2.** *Sin.* apparenza, figura, parvenza, vista.

presenziàle [dal lat. *praesentia*; a. 1332] ***agg.*** *raro* attinente a presenza ‖ **presenzialménte** ***avv.*** *non com.* di persona: *intervenire presenzialmente a un dibattito.*

presenzialismo [da *presenziale*; 1974] ***sm.*** tendenza, soprattutto da parte di personaggi noti, ad essere presenti ad ogni avvenimento mondano o ad ogni manifestazione di rilievo, per mettersi in mostra.

presenzialista [da *presenzialismo*; 1976] ***s.*** e ***agg.*** chi, che tende al presenzialismo.

presenzialità [da *presenziale*; a. 1566] ***sf.*** *raro* l'essere presente.

presenziàre (pres. *-ènzio*) [dal lat. *praesentia*; 1855] ***tr.*** e ***intr.*** (aus. *avere*) assistere di persona, essere presente: *presenziare un'adunanza, agli esami* ‖ **N.** *Sin.* intervenire, partecipare.

presèpe V. PRESEPIO.

presèpio o **presèpe** (pl. *-pi*) [dal lat. *praesǣpe* e *praesǣpium*; a. 1342 *presepio*] ***sm.*** ricostruzione della natività di Gesù nella capanna di Betlemme, con Maria e San Giuseppe, tra il bue e l'asinello, e tutti i pastori accorsi ad adorare, realizzata con statuine e materiali vari, in occasione delle festività natalizie ‖ *presepio vivente*, con persone ed animali vivi ‖ *propr. lett.* stalla; mangiatoia.

preservaménto [da *preservare*; a. 1543] ***sm.*** atto ed effetto del preservare, preservazione.

preservàre (pres. *-èrvo*) [dal lat. tardo *praeservāre*; prima metà del sec. XIII] ***tr.*** proteggere, difendere da possibili pericoli o danni: *Iddio ti preservi da questi malanni, preservare un'opera d'arte dagli effetti dello smog* ‖ **N.** *Sin.* conservare, guardare, liberare, mantenere, premunire, proteggere, salvare, scampare, sottrarre.

preservativo [da *preservare*; prima metà sec. XIV] **I** ***agg.*** *raro* atto a preservare **II** ***sm.*** mezzo di prevenzione antivenerea e anticoncezionale d'uso maschile, costituito da una sottile guaina di gomma che riveste il pene ‖ *non com.* anticoncezionale in gen. ‖ **N.** **II** *Sin.* profilattico.

preservatóre [da *preservare*; 1568] ***agg.*** e ***sm.*** (f. *-trìce*) *non com.* chi o che preserva; protettore.

preservazióne [da *preservare*; 1363] ***sf.*** atto ed effetto del preservare, preservamento ‖ **N.** difesa, profilassi.

prèside [dal lat. *praeses, -idis*; 1871] ***s.*** capo di un istituto di istruzione secondaria o di una facoltà universitaria, responsabile didattico, amministrativo e disciplinare.

presidentàto [da *presidente*; a. 1536] ***sm.*** *non com.* la carica e la qualità di presidente ‖ periodo in cui viene esercitata tale carica.

presidènte [dal lat. *praesidens, -entis*; 1342] ***sm.*** chi ha l'incarico per elezione, suffragio, nomina o cooptazione, di dirigere e coordinare un'assemblea, un consiglio, di una società pubblica o privata o in gen. di un organo collegiale, anche con funzione di rappresentanza e responsabilità legale: *presidente del consiglio di amministrazione, di un seggio elettorale, dell'ordine degli architetti, della lega italiana contro il tabacco, presidente onorario, effettivo* ‖ *Presidente della Repubblica*, capo di uno stato retto a repubblica.

presidentéssa [da *presidente*; a. 1712] ***sf.*** **1.** donna che ha carica di presidente **2.** *pop.* moglie del presidente.

presidènza [da *presidente*; a. 1364] ***sf.*** **1.** carica di presidente o di preside: *la corsa alla presidenza degli Stati Uniti, tenne la presidenza per cinque anni* **2.** il presidente o il preside e coloro che lo coadiuvano: *la presidenza della Camera, rinnovare l'ufficio di presidenza* **3.** luogo ove risiede l'ufficio del presidente o del preside ‖ **N.** direzione.

presidenziàle [dal fr. *présidentiel*; 1829] ***agg.*** del presidente, della presidenza: *carica, seggio presidenziale* ‖ *in part.* del Presidente della Repubblica: *decreto presidenziale* ‖ *repubblica presidenziale*, in cui il presidente è anche capo del governo.

presidenzialismo [da *presidenziale*; 1983] ***sm.*** sistema politico-costituzionale nel quale il

Presidente della Repubblica, eletto a suffragio universale degli elettori, detiene una vasta gamma di poteri (compresa la direzione del governo).

presidiàle [da *presidio*; 1598] **agg.** *non com.* di, del presidio, anche *fig.*

presidiàre (pres. *-ìdio*) [dal lat. tardo *praesidiāri*; 1532] **tr.** **1.** *T.mil.* guarnire di presidio: *presidiare una fortezza* **2.** *per estens.* tenere sotto controllo, sorvegliare per difendere da eventuali attacchi: *gli studenti presidiavano gli ingressi dell'Università*; anche *fig.*: *presidiare la quiete pubblica* || **N.** **1.** *Sin.* munire.

presidiàrio (pl. *-ri*) [dal lat. *praesidiārius*; 1550] **agg.** che si riferisce a presidio: *truppe presidiarie.*

presìdio (pl. *-di*) [dal lat. *praesidium*; prima metà sec. XIV] **sm.** **1.** *T.mil.* contingente di soldati acquartierati per guardia e difesa di un luogo: *milizie di presidio, comandante del presidio* || *per meton.* luogo presidiato **2.** circoscrizione territoriale che sottostà ad un'unica autorità militare **3.** *fig. lett.* protezione, difesa, aiuto, patrocinio **4.** *T.med.* quanto è utilizzato per svolgere attività diagnostica, preventiva o terapeutica: *presidio medico, chirurgico, diagnostico, presidio ospedaliero* || **N.** **1.** guarnigione.

presìdium [dal lat. *praesidium*, attr. il russo *prezidium*; 1923] **sm.** *inv.* nei sistemi del socialismo reale, ufficio di presidenza degli organi rappresentativi statali o di partito: *il presidium del partito comunista sovietico.*

presièdere (pres. *-èdo*) [lat. *praesidēre*, propr. sedere davanti; a. 1375] **tr.** **1.** essere a capo, come preside o presidente: *presiedere una società finanziaria, una scuola media* **2.** rif. a riunione o assemblea e sim., dirigerla: *presiedere il convegno, la riunione di oggi pomeriggio*; anche *ass.*: *oggi presiede il prof. Rossi* || **intr.** (aus. *avere*) **1.** dirigere, sovraintendere: *l'architetto che presiede ai lavori* **2.** *fig.* di organo, meccanismo e sim., regolare: *la tiroide presiede al metabolismo* || **N.** **tr.** *Sin.* DIRIGERE.

presignàre [dal lat. *praesignāre*, segnare prima; a. 1311] **tr.** *ant.* indicare prima, anticipatamente.

presìna (*dim.* di *presa*) [1967 nel senso 2] **sf.** **1.** pezzetto di stoffa imbottita di varia forma, usato in cucina per impugnare manici o arnesi molto caldi **2.** dose di un farmaco in polvere.

presìstole [comp. di *pre-* e *sistole*; 1958] **sf.** *T.med.* contrazione cardiaca degli atri, che precede le sistole dei ventricoli e segue alla diastole.

presistòlico (pl. *-ci*) [da *presistole*; 1958] **agg.** *T.med.* relativo alla presistole, proprio della presistole: *tono, rumore presistolico.*

préso [fine sec. XII] **pps.** di *prendere* (v.).

presocràtico (pl. *-ci*) [comp. di *pre-* e *Socrate* con suff. aggettivale; 1940] **I agg.** di filosofo, dottrina, scuola filosofica dell'antica Grecia anteriore a Socrate **II sm.** filosofo presocratico.

presontuóso v. PRESUNTUOSO.

prèssa [der. di *pressare*, sul modello del fr. *presse*; 1582] **sf.** **1.** macchina atta a comprimere materiali, per ridurli di volume, renderli più compatti o imprimervi una determinata forma: *pressa idraulica* **2.** *T.sport.* attrezzo ginnico per lo sviluppo delle masse muscolari delle cosce, in cui un peso viene sollevato con i piedi stando sdraiati schiena a terra **3.** *arc.* *far pressa*, far fretta || **N.** **1.** maglio, torchio. **TAV.** *enologia* 9; *macchine utensili* 8.

pressacàrte [comp. di *pressa(re)* e *carta*; 1885] **sm.** *inv.* fermacarte.

pressafièno [comp. di *pressa(re)* e *fieno*; 1965] **sm.** *inv.* pressaforaggio.

pressaforàggio [comp. di *pressa(re)* e *foraggio*; 1929] **sf.** *inv.* *T.agr.* macchina per comprimere il fieno o altri foraggi, formando masse compatte a forma di parallelepipedo.

press-agent (ingl., pr. [ˈpres ˌeɪdʒənt]; pr. it. [presˈsɛdʒent]) [letter. agente per la stampa; 1961] **s.** *inv.* chi si occupa delle relazioni con la stampa e con gli altri mezzi di comunicazione di massa per conto di una ditta, un'azienda, un personaggio influente.

pressànte (*ppr.* di *pressare*) [1654] **agg.** urgente, incalzante: *un impegno pressante* || **pressantemén̲te** **avv.** || **N.** *Sin.* URGENTE.

pressapàglia [comp. di *pressa(re)* e *paglia*; 1958] **sm.** *inv.* *T.agr.* parte della mietitrebbiatrice che lega in balle la paglia.

pressappochìsmo [da *pressappoco*; 1922] **sm.** atteggiamento di chi tende ad accontentarsi di risultati approssimativi, poco esatti.

pressappochista [da *pressappochismo*; 1942] **s.** chi si comporta con pressappochismo.

pressappòco (meno com. *press'a pòco*) [da *press(o) a poco*; 1684] **avv.** approssimativamente, più o meno; anche come *sm.*: *accontentarsi del pressappoco, l'universo del pressappoco.*

pressàre (pres. *prèsso*) [dal lat. *pressāre*; a. 1400] **tr.** **1.** comprimere con forza, sottoporre all'azione di una pressa: *pressare la carta, i rottami, carne pressata in scatola* **2.** *fig.* incalzare, far fretta, sollecitare || **N.** **1.** *Sin.* PREMERE, STRINGERE.

pressaschède [comp. di *pressare* e *scheda*; 1970] **sm.** *inv.* dispositivo per tenere raccolte e compresse le schede negli schedari verticali.

pressàto (*pps.* di *pressare*) [1983] **agg.** compresso: *cartone pressato*, cartone sottoposto a pressatura.

pressatóre [da *pressare*; 1958] **sm.** (f. *-trìce*) operaio addetto alla pressatura.

pressatrìce [da *pressare*; 1983] **sf.** *T.agr.* macchina usata per preparare piccole zolle di terra costipata in cui viene inserita la semente, che può poi essere agevolmente trapiantata in orto.

pressatùra [da *pressare*; 1729] **sf.** atto ed effetto del pressare || **N.** torchiatura.

pressazòlle o **pressazòlle** [comp. di *pressa(re)* e *zolla*; 1983] **sf.** *inv.* *T.agr.* pressatrice.

presse-papier (fr., pr. [prɛspaˈpje]) [letter. calcacarta; 1905] **sm.** *inv.* fermacarte.

prèssi v. PRESSO.

pressìbile [da *pressare*; 1745] **agg.** *raro* comprimibile.

pressibilità [da *pressibile*; 1745] **sf.** *raro* qualità di ciò che è pressibile.

pressing (ingl., pr. [ˈpresɪŋ]; pr. it. [ˈpressiŋ(g)]) [da to *press*, premere, incalzare; 1980] **sm.** *inv.* *T.sport.* nei giochi di squadra con la palla, fase del gioco caratterizzata dalla pressione insistente e incalzante contro la squadra avversaria per sottrarle la palla.

pressióne [dal lat. *pressio*, *-ōnis*; 1611] **sf.** **1.** forza esercitata da un corpo su un altro: *per aprire basta una leggera pressione sul pedale, la pressione dell'acqua ha fatto esplodere i tubi*; *pentola a pressione*, v. PENTOLA || *in part.* *T.fis.* grandezza corrispondente al rapporto fra la componente normale della forza che agisce su una superficie e la superficie stessa || *T.meteor.* *pressione atmosferica*, quella esercitata dalla colonna d'aria che sovrasta una superficie determinata; anche *ass.*: *alta, bassa pressione* || *T.med.* forza esercitata dal sangue sulle pareti dei vasi: *pressione arteriosa, venosa*; *ass.* pressione arteriosa: *misurare la pressione, avere la pressione bassa, alta* || *sotto pressione*, di macchina nella cui caldaia il vapor acqueo abbia raggiunto una forza d'espansione tale da poter mettere in movimento gli stantuffi; *fig.* *essere sotto pressione*, essere impegnato in un compito urgente **2.** *fig.* insistenza continua per spingere qualcuno a fare quanto si desidera: *ha ricevuto pressioni dall'alto affinché si dimettesse, far pressione su qualcuno per ottenere qualcosa* || *pressione fiscale, tributaria*, rapporto fra il reddito nazionale e i tributi prelevati dallo Stato || **N.** **1.** compressione, gravitazione, pigiatura, premitura, pressatura | barometro, sfigmomanometro | baro-. **Q.T.** *meteorologia, unità di misura* **TAV.** ***meteorologia*** **p. 1321** 10.1, 10.3, 10.8.

prèsso (ant. *prèssi*) [lat. *presse*, strettamente; prima metà sec. XIII] **I avv.** (gen. preceduto da altro avv.) vicino, in prossimità: *la casa lì presso, vieni qua presso* || in *loc. avv.* *da presso*, da vicino; *a un di presso*, quasi, all'incirca (anche in grafia unita *dappresso, dipresso*) || *presso che*, v. PRESSOCHÉ **II prep.** (con pronomi personali sempre seguita dalla prep. *di*) **1.** vicino a, in prossimità di: *presso di me, presso la scrivania c'è il cestino per la carta, l'incidente è avvenuto presso il casello* **2.** *per estens.* insieme a, in casa di: *stava presso una vecchia zia* || alle dipendenze di, nella sede lavorativa di: *ha lavorato vari anni presso quella ditta* || nell'ambiente di: *gode di una buona reputazione presso lo staff dirigenziale, si sta dando da fare presso il ministero per ottenere quell'incarico* || *fig.* nell'opinione di, nella credenza di: *un autore ben considerato presso gli antichi, un artista molto apprezzato presso i giovani* **3.** *ant.* seguito da *a* più infinito ha valore temporale, sul punto di, prossimo a: *essere presso a fare qualcosa* **III sm.** *pl.* solo nella loc. *nei pressi di*, vicinanze, dintorni: *nei pressi di casa mia, di Milano.*

pressoché o **prèsso che** [comp. di *presso* e *che*; 1225 ca.] **avv.** quasi: *un autore pressoché sconosciuto, una differenza pressoché impercettibile.*

pressoflessióne [comp. di *press(ione)* e *flessione*; 1958] **sf.** sollecitazione composta che si ottiene combinando le due sollecitazioni semplici di pressione e flessione.

pressofonditóre [comp. di *press(ione)* e *fonditore*; 1965] **sm.** operaio addetto alle operazioni di pressofusione.

pressofusióne [comp. di *press(ione)* e *fusione*; 1958] **sf.** tecnica della lavorazione dei metalli che consiste nello spingere il materiale fuso negli stampi per mezzo di una forte pressione.

pressóio (pl. *-ói*) [lat. tardo *pressōrium*; 1858] **sm.** *non com.* torchio, pressa.

presspàn [da *pressare*; 1931] **sm.** *inv.* tipo di cartone rigido e lucido, esente da impurità, usato in elettrotecnica come isolante.

pressùra [dal lat. *pressūra*; seconda metà sec. XIII] **sf.** *ant. lett.* **1.** pressione, compressione **2.** *fig.* oppressione, tormento.

pressurizzàre [dall'ingl. to *pressurize*; 1953] **tr.** sottoporre a pressurizzazione.

pressurizzazióne [da *pressurizzare*; 1954] **sf.** operazione volta a ottenere che la pressione interna di un ambiente sia superiore a quella esterna; si rende necessaria per mantenere una pressione normale in velivoli che raggiungono alte quote o in navicelle spaziali.

prèsta [da *prestare*; 1260] **sf.** *ant.* anticipo sul salario dato a soldati o marinai.

prestabilìre (pres. *-ìsco, -ìsci*) [comp. di *pre-* e *stabilire*, prob. sul modello del fr. *préetablir*; 1737] **tr.** determinare, fissare anticipatamente: *tutto si è svolto secondo il programma prestabilito* || **N.** *Sin.* predestinare, predeterminare, prefiggere, prefissare, preordinare, STABILIRE.

prestaménto [da *prestare*; sec. XIV] **sm.** *raro* il prestare.

prestanóme [comp. di *presta(re)* e *nome*, sul modello del fr. *prête-nom*; 1804] **s.** *inv.* chi è disposto a risultare titolare di un diritto o esecutore di una contrattazione ma il cui nome è solo di copertura per altra persona che non vuole comparire; spesso con valore spreg.

prestànte [dal lat. *praestans*, *-antis*, ragguardevole; prima metà sec. XIV] **agg.** **1.** di bella apparenza, spec. gagliardo, robusto: *un uomo prestante* **2.** *lett.* eccellente, che primeggia; anche come appellativo di riguardo || **prestanteménte** *avv. ant.* in modo eccellente, perfettamente || **N. 1.** *Sin.* aitante.

prestànza¹ [dal lat. *praestantia*, preminenza; prima metà sec. XIV] *sf.* **1.** aspetto piacevole per imponenza e armonia di forme; perlopiù rif. a maschi: *un giovanotto alto e robusto compiaciuto della propria prestanza* **2.** *ant.* eccellenza, superiorità; anche come appellativo: *la Prestanza Vostra.*

prestànza² [da *prestare*; 1231] *sf. ant.* prestito || tassa, tributo.

prestanziàre (pres. *-ànzio*) [da *prestanza²*; metà sec. XV] *tr.* mettere nella lista dei contribuenti; gravare con balzelli.

prestàre (pres. *prèsto*) [dal lat. *praestāre*, mettere a disposizione; 1211] *tr.* **1.** dare in prestito: *prestare l'ombrello, un libro, la bicicletta, se non hai i soldi te li presto* **2.** porgere, dare, concedere: *prestare aiuto, prestare la propria opera, prestare attenzione* || in numerose espr. idiomatiche: *prestare fede*, credere; *prestare giuramento*, giurare con le debite forme; *prestare orecchio*, ascoltare; *prestare obbedienza*, obbedire; *prestare servizio*, lavorare alle dipendenze di qualcuno; *prestare omaggio*, rendere omaggio || *rifl.* adoperarsi, concedere la propria opera e disponibilità: *mio marito si presta volentieri per questi lavoretti*; frequente con sfumatura spreg., lasciarsi usare: *si è prestato a un indegno mercato* || *intr. pron.* essere adatto, indicato: *la flanella non si presta per confezionare abiti eleganti* || **N.** *tr.* **1.** *Sin.* comodare, imprestare |sulla parola, su pegno, su malleveria, con o senza interessi, a usura.

prestària [da *prestare*; a. 1750] *sf. T.stor.* nel Medioevo, documento con cui veniva concessa la precaria.

prestatóre [da *prestare*; a. 1342] *sm.* (f. *-trìce*) chi concede prestiti; usuraio || *prestatore d'opera, di lavoro*, chi lavora, come dipendente o come autonomo, per conto d'altri.

prestavóce [comp. di *presta(re)* e *voce*; 1950] *s. inv.* doppiatore cinematografico o televisivo.

prestazióne [dal lat. *praestātio, -ōnis*, garanzia; a. 1381] *sf.* **1.** esecuzione di un compito, di un servizio retribuito o di altre attività, spec. se richiede abilità e impegno: *un libero professionista che fa pagare care le sue prestazioni, le prestazioni di questa squadra sono state eccellenti, brillante prestazione di un ballerino, prestazioni amorose soddisfacenti, scarse* **2.** *per estens.* rif. a macchina, rendimento, efficienza: *questa auto fornisce ottime prestazioni* **3.** *T.giur.* comportamento che costituisce l'oggetto di un'obbligazione contrattuale o di obbligo legale || **N. 1.** *Sin. performance.*

prestézza [da *presto*; a. 1292] *sf. non com.* sollecitudine, celerità.

prestidigitatóre [dal fr. *prestidigitateur*; 1835] *sm.* (f. *-trìce*) prestigiatore.

prestidigitazióne [dal fr. *prestidigitation*; 1838] *sf.* l'arte e la tecnica di fare giochi di prestigio.

prestigiàre (pres. *-ìgio*) [dal lat. tardo *praestigiāre*; a. 1311] *tr. ant.* ingannare con false apparenze, illudere.

prestigiatóre [dal lat. *praestigiātor, -ōris*, impostore; 1539] *sm.* (f. *-trìce*) **1.** chi fa giochi di prestigio, illusionista **2.** *non com.* impostore.

prestìgio (pl. *-gi*) [dal lat. tardo *praestigium*, illusione; 1354] *sm.* **1.** alta considerazione e rispetto, di cui gode uno a cui sono riconosciuti particolari meriti, una posizione sociale preminente e sim.; *per meton.* fama, stima: *l'indiscusso prestigio di una veneranda istituzione, di una grande personalità, prestigio sociale*; *una ditta che gode di notevole prestigio all'estero* || *non com.* fascino, incanto: *per estens.* da **2.** *arc. lett.* opera d'incantesimo, malia; inganno || *gioco di prestigio*, gioco che richiede destrezza di mano e conoscenza di alcuni trucchi, con il quale si riescono a produrre effetti strabilianti e apparentemente inspiegabili: *giochi di prestigio con le carte, con il coniglio e il cappello* || **N. 1.** *Sin.* autorevolezza, autorità, credito, fama, reputazione, stima **2.** *Sin.* illusionismo, magia.

prestigióso [dal lat. *praestigiōsus*, illusorio; a. 1396] *agg.* **1.** che gode di prestigio: *un'istituzione prestigiosa, un prestigioso artista, una prestigiosa firma dell'alta moda* **2.** *arc.* o *lett.* ingannevole, illusorio || **prestigiosaménte** *avv.*

prestimònio (pl. *-ni*) [dal lat. *praestāre*, prestare; 1823 *prestimonia*] *sm.* rendita ecclesiastica lasciata in dote a un chierico perché ne tragga gli utili per compiere gli studi, oppure concessa a un prete per il suo sostentamento.

prestinàio V. PISTRINAIO.

prèstito [dal lat. *praestitus*, propr. pps. di *praestāre*, prestare; 1385 *prestedo*] *sm.* **1.** concessione temporanea e gratuita dell'uso di un bene, o di una somma di denaro: *avere, dare in prestito, prendere in (a) prestito* || *concr.* la cosa prestata: *i pretiti si restituiscono* || *prestito d'uso*, relativo a beni inconsumabili; *prestito di consumo*, relativo a beni consumabili (es. denaro) che, per la restituzione vengono rimpiazzati da altri della stessa specie; *prestito gratuito* o *grazioso*, in cui il bene restituito è equivalente a quello preso in prestito; *prestito a interesse*, che comporta il pagamento di un interesse a favore del creditore || *Prestito pubblico*, operazione straordinaria con la quale lo Stato raccoglie fondi emettendo titoli speciali || *com.* rif. a oggetti personali concessi in uso temporaneo, al di fuori di vincoli giuridici: *mi ha dato in prestito la sua racchetta da tennis* **2.** *T.etn.* assimilazione di elemento culturale proprio di un gruppo etnico da parte di un altro || *prestito linguistico*, elemento di una lingua o di un dialetto che entra a far parte di un altro sistema linguistico || *dim.* prestitino, prestitùccio || **N. 1.** *Sin.* comodato, imprestito, mutuo | concedere, dare, ottenere, prendere | debito, estinzione, insolvenza, interessi, ipoteca, malleveria, pegno, retituzione, ricevuta, solvenza, usura **2.** *Sin.* calco.

prèsto¹ [lat. *praesto*, presente, alla mano; sec. XIII] **I** *avv.* **1.** in anticipo, prima del solito o del dovuto: *rincasare presto, è ancora presto, torni fra un po'*; *parlare troppo presto*, poco consideratamente, in modo precipitoso; *presto o tardi*, prima o poi **2.** nelle prime ore del giorno: *la mattina mi alzo sempre presto, è presto* **3.** in fretta, con sollecitudine: *(fai) presto, che perdiamo il treno*; *iron. si fa presto a dire, a fare*, è facile dire, fare || *T.mus.* notazione dinamica che richiede esecuzione molto vivace, più dell'allegro || *prov. presto e bene raro avviene*, le cose fatte in fretta raramente riescono bene **4.** entro poco tempo: *presto avrà un bambino, ben presto saremo nei guai*; *al più presto*, nel più breve tempo possibile: *te lo consegnerò al più presto*; non prima di: *al più presto fra un mese verrò a trovarti* || in formule di saluto: *arrivederci a presto!* **II** *agg. lett.* **1.** pronto, sollecito; *mano presta*, abile a rubare **2.** veloce, agile || **prestaménte** *avv. ant.* con sollecitudine, con celerità.

prèsto² [da *prestare*; a. 1342] *sm. arc.* **1.** prestito **2.** monte di pietà.

prèsule [dal lat. *praesul, -ulis*, propr. chi danza davanti, chi guida la danza; 1260] *sm. lett.* alto prelato; vescovo, arcivescovo.

presùmere o **presùmere** (*presùmo* ecc., come ASSUMERE) [dal lat. *praesūmere*, prendere prima; 1282] *tr.* **1.** congetturare, supporre: *da alcuni resti si presume la passata esistenza di una florida civiltà, conoscendolo, presumo che non si senta in colpa per ciò che ha fatto* **2.** aver la presunzione di, pretendere: *presume di saper tutto* || *intr.* (aus. *avere*) avere eccessiva fiducia (rif. a se stessi): *Giovin tu sei: nel cor negli atti, in volto / ben ti si legge che di te presumi / oltre al dover non poco* (Alfieri) || **N. 1.** *Sin.* SUPPORRE.

presumìbile o **presumìbile** [da *presumere*; a. 1712] *agg.* che si può presumere, ritenere quasi certo || **presumibilménte** o **presumibilménte** *avv.* (frasale) per quello che si può presumere, con ragionevole probabilità: *presumibilmente sarà riconfermato sindaco.*

presumibilità o **presumibilità** [da *presumibile*; 1940] *sf. non com.* condizione, qualità di ciò che è presumibile.

presuntìvo o **presuntìvo** [dal lat. tardo *praesumptīvus*; 1598] *agg.* che si può ipotizzare, prevedere sulla base di adeguati calcoli e indagini: *bilancio presuntivo* || *erede presuntivo*, quello previsto || **presuntivaménte** o **presuntivaménte** *avv.*

presùnto o **presùnto** (*pps.* di *presumere*) [a. 1511] *agg.* che si suppone essere tale: *il presunto assassino, il presunto autore della lettera* || *T.giur. morte presunta*, supposta morte di persona scomparsa da almeno dieci anni, che produce effetti legali analoghi a morte naturale (successione ereditaria e possibilità di contrarre nuovi matrimoni per il coniuge).

presuntuosàggine o **presuntuosàggine** [da *presuntuoso*; 1871] *sf. raro* presuntuosità.

presuntuosità o **presuntuosità** [da *presuntuoso*; 1336 ca.] *sf.* qualità di chi è presuntuoso, arroganza.

presuntuóso o **presuntuóso** (pop. *presontuóso*) [dal lat. tardo *praesumptuōsus*; 1308] **I** *agg.* che parla e agisce con presunzione, che nutre eccessiva fiducia nelle proprie capacità, che ha esagerata stima di sé: *questi arricchiti, ignoranti e presuntuosi, gli sciocchi sono spesso presuntuosi* || che rivela presunzione: *una risposta presuntuosa* || **presuntuosaménte** o **presuntuosaménte** *avv.* **II** *sm.* (f. *-a*) persona presuntuosa || *dim.* presuntuosétto, presuntuosèllo, presuntuosìno; *pegg.* presuntuosàccio || **N. I** *Sin.* arrogante, borioso, dottoricchio, galletto marzuolo, genio, oltracotante, pallone gonfiato, superbo, tronfio, vanitoso | *Contr.* modesto, umile.

presunzióne o **presunzióne** [dal lat. *praesumptio, -ōnis*; prima metà sec. XIII] *sf.* **1.** vizio o atteggiamento di chi esprime stima eccessiva delle proprie doti e capacità; arroganza: *la sua cieca presunzione lo ha portato al fallimento, un gesto di presunzione inaudita, ha avuto la presunzione di dire a me cosa dovevo fare* **2.** congettura, giudizio: *è una presunzione, ma non v'è certezza* || *T.giur.* argomentazione che, sulla base di un fatto provato, risale a fatto ignoto || *dim.* presunzioncèlla || **N. 1.** *Sin.* albagia, amor proprio, boria, burbanza, millanteria, orgoglio, presuntuosità, pretensione, prosopopea, saccenteria, sicumera, sufficienza, superbia, tracotanza, tronfiezza, vanagloria.

presuòla [da *preso*; 1813] *sf.* caglio.

presuppórre (pres. *-óngo* ecc., come PORRE) [comp. di *pre-* e *supporre*; 1308] *tr.* **1.** ammettere come vero, considerare come condizione necessaria; implicare: *i reperti degli ultimi scavi fanno presupporre la conoscenza di avanzate tecniche, una missione che presuppone elevate doti morali* **2.** *ant.* immaginare in precedenza, supporre || **N. 1.** *Sin.* SUPPORRE.

presuppositìvo [da *presupporre*; 1745] *agg. raro* che è atto a presupporre, che fa supporre.

presupposizióne [comp. di *pre-* e *supposizione*; 1353] *sf.* atto del presupporre; supposizione || la cosa presupposta: *una presupposizione che si è rivelata infondata* || *T.ling.* condizione che deve verificarsi affinché un enunciato sia vero o falso || **N.** *Sin.* SUPPOSIZIONE.

presuppósto (*pps.* di *presupporre*) [1353] **sm.** **1.** condizione, premessa necessaria: *la sincerità è presupposto indispensabile dell'amicizia, una teoria che si basa su falsi presupposti* **2.** *ant.* ipotesi, supposizione.

presùra [da *preso*; a. 1292] **sf.** *arc.* cattura, arresto || presa, occupazione.

pretàglia (pl. *-glie*) [da *prete*, sul modello del fr. *prêtraille*; a. 1862] **sf.** *spreg.* insieme di preti.

pretàio (pl. *-ài*) [da *prete*; 1427] **sm.** *ant.* pretaiolo.

pretaiòlo [da *prete*; 1847] **agg.** *spreg. non com.* che ha familiarità con i preti, che li frequenta molto.

prêt-à-porter (fr., pr. [pretapɔr'te]) [letter. pronto da portare; 1962] **I sm.** *inv. T.abb.* **1.** capo di vestiario confezionato in serie **2.** *più com.* il settore dell'abbigliamento confezionato in serie: *il prêt-à-porter italiano è famoso nel mondo* **II agg.** *inv.* (sempre posposto) di capo, confezionato in serie o relativo al settore dell'abbigliamento confezionato in serie: *non compra mai vestiti prêt-à-porter perché suo padre è sarto.*

prète [lat. volg. **prebyter*, class. *presbyter*; inizio sec. XII] **sm.** **1.** sacerdote del clero secolare cattolico e, per estens., anche di altra religione: *farsi prete* || *chiamare il prete*, per l'assistenza spirituale a un malato grave || *morire senza il prete*, senza i conforti religiosi || *pop. uno scherzo da preti*, di cattivo gusto || *boccone da prete*, ghiotto, prelibato || *prov. sbaglia anche il prete sull'altare*, nessuno va esente da errori **2.** *fam.* arnese di legno entro cui si colloca lo scaldino, che si pone sotto le coperte a scaldare il letto || *dim.* pretìno, pretarèllo; *accr.* pretóne, pretacchióne; *spreg.* pretùcolo, pretónzolo; *pegg.* pretàccio || **N. 1.** *Sin.* chierico, ecclesiastico, levita, pastore, presule, religioso, sacerdote, servo di Dio, tonsurato. **Q.T.** *religione.*

pretèlla [da *pietra*; prima metà sec. XIII] **sf.** stampo di pietra in cui si fanno colare metalli fusi || *fig. gettare in pretelle*, fare in fretta.

pretendènte (*ppr.* di *pretendere*) [1542] **s.** **1.** chi accampa diritti a un trono: *pretendente alla corona imperiale*; *per estens.* aspirante, candidato a una dignità o carica **2.** chi corteggia una donna con l'intenzione di sposarla; corteggiatore.

pretèndere (pres. *-èndo* ecc., come TENDERE) [dal lat. *praetendere*, tendere innanzi a sé; sec. XIV] **tr.** **1.** richiedere con fermezza e autorità, esigere: *pretende che gli allievi si alzino quando entra in classe, pretendo un po' più di attenzione mentre parlo, pretendiamo il rispetto dei nostri diritti* **2.** rif. a proposito o richiesta esagerati, irragionevoli o fuori luogo, volere per presunzione o mancanza di buon senso: *pretendere di imparare a suonare in poche settimane, pretende che gli faccia da schiava*; anche rif. a prezzo esoso: *per quel candelabro pretendeva una cifra assurda* **3.** credere, sostenere erroneamente: *pretende di sapere il greco meglio di me, pretende di conoscerlo a fondo, pretendi di essere infallibile* || **intr.** (aus. *avere*) porsi come pretendente, aspirare: *pretendere alla successione, al trono*; *pretendere alla mano di una donna* || **N. tr. 1.** *Sin.* chiedere, rivendicare, volere **2.** *Sin.* accampare, arrogare **3.** *Sin.* credersi, illudersi, piccarsi | **intr.** *Sin.* ambire.

pretensióne [dal fr. *prétention*; a. 1440] **sf.** **1.** *ant.* o *lett.* pretesa: *accampare molte pretensioni* **2.** rif. a stile, spec. di arredamento o abbigliamento, ricercatezza eccessiva, ostentazione di sfarzo: *si veste con molta pretensione* **3.** alterigia, superbia: *uomo di grande pretensione e orgoglio* || *dim.* pretensioncèlla, pretensioncìna.

pretenziosità o **pretensiosità** [da *pretenzioso*; 1958] **sf.** l'essere pretensioso: *la pretensiosità di una relazione.*

pretenzióso o **pretensióso** [dal fr. *prétentieux*; 1841] **agg.** **1.** pieno di sé, borioso **2.** che manifesta pretese infondate (spec. di bellezza, eleganza e sim.), che si vede bello e non è: *una pretenziosa villetta in periferia, stile pretenzioso* || **pretenziosaménte** **avv.** || *dim.* pretensiosétto, pretensiosèllo, pretensiosìno; *pegg.* pretensiosàccio || **N. 1.** PRESUNTUOSO **2.** *Sin.* lezioso, pacchiano, ricercato.

preterintenzionàle [voce tratta dal lat. *praeter intentiōnem*, al di là dell'intenzione; 1877] **agg.** *T.giur.* di reato, che non era nell'intenzione, che ha sorpassato l'intenzione di chi lo ha commesso: *lesione, omicidio preterintenzionale.*

preterintenzionalità [da *preterintenzionale*; 1877] **sf.** *T.giur.* natura di ciò che è preterintenzionale.

preterìre (pres. *-ìsco, -ìsci*) [dal lat. *praeterīre*, andare oltre; a. 1306] **tr.** *arc. lett.* **1.** lasciare indietro, omettere **2.** trasgredire: *preterire un comando* || **intr.** (aus. *essere*) *ant.* passare.

pretèrito [dal lat. *praeteritus*, pps. di *praeterīre*; a. 1294] **I agg.** *lett.* passato: *gli avvenimenti preteriti* **II sm.** **1.** *T.gram.* tempo del verbo che esprime l'azione passata **2.** *fam. scherz.* deretano.

preterizióne [dal lat. tardo *praeteritio, -ōnis*; 1669] **sf.** *T.ret.* figura retorica con cui si dice di passare sotto silenzio qualcosa che in realtà si dice (per es. "non ti dico che disgusto mi ha provocato").

pretermésso (*pps.* di *pretermettere*) [sec. XV] **agg.** *T.med. parto pretermesso*, prematuro.

pretennéttere (pres. *-étto* ecc., come METTERE) [dal lat. *praetermittere*; 1301] **tr.** *lett.* tralasciare, omettere, spec. parlando.

pretermissióne [dal lat. *praetermissio, -ōnis*; sec. XIV] **sf.** *lett.* omissione.

preternaturàle [comp. del lat. *praeter*, oltre e *naturale*; 1583] **agg.** *T.teol.* che apparteneva alla natura prima del peccato, e quindi non soprannaturale ma partecipe del divino (per es. la perfezione e l'immortalità): *doni preternaturali.*

pretésa [da *preteso*; 1554] **sf.** **1.** atto del pretendere, e ciò che si pretende; rivendicazione, richiesta: *accampare, avanzare pretese* || *in part.* richiesta economica: *le sue pretese mi sembrano ragionevoli* **2.** esigenza personale: *una persona piena di pretese* || ambizione: *di miti pretese*, modesto; *senza pretese*, alla buona, semplice: *un locale senza pretese* **3.** presunzione, convinzione infondata: *ha la pretesa di capire sempre più degli altri.*

pretésco (pl. *-schi*) [da *prete*; a. 1556] **agg.** *spreg.* tipico dei preti.

pretéso (*pps.* di *pretendere*) [1540] **agg.** considerato e vantato a torto, o comunque senza un motivo convincente: *la sua pretesa sincerità, il preteso vincitore.*

pretèssere [dal lat. *praetexere*, propr. tessere davanti; 1644] **tr.** *arc.* addurre a pretesto: *il Senato veneziano... pretessendo alla sua cupidità vari colori* (Guicciardini).

pretèsta [dal lat. *praetexta*; prima metà sec. XIV] **sf.** *T.stor.* **1.** veste lunga, listata largamente di porpora, che portavano i figli giovinetti dei patrizi romani, e i magistrati curuli **2.** la tragedia latina di soggetto romano, così detta perché i personaggi indossavano tale veste.

pretestàre (pres. *-èsto*) [da *pretesto*; 1641] **tr.** *raro* addurre a pretesto.

pretestàta [dal lat. tardo (*fabula*) *praetextāta*; 1970] **sf.** tragedia latina di argomento nazionale, in cui recitavano attori vestiti con la pretesta.

pretestàto [dal lat. *praetextātus*; a. 1342] **agg.** vestito di pretesta: *pretestato nume* (Carducci) || *tragedia pretestata*, lo stesso che *pretesta* nel senso 2.

pretèsto [dal lat. *praetēxtum*, fregio, ornamento poi, per metafora, scusa; 1308] **sm.** ragione inadeguata che si adduce per giustificare un comportamento o mascherarne i veri motivi: *cercava un pretesto per non andare a scuola* || *per estens.* occasione: *colgo questo pretesto per fare un viaggetto* || *dare pretesto a qualcuno di fare qualcosa*, fornirgliene l'occasione o la scusa || *dim.* pretestùccio, pretestùcolo || **N.** *Sin.* appicco, appiglio, cavillo, lustra, motivo, occasione, ripiego, scappatoia, scusa | accampare, addurre, allegare, cercare, trovare.

pretestuosità [da *pretestuoso*; 1983] **sf.** carattere di ciò che è pretestuoso.

pretestuóso [da *pretesto*; 1956] **agg.** che costituisce un pretesto: *giustificazione pretestuosa* || che si avvale di pretesti || **pretestuosaménte** **avv.** || **N.** *Sin.* specioso.

pretìno [da *prete*; 1602] **agg.** *spreg.* di o da prete, pretesco.

pretóne (*accr.* di *prete*) [1871] **sm.** *spreg.* bigotto, baciapile.

pretònico (pl. *-ci*) [comp. di *pre-* e *tonico*; 1958] **agg.** *T.ling.* lo stesso che protonico.

pretóre [dal lat. *praetor, -ōris*; 1308] **sm.** **1.** *T.giur.* nel diritto italiano moderno, magistrato con poteri giurisdizionali, la cui competenza in campo civile è limitata a cause di valore minore (sfratti, azioni possessorie, controversie di lavoro) e in campo penale a reati per cui è prevista una pena massima di tre anni **2.** *T.stor.* nell'antica Roma repubblicana, ciascuno dei due magistrati che, per autorità, venivano subito dopo il console ed esercitavano importanti funzioni giurisdizionali.

pretoriàle [da *pretore*; a. 1604] **agg.** *raro* di pretore.

pretoriàno [dal lat. *praetoriānus*; a. 1375] **I agg.** appartenente alla coorte pretoria **II sm.** *T.stor.* **1.** nell'antica Roma, soldato delle guardie del corpo dell'imperatore **2.** *per estens. spreg.* uomo di mano agli ordini di un'autorità tirannica || **N. 2.** *Sin.* giannizzero.

pretorìle [da *pretore*; 1950] **agg.** di pretore: *competenza pretorile.*

pretòrio[1] (pl. *-ri*) [dal lat. *praetōrius*; prima metà sec. XIV] **agg.** **1.** *T.giur.* del pretore, appartenente al pretore dell'attuale legislazione: *competenza pretoria* || *albo pretorio* o *municipale*, l'albo su cui si pubblicano atti ufficiali da rendere noti ai cittadini **2.** *T.stor.* relativo al pretore dell'antica Roma: *diritto pretorio*, insieme di norme introdotte col tempo dai pretori nell'ordinamento giuridico romano, sulla base delle carenze riscontrate nell'applicazione pratica del diritto civile.

pretòrio[2] (pl. *-ri*) [dal lat. *praetōrius*; 1353] **sm.** *T.stor.* **1.** residenza del pretore romano **2.** nell'accampamento romano la tenda del comandante **3.** edificio in cui alloggiava la guardia del corpo dell'imperatore romano, composta da pretoriani.

prètto [prob. da *puretto*, dim. di *puro*; seconda metà sec. XIII] **agg.** puro, schietto, semplice; vero e proprio: *vino pretto, la pretta verità* || **prettaménte** **avv.** tipicamente: *lineamenti prettamente orientali.*

pretùra [dal lat. *praetūra*; prima metà sec. XIV] **sf.** **1.** ufficio e giurisdizione del pretore: *competenza, sentenza della pretura* || luogo ove siede il pretore: *recarsi in pretura* **2.** *T.stor.* in Roma antica, la carica di pretore, la più alta dopo il consolato.

preumanèsimo [comp. di *pre-* e *umanesimo*; 1929] **sm.** corrente letteraria e spirituale del basso Medioevo, che precede o preannuncia l'umanesimo.

preunitàrio (pl. *-ri*) [comp. di *pre-* e *unitario*; 1983] **agg.** che precede l'unità d'Italia; relativo al periodo che precede l'unità d'Italia: *archivio preunitario, eserciti preunitari.*

prevalènte (*ppr.* di *prevalere*) [sec. XIV] **agg.** che prevale: *partito prevalente, opinione prevalente* || **prevalenteménte** **avv.** in misura prevalente || **N.** *Sin.* dominante, egemonico, imperante, predominante, preminente, preponderante, superiore.

prevalènza [dal lat. tardo *praevalentia*; fine sec. XV] **sf.** **1.** il prevalere, l'essere superiori per quantità, diffusione, importanza o potere: *prevalenza di immigrati cinesi rispetto a quelli polacchi, una netta prevalenza del rosso nella moda di quest'anno, la prevalenza delle passioni* || *in prevalenza,* per la maggior parte **2.** *T.idr.* resistenza che deve essere vinta per spingere in una determinata direzione il liquido in una pompa || **N.** **1.** *Sin.* egemonia, predominio, preponderaza, supremazia.

prevalére (pres. *-àlgo* ecc., come VALERE) [dal lat. *praevalēre*; a. 1306] **intr.** (aus. *essere* e *avere*) **1.** avere maggior peso o effetto, imporsi per superiorità di forze, di efficacia: *infine ha prevalso la saggezza sul suo innato orgoglio, un desiderio represso ma destinato a prevalere* **2.** essere maggiore per quantità e diffusione: *prevale ancora fra la gente questa opinione infondata* || **intr. pron.** valersi, servirsi senza discrezione: *s'è prevalso della sua autorità per ottenere quello che non gli spettava* || **N.** **tr.** **1.** *Sin.* dominare, predominare, preponderare.

prevaricaménto [da *prevaricare*; 1336 ca.] **sm.** *non com.* prevaricazione.

prevaricàre (pres. *-àrico, -àrichi*) [dal lat. tardo *praevaricāre*; seconda metà sec. XIII] **intr.** (aus. *avere*) **1.** agire contro l'onore e l'onestà, discostarsi dal giusto **2.** abusare del proprio potere per interesse personale **3.** tradire la propria parte accordandosi con la parte avversa || **N.** **1.** *Sin.* trasgredire **2.** *Sin.* malversare.

prevaricatóre [dal lat. tardo *praevaricātor, -ōris*; a. 1375] **agg.** e **sm.** (f. *-trice*) che o chi compie una prevaricazione, nei vari sensi || **N.** *Sin.* barattiere, concussionario, frodatore, infedele, malversatore.

prevaricazióne [dal lat. tardo *praevaricātio, -ōnis*; a. 1290] **sf.** **1.** atto ed effetto del prevaricare; abuso **2.** *T.giur.* delitto compiuto da patrocinatore o consulente tecnico che si rende infedele ai propri doveri professionali (es. colludendo con la parte avversaria o lavorando contemporaneamente per parti contrarie) || **N.** **1.** *Sin.* baratteria, concussione, corruzione, malversazione, peculato, trasgressione.

prevedére (pres. *-édo* ecc., come VEDERE) [dal lat. *praevidēre*; a. 1292] **tr.** **1.** conoscere anticipatamente: *prevedere il futuro* || asserire come evento futuro: *prevedere una nevicata, previde che sarebbe stato tradito* || *era da prevedere!,* c'era da pensarlo, doveva proprio accadere questo **2.** contemplare, prendere in considerazione: *caso non previsto dai codici* || **N.** **1.** *Sin.* predire, profetizzare; congetturare; anticipare, antivedere, aspettarsi, attendersi, presentire, presumere.

prevedìbile [da *prevedere*; 1848] **agg.** che si può facilmente prevedere: *la sua reazione non era certo prevedibile* || **prevedibilménte** **avv.** || **N.** *Sin.* presumibile, probabile | *Contr.* imprevedibile.

prevedibilità [da *prevedibile*; 1965] **sf.** l'essere prevedibile || **N.** *Contr.* imprevedibilità.

prevediménto [da *prevedere*; sec. XIV] **sm.** *raro* il prevedere, previsione.

preveggènte [da *prevedente*, sul modello di *veggente*; 1841] **agg.** *lett.* **1.** che può prevedere gli avvenimenti futuri **2.** previdente.

preveggènza [da *preveggente*; 1855] **sf.** *lett.* **1.** capacità di prevedere il futuro **2.** previdenza || **N.** **1.** *Sin.* prescienza.

prevéndita [comp. di *pre-* e *vendita*; 1983] **sf.** vendita anticipata, spec. di biglietti di spettacoli o di manifestazioni sportive.

preveniménto [da *prevenire*; a. 1667] **sm.** *raro* il prevenire; prevenzione.

prevenìre (pres. *-èngo* ecc., come VENIRE) [dal lat. *praevenīre*; a. 1306] **tr.** **1.** anticipare sul tempo, agire prima di: *volevo scriverti ma mi hai prevenuto; prevenire una domanda,* rispondervi prima che sia formulata; *prevenire un desiderio,* soddisfarlo prima che si manifesti || meno com., arrivare prima: *mi hai prevenuta di pochi minuti* **2.** mettere sull'avviso, preavvertire anche in modo minaccioso: *vi prevengo che non riceverete risposta* || influenzare negativamente: *lo hanno prevenuto contro di me* **3.** evitare prendendo le dovute precauzioni, fare il possibile affinché non si verifichi: *prevenire una malattia, una catastrofe, la delinquenza; prevenire è meglio che reprimere* || **rec.** *non com. prevenirsi l'un l'altro, cercar di prevenirsi,* fare a gara a chi fa prima una cosa || **N.** **1.** *Sin.* precedere, precorrere; battere sul tempo **2.** *Sin.* preavvisare **3.** *Sin.* scongiurare; cautelarsi, premunirsi; preservarsi da.

preventivàre [da *preventivo*; 1831] **tr.** calcolare in anticipo come spesa necessaria, mettere in bilancio: *preventivare una cifra per una ristrutturazione;* anche *fig.*: *preventivare una lunga discussione.*

preventivìsta [da *preventivo*; 1965] **s.** persona addetta alla stesura e al calcolo dei preventivi.

preventìvo [dal lat. *praeventus*, pps. di *praevenīre*; 1601] **I agg.** **1.** atto a prevenire, a evitare: *misure preventive di sicurezza, medicina, terapia preventiva* **2.** attuato in precedenza: *carcere, custodia preventiva,* che precede la sentenza, subito prima e durante la sentenza || *censura preventiva,* esercitata su stampa e spettacoli, prima che siano diffusi || *bilancio preventivo,* redatto prima che siano effettuate tutte le operazioni previste || **preventivaménte** **avv.** in modo preventivo; anticipatamente **II sm.** calcolo presuntivo di una spesa: *farsi fare il preventivo per riparare il motore, per una protesi dentaria, preventivo per la gestione finanziaria dell'anno entrante* || **N.** **I** **1.** *Sin.* cautelativo, profilattico **II** *Contr.* consuntivo.

preventòrio (pl. *-ri*) [dal fr. *préventorium*; 1942] **sm.** istituto attrezzato per la cura di coloro che sono predisposti alla tubercolosi o ne presentano i primi sintomi.

prevenùto (*pps.* di *prevenire*) [sec. XIV] **I agg.** che ha dei preconcetti, delle prevenzioni; che è influenzato negativamente nei riguardi di qualcuno: *mi sembrano prevenuti sul conto di quella ragazza* **II sm.** (f. *-a*) *T.giur.* accusato, imputato.

prevenzióne [dal lat. tardo *praeventio, -ōnis*; a. 1540] **sf.** **1.** azione o insieme di azioni volte a prevenire, a evitare: *campagna per la prevenzione della carie, prevenzione degli infortuni* **2.** giudizio anticipato, preconcetto || **N.** **1.** *Sin.* profilassi.

prevèrbio o **prevèrbo** (pl. *-bi*) [dal lat. *praeverbium*; 1963] **sm.** *T.gram.* prefisso verbale (per es. *ri-* in *riprovare*).

prevertìre (pres. *-ìsco, -ìsci*) [dal lat. *praevertere*, anteporre; a. 1492] **tr.** *arc.* sconvolgere, disordinare.

previdènte [dal lat. *praevidens, -entis*; sec. XIV] **agg.** che prende provvedimenti per evitare o affrontare in modo adeguato un evento che può verificarsi: *sei stato previdente a portare la torcia elettrica, è previdente e risparmia per quando non avrà più un lavoro* || **previdenteménte** **avv.** || **N.** *Sin.* accorto, lungimirante, provvido, prudente | *Contr.* imprevidente.

previdènza [dal lat. tardo *praevidentia*; a. 1327] **sf.** **1.** qualità di chi è previdente: *con grande previdenza ha già iniziato un trattamento antirughe* **2.** il complesso di leggi e d'istituti che mirano alla tutela economica dei lavoratori in caso di infortunio, malattia, invalidità o vecchiaia: *Istituto Nazionale della Previdenza Sociale, istituto di previdenza privato* || **N.** **1.** *Sin.* antiveggenza, preveggenza | *Contr.* imprevidenza.

previdenziàle [da *previdenza*; 1942] **agg.** che riguarda la previdenza sociale: *contributo previdenziale.*

prèvio (pl. *-vi*) [dal lat. *praevius*, che va innanzi; a. 1468] **agg.** **1.** precedente, che precede || quasi sempre in locuzioni assolute: *previo accordo, previo esame* ecc., facendo precedere un accordo, un esame ecc. **2.** *T.med. placenta previa,* collocazione della placenta nella parte inferiore dell'utero; può creare complicazioni durante la gravidanza e il parto || **previaménte** **avv.** anticipatamente, prima.

previṣìbile [da *prevedibile*, sul modello di *visibile*; 1862] **agg.** *disus.* prevedibile.

previṣióne [dal lat. tardo *praevisio, -ōnis*; a. 1363] **sf.** atto ed effetto del prevedere: *fare una previsione catastrofica, ottimistica, è andata oltre le più rosee previsioni, previsioni sbagliate, azzeccate, le mie previsioni si sono avverate* || *in previsione di,* prevedendo: *in previsione del brutto tempo si è portato l'ombrello* || *previsioni del tempo,* bollettino delle condizioni meteorologiche che avranno seguito in una zona determinata || **N.** *Sin.* divinazione, predizione, presagio, presentimento, profezia, pronostico, vaticinio. **Q.T.** *meteorologia.*

previṣo [dal lat. *praevīsus*; a. 1311] **agg.** *arc.* previsto.

previssùto [comp. di *pre-* e *vissuto*; 1871] **agg.** *lett.* che è vissuto prima.

prevìsto (*pps.* di *prevedere*) [a. 1494] **sm.** ciò che è stato previsto: *quest'anno noi abbiamo speso oltre il previsto, purtroppo non è andata secondo il previsto* || il momento in cui si prevede che avvenga un fatto: *è tornato prima del previsto.*

prevocàlico (pl. *-ci*) [comp. di *pre-* e *vocalico*; 1954] **agg.** *T.fon.* che precede immediatamente una vocale: *posizione prevocalica.*

prevòsto [lat. *praepōsitus*; sec. XIV] **sm.** **1.** *T.eccl.* canonico di un capitolo, la cui carica segue immediatamente quella dell'abate || *sett.* titolo di ossequio riservato al parroco **2.** *T.stor.* nel Medioevo, alto funzionario regio francese, con funzioni giudiziarie.

prevostùra [da *prevosto*, sul modello del lat. tardo *praepositura*, prepositura; a. 1566] **sf.** *T.eccl.* ufficio del prevosto || sede del prevosto e territorio su cui ha giurisdizione.

preziàrio (pl. *-ri*) [da *prezzo*; 1950] **I agg.** di, dei prezzi: *listino preziario* **II sm.** *non com.* lo stesso che *prezzario.*

preziosiṣmo [da *prezioso*; 1910] **sm.** **1.** ricerca e ostentazione di eleganza eccessiva e artificiosa || *concr.* espressione ostentatamente ricercata **2.** *T.lett.* moda letteraria francese del sec. XVII, parallela al marinismo in Italia, consistente nella ricerca di raffinate e peregrine eleganze di stile e di immagini || **N.** **2.** gongorismo, secentismo.

preziosità [dal lat. tardo *pretiositas, -ātis*; a. 1294] **sf.** **1.** l'essere prezioso, grande valore || *concr.* oggetto prezioso: *museo ricco di preziosità dell'arte* **2.** ricercatezza, eleganza affettata: *preziosità dello stile.*

prezióso [dal lat. *pretiōsus*; 1224 ca.] **I agg.** **1.** di gran pregio o prezzo: *metalli preziosi, pietre preziose, una preziosa collana di smeraldi* **2.** *fig.* che è caro e tenuto in gran considerazione per bellezza, rarità, per l'utile che se ne ritrae, per il vantaggio materiale o morale che offre: *amicizia preziosa, consiglio prezioso, occasione preziosa, una preziosa testimonianza* || *fam.* rif. a persona che si mostra raramente o è avaro di sé, della propria compagnia, del proprio consiglio e sim.: *rendersi prezioso* **3.** raffinato, curato, spec. in modo eccessivo e affettato: *stile, linguaggio prezioso* || **preziosaménte** *avv.* **II** *sm.* **1.** oggetto prezioso, gioiello: *vendita di preziosi* **2.** seguace del preziosismo francese || *dim.* preziosino, preziosétto || **N. I 1.** *Sin.* caro, costoso, impagabile, inestimabile, pregiato, ricco; di valore | tesoro, rarità.

prèzza [da *prezzare*; 1319] *sf. arc.* apprezzamento, stima.

prezzàbile [da *prezzare*; a. 1665] *agg. lett. raro* apprezzabile.

prezzàre (pres. *prèzzo*) [lat. tardo *pretiāre*; a. 1205] *tr.* **1.** *T.comm.* mettere sulla merce il cartellino indicante il prezzo **2.** *arc.* di merce, dare il prezzo, fare la stima **3.** *arc.* aver stima di, apprezzare || *intr. pron.* **1.** *arc.* compiacersi, pregiarsi **2.** curarsi, interessarsi: *cotanto dal mio mal par che si prezzi / quanto legno di mar che non lieva onda* (Dante).

prezzàrio (pl. *-ri*) [da *prezzo*; 1958] *sm. T.comm.* catalogo degli articoli in vendita col relativo prezzo.

prezzatóre [da *prezzare*; a. 1595] *sm.* (f. *-trìce*) chi apprezza, estimatore.

prezzatrìce [da *prezzare*; 1983] *sf.* tipo di pinzatrice con cui si applicano velocemente i cartellini segnaprezzo sui prodotti in vendita.

prezzatùra [da *prezzare*; 1987] *sf.* applicazione del cartellino segnaprezzo sui prodotti in vendita.

prezzémolo [dal gr. *petrosélinon*, propr. sedano che nasce tra le pietre; a. 1320] *sm.* pianta erbacea delle Ombrellifere usata in cucina per l'aroma delle foglie || *fig. essere come il prezzemolo, essere il prezzemolo d'ogni minestra*, essere sempre dappertutto || *antico come il prezzemolo*, antichissimo.

prèzzo [lat. *pretium*; 1262] *sm.* **1.** valore di scambio di una unità di bene o di un servizio: *stabilire il prezzo, pagare il giusto prezzo, il prezzo di un libro*; *vendere sotto prezzo*, a meno di quanto s'è pagato; *prezzo corrente*, quello che ha ordinariamente la merce in quel luogo e in quel tempo; *prezzo fisso*, sul quale non si discute; invariabile; *prezzo di favore*, prezzo speciale, ridotto, concesso al cliente in via eccezionale; *prezzo amministrato*, v. AMMINISTRATO; *prezzo libero*, v. LIBERO; *prezzo sorvegliato*, v. SORVEGLIATO; *prezzo di esclusione*, v. ESCLUSIONE; *prezzo concorrenziale*, v. CONCORRENZIALE; *prezzo politico*, v. POLITICO || *per estens.* cartellino indicante il prezzo posto sulla merce || *fig.* ciò che si dà, si perde o si sopporta per avere in cambio qualcosa, contropartita: *il prezzo del successo, della felicità* || *vendere, pagare, far pagare a caro prezzo*, a costo di sacrificio, di dolore, della vita **2.** *T.gram. complemento di prezzo*, quello che esprime il valore di qualcosa ed è retto da verbi quali *valere, costare, comprare* ecc. (per es. "comprare *a poco prezzo*") **3.** *arc. fig.* pregio, stima || *pegg.* prezzàccio || **N. 1.** *Sin.* compenso, corrispettivo, costo, importo, mercede, mesata, onorario, paga, ricompensa, salario, scotto, spesa, stipendio, valore | adeguato, alto, basso, caro, congruo, conveniente, discreto, eccessivo, elevato, enorme, equo, esagerato, esorbitante, favoloso, fisso, giusto, incongruo, irrisorio, meschino, minimo, mite, modico, normale, onesto, oscillante, piccolo, ragionevole, sproporzionato, spropositato, tenue, vile | abbassare, agevolare, alzare, aumentare, calare, chiedere, fissare, pattuire, raddoppiare, rialzare, ribassare, ridurre, scontare, stabilire; fluttuare, oscillare, salire; contrattare, mercanteggiare | costare, esser strozzato, pagar caro, pagare, prezzare, prezzolare, strapagare | abbuono, facilitazione, offerta, rialzo, rinvilio, sconto, stima; calmiere, listino, tariffa. **Q.T.** *economia...*

prezzolàre (pres. *prèzzolo*) [da *prezzo*; prima metà sec. XIV] *tr.* assicurarsi per denaro l'opera altrui, perlopiù per scopi disonesti: *prezzolare sicari, un giornale, la stampa* || **N.** *Sin.* assoldare; corrompere.

prezzolàto (*pps.* di *prezzolare*) [1353] *agg.* assoldato per scopi disonesti || *stampa prezzolata*, giornali che deformano l'informazione a vantaggio di chi li paga || **N.** *Sin.* corrotto.

prìa [lat. *prius*, con influsso di *prima*; fine sec. XII] *avv. poet.* prima.

priapèo [dal lat. tardo *priapēus*, gr. *priápeios*; 1536] **I** *agg.* relativo a Priapo, dio della fecondità degli orti e del vigore sessuale maschile **II** *sm.* **1.** opera poetica greca o latina di carattere licenzioso od osceno **2.** *T.lett.* verso risultante dall'unione di un gliconeo e di un ferecrateo.

priapìsmo [dal lat. tardo *priapismus*, gr. *priapismós*; 1835] *sm. T.med.* anomala erezione prolungata e dolorosa del pene, senza eccitazione sessuale né eiaculazione.

Priapùlidi (sing. *-e*) [dal gr. *Príapos*, Priapo, così detti da un'appendice della regione anale; 1883] *sm. pl. T.zool.* gruppo di animali marini vermiformi provvisti di proboscide retrattile.

prièGo (pl. *-ghi*) [da *pregare*; sec. XIII] *sm.* lo stesso che *prego*[2] (v.).

prigióne [dal fr. *prison*; inizio sec. XIII *prescione*] *sf.* **1.** carcere (spec. con rif. al passato, o nel linguaggio *fam.*): *tenere in prigione, liberare dalla prigione* || *per estens.* il periodo di detenzione: *lo hanno condannato a tre anni di prigione* **2.** *fig.* luogo tetro, chiuso, dove si debba stare per forza e di mala voglia: *questa casa è una prigione* || *s. arc.* prigioniero: *egli e molti altri furono dati per prigioni a re Carlo* || **N. 1.** *Sin.* bagno penale, carcere, casa circondariale, casa di pena, galera, gattabuia, penitenziario | cella | carceriere, guardia carceraria, guardiano, secondino, soprastante | arrestare, costituirsi, detenere, essere a piede libero, evadere, imprigionare, ingabbiare, liberare, mettere dentro, mettere in ceppi, rilasciare, scarcerare, scontare; stare al fresco, vedere il sole a scacchi | carcerato, detenuto, galeotto | detenzione, ergastolo, reclusione, segregazione; amnistia, indulto.

prigionìa [da *prigione*; fine sec. XII] *sf.* la condizione di chi è prigioniero di guerra (meno com. carcerato) e la durata di questa condizione || *fig.* stato di asservimento: *la prigionia del vizio* || **N.** *Sin.* cattività, detenzione, reclusione; schiavitù, segregazione.

prigionièro [dal fr. *prisonner*; 1312 *pressoneri*] **I** *agg.* **1.** che si trova segregato in uno spazio limitato: *un animale prigioniero nella gabbia, un lavoro che lo tiene prigioniero in ufficio* || anche *fig.* rif. a situazione o condizione che limita, soffoca o costringe: *prigioniero dei suoi ricordi, dell'ambiente provinciale, dei pregiudizi piccolo-borghesi* **2.** di militare, caduto nelle mani del nemico durante una guerra: *li hanno circondati e fatti prigionieri* **3.** *T.gioc. palla prigioniera*, gioco infantile a squadre in cui i giocatori di ciascuna squadra devono rendere prigionieri quelli dell'altra squadra colpendoli con un pallone **4.** *T.mecc.* di vite o bullone filettati alle due estremità, delle quali almeno una è avvitata in un blocco e l'altra serve a fissarvi elementi provvisti di foro filettato **II** *sm.* (f. *-a*) **1.** soldato prigioniero: *scambio di prigionieri, deportazione di prigionieri* **2.** chi si trova in prigione per scontare una pena: *il prigioniero della cella 489, prigioniero politico* || **N. I 2.** captivo, deditizio, deportato **II 1.** *Sin.* ostaggio **2.** *Sin.* carcerato, detenuto, ergastolano, recluso | barra, catena, ceppo, palla al piede.

prillàre [di orig. onom.; a. 1830] *tr. region.* far ruotare velocemente: *prillare il fuso* || *intr.* (aus. *avere*) girare rapidamente su se stessi.

prìllo [da *prillare*; 1871] *sm. region.* giro fatto rapidamente intorno a se stesso.

prìma[1] [lat. tardo *prīma*, da *prīmus*, primo; a. 1250] **I** *avv.* **1.** in un tempo anteriore, in passato, in precedenza: *ero passata prima ma non c'eri, prima eravamo molto amici, prima questa città era più viva, stavo molto meglio prima, non è stato lo scorso anno ma molto prima*; un tempo, una volta: *prima, quando non c'erano le auto, l'aria era più pulita*; anche come secondo termine di una comparazione: *non è più quello di prima* || più presto, in anticipo: *se venivate prima c'era ancora qualche pasticcino, cerca di arrivare un'ora prima sul lavoro, per prendere i posti bisogna andarci prima, ha preso la scorciatoia ed è arrivato prima* || *prima o poi*, di sicuro anche se non si sa quando, una volta o l'altra: *prima o poi si pentirà* || *quanto prima*, al più presto: *te ne farò avere una copia quanto prima* **2.** in un punto, in un luogo precedente, dinnanzi: *prima trovi la piazza e poi il ponte, prima ci sono i posti riservati alle autorità poi quelli per i giornalisti, alla fine del capitolo contraddice quello che c'è scritto due pagine prima* **3.** *fig.* in posizione di maggior importanza: *mettere prima il lavoro, per me lei viene prima* **II** nella *loc. prep. prima di* **1.** avanti, innanzi (nel tempo): *speriamo di farcela prima di giugno, l'uomo non è comparso prima del Quaternario, prima di cena saremo là*; *prima del tempo*, prematuramente **2.** per esprimere precedenza in una successione (più o meno definita): *non puoi sbagliare, è subito prima della stazione, in ordine alfabetico il suo nome viene prima del mio* **3.** per esprimere priorità, maggior importanza: *prima di sé considera la famiglia, prima di tutto pensiamo alle questioni urgenti* **III** nelle *loc. cong. prima che, prima di* **1.** introduce una subordinata temporale: *prima di fare questa spesa è meglio aspettare un po', devi agire adesso, prima che sia troppo tardi* **2.** piuttosto di, piuttosto che, introduce una proposizione comparativa con verbo all'infinito: *prima di tradire si farebbe uccidere.*

prìma[2] [f. sost. di *primo*; 1281] *sf.* **1.** *T.eccl.* la prima delle ore canoniche **2.** *T.aut.* prima marcia del cambio di un autoveicolo: *ingranare la prima, mettere in prima* **3.** la prima rappresentazione che inaugura una stagione teatrale o concertistica o il primo spettacolo di una serie di repliche: *prima mondiale di un'opera contemporanea, alla prima dell'Otello c'erano molte signore impellicciate*; prima proiezione al pubblico di un nuovo film **4.** *T.sport.* nella scherma, posizione dello schermidore che consiste nel girare il braccio con l'arma protesa sino a rivolgere il dorso della mano a sinistra: *invito, parata di prima* || nella ginnastica, posizione di attenti: *mettersi in prima* || nella danza, posizione con piedi divaricati e talloni a contatto || *T.calc. tiro di prima*, effettuato calciando la palla al volo, prima che tocchi terra; *punizione di prima*, che può essere battuta direttamente a rete **5.** *T.alp.* prima scalata compiuta su una vetta: *la prima dell'Everest, la prima invernale del Cervino* **6.** primo anno di un corso di studi: *il prossimo anno Giorgino va* (*entra*) *in prima.* **Q.T.** *teatro.*

primàccio (pl. *-ci*) [var. di *piumaccio*; a. 1342] *sm. arc.* piumaccio.

primàio (pl. *-ài*) [lat. *primārius*; 1262] *agg. arc.* primo.

primaiòla [da *primaio*; a. 1468] *sf. tosc.* primipara.

primàle [da *primo*; 1871] *agg. non com.* principale.

primalità [da *primale*; a. 1639] *sf.* nella filosofia di T. Campanella, denominazione di ciascuno dei principi primi dell'essere, presenti pienamente solo in Dio (potenza, sapienza e amore).

primanòta [comp. di *primo* e *nota*; 1980] *sf.* annotazioni provvisorie di un'operazione commerciale usate come promemoria per una futura stesura sistematica.

primariàto [da *primario*; 1963] **sm.** *non com.* **1.** la carica di medico primario e la sua durata **2.** i locali dell'ospedale dove il medico primario svolge le sue funzioni.

primàrio (pl. *-ri*) [dal lat. *primārius*; a. 1348] **I agg.** **1.** (in certi contesti) primo in ordine cronologico e logico: *scuole primarie*, scuole elementari; *era primaria*, era paleozoica ‖ *T.econ. attività primaria, settore primario*, l'agricoltura (contrapposta ad *attività secondarie* e *terziarie*) **2.** principale, fondamentale: *una questione di primaria importanza* ‖ *medico primario*, medico direttore di un reparto ospedaliero ‖ *T.aut. albero primario*, quello collegato direttamente al motore ‖ *colori primari*, giallo, rosso e azzurro, da cui sono ottenibili tutti gli altri colori **3.** *T.chim. atomo primario*, in un composto alifatico, atomo di carbonio legato ad un solo atomo di una catena di altri atomi di carbonio ‖ **primariaménte** **avv.** in primo luogo, principalmente **II sm.** **1.** *T.elettr.* avvolgimento di un trasformatore, che riceve corrente da una linea di alimentazione e la trasferisce sul secondario **2.** medico primario: *il primario del reparto di neurologia* **3.** *T.econ.* settore primario. **Q.T.** *geologia.*

primàte [dal lat. tardo *primas, -ātis*, da *prīmus*, primo; sec. XIII] **sm.** **1.** titolo (oggi puramente onorifico) spettante al vescovo della diocesi principale di una regione o di uno stato, connesso a particolari poteri giurisdizionali sull'intera regione o stato ‖ titolo degli abati dei principali monasteri benedettini **2.** *lett.* persona che sovrasta altre per prestigio e sim. ‖ **N. 2.** *Sin.* magnate.

Primàti (sing. *-e*) [dal lat. scient. *Primates*, così detti perché costituiscono il più importante ordine di Mammiferi; 1875] **sm. pl.** *T.zool.* l'ordine più evoluto della scala zoologica, suddiviso nei due sottordini di Scimmie e Proscimmie; i suoi individui sono plantigradi, gen. hanno pollice opponibile in arti posteriori e anteriori, corpo coperto di pelliccia, occhi rivolti in avanti e cranio sviluppato. **TAV.** ***mammiferi* p. 1318.**

primatìccio (pl. m. *-ci*, pl. f. *-ce*) [da *primo*; a. 1320] **agg.** di frutto, che matura prima di altri della stessa specie: *fichi primaticci* ‖ **N.** *Sin.* precoce; primizia.

primatìsta [da *primato*; 1941] **s.** *T.sport.* chi detiene un primato. **Q.T.** *sport.*

primàto [dal lat. *primātus*; a. 1363 nel senso 1; 1929 nel senso 2] **sm.** **1.** condizione, posizione di chi primeggia su altri in un'attività o un ambito culturale: *tenere, detenere il primato commerciale, militare, primato civile di una nazione* **2.** *T.sport.* il risultato migliore ottenuto in una specialità: *primato mondiale, stagionale, di categoria, battere, migliorare un primato, detenere il primato di salto in alto* ‖ **N. 1.** *Sin.* egemonia, preminenza, sovranità, supremazia | primeggiare **2.** *Sin.* record. **Q.T.** *sport.*

primatologìa [comp. di *Primati* e *-logia*, sul modello dell'ingl. *primatology*; 1987] **sf.** scienza che studia Primati.

primavèra [lat. volg. **primavēra*, class. *prīmo vēre*, all'iniziare della primavera; fine sec. XII] **sf.** **1.** la prima stagione dell'anno, che, nell'emisfero boreale, va dal 21 marzo (equinozio di primavera) al 21 giugno (solstizio d'estate) e nell'emisfero australe dal 23 settembre al 21 dicembre, in cui per progressivo allungamento della giornata e diminuzione del freddo, inizia il ciclo vegetativo ‖ *per estens.* clima mite, rigoglio di fiori e piante: *qui si gode un'eterna primavera* ‖ *prov. una rondine non fa primavera*, un solo indizio non deve far troppo spesso sperare in un evento lieto ‖ con sineddoche, l'intero anno: *ha parecchie primavere sulle spalle* ‖ *fig.* momento di grande creatività in campo artistico, culturale e sim.: *la straordinaria primavera di inizio secolo* **2.** *fig.* giovinezza: *era ancor sul fiorir di primavera / sua tenerella e quasi acerba etate* (Ariosto) **3.** *T.stor.* nell'antica Roma, voto pubblico fatto in casi eccezionali, per cui veniva consacrato agli dei tutto ciò che sarebbe nato nella primavera successiva (frutti dei campi, bestiame e uomini).

primaverìle [da *primavera*; a. 1846] **agg.** di o da primavera: *fiori primaverili, aria primaverile, abito primaverile.*

primaverìna [da *primavera*; 1871] **sf.** primula.

primazìa [da *primate*, sul modello di *abate-abbazia*; 1363] **sf.** **1.** *T.eccl.* dignità di primate **2.** *non com.* superiorità.

primazìale [da *primazia*; 1619] **agg.** *T.eccl.* di primate: *autorità primaziale*; *chiesa primaziale*, anche *sf.*: *la primaziale di Venezia.*

primeggiàre (pres. *-éggio*) [da *primo*; a. 1755] **intr.** (aus. *avere*) occupare la posizione di maggiore rilievo, essere superiore, distinguersi: *la sua ambizione lo spinge a voler primeggiare e comandare, gli orientali primeggiano nelle arti marziali* ‖ **N.** *Sin.* eccellere, emergere, torreggiare; tenere il primato.

prime rate (ingl., pr. ['praɪm reɪt]) [comp. di *prime*, primario e *rate*, tasso; 1980] **loc. m.** *inv.* *T.banc.* tasso minimo d'interesse sui prestiti a breve termine praticato dalle banche ai clienti migliori.

prime time (ingl., pr. ['praɪm 'taɪm]) [comp. di *prime*, primario e *time*, tempo; 1983] **loc. m.** *inv.* fascia oraria di maggiore ascolto delle trasmissioni radiotelevisive.

primèvo [dal lat. *primaevum*, nella prima metà; a. 1375] **agg.** *lett.* **1.** del primo periodo; primordiale, antichissimo: *e incenso / offro all'Eterno, memor de' primevi riti* (Montale); *il caos primevo* **2.** della prima età, giovanile.

primicerìa [da *primicerio*; 1871] **sf.** *ant.* *T.eccl.* dignità di primicerio, primiceriato.

primicerìale [da *primicerio*; 1891] **agg.** *T.eccl.* di primicerio.

primiceriàto [da *primicerio*; a. 1750] **sm.** *T.eccl.* grado, dignità e ufficio di primicerio.

primicèrio (pl. *-ri*) [dal lat. tardo *primicērium*, propr. colui il cui nome si trova in capo alle tavolette cerate; seconda metà sec. XIV] **sm.** *T.eccl.* titolo di chi riveste la principale dignità in confraternite e capitoli di collegiate o di cattedrali ‖ dignitario principale della corte pontificia.

primièra [f. sost. di *primiero*; 1517] **sf.** *T.gioc.* antico gioco di carte nel quale vengono distribuite 4 carte a testa e vince chi riesce a ottenere la più alta fra le combinazioni vincenti ‖ a scopa e a scopone, la migliore combinazione di quattro carte di semi diversi, che dà diritto a un punto.

primièro [dal fr. *premier*, primo con influsso dell'it. *primo*; sec. XII] **I agg.** *lett.* **1.** primo: *come obbliar potrei / il mio primiero amor?* (Casti) **2.** primitivo, originario: *ritornò la primiera pace* ‖ **primieraménte** **avv.** in primo luogo, anzitutto **II sm.** *T.gioc.* il primo termine che compone una sciarada.

primigènio (pl. *-ni*) [dal lat. *primigenius*; a. 1626] **agg.** *lett.* relativo alla prima origine di qualcosa, originario, primordiale: *ordine primigenio, lingua primigenia, forze primigenie della natura* ‖ **N.** *Sin.* iniziale, originale, primitivo, primogenito.

primìna [da *primo*; 1875] **sf.** *T.bot.* la più esterna delle due membrane che avvolgono l'ovulo delle piante.

primìpara [dal lat. *primipara*; 1721] **sf.** donna che partorisce per la prima volta.

primipilàre [da *primipilo*; sec. XIV] **agg.** *T.stor.* proprio del primipilo, relativo al primipilo: *incarico primipilare.*

primipìlo [dal lat. *primipīlus*; prima metà sec. XIV] **sm.** *T.stor.* il centurione romano che comandava il primo manipolo dei triari.

primitivìsmo [da *primitivo*; 1932] **sm.** **1.** rivalutazione e ripresa di certi moduli espressivi dell'arte primitiva o, in gen., atteggiamento di interesse per la cultura delle popolazioni primitive **2.** carattere di ciò che è primitivo, primitività.

primitività [da *primitivo*; 1871] **sf.** l'essere primitivi.

primitìvo [dal lat. *primitīvus*; 1342] **I agg.** **1.** dell'inizio, delle origini: *dopo il restauro la facciata ha riacquistato il primitivo splendore, vogliono spostare la statua nella collocazione primitiva, il senso primitivo di questa parola si è perduto*; *la Chiesa primitiva*, la chiesa cristiana al tempo degli apostoli e delle persecuzioni **2.** *in part.* relativo alla fase iniziale della civiltà umana; preistorico: *era primitiva, resti di armi primitive*; anche rif. a popolazioni tuttora esistenti che possiedono una cultura materiale elementare, poco evoluta: *un villaggio primitivo di pescatori, una tribù primitiva dell'Africa* ‖ *per estens.* rozzo, rudimentale: *mezzi primitivi di sussistenza, un'imbarcazione primitiva* **3.** che non può essere derivato da altri elementi né scomposto in parti più semplici; primario, fondamentale: *concetto primitivo* ‖ *T.inform. funzione primitiva* (o *sf. primitiva*), funzione *built in* ‖ **primitivaménte** **avv.** **1.** in modo primitivo, rudimentale **2.** *ant.* in principio; di buon'ora **II sm.** **1.** (f. *-a*) chi appartiene alla preistoria o a civiltà poco evolute **2.** *T.art.* pittore attivo fra la fine del Medioevo e la prima metà del '400 in Italia: *i primitivi toscani* **3.** *primitivo semantico*, ciascuno dei concetti elementari in cui si suppone siano scomponibili i significati delle parole **4.** vitigno, diffuso spec. in Puglia, che matura molto presto, da cui si ottiene un vino da taglio ‖ **N. I 1.** *Sin.* iniziale, originale, originario, primigenio, primordiale, pristino **2.** *Sin.* antidiluviano, preadamitico; arcaico, vecchio, ROZZO **3.** *Sin.* elementare, semplice | *Contr.* derivato.

primìzia [dal lat. *primĭtiae*; metà sec. XI] **sf.** **1.** primo frutto della stagione o frutto ottenuto con molto anticipo rispetto all'epoca di maturazione (spec. in serra) **2.** anticamente, offerta propiziatoria alle divinità, dei primi frutti raccolti **3.** *fig.* notizia molto fresca non ancora conosciuta dai più ‖ brano di opera letteraria o musicale ancora inedita **4.** *arc.* capostipite, progenitore. **Q.T.** *giardinaggio...*

prìmo [lat. *prīmus*; 1205 ca.] **I agg.** **1.** di elemento di una successione, iniziale, corrispondente al numero uno: *il primo della lista, della graduatoria, il primo giorno dell'anno, la prima lettera dell'alfabeto, per completare la collezione mi manca il primo fascicolo, il primo piano di un edificio, il primo canale della TV*; *i primi due*, il primo e il secondo ‖ *primo grado*, il grado più basso di una scala di misurazione, che corrisponde a entità più lieve o difficoltà minore: *il primo grado della scala Mercalli, ustione di primo grado, percorso con difficoltà di primo grado* ‖ *T.gram. prima persona*, nella flessione verbale e pronominale, quella di chi parla o scrive **2.** *in part.* iniziale rispetto a una successione temporale: *l'ho capito fin dal primo momento, le prime ore del mattino sono le più quiete*; *la prima volta*, V. VOLTA; *in un primo tempo*, in un primo momento, inizialmente ‖ come num. romano, posposto ad un nome proprio, indica la posizione iniziale in una successione (temporale) di omonimi che hanno occupato un trono (regale, pontificio ecc.): *Carlo I d'Angiò, papa Giovanni Paolo I* ‖ che precede o ha preceduto (nel tempo) gli altri suoi simili nell'esistenza, o nel compiere un'azione determinata: *il primo dentino, il primo figlio, il primo uomo sulla luna* ‖ *opera prima*, il libro, l'opera teatrale, musicale o cinematografica con cui un artista esordisce ‖ nella *loc. agg.* con valore avverbiale *per primo*, prima degli altri: *arrivare per primo all'appuntamento* || come compl. predicativo del soggetto fa perlopiù rif. ad una competizione: *fu* (*arrivò*) *primo in finale* || che indica l'inizio di un processo: *i primi sintomi dell'influenza, i primi segni della vecchiaia* || immediato: *le prime impressioni, prestare i primi soccorsi*; *a prima vista*, ad un esame rapido e perciò superficiale: *a prima vista sembra un lavoro ben fatto*; *amore a prima vista*, che nasce al primo incontro || con una sfumatura indef., quello che si trova, quello che si presenta, che capita: *alla prima occasione lo licenzio, prendo il primo treno per Roma, sposerò la prima donna che incontro* **3.** rif. a un ordine spaziale, che si trova nella posizione più prossima rispetto a un punto di riferimento: *al primo incrocio svolti a destra, dalla prima fila si vede meglio, le prime case dopo il parco* || *primo piano*, nella prospettiva, il piano più vicino a chi osserva; in fotografia, inquadratura o immagine ravvicinata del soggetto; anche *superl.*: *primissimo piano* **4.** superiore, migliore: *carne di prima scelta, stoffa di prima qualità, artista di prim'ordine, il primo ristorante, il primo albergo della città, biglietto ferroviario di prima classe* || principale, più importante: *non dimenticare il tuo primo dovere* || *il primo cittadino*, il sindaco || *primo ministro*, v. MINISTRO || *primo attore, prima attrice*, che svolgono i ruoli dei protagonisti || *prima donna*, cantante o attrice che sostiene le parti principali; *per estens.* donna che vuole sempre essere al centro dell'attenzione || *in primo luogo, per prima cosa*, principalmente, prima di tutto **5.** *T.mat. numero primo*, numero intero divisibile solo per 1 e per se stesso || *numeri primi fra loro*, il cui massimo comun divisore è 1 **6.** *materie prime*, v. MATERIA nel senso 2 **II** ***sm.*** **1.** (f. *-a*) persona che viene per prima o che si trova in prima posizione: *chiedi al primo che passa, avanti il primo!*; *il primo venuto*, una persona qualsiasi, la prima persona che capita **2.** unità di misura di tempo corrispondente alla sessantesima parte di un'ora (anche *minuto primo*) || unità di misura degli angoli corrispondente alla sessantesima parte di un grado **3.** vivanda costituita da pasta asciutta o in brodo, o zuppa, che viene gen. consumata per prima, o dopo l'antipasto: *dopo un primo così ricco prendo solo un po' di verdura, i primi della cucina italiana* **4.** primo-giorno: *parto il primo di febbraio, torno il primo dell'anno.*

primogènito [dal lat. tardo *primogenitus*; fine sec. XIII] **I** ***agg.*** **1.** generato per primo: *figlio primogenito* || *ramo primogenito della famiglia*, quello che discende dal primo di più figli **2.** *per estens. non com.* prediletto **II** ***sm.*** (f. *-a*) figlio primogenito || **N. I 1.** cadetto.

primogenitóre [comp. di *primo* e *genitore*, sul modello di *primogenito*; a. 1574] ***sm.*** *raro* (f. *-trice*) **1.** il primo genitore (nella tradizione biblica, Adamo o Eva) **2.** *pl. raro* gli antenati || **N.** capostipite, progenitore.

primogenitùra [da *primogenito*; a. 1342] ***sf.*** **1.** condizione di primogenito **2.** insieme di diritti che spettano al primogenito: *Esaù vendette la primogenitura per un piatto di lenticchie* || **N. 2.** maggiorasco.

prìmola [var. di *primula*; 1884] ***sf.*** primula.

primordiàle [dal lat. tardo *primordiālis*; a. 1420] ***agg.*** che risale ai primordi, alle origini: *materia primordiale, stadio primordiale* || **N.** *Sin.* primitivo.

primòrdio (pl. *-di*) [dal lat. *primordium*; a. 1565] ***sm.*** principio, origine (perlopiù pl.): *i primordi della letteratura, della civiltà* || **N.** *Sin.* inizio, PRINCIPIO.

prìmula o **prìmola** [dal lat. scient. *primula*, dal lat. *prīmulus*, primo perché fiorisce precocemente; 1522] ***sf.*** pianta erbacea delle Primulacee, a rizoma obliquo, foglie ovali o a spatola, diffusa spontaneamente in prati e boschi, o coltivata in alcune varietà per i bei fiori vivaci gialli, rossi o rosa.

Primulàcee [da *primula*; 1834] ***sf. pl.*** *T.bot.* famiglia di piante dicotiledoni perlopiù erbacee, presente con numerose specie particolarmente nelle regioni temperate calde e umide, caratterizzate da fiori con corolla regolare a 5 lobi e frutto a capsula || **N.** ciclamino, primula.

primus inter pares (lat., pr. it. ['primus inter 'pares]) [letter. primo tra pari] ***loc. m. inv.*** chi detiene maggiore autorità tra persone di pari dignità o rango.

princesse (fr., pr. [prɛ̃'sɛs]) [propr. principessa; 1923] ***sf. inv.*** abito femminile da pomeriggio, tagliato dritto in un solo pezzo.

principàle [dal lat. *principālis*; metà sec. XI] **I** ***agg.*** che ha importanza maggiore di tutti gli altri: *il principale argomento di difesa, l'opera principale di un autore, la via principale di un paese, le principali risorse di una regione* || *T.gram. preposizione principale*, in un periodo, quella sintatticamente autonoma, da cui dipendono le proposizioni secondarie || *T.fon. accento principale*, quello più forte, in una parola in cui vi sia anche un accento secondario || **principalménte** ***avv.*** soprattutto, anzitutto **II 1.** *s. fam.* in uffici, aziende e sim., chi ha funzioni direttive rispetto ai subalterni, capo; padrone: *mi faccia parlare col* (*suo*) *principale* **2.** *sm. T.mus.* il registro più importante dell'organo, che si fonde con tutti gli altri registri **3.** *sm. T.teatr.* elemento della scenografia, posto innanzi al fondale, provvisto di vari passaggi e aperture || **N. I** *Sin.* cardinale, dominante, essenziale, maggiore, magistrale, massimo, notabile, precipuo, preminente, sostanziale | *Contr.* accessorio, secondario.

principalità [dal lat. tardo *principalitas, -ātis*; a. 1311] ***sf.*** *disus.* l'esser principale.

principàto [dal lat. *principātus*; a. 1292] ***sm.*** **1.** dignità, carica di principe, di sovrano assoluto: *aspirare al principato* || durata di tale carica **2.** territorio retto da un principe: *Principato di Monaco* **3.** *pl. T.eccl.*, nell'ordine inferiore delle gerarchie angeliche, il coro più alto **4.** *raro* preminenza, primato. **Q.T.** *politica.*

prìncipe [dal lat. *princeps, -ipis*; inizio sec. XIII] **I** ***sm.*** **1.** titolo riservato, spec. in passato, a sovrano assoluto, imperatore || nel Medioevo, titolo di alto feudatario dotato di poteri sovrani sul proprio territorio **2.** titolo spettante a determinati membri di una casa regnante: *principe ereditario*, destinato a succedere al sovrano regnante; *principe consorte*, marito della regina regnante; *principi del sangue*, i parenti stretti del sovrano regnante || titolo che indica il più alto grado nobiliare, successivo a quello di duca: *Principe di Brancaccio* || *principe azzurro*, nelle fiabe, giovane bello, nobile e valoroso che sposa la protagonista; *per estens.* lo sposo ideale || *stare, vivere come un principe*, in mezzo agli agi **3.** chi è primo per autorità o capacità: *quell'avvocato è il principe del foro*; *i principi della Chiesa*, i cardinali; *il principe degli apostoli*, San Pietro **4.** *principe di Galles*, tessuto, perlopiù di lana, a riquadri formati da bande colorate intrecciate **II** ***agg. inv.*** (sempre posposto) principale: *argomento principe* || *T.lib. edizione principe*, la prima edizione di un'opera, perlopiù rif. a edizione a stampa dei sec. XV e XVI || *dim.* principìno, principòtto; *spreg.* principùccio, principétto; *accr.* principóne || **N. I 2.** arciduca, *bey*, cacicco, delfino, emiro, infante, langravio, nababbo, voivoda | presuntivo, pretendente, spodestato | abdicazione, appannaggio, assunzione al trono | re, SOVRANO.

principésco (pl. *-schi*) [da *principe*; a. 1742] ***agg.*** **1.** da principe, per lo sfarzo e la magnificenza: *dimora, accoglienza principesca* **2.** *non com.* di principe: *ramo principesco* || **principescaménte** ***avv.*** || **N. 1.** *Sin.* pomposo, ricco, sfarzoso.

principéssa [da *principe*; a. 1294] ***sf.*** la moglie o la figlia di un principe || figlia di un sovrano || *dim.* principessìna.

principiaménto [da *principiare*; seconda metà sec. XIV] ***sm.*** *ant.* inizio, principio.

principiànte (*ppr.* di *principiare*) [sec. XIV] ***agg.*** e ***s.*** chi compie le prime esperienze in una disciplina, arte o altra attività: *lavoro da principiante* || **N.** *Sin.* esordiente, novellino, novizio, tirocinante. **Q.T.** *sport.*

principiàre (pres. *-ìpio*) [dal lat. tardo *principiāre*; 1340] ***tr.*** *disus.* dar principio a, incominciare: *principiare un lavoro, una discussione* || ***intr.*** (aus. *essere* di soggetto inanimato, e *avere* di soggetto animato) aver principio: *l'estate principia col solstizio di giugno, ha principiato a lagnarsi da stamane* || *com.* la loc. *a principiare da*, a partire da || **N.** *Sin.* COMINCIARE.

principiatóre [da *principiare*; 1308] ***sm.*** (f. *-trice*) *raro* iniziatore.

princìpio (pl. *-pi*) [dal lat. *principium*; fine sec. XII - prima metà sec. XIII] ***sm.*** **1.** fase iniziale di un evento, di un processo, di un'azione ecc.: *il principio della settimana, di una festa, una rivolta stroncata sul principio, in principio era il caos, per spiegare bene come sono andati i fatti bisogna cominciare dal principio* || *per estens.* causa, motivo: *quell'amicizia è stata il principio delle sue sregolatezze* **2.** tratto iniziale: *al principio del sentiero c'è un bivio, al principio del libro c'è la dedica, devi ripercorrere la strada dal principio alla fine* **3.** essenza originaria: *gli antichi filosofi indagavano il principio di tutte le cose, principio vitale* || *in linea di principio*, in teoria || in farmacologia, sostanza che determina le proprietà di un composto: *principio attivo di un estratto vegetale* **4.** proposizione o concetto fondamentale di una scienza, di una disciplina: *principio di matematica, di fisica, il principio dei vasi comunicanti, il principio di Archimede, principio di non contraddizione, principio giuridico, economico* || *T.fil. petizione di principio*, v. PETIZIONE **5.** convinzione profonda che guida il comportamento; norma etica: *non deroga mai dai suoi principi, un uomo senza principi, non posso accettare, è una questione di principio* || *per principio*, per profonda convinzione || **N. 1.** *Sin.* avviamento, avvio, esordio, inizio, introduzione, mossa, nascita, partenza, preambolo, prefazione, primordio, prologo | *Contr.* fine **2.** *Sin.* bandolo, capo, cima, entrata, limitare, soglia **4.** *Sin.* assioma, dogma.

princisbècco (pl. *-chi*) [dal n., deformato, del suo inventore, l'orologiaio londinese Ch. *Princhbeck*; 1753 *princisbech*] ***sm.*** lega di stagno, rame e zinco, di aspetto simile a quello dell'oro || *di princisbecco*, non autentico, falso || *fig. restare* o *rimanere di princisbecco*, restare male, di stucco.

prióne o **priòno** [dal gr. *príōn*, sega, per la forma delle antenne; 1835 *priono*] ***sm.*** coleottero notturno dei Cerambicidi, la cui femmina depone le uova nelle fessure delle cortecce di tronchi secchi.

prióra [da *priore*; a. 1380] ***sf.*** *T.eccl.* superiora di un convento o di un monastero femminile || **N.** badessa.

prioràle [da *priore*; seconda metà sec. XV] ***agg.*** di priore, di priora: *dignità, casa priorale.*

prioràto [dal lat. tardo *priorātus*, primato, preminenza; a. 1324] ***sm.*** ufficio e dignità di priore (nei vari sensi) o di priora.

prióre [dal lat. *prior, -ōris*, che sta innanzi, più importante; a. 1292] ***sm.*** **1.** titolo di dignità in ordini cavallereschi **2.** superiore di alcuni ordini monastici || *tosc.* parroco **3.** *T.stor.* nei comuni medievali, ciascuno dei membri del consiglio che governava la città, eletto fra i membri di una corporazione: *priori delle arti*;

in gen., magistrato cittadino.

prioria [da *priore*; prima metà sec. XIV] **sf.** dignità di priore o di priora, priorato || beneficio ecclesiastico connesso a tale carica.

priorità [dal lat. *prior, -ōris*; a. 1406] **sf.** **1.** anteriorità nel tempo: *priorità di una invenzione, di una scoperta, di un'ipoteca* **2.** *per estens.* precedenza, spec. riconosciuta per maggior importanza, urgenza e sim.: *un problema che ha (la) priorità sugli altri.*

prioritàrio (pl. *-ri*) [da *priorità*; 1963] **agg.** che ha diritto di priorità, di precedenza: *esigenza prioritaria* || **prioritariaménte** **avv.**

priscillianèṣimo [dal n. proprio *Priscilliano*; 1835] **sm.** movimento ereticale, iniziato dallo spagnolo Priscilliano nel 370 d.C.; a carattere ascetico, negava la resurrezione della carne e attribuiva al demonio la creazione dei corpi.

priscillianìsta [da *priscillianesimo*; a. 1311] **s.** e **agg.** seguace del priscillianesimo.

prìsco (pl. *-schi*) [dal lat. *priscus*; a. 1374] **agg.** *lett.* antico, delle età primitive: *la prisca favella* || **N.** *Sin.* ANTICO.

prìṣma [dal lat. tardo *prisma*, gr. *prîsma*, attr. il fr. *prisme*; a. 1572] **sm.** **1.** *T.geom.* solido limitato da due facce poligonali (basi) poste su piani paralleli, e da parallelogrammi che congiungono i lati corrispondenti dei poligoni (facce laterali); *prisma regolare*, avente poligoni regolari come basi; *prisma retto*, le cui facce laterali sono dei rettangoli **2.** *T.ott.* mezzo rifrangente, gen. a forma di prisma triangolare, di quarzo o cristallo, impiegato per decomporre la luce bianca o far deviare il cammino dei raggi luminosi || *fig.* rif. a ciò che può dare un'immagine deformata della realtà: *il prisma delle illusioni.* **TAV.** ***geometria*** **21**; ***astronomia*** **p. 656** 8.1; ***ottica*** **p. 1329** 4.3, 5.3, 11.2.

priṣmàtico (pl. *-ci*) [dal fr. *prismatique*; a. 1703] **agg.** **1.** di prisma, a forma di prisma: *cristalli prismatici* **2.** ottenuto con un prisma ottico: *colori prismatici, zone prismatiche.* **TAV.** ***ottica*** **p. 1329** 5.

priṣmòide [da *prisma*; 1835] **sm.** *T.geom.* figura geometrica assimilabile ad un prisma.

prispolóne [da *prispola*, var. tosc. di *pispola*; a. 1871] **sm.** uccello di bosco dei Passeriformi, dal canto melodioso, simile ad una grossa allodola.

prìstino [dal lat. *prīstinus*; 1353] **agg.** *lett.* di prima, precedente: *il pristino stato, il pristino vigore* || *rimettere in pristino*, riportare allo stato originale, restaurare || **N.** *Sin.* antecedente, anteriore, antico, primitivo.

pritanèo [dal lat. *prytanēus*, gr. *prytanêion*; a. 1535] **sm.** *T.stor.* edificio in Atene dove dimoravano i pritani, e in cui veniva custodito il fuoco sacro.

pritanìa [dal gr. *prytanêia*; 1835] **sf.** *T.stor.* nell'antica Atene, ciascuna delle dieci sezioni in cui era divisa l'assemblea popolare (*bulè*), che a turno presiedeva l'assemblea || il periodo di tempo in cui era in carica, corrispondente alla decima parte dell'anno.

pritàno [dal gr. e lat. *prýtanis*; a. 1788] **sm.** *T.stor.* ciascuno dei cinquanta cittadini ateniesi di una pritania.

privacy (ingl., pr. ['praɪvəsɪ]; pr. it. ['praivasi]) [da *private*, privato; 1951] **sf.** *inv.* la sfera della vita privata, personale e familiare, spec. in quanto esclude intrusione di altri: *difendere la propria privacy.*

privàdo [var. di *privato*²; a. 1311] **sm.** *ant.* latrina.

privàre [dal lat. *privāre*; prima metà sec. XIII] **tr.** rendere privo, togliere, spec. rif. a ciò che è utile o necessario, e legittimamente posseduto: *privare qualcuno dell'eredità, del guadagno, in tenera età venne privato degli affetti più cari, non privateci della vostra compagnia, si priva del necessario per mantenere suo figlio* || *privare della vista*, accecare; *privare della vita*, uccidere **rifl.** rinunciare volontariamente a qualcosa, spogliarsi: *si è privato di tutto per far studiare i figli* || **N.** **tr.** *Sin.* defraudare, espropriare, interdire, orbare, spogliare, TOGLIERE | **rifl.** *Sin.* sacrificarsi, strapparsi.

privatìsta [da *privato*¹; 1829] **s.** **1.** chi si presenta agli esami in una scuola pubblica dopo essersi preparato privatamente **2.** *T.giur.* studioso di diritto privato.

privatìstico (pl. *-ci*) [da *privato*¹; 1956] **agg.** **1.** *T.econ.* che si riferisce al settore privato dell'economia **2.** *T.giur.* attinente al diritto privato.

privatìva [f. sost. di *privativo*; a. 1722] **sf.** **1.** facoltà di fabbricare o di vendere determinate merci o di svolgere una determinata attività, che lo Stato riserva a sé; *generi di privativa*, di monopolio || *region.* spaccio di tabacchi e altri generi di monopolio dello Stato **2.** *privativa industriale*, diritto spettante all'autore di un'invenzione, di attuarla e trarne frutto egli solo **3.** *per estens.* privilegio esclusivo || **N.** **1.** *Sin.* monopolio **2.** brevetto.

privatìvo [dal lat. *privatīvus*; a. 1375] **agg.** *non pop.* **1.** che determina o concerne una privazione **2.** *T.ling.* di prefisso, che forma composti il cui significato è di privazione o negazione di quanto espresso dalla parola di base (per es. "a-" o "in-" in *amorale, insufficiente*).

privatiẓẓàre [da *privato*¹; 1963] **tr.** rif. a proprietà o impresa pubblica, rendere privato, trasferire ai privati.

privatiẓẓazióne [da *privatizzare*; 1965] **sf.** atto ed effetto del privatizzare.

privàto¹ [dal lat. *privātus*; a. 1292] **I** **agg.** **1.** che riguarda il singolo individuo e la dimensione strettamente personale o familiare delle sue attività, distinta da funzioni e responsabilità pubbliche: *faccende, questioni private, il ministro si è recato a Berlino in forma privata, indiscrezioni sulla sua vita privata*; *cerimonia privata*, con pochi intimi || *privato cittadino*, un cittadino in quanto tale, considerato indipendentemente da sue eventuali funzioni pubbliche || *privato*, come cartello sulla porta di un ufficio a cui si ha accesso solo dietro consenso di chi vi lavora || *T.giur. diritto privato*, che regola i rapporti tra gli individui o fra questi e lo Stato o enti pubblici (considerati sullo stesso piano dell'individuo); è suddiviso in diritto civile, diritto commerciale e diritto della navigazione || di proprietà di un singolo, di un ristretto numero di persone, che non è di uso comune: *strada privata, proprietà privata divieto di accesso*; *club privato*, riservato ai soci || *scrittura privata*, fatta senza l'intervento di un notaio **2.** affidato all'iniziativa e alla gestione di persone o enti indipendenti dallo Stato, non pubblico: *scuola media privata, istituto privato di sorveglianza, reti televisive private, settori privati dell'economia* || **privataménte** **avv.** **1.** in privato; segretamente **2.** da privato: *studiare privatamente*, al di fuori della scuola pubblica **II** **sm.** **1.** (f. *-a*) privato cittadino || persona singola che agisce per se stessa e non rappresenta enti o imprese: *l'auto l'ho comprata da un privato, non si tratta coi privati* **2.** (solo *sing.*) la sfera della vita privata di un individuo: *il privato e il politico, non vuole intromissioni nel suo privato* || **N.** **I** **1.** *Sin.* intimo, proprio, riservato. **Q.T.** ***diritto.***

privàto² [sost. di *privato*¹; a. 1563] **sm.** latrina || fogna.

privatóre [da *privare*; a. 1311] **agg.** e **sm.** (f. *-trice*) *non com.* chi o che priva: *forza privatrice.*

privazióne [dal lat. *privātio, -ōnis*; 1308] **sf.** **1.** il privare, l'esser privato spec. di ciò che è necessario e utile: *la privazione della vista, della libertà* **2.** *concr.* rinuncia, spec. rif. a beni materiali: *una vita di privazioni, le privazioni l'hanno ridotto al lumicino* **3.** *lett.* mancanza, assenza || *dim.* privazioncìna, privazioncèlla || **N.** **1.** *Sin.* perdita, spoliazione **2.** *Sin.* abnegazione, SACRIFICIO.

privìgno [dal lat. *privignus*, letter. generato a parte; a. 1367] **sm.** (f. *-a*) *arc.* figliastro.

privilegiàre (pres. *-ègio*) [da *privilegio*; 1225 ca.] **tr.** favorire con la concessione di privilegi: *una legge che privilegia alcune categorie rispetto ad altre* || preferire, scegliere: *privilegiare un'interpretazione.*

privilegiàto (*pps.* di *privilegiare*) [1260 ca.] **agg.** che gode di un privilegio || *per estens.* di felice disposizione o condizione, fortunato: *un uomo privilegiato, posizione privilegiata* || *T.giur. credito privilegiato*, con diritto di prelazione || *ceti privilegiati*, i ricchi; freq. come *sm. i privilegiati* || *altare privilegiato*, al quale sono annesse speciali indulgenze || **N.** *Sin.* favorito.

privilègio (pl. *-gi*) [dal lat. *privilēgium*, legge eccezionale; 1260 ca.] **sm.** **1.** diritto o vantaggio speciale concesso a un singolo o a una determinata categoria: *le lotte contro i privilegi della nobiltà, accordare, godere di un privilegio fiscale, economico* || *per meton.* il documento che lo attesta || *T.giur.* diritto di prelazione che la legge accorda su certi crediti **2.** *per estens.* dote particolare, pregio singolare: *ha il privilegio di essere comprensibile a tutti* || onore riservato a pochi: *ha avuto il privilegio di stringergli la mano* **3.** *privilegio paolino*, v. PAOLINO || **N.** **1.** *Sin.* beneficio, concessione esclusiva, dispensa, eccezione, esenzione, favore, franchigia, immunità, monopolio, preferenza, prerogativa, privativa, vantaggio | brevetto, documento, diploma, *placet*, patente | abolire, chiedere, concedere, negare, ottenere.

prìvo [dal lat. *prīvus*, propr. che sta davanti, isolato; 1313] **agg.** sprovvisto, mancante: *locale privo d'aria, di luce, è caduto a terra privo di sensi, essere privi di senso dell'umorismo, un uomo non privo di attrattive* || **N.** *Sin.* carente, destituito, digiuno, manchevole, orbato, orbo, orfano, povero, scevro, sfornito, spogliato, spoglio.

pro (lat., pr. it. [prɔ]) [propr. per; metà sec. XI] **prep.** usata in numerose loc. latine entrate nell'uso (*pro patria, pro juventute*; *pro domo sua*, in favore dei propri interessi) o in loc. italiane nel senso di "in favore di": *una raccolta di fondi pro mutilati.*

pro (pr. [prɔ]) **sm.** *inv.* giovamento, utilità: *lavora ma senza pro*; *fare (buon) pro*, far bene, giovare: *buon pro ti faccia!*; *a che pro?*, a che serve? è inutile!; *a pro nostro*, a nostro vantaggio; *il pro e il contro*, le ragioni a favore e quelle a sfavore.

pro-¹ (pr. [prɔ]) [dal lat. *prō*, davanti a, invece di] **pref.** **1.** forma parole in cui può avere diversi significati; unito spec. a verbi, può avere il valore di "fuori", "davanti", o indicare estensione nel tempo o nello spazio (*protendere, procrastinare, proseguire*) || premesso ai nomi di parentela indica gli ascendenti e anche i discendenti (*prozio, pronipote*) **2.** davanti a nomi di cariche, uffici, indica la persona che fa le veci di un'altra (*propretore, proconsole, prosindaco*).

pro-² (pr. [prɔ]) [dal gr. *pró*, davanti, prima] **pref.** in parole della terminologia scientifica ha valore di priorità, anteriorità nel tempo o nello spazio (*profase*) || in zoologia o biologia, indica struttura meno evoluta (*proscimmie*).

pro' (pr. [prɔ]) [apocope di *prode*¹; 1304] **agg.** *arc.* valoroso, prode: *il pro' Rinaldo.*

pròa [lat. *prōra*, prua; 1435] **sf.** **1.** prua **2.** tipo di poliscafo.

proàvo [dal lat. *proāvus*, propr. che viene prima dell'avo; prima metà sec. XIV] **sm.** (f. *-a*) bisnonno, bisavolo || *pl.* gli antenati.

probàbile [dal lat. *probābilis*, degno di approvazione; a. 1292] **agg.** **1.** che è ragionevole supporre, anche se non è vero; verosimile: *è* *probabile che piova, è altamente probabile che sia stato lui, un'ipotesi poco probabile* **2.** *lett.* degno di approvazione || *T.fil. opinione probabile,* confortata da buone ragioni e da autorità || **probabilménte** ***avv.*** (frasale) con molta probabilità, forse: *se continua così probabilmente avrà un collasso; Mario e probabilmente Paolo si disputeranno la finale* || **N. 1.** *Sin.* attendibile, credibile, facile, plausibile, possibile, prevedibile | *Contr.* improbabile.

probabiliorismo [dal lat. *probabilior,* compar. di *probābilis,* probabile; 1745] ***sm.*** *T.teol.* dottrina che, diversamente dal probabilismo, sostiene che in caso di dubbio si deve scegliere l'opinione più probabile.

probabiliorìsta [da *probabiliorismo;* a. 1694] ***s.*** *T.teol.* seguace, fautore del probabiliorismo.

probabilismo [dal fr. *probabilisme;* 1743] ***sm.*** **1.** *T.teol.* dottrina morale secondo la quale in ogni circostanza dubbia ci si può in buona coscienza attenere all'opinione o al partito che ha per sé qualche ragione o autorità (opinione o partito probabile) anche contro un'opinione appoggiata da più autorità **2.** *T.fil.* forma debole di scetticismo, secondo cui non si possono raggiungere certezze ma solo opinioni più o meno probabili.

probabilìsta [da *probabilismo;* 1708] ***s.*** **1.** *T.fil.* e *T.teol.* seguace o fautore del probabilismo **2.** studioso di calcolo delle probabilità.

probabilìstico (pl. *-ci*) [da *probabilismo;* 1743] ***agg.*** **1.** di probabilità; relativo alla probabilità o al calcolo delle probabilità: *connessione probabilistica; legge probabilistica,* che stabilisce la probabilità che, dato un dato evento, se ne verifichi un altro (opposto a *deterministico*) **2.** attinente al probabilismo.

probabilità [dal lat. *probabilitas, -ātis;* 1551] ***sf.*** **1.** qualità di ciò che è probabile: *sostenere la probabilità che le cose siano andate in quel modo* || *com.* la misura su cui un evento è o è ritenuto probabile: *un'alta probabilità di riuscita; pl.* opportunità favorevoli: *avere ben poche (scarse) probabilità di vittoria, nessuna probabilità* **2.** *in part. T.mat. probabilità di un evento,* rapporto fra il numero dei casi favorevoli all'evento e il numero dei casi possibili; *calcolo delle probabilità,* teoria matematica dei fenomeni e processi casuali || **N. 1.** *Sin.* attendibilità, facilità, possibilità, verosimiglianza. **Q.T.** *statistica...*

probandàto [da *probando;* 1959] ***sm.*** *T.eccl.* per gli aspiranti alla vita religiosa, periodo precedente al noviziato || **N.** postulato.

probàndo [dal lat. *probandus,* gerundivo di *probāre;* 1950] ***sm.*** (f. *-a*) *T.eccl.* giovane che sta trascorrendo il periodo di prova prima di essere accolto in un ordine religioso.

probànte [dal lat. *probans, -āntis,* ppr. di *probāre,* provare; sec. XV] ***agg.*** che dà la prova, che costituisce una prova: *è un argomento probante* || **N.** *Sin.* convincente, dimostrativo, probatorio.

probàtico (pl. *-ci*) [dal lat. tardo *probaticus,* gr. *probatikós,* agg. di *próbaton,* pecora; a. 1850] ***agg.*** *T.stor. porta probatica,* la porta nelle mura nord-orientali di Gerusalemme; *piscina probatica,* posta nei pressi dell'omonima porta, in cui si lavavano le pecore destinate al sacrificio e dove, secondo il Vangelo, Gesù risanò il paralitico.

probatìvo [dal lat. tardo *probatīvus;* a. 1375] ***agg.*** atto, idoneo a provare.

probatòrio (pl. *-ri*) [dal lat. tardo *probatōrius;* a. 1835] ***agg.*** *T.giur.* attinente alle prove; che costituisce una prova: *documenti probatori* || *istruzione probatoria,* fase dell'istruttoria utile alla raccolta delle prove.

probazióne [dal lat. tardo *probātio, -ōnis;* a. 1342] ***sf.*** *arc.* probandato.

probità [dal lat. *probitas, -ātis;* 1308] ***sf.*** l'essere probo, onestà d'indole e di costumi, integrità di coscienza: *uomo di grande probità* || **N.** *Sin.* rettitudine, ONESTÀ.

probiviri [dal lat. *probi viri,* uomini onesti; 1846] ***sm. pl.*** (raro *sm. proboviro* o *probiviro*) persone che, per la loro fama di rettitudine e autorevolezza, sono elette da società o associazioni civili per risolvere eventuali contestazioni o dirimere particolari questioni: *collegio dei probiviri, deferire ai probiviri.*

problèma [dal lat. *problēma,* gr. *próblēma;* 1342 *problemati*] ***sm.*** **1.** quesito a cui rispondere in base ai dati espressi nella sua formulazione: *un facile problema di algebra, di topologia, come compito ha dato due problemi; problema determinato, indeterminato,* a seconda che ammetta una o più soluzioni **2.** questione teorica o situazione pratica difficile da risolvere o affrontare; ostacolo: *problema storico, filosofico, la crescita demografica pone gravi problemi sociali, problema familiare, di lavoro, questo cane comincia a diventare un problema, convincerlo? è un problema!* || *dim.* problemìno, problemùccio; *pegg.* problemàccio || **N. 1.** astruso, complesso, difficile, facile, insolubile, insoluto, intricato, irrisolvibile, solubile | determinare, discutere, enunciare, formulare, impostare, proporre, risolvere; risoluzione **2.** *Sin.* difficoltà, impaccio, nodo.

problemàtica [da *problematico;* 1950] ***sf.*** l'insieme dei problemi relativi ad una scienza, una dottrina, un movimento e sim.: *la problematica del decadentismo.*

problematicismo (meno com. *problematismo*) [da *problematico;* 1946] ***sm.*** *T.fil.* tendenza del pensiero contemporaneo a considerare problematicamente ogni conquista del pensiero filosofico, cioè a rifiutare ogni dogmatismo e a fare della continua ricerca l'atteggiamento fondamentale dell'uomo.

problematicità [da *problematico;* a. 1712] ***sf.*** qualità di ciò che è problematico.

problemàtico (pl. *-ci*) [dal fr. *problématique;* 1673] ***agg.*** **1.** relativo a un problema, difficile da affrontare o da risolvere: *una situazione problematica, una scelta problematica* || dubbio: *che sia come dici tu mi pare problematico* **2.** *T.fil.* di giudizio o concetto, che esprime una possibilità logica, ma non ha garanzie di validità || **problematicaménte** ***avv.*** || **N. 1.** *Sin.* dubbioso, incerto.

problematismo V. PROBLEMATICISMO.

problematizzàre [da *problematico;* 1962] ***tr.*** mettere in discussione, considerare come un problema.

pròbo [dal lat. *probus;* 1321] ***agg.*** *lett.* onesto, retto: *animo probo* || **probaménte** ***avv.*** || **N.** *Sin.* ONESTO.

pro bono pacis (lat., pr. it. [prɔ ˈbɔno ˈpatʃis]) [propr. per il bene della pace] ***loc. avv.*** per amor di pace.

Proboscidàti [da *proboscide;* 1865] ***sm. pl.*** *T.zool.* ordine di grossi mammiferi, provvisti di proboscide e di due lunghi incisivi superiori; se ne conoscono due sole specie oggi viventi (l'elefante africano e l'asiatico) e diverse specie fossili (quali mammut e mastodonte). **TAV. *mammiferi* p. 1319.**

probòscide [dal lat. *proboscis, -idis,* gr. *proboskís;* a. 1525] ***sf.*** lunga appendice prensile costituita dalla fusione del naso col labbro superiore, propria dell'elefante || *per estens.* in alcuni insetti, l'organo molto allungato atto ad aspirare e suggere il nettare dei fiori e sim. || *scherz.* naso lungo || **N.** grifo, pungiglione, rostro, succhiatoio, tromba.

procaccévole [da *procacciare;* a. 1566] ***agg.*** *lett. raro* che procaccia, che procura; industrioso.

procàccia (pl. *-ce*) [da *procacciare;* a. 1571] ***s. inv.*** persona che si incarica di portare o trasportare merci, di eseguire commissioni ecc. || *dim.* procaccìno.

procacciaménto [da *procacciare;* 1300 ca.] ***sm.*** *non com.* atto del procacciare e del procacciarsi.

procacciànte (*ppr.* di *procacciare*) [a. 1348] ***agg.*** e ***s.*** **1.** *spreg.* che o chi si ficca dappertutto per il proprio interesse, faccendiere, trafficone **2.** *raro* che o chi è attivo e industrioso || **N. 1.** *Sin.* affarista, intrigante, maneggione.

procacciàre (pres. *-àccio*) [comp. di *pro-* e *cacciare;* fine sec. XII - prima metà sec. XIII] ***tr.*** procurare, spec. con difficoltà e impegno: *procacciare il sostentamento ai propri figli* || procurarsi, ottenere per sé, spec. con fatica: *procacciarsi di che vivere, un impiego;* anche *iron.* tirarsi addosso: *procacciarsi noie* || **N.** PROCURARE.

procacciatóre [da *procacciare;* a. 1363] ***sm.*** (f. *-trice*) *non com.* chi procaccia, per sé o per altri || **N.** procacciante.

procaccìno (*dim.* di *procaccia*) [a. 1424] ***sm.*** (f. *-a*) **1.** procaccia **2.** *spreg.* chi è continuamente in moto per altri: *tutti comandano e lui fa il procaccino* || **N. 2.** *Sin.* factotum, galoppino.

procàccio (pl. *-ci*) [da *procacciare;* a. 1257] ***sm.*** *arc.* **1.** atto del procacciare, procacciamento **2.** profitto, utile **3.** premura, sollecitazione.

procàce [dal lat. *procax, -ācis;* sec. XIV] ***agg.*** *lett.* **1.** provocante, eccitante per atteggiamento sensuale, carica erotica, spregiudicatezza ecc.: *sguardo, movenze procaci* || *com.* provocante nelle forme: *seno, curve procaci* **2.** *arc.* sfacciato, protervo || **procaceménte** ***avv.***

procàcia (pl. *-cie*) [dal lat. *procacia;* 1676] ***sf.*** *lett.* procacità.

procacità [dal lat. *procacitas, -ātis;* a. 1472] ***sf.*** *lett.* **1.** l'essere procace, eccitante **2.** *arc.* sfrontatezza, protervia.

procaìna [comp. del lat. *pro,* per e (*co*) *caina;* 1958] ***sf.*** nome commerciale di un farmaco impiegato per l'anestesia locale o come antidolorifico || **N.** *Sin.* novocaina.

pro capite (lat., pr. it. [prɔ ˈkapite]) [propr. per testa; 1950] **I** ***loc. agg. inv.*** individuale: *reddito pro capite* **II** ***loc. avv.*** a testa: *distribuire una somma pro capite.*

procariòte [comp. di *pro(to)-* e un der. del gr. *káryon,* nucleo; 1983] ***agg.*** e ***sm.*** *T.biol.* detto di organismo costituito da cellule sprovviste di nucleo regolare, per es. i virus, i batteri e le alghe azzurre.

procedènza [da *procedere;* a. 1835] ***sf.*** *raro* l'atto del procedere; derivazione.

procèdere (pres. *procèdo;* p.rem. *procedètti, procedésti;* pps. *procedùto*) [dal lat. *procēdere;* fine del sec. XII - prima metà sec. XIII] ***intr.*** (aus. *essere; avere* nel senso 3) **1.** andare avanti; camminare: *procedere di buon passo, la vettura procedeva nella nebbia* || rif. a tempo, trascorrere, passare (spec. come *sm.*): *col procedere degli anni è peggiorato* **2.** *fig.* progredire: *procedere nello studio, in un'attività, il lavoro procede a rilento* || andare avanti: *la lettura procede per capitoli* **3.** passare a, dar luogo a: *procediamo all'esame del fatto, procedere alle votazioni* || eseguire, svolgere (con rif. implicito a un determinato compito); agire: *procedere per assurdo, per tentativi ed errori* || *T.giur.* intentare un'azione giudiziaria: *procedere contro qualcuno su denuncia; luogo a procedere,* fondamento di un'azione giudiziaria **4.** aver origine, derivare: *da cosa procede questo fatto?, il Figlio e lo Spirito Santo procedono dal Padre* || **N. 1.** *Sin.* andare, avanzare, inoltrarsi, proseguire | *Contr.* arretrare, retrocedere **2.** *Sin.* seguitare; avere corso, fare **4.** *Sin.* discendere, seguire.

procedìbile [da *procedere;* 1950] ***agg.*** *T.giur.* di azione giudiziaria, che può avere corso.

procedibilità [da *procedibile;* 1950] ***sf.*** *T.giur.* l'essere procedibile.

procediménto [da *procedere;* a. 1294] ***sm.*** **1.** successione di operazioni pratiche o di passaggi logici, concatenati, perlopiù secondo un ordine prestabilito, al fine di pervenire a un risultato: *procedimento tradizionale per produrre il burro, per risolvere il problema ho seguito un procedimento errato* **2.** *in part. T.giur.* successione di atti articolati secondo specifiche normative, finalizzati all'emanazione di un provvedimento: *procedimento amministrativo, giurisdizionale* || *procedimento civile, penale,* processo || *procedimento istruttorio,* prima fase del processo penale in cui vengono raccolti gli elementi necessari per procedere al giudizio **3.** *non com.* modo di procedere, di avanzare || comportamento: *procedimento da villano* || **N. 1.** *Sin.* metodo, ordine, svolgimento. **Q.T.** *diritto.*

procedùra [dal fr. *procédure*; 1647] **sf. 1.** *T.giur.* insieme di formalità che debbono essere seguite nello svolgimento di un processo: *procedura comune, speciale* || *com.* insieme di norme di legge che regolano un processo, diritto processuale: *codice di procedura civile, penale* **2.** *per estens.* insieme di norme che regolano una pratica amministrativa, burocratica e sim. **3.** *T.inform.* insieme di funzioni correlate per la risoluzione di un problema **4.** *ant.* modo di procedere, comportamento || **N. 2.** *Sin. iter,* prassi, protocollo.

proceduràle [da *procedura*; 1901] **agg. 1.** *T.giur.* attinente a procedura: *termini procedurali* **2.** *T.inform.* in un sistema di elaborazione dati, e spec. nell'intelligenza artificiale, detto di stile di rappresentazione della conoscenza in cui essa è rappresentata da procedure: *rappresentazione procedurale* (contrapposta a *dichiarativa*); *semantica procedurale* (contrapposta a *denotativa*).

proceduristà [da *procedura*; 1918] **s. 1.** *T.giur.* avvocato, giurista esperto in diritto processuale **2.** esperto di procedure nei lavori d'ufficio.

proceleuṣmàtico (pl. *-ci*) [dal lat. tardo *proceleusmaticus,* gr. *prokeleusmatikós*; a. 1472] **sm.** *T.lett.* nel verso greco e latino, piede di quattro sillabe brevi.

procèlla [dal lat. *procella*; 1321] **sf.** *lett.* tempesta violenta, burrascosa: *una barchetta in balia della procella* || *fig.* serie di travagli, di tribolazioni che agitano e sconquassano: *o tempestosa, o torbida procella, / che'n mar sì crudo la mia vita giri!* (Della Casa).

procellària [da *procella,* così detto perché vola anche in mezzo alle tempeste; 1804] **sf.** uccello marino, fortissimo volatore, anche sul mare in tempesta || **N.** *Sin.* uccello delle tempeste.

Procellàridi (sing. *-e*) [comp. di *procellaria* e *-idi*; 1935] **sm. pl.** *T.zool.* famiglia di uccelli Procellariformi con specie grandi volatrici oceaniche, dotati delle caratteristiche narici tubuliformi che decorrono lungo la linea mediana dorsale del becco; voracissimi, assumono talora comportamenti schiettamente predatori.

Procellarifórmi (sing. *-e*) [dal lat. scient. *Procellariiformes*; 1935] **sm. pl.** *T.zool.* ordine di uccelli marini, con tronco largo e solido, ali molto ampie e strette e zampe palmate, dotati di grandissima resistenza al volo. **Q.T.** *zoologia.*

procellipede [comp. di *procella* e *-pede*; 1728] **agg.** *arc. lett.* che procede veloce come la procella.

procellóso [dal lat. *procellōsus*; a. 1370] **agg.** *lett.* in tempesta, burrascoso: *mare procelloso* || di tempesta: *vento procelloso* || *fig.* in preda a sconvolgimenti, agitato: *tempi procellosi* || **procellosaménte** **avv.**

pròceri [dal lat. *proceres*; a. 1498] **sm. pl.** *raro* patrizi, magnati.

processàbile [da *processare*[1]; 1871] **agg.** *T.giur.* che può essere messo sotto processo.

processàre[1] (pres. *-èsso*) [da *processo*; a. 1566] **tr.** sottoporre a processo, mettere sotto processo: *è stato processato per direttissima.*

processàre[2] (pres. *-èsso*) [dall'ingl. *to process*; 1988] **tr.** *T.inform.* elaborare: *processare dei dati.*

processionàle [da *processione*; a. 1597] **agg.** attinente alle processioni.

processionàre (pres. *-óno*) [da *processione*; 1597] **intr.** (aus. *avere*) *non com.* andare in processione.

processionària [da *processione,* così detta perché i suoi bruchi si muovono come in processione; 1875] **sf.** farfalla notturna con ali e corpo coperti di fitti peli, di color grigio bruno, i cui voraci bruchi, villosi e di colore bruniccio, escono di notte incolonnati in file lunghe e ordinate, per salire sugli alberi a divorare foglie.

processióne [dal lat. *processio, -ōnis,* l'avanzarsi, l'avanzata (di un esercito), poi corteo; 1313] **sf. 1.** corteo di sacerdoti ed ecclesiastici che avanzano lentamente con stendardi, crocifissi, immagini sacre, cantando salmi ed orazioni, perlopiù seguiti dai fedeli: *processione del Venerdì Santo, del Corpus Domini, andare in processione* || *per estens.* moltitudine di persone che si reca nel medesimo luogo; lunga fila: *una processione di visitatori, di creditori*; *una processione di automobili, di formiche* **2.** *T.teol.* rapporto di derivazione che lega le persone della Trinità: *processione dello Spirito Santo dal Padre e dal Figlio* || **N. 1.** *Sin.* rogazione, sfilata | baldacchino, croce, litanie, mazziere.

procèsso [dal lat. *processus,* avanzamento, corteo; a. 1294] **sm. 1.** svolgimento nel tempo di un evento o di un'azione: *in processo di tempo,* col passare del tempo || *più com.* successione di fenomeni collegati che producono un cambiamento o un risultato: *un lento processo di fossilizzazione, processo di apprendimento, di adattamento culturale, processo patologico*; *in part.* tecnica di trasformazione o fabbricazione: *processo di lavorazione dei metalli, le fasi del processo di raffinamento, di distillazione* **2.** *T.giur.* complesso di atti svolti dal giudice e dalle parti attraverso i quali si esplica la funzione giurisdizionale: *processo civile, penale, tributario, amministrativo, istruire un processo*; *per restr.* procedimento giudiziario penale: *essere, andare sotto processo*; anche rif. alla sola fase orale e pubblica: *assistere a un processo* || *per meton.* l'insieme di documenti con cui è stato istruito un processo: *riesaminare un processo* || *fig. fare il processo a qualcuno,* accusarlo e criticarlo in modo incalzante e scrupoloso; *processo alle intenzioni,* basato sulle presunte intenzioni e non sui fatti **3.** *T.anat.* sporgenza, escrescenza: *processo ciliare* **4.** *T.inform.* elaborazione di dati || *dim.* processétto, processìno, processùcolo; *accr.* processóne; *pegg.* processàccio || **N. 1.** *Sin.* corso, evoluzione; procedimento **2.** inquisizione. **Q.T.** *diritto.*

processóre [dall'ingl. *process,* processo, procedimento; 1983] **sm.** *T.inform.* unità centrale di elaborazione del computer.

processuàle [dal lat. *processus,* processo; 1857] **agg.** *T.giur.* che ha attinenza al processo: *atti processuali*; *diritto processuale,* parte del diritto pubblico che regola lo svolgimento dei procedimenti giudiziari. **Q.T.** *diritto.*

processualista [da *processuale*; 1958] **s.** studioso di diritto processuale.

prochèilo [dal gr. *prócheilos,* con le labbra sporgenti; 1958] **agg.** *T.fon.* detto di suono (spec. vocalico) che viene pronunciato con le labbra arrotondate e spinte in avanti (in it. le vocali [u], [o] e [ɔ]) || **N.** *Sin.* arrotondato | *Contr.* aprocheilo.

procidènza [dal lat. *procidentia*; 1561] **sf.** *T.med.* discesa, fuoruscita di un organo dalla cavità o dalla sede abituale.

procìnto [lat. *in procinctu,* in assetto di guerra; sec. XIV] **sm.** solo nelle loc. *essere, trovarsi, mettersi in procinto,* sul punto di: *essere in procinto di partire* || **N.** accingersi, esser lì lì.

procióne [dal gr. *prokýōn,* cane latrante; 1821] **sm.** piccolo mammifero carnivoro che vive in America; ha una lunga coda ad anelli grigi e neri, pelo giallo-grigio, muso bianco con mascherina nera sugli occhi || **N.** *Sin.* orsetto lavatore.

proclàma [da *proclamare*; 1512] **sm.** dichiarazione importante e solenne; editto, bando: *leggere, lanciare, rivolgere un proclama al popolo* || **N.** *Sin.* BANDO.

proclamàre [dal lat. *proclamāre,* gridare ad alta voce, protestare; a. 1484] **tr.** dichiarare solennemente in pubblico: *proclamare vincitore, proclamare l'innocenza di qualcuno* || promulgare: *proclamare un editto* || **rifl.** dichiararsi: *si proclama paladino della libertà* || **N. tr.** *Sin.* affermare, annunciare, asserire, divulgare, gridare ai quattro venti, rendere noto.

proclamatóre [dal lat. *proclamātor, -ōris*; 1745] **agg.** e **sm.** (f. *-trice*) *non com.* che o chi proclama; *disus.* banditore.

proclamazióne [dal lat. tardo *proclamātio, -ōnis*; 1554] **sf.** pubblica e solenne dichiarazione: *proclamazione dello stato d'assedio, del vincitore di una gara* || riconoscimento solenne: *proclamazione dei diritti dell'uomo.*

pròcliṣi [da *pro-* sul modello di *enclisi*; 1900] **sf.** fenomeno per cui una parola atona, gen. particella monosillabica, nella pronuncia si appoggia sulla parola seguente (come in *si capisce, la torta, di venerdì*) || **N.** ènclisi.

procliṣìa V. PROCLISI.

proclìtico (pl. *-ci*) [dal lat. scient. *procliticus,* formato sul modello di *encliticus*; 1865] **agg.** *T.gram.* di parola priva di accento autonomo, che si appoggia nella pronuncia alla parola seguente: *particelle proclitiche*; anche con valore di sf.: *le proclitiche* || **N.** enclitico.

proclìve [dal lat. *proclīvis,* inclinato all'ingiù; a. 1472] **agg.** *lett.* incline, propenso, disposto: *proclive all'indulgenza, all'ozio.*

proclività [dal lat. *proclīvitas, -ātis*; 1673] **sf.** *lett.* l'essere proclive || **N.** *Sin.* tendenza, INCLINAZIONE.

pròco (pl. *-ci*) [dal lat. *procus*; a. 1533] **sm.** *lett.* corteggiatore di una donna || *pl. per anton. i Proci,* i pretendenti di Penelope (nell'Odissea).

procòio o **precòio** o **precuòio** o **prequòio** o **proquòio** (pl. *-òi*) [etim. inc.; a. 1646] **sm.** *centr.* luogo recintato per le bestie, spec. gli ovini.

procombènte (*ppr.* di *procombere*) [1846] **agg.** *lett.* che procombe || di tralcio o ramo, che è chino verso terra.

procómbere (*dif.,* mancano il pps. e i tempi composti) [dal lat. *procumbere*; 1521] **intr.** *lett.* cadere bocconi, in avanti || *per estens.* cadere in battaglia || **N.** *Sin.* CADERE.

proconsolàre [dal lat. *proconsulāris*; prima metà sec. XIV] **agg.** *T.stor.* del proconsole, attinente o appartenente al proconsole || *provincia proconsolare,* governata da un proconsole.

proconsolàto [dal lat. *proconsulātus*; sec. XVI] **sm.** *T.stor.* titolo, ufficio di proconsole || durata di tale ufficio.

procònsole [dal lat. *proconsul, -ulis*; a. 1292] **sm.** *T.stor.* nella Roma repubblicana, console che, allo scadere del suo mandato, diventa procuratore di una provincia o comandante di un esercito || nella Roma imperiale, governatore di una provincia senatoria || dopo Diocleziano, ciascuno dei vari funzionari imperiali.

procònsolo [var. ant. di *proconsole*; prima metà sec. XIV] **sm. 1.** *T.stor.* ufficiale della Repubblica Fiorentina **2.** *arc.* proconsole.

procrastinaménto [da *procrastinare*; 1835] **sm.** *non com.* atto ed effetto del procrastinare.

procrastinàre (pres. *-àstino*) [dal lat. *procra-*

stināre; 1300 ca.] **tr.** rinviare, rimandare a un tempo successivo: *procrastinare una adunanza*; anche *ass.*: *qui a furia di procrastinare non si viene mai a capo di nulla* || **N.** *Sin.* differire, prorogare, soprassedere, temporeggiare; tirare in lungo.

procrastinatóre [da *procrastinare*; 1625] **agg.** e **sm.** (f. *-trìce*) *raro* che o chi procrastina.

procrastinazióne [dal lat. *procrastinātio, -ōnis*; a. 1536] **sf.** *raro* rinvio nel tempo || **N.** *Sin.* differimento, dilazione, indugio, proroga, temporeggiamento.

procreaménto [da *procreare*; 1342] **sm.** *raro* procreazione.

procreàre (pres. *-èo*) [dal lat. *procreare*; a. 1375] **tr.** generare, partorire: *procreare un figlio* || *ass.* aver prole: *essere atti a procreare* || **N.** *Sin.* mettere al mondo; moltiplicarsi, prolificare, riprodursi.

procreatóre [dal lat. *procreātor, -ōris*; a. 1472] **agg.** e **sm.** (f. *-trìce*) *raro* che o chi procrea, genitore.

procreazióne [dal lat. *procreātio, -ōnis*; a. 1470] **sf.** l'atto del procreare: *impedire la procreazione con antifecondativi* || **N.** *Sin.* generazione, riproduzione.

proctite [comp. del gr. *prōktós*, ano, deretano e *-ite*[1]; 1829 *prottite*] **sf.** *T.med.* infiammazione dell'intestino retto.

proctologìa [comp. del gr. *prōktós*, ano, deretano e *-logia*; 1958] **sf.** specialità medica che tratta le malattie dell'intestino retto.

proctòlogo (pl. *-gi*) [da *proctologia*; 1974] **sm.** specialista di proctologia.

procùra [da *procurare*; a. 1343] **sf.** *T.giur.* **1.** atto legale con il quale la persona interessata dà ad altri la facoltà di operare in suo nome: *mandato di procura, comprare, sposare per procura* || il documento che la attesta **2.** *Procura della Repubblica*, ufficio del Pubblico Ministero presso i Tribunali penali, a capo dei quali è il Procuratore della Repubblica || *Procura generale della Repubblica*, ufficio del Pubblico Ministero presso la corte d'Appello o presso la Corte di Cassazione, a capo della quale è il Procuratore Generale || **N.** **1.** *Sin.* delega, incarico, mandato | generale, speciale.

procuràre [dal lat. *procurāre*, aver cura di; 1231] **tr.** **1.** far avere, mettere a disposizione, fornire: *procurami il necessario per eseguire il lavoro, prende una percentuale per ogni cliente che gli procura* || fare in modo di avere, dotarsi, entrare in possesso di: *dove ti sei procurato quella pistola?* || causare, apportare: *un impiego che mi procura solo grattacapi, quell'allergia gli procura un fastidioso prurito* || causarsi, prodursi: *cadendo si è procurato una lieve distorsione* || far sì, fare in modo: *procura di essere qui alle sette, procura che tutto si svolga secondo il programma* **2.** *T.giur.* provocare deliberatamente (rif. spec. all'intervento di un terzo estraneo): *procurare un aborto, un'evasione* **3.** *arc.* badare, accudire **4.** *arc.* osservare, scrutare || **N.** **1.** *Sin.* portare, procacciare; adoperarsi, cercare, ingegnarsi, provvedere, studiare, vedere.

procuratèla [da *procura*, sul modello di *curatela*; 1963] **sf.** *raro* l'ufficio e la funzione di procuratore.

procuratéssa [da *procurat(ore)*; a. 1687] **sf.** *T.stor.* moglie del procuratore di San Marco in Venezia: *la procuratessa Grimani.*

procuratìa [voce veneziana, da *procuratore*; 1310 *percolatia*] **sf.** *T.stor.* **1.** magistratura esercitata in Venezia dai procuratori di San Marco **2.** a Venezia, la residenza dei procuratori di San Marco.

procuratoràto [da *procuratore*; a. 1837] **sm.** *T.stor.* ufficio di procuratore.

procuratóre [dal lat. *procurātor, -ōris*; 1270] **sm.** (f. *-trìce*) **1.** *T.giur.* chi rappresenta un altro soggetto nel compimento di un atto giuridico || *in part.* legale che, in forza di un mandato di procura, rappresenta la parte nei giudizi civili || *procuratore della Repubblica*, il magistrato che sostiene le parti della legge e ne promuove l'applicazione dinanzi ai Tribunali || *Procuratore Generale*, quello che sostiene la legge alla Corte di Appello e di Cassazione **2.** dipendente di un imprenditore dotato di potere di rappresentanza, che svolge gli atti pertinenti all'esercizio dell'impresa || in banca, funzionario preposto alla direzione di un servizio dell'istituto || *procuratore alle grida*, in borsa, rappresentante dell'agente di cambio **3.** *T.stor.* *procuratore di San Marco*, nella repubblica di Venezia, magistrato incaricato dell'amministrazione dei beni della basilica di San Marco e delle pubbliche entrate **4.** *T.eccl.* religioso incaricato di trattare gli affari del suo ordine presso la Santa Sede e i tribunali ecclesiastici || **N.** **1.** agente, institore, legato, mandatario, rappresentante, sostituto, supplente, vicario | vice-. **Q.T.** *diritto.*

procuratorìa [da *procuratore*; 1835] **sf.** *raro* procuratìa.

procuratòrio (pl. *-ri*) [dal lat. *procuratōrius*; 1355] **agg.** *non com.* di procuratore: *carica procuratoria.*

procurazióne o **procuragióne** [dal lat. *procurātio, -ōnis*; 1313] **sf.** **1.** *arc.* mediazione, intercessione **2.** *T.stor.* nel Medioevo, vitto e alloggio che il vassallo era obbligato a fornire al suo signore che passava in viaggio || ospitalità che i parroci erano tenuti a concedere a prelati in visita **3.** *T.stor.* dignità del procuratore della Repubblica Veneta || **N.** **2.** *Sin.* albergheria, mansionatico.

procurerìa [da *procurare*; fine sec. XIII - inizio sec. XIV] **sf.** *arc.* mediazione, affare, negozio.

pròda [dissimilazione di *prora*; 1250] **sf.** **1.** costa, riva, spec. in cui sia facile approdare: *toccare la proda, giungere alla proda* || *per estens.* orlo, margine estremo: *proda di un burrone, di un pendio*; *proda di un fosso*, il terreno rialzato che lo fiancheggia || *tosc.* sponda: *sulla proda del letto* **2.** striscia di terreno che limita un campo: *vangare la proda, falciare l'erba delle prode* **3.** *arc.* prora || **N.** **1.** *Sin.* approdo, RIVA.

pròde[1] [lat. tardo *prode (esse)*, da *prodest*, terza pers. ind. pres. di *prodesse*, giovare, esser utile; prima metà sec. XIII] **I agg.** *lett.* valoroso, impavido: *il pudor mi fa vile e prode l'ira* (Foscolo) || **prodeménte** **avv.** *non com.* **II sm.** persona coraggiosa: *i prodi che hanno combattuto in prima linea.*

pròde[2] [lat. tardo *prode (esse)*, (essere) vantaggioso; 1193] **sm.** *arc.* utilità, vantaggio.

prodeggiàre (pres. *-éggio*) [da *proda*; a. 1536] **intr.** (aus. *avere*) *T.mar.* bordeggiare.

prodése [var. della voce veneziana *provese*, con accostamento a *proda*; 1311] **sm.** *disus.* corda gettata fuoribordo dalla prora per tonneggiarsi o per ormeggiarsi temporaneamente.

prodézza [da *prode*[1]; 1243] **sf.** **1.** impresa, azione da prode || *iron.* azione da incosciente o da vile: *belle prodezze! conosco le tue prodezze*; *concr.* di: **2.** valore, bravura: *si è distinto per la sua prodezza* || **N.** **1.** *Sin.* bravata **2.** *Sin.* CORAGGIO.

pro die (lat., pr. it. [pro 'die]) [letter. al giorno] **loc. avv.** al giorno, usato spec. nelle prescrizioni di farmaci: *due pastiglie pro die.*

prodière [da *proda*; a. 1348] **sm.** *T.mar.* marinaio al quale sono affidati il remo o le manovre di prua. **Q.T.** *vela.*

prodièro [da *proda*; 1813 come sm.] **I agg.** che sta a prua, della prua: *cannone prodiero* || che precede la prua di un'altra nave: *bastimento prodiero* || *onda prodiera*, quella che si solleva ai lati della prua durante la navigazione **II sm.** prodiere || **N.** I poppiero.

prodigalità [dal lat. *prodigālitas, -ātis*; a. 1292] **sf.** l'essere prodigo, eccessiva larghezza nello spendere o nel regalare: *ha dissipato l'intero patrimonio per la sua prodigalità* || atto da prodigo: *è stata una prodigalità pazzesca* || **N.** *Sin.* profusione, scialacquamento, scialacquo, sperpero | *Contr.* avarizia, spilorceria.

prodigalizzàre [da *prodigal(ità)*; sec. XIV] **tr.** e **intr.** (aus. *avere*) *arc.* scialacquare, sperperare.

prodigalménte [da *prodigalità*; a. 1406] **avv.** *raro* con prodigalità.

prodigàre (pres. *pròdigo, pròdighi*) [da *prodigo*, sul modello del fr. *prodiguer*; 1598] **tr.** **1.** distribuire con generosità e abbondanza, profondere: *prodigare carezze, sorrisi, consigli* **2.** spendere con prodigalità || **rifl.** adoperarsi con grande impegno e spirito di abnegazione: *i pompieri si sono prodigati nell'opera di soccorso, prodigarsi per una persona malata, per una nobile causa* || **N.** **tr.** **1.** *Sin.* dispensare, elargire, spargere.

prodìgio (pl. *-gi*) [dal lat. *prodigium*; a. 1342] **sm.** **1.** oggetto o fenomeno che non si spiega razionalmente; portento: *strani prodigi operati da maghi* || *in part.* evento soprannaturale che esprime una volontà divina: *molti prodigi annunziarono la nascita del Messia* **2.** *iperb.* evento insperato, risultato eccezionale: *un medico che opera prodigi, i prodigi di un ginnasta* || esempio mirabile, straordinario: *un prodigio di memoria, un'opera d'arte che è un prodigio d'armonia, di colore*; anche in funzione di *agg. inv.* (sempre posposto): *un bambino prodigio*, eccezionalmente e precocemente dotato || **N.** **1.** *Sin.* miracolo.

prodigiosità [da *prodigioso*; a. 1704] **sf.** qualità, condizione di ciò che è prodigioso.

prodigióso [dal lat. *prodigiōsus*; a. 1450] **agg.** **1.** che costituisce un prodigio: *fatti prodigiosi* **2.** *iperb.* straordinario, eccezionale: *memoria, abilità prodigiosa* || **prodigiosaménte** **avv.**

pròdigo (pl. *-ghi*) [dal lat. *prōdigus*; a. 1292] **agg.** **1.** che spende o dona senza misura; *figliol prodigo*, rif. alla parabola evangelica, chi si pente di una cattiva strada intrapresa e torna sui suoi passi **2.** *fig.* che dispensa con generosità e abbondanza: *prodigo di osservazioni, di consigli, di baci* || **prodigaménte** **avv.**

proditóre [dal lat. *prōditor, -ōris*; sec. XIV] **sm.** *arc. lett.* traditore.

proditòrio (pl. *-ri*) [dal lat. tardo *proditōrius*; 1622] **agg.** *non pop.* da traditore, commesso a tradimento: *ferimento proditorio* || **proditoriaménte** **avv.**

prodittatóre [dal lat. *prodictātor, -ōris*; prima metà sec. XIV] **sm.** chi fa le veci del dittatore.

prodittatoriàle [da *prodittatore*; a. 1861] **agg.** *raro* del prodittatore: *il proclama prodittatoriale.*

prodittatùra [da *prodittatore*; 1863] **sf.** ufficio e durata della carica di prodittatore.

pròdomo [dal gr. *pródomos*; a. 1798] **sm.** *T.arch.* pronao.

prodótto (*pps.* di *produrre*) [a. 1332] **sm.** **1.** tutto quanto si produce naturalmente o è il risultato dell'attività umana: *i prodotti dei campi, del sottosuolo, della pesca*; *prodotti artigianali, di alta tecnologia, prodotto farmaceutico, chimico*; *prodotto di bellezza*, cosmetico || *T.econ.* *prodotto interno lordo, netto*, all'interno di un sistema produttivo, il valore dei prodotti finiti, al lordo o al netto degli ammortamenti **2.** risultato, effetto: *le superstizioni sono un prodotto dell'ignoranza, il nuovo accordo è il prodotto di lunghe trattative* **3.** *T.mat.* risultato di una moltiplicazione || l'operazione stessa || in logica, *prodotto logico*, la congiunzione || *prodotto cartesiano*, di due insiemi A e B, l'insieme delle coppie (x, y) tali che x appartiene ad A e y appartiene a B || in fisica matematica, *prodotto scalare o interno*, di due vettori, il prodotto dei moduli dei due vettori per il coseno dell'angolo da essi formato; *prodotto vettoriale* o *esterno*, di due vettori, il vettore che ha per modulo il prodotto dei moduli dei due vettori per il valore assoluto del seno dell'angolo da essi formato, e per direzione quella della perpendicolare al piano dei due vettori ‖ **N.** **1.** *Sin.* bene, derrata, frutto, manufatto; guadagno, profitto, provento, rendita. **Q.T.** *economia...*

prodròmico (pl. *-ci*) [da *prodromo*; 1908] ***agg.*** *non com.* che costituisce prodromo: *sintomi prodromici*.

pròdromo [dal lat. *prodromus*, messaggero, gr. *pródromos*, che corre avanti; a. 1498] ***sm.*** **1.** segno precursore, avvisaglia; spec. *pl.*: *i prodromi della tempesta, i prodromi della rivoluzione* ‖ *in part. T.med.* indizio di malattia **2.** *ant.* prefazione, proemio ‖ **N.** **1.** *Sin.* indizio.

producìbile [da *produrre*; a. 1406] ***agg.*** **1.** che si può produrre **2.** *ant.* che è atto a produrre.

producibilità [da *producibile*; 1913] ***sf.*** l'essere producibile.

produciménto [dall'ant. *producere*, produrre; a. 1342] ***sm.*** *arc.* produzione.

product manager (ingl., pr. [ˈprɒdəkt ˌmænɪdʒə]; pr. it. [ˈprɔdakt ˈmanadʒer]) [comp. di *product*, prodotto e *manager*, dirigente; 1983] ***loc. m.*** *inv.* nell'organizzazione aziendale, chi si occupa della promozione e della vendita di un prodotto.

prodùrre (pres. *prodùco, prodùci*; p.rem. *prodùssi, producésti*; fut. *produrrò*; pps. *prodótto*) [lat. *producere*, condurre innanzi; fine sec. XII - inizio sec. XIII] ***tr.*** **1.** dar vita, generare, come risultato di processi naturali spontanei o indotti: *un terreno sassoso che produce solo pochi fili d'erba, questi alberi producono frutti grossi e succosi, il vino e l'olio migliori sono prodotti su quei colli*; *fig.* rif. al concorso di fattori ambientali e culturali: *questo paese ha prodotto grandi menti* ‖ *in part.* fornire, mettere a disposizione (in conseguenza di processi di varia natura): *questa reazione ha prodotto una grande quantità di energia, un ormone prodotto dall'ipofisi, un investimento che produce interessi notevoli* **2.** dar forma, realizzare utilizzando e trasformando materie prime: *un'azienda che produce elettrodomestici, stoffe, materie plastiche, una macchina che produce viti e bulloni, questi mobili sono prodotti artigianalmente* ‖ anche rif. a opere intellettuali, elaborare, concepire: *un ingegno fertile che ha prodotto mirabili capolavori* ‖ *ass. T.econ.* creare valore (in termini di beni o servizi) utilizzando fattori naturali, lavoro e mezzi ‖ *produrre un film*, esserne il produttore **3.** causare, determinare: *un farmaco che produce alcuni effetti collaterali, il colpo gli ha prodotto una profonda ferita, le sue battute producono grandi risate del pubblico, quelle bizzarre formazioni rocciose sono prodotte dall'erosione del vento* **4.** presentare, esibire: *produrre lettere, argomenti, documenti, testimoni* **5.** *lett.* prolungare, protrarre: *oltre più assai producesti la notte* (Parini) ‖ ***rifl.*** esibirsi pubblicamente: *si è prodotto in una mirabile interpretazione* ‖ ***rifl. indir.*** farsi, causarsi: *cadendo si è prodotto una scalfittura* ‖ ***intr. pron.*** aver luogo, generarsi: *si sono prodotte alcune conseguenze spiacevoli* ‖ **N.** ***tr.*** **1.** *Sin.* creare, far nascere; fruttare, offrire, rendere; emettere, secernere, sprigionare **2.** *Sin.* costruire, elaborare, fabbricare, formare **3.** *Sin.* cagionare, originare.

produttìbile [dal lat. *productus*, pps. di *producere*, condurre innanzi; a. 1642] ***agg.*** *arc.* **1.** producibile **2.** allungabile.

produttivìstico (pl. *-ci*) [da *produttivo*; a. 1937] ***agg.*** attinente alla produzione ‖ tendente ad aumentare la produzione.

produttività [da *produttivo*; 1849] ***sf.*** l'essere produttivo ‖ *T.econ.* efficienza produttiva misurata dal rapporto fra la quantità di prodotto e la quantità dei fattori che hanno contribuito alla produzione ‖ in ecologia, capacità di un ecosistema di produrre materia vivente ‖ *T.ling.* proprietà di un sistema linguistico di offrire schemi che possono essere utilizzati per formare nuovi segni ‖ **N.** *Sin.* resa | creatività.

produttìvo [dal lat. *productīvus*; sec. XIV] ***agg.*** **1.** che produce o è in grado di produrre (nei vari sensi): *terreno produttivo, un atteggiamento scarsamente produttivo* ‖ *investimenti produttivi*, volti ad incrementare la produzione **2.** della produzione: *ciclo produttivo* **3.** *T.mat.* *insieme produttivo*, di cui si può dimostrare che non è ricorsivamente numerabile ‖

produttivaménte ***avv.*** ‖ **N.** **1.** *Sin.* fecondo, ferace, fertile, fruttifero, fruttuoso, proficuo, prolifico | *Contr.* improduttivo, sterile.

produttóre [dal lat. *productus*, prodotto; 1308] **I** ***sm.*** (f. *-trìce*) **1.** chi produce, chi svolge attività produttiva: *i produttori di carne bovina, dal produttore al consumatore* **2.** chi finanzia e organizza la realizzazione di un film **3.** agente commerciale che procura clienti e affari per conto di società, imprese e sim. **II** ***agg.*** (sempre posposto) che produce: *paesi produttori di caffè, casa produttrice cinematografica.*

produzióne [dal lat. *productio, -ōnis*, propr. prolungamento; 1308] ***sf.*** **1.** atto ed effetto del produrre, del formare e ottenere in conseguenza di un processo: *un'abbondante produzione di anticorpi, di sudore, produzione corallina, produzione di calore, di elettricità* **2.** *in part.* l'attività umana del produrre e i beni che ne risultano: *la produzione del ferro, dei latticini, della seta; bisogna incrementare la produzione degli ortaggi* ‖ *per estens.* risultato di un'attività intellettuale: *produzione artistica, letteraria, scientifica* **3.** l'insieme delle attività di ordine tecnico ed economico rivolte alla creazione di un film ‖ *per meton.* l'opera stessa **4.** *T.giur.* presentazione in giudizio di prove, testimoni e sim. **5.** *T.inform.* *regola di produzione* o *produzione*, regola di forma condizionale che fa corrispondere ad una condizione una determinata azione del sistema ‖ **N.** **1.** *Sin.* creazione, formazione, generazione **2.** *Sin.* elaborazione, fabbricazione, fattura, realizzazione; lavoro, opera. **Q.T.** *cinematografia, economia...*

proedrìa [dal gr. *proedría*; 1835] ***sf.*** **1.** la prima fila di posti del teatro greco **2.** *raro* diritto concesso ad alcune persone di sedere in prima fila a teatro, nelle assemblee ecc.

proemiàle [da *proemio*; a. 1463] ***agg.*** *lett.* di proemio: *discorso proemiale* ‖ **proemialménte** ***avv.*** *non com.*

proemiàre (pres. *-èmio*) [dal lat. *prooemiāri*; 1551] ***intr.*** (aus. *avere*) *lett.* fare un proemio.

proèmio (pl. *-mi*) [dal lat. *prooemium*, gr. *prooímion*, preludio; prima metà sec. XIII] ***sm.*** parte introduttiva, esordio di un'orazione o di un'opera letteraria: *il proemio dell'Iliade*; *senza proemio*, senza preamboli ‖ introduzione, prefazione ‖ **N.** *Sin.* preambolo, preludio, prologo, protasi.

proencèfalo V. PROSENCEFALO.

proenunciatìvo [da *proenunciato*] ***agg.*** *T.ling.* che ha valore di proenunciato: *locuzione proenunciativa.*

proenunciàto [comp. di *pro-*[1] e *enunciato*; 1988] ***sm.*** *T.ling.* profrase.

pròf[1] [abbr. di *professore*; 1958] ***s.*** *inv. fam. gerg.* professore, professoressa: *il prof di latino, la prof di matematica.*

pròf[2] o **pro** [abbr. di *professionista*; 1983] ***s.*** *inv. T.sport.* atleta professionista, spec. nel tennis: *torneo dei prof.*

profanaménto [da *profanare*; 1746] ***sm.*** *non com.* profanazione.

profanàre (pres. *-àno*) [dal lat. *profanāre*; a. 1498] ***tr.*** **1.** rif. a luogo o cose sacre, violarli: *profanare un'altare, un tempio* ‖ *per estens.* non rispettare, offendere o far uso indegno di: *profanare una tomba, la purezza di una fanciulla, profanare la quiete di un luogo* **2.** *T.eccl.* sconsacrare, interdire ‖ **N.** **1.** *Sin.* contaminare, dissacrare, infangare, macchiare, violare.

profanatóre [dal lat. tardo *profanātor, -ōris*; 1598] ***sm.*** (f. *-trìce*) chi profana: *i profanatori di una tomba*; anche in funzione aggettivale: *atti profanatori* ‖ **N.** *Sin.* empio, sacrilego.

profanazióne [dal lat. tardo *profanātio, -ōnis*; 1572] ***sf.*** il profanare, il contaminare cosa sacra: *profanazione di un altare* ‖ *per estens.* atteggiamento offensivo nei confronti di cosa degna di rispetto e venerazione: *profanazione di un ricordo, di un ideale* ‖ **N.** *Sin.* abominazione, contaminazione, sacrilegio, violazione.

profanità [da *profano*; a. 1595] ***sf.*** *lett.* l'essere profano ‖ *concr.* atto o detto profano.

profàno [dal lat. *profānus*, propr. che deve stare fuori (davanti) del tempio; fine sec. XIII] **I** ***agg.*** **1.** che non appartiene alla dimensione religiosa o sacra: *pensieri, musica, argomenti profani* **2.** che intacca od offende la sacralità o la santità di qualcosa: *mano, lingua, gesto profani* **3.** *fig.* incompetente, inesperto: *essere profano di una scienza* ‖ **profanaménte** ***avv.*** **II** ***sm.*** **1.** la dimensione, la sfera di ciò che è profano; *fig.* *confondere il sacro col profano*, mescolare senza distinzione cose più o meno degne **2.** (f. *-a*) persona priva di competenze o cognizioni in un determinato campo: *i profani sono disarmati di fronte allo specialista* ‖ **N.** **I** **1.** *Sin.* laico, mondano, secolare, temporale **2.** empio; sacrilego **3.** digiuno, ignorante, indòtto.

profàṣe [comp. di *pro-*[2] e *fase*; 1958] ***sf.*** *T.biol.* prima fase della cariocinesi, durante la quale si rendono evidenti i cromosomi.

profènda [lat. tardo *probenda*, class. *praebenda*, attr. la var. *provenda*; a. 1294] ***sf.*** *raro* razione di biada che si dà in una volta a un animale di stalla.

proferìbile [da *proferire*; a. 1712] ***agg.*** che si può proferire.

proferiménto [da *proferire*; sec. XIV] ***sm.*** *non com.* l'atto del proferire ‖ *non com.* pronunzia.

proferìre (pres. *proferisco, proferisci*; p.rem. *proferii*; pps. *proferito*) [lat. *proferre*, portare innanzi, trarre fuori; fine sec. XII-prima metà sec. XIII] ***tr.*** **1.** pronunciare, dire (spesso in modo distinto e solenne): *proferì il suo nome ad alta voce, proferire una sentenza*; *non proferire sillaba, parola*, restare in silenzio ‖ articolare: *non proferisce bene le parole* **2.** *lett.* offrire: *v'aggio proferto il cor; ma voi non piace / mirar sì basso* (Petrarca) ‖ ***rifl.*** offrirsi, proporsi ‖ **N.** **1.** *Sin.* dichiarare, nominare; scandire.

proferitóre [da *proferire*; a. 1311] ***sm.*** (f. *-trìce*) *raro* chi proferisce.

profèrta V. PROFFERTA.

professàre (pres. *-èsso*) [da *professo*; sec. XIV] ***tr.*** **1.** rif. a opinioni, credenze e sim., manifestare pubblicamente la propria adesione ad esse: *professare una religione, una dottrina politica* **2.** rif. a sentimenti e atteggiamenti, dichiarare esplicitamente (e con qualche enfasi): *professare amore, stima, gratitudine a qualcuno* **3.** rif. a professione, esercitarla: *professa l'insegnamento, l'avvocatura* **4.** *T.eccl.* *professare i voti*, pronunciarli solennemente ‖ ***rifl.*** dichiararsi: *professarsi amico di uno* ‖ **N.** **1.** *Sin.* abbracciare **2.** *Sin.* DICHIARARE **3.** *Sin.* svolgere.

professataménte [da *professato*, pps. di *professare*; a. 1685] ***avv.*** dichiaratamente.

professionàle [dal fr. *professionnel*; 1845] ***agg.*** **1.** relativo a professione ‖ *in part.* che concerne la professione esercitata: *dovere, esperienza professionale; malattia professionale*, V. MALATTIA; *segreto professionale*, V. SEGRETO[2]; *deformazione professionale*, V. DEFORMAZIONE **2.** *scuole professionali*, che abilitano all'esercizio di un'arte o di un mestiere **3.** professionistico: *attrezzatura fotografica professionale* **4.** *T.giur. delinquente professionale,* che trae sostentamento abituale, anche solo parziale, dalla sua attività criminosa || **professionalménte** ***avv.***

professionalità [da *professionale*; 1905] ***sf.*** **1.** il carattere di un'attività professionale || *per estens.* capacità, esperienza e serietà caratteristica di chi svolge bene la propria professione: *svolgere un lavoro con grande professionalità* **2.** *T.giur. professionalità nel reato,* la condizione di delinquente professionale.

professionalizzàre [da *professionale*; 1983] ***tr.*** rendere professionale, conferire professionalità || ***intr. pron.*** acquisire professionalità.

professionalizzazióne [da *professionalizzare*; 1983] ***sf.*** atto o effetto del professionalizzare.

professióne [dal lat. *professio, -ōnis*; 1321] ***sf.*** **1.** dichiarazione aperta di un sentimento, di un'opinione o di una credenza: *fare professione di amicizia, di umiltà, di simpatie per la sinistra* || *in part. professione di fede,* nella religione cattolica, l'atto con cui il cristiano dichiara apertamente la sua adesione ai princìpi della fede || *professione religiosa,* rito che segue l'ingresso nel noviziato, in cui il novizio pronuncia i voti di povertà, castità e obbedienza **2.** attività lavorativa svolta in modo continuato, che rappresenta la principale fonte di reddito; perlopiù rif. ad attività intellettuali o di maggior prestigio: *svolgere la professione di insegnante, di medico, di avvocato* || *libera professione,* quella il cui esercizio non dipende da un contratto generale d'impiego o di prestazione d'opera || *di professione,* come normale attività lavorativa: *fare l'attore, il fotografo, il giocatore di professione*; anche *scherz.*: *imbroglione di professione* || *dim.* professioncèlla, professioncìna; *pegg.* professionàccia || **N.** **1.** *Sin.* confessione **2.** *Sin.* arte, esercizio, impiego, mestiere, specialità | degna, eccellente, lucrosa, meschina, nobile, onorevole, povera | abbracciare, adottare, avviarsi, esercitare, far pratica, intraprendere, istradarsi, scegliere, seguire, specializzarsi | abilità, carriera, clientela, dilettante, specialista, tecnica, tirocinio, vocazione. **Q.T.** *sociologia.*

professionìsmo [da *professione*; a. 1937] ***sm.*** la qualità di professionista || *in part.* l'esercizio di uno sport per professione: *passare al professionismo.*

professionista [da *professione*; 1842] ***s.*** **1.** chi esercita una professione || *per estens.* chi dimostra grande pazienza e abilità: *un lavoretto da professionista* || *libero professionista,* chi esercita una libera professione **2.** *T.sport.* atleta che viene abitualmente retribuito per le sue prestazioni: *questi calciatori sono professionisti* || **N.** **2.** *Contr.* dilettante. **Q.T.** *sport.*

professionìstico (pl. *-ci*) [da *professionista*; 1942] ***agg.*** di o da professionista || relativo al professionismo, spec. sportivo.

profèsso [dal lat. *professus,* propr. che ha dichiarato apertamente; fine sec. XIII] ***agg.*** e ***sm.*** (f. *-a*) che o chi ha fatto professione di voti religiosi: *monaca professa, i professi* || **N.** profitente.

professoràle [da *professore*; 1660 *professoriale*] ***agg.*** di, ma più com. da professore: *dignità professorale*; *tono, piglio professorale,* pedantesco, che affetta autorevolezza.

professoràto [da *professore*; a. 1827] ***sm.*** *non com.* grado e ufficio di professore || la sua durata.

professóre [dal lat. *professor, -ōris,* pubblico maestro, professore; a. 1342] ***sm.*** (f. *professoréssa*; pop. *-óra*) **1.** chi insegna nella scuola media o all'università: *professore universitario, professore di liceo, di latino, di scienze, professore di ruolo* || *scherz.* come esempio di pedanteria o pose cattedratiche: *parla come un professore, non fare il professore, darsi arie di professore* **2.** titolo di componente di un'orchestra: *professore di orchestra, professore di violino* || *dim.* professorìno; *accr.* professoróne; *spreg.* professorèllo, professorùccio, professorùcolo; *pegg.* professoràccio || **N.** **1.** *Sin.* INSEGNANTE | associato, ordinario, ricercatore, supplente | incaricato, libero docente | cattedra, corso di laurea, dipartimento, facoltà. **Q.T.** *medicina.*

professorìno (*dim.* di *professore*) [1865] ***sm.*** (f. *-a*) giovane professore ancora poco esperto.

professòrio (pl. *-ri*) [dal lat. *professōrius*; a. 1869] ***agg.*** *raro* professorale.

professoróne (*accr.* di *professore*) [1841] ***sm.*** (f. *-a*) *iron.* professore dotto e di chiara fama.

profèta [dal lat. *prophēta,* gr. *prophḗtēs*; sec. XII-XIII] ***sm.*** (f. *profetéssa*) chi, ispirato dalla divinità, predice il futuro o rivela e predica verità nascoste: *i profeti biblici, il profeta Isaia* || *per anton. il Profeta,* Maometto || *per estens.* chi prevede o dice di prevedere ciò che accadrà nel futuro: *è stato buon profeta*; *profeta di sciagure* || *nessuno è profeta in patria,* raramente una persona di merito è stimata per quello che vale nella propria società || **N.** *Sin.* chiaroveggente, mago, oracolo, sibilla, veggente, INDOVINO.

profetàre (pres. *-èto*) [dal lat. tardo *prophetāre*; fine sec. XII - prima metà sec. XIII] ***tr.*** e ***intr.*** (aus. *avere*) profetizzare.

profètico (pl. *-ci*) [dal lat. tardo *prophēticus,* gr. *prophētikós*; 1321] ***agg.*** di o da profeta: *ispirazione, parola profetica* || **profeticaménte** ***avv.***

profetìsmo [da *profeta,* sul modello dell'ingl. *prophetism*; 1866] ***sm.*** **1.** attività di predizione e predicazione svolta dai profeti: *il profetismo ebraico* **2.** carattere, fenomeno dell'ispirazione profetica.

profetizzàre [dal lat. tardo *próphetizāre,* gr. *prophetízein*; a. 1304] ***tr.*** e ***intr.*** (aus. *avere*) predire per ispirazione divina; preannunciare: *venne profetizzata la distruzione di Gerusalemme, profetizzare una sciagura*; *le stelle profetizzarono la sua nascita* || **N.** *Sin.* antivedere, astrologare, augurare, preconizzare, predire, presagire, prevedere, vaticinare.

profettìzio (pl. *-zi*) [dal lat. tardo *prophectīcius*; a. 1396] ***agg.*** *T.giur.* di bene o dote proveniente dal padre o da altro ascendente || **N.** avventizio.

profezìa [dal lat. tardo *prophetīa,* gr. *prophētéia*; a. 1294] ***sf.*** **1.** predizione di cosa futura per ispirazione divina: *le profezie di Ezechiele, una profezia che preannuncia un flagello divino* || *per estens.* previsione non scientificamente fondata **2.** profetismo: *la profezia ebraica* || **N.** **1.** *Sin.* presagio, previsione, pronostico, vaticinio; oroscopo.

profferìre (pres. *profferìsco, profferìsci*; p.rem. *profferìi* o *proffèrsi*; pps. *profferìto* o *proffèrto*) [var. di *proferire*; a. 1342] ***tr.*** variante di *proferire* (ma solo nel senso di "offrire"): *profferire un cibo, un servizio, un consiglio.*

profferitóre [da *profferire*; prima metà sec. XIV] ***agg.*** e ***sm.*** (f. *-trìce*) *non com.* che o chi profferisce.

proffèrta (arc. *profèrta*) [da *profferire*; 1300 ca.] ***sf.*** offerta (con una sfumatura di enfasi): *accettò la mia profferta d'aiuto, profferta amorosa* || **N.** *Sin.* OFFERTA.

proffèrto *pps.* di *profferire* (v.).

proficiènte [dal lat. *proficiens, -entis,* ppr. di *proficere,* giovare, avanzare; metà sec. XIV] ***agg.*** e ***s.*** *T.teol.* che è sulla via della perfezione.

proficuità [da *proficuo*; 1963] ***sf.*** *non com.* l'essere proficuo.

proficuo [dal lat. tardo *proficuus*; metà sec. XIV] ***agg.*** che dà giovamento o utilità: *letture proficue, affare, consiglio proficuo* || **proficuaménte** ***avv.*** || **N.** *Sin.* UTILE.

profilaménto [da *profilare*; a. 1519] ***sm.*** il profilare o il profilarsi.

profilàre (pres. *-ìlo*) [comp. di *pro-*[1] e *filo,* prob. con influsso del fr. ant. *porfiler*; 1319] ***tr.*** **1.** ritrarre tracciando le linee di contorno: *profilare a matita un paesaggio* || *fig.* rappresentare, delineare: *profilare il carattere di un personaggio, i punti salienti di un avvenimento* **2.** di vestito, biancheria e simili, guarnire con sottilissima orlatura o filettatura di altra stoffa o altro colore **3.** conferire un dato profilo, sagomare || *in part. T.tecn.* di oggetto metallico, dare una determinata forma, lavorandone il profilo trasversale; *per estens.* anche rif. ad altro materiale: *profilare a 45° il bordo di un'asse di legno* || ***intr. pron.*** **1.** apparire nei contorni: *le creste dei monti si profilano nell'azzurro* **2.** lasciarsi intravvedere; essere probabile o imminente: *si profila un'ottima riuscita dell'affare* || **N.** ***tr.*** **1.** *Sin.* abbozzare, delineare, disegnare, schizzare, tratteggiare **2.** *Sin.* bordare, guarnire, orlare | ***intr. pron.*** **1.** *Sin.* stagliarsi.

profilàssi [dal gr. *prophýlaxis,* prob. attr. il fr. *prophylaxie*; 1829 *profilassia*] ***sf.*** *T.med.* l'insieme delle regole e delle cure da seguire per prevenire o per evitare che si diffondano le malattie; medicina preventiva || **N.** *Sin.* prevenzione; igiene.

profilàto (*pps.* di *profilare*) [sec. XIV] **I** ***agg.*** **1.** delineato nei suoi contorni: *viso ben profilato* || di naso, affilato **2.** orlato, filettato: *zoccolo profilato di rosso* **II** ***sm.*** *T.tecn.* elemento metallico lineare a sezione trasversale varia (a T, a L ad H e sim.) ottenuto per laminazione.

profilatóio (pl. *-ói*) [da *profilare*; 1561] ***sm.*** *T.oref.* cesello a bordi arrotondati, impiegato in oreficeria per profilare figure, fogliami e sim.

profilatóre [da *profilare*; 1988] ***sm.*** e ***agg.*** **1.** (f. *-trìce*) *in gen.* che traccia il contorno di una figura; disegnatore **2.** *T.metal.* macchina per la piegatura a freddo di nastri e lamiere metalliche **3.** *T.fal.* macchina per lavorare un pezzo di legno in un solo passaggio, regolata da due nastri trasportatori sincronizzati.

profilatrice [da *profilare*; 1983] ***sf.*** macchina che esegue a freddo lavori di profilatura di metalli || macchina che esegue la profilatura di pezzi di legno.

profilàttico (pl. *-ci*) [dal fr. *prophylactique*; 1749] **I** ***agg.*** *T.med.* di profilassi, preventivo: *una buona cura profilattica* **II** ***sm.*** preservativo.

profilatùra [da *profilare*; a. 1574] ***sf.*** atto ed effetto del profilare || orlatura sottile, per ornamento: *profilatura rossa, d'oro.*

profillo [comp. di *pro-*[2] e *fillo*; 1954] ***sm.*** *T.bot.* piccola brattea.

profilo [da *profilare*; sec. XIV-XV] ***sm.*** **1.** linea ideale che delimita l'immagine di un oggetto o di una figura: *il profilo delle montagne, di una fila di tetti, profilo aerodinamico di un'auto da corsa* || *ass.* profilo del viso visto di fianco, dal sommo della fronte fin sotto il mento: *profilo delicato, rude* || *di profilo,* rivolgendo il fianco (contrapposto a *di faccia* o *di prospetto*): *farsi ritrarre il profilo* **2.** *T.tecn.* linea di contorno di una sezione o di una proiezione || *per estens. basso profilo,* nel linguaggio giornalistico la posizione prudente, di attesa, tenuta da uno dei possibili protagonisti di un conflitto politico o finanziario: *finora ha mantenuto un basso profilo, ma probabilmente interverrà* || *in part. T.aer. profilo alare,* sezione trasversale di una semiala, parallela all'asse longitudinale del velivolo || *profilo geologico,* schema della sezione verticale di un terreno, in cui sono evidenziati i caratteri chimico-morfologici dei vari strati || *profilo fluviale,* sezione longitudinale schematizzata di un corso d'acqua dalla sorgente alla foce, o di un suo tratto **3.** breve studio critico biografico; *ha pubblicato un bel profilo di Leopardi* || *per estens.* studio critico sommario: *profilo del '700, profilo economico dell'età contemporanea* **4.** in sartoria, applicazione lungo il bordo di un capo di vestiario: *uno scollo con profilo in pizzo* || **N. 1.** *Sin.* contorno, perimetro, sagoma, *silhouette* | aristocratico, greco, perfetto, puro, regolare.

profìme [lat. volg. **provīmen*; 1865] **sm.** *T.agr.* pezzo di legno di forma cilindrica che unisce lo zoccolo dell'aratro alla bure.

profitènte [dal lat. *profitens, -entis,* ppr. di *profitēri,* dichiarare apertamente; 1590] **s.** *T.eccl.* religioso che sta per pronunciare i voti.

profiterole (fr., pr. [prɔfitə'rɔl]) [da *profiter,* approfittare; 1963] **sm.** *inv.* piccolo bignè, ripieno di panna montata e ricoperto di crema di cioccolato calda || al *pl. profiteroles* (pr. [prɔfitə'rɔl]) usato in it. come *sm.* o *sf. inv.*, torta formata da tali bignè.

profittàbile [da *profittare*; a. 1292] **agg.** *arc.* profittevole.

profittàre [da *profitto*; a. 1320] **intr.** (aus. *avere*) **1.** far profitto, guadagnare: *con quel commercio profittava poco* || progredire, avvantaggiarsi: *profittare negli studi* **2.** essere utile, giovare, recar profitto: *quel consiglio gli profittò molto* **3.** *non com.* approfittare, abusare: *profittare dell'amicizia, dell'indulgenza altrui.*

profittatóre [da *profittare*; 1927] **sm.** (f. *-trìce*) chi approfitta, trae vantaggio da situazioni svantaggiose per altri || **N.** *Sin.* pescecane, sfruttatore, speculatore.

profittévole [da *profittare*; 1336 ca.] **agg.** *lett.* che reca profitto, vantaggioso || **profittevolménte** **avv.**

profitto [dal fr. *profit*; 1353] **sm. 1.** giovamento, vantaggio: *lavorare, studiare con profitto, affannarsi senza profitto*; *trarre profitto da*; *mettere a profitto qualcosa,* cercare di trarne utile || *profitto scolastico,* o *ass. profitto,* il rendimento di uno scolaro: *il profitto è buono, ma la condotta lascia a desiderare* **2.** *T.econ.* differenza fra il valore di un prodotto e i costi di produzione: *massimizzazione del profitto*; *saggio di profitto,* rapporto tra profitto e capitale || in gen., rendita pecuniaria, guadagno || **N. 1.** *Sin.* progresso, rendimento | grande, inestimabile, magro, meschino, modesto, piccolo, scarso.

profligàre (pres. *-ìgo, -ìghi*) [dal lat. *profligāre*; a. 1494] **tr.** *raro lett.* vincere e disperdere, sbaragliare.

proflùvio (pl. *-vi*) [dal lat. *profluvium*; 1494] **sm.** *lett.* **1.** flusso abbondante di umori o di materie liquide: *profluvio di lacrime* **2.** *fig.* abbondanza strabocchevole: *c'era un profluvio di gente, profluvio di insulti* || **N. 1.** *Sin.* fiotto, getto.

profondaménto [da *profondare*; sec. XIII] **sm.** *lett. non com.* il cadere al fondo, affondamento.

profondàre (pres. *-óndo*) [da *profondo*; a. 1294] **intr.** (aus. *essere*) *lett.* cadere al fondo, sprofondare || **tr.** *raro* **1.** affondare, spingere a fondo: *profondare la vanga nel terreno* **2.** rendere più fondo: *profondare un canale* || **rifl. 1.** immergersi, affondare **2.** *fig.* addentrarsi col pensiero || **N.** *Sin.* AFFONDARE.

profóndere (pres. *-óndo* ecc., come FONDERE) [dal lat. *profundere,* versare; 1598] **tr.** spendere o distribuire con larghezza eccessiva, scialacquare: *profondere capitali, parole, elogi* || **rifl.** esprimersi, esternare i propri sentimenti con abbondanza di parole e gesti: *profondersi in ringraziamenti, in lodi* || **N. tr.** *Sin.* prodigare.

profondìmetro [comp. di *profondo* e *-metro*; 1958] **sm.** *T.sport.* misuratore di profondità per subacquei.

profondità [dal lat. tardo *profunditas, -ātis*; 1282] **sf. 1.** altezza di un corpo cavo, misurata dal fondo all'estremità superiore: *elevata, scarsa profondità, profondità di un pozzo, di un vaso, di un cratere* || *in part.* altezza di una massa d'acqua contenuta in una cavità naturale: *il canale ha tre metri di profondità* **2.** *per restr.* proprietà di ciò che è molto profondo, anche *fig.*: *l'inquietante profondità di una voragine, la profondità del pensiero di Platone* || *concr.* (spec. *pl.*) la parte più profonda: *nelle profondità degli abissi* || *fig.* parte più intima, più segreta, recessi: *le profondità dell'animo* || *in profondità,* profondamente **3.** *per estens.* misura di una dimensione orizzontale: *la profondità di uno scaffale, di un vano, altezza, larghezza e profondità di un mobile* || nelle arti figurative, la dimensione della prospettiva: *profondità di una raffigurazione* || *T.fot. profondità di campo,* nel campo dell'inquadratura messa a fuoco, la distanza fra il punto più vicino all'obiettivo e quello più lontano || **N. 1.** *Sin.* spessore **2.** *Sin.* abisso, fondo, latebra.

profonditóre [da *profondere*; 1683] **agg.** e **sm.** (f. *-trìce*) *raro* chi profonde, scialacquatore.

profóndo [dal lat. *profundus*; 1282] **I agg. 1.** che ha profondità (sempre posposto): *un solco profondo 3 mm, il fiume è più profondo alla foce che alla sorgente* || *per restr.* che ha una profondità considerevole, che è scavato o penetra molto addentro; notevolmente concavo (anche posposto): *un vaso, un cratere profondo, i profondi abissi del Pacifico* || *per estens.* anche rif. a dimensione non verticale; che s'addentra o s'allarga notevolmente: *una profonda insenatura, una ferita piuttosto profonda*; *arc.* lontano: *la profonda Alemagna* || *fig.* localizzato molto a meridione: *è venuto dal profondo sud* **2.** che si estende molto a fondo, che va fino in basso o ne proviene: *radici profonde, trivellazione profonda*; *inchino, respiro, sospiro profondo* || *fig. occhio, sguardo profondo,* penetrante, indagatore || *T.mus. basso profondo,* fra le varietà di voci di basso, quella caratterizzata dall'estensione più grave e dal timbro più scuro **3.** *fig.* in relazione a varie distinzioni tra profondità e superficie, realtà e apparenza, interno ed esterno, centro e periferia, fasi centrali ed estremali di un processo ecc., interno, centrale, reale ecc.: *sonno profondo,* impenetrabile se non a forti stimoli; *coma profondo,* da cui nessun eccitamento riesce a svegliare; *depressione profonda,* grave, da cui non è facile uscire; *notte profonda,* la parte centrale della notte; *buio profondo,* assenza totale della luce || *in part.* di emozione o stato d'animo, che coinvolge, occupa l'intimo di una persona: *profondo dolore, odio profondo, profondi sentimenti di amicizia*; *profondo rispetto,* grande e non effimero || *in part.* rif. ad attività intellettuali, che va a fondo, che coglie la realtà dietro le apparenze: *pensiero, pensatore profondo*; che conosce l'essenza e tutte le implicazioni di un argomento: *un profondo conoscitore della materia*; che riguarda l'essenza, il nocciolo di una questione ed è perciò difficile da cogliere: *la parte profonda della matematica, non c'è nulla di profondo in tutto ciò* || **profondaménte** **avv.** in profondità: *scavare profondamente* || fino in fondo, completamente: *ciò che mi hai detto è profondamente vero* **II sm. 1.** la parte più profonda di una cavità: *scandagliare nel profondo del mare* **2.** *T.psic.* l'inconscio: *psicologia del profondo, pulsione che parte dal profondo* **III avv.** in profondità: *scavare profondo* || **N. I 1.** *Sin.* avvallato, basso, cavo, concavo, cupo, fondo, imo, infossato, spesso **2.** *Sin.* interno, radicato **3.** *Sin.* carico, grave, intenso; interno, intimo, recondito, riposto; insondabile; accurato, approfondito, capillare | *Contr.* superficiale.

profórma[1] [dal ted. *Pro-Form*; 1974] **sf.** *T.ling.* termine inizialmente utilizzato nell'ambito della linguistica testuale ed ora gen. accettato per indicare un'espressione linguistica che stia al posto di un'altra; è usato come iperonimo per indicare parti del discorso quali pronomi (ad es. it. *lo, ciò* soprattutto quando sostituiscono una frase o una sua parte non nominale o il suo contenuto proposizionale), avverbi (ad es. it. *là, qui, così, sì, no* ecc.) o sostituti del nome o del verbo come ingl. *one, do* o verbi come it. *fare* seguito da *lo, ciò,* ted. *tun, machen,* in es. del tipo "Io non parlo, ma tu *sì,* tu *lo fai* anche per me; se lei è bella, sua sorella *lo* è di più e *ne* approfitta; ti piace il cinema? Sì, *ci* vado spesso".

profórma[2] adattamento di *pro forma* (v.).

pro forma (lat., pr. it. [prɔ'fɔrma]) [letter. per la forma; sec. XV] **I loc. avv.** per pura formalità: *eseguire un controllo pro forma*; anche come *loc. agg.*: *esame pro forma* **II loc. m. inv.** *fam.* formalità: *è solo un pro forma.*

profràse [comp. di *pro-* e *frase*; 1988] **sf.** *T.ling.* espressione che ha la funzione sintattica di una frase (come in italiano *sì, no*).

pròfugo (pl. *-ghi*) [dal lat. *profugus*; sec. XIV] **agg.** e **sm.** (f. *-a*) che, chi è costretto ad abbandonare la patria per ragioni politiche o in seguito a cataclisma, epidemia e sim.: *i profughi delle terre invase dal nemico, i profughi del terremoto* || **N.** *Sin.* fuggiasco, ramingo, ESULE.

profumàre (pres. *-ùmo*) [da *profumo*; 1508] **tr.** cospargere di profumo, rendere profumato: *profumare la biancheria con la lavanda, profumare l'ambiente, il corpo* || **intr.** (aus. *avere*) avere profumo: *le sue lettere profumano di violetta* || **rifl.** darsi del profumo || **N. tr.** *Sin.* aromatizzare, improfumare | **intr.** ODORARE.

profumàto (*pps.* di *profumare*) [a. 1535] **agg. 1.** che emana profumo: *fazzoletto profumato, candeggina profumata, un vino profumato di lamponi* **2.** di ricompensa o retribuzione, lauto, generoso: *stipendio profumato* || **profumataménte** **avv.** generosamente; ad alto prezzo: *pagare, ricompensare profumatamente* || **N. 1.** *Sin.* fragrante, odoroso, olente, olezzante.

profumatóre [da *profumare*; 1684] **sm.** (f. *-trìce*) *non com.* chi profuma.

profumerìa [da *profumo*; 1556] **sf. 1.** laboratorio o negozio di profumi e cosmetici || assortimento di profumi **2.** arte o tecnica di preparare profumi e cosmetici: *un estratto vegetale usato in profumeria.* **Q.T.** *erboristeria.*

profumièra [da *profumo*; 1563] **sf. 1.** vaso nel quale si conservano o si ardono i profumi **2.** venditrice di profumi e cosmetici.

profumière [da *profumo*; 1542] **sm.** (f. *-a*) chi fabbrica o vende profumi e prodotti di bellezza.

profumièro [da *profumo*; a. 1704] **agg.** relativo ai profumi, proprio dei profumi: *industria profumiera.*

profumista [da *profumo*; 1958] **s.** operaio o tecnico specializzato nella lavorazione industriale di profumi e cosmetici.

profùmo [da *fumo,* ma di formazione non del tutto chiara; 1483] **sm. 1.** esalazione odorosa gradevole: *il profumo dei fiori, del pane appena sfornato, un profumo che stordisce, che buon profumino questo sugo!* || *fig.* l'impressione che qualcosa di desiderabile sia a portata di mano: *sentir profumo di soldi, il profumo del potere* **2.** miscela liquida di essenze odorose: *una boccetta di profumo, un profumo francese, un profumo dolciastro e nauseabondo* || **N. 1.** *Sin.* aroma, effluvio, olezzo; *bouquet*; ODORE | acuto, blando, delizioso, forte, lieve, piacevole, soave | emanare, emettere, esalare, mandare; aspergere, spruzzare **2.** acqua odorosa, balsamo, deodorante, essenza, estratto, olio volatile, resina | acre, ambrato, aniciato, aranciato, balsamico, canforato, cedrino, drogato, erbaceo, gelsominato, mandorlato, mentaceo, moscato, penetrante, rosato, violento | acqua di Colonia o di

Felsina, acqua nanfa, ambretta, benzoino, bergamotto, canfora, comino, coriandolo, eliotropio, gelsomino, incenso, lavanda, menta, muschio, mirra, nardo, reseda, rosa, sandalo, spigo, tiglio, vaniglia, violetta, zibetto | boccettina, bruciaprofumi, distillazione, fiala, flacone, nebulizzatore, scatolino.

profusióne [dal lat. *profusio*, *-ōnis*; 1592] **sf.** **1.** atto del profondere, elargizione o sperpero **2.** grande dispiego, abbondanza: *profusione di lodi, di complimenti, mi ha narrato il fatto con profusione di particolari* || nella *loc. avv. a profusione*, in abbondanza: *sete, fiori a profusione* || **N. 1.** *Sin.* effusione, scialacquamento, spargimento **2.** *Sin.* ABBONDANZA.

profùso (*pps.* di *profondere*) [sec. XV] **agg.** **1.** dato, sparso in gran quantità e con prodigalità, sperperato: *tanti denari inutilmente profusi* **2.** *raro* prolisso || **profusaménte** **avv.** **1.** con prodigalità: *spende profusamente* **2.** con abbondanza; ampiamente: *mi ha parlato profusamente di lui.*

progeneràre (pres. *-ènero*) [dal lat. *progenerāre*; prima metà sec. XIV] **tr.** *lett.* procreare, generare.

progènie [dal lat. *progenies*; sec. XIII] **sf.** *inv.* *lett.* stirpe, prole: *la progenie dei Longobardi, proviene da bassa progenie* || *scherz.* figliolanza || **N.** *Sin.* STIRPE.

progenitóre [dal lat. *progenitor*, *-ōris*; a. 1348] **sm.** (f. *-trìce*) *lett.* che ha dato origine a una stirpe, capostipite || *per estens.* avo, antenato: *i progenitori di numerose popolazioni sedentarie erano nomadi.*

progesteróne [dal ted. *Progesteron*; 1948] **sm.** *T.med.* ormone steroide prodotto dal corpo luteo nella donna gravida, che ha la funzione di favorire l'impianto dell'uovo fecondato e il proseguimento della maternità; è anche prodotto per sintesi e usato come anticoncezionale, in quanto inibisce ulteriori ovulazioni.

progettàre (pres. *-ètto*) [dal fr. *projeter*; 1598] **tr.** rif. ad attività, ideare, pensare nelle modalità di svolgimento: *progettare la fuga dalla prigione, una gita in campagna, la scalata di un monte* || rif. a opera ingegneristica, meccanica e sim., elaborarne il progetto; anche *ass.* elaborare progetti || **N.** *Sin.* combinare, organizzare, pianificare, programmare. **Q.T.** *architettura.*

progettazióne [da *progettare*; 1958] **sf.** il progettare; perlopiù rif. all'elaborazione di un progetto in senso tecnico: *la progettazione di uno stabilimento.*

progettìsta [da *progetto*; 1767] **s.** chi fa un progetto e tutti i calcoli relativi, spec. per professione; anche in funzione aggettivale: *ingegnere progettista* || **N.** creatore, ideatore.

progettìstica [da *progetto*; 1942] **sf.** l'attività e la tecnica di fare progetti edili e industriali.

progettìstico (pl. *-ci*) [da *progetto*; 1958] **agg.** attinente ai progetti o alla progettistica.

progètto [dal fr. *projet*; 1553] **sm.** **1.** ideazione, proposta e piano finalizzati alla realizzazione di uno scopo, in gen. accompagnati da informazioni che ne definiscono i tempi, i modi e i costi: *progetto per la metropolitana, di ristrutturazione di un alloggio* **2.** *concr.* l'insieme dei calcoli, dei disegni e di tutti i dati necessari alla realizzazione di un'opera: *sono stati esaminati alcuni progetti, presentare un progetto* **3.** *per estens.* proposito, intenzione: *fare molti progetti per il futuro, progetti matrimoniali, ha in progetto di stabilirsi in città* **4.** in un'impresa industriale, il settore che si occupa della progettazione di nuovi modelli || **N. 2.** *Sin. lay-out* **3.** *Sin.* intento, intenzione; castello in aria | ambizioso, astratto, campato in aria, chimerico, concreto, diabolico, grandioso, impegnativo, inattuabile, vano.

progettuàle [da *progetto*; 1983] **agg.** relativo a un progetto, proprio di un progetto: *l'iniziativa è ancora nella fase progettuale* || orientato a progetti: *mentalità, tensione progettuale.*

progettualità [da *progettuale*; 1983] **sf.** l'essere progettuale.

proglòttide [dal lat. scient. *proglottis*, *-idos*; 1875] **sf.** *T.zool.* ciascuno dei segmenti in cui è diviso il corpo dei Cestodi (ad es. la tenia).

prognatìsmo [dal fr. *prognathisme*; a. 1886] **sm.** *T.scient.* prominenza delle mascelle che determina un profilo sporgente nella parte inferiore; è carattere di alcuni tipi umani; *prognatismo superiore, inferiore, totale*, a seconda che siano sporgenti la mascella superiore, inferiore o entrambe.

prognàto [comp. di *pro-*[1] e *-gnato*; 1875] **agg.** di viso, che presenta prognatismo.

prògne [dal n. proprio *Progne*, personaggio mitologico trasformato in rondine; a. 1374] **sf.** *poet.* rondine.

prògnosi [dal gr. e lat. tardo *prógnosis*, previsione; 1821] **sf.** *T.med.* giudizio sul futuro decorso o sulla durata di una malattia: *prognosi fausta, infausta, prognosi di 5 giorni, di un mese*; *prognosi riservata*, per indicare che, data la gravità del quadro clinico, non è possibile al momento far alcuna previsione sull'esito di una malattia; *sciogliere la prognosi*, allorché la prognosi non è più riservata || **N.** diagnosi, pronostico.

prognosticàre e der. forme rare di PRONOSTICARE e der. (v.).

progràmma [dal lat. tardo *prográmma*, gr. *prógramma*, pubblico avviso, programma; a. 1660 ca.] **sm.** **1.** descrizione analitica delle modalità di svolgimento di un'attività e dei risultati che da essa si intendono conseguire: *prepararsi un programma di lavoro, programma quadriennale di ricerca, esporre un programma economico* || *in part.* elenco degli argomenti da trattare in un corso di studi: *i programmi ministeriali per l'esame, svolgere solo parte del programma* || discorso o scritto nel quale si espongono scopi e criteri di un'attività (spec. artistica, culturale e sim.) o gli obiettivi di un partito: *il programma del nuovo giornale, di una corrente letteraria, di un'associazione culturale* || *programma minimo*, l'obiettivo minimo di un partito o corrente politica (cfr. anche MINIMALISTA, MASSIMALISTA) || *com.* intenzione, proposito, progetto: *che programmi hai per stasera?, ho in programma un viaggio in Toscana, questa spesa non era in programma* **2.** *in part.* elenco degli spettacoli, delle esibizioni di una stagione, di una serata, o delle fasi in cui si articola una manifestazione: *programma della serata in TV, della stagione concertistica, di un convegno* || *concr. programma di sala*, opuscolo o volumetto redatto per gli spettatori di un concerto, in cui si danno cenni sull'opera, l'autore e l'esecutore || singolo spettacolo, spec. radiotelevisivo; trasmissione: *un programma molto seguito, programma culturale, per ragazzi* **3.** *T.mus. musica a programma*, composta nell'intento di descrivere o ricreare l'impressione di fatti extramusicali (immagini, azioni, brani letterari ecc.) **4.** *T.inform.* insieme di istruzioni formulate in un particolare linguaggio, che un calcolatore è in grado di eseguire fornendo un risultato: *un programma per la gestione della contabilità, far girare un programma sull'elaboratore* || serie di operazioni preordinate che devono essere eseguite da una macchina: *programma di lavaggio per capi delicati* || *dim.* programmìno, programmétto; *accr.* programmóne; *pegg.* programmàccio || **N. 1.** *Sin.* piano, progetto; piattaforma | ambizioso, impegnativo **2.** *Sin.* palinsesto **4.** procedura; *software.* **Q.T.** *audiovisivi, informatica, politica.*

programmàbile [da *programmare*; 1983] **agg.** che può essere programmato: *un viaggio programmabile con un certo anticipo.*

programmàre [da *programma*; 1942] **tr.** **1.** prestabilire, organizzare con un programma dettagliato: *programmare le vacanze, la stagione concertistica, gli impegni della settimana*; *in part.* rif. ad un'attività economica: *programmare la produzione di un'azienda* || presentare, mettere in programma: *l'Aida è programmata per la prossima stagione*; *programmare un film*, proiettarlo || impostare secondo un certo programma: *programmare la videoregistrazione* || *T.art. arte programmata*, insieme di correnti artistiche che tendono a eliminare l'intervento individuale dell'artista a favore dell'esecuzione in serie dell'oggetto artistico **2.** *ass.* *T.inform.* scrivere un programma per un elaboratore: *programmare in Basic, in Lisp* || **N. 1.** *Sin.* pianificare.

programmàtico (pl. *-ci*) [da *programma*; 1923] **agg.** di programma, che costituisce o definisce un programma: *dichiarazione, linea programmatica* || *T.giur. norma programmatica*, che ha valore di programma per il legislatore e sulla cui base si definiscono altre norme (contrapposto a *norma precettiva* v.) || **programmaticaménte** **avv.**

programmàto (*pps.* di *programmare*) [1967] **agg.** che si svolge secondo un programma, che si attua sulla base di una programmazione || *istruzione programmata*, sistema di insegnamento che prevede una spiegazione in forma di domande e risposte precoordinate, in modo da facilitare l'apprendimento di una data materia.

programmatóre [da *programmare*, sul modello dell'ingl. *programmer*; 1963] **sm.** (f. *-trìce*) *T.inform.* chi elabora programmi; esperto in tecniche di programmazione. **Q.T.** *informatica.*

programmazióne [da *programmare*; 1931] **sf.** **1.** atto del programmare || *in part. programmazione economica*, pianificazione || di spettacolo, presentazione: *un film in programmazione in questi giorni* **2.** *T.inform.* l'attività di scrivere programmi per un elaboratore: *tecniche di programmazione*; *linguaggio di programmazione*, v. LINGUAGGIO **3.** *T.mat. programmazione lineare*, tecnica per la risoluzione di problemi di massimizzazione e minimizzazione di una funzione lineare. **Q.T.** *informatica.*

programmìsta [da *programma*; 1920] **s.** chi prepara programmi, spec. radiotelevisivi.

progredìre (pres. *-ìsco*, *-ìsci*) [dal lat. *prōgredi*; prima metà sec. XIV] **intr.** (aus. *avere* con soggetto animato, *essere* con soggetto inanimato) procedere verso il proprio compimento, avanzare: *i lavori del nuovo palazzo progrediscono, la malattia progredisce* || *fig.* procedere in meglio, far progressi: *progredisce nello studio del latino* || **N.** *Sin.* andare avanti, camminare, farsi strada, evolversi, guadagnare terreno, migliorare, perfezionarsi, prendere corpo, svilupparsi | *Contr.* regredire.

progredìto (*pps.* di *progredire*) [a. 1853] **agg.** evoluto, di alto livello: *tecnica progredita; i paesi più progrediti.*

progressióne [dal lat. *progressio*, *-ōnis*; 1494] **sf.** **1.** il progredire, avanzamento: *progressione inesorabile dell'infermità* || *fig.* accrescimento, spesso regolare e costante **2.** *in part. T.mat. progressione aritmetica*, successione di numeri disposti in un ordine crescente tale che la differenza tra uno di essi e il termine che lo precede è costante || *progressione geometrica*, la successione di numeri disposti in un ordine crescente tale che il quoziente tra uno di essi e il termine che immediatamente lo precede è costante **3.** *T.mus.* ripetizione reiterata di una medesima formula melodica o armonica, a intervalli regolari: *progressione cromatica, crescente, decrescente* **4.** *T.gram.* figura retorica consistente nell'usare parole di sempre maggior forza sì che il discorso vada crescendo sempre più di tono e d'intensità **5.** *T.sport. progressione frontale,* tecnica di alpinismo su ghiaccio. **TAV.** *alpinismo* 10.

progressìsmo [dal fr. *progressisme;* 1849] ***sm.*** tendenza di chi è progressista.

progressìsta [dal fr. *progressiste;* 1847] ***agg.*** e ***s.*** chi o che propone o sostiene idee innovative, spec. in campo politico: *movimento progressista, tendenze progressiste* || **N.** radicale, riformatore | *Contr.* codino, conservatore, oscurantista, reazionario.

progressìstico (pl. *-ci*) [da *progressista;* 1936] ***agg.*** di, da progressista.

progressività [dal fr. *progressivité;* 1841] ***sf.*** l'essere progressivo: *progressività del sistema fiscale.*

progressìvo [dal lat. *progressus,* pps. di *prōgredi,* progredire; a. 1406] ***agg.*** **1.** che tende a progredire, ad avanzare: *degenerazione progressiva di un tessuto, una progressiva perdita della memoria* **2.** *per estens.* che segue una progressione: *calo, aumento progressivo, ordine progressivo di altezza, numerazione progressiva delle abitazioni* || *imposta progressiva,* che cresce in proporzione alle ricchezze **3.** progressista || **progressivaménte** ***avv.***

progrèsso [dal lat. *prōgressus;* sec. XIV] ***sm.*** **1.** avanzamento, sviluppo di un processo verso il proprio compimento: *progresso di un lavoro, di un'infezione* || *in progresso di tempo,* coll'andar del tempo **2.** *per estens.* aumento delle conoscenze o delle capacità in un determinato campo: *progresso della medicina, delle tecniche sportive, progresso filosofico* || *ass.* perfezionamento della condizione umana conseguente all'aumento delle conoscenze e alle conquiste tecnologiche, sociali, spirituali ecc.: *un'incrollabile fede nel progresso, nemici del progresso* **3.** (numerabile) passo in avanti, miglioramento: *nell'apprendimento della lingua fa rapidi progressi, non si nota alcun progresso, questo è già un piccolo progresso* || *dim.* progressino; *spreg.* progressùccio; *accr.* progressóne || **N. 1.** *Sin.* avanzamento, crescita, evoluzione, sviluppo | *Contr.* regresso **2.** *Contr.* decadenza **3.** *Sin.* profitto.

proibìre (pres. *-ìsco, -ìsci*) [lat. *prohibēre,* tener lontano, propr. tener davanti; a. 1375] ***tr.*** **1.** imporre di non fare, vietare: *proibire uno spettacolo, gli hanno proibito di parlare, il medico gli ha proibito l'alcol, ti proibisco di parlare con codesto tono!* **2.** *non com.* impedire: *il vento contrario proibì alla paranza di entrare in porto* || **N. 1.** *Sin.* diffidare, inibire, interdire, negare | *Contr.* autorizzare, permettere; ordinare.

proibitìvo [da *proibire;* a. 1406] ***agg.*** **1.** che proibisce, che mira a proibire: *disposizione proibitiva* **2.** *per estens. com.* tale da impedire o scoraggiare l'iniziativa: *prezzi, dazi proibitivi, per l'escursione il tempo è proibitivo, un passaggio di difficoltà proibitiva* || **proibitivaménte** ***avv.*** *non com.* || **N.** *Sin.* inibitorio.

proibìto (*pps.* di *proibire*) [a. 1342] **I** ***agg.*** vietato: *è proibito sporgersi, giochi proibiti; colpo proibito,* in pugilato, lotta e sim., colpo non ammesso; *fig.* azione sleale || *libri proibiti,* messi all'Indice || *frutto proibito,* quello che Eva diede da mangiare ad Adamo; *fig.* cosa vietata che desta perciò maggior desiderio || *ant. faccia proibita,* patibolare, di aspetto sinistro **II** ***sm.*** (solo *sing.*) azione, attività proibita: *il fascino del proibito* || **N. I** *Sin.* escluso, illecito, illegale, impedito, inibito, interdetto, negato, vietato.

proibitóre [dal lat. *prohibitor, -ōris;* 1618] ***agg.*** e ***sm.*** (f. *-trìce*) *non com.* chi proibisce.

proibitòrio (pl. *-ri*) [dal lat. *prohibitōrius;* a. 1748] ***agg.*** *T.giur.* che vale a proibire: *interdetto proibitorio* || **N.** *Sin.* inibitorio, proibitivo.

proibizióne [dal lat. *prohibitio, -ōnis;* 1375] ***sf.*** l'atto del proibire || *concr.* divieto || **N.** *Sin.* interdizione | *Contr.* autorizzazione, permesso.

proibizionìsmo [dall'ingl. *prohibitionism;* a. 1926] ***sm.*** politica adottata dal governo americano dal 1919 al 1933, volta a combattere l'alcolismo, basata su una serie di divieti di fabbricazione e spaccio di alcolici || il periodo in cui venne attuata || *per estens.* ogni politica intesa a proibire per legge il consumo di sostanze ritenute dannose.

proibizionìsta [dall'ingl. *prohibitionist;* 1917] ***s.*** fautore del proibizionismo.

proibizionìstico (pl. *-ci*) [da *proibizionismo;* 1930] ***agg.*** proprio del proibizionismo, tipico del proibizionismo: *regime proibizionistico.*

proiciènte [dal lat. *proiciens, -entis,* pps. di *proicere,* gettare avanti; a. 1642] ***agg.*** *ant.* di corpo, che imprime un moto ad altro corpo.

proiettàre (pres. *-ètto*) [dal lat. *proiectāre,* biasimare, poi esporre; a. 1496] ***tr.*** **1.** gettar fuori con forza, scagliare: *il vulcano proietta lapilli, la forza dell'urto lo proiettò contro il parabrezza* || mandare, far arrivare quasi istantaneamente: *la macchina del tempo lo proiettò nel 2958* **2.** rif. a luci, immagini, emettere e far giungere a distanza: *il lampione proietta una luce gialla sull'asfalto, la lampada proiettava la sagoma della sua testa sulla parete;* anche con il corpo che contrasta il fascio di luce, come soggetto e l'ombra che produce come oggetto: *la terra proietta un cono d'ombra* || *fig.* trasferire inconsciamente: *proietta sul figlio le proprie angosce* || riprodurre su uno schermo per mezzo di un proiettore: *proiettare un film, delle diapositive* **3.** *T.geom.* tracciare secondo una proiezione || ***rifl.*** e ***intr. pron.*** **1.** sporgere o spingersi in avanti; protendersi **2.** *fig.* collocarsi idealmente: *proiettarsi nel futuro* || **N.** ***tr.*** **1.** *Sin.* GETTARE.

proiettatóre [da *proiettare;* 1954] ***sm.*** (f. *-trìce*) *raro* chi proietta.

proiettifìcio (pl. *-ci*) [comp. di *proietto* e *-ficio;* 1918] ***sm.*** fabbrica di proiettili.

proièttile [da *proietto;* 1749] ***sm.*** ogni corpo che può essere scagliato conferendogli una velocità iniziale: *le leggi del moto di un proiettile* || *in part.* corpo che può essere scagliato a scopo offensivo: *proiettile di un cannone, di una catapulta, di una fionda, è stata uccisa da un proiettile di carabina* || *propr.* nel linguaggio militare, corpo metallico da impiegare come munizione per arma da fuoco: *proiettili di artiglieria, proiettile dirompente, perforante* || **N.** bomba, freccia, giavellotto, granata, missile, mitraglia, obice, palla, pallino, pallottola, piombo, proietto, sasso, siluro, strale, torpedine; bossolo, capsula, carica, cartuccia | arcata, curva, gittata, parabola, portata, proiezione, traiettoria, tratta | fischiare, rimbalzare, sibilare, stridere; lanciare, sparare | balistica, sagoma, velocità iniziale. **Q.T.** *armi* **TAV.** ***armi*** **p. 648** 15.8 **e p. 649** 21.4.

proiettività [da *proiettivo;* 1938] ***sf.*** **1.** l'essere proiettivo **2.** *T.geom.* corrispondenza biunivoca fra forme di prima specie.

proiettìvo [da *proietto;* 1749] ***agg.*** **1.** atto a lanciare **2.** *T.mat. geometria proiettiva,* quella che studia le proprietà invarianti degli enti geometrici che subiscono trasformazioni di proiezione e sezione **3.** *T.psic. test proiettivo,* impiegato nella diagnosi della personalità, consiste nel far interpretare immagini amorfe o ambigue, o nel far disegnare figure.

proiètto [dal lat. *proiectus,* pps. di *proicere,* gettare avanti; 1631] ***sm.*** *non com.* **1.** qualsiasi grave comunque lanciato o posto in moto libero: *proietto vulcanico* **2.** *in part. T.mil.* il proiettile quando sia stato già scagliato; *proietto illuminante,* quello che non ha lo scopo di colpire il bersaglio, ma di illuminarlo durante il tiro notturno.

proiettóre [dal fr. *projecteur;* 1924] ***sm.*** **1.** strumento atto a produrre un potente fascio di luce, impiegato per illuminare oggetti posti a distanza || *in part. T.aut.* dispositivo di illuminazione posto anteriormente sugli autoveicoli o sui motocicli: *proiettori a luce bianca, abbagliante, anabbagliante, fendinebbia* **2.** *T.cin.* apparecchio impiegato per proiettare su schermo immagini fisse o pellicole cinematografiche || **N. 1.** *Sin.* fanale, faro, riflettore. **Q.T.** *audiovisivi* **TAV.** *cinematografia...* 5.3, 10.

proiettùra [dal lat. *proiectūra;* a. 1472] ***sf.*** *ant.* parte prominente di una architettura; aggetto.

proiezióne [dal lat. *proiectio, -ōnis;* 1582] ***sf.*** **1.** atto ed effetto del proiettare, dello scagliare con forza, spec. rif. a proiettile; *in part.* in balistica, *linea di proiezione,* prolungamento dell'asse della bocca da fuoco **2.** invio di immagini su uno schermo, per mezzo di un fascio di luce che attraversa una lastra, una pellicola o altro supporto trasparente: *proiezione cinematografica, di diapositive, sala, macchina da proiezione* **3.** *T.geom. proiezione di un punto su un piano,* piede della perpendicolare condotta dal punto al piano; *proiezione di un segmento,* il segmento che unisce i piedi delle perpendicolari condotte sul piano dagli estremi del segmento dato || *T.geogr.* la rappresentazione, su un piano, della superficie curva terrestre o di una sua parte: *proiezione cartografica* o *geografica; proiezione prospettica,* ottenuta proiettando la porzione da rappresentare, su un piano tangente ad essa; *proiezione conica, cilindrica,* ottenuta sviluppando la superficie laterale di un cilindro o di un cono tangenti al globo terrestre **4.** *fig.* trasferimento, trasposizione; *in part. T.psican.* attribuzione ad altri individui di impulsi rimossi dal proprio io || **N. 1.** *Sin.* getto, lancio, tiro **2.** *Sin.* trasmissione. **Q.T.** *cinematografia, psicanalisi, psicologia* **TAV.** ***arti marziali*** **p. 653** 2.1, 3.1.

proiezionìsta [da *proiezione;* 1933] ***s.*** tecnico addetto alla proiezione di spettacoli cinematografici.

project manager (ingl., pr. [ˈprɒdʒekt ˌmænɪdʒə]; pr. it. [ˈprɔdʒekt ˈmanadʒer]) [comp. di *project,* progetto e *manager,* dirigente; 1983] ***loc. m. inv.*** nell'organizzazione e nella gestione aziendale, responsabile della programmazione del lavoro e della verifica dei risultati.

prolàbio (pl. *-bi*) [comp. del lat. *pro,* davanti e lat. *labium,* labbro; 1958] ***sm.*** *T.anat.* la parte delle labbra colorata in rosso, visibile quando la bocca è chiusa.

prolactìna V. PROLATTINA.

prolassàto [da *prolasso;* 1958] ***agg.*** *T.med.* di organo, che ha subito un prolasso.

prolàsso [dal lat. tardo *prolapsus,* propr. mancamento; a. 1718] ***sm.*** *T.med.* abbassamento lento o fuoriuscita dalla sede naturale di un organo, per mancanza di elasticità dei muscoli o dei legamenti: *il prolasso dell'utero, del retto.*

prolàto [dal lat. *prolatus,* pps. di *proferre,* portare innanzi, trarre fuori; a. 1342] ***agg.*** *arc.* proferito, pronunziato.

prolatóre [dal lat. *prolātor, -ōris;* 1618] ***agg.*** e ***sm.*** (f. *-trìce*) *arc.* che o chi proferisce o dichiara.

prolattìna o **prolactìna** [comp. di *pro-*², *latte* e *-ina;* 1958] ***sf.*** *T.biol.* ormone femminile che attiva la secrezione del latte dopo il parto.

prolazióne [dal lat. tardo *prolātio, -ōnis;* a. 1375] ***sf.*** **1.** *T.mus.* nella notazione mensurale del sec. XIII-XVI, il rapporto binario (*prolazione minore* o *imperfetta*) o ternario (*prolazione maggiore* o *perfetta*) che sussisteva fra semibreve e minima nelle varie combinazioni **2.** *arc.* pronuncia; tono di voce.

pròle [dal lat. *prōles;* 1321] ***sf.*** **1.** l'insieme dei figli, figliolanza: *la prole umana,* l'umanità **2.** *in part.* l'insieme dei piccoli di una nidiata o di una cucciolata: *prole precoce, inetta,* a seconda che sia capace o meno, alla nascita, di provvedere alla propria sussistenza || **N.** **1.** FIGLIO **2.** *Sin.* covata.

prolegàto [dal lat. *prolegātus*; a. 1598] ***sm.*** *T.stor.* chi faceva le veci del legato nelle province dello Stato Pontificio.

prolegòmeni [dal gr. *prolegómena*, cose dette prima; a. 1556] ***sm. pl.*** presentazione preliminare dei fondamenti di una dottrina || ampio discorso introduttivo posto all'inizio di un'opera || **N.** PREFAZIONE; paralipomeni.

prolèssi (meno com. *prolèpsi*) [dal lat. tardo *prolēpsis*, gr. *prólēpsis*, anticipazione; 1540] ***sf.*** **1.** *T.ret.* figura retorica che consiste in una risposta anticipata a un'obiezione prevista **2.** *T.gram.* figura sintattica per cui vengono anticipate una o più parole rispetto al costrutto normale (per es. *questo pensavo di dirgli, che è un gran maleducato*) **3.** *T.fil.* nella filosofia stoica ed epicurea, concetto generale, in quanto anticipa dati dell'esperienza; anticipazione.

proletariàto [dal fr. *prolétariat*; 1851] ***sm.*** la classe sociale dei proletari.

proletàrio (pl. *-ri*) [dal lat. *proletārius*; sec. XIV] **I** ***sm.*** (f. *-a*) **1.** lavoratore salariato sprovvisto di capitali o altre fonti di reddito che non siano la propria capacità di fornire lavoro **2.** *T.stor.* nell'antica Roma, cittadino libero nullatenente che apparteneva alla classe sociale più bassa **II** ***agg.*** di o relativo alla classe dei proletari: *origine proletaria.*

proletarizzàre [dal fr. *prolétariser*, 1922] ***tr.*** *non com.* rendere proletario.

proletarizzazióne [da *proletarizzare*; a. 1909] ***sf.*** *non com.* passaggio alla condizione di proletario. **Q.T.** *sociologia.*

prolèttico (pl. *-ci*) [dal gr. *prolēptikós*; 1958] ***agg.*** *T.ling.* relativo alla prolessi, proprio della prolessi: *pronome in posizione prolettica.*

proliferàre (pres. *-ìfero*) [dal fr. *proliférer*, 1954] ***intr.*** (aus. *avere*) **1.** riprodursi per proliferazione **2.** *fig.* moltiplicarsi e diffondersi con straordinaria velocità: *su questa faccenda proliferano commenti e voci contrastanti.*

proliferativo [da *proliferare*; 1958] ***agg.*** *T.biol.* relativo alla proliferazione, proprio della proliferazione.

proliferazióne [dal fr. *prolifération*; 1875] ***sf.*** **1.** *T.biol.* riproduzione di organismi o di cellule di un tessuto animale o vegetale, anche in modo abnorme: *proliferazione di germi, di cellule dell'embrione, di un tumore* **2.** *fig.* crescita e diffusione rapida, perlopiù incontrollata ed eccessiva: *una proliferazione di giovani scrittori, di agenzie di viaggio, trattato sulla non proliferazione nucleare.*

prolìfero [comp. di *prole* e *-fero*, sul modello di *fruttifero*; a. 1764] ***agg.*** **1.** *T.biol.* capace di produrre nuovi individui o nuove cellule: *tessuto prolifero* **2.** *raro* prolifico.

prolificàre (pres. *-ìfico, -ìfichi*) [da *prolifico*; 1544] ***intr.*** (aus. *avere*) **1.** generare prole abbondante || di organismi animali o vegetali, riprodursi e diffondersi: *con questo clima le alghe hanno prolificato a dismisura* **2.** *fig.* moltiplicarsi e propagarsi velocemente || **N.** **1.** *Sin.* figliare, procreare, progenerare, rampollare.

prolificazióne [da *prolificare*; a. 1600] ***sf.*** **1.** atto ed effetto del prolificare **2.** *fig.* moltiplicazione e propagazione rapida.

prolificità [da *prolifico*; 1912] ***sf.*** l'essere prolifico; fecondità; anche *fig.*: *la prolificità di una mente.*

prolìfico (pl. *-ci*) [comp. di *prole* e *-fico*; a. 1519 *plolifico*] ***agg.*** **1.** che ha generato o che è capace di generare molti figli: *i prolifici conigli, una famiglia prolifica* **2.** *fig.* che produce molte opere: *pittore, romanziere prolifico.*

prolissità [dal lat. *prolixitas, -ātis*; sec. XIV] ***sf.*** il difetto di chi o di ciò che è prolisso: *pecca di prolissità, prolissità di una lettera, di un discorso* || **N.** *Sin.* verbosità; loquacità, ridondanza; lungaggine, pappardella, sproloquio.

prolisso [dal lat. *prolixus*; a. 1342] ***agg.*** che nel parlare o nello scrivere si dilunga eccessivamente, con sovrabbondanza di particolari e divagazioni inutili: *oratore prolisso, definizione, conferenza prolissa* || **prolissaménte** ***avv.*** || **N.** *Sin.* farraginoso, pletorico, ridondante, verboso; chiacchierone, ciarliero, loquace | *Contr.* conciso, sintetico.

pro loco (lat., pr. it. [prɔˈlɔko]) [propr. in favore del luogo] ***loc. f. inv.*** denominazione di enti che si adoperano per favorire il turismo promuovendo attività ricreative e culturali, spec. in località di villeggiatura.

prologàre (pres. *pròlogo, pròloghi*) [da *prologo*; a. 1565] ***intr.*** (aus. *avere*) **1.** recitare o comporre prologhi **2.** *fig.* raccontare qualcosa con prolissità.

pròlogo (pl. *-ghi*) [dal lat. *prologus*, gr. *prólogos*; a. 1292] ***sm.*** **1.** *T.teatr.* discorso recitato prima dell'inizio dell'azione drammatica, in cui si espone l'argomento e se ne spiegano le ragioni || *per meton.* attore che recita il prologo || *per estens.* discorso introduttivo di un'opera, proemio: *prologo di un romanzo* **2.** *fig.* l'inizio e quasi l'annuncio di un susseguirsi di avvenimenti: *quello è stato solo il prologo ai suoi guai* || **N.** **1.** *Sin.* esordio, introduzione, prefazione, protasi. **Q.T.** *teatro.*

prolùdere (pres. *prolùdo*; p.rem. *prolùṣi*; pps. *prolùṣo*) [dal lat. *prolūdere*, esercitarsi prima; 1806] ***intr.*** (aus. *avere*) *lett.* **1.** fare una prolusione **2.** iniziare un discorso.

prolùnga [da *prolungare*, sul modello del fr. *prolonge*; sec. XV] ***sf.*** **1.** elemento accessorio, impiegato per prolungare uno strumento o una sua parte: *la prolunga del filo della corrente, del cavo del telefono, prolunga di una scala, di un manico* **2.** *T.mil.* carro da trasporto militare || **N.** **1.** giunta.

prolungàbile [da *prolungare*; a. 1752] ***agg.*** che si può prolungare || prorogabile.

prolungabilità [da *prolungabile*; 1940] ***sf.*** qualità di ciò che è prolungabile.

prolungaménto [da *prolungare*; 1336 ca.] ***sm.*** **1.** atto ed effetto del prolungare nel tempo o nello spazio, prosecuzione, allungamento: *prolungamento delle feste, dell'attesa, di una linea ferroviaria* **2.** *concr.* ciò che costituisce la continuazione di altra cosa: *questa via è il prolungamento dell'altra, il midollo spinale è il prolungamento del cervello* || **N.** **2.** *Sin.* proseguimento, séguito.

prolungàre (pres. *-ùngo, -ùnghi*) [dal lat. tardo *prolongāre*; a. 1292] ***tr.*** rendere più lungo, nello spazio o nel tempo: *prolungare un canale, una strada, il percorso di una gara; prolungare la sosta, il periodo di ferie* || *non com.* prorogare: *il termine del concorso è stato prolungato* || ***intr. pron.*** estendersi; protrarsi: *il viale si prolunga fino alla villa; la discussione si è prolungata fino a tardi* || **N.** ***tr.*** *Sin.* allungare; aggiungere | *Contr.* abbreviare | ***intr. pron.*** *Sin.* continuare, durare, proseguire.

prolungatìvo [da *prolungare*; a. 1729] ***agg.*** *raro* atto a prolungare.

prolungàto (*pps.* di *prolungare*) [prima metà sec. XIII] ***agg.*** che si protrae a lungo || **prolungataménte** ***avv.***

prolungatóre [da *prolungare*; 1546] ***agg.*** e ***sm.*** (f. *-trìce*) *non com.* che o chi prolunga.

prolungazióne [da *prolungare*; a. 1375] ***sf.*** *non com.* prolungamento.

proluṣióne [dal lat. *prolusio, -ōnis*, preambolo; 1676] ***sf.*** discorso d'introduzione a un corso di lezioni, o d'apertura dell'anno accademico || lezione inaugurale, tenuta da un professore universitario nell'assumere una cattedra o iniziando ad insegnare in una nuova sede.

prolùvie [dal lat. *proluvies*; a. 1714] ***sf.*** *lett.* piena, inondazione || *proluvie di ventre*, diarrea.

promagistràto [comp. di *pro-*[1] e *magistrato*; 1958] ***sm.*** *T.stor.* nell'antica Roma, magistrato di una provincia (proconsole, propretore, proquestore) cui viene prorogato il mandato oltre il normale anno di carica.

promagistratùra [comp. di *pro-*[1] e *magistratura*; 1958] ***sf.*** *T.stor.* nell'antica Roma, carica del promagistrato.

promanàre (pres. *-àno*) [dal lat. tardo *promanāre*; 1932] ***tr.*** *lett.* emanare, diffondere || ***intr.*** (aus. *essere*) derivare, uscir fuori: *un odore che promana dai fiori.*

promemòria [loc. del lat. moderno *prō memoria*, per memoria; 1768] ***sf. inv.*** breve appunto scritto per rammentare a sé o ad altri cose da dire, da fare e sim. || **N.** *Sin. memorandum*; annotazione, NOTA.

pròmere (*dif.* usato solo nella terza sing. dell'ind. pres. *prôme*) [dal lat. *prōmere*, tirar fuori; 1321] ***tr.*** *raro* mettere fuori || manifestare, palesare.

proméssa [lat. *promissa*, cose promesse; sec. XIII] ***sf.*** **1.** impegno preso verbalmente o per iscritto: *essere vincolati a una promessa, stare, mancare alle promesse*; anche come negozio giuridico vincolante: *promessa unilaterale*, in quanto impegna solo il dichiarante || *promessa di matrimonio*, fidanzamento || *prov. ogni promessa è debito*, occorre mantenere ciò che si è promesso || *promessa da marinaio*, che non si mantiene, come quelle che i marinai fanno nell'ora del pericolo e poi dimenticano **2.** chi esordisce brillantemente in un'attività e quindi promette bene per il futuro: *è una promessa del calcio italiano* || *dim.* promessìna, promessùccia; *pegg.* promessàccia || **N.** **1.** *Sin.* assicurazione, garanzia, giuramento, impegno, malleveria, parola, patto, voto | categorica, esplicita, fallace, falsa, formale, impegnativa, insidiosa, precisa, scritta, sincera, vana, verbale; in buona fede | adempire, attenersi, disdire, far onore, mancare di parola, mantenere, osservare, revocare, riprendere, rispettare, ritirare, rompere, sciogliere, tenere, violare | ciurmatore, fedifrago, imbroglione, sleale.

promésso (*pps.* di *promettere*) [sec. XIII] ***agg.*** **1.** che è oggetto di promessa: *la terra promessa*, la Palestina, promessa da Dio agli Ebrei come futura patria; *per estens.* luogo in cui si aspira a vivere **2.** di persona, che si è impegnata con una promessa: *sposo promesso*, fidanzato; anche *sm.* e *sf. il promesso, la promessa.*

prometèico (pl. *-ci*) [dal n. proprio *Prometeo*; 1902] ***agg.*** *lett.* del mitico titano ribelle Prometeo; usato spesso in riferimento all'interpretazione romantica di questo mito, considerato come simbolo della sfida dell'uomo alla divinità.

prometèo [dal lat. *Promethēus*, gr. *Promḗtheios*, di Prometeo; a. 1629] ***agg.*** *lett.* di Prometeo, prometeico.

promèteo o **promèzio** [dal n. proprio *Prometeo*; 1958] ***sm.*** *T.min.* metallo appartenente al gruppo delle terre rare, che si ottiene nelle pile atomiche || **N.** florenzio.

promettènte (*ppr.* di *promettere*) [1342] ***agg.*** che promette di dare buon frutto, che fa presagire bene di sé: *un'annata promettente per il raccolto, un investimento promettente, figlio, ragazzo promettente.*

prométtere (pres. *prométto*; p.rem. *promiṣi*; pps. *proméṣso*) [lat. *promittere*, propr. mandare avanti; 1211] ***tr.*** **1.** impegnarsi a dare o a fare: *promettere una bambola in regalo, gli promise che sarebbe tornato presto, ti prometto che starò buona* || *promettere in moglie, in sposa*, impegnarsi a dare come moglie || *promettere mari e monti*, fare grandi promesse che poi difficilmente potranno essere mantenute **2.** *fig.* dare indizio o speranza, lasciare sperar bene: *è un ragazzo che promette bene, la campagna promette quest'an-*

no; anche impers.: *oggi promette di essere una giornata stupenda* || **N. 1.** *Sin.* garantire, giurare, obbligarsi; dare la parola.

promettitóre [da *promettere*; 1288] **sm.** (f. *-trìce*) *non com.* chi promette || *prov. gran promettitore raro mantenitore.*

promèzio V. PROMÈTEO.

prominènte [dal lat. *prominens, -entis*; a. 1494] **agg. 1.** che sporge da una superficie: *naso prominente, terreno prominente* **2.** che ha rilievo, importante || **N. 1.** *Sin.* aggettante, sporgente.

prominènza [dal lat. *prominentia*; 1598] **sf. 1.** l'essere prominente: *un naso di maestosa prominenza* **2.** *concr.* cosa prominente: *sul terreno si notano numerose prominenze* || **N. 2.** bernoccolo, bitorzolo, dosso, elevazione, gibbosità, gobba, protuberanza, rilievo, risalto, sporgenza.

prominìstro [comp. di *pro-*[1] e *ministro*; 1871] **sm.** *raro* chi fa le veci del ministro.

promiscuità [da *promiscuo*; 1611] **sf.** l'essere promiscuo: *promiscuità di cibi, di vocaboli* || *in part.* vicinanza o convivenza, perlopiù sentita come disdicevole, di maschi e femmine: *il poco spazio costringe a una sgradevole promiscuità* || **N.** *Sin.* MESCOLANZA.

promìscuo [dal lat. *promiscuus*; a. 1535] **agg. 1.** caratterizzato o costituito da una mescolanza di cose eterogenee: *uso promiscuo di vocaboli* || *razza promiscua*, incrocio di varie razze || *trasporto promiscuo*, di cose e persone || *matrimonio promiscuo*, quello contratto tra persone di religione o di razza diverse || *T.agr. coltura promiscua*, di piante diverse su uno stesso terreno || *T.teatr.* caratterista che ricopre sia ruoli drammatici sia ruoli comici || *in part.* destinato contemporaneamente a entrambi i sessi: *spogliatoi a uso promiscuo, scuole promiscue* **2.** *T.gram. genere promiscuo*, femminile e maschile insieme (quali, per es., i nomi di certi animali: *leopardo, iena, aquila* ecc., che designano tanto il maschio quanto la femmina) || **promiscuaménte** **avv.** || **N. 1.** *Sin.* misto; ibrido.

promissàrio (pl. *-ri*) [dal lat. *promissum*, promessa; 1718] **sm.** *T.giur.* destinatario di una promessa unilaterale.

promissióne [dal lat. *promissio, -ōnis*; 1219] **sf.** *arc.* promessa || *T.stor.* nella Repubblica di Venezia, il solenne giuramento prestato dal doge all'inizio del suo incarico.

promissìvo [dal lat. tardo *promissīvus*; 1551] **agg.** *non com.* che contiene o costituisce una promessa || **promissivaménte** **avv.**

promissóre [dal lat. *promissor, -ōris*; prima metà sec. XIV] **sm.** *arc.* promettitore.

promissòrio (pl. *-ri*) [da *promissore*; 1427] **agg.** che contiene una promessa: *giuramento promissorio*, prestato dai funzionari pubblici nell'assumere il loro ufficio, la loro carica e sim.

promittènte [dal lat. *promittens, -entis*, ppr. di *promittere*, promettere; 1673] **s.** *T.giur.* chi si impegna in una promessa unilaterale.

promontòrio (pl. *-ri*) [dal lat. *promontōrium*; a. 1292] **sm. 1.** tratto del profilo costiero, sporgente verso il mare e con rilievi più o meno accentuati: *il promontorio del Gargano, d'Azio* **2.** *T.anat.* sporgenza ossea: *promontorio del sacro* || **N. 1.** *Sin.* capo, penisola, sperone.

promòsso (*pps.* di *promuovere*) [a. 1292 come agg.; 1871 come sm.] **I agg.** elevato a grado superiore **II sm.** (f. *-a*) studente che ha superato un esame o è passato alla classe successiva: *alcuni dei promossi erano privatisti.*

promoter (ingl., pr. [prəˈmoʊtə]; pr. it. [proˈmɔter]) [letter. promotore; 1984] **s.** *inv.* **1.** chi si occupa del lancio pubblicitario di un prodotto **2.** chi si occupa dell'organizzazione di grandi spettacoli, spec. di concerti di cantanti di rinomanza internazionale || **N. 2.** *Sin.* impresario.

promotion (ingl., pr. [prəˈmoʊʃən]; pr. it. [proˈmɔʃon]) [letter. promozione; 1958] **sf.** *inv.* attività volta a favorire lo sviluppo delle vendite o l'affermazione di un nuovo prodotto presso il pubblico || **N.** *Sin.* promozione.

promotóre [dal lat. *promōtus*, pps. di *promovēre*, promuovere; a. 1556] **agg.** e **sm.** (f. *-trìce*) che o chi promuove un'impresa, la caldeggia e le dà impulso: *farsi promotore di un'iniziativa filantropica, comitato promotore, società promotrice* || **N.** *Sin.* fautore, fondatore, impresario, iniziatore.

promovèndo [dal lat. *promovendus*, gerundivo di *promovēre*, promuovere; 1835] **agg.** e **sm.** (f. *-a*) *non com.* che, chi è sul punto di ottenere una promozione: *funzionario promovendo.*

promòvere V. PROMUOVERE.

promoviménto [da *promuovere*; a. 1292] **sm.** *raro* promozione.

promovitóre [da *promuovere*; prima metà sec. XIV] **agg.** e **sm.** (f. *-trìce*) *raro* che promuove; promotore.

promozionàle [dall'ingl. *promotional*; 1960] **agg.** attinente alla promozione. **Q.T.** *pubblicità.*

promozióne [dal lat. tardo *promōtio, -ōnis*; a. 1342] **sf. 1.** superamento di una prova scolastica, e spec. passaggio all'anno scolastico successivo: *studiare per ottenere la promozione, esami di promozione* **2.** avanzamento di grado, di qualifica e sim.: *si è meritato la promozione a tenente* || *per estens. T.sport.* passaggio di una squadra da una serie inferiore a una superiore: *essere in corsa per la promozione* || *per meton.* la più bassa delle serie ufficiali: *giocare in promozione* **3.** *T.econ. promozione* (*delle vendite*) serie di iniziative finalizzate all'incremento delle vendite (pubblicità, campioni o prove gratuite, sconti): *articoli in promozione* || **N. 1.** *Contr.* bocciatura **2.** *Contr.* retrocessione **3.** *Sin. promotion.* **Q.T.** *pubblicità.*

prompt (ingl., pr. [prɒmpt]) [lett. pronto; 1985] **sm.** *inv. T.inform.* segno semplice oppure contenente alcune informazioni, che compare sullo schermo di un computer quando questo è pronto a ricevere un comando.

promulgaménto [da *promulgare*; 1745] **sm.** *raro* promulgazione.

promulgàre (pres. *-ùlgo, -ùlghi*) [dal lat. *promulgāre*; a. 1375] **tr. 1.** *T.giur.* rif. a legge approvata dal parlamento, procedere alla promulgazione **2.** diffondere, divulgare: *promulgare un dogma, una teoria* || **N. 1.** *Sin.* bandire, emanare.

promulgatóre [dal lat. tardo *promulgātor, -ōris*; 1354] **agg.** e **sm.** (f. *-trìce*) chi o che promulga.

promulgazióne [dal lat. tardo *promulgātio, -ōnis*; 1623] **sf. 1.** *T.giur. promulgazione di una legge*, atto con cui il capo dello Stato attesta l'avvenuta approvazione di una legge in sede parlamentare, ne dispone l'inserimento nel corpo legislativo e fa obbligo di osservarla **2.** *raro* diffusione, divulgazione.

promuòvere (lett. *promuòvere*) (pres. *-uòvo* ecc., come MUOVERE) [lat. *promovēre*; a. 1292] **tr. 1.** rif. a imprese, attività e sim., assumere l'iniziativa, stimolarne la realizzazione: *promuovere una campagna contro il fumo, una raccolta di firme, convegno promosso dalla Regione* || dare impulso, diffondere: *promuovere la cultura, le vendite di un prodotto, lo sviluppo industriale* || mettere in moto, dare inizio: *promuovere un'azione legale contro qualcuno* || *disus.* eccitare, stimolare: *promuovere la traspirazione, il vomito* **2.** far avanzare di grado o di dignità: *lo hanno promosso capitano* || rif. a chi ha sostenuto un esame, decretarne l'idoneità e il conseguimento del relativo titolo o passaggio a un grado superiore: *lo hanno promosso dalla terza alla quarta, è stata promossa all'esame di guida* || **N. 1.** *Sin.* appoggiare, caldeggiare, favorire, incentivare, incitare, incoraggiare, sostenere, stimolare; sponsorizzare; istituire | *Contr.* contrastare, ostacolare **2.** *Sin.* elevare, innalzare; ammettere, accettare | *Contr.* retrocedere; bocciare.

pròmuta [da *promutare*; a. 1475] **sf.** *arc.* permuta.

promutàre (pres. *pròmuto*) [da *permutare*, con cambio di pref.; a. 1348] **tr.** *arc.* permutare.

promutazióne [da *promutare*; a. 1481] **sf.** *arc.* permutazione.

prònao [dal lat. *pronāon*, gr. *prónaos*, posto davanti al tempio; a. 1502] **sm.** *T.arch.* spazio antistante alla cella del tempio greco, delimitato all'esterno da colonne; *per estens.* analoga struttura situata davanti all'ingresso di edifici posteriori || **N.** atrio, portico, vestibolo.

pronatóre [dal lat. tardo *pronātus*, pps. di *pronāre*, abbassare; a. 1673] **agg.** e **sm.** *T.anat.* detto del muscolo dell'avambraccio che permette il movimento di pronazione.

pronazióne [dal lat. tardo *pronātus*, pps. di *pronāre* abbassare; 1749] **sf.** *T.anat.* movimento dell'avambraccio per il quale il palmo della mano, ruotando verso l'interno, si volge verso l'alto e il dorso verso il basso.

pronipóte [dal lat. *pronepos, -ōtis*; a. 1494] **s.** figlio del nipote || *per estens. pl. i pronipoti*, i discendenti, i posteri.

pronità [dal lat. *pronitas, -ātis*; sec. XIV] **sf.** *raro* **1.** l'essere prono **2.** *fig.* propensione, inclinazione.

pròno [dal lat. *prōnus*; a. 1306] **agg. 1.** piegato, chino verso terra: *capo prono* || *giacere, dormire prono*, a pancia in giù **2.** *fig.* in tutto e per tutto condiscendente: *prono ai voleri della plebe* || *per estens.* incline, disposto a: *prono all'ira* || **N. 1.** *Sin.* bocconi, chino, curvo, inchinato, inclinato, prostrato | *Contr.* supino **2.** *Sin.* arrendevole, remissivo.

pronóme [dal lat. *pronōmen*, propr. al posto del nome; a. 1332] **sm.** parte variabile del discorso che designa indirettamente qualcuno o qualcosa fornendo nel contempo informazioni riguardo alla sua quantità o definitezza (*pronomi indefiniti*: qualcuno, molti, tutti, ogni ecc.), alla persona grammaticale o al rapporto di possesso o di prossimità (*pronomi personali, possessivi, dimostrativi*: io, egli, voi; mio, suo, proprio; questo, quello ecc.), alla modalità della frase (*pronomi interrogativi*: quale, chi ecc.); *pronomi atoni* (mi, ti, lo, la, gli, le, si, ci, vi, li, ne); *pronomi relativi*, (che, cui, il quale ecc.); introducono una frase relativa || **N.** anafora, catafora, deissi. **Q.T.** *linguistica.*

pronominàle [dal lat. tardo *pronominālis*; 1551] **agg.** di, relativo a pronome; che prevede l'uso del pronome: *desinenze pronominali, flessione pronominale* || *particelle pronominali*, lo stesso che *pronomi atoni* (v.) || intransitivo pronominale, di verbo, che si coniuga nelle stesse forme di un riflessivo, in cui però la particella pronominale non funge da complemento ma da marca morfologica intransitiva, sia come unica forma (*vergognarsi, pentirsi*), che in opposizione a una attiva non pronominale (*spostare* e *spostarsi, stupire* e *stupirsi*) || **pronominalménte** **avv.** in funzione di pronome; per mezzo di pronome.

pronominàre (pres. *-òmino*) [dal lat. tardo *pronomināre*; sec. XIV] **tr.** *arc.* qualificare con un nome; soprannominare.

pronosticaménto [da *pronosticare*; a. 1406] **sm.** *raro* pronostico.

pronosticàre (pres. *-òstico, -òstichi*) [da *pronostico*; a. 1348] **tr.** predire in base a segni: *pronosticare un avvenimento, un malanno* || far prevedere: *queste nuvole pronosticano tempesta* || **N.** *Sin.* congetturare, presagire, prevedere, profetizzare, vaticinare, INDOVINARE.

pronosticatóre [da *pronosticare*; a. 1311] **sm.** (f. *-trice*) *non com.* chi pronostica.

pronosticazióne [da *pronosticare*; a. 1363] **sf.** *non com.* l'atto del pronosticare, pronostico.

pronòstico (pl. *-ci*) [dal lat. *prognōsticus*, gr. *prognōstikón*; a. 1292 *pronostica* sf.] **I sm.** **1.** previsione basata su indizi: *fare un buon pronostico, il pronostico si avvera, un pronostico su una corsa di cavalli, su un incontro di calcio* **2.** *non com.* segno premonitore **II agg.** *arc.* che preannuncia, foriero || **N. 1.** *Sin.* auspicio, congettura, divinazione, predizione, presagio.

prontàre (pres. *prónto*) [dal lat. *promptāre*; fine sec. XII - prima metà sec. XIII] **tr.** *arc.* sollecitare, premere || **intr. pron.** sforzarsi.

prontézza [da *pronto*; a. 1266] **sf.** **1.** rapidità di azione e spec. di reazione; sollecitudine: *rispondere con prontezza, prontezza di riflessi, di memoria*; *prontezza di mano*, sveltezza; *fig.* facilità a menar le mani **2.** *ant.* sfacciataggine || **N. 1.** *Sin.* lestezza | *Contr.* lentezza, pigrizia.

prontitùdine [da *pronto*; a. 1380] **sf.** *arc.* improntitudine.

prónto [lat. *prōmptus*, propr. portato fuori; a. 1293] **I agg.** **1.** in condizione di essere usato o consumato: *il pranzo è pronto, la valigia non è ancora pronta, l'abito sarà pronto per lunedì, il treno per Pistoia è pronto sul terzo binario* || di persona, che si trova nello stato, psicologico o materiale, adatto per compiere o per subire una certa azione: *tenetevi pronti si salpa, non mi sento pronta per l'esame* || di persona, disposto: *è sempre pronto a scherzare, esser pronti a dar la vita* **2.** rapido nelle reazioni: *mente, intelligenza pronta, riflessi pronti* || *per estens.* rapido, quasi immediato: *augurare una pronta guarigione, cemento a pronta presa* || *pronto soccorso*: le prime e più urgenti cure mediche prestate in caso di necessità: *servizio di pronto soccorso*; anche il servizio stesso o il luogo attrezzato per tali cure: *essere ricoverato al pronto soccorso* **3.** *T.fin.* *a pronti* (*contanti*), con denaro contante: *cambio a pronti*; *pronti contro termine*, operazione consistente in una doppia compravendita di titoli, cioè in una vendita (o acquisto) a pronti contro acquisto (o vendita) a termine (v.) a prezzo prefissato; *pagamento a pronta cassa*, all'atto della consegna della merce || **prontaménte** **avv.** con rapidità; immediatamente **II escl.** **1.** *pl. pronti!* *T.sport.* nelle gare di corsa e di nuoto, il comando che precede il "via", dopo il quale l'atleta si prepara allo scatto **2.** la prima parola pronunciata in una conversazione telefonica, con cui si apre il canale della comunicazione o se ne verifica il funzionamento: *pronto, chi parla?, pronto, sono io, pronto, pronto, non ti sento più!* || **N. I 1.** *Sin.* apparecchiato, predisposto, preordinato, preparato; disposto | a disposizione, all'ordine, a portata di mano **2.** *Sin.* alacre, celere, lesto, presto, sollecito.

prontuàrio (pl. *-ri*) [dal lat. tardo *promptuārius*, armadio, dispensa; 1553] **sm.** manuale in cui l'esposizione della materia è chiara e concisa, in modo da rendere agevole la consultazione: *prontuario di citazioni dantesche, prontuario dell'ingegnere* || **N.** *Sin.* breviario, guida, repertorio.

prònuba [dal lat. *prōnuba*; 1532] **sf.** **1.** *T.stor.* nell'antica Roma, colei che assisteva la sposa durante le nozze e le faceva da testimone **2.** *per estens.* donna che promuove un matrimonio; mezzana.

prònubo [dal lat. tardo *prōnubus*; 1611] **I sm.** **1.** nell'antica Roma, ciascuno dei tre giovani che, alle nozze, assistevano lo sposo e facevano da testimoni **2.** *per estens.* sensale di matrimonio **II agg.** **1.** *lett.* che si riferisce al matrimonio; che favorisce il matrimonio o incontri amorosi: *il pronubo rito*; *la notte corre pronuba e presta* (Lucini); *in part.* come epiteto di divinità legate all'amore, alle nozze e sim.: *il pronubo Cupido, la pronuba Giunone* **2.** *T.zool.* di animale, spec. insetto, che visita i fiori, assicurando l'impollinazione e quindi la fecondazione incrociata delle varie specie vegetali || **N. I 1.** *Sin.* paraninfo.

pronùncia o **pronùnzia** (pl. *-ce* o *-zie*) [da *pronunciare*; sec. XV] **sf.** **1.** modo di articolare i suoni di una lingua: *conosce bene l'inglese ma ha una pronuncia orribile, la pronuncia corretta è trascritta in alfabeto fonetico, la pronuncia emiliana della "s", difetto, errore di pronuncia* **2.** *T.giur.* atto con cui si rende nota una decisione, una sentenza || **N. 1.** accento, dizione, emissione, fonazione, intonazione, tono | aperta, aspirata, aspra, buona, chiara, chiusa, corretta, difettosa, distinta, gutturale, larga, nasale, raccolta, rotonda, rozza, sciolta, scorrevole, serrata, sibilante, spedita, spiccata, stretta, veloce | afasia, balbuzie, blesità, dislalia, gorgia, iotacismo, lambdacismo, parafasia, storpiatura | fonico | eufonia, fonetica, fonologia, ortoepia, ortofonia.

pronunciàbile o **pronunziàbile** [dal lat. tardo *pronuntiābilis*, enunciativo; 1745] **agg.** che si può pronunciare: *un nome difficilmente pronunciabile* || **N.** *Contr.* impronunciabile.

pronunciaménto [da *pronunciare*; 1300 ca.] **sm.** *non com.* l'atto del pronunciare.

pronunciamiento (sp., pr. [pronunθja'mjento]; pr. amer. e it. [pronunsja'mjento]) [da *pronunciarse*, dichiararsi, ribellarsi; a. 1876] **sm.** *inv.* presa di posizione che prelude a un colpo di stato condotto da militari || colpo di stato || **N.** *Sin.* *golpe, putsch.*

pronunciàre o **pronunziàre** (pres. *-ùncio* o *-ùnzio*) [dal lat. *pronuntiāre*, proclamare; 1309] **tr.** **1.** realizzare sonoramente con il concorso di emissione di fiato e opportuna disposizione degli organi fonatori: *pronunciare chiaramente, in modo incomprensibile, un suono gutturale che solo gli arabi sanno pronunciare, il suo nome non voglio nemmeno sentirlo pronunciare* || *per estens.* dire, proferire: *pronunciare un discorso, un'orazione, un solenne giuramento* || *pronunciare una condanna, una sentenza*, emetterla **2.** *ant.* dichiarare; enunciare || **intr. pron.** manifestare la propria opinione, dare il proprio giudizio: *si è pronunciato a favore, sul fatto non ha voluto pronunciarsi* || **N. tr. 1.** accentare, articolare, aspirare, balbettare, barbugliare, biascicare, ciancicare, ciangottare, cincischiare, compitare, declamare, dettare, farfugliare, fischiare, formare, inciampare, scandire, scilinguare, spiccicare, storpiare, strascicare, tartagliare; mangiarsi le parole, masticare tra i denti, spiccar bene le parole.

pronunciàto o **pronunziàto** (*pps.* di *pronunciare*) [a. 1578 *pronunziato* come sm. nel senso 2; 1807 come agg.] **I agg.** sporgente in fuori, in rilievo: *zigomi pronunciati* || *fig.* spiccato, accentuato: *un pronunciato talento musicale* **II sm.** **1.** *T.giur.* sentenza di un magistrato **2.** *raro* asserzione, enunciato.

pronunciatóre [dal lat. *pronuntiātor, -ōris*; prima metà sec. XIV] **sm.** (f. *-trice*) *non com.* chi pronuncia || **N.** dicitore.

pronuntiatio (lat., pr. it. [pronun'tsjattsjo]) [letter. enunciazione] **sf.** nella retorica classica, la fase di declamazione del discorso, accompagnata da gesti || **N.** declamazione, dizione. **Q.T.** *retorica...*

pronùnzia e der. V. PRONUNCIA e der.

pronunziazióne [dal lat. *pronuntiātio, -ōnis*; a. 1294] **sf.** *arc.* **1.** pronuncia **2.** dichiarazione.

propagàbile [da *propagare*; 1580] **agg.** che si può propagare, atto ad essere propagato.

propagaménto [da *propagare*; a. 1673] **sm.** *non com.* propagazione.

propagànda [dal n. della Sacra Congregazione *De propaganda fide*, per la propagazione della fede, attr. il fr. *propagande*; 1797] **sf.** **1.** insieme di iniziative volte a diffondere fra la massa idee o dottrine, spec. politiche: *volantini e manifesti di propaganda elettorale, propaganda di regime, reato di propaganda sovversiva*; anche per far conoscere prodotti commerciali e promuoverne il consumo **2.** *per estens. spreg.* insieme di notizie presumibilmente infondate o gonfiate: *non credere a quelle cifre, è solo propaganda!* || **N. 1.** *Sin.* apostolato, predicazione, proselitismo; promozione, pubblicità; diffusione, divulgazione.

propagandàre [da *propaganda*, prob. sul modello del fr. *propagander*; 1922] **tr.** diffondere con mezzi propagandistici.

propagandìsta [dal fr. *propagandiste*; 1798] **s.** **1.** chi svolge opera di propaganda per la diffusione di idee: *propagandista di un partito* **2.** chi fa propaganda di prodotti commerciali: *propagandista di una casa farmaceutica* || **N. 1.** *Sin.* apostolo, banditore, catechista, divulgatore, missionario, promulgatore, propalatore **2.** *Sin.* piazzista; pubblicitario.

propagandìstico (pl. *-ci*) [da *propaganda*; 1936] **agg.** relativo alla propaganda || fatto a scopo di propaganda; anche *spreg.*

propagàre (pres. *-àgo*, *-àghi*) [dal lat. *propagare*; a. 1492] **tr.** **1.** moltiplicare per riproduzione: *propagare una razza* **2.** *per estens.* spargere, diffondere: *propagare il culto, una dottrina, propagare false notizie* || **intr. pron.** **1.** riprodursi: *queste piante si sono propagate rapidamente* **2.** *per estens.* spandersi, diffondersi: *la luce si propaga più velocemente del suono, il contagio si è propagato a macchia d'olio* || **N. tr. 2.** *Sin.* bandire ai quattro venti, catechizzare, diramare, disseminare, divulgare, estendere, propalare, seminare, spacciare, spandere, spargere, stendere.

propagatóre [dal lat. *propagātor, -ōris*; a. 1653] **agg.** e **sm.** (f. *-trice*) che o chi propaga: *propagatore di false notizie.*

propagazióne [dal lat. *propagātio, -ōnis*; 1363] **sf.** atto ed effetto del propagare o del propagarsi: *la propagazione di una notizia* || *in part.* *T.bot.* moltiplicazione vegetativa, naturale o artificiale, ad opera di particolari organi che si distaccano dalla pianta madre (rizomi, stoloni e sim.) || *T.fis.* movimento di un'interazione di tipo ondulatorio attraverso un mezzo || **N.** *Sin.* divulgazione, propalazione. **Q.T.** *audiovisivi, fisica.*

propagginaménto [da *propagginare*; a. 1320] **sm.** *raro* propagginatura.

propagginàre (pres. *-àggino*) [dal lat. tardo *propagināre*; 1300 ca.] **tr.** **1.** riprodurre mediante propagginazione **2.** *per estens.* *T.stor.* sottoporre al supplizio della propagginazione.

propagginazióne [dal lat. tardo *propaginātio, -ōnis*; a. 1320] **sf.** **1.** *T.agr.* metodo di riproduzione che si attua flettendo verso il basso e interrando per un tratto un ramo attaccato alla pianta madre, in modo da favorire uno sviluppo autonomo di radici e massa fogliare **2.** *per estens.* *T.stor.* supplizio in uso nel Medioevo che consisteva nel sotterrare col capo all'ingiù un reo.

propàggine [dal lat. *propāgo, -inis*; a. 1320] **sf.** **1.** *T.agr.* ramo di una pianta impiegato nella propagginazione per ottenere un nuovo individuo || *per estens.* propagginazione **2.** *fig.* diramazione o tratto terminale: *le propaggini di un nervo, le propaggini delle Alpi* || di processi o eventi, ultime e sporadiche manifestazioni: *le propaggini del Romanticismo* **3.** *ant.* prole, discendenza || **N. 2.** *Sin.* appendice, coda, strascico.

propàgo [dal lat. *propago*; a. 1470] **sf.** *inv.* *arc.* propaggine.

propagolazióne [da *propagolo*; 1954] **sf.** *T.bot.* moltiplicazione per propagoli.

propàgolo [dal lat. scient. *propagulum*, class. *propages*, propaggine; 1875] **sm.** *T.bot.* corpuscolo dei vegetali inferiori (per es. i Muschi) capace di riprodurre agamicamente una nuova pianta.

propàgulo e der. forma antica di PROPAGOLO e der. (v.).

propalàre (pres. *-àlo*) [dal lat. tardo *propalāre*; 1585] **tr.** divulgare, rendere noto a tutti, spesso indebitamente: *propalare il falso, un pettegolezzo* ‖ **N.** *Sin.* diffondere, raccontare, rivelare, spacciare, PROPAGARE.

propalatóre [da *propalare*; 1642] **sm.** (f. *-trìce*) chi propala.

propalazióne [da *propalare*; sec. XIV] **sf.** atto ed effetto del propalare.

propàno [dall'ingl. *propane*; 1895] **sm.** *T.chim.* idrocarburo alifatico saturo presente allo stato gassoso nel petrolio greggio, impiegato in numerosi processi industriali di sintesi e come combustibile.

proparalèssi [dal gr. *proparalambánein*, ricevere in più, sul modello di *parálēpsis*, azione di raccogliere; a. 1565] **sf.** *T.gram.* figura grammaticale, detta più com. *paragoge*.

proparossìtono [dal gr. *proparoxýtonos*; 1829] **agg.** *T.gram.* di parola greca, accentata sulla terzultima sillaba; *per estens.* anche rif. ad altre lingue ‖ **N.** *Sin.* sdrucciolo.

pròpe [dal lat. *prope*; 1321] **avv.** *arc.* vicino; nella loc. prep. *prope a*, vicino a.

propedèutica [f. sost. di *propedeutico*; 1835] **sf.** l'insieme di nozioni preliminari necessarie per intraprendere lo studio di una disciplina ‖ **N.** introduzione, preparazione.

propedèutico (pl. *-ci*) [dal gr. *propaidéuein*, istruire prima; 1835] **agg.** d'insegnamento, che introduce allo studio d'una scienza: *corso propedeutico di filosofia* ‖ **propedeuticaménte** **avv.**; anche nella *loc. prep. rara propedeuticamente a*, con funzione introduttiva rispetto a.

propellènte [da *propellere*; 1949] **sm.** **1.** combustibile liquido, gassoso o solido, che serve alla propulsione di razzi, missili e sim. **2.** sostanza liquida o gassosa, inserita sotto pressione nelle bombolette spray per favorire la fuoriuscita del prodotto (insetticidi, deodoranti). **Q.T.** *astronautica.*

propèllere (p.rem. *propùlsi*; pps. *propùlso*) [dal lat. *propellere*, spingere innanzi; a. 1496] **tr.** *raro* dare impulso a.

propèndere (p.rem. *propendéi* o *propési*; pps. *propènso*, raro *propendùto*) [dal lat. *propendēre*, pendere in avanti; 1683] **intr.** (aus. *avere*) essere incline, essere orientato (più in riferimento a singole scelte che come disposizione abituale): *propendere per il no, propendere verso la clemenza* ‖ **N.** preferire; aver un debole, essere disposto.

propensióne [dal lat. *propensio, -ōnis*; 1598] **sf.** **1.** inclinazione, tendenza naturale: *aver propensione al comico, per lo studio, per la musica* **2.** maggiore disponibilità, preferenza: *non nasconde la sua propensione per questa soluzione* ‖ **N.** **1.** *Sin.* INCLINAZIONE **2.** *Sin.* favore, simpatia.

propènso (*pps.* di *propendere*) [1581] **agg.** incline, favorevole: *sono propenso a credere a quanto dici, i genitori sono poco propensi a lasciarlo partire* ‖ **N.** *Sin.* ben disposto, proclive | *Contr.* restìo.

properispòmeno [dal gr. *properispṓmenos*; 1875] **agg.** *T.gram.* di parola greca, che abbia l'accento circonflesso sulla penultima sillaba.

propilammìna [comp. di *propile* e *ammina*; 1958] **sf.** *T.chim.* ammina che presenta il gruppo amminico legato al radicale propile.

propìle [comp. di *prop(ionico)* e *-ile*²; 1958] **sm.** *T.chim.* radicale monovalente derivato dal propano per sottrazione di un atomo di idrogeno.

propilène [da *propil(ico)*, n. d'un composto chimico; 1871] **sm.** *T.chim.* idrocarburo alifatico gassoso che si forma nei processi di *cracking*, da cui si ricavano numerosi prodotti di sintesi, fra cui glicerina, fenolo, acetone e polipropilene.

propilèo [dal lat. *propylāea*, gr. *propýlaia*, neutro pl. sost. di *propýlaios*, posto davanti alla porta; 1499] **sm.** *T.arch.* ingresso monumentale di un tempio, di un palazzo e sim. (perlopiù *pl.*): *i propilei dell'Acropoli di Atene* ‖ **N.** atrio, PORTICO.

propìlico (pl. *-ci*) [da *propile*; 1871] **agg.** *T.chim.* di composto o radicale in cui è presente il radicale propile: *alcol propilico*, alcol saturo primario impiegato in profumeria e come aromatizzante di bevande alcoliche.

propìna [da *propinare*; 1551 nel senso 2] **sf.** **1.** *T.bur.* retribuzione speciale data in passato a un professore per ciascun esame al quale assisteva **2.** sportula.

propinàre (pres. *-ìno*) [dal lat. *propināre*, bere alla salute di uno, invitare a bere; metà sec. XIV] **tr.** **1.** dare da bere insidiosamente: *propinare un veleno* **2.** *fig. scherz.* costringere a subire o accettare; rifilare: *ci ha propinato una lezione interminabile, gli hanno propinato della merce scadente.*

propinatóre [dal lat. tardo *propinātor, -ōris*; a. 1828] **agg.** e **sm.** (f. *-trìce*) *lett.* che o chi propina ‖ *in part.* chi somministra bevande avvelenate ‖ *fig.* divulgatore di idee dannose.

propinquità [dal lat. *propinquitas, -ātis*; fine sec. XII - inizio sec. XIII] **sf.** **1.** *lett.* vicinanza **2.** *arc.* affinità, parentela.

propìnquo [dal lat. *propinquus*; fine sec. XII - inizio sec. XIII] **agg.** e **sm.** (f. *-a*) **1.** *lett.* vicino **2.** *arc.* congiunto per parentela, affine.

pròpio e der. forme pop. di PROPRIO e der. (v.).

propiònico (pl. *-ci*) [dal fr. *propionique*; 1871] **agg.** *T.chim.* di acido o aldeide che deriva formalmente dal propano.

propitèco (pl. *-chi* o *-ci*) [comp. di *pro-* e *-piteco*; 1865] **sm.** *T.zool.* genere di scimmie dei Lemuridi del Madagascar.

propiziàre (pres. *-ìzio*) [dal lat. *propitiāre*; 1598] **tr.** rendere propizio, favorevole: *propiziare le divinità con sacrifici, propiziarsi il favore dei giudici* ‖ **N.** *Sin.* cattivarsi, ingraziarsi.

propiziatìvo [da *propiziare*; 1567] **agg.** *non com.* atto a propiziare, propiziatorio.

propiziatóre [dal lat. tardo *propitiātor, -ōris*; a. 1342] **I sm.** (f. *-trìce*) chi compie riti di propiziazione **II agg.** propiziatorio.

propiziatòrio (pl. *-ri*) [da *propiziare*; 1585] **I agg.** atto a propiziare: *sacrificio, rito propiziatorio* **II sm.** lamina d'oro che copriva l'Arca della Santa Alleanza, nel tempio di Gerusalemme.

propiziazióne [dal lat. tardo *propitiātio, -ōnis*; a. 1342] **sf.** atto del propiziare e del propiziarsi ‖ rito mirante a rendere propizia la divinità: *preghiere di propiziazione.*

propìzio (pl. *-zi*) [dal lat. *propitius*; inizio sec. XIII] **agg.** **1.** benigno, favorevole: *la dea Minerva agli ingegni propizia* (Poliziano) **2.** opportuno, adatto: *occasione propizia, momento propizio* ‖ **propiziaménte** **avv.** ‖ **N.** **1.** *Sin.* bendisposto, benevolo, fausto.

pròpoli [dal gr. e lat. *própolis*, sobborgo, poi propoli, perché le api la pongono intorno all'alveare; a. 1498] **sf.** sostanza viscosa di color bruno, che le api raccolgono dalle piante resinose e impiegano per chiudere gli interstizi dell'arnia, fissare i favi e ricoprire corpi estranei in putrefazione; si usa anche in farmacologia come blando antisettico.

proponènte (*ppr.* di *proporre*) [1336 ca.] **s.** chi, in un'assemblea, avanza proposte.

propónere V. PROPORRE.

proponìbile [dal lat. *propōnere*, proporre; 1804] **agg.** che si può proporre: *una richiesta proponibile* ‖ **N.** *Sin.* presentabile | *Contr.* improponibile.

proponibilità [da *proponibile*; 1947] **sf.** l'essere proponibile ‖ **N.** *Contr.* improponibilità.

proponiménto [dal lat. *propōnere*, proporre; a. 1292] **sm.** **1.** *ant.* proposito **2.** impegno che si assume formalmente con se stessi: *proponimenti per l'anno nuovo* ‖ *far proponimento di*, impegnarsi con se stesso a.

proponitóre [dal lat. *propōnere*, proporre; a. 1519] **agg.** e **sm.** (f. *-trìce*) *raro* che o chi propone.

propórre (pres. *-óngo* ecc., come PORRE) [lat. *propōnere*; a. 1243] **tr.** **1.** mettere avanti, presentare all'attenzione come possibilità che si favorisce: *fra le soluzioni proposte questa è la peggiore, proporre una gita, un gioco, mi ha proposto di fare una società, proporre un soggetto, un argomento da trattare* ‖ offrire: *le hanno proposto la parte di protagonista* ‖ candidare: *fu proposto a presidente, a rappresentare il suo paese, per una onorificenza* ‖ *prov. l'uomo propone e Dio dispone*, i disegni dell'uomo riescono solo se piacciono a Dio **2.** *arc.* o *lett.* premettere **3.** *arc.* preferire ‖ **intr. pron.** prefiggersi: *si è proposto di parlare con sincerità* ‖ **N.** **tr.** **1.** *Sin.* affacciare, avanzare, consigliare, presentare, profferire, prospettare, segnalare, sottoporre.

proporzionàbile [da *proporzionare*; 1521] **agg.** che si può proporzionare.

proporzionàle [dal lat. tardo *proportionālis*; a. 1320] **agg.** **1.** di grandezza variabile, legata ad altra grandezza da un rapporto costante: *il prezzo è proporzionale al peso* ‖ *T.mat. grandezze direttamente proporzionali*, tali che aumentando la prima aumenta in proporzione anche la seconda; *inversamente proporzionali*, tali che aumentando la prima la seconda diminuisce in proporzione; *medio proporzionale*, di due numeri *a* e *b*, il numero *x* tale che $a : x = x : b$ ‖ *T.econ. imposta, tassa proporzionale*, calcolata in rapporto al reddito, al capitale, al valore della merce ecc., con aliquota costante ‖ *T.pol. sistema, rappresentanza proporzionale*, secondo cui a ogni partito spettano un numero di seggi proporzionale ai voti ottenuti **2.** *T.mus. non com. notazione proporzionale, non com.* notazione mensurale **3.** *arc.* proporzionato ‖ **proporzionalménte** **avv.** in proporzione, in rapporto; corrispondentemente; nella *loc. prep. proporzionalmente a*, in proporzione a ‖ **N.** **1.** *Sin.* commisurato, correlato, corrispondente, relativo.

proporzionalità [dal lat. tardo *proportionalitas, -ātis*; 1561] **sf.** relazione che lega grandezze fra loro proporzionali.

proporzionàre (pres. *-óno*) [da *proporzione*; sec. XIV] **tr.** adattare in proporzione: *proporzionare le spese alle entrate, l'obiettivo alle capacità* ‖ **N.** *Sin.* adeguare; ridimensionare.

proporzionàto (*pps.* di *proporzionare*) [a. 1311] **agg.** **1.** che è in una proporzione adeguata (rispetto a qualcos'altro): *stipendio proporzionato al costo della vita, peso proporzionato alla statura* **2.** armonico, equilibrato nelle proporzioni: *un ovale con lineamenti gradevolmente proporzionati* ‖ **proporzionataménte** **avv.** ‖ **N.** **1.** *Sin.* adatto, adeguato, commisurato, confacente, congruo, conveniente, proporzionale **2.** *Contr.* disarmonico, sproporzionato.

proporzionatóre [da *proporzionare*; sec. XIV] **agg.** e **sm.** (f. *-trìce*) *non com.* che o chi proporziona.

proporzióne [dal lat. *proportio, -ōnis*, rapporto, analogia; a. 1292] **sf.** **1.** rapporto dimensionale o quantitativo fra gli elementi di un insieme o fra le parti di un corpo (perlopiù *pl.*): *le proporzioni di un edificio, una statua greca scolpita secondo proporzioni ideali, le proporzioni degli ingredienti possono variare a seconda dei casi* ‖ *T.mus.* nella notazione dei sec. XV-XVII, principio secondo il quale la durata delle note di alcune parti interne a una composizione poteva variare secondo un certo rapporto di valore (doppio, triplo ecc.) **2.** *per restr.* rapporto ideale, giusto; armonica distribuzione delle parti nel tutto: *in quel ritratto mancano le proporzioni, non c'è proporzione fra il busto e quelle ridicole gambette* || *in part.* adeguata o conveniente corrispondenza o conseguenza: *non c'è proporzione fra colpa e castigo* || *fig. non avere il senso delle proporzioni,* non saper valutare in modo adeguato cose e circostanze || nella *loc. prep. in proporzione a,* in rapporto, in relazione, rispetto a: *la ricompensa sarà stabilita in proporzione all'impegno; in proporzione all'età è ancora agile* || nella *loc. avv. in proporzione,* secondo un fattore costante: *se crescono le spese, bisogna aumentare le entrate in proporzione* **3.** *T.mat.* uguaglianza di due rapporti numerici; viene scritta $a : b = c : d$, ed enunciata *a sta a b come c sta a d, a* e *b* sono i termini antecedenti, *c* e *d* i conseguenti; *a* e *d* gli estremi, *b* e *c* i medi: *il problema si risolve impostando una semplice proporzione; proporzione continua,* in cui i medi sono uguali **4.** *pl.* dimensione, grandezza: *un commercio, un fenomeno di vaste proporzioni* || **N. 1.** *Sin.* analogia, corrispondenza, proporzionalità, rispondenza **2.** *Sin.* armonia, equilibrio, simmetria; convenienza | *Contr.* dismisura, sproporzione. **Q.T.** *matematica...*

proporzionévole [da *proporzione*; a. 1320] ***agg.*** *arc.* proporzionato.

propòsito [dal lat. *propositum*; a. 1306] ***sm.*** **1.** idea deliberata di fare una cosa, intento: *proposito fermo, tenace, è impossibile smuoverla dai suoi propositi* || *di proposito,* apposta: *l'ha fatto di proposito; disus. un uomo di proposito,* serio, costante **2.** scopo, finalità: *quella commedia ha il proposito di porre in ridicolo i pregiudizi della piccola borghesia* **3.** argomento di discorso, tema: *a questo proposito avrei molto da raccontarti, vorrei chiarimenti in proposito* || *fuor di proposito,* con scarsa attinenza con la questione in argomento || *a proposito,* convenientemente, opportunamente, a tono: *rispose a proposito, ha parlato a proposito*; al momento giusto: *siete capitati a proposito; male a proposito,* inopportunamente; come *loc. agg.* conveniente, opportuno, adatto: *ho la persona a proposito* || nella *loc. prep. a proposito di,* intorno a, riguardo a: *a proposito di questo autore bisogna fare alcune premesse*; anche per introdurre un argomento venuto in mente sul momento per associazione di idee: *a proposito di vacanze, dove andiamo quest'anno?*; anche *ass.*: *a proposito, dove andiamo in vacanza?* **4.** *arc.* decisione, deliberazione presa in precedenza || **N. 1.** *Sin.* disegno, idea, intendimento, intenzione, pensiero, progetto, proponimento | buono, cattivo, concreto, costante, debole, effimero, fermo, forte, incostante, infernale, inopportuno, irrevocabile, meditato, nobile, opportuno, ostinato, persistente, ridicolo, serio, santo, tenace, volubile | deliberare, desistere da, ispirare, mantenere, premeditare, tradire.

proposizionàle [da *proposizione*; 1936] ***agg.*** *calcolo proposizionale,* in logica, sistema deduttivo basato sulle operazioni logiche di congiunzione, disgiunzione, implicazione e negazione || **N.** predicativo.

proposizióne [dal lat. *propositio, -ōnis*; 1308] ***sf.*** **1.** *T.gram.* unità del discorso dotata di senso compiuto, costituita, nella sua forma minima, da un soggetto (anche sottinteso) e da un predicato (*proposizione semplice*) o ampliata da uno o più complementi, attributi e apposizioni (*proposizione complessa*); *proposizione principale,* sintatticamente autonoma; *proposizione subordinata,* sintatticamente e logicamente dipendente da una principale o da altra subordinata; *proposizione enunciativa, interrogativa, esclamativa, imperativa, ottativa,* che enuncia un fatto, un'idea o esprime un'interrogazione, un'esclamazione, un comando o un desiderio; *proposizione implicita, esplicita,* che contiene un verbo di modo indefinito oppure finito **2.** *T.fil.* enunciato dichiarativo || il significato di un enunciato dichiarativo || ciascuno degli asserti principali di una teoria || *T.mat.* enunciazione di un teorema: *le proposizioni di Euclide* **3.** *T.ret.* esposizione iniziale dell'argomento che sarà trattato in un'opera; sezione iniziale di un proemio **4.** *ant.* proposta **5.** *arc. T.gram.* preposizione || **N. 1.** anacoluto, analisi logica, apposizione, asindeto, attributo, chiasma, complemento, concordanza, costruzione, polisindeto, predicato (nominale o verbale), soggetto **2.** aforisma, assunto, giudizio, lemma, massima, paradosso, postulato, tesi. **Q.T.** *linguistica.*

propósta [f. sost. di *proposto*[1]; prima metà sec. XIII] ***sf.*** **1.** azione del proporre; ciò che si propone: *avanzare, fare una proposta, la sua proposta è stata accolta, respinta; proposta di vendita, di matrimonio, fare proposte oscene* || *proposta di legge,* progetto legislativo presentato alle Camere da uno o più parlamentari || *proposta contrattuale,* atto con cui una delle parti esprime la volontà di concludere un contratto **2.** *T.sport.* nella scherma, l'accennare a una azione invitando l'avversario a impegnarvisi **3.** *arc.* proposito: *e per novi pensier cangia proposta* (Dante) || **N. 1.** *Sin.* consiglio, mozione, offerta, parere, suggerimento | accettabile, concreta, gradita, inaccettabile, inaspettata, originale, precisa, strana, utile, vantaggiosa.

propósto[1] (*pps.* di *proporre*) [a. 1294] **I** ***agg.*** nei sensi del verbo **II** ***sm.*** *arc.* **1.** argomento **2.** proposito.

propósto[2] [var. di *preposto*; sec. XIII] ***sm.*** prevosto.

proprefètto [dal lat. *propraefectus*; 1871] ***sm.*** *T.stor.* nell'antica Roma, luogotenente del prefetto.

propretóre [dal lat. *propraetor, -ōris*; prima metà sec. XIV] ***sm.*** *T.stor.* nell'antica Roma, il pretore dell'anno precedente, destinato al comando di un esercito o dell'amministrazione di una provincia.

propretùra [da *propretore*; 1970] ***sf.*** *T.stor.* mandato di propretore.

proprietà [dal lat. *proprietas, -ātis*; 1225 ca. *proprietade*] ***sf.*** **1.** ciò che contribuisce a caratterizzare qualcosa, a farlo essere ciò che è: *il peso è una proprietà dei corpi, proprietà vermifughe, antipiretiche di un medicinale, le magiche proprietà di una pozione, descrivere le proprietà di un materiale*; *in part.* in matematica: *proprietà associativa, commutativa, distributiva di un'operazione* **2.** la caratteristica di ciò che è proprio; adeguatezza, appropriatezza: *si esprime con proprietà di linguaggio* || *non com.* decoro, decenza **3.** diritto di godere e disporre in modo pieno delle cose, nel rispetto dei limiti imposti dall'ordinamento giuridico: *avere la proprietà di un bene; proprietà privata, pubblica; di proprietà di,* appartenente a: *ha un aereo di sua proprietà, uno stabile di proprietà del Comune; avere qualcosa in proprietà,* esserne proprietario || *proprietà letteraria, artistica,* diritto accordato dalla legge all'autore o all'editore di un'opera artistica o letteraria || *concr.* bene posseduto: *possiede una piccola proprietà agricola, proprietà mobiliari, immobiliari* || **N. 1.** *Sin.* carattere, caratteristica, qualità; particolarità, peculiarità, prerogativa **2.** *Sin.* pertinenza **3.** *Sin.* disponibilità, possesso; appartenenza; comproprietà; patrimonio, possedimento. **Q.T.** *diritto, matematica...*

proprietàrio (pl. *-ri*) [dal lat. tardo *proprietārius*; fine sec. XIV] ***sm.*** (f. *-a*) **1.** chi ha diritto di proprietà su qualcosa, e spec. beni stabili: *proprietario di terreni, piccolo proprietario, legittimo proprietario* **2.** *T.stor.* in passato, chi aveva il comando di un reggimento, con autorità straordinaria, senza obbligo di servizio || **N. 1.** *Sin.* comproprietario, condomino, domino, possidente, signore, PADRONE.

pròprio (pl. *-ri*) [dal lat. *proprius*; a. 1250] **I** ***agg.*** e ***pron.*** **1.** possessivo, di sé (sempre rif. al soggetto); può accompagnare ogni altro possessivo, che rafforza: *di sua propria mano, le mie proprie intenzioni, la nostra propria volontà*; sostituisce freq. il possessivo di terza persona sing. o pl.: *curano i propri interessi, ama la propria madre*; è obbligatorio (in luogo di *suo, sua* ecc.) nei costrutti impersonali: *non è facile convivere con i propri difetti, libertà di esprimere le proprie idee* || *amor proprio,* orgoglio personale **2.** caratteristico, specifico: *incertezze proprie dei principianti, un'inflessione propria della parlata ligure* **3.** appropriato, corretto: *non è questo il luogo più proprio per gli schiamazzi, uso non proprio di un termine; senso* o *significato proprio,* letterale, non figurato || *vero e proprio,* V. VERO **4.** *T.gram. nome proprio,* morfema che designa uno e un solo oggetto o ente collettivo (sempre con iniziale maiuscola): *Carlo, Ande, Radiolari, Paleolitico* || **propriaménte** ***avv.*** **1.** esattamente, precisamente: *le cose non si sono svolte propriamente così* **2.** in senso proprio: *l'implicazione è propriamente la validità del condizionale; propriamente detto,* in senso stretto: *il prosecco propriamente detto è solo quello di Treviso* || usato come pron. vuole l'art.: *invece di occuparsi dei fatti nostri, pensino ai propri* **II** ***avv.*** **1.** precisamente, per l'appunto: *è successo proprio ieri, parlo proprio di te* **2.** davvero: *è proprio bello, non so proprio cosa fare, sei proprio tu?* || nelle risposte, per affermare o confermare: *"allora, sarebbe colpa mia?" "proprio!"* **III** ***sm.*** **1.** ciò di cui si è proprietari: *rimetterci del proprio* || nella *loc. avv. in proprio,* di proprietà personale: *avere un immobile in proprio*; per conto proprio, senza essere alle dipendenze di nessuno: *lavorare, mettersi in proprio*; di persona: *rispondere del danno in proprio* **2.** *T.fil.* nella logica aristotelica, insieme di caratteri che appartengono solamente a tutti gli elementi di una stessa classe **3.** parte della celebrazione liturgica cattolica che integra il testo comune e ordinario e varia a seconda del rito || **N.** I **2.** *Sin.* caratteristico, particolare, peculiare **3.** *Sin.* adatto, conveniente, preciso | ascitizio, esattezza | appartenere, appropriarsi, arrogarsi, attribuirsi, possedere, riconoscersi.

propugnàcolo [dal lat. *propugnāculum*; prima metà sec. XIV] ***sm.*** *non com.* **1.** opera di fortificazione in posizione avanzata, per la difesa di fortezze o città || *per estens.* regione o città situata in posizione strategica difensiva per una vasta area o un intero paese **2.** *fig.* difesa: *un propugnacolo di fede* || **N. 1.** *Sin.* baluardo, bastione; avamposto.

propugnàre [dal lat. *propugnāre*; a. 1484] ***tr.*** combattere per difendere qualcuno o qualcosa; perlopiù *fig.*: *propugnare l'abolizione della schiavitù, l'uguaglianza dei diritti* || **N.** DIFENDERE.

propugnatóre [dal lat. tardo *propugnātor, -ōris*; 1481] ***agg.*** e ***sm.*** (f. *-trìce*) *non com.* che o chi propugna: *un valido propugnatore dei diritti degli oppressi.*

propugnazióne [dal lat. *propugnātio, -ōnis*; 1630] ***sf.*** *raro* atto ed effetto del propugnare.

propulsàre [dal lat. *propulsāre*; a. 1429] ***tr.*** *raro* **1.** spingere avanti per effetto della propulsione **2.** *lett.* respingere, ribattere.

propulsatóre [dal lat. *propulsātor, -ōris*; a. 1429] ***agg.*** e ***sm.*** *raro* (f. *-trìce*) che o chi propulsa.

propulsióne [dal fr. *propulsion*; 1611] ***sf.*** *T.fis.* spinta o trazione esercitata su un corpo in modo da metterlo o mantenerlo in movimento, vincendo la resistenza al moto: *sistema di propulsione di un razzo, di un sommergibile,* *veicolo a propulsione atomica.*

propulsìvo [dal fr. *propulsif*; 1895] **agg.** che provoca o che può provocare una propulsione: *forza propulsiva.*

propulsóre [dal fr. *propulseur*; 1859] **sm.** **1.** in un veicolo, l'organo della propulsione || anche in posizione attributiva: *apparato propulsore* **2.** *fig.* ciò che fa avanzare fungendo da sprone: *i propulsori del progresso* **3.** *T.etn.* asta flessibile impiegata per scagliare a maggior distanza lance, arpioni e sim. **TAV. *nave* p. 1327** 6.12.

propulsòrio (pl. *-ri*) [da *propulsore*; 1940] **agg.** atto a spingere avanti, propulsivo: *mezzo propulsorio.*

proquestóre [dal lat. *pro quaestōre*, letter. al posto del questore; 1745] **sm.** *T.stor.* magistrato romano che esercitava l'ufficio di questore, spec. nelle province minori.

proquestùra [da *proquestore*; 1970] **sf.** *T.stor.* carica, dignità e sede del proquestore.

proquòio v. PROCOIO.

pro quota (pseudolat., pr. [prɔ 'kwɔta]) [da *pro quota* (*parte*), letter. per la parte a ciascuno spettante] **loc. avv.** e **loc. agg.** *inv.* *T.econ.* e *T.fin.* di sistema di ripartizione di capitali, redditi, diritti e obbligazioni in parti proporzionali alle quote concorrenti alla loro formazione || *T.giur.* nel diritto ereditario, della divisione di beni tra congiunti calcolata in base al grado di parentela di ciascuno di essi.

pròra (più com. *prùa*) **sf.** **1.** la parte anteriore di un'imbarcazione che durante la navigazione fende l'acqua: *mettere la prora al vento*, volgerla dalla parte da cui spira il vento || *per estens.* la parte anteriore di un aereo **2.** *T.mar.* direzione dell'asse longitudinale della nave: *prora bussola*, quella indicata dalla bussola; *prora magnetica*, riferita al meridiano magnetico; *prora vera*, riferita al meridiano geografico || **N.** **1.** poppa **2.** rotta. **TAV. *vela* p. 1342** 1.7.

pro rata (lat., pr. it. [prɔ 'rata]) [da *pro rata* (*parte*), letter. per la parte stabilita] **loc. avv.** e **loc. agg.** *T.giur.* proporzionalmente.

proravìa [comp. di *prora* e *via*; 1866] **sf.** *T.mar.* direzione di prora; solo nella loc. *a proravia*, dalla parte della prora || **N.** poppavia.

prorettóre [comp. di *pro-*[1] e *rettore*; a. 1519] **sm.** chi fa le veci del rettore.

pròroga [da *prorogare*; a. 1600] **sf.** posticipazione di una scadenza: *chiedere, concedere, ottenere una proroga per il pagamento* || **N.** *Sin.* differimento, dilazione; aggiornamento, procrastinazione, prolungamento, protrazione, remora, rinvio.

prorogàbile [da *prorogare*; 1673] **agg.** che si può prorogare: *termine, scadenza prorogabile* || **N.** *Contr.* improrogabile, perentorio.

prorogabilità [da *prorogabile*; 1963] **sf.** l'essere prorogabile: *prorogabilità di una scadenza.*

prorogàre (pres. *-pròrogo, -pròroghi*) [dal lat. *prorogāre*, letter. proporre al popolo una proroga di poteri in favore di qualcuno; 1309] **tr.** rimandare o prolungare a una data successiva a quella stabilita: *hanno prorogato la chiusura dell'esposizione*; *prorogare la validità di un documento, di una legge* || **N.** *Sin.* aggiornare, differire, dilazionare, posticipare, procrastinare, protrarre, rinviare, ritardare.

prorogazióne [dal lat. *prorogātio*, *-ōnis*; 1309] **sf.** *raro* proroga.

prorompènte (*ppr.* di *prorompere*) [1300 ca.] **agg.** incontenibile; esuberante: *parole, lacrime prorompenti, prorompente vitalità* || **N.** *Sin.* impellente, impetuoso, irrefrenabile, irruente, prepotente, pressante, travolgente.

prorómpere (pres. *-ómpo* ecc., come ROMPERE) [dal lat. *prorumpere*; 1300 ca.] **intr.** (aus. *avere*) **1.** uscire fuori con impeto, con violenza: *il sangue proruppe dalle vene, la folla impaurita proruppe nella strada* **2.** *fig.* di sentimenti, stati d'animo o parole, manifestarsi, essere espresso con impeto: *lo sdegno, la gioia proruppe in lui, un grido di disperazione proruppe dalla sua bocca* || *prorompere in*, di persona, lasciarsi andare a: *prorompere in una risata, in pianto, in una manifestazione di gioia* **3.** in relazione a discorso diretto, dire con forza, esclamare: *"mamma!" proruppe il bambino* || **N.** **1.** *Sin.* erompere, fuoriuscire, irrompere, sgorgare, sprigionarsi, straripare, traboccare.

prorompiménto [da *prorompere*; 1683] **sm.** *non com.* il prorompere; uscita impetuosa.

pròsa [dal lat. *prōsa* (*orātio*), discorso scritto in linea retta; seconda metà sec. XIII] **sf.** **1.** genere di scrittura, letteraria o di uso corrente, che non segue regole metriche (contrapposto a *poesia*): *un'opera in prosa con inserti poetici, prosa giornalistica, scrivere in prosa*; *prosa d'arte* o *lirica* o *poetica*, che mira a un ideale di perfezione formale e si avvale di tecniche adottate in poesia || stile di un testo: *una prosa limpida, scorrevole* || *per meton.* opera in prosa: *versi e prose di Leopardi* **2.** *teatro di prosa*, drammatico (contrapposto a quello musicale del melodramma) **3.** ciò che è connesso agli aspetti materiali del vivere quotidiano: *la prosa della vita* || *dim.* prosétta, prosettìna, prosùccia, proserèlla; *pegg.* prosàccia || **N.** **1.** brano, poemetto in prosa, scritto, squarcio | ampollosa, armoniosa, bella, concisa, dimessa, elaborata, eletta, fiacca, fiorita, grossolana, insulsa, lirica, naturale, potente, prolissa, robusta, sciatta, serrata, sgrammaticata, slombata, stringata. **Q.T.** *letteratura..., teatro.*

prosaicìsmo [da *prosaico*; 1882] **sm.** *non com.* prosaicità.

prosaicità [da *prosaico*; 1882] **sf.** l'essere prosaico, nei vari sensi: *prosaicità di un individuo*; *prosaicità di stile.*

prosàico (pl. *-ci*) [dal lat. tardo *prosaicus*; 1294] **agg.** **1.** legato ai valori materiali, agli aspetti pratici dell'esistenza, privo di ideali, spiritualità o sensibilità; volgare, meschino: *uomo, atteggiamento, discorso prosaico, non essere così prosaico!* **2.** *disus.* attinente a prosa; prosastico || *per estens. spreg.* piano, sciatto; banale || **prosaicaménte** **avv.** || **N.** **1.** *Sin.* concreto, materiale, utilitario **2.** *Sin.* basso, pedestre, sciatto.

prosaìsmo [da *prosa*; a. 1729] **sm.** *raro* tono, stile, proprio della prosa || *concr.* parola o espressione impoetica, più adatta al discorso piano.

prosàpia [dal lat. *prosāpia*; 1336 ca.] **sf.** *lett.* stirpe, schiatta: *nobile, illustre prosapia, di prosapia reale* || **N.** *Sin.* STIRPE.

prosapòdosi [dal gr. *prosapódosis*; 1988] **sf.** *T.ret.* figura di pensiero consistente nell'annessione di una o più idee ad un tema già sviluppato.

prosàre (pres. *pròso*) [da *prosa*; a. 1543] **intr.** (aus. *avere*) *non com.* scrivere in prosa.

prosasticità [da *prosastico*; a. 1698] **sf.** tono o stile di ciò che è prosastico.

prosàstico (pl. *-ci*) [da *prosa*, sul modello di *scolastico*; a. 1698] **agg.** **1.** scritto in prosa: *opere prosastiche di un poeta* **2.** *per estens.* che ha tono dimesso, discorsivo: *locuzione prosastica* || **N.** **1.** *Contr.* poetico **2.** *Sin.* colloquiale, piano; disadorno.

prosatóre [da *prosare*; a. 1557] **sm.** (f. *-trice*) scrittore di opere in prosa: *eccellente, modesto prosatore* || *dim.* prosatorùccio, prosatorèllo; *pegg.* prosatoràccio.

proscènio (pl. *-ni*) [dal lat. *proscaenium*, gr. *proskḗnion*; a. 1494] **sm.** la parte anteriore del palcoscenico, situata fra il boccascena e l'orchestra: *presentarsi al proscenio*; *chiamare al proscenio gli attori, l'autore*, per applaudirli; *palchi di proscenio*, gli estremi dei vari ordini, prossimi al palcoscenico || **N.** *Sin.* avanscena, ribalta.

Proscìmmie [comp. di *pro-*[2] e *scimmia*; 1883] **sf. pl.** *T.zool.* ordine di Mammiferi somiglianti alle scimmie, da cui si differenziano per il muso più appuntito, coda non prensile e arti inferiori più sviluppati || **N.** Lemuridi. **Q.T.** *zoologia* **TAV. *mammiferi* p. 1318.**

prosciògliere (pres. *-òlgo* ecc., come SCIOGLIERE) [lat. *persolvere*, sciogliere interamente; fine sec. XIII] **tr.** **1.** liberare, dispensare da una promessa, da un voto, da un giuramento **2.** *T.giur.* liberare da un'accusa di reato: *l'imputato fu prosciolto per mancanza di prove* || **N.** **2.** *Sin.* ASSOLVERE.

proscioglimento [da *prosciogliere*; prima metà sec. XIV] **sm.** *T.giur.* liberazione da un'imputazione in sede istruttoria || in generale, liberazione da un vincolo, da un obbligo e sim. || **N.** assoluzione.

prosciugaménto [da *prosciugare*; 1779] **sm.** l'atto e l'effetto del prosciugare: *il prosciugamento del Fucino* || **N.** bonifica, drenaggio.

prosciugàre (pres. *-ùgo, -ùghi*) [da *asciugare*, con cambio di pref.; a. 1574] **tr.** privare dell'acqua o dell'umidità, rendere asciutto: *il vento prosciuga il terreno, prosciugare le paludi, un laghetto prosciugato con le idrovore* || *fig.* svuotare del tutto: *prosciugare le casse, un lavoro che lo ha prosciugato di tutte le energie* || **intr. pron.** e meno com. **intr.** (aus. *essere*) perdere l'umidità: *il pozzo si è prosciugato, all'aria il formaggio si prosciuga in fretta* || **N.** **tr.** *Sin.* asciugare, disidratare, drenare, essiccare; bonificare.

prosciuttàto [da *prosciutto*; 1726] **agg.** di cibo, cotto o preparato come il prosciutto.

prosciùtto (sett. *persùtto*) [da *asciutto*, con cambio di pref.; sec. XIV] **sm.** coscia posteriore di maiale salata e stagionata (*prosciutto crudo*), disossata e cotta in salamoia (*prosciutto cotto*) o sottoposta ad affumicamento (*prosciutto affumicato*): *affettare il prosciutto, prosciutto e melone, pizza al prosciutto* || *levarsi la sete col prosciutto*, far cosa che aumenta il danno || *fig. occhi, orecchi foderati di prosciutto*, di chi non vede o non sente || **N.** spalla | fetta, grasso, lardo, magro, osso, stinco. **TAV.** *alimentazione* 6.1, 6.6, 7.2, 7.3.

proscrìtto (*pps.* di *proscrivere*) [a. 1375] **agg.** e **sm.** (f. *-a*) colpito da proscrizione; esule.

proscrìvere (pres. *-rìvo* ecc., come SCRIVERE) [dal lat. *proscrībere*, far noto, annunziare; a. 1375] **tr.** condannare alla proscrizione; esiliare || *fig.* proibire, vietare: *proscrivere un'usanza, una manifestazione* || **N.** *Sin.* bandire.

proscrizióne [dal lat. *proscriptio, -ōnis*; a. 1332] **sf.** **1.** *T.stor.* nell'antica Roma, confisca dei beni congiunta a condanna e morte (nell'età repubblicana) o all'esilio (nell'età imperiale): *essere colpito da proscrizione, liste di proscrizione* || *per estens.* esilio **2.** *fig.* divieto, messa al bando.

prosécco (pl. *-chi*) [prob. dal n. geogr. *Prosecco*, località presso Trieste; 1662] **sm.** vino bianco amabile prodotto, dall'omonimo vitigno, nella zona di Treviso.

prosecuzióne [dal lat. tardo *prosecūtio, -ōnis*; a. 1363] **sf.** proseguimento: *la prosecuzione di un processo* || **N.** *Sin.* CONTINUAZIONE.

proseggiàre (pres. *-éggio*) [da *prosa*; a. 1651] **intr.** (aus. *avere*) *non com.* scrivere in prosa || **N.** verseggiare.

proseggiatóre [da *proseggiare*; 1835] **agg.** e **sm.** (f. *-trice*) *raro* prosatore.

proseguiménto [da *proseguire*; 1643] **sm.** continuazione: *le condizioni del tempo hanno impedito il proseguimento della manifestazione* || *buon proseguimento!*, augurio che si fa spec. al principio dell'anno || *concr.* ciò che prosegue, tratto successivo di spazio o di tempo: *via Mazzini è il proseguimento del corso centrale.*

proseguìre (pres. *-séguo* ecc., come SEGUIRE) [lat. *prōsequi*; 1300 ca.] **tr.** **1.** rif. a cosa già iniziata, portare avanti, continuare: *proseguire la lettura, il cammino, il lavoro* **2.** *arc.* perseguire || *intr.* (di persona, aus. *avere*) **1.** continuare, non smettere, persistere: *proseguire a cantare* **2.** *in part.* continuare ad andare: *quando lo vide proseguì ignorandolo* **3.** *in part.* continuare a dire, a parlare: *"e il bello — proseguì Giorgio — deve ancora venire".*

proséguo v. PROSIEGUO.

prosèlite v. PROSELITO.

proselitismo [dal fr. *prosélytisme*; 1774] **sm.** l'attività di chi o di ciò che mira a far proseliti.

proselitista [da *proselitismo*; 1940] **s.** *raro* chi si adopera per procurare proseliti ad un partito, a un movimento, a un'idea.

prosèlito (meno com. *prosèlite*) [dal lat. tardo *prosēlytus*, gr. *prosḗlytos*, sopravvenuto, forestiero; a. 1292] **sm.** (f. *-a*) **1.** nuovo convertito a partito politico, dottrina: *far proseliti* || *per estens.* seguace, discepolo **2.** *T.stor.* appartenente alle comunità dei Gentili convertiti al Giudaismo, residenti fuori dalla Palestina || **N. 1.** *Sin.* neofito.

prosencèfalo o **proencèfalo** [comp. del gr. *prós*, davanti ed *encefalo*; 1930] **sm.** *T.anat.* in embriologia, la prima delle tre vescicole caratteristiche dello sviluppo dell'encefalo dei Vertebrati.

prosènchima [comp. col gr. *prós*, verso, sul modello di *parenchima*; 1841] **sm.** *T.bot.* tessuto vegetale di sostegno, costituito da cellule allungate con pareti compatte, serrate le une nelle altre.

prosettóre [dal lat. tardo *prosector*, *-ōris*; 1883] **sm.** *T.anat.* chi prepara i pezzi anatomici per la lezione o per le ricerche di anatomia.

prosièguo (raro *proséguo*) [da *proseguire*; 1848] **sm.** *T.bur.* seguito, proseguimento: *in prosieguo di tempo.*

prosindaco (pl. *-ci*) [comp. di *pro-*[1] e *sindaco*; 1920] **sm.** assessore che fa le veci del sindaco.

prosinodàle [comp. di *pro-*[1] e *sinodale*; 1871] **agg.** *T.eccl.* che sostituisce il sinodo || *esaminatore, giudice prosinodale*, nominato dal vescovo, nell'intervallo fra un sinodo e l'altro.

prosista [da *prosa*; 1639] **s.** *disus.* prosatore.

prosit (lat., pr. it. ['prɔzit]) [terza pers. cong. pres. di *prodesse*, giovare] formula augurale rivolta al sacerdote che rientra in sagrestia alla fine della messa, faccia buon pro || *per estens. com.* usata anche per brindare o dopo un pasto o uno starnuto, alla salute!, salute!

prosodìa [dal lat. *prosōdia*, gr. *prosōidía*; 1598] **sf.** nelle grammatiche delle lingue classiche, insieme di regole che stabiliscono la quantità delle sillabe e delle vocali, e, per le lingue moderne, l'accentazione delle parole || *T.ling.* studio delle caratteristiche di intensità, altezza e durata di enunciati orali || **N.** metrica, scansione.

prosodiaco[1] (pl. *-ci*) [dal lat. *prosodiacum* (*metrum*), gr. *prosodiakón* (*métron*); a. 1597] **sm.** *T.metr.* antico metro della lirica greca.

prosodìaco[2] (pl. *-ci*) [da *prosodia*; 1891] **agg.** *raro* prosodico.

prosòdico (pl. *-ci*) [da *prosodia*; 1871] **agg.** di o attinente a prosodia || *accento prosodico*, che indica la lunghezza della vocale.

prosòdio (pl. *-di*) [dal gr. *prosódion* (*mélos*), (canto) di processione; 1933] **sm.** nell'antica Grecia, canto corale di processione.

prosodista [da *prosodia*; 1871] **s.** studioso di prosodia o di versificazione in generale.

pro soluto (lat., pr. it. [prɔ so'luto]) [dalla loc. lat. (*cessio*) *prō solūto*, (cessione di un credito) come pagato] **loc. agg.** *inv.* *T.giur.* ciò che si considera come già effettivamente pagato, anche se il pagamento non è stato ancora effettuato || *cessione pro soluto*, senza alcuna garanzia del cedente in caso di mancato pagamento da parte del terzo obbligato.

pro solvendo (lat., pr. it. [prɔ sol'vɛndo]) [dalla loc. lat. (*cessio*) *pro solvendo*, (cessione di un credito) come pagabile] **loc. agg.** *inv.* *T.giur.* che deve essere pagato da un terzo in futuro || *cessione pro solvendo*, con garanzia da parte del cedente che il pagamento sarà effettuato dal terzo obbligato.

prosontuóso e der. forme arc. di PRESUNTUOSO e der. (v.).

prosopografìa [comp. del gr. *prósōpon*, volto e *-grafia*; a. 1750] **sf.** **1.** descrizione dell'aspetto esteriore di una persona, inserita in un'opera letteraria **2.** raccolta di tutte le notizie relative alle persone di un periodo o di un certo ambiente.

prosopopèa [dal lat. *prosopopōeia*, gr. *prosōpopoiía*, personificazione; 1308] **sf.** **1.** *T.ret.* figura retorica consistente nel far parlare persone lontane o morte, o animare e personificare cose o animali **2.** *com. fig.* gravità affettata e presuntuosa: *parlare con prosopopea, quell'uomo ha una gran prosopopea.*

prosopopèico (pl. *-ci*) [da *prosopopea*; a. 1646] **agg.** *non com.* di prosopopea: *linguaggio prosopopeico.*

prospaltèlla [dal lat. scient. *prospaltella*, comp. del gr. *prós*, verso e un der. del gr. *paltós*, lanciato; 1930] **sf.** insetto degli Imenotteri molto piccolo, utile all'agricoltura perché parassita della cocciniglia del gelso.

prosperaménto [da *prosperare*; seconda metà sec. XVIII] **sm.** *raro* il prosperare.

prosperàre (pres. *pròspero*) [dal lat. *prosperāre*; 1336 ca.] **intr.** (aus. *avere*) crescer su bene, essere florido e rigoglioso: *il bambino prospera, prosperare in salute, in quella terra gli ortaggi prosperano* || andare a gonfie vele, fruttare bene: *gli affari prosperano* || **tr.** *raro* favorire rendendo prospero: *Dio vi prosperi* || **N. intr.** *Sin.* fiorire.

prosperévole [da *prosperare*; prima metà sec. XIII] **agg.** *arc. lett.* prospero, propizio: *condizioni prosperevoli.*

prosperità [dal lat. *prosperitas*, *-ātis*; fine sec. XII *prosperitate*] **sf.** **1.** floridezza, sviluppo rigoglioso che determina abbondanza e agiatezza: *prosperità delle industrie, dei commerci, vivere nella prosperità* || *concr.* ciò di cui si dispone in condizioni di prosperità: *vi sia concessa ogni prosperità* **2.** *raro* prosperosità || **N. 1.** *Sin.* fioritura, rigoglio; benessere.

pròspero[1] [dal lat. *prosperus*; sec. XIII] **agg.** **1.** di felice condizione, che si sviluppa o procede dando risultati proficui: *l'agricoltura prospera di una regione, commercio prospero, prospere attività* || *per estens.* caratterizzato da agiatezza: *condizione prospera* **2.** favorevole, propizio: *prospera fortuna, vento prospero* **3.** *non com.* prosperoso || || **prosperaménte** **avv.** || **N. 1.** *Sin.* ferace, fertile, florido, fruttuoso, opulento, rigoglioso, ubertoso; produttivo, redditizio **2.** *Sin.* fausto, fecondo.

pròspero[2] [alterazione di *fosforo*, con accostamento a *prospero*[1]; 1957] **sm.** *dial.* fiammifero.

prosperosità [da *prosperoso*; a. 1375] **sf.** l'essere prosperoso.

prosperóso [da *prospero*[1]; a. 1292] **agg.** **1.** florido di salute: *fanciullo prosperoso, vecchiaia prosperosa* || formoso, bene in carne: *donna prosperosa, fianchi prosperosi* **2.** fiorente: *industria prosperosa* || **prosperosaménte** **avv.**

prospettàre (pres. *-ètto*) [dal lat. *prospectāre*; a. 1547] **tr.** **1.** sottoporre all'attenzione, esporre: *gli prospettò tutte le difficoltà dell'impresa* || *prospettare un'ipotesi*, affacciarla, formularla **2.** *raro* avere di fronte, affacciarsi su: *la casa prospetta la piazza* || **intr. pron.** profilarsi, apparire probabile nel futuro: *si prospettano tempi duri, si prospetta una situazione di mercato favorevole* || **N. tr. 1.** *Sin.* presentare, proporre.

prospettazióne [da *prospettare*; 1950] **sf.** presentazione, esposizione: *prospettazione di una eventualità.*

prospèttico (pl. *-ci*) [da *prospettiva*; sec. XVI] **I agg.** di prospettiva, che realizza una prospettiva: *scena prospettica, linee prospettiche* || **prospetticaménte** **avv.** in prospettiva **II sm.** (f. *-a*) studioso di problemi attinenti alla prospettiva.

prospettìva [f. sost. di *prospettivo*; 1308] **sf.** **1.** arte e tecnica di raffigurare in piano oggetti tridimensionali in modo da produrre l'effetto di profondità e di maggiore o minore vicinanza dai vari elementi, come appaiono visti da un punto fisso: *leggi della prospettiva, quadri naïf che ignorano la prospettiva* || effetto di profondità che si ottiene: *immagine priva di prospettiva* || *in prospettiva*, secondo le regole della prospettiva, e *fig.* per come appare dal punto di vista di chi parla (rif. spec. a eventi futuri): *in prospettiva le vendite dovrebbero aumentare* || *prospettiva aerea*, ottenuta mediante la gradazione del colore e dei toni || *prospettiva lineare*, solo con tratti lineari || *concr.* pittura o disegno in prospettiva: *una prospettiva dell'800* || *per estens.* panorama: *di qua si gode una bella prospettiva della vallata* **2.** *fig.* punto di vista: *in una prospettiva marxista* || *per meton.* visione delle cose, del mondo, da un certo punto di vista: *sulla crisi internazionale si scontrano diverse prospettive* **3.** aspettativa, e ciò che ci si può attendere dal futuro: *una ben triste prospettiva* || (spec. *pl.*) possibilità di evoluzione, spec. positiva: *un lavoro privo di prospettive* || **N. 1.** prospetto, scorcio; punto di fuga, piano, sfondo. **Q.T.** *pittura.*

prospettivismo [da *prospettiva*; 1988] **sm.** **1.** *T.fil.* dottrina che afferma la relatività dei valori e delle forme di pensiero rispetto alle strutture storico-sociali || *in part.* nel pensiero di Nietzsche, la costruzione dell'universo come proiezione di un modello individuale **2.** *T.pitt.* concezione della spazialità pittorica unicamente legata alla tecnica della prospettiva **3.** *T.lett.* rappresentazione della realtà concepita come compiersi inevitabile di eventi determinati da premesse storico-sociali.

prospettivista [da *prospettiva*; 1681] **s.** pittore che si occupa in particolar modo di prospettiva, abile nella prospettiva.

prospettìvo [dal lat. tardo *prospectīvus*; 1515] **agg.** *non com.* di o relativo a prospettiva.

prospètto [dal lat. *prospectus*; a. 1460] **sm.** **1.** veduta di ciò che sta di fronte, panorama: *il prospetto dei monti, delle coste* || *per estens.* facciata, fronte di un edificio: *prospetto di un palazzo arricchito da fregi* || *T.teatr.* *prospetto scenico* (o *ass. prospetto*), complesso di orchestra, proscenio, arco scenico e boccadopera, che separa la sala dal palcoscenico || *di prospetto*, frontalmente: *riprendere un volto di profilo e di prospetto* **2.** rappresentazione in proiezione ortogonale, spec. di un edificio, da una certa angolazione **3.** specchietto, tabella: *prospetto delle entrate* || esposizione o descrizione sistematica e succinta || **N. 1.** *Sin.* vista, visuale **3.** diagramma, quadro sinottico.

prospettóre [dall'ingl. *prospector*, 1932] **sm.** (f. *-trice*) chi esegue prospezioni.

prospezióne [dall'ingl. *prospection*; 1935] **sf.** *T.geol.* esplorazione del sottosuolo per la ricerca di giacimenti minerari o per l'analisi dei componenti del terreno. **Q.T.** *archeologia.*

prospiciènte [dal lat. *prospiciens*, *-entis*; 1835] **agg.** di edificio, che dà, che si affaccia su un luogo: *una finestra prospiciente il mare, prospiciente sul viale* || **N.** *Sin.* volto, rivolto, affacciato.

prossenèta [dal lat. *proxenēta*, gr. *proxenḗtēs*, attr. il fr. *proxénète*; 1433] **sm.** *lett.* mediatore, mezzano; oggi quasi solo *spreg.* ruffiano, lenone.

prossenètico (pl. *-ci*) [dal lat. *proxenēticus*;

1966] **sm.** *lett.* somma corrisposta per una mediazione, senseria.

prossenetismo [da *prosseneta*; 1950] **sm.** *lett.* attività di o da prosseneta || lenocinio.

pròsseno [dal gr. *próxenos*; 1841] **sm.** *T.stor.* nell'antica Grecia, cittadino che, per incarico avuto dallo Stato, ospitava ambasciatori o altri ragguardevoli personaggi di città alleate.

prossimàio (pl. *-ài*) [da *prossimo*; sec. XIV] **sm.** *arc.* prossimo.

prossimàle [dall'ingl. *proximal*; 1950] **agg.** *T.anat.* di parte di un organo, situata in prossimità del punto di congiunzione o di origine (contrapposto a *distale*).

prossimàno [da *prossimo*; fine sec. XII - prima metà sec. XIII] **agg.** e **sm.** (f. *-a*) *arc.* prossimo, congiunto; parente.

prossimità [dal lat. *proximitas, -ātis*; a. 1292] **sf.** **1.** l'essere prossimo, vicinanza: *la prossimità del mare rende il clima mite*; *prossimità di una scadenza* || *in prossimità*, in vicinanza, presso: *è arrivato in prossimità del confine, siamo ormai in prossimità delle ferie* **2.** *arc.* affinità, parentela || **N.** **1.** *Sin.* VICINANZA.

pròssimo [dal lat. *proximus*; 1193] **I agg.** **1.** (posposto) molto vicino; recente o imminente: *la casa è prossima al parco, la fine è ormai prossima, questo è avvenuto in tempi a noi prossimi* || *in part. T.gram. passato prossimo*, forma perifrastica del verbo, composta da ausiliare al presente e participio passato, che indica un'azione avvenuta in passato, ma i cui effetti durano ancora (come in "Dante *ha scritto* la Commedia"); *trapassato prossimo*, composto da ausiliare all'imperfetto e participio passato, indica azione nel passato anteriore ad altra azione passata (come in "quando arrivai *avevano* già *chiuso* le porte") || *per estens.* di parente, stretto: *ci saranno solo i parenti più prossimi* **2.** (perlopiù preposto) che, in una successione, segue immediatamente l'attuale: *la prossima settimana partiamo, l'anno prossimo sarà decisivo, la prossima volta stai più attento, il prossimo lavoro sarà definitivo, al prossimo semaforo svolta a destra* || **prossimaménte** **avv.** **1.** nel giro di poco tempo, quanto prima: *prossimamente tornerà fra noi, prossimamente su questi schermi* **2.** *ant.* in un passato recente **II sm.** ogni persona con cui si ha a che fare, e in genere ogni uomo: *ama il prossimo tuo come te stesso* || **N.** **I** **1.** *Sin.* adiacente, attiguo, contiguo, VICINO **2.** *Sin.* primo, venturo; a venire; immediato.

prostafèresi [comp. del gr. *prósth(esis)*, addizione e gr. *apháiresis*, sottrazione; a. 1642] **sf.** **1.** *T.astr.* nei corpi del sistema solare, differenza tra moto vero e moto medio **2.** *T.mat. formule di prostaferesi*, in trigonometria, formule che consentono di trasformare espressioni in cui figurano addizioni o sottrazioni in espressioni in cui figurano moltiplicazioni o divisioni.

pròstata [dal gr. *prostátēs*, che sta davanti, attr. il fr. *prostate*; 1721] **sf.** *T.anat.* ghiandola dell'apparato urinario maschile, situata alla bocca della vescica.

prostatectomìa [comp. di *prostata* e *-ectomìa*; 1903] **sf.** *T.med.* asportazione chirurgica della prostata.

prostàtico (pl. *-ci*) [dal fr. *prostatique*; 1829] **I agg.** *T.anat.* della prostata, relativo alla prostata: *infiammazione, ipertrofia prostatica* **II sm.** affetto da una malattia della prostata.

prostatite [comp. di *prostata* e *-ite*[1]; 1835] **sf.** *T.med.* infiammazione della prostata.

prostèndere (pres. *-èndo* ecc., come STENDERE) [comp. di *pro-*[1] e *stendere*; a. 1311] **tr.** *lett.* *raro* stendere innanzi || **rifl.** distendersi; prosternarsi || *fig.* dilungarsi.

prosternàre (pres. *-èrno*) [dal lat. *prosternere*, gettare innanzi, con influsso di *costernare*; a. 1420] **tr.** *lett.* atterrare, gettare a terra || **rifl.** inginocchiarsi e piegare il busto in avanti, fino a terra, per devozione o in segno di umiltà: *si prosternò ai suoi piedi invocando il perdono* || **N.** **rifl.** *Sin.* abbattersi, accasciarsi, genuflettersi, inchinarsi, inginocchiarsi, prostrarsi.

prosternazióne [da *prosternare*; 1711] **sf.** il prosternare e il prosternarsi || **N.** genuflessione.

prostèrnere (pres. *-èrno*; dif. di p.rem., pps. e tempi composti) [dal lat. *prosternere*, propr. gettare innanzi; a. 1342] **tr.** *arc.* prosternare || **rifl.** prosternarsi || *fig.* scoraggiarsi, avvilirsi.

pròstesi [dal gr. e lat. *prósthesis*; a. 1750] **sf.** *T.ling.* protesi.

prostètico (pl. *-ci*) [dal gr. *prosthetikós*; 1871] **agg.** **1.** *T.ling.* protetico **2.** *T.chim.* *gruppo prostetico*, in una proteina coniugata, la parte non proteica.

pròstilo [dal gr. *próstylos*, che sta davanti; 1521 *prostilos*] **agg.** e **sm.** *T.arch.* di tempio o altro edificio, provvisto di una fila di colonne nella parte anteriore.

prostituìre (pres. *-ìsco*) [dal lat. *prostituere*; a. 1499] **rifl.** **1.** fornire prestazioni sessuali in cambio di denaro: *si prostituisce per quattro soldi* **2.** *per estens.* mettere il proprio ingegno o altre qualità al servizio di qualcuno, per denaro o altri vantaggi materiali: *uno scrittore che si prostituisce al regime* || **tr.** **1.** rif. a beni considerati non cedibili, metter al servizio altrui, dietro un compenso materiale: *prostituire il proprio ingegno, la libertà* **2.** spingere alla prostituzione: *ha cercato di prostituire la figlia* || **N.** **rifl.** **1.** *Sin.* concedersi, darsi, vendersi; battere (il marciapiede).

prostitùta [dal lat. *prostitūta*; sec. XIV] **sf.** donna che si prostituisce || **N.** *Sin.* bagascia, baldracca, battona, cortigiana, etera, malafemmina, meretrice, mignotta, mondana, passeggiatrice, peripatetica, puttana, sgualdrina, squillo, troia, zoccola; donna di malaffare, Venere pandemia; *call-girl*.

prostitùto [da *prostituta*; 1988] **sm.** *non com.* omosessuale che si prostituisce.

prostituzióne [dal lat. tardo *prostitutio, -ōnis*; 1598] **sf.** l'atto e l'effetto del prostituire e del prostituirsi.

prostraménto [da *prostrare*; a. 1652] **sm.** *raro* l'atto di prostrarsi.

prostràre (pres. *pròstro*) [dal lat. tardo *prostrāre*; a. 1342] **tr.** **1.** abbattere, gettare disteso al suolo **2.** *fig.* fiaccare, indebolire all'estremo: *la lunga malattia lo ha prostrato, prostrati dal dolore* || **rifl.** **1.** gettarsi ai piedi, inginocchiarsi: *gli si prostrò ai piedi chiedendo grazia* **2.** *fig.* umiliarsi || **N.** **tr.** **1.** *Sin.* abbassare, prosternare | **rifl.** **1.** *Sin.* genuflettersi, inginocchiarsi.

prostrazióne [dal lat. tardo *prostrātio, -ōnis*; a. 1607] **sf.** **1.** l'atto del prostrarsi, per sottomissione, adorazione e sim. **2.** *fig.* abbattimento, stato di sfinimento fisico o morale: *il malato è in un penoso stato di prostrazione* || **N.** **2.** *Sin.* abbattimento, accasciamento, avvilimento.

prosùmere o **prosùmere** e der. forme arc. di PRESUMERE e der. (v.).

prosuòcero [dal lat. *prosocer*; sec. XIV] **sm.** (f. *-a*) *non com.* padre (o madre) del suocero o della suocera.

protagonismo [da *protagonista*; 1980] **sm.** aspirazione e tendenza a svolgere il ruolo del protagonista, a primeggiare.

protagonista [dal gr. *prōtagōnistḗs*; 1713] **s.** **1.** attore che interpreta il ruolo principale in un'opera drammatica, cinematografica e sim. || *per estens.* personaggio principale di un racconto, di un romanzo e sim. **2.** *fig.* chi ha parte di maggior spicco in una vicenda reale: *questa squadra è stata la protagonista del campionato* || **N.** **1.** *Sin.* eroe, personaggio; comparsa, deuteragonista, spalla.

protàllo [comp. di *pro-*[1] e *tallo*; 1940] **sm.** *T.bot.* gametofito delle Pteridofite, di forma perlopiù laminare, formatosi per germinazione di una spora.

protamina o **protammìna** [comp. di *prot(eina)* e *am(m)ina*; 1958] **sf.** *T.chim.* proteina semplice a basso peso molecolare con struttura chimica poco complessa.

protàntropo v. PROTOANTROPO.

protargòlo [comp. di *proto-*, gr. *árg(yros)* o lat. *arg(entum)*, argento e *-olo*[2]; 1900] **sm.** *T.chim.* complesso colloidale ottenuto dalla combinazione di argento con proteine, usato come antisettico.

pròtasi [dal gr. *prótasis*, propr. tensione avanti; 1554] **sf.** **1.** *T.lett.* l'introduzione di un poema, solitamente divisa in proposizione (nella quale l'autore dice il soggetto del componimento poetico), invocazione a Dio o alle Muse e, talvolta, dedica **2.** *T.gram.* nel periodo ipotetico, la proposizione subordinata che esprime la condizione || **N.** **2.** apodosi.

protàtico (pl. *-ci*) [da *protasi*; 1879] **agg.** *lett.* *raro* che funge da protasi: *scene protatiche*, le prime di un componimento drammatico.

protattìnio v. PROTOATTINIO.

protèggere (pres. *protèggo, protèggi*; p.rem. *protèssi*; pps. *protètto*) [lat. *protegere*; a. 1529] **tr.** **1.** tenere riparato, al sicuro, frapponendosi ad azione dannosa o indesiderata: *monti che proteggono la valle dalle correnti fredde, è protetto contro gli assalti da robuste guardie del corpo, un pergolato protegge il terrazzo da occhi indiscreti, sua madre lo protegge eccessivamente* **2.** aiutare, intervenire a favore di: *proteggere i deboli, i poveri, gli oppressi, Santa Teresa proteggimi almeno tu!* || spalleggiare: *si prende queste libertà perché è protetto dall'alto* || promuovere, favorire: *proteggere le arti, gli studi, il commercio* || **N.** **1.** *Sin.* assicurare, cautelare, coprire, custodire, difendere, garantire, parare, premunire, preservare, riparare, salvaguardare; fare da scudo **2.** *Sin.* appoggiare, patrocinare, promuovere, raccomandare, sostenere, tutelare; dar man forte, prendere le parti.

proteggitóre [da *proteggere*; 1775] **agg.** e **sm.** (f. *-trice*) *raro* protettore.

protèico (pl. *-ci*) [da *prote(ina)*; 1875] **agg.** *T.biol.* relativo a proteine, contenente proteine: *apporto proteico, alimento proteico.*

protèide [comp. di *prote(ina)* e *-ide*; 1958] **sm.** *T.biol.* e *T.chim.* proteina coniugata.

proteifórme [comp. di *proteo* e *-forme*; a. 1730] **agg.** *lett.* che assume aspetti o atteggiamenti vari || capace di occuparsi di cose svariate, poliedrico: *ingegno, natura proteiforme* || **N.** *Sin.* camaleontico, mutevole; trasformista, versipelle.

proteìna [dal gr. *prótos*, prima o *prōtêion*, in prima posizione, attr. il ted. *Protein* o il fr. *protéine*; 1875] **sf.** *T.biol.* ciascuna delle numerose sostanze organiche azotate ad alto peso molecolare composte da catene di aminoacidi, di fondamentale importanza per gli organismi viventi, come componenti di tessuti (per es. cheratina, collagene), regolatrici di funzioni vitali (per es. enzimi ed emoglobina) o depositarie delle informazioni genetiche.

proteìnico (pl. *-ci*) [da *proteina*; 1911] **agg.** proteico.

proteinoterapìa [comp. di *proteina* e *terapia*; 1935] **sf.** *T.med.* terapia a base di iniezioni di proteine, che ha lo scopo di stimolare le difese biologiche dell'organismo e le sue capacità di reazione.

proteismo [dal n. *Proteo*, personaggio mitologico; a. 1836] **sm.** *lett.* attitudine ad assumere le forme più svariate.

pròtele [comp. del gr. *pró*, davanti e *téléeis*, perfetto, perché ha cinque dita negli arti anteriori e quattro in quelli posteriori, cioè un numero considerato ottimale; 1835] **sm.**

mammifero africano dei Viverridi di abitudini notturne, simile alla iena striata, che si ciba di termiti e altri insetti.

pro tempore (lat., pr. it. [prɔ 'tɛmpore]) [propr. per un certo tempo] ***loc. avv.*** per un certo periodo, temporaneamente || anche *loc. agg.* temporaneo: *un incarico pro tempore.*

protèndere (pres. *-tèndo* ecc., come TENDERE) [dal lat. *protendere*; 1321] ***tr.*** tendere innanzi: *protendere le braccia, lo sguardo* || ***rifl.*** sporgersi, allungarsi: *protendersi in avanti.*

protensìvo [da *protendere*; 1961] ***agg.*** *T.fil.* detto di ciò che ha un'estensione nel tempo.

pròteo [dal n. *Proteo*, personaggio mitologico; a. 1499] ***sm.*** *raro* **1.** anfibio urodelo che vive nelle acque sotterranee, spec. in grotte della Venezia Giulia **2.** *fig.* chi assume aspetti diversi per non farsi riconoscere o per non manifestare il proprio animo.

proteolìsi [comp. di *prote(ina)* e *-lisi*; 1940] ***sf.*** *T.biol.* processo di demolizione della molecola proteica a opera degli enzimi.

proteolìtico (pl. *-ci*) [da *proteolisi*; 1932] ***agg.*** *T.chim.* relativo alla proteolisi, proprio della proteolisi: *processi proteolitici.*

proterandrìa [comp. di *proter(o)-* e *-andria*; 1954] ***sf.*** *T.bot.* in un organismo ermafrodita, fenomeno per cui la maturazione dei gameti maschili precede quella dei gameti femminili.

proteràndro [comp. di *proter(o)-* e *-andro*; 1958] ***agg.*** *T.biol.* di animale, fiore o pianta, caratterizzato da proterandria.

pròtero- [dal gr. *próteros*, anteriore] ***primo elem.*** che, in parole composte della terminologia scientifica, vale "che sta davanti, anteriore" (per es. *proterandria, proteroglifo*).

proteroginìa [comp. di *protero-* e *-ginia*; 1936] ***sf.*** *T.biol.* fenomeno per cui, nei fiori e negli animali ermafroditi, i gameti femminili maturano prima dei gameti maschili.

proterògino [comp. di *protero-* e *-gino*; 1958] ***agg.*** *T.biol.* di fiore, pianta o animale, caratterizzato da proteroginia.

proteròglifo [comp. di *protero-* e del gr. *glyphḗ*, incisione; 1931] ***sm.*** serpente dei Colubridi i cui denti veleniferi presentano un'incisione e sono posti anteriormente all'osso mascellare.

protèrvia [dal lat. tardo *protervia*; a. 1292] ***sf.*** arroganza sfacciata, ostinazione superba || **N.** *Sin.* OSTINAZIONE, SUPERBIA.

protervità [dal lat. *protervitas, -ātis*; a. 1342] ***sf.*** *ant.* protervia.

protèrvo [dal lat. *protervus*; a. 1303] ***agg.*** **1.** *lett.* che è dominato dalla protervia, che mostra protervia || *fig. vento protervo*, impetuoso, minaccioso **2.** *arc.* ardito || **protervaménte** ***avv.*** || **N.** *Sin.* arrogante, borioso, insolente, sfacciato, superbo.

pròtesi [dal lat. tardo *prothesis*, aggiunta d'una lettera al principio di parola, gr. *próthesis*, anticipazione; 1540 nel senso 2; 1835 nel senso 1] ***sf.*** **1.** *T.med.* sostituzione di un organo naturale mancante o di una sua parte, con uno artificiale: *protesi facciale, dentaria* || *concr.* l'organo artificiale: *una protesi di gomma* **2.** *T.ling.* aggiunta di un fono all'inizio di una parola, ad es. per evitare incontri consonantici complessi, come è il caso in it. della [i] facoltativa in *per iscritto* || **N.** **1.** *Sin.* plastica.

protèsico (pl. *-ci*) [da *protesi*; 1950] ***agg.*** *T.med.* di protesi.

protesista [da *protesi*; 1950] ***s.*** tecnico specializzato nella preparazione di protesi, spec. dentarie.

protéso *pps.* di *protendere* (v.).

protèsta [da *protestare*; 1559] ***sf.*** **1.** manifestazione risentita di dissenso o di opposizione: *scriverò una lettera di protesta al giornale, a niente sono valse le proteste dei vicini, non parlerà più in segno di protesta, corteo di protesta* **2.** *non com.* dichiarazione pubblica della propria volontà: *protesta di fede* || assicurazione, promessa: *protesta d'affetto* **3.** *T.giur.* recesso da un contratto di scrittura artistica || **N.** **1.** *Sin.* contestazione, doglianza, lagnanza, lamentela, reclamo, recriminazione, ricorso, rimostranza.

protestànte [dal lat. tardo *protestans, -antis*; 1574] **I** ***s.*** chi professa una delle religioni cristiane riformate **II** ***agg.*** dei protestanti, relativo a protestantesimo: *religione, pastore protestante* || **N.** **1.** anabattista, anglicano, calvinista, evangelico, luterano, metodista, non conformista, presbiteriano, puritano, quacquero, ugonotto, valdese.

protestantésimo [da *protestante*; 1677] ***sm.*** movimento di riforma religiosa sviluppatosi nel XVI sec., che, iniziato col luteranesimo, condusse alla formazione di numerose dottrine e chiese indipendenti da quella cattolica || l'insieme delle chiese cristiane riformate.

protestàntico (pl. *-ci*) [da *protestante*; 1927] ***agg.*** *non com.* attinente al protestantesimo o ai protestanti.

protestàre (pres. *-èsto*) [dal lat. tardo *protestāri*, testimoniare, dichiarare pubblicamente; a. 1311] ***intr.*** (aus. *avere*) esprimere esplicitamente la propria disapprovazione: *a quella dichiarazione tutta l'assemblea protestò, puoi fargli qualsiasi cosa e lui non protesta mai* || ***tr.*** **1.** dichiarare, attestare: *gli protestai tutta la mia devozione* **2.** *T.giur. protestare una cambiale*, dichiararne il mancato pagamento e iniziare gli atti coercitivi || ***rifl.*** professarsi, dichiararsi: *si protestava mio amico* || **N.** ***intr.*** *Sin.* contestare, lagnarsi, lamentarsi, obiettare, reclamare, recriminare, replicare, rimostrare, strepitare; insorgere, opporsi, reagire, ribellarsi | debolmente, energicamente, ferocemente, vivamente.

protestatàrio (pl. *-ri*) [dal fr. *protestataire*; 1901] ***agg.*** e ***sm.*** (f. *-a*) che, chi esprime protesta: *attività protestataria.*

protestàto (*pps.* di *protestare*) [1581] ***agg.*** testimoniato, dichiarato, affermato || di cambiale, colpita da protesto.

protestatóre [da *protestare*; a. 1563] ***sm.*** (f. *-trice*) *raro* chi fa una protesta.

protestatòrio (pl. *-ri*) [da *protestare*; 1686] ***agg.*** *non com.* che si riferisce a protesta, che esprime una protesta.

protestazióne [dal lat. tardo *protestātio, -ōnis*; a. 1348] ***sf.*** *raro* atto del protestare, protesta.

protèsto [da *protestare*; 1461] ***sm.*** *T.giur.* l'accertamento e la dichiarazione, riconosciuti legali, che un notaio o un ufficiale giudiziario o un segretario comunale fanno del mancato pagamento di una tratta, una cambiale e sim., al momento della scadenza: *andare in protesto, mandare in protesto una cambiale.*

protètico (pl. *-ci*) [dal gr. *prothetikós*; 1940] ***agg.*** *T.ling.* di protesi: *vocale protetica.*

protettìvo [da *proteggere*; 1859] ***agg.*** che tende o serve a proteggere: *genitori protettivi, lenti protettive.*

protètto (*pps.* di *proteggere*) [1590] ***sm.*** (f. *-a*) persona che riceve protezione da qualcuno || **N.** *Sin.* beniamino, favorito, patrocinato, pupillo, raccomandato.

protettoràle [da *protettore*; 1835] ***agg.*** *raro* di o da protettore.

protettoràto [dall'ingl. *protectorate*; 1691] ***sm.*** **1.** *T.pol.* rapporto giuridico che lega due stati, in cui lo stato protettore si obbliga a dare all'altro la propria protezione militare o altre forme di aiuto, ottenendo in cambio la facoltà di esercitare una ingerenza maggiore o minore sia nella sua amministrazione interna, sia nella condotta delle sue relazioni con gli altri stati **2.** *raro* ufficio ed opera di protettore.

protettóre [dal lat. tardo *protector, -ōris*; 1260 ca.] ***agg.*** e ***sm.*** (f. *-trice*) **1.** che o chi protegge: *il protettore degli oppressi*; anche rif. a sostanza o ad oggetto: *un protettore del fegato*; *associazione protettrice degli animali* || *T.stor. Lord protettore*, il titolo assunto da O. Cromwell come dittatore dell'Inghilterra **2.** chi sfrutta il lavoro di una prostituta || chi mantiene una donna con la quale ha una relazione amorosa illecita **3.** *T.eccl. cardinale protettore*, cardinale patrono presso il pontefice di un ordine o di una congregazione religiosa || **N.** **1.** *Sin.* angelo custode, avvocato, campione, fautore, genio tutelare, mecenate, padre, patrono, paladino, tutore, talismano **2.** *Sin.* ruffiano.

protettorìa [da *protettore*; 1950] ***sf.*** *T.eccl.* ufficio e dignità di cardinale protettore.

protezióne [dal lat. tardo *protectio, -ōnis*; 1321] ***sf.*** **1.** comportamento protettivo, e la difesa o tutela che esso realizza: *prendere sotto la propria protezione, invocare la protezione di Dio* || dispositivo atto a proteggere: *inserire una protezione per il circuito elettrico, una protezione artificiale contro la corrente marina* **2.** *per estens.* favoreggiamento, parzialità: *godere di alte protezioni, cercare protezioni* **3.** nelle attività di *racket*, la mancata esecuzione di ritorsioni violente e il denaro che si paga per ottenerla: *protezione mafiosa, pagare la protezione* || *dim.* protezioncèlla, protezioncìna || **N.** **1.** *Sin.* aiuto, appoggio, assistenza, clientela, custodia, difesa, egida, grazia, mecenatismo, patrocinio, patronato, rifugio, riparo, salvaguardia, scudo, sostegno, tutela **2.** *Sin.* agevolazione, favore, favoritismo, privilegio, raccomandazione. **Q.T.** *ecologia.*

protezionìsmo [dal fr. *protectionnisme*; 1851] ***sm.*** *T.econ.* sistema economico che, per mezzo di dazi doganali o di barriere tariffarie, mira a difendere le industrie nazionali dalla concorrenza dei prodotti stranieri || **N.** *Contr.* liberoscambismo.

protezionìsta [dal fr. *protectionniste*; 1849] **I** ***s.*** seguace o fautore del protezionismo **II** ***agg.*** protezionistico.

protezionìstico (pl. *-ci*) [da *protezionismo*; 1857] ***agg.*** proprio del protezionismo: *politica protezionistica.*

protìde [dal fr. *protide*; 1875] ***sm.*** *T.chim.* proteina.

pròtio o **pròzio** [da *proto-*; 1974] ***sm.*** *T.chim.* l'isotopo più abbondante dell'idrogeno.

pròtiro [dal gr. *próthyron*, vestibolo, portico; 1521] ***sm.*** **1.** *T.archeol.* nella casa romana, passaggio o breve corridoio che univa la porta di strada con quella che immetteva nell'atrio **2.** *T.arch.* piccolo atrio a volta, addossato all'ingresso delle chiese e sostenuto davanti da due sole colonne o pilastri, spesso sorretti da leoni o tori. **TAV.** *chiesa* 3.11.

protìsta [dal gr. *prṓtistos*, superl. di *prōtos*, primo; 1875] ***sm.*** *T.biol. raro* essere unicellulare animale o vegetale || **N.** protofito. **Q.T.** *botanica.*

protistologìa [comp. di *protista* e *-logia*; 1891] ***sf.*** *T.biol.* microbiologia.

pròto [dal gr. *prōtos*, primo; 1585] ***sm.*** *T.tip.* in tipografie, stamperie e sim., tecnico responsabile e coordinatore dei lavori; genericamente, tipografo. **Q.T.** *tipografia.*

pròto- [dal gr. *prōto-*, da *prōtos*, primo] ***primo elem.*** **1.** in parole composte dotte vale "primo nel tempo" (per es. *protomartire*) o "primo in ordine di importanza" (per es. *protomedico*) **2.** nella terminologia scientifica entra nelle denominazioni delle forme strutturalmente più semplici di un organismo (per es. *protofillo, protoplasma, Protozoi*) **3.** in paleontologia e paletnologia indica esseri, oggetti, fenomeni appartenenti alla preistoria (per es. *protoantropo*) **4.** in linguistica entra nelle denominazioni delle fasi unitarie ipotetiche, ricostruite su base comparativa, che stanno alla base delle lingue attestate storicamente: **protogermà-**

nico, **protoindoeuropèo**, **protosemìtico**, **protoslàvo** || forma anche le corrispondenti denominazioni dei presunti popoli parlanti tali lingue: **Protogermàni**, **Protoslàvi**.

protoàntropo o **protàntropo** [comp. di *proto-* e *-antropo*; 1942] **sm.** denominazione generica delle più antiche forme di ominidi, risalenti al Pleistocene.

protoattìnio o **protattìnio** [comp. di *proto-* e *attinio*; 1930] **sm.** *T.chim.* elemento metallico radioattivo assai raro, presente nei minerali di uranio.

protocanònico (pl. *-ci*) [comp. di *proto-* e *canonico*; 1804] **agg.** *T.eccl. libri protocanonici*, libri delle Sacre Scritture, di cui non è stata mai messa in dubbio l'autenticità, quindi inseriti per primi nel canone.

protocèrebro [comp. di *proto-* e lat. *cerebrum*, cervello; 1929] **sm.** *T.zool.* negli Antropodi, il segmento che precede le antenne.

Protococcàcee [comp. di *proto-* e un der. di *cocco*; 1929] **sf.pl.** *T.bot.* famiglia di alghe verdi unicellulari diffuse spec. in acqua dolce.

protocollàre¹ (pres. *-òllo*) [da *protocollo*; 1829] **tr.** *bur.* mettere, registrare a protocollo: *il contratto è stato protocollato.*

protocollàre² [da *protocollo*; 1804] **agg.** di protocollo: *registrazioni protocollari* || conforme alle norme della debita procedura: *risposta protocollare.*

protocollìsta [da *protocollo*; a. 1748] **s.** *bur.* impiegato addetto al protocollo.

protocòllo [dal gr. *prōtókollon*, primo (foglio del rotolo di papiro) incollato; 1309] **sm.** **1.** indice, registro dove si annotano in ordine cronologico istanze, atti, rapporti, dispacci e sim. che pervengono o partono da pubblici uffici: *numero di protocollo* || nel Medioevo, registro in cui i notai trascrivevano gli atti da essi rogati **2.** insieme di norme che regolano in ambito diplomatico il cerimoniale di ricevimenti, visite e sim.: *questione, formalità di protocollo, dar la precedenza secondo il protocollo* || *per estens.* etichetta **3.** documento diplomatico in cui è registrato un raggiunto accordo o con cui si integra o modifica uno precedente: *i plenipotenziari firmarono il protocollo* **4.** *T.fil.* nella filosofia del neopositivismo, enunciato che costituisce la registrazione di un'osservazione empirica.

Protocordàti [comp. di *proto-* e *cordati*; 1970] **sm.pl.** *T.zool.* denominazione generica e imprecisa con cui si designano i Tunicati e gli Acrani.

protofillo [comp. di *proto-* e *-fillo*; 1958] **sm.** *T.bot.* cotiledone.

protofìsico (pl. *-ci*) [comp. di *proto-* e *fisico*; 1761] **sm.** *T.stor.* protomedico; archiatra.

protofìto [comp. di *proto-* e *-fito*; 1875] **sm.** *T.bot.* denominazione generica di piante unicellulari a struttura semplice.

protògino [comp. di *proto-* e *-gino*, var. di *-geno*; 1875] **sm.** *T.min.* granito bianco alpino, caratteristico del Monte Bianco, in cui la mica è sostituita parzialmente o anche totalmente da lamine di talco e di clorite.

protolingua [comp. di *proto-* e *lingua*; 1958] **sf.** *T.ling.* nella linguistica storica, fase linguistica ipotizzata ma non documentabile, da cui si suppone abbia avuto origine un gruppo di lingue storiche affini.

protolìtico (pl. *-ci*) [comp. di *proto-* e *-litico*; 1940] **agg.** *T.etn. età protolitica*, quella che ci ha lasciato i resti della più antica attività artigianale dell'uomo limitata a pietre rozzamente lavorate || relativo a tale età || **N.** paleolitico, neolitico.

protologìa [comp. di *proto-* e *-logia*; a. 1828] **sf.** *T.fil.* nel pensiero di V. Gioberti, scienza delle verità prime, del puro essere intelligibile quale viene intuito dall'intelletto.

protomaèstro o **protomaéstro** v. PROTOMASTRO.

protomàrtire [dal gr. *prōtomártyr*, 1260 ca.] **sm.** *T.eccl.* appellativo di S. Stefano, primo martire della fede cristiana || *per estens.* martire cristiano dei primordi della Chiesa.

protomàstro (disus. *protomaèstro*, *protomaéstro*) [comp. di *proto-* e *mastro*; 1550] **sm.** *arc.* capomastro.

pròtome [dal gr. *protomḗ*, testa, busto; 1835] **sf.** decorazione a forma di testa umana o di animale usata nell'arte antica.

protomèdico (pl. *-ci*) [comp. di *proto-* e *medico*; a. 1536] **sm.** *ant.* medico primario di ospedale || archiatra di Corte.

protomòrfo [comp. di *proto-* e *-morfo*; 1958] **agg.** e **sm.** di tipo umano che, per le sue caratteristiche antropomorfiche, viene ritenuto fra i più primitivi.

protomotèca [comp. di *protome* e *-teca*; a. 1837] **sf.** collezione, galleria di busti scultorei: *Protomoteca Capitolina.*

protóne [da *proto-*, sul modello di *elettrone*; 1930] **sm.** *T.fis.* particella carica positivamente, di massa unitaria, che, insieme al neutrone, è il costituente fondamentale del nucleo dell'atomo.

protonèma [comp. di *proto-* e gr. *nêma*, filo; 1930] **sm.** *T.bot.* nei muschi, corpo filiforme o laminare generato dalle spore, dal quale ha origine la piantina.

protònico¹ (pl. *-ci*) [comp. di *pro-¹* e *tonico*; 1873] **agg.** *T.gram.* di sillaba o vocale, che precede quella tonica.

protònico² (pl. *-ci*) [da *protone*; 1949] **agg.** *T.fis.* di o relativo a protone.

protònio (pl. *-ni*) [da *protone*; 1965] **sm.** *T.fis.* particella costituita dal legame, estremamente instabile, di un protone e di un antiprotone.

protonotariàto [da *protonotario*; a. 1540] **sm.** *T.eccl.* l'ufficio e il grado di protonotario.

protonotàrio o **protonotàro** (pl. *-ri*) [comp. di *proto-* e del lat. *notarius*, stenografo, segretario, come il gr. biz. *prōtonōtários*; a. 1442] **sm.** **1.** *T.eccl.* ciascuno dei sette prelati apostolici formanti un collegio cui è delegato l'incarico di registrare tutti gli atti emanati dalla Curia di Roma **2.** *T.stor.* capo della cancelleria di alcune amministrazioni imperiali.

protopàpa [dal gr. biz. *prōtopapás*; 1644] **sm.** nella Chiesa greca ortodossa o scismatica, arciprete.

protoplàsma [comp. di *proto-* e *plasma*; 1871] **sm.** *T.biol.* la sostanza di cui sono costituite tutte le cellule animali e vegetali, distinta in citoplasma e nucleo.

protoplasmàtico (pl. *-ci*) [da *protoplasma*; 1911] **agg.** del protoplasma.

protoquàmquam [comp. di *proto-* e lat. *quamquam*, quantunque; a. 1686] **s.** *inv.* *scherz.* persona saccente.

protoràce [comp. di *pro-¹* e *torace*, sul modello dell'ingl. e fr. *prothorax*; 1841] **sm.** *T.zool.* il primo dei tre segmenti in cui è diviso il torace degli insetti, sempre sprovvisto di ali.

protoromàntico (pl. *-ci*) [comp. di *proto-* e *romantico*; 1920] **agg.** e **sm.** (f. *-a*) che anticipa il Romanticismo.

protoscìmmia v. PROSCIMMIE.

protosincrotróne [comp. di *proto(ne)* e *sincrotone*; 1961] **sm.** *T.fis.* macchina per l'accelerazione dei protoni.

protospatàrio o **protospadàrio** (pl. *-ri*) [dal gr. biz. *prōtospathários*; 1835] **sm.** *T.stor.* titolo assegnato ai generali e ai governatori delle province dell'Impero bizantino.

protòssido [comp. di *proto-* e *ossido*, come l'ingl. *protoxide*, fr. *protoxide, protoxyde*; 1829] **sm.** *T.chim.* l'ossido di un metallo con grado di ossidazione minore || **N.** *Sin.* ossidulo.

protostèle [comp. di *proto-* e *stele*; 1931] **sf.** *T.bot.* tipo primitivo di stele.

protostélla [comp. di *proto-* e *stella*; 1974] **sf.** *T.astr.* massa di gas da cui si suppone che si origini una stella.

Protòstomi (sing. *-a*) [comp. di *proto-* e del gr. *stóma, stómatos*, bocca; 1931] **sm.** *pl.* *T.zool.* gruppo di Metazoi che comprende le forme nelle quali la bocca dell'adulto si origina dal blastoporo.

protostòria [comp. di *proto-* e *storia*; 1957] **sf.** **1.** la fase più antica della storia di una civiltà **2.** in paletnologia, il secondo periodo della preistoria.

protostòrico (pl. *-ci*) [da *protostoria*; 1958] **agg.** proprio della protostoria; relativo alla protostoria: *culture protostoriche.*

protòtipo [dal lat. tardo *prototypus*, gr. *prōtótypos*, che è primo tipo, prob. attr. il fr. *prototype*; 1598] **sm.** **1.** modello su cui è basata la realizzazione dei successivi esemplari: *un racconto che segue il prototipo del giallo poliziesco* || *in part.* prima realizzazione concreta di un progetto, sulla base del quale si costruiscono i prodotti in serie: *il prototipo di un motore, di una lampada*; anche in posizione attributiva: *una vettura prototipo* **2.** tipo che riunisce i tratti caratteristici della categoria cui appartiene: *è il prototipo dell'impiegato zelante* || **N.** **1.** *Sin.* archetipo, originale, MODELLO.

prototrofìa [comp. di *proto-* e *-trofia*; 1958] **sf.** *T.biol.* assimilazione diretta di un elemento chimico puro da parte di un organismo.

protòtrofo [comp. di *proto-* e *-trofo*; 1958] **agg.** *T.biol.* che presenta prototrofia.

protòttero [comp. di *proto-* e *-ttero*; 1875] **sm.** pesce dei Dipnoi, che vive nei fiumi dell'Africa tropicale, di forma allungata che si assottiglia nella regione caudale, di color verde bruno a chiazze giallastre.

protovangèlo [comp. di *proto-* e *vangelo*; 1835] **sm.** secondo l'esegesi biblica, il primo annuncio della redenzione, contenuto in un passo del Genesi (3,14-15).

Protozòi (sing. *-òo*) [comp. di *proto-* e *-zoo*; 1841] **sm.** *pl.* *T.zool.* uno dei due sottoregni del regno animale, comprendente organismi unicellulari formati da un'unica cellula capace di esplicare da sola tutte le funzioni della vita vegetativa e quelle di relazione cui negli organismi pluricellulari (Metazoi) sono deputati i diversi tessuti e i diversi organi. **Q.T.** ***zoologia*** **TAV.** ***zoologia*** **p. 1344**.

protozòico (pl. *-ci*) [dall'ingl. *protozoic*; 1875] **agg.** *T.geol.* archeozoico.

protozoologìa [comp. di *proto-* e *zoologia*; 1958] **sf.** ramo della microbiologia che studia i Protozoi || **N.** protistologia. **Q.T.** ***zoologia***.

protràere *arc.* v. PROTRARRE.

protràrre (pres. *-àggo* ecc., come TRARRE) [dal lat. *protrahere*; a. 1342] **tr.** **1.** tirare in lungo, prolungare: *protrarre la visita* **2.** differire, prorogare: *ha protratto la sua partenza* || ***intr. pron.*** continuare, durare: *la sua degenza in ospedale si protrae da troppo tempo* || **N.** **tr.** **2.** *Sin.* PROROGARE.

protràttile [dal lat. *protractus*, pps. di *protrahere*, trarre fuori; 1958] **agg.** che può essere spinto in avanti: *unghie protrattili* || **N.** *Contr.* retrattili.

protrazióne [dal lat. tardo *protractio, -ōnis*; a. 1396] **sf.** il protrarre; differimento, prolungamento.

protrombìna [comp. di *pro-²* e *trombina*; 1958] **sf.** *T.med.* proteina del plasma che svolge un ruolo fondamentale nel processo della coagulazione.

protrùdere (p.rem. *protrùsi*; pps. *protrùso*) [dal lat. *protrūdere*, spingere avanti; 1958] **intr.** (aus. *essere*) *T.med.* sporgere, fuoriuscire || **tr.** *non com.* far sporgere in fuori.

protrusióne [dal lat. *protrūsus*, pps. di *protrū-*

dere, spingere avanti, sul modello dell'ingl. *protrusion*; 1884] **sf.** *T.med.* e *T.fisiol.* avanzamento o sporgenza di un organo anatomico || *protrusione labiale*, avanzamento e arrotondamento delle labbra, che si rendono necessari per articolare certe vocali || **N.** procheila, aprocheila.

protrùṣo (*pps.* di *protrudere*) [1952] **agg.** *T.ling.* labializzato.

protuberànte [dal disus. *protuberare*, sporgere in fuori; a. 1789] **agg.** che forma una protuberanza: *fronte protuberante.*

protuberànza [dal disus. *protuberare*, sporgere in fuori; a. 1730] **sf.** **1.** prominenza, escrescenza: *protuberanza ossea, un fusto legnoso pieno di protuberanze* **2.** *T.astr. protuberanze solari*, getti di varia forma che si osservano sulla superficie del Sole, costituiti da idrogeno incandescente || **N.** **1.** *Sin.* bernoccolo, bitorzolo, bozza, rialto, sporgenza. **TAV.** ***astronomia*** **p. 656** 3.1.

Protùri [comp. di *prot(o)*- e *-uro*²; 1954] **sm.** *pl.* *T.zool.* ordine di insetti comprendente gli organismi più primitivi, con addome diviso in 12 segmenti, esoscheletro debole, antenne ridotte o assenti.

protutèla [comp. di *pro-*¹ e *tutela*; 1983] **sf.** *T.giur.* incarico e ufficio del protutore.

protutóre [dal lat. tardo *protūtor, -ōris*, attr. il fr. *protuteur*; 1806] **sm.** *T.giur.* chi fa le veci del tutore, rappresentando il minore quando gli interessi di questo siano in contrasto con quelli del tutore.

pròva [da *provare*; fine sec. XII - inizio sec. XIII] **sf.** **1.** verifica del grado di efficienza, della precisione, della correttezza, delle capacità e sim., di qualcuno o qualcosa: *prova su pista, prova di velocità, di resistenza, prova audio dell'impianto di amplificazione, camerino di prova, andare dal sarto per la prova dell'abito, prova della voce, prova di stampa, la prima settimana di prova è in omaggio* || *mettere alla prova*, costringere, attraverso situazioni difficili o faticose a dimostrare le proprie qualità: *mettere alla prova i nervi, il coraggio, l'onestà, la fedeltà di qualcuno* || esame: *la prova orale sarà due giorni dopo quella scritta* || attività lavorativa svolta prima dell'assunzione definitiva, allo scopo di dimostrare le proprie attitudini e capacità: *essere, prendere in prova, ti assumo in prova per venti giorni* || *banco di prova*, v. BANCO nel senso 2 || *prova del nove*, v. NOVE || *a prova di bomba, di terremoto, di fuoco* e sim., capace di resistere alle bombe, al terremoto, al fuoco || *a tutta prova*, sperimentato, ben provato || *prova del fuoco*, in passato, uno dei "giudizi di Dio"; *fig.* prova suprema, decisiva || circostanza difficile in cui si deve far appello alla propria forza d'animo: *Dio non t'abbandonerà nell'ora della prova* **2.** esercitazione; *in part.* ciascuna riunione di studio degli artisti che preparano uno spettacolo, un'esecuzione e sim.: *prova a voci separate, prova d'assieme, con tre prove mettiamo su il concerto*; *prova generale*, l'ultima esercitazione, spesso fatta di fronte a un pubblico, eseguita senza interruzioni e nell'allestimento definitivo: *prove generali di una commedia, di un'opera* **3.** tentativo: *questa è l'ultima prova, hai ancora due prove, ho fatto tutte le prove possibili* **4.** dimostrazione: *ha dato prova di grande abilità, una prova di coraggio* || *concr.* documento, elemento che comprova un fatto; testimonianza: *allegare, esibire le prove*; *prova di acquisto, non ci sono prove della sua colpevolezza, assolto per insufficienza di prove, addurre, presentare le prove di un fatto* **5.** *per estens.* prestazione, *performance*, gara: *i nostri si sono distinti nella prova di velocità* || *ant. lett. a prova*, a gara: *a prova vien fuor la femminetta a còr dell'acqua* (Leopardi) || *dim.* provìno (*sm.*) || **N.** **1.** *Sin.* assaggio, cimento, collaudo, esperimento, revisione, saggio, test, verifica; sforzo; tornasole | cimentarsi, misurarsi **2.** provino, saggio **4.** *Sin.* argomento, indizio, riprova, riscontro, saggio **5.** *Sin.* competizione. **Q.T.** *diritto, teatro.*

provàbile [da *provare*; 1747] **agg.** che si può provare || **N.** *Sin.* dimostrabile.

provabilità [da *provabile*; 1551] **sf.** *raro* caratteristica di ciò che è provabile.

provacircùiti [comp. di *prova(re)* e *circuito*; 1958] **sm.** *inv.* *T.elettron.* dispositivo per verificare se un circuito elettrico è interrotto.

provanatùra [risale al lat. *propāgo, propāginis*, propaggine; 1958] **sf.** *sett.* propaggine multipla impiegata anticamente per rimpiazzare le viti troppo vecchie.

provàno [dal fr. ant. *provant*, che resiste alla prova; sec. XIV] **agg.** *ant.* ostinato.

provapìle [comp. di *prova(re)* e *pila*; 1987] **sm.** *inv.* dispositivo per verificare l'efficienza delle pile.

provàre (pres. *pròvo*) [lat. *probāre*, riconoscere che è una cosa buona; fine sec. XII - inizio sec. XIII] **tr.** **1.** mettere alla prova, sperimentare usando o facendo funzionare una o più volte: *prima di acquistare l'auto vorrei provarla, questo prodotto è efficacissimo, ti consiglio di provarlo, provare un abito* || di proprietà specifica, determinarne il valore: *provare l'acustica di una sala, la resistenza di un materiale* || di cibo, assaggiare: *prova queste mele, ti piaceranno di sicuro* **2.** cercare o tentare di eseguire: *prova una partenza in salita, ha provato un tiro da fermo*; anche seguito da *a* e infinito, fare come prova, come tentativo: *prova a fare come dice lui, ho provato varie volte a chiamarlo, io proverei ad aggiungere della maionese* **3.** dimostrare: *sono affermazioni pesanti che vanno provate, provare la propria innocenza* **4.** mettere duramente alla prova, sottoporre a grave sforzo: *un volto provato dalla sofferenza, le disgrazie lo provarono* **5.** sentire, sperimentare in se stessi: *prova grande difficoltà a imparare, provare avversione per qualcuno, tu proverai sì come sa di sale / lo pane altrui* (Dante) **6.** fare una prova: *provate ancora una volta il duetto*; *ass.* eseguire le prove: *abbiamo provato per tre ore di seguito* || **rifl.** cimentarsi: *provarsi in un duello* || **N.** **1.** *Sin.* collaudare, sperimentare; esaminare, esperire, esplorare, saggiare, sondare, tastare, verificare; toccare con mano **2.** *Sin.* tentare **3.** *Sin.* comprovare, documentare **4.** *Sin.* fiaccare, indebolire, segnare, stremare **6.** esercitarsi.

provatìvo [da *provare*, sul modello del lat. tardo *probatīvus*, probativo; sec. XIV] **agg.** *ant.* che prova, atto a provare, probante.

provàto (*pps.* di *provare*) [a. 1320] **agg.** **1.** sicuro, fedele: *amico provato* **2.** messo alla prova; segnato, stremato: *uomo molto provato dalla vita, un ciclista provato dallo sforzo* || **provatamènte** **avv.** *raro* certamente, sicuramente (con valore frasale): *questo è provatamente contraddittorio.*

provatóre [da *provare*; a. 1348] **sm.** (f. *-trìce*) *raro* chi prova, sperimentatore.

provatransistóri [comp. di *prova(re)* e *transistore*; 1974] **sm.** *inv.* dispositivo per verificare l'efficienza di transistori applicando tensioni prefissate e misurando le corrispondenti intensità di corrente.

provatùbi [comp. di *prova(re)* e *tubo*; 1958] **sm.** *inv.* *T.elettron.* provavalvole.

provatùra [da *provare*; a. 1548] **sf.** *region.* in Lazio, piccola mozzarella di latte di bufala.

provavàlvole [comp. di *prova(re)* e *valvola*; 1958] **sm.** *inv.* *T.elettron.* apparecchio che permette di controllare l'efficienza dei tubi termoelettronici mediante applicazione di elettrodi || **N.** *Sin.* provatubi.

provazióne [dal lat. *probātio, -ōnis*; a. 1348] **sf.** *arc.* **1.** prova **2.** approvazione.

provecciàre (pres. *-éccio*) [dallo sp. *aprovechar*, approfittare; 1617] **intr.** (aus. *avere*) e **intr. pron.** *ant.* approfittare.

provènda [var. di *profenda*; 1937] **sf.** **1.** antica unità di misura pari a 8,8 litri **2.** *arc.* profenda.

proveniènza [da *provenire*; 1728] **sf.** il provenire: *luogo di provenienza* || *per meton.* luogo d'origine, di partenza: *un pacco di ignota provenienza*; fonte: *la provenienza della notizia è certa.*

provenìre (pres. *-èngo* ecc., come VENIRE) [dal lat. *provenīre*, venire avanti; a. 1294] **intr.** (aus. *essere*) **1.** arrivare, venire (seguito dalla specificazione del luogo di partenza): *queste merci provengono dalla Spagna, notizie che provengono da una persona ben informata* **2.** *fig.* avere origine, derivare: *il suo insuccesso provenne da una preparazione affrettata, gravi malanni provengono dal troppo bere* || **N.** **2.** *Sin.* derivare.

provènto [dal lat. *proventus*; 1336] **sm.** (spec. *pl.*) guadagno derivante da un'attività (specificata o lasciata implicita): *i proventi dei dazi comunali, arrotondare i magri proventi del lavoro, i proventi saranno devoluti in beneficenza* || **N.** *Sin.* GUADAGNO.

proventrìglio (pl. *-gli*) [comp. di *pro-*¹ e *ventriglio*; 1958] **sm.** *T.zool.* negli Uccelli, parte dell'esofago provvista di ghiandole, detta anche *stomaco ghiandolare* || nei Crostacei, parte del tubo digerente destinata alla triturazione del cibo.

provenzàle [dal fr. *provençal*; a. 1205] **I** **agg.** di o della Provenza: *poesia provenzale* **II** **s.** **1.** abitante, originario della Provenza **2.** *sm.* (solo *sing.*) lingua romanza della Francia meridionale, sviluppata spec. nel Medioevo e assurta a prestigio letterario con la lirica trobadorica || **N.** **II** **2.** *Sin.* lingua d'oc, occitanico.

provenzaleggiànte (*ppr.* di *provenzaleggiare*) [1925] **agg.** che imita le forme dei poeti provenzali.

provenzaleggiàre (pres. *-éggio*) [da *provenzale*; 1726] **intr.** (aus. *avere*) *T.lett.* imitare i modi e i motivi dei poeti provenzali.

provenzalésco (pl. *-schi*) [da *provenzale*; seconda metà sec. XIII] **agg.** **1.** provenzaleggiante **2.** *arc.* provenzale.

provenzalìṣmo [da *provenzale*; a. 1698] **sm.** particolarità grammaticale o stilistica propria del provenzale.

provenzalìsta [da *provenzale*; 1966] **s.** studioso della lingua, della filologia e della letteratura provenzale antica.

proverbiàle [dal lat. tardo *proverbiālis*; 1560] **agg.** **1.** proprio dei proverbi: *saggezza proverbiale* **2.** che costituisce oggetto di un proverbio; *per estens.* riconosciuto da tutti, tradizionale: *la proverbiale pazienza di Giobbe*; *iperb.* accentuato e manifesto: *quell'uomo è di un'ignoranza proverbiale* || **proverbialménte** **avv.**

proverbiàre (pres. *-èrbio*) [da *proverbio*; a. 1342] **tr.** *arc.* **1.** schernire **2.** ingiuriare; sgridare.

proverbiatóre [da *proverbiare*; a. 1644] **agg.** e **sm.** (f. *-trìce*) *arc.* che o chi proverbia.

provèrbio (pl. *-bi*) [dal lat. *proverbium*; 1225 ca.] **sm.** **1.** breve sentenza, di origine popolare, spesso con struttura ritmica e assonanze, contenente un pensiero, una norma morale e sim., tratti dall'esperienza: *antichi proverbi siciliani, una raccolta di proverbi, dice il proverbio che chi sa il gioco non l'insegni* || *passar in proverbio*, essere noto a tutti || *per anton. i Proverbi*, uno dei libri del Vecchio Testamento che contiene detti sentenziosi di Salomone **2.** *T.teatr.* breve componimento drammatico che ha per titolo un proverbio **3.** *arc.* offesa, insulto || *spreg.* proverbiùccio; *pegg.* proverbiàccio || **N.** **1.** adagio, aforisma, apoftegma, detto, massima, motto, wellerismo.

proverbióso [da *proverbio*; a. 1367] **agg.**

1. di discorso o modo di parlare, zeppo di proverbi; sentenzioso **2.** *ant.* dispettoso.

proverbìsta [da *proverbio*; 1639] **s.** compilatore di raccolte di proverbi e sim.

provése v. PRODESE.

provétta [da *prova*, sul modello del fr. *éprouvette*; a. 1921] **sf. 1.** cilindretto di vetro, chiuso a un'estremità, impiegato nei laboratori chimici per contenere sostanze liquide o solide **2.** provino nel senso 3.

provètto [dal lat. *provectus*, pps. di *provehere*, portare innanzi; a. 1375] **agg. 1.** che ha conoscenza sicura, esperienza lunga di una disciplina, di un'arte: *artista provetto, un provetto artigiano* **2.** *lett.* avanzato in età ‖ **N. 1.** *Sin.* capace, consumato, esperto, pratico, ABILE.

proviànda [da *provenda* con influsso di *vivanda*; 1641] **sf.** *arc. T.mil.* vettovaglia per soldati.

providènza v. PROVVIDENZA.

provincia (pl. *-ce*) [dal lat. *provincia*; a. 1292] **sf. 1.** suddivisione territoriale intermedia fra Comune e Regione: *la provincia di Cuneo è la più grande d'Italia, due province confinanti* ‖ (spesso con iniziale maiuscola) nell'ordinamento amministrativo italiano, l'ente locale territoriale che esercita le sue funzioni su tale territorio, riguardo principalmente a viabilità, tutela dell'ambiente, trasporti e assistenza sanitaria: *le competenze della Provincia, un'iniziativa promossa dalla Provincia*; *per meton.* la sede di tale ente: *recarsi in Provincia* ‖ *far provincia*, essere capoluogo di provincia **2.** in ogni paese, le aree più periferiche rispetto alla capitale e alle grandi città: *l'immensa provincia americana, in Francia tutto è provincia meno Parigi, andare a vivere in provincia, un giornale di provincia*; con riferimento all'arretratezza dei costumi e alla minor vivacità culturale: *mentalità, moda di provincia* **3.** *T.eccl. provincia ecclesiastica*, circoscrizione comprendente più diocesi **4.** *T.stor.* nell'antica Roma, unità territoriale sottoposta a un magistrato e, successivamente, paese di conquista, esterno all'Italia, retto da un proconsole o da un propretore ‖ **N. 1.** circoscrizione, compartimento, dipartimento, regione, territorio | circondario, distretto. **Q.T.** *politica.*

provincialàto [da (*padre*) *provinciale*; a. 1610] **sm.** *T.eccl.* l'ufficio, il grado di padre provinciale e anche durata di tale ufficio.

provinciàle [dal lat. *provinciālis*; a. 1342] **I agg. 1.** della provincia, attinente a provincia: *amministrazione, giunta, consiglio provinciale* ‖ *strada provinciale*, mantenuta dalla provincia ‖ *T.eccl. consiglio* o *sinodo provinciale*, costituito dai vescovi di una provincia sotto la presidenza di un primate; *padre provinciale*, posto a capo di una provincia ecclesiastica **2.** *spreg.* proprio della provincia in quanto caratterizzato da ristagno culturale, avversione o eccessiva meraviglia per il nuovo o il diverso, grossolanità e sim.: *gusti, abitudini, atteggiamenti provinciali* ‖ **provincialménte avv. II 1.** *s.* chi abita nella provincia e ne mostra i tipici atteggiamenti e mentalità: *sono molti anni che vive in città ma è rimasta una provinciale, gusti, giudizi da provinciali* **2.** *sf.* strada provinciale **3.** *sm.* chi è a capo di una provincia ecclesiastica: *il provinciale di un ordine.*

provincialismo [dal fr. *provincialisme*; 1895] **sm. 1.** vocabolo o locuzione tipici di una provincia o altra area geografica **2.** *spreg.* carattere di ciò che è provinciale.

provincialità [da *provinciale*; 1958] **sf.** l'essere provinciale: *provincialità di gusti.*

provincializzàre [da *provinciale*; 1970] **tr.** *raro* trasferire all'amministrazione provinciale: *provincializzare l'azienda di trasporti* ‖ **intr. pron.** acquistare modi e caratteristiche provinciali.

provincializzazióne [da *provincializzare*; 1970] **sf.** atto o effetto del provincializzare.

provino (*dim.* di *prova*) [1835 nel senso 3] **sm. 1.** breve prova di recitazione eseguita da un attore o da un aspirante attore di fronte a una commissione, a un regista e sim., che ne verificano le capacità: *provino teatrale, cinematografico, radiofonico* **2.** *T.fot.* stampa a contatto di un fotogramma, eseguita per avere un'idea della foto definitiva ingrandita **3.** strumento atto a misurare o saggiare qualità, resistenza, purezza e sim., di un materiale **4.** campione di materiale da saggiare ‖ **N. 1.** *Sin.* audizione; saggio.

provitamina [comp. di *pro-*[1] e *vitamina*; 1934] **sf.** *T.biol.* sostanza non vitaminica che, se immessa nell'organismo, si trasforma in una vitamina attiva.

pròvo v. PRUOVO.

provocàbile [dal lat. tardo *provocābilis*; 1950] **agg.** *non com.* che si può, più o meno facilmente, provocare.

provocaménto [da *provocare*; prima metà sec. XIV] **sm.** *ant.* l'atto del provocare.

provocànte (*ppr.* di *provocare*) [sec. XIV] **agg. 1.** che suscita attrazione sessuale, eccitante: *sguardo, andatura, scollatura provocante* **2.** *meno com.* provocatorio ‖ **provocanteménte avv.** ‖ **N. 1.** *Sin.* eccitante, malizioso, sensuale.

provocàre (pres. *pròvoco, pròvochi*) [dal lat. *provŏcare*, propr. chiamar fuori; a. 1292] **tr. 1.** far succedere, causare: *la grandine ha provocato ingenti danni* ‖ rif. a reazioni fisiche o emotive, far insorgere, suscitare: *provocare l'ira, lo sdegno, l'ilarità*; *provocare abbondante sudorazione, il vomito, un'allergia* **2.** rif. a persona, dire o fare cosa che irrita o induce una reazione risentita: *se mi provocano non rispondo delle mie azioni, provocare a ira, a sdegno* **3.** mettere in stato di eccitazione sessuale, con discorsi o atteggiamenti provocanti: *si difese dicendo che era stata lei a provocarlo in modo sfacciato* ‖ **N. 1.** *Sin.* determinare, indurre, produrre, promuovere, scatenare, suscitare **2.** *Sin.* aizzare, cimentare, irritare, istigare, sfidare, stuzzicare **3.** *Sin.* adescare, eccitare, stimolare.

provocativo [dal lat. tardo *provocatīvus*; a. 1320] **agg.** *lett.* atto a provocare, inteso a provocare ‖ *T.med.* di prodotto medicinale, che eccita una funzione, che provoca un effetto.

provocatóre [dal lat. *provocātor, -ōris*; 1513] **I agg.** che provoca: *arroganza provocatrice* **II sm.** (f. *-trìce*) chi provoca disordini o induce a commettere un reato allo scopo di dar pretesto a persecuzioni e a repressioni (da *agente provocatore*) ‖ **N. II** *Sin.* fomentatore, istigatore.

provocatòrio (pl. *-ri*) [dal lat. *provocatōrius*; 1498] **agg.** che ha lo scopo deliberato di provocare (nel senso 2): *atteggiamento, sguardo, tono provocatorio* ‖ **provocatoriaménte avv.**

provocazióne [dal lat. *provocātio, -ōnis*; sec. XIV] **sf.** azione ed effetto del provocare (spec. nel senso 2); *in part.* in situazioni di conflitto (spec. politico), iniziativa volta a sollecitare una reazione dell'avversario per lui controproducente: *raccogliere una provocazione*, reagire nella maniera desiderata dall'avversario; *non reagire, non rispondere alle provocazioni* ‖ **N.** *Sin.* aizzamento, attizzamento, bravata, fomite, incitamento, istigazione, pungolo, sfida.

pròvola [prob. da *prova*, assaggio del cacio; 1611] **sf.** formaggio di latte di mucca o di bufala, a pasta filata molle o semidura, tipico dell'Italia centro-meridionale, di forma tondeggiante od oblunga: *provola fresca, affumicata.*

provolóne [da *provola*; 1892] **sm.** formaggio di pasta dura prodotto con latte intero di mucca in grosse forme allungate: *provolone dolce, piccante* ‖ **N.** caciocavallo.

provòsto *arc.* v. PREVOSTO.

provvedére (pres. *provvédo*; fut. *provvederò*; cond. *provvederèi*; pps. nei tempi composti: *provvedùto* nell'intr., *provvedùto* o *provvisto* nel rifl., come VEDERE; pps. arc. *provviso*) [lat. *providēre*; prima metà sec. XIII] **intr.** (aus. *avere*) disporre quanto è necessario per garantire un certo risultato: *se ti rivolgi all'agenzia provvedono loro a tutto, provvedere ai bisogni della famiglia*; *prov. Dio vede e provvede*; *in part.* rif. a servizio di utilità o interesse collettivo: *provvedere alla sicurezza dei cittadini* ‖ *ass.* prendere provvedimenti, porre riparo: *se non piove, bisogna provvedere in qualche modo* ‖ **tr.** procurare, fornire: *provvedere il necessario alla famiglia* (o *provvedere la famiglia del necessario*) ‖ **rifl.** munirsi, dotarsi: *provvedersi di cibo, di un cappotto pesante* ‖ **N. intr.** *Sin.* occuparsi, preparare, premunire, procacciare, procurare, rimediare, riparare, sopperire, sovvenire, supplire, trovare rimedio.

provvediménto [da *provvedere*; a. 1276] **sm. 1.** misura stabilita per risolvere o evitare determinati problemi: *provvedimenti sanitari, igienici, provvedimento legislativo, adottare, prendere un provvedimento*; *provvedimento disciplinare*, punizione **2.** *arc.* previdenza abituale, prudenza ‖ **N. 1.** *Sin.* cura, riparo; disposizione, RIMEDIO | mezza misura, mezzo termine, ripiego.

provveditoràto [da *provveditore*; sec. XV] **sm. 1.** organo decentrato dell'amministrazione statale dipendente da un ministero: *provveditorato agli studi, alle opere pubbliche* ‖ l'edificio che ospita i relativi uffici: *recarsi in provveditorato* **2.** ufficio e residenza del provveditore.

provveditóre [da *provvedere*; a. 1342] **sm.** (f. *-trìce*) **1.** titolo di chi, in un ente, ha responsabilità amministrative ‖ *in part.* capo di un provveditorato: *provveditore agli studi*, che sopraintende, in ciascuna provincia, all'istruzione elementare e media **2.** *T.stor.* in passato, spec. nella Repubblica di Venezia, titolo di alto funzionario cui era affidata l'amministrazione di una provincia.

provveditorìa [da *provveditore*; a. 1547] **sf.** *T.stor.* ufficio di provveditore.

provvedùto (*pps.* di *provvedere*) [a. 1294] **agg.** *non com.* cauto, accorto: *il savio e provveduto lettore* ‖ **provvedutaménte avv.** *non com.* ‖ **N.** *Contr.* sprovveduto.

provvidènte [lat. *providens, -entis*; 1260 ca.] **agg.** *ant.* che provvede accortamente a sé o agli altri ‖ **provvidenteménte avv.** *raro.*

provvidènza (arc. *providènza*) [dal lat. *providentia*; a. 1250] **sf. 1.** ragione secondo la quale Dio ordina tutte le cose: *confidare nella provvidenza divina, decreto, opera della Provvidenza* **2.** *concr.* cosa che capita quando più è necessaria: *quell'eredità è stata una provvidenza per noi* **3.** provvedimento economico a sostegno di determinate categorie (perlopiù *pl.*): *provvidenze a favore dei terremotati* ‖ **N. 1.** benedizione, destino, fato, mano del Cielo, mano di Dio **2.** *Sin.* manna.

provvidenziàle [dal fr. *providentiel*; 1839] **agg.** che è o appare disposto o mandato in soccorso dalla divina Provvidenza: *aiuto, uomo provvidenziale* ‖ **provvidenzialménte avv.** ‖ **N.** *Sin.* opportuno; a proposito.

provvidenzialismo [comp. di *provvidenziale* e *-ismo*; 1970] **sm.** *T.fil.* dottrina secondo cui la storia è retta da un ordine provvidenziale ‖ *com.* fatalismo ottimistico.

provvidenzialista [da *provvidenzialismo*; 1970] **s.** *T.fil.* chi segue la dottrina del provvidenzialismo.

provvidenzialità [da *provvidenziale*; 1967] **sf.** l'essere provvidenziale.

pròvvido [dal lat. *prōvidus*, prima metà sec. XIII - inizio sec. XIV] **agg.** *lett.* **1.** che provvede a tutto il necessario, con saggia previdenza: *la provvida formica, natura provvida* **2.** che è a fin di bene, provvidenziale: *provvida sventura* || utile: *riforma provvida* || **provvidaménte** ***avv.***

provvigióne [dal lat. *provisio, -ōnis*; a. 1389] ***sf.*** **1.** quanto il mediatore, l'agente di cambio, il rappresentante di commercio e sim. ricevono in compenso della loro opera, fissato di regola in misura proporzionale all'affare stesso: *essere retribuito a provvigione* **2.** *arc.* provvisione || **N. 1.** *Sin.* mediazione, percentuale, senseria.

provviṣionàle [dal fr. *provisionnel*; 1619] ***agg.*** **1.** *T.giur.* di somma, che costituisce un indennizzo provvisorio in attesa di una più compiuta liquidazione dei danni; anche *sf.*: *la provvisionale* **2.** *arc.* provvisorio.

provviṣionàre (pres. *-óno*) [da *provvisione*, come il fr. *provisionner*; 1550] ***tr.*** *arc.* salariare, stipendiare.

provviṣionàto (*pps.* di *provvisionare*) [a. 1348] ***sm.*** soldato stipendiato stabilmente.

provviṣióne [dal lat. *provisio, -ōnis*; a. 1348] ***sf.*** **1.** *raro* atto ed effetto del provvedere, provvedimento **2.** *ant.* provvista, rifornimento: *provvisioni di guerra, di convento* **3.** *arc.* stipendio, salario; *in part.* la retribuzione data un tempo ai capitani di ventura || *dim.* provvisioncèlla.

provvìṣo *pps. arc.* di *provvedere* (v.).

provviṣóre [dal lat. *provisor, -ōris*; sec. XIV] ***sm.*** *T.stor.* alto funzionario, provveditore.

provviṣorietà [da *provvisorio*; 1871] ***sf.*** condizione di ciò che è provvisorio: *provvisorietà di una carica* || **N.** *Sin.* precarietà, temporaneità, transitorietà.

provviṣòrio (pl. *-ri*) [dal fr. *provisoire*; 1797] ***agg.*** fatto, ordinato temporaneamente, per provvedere in qualche modo al bisogno del momento; transitorio: *impiego provvisorio, sistemazione, soluzione, medicazione provvisoria* || *governo provvisorio*, quello che tiene il potere tra il governo caduto e il nuovo che verrà costituito || *in via provvisoria*, provvisoriamente || **provviṣoriaménte** ***avv.*** || **N.** *Sin.* avventizio, instabile, interinale, momentaneo, posticcio, precario, temporaneo, transitorio; caduco, effimero, fugace, passeggero | *Contr.* definitivo; permanente, stabile.

provvìsta [f. sost. di *provvisto*; 1673] ***sf.*** **1.** atto ed effetto del provvedere alle future necessità materiali, procurandosi determinati beni: *fare provvista di legna, di combustibile, di generi alimentari* || *concr.* i beni procurati a tal fine: *le provviste per la settimana sono stipate in dispensa, finire le provviste*; anche *fig.*: *una provvista di aneddoti* **2.** *T.eccl.* attribuzione di un ufficio ecclesiastico || **N. 1.** *Sin.* imboscamento, immagazzinamento, incetta, raccolta, rifornimento, riserva, scorta.

provvìsto (*pps.* di *provvedere*) [1478] ***agg.*** dotato, fornito: *camera provvista di luce e telefono, un impianto provvisto di dispositivo di sicurezza* || *scherz. donna ben provvista*, prosperosa.

prozìo (pl. *-zìi*) [comp. di *pro-* e *zio*, sul modello di *pronipote*; 1640] ***sm.*** (f. *-ìa*) zio (o zia) del padre o della madre.

prózio V. PROTIO.

prùa [lat. *prōra*; sec. XIII] ***sf.*** prora; più comune nell'uso corrente: *albero di prua*; *fig. mettere la prua addosso a qualcuno*, tormentarlo. **TAV.** ***aeronautica*** 1.1; ***nave* p. 1327** 5.1, 6.2; ***vela* p. 1342** 1.7.

pruavìa [comp. di *prua* e *via*; 1937] ***sf.*** *T.mar.* solo nella *loc. avv. a pruavia*, a proravia.

prude (fr., pr. [pryd]) [letter. (*donna*) *saggia*, poi (donna) che ha una riservatezza affettata; 1905] ***agg. inv.*** esageratamente pudico; che si scandalizza per poco.

prudènte [dal lat. *prudens, -entis*; fine sec. XII] ***agg.*** **1.** che agisce con prudenza, cauto, accorto: *contegno, uomo prudente, essere prudente nel parlare, nell'operare* **2.** motivato da prudenza: *consiglio, atteggiamento, riserbo prudente, parole prudenti* || **prudenteménte** ***avv.*** || **N. 1.** *Sin.* assennato, attento, avveduto, circospetto, guardingo, oculato, ponderato, riflessivo, savio, vigile | agire con cautela, andar coi piedi di piombo, dormire ad occhi aperti, stare in guardia, tenere la lingua a posto | *Contr.* IMPRUDENTE.

prudènza [dal lat. *prudentia*; a. 1292] ***sf.*** **1.** l'atteggiamento di chi prende ogni precauzione per evitare pericoli per sé e per gli altri: *guidare con prudenza, quell'apparecchio va maneggiato con prudenza, agire, operare con prudenza, la prudenza non è mai troppa* **2.** *T.fil.* capacità di orientarsi per il meglio nella vita pratica || *T.rel.* una delle quattro virtù cardinali, che dà la facoltà di conoscere e scegliere il bene in ogni circostanza || **N. 1.** *Sin.* accortezza, assennatezza, attenzione, avvedutezza, cautela, circospezione, considerazione, occhio, oculatezza, precauzione, riguardo, saggezza, senno | cautelarsi, mettersi al coperto, porsi al sicuro | *Contr.* avventatezza, precipitazione, sventatezza; audacia, cecità, follia, impetuosità, incoscienza.

prudenziàle [dal lat. *prudentia*, prudenza; 1679] ***agg.*** ispirato a prudenza: *regola, misura prudenziale* || **prudenzialménte** ***avv.*** || **N.** *Sin.* cautelare.

prùdere (*dif.*, manca del pps. e dei tempi composti; raro il p.rem. *prudé* o *prudètte*) [lat. volg. *prūdere*, class. *prurīre*; sec. XIV] ***intr.*** causare prurito: *mi prude un piede, dove ti prude?* || *sentirsi prudere le mani*, aver voglia di menare le mani || *sentirsi prudere la lingua*, aver voglia di parlare chiaro, di rispondere per le rime e sim. || *toccare qualcuno dove gli prude*, toccare un tasto per lui delicato || **N.** *Sin.* dar prurito, pizzicare.

pruderie (fr., pr. [pryd'ri]) [da *prude*; 1905] ***sf. inv.*** ridicolo eccesso di pudore.

prudóre [da *prudere*; a. 1424] ***sm.*** *raro* prurito.

prueggiàre (pres. *-éggio*) [da *prua*; a. 1645] ***intr.*** (aus. *avere*) **1.** *T.mar.* governare una nave o un'imbarcazione con velocità ridotta, mantenendo la prua in una direzione prossima a quella da cui spira il vento, in modo che le onde vengano a frangersi contro i lati della prora e rechino minor danno allo scafo **2.** *ant.* bordeggiare.

pruéggio (pl. *-gi*) [da *prueggiare*; 1669] ***sm.*** *T.mar.* azione ed effetto del prueggiare || *stare a prueggio*, ancorato con la prua al vento.

prùgna [lat. tardo *prūnia*; a. 1320] **I** ***sf.*** susina **II** ***agg. inv.*** (sempre posposto) del colore della prugna: *un abito prugna*, viola scuro || **N.** I *Sin.* SUSINA.

prùgno [da *prugna*; a. 1320] ***sm.*** susino || *prugno selvatico*, prugnolo.

prùgnola [da *prugna*; a. 1320] ***sf.*** il frutto del prugnolo, susina selvatica.

prùgnolo [da *prugna*; a. 1320] ***sm.*** arbusto delle Rosacee, spontaneo nei boschi o nelle siepi, con fiori bianchi e frutti a drupa azzurro-nerastri, di sapore aspro.

prugnòlo [da *prugna*; a. 1449] ***sm.*** fungo mangereccio delle Agaricacee, piccolo con cappello convesso di color nocciola chiaro con lamelle fitte, assai apprezzato per il suo profumo di farina fresca || **N.** *Sin.* fungo di S. Giorgio.

pruìna [dal lat. *pruīna*, brina; a. 1327 nel senso 2] ***sf.*** **1.** cera vegetale bianca che ricopre l'epidermide di alcuni frutti, come le susine e l'uva, o di altri organi vegetali **2.** *poet.* brina.

pruinóso [da *pruina*; 1521] ***agg.*** **1.** di organo vegetale, ricoperto di pruina **2.** *poet.* ricoperto di brina.

prunàia [da *pruno*; a. 1600] ***sf.*** *non com.* prunaio.

prunàio (pl. *-ài*) [da *pruno*; 1618] ***sm.*** **1.** terreno coperto da fitti rovi **2.** *fig.* questione difficile da sistemare, faccenda ingarbugliata.

prunàlbo [comp. di *pruno* e *albo*; a. 1320] ***sm.*** *poet.* biancospino.

prunèlla [dal fr. *prunelle*; 1908] ***sf.*** **1.** stoffa di lana fine, di colore scuro simile a quello della prugna, da cui prende il nome **2.** liquore distillato dalle prugne.

prunéto [da *pruno*; a. 1333] ***sm.*** **1.** luogo pieno di rovi, prunaio **2.** *fig.* situazione difficile || **N. 1.** *Sin.* dumeto, ginepraio, marrucheto, roveto, spineto, vepraio.

prùno [lat. *prūnus*, susino; fine sec. XIII] ***sm.*** **1.** nome generico degli arbusti selvatici spinosi || spina di pruno: *mi è entrato un pruno in un piede* || *essere come un pruno in un occhio*, dare molto fastidio || *fig. stare, essere sui pruni*, essere sulle spine, in ansia **2.** *region.* susino || **N. 1.** *Sin.* dumo, marruca, rovo, spino, vepro.

prunóso [da *pruno*; a. 1498] ***agg.*** *non com.* pieno di pruni.

pruòva [var. di *prova*; fine sec. XIII] ***sf.*** *arc.* prova.

pruòvo o **pròvo** [lat. *prope*, vicino; a. 1380] ***avv.*** solo nella *loc. avv. arc. a pruovo*, accanto: *a cui noi siamo a pruovo* (Dante).

prurìgine [dal lat. *prurigo, -inis*; 1552] ***sf.*** **1.** prurito leggero; anche *fig.* **2.** *T.med.* affezione cutanea accompagnata dalla formazione di papule e da prurito molesto.

pruriginóso [dal lat. *pruriginōsus*; 1583] ***agg.*** **1.** che causa prurigine: *malattia pruriginosa* **2.** *fig.* stuzzicante, solleticante; licenzioso: *letture pruriginose* || **pruriginosaménte** ***avv.***

prurìto [dal lat. *prurītus*; a. 1250 *prudito*] ***sm.*** **1.** molesto senso d'irritazione alla pelle che provoca un istintivo bisogno di grattarsi o strofinarsi: *un fastidioso prurito al cuoio capelluto* **2.** *fig.* desiderio, voglia: *pruriti amorosi* || mania capricciosa: *gli ha preso il prurito della poesia* || **N. 1.** *Sin.* pizzicore, pizzicorino, prudore, prurigine, solletico; orticaria, psoriasi, scabbia **2.** *Sin.* capriccio, ghiribizzo.

prùṣik [dal n. proprio K. *Prusik*; 1970] ***sm. inv.*** *T.alp.* nodo bloccante doppio, costituito da un doppio nodo scorsoio fatto con un cordino.

prussianéṣimo [da *prussiano*; 1942] ***sm.*** lo spirito militaristico prussiano.

prussiàno [dal n. geogr. *Prussia*, regione storica della Germania; 1860] **I** ***agg.*** **1.** proprio della Prussia: *esercito prussiano*; relativo alla Prussia: *militarismo prussiano* **2.** *per estens.* ispirato a una disciplina e a un rigore severi e intransigenti: *educazione prussiana* **II** ***sm.*** **1.** (f. *-a*) abitante, nativo della Prussia **2.** (solo *sing.*) lingua del gruppo baltico parlata in Prussia fino alla fine del sec. XVII.

prussiàto [da *prussico*; a. 1799] ***sm.*** *T.chim.* sale dell'acido prussico.

prùssico (pl. *-ci*) [dal fr. *prussique*, così detto perché ricavato dal *blu di Prussia*; 1795] ***agg.*** *T.chim. acido prussico*, acido cianidrico.

ps V. PSS.

psaltèro [dal lat. *psaltērium*, gr. *psaltḗrion*; 1340] ***sm. arc.*** salterio.

psammìte [dal gr. *psammítēs*; 1823] ***sf.*** *T.min.* roccia sedimentaria costituita dai detriti di rocce preesistenti frantumatesi ad opera di agenti atmosferici o delle acque.

psammìtico (pl. *-ci*) [da *psammite*; 1931] ***agg.*** *T.min.* relativo alla psammite, proprio della psammite.

psàmmo- [dal gr. *psámmos*, sabbia] ***primo elem.*** che, in parole composte della terminologia scientifica, vale "sabbia": **psammoterapìa**.

psammòdromo [comp. di *psammo-* e *drómos*, corsa; 1958] **sm.** *T.zool.* genere di lucertole di colore grigio o bruno sul dorso e bianco sul ventre, diffuso in Africa, nella Francia e nella Spagna meridionale.

psammòfilo [comp. di *psammo-* e *-filo*; 1935] **agg.** *T.biol.* di organismo vivente terrestre o acquatico, che predilige i terreni sabbiosi.

psammòfita [comp. di *psammo-* e *-fita*; 1935] **sf.** *T.bot.* pianta terrestre che cresce su un fondo sabbioso.

psammografìa [comp. di *psammo-* e *-grafia*; 1927] **sf.** *T.scient.* studio delle sabbie, da un punto di vista chimico, geologico o paleontologico.

psammogràfico (pl. *-ci*) [da *psammografia*; 1942] **agg.** *T.scient.* di psammografia: *analisi psammografica*.

psammòma [comp. di *psammo-* e *-oma*; 1875] **sm.** *T.med.* tumore endoteliale infiltrato di concrezioni calcaree simili a sabbia, che ha sede perlopiù nelle meningi.

psàmmon [da *psammo-*, sul modello di *plancton*; 1958] **sm. inv.** *T.zool.* fauna che vive negli interstizi della sabbia o della ghiaia sulle sponde dei laghi o sulle rive del mare.

psatiròsi [dal gr. *psathyrós*, fragile; 1835] **sf.** *raro T.med.* morbosa fragilità delle ossa e dei vasi sanguigni.

psefite [dal gr. *psêphos*, ciottolo; 1823] **sf.** *T.min.* roccia detritica formatasi per deposito o cementazione di elementi grossolani e ciottolosi.

psefìtico (pl. *-ci*) [da *psefite*; 1931] **agg.** relativo alla psefite, proprio della psefite: *roccia psefitica*.

psefologìa [comp. di *psêphos*, sassolino (che si getta nell'urna) e *-logia*; 1987] **sf.** studio delle elezioni, del comportamento dell'elettorato, degli spostamenti di voti.

Pselàfidi (sing. *-e*) [dal lat. scient. *Pselaphidae*, basato sul gr. *psēlaphân*, andare a tentoni; 1958] **sm. pl.** *T.zool.* famiglia di insetti Coleotteri, molto piccoli, dalla testa grossa, di colore rossastro o giallastro, che vivono nei nidi delle formiche, sotto le cortecce degli alberi, nei muschi o nel terriccio.

pselafobìa [comp. del gr. *psēlaphân*, toccare e *-fobia*; 1958] **sf.** *T.psic.* paura ossessiva di toccare determinati oggetti.

psèudo- [dal gr. *pseudo-*, affine a *pséudein*, mentire] ***primo elem.*** **1.** in parole composte della terminologia scientifica, vale "falso" e indica somiglianza apparente (per es. *pseudofrutto*) || in part. in medicina forma le denominazioni di malattie o malformazioni che hanno somiglianze solo esteriori con quelle indicate dall'elem. term.: **pseudoanemìa**, **pseudoangina**, **pseudoartròsi**, **pseudocirròsi**, **pseudocisti**, **pseudocontrattùra**, **pseudodemènza**, **pseudodifterite**, **pseudoemofilìa**, **pseudoencefalìa**, **pseudoglicosùria**, **pseudoipertrofìa**, **pseudoittero**, **pseudoleucemìa**, **pseudomicrocefalìa**, **pseudomixòma**, **pseudoneuròma**, **pseudoràbbia**, **pseudoscàbbia**, **pseudoscarlattina**, **pseudoscleròsi**, **pseudotàbe**, **pseudotifo**, **pseudotubercolòsi**, **pseudouremìa** **2.** in parole composte dotte, gen. spreg., indica presenza solo fittizia della qualità espressa dal secondo elemento (per es. *pseudoconcetto*).

pseudoacàcia (pl. *-cie*) [comp. di *pseudo-* e *acacia*; 1809] **sf.** *T.bot.* robinia.

pseudocàrpo [comp. di *pseudo-* e *-carpo*; 1875] **sm.** *T.bot.* corpo tondeggiante e carnoso che ha l'aspetto di frutto.

pseudoconcètto [comp. di *pseudo-* e *concetto*; 1905] **sm.** nella filosofia di Croce, concetto non puro in quanto mancante di universalità e concretezza.

pseudoepìgrafo [comp. di *pseudo-* e del gr. *epigraphḗ*, titolo; 1929 nel senso 2] **sm.** e **agg.** **1.** detto di documento o codice antico che reca un falso titolo **2.** detto di opera falsamente attribuita a un autore.

pseudoestesìa [comp. di *pseudo-* e *-estesia*; 1835] **sf.** *T.scient.* falsa sensazione, non corrispondente ad alcun stimolo.

pseudoetimològico (pl. *-ci*) [comp. di *pseudo-* e *etimologico*; 1969] **agg.** *T.ret.* di procedimento che comporta l'uso, nella stessa frase, di parole simili nella forma, ma non nel significato o nell'etimologia.

pseudofrùtto [comp. di *pseudo-* e *frutto*; 1958] **sm.** *T.bot.* frutto che non deriva dall'ovario, ma da carpelli aperti.

pseudologìa [comp. di *pseudo-* e *-logia*; 1918] **sf.** *T.med.* tendenza alla bugia.

pseudomembràna [comp. di *pseudo-* e *membrana*; 1829] **sf.** *T.med.* pellicola simile a membrana che in certe affezioni si produce per essudato delle mucose.

pseudomòrfo [comp. di *pseudo-* e *-morfo*; 1821] **agg.** *T.min.* di minerale, che si presenta in forme cristalline che non gli appartengono.

pseudomorfòsi [da *pseudomorfo*; 1821] **sf.** *T.min.* il processo che conduce alla formazione di cristalli pseudomorfi.

pseudònimo [dal gr. *pseudṓnymos*; 1821] **I** **sm.** nome fittizio usato da scrittori, giornalisti o artisti nel firmare le proprie opere, per mantenere l'anonimato: *scrivere sotto pseudonimo, prendere uno pseudonimo* **II** **agg.** *non com.* di scritto, che va sotto uno pseudonimo: *opere pseudonime di Locke* || **N.** I *Sin.* nome d'arte, di battaglia.

pseudoparàlisi [comp. di *pseudo-* e *paralisi*; 1916] **sf.** *T.med.* sintomatologia simile a quella della paralisi, non connessa a lesioni del sistema nervoso.

pseudopòdio (pl. *-di*) [comp. di *pseudo-* e un der. di *-pode*; 1895] **sm.** *T.biol.* sporgenza protoplasmatica che alcuni tipi di cellule emettono a scopo di locomozione e nutrizione.

pseudosimmetrìa [comp. di *pseudo-* e *simmetria*; 1958] **sf.** *T.min.* fenomeno per cui un minerale si presenta in cristalli che, per i valori angolari, mostrano di appartenere a sistemi a simmetria superiore a quella effettiva.

pseudosoluzióne [comp. di *pseudo-* e *soluzione*; 1865] **sf.** *T.chim.* preparato simile ad una soluzione ma dal comportamento differente, quali la soluzione colloidale e la sospensione.

psi [dal gr. *psî*, lettura della lettera ψ; 1958] **sm.** o **sf.** *inv.* nome della ventitreesima lettera dell'alfabeto greco.

psicagogìa (pl. *-gìe*) [dal gr. *psychagōgía*, il guidare le anime; 1841] **sf.** **1.** *T.stor.* nelle religioni antiche, rito per placare l'anima di un defunto e ottenerne l'ingresso all'Ade || cerimonia magica per evocare morti a scopo divinatorio **2.** educazione dell'individuo volta a potenziarne la capacità di concentrazione e riflessione.

psicagògico (pl. *-ci*) [dal gr. *psychagōgikós*; 1875] **agg.** attinente a psicagogia; *in part.* che ha in vista l'educazione dello spirito; edificante.

psicagògo (pl. *-ghi*) [dal gr. *psychagōgós*; 1821] **sm.** **1.** sacerdote o mago che evoca le anime dei morti **2.** *non com.* persona capace di educare gli animi e le menti.

psicanàlisi o **psicoanàlisi** [comp. di *psico-* e *analisi*; 1908] **sf.** teoria psicologica e tecnica terapeutica di alcune malattie e disturbi mentali, fondata da S. Freud, basata sull'interpretazione di vari fenomeni psichici (sogni,

PSICANALISI

PSICOTERAPIE: analisi transazionale, psicanalisi, psicanalisi lacaniana, psichiatria dinamica, psicologia analitica, psicologia individuale, psicoterapia del comportamento, psicoterapia della Gestalt, psicoterapia psicanalitica, psicoterapia rogersiana o non direttiva, terapia familiare.

TERMINI TECNICI VARI: abreazione, *acting out*, affetto, aggressività, agire, alloerotismo, alloplastico, ambivalenza, amnesia, analisi (di controllo, didattica, diretta), angoscia, angoscia automatica, appagamento di desiderio, archetipo, associazione, atto mancato, autoanalisi, bisessualità, bisogno di punizione, cannibalismo, carica, censura, coazione a ripetere, complesso (di castrazione, di Edipo, di Elettra, di inferiorità, paterno), componente di pulsione, condensazione, conflitto psichico, contenuto (latente, manifesto), controcarica, controtransfert, coscienza, deformazione, depressione anaclitica, desiderio, difesa, diniego della realtà, egoismo, elaborazione (psichica, secondaria, terapeutica), energia (d'investimento o di carica, libera, legata), Eros / Thanatos, esame di realtà, fantasia, fantasma, fase (dello specchio, fallica, genitale, libidica, orale, sadico-anale, sadico-orale), figura parentale combinata, fissazione, fonte della pulsione, formazione (di compromesso, reattiva, di sintomo, sostitutiva), frustrazione, giudizio di condanna, ideale dell'Io, identificazione (con l'aggressore, primaria, proiettiva), inconscio, inconscio collettivo, incorporazione, inibizione della meta, interesse dell'Io, interpretazione, interpretazione anagogica, investimento / disinvestimento / controinvestimento, invidia del pene, Io / Es / Super-Io, Io ideale, Io piacere, Io realtà, ipnosi, istanza, isteria (d'angoscia, da ritenzione, di difesa, di conversione, ipnoide, traumatica), istinto, lavoro (del cordoglio o del lutto, del sogno), libido (dell'Io o narcisistica, oggettuale), masochismo, meccanismo (di difesa, di disimpegno), meta, modificazione dell'Io, narcisismo (primario, secondario), negazione, nevrosi (attuale, d'abbandono, d'angoscia, del carattere, di destino, di scacco, di transfert, familiare, fobica, mista, narcisistica, ossessiva, traumatica), oggetto (buono, cattivo, oggettuale, parziale, relazionale, transizionale), organizzazione della libido, paranoia, parafrenia, piacere, piacere d'organo, plasticità della libido, preconscio, rimozione primaria, principio (d'astinenza, del Nirvana, di costanza, d'inerzia, di piacere, di realtà), processo (primario, secondario), produzione, proiezione, psichismo, psiconevrosi, psicosi, pulsione (d'aggressione, d'autoconservazione, dell'Io, di distruzione, di impossessamento, di morte, di vita, parziale, sessuale), rappresentante (della pulsione, ideativo, psichico), rappresentazione (di cosa, di parola, finalizzata), razionalizzazione, realtà, realtà psichica, regressione, repressione, resistenza, ricordo di copertura, ritorno del rimosso, rimozione originaria o primaria, romanzo familiare, sadismo, scarica, scelta d'oggetto, scena (di seduzione, primaria), schizofrenia, scissione (dell'Io, dell'oggetto), segnale d'angoscia, senso (d'angoscia, d'inferiorità), sessualità, simbolismo, sintomo, sogno, sostituto, spostamento, stati della libido, subconscio, sublimazione, sviluppo d'angoscia, traccia mnestica, transfert, trauma, utile (primario, secondario) della malattia, vischiosità della libido, zona (erogena, isterogena).

lapsus ecc.) considerati come manifestazioni dell'attività mentale inconscia. **Q.T.** *psicanalisi.*

psicanalista [da *psicanalisi*; 1913] ***s.*** chi pratica la terapia psicanalitica. **Q.T.** *psicanalisi.*

psicanalìtico o **psicoanalìtico** (pl. *-ci*) [da *psicanalisi*; 1908] ***agg.*** di psicanalisi, attinente alla psicanalisi: *terapia psicanalitica* || **psicanaliticaménte** o **psicoanaliticaménte** ***avv.*** secondo la psicanalisi, per mezzo della psicanalisi.

psicanalizzàre o **psicoanalizzàre** [da *psicanalisi*; 1926] ***tr.*** sottoporre a psicanalisi || *fig. scherz.* sottoporre qualcuno ad una indagine approfondita, minuziosa.

psicastenìa o **psicoastenìa** [dal fr. *psychasthénie*; 1899] ***sf.*** *T.med.* psiconevrosi caratterizzata da depressione, ossessioni, mancanza di concentrazione e insonnia.

psicastènico o **psicoastènico** (pl. *-ci*) [dal fr. *psychasténique*; 1910] ***agg.*** e ***sm.*** (f. *-a*) che, chi presenta psicastenia; che, chi è affetto da psicastenia.

psiche[1] [dal gr. *psychḗ*, anima; 1829] ***sf.*** *T.psic.* complesso di funzioni e di processi che costituiscono la vita mentale di un individuo || **N.** anima, coscienza, interiorità, mente, personalità; conscio / inconscio. **Q.T.** *psicanalisi, psicologia.*

psiche[2] [dal fr. *psyché*; 1818] ***sf.*** grande specchiera oscillante, lunga fino a terra, fissata con perni a due sostegni laterali.

psichedèlico (pl. *-ci*) [dall'ingl. *psychedelic*, basato sul gr. *psychḗ*, anima e prob. gr. *dēlôun*, mostrare; 1967] ***agg.*** **1.** di farmaco o di droga, che provoca dilatazione della coscienza, allucinazioni, fenomeni di evasione dalla realtà || *per estens.* di manifestazione artistica creata sotto l'influenza di allucinogeni o che cerca di esprimere le sensazioni prodotte dall'uso di allucinogeni **2.** detto di fasci luminosi di colori diversi e lampeggianti collegati con un impianto di amplificazione del suono in modo da accompagnare visivamente la musica.

psichiàtra [dal fr. *psychiatre*; 1861 *psichiatro*] ***s.*** medico specializzato in psichiatria.

psichiatrìa [comp. di *psiche* e *-iatria*; 1841] ***sf.*** parte della medicina che studia le malattie mentali. **Q.T.** *psicanalisi, psicologia.*

psichiàtrico (pl. *-ci*) [dal fr. *psychiatrique*; 1871] ***agg.*** di psichiatria: *ospedale psichiatrico* || **psichiatricaménte** ***avv.*** secondo la psichiatria.

psichiatrizzàre [da *psichiatria*; 1983] ***tr.*** trasformare in problema psichiatrico, rif. spec. a problematiche politiche e sociali: *psichiatrizzare il dissenso.*

psichiatrizzazióne [da *psichiatrizzare*; 1985] ***sf.*** lo psichiatrizzare, l'essere psichiatrizzato.

psichico (pl. *-ci*) [dal gr. *psychikós*; 1829] ***agg.*** di o relativo a psiche: *fenomeno psichico; attività, facoltà psichiche, fatti psichici* || **psichicaménte** ***avv.*** secondo la psicologia || **N.** *Contr.* fisico, somatico.

psichìsmo [da *psich(ico)*; 1926] ***sm.*** l'insieme dei fenomeni psichici meno evoluti, attribuiti anche agli animali.

psico- (o, dav. a vocale, *psic-*) [dal gr. *psycho-*, da *psychḗ*, anima] ***primo elem.*** che, in parole composte della terminologia scientifica, vale "psiche" (per es. *psicodramma, psicofisico, psicopatia*). **Q.T.** *psicanalisi, psicologia.*

psicoanàlisi e der. v. PSICANALISI e der.

psicoastenìa e der. v. PSICASTENIA e der.

psicoattìvo [comp. di *psico-* e *attivo*; 1963] ***agg.*** di farmaco che agisce sui processi psichici || **N.** *Sin.* psicomimetico, psicotropo.

psicochirurgìa [comp. di *psico-* e *chirurgia*; 1958] ***sf.*** *T.med.* branca della neurochirurgia che si propone di modificare taluni gravi stati psicopatologici con opportuni interventi chirurgici sul sistema nervoso.

psicocinèsi [comp. di *psico-* e *cinesi*; 1980] ***sf.*** presunto movimento di oggetti provocato dalle facoltà di un medium durante una seduta medianica || **N.** *Sin.* telecinesi.

psicodiagnòstica [comp. di *psico-* e *diagnostica*; 1948] ***sf.*** metodo di indagine della personalità fondato su questionari, test o altre tecniche proiettive.

psicodiagnòstico (pl. *-ci*) [comp. di *psico-* e *diagnostico*; 1965] ***agg.*** attinente alla psicodiagnostica.

psicodidàttica [comp. di *psico-* e *didattica*; 1983] ***sf.*** studio e ricerca dei sistemi di insegnamento e di apprendimento in relazione alle condizioni ambientali e psicologiche dei soggetti coinvolti.

psicodinàmica [comp. di *psico-* e *dinamica*; 1905] ***sf.*** *T.psic.* studio sistematico dei fattori mentali che orientano il comportamento.

psicodinàmico (pl. *-ci*) [comp. di *psico-* e *dinamico*; 1954] ***agg.*** attinente alla psicodinamica.

psicodràmma [comp. di *psico-* e *dramma*; 1950] ***sm.*** tipo di psicoterapia collettiva che consiste nel far partecipare i pazienti a una azione scenica opportunamente studiata e di-

PSICOLOGIA

Animale, comparata, umana; applicata, generale o fondamentale o pura, sperimentale; ambientale, clinica, della memoria, della percezione, dell'apprendimento, del comportamento, del consumatore, dell'educazione, delle istituzioni, dell'età evolutiva, dell'infanzia, dell'invecchiamento o geriatrica, del lavoro, dello sport, dello sviluppo, differenziale, genetica, giudiziaria, industriale, medica, militare, politica, sociale; psicofisiologia, psicolinguistica, psicopedagogia.

DISCIPLINE ATTINENTI E AUSILIARIE: anatomia, antropologia, caratterologia, cibernetica, etologia, intelligenza artificiale, medicina psicosomatica, neurofisiologia, neuropsicologia, psichiatria, psicobiologia, psicochirurgia, psicodiagnostica, psicodinamica, psicofarmacologia, psicopatologia, psicoterapeutica, sessuologia, sociologia, statistica.

CORRENTI E SCUOLE PSICOLOGICHE: associazionismo, behaviorismo o comportamentismo, cognitivismo, funzionalismo, gestaltismo o psicologia della forma, mentalismo, organicismo, psicologia analitica o del profondo, psicologia dell'atto, psicologia esistenziale, psicologia fenomenologica, psicologia ormica, psicologia umanistica, riflessologia, transazionalismo.

STATI E FENOMENI PSICOLOGICI VARI: abitudine, adattabilità, affettività, agitazione, aggressività, allocentrismo o altruismo / egocentrismo o egoismo, amnesia, amore / odio, ansia, appercezione, appetizione, apprendimento, asocialità, aspirazione, associazione, attenzione, attività / passività, autocomprensione, autoinganno, autopunizione, autorilassamento, autoritarismo, bisogno (di affetto, di amore, di approvazione, di protezione ecc.), certezza, cognizione, collera, compensazione, condizionamento, confusione, conoscenza, consapevolezza, coscienza, creatività, *déja vu*, depressione, disadattamento, disattenzione, eidetismo, emozione, empatia, entusiasmo, estroversione, euforia, fanatismo, fantasia, frustrazione, gelosia, giudizio, gratificazione, incoscienza, identificazione, illusione, immaginazione, impulsività, incubo, infatuazione, inibizione, innamoramento, invidia, introspezione, introversione, intuizione, lapsus, malinconia, memoria, noia, panico, paura, pensiero, percezione, piacere, pregiudizio, proiezione, ragionamento, rappresentazione, reazione, regressione, ricordo, riflesso, riflesso condizionato, risposta, sensazione, sentimento, socializzazione, sogno, *spleen*, suggestione, tensione, terrore, tristezza, vergogna, vittimismo, volizione, volontà.

MALATTIE E DISTURBI MENTALI, MANIFESTAZIONI MORBOSE PSICOGENE, DEVIANZE COMPORTAMENTALI: abasia, abulia, acatafasia, accesso isterico, afasia, afemia, afonia, ageusia, agrafia, agnosia, alalia, alessia, algolagnia, allucinazione, alogia, amnesia, amusia, analgesia, anerezione, anestesia, anomia, anonimografia, anoressia, anosmia, apareunia, apatia, aprassia, aprattofagia, asimbolia, astenia, astereognosia, autismo, balbuzie, blocco, bradipsichismo, cacosmia, catatonia, ciclotimia, clownismo isterico, compulsione, coprofagia, coprolalia, crisi, delirio (di autoaccusa, di colpa, di gelosia, di grandezza, di persecuzione, di riferimento, di veneficio), delinquenza, demenza o alienazione o follia o insania, depersonalizzazione, depressione, discinesia (convulsioni, spasmi, tic), dislalia, dislessia, dispnea, dissociazione, distimia, ebefrenia, ecolalia, ecoprassia, encopressia, enuresi, epilessia, esibizionismo, feticismo, fissazione, fobia (acrofobia, agorafobia, algofobia, anemofobia, aracnofobia, autodismorfofobia, basofobia, batofobia, brontofobia, cinofobia, claustrofobia, entomofobia, ereutofobia, erpetofobia, gamofobia, misofobia, nictofobia, nosofobia, ofidiofobia, ornitofobia, pantofobia, pirofobia, rupofobia, tanatofobia, xenofobia, zoofobia), frigidità, gerontofilia, glossolalia, graforrea, ideoplasia, idiozia, imbecillità, impotenza, incontinenza, insonnia, instabilità emotiva, ipermnesia, ipocondria, isteria, licantropia, logoclonia, logorrea, lucida follia, malacia, mania (aritmomania, claustromania, cleptomania, dipsomania, egomania, erotomania, farmacomania, gamomania, glossomania, grafomania, megalomania, mitomania, narcomania, ninfomania, onomatomania, piromania, querulomania), masochismo, mixoscopia, mongolismo o sindrome di Down o trisomia 21, mutismo, necrofilia, nevrosi, obnubilazione, oligofrenia, onicofagia, ossessione, ottusità, pantoclastia, parafrenia, paralisi, paranoia, paresi, pedofilia, pica, polidipsia, polifagia, presbiofrenia, psicopatia, psicosi, raptus, sadismo, sadomasochismo, satiriasi, schizofrenia, schizoidia, scopofilia, scotoma, scrupolo, sdoppiamento della personalità, sonnambulismo, stato crepuscolare, stato psicotico, stereotipia, stupore, transessualismo, travestitismo, turba, verbigerazione, vertigini, voyeurismo, zooerastia, zoopsia.

TERMINI VARI: anima, atteggiamento, attitudine, carattere, comportamento, *feed-back*, idea, inconscio, intelligenza, intervista, introspezione, ipnosi, linguaggio, mente, personalità, psiche, psicodramma, psicografia, psicogramma, psicometria, psicotecnica, questionario, quoziente intellettivo, reattivo mentale o test (di associazione di parole, di intelligenza, di personalità, di potenza, di rendimento, di velocità, proiettivo, psicomotorio), rinforzo, risposta, simbolo, stimolo, sviluppo mentale, tempo di reazione, umore.
(V. inoltre i quadri terminologici: PSICANALISI, SOCIOLOGIA, MEDICINA).

retta dallo psichiatra. **Q.T.** *psicologia.*

psicofàrmaco (pl. *-ci*) [comp. di *psico-* e *farmaco*; 1961] **sm.** ogni tipo di farmaco che agisce sull'attività cerebrale e psichica di un individuo.

psicofarmacologìa [comp. di *psico-* e *farmacologia*; 1963] **sf.** settore della farmacologia che studia l'attività e gli effetti degli psicofarmaci.

psicofarmacològico (pl. *-ci*) [comp. di *psico-* e *farmacologico*; 1963] **agg.** proprio di psicofarmaco o psicofarmacologia.

psicofìṣica [comp. di *psico-* e *fisica*; 1883] **sf.** parte della psicologia che studia il rapporto tra lo stimolo (misurato fisicamente) e la percezione dello stimolo valutata soggettivamente.

psicofìṣico (pl. *-ci*) [comp. di *psico-* e *fisico*; 1880] **agg.** **1.** della mente e del corpo insieme, o del loro rapporto: *equilibrio psicofisico* **2.** relativo a psicofisica.

psicogèneṣi [comp. di *psico-* e *genesi*; 1895] **sf.** **1.** l'origine e lo sviluppo delle funzioni della psiche **2.** origine psichica di certi disturbi fisici.

psicogenètico (pl. *-ci*) [da *psicogenesi*; 1983] **agg.** relativo alla psicogenesi.

psicògeno [comp. di *psico-* e *-geno*; 1958] **agg.** *T.med.* di ogni tipo di fenomeno morboso scatenato da cause psichiche.

psicografìa [dal fr. *psychographie*; 1940] **sf.** **1.** *T.psic.* registrazione grafica di reazioni fisiche connesse a processi psichici, per mezzo di tecniche e apparecchiature specifiche **2.** descrizione psicologica di una persona.

psicògrafo [comp. di *psico-* e *-grafo*; 1883] **sm.** *T.psic.* strumento adoperato in psicografia.

psicogràmma [comp. di *psico-* e *-gramma*; 1940] **sm.** il tracciato che si ottiene con uno psicografo.

psicolàbile [comp. di *psico-* e *labile*; 1980] **agg.** e **s.** *T.psic.* che, chi è instabile a livello psichico.

psicolèttico (pl. *-ci*) [comp. di *psico-* e *(ana)lettico*; 1974] **agg.** e **sm.** di farmaco, che riduce la tensione psichica || **N.** *Sin.* tranquillante.

psicolinguìsta [comp. di *psico-* e *linguista*; 1974] **s.** studioso di psicolinguistica.

psicolinguìstica [comp. di *psico-* e *linguistica*; 1969] **sf.** settore della linguistica che studia gli aspetti psicologici della produzione, della comprensione e dell'uso del linguaggio. **Q.T.** *linguistica.*

psicolinguìstico (pl. *-ci*) [comp. di *psico-* e *linguistico*; 1974] **agg.** relativo alla psicolinguistica, proprio della psicolinguistica.

psicologìa (pl. *-gie*) [comp. di *psico-* e *-logia*; 1739] **sf.** **1.** scienza delle funzioni psichiche e dei processi mentali individuali: *psicologia cognitiva, del linguaggio, del profondo, psicologia di mercato* || *com.* conoscenza dell'animo umano: *con un po' di psicologia lo si può comprendere* **2.** *fam.* modo di pensare e di reagire di una determinata persona o di una categoria di persone. **Q.T.** *psicanalisi, psicologia.*

psicològico (pl. *-ci*) [da *psicologia*; a. 1837] **agg.** **1.** di o attinente a psicologia: *studio con indirizzo psicologico, indagine psicologica* **2.** che riguarda la psiche e i meccanismi che regolano la vita interiore e il comportamento dell'individuo: *blocco psicologico* || *romanzo psicologico*, in cui ha particolare importanza la descrizione degli stati d'animo e della personalità dei personaggi.

psicologìṣmo [da *psicologia*; 1850] **sm.** **1.** *T.fil.* ogni posizione che riduce un tipo di rapporti o fenomeni (per es. le relazioni logiche) a enti o processi psichici: *lo psicologismo in filosofia della matematica* **2.** *T.lett.* preponderanza in un'opera o in un autore di interessi psicologici.

psicologìsta [da *psicologismo*; 1846] **s.** *T.fil.* seguace dello psicologismo.

psicologìstico (pl. *-ci*) [da *psicologista*; 1983] **agg.** relativo allo psicologismo e agli psicologisti; proprio dello psicologismo e degli psicologisti.

psicòlogo (pl. *-gi*) [comp. di *psico-* e *-logo*; a. 1837] **sm.** (f. *-a*) **1.** studioso di psicologia **2.** chi si dimostra buon conoscitore dell'animo umano: *quel romanziere è uno psicologo.* **Q.T.** *psicologia.*

psicomànte [dal gr. *psychómantis*; 1841] **s.** chi pratica l'arte della psicomanzia.

psicomanzìa [comp. di *psico-* e *-manzia*; 1749] **sf.** divinazione del futuro mediante l'evocazione delle anime dei morti.

psicometrìa [comp. di *psico-* e *-metria*; 1892] **sf.** **1.** in psicologia sperimentale, tecnica di misurazione dei processi psichici che fa uso di test, metodi matematici e statistici **2.** in parapsicologia, facoltà paranormale di percepire, toccando un oggetto, eventi passati a esso collegati.

psicomètrico (pl. *-ci*) [da *psicometria*; 1983] **agg.** relativo alla psicometria.

psicomimètico (pl. *-ci*) [comp. di *psico-* e *mimetico*; 1963] **agg.** psicoattivo.

psicomotòrio (pl. *-ri*) [comp. di *psico-* e *motorio*; 1896] **agg.** *T.psic.* relativo al rapporto tra l'attività psichica e quella motoria: *turbe psicomotorie.*

psicomotricista [da *psicomotricità*; 1987] **s.** *T.med.* specialista nella rieducazione di soggetti affetti da disturbi della psicomotricità.

psicomotricità [comp. di *psico-* e *motricità*; 1983] **sf.** *T.psic.* complesso delle interazioni tra l'attività psichica e cognitiva e quella motoria, spec. in rif. all'età evolutiva.

psiconevròṣi o **psiconeuròṣi** [comp. di *psico-* e *nevrosi*; 1880] **sf.** *T.med.* nevrosi nella quale i sintomi psichici prevalgono su quelli somatici.

psiconevròtico (pl. *-ci*) [da *psiconevrosi*; 1926] **I agg.** di o relativo a psiconevrosi **II sm.** (f. *-a*) affetto da psiconevrosi.

psicopatìa [comp. di *psico-* e *-patia*; 1829] **sf.** **1.** *T.med.* anomalia psichica caratterizzata da comportamento antisociale e insofferenza verso le norme morali **2.** *in gen.* malattia mentale || **N.** **2.** *Sin.* PAZZIA. **Q.T.** *psicologia.*

psicopàtico (pl. *-ci*) [da *psicopatia*; 1885] **agg.** e **sm.** (f. *-a*) **1.** affetto da psicopatia **2.** *in gen.* malato di mente, pazzo.

psicopatologìa [comp. di *psico-* e *patologia*; 1883] **sf.** *T.med.* scienza che studia e classifica le malattie mentali || **N.** psichiatria.

psicopatològico (pl. *-ci*) [da *psicopatologia*; 1926] **agg.** attinente alla psicopatologia.

psicopatòlogo (pl. *-gi*) [comp. di *psico-* e *patologo*; 1926] **sm.** (f. *-a*) studioso o specialista in psicopatologia.

psicopedagogìa [comp. di *psico-* e *pedagogia*; 1958] **sf.** sezione della psicologia applicata che utilizza i risultati della ricerca psicologica in vista di una adeguata formulazione dei metodi pedagogici.

psicopedagogìsta [comp. di *psico-* e *pedagogista*; 1958] **s.** studioso, esperto di psicopedagogia.

psicoplegìa (pl. *-gie*) [comp. di *psico-* e *-plegia*; 1958] **sf.** *T.med.* profondo e globale rallentamento dell'attività mentale in seguito ad una forte reazione emotiva.

psicoplègico (pl. *-ci*) [da *psicoplegia*; 1987] **agg.** e **sm.** di farmaco, che deprime l'attività mentale.

psicopòmpo [dal gr. *psychopompós*; 1835] **agg.** e **sm.** nell'antica Grecia, epiteto delle divinità, spec. Ermete e Caronte, che conducono le anime dei morti nell'oltretomba.

psicoprofilàssi [comp. di *psico-* e *profilassi*; 1958] **sf.** profilassi attuata prevalentemente con mezzi psichici.

psicoprofilàttico (pl. *-ci*) [comp. di *psico-* e *profilattico*; 1958] **agg.** relativo alla psicoprofilassi, che si avvale della psicoprofilassi: *parto psicoprofilattico.*

psicopubblicìṣmo [comp. di *psico-* e *pubblicismo*; 1974] **sm.** psicologia applicata alla propaganda, alla pubblicità, all'informazione.

psicosensoriàle [comp. di *psico-* e *sensoriale*; 1958] **agg.** di fenomeno psicopatologico che viene avvertito come di origine sensoriale: *allucinazioni psicosensoriali.*

psicosessuàle [comp. di *psico-* e *sessuale*; 1958] **agg.** di fenomeno psichico concernente la sessualità.

psicòṣi [dal ted. *Psychose*; 1877] **sf.** **1.** *T.med.* malattia psichica caratterizzata da percezione deformata della realtà, disgregazione della personalità, deliri, disturbi alle facoltà di comunicazione e, diversamente dalla nevrosi, assenza di consapevolezza da parte del soggetto della propria condizione **2.** *com.* stato di sovraeccitazione o di paura, spec. collettiva: *farsi prendere dalla psicosi del contagio, psicosi di massa* || **N.** **1.** paranoia, schizofrenia. **Q.T.** *psicanalisi, psicologia.*

psicòṣico V. PSICOTICO.

psicosociologìa [comp. di *psico-* e *sociologia*; 1983] **sf.** settore della sociologia che si occupa della psicologia dei gruppi sociali.

psicosomàtico (pl. *-ci*) [comp. di *psico-* e *somatico*; 1950] **agg.** di fenomeno patologico-organico prodotto da disturbi psichici: *allergia psicosomatica* || *medicina psicosomatica*, che studia tali fenomeni.

psicotècnica [comp. di *psico-* e *tecnica*; 1930] **sf.** sezione della psicologia sperimentale che si occupa di selezione e orientamento professionale e, in generale, dei problemi psicologici del lavoro.

psicotècnico (pl. *-ci*) [comp. di *psico-* e *tecnico*; 1929] **I agg.** attinente alla psicotecnica **II sm.** (f. *-a*) chi esercita la psicotecnica.

psicoterapèuta [comp. di *psico-* e *terapeuta*; 1935] **s.** *T.med.* psicoterapista.

psicoterapèutico (pl. *-ci*) [comp. di *psico-* e *terapeutico*; 1949] **agg.** attinente a psicoterapia.

psicoterapìa [comp. di *psico-* e *terapia*; 1900] **sf.** *T.med.* cura dei disturbi mentali basata su tecniche psicologiche (terapie di gruppo, ipnosi, sedute psicanalitiche ecc.) con l'esclusione di farmaci e interventi violenti. **Q.T.** *psicanalisi.*

psicoteràpico (pl. *-ci*) [da *psicoterapia*; 1907] **agg.** psicoterapeutico.

psicoterapìsta [comp. di *psico-* e *terapista*; 1958] **s.** *T.med.* medico, psicologo, psicanalista che pratica la psicoterapia.

psicòtico o **psicòṣico** (pl. *-ci*) [dal fr. *psychotique*; 1926] **I agg.** attinente a psicosi **II sm.** (f. *-a*) chi è affetto da psicosi.

psicòtropo [comp. di *psico-* e *-tropo*, prob. sul modello del fr. *psychotrope*; 1958] **agg.** e **sm.** di farmaco, che agisce sull'attività psichica || **N.** *Sin.* psicoattivo.

psicròmetro [comp. del gr. *psychrós*, freddo e *-metro*; 1749] **sm.** *T.fis.* strumento per la misura dell'umidità relativa dell'aria || **N.** *Sin.* igrometro. **TAV.** ***meteorologia*** **p. 1321** 9.

psictère [dal gr. *psychtḗr*, rinfrescatore; 1934] **sm.** *T.archeol.* recipiente greco ad anfora o a fungo composto da due vasi uno interno all'altro, usato per tenere fresco il vino.

psìlla [dal gr. *psýlla*, pulce; 1835] **sf.** insetto degli Omotteri parassita delle foglie degli alberi da frutto, spec. del pero.

psìllio o **sìllio** o **sìlio** (pl. *-li*) [dal lat. *psyllion*, gr. *psýllion*; 1823 *psilio*] **sm.** varietà di piantaggine, i cui semi sono molto simili alle pulci, che si sviluppa in ambienti arenosi vicino al mare || **N.** *Sin.* pulicaria.

psilomelàno [comp. del gr. *psilós*, liscio e *mélas, mélanos*, nero; 1934] **sm.** *T.min.* biossido di manganese composto da rame, nichelio, idrossido di ferro e altri metalli, che ha forma di stalattite o di piccolo grappolo.

psilòsi [dal gr. *psílōsis*, denudamento; 1841] **sf.** **1.** *T.med.* caduta patologica dei capelli **2.** *T.ling.* caduta dello spirito aspro in dialetti ionici ed eolici e nel greco moderno || **N. 1.** *Sin.* alopecia.

Psittacifórmi (sing. *-e*) [comp. del gr. *psittakós*, pappagallo e *-forme*; 1954] **sm. pl.** *T.zool.* ordine di uccelli, com. detti *pappagalli*, abitanti delle foreste equatoriali, con piumaggio spesso sgargiante, robusto becco ricurvo, zampe corte con due dita rivolte in avanti e due indietro. **Q.T.** *zoologia.*

psittacìsmo [dal gr. *psittakós*, papagallo; 1841] **sm.** **1.** *T.med.* ripetizione meccanica e incosciente di frasi udite, sintomo di disturbi mentali **2.** *spreg.* ripetizione, imitazione di idee altrui, pappagallismo.

psittacòsi [dal gr. *psittakós*, pappagallo; 1896] **sf.** *T.med.* gravissima malattia infettiva dovuta a uno speciale bacillo che viene trasmesso all'uomo dal pappagallo; si manifesta con febbre alta, cefalea e gravi disturbi all'intestino e all'apparato respiratorio, e può condurre alla morte.

psòas [dal gr. *psóa*, muscolo lombare; 1823] **sm. inv.** *T.anat.* ciascuno dei due muscoli che partono dalle vertebre lombari e fanno flettere rispettivamente il tronco e la coscia sul bacino: *piccolo psoas, grande psoas.*

psoàtico (pl. *-ci*) [da *psoas*; 1983] **agg.** *T.anat.* proprio dello psoas, relativo allo psoas.

psòco (pl. *-chi*) [dal gr. *psṓchein*, sminuzzare; 1835] **sm.** piccolo insetto degli Psocotteri di colore giallastro e ali trasparenti, che vive sotto le pietre o sui tronchi degli alberi.

Psocòtteri [comp. del gr. *psṓchein*, sminuzzare e *-ttero*; 1954] **sm. pl.** *T.zool.* ordine di insetti piccoli e dannosi che si nutrono di detriti organici e di frequente sono presenti nelle abitazioni umane; sono anche detti *pidocchi dei libri*, perché sovente si annidano nelle pagine o sulle rilegature dei libri. **Q.T.** *zoologia.*

psòfo [dal gr. *psóphos*, rumore; 1970] **sm.** insetto degli Ortotteri di colore grigiastro con ali rosse, che, quando salta, produce un rumore stridulo con le zampe.

psorìasi [dal gr. *psōríasis*, da *psṓra*, scabbia, prob. attr. il fr. *psoriasis*; 1829] **sf.** *T.med.* malattia cutanea caratterizzata da chiazze rossastre desquamanti, talvolta pruriginose, localizzate in vari punti della superficie corporea.

psòrico (pl. *-ci*) [dal gr. *psōrikós*, da *psṓra*, scabbia; 1550] **agg.** *disus.* *T.med.* relativo a scabbia.

pss o **ps** o **pst** [di orig. onom.; 1884] voce onom., suono sibilante che si emette per richiamare l'attenzione altrui, perlopiù in modo furtivo.

ptàrmica V. TARMICA.

ptèride [dal lat. *pteris, -ides*, gr. *pterís, -ídos*; 1821] **sf.** *T.bot.* genere di felci con eleganti fronde simili a penne verde chiaro o brillante, con rachide nera.

Pteridòfite [comp. del gr. *pterís, -ídos*, felce e *-fito*; 1899] **sf. pl.** *T.bot.* divisione del regno vegetale, comprendente le specie più evolute delle Crittogame, caratterizzate da sviluppo di radici, fusto, foglie e vasi conduttori, e da alternanza di generazione fra una fase sporofitica e una gametofitica || **N.** Equiseti, Felci, Licopodi.

pterìgio (pl. *-gi*) [dal gr. *pterýgion*, dim. di *ptéryx, ptérygos*, ala; 1835] **sm.** **1.** *T.med.* ingrossamento della congiuntiva del bulbo oculare, causata da irritazione cronica **2.** *T.zool.* nei pesci, ciascuna delle pinne pari.

pterigòide [dal gr. *pterygoeidḗs*, simile ad ala; 1835] **sm.** *T.anat.* ognuna delle due appendici ossee dello sfenoide.

pterigoidèo [dal gr. *pterygoeidḗs*, simile ad ala; 1681] **agg.** *T.anat.* di formazione anatomica che ricorda la forma di un'ala || *apofisi* o *processi pterigoidei*, prolungamenti della base dello sfenoide, che si diramano a formare alcune ossa facciali; anche, relativo a tali apofisi: *canali, muscoli pterigoidei.*

Pterigòti [comp. del gr. *pterygōtós*, alato; 1927] **sm. pl.** *T.zool.* sottoclasse che comprende gli insetti provvisti di ali e quelli che ne sono privi per riduzione secondaria.

ptèro- (o, dav. a vocale, *pter-*) [dal gr. *pterón*, ala] **primo elem.** che, in parole composte della terminologia zoologica, vale "ala" (per es. *Pterodattili, Pteropodi, Pterosauri*).

-ptero [dal gr. *pterón*, ala] **elem. term.** che, in parole composte della terminologia archeologica, vale "ala, fila di colonne" (per es. *diptero, periptero*).

ptèrocle o **pteròcle** [comp. di *ptero-* e del gr. *kléis*, chiavistello; 1835] **sm.** uccello dotato di grandi ali appuntite e piedi pennati vivente in ambienti stepposi e desertici || **N.** *Sin.* pernice del deserto.

Pterodàttili [comp. di *ptero-* e *dattilo*; 1841] **sm. pl.** sottordine dei Rettili Pterosauri vissuti nel Giurassico e nel Cretaceo superiore, con coda corta, cranio prolungato a becco, arti anteriori trasformati in organi di volo.

pteròfora [dal gr. *pterophóros*, piumato; 1835 *pteroforo*] **sf.** piccola farfalla di colore biancastro dotata di ali costituite da piccole piume, di cui le anteriori sono bilobate, le posteriori trilobate.

pteroglòsso [comp. di *ptero-* e del gr. *glôssa*, lingua; 1841] **sm.** uccello brasiliano della famiglia dei Tucani dall'enorme becco giallastro superiormente e nero inferiormente, e piumaggio in prevalenza verde brillante.

pteròide [comp. di *ptero-* e *-oide*; 1875] **sm.** pesce osseo marino le cui ampie pinne pettorali a forma di ali sono provviste di spine velenose || **N.** *Sin.* pesce farfalla.

pteròmide [comp. di *ptero-* e del gr. *mŷs*, topo; 1970] **sm.** scoiattolo indiano dotato di patagio che gli permette voli planati.

Pteròpidi (sing. *-e*) [comp. di *pteropo*, n. del genere e *-idi*; 1935] **sm. pl.** *T.zool.* famiglia di Chirotteri, comprendente specie di grandi dimensioni diffuse nelle regioni tropicali di Asia, Africa e Australia.

Pteròpodi (sing. *-e*) [comp. di *ptero-* e *-pode*; 1821] **sm. pl.** *T.zool.* ordine di molluschi Gasteropodi, che vivono in alto mare, il cui piede si biforca in due pinne atte al nuoto.

Pterosàuri [comp. di *ptero-* e *-sauro*; 1883] **sm. pl.** ordine di Rettili, vissuti dal Triassico al Cretaceo, forniti di un apparato di volo costituito da ali membranacee, sorrette all'esterno dal quarto dito degli arti anteriori, eccezionalmente sviluppato.

ptialìna [dal gr. *ptýalon*, saliva; 1871] **sf.** *T.med.* enzima presente nella saliva che agisce sulle sostanze amidacee, trasformandole in carboidrati più semplici.

ptialìsmo [dal gr. *ptyalismós*, da *ptýalon*, saliva; 1745] **sm.** *T.med.* aumento patologico della secrezione di saliva.

pticozòo o **pticozòon** o **ptychozòon** [comp. del gr. *ptýx, ptychós*, piega e *-zoon*, -zoo, per le pieghe della pelle; 1835 *pticozoo*] **sm. inv.** rettile asiatico caratterizzato da larghe dita a spatola collegate da una membrana e pelle rivestita da tubercoli, che forma pieghe ai lati del corpo e della coda.

ptilòsi [dal gr. *ptílōsis*, da *ptílon*, peluria; 1821] **sf.** *T.med.* caduta delle ciglia in seguito ad irritazione cronica dell'orlo delle palpebre.

ptìno [dal gr. *ptēnós*, alato; 1970] **sm.** piccolo insetto notturno dei Coleotteri con corpo nero e lunghe antenne, che vive nelle case e nei magazzini o in altri luoghi dove può cibarsi di animali o vegetali conservati.

ptìsi V. TISI.

ptomaìna [dal gr. *ptôma, -atos*, caduta, poi cadavere; 1878] **sf.** *T.biol.* denominazione di alcune sostanze tossiche che si trasformano per degradazione delle proteine nei processi putrefattivi della carne.

ptòsi [dal gr. *ptósis*, prob. attr. l'ingl. *ptosis*; 1821 *tosi*] **sf.** *T.med.* abbassamento di un viscere o di un altro organo, rispetto alla sua posizione normale.

ptychozòon V. PTICOZOO.

puàh [dal fr. *pouah*; 1882] **escl.** esprime disgusto o disprezzo ostentati.

pub (ingl., pr. [pʌb]) [da *pub(lic house)*, locale pubblico; 1958] **sm. inv.** in Inghilterra e in altri paesi anglosassoni, locale pubblico in cui si servono bevande alcoliche e cibi di rapida preparazione || *per estens.* in altri paesi, locale sullo stile del pub inglese.

pubalgìa (pl. *-gìe*) [comp. di *pube* e *-algia*; 1980] **sf.** *T.med.* ogni tipo di sensazione dolorosa che si manifesta nella zona del pube.

pubblicàbile [da *pubblicare*; 1891] **agg.** che si può pubblicare || **N.** *Contr.* impubblicabile.

pubblicàno (lett. *publicàno*) [dal lat. *publicānus*; a. 1342] **sm.** *T.stor.* nell'antica Roma, chi prendeva in appalto la riscossione delle gabelle e delle entrate pubbliche || *per estens.* persona gretta, avara.

pubblicàre (pres. *pùbblico, pùbblichi*) [dal lat. *publicāre*, rendere di uso pubblico; fine sec. XII - prima metà sec. XIII] **tr.** **1.** rendere noto e diffondere facendo stampare e mettendo a disposizione del pubblico: *un editore che pubblica solo venti titoli l'anno, un autore che non ha pubblicato nulla recentemente, pubblicare una lettera di protesta, una foto, un'intervista sul giornale, pubblicare una legge, un'ordinanza* **2.** *disus.* rendere pubblico, divulgare: *pubblicare un segreto* || **N. 1.** *Sin.* dare alle stampe, stampare **2.** *Sin.* mettere in piazza, propalare.

pubblicatóre [da *pubblicare*; a. 1571] **sm.** (f. *-trìce*) *raro* chi o che pubblica, editore.

pubblicazióne [dal lat. *publicātio, -ōnis*, confisca, poi render pubblico; 1337] **sf.** **1.** atto del pubblicare: *pubblicazione di una sentenza, del romanzo, hanno sospeso la pubblicazione del periodico* || *concr.* opera pubblicata, scritto edito; periodico: *consultare alcune pubblicazioni, avere numerose pubblicazioni al proprio attivo* **2.** *pubblicazione di matrimonio* o *ass.* *pubblicazioni*, documento riportante i dati anagrafici dei futuri sposi, da affiggere per almeno otto giorni nel municipio del comune di residenza e anche in chiesa per i matrimoni religiosi || **N. 1.** annuario, bollettino, dispensa, edizione, effemeride, fascicolo, giornale, opuscolo, periodico, rivista, LIBRO | copia, esemplare, numero (arretrato) | in corso di stampa, prossima, recente | censura. **Q.T.** *tipografia.*

pubblicìsmo [da *pubblicista*; 1950] **sm.** il complesso di mezzi (giornalistici, radiotelevisivi ecc.) che servono ad informare il pubblico e a fare propaganda.

pubblicìsta [dal fr. *publiciste*; 1771] **s.** **1.** collaboratore di giornali e periodici che, pur essendo iscritto all'albo dei giornalisti, esercita normalmente un'altra professione **2.** *T.giur.* esperto di diritto pubblico.

pubblicìstica [da *pubblicista*; 1928] **sf.** **1.** attività di giornalisti e scrittori di opuscoli, libelli politici e sim. || *concr.* l'insieme delle pubblicazioni con carattere di attualità **2.** *T.giur.* scienza del diritto pubblico.

pubblicìstico (pl. *-ci*) [da *pubblicistica*; 1932] **agg.** **1.** proprio della pubblicistica **2.** *T.giur.* attinente al diritto pubblico.

pubblicità [dal fr. *publicité*; 1686 nel senso 3] **sf.** **1.** divulgazione al pubblico, diffusione: *è meglio non dare pubblicità al fatto, far pubblicità a un'iniziativa* ‖ *farsi pubblicità*, farsi notare o far pubblicità alle proprie attività: *ha approfittato dell'intervista per farsi pubblicità* **2.** *in part.* l'insieme delle attività dirette a far conoscere al pubblico un prodotto o un servizio e a promuoverne il consumo o l'utenza: *agenzia, campagna di pubblicità, la pubblicità è l'anima del commercio, lavorare nel settore della pubblicità, interrompono continuamente il film per la pubblicità*; come numerabile, immagine, filmato o comunicato pubblicitario: *una pubblicità che dura 30 secondi, certe pubblicità sono insopportabili* ‖ *piccola pubblicità*, gli avvisi economici pubblicati sui giornali **3.** carattere di ciò che è pubblico: *pubblicità delle udienze* ‖ **N.** **1.** *Sin.* notorietà; clamore, risalto; pubblico dominio **2.** *Sin.* propaganda, *réclame*; persuasione occulta; annuncio, avviso, insegna, inserzione, manifesto, *spot* | convincente, intelligente, martellante, persuasiva | agente di pubblicità, pubblicitario, sponsor. **Q.T.** *commercio...*, *pubblicità* **TAV.** ***tipografia*** **p. 1337** 12.7.

pubblicitàrio (pl. *-ri*) [dal fr. *publicitaire*; 1931] **I** **agg.** di o relativo a pubblicità: *campagna pubblicitaria, inserto, messaggio pubblicitario* **II** **sm.** (f. *-a*) chi lavora nel campo della pubblicità ‖ **N.** II *Sin.* creativo. **Q.T.** *pubblicità.*

pubblicizzàre [da *pubblico*; 1965] **tr.** portare a conoscenza del pubblico, far conoscere mediante pubblicità: *pubblicizzare un nuovo cosmetico, una manifestazione culturale.*

pubblicizzazióne [da *pubblicizzare*; 1983] **sf.** atto ed effetto del pubblicizzare.

pùbblico¹ (pl. *-ci*) [dal lat. *pūblicus*; 1266 *piuvico*] **agg.** **1.** dell'intera collettività, non del singolo: *bene, ordine pubblico, un servizio di utilità pubblica, quiete, salute pubblica* ‖ *per estens.* accessibile a chiunque: *locale pubblico, strade, giardini pubblici, udienza, cerimonia pubblica* ‖ condiviso da, esteso a tutti, generale: *notizia di dominio pubblico, esporre al pubblico ludibrio, consenso pubblico* ‖ *in pubblico*, di fronte o in mezzo alla gente, dove si può essere visti: *non si fanno vedere insieme in pubblico* ‖ *mettere in pubblico*, divulgare **2.** *in part.* dello Stato, in quanto gestore degli affari della collettività (detto anche infatti *cosa pubblica*, su calco del lat. *res publica*): *carica pubblica, pubblica amministrazione, ente pubblico, scuola, impresa pubblica; vita pubblica*, la politica; *edifici pubblici*, assegnati ad amministrazioni statali, provinciali, comunali e sim.; *opere pubbliche*, eseguite a spese dello Stato ‖ *debito pubblico*, l'insieme dei debiti contratti dallo Stato ‖ *diritto pubblico*, il complesso di norme giuridiche che riguardano lo Stato e gli enti pubblici ‖ *forza pubblica*, le forze di polizia ‖ *atto pubblico*, eseguito da un notaio o da un pubblico ufficiale autorizzato a ciò ‖ *pubblico ufficiale*, chi è rivestito di funzioni pubbliche ‖ *pubblico impiego*, attività lavorativa svolta alle dipendenze dello Stato ‖ *pubblico ministero*, v. MINISTERO nel senso 3 ‖ **pubblicaménte** **avv.** in pubblico ‖ **N.** **1.** *Sin.* collettivo, comune, comunitario, popolare, sociale | *Contr.* privato **2.** *Sin.* demaniale, statale | *Contr.* privato. **Q.T.** *diritto.*

pùbblico² (pl. *-ci*) [dal lat. *publicum*; sec. XIV] **sm.** insieme di persone che assiste a una manifestazione artistica, culturale, sportiva e sim., di interesse collettivo, o che viene considerato potenziale destinatario o fruitore di un'opera, di un messaggio ecc.: *il pubblico del teatro, di una mostra, di una conferenza, di una gara, pubblico radio-televisivo, pubblico di lettori, di ascoltatori, la villa non è aperta al pubblico, il pubblico era assiepato ai bordi della pista, l'avviso deve essere esposto in modo ben visibile al pubblico* ‖ **N.** *Sin.* ascoltatori, astanti, intervenuti, piazza, platea, presenti, spettatori, uditori, utenti; comunità, folla, popolo | acclamante, attento, caloroso, distratto, fedele, freddo, pagante, plaudente, rumoroso | applausi, fischi, ovazioni.

pùbe [dal lat. *pūbes*, pelo, pube; 1583] **sm.** **1.** *T.anat.* osso pari posto nella porzione anteriore dell'osso iliaco, in cui confluiscono, ciascuno simmetricamente, l'ileo e l'ischio **2.** *T.anat.* la regione anatomica corrispondente, che, dalla pubertà in poi si presenta esternamente coperta di peli; *monte del pube*, monte di Venere. **TAV.** ***anatomia*** **p. 641** 2.11.

puberàle [da *pubere*; 1942] **agg.** della pubertà: *crisi puberale.*

pùbere [dal lat. *pubes, -eris*; sec. XIV] **agg.** e **s.** che o chi ha raggiunto la pubertà; che o chi ha sviluppato i caratteri sessuali: *ragazzo pubere* ‖ **N.** *Contr.* impubere.

pubertà [dal lat. *pubertas, -ātis*; a. 1342] **sf.** l'età nella quale nell'uomo e nella donna i caratteri sessuali raggiungono il pieno sviluppo: *raggiungere la pubertà, pubertà precoce, tardiva* ‖ **N.** *Sin.* età dello sviluppo.

pubescènte [dal lat. *pubescens, -entis*; 1342] **agg.** **1.** *T.bot.* di organo, spec. vegetale, coperto di peluria: *foglia pubescente* **2.** *ant.* pubere ‖ **N.** **1.** *Sin.* tomentoso.

pubescènza [da *pubescente*; a. 1498] **sf.** *T.bot.* la peluria che copre alcuni organi vegetali.

pùbico (pl. *-ci*) [da *pube*; 1829] **agg.** *T.anat.* del pube, che concerne il pube: *sinfisi pubica.*

publicàno v. PUBBLICANO.

pùblico e der. forme lett. di PUBBLICO e der. (v.).

public relations (ingl., pr. [ˌpʌblɪk rɪˈleɪʃənz]) [propr. pubbliche relazioni; 1963] ***loc. f. pl.*** pubbliche relazioni (v. RELAZIONE).

Pucciniàcee [dal lat. scient. *Pucciniaceae*, dal n. proprio T. *Puccini*, scienziato it.; 1954] **sf.** ***pl.*** *T.bot.* famiglia di funghi degli Uredinali, comprendente varie specie responsabili della ruggine delle piante.

puddellàggio o **pudellàggio** (pl. *-gi*) [da *puddellare*; 1942] **sm.** *T.metal.* procedimento usato in passato per trasformare la ghisa in ferro.

puddellàre (pres. *-èllo*) [dall'ingl. *to puddle*, mescolare; 1942] **tr.** *T.metal.* sottoporre a puddellaggio.

puddellatùra [da *puddellare*; 1875] **sf.** *T.metal.* puddellaggio.

puddellazióne [da *puddellare*; 1965] **sf.** *T.metal.* l'operazione del puddellare; puddellaggio.

pudding (ingl., pr. [ˈpʊdɪŋ]) [in origine stomaco o interiora di maiale ripieno di carne tritata, poi budino; a. 1764] **sm.** ***inv.*** sformato, budino.

puddìnga [dall'ingl. *pudding-stone*, propr. pietra a forma di budino, attr. il fr. *poudingue*; 1769] **sf.** *T.geol.* roccia sedimentaria, formata dalla cementazione di ciottoli alluvionali.

pudellàggio v. PUDDELLAGGIO.

pudibonderìa [da *pudibondo*; 1942] **sf.** l'essere pudibondo in maniera eccessiva e ridicola ‖ **N.** *Sin. pruderie.*

pudibóndo [dal lat. *pudibundus*; 1499] **agg.** *lett.* che sente o dimostra abitualmente pudore, spec. fuori luogo o in misura eccessiva: *giovinetto, sorriso pudibondo* ‖ **N.** *Sin. prude*, PUDICO.

pudicìzia [dal lat. *pudicītia*; a. 1292] **sf.** abito mentale che porta a preservare l'intimità o la riservatezza in ciò che concerne il sesso, ad affrontarlo con riserbo o a evitarlo: *la pudicizia di una giovane sposa* ‖ **N.** *Sin.* castigatezza, verecondia; castità | *Contr.* impudicizia.

pudìco (pl. *-chi*) [dal lat. *pudīcus*; a. 1292] **agg.** che prova o mostra pudore o pudicizia, verecondo: *una fanciulla pudica, discorso pudico, atteggiamento, sguardo pudico* ‖ **pudicaménte** **avv.** ‖ **N.** *Sin.* casto, pudibondo, ritroso, schivo, vergognoso; castigato, composto, costumato, decente, puro | *Contr.* IMPUDICO.

pudóre [dal lat. *pudor, -ōris*; a. 1306] **sm.** **1.** riserbo naturale, vergogna per ciò che concerne il sesso e conseguente avversione per la sua ostentazione: *offendere, rispettare il pudore, il co-*

PUBBLICITÀ

Diretta / indiretta; cinematografica, radiofonica, televisiva; esterna; privata / istituzionale.

MEZZI O *MEDIA* PUBBLICITARI E PROMOZIONALI: affissione muraria, cartellonistica, cinema, *mailing* o pubblicità diretta, radio, speakeraggio, sponsorizzazione, stampa (locale, nazionale; periodica, quotidiana), stampa illustrativa, televisione, volantinaggio.

VEICOLI PUBBLICITARI: annuario, annuncio, cartello, catalogo, *clip* o *videoclip*, decalcomania, *dépliant* o pieghevole, espositore, *gadget*, insegna, inserto, inserzione, *jingle*, lettera di vendita, manifesto murale, opuscolo illustrativo, *portfolio*, prospetto illustrativo, punto-vendita, striscione in tela, vetrina, vetrofania, volantino.

INIZIATIVE PROMOZIONALI: allestimento di punti-vendita, allestimento di vetrine, concorso a premi, dimostrazione, distribuzione di buoni sconto, distribuzione di campioni omaggio, esposizione, fiera, incentivo per i rivenditori, mostra, offerta speciale, premio fedeltà.

L'AGENZIA PUBBLICITARIA A SERVIZIO COMPLETO.

SETTORI: amministrazione, *management* o direzione, reparti creativi (redazione, reparto artistico), reparto *planning* o pianificazione, reparto produzione, servizio *account* o contatto con i clienti, servizio *marketing* o ricerche di mercato, servizio *media* o mezzi pubblicitari, servizio *merchandising*, ufficio *public relations* o pubbliche relazioni, ufficio traffico.

RUOLI PROFESSIONALI: *account executive, account manager, art director* o direttore artistico, assistente alla produzione, *copywriter* o redattore, *creative director* o direttore creativo, fotografo, grafico, tipografo; v. inoltre i quadri terminologici CINEMATOGRAFIA e TIPOGRAFIA.

TERMINI VARI: agenzia pubblicitaria, istituto di ricerca, *mass media*, studio pubblicitario, ufficio pubblicitario aziendale; agente pubblicitario, cliente o utente pubblicitario, consumatore, inserzionista; ampliamento del mercato, attività promozionale, campagna (promozionale, pubblicitaria), esposizione al pubblico del messaggio (copertura, frequenza di esposizione), *headline*, immagine (dell'azienda, del prodotto), incremento (della domanda, della vendita), informazione, lancio pubblicitario, materiale pubblicitario, messaggio o comunicato pubblicitario, persuasione, piccola pubblicità, presentazione del prodotto, promozione, psicologia del consumatore, spazio pubblicitario, spesa pubblicitaria, stanziamento pubblicitario, strategia pubblicitaria, *target*, tempo pubblicitario, test di controllo dell'efficienza.

mune senso del pudore, arrossii per il pudore, si spogliò senza pudore, per pudore non è entrato nei dettagli **2.** *per estens.* discrezione, ritegno: *non ha pudore a chiedermi tanto, mentire senza alcun pudore* ‖ nella *loc. agg.* e *avv. senza pudore,* sfacciato, spudorato ‖ **N. 1.** *Sin.* candore, castità, compostezza, costumatezza, modestia, pudicizia, ritrosia, verecondia; decenza | *Contr.* impudicizia, inverecondia **2.** *Contr.* sfacciataggine, sfrontatezza; faccia tosta.

pueblo (sp., pr. [ˈpweβlo]) [propr. villaggio; 1895] ***sm.*** *inv.* (anche pl. *pueblos,* pr. [ˈpweβlɔs]) tipo di villaggio primitivo, presente soprattutto nell'Arizona e nel Nuovo Messico, costituito da un agglomerato di case disposte a terrazza, su piani irregolari, con tipico accesso sui tetti che si raggiungono con scale a pioli.

puericultóre [comp. del lat. *puer, pueri,* fanciullo e *-cultore,* come il fr. *puériculteur;* 1958] ***sm.*** medico specializzato in puericultura.

puericultrìce [f. di *puéricultóre;* 1942] ***sf.*** infermiera specializzata in puericultura, che assiste i bambini spec. in asili nido, istituti e sim.

puericultùra [comp. del lat. *puer, pueri,* fanciullo e *cultura,* come il fr. *puériculture;* 1875] ***sf.*** parte della pediatria che si occupa dell'igiene, dell'alimentazione, dello sviluppo del bambino fino al termine della prima infanzia.

puerìle [dal lat. *puerīlis;* a. 1306] ***agg.*** **1.** di o da fanciullo: *età, voce puerile* **2.** *spreg.* che dimostra immaturità, scioccamente semplicistico: *discorsi, idee puerili* ‖ di estrema facilità, banale: *problema puerile* ‖ **puerilménte** ***avv.*** ‖ **N.** *Sin.* bambinesco, infantile.

puerilìsmo [da *puerile;* 1935] ***sm.*** *T.med.* persistenza di caratteri morfologici e psicologici puerili in soggetti già adulti ‖ **N.** *Sin.* infantilismo.

puerilità [dal lat. *puerilitas, -ātis;* a. 1511] ***sf.*** *spreg.* ingenuità o immaturità eccessiva: *puerilità di una reazione* ‖ *concr.* atto o detto puerile: *discorso pieno di puerilità* ‖ **N.** *Sin.* fanciullaggine.

puerìzia [dal lat. *pueritia;* 1260 ca.] ***sf.*** *lett.* età puerile, infanzia.

puèrpera [dal lat. *puerpera;* a. 1730] ***sf.*** donna che ha da poco partorito.

puerperàle [da *puerpera,* come l'ingl. *puerperal,* fr. *puerpéral;* 1828] ***agg.*** attinente a puerperio: *febbre puerperale.*

puerpèrio (pl. *-ri*) [dal lat. *puerperium;* sec. XIV] ***sm.*** il periodo di 6-8 settimane seguente al parto, in cui l'apparato genitale ritorna gradualmente nelle condizioni normali.

puf [1891] ***sm.*** adattamento it. del fr. *pouf* (v.).

puffìno [dall'ingl. *puffin;* 1804] ***sm.*** uccello marino dei Procellariformi, di color cinereo, abile cacciatore di pesci in alto mare.

puggiàre V. POGGIARE[2].

puggièro V. POGGIERO.

pugiadìsmo V. POUJADISMO.

pugilàto [dal lat. *pugilātus;* 1592] ***sm.*** sport agonistico in cui due contendenti si affrontano colpendosi a vicenda con le mani coperte da guantoni, secondo un preciso regolamento; vince chi fa ritirare l'avversario o lo atterra per almeno dieci secondi, o totalizza più punti (sulla base dei colpi tirati e dello stile) ‖ **N.** *Sin. boxe.* **Q.T.** *pugilato.*

pugilatóre [dal lat. tardo *pugilātor, -ōris;* 1631] ***sm.*** *raro* pugile.

pùgile [dal lat. *pugil, -ilis;* a. 1566] ***sm.*** chi pratica il pugilato ‖ **N.** *Sin. boxeur.* **Q.T.** *pugilato.*

pugilìsta [da *pugilato;* 1831] ***sm.*** *raro* pugile.

pugilìstico (pl. *-ci*) [da *pugilato;* 1923] ***agg.*** di o relativo a pugilato: *incontro, regolamento pugilistico.*

pugillàri [dal lat. *pugillāres;* 1835] ***sm.*** *pl.* *T.archeol.* tavolette cerate in legno o avorio o fogli di pergamena in uso nell'antica Roma per prendere note o appunti.

pùgio (pl. *-gi*) [dal lat. *pūgio;* 1891] ***sm.*** *T.stor.* piccolo pugnale aguzzo, a doppio taglio, portato senza fodero dagli imperatori, dai generali, dai tribuni romani.

pùglia (pl. *-glie*) [dallo sp. *polla,* propr. gallina; a. 1712] ***sf.*** in giochi d'azzardo con carte, posta di un singolo giocatore o l'insieme delle poste ‖ l'insieme di tutti i gettoni messi a disposizione di un giocatore; anche singolo gettone ‖ **N.** *Sin.* piatto.

pugliése [dal n. propr. *Puglia;* 1313] **I** ***agg.*** della Puglia **II** ***s.*** **1.** abitante, originario della Puglia **2.** *sm.* (solo *sing.*) dialetto della Puglia.

pùgna [dal lat. *pugna;* a. 1292] ***sf.*** *lett.* combattimento, battaglia: *entrar nella pugna.*

pugnàce [dal lat. *pugnax, -ācis;* 1532] ***agg.*** *lett.* **1.** bellicoso, battagliero: *spirito pugnace* **2.** che incita al combattimento ‖ **pugnaceménte** ***avv.*** con animo pugnace.

pugnalàre [da *pugnale;* 1640] ***tr.*** ferire o uccidere col pugnale ‖ *fig. pugnalare alle spalle,* colpire a tradimento ‖ **N.** *Sin.* accoltellare; infilzare, trafiggere.

pugnalàta [da *pugnale;* 1525] ***sf.*** **1.** colpo di pugnale: *fu ucciso a pugnalate* **2.** *fig.* notizia o evento che capita all'improvviso e provoca grande dolore: *quelle parole furono per lui una pugnalata* ‖ **N. 1.** *Sin.* coltellata; stilettata, stoccata.

pugnalatóre [da *pugnalare;* 1871] ***sm.*** (f. *-trice*) chi pugnala o ha pugnalato.

pugnàle [da *pugno;* sec. XIV-XV] ***sm.*** corta arma da taglio, con lama a doppio taglio aguzza: *colpo di pugnale, brandire il pugnale* ‖ *dim.* pugnalìno, pugnalétto; *accr.* pugnalóne; *spreg.* pugnalàccio ‖ **N.** coltello, daga, *kriss,* misericordia, *navaja,* pistolese, pugio, stiletto, stocco, verduco | elsa, fodero, lama, manico, punta. **TAV.** ***armi*** **p. 648** 5.

pugnàre [dal lat. *pugnāre;* fine sec. XII - inizio sec. XIII] ***intr.*** (aus. *avere*) *lett.* combattere: *pugnare da prode;* anche *fig.*: *contra miglior voler voler mal pugna* (Dante).

pugnàta [da *pugno;* sec. XIII] ***sf.*** *arc.* **1.** colpo inferto col pugno **2.** pugnello.

pugnatóre [dal lat. *pugnātor, -ōris;* a. 1342] ***sm.*** (f. *-trìce*) *raro lett.* chi combatte; guerriero.

pugnèllo (*dim.* di *pugno*) [sec. XIV] ***sm.*** **1.** *non com.* quantità di roba che può essere contenuta nel pugno chiuso **2.** *arc.* impugnatura ‖ *dim.* pugnellìno, pugnellétto ‖ **N. 1.** *Sin.* brancata, manciata, pugno.

pùgnere [var. di *pungere;* sec. XIV] ***tr.*** *arc.* pungere.

pugneréccio (pl. m. *-ci,* pl. f. *-ce*) [da *pugnere;* a. 1348] ***agg.*** *arc.* atto a pungere, appuntito, da servirsene come arma: *pietre pugnerecce.*

pugnétto (*dim.* di *pugno*) [1835] ***sm.*** **1.** piccolo pugno **2.** *T.anat.* parte del polso.

pugnitòpo V. PUNGITOPO.

pugnitùra [da *pugnere;* a. 1375] ***sf.*** *arc.* puntura.

pùgno (pl. *i;* arc. *le pugna*) [lat. *pugnus;* a. 1284 ca.] ***sm.*** **1.** la mano chiusa, con le dita serrate e contratte verso il palmo: *fare il pugno, stringere, aprire i pugni, stringere qualcosa in pugno; battere i pugni sul tavolo,* manifestare collera o minacciare, anche *fig.*; *fig. mostrare i pugni,* minacciare con violenza ‖ *fig. avere, tenere in pugno,* avere in proprio potere: *abbiamo il nemico in pugno* ‖ *di proprio pugno,* direttamente, con la propria mano: *vergare una lettera di proprio pugno* ‖ *salutare a pugno chiuso,* sollevando in alto il pugno destro per manifestare la propria adesione a movimenti di ispirazione marxista ‖ *pugno di ferro,* tirapugni; *fig.* modo di fare energico e deciso **2.** colpo dato col pugno: *gli tirò un pugno nello stomaco; fare a pugni,* picchiarsi, e *fig.* essere incompatibili o in stridente contrasto: *la stoffa del divano fa a pugni con la tappezzeria, quella salsa dolciastra fa a pugni con le acciughe; avere il pugno proibito,* un pugno micidiale **3.** *per meton.* quantità di roba che può stare nel pugno: *un pugno di sabbia, di lenticchie* ‖ *fig.* quantità minima: *partì con un pugno di soldati* ‖ *rimanere con un pugno di mosche,* a mani vuote ‖ *dim.* pugnèllo, pugnerèllo, pugnétto, pugnìno; *accr.* pugnóne; *spreg.* pugnàccio ‖ **N. 2.** *Sin.* cazzotto; destro, gancio, montante, sinistro | affibbiare, assestare, sferrare **3.** *Sin.* brancata, manciata. **Q.T.** *pugilato* **TAV.** ***arti marziali*** **p. 653** 1.1, 1.3, 5.2.

pugnolàre (pres. *pùgnolo*) [var. di *pungolare;* a. 1384] ***tr.*** *arc.* pungere.

pugnòlo [da *pugno;* 1340 ca.] ***sm.*** *disus.* pugnello.

puh [di orig. espressiva; a. 1542] ***escl.*** esprime disgusto o fastidio.

pùia o **puiàna** V. POIANA.

puìna [dal lat. *popina,* bettola, taverna, vivanda da osteria; 1958] ***sf.*** *sett.* ricotta.

pùla [etim. inc.; 1340 ca.] ***sf.*** scarto della trebbiatura o di analoghi procedimenti di raffinazione dei cereali, costituito dagli involucri dei chicchi ‖ **N.** *Sin.* lolla, loppa | brillatura, pilatura, spulatura.

pùlca o **pùlka** [dal lappone *pulka;* a. 1698] ***sf.*** slitta da viaggio trascinata da renne, tipica della Lapponia e della Siberia.

pùlce [lat. *pulex, -icis;* a. 1306] ***sf.*** **1.** nome di vari insetti degli Afanitteri di colore marrone rossiccio, con corpo schiacciato e arti atti al salto, parassiti dell'uomo e di altri animali, dei quali succhiano il sangue: *un animale infestato dalle pulci, il tuo gatto ha le pulci* ‖ *fig. pulce nell'orecchio,* sospetto o dubbio che si fa strada lento e inesorabile: *gli è entrata, gli hanno messo una pulce nell'orecchio* ‖ *fig.* persona o

PUGILATO

PERSONE: pugile o *boxeur, sparring partner;* secondi, arbitro, giudici.

CATEGORIE DI PESO: minimosca, mosca, gallo, piuma, leggeri, *welter* leggeri, *welter, superwelter,* medi, mediomassimi, massimi, supermassimi.

MATERIALI: bendaggio (molle, duro), conchiglia o parainguine, guantoni, paradenti, stivaletti; *punching-bag* o sacco, *punching-ball.*

COLPI E AZIONI: *clinch* o corpo a corpo, colpo d'incontro, *cross,* diretto, *jab,* gancio o *hook* o *crochet,* montante o *uppercut, punch,* scarica, *swing* o sventola, *undercut,* uno-due; allungo, bloccaggio, *duck,* finta, gioco di gambe, guardia (alta, bassa, destra, sinistra), schivata, testata; colpire sotto la cintura, mandare al tappeto, incassare, lavorare ai fianchi.

VOCI ATTINENTI: pesatura; *gong,* incontro o combattimento, ripresa o *round;* angolo, *ring* o quadrato (corde, pali, piattaforma, tappeto); *break, stop,* conteggio, getto della spugna, *knock-down* o atterramento, *knockout* o fuori combattimento, *knockout* tecnico, squalifica, vittoria ai punti; *groggy,* suonato.

animale piccolissimo **2.** *pulce d'acqua,* minuscolo crostaceo d'acqua dolce, che procede a saltelli **3.** *gioco della pulce,* gioco da tavolo in cui due o più giocatori a turno tentano di far saltare pedine di forma lenticolare, schiacciandole sul bordo con un altro dischetto rigido, dirigendole sulle pedine avversarie, così eliminate, o in uno spazio prestabilito al centro del tavolo **4.** *pulce secca,* V. PULCESECCA || **N. 1.** pidocchio | spulciarsi.

pulcèlla V. PULZELLA.

pulcellàggio V. PULZELLAGGIO.

pulcesécca o **pùlce sécca** [prob. comp. di *pulce* e (*colpo*) *secco*; a. 1588] **sf.** *tosc.* energico pizzicotto dato con la punta delle dita o dolorosa pizzicatura fra due bordi rigidi || il segno violaceo che ne resta.

pulchèrrimo (superl. irr. di *pulcro*) [dal lat. *pulcherrimus*; 1521] **agg.** *raro lett.* bellissimo.

pulciàio (pl. *-ài*) [da *pulce*; 1841] **sm.** luogo sudicio in cui s'annidano molte pulci.

pulcianèlla [prob. dal n. geogr. (*Monte*) *pulciano*; 1963] **sf.** fiasco molto panciuto di dimensioni inferiori al litro, usato nell'Italia centrale.

pulcinàia [da *pulcino*; 1935] **sf.** pulcinaio.

pulcinàio (pl. *-ài*) [da *pulcino*; 1891] **sm.** luogo pieno di pulcini; gran numero di pulcini || *fig.* moltitudine gaia e rumorosa di bambini riuniti insieme.

pulcinèlla (pl. *-la*; raro *-li*) [da *Pulcinella*, n. di una maschera napoletana; a. 1798] **sm. 1.** *per anton.* persona poco seria e incostante; buffone: *fare, essere un pulcinella* **2.** *pulcinella di mare,* uccello dei Caradriformi delle regioni artiche, buon nuotatore e cacciatore di pesci, con corpo tozzo, scuro sul dorso e bianco sul ventre e una testa alquanto curiosa, con becco arancione e blu, stretto e ricurvo, e larghe mascherine bianche attorno agli occhi.

pulcinellàta [da *pulcinella*; 1750] **sf.** *non com.* azione da pulcinella; buffonata.

pulcinellésco (pl. *-schi*) [da *pulcinella*; a. 1828] **agg.** di, da pulcinella; buffonesco.

pulcinellòtto [da *pulcinella*; 1879] **sm.** *raro* persona mascherata da pulcinella.

pulcìno [lat. tardo *pullicēnus*; 1260] **sm. 1.** piccolo di gallina o di altro gallinaceo, da poco uscito dall'uovo: *una covata di pulcini; pulcini di fagiano, di tacchino* || *essere (come) un pulcino nella stoppa,* inetto per assoluta ingenuità e ignoranza delle cose del mondo || *bagnato come un pulcino,* fradicio **2.** *per estens.* bambino molto piccolo **3.** giovanissimo calciatore dilettante di una squadra di calcio || **N. 1.** galletto, pollastrino, pollastro | far pio pio, pigolare.

pulcióso [da *pulce*; a. 1745] **agg.** pieno di pulci.

pùlcro [dal lat. *pulcher*; 1260 ca.] **agg.** *lett. arc.* bello.

puledràia [da *puledro*; 1871] **sf.** luogo dove si allevano i puledri || *scherz.* cameretta dove dormono i bambini.

pulédro (lett. *polédro*) [lat. volg. **pulletrus*; a. 1292] **sm.** cavallo, o altro equino, giovane (circa fino a due anni) || simbolo di irrequietezza o di vivacità giovanile non contenuta: *scalpitare come un puledro* || *dim.* puledrùccio, puledrìno; *accr.* puledròtto, puledróne; *pegg.* puledràccio.

pulèggia (pl. *-ge*) [lat. volg. **polidia*; a. 1564] **sf.** organo meccanico di trasmissione del moto, costituito da una cinghia che passa nella scanalatura di una ruota fissata a un asse secondario (*puleggia conduttrice*) e trasmette il moto a un'altra ruota (*puleggia condotta*) || **N.** bozzello, carrucola, girella, paranco | corona, mozzo, razze. **TAV.** *motori* 10; *ferrovie...* **p. 669** 7.2, 9.3.

pulèggio[1] (pl. *-gi*) [dal lat. *pulēium*; a. 1577] **sm.** varietà di menta.

pulèggio[2] (pl. *-gi*) o **pulézzo** (pl. *-zi*) [etim. inc.; a. 1470] **sm.** *tosc.* percorso, rotta.

pulènda [a. 1700] **sf.** *dial.* V. POLENTA.

pulésco (pl. *-schi*) [forse da *pulire*; 1958] **sm.** materiale farinoso simile a terriccio presente nei tronchi d'albero, spec. di castagno, colpiti dalla carie; viene usato come concime.

pulézzo V. PULEGGIO[2].

pùlica o **pùliga** [dal veneziano *pùlega*, propr. pulce; a. 1557] **sf.** difetto di lavorazione del vetro o di altri materiali, costituito da bollicine d'aria rimaste incluse nel prodotto raffreddato.

pulicària [dal lat. (*herba*) *pulicaria*; prima metà sec. XIII] **sf.** varietà di piantaggine che cresce su terreni arenosi || **N.** *Sin.* psillio.

pùliga V. PULICA.

puligóso [da *puliga*; 1958] **agg.** *vetro puligoso,* vetro che trattiene bollicine di gas in seguito a un cattivo processo di affinazione.

pulimentàre (pres. *-énto*) [da *pulimento*; a. 1879] **tr.** sottoporre a pulimento || **N.** *Sin.* digrossare, levigare, lustrare, polire.

pulimentatóre [da *pulimentare*; 1967] **sm.** (f. *-trìce*) operaio che ha il compito di pulimentare.

pulimentatùra [da *pulimentare*; 1983] **sf.** pulimentazione.

pulimentazióne [da *pulimentare*; 1958] **sf.** pulimento.

puliménto [da *pulire*; 1550] **sm. 1.** operazione di levigatura o sgrossatura cui vengono sottoposti pezzi di materiale, o prodotti finiti, di legno, pietra o metallo: *tirare a pulimento, dare pulimento* **2.** *fig.* lavoro paziente con cui si porta a perfezione uno scritto, un discorso e sim. || **N. 1.** *Sin.* lustratura, polimento, rifinitura.

pulìre (pres. *-ìsco, -ìsci*) [lat. *polīre*, pulire, levigare; a. 1292] **tr. 1.** liberare dalla sporcizia e, in gen., da ciò che è considerato superfluo o dannoso: *pulire il pavimento, le finestre, pulire il tavolo con una spugna, pulire la strada dalle foglie cadute, per pulire le macchie di inchiostro uso l'alcol, pulire bene una ferita, pulire il fucile, smontare e pulire il tritacarne dopo l'uso, una dieta vegetariana che pulisce il sangue* || *in part.* privare della parte non commestibile: *pulire il riso, il pesce* **2.** *non com.* sottoporre a pulimento || *fig.* di scritto, perfezionare, limare || **rifl.** **indir.** nettare, rif. spec. alla cura personale: *pulirsi il viso con un latte detergente, pulirsi le unghie, le orecchie, pulisciti bene le scarpe prima di entrare* || **N. tr. 1.** *Sin.* astergere, depurare, detergere, espurgare, forbire, lavare, mondare, nettare, purificare, ripulire, sgombrare, sgrassare, smacchiare, spazzolare, spolverare, strigliare, svuotare, tergere; grattare, lucidare, sfregare, strofinare | *Contr.* imbrattare, insudiciare, lordare, sporcare.

pulisciorécchi [comp. di *pulire* e *orecchio*, sul modello del fr. *cure-oreille*; 1891] **sm. inv.** piccolo attrezzo impiegato per liberare il canale uditivo del cerume.

pulisciepénne [comp. di *pulire* e *penna*, sul modello del fr. *essuie-plume*; 1934] **sm. inv.** nettapenne.

pulisciepièdi [comp. di *pulire* e *piede*; 1891] **sm. inv.** *non com.* nettapiedi, zerbino.

pulisciscàrpe [comp. di *pulire* e *scarpa*; 1891] **sm. inv.** stuoino || attrezzo elettrico dotato di spazzole rotanti, che puliscono le scarpe.

pulìta [da *pulire*; 1871] **sf.** pulitura sbrigativa e sommaria: *datti una pulita alle scarpe* || *dim.* pulitìna.

pulitézza [da *pulito*; a. 1543] **sf.** *non com.* **1.** qualità di chi o di ciò che è pulito **2.** politezza.

pulìto (*pps.* di *pulire*) [sec. XIII] **I agg. 1.** che non presenta macchie, tracce di sporco o altro, che ne compromettono l'estetica, la funzionalità o l'igiene: *la camicia è ancora abbastanza pulita, per la frutta mettiamo i piatti puliti, pavimento, lavandino pulito*; *fig. avere le mani pulite,* non essere compromesso in affari disonesti; *aver la coscienza pulita,* non sentirsi responsabile || *in part.* puro, non inquinato: *aria, fiumi, mare pulito; benzina pulita,* poco inquinante || *per estens.* sgombro, vuoto: *il vento ha reso il cielo pulito, scrivere l'esercizio su una pagina pulita; far piazza pulita,* V. PIAZZA; *essere, rimanere puliti,* senza denaro (per es. dopo aver perduto al gioco) || *fig.* senza imperfezioni o sbavature, ordinato: *scrittura pulita, un'esecuzione tecnicamente pulita ma priva di slancio* **2.** che ama la pulizia: *una persona pulita e ordinata, il gatto è un animale pulito* **3.** *fig.* legale, non compromettente: *si è immischiato in faccende poco pulite, un'operazione finanziaria pulita; soldi puliti,* guadagnati onestamente || **pulitaménte** **avv.** ordinatamente; onestamente **II sm.** luogo pulito: *stare nel pulito* || **N. I** *Sin.* bianco, forbito, lindo, lustro, mondo, netto, ripulito, terso | *Contr.* sporco, sudicio.

pulitóre [dal lat. *politor, -ōris*; 1660] **agg.** e **sm.** (f. *-trìce*) *non com.* che o chi pulisce.

pulitrìce [f. di *pulitore*; 1922] **sf.** macchina impiegata per levigare e lucidare i metalli o il legno.

pulitùra [dal lat. *politūra*; 1599] **sf. 1.** l'operazione del pulire: *si esegue la pulitura di capi in pelle* **2.** *non com.* lavoro finale di rifinitura, limatura.

pulizìa [da *pulire*; a. 1571] **sf. 1.** lo stato di ciò che è pulito o di chi ama essere o tener pulito: *esigere la massima pulizia, in quel locale c'è scarsa pulizia, una persona di grande pulizia* **2.** atto del pulire: *prodotti per la pulizia del corpo, delle case, impresa di pulizia; fare pulizia,* pulire, e anche sgombrare dalle cose inutili; *fig.* liberare da persone inopportune, ostili e sim. || *pl.* operazioni di pulizia, spec. di casa o di altri locali: *fare le pulizie, le grandi pulizie di primavera; donna delle pulizie,* retribuita per svolgere tali operazioni **3.** eleganza, sobrietà di costumi || **N. 1.** *Sin.* forbitezza, lindezza, lindura, lustro, nettezza | *Contr.* sporcizia **2.** *Sin.* faccenda, lavori domestici.

pùlka V. PULCA.

pull (pr. [pul]) [da *pull*(*over*); 1973] **sm.** *inv.* pullover: *un pull di lana a girocollo.*

pùllman (pr. ['pulman]) [dal n. proprio G.M. *Pullmann*, inventore statunitense; 1869] **sm. inv. 1.** autoveicolo per il trasporto di numerose persone, particolarmente confortevole, impiegato per lunghi tragitti **2.** *disus.* carrozza ferroviaria di lusso || **N. 1.** autopullmann, corriera, torpedone.

pullover (ingl., pr. ['pʊl,oʊvə]; pr. it. [pu(l)'lɔver]) [propr. maglione che si tira via per sopra; 1927 *pull-over*] **sm.** *inv.* maglia di lana a maniche lunghe o senza maniche, perlopiù con scollo a V, che si indossa sopra la camicia.

pullulaménto [da *pullulare*; a. 1320] **sm.** *raro* il pullulare.

pullulàre (pres. *pùllulo*) [dal lat. *pullulāre*; 1313] **intr.** (aus. *avere*) **1.** venir fuori in gran numero, moltiplicarsi a ritmo frenetico: *pullulano i casi di infezione, gli aspiranti scrittori* **2.** mandar fuori germogli, rampollare || di acqua, scaturire, zampillare || *arc.* gorgogliare, ribollire: *sott'acqua ha gente che sospira / e fanno pullular quest'acqua al summo* (Dante) **3.** essere pieno, invaso: *la piazza pullula di turisti* || **N. 1.** *Sin.* dilagare, proliferare.

pullulazióne [dal lat. tardo *pullulātio, -ōnis*; 1308] **sf.** *raro* il pullulare.

pulménto [dal lat. *pulmentum*; a. 1315] **sm.** nell'antica Roma, pietanza che si accompagnava al pane, companatico.

pulmìno [da *pullman*; 1970] **sm.** autovettura

in grado di trasportare fino a nove persone || *per estens.* piccolo autobus, utilizzato su percorsi particolari o per trasporti speciali: *vengono a prendere gli scolari col pulmino.*

pulmonària V. POLMONARIA.

pulóne [da *pula*; 1609] **sm.** *ant.* la parte più grossolana della pula || tritume di paglia.

pulpàre [dal lat. *pulpa*, polpa; 1958] **agg.** *T.med.* relativo alla polpa dentaria: *tessuto pulpare, infiammazione pulpare.*

pulper (ingl., pr. ['pʌlpə]) [da to *pulp*, spappolare; 1987] **sm.** *inv.* macchina per lo spappolamento della carta.

pulpìte [comp. del lat. *pulpa*, polpa e *-ite*[1]; 1931] **sf.** *T.med.* infiammazione molto dolorosa della polpa dentale.

pùlpito [dal lat. *pulpitum*; sec. XIV] **sm.** **1.** *T.arch.* nelle chiese cristiane, struttura lignea o marmorea sopraelevata, sorretta da colonne, a pianta gen. oligonale, posta nella navata centrale, da cui parla il predicatore || *iron. da che pulpito viene la predica*, si dice quando un vizio è condannato da qualcuno che è ben lontano dall'esserne esente **2.** *T.stor.* palcoscenico dell'antico teatro romano; anche tribuna da cui parlava l'oratore **3.** *T.alp.* piazzola sporgente da una parete rocciosa a strapiombo, che consente la sosta || **N.** **1.** *Sin.* ambone, pergamo. **TAV.** *chiesa* 1.13.

pulque (sp., pr. ['pulke]) [da una voce indigena americana; 1929] **sm.** *inv.* bevanda alcolica messicana ottenuta per fermentazione del succo d'agave.

pulsànte[1] (*ppr.* di *pulsare*) [1481] **agg.** *T.fis. grandezza pulsante*, grandezza periodica.

pulsànte[2] [sost. di *pulsante*[1]; 1916] **sm.** elemento esterno di un dispositivo a molla che, premuto, mette in funzione un congegno, in modo meccanico diretto o indirettamente stabilendo un contatto elettrico: *il pulsante di una penna a scatto, i pulsanti di un pannello di comandi, dell'ascensore, cronometro a pulsante* || *dim.* pulsantìno || **N.** *Sin.* bottone, interruttore, tasto.

pulsantièra [da *pulsante*[2]; 1958] **sf.** pannello che raccoglie vari pulsanti. **TAV.** *abitazione* 1.50.

pùlsar [dall'ingl. *puls(ating) (st) ar*, stella pulsante; 1968] **sf.** *inv.* *T.astr.* radiostella che emette a intervalli regolari (ca. 0,33 secondi) radionde, sotto forma di brevi impulsi.

pulsàre [dal lat. *pulsāre*; sec. XIV] **intr.** (aus. *avere*) dare battiti, dilatarsi e contrarsi con ritmo regolare, spec. rif. a movimento vitale: *il sangue pulsa nelle vene, le tempie pulsano dallo sforzo, un cuore che pulsa debolmente* || *per estens.* essere animato, pieno di vitalità: *anche nel deserto roccioso pulsa la vita, di notte queste strade pulsano di gioventù a caccia di divertimenti* || **tr.** *arc.* rif. a porta, bussare || rif. a corde, suonare || **N.** **intr.** *Sin.* BATTERE.

pulsàtile [da *pulsare*; 1481] **agg.** *non com.* che è atto a pulsare, che funziona pulsando: *organo pulsatile.*

pulsatìlla [da *pulsare*, spingere, perché il rizoma produce dei rami aerei; 1561] **sf.** erba perenne delle Ranuncolacee, diffusa sui monti e sui colli d'Italia, che fa grandi fiori solitari di colore violaceo.

pulsatóre [dal lat. tardo *pulsātor, -ōris*; a. 1952] **sm.** *T.mecc.* congegno che produce impulsi periodici. **TAV.** *zootecnia* 17.5.

pulsazióne [dal lat. tardo *pulsātio, -ōnis*; a. 1535] **sf.** **1.** *T.med.* battito dell'onda sanguigna contro le pareti delle arterie, avvertibile anche dall'esterno in alcune regioni del corpo: *controllare, misurare le pulsazioni delle tempie, del polso* **2.** *T.fis.* in una grandezza periodica, la costante indicata con ω, corrispondente a 2π per la frequenza || **N.** **1.** *Sin.* palpitazione, palpito, polso.

pulsìmetro [comp. del lat. *pulsus*, polso e *-metro*; 1835] **sm.** *T.med.* strumento medico che registra le pulsazioni.

pulsionàle [da *pulsione*; 1968] **agg.** *T.psican.* relativo a pulsione.

pulsióne [dal lat. tardo *pulsio, -ōnis*, atto del cacciare, mandar via; 1612] **sf.** **1.** impulso, spinta, stimolo **2.** *T.psican.* spinta che ha origine in uno stato di tensione, interno all'individuo, il quale tende a rimuoverlo soddisfacendo un bisogno. **Q.T.** *psicanalisi.*

pulsogètto [dall'ingl. *pulse jet*, getto a pulsione; 1958] **sm.** *T.aer.* pulsoreattore.

pulsòmetro [dall'ingl. *pulsometer*; 1954] **sm.** pompa a vapore.

pulsoreattóre [comp. di *puls(are)* e *reattore*, prob. sul modello del fr. *pulsoréacteur*; 1958] **sm.** *T.aer.* reattore a funzionamento intermittente || **N.** *Sin.* pulsogètto.

pultàceo **agg.** *raro* V. POLTACEO.

pulverulènto [dal lat. *pulverulentus*; 1521] **agg.** *lett.* polveroso, pieno di polvere: *grano pulverulento.*

pulvinàre [dal lat. *pulvīnar*; prima metà sec. XIV] **sm.** *T.stor.* nell'antica Roma, letto su cui venivano posti i simulacri degli dei durante le cerimonie religiose || *per estens.* luogo elevato da cui l'imperatore e il suo seguito assistevano ai giochi del circo.

pulvìno [dal lat. *pulvīnum*, cuscino; 1375 ca.] **sm.** *T.arch.* elemento a forma di tronco di piramide rovesciato presente tra capitello ed imposta dell'arco, tipico dell'architettura bizantina.

pulvìscolo (raro *polvìscolo*) [dal lat. *pulvisculus*; 1499] **sm.** polvere sottilissima || *pulviscolo atmosferico*, polvere impalpabile sospesa nell'aria, visibile quando è percorsa da un raggio di luce || *pulviscolo radioattivo*, particelle radioattive liberate da un'esplosione nucleare || **N.** POLVERE.

pulzèlla o **pulcèlla** [dal fr. ant. *pulcele*; 1225 ca.] **sf.** fanciulla ancora vergine; giovinetta || *per anton.* Giovanna d'Arco || *dim.* pulzellétta, pulzellìna; *accr.* pulzellóna || **N.** *Sin.* fanciulla.

pulzellàggio o **pulcellàggio** (pl. *-gi*) [dal fr. *pulcelage*; prima metà sec. XIV] **sm.** *lett.* condizione di fanciulla; verginità.

pùm o **pùmfete** [voce onom.; 1945] voce onom. che riproduce il rumore di un colpo, di uno sparo o di qualcosa che cade con forza.

pùma [da una voce quechua; 1769] **sm.** *inv.* grosso felino di colore bruno con riflessi fulvi, abile cacciatore e arrampicatore diffuso in habitat montani, subdesertici o equatoriali dell'intera America || **N.** *Sin.* coguaro, leone d'America, leone di montagna.

pùmfete V. PUM.

pummaròla o **pommaròla** [voce nap., prob. var. di *pummadora*, pomodoro; 1942 *pommarola*] **sf.** *merid.* pomodoro || *per estens.* salsa di pomodoro usata come condimento: *spaghetti con la pummarola.*

punch (ingl., pr. [pʌntʃ]) [dal sanscrito *pañca*, cinque; 1749 *punchio*] **sm.** *inv.* bevanda a base di liquore allungato con acqua bollente e profumato con scorza di limone || **N.** *grog.*

punching-bag (ingl., pr. ['pʌntʃɪŋ ˌbæg]) [propr. sacchetto da pugni; 1939] **sm.** *inv.* *T.sport.* sacco pieno di sabbia, contro cui i pugili si allenano a tirare pugni.

punching-ball (ingl., pr. ['pʌntʃɪŋ ˌbɔːɫ]) [propr. palla da pugni; 1930] **sm.** *inv.* pallone di cuoio fissato da corde, superiormente e inferiormente, usato dai pugili per allenarsi.

punctum dolens (lat., pr. it. ['puŋktum 'dɔlens]) [letter. punto dolente] **loc. m.** *inv.* il punto più delicato e scottante di un argomento o di una situazione.

pungèllo [da *pungere*; a. 1313] **sm.** *arc.* pungolo.

pungènte (*ppr.* di *pungere*) [inizio sec. XIII] **agg.** frizzante, mordente, acuto: *freddo, sapore, odore pungente* || *fig.* irritante, offensivo: *parole pungenti* || **pungentemente** **avv.** || **N.** *Sin.* aspro, mordace; provocante, stuzzicante.

pùngere (pres. *pùngo, pùngi*; p.rem. *pùnsi, pungésti*; pps. *pùnto*) [lat. *pungere*; prima metà sec. XIII] **tr.** **1.** penetrare nelle carni con aculeo, spina o altra cosa piccola e appuntita: *una vespa mi ha punto, le rose pungono* || *per estens.* irritare, pizzicare: *una maglia di lana ruvida che punge, il freddo punge* **2.** *fig.* offendere, colpire in modo provocante: *quel discorso lo punse*; *pungere sul vivo qualcuno*, provocarlo su una questione nei confronti della quale è particolarmente suscettibile || *non com.* rimordere **3.** *non com.* spronare: *pungere il cavallo* || *fig.* stimolare, sollecitare: *mi punse un desiderio, un pensiero* || **rifl.** e **rifl. indir.** farsi male con qualcosa di appuntito: *mi sono punta, mi sono punta con uno spillo* || **N.** **tr.** **1.** *Sin.* bucare, ferire, forare, pungolare, punzecchiare | aculeo, ago, pungiglione, pungolo, punteruolo, spilla, spina.

pungétto [da *pungere*; a. 1396] **sm.** *arc.* pungolo.

pungìglio (pl. *-gli*) [da *pungiglione*; 1340 ca.] **sm.** *arc.* pungolo.

pungiglióne [da *pungere*; a. 1292] **sm.** organo pungitore di numerosi insetti, spec. degli Imenotteri nei quali è posto all'estremità dell'addome e deriva da una modificazione dell'ovopositore: *il pungiglione della vespa* || **N.** aculeo. **TAV.** *zootecnia* 2.9.

pungiglióso [da *pungere*; a. 1342] **agg.** *arc.* che punge, spinoso.

pungiménto [da *pungere*; a. 1292] **sm.** *ant.* il pungere.

pungitóio (pl. *-ói*) [da *pungere*; sec. XIV] **sm.** strumento aguzzo atto a pungere || *in part. tosc.* accoratoio.

pungitòpo o **pugnitòpo** [comp. di *pungere* e *topo*, detto così perché nelle campagne lo si usava per tenere lontani i topi dalle provviste; 1499] **sm.** pianta delle Liliacee, comune nei boschi, i cui rametti terminali verdi, appiattiti e aculeati sono del tutto simili a foglie, mentre le foglie vere sono minuscole squamette appena visibili; in inverno produce bacche tondeggianti d'un bel rosso.

pungitóre [da *pungere*; 1728] **agg.** e **sm.** (f. *-trice*) *raro* che o chi punge; anche *fig.*

pungitùra [da *pungere*; a. 1375] **sf.** *ant.* puntura.

pungolàre (pres. *pùngolo*) [da *pungolo*; a. 1665] **tr.** **1.** stimolare col pungolo: *pungolare i buoi* **2.** *fig.* stimolare, sollecitare, incitare: *per farlo lavorare bisogna pungolarlo.*

pùngolo [da *pungere*; 1300 ca.] **sm.** **1.** lungo bastone perlopiù con punta di ferro, col quale i contadini stimolavano i buoi al lavoro **2.** *fig.* stimolo, assillo, incitamento: *il pungolo dell'ambizione, della fame.*

punìbile [da *punire*; 1498] **agg.** passabile di punizione.

punibilità [da *punibile*; 1871] **sf.** **1.** l'essere punibile **2.** *T.giur.* applicabilità della pena a un reo: *condizioni di punibilità.*

Punicàcee [dal lat. (*mālum*) *pūnicum*, mela fenicia; 1929] **sf.** *pl.* *T.bot.* famiglia di piante dicotiledoni arboree o arbustacee a foglie non persistenti, con frutti suddivisi in cavità piene di semi a tegumento carnoso || **N.** melograno.

punìceo [dal lat. *puniceus*, di color rosso scuro; 1499] **agg.** *lett.* di colore rosso cupo.

pùnico (pl. *-ci*) [dal lat. *pūnicus*; prima metà sec. XIV] **agg.** cartaginese: *guerre puniche* || *fede punica*, slealtà, malafede || *mela punica*, melagrana.

puniménto [da *punire*; a. 1292] **sm.** *non com.* punizione.

punìre (pres. *-ìsco, -ìsci*) [dal lat. *punīre*; a. 1294] **tr.** sottoporre a un castigo o a una pena: *la legge punisce gli spacciatori di biglietti fal-*

sì, la tua disobbedienza sarà punita, Dio punisce i malvagi || *per estens.* vendicare: *punire un torto subito* || **N.** *Sin.* castigare, condannare; far espiare | PENA | *Contr.* premiare.

punitìvo [da *punire*; a. 1406] **agg.** che punisce, che serve a punire: *legge, giustizia punitiva* || che ha il solo scopo di punire o di svantaggiare: *provvedimenti economici punitivi per i ceti più deboli.*

punitóre [dal lat. *punītor, -ōris*; sec. XIII] **agg.** e **sm.** (f. *-trìce*) che o chi punisce: *giustizia punitrice.*

punizióne [dal lat. *punītio, -ōnis*; a. 1348] **sf.** **1.** atto ed effetto del punire; pena, castigo: *infliggere, dare, scontare una punizione, per punizione gli ha dato dei compiti in più* **2.** *T.sport.* *calcio, tiro di punizione* (o *ass. punizione*), nel calcio e in altri giochi di squadra, tiro da fermo che l'arbitro concede a una squadra in seguito a un'infrazione della squadra avversaria || *dim.* punizioncìna, punizioncèlla || **N.** **1.** *Sin.* PENA. **Q.T.** *forze armate.*

punk (ingl., pr. [pʌŋk]) [prob. miserabile, spregevole, dall'arc. *punk*, prostituta, passato all'americano col sign. di "fallito"; 1977] **s.** e **agg.** *inv.* appartenente a un movimento giovanile di protesta nato in Inghilterra nella seconda metà degli anni settanta ed estesosi poi in altri paesi, caratterizzato dall'eccentricità del comportamento e dell'abbigliamento (trucco esagerato, abiti sgualciti e pieni di spilloni, borchie e catene, capelli tagliati in modo stravagante e tinti di vario colore) || genere musicale nato in seno a tale movimento che esprime valori di protesta contro il sistema sociale attraverso suoni caotici e violenti e *performance* artistiche volutamente provocatorie: *un concerto punk.*

pùnta[1] [lat. tardo *puncta*; a. 1292] **sf.** **1.** estremità acuminata di un oggetto: *la punta dell'ago, della lancia, della matita, le punte del forcone, un arnese a doppia punta*; *di punta*, con la punta (opposto a *di taglio*): *lo ha colpito di punta*; *fig. prendere qualcosa di punta*, con ardore, con zelo; *prendere qualcuno di punta*, affrontarlo in modo diretto e aspro **2.** *per estens.* cima, parte estrema o terminale: *la punta del campanile, del Cervino, le punte del colletto, di un merletto, la punta del naso, camminare in punta di piedi, danzare sulle punte (dei piedi)*; *punta tacco*, manovra automobilistica d'emergenza in cui si schiaccia contemporaneamente, con la punta e il tacco del piede destro, l'acceleratore e il freno; *T.danz. punta e tacco*, danzando, appoggio ritmico alternato della punta del piede, e del tallone || sporgenza di una costa, molto allungata verso il mare: *la punta di Santa Maria di Leuca* || *T.mac. punta di petto*, taglio di carne ricavato dalla parte anteriore del petto, adatto per bolliti || *a punta*, con vertice appuntito: *un cappello fatto a punta* || in alcune espr. proprie o fig.: *punta dell'iceberg*, la parte nota di un fatto, quando sia minima rispetto alle proporzioni complessive; *avere qualcosa sulla punta delle dita*, saperla perfettamente, a menadito; *avere qualcosa sulla punta della lingua*, essere lì lì per ricordarsela; *parlare in punta di forchetta*, con ostentata ricercatezza **3.** arnese provvisto di punta o fatto a punta: *le punte del trapano, punta di diamante, punta fonografica*; *punta di selce*, arma preistorica costituita da frammenti di selce **4.** parte più avanzata ed esposta: *la punta di un esercito, squadrone di punta* || *uomo di punta*, in un movimento, gruppo e sim., il più attivo, capace e battagliero || *T.sport.* nel calcio, attaccante che gioca in posizione avanzata: *una squadra con due punte* **5.** quantità minima: *una punta di parmigiano, per la giusta sfumatura manca una punta di azzurro, una punta di noce moscata non ci sta male, una punta d'invidia, d'ironia, di rimpianto* || *ass. T.enol.* di vino, inizio di acidità: *questo vino ha preso la punta* **6.** grado di massima intensità di un fenomeno: *si è avuta una punta di caldo alle 14, punta massima, punta minima*; *ore di punta*, V. ORA nel senso 2 **7.** *ant.* fitta dolorosa || *dim.* puntìna || **N.** **2.** *Sin.* apice, cima, cono, guglia, sommità, vertice, vetta **3.** bulino, chiodo, punteruolo **4.** *Sin.* fronte **5.** *Sin.* pizzico; forte, spunto **6.** *Sin.* acme, picco. **Q.T.** *armi* **TAV.** *alimentazione* 3.13, 3.14; ***armi* p. 648** 11.1; ***utensili* p. 1341** 29.1.

pùnta[2] [da *puntare*[1]; 1880] **sf.** *T.cacc.* l'atteggiamento del cane da caccia che si immobilizza alla percezione della selvaggina: *cane da punta.*

puntàglia (pl. *-glie*) [da *punta*[1]; a. 1348] **sf.** *arc. T.mil.* combattimento.

puntàle [da *punta*[1]; a. 1348] **sm.** **1.** punta o guarnizione finale perlopiù metallica, messa per rinforzo o comodità di uso: *il puntale del bastone da montagna, del fodero* **2.** *T.mar.* nella struttura interna della nave, ciascuna delle colonnette verticali di legno o di ferro che sostengono i bagli || *per estens.* altezza della nave, misurata dalla faccia superiore della chiglia alla linea che congiunge le estremità del baglio di coperta || *dim.* puntalétto || **N.** **1.** *Sin.* ghiera, gorbia. **TAV.** *alpinismo* 2.1.

puntaménto [da *puntare*[1]; 1814] **sm.** *T.mil.* il complesso delle manovre necessarie per puntare un'arma.

puntapièdi [comp. di *punta(re)* e *piede*; 1889 *puntappiè*] **sm.** *inv.* **1.** asse trasversale che unisce tra loro le gambe di tavoli e sedie **2.** *T.mar.* tavola di appoggio in legno su cui il rematore punta i piedi **3.** nella bicicletta da corsa, accessorio che fissa il piede al pedale. **TAV.** ***motocicletta...* p. 1322** 1.12.

puntàre[1] [da *punta*[1]; sec. XIII] **tr.** **1.** rif. a elemento rigido, appoggiare di punta in modo che opponga resistenza o sostenga: *puntare un palo contro la porta, puntare un bastone a terra, puntare le braccia, i gomiti sul tavolo*; *puntare i piedi*, metterli in modo da consentire una salda presa a terra o creare resistenza a una forza contraria: *mentre lo trascinavano dentro cercava di ribellarsi puntando i piedi*; *anche fig.* ostinarsi, impuntarsi **2.** volgere in una certa direzione: *puntare la prua della nave verso nord, puntare il cannocchiale all'orizzonte*; *puntare il dito*, indicare qualcosa indirizzandovi la punta del dito indice; *puntare lo sguardo, gli occhi*, fissare intensamente; *per estens.* seguire con lo sguardo comunicando intenzioni perlopiù aggressive o amorose: *mi puntò con occhi minacciosi, la puntava facendole gli occhi dolci*; *pop.* far la corte || rif. ad arma, volgerne la bocca da fuoco contro il bersaglio: *puntare i cannoni, il bandito aveva la pistola puntata verso di lei, puntate, mirate, fuoco!* || *T.cacc.* di cane da caccia che ha avvertito la presenza di selvaggina, arrestarsi immobile col muso rivolto nella direzione della preda: *puntare una lepre, un fagiano* **3.** *T.gioc.* scommettere sull'esito di una gara o impegnare come posta in giochi d'azzardo: *puntare una forte somma su un cavallo, puntare tutto sul 23* || **intr.** (aus. *avere*) **1.** dirigersi: *puntare verso nord, puntare sugli accampamenti nemici* || *fig.* aspirare, ambire: *punta alla poltrona dirigenziale* **2.** contare, fare affidamento su qualcosa per raggiungere un risultato: *puntare sulle raccomandazioni per avere il posto* || **rifl.** irrigidire il proprio corpo e ancorarsi a qualcosa, in modo da non cadere, non lasciarsi portar via || **N.** **tr.** **2.** *Sin.* orientare | **intr.** **2.** *Sin.* affidarsi | **rifl.** *Sin.* piantarsi. **Q.T.** *scherma.*

puntàre[2] [da *punto*[1]; sec. XIII] **tr.** **1.** marcare, contrassegnare con uno o più punti: *puntare una lettera, una nota musicale* **2.** *arc.* corredare di punteggiatura.

puntaruòlo **sm.** *raro* V. PUNTERUOLO.

puntasécca [comp. di *punta*[1] e *secco*, sul modello del fr. *pointe sèche*; 1821] **sf.** tecnica di incisione diretta su lastra di rame, per mezzo di una punta d'acciaio, senza aiuto di acidi || *concr.* la stampa che se ne ottiene.

puntaspilli [comp. di *puntare*[1] e *spillo*; 1935] **sm.** *inv.* cuscinetto su cui si appuntano gli spilli da sarti o spilloni da cappello.

puntàta [da *puntare*[1]; 1555] **sf.** **1.** *T.gioc.* atto del puntare al gioco: *fare una puntata, una puntata molto rischiosa* || *concr.* la somma che viene puntata: *una puntata molto forte* **2.** *T.mil.* *puntata offensiva*, azione condotta da poche truppe, verso un punto determinato, allo scopo di saggiare la resistenza nemica || *per estens.* breve viaggio, spec. come deviazione dal percorso previsto: *al ritorno facemmo una puntata a Milano* **3.** *non com.* colpo inferto con una punta || *in part.* nella scherma, colpo vibrato con la punta dell'arma || *T.agr.* la profondità alla quale il contadino affonda la vanga nel terreno a ogni colpo **4.** ciascuna parte di un racconto, di un romanzo, anche radiofonico o televisivo, pubblicato o trasmesso a più riprese: *racconto in tre puntate, il seguito alla prossima puntata* || **N.** **2.** *Sin.* scappata.

puntàto[1] (*pps.* di *puntare*[2]) [1625] **agg.** contrassegnato con punti || *in part. T.mus.* di figura musicale, seguita da un punto che ne accresce il valore di metà: *croma puntata* || *nota puntata*, segnata superiormente da un punto, quindi da eseguire in modo staccato.

puntàto[2] [da *punta*[1]; 1427] **agg.** *arc.* appuntito.

puntatóre [da *puntare*[1]; 1641] **sm.** (f. *-trìce*) **1.** chi punta al gioco, scommettitore **2.** *T.mil.* servente di un pezzo di artiglieria addetto al puntamento **3.** nel gioco delle bocce a coppie, il giocatore che ha il compito di avvicinare la boccia al pallino per far punti, lasciando la bocciata all'altro **4.** *T.inform.* dato che permette di reperire un altro dato.

puntatùra [da *puntare*[2]; 1553] **sf.** **1.** *T.tip.* operazione di messa a registro dei fogli, precedente la stampa **2.** *T.mus. non com.* il puntare una nota **3.** *arc.* punteggiatura.

puntazióne [da *puntare*[2]; 1823] **sf.** **1.** interpunzione, punteggiatura **2.** *T.ling.* nella scrittura delle lingue semitiche, sistema di rappresentare le vocali con punti e trattini.

puntàzza [da *punta*[1]; 1823] **sf.** punta di acciaio che viene applicata all'estremità di un palo di legno da conficcare nel terreno.

punteggiaménto [da *punteggiare*; 1599] **sm.** **1.** *non com.* il punteggiare **2.** *concr.* serie di piccole macchie o punti disseminati sopra un fondo di altro colore.

punteggiàre (pres. *-éggio*) [da *punto*[1]; 1566] **tr.** **1.** rif. a scritto, corredare dei segni d'interpunzione: *un periodo mal punteggiato* **2.** forare con uno o più punti, traforare; picchiettare producendo tanti piccoli incavi: *punteggiare un foglio di carta, una linea, una lamiera, una brocca di rame* || *T.pitt.* colorare, sfumare, utilizzando numerosi piccoli punti di colore **3.** *fig.* intercalare, inframmezzare: *punteggiare un discorso di spropositi, di citazioni.*

punteggiàto (*pps.* di *punteggiare*) [a. 1488] **agg.** **1.** cosparso di piccole macchie o forellini: *un mantello bianco punteggiato di nero*; anche *fig. un cielo punteggiato di stelle* **2.** *linea, contorno punteggiato*, costituiti da una serie di puntini ravvicinati || **N.** **1.** *Sin.* costellato, picchiettato **2.** tratteggiato.

punteggiatóre [da *punteggiare*; 1670] **agg.** e **sm.** (f. *-trìce*) *non com.* che o chi punteggia.

punteggiatùra [da *punteggiare*; a. 1537] **sf.** **1.** atto ed effetto del mettere i segni d'interpunzione in uno scritto: *punteggiatura corretta, sovrabbondante* **2.** *T.bot.* tratto di varia forma della membrana cellulare vegetale che, più sottile della restante superficie, permette in quel punto gli scambi gassosi e liquidi tra cellula e cellula: *punteggiature areolate, reticolate, scalariformi* || **N. 1.** *Sin.* interpunzione | barra obliqua, due punti, lineetta, parentesi, punto, punto esclamativo, punto e virgola, punto interrogativo, trattino, virgola, virgolette. **Q.T.** *linguistica.*

puntéggio (pl. *-gi*) [da *punteggiare*; 1934] ***sm.*** l'insieme dei punti ottenuti in una gara sportiva, in un gioco, in un esame e sim.: *punteggio parziale, totale, vince chi ottiene il punteggio più elevato* || **N.** *Sin.* votazione.

puntellaménto [da *puntellare*; 1889] ***sm.*** atto ed effetto del puntellare: *puntellamento di un tetto.*

puntellàre (pres. *-èllo*) [da *puntello*; a. 1342] ***tr.*** **1.** rif. a struttura pericolante o precaria, rinforzare o sostenere con puntelli: *dopo il terremoto molte case furono puntellate* **2.** *fig.* rif. a tesi, opinione e sim., cercare di sostenere con ragioni, argomenti ecc. || ***rifl.*** reggersi, ancorarsi a qualcosa: *puntellarsi a un sostegno* || **N. 1.** *Sin.* armare.

puntellatùra [da *puntellare*; a. 1497] ***sf.*** atto ed effetto del puntellare; puntellamento.

puntèllo [prob. da *punto*[1] o *punta*[1]; a. 1320] ***sm.*** **1.** bastone o sbarra metallica messi obliquamente tra il suolo e un muro, una parete, una porta ecc. affinché non cadano o non si aprano: *mettere un puntello a una volta pericolante, un edificio fatiscente che sta su a forza di puntelli* || *T.mar.* ciascuna delle travi verticali di legno che sostengono la nave in costruzione o prossima al varo **2.** *fig.* sostegno, aiuto, spec. per ciò che è poco saldo: *le sue finanze hanno bisogno di qualche puntello* || **N. 1.** *Sin.* palo, puntone, rincalzo, SOSTEGNO.

punterìa [da *punta*[1]; 1601] ***sf.*** **1.** *T.mil.* il complesso dei congegni che servono a puntare una bocca da fuoco **2.** *T.mecc.* nel motore a scoppio, ciascuna delle aste collegate all'albero a camme che trasmettono il moto alternato ai bilancieri, regolando l'apertura e la chiusura delle valvole.

punteruòlo [da *punta*[1]; 1402] ***sm.*** **1.** utensile impiegato per forare legno, cuoio o altri materiali, o allargare fori preesistenti, costituito da una punta metallica acuminata provvista di manico **2.** nome di varie specie di coleotteri dei Curculionidi, molto dannosi per i cereali.

puntifórme [comp. di *punto* e *-forme*; 1958] ***agg.*** che ha la forma di un punto: *chiazze puntiformi.*

puntìglio (pl. *-gli*) [dallo sp. *puntillo*; a. 1556] ***sm.*** **1.** ostinazione caparbia di chi dà eccessiva importanza al punto d'onore o si impunta capricciosamente per futili motivi: *per puntiglio non si fece più vedere da noi, non si tratta che di un puntiglio* **2.** *per estens.* accuratezza e tenacia (spec. nel lavoro) derivanti da amor proprio: *lavorare con puntiglio* || **N. 1.** *Sin.* capriccio, picca, ripicca | impuntigliarsi.

puntigliosità [da *puntiglioso*; 1911] ***sf.*** l'essere puntiglioso.

puntiglióso [da *puntiglio*; 1618] ***agg.*** **1.** che tende ad agire per puntiglio: *carattere puntiglioso* **2.** scrupoloso e tenace: *è assai puntiglioso sul lavoro* || **puntigliosaménte** ***avv.***

puntìna (*dim.* di *punta*[1]) [a. 1566] ***sf.*** **1.** piccola punta **2.** chiodo piccolissimo, senza testa, adoperato dai calzolai || *puntina da disegno*, piccolo chiodo, a testa piatta e tonda, usato spec. per fissare fogli di carta su superfici di legno **3.** nel giradischi, piccola punta conica di zaffiro o diamante, fissata al fonorivelatore, che scorre nei solchi del disco fonografico e trasmette le vibrazioni al trasduttore.

puntinàto [da *puntino*; 1983] ***agg.*** a puntini || *in part.* di pittura o tecnica di pittura nella quale il chiaroscuro viene realizzato mediante una rete più o meno fitta di puntini.

puntinìsmo [da *puntino*, sul modello del fr. *pointillisme*; 1915] ***sm.*** *T.pitt.* tecnica pittorica che consiste nel riprodurre un colore su tela giustapponendo numerosi piccoli punti di colori diversi, puri o complementari || **N.** divisionismo.

puntìno (*dim.* di *punto*) [sec. XV] ***sm.*** **1.** piccolo punto; *in part.* come segno diacritico, punto[1] (nel senso 2): *fig. mettere i puntini sulle i*, precisare, talvolta con pedanteria; *puntini di sospensione* (...), segno di interpunzione che indica un discorso non compiuto (spesso con valore allusivo) **2.** nella *loc. avv. a puntino*, con la dovuta precisione: *fare le cose a puntino, l'abito le sta proprio a puntino.*

puntiscrìtto [da *punt(o) iscritto*; 1612] ***sm.*** *disus.* cifra ricamata su capi di biancheria.

pùnto[1] [dal lat. *pŭnctus*, forellino, poi punto; fine sec. XII - prima metà sec. XIII] ***sm.*** **1.** *T.geom.* ente geometrico fondamentale caratterizzato dall'assenza di dimensioni: *gli infiniti punti di una retta, il punto in cui due rette convergenti si incontrano*; *punto di fuga*, v. FUGA **2.** *per estens.* piccolo segno o figura tondeggiante, che occupa una superficie minima: *stoffa verde a punti gialli, lo seguì con lo sguardo finché non fu che un punto all'orizzonte* || *punto nero*, comedone || *in part.* utilizzato nella punteggiatura di uno scritto, da solo o con altri segni di interpunzione: *punto fermo* o *punto* (.), posto alla fine di un periodo, indica una pausa lunga; *due punti* (:), introducono un discorso diretto o la spiegazione di quanto è stato scritto in precedenza; *punto e virgola* (;), indica una pausa più lunga della virgola; *punto esclamativo* (!), *interrogativo* (?), vengono posti alla fine di frasi esclamative o interrogative; anche utilizzato per indicare il termine di un'abbreviazione o come segno diacritico (sulla *i*, sulla *ö* ecc.); *mettere i punti* (o *i puntini*) *sulle i*, v. PUNTINO || *fig. di punto in bianco*, improvvisamente || *T.mus.* identico segno (.) che, posto alla destra di una figura, ne aumenta il valore di metà (*punto di valore*); posto al di sopra di una nota, richiede un'esecuzione staccata || ciascuna delle 144 parti in cui è suddivisa la scala tipografica: *carattere a dieci punti* || in algebra, segno di moltiplicazione; in logica, segno di congiunzione **3.** luogo limitato e circoscritto: *un punto pericoloso della discesa, punto panoramico, l'incidente è successo proprio in quel punto, punto di ritrovo*; *punto di vendita*, ciascuno degli esercizi commerciali in cui viene distribuito e venduto un certo prodotto || *punti cardinali*, Nord, Sud, Est e Ovest || *punto di riferimento*, luogo o elemento noto di un'area geografica, utilizzato per calcolare la posizione relativa o per orientarsi (spec. nella navigazione); anche *fig.* termine di confronto || *T.mar. fare il punto*, determinare mediante gli appositi strumenti la posizione di una nave; *fig. fare il punto della situazione*, delinearla, spec. per prevederne le possibili evoluzioni || *punto di vista*, v. VISTA nel senso 2 || *fig. punto di un colore*, gradazione, sfumatura: *un bel punto di giallo* || di scritto, racconto e sim., passo, parte: *un punto commovente del romanzo*; nella *loc. avv. punto per punto*, senza tralasciare particolari, dettagliatamente: *mi ha riferito il discorso punto per punto* || articolo, capo di scrittura: *il punto 3 della legge 625* || *per meton.* argomento, questione: *quello dell'eredità è un punto delicato, un punto dolente, controverso*; *qui sta il punto!*, questo è il nocciolo della questione!; *stare al punto*, non divagare; *venire al punto*, all'argomento principale || *punto d'onore*, questione su cui poggia l'onore || *di tutto punto*, compiutamente, da capo a piedi: *vestirsi, armarsi di tutto punto*; *mettere a punto*, mettere in condizioni di funzionare, ultimare, perfezionare: *mettere a punto un motore, un'invenzione* **4.** momento, fase determinata o livello: *giunti a questo punto cosa resta da fare?, è stato tutto inutile, siamo al punto di partenza, il lavoro è a buon punto, a un punto critico*; *essere sul punto di*, stare per, essere in procinto di; *essere in punto di morte*, stare per morire; *a un certo punto*, a un dato momento (spec. narrando un fatto) || condizione estrema, limite: *è arrivato al punto di minacciarla, siamo a un punto ormai insostenibile, gli si può dar fiducia solo fino a un certo punto* || *in punto*, rif. a ora, esatta: *arrivò a mezzanotte in punto* || *in part. T.scient.* l'istante in cui si verifica un determinato fenomeno chimico o fisico e la misura corrispondente a un dato stato: *punto di fusione, di ebollizione, di congelamento, di rottura*; *T.mecc. punto morto*, in cui una forza cessa di agire; *fig.* fase di stasi: *i negoziati sono a un punto morto* **5.** ciascuna delle unità convenzionali con cui vengono espressi punteggi e valutazioni: *con mille punti si vince un tostapane, è primo in graduatoria con 730 punti, vince chi totalizza più punti, questa carta vale tre punti*; *dare dei punti*, concedere alcuni punti di vantaggio iniziale; *fig.* essere superiori: *in fatto di stile dà dei punti a tutti* **6.** tratto di filo da cucito o da ricamo, tirato fra due fori successivi del tessuto mediante un ago: *punti dati a mano, a macchina, radi, fitti, irregolari, dare qualche punto*; anche ulteriormente specificato per indicare una particolare tecnica: *punto erba, punto croce, punto pieno*; anche rif. a ciascuna maglia dei lavori ai ferri o a uncinetto: *riprendere un punto, crescere di cinque punti* || *per estens. T.med.* ciascuno dei segmenti di filo (di seta, metallo o materiale sintetico) utilizzati per suturare una ferita: *togliere i punti, gli hanno dato due punti al labbro* || *punto metallico*, graffetta metallica impiegata per tenere insieme più fogli, applicata con una cucitrice || *dim.* puntìno, puntolìno; *accr.* puntóne; *pegg.* puntàccio || **N. 2.** *Sin.* neo, pallino, *pois*, segno **3.** *Sin.* posizione, posto, tratto; argomento, questione **4.** *Sin.* istante, minuto, momento; grado, limite, stadio. **Q.T.** *geografia, matematica...* **TAV.** *geometria* **1**; ***maglia...*** **p. 1316** 1 **e p. 1317** 19.5.

pùnto[2] [da *punto*[1]; fine sec. XII - prima metà sec. XIII] **I** ***avv.*** *tosc.* per niente, niente affatto: *quello scherzo non mi è punto piaciuto* **II** ***agg.*** e ***pron.*** *indef. tosc.* alcuno: *non ho punta stima di lui, non ho punti spiccioli.*

pùnto[3] *pps.* di *pungere* (v.).

puntofrànco o **pùnto frànco** (pl. *puntifrànchi* o *pùnti frànchi*) [comp. di *punto*[1] e *franco*; 1912] ***sm.*** in una zona portuale, area considerata esterna alla frontiera, in cui le merci possono sostare in franchigia doganale.

puntóne [da *punta*[1]; 1319] ***sm.*** **1.** *T.arch.* in una struttura reticolare di sostegno, ciascuno degli elementi della travatura, soggetto solo a sollecitazioni di compressione || *in part.* nella capriata, ciascuna delle due travi principali convergenti, parallele all'inclinazione del tetto **2.** *arc.* spigolo di un baluardo **3.** *arc.* punta: *col punton della spada* (Dante).

puntuàle [dal lat. *punctus*, punto; a. 1552] ***agg.*** **1.** che giunge all'ora convenuta, o stabilita da un orario; che rispetta le scadenze: *un impiegato puntuale, essere puntuale agli appuntamenti, con i pagamenti, il treno è giunto puntuale* **2.** *fig.* preciso in ogni particolare, circostanziato: *osservazioni, critiche puntuali* **3.** *T.ling. aspetto puntuale*, aspetto del verbo che indica l'azione circoscritta a un preciso momento (contrapposto a *durativo*) || **puntualménte** ***avv.*** **1.** al momento giusto: *la conferma è arrivata puntualmente* **2.** immancabilmente: *ogni volta che ci vediamo, puntualmente litighiamo* || **N. 1.** *Sin.* in orario | *Contr.* ritardatario **2.** *Sin.* esatto, giusto, rigoroso.

puntualità [da *puntuale*; 1611] ***sf.*** qualità di chi o di ciò che è puntuale, spec. nel senso 1: *puntualità nel servizio, al lavoro, nel pagamento.*

puntualizzàre [da *puntuale*; 1942] **tr.** definire con precisione i termini di un problema; precisare.

puntualizzazióne [da *puntualizzare*; 1963] **sf.** il puntualizzare.

puntuatività [da *puntuativo*; 1974] **sf.** *T.ling.* l'essere puntuativo.

puntuatìvo [dal lat. *punctus*, punto; 1974] **agg.** *T.ling.* puntuale (nel senso 3).

puntuazióne [dal lat. *punctus*, come il fr. *ponctuation*; a. 1594] **sf.** *raro* interpunzione.

puntùnghero o **punt'ùnghero** [comp. di *punto*[1] e *unghero*; 1871] **sm.** *T.magl.* punto a croce.

puntùra [dal lat. tardo *punctūra*; 1225 ca.] **sf.** **1.** atto del pungere ‖ *concr.* ferita provocata da una punta acuminata o da pungiglione, che penetra nelle carni: *puntura d'ago, di zanzara* **2.** *in part.* *T.med.* iniezione a scopo diagnostico (*puntura esplorativa*) o terapeutico (*puntura evacuativa* o *curativa*) **3.** dolore acuto, fitta: *una puntura al fianco, alla spalla* ‖ **N. 1.** *Sin.* appinzatura, pinzatura, punzecchiatura, trafittura **2.** endovenosa, intramuscolare.

puntùto [da *punta*[1]; sec. XIV-XV] **agg.** munito di punta ‖ appuntito ‖ **N.** *Sin.* acicolare, aculeato, acuminato, acuto, aghiforme, aguzzo, cuspidato, irto, lanceolato, pungente; bicuspide, tricuspide | *Contr.* ottuso, smussato.

punzecchiaménto [da *punzecchiare*; 1871] **sm.** l'atto del punzecchiare; perlopiù *fig.*

punzecchiàre (pres. *-écchio*) [da *pungere*; 1353] **tr.** **1.** pungere leggermente e ripetutamente: *le zanzare lo hanno punzecchiato tutto* **2.** molestare ripetutamente con parole provocatorie od offensive: *smetti di punzecchiarlo o si arrabbierà sul serio* ‖ **rec.** molestarsi a vicenda: *seduti vicino non fanno altro che punzecchiarsi* ‖ **N. tr.** *Sin.* PUNGERE.

punzecchiatùra [da *punzecchiare*; 1804] **sf.** atto ed effetto del punzecchiare, spec. in senso proprio: *punzecchiature di insetti.*

punzécchio (pl. *-chi*) [da *punzecchiare*; a. 1862] **sm.** rosetta dello sperone dei cavalieri.

punzecchìo (pl. *-ìi*) [da *punzecchiare*; 1927] **sm.** un punzecchiare continuo e tormentoso.

punzèllo [var. di *pungello*; 1313] **sm.** *arc.* pungolo, istigazione.

punzonàre (pres. *-óno*) [da *punzone*, prob. sul modello del fr. *poinçonner*; 1598] **tr.** **1.** imprimere col punzone **2.** *in part.* *T.sport.* marchiare le vetture che partecipano a una gara sportiva, per garantirne l'identità.

punzonatóre [da *punzonare*; 1958] **sm.** (f. *-trìce*) operaio addetto alla punzonatura ‖ **N.** *Sin.* punzonista.

punzonatrìce [da *punzonare*; 1905] **sf.** **1.** macchina che pratica fori o taglia rondelle di lamiera **2.** macchina che incide gli indirizzi da stampare su targhette metalliche.

punzonatùra [da *punzonare*; 1954] **sf.** operazione del punzonare eseguita manualmente o con la punzonatrice.

punzóne [lat. *punctio, -ōnis*; 1353] **sm.** **1.** attrezzo impiegato per imprimere su oggetti metallici o su altre superfici dure un marchio, una sigla e sim.; *in part.* quello impiegato per segnare su manufatti d'argento o altro metallo prezioso, il titolo del metallo e la provenienza e, *per meton.*, il marchio stesso: *un libro di antichi punzoni inglesi* ‖ *punzone per medaglie* o *monete*, conio **2.** *tosc. arc.* forte colpo dato con le nocche del pugno serrato ‖ *dim.* punzoncìno ‖ **N. 1.** stampigliatrice; impronta. **Q.T.** *oreficeria* **TAV.** *utensili* **p. 1340** 1 e **p. 1341** 32.3.

punzonista [da *punzone*; 1868] **s.** chi prepara punzoni ‖ addetto alla punzonatura, punzonatore.

pùpa[1] [dal lat. *pūpa*, bambola, per l'aspetto; a. 1799] **sf.** *T.zool.* negli insetti a metamorfosi completa, lo stadio successivo a quello larvale e precedente a quello di insetto perfetto ‖ **N.** crisalide, ninfa. **TAV.** *zootecnia* 7.4.

pùpa[2] [lat. *pūpa*, bambola; a. 1756 *popa*] **sf.** **1.** *dial.* bambola **2.** *fam.* bambina o, come vezzeggiativo, ragazza: *ciao bella pupa!* ‖ *dim.* pupétta, pupàttola.

pupàrio (pl. *-ri*) [da *pupa*[1]; 1940] **sm.** *T.zool.* specie di astuccio entro cui alcuni Ditteri si trasformano in pupe ‖ **N.** bozzolo.

pupàro [da *pupo*; 1965] **sm.** *sic.* burattinaio, padrone o esercente di un teatrino di pupi siciliani.

pupàttola (*dim.* di *pupa*[2]) [1669] **sf.** **1.** bambola **2.** *fig.* donna graziosa, di lineamenti delicati ma inespressivi.

pupàzza [da *pupa*[2]; 1606] **sf.** *dial.* bambola.

pupazzettàre (pres. *-étto*) [da *pupazzetto*; 1895] **tr.** *raro* illustrare con pupazzetti.

pupazzettista [da *pupazzetto*; a. 1921] **s.** *raro* disegnatore di pupazzetti; caricaturista.

pupazzétto (*dim.* di *pupazzo*) [1891] **sm.** **1.** piccolo pupazzo **2.** figura umana stilizzata ritagliata dalla carta **3.** disegno caricaturale.

pupàzzo [da *pupo*; a. 1635] **sm.** **1.** fantoccio; burattino: *un pupazzo di stoffa, di legno, programma televisivo a pupazzi animati* **2.** *fig. ant.* persona debole e indecisa ‖ *dim.* pupazzétto ‖ **N.** *Sin.* bamboccio.

pupilla [dal lat. *pupilla*, da *pūpa*, bambola, così detta dalla piccola immagine che si vede riflessa nell'occhio; 1308] **sf.** **1.** *T.anat.* foro dell'iride dell'occhio, dilatabile, attraverso il quale passano i raggi luminosi che si proiettano sulla retina ‖ *essere la pupilla dell'occhio di qualcuno*, essergli oltremodo caro ‖ *per estens.* occhio, iride: *guardare fisso nelle pupille*; *fig. con le pupille asciutte*, senza versare lacrime **2.** in uno strumento ottico, apertura del diaframma. **TAV.** *anatomia* **p. 642** 16.5.

pupillàre[1] [da *pupilla*; 1829] **agg.** *T.anat.* della pupilla: *riflesso, dilatazione pupillare.*

pupillàre[2] [dal lat. *pupillāris*; sec. XIV] **agg.** *T.giur.* relativo a pupillo: *tutela, amministrazione pupillare.*

pupillo [dal lat. *pupillus*; sec. XIII] **sm.** (f. *-a*) **1.** *T.giur.* orfano minorenne sottoposto a tutela: *il pupillo e il suo tutore* ‖ *uscire dai pupilli*, diventare maggiorenne **2.** *per estens.* protetto, preferito: *è il pupillo della maestra.*

pupitre (fr., pr. [py'pitr]) [letter. leggio; 1931] **sm. inv.** *T.enol.* supporto di legno su cui vengono poste le bottiglie, che permette di variarne gradualmente l'inclinazione in modo che il deposito scenda progressivamente verso il tappo ‖ **N.** *remuage.*

pùpo [lat. *pūpus*; a. 1556] **sm.** **1.** marionetta siciliana gen. rappresentante un personaggio del ciclo dei paladini di Francia: *opera, teatro dei pupi* **2.** *fam.* bambino: *prendere in braccio il pupo* ‖ *dim.* pupétto, pupìno; *accr.* pupóne.

pupurrì adattamento it. di *pot-pourri* (v.).

purché [comp. di *pure* e *che*; fine sec. XII] **cong.** **1.** con valore concessivo, a condizione che, a patto che (introduce una condizionale col verbo al cong.): *ti presto il libro purché lo tenga bene* **2.** con valore ottativo, solo che, sperando che (introduce una esclamativa col verbo al congiuntivo): *purché sia vero!, purché arrivi in tempo!*

purchessìa (non com. *pur che sìa*) [da *pure che sia*; 1882] **agg. indef. inv.** (sempre posposto) quale che sia, qualsiasi: *un vestito purchessia.*

pùre (troncato in *pur*) [lat. *pūre*, puramente; fine sec. XII] **I cong.** introduce proposizioni concessive col verbo al gerundio (sempre nella forma tronca *pur*): *pur essendo debole sta in piedi*; o avversative con verbo all'indicativo (nella forma piena *pure*): *è molto debole, pure sta in piedi* ‖ in *loc. cong.* *sia pure, se pure*, con valore concessivo: *ha dovuto ammetterlo, sia pure soffrendo* (*se pure soffrendo*) ‖ *pur di*, introduce una finale implicita: *pur di riuscire è disposto a tutto, pur di non parlare si farebbe uccidere* ‖ *e pure, o pure, né pure, pur che, pur che sia*, v. grafia unita *eppure, oppure, neppure, purché, purchessia* **II avv.** **1.** (mette in rilievo il sintagma a cui è preposto) anche, per di più: *se non vi dispiace viene pure il mio cane, pure di domenica mi tocca lavorare!, dopo questo pessimo trattamento devo pure ringraziarli* ‖ come rafforzativo: *bisogna pur decidersi una buona volta!* ‖ allo stesso modo, egualmente, spec. in espressioni ellittiche: *suo padre ha gli occhi neri e suo nonno pure* (anche: *e pure suo nonno*); *"certe persone mi danno ai nervi", "pure a me"* **2.** posposto a un verbo all'imperativo o al congiuntivo, esprime un permesso, una concessione: *faccia pure come se fosse a casa sua, parla pure, non ci sono orecchie indiscrete*; *me lo chiedesse pure in ginocchio, non lo sposerei* **3.** *lett.* solamente: *la tua benignità non pur soccorre / a chi domanda, ma molte fiate / liberamente al dimandare precorre* (Dante) **4.** *lett.* proprio: *è pur vero!*; *pur ora*, un momento fa **5.** *lett.* con valore temporale, appena: *non pur l'assaporò che gli dispiacque* (Ariosto).

purè [dal fr. *purée*; 1773] **sm.** pietanza fatta con patate, legumi o altra verdura cotta nell'acqua, passata al setaccio e resa cremosa con burro e latte: *purè di carote, di mele* ‖ **N.** *Sin.* crema, manteca, *mousse*, passato.

purèa [dal fr. *purée*; 1942] **sf.** purè.

purézza [dal lat. *puritia*; sec. XIII] **sf.** **1.** qualità di ciò che è puro: *la purezza di un metallo, dell'acqua, purezza di lingua, di stile* **2.** *fig.* candore, innocenza ‖ *in part.* integrità, illibatezza: *attentare alla purezza di una fanciulla* ‖ **N. 1.** *Sin.* genuinità, schiettezza; limpidezza, trasparenza | *Contr.* inquinamento **2.** *Sin.* verginità.

pùrga [da *purgare*; a. 1557] **sf.** **1.** farmaco che provoca l'evacuazione intestinale ‖ *non com.* il purgare e il purgarsi **2.** *in part.* trattamento per l'eliminazione di scorie e impurità, cui vengono sottoposte le fibre tessili o i pellami prima di essere tessuti o lavorati **3.** eliminazione massiccia di oppositori politici, effettuata da chi è al potere: *le purghe staliniane* ‖ *dim.* purghétta, purghettìna; *accr.* purgóne (*sm.*); *pegg.* purgàccia ‖ **N. 1.** *Sin.* lassativo **2.** *Sin.* purgatura.

purgàbile [dal lat. *purgābilis*; 1673] **agg.** *non com.* che si può purgare.

purgagióne [dal lat. *purgātio, -ōnis*; a. 1294] **sf.** *lett.* purgazione.

purgaménto [dal lat. *purgamentum*; 1340 ca.] **sm.** *raro* **1.** il purgare ‖ *fig.* purificazione, espiazione: *il purgamento delle colpe, dei peccati* **2.** materie espulse.

purgànte (*ppr.* di *purgare*) [a. 1311 come sm.] **I agg.** *anime purganti*, quelle del purgatorio, che espiano le colpe **II sm.** medicamento lassativo: *purgante oleoso, drastico, blando* ‖ *dim.* purgantino, purgantùccio; *accr.* purgantóne; *pegg.* purgantàccio ‖ **N. II** *Sin.* evacuante, purga | *Contr.* astringente.

purgàre (pres. *pùrgo, pùrghi*) [dal lat. *purgāre*, nettare; 1308] **tr.** **1.** somministrare un purgante: *purgare un bambino* **2.** liberare, ripulire da parti impure, nocive o di scarto: *purgare il canale di scolo, il lavadino, purgare il sangue* ‖ *in part.* di pelli, filati e sim., sottoporre a purgatura ‖ *fig.* *purgare uno scritto*, emendarlo dagli errori o privarlo di ciò che può essere sconveniente: *edizione purgata* **3.** *fig. lett. ant.* purificare: *purgare la coscienza, l'anima* ‖ **rifl.** prendere un purgante ‖ *fig.* liberarsi: *purgarsi dalle proprie colpe con l'espiazione* ‖ **N. tr. 2.** *Sin.* depurare, espurgare, mondare, nettare, spurgare, svuotare.

purgàta [da *purgare*; 1891] **sf.** somministrazione di un purgante e l'effetto purificante che ne deriva || *dim.* purgatìna.

purgatézza [da *purgato*; 1685] **sf.** *lett.* qualità di ciò che è purgato, in senso fig.

purgatìvo [dal lat. tardo *purgatīvus*; a. 1320] **agg.** atto a purgare: *confetti purgativi, sciroppo purgativo* || anche *sm.* sostanza lassativa. || **N.** *Sin.* lassativo.

purgàto (*pps.* di *purgare*) [fine sec. XII] **agg.** **1.** depurato, liberato da impurità: *metallo purgato* **2.** *fig.* castigato: *stile purgato* || *opere purgate*, dalle quali è stato tolto tutto ciò che può offender la morale e il pudore || **purgataménte** **avv.** || **N.** **1.** *Sin.* raffinato.

purgatóio (pl. *-ói*) [lat. *purgatōrius*; 1779] **sm.** **1.** vasca utilizzata per la purga di filati o pelli **2.** condotto di scolo.

purgatóre [dal lat. tardo *purgātor, -ōris*; a. 1433] **sm.** (f. *-trìce*) operaio addetto alla purga di pelli o filati.

purgatoriàle [da *purgatorio*¹; a. 1803] **agg.** *non com.* relativo al Purgatorio.

purgatòrio¹ (pl. *-ri*) [dal lat. mediev. *purgatōrium*, s. del class. *purgatōrius*; fine sec. XIII] **sm.** **1.** (gen. con iniziale maiuscola) secondo la teologia cattolica, luogo in cui le anime dei trapassati si purificano dai peccati soffrendo pene temporanee: *fiamme, anime del Purgatorio* || *fig. sembrare un'anima del purgatorio*, essere costantemente in pena o in apprensione **2.** *T.agr.* parte del frantoio dove l'olio lascia una parte delle impurità.

purgatòrio² (pl. *-ri*) [dal lat. tardo *purgatōrius*; 1354] **agg.** *raro* che serve a purgare in senso *fig.*: *giuramento purgatorio, pene purgatorie.*

purgatùra [dal lat. tardo *purgatūra*; a. 1342] **sf.** procedimento di eliminazione di scorie o rifiuti cui vengono sottoposti alcuni materiali || *concr.* i prodotti di scarto che vengono espulsi.

purgazióne [dal lat. *purgātio, -ōnis*; 1306] **sf.** **1.** *raro* atto ed effetto del purgare o del purgarsi **2.** *T.giur. disus. purgazione d'ipoteche*, liberazione di un fondo o altra proprietà immobiliare da tutte le ipoteche di cui è gravata **3.** *T.eccl. purgazione canonica*, in un processo ecclesiastico, solenne giuramento d'innocenza fatto dinanzi a mallevadori.

pùrgo (pl. *ghi*) [da *purgare*; a. 1565] **sm.** luogo dove si purgano i panni o le pelli.

purificaménto [da *purificare*; prima metà sec. XIV] **sm.** *raro* atto ed effetto del purificare o del purificarsi.

purificàre (pres. *-ìfico, -ìfichi*) [dal lat. *purificāre*; a. 1294] **tr.** **1.** rendere privo di impurità, liberare da sostanze estranee nocive o indesiderate: *purificare l'acqua, l'aria, un metallo* **2.** *fig.* mondare dal peccato o da tutto ciò che contamina e degrada: *purificare l'anima, lo spirito con una penitenza, purificare la mente* || di oggetti sacri, sottoporre a purificazione: *purificare il calice* || **rifl.** compiere su di sé un rito di purificazione || **intr. pron.** diventare puro: *l'acqua si purifica passando da un filtro* || **N.** **tr.** **1.** *Sin.* affinare, decontaminare, depurare, disinfettare, epurare, nettare, purgare, raffinare **2.** *Sin.* santificare; espiare.

purificatìvo [da *purificare*; a. 1604] **agg.** *non com.* atto a purificare.

purificatóio (pl. *-ói*) [dal lat. *purificatōrius*; a. 1498] **sm.** *T.eccl.* il pannolino col quale il sacerdote forbisce il calice, la patena e le proprie dita dopo la comunione. **TAV.** *chiesa* 2.3.

purificatóre [da *purificare*; 1601] **agg.** e **sm.** (f. *-trìce*) *non com.* chi o che purifica: *penitenza purificatrice.*

purificatòrio (pl. *-ri*) [da *purificazione*; 1958] **agg.** che purifica, che ha lo scopo di purificare: *abluzioni purificatorie.*

purificazióne [dal lat. *purificātio, -ōnis*; sec. XIII] **sf.** **1.** processo fisico di graduale eliminazione di scorie o impurità da una sostanza, un corpo, un ambiente, perlopiù indotto artificialmente: *impianto di purificazione delle acque fluviali, purificazione industriale dello zinco* **2.** *T.rel.* serie di atti rituali eseguiti su persone od oggetti per ricondurli a una originaria condizione non contaminata da ciò che è considerato impuro || *in part.* nella liturgia cattolica, atto eseguito dal sacerdote, che rende qualcosa puro e degno di entrare in contatto col sacro: *purificazione del calice* || **N.** **1.** *Sin.* depurazione, raffinazione.

purìllo [forse dal piem. *purilu*, capocchia; 1963] **sm.** *region.* il rotolino di stoffa che rimane al centro del berretto basco || *per meton.* il berretto stesso.

purìna [dal ted. *Purin*; 1942] **sf.** *T.chim.* composto organico azotato che si trova in molte sostanze animali o vegetali e da cui si traggono vari alcaloidi usati in medicina.

purìnico (pl. *-ci*) [da *purina*; 1933] **agg.** *T.chim.* che deriva dalla purina: *base purinica.*

purìno [dal lat. *pūs, pūris*, pus; 1958] **sm.** il colaticcio del letame.

purìṣmo [dal fr. *purisme*; 1759] **sm.** **1.** atteggiamento di chi, nel parlare o nello scrivere, rifugge da neologismi, barbarismi, proponendo un determinato modello linguistico considerato puro || *in part. T.lett.* corrente italiana dei primi dell'800, che propugnava il ritorno alla lingua letteraria del '300 **2.** *per estens.* ogni atteggiamento che sostiene l'osservanza rigorosa di canoni restrittivi in campo culturale: *purismo metodologico* || **N.** **1.** manzonismo.

purìsta [dal fr. *puriste*; 1744] **I** **s.** *T.lett.* seguace del purismo **II** **agg.** puristico.

purìstico (pl. *-ci*) [da *purista*; a. 1952] **agg.** del purismo || di, da purista.

purità [dal lat. tardo *puritas, -ātis*; 1260 ca.] **sf.** *lett.* purezza, spec. fig.: *purità di animo, di sentimenti, d'intenzioni.*

puritanéṣimo [dall'ingl. *puritanism*; 1598] **sm.** **1.** movimento religioso sorto in Inghilterra fra il XVI e il XVII secolo, interno al calvinismo, che auspicava maggior rigore morale e rispetto dei dogmi **2.** *per estens.* atteggiamento di eccessivo rigore morale.

puritàno [dal fr. *puritain*; 1598] **agg.** e **sm.** (f. *-a*) **1.** seguace del puritanesimo **2.** *per estens.* che o chi professa un rigorismo morale eccessivo || *com.* che o chi professa una morale sessuale rigida e restrittiva. **Q.T.** *religione.*

pùro [dal lat. *pūrus*; 1225 ca.] **I** **agg.** **1.** non mischiato con o contaminato da elementi estranei che ne sminuiscano il pregio o ne alterino le proprietà: *acqua pura, alcol, vino puro, una boccata di aria pura, essenza pura di bergamotto, metallo allo stato puro, una facciata in puro barocco piemontese* || *razza pura*, che non ha subìto incroci di razze diverse; *puro sangue*, V. PUROSANGUE **2.** privo di elementi superflui, essenziale; semplice ed armonioso: *linee pure di un disegno, un volto dai contorni puri* || limpido, trasparente: *la purissima luce di un diamante*; *cielo puro*, terso || *fig.* con valore riduttivo o esclusivo, semplice, mero: *è stato per puro caso, per pura coincidenza, l'ho fatto per pura curiosità, la tua è pura fantasia*; *è la pura verità*, tutta la verità e solo quella **3.** teorico, speculativo: *scienze pure, matematica pura* || *T.fil.* nella filosofia kantiana, che prescinde dall'esperienza **4.** *fig.* non macchiato dal peccato; non compromesso da malvagità o corruzione: *anima, coscienza, intenzione pura* || **puraménte** **avv.** **1.** esclusivamente, non altro che: *ogni riferimento è puramente casuale* **2.** in modo puro: *esprimersi puramente* **II** **sm.** (f. *-a*) persona fedele ai propri ideali, che non accetta compromessi || **N.** **I** **1.** *Sin.* genuino, pulito, pretto, schietto; al cento per cento | *Contr.* adulterato, impuro **2.** *Sin.* elegante, fine **3.** *Contr.* applicato, pratico **4.** *Sin.* candido, casto, incorrotto, innocente, mondo; leale, onesto, sincero.

purosàngue [comp. di *puro* e *sangue*, sul modello del fr. *pur-sang*; 1838] **agg.** e **s.** *inv.* **1.** cavallo che discende da soggetti appartenenti alla medesima razza **2.** *scherz.* di persona, che può vantare lontane radici familiari e culturali in una città o regione: *un anconetano purosangue.*

purpureggiàre (pres. *-éggio*) [da *porpora*; a. 1426] **intr.** (aus. *avere*) porporeggiare.

purpùreo [dal lat. *purpureus*; a. 1374] **agg.** *lett.* del colore della porpora, porporino: *labbra, guance, vesti purpuree.*

purpùrico (pl. *-ci*) [dal lat. *purpura*, perché forma sali di color porpora; 1835] **agg.** *T.chim. acido purpurico*, acido organico non noto allo stato libero, da cui derivano i sali ottenuti trattando l'acido urico con acido nitrico e salificando con una base.

purtròppo [comp. di *pur(e)* e *troppo*; a. 1536] **avv.** (frasale) conferma una cosa avvenuta o che avverrà con nostro dispiacere; sfortunatamente, per disgrazia: *putroppo è stato eliminato, purtroppo non riuscirò ad arrivare in tempo.*

purulènto [dal lat. *purulentus*; a. 1498] **agg.** *T.med.* che ha o dà pus: *ascesso purulento, ferita purulenta.*

purulènza [dal lat. tardo *purulentia*; 1598] **sf.** *T.med.* stato di affezione purulenta || *concr.* materia purulenta || **N.** *Sin.* suppurazione; marcia, pus.

pus [dal lat. *pūs*; 1821] **sm.** *inv. T.med.* essudato patologico di consistenza semiliquida e colore giallastro opaco, costituito in prevalenza da leucociti polinucleati parzialmente o totalmente degenerati e cellule in necrosi di altri tessuti; si forma in conseguenza di processi infettivi || **N.** purulenza, sanie, suppurazione; infezione.

pusher (ingl., pr. [ˈpʊʃə]) [letter. colui che spinge; 1979] **sm.** *inv.* spacciatore di droga.

puṣignàre [da *pusigno*; prima metà sec. XIV] **intr.** (aus. *avere*) *ant.* fare pusigno.

puṣìgno [lat. volg. **postcēnium*; 1625] **sm.** *ant.* pasto successivo alla cena, fatto a tarda ora.

pusillànime [dal lat. tardo *pusillanimis*; a. 1292] **agg.** che teme o si turba della più piccola cosa, pavido, vile; anche *s.*: *è un pusillanime* || che denota pusillanimità: *azione pusillanime* || **pusillanimeménte** **avv.** || **N.** *Sin.* PAUROSO.

pusillanimità [dal lat. tardo *pusillanimitas, -ātis*; a. 1292] **sf.** l'essere pusillanime, viltà, pochezza d'animo || **N.** *Sin.* VILTÀ.

puṣillità [dal lat. tardo *pusillitas, -ātis*; 1500] **sf.** *raro* grettezza, viltà.

puṣìllo [dal lat. *pusillus*; 1321] **agg.** *ant.* **1.** piccolino: *statura pusilla* **2.** umile, meschino.

pùsta [1863] **sf.** adattamento it. di *puszta* (V.).

pustièrla V. POSTIERLA.

pùstola [dal lat. *pustula*; a. 1320] **sf.** *T.med.* piccolo rigonfiamento cutaneo dovuto a infiammazione e raccolta di pus || *dim.* pustolétta, pustolìna; *accr.* pustolóna; *pegg.* pustolàccia || **N.** *Sin.* antrace, ascesso, bolla, brufolo, bubbone, eritema, fignolo, flemmone, foruncolo, orzaiolo.

pustolóso [dal lat. *pustulōsus*; 1778] **agg.** pieno di pustole: *viso pustoloso, pelle pustolosa.*

puszta (ung., pr. [ˈpustɒ]) [voce di or. slava; 1848] **sf.** *inv.* la steppa caratteristica dell'Ungheria.

putacàṣo (meno com. *pùta càṣo*) [comp. del disus. *putare*, supporre e *caso*; 1855 *puta caso*] **avv.** per ipotesi (perlopiù come inciso): *se, pu-*

tacaso, vincessi... || nella *loc. cong.* *putacaso che* (seguito da proposizione col verbo al congiuntivo), poniamo il caso che: *putacaso che io vinca.*

putatìvo [dal lat. tardo *putatīvus*, preteso, supposto; 1342] ***agg.*** *lett.* ritenuto tale senza esserlo veramente: *padre putativo* || **putativaménte** ***avv.*** *non com.* || **N.** *Sin.* presunto, supposto.

puteàle [dal lat. *puteālis*, da *puteus*, pozzo; 1499] ***sm.*** *T.arch.* il parapetto del pozzo, di forma circolare o poligonale, spesso decorato con figure in rilievo ed eretto anche come elemento puramente decorativo di cortili e piazze.

pùtido [dal lat. *pūtidus*; a. 1375] ***agg.*** *lett.* fetido.

putidóre [da *putido*; prima metà sec. XIV] ***sm.*** *ant.* puzzo.

putifèrio (pl. *-ri*) [prob. da *vituperio* con sovrapposizione di *Putifarre*, personaggio biblico; 1871] ***sm.*** **1.** grande baccano dovuto a diverbio, a scenata violenta e sim.: *è successo un putiferio* **2.** *fig.* disordine.

putipù [dal napoletano *putipù*, di orig. onom.; 1927] ***sm.*** strumento musicale napoletano costituito da un tamburo con la pelle forata al centro: un bastone introdotto nel foro produce il suono per sfregamento contro la pelle.

putìre (pres. *-ìsco, -ìsci*) [lat. *putēre*, puzzare; a. 1292] ***intr.*** (aus. *avere*) **1.** *lett.* puzzare, mandare fetore **2.** *ant.* *putire a qualcuno*, infastidirlo || **N. 1.** *Sin.* PUZZARE.

putìzza [da *putire*; 1761] ***sf.*** emanazione naturale dal suolo di idrogeno solforato, dovuta ad attività vulcaniche secondarie; anche le spaccature da cui fuoriescono: *le putizze del Volterrano* || **N.** mofeta.

putolènte [da *puzzolente*, con influsso di *putire*; seconda metà sec. XIII] ***agg.*** *arc.* puzzolente.

pùtre [dal lat. *putris*; a. 1448] ***agg.*** *lett. poet.* putrido, fradicio, marcio.

putrèdine [dal lat. tardo *putrēdo, -inis*; a. 1320] ***sf.*** **1.** decomposizione spontanea di un corpo organico || *concr.* sostanza putrefatta **2.** *fig.* corruzione morale, disfacimento || **N.** *Sin.* PUTREFAZIONE.

putredinóso [da *putredine*; 1583] ***agg.*** *non com.* putrido, marcioso: *piaghe putredinose.*

putrefàre (pres. *-fàccio* ecc., come FARE) [dal lat. *putrefacere*; 1481] ***intr.*** (aus. *essere*) e, più com., ***intr. pron.*** subire un processo di putrefazione: *il pesce putrefà* (o *si putrefà rapidamente*) || ***tr.*** far andare in putrefazione || **N.** ***intr.*** *Sin.* alterarsi, andare a male, corrompersi, decomporsi, guastarsi, imputridire, infradiciare, inverminarsi, marcire.

putrefattìbile [da *putrefatto*, pps. di *putrefare*; sec. XIV] ***agg.*** *lett.* che può putrefarsi; alterabile, guastabile.

putrefattìvo [da *putrefatto*; fine sec. XIV] ***agg.*** proprio della putrefazione, che provoca putrefazione: *processo putrefattivo.*

putrefazióne [dal lat. tardo *putrefactio, -ōnis*; a. 1320] ***sf.*** **1.** processo di decomposizione organica dovuta all'azione di microrganismi ed enzimi: *cadavere in stato di putrefazione avanzata* **2.** *fig.* corruzione, degenerazione morale || **N. 1.** *Sin.* disfacimento, marciume, putredine, putrescenza.

putrèlla [dal fr. *poutrelle*; 1903 *poutrelle*] ***sf.*** *T.edil.* trave o sbarra di ferro per costruzione, con sezione a doppia T.

putrescènte [dal lat. *putrescens, -entis*; 1776] ***agg.*** *non com.* che si sta putrefacendo: *frutto putrescente* || **N.** *Sin.* marcio, putrefatto, putrido.

putrescènza [da *putrescente*; a. 1320] ***sf.*** *non com.* putrefazione; marciume.

putrescìbile [dal lat. tardo *putrescibilis*; 1499] ***agg.*** *raro* soggetto a putrefazione: *sostanze putrescibili.*

putrescìna [dal lat. *putrescere*, diventare putrido; 1911] ***sf.*** *T.chim.* sostanza organica che si forma durante i processi di putrefazione.

putridità [da *putrido*; 1686] ***sf.*** *non com.* l'essere putrido || *concr.* materia putrida.

pùtrido [dal lat. *putridus*; a. 1292] **I** ***agg.*** **1.** disfatto e maleodorante per l'avanzato stato di putrefazione: *alimenti putridi, cadavere putrido*; *acqua putrida*, in cui ristagnano materie organiche in putrefazione || *fermentazione putrida*, provocata da putrefazione **2.** *fig.* moralmente corrotto **II** ***sm.*** *fig.* corruzione: *c'è del putrido in quell'ambiente.*

putridùme [da *putrido*; sec. XIV] ***sm.*** insieme di cose putride; anche *fig.* || **N.** *Sin.* CORRUZIONE.

putrìre (pres. *-ìsco, -ìsci*) [lat. *putrēre*; sec. XIV] ***intr.*** (aus. *essere*) *lett.* *raro* imputridire.

putsch (ted., pr. [putʃ]) [da una voce dial. svizzera, letter. colpo; 1922] ***sm.*** *inv.* complotto di un gruppo armato, mirante a impadronirsi dello Stato.

pùtta[1] [f. di *putto*[1]; 1280] ***sf.*** *arc.* o *region.* **1.** ragazza, fanciulla **2.** gazza: *saltella in qua ed in là come le putte* (Pulci) || *fig.* *putta scodata*, persona astuta, furbacchione || *dim.* puttìna.

pùtta[2] [dal fr. *pute*; fine sec. XI - inizio sec. XII] ***sf.*** *arc.* o *lett.* puttana.

puttàna [dal fr. ant. *putain*; inizio sec. XII *puitana*] ***sf.*** *volg.* **1.** meretrice, prostituta || *spreg.* donna di facili costumi; donna infedele **2.** *fig.* donna, o anche uomo, facilmente infedele ai propri principi, amici per motivi di interesse personale || *dim.* puttanèlla || **N. 1.** *Sin.* PROSTITUTA.

puttanàta [da *puttana*; 1958] ***sf.*** **1.** *volg.* sciocchezza, stupidaggine: *fare, dire puttanate* **2.** *volg.* azione perfida, subdola.

puttaneggiàre (pres. *-éggio*) [da *puttana*; 1313] ***intr.*** (aus. *avere*) comportarsi da meretrice: *quando colei che siede sopra l'acque / puttaneggiar coi regi a lui fu vista* (Dante).

puttanésco (pl. *-schi*) [da *puttana*; a. 1380] ***agg.*** **1.** di, da puttana **2.** *T.cuc.* *spaghetti alla puttanesca*, conditi con acciughe, olive, capperi, pomodoro, aglio e peperoncino.

puttanière [da *puttana*; inizio sec. XII *putanero*] ***sm.*** *volg.* chi frequenta abitualmente le puttane || *per estens.* *spreg.* donnaiolo.

putterìa [da *putto*[1]; a. 1642] ***sf.*** *arc.* fanciullaggine.

pùtto[1] [lat. *putus*; 1303] ***sm.*** **1.** scultura o pittura rappresentante un bambino nudo, un amorino o un angioletto: *un putto di marmo* **2.** *propr.* *ant.* o *region.* bambino || *dim.* puttìno.

pùtto[2] [dal fr. ant. e provenz. *put*, propr. laido; 1313] ***agg.*** *arc.* *lett.* ignobile, degradato: *la rabbia fiorentina, che superba / fu a quel tempo sì come ora è putta* (Dante).

pùzza [var. di *puzzo*; seconda metà sec. XIII] ***sf.*** puzzo || *avere la puzza sotto il naso*, ostentare un atteggiamento altezzoso e sprezzante.

puzzacchiàre (pres. *-àcchio*) [da *puzzare*; 1891] ***intr.*** (aus. *avere*) puzzicchiare.

puzzàre [da *puzza*; 1342] ***intr.*** (aus. *avere*) **1.** mandare odore sgradevole: *questa carne comincia a puzzare, un concime che puzza terribilmente, è inavvicinabile, puzza come una capra* || *fig.* cominciare a dare indizi che insospettiscono: *questa faccenda puzza di imbroglio* **2.** *fig.* venire a noia, risultare sgradevole: *a ognuno puzza questo barbaro dominio* (Machiavelli); anche in espressioni sarcastiche rivolte a chi disprezza cose preziose: *ti puzza la salute?, ti puzzano i soldi?* || con litote, *non puzzare*, essere gradito, opportuno: *dopo questa fatica, una poltrona e un bicchiere di vino non puzzerebbero* || **N. 1.** *Sin.* ammorbare, appestare, tanfare; sapere di marcio, di rancido, di rinchiuso, di selvatico, di stantìo.

puzzicchiàre (pres. *-ìcchio, -ìcchi*) [da *puzzare*; a. 1803] ***intr.*** (aus. *avere*) puzzare leggermente; cominciare a puzzare.

puzzle (ingl., pr. ['pʌzəɫ]; pr. it. ['pazel]) [propr. imbarazzo; 1927] ***sm.*** *inv.* **1.** gioco di pazienza consistente nel riordinare numerosi tasselli, variamente sagomati con profili che si incastrano, in modo da ricomporre una figura || *per estens.* questione di difficile soluzione **2.** *raro* cruciverba.

pùzzo [lat. volg. **pūtium*; a. 1300] ***sm.*** **1.** odore sgradevole: *c'è un puzzo insopportabile, si sente un leggero puzzo di bruciato, puzzo di marcio, di stantio, di gas* **2.** *fig.* sentore, indizio: *puzzo di eresia, di menzogna, di imbroglio* || *dim.* puzzìno; *pegg.* puzzàccio || **N. 1.** *Sin.* afrore, fetore, leppo, lezzo, miasma, nidore, odoraccio, peste, pestilenza, tanfo | tanfata, zaffata | greve, ingrato, mefitico, nauseabondo, nauseante, orrendo, ripugnante, rivoltante, stomachevole, tremendo.

pùzzola [da *puzzo*; 1483] ***sf.*** carnivoro dei Mustelidi, di piccole dimensioni e folta pelliccia color nocciola, così chiamata per una secrezione di odore sgradevolissimo che produce quando avverte pericolo o fastidio || **N.** moffetta.

puzzolènte [da *puzzo*; inizio sec. XIII] ***agg.*** che puzza, che manda cattivo odore: *gas puzzolente, carne marcia e puzzolente* || **N.** *Sin.* fetente, fetido, graveolente, lezzoso.

puzzonàta [da *puzzone*; 1942] ***sf.*** *rom.* **1.** azione da puzzone **2.** cosa fatta male, porcheria: *quel film è una puzzonata.*

puzzóne [da *puzzare*; a. 1828] ***sm.*** (f. *-a*) *rom.* **1.** chi emana cattivo odore per poca pulizia || come ingiuria generica, persona scorretta **2.** chi è schifiltoso per affettazione.

puzzóre [da *puzzo*, sul modello di *fetore*; prima metà sec. XIV] ***sm.*** *arc.* puzzo, lezzo.

puzzóso [da *puzzo*; a. 1400] ***agg.*** *raro* puzzolente.

pycnìte [dal fr. *pycnite*; 1819] ***sf.*** *T.min.* varietà di topazio a cristalli striati.

pỳrex (pr. ['pireks]) [n. commerciale; 1930] ***sm.*** *inv.* tipo di vetro con coefficiente di dilatazione cubica assai basso e pertanto resistente agli sbalzi termici; è usato per apparecchiature di laboratorio e industriali e anche per stoviglie e pentolame.

pyrosclerìte [comp. del gr. *pŷr*, fuoco e *sklērós*, duro; 1875] ***sf.*** *T.min.* varietà di vermiculite di un colore perlaceo verde smeraldo.

Q

q lettera dell'alfabeto italiano. Nome per esteso *cu* o *qu*, di genere femminile o, più di rado, maschile: *una qu minuscola*, ma anche *un qu minuscolo*; *qu come Quarto*, nella compitazione delle parole || rappresenta il suono della consonante occlusiva velare sorda [k], ma compare soltanto davanti a *u* consonantica (*quadro*). Più raramente (e solo davanti a *o*), lo stesso nesso [kw] è scritto *cu* (*cuoio*), grafia che denota normalmente [ku] (*acuire*). Il nesso [kkw] si scrive normalmente *cqu* (*acqua*), solo eccezionalmente *qqu* (*soqquadro*) || per le sigle e le abbreviazioni in cui compare, v. la lista relativa.

qàsba v. CASBA.

Q-disc (pr. [ku'disk]) [comp. di *q*(*uattro*) e ingl. *disc*; 1980] ***sm. inv.*** disco che comprende quattro canzoni.

qua[1] [lat. (*ec*) *cu*(*m*) *hāc*, ecco pur di qua; fine sec. XIII] **I *avv.*** in questo luogo; indica il luogo vicino a chi parla, non ben determinato né circoscritto: *vieni subito qua; qua fa freddo, spostiamoci altrove; era qua un momento fa, dov'è finito?* || in correlazione con *là*: *da qua a là ci saranno tre metri, sta un po' qua un po' là; qua e là*, in modo sparso: *un prato verde punteggiato qua e là di margherite* || ulteriormente localizzato da altri avv. o loc. avv. di luogo: *c'è già il taxi qua sotto che aspetta, dev'essere nascosto qua nei paraggi, qua in Piemonte usa fare così* || anche per indirizzare un'azione o l'attenzione verso chi parla: *dai qua, ci penso io, prendi qua questi soldi, te li meriti, qua la mano vecchio mio!, senti qua cosa è successo oggi* || come rafforzativo di altro elemento deittico: *ecco qua il frutto delle mie fatiche, eccomi qua, chi mi cercava?, prendi questo pacco qua, questo qua è il miglior vino* || in locuzioni avv.: *in qua*, in questa direzione, da questa parte: *spostati più in qua, guarda in qua, sta venendo in qua*; *in qua e in là*, da una parte all'altra, in direzioni diverse: *essere sballottato in qua e in là; bighellonare in qua e in là*; con valore temporale, ad ora, a questa parte: *da un po' di tempo in qua non si lamenta più* || *di qua*, da questa parte, per questo luogo: *la maratona partirà di qua, di qua non si passa*; in quest'altra stanza, in quest'altro luogo: *vieni di qua che ti devo parlare, di qua si sta più larghi; essere più di là che di qua*, in punto di morte || *al di qua*, da questa parte (rispetto a una demarcazione o un confine) **II** in ***loc. prep.*** (*al*) *di qua da* (o *di*), da questa parte rispetto a: *di qua dal fiume staremo al sicuro.*

qua[2] v. QUA QUA.

quaccherismo (non com. *quacquerismo*) [da *quacquero*; 1749] ***sm.*** **1.** il movimento religioso dei quaccheri **2.** *per estens.* stile di vita ostentatamente semplice e austera.

quàcchero (non com. *quàcquero*) [dall'ingl. *quaker*, da to *quake*, tremare; 1708 *quechero*] **I *sm.*** (f. *-a*) seguace di una setta cristiana, protestante, sorta in Inghilterra nel sec. XVII e diffusa in seguito negli Stati Uniti, che rifiuta le gerarchie ecclesiastiche e il valore degli atti liturgici, esalta il dialogo interiore con Dio e la funzione illuminante dello Spirito Santo, ed è caratterizzata da semplicità di costumi e rigore morale || *per estens.* austero, puritano **II *agg.*** di, da quacquero || *alla quacquera*, senza tanti complimenti, alla buona. **Q.T.** *religione.*

quadèrna ***sf.*** v. QUATERNA.

quadernàccio (pl. *-ci*) (*pegg.* di *quaderno*) [a. 1620 nel senso 2] ***sm.*** **1.** quaderno brutto e malridotto **2.** scartafaccio.

quadernàrio (pl. *-ri*) [var. di *quaternario*; 1910] **I *agg. non com.*** quaternario **II *sm.*** **1.** verso di quattro sillabe **2.** *raro* strofa di quattro versi, quartina.

quadèrno [lat. *quaterni*, a quattro a quattro, con legatura dei fogli; 1211] ***sm.*** **1.** insieme di fogli di carta rilegati entro una copertina, impiegato per esercitazioni scolastiche, per scrivere appunti, fare conti e sim.: *quaderno a righe, a quadretti, quaderno di matematica, quaderno di cassa* **2.** fascicolo stampato; pubblicazione periodica **3.** *T.agr.* area quadrangolare di terreno, destinata a una certa coltivazione, spec. in orti e giardini || *dim.* quadernétto, quadernìno, quadernùccio; *pegg.* quadernàccio || **N. 1.** album, blocco, brogliaccio, quinterno, rubrica, scartabello, scartafaccio.

quàdra [dal lat. *quadra*, quadrata; a. 1316 nel senso 3] ***sf.*** **1.** oggetto, elemento di forma quadrata || *T.mar.* vela di forma rettangolare o trapezoidale molto adatta ai grandi velieri, che viene orientata facendo ruotare il pennone a cui è inferita mediante cavi detti *bracci* || *T.cuc. non com.* tagliere per vivande **2.** quarta parte; quadrante || porzione **3.** *arc.* maniera || *tosc. dar la quadra*, adulare o mettere in burletta.

quadràbile [da *quadrare*; 1575] ***agg.*** *raro* che può essere facilmente ridotto a quadrato.

quadragenàrio (pl. *-ri*) [dal lat. *quadragenārius*; 1745] ***agg.*** e ***sm.*** (f. *-a*) *lett. raro* che ha quaranta anni.

quadragèsima [dal lat. *quadragesima*, quarantesima; a. 1547] ***sf. non com.*** quaresima; *domenica di quadragesima*, la prima domenica di quaresima.

quadragesimàle [dal lat. tardo *quadragesimālis*; a. 1527] ***agg.*** *raro* quaresimale.

quadragèsimo [dal lat. *quadragēsimus*; sec. XIV] ***agg. num. ord. lett.*** quarantesimo.

quadraménto [da *quadrare*; 1835] ***sm.*** *non com.* l'atto e l'effetto del quadrare; quadratura.

quadrangolàre [dal lat. tardo *quadrangulāris*; a. 1555] ***agg.*** **1.** *T.geom.* di quadrangolo, a forma di quadrangolo: *pietra, prisma quadrangolare* **2.** *T.sport.* incontro o riunione sportiva a cui partecipano atleti di quattro nazioni, o di quattro società sportive: *incontro quadrangolare di scherma*; anche *sm.*: *un quadrangolare di atletica.*

quadràngolo [dal lat. *quadrangulus*; 1308] **I *agg.*** che ha quattro angoli, quadrangolare **II *sm.*** *T.geom.* figura piana di quattro lati e quattro angoli, quadrilatero.

quadrantàle [da *quadrante*; 1835 come sm.] **I *agg.*** relativo a un quadrante, spec. di bussola: *quota quadrantale*, altitudine in quota che gli aerei devono rispettare lungo le rotte orientate nei diversi quadranti di bussola **II *sm.*** **1.** *T.geom. ant.* solido cubico **2.** *T.stor.* unità di misura dei liquidi, corrispondente a un piede cubico.

quadrànte [dal lat. *quadrantis*, quarta parte; a. 1321] ***sm.*** **1.** *T.geom.* ciascuna delle quattro parti in cui risulta diviso un cerchio o un piano attraversati da due diametri o assi ortogonali || *in part.* ciascuno dei quattro settori di 90 gradi ciascuno compresi tra i quattro punti cardinali nella rosa della bussola **2.** in strumenti di misura, la parte in cui è possibile leggere la misura: *quadrante di un barometro, di un igrometro, orologio da polso con quadrante a lancette, digitale* || *quadrante solare*, meridiana **3.** *T.astr.* antico strumento per misurare l'altezza degli astri **4.** *T.stor.* moneta romana, che valeva la quarta parte di un asse. **Q.T.** *orologeria* **TAV.** *elettrotecnica* 15.3; *geografia* 3.3, 4.1; *geometria* 26.4; ***astronomia* p. 656** 9.

quadràre [dal lat. *quadrare*; 1308] ***tr.*** **1.** *T.geom.* sottoporre a quadratura || *non com.* misurare **2.** *T.mat. raro* elevare al quadrato **3.** rendere quadrato; anche *fig.*: *quadrare la testa a qualcuno* || ***intr.*** (aus. *essere* e *avere*) **1.** corrispondere, tornare: *il bilancio non quadra* **2.** piacere, andare a genio: *questa cosa non mi quadra* || **N. *tr.*** **3.** squadrare; inquadrare.

quadràtico (pl. *-ci*) [da *quadrato[2]*; 1871] ***agg.*** *T.mat.* che si riferisce all'operazione dell'elevazione al quadrato || *forma quadratica*, polinomio di secondo grado corrispondente ad una matrice simmetrica.

quadratìno (*dim.* di *quadrato[2]*) [1835 nel senso 1; 1932 nel senso 2] ***sm.*** **1.** piccolo quadrato **2.** *T.mar.* nelle navi da guerra, i locali dove alloggiano i guardiamarina.

quadratìvo [da *quadrare*; 1607] ***agg.*** *raro* atto a quadrare.

quadràto[1] [dal lat. *quadrātus*; a. 1294] ***agg.*** **1.** che ha forma di quadrato: *campo quadrato, mattonella quadrata, edificio a pianta quadrata; viso quadrato,* con mascelle e fronte larga || *T.anat. muscolo quadrato,* muscolo piatto di forma quadrata, posto ai lati della colonna vertebrale nella regione lombare **2.** *per estens.* di corporatura larga e robusta: *un ragazzo alto e quadrato, spalle quadrate* || *fig. aver le spalle quadrate,* saper affrontare con forza le avversità **3.** *fig.* che ragiona o si comporta con giudizio, savio, equilibrato, maturo: *testa, cervello quadrati, persona quadrata* **4.** *metro, centimetro, chilometro* ecc. *quadrato,* unità di misura di superficie corrispondenti a un quadrato che ha il lato rispettivamente di un metro, un centimetro, un chilometro ecc. (gen. indicate con m^2, cm^2, km^2 ecc.): *un appezzamento di dieci chilometri quadrati* **5.** *T.mat. radice quadrata,* di un numero dato, quel numero che moltiplicato per se stesso dà tale numero || **quadrataménte** ***avv.*** in forma quadrata, a modo di quadrato || **N. 1.** *Sin.* quadrangolare, quadro, squadrato **2.** massiccio, solido.

quadràto[2] [dal lat. *quadrātus*; sec. XIV] ***sm.*** **1.** *T.geom.* figura piana chiusa con quattro lati uguali e quattro angoli retti **2.** cosa di forma quadrata: *un quadrato di stoffa, di carta, di terreno* || *in part. T.mil.* insieme di soldati o di postazioni difensive disposti in quadrato, per tener testa al nemico da qualunque parte esso attacchi: *far quadrato; per estens. fig.* essere solidali: *gli operai fecero quadrato con i licenziati* || *T.mar.* nelle navi da guerra, sala in cui ufficiali e sottufficiali siedono a mensa e si trattengono nelle ore di riposo || *T.sport.* area sopraelevata di forma quadrata e circondata da corde, su cui si disputano gli incontri di pugilato; *ring.*: *salire sul quadrato; per meton.* il pugilato: *abbandonare il quadrato* || *T.tip.* forma tipografica, pezzetto di piombo senza caratteri in rilievo, corrispondente allo spazio bianco **3.** *T.mat.* prodotto di un numero per se stesso: *elevare al quadrato un numero, sette al quadrato* (in cifre 7^2); *quadrato perfetto,* numero la cui radice quadrata è un numero intero **4.** *quadrato magico,* matrice numerica in cui sommando i numeri disposti in una qualsiasi linea verticale, orizzontale o diagonale si ottiene lo stesso risultato || matrice di lettere dell'alfabeto in cui le stesse parole sono leggibili tanto sulle linee orizzontali quanto su quelle verticali **5.** *T.astrol.* posizione di due pianeti che formano un angolo di 90° || *dim.* quadratìno; *accr.* quadratóne || **N. 1.** parallelogramma, quadrangolo, quadrilatero, quadro, riquadro **3.** *Sin.* seconda potenza. **Q.T.** ***pugilato*** **TAV.** ***geometria*** 5.

quadratóne (*accr.* di *quadrato*) [1891 nel senso 2] ***sm.*** **1.** grosso quadrato **2.** *T.tip.* bianco tipografico.

quadratóre [da *quadrare*; 1835] ***agg.*** e ***sm.*** (f. *-trice*) *non com.* che o chi quadra.

quadratùra [dal lat. tardo *quadratūra*; 1542] ***sf.*** **1.** *T.geom.* costruzione di un quadrato di area equivalente a una figura data; *quadratura del cerchio,* problema insolubile con riga e compasso, divenuto esempio proverbiale di compito impossibile: *cercare, volere la quadratura del cerchio* **2.** riduzione a forma quadra || *concr.* la forma stessa, riquadro || *fig.* solidità ed equilibrio: *persona di grande quadratura morale, quadratura mentale* **3.** in contabilità, corrispondenza, esattezza di conti o l'operazione che verifica tale condizione **4.** *T.astr.* configurazione di due astri la cui longitudine rispetto alla terra sia di 90°, corrispondente, per il sole e la luna, alle fasi del primo e dell'ultimo quarto lunare; *per meton.* le fasi stesse: *maree delle quadrature* **5.** *T.pitt.* raffigurazione prospettica di opere architettoniche, in affreschi di pareti e soffitti.

quadraturìsmo [da *quadratura*; 1965] ***sm.*** tendenza pittorica del Sei-Settecento, caratterizzata dalla creazione di prospettive architettoniche illusionistiche.

quadraturìsta [da *quadratura*; 1935] ***s.*** pittore specialista nella esecuzione di quadrature.

quadrellatùra [da *quadrello*; 1932] ***sf.*** reticolo tracciato su un disegno allo scopo di facilitarne la riproduzione in scala in altro foglio su cui è tracciato un analogo reticolo.

quadrèllo (*dim.* di *quadro*) (pl. *-i*; nel senso 5 pl. f. *-a*) [fine sec. XIII] ***sm.*** **1.** righello a sezione quadra **2.** mattone quadrato per pavimentazione **3.** grosso ago da materassai, a sezione quadrata **4.** rinforzo quadrangolare di stoffa o di pelle, applicato fra le dita dei guanti **5.** *lett.* freccia, dardo || *dim.* quadrellétto, quadrellìno.

quadrerìa [da *quadro*[2], sul modello di *libreria*; a. 1704] ***sf.*** *raro* raccolta di quadri, pinacoteca.

quadrettàre (pres. *-étto*) [da *quadretto*; 1895] ***tr.*** dividere in quadretti, tracciando più linee perpendicolari tra loro: *quadrettare un foglio.*

quadrettàto (*pps.* di *quadrettare*) [1922] ***agg.*** disegnato a quadretti, a quadri: *un foglio quadrettato.*

quadrettatùra [da *quadrettare*; 1935] ***sf.*** il quadrettare e l'insieme dei quadretti in cui è suddivisa una superficie || **N.** griglia, quadrellatura, reticolo.

quadrétto (*dim.* di *quadro*) [a. 1452] ***sm.*** **1.** quadrato di piccole dimensioni; *in part.* ciascuno di quelli ottenuti intersecando più linee perpendicolari fra loro e prestampati su fogli e quaderni per agevolare la scrittura e l'incolonnamento di cifre e caratteri: *album a quadretti* || nella stoffa, quadrato di diverso colore stampato o tessuto: *una gonna a quadretti rossi e blu* **2.** pittura, stampa e sim. di piccole dimensioni, incorniciata || *fig.* scena graziosa: *un idillico quadretto della vita campestre* || *dim.* quadrettìno; *accr.* quadrettóne.

quadrézza [da *quadro*[1] a. 1698] ***sf.*** *raro* l'essere quadro.

quàdri- [dal lat. *quadri-*, da *quattuor*, quattro] ***primo elem.*** che, in parole composte dotte, vale "quattro", "composto di quattro" (per es. *quadricromia, quadriforo, quadrisillabo*).

quàdrica [da *quadro*[1]; 1931] ***sf.*** *T.mat.* forma quadratica || **N.** conica.

quadricìpite [dal lat. tardo *quadriceps, -icipitis*; 1931] ***sm.*** *T.anat.* grosso muscolo della regione anteriore della coscia.

quadricromìa [comp. di *quadri-* e *-cromia*; 1952] ***sf.*** tecnica di riproduzione fotomeccanica per stampe a colori, ottenuta per mezzo della sovrapposizione successiva di quattro *clichés,* ciascuno corrispondente a uno dei colori fondamentali; anche la riproduzione così ottenuta. **TAV.** ***tipografia*** **p. 1336** 5.

quadridimensionàle [da *quadri-*, sul modello di *tridimensionale*; 1954] ***agg.*** che ha quattro dimensioni || *spazio quadridimensionale,* nella teoria della relatività, quello costituito dalle tre coordinate spaziali più la coordinata temporale.

quadridimensionalità [da *quadridimensionale*; 1970] ***sf.*** proprietà di ciò che è quadridimensionale.

quadriennàle [da *quadriennio*; 1824] **I** ***agg.*** **1.** che dura quattro anni **2.** che ricorre ogni quattro anni **II** ***sf.*** esposizione che si tiene ogni quattro anni: *la quadriennale* || **N.** biennale, triennale.

quadriènnio (pl. *-ni*) [dal lat. *quadriennius*; 1691] ***sm.*** arco di tempo di quattro anni: *un quadriennio letterario.*

quadrifàrmaco [comp. di *quadri-* e *farmaco*; 1965] ***sm.*** *T.fil.* l'insieme delle quattro norme contemplate dalla filosofia epicurea per liberare l'uomo dalle maggiori cause di paura.

quadrifòglio (pl. *-gli*) [da *quadri-*, sul modello di *trifoglio*; 1892 *quadrifolio*] ***sm.*** **1.** trifoglio che, per anomalia, ha quattro foglie; si ritiene che porti fortuna **2.** nella loc. *a quadrifoglio,* di forma quadrilobata; *raccordo, svincolo stradale a quadrifoglio,* posto all'incrocio di due autostrade, ha le rampe di raccordo che, viste dall'alto, ricordano un quadrifoglio.

quadrifonìa [comp. di *quadri-* e *-fonia,* sul modello del fr. *quadriphonie*; 1971] ***sf.*** tecnica stereofonica di registrazione e riproduzione del suono su quattro canali, che permette di ottenere uno speciale effetto spaziale.

quadrifònico (pl. *-ci*) [da *quadrifonia*; 1971] ***agg.*** relativo a quadrifonia, proprio di quadrifonia: *effetti quadrifonici.*

quadrifórme [dal lat. tardo *quadriformes*; 1595] ***agg.*** *raro* **1.** di forma quadra **2.** che ha quattro forme.

quadrìforo [dal lat. *quadriforis*; 1891] **I** ***agg.*** *T.arch.* a quattro aperture **II** ***sf.*** *T.arch. quadrifora,* finestra o apertura divisa in quattro parti da colonnine || **N.** bifora, trifora.

quadrifrónte [dal lat. tardo *quadrifrons, -ntis*; sec. XIV] ***agg.*** *raro* che ha quattro fronti o quattro facce.

quadrìga [dal lat. *quadrīga*; 1532] ***sf.*** nell'antichità, cocchio tirato da quattro cavalli posti fianco a fianco; anche i quattro cavalli.

quadrìgamo [dal lat. tardo *quadrigamus*; 1871] ***agg.*** e ***sm.*** *non com.* che o chi ha avuto, in nozze successive, o ha contemporaneamente quattro mogli.

quadrigàrio (pl. *-i*) [dal lat. *quadrigārius*; 1745] **I** ***agg.*** relativo alla quadriga **II** ***sm.*** chi guidava la quadriga.

quadrigàto [dal lat. *quadrigātus*; a. 1580] ***sm.*** moneta romana del valore di dieci assi, che nel rovescio recava l'impronta di una quadriga.

quadrigèmino [dal lat. *quadrigeminus,* quadruplo; 1712 nel senso 2; 1871 nel senso 1] ***agg.*** **1.** di parto nel quale nascono quattro figli **2.** *T.anat. tubercoli* o *corpi quadrigemini,* quattro piccole formazioni sporgenti, poste sulla superficie dorsale del mesencefalo. **TAV.** ***anatomia*** **p. 642** 7.6.

quadrigètto [da *quadri-*, sul modello di *aviogetto*; 1970] ***sm.*** aereo dotato di quattro motori a reazione. **TAV.** ***aeronautica*** 6.

quadrìglia (pl. *-glie*) [dallo sp. *quadrilla,* prob. attr. il fr. *quadrille*; 1826] ***sf.*** **1.** danza di sala, in voga nell'800, danzata da più coppie che seguivano figure prestabilite per ciascuna delle cinque parti in cui era suddivisa **2.** *ant.* drappello di quattro cavalieri che combattevano in un torneo.

quadrigliàti [da *quadriglio*; 1871] ***sm.*** *pl. T.gioc.* gioco di carte simile al terziglio, che si fa con quattro anziché con tre giocatori.

quadrìglio (pl. *-gli*) [dal fr. *quadrille*; 1959] ***sm.*** *T.gioc.* quadrigliati.

quadrilàtero [dal lat. tardo *quadrilaterus*; a. 1572] **I** ***agg.*** di quattro lati: *sezione quadrilatera* **II** ***sm.*** **1.** *T.geom.* figura piana di quattro lati **2.** *T.mil.* territorio difeso da quattro fortezze; *per anton.* quello stabilito dall'Austria nel Lombardo-Veneto, che comprendeva le fortezze di Mantova, Verona, Legnago e Peschiera **3.** *T.sport.* nel calcio, gruppo di quattro giocatori, due mezze ali e due mediani laterali, che giocano a centrocampo, con funzioni difensive e di attacco || **N. 1.** quadrato, rettangolo, rombo, romboide, trapezio, parallelogrammo. **Q.T.** ***matematica...***

quadrilìngue [da *quadri-*, sul modello di *bilingue*; 1891] ***agg.*** che comprende quattro lingue, relativo a quattro lingue: *parlante quadrilingue, lessico quadrilingue.*

quadrilióne [da *quadri-*, sul modello di *milio-*

ne; 1871] **sm.** **1.** un milione di miliardi, cioè uno seguito da quindici zeri **2.** in Gran Bretagna il numero rappresentato da uno seguito da ventiquattro zeri.

quadrilobàto [da *quadrilobo*, di quattro lobi; 1835] **agg.** con quattro lobi: *foglia quadrilobata, pilastro a sezione quadrilobata.*

quadrilobo [comp. di *quadri-* e *lobo*; 1959] **sm.** e **agg.** *T.arch.* motivo ornamentale costituito da quattro lobi disposti in croce e inscritti in un quadrato.

quadriloculàre [comp. di *quadri-* e *loculare*; 1835] **agg.** *T.anat.* di organo che presenta quattro cavità.

quadrilogìa (pl. *-gìe*) [comp. di *quadri-* e *-logia*; 1959] **sf.** tetralogia.

quadrilùngo (pl. *-ghi*) [comp. di *quadri-* e *lungo*; 1564] **agg.** di figura di quattro lati, più lunga che larga.

quadrilùstre [comp. di *quadri-* e *lustro*; a. 1799] **agg.** *lett.* di quattro lustri: *a lui non valse merto quadrilustre* (Parini) || **N.** *Sin.* ventennale.

quadrimèmbre [dal lat. tardo *quadrimembris*; sec. XIV] **agg.** formato da quattro membri o da quattro parti.

quadrimensionàle [comp. di *quadri-* e *(di)-mensionale*; 1983] **agg.** quadridimensionale: *spazio quadrimensionale*, nella teoria della relatività, spazio definito dalle tre coordinate spaziali e da quella temporale.

quadrimensionalità [da *quadrimensionale*; 1970] **sf.** quadridimensionalità.

quadrimestràle [da *quadrimestre*; 1796] **agg.** di quadrimestre; che dura un quadrimestre: *rassegna quadrimestrale; corso quadrimestrale* || che si fa ogni quadrimestre: *rivista quadrimestrale.*

quadrimèstre [dal lat. *quadrimestris*; 1691] **I sm.** periodo di quattro mesi || *per meton.* somma di denaro dovuta per un quadrimestre: *il primo quadrimestre va anticipato* **II agg.** *raro* quadrimestrale.

quadrimotóre [comp. di *quadri-* e *motore*; 1936] **sm.** *T.aer.* aeroplano provvisto di quattro motori; anche in posizione attributiva: *aereo quadrimotore* || **N.** bimotore, trimotore.

quadrinòmio (pl. *-mi*) [da *quadri-*, sul modello di *binòmio*; 1772] **sm.** *T.mat.* polinomio di quattro termini.

quadripàla [comp. di *quadri-* e *pala*; 1970] **agg.** *T.aer.* di elica, formata da quattro pale.

quadripartìre (pres. *-ìsco, -ìsci*) [dal lat. tardo *quadripartīre*; a. 1502] **tr.** dividere in quattro parti: *quadripartire un cerchio.*

quadripartìto¹ (*pps.* di *quadripartire*) [sec. XIV] **agg.** diviso in quattro parti.

quadripartìto² [comp. di *quadri-* e *partito*; 1958] **I agg.** di o relativo a quattro partiti: *accordo quadripartito, maggioranza quadripartita* **II sm.** governo costituito da quattro partiti.

quadripartizióne [dal lat. *quadripartitio, -ōnis*; 1823] **sf.** *raro* divisione in quattro parti.

quadripètalo [comp. di *quadri-* e *petalo*; 1906] **agg.** che ha quattro petali: *fiore quadripetalo.*

quadriplàno [comp. di *quadri-* e *-plano*, sul modello di *biplano*; 1970] **agg.** e **sm.** *T.aer.* di velivolo, che ha quattro piani alari.

quadriplegìa (pl. *-gìe*) [comp. di *quadri-* e *-plegia*; 1959] **sf.** *T.med.* paralisi contemporanea di tutti e quattro gli arti.

quadriplègico (pl. *-ci*) [da *quadriplegia*; 1970] **agg.** e **sm.** *T.med.* che, chi è colpito da quadriplegia.

quadripolàre [da *quadripolo*; 1959] **agg.** *T.elettr.* che ha quattro poli.

quadripòlo [comp. di *quadri-* e *polo*; 1954] **sm.** *T.elettr.* circuito elettrico a due morsetti di entrata e due di uscita.

quadripòrtico (pl. *-ci*) [comp. di *quadri-* e *portico*; 1935] **sm.** *T.arch.* portico costruito sui quattro lati di un cortile quadrato || il cortile stesso.

quadrireattóre [comp. di *quadri-* e *reattore*; 1959] **sm.** e **agg.** di aereo, mosso da quattro motori a reazione || **N.** *Sin.* quadrigetto.

quadrirème [dal lat. *quadriremis*; a. 1558] **sf.** *T.stor.* nell'antichità, nave da combattimento a quattro ordini di remi || **N.** trireme, polireme.

quadrirotóre [comp. di *quadri-* e *rotore*; 1970] **agg.** dotato di quattro rotori: *apparecchio quadrirotore.*

quadrisìllabo [dal lat. tardo *quadrisyllabus*; 1700] **I agg.** di quattro sillabe: *parola quadrisillaba* **II sm.** verso di quattro sillabe: *due quadrisillabi* || **N. II** *Sin.* quaternario.

quadrìsta [da *quadro*; 1983] **s.** *T.tecn.* tecnico addetto a un quadro di controllo o di comando.

quadrittòngo (pl. *-ghi*) [da *quadri-*, sul modello di *dittongo*; 1586] **sm.** *T.ling.* successione di quattro vocali o semivocali in una medesima parola (per es. *aiuo*la).

quadrivettóre [comp. di *quadri-* e *vettore*; 1974] **sm.** *T.fis.* in fisica matematica, vettore a quattro componenti.

quadrìvio (pl. *-vi*) [dal lat. *quadrivium*; 1308 nel senso 2] **sm.** **1.** luogo in cui convergono quattro strade o in cui due strade si incrociano **2.** *arti del quadrivio*: musica, geometria, aritmetica e astronomia || **N.** **1.** trivio, crocicchio, incrocio **2.** trivio.

quàdro¹ [dal lat. *quadrus*; a. 1294] **agg.** **1.** a forma di quadrato, con profilo o sezione quadrata: *tavola, finestra quadra; parentesi quadre*, [ ] || *T.mar. vela quadra*, v. QUADRA **2.** *fig.* robusto e squadrato: *spalle quadre, mascella quadra* || *testa quadra*, persona dai propositi chiari e coerenti, ben determinata; anche *spreg.* persona ostinata o dura di comprendonio **3.** *metro, centimetro* ecc. *quadro*, lo stesso che *metro, centimetro* ecc. *quadrato* (v. QUADRATO¹ nel senso 4) || **N.** **1.** QUADRATO.

quàdro² [sost. di *quadro¹*; a. 1311] **sm.** **1.** figura quadrata o quadrangolare: *stoffa, tappezzeria, decorazione a quadri, oggetto, sagoma a forma di quadro, disporsi in quadro* **2.** oggetto, elemento con profilo quadrato o quadrangolare (in questo senso più com. *quadrato*): *un quadro di legno, di stoffa* || *T.sport. quadro svedese*, attrezzo da palestra costituito da aste di legno che si incrociano delimitando vari spazi quadrati di circa 50 cm **3.** *in part.* dipinto o disegno perlopiù incorniciato: *un quadro a tempera, a olio, una galleria di famosi quadri, appendere un quadro in soggiorno* || *per estens.* visione d'insieme, scena: *il quadro che gli si presentò fu agghiacciante* || *fig.* descrizione a grandi linee: *un'opera che dà un quadro suggestivo della vita dell'epoca, questi dati ci forniscono un quadro allarmante del fenomeno, un quadro della situazione politica, economica; quadro clinico*, l'insieme dei valori di una diagnosi clinica || prospetto schematico di cifre o dati: *quadro sinottico, esporre il quadro dei risultati, delle votazioni* **4.** *per estens. T.teatr.* ciascuna delle parti in cui si suddivide un atto di una rappresentazione drammatica; in cui si cambia scenario: *dramma in due atti e sei quadri* || *T.cin.* insieme di fotogrammi appartenenti ad un'unica ripresa || *quadro televisivo*, insieme di righe che compongono ciascuna immagine che compare sullo schermo televisivo; l'immagine stessa delimitata dallo schermo: *regolazione del quadro, figura fuori quadro* || *essere in quadro*, essere a posto, in forma: *oggi non mi sento in quadro* **5.** pannello su cui sono installati organi di controllo o di comandi relativi a un apparecchio o a un sistema di apparecchiature: *quadro dei comandi, quadro delle luci* **6.** *T.mil.* spec. *pl.* l'insieme dei graduati considerati come elementi che danno corpo alla gerarchia militare: *riempire i quadri, manovre coi quadri* || *per estens. quadri di partito, sindacali*, militanti con responsabilità organizzative di vario livello, distinti sia dai dirigenti sia dai semplici iscritti, ma non necessariamente retribuiti dall'organizzazione; *partito di quadri*, in cui quasi tutti gli iscritti hanno responsabilità organizzative o politiche; *quadri aziendali*, lavoratori dipendenti (impiegati o tecnici) di rango intermedio tra dirigenti e operai e impiegati d'ordine **7.** *T.giorn.* articolo su due colonne centrali, a un terzo della pagina **8.** *T.mar. quadro di poppa*, spazio centrale della superficie emersa della poppa, sui cui gen. è riportato il nome **9.** *pl. T.gioc.* uno dei quattro semi delle carte francesi, a forma di piccolo rombo rosso: *fante di quadri* || *dim.* quadrétto, quadrettìno, quadrùccio; *accr.* quadróne (*sm.*) || **N.** **1.** *Sin.* QUADRATO² | quadrettato, a scacchi **3.** dipinto, pittura, tela | prospetto, riquadro, tabella, tabellone, specchietto **4.** inquadratura, schermo; panorama, panoramica, scenario **5.** consolle, pulsantiera **6.** dirigente. **Q.T.** *arredamento, pittura* **TAV.** *cinematografia...* 9.5; ***automobile*** **p. 658** 1.1.

quadróne (*accr.* di *quadro²*) [1539 nel senso 2] **sm.** **1.** grosso quadro **2.** grossa lastra per pavimentazioni stradali || grosso masso di forma cubica, in pietra o di calcestruzzo, che serve per le gettate dei moli, per chiuse e sim. **3.** torcia formata da quattro candelotti di cera riuniti insieme.

quadròtta [da *quadro¹*; 1931] **sf.** formato di carta per scrivere, in cui un lato è di poco più lungo dell'altro.

quadrùccio (pl. *-ci*) (*dim.* di *quadro²*) [1952] **sm.** **1.** piccolo quadro **2.** *T.cin.* mascherina posta davanti all'obiettivo, che delimita l'immagine **3.** spec. *pl.* pasta da minestra in forma di piccoli quadri: *quadrucci in brodo.*

quadrùmane [dal fr. *quadrumane*; 1773] **I agg.** di animale fornito di quattro arti prensili **II sm.** *disus.* scimmia.

quadrumviràto o **quadrunviràto** [da *quadri-*, sul modello di *duumvirato*; a. 1675] **sm.** magistratura di quattro membri.

quadrùmviro o **quadrùnviro** [da *quadri-*, sul modello di *duumviro*; 1835] **sm.** ciascuno dei componenti di un quadrumvirato || *per anton.* ciascuno dei quattro gerarchi fascisti che diressero la marcia su Roma.

quadrùpede [dal lat. *quadrupes, -edis*; a. 1320] **agg.** e **sm.** di animale, che ha quattro gambe.

quàdrupla [da *quadruplo*; 1935] **sf.** moneta d'oro corrispondente a due doppie o a quattro zecchini.

quadruplatóre [dal lat. *quadruplator, -ōris*; 1871] **sm.** *T.stor.* nell'antica Roma, accusatore pubblico al quale spettava un quarto dei beni dell'accusato.

quadruplicàre (pres. *-ùplico, -ùplichi*) [dal lat. *quadruplicāre*; a. 1472] **tr.** moltiplicare per quattro || *per estens.* accrescere di molto: *bisogna quadruplicare l'impegno* || **intr.** (aus. *essere*) e **intr. pron.** aumentare di quattro volte: *nel giro di poco tempo le entrate si sono quadruplicate.*

quadruplicazióne [dal lat. tardo *quadruplicātio, -ōnis*; 1745] **sf.** *non com.* atto ed effetto del quadruplicare e del quadruplicarsi.

quadrùplice [dal lat. *quadruplex, -icis*; 1639] **agg.** replicato o suddiviso in quattro parti: *scrivere in quadruplice copia, un problema quadruplice* || che coinvolge o riguarda quattro parti: *la quadruplice alleanza.*

quadruplicità [da *quadruplice*; 1745] **sf.** l'essere quadruplice.

quàdruplo [dal lat. *quadruplus*; 1509] **I agg.** **1.** quattro volte maggiore: *ha un reddito quadruplo del mio* **2.** costituito da quattro parti: *filo quadruplo* **II** ***sm.*** quantità quattro volte maggiore: *l'investimento deve essere il quadruplo di questa cifra* **III** ***avv.*** *raro* quattro volte di più; nell'espr. *vedere quadruplo, fig.* avere le traveggole.

quàgga [da una voce dell'Africa meridionale; 1959] ***sm.*** mammifero africano degli Equidi, simile alla zebra, estinto alla fine dell'800 per l'intensa caccia cui era soggetto.

quaggiù (lett. *qua giù*) [comp. di *qua* e *giù*; a. 1321] ***avv.*** qua in basso: *vieni quaggiù in cantina, c'è nessuno quaggiù?, da quaggiù non si capisce niente* || *per estens.* rif. a luogo situato a Sud: *quando tornerete quaggiù in Sicilia?* || *fig.* in questo mondo terreno (contrapposto a *lassù*, in cielo); *di quaggiù*, di questo mondo: *le fugaci gioie di quaggiù.*

quaggiùso [comp. di *qua* e della voce disus. *giuso*, giù; 1294 *qua giuso*] ***avv.*** *ant.* quaggiù.

quàglia [lat. volg. **coācula*; 1320 ca.] ***sf.*** uccello migratore dei Galliformi, lungo circa 20 cm, con piumaggio grigio-beige, con striature bianche e nere, cacciato per le sue prelibate carni e oggetto di allevamento || *fig. fare il salto della quaglia*, spec. in politica, passare ad un altro settore di uno schieramento scavalcando le posizioni intermedie || *dim.* quagliétta, quagliettìna || **N.** coturnice.

quaglièra [da *quaglia*; 1930] ***sf.*** tipo di uccellagione con reti e richiami per la cattura delle quaglie.

quagliàre (pres. *-àglio, -àgli*) [var. ant. di *cagliare*; a. 1580] ***intr.*** (aus. *essere*) **1.** *region.* cagliare **2.** *fig.* concretarsi, dare un esito tangibile: *l'affare sta quagliando.*

quaglière [da *quaglia*; a. 1320] ***sm.*** *T.cacc.* richiamo per quaglie.

quàglio V. CAGLIO.

quagliòdromo [comp. di *quaglia* e *-dromo*[1]; 1965] ***sm.*** terreno su cui vengono addestrati cani per la caccia alle quaglie.

quàlche [da *qual(e) che (sia)*; 1353] ***agg.*** *indef.* (solo sing.) **1.** un certo numero (non elevato) di: *tra qualche giorno parto, c'è ancora qualche biscotto per me?, è giunta qualche offerta di lavoro* || *qualche volta*, talune volte, talora: *qualche volta ripenso a quello che diceva* || *qualche cosa* V. QUALCOSA **2.** uno: *qualche drammatico motivo lo avrà spinto a ciò, in qualche posto dovrà pur essersi cacciato* **3.** con nomi non numerabili astratti, un certo: *per qualche tempo devi riposarti, una questione di qualche importanza* || preceduto dall'art. indeterminativo, una specie di, una certa misura di, qualcosa come: *idea non priva di una qualche originalità.*

qualchedùno [var. popolare e dialettale di *qualcuno*; 1525] ***pron.*** *indef.* qualcuno.

qualcòsa o **quàlche còsa** [da *qual(che) cosa*; a. 1535] **I** ***pron.*** *indef.* (solo sing.) una o più cose non definite: *le serve qualcosa?, là, tra le foglie, qualcosa si è mosso, se sai qualcosa parla!, mio Dio, deve essere successo qualcosa, a qualcosa servirà pure questo marchingegno* || con valore neutro, seguito da un partitivo: *mi ha detto che sono incapace o qualcosa del genere, pensa a qualcosa di bello e rilassati*; *fam.* anche per dare enfasi: *quel film è qualcosa di indimenticabile* || in loc. part. *qualcosa mi dice, mi fa pensare*, ho un presentimento; *avere qualcosa da parte*, del denaro risparmiato; *è già qualcosa*, è già tanto, meglio che niente: *è già qualcosa che ti abbia salutato* || *qualcos'altro*, ancora qualcosa, qualcosa in più: *aspetta, c'è qualcos'altro che ti devo dire, c'è qualcos'altro da mangiare dopo?*; qualcosa di diverso: *non hai qualcos'altro da metterti?* **II** ***sm.*** *un qualcosa*, una cosa indefinibile, un non so che: *c'è un qualcosa di sinistro nel suo sorriso* || *dim.* qualcosìna, qualcosétta, qualcosùccia.

qualcùno [da *qualc(he) uno*; 1354] ***pron.*** *indef.* **1.** una persona (che non si può o non si vuole specificare): *qualcuno mi ha detto che non saresti venuto, c'è qualcuno che conosce benissimo la risposta* || *essere, diventare qualcuno*, essere affermato, affermarsi, avere successo **2.** una o alcune persone: *a qualcuno piace, ad altri no, c'è qualcuno in casa?, ogni tanto qualcuno va a trovarlo* **3.** seguito da partitivo (esplicito o implicito), una o più persone o cose (ma sempre poche): *qualcuno di questi vasi è incrinato*; anche *f.*: *ho comprato delle ciliege, ne vuoi qualcuna?.*

quàle [lat. *quālis, quāle*; 1243 *quae* f. pl.] **I** ***agg.*** e ***pron.*** *interr.* (si può avere la forma tronca, pertanto mai apostrofata, *qual*, davanti a consonante o vocale) introduce proposizioni interrogative dirette e indirette o dubitative, richiedendo di determinare, fra più possibilità, la natura, l'identità, la qualità e sim. di cose o persone: *qual buon vento ti porta, quale busta vuole, la uno, la due o la tre?, per quale motivo l'hai fatto?, su quali premesse ti basi?*; *con quale diritto entra in casa mia?*; *sono entrambi belli, quale scegliere?, qual è il tuo autore preferito?* || nella *loc. agg. non so quale*, indefinito, imprecisato: *un disturbo di non so quale origine, una catastrofe di non so quale entità* **II** ***agg. escl.*** per dare enfasi a un'affermazione: *quale onore avervi qua!, in quale guaio ci siamo cacciati!, a quale punto giunge la follia umana!* **III** ***pron.*** *rel.* preceduto da art. det. o da prep. articolata: è meno usato di *che*, ma, essendo chiaramente m. o f., pl. o sing., è preferibile quando vi sia ambiguità sul costituente a cui si correla: *ho incontrato la sorella di Paolo, la quale partecipa al concorso*; *persone delle quali non si sa niente*; *lett.* e *arc.* anche senza l'art. det.: *ho udito cose quali non posso ripetere* **IV** ***agg. rel.*** **1.** come quello che, (così) come, spesso correlato con *tale* in costruzioni comparative (di eguaglianza); *un tale disastro, quale nessuno aveva mai visto, quale il padre, tale il figlio* || *tale (e) quale*, identico: *è tale e quale suo padre, riferì il discorso tale e quale lo aveva pronunciato l'oratore* || ass., *un disastro quale nessuno aveva mai visto, una persona colta, quale tu sei, non dovrebbe esprimersi così* || *in part.* con ellissi del verbo *essere*, del tipo di, come: *olio estratto da semi quali la soia o l'arachide* **2.** in qualità di: *parlò quale vicepresidente dell'associazione*; *come uomini vi condanno, quali figli vi compatisco* **3.** *lett.* introduce una similitudine: *quali colombe dal disio chiamate* (Dante) **V** ***agg.*** e ***pron.*** *indef.* **1.** *lett. quale... quale...*, alcuni... altri...: *qual fior cadea sul lembo / qual su le trecce bionde* (Petrarca); *e si cacciò tra lor col ferro in mano: / e qual lasciò ferito e quale ucciso* (Ariosto) **2.** nelle loc. attenuative *in un certo qual modo, in un certo qual senso*: *in un certo qual senso hai ragione, malgrado il tuo errore* **3.** qualunque, non importa quale (spesso seguito da *che* e dal verbo al cong.): *non seguite i suoi consigli, quali che siano* **VI** nella ***loc. agg.*** e ***avv.*** *inv.* (*tanto*) *per la quale*, corretto, per bene, bene: *i tuoi amici non sono (tanto) per la quale*; *non mi sento per la quale*, non mi sento bene.

qualìfica [da *qualificare*; 1745] ***sf.*** **1.** espressione che attribuisce una qualità ad una persona: *si merita la qualifica di ignorante* || giudizio emesso annualmente sulla capacità di un impiegato statale: *ha la qualifica di ottimo* **2.** titolo professionale: *qualifica di avvocato, di operaio specializzato, non ha nessuna qualifica.*

qualificàbile [da *qualificare*; 1871] ***agg.*** che può essere qualificato || **N.** *Contr.* inqualificabile.

qualificànte (*ppr.* di *qualificare*) [1823] ***agg.*** che qualifica, rilevante, significativo: *i punti qualificanti della relazione.*

qualificàre (pres. *-ìfico, -ìfichi*) [comp. di *quale* e *-ficare*; sec. XIV] ***tr.*** **1.** esprimere, manifestare, la qualità di: *questi sono i gesti che qualificano un gentiluomo, il tuo comportamento ti qualifica* **2.** descrivere nelle sue qualità, giudicare: *non so come qualificare quello che hai fatto* **3.** far ottenere una qualificazione professionale, preparare: *un corso di studi che qualifica per molte professioni* || attribuire un titolo professionale || conferire una qualità positiva: *un risultato che qualifica chi lo consegue.*

qualificatìvo [da *qualificare*; 1871] ***agg.*** che serve a qualificare || *T.gram. aggettivo qualificativo*, aggiunto a un nome per indicarne una qualità (per es. *giovane, rosso, raro* ecc.).

qualificàto (*pps.* di *qualificare*) [sec. XIV] ***agg.*** **1.** che ha le qualità richieste per qualcosa: *per quel lavoro non sei qualificato* **2.** *in part.* provvisto di qualifica (nel senso 2): *operaio qualificato* **3.** che si distingue tra altri per le sue qualità (spec. posizione sociale, prestigio ecc.): *una delle famiglie più qualificate della città* **4.** di reato, aggravato da speciali circostanze: *furto qualificato* || **N.** **1.** attrezzato, competente, preparato | *Contr.* squalificato; dequalificato **2.** specializzato | *Contr.* generico.

qualificatóre [da *qualificare*; a. 1698] ***agg.*** e ***sm.*** (f. *-trìce*) *non com.* che o chi qualifica.

qualificazióne [da *qualificare*; 1745] ***sf.*** **1.** atto del qualificare e del qualificarsi **2.** preparazione professionale: *questo attestato certifica la sua qualificazione* **3.** *T.sport.* prova o insieme di prove che un atleta o una squadra devono superare per partecipare ad una determinata gara: *incontri di qualificazione per i campionati del mondo di calcio.*

qualità [dal lat. *qualitas, -ātis*; 1308 *qualitade*] ***sf.*** **1.** proprietà, caratteristica che concorre a determinare la natura, l'aspetto ecc. di una cosa o di una persona: *le qualità di un materiale, di un prodotto, una persona con rare, buone qualità, senza particolari qualità, qualità morali, fisiche, artistiche, professionali* || *per restr.* qualità positiva: *un artista apprezzato per le sue qualità, un ragazzo senza qualità* || *T.gram. complemento di qualità*, introdotto dalla prep. *di*, specifica una qualità (come in "un edificio *di grosse dimensioni*") || *in qualità di*, con la funzione o la qualifica di, nella veste di: *è qui in qualità di giudice* **2.** (non numerabile) il complesso delle qualità, che determina il valore globale: *merce di prima qualità, di qualità scadente, migliorare, peggiorare la qualità della produzione, badare più alla qualità che alla quantità* || *ass.* buona qualità: *un negozio che ha solo prodotti di qualità, in quel ragazzo la qualità c'è, manca la convinzione* **3.** varietà, specie: *le qualità precoci di piante da frutta sono ricercate, un negozio pieno di merci di ogni qualità* || **N.** **1.** attributo, carattere, disposizione, contrassegno, peculiarità, prerogativa, requisito; dote, pregio, virtù; difetto, vizio | acquisita, comune, naturale, singolare, intrinseca, essenziale, nascosta, negativa, palese, positiva **2.** calibro, condizione, costituzione, indole, natura, temperamento | eccellente, mediocre **3.** famiglia, forma, genere, grado, risma, sorta, stampo, tipo.

qualitatìvo [dal lat. tardo *qualitatīvus*; 1353] **I** ***agg.*** di o relativo alla o alle qualità: *controllo, livello qualitativo* || *T.chim. analisi qualitativa*, diretta a riconoscere gli elementi che compongono una data sostanza **II** ***sm.*** nell'uso commerciale, qualità: *il qualitativo di una merce*, la qualità.

qualménte [comp. di *quale* e *-mente*; a. 1527] ***avv.*** *ant.* o *pop.* come, in che modo; *com.* solo nella *loc. avv. come qualmente*, per filo e per segno.

qualóra [comp. di *quale* e *ora*; 1353] ***cong.*** nel caso che, se (introduce una subordinata con valore ipotetico, sempre al congiuntivo): *qualora sia disponibile, mi potrò aiutare da lui.*

qualsìasi [da *quale siasi*, quale che si sia; 1611] **I** ***agg.*** *indef. inv.* **1.** ogni: *devi farcela a qualsiasi costo, qualsiasi persona capirebbe* **2.** pur che sia, senza particolari requisiti; ordinario, comune: *una qualsiasi occupazione va bene, un martedì qualsiasi del prossimo mese, non sono occupazioni per persone qualsiasi* **II agg. rel.** (solo *sing.*) introduce una relativa col verbo al cong.: *accetta qualsiasi lavoro gli propongano, è impassibile di fronte a qualsiasi cosa gli capiti.*

qualsisìa (o *qual si sia*; pl. raro *qualsisìano*) [da *quale (che) si sia*; a. 1535] **agg. indef. inv.** *disus.* qualsiasi.

qualsivòglia (pl. raro *qualsivògliano*) [da *quale si voglia*; 1548] **agg. indef. inv. lett.** *non com.* qualsiasi.

qualùnque [da *qual(e)* sul modello di *chiunque*; fine sec. XIII] **I agg. indef.** (solo *sing.*) **1.** non importa quale, qualsiasi: *riesce a far amicizia con qualunque persona, si può parlare con lui di qualunque cosa* **2.** ogni: *lo voglio a qualunque costo, in qualunque parte del mondo ti condannerebbero* **3.** senza caratteristiche particolari (di tono leggermente spreg.): *un libro qualunque, un qualunque abito va bene*; con litote, *non ...qualunque*, eccezionale: *non è uno scrittore qualunque* **II agg. rel.** l'uno o l'altro che (introduce una proposizione al cong.): *qualunque cosa accada, non vi abbandonerò.*

qualunquismo [dal titolo del giornale (*L'uomo*) *qualunque*, fondato nel 1944 da G. Giannini; 1945] **sm.** **1.** movimento di opinione e partito politico, nato all'inizio del secondo dopoguerra, che riteneva di interpretare i bisogni e il modo di pensare dell'uomo comune, esprimendo una generica sfiducia per i partiti politici tradizionali e le istituzioni democratiche **2.** *per estens.* atteggiamento di critica generica e superficiale o di sfiducia nei confronti della politica.

qualunquìsta [da *qualunquismo*; 1945] **s.** **1.** sostenitore del qualunquismo **2.** *per estens.* chi dimostra un atteggiamento di indifferenza o di sfiducia nei confronti delle ideologie politiche.

qualunquìstico (pl. *-ci*) [da *qualunquismo*; 1950] **agg.** da qualunquista o del qualunquismo.

qualvòlta o **quàl vòlta** [da *quale volta*; a. 1321] **cong. lett.** ogni volta che, tutte le volte che (introduce una proposizione temporale con valore relativo e verbo all'indicativo); oggi solo preceduta da *ogni*: *ogni qualvolta ti vedo, mi sento male.*

quamquam (lat., pr. it. ['kwaŋkwam]) [letter. quantunque] **cong.**; usata in funzione di **sm.** nelle loc. scherz.: *fare il quamquam, stare sul quamquam*, darsi arie d'importanza, fare il saccente.

quàndo [lat. *quando*; inizio sec. XIII *quano*] **I avv.** **1.** introduce interrogative dirette o indirette; in quale momento, in quale tempo: *quando verrà?, quando è successo?; non so quando ricapiterà, chissà quando otterrò il rimborso?* ‖ preceduto da prep., quale momento: *da quando hai la patente?, per quando pensi di finire?, a quando risale questa pergamena?, fino a quando durerà questa storia?* ‖ in interrogative retoriche, rafforzato da *mai*: *quando mai ti sei preoccupato di lei?, fare una cosa del genere! quando mai?*; nella loc. *da quando in qua*: *da quando in qua sei tu a dare ordini?* ‖ *di quando in quando*, ogni tanto **2.** *disus.* o *lett.* in espressioni correlate, talora, talvolta: *giungeva quando a piedi quando a cavallo* **II cong.** **1.** introduce proposizioni temporali con valore relativo; nel momento in cui, al tempo in cui, il momento in cui: *quando me ne accorsi era ormai troppo tardi, queste cose succedevano quando ero bambino, quando parti è sempre troppo tardi* ‖ tutte le volte che: *quando ti vede, si mette a piangere* ‖ preceduto da prep., il tempo in cui: *da quando prende quella medicina sta molto meglio, non uscirai fino a quando non avrai finito i compiti* ‖ senza valore relativo; e in quel momento: *stavo per uscire quando mi ricordai che dovevo fare una telefonata*; *quand'ecco*, ed ecco che all'improvviso, proprio in quel momento (spec. nelle narrazioni, per ridestare l'attenzione di chi ascolta o legge): *camminava tranquilla quand'ecco un'ombra comparve al suo fianco*; anche seguito da verbo all'infinito, se il soggetto è diverso da quello della principale: *erano tutti imbarazzati quand'ecco prorompere una risata* **2.** con valore ipotetico, nel caso che, se: *quando si ha un carattere così brutto si hanno pochi amici*; con valore enfatico, anche con ellissi della principale: *quando si è fortunati!, quando si dice il caso!* ‖ (sempre col verbo al cong.) ancorché, anche qualora: *quand'anche ci fosse la volontà mancherebbero i mezzi* **3.** con valore avversativo, mentre, laddove: *è voluto venire lo stesso quando poteva benissimo stare a casa* **III sm.** il tempo in cui avviene qualcosa: *di tutto vuol sapere il dove e il quando.*

quandùnque [da *quand(o)*, sul modello di *chiunque*; 1319] **cong. arc.** quando, ogni volta che (con valore relativo): *quandunque l'una d'este chiavi falla* (Dante).

quàntico (pl. *-ci*) [da *quanto*²; 1930] **agg.** *T.fis.* dei quanti e delle teorie dei quanti; *numeri quantici*, numeri che designano i valori possibili assunti da alcuni parametri che determinano lo stato fisico di una particella.

quantificàbile [da *quantificare*; 1912] **agg.** che può essere quantificato, misurato.

quantificàre (pres. *quantìfico, quantìfichi*) [dal lat. mediev. *quantificāre*; 1974] **tr.** determinare la quantità, esprimere in cifre ‖ *T.fis.* applicare a una grandezza una legge di quantificazione; quantizzare ‖ *T.fil.* in logica, rif. a formule, applicare un quantificatore.

quantificatóre [da *quantificare*; 1970] **sm.** e **agg.** **1.** chi, che quantifica **2.** in logica, ciascuno degli operatori che determinano l'ambito di validità di una formula rispetto all'universo del discorso: *quantificatore universale*, corrisponde all'espressione "per ogni"; quantificatore *esistenziale*, corrisponde a "esiste almeno uno tale che" **3.** *T.ling.* determinante che indica una quantità (per es. *tutto, ogni, uno, nessuno*).

quantificazióne [dall'ingl. *quantification*; 1959] **sf.** *T.fil.* in logica matematica, applicazione di uno o più quantificatori ad una formula.

quantìstico (pl. *-ci*) [da *quanto*²; 1930] **agg.** *T.fis.* relativo alla teoria dei quanti e ai quanti: *meccanica, elettrodinamica quantistica.*

quantità [dal lat. *quantitas, -ātis*; fine sec. XIII] **sf.** **1.** entità di qualcosa (massa, peso, volume ecc.): *calcolare con precisione la quantità di materiale necessario, la quantità di persone affluite è superiore al previsto, è necessaria una determinata quantità di calore per ottenere la reazione, possiede un'incredibile quantità di francobolli* ‖ *una certa quantità*, un volume o un numero imprecisati, un po': *ha una certa quantità di soldi da parte* ‖ *T.gram. complemento di quantità*, che esprime una misura di estensione, peso ecc.; *avverbio di quantità*, che indica in modo generico una misura o l'intensità di un'azione (per es. *molto, poco, troppo, assai* ecc.) **2.** *per restr.* moltitudine, gran numero: *una quantità di gente spaventata premeva verso l'uscita, ha fatto una quantità di domande inutili* ‖ *in quantità*, in abbondanza: *un albero che produce frutti in quantità* **3.** *T.ling.* la proprietà di una vocale o di una sillaba di essere breve o lunga, sentita come tratto distintivo in alcune lingue ed elemento fondamentale della metrica quantitativa ‖ **N.** **1.** entità, grandezza, misura, mole, numero, peso, proporzione, volume; ammontare; abbondanza, ammasso, assortimento, briciolo, catasta, congerie, dose, massa, miriade, monte, mucchio, pioggia, po', profluvio, profusione, quantitativo, serie, sacco **3.** lunghezza.

quantitatìvo [da *quantità*; sec. XIV] **I agg.** **1.** concernente la quantità: *differenza quantitativa di produzione* ‖ *T.chim. analisi quantitativa*, diretta a determinare la quantità di ciascun elemento che compone una certa sostanza **2.** *in part. T.ling.* che riguarda la quantità delle vocali: *opposizione quantitativa* ‖ *poesia, metrica quantitativa*, in cui la composizione segue precisi schemi di sillabe brevi o lunghe **II sm.** quantità: *un quantitativo di merce giacente in magazzino* ‖ **N.** I **2.** accentuativo.

quantizzàre [da *quanto*²; 1959] **tr.** *T.fis.* descrivere nei termini teorici della meccanica quantistica: *quantizzare una grandezza.*

quantizzàto (*pps.* di *quantizzare*) [1941] **agg.** *T.fis.* nella meccanica quantistica, che può assumere solo un insieme discreto di valori.

quantizzazióne [da *quantizzare*; 1935] **sf.** **1.** *T.fis.* il considerare quantizzate le grandezze fisiche **2.** *T.mat.* conversione di una variabile continua in una serie di valori discreti.

quànto¹ [lat. *quantus, quantum*; sec. XII-XIII] **I agg.** **1.** *interr.* ed *escl.* quale numero di: *quante volte te lo devo ripetere?, da quanti anni siete qui?; non ricordo più quanti soldi gli ho prestato; oh, quanti fiori!* ‖ con nomi non numerabili, quale quantità di: *quanto zucchero vuoi nel caffè?; da quanto tempo non venivi!, quanta pazienza!, quanto mi rincresce!* **2.** *rel.* tutto ciò che: *ha cercato di arraffare quanta roba gli stava in borsa*, tutta la roba che gli stava in borsa **II pron.** **1.** *interr.* ed *escl.* quale numero: *quanti sono i voti contrari?, quanti di voi sono già al corrente?, calcolare quanto fa 23 al quadrato* ‖ in relazione a nomi non numerabili, quale misura: *quanta ne hai mangiata di torta?*; rif. al tempo: *per quanto ne hai ancora?*; allo spazio: *quanto manca alla meta?*; al denaro: *quanto costa, quanto hai speso, quanto ti pagano?* ‖ con valore indefinito, quante cose: *non so quanto sia riuscito a concludere* **2.** *rel.* la quantità o il numero che: *di quei libri ne ho letti quanti ho potuto* ‖ con valore indefinito, (tutto) quello che: *gli ha dato quanto gli spettava, per quanto ne so io è così*, al sing. può essere preceduto da *tutto*, *odia tutto quanto gli ricorda sua madre*; *questo è quanto*, è tutto quello che c'era da dire **III avv.** **1.** *interr.* ed *escl.* in che misura: *quanto ti sei impegnato per l'esame?, non so quanto ancora creda a certi ideali, non ha capito quanto ci sia rimasta male; accipicchia quanto è in gamba!* **2.** *rel.* nella stessa misura in cui: *si è sforzato quanto ha potuto* ‖ in espr. comparative (sovente correlato con *tanto*), allo stesso modo che, come: *è (tanto) lungo quanto largo, è (tanto) bella quanto crudele, c'è una bella veduta tanto di giorno quanto di notte, dopo la spiegazione ne so (tanto) quanto prima* ‖ *non tanto... quanto*, non solo... ma piuttosto: *non è tanto per i soldi che lo fa quanto per la fama* ‖ nell'espr. *quanto più... tanto più*, introduce una comparativa: *quanto più passa il tempo tanto più il dolore si attenua* ‖ *quanto mai*, come mai prima: *un inverno freddo quanto mai*; assai, oltremodo: *una persona quanto mai noiosa* ‖ nell'espr. *quant'è vero...*, con cui si rafforza la veridicità di qualcosa: *vedrà di cosa sono capace, quant'è vero Iddio, quant'è vero che sono sua moglie se ne pentirà* ‖ *tanto quanto*, in modo ancora accettabile: *ti piace questo abito? il modello tanto quanto, ma il colore...* **IV** in **loc. cong.** **1.** *in quanto*, perché, dal momento che (introduce una causale col verbo all'ind.): *non lo hanno assunto in quanto non possedeva i requisiti* ‖ *in quanto che*, perché, per il fatto che **2.** *per quanto*, anche se (introduce una concessiva al cong.): *per quanto mi sforzi di non pensarci, non riesco* **V** nella **loc. prep.** *in quanto*, in qualità di, considerato come: *è stato arrestato in quanto corresponsabile del reato; la potenza, in quanto* *possibilità non determina l'atto, in quanto virtualità lo determina.*

quànto² (pl. *-i*) [dal ted. *Quantum*; 1929] ***sm.*** **1.** quantità **2.** *T.fis.* quantità minima e indivisibile in cui può essere suddivisa una grandezza fisica: *un quanto di energia* || *quanto d'azione*, costante di Planck **3.** *T.fis.* numero quantico. **Q.T.** *fisica.*

quantomeccànica [comp. di *quanto* e *meccanica*; 1965] ***sf.*** *T.fis.* meccanica quantistica.

quantoméno o **quànto méno** [comp. di *quanto* e *meno*; 1838 *quanto meno*] ***avv.*** almeno, al minimo: *sarà condannato, o quantomeno dovrà pagare un'ammenda.*

quantòmetro [comp. di *quanto* e *-metro*; 1959] ***sm.*** apparecchio spettrografico che permette di individuare le componenti presenti in un campione di lega metallica e di determinarne la percentuale.

quantosòma (pl. *-i*) [comp. di *quanto* e *soma*; 1984] ***sm.*** *T.bot.* ognuna delle centinaia di unità granulari che ricoprono la lamella dei cloroplasti, che si ritiene collaborino alla fotosintesi.

quantum (lat., pr. it. ['kwantum]) [letter. quanto; 1935] ***sm.*** **1.** (pl. *quanta*) *T.fis.* quanto **2.** *T.giur.* quantità di denaro o di altri beni di cui si richiede il pagamento.

quantùnque [da *quanto*¹, sul modello di *chiunque*; a. 1342] **I** ***cong.*** (introduce una concessiva col verbo al cong.) benché: *l'ho aiutato quantunque non se lo meritasse*; anche con ellissi del verbo: *viene a trovarmi quantunque di malvagolia* **II** ***agg.*** e ***pron.*** *rel. arc.* qualunque cosa che: *chi vuol vedere quantunque po natura* (Petrarca), tutto quello che può natura.

qua qua (pr. [kwak'kwa]) [a. 1400 *qua qua riqua*] voce onom. che imita il verso delle anitre o delle oche; anche come *sm.*: *nell'aia si sente il qua qua delle oche.*

quarànta [lat. *quadraginta*; fine sec. XIII] ***agg.*** e ***sm.*** *num. card.*, ar. 40, rom. XL || *gli anni quaranta*, dal 1940 al 1949 || *T.gioc. trenta e quaranta*, v. TRENTA; *scala quaranta*, gioco di carte simile al ramino, con tredici carte per giocatore, in cui l'apertura può avvenire con combinazioni i cui valori assommino a 40 punti e in cui le proprie carte possono essere attaccate alle combinazioni sul tavolo.

quarantèna [da *quaranta*; sec. XIV] ***sf.*** **1.** periodo di quaranta giorni **2.** il periodo (originariamente di quaranta giorni) durante il quale una nave o una persona proveniente da luogo infetto è trattenuta in osservazione: *far la quarantena, essere in quarantena*; *mettere in quarantena, fig.* rif. a notizia poco attendibile, aspettare che venga confermata || **N.** contumacia, isolamento | epidemia, lazzaretto.

quarantènne [comp. di *quaranta* e *-enne*; 1855] ***agg.*** e ***s.*** che o chi ha compiuto quarant'anni.

quarantènnio (pl. *-ni*) [comp. di *quaranta* e *-ennio*; 1922] ***sm.*** periodo di tempo di quaranta anni.

quarantìna [da *quaranta*; a. 1311] ***sf.*** **1.** serie di circa quaranta cose **2.** *in part.* età di circa quaranta anni: *è un uomo ormai sulla quarantina* **3.** *tosc.* quarantena.

quarantìno [da *quaranta*, come se il ciclo di maturazione si compisse in soli quaranta giorni; 1789] ***agg.*** *T.agr.* di pianta coltivata, che si sviluppa in breve tempo.

quarantóre [da *quaranta ore*; 1669] ***sf.*** *pl.* *T.eccl.* pratica devozionale che consiste in una solenne esposizione del SS. Sacramento per circa quaranta ore di seguito.

quarantottàta [da *quarantotto*, con riferimento agli avvenimenti del 1848; 1891] ***sf.*** manifestazione politica rumorosa, ma senza alcun risultato.

quarantottésco (pl. *-schi*) [da *quarantotto*, con riferimento agli avvenimenti del 1848; 1905] ***agg.*** che si riferisce al 1848 e ai rivolgimenti politici di quell'anno in Italia || *spreg.* velleitario, confuso.

quarantottèṣimo [da *quarantotto*; 1691] **I** ***agg.*** *num. ord.* di 48 **II** ***agg.*** *num. fraz.* la quarantesima parte || *T.tip. in quarantottesimo*, si dice di un formato di stampa ottenuto piegando un foglio in quarantotto parti.

quarantòtto [comp. di *quaranta* e *otto*; a. 1388] ***agg.*** e ***sm.*** *num. card.*, ar. 48, rom. XLVIII || *il Quarantotto*, l'anno 1848, caratterizzato in Italia, da rivolgimenti politici e guerre per l'indipendenza || *per estens. fam.* grande baccano, putiferio: *è successo un quarantotto, fare un quarantotto* || *mandare a carte quarantotto*, buttare all'aria, scombinare.

quarantottóre [comp. di *quarantotto* e *ora*; 1974] ***sf.*** *inv.* valigetta capace di contenere l'indispensabile per un viaggio di due giorni || **N.** ventiquattrore.

quare (lat., pr. it. ['kware]) [letter. per la qual cosa; 1313] **I** ***avv.*** *arc.* perché: *e come e quare voglio che m'intenda* (Dante) **II** ***cong.*** *arc.* (introduce una causale con verbo all'ind.) poiché **III** ***sm.*** *raro* nella loc. *non sine quare*, non senza una ragione.

quarentàna [var. di *quarantena*; a. 1342] ***sf.*** *arc.* quarantena.

quaréṣima [lat. volg. **quarēsima*, class. *quadragēsima*, quarantesima; 1353] ***sf.*** nella liturgia cattolica, i quaranta giorni che iniziano il mercoledì delle Ceneri e finiscono il Sabato Santo, dedicati a penitenze e preghiere di preparazione alla Pasqua: *osservare, fare la quaresima*, osservarne i precetti; *rompere la quaresima*, infrangerli || in alcune espr. fam. che ne ricordano le privazioni e il rigore: *è luogo come la quaresima, magro come la quaresima.*

quareṣimàle [da *quaresima*; a. 1363] **I** ***agg.*** di o da quaresima: *penitenze quaresimali* **II** ***sm.*** **1.** serie di prediche fatte durante tutto il corso di una quaresima; anche il libro che le contiene **2.** dolce tradizionale del periodo di quaresima, con pinoli e uvetta.

quareṣimalìsta [da *quaresimale*; 1891] ***sm.*** *T.eccl.* sacerdote che predica il quaresimale.

quark (ingl., pr. [kwɔ:k]; pr. it. [kwark]) [da una voce priva di significato coniata da J. Joyce e usata nel romanzo *Finnegans wake* e poi ripresa, come T.fis., dal fisico statunitense M. Gell-Mann; 1964] ***sm.*** *inv.* *T.fis.* nella teoria delle interazioni forti, particelle di carica elettrica frazionaria, presenti solo allo stato legato e costituenti le particelle elementari.

quàrta [lat. *quarta(pars)*, quarta (parte); 1556] ***sf.*** **1.** per ellissi di un sf., designa qualcosa che occupa il quarto posto in una serie, una gerarchia e sim. || *in part.*: la quarta classe di un corso di studi: *esser promosso in quarta* || *T.aut.* la quarta marcia nel cambio degli autoveicoli: *innestare, ingranare, togliere la quarta* || *fig. partire in quarta*, iniziare qualcosa con grande slancio || *T.sport.* nella scherma, movimento o posizione di parata con il braccio leggermente piegato e il dorso della mano rivolto in basso: *parata di quarta* || nella danza, posizione in cui i piedi sono orientati come nella quinta, ma distanziati di un passo || *T.mat.* la quarta potenza: *elevare un numero alla quarta* **2.** *T.mus.* intervallo che comprende, con gli estremi, quattro gradi della scala diatonica (per es. re-sol); *salto di quarta*; *quarta giusta*, comprendente due toni e un semitono; *quarta eccedente*, comprendente tre toni; *quarta diminuita*, comprendente due semitoni e un tono **3.** *T.mar.* ciascuna delle 32 parti in cui si divide la rosa dei venti, pari a 11°15″ || *dim.* quartìna.

quartabuòno [dallo sp. *cartabón*; a. 1574] ***sm.*** **1.** *T.tecn.* squadra di legno, a forma di triangolo rettangolo isoscele, usato spec. in falegnameria; *a quartabuono*, ad angolo retto **2.** *T.mar.* angolo formato dal piano di un'ossatura con la superficie interna della carena.

quartàna [lat. *quartāna (febris)*; a. 1321] ***agg.*** *T.med.* di febbre malarica intermittente, il cui accesso ritorna ogni quattro giorni; anche come *sf.*

quartàra [dal lat. *quartarius*, quarta parte di una misura; 1935] ***sf.*** antica misura di capacità corrispondente circa a dieci litri, il cui valore preciso variava a seconda delle località || vaso di capacità corrispondente.

quartàro [dal lat. *quartarius*, quarta parte di una misura; 1935] ***sm.*** quartara.

quartaròlo o **quartaruòlo** [da *quarto*; 1503] ***sm.*** **1.** antica misura di capacità, pari a 14,585 litri **2.** *T.mar.* il quarto rematore della galea.

quartàto [da *quarto*; sec. XIV] ***agg.*** *non com.* **1.** di corporatura robusta **2.** *T.arald.* di scudo, diviso in quattro parti uguali.

quartazióne [da *quarto*, sul modello del fr. *quartation*; 1895] ***sf.*** aggiunta di argento all'oro, per costituire una lega formata per tre quarti dal primo e per un quarto dal secondo.

quarterìa [da *quarto*; 1891] ***sf.*** *T.agr.* rotazione agraria delle colture con un anno di riposo ogni quattro.

quartettìsta [da *quartetto*; 1959] ***s.*** **1.** chi fa parte di un quartetto musicale o vocale **2.** compositore di musica per quartetti.

quartétto [da *quarto*; 1826] ***sm.*** **1.** *T.mus.* composizione per quattro strumenti o quattro voci: *quartetto d'archi, di fiati* || l'insieme dei quattro musicisti che eseguono una tale composizione **2.** gruppo di quattro persone ben combinate; anche *iron.*: *fanno proprio un bel quartetto.*

quàrtica [da *quarto (grado)*; 1935] ***agg.*** e ***sf.*** *T.mat.* di curva algebrica, rappresentata da un'equazione di quarto grado.

quarticìno [da *quarto*; 1871] ***sm.*** *T.tip.* foglio di quattro pagine, che serve a completare un libro o a sostituire pagine che contengono errori || **N.** *Sin.* carticino.

quartieràto [da *quartiere*; 1614] ***agg.*** *T.mar.* di nave o delle sue forme, larghe e rotonde (contrapposto a *stellato*).

quartière [dal fr. *quartier*; sec. XIV] ***sm.*** **1.** ciascuna delle aree in cui viene suddivisa una città, caratterizzata dal punto di vista urbanistico, etnico, storico ecc.: *quartiere residenziale, popolare, commerciale, il quartiere cinese*; *quartiere dormitorio*, quartiere periferico, gen. nei pressi di un'area industriale, caratterizzato da mancanza di verde e di servizi **2.** *T.mil.* complesso di edifici in cui alloggiano le truppe; caserma: *quartiere d'inverno* || *quartier(e) generale*, il complesso di ufficiali e soldati addetti al comando d'una grande unità e il luogo dove operano || *dar quartiere*, dar salva la vita a chi si arrende in battaglia; *fig.* dar requie, riposo; *lotta senza quartiere*, spietata, all'ultimo sangue **3.** *T.mar.* nei velieri, l'insieme delle vele che stanno a proravia o a poppavia rispetto all'asse verticale intorno a cui gira la nave nei suoi movimenti angolari: *quartiere di prora* o *di poppa* || angolo o inclinazione che si dà ai cordami fissi: *dare più o meno quartiere* || tavole mobili sagomate con le quali si chiudono i boccaporti **4.** *T.arald.* quarto d'uno stemma: *arma a quartieri* (divisa in quattro parti) **5.** *T.calz.* la parte posteriore della tomaia delle scarpe **6.** nella sella, ciascuna delle due ali laterali **7.** *tosc.* appartamento (spec. al *dim.* *quartierino*) || *dim.* quartierìno, quartierùccio. **Q.T.** *forze armate* **TAV.** *finimenti* 1.4.

quartiermàstro [propr. capo (*mastro*) del *quartiere*, sul modello dell'ol. *kwartiermeester*; a. 1696] ***sm.*** *T.mil.* sottufficiale della marina a cui, in passato, erano affidati compiti di vigilanza.

quartiglière [da *quartiere*; 1853] ***sm.*** *T.mar.*

sulle navi da guerra, sentinella di guardia nei ponti inferiori delle navi.

quartiglio [da *quarto*; 1905] ***sm.*** *T.gioc.* lo stesso che *quadrigliati.*

quartile [dall'ingl. *quartile*; 1959] ***sm.*** *T.stat.* in un insieme ordinato di dati, ciascuno dei valori che dividono l'insieme in quattro gruppi formati ognuno da un eguale numero di dati.

quartina [da *quarto*; a. 1698] ***sf.*** **1.** strofa di quattro versi, rimati in vario modo **2.** *T.mus.* successione di quattro note || *in part.* quella contrassegnata col numero 4, che compare al posto di una successione in ritmo ternario e con la stessa durata **3.** *T.filat.* gruppo di quattro francobolli, non separati e disposti in quadrato **4.** *T.tip.* formato grande per carta da lettere. **Q.T.** *metrica* **TAV.** *filatelia* 4.

quartino [da *quarto*; sec. XIII] ***sm.*** **1.** quarta parte di una misura || *in part.* quarto di un litro, spec. rif. a vino; anche rif. al recipiente: *bere un quartino di barbera*; *svuotare un quartino* **2.** *T.tip.* carticino.

quartiròlo [da *quarto*; 1500 nel senso 1; 1905 nel senso 2] ***sm.*** **1.** fieno ottenuto dal quarto taglio di un prato, nella stessa annata **2.** formaggio lombardo a pasta molle, simile allo stracchino, prodotto con latte intero di mucca.

quàrto [lat. *quartus*; a. 1292] **I** ***agg. num. ord.*** di 4: *Enrico quarto, il quarto secolo*, dal 301 al 400 (d.C.) o dal 400 al 301 (a.C.); *quarto potere*, V. POTERE[2] nel senso 3; *la quarta arma*, l'aeronautica; *il quarto stato*, il proletariato; *T.giorn. quarta pagina*, quella riservata agli annunci economici; *T.gram. quarto caso*, l'accusativo || uno su quattro, quasi solo nell'espr. *la quarte parte* **II** ***agg. num. fraz.*** **1.** la quarta parte: *due quarti* || *T.abb. manica a tre quarti*, che arriva poco sotto il gomito; *soprabito tre quarti*, di un quarto più corto del normale **2.** *in part. quarto d'ora*, quindici minuti: *fra tre quarti d'ora si parte*; anche *ass.*: *sono le sette e un quarto, manca un quarto a mezzanotte, un orologio che batte i quarti*; *passare un brutto quarto d'ora*, V. ORA[1] nel senso 1 || *scherz. il quarto d'ora di Rabelais*, il momento di pagare per chi non ha soldi **3.** *T.mac.* ciascuna delle quattro parti in cui viene macellata una bestia, comprendente un arto: *quarto posteriore, anteriore, quarto di bue, di agnello, di tacchino* **4.** *T.astr. primo, ultimo quarto*, delle quattro fasi lunari, le due che, rispettivamente, seguono o precedono il novilunio: *la luna è al primo quarto* **5.** *T.sport. quarti di finale*, terzultima prova di un torneo a eliminazione diretta, disputata da quattro coppie di avversari **6.** *T.arald.* ciascuna delle quattro parti in cui è suddiviso uno scudo da due linee perpendicolari che si intersecano al centro || *quarti di nobiltà*, le famiglie nobili che si possono annoverare fra quelle dei nonni paterni e materni da cui si discende: *avere i quattro quarti di nobiltà* **7.** *T.mar.* servizio di guardia di quattro ore a bordo delle navi **8.** *T.mus.* semiminima **9.** *T.tip. in quarto*, formato per libri, diffuso spec. nell'Ottocento, ottenuto piegando in quattro ciascun foglio di stampa || *dim.* quartino. **TAV.** *alimentazione* 5.6; ***astronomia* p.** 656 5.1, 5.3.

quartodecimàno [dal lat. tardo *quartodecimanus*, del quattordicesimo giorno; 1891] ***agg.*** e ***sm.*** (f. *-a*) appartenente ad una corrente del cristianesimo delle origini, che celebrava la Pasqua il quattordicesimo giorno dopo la luna nuova di marzo, cioè alla stessa data degli ebrei.

quartodècimo [dal lat. *quartus decimus*; a. 1374] ***agg. num. ord.*** e ***sm.*** *lett.* quattordicesimo.

quartogènito [da *quarto*, sul modello di *primogenito*; a. 1602] ***agg.*** e ***sm.*** (f. *-a*) che è stato generato dopo altri tre figli.

quartùccio (pl. *-ci*) [da *quarto*; sec. XIV] ***sm.*** la quarta parte di un litro || *in part.* quarto di vino.

quartùltimo [da *quarto*, sul modello di *penultimo*; 1641] ***agg.*** e ***sm.*** il quarto, a partire dall'ultimo: *si è classificato quartultimo.*

quarzìfero [comp. di *quarzo* e *-fero*, prob. sul modello del fr. *quartzifère*; 1871] ***agg.*** che contiene quarzo: *sabbia quarzifera.*

quarzìte [da *quarzo*, prob. sul modello del fr. *quartzite*; 1875] ***sf.*** *T.min.* roccia silicea composta in prevalenza da quarzo.

quàrzo [dal ted. *Quarz*; 1550] ***sm.*** *T.min.* minerale, costituito da biossido di silicio, assai comune in natura in numerose rocce, in aggregati microcristallini o in cristalli trasparenti (incolori se puri, variamente colorati se impuri); è utilizzato in gioielleria nelle varietà più pregiate, in ottica per la preparazione di lenti e prismi e nella costruzione di apparecchiature di precisione per le sue proprietà piezoelettriche || **N.** quarzo avventurina, ialino, rosa; agata, ametista, calcedonio, corindone, corniola, diaspro, eliotropio, opale, sardonica; cristallo di rocca.

quarzóso [da *quarzo*; 1777] ***agg.*** che contiene quarzo.

quàṣar [dall'ingl., *quas(i stell)ar (radio source)* sorgente di onde radio quasi stellare; 1966] ***sf. inv.*** *T.astr.* radiosorgente molto intensa con aspetto ottico di stella, di dimensioni modeste, situata a grande distanza dalla Terra, individuabile per mezzo dei radiotelescopi.

quàṣi [lat. *quasi*; fine sec. XIII] **I** ***avv.*** circa, poco meno che, pressappoco; viene preposto a qualsiasi costituente della frase per esprimere una prossimità per difetto (temporale, spaziale o quantitativa): *è quasi Natale, siamo giunti quasi alla meta, c'erano quasi mille persone, beve quasi un litro di vino al giorno, sono quasi tutti d'accordo, non c'è quasi più nessuno, ti sei mangiato quasi un pollo intero* || può anche indicare un alto grado di somiglianza o di affinità, un'analogia molto stretta e sim.: *la copia è quasi uguale all'originale, si sono sposati quasi di nascosto, è quasi andato a sbattere contro il muro, sembra quasi che voglia prendermi in giro, sembra quasi Natale* || *stare quasi per*, essere molto prossimo a: *stavo quasi per cascarci in pieno*; con valore attenuativo: *è quasi più buono al naturale che condito*, in part. nelle espr. *oserei quasi dire che, si potrebbe quasi dire che...* || nella *loc. avv. quasi quasi*, detto da chi è incerto ma si sente allettato da una prospettiva: *quasi quasi me la squaglio*; *vuoi un po' di birra?, quasi quasi...* **II** ***cong.*** come se (introduce una proposizione modale al cong.): *le risponde sempre così, quasi ignorasse che è sua madre, ti ci metti anche tu, quasi non ne avessi abbastanza*; anche *quasi che* (o *quasiché*): *si è stupito, quasi che non lo sapesse.*

quaṣiché o **quàṣi che** [comp. di *quasi* e *che*; 1835] ***cong.*** come se (introduce una proposizione modale con verbo al congiuntivo): *era molto nervoso, quasi che dovesse arrivare qualcuno da un momento all'altro.*

quaṣiconduttóre [comp. di *quasi* e *conduttore*; 1974] ***agg.*** *T.fis.* quasimetallico.

quaṣicristallìno [comp. di *quasi* e *cristallino*; 1959] ***agg.*** in cristallografia, di struttura intermedia fra quella dei cristalli e quella dei liquidi.

quaṣiménte [da *quasi*; 1325 ca.] ***avv.*** *ant.* quasi.

quaṣimetàllico (pl. *-ci*) [comp. di *quasi* e *metallico*; 1974] ***agg.*** *T.fis.* detto di ossido metallico la cui conduttività è dello stesso ordine di grandezza di quella dei metalli puri.

quaṣimòdo [da *quasi modo geniti infantes*, inizio dell'introito della messa della domenica in albis; 1835] ***sm.*** la prima domenica dopo Pasqua, domenica *in albis.*

quaṣi-monéta [comp. di *quasi* e *moneta*; 1981] ***loc.*** *T.econ.* depositi bancari e postali che hanno funzione monetaria pur non avendo lo stesso grado di liquidità della moneta vera e propria.

quassazióne [dal lat. *quassātio, -ōnis*; 1940] ***sf.*** *T.farm.* operazione farmaceutica che consiste nel ridurre i corpi solidi in frammenti per agevolare l'estrazione dei principii solubili.

quàssia [voce del lat. scient. tratta dal n. *Cossi* del Surinam, scopritore delle proprietà della scorza di quest'albero; 1804] ***sf.*** pianta dell'America tropicale, il cui legno, ridotto in polvere, viene utilizzato come insetticida o in farmacia come eupeptico.

quassìna [da *quassia*; 1835] ***sf.*** principio attivo presente nel legno di quassia, usato come insetticida o in farmacia come tonico e stimolante.

quàssio [da *quassia*; 1922] ***agg.*** *legno quassio* o *sm. quassio*, legno della quassia.

quassù [comp. di *qua* e *su*; a. 1321] ***avv.*** qua in alto: *riesci ad arrampicarti fin quassù, da quassù si gode una veduta magnifica* || *per estens.* rif. a luogo situato a Nord: *quassù in Piemonte gli inverni sono più freddi.*

quassùso [comp. di *qua* e *suso*; sec. XIV] ***avv.*** *ant.* quassù.

quatèrna [dal lat. *quaterni* nominativo pl., a quattro a quattro; 1889] ***sf.*** **1.** serie di quattro numeri giocati al lotto in un solo biglietto, che sono vincenti se escono sulla stessa ruota || nel gioco della tombola, quattro numeri usciti nella stessa fila di una cartella **2.** lista di quattro nomi di persone da sottoporre a una selezione.

quaternàrio (pl. *-ri*) [dal lat. *quaternārius*, di quattro; 1875] **I** ***agg.*** **1.** costituito da quattro parti o elementi || *T.chim. composto quaternario*, composto organico in cui l'azoto ha quattro legami di cui uno ionico || *T.metr.* di verso, composto di quattro sillabe; di strofa, composta di quattro versi || *T.mus. battuta, misura quaternaria*, derivata dall'unione di due battute binarie **2.** *T.geol.* relativo al Neozoico (o Quaternario): *era quaternaria* **II** ***sm.*** *T.geol. Quaternario*, ultima delle ere geologiche, durante la quale è comparso l'uomo || **N.** **I** **1.** *Sin.* quadripartito **2.** *Sin.* neozoico, antropozoico. **Q.T.** *geologia.*

quaternióne [dal lat. tardo *quaternio, -ōnis*, il numero quattro; 1938] ***sm.*** *T.mat.* ciascuno dei numeri complessi a quattro unità che rappresentano un'estensione del campo dei numeri complessi e la cui struttura è un esempio di corpo non commutativo.

quatriduàno (o *quattriduàno*) [dal lat. tardo *quatriduānus*; 1306] ***agg.*** *lett.* di quattro giorni: *luna quatriduana.*

quàtto [lat. *coactus*, raccolto, compresso; a. 1321] ***agg.*** rannicchiato in silenzio, per non farsi notare; perlopiù ripetuto: *se ne stava quatto quatto dietro la porta* || **quattaménte** ***avv.***

quattóne [da *quatto*; a. 1587] ***avv.*** soltanto nella loc. avv. *quatton quattoni*, quattamente.

quattordicènne [comp. di *quattordici* e *-enne*; 1871] ***agg.*** e ***s.*** che o chi ha quattordici anni di età.

quattordicèṣimo [da *quattordici*; 1611] **I** ***agg. num. ord.*** di 14: *Luigi quattordicesimo*; *il quattordicesimo secolo*, il periodo che va dal 1301 al 1400 (d.C.) o dal 1400 al 1301 (a.C.) || *quattordicesima mensilità* o *sf. la quattordicesima*, indennità pari a una mensilità corrisposta a certe categorie di lavoratori oltre la tredicesima || uno su quattordici, quasi solo nell'espr. *la quattordicesima parte* **II** ***agg. num. fraz.*** la quattordicesima parte: *tre quattordicesimi* || **N.** decimoquarto.

quattórdici [lat. *quattuordecim*; sec. XIII *quattordeci*] **agg.** e **sm.** *num. card.* ar. 14, rom. XIV.
quattriduàno V. QUATRIDUANO.
quattrina [da *quattrino*, per la forma rotonda delle foglie che ricordano una moneta; 1970] **sf.** nummularia.
quattrinàio (pl. *-i*) [da *quattrino*; 1842] **agg.** e **sm.** (f. *-a*) *spreg.* che o chi ha molto denaro.
quattrinària [da *quattrina*; 1823] **sf.** nummularia.
quattrinèlla [da *quattrina*; 1891] **sf.** nummularia.
quattrino [da *quattro*; a. 1348] **sm. 1.** piccola moneta di rame, del valore di quattro denari, in circolazione dal XIII al XIX secolo in Italia || in alcune espr. come esempio di moneta di scarso valore: *non aver il becco di un quattrino*, non aver affatto denari; *non valere un quattrino*, di cosa che non ha alcun pregio **2.** *pl.* denaro: *si è fatto un sacco di quattrini, è pieno di quattrini*; *fior di quattrini*, una grossa cifra || *dim.* quattrinèllo; *spreg.* quattrinùccio; *pegg.* quattrinàccio || **N. 1.** centesimo.
quàttro [lat. *quattuor*; 1211] **agg.** e **sm.** *num. card.*, ar. 4, rom. IV **1.** con valore proprio, in numerose espr. proprie e fig.: *gridare ai quattro venti*, far sapere a tutti, spec. rif. a notizie riservate || *parlare a quattr'occhi*, da solo a solo || *farsi in quattro*, prodigarsi con grande slancio || *in quattro e quattr'otto*, in brevissimo tempo || *le quattro mura*, le mura di casa: *se ne sta sempre rintanato fra le quattro mura* || *dirne quattro a qualcuno*, dirgli il fatto suo || *fare il diavolo a quattro*, V. DIAVOLO nel senso 1 || *T.mus. a quattro mani*, di composizione pianistica, che va eseguita da due persone contemporaneamente sulla stessa tastiera: *arrangiamento di un valzer a quattro mani* || *T.gioc. gioco dei quattro cantoni*, V. CANTONE || *T.sport.* nel canottaggio, imbarcazione con quattro rematori, con o senza timoniere: *quattro con, quattro senza*; *il quattro con italiano ha vinto* || *prov. non dir quattro se non l'hai nel sacco*, non contare su qualcosa finché non sei sicuro di averla **2.** *per estens.* esempio di numero piccolo e indeterminato: *far quattro passi*, una breve passeggiata || *fare quattro salti*, ballare spec. tra amici in casa || *quattro soldi*, una miseria: *per quel lavoro gli danno quattro soldi* || *fare quattro chiacchiere*, discorrere del più o del meno || **N. 1.** quadriglia, quartina, quaterna, tetralogia, quadripartito, quadruplice, quadruplo, quaternario; quarto, quadrangolare | quadruplicare | tetra-.
quattròcchi [comp. di *quattro* e *occhio*; 1865] **s.** *inv. scherz.* chi porta gli occhiali: *ecco che arriva il signor Quattrocchi* || *loc. avv. a quattrocchi* V. QUATTRO.
quattrocentésco (pl. *-schi*) [da *quattrocento*; 1922] **agg.** del Quattrocento: *palazzo quattrocentesco*.
quattrocentino [da *quattrocento*; 1933] **agg.** in bibliografia, del Quattrocento: *edizione quattrocentina* (o *sf. quattrocentina*) incunabolo.
quattrocentista (pl. *-i*) [da *quattrocento*; 1826 nel senso 1; 1950 nel senso 2] **s. 1.** scrittore o artista del Quattrocento || esperto di cultura e spec. letteratura e arte del Quattrocento **2.** *T.sport.* atleta specializzato in gare su una distanza di 400 metri.
quattrocentistico (pl. *-ci*) [da *quattrocentista*; 1959] **agg.** dei quattrocentisti e del Quattrocento; quattrocentesco.
quattrocènto [comp. di *quattro* e *cento*; fine sec. XIII] **agg.** e **sm.** *num. card.*, ar. 400, rom. CD O CCCC || *il Quattrocento*, il quindicesimo secolo || *sm. pl. i quattrocento*, gara di corsa o nuoto sulla distanza di quattrocento metri.
quattrocentoventùno [comp. di *quattro*, *cento*, *venti* e *uno*; 1988] **sm.** gioco derivato dallo zanzi; si gioca in un numero di giocatori indeterminato, su un piatto di legno foderato di panno verde; a turno si gettano tre dadi ordinari e lo scopo è la realizzazione di particolari combinazioni, per es. il quattrocentoventuno (quattro, due e uno sui tre dadi).
quàttro tèmpora o **quattrotèmpora** [comp. di *quattro* e del disus. *tempora* pl., tempo, stagione; a. 1348] **sf.** *pl. T.eccl.* digiuno di tre giorni comandato dalla Chiesa quattro volte durante l'anno a ogni mutare di stagione.
que' V. QUEGLI.
quechua (sp., pr. [ˈketʃwa]) [da una voce quechua che significa ladro; 1929] **I sm.** *inv.* famiglia etnolinguistica diffusa in Perù, Bolivia e Ecuador **II agg.** *inv.* relativo alle popolazioni quechua e alla loro famiglia di lingue: *gli Spagnoli si servirono in un primo tempo della lingua quechua, la più diffusa nell'impero incaico.*
quégli (davanti a consonante rare le forme *que* e *quei*) [lat. volg. *(*ec*)*cu*(*m*) *illi*, ecco quello; fine sec. XIII] **pron.** *dimostr. lett.* solo sing. maschile **1.** quella persona, colui || contrapposto a *questi*, indica il primo di due termini precedentemente citati: *Piero e Mario hanno iniziato insieme: questi ha già finito, quegli è ancora a metà* **2.** *arc.* quella cosa.
quéi V. QUEGLI.
quél V. QUELLO.
quéllo [lat. volg. *(*ec*)*cu*(*m*) *ille*; 960 *kelle* f. pl.] **agg.** e **pron.** *dimostr.* (come agg., del maschile esistono le forme sing. *quéllo* e *quél*, e pl. *quégli*, e *quéi*, che vengono usati rispettivamente negli stessi casi di *lo*, *il*, *gli* e *i*; come pron. ha il pl. *quélli*, raro *quéi*) **1.** come deittico indica oggetto animato o inanimato distante sia da chi parla sia da chi ascolta, spesso accompagnato da un gesto ostensivo del parlante: *prendete quell'uomo, guarda quella nuvola!, "quale preferisce?", "quello"*; *questa frutta mi sembra più fresca di quella*, anche rafforzato da un pron. di luogo: *quell'albero là è una betulla* || *pop.* per chiamare una persona di cui non si sa il nome: *ehi, quel giovane, venga ad aiutarmi!* **2.** con valore anaforico si riferisce a qualcosa, citato in precedenza, inteso come lontano nel tempo, nello spazio o lontano da un punto di vista psicologico: *ho visto Michele alla festa, e quella è stata l'ultima volta*; *sono da poco tornato dall'India e penso che presto tornerò in quel paese*; *un tempo spendevo molto in viaggi, ma quelle sono cose che ormai non posso più permettermi* || contrapposto a *questo*, può indicare il più lontano, nel testo, di due termini precedentemente citati: *un gruppo di soldati era assediato dal nemico, questo era ben armato, quelli si difendevano come potevano*; *questo e quello*, l'uno e l'altro, tutti: *ha parlato a questo e a quello* || *in quella...*, nelle narrazioni, in quel preciso momento || *è sempre quello*, è sempre lui, non è cambiato **3.** seguito da una relativa restrittiva o da altra specificazione, ha valore puramente determinativo: *quello di cui avrebbe bisogno è un po' di riposo, la mia auto è quella rossa, questo colore è quello che preferisco, per quello che mi risulta non è così, quel simpaticone di Giorgio!* || la specificazione o la relativa può essere omessa, talvolta per lasciare intendere cosa notevole: *quando avrò finito prenderò una sbronza di quelle!, ho preso uno di quegli spaventi* || *in quel di Milano*, a Milano || *eufem. una di quelle*, una prostituta.
quenelle (fr., pr. [kəˈnɛl]) [dal ted. *Knödel*, gnocco; 1908] **sf.** polpettina fatta cuocere in acqua bollente.
quèrce (pl. *-ci*) [lat. *quercea*; a. 1572] **sf.** *tosc.* quercia.
quercéta [da *quercia*; 1891] **sf.** *non com.* querceto.
quercéto [dal lat. *quercētum*; 1320 ca.] **sm.** bosco di querce.
quèrcia (pl. *-ce*) [lat. *quercea*; a. 1321] **sf. 1.** genere di piante arboree ad alto fusto delle Fagacee, comprendente varie specie diffuse nelle zone temperate; hanno foglie gen. lobate e frutti a noce (ghiande) avvolte da una cupola, e legno duro, pesante e resistente, adatto per costruzione e come combustibile || *com.* si intende la *quercia comune* o *farnia* (*quercus robur*), che può raggiungere proporzioni maestose e vivere parecchi secoli || *quercia da sughero*, con corteccia grossa e screpolata da cui si ricava il sughero; *quercia lanuginosa* o *pubescente*, V. ROVERELLA || *per meton.* legno di quercia: *una botte di quercia* || in alcune espr., simbolo di forza e solidità: *forte, robusto, saldo come una quercia* **2.** *quercia marina*, alga bruna, comune nel Mediterraneo, lunga fino a un metro, con ramificazioni frondose provviste talvolta di vescicole piene d'aria che fungono da galleggianti || *dim.* querciòlo; *accr.* querciòne || **N. 1.** rovere, cerro, elce, farnia, sughero | ghianda, galla.
quercino [dal lat. tardo *quercīnus*; 1599] **agg. 1.** di quercia: *legno quercino* **2.** *topo quercino*, o *sm. quercino*, piccolo mammifero arboricolo dei Roditori, con pelliccia rossiccia e muso e zampe scure, diffuso nei boschi montani.
querciòla (*dim.* di *quercia*) [sec. XIV *querciuola*] **sf. 1.** piccola quercia || *tosc. far querciola*, camminare con le mani appoggiate a terra e i piedi sollevati (perlopiù come gioco da ragazzi) **2.** pianta arbustacea delle Labiate, diffusa nei prati, con foglie lanceolate e infiorescenze rosa.
querciòlo (*dim.* di *quercia*) [1353 *querciuolo*] **sm. 1.** quercia giovane **2.** pezzo di legno di quercia da ardere: *un fuoco di querciòli.*
quercite [comp. di *quercia* e *-ite*²; 1871] **sf.** zucchero simile all'inosite, presente nelle ghiande e nella corteccia di quercia; è usato in farmacologia || **N.** *Sin.* quercitolo.
quercitòlo [da *quercite* e *-olo*²; 1959] **sm.** quercite.
quercitróne [dall'ingl. *quercitron*, comp. del lat. *quercus*, quercia e dell'ingl. *citron*, cedro; 1871] **sm. 1.** *T.bot.* albero delle Fagacee originario del Nordamerica, dalla cui corteccia si ricava un estratto di colore giallo **2.** la sostanza gialla estratta da tale pianta, usata come colorante per lana e seta.
querèla [dal lat. *querēla*, lagnanza poi anche querela giudiziaria; a. 1348] **sf. 1.** *T.giur.* dichiarazione, presentata all'autorità competente in cui si denuncia un reato non perseguibile d'ufficio, necessaria a promuovere l'azione penale: *sporgere querela per diffamazione, ritirare querela* **2.** *lett.* lamento || **N. 1.** accusa, denunzia, reclamo; ricorso, controquerela.
querelànte (*ppr.* di *querelare*) [1585] **s.** colui che ha presentato querela.
querelàre (pres. *-èlo*) [dal lat. tardo *querelāri*, lamentarsi; 1508] **tr.** citare in una querela come responsabile dell'offesa: *è stato querelato per ingiurie* || **intr. pron.** *lett.* lamentarsi.
querelàto (*pps.* di *querelare*) [a. 1565] **sm.** (f. *-a*) *T.giur.* colui contro il quale viene presentata una querela penale.
querelle (fr., pr. [kəˈrɛl]) [letter. querela, disputa; 1935] **sf.** *inv.* disputa, controversia, soprattutto in campo ideologico, politico o culturale.
querelóso [da *querela*; a. 1342] **agg.** *arc.* che si lamenta.
querènte [dal lat. *quaerens*, *quaerentis*, ppr. di *quaerere*, chiedere; 1321] **agg.** e **s.** *lett.* che, chi chiede qualcosa.
querimònia [dal lat. *querimōnia*, deriv. da *queri*, lagnarsi; 1313] **sf.** *lett.* **1.** lamentela, lagnanza **2.** voce lamentosa e insistente, spec. di animali.
quèrulo [dal lat. *querulus*; 1525] **agg. 1.** lamentoso, piagnucoloso: *un vecchio querulo* **2.** *per estens.* di suono, che sembra un lamento: *il querulo canto di un uccello.*

querulomania [comp. di *querulo* e *-mania*; 1959] ***sf.*** sintomo psicopatologico che si manifesta come tendenza a sentirsi vittima di ingiustizie e ad avanzare continue rivendicazioni.

quesito [dal lat. *quaesītum*; sec. XV] ***sm.*** domanda; questione da risolvere: *porre un quesito, un facile quesito di matematica* ‖ **N.** PROBLEMA.

quèsti [lat. volg. *(*ec*) *cu*(*m*) *isti*, ecco questo; fine sec. XIII] ***pron. dimostr.*** *lett.* solo sing. e, gen. in funzione di soggetto, questa persona: *questi arde, e fuor di spene* (Tasso) ‖ correlato con *quegli* o con *quello*, o anche da solo, indica la seconda delle due persone precedentemente citate: *Stefano scherzava a denti stretti con Gaetano e questi d'improvviso l'aveva preso per i polsi* (Pavese).

questionàbile [da *questionare*; 1745] ***agg.*** *non com.* discutibile.

questionàre (pres. *-óno*) [da *questione*; a. 1342] ***intr.*** (aus. *avere*) far questione, discutere vivamente ‖ **N.** DISCUTERE.

questionàrio (pl. *-ri*) [dal fr. *questionnaire*; 1882] ***sm.*** elenco di domande relative a un dato argomento (tipicamente a scopo di inchiesta, sondaggio d'opinione e sim.) ‖ il foglio in cui vi sono le domande: *riempire il questionario.*

questionatóre [da *questionare*; 1338 ca.] ***sm.*** (f. *-trìce*) *non com.* individuo che litiga o solleva facilmente questioni.

questióne [dal lat. *quaestio, -ōnis*; fine sec. XIII] ***sf.*** **1.** problema: *una questione intricata, esaminare la questione, i termini della questione, questione giuridica, filosofica*; *in part.* problema a lungo dibattuto in un certo ambito: *la questione meridionale, la questione della lingua* ‖ *mettere in questione*, in discussione; *essere fuori questione*, indubbio, o, anche, improponibile: *andare al cinema?! è fuori questione* **2.** *per estens.* oggetto, materia di una discussione, di una trattazione e sim.: *la questione non mi riguarda* ‖ *il nocciolo della questione*, il punto cruciale della faccenda ‖ *questione di principio*, v. PRINCIPIO ‖ *è questione di*, si tratta di: *è questione di vita o di morte, questione di gusti, di fortuna*; anche, dipende da: *è solo questione di tempo, di buona volontà* ‖ *in questione*, di cui si tratta: *ed ecco arrivare la persona in questione* **3.** *per estens.* discussione, diverbio: *la questione è nata per futili motivi, vennero a questione e si picchiarono, far questioni su tutto* ‖ *in part. T.giur.* lite in giudizio ‖ *dim.* questioncèlla, questioncìna ‖ **N. 1.** controversia, diatriba, dubbio, polemica; quesito | annosa, bizantina, delicata, difficile, di lana caprina, insolubile, intricata, pendente, pregiudiziale, pregiudicata, preliminare, scottante, spinosa | accomodare, agitare, aggiornare, appianare, definire, decidere, sollevare, sostenere, sviluppare, trattare.

quésto [lat. volg. *(*ec*) *cu*(*m*) *iste*, ecco questo; 1186] ***agg.*** e ***pron.*** *dimostr.* **1.** come deittico indica oggetto animato o inanimato vicino a chi parla, anche accompagnato da gesto ostensivo: *questa è la mia casa, questo è il tuo nuovo compagno di banco, provi questo nuovo prodotto, questo l'ho cucinato io, quest'altro l'ho comprato già fatto* ‖ più genericamente fa riferimento a ciò che è presente o più immediato: *non vorrai mica uscire con questo tempo, questo tuo comportamento è inaudito, questa me la paghi!, questa mi sembra un'ottima domanda* ‖ rif. a parti del corpo, mio: *l'ho impastato con queste mani, l'ho sentito con queste orecchie* ‖ in determinazioni di tempo, indica contemporaneità o prossimità, sia nel passato sia nel futuro: *questo è un gran giorno!, questa notte ho dormito benone, questa notte faremo baldoria, in questi ultimi giorni è andato peggiorando*; *quest'oggi*, oggi ‖ nelle narrazioni: *in questa*, in tale momento: *in questa giunse il marito* ‖ *a questo e a quello*, a tutti: *è andato a raccontarlo a questo e a quello* **2.** con valore anaforico, si riferisce a qualcosa citato nel discorso o sottinteso: *alle 23 siamo giunti a Genova e in questa città abbiano pernottato, non mangia fragole perché queste le provocano un'allergia* ‖ con valore neutro, tale cosa (rif. a ciò che è descritto da un'intera proposizione): *non osava guardarmi, da questo ho capito che mentiva, non gli hanno dato l'aumento, per questo si è licenziato*; anche rif. direttamente al testo: *"perdono!", questo disse prima di morire*; con valore cataforico: *volevo dirti questo: vieni domani*; *arrivare, giungere a questo*, a questo punto; *con questo*, dicendo questo: *e con questo vi saluto* ‖ contrapposto a *quello*, indica il più vicino nel testo, di due termini precedentemente citati: *Emma e Franco sono stati rimandati: questo di matematica, quella di latino.*

questóre [dal lat. *quaestor, -ōris*; sec. XIV nel senso 3] ***sm.*** **1.** funzionario del ministero degli Interni che, in ciascuna provincia, e alle dipendenze del prefetto, svolge mansioni inerenti alla pubblica sicurezza **2.** *questore delle Camere*, ciascuno dei membri della Camera o del Senato che ha l'ufficio di mantenere l'ordine durante le assemblee parlamentari **3.** *T.stor.* magistrato romano con funzioni giudiziarie o amministrative; *questore militare*, che accompagnava il console in guerra.

questòrio (pl. *-ri* o *-rii*) [dal lat. *quaestōrius*; 1745] ***agg.*** *T.stor.* relativo a questore dell'antica Roma.

quèstua [da *questuare*; 1804] ***sf.*** richiesta di elemosina o di offerte a scopo di beneficenza ‖ **N.** *Sin.* colletta.

questuànte (*ppr.* di *questuare*) [1724] ***agg.*** e ***s.*** che o chi questua: *frati questuanti*, i frati degli ordini mendicanti.

questuàre (pres. *quèstuo*) [dal lat. *quaestus*, ricerca, guadagno; a. 1540] ***intr.*** (aus. *avere*) andare alla questua ‖ ***tr.*** elemosinare.

questùra [dal lat. *quaestūra*; sec. XVII nel senso 2] ***sf.*** **1.** organo decentrato del Ministero degli Interni, posto in ciascun capoluogo di provincia, presieduto dal questore; anche l'edificio in cui ha sede: *recarsi in questura* **2.** *T.stor.* nell'antica Roma, la carica di questore e la sua durata.

questurìno [da *questura*; 1876] ***sm.*** *pop.* agente di pubblica sicurezza; poliziotto, guardia.

quetànza v. QUIETANZA.

quèto [var. di *quieto*; a. 1321] ***agg.*** *lett.* quieto.

quetzal (sp., pr. [kɛˈtsal]) [voce dello sp. d'America, dall'atzeco *quetzalli*, splendenti penne della coda; 1930] ***sm. inv.*** **1.** *T.zool.* uccello dei Trogoniformi dell'America centrale, con piumaggio verde e rosso, ciuffo di piume sul capo e due lunghe penne caudali variopinte **2.** unità monetaria del Guatemala ‖ **N. 1.** *Sin.* trogone splendido.

qui [lat. (*ec*)*cu*(*m*) *hīc*, ecco qui; 960 *ki*] ***avv.*** in questo luogo; indica luogo vicino a chi parla (più circoscritto e determinato rispetto a *qua*): *vieni subito qui, è successo proprio qui, mi fa male qui, dove ho il dito* ‖ *fig.* a questo punto (della situazione o del discorso): *fin qui ho taciuto, qui devo fare una precisazione* ‖ contrapposto a *lì* o *là*: *sta un po' qui un po' là*; *qui e là*, sparsamente: *qui e là si trovano errori nel testo* ‖ ulteriormente localizzato da altri avv. o loc. avv. di luogo: *il giornalaio è qui dietro l'angolo, sali qui sopra, qui davanti a noi* ‖ per accentuare il valore di un altro elemento deittico: *di chi è questa roba qui?, ecco qui Piero*; o per dare enfasi e far convergere l'attenzione su qualcosa: *senti qui cosa dicono i giornali, prendi qui la borsa, guarda qui che disastro* ‖ in *loc. avv.* questo luogo, questo punto: *da qui puoi vedere meglio, di qui in poi è proprietà privata, è passato di qui* ‖ *da* (o *di*) *qui a lì*, per indicare genericamente una minima distanza: *non si muoverebbe di qui a lì, non vede da qui a lì* ‖ questa località, questi paraggi: *è un'usanza di qui* ‖ con valore temporale, *da qui a*, da questo momento a: *da qui a una settimana sarà guarito*; *da qui in avanti*, d'ora in poi.

quia (lat., pr. it. [ˈkwia]) [letter. riguardo a che, perché; 1319] ***sm. inv.*** **1.** l'argomento principale, il punto: *ed ora eccoci al quia* **2.** la constatazione di un fatto contrapposta alla sua spiegazione: *state contente umane genti al quia* (Dante).

quid (lat., pr. it. [kwid]) [letter. che cosa?; 1618 *quidde*] ***sm. inv.*** qualcosa d'indeterminato o non facilmente definibile: *c'è in quest'uomo un certo quid che lo fa diverso dagli altri.*

quidam (lat., pr. it. [ˈkwidam]) [letter. qualcuno; 1871] ***sm. inv.*** una persona indeterminata, un tizio qualsiasi: *io lavoro, e verrà poi un quidam qualsiasi a criticare.*

quiddità [dal lat. *quid*, che cosa?; a. 1321 *quidditate*] ***sf.*** *T.fil.* nella scolastica, il complesso delle qualità sostanziali di qualcosa.

quidditatìvo [da *quiddità*; 1691 *quiditativo*] ***agg.*** *T.fil.* relativo a quiddità.

quidernatóre [dal disus. *quiderno*, quinterno; 1954] ***sm.*** (f. *-trìce* e *-tóra*) *raro* nelle cartiere, addetto alla piegatura della carta in quinterni.

quidsìmile (o *quid sìmile* o *quissìmile*) [lat. *quid simile*, qualche cosa di simile; 1879] ***sm.*** *ant.* qualcosa di simile.

quiescènte [dal lat. *quiescens, -entis*; ppr. di *quiēscere*, stare in riposo; sec. XIV] ***agg.*** **1.** che riposa, che è inattivo; latente **2.** *fig.* acquiescente.

quiescènza [dal lat. tardo *quiescentia*; 1829] ***sf.*** **1.** condizione di temporanea inattività, di riposo ‖ *in part.* in un ciclo orogenetico o vulcanico, fase di sospensione dell'attività ‖ *T.bot.* periodo di rallentamento dell'attività vitale di una pianta o di un suo organo **2.** *T.bur.* *trattamento di quiescenza*, la liquidazione e la pensione del dipendente collocato a riposo ‖ **N. 1.** letargo **2.** pensionamento.

quièscere [dal lat. *quiēscere*; fine sec. XIII] ***intr.*** *arc.* riposare.

quietànza [dal fr. *quittance*; 1289 *ketanza*] ***sf.*** dichiarazione scritta di ricevuto pagamento ‖ **N.** RICEVUTA | quietanzare.

quietanzàre [da *quietanza*, sul modello del fr. *quittancer*; 1812] ***tr.*** rilasciare quietanza in relazione ad un avvenuto pagamento: *quietanzare una fattura.*

quietanzatrice [da *quietanzare*; 1970] ***sf.*** macchina simile a un registratore di cassa, usata agli sportelli di esazione per registrare le riscossioni e rilasciare le quietanze con apposita timbratura.

quietàre (pres. *quièto*) [dal lat. tardo *quietāre*; a. 1321] ***tr.*** rendere quieto, placare: *quietare gli animi, le passioni* ‖ *per estens.* appagare: *quietare un desiderio* ‖ ***intr. pron.*** diventare quieto, pacifico: *il vento si è quietato, quando si sarà quietato potremo parlargli* ‖ *fig.* appagarsi ‖ **N. tr.** *Sin.* calmare, pacificare.

quietazióne [dal lat. tardo *quietātio, -ōnis*; 1477] ***sf.*** **1.** *arc.* quiete, calma **2.** *arc.* quietanza.

quiète [dal lat. *quies, -ētis*; 1306] ***sf.*** **1.** assenza di movimento, immobilità: *un corpo in stato di quiete* ‖ *T.gram.* *verbi di quiete*, che indicano uno stato, una posizione e non uno spostamento **2.** *per estens.* pace, tranquillità non turbata da rumori, disordini e sim.: *la quiete del bosco, recare disturbo alla quiete pubblica* **3.** *fig.* riposo del corpo o dell'anima, requie: *forse perché dalla fatal quiete / tu sei l'imago a me sì cara vieni o sera* (Foscolo) ‖ **N. 2.** *Sin.* calma, silenzio; TRANQUILLITÀ **3.** *Contr.* agitazione.

quietézza [da *quieto*; 1745] ***sf.*** *raro* l'essere

quieto.

quietismo [prob. dal fr. *quiétisme*; 1733] **sm.** **1.** movimento religioso sorto nel sec. XVIII rivolto a una contemplazione passiva e a un abbandono totale a Dio **2.** *per estens.* indifferenza, apatia. **Q.T.** *religione.*

quietista [prob. dal fr. *quiétiste*; 1681] **s.** **1.** seguace del quietismo **2.** persona apatica, indifferente.

quietistico (pl. *-ci*) [da *quietista*; 1959] **agg.** proprio del quietismo e dei quietisti, relativo al quietismo e ai quietisti: *dottrina quietistica, atteggiamento quietistico.*

quièto [dal lat. *quiētus*; a. 1321] **agg.** **1.** immobile, fermo: *mare quieto, aria quieta* **2.** silenzioso, tranquillo: *la quieta piazza di un paese* **3.** placido, non turbato né agitato: *un ragazzo quieto e ubbidiente, stai quieto!, indole quieta, amare il quieto vivere* || **quietaménte** **avv.** || *dim.* quietìno; *accr.* quietóne || **N.** **2.** calmo **3.** posato, sereno | *Contr.* inquieto, irrequieto.

quietùdine [da *quiete*; 1306] **sf.** *ant.* quiete, riposo.

quinàle [dal lat. *quini*, a cinque a cinque; a. 1348] **sm.** *T.mar.* tipo di fune costituito da cinque legnoli.

quinamónte [da *quine* a *monte*; 1473] **avv.** *tosc. ant.* quassù in alto.

quinàrio (pl. *-i*) [dal lat. *quinārius*; 1835] **agg.** e **sm.** *T.metr.* di verso, composto di cinque sillabe || **N.** *Sin.* pentasillabo.

quinavàlle [da *quine a valle*; sec. XIV *quindavalle*] **avv.** *tosc. ant.* quaggiù a valle, in basso.

quincéntro [comp. di *quinci* e *entro*; 1313] **avv.** *ant.* qui dentro.

quìnci [lat. volg. *(*ec*) *cu*(*m*) *hince*, ecco di qui; 1294] **I avv.** *ant. lett.* **1.** di qui, da qui, in questo luogo; esprime moto da luogo o per luogo || da quanto si è detto, perciò || in correlazione con *quindi* indica da una parte e dall'altra: *e quinci il mar da lungi e quindi il monte* (Leopardi) **2.** *lett.* e *disus.* da questo momento in poi **II sm.** nella loc. *star sul quinci e sul quindi*, parlare con affettazione.

quincónce o **quincùnce** [dal lat. *quincunx, -uncis*; a. 1597] **sm.** o **sf.** **1.** *T.stor.* nell'antica Roma, quantità pari a 5 once (5/12 di un asse), rappresentata simbolicamente da cinque punti disposti come il cinque di un dado da gioco || moneta italica di bronzo del valore di cinque once coniata fra il IV e il III secolo a.C. **2.** *per estens.* nella *loc. avv.* o *agg. a quinconce*, disposti come i punti del 5 nei dadi: *guglie di un campanile disposte a quinconce*; *in part.* rif. alla disposizione di piante o alberi in filari sfalsati: *coltivazione, schieramento a quinconce.*

quinconciàle [dal lat. *quincunciālis*; a. 1597] **agg.** a forma di quinconce: *distribuzione quinconciale.*

quincùnce V. QUINCONCE.

quindecemviràle [dal lat. *quindecimvirālis*; 1871] **agg.** *non com.* dei quindecemviri.

quindecemviràto [dal lat. tardo *quindecimvirātus*; 1871] **sm.** *T.stor.* ufficio e dignità dei quindecemviri || la durata della carica.

quindecèmviro [dal lat. *quindecimvir*; 1769] **sm.** *T.stor.* ciascun appartenente a un collegio di quindici membri che aveva presso i Romani vari uffici, tra cui quello di custodire e consultare i libri sibillini.

quindecènviro e der. V. QUINDECEMVIRO e der.

quindècimo [dal lat. *quindecimus*; 1340] **agg.** *num. ord. lett.* quindicesimo.

quìndi [lat. volg. *(*ec*) *cu*(*m*) *inde*, ecco di là; a. 1292] **I cong.** (con valore conclusivo) per tale ragione, dunque, perciò: *c'è la luce accesa, quindi deve essere in casa* || (con valore temporale) e poi, e subito dopo: *finì di mangiare, quindi si alzò* **II avv.** *arc.* **1.** da qui, da lì: *quindi andarono i due cavalieri in Inghilterra* (Boccaccio) || spesso correlato con *quinci* || anche come complemento di moto per luogo, attraverso questo luogo: *e quindi uscimmo a riveder le stelle* (Dante) **2.** con valore temporale, da questo, da quel momento: *quindi a pochi dì*, dopo pochi giorni; (*da*) *quindi innanzi*, da ora in poi.

quindicènne [comp. di *quindici* e *-enne*; 1871] **agg.** e **s.** che o chi ha quindici anni di età.

quindicènnio (pl. *-ni*) [comp. di *quindici* e *-ennio*; 1812] **sm.** periodo della durata di quindici anni circa.

quìndici [lat. *quindecim*; 1211] **agg.** e **sm.** *num. card.*, ar. 15, rom. XV || *oggi a quindici*, tra due settimane || *T.sport.* squadra di rugby, in quanto composta da 15 giocatori: *un quindici travolgente* || *T.gioc. gioco del quindici*, consistente nel riordinare quindici tasselli numerati, scorrevoli fra loro, entro una piccola scacchiera di sedici posti, utilizzando lo spazio vuoto.

quindicìna [da *quindici*; 1838] **sf.** **1.** insieme di quindici cose uguali || *ass.* quindici giorni: *la prima quindicina di giugno* **2.** *per meton.* la paga di quindici giorni: *riscuotere la quindicina.*

quindicinàle [da *quindicina*; 1891] **I agg.** che avviene, si tiene o si stampa ogni quindici giorni: *visita, periodico quindicinale* **II sm.** rivista quindicinale: *un quindicinale illustrato.*

quìne [comp. di *qui* e *ne*; fine sec. XIII] **avv.** *arc.* quivi.

quinquagenàrio (pl. *-ri* o *rii*) [dal lat. *quinquagenārius*, di cinquanta; 1611] **I agg.** che ha cinquanta anni di età **II sm.** **1.** (f. *-a*) cinquantenne **2.** ricorrenza del cinquantesimo anno, cinquantenario.

quinquagèsima [dal lat. tardo *quinquagesima* (*dies*), cinquantesimo giorno; 1669] **sf.** la domenica precedente alla quaresima, che precede di cinquanta giorni la Pasqua.

quinquagèsimo [dal lat. *quinquagēsimus*; sec. XIV] **agg.** *num. ord. lett.* cinquantesimo.

quinquàtrie [dal lat. *Quinquātria*; 1891 *quinquatri* agg. pl.] **sf.** *pl.* *T.stor.* feste celebrate nell'antica Roma, in onore di Minerva, cosiddette perché duravano cinque giorni, dal 19 al 24 marzo.

quinquennàle [dal lat. *quinquennālis*; 1533] **I agg.** che dura cinque anni, o che ricorre ogni cinque anni: *piano quinquennale, festa quinquennale* **II sm.** quinto anniversario.

quinquennalità [da *quinquennale*; 1871] **sf.** *non com.* **1.** periodicità di cinque anni **2.** rata quinquennale.

quinquènne [dal lat. *quinquennis*; 1855] **agg.** e **s.** che o chi ha cinque anni di età.

quinquènnio (pl. *-i*) [dal lat. *quinquennium*; 1598] **sm.** periodo di cinque anni || **N.** *Sin.* lustro.

quinquerème [dal lat. *quinquerēmis*; a. 1470] **sf.** *T.stor.* antica nave da guerra a cinque ordini di remi || **N.** trireme, quadrireme, polireme.

quinqueviràto [dal lat. *quinqueviràtus*; 1965] **sm.** *T.stor.* ufficio e dignità dei quinqueviri.

quinquèviro [dal lat. *quinquevir*; 1871] **sm.** *T.stor.* nell'antica Roma, ciascuno dei cinque membri di una magistratura che aveva l'incarico di provvedere al restauro degli edifici pubblici.

quinquilióne V. QUINTILIONE.

quìnta [f. sost. di *quinto*; 1829 nel senso 3] **sf.** **1.** per ellissi di un sf., designa qualcosa che occupa il quinto posto in una serie, gerarchia e sim. || *in part.* la quinta classe di un corso di studi: *essere promosso in quinta* || *T.aut.* la quinta marcia nel cambio degli autoveicoli: *innestare la quinta* || *T.sport.* nella scherma, posizione con arma orizzontale serrata dalla mano rivolta in basso: *invito di quinta* || nella danza, posizione in cui le punte dei piedi sono rivolte all'infuori e l'interno di un piede è accostato all'esterno dell'altro **2.** *T.mus.* intervallo che comprende, con gli estremi, cinque gradi della scala diatonica **3.** *T.teatr.* ciascuno degli alti e stretti pannelli mobili che costituiscono le scene laterali del teatro || *fig. agire, stare dietro le quinte*, operare efficacemente senza rivelarsi o scoprirsi. **Q.T.** *teatro.*

quintadècima [dal lat. *quinta decima* (*dies*), quindicesimo giorno; a. 1406] **sf.** *raro* e *pop.* *T.astr.* il quindicesimo giorno dal principio del novilunio: *la luna è in quintadecima* || *tondo come la luna in quintadecima*, grasso.

quìnta essènza V. QUINTESSENZA.

quintalàto [da *quintale*; 1942] **sm.** compenso ricevuto un tempo dagli operai dei panifici per ogni quintale di farina impastato.

quintàle [dall'ar. *qinṭār*, attr. lo sp. *quintal*; 1300 *chintale*] **sm.** *T.mis.* unità di misura pari a cento chilogrammi.

quintàna [dal lat. *quintana*, f. di *quintānus*, che appartiene al quinto; a. 1367] **sf.** **1.** *T.stor.* una delle vie dell'accampamento romano parallela a quella principale, che divideva il quinto dal sesto manipolo **2.** giostra medievale, detta anche *giostra del saracino*, in cui il cavaliere cercava di colpire lo scudo di una figura di legno girevole, e subito dopo di schivare il colpo di mazza che la figura, ruotando, sferrava: *correr la quintana* **3.** *T.med.* febbre il cui accesso torna ogni cinque giorni.

quintaròlo [dal lat. *quintārius*, di cinque; 1823] **sm.** nelle galere, quinto rematore dopo i vogatori.

quintàvolo [da *quinto*, sul modello di *bisavolo*; a. 1311] **sm.** (f. *-a*) *non com.* nonno in quinto grado; il bisnonno del bisnonno.

quinterìa [da *quinto*; 1891] **sf.** *T.agr.* rotazione agraria della coltura, con un anno di riposo ogni cinque || **N.** quarteria.

quintèrno [da *quinto*, sul modello di *quaderno*; sec. XIV] **sm.** fascicolo di cinque fogli di carta ripiegati a metà || **N.** quaderno, risma.

quintessènza [da *quinta essenza*; a. 1565] **sf.** **1.** per gli alchimisti, estratto purissimo di una sostanza, che si otteneva dopo cinque distillazioni || *T.chim. disus.* olio essenziale **2.** *fig.* natura o caratteristica fondamentale: *cercare la quintessenza di qualcosa* || rif. a persona che esemplifica perfettamente una qualità o una categoria: *è la quintessenza della furbizia, del galantuomo* **3.** nella filosofia aristotelica, l'etere, quinto elemento oltre ad acqua, aria, terra e fuoco || **N.** **1.** estratto, elisir, essenza, sublimato.

quintessenziàle [da *quintessenza*; 1959] **agg.** proprio della quintessenza, che costituisce la quintessenza; spec. *fig.* massimo, sublime.

quintessenziàre (pres. *-ènzio*) [da *quintessenza*; 1959] **tr.** *raro* raffinare, sublimare.

quintétto [da *quinto*, sul modello di *quartetto*; 1801] **sm.** **1.** *T.mus.* composizione per cinque strumenti o cinque voci: *un quintetto di fiati, d'archi* || insieme vocale o strumentale di cinque persone: *un quintetto madrigalistico* **2.** *in gen.* gruppo di cinque persone che agiscono di comune accordo, perlopiù *scherz.*: *formano proprio un bel quintetto* || *T.sport.* nella pallacanestro, l'insieme dei giocatori di una squadra che sono in campo: *quintetto base*, quello schierato all'inizio di un incontro.

quintìglio [dallo sp. *quintillo*; 1927] **sm.** *T.gioc.* gioco di carte analogo al tressette ma giocato in cinque.

quintìle [dal lat. *quintīlis*; a. 1580] **agg.** e **sm.** il quinto mese dell'anno romano, corrispondente a luglio.

quintìlio [var. di *quintiglio*; 1871] **sm.** *non com.* quintiglio.

quintilióne [da *quinto*, sul modello di *milione*;

1891] **sm.** *T.mat.* un milione di quadrilioni: un'unità seguita da diciotto zeri nel nostro sistema decimale.

quintìna [da *quinto*; 1891 nel senso 2] **sf.** **1.** *T.mus.* gruppo di cinque note uguali corrispondente al valore di un gruppo di quattro (o, più raramente, di sei) note **2.** *raro* cinquina.

quintìno [da *quinto*; 1891] **sm.** misura di capacità pari alla quinta parte del litro || recipiente di tale capacità.

quìnto [lat. *quīntus*; a. 1292] **I agg.** *num. ord.* di 5: *Carlo quinto, il quinto secolo,* dal 401 al 500 (d.C.) o dal 500 al 401 (a.C.); *quinto potere,* la televisione, per la sua influenza su opinioni e comportamenti || *quinta colonna,* insieme di persone che, all'interno del proprio paese, appoggia segretamente il nemico || *quinta malattia,* malattia infantile che dà luogo a eruzione di macchie sulla faccia e sugli arti || uno su cinque, quasi solo nell'espr. *la quinta parte* **II agg.** *num. fraz.* la quinta parte: *due quinti* || *cessione del quinto,* mutuo di cui possono usufruire i dipendenti statali e che viene rimborsato versando mensilmente un quinto dello stipendio || *dim.* quintìno.

quintodècimo [dal lat. *quīntus decimus*; 1340] **agg.** *num. ord. lett.* quindicesimo.

quintogènito [da *quinto,* sul modello di *primogenito*; 1673] **agg.** e **sm.** (f. *-a*) di figlio, nato dopo altri quattro.

quintùltimo [comp. di *quint* e *ultimo*; 1641] **agg.** e **sm.** (f. *-a*) il quinto a partire dall'ultimo: *si è piazzata quintultima.*

quintuplétta [da *quintuplo*; 1988] **sf.** *T.filat.* striscia costituita da cinque francobolli ancora uniti insieme || **N.** blocco, quartina.

quintuplicàre (pres. *-ùplico, -ùplichi*) [da *quintuplice*; a. 1712] **tr.** moltiplicare per cinque; rendere cinque volte maggiore.

quintùplice [dal lat. *quintuplex, -icis*; 1871] **agg.** che si compone di cinque parti.

quìntuplo [da *quinto,* sul modello di *quadruplo*; a. 1642] **I agg.** che è cinque volte maggiore: *razione quintupla* **II sm.** quantità maggiore di cinque volte: *ha guadagnato il quintuplo di quello che ha investito.*

qui pro quo (lat., pr. it. [kwi prɔ 'kwɔ]) [propr. *qui(d)* invece di *quo(d)*, formula del lat. scolastico; 1540 *quid pro quo*] **loc. m.** *inv.* equivoco, svista.

quipu (sp., pr. ['kipu]) [voce quechua, che designa le cordicelle annodate multicolori usate per scritture e conto; 1931] **sm.** *inv.* nel Perù dell'epoca precolombiana, sistema di cordicelle colorate intrecciate o annodate che servivano come strumento per la numerazione: in esse i nodi indicavano i numeri, mentre la posizione delle corde indicava le decine, le centinaia e le migliaia.

quiritàrio (pl. *-ri*) [da *quirite*; 1959] **agg.** *T.stor.* proprio dei quiriti romani: *diritto quiritario,* la fase arcaica del diritto romano.

quirìte (pl. *-iti*) [dal lat. *Quiris, -rītis*; 1769] **I sm.** *lett.* cittadino dell'antica Roma: *potenza dei quiriti* **II agg.** *lett.* romano: *le virtù quiriti* || anche *scherz.* o *iron.* della Roma moderna.

quirìtta (o *quiritto*) [comp. di *qui* e lat. *recta,* in linea retta; 1319] **avv.** *arc.* **1.** proprio qui, in questo luogo: *perché assiso quiritta sei?* (Dante) **2.** in questo momento, ora.

quiṣìto v. QUESITO.

quisquìlia [dal lat. *quisquiliae,* rifiuti; a. 1321] **sf.** *lett.* minuzia di nessun conto, bazzecola || **N.** INEZIA.

quissìmile v. QUIDSIMILE.

quistionàre (pres. *-óno*) [var. di *questionare*; 1336 ca.] **intr.** (aus. *avere*) *lett.* o *pop. tosc.* questionare.

quistióne [var. di *questione*; fine sec. XIII] **sf.** *lett.* o *pop. tosc.* questione.

quitànza **sf.** *ant.* v. QUIETANZA.

quitanzàre **tr.** *ant.* v. QUIETANZARE.

quìvi [lat. volg. *(*ec*)*cu*(*m*) *ibi,* ecco ivi; fine sec. XIII] **avv.** *lett.* con valore anaforico, in tal posto, lì, là: *giunsero al borgo e quivi pernottarono* || allora, in quell'occasione.

quivirìtta [comp. di *quivi* e lat. *recta,* in linea retta; a. 1333] **avv.** *arc.* quiritta.

quiz (ingl., pr. [kwɪz]; pr. it. [kwits]) [voce dell'inglese d'America, di etim. inc.; 1949] **sm.** *inv.* domanda riguardante uno specifico argomento, posta come prova di preparazione o abilità a chi partecipa a concorsi, esami o giochi a premi: *i quiz dell'esame di guida, gioco televisivo a quiz.*

quodlibet (lat., pr. it. ['kwɔdlibet]) (meno com. *quòlibet*) [letter. ciò che piace] **sm.** *inv.* **1.** nel Medioevo, disputa su argomenti qualsiasi, anche proposti dal pubblico, tenuta pubblicamente nelle università **2.** *T.mus.* composizione a carattere scherzoso che riunisce melodie e testi di carattere svariato, senza legame fra loro.

quodlibetàle [da *quodlibet*; 1959] **agg.** proprio del quodlibet, relativo al quodlibet: *questioni quodlibetali.*

quondam (lat., pr. it. ['kwɔndam]) [letter. un tempo] **avv.** *scherz.* una volta, un tempo; talvolta per indicare persona che un tempo aveva una carica e sim.: *il tale, quondam presidente* || *figlio del quondam Giuseppe,* del fu Giuseppe, del defunto Giuseppe.

quorum (lat., pr. it. ['kwɔrum]) [letter. dei quali] **sm.** *T.giur.* il numero legale in un'adunanza o in una votazione. **Q.T.** *politica.*

quòta [lat. *quota pars,* quale parte; 1708] **sf.** **1.** frazione di una somma da pagare o da riscuotere: *la tua quota è di un milione, le quote del Totocalcio* || rata: *la prima quota dell'abbonamento; quota di ammortamento,* ciascuna rata richiesta per l'estinzione di un debito || *quota di partecipazione,* la parte di capitale che ciascun socio deve versare per aderire a una società || *quota di mercato,* la porzione di domanda globale di una merce o di una gamma di prodotti fornita da un singolo offerente **2.** *T.top.* altezza di un rilievo, misurata in metri sul livello del mare: *una vetta che raggiunge quota 3000* || *T.aer.* altezza dal suolo: *volare ad alta, bassa quota; prender quota,* alzarsi in volo; anche *fig.* migliorare la propria posizione **3.** nell'ippica, quotazione di un cavallo **4.** *quota di immigrazione,* numero massimo di stranieri che annualmente possono immigrare in uno stato || **N.** **1.** parte, percentuale.

quotalìte (o *quòta lìte*) [lat. mediev. *quota litis,* quota della lite; 1959] **sf.** *T.giur. patto di quotalite,* patto, proibito dalla legge, col quale il cliente promette all'avvocato una parte della somma o dell'oggetto di una contestazione, se vincerà la causa.

quotalìzio (pl. *-zi*) [da *quotalite*; 1891] **sm.** *disus.* quotalite.

quotàre (pres. *quòto*) [da *quota*; a. 1406] **tr.** **1.** rif. a chi contribuisce a una spesa, assegnare la quota da pagare: *ci hanno quotati per due milioni* **2.** rif. a titolo di credito, assegnargli un determinato prezzo nel listino di Borsa || nell'ippica, *quotare un cavallo,* determinare la quota per gli scommettitori || *fig.* apprezzare, stimare **3.** *T.top.* rif. a terreno, registrarne le quote e riportarle in pianta || **rifl.** impegnarsi per una data somma: *quotarsi per diecimila lire; si sono quotati per fare il regalo di nozze al collega* || **intr.** (aus. *avere*) *non com.* raggiungere una quotazione.

quotàto (*pps.* di *quotare*) [1891] **agg.** apprezzato, stimato: *un professionista (ben) quotato.*

quotatùra [da *quotare*; 1959] **sf.** nel disegno tecnico, segnatura di tutte le misure necessarie per poter ricostruire un pezzo.

quotazióne [da *quotare*; 1908] **sf.** **1.** calcolo o attribuzione di una quota: *quotazione di un cavallo* || *concr.* il valore stabilito; *in part. T.econ.* valore di un titolo, risultante dalle contrattazioni in borsa: *le quotazioni sono salite* || rif. a divisa estera, tasso di cambio **2.** *fig.* stima, valutazione relativa alle capacità professionali o artistiche: *le sue quotazioni sono in ribasso.* **Q.T.** *numismatica.*

quotidiàna [da *quotidiano*; 1970] **sf.** febbre caratterizzata da cicli di elevazione e remissione quotidiana.

quotidianità [da *quotidiano*; 1950] **sf.** **1.** carattere di ciò che è quotidiano **2.** la vita quotidiana e gli oggetti, ambienti e persone ad essa pertinenti.

quotidiàno [dal lat. *quotidianus*; a. 1292 *cotidiano*] **I agg.** di ogni giorno: *vitto quotidiano, lotte quotidiane per la sopravvivenza; dacci oggi il nostro pane quotidiano,* nella preghiera del *Paternostro,* ciò che occorre ogni giorno per le necessità del corpo e dello spirito|| *per estens.* usuale, comune: *il vivere quotidiano* || **quotidianaménte** **avv.** ogni giorno **II sm.** giornale quotidiano: *un quotidiano ad alta tiratura* || **N.** I *Sin.* giornaliero. **Q.T.** *giornale.*

quotidie (lat., pr. it. [kwo'tidje]) [comp. di **quotti,* locativo di *quot,* quanti e *dies* giorno] **avv.** *raro* ogni giorno.

quotista [da *quota*; 1959] **s.** socio di una società a responsabilità limitata.

quotizzàre [dal fr. *cotiser*; 1714] **tr.** dividere in quote, suddividere in parti || di terreno, frazionato in lotti.

quotizzazióne [da *quotizzare*; 1942] **sf.** il quotizzare.

quòto [dal lat. *quotus*; 1871] **sm.** *T.mat.* quoziente perfetto, senza resto.

quozïènte [dal lat. *quotiens,* quante volte; 1631] **sm.** **1.** *T.mat.* il risultato della divisione; propr. il numero che, moltiplicato per il divisore, dà un prodotto minore (*quoziente incompleto*) o uguale (*quoziente esatto*) al dividendo **2.** *in part. T.stat.* indice: *quoziente di nuzialità, di mortalità* || *T.psic. quoziente d'intelligenza,* rapporto fra l'età mentale moltiplicata per 100 e l'età cronologica || *quoziente elettorale,* numero di voti che dà diritto a un seggio.

R

r lettera dell'alfabeto italiano. Nome per esteso *erre*, di genere femminile o, più di rado, maschile: *una r maiuscola*, ma anche *un erre maiuscolo*; *r come Roma*, nella compitazione delle parole ‖ rappresenta in tutti i contesti il suono della consonante vibrante alveolare sonora [r]; in posizione intervocalica, o tra vocale e semiconsonante, può essere semplice (*caro, carie*) o geminata (*carro, carriera*) ‖ *erre moscia*, v. MOSCIO ‖ per le sigle e abbreviazioni in cui compare, v. la lista relativa.

rabàrbaro (ant. o pop. *reobàrbaro*) [dal lat. *reubarbarum*, gr. *rhâ bárbaron*, barbaro proveniente dalle rive del Volga; 1534 *riobarbaro*] ***sm.*** **1.** pianta delle Poligonacee, di origine asiatica, il cui rizoma, di sapore amarissimo, viene usato in farmacologia a scopo depurativo o purgativo **2.** liquore amarognolo, a base di radice di rabarbaro, usato come digestivo. **TAV.** *erboristeria* 5.

rabattino [da (*ar*) *rabattare*; 1865] ***agg.*** e ***sm.*** (f. *-a*) *fam.* che o chi si arrabatta in mille modi, ma non disonesti, a fare e a guadagnare.

rabàzza o **rabbàzza** [etim. inc.; 1871] ***sf.*** *T.mar.* nelle imbarcazioni a vela, parte bassa dell'albero minore.

rabbaruffàre [da *abbaruffare*; a. 1563] ***tr.*** *ant.* scompigliare, mettere sottosopra.

rabbaruffàto (*pps.* di *rabbaruffare*) [1483] ***agg.*** *ant.* in gran disordine.

rabbàttere [da *abbattere*; seconda metà sec. XIV] ***tr.*** di battenti di finestra, porta o imposta, socchiudere ‖ ***rec.*** incontrarsi di nuovo.

rabbàzza V. RABAZZA.

rabbelliménto [da *rabbellire*; 1940] ***sm.*** *raro* atto ed effetto del rabbellire e del rabbellirsi.

rabbellire (pres. *-ìsco, -ìsci*) [da *abbellire*; a. 1494 come intr. pron.] ***tr.*** **1.** rendere più bello **2.** *raro* rendere nuovamente bello, riabbellire ‖ ***intr. pron.*** diventare più bello.

rabberciaménto [da *rabberciare*; 1872] ***sm.*** l'atto e l'effetto del rabberciare: *più che un restauro quello fu un rabberciamento.*

rabberciàre (pres. *-èrcio*) [etim. inc.; a. 1565] ***tr.*** accomodare alla bell'e meglio: *rabberciare un vestito, un muro, una catapecchia* ‖ *fig.* di scritto, discorso e sim. correggere, cercare di rendere presentabile o credibile: *versi rabberciati, capì d'averla detta grossa e cercò di rabberciarla* ‖ **N.** *Sin.* raffazzonare, rattoppare.

rabberciatóre [da *rabberciare*; 1872] ***sm.*** (f. *-trìce*) *non com.* chi rabbercia; raffazzonatore.

rabberciatùra [da *rabberciare*; 1872] ***sf.*** l'atto e l'effetto del rabberciare ‖ *concr.* cosa rabberciata.

ràbbi [dall'aramaico *rabbī*, mio maestro, attr. il lat. tardo *rabbi*; 1367] ***sm.*** *inv.* anticamente, presso gli Ebrei, titolo dei maestri della legge divina.

ràbbia [lat. tardo *rabia*; sec. XIV] ***sf.*** **1.** malattia infettiva acuta, spec. dei cani, dai quali si propaga all'uomo o agli altri animali con la morsicatura o con la penetrazione, per altra via, della bava infetta nel circolo sanguigno; fra i suoi sintomi, ripugnanza per i liquidi, spasmi muscolari e forte ansia **2.** *per estens.* accesso d'ira, furore: *cieco di rabbia, un'esplosione di rabbia, fremere di rabbia* ‖ dispetto, stizza: *si comporta così per farmi rabbia* ‖ accanimento forsennato: *lavorare con rabbia* ‖ *fig.* di forze naturali, impeto, furia: *la rabbia delle onde, del vento* ‖ *dim.* rabbiétta, rabbiettìna, rabbiolìna, rabbiùzza; *accr.* rabbióna; *pegg.* rabbiàccia ‖ **N.** **1.** *Sin.* idrofobia **2.** *Sin.* adiramento, arrabbiatura, bile, bizza, collera, furia, sdegno, veleno | accesso, impeto.

ràbbico o **ràbico** (pl. *-ci*) [da *rabbia*; 1835] ***agg.*** proprio della rabbia, relativo alla rabbia: *epidemia rabbica.*

rabbinàto [da *rabbino*; 1970] ***sm.*** **1.** carica, dignità di rabbino: *gran rabbinato*, suprema autorità rabbinica **2.** consiglio che sovrintende o coordina la vita religiosa di una comunità ebraica.

rabbìnico (pl. *-ci*) [da *rabbino*, forse attr. il fr. *rabbinique*; 1745] ***agg.*** di rabbino o rabbini: *lingua rabbinica, tradizioni rabbiniche.*

rabbinìṣmo [da *rabbino*; 1872] ***sm.*** il complesso di interpretazioni della Torà (legge mosaica) e di dottrine formulate dai rabbini.

rabbinìsta [da *rabbino*; 1835] ***s.*** studioso della tradizione rabbinica.

rabbìno [dal lat. *rabbinus*, gr. *rhabbínos*; 1598] ***sm.*** ministro del culto e capo religioso di una comunità ebraica ‖ **N.** rabbi, rabbino maggiore, talmudista.

ràbbio (pl. *-bi*) [dal lat. *rutabulum*, paletta da fuoco, attr. il ven. *rabio*; 1937] ***sm.*** *T.pesc.* attrezzo da pesca munito di appositi denti per rastrellare il fondo del mare. **TAV.** *pesca* 3.4.

rabbióso [lat. *rabiōsus*; sec. XIV] ***agg.*** **1.** malato di rabbia: *cane rabbioso* **2.** che si arrabbia facilmente: *un tipo rabbioso* ‖ pieno di rabbia; mosso dalla rabbia: *tono, sguardo, odio rabbioso*; *per estens.* frenetico, prepotente: *fame rabbiosa* ‖ *fig.* rif. a forza della natura, che si abbatte con cieca violenza: *freddo, vento, mare rabbioso* ‖ **rabbiosaménte** ***avv.*** ‖ *dim.* rabbiosìno, rabbiosétto, rabbiosùccio; *pegg.* rabbiosàccio ‖ **N.** **1.** *Sin.* idrofobo **2.** *Sin.* irascibile, nervoso; adirato, arrabbiato, furente, furioso.

rabboccàre (pres. *-ócco, -ócchi*) [da *abboccare*; 1835] ***tr.*** **1.** rif. a recipiente parzialmente riempito, colmarlo fino all'orlo: *rabboccare una damigiana di vino* **2.** *per estens.* livellare la superficie di un muro, con l'intonaco ‖ **N.** **1.** *Contr.* sboccare.

rabboccatùra [da *rabboccare*; 1682] ***sf.*** *non com.* atto ed effetto del rabboccare ‖ **N.** *Contr.* sboccatura.

rabbócco (pl. *-chi*) [da *rabboccare*; 1976] ***sm.*** rabboccatura.

rabbonacciàre (pres. *-àccio*) [da *abbonacciare*; sec. XIV] ***intr.*** (aus. *avere*) e ***intr. pron.*** tornare in bonaccia, calmarsi: *il mare si è rabbonacciato*; *fig.* anche di persone ‖ ***tr.*** *raro* portare alla bonaccia, calmare; anche *fig.*

rabbonìre (pres. *-ìsco, -ìsci*) [da *abbonire*; 1699] ***tr.*** far perdere l'aggressività, placare: *lo rabbonì con la persuasione* ‖ ***intr. pron.*** tornare tranquillo, cessare di essere in collera: *appena lo vide, si rabbonì*; *il tempo si è rabbonito* ‖ **N.** ***tr.*** *Sin.* ammansire, CALMARE.

rabbriccicàre (pres. *-ìccico, -ìccichi*) [comp. parasint. di *briccica*; 1872] ***tr.*** *pop. tosc.* accomodare alla meglio, rabberciare ‖ *fig.* raccogliere, guadagnare qualche cosuccia.

rabbrividìre (pres. *-ìsco, -ìsci*) [comp. parasint. di *brivido*; a. 1742 *rabbrividarsi*] ***intr.*** (aus. *essere* o *avere*) sentire i brividi per freddo, paura: *a quello spettacolo rabbrividì di spavento* ‖ **N.** *Sin.* sentirsi venire freddo, accapponare la pelle, venire la pelle d'oca | ribrezzo.

rabbrunàre (pres. *-ùno*) [da *abbrunare*; 1337] ***tr.*** *non com.* rendere più bruno.

rabbruscaménto [da *rabbruscare*; a. 1698] ***sm.*** *tosc.* il rabbruscare: *il rabbruscamento del cielo.*

rabbruscàre (pres. *-ùsco, -ùschi*) [comp. parasint. di *brusco*; a. 1565] ***intr.*** (aus. *essere*) e ***intr. pron.*** *tosc.* **1.** farsi più freddo, annuvolarsi: *il tempo rabbruscò; l'aria si è rabbruscata* **2.** *fig.* di persona, incupirsi: *si rabbruscò e non volle dire più una parola.*

rabbruscolàre (pres. *-ùscolo*) [comp. parasint. di *bruscolo*; 1872] ***tr.*** *ant.* raggranellare, racimolare.

rabbruzzàre [comp. parasint. di *bruzz(ic)o*; a. 1470] ***intr.*** (aus. *essere*) e ***intr. pron.*** *ant.* oscurarsi del cielo, farsi buio.

rabbuffaménto [da *rabbuffare*; 1336 ca.] ***sm.*** *non com.* il rabbuffare ‖ scompiglio, disordine.

rabbuffàre [da una voce onom. *buff*; a. 1306 come rec. *rabuffarsi*] ***tr.*** **1.** arruffare, scompigliare: *rabbuffare una capigliatura* **2.** sgridare ‖ ***intr. pron.*** di tempo, minacciare bufera: *il mare si rabbuffa* ‖ ***rec.*** *ant.* azzuffarsi, accapigliarsi.

rabbuffàto (*pps.* di *rabbuffare*) [a. 1292]

agg. **1.** scapigliato, spettinato: *capelli rabbuffati, una donna rabbuffata* **2.** sconvolto.

rabbùffo [da *rabbuffare*; a. 1565] ***sm.*** sgridata, rimprovero grave: *mi sono preso un solenne rabbuffo* || **N.** *Sin.* RIMPROVERO.

rabbuiàre (pres. *-ùio*) [comp. parasint. di *buio*; sec. XIV] ***intr.*** (aus. *essere*) *impers.* farsi buio, annottare: *sta rabbuiando* || ***intr. pron.*** diventare scuro || *fig.* di persona, diventare di cattivo umore, turbarsi: *si è rabbuiato in volto.*

ràbdo- [dal gr. *rábdos*, verga, bastone] ***primo elem.*** che, in parole composte della terminologia scientifica, significa "a forma di bacchetta, di bastoncino" (per es. *rabdomioma*).

Rabdocèli (sing. *-o*) [comp. del gr. *rábdos*, verga, bastone e gr. *kôilos*, vuoto, per la forma del loro intestino a tubo dritto; 1931] ***sm. pl.*** *T.zool.* ordine di vermi dal corpo lungo pochi millimetri, che vivono in acqua o in terreni umidi.

rabdomànte [da *rabdomanzia*; 1872] ***s.*** chi esercita rabdomanzia.

rabdomàntico (pl. *-ci*) [da *rabdomante*; 1872] ***agg.*** di rabdomante o di rabdomanzia: *arte rabdomantica.*

rabdomanzìa [dal gr. tardo *rabdomantéia*; 1804] ***sf.*** ricerca di sorgenti sotterranee, vene metallifere e sim., per mezzo di una bacchetta a forma di Y impugnata con le due mani, che sembra sensibile alla presenza di acqua o di metalli esistenti nel sottosuolo || **N.** *Sin.* radioestesia.

rabdomioblastòma [comp. di *rabdo-*, *mio-* e *blastoma*; 1959] ***sm*** *T.med.* rabdomioma.

rabdomiòma [comp. di *rabdo-* e *mioma*; 1932] ***sm.*** *T.med.* tumore benigno o maligno che attacca la muscolatura striata.

rabdonèma [comp. di *rabdo-* e del gr. *néma*, filo; 1961] ***sm.*** verme parassita dell'intestino umano.

rabelesiàno (pr. [rabele'zjano] o [rable'zjano]) [dal n. proprio F. *Rabelais*, scrittore fr.; 1942] ***agg.*** **1.** relativo allo scrittore F. Rabelais e alle sue opere **2.** che ricorda lo stile o i personaggi di Rabelais: *umorismo rabelesiano*, gioiosamente sboccato e irriverente.

rabescàme [da *rabesco*; sec. XVII] ***sm.*** *ant.* decorazione ad arabeschi.

rabescàre (pres. *-ésco, -éschi*) [da *rabesco*; 1618] ***tr.*** arabescare.

rabescatùra [da *rabescare*; a. 1712] ***sf.*** decorazione costituita da più arabeschi: *una spada con fine rabescatura.*

rabésco (pl. *-schi*) [da *arabesco*, con aferesi; 1618] ***sm.*** **1.** arabesco **2.** *per estens.* linee tracciate e intrecciate a caso sulla sabbia, sulla polvere ecc. || *fig.* scrittura brutta, incomprensibile.

rabicanatùra [da *rabicano*; 1958] ***sf.*** insieme delle macchie bianche sparse sul manto equino.

rabicàno [dallo sp. *rabican(o)*, dalla coda bianca; 1550 *rapicano*] ***agg.*** e ***sm.*** di cavallo morello, sauro o baio, con peli bianchi, radi e sparsi in modo uniforme sul mantello.

ràbico V. RABBICO.

ràbido [dal lat. *rabidus*; a. 1396] ***agg.*** *lett.* rabbioso.

rabóso [dal n. del torrente *Raboso*; 1907] ***sm.*** vino rosso prodotto nella zona di Treviso e Conegliano.

rabottatrice [dal fr. *raboter*, piallare; 1974] ***sf.*** *T.tecn.* attrezzo impiegato per tracciare sul legno una fitta rigatura, in modo che la superficie sia più adatta all'azione della colla.

ràbula [dal lat. *rabula*, avvocato che sa solo urlare; 1825] ***sm.*** *lett.* avvocato di poco conto, imbroglione e chiacchierone.

raca (aramaico, pr. it. ['raka]) [letter. sciocco; 1891] ***agg.*** *inv. spreg.* insulto che si trova nel Vangelo di Matteo: *dire raca a qualcuno*, insultarlo.

raccapezzàre (pres. *-ézzo*) [da *accapezzare*; a. 1470 come intr. pron.] ***tr.*** **1.** mettere insieme con cura o fatica, raccogliere: *raccapezzare notizie, denari* **2.** *fig.* comprendere, intendere, trovare: *non ci raccapezzo proprio nulla in quello scritto* || ***intr. pron.*** trovare col raziocinio il bandolo di una cosa, riuscire a orientarsi: *ci ho studiato tutto il giorno, ma non mi ci raccapezzo* || || **N.** ***intr. pron.*** *Sin.* ritrovarsi; venire a capo.

raccapigliàrsi [da *accapigliarsi*; a. 1470] ***rec.*** *non com.* accapigliarsi di nuovo l'un con l'altro.

raccapriccévole [da *raccapriccio*; a. 1704] ***agg.*** *raro* raccapricciante.

raccapricciànte (*ppr.* di *raccapricciare*) [a. 1729] ***agg.*** che dà raccapriccio: *spettacolo, racconto raccapricciante* || **N.** *Sin.* agghiacciante.

raccapricciàre (pres. *-ìccio*) [da *accapricciare*; 1313] ***intr.*** (aus. *essere*) e ***intr. pron.*** inorridire, turbarsi profondamente: *uno spettacolo che fa raccapricciare* || ***tr.*** *arc.* mettere orrore: *lo cui rossore ancor mi raccapriccia* (Dante) || **N.** ***intr.*** *Sin.* agghiacciare, rabbrividire, sentirsi venir freddo, sentirsi accapponare la pelle.

raccappriccio (pl. *-ci*) [da *raccapricciare*; sec. XIV] ***sm.*** il raccapricciare o il raccapricciarsi; orrore, turbamento profondo: *provare raccapriccio* || **N.** *Sin.* orripilazione, ribrezzo, ORRORE.

raccàre (pres. *-àcco, -àcchi*) [voce onom.; 1932] ***intr.*** (aus. *avere*) *T.mar. gerg.* vomitare a causa del mal di mare.

raccartocciàre (pres. *-òccio*) [da *accartocciare*; a. 1673] ***tr.*** e ***intr. pron.*** *non com.* accartocciare e accartocciarsi.

raccattacénere [comp. di *raccatta(re)* e *cenere*; 1891] ***sm.*** *inv. non com.* portacenere.

raccattacicche [comp. di *raccatta(re)* e *cicca*; 1942] ***s.*** *inv.* chi va in giro raccogliendo cicche di sigarette per riutilizzare il tabacco che vi resta.

raccattafièno [comp. di *raccatta(re)* e *fieno*; 1891] ***sm.*** *inv. T.agr.* rastrello meccanico per raccogliere il fieno; anche in posizione attributiva.

raccattapàlle [comp. di *raccatta(re)* e *palla*; 1953] ***s.*** *inv.* nei campi di tennis o nei campi di calcio, chi raccoglie la palla quando esce dal quadrato di gioco durante la partita, e la restituisce ai giocatori.

raccattàre [da *accattare*; sec. XIV] ***tr.*** **1.** tirare su da terra, raccogliere (ma con tono più fam.): *raccatta quella roba che hai fatto cadere*; *fig. colloq. raccattare qualcuno per strada*, incontrarlo casualmente e portarlo in qualche posto || *fig. raccattare una maglia*, riprenderla quando è sfuggita dal ferro ed è stata lasciata indietro **2.** *fig.* mettere insieme raccogliendo qua e là: *raccattare soldi, notizie, aneddoti* || **N. 1.** *Sin.* RACCOGLIERE.

raccattatìccio (pl. m. *-ci*, pl. f. *-ce*) [da *raccattare*; 1872] ***agg.*** e ***sm.*** *tosc.* detto di miscuglio di scarso valore di roba eterogenea, raccattata.

raccattatóre [da *raccattare*; 1872] ***agg.*** e ***sm.*** (f. *-trice*) *non com.* che o chi raccatta; raccoglitore.

raccattatùra [da *raccattare*; 1872] ***sf.*** *raro* il raccattare da terra, raccolta: *la raccattatura delle olive, delle castagne.*

raccenciàre (pres. *-éncio*) [comp. parasint. di *cencio*; a. 1492] ***tr.*** *pop. tosc.* rif. a panni vecchi, rattoppare alla meglio || *fig.* aggiustare, sistemare in modo raffazzonato || ***rifl.*** vestirsi coi cenci.

raccerchiàre (pres. *-érchio*) [da *accerchiare*; sec. XIV] ***tr.*** **1.** accerchiare di nuovo, ricircondare || *ant.* accerchiare, circondare del tutto **2.** cambiare o rimettere i cerchi alle botti, alle ruote e sim.

raccertàre (pres. *-èrto*) [da *accertare*; 1319 come rifl.] ***tr.*** **1.** rendere certo, rassicurare: *raccertare qualcuno su un fatto* **2.** accertare con maggior sicurezza || ***rifl.*** rassicurarsi: *la tua esperienza mi raccerta.*

racchetàre (pres. *-éto*) [da *acchetare*; prima metà sec. XIV] ***tr.*** fare cessare di piangere con parole amorevoli o carezze || ***intr. pron.*** *fig.* tornare calmo, placarsi: *il popolo alle promesse si racchetò.*

racchétta¹ [dal fr. *raquette*; 1585] ***sf.*** **1.** nel tennis, arnese con cui si respinge la palla, formato da una rete di corda di budello o di nailon fissata a un'intelaiatura ovale, di legno o metallo, con manico; nel ping-pong, analogo attrezzo, più piccolo, gen. di legno e con superficie respingente coperta di sughero o gomma **2.** *racchetta da neve*, intelaiatura di legno ovale munita di rete grossolana di strisce di pelle, che, assicurata al piede con un sistema di cinghie, consente di camminare sulla neve **3.** *racchetta da sci*, cerchio di legno, metallo o plastica fissato tramite apposite cordicelle a 10 cm circa dalla punta del bastone || *per meton.* i bastoni stessi da sci **4.** *T.orol.* piccolo pezzo dell'orologio che forma un angolo acuto e gira, con dolce attrito, intorno al centro del bilanciere, spinto dalla sua punta **5.** *T.aut.* ciascuna delle due assicelle del tergicristallo, munite di una lista di gomma (spazzola) a contatto del vetro || *dim.* racchettìna; *accr.* racchettóne (*sm.*) || **N. 1.** corde, manico, orlo, telaio o fusto. **Q.T.** *tennis* **TAV.** *tennis* 6; ***automobile* p. 658** 3.16b.

racchétta² [da *rocchetta*; 1908] ***sf.*** *T.mil.* razzo per temporanea illuminazione o per segnalazioni luminose in uso nell'Ottocento.

racchettóne (accr. di *racchetta¹*) [1983] ***sm.*** **1.** racchetta da tennis più grande del normale, usata da alcuni tennisti per rendere più potente il gioco **2.** grossa racchetta di legno di forma rotonda con cui si scambiano semplici palleggi.

ràcchio¹ (pl. *-chi*) [forse dal lat. volg. **eradiculāre*; 1773] ***sm.*** grappolo piccolo e stentato che resta sulla vite dopo la vendemmia.

ràcchio² (pl. *-chi*) [forse da *racchio¹*; 1932 ca.] ***agg.*** e ***sm.*** (f. *-a*) brutto e sgraziato: *una donna racchia*; *chi è quella racchia?* || *accr.* racchióne.

racchiocciolàre (pres. *-òcciolo*) [da *acchiocciolare*; 1865] ***tr.*** sistemare avvolgendo a chiocciola || ***rifl.*** accovacciarsi, raccogliersi.

racchiùdere (pres. *-chiùdo*, ecc., come CHIUDERE) [da *acchiudere*; 1313] ***tr.*** **1.** chiudere dentro di sé, contenere, avere in sé: *lo scrigno racchiude pietre preziose*; anche *fig.*: *quell'antica iscrizione racchiude un segreto, il proverbio racchiude molta sapienza* **2.** *ant.* rinchiudere, imprigionare || **N. 1.** *Sin.* comprendere, includere; esprimere; CHIUDERE.

racchiùso *pps.* di *racchiudere* (v.).

racciabattàre [da *acciabattare*; a. 1470] ***tr.*** *non com.* raccomodare alla peggio cosa di poco valore || **N.** *Sin.* rabberciare, rattoppare.

racciarpàre [da *acciarpare*; a. 1704] ***tr.*** *raro* acciarpare.

raccoccàre (pres. *-òcco, -òcchi*) [da *accoccare*; 1483] ***tr.*** *ant.* accoccare, assestare di nuovo.

raccoglibrìciole [comp. di *raccogli(ere)* e *briciola*; 1983] ***sm.*** *inv.* utensile domestico costituito da spazzola e paletta separate o da spazzola rotante in apposito contenitore, con cui si raccolgono le briciole sparse sulla tovaglia a fine pasto.

raccògliere (poet. *raccòrre*) (pres. *-òlgo* ecc., come COGLIERE) [da *accogliere*; a. 1292] ***tr.*** **1.** rif. a cose sparse, riunire nello stesso posto; mettere insieme, accumulare: *raccogliere i giocattoli in una cesta, la carta da riciclare viene raccolta nel magazzino, raccogliere notizie, voti, offerte*; *per estens.* collezionare: *raccogliere francobolli, monete* || far confluire, concentrare, riunire: *raccogliere l'acqua piovana in un serbatoio*; anche *fig.*: *una frase che raccoglie molti concetti* || fare occupare uno spazio minimo, ripiegare: *raccogliere le vele, raccogliere lo strascico per salire le scale* **2.** *per estens.* dar rifugio, ospitare, divenendo punto di raduno: *un istituto che raccoglie orfani, raccogliere profughi* **3.** accogliere, accettare: *raccogliere la sfida, una provocazione; raccogliere un'allusione*, mostrare di averla intesa **4.** tirar su da terra: *chinarsi a raccogliere un sasso* || *per estens.* tirare a sé: *raccogliere le reti dal mare, raccogliere le gambe, le braccia* **5.** *per estens.* rif. a prodotti della terra, farne la raccolta: *raccogliere funghi, patate, castagne, abbiamo raccolto un quintale di grano* || *fig.* ottenere come risultato, riscuotere: *ha raccolto molti onori, consensi* || *prov. chi semina vento raccoglie tempesta*, chi diffonde inimicizia e discordia è destinato ad esserne vittima || *per restr.* cogliere: *raccogliere una pera, un fiorellino* || **rifl. 1.** ritirarsi in una dimensione interiore, creando le condizioni più opportune per la meditazione o la preghiera: *raccogliersi nei propri pensieri, raccogliersi in preghiera* **2.** *T.sport.* nella scherma mettersi in posizione di difesa || **intr. pron.** convenire in un luogo; stringersi assieme: *i passeggeri si raccolsero sulla coperta della nave, i più fedeli si sono raccolti attorno al loro capo* || addensarsi, accumularsi: *i detriti portati dalla corrente si sono raccolti alla foce* || **N. tr. 1.** *Sin.* adunare, ammassare, ammonticchiare, ammucchiare, concentrare, condensare, conglobare, convogliare, racimolare, radunare, raggranellare; mettere da parte, fare incetta; UNIRE **2.** *Sin.* dar asilo **4.** *Sin.* raccattare **5.** *Sin.* spigolare; mietere, vendemmiare | **rifl. 1.** *Sin.* concentrarsi.

raccogliménto [da *raccogliere*; a. 1547] **sm.** l'atto e l'effetto del raccogliersi, del concentrarsi per meditare o pregare: *cinque minuti di raccoglimento, un ambiente che favorisce il raccoglimento* || **N.** *Sin.* concentrazione | ritiro.

raccoglitìccio (pl. m. *-ci*, pl. f. *-ce*) [da *raccogliere*; a. 1600] **I agg.** costituito da elementi presi a caso qua e là: *milizie, truppe raccogliticce* **II sm.** *non com.* insieme di persone o cose raccolte a caso, senza scelta: *è un raccogliticcio di gente della peggiore specie.*

raccoglitóre [da *raccogliere*; a. 1758] **sm. 1.** (f. *-trìce*) chi raccoglie o colleziona: *un raccoglitore di monete antiche, di proverbi* **2.** contenitore per la raccolta di determinati oggetti: *raccoglitore per monete, per francobolli, per documenti* || **N. 2.** classificatore.

raccoglitrìce [da *raccogliere*; 1860] **sf. 1.** *T.agr.* macchina agricola per la raccolta meccanica di bietole, mais, patate, foraggio e sim. **2.** in legatoria, macchina che raccoglie e ordina i fogli per la confezione di volumi e blocchi.

raccòlta (ant. *ricòlta*) [da *raccogliere*; a. 1595] **sf. 1.** atto del raccogliere, del radunare o mettere insieme: *la raccolta delle immondizie, occuparsi della raccolta delle firme, serbatoio per la raccolta dell'acqua piovana* || l'operazione stagionale del cogliere e riunire prodotti agricoli giunti a maturazione: *la raccolta delle olive, delle noci*; *non com. concr.* raccolto: *una raccolta abbondante* || *fig. mangiare la raccolta in erba*, dare anticipi su quanto deve essere ancora riscosso, vivere a credito **2.** *concr.* collezione: *una raccolta di porcellane inglesi, di farfalle esotiche, di quadri fiamminghi*; *in part.* rif. a opere scritte, antologia: *una raccolta di autori classici, di proverbi dialettali* **3.** raduno di gente, adunata; perlopiù nelle espr. *suonare a raccolta*, dare il segnale militare di adunata; *chiamare a raccolta*, richiamare per concentrare in un unico posto: *chiamare a raccolta i soldati*; anche *fig.*: *chiamare a raccolta tutte le proprie forze* || **N. 1.** *Sin.* provvista | mietitura, vendemmia **2.** *Sin.* assortimento, compendio, compilazione, crestomazia, fiore, florilegio | biblioteca, discoteca, enoteca, gipsoteca, medagliere, museo, pinacoteca | -teca **3.** *Sin.* accolta, adunanza, assemblea.

raccòlto (*pps.* di *raccogliere*) [1400 ca. come sm. *ricolti* pl.] **I agg. 1.** di corpo umano, o di una sua parte, disposto in modo da occupare il minimo spazio: *fare una capriola e rimanere in posizione raccolta; braccia, gambe raccolte* **2.** *fig.* concentrato, assorto: *essere raccolti in preghiera* **3.** che dà un senso di intimità per le limitate dimensioni, l'ordine e la tranquillità: *un ambiente caldo e raccolto* || **raccoltaménte avv. II sm.** i frutti che si ottengono in una raccolta o in un'annata: *il raccolto è stato scarso, abbondante* || **N. I 1.** *Sin.* rannicchiato; contenuto **II** *Sin.* biada, messe. **Q.T.** *agricoltura.*

raccomandàbile [da *raccomandare*; a. 1799] **agg.** che si può o si deve raccomandare; spec. con litote: *un individuo poco raccomandabile*, un cattivo soggetto.

raccomandaménto [da *raccomandare*; a. 1342] **sm** *ant.* il raccomandare; raccomandazione.

raccomandànte (*ppr.* di *raccomandare*) [1835] **s.** *non com.* chi raccomanda qualcuno || **N.** raccomandatario.

raccomandàre [da *accomandare*; fine sec. XIII] **tr. 1.** affidare confidando in un trattamento comprensivo o responsabile: *ha raccomandato i figli alle sue cure, raccomandare qualcuno alla clemenza dei giudici; raccomandare l'anima a Dio*, essere in punto di morte e predisporsi ad essa || talvolta in tono ironico: *quel tipo lì, te lo raccomando!* **2.** consigliare o invitare caldamente: *ti raccomando questo libro, quel medico, un prodotto raccomandato a chi soffre di sciatica, i medici raccomandano la massima cautela*; seguito da *di* e infinito: *gli raccomandò di vestirsi pesante* **3.** *in part.* rif. a persone, spec. candidati a esami e concorsi o aspiranti a qualche ruolo, segnalarli o far pressioni in modo da favorirli nel raggiungimento del loro scopo: *è stato raccomandato da un pezzo grosso* **4.** *T.post. non com.* spedire come raccomandata **5.** *ant.* o *lett.* assicurare, in modo che sia ben appoggiato o saldamente fissato: *raccomandare qualcosa a un palo, a un albero* || **rifl.** e **rifl. indir.** *raccomandarsi l'anima*, affidarsi alla clemenza divina || come esortazione: *mi raccomando, telefona appena arrivi*; seguito da proposizione finale: *si sono raccomandati di seguire scrupolosamente le istruzioni* || **N. tr. 1.** *Sin.* commendare, commettere; fare appello, mettersi nelle mani di, rimettersi a **3.** *Sin.* dare una spinta, mettere una buona parola.

raccomandàta [da *raccomandare*; 1918] **sf.** lettera raccomandata (v. RACCOMANDATO): *spedire una raccomandata, raccomandata con ricevuta di ritorno*; anche il sistema di spedizione stesso: *inviare per raccomandata.* **Q.T.** *posta.*

raccomandatàrio (pl. *-ri*) [da *raccomandare*; 1890 nel senso 2] **sm.** (f. *-a*) **1.** persona alla quale si raccomanda qualcuno **2.** *T.mar.* lo speciale incaricato che rappresenta fuori sede l'armatore o il proprietario di una nave mercantile || **N. 1.** raccomandante.

raccomandatìzio (pl. *-zi*) [da *raccomandare*, sul modello di *commendatizio*; 1959] **agg.** *lettera raccomandatizia*, lettera con cui si presenta qualcuno a un personaggio influente, perché lo favorisca o lo appoggi.

raccomandàto (*pps.* di *raccomandare*) [a. 1292 nel senso 2] **I agg. 1.** *T.post.* di lettera, della quale, previo pagamento di una tassa, viene registrato l'invio e comprovata la consegna al destinatario **2.** di persona, che ha ricevuto una raccomandazione (nel senso 1): *il candidato più raccomandato* **II sm.** (f. *-a*) persona che è stata raccomandata; *raccomandato di ferro*, che ha avuto una potente raccomandazione.

raccomandatóre [da *raccomandare*; a. 1667] **agg.** e **sm.** (f. *-trìce*) *non com.* che o chi raccomanda.

raccomandatòria [da *raccomandare*; 1974] **sf.** *non com.* la lettera che raccomanda; commendatizia.

raccomandatòrio (pl. *-ri*) [da *raccomandare*; a. 1348] **agg.** *non com.* di raccomandazione: *lettere raccomandatorie.*

raccomandazióne [da *raccomandare*; a. 1400] **sf. 1.** atto del raccomandare, del favorire mediante opportuna segnalazione o pressione: *per ottenere quel posto ci vorrebbe una solida raccomandazione; lettera di raccomandazione* **2.** esortazione, consiglio: *prima di partire le fece molte raccomandazioni* **3.** *T.post.* spedizione per raccomandata || *dim.* raccomandazioncina, raccomandazioncèlla || **N. 1.** *Sin.* aiuto, appoggio, buona parola, spinta; commendatizia, referenza **2.** *Sin.* avvertimento, supplica.

raccomandìgia (pl. *-gie*) [da *raccomandare*; sec. XIV] **sf.** *arc.* raccomandazione: *lettere di raccomandigia.*

raccomodaménto [da *raccomodare*; 1855] **sm.** *raro* il raccomodare.

raccomodàre (pres. *-òmodo*) [da *accomodare*; 1638] **tr. 1.** riparare, rimettere in buono stato: *raccomodare un arnese, un vestito, un orologio* **2.** mettere in modo che stia bene, appaia piacevole all'occhio, accomodare: *raccomodare la cravatta.*

raccomodatóre [da *raccomodare*; 1745] **agg.** e **sm.** (f. *-trice*) *non com.* che o chi raccomoda.

raccomodatùra [da *raccomodare*; 1865] **sf.** *non com.* l'atto e l'effetto del raccomodare, aggiustatura.

raccompagnàre v. RIACCOMPAGNARE.

raccomunagióne [da *raccomunare*; 1312] **sf.** *arc.* il raccomunare, il mettere in comune.

raccomunàre (pres. *-ùno*) [da *accomunare*; 1312] **tr.** *raro* accomunare di nuovo || **intr. pron.** *arc.* riunirsi.

racconciaménto [da *racconciare*; a. 1580] **sm.** *raro* atto ed effetto del racconciare.

racconciàre (pres. *-óncio*) [da *acconciare*; 1274 *raconciare*] **tr.** *lett.* rendere di nuovo acconcio, presentabile o in ordine: *racconciare un abito, una stanza* || rimettere in funzione, riaggiustare: *racconciare un attrezzo* || **rifl.** o **rifl. indir.** rimettersi in ordine, rassettarsi: *si racconcia le penne col becco, si è racconciato prima di uscire* || **rifl. rec.** *ant.* riconciliarsi || **N.** *Sin.* accomodare.

racconciatóre [da *racconciare*; 1292] **sm.** (f. *-trìce*) *raro* chi racconcia.

racconciatùra [da *racconciare*; 1296 *raconciatura*] **sf.** *raro* atto ed effetto del racconciare.

raccóncio (pl. m. *-ci*, pl. f. *-ce*) (*pps.* di *racconciare*) [1353] **agg.** *ant.* rassettato, corretto, emendato.

racconfermàre (pres. *-érmo*) [da *confermare*; 1505] **tr.** *ant.* riconfermare.

racconsolàre (pres. *-òlo*) [da *consolare*; 1353] **tr.** *ant.* consolare chi è stato colpito da improvvisa sventura || **intr. pron.** consolarsi || **N.** *Sin.* CONSOLARE.

raccontafàvole [comp. di *racconta(re)* e *favole*; 1891] **s. inv.** chi per abitudine racconta fandonie || **N.** *Sin.* bugiardo, contafrottole.

raccontàre (pres. *-ónto*) [da *contare*; fine sec. XIII] **tr.** rif. a fatti singoli o in successione, descriverli a voce o per iscritto, riferirne: *raccontare un'intricata vicenda, raccontò come si erano svolti i fatti, di essere stato coinvolto in un incidente, che si erano trovati in difficoltà; che cosa mi racconti?*, che novità ci sono? || in alcuni usi, esprime dubbio sull'attendibilità del racconto: *è venuto a raccontarmi di non aver finito in tempo per ragioni di salute* || con rif. implicito alla riservatezza di ciò che viene raccontato: *è andato a raccontare tutto alla polizia* || con la narrazione come soggetto personificato: *la fiaba racconta le imprese di un burattino* || in alcune espr. part.: *si racconta, raccontano che*..., si dice, corre voce che...; *poterla raccontare*, averla scampata bella; *saperla raccontare*, sapere far valere i propri meriti; anche, aver faccia tosta || *cose da raccontare a veglia*, strane, incredibili || detto a chi ci parla di cosa che non ci riguarda o non ci interessa: *a me la racconti?*; e a chi ci vuol convincere di cose poco verosimili: *valla a raccontare a qualcun altro!* || **N.** *Sin.* contare, descrivere, dire, esporre, narrare, novellare, riportare, rivelare; scendere in particolari.

raccontativo [da *raccontare*; 1570] **agg.** *arc.* narrativo.

raccontatóre [da *raccontare*; a. 1396] **sm.** (f. *-trice*) *non com.* narratore, novelliere, romanziere.

raccónto [da *raccontare*; 1667] **sm.** **1.** l'atto del raccontare, esposizione di un fatto: *durante il racconto si commosse, il racconto fu lungo e noioso* || *concr.* ciò che viene raccontato: *un racconto veritiero, fantastico* **2.** *T.lett.* genere letterario in prosa, di soggetti analoghi al romanzo ma di dimensioni più limitate: *racconto d'amore, di fantascienza, dell'orrore, un libro di racconti popolari* || *dim.* raccontino; *spreg.* raccontùccio || **N.** **1.** *Sin.* cronaca, narrazione, relazione, resoconto **2.** fiaba, novella, storia. **Q.T.** *letteratura*...

raccorciaménto [da *raccorciare*; sec. XIV] **sm.** l'atto e l'effetto del raccorciare e del raccorciarsi.

raccorciàre (pres. *-órcio*; pps. *raccorciàto*, pps. ant. *raccórcio*) [da *accorciare*; sec. XIV] **tr.** accorciare ancora un po': *raccorciare un abito* || rendere più breve: *raccorciare un discorso* || **intr. pron.** divenire più corto: *di giorno in giorno le giornate si raccorciano.*

raccórcio *pps. ant.* o *lett.* di *raccorciare* (v.).

raccorcìre (pres. *-ìsco, -ìsci*) [da *accorcire*; 1891] **tr.** raccorciare.

raccordàre (pres. *-òrdo*) [dal fr. *raccorder*; 1956] **tr.** rif. a due parti disgiunte, collegare: *raccordare due arterie stradali, due tubi* || **N.** *Sin.* collegare, congiungere, giuntare.

raccordatóre [da *raccordare*; 1940] **agg.** e **sm.** (f. *-trice*) *non com.* che o chi raccorda.

raccorderìa [da *raccordo*; 1983] **sf.** l'insieme dei pezzi di raccordo usati per installare condutture di acqua, gas e sim.

raccòrdo [dal fr. *raccord*, collegamento; 1908] **sm.** collegamento: *pezzo, parte, tubo di raccordo* || *concr.* segmento, elemento che serve a collegare: *raccordo snodato, rigido, a gomito* || *in part.* in una rete di comunicazione, tratto di collegamento: *raccordo autostradale* || *raccordo anulare*, strada di circonvallazione ad anello || *T.ferr.* tratto di rete che unisce un tronco ferroviario a uno stabilimento privato, a un porto e sim. || passaggio fra due inquadrature di un film ottenuto con accorgimenti che evitano bruschi salti. **TAV.** *porto* 3.23; ***automobile* p. 658** 4.7, 4.9.

raccòrgersi [da *accorgersi*; 1321] **intr. pron.** *arc.* ravvedersi.

raccòrre **tr.** *arc.* o *poet.* v. RACCOGLIERE.

raccosciàrsi (pres. *-òscio*) [da *accosciarsi*; 1313] **intr. pron.** accosciarsi.

raccostaménto [da *raccostare*; 1872] **sm.** il raccostare e il raccostarsi, ravvicinamento.

raccostàre (pres. *-òsto*) [da *accostare*; 1313] **tr.** *lett.* **1.** portare più vicino, ravvicinare **2.** *fig.* confrontare **3.** *raro* riaccostare || **rifl.** *lett.* avvicinarsi.

raccozzaménto [da *raccozzare*; a. 1405] **sm.** *non com.* l'atto e l'effetto del raccozzare.

raccozzàre (pres. *-òzzo*) [da *accozzare*; 1306] **tr.** mettere insieme alla meglio: *raccozzare soldatesche in fuga* || **intr. pron.** *raro* radunarsi, mettersi insieme || **rifl. rec.** *arc.* incontrarsi || *fig.* andare d'accordo.

racemàto [da *racemo*, perché si trova nel mosto; 1871] **I agg.** *T.chim.* racemico **II sm.** *T.chim.* sale di un acido racemico.

racèmico (pl. *-ci*) [da *racemo*; 1872] **agg.** *T.chim.* di composto la cui soluzione è otticamente inattiva, non fa ruotare il piano della luce polarizzata.

racemìfero [dal lat. *racēmifer, -is*; a. 1729] **agg.** *lett.* carico di racemi.

racemifórme [comp. di *racemo* e *-forme*; 1961] **agg.** *T.bot.* a forma di racemo: *capitello con decorazioni racemiformi.*

racemizzàre [da *racemico*; 1987] **tr.** *T.chim.* trasformare una sostanza in composto racemico.

racemizzazióne [da *racemico*; 1959] **sf.** *T.chim.* processo chimico che comporta la trasformazione di una sostanza in composto racemico.

racèmo [dal lat. *racēmus*; a. 1320] **sm.** **1.** *T.bot.* infiorescenza in cui da un peduncolo centrale partono vari rami secondari ognuno dei quali finisce in fiore **2.** *poet.* grappolo d'uva o racimolo || *T.arch.* motivo ornamentale a forma di grappolo **3.** *T.chim.* miscela otticamente inattiva di due isomeri ottici, uno destrogiro ed uno levogiro || **N.** **2.** raspo. **TAV.** *erboristeria* 6.1; ***fiori*... p. 671** 2.3.

racemóso [dal lat. *racemōsus*; a. 1577] **agg.** a forma di racemo: *infiorescenza racemosa.*

racer (ingl., pr. ['reɪsə]) [letter. corridore; 1930] **sm.** *inv.* motoscafo da corsa.

ràchi [dall'ar. *arak*, succo, attr. il turco *raki*; 1965] **sm.** liquore di origine balcanica ottenuto dalla distillazione delle fecce.

ràchi- [dal gr. *ráchis*, spina dorsale] ***primo elem.*** che, in parole composte della terminologia medica, vale "spina dorsale" (per es. *rachialgia, rachicentesi*).

rachialgìa (pl. *-gie*) [comp. di *rachi-* e *-algia*; 1829] **sf.** *T.med.* dolore alla spina dorsale o colonna vertebrale.

rachianestesìa [comp. di *rachi-* e *anestesia*; 1959] **sf.** *T.med.* anestesia ottenuta per mezzo d'iniezione di anestetico nella spina dorsale che si estende alla sola parte inferiore del tronco umano.

rachicentèsi o **rachicèntesi** [comp. di *rachi-* e del gr. *kéntesis*; 1959] **sm.** *T.med.* puntura lombare, con introduzione di un ago nel canale vertebrale, per estrarne, a scopo d'indagine medica, una piccola quantità di liquido cefalorachidiano.

ràchide [dal gr. *ráchis*, spina dorsale; 1865 nel senso 2] **sf.** **1.** *T.zool.* asse delle penne e delle piume sul quale sono inserite le barbe **2.** *T.bot.* nervatura mediana principale delle foglie **3.** *T.anat.* colonna vertebrale. **TAV.** ***uccelli* p. 1339** 2.5.

rachidèo [da *ràchide*; 1841] **agg.** *T.anat.* della colonna vertebrale: *canale rachideo.*

rachidiàno [da *rachide*; 1959] **agg.** *T.anat.* rachideo.

Rachiglòssi [comp. di *rachi-* e *-glosso*, per la forma; 1959] **sm. pl.** *T.zool.* gruppo di molluschi gasteropodi caratterizzati da una radula con tre file di denti chitinosi.

rachimbùrghi o **rachimbùrgi** [dal lat. mediev. *rachimburgii*; 1931 *Rachimburgi*] **sm. pl.** *T.stor.* presso gli antichi Franchi, uomini liberi che, nelle assemblee giudiziarie, svolgevano il compito di consiglieri o dottori della legge.

rachipuntùra [comp. di *rachi-* e *puntura*; 1959] **sm.** *T.med.* puntura lombare.

rachischisi [comp. di *rachi-* e *-schisi*; 1931] **sf.** *T.med.* malformazione congenita della spina dorsale che presenta una fenditura verticale, gen. nella zona mediana || **N.** *Sin.* spina bifida.

rachìtico (pl. *-ci*) [dal gr. *rachítes*; 1750] **agg.** **1.** affetto da rachitismo: *bimbo rachitico, braccia, spalle rachitiche* **2.** *fig.* stentato, piccolo: *statura, pianta rachitica* || **N.** **2.** *Sin.* MAGRO, stentato.

rachìtide [dal gr. *rachitēs*; a. 1758] **sf.** *T.med.* rachitismo.

rachitìsmo [da *rachit(id)e*; 1773] **sm.** *T.med.* malattia della crescita dovuta a carenza di vitamina D, che provoca deformazioni allo scheletro, e in part. torace a imbuto, sterno carenato e rammollimento delle ossa craniche.

racimolàre (pres. *-ìmolo*) [da *racimolo*; a. 1388] **tr.** **1.** mettere insieme raccogliendo qua e là, un po' alla volta: *racimolare soldi, notizie*; *per estens.* da: **2.** *ass.* raccogliere racimoli dopo la vendemmia || **N.** **2.** *Sin.* raspollare.

racimolatóre [da *racimolare*; 1940] **agg.** e **sm.** (f. *-trice*) *non com.* che o chi va racimolando; spec. *fig.*

racimolatùra [da *racimolare*; 1865] **sf.** l'azione del racimolare || *concr.* quanto si raccoglie racimolando; anche *fig.*

racìmolo [lat. *racēmus*, attr. il lat. tardo *racīmus*; a. 1320] **sm.** ciascuno dei grappolini di cui si compone il grappolo d'uva; piccolo grappolo d'uva; spec. rimasto sulla vite dopo la vendemmia || *dim.* racimolétto || **N.** *Sin.* grappolo, raspo, racemo, ciocchetta, raspollo. **TAV.** *enologia* 2.6.

rack (ingl., pr. [ræk]) [letter. rastrelliera; 1983] **sm.** *inv.* piccolo scaffale a più ripiani in cui vengono collocati tutti gli elementi che costituiscono un impianto stereofonico, escluse le casse acustiche.

racket (ingl., pr. ['rækɪt]; pr. it. ['raket]) [letter. chiasso; 1959] **sm.** *inv.* **1.** sistema criminale di estorsione che consiste nel pretendere (spec. da negozianti, esercenti di locali pubblici ecc.) il versamento periodico di una somma di denaro, minacciando ritorsioni violente in caso di mancato pagamento **2.** *per estens.* organizzazione che controlla attività illegali: *il racket delle bische, della prostituzione.*

ràcla [dal fr. *racle*; 1974] **sf.** nelle macchine da stampa, lama d'acciaio affilatissima che asporta l'inchiostro in eccesso dal rullo inchiostratore. **TAV.** ***tipografia* p. 1337** 10.11.

racquetàre (raro *racquietàre*) (pres. *-èto*) [da *acquetare*; 1313] **tr.** rendere più quieto, più calmo || **intr. pron.** diventare più quieto, calmarsi.

racquistàre v. RIACQUISTARE.

rad [da *rad(iazione)*; 1959] **sm.** *inv.* *T.rad.* unità di misura dell'assorbimento di radiazione ionizzante; corrisponde a 100 erg di energia per grammo di materiale irradiato.

ràda [dall'ingl. ant. *rade*, attr. il fr. *rade*; 1640] **sf.** spazio di mare antistante a un porto, che offre un relativo riparo dai venti per la configurazione delle coste adiacenti: *ancorarsi in una rada* || **N.** baia, cala, porto. **Q.T.** *nautica..., porto.*

radància o **redància** (pl. *-ce*) [etim. sconosciuta; 1813] **sf.** *T.mar.* anello protettivo di metallo o legno provvisto di una scanalatura esterna in cui viene adattato il cappio terminale di una corda o di un cavo || **N.** bozzello.

ràdar [voce formata dalle iniziali delle parole *Radio Detecting And Ranging*, che è il nome inglese dell'apparecchio; 1943 f.] **I sm.** *inv.* *T.rad.* apparecchio che permette ai piloti delle navi e degli aerei di scoprire e identificare, mediante la riflessione di onde elettromagnetiche, qualunque ostacolo si trovi sulla loro rotta, anche se nascosto da nebbia o dal buio **II agg.** *inv.* (sempre posposto) di radar, che utilizza radar: *apparecchiatura radar, segnale radar, uomini radar*, controllori di volo. **Q.T.** *astronautica, nautica...* **TAV.** *aeronautica* 11.14;

astronautica **p. 654** 4.5, 4.6; ***nave*** **p. 1326** 1.3 e **p. 1327** 5.17.

radaràbile [da *radar*; 1974] ***agg.*** rilevabile con apparecchiature radar: *boa radarabile*, boa provvista di riflettori per segnali radar ‖ **N.** *Sin.* radarriflettente.

radaraltìmetro [comp. di *radar* e *altimetro*; 1974] ***sm.*** altimetro che impiega un radar a impulsi.

radarassistènza [comp. di *radar* e *assistenza*; 1959] ***sf.*** insieme delle apparecchiature e dei metodi usati per l'assistenza mediante radar alla navigazione aerea e marittima.

radarastronomìa [comp. di *radar* e *astronomia*; 1963] ***sf.*** *T.astr.* settore dell'astronomia che studia i corpi celesti partendo dall'esame degli echi radio ottenuti da essi con segnali lanciati dalla Terra.

radarfàro [comp. di *radar* e *faro*; 1959] ***sm.*** radiotrasmettitore di navigazione che emette segnali per indicare la posizione o la rotta da seguire ‖ **N.** *Sin.* radiofaro.

radargeodesìa [comp. di *radar* e *geodesia*; 1974] ***sf.*** disciplina che studia l'impiego del radar nei rilievi geodetici.

radargeodètico (pl. *-ci*) [comp. di *radar* e *geodetico*; 1974] ***agg.*** relativo alla radargeodesia.

radarìsta [da *radar*; 1959] ***s.*** chi è addetto al rilevamento dei dati forniti da una postazione radar, o provvede alla sua efficienza.

radarìstica [da *radar*; 1970] ***sf.*** studio della tecnica, del funzionamento e dell'impiego delle apparecchiature radar.

radarlocalizzazióne [comp. di *radar* e *localizzazione*; 1974] ***sf.*** localizzazione di un oggetto mediante radar.

radarmeteorologìa [comp. di *radar* e *meteorologia*; 1974] ***sf.*** settore della meteorologia che applica la strumentazione e le tecniche radar allo studio e ai rilevamenti meteorologici.

radarnavigazióne [comp. di *radar* e *navigazione*; 1974] ***sf.*** navigazione marittima e aerea effettuata con l'ausilio di segnali radar.

radar-relè [comp. di *radar* e *relè*; 1974] ***sm.*** *inv. T.mil.* sistema per la sorveglianza di vaste zone a scopo militare, basato su una rete di radar installati su aerei e su satelliti artificiali.

radarriflettènte [comp. di *radar* e *riflettente*; 1983] ***agg.*** che riflette i segnali radar ed è quindi rilevabile con apparecchiature radar ‖ **N.** *Sin.* radarabile.

radarsónda [comp. di *radar* e *sonda*; 1983] ***sf.*** aerostato dotato di radar, usato in meteorologia.

radarspolétta [comp. di *radar* e *spoletta*; 1959] ***sf.*** spoletta, usata nei missili antiaerei, che emette un radiosegnale continuo e viene azionata dall'eco riflessa dal bersaglio ‖ **N.** *Sin.* radiospoletta.

radartachìmetro [comp. di *radar* e *tachimetro*; 1974] ***sm.*** piccolo radar per misurare la velocità di avvicinamento o di allontanamento di un corpo in moto, spec. di un veicolo; viene usato dalle forze dell'ordine per accertare il rispetto dei limiti di velocità sulle strade.

radartècnica [comp. di *radar* e *tecnica*; 1959] ***sf.*** parte della radiotecnica che si occupa della progettazione e dell'impiego dei radar.

radarterapìa [comp. di *radar* e *terapia*; 1963] ***sf.*** fisioterapia che utilizza le onde radio per il trattamento curativo di forme reumatiche e flogistiche.

radàzza v. REDAZZA.

raddensàbile [da *raddensare*; 1872] ***agg.*** che si può raddensare.

raddensaménto [da *raddensare*; 1872] ***sm.*** atto ed effetto del raddensare e del raddensarsi.

raddensàre (pres. *-ènso*) [da *addensare*; 1686] ***tr.*** rendere più denso; addensare ‖ ***intr. pron.*** diventare più denso.

raddensatóre [da *raddensare*; 1872] ***agg.*** e ***sm.*** (f. *-trìce*) *non com.* che o chi raddensa.

raddirizzàre e der. variante tosc. di RADDRIZZARE e der. (v.).

raddobbàre (pres. *-òbbo*) [dal fr. *radouber*; 1769] ***tr.*** *T.mar.* riparare una nave che ha sofferto avarie.

raddòbbo [dal fr. *radoub*; 1769] ***sm.*** *T.mar.* riparazione delle avarie subite da una nave ‖ *bacino di raddobbo*, di carenaggio.

raddolciménto [da *raddolcire*; a. 1698] ***sm.*** **1.** l'atto e l'effetto del raddolcire e del raddolcirsi; perlopiù *fig.* **2.** *T.ling.* palatalizzazione ‖ **N. 1.** *Sin.* attenuazione, mitigazione.

raddolcìre (pres. *-ìsco, -ìsci*) [da *addolcire*; 1300 ca. nel senso 2 *raddolcare*] ***tr.*** **1.** rendere dolce o più dolce: *raddolcire una bevanda* **2.** *fig.* rendere meno aspro, sgradevole o duro, lenire: *raddolcire un suono, un colore, raddolcire il trattamento del prigioniero, le sventure hanno raddolcito il suo fiero carattere* **3.** *T.metal.* sottoporre a riscaldamento e graduale raffreddamento per diminuire la durezza ‖ ***intr. pron.*** diventare meno aspro, più dolce (spec. *fig.*): *il suo carattere si è raddolcito con l'età* ‖ rif. a stagione o clima, farsi più mite: *l'aria si è raddolcita* ‖ **N.** ***tr.*** **1.** *Sin.* addolcire, dolcificare, edulcorare, zuccherare **2.** *Sin.* attenuare, mitigare, temperare.

raddomandàre [da *addomandare*; a. 1348] ***tr.*** *arc.* rif. a cosa precedentemente posseduta, chiederla o richiederla per rientrarne in possesso.

raddoppiaménto [da *raddoppiare*; sec. XIV] ***sm.*** **1.** il raddoppiare o il raddoppiarsi: *raddoppiamento di pena, di capitale, di peso* **2.** *in part. T.ling.* ripetizione di una parola (con valore espressivo, come in *mogio mogio, piano piano, sotto sotto* ecc.), di una sillaba (con valore morfologico, come in alcuni perfetti latini quali *pependi, pepuli*) o di una consonante; *raddoppiamento sintattico* o *fonosintattico*, v. FONOSINTATTICO ‖ *T.ret.* iterazione ‖ **N.** *Sin.* duplicazione, geminazione, raddoppio; doppio.

raddoppiàre (pres. *-óppio*) [da *addoppiare*; a. 1292] ***tr.*** **1.** rendere doppio, aumentare di una quantità uguale, moltiplicare per due ‖ *T.sport. raddoppiare la marcatura*, nel calcio, intervenire in due nella marcatura di un giocatore avversario ‖ *fig.* aumentare notevolmente: *raddoppiare gli sforzi; raddoppiare le provviste, un numero* ‖ *raddoppiare il passo*, camminare più celermente **2.** piegare in due: *raddoppiare un lenzuolo* ‖ ***intr.*** (aus. *essere*) **1.** diventare il doppio; aumentare di molto: *i turisti sono raddoppiati, è raddoppiato il prezzo del biglietto, è quasi raddoppiato di peso* **2.** di cavallo, andare al raddoppio ‖ **N.** ***tr.*** *Sin.* duplicare, geminare, riprodurre.

raddoppiatóre [da *raddoppiare*; 1959] ***sm.*** *T.elettr. raddoppiatore di tensione*, duplicatore.

raddoppiatùra [da *raddoppiare*; fine sec. XVII] ***sf.*** *non com.* raddoppio.

raddóppio (pl. *-pi*) [da *raddoppiare*; a. 1696] ***sm.*** **1.** raddoppiamento: *raddoppio di una vincita, della produzione* ‖ *T.ferr. binario di raddoppio*, che serve a permettere, su una linea ferroviaria a un solo binario, l'incrocio di treni in direzioni opposte **2.** *T.ipp.* andatura del cavallo in cui questo muove insieme i piedi davanti e poi quelli posteriori **3.** nel gioco del biliardo, andata e ritorno in linea retta della palla da una sponda a un'altra **4.** *T.mus.* in un accordo, presenza del medesimo suono ripetuto a distanza di ottava ‖ nella musica vocale e strumentale, esecuzione di due parti sulla stessa linea melodica, all'unisono o a distanza di ottava: *una melodia dei flauti con raddoppio dei violini* **5.** *T.teatr.* doppione.

raddormentàre (pres. *-ènto*) [da *addormentare*; sec. XIV] ***tr.*** e ***intr. pron.*** *ant.* riaddormentare e riaddormentarsi.

raddossàre (pres. *-òsso*) [da *addossare*; 1677] ***tr.*** *ant.* addossare di nuovo.

raddótto (*pps.* di *raddurre*) [1612] ***sm.*** *raro* luogo dove si raccolgono più persone per giocare o divertirsi, ridotto.

raddrizzaménto [da *raddrizzare*; a. 1729 *raddirizzamento*] ***sm.*** **1.** atto ed effetto del raddrizzare **2.** *in part. T.elettrot.* conversione di una corrente alternata in corrente continua.

raddrizzàre [da *addrizzare*; a. 1367] ***tr.*** **1.** modificare o spostare in modo da rendere dritto o allineato: *raddrizzare un chiodo, la rotta di una nave, la schiena, raddrizzare un quadro, un mobile* ‖ *scherz. raddrizzare le ossa a qualcuno*, bastonarlo ‖ *voler raddrizzare le gambe ai cani*, proporsi di emendare persone o situazioni che non possono cambiare ‖ *fig.* rimettere nel giusto: *raddrizzare le idee a qualcuno* **2.** *T.elettrot.* rif. a corrente alternata, convertire in corrente continua ‖ **N. 1.** *Sin.* drizzare, rizzare.

raddrizzatóre [da *raddrizzare*; 1872 *raddirizzatore* nel senso 2] ***sm.*** **1.** *T.elettrot.* strumento usato per rettificare la corrente alternata; rettificatore **2.** (f. *-trìce*) *raro* chi raddrizza.
Q.T. *elettricità*.

raddrizzatrìce [da *raddrizzare*; 1959] ***sf.*** *T.tecn.* macchina che raddrizza barre, lamiere e sim. facendole passare tra due cilindri girevoli.

raddrizzatùra [da *raddrizzare*; 1865 *raddirizzatura*] ***sf.*** raddrizzamento.

radduràre [da *addurare*; a. 1472] ***intr.*** (aus. *essere*) e ***intr. pron.*** *ant.* indurirsi.

raddùrre (pres. *-ùco, -ùci* ecc., come ADDURRE) [da *addurre*; a. 1431] ***tr.*** *lett.* ricondurre ‖ ***intr. pron.*** raccogliersi ‖ ridursi.

radènte (*ppr.* di *radere*) [1592] ***agg.*** che passa rasente, che sfiora una superficie: *volo radente*, che sfiora il suolo ‖ *in part. T.mil. tiro radente*, in cui i proietti descrivono una linea che sfiora quasi il terreno ‖ *T.mar. corrente radente*, parallela alla costa e in prossimità di questa ‖ *T.fis. attrito radente*, che agisce su un corpo in moto su un piano, tangenzialmente a questo e nel senso contrario.

radènza [da *radere*; 1889] ***sf.*** *T.scient.* movimento radente.

ràdere (p.rem. *ràsi, radésti*; pps. *ràso*) [dal lat. *radere*; 1319 nel senso 2] ***tr.*** **1.** rif. a peli o capelli, recidere alla base in modo da eliminarne la parte che sporge: *radere la barba, radere la pelle, il mento, un barbiere che rade male i suoi clienti*; *radere una capigliatura a zero*, del tutto ‖ per estens. rif. ad elementi che si elevano in altezza, abbattere, spianare: *radere, una foresta, la bomba ha raso al suolo il quartiere* ‖ *non com.* cancellare o pulire raschiando **2.** rasentare, sfiorare: *il canale rade le vecchie mura, l'aereo radeva pericolosamente la cima del monte* ‖ ***rifl.*** farsi la barba: *si rade tutte le mattine* ‖ ***rifl. indir.*** depilarsi: *radersi la faccia, le gambe* ‖ **N.** ***tr.*** **1.** *Sin.* depilare, rasare, tagliare, tosare; abradere ‖ ***rifl.*** *Sin.* sbarbarsi.

radézza [da *rado*[1]; a. 1320] ***sf.*** l'essere rado, poco folto: *radezza di barba, radezza di alberi* ‖ sporadicità: *la radezza dei messaggi* ‖ **N.** *Sin.* rarità.

radiàle[1] [dal lat. *radius*, raggio; 1321 nel senso 2] **I** ***agg.*** **1.** *T.mat.* e *T.fis.* relativo al raggio; determinato da uno o più raggi: *curva radiale*; *direzione radiale*, che segue un raggio; *per estens. strada, linea tranviaria radiale*, che va dal centro verso la periferia ‖ *trapano radiale*, fissato a un braccio rotante di lunghezza regolabile che consente di praticare fori in corrispondenza di una circonferenza ‖ *simmetria radiale*, riscontrabile in strutture i cui elementi, uguali fra loro, sono posti in corrispondenza di raggi equidistanti (per es. in una forma stellata) ‖ *pneumatico radiale* in cui i fasci di tele della carcassa sono disposti perpendicolarmente alla circonferenza della ruota **2.** *ant.* di raggio di luce || **radialménte** ***avv.*** lungo la direzione dei raggi; con simmetria radiale. **II** ***sf.*** linea tranviaria o strada radiale || ***sm.*** pneumatico radiale.

radiàle^{2} [da *radio*^{2}; 1659] ***agg.*** *T.anat.* relativo al radio: *arteria, nervo radiale.* **TAV. *anatomia* p. 641** 4.5.

radiaménto [da *radiare*^{1}; 1872] ***sm.*** *non com.* il radiare (nel senso 1).

radiànte^{1} (*ppr.* di *radiare*^{2}) [1224 ca. nel senso 2] ***agg.*** **1.** *T.fis.* che emette radiazioni luminose, calorifiche o altra forma di energia: *superficie, piastra radiante, pannello radiante,* v. PANNELLO^{3} || *T.med. terapia radiante,* radioterapia **2.** *lett.* che emana luce, splendente: *nel radiante azzurro immenso* (Carducci).

radiànte^{2} [dal lat. tardo *radiāre*; 1935] ***sm.*** *T.geom.* unità di misura degli angoli, pari all'angolo al centro di una circonferenza che sottende un arco di lunghezza uguale al raggio.

radiantismo [da *radiante*^{1}; 1909] ***sm.*** *T.art.* corrente pittorica nata in Russia all'inizio del XX secolo, affine al Futurismo, basata su incroci di fasci di colore luminoso || **N.** *Sin.* raggismo.

radiànza [da *radiante*^{1}; 1959] ***sm.*** *T.fis.* flusso di energia radiata per unità di superficie.

radiàre^{1} (pres. *ràdio*) [dal fr. *radier*; 1841] ***tr.*** **1.** escludere, espellere da un consesso, da una associazione in seguito ad una sanzione disciplinare: *fu radiato dall'albo professionale, è stato radiato dal partito, dall'esercito* **2.** *T.mar. radiare una nave,* cancellarla dalla lista dei navigli perché destinata alla demolizione.

radiàre^{2} (pres. *ràdio*) [dal lat. *radiāre*; 1321] ***intr.*** (aus. *avere*) *non com.* emettere radiazioni, irraggiare.

radiatìvo [da *radiare*^{2}; 1959] ***agg.*** *T.fis.* relativo a emissione di energia per irraggiamento.

radiàto [da *radiare*^{2}; a. 1306] ***agg.*** cinto di raggi || di corpo, le cui parti sono disposte come i raggi di una ruota || **N.** *Sin.* raggiato, stellato.

radiatóre [dal fr. *radiateur*; 1918] ***sm.*** **1.** *T.aut.* nell'impianto di raffreddamento di un motore, l'elemento in cui il liquido refrigerante, dopo aver sottratto calore al motore, viene raffreddato da un ventilatore; è fatto in modo da avere la massima superficie esposta all'aria **2.** in un impianto di riscaldamento, l'elemento che riscalda l'ambiente cedendo il calore del fluido caldo che lo percorre **3.** *T.fis.* in gen. corpo che emette radiazioni || **N. 2.** *Sin.* calorifero, termosifone. **Q.T.** *motocicletta* **TAV.** *abitazione* 1.1; ***armi* p. 649** 27.10; ***astronautica* p. 655** 6.5, 12.17; ***automobile* p. 658** 3.3; ***ferrovie...* p. 669** 2.2.

radiatorista [da *radiatore*; 1959] ***s.*** tecnico specializzato nell'installazione e nella riparazione di radiatori per automobili.

radiazióne^{1} [dal fr. *radiation*; 1865] ***sf.*** **1.** *T.fis.* emissione e diffusione nello spazio di energia elettromagnetica, materia (sotto forma di fasci di particelle elementari) o quantità di moto (per es. con onde acustiche o gravitazionali); *concr.* ciò che si propaga: *radiazioni luminose, termiche, elettromagnetiche, atomiche, radiazioni cosmiche, solari; radiazioni ionizzanti,* capaci di indurre ionizzazione e altre alterazioni più o meno dannose nei corpi che le assorbono; *ass.* rif. com. alle radiazioni ionizzanti prodotte dalla radioattività: *rimanere esposti alle radiazioni, una sorgente di pericolose radiazioni* **2.** in ecologia e genetica *radiazione adattiva,* il fenomeno per cui solo le forme più adatte sopravvivono alla selezione naturale || **N. 1.** raggio.

radiazióne^{2} [dal fr. *radiation*; 1802] ***sf.*** *T.bur.* atto ed effetto del radiare, dell'escludere da un consesso.

ràdica [etim. inc.; a. 1597 nel senso 2] ***sf.*** **1.** legno ricavato dalle parti nodose e compatte di talune radici che viene utilizzato, per le sue doti di robustezza o per la pregevole marezzatura, in lavori fini di ebanisteria o nella costruzione di pipe: *radica di noce, di pioppo nero, una pipa di vera radica* **2.** *region.* radice: *radica gialla,* carota; *radica rossa,* barbabietola; *radica amara,* scorzonera.

radicàle [lat. *radicālis*; a. 1320 come agg. nel senso 1; 1795 come sm. nel senso 1; 1819 nel senso 4] **I** ***agg.*** **1.** *T.bot.* attinente alla radice o alle radici: *peli radicali, assorbimento, sviluppo radicale* **2.** *fig.* che interviene a modificare in modo sostanziale e approfondito: *riforma, cambiamento radicale, cura radicale* **3.** *T.pol.* di o relativo a un partito, movimento e sim., ispirato ai principi del radicalismo || *in part.* relativo al Partito Radicale: *leader radicale, interpellanza radicale* || politicamente estremo: *destra radicale* || **radicalménte** ***avv.*** **1.** in modo radicale, drastico: *è intervenuto radicalmente* **2.** fino all'ultima essenza, profondamente: *siamo radicalmente diversi* **II** ***sm.*** **1.** *T.chim.* gruppo di atomi di un composto, rimpiazzabile da un singolo atomo o che si mantiene inalterato durante alcune reazioni **2.** (raro *sf.*) *T.gram.* radice di una parola **3.** *T.mat.* simbolo complesso che indica la radice n-esima di un numero, formato dal numero (*radicando*) sotto segno di radice e dall'indice n **4.** (anche *sf.*) appartenente o sostenitore del Partito Radicale: *una manifestazione dei radicali* || **N. I 2.** *Sin.* energico, sostanziale.

radicaleggiàre (pres. *-éggio*) [da *radicale*; 1891] ***intr.*** (aus. *avere*) *T.pol.* propendere per le idee, per il programma di partiti di ispirazione radicale || propendere per posizioni estremistiche.

radicàlico (pl. *-ci*) [da *radicale*; 1988] ***agg.*** *T.chim. polimerizzazione radicalica,* reazione grazie alla quale dei perossidi organici, sotto l'azione del calore o di attivatori, si decompongono e formano radicali liberi.

radicalismo [dall'ingl. *radicalism*; 1820] ***sm.*** **1.** *T.pol.* tendenza politica democratico-progressista, nata in Inghilterra all'inizio dell'Ottocento e poi diffusasi nel resto d'Europa **2.** tendenza ad assumere posizioni estreme nell'ambito di un partito, un movimento e sim.: *radicalismo di destra, di sinistra.*

radicalizzàre [da *radicale*; 1955] ***tr.*** spostare verso posizioni radicali, rifiutando ogni soluzione di compromesso: *radicalizzare il dibattito politico* || ***intr. pron.*** diventare più radicale, più profondo, estremo: *posizioni estreme che tendono a radicalizzarsi.*

radicalizzazióne [da *radicalizzare*; 1959] ***sf.*** il radicalizzare o il radicalizzarsi.

radicaménto [da *radicare*; 1745] ***sm.*** atto ed effetto del radicare e del radicarsi: *radicamento di una pianta* || anche *fig.*: *radicamento di una cattiva abitudine.*

radicàndo [da *radice,* sul modello di *moltiplicando*; 1891] ***sm.*** *T.mat.* espressione compresa sotto il segno di radice, di cui si deve estrarre la radice.

radicàre (pres. *ràdico, ràdichi*) [dal lat. tardo *radicāre*; a. 1320] ***intr.*** (aus. *essere*) mettere radici nella terra: *pianta che radica bene* || ***intr. pron.*** stabilirsi, fissarsi tenacemente: *un pregiudizio, un ideale che si è ben radicato nella gente* || **N.** *Sin.* attecchire; allignare.

radicàto (*pps.* di *radicare*) [a. 1348] ***agg.*** *fig.* saldo, tenace e profondo: *idee, abitudini, pregiudizi, vizi radicati* || **N.** *Sin.* inveterato.

radicazióne [da *radicare*; a. 1698] ***sf.*** *T.bot.* sviluppo dell'apparato radicale || *concr.* l'insieme delle radici: *radicazione fascicolata.*

radìcchio (pl. *-chi*) [lat. *radīcula,* radicetta; 1449 *radichio*] ***sm.*** pianta erbacea delle Composite, con foglie lunghe dentate che si mangiano in insalata || **N.** *Sin.* cicoria.

radìce^{1} [da *radix, -īcis*; a. 1292] ***sf.*** **1.** porzione di una pianta cormofita, che ha la funzione di ancorare la pianta al terreno o ad altra superficie, di assorbire da questo acqua e sali minerali e, talvolta, di immagazzinare sostanze nutritive; *radice a fittone,* con un asse principale privo o scarsamente provvisto di ramificazioni secondarie; *radice fascicolata,* suddivisa in numerose ramificazioni secondarie che partono dal colletto; *radice avventizia,* che sostiene una pianta rampicante; *radice aerea* (o *epigea*), v. AEREO || *com.* anche *pl.*: *una pianta con radici ben sviluppate; mettere (le) radici,* attecchire, radicare e *fig.* assuefarsi, fissarsi in un luogo: *ho messo radici in questa città; mettere le radici al sole,* rif. a pianta, sradicare o abbattere **2.** *per estens.* parte più profonda di un organo, innestata e fissata al corpo: *radice di un capello, di un dente, di un'unghia;* anche il punto di origine di formazioni patologiche: *radice del polipo, del callo* || parte più bassa: *radici di un monte* **3.** *fig.* origine, principio, causa prima: *quella è la radice di tutti i mali, individuare la radice del problema; affrontare il problema alla radice,* nel suo aspetto essenziale, originario; *estirpare dalle radici,* eliminare completamente **4.** *T.ling.* in una parola, la parte che rimane eliminando affissi derivazionali e flessionali, dotata di valore semantico, che si presenta in parole di significato affine anche se di categorie diverse (per es. *voc* in *voce,* in *voc*are, *voc*abolo, uni*voco* ecc.) **5.** *T.mat. radice n-esima di un numero m,* quel numero che elevato ad n dà m: *radice quadrata* (o *seconda*), *cubica* (o *terza*) *di un numero,* numero che elevato alla seconda o alla terza potenza dà il radicando: *calcolare, estrarre la radice; radice di un'equazione,* ogni valore che risolve l'equazione **6.** *ant.* progenitore || *dim.* radicétta, radicèlla, radichèlla, radichétta, radicìna; *accr.* radicióne (*sm.*), radicióna || **N. 1.** *Sin.* barba; radica; rizoma, tubero | apice vegetativo, colletto, corpo, fittone, peli radicali, radichetta, strato corticale | abbarbicare, allignare, attecchire, estirpare, svellere **2.** *Sin.* bulbo; piede **3.** *Sin.* ORIGINE. **Q.T.** *botanica* **TAV.** ***anatomia* p. 642** 20.3.

radìce^{2} [da *radice*^{1}; a. 1320] ***sf.*** *T.bot.* rafano.

radicèlla o **radichèlla** (*dim.* di *radice*^{1}) [1970] ***sf.*** cicoria.

radicétta v. RADICHETTA.

radichèlla v. RADICÈLLA.

radichétta o **radicétta** (*dim.* di *radice*^{1}) [1820] ***sf.*** *T.bot.* nelle piante fanerogame, la parte dell'embrione che diventerà radice.

radicifórme [comp. di *radice* e *-forme*; 1835] ***agg.*** *T.bot.* a forma di radice.

radicìna (*dim.* di *radice*^{1}) [1871] ***sf.*** ravanello || radichetta.

radicolàre [dal lat. *radicula* dim. di *rādix, radīcis,* radice; 1892 *radiculare*] ***agg.*** **1.** *T.bot.* relativo alla radice, proprio della radice **2.** *T.anat.* proprio della radice di un organo, spec. dei nervi; ad essa relativo.

radicolìte [comp. del lat. *radīcula,* radicetta e *-ite*^{1}; 1959] ***sf.*** *T.med.* infiammazione delle radici nervose spinali.

ràdi e gètta [comp. di *rad*(*ere*) e *gett*(*are*); 1983] ***loc. agg. inv.*** e ***loc. m. inv.*** di rasoio in plastica con lametta incorporata, che si usa per una o per poche rasature e poi si getta.

radiestesìa e der. v. RADIOESTESIA e der.

radìfero [comp. di *radio*^{3} e *-fero*; 1959] ***agg.*** *apparecchio radifero,* involucro in vetro o in metallo che serve a trasportare i prodotti radioattivi per la radioterapia.

radimàdia [comp. di *rade*(*re*) e *madia*; 1353] ***sf.*** *disus.* raschiatoio con cui si ripulisce il piano della madia dopo aver impastato il pane.

radiménto [da *radere*; a. 1519] ***sm.*** *non com.*

il radere.

ràdio[1] [abbr. di *radiofonia, radiotelegrafia, radioricevitore* e *radiotrasmissione*; 1918 nel senso di stazione radiotelegrafica] **I** *sf. inv.* **1.** trasmissione di notizie e programmi per mezzo di radioonde, radiofonia: *il messaggio è stato diffuso per radio* (o *via radio*) ‖ stazione che trasmette programmi in radiofonia; *per anton.* l'ente nazionale di radiodiffusione: *lavorare alla radio, il terzo programma della radio* **2.** apparecchio destinato all'ascolto di programmi trasmessi in radiofonia, radioricevitore: *una radio a pile, a transistor, accendere, far riparare la radio* **II** in funzione di **agg.** *inv.* (sempre posposto) relativo alle radioonde, alla loro emissione e ricezione, ai sistemi e agli apparecchi impiegati a tale scopo: *apparecchio, stazione radio, contatto, ricezione radio* ‖ *onde radio,* radioonde ‖ *giornale radio,* notiziario trasmesso per radio ‖ *dim.* radiolìna. **Q.T.** *audiovisivi* **TAV.** ***astronautica*** **p. 654** 1.7, 4.7 e **p. 655** 6.3, 6.4.

ràdio[2] (pl. *-dii*) [dal lat. *radius,* nel senso di oggetto puntuto; 1598] **sm.** *T.anat.* delle due ossa lunghe dell'avambraccio, quello più esterno ‖ **N.** ulna. **TAV.** ***anatomia*** **p. 641** 2.14.

ràdio[3] o **ràdium** [lat. scient. *radium,* raggio; 1905] **sm.** *inv. T.chim.* elemento fortemente radioattivo della famiglia dei metalli alcalino-terrosi, che si estrae dai minerali dell'uranio (spec. dalla pechblenda).

ràdio[4] (pl. *-dii*) [lat. *radium;* inizio sec. XIV] **sm.** *arc.* raggio.

ràdio-[1] [dal lat. *radius,* raggio] ***primo elem.*** che, in parole composte della terminologia scientifica, vale "radiazione", "energia raggiante" (per es. *radioestesia, radiometro, radiostella*) ‖ in part. in chimica, fa riferimento al radio e alla radioattività (per es. *radiobiologia*), spec. nelle denominazioni di isotopi radioattivi di elementi chimici: **radiocobàlto**, **radioiòdio** ‖ in altre parole composte, spec. della terminologia medica, fa riferimento ai raggi X (per es. *radioscopia, radiodiagnosi*) ‖ in parole della terminologia tecnica fa riferimento alle onde elettromagnetiche (per es. *radioastronomia, radioelettricità*).

ràdio-[2] [da *radio(fonia)*] ***primo elem.*** che, in parole composte anche di uso comune, vale "relativo alla radiodiffusione", "diffuso attraverso la radio", "collegato via ponte radio", intendendo per radiodiffusione non solo la ricetrasmissione del segnale sonoro, ma anche di altri segnali (la parola composta può a volte essere sostituita da sintagmi con *radio* posposto in funzione appositiva: *trasmissioni radio*): **radioabbonàto**, **radioascoltatóre**, **radiocommèdia**, **radiodràmma**, **radiointervìsta**, **radioutènte**. **Q.T.** *audiovisivi.*

radioaltìmetro [comp. di *radio-*[1] e *altimetro*; 1939] **sm.** dispositivo installato sugli aerei, che consente di misurare la distanza dal suolo ‖ **N.** radaraltimetro.

radioamatóre [comp. di *radio-*[2] e *amatore*; 1935] **sm.** (f. *-trice*) chi, per hobby, trasmette e riceve messaggi radio con apparecchi privati su bande di frequenza riservate.

radioascólto [comp. di *radio-*[2] e *ascolto*; 1959] **sm.** **1.** tempo riservato all'ascolto di messaggi radio **2.** ascolto di trasmissioni radiofoniche.

radioassistènza [comp. di *radio-*[2] e *assistenza*; 1959] **sf.** insieme delle apparecchiature e dei metodi usati per l'assistenza via radio alla navigazione aerea e marittima.

radioassistere [comp. di *radio-*[2] e *assistere*; 1959] **tr.** assistere via radio la navigazione aerea o marittima.

radioastronomìa [comp. di *radio-*[1] e *astronomia*; 1963] **sf.** parte dell'astronomia che studia l'emissione di onde elettromagnetiche da parte dei corpi celesti allo scopo di accertarne la posizione nello spazio e di studiarne le caratteristiche fisiche.

radioastronòmico (pl. *-ci*) [comp. di *radio-*[1] e *astronomico*; 1959] **agg.** relativo alla radioastronomia, proprio della radioastronomia: *rilevamenti radioastronomici.*

radioastrònomo [comp. di *radio-*[1] e *astronomo*; 1959] **sm.** (f. *-a*) studioso, esperto di radioastronomia.

radioattività [dal fr. *radio-activité*; 1902] **sf.** proprietà di alcuni elementi di emettere radiazioni, causata dall'instabilità dell'equilibrio atomico e conseguente espulsione di particelle o radiazioni elettromagnetiche a frequenza elevatissima; *radioattività naturale,* che si verifica spontaneamente; *radioattività artificiale,* indotta bombardando i nuclei atomici con neutroni ‖ l'emissione di radiazioni: *la radioattività è in aumento* ‖ *radioattività residua,* che si riscontra in zone dove sia avvenuta un'esplosione nucleare. **Q.T.** *chimica.*

radioattìvo [dal fr. *radio-actif*; 1908] **agg.** che possiede radioattività: *elemento radioattivo.*

radioauditóre [comp. di *radio-*[2] e *auditore*; 1935] **sm.** (f. *-trice*) ascoltatore di radiotrasmissioni.

radioaudizióne [comp. di *radio-*[2] e *audizione*; 1931] **sf.** **1.** ascolto di trasmissioni radio per mezzo di apparecchi radiofonici **2.** programma radiofonico.

radiobiologìa [comp. di *radio-*[1] e *biologia*; 1930] **sf.** studio degli effetti delle radiazioni sugli organismi viventi.

radiobùssola [comp. di *radio-*[2] e *bussola*; 1937] **sf.** apparecchio utilizzato a bordo di navi e aerei, che in ogni momento fornisce esatta indicazione della direzione e della posizione mediante la ricezione di onde emesse da una stazione radiotrasmittente a terra.

radiocanàle [comp. di *radio-*[2] e *canale*; 1959] **sm.** banda di radiofrequenza assegnata ad una data stazione trasmittente.

radiocarbònio [comp. di *radio-*[1] e *carbonio*; 1959] **sm.** isotopo radioattivo del carbonio, la cui radioattività diminuisce in modo costante nel tempo; misurandone la quantità presente in resti organici preistorici, è possibile ricavare una datazione precisa di tali resti.

radiocèntro [comp. di *radio-*[2] e *centro*; 1948] **sm.** centro di radiodiffusione.

radiochìmica [comp. di *radio-*[1] e *chimica*; 1959] **sf.** ramo della chimica che utilizza le proprietà degli isotopi radioattivi nello studio di taluni fenomeni, in svariati campi di ricerca e spec. in medicina e biologia.

radiochirurgìa [comp. di *radio-*[1] e *chirurgia*; 1959] **sf.** *T.med.* diagnosi e terapia che si fondano sull'abbinamento delle tecniche chirurgiche e radiologiche.

radiocollàre [comp. di *radio-*[2] e *collare*; 1983] **sm.** collare che trasmette impulsi radio, che viene applicato ad animali selvatici per studiarne gli spostamenti.

radiocollegaménto [comp. di *radio-*[2] e *collegamento*; 1949] **sm.** collegamento fra due postazioni per mezzo di radioonde.

radiocomandàre [comp. di *radio-*[2] e *comandare*; 1955] **tr.** manovrare a distanza, mediante radioonde.

radiocomandàto (*pps.* di *radiocomandare*) [1937] **agg.** di nave, aereo e sim., manovrato a distanza mediante onde elettromagnetiche.

radiocomàndo [comp. di *radio-*[2] e *comando*; 1937] **sm.** **1.** controllo a distanza di un apparecchio meccanico per mezzo di impulsi radio **2.** il dispositivo con cui si effettua il controllo.

radiocomunicazióne [comp. di *radio-*[2] e *comunicazione*; 1935] **sf.** comunicazione rapida a distanza effettuata per mezzo di onde elettromagnetiche irradiata da una stazione trasmittente e captata da una ricevente ‖ **N.** radiodiffusione, radiotelefonia, radiotelegrafia. **Q.T.** *audiovisivi.*

radioconversazióne [comp. di *radio-*[2] e *conversazione*; 1959] **sf.** conversazione via radio.

radiocrònaca [comp. di *radio-*[2] e *cronaca*; 1935] **sf.** cronaca diretta di un avvenimento trasmessa per radio: *la radiocronaca di una partita di calcio.*

radiocronista [comp. di *radio-*[2] e *cronista*; 1935] **s.** persona cui è affidata la realizzazione di una radiocronaca.

radiodermìte [comp. di *radio-*[1] e *dermite*; 1940] **sf.** *T.med.* alterazione più o meno grave della pelle dovuta all'azione protratta e intensa dei raggi X o di altre radiazioni ionizzanti.

radiodiàgnosi [comp. di *radio-*[1] e *diagnosi*; 1959] **sf.** *T.med.* diagnosi formulata sulla base dell'esame di radiografie eseguite sul paziente.

radiodiagnòstica [comp. di *radio-*[1] e *diagnostica*; 1934] **sf.** *T.med.* settore della radiologia che studia l'applicazione delle radiazioni per la diagnosi delle malattie.

radiodiagnòstico (pl. *-ci*) [da *radiodiagnostica*; 1959] **agg.** *T.med.* relativo alla radiodiagnostica.

radiodiffóndere (pres. *-óndo* ecc., come CONFONDERE) [comp. di *radio-*[2] e *diffondere*; 1955] **tr.** diffondere via radio: *il messaggio del Presidente della Repubblica verrà radiodiffuso.*

radiodiffusióne [comp. di *radio-*[2] e *diffusione*; 1931] **sf.** diffusione per mezzo di onde radio di notizie, musica o programmi di vario genere, effettuata da stazioni emittenti pubbliche o private e irradiate su una determinata area con un sistema di ripetitori.

radiodilettànte [comp. di *radio-*[2] e *dilettante*; 1939] **s.** radioamatore.

radiodistùrbo [comp. di *radio-*[2] e *disturbo*; 1959] **sm.** perturbazione di una comunicazione radio: *un radiodisturbo causato da un'interferenza.*

radiodrammaturgìa (pl. *-gìe*) [comp. di *radio-*[2] e *drammaturgia*; 1987] **sf.** il genere costituito dai drammi radiofonici ‖ **N.** *Sin.* radioteatro.

radioèco (pl. *-chi*) [comp. di *radio-*[1] e *eco*; 1959] **sm.** o **sf.** segnale radioelettrico che viene riflesso da un ostacolo (ad es. una catena montuosa, un oggetto volante e sim.) ed è captato dalla stazione emittente.

radioecologìa [comp. di *radio-*[1] e *ecologia*; 1974] **sf.** settore dell'ecologia che studia il rapporto tra le radiazioni e gli organismi.

radioeleménto [comp. di *radio-*[1] e *elemento*; 1930] **sm.** elemento chimico radioattivo.

radioelettricità [comp. di *radio-*[1] e *elettricità*; 1983] **sf.** studio e uso delle onde elettromagnetiche per la trasmissione di segnali a distanza.

radioelèttrico (pl. *-ci*) [comp. di *radio-*[1] e *elettrico*; 1983] **agg.** relativo alla radioelettricità.

radioemanazióne [comp. di *radio-*[1] e *emanazione*; 1959] **sf.** *T.chim.* emanazione radioattiva del radio ‖ **N.** *Sin.* radon.

radioemissióne[1] [comp. di *radio-*[1] e *emissione*; 1974] **sf.** emissione di radiazioni o di onde radio.

radioemissióne[2] [comp. di *radio-*[2] e *emissione*; 1987] **sf.** trasmissione radiofonica.

radioestesìa o **radiestesìa** [comp. di *radio-*[1] e *-estesia*; 1935] **sf.** presunta facoltà di captare le radiazioni emesse da particolari corpi o sostanze (acqua, minerali ecc.), anche lontani, attraverso le oscillazioni di un pendolo tenuto in mano ‖ **N.** *Sin.* rabdomanzia.

radioestèsico o **radiestèsico** (pl. *-ci*) [da *radioestesia*; 1950] **agg.** di o relativo a radioestesia.

radioestesista o **radiestesista** [da *radioestesia*; a. 1956] **s.** chi pratica la radioestesia.

radiofàro [comp. di *radio-*^{2} e *faro*; 1932] ***sm.*** stazione radio che trasmette costantemente determinati segnali che consentono a navi e aerei di calcolare la propria posizione e direzione.

radiofonìa [comp. di *radio-*^{2} e *-fonia*; 1930] ***sf.*** lo stesso che *radiodiffusione*.

radiofònico (pl. *-ci*) [da *radiofonia*; 1930] ***agg.*** relativo a, diffuso mediante radiofonia: *apparecchio radiofonico, trasmissione radiofonica.*

radiofonìsta [da *radiofonia*; 1970] ***sm.*** *T.mil.* nel genio trasmissioni, militare specializzato addetto ai collegamenti radiofonici.

radiofonobàr [comp. di *radio(grammo)fono* e *bar*; 1959] ***sm.*** *inv.* mobiletto che contiene un radiogrammofono e un servizio da bar.

radiofonògrafo [comp. di *radio-*^{2} e *fonografo*; 1942] ***sm.*** apparecchio radioricevente e fonografo montati in un unico blocco.

radiofòto [comp. di *radio-*^{2} e *foto*; 1970] ***sf.*** *inv.* fotografia trasmessa tramite radioonde || **N.** telefoto.

radiofotografìa [comp. di *radio-*^{2} e *fotografia*; 1959] ***sf.*** radiotelefotografia.

radiofrequènza [comp. di *radio-*^{1} e *frequenza*; 1935] ***sf.*** frequenza di una radioonda.

radiofurgóne [comp. di *radio-*^{2} e *furgone*; 1950] ***sm.*** autoveicolo attrezzato per effettuare trasmissioni radiofoniche.

radiogalàssia [comp. di *radio-*^{1} e *galassia*; 1974] ***sf.*** *T.astr.* galassia nella quale il rapporto fra l'emissione di radioonde e l'emissione di onde luminose è molto superiore rispetto a quello delle galassie ordinarie.

radiogenètica [comp. di *radio-*^{1} e *genetica*; 1974] ***sf.*** scienza che studia gli effetti delle radiazioni sul patrimonio genetico.

radiògeno [comp. di *radio-*^{1} e *-geno*; 1983] ***agg.*** che produce raggi X: *elemento radiogeno.*

radiogiornàle [comp. di *radio-*^{2} e *giornale*; 1944] ***sm.*** notiziario di attualità trasmesso in diverse edizioni quotidiane dalle emittenti radiofoniche || **N.** *Sin.* giornale radio.

radiogoniometrìa [da *radiogoniometro*; 1940] ***sf.*** misurazione di angoli col radiogoniometro.

radiogoniomètrico (pl. *-ci*) [da *radiogoniometro*; 1937] ***agg.*** che si riferisce a radiogoniometria: *stazione radiogoniometrica.*

radiogoniòmetro [comp. di *radio-*^{2} e *goniometro*; 1920] ***sm.*** strumento atto a determinare la direzione di provenienza delle onde elettromagnetiche emesse da un radiofaro.

radiografàre (pres. *-ògrafo*) [dal fr. *radiographier*; 1901] ***tr.*** sottoporre a radiografia.

radiografìa [dal fr. *radiographie*; 1896] ***sf.*** *T.med.* tecnica di rilevamento della struttura interna di un organismo o di un oggetto, che si avvale delle proprietà dei raggi X di attraversare i corpi opachi e di impressionare una lastra sensibile con un'intensità proporzionale allo spessore attraversato: *sottoporsi a radiografia* || *concr.* la lastra impressionata: *esaminare una radiografia.* **TAV. *medicina...* p. 1320** 2.

radiogràfico (pl. *-ci*) [dal fr. *radiographique*; 1905] ***agg.*** relativo a, basato su radiografia: *esame, servizio radiografico.*

radiogràmma¹ [comp. di *radio-*^{2} e *(tele)-gramma*; 1905] ***sm.*** radiotelegramma.

radiogràmma² [dal fr. *radiogramme*; 1901] ***sm.*** lastra impressionata con radiografia.

radiogrammòfono [comp. di *radio-*^{2} e *grammofono*; 1931] ***sm.*** apparecchio radioricevitore corredato di giradischi.

radioguìda [comp. di *radio-*^{2} e *guida*; 1959] ***sf.*** guida di un mezzo mobile compiuta a distanza per mezzo di onde radio || **N.** radiocomando.

radioguidàre (pres. *-ìdo*) [comp. di *radio-*^{2} e *guidare*; 1959] ***tr.*** comandare a distanza attraverso impulsi radio: *radioguidare una sonda spaziale.*

radioiṣòtopo [comp. di *radio-*^{1} e *isotopo*; 1945] ***sm.*** *T.chim.* isotopo radioattivo.

Radiolàri (sing. *-io*) [dal lat. tardo *radiolum*, piccolo raggio; 1892] ***sm.*** *pl.* *T.zool.* ordine di Protozoi marini, di forma perlopiù tondeggiante o a campana, con elementi aghiformi disposti a simmetria radiale e scheletro siliceo.

radiolarìte [comp. di *radiolari* e *-ite*^{2}; 1933] ***sf.*** roccia silicea molto dura e compatta, costituita per la maggior parte da scheletri di radiolari.

radiolìna (*dim.* di *radio*^{1}) [1963] ***sf.*** piccola radio a transistor portatile: *una radiolina tascabile.*

radiolocaliẓẓàre [comp. di *radio-*^{2} e *localizzare*; 1959] ***tr.*** individuare mediante un radiolocalizzatore: *radiolocalizzare un ostacolo.*

radiolocaliẓẓatóre [comp. di *radio-*^{2} e *localizzatore*; 1950] ***sm.*** qualsiasi apparecchio in grado di rilevare e localizzare la presenza o di una postazione radiotrasmittente.

radiolocaliẓẓazióne [comp. di *radio-*^{2} e *localizzazione*; 1950] ***sf.*** atto ed effetto del radiolocalizzare.

radiologìa [dal fr. *radiologie*; 1905] ***sf.*** **1.** *T.med.* branca della medicina che impiega alcuni tipi di radiazioni e di sostanze radioattive a scopo diagnostico o terapeutico **2.** scienza che si occupa delle proprietà e delle applicazioni di radiazioni e sostanze radioattive.

radiològico (pl. *-ci*) [da *radiologia*; 1903] ***agg.*** attinente a radiologia: *tecnica, esame radiologico.*

radiòlogo (pl. *-gi*) [comp. di *radio-*^{1} e *-logo*; 1923] ***sm.*** (f. *-a*) medico specializzato in radiologia.

radiomessàggio (pl. *-gi*) [comp. di *radio-*^{2} e *messaggio*; 1935] ***sm.*** messaggio trasmesso per mezzo di radioonde.

radiometallografìa [comp. di *radio-*^{1} e *metallografia*; 1970] ***sf.*** indagine metallografica effettuata per mezzo dei raggi X.

radiometallogràfico (pl. *-ci*) [da *radiometallografia*; 1987] ***agg.*** relativo alla radiometallografia.

radiometeorologìa [comp. di *radio-*^{1} e *meteorologia*; 1959] ***sf.*** parte della meteorologia che si fonda sull'uso delle tecniche radioelettriche per verificare le condizioni meteorologiche.

radiometrìa [comp. di *radio-*^{1} e *-metria*; 1927] ***sf.*** *T.fis.* studio dei metodi di misurazione dell'energia raggiante.

radiomètrico (pl. *-ci*) [comp. di *radio-*^{1} e *metrico*; 1934] ***agg.*** **1.** relativo alla radiometria, proprio della radiometria: *dispositivo radiometrico* **2.** relativo al radiometro, proprio del radiometro, effettuato col radiometro: *rilevazioni radiometriche* || *forze radiometriche*, nel radiometro di Crooke o in uno analogo, forze generate dallo squilibrio delle pressioni che un gas rarefatto esercita tra due superfici a differente temperatura.

radiòmetro [comp. di *radio-*^{1} e *-metro*; 1876] ***sm.*** apparecchio atto a misurare l'intensità delle radiazioni.

radiomicròfono [comp. di *radio-*^{2} e *microfono*; 1983] ***sm.*** apparecchio costituito da un microfono indipendente e da un radiotrasmettitore tascabile collegato con un radioricevitore; è usato nel caso in cui il normale cavo di collegamento costituirebbe un intralcio per effettuare la comunicazione.

radiomicròmetro [comp. di *radio-*^{1}, *micro-* e *-metro*; 1938] ***sm.*** *T.fis.* strumento con cui si misura l'intensità dell'energia raggiante.

radiomiṣùra [comp. di *radio-*^{1} e *misura*; 1974] ***sf.*** **1.** nel linguaggio militare, azione diretta a disturbare il funzionamento dei sistemi radioelettrici del nemico o a proteggere i propri **2.** misura relativa a grandezze radioelettriche.

radiomòbile [comp. di *radio-*^{2} e *mobile*; 1970] ***sf.*** autoveicolo munito di un apparecchio radio ricetrasmittente: *la radiomobile della polizia* || **N.** *Sin.* autoradio.

radiomontatóre [comp. di *radio-*^{2} e *montatore*; 1959] ***sm.*** (f. *-trìce*) tecnico specializzato nel montaggio di apparecchiature radio, elettriche o elettroniche.

radionavigazióne [comp. di *radio-*^{2} e *navigazione*; 1959] ***sf.*** navigazione marittima o aerea che utilizza sistemi di orientamento o pilotaggio basati su onde elettromagnetiche.

radionuclìde [comp. di *radio-*^{1} e *nuclide*; 1959] ***sm.*** *T.fis.* nuclide radioattivo.

radioónda [comp. di *radio-*^{1} e *onda*; 1935] ***sf.*** onda elettromagnetica di frequenza inferiore a 10^{11} hertz, di fondamentale importanza nel campo delle telecomunicazioni, come mezzo di trasmissione di informazioni a distanza || **N.** *Sin.* onda hertziana.

radioopàco e der. v. RADIOPACO e der.

radioorizzónte [comp. di *radio-*^{1} e *orizzonte*; 1974] ***sm.*** in radiotecnica, luogo dei punti raggiunti direttamente dalle onde emesse da un'antenna trasmittente.

radiooscillatóre [comp. di *radio-*^{1} e *oscillatore*; 1974] ***sm.*** oscillatore elettrico a radiofrequenza.

radiopacità [comp. di *radio-*^{1} e *opacità*; 1983] ***sf.*** caratteristica di ciò che è radiopaco.

radiopàco (pl. *-chi*) [comp. di *radio-*^{1} e *opaco*; 1959] ***agg.*** che non si lascia attraversare dai raggi X o da altre radiazioni.

radiopilòta [comp. di *radio-*^{2} e *pilota*; 1942] ***sm.*** dispositivo che consente di pilotare da terra un aeromobile.

radioprotettóre [comp. di *radio-*^{1} e *protettore*; 1974] ***agg.*** e ***sm.*** (f. *-trìce*) in radiobiologia, capace di proteggere gli organismi viventi dagli effetti delle radiazioni: *farmaco radioprotettore.*

radioprotezióne [comp. di *radio-*^{1} e *protezione*; 1978] ***sf.*** studio delle norme e delle procedure che garantiscono una adeguata protezione sanitaria a chi si deve esporre alle radiazioni ionizzanti e non ionizzanti.

radioricevènte [comp. di *radio-*^{2} e *ricevente*; 1955 come sf.] **I** ***agg.*** in grado di captare radioonde: *stazione, apparecchio radioricevente* **II** ***sf.*** radioricevitore.

radioricevitóre [comp. di *radio-*^{2} e *ricevitore*; 1934] ***sm.*** apparecchio destinato alla ricezione di segnali radio. **TAV. *audiovisivi*** 6.

radioricezióne [comp. di *radio-*^{2} e *ricezione*; 1941] ***sf.*** ricezione di segnali radio.

radioriflettènte [comp. di *radio-*^{1} e *riflettente*; 1974] ***agg.*** che è in grado di riflettere radioonde: *superficie radioriflettente.*

radiorilevaménto [comp. di *radio-*^{2} e *rilevamento*; 1959] ***sm.*** rilevamento effettuato con sistemi radioelettrici, quali radiogoniometri, radar, radiobussole e sim.

radioriparatóre [comp. di *radio-*^{2} e *riparatore*; 1959] ***sm.*** (f. *-trìce*) tecnico specializzato nella riparazione di apparecchi radioelettrici.

radioscopìa [dal fr. *radioscopie*; 1901] ***sf.*** *T.med.* tecnica di diagnosi diretta che consiste nell'esaminare le ombre più o meno intense che un fascio di raggi X proietta su uno schermo dopo aver attraversato il corpo del paziente. **TAV. *medicina...* p. 1320** 2.

radioscòpico (pl. *-ci*) [da *radioscopia*; 1908] ***agg.*** relativo a, per mezzo di radioscopia: *esame radioscopico.*

radiosegnalatóre [comp. di *radio-*^{2} e *segnalatore*; 1965] ***sm.*** apparecchio che trasmette radiosegnali, usato spec. su navi per comunicazioni a breve distanza.

radiosegnàle [comp. di *radio-*^{1} e *segnale*; 1935] ***sm.*** segnale trasmesso per radioonde.

radiosensibilità [comp. di *radio-*^{1} e *sensibi-*

lità; 1935] **sf.** *T.med.* tendenza delle cellule o dei tessuti a risentire degli effetti delle radiazioni ionizzanti.

radiosentièro [comp. di *radio-*^{2} e *sentiero*; 1959] **sm.** nelle segnalazioni aeronautiche, porzione di spazio all'interno del quale un aereo può ricevere il segnale emesso da un radiofaro.

radiosità [da *radioso*; a. 1565] **sf.** condizione di ciò che è radioso: *radiosità di una bella giornata.*

radióso [dal lat. *radiōsus*; sec. XIV] **agg.** intensamente luminoso: *un radioso mattino* || *fig.* splendente: *sorriso, sguardo radioso*; *destino, futuro radioso,* straordinariamente prospero e felice.

radiosónda [comp. di *radio-*^{1} e *sonda*; 1935] **sf.** pallone-sonda dotato di strumenti per la misurazione e l'invio a terra dei valori misurati di pressione, umidità e temperatura, lanciato a varie altezze nell'atmosfera.

radiosondàggio (pl. *-gi*) [comp. di *radio-*^{1} e *sondaggio*; 1959] **sm.** sondaggio effettuato mediante apparecchi radioelettrici || *radiosondaggio ionosferico,* misurazione delle caratteristiche elettriche della ionosfera, mediante una radiosonda || *radiosondaggio atmosferico,* sondaggio dell'atmosfera mediante una radiosonda.

radiosorgènte [comp. di *radio-*^{1} e *sorgente*; 1959] **sf. 1.** sorgente di radioonde **2.** *T.astr.* nello spazio siderale, zona o corpo celeste da cui proviene un'emissione radioelettrica: *radiosorgente galattica*; *radiosorgente discreta, radiosorgente localizzata.*

radiospettrògrafo [comp. di *radio-*^{1} e *spettrografo*; 1974] **sm.** in radioastronomia, strumento per registrare l'intensità di emissione di una radiosorgente in funzione della frequenza.

radiospìa [comp. di *radio-*^{2} e *spia*; 1974] **sf.** radiotrasmettitore in miniatura con cui si possono captare di nascosto conversazioni o telefonate a scopo di investigazione o spionaggio.

radiospolétta [comp. di *radio-*^{2} e *spoletta*; 1959] **sf.** *T.mil.* spoletta munita di un dispositivo radio che provoca lo scoppio del proiettile a distanza ravvicinata dal bersaglio || **N.** *Sin.* radarspoletta.

radiostazióne [comp. di *radio-*^{2} e *stazione*; 1941] **sf.** stazione radiotrasmittente.

radiostèlla [comp. di *radio-*^{1} e *stella*; 1963] **sf.** *T.astr.* sorgente localizzata di onde elettromagnetiche.

radioșvéglia (pl. *-glie*) [comp. di *radio-*^{2} e *sveglia*; 1983] **sf.** apparecchio radiofonico con orologio a sveglia incorporato, che può essere programmato all'ora desiderata.

radiotàxi o **radiotassì** [comp. di *radio-*^{2} e *taxi*; 1970] **sm.** taxi dotato di un apparecchio radio collegato alla centrale telefonica che, ricevute le chiamate dei clienti, indirizza le varie autovetture nei luoghi richiesti.

radioteàtro [comp. di *radio-*^{2} e *teatro*; 1961] **sm.** trasmissione radiofonica di un'opera teatrale appositamente adattata || **N.** *Sin.* radiodrammaturgia.

radiotècnica [comp. di *radio-*^{2} e *tecnica*; 1935] **sf.** *T.elettron.* parte dell'elettronica che studia le applicazioni dei fenomeni elettromagnetici nel campo delle telecomunicazioni.

radiotècnico (pl. *-ci*) [comp. di *radio-*^{2} e *tecnico*; 1939 come sm.] **I agg.** relativo a radiotecnica **II sm.** (f. *-a*) tecnico specializzato in progettazione, costruzione e riparazione di apparecchiature radio.

radiotelecomandàto [comp. di *radio-*^{2} e *telecomandato*; 1965] **agg.** radio comandato.

radiotelecomàndo [comp. di *radio-*^{2} e *telecomando*; 1940] **sm.** radiocomando.

radiotelefonìa [comp. di *radio-*^{2} e *telefonia*; 1927] **sf.** sistema di comunicazione a distanza di messaggi sonori basato sulla conversione del suono in onde elettromagnetiche.

radiotelefònico (pl. *-ci*) [da *radiotelefonia*; 1927] **agg.** di o relativo a radiotelefonia; basato su radiotelefonia.

radiotelèfono [comp. di *radio-*^{2} e *telefono*; 1970] **sm.** apparecchio che consente di effettuare comunicazioni radiotelefoniche.

radiotelefotografìa [comp. di *radio-*^{2}, *tele-*^{1} e *fotografia*; 1959] **sf.** trasmissione a distanza di immagini fotografiche, disegni e sim. mediante apparecchiature a onde elettromagnetiche || ciascuna immagine che risulta da tale processo di trasmissione.

radiotelegrafàre (pres. *-ègrafo*) [da *radiotelegrafo*; 1959] **tr.** trasmettere per mezzo del radiotelegrafo.

radiotelegrafìa [comp. di *radio-*^{2} e *telegrafia*; 1905] **sf.** trasmissione telegrafica per mezzo di onde elettromagnetiche.

radiotelegràfico (pl. *-ci*) [da *radiotelegrafia*; 1927] **agg.** relativo a, basato su radiotelegrafia: *stazione radiotelegrafica, messaggio radiotelegrafico.*

radiotelegrafista [da *radiotelegrafia*; 1916] **s.** chi trasmette mediante radiotelegrafia.

radiotelègrafo [comp. di *radio-*^{2} e *telegrafo*; 1959] **sm.** apparecchio che trasmette segnali telegrafici per mezzo di radioonde.

radiotelegràmma [comp. di *radio-*^{2} e telegramma; 1903] **sm.** comunicazione radiotelegrafica.

radiotelèmetro [comp. di *radio-*^{1} e *telemetro*; 1965] **sm.** apparecchio radar per calcolare la distanza di un oggetto.

radiotelescòpio (pl. *-pi*) [comp. di *radio-*^{1} e *telescopio*; 1963] **sm.** *T.astr.* stazione per la ricezione di segnali radio trasmessi da sorgenti spaziali. **TAV. *astronomia* p. 656** 11.

radiotelevișióne [comp. di *radio-*^{2} e *televisione*; 1942] **sf. 1.** diffusione di programmi radiofonici e televisivi **2.** l'ente pubblico o privato che si occupa di tale servizio: *la radiotelevisione italiana.*

radiotelevișìvo [comp. di *radio-*^{2} e *televisivo*; 1970] **agg.** che riguarda i servizi radiofonici e televisivi.

radioterapèutico (pl. *-ci*) [da *radioterapia*; 1959] **agg.** che si riferisce a radioterapia.

radioterapìa [dal fr. *radiothérapie*; 1903] **sf.** *T.med.* applicazione a scopo terapeutico di radiazioni ionizzanti.

radioteràpico (pl. *-ci*) [da *radioterapia*; 1906] **agg.** radioterapeutico.

radioterapista [da *radioterapia*; 1959] **s.** medico o tecnico specializzato in radioterapia.

radiotrașméttere (pres. *radiotrasmétto* ecc., come METTERE) [comp. di *radio-*^{2} e *trasmettere*; 1935] **tr.** trasmettere per mezzo di radioonde.

radiotrașmettitóre [comp. di *radio-*^{2} e *trasmettitore*; 1956] **sm.** trasmettitore di onde radio.

radiotrașmissióne [comp. di *radio-*^{2} e *trasmissione*; 1929] **sf.** trasmissione effettuata da una stazione a onde radio || *com.* trasmissione diffusa da una stazione radiofonica pubblica.

radiotrașmittènte [da *radiotrasmettere*; 1955] **agg.** di impianto o apparecchio, capace di trasmettere, mediante onde elettromagnetiche, segnali radiotelegrafici, radiotelefonici o radiotelevisivi; anche *sf.*: *una radiotrasmittente.*

radiovènto [comp. di *radio-*^{1} e *vento*; 1959] **sm.** *T.meteor.* apparecchio elettronico per determinare la direzione e la velocità del vento a vari livelli atmosferici.

radiovișióne [comp. di *radio-*^{2} e *visione*; 1935] **sf.** *disus.* radiotelevisione (nel senso 2).

radità [da *rado*; 1520] **sf.** *raro* l'essere raro.

raditùra [da *radere*; a. 1320] **sf. 1.** atto ed effetto del radere **2.** *ant.* raschiatura.

ràdium [dal lat. *radium*, raggio, attr. il fr. *radium*; 1905] **sm. inv.** lo stesso che *radio*^{3}.

ràdo^1 [variante di *raro*; a. 1292 nel senso 2] **I agg. 1.** costituito da elementi piuttosto distanziati tra loro, e gen. scarsi rispetto alla norma: *capigliatura rada, bosco rado, pettine rado*; *tela rada,* a maglie larghe **2.** *fig.* di eventi, che si succedono a lunghi intervalli di tempo: *visite rade* || nella *loc. avv. di rado,* raramente; *non di rado,* di frequente || **radaménte avv.** *non com.* di rado **II avv.** *arc.* raramente: *parlavan rado, con voci soavi* (Dante) || **N. I 1.** *Sin.* rarefatto | *Contr.* fitto; folto; compatto, denso **2.** *Sin.* raro | *Contr.* frequente.

ràdo^2 V. RADON.

ràdon o **ràdo** [da *rad(ium)*; 1932] **sm. inv.** *T.chim.* elemento chimico radioattivo del gruppo dei gas nobili, ottenibile per disintegrazione dal radio || **N.** *Sin.* radioemanazione.

radóre [da *rado*^{1}; a. 1712] **sm.** *raro* radezza.

ràdula [dal lat. *radula*, raschiatoio; 1931] **sf.** *T.zool.* in alcuni molluschi, serie di dentelli rivestiti di chitina, disposti sulla lingua in posizione trasversale.

radùme [da *rado*^{1}; 1880] **sm.** *spreg.* radezza || *concr.* cosa sgradevolmente rada: *quella stoffa è tutta un radume.*

radunaménto [da *radunare*; a. 1698] **sm.** *non com.* raduno.

radunànza [da *radunare*; fine sec. XIII *ragunanza*] **sf.** *non com.* adunanza; assembramento.

radunàre (pres. *-ùno*) [da *adunare*; 1533] **tr.** riunire nel medesimo luogo: *radunare i propri oggetti personali, il gregge, le persone di una comitiva* || **intr. pron.** riunirsi, assembrarsi: *si radunarono per deliberare, il popolo si radunò in piazza* || **N. tr.** *Sin.* adunare, ammassare, congregare, RACCOGLIERE; chiamare a concilio, a raccolta | **intr. pron.** *Sin.* convenire.

radunàta [da *radunare*; sec. XIV *ragunata*] **sf. 1.** il radunare o il radunarsi di più persone in un luogo; *T.giur. radunata sediziosa,* riunione di dieci o più persone tale da mettere in pericolo la quiete o l'ordine pubblico || *concr.* insieme di persone radunate: *una radunata di persone che riempiva la piazza* **2.** *in part. T.mil.* l'insieme di operazioni di schieramento o spostamento che precedono la guerra || **N. 1.** *Sin.* ADUNANZA.

radunatóre [da *radunare*; 1308 *raunatore*] **agg.** e **sm.** (f. *-trice*) che o chi raduna.

radunista [da *raduno*; 1942] **s.** *raro* chi partecipa ad un raduno, spec. sportivo.

radùno [da *radunare*; 1863] **sm.** riunione di più persone in un luogo convenuto per partecipare a una manifestazione, a una celebrazione e sim.: *raduno nazionale degli alpini, raduno sportivo, automobilistico* || **N.** *Sin.* adunata, assembramento, ADUNANZA; *rally.*

radùra [da *rado*; 1789] **sf.** area priva di alberi che si apre in mezzo a un bosco || *raro* di capelli o barba, punto, chiazza che si presenta glabra o più rada.

rafanèllo V. RAVANELLO.

ràfano [lat. *raphanus*, gr. *rháphanos*; 1298] **sm.** pianta erbacea delle Crocifere, la cui grossa radice carnosa e piccante è usata in cucina || *rafano rustico,* armoraccio || **N.** *Sin.* barbaforte, cren, ramolaccio.

ràfe [dal gr. *raphḗ*, cucitura; 1813 nel senso 2] **sm. 1.** *T.anat.* linea sporgente situata esternamente nel punto di congiunzione di due organi, simile a una sutura **2.** *T.bot.* linea longitudinale in rilievo, propria di alcune alghe unicellulari a guscio siliceo.

ràffa [da *raffare*, portar via con violenza; 1865] **sf.** solo nelle *loc. avv. (o) di ruffa o di raffa, (o) di riffa o di raffa,* a tutti i costi || *disus. fare a ruffa raffa,* a chi primo agguanta; fare man bassa.

raffacciàre (pres. *-àccio*) [comp. parasint. di

faccia; sec. XIV] **tr.** *ant.* rinfacciare.
raffaèlla [dal n. proprio *Raffaello*, pittore urbinate; 1865] **agg.** solo nella *loc. avv. alla raffaella*, alla maniera di Raffaello: *capelli alla raffaella*, lunghi sulle spalle con frangia; *cappello alla raffaella*, largo berretto floscio, inclinato su un lato del capo.
raffaellésco (pl. *-schi*) [dal n. proprio *Raffaello*, pittore urbinate; 1872] **agg.** relativo a Raffaello Sanzio o proprio della sua arte pittorica: *studi raffaelleschi, stile raffaellesco; volto, profilo raffaellesco*, dalle linee purissime e delicate.
raffagottàre (pres. *-òtto*) [da *affagottare*; a. 1712] **tr.** *non com.* rinfagottare.
raffàre [dal germ. *raffon*, strappare; 1618] **tr.** *ant.* arraffare || rapire || **intr.** (aus. *avere*) nel gioco delle bocce, colpire la boccia dell'avversario con la propria boccia fatta rotolare sul terreno.
raffazzonaménto [da *raffazzonare*; a. 1597] **sm.** il raffazzonare || *concr.* cosa raffazzonata e mal fatta.
raffazzonàre (pres. *-óno*) [da *affazzonare*; sec. XIV] **tr.** **1.** eseguire, completare o aggiustare in modo maldestro o sbrigativo: *raffazzonare un compito, un abito, uno scritto* **2.** *ant.* metter in ordine, racconciare || **N. 1.** *Sin.* abborracciare, pasticciare, rabberciare, rimediare.
raffazzonatóre [da *raffazzonare*; 1872] **sm.** (f. *-trìce*) chi solitamente produce risultati mediocri per incapacità o scarsa serietà, spec. in campo letterario o musicale.
raffazzonatùra [da *raffazzonare*; 1872] **sf.** raffazzonamento: *questo libro è una raffazzonatura.*
rafférma [da *raffermare*²; a. 1600] **sf. 1.** conferma di un incarico, di un ufficio e sim. **2.** *T.mil.* prolungamento volontario del servizio militare allo scadere del periodo obbligatorio di leva.
raffermàre¹ V. RIAFFERMARE.
raffermàre² (pres. *-érmo*) [da *affermare*; sec. XV] **tr.** riconfermare: *raffermare un impegno, è stato raffermato presidente* || *T.mil.* trattenere per un ulteriore periodo di ferma || **N.** *Sin.* rifermare.
raffermàre³ (pres. *-érmo*) [comp. parasint. di *fermo*; 1872] **tr.** rendere più sodo, più compatto || *fig.* rendere più sicuro, rinsaldare || **intr.** (aus. *essere*) e **intr. pron.** diventar raffermo.
raffermatóre [da *raffermare*²; 1835] **agg.** e **sm.** (f. *-trìce*) che, chi rafferma.
raffermazióne [da *raffermare*²; a. 1547] **sf.** *ant.* il raffermare.
raffermo [da *raffermare*³; 1804] **agg.** di prodotti da forno ma spec. di pane, non più fresco, indurito ma non ancora secco.
ràffia V. RAFIA.
raffibbiàre (pres. *-ìbbio*) [da *affibbiare*; 1600] **tr.** affibbiare di nuovo.
ràffica [etim. inc.; 1614 *a rafiche*] **sf. 1.** colpo di vento violento e improvviso, di breve durata: *pioggia con raffiche di vento, vento a raffiche* **2.** *per estens.* scarica violenta di fucileria o di artiglieria automatica: *raffiche di mitra* **3.** *fig.* susseguirsi ravvicinato e intenso: *una raffica di ingiurie, di scioperi.*
raffievolire (pres. *-ìsco, -ìsci*) [da *affievolire*; 1611] **tr.** e **intr. pron.** *non com.* far diventare o diventare più fievole.
raffiguràbile [da *raffigurare*; a. 1712] **agg.** che può essere raffigurato.
raffiguraménto [da *raffigurare*; sec. XIV] **sm.** *non com.* raffigurazione.
raffiguràre (pres. *-ùro*) [da *affigurare*; 1274 ca. *rafigurare* nel senso 3] **tr. 1.** rappresentare, riprodurre con una figura, con un'immagine: *un'opera che raffigura una scena mitologica, qui l'artista ha voluto raffigurare le colline della sua terra* **2.** *fig.* simboleggiare: *il ramo d'olivo raffigura la pace* **3.** *non com.* riconoscere dall'aspetto o da altro segno: *lo raffigurammo subito* || **rifl. intens.** rappresentarsi con l'immaginazione: *non me lo raffiguravo così.*
raffigurazióne [da *raffigurare*; 1932] **sf. 1.** il raffigurare || *concr.* rappresentazione figurativa: *le raffigurazioni sacre dell'abside* **2.** *per estens.* rappresentazione simbolica: *il serpente è la raffigurazione del male.*
raffilàre [da *affilare*; 1598] **tr. 1.** rendere nuovamente affilato: *raffilare una lama* **2.** pareggiare con forbici o altri strumenti taglienti: *raffilare i bordi di un lavoro* || **N. 2.** *Sin.* rifilare, rifinire.
raffilàto (*pps.* di *raffilare*) [1891] **agg.** detto di un libro alle cui pagine sono stati pareggiati i contorni con un raffilatoio.
raffilatóio (pl. *-ói*) [da *raffilare*; 1835] **sm.** arnese tagliente atto a raffilare; *in part.* attrezzo usato in legatoria per raffilare i margini dei libri.
raffilatùra [da *raffilare*; 1738] **sf.** atto ed effetto del raffilare || *concr.* lo scarto che si produce raffilando: *raffilature del cuoio.*
raffinaménto [da *raffinare*; 1599] **sm.** atto ed effetto del raffinare e del raffinarsi (nei vari sensi): *raffinamento di un prodotto, raffinamento di un'arte, del gusto.*
raffinàre (pres. *-ìno*) [da *affinare*; a. 1276 nel senso 2 *rafinare*] **tr. 1.** rendere più puro privando delle scorie: *raffinare lo zucchero, un metallo* **2.** *fig.* perfezionare: *raffinare una tecnica di lavorazione* || rendere più fine: *raffinare la sensibilità* **3.** *ant.* rendere più sottile: *raffinare un bastone* || **intr.** (aus. *essere*) e **intr. pron. 1.** diventare più fine o più puro: *un liquore che si raffina* (o *raffina*) *a star fermo*; anche *fig.*: *una cultura che si è raffinata nel tempo* **2.** *ant.* diventar sottile || **N. tr. 1.** *Sin.* purgare **2.** *Sin.* affinare, PERFEZIONARE | **intr. pron. 1.** *Sin.* ingentilirsi.
raffinatézza [da *raffinato*; a. 1729] **sf.** la qualità di chi o di ciò che è raffinato, in senso fig.: *la raffinatezza di uno stile, di un piatto, raffinatezza di modi* || *concr.* azione o particolare raffinati: *certe raffinatezze mi sembrano eccessive* || **N.** *Sin.* delicatezza, finezza, grazia, sottigliezza, squisitezza.
raffinàto (*pps.* di *raffinare*) [a. 1537] **I agg. 1.** che ha subito un procedimento di raffinazione: *zucchero semolato e raffinato* **2.** *fig.* che possiede o manifesta un gusto o uno stile ricercato, squisito, fine: *un uomo raffinato, modi raffinati, un locale per una clientela raffinata, un raffinato lavoro di oreficeria, la raffinata cucina cinese* || **raffinataménte** **avv.** **II sm.** (f. *-a*) chi cerca le forme artistiche più evolute ed eleganti, o i piaceri più squisiti || **N. I 2.** *Sin.* aggraziato, elaborato, elegante, sofisticato | *Contr.* grossolano, rozzo **II** *Sin.* intenditore.
raffinatóio (pl. *-ói*) [da *raffinare*; 1803] **sm.** fornello in cui si fondono e si raffinano i metalli.
raffinatóre [da *raffinare*; a. 1577] **agg.** e **sm.** (f. *-trìce*) che o chi raffina: *macchina raffinatrice* || *in part.* operaio o tecnico addetto alla raffinazione di un prodotto.
raffinatùra [da *raffinare*; sec. XIV] **sf.** *non com.* raffinazione.
raffinazióne [da *raffinare*; 1762] **sf.** procedimento industriale di purificazione di un prodotto dalle scorie: *raffinazione dell'olio, della cera, dell'oro, del petrolio.* **Q.T.** *metallurgia.*
raffinerìa [dal fr. *raffinerie*; 1837] **sf.** stabilimento industriale in cui si esegue la raffinazione di un prodotto: *raffineria di petrolio.*
raffinìre (pres. *-ìsco, -ìsci*) [comp. parasint. di *fine*; a. 1527] **intr.** (aus. *essere*) *ant.* diventare più fine || *fig.* diventare più intelligente e astuto || raffinarsi.
ràffio (pl. *-fi*) [dal ted. ant. *raffel*; 1313] **sm.** uncino di ferro, o arnese a più uncini, usato per far presa || *ant. tirar su coi raffi*, con grande disagio e difficoltà || **N.** *Sin.* rampino.
raffittìre (pres. *-ìsco, -ìsci*) [da *affittire*; 1759] **tr.** *non com.* infittire: *raffittire gli incontri* || **intr.** (aus. *essere*) e **intr. pron.** diventare più fitto, più denso: *l'erba dopo il primo taglio raffittisce, l'oscurità si è raffittita.*
rafforzaménto [da *rafforzare*; 1872] **sm.** atto ed effetto del rafforzare; rinforzo: *un'attività utile al rafforzamento dei muscoli* || *T.ling. rafforzamento* (o *raddoppiamento*) *fonosintattico*, V. FONOSINTATTICO || **N.** *Sin.* rinvigorimento.
rafforzàre (pres. *-òrzo*) [da *afforzare*; fine sec. XIII *raforzare*] **tr. 1.** rendere più forte, più solido: *rafforzare le difese, un'alleanza rafforzata dall'interesse* **2.** *T.ling.* rif. a suono, (spec. consonantico), pronunciarlo con maggiore intensità e/o lunghezza: *consonante rafforzata* || **intr. pron.** fortificarsi, rinvigorirsi || **N. 1.** *Sin.* rinforzare; potenziare, rinsaldare, rinvigorire.
rafforzatìvo [da *rafforzare*; 1970] **agg. 1.** che ha la funzione di rafforzare **2.** *in part. T.ling.* che serve a dare maggior incisività a un'espressione: *un prefisso, una locuzione con valore rafforzativo* || **N. 2.** *Sin.* intensivo.
raffratellàre V. RIAFFRATELLARE.
raffreddaménto [da *raffreddare*; sec. XIV] **sm. 1.** l'atto e l'effetto del raffreddare o del raffreddarsi: *processo di raffreddamento dei metalli, raffreddamento del clima* || *in part.* sottrazione di calore da un sistema meccanico, volta ad assicurare migliori condizioni di funzionamento: *impianto di raffreddamento del motore, raffreddamento ad aria, ad acqua* **2.** *fig.* diminuzione di entusiasmo, di slancio e sim.: *c'è stato un raffreddamento nei loro rapporti* || **N. 1.** congelamento, refrigerazione, surgelamento. **Q.T.** *automobile, motocicletta.*
raffreddàre (pres. *-éddo*) [da *affreddare*; sec. XIV] **tr. 1.** far diminuire di calore, far diventare freddo: *raffreddare con acqua, una corrente da Nord che ha raffreddato l'aria, raffreddare una vivanda* **2.** *fig.* rendere meno ardente, meno fervido: *nulla ha potuto raffreddare la loro amicizia* || **intr. pron. 1.** perdere calore: *la minestra si è raffreddata* **2.** *fig.* scemare di slancio, ardore e sim.: *la loro passione si sta raffreddando* **3.** prendere un raffreddore || **N. tr. 1.** *Sin.* congelare, ghiacciare, raffrescare, raggelare, refrigerare, rinfrescare, surgelare **2.** *Sin.* affievolire, attenuare, intiepidire.
raffreddàto (*pps.* di *raffreddare*) [sec. XIV] **agg.** che ha preso un raffreddore.
raffreddatóre [da *raffreddare*; 1745] **agg.** e **sm.** (f. *-trìce*) *non com.* che o chi raffredda.
raffreddatùra [da *raffreddare*; a. 1698] **sf.** *non com.* infreddatura.
raffreddóre [da *raffreddare*; 1745] **sm.** infiammazione della mucosa nasale che determina un'abbondante secrezione di muco: *prendersi, buscarsi un raffreddore* || **N.** *Sin.* coriza, rinite.
raffrenàbile [da *raffrenare*; 1745] **agg.** che si può raffrenare || **N.** *Contr.* irrefrenabile.
raffrenaménto [da *raffrenare*; 1353] **sm.** atto del raffrenare o del raffrenarsi.
raffrenàre (pres. *-éno* o *-èno*) [da *affrenare*; a. 1292] **tr.** *lett.* frenare; spec. *fig.*: *raffrenare le passioni* || **rifl.** contenere gli impulsi interiori, le passioni, trattenersi.
raffrenatìvo [da *raffrenare*; prima metà sec. XIV] **agg.** *raro* atto a raffrenare.
raffrenatóre [da *raffrenare*; sec. XIV] **agg.** e **sm.** (f. *-trìce*) *non com.* che o chi raffrena.
raffrescàre (pres. *-ésco*) [da *affrescare*; a. 1597] **tr.** rendere più fresco || **intr.** *impers.* (aus. *essere*) *tosc.* di clima, stagione e sim., diventare più fresco: *in questi giorni è raffrescato* || **N.** *Sin.* rinfrescare.
raffrescàta [da *raffrescare*; 1872] **sf.** *tosc.* diminuzione della temperatura, rinfrescata.
raffrettàre (pres. *-étto*) [da *affrettare*; 1319] **tr.** *ant.* affrettare di nuovo o di più: *tutta la*

gente... raffrettò suo passo (Dante).

raffrignàre [etim. inc.; 1872] ***tr.*** *ant. tosc.* cucire, raggiustare alla meno peggio.

raffrontaménto [da *raffrontare*; 1825] ***sm.*** *raro* confronto.

raffrontàre (pres. *-ónto*) [da *affrontare*; 1319 come rec.] ***tr.*** **1.** accostare per mettere a confronto: *raffrontare due scritti, due persone, due versioni discordi* **2.** *arc.* incontrare nuovamente || ***rifl. rec.*** *arc.* incontrarsi di nuovo || trovarsi di fronte || **N.** ***tr.*** **1.** *Sin.* comparare, confrontare, paragonare.

raffrontatóre [da *raffrontare*; 1872] ***sm.*** (f. *-trìce*) *non com.* chi raffronta.

raffrónto [da *raffrontare*; 1872] ***sm.*** atto del raffrontare, confronto: *fare, istituire un raffronto fra due opere letterarie, fra due concetti* || **N.** *Sin.* paragone, parallelo.

ràfia o **ràffia** [dal fr. *raphia*; 1815 *raphia*] ***sf.*** nome di alcune specie di Palme, dalle cui foglie assai sviluppate, a nervature parallele, si ricavano fibre impiegate in lavori di intreccio, nella fabbricazione di corde e sim. || la fibra stessa: *una borsa, un cappello di rafia.*

-rafia (o, se il primo elem. termina per vocale, *-rrafia*) [dal gr. *raphḗ*, cucitura, sutura] ***elem. term.*** che, in parole composte della terminologia medica, vale "saldatura, sutura" (per es. *disrafia, meatorrafia*).

rafìdia [dal gr. *raphís, raphídos*, ago, punteruolo, per la forma del corpo; 1835] ***sf.*** *T.zool.* insetto dei Neurotteri col capo appiattito retto da un protorace stretto e lungo.

Rafìdidi (sing. *-o*) [comp. di *rafid(ia)* e *-idi*; 1965] ***sm. pl.*** *T.zool.* famiglia di insetti dei Neurotteri provvisti di un protorace allungato e di quattro ali.

rafting (ingl. pr. [ˈrɑ:ftıŋ]) [da (*to*) *raft*, navigare su una zattera; 1987] ***sm. inv.*** sport che consiste nel discendere su zattere o canotti corsi d'acqua, pendii con neve o ghiaccio.

ràgade [dal gr. *rhagádes*, pl. di *rhagás*, fessura; 1493 pl. *ragadie*] ***sf.*** screpolatura, fenditura della pelle o della mucosa, più o meno profonda, con scarsa o nessuna tendenza alla guarigione, derivante dalla perdita della normale elasticità della cute.

raganèlla [dim. di *ragana*, f. di *ragano*, region. per ramarro; 1750] ***sf.*** **1.** anfibio degli Anuri, simile a una piccola rana, con dorso verde chiaro, ventre bianco e due strisce brune passanti sui fianchi; il maschio ha sotto la mandibola un sacco di risonanza che si gonfia mentre l'animale gracida **2.** *T.mus.* strumento popolare di legno costituito da una ruota dentata fissata esternamente a un manico; quando la ruota viene fatta ruotare, una laminetta posta sul manico contrasta con i denti della ruota, producendo un fragoroso gracidio.

ràgas [dal sardo, var. di *bragas*, braghe; 1970] ***sm. pl.*** il tipico gonnellino del costume maschile sardo.

ragastina V. RAVASTINA.

ragàzza [da *ragazzo*; 1686] ***sf.*** **1.** giovane donna: *una ragazza di 15, di 25 anni, cercano una ragazza per quel lavoro, una bella, brava ragazza* **2.** donna nubile: *indicare il cognome da ragazza, non ha voluto sposarsi ed è rimasta ragazza* || *ragazza madre*, donna nubile che ha un figlio **3.** *fam.* fidanzata: *è andato a passeggio con la sua ragazza, farsi la ragazza* || *dim.* ragazzìna, ragazzétta; *accr.* ragazzóna, ragazzòtta; *pegg.* ragazzàccia || **N.** **1.** *Sin.* damigella, fanciulla, giovinetta, pulzella **2.** *Sin.* signorina, zitella.

ragazzàglia (pl. *-glie*) [da *ragazzo*; 1640] ***sf.*** *spreg.* insieme di ragazzi turbolenti e maleducati.

ragazzàme [da *ragazzo*; a. 1620] ***sm.*** *raro* ragazzaglia.

ragazzàta [da *ragazzo*; 1560] ***sf.*** azione da ragazzi senza giudizio, fatta con leggerezza e avventatezza: *una ragazzata che poteva costargli cara* || **N.** *Sin.* bambinata, birichinata, monelleria.

ragazzésco (pl. *-schi*) [da *ragazzo*; a. 1789] ***agg.*** *spreg. non com.* da ragazzo.

ragàzzo [dall'ar. *raqqāṣ*, corriere che porta le lettere, messaggero; a. 1311 nel senso 2] ***sm.*** **1.** adolescente, giovane uomo: *un ragazzo studioso, obbediente, devi capire, è ancora un ragazzo* || *da ragazzi*, confacente a, alla portata di un ragazzo: *cose da ragazzi; un giochetto da ragazzi*, facilissimo || *da ragazzo*, in età giovanile: *da ragazzo aveva molte ambizioni* || *colloq.* accompagnato da apprezzamento, uomo (ma spec. giovanotto): *un ottimo ragazzo, un ragazzo intelligente, serio* || per rivolgersi, spec. esortando, anche a persone adulte: *coraggio ragazzi!, ragazzi, ce l'abbiamo quasi fatta!* **2.** apprendista, garzone: *ragazzo di bottega, viene su il ragazzo del bar* **3.** *fam.* fidanzato: *si è già fatta il ragazzo* || *dim.* ragazzìno, ragazzétto; *accr.* ragazzóne, ragazzòtto; *spreg.* ragazzàccio, ragazzùccio || **N.** **1.** *Sin.* bambino, bimbo, fanciullo, marmocchio, maschietto, monello.

ragazzùme [da *ragazzo*; a. 1764] ***sm.*** *spreg.* quantità di ragazzi, ragazzaglia.

raggelàre (pres. *-èlo*) [da *gelare*; 1313] ***intr.*** (aus. *essere*) e ***intr. pron.*** diventare gelido o ghiacciato: *il terreno è raggelato* || ***tr.*** rendere gelido, gelare; spec. *fig.*: *lo ha raggelato con uno sguardo* || **N.** *Sin.* congelare, ghiacciare, RAFFREDDARE.

raggentilìre (pres. *-ìsco, -ìsci*) [da *aggentilire*; a. 1729] ***tr.*** *non com.* ingentilire || ***intr. pron.*** *non com.* ingentilirsi.

raggèra V. RAGGIERA.

ragghiàre (pres. *ràgghio*) [lat. volg. **ragulāre*; a. 1306 *raghiare*] ***intr.*** (aus. *avere*) *pop. tosc.* ragliare.

raggiaménto [da *raggiare*; 1872] ***sm.*** *raro* irraggiamento.

raggiànte (*ppr.* di *raggiare*) [1308 nel senso 2] ***agg.*** **1.** esultante, felice in modo manifesto: *arrivò tutto raggiante, raggiante di gioia* || sfavillante, splendido: *raggiante di bellezza, di gioventù* **2.** che emana raggi luminosi: *sole raggiante* || **N.** *Sin.* radioso.

raggiàre (pres. *ràggio*) [lat. *radiāre*; 1319] ***intr.*** (aus. *avere*) **1.** emanare, diffondere raggi; risplendere: *il sole raggiava in cielo* **2.** *non com.* irraggiarsi, propagarsi **3.** *fig.* esprimere gioia: *raggiare per la contentezza* || ***tr.*** *lett.* emanare, spandere; anche *fig.*: *il suo volto raggiava felicità* || **N.** ***intr.*** **1.** *Sin.* SPLENDERE.

raggiàto (*pps.* di *raggiare*) [1865] ***agg.*** disposto come i raggi di una circonferenza, a simmetria radiale.

raggièra (non com. *raggèra*) [da *raggio*; 1865] ***sf.*** fascio di raggi che si allargano a partire da un centro: *la raggiera d'oro dell'ostensorio* || nella ***loc. agg.*** e ***avv.*** *a raggiera*, a forma di raggio: *acconciatura a raggiera*, con capelli raccolti sulla nuca e fissati da una raggiera di spilloni, tipica del costume delle contadine lombarde.

ràggio (pl. *-gi*) (pop. *ràzzo*) [lat. *radium*; 1308] ***sm.*** **1.** sottile fascio rettilineo di luce considerato lungo la direzione di propagazione: *un raggio di luce illuminò la stanza* || pl. l'energia luminosa che complessivamente si propaga da una sorgente (come fosse costituita da infiniti segmenti rettilinei di luce): *i raggi del sole, della luna, di una lampada*; *ass.* raggi di sole: *svegliarsi ai primi raggi* || *fig.* esile filo, quantità minima: *ci rimane un raggio di speranza, di fede* **2.** *per estens.* *T.fis.* energia emessa in forma di radiazioni; *in part.* *raggi X* o *Röntgen*, radiazioni elettromagnetiche di lunghezza d'onda ridotta, utilizzate (in radiologia, e nell'analisi di sostanze) per la loro proprietà di attraversare i corpi opachi; *raggi alfa, beta*, fasci di particelle *alfa* o *beta*; *raggi gamma*, radiazioni di lunghezza d'onda compresa fra 10^{-9} - 10^{-10}, emesse da sostanze radioattive; *raggi U.V.A.*, raggi ultravioletti di tipo A; *raggi cosmici*, radiazioni ad altissima energia che provengono dallo spazio **3.** *T.geom.* in un cerchio, ciascuno dei segmenti di retta che congiungono il centro con un punto della circonferenza || *T.fis.* *raggio vettore*, il segmento che congiunge un corpo che ruota in un'orbita, con il centro dell'orbita stessa || *per estens.* *raggio d'azione*, ambito circoscritto di funzionamento, di efficacia: *raggio d'azione di una ricetrasmittente, il raggio d'azione della sua influenza* || *per meton.* area pressappoco circolare determinata da un dato raggio: *a causa dell'esplosione, nel raggio di cento metri ci sono solo macerie* || *per estens.* in una struttura circolare, elemento disposto come i raggi di un cerchio: *i raggi della bicicletta* || *T.bot.* *raggio midollare*, striscia di tessuto parenchimatico che si irradia dal centro della radice o del fusto verso la corteccia **4.** *pl. poet.* gli occhi || **N.** **1.** *Sin.* bagliore, balenio, barlume, lampo, luccichio, riverbero, saetta, sprazzo, strale. **TAV.** *geometria*; *motori* 9.2; ***carri... p. 664*** 2.8; ***medicina... p. 1320*** 2.6; ***meteorologia* p. 1321** 1.5; ***motocicletta...* p. 1322** 1.14; ***ottica* p. 1329** 2.

raggiornàre (pres. *-órno*) [da *aggiornare*; 1319] ***intr.*** *impers.* (aus. *essere*) *poet.* diventar chiaro, farsi giorno: *quando raggiornò riprendemmo la marcia* || ***tr.*** *tosc.* aggiornare.

raggióso [da *raggio*; sec. XIV] ***agg.*** *arc.* radioso.

raggiraménto [da *raggirare*; 1865] ***sm.*** *non com.* raggiro.

raggiràre (pres. *-iro*) [da *aggirare*; a. 1535 come tr. nel senso 2] ***tr.*** **1.** circuire, trarre in inganno con l'astuzia: *lo hanno ignobilmente raggirato*; *fig.* di: **2.** *non com.* girare intorno a || ***intr. pron.*** **1.** aggirarsi: *intorno alla casa si raggiravano facce sospette* **2.** *raro* vertere, concernere; *i suoi discorsi si raggirano sempre sui medesimi argomenti* || **N.** ***tr.*** **1.** abbindolare, INGANNARE.

raggiràta [da *raggirare*; 1891] ***sf.*** *ant.* raggiro.

raggiratóre [da *raggirare*; 1738] ***sm.*** (f. *-trìce*) chi raggira, imbroglione.

raggìro [da *raggirare*; 1618] ***sm.*** atto ed effetto del raggirare, imbroglio: *è stato vittima di un raggiro* || **N.** *Sin.* IMBROGLIO.

raggiróne [da *raggirare*; 1872] ***sm.*** (f. *-a*) *fam. tosc.* chi è solito raggirare il prossimo.

raggìṣmo [da *raggio*, sul modello del russo *lučizm*; 1932] ***sm*** *T.art.* radiantismo.

raggiùngere (pres. *-giùngo* ecc., come GIUNGERE) [da *aggiungere*; 1374] ***tr.*** **1.** rif. a persona o a mezzo in movimento, affiancarlo, porsi vicino partendo da posizione più arretrata: *era partito un'ora prima di me ma io lo raggiunsi, quell'auto è velocissima, non riuscirai a raggiungerla* || rif. a luogo, arrivarci: *raggiungere una vetta, la meta del viaggio* || eguagliare di livello o valore: *gli indici di ascolto hanno raggiunto valori apprezzabili, la temperatura ha raggiunto −2 °C* || *raggiungere un bersaglio*, colpirlo **2.** *fig.* arrivare ad avere, ottenere, spec. ciò che si è perseguito con impegno: *ha ormai raggiunto il suo scopo, raggiungere importanti risultati* || **N.** **1.** *Sin.* acchiappare, accostare, avvicinare, guadagnare; pervenire, ricongiungersi, riunirsi a; superare **2.** *Sin.* afferrare, cogliere, conquistare, conseguire, ottenere, prendere.

raggiungìbile [da *raggiungere*; 1959] ***agg.*** che si può raggiungere; alla portata delle proprie forze o capacità: *un risultato raggiungibile* || **N.** *Contr.* irraggiungibile.

raggiungiménto [da *raggiungere*; 1872] ***sm.*** atto ed effetto del raggiungere; *il raggiungimento del traguardo* || **N.** *Sin.* conquista, conseguimento.

raggiuntàre [da *aggiuntare*; 1879] ***tr.*** unire, cucire insieme: *raggiuntare due pezzi di cuoio, di spago.*

raggiustaménto [da *raggiustare*; 1745] ***sm.*** atto ed effetto del raggiustare.

raggiustàre [da *aggiustare*; a. 1712 nel senso 2 come rec.] ***tr.*** *non com.* **1.** rimettere in buono stato, accomodare: *raggiustare un soprabito, un vaso* || *meno com.* rimettere in ordine: *raggiustare la scrivania* **2.** *fig.* pacificare: *raggiustare una lite* || ***rifl. rec.*** rappacificarsi || **N. *tr.* 1.** *Sin.* raccomodare.

ragglutinaménto [da *ragglutinare*; 1872] ***sm.*** *raro* atto del ragglutinare e del ragglutinarsi.

ragglutinàre (pres. *-ùtino*) [da *agglutinare*; 1340 ca.] ***tr.*** *raro lett.* mettere insieme, congiungere.

raggomitolàre (pres. *-ìtolo*) [da *aggomitolare*; a. 1400] ***tr.*** aggomitolare; aggomitolare nuovamente || ***rifl.*** avvolgersi a guisa di gomitolo: *il micio si è raggomitolato al calduccio* || **N. *rifl.*** *Sin.* RANNICCHIARSI.

raggranchiàre (pres. *-ànchio*) [da *aggranchiare*; 1550] ***tr.*** intirizzire, contrarre per il freddo || ***intr.*** (aus. *essere*) e ***intr. pron.*** intirizzirsi dal freddo.

raggranchìre (pres. *-ìsco, -ìsci*) [da *aggranchire*; 1872] ***intr.*** (aus. *essere*) e ***intr. pron.*** *raro*, contrarsi, intirizzirsi per il freddo.

raggrandìre (pres. *-ìsco, -ìsci*) [da *aggrandire*; 1745] ***tr.*** *raro* ingrandire.

raggranellàre (pres. *-èllo*) [da *aggranellare*; a. 1565] ***tr.*** mettere insieme, riunire a poco a poco e con fatica: *raggranellare dei soldi, un po' di gente.*

raggravàre [da *aggravare*; a. 1342] ***tr.*** e ***intr. pron.*** rendere o diventare più grave.

raggricciàre o **raggricchiàre** (pres. *-ìccio* o *ìcchio*) [da *aggricciare*; a. 1566] ***intr.*** (aus. *essere*) e ***intr. pron.*** *lett.* stringersi in se stesso, rannicchiarsi || di foglie, accartocciarsi.

raggrinzaménto [da *raggrinzare*; prima metà sec. XIV] ***sm.*** atto ed effetto del raggrinzare o del raggrinzirsi.

raggrinzàre [da *aggrinzare*; a. 1320] ***tr. intr.*** (aus. *essere*) e ***intr. pron.*** raggrinzire.

raggrinzìre (pres. *-ìsco, -ìsci*) [da *aggrinzire*; 1872] ***tr.*** riempire di grinze, spiegazzare: *raggrinzire una camicia* || ***intr.*** (aus. *essere*) e ***intr. pron.*** diventare grinzoso, pieno di pieghe o di rughe: *è raggrinzito come una mela vecchia, il manico di plastica al calore si è raggrinzito* || **N. *tr.*** *Sin.* sgualcire, stazzonare | ***intr.*** *Sin.* appassire.

raggroppàre (pres. *-òppo*) [da *aggroppare*; 1659] ***tr.*** *arc.* riannodare.

raggrottàre (pres. *-òtto*) [da *aggrottare*; 1625] ***tr.*** aggrottare di più o di nuovo.

raggrovigliàre (pres. *-ìglio*) [da *aggrovigliare*; a. 1597] ***tr.*** e ***intr. pron.*** aggrovigliare o aggrovigliarsi (con valore intensivo).

raggrumàre (pres. *-ùmo*) [da *aggrumare*; 1872] ***tr.*** far rapprendere in grumi || ***intr.*** (aus. *essere*) e ***intr. pron.*** addensarsi in grumi: *la crema si è raggrumata.*

raggrumolàre (pres. *-ùmolo*) [da *aggrumolare*; 1872] ***tr.*** *non com.* raggranellare, racimolare || ***intr.*** (aus. *essere*) e ***intr. pron.*** formare uno o più grumoli.

raggruppaménto [da *raggruppare*; 1598 *raggroppamento*] ***sm.*** **1.** atto del raggruppare e del raggrupparsi: *disporre il raggruppamento dei prigionieri* **2.** insieme di persone o di cose riunite insieme: *un raggruppamento di tifosi, di automobili* || *T.mil. raggruppamento tattico*, insieme di più gruppi tattici coordinati per svolgere lo stesso compito || **N. 1.** *Sin.* UNIONE **2.** *Sin.* gruppo.

raggruppàre [da *aggruppare*; a. 1484] ***tr.*** mettere insieme, in un medesimo gruppo: *raggruppare i ragazzi secondo l'età, una frase in costituenti, i libri in base all'autore* || ***intr. pron.*** riunirsi, fare gruppo: *i manifestanti si raggrupparono in piazza.*

raggruppàto (*pps.* di *raggruppare*) [1964] ***agg.*** **1.** unito a formare un gruppo **2.** *T.sport.* detto di tuffo effettuato tenendo le gambe piegate verso il petto e cinte con le braccia.

raggruzzàrsi [comp. parasint. di *gruzzo*; a. 1300] ***intr. pron.*** *arc.* rannicchiarsi.

raggruzzolàre (pres. *-ùzzolo*) [da *aggruzzolare*; a. 1494] ***tr.*** ammassare poco per volta, ottenendo un gruzzolo: *raggruzzolare i risparmi* || **N.** *Sin.* racimolare, raggranellare.

ragguagliaménto [da *ragguagliare*; a. 1320] ***sm.*** atto ed effetto del ragguagliare.

ragguagliànza [da *ragguagliare*; a. 1566] ***sf.*** *arc.* ragguagliamento || confronto.

ragguagliàre (pres. *-àglio*) [da *agguagliare*; 1260 nel senso 2] ***tr.*** **1.** informare dando ragguagli: *lo hanno ragguagliato sull'accaduto* **2.** rendere uguale, pareggiare: *ragguagliare un piano* **3.** mettere a confronto || **N. 1.** *Sin.* relazionare.

ragguagliatìvo [da *ragguagliare*; 1745] ***agg.*** *non com.* atto a ragguagliare, a rendere uguale || che serve a informare, a mettere al corrente.

ragguagliatóre [da *ragguagliare*; 1745] ***sm.*** (f. *-trìce*) *non com.* chi dà ragguagli, informatore.

ragguàglio (pl. *-gli*) [da *ragguagliare*; a. 1400 nel senso 2] ***sm.*** **1.** notizia particolareggiata, informazione: *dare alcuni ragguagli sul percorso da seguire* **2.** confronto, comparazione: *ragguaglio di due pesi* || *tavola di ragguaglio*, prospetto in cui sono confrontati i valori corrispondenti di diversi sistemi di misura **3.** livellamento, pareggio.

ragguardàre [da *agguardare*; 1353] ***tr.*** *arc.* guardare o considerare attentamente.

ragguardévole [da *ragguardare*; 1353] ***agg.*** degno di riguardo, di considerazione: *una persona ragguardevole* || *per estens.* cospicuo, ingente: *una cifra ragguardevole* || **ragguardevolménte *avv.*** || **N.** *Sin.* PREGEVOLE.

ragguardevolézza [da *ragguardevole*; a. 1642] ***sf.*** *non com.* carattere di chi o di ciò che è ragguardevole.

ràgia (pl. *-gie*) [lat. tardo *rāsia*, resina; sec. XIII nel senso 2; 1829 nel senso 1] ***sf.*** **1.** *acqua* (*di*) *ragia* (o *acquaragia*) olio essenziale di trementina **2.** *arc.* resina.

-ragìa V. -RRAGIA.

ragionacchiàre (pres. *-àcchio*) [da *ragionare*; 1872] ***intr.*** (aus. *avere*) *non com.* ragionare senza convinzione, in modo superficiale.

ragionaménto [da *ragionare*; a. 1292] ***sm*** **1.** atto del ragionare; discorso o pensiero inteso a raggiungere una conclusione: *i suoi ragionamenti sono poco convincenti, un ragionamento corretto, astruso* || (non numerabile) modo di ragionare, stile di argomentazione: *il ragionamento deduttivo e quello induttivo* **2.** *ant.* conversazione: *esser, entrare in ragionamento con qualcuno* || **N. 1.** *Sin.* argomentazione, deduzione, dimostrazione, entimema, induzione, inferenza, paradosso, paralogismo, sillogismo, sofisma, tautologia | aprioristico, capzioso, cavilloso, chiaro, debole, filato, inconcludente, serrato, sofistico, sottile, specioso, stiracchiato; a posteriori, a priori, per assurdo.

ragionàre (pres. *-óno*) [da *ragione*; a. 1292] ***intr.*** (aus. *avere*) **1.** pensare usando la ragione, svolgere un ragionamento: *è un problema difficile, ma ragionando si trova la soluzione* || *ragiona!*, come invito a non reagire in maniera istintiva (bensì meditata e razionale), o anche a essere ragionevoli **2.** *ant.* conversare: *ragionare di politica, di calcio, ragionarono fino a notte inoltrata* || di cosa fuor di dubbio: *non se ne ragiona nemmeno!* || ***tr.*** *arc.* trattare, esporre; sostenere razionalmente: *poi che i vari casi di ciascuno tutti e tre ragionato ebbero* (Boccaccio); *diede l'approvazione e la ragionò* || **N. *intr.* 1.** *Sin.* argomentare, arguire, connettere, dedurre, desumere, dimostrare, inferire, raziocinare, riflettere | *Contr.* sragionare **2.** *Sin.* discutere.

ragionatìvo [da *ragionare*; 1308] ***agg.*** *arc.* razionale.

ragionàto (*pps.* di *ragionare*) [1353] ***agg.*** **1.** sostenuto da ragioni, argomentato: *una conclusione, una scelta ragionata* **2.** ordinato razionalmente: *bibliografia ragionata*, articolata secondo un piano razionale e commentata || **ragionataménte *avv.***

ragionatóre [da *ragionare*; a. 1363] ***agg.*** e ***sm.*** (f. *-trìce*) chi ragiona sovente e in modo efficace: *un freddo e cauto ragionatore, mente ragionatrice* || **N.** *Sin.* calcolatore.

ragióne [lat. *ratio, -ōnis*; a. 1250 nel senso 2] ***sf.*** **1.** la capacità di pensare in maniera organizzata, che caratterizza l'uomo rispetto agli altri animali: *siamo esseri dotati di ragione, avere l'uso della ragione, età della ragione; perdere il lume della ragione*, smettere di pensare perché travolti dalle emozioni || *in part.* la capacità di pensare in maniera dimostrativa, traendo conclusioni da premesse in base a principi validi: *crisi della ragione, nella scienza servono sia l'intuizione, sia la ragione* || *T.fil.* nella filosofia hegeliana, il pensiero nel suo aspetto sintetico (in contrapposizione a *intelletto*) **2.** (numerabile) ciò che viene addotto per spiegare qualcosa; causa, prova, argomento a favore: *le ragioni prime delle cose; rendere, dar ragione di qualcosa*, spiegarla || *T.fil. principio di ragion sufficiente*, V. SUFFICIENTE || giustificazione: *avere, addurre ottime ragioni, questa non è una (buona) ragione; con ragione, a ragione*, con una giustificazione valida; *non (voler) sentire ragione* (o *ragioni*), non accettare giustificazioni; *farsi una ragione di qualcosa*, rassegnarvisi; *a ragion veduta*, giustificatamente (ma, anche, motivatamente); *a maggior ragione, a più forte ragione*, con più giustificazione **3.** motivo: *che ragioni aveva per agire a quel modo?; non c'è ragione che, di*, non c'è motivo; *senza ragione*, senza motivo: *si è arrabbiato senza ragione* || nella *loc. cong. ragion per cui*, perciò, per questo motivo **4.** diritto, giusta pretesa: *esporre, far valere le proprie ragioni, sostenere le ragioni di qualcuno, essere dalla parte della ragione; farsi ragione da sé*, farsi giustizia; *a torto o a ragione*, indipendentemente dal fatto di essere nel giusto o no || *ragion di Stato*, principio per cui l'interesse dello Stato viene assunto come unico criterio di valutazione politica, indipendentemente da valori religiosi o morali || competenza, spettanza: *non è di mia ragione; a chi di ragione*, a chi spetta di diritto || *rendere di pubblica ragione*, divulgare, rendere noto || *aver ragione*, essere dalla parte del giusto o del vero: *aveva ragione lui a essere così sospettoso, hanno ragione a protestare per gli schiamazzi, il cliente ha sempre ragione; dare ragione a qualcuno*, riconoscere che ha ragione o esserne la prova: *su questo punto ti do ragione, i fatti gli hanno dato ragione* || *aver ragione di qualcuno*, vincerlo, sopraffarlo || *di santa ragione*, abbondantemente, come si deve: *picchiare, bastonare, darle di santa ragione* **5.** *T.giur ragione sociale*, denominazione commerciale che contraddistingue una società di persone, costituita dal nome di uno o più soci accompagnata dall'indicazione del rapporto sociale (contrapposto a *denominazione sociale*, società di capitali) **6.** misura; proporzione: *la spesa verrà suddivisa in ragione del 30% a testa, ragione geometrica, aritmetica; in ragione inversa, diretta* || *T.econ. ragione di scambio*, nel caso di due soggetti che si scambiano due beni, il prezzo relativo dei due beni, ovvero il numero di unità (o frazioni di unità) di un bene che si cedono per ottenere un'unità dell'altro bene; *ragione di scambio internazionale*, il prezzo relativo che si forma sul mercato internazionale per il bene esportato in termini del bene importato **7.** *ant.* calcolo, computo: *mettere a ragione*, calcolare **8.** *arc.* maniera: *meravigliose sono le ragioni con cui opera la natura* || qualità, specie: *ce ne sono di diverse ragioni* || *dim.* ragionétta || **N. 1.** *Sin.* logica, lume, raziocinio, razionalità, senno; buon senso, senso comune | accecamento, smarrimento | vacillare **2.** *Sin.* argomento, dimostrazione; ragionamento evidente, fondata, inconsistente, infondata, inoppugnabile, insostenibile, valida | accampare, affacciare, oppugnare, portare; confortare **3.** *Sin.* causa, movente, pretesto; criterio, principio **4.** *Contr.* torto.

ragionerìa [da *ragione*; 1812] **sf. 1.** disciplina che studia le tecniche per tradurre i fenomeni aziendali in scritture contabili; parte della gestione aziendale che applica tali tecniche || *per meton.* complesso di uffici e impiegati addetti alla ragioneria **2.** *Ragioneria generale dello Stato*, organo dipendente dal Ministero del Tesoro, preposto al controllo delle erogazioni di pubblico denaro da parte dello Stato o di enti da esso dipendenti **3.** istituto tecnico commerciale che rilascia il diploma di ragioniere: *iscriversi a ragioneria* || **N. 1.** computisteria, contabilità; amministrazione. **Q.T.** *commercio...*

ragionévole [lat. *rationābilis*; fine sec. XIII nel senso 2] **agg. 1.** che si lascia guidare dalla ragione, dal buon senso: *una persona ragionevole* || *meno com.* razionale: *l'uomo è un animale ragionevole* **2.** dettato da senso dell'opportunità, della misura; accettabile, non eccessivo: *un prezzo ragionevole, una proposta ragionevole* **3.** fondato su buone ragioni, ben motivato: *sospetto, paura ragionevole* || **ragionevolménte** **avv.** in modo ragionevole || non eccessivamente: *abbiamo pagato ragionevolmente per la cena* || **N. 1.** *Sin.* assennato, giudizioso **2.** *Sin.* congruo, conveniente, equo, giusto, opportuno **3.** *Sin.* legittimo | *Contr.* irragionevole.

ragionevolézza [da *ragionevole*; 1640] **sf.** qualità di chi o di ciò che è ragionevole.

ragionière [da *ragione*; a. 1292 nel senso 2; 1905 nel senso 1] **sm.** (f. *-a*) **1.** diplomato di un istituto tecnico commerciale, abilitato all'esercizio della professione in materia di ragioneria **2.** *ant.* contabile.

ragionieristico (pl. *-ci*) [da *ragioniere*; 1965] **agg. 1.** relativo a ragioneria **2.** *spreg.* da ragioniere; pedante o poco creativo; ripetitivo.

ragióso [da *ragia*; a. 1577] **agg.** *arc.* che produce resina: *corteccia ragiosa.*

raglàn [dal n. del generale ingl. F.J.H.S. *Raglan*; 1857] **sm.** *inv.* soprabito maschile con l'attaccatura delle maniche che parte dal collo e va verso l'ascella || perlopiù nella *loc. avv. a(lla) raglan*, di attaccatura di manica o della manica stessa, il cui giro-manica va dalla parte inferiore delle ascelle obliquamente fino al collo.

ragliaménto [da *ragliare*; a. 1698 *ragghiamento*] **sm.** *non com.* atto del ragliare.

ragliàre (pres. *ràglio*) [lat. volg. **ragulāre*; a. 1527] **intr.** (aus. *avere*) di asino, emettere la propria voce || *fig.* cantar male, con voce sgradevole || *prov. asino che raglia mangia poco fieno*, a parlar troppo ci si rimette || **tr.** *non com.* recitare, parlare in modo sgraziato: *ragliare versi.*

ragliàta [da *ragliare*; 1865] **sf.** raglio prolungato o ripetuto.

ràglio (pl. *-gli*) [da *ragliare*; a. 1527; a. 1313 *ragghio*] **sm.** il suono che emette l'asino ragliando || *fig.* canto sgradevole: *basta con quel raglio!* || *prov. raglio d'asino non arrivò mai in cielo*, le parole calunniose e le dicerie degli sciocchi non hanno effetto.

ràgna [lat. *arānea*; 1319 nel senso 4] **sf. 1.** rete sottile per catturare uccelli || *fig.* insidia, tranello: *tendere la ragna, cadere nella ragna* **2.** *pop.* bava emessa dal baco da seta per costruire il bozzolo **3.** *lett.* ragnatela || *fig. ant.* insieme di nuvole rade e sparse **4.** *ant.* ragno **5.** *tosc.* tratto di tessuto logoro e rado per l'uso || *dim.* ragnòla.

ragnàia [da *ragna*; 1584] **sf.** sistema di cattura degli uccelli mediante ragne || luogo attrezzato con ragne: *piantare una ragnaia.*

ragnàre [da *ragno*; a. 1584] **intr.** (aus. *avere*) **1.** tendere le ragne **2.** far fili, sbavare **3.** (anche aus. *essere*) *tosc.* di tessuto, di maglia, mostrare la trama per l'usura || **intr. pron.** logorarsi.

ragnatéla [comp. di *ragno* e *tela*; sec. XIV *ragnatelo*] **sf. 1.** rete sottile, perlopiù a maglie trapezoidali disposte a spirale, costruita dal ragno con la secrezione serica che esce dalle filiere e che si solidifica a contatto dell'aria; viene tesa fra più punti allo scopo di catturare piccole prede: *uno stanzino pieno di ragnatele* **2.** *fig.* trama insidiosa, che invischia: *la ragnatela del vizio.*

ragnatelóso [da *ragnatela*; 1959] **agg.** pieno di ragnatele.

ragnàto (*pps.* di *ragnare*) [1865] **agg.** logoro, consunto.

ragnatùra [da *ragna*; a. 1712] **sf. 1.** tratto di tessuto consumato **2.** velo leggero e trasparente di nubi.

ràgno [lat. *araneus*; sec. XIII] **sm. 1.** nome generico di un ordine di Aracnidi, a cui appartengono individui caratterizzati da cefalotorace piuttosto piccolo, zampe provviste di unghia mobile nella quale sbocca una ghiandola velenosa, e addome perlopiù globoso, non diviso in segmenti, nella cui parte inferiore sono presenti da quattro a sei filiere atte a produrre i sottilissimi filamenti serici con cui il ragno costruisce il nido e le reti (*ragnatele*) in cui rimangono impigliate le prede: *tela di ragno*, ragnatela; *ragno volterrano*, malmignatta || *fig. non cavare un ragno dal buco*, non riuscire a concludere nulla **2.** *T.cin.* corto treppiede metallico a cui si fissa la macchina da presa prima di poggiarla sul cavalletto **3.** *uomo ragno*, contorsionista che dà spettacolo nei circhi **4.** *pesce ragno*, pesce dei Perciformi che si nasconde sotto la sabbia lasciando fuori gli aculei velenosi della pinna dorsale **5.** *tosc.* branzino || *dim.* ragnétto, ragnino, ragnolino; *accr.* ragnóne || **N. 4.** *Sin.* trachino, tracina.

ragnòla (*dim.* di *ragna*) [1865 *ragnuola*] **sf.** rete più sottile della ragna, usata per catturare uccelli piccoli.

ràgnolo [da *ragno*; 1300 ca.] **sm.** *tosc.* ragno.

ragoût (fr., pr. [ra'gu]) v. RAGÙ.

ragtime o ***rag-time*** (ingl., pr. ['rægtaım]) [letter. tempo sbagliato; 1933] **sm.** *inv.* genere musicale a ritmo sincopato, sorto in America subito prima del jazz.

ragù [dal fr. *ragoût*; 1714] **sm. 1.** *ragù alla bolognese*, condimento per paste asciutte preparato con carne macinata fatta rosolare su un battuto di cipolle e odori, e cotta con salsa di pomodoro **2.** *disus.* stufato di manzo cotto con pomodoro e spezie e il sugo che se ne ricava, adatto a condire paste asciutte o per ripieni.

ragunàre (pres. *-ùno*) [da *adunare*; a. 1292] **tr.** arc. radunare.

ragutièra [da *ragù*; 1970] **sf.** salsiera da tavola per il ragù.

rài [dal lat. *radii*, raggi, attr. il provenz. *rai*; 1321] **sm.** *pl. poet.* raggi di luce || *fig.* sguardo luminoso; occhi.

ràia [dal lat. *raia*; 1598] **sf.** *arc.* o *region.* razza.

raid (ingl., pr. [reıd]) [letter. spedizione di uomini; 1895 nel senso 2] **sm.** *inv.* **1.** corsa, impresa sportiva audace e piena di pericoli: *un raid automobilistico* **2.** *T.mil.* incursione aerea o navale, scorreria.

Ràidi o **Ràjdi** (sing. *-e*) [comp. del lat. *rāia*, razza e *-idi*; 1959] **sm.** *pl. T.zool.* famiglia di pesci dei Raiformi alla quale appartiene la razza. **TAV. *pesci* p. 1330.**

raidìsta [da *raid*; 1970] **s.** chi partecipa a un raid.

Raifórmi o **Rajfórmi** (sing. *-e*) [comp. del lat. *rāia*, razza e *-forme*; 1965] **sm.** *pl. T.zool.* ordine di pesci dal corpo schiacciato a forma di rombo o di disco, con ampie pinne pettorali.

ràion o **ràyon** [dall'ingl. d'America *rayon*, in orig. raggio; 1935] **sm.** *inv.* fibra tessile ricavata dalla cellulosa, di aspetto sericeo.

raìs o ***raìss*** (ar., pr. [ræ'ʔi:s]) [letter. capo; a. 1536] **sm.** *inv.* rif. a figure del mondo islamico, capo, condottiero.

ràis [dall'ar. *ra'īs*, capo; 1825] **sm.** *inv.* **1.** *T.pesc.* nelle tonnare siciliane, chi dirige l'operazione della pesca **2.** *ant.* comandante di un bastimento.

raisin (fr., pr. [rɛ'zɛ̃]) [letter. uva; 1988] **sm.** *inv. T.cart.* formato di carta 50 × 65.

ràitro [dal ted. *Reiter*, cavaliere; 1630] **sm.** *T.stor.* nel '500, soldato tedesco a cavallo che militava in Francia e in Fiandra.

rajah (hindi, pr. ['ra:dʒɐ]) [in orig. re; 1891] **sm.** *inv.* titolo attribuito a principi e alti dignitari indiani.

Rajfórmi v. RAIFORMI.

ralenti (fr., pr. [ralɑ̃'ti]) [da *ralentir*, rallentare; 1980] **sm.** *inv. T.cin.* rallentatore, spec. nella loc. *agg.* o *avv. al ralenti*, detto di filmati o registrazioni televisive proiettate a una velocità inferiore a quella normale.

ralìnga [dal fr. *ralingue*; 1804] **sf.** *T.mar.* ciascuna delle corde cucite intorno alle vele che fanno da orlo e ne aumentano la resistenza || **N.** *Sin.* gratile.

ralingàre (pres. *-ìngo, -ìnghi*) [da *ralinga*; 1813] **tr. 1.** *T.mar.* rif. a vela, orlare, rinforzare con ralinghe **2.** *T.mar.* rif. a vela, tendere per quanto è possibile, tirando le drizze e le scotte in modo da rendere minima la curvatura che il vento dà alla superficie della vela stessa.

ràlla [lat. *rānula*, piccola rana; a. 1472] **sf. 1.** supporto di spinta su cui poggia un perno ad asse verticale **2.** sedimento untuoso e nero che si forma nei mozzi delle ruote || *dim.* rallino || **N. 2.** *Sin.* morchia.

rallacciàre v. RIALLACCIARE.

rallargàre (pres. *-àrgo, àrghi*) [da *allargare*; 1319] **tr.** allargare maggiormente o di nuovo || *fig.* rendere più intenso, più efficace: *rallarga ogni vigore* (Dante) || **intr. pron.** dilatarsi, espandersi.

rallegraménto [da *rallegrare*; sec. XIV] **sm.** il rallegrarsi || *pl.* come espressione di cortesia, congratulazioni: *rallegramenti per il lieto evento!* || **N.** *Sin.* felicitazione.

rallegràre (pres. *-égro*) [dal fr. *rallegrer*; 1228 *ralegrare* come intr. pron. nel senso 1] **tr.** rendere lieto, mettere in allegria: *quella notizia lo rallegrò molto, una musichetta che rallegra la compagnia* || rendere piacevole, festoso alla vista: *il sole rallegra la campagna, una stanza rallegrata da colori vivaci* || **intr. pron. 1.** diventare allegro: *si è rallegrato assai per la vincita* **2.** esprimere il proprio plauso per il felice esito di cose altrui, perlopiù in modo formale: *mi rallegro con lei per la sua promozione* || **N. tr.** *Sin.* allietare, esilarare; riempire di gioia | **intr. pron. 1.** *Sin.* gioire, gongolare **2.** *Sin.* congratularsi, felicitarsi.

rallegràta [da *rallegrare*; 1891] **sf.** il salto improvviso del cavallo che prende il brio.

rallegratìvo [da *rallegrare*; metà sec. XIV] **agg.** *non com.* atto a rallegrare.

rallegratóre [da *rallegrare*; a. 1698] **sm.** (f. *-trice*) *non com.* chi rallegra.

rallentaménto [da *rallentare*; sec. XIV] **sm.** atto ed effetto del rallentare: *il traffico ha subìto un notevole rallentamento*; *segnale di rallentamento*, che impone di rallentare || *T.cin.* *effetto di rallentamento*, ottenuto proiettando i fotogrammi a velocità ridotta rispetto a quella reale || *fig.* diminuzione: *si prevede un rallentamento delle vendite, rallentamento della produzione* || **N.** *Sin.* decelerazione; abbassamento, calo.

rallentàndo [da *rallentare*; 1826] **sm.** *T.mus.* notazione dinamica che richiede una diminuzione della velocità di esecuzione.

rallentàre (pres. *-ènto*) [comp. parasint. di *lento*; 1374] **tr.** **1.** rendere meno veloce: *rallentare l'andatura, il passo* || *ass.* diminuire la velocità: *rallentare in prossimità delle curve* **2.** *ant.* rendere meno frequente o serrato: *rallentare le visite, rallentare la disciplina* || *non com.* rendere più cedevole: *rallentare il freno* || **intr. pron.** diventare meno frequente o intenso: *il suo impegno si è rallentato* || **N.** **tr.** **2.** *Sin.* abbassare, allentare, diminuire, diradare, smorzare.

rallentatóre [da *rallentare*; 1931] **sm.** **1.** *T.cin.* dispositivo della cinepresa in grado di riprendere un maggior numero di fotogrammi per unità di tempo e determina, in una proiezione normale, il rallentamento dell'azione: *rivedere una gara al rallentatore* || *per estens.* *fare qualcosa al rallentatore*, con lentezza esasperante **2.** (f. *-trice*) *non com.* chi rallenta.

rallevàre (pres. *-èvo*) [da *allevare*; a. 1294] **tr.** *tosc.* allevare.

Ràllidi (sing. *-e*) [comp. del lat. scient. *Rallus*, n. del genere e *-idi*; 1959] **sm. pl.** *T.zool.* famiglia di uccelli Gruiformi, molto diffusi quasi ovunque; di piccole e medie dimensioni, hanno zampe lunghe in cui l'alluce è situato al di sopra delle altre dita.

Rallifórmi (sing. *-e*) [comp. di *rallo* e *-forme*; 1937] **sm. pl.** *T.zool.* ordine di uccelli perlopiù palustri, buoni volatori, con zampe e collo lunghi ed esili, becco lungo e sottile, e sterno carenato; fra di essi la gru.

rallignàre [da *allignare*; 1319] **intr.** (aus. *avere*) *non com.* allignare di nuovo || **intr. pron.** *non com.* rinascere.

rallìno (*dim.* di *ralla*) [1803] **sm.** il dado attorno al quale ruota il perno di una porta.

rallìsta [da *rally*; 1974] **s.** pilota che partecipa ad un rally automobilistico.

ràllo [dal lat. *rallus*, rasato; 1959] **sm.** *T.zool.* uccello dei Rallidi dal piumaggio molto fitto, che vive nelle paludi del Nordamerica || **N.** *Sin.* porciglione.

rallumàre [da *allumare*[1]; 1716] **tr.** *arc.* rallumare.

ralluminàre (pres. *-ùmino*) [da *alluminare*[1]; a. 1306] **tr.** *ant.* illuminare, anche *fig.*

rallungàre (pres. *-ùngo, -ùnghi*) [da *allungare*; a. 1363] **tr.** *non com.* allungare di nuovo; rendere ancora più lungo: *rallungare una strada.*

rally (ingl., pr. ['rælı]) [letter. *raduno*; 1935] **sm.** *inv.* gara automobilistica di velocità e regolarità, con più tappe e posti di controllo lungo il percorso.

rallye (fr., pr. [ra'li]) V. RALLY.

RAM (pr. [ram]) [sigla dall'ingl. *R*andom *A*ccess *M*emory, memoria ad accesso casuale; 1983] **sf.** *inv.* *T.inform.* uno dei due tipi principali di memoria normalmente usati nei calcolatori elettronici, caratterizzata dal fatto che tutte le unità elementari di cui è costituita possono essere utilizzate per scrivere o leggere informazioni durante il calcolo || **N.** ROM.

ràma [da *ramo*; 1325 ca.] **sf.** *tosc.* ramo di media grossezza, spec. uscente da un ramo principale.

ramadan (ar., pr. [ræmæ'ðɑ:n]; pr. it. [rama'dan]) [letter. torrido; 1804] **sm.** *inv.* il nono mese del calendario musulmano, in cui viene praticato il digiuno dall'alba al tramonto. **Q.T.** *religione.*

ramages (fr., pr. [ra'ma:ʒ]) [letter. insieme di rami; 1866] **sm.** *pl.* nella *loc. agg.* *a ramages*, di motivo decorativo per stoffe o parati, a fiorami e ramoscelli: *gonna a ramages.*

ramàglia (pl. *-glie*) [dal lat. *ramālia*; 1841] **sf.** mucchio di rami e frasche tagliate o cadute spontaneamente || l'insieme dei rami di un cespuglio o di un arbusto.

ramagliatùra [da *ramaglia*; 1891] **sf.** *non com.* l'operazione di tagliare la ramaglia.

ramàio (pl. *-ài*) [da *rame*; 1834] **sm.** artigiano che fabbrica utensili di rame o li ripara || **N.** *Sin.* battirame, calderaio, conciabrocche.

ramaiolàta [da *ramaiolo*; 1865] **sf.** **1.** quantità di roba che si può prelevare con un ramaiolo: *una ramaiolata di pasta e ceci, di brodo* **2.** colpo assestato con un ramaiolo.

ramaiòlo o **romaiòlo** (lett. *ramaiuòlo, romaiuòlo*) [da *rame*; sec. XIV] **sm.** **1.** arnese da cucina, simile a un grosso cucchiaio tondo e assai concavo, provvisto di lungo manico, adatto a prelevare liquidi da recipienti profondi **2.** *region.* oggetto di rame || **N.** **1.** *Sin.* mestolo.

ramanzìna (disus. *romanzìna*) [da *romanzo*; a. 1665 *rammanzina*] **sf.** rimprovero, predicozzo: *fare, prendersi una ramanzina.*

ramàre [da *rame*; 1940 nel senso 2] **tr.** **1.** ricoprire con un sottile strato di rame **2.** nebulizzare con solfato di rame diluito in soluzione acquosa: *ramare le viti.*

ramàrro [etim. inc.; 1313] **sm.** grossa lucertola di colore verde brillante tendente al giallo, maculato di bruno, lunga fino a 40 cm, abile cacciatrice di insetti, comune nei prati e nei cespugli. **TAV.** *rettili* 2.

ramàta [da *ramo*; a. 1470] **sf.** **1.** attrezzo a forma di pala realizzato intrecciando giunchi, che si adopera per abbattere gli uccelli nella caccia col frugnolo **2.** fitto intreccio di fili metallici adoperato per chiudere un'apertura; grata.

ramatàre [da *ramata*; 1612] **tr.** percuotere con la ramata.

ramàto (*pps.* di *ramare*) [1938] **agg.** **1.** di soluzione, che contiene rame o solfato di rame; anche *sm.*: *dare il ramato alle viti* **2.** che ha i riflessi rossodorati del rame: *una chioma biondo-ramata, riflessi ramati.*

ramatùra[1] [da *ramare*; 1872] **sf.** **1.** applicazione di un sottile strato di rame a una superficie mediante galvanoplastica a scopo protettivo; anche lo strato di rame così applicato **2.** *T.agr.* irrorazione di piante con una soluzione di solfato di rame.

ramatùra[2] [da *ramo*; 1891] **sf.** l'insieme dei rami che compongono la chioma di un albero: *la ramatura del gelso.*

ramàzza [voce piemontese, da *ramo*; sec. XVI] **sf.** scopa grossolana di rami secchi, adatta per pulire pavimenti rustici, giardini e sim. || nel gergo militare, *essere di ramazza*, addetto alle pulizie; *per meton.* il soldato addetto a tale servizio: *ramazza!.*

ramazzàre [da *ramazza*; 1544] **tr.** spazzare con la ramazza.

rambàta V. REMBATA.

ràme [lat. volg. **arāmen*; a. 1250 *ramo*] **sm.** **1.** elemento metallico di colore rossastro, duttile, ottimo conduttore di calore ed elettricità, impiegato in elettrotecnica e meccanica, nella fabbricazione di leghe (per es. bronzi e ottoni) e prodotti chimici e, spec. in passato, per la costruzione di recipienti e suppellettili anche di pregio artistico || *solfato di rame*, composto di zolfo e rame impiegato come anticrittogamico in agricoltura **2.** *per meton.* come numerabile, oggetto di rame: *lucidare i rami di casa* || incisione artistica in rame: *un rame del Volpato* || **N.** **1.** verderame; cuprismo, cuprite.

rameggiàre (pres. *-éggio*) [da *ramo*; 1599] **tr.** *non com.* sostenere con ramoscelli conficcati in terra: *rameggiare un filare di fagioli* || **intr.** (aus. *avere*) distendersi, dispiegarsi in rami: *una chioma che rameggia rigogliosa*, e *per estens.*: *le corna del cervo rameggiano* || **N.** **intr.** *Sin.* frondeggiare; ramificare.

ramèico (pl. *-ci*) [da *rame*; 1942] **agg.** *T.chim.* di composto, in cui il rame si comporta da bivalente || **N.** rameoso.

raméngo o **ramèngo** o **reméngo** (pl. *-ghi*) [voce dial. per *ramingo*; 1942] **sm.** **1.** *dial.* bastone **2.** *sett.* nelle loc. *andare a ramengo*, andare in rovina, in malora: *per colpa dell'acqua alta tutte le scorte sono andate a ramengo*; *ma va' a ramengo*, va' al diavolo.

rameóso [da *rame*; 1963] **agg.** *T.chim.* di composto, in cui il rame si comporta come monovalente || **N.** rameico.

ramerìno [alterazione di *rosmarino*; a. 1320] **sm.** *tosc.* rosmarino.

rameuse (fr., pr. [ra'mø:z]) [da *rame* (*sans fin*), telaio (a movimento continuo); 1959] **sf.** *inv.* (anche pl. *rameures*, pr. [ra'mø:z]) *T.tess.* macchina tessile usata per asciugare il tessuto dopo il lavaggio.

ramìa [dal fr. *ramie*; 1942] **sf.** ramiè.

ramicciàre (pres. *-iccio*) [da *ramo*; 1879] **tr.** rif. ad albero, tagliarne i rami minori per farne fascine.

ramiè [dal fr. *ramie*; 1895] **sm.** arbusto delle Urticacee, coltivato spec. in estremo Oriente per la fibra che se ne ricava || la fibra stessa, ricavata dal fusto della pianta, bianca e resistente, simile alla seta.

ramìfero [comp. di *rame* e *-fero*; 1872] **agg.** *non com.* di terreno, che contiene rame.

ramificàre (pres. *-ìfico, -ìfichi*) [da *ramo*; a. 1519] **intr.** (aus. *avere*) sviluppare rami: *una pianta che ramifica* || **intr. pron.** espandersi e suddividersi come i rami di un albero: *un fiume che si ramifica alla foce* || **N.** **intr. pron.** biforcarsi.

ramificàto (*pps.* di *ramificare*) [1885] **agg.** suddiviso in rami: *un albero molto ramificato* || anche *fig.*: *una disciplina ramificata in numerose specialità.*

ramificazióne [da *ramificare*; a. 1519] **sf.** **1.** atto del ramificare e del ramificarsi: *ramificazione di un fiume* **2.** *concr.* insieme di rami o di altri elementi di una struttura ramificata || il punto di biforcazione || ciascuno dei rami || **N.** **1.** *Sin.* biforcazione, diramazione, suddivisione; propaggine.

ramìfico (pl. *-ci*) [da *ramo*; a. 1788] **agg.** *lett.* che produce rami.

ramìgno [da *rame*; a. 1539] **agg.** *arc.* di rame.

ramìna [da *rame*; a. 1306] **sf.** **1.** scaglia di rame che si stacca da un manufatto durante la lavorazione **2.** *non com.* paglia di acciaio per la pulitura di pentole e sim. **3.** *region.* pentola di rame.

ramingàre (pres. *-ingo, -inghi*) [da *ramingo*; 1640] **intr.** (aus. *avere*) *lett.* andare ramingo.

ramìngo (pl. *-ghi*) [dal provenz. ant. *ramenc*, (uccello) che vive sui rami; a. 1320 nel senso 2] **agg.** **1.** di chi va errando per il mondo, lontano dalla sua patria o senza meta certa: *andar ramingo* **2.** *arc.* di uccello ancora incapace di volare, che saltella di ramo in ramo || **N.** **1.** *Sin.* errabondo, errante, girovago, nomade, pellegrino, profugo, randagio, vagabondo, vagante.

ramìno[1] [etim. sconosciuta; 1931] **sm.** gioco di carte con uno (o due) mazzi da 52 carte più due jolly, per 2-5 giocatori, in cui si distribuiscono sette carte a testa e si devono formare determinate combinazioni da scartare, fino ad esaurimento delle proprie carte (*chiusura*).

ramìno² [da *rame*; a. 1306] ***sm.*** **1.** vaso di rame panciuto, dalla bocca stretta, usato per scaldare acqua **2.** *region. ramino bucato*, ramaiolo bucherellato col quale si preleva la panna sulla superficie del latte per farne burro.

rammagliàre (pres. *-àglio*) [comp. parasint. di *maglia*; 1940] ***tr.*** di tessuto di maglia o a rete, aggiustare con appositi aghi tirando su le maglie cadute: *rammagliare una calza*.

rammagliatrìce [da *rammagliare*; 1966] ***sf.*** donna che per mestiere rammaglia le calze smagliate.

rammagliatùra [da *rammagliare*; 1940] ***sf.*** atto ed effetto del rammagliare.

rammàrco (pl. *-chi*) [da *rammarico*; a. 1565] ***sm.*** *arc.* rammarico.

rammarginaménto [da *rammarginare*; a. 1712] ***sm.*** *ant.* atto ed effetto del rammarginare e del rammarginarsi.

rammarginàre (pres. *-àrgino*) [comp. parasint. di *margine*; 1566] ***tr.*** e ***intr. pron.*** *ant.* rimarginarsi.

rammaricaménto [da *rammaricare*; 1336 ca.] ***sm.*** *non com.* rammarico.

rammaricàre (pres. *-àrico, -àrichi*) [comp. parasint. di *amaro*; fine sec. XIII] ***tr.*** amareggiare: *un atteggiamento che lo rammarica* ‖ ***intr. pron.*** provare ed esprimere dispiacere per qualcosa che si è fatto o subito, o che altri hanno fatto o subito: *sei stato bocciato?, me ne rammarico, non devi rammaricarti per quello che hai fatto* ‖ *meno com.* lamentarsi per il dolore: *non fa che rammaricarsi di* (o *per*) *quelle fitte* ‖ **N. *intr. pron.*** *Sin.* affliggersi, dolersi, pentirsi, rimpiangere.

rammaricaziòne [da *rammaricare*; 1342] ***sf.*** *ant.* rammarico.

rammarichévole [da *rammaricare*; 1336 ca.] ***agg.*** *ant.* che dà rammarico o esprime rammarico.

rammarichìo (pl. *-ìi*) [da *rammaricare*; a. 1565] ***sm.*** *tosc.* un lungo e talvolta noioso rammaricarsi.

rammàrico (pl. *-chi*) [da *rammaricare*; a. 1565] ***sm.*** sentimento di amarezza e dispiacere, spec. per qualcosa che non è avvenuto o non è stato compiuto: *ho il rammarico di non aver fatto abbastanza per loro, vi comunico questa notizia con grande rammarico* ‖ espressione di rammarico: *mi ha detto il suo rammarico* ‖ **N.** *Sin.* rincrescimento; dolore, rimpianto, rimorso.

rammassàre [da *ammassare*; a. 1348] ***tr.*** **1.** *non com.* riunire in un unico mucchio **2.** *raro* ammassare di nuovo.

rammattonàre (pres. *-óno*) [da *ammattonare*; a. 1449] ***tr.*** *raro* ammattonare di nuovo: *rammattonare la stanza*.

rammemoràbile [da *rammemorare*; a. 1799] ***agg.*** *lett.* memorabile.

rammemoràre (pres. *-èmoro*) [da *rimemorare*, con cambio di pref.; 1353] ***tr.*** *lett.* rammentare, ricordare; ricondurre alla memoria ‖ ***intr. pron.*** ricordarsi.

rammemoraziòne [da *rammemorare*; 1353] ***sf.*** *non com.* il rammemorare; ricordo.

rammendàre (tosc. *rimendàre*) (pres. *-èndo*) [da *ammendare*; a. 1320 nel senso 2; 1841 nel senso 1] ***tr.*** **1.** di indumento o stoffa, riparare con ago e filo ricostruendo la trama del tessuto nei punti logori o in corrispondenza di strappi o buchi: *rammendare un calzino, una tenda* **2.** *arc.* emendare ‖ **N. 1.** *Sin.* rappezzare, rattoppare, ricucire.

rammendatóre [da *rammendare*; 1872] ***sm.*** (f. *-trìce*, pop. *-tóra*) chi esegue lavori di rammendo.

rammendatùra [da *rammendare*; 1872] ***sf.*** **1.** atto ed effetto del rammendare **2.** nell'industria tessile, operazione con cui si eliminano eventuali difetti di lavorazione dei tessuti ‖ **N. 1.** *Sin.* rammendo.

rammèndo [da *rammendare*; 1872] ***sm.*** operazione del rammendare e il lavoro che si ottiene: *eseguire un rammendo, un rammendo invisibile, mal fatto*; *punto rammendo*, punto di ricamo a fili che si intrecciano, come in un rammendo ‖ **N.** *Sin.* aggiustatura, frinzello, rammendatura, rattoppo.

rammentàre (pres. *-ènto*) [comp. parasint. di *mente*; a. 1292 *ramentare*] ***tr.*** **1.** richiamare alla mente; avere o tenere presente nella mente: *rammento quella circostanza, rammenti la tua promessa?, rammenta bene ciò che sto per dirti* **2.** far tornare alla mente: *rammentami che devo restituire il libro* ‖ commemorare: *questa lapide rammenta i caduti per la Patria* ‖ far venire in mente per somiglianza: *nella bocca rammenta molto suo padre* **3.** menzionare: *a tavola non si rammentano i morti* ‖ ***intr. pron.*** ricordarsi: *chi si rammenta del suo nome?* ‖ **N. 1.** *Sin.* ricordare.

rammentatóre [da *rammentare*; sec. XIV] ***sm.*** (f. *-trìce*) chi rammenta ‖ *disus.* suggeritore di teatro.

rammeschinìre (pres. *-ìsco, -ìsci*) [comp. parasint. di *meschino*; a. 1907] ***intr.*** (aus. *essere*) *raro lett.* diventare meschino, miserabile.

rammescolàre (pres. *-éscolo*) [da *mescolare*; 1677] ***tr.*** *ant.* rimescolare.

rammodernàre (pres. *-èrno*) [da *ammodernare*; 1878] ***tr.*** rendere più moderno, rimodernare.

rammolliménto [da *rammollire*; 1872] ***sm.*** **1.** atto ed effetto del rammollire e del rammollirsi: *rammollimento dell'asfalto, della cera*; anche *fig.*: *rammollimento dei costumi* **2.** *T.med. rammollimento cerebrale*, lesione localizzata in alcuni punti del cervello sottratti alla circolazione sanguigna (spec. per trombosi o embolia) ‖ **N. 1.** *Sin.* ammorbidimento; mollezza.

rammollìre (pres. *-ìsco, -ìsci*) [da *ammollire*; sec. XIV] ***tr.*** far diventare molle o più molle: *rammollire un impasto con acqua, il calore rammollisce il burro* ‖ *fig.* rendere fiacco, meno vigoroso o indurre mollezza di costumi: *la prolungata inattività lo ha rammollito nel fisico e nello spirito, il benessere l'ha rammollito* ‖ *meno com.* impietosire ‖ ***intr. pron.*** e meno com. ***intr.*** (aus. *essere*) diventare molle: *la colla di pesce in acqua calda si rammollisce* ‖ *fig.* perdere vigore fisico o forza morale: *questi giovani si stanno rammollendo, con l'età è rammollito* ‖ **N. *tr.*** *Sin.* ammorbidire, fondere, rammorbidire, sciogliere, squagliare, struggere; fiaccare, infiacchire.

rammollìto (*pps.* di *rammollire*) [1905] ***agg.*** e ***sm.*** (f. *-a*) di persona, privo di vigore e di iniziativa: *non aspettarti niente di buono da quel rammollito*.

rammorbidiménto [da *rammorbidire*; 1871] ***sm.*** atto o effetto del rammorbidire o del rammorbidirsi.

rammorbidìre (pres. *-ìsco, -ìsci*) [da *ammorbidire*; sec. XIV] ***tr.*** rendere più morbido ‖ *fig.* rendere meno aspro: *un'ostilità rammorbidita dal tempo* ‖ ***intr.*** (aus. *essere*) e ***intr. pron.*** diventare morbido ‖ *fig.* ingentilirsi, raddolcirsi.

Ramnàcee [comp. di *ramno* e *-acee*; 1882] ***sf. pl.*** *T.bot.* famiglia di piante dicotiledoni arboree o arbustacee, cui appartengono il giaggiolo e il ramno.

ramnìna [da *ramno*; 1872] ***sf.*** sostanza gialla che si estrae dalla pianta detta ramno dei tintori.

ràmno [dal lat. *rhamnus*; sec. XIII *ranno*] ***sm.*** genere di arbusti delle Ramnacee comprendente numerose specie con proprietà purgative o da cui si estraggono sostanze coloranti.

ràmo [lat. *ramus*; a. 1292] ***sm.*** **1.** ciascuno dei prolungamenti legnosi che si dipartono dal fusto di una pianta: *ramo primario* o *di primo ordine*, quello direttamente uscente dal fusto; *ramo secondario* o *di secondo ordine*, uscente da un ramo primario ‖ *fig. ramo secco*, parte inutile, di una rete di comunicazioni di un'organizzazione **2.** *per estens.* ciascuno degli elementi secondari in cui si suddivide una struttura principale: *i rami delle corna di un cervo, rami di corallo, rami secondari di un vaso sanguigno*; *rami di una croce, del ferro di cavallo*, i bracci; *in part.* di fiume, lago, strada e sim., corso secondario, biforcazione: *un nuovo ramo della ferrovia, quel ramo del lago di Como* (Manzoni) ‖ di arte o disciplina, suddivisione, specializzazione: *la logica è un ramo della filosofia, è un esperto di quel ramo* ‖ *ramo di un amministrazione*, sezione dipendente da quella principale **3.** *fig.* insieme di tutti o alcuni dei discendenti da un unico capostipite: *il ramo cadetto della famiglia, un ramo che si è estinto* ‖ *per estens.* carattere ereditario: *nella mia famiglia c'è un ramo di pazzia* ‖ *dim.* ramétto ‖ **N. 1.** ramoscello, tronco; frasca, fronda **2.** *Sin.* branca, diramazione, linea, parte, partizione, propaggine, troncone, vena. **Q.T.** ***botanica*** **TAV. *giardinaggio* p. 1314** 13 e **p. 1315** 26.

ramógna [etim. inc.; 1319] ***sf.*** *arc.* augurio: *così a sé e noi buona ramogna quell'ombre orando* (Dante).

ramolàccio (pl. *-ci*) [lat. *armorăcium*; 1536 *ramolaccia*] ***sm.*** pianta erbacea delle Crocifere, con grossa radice carnosa violacea a polpa bianca e sapore piccante ‖ **N.** *Sin.* rafano.

ramorùto [da *ramo* su modello di *nerboruto*; a. 1320] ***agg.*** *ant.* ricco di rami.

ramoscèllo (lett. *ramuscèllo*) [lat. volg. **ramuscellum*; a. 1306 *ramoscel*] ***sm.*** ramo piccolo e tenero, spec. di arbusti ‖ *il ramoscello d'olivo*, simbolo di pace.

ramosità [da *ramoso*; 1599] ***sf.*** l'essere ramoso.

ramóso [dal lat. *ramōsus*; a. 1320] ***agg.*** **1.** che ha molti rami: *una ramosa quercia* **2.** suddiviso in rami, ramificato: *le corna ramose del cervo* ‖ **N. 1.** *Sin.* frondoso.

ràmpa [da *rampare*; a. 1566 nel senso 3] ***sf.*** **1.** tratto di scale compreso fra due piani: *fare due rampe di scale* ‖ breve salita molto ripida **2.** *T.aer.* piazzale di sosta per le operazioni di imbarco e sbarco e di assistenza agli aerei ‖ torre di lancio di un missile **3.** *T.arald.* zampa unghiata. **TAV.** ***abitazione*** 1.36.

rampànte (*ppr.* di *rampare*) [a. 1348] **I** ***agg.*** **1.** *T.arald.* di animale, dritto su una o due zampe posteriori: *leone, toro rampante* **2.** *T.arch. arco rampante*, arco a collo d'oca che funge da contrafforte, tipico dell'architettura gotica **3.** *fam.* di persona, aggressivamente ambizioso, proteso al successo economico e sociale: *un giovane rampante* **II** ***sm.*** **1.** *rampante di una scala*, lo stesso che *rampa* (nel senso 1) **2.** *pl.* strisce di gomma applicate agli sci per rendere più facile la salita. **TAV. *araldica* p. 645** 4.17; ***architettura* p. 646** 6.4.

rampàre [dal germ. **hrampa*; 1598] ***intr.*** (aus. *avere*) **1.** *raro* arrampicarsi **2.** *T.arald.* di animale, essere in posizione rampante per assalire, afferrare una preda e sim.

rampàro [dal fr. *rempart*, da *remparer*, fortificare; 1624] ***sm.*** *T.stor.* terrapieno addossato a una fortezza o a una fortificazione per proteggerla dai tiri d'artiglieria.

rampàta [da *rampa*; 1558] ***sf.*** *non com.* **1.** colpo di rampa, zampata **2.** salita breve e ripida.

rampicànte (*ppr.* di *rampicare*) [a. 1704] **I** ***agg.*** di fusto o pianta, che si attacca a un sostegno con particolari organi (viticci, radici e sim.): *edera, vite, fragole rampicanti* **II** ***sm.*** **1.** pianta rampicante: *un muro ricoperto di ram-*

picanti **2.** *pl. T.zool.* nella vecchia tassonomia, ordine di uccelli con zampe atte all'arrampicamento, comprendente il picchio, il cuculo e i pappagalli.

rampicàre (pres. *ràmpico, ràmpichi*) [da *rampare*; 1447 *rampigare*] ***intr.*** (aus. *avere* o *essere*) e ***intr. pron.*** *raro* arrampicare e arrampicarsi.

rampicatóre [da *rampicare*; 1891] ***sm.*** (f. *-trice*) *raro* arrampicatore.

rampichìno [da *rampicare*; 1804 nel senso 3] ***sm.*** **1.** uccello dei Passeriformi che si arrampica velocemente sul tronco degli alberi alla ricerca di insetti **2.** *scherz.* bambino che si arrampica ovunque o che adopera con disinvoltura scuse o bugie **3.** nome pop. di varie specie di piante rampicanti.

rampicóne [da *rampicare*; 1353] ***sm.*** *ant.* grande ferro uncinato ‖ *T.mar.* ancorotto a quattro marre.

rampinàre (pres. *-ìno*) [da *rampino*; 1937] ***intr.*** (aus. *avere*) usare il rampino per ancorarsi o per dragare un fondale.

rampinàta [da *rampino*; 1891] ***sf.*** colpo di rampino.

rampinìsmo [da *rampino*; 1954] ***sm.*** *T.vet.* difetto del piede del cavallo, a causa del quale l'animale procede poggiando sulla punta dello zoccolo o sulla parete dorsale.

rampìno [da *rampa*; a. 1584 come agg.] **I** ***sm.*** **1.** ferro a uno o più uncini, impiegato per afferrare e tirar su oggetti (da un fondale, da un pozzo e sim.) o per ancorarsi o appigliarsi ‖ chiodo ricurvo a due punte; anche chiodo senza testa e piegato ad angolo retto, usato per appendere oggetti ‖ nella *loc. agg. a rampino*, di forma uncinata ‖ *fig. giocare di rampino*, rubare **2.** *fig.* pretesto, appiglio: *attaccarsi a ogni rampino* **3.** ferro adoperato dal maniscalco per correggere il difetto del piede rampino **II** ***agg.*** *T.vet. piede rampino*, più o meno arcuato verso l'interno, per cui l'animale poggia solo la punta, e nei casi più gravi il dorso, della zampa ‖ **N.** I **1.** *Sin.* raffio. **TAV. *utensili* p. 1340** 7.5.

rampìsta [da *rampa*; 1983] ***s.*** *T.aer.* addetto al coordinamento e al controllo delle operazioni di assistenza ad un aeromobile durante lo scalo in un aereoporto.

ràmpo [da *rampa*; a. 1400] ***sm.*** *arc.* raffio, uncino.

rampógna [da *rampognare*; a. 1294] ***sf.*** *lett.* duro rimprovero, biasimo.

rampognàre (pres. *-ógno*) [dal fr. ant. *ramponer*, fine sec. XIII] ***tr.*** *lett.* rimproverare con dure parole ‖ **N.** *Sin.* RIMPROVERARE.

rampognóso [da *rampognare*; a. 1306] ***agg.*** *ant.* che è solito rampognare: *un vecchio rampognoso.*

rampollaménto [da *rampollare*; sec. XIV] ***sm.*** *raro* atto ed effetto del rampollare.

rampollàre (pres. *-óllo*) [da *rampollo*; a. 1276] ***intr.*** (aus. *essere*) *lett.* **1.** di acqua, fuoriuscire, sgorgare dal terreno: *una sorgente che rampolla dalla roccia* ‖ di piante, produrre germogli **2.** *fig.* e *lett.* di stirpe, famiglia e sim., avere origine, essere generato: *una famiglia che rampolla da nobile stirpe* **3.** *fig.* aver origine, derivare: *un pensiero rampolla dall'altro* ‖ **N.** **1.** *Sin.* scaturire, zampillare; germogliare.

rampóllo [lat. *rampullus*, il pollone del ramo; 1308] ***sm.*** **1.** germoglio, pollone ‖ *fig.* discendente in linea diretta: *rampollo di nobile famiglia* ‖ *scherz.* figlio: *ecco i miei rampolli* **2.** *non com.* polla d'acqua sorgiva.

rampóne [da *rampare*; 1598 nel senso 3] ***sm.*** **1.** *T.mar.* grande fiocina usata per la cattura dei cetacei **2.** *T.alp.* ferro provvisto di punte sporgenti, che si applica alla suola degli scarponi per far presa sul ghiaccio **3.** nel ferro di cavallo, la ripiegatura verso il basso che fa presa sul terreno **4.** ferro dentato per arrampicarsi su pali di legno, utilizzato spec. dagli operai addetti alle riparazioni di cavi aerei. **Q.T.** *alpinismo* **TAV.** *alpinismo* 7, 10.5.

ramponière [da *rampone*; 1813] ***sm.*** *T.mar.* marinaio addetto al lancio del rampone.

ramuscèllo V. RAMOSCELLO.

ramùto [da *ramo*; 1891] ***agg.*** *raro* pieno di rami.

ràna [lat. *rana*; 1313] ***sf.*** **1.** denominazione comune di varie specie di anfibi anuri, di colori mimetici dal verde brillante al bruno, maculati, privi di coda e ottimi saltatori; il maschio possiede due sacche vocali ai lati della bocca ‖ *gonfio come una rana*, pieno di boria ‖ *T.sport. nuoto a rana*, stile di nuoto in cui il nuotatore muove le braccia e le gambe simmetricamente in quattro tempi, distendendo e raccogliendo gli arti in modo analogo alle rane ‖ *T.mil. uomo rana*, sommozzatore addestrato a compiere azioni di sabotaggio o di assalto ad attrezzature portuali o imbarcazioni **2.** *rana pescatrice*, pesce marino del Lofiformi, lungo fino a due metri, con corpo appiattito, che si mimetizza sui fondali sabbiosi in attesa di prede che attira con appendici dorsali e afferra con la bocca protrattile ‖ **N.** **1.** raganella, rospo; girino | gracidare. **Q.T.** *nuoto* **TAV. *nuoto* p. 1328** 4; ***pesci* p. 1331** 14.

ranàtra [dal lat. *rāna ātra*, rana scura; 1932] ***sf.*** *T.zool.* insetto emittero vivente nei pressi di laghi e stagni, caratterizzato da occhi sporgenti, ali iridate e sifone respiratorio al termine dell'addome.

rànca [da (*gamba*) *ranca*; 1872] ***sf.*** *ant.* gamba più corta dell'altra e storta ‖ *T.mar.* attrezzo usato per la pesca dei calamari e dei totani; fuso.

rancàre (pres. *rànco, rànchi*) [da *ranco*; 1614] ***intr.*** (aus. *avere*) *non com.* arrancare.

ranch (ingl., pr. [rɑ:ntʃ]; pr. amer. [ræntʃ]) [dallo sp. *rancho*; 1901] ***sm.*** *inv.* negli Stati Uniti occidentali e nel Canada, fattoria per allevamento di bestiame.

rancheggiàre (pres. *-éggio*) [da *rancare*; 1872] ***intr.*** (aus. *avere*) *non com.* camminare zoppicando, arrancare.

rancho (sp., pr. [ˈrrantʃo]) [1959] ***sm.*** *inv.* (anche pl. *ranchos*, pr. [ˈrrantʃos]) nel Messico e negli Stati Uniti meridionali, fattoria di media grandezza per l'allevamento del bestiame.

rancìa (pl. *-cìe*) [da *rancio*¹; 1932] ***sf.*** *T.mar.* sulle navi da guerra, lista quotidiana dei militari presenti che consumano il rancio.

ranciàto [da (*a*)*ranciato*; a. 1566] ***agg.*** *non com.* arancione.

rancicàre (pres. *ràncico, ràncichi*) [da *rancico*; 1945] ***intr.*** (aus. *avere*) **1.** tossicchiare per schiarirsi la voce **2.** avere la gola irritata in seguito a malattia, fumo o sim.

ràncico (pl. *-chi*) [da *rancido*, con cambio di suff.; 1872 come sm.] **I** ***agg.*** *pop.* rancido **II** ***sm.*** fastidioso sapore che torna alla gola dopo aver mangiato vivande fritte male o con grassi rancidi: *avere il rancico alla gola.*

rancicóso [da *rancico*; 1340] ***agg.*** *ant.* rancido.

rancidézza [da *rancido*; 1340] ***sf.*** l'essere rancido; anche *fig.*

rancidìre (pres. *-ìsco, -ìsci*) [da *rancido*; a. 1577] ***intr.*** (aus. *essere*) irrancidire.

rancidità [da *rancido*; a. 1642] ***sf.*** rancidezza.

ràncido [lat. *rancidus*; 1340] **I** ***agg.*** **1.** di burro, olio o altro grasso commestibile, che ha un sapore pungente e sgradevole per sopravvenuta ossidazione: *lardo rancido* **2.** *fig.* vieto, antiquato: *usanze rancide* ‖ inacidito per l'età: *una zitella rancida* ‖ **rancidaménte** ***avv.*** solo in senso *fig.* **II** ***sm.*** odore o sapore rancido: *sapere di rancido.*

rancidùme [da *rancido*; a. 1698 nel senso 2] ***sm.*** **1.** l'odore o il sapore di cose rancide **2.** *fig.* usanza, idea e sim. oltremodo sorpassata.

rancière [da *rancio*¹; 1797] ***sm.*** *T.mil.* soldato a cui tocca la preparazione e distribuzione del rancio.

ràncio¹ (pl. *-ci*) [dallo sp. *rancho*, riunione di persone che alloggiano e mangiano insieme; 1804] ***sm.*** **1.** il pasto dei soldati e dei marinai: *è l'ora del rancio, rancio abbondante* **2.** *T.mar.* ciascuno dei gruppi in cui è diviso l'equipaggio di una nave per la consumazione dei pasti.

ràncio² (pl. *-ci*) [da (*a*)*rancio*; 1313] ***agg.*** *arc.* o *poet.* di colore arancione.

ràncio³ (pl. *-ci*) [lat. volg. **rancius*, class. *rancidus*; seconda metà sec. XV] ***agg.*** *arc.* rancido.

rànco (pl. *-chi*) [dal got. **hrinkan*, torcere; a. 1336] ***agg.*** *non com.* che cammina arrancando: *gamba ranca.*

rancóre [lat. tardo *rancor, -ōris*; sec. XIV] ***sm.*** risentimento profondo covato a lungo e tenuto nascosto: *serbare rancore a qualcuno, un vecchio rancore è affiorato, un rancore sordo* ‖ **N.** *Sin.* astio, malevolenza, ruggine; ODIO.

rancoróso [da *rancore*; 1974] ***agg.*** *non com.* che cova o esprime rancore: *un vecchio rancoroso, discorso rancoroso.*

rancùra [da *rancore*, con influsso di *cura*; a. 1294] ***sf.*** *arc.* **1.** grave affanno, dispiacere **2.** rancore.

rancuràrsi (pres. *-ùro*) [da *rancura*; 1313] ***intr. pron.*** *arc.* rammaricarsi, dolersi.

rand (ingl., pr. [rænd]) [dal n. geogr. *Rand*, distretto aurifero del Transvaal; 1965] ***sm.*** *inv.* unità monetaria della Repubblica Sudafricana.

rànda [etim. inc.; 1313 nel senso 3; 1804 nel senso 1] ***sf.*** **1.** *T.mar.* vela di taglio a forma trapezoidale impiegata sulle navi a vele quadre (golette, brigantini ecc.) o vela, a forma triangolare nelle imbarcazioni moderne **2.** rudimentale strumento per disegnare cerchi o archi, impiegato da artigiani o muratori **3.** *arc.* margine, estremità ‖ nella *loc. avv. a randa*, rasente. **TAV. *vela* p. 1343** 5.4, 5.10a, 6.1.

randàgio (pl. m. *-gi*; pl. f. *-gie*) [etim. inc.; a. 1320] ***agg.*** **1.** di animale, che non ha padrone né fissa dimora: *cane, gatto randagio*; anche *sm.* **2.** *meno com.* di persona, che erra senza posa; vagabondo.

randagìsmo [da *randagio*; 1983] ***sm.*** condizione degli animali, spec. cani, randagi.

randeggiàre (pres. *-éggio*) [da *randa*; 1872] ***intr.*** (aus. *avere*) *T.mar.* navigare lungo la costa a breve distanza.

randellàre (pres. *-èllo*) [da *randello*; a. 1484] ***tr.*** *non com.* prendere a randellate.

randellàta [da *randello*; a. 1484] ***sf.*** colpo assestato col randello.

randèllo [prob. dal lat. *haerenda*, ciò che sta attaccato; a. 1400] ***sm.*** grosso bastone, usato spec. per picchiare ‖ *ant.* bastone corto e un po' curvo, usato in passato per stringere le legature delle some o appeso al collo degli animali per impedire loro di correre o entrare in certi luoghi ‖ *accr.* randellóne.

randellóne (*accr.* di *randèllo*) [1872 nel senso 2] ***sm.*** **1.** grosso randello **2.** *non com.* bighellone; vagabondo.

random (ingl., pr. [ˈrændəm]; pr. it. [ˈrendom]) [letter. casuale, fortuito; 1977] ***agg.*** *inv.* (sempre posposto) *T.stat.* casuale, fortuito, in rif. al calcolo delle probabilità ‖ *T.inform. accesso random*, accesso alla memoria di un calcolatore basato soltanto sull'indirizzo dei dati che si immettono o si ricuperano (e indipendente dai dati precedentemente immessi).

randonnée (fr., pr. [rɑ̃dɔˈne]) [letter. corsa di fondo; 1930] ***sf.*** *inv.* *T.sport.* gara di gran fondo.

ranèlla [da *rana*; 1891] **sf.** mollusco dei Gasteropodi, diffuso nei mari caldi e temperati, provvisto di conchiglia lunga e appiattita, piena di rigonfiamenti e irta di spine.

ranétta V. RENETTA.

Ranfàstidi (sing. *-e*) [comp. del gr. *rámphos*, becco adunco e *-idi*; 1937] **sm. pl.** *T.zool.* famiglia di uccelli tropicali caratterizzati da piumaggio variopinto e da grosso becco ricurvo; tra di essi il tucano.

rànfia [dal long. *rampf*; 1891] **sf.** *pop.* granfia, artiglio.

rànfio (pl. *-fi*) [da *ranfia*; 1891] **sm.** **1.** *pop.* raffio, uncino **2.** *raro tosc.* graffio.

ranfotèca [comp. del gr. *rámphos*, becco adunco e *-teca*; 1959] **sf.** *T.zool.* astuccio corneo che riveste la mascella di Uccelli, Cheloni e Monotremi, e costituisce il becco.

ranger (ingl., pr. [ˈreɪndʒə]; pr. it. [ˈrendʒer]) [letter. girovago o poliziotto; 1948 nel senso 3] **sm.** *inv.* **1.** guardia forestale **2.** membro di un corpo di polizia militare con giurisdizione su un vasto territorio **3.** soldato di un reparto d'assalto addestrato a compiere incursioni nel campo nemico.

ranghinatóre [da *rango*; 1959] **sm.** *T.agr.* macchina agricola che serve a voltare il fieno e rastrellarlo.

rangìfero [dal fr. ant. *rangier*; 1584] **sm.** *lett.* renna.

ràngo (pl. *-ghi*) [dal francone **hring*, (assemblea in) cerchio, attr. il fr. *rang*; 1666 nel senso 2] **sm.** **1.** *T.mil.* schiera, fila: *serrare i ranghi*; *rientrare nei ranghi*, rientrare in fila; *fig.* rinunciare a una carica importante tenuta per un certo tempo; anche, di membro di un'organizzazione, partito e sim., cessare ogni attività che contrasta con le direttive generali; *fig. stare nei ranghi*, restare al proprio posto; *fig. uscire dai ranghi*, agire in contrasto con le direttive ricevute **2.** ceto, condizione sociale: *donna d'alto rango, di rango nobile, persona di rango inferiore* || *di rango*, di elevata classe sociale, *fig.* che ha classe, di valore: *un tennista di rango* **3.** *T.mar.* nella marina velica, spec. da guerra, ciascuna suddivisione dei velieri sulla base del numero di ponti armati di cannoni: *vascello di terzo rango* **4.** *T.ling.* nelle liste di frequenza il numero che indica la posizione di una parola nella lista: una parola *di rango 40 è più frequente di una con rango 100* || **N.** **1.** *Sin.* ordinanza, riga, schieramento **2.** *Sin.* classe.

ràngola [etim. inc.; a. 1292 nel senso 2] **sf.** *arc.* **1.** affanno nel respirare **2.** *fig.* preoccupazione, sollecitudine.

rangolàre (pres. *ràngolo*) [etim. inc.; a. 1294 *rangulare* nel senso 2] **intr.** (aus. *avere*) *arc.* **1.** gridare forte di gola **2.** *fig.* darsi pena; affannarsi.

rangutàn o **rangutàno** V. ORANGUTAN.

ranista [da *rana*; 1931] **s.** *T.sport.* nuotatore specializzato nel nuoto a rana.

rannaiòla [da *ranno*; 1872] **sf.** *raro* orcio o altro vaso in cui si fa colare il ranno.

rannàta [da *ranno*; a. 1400] **sf.** **1.** bucato fatto col ranno **2.** *raro* ranno.

ranneràre (pres. *-éro*) [da *annerare*; 1872] **intr.** (aus. *essere*) e **intr. pron.** cominciare o tornare a farsi nero: *il cielo all'orizzonte* (*si*) *sta rannerando*.

rannerìre (pres. *-ìsco*, *-ìsci*) [da *annerire*; 1872] **tr.** rendere più nero o più scuro.

rannestàre (pres. *-èsto*) [da *annestare*; sec. XVI] **tr.** *raro* innestare di nuovo.

rannicchiàre (pres. *-ìcchio*) [comp. parasint. di *nicchio*; 1319] **tr.** raccogliere, contrarre in modo da concentrare in poco spazio: *rannicchiare le gambe* || **rifl.** raccogliere la persona in uno spazio ridotto, piegando a sé braccia e gambe: *ranicchiarsi in un cantuccio, sotto le coperte* || **N. rifl.** *Sin.* accoccolarsi, accovacciarsi, raggomitolarsi, rincatucciarsi.

rannidàre (pres. *-ìdo*) [da *annidare*; a. 1380] **tr.** e **rifl.** *raro* annidare e annidarsi; anche *fig.*: *rannida nell'animo tristi pensieri*.

rànno [dal long. *rannjā*, mezzo per ammollire; 1306] **sm.** acqua nella quale è stata bollita della cenere o che è stata fatta filtrare attraverso uno strato di cenere, usata per fare il bucato || *perdere il ranno e il sapone*, rimetterci il tempo e la fatica.

rannobilìre (pres. *-ìsco*, *-ìsci*) [da *annobilire*; a. 1742] **tr.** *raro* conferire la nobiltà || *fig.* rendere illustre.

rannodaménto [da *rannodare*; a. 1729] **sm.** *non com.* atto ed effetto del rannodare.

rannodàre (pres. *-òdo*) [da *annodare*; 1309] **tr.** annodare saldamente || annodare di nuovo; anche *fig.*: *rannodare un'amicizia*.

rannóso [da *ranno*; a. 1687] **agg.** che contiene ranno || simile al ranno.

rannuvolaménto [da *rannuvolare*; a. 1519 *rannugolamento*] **sm.** il rannuvolare e il rannuvolarsi.

rannuvolàre (pres. *-ùvolo*) [da *annuvolare*; sec. XIV come tr.] **intr. impers.** (aus. *essere*) diventare nuvoloso: *sta rannuvolando, è meglio prendere l'ombrello* || **intr. pron.** **1.** coprirsi di nuvole: *il cielo si rannuvola* **2.** *fig.* diventar scuro in volto: *a quelle parole si rannuvolò* || **tr.** *non com.* coprire di nuvole || *fig.* annebbiare, ottenebrare.

rannuvolàta [da *rannuvolare*; 1891] **sf.** *non com.* l'ammassarsi rapido di molte nuvole in cielo.

ranòcchia [dal lat. volg. **ranucula*; 1598] **sf.** rana, ranocchio || *dim.* ranocchiétta, ranocchièlla, ranocchìna.

ranocchiàia [da *ranocchia*; 1879] **sf.** **1.** *non com.* luogo in cui stanno molti ranocchi || *spreg.* pantano, palude **2.** roccia di color verde, marezzata, impiegata per costruzioni.

ranocchiàio (pl. *-ai*) [da *ranocchia*; 1879] **sm.** (f. *-a*) *raro* **1.** venditore di ranocchi **2.** gran mangiatore di ranocchi **3.** *scherz.* o *spreg.* chi abita in luoghi paludosi o molto umidi.

ranocchiésco (pl. *-schi*) [da *ranocchio*; 1325 ca.] **agg.** *spreg.* di o da ranocchio.

ranòcchio (pl. *-chi*) [lat. *ranunculus*; 1300] **sm.** **1.** *fam.* rana **2.** *fig. spreg.* persona piccola e deforme.

rantolàre (pres. *ràntolo*) [voce onom.; 1359] **intr.** (aus. *avere*) emettere rantoli || *per estens.* agonizzare, essere in punto di morte.

rantolìo (pl. *-ìi*) [da *rantolare*; a. 1742] **sm.** emissione frequente o continuata di rantoli: *il penoso rantolio di un moribondo*.

ràntolo [da *rantolare*; 1612 nel senso 2] **sm.** **1.** *T.med.* rumore patologico più o meno forte che accompagna la respirazione, provocato dal passaggio dell'aria nei bronchi e nei polmoni parzialmente ostruiti da liquidi **2.** il respiro affannoso e pesante del moribondo: *gli ultimi rantoli*.

rantolóso [da *rantolare*; 1364] **agg.** caratterizzato da rantoli frequenti: *respiro, voce rantolosi*; *vecchio rantoloso*.

rànula [da *rana*, per la forma che presenta; 1474] **sf.** *T.med.* cisti ovoidale che si sviluppa sul pavimento boccale o sotto la lingua.

Ranuncolàcee [comp. di *ranuncolo* e *-acee*; 1891] **sf. pl.** *T.bot.* famiglia di Dicotiledoni erbacee, con fiori spesso vistosi a 3 o 5 sepali (meno com. petali), comprendente alcune specie velenose (aconito, elleboro) e numerose specie coltivate a scopo ornamentale (anemone, peonia, clematide). **Q.T.** *botanica*.

ranùncolo [dal lat. *rānunculus*; a. 1696 *ranunculo*] **sm.** pianta erbacea delle Ranuncolacee, spontanea nei prati e sui cigli erbosi, a fiori semplici giallo-dorati, o coltivata in alcune varietà ornamentali a fiori doppi di vario colore.

rap (ingl., pr. [ræp]) [letter. colpo secco; 1982] **sm.** *T.mus.* musica dal forte ritmo sincopato, caratterizzata da una voce che improvvisa un monologo su una base uniforme.

ràpa [lat. *rāpa*; a. 1320] **sf.** **1.** pianta erbacea bienne delle Crocifere, con radice carnosa tondeggiante o allungata e fiori gialli a grappolo, utilizzata nell'alimentazione umana o come foraggio || la radice mangereccia della rapa, bianca o violacea: *rape gratinate* || *fig. voler cavare sangue da una rapa*, pretendere ciò che uno non ha o non può dare || *broccoli* (o *cime*) *di rapa*, le foglie quando sono ancora tenere, e l'apice fiorale non ancora sbocciato **2.** *fig.* uomo sciocco, ignorante, dappoco: *cosa pretendi da quella rapa?, è una testa di rapa* **3.** *fig. scherz.* testa rapata o calva || *dim.* rapétta, rapettìna, raponcèllo (*sm.*); *accr.* rapóne (*sm.*).

rapàce [dal lat. *rapax*, *-ācis*; 1313] **agg.** **1.** avido di ghermire ciò che appartiene ad altri: *uomo, amministratore rapace*; *occhio rapace*, che guarda avidamente, agognando alla preda **2.** *uccello rapace*, uccello atto alla caccia diurna o notturna di prede vive (per es. aquile, falchi, civette); anche *sm.*: *un rapace notturno* || **rapacemente** **avv.** || **N.** **1.** *Sin.* cupido, grifagno; ladro, predatore. **TAV. uccelli p. 1338.**

rapacità [dal lat. *rapācitas*, *-ātis*; a. 1320] **sf.** l'essere rapace; cupidità, avidità: *la rapacità di un usuraio*.

rapàio (pl. *-ài*) [da *rapa*; 1872 nel senso 2] **sm.** **1.** campo di rape **2.** *ant. raro* luogo dove regna la confusione.

rapaiòla [da *rapa*; 1959] **sf.** farfalla delle Pieridi dalle ali bianche con macchie nere, i cui bruchi vivono sulle foglie di rapa || **N.** *Sin.* cavolaia minore.

rapallizzàre [dal n. geogr. *Rapallo*, città della Liguria; 1974] **tr.** ridurre una città o una località in condizioni estremamente degradate a causa della caotica e incontrollata speculazione edilizia.

rapallizzazióne [da *rapallizzare*; 1971] **sf.** atto o effetto del rapallizzare.

rapanèllo V. RAVANELLO.

rapàre [etim. discussa, forse da *rapa*, dal germ. *hrapōn*, o dallo sp. *rapar*; 1640] **tr.** tagliare i capelli fino al cuoio capelluto: *rapare a zero* || **rifl.** e **rifl. indir.** radersi i capelli: *si è rapato, si è rapato la testa* || **N.** RADERE.

rapàta [da *rapare*; 1872] **sf.** l'atto di rapare o del raparsi i capelli || *dim.* rapatìna.

rapatùra [da *rapare*; 1959] **sf.** atto ed effetto del rapare e del raparsi: *rapatura a zero*.

rapè [dal fr. *râper*, raspare; a. 1793] **agg.** e **sm.** qualità di tabacco nero e forte da fiuto, tritato: *d'atro rapè sollecitar le nari* (Parini).

raperèlla V. RIPARELLA.

raperìno [forse dal lat. *raphanus*, rafano; a. 1742] **sm.** **1.** altro nome del verzellino **2.** *ant. pop.* chi ha la testa rapata, spec. bambino || **N.** **1.** *Sin.* raperugiolo.

raperónzolo [etim. sconosciuta; a. 1400] **sm.** erba dei campi delle Campanulacee, con fiori violetti riuniti in pannocchie e radice commestibile simile a quella della rapa, ma più piccola.

raperùgiolo [da *rapa*; 1483] **sm.** verzellino || **N.** *Sin.* raperino.

ràpida [dal fr. *rapide*; 1891] **sf.** tratto di fiume o torrente con forte pendenza ma senza salti, in cui l'acqua corre impetuosa.

rapidézza [da *rapido*; 1745] **sf.** *raro* rapidità.

rapidità [dal lat. *rapiditas*, *-ātis*; a. 1540] **sf.** qualità di chi o di ciò che è rapido: *rapidità di azione, di pensiero* || **N.** *Sin.* velocità.

ràpido [dal lat. *rapidus*; 1319 come agg.; 1929 come sm.] **I agg.** che si muove o viene fatto con grande velocità: *mossa rapida, dare una ra-*

pida occhiata, cemento a presa rapida || **rapidaménte** *avv.* **II** *sm.* treno che si ferma solo nei grandi centri || **N.** I *Sin.* VELOCE | *Contr.* lento.

rapìdograph (pr. [ra'pidograf]) [n. commerciale; 1981] *sf. inv.* penna per disegno a china, con serbatoio per l'inchiostro e punte di varie dimensioni || **N.** china.

rapiménto [da *rapire*; sec. XIV] *sm.* **1.** atto ed effetto del rapire: *il rapimento di Elena, progettare un rapimento* **2.** *fig.* estasi religiosa || *per estens.* coinvolgimento profondo che porta come fuori di sé, spec. nel godimento di un'opera d'arte: *contemplare un quadro con rapimento* || **N. 1.** *Sin.* ratto, sequestro.

rapìna [dal lat. *rapīna*; a. 1250 nel senso 2] *sf.* **1.** azione violenta volta a sottrarre beni altrui: *rapina a mano armata; mani in alto, questa è una rapina!* || *per estens.* appropriazione indebita; richiesta esosa di denaro || *fig. poet.* rapimento, furto: *sento far del mio cuor dolce rapina* (Petrarca) || *per meton.* ciò che è oggetto di rapina: *restituire le rapine ai poveri* || *uccelli di rapina*, rapaci **2.** *poet.* violenza, impeto degli elementi: *la rapina del vento, della bufera* || **N. 1.** *Sin.* furto, ruberia.

rapinàre (pres. *-ìno*) [dal lat. *rapināre*; 1598] *tr.* **1.** fare oggetto di rapina, derubare: *rapinare una banca, lo rapinarono di tutti i gioielli*; anche con il bene sottratto come oggetto diretto: *rapinare una cassetta di preziosi* || *per estens.* appropriarsi illecitamente **2.** *fig.* travolgere, portare via.

rapinatóre [dal lat. *rapinātor, -ōris*; a. 1446] *sm.* (f. *-trìce*) chi commette rapine: *i rapinatori avevano una calzamaglia sul volto.*

rapinerìa [da *rapina*; 1891] *sf. non com.* rapina, ruberia.

rapinóso [da *rapina*; sec. XIV] *agg.* **1.** *lett.* rapido, precipitoso, travolgente: *corrente rapinosa* || *fig.* seducente: *fascino rapinoso* **2.** *ant.* che commette rapine.

rapìre (pres. *-ìsco, -ìsci*, pps. *rapìto*; pps. arc. *ràtto*) [dal lat. *rapere*; a. 1292] *tr.* **1.** portare via con violenza o con frode, rif. a persone o animali: *i malviventi rapirono un noto industriale, i Romani rapirono le Sabine, il lupo rapì l'agnello* || detto della morte quando sopravviene inattesa: *la morte lo rapì* || *fig.* carpire, strappare: *rapire il consenso, rapire alla morte* **2.** *fig.* coinvolgere intensamente in un godimento estetico; inebriare fino all'estasi spirituale: *la musica mi rapisce, è un quadro che rapisce; rapire in estasi, fu rapito al terzo cielo* || **N. 1.** *Sin.* sequestrare **2.** *Sin.* estasiare.

rapìto (*pps.* di *rapire*) [1308] *agg.* **1.** che è stato sequestrato: *il bambino rapito soffre di un grave disturbo cardiaco* **2.** assorto, fisso nella contemplazione: *ascoltava rapita quella melodia.*

rapitóre [da *rapire*; a. 1396] *sm.* (f. *-trìce*) chi rapisce o ha rapito qualcuno: *i rapitori hanno chiesto un forte riscatto.*

rapòntico (pl. *-ci*) [dal lat. *rheuponticus*; 1823] *sm. T.bot.* pianta delle Poligonacee di origine asiatica, coltivata come pianta ornamentale.

rapónzolo [etim. sconosciuta; a. 1533] *sm. raro* raperonzolo.

ràppa[1] [dal germ. **raspon*, attr. il fr. *râpe*; 1618] *sf.* cima o ciocca staccata da una pianticella: *una rappa di finocchio, di rosmarino* || *non com.* raspo d'uva.

ràppa[2] [dal got. **rappa*; a. 1320] *sf. ant.* grinza, ruga || ragade al garretto del cavallo.

rappaciàre (pres. *-àcio*) [da *appaciare*; 1313] *tr.* rappacificare: *rappaciare due amici* || *rifl.* e *rifl. rec.* far la pace: *dopo un anno di litigi si sono rappaciati.*

rappacificaménto [da *rappacificare*; sec. XIV] *sm.* atto del rappacificare e del rappacificarsi.

rappacificàre (pres. *-ìfico, -ìfichi*) [da *appacificare*; 1353] *tr.* rif. a due o più persone o parti in conflitto, riportare alla pace, rimettere d'accordo: *i due fratelli furono rappacificati dalla madre* || *rifl.* e *rifl. rec.* far la pace, ritornare in buoni rapporti: *si è rappacificato con la moglie; i vicini si sono rappacificati* || **N.** *Sin.* rappaciare, riconciliare.

rappacificazióne [da *rappacificare*; 1855] *sf.* atto ed effetto del rappacificare e del rappacificarsi || **N.** *Sin.* riconciliazione.

rappadóre [da (*ar*)*rappare*; a. 1294] *sm. arc.* rapinatore.

rappallottolàre (pres. *-òttolo*) [da *appallottolare*; 1600] *tr. non com.* appallottolare o appallottolare di nuovo.

rappattumàre (pres. *-ùmo*) [prob. comp. parasint. di *patto*; 1353] *tr.* rappacificare alla meno peggio, provvisoriamente o apparentemente || anche *rifl.* e *rifl. rec.* riconciliarsi temporaneamente: *cercate almeno di rappattumarvi per un po'.*

rappellàre (pres. *-èllo*) [da *appellare*; a. 1348] *tr. lett.* richiamare: *rappellare alla memoria.*

rappezzaménto [da *rappezzare*; a. 1582] *sm.* atto ed effetto del rappezzare: *un rappezzamento vistoso e mal fatto.*

rappezzàre (pres. *-èzzo*) [comp. parasint. di *pezza*; sec. XIV] *tr.* **1.** rif. a indumento, panno, cuoio e sim., aggiustare mettendo una pezza aggiuntiva o cucendo insieme diversi pezzi || *per estens.* aggiustare, accomodare aggiungendo un elemento analogo o una pezza: *rappezzare un intonaco* **2.** ristabilire, riportare all'ordine alla meglio: *rappezzare una situazione, un'amicizia* || mettere insieme unendo alla meglio pezzi diversi: *fruga nell'archivio e poi rappezza un articolo* || **N. 1.** *Sin.* RATTOPPARE **2.** *Sin.* rabberciare.

rappezzatóre [da *rappezzare*; a. 1698] *sm.* (f. *-trìce*) *non com.* chi rappezza.

rappezzatùra [da *rappezzare*; 1640] *sf.* **1.** rattoppo, perlopiù malfatto o tirato via: *una giacca piena di rappezzature* **2.** *fig. spreg.* situazione aggiustata alla meglio || raccolta poco originale di più brani scopiazzati: *quel racconto è tutto una rappezzatura.*

rappèzzo [da *rappezzare*; 1804] *sm.* **1.** atto ed effetto del rappezzare: *un grossolano rappezzo* || *concr.* il pezzo che si aggiunge rappezzando **2.** *fig.* rimedio insufficiente; magra scusa che non trova credito || **N. 1.** pezza, rammendo, toppa.

rappianaménto [da *rappianare*; 1872] *sm. non com.* il rappianare.

rappianàre [da *appianare*; a. 1348] *tr. non com.* appianare.

rappiccàre (pres. *-ìcco, -ìcchi*) [da *appiccare*; 1483] *tr. non com.* appiccare di nuovo.

rappiccicàre (pres. *-ìccico, -ìccichi*) [da *appiccicare*; 1872] *tr. non com.* riappiccicare.

rappiccicottàre (pres. *-òtto*) [da *rappiccicare*; 1872] *tr. tosc.* racconciare alla meno peggio.

rappiccinìre (pres. *-ìsco, -ìsci*) [da *appiccinire*; seconda metà sec. XVI] *tr. non com.* rendere più piccolo, rimpiccinire.

rappiccolìre (pres. *-ìsco, -ìsci*) [da *appiccolire*; prima metà sec. XIV] *tr.* e *intr.* (aus. *essere*) *raro* rimpiccolire.

rappigliaménto [da *rappigliare*; 1551] *sm. raro* atto ed effetto del rappigliarsi.

rappigliàre (pres. *-ìglio*) [da *appigliare*; a. 1320] *tr.* rendere più denso || *intr.* (aus. *essere*) e *intr. pron.* rapprendersi, cagliare.

rappiṣolàrsi (pres. *-ìṣolo*) [da *appisolarsi*; 1891] *intr. pron. non com.* appisolarsi o appisolarsi di nuovo.

rapportàbile [da *rapportare*; 1970] *agg.* che può essere rapportato.

rapportaménto [da *rapportare*; a. 1348] *sm. ant.* atto del rapportare.

rapportàre (pres. *-òrto*) [da *apportare*; 1321 nel senso 2] *tr.* **1.** rif. a due o più grandezze, stabilire un rapporto o un confronto: *rappotare i dati elettorali di due votazioni* || paragonare: *le due situazioni non si possono rapportare* || commisurare, confrontare con un termine di paragone: *tutte le lunghezze vanno rapportate alla stessa unità di misura, rapportato a lui non sono nulla* **2.** *non com.* rif. a cosa vista o udita, riportare, riferire spec. con intenzioni cattive: *non dare peso ai discorsi rapportati dai pettegoli* **3.** rif. a disegno, riprodurre in scala diversa || *intr. pron. non com.* riferirsi: *un discorso che si rapporta al precedente* || **N.** *tr.* **1.** *Sin.* PARAGONARE.

rapportatóre [da *rapportare*; a. 1400 nel senso 2; 1937 nel senso 1] *sm.* **1.** *T.tecn.* strumento impiegato per disegnare angoli o calcolarne l'ampiezza; anche come agg. sempre posposto: *compasso rapportatore* **2.** (f. *-trìce*) *non com.* chi è solito rapportare, riferire con intenzioni cattive; spia, delatore.

rappòrto [da *rapportare*; a. 1348 nel senso 1; 1940 nel senso 4; 1970 nel senso 5] *sm.* **1.** relazione ufficiale fatta a voce o per iscritto: *stendere, preparare un rapporto dettagliato sul caso, sull'incidente, inviare alla commissione governativa un rapporto sull'andamento economico di un settore* || *T.mil. chiamare a rapporto*, riunire gli ufficiali perché riferiscano o per dar loro istruzioni circa l'andamento del servizio || *gran rapporto*, adunanza di tutti gli ufficiali di un reggimento o di unità superiori || *mettersi a rapporto*, chiedere di conferire con un superiore **2.** relazione; attinenza: *rapporto di causa ed effetto, non c'è alcun rapporto fra quanto è stato prima promesso e poi concesso* || *sotto questo rapporto, sotto tutti i rapporti*, da questo, da tutti i punti di vista || *in rapporto a*, in relazione a, rispetto a **3.** *in part.* vincolo che lega due o più persone o istituzioni: *rapporto di amicizia molto stretto, rapporto di parentela, di lavoro, di collaborazione, i rapporti coi genitori si sono inaspriti, interrompere i rapporti diplomatici* || *T.giur. rapporto giuridico*, la condizione reciproca che si stabilisce fra due o più soggetti o cose, considerata rilevante dall'ordinamento giuridico (per es. nel diritto di credito o di proprietà) || *rapporto sessuale*, congiungimento carnale, coito; anche *ass.*: *avere rapporti prematrimoniali, omosessuali* **4.** *T.mat.* quoziente: *rapporto aureo*, tra due numeri a e b spec. impiegato per esprimere la proporzione fra due grandezze, quando $a : b = b : a\text{-}b$; *rapporto di crescita demografica, di concentrazione, le entrate e le uscite stanno fra loro in un rapporto di 1 a 3* **5.** *T.mecc. rapporto di trasmissione*, nella trasmissione del moto fra alberi rotanti, rapporto fra la velocità angolare dell'albero condotto e quella del conduttore; *in part.* nella bicicletta, il rapporto tra il numero di denti della moltiplica e il numero di denti del pignone, al variare del quale varia la distanza coperta ad ogni pedalata; *per meton.* il numero di denti del pignone **6.** *non com.* decorazione, ornamento riportato o stampato: *ricamo a rapporto* || *dim.* rapportìno; *pegg.* rapportàccio, rapportùccio || **N. 1.** *Sin.* referto, resoconto, verbale **2.** *Sin.* attinenza, collegamento, connessione, nesso, relazione **3.** *Sin.* legame **4.** *Sin.* coefficiente **5.** marcia. **Q.T.** *sociologia.*

rappozzàre (pres. *-òzzo*) [da *appozzare*; 1872] *intr.* (aus. *essere*) *ant.* di acqua, far pozza, stagnare.

rapprèndere (pres. *-èndo* ecc., come PRENDERE) [da *prendere*; sec. XIV] *intr.* (aus. *essere*) e *intr. pron.* diventare denso, sodo, coagularsi: *la crema deve rapprendersi* || *tr. non com.* far coagulare || **N.** *Sin.* cagliare, rassodare.

rappresàglia (pl. *-glie*) [lat. mediev. *represalia*; a. 1348] *sf.* **1.** *T.mil.* azione violenta condotta contro il nemico per vendicare un danno subìto: *furono fucilati per rappresaglia* ‖ *T.giur.* nel diritto internazionale, misure lesive prese da uno stato a danno di altro stato in risposta ad azioni illecite di quest'ultimo ‖ *in gen.* vendetta, ritorsione di una parte su una parte avversa: *licenziamenti di rappresaglia* **2.** atto del prendere cosa ad altri come pegno o risarcimento di un danno.

rappreșentàbile [da *rappresentare*; a. 1712] **agg.** che si può rappresentare: *una commedia difficilmente rappresentabile.*

rappreșentaménto [da *rappresentare*; sec. XIII] **sm.** *ant.* il rappresentare.

rappreșentànte (*ppr.* di *rappresentare*) [1635] **s. 1.** chi rappresenta e agisce per conto di un'altra persona o di un ente: *i rappresentanti di una categoria, dello Stato, in vece sua ha mandato un rappresentante* ‖ *rappresentante sindacale,* chi dirige le attività sindacali in un'azienda, dietro nomina dei lavoratori ‖ in part. rappresentante di commercio, agente intermedio fra un'impresa e i rivenditori di una certa zona: *rappresentante di una ditta di elettrodomestici per la Toscana* **2.** figura significativa, emblematica di un periodo o di un movimento: *un tipico rappresentante del '700* ‖ **N. 1.** agente, commissionario, delegato, legato, mediatore, procuratore **2.** *Sin.* esponente.

rappreșentànza [da *rappresentare*; a. 1712] **sf. 1.** funzione e attività che svolge chi rappresenta ufficialmente altri e agisce per conto loro: *è intervenuto in rappresentanza di tutta la categoria; ottenere la rappresentanza di una casa editrice* ‖ immagine, prestigio connessi con l'esercizio della rappresentanza: *spese di rappresentanza di un'ambasciata, auto di rappresentanza; per estens. sala di rappresentanza,* anche in una casa privata, quella destinata a intrattenere gli ospiti di riguardo ‖ *T.giur. rappresentanza in giudizio* o *tecnica,* in un processo civile, facoltà conferita al difensore di rappresentare la parte ‖ *T.pol. rappresentanza politica,* il rapporto esistente fra un organo elettivo e il corpo elettorale **2.** *concr.* persona o insieme di persone che svolgono la funzione di rappresentanza: *erano presenti rappresentanze di tutte le nazioni.*

rappreșentàre (pres. *-ènto*) [lat. *repraesentāre*; 1308] **tr. 1.** riprodurre per mezzo di immagini, raffigurare: *questo quadro rappresenta un banchetto; per estens.* anche di opere letterarie, descrivere: *una battaglia efficacemente rappresentata nel brano* **2.** *per estens.* essere esempio di: *un artista che rappresenta il meglio della cultura contemporanea* ‖ essere immagine simbolica di; indicare convenzionalmente: *un'allegoria che rappresenta la giustizia; sulla cartina i dati sono rappresentati da simboli diversi* ‖ *in gen.*, valere, costituire: *un ideale che non rappresenta ormai più niente, cosa rappresenta per lei questa vittoria?* **3.** mandare in scena: *questa sera verrà rappresentato l'Otello* **4.** agire per conto di altri, fare le veci di: *rappresentare il sindaco a una cerimonia, un partito che rappresenta una minoranza* **5.** *ant.* far presente, mostrare: *rappresentare un problema all'assemblea* ‖ **N. 1.** *Sin.* descrivere, effigiare; dar forma **2.** *Sin.* esprimere, incarnare, simboleggiare **3.** *Sin.* inscenare.

rappreșentatività [da *rappresentativo*; 1959] **sf.** l'essere rappresentativo.

rappreșentativo [da *rappresentare*; 1549] **agg. 1.** atto a rappresentare, a raffigurare, spec. in modo efficace: *gesti rappresentativi, poesia rappresentativa* ‖ relativo alla rappresentazione, all'espressione, anche simbolica: *valore rappresentativo* ‖ *per estens.* espressivo, significativo: *un pittore rappresentativo del Barocco* **2.** basato sulla rappresentanza politica: *sistema, organismo rappresentativo* ‖ che realizza correttamente il rapporto di rappresentanza politica: *un dirigente, un governo poco rappresentativo* **3.** *T.sport. squadra rappresentativa* (o *sf. la rappresentativa*), gruppo di atleti scelti a rappresentare una città o una nazione in una competizione sportiva: *la rappresentativa azzurra* **4.** *T.fil.* conoscitivo (in opposizione a *effettivo* o *pratico*).

rappreșentatóre [da *rappresentare*; a. 1604] **sm.** (f. *-trice*) *non com.* chi rappresenta.

rappreșentazióne [lat. *repraesentātio, -ōnis*; sec. XIV nel senso 1; 1905 nel senso 3] **sf. 1.** atto ed effetto del rappresentare, del raffigurare: *rappresentazione artistica di una scena, rappresentazione allegorica delle virtù, rappresentazione in sezione trasversale di un edificio* ‖ riproduzione, raffigurazione convenzionale: *rappresentazione cartografica di un'area geografica, rappresentazione grafica di una funzione* **2.** spettacolo, recita: *la rappresentazione inizierà alle ventuno, rappresentazione teatrale, cinematografica* ‖ *sacra rappresentazione,* dramma sacro tipico del Medioevo **3.** *T.fil.* e *T.psic.* il processo mentale di costruzione di un'immagine della realtà, e anche il suo risultato **4.** *T.giur.* istituto che trasferisce ai discendenti legittimi o naturali il diritto di successione, nel caso che l'erede non voglia o non possa accettare l'eredità ‖ *dim.* rappresentazioncèlla ‖ **N. 1.** *Sin.* descrizione, espressione; effigie, figurazione, immagine; proiezione. **Q.T.** *teatro.*

rappreșentévole [da *rappresentare*; 1340] **agg.** *ant.* rappresentativo.

rappréso (*pps.* di *rapprendere*) [a. 1375] **agg.** coagulato, rassodato: *la crema deve essere ben rappresa.*

rapsodìa [dal gr. *rhapsōidía*; 1640] **sf. 1.** raccolta di brani poetici tratti da opere epico-eroiche, che i rapsodi andavano recitando e cantando nelle città: *rapsodie omeriche* ‖ l'arte dei rapsodi **2.** componimento formato da passi o immagini tratti da varie opere di uno o più autori ‖ *per estens.* congerie disordinata: *la rapsodia delle sensazioni* **3.** *T.mus.* genere musicale strumentale, sorto nell'800, in cui si ricompongono vari temi popolari di una nazione, a carattere epico-eroico: *le rapsodie ungheresi di Liszt.*

rapsòdico (pl. *-ci*) [dal gr. *rhapsōidikós*; 1959] **agg. 1.** relativo agli antichi rapsodi e alla loro arte: *poemi rapsodici* **2.** frammentario, composito; spec. *spreg.*: *poesia rapsodica* ‖ saltuario: *lettura rapsodica.*

rapsodìsta [da *rapsodo*; 1745] **s. 1.** *T.mus.* compositore di rapsodie **2.** *spreg.* compositore di centoni in prosa o in poesia.

rapsòdo [dal gr. *rhapsōidós*; 1598 *rapsoidi*] **sm.** nell'antica Grecia, artista girovago che recitava canti epici accompagnandosi con la cetra ‖ **N.** *Sin.* aedo.

raptatòrio (pl. *-ri*) [dal lat. *raptāre*, intensivo di *rapere*, rapire; 1959] **agg.** *T.zool.* di organo atto a catturare e trattenere una preda: *zampe raptatorie; arto raptatorio,* arto di alcuni insetti, nel quale il tarso è in grado di piegarsi interamente contro la tibia.

raptòrio (pl. *-ri*) [dal lat. *raptāre*, intensivo di *rapere*, rapire; 1983] **agg.** *T.zool.* raptatorio.

raptus (lat., pr. it. ['raptus]) [letter. ratto, preso violentemente; 1900] **sm.** *inv.* **1.** *T.med.* impulso immediato e incontrollato ad agire, spec. in modo violento, caratteristico di sindromi psicotiche: *l'ha uccisa in preda a un raptus* **2.** il momento più alto dell'ispirazione artistica: *raptus creativo.* **Q.T.** *psicologia.*

rara avis (lat., pr. it. ['rara 'avis]; pl. *rarae aves*, pr. it. ['rare'aves]) [letter. uccello raro; 1900] **loc. f.** persona o cosa fuori dal comune.

rarefàbile [da *rarefare*; a. 1519] **agg.** *raro* che si può rarefare.

rarefacènte (*ppr.* di *rarefare*) [1745] **agg.** che determina rarefazione.

rarefaciménto [dal lat. *rarefacere*, rarefare; a. 1673] **sm.** *raro* rarefazione.

rarefàre (pres. *rarefàccio* o *rarefò* ecc., come FARE) [dal lat. *rarefacere*; 1640] **tr.** rendere più rado, meno denso: *rarefare un gas, il vapor acqueo* ‖ **intr. pron.** diventare meno denso, diradarsi: *salendo l'aria si rarefà* ‖ *fig.* diventare meno frequente.

rarefattìbile [da *rarefatto*; 1745] **agg.** *non com.* che può essere rarefatto.

rarefattìvo [da *rarefatto*; a. 1502] **agg.** *non com.* atto a rarefare.

rarefàtto (*pps.* di *rarefare*) [a. 1642] **agg. 1.** di sostanza gassosa, che presenta una densità ridotta: *ad una certa quota l'aria è assai rarefatta* **2.** *fig.* etereo, sia nel senso di "sublime, elevato" sia (meno com.) in quello di "inconsistente".

rarefazióne [da *rarefare*; a. 1642] **sf.** atto del rarefare e del rarefarsi: *rarefazione di un gas.*

rarézza [da *raro*; a. 1566] **sf.** *non com.* l'essere raro o rado, rarità.

rarificàre (pres. *-ìfico, -ìfichi*) [comp. di *raro* e *-ficare*; a. 1320] **tr.** *raro* rendere meno denso, rarefare ‖ rendere raro; diradare.

rarità [dal lat. *raritas, -ātis*; a. 1311] **sf. 1.** qualità di ciò che è raro, che si trova o si verifica raramente: *rarità di un minerale, di una malattia* **2.** *concr.* (numerabile) cosa rara e pregevole: *questo libro è una rarità* **3.** *non com.* scarsa densità: *rarità di vegetazione* ‖ **N. 1.** *Sin.* singolarità, unicità **2.** *Sin.* curiosità, preziosità; araba fenice, mosca bianca.

ràro [dal lat. *rarus*; a. 1348] **I agg. 1.** che si trova con difficoltà o esiste in pochi esemplari: *un raro insetto tropicale, francobollo raro, un documento più unico che raro; bestia rara,* persona fuori del comune ‖ che si verifica pochissime volte: *una rara eccezione, caso raro, è raro che piova così; rare volte,* raramente ‖ *per estens.* singolare, non comune: *un volto di rara bellezza* **2.** non fitto, rado: *le rare case di un borgo* ‖ **raraménte** **avv.** con frequenza molto scarsa **II avv.** *non com.* di rado: *presto e bene raro avviene* ‖ **N. 1.** *Sin.* eccezionale, inaudito, inconsueto, infrequente, insolito, particolare, peregrino, saltuario, scarseggiante, speciale, sporadico, straordinario, unico | *Contr.* abbondante, comune, ordinario.

ras [dall'aramaico *ras*, capo; 1891] **sm.** *inv.* **1.** titolo attribuito ai capi feudali dell'impero etiopico **2.** *fig. spreg.* piccola autorità locale dalle maniere tronfie e dispotiche.

rasaménto o **rașaménto** [da *rasare*; 1959] **sm.** *T.edil.* livellamento della superficie superiore di una muratura, in modo da rendere possibile una corretta installazione di archi, volte o finestre.

rasàre o **rașàre** [lat. volg. **rasare*; 1598] **tr.** rendere liscio, privo di irregolarità o sporgenze, pareggiare: *rasare un tavolo di legno con pietra pomice, rasare una siepe, un prato* ‖ *in part.* rif. a capigliatura o peli, radere: *rasare i capelli, la barba* ‖ **rifl.** e **rifl. indir.** radersi la barba; depilarsi ‖ **N. tr.** *Sin.* spianare, RADERE.

rasatèllo o **rașatèllo** [da *rasato*; 1942] **sm.** tessuto di cotone simile al raso ma più leggero e meno fine.

rasàto o **rașàto** (*pps.* di *rasare*) [a. 1582] **agg.** liscio, senza sporgenze ‖ *cotone, velluto rasato,* liscio e morbido, simile al raso; anche *sm. una gonna di rasato.*

rasatóre o **rașatóre** [da *rasare*; 1959] **sm.** (f. *-trice*) nell'industria tessile, operaio addetto alla rasatura.

rasatrìce o **rașatrìce** [da *rasare*; 1940] **sf.** macchina impiegata per la rasatura del feltro, delle pelli ecc.

rasatùra o **rașatùra** [da *rasare*; 1872] **sf. 1.** atto ed effetto del radere e del radersi: *una perfetta rasatura della barba* **2.** operazione del rasare per rendere liscio, privo di asperità: *rasatura dell'intonaco* ‖ operazione effettuata sulle pelli per renderne uniforme lo spessore

|| *concr.* residuo di tale operazione.

raschiàbile [da *raschiare*; a. 1704] ***agg.*** *raro* che si può raschiare.

raschiaménto [da *raschiare*; 1598 *rascamento*] ***sm.*** l'operazione del raschiare e il suo effetto || *T.med.* asportazione di materiale patologico o normale da una cavità naturale: *raschiamento dell'utero* || **N.** *Sin.* abrasione, raschiatura.

raschiaòlio [comp. di *raschia(re)* e *olio*; 1959] ***sm.*** *inv. T.mecc.* fascia elastica di ghisa o di acciaio, applicata ai pistoni dei motori a scoppio per evitare che l'olio si depositi e ristagni. **TAV.** *motori* 3.12.

raschiàre (pres. *ràschio*) [lat. volg. **rasclāre*; 1160 *rascar*] ***tr.*** portare via lo strato superficiale di qualcosa, o ciò che è sulla superficie, passando un attrezzo tagliente o abrasivo: *prima di verniciare la finestra bisogna raschiarla, raschiando il dipinto ne è comparso uno anteriore* || sfregare, energicamente per pulire: *raschia bene i pavimenti!* || *T.med.* sottoporre a raschiamento || ***rifl. indir.*** *raschiarsi la gola*, produrre con la gola un caratteristico rumore per schiarirsi la voce o attirare l'attenzione || ***intr.*** (aus. *avere*) *non com.* fare il raschio || **N.** *Sin.* abradere, corrodere, erodere, fregare, grattare, levigare, limare, radere, rasare, raspare.

raschiàta [da *raschiare*; a. 1642] ***sf.*** singola operazione del raschiare in modo sbrigativo e sommario: *dare una raschiata al legno prima di verniciarlo.*

raschiatóio (pl. *-ói*) [da *raschiare*; a. 1537] ***sm.*** attrezzo impiegato per raschiare.

raschiatóre [da *raschiare*; a. 1828] ***agg.*** e ***sm.*** (f. *-trìce*) *non com.* che o chi raschia.

raschiatùra [da *raschiare*; a. 1537] ***sf.*** atto del raschiare || *concr.* il materiale che si asporta o il segno che si produce raschiando.

raschiétta [da *raschiare*; 1813] ***sf.*** *T.mar.* raschietto per togliere via vernice o ruggine.

raschiettàre (pres. *-étto*) [da *raschietto*; 1959] ***tr.*** lavorare o pulire con un raschietto: *raschiettare una superficie.*

raschiettatùra [da *raschiettare*; 1959] ***sf.*** l'operazione del raschiettare.

raschiétto [da *raschiare*; 1863] ***sm.*** raschiatoio || **N.** *Sin.* raschietta, raschino, raspa.

raschìno [da *raschiare*; 1863] ***sm.*** piccolo attrezzo atto a raschiare.

ràschio (pl. *-schi*) [da *raschiare*; 1734] ***sm.*** **1.** atto ed effetto del raschiare la gola per schiarirsi la voce o attirare l'attenzione **2.** irritazione alla gola che si calma raschiando.

raschìo (pl. *-ìi*) [da *raschiare*; a. 1850] ***sm.*** un raschiare continuato e insistente.

ràscia (pl. *-sce*) [dal n. geogr. *Rascia*, città della Serbia; 1585] ***sf.*** **1.** panno pesante di lana **2.** ciascuno dei teli neri con frange che si attaccano alla facciata d'una chiesa o d'una casa in occasione di un funerale o un ufficio funebre.

rasciugaménto [da *rasciugare*; a. 1676] ***sm.*** *non com.* il rasciugare.

rasciugàre (pres. *-ùgo, -ùghi*; pps. *rasciugàto*; raro *rasciùtto*) [da *asciugare*; a. 1342] ***tr.*** e ***intr. pron.*** *non com.* asciugare e asciugarsi; prosciugare.

rasciugatùra [da *rasciugare*; a. 1712] ***sf.*** *raro* l'atto e l'effetto del rasciugare.

rasciùtto *pps. raro* di *rasciugare* (v.).

rasènio (pl. *-ni*) [da *Rasenna*, uno dei nomi degli Etruschi; 1879] ***agg.*** *lett.* etrusco: *le rasenie cittadi* (Carducci).

rasentàre (pres. *-ènto*) [da *rasente*; a. 1406] ***tr.*** **1.** accostarsi o passare accanto fin quasi a toccare: *l'automobile rasentò il palo* **2.** *fig.* arrivare fin quasi a, spec. rif. a condizioni o attività negative o comunque con un'idea di rischio: *un'eleganza che rasentava l'affettazione, rasentare la morte*; *rasentare il codice penale*, andar molto vicino a violarlo || anche rif. a cose positive: *rasentare la perfezione* || *rasentare la sessantina*, avere quasi sessant'anni || **N.** **1.** *Sin.* lambire, sfiorare; accostarsi, avvicinarsi **2.** *Sin.* rischiare.

rasènte [var. di *radente*; 1342] ***prep.*** vicino a, fin quasi a toccare: *tagliare l'erba rasente il muro*; anche nella *loc. prep. rasente a*: *camminava rasente al muro.*

rasìccia o **rasìccia** (pl. *-ce*) [dal disus. *rasicciare*, debbiare; 1872] ***sf.*** terreno su cui sono state tagliate o bruciate sterpaglie o erbacce in preparazione della successiva semina.

rasièra o **rasièra** [dal fr. *rasière*; a. 1320] ***sf.*** **1.** lamina metallica provvista di impugnatura, impiegata in falegnameria per raschiare o levigare **2.** attrezzo di legno con il quale si pareggia lo staio colmo.

rasieràre o **rasieràre** (pres. *-èro*) [da *rasiera*; 1880] ***tr.*** raschiare o pareggiare con la rasiera.

rasière o **rasière** [da *rasare*; a. 1449] ***sm.*** *arc.* barbiere.

ràsile o **ràsile** [dal lat. *rāsilis*; 1563] ***agg.*** *arc.* che facilmente si rade via.

ràso[1] o **ràso**[1] (*pps.* di *radere*) [1295] **I** ***agg.*** **1.** privo di sporgenze, piatto in superficie: *campagna rasa*, senza alberi || *nave rasa*, priva di sovrastrutture || *T.magl. punto raso*, punto da ricamo adatto per coprire anche disegni ampi, in cui i punti lanciati paralleli vengono ripetuti in più serie parzialmente intersecate || *T.fil. tabula rasa*, mente priva di ogni cognizione || *far tabula rasa*, far piazza pulita, mandar via tutti **2.** *per estens.* di contenitore il cui contenuto raggiunge esattamente il bordo superiore senza eccederlo: *un cucchiaio raso di farina*; *misura rasa*, esatta, livellata || *a raso*, a livello **3.** *arc. poet.* privo: *le ciglia avea rase / d'ogne baldanza* (Dante) **II** ***prep.*** nella *loc. avv. raso terra*, molto vicino al suolo, quasi sfiorandolo: *volare raso terra* || **N.** **1.** liscio, piatto. **TAV.** ***maglia... p. 1316*** 1.7.

ràso[2] o **ràso**[2] [da *raso*[1]; 1278] ***sm.*** tessuto liscio e lucido, di varia fibra, adatto per fodere o vesti da sera.

rasoiàta o **rasoiàta** [da *rasoio*; 1891] ***sf.*** colpo di rasoio, adoperato come arma offensiva o per fare la barba.

rasóio o **rasóio** (pl. *-ói*) [lat. tardo *rasōrium*; 1160] ***sm.*** attrezzo per radere la barba, costituito da una lama d'acciaio non acuminata e affilatissima da un solo lato adattata a un manico perlopiù mobile || *rasoio di sicurezza*, con lama corta, sottilissima, a due tagli, chiusa fra due lastrine di acciaio, in modo da impedire ferite profonde || *rasoio elettrico*, internamente provvisto di minuscole lame azionate da un motorino, striscianti su una sottile lamina forata che viene tenuta a contatto con la pelle || *rasoio radi e getta*, V. RADI E GETTA || *fig. sul filo del rasoio*, in posizione precaria, essendo continuamente esposti a cadere in uno di due errori opposti: *un'argomentazione che procede sul filo del rasoio* || **N.** filo, lama, manico. **Q.T.** *barbiere...*

ràspa[1] [da *raspare*; a. 1537] ***sf.*** **1.** tipo di lima con elementi sporgenti più o meno fitti, grossi e appuntiti, impiegata per raschiare legno, metallo ecc. **2.** nello sci, tecnica di frenatura che si attua esercitando una forte pressione sulle racchette.

ràspa[2] [dallo sp. del Messico (*baile de*) *raspa*, (ballo della) gente volgare; 1950] ***sf.*** danza di gruppo, di origine messicana, diffusa in Europa nel secondo dopoguerra.

raspaménto [da *raspare*; a. 1519] ***sm.*** il raspare.

raspàre [dal germ. *raspôn*, grattare; a. 1306] ***tr.*** **1.** pulire o levigare con la raspa || *fig.* irritare, pungere: *una bevanda, un'esalazione che raspa la gola* **2.** di animale, grattare, scavare con le zampe o le unghie: *il cavallo impaziente raspa il terreno, il cane raspa alla porta per farsi aprire* || di pollo, razzolare || *fig.* frugare mettendo in disordine: *ha raspato in tutti i cassetti* **3.** *fig. pop.* rubare, portar via: *quello è uno che raspa volentieri* || **N.** **1.** *Sin.* raschiare.

raspatóio (pl. *-ói*) [da *raspare*; 1835] ***sm.*** *T.agr.* strumento agricolo simile a un rastrello, impiegato per pulire il terreno dalle erbacce.

raspatùra [da *raspare*; a. 1578] ***sf.*** il raspare e il materiale di scarto che si accumula raspando || *fam. raspatura di gallina*, scrittura brutta.

rasperèlla [lat. *asperella*, con influsso di *raspare*; 1803] ***sf.*** equiseto.

raspìno [da *raspa*[1]; a. 1704] ***sm.*** arnese per cesellare costituito da una lama a doppio taglio piegata a un'estremità e provvista di manico dall'altra.

raspìo (pl. *-ìi*) [da *raspare*; a. 1764] ***sm.*** un continuo raspare: *un noioso e insistente raspìo.*

ràspo [letter. *rasp(at)o*; 1640] ***sm.*** grappolo d'uva al quale sono stati tolti gli acini || **N.** *Sin.* graspo.

raspollaménto [da *raspollare*; 1835] ***sm.*** *raro* il raspollare.

raspollàre (pres. *-óllo*) [da *raspollo*; a. 1587] ***tr.*** cercare i raspolli nella vigna, dopo la vendemmia || **N.** *Sin.* racimolare.

raspollatùra [da *raspollare*; 1835] ***sf.*** l'atto e l'effetto del raspollare || **N.** *Sin.* racimolatura.

raspóllo [da *raspo*; sec. XIV] ***sm.*** piccolo grappolo d'uva con acini radi, che nella vendemmia perlopiù si trascura || **N.** *Sin.* racimolo.

raspóso [da *raspa*[1]; sec. XIV-XV] ***agg.*** *non com.* molto ruvido al tatto.

rassegàre (pres. *-égo, -éghi*) [da *sego*; 1738] ***intr.*** (aus. *essere*) e ***intr. pron.*** *tosc.* di sostanza grassa, solidificare, rapprendere raffreddandosi: *un brodo grasso che rassega subito.*

rasségna [da *rassegnare*; a. 1400] ***sf.*** **1.** rivista, ispezione fatta da un superiore a reparti militari: *truppe che vanno alla rassegna* || *disus. essere sotto rassegna*, di militare che è in osservazione per essere riformato || *per estens.* esame attento e minuzioso di una serie di persone o di cose: *passare in rassegna i candidati, alcune proposte* **2.** elenco ordinato: *fare una rassegna dei fatti salienti, dei problemi più urgenti* || *in part.* resoconto particolareggiato di opere, rappresentazioni, pubblicazioni ecc. dello stesso genere o argomento: *rassegna cinematografica, bibliografica, rassegna di studi medievali*; *rassegna stampa*, trasmissione o pubblicazione che riporta sinteticamente gli argomenti principali diffusi dalla stampa **3.** *per estens.* mostra, esposizione: *rassegna di artigianato.*

rassegnaménto [da *rassegnare*; 1692] ***sm.*** *raro* rassegnazione.

rassegnàre (pres. *-égno*) [dal lat. *resignāre*, dissuggellare, violare il segreto; a. 1292] ***tr.*** **1.** rif. a incarico o ufficio, rinunciarvi: *rassegnare un mandato*; *rassegnare le dimissioni*, dimettersi || *raro* restituire: *rassegnare le chiavi dell'ufficio* **2.** *arc. T.mil.* passare in rassegna || ***intr. pron.*** abbandonare la speranza o rinunciare a contrastare una forza avversa; adattarsi, piegarsi: *rassegnarsi al proprio destino, non mi sembra il tipo che si rassegna facilmente* || **N.** ***intr. pron.*** *Sin.* accettare, arrendersi, chinare il capo, conformarsi, darsi pace, darsi per vinto, far di necessità virtù, farsi una ragione, inchinarsi, mettere l'animo in pace, piegare la fronte, prendere con filosofia, rinunciare, sopportare, soffrire in silenzio, tollerare.

rassegnàto (*pps.* di *rassegnare*) [1673] ***agg.*** che ha cessato di reagire o di agire, per rassegnazione, o che mostra tale disposizione d'animo: *è una persona ormai rassegnata, sguardo triste e rassegnato* || **rassegnataménte** ***avv.*** con rassegnazione.

rassegnatóre [da *rassegnare*; a. 1400] ***sm.*** (f. *-trìce*) *non com.* **1.** chi rassegna un ufficio

2. chi passa in rassegna.
rassegnazióne [da *rassegnare*; 1673] **sf.** **1.** disposizione d'animo di chi è rassegnato, di chi si piega a volontà o forza superiore ineluttabile: *sopportare con rassegnazione* **2.** *raro* il rinunciare a un incarico ‖ **N.** *Sin.* adattamento, obbedienza, sopportazione, PAZIENZA.
rassembràre¹ (pres. *-émbro*) [da *assembrare*; 1374 *rasembrare*] **intr.** (aus. *essere*) *ant.* e *lett.* sembrare, somigliare: *Rinaldo vi compar su eminente / e ben rassembra il fior d'ogni gagliardo* (Ariosto) ‖ **tr.** *ant.* riconoscere.
rassembràre² (pres. *-émbro*) [da *assembrare*, sul modello del fr. *rassembler*; a. 1294] **tr.** *lett.* adunare, raccogliere ‖ **intr. pron.** riunirsi.
rassempràre (pres. *-émpro*) [da un ant. *assemprare*, copiare, imitare; sec. XIV] **tr.** *arc.* ritrarre, raffigurare.
rasserenaménto [da *rasserenare*; a. 1557] **sm.** atto ed effetto del rasserenare o del rasserenarsi.
rasserenàre (pres. *-éno*) [da *sereno*; 1374] **tr.** far divenire sereno: *questo vento ha rasserenato il cielo* ‖ *fig.* sollevare da preoccupazioni o angosce: *la notizia lo rasserenò, uno sguardo luminoso che rasserena* ‖ **intr.** (aus. *essere*) e **intr. pron.** tornare sereno: *il cielo rasserenò* (o *si rasserenò*) *verso il tramonto*; anche *fig.*: *a quella vista ci siamo rasserenati.*
rasserenàto (*pps.* di *rasserenare*) [a. 1566] **agg.** che ha riacquistato serenità: *animo rasserenato, occhi rasserenati* ‖ *non com.* di nuovo sgombro da nuvole: *cielo rasserenato.*
rasserenatóre [da *rasserenare*; 1872] **agg.** e **sm.** (f. *-trìce*) *non com.* che o chi rasserena: *vento rasserenatore, dimmi una parola rasserenatrice.*
rassestàre (pres. *-èsto*) [da *assestare*; 1872] **tr.** riassestare.
rassettaménto [da *rassettare*; a. 1547] **sm.** *non com.* l'atto e l'effetto del rassettare.
rassettàre (pres. *-ètto*) [da *assettare*; a. 1292] **tr.** **1.** rimettere in ordine: *rassettare la casa, il letto* **2.** aggiustare, ricucire: *rassettare una porta, un indumento* ‖ *fig.* rif. a imbroglio o guaio, rimediare, sistemare: *rassettare un brutto pasticcio* ‖ **rifl.** sistemarsi gli abiti, mettersi in ordine ‖ **N.** **1.** *Sin.* ORDINARE.
rassettatóre [da *rassettare*; 1690] **agg.** e **sm.** (f. *-trice*) *raro* che o chi rassetta.
rassettatùra [da *rassettare*; 1745] **sf.** l'atto e l'effetto del rassettare e del rassettarsi.
rassicurànte (*ppr.* di *rassicurare*) [1814] **agg.** che tranquillizza, dà fiducia o mette a proprio agio: *parola, gesto rassicurante*; anche con litote: *una faccia poco rassicurante*, inquietante.
rassicuràre (pres. *-ùro*) [da *assicurare*; a. 1292] **tr.** **1.** sollevare da timori o incertezze: *quel discorso lo rassicurò pienamente, rassicurare l'animo* **2.** *disus.* assicurare di nuovo ‖ **intr. pron.** deporre il timore, farsi tranquillo: *a quelle parole si rassicurò* ‖ **N.** **tr.** **1.** *Sin.* calmare, confortare, incoraggiare, rincuorare, tranquillizzare.
rassicuratóre [da *rassicurare*; 1843] **agg.** e **sm.** (f. *-trìce*) *non com.* che o chi rassicura.
rassicurazióne [da *rassicurare*; 1872] **sf.** il rassicurare ‖ *concr.* azione o parola con cui si rassicura, si infonde fiducia e sicurezza di sé ‖ **N.** *Sin.* conforto.
rassodaménto [da *rassodare*; a. 1604] **sm.** atto ed effetto del rassodare e del rassodarsi.
rassodànte (*ppr.* di *rassodare*) [1970] **agg.** che rende sodo ‖ detto di crema, unguento o altro prodotto cosmetico che ridà elasticità e compattezza alla pelle: *crema rassodante per il seno.*
rassodàre (pres. *-òdo*) [da *sodo*; 1340 ca.] **tr.** **1.** rendere sodo o più sodo: *un esercizio che rassoda i pettorali* **2.** *fig.* rendere più sicuro, consolidare: *la visita rassodò l'amicizia* **3.** *raro* assodare di nuovo ‖ **intr.** (aus. *essere*) o **intr. pron.** diventare sodo o più sodo: *mescolare la crema fino a che non (si) rassoda* ‖ **N.** **1.** *Sin.* addensare, condensare, indurire, rappigliare, solidificare **2.** *Sin.* rinsaldare.
rassodatóre [da *rassodare*; 1872] **agg.** e **sm.** (f. *-trìce*) *non com.* che o chi rassoda.
rassomigliànte (*ppr.* di *rassomigliare*) [1612] **agg.** somigliante: *ritratto rassomigliante.*
rassomigliànza [da *rassomigliare*; 1586] **sf.** l'essere rassomigliante ‖ **N.** *Sin.* SOMIGLIANZA.
rassomigliàre (pres. *-ìglio*) [da *somigliare*; a. 1304] **intr.** (aus. *essere* o *avere*) e *meno com.* **intr. pron.** essere somigliante: *rassomigliare alla madre* ‖ **rec.** somigliarsi: *i due fratelli si rassomigliano molto* ‖ **tr.** *non com.* paragonare ‖ **N.** **intr.** *Sin.* SOMIGLIARE.
rassomigliatìvo [da *rassomigliare*; a. 1604] **agg.** *ant.* atto a denotare somiglianza.
rassottigliaménto [da *rassottigliare*; 1872] **sm.** *non com.* il rassottigliare o il rassottigliarsi.
rassottigliàre (pres. *-ìglio*) [da *assottigliare*; a. 1363] **tr.** rendere più sottile ‖ *fig.* acuire, far più acuto: *rassottigliare la mente, l'ingegno* ‖ **intr. pron.** diventare più sottile, più acuto ‖ **N.** **tr.** *Sin.* assottigliare, raffilare.
rassùmere [var. di *riassumere*; 1520] **tr.** *arc.* riassumere.
ràsta [abbr. di *rastafariano*; 1985] **agg.** e **s.** *inv.* rastafariano.
rastafarìano [dall'ingl. *rasta farian*, appartenente alla setta di Rastafari; 1979] **agg.** e **sm.** (f. *-a*) membro di un culto delle Antille che predica il ritorno alla madrepatria africana del popolo nero, proibisce il taglio dei capelli e venera Hailé Selassié, che prima dell'incoronazione si chiamava Ras Tafari, come dio.
rastèllo e der. forme pop. di RASTRELLO e der. (v.).
rastrellaménto [da *rastrellare*; 1926] **sm.** atto ed effetto del rastrellare spec. nel senso 3: *un rastrellamento delle SS.*
rastrellàre (pres. *-èllo*) [da *rastrello*; 1561] **tr.** **1.** raccogliere col rastrello: *rastrellare le foglie secche dai viali, rastrellare il fieno* ‖ ripulire col rastrello: *rastrellare il prato, la spiaggia* **2.** *T.mar.* *rastrellare il fondo del mare, di un lago*, navigare in superficie trascinando reti o rampini sul fondale per recuperare oggetti sommersi **3.** *fig.* sottoporre a perquisizione capillare alla ricerca di individui od oggetti nascosti: *hanno rastrellato il quartiere alla ricerca di malviventi, di una bomba* ‖ *T.mil.* raccogliere armi e soldati nemici sparsi in un territorio occupato.
rastrellàta [da *rastrellare*; 1804] **sf.** **1.** il rastrellare ‖ *concr.* quanto si può raccogliere in una volta col rastrello: *una rastrellata di paglia* **2.** *raro* colpo dato col rastrello.
rastrellatùra [da *rastrellare*; a. 1539] **sf.** l'atto e l'effetto del rastrellare nei sensi 1 e 2.
rastrellièra [da *rastrello*; 1536 *rastelliera*] **sf.** **1.** *T.zoot.* attrezzo a sbarre trasversali, simile a una scala a pioli, fissato in alto sul muro o sulla mangiatoia dietro al quale è posto il foraggio che, in tal modo, è prelevato poco per volta dall'animale **2.** mobile o elemento di supporto, provvisto di fessure, scanalature e sim., utilizzato per tenere in ordine e sorreggere determinati oggetti (es. armi, stoviglie, attrezzi ecc.).
rastrellìna (*dim.* di *rastrello*) [1970] **sf.** piccolo rastrello a denti radi e lunghi, per pareggiare la ghiaia dei viali.
rastrellinàre [da *rastrellina*; 1970] **tr.** pareggiare la ghiaia dei viali con la rastrellina.
rastrèllo [lat. *rastellus*; sec. XIV] **sm.** **1.** attrezzo agricolo costituito da un regolo munito di denti grossi e radi, fissato a un lungo manico, impiegato per raccogliere e ammucchiare sul terreno foglie, fieno e sim. ‖ *rastrello meccanico*, macchina agricola per la raccolta del fieno ‖ *per estens.* l'attrezzo con cui il croupier raccoglie le fiches sul tavolo da gioco **2.** grata o cancello che un tempo chiudeva le porte della città o delle fortezze ‖ *dim.* rastrellìna. **TAV.** *agricoltura* 10.15; ***giardinaggio* p. 1315** 25.
rastremàre (arc. *restremàre*) (pres. *-èmo*) [da *stremare*; 1556] **tr.** *T.arch.* rif. a colonna o analoga struttura portante, ridurre gradatamente il diametro dal basso all'alto ‖ **intr. pron.** avere una sezione circolare più larga alla base che alla cima.
rastremazióne [da *rastremare*; a. 1616] **sf.** *T.arch.* diminuzione progressiva del diametro della colonna dalla base verso l'alto, fin sotto il collarino, oppure dal terzo inferiore del suo fusto ‖ **N.** entasi.
ràstro [dal lat. *rāstrum*; a. 1320] **sm.** **1.** *lett.* rastrello **2.** *T.mus.* arnese di ottone per tracciare sulla carta il pentagramma.
rasùra o **raṣùra** [dal lat. *rasūra*; sec. XIV] **sf.** **1.** *non com.* raschiatura ‖ cancellatura **2.** *raro* materia che si asporta radendo.
ràta [dal lat. *rata*, propr. pps. di *rēri*, stabilire, calcolare; a. 1348] **sf.** **1.** ciascuna delle somme di denaro da pagare a scadenze prestabilite, in cui viene frazionato o dilazionato un pagamento: *pagare in sei comode rate, vendita a rate* **2.** *T.mar.* *rata di nolo*, prezzo di trasporto marino per ciascuna unità di peso, volume o collo ‖ *rata di carico* (o *di caricazione*), *di scarico* (o *di discarica*), quantità minima di merce che deve essere caricata o scaricata entro un certo periodo di tempo ‖ **N.** **1.** *Sin.* porzione, quota | rateale, rateazione.
ratafià [dal fr. *ratafiat, ratafia*; 1749] **sm.** liquore poco alcolico a base di frutta, che nella varietà più conosciuta è di ciliegie visciole.
ratània [voce di origine quechua; 1813] **sf.** *T.bot.* arbusto delle Mimosacee dai poteri medicinali, originario dell'America centromeridionale.
ratanìna [da *ratania*; 1959] **sf.** sostanza astringente ricavata dalla ratania.
ràte [dal lat. *ratis*; 1563] **sf.** *lett.* zattera.
rateàle [da *rata*; 1886] **agg.** concluso o fatto per mezzo di rate: *pagamento rateale* ‖ **ratealménte** **avv.** a rate.
rateàlista [da *rateale*; 1974] **s.** chi vende a rate, spec. per conto di altri.
rateàre (pres. *ràteo*) [da *rata*; 1942] **tr.** dividere in rate: *rateare un pagamento* ‖ **N.** *Sin.* rateizzare.
rateazióne [da *rateare*; 1884 *ratazione*] **sf.** il rateare ‖ *concr.* rata.
rateiẓẓàre [da *rata*; 1845 *ratizzare*] **tr.** dividere in rate stabilendo l'ammontare e le scadenze: *rateizzare un pagamento.*
rateiẓẓazióne [da *rateizzare*; 1955] **sf.** il rateizzare.
rateìẓẓo [da *rateizzare*; 1942 *ratizzo*] **sm.** *T.bur.* rateizzazione: *il rateizzo di un mutuo bancario.*
ratèle [da una voce africana, attr. l'ingl. *ratel*; 1959 *ratelo*] **sm.** *T.zool.* mammifero sudafricano dei Mustelidi, dal pelame chiaro sul dorso e più scuro sul ventre, ghiotto di miele di api selvatiche ‖ **N.** *Sin.* mellivora.
ràteo [prob. dallo sp. *rateo*; 1812 *ratèo*] **sm.** **1.** quota di rendite (*rateo attivo*) o di spese (*rateo passivo*) maturata nell'esercizio in corso ma riscossa in quello successivo **2.** *T.banc.* calcolo degli interessi per un tempo inferiore a sei mesi.
ratièra [dal fr. *ratière*, propr. trappola per topi; 1959] **sf.** *T.tess.* meccanismo del telaio, che serve per muovere i licci.
ratìfica [da *ratificare*; 1802] **sf.** *T.giur.* in diritto privato, convalida, effettuata dall'interessato mediante una dichiarazione, di un contratto concluso in precedenza da un rappresentante senza poteri ‖ in diritto internaziona-

le, approvazione di un accordo già stipulato, da parte degli organi costituzionali competenti di ciascuno stato || *per estens.* riconoscimento formale di un documento, una situazione ecc.: *ratifica di una nomina* || **N.** *Sin.* approvazione, conferma, convalida, sanzione.

ratificàre (pres. *-ìfico, -ìfichi*) [comp. del lat. *ratus*, confermato e *-ficare*; a. 1348] **tr.** approvare, confermare ciò che è stato concluso da persona delegata: *ratificare una convenzione* || *per estens.* confermare || **N.** *Sin.* convalidare, sancire, sanzionare; APPROVARE.

ratificatóre [da *ratificare*; 1737] **agg.** e **sm.** (f. *-trìce*) *non com.* che o chi ratifica.

ratificazióne [da *ratificare*; a. 1540] **sf.** *non com.* l'azione del ratificare; ratifica.

ratìna [dal fr. *ratine*; 1727] **sf.** panno di lana cardata e ratinata.

ratinàre (pres. *-ìno*) [dal fr. *ratiner*, 1813] **tr.** *T.tess.* sottoporre a ratinatura || **N.** *ratiné*.

ratinatrìce [da *ratina*; 1959] **sf.** *T.tess.* macchina che esegue la ratinatura dei tessuti.

ratinatùra [da *ratinare*; 1959] **sf.** *T.tess.* operazione di arricciamento del pelo cui viene sottoposto un panno cardato che in tal modo si presenta cosparso di ricci o bioccoli.

ratiné (fr., pr. [rati'ne]) [da *ratiner*, ratinare; 1959] **agg.** e **sm.** *inv.* tessuto di lana ratinata.

ratìre (pres. *-ìsco, -ìsci*) [di orig. onom.; a. 1535] **intr.** (aus. *avere*) *arc.* esalare l'ultimo respiro, agonizzare.

Ratìti (sing. *-e*) [dal lat. *ratis*, zattera, per la forma appiattita dello sterno; 1959] **sm.** *pl.* *T.zool.* sottoclasse di uccelli non volatori ma corridori con sterno privo di carena (quali struzzi e nandù).

ratizzàre e der. forme non com. di RATEIZZARE e der. (v.).

rat musqué (fr., pr. [ra mys'ke]) [letter. topo muschiato; 1939] **loc. m.** *inv.* pelliccia di topo muschiato.

ràto [dal lat. *ratus*, confermato; 1260] **agg.** *T.giur.* ratificato, approvato || in diritto canonico, *rato e non consumato*, di matrimonio che può essere sciolto perché non consumato || *lett.* confermato.

ràtta [f. sost. di *ratto*²; a. 1574] **sf.** *T.arch.* ognuno dei due estremi che limitano la colonna || **N.** imoscapo, sommoscapo.

rattaccàre (pres. *-àcco, -àcchi*) [da *attaccare*; a. 1400] **tr.** *ant.* riattaccare.

rattacconaménto [da *rattacconare*; 1618] **sm.** *raro* l'atto e l'effetto del rattacconare.

rattacconàre (pres. *-óno*) [da *attacconare*; a. 1587] **tr.** *non com.* rif. a calzature, accomodare con tacconi.

rattemperàre (pres. *-èmpero*) [da *temperare*; 1336 ca.] **tr.** *lett.* temperare, moderare: *rattemperare lo sdegno* || **intr. pron.** temperarsi, moderarsi || **N.** *Sin.* FRENARE.

rattenére (pres. *-tèngo* ecc., come TENERE) [dal lat. *retinēre*; a. 1337] **tr.** *lett.* trattenere: *rattenere per un braccio, gli argini rattengono l'acqua; rattenere le lagrime*, frenare il pianto || **rifl.** tenersi: *rattenersi a un appiglio* || frenare i propri moti: *si rattenne, e non gli rispose nulla* || **N.** FRENARE.

rattenimént o [da *rattenere*; 1353] **sm.** *raro* l'atto e l'effetto del rattenere.

rattenitìva [da *rattenere*; a. 1729] **sf.** *raro* facoltà di tenere a mente le cose udite o lette || facoltà di trattenere un impulso.

rattènto [da *rattenere*; 1313] **sm.** *arc. lett.* ostacolo; trattenimento.

rattenùta [da *rattenere*; a. 1348] **sf.** *raro* trattenuta, ritenuta.

rattepidìre V. RATTIEPIDIRE.

rattézza [da *ratto*²; 1308] **sf.** *lett.* **1.** l'essere ratto, rapidità **2.** erta; ripidezza || **N. 1.** *Sin.* velocità.

rattiepidìre o **rattepidìre** (pres. *-ìsco, -ìsci*) [da *attiepidire*; 1336 ca.] **tr.** far diventare tiepido; anche *fig.* || **intr.** (aus. *essere*) e **intr. pron.** diventare tiepido; anche *fig.*

rattière [dal fr. *ratier*, 1963] **sm.** cane addestrato per catturare i grossi topi di fogna.

rattìna e der. forme tosc. di RATINA e der. (v.).

rattizzàre [da *attizzare*; 1585] **tr.** rif. a fuoco, ravvivare avvicinando e muovendo i tizzoni || *fig.* dare impulso, rinfocolare.

ràtto¹ [dal lat. *raptus*; sec. XIV] **sm.** rapimento: *il ratto delle Sabine* || *in part.* *T.giur.* reato di chi rapisce a scopo di libidine o di matrimonio.

ràtto² [lat. *rapidus*; 1300 ca.] **I agg.** *poet.* **1.** rapido, veloce: *con piè ratto* **2.** *arc.* ripido: *la ripa che cade quivi ben ratta* (Dante) **II avv.** *lett.* rapido: *Amor ch'al cor gentile ratto s'apprende* (Dante) || subito: *fuor che d'una che a seder si levò ratto* (Dante) || nella *loc. cong.* *ratto che*, appena.

ràtto³ [1319] *pps. arc.* di *rapire*.

ràtto⁴ [forse di orig. onom.; a. 1400] **sm.** nome di vari Roditori affini ai topi, ma con pelo ispido, di grosse dimensioni e indole feroce || *in part.* *ratto comune*, grigio scuro e lungo fino a 18 cm; *ratto delle chiaviche*, lungo fino a 24 cm.

rattoppaménto [da *rattoppare*; 1550] **sm.** rattoppatura.

rattoppàre (pres. *-òppo*) [da *toppa*; a. 1556] **tr.** rif. spec. a indumenti, aggiustare coprendo fori o lacerazioni con toppe: *pantaloni rattoppati* || rinforzare con una o più toppe: *rattoppare la giacca sui gomiti* || *fig.* rif. a situazione e sim., aggiustare alla meglio, accomodare || **N.** *Sin.* accomodare, incerottare, rabberciare, rammendare, rappezzare, rattacconare, ricucire, rimediare, riparare.

rattoppatóre [da *rattoppare*; 1553] **sm.** (f. *-trìce*) *raro* chi rattoppa, spec. per mestiere.

rattoppatùra [da *rattoppare*; 1872] **sf.** l'operazione del rattoppare e la parte così aggiustata; anche il pezzo di stoffa o altro materiale impiegati || *fig.* tentativo, perlopiù inefficace e maldestro, di rimediare a un errore.

rattòppo [da *rattoppare*; 1940] **sm.** accomodatura fatta con una toppa, rattoppatura; anche *fig.*

rattòrcere (pres. *-òrco* ecc., come TORCERE) [da *torcere*; a. 1556] **tr.** *lett.* torcere con forza.

rattòrto *pps.* di *rattorcere* (v.).

rattralciàre (pres. *-àlcio*) [da *tralcio*; 1872] **tr.** *T.agr.* rif. ai tralci più giovani delle viti, sollevarli e legarli in alto.

rattralciatùra [da *rattralciare*; 1891] **sf.** *T.agr.* l'operazione e il risultato del rattralciare.

rattrappiménto [da *rattrappire*; a. 1712] **sm.** il rattrappirsi || lo stato di chi è rattrappito.

rattrappìre (pres. *-ìsco, -ìsci*) [dal germ. *trappa*, laccio; 1292 *rattrappare*] **tr.** rendere rigido e contratto: *il freddo mi ha rattrappito le mani* || **intr. pron.** di persona o parte del corpo, contrarsi diventando rigido e talvolta insensibile: *le gambe si sono rattrappite* || **N. intr. pron.** *Sin.* intorpidirsi.

rattràrre (pres. *-àggo* ecc., come TRARRE) [da *attrarre*; 1313] **tr.** *lett.* rattrappire || **intr. pron.** *lett.* rattrappirsi.

rattristaménto [da *rattristare*; 1870] **sm.** *non com.* atto del rattristare e rattristarsi || la condizione di chi è triste.

rattristàre [da *attristare*; a. 1527] **tr.** rendere triste: *questa notizia mi rattrista molto* || **intr. pron.** diventare triste || **N. tr.** *Sin.* addolorare, affliggere, angustiare, attristare, contristare.

rattristìre (pres. *-ìsco, -ìsci*) [da *attristire*; 1870] **tr. 1.** rattristare **2.** *raro* rif. a piante, far perdere freschezza: *la mancanza d'aria e di sole fa rattristire le piante* || **intr. pron.** rattristarsi.

raucèdine [dal lat. tardo *raucēdo, -inis*; a. 1698] **sf.** abbassamento o alterazione della voce per sopravvenuta infiammazione delle mucose faringee e laringee, o per alterazioni delle corde vocali.

ràuco (pl. *-chi*) [dal lat. *raucus*; 1567] **agg.** affetto da raucedine: *oggi sono rauco* || di voce, bassa e non limpida || *per estens.* anche rif. ad altri suoni: *la tromba mandò un suono rauco* ||

raucaménte **avv.** || **N.** fioco, roco.

raumiliàre (pres. *-ìlio*) [dal disus. *aumiliare*, umiliare; 1312] **tr.** *raro lett.* placare, raddolcire, rabbonire: *raumiliare una persona*.

raunàre (pres. *-ùno*) [var. di *radunare*; a. 1292] **tr.** *arc.* radunare.

rauwòlfia (pr. [rau'vɔlfja]) [dal n. proprio L. *Rauwolf*, medico tedesco; 1959] **sf.** *T.bot.* arbusto tropicale delle Apocinacee, dalle cui radici si estrae un alcaloide impiegato in farmacologia.

ravagliàre (pres. *-àglio*) [etim. inc.; 1959] **tr.** *T.agr.* sottoporre a ravagliatura.

ravagliatóre [da *ravagliare*; 1940] **sm.** *T.agr.* particolare aratro dotato di un versoio molto alto in grado di portare in superficie la terra scavata in profondità e di mescolarla con quella dello strato superiore.

ravagliatùra [da *ravagliare*; 1940] **sf.** *T.agr.* trattamento cui viene sottoposto un terreno agricolo, portando in superficie la terra di strati profondi.

ravanèllo (dial. *rafanèllo, rapanèllo*) [dal disus. *ravano*, var. di *rafano*; a. 1492] **sm.** pianta erbacea delle Crocifere coltivata per la sua radice carnosa tondeggiante con polpa bianca di sapore pungente, e la buccia rossa o bianca: *il ravanello si mangia crudo da solo o in insalate miste*.

ravanéto [forse da un preromano **rava*, frana; 1568] **sm.** esteso pendio, dove si accumulano i detriti prodotti dalle cave di pietra.

ravastìna o **ragastìna** [dal sic. *raustina*; 1937] **sf.** *T.pesc.* rete a strascico con sacco molto largo, usata per la pesca notturna con lampade elettriche sommerse in uso in Sicilia || il sistema stesso di pesca || **N.** lampara.

ravastrèllo [da *ravanello*, con influsso del lat. *rapĭstrum*, rapa selvatica; 1881] **sm.** pianta delle Crocifere dalle foglie lobate piuttosto grosse, che vive lungo i litorali marini.

raveggiòlo o **raviggiòlo** (lett. *raveggiuòlo*) [etim. oscura; 1534] **sm.** formaggio fresco e tenero, fatto con latte di capra o pecora.

ravegnàno o **ravignàno** [dal n. geogr. *Ravenna*; 1835] **agg.** e **sm.** (f. *-a*) *lett.* ravennate.

ravennàte [dal n. geogr. *Ravenna*; a. 1750] **I agg.** di Ravenna: *i mosaici ravennati* **II s. 1.** abitante di Ravenna **2.** *sm.* il territorio di Ravenna.

raviggiòlo V. RAVEGGIOLO.

ravignàno V. RAVEGNANO.

raviolatóre [da *raviolo*; 1963] **sm.** stampo per preparare i ravioli in casa.

raviolatrìce [da *raviolo*; 1959] **sf.** macchina per la produzione industriale di ravioli.

raviòlo (arc. *raviuòlo*) [etim. inc.; 1353] **sm.** formato di pasta ripiena confezionato con due rettangoli di pasta all'uovo saldati ai bordi, che racchiudono vari ingredienti: *ravioli di magro, di carne, di fonduta* || *dim.* raviolìno; *accr.* raviolóne || **N.** *Sin.* agnolotto. **TAV.** *alimentazione* 1.15.

ravizzóne [da *ravizza*, n. d'area sett. della pianta; 1598 *ravazzone*] **sm.** pianta delle Crocifere, a grosse infiorescenze gialle, coltivata come pianta foraggera o per l'olio che se ne ricava, usato anche nell'alimentazione umana.

ràvo [dal lat. *rāvus*; 1959] **agg.** di colore tra il nero e il fulvo.

ravvaloràre (pres. *-óro*) [da *avvalorare*; 1673] **tr.** accrescere di valore, confermare: *un fatto che ravvalora questa tesi*.

ravvedérsi (pres. *-édo* ecc., come VEDERE;

pps. *ravvedùto,* pps. ant. *ravvisto)* [da *avvedersi;* fine sec. XIII] **intr. pron. 1.** abbandonare deliberatamente una condizione di errore o di colpa: *un peccatore che si è ravveduto* **2.** *arc.* accorgersi ‖ **N. 1.** *Sin.* emendarsi, pentirsi.

ravvediménto [da *ravvedersi;* 1677] **sm.** l'azione e l'effetto del ravvedersi ‖ **N.** *Sin.* pentimento.

ravvenaménto [da *ravvenare;* 1936] **sm.** aumento del livello di una falda freatica, realizzato con l'immissione artificiale delle acque di un fiume.

ravvenàre (pres. *-éno)* [da *vena;* 1872] **intr.** (aus. *essere) lett.* di sorgente che si era prosciugata, far sgorgare di nuovo acqua ‖ procedere al ravvenamento di una falda.

ravviaménto [da *ravviare;* a. 1560] **sm.** *non com.* l'atto e l'effetto del ravviare e del ravviarsi.

ravviàre (pres. *-ìo)* [da *avviare;* sec. XIV] **tr. 1.** rimettere in ordine, rassettare: *ravviare i capelli, gli abiti, una matassa arruffata, una stanza* ‖ *ravviare il fuoco,* rattizzarlo **2.** *ant.* rimettere sulla buona strada ‖ **rifl.** mettere in ordine la propria persona ‖ **rifl. indir.** riordinare, pettinare: *ravviarsi i capelli* ‖ **N. tr. 1.** *Sin.* ORDINARE.

ravviàta [da *ravviare;* 1872] **sf.** atto del ravviare (spec. in fretta): *dare una ravviata alla stanza, alla persona, ai capelli* ‖ *dim.* ravviatìna.

ravvicinaménto [da *ravvicinare;* 1813] **sm.** l'atto del ravvicinare o del ravvicinarsi ‖ *in part.* rinnovamento di rapporti amichevoli, riconciliazione.

ravvicinàre (pres. *-ìno)* [da *avvicinare;* 1374] **tr. 1.** portare più vicino, accostare: *ravvicinare la sedia al tavolo;* anche rif. a movimenti reciproci: *ravvicinare due sedie* **2.** *fig.* attenuare i contrasti e le divergenze favorendo la riconciliazione: *ravvicinare padre e figlio* **3.** porre a confronto: *ravvicinare due possibili soluzioni* ‖ **rifl. rec.** riconciliarsi: *non si è ancora ravvicinato al padre, i due nemici si sono ravvicinati* ‖ **N. 1.** *Sin.* AVVICINARE.

ravvigorìre (pres. *-ìsco, -ìsci)* [da *rinvigorire,* con cambio di pref.; a. 1685] **tr.** *non com.* rinvigorire.

ravvilìre (pres. *-ìsco, -ìsci)* [da *avvilire;* a. 1363] **tr.** *raro* rendere vile.

ravviluppaménto [da *ravviluppare;* a. 1492] **sm.** l'atto e l'effetto del ravviluppare.

ravviluppàre [comp. del pref. *r(e)-* e *avviluppare;* a. 1363 come intr. pron.; 1510 ca. come tr. nel senso 1; a. 1575 come rifl.] **tr. 1.** avviluppare strettamente o con più giri: *ravviluppare il bimbo nella coperta, un oggetto fragile nella carta velina* **2.** *fig.* raggirare ‖ **rifl.** *ravvilupparsi in qualcosa,* avvolgersela addosso, spec. contro il freddo ‖ **intr. pron.** avvolgersi intrecciandosi, facendo viluppo.

ravvincidìre (pres. *-ìsco, -ìsci)* [da *vincido;* a. 1566] **intr.** (aus. *essere)* e **intr. pron.** *raro* divenire molle, vincido: *con l'umidità il pane ravvincidisce.*

ravvìo (pl. *-ìi)* [da *ravviare;* 1863] **sm.** *raro* ravviamento.

ravviṣàbile [da *ravvisare;* 1872] **agg.** che può essere ravvisato, identificato: *una somiglianza ben ravvisabile, sono ravvisabili gli estremi di un reato.*

ravviṣàre [da *avvisare;* 1319] **tr. 1.** riconoscere, identificare: *ravvisare in lui l'impronta del genio* ‖ *propr. non com.* riconoscere dal viso, dalla figura: *ravvisare un amico di vecchia data* **2.** *ant.* ritenere ‖ **N. 1.** *Sin.* RICONOSCERE.

ravvìsto *pps. ant.* di *ravvedersi* (v.).

ravvivaménto [da *ravvivare;* 1629] **sm.** l'atto e l'effetto del ravvivare e del ravvivarsi.

ravvivàre (pres. *ìvo)* [da *avvivare;* 1319] **tr. 1.** alimentare con nuovo vigore, vivificare (anche *fig.*): *la pioggia ha ravvivato la campagna riarsa, ravvivare la fede; ravvivare il fuoco,* attizzarlo ‖ rendere più vivace, più animato: *un imprevisto che ha ravvivato la serata, la stanza è ravvivata da fiori multicolori* **2.** *disus.* far tornare in sé, rianimare: *ravvivare una persona svenuta* ‖ **intr. pron.** riprendere vitalità o vivacità; diventare più intenso: *la trasmissione si è ravvivata un po' verso la fine; un sentimento che si ravviva ogni giorno di più* ‖ **N. tr. 1.** *Sin.* riaccendere, rinvigorire.

ravvivatóre [da *ravvivare;* a. 1681] **agg.** e **sm.** (f. *-trìce) non com.* che o chi ravviva: *aura ravvivatrice.*

ravvivatùra [da *ravvivare;* 1976] **sf.** *T.tecn.* rettifica dello spigolo usurato di utensili da taglio, consistente nel ripristinarne l'esatta angolazione e, contemporaneamente, nell'affilarlo.

ravvòlgere (pres. *-òlgo, -òlgi* ecc., come VOLGERE) [da *avvolgere;* 1313] **tr.** avvolgere ben bene, spec. per proteggere dal freddo, da urti ecc.: *ravvolgere le porcellane nella carta* ‖ **rifl.** ravvolgersi indumenti attorno alla persona: *ravvolgersi in coperte* ‖ **N. tr.** *Sin.* AVVOLGERE.

ravvolgiménto [da *ravvolgere;* 1300 ca.] **sm. 1.** l'atto e l'effetto del ravvolgere o del ravvolgersi ‖ ciascun giro o voluta di ciò che è avvolto **2.** tortuosità di una conformazione o di un percorso ‖ *fig.* tortuosità di pensieri, parole o azioni.

ravvolgitóre [da *ravvolgere;* a. 1793] **agg.** e **sm.** (f. *-trìce) non com.* che o chi ravvolge.

ravvolgitùra [da *ravvolgere;* a. 1530 *ravolgetura*] **sf.** *non com.* ravvolgimento.

ravvoltàre (pres. *-òlto)* [da *ravvolto;* a. 1557 *ravoltare*] **tr.** *ant.* ravvolgere, involgere.

ravvòlto (*pps.* di *ravvolgere)* [a. 1320] **agg.** *fig.* contorto, non chiaro: *un ragionamento ravvolto.*

ravvoltolàre (pres. *-òltolo)* [da *avvoltolare;* 1513] **tr.** avvolgere più volte ‖ **rifl. 1.** stringersi, avvolgersi: *ravvoltolarsi nelle coperte* **2.** rotolarsi: *ravvoltolarsi nel fango* ‖ **N. tr.** *Sin.* AVVOLGERE.

ràyon v. RAION.

raz (fr., pr. [rɑ]) [letter. corrente violenta in un passaggio stretto; 1937] **sm.** *T.mar.* nell'espr. *raz di marea,* onda altissima, isolata, che talvolta si forma improvvisamente negli oceani, spec. nel Pacifico, assai pericolosa per le navi di piccola stazza.

razìale v. RAZZIALE.

raziocinànte (*ppr.* di *raziocinare)* [a. 1590] **agg.** dotato di raziocinio.

raziocinàre (pres. *-ìno)* [dal lat. *ratiocinārī,* propr. far di conto; sec. XIV] **intr.** (aus. *avere) non com.* usare raziocinio ‖ **N.** *Sin.* RAGIONARE.

raziocinativo [dal lat. *ratiocinatīvus;* 1891] **agg.** *non com.* atto a raziocinare; che esercita raziocinio: *avere una mente raziocinativa.*

raziocinatóre [dal lat. *ratiocinātor, -ōris;* 1799] **agg.** e **sm.** (f. *-trìce) non com.* che o chi usa raziocinio ‖ sottile ragionatore.

raziocinazióne [dal lat. *ratiocinātio, -ōnis;* sec. XIV] **sf.** *raro lett.* raziocinio ‖ *concr.* ragionamento.

raziocìnio (pl. *-ni)* [dal lat. *ratiocinium;* a. 1673] **sm.** facoltà di ragionare e discernere ‖ *fam.* giudizio, buon senso, criterio: *giudicare, parlare con raziocinio* ‖ *non com.* ragionamento ‖ **N.** *Sin.* RAGIONE.

razionàbile¹ [da *razionare;* 1970] **agg.** che si può razionare.

razionàbile² [dal lat. *rationābilis;* 1321 nel senso 2] **agg.** *arc.* **1.** fornito di raziocinio **2.** proprio di esseri razionali.

razionabilità¹ [da *razionabile¹;* 1989] **sf.** condizione di ciò che può essere razionato.

razionabilità² [da *razionabile²;* sec. XIV *razionabilitade*] **sf.** *arc.* razionalità.

razionàle¹ [dal lat. *rationālis;* a. 1294] **I agg. 1.** dotato di ragione: *l'uomo è un essere razionale* ‖ *T.fil. anima razionale,* nella dottrina di Platone, la parte dell'anima cui spetta il compito di guidare e temperare gli impulsi delle altre due (*anima irascibile* e *concupiscibile*) **2.** che segue i dettami della ragione e non è prodotto dall'istinto o dai sentimenti: *metodo, cura razionale; un comportamento freddo e razionale* ‖ progettato o realizzato in modo da ottimizzare la resa, pratico, funzionale: *una divisione razionale delle mansioni, i mobili sono stati scelti e collocati in maniera razionale* **3.** *in part.* ottenuto con procedimenti logico-deduttivi a partire da alcuni principi, non sperimentale né intuitivo: *geometria, meccanica razionale* ‖ *T.astr. orizzonte razionale,* quello che divide cielo e terra in due emisferi uguali, contrapposto a quello rilevato dall'occhio, detto *orizzonte apparente* o *sensibile* **4.** *T.mat. numero razionale,* che può essere espresso da un numero intero o da una frazione ‖ *operazioni razionali,* addizione, sottrazione, moltiplicazione, divisione ‖ **razionalménte** **avv.** in modo razionale; dal punto di vista razionale **II sm.** (solo *sing.*) tutto ciò che è razionale ‖ **N. 1.** *Sin.* ragionevole, raziocinante | *Contr.* irrazionale **2.** *Sin.* funzionale.

razionàle² [dal lat. *ratiōnāle, -is;* sec. XIV] **sm. 1.** *T.stor.* pezzo quadrato di stoffa ricamata e adorna di dodici pietre preziose (le dodici tribù d'Israele) che il sommo sacerdote degli Ebrei portava sul petto in occasione di solenni cerimonie **2.** *T.eccl.* borchia di metallo gemmato che chiude sul petto il piviale.

razionàle³ [dal lat. *rationālis,* contabile; a. 1400] **sm.** *T.stor.* nella Roma imperiale e nel Medioevo, amministratore del patrimonio della corona o del Comune.

razionaliṣmo [da *razionale¹;* a. 1855] **sm. 1.** *T.fil.* ogni posizione filosofica nella quale la ragione è assunta come unico principio di conoscenza ‖ *in part.* l'indirizzo della filosofia europea iniziato da Cartesio **2.** *T.arch.* movimento sorto all'inizio del 1900, secondo cui l'architetto doveva conformarsi alle esigenze della moderna società industriale, e in gen. a criteri di funzionalità più che a canoni estetici.

razionalista [da *razionalismo;* 1872] **s.** *T.fil.* seguace del razionalismo ‖ *per estens.* chi attribuisce grande valore alla forza della ragione e del ragionamento.

razionalistico (pl. *-ci)* [da *razionalismo;* 1942] **agg.** proprio del razionalismo e dei razionalisti: *movimento razionalistico; concezione razionalistica dell'arte.*

razionalità [da *razionale¹;* a. 1406] **sf. 1.** peculiarità dell'essere razionale: *razionalità umana* **2.** carattere di ciò che è determinato da, o è conforme ai principi della ragione: *razionalità di una dottrina* ‖ conformità a requisiti di funzionalità ed efficienza: *razionalità di un progetto.*

razionaliẓẓàre [da *razionale¹;* 1942] **tr. 1.** rendere razionale o più razionale ‖ *T.econ.* rif. a industria, produzione, distribuzione e sim., rendere più funzionale, più efficiente, aumentando la produttività del lavoro **2.** *T.psican.* dare una giustificazione razionale a un comportamento originato da impulsi inconsci, in modo da renderlo accettabile **3.** *T.mat.* rif. a espressione algebrica contenente una quantità irrazionale al denominatore, moltiplicare per un fattore che consente di eliminare tale quantità.

razionaliẓẓazióne [da *razionalizzare;* 1938] **sf.** atto ed effetto del razionalizzare, nei vari sensi: *razionalizzazione dei circuiti di vendita; razionalizzazione di un impulso.*

razionaménto [da *razionare;* 1955] **sm.** misura di emergenza volta a limitare il consumo di un bene che scarseggia e a garantirne un'equa distribuzione, assegnando a ciascun consumatore il diritto di acquistarne una quantità limitata: *razionamento del pane, della benzina.*

razionàre (pres. *-óno*) [da *razione*; 1918] ***tr.*** sottoporre a razionamento: *razionare i beni di prima necessità.*

razióne [dallo sp. *ración*, conto; 1566] ***sf.*** quantità considerata adeguata, o risultata da equo frazionamento, che viene assegnata a ciascuno, perlopiù rif. a generi alimentari: *un'abbondante razione di carne, doppia razione di formaggio, questa è la razione di sigarette che ti spetta*; anche *iron.*: *per oggi ho già avuto la mia razione di rimproveri, una bella razione di bastonate* || *dim.* razioncìna || **N.** *Sin.* dose, parte, porzione.

ràzza [dal fr. ant. *haraz*, allevamento di cavalli; sec. XV] ***sf.*** **1.** all'interno di una stessa specie, gruppo di individui contraddistinti da un insieme di tratti ereditari comuni: *razza bovina da latte, una razza di cetrioli nani, selezionare una nuova razza*; *razza pura*, i cui individui presentano al massimo grado i caratteri tipici della razza || *di razza*, di razza pura: *allevamento di cani di razza*; *fig.* naturalmente dotato per svolgere una certa attività: *un politico, un artista di razza* || *far razza*, riprodursi || anche rif. ai diversi gruppi umani caratterizzati da spiccati caratteri somatici: *razza asiatica, negra, pigmea* || *razza umana*, genere umano || *per estens.* schiatta, famiglia: *è forte come tutti quelli della sua razza*; *essere di buona razza*, avere le stesse buone qualità della propria famiglia || *far razza con qualcuno*, andarci d'accordo || *far razza a sé*, essere diverso dagli altri; anche evitare la compagnia di altri **2.** *fig.* specie, sorta (perlopiù in espr. spregiative): *che razza di roba è questa?, razza di delinquente!, che razza di amici!* || *pegg.* razzàccia || **N. 1.** *Sin.* ceppo, schiatta, etnia, ramo, sangue, seme, stirpe | degenere, forte, gloriosa, ignobile, impura, nobile, pura | ibrido, meticcio, mulatto | dirazzare, imbastardire | etnografia, incrocio, monogenismo, poligenismo. **Q.T.** *antropologia, geografia.*

ràẓẓa[1] [var. di *razzo*[2]; 1640] ***sf.*** elemento rigido che collega il mozzo di una ruota con la corona, raggio: *le razze del volante.* **TAV.** ***motocicletta...* p. 1323** 6.10.

ràẓẓa[2] [lat. *raia*; 1549] ***sf.*** pesce cartilagineo della famiglia dei Raidi, con corpo di forma romboidale e appiattito, bocca ventrale e coda cilindrica. **TAV.** ***pesci* p. 1331** 3.

raẓẓamàglia V. RAZZUMAGLIA.

raẓẓàre [lat. *radiāre*, raggiare, mandar raggi; 1406] ***tr.*** *non com.* coprire, decorare con disegni raggiati: *razzare un foglio, una stoffa* || ***intr.*** (aus. *avere*) *ant.* e *region.* raggiare, mandar raggi: *il sole cade razzando infocato* (Pascoli) || ***intr.*** (aus. *essere*) e ***intr. pron.*** di pelle, ricoprirsi di strisce rosse per un'infiammazione o per il freddo.

razzàre [prob. dal long. *razz(j)an*, grattare; a. 1294] ***tr.*** raspare, raschiare || *in part.* di cavalli, tori e sim., percuotere il suolo con gli zoccoli.

razzatóre [da *razza*; 1965] ***sm.*** *T.agr.* animale scelto per la riproduzione.

raẓẓatùra [da *razzare*; 1738] ***sf.*** *non com.* insieme di disegni o macchie simili a raggi.

raẓẓènte [etim. inc.; a. 1548] ***agg.*** *non com.* frizzante, detto spec. di vino spumeggiante.

razzìa [dall'ar. *ghāziya*, incursione; 1866] ***sf.*** scorreria condotta allo scopo di devastare e saccheggiare: *far razzia*, rubare, depredare; anche rif. a ruberie di bestie: *la volpe ha fatto razzia di polli*; *fig.* portare via tutto, esaurire: *i clienti hanno fatto razzia di quel prodotto.*

razziàle (raro *raziàle*) [da *razza*, sul modello dell'ingl. *racial*; 1900 *raziale*] ***agg.*** della razza: *caratteri razziali* || basato sulla razza: *discriminazioni, persecuzioni razziali.*

razziàre (pres. *-ìo*) [da *razzia*; 1908] ***tr.*** fare oggetto di razzia: *razziare un villaggio, razziare bestiame, polli.*

razziatóre [da *razziare*; 1918] ***agg.*** e ***sm.*** (f. *-trìce*) che o chi fa razzie || **N.** *Sin.* pirata, predone.

raẓẓièra [da *razzo*[1]; 1872] ***sf.*** *ant.* dispositivo per il lancio di razzi || rampa lanciarazzi.

raẓẓimàto [dal disus. *razzimare*, azzimare; a. 1527] ***agg.*** *ant.* azzimato.

razzìsmo [da *razza*, sul modello del fr. *racisme*; 1935] ***sm.*** l'ideologia di chi considera una o più razze inferiori alla propria, legittimando su questa base persecuzioni, segregazione e asservimento: *sterminio provocato da un feroce razzismo* || *per estens.* atteggiamento analogo nei confronti di comunità identificabili culturalmente: *il razzismo contro gli immigrati dal Sud* || **N.** antisemitismo; apartheid. **Q.T.** *sociologia.*

razzìsta [da *razzismo*; 1935] **I** ***agg.*** basato sul razzismo: *politica razzista* **II** ***s.*** fautore del razzismo.

razzìstico (pl. *-ci*) [da *razzismo*; 1955] ***agg.*** del razzismo; da razzista: *provvedimenti razzistici; politica razzistica.*

ràẓẓo[1] [da *razzo*[2]; a. 1348] ***sm.*** **1.** fuoco d'artificio che si innalza rapidissimo in aria, per poi esplodere, sfruttando la spinta di un propellente combusto al suo interno || *razzo di segnalazione*, impiegato per segnali notturni, spec. per uso militare || *T.mil.* proiettile autopropulso || in varie espr. fig., come esempio di velocità fulminea: *lesto come un razzo, è fuggito come un razzo, partire a razzo* **2.** *per estens.* motore a reazione che sfrutta lo stesso principio: *razzo frenante*, che entra in funzione in fase di decelerazione di un veicolo || anche, veicolo dotato di motori a razzo; *com.* missile; *razzo-vettore*, il veicolo che porta in orbita i satelliti artificiali || **N. 1.** *Sin.* bengala **2.** *Sin.* endoreattore. **Q.T.** *astronautica* **TAV.** ***astronautica* p. 654** 1, 3.2, 4.4.

ràẓẓo[2] V. RAGGIO.

razzolaménto [da *razzolare*; a. 1944] ***sm.*** *non com.* l'atto e l'effetto del razzolare.

razzolàre (pres. *ràzzolo*) [dal disus. *razzare*, raspare degli animali da monta in calore; a. 1370] ***intr.*** (aus. *avere*) di gallina o altro volatile da cortile, raspare il terreno con le zampe per trovare cibo || *prov. chi di gallina nasce convien che razzoli*, non si cambia natura, i figli somigliano ai genitori || ***tr.*** *fig.* rovistare, frugare: *che cosa razzoli in quel cassetto?* || **N.** ***intr.*** *Sin.* raspare, ruspare.

razzolàta [da *razzolare*; 1745] ***sf.*** l'azione del razzolare, perlopiù breve o sommaria.

razzolatóre [da *razzolare*; a. 1820] ***agg.*** e ***sm.*** (f. *-trice*) *non com.* che o chi razzola.

razzolatùra [da *razzolare*; a. 1638] ***sf.*** *non com.* l'atto e l'effetto del razzolare || i segni lasciati dal razzolare.

razzolìo (pl. *-ìi*) [da *razzolare*; a. 1712] ***sm.*** un razzolare continuo o frequente.

razzumàglia (raro *razzamàglia*) [da *razza* con influsso di *marmaglia*; 1746] ***sf.*** *spreg.* marmaglia, ciurmaglia.

re[1] (pr. [re]) [dal lat. *rēx*; sec. XIII] ***sm.*** *inv.* (f. *regìna*) **1.** *T.pol.* il capo supremo del regno, della monarchia (si scrive con l'iniziale maiuscola quando indica dignità o titolo, a meno che non sia seguito da nome proprio): *giurare fedeltà al re, il Re di Gran Bretagna incoronato nel 1911, re Vittorio Amedeo II*; *re costituzionale, assoluto, elettivo*; *i Libri dei Re*, nella Bibbia, quelli contenenti la storia del popolo ebraico dal regno di Salomone fino alla caduta del regno di Giuda; *c'era una volta un re*, tipica espressione con cui iniziano molte favole del passato || in titoli particolari: *Re Cattolico*, antico titolo dei re di Spagna; *Re Cristianissimo*, antico titolo dei re di Francia; *il Re Sole*, Luigi XIV di Francia; *i Re Magi*, V. MAGIO; *scherz. re travicello*, V. TRAVICELLO; *il Re dei Re*, il negus || nei modi di dire iperb.: *stare come un re*, comodo, a proprio agio e sim.; *vivere da re*, negli agi e nella ricchezza; *un ricevimento da re*; *parola di re*, non ritrattabile e degna quindi della massima fiducia **2.** *per meton. T.gioc.* nel mazzo di carte italiane e francesi e negli scacchi, raffigurazione convenzionale del re: *prendere il re di picche con una briscola, dare scacco matto al re*; *fig. re di denari*, uomo ricchissimo; *fig. re di cuori*, rubacuori **3.** *fig.* chi o ciò che detiene una posizione assolutamente preminente nel suo ambiente, nella sua categoria o nel suo genere: *quell'emiro arabo è il re del petrolio, ho suonato insieme al re dei pianisti, il re dei ladri si è alla fine fatto incastrare, questo è il re dei vini*; *il re della foresta*, il leone || *in part. T.rel.* come attributo di divinità classiche e del dio cristiano: *il re degli inferi*, Plutone; *il Re dei Re, il Re del Cielo*, Dio o, anche, Cristo || *in part.* nella denominazione di cariche particolari: *re d'armi*, nell'epoca feudale, il custode e garante degli stemmi nobiliari, nonché direttore di giostre e tornei || *in part.* nella denominazione comune di varie specie zoologiche: *re di macchia*, reattino; *re di quaglie*, uccello dei Rallidi, così chiamato per la sua somiglianza con la quaglia e perché si credeva guidasse le quaglie nelle migrazioni; *re delle aringhe*, chimera; *re dei granchi*, grosso crostaceo dell'Alaska || *prov. in casa sua ciascuno è re* || *dim.* e a volte *spreg.*, reùccio || **N. 1.** *Sin.* imperatore, maestà, monarca, regnante, sire, sovrano; delfino, dinasta, infante, interré, principe ereditario, viceré; negus, rajah, scià, sultano, zar | casa reale, corte, i Reali; reggia, trono; clamide, corona, ermellino, manto, scettro; incoronazione, matrimonio morganatico, reggenza, regicidio, regno, usurpazione **3.** *Sin.* campione, magnate, signore.

re[2] (pr. [rɛ]) [prima sillaba del secondo emistichio dell'inno a S. Giovanni, *re* (sonare fibris), scelto da Guido d'Arezzo per memorizzare le altezze relative di ciascun suono dell'esacordo; a. 1527] ***sm.*** *T.mus.* seconda nota della scala diatonica di do maggiore, indicata con D nella notazione alfabetica.

re- [dal lat. *re-*] ***pref.*** di verbi e loro derivati, sin. meno com. di *ri-*; indica ripetizione, movimento in senso opposto (es. *reincarnare, reagire*) || è tuttora produttivo davanti a basi inizianti per *i*: *reinventare, reintegrare.*

-rèa V. -RREA.

reading (ingl., pr. ['ri:dɪŋ]) [da to *read*, leggere; 1983] ***sm. inv.*** **1.** pubblicazione di carattere monografico che raccoglie in volume brani, articoli o passi scelti da opere di autori diversi **2.** lettura pubblica di componimenti poetici, eseguita dall'autore.

ready (ingl., pr. ['rɛdɪ]) [letter. preparato; 1905] ***agg. inv.*** *T.sport* nel tennis e in altri sport, "Pronto", cioè la risposta all'avvertimento del battitore || **N.** *play.*

ready-made o ***ready-made object*** (ingl., pr. ['rɛdɪ meɪd ˌɒbdʒɪkt]) [letter. confezionato, oggetto confezionato; 1987] ***sm.*** o ***loc. m. inv.*** *T.art.* nelle avanguardie del Novecento, oggetto comune che, sottratto al suo contesto abituale, è presentato senza alcuna modificazione in un contesto alienante, diventando parodia dell'opera d'arte tradizionalmente intesa.

reagènte (*ppr.* di *reagire*) [1804] **I** ***sm.*** *T.chim.* qualsiasi composto chimico noto impiegato nell'analisi per riconoscere e misurare i costituenti di una sostanza con cui è fatto reagire: *reagenti di precipitazione*; *reagente colorimetrico, ossidante, riducente*, così classificati in base alla reazione da essi prodotta **II** ***agg.*** che reagisce || **N. II** *Sin.* reattivo.

reagìre (pres. *-ìsco, -ìsci*) (ant. *riagire*) [dal lat. *reagere*, spingere di nuovo, con influsso di *agire*; 1872] ***intr.*** (aus. *avere*) **1.** avere una reazione conseguente a un'azione, una sollecitazione, una condizione specifica e sim.: *una classe che non reagisce agli stimoli dell'insegnante, devi cercare di reagire al dolore per la sua perdita, il suo organismo reagì bene alla terapia* || *ass.* avere una reazione aggressiva a un'offesa e sim.: *accetta tutto senza reagire* || *ass.* comportarsi normalmente, vivere attivamente nonostante una sconfitta, un dolore e sim.: *non puoi lasciarti abbattere così, devi reagire!* **2.** *T.chim.* partecipare a una reazione chimica: *mettere a reagire due sostanze chimiche, la limatura di ferro reagisce con lo zolfo* || **N. 1.** *Sin.* replicare, rispondere; insorgere, opporsi, protestare, ribattere, ribellarsi, rivoltarsi, scattare | *Contr.* accettare, rassegnarsi, sottomettersi, subire.

reàle[1] [der. del lat. *res*, cosa; a. 1348] **I** ***agg.*** **1.** che esiste o è esistito nella realtà (intesa nei suoi vari sensi): *fatti reali, l'analisi della situazione reale, nel sogno tutto sembrava reale* || *T.mar.* *numeri reali*, l'insieme costituito dai numeri razionali e da quelli irrazionali (in contrapposizione a quello dei numeri immaginari) **2.** *per estens.* effettivo, autentico: *il movente reale della sua scelta, si sono alla fine scoperte le sue reali intenzioni* || *T.econ.* *valore reale del salario, del reddito* e sim., il suo effettivo potere d'acquisto (in contrapposizione al suo valore nominale) || *T.inform.* *elaborazione in tempo reale*, i cui tempi sono determinati da un processo esterno all'elaboratore **3.** *propr.* che si riferisce alla cosa: *T.fil.* *disus.* *definizione reale*, quella della cosa stessa, non del suo nome || *T.giur.* *diritti reali*, diritti soggettivi assoluti che attribuiscono al titolare una signoria piena e immediata su una cosa || *T.econ.* *imposta reale*, applicata su beni (spec. terreni e fabbricati), senza tener conto delle condizioni economiche e sociali che manifestano in modo più completo la capacità contributiva del soggetto **4.** *T.mus.* *nota reale* o *principale*, che fa parte di un accordo || **realménte** ***avv.*** **1.** nella realtà: *fatti realmente accaduti* **2.** effettivamente, davvero: *sono realmente mortificato* **II** ***sm.*** (solo *sing.*) *T.fil.* la realtà || **N. I 1.** *Sin.* concreto, fattuale, oggettivo | *Contr.* apparente, fantastico, ideale, illusorio, immaginario, ipotetico, irreale, possibile, presunto, utopico **2.** *Sin.* vero. **Q.T.** *matematica...*

reàle[2] [dal lat. *regālis*, attr. il fr. ant. *reial*; a. 1321] **I** ***agg.*** **1.** che si riferisce al re, di re: *decreto reale, la famiglia reale, stirpe reale, i giardini reali* || *per estens.* *ant.* da re, regale: *gli riservarono un'accoglienza reale*; com. nell'espr. *pappa reale*, V. PAPPA **2.** *per estens.* *ant.* che si distingue in modo assoluto nel proprio ambito o nel proprio genere: *porta reale*, la porta principale; *fiume reale*, che sfocia direttamente in mare; *pasta reale*, pasta dolce di uova, farina e zucchero o, anche, pasta da minestra fatta con farina e uova e cotta in forno; *carta reale*, a fogli grandi, di qualità fine, fatta a mano; com. nell'espr. *scala reale*, V. SCALA || *in part.* nella denominazione comune di varie specie zoologiche di particolare bellezza: *germano reale, aquila reale* **II** ***sm.*** **1.** *pl.* (usato anche con l'iniziale maiuscola) il re e la regina o, anche, il casato o la famiglia regnante: *i Reali d'Inghilterra* || *per estens.* *T.zool.* la coppia di individui fecondi negli insetti sociali (termiti, api ecc.) **2.** *T.num.* moneta d'oro coniata da Carlo I d'Angiò, recante sul recto l'effigie del sovrano e sul verso lo scudo angioino || denominazione di varie monete italiane d'oro o d'argento del periodo della dominazione spagnola **3.** *T.mar.* l'ultimo tipo di galea (costruita fino al 1720), dotata di lussuosi alloggi per il comandante e gli ufficiali ma priva di sistemazioni per l'equipaggio **4.** *lomb.* *T.mac.* taglio di carne bovina scelta, sotto la coppa || **N. I 1.** *Sin.* regale, regio; imperiale; fastoso, magnifico, pomposo, sfarzoso, solenne, sontuoso, splendido | *Contr.* dimesso, misero, modesto, povero, umile. **TAV.** *alimentazione* 3.10.

realgàr [dall'ar. *rahǵ algār*, polvere di miniera, attr. il fr. *réalgar*; 1819] ***sm. inv.*** minerale (solfuro di arsenico) che si presenta in cristalli prismatici rosso-arancio, piuttosto instabile, usato in pirotecnica col nome di *rubino d'arsenico* || **N.** orpimento.

realismo [da *reale*[1]; 1872] ***sm.*** **1.** *com.* senso concreto della realtà, atteggiamento di chi considera obiettivamente e spregiudicatamente la situazione reale: *affrontare i problemi con sano realismo* **2.** denominazione di vari indirizzi di pensiero che, in ambiti diversi, assumono a proprio fondamento la realtà oggettiva; *T.art.* e *T.lett.* qualsiasi indirizzo stilistico nel quale l'aderenza della forma artistica alla realtà prevale sulla soggettività della visione: *la minuziosa resa dei dettagli nel realismo fiammingo, il realismo del «Satyricon» di Petronio* || *realismo socialista*, indirizzo estetico promosso a partire dalla II Internazionale, mirante alla subordinazione dell'espressione artistica all'impegno politico || *T.giur.* *realismo giuridico*, gruppo di concezioni del diritto aventi in comune l'attenzione all'effettività del diritto, in opposizione al formalismo giuridico e al legalismo del positivismo giuridico **3.** *T.fil.* nell'ambito della disputa sugli universali, posizione consistente nell'affermazione della loro realtà non solo concettuale o linguistica || posizione di chi, in contrapposizione agli idealisti, ritiene che i caratteri della realtà sussistano di per sé, e non siano determinati dal pensiero, dal linguaggio o dalle teorie scientifiche || **N. 1.** *Sin.* obiettività | *Contr.* soggettivismo, soggettività **2.** *Sin.* naturalismo, verismo | neorealismo | *Contr.* astrattismo **3.** *Contr.* concettualismo, nominalismo; idealismo.

realista[1] [da *realismo*; 1872] **I** ***agg.*** **1.** di chi dimostra di possedere senso della realtà: *sii realista, non farti inutili illusioni* **2.** di chi, nell'arte, in filosofia ecc., persegue una forma di realismo **II** ***s.*** seguace, nell'arte, in filosofia ecc., di una forma di realismo || **N. I 1.** *Contr.* idealista, sognatore, utopista **2.** *Sin.* naturalista, verista | *Contr.* astrattista, concettualista, nominalista, idealista.

realista[2] [da *reale*[2]; 1644] ***s.*** e ***agg.*** sostenitore di un re o della monarchia || nel modo di dire *essere più realista del re*, sostenere una causa con più accanimento dei diretti interessati || **N.** *Sin.* monarchico | *Contr.* repubblicano.

realistico (pl. *-ci*) [da *realismo*; 1891] ***agg.*** improntato a realismo, aderente alla realtà: *analisi realistica della situazione finanziaria, spirito realistico* || **realisticaménte** ***avv.*** || **N.** *Sin.* obiettivo | *Contr.* astratto, idealistico, soggettivo, utopistico.

realità[1] [da *reale*[1]; a. 1550] ***sf.*** **1.** *raro* realtà **2.** *T.giur.* inerenza di un diritto a un bene: *realità di un pegno.*

realità[2] [da *reale*[2]; sec. XIV] ***sf.*** *ant.* regalità, dignità di re, potere regio.

realizzàbile [da *realizzare*; 1959] ***agg.*** **1.** che si può realizzare, attuare **2.** *T.econ.* che si può trasformare in moneta, attraverso la vendita || **N. 1.** *Sin.* attuabile, effettuabile, eseguibile, fattibile | *Contr.* inattuabile, infattibile, irrealizzabile **2.** *Sin.* convertibile, trasformabile | *Contr.* inconvertibile.

realizzabilità [da *realizzabile*; 1956] ***sf.*** l'essere realizzabile, attuabilità.

realizzàre[1] [dal fr. *réaliser*, 1759] ***tr.*** **1.** rendere reale, attuare: *ha realizzato un progetto lungamente accarezzato, un intervento di restauro realizzato con il contributo della Regione* || *in part.* rif. a teorie, testi letterari e sim., darne una traduzione o esecuzione concreta: *realizzare un'opera, un programma che realizza una teoria grammaticale* || *T.sport.* segnare (anche *ass.*): *ha realizzato un bellissimo canestro, ha realizzato due volte nella ripresa* **2.** *T.econ.* ricavare: *ha realizzato un forte guadagno* || *in part.* convertire un bene, attraverso la vendita, in moneta (anche *ass.*) || ***intr. pron.*** compiersi, attuarsi, avverarsi: *il suo sogno si è finalmente realizzato* || ***rifl.*** giungere a una condizione in cui risultano concretate le proprie aspirazioni e sentirsi appagati da ciò: *si è realizzata nel lavoro, come madre* || **N.** ***tr.*** **1.** *Sin.* compiere, effettuare, eseguire, fare.

realizzàre[2] [dall'ingl. to *realize*; 1938] ***tr.*** accorgersi, rendersi conto chiaramente di qualcosa: *finalmente ho realizzato ciò che intendeva dire* || **N.** *Sin.* capire, comprendere, intendere.

realizzatóre [da *realizzare*[1]; 1955] ***agg.*** e ***sm.*** (f. *-trice*) che o chi realizza: *l'impresa realizzatrice del progetto, il realizzatore del programma.*

realizzazióne [dal fr. *réalisation*; 1812] ***sf.*** atto ed effetto del realizzare e del realizzarsi, in tutti i sensi: *la realizzazione di un progetto, la sua realizzazione in campo professionale*; *realizzazione scenica*, messa in scena di un testo teatrale || *T.econ.* realizzo.

realizzo [da *realizzare*[1]; 1901] ***sm.*** *T.econ.* trasformazione di un bene in forma monetaria, attraverso la vendita || *vendita a prezzi di realizzo*, mirante a recuperare solo i costi, rinunciando agli utili.

Realpolitik (ted., pr. [re'?a:lpoli,ti:k]) [letter. politica realista; 1918] ***sf. inv.*** *T.pol.* linea politica che, spec. nell'ambito dei rapporti internazionali, si fonda sull'obiettiva valutazione degli interessi concreti e dei rapporti di forza, prescindendo da valutazioni morali o ideologiche.

realtà [da *reale*[1]; a. 1673] ***sf.*** **1.** ciò che esiste o è esistito, sia in senso oggettivo che soggettivo, inteso sia collettivamente, come totalità, sia in modo circoscritto, come singolo ente, fatto o evento: *bisogna tener conto della realtà oggettiva, una fedele rappresentazione della realtà, non ha il senso della realtà, la realtà ti smentisce, la sua speranza è diventata realtà, la fame nel mondo è una triste realtà, le tue paure non hanno alcun fondo di realtà, la realtà del romanzo*; *la realtà interiore* (o *psichica* o *del soggetto*), il mondo intellettuale o psicologico dell'individuo || *T.psican.* *principio di realtà*, quello che compare successivamente al principio di piacere e consente al soggetto il rinvio della gratificazione per la via più breve in rapporto alle esigenze dettate dall'ambiente esterno **2.** come condizione astratta di ciò che è reale, la sua esistenza effettiva: *appurare la realtà di ciò che raccontano, la realtà del mondo sensibile* || *T.fil.* il modo d'essere delle cose in quanto esistenti indipendentemente dal nostro conoscerle; *in part.* in contrapposizione a *possibilità, potenzialità* e, anche, a *necessità*, l'attualità o effettualità (e, *concr.*, ciò che si è attuato o effettuato e possiede l'esistenza di fatto) || nella loc. avv. *in realtà*, di fatto, in effetti (usato spec. per correggere o smentire ciò che si era detto o si credeva in precedenza): *pensavo che fosse impermeabile: in realtà non tiene l'acqua, diceva di volermi aiutare, ma in realtà agiva interessatamente* || **N. 1.** *Sin.* mondo, reale **2.** *Sin.* concretezza, consistenza, effettività, oggettività, positività | *Contr.* apparenza, astrattezza, idealità, illusorietà, ipoteticità, irrealtà.

reàme [dal fr. ant. *reame*; fine sec. XIII] ***sm.*** *ant.* (usato spec. nelle vecchie fiabe) regno, nel senso di territorio retto da un re: *chi è la più bella del reame?*

reàto [dal lat. *reātus*; a. 1311] ***sm.*** *T.giur.* fatto (delitto o contravvenzione) espressamente incriminato dall'ordinamento giuridico e contro il quale questo reagisce con una sanzione: *reati comuni, politici, militari*; *corpo del reato*, oggetto usato per compiere il reato (per es. l'arma) o sul quale si è compiuto il reato (per es. il cadavere della vittima), o il prodotto del reato (per es. monete false) o, anche, le tracce del reato (per es. i segni di uno scasso) || **N.** reo; pena | commettere, compiere, perpetrare. **Q.T.** *diritto.*

reattànza [dall'ingl. *reactance*; 1929] ***sf.*** **1.** *T.fis.* in un circuito percorso da corrente alternata, componente immaginaria dell'impedenza **2.** *T.fis.* in acustica, componente immaginaria dell'impedenza acustica.

reattìno [da *re*; 1561] ***sm.*** scricciolo || **N.** *Sin.* re di macchia.

reattività [da *reattivo*; 1930] ***sf.*** qualità di chi o di ciò che è reattivo.

reattìvo [dal fr. *réactif*; 1759] **I *agg.*** **1.** che ha capacità di reagire: *coloranti reattivi*, che si fissano attraverso una reazione chimica **2.** che ha tendenza a reagire immediatamente e con aggressività: *un bambino molto reattivo* **3.** *T.fis.* relativo alla reattanza: *impedenza reattiva*, nella quale è nulla la parte reale **4.** *T.psican.* che costituisce una reazione; *formazione reattiva* **II *sm.*** *T.chim.* reagente || che favorisce una reazione; *T.psic. reattivo mentale*, test || **N.** I **1.** *Sin.* reagente.

reattóre [dal fr. *réacteur*; 1952] ***sm.*** **1.** motore termico a reazione; turboreattore || *per meton.* aeroplano propulso mediante tale tipo di motore **2.** *T.fis. reattore nucleare*, impianto atto a produrre energia ottenuta da reazioni nucleari a catena, esotermiche e controllabili **3.** *T.chim. reattore chimico*, apparecchiatura nella quale vengono effettuate le reazioni chimiche **4.** *T.elettr. reattore elettrico*, apparecchiatura elettrica che presenta una forte reattanza, generalmente di tipo induttivo || **N.** **1.** esoreattore **2.** *Sin.* pila atomica. **TAV.** *aeronautica* 4.

reazionàrio (pl. *-ri*) [dal fr. *réactionnaire*; 1855] ***agg.*** e ***sm.*** (f. *-a*) che o chi, in ambito politico o sociale, tende o è improntato alla reazione: *metodi reazionari, governo reazionario* || *per estens.* ostile al progresso || **N.** *Sin.* codino, forcaiolo, parruccone, retrivo, retrogrado, sanfedista; conservatore, misoneista, oscurantista | *Contr.* innovatore, progressista, riformista, rivoluzionario.

reazionarìsmo [da *reazionario*; 1959] ***sm.*** comportamento e tendenza di chi è reazionario.

reazióne [da *reagire*, con influsso di *azione*; a. 1348] ***sf.*** **1.** azione, comportamento o effetto in risposta a qualcosa che li produce o li stimola: *l'entusiastica reazione del pubblico, la puntura dell'insetto gli ha dato una forte reazione, dopo il parto ebbe una reazione psicologica di rigetto della maternità, hai sbagliato a parlargli con quel tono, ma la sua reazione è stata eccessiva* || in contesti scientifici: *T.fisiol. reazioni di difesa*, risposte organiche di difesa da stimoli aggressivi esterni (variazioni di temperatura, sostanze allergiche ecc.); *T.psic. tempo di reazione*, intercorrente tra lo stimolo e la risposta; *T.med.* risposta: *la reazione dell'organismo alla cura, la reazione febbrile, immunitaria indotta dal farmaco*; *T.mecc.* nella dinamica, forza uguale e contraria a una qualunque azione esercitata da un punto materiale su un altro: *principio di azione e reazione*, il terzo principio della dinamica, per il quale, se un corpo esercita un'azione su un altro, quest'altro risponde esercitando un'azione uguale e contraria su di esso; *reazione vincolare*, nella statica, risultante delle forze esercitate dai vincoli ai quali un corpo è sottoposto; *T.tecn. motore a reazione* (o *a getto*), qualunque motore termico a combustione interna nel quale il fluido attivo agisca per impulso sulle pareti del sistema in movimento, in base al principio di azione e reazione; nei meccanismi di controllo, retroazione (v.) || *T.fis. reazione nucleare*, qualsiasi processo di trasformazione di un nucleo atomico, spontaneo (radioattività) o indotto da interazioni con altri nuclei o particelle; *reazione nucleare a catena*, in cui le particelle prodotte dalla fissione di nuclei pesanti inducono la fissione di nuovi nuclei **2.** *T.chim.* qualsiasi trasformazione della materia nella quale gli atomi, pur restando inalterati, si legano o si dispongono in modo diverso da quello originario, formando così sostanze diverse da quelle di partenza: *reazioni di associazione, di dissociazione, di scambio, reversibili, irreversibili*; *reazione a catena*, serie di reazioni da ognuna delle quali si producono gli elementi necessari all'innesco di quelle successive **3.** *T.pol.* opposizione a qualsiasi sviluppo politico-sociale rivoluzionario o, comunque, progressista, e che tende a ristabilire un sistema politico del passato, spec. autoritario: *la reazione aristocratica alla Rivoluzione Francese*; *concr.* le forze reazionarie nel loro complesso: *un giornalista al servizio della reazione* || **N.** **1.** *Sin.* contraccolpo, esito, risposta | *Contr.* azione, stimolo **2.** combinazione, decomposizione, sostituzione semplice, sostituzione doppia; catalizzatori **3.** conservazione, oscurantismo, tradizionalismo; codino. **Q.T.** *aeronautica, chimica* **TAV.** *aeronautica* 4.8.

rebbiàre (pres. *rébbio*) [da *rebbio*; a. 1756] ***tr.*** *raro* colpire a rebbiate.

rebbiàta [da *rebbio*; sec. XIV] ***sf.*** *raro* **1.** colpo dato con un rebbio **2.** *per estens.* colpo dato con un bastone; bastonata.

rébbio (pl. *-bi*) [dal germ. **ripil*, pettine con denti di ferro; 1585] ***sm.*** ciascuna delle punte di forche, forconi, forchette e sim. || ciascuno dei due bracci del diapason || **N.** *Sin.* dente. **TAV.** *agricoltura* 7.8.

reboànte (meno corretta, ma più com. *roboànte*) [dal lat. *reboans, -antis*, propr. ppr. di *reboāre*, rimbombare; 1872] ***agg.*** che rimbomba || *fig. spreg.* eccessivamente retorico e pomposo; magniloquente: *espressioni reboanti* || **N.** *Sin.* altisonante.

reboàto [dal lat. tardo *reboātus*, grande strepito; a. 1406] ***sm.*** *lett. raro* suono cupo e rimbombante per l'eco.

rebours (fr., pr. [rə'bu:r]) [letter. rovescio; 1936] ***sm. inv.*** tipo di seta.

rebùffo [da *buffare*, soffiare, sputar fuori; 1835] ***sm.*** **1.** cannone a canna corta del XVII sec. **2.** *T.mar. ant.* inversione di manovra || *ormeggiare di rebuffo*, mandare prima in terra tutta la gomena e poi tirarne a bordo la cima.

rèbus [dal fr. *rébus*; 1869] ***sm. inv.*** **1.** gioco enigmistico consistente nel cercare d'individuare una parola, un'espressione o una frase le cui parti sono rappresentate mediante figure, lettere o una combinazione di entrambe: *rebus figurato, letterale, misto*; *risolvere un rebus* **2.** *fig.* cosa, questione o persona difficile da capire; enigma: *per me continua a essere un rebus* || **N.** **1.** crittografia.

rebus sic stantibus (lat., pr. it. ['rɛbus sik 'stantibus]) [letter. stando così le cose] ***loc. cong.*** stando così le cose.

rebussìstico (pl. *-ci*) [da *rebus*; 1891] ***agg.*** *scherz.* simile a un rebus perché difficile da decifrare || **N.** *Sin.* incomprensibile, astruso, enigmatico.

recadìa o **ricadìa** [dal disus. *ricadīare*, dare noia; 1354] ***sf.*** *arc.* molestia.

recalcificàre e der. V. RICALCIFICARE e der.

recalcitraménto [da *recalcitrare*; a. 1698 *ricalcitrante*] ***sm.*** atto ed effetto del recalcitrare (anche *fig.*).

recalcitrànte (*ppr.* di *recalcitrare*) [a. 1712] ***agg.*** che recalcitra: *cavallo recalcitrante* || *più com. fig.* restio, riluttante: *era recalcitrante, ma l'ho costretto a partire.*

recalcitràre (pres. *-àlcitro*) [dal lat. *recalcitrāre*; 1313] ***intr.*** (aus. *avere*) **1.** *propr.* di animali da sella, da tiro o da soma (cavalli, muli ecc.), rifiutarsi di procedere indietreggiando e scalciando **2.** *fig.* fare resistenza, riluttare: *recalcitrava, ma poi si è convinto* || **N.** **1.** *Sin.* impuntarsi **2.** *Sin.* resistere, ribellarsi, rifiutarsi | *Contr.* acconsentire, cedere, obbedire, rassegnarsi, sottomettersi.

recaménto [da *recare*; 1505] ***sm. ant.*** *raro* atto del recare.

recapitàre (pres. *-àpito*) [dal disus. *capitare*, giungere a destinazione; 1618] ***tr.*** rif. a oggetti di corrispondenza, consegnare al destinatario, far pervenire a destinazione || ***intr.*** (aus. *avere*) *raro* far capo: *quel medico recapita presso quell'ambulatorio* || **N.** **1.** *Sin.* rimettere.

recàpito [da *recapitare*; a. 1556] ***sm.*** **1.** atto del recapitare: *accertarsi dell'avvenuto recapito; recapito autorizzato*, concessione fatta dalla direzione provinciale delle Poste e Telecomunicazioni a enti e a privati di svolgere servizi di accettazione e recapito di corrispondenze entro determinati limiti territoriali; talora a tali corrispondenze è applicato un francobollo recante appunto la scritta "recapito autorizzato" **2.** indirizzo (spec. se non abituale, provvisorio) cui si può recapitare la corrispondenza e sim. di qualcuno: *parto per le vacanze, ma vi farò sapere il mio recapito, non ha recapito in montagna* || **N.** **1.** *Sin.* consegna **2.** *Sin.* domicilio, residenza. **Q.T.** *posta.*

recapitolàre V. RICAPITOLARE.

recapitolazióne V. RICAPITOLAZIONE.

recappàre [da *cappare*, scegliere; a. 1400] ***tr.*** *arc.* trascegliere.

recàre (pres. *rèco, rèchi*) [dal gotico *rikan*, ammucchiare; 1238] ***tr.*** **1.** *lett.* portare (anche *fig.*): *recare un dono, una brutta notizia* || arrecare, apportare, causare: *non vorrei recarvi disturbo* || *ant.* condurre: *recare a fine* || *ant.* riportare, ricondurre: *recare in schiavitù* || *ant.* attribuire: *recare qualcosa a lode, a biasimo di qualcuno* **2.** portare su di sé: *la lapide reca in alto una croce* **3.** *ant.* trasportare, tradurre: *recare in volgare* || ***intr. pron.*** andare: *recarsi all'estero per affari, recarsi dal dentista* || **N.** **1.** *Sin.* PORTARE.

recàta [da *recare*; 1337] ***sf. ant.*** **1.** modo ed atto del recare, in una sola volta **2.** ciò che viene recato; *in part.* portata di vivande **3.** respiro affannoso, spec. di moribondo.

recaulescènza [comp. di *re-* e un der. del gr. *kaulós*, gambo; 1959] ***sf.*** *T.bot.* fenomeno per cui, nel corso di una concrescenza tra ramo e foglia, il ramo sposta progressivamente avanti la foglia.

récchia[1] [etim. inc.; a. 1912] ***sf.*** *tosc.* la pecora che non ha ancora figliato: *la recchia levò il muso* (Pascoli).

récchia[2] [var. di *orecchia*; fine sec. XII *reccla*] ***sf.*** *arc.* orecchia.

recchióne o **ricchióne** [da *recchia*[2]; 1918] ***sm.*** *merid. volg.* omosessuale, pederasta.

recedènte (*ppr.* di *recedere*) [sec. XV] **I *agg.*** che si ritira **II *s.*** *T.giur.* chi attua una recessione.

recèdere (pres. *-cèdo* ecc., come CEDERE) [dal lat. *recēdere*; 1598] ***intr.*** (aus. *avere*, raro *essere*) *lett.* tornare indietro || *più com. fig.* abbandonare una posizione precedentemente assunta (anche *ass.*): *recedere da una pretesa, da un atteggiamento di intransigenza; è deciso a non recedere* || **N.** *Sin.* abbandonare, arretrare, desistere, indietreggiare, retrocedere, rinunciare, ripiegare, ritirarsi, tirarsi indietro | *Contr.* avanzare, insistere, persistere, procedere, proseguire.

recediménto [da *recedere*; a. 1685] ***sm.*** *non com.* atto del recedere.

recensióne [dal ted. *Rezension*; 1855] ***sf.*** **1.** presentazione e commento critico di un'opera (letteraria, cinematografica e sim.) recentemente presentata al pubblico **2.** *T.filol.* scelta delle lezioni di un testo che, in base alla collazione dei codici, si ritengono conformi all'originale: *recensione aperta* (contrapposta a *chiusa*), in cui non sono possibili scelte meccaniche, perché ci si trova di fronte a stemmi bipartiti o a stemmi con più rami ciascuno portatore di una diversa variante || *dim.* recensioncìna; *pegg.* recensionàccia.

recensìre (pres. *-ìsco, -ìsci*) [dal ted. *rezensieren*; 1905] ***tr.*** fare una recensione: *recensire uno spettacolo teatrale.*

recensóre [da *recensire*; 1891] ***sm.*** (f. *recensitrice*) chi effettua una recensione: *il recensore teatrale di un quotidiano* || **N.** *Sin.* critico, revisore.

recènte [dal lat. *recens, -entis*, letter. fresco; 1313] ***agg.*** risalente a poco tempo addietro: *fatti, notizie recenti* || *T.scient.* relativamente più vicino all'epoca presente: *strato archeologico recente; periodo recente,* Olocene || nella *loc. avv. di recente,* poco tempo fa: *l'ho incontrato di recente* || **recentemènte** ***avv.*** di recente || **N.** *Sin.* attuale, nuovo, odierno, ultimo | *Contr.* superato, vecchio.

recentìssime [da (notizie) *recentissime*; 1959] ***sf. pl.*** *T.giorn.* le ultime notizie della notte || *per estens.* pagina del giornale quotidiano che riporta tali notizie || parte del telegiornale o del giornale radio in cui vengono trasmesse tali notizie || **N.** *Sin.* ultimissime.

recenzióre o **recenziòre** [dal lat. *recentior, -ōris*; 1950] ***agg.*** *lett.* più recente (usato solo nel linguaggio dotto): *codici recenziori.*

recèpere [dal lat. *recipere*; 1321] ***tr.*** *arc.* ricevere.

recepìre (pres. *-ìsco, -ìsci*) [dal lat. *recipere*; 1959] ***tr.*** **1.** accogliere, far proprio: *il sindacato si propone di recepire le istanze dei lavoratori* || *T.giur.* accogliere nel proprio ordinamento giuridico norme o principi di altri ordinamenti **2.** cogliere, comprendere: *recepire il senso di un messaggio.*

reception (ingl., pr. [rɪ'sepʃən]; pr. it. [re'sɛpʃon]) [letter. ricezione, accoglienza; 1929] ***sf. inv.*** in aziende, alberghi, congressi e sim., ufficio dove si ricevono i clienti all'arrivo e si danno informazioni.

receptionist (ingl., pr. [rɪ'sepʃənɪst]; pr. it. [re'sɛpʃonist]) [da *reception*, ricezione, accoglienza; 1967] ***s. inv.*** in aziende, alberghi, congressi e sim., persona che ha il compito di ricevere i clienti e di dare loro informazioni.

rècere (*dif.*, si usa quasi solo l'inf. pres., la terza pers. sing. del pres. *rèce* e qualche forma composta; pps. *reciùto*) [dal lat. *reicere*; sec. XIV] ***intr.*** (aus. *avere*) *tosc. ant.* rigettare, vomitare: *far recere*, provocare il vomito e, *fig.*, fare schifo, nausea; *fig. far recere l'anima,* provocare forte disgusto || nella loc. avv. *a capo reci*, a capo all'ingiù.

recessióne [dal lat. *recessio, -ōnis*; 1640] ***sf.*** **1.** *propr.* non com., atto ed effetto del recedere (anche *fig.*); recedimento: *la recessione dai propri propositi* || *T.giur.* recesso **2.** *T.econ.* fase di un ciclo caratterizzata dal rallentamento dell'attività produttiva **3.** *T.biol.* in genetica, *recessione di caratteri*, il loro restare latenti **4.** *T.astr.* apparente allontanamento dalla Terra delle nebulose extragalattiche || **N. 1.** *Sin.* abbandono, arretramento, indietreggiamento, rinuncia, ritiro | *Contr.* avanzamento, progressione **2.** *Sin.* crisi, depressione, ristagno | *Contr. boom*, crescita.

recessività [da *recessivo*; a. 1970] ***sf.*** *T.biol.* in genetica, tendenza di alcuni caratteri ereditari a manifestarsi solo nel caso non siano sopraffatti da quelli dominanti.

recessìvo [da *recedere*, sul modello dell'ingl. *recessive* o del ted. *recessiv*; 1918 nel senso 2] ***agg.*** **1.** *T.econ.* di recessione: *fase economica recessiva* **2.** *T.biol. carattere recessivo*, in genetica, che si manifesta solo se si trova in condizione omozigote || **N. 2.** *Contr.* dominante.

recèsso [dal lat. *recessus*; a. 1342] ***sm.*** **1.** *lett.* luogo angusto, nascosto e riparato: *trovò un recesso nella roccia per ripararsi dalla furia del vento* || *T.anat.* piccola cavità a fondo cieco || *fig.* gen. pl. parte intima, profonda: *i più profondi recessi dell'anima* **2.** meno com., atto ed effetto del recedere: *il recesso del male* || *T.giur.* atto col quale una parte si scioglie dai vincoli del contratto || **N. 1.** *Sin.* anfratto, nascondiglio, ritiro **2.** *Sin.* recedimento.

recettàcolo [dal lat. *receptăculum*; 1308] ***sm.*** *ant.* ricettacolo.

recettìvo e der. v. RICETTIVO e der.

recettìzio v. RICETTIZIO.

recettóre (meno com. *ricettóre*) [dal lat. *receptor, -ōris*; sec. XIV nel senso 2] **I** ***sm.*** **1.** *T.fisiol.* qualsiasi struttura preposta alla ricezione di stimoli esterni o interni all'organismo: *recettori sensoriali* **2.** chi o ciò che riceve; ricevitore: *recettore di onde radio* **II** ***agg.*** (f. *-trice*) attinente alla ricezione: *funzione recettrice.*

recezióne v. RICEZIONE.

reciàra [lat. *retiaria*; 1937] ***sf.*** *T.pesc.* grande rete a strascico.

recìdere (pres. *recìdo*; pass. rem. *recìsi, recidésti*; pps. *recìso*) [dal lat. *recīdere*; a. 1292 *ricidere*] ***tr.*** tagliare netto, troncare: *recidere il cavo traente* || *fig.* interrompere bruscamente o definitivamente: *recidere un legame* || ***intr. pron.*** *raro* fendersi, screpolarsi, tagliarsi: *le labbra si recisero per il vento* || **N.** ***tr.*** *Sin.* mozzare, tranciare.

recidìva [da *recidivo*; a. 1696] ***sf.*** **1.** *T.med.* ricaduta **2.** *T.giur.* condizione di chi, dopo esser stato condannato per un reato, ne commette un altro || **N. 1.** *Sin.* ricomparsa.

recidivànte (*ppr.* di *recidivare*) [1959] ***agg.*** recidivo.

recidivàre (pres. *-ìvo*) [da *recidivo*; a. 1468] ***intr.*** (aus. *avere*) essere recidivo: *la malattia, già in via di guarigione, recidivò, recidivare nel peccato.*

recidività [da *recidivo*; 1872] ***sf.*** qualità di chi o di ciò che è recidivo.

recidìvo [dal lat. *recidīvus*; 1686] **I** ***agg.*** di chi o di ciò che ricade nella condizione (spec. negativa) precedente || *T.med.* di malattia, che in fase di guarigione si ripresenta in forma acuta || *T.giur.* di chi, dopo esser stato condannato per un reato, ne commette un altro **II** ***sm.*** (f. *-a*) chi è recidivo || **N. I** *Sin.* incallito, ostinato.

recìngere (meno com. *ricìngere*) (pres. *-ingo* ecc., come CINGERE) [dal lat. *recingere*; 1640] ***tr.*** cingere tutt'intorno || **N.** *Sin.* CIRCONDARE.

recingimènto [da *recingere*; 1550] ***sm.*** *raro* atto del recingere; recinzione.

recintàre [da *recinto*; 1938] ***tr.*** racchiudere con un recinto: *recintare l'orto.*

recìnto (lett. *ricìnto*) [dal lat. *recinctus*; 1598] ***sm.*** **1.** ciò che serve a recingere, struttura di recinzione || *in part.* box per bambini **2.** *per meton.* spazio chiuso delimitato da un recinto || *recinto del peso*, negli ippodromi, luogo riservato al controllo del peso di cavalli e fantini || *recinto delle grida*, nei locali della borsa, luogo riservato agli agenti di cambio, dal quale essi gridano i prezzi dei titoli e degli altri valori da negoziare || **N. 1.** *Sin.* recinzione | rete, staccionata, steccato.

recinzióne [da *recingere*; 1942] ***sf.*** **1.** *concr.* ciò che serve a recingere; recinto **2.** atto ed effetto del recingere. **TAV.** *abitazione* 2.19; ***edilizia*** **p. 666** 4.

reciòto [etim. inc.; 1937] ***sm.*** *region.* vino del veronese, prodotto con le cosiddette "orecchie" del grappolo (ovvero gli acini più esterni, più zuccherini).

recipe (lat., pr. it. ['rɛtʃipe]) [letter. prendi] **I** *ant.* voce usata nelle ricette mediche, col senso di *prendi* **II** ***sm. inv.*** *ant.* ricetta, rimedio prescritto: *il recipe per te è digiuno e riposo* || *per recipe*, per prescrizione medica.

recìpere [dal lat. *recipere*; fine sec. XII *ricepere*] ***tr.*** *ant.* ricevere.

recipiènte (*ppr.* di *recipere*) [1573] **I** ***sm.*** qualsiasi oggetto destinato a contenere sostanze (spec. incoerenti); contenitore: *un recipiente stagno, di vetro* **II** ***agg.*** *non com.* capiente, capace: *vaso poco recipiente* || **N. I** alveo, ampolla, anfora, bacinella, barile, bicchiere, bigoncino, boccale, borraccia, botte, bottiglia, busta, canestro, cartoccio, cassa, catino, cesta, corba, damigiana, fiasco, fusto, marmitta, mastello, orcio, otre, paniere, sacco, scatola, secchio, sporta, tino, tinozza, urna, vaso, zana, zangola | riempire, vuotare. **Q.T.** *acqua.*

reciprocànza [da *reciproco*; 1785] ***sf.*** *lett. raro* reciprocità: *reciprocanza di diritti, di affetti.*

reciprocàre (pres. *-ìproco, -ìprochi*) [dal lat. *reciprocāre*; 1598] ***tr.*** **1.** *non com.* ricambiare, contraccambiare || *T.comm.* offrire un trattamento analogo a quello ricevuto **2.** *raro* alternare, avvicendare.

reciprocazióne [dal lat. *reciprocātio, -ōnis*; a. 1406] ***sf.*** **1.** azione reciproca **2.** avvicendamento di azioni alterne (spec. come *T.fis.*): *reciprocazione del moto del pendolo.*

reciprocità [dal lat. tardo *reciprocitas, -ātis*; 1797] ***sf.*** l'essere reciproco: *la reciprocità di un sentimento, rapporti internazionali basati sul principio della reciprocità* || *T.geom.* corrispondenza biunivoca tra i punti di un piano e le rette di un altro || **N. 1.** *Sin.* scambievolezza, vicendevolezza.

recìproco (pl. *-ci*) [dal lat. *reciprocus*; 1478] **I** ***agg.*** **1.** che avviene tra più persone o cose che agiscono nell'identico modo l'una nei confronti delle altre; scambievole, vicendevole: *stima reciproca, favore reciproco* || *T.gram. verbo reciproco*, che esprime un'azione che due o più soggetti effettuano contemporaneamente l'uno nei confronti dell'altro (o degli altri) (per es. *sposarsi, salutarsi, picchiarsi*) **2.** *T.mat.* dell'ente algebrico (numero, funzione ecc.) che si ottiene dividendo l'unità per l'ente medesimo; inverso || *equazione reciproca*, che risulta soddisfatta sia per x che per $1/x$ || *T.geom.* degli enti che si corrispondono in una reciprocità || in logica matematica, dei termini di una relazione che gode della proprietà di essere simmetrica || **reciprocamènte** ***avv.*** in modo reciproco: *nazioni reciprocamente ostili; l'insieme A è incluso in B, e reciprocamente* **II** ***sm.*** *T.mat. reciproco di un numero n*, il numero che, moltiplicato per *n*, dà come risultato 1 || *T.mat.* enunciato o teorema inverso di quello dato || **N. 1.** *Sin.* mutuo | *Contr.* unilaterale.

recircolàre o **recirculàre** (pres. *-ìrcolo*) [comp. parasint. di *circolo*; 1321 *recirculare*] ***intr.*** (aus. *avere*) *poet. arc.* girare in cerchio.

recìsa [da *recidere*; a. 1444] ***sf.*** *ant.* **1.** taglio prodotto nelle carni da corde o catene **2.** scorciatoia || nella *loc. avv. alla recisa*, per le spicce, sbrigativamente, alla meno peggio.

recisióne [da *recidere*; 1617] ***sf.*** atto ed effetto del recidere || **N.** *Sin.* amputazione, cesura, taglio.

recìso (*pps.* di *recidere*) [1321 *riciso*] ***agg.*** **1.** tagliato di netto, troncato, mozzato: *fiori recisi*, fiori freschi, messi in commercio subito dopo esser stati tagliati dalla pianta **2.** *fig.* netto, senza incertezze: *risposta recisa* || **recisamènte** ***avv.*** risolutamente, con recisione || **N. 2.** *Sin.* asciutto, brusco, categorico, netto, secco | *Contr.* dubbioso, incerto, indeciso, irresoluto, tentennante, titubante, vacillante.

recisùra [da *recidere*; 1872] ***sf.*** fenditura, screpolatura (spec. della pelle).

rècita [da *recitare*; a. 1698] ***sf.*** **1.** rappresentazione di un'opera teatrale: *assistere alla recita, recita all'aperto* **2.** *non com.* recitazione, declamazione || **N. 1.** *Sin.* spettacolo.

recitàbile [da *recitare*; a. 1587] **agg.** *raro* che può essere recitato.

recital (ingl., pr. [rɪˈsaɪtəɫ], pr. it. [ˈretʃital]) [da to *recite*, recitare; 1897] **sm.** *inv.* esibizione solistica di un attore || *meno com.*, esecuzione musicale di un solista.

recitànte (*ppr.* di *recitare*) [1342] **I agg.** che recita || *T.mus.* in un componimento musicale, detto della voce che deve recitare il testo **II s.** chi recita, attore || in un'opera cantata, spec. passioni e oratori antichi, attore cui spettava la parte narrativa.

recitàre (pres. *rècito*) [dal lat. *recitāre*; sec. XIII *recetare*] **tr. 1.** interpretare un'opera drammatica o una sua parte: *una compagnia specializzata nel recitare Shakespeare, recita una particina in un colossal* || *ass.* sostenere una parte, fare l'attore: *recitare bene, da cani, con calore*; *non saper recitare*, essere cattivi attori || *per estens. spreg.* esprimersi in modo innaturale, affettato o, anche, fingere sentimento e intenzioni da cui non si è animati (anche *ass.*): *smettila di recitare!, ha recitato la parte dell'infelice e lei c'è cascata* **2.** ripetere un testo che si è imparato a memoria: *recitare una poesia, le preghiere* || *per estens.* ripetere meccanicamente: *recita alla perfezione la lezione, ma non ne ha capito il contenuto*; *iron. recitare la lezione*, ripetere ciò che è stato suggerito da altri **3.** *per estens.* di norme, leggi e sim., affermare, dire (anche *ass.*): *come recita l'articolo 1 della Costituzione, l'Italia è una repubblica democratica fondata sul lavoro.*

recitatìvo [da *recitare*; a. 1647] **I agg.** che ha carattere di recitazione || da dirsi recitando: *canto recitativo* **II sm.** *T.mus.* stile di canto dal ritmo libero e irregolare, tendente a riprodurre la naturalezza della lingua parlata: *recitativo semplice* (o *secco*), in cui la voce è accompagnata dal solo basso continuo; *recitativo accompagnato* (od *obbligato*), nel quale alla voce si uniscono più strumenti || singolo brano da eseguirsi in stile recitativo. **Q.T.** *musica.*

recitatóre [dal lat. *recitātor, -ōris*; sec. XIV] **sm.** (f. *-trìce*) *raro* chi recita.

recitazióne [dal lat. *recitātio, -ōnis*; a. 1375 nel senso 2] **sf. 1.** atto del recitare **2.** modo di recitare: *ha una recitazione enfatica, scuola di recitazione* **3.** *ant.* recita || narrazione, relazione || **N. 1.** *Sin.* declamazione.

recitìccio (pl. *ci*) [da *recere*; a. 1566 nel senso 2] **sm. 1.** *raro* materia emessa vomitando **2.** *fig. spreg.* cosa o persona brutta, malfatta.

reciùto *pps. raro* di *recere.*

reclamàre (pres. *-àmo*) [dal lat. *reclamāre*; 1513] **tr.** richiedere apertamente ed energicamente qualcosa cui si ritiene di aver diritto (anche *fig.*): *reclamare l'indennizzo del danno subito, la situazione reclama un intervento immediato* || **intr.** (aus. *avere*) fare reclamo, presentare un reclamo: *reclamare contro i disservizi postali, presso l'ufficio competente* || **N. tr.** *Sin.* esigere, pretendere, volere; abbisognare, necessitare | **intr.** *Sin.* contestare, lagnarsi, lamentarsi, protestare, ricorrere.

reclamazióne [dal lat. *reclamātio, -ōnis*; a. 1536] **sf.** *raro* reclamo.

réclame (fr., pr. [reˈklam]) [letter. richiamo; 1862] **sf.** *inv.* **1.** propaganda commerciale: *è vietato fare réclame alle sigarette*; *è tutta réclame*, riferendosi a un prodotto molto pubblicizzato ma di scarso valore || *per estens.* ostentazione dei propri (veri o presunti) meriti: *farsi réclame* **2.** *concr.* qualsiasi mezzo (spazi pubblicitari televisivi, insegna, cartellone, slogan ecc.) usato per propagandare qualcosa: *la nuova réclame televisiva di un famoso liquore* || **N.** *Sin.* pubblicità.

reclamìsta [da *réclame*; 1908] **s.** *raro* agente pubblicitario; propagandista || *per estens.* chi è abile nel farsi *réclame* e ama farlo spesso.

reclamìstico (pl. *-ci*) [da *réclame*; 1918] **agg.** di *réclame*; pubblicitario.

reclamizzàre [da *réclame*; 1942] **tr.** fare pubblicità a qualcosa.

reclamizzàto (*pps.* di *reclamizzare*) [1972] **agg.** pubblicizzato || *auto reclamizzata*, automobile di proprietà di un'azienda, recante sui fianchi scritte o immagini che la pubblicizzano, usata dai dipendenti dell'azienda stessa.

reclàmo [da *reclamare*; 1635] **sm.** ferma e aperta protesta, rivolta alla persona o all'ufficio responsabile o competente in materia, con cui si fa presente un danno subito e se ne richiede la riparazione: *presentare reclamo alla direzione dell'albergo, non si accettano reclami*; *ufficio reclami*, in cui si accettano reclami || *per meton.* il mezzo (documento o sim.) con cui si reclama: *render noto il testo del reclamo* || **N.** *Sin.* lagnanza, lamentela, ricorso, rimostranza.

reclinàbile [da *reclinare*; 1983] **agg.** che si può reclinare: *sedili reclinabili.*

reclinàre (pps. *reclinàto*, raro *reclìno*) [dal lat. *reclināre*; a. 1306] **tr.** chinare, abbassare (anche di lato): *reclinò il capo e spirò* || **intr.** (aus. *avere*) *raro* piegarsi, inclinarsi dal lato opposto: *la nave inclinava a sinistra per reclinare a destra* || **N. tr.** *Sin.* chinare, inclinare.

reclinatòrio (pl. *-ri*) [dal lat. tardo *reclinatōrius*; sec. XIV] **sm.** *arc.* riposo || luogo dove si riposa.

reclìno *pps. sinc.* di *reclinare.*

reclùdere (pass. rem. *reclùṣi, recludésti*; pps. *reclùṣo*) [dal lat. *reclūdere*; sec. XIV] **tr.** *lett.* rinchiudere || imprigionare.

recluṣióne [da *recludere*; a. 1306] **sf.** atto ed effetto del recludere e dell'essere recluso || *T.giur.* pena detentiva prevista per i delitti, consistente nella privazione della libertà personale per un periodo compreso tra i quindici giorni e i trent'anni, da scontarsi in appositi stabilimenti, con l'obbligo del lavoro e dell'isolamento notturno: *fu condannato a dieci anni di reclusione* || *fig. iperb.* condizione di isolamento (con un'idea di costrizione): *che reclusione in quella sperduta frazione in montagna!* || **N.** arresto, carcerazione, detenzione, imprigionamento, prigionia; segregazione.

reclùṣo (*pps.* di *recludere*) [1841] **agg.** e **sm.** (f. *-a*) che, chi si trova in condizioni di reclusione (in senso proprio e fig.) || **N.** *Sin.* carcerato, detenuto, galeotto, prigioniero.

recluṣòrio (pl. *-ri*) [da *recluso*; 1848] **sm.** stabilimento in cui i reclusi scontano la pena || **N.** *Sin.* carcere, galera, penitenziario, prigione.

rècluta (arc. *reclùta*) [dallo sp. *recluta*; 1644] **sf. 1.** *T.mil.* militare appena arruolato, che non ha ancora prestato giuramento || *per estens.* chi è nuovo di un certo ambiente: *le reclute del cinema, del nostro partito* **2.** *ant.* reclutamento || **N. 1.** *Sin.* coscritto; neofita, novellino, novizio | *Contr.* anziano, veterano.

reclutaménto [da *reclutare*; 1841] **sm.** atto del reclutare (anche nei sensi *estens.*): *reclutamento per coscrizione obbligatoria, il reclutamento di nuovi iscritti* || **N.** *Sin.* arruolamento, coscrizione; assunzione.

reclutàre (pres. *rècluto*) [dallo sp. *reclutar*; a. 1712] **tr. 1.** *T.mil.* provvedere alla scelta, alla chiamata e all'assegnazione alle varie armi e specialità dei cittadini iscritti al servizio di leva che sono stati dichiarati idonei al servizio militare **2.** *per estens.* assumere, assoldare o, anche, portare tra le proprie file: *reclutare nuovi calciatori, nuovi aderenti* || **N. 1.** *Sin.* arruolare | *Contr.* congedare, riformare.

reclutatóre [da *reclutare*; 1953] **sm.** chi, anticamente, provvedeva al reclutamento dei soldati.

recognizióne V. RICOGNIZIONE.

recolèndo [dal lat. *recolendus*; a. 1424] **agg.** *lett. raro* reverendo.

recollètti [dal lat. *recollēctus*, adunato; 1629] **sm.** *pl.* *T.rel.* ramo dell'ordine francescano sorto in Spagna nel sec. XVI, che si prefisse il ritorno alla stretta osservanza della regola francescana || *T.rel.* ramo dell'ordine degli eremitani di Sant'Agostino sorto in Spagna nel sec. XVI, che riunì i religiosi aspiranti a una vita di intenso raccoglimento spirituale; è tutt'oggi fiorente in molte nazioni.

reconciliàre V. RICONCILIARE.

recòndito [dal lat. *reconditus*; 1485] **I agg.** *lett.* profondamente nascosto, occulto (anche *fig.*): *luogo recondito*; *i più reconditi segreti della natura, dell'animo* **II sm.** *ant.* la parte più profonda e misteriosa: *il recondito del vero* || **N. I** *Sin.* celato, misterioso, segreto | *Contr.* lampante, manifesto, noto, palese.

reconditòrio (pl. *-ri*) [dal lat. tardo *reconditōrius*; 1825] **sm** *T.eccl.* piccolo reliquiario in mezzo alla mensa di un altare, dentro il quale sono riposte e custodite le reliquie dei santi.

rècord [propr. registrazione (di un primato); 1895] **I sm.** *inv.* **1.** primato (spec. come *T.sport.*): *battere il record mondiale di salto con l'asta* || livello massimo: *il record delle vendite si raggiunge prima di Natale* || *fam.* nella *loc. avv. a tempo di record*, in tempo brevissimo **2.** nella boxe, elenco di tutti gli incontri disputati da un pugile **3.** *T.inform.* ciascuno degli insiemi di dati immagazzinati in un archivio **II agg.** *inv.* (sempre posposto) da primato: *tempo, incasso record.* **Q.T.** *sport.*

recordìsta [dall'ingl. *recordist*; 1942] **s.** *T.cin.* addetto al funzionamento dei registratori di suoni.

recordman (pseudoingl., pr. [ˈrekordmen]) [comp. di *record* e *man*, uomo; 1905] **sm.** *inv.* *T.sport.* primatista. **Q.T.** *sport.*

recòtto [var. sett. di *ricotto*, detto così perché si ottiene mediante bollitura; 1940] **sm.** cascame del bozzolo di seta.

recriminàre (pres. *-ìmino*) [dal lat. *crimen, -inis*; 1640] **intr.** (aus. *avere*) **1.** rammaricarsi inutilmente (perlopiù accentuando responsabilità altrui) perché qualcosa non è andato come doveva: *cos'hai da recriminare? pensa piuttosto a trovare un rimedio!, recriminare su ciò che è accaduto* **2.** *non com.* ritorcere un'accusa, passando così da accusato ad accusatore.

recriminatóre [da *recriminare*; 1872] **agg.** e **sm.** (f. *-trìce*) *raro* che o chi recrimina.

recriminatòrio (pl. *-ri*) [da *recriminazione*; 1970] **agg.** proprio di recriminazione, che costituisce una recriminazione: *messaggio recriminatorio, tono recriminatorio.*

recriminazióne [da *recriminare*; 1640] **sf.** atto del recriminare: *queste sono inutili recriminazioni* || **N.** *Sin.* lamentela; ritorsione.

recrudescènza [dal lat. *recrudēscere*, rincrudire; 1835] **sf.** *T.med.* aggravamento di una malattia, in una fase di stasi o di attenuazione || *per estens.* aumento di fenomeni sociali negativi: *la recrudescenza della criminalità organizzata* || **N.** *Sin.* inasprimento.

recto (lat., pr. it. [ˈrɛkto]) [propr. nella parte diritta; 1905] **sm.** *inv.* faccia anteriore di un foglio, una moneta, una medaglia e sim. || **N.** *Contr. verso.* **TAV.** *numismatica* 2.1.

recùbito [dal lat. *recubitus*; a. 1712] **sm.** *ant.* condizione del giacere per lungo tempo; decubito.

recùpera [da *recuperare*; 1806] **sf.** *T.bur.* recupero (rif. solo a beni materiali).

recuperàbile o **ricuperàbile** [da *recuperare*; 1598] **agg.** che si può recuperare || **N.** *Contr.* irrecuperabile.

recuperabilità o **ricuperabilità** [da *recuperare*; 1959] **sf.** l'essere recuperabile.

recuperaménto o **ricuperaménto** [da *recuperare*; 1872] **sm.** *raro* recupero.

recuperàre o **ricuperàre** (pres. *-ùpero*) [dal lat. *recuperāre*; a. 1306] **tr. 1.** rientrare in possesso di qualcosa che ci era stato tolto, che si era perduto o del quale, comunque, non si aveva più notizia: *il bottino è stato recuperato, recuperare un credito, con quell'operazione ha recuperato la vista, è stata recuperata, fra i rottami, la scatola nera dell'aereo precipitato* || *in part.* rif. al tempo, riguadagnarlo: *lavora anche di sera per recuperare il tempo perduto, l'atleta è riuscito nel finale a recuperare alcuni minuti sul gruppo di testa*; *per estens.* rimontare uno svantaggio (spec. come *T.sport.*): *recuperare punti preziosi* **2.** *fig.* rif. a persona, aiutarla a (re)-inserirsi socialmente o a ritrovare il suo equilibrio: *recuperare gli handicappati meno gravi* || in costrutti in cui è esplicitato o sottinteso un compl. di termine, restituire, rendere nuovamente disponibile: *recuperare un criminale alla vita sociale* **3.** ricavare materiali di scarto che altrimenti andrebbero perduti: *recuperare il metallo dai rottami di auto* || **N. 1.** *Sin.* riacquistare, riavere, riconquistare, rinvenire, riottenere, ritrovare, trovare, scovare | *Contr.* abbandonare, lasciare, perdere, smarrire **2.** *Sin.* reinserire, reintrodurre | *Contr.* allontanare, escludere **3.** *Sin.* riciclare, riutilizzare.

recuperatóre o **ricuperatóre** [dal lat. *recuperātor, -ōris*; 1612] **sm.** (f. *-trìce*) **1.** chi recupera **2.** *T.tecn.* denominazione generica di vari dispositivi per il recupero di energia (spec. calorica) **3.** *T.bal.* nei pezzi d'artiglieria con affusto a deformazione, dispositivo che riporta la bocca da fuoco in batteria, dopo il rinculo.

recuperatòrio o **ricuperatòrio** (pl. *-ri*) [dal lat. *recuperatōrius*; 1871] **agg. 1.** che serve o tende al recupero di qualcuno **2.** *T.giur.* che tende al recupero di un bene illegittimamente sottratto: *giudizio recuperatorio.*

recuperazióne o **ricuperazióne** [da *recuperare*; prima metà sec. XIV] **sf.** *raro* recupero.

recùpero [da *recuperare*; 1812] **sm. 1.** atto ed effetto del recuperare: *recupero crediti*, azione per ottenere il pagamento di crediti insoluti; *capacità di recupero*, di riacquistare in breve tempo la forma fisica, o di riguadagnare terreno in campo scolastico, professionale ecc.; rimonta di uno svantaggio: *l'eccezionale recupero della squadra italiana*; *recupero elastico*, capacità di un materiale di ritornare alle condizioni in cui si trovava prima di essere sottoposto a uno sforzo; reinserimento nella vita sociale: *il recupero dei disadattati*; *corsi, lezioni di recupero*, fatti per gli alunni in difficoltà o che sono rimasti indietro col programma; *il recupero del centro storico*, la sua ristrutturazione, in vista di una sua utilizzazione più funzionale; *materiali di recupero*, recuperati per riutilizzarli; *partita di recupero*, giocata in sostituzione di una rinviata o sospesa per cause di forza maggiore; *minuti di recupero*, in una partita di calcio, quelli che l'arbitro concede allo scadere del tempo regolamentare, per recuperare il tempo perso durante la partita per interruzioni **2.** *concr.* meno com., oggetto o insieme di oggetti recuperati: *i recuperi di navi affondate* || **N. 1.** *Sin.* reinserimento, reintroduzione, riacquisto, riciclaggio, rimonta, rinvenimento, riottenimento, ripresa, riscatto, ritrovamento, riutilizzazione | *Contr.* allontanamento, caduta, calo, perdita, smarrimento.

recursióne V. RICORSIONE.

recursivo e der. V. RICORSIVO e der.

recuṣàre e der. V. RICUSARE e der.

rèda¹ [dal lat. *rāeda*; a. 1294] **sf.** *T.stor.* grosso carro a quattro ruote che gli antichi Romani usavano per trasportare persone o cose.

rèda² [lat. *hēres, -ēdis*; 1306] **sf.** (raro *sm.*) *ant. poet.* erede.

redan (fr., pr. [rə'dɑ̃]) [var. di *redent*, sporgenza a forma di dente; 1931] **sf.** *inv.* gradino presente sulla carena di imbarcazioni e velivoli, atto a migliorarne l'aerodinamica.

redància V. RADANCIA.

redàre (pres. *rèdo*) [da *reda²*; 1537] **tr.** *arc. tosc.* ereditare.

redarguìbile [da *redarguire*; 1855] **agg.** che può o deve essere redarguito.

redarguìre (pres. *-ìsco, -ìsci*) [dal lat. *redarguere*, confutare con più forza; sec. XIV] **tr.** rimproverare qualcuno, argomentando contro di lui, dimostrandogli la sua colpa: *redarguire aspramente, severamente* || **N.** *Sin.* biasimare, criticare, riprendere, RIMPROVERARE.

redarguizióne [da *redarguire*; a. 1872] **sf.** *raro* atto ed effetto del redarguire; rimprovero.

redatóre [da *redare*; 1600] **sm.** *arc.* erede.

redàtto (*pps.* di *redigere*) [a. 1742] **agg.** steso, scritto, compilato.

redattóre [dal fr. *rédacteur*, chi compila documenti giuridici; 1812] **sm.** (f. *trice*) **1.** chi scrive o rielabora testi per giornali, riviste e sim. o, presso case editrici, cura la pubblicazione di manoscritti o di opere di compilazione, redigendo testi propri o raccogliendone e adattandone di altrui **2.** chi redige un testo: *il redattore del verbale* || **N. 1.** *Sin. copywriter*, curatore **2.** *Sin.* compilatore, estensore. **Q.T.** *giornale.*

redazionàle [da *redazione*; 1959] **agg.** della redazione, dei redattori: *l'ufficio redazionale di una rivista*; *articolo redazionale*, non firmato, la cui responsabilità è assunta dall'intera redazione.

redazióne [dal fr. *rédaction*, riassunto scritto; 1812] **sf. 1.** l'atto del redigere, la stesura di un testo: *la redazione della sentenza, dell'ordine del giorno* || ciascuna delle varie stesure di un'opera letteraria || *per estens.* ciascuna delle varianti di un'opera artistica in cui l'artista tratta il medesimo soggetto **2.** *concr.* in un giornale, una rivista, una casa editrice o un programma radiotelevisivo, l'insieme delle persone che lavorano stabilmente alla produzione dei testi da pubblicare o trasmettere, e alla rielaborazione dei contributi esterni: *fa parte della redazione del TG3* || *per meton.* la sede della redazione: *manoscritto pervenuto in redazione* || **N. 1.** *Sin.* compilazione, scrittura **2.** segretaria di redazione. **Q.T.** *giornale.*

redàzza o **radàzza** o **retàzza** [da *rete* attr. una var. sett.; 1813] **sf.** *T.mar.* grosso fascio di filacce di canapa, riunito a forma di nappa, per asciugare i ponti delle navi dopo che sono stati lavati.

redde rationem (lat., pr. it. ['rɛdde rat'tsjɔnem]) [letter. rendi ragione] **loc. m.** *inv.* resa dei conti: *arrivare al redde rationem.*

redditièro o **redditière** [da *reddito*; 1950] **sm.** (f. *-a*) *raro* chi percepisce redditi, spec. elevati || chi vive di rendita.

redditività [da *redditivo*; 1954] **sf.** *T.econ.* capacità di produrre un reddito.

redditìvo [da *reddito*; 1881] **agg.** *raro* redditizio.

redditìzio (pl. *-zi*) [da *reddito*; 1881] **agg.** che frutta un alto profitto; *commercio, affare redditizio.*

rèddito [dal lat. *redditum*; 1810] **sm.** complesso delle entrate conseguite da una persona fisica o giuridica in una data unità di tempo: *il reddito annuo di un'industria*; *dichiarazione dei redditi*, contenente il calcolo della base imponibile; *reddito nazionale*, complesso dei redditi percepiti in un dato periodo dai cittadini di un paese, sia all'interno di esso che all'estero; *redditi di capitale, d'impresa, di lavoro, fondiari, diversi*, le cinque categorie nelle quali sono attualmente distinti i redditi || **N.** *Sin.* provento, RENDITA. **Q.T.** *economia...*

reddituàle [da *reddito*; 1959] **agg.** relativo al reddito, proprio del reddito || *analisi reddituale*, studio e analisi delle variabili di un sistema economico.

reddizióne [dal lat. *redditio, -ōnis*; 1745] **sf.** *arc.* restituzione.

redènto (*pps.* di *redimere*) [1598] **I agg.** liberato, riscattato: *redento dalla colpa*; *terre redente*, riunite alla patria dopo aver subìto la dominazione straniera **II sm.** (f. *-a*) persona redenta || **N. I** *Contr.* irredento.

redentóre [dal lat. *redemptor, -ōris*; sec. XIII] **agg.** e **sm.** (f. *-trìce*) *raro* che o chi redime, riscatta: *si atteggia a redentore degli oppressi* || *per anton.* Gesù Cristo.

redentorista [da *redentore*; 1951] **sm.** sacerdote missionario appartenente alla Congregazione del Redentore, fondata nel 1723 da Sant'Alfonso Maria de' Liguori.

redenzióne [dal lat. *redemptio, ōnis*; a. 1294] **sf. 1.** *raro* liberazione, riscatto: *la redenzione degli schiavi* || *com. T.rel.* nel Cristianesimo, il riscatto del genere umano dal peccato originale, operato da Gesù Cristo **2.** *lett. ant.* scampo, riparo, rimedio: *per altra via non c'è redenzione* (Berni) || **N. 1.** *Sin.* affrancamento | *Contr.* asservimento, assoggettamento, oppressione.

redibitòrio (pl. *-ri*) [dal lat. tardo *redhibitōrius*; 1804] **agg.** *T.giur.* di redibizione: *azione redibitoria*, diretta a ottenere, da parte del compratore, lo scioglimento del contratto di compravendita, nel caso in cui la cosa venduta risulti viziata; *vizio redibitorio*, per il quale può essere intentata la redibizione.

redibizióne [dal lat. *redhibitio, -ōnis*; 1749] **sf.** *T.giur.* azione redibitoria.

redìgere (pres. *redìgo, redìgi*; pass. rem. *redàssi, redigésti, redàsse*; pps. *redàtto*) [dal lat. *redigere*, propr. condurre di nuovo; 1812] **tr.** rif. a testo, stendere, comporre (spec. secondo forme definite): *redigere una domanda in carta bollata, una glossa di dizionario.*

redìmere (pres. *redìmo*; pass. rem. *redènsi, redimésti, redènse*; pps. *redènto*) [dal lat. *redimere*; a. 1306] **tr.** liberare, riscattare da una condizione negativa; *com.* liberare dalla soggezione morale al peccato, al vizio ecc. || *T.giur.* liberare un bene da un vincolo gravante su di esso || **rifl.** riscattarsi, riabilitarsi || **N. tr.** *Sin.* affrancare, riabilitare, salvare.

redimìbile [da *redimere*; 1742] **agg.** *lett.* che può essere redento || *T.fin.* *debito redimibile*, nell'ambito del debito pubblico, quello costituito da titoli a medio e lungo termine per i quali è prevista una data di scadenza e il cui servizio è distribuito nel tempo secondo prefissati piani di ammortamento || **redimibilménte** **avv.** *raro* || **N.** *Sin.* riscattabile.

redimibilità [da *redimibile*; 1673] **sf.** *non com.* qualità di ciò che è redimibile.

redimìre (pres. *-ìsco, -ìsci*) [dal lat. *redimīre*; a. 1420] **tr.** *lett. raro* incoronare.

redimìto (*pps.* di *redimire*) [a. 1321] **agg.** *lett.* incoronato, cinto, adorno: *te, redimito di fior purpurei* (Carducci).

rèdine [lat. tardo *retina*; a. 1290] **sf.** spec. *pl.* briglia del cavallo: *afferrare, abbandonare le redini* || *fig.* controllo, guida, direzione: *ha in mano le redini dell'azienda, del sindacato.* **TAV.** *finimenti* 3.5, 5.5, 5.8; *carri...* **p. 664** 7.2, 10.8.

redingote (fr., pr. [rədɛ̃'gɔt]; pr. it. [redin'gɔt]) [dall'ingl. *riding-coat*, abito per cavalcare; 1748] **sf.** *inv.* *T.abb.* soprabito di linea aderente e dalla vita accentuata, lungo fino al ginocchio, originariamente usato, nell'Inghilterra del Settecento, per cavalcare (nella versione con le falde posteriori aperte) || **N.** *stiffelius.*

redintegràre (pres. *-ìntegro*) [dal lat. *redintegrāre*; 1532] **tr.** *ant.* reintegrare.

redìre (arc. *reddìre*) (pres. *rièdo*; in posizione tonica si ha sempre *rie-* al posto di *re-*) [dal lat. *redīre*; a. 1282] **intr.** (aus. *essere*) *poet. ant.* ritornare.

redistribuìre e der. V. RIDISTRIBUIRE e der.

redìta (arc. *reddìta*) [da *redire*; a. 1250] **sf.** *poet. ant.* ritorno.

rèdito (*pps.* di *redire*) [a. 1503] **I agg.** tornato **II sm.** ritorno.

redivìvo [dal lat. *redivīvus*, propr. restaurato; a. 1306] **agg.** e **sm.** (f. *-a*) che o chi è tornato in vita, è resuscitato || *com. fig.* che o chi possiede le stesse qualità eccezionali di una persona già morta: *un Michelangelo redivivo* || *fig. scherz.* che o chi si è rifatto vivo dopo lungo tempo: *ecco la rediviva!.*

rèdo [lat. *hēres, -ēdis*; 1789] **sm.** *tosc. lett.* vitello o puledro di latte.

rèdola [etim. inc.; 1768] **sf.** *tosc.* viale ghiaioso di un giardino || viottolo erboso che attraversa i campi.

redolènte (*pps.* di *redolire*) [sec. XIII *redolento*] **agg.** *lett. ant.* odoroso: *il forte e redolente vino* (Carducci).

redolìre (pres. *-ìsco, -ìsci*) [dal lat. *redolēre*; 1321] **intr.** (aus. *avere*) *lett. ant.* odorare, olezzare.

rèdova [dal ceco *rejdowak*; 1891] **sf.** danza ceca a tre tempi, simile alla mazurka, ma meno vivace.

rèduce [dal lat. *redux, -ucis*; 1810] **agg.** e **s.** che o chi è appena ritornato da un luogo o da un'impresa, spec. di un certo impegno: *i reduci dai campi di concentramento, è reduce da un'ascensione molto difficile, dall'Inghilterra, da un colloquio con il direttore* || *ass.* che o chi torna dalla guerra: *l'inserimento dei reduci nella vita civile, i reduci del Vietnam* || **N.** sopravvissuto, superstite, veterano.

reduplicàre (pres. *-ùplico, -ùplichi*) [dal lat. tardo *reduplicāre*; 1745] **tr.** *lett.* o come *T.ling.* raddoppiare.

reduplicatìvo [da *reduplicare*; 1745] **agg.** *lett.* o come *T.ling.* che serve a reduplicare || *T.fil.* di proposizione in cui ricorre una reduplicazione.

reduplicazióne [dal lat. tardo *reduplicātio, -ōnis*; 1745] **sf.** *lett.* o come *T.ling.* atto ed effetto del reduplicare || *T.fil.* ciascuna delle espressioni del tipo di "come", "in quanto", usate in formule del tipo di "l'uomo, in quanto animale, è mortale" || **N.** *Sin.* raddoppiamento, replicazione, ripetizione.

reduttàṣi o **riduttàṣi** [dall'ingl. *reductase*; 1929] **sf.** *T.biol.* e *T.chim.* enzima che catalizza un processo chimico di riduzione.

refaiòlo [da *refe*; a. 1799] **sm.** *tosc.* merciaio.

réfe [etim. inc.; 1353] **sm.** filato da cucito, di lino o canapa, a due o più capi ritorti || *ant.* in loc. e modi di dire fig.: *a refe doppio*, a tutto andare, alacremente; *cucire a refe doppio*, ingannare con la propria doppiezza; *esser cuciti a refe doppio*, rif. a persone, essere molto unite (spec. per combinare affari poco onesti).

referendàrio (pl. *-ri*) [dal lat. *referendārius*; a. 1363] **I agg.** relativo a referendum: *voto referendario* **II sm. 1.** nei sistemi amministrativi moderni, relatore con l'incarico di studiare una questione e riferirne agli organi competenti: *referendario al Consiglio di Stato, presso il Supremo Tribunale della Segnatura Apostolica* **2.** *T.stor.* nel tardo Impero Romano e nel Medioevo, segretario e archivista di corte.

referèndum [dal lat. *referendum*, cosa che si deve registrare, attr. il fr. *referendum*; 1892] **sm. inv. 1.** consultazione diretta dei cittadini, che sono chiamati a pronunciarsi (in termini di approvazione o rigetto delle domande poste) su singole questioni **2.** *disus.* metodo di rilevazione statistica, basata su un questionario, usato spec. per indagini di mercato e sondaggi d'opinione. **Q.T.** *politica.*

referènte [dal lat. *referens, -entis*, che riferisce; 1872] **I agg.** *T.pol.* che riferisce: *commissione in sede referente*, che si riunisce per esaminare un disegno o una proposta di legge da presentare per l'approvazione all'organo deliberante **II s. 1.** persona cui fa capo, in un determinato luogo o ambito, un'organizzazione o un'azienda **2.** *sm. T.ling.* in semantica e in semiotica, qualsiasi cosa a cui è possibile far riferimento con un segno linguistico || **N.** II **2.** *Sin.* riferimento; denotazione, estensione.

referènza [dal fr. *référence*; 1908] **sf. 1.** (spec. *pl.*) complesso di informazioni sulle capacità professionali e sulle qualità morali di una persona o sull'affidabilità di una ditta, fornite da chi ha già avuto con esse rapporti di lavoro: *chiedere, fornire referenze su qualcuno* **2.** *T.ling.* il rinviare da parte di un segno linguistico a elementi del mondo extralinguistico.

referenziàle [da *referenza*; 1966] **agg.** *T.ling.* relativo al referente o alla referenza || *funzione referenziale*, in un messaggio linguistico, funzione che rinvia all'universo delle cose di cui si parla || **N.** *Sin.* denotativo.

referenziàre (pres. *-ènzio*) [da *referenza*; 1950] **tr.** dotare di buone referenze || **intr.** (aus. *avere*) esibire le referenze di cui si è in possesso.

referenziàto (*pps.* di *referenziare*) [1967] **agg.** spec. nella piccola pubblicità, che gode di buone referenze: *una persona referenziata, cercasi baby sitter referenziata.*

refèrto [dal v. lat. *rĕfert*, riferisce, informa; sec. XIV] **sm.** relazione scritta in cui un sanitario riporta gli esiti degli esami effettuati e una prima diagnosi || *T.giur.* denuncia scritta che un sanitario è obbligato a presentare alle autorità competenti qualora abbia prestato la propria opera a pazienti colpevoli di reato perseguibile d'ufficio (a meno che la denuncia esponga l'assistito a procedimento penale).

refètto [dal lat. *refectus*; a. 1294 come sm.] **I agg.** *arc.* riposato, ristorato **II sm.** *arc.* ristoro.

refettoriàle [da *refettorio*; 1535] **agg.** di refettorio.

refettòrio (pl. *-ri*) [dal lat. tardo *refectōrius*, che serve a rifare, ristorare; a. 1306] **sm.** l'ampia sala in cui si consumano i pasti, negli edifici in cui si svolge vita comunitaria (conventi, collegi ecc.).

refezióne [dal lat. *refectio, -ōnis*, che serve a rifare, ristorare; 1306] **sf. 1.** pasto, gen. leggero: *la refezione del mattino*, la colazione; *refezione scolastica*, il pasto distribuito agli alunni delle scuole a tempo pieno **2.** *propr. ant.* ristoro derivante dal cibarsi || **N. 1.** merenda, spuntino.

reficiàre o **refiziàre** (pres. *-ìcio* o *-ìzio*) [dal lat. *reficere*; a. 1315] **tr.** e **rifl.** *arc.* rifocillare e rifocillarsi.

refilàre V. RIFILARE[1].

refill (ingl., pr. [ˈriːfɪl]; pr. it. [ˈrefil]) [letter. ricambio; 1970] **sm. inv.** serbatoio sostituibile per penne a sfera o stilografiche.

refiziàre V. REFICIARE.

reflazióne [dall'ingl. *reflaction*; 1938] **sf.** *T.econ.* **1.** tentativo di bilanciare gli effetti deprimenti di una crisi economica che si ritenga dovuta a una mancata espansione creditizia **2.** *per estens.* inflazione.

reflessologìa V. RIFLESSOLOGIA.

reflex (ingl., pr. [ˈriːfleks]; pr. it. [ˈrefleks]) [propr. riflesso; 1963] **I sm.** *T.fot.* sistema di inquadratura delle immagini basato sulla riflessione dei raggi luminosi su di uno specchio inclinato di 45° che raccoglie l'immagine dall'obiettivo e la rinvia al vetro smerigliato sul quale può essere osservata || **sf. inv.** macchina fotografica dotata di tale sistema: *una reflex monoculare* **II agg. inv.** (sempre posposto) relativo a, dotato di sistema reflex: *una macchina reflex* || **N.** macchina fotografica.

refluìre V. RIFLUIRE.

rèfluo [dal lat. *refluus*; 1681] **agg.** che rifluisce: *sangue refluo*; *acque reflue*, acque che rifluiscono in un fiume o canale dopo l'utilizzo domestico o industriale.

reflùsso [da *refluire*, sul modello di *flusso* da *fluire*; a. 1519] **sm.** *lett. ant.* riflusso.

refocillàre V. RIFOCILLARE.

rèfolo (raro *rifolo*) [voce veneziana; a. 1566 *rifolo*] **sm.** *T.mar.* soffio di vento leggero che a tratti cresce o diminuisce senza mutare direzione; colpo di vento breve e impetuoso || **N.** *Sin.* buffo, folata, raffica, VENTO.

reforming (ingl., pr. [rɪˈfɔːmɪŋ]) [da *to reform*, riformare, correggere; 1959] **sm. inv. 1.** *T.chim.* processo di trasformazione delle benzine a basso numero di ottano in benzine ad alto numero di ottano, attraverso modificazioni delle molecole degli idrocarburi che le costituiscono **2.** *T.chim.* ossidazione parziale degli idrocarburi liquidi o gassosi per trarne gas di uso domestico.

refósco (pl. *-schi*) [forse forma rafforzativa region. (con *re-*) di *fosco*, nel senso di scuro; 1896] **sm.** *T.enol.* vitigno di uva rossa del Friuli, dell'Istria e della Dalmazia dal quale si ricava l'omonimo vino rosso scuro, tannico ma piacevolmente profumato.

refrain (fr., pr. [rəˈfrɛ̃]) [alterazione di *refrait*, pps. sost. di *refraindre*, rompere; 1905] **sm. inv.** *T.mus.* ritornello, ma solo inteso come ripetizione di una frase tra i vari periodi in cui si articola la composizione || **N.** ripresa.

refràngere V. RIFRANGERE.

refrattarietà [da *refrattario*; 1955] **sf.** caratteristica di chi o di ciò che è refrattario.

refrattàrio (pl. *-ri*) [dal lat. *refractārius*, attr. il fr. *réfractaire*; 1772] **agg.** che resiste, che è insensibile a determinate sollecitazioni; *in part. T.tecn.* che resiste a temperature elevatissime senza subire modificazioni rilevanti: *mattoni, materiali refrattari* || *T.med.* che resiste all'azione di agenti patogeni o di medicamenti || *T.biol.* che offre resistenza all'eccitabilità || *T.stor. preti refrattari*, durante la Rivoluzione Francese, i preti che avevano rifiutato il giuramento di fedeltà alla costituzione del 1790 || *fig.* insensibile, indifferente o, anche, ribelle, restio: *si è dimostrato refrattario a qualsiasi metodo educativo, al matrimonio* || **N.** *Sin.* inalterabile, insensibile, resistente, tetragono | *Contr.* alterabile, sensibile.

refràtto *pps.* di *refrangere* (v.).

refrattòmetro [comp. di *refratto* e *-metro*; 1965] **sm.** *non com.* rifrattometro.

refrattóre [da *refrangere*; 1974] **sm.** *non com.* rifrattore.

refrazióne [dal lat. *refrāctio, -ōnis*; sec. XIV] **sf.** *non com.* rifrazione.

refrigeraménto [da *refrigerare*; a. 1563] **sm. 1.** *non com.* refrigerazione **2.** *ant.* refrigerio.

refrigerànte (*ppr.* di *refrigerare*) [a. 1698] **agg. 1.** *T.tecn.* che rende freddo, che realizza la refrigerazione: *apparecchiature refrigeranti* (o *sm. refrigeranti*), *liquidi refrigeranti* (o *sm. refrigeranti*) **2.** *non com.* che dà refrigerio: *bibita refrigerante* || **N. 1.** *freezer, frigidaire*, frigo, frigorifero, ghiacciaia, refrigeratore **2.** *Sin.* rinfrescante.

refrigeràre (pres. *-ìgero*) [dal lat. *refrigerāre*; 1300 ca.] **tr. 1.** *T.tecn.* sottoporre a refrigerazione || *com.* mettere in frigorifero **2.** *non com.* dare refrigerio || *fig. ant.* confortare || **N. 1.** *Sin.* rinfrescare; congelare, surgelare.

refrigeratìvo [da *refrigerare*; sec. XIV] **agg.** *non com.* atto a refrigerare.

refrigeràto (*pps.* di *refrigerare*) [1942] **agg.** dotato di attrezzature refrigeranti: *celle refrigerate* || sottoposto a tecniche di refrigerazione: *alimenti refrigerati.*

refrigeratóre [dal lat. *refrigerātor, -oris*; 1940] **agg.** e **sm.** (f. *-trìce*) che o chi refrigera e, *in part.*, apparecchiatura refrigerante || **N.** REFRIGERANTE.

refrigerazióne [dal lat. *refrigerātio, -ōnis*; sec.

XIV *rifriggerazione*] **sf.** *T.tecn.* raffreddamento artificiale di sostanze, ottenuto per contatto diretto con il mezzo refrigerante, o per scambio termico mediato da un apposito circuito di raffreddamento.

refrigèrio (pl. *-ri*) [dal lat. tardo *refrigĕrium*; a. 1311] **sm.** piacevole sensazione di fresco prodotta da qualcosa che elimini o mitighi la calura o il bruciore: *questo unguento dà immediato refrigerio, cercare un po' di refrigerio all'ombra* || *fig. ant.* sollievo, conforto: *discende il refrigerio d'una parola amica* (Manzoni) || **N.** freschezza, frescura.

refrùsto [dal disus. *rifrustare*, percuotere; a. 1566] **sm.** rifrusto.

refùgio e der. forme arc. di RIFUGIO e der. (v.).

refugium peccatorum (lat., pr. it. [re'fudʒum pekka'tɔrum]) [propr. rifugio dei peccatori] **loc. m.** *inv.* appellativo della Vergine a cui i peccatori si rivolgono per ottenere intercessione || *fig. scherz.* persona, situazione, istituzione ecc., eccessivamente indulgente: *quell'esame è un po' il refugium peccatorum.*

refùlgere v. RIFULGERE.

refurtìva [dal lat. *re(s) furtīva*, cosa rubata; 1895] **sf.** il frutto di un furto, i beni sottratti col furto: *recuperare la refurtiva* || **N.** *Sin.* bottino, malloppo, maltolto.

refùso [dal lat. *refūsus*, propr. pps. di *refundere*, versare; 1742] **sm.** *T.tip.* errore di stampa consistente in uno scambio nell'ordine dei caratteri || *per estens.* qualsiasi errore di stampa.

refutàre (pres. *-ùto*) [dal lat. *refutāre*; a. 1519] **tr.** *ant.* negare || confutare.

refutazióne [dal lat. *refutātio, -ōnis*; seconda metà sec. XIV *rifutazione*] **sf.** *raro* confutazione.

règ [dall'ar. *reg*; 1931] **sm.** *inv.* tipo di deserto pietroso costituito da strati di ghiaie modellate dal vento.

regàglia (pl. *-glie*) [lat. *regālia*; 1503] **sf.** *raro* rigaglia.

regalàbile [da *regalare*; 1745] **agg.** **1.** *non com.* che si può regalare **2.** *ant.* di persona, che accetta regali; corruttibile.

regalàre (pres. *-àlo*) [dallo sp. *regalar*; 1598] **tr.** **1.** offrire liberamente qualcosa col desiderio di far cosa gradita: *cosa ti hanno regalato per Natale?, se sarai promosso ti regalerò la moto, in quel negozio, per ogni dieci dischi che compri uno te lo regalano* || *fig. iperb.* vendere a prezzo bassissimo: *un alloggio del genere a quel prezzo è regalato!* **2.** *per estens.* concedere: *regalare un sorriso, una parola di conforto a chi soffre* **3.** *arc.* condire ottimamente e rendere squisito || **N.** **1.** *Sin.* donare; svendere.

regalàto [da *regalare*; a. 1712] **agg.** **1.** offerto in regalo || *fig. iperb.* venduto a bassissimo prezzo **2.** *arc.* di cibo, squisito, eccellente; anche nella forma del superlativo: *frutti regalatissimi* || **regalataménte** **avv.** *arc.* sontuosamente, riccamente, alla grande.

regàle¹ [dal lat. *regālis*; a. 1321] **agg.** da re; degno di un re, maestoso: *abito, atteggiamento regale* || **regalménte** **avv.** || **N.** *Sin.* fastoso, magnifico, pomposo, principesco, sfarzoso, solenne, sontuoso.

regàle² [prob. da *regale¹*; a. 1712] **sm.** *T.mus.* piccolo organo portatile, ripiegabile dopo l'uso, dotato di due mantici a libro, in uso nel Quattro-Cinquecento || **N.** *Sin.* ninfale, rigabello.

regalèco (pl. *-ci*) [comp. del lat. *regālis*, regale e lat. *ăllec*, salsa di pesce; 1970] **sm.** pesce osseo marino dei Lamprediformi dal corpo snello e flessuoso lungo fino a sei metri, di colore argenteo e rosso.

regalìa¹ [da *regalare*; 1872] **sf.** regalo (in denaro o in natura) fatto a un dipendente, a un sottoposto e sim. per i servizi prestati; mancia: *regalie di fine d'anno.*

regalìa² [da *regale¹*; 1804] **sf.** **1.** *pl. T.stor.* prodotti naturali che il colono era tenuto, in determinate occasioni, a consegnare al proprietario del fondo **2.** *T.stor.* nel Medioevo, ciascuno dei diritti reali e imperiali (costituiti da tributi da parte dei sudditi o da prerogative in campo amministrativo e giurisdizionale).

regalìsmo [da *regale¹*; a. 1862] **sm.** *T.stor.* spec. rif. alla Spagna del sec. XVIII, la dottrina che affermava su basi giurisdizionalistiche la priorità delle prerogative regie su quelle dello Stato e della Chiesa.

regalìsta [da *regale¹*; a. 1745] **s.** fautore del regalismo.

regalità [da *regale¹*; a. 1574] **sf.** **1.** qualità di ciò che è regale, maestoso: *la regalità del suo portamento* **2.** *lett.* maestà reale: *la regalità di Cristo* || **N.** **1.** *Sin.* fastosità, magnificenza, pomposità, sfarzosità, solennità, sontuosità.

regàlo [dallo sp. *regalo*; a. 1543] **sm.** **1.** ciò che si regala; dono: *il giorno del suo compleanno l'hanno coperto di regali; dare, offrire in regalo,* regalare **2.** *per estens.* cosa estremamente gradita: *mi hai fatto veramente un regalo venendomi a trovare* || *antifr.* detto di ciò che non fa piacere: *bel regalo mi hai fatto!* || *dim.* regalìno, regalùccio: *accr.* regalóne || **N.** **1.** *Sin.* omaggio, presente, strenna | regalia **2.** *Sin.* favore, gentilezza, piacere.

règamo [lat. *orīganum*; 1891] **sm.** *pop. ant.* origano.

regàta [da un disus. *regattare*, contendere; sec. XIII-XIV] **sf.** gara fra imbarcazioni a vela, a remi o a motore: *regata velica; regata storica,* rievocante un avvenimento storico, effettuata tra imbarcazioni riproducenti quelle dell'epoca. **Q.T.** *vela.*

regatànte (*ppr.* di *regatare*) [1959] **agg.** e **s.** che, chi partecipa a una regata. **Q.T.** *vela.*

regatàre [da *regata*; 1614] **intr.** (aus. *avere*) *non com.* prender parte a regate. **Q.T.** *vela.*

rège [dal lat. *rex, regis*; 1308] **sm.** *poet.* re.

regèsto [dal lat. *regesta*, neutro pl. del pps. del v. *regerere*, riportare; 1727] **sm.** **1.** *T.stor.* a partire dall'Età imperiale romana, registro recante l'annotazione, in forma sintetica, degli atti di cancellerie e magistrature || successivamente, qualsiasi raccolta di documenti in sunto **2.** *per estens.* sunto di un documento.

reggae (ingl., pr. ['regeɪ]; pr. it. ['rɛgge]) [voce dell'ingl. giamaicano, prob. da *reg(ular people)*, (gente) normale; 1979] **sm.** *inv.* genere di musica e danza, ritmata in tempi dispari, di origine giamaicana, che si ispira a ideali politici e religiosi anti-americani e anti-consumistici, diffusi in Europa negli anni '70 || il movimento giovanile che si richiama agli ideali espressi da tale musica.

règge [dal lat. *(porta) rēgia*, (porta) regia; a. 1580 *reggia*] **sf.** *arc.* portale || la porta dei tramezzi che un tempo separavano il celebrante dai fedeli.

reggènte [da *reggere*; 1342] **agg.** e **s.** **1.** *T.pol.* di chi, al fine di evitare una vacanza della corona, è incaricato di esercitare il potere sovrano: *la nomina del reggente, il principe reggente* || di chi ricopre provvisoriamente una carica pubblica, in assenza del titolare || di chi regge permanentemente un governo: *i (Capitani) Reggenti della Repubblica di San Marino* **2.** *T.ling.* di qualsiasi elemento che regge un costrutto sintattico: *verbo reggente, la (proposizione) reggente e le subordinate* **3.** *ant.* di imbarcazione che tiene bene il mare || **N.** **1.** reggenza.

reggènza [da *reggente*; 1630] **sf.** **1.** *T.pol.* ufficio e dignità del reggente || *in part.* istituto giuridico che, nella monarchia, regola l'esercizio della sovranità durante la minore età del re: *la regina madre tenne la reggenza; per anton., T.stor. la Reggenza,* il periodo (1715-1723) nel quale fu reggente, in Francia, Filippo d'Orléans **2.** *per estens.* durata della carica di reggente **3.** *T.pol.* governo costituito da reggenti: *la Reggenza di San Marino* **4.** *T.ling.* lo specifico costrutto sintattico richiesto da un elemento della proposizione per quelli dipendenti: *la reggenza di un verbo* **5.** *ant.* modo in cui un'imbarcazione regge il mare.

règgere (pres. *règgo, règgi*; p.rem. *rèssi, reggésti*; pps. *rètto*) [dal lat. *regere*; a. 1292] **tr.** **1.** sorreggere, sostenere; *in part.*: tenere in piedi, impedire che qualcosa cada: *reggere un ubriaco, reggi la scala mentre salto* || mantenere sollevato da terra: *reggimi le borse mentre apro la porta, reggere lo strascico della sposa; fig. fam. reggere il moccolo* (o *la candela*) *a qualcuno,* assistere alle effusioni amorose di altri o, anche, spalleggiare qualcuno (in quest'ultimo senso, anche *reggere il sacco*) || fare da sostegno, portare: *le donne reggevano vasi sul capo, quando svieni senti le gambe che non ti reggono più; quell'altalena non può reggerti, sei troppo pesante* **2.** *per estens.* riuscire a sopportare gli effetti di qualcosa, resistervi, anche *fig.*: *la barca resse bene il mare grosso, una piccola industria che non regge la concorrenza; reggere l'impatto con il nuovo ambiente di lavoro; non ti reggo più, non reggo più le sue battute di spirito; reggere il vino,* poterne bere in notevoli quantità senza ubriacarsi; *reggere l'acqua,* essere impermeabile; *reggere lo scherzo,* non arrabbiarsi; *reggere la prova,* superarla **3.** tenere saldamente e insieme dirigere, governare anche *fig.*: *reggere il timone, l'azienda, l'impero* **4.** *T.ling.* di un elemento, averne un altro come proprio dipendente: *la principale regge le proposizioni subordinate* || di un elemento, esigere un determinato costrutto sintattico: *un verbo che regge il dativo* || **rifl.** e **intr. pron.** **1.** tenersi diritto o comunque ben saldo in una posizione: *ormai si regge col bastone, non si regge più in piedi; reggiti forte!,* anche, *fig.*, per preannunciare a qualcuno una notizia che può produrre una forte emozione **2.** *non com.* governarsi: *da secoli quella nazione si regge a monarchia* || **rec.** sostenersi a vicenda || **intr.** (aus. *avere*) resistere all'azione distruttiva di qualcosa, sopportare senza cedimenti o danni, anche *fig.* (anche *ass.*): *il trave ha ceduto sotto il peso, il suo cuore malato non resse a quello sforzo e cedette; come fai a reggere in una situazione talmente caotica?, va consumato subito, perché non regge fuori dal frigo; la sua analisi non ha retto a un più attento esame,* non è risultata corretta (in questo senso, anche *ass.*: *un'argomentazione, un'ipotesi che non regge*) || *in part.* delle condizioni atmosferiche, mantenersi buone: *se il tempo regge, partiremo* || **intr. pron.** **1.** poggiare: *l'intera facciata si regge su quei tre pilastri* **2.** *fig.* fondarsi, avere come base: *la tua tesi si regge su un'ipotesi ancora da provare* || **N.** **tr.** **1.** *Sin.* puntellare, tenere ritto, tenere su | *Contr.* lasciar cadere **2.** *Sin.* sopportare, tenere | **intr.** *Sin.* durare, mantenersi, sostenersi, tenere, tenere duro | **intr. pron.** *Sin.* basarsi.

reggétta [dal milanese *reggia*, nome coll. di particolari ferri; 1872] **sf.** nastro in metallo, nylon o altro materiale resistente, per cerchiare ruote, botti, casse ecc. o legare travi.

reggettatrìce [da *reggetta*; 1973] **sf.** nelle operazioni di imballaggio, strumento con cui si fissa o si taglia la reggetta || **N.** *Sin.* reggiatrice.

règgia (pl. *-ge*) [lat. *rēgia (domus)*, casa del re; 1374] **sf.** **1.** il palazzo in cui risiede il re **2.** *per estens. iperb.* abitazione grande e sfarzosa || **N.** **1.** *Sin.* palazzo reale.

reggiàno (ant. *regiàno*) [dalla forma dial. *arsan, arzan*; 1718 come indicazione valevole per gli abitanti delle due Reggio; 1935 come formaggio] **I** **agg.** di Reggio Emilia || *formaggio reggiano* (anche *sm. reggiano*), formaggio stagionato, prodotto nella provincia di Reggio

II *sm.* (f. *-a*) abitante, nativo di Reggio Emilia.
reggiatrice [da *reggetta*; 1983] *sf.* reggettatrice.
reggìbile [da *reggere*; 1690] *agg. raro* che si può reggere.
reggibórsa o **reggibórse** [comp. di *regge(re)* e *borsa*; 1983] *s. inv.* chi lavora al seguito di un personaggio importante, svolgendo anche compiti molto umili || **N.** *Sin.* portaborse.
reggicàlze [comp. di *regge(re)* e *calza*; 1959] *sm. inv. T.abb.* indumento intimo femminile, costituito da una fascia, in tessuto o pizzo, che si allaccia intorno alla vita e alla quale sono fissati quattro nastri elastici con ganci a cui si fissano le calze.
reggilìbro o **reggilìbri** [comp. di *regge(re)* e *libro*; 1959] *sm. inv.* elemento a L usato per sorreggere alle estremità una fila di libri.
reggilùme [comp. di *regge(re)* e *lume*; 1942] *sm. inv.* elemento a braccio o a sospensione per sorreggere un lume.
reggimentàle [da *reggimento*; 1855] *agg.* del reggimento.
reggiménto [dal lat. tardo *regimentum*, governo; a. 1294] *sm.* **1.** *T.mil.* unità tattica, disciplinare, amministrativa e di addestramento degli eserciti moderni, costituita da vari battaglioni o reparti e di norma comandata da un colonnello **2.** *fig. iperb.* grande moltitudine: *a casa trovai un reggimento di parenti* **3.** *ant.* atto ed effetto del reggere e, *in part.*, del reggere se stessi; comportamento, condotta.
reggìno (ant. *regino*) [lat. *reginus*, der. da *Regium*, n. classico di Reggio Calabria; a. 1536 *regino*] **I** *agg.* di Reggio Calabria **II** *sm.* (f. *-a*) abitante, nativo di Reggio Calabria.
reggipàlo [comp. di *regge(re)* e *palo*; 1959] *sm. inv.* basamento in cemento armato che serve come sostegno per pali delle linee elettriche o telefoniche.
reggipància [comp. di *regge(re)* e *pancia*; 1872] *sm. inv.* panciera.
reggipénne [comp. di *regge(re)* e *penna*; 1891] *sm. inv.* supporto da scrivania per appoggiarvi penne e matite.
reggipètto (pl. *reggipètti*, non com. inv.) [comp. di *regge(re)* e *petto*; 1918] *sm.* reggiseno.
reggipiccòzza [comp. di *regge(re)* e *piccozza*; 1959] *sm. inv. T.alp.* laccio che tiene legata la piccozza al polso dell'alpinista.
reggiposàta o **reggiposàte** [comp. di *regge(re)* e *posata*; 1877 *reggi-posate*] *sm. inv.* supporto da tavola su cui si appoggiano le posate usate, per non sporcare la tovaglia.
reggisèlla [comp. di *regge(re)* e *sella*; 1853] *sm. inv.* cavalletto su cui si poggia la sella.
reggiséno (pl. *reggiséni*) [comp. di *regge(re)* e *seno*; 1959] *sm. T.abb.* indumento intimo femminile per sostenere il seno || **N.** *Sin.* reggipetto.
reggitèsta [comp. di *regge(re)* e *testa*; 1940] *sm. inv.* poggiatesta.
reggitirèlle [comp. di *regge(re)* e *tirella*; 1872] *sm. inv. raro* ciascuna delle due corte strisce di cuoio ripiegate e pendenti lateralmente dai finimenti degli animali da tiro, attraverso cui si fanno passare le tirelle.
reggitóre [da *reggere*; 1286] *sm.* (f. *-trice*) **1.** *non com.* chi regge, governa: *i reggitori dello Stato* **2.** capo di una casa agricola || **N. 2.** *Sin.* capoccia.
regìa (pl. *-gìe*) [dal fr. *régie*, amministrazione; 1931] *sf.* **1.** direzione dell'allestimento di spettacoli teatrali, cinematografici, televisivi o radiofonici: *cabina di regia* || *per estens.* la professione del regista: *corso di avviamento alla regia* **2.** *per estens. fig.* organizzazione, spec. con rif. alla distribuzione dei ruoli e alla successione delle fasi di un'attività o di un evento collettivo: *l'attenta regia della manifestazione ha evitato incidenti* **3.** *T.stor.* società che aveva dal Regio governo del tempo l'appalto della riscossione delle imposte indirette o della vendita di generi di privativa || *per estens.* appalto, monopolio, privativa: *la regia dei tabacchi.* **Q.T.** *cinematografia.*
regicìda [dal fr. *régicide*; 1640] **I** *s.* chi si è reso colpevole di regicidio **II** *agg.* **1.** che ha commesso regicidio: *brando regicida* **2.** che è favorevole al regicidio: *teoria regicida* || **N. I** tirannicida.
regicìdio (pl. *-di*) [dal fr. *régicide*; 1640] *sm.* uccisione di un re o di una regina || **N.** tirannicidio.
regimàre (pres. *regìmo*) [da *regime*; 1974] *tr.* **1.** regolare la portata di un corso d'acqua, spec. con opere di muratura **2.** portare una macchina, un motore o sim. a funzionare a regime ottimale.
regimazióne [da *regimare*; 1974] *sf.* atto o effetto del regimare || *in part.* regolazione della portata di un corso d'acqua.
regìme (raro *règime*) [dal lat. *regimen*; 1308] *sm.* **1.** *T.pol.* forma di governo, ordinamento politico: *regime monarchico, dittatoriale, democratico* || *per anton.* il fascismo in Italia: *sotto il regime*, ai tempi del fascismo || *per restr. spreg.* situazione politica statica caratterizzata dal monopolio del potere da parte di uno o più partiti, di fatto inamovibili e poco o per nulla aperti al cambiamento e alla partecipazione democratica **2.** *per estens.* insieme delle norme che disciplinano determinati rapporti interni o internazionali (spec. giuridici o finanziari): *regime fiscale*; *regime valutario*, riguardante le operazioni monetarie e finanziarie di uno stato con l'estero **3.** *per estens.* complesso delle norme alimentari e igieniche prescritte per mantenersi in salute o per altri scopi: *osservare, tenere, seguire un regime vegetariano*; *essere a regime*, a dieta; *prescrivere un regime alimentare povero di grassi, per diabetici*; *regime secco*, quello vigente durante il proibizionismo **4.** *T.scient.* andamento di un fenomeno fisico in un intervallo di tempo: *regime dei corsi d'acqua*, inerente alle variazioni della loro portata durante l'anno: *regime fluviale, torrentizio*, a portata, rispettivamente, molto costante e molto variabile; *il regime dei venti, regime termico di una località* || *T.tecn.* condizioni di funzionamento di un mezzo meccanico nell'unità di tempo: *motore a regime d'avviamento, di marcia, a pieno* (o *a tutto*) *regime*, a seconda del numero di giri nell'unità di tempo || nella meccanica dei fluidi, ciascuno dei modelli che rappresentano una forma determinata di circolazione di un fluido in un condotto: *regime laminare, turbolento*, a seconda che la velocità della corrente sia, relativamente al condotto, bassa o elevata || **N. 1.** costituzione **2.** *Sin.* ordinamento **3.** dieta. **Q.T.** *politica.*
regìna [dal lat. *regīna*; a. 1294] **I** *sf.* **1.** moglie del re || *regina madre*, madre del sovrano **2.** donna che è a capo del regno, della monarchia (si scrive gen. con l'iniziale maiuscola quando indica dignità o titolo, a meno che non sia seguito da nome proprio): *giurare fedeltà alla regina, la Regina d'Olanda, la regina Vittoria* || nei modi di dire iperb.: *stare come una regina, vivere da regina*, a proprio agio, negli agi e nella ricchezza; *vestire da regina*, in modo lussuoso e sfarzoso **3.** *per meton. T. gioc.* raffigurazione convenzionale, nel mazzo di carte italiane e francesi e negli scacchi, della regina: *prendere la regina di cuori con una briscola, fare scambio di regina* **4.** *fig.* donna che o ciò che detiene una posizione assolutamente preminente nel suo ambiente, nella sua categoria o nel suo genere: *il soprano è stata la regina dello spettacolo, la cannella è la regina delle spezie* || *in part. T.rel.* come attributo della Madonna: *la Regina dei Cieli* || *in part.* la femmina feconda degli insetti sociali **II** in funzione di *agg.* (sempre posposto) che è regina: *ape regina, uva regina*, uva bianca da tavola molto apprezzata per i suoi grappoli e i suoi acini grossi || dim. reginétta, reginòtta || **N.** re. **TAV.** *zootecnia* 3.
reginétta (*dim.* di *regina*) [1923] *sf.* **1.** vincitrice di un concorso di bellezza o sim.: *l'hanno proclamata reginetta della festa* **2.** giovane regina (spec. nelle fiabe) || **N. 1.** *miss.*
reginòtta (*dim.* di *regina*) [1913] *sf. ant.* spec. nelle fiabe, principessa.
règio (pl. m. *-gi*, pl. f. *-gie*) [dal lat. *rēgius*; 1586] **I** *agg.* **1.** variante, usata nel linguaggio amministrativo e ufficiale, di *reale*; del re: *regio decreto, il potere regio* **2.** *lett.* regale: *Non un'ara trovò, dove alle Grazie / rendere il voto d'una regia sposa* (Foscolo) || *fig.* di sentimenti, confacenti a un re: *Mostrano a gara animo altiero e regio* (Ariosto) || *per estens. fig.* importante, grande e sim.: *strada, scala regia* **3.** *acqua regia*, v. ACQUA || **regiaménte** *avv. raro* regalmente **II** *sm.* **1.** *pl.* nel Risorgimento, i soldati del re **2.** *pop. tosc.* nelle carte da gioco, re.
regionàle [dal lat. tardo *regionālis*; 1572] *agg.* **1.** di una regione in particolare o delle regioni (nel senso 1): *Consiglio regionale, campionati regionali, variante regionale di un termine, autonomia regionale* **2.** *per estens.* di una determinata area geopolitica internazionale: *accordi commerciali regionali, mantenere il conflitto* (*in ambito*) *regionale* **3.** *T.geol.* di evento geologico che interessa una vasta area geografica: *metamorfismo regionale* || **regionalménte** *avv.* **1.** dal punto di vista delle regioni, da parte delle regioni: *problemi da affrontare regionalmente* **2.** per regione, limitatamente a una regione: *il fenomeno non è regionalmente caratterizzato.*
regionalìsmo [da *regionale*; 1878] *sm.* **1.** posizione favorevole all'autonomia regionale **2.** eccessivo interesse per la propria regione, che comporta una visione particolaristica dei problemi locali, avulsa dal contesto nazionale e internazionale **3.** *T.ling.* espressione, parola tipica di una regione || **N. 2.** campanilismo.
regionalìsta [da *regionale*; 1891] *agg.* e *s.* **1.** sostenitore del regionalismo **2.** che o chi pecca di regionalismo.
regionalìstico (pl. *-ci*) [da *regionalismo*; 1955] *agg.* del regionalismo (nel senso 1).
regionalizzàre [dal fr. *régionaliser*, da *régional*, regionale; 1970] *tr.* trasferire sotto la competenza o la proprietà della regione.
regionalizzazióne [da *regionalizzare*; 1966] *sf.* atto o effetto del regionalizzare.
regionàrio (pl. *-ri*) [da *regione*; 1745] *agg.* attributo del cardinale che prendeva il titolo da una regione (rione) di Roma.
regióne [dal lat. *regio, -ōnis*; a. 1321] *sf.* **1.** la maggiore delle unità amministrative territoriali in cui è suddiviso lo Stato italiano: *le regioni dell'Italia settentrionale* || l'ente pubblico territoriale che, sulla base di un suo statuto, amministra ciascuna regione italiana: *la Regione Piemonte, regioni a statuto speciale* || *per meton.* la sede dell'amministrazione regionale **2.** porzione di territorio individuabile per una certa omogeneità delle sue caratteristiche geografiche (*regioni continentali, marine, alpine, desertiche, delle steppe*), climatiche (*regioni torride, temperate*), biologiche, antropiche (*regioni disabitate*), etnografiche o culturali (*regioni di lingua ladina*) **3.** *per estens.* zona, settore, parte in genere com. *fig.*, spesso: *inesplorate regioni della psiche* || *in part.* settore dello spazio cosmico: *costellazioni della regione australe* || *T.anat.* ciascuna delle zone in cui, per ragioni descrittive, è convenzionalmente suddiviso il corpo: *regione frontale, ascellare, lombare* **4.** *T.stor.* ciascuna delle circoscrizioni territoriali in cui Augusto suddivise Roma || **N. 1.** provin-

cia, comune **3.** *Sin.* dominio, mondo, universo **4.** rione. **Q.T.** *anatomia, politica.*

regìsta [da *regia*; 1932] ***s.*** **1.** chi si occupa della regia di uno spettacolo: *un regista cinematografico impegnato* || *aiuto regista*, assistente del regista **2.** *fig.* coordinatore, organizzatore: *il regista del gioco a centrocampo.* **Q.T.** *teatro.*

regìstico (pl. *-ci*) [da *regista*; 1950] ***agg.*** relativo alla regia, al regista, anche *fig.*

registràbile [da *registrare*; 1581] ***agg.*** che si può registrare.

registràre [dal lat. tardo *registrāre*, 1319] ***tr.*** **1.** annotare su apposito registro o sim. operazioni, dati, atti ecc., per usi burocratici, amministrativi, giuridici ecc.: *registrare un atto di vendita, le entrate e le uscite*; *registrare un veicolo*, immatricolarlo || *per estens.* annotare, prendere nota per iscritto o anche, *fig.*, mentalmente di qualcosa: *registrava nel diario ciò che vedeva, ho registrato tutti i loro volti* || con il testo, il volume e sim. come soggetto, riportare, segnalare: *il diario di bordo registra anche le variazioni di rotta, la stampa locale registra prevalentemente gli avvenimenti di cronaca, la storia registra eroici atti di patriottismo*; *in part.* in rif. a opere lessicografiche, attestare l'uso: *un dizionario che registra anche molti regionalismi* **2.** di strumenti, rilevare l'andamento di un fenomeno e fornirne una rappresentazione convenzionale: *il sismografo ha registrato scosse di II grado, il termometro registra le variazioni di temperatura* || *per estens.* rilevare, osservare: *a tre giorni dall'intervento si registra un netto miglioramento del paziente* **3.** fissare su appositi supporti suoni, immagini o dati che possono essere riprodotti a distanza di tempo: *registrare un concerto dal vivo, registrare dalla televisione* || con lo strumento usato come soggetto: *il videoregistratore è rotto, non ha registrato il film di ieri sera*; anche *ass.*: *il magnetofono non sta registrando* **4.** mettere a punto i sistemi di regolazione di un dispositivo o di una macchina prima del suo uso: *registrare i freni dell'auto* **5.** in alcuni strumenti a tastiera, scegliere i registri adatti all'esecuzione di una data composizione || **N.** **1.** *Sin.* appuntare, elencare, notare, rubricare, schedare, segnare **2.** misurare **3.** *Sin.* duplicare, incidere **4.** *Sin.* mettere a registro, regolare.

registratóre [da *registrare*; 1598] **I** ***agg.*** che registra: *apparecchio registratore* **II** ***sm.*** **1.** apparecchio per la registrazione su supporti magnetici di suoni o immagini: *un registratore stereofonico a cassetta*; *registratore video*, v. VIDEOREGISTRATORE **2.** strumento di misura che traccia direttamente il diagramma della grandezza in esame: *registratori di pressione, di sforzo* **3.** *registratore di cassa*, macchina calcolatrice usata per la vendita di merci al minuto, che emette uno scontrino per il cliente e registra, totalizzandoli su nastro, gli importi incassati giornalmente **4.** *disus.* raccoglitore, classificatore per documenti e sim. || **N.** **1.** *Sin.* mangianastri, piastra di registrazione. **Q.T.** *audiovisivi* **TAV.** *audiovisivi* 5.

registratùra [da *registrare*; 1881] ***sf.*** *raro* registrazione.

registrazióne [da *registrare*; 1600] ***sf.*** **1.** atto del registrare (in tutti i sensi): *la registrazione di un contratto, di una serie di telefilm, delle punterie* **2.** *concr.* il prodotto della registrazione di suoni o immagini: *la registrazione è risultata piuttosto disturbata* || **N.** **1.** *Sin.* annotazione, catalogazione; incisione; messa a punto, regolazione. **Q.T.** *audiovisivi.*

regìstro [dal lat. tardo *registrum*; a. 1348] ***sm.*** **1.** volume, fascicolo o sim. in cui si registrano operazioni, dati, atti amministrativi: *registro delle nascite, registro scolastico*, in cui l'insegnante annota la presenza degli allievi, i voti da essi riportati ed eventuali altri dati; *registri parrocchiali*, in cui sono elencati i battezzati, i cresimati, i coniugati e i defunti di una parrocchia; *Pubblico Registro Automobilistico* (*P.R.A.*), in cui sono annotati tutti i dati relativi agli autoveicoli || *per meton.* ufficio o ente pubblico presso cui si effettuano le registrazioni e vengono conservati i registri relativi a una certa materia: *(Ufficio del) Registro*, organo locale dell'amministrazione delle finanze e delle imposte; *Registro Navale*, ente cui spetta principalmente la certificazione dei requisiti tecnici delle navi, al fine di garantire la sicurezza della navigazione || *T.inform.* dispositivo di memoria dotato di una determinata capacità in cui vengono registrati temporaneamente i dati **2.** congegno per la regolazione di dispositivi o macchinari: *registro dell'orologio*, per affrettarne o rallentarne il movimento || in alcuni strumenti a tastiera (organo, armonium, clavicembalo ecc.), il complesso delle leve, dei tiranti o dei bottoni che permettono di passare da un registro (nel senso 4) all'altro **3.** *T.tip.* segno di riferimento, a forma di croce, che serve a indicare la linea di piegatura dei fogli stampati, o a controllare l'esatta sovrapposizione di elementi diversi di un tutto unico stampati in più riprese, o l'esatta sovrapposizione dei colori fondamentali, o l'esatta posizione del foglio da stampa nella forma: *mettere a registro* **4.** *T.mus.* in alcuni strumenti a tastiera, serie di canne con uguale effetto timbrico || *per estens.* di strumenti musicali in genere e della voce, l'estensione melodica: *cantare nel registro del soprano* || *per estens.* *T.ling.* ambito d'uso del linguaggio, che determina scelte lessicali e stilistiche (ad esempio: burocratico, familiare, popolare) || *fig. fam. cambiare registro*, cambiare tono di voce e, conseguentemente, atteggiamento, modo di fare: *appena ha capito chi ero ha cambiato registro* || **N.** **1.** albo, bollettario, catalogo, elenco, indice, inventario, lista, mastro, matricola, minutario, nota, protocollo, repertorio, rubrica, ruolo, scadenziario, tavola | aggiornare, compilare **4.** *Sin.* ampiezza vocale; intonazione. **Q.T.** *musica.*

registrotèca [comp. di *registr(are)* e *-teca*; 1966] ***sf.*** raccolta ordinata sistematicamente di nastri magnetici registrati.

regiudicàta (ant. *reindicàta*) [dal lat. *rēs iudicāta*, cosa giudicata; 1745] **I** ***sf.*** *T.giur.* contenuto di una sentenza divenuta irrevocabile **II** ***agg.*** di sentenza che non può più essere soggetta a impugnazione: *divenire regiudicata*, passare in giudicato.

regnànte (*ppr.* di *regnare*) [1374] **I** ***agg.*** che regna **II** ***s.*** sovrano o sovrana in carica: *i regnanti d'Inghilterra.*

regnàre (pres. *-régno*) [dal lat. *regnāre*; 1286 ca. *rengnare*] ***intr.*** (aus. *avere*) **1.** *T.pol.* esercitare la sovranità in qualità di re (regina, reggente, principe, imperatore): *Vittorio Emanuele II regnò ventinove anni* **2.** *per estens.* avere la supremazia, dominare incontrastato, anche *fig.*: *l'Inghilterra regnò per secoli sui mari, in questo luogo regna il più assoluto silenzio, nelle valli regna la nebbia, nel mio cuore regna il dolore* **3.** *non com.* di piante, prosperare: *una zona in cui regna l'ulivo* || ***tr.*** *arc.* dominare, governare || **N.** ***intr.*** **1.** *Sin.* essere sovrano **2.** *Sin.* imperare, predominare, prevalere.

regnatóre [dal lat. *regnātor, -ōris*; a. 1332] ***sm.*** (f. *-trìce*) *lett. raro* sovrano.

regnìcolo [dal lat. tardo *regnicola*; 1319] ***agg.*** e ***sm.*** (f. *-a*) *arc.* cittadino di un regno || *in part. pl.* i sudditi del Regno di Napoli e, poi, di quello d'Italia.

régno [dal lat. *rēgnum*; fine sec. XIII] ***sm.*** **1.** *T.pol.* Stato retto a monarchia (costituzionale o assoluta), inteso come ente politico, come territorio e come complesso di cittadini: *a quei tempi l'Italia era un regno, i confini del regno, dichiarare guerra ai regni confinanti*; nel modo di dire *il mio regno per un cavallo!*, usato da chi è disposto a cedere tutto ciò che possiede in cambio di qualcosa di insignificante che gli è al momento assolutamente necessario (tratto da una tragedia di Shakespeare) || *per estens.* la carica, l'autorità di chi è a capo del regno: *aspirare, abdicare al regno* || *per estens.* il periodo di tempo in cui un sovrano o una dinastia reale regnano: *sotto il regno degli Asburgo* || *per meton. arc.* la corona del re **2.** *per estens.* ambito in cui si esercita il dominio di qualcuno o qualcosa, anche *fig.*: *il regno di Dio* (o *dei Cieli*), il Paradiso; *il regno delle tenebre*, l'Inferno; *il regno di Nettuno è il mare, Parigi è il regno degli artisti* **3.** *per estens.* mondo, campo, ambito, settore, dominio: *il regno della fantasia, dei sogni*; *regno minerale, vegetale, animale*, tripartizione disus. dei corpi naturali || **N.** **1.** *Sin.* monarchia, reame; sovranità | impero, principato. **Q.T.** *botanica, mineralogia, zoologia.*

règola [dal lat. *regula*; a. 1292] ***sf.*** **1.** prescrizione che mira a disciplinare un comportamento: *regole di condotta, una regola blanda, inflessibile, fare economia è una buona regola* || in vari modi di dire: *è buona regola*, è norma comunemente accettata; *a regola d'arte*, rispettando fino in fondo le prescrizioni (tipiche di un'arte) per la corretta esecuzione di un'opera; *essere in regola*, essersi conformato alle prescrizioni del caso: *non è in regola con le tasse*; *avere le carte in regola*, avere i documenti conformi a quanto prescritto, e *fig.* possedere tutti i requisiti richiesti; *per tua (vostra) norma e regola*, affinché tu sappia come devi regolarti nel fare qualcosa || *in part.* con valore collettivo, l'insieme delle norme che disciplinano la vita personale e comunitaria degli appartenenti a ordini religiosi: *la regola benedettina* || *per estens.* disciplina, moderazione: *in tutte le cose ci vuole regola, bere senza regola* **2.** *in part.* ciascuna delle prescrizioni che definiscono un'attività (consistente appunto nell'esecuzione di tali prescrizioni): *le regole degli scacchi*; *rispettare le regole del gioco*, anche *fig.*, conformarsi alle norme, esplicite e implicite, di un ambiente sociale, una situazione ecc.; *regole di risoluzione delle equazioni di II grado*; in logica, *regole di formazione*, che determinano quali espressioni di un linguaggio sono ben formate; *regole d'inferenza*, che determinano le inferenze corrette; in linguistica, *regole di grammatica*, che generano le espressioni grammaticali di una lingua: *regole di riscrittura, trasformazionali* **3.** ordine secondo cui si svolgono processi, attività e sim.; regolarità: *fare eccezione alla regola*; *senza (una) regola (fissa)*, in modo casuale; *di regola*, solitamente: *di regola, il primo luglio partiamo per il mare* || la formula che descrive tale regolarità: *individuare la regola di un fenomeno periodico* || **N.** **1.** *Sin.* dettame, indicazione, istruzione, legge, massima, NORMA | buona / cattiva, elastica / rigida, giusta / ingiusta, rigorosa, severa / permissiva | attenersi, contravvenire, mancare, obbedire, osservare, ottemperare, rispettare, seguire, trasgredire, violare; annullare, fissare, modificare, stabilire **2.** *Sin.* formula, istruzione, legge **3.** *Sin.* legge, norma | *Contr.* caso, casualità | anomalia, eccezione, irregolarità, singolarità. **Q.T.** *diritto.*

regolàbile [da *regolare*; 1959] ***agg.*** che può essere regolato: *flusso regolabile.*

regolamentàre[1] [da *regolamento*; 1905] ***agg.*** **1.** conforme a quanto prescritto dal regolamento: *procedura regolamentare*; *requisiti, dimensioni regolamentari* **2.** *T.bur.* del regolamento, previsto dal regolamento: *disposizioni regolamentari* || **regolamentarménte** ***avv.*** *raro* conformemente al regolamento || **N.** **1.** *Sin.* legale, normale, regolare | *Contr.* anomalo, irregolare, straordinario.

regolamentàre[2] (pres. *-énto*) [da *regolamento*; 1812] ***tr.*** *T.bur.* sottoporre a regolamento, a disciplina giuridica: *regolamentare i rapporti tra lavoratori e datori di lavoro.*

regolamentazióne [da *regolamentare*, come il fr. *réglementation*; 1938] **sf.** *T.bur.* atto ed effetto del regolamentare.

regolaménto [da *regolare*; a. 1556] **sm.** **1.** atto ed effetto del regolare; regolazione: *il regolamento della pressione* || *in part.* definizione di un rapporto giuridico (*regolamento di competenza, di giurisdizione*), o di un rapporto di debito e credito tra due o più persone (*regolamento per contanti; regolamento di un conto,* estinzione di un conto in seguito all'accertamento del saldo), o, nel gergo della malavita, di un rapporto di supremazia tra bande rivali mediante l'eliminazione violenta degli avversari (*regolamento di conti*) **2.** *concr.* insieme di norme che disciplinano un settore di attività, emanate da un'autorità amministrativa nell'ambito della legislazione vigente: *il regolamento di polizia, degli studenti universitari* || *com.* ogni insieme di regole che governano un'attività: *regolamento del gioco, di condominio* || **N. 1.** *Sin.* assestamento, assetto, sistemazione **2.** *Sin.* ordinamento.

regolàre[1] (pres. *règolo*) [dal lat. tardo *regulāre*; a. 1321] **tr.** **1.** disciplinare lo svolgimento di attività o comportamenti mediante un complesso di regole prescrittive: *l'attività parlamentare è regolata da un complesso di norme, regolare la propria esistenza in base ai propri bisogni* **2.** intervenire su fenomeni o processi naturali o meccanici per ottenerne lo svolgimento o il funzionamento nei modi desiderati: *regolare il corso delle acque, il volume del suono della radio, l'apertura del diaframma della macchina fotografica* **3.** sistemare, definire: *regolare una questione lasciata in sospeso* || *in part.* pareggiare un conto e sim.: *regolare i propri debiti,* liquidarli, pagarli; *regolare i conti con qualcuno,* pareggiare con lui debiti e crediti e, *fig.*, dargli la lezione che si merita || **rifl.** **1.** comportarsi, agire in base a una regola: *non so proprio come regolarmi in questi casi* **2.** moderarsi, contenersi: *regolarsi nel bere, nello spendere* || **N. tr. 1.** *Sin.* coordinare, dirigere, governare, guidare, regolamentare | *Contr.* rivoluzionare, sconvolgere, scoordinare **2.** *Sin.* registrare | **rifl. 2.** *Sin.* controllarsi, limitarsi.

regolàre[2] [dal lat. *regulāris*; sec. XIV] **I agg. 1.** che è conforme a quanto è prescritto da una o più regole, da un regolamento, da una normativa e sim.: *procedura regolare, una mossa di gioco regolare; unione regolare,* matrimonio legittimo || *T.gram. verbi regolari,* che seguono una delle coniugazioni fissate || *T.mil. esercito regolare,* composto da uomini arruolati e inquadrati dallo Stato || *T.rel. clero regolare,* appartenente a ordini o congregazioni aventi una propria regola **2.** normale, non eccezionale: *statura, traffico, decorso post-operatorio regolare* || *in part.* che non presenta irregolarità, anomalie, tratti particolari: *lineamenti regolari,* simmetrici, ben proporzionati e sim.; *superficie regolare,* che non presenta accentuate sporgenze o rientranze; *T.geom. poligono regolare,* che ha tutti gli angoli e tutti i lati uguali **3.** costante, uniforme: *le sentinelle vanno piazzate a intervalli regolari, polso (dal battito) regolare, pasti regolari, una ditta regolare nei pagamenti* || regolato, metodico: *passo regolare, condurre una vita regolare* || **regolarménte** **avv. 1.** abitualmente, sistematicamente: *dimentica regolarmente di mettere il francobollo sulle lettere* **2.** conformemente alla regola: *una busta affrancata regolarmente* **II sm. pl.** truppe regolari || **N. 1.** *Sin.* in regola, lecito, legale, regolamentare | *Contr.* illecito, illegale, irregolare **2.** *Sin.* NORMALE **3.** *Sin.* costante, uniforme | *Contr.* anomalo, anormale, insolito, raro, straordinario.

regolarista [da *regolarità*; 1963] **s.** *T.sport.* chi partecipa a gare di regolarità.

regolarità [da *regolare*[2]; 1561] **sf.** **1.** caratteristica di ciò che è regolare: *la gara si svolse con regolarità; la regolarità con cui paga l'affitto, dei suoi lineamenti, del suo passo; gare di regolarità,* gare automobilistiche o motociclistiche in cui i concorrenti devono completare il percorso stabilito osservando una determinata tabella di marcia **2.** *concr.* fenomeno o processo conforme a una regola: *regolarità naturali, sociali* || **N. 1.** *Sin.* costanza, equilibrio, legalità, metodicità, misura, normalità, ordine, puntualità, regolamentarità, ritmicità, uniformità | *Contr.* anormalità, discontinuità, disordine, illegalità, irregolarità, saltuarietà.

regolarizzàre [dal fr. *regulariser*; 1802] **tr.** rendere regolare: *regolarizzare col matrimonio una convivenza, un farmaco che regolarizza le funzioni intestinali* || **N.** *Sin.* legalizzare, legittimare, normalizzare.

regolarizzazióne [da *regolarizzare*; 1812] **sf.** atto ed effetto del regolarizzare.

regolàta [da *regolato*; 1978] **sf.** veloce e sommaria sistemazione || *fam. darsi una regolata,* modificare il proprio comportamento in modo da adattarlo consapevolmente alle nuove circostanze; comportarsi in modo ragionevole, dopo un inizio più rigido ed agitato.

regolatézza [da *regolato*; 1872] **sf.** caratteristica di chi o di ciò che è regolato, alieno da eccessi: *la regolatezza delle sue abitudini* || **N.** *Sin.* costumatezza, moderazione, temperanza | *Contr.* eccesso, esagerazione, intemperanza, smoderatezza, sregolatezza.

regolativo [da *regolato*; 1745] **agg.** *non com.* che regola, che vale a regolare; *T.fil. principio regolativo,* nella filosofia di Kant, ciascun principio che, di contro a quelli *costitutivi*, non ha alcuna funzione nella determinazione del contenuto degli oggetti della conoscenza, ma serve a indirizzare la conoscenza verso una sempre maggiore completezza e unità; funzione di principio regolativo hanno nel criticismo le idee della ragion pura || *T.fil.* e *T.ling. regole regolative,* v. COSTITUTIVO.

regolàto [da *regolare*[1]; a. 1306] **agg.** conforme a regole: *attività regolata* || *per estens.* ben organizzato, ordinato, disciplinato || *fig.* alieno dagli eccessi, moderato: *essere regolato nello spendere* || **regolataménte** **avv.** || **N.** *Sin.* misurato, sobrio | *Contr.* caotico, disordinato; sregolato.

regolatóre [da *regolare*[1]; sec. XIV] **I agg.** atto a regolare: *piano regolatore,* v. PIANO[3] **II sm.** *T.tecn.* dispositivo che interviene automaticamente a regolare una certa grandezza quando questa si discosta dal valore per essa ottimale: *regolatore di frenata, di pressione* || **N. II** *Sin.* dosatore.

regolazióne [da *regolare*[1]; 1891] **sf.** atto ed effetto del regolare (nel senso 2): *sistema di regolazione della temperatura corporea, dell'afflusso di gas, della velocità, di uno strumento di misura; regolazione automatica, manuale* || **N.** *Sin.* messa a punto, registrazione, taratura. **Q.T.** *automobile.*

regolizia [var. popolare di *liquirizia*; a. 1347] **sf.** *pop. raro* liquirizia.

règolo[1] [da *regolare*[1]; 1340 ca.] **sm.** **1.** *regolo calcolatore,* strumento di calcolo costituito da due scale logaritmiche, l'una delle quali scorre al centro dell'altra, e che permette di eseguire rapidamente e con notevole approssimazione le operazioni aritmetiche principali **2.** listello squadrato per svariati usi || *in part.* riga, righello per tracciare linee rette || *in part.* listello per l'intelaiatura di porte e finestre, o per la rifinitura di spigoli e sim. || *in part.* listello per controllare l'allineamento dei mattoni di un muro o la regolarità dell'intonacatura. **TAV. *maglia...* p. 1317** 19.1.

règolo[2] [dal lat. *rēgulus*; sec. XIV] **sm.** **1.** *lett. spreg.* re di un piccolo Stato, con poca autorità e potere **2.** uccello dei Passeriformi, dal canto melodioso, con ciuffo giallo o arancio sul capo.

regrediènte (*ppr.* di *regredire*) [1872] **agg.** *non com.* regressivo.

regredire (pres. *-isco, -isci*) [dal lat. *regredi*; 1598 *regredere*] **intr.** (aus. *essere* e, con soggetto animato, *avere*) *propr. lett.* retrocedere || *T.psican.* esibire comportamenti propri di fasi anteriori dello sviluppo psichico; *in part.* nel corso della terapia, tornare a una fase più arretrata dell'evoluzione psichica determinata dalla terapia stessa || *com. fig.* scadere verso livelli quantitativi o qualitativi più bassi: *la febbre non accenna a regredire, una civiltà che sembra regredire* || **N.** *Contr.* PROGREDIRE.

regressióne [dal lat. *regressio, -ōnis*; 1598] **sf.** **1.** il regredire, arretramento, spesso *fig.*: *regressione economica* || *T.geol.* ritiro progressivo del mare da zone precedentemente occupate || *T.astr.* retrogradazione **2.** in genetica, fenomeno per cui il valore medio di un carattere della progenie di genitori selezionati per quel carattere regredisce verso la media originale della popolazione da cui i genitori provengono **3.** *T.psican.* meccanismo di difesa consistente in un ritorno, in presenza di situazioni frustranti, a fasi precedenti di sviluppo **4.** *T.stat.* funzione che dà il valore medio di una variabile casuale, a condizione che siano specificate una o più variabili indipendenti || **N. 1.** *Contr.* progressione. **Q.T.** *psicanalisi.*

regressivo [da *regresso*; 1848] **agg.** **1.** di regressione, che costituisce o favorisce una regressione (nei vari sensi): *moto, provvedimento, impulso regressivo* **2.** *T.econ.* che grava maggiormente sui redditi minori: *imposta regressiva* || **regressivaménte** **avv.** || **N.** *Contr.* progressivo.

regrèsso [dal lat. *regressus*; sec. XIV] **sm.** **1.** *non com.* arretramento || *com.* come *T.ferr.*: moto del treno in direzione contraria a quella di marcia normale; *ricovero per regresso,* entrata a marcia indietro sul binario di ricovero; *stazione di regresso,* dalla quale il treno riparte in regresso, previo aggancio di una locomotiva all'estremità prima costituente la coda; *tracciato a regresso,* nelle vecchie ferrovie di montagna, tracciato con curve a tornante, ciascuna dotata di un tratto di disimpegno lungo quanto il convoglio, atto a consentire allo stesso di ripartire a regresso per mezzo della locomotiva agganciata sull'altra estremità || involuzione di un processo verso livelli inferiori: *il regresso della malattia* || *in part.* diminuzione delle conoscenze o delle capacità in un determinato campo: *un regresso nelle arti* **2.** *T.giur.* il diritto di chi, essendo tenuto ad adempiere, insieme ad altri, ad un'obbligazione in solido e avendola adempiuta per intero, intenda ottenere dagli altri il rimborso delle loro parti di debito || **N. 1.** *Contr.* PROGRESSO.

Reich (ted., pr. [raiç]; pr. it. [raik]) [letter. impero, regno, stato; 1923] **sm. inv.** stato, impero: *il Terzo Reich,* la Germania di Hitler.

reiètto [dal lat. *reiĕctus*; 1470 ca.] **agg.** e **sm.** (f. *-a*) di chi è disprezzato e messo da parte, respinto ai margini della società: *aver compassione per i reietti.*

reiezióne [dal lat. *reiectio, -ōnis*; sec. XIV *regezione*] **sf.** **1.** *T.giur.* rigetto di una domanda o di un ricorso rivolto al giudice **2.** *lett.* atto del respingere, dell'allontanare con disprezzo || **N. 1.** ricusazione, rifiuto.

reificàre (pres. *-ìfico, -ìfichi*) [dal lat. *res, rei,* cosa; 1976] **tr.** ridurre a cosa materiale.

reificazióne [comp. del lat. *res, rei,* cosa e *-ficazione,* sul modello dell'ingl. *reification* e del fr. *réification*; 1963] **sf.** **1.** *T.fil.* nel pensiero marxista, tipo di alineazione per cui l'uomo viene ridotto a oggetto passivo, al pari degli oggetti da lui stesso prodotti **2.** *T.psic.* processo mentale per cui si dà carattere di cosa concreta e materiale a un'entità interiore e astratta.

Reifórmi (sing. *-e*) [comp. del lat. scient. *Rhea*, n. di un genere di uccelli e *-forme*; 1959] **sm. pl.** *T.zool.* ordine di uccelli non volatori che presentano tre dita in ciascun piede; tra di essi lo struzzo.

reimbarcàre (meno com. *rimbarcàre*) (pres. *-àrco, -àrchi*) [da *imbarcare*; a. 1566] **tr.** imbarcare di nuovo (anche *fig.*) || **rifl.** imbarcarsi di nuovo: *reimbarcarsi come passeggero* || **intr. pron.** di assi e sim. in legno, imbarcarsi di nuovo.

reimbàrco (meno com. *rimbàrco*) (pl. *-chi*) [da *reimbarcare*; 1940 *rimbarco*] **sm.** atto ed effetto del reimbarcare e del reimbarcarsi.

reimpiegàre (pres. *-iègo, -ièghi*) [da *impiegare*; 1812] **tr.** **1.** impiegare, utilizzare di nuovo **2.** assumere nuovamente in qualità di impiegato || **intr. pron.** tornare ad essere impiegato presso un datore di lavoro || **N.** **1.** *Sin.* riusare, riutilizzare.

reimpiègo (pl. *-ghi*) [da *reimpiegare*; 1812] **sm.** atto ed effetto del reimpiegare e del reimpiegarsi || **N.** *Sin.* riuso, riutilizzo.

reimpostàre (pres. *-òsto*) [comp. di *re-* e *impostare*; 1983] **tr.** impostare di nuovo, in modo diverso: *reimpostare interamente tutto il progetto.*

reimpostazióne [da *reimpostare*; 1983] **sf.** il reimpostare.

reimpressióne [comp. di *re-* e *impressione*; 1959] **sf.** *non com.* ristampa || *in part.* *T.filat.* riproduzione di francobolli classici fuori corso, eseguita con le tavole originali dalle amministrazioni postali o da privati in possesso dei punzoni autentici.

reìna [dal fr. *reine*; a. 1276] **sf.** *poet. ant.* regina.

reincarnàre [da *incarnare*; 1959] **tr.** **1.** far rivivere in un nuovo corpo **2.** *fig. iperb.* essere molto simile, nelle fattezze e nei modi, a una persona già morta: *quel bambino reincarna perfettamente il nonno materno* || **intr. pron.** secondo le credenze relative alla reincarnazione, ritornare in vita in un corpo nuovo e diverso dal precedente: *reincarnarsi in un gatto.*

reincarnazióne (meno com. *rincarnazióne*) [da *incarnazione*; 1918] **sf.** **1.** il fatto di tornare a vivere in un nuovo corpo: *credere nella reincarnazione* || *concr.* ciascuna delle successive esistenze che, secondo la dottrina della metempsicosi, l'anima sperimenta passando da un corpo a un altro: *le reincarnazioni di Budda* **2.** *fig. iperb.* detto di chi è estremamente somigliante, nelle fattezze e nei modi, a una persona già morta: *è la reincarnazione di suo padre.*

reinciṣióne [da *incisione*; 1974] **sf.** nuova incisione fonografica.

reinfettàre (pres. *-ètto*) [da *infettare*; 1940] **tr.** infettare di nuovo || **intr. pron.** infettarsi di nuovo.

reingàggio (pl. *-gi*) [da *ingaggio*; 1855] **sm.** nuovo ingaggio, rinnovo dell'ingaggio (spec. di un atleta).

reingrèsso [da *ingresso*; 1806] **sm.** nuovo ingresso e, *in part.*, rientro in comunità di un membro da lungo assente.

reinnestàre o **rinnestàre** (pres. *-èsto*) [da *innestare*; a. 1320 *rinnestare*] **tr.** innestare di nuovo.

reinnèsto [da *reinnestare*; 1959] **sm.** nuovo innesto.

reinseriménto [da *reinserire*; 1955] **sm.** nuovo inserimento; *in part.* nuovo inserimento in un ambito dal quale si era stati allontanati: *il reinserimento degli ex-carcerati nel mondo del lavoro.*

reinserìre (pres. *-isco, -isci*) [da *inserire*; 1970] **tr.** inserire di nuovo: *reinserire un tubo* || **rifl.** rientrare a far parte di un determinato gruppo o ambiente: *reinserirsi nella classe.*

reìntegra [da *reintegrare*; 1953] **sf.** *bur.* reintegrazione.

reintegraménto [da *reintegrare*; 1848] **sm.** *raro* reintegrazione.

reintegràre (pres. *-ìntegro*) [dal lat. *redintegrāre*, con cambio di pref.; 1525] **tr.** **1.** rendere nuovamente integro, ricostituendo o reintroducendo quanto era stato tolto, perduto o era comunque venuto meno: *reintegrare l'organico con nuove assunzioni, il capitale dopo un prelievo, la scorta dei viveri* **2.** *fig. bur.* rif. a persona, rimettere nella precedente condizione: *fu reintegrato nel suo grado, nella sua carica* || risarcire del danno sofferto || **rifl.** riprendere la propria funzione, il proprio posto || **intr. pron.** *non com.* tornare intero || **N.** **tr.** **1.** *Sin.* restaurare, rinnovare, ripristinare, ristabilire | **rifl.** *Sin.* reinserirsi.

reintegrativo [da *reintegrare*; 1673] **agg.** che reintegra: *provvedimento reintegrativo.*

reintegrazióne [dal lat. tardo *redintegrātio, -ōnis*, con cambio di pref.; a. 1518] **sf.** atto ed effetto del reintegrare || *T.giur.* *azione di reintegrazione*, azione esercitata dal possessore di un bene che ne sia stato privato in modo violento o clandestino || **N.** *Sin.* restaurazione, risarcimento.

reìntegro [da *reintegrare*; 1965] **sm.** *bur.* reintegrazione.

reintrodùrre (raro *rintrodùrre*) (pres. *-ùco* ecc., come ADDURRE) [da *introdurre*; 1745] **tr.** introdurre di nuovo.

reinvestiménto o **rinvestiménto** [da *investimento*; 1848 *rinvestimento*] **sm.** nuovo investimento (in tutti i sensi): *reinvestimento di capitali.*

reinvestìre o **rinvestìre** (pres. *-èsto*) [da *investire*; 1848 *rinvestire*] **tr.** investire di nuovo.

reinvestitùra o **rinvestitùra** [da *investitura*; 1745] **sf.** *raro* nuova investitura.

reità [da *reo*; 1321 *reitade*] **sf.** **1.** condizione di chi è reo **2.** *ant.* colpa, delitto || **N.** **1.** *Sin.* colpevolezza | *Contr.* innocenza.

reiteràbile [da *reiterare*; 1745] **agg.** che si può reiterare || **N.** *Sin.* ripetibile.

reiteraménto [da *reiterare*; 1745] **sm.** *non com.* reiterazione.

reiteràre (pres. *reìtero*) [dal lat. *reiterāre*; 1319] **tr.** ripetere, spec. più volte: *reiterare una terapia* || **N.** *Sin.* RIPETERE.

reiteràto (pps. di *reiteràre*) [a. 1363] **agg.** più volte ripetuto: *reiterati appelli alla prudenza* || **reiteratamènte** **avv.** ripetutamente.

reiterazióne [dal lat. *reiterātio, -ōnis*; sec. XIV] **sf.** atto ed effetto del reiterare || **N.** *Sin.* RIPETIZIONE.

reiudicàta V. REGIUDICATA.

reiziàno [dal n. del filologo ted. F.W. *Reiz* (1733-1790); 1936] **agg.** e **sm.** *T.metr.* detto di verso breve della metrica classica, impiegato dai lirici, dai tragici e dai comici e chiamato con vari nomi a seconda delle sue varietà di schema.

relais (fr., pr. [rəˈlɛ]) [ant. cambio di posta, da *relayer* dare il cambio; 1905] **sm. inv.** *T.elettrot.* dispositivo nel quale uno o più contatti di un circuito vengono tenuti aperti o chiusi da un segnale di controllo || **N.** *Sin.* commutatore, interruttore. **Q.T.** *elettricità.*

relàpso o **relàsso** [dal lat. *relapsus*, ricaduto; 1823 *relasso*] **agg.** e **sm.** (f. *-a*) *T.rel.* che, chi è ricaduto nell'eresia dopo una precedente conversione || che, chi è caduto nuovamente nel peccato.

relata refero (lat., pr. it. [reˈlata ˈrɛfero]) [lett. riferisco ciò che mi è stato riferito] **loc.** con cui si sottolinea di limitarsi a riferire, senza avallarlo, ciò che si è sentito dire da altri.

relativiṣmo [da *relativo*; 1905] **sm.** *T.fil.* qualsiasi concezione filosofica che non ammette verità assolute in campo conoscitivo o morale || **N.** *Contr.* assolutismo.

relativista [da *relativismo*; 1959] **s.** sostenitore di una forma di relativismo.

relativìstico (pl. *-ci*) [da *relativismo*; 1936] **agg.** **1.** del relativismo filosofico **2.** della teoria della relatività.

relatività [da *relativo*; 1872] **sf.** caratteristica di ciò che è relativo: *la relatività del conoscere umano, di un giudizio* || *T.fis.* principio per cui le leggi fisiche sono le stesse se misurate in una qualunque coppia di sistemi di riferimento inerziali (cioè in moto rettilineo uniforme l'uno rispetto all'altro); *relatività galileiana*, l'applicazione di tale principio alle leggi della meccanica, con l'ipotesi che esista una misura assoluta del tempo; *teoria della relatività ristretta*, l'estensione (dovuta ad Einstein) di tale principio ai fenomeni elettromagnetici, con l'imposizione del vincolo della costanza della velocità della luce in tutti i sistemi di riferimento, e la conseguente rinuncia all'idea di un tempo assoluto; *teoria della relatività generale*, estensione (dovuta anch'essa ad Einstein) del principio di relatività ai sistemi di riferimento non inerziali || **N.** *Contr.* assolutezza, oggettività.

relativiẓẓàre [da *relativo*; a. 1606] **tr.** rendere relativo: *relativizzare un concetto* || **N.** *Contr.* assolutizzare.

relativo [dal lat. tardo *relatīvus*; 1308] **agg.** **1.** che ha relazione con qualcosa, che si riferisce, è attinente a qualcosa o a qualcuno: *i problemi relativi all'occupazione, calcoli relativi alle capacità di carico della struttura* || *T.gram.* *pronome relativo* (per es. *che, chi, cui*), *avverbio relativo* (per es. *dove, donde*) che sostituisce un elemento incluso nella reggente e mette in relazione a questa la proposizione di cui fa parte; *proposizioni relative* (o *relative*), proposizioni subordinate introdotte da un pronome o da un avverbio relativo || *in part.* che è proprio, che appartiene a qualcosa o a qualcuno: *i funzionari con le relative mogli*; *la domanda, con la relativa documentazione, va presentata entro luglio* **2.** dipendente da qualcosa, condizionato da qualcosa, non assoluto: *la velocità del mezzo è relativa alla sua potenza, "bello" e "brutto" hanno un valore relativo ai gusti di chi giudica*; *tutto è relativo*, le cose esibiscono proprietà diverse (diverso valore ecc.) a seconda del punto di vista || *T.gram.* *superlativo relativo*, grado dell'aggettivo che esprime un rapporto di superiorità non assoluto, ma rispetto a un gruppo di riferimento (come in "il più bravo della scuola") || *T.fis.* *moto relativo*, quello di un corpo rispetto a un altro || *T.mat.* *numeri relativi*, numeri il cui valore assoluto è preceduto da un segno (+ o –) || *T.mus.* di scale o di tonalità analizzate nel reciproco rapporto maggiore-minore **3.** *per estens.* sufficientemente alto, buono seppur non assoluto; discreto: *in questi anni abbiamo goduto di un relativo benessere, di una relativa indipendenza* || limitato, scarso: *la cosa ha per me un interesse molto relativo* || **relativamènte** **avv.** in modo relativo: *una merce relativamente cara* || nella *loc. prep.* *relativamente a*, rispetto a, per ciò che riguarda: *relativamente alle tue richieste, mi riservo di risponderti appena posso* || **N.** **1.** *Sin.* concernente, connesso, pertinente, riguardante | *Contr.* estraneo **2.** *Contr.* assoluto.

relatóre [dal lat. tardo *relātor, -ōris*; a. 1543] **I** **sm.** (f. *-trice*) chi, con una relazione, riferisce intorno a un fatto o a una questione; *in part.* professore universitario che, dopo aver seguito lo studente nella stesura della tesi di laurea, la presenta ai colleghi e ne discute con il laureando || *T.bur.* chi, per ufficio o per incarico ricevuto, riferisce su di una questione a un'autorità o a un organo superiore: *relatore parlamentare* **II** **agg.** (sempre posposto) che riferisce: *giudice relatore.*

relax (ingl., pr. [rɪ'læks]; pr. it. [re'laks] e ['relaks]) [da *to relax*, rilassarsi; 1959] ***sm. inv.*** distensione, riposo: *prendersi un attimo di relax*.

relazionàle [da *relazione*; 1959] ***agg.*** concernente una relazione: *nesso, struttura relazionale*.

relazionalità [da *relazionale*; 1959] ***sf.*** *T.fil.* caratteristica, qualità di ciò che è relazionale.

relazionàre (pres. *-óno*) [da *relazione*; a. 1597] ***intr.*** (aus. *avere*) **1.** *bur.* informare con una relazione: *ha relazionato circa l'accaduto* **2.** entrare in relazione, intessere relazioni: *ha difficoltà a relazionare con gli altri bambini* ‖ **N. 1.** *Sin.* ragguagliare.

relazióne [dal lat. *relātio, -ōnis*; 1308] ***sf.*** **1.** modo in cui due o più enti, fatti, concetti si connettono tra loro; nesso, rapporto: *tra i due eventi sussiste una relazione di causa ed effetto, mettere in relazione due fatti, escludere qualsiasi relazione tra i due avvenimenti*; nella teoria degli insiemi, *relazione di equivalenza, riflessiva, simmetrica, transitiva*, v. EQUIVALENZA; relazione d'ordine, che stabilisce un ordine fra gli elementi di un insieme; in logica, *relazione binaria, ternaria ... n-aria*, intercorrente tra due, tre ... *n* oggetti ‖ *in part.* in riferimento a persone o collettività, legame, rapporto: *relazioni di parentela*; *essere in relazioni amichevoli, in buone relazioni con qualcuno*; *relazioni sociali tra le classi*; *relazioni commerciali, diplomatiche tra stati*; rapporto amoroso (anche *ass.*): *intessere una relazione amorosa, sentimentale con qualcuno*; *troncare una relazione che dura da anni*; *pubbliche relazioni*, complesso delle attività informative e promozionali che un'impresa svolge nei confronti del pubblico allo scopo di migliorare e potenziare la propria immagine ‖ *per meton. pl.* le persone stesse con cui si è in rapporto e, *in part.*, conoscenze, amicizie influenti: *ha molte relazioni* ‖ nella *loc. avv. in relazione a*, relativamente a, in riferimento a, per quanto riguarda: *in relazione agli ultimi avvenimenti* **2.** esposizione, scritta od orale, di fatti o argomenti; resoconto: *pubblicare la relazione della commissione d'inchiesta, presentare una relazione finale sui risultati delle indagini* ‖ *dim.* relazioncèlla, relazioncìna; *pegg.* relazionàccia ‖ **N. 1.** *Sin.* attinenza, collegamento, concatenazione, connessione, correlazione, legame, vincolo | approfondire, curare, interrompere, stringere **2.** *Sin.* rapporto, referto, rendiconto. **Q.T.** *sociologia*.

relazionìsmo [da *relazione*; 1951] ***sm.*** *T.fil.* concezione filosofica secondo cui veramente reali non sono gli enti individuali, ma le relazioni.

relè [dal fr. *relais*; 1935] ***sm.*** adattamento it. di *relais*. **TAV.** *elettrotecnica* 16.5, 16.6.

relegaménto [da *relegare*; a. 1667 *rilegamento*] ***sm.*** *raro* relegazione.

relegàre (pres. *rèlego, rèleghi*) [dal lat. *relegāre*; 1353] ***tr.*** condannare alla relegazione: *fu relegato a Sant'Elena* ‖ *per estens. fig.* ridurre in luogo isolato e negletto, con o senza un'idea di specifica punizione: *dalla sede centrale l'hanno relegato in una sperduta filiale di provincia, il Torino è (stato) relegato agli ultimi posti della classifica* ‖ *per estens.* mettere in disparte, accantonare come inservibile: *quel bellissimo mobile è stato relegato in soffitta* ‖ **N.** *Sin.* allontanare, bandire, confinare, emarginare, esiliare, segregare.

relegazióne [dal lat. *relegātio, -ōnis*; sec. XIV] ***sf.*** nell'antichità e nel Medioevo, provvedimento penale consistente nell'isolamento forzato in una località con l'obbligo di non più allontanarsene ‖ *per estens. com.* isolamento forzato ‖ **N.** *Sin.* allontanamento, confino, emarginazione, esilio, segregazione.

reliability (ingl., pr. [rɪlaɪə'bɪlɪtɪ]) [letter. affidabilità; 1983] ***sf. inv.*** *T.tecn.* in un'apparecchiatura complessa (per es. in un calcolatore elettronico), sicurezza di funzionamento, connessa ad un alto grado di rendimento ‖ **N.** *Sin.* affidabilità.

religionàrio (pl. *-ri*) [da *religione*; 1683] ***agg.*** e ***sm.*** (f. *-a*) *raro* **1.** che o chi professa una religione **2.** correligionario.

religióne [dal lat. *religio, -ōnis*, complesso di pratiche, credenze, obblighi morali; a. 1294] ***sf.*** **1.** insieme di riti e di credenze per mezzo delle quali l'uomo vuole mettersi in relazione con una realtà che egli considera divina o comunque sacra: *la religione è antica quanto la società umana* **2.** ciascuna delle forme che questo complesso assume nelle varie culture e tradizioni: *la religione cristiana, buddista*; *una religione monoteistica, animista*; *religioni etniche*, non fondate da un personaggio storico né rivelate, ma legate al popolo; *religione rivelata*, fondata su una dottrina a cui è attribuita origine divina; *religione naturale*, l'insieme delle credenze naturali sulla divinità ‖ *per estens.* ri-

RELIGIONE

CHIESE CRISTIANE: anglicanesimo, calvinismo, cattolicesimo, luteranesimo, ortodossia.

ERESIE E SETTE: albigesi, adozionisti, anabattisti, ariani, avventisti, battisti, catari, docetisti, donatisti, esercito della salvezza, giansenismo, gnostici, iconoclasti, metodisti, monofisiti, mormoni, nestorianesimo, pelagiani, presbiteriani, puritani, quaccheri, sabelliani, testimoni di Geova, ussiti, valdesi, zwingliani.

RELIGIONI NON CRISTIANE: animismo, bahaismo, bramanesimo, buddismo, caodaismo, confucianesimo, druidismo, giainismo, giudaismo, induismo, islamismo o maomettismo, mandeismo, manicheismo, mazdeismo o zoroastrismo, paganesimo, parsismo, sabeismo, scintoismo, sikhismo, taoismo.

RELIGIONI ETNICHE: assiro-babilonese, azteca, egiziana, greca, inca, maya, romana ecc.

ATTRIBUTI DI DIO: Altissimo, Creatore, Dio degli Eserciti o Sabaoth, Divina Maestà, Ente Supremo, Eterno, Fattore dell'Universo, Fine Ultimo, Nostro Signore, Onnipotente, Onnipresente, Onnisciente, Padre Eterno, Provvidenza, Re dei Re, Santissimo.

PERSONAGGI MITOLOGICI: centauri, dei, eroi, fauni, furie o erinni, geni, gnomi, gorgoni, muse, ninfe (amadriadi, driadi, naiadi, napee, oceanine o nereidi, oreadi), semidei, silfi, silfidi, titani.

TEMPLI: chiesa, delubro, minareto, mitreo, moschea, ninfeo, pagoda, pantheon, sacello, *sancta sanctorum*, santuario, sinagoga, stupa, tabernacolo, tempio.

SACERDOTI E ADDETTI AL CULTO: aruspice, augure, bonzo, bramino, derviscio, devadasi, druida o druido, flamine, imano, lama, levita, muezzin, mufti, pastore, pope, rabbino, ulema, vestale.

RITI: battesimo, circoncisione, ecatombe, efod, festa dei Tabernacoli, iniziazione, libazione, lustrazione, olocausto, oracolo, *ramadan*, riti di passaggio, sacrificio (cruento / incruento; ostia, vittima), suovetaurilia.

OGGETTI: altare, ara, mitra, taled o talled, tripode.

TERMINI VARI: abiura, agnosticismo, amuleto, antropogonia, antropomorfismo, apostasia, apostolo, ascetismo, astrologia, benedizione, blasfemia o bestemmia, canone, carisma, castità, cerimonia, congregazionismo, confessione, confessione dei peccati, conversione, cosmogonia, credenza, culto (dei morti o dei defunti, dei santi, degli antenati), destino o fato, digiuno, discepolo, divinazione, dualismo, entusiasmo, epifania, escatologia, esegesi, esoterico, esoterismo, estasi, eterodossia, fede, festa, feticismo, fondatore, idolatria, idolo, libri o testi sacri, liturgia, magia, male, mana, manifestazione, meditazione, messianismo, millenarismo o chiliasmo, missione, misteri, mistica, mito, mitologia, monachesimo, monoteismo, nirvana, oracolo, panteismo, pantheon, paradiso, peccato, penitenza, perfezione, politeismo, possessione, precetto, predestinazione, preghiera, profano, profeta, proseliti, redentore, redenzione, reincarnazione, riformatore, rinascita, rivelazione, sacerdozio, sacramento, sacro, salvezza, santo, sciamanismo, secolarizzazione, simbolismo, simbolo, soprannaturale, soteriologia, superstizione, tabù, teismo, teocrazia, teodicea, teofania, teologia, teosofia, tolleranza, totemismo, tradizione, *trance*, utopia.

AZIONI: praticare, professare, propugnare, rinnegare, sconfessare.

RELIGIONE CATTOLICA.

DOTTRINA: comunione dei santi, Dio, l'incarnazione, passione, morte e risurrezione di Gesù Cristo, peccato originale, processione dello Spirito Santo, remissione dei peccati, resurrezione della carne, Trinità (Padre, Figlio, Spirito Santo), vita eterna.

SACRAMENTI: battesimo (v. sotto LITURGIA), confermazione o cresima, eucaristia, penitenza o confessione (v. sotto LITURGIA), estrema unzione, ordine, matrimonio.

VIZI CAPITALI: accidia, avarizia, gola, invidia, ira, lussuria, superbia.

VIRTÙ TEOLOGALI: carità, fede, speranza.

VIRTÙ CARDINALI: fortezza, giustizia, prudenza, temperanza.

NOVISSIMI: giudizio, inferno, morte, paradiso.

TEOLOGIA: apologetica, archeologica, ascetica, biblica, casistica, dogmatica, esegetica, liturgica, mistica, morale, positiva, simbolica, speculativa, storica, teodicea o teologia naturale; figurismo, molinismo, patristica, quietismo, scolastica, tomismo; articolo di fede, attrizione, consustanzialità, contrizione, dogma, fruizione, grazia, infallibilità del Papa, ipostasi, libero arbitrio, miracolo, ortodossia, peccato, predestinazione, predeterminazione, rivelazione.

segue

verenza, rispetto grandissimo, venerazione: *la religione degli affetti familiari, della patria; essere senza religione,* non rispettare nulla, neppure ciò che è più sacro; nel modo di dire *non c'è più religione,* non si rispetta più nulla ‖ *per estens.* cura diligentissima: *raccogliere i ricordi di famiglia con religione* **3.** ordine religioso: *entrare in religione* ‖ nome di certi ordini cavallereschi antichi: *religione di S. Stefano.* **Q.T.** *religione.*

religiosità [da *religioso;* 1673] **sf.** **1.** sentimento e atteggiamento di fede e riverenza nei confronti del divino, non necessariamente legato a una religione storica: *uomo di profonda religiosità, la crisi della religiosità nella società contemporanea* **2.** *fig. iperb.* scrupolosa cura: *conservava con religiosità le sue lettere* ‖ **N.** **2.** *Sin.* diligenza, osservanza, scrupolo.

religióso [dal lat. *religiōsus;* a. 1292 nel senso 2] **I agg.** **1.** relativo alla religione o a una religione: *pratiche religiose, sentimento religioso, ordini religiosi, congregazioni religiose* ‖ *in part.* conforme a quanto prescrive una religione: *matrimonio religioso* **2.** che segue e pratica con impegno una religione; devoto, pio: *un uomo, un popolo molto religioso* **3.** *fig.* riverente, rispettoso: *si fermarono un minuto in religioso raccoglimento* ‖ *iperb.* scrupoloso: *ascoltare un brano in religioso silenzio, maneggiare qualcosa con religiosa attenzione* ‖ **religiosaménte** **avv.** **1.** in senso, in modo religioso: *un pensiero orientato religiosamente* **2.** con grande scrupolo: *seguire religiosamente le istruzioni* **II sm.** (f. *-a*) membro di un ordine o di una congregazione religiosa. **Q.T.** *religione.*

segue RELIGIONE

GERARCHIA ECCLESIASTICA.

In base all'ordine: ordini maggiori (vescovo, sacerdote, diacono, suddiacono), ordini minori (accolito, esorcista, lettore, ostiario).

Gerarchia giuridica: Papa, cardinale, patriarca, legato a latere, nunzio, internunzio, delegato apostolico, primate, metropolita, arcivescovo, vescovo, vicario apostolico, coadiutore, vescovo ausiliare, amministratore apostolico, vicario generale, vicario capitolare, arciprete, parroco, cappellano, fedeli.

ALTRE PERSONE DEL CLERO: abate, arcidiacono, canonico, cantore, catechista, cerimoniere, chierico, clero, conclavista, datario, elemosiniere, mansionario, missionario, penitenziere, pievano, preposto, primicerio, priore, protonotario, quaresimalista, referendario, rettore, sacrista, seminarista, teologo.

LITURGIA: ambrosiana, armena, copta, gallicana, greca, gregoriana, illirica, mozarabica, romana, slava; adorazione, compunzione, culto, dulìa, iperdulìa, latrìa, pietà, venerazione; abluzione, agape, alleluia, antifona, aspersione, battesimo (per aspersione, per immersione; figlioccio, madrina, padrino), benedicite, benedizione, cerimonia o rito o funzione, commemorazione, confessione (generale, parziale; assoluzione, caso riservato, padre spirituale, penitenza, sigillo della confessione), conforti religiosi, consacrazione, dedicazione, devozione, esercizi spirituali, esorcismo, espiazione, esposizione del SS. Sacramento, funzione sacra, giaculatoria, imposizione delle mani, inno sacro, insufflazione, lavanda dei piedi, litania (della Vergine o lauretana, dei Santi), mese mariano, mortorio, novena, opere di misericordia, orazione o preghiera (mentale, orale; avemaria, *gloria patri,* invocazione, *magnificat, miserere,* padrenostro, *prece, requiem,* rosario o corona), ore canoniche (mattutino, laudi, prima; terza, sesta, nona, vespro, compieta), ottavario, passio, pontificale, predica (omelia, panegirico, quaresima), processione, propiziazione, quarantore, quaresima, quattro tempora, salmi, salmodia, suffragio, triduo, trigesima, Via Crucis, viatico, voto.

MESSA.

Riti d'introduzione: canto d'ingresso, saluto del celebrante, atto penitenziale, gloria, preghiera d'apertura.

Liturgia della parola: prima lettura, salmo responsoriale, seconda lettura, vangelo, omelia, professione di fede, preghiera universale.

Liturgia eucaristica: preparazione delle offerte (offerta del pane, offerta del calice, lavanda delle mani, invito alla preghiera, orazione sulle offerte), preghiera eucaristica (dialogo d'introduzione, prefazio, sanctus, invocazione, racconto dell'istituzione, acclamazione dell'assemblea, memoriale, offerte, intercessioni particolari, lode alla Trinità).

Liturgia di comunione: preghiera del Signore, frazione del pane, preparazione alla comunione, comunione (del sacerdote, dei fedeli), preghiera dopo la comunione.

Riti di conclusione: benedizione, congedo dell'assemblea.

VITA MONASTICA.

Persone: abate, anacoreta, archimandrita, badessa o abbadessa, camarlingo, cellario, cenobiarca, cenobita, comunità, consultore, converso, eremita, frate, generale, laico, madre, mendicante, monaca, monacanda, monaco, novizio, padre guardiano, priore, professo, provinciale, romita, regolare, rettore, suora, superiora, torzone, visitatore.

Ordini maschili: agostiniani, assunzionisti, barnabiti, basiliani, benedettini, camaldolesi, cappuccini, carmelitani, cavalieri di Rodi o di Malta, celestini, certosini, cistercensi, conventuali, cordiglieri, domenicani, fatebenefratelli, filippini o dell'Oratorio, flagellati, francescani, gerosolimitani, gesuiti o della Compagnia di Gesù, ignorantelli, lazzaristi, maroniti, minimi, minori osservanti, oblati, olivetani, passionisti, redentoristi, rosminiani, salesiani, scalzi, scolopi, teatini, terziari, trappisti, umiliati.

Ordini femminili: agostiniane, beghine, benedettine, cappuccine, carmelitane, clarisse, dame del Sacro Cuore, domenicane, fatebenesorelle, mantellate, oblate, orsoline, ospitaliere, salesiane, sepolte vive, suore della Carità.

TERMINI VARI: adorazione, anatema, angeli (cori, gerarchia, ordini; serafini, cherubini, troni, dominazioni, virtù, potestà, principati, angeli, arcangeli), anno santo, apostolato, ascetismo, asse ecclesiastico, assoluzione, aureola, beatificazione, beato, bolla pontificia, breve, canone, canonizzazione, canto fermo o gregoriano, cappellania, clausura, concilio, concilio ecumenico, concistoro, conclave, confraternita, congregazione, congrua, cura d'anime, decime, decretali, demoni (diavoli; demonologia, esorcismo; incubo, ossesso, succubo), diocesi, diritto canonico, fioretto, giubileo, *imprimatur,* indulgenza (parziale, plenaria), indulto, interdetto, manomorta, mensa vescovile, misteri, oblazione, patronato, pellegrinaggio, piatto cardinalizio, potere spirituale, potere temporale, prebenda, presepio, profanazione, sacrilegio, Santo Uffizio, scomunica, seminario, sindone, sinodo, stigmate.

reliquàrio v. reliquiario.

reliquàto [dal lat. *reliquus,* restante; 1662] **sm.** *raro* relitto, residuato, traccia: *reliquati bellici.*

relìquia [dal lat. *reliquiae,* letter. resti; 1319] **sf.** **1.** ciò che resta del corpo, delle vesti o degli oggetti appartenuti a un santo o a un beato, fatto oggetto di venerazione dalla Chiesa ‖ *fam. scherz. conservare, tenere qualcosa come una reliquia,* con scrupolosa cura, come qualcosa di molto prezioso **2.** *lett.* ciò che resta di qualcuno o qualcosa dopo la sua scomparsa; resto: *monumenti che sono reliquie dei tempi passati.*

reliquiàrio (pop. *reliquàrio*) (pl. *-ri*) [dal lat. tardo *reliquiārium;* sec. XVI *reliquiere*] **sm.** teca, urna e sim. in cui sono conservate le reliquie di santi o beati.

relitto [dal lat. *relictus,* abbandonato; 1813] **I sm.** **1.** ciò che resta di una nave naufragata o di un aereo caduto ‖ *per estens. fig.* persona ridotta in uno stato fisico o psichico penoso: *ormai è un relitto umano* **2.** tratto di terreno rimasto scoperto in seguito al ritirarsi delle acque **3.** piccolo appezzamento isolato di terreno, risultante dalla divisione di una zona in grandi appezzamenti **II agg.** (sempre posposto) *T.scient.* che resta, residuo: *flora, fauna relitta,* attualmente diffusa in aree molto ridotte rispetto a quelle occupate in passato; *lago relitto,* isolato in seguito al ritirarsi delle acque marine o per movimenti tettonici ‖ **N.** **I** **1.** *Sin.* resti; carcassa.

relùcere v. rilucere.

rem (pr. [rɛm]) [sigla dall'ingl. *Röntgen equivalent man,* Röntgen equivalente per l'uomo; 1965] **sm. inv.** quantità di radiazione di qualunque natura capace di produrre nell'uomo effetti equivalenti a quelli prodotti dall'assorbimento di un rad di raggi X o gamma.

Rem o **REM** (pr. [rɛm]) [sigla formata dalle iniziali di *Rapid eye movement,* movimento rapido dell'occhio; 1957] **agg. inv.** (sempre posposto) relativo alla seconda fase del sonno caratterizzata dall'insorgere di sogni e da brevi e rapidi movimenti oculari: *fase Rem, sonno Rem.*

rèma[1] [dal gr. *rhêma,* verbo, come il fr. *rhème* e ted. *Rhema;* 1974] **sm.** *T.ling.* la parte dell'enunciato che informa sul tema del discorso (per es. "corre" in *il cane corre*) o che mette in rilievo parte dell'informazione già presente nel tema (per es. la risposta "In quella rossa" alla domanda "Hai messo il nastro nella scatola blu o in quella rossa?") ‖ **N.** tema.

rèma[2] [dal gr. mod. *rhéma,* corrente; a. 1348] **sf.** *region.* la corrente generata nello Stretto di Messina dal flusso e dal riflusso delle acque.

rèma[3] [dal gr. *rhêuma,* corrente; a. 1292] **sf.** *arc.* reuma.

remainder (ingl., pr. [rɪˈmeɪndə]) [da to *remainder,* liquidare a prezzo ridotto; 1967] **sm. inv.** copia di un libro che costituisce giacenza di magazzino, rimessa in vendita a prezzo ridotto ‖ libreria nella quale si vendono tali libri.

remake (ingl., pr. [ˈriːmeɪk]; pr. it. [riˈmeik]) [da to *remake,* rifare; 1965] **sm. inv.** rifacimento in nuova versione di uno spettacolo teatrale o di un film.

remàre (pres. *rèmo*) [da *remo*; a. 1342] ***intr.*** (aus. *avere*) spingere un'imbarcazione a forza di remi || **N.** *Sin.* arrancare, pagaiare, passavogare, remeggiare, remigare, sciare, vogare.

remàta [da *remare*; 1653] ***sf.*** **1.** colpo di remi o di remo con cui si spinge l'imbarcazione; palata, voga **2.** colpo dato con un remo.

rematóre [da *remare*; 1598] ***sm.*** (f. *-trìce*) chi rema || **N.** *Sin.* vogatore.

rembàta (meno com. *rambàta*) [etim. inc.; 1600] ***sf.*** *T.mar. ant.* ciascuno dei due palchi che formavano un castello sulla prua delle galee; vi erano collocate le artiglierie più importanti e vi si combatteva ad armi corte dopo l'abbordaggio || **N.** arrembaggio, ponti | arrembare.

remeàbile [dal lat. *remeabilis*; a. 1808] ***agg.*** *lett. raro* che si può ripercorrere al ritorno.

remeggiàre (pres. *-éggio*) [da *remeggio*; 1640] ***intr.*** (aus. *avere*) **1.** *lett.* remare **2.** *fig.* spec. di uccelli, volare con movimento delle ali simile a quello dei remi.

reméggio (pl. *-gi*) [dal lat. *remīgium*, l'insieme dei remi; a. 1566] ***sm.*** *lett. raro* **1.** atto del remeggiare (anche *fig.*) **2.** l'insieme dei remi o, anche, dei rematori di un'imbarcazione **3.** sulle antiche navi, luogo occupato dai rematori.

remeggio (pl. *-ìi*) [da *remeggiare*; 1891] ***sm.*** *lett. raro* un remeggiare affrettato e convulso.

remèngo v. RAMENGO.

remènso [dal lat. *remensus*; a. 1470] ***agg.*** *ant.* misurato.

rèmico (pl. *-ci*) [da *remo*; 1959] ***agg.*** a remi: *navigazione remica* || **N.** velico.

remièra [da *remo*; 1959] ***sf.*** sostegno a incavi in cui si ripongono i remi.

remièro [da *remo*; 1889] ***agg.*** **1.** dei remi o dei rematori **2.** del remare come attività sportiva.

remigaménto [da *remigare*; a. 1694] ***sm.*** *non com.* atto del remigare.

remigànte (*ppr.* di *remigare*) [a. 1566 come s.] **I *agg.*** **1.** *lett.* che rema **2.** simile al movimento che si fa remando: *volo remigante* || in part. *penne remiganti* (o *ass. le remiganti*), penne delle ali degli uccelli che hanno funzione portante nel volo **II *s.*** *lett.* chi rema. **TAV. *uccelli* p. 1339** 1.32, 1.34.

remigàre (pres. *rèmigo, rèmighi*) [dal lat. *remigāre*; a. 1311] ***intr.*** (aus. *avere*) **1.** *lett.* remare **2.** di uccelli, volare battendo ritmicamente le ali.

remigàta [da *remigare*; a. 1647] ***sf.*** *raro* **1.** atto del remare per qualche tempo **2.** singola remata.

remigatóre [da *remigare*; sec. XIV] ***sm.*** (f. *-trìce*) *lett. raro* chi remiga.

remigazióne [da *remigare*; 1723] ***sf.*** *non com.* remigamento.

rèmige [dal lat. *remex, -igis*; a. 1552] ***sm.*** *ant.* rematore.

remìgio (pl. *-gi*) [dal lat. *remigium*; sec. XIV] ***sm.*** *ant.* remeggio.

reminiscènza [dal lat. tardo *reminiscentia*; 1342] ***sf.*** **1.** *lett.* ricordo || *T.fil.* anamnesi **2.** *com.* ricordo vago, frammentario di cose remote: *conservare deboli reminiscenze del latino studiato al liceo* **3.** *fig.* nella critica letteraria e artistica, riecheggiamento, consapevole o meno, di contenuti o elementi stilistici propri di autori o periodi diversi: *un romanzo denso di reminiscenze classiche, in quel brano sono individuabili reminiscenze rossiniane* || **N. 1.** *Sin.* memoria, rimembranza, RICORDO | *Contr.* dimenticanza, oblio.

remisier (fr., pr. [rəmi'zje]) [da *remise*, rimessa (di denaro); 1918] ***sm.*** *inv.* *T.fin.* in borsa, intermediario tra agenti di cambio e clienti.

remissìbile [dal lat. tardo *remissibilis*; 1598] ***agg.*** *non com.* che si può rimettere, perdonare || **remissibilménte** ***avv.*** || **N.** *Contr.* imperdonabile, irremissibile.

remissióne [dal lat. *remissio, -ōnis*; 1212 *remissioni*] ***sf.*** **1.** perdono, condono: *la remissione dei peccati* || *T.giur.* *remissione del debito*, rinuncia dichiarata del creditore al suo debito; *remissione di querela*, rinuncia della parte lesa alla querela || *fig. scherz.* scampo, salvezza: *dalle sue chiacchiere non c'è remissione* **2.** il rimettersi, il sottomettersi alla volontà e alle opinioni altrui **3.** *T.med.* diminuzione della gravità dei sintomi di una malattia o loro temporanea sospensione: *remissione della febbre* || **N. 1.** *Contr.* condanna **2.** *Sin.* acquiescenza, sottomissione. **Q.T.** *religione.*

remissività [da *remissivo*; 1940] ***sf.*** qualità di chi o di ciò che è remissivo: *la remissività di quella ragazza, del suo carattere* || **N.** *Sin.* arrendevolezza, docilità, mansuetudine | *Contr.* caparbietà, indocilità, ostinatezza, pervicacia.

remissìvo [dal lat. tardo *remissīvus*; 1940] ***agg.*** **1.** che tende a sottomettersi facilmente alla volontà altrui; docile, arrendevole: *ti sei dimostrato troppo remissivo nei confronti di quell'arrogante* **2.** *T.giur. non com.* atto a condonare: *formula remissiva* || **remissivaménte** ***avv.*** || **N. 1.** *Sin.* acquiescente, mansueto, sottomesso, ubbidiente | *Contr.* disubbidiente, ostinato, pervicace, ribelle.

remissòrio (pl. *-ri*) [dal lat. eccl. *remissorius*; a. 1566] ***agg.*** che serve a rimettere, a perdonare, a condonare, a liberare; *in part.*: *T.eccl. lettera remissoria* (o *sf. remissoria*), con la quale un vescovo libera un sacerdote dagli obblighi disciplinari verso la propria diocesi || *T.stor. patente remissoria*, con la quale, anticamente, un sovrano concedeva la remissione di una pena.

remittènte [dal lat. *remittens, -entis*, *ppr.* di *remittere*, rimandare indietro; 1835] ***agg.*** *T.med.* di febbre che si abbassa almeno una volta al giorno, senza però scomparire.

remittènza [da *remittente*; a. 1816] ***sf.*** *T.med.* remissione.

rèmo [lat. *rēmus*; fine sec. XIII] ***sm.*** robusta asta perlopiù in legno, con un'estremità a forma di pala, usato come leva (di secondo genere) per imprimere il movimento a imbarcazioni: *barca a remi*; *nave a remi, a due, tre, quattro* ecc. *ordini di remi*, bireme, trireme, quadrireme ecc.; *andare a remi*, procedere per mezzo dei remi (in opposizione a *andare a vela* o *a motore*); *manovrare, maneggiare i remi*; *tuffare i remi nell'acqua*; *remo alla battana*, costituito da un bastone terminante a pala in entrambe le estremità, che si impugna nel mezzo senza fissarlo al natante e si manovra immergendo alternativamente nell'acqua ora l'una ora l'altra pala; *remo da bratto*, remo singolo che si appoggia a un'incavatura nella poppa e si manovra tenendolo sempre immerso e muovendolo a destra e a sinistra; *remo sensile* (o *sensibile* o *di punta*), remo singolo, lungo, manovrato a due mani da un vogatore in piedi rivolto verso prua, usato spec. per le barche da pesca; *remo da gondola*, remo singolo, lungo, che gioca su di una forcola fissata verso poppa sul bordo del natante, manovrato a due mani da un rematore in piedi rivolto verso prua, usato per le imbarcazioni lagunari; *remo a pagaia*, singolo remo con manico corto, che si impugna senza appoggiarlo allo scalmo e immergendolo a fianco del natante, usato per le canoe; *remi a palelle*, coppia di remi fissati uno per lato del natante e manovrati da uno o due vogatori seduti sullo stesso banco || nelle loc.: *armare i remi*, disporli per la voga, tenendoli impugnati in posizione orizzontale sullo specchio dell'acqua; *disarmare i remi*, toglierli dagli scalmi e disporli nell'interno dell'imbarcazione; *alzare i remi*, tenerli verticalmente e con le pale in alto, in segno di saluto; *filare i remi*, smettere di vogare, lasciando i remi liberi di disporsi naturalmente con le pale striscianti sull'acqua; *rientrare i remi*, ritirarli all'interno dell'imbarcazione facendoli scorrere nelle scalmiere e adagiandoli orizzontalmente sui bordi della barca; *condannare al remo*, anticamente, condannare a fare il rematore di galera; *fig. tirare i remi in barca*, ritirarsi da un'impresa, cessare un'attività || **N.** appoggio, banco, forcella, forcola, giglione, impugnatura, manico, natola, pedagna, scalmiera, scalmo; palata, remata, remeggio, sciata, vogata. **Q.T.** *nautica...* **TAV.** *canottaggio* 1.1, 7.

remolìno [dallo sp. *remolino*; sec. XIII] ***sm.*** **1.** mulinello, vortice di vento o di acqua **2.** nel mantello del cavallo, ciuffetto di peli disposti in direzione diversa da quella degli altri || **N. 1.** *Sin.* remolo.

rèmolo [da *remolino*; a. 1510] ***sm.*** *non com.* **1.** remolino **2.** crusca, biada.

remontoir (fr., pr. [rəmɔ̃'twa:r]) [letter. ricaricatore; 1892 *remontuar*] ***sm.*** *inv.* (pl. *remontoirs*, pr. [rəmɔ̃'twa:r]) **1.** *T.orol.* congegno che permette lo spostamento delle lancette e la carica della molla per mezzo di un unico bottoncino, posto sul contorno della cassa: *orologio a remontoir* **2.** *ant.* tipo di orologio da tavolino che si carica girando il gambo.

remontòrio (pl. *-ri*) [dal fr. *remontoir*; 1865] ***sm.*** *T.orol. ant.* congegno, costituito da un rotino, per correggere le variazioni della molla e delle resistenze negli orologi da tavolo.

rèmora [dal lat. *remora*; 1598 nel senso 2; a. 1646 nel senso 1] ***sf.*** **1.** *fig. lett.* motivo di ritardo o impedimento; indugio, freno, ostacolo: *fare qualcosa senza alcuna remora, è privo di ogni remora morale* **2.** pesce della famiglia degli Echeneiformi, dotato sul capo di un disco ovale e rugoso per mezzo del quale può attaccarsi ad altri pesci, a testuggini o alle chiglie delle navi per farsi trasportare **3.** *T.mar.* zona d'acqua relativamente tranquilla che si crea a lato della nave se questa scarroccia || zona d'acqua apparentemente calma e quasi oleosa che si crea nella scia poppiera della nave || **N. 1.** *Sin.* impedimento, intralcio. **TAV.** ***pesci* p. 1331** 11.

remorchiàre (pres. *-òrchio*) [var. di *rimorchiare*; 1614] ***tr.*** *ant.* rimorchiare.

remòto [dal lat. *remōtus*; 1308] ***agg.*** **1.** molto lontano nel tempo: *fatti remoti, epoche remote, le cause remote di una situazione* || *T.gram.* *passato, trapassato remoto*, tempi dell'indicativo che indicano che l'azione si è definitivamente compiuta nel passato **2.** molto lontano nello spazio e spec. con un'idea di isolamento e di solitudine: *lo spedirono in una remota località dell'isola.*

removìbile v. RIMOVIBILE.

remuage (fr., pr. [rə'mɥa:ʒ]) [letter. lo smuovere; 1936] ***sm.*** *inv.* *T.enol.* spostamento del residuo feccioso dalle bottiglie di *champagne* che si ottiene collocandole, dopo la fermentazione, a collo in giù sui *pupitres* || **N.** *dégorgement.*

remuneràre e der. v. RIMUNERARE e der.

réna afer. di arena[1].

renàccio (pl. *-ci*) [dal lat. *arenaceus*; 1340 ca.] ***sm.*** *ant.* terreno sabbioso.

renàio (pl. *-ài*) [da *rena*; a. 1320] ***sm.*** **1.** arenile **2.** cava di rena.

renaiòla [da *rena*, perché cresce spec. in luoghi sabbiosi; 1891] ***sf.*** pianta erbacea con foglie sottili e pannocchie di fiori bianchi, che cresce in terreni sabbiosi ed è buona foraggera || **N.** *Sin.* spergola.

renaiòlo [da *rena*; 1342 *renaiuolo*] ***sm.*** cavatore e trasportatore di sabbia || **N.** *Sin.* sabbionaio.

renàle [da *rene*; a. 1694] ***agg.*** di un rene o dei reni: *trapianto renale, vene renali.* **TAV.** ***anatomia* p. 642** 14.

renàno [dal lat. *Rhenānus*; 1860] ***agg.*** del Reno, lungo il Reno: *castelli renani*; *bottiglia renana*, bottiglia da vino di forma affusolata, che contiene 3/4 di litro. **TAV.** *enologia* 11.3.

renard (fr., pr. [rəˈnaːr]) [letter. volpe; 1901] **sm.** *inv.* *T.abb.* pelliccia di volpe ‖ *in part.* pelle conciata di volpe con zampe coda e muso: nel muso spesso è posta una molletta per fissare la pelle all'abito su cui è indossata o per pinzare una delle zampe dopo che si è fatta passare la pelle intorno al collo.

renàre (pres. *réno*) [da *rena*; 1863] **tr.** *pop. tosc.* pulire strofinando con la rena.

renàta [da *renare*; 1891] **sf.** *pop. tosc.* renatura.

renatùra [da *renare*; 1872] **sf.** *pop. tosc.* atto ed effetto del renare.

rèndere (p.rem. *rési* o, ant., *rendéi*, *rése* o, ant., *rendé* o *rendètte*, *résero* o, ant., *rendérono* o *rendèttero*; pps. *réso* o, ant., *rendùto*) [lat. *reddere*; inizio sec. XIII nel senso 2] **tr.** **1.** dare indietro qualcosa o qualcuno a colui dal quale lo si è avuto o a chi lo ha perso; restituire, ridare: *rendimi il libro che ti avevo prestato*, *rendetemi mio figlio!*, *quell'operazione gli ha reso la vista*; *vuoti a rendere*, v. VUOTO; *eufem.* *rendere l'anima a Dio*, morire ‖ *in part.* dare in contraccambio: *rendere una cortesia*, farla a chi ne aveva fatta una a noi; *rendere il saluto*, rispondere a chi ci saluta salutandolo a nostra volta; *a buon rendere*, formula di ringraziamento per un favore ricevuto, con la quale si fa intendere che alla prima occasione lo si restituirà; *fig.* *rendere pan per focaccia*, vendicarsi restituendo lo stesso male ricevuto; nel modo di dire *quel che è fatto è reso*, usato quando un danno o un'offesa viene ricambiata **2.** *gen.*, dare (spec. in modi di dire): *rendere testimonianza di ciò che si è visto*; *rendere un servizio a qualcuno*, fargli un servizio: *quello sconosciuto mi ha reso un servizio enorme* ‖ *in part.* dare quanto si ritiene dovuto (per consuetudine, per senso di giustizia ecc.): *rendere omaggio a un grande poeta*, *lode al Signore*; *rendere giustizia a qualcuno*, riconoscerne i diritti, sostenerne le giuste pretese e, *fig.*, riconoscerne, sottolinearne il valore: *questa fotografia non ti rende giustizia!*; *rendere conto di qualcosa a qualcuno*, darne giustificazione: *non sono obbligata a rendere conto a te di quello che faccio*; *rendersi conto di qualcosa*, prenderne atto; *rendere grazie*, ringraziare; *rendere merito*, ricompensare: *Dio ve ne renda merito!* ‖ produrre in risposta, rimandare: *l'oggetto, percosso, rese un suono metallico* **3.** dare come rendita, come frutto, avere come rendimento: *un commercio che rende poco*, *i buoni del tesoro rendono il 10%*; anche *ass.* dare buoni risultati: *un filato che rende*, *a scuola non rende* **4.** *per estens.* esprimere: *una frase che rende perfettamente lo spirito di quei tempi*, *un disegno che non riesce a rendere l'impressione del movimento*, *un'espressione che rende bene il mio pensiero*; *rendere l'idea*, comunicare efficacemente il proprio pensiero: *non so se rendo l'idea...* ‖ *in part.* tradurre: *rendere un termine straniero con un'espressione italiana* **5.** con valore copulativo, far diventare: *il tempo rende saggi*, *con questa notizia mi rendi felice*, *i frequenti lavaggi rendono fragili i tessuti* ‖ **rifl.** **1.** far diventare se stesso, fare in modo di essere: *rendersi antipatico*, *indispensabile* **2.** *arc.* arrendersi ‖ **intr. pron.** **1.** diventare: *a quel punto si rese necessario il suo intervento* **2.** *ant.* recarsi, portarsi in un dato luogo ‖ **N.** **tr.** **1.** *Sin.* rifondere, rimborsare, risarcire; ricambiare | *Contr.* tenersi, trattenere, serbare **2.** *Sin.* fare, tributare **3.** *Sin.* fruttare **4.** *Sin.* descrivere, evocare, manifestare, raffigurare, rappresentare, richiamare, riprodurre, ritrarre.

rendévole [da *rendere*; a. 1566] **agg.** *raro* **1.** arrendevole **2.** *ant.* produttivo.

rendez-vous (fr., pr. [rãdeˈvu]) [letter. recàtevi; 1644 *randevus*] **sm.** *inv.* ritrovo, appuntamento, convegno ‖ *in part.* *T.astron.* incontro ed eventuale aggancio di due mezzi in orbita.

rendìbile [da *rendere*; 1891] **agg.** *raro* che si può o si deve rendere.

rendicónto [comp. di *rend(ere)* e *conto*; 1802] **sm.** **1.** rapporto redatto da chi ha responsabilità di spesa al termine di un dato periodo contabile: *rendiconto consuntivo*, *contabile* ‖ *per estens.* narrazione dettagliata, resoconto: *ci fece il rendiconto delle sue avventure* **2.** *pl.* atti o verbali di organi accademici ‖ **N.** *Sin.* bilancio, consuntivo, relazione.

rendiménto [da *rendere*; sec. XIV nel senso 2] **sm.** **1.** misura dell'efficienza, della funzionalità, della convenienza ecc.; *in part.* *T.econ.* produttività ‖ *T.fin.* reddito di un titolo di credito in relazione al suo prezzo di mercato ‖ *T.tecn.* rapporto tra il lavoro utile prodotto da una macchina e il lavoro totale fornito dalla macchina stessa: *rendimento istantaneo*, *medio*; *il rendimento di una caldaia*, *di un motore* ‖ di persone, capacità di produrre buoni risultati nel loro campo d'attività: *il rendimento di un atleta*, *il rendimento scolastico di quella classe è piuttosto basso* **2.** *propr.* *raro* atto ed effetto del rendere nel senso 2 (solo in alcune espr.): *rendimento di grazie*, ringraziamento; *rendimento dei conti*, rendiconto ‖ **N.** *Sin.* resa.

rèndita [da *rendere*; a. 1348] **sf.** **1.** utile economico derivante dal possesso di un bene: *la rendita di un patrimonio immobiliare*, *la rendita di un titolo di debito pubblico*; *vivere di rendita*, trarre quanto occorre per il proprio sostentamento dal possesso di beni e non dal proprio lavoro e, *fig.*, profittare di ciò che di buono si è fatto all'inizio della propria attività e non impegnarsi più in essa: *ha studiato molto nel primo quadrimestre e ora vive di rendita* **2.** *T.giur.* corresponsione periodica di denaro o altri generi fungibili: *rendita semplice*, costituita da una somma di denaro; *rendita fondiaria*, costituita con la cessione di un immobile o di un fondo; *rendita perpetua*, *vitalizia*, a seconda che l'obbligazione da parte del beneficiante duri in perpetuo o solo finché resti in vita il beneficiario ‖ *dim.* renditùccia ‖ **N.** annualità, assegno, beneficio, canonicato, canone, censo, cespite, entrata, interesse, frutti, prebenda, prodotto, provento, reddito.

renditóre [da *rendere*; a. 1347] **sm.** (f. *-trice*) *ant.* *raro* chi rende, restituisce.

rène (raro *réne*) [dal lat. *rēn*, *rēnis*; a. 1698] **sm.** **1.** *T.anat.* nei vertebrati, ciascuno dei due organi di struttura ghiandolare, posti nella cavità addominale in corrispondenza della regione lombare, bilateralmente rispetto alla colonna vertebrale, aventi la funzione di filtrare il sangue ed eliminarne, sotto forma di orina, le sostanze nocive **2.** *T.med.* *rene artificiale*, apparecchio filtrante nel quale viene fatto circolare il sangue di individui dalla funzionalità renale compromessa ‖ **N.** **1.** capsula surrenale, parenchima, ureteri; calcolo renale, nefralgia, nefrosi, renella **2.** dialisi. **Q.T.** *anatomia* **TAV.** ***anatomia*** **p. 642** 14.1.

renèlla[1] [da *rena*; sec. XIV] **sf.** *T.med.* concrezioni patologiche minutissime che si depositano nelle vie urinarie, perlopiù costituite da cristalli di acido urico e di urati ‖ **N.** calcoli.

renèlla[2] [da *rene*, per la forma della foglia; 1813] **sf.** nome comune dell'asaro.

renétta (meno com. *ranétta*) [dal fr. *reinette*, *renette*, (mela di) reginetta; 1892] **sf.** nome di alcune varietà di mele: *la renetta del Canada*, *di Champagne* ‖ anche come *agg.* (sempre posposto): *mela renetta del Trentino.*

réni o **rèni** [dal lat. *rēnes*; a. 1292] **sf. pl.** **1.** parte bassa della schiena, dall'ultimo arco costale alla regione sacrale: *provare una fitta alle reni*; *il filo delle reni*, la spina dorsale ‖ nei modi di dire: *iperb.* *spezzare le reni a qualcuno*, sfinirlo; *ant.* *buttarsi qualcosa dietro le reni*, non occuparsene più; *ant.* *voltare le reni*, uscire o fuggire **2.** *T.arch.* *ant.* ciascuna delle zone di un arco o di una volta su cui poggiano le imposte ‖ **N.** **1.** lombi, regione lombare. **TAV.** ***architettura*** **p. 646** 6.1c.

renìccio (pl. *-ci*) [da *rena*; 1956] **sm.** piccola quantità di rena.

renifórme [da *rene*; 1804] **agg.** *T.bot.* che ha la forma di un rene: *foglia reniforme.*

rènio [dal ted. *Rhenium*, basato sul lat. *Rhēnus*, Reno; 1936] **sm.** elemento chimico metallico, bianco, molto raro in natura.

renìschio (pl. *-schi*) [da *rena*; prima metà sec. XVII *renistio*] **I** **agg.** *ant.* arenoso **II** **sm.** *ant.* terreno arenoso.

renitènte [dal lat. *renitens*, *-entis*; 1342] **I** **agg.** che oppone resistenza a comportarsi come gli viene consigliato o imposto; restio, riluttante: *si mostrò renitente alle mie esortazioni*; *testimone renitente*, che non si presenta alla chiamata del giudice **II** **s.** chi è renitente ‖ *in part.* *T.mil.* *renitente alla leva*, chi non si presenta alla chiamata di leva.

renitènza [dal lat. *renitentia*; 1598] **sf.** l'essere renitente: *la sua renitenza a obbedire*, *renitenza alla leva* ‖ **N.** *Sin.* opposizione, resistenza. **Q.T.** *forze armate.*

rènna [dal fr. *renne*, basato sul ted. *Reen*, animale con le corna; 1771] **sf.** mammifero artiodattilo ruminante dei Cervidi, tipico delle regioni fredde dell'emisfero boreale, dalle corna molto sviluppate, frastagliate alle estremità e presenti in entrambi i sessi; viene addomesticata dai lapponi, che la utilizzano come animale da trasporto e ne utilizzano il latte, la carne e la pelle.

renosità [da *renoso*; a. 1320] **sf.** arenosità.

renóso [da *rena*; a. 1320] **agg.** arenoso.

rentrée (fr., pr. [rɑ̃ˈtre]) [letter. *rientrata*; 1905] **sf.** *inv.* (anche pl. *rentrées*, pr. [rɑ̃tre]) ricomparsa sulla scena pubblica dopo lunga assenza: *la rentrée di un attore*, *di un atleta.*

renùnzia [da *renunziare*, var. di *rinunziare*; a. 1580] **sf.** *arc.* rinunzia.

renunziazióne [da *renunziare*, var. di *rinunziare*; a. 1348 *renunziagione*] **sf.** *arc.* rinunzia.

rèo [dal lat. *reus*; 1303 nel senso 2] **I** **agg.** **1.** colpevole di un reato: *l'hanno riconosciuto reo*, *ufficiale reo di alto tradimento* **2.** *per estens.* *ant.* malvagio, crudele, tristo **3.** *ant.* *raro* infelice **II** **sm.** **1.** (f. *-a*) persona rea (in tutti i sensi): *reo confesso*, il colpevole che ha confessato il suo delitto **2.** *arc.* *raro* male, colpa.

rèo- [dal gr. *réos*, corrente] **primo elem.** che, in parole composte della terminologia scientifica, vale "corrente" (in part. elettrica), "flusso" (per es. *reoforo*, *reografo*, *reostato*).

reobàrbaro [dal gr. *rhêon*, adattamento del persiano *rêwend* e *bárbaron*, straniero; 1602 *reubarbaro*] **sm.** *ant.* rabarbaro.

reoelettroencefalògrafo [comp. di *reo-* e *elettroencefalografo*; 1983] **sm.** *T.med.* reoencefalografo.

reoencefalografìa [comp. di *reo-*, *encefalo* e *-grafia*; 1983] **sf.** *T.med.* esame che registra le variazioni subite da una corrente elettrica fatta passare attraverso il capo, per evidenziare i percorsi del sangue nell'encefalo e le loro eventuali alterazioni.

reoencefalògrafo [comp. di *reo-*, *encefalo* e *-grafo*; 1983] **sm.** *T.med.* strumento usato per la reoencefalografia.

reoencefalogràmma [comp. di *reo-*, *encefalo* e *-gramma*; 1983] **sm.** *T.med.* registrazione grafica ottenuta con un reoencefalografo.

reòforo [comp. di *reo-* e *-foro*; 1872] **sm.** filo metallico conduttore di corrente elettrica.

reògrafo [comp. di *reo-* e *-grafo*; 1940] **sm.** apparecchio che registra l'intensità di correnti elettriche frequentemente variabili.

reologìa [comp. di *reo-* e *-logia*, sul modello

dell'ingl. *rheology*; 1949] **sf.** *T.fis.* scienza che studia il movimento e la deformazione delle molecole nei corpi per azione di forze esterne.

reòmetro [comp. di *reo-* e *-metro*; 1872] **sm.** **1.** qualsiasi apparecchio misuratore di corrente elettrica e, *per estens.*, di tensione e di potenza **2.** misuratore idraulico della velocità della corrente di un fluido || **N. 1.** amperometro, galvanometro.

reoscòpico (pl. *-ci*) [comp. di *reo-* e *-scopico*; 1891] **agg.** *T.elettr.* atto a riconoscere o manifestare la presenza di corrente elettrica.

reoscòpio (pl. *-pi*) [comp. di *reo-* e *-scopio*; 1940] **sm.** strumento di rilevazione di corrente elettrica.

reostàtico (pl. *-ci*) [da *reostato*; 1940] **agg.** di reostato, che si riferisce a reostato.

reòstato [comp. di *reo-* e *-stato*; 1901] **sm.** dispositivo elettrico la cui resistenza, per mezzo di un resistore a comando manuale o automatico, può essere variata a piacere. **TAV.** *elettrotecnica* 16.

reòtomo [comp. di *reo-* e *-tomo*; 1875] **sm.** interruttore e deviatore di una corrente elettrica.

reotropìsmo [comp. di *reo-* e *-tropismo*; 1940] **sm.** *T.bot.* movimento di curvatura proprio di alcuni organi vegetali sensibili al movimento dell'acqua corrente: *reotropismo positivo, negativo*, a seconda che sia orientato verso la sorgente dello stimolo o viceversa || **N.** tropismo.

reparàre[1] V. RIPARARE[1].

reparàre[2] V. RIPARARE[2].

repàrto [var. di *riparto*, da *ripartire*; 1771] **sm.** **1.** *concr.* suddivisione, sezione di un complesso di persone e cose (istituzione, azienda ecc.): *un reparto amministrativo dell'azienda, il reparto alimentari di un grande magazzino* || *T.mil.* qualsiasi unità organica che concorra insieme ad altre a formarne una di grado superiore: *i reparti che formano la compagnia sono detti "plotoni"*; più in gen., qualsiasi contingente di truppa, anche costituito occasionalmente per lo svolgimento di un dato servizio: *l'annientamento dei reparti nemici, costituire un reparto di artificieri* **2.** *ant.* atto del ripartire, del suddividere; ripartizione || **N. 1.** *Sin.* compartimento, dipartimento, settore.

repêchage (fr., pr. [rəpɛ'ʃa:ʒ]) [letter. ripescaggio; 1910] **sm. inv.** *T.sport.* gara di recupero; prova supplementare a favore di concorrenti precedentemente eliminati || *T.pol.* ripescaggio.

repellènte (*ppr.* di *repellere*) [1872 nel senso 2] **agg.** **1.** *fig.* che provoca un senso di repulsione fisica o morale; ripugnante, rivoltante: *un odore, un atteggiamento repellente* **2.** *propr.* che respinge: *forza, materiale repellente* || **N. 1.** *Sin.* disgustoso, schifoso.

repellènza [da *repellente*; a. 1952] **sf.** l'essere repellente || *T.fis.* capacità di una sostanza di impedire la penetrazione di un certo liquido.

repèllere (pres. *repèllo*; p.rem. *repùlsi*, *repellésti*, *repùlsero*; pps. *repùlso*) [dal lat. *repellere*, spingere indietro; a. 1380] **intr.** (aus. *avere*) *fig. lett.* ripugnare, rivoltare: *mi repelle guardarlo* || **tr.** *lett. raro* respingere || **N. intr.** *Sin.* disgustare.

repentàglio (pl. *-gli*) [prob. dal fr. ant. *repentaille*, pentimento, penitenza; a. 1543] **sm.** grave rischio: *mettere a repentaglio la propria vita, la reputazione.*

repènte [dal lat. *repens, -entis*; fine sec. XIII] **agg.** **1.** *lett. ant.* improvviso e violento || nella *loc. avv. di repente*, all'improvviso **2.** *raro* ripido, erto || **repentemènte** **avv.** *lett. ant.* || **N. 1.** *Sin.* fulmineo, subitaneo.

repentinità [da *repentino*; 1915] **sf.** caratteristica di ciò che è repentino.

repentìno [dal lat. *repentīnus*; a. 1343] **agg.** improvviso || **repentinamènte** **avv.** || **N. 1.** *Sin.* subitaneo.

repènza [da *repente*; 1872] **sf.** *lett. raro* repentinità || *per estens.* violenza, veemenza.

rèpere (*dif.* del p.rem. e del pps.) [dal lat. *repere*; a. 1460] **intr.** *poet. ant.* **1.** andare strisciando **2.** *fig.* insinuarsi.

reperìbile [da *reperire*; 1690] **agg.** che si può reperire: *durante le ferie d'agosto non c'è un idraulico reperibile* || **N.** *Sin.* individuabile, rintracciabile, rinvenibile, trovabile | *Contr.* irreperibile.

reperibilità [da *reperibile*; 1940] **agg.** l'essere reperibile: *la reperibilità di una fonte bibliografica, un medico che garantisce la reperibilità notturna* || *per estens.* il periodo in cui si garantisce la reperibilità: *durante la reperibilità posso fare solo telefonate brevi.*

reperiménto [da *reperire*; 1812] **sm.** atto ed effetto del reperire.

reperìre (pres. *-ìsco, -ìsci*; pps. *reperito* o, lett., *repèrto*) [dal lat. *reperīre*; 1321] **tr.** trovare in seguito a ricerche: *reperire le prove che lo discolpano, i fondi necessari al loro progetto, un artigiano in grado di fare il lavoro* || **N.** *Sin.* rintracciare, rinvenire.

repertàre (pres. *-èrto*) [da *reperto*; 1923 nel senso 2] **tr.** **1.** *T.bur.* reperire **2.** presentare, produrre come reperto **3.** *T.med.* riscontrare attraverso un'analisi dei reperti clinici.

repèrto (*pps. lett.* di *reperire*) [dal lat. *repertus*, pps. di *reperīre*, reperire; a. 1883] **sm.** ciò che è stato reperito: *reperto archeologico, i reperti dell'indagine vengono custoditi dalla polizia* || *T.med.* il risultato di un'indagine clinica: *reperto anatomo-patologico.* **Q.T.** *archeologia, storiografia.*

repertoriàre (pres. *-òrio*) [da *repertorio*; 1862] **tr.** mettere in un repertorio.

repertòrio (pl. *-ri*) [dal lat. tardo *repertorium*, inventario; sec. XIV nel senso 3] **sm.** **1.** *T.teatr.* l'insieme dei testi "classici" periodicamente riproposti a teatro e, in part., di quelli che vengono allestiti da una singola compagnia || il complesso delle parti più frequentemente interpretate da un attore o da un cantante lirico || *per estens. scherz.*: *in quell'occasione ha sfoderato tutte le battute, tutti i pettegolezzi del suo repertorio* || nella *loc. avv. di repertorio*, appartenente a un repertorio e, *fig.*, stereotipato **2.** *T.cin. materiale di repertorio*, sequenze d'epoca, perlopiù documentarie, che vengono inserite in un nuovo filmato **3.** *per estens.* nel linguaggio comune, raccolta: *repertorio bibliografico*; anche *scherz.*: *questo libro è un repertorio d'idiozie* || *T.bur.* raccolta sistematica di dati, notizie ecc. su un dato argomento: *repertorio doganale*, in cui sono riportate tutte le merci soggette a dazio doganale || **N. 3.** *Sin.* elenco, inventario, lista, registro.

repetìo (meno com. *ripetìo*) (pl. *-ìi*) [dal disus. *repetere*, ripetere; a. 1363 nel senso 2] **sm.** *arc.* **1.** replica a quanto è detto da altri; disputa, battibecco **2.** *raro* rammarico.

repetita iuvant (lat., pr. it. [repe'tita 'juvant]) [letter. le cose ripetute giovano] **loc.** con cui si sottolinea che giova ripetere le cose: *te l'ho già raccomandato cento volte, ma repetita iuvant.*

replay (ingl., pr. ['ri:pleɪ]; pr. it. [re'plei]) [letter. rigiocare; 1979] **sm. inv.** nelle trasmissioni televisive di avvenimenti sportivi, ripetizione delle immagini più interessanti, spesso al rallentatore: *il replay del gol fatto dagli azzurri.*

repletìvo [dal lat. *repletīvus*; 1516] **agg.** *ant.* che è atto a riempire; pleonastico.

replèto [dal lat. *replētus*; a. 1306] **agg.** *poet. ant.* ripieno: *spirito novo di virtù repleto* (Dante).

replezióne [dal lat. tardo *repletio, -ōnis*; 1346] **sf.** *poet. ant.* o *T.med.* riempimento; pienezza.

rèplica [dal lat. *replicāre*; a. 1543] **sf.** **1.** l'atto del replicare e la cosa replicata; *in part.* risposta orale o scritta (spec. quella con cui si obietta o si contraddice): *la replica del ministro, parlò con un tono che non ammetteva replica*; *T.giur.* difesa presentata dall'attore contro l'eccezione che il convenuto gli ha opposto **2.** qualsiasi rappresentazione teatrale, proiezione cinematografica o trasmissione di uno spettacolo televisivo successiva alla prima || *T.art.* opera autografa di un artista che riprende, con poche variazioni, un'altra sua opera: *di quel quadro esistono due repliche* || **N. 1.** *Sin.* confutazione, eccezione, obiezione **2.** *Sin.* reiterazione, ripetizione; copia, facsimile, riproduzione.

replicàbile [da *replicare*; 1872] **agg.** *non com.* che si può replicare.

replicaménto [da *replicare*; sec. XV] **sm.** *non com.* atto del replicare.

replicànte (*ppr.* di *replicare*) [1835; 1982 nel senso 1 del s.] **I agg.** **1.** che replica **2.** *T.biol.* e *T.chim.* che subisce un processo di replicazione: *il DNA replicante* **II s.** **1.** nella fantascienza, essere artificiale che ha l'aspetto e i comportamenti di un essere umano **2.** *per estens.* chi imita il comportamento di un altro || **N. II 1.** *Sin.* androide.

replicàre (pres. *rèplico, rèplichi*) [dal lat. *replicāre*, letter. ripiegare; 1321] **tr.** **1.** rispondere a voce o per iscritto, spec. obiettando o contraddicendo (anche *ass.*): *ubbidì senza replicare* **2.** rif. a spettacolo o altra prestazione, eseguire nuovamente: *replicare un concerto, un esercizio* || rif. a opera, spec. artistica, riprodurre: *replicare un quadro di Monet* **3.** *raro* dell'orologio, battere più volte le ore || **N. 1.** *Sin.* contraddire, obiettare **2.** *Sin.* reiterare; copiare, duplicare.

replicàṣi [comp. di *replica* e *-asi*; 1988] **sf.** *T.biol.* polimerasi.

replicatìvo [da *replicare*; 1427] **agg.** *non com.* che replica o serve a replicare || **N.** *Sin.* iterativo.

replicàto (*pps.* di *replicare*) [1668] **agg.** ripetuto || *rime replicate*, rime che si ripetono in ogni strofa secondo lo stesso schema di successione || **replicataménte** **avv.** *non com.* ripetutamente: *bere replicatamente.*

replicazióne [dal lat. *replicātio, -ōnis*; seconda metà sec. XIV] **sf.** *non com.* replica, ripetizione || *T.ling.* ripetizione || *T.biol.* processo di duplicazione di una struttura nel quale è usata come modello, o stampo, una struttura preesistente || *T.biol.* sintesi di una nuova molecola di DNA uguale a un'altra fungente da stampo || **N.** *Sin.* reduplicazione.

rèplo [dal lat. *replum*, telaio; 1959] **sm.** *T.bot.* falso setto, derivante dall'espansione delle placente, che si trova all'interno della siliqua.

rèpola [etim. inc.; a. 1601] **sf.** *ant.* contusione.

reportage (fr., pr. [rəpɔr'ta:ʒ]) [da *reporter*, 1890] **sm. inv.** *T.giorn.* servizio giornalistico effettuato da un corrispondente o da un inviato speciale: *trasmettere un reportage da Londra su di un avvenimento sportivo, un reportage fotografico sugli scontri all'università* || **N.** articolo, cronaca, inchiesta.

reporter (ingl., pr. [rɪ'pɔ:tə]; pr. it. [re'pɔrter]) [da to *report*, riportare, riferire; 1875] **s. inv.** *T.giorn.* cronista. **Q.T.** *giornale.*

repoṣitòrio (pl. *-ri*) [dal lat. *repositorium*; a. 1543] **sm.** **1.** nelle chiese cattoliche, luogo in cui si custodisce il SS. Sacramento quando non sta nel tabernacolo **2.** *raro* ripositorio.

repoṣizióne [dal lat. *repositio, -ōnis*; 1714] **sf.** *T.eccl.* cerimonia con cui, dopo l'esposizione, si ripone nel tabernacolo il SS. Sacramento.

reprensìbile o **riprensìbile** [dal lat. tardo *reprehensĭbilis*; sec. XIV *riprensibile*] **agg.** *lett.* che merita rimprovero || **reprensibilménte**

o **riprensibilménte** *avv. raro* ‖ **N.** *Sin.* biasimevole, censurabile | *Contr.* irreprensibile.

reprensióne o **riprensióne** [dal lat. *reprehensio, -ōnis*; 1305 *riprensione*] **sf.** *lett.* rimprovero, ammonizione.

reprensìvo o **riprensìvo** [da *riprendere*; a. 1342 *riprensivo*] **agg.** *lett.* atto a riprendere.

reprensóre o **riprensóre** [dal lat. *reprehensor, -ōris*; 1353 *riprensore*] **sm.** (f. *riprenditrice*) *lett.* chi riprende, biasima, censura.

reprensòrio o **riprensòrio** (pl. *-ri*) [da *reprensore*; seconda metà sec. XIV] **agg.** *lett.* di reprensione.

repressióne [dal lat. *repressio, -ōnis*; 1745] **sf.** **1.** atto ed effetto del reprimere: *la repressione di un istinto, delle lacrime* **2.** *T.psican.* operazione conscia mediante la quale il soggetto esclude dal proprio campo attuale di coscienza un contenuto psichico sgradevole **3.** *T.pol.* insieme di misure (divieti, pene, fino alla soppressione fisica) messe in atto da un governo o altro potere con lo scopo di eliminare manifestazioni di dissenso: *le vittime della repressione, la feroce repressione della sommossa, la repressione del banditismo* ‖ **N. 1.** *Sin.* soffocamento | *Contr.* liberazione **2.** rimozione, sublimazione.

repressìvo [da *reprimere*; 1812] **agg.** atto a reprimere: *misura repressiva.*

reprèsso (*pps.* di *reprimere*) [a. 1540] **I agg.** fatto oggetto di repressione: *ira repressa* **II sm.** (f. *-a*) chi tende abitualmente a reprimere i propri impulsi: *sei un represso* ‖ **N.** I *Sin.* contenuto, domato, frenato, impedito, mortificato, soffocato, trattenuto, vinto | *Contr.* liberato.

repressóre [dal lat. *repressor, -ōris*; 1872] **agg.** e **sm.** (f. *reprimitrice*) che o chi reprime ‖ *T.biol. proteina repressore,* proteina capace di combinarsi in maniera reversibile con un gene, impedendone il funzionamento.

reprimènda [dal fr. *réprimande*; 1770] **sf.** rimprovero o, più com., serie di rimproveri: *una severa reprimenda.*

reprimere (p.rem. *reprèssi, reprèsse, reprèssero*; pps. *reprèsso*) [dal lat. *reprimere,* spingere indietro; 1321 *repremere*] **tr.** impedire con la forza che qualcosa si manifesti liberamente, anche *fig.*: *reprimere il riso, una passione, una manifestazione popolare* ‖ **rifl.** trattenersi, frenarsi, dominarsi: *fu lì lì per insultarlo, ma poi riuscì a reprimersi* ‖ **N. tr.** *Sin.* contenere, domare, frenare, impedire, mortificare, soffocare, trattenere | *Contr.* aizzare, favorire, incitare, istigare.

reprimìbile [da *reprimere*; 1959] **agg.** che si può reprimere.

reprint (ingl., pr. ['riːˌprɪnt]; pr. it. ['reprint]) [da *to reprint,* ristampare; 1973] **sm.** *inv.* ristampa anastatica di un libro raro o esaurito.

reprobàre (pres. *-òbo*) [dal lat. *reprobāre*; a. 1306] **tr.** *lett. arc.* riprovare, disapprovare.

rèprobo [dal lat. tardo *reprobus,* letter. falso; sec. XIV] **agg.** e **sm.** (f. *-a*) condannato da Dio ‖ *per estens.* malvagio, empio ‖ **N.** *Sin.* dannato; MALVAGIO | *Contr.* eletto; buono, giusto.

repromissióne V. RIPROMISSIONE.

reps (fr., pr. [rɛps]) [etim. inc.; 1905] **sm.** *inv.* tessuto pesante, perlopiù in seta, a coste rilevate.

reptànte [dal lat. *reptans, -antis,* strisciante; 1959 come sm.] **I agg.** che striscia **II sm.** *pl. T.zool.* gruppo di crostacei decapodi che non sanno nuotare e per muoversi strisciano sul fondale.

reptatòrio (pl. *-ri*) [dal lat. *reptāre,* strisciare; 1959] **agg.** *T.zool.* relativo alla reptazione, proprio della reptazione: *spostamenti reptatori.*

reptazióne [dal lat. *reptātio, -ōnis*; 1959] **sf.** *T.zool.* locomozione strisciante tipica dei rettili.

repùbblica [dal lat. *res pūblica,* letter. cosa pubblica; 1438] **sf.** **1.** *T.pol.* forma di governo contrapposta alla monarchia, in cui la sovranità non appartiene a una sola persona: *repubblica democratica,* in cui la sovranità appartiene a tutto il popolo; *repubblica presidenziale,* in cui il capo dello stato (presidente della repubblica) è anche capo del governo; *repubblica popolare,* in cui le istituzioni dello stato sono compenetrate con gli organi di un partito popolare di massa (solitamente il partito comunista) ‖ *T.stor. repubbliche marinare,* nel Medioevo, le città di Genova, Pisa, Amalfi e Venezia, a regime repubblicano, che raggiunsero una notevole espansione nei commerci marittimi **2.** *per estens.* comunità che si organizza sul modello di una repubblica: *la repubblica dei ragazzi* ‖ *repubblica delle lettere,* la comunità dei letterati in quanto si suppone conforme a principi di libertà e uguaglianza ‖ *scherz. disus.* situazione in cui tutti comandano e nessuno ubbidisce; disordine: *non fate tanta repubblica!* **3.** *ant.* stato, società politica ‖ *dim.* repubblichétta, repubblichìna. **Q.T.** *politica.*

repubblicanésimo [da *repubblicano*; 1799 *repubblicanismo*] **sm.** aspirazione a un governo di tipo repubblicano; fede politica repubblicana.

repubblicàno [da *repubblica*; 1804] **I agg.** **1.** di, della repubblica: *istituzioni repubblicane, governo repubblicano* **2.** che è fautore della repubblica **3.** che appartiene a un partito repubblicano ‖ **repubblicanaménte** **avv.** secondo i modi della repubblica ‖ con spirito e tendenza di repubblicano **II sm.** (f. *-a*) **1.** fautore della repubblica **2.** membro di un partito repubblicano.

repubblichìno [da *repubblica*; 1943 come sm.] **I agg.** *spreg.* della Repubblica Sociale Italiana (o Repubblica di Salò), costituita da Mussolini nel 1943 sulla parte del territorio italiano occupata dai tedeschi: *esercito repubblichino* **II sm.** (f. *-a*) soldato o fautore della Repubblica in questione: *una banda di repubblichini.*

repudiàre e der. forme rare di RIPUDIARE e der. (v.).

repugnàre e der. forme non com. di RIPUGNARE e der. (v.).

repulìsti (pop. *ripulìsti*) [dal lat. (*quare me*) *repulisti,* (perché) mi rigetti, parole del Salmo 42, con accostamento a *ripulire*; 1521] **sm.** *inv. pop. scherz.* nell'espr. *far repulisti,* portare via tutto, far piazza pulita: *i ladri han fatto un repulisti, era così affamato che ha fatto repulisti di tutto quello che c'era in frigo* ‖ **N.** *tabula rasa.*

repùlsa V. RIPULSA.

repulsióne o **ripulsióne** [dal lat. tardo *repulsio, -ōnis*; 1745] **sf.** **1.** *T.tecn.* tendenza di due corpi a respingersi: *repulsione tra cariche elettriche dello stesso segno, repulsione magnetica* **2.** *fig.* profonda e spontanea avversione, fisica o morale; ripugnanza, ribrezzo, disgusto: *avere repulsione per qualcuno, vincere la propria repulsione a far qualcosa* ‖ **N.** *Contr.* attrazione.

repulsìvo o **ripulsìvo** [dal lat. *repulsus,* pps. di *repellere,* respingere; 1747 *ripulsivo*] **agg.** **1.** *T.tecn.* di repulsione: *forza repulsiva* **2.** meno com. *fig.,* che suscita repulsione: *c'è qualcosa di repulsivo nel suo modo di fare* ‖ **N.** **2.** *Sin.* repellente, ributtante, ripugnante, rivoltante, sgradevole | *Contr.* allettante, gradevole, piacevole.

repulsóre [dal lat. *repulsus,* pps. di *repellere,* respingere; 1940] **sm.** denominazione generica di dispostivi atti a respingere.

reputàre (ant. *riputàre*) (pres. *rèputo*) [dal lat. *reputāre*; a. 1243] **tr.** giudicare, stimare, considerare: *è reputato un abile progettista, se lo reputi necessario, provvederemo* ‖ **rifl.** credersi, considerarsi: *si reputa un arbitro imparziale* ‖ **N.** *Sin.* ritenere, valutare.

reputàto (*pps.* di *reputare*) [a. 1475 *riputato*] **agg.** che ha vasta e buona reputazione: *un chirurgo molto reputato.*

reputazióne (ant. *riputazióne*) [dal lat. *reputātio, -ōnis*; a. 1342] **sf.** valutazione (positiva o negativa); considerazione, stima: *gode di una pessima reputazione tra i colleghi* ‖ *ass.* buona reputazione: *perdere la reputazione, tenerci alla reputazione* ‖ **N. 1.** *Sin.* nomea.

rèquie [dal lat. *requies*; sec. XIV] **sf.** *lett.,* solo sing., riposo, cessazione della fatica, del dolore, degli affanni: *cercare un po' di requie; non dar requie,* non dar tregua; *senza requie,* senza sosta, ininterrottamente ‖ **sm.** *inv. pop.* adattamento di *requiem* ‖ **N. sf.** *Sin.* calma, pace, pausa, quiete, respiro, sosta, tranquillità | *Contr.* agitazione, inquietudine, irrequietezza, irrequietudine.

requiem (lat., pr. it. ['rɛkwjem]) [letter. riposo] **sm.** *inv.* la preghiera cattolica che inizia con le parole *"Requiem aeternam",* che si recita in suffragio dei defunti: *recitare un requiem; messa da requiem,* messa in suffragio dei defunti ‖ *per estens. T.mus.* composizione sul testo della preghiera: *il «Requiem» di Mozart.*

requiescat in pace (lat., pr. it. [re'kwjeskat in 'patʃe]) [letter. riposi in pace] **loc.** usata riferendosi a un defunto, che significa "riposi in pace": *la poveretta — requiescat in pace — ha finito di soffrire.*

requiṣìre (pres. *-ìsco, -ìsci*) [dal lat. *requisītus,* pps. di *requirere,* esigere; 1841] **tr.** sequestrare d'autorità: *requisirono edifici per i terremotati, il maestro ha requisito tutti i libri di testo durante il compito in classe.*

requiṣìto [dal lat. *requisītus,* pps. di *requirere,* esigere; 1550] **sm.** qualità richiesta per un certo fine: *essere in possesso dei requisiti per partecipare al concorso* ‖ *per estens.* dote, buona qualità: *un giovane dai molti requisiti* ‖ **N.** *Sin.* titolo; pregio.

requiṣitòria [da (*arringa*) *requisitoria,* da *requisito*; 1871 nel senso 2] **sf.** **1.** *T.giur.* formulazione scritta od orale di richieste da parte del pubblico ministero nel corso di un processo penale **2.** *per estens.* discorso accusatorio: *ho dovuto sorbirmi una sua lunghissima requisitoria* ‖ **N. 2.** *Sin.* ramanzina, sgridata.

requiṣizióne [dal lat. tardo *requisitio, -ōnis*; a. 1533] **sf.** **1.** trasferimento coatto della proprietà (*requisizione in proprietà*) o del godimento (*requisizione in uso*) di un bene da un privato alla pubblica amministrazione o alle forze militari qualora vi sia necessità di soddisfare con urgenza un interesse pubblico **2.** *arc.* richiesta, spec. nella loc. *a requisizione di,* dietro richiesta di ‖ **N. 1.** *Sin.* confisca, incetta, sequestro.

résa [da *rendere*; a. 1565] **sf.** **1.** atto dell'arrendersi al nemico: *intimare, rifiutare la resa; resa condizionata, incondizionata* (o *a discrezione*); *trattare, patteggiare la resa; una resa onorevole, vergognosa* ‖ *per estens.* il cedere di fronte a chi o ciò che si dimostra più forte: *il pugile è vicino alla resa, a metà partita l'ho costretto alla resa, di fronte a simili prove ho dovuto dichiarare la resa* **2.** restituzione: *la resa dei vuoti, dei giornali invenduti; termine di resa,* limite di tempo entro il quale deve avvenire la resa di una merce ‖ *concr.* la merce che si rende: *rispedire la resa* ‖ *per estens.* atto del rendere quanto è dovuto: *resa dei conti,* rendiconto contabile; *fig.* momento in cui si devono affrontare le conseguenze di un atto: *siamo alla resa dei conti* **3.** entità del rendimento (nel senso 1): *confrontare la resa di due macchine, un filato che ha un'ottima resa, la resa di un commercio* ‖ **N.** **1.** *Sin.* capitolazione **2.** *Sin.* rimborso; bilancio, consuntivo.

resarcìre (pres. *-ìsco, -ìsci*) [dal lat. *resarcīre,* risarcire; a. 1573] **tr.** *ant.* risarcire.

rescindere (p.rem. *rescissi, rescindésti*; pps. *re-*

scìsso) [dal lat. *rescìndere*; a. 1547] ***tr.*** **1.** *T.giur.* disciogliere, rendere nullo: *rescindere un contratto* **2.** *per estens.* spezzare, anche *fig.*: *rescindere un legame* || **N. 1.** *Sin.* cassare, invalidare | *Contr.* convalidare, ratificare **2.** *Sin.* sciogliere, tagliare, troncare.

rescindìbile [da *rescìndere*; 1940] ***agg.*** che si può rescindere || **N.** *Sin.* risolvibile.

rescindibilità [da *rescindibile*; 1935] ***sf.*** *T.giur.* l'essere rescindibile: *la rescindibilità di un contratto.*

rescissióne [dal lat. tardo *rescissio, -ōnis*; a. 1547] ***sf.*** atto ed effetto del rescindere.

rescissòrio (pl. *-ri*) [dal lat. tardo *rescissō-rius*; 1673] ***agg.*** *T.giur.* atto mirante a rescindere.

rescritto [dal lat. *rescrĭptus*, riscritto; a. 1363] ***sm.*** *T.stor.* risposta data dall'imperatore romano a funzionari o a privati che ne avessero fatto istanza, redatta, nel primo caso, in forma di lettera e vergata in calce alla supplica nel secondo || *T.eccl.* atto dell'autorità ecclesiastica che, su istanza del richiedente, concede una grazia o risolve una controversia.

resecàre (meno com. *risecàre*) (pres. *rèseco, rèsechi*) [dal lat. *resecāre*, tagliare via; 1342] ***tr.*** **1.** tagliare via, recidere: *resecare i rami troppo lunghi* || *T.chir.* asportare totalmente o parzialmente: *resecare un tendine* **2.** *fig. non com.* sfrondare, eliminare le parti inutili: *resecare le spese superflue* || **N. 1.** *Sin.* amputare.

reṣèda [dal lat. *resēda*; 1640] ***sf.*** genere di piante erbacee mediterranee, di cui una specie particolarmente nota è la *reseda odorata* (o *amorino*), coltivata per il delicato profumo dei suoi fiori.

Reṣedàcee [comp. di *reseda* e *-acee*; 1936] ***sf. pl.*** *T.bot.* famiglia di piante erbacee dicotiledoni a foglie sparse e fiori riuniti in grappoli.

reserpìna [comp. di *r*(*auwolfia*) *serp*(*ent*)*i-na*; 1957] ***sf.*** alcaloide estratto da vegetali del genere rauwolfia (le cui radici sono state usate per secoli in India per le loro proprietà sedative, lassative e antielmintiche); sue principali azioni farmacologiche sono quella depressiva del sistema nervoso centrale e quella ipotensiva.

reset (ingl., pr. [ˌriːˈset]) [letter. ripristina; 1966] ***sm. inv.*** *T.inform.* il riportare un sistema allo stadio iniziale.

resezióne [dal lat. *resectio, -ōnis*, taglio; 1862] ***sf.*** atto ed effetto del resecare || *in part.* *T.chir.* intervento di asportazione (parziale o totale) di un organo.

residence (ingl., pr. [ˈrɛzɪdəns]; pr. it. [ˈresidens]) [da *residence* (*house*), (casa) di residenza; 1973] ***sm. inv.*** albergo costituito da appartamenti arredati e dotati di cucina, affittati per periodi piuttosto lunghi e con la possibilità di usufruire di servizi quali pulizia, lavanderia, ristorante: *vivere in un residence* || ciascun appartamento di tale complesso: *l'affitto del residence è caro* || *per estens.* complesso immobiliare di tipo residenziale costituito da appartamenti semilussuosi o villette a schiera.

residènte [dal lat. *residens, -entis*; a. 1363] ***agg.*** e ***s.*** di chi risiede o di ciò che ha sede in un certo luogo: *popolazione residente, i residenti nel centro storico*; *una ditta residente in Milano* || *in part.* *ministro residente* (o *residente*), in passato, diplomatico di grado inferiore a quello di ambasciatore; *residente coloniale*, in passato, diplomatico con particolari mansioni in colonie o protettorati || *T.inform.* di programma, che occupa stabilmente un dispositivo di memoria || **residentemènte** ***avv.*** *raro* in modo stabile || **N.** stanziale; abitante, cittadino.

residènza [dal lat. mediev. *residentia*; a. 1363] ***sf.*** **1.** l'aver sede, domicilio in un luogo, il risiedervi: *certificato di residenza, trasferire, fissare la propria residenza in città, all'estero* **2.** *concr.* il luogo in cui si risiede: *Pavia fu la residenza dei re longobardi* || luogo in cui qualcosa ha sede: *la residenza della ditta è Milano* **3.** *per estens.* edificio in cui si risiede (ma solo se di particolare importanza, ricchezza ecc.): *fastose residenze barocche* **4.** *T.eccl.* baldacchino sotto il quale sta esposto il SS. Sacramento sull'altare || **N. 1.** *Sin.* dimora, domicilio, sede.

residenziàle [da *residenza*; 1673] ***agg.*** **1.** di residenza: *il palazzo residenziale del governo* **2.** in urbanistica, destinato ad abitazioni civili: *zona, quartiere residenziale* **3.** cui è connesso l'obbligo di residenza in un certo luogo: *diocesi residenziale*, quella in cui ha residenza il vescovo; *vescovo residenziale*, vescovo di una diocesi residenziale || **N. 2.** commerciale, popolare.

residuàle [da *residuare*; 1804] ***agg.*** che residua, che sopravanza: *la parte residuale di un contingente di merci* || che si definisce come residuo in rapporto a una classificazione: *concetto residuale.*

residuàre (pres. *-ìduo*) [da *residuo*; 1804] ***intr.*** (aus. *essere*) costituire un residuo, avanzare: *saldare quanto residuava del debito, i postumi che residuano da una malattia* || **N.** *Sin.* eccedere, restare, rimanere, sopravanzare | *Contr.* difettare, mancare.

residuàto (*pps.* di *residuare*) [1804] ***agg.*** e ***sm.*** residuo: *recuperare i materiali residuati*; *residuati bellici*, materiale bellico che, alla fine di un conflitto, viene recuperato e riutilizzato.

residuo [dal lat. *resīduus*, ciò che rimane; a. 1375] ***agg.*** e ***sm.*** di ciò che rimane dopo una certa operazione: *cambiare la valuta straniera residua alla fine del viaggio, ci sono residui di unto sui piatti, i residui della combustione vengono espulsi attraverso il tubo di scappamento* || **N.** *Sin.* avanzato, eccedente, restante, rimanente, sopravanzato; avanzo, deposito, eccedenza, fondo, resto, rimanenza, scarto, scoria, sopravanzo.

resiliènte [dal lat. *resiliens, -entis*, che rimbalza indietro; 1959] ***agg.*** caratterizzato da resilienza: *portamento resiliente.*

resiliènza [dal lat. *resiliens, -entis*, che rimbalza indietro; 1855] ***sf.*** caratteristica di un materiale che resiste agli urti improvvisi senza rompersi.

rèṣina [dal lat. *resīna*; sec. XIV] ***sf.*** **1.** prodotto naturale amorfo, più o meno trasparente, insolubile in acqua, costituito da composti organici ottenuti da secrezioni vegetali o animali **2.** composti chimici dalle elevate proprietà plastiche: *resine sintetiche*, materie plastiche; *resine di petrolio*, miscela di più polimeri, usata come additivo di materie plastiche e come rivestimento protettivo || **N. 1.** ambra, balata, colofonia, coppale, guttaperca, gomma naturale, incenso, lacca, mirra, sandracca, trementina.

reṣinàceo [dal lat. *resinăceus*; 1872] ***agg.*** che contiene resina.

reṣinàre (pres. *rèṣino*) [da *resina*; 1959] ***tr.*** estrarre e raccogliere la resina dalle piante che la contengono.

reṣinàto¹ [dal lat. *resinātus*; a. 1577] ***agg.*** aromatizzato con resina: *vino resinato* (anche *sm. resinato*).

reṣinàto² [da *resin*(*ico*); 1970] ***sm.*** composto ottenuto per reazione a caldo di acidi resinici con metalli; alcuni sono usati per aumentare il potere schiumogeno nei saponi, altri come additivi di vernici ad olio, lubrificanti ecc.

reṣinatùra [da *resinare*; 1959] ***sf.*** incisione della corteccia e della superficie del fusto delle piante resinose (pini, larici, abeti ecc.) e raccolta della resina che ne defluisce || **N.** *Sin.* resinazione.

reṣinazióne [da *resinare*; 1959] ***sf.*** resinatura.

reṣìnico (pl. *-ci*) [da *resina*; 1959] ***agg.*** *T.chim.* *acido resinico*, acido composto contenuto nelle resine naturali.

reṣinìfero [comp. di *resina* e *-fero*; a. 1577] ***agg.*** che produce, che secerne resina.

reṣinificàre (pres. *-ìfico, -ìfichi*) [da *resina*; a. 1826] ***tr.*** rendere simile a resina || ***intr. pron.*** diventare simile a resina.

reṣinificazióne [da *resinificare*; 1959] ***sf.*** atto ed effetto del resinificare.

reṣinìsta [da *resina*; 1983] ***s.*** chi è specializzato nella lavorazione o nella produzione delle resine.

reṣinìte [comp. di *resina* e *-ite²*; 1823] ***sf.*** *T.min.* tipo di opale dalla lucentezza resinosa.

reṣinóso [dal lat. *resinōsus*; 1573] ***agg.*** **1.** proprio della resina: *odore resinoso* **2.** *per estens.* che ha proprietà della resina: *sostanza, consistenza resinosa* || *T.elettr.* *stato resinoso* o *negativo*, stato negativo di un corpo elettrizzato, così detto perché, strofinando la resina, si ottiene appunto elettricità negativa **3.** che produce o contiene resina: *albero, legno resinoso.*

resipiscènte [dal lat. *resipiscens, -entis*; 1872] ***agg.*** *lett.* o *T.giur.* che agisce con resipiscenza.

resipiscènza [dal lat. *resipiscentia*; 1598] ***sf.*** *lett.* ravvedimento conseguente alla consapevolezza di un proprio errore || *in part.* *T.giur.* il desistere da un'azione delittuosa quando questa sia già iniziata o il cercare di limitarne gli effetti dannosi quando sia già stata compiuta.

reṣìpola v. RISIPOLA.

resistènte (*ppr.* di *resistere*) [a. 1642] **I *agg.*** che ha molta resistenza (nel senso 2): *un legno molto resistente alla flessione, stoffe resistenti, batteri resistenti a gran parte degli antibiotici* **II *s.*** *non com.* chi ha partecipato alla Resistenza || **N. I** *Sin.* duraturo, durevole, robusto, saldo, solido, stabile, tenace | *Contr.* cedevole, debole, fragile, labile.

resistènza [dal lat. tardo *resistentia*; a. 1348] ***sf.*** **1.** atto ed effetto del resistere (nel senso 1), anche *fig.*: *opporre una strenua resistenza all'avanzata nemica, la resistenza del governo conservatore a qualsiasi iniziativa riformista*; *resistenza passiva*, quella di chi si oppone a un'imposizione in modo non violento, limitandosi a non obbedire || *in part.* *T.stor.*, movimento di opposizione ai regimi fascisti europei, dalla loro affermazione alla fine della Seconda Guerra Mondiale; *per anton.* (perlopiù con l'iniz. maiuscola) l'opposizione al regime fascista italiano **2.** attitudine a sopportare, a tollerare sforzi, condizioni ambientali avverse, disagi ecc., anche *fig.*: *un metallo, una stoffa che ha un'eccezionale resistenza all'uso, quella donna ha poca resistenza: non può fare un lavoro pesante per più di dieci minuti di fila*; *corsa di resistenza*, effettuata su un lungo percorso, per la quale è necessaria resistenza più che velocità o scatto || nella tecnica delle costruzioni, l'attitudine di un materiale o di una struttura a sopportare determinati sforzi (tangenziali o assiali, di trazione o di compressione) senza cedere o deformarsi: *prove di resistenza dei materiali* || *T.biol.* immunità: *resistenza naturale, acquisita*; *resistenza batterica*, capacità di sopravvivenza di specie o ceppi di batteri in presenza di particolari tipi di batteriofagi o di sostanze (antibiotici, sulfamidici) **3.** *per estens.* qualsiasi forza che si oppone a una forza attiva: *nuotava di traverso rispetto alla corrente per incontrare meno resistenza, non riesco ad aprire la porta perché c'è qualcosa, dall'altra parte, che fa molta resistenza* || *T.fis.* la forza che si vince con una forza attiva (*potenza*) nelle macchine semplici: *la resistenza opposta da una carrucola, da una leva*; la forza che un fluido o un solido oppone al movimento di un corpo o al fluire di una corrente: *resistenza aerodinamica*; la forza dissipativa tendente a impedire od ostacolare il moto relativo di due superfici in contatto tra loro;

attrito; la forza che le sostanze oppongono alla propagazione del suono, del calore o dell'elettricità: *resistenza termica, acustica, elettrica; resistenza specifica*, resistività || *T.psic.* opposizione, perlopiù in larga misura inconsapevole, a conformarsi a determinate situazioni || *T.psican.* opposizione dell'inconscio del soggetto ai tentativi dell'analista di far riaffiorare il rimosso **4.** *impropr.* resistore: *cambiare la resistenza (elettrica) del ferro da stiro* || **N. 1.** *Sin.* contrasto, difesa, opposizione, rifiuto | *Contr.* assalto, attacco, offesa **2.** *Sin.* consistenza, costanza, durevolezza, energia, fermezza, instancabilità, perseveranza, saldezza, sopportazione, tenacia, tolleranza | *Contr.* cedevolezza, debolezza, fragilità, inconsistenza. **TAV.** *elettrotecnica* 15.2, 16.4.

resistenziàle [da *resistenza*; 1960] ***agg.*** della Resistenza.

resìstere (p.rem. *resistéi* o *resistètti, resistésti, resisté* o *resistètte, resistémmo, resistéste, resistérono* o *resistèttero*; pps. *resistìto*) [dal lat. *resistere*, restare; a. 1348] ***intr.*** (aus. *avere*) **1.** opporsi efficacemente a una forza avversa, anche *fig.*: *il pugile, benché ferito, continuava a resistere, il reparto resistette con ardore all'avanzata nemica, al fascino di quell'uomo nessuna sa resistere, resistere alle tentazioni* **2.** essere inattaccabile da qualcosa o, perlomeno, non subire alterazioni rilevanti in seguito alla sua azione, non risultarne deteriorato, anche *fig.*: *batteri che resistono a farmaci potentissimi, tinte che resistono bene ai lavaggi in acqua calda, opere che hanno resistito ai secoli; non resisto più: mi fa troppo male!* || **N. 1.** *Sin.* contrastare, difendersi, far fronte, respingere, tener testa | *Contr.* arrendersi, cedere, soccombere **2.** *Sin.* conservarsi, durare, persistere, sopravvivere | *Contr.* cedere, soccombere.

resistìbile [da *irresistibile*, sul modello del fr. *résistible*; 1962] ***agg.*** *lett.* cui si può resistere.

resistività [dall'ingl. *resistivity*; 1932] ***sf.*** *T.fis.* costante caratteristica di una sostanza che esprime numericamente la resistenza da essa opposta alla propagazione del suono, del calore o dell'elettricità; resistenza specifica.

resistóre [dall'ingl. *resistor*; 1942] ***sm.*** *T.elettr.* qualsiasi componente avente un determinato valore di resistenza.

res iudicata (lat., pr. it. [res judi'kata]) [letter. cosa giudicata] ***loc. f.*** *inv.* regiudicata.

res nullius (lat., pr. it. [res nul'lius]) [letter. cosa di nessuno] ***loc. f.*** *inv.* ciò che non appartiene a nessuno.

rèso [dal lat. *Rhesus*, n. di un eroe omerico; 1959] ***sm.*** *T.zool.* scimmia della famiglia dei Cercopitecidi, diffusa nell'Asia sud-orientale, simile al babbuino.

resocontìsta [da *resoconto*; 1886] ***s.*** chi fa resoconti || **N.** *Sin.* cronista, relatore.

resocónto [comp. di *reso*, pps. di *rendere* e *conto*, sul modello del fr. *compte-rendu*; 1812] ***sm.*** esposizione scritta od orale con cui si descrive un avvenimento: *un resoconto dettagliato, superficiale dei fatti, della riunione; resoconto parlamentare*, verbale delle sedute tenute dalla Camera, dal Senato o da loro commissioni; può essere *stenografico* o *sommario* || *in part.* rendiconto contabile || **N.** *Sin.* cronaca, esposizione, narrazione, rapporto, relazione.

resolùto V. RISOLUTO.

reṣorcìna [comp. di *res(ina)* e *orcina*; 1875] ***sf.*** composto organico aromatico, fenolo bivalente, attualmente sintetizzato dal benzene, utilizzato come antisettico per alcune dermatosi e nella preparazione di coloranti.

resorgìvo V. RISORGIVO.

respingènte (*ppr.* di *respingere*) [1937] ***sm.*** *T.ferr.* dispositivo a molla montato in coppia sulle testate anteriori e posteriori di vagoni e locomotive, che serve ad attutire gli urti dovuti alle normali manovre ferroviarie. **TAV.** ***ferrovie...*** **p. 669** 2.8.

respìngere (pres. *-ìngo, -ìngi*; p.rem. *-ìnsi, -ìnse, -ìnsero*; pps. *-ìnto*) [da *spingere*; 1532] ***tr.*** **1.** allontanare da sé spingendo indietro con forza: *i poliziotti cercavano di respingere la folla che premeva per entrare, respingere il pallone di testa* || *per estens.* rimandare indietro, anche *fig.*: *respingere un pacco; respingere un pretendente*, non accettarne le profferte amorose; *respingere uno studente*, bocciarlo **2.** *fig.* non accettare: *respingere un'offerta d'aiuto, un'accusa, una proposta di legge* || ***rec.*** opporsi l'un l'altro: *due cariche dello stesso segno si respingono* || **N. 1.** *Sin.* far arretrare, far indietreggiare, far retrocedere, far rinculare, ricacciare indietro, scacciare | *Contr.* accogliere, attirare, attrarre **2.** *Sin.* non approvare, rifiutare.

respingiménto [da *respingere*; a. 1604 *rispignimento*] ***sm.*** *raro* atto ed effetto del respingere || **N.** *Sin.* repulsione, rifiuto, rimando, rinvio, ripulsa.

respingitóre [da *respingere*; 1872] ***agg.*** e ***sm.*** (f. *-trìce*) *non com.* che o chi respinge; repulsore.

respìnta [da *respinto*; 1891] ***sf.*** spinta violenta indietro || *com.* solo come *T.sport.*: *la pronta respinta del pallone da parte del portiere, respinta di pugno, di testa.*

respìnto (*pps.* di *respingere*) [a. 1642] ***agg.*** non accettato, rifiutato: *pacco respinto* || *in part.* nel linguaggio scolastico, bocciato (anche *sm.*): *nella sua classe c'è solo un (ragazzo) respinto.*

respiràbile [da *respirare*; 1795] ***agg.*** che si può respirare || **N.** *Contr.* irrespirabile.

respirabilità [da *respirabile*; 1788] ***sf.*** *raro* caratteristica di ciò che è respirabile.

respiraménto [da *respirare*; a. 1580] ***sm.*** *ant.* respirazione || *fig.* respiro, senso di sollievo.

respiràre (pres. *-ìro*) [dal lat. *respirāre*; sec. XIV] ***intr.*** (aus. *avere*) **1.** *T.biol.* di organismo vivente, esplicare la funzione della respirazione: *respirare a pieni polmoni, a bocca aperta; respira ancora*, è ancora vivo; *i pesci respirano attraverso le branchie, anche le piante respirano* || *per restr.* respirare bene (con riferimento alle condizioni dell'ambiente in cui ci si trova): *con quest'afa non si respira!, in mezzo al verde sì che si respira!* **2.** *fig.* prendere aria: *bisogna lasciar respirare la stanza, le pareti appena imbiancate* **3.** *fig.* avere un po' di pace, di riposo, di sollievo; riprendere fiato: *non assillarmi continuamente, lasciami respirare un attimo!, dopo anni di stenti, finalmente respirano un po'* || ***tr.*** inspirare: *vado in montagna a respirare aria buona* || *fig.* nel modo di dire *si respira un'aria nuova*, la situazione è cambiata || **N. 1.** espirare, inspirare | alitare, ansare, ansimare, esalare, fiatare, prendere fiato, prendere una boccata d'aria, rantolare, russare, sbuffare, soffiare, spirare, tirare il fiato, tronfiare.

respiratìvo [da *respirare*; 1823] ***agg.*** **1.** proprio della respirazione, relativo alla respirazione; che serve alla respirazione **2.** *fig.* che dà sollievo, conforto.

respiratóre [da *respirare*; 1891] ***sm.*** dispositivo che consente la respirazione in condizioni diverse dalle normali; *in part.* autorespiratore || macchina impiegata durante interventi chirurgici o in casi di insufficienza respiratoria, che pompa e aspira direttamente nella trachea l'aria || polmone d'acciaio.

respiratòrio (pl. *-ri*) [da *respirare*; 1872] ***agg.*** che riguarda la respirazione: *apparato respiratorio; ginnastica respiratoria*, atta a migliorare e potenziare la respirazione. **Q.T.** *anatomia* **TAV.** ***anatomia*** **p. 642** 12.

respirazióne [dal lat. *respirātio, -ōnis*; a. 1565 *rispirazione*] ***sf.*** *T.biol.* una delle funzioni fondamentali degli organismi viventi che, mediante essa, realizzano scambi gassosi con l'ambiente esterno (*respirazione esterna* o *ass. respirazione*) e, al loro interno, tra cellule e tessuti e i liquidi circolanti (*respirazione interna*): *avere difficoltà di respirazione; respirazione artificiale*, sistema per provocare, mediante manovre manuali o dispositivi meccanici, la ventilazione polmonare in soggetti in cui si sia verificato un blocco respiratorio: *respirazione artificiale bocca a bocca* || **N.** espirazione, inspirazione | afflato, alito, anelito, fiato, rantolo, respiro, soffio, sospiro | affannosa, ansimante, asmatica, difficile, leggera, libera, pesante, stentata | bocca, bronchioli, bronco, epiglottide, esofago, fosse nasali, laringe, naso, polmone, trachea | apnea, affanno, asfissia, asma, bolsaggine, bronchite, dispnea, polmonite, soffocazione. **Q.T.** *anatomia* **TAV.** ***anatomia*** **p. 642** 12.

respìro [da *respirare*; a. 1698] ***sm.*** **1.** atto del respirare; respirazione (limitatamente all'uomo): *ha il respiro regolare, affannoso; trattenere il respiro*, cessare per qualche istante il respirare; *iperb. togliere il respiro*, turbare profondamente e all'improvviso: *una scena (tanto impressionante) da togliere il respiro!*; anche causare affanno con domande o richieste assillanti: *smettila, mi togli il respiro!* **2.** *per restr.* singolo atto inspiratorio od espiratorio: *fare un respiro profondo; fino all'ultimo respiro*, fino all'ultimo momento prima di morire (spesso *iperb.*) **3.** *fig.* momento di sosta, di riposo, di sollievo e sim.: *concedere un po' di respiro, non ho un momento di respiro* || *in part.* rinvio, dilazione: *mi dia un po' di respiro e pagherò!* **4.** *fig.* portata, ampiezza di interessi, problemi, prospettive e sim.: *un'opera letteraria di ampio respiro, di respiro ristretto* (o *di poco respiro*) **5.** *T.metal.* sfiatatoio della forma che rende possibile l'eliminazione dell'aria nella fase di riempimento della forma stessa con metallo liquido || *dim.* respirùccio; *accr.* respiróne || **N. 2.** RESPIRAZIONE **3.** *Sin.* interruzione, pausa, quiete, tregua.

rèspo [deformazione di *cespo*; a. 1571] ***sm.*** *arc.* cespuglio, sterpo.

responsàbile (ant. *risponsàbile*) [dal fr. *responsable*; 1745 *risponsabile*] **I *agg.*** **1.** che ha la responsabilità giuridica, amministrativa o morale di azioni, comportamenti od operazioni: *sei responsabile tu di quello che fa tuo figlio, il cassiere è personalmente responsabile delle operazioni di cassa; non essere responsabile delle proprie azioni*, non essere in grado di agire coscientemente; *direttore responsabile di un giornale*, chi ha la responsabilità giuridica di ciò che viene pubblicato || *per restr.* colpevole: *confessarsi responsabile del furto* **2.** solo *ass.*, che ha senso della responsabilità, che agisce essendo conscio delle conseguenze: *un uomo serio e responsabile* || **responsabilménte** ***avv.*** **II *s.*** chi ha la responsabilità giuridica o amministrativa di qualcosa: *voglio parlare col responsabile* || *responsabile civile*, soggetto giuridicamente obbligato al risarcimento del danno fatto dall'imputato || colpevole: *trovare i responsabili dell'aggressione* || **N. I 1.** *Sin.* avallante, garante, mallevadore **2.** *Sin.* assennato, avveduto, consapevole, cosciente, giudizioso, ragionevole, sensato | *Contr.* irresponsabile.

responsabilità [da *responsabile*; 1789] ***sf.*** **1.** onere giuridico, amministrativo o morale derivante da azioni, comportamenti o conseguenze di atti propri o altrui: *assumere su di sé la responsabilità dell'impresa, declinare ogni responsabilità, un'attività piena di responsabilità; la responsabilità penale, amministrativa, civile di un soggetto; società a responsabilità limitata*, V. SOCIETÀ **2.** *senso di responsabilità* (o *ass. responsabilità*), capacità di agire in modo equilibrato, valutando le possibili conseguenze delle proprie azioni ed evitando conseguentemente quelle che possono produrre danni; assennatezza, avvedutezza || **N. 2.** *Sin.* consapevolezza, coscienziosità, ragionevolezza, sensatezza | *Contr.* irresponsabilità.

responsabilizzàre [da *responsabile*; 1965] **tr.** rendere responsabile; fare assumere una responsabilità: *responsabilizzare i lavoratori dell'azienda* || **intr. pron.** assumersi una responsabilità; prendere consapevolezza delle proprie responsabilità.

responsabilizzazióne [da *responsabilizzare*; 1970] **sf.** atto o effetto del responsabilizzare o del responsabilizzarsi.

responsióne [dal lat. *responsio, -ōnis*; a. 1292 *risponsione*] **sf.** *arc.* **1.** pagamento, tributo, canone **2.** risposta.

responsìva [da *responsivo*; sec. XIV] **sf.** *raro* lettera di risposta || **N.** *Contr.* missiva.

responsìvo [dal lat. tardo *responsīvus*; a. 1498] **agg.** *raro* che costituisce una risposta: *sonetto responsivo,* composto in risposta a un altro.

respònso [dal lat. *respōnsum*; a. 1527] **sm.** risposta di oracolo: *il responso della Pizia* || *per estens.* risposta autorevole, decisiva: *il responso del medico; il responso delle urne,* i risultati di una votazione || *iron.* o *scherz.*: *stiamo tutti attendendo il tuo responso.*

responsoriàle [dal lat. mediev. *responsoriale*; a. 1672] **I agg.** *lett.* di canto liturgico, che si svolge alternatamente tra il solista e i fedeli: *salmo responsoriale* **II sm.** libro di canto contenente i responsori e le antifone.

responsòrio (pl. *-ri*) [dal lat. eccles. (*cantus*) *responsōrius,* (canto) di risposta; a. 1590] **sm.** canto liturgico cristiano in cui, al versetto intonato dal celebrante, risponde un ritornello del coro.

responsùra [dal lat. *respōnsus*, pps. di *respondēre*; a. 1306] **sf.** *arc.* risposta.

rèssa [dal lat. *rixa*, litigio, prob. con influsso di *pressa*; 1804] **sf. 1.** assembramento fitto di persone, calca: *in piazza c'è una gran ressa; far ressa,* accalcarsi **2.** *ant.* richiesta inopportuna e petulante per ottenere qualcosa **3.** *ant.* rissa; contrasto.

rèssi [dal gr. *rhêxis*, rottura; 1749] **sf.** *T.med.* emorragia conseguente alla rottura di un vaso sanguigno (in contrapposizione a quella che avviene per diapedesi).

rèsta[1] [lat. *arista*; prima metà sec. XIV] **sf. 1.** *T.bot.* arista **2.** *region.* spina di pesce.

rèsta[2] [lat. *restis*, fune; a. 1336] **sf. 1.** treccia di agli o cipolle **2.** grossa fune; *in part.* fune usata per legare alla barca le reti a strascico.

rèsta[3] [da *restare*, fermare; seconda metà sec. XIV] **sf.** ferro ricurvo fissato sulla destra del pettorale delle antiche corazze, per appoggiarvi il calce della lancia durante il combattimento || *com.* nel modo di dire fig. *partire (a) lancia in resta,* partire con decisione all'attacco. **TAV. armi p. 648 6.20.**

restànte (*ppr.* di *restare*) [1525] **agg.** e **sm.** di ciò che resta; rimanente || *ant.* nella loc. *del restante,* del resto.

restànza [da *restare*; 1337] **sf.** *ant.* avanzo, resto, restante.

restàre (pres. *rèsto*) [dal lat. *restāre*; 1313] **intr.** (aus. *essere*) sin., di uso comune, di *rimanere* (in quasi tutti i sensi) **1.** continuare a stare, permanere in un luogo o in una condizione: *è restato tre giorni in casa, resti a cena da noi?; è un segreto che deve restare tra noi,* non deve essere divulgato **2.** avanzare, esserci ancora, residuare, anche *fig.*: *ormai ci restano pochi soldi, non ci resta altro che piangere* **3.** in funzione di verbo copulativo, rimanere: *è restato solo al mondo, siamo restati d'accordo in questo senso, c'è restato male, c'è restato di stucco quando gliel'ho detto, la mia cascina resta proprio in cima la collina, con la sua tesi è restato fermo al punto in cui era due anni fa* || **tr.** *arc.* far restare || **N. intr.** *Sin.* RIMANERE.

restauràbile [da *restaurare*; 1872] **agg.** che si può restaurare.

restaurant (fr., pr. [rɛstɔ'rɑ̃]) [letter. che ristora; 1881] **sm.** *inv.* (anche pl. *restaurants,* pr. [rɛstɔ'rɑ̃]) ristorante.

restauràre (pres. *-àuro*) [dal lat. *restaurāre*; 1550 *ristaurare*] **tr. 1.** sottoporre a restauro: *restaurare un affresco, un antico manoscritto, un vecchio cassettone* **2.** *fig.* instaurare nuovamente, ristabilire: *restaurare la monarchia, antiche usanze* **3.** *fig. ant.* reintegrare: *restaurare le finanze, le forze* **4.** *fig. ant.* ridar vigore, ristorare || **N. 1.** *Sin.* accomodare, riattare, riparare, risanare **2.** *Sin.* riportare in auge, riportare in vita, ripristinare | *Contr.* abolire, sopprimere. **Q.T.** *pittura.*

restauratìvo [da *restaurare*; 1891] **agg.** *non com.* atto a restaurare: *intervento restaurativo.*

restauratóre [dal lat. tardo *restaurātor, -ōris*; a. 1580] **agg.** e **sm.** (f. *-trìce*) che o chi restaura, anche *fig.* || *in part.* artigiano specializzato in restauri.

restaurazióne [dal lat. tardo *restaurātio, -ōnis*; sec. XIV nel senso 2; 1849 nel senso 1] **sf. 1.** ristabilimento di regime, istituti, condizioni (spec. politici), dopo un periodo di sospensione o di soppressione: *la restaurazione del potere pontificio, delle libertà civili* || *per anton. T.stor.* in Francia, il periodo intercorrente tra il Congresso di Vienna e la rivoluzione del 1830 e, in Inghilterra, il ritorno della monarchia degli Stuart dopo la scomparsa di Cromwell **2.** *raro* restauro (nel senso 1).

restàuro [da *restaurare*; 1855] **sm. 1.** insieme di operazioni atte a riportare un'opera d'arte (spec. antica) o una testimonianza storica in condizioni di corretta leggibilità e fungibilità, intervenendo sulle modifiche da quella subite nel corso del tempo || la parte restaurata **2.** *ant.* ristoro || **N. 1.** *Sin.* riattamento, ripristino, riparazione, risanamento. **Q.T.** *archeologia, pittura.*

restìo (pl. *-ìi*) [dal lat. *restāre*, prob. attr. il lat. volg. **restīvus*; a. 1348 nel senso 2] **agg. 1.** *fig.* riluttante: *è restio a ubbidire* **2.** *propr. ant.* di animale da tiro o da soma, che si impunta e si rifiuta di andare avanti || **N. 1.** *Sin.* contrario, recalcitrante, renitente | *Contr.* disposto, favorevole, incline, propenso **2.** *Sin.* recalcitrante | *Contr.* docile.

restituìbile [da *restituire*; 1629] **agg.** che si può o si deve restituire.

restituìre (pres. *-ìsco, -ìsci*) [dal lat. *restituere*, ricollocare; 1308] **tr. 1.** dare indietro qualcosa o qualcuno a colui dal quale lo si è avuto o a chi lo ha perso; rendere, ridare: *restituiscigli i soldi che ti aveva prestato, restituire i prigionieri, quell'esperienza gli ha restituito la serenità* || *in part.* dare in contraccambio: *restituire una cortesia, uno schiaffo, la visita* **2.** produrre in risposta, rimandare: *l'oggetto, percosso, restituì un suono metallico, lo specchio le restituì l'immagine di un volto segnato dal dolore* **3.** *lett.* rimettere nello stato o nel luogo di prima: *restituire un ufficiale nel suo grado* || **rifl.** e **intr. pron.** *lett. arc.* ritornare: *restituirsi alla vita mondana, restituirsi in una città* || **N. tr. 1.** *Sin.* riconsegnare, ridare, rifondere, rimborsare, risarcire; contraccambiare, ricambiare | *Contr.* serbare, tenersi, trattenere.

restitutio in integrum (lat., pr. it. [resti'tuttsjo in 'integrum]) [letter. restituzione in intero] **loc. f.** *inv.* *T.giur.* forma di risarcimento con cui si ripristina la situazione di fatto esistente prima del verificarsi del danno.

restitutóre [dal lat. *restitūtor, -ōris*; 1353] **sm. 1.** (f. *-trìce*) *non com.* chi restituisce **2.** *T.tecn.* strumento che consente la realizzazione di carte geografiche a partire da riprese fotogrammetriche.

restitutòrio (pl. *-ri*) [dal lat. *restitutōrius*; 1673] **agg.** *T.giur.* inerente alla restituzione di un bene: *interdetto restitutorio.*

restituzióne [dal lat. *restitutio, -ōnis*; a. 1348] **sf.** atto ed effetto del restituire (anche nei sensi *estens.* e *fig.*): *la restituzione del maltolto, di una gentilezza, di un'opera d'arte nel suo aspetto primitivo* || **N.** *Sin.* indennizzo, reintegrazione, resa, restaurazione, riconsegna, rifusione, rimborso, rimessa, ripristino, risarcimento.

rèsto [da *restare*; a. 1348] **sm. 1.** ciò che rimane di un tutto unitario quando se ne esclude una parte: *il salone è più grande di tutto il resto dell'appartamento, il resto della compagnia è rimasto indietro, lavora dieci ore e il resto del tempo lo passa con la figlia, tu apparecchia la tavola, al resto ci penso io, il resto del racconto, domani* || *in part.* la differenza in denaro che deve essere restituita a chi ha dato in pagamento una banconota o una moneta di valore superiore alla somma da pagare: *non ho spiccioli per darle il resto* || *in part. T.aritm.* in una sottrazione, il risultato; in una divisione, ciò che avanza quando il dividendo non è multiplo esatto del divisore || nella *loc. avv. del resto,* peraltro, d'altronde, d'altra parte: *la cosa, del resto, la si sapeva già* **2.** *pl.* ciò che non si è consumato di qualcosa; tracce, segni superstiti di qualcosa: *rinvenimento di resti primitivi, lascia sempre resti di cibo nel piatto* || *in part.* ruderi, macerie: *i resti di un antico acquedotto* || *resti mortali,* la spoglia, il cadavere o le ceneri di un defunto || **N. 1.** *Sin.* avanzo, residuo, restante, rimanente, sopravanzo **2.** *Sin.* relitto, rottame, rovine; reliquia, salma. **Q.T.** *archeologia.*

restóne [da un disus. *resto,* arresto; 1882] **agg.** e **sm.** di grosso cane da caccia, brutto ma intelligente, dal pelo ruvido color piombo e brizzolato di bianco: *cane restone.*

restóso [da *resta*[1]; a. 1320] **agg.** *raro* provvisto di reste: *frumento restoso.*

restremàre v. RASTREMARE.

restringènte (*ppr.* di *restringere*) [1872] **agg.** e **sm.** *non com.* astringente.

restrìngere (pres. *-ingo* ecc., come STRINGERE; pps. *ristrétto*) [dal lat. *restringere*, tirare indietro; 1353 *ristringere*] **tr. 1.** rendere più stretto: *la frana ha ristretto notevolmente il passaggio* **2.** contrarre, far diminuire di volume: *il freddo restringe i metalli, restrinsero l'intera opera in soli tre volumi* **3.** *fig.* ridurre di ampiezza, limitare: *restringere il senso di un'espressione, l'ambito di una variabile, la validità di un risultato, il campo d'indagine* || **rifl.** ridursi a condizione di maggior angustia: *dovettero restringersi in due stanzette* || **intr. pron. 1.** diventare più stretto: *il campanile si restringe verso l'alto* **2.** contrarsi: *i jeans lavati si sono ristretti* || *in part.* di liquido, condensarsi: *brodo ristretto* **3.** *fig.* ridursi: *a questo punto le possibilità si restringono a due* || **N. tr. 1.** *Contr.* allargare **2.** *Contr.* dilatare, espandere **3.** *Contr.* ampliare, estendere.

restringiménto [da *restringere*; sec. XIV *ristringimento*] **sm.** atto ed effetto del restringere e del restringersi (solo in senso proprio) || *concr.* il punto in cui vi è un restringimento.

restringitìvo [da *restringere*; 1872] **agg.** *raro* restrittivo.

restrittìvo [dal lat. *restrictus*, pps. di *restringere*, tirare indietro; 1592] **agg.** che costituisce o tende a creare una restrizione: *provvedimenti restrittivi* || **restrittivaménte avv.** || **N.** *Sin.* condizionante, limitativo, riduttivo.

restrizióne [dal lat. tardo *restrictio, -ōnis*; 1738] **sf. 1.** atto ed effetto del restringere, solo *fig.*: *imporre restrizioni negli scambi commerciali con l'estero, imporre una restrizione alla libertà di qualcuno; restrizione del senso di un termine,* la sua applicazione ad una parte propria dell'insieme dei casi a cui si applica nel suo uso comune; *restrizione mentale,* tacita attribuzione alle proprie parole di un significato diverso, e più ristretto, da quello consueto; *in part.* nel diritto canonico, la non conformità della volontà a ciò che si dichiara di volere; *per estens.* riserva mentale || nella *loc. avv. senza restrizioni*, senza alcuna limitazione **2.** *raro* restringimento || **N. 1.** *Sin.* limitazione | *Contr.* ampliamento, estensione.

restrizionismo [da *restrizione*; 1959] ***sm.*** *T.econ.* politica economica impostata sulla restrizione dei consumi pubblici e privati.

resultàre e der. forme rare di RISULTARE e der. (v.).

resupìno [dal lat. *resupīnus*; a. 1375] ***agg.*** *lett. ant.* supino.

resùrgere (pres. *-ùrgo, -ùrgi*) [dal lat. *resurgere*; 1321] ***intr.*** (aus. *essere*) *poet. ant.* risorgere.

resurrèssi o **resurrèsso** [dal lat. *resurrexit*, risorse, inizio della sequenza liturgica pasquale; a. 1292 *resurressio*] ***sf.*** *ant.* resurrezione, solo nell'espr. *Pasqua di resurressi.*

resurrezióne o **risurrezióne** [dal lat. tardo *resurrectio, -ōnis*; 1313 *resuresso*] ***sf.*** atto ed effetto del resuscitare; *per anton.* (spesso con iniz. maiuscola) la resurrezione di Cristo; *resurrezione dei morti*, dogma del cattolicesimo, secondo il quale i corpi umani torneranno in vita alla fine dei tempi. **Q.T.** ***religione.***

resuscitàre o **risuscitàre** (pres. *-ùscito*) [dal lat. *resuscitāre*, ridestare; sec. XII-XIII *resuscitare*] ***tr.*** **1.** far tornare in vita: *resuscitare un morto* || *iperb. far resuscitare i morti*, ridare vitalità, detto di una cosa, gen. cibo o bevanda, eccellente: *una musica, un vino che fa resuscitare i morti* || *iperb. disus. resuscitare qualcuno da morte a vita*, liberarlo dalle sue preoccupazioni **2.** *per estens. raro* far tornare in uso, ripristinare: *resuscitare antichi usi* || ***intr.*** (aus. *essere*) tornare in vita || **N.** ***intr.*** *Sin.* rivivere.

resuscitàto o **risuscitàto** (*pps.* di *resuscitare*) [a. 1306] ***agg.*** tornato in vita || *fig. morto resuscitato*, detto di persona che ricompare all'improvviso dopo una lunga assenza, o che è scampata a un grave pericolo.

retablo (sp., pr. [rre'taβlo]) [da *tabla*, tavola; 1959] ***sm.*** *inv.* monumentale ancona d'altare, diffusa in Spagna dal XIV al XVIII sec., suddivisa in scomparti, caratterizzata dall'associazione di pitture e sculture (in marmo, stucco o legno).

retàggio (pl. *-gi*) [dal fr. *héritage*, eredità; 1308] ***sm.*** *lett.* eredità (oggi com. solo in senso *fig.*, eredità spirituale): *opere d'arte splendide, retaggio di una ricca civiltà.*

retàre (pres. *réto*) [da *rete*; 1681] ***tr.*** *non com.* **1.** tracciare un reticolo di linee su di un'immagine da riprodurre; reticolare **2.** distendere la rete da pesca o da caccia.

retàta [da *retare*; 1728 nel senso 2] ***sf.*** **1.** *fig.* rapida operazione di polizia che si conclude con il controllo e l'eventuale fermo di numerose persone sospette **2.** *propr. non com.* lancio di rete da pesca o da caccia || *concr.* le prede catturate con una singola retata: *una ricca retata di pesce.*

retàto (*pps.* di *retare*) [1728] ***agg.*** *non com.* reticolato.

retàzza v. REDAZZA.

réte [dal lat. *rēte*; 1319] ***sf.*** **1.** intreccio di funi di materiale e spessore vario, a maglie più o meno larghe, usato per catturare pesci, uccelli o altri animali: *reti da pesca, da uccellagione*; *rete rada, fitta*; *cadere, incappare nella rete*, rimanervi intrappolato || nella *loc. avv. a rete*, di una trama a maglie più o meno larghe || *fig.* trappola, trama volta ad ingannare: *finire nella rete tesa dal nemico*; *in part.* trama di seduzione amorosa: *quel bel volto / ch'all'amorose reti il tenea involto* (Ariosto) **2.** *per estens.* ciascuno di vari manufatti costituiti da fili di qualsiasi materiale intrecciati a rete: *la rete del letto*, in metallo, costituente la superficie d'appoggio del materasso || con funzione di recinzione o di protezione: *un cinghiale ha sfondato la rete del giardino, reti antisommergibile, mettere una rete alle finestre per non far entrare le mosche* || *T.sport.* nel tennis, rete di corda tesa verticalmente lungo la linea di centrocampo; nella pallacanestro, rete di corda fissata lungo il cerchio entro cui deve passare il pallone; nel calcio, nell'hockey e nella pallanuoto, rete di corda fissata ai pali di ciascuna delle due porte del campo, in modo da trattenere la palla quando finisce in porta; da cui: *andare a rete, tirare in rete*, mandare il pallone in porta || *rete da circo*, robusta rete di corda fissata orizzontalmente a una certa altezza da terra e sotto il trapezio, che frena l'eventuale caduta degli acrobati; da cui, la *loc. agg.* o *avv. fig. senza rete*, senza protezione e sim. || reticella per acconciature femminili || omento del maiale **3.** *per estens.* qualsiasi struttura in cui gli elementi di un insieme (spesso detti *nodi*) sono collegati tra loro da elementi lineari: *rete stradale, ferroviaria, fluviale, aerea*, l'insieme delle vie di comunicazione stradali, ferroviarie ecc. di una regione; *rete telegrafica, telefonica*, complesso di collegamenti telegrafici, telefonici; *rete elettrica*, insieme di circuiti tra loro collegati che servono per trasferire l'energia elettrica dalle centrali di produzione alle zone di utilizzazione || *T.anat.* intreccio di vasi sanguigni, perlopiù capillare: *rete mirabile*, termine generico indicante una rete di capillari interposta tra due tronchi arteriosi o venosi || *T.inform. rete semantica*, struttura che rappresenta un insieme di concetti con le loro relazioni reciproche; *rete di calcolatori*, sistema di interconnessione a distanza fra calcolatori e terminali || nel disegno, reticolo || in geodesia e topografia, insieme compatto di triangoli con cui si ricopre formalmente una superficie per determinarne la vera forma e le vere dimensioni in base ai procedimenti della triangolazione geodetica e topografica || *fig.* insieme di persone o enti collegati e diretti da un centro in vista di uno scopo: *la rete di distribuzione di una grande casa editrice, la rete degli spacciatori* || *rete televisiva*, sistema organizzato e coordinato di trasmissioni che fanno capo a un canale: *le tre reti della RAI, le reti private* || *dim.* reticèlla, retìna, retìno (*sm.*); *accr.* retóna, retóne (*sm.*); *pegg.* retàccia || **N. 1.** PARTI: maglia, piombino, sughero | gettare, lanciare, parare, rimagliare, ritirare, sfondare, stendere, strascicare, tendere, tessere, tirare, trainare | calata, retata; modano | agguato, imboscata, insidia, ragna, trabocchetto, tranello | irretire. **Q.T.** *audiovisivi, calcio, elettricità, pesca* **TAV.** *pesca* 1; *tennis* 4.5; ***maglia...*** **p. 1317** 16.

retentiva v. RITENTIVA.

reticèlla (*dim.* di *rete*) [a. 1320] ***sf.*** piccola rete || *in part.* cuffietta a rete di nylon, quasi invisibile, usata per raccogliere i capelli acconciati; anche, cuffietta a rete, spec. in ciniglia (ma anticamente, in epoca rinascimentale, anche in fili metallici e ornata di perle), usata come ornamento nell'acconciatura || *in part.* riquadro di rete metallica ricoperta d'amianto, usato nei laboratori chimici per evitare il contatto diretto della fiamma con i recipienti di vetro.

reticènte [dal lat. *reticens, -entis*, che tace; 1901] ***agg.*** restio a dire quello che sa: *sulla questione mi è parso un po' reticente* || *T.giur.* colpevole di reticenza.

reticènza [dal lat. *reticentia*; 1598] ***sf.*** **1.** atteggiamento di chi intenzionalmente tace o rivela solo in parte ciò che sa e dovrebbe dire: *la reticenza di un testimone costituisce reato* || nella *loc. avv. senza reticenze*, apertamente, schiettamente **2.** *T.ret.* figura retorica nella quale, sospendendo improvvisamente una frase, si lascia intendere di essere a conoscenza di cose che non si vogliono rivelare o, anche, si prepara l'ascoltatore a una rivelazione per lui dolorosa, strabiliante o inattesa.

rètico (pl. *-ci*) [dal lat. *Raeticus*, a. 1498] ***agg.*** dell'antico popolo dei Reti || della Rezia.

reticolaménto [da *reticolare*[1]; 1704] ***sm.*** *non com.* atto del reticolare.

reticolàre[1] (pres. *-ìcolo*) [da *reticolo*; a. 1616] ***tr.*** *non com.* provvedere di un reticolo: *reticolare un disegno.*

reticolàre[2] [da *reticolo*; a. 1555] ***agg.*** **1.** *T.scient.* e *T.tecn.* reticolato: *travatura reticolare*, nella tecnica delle costruzioni, struttura formata da un insieme di aste complanari, vincolate ai nodi, che costituisce un elemento resistente e indeformabile; travata **2.** *T.scient.* e *T.tecn.* del reticolo: *difetto reticolare*; *costanti reticolari*, insieme degli elementi di simmetria di un reticolo cristallino.

reticolàto [dal lat. *reticulātus*, fatto a rete; a. 1320] **I** ***agg.*** a forma di reticolo: *tessuto reticolato*; *pitone reticolato*, il cui mantello ha il disegno di un reticolo **II** ***sm.*** oggetto, struttura, tracciato a forma di rete: *il reticolato dei meridiani e dei paralleli* || disegno, prospetto formato da linee o da elementi lineari intrecciati a forma di rete || intreccio di fili metallici usato per recinzioni e per opere militari di difesa passiva || *T.geogr. reticolato idrografico*, l'insieme dei corsi d'acqua di un sistema fluviale || **N. I** *Sin.* a rete **II** grata, rete, reticolo.

reticolatùra [da *reticolare*[1]; a. 1959] ***sf.*** *T.fot.* fitta screpolatura dell'emulsione fotografica, dovuta alla sua brusca contrazione quando la si passa da un bagno ad uno più freddo.

reticolazióne [da *reticolare*[1]; a. 1928] ***sf.*** **1.** *non com.* reticolamento **2.** *T.fot.* reticolatura **3.** *T.chim.* complesso di trasformazioni chimiche con cui si vengono a stabilire legami chimici trasversali tra macromolecole vicine di un polimero (che in tal modo tende a diventare insolubile e infusibile); tipico esempio è la vulcanizzazione della gomma.

retìcolo [dal lat. *reticulum*, piccola rete; 1872] ***sm.*** struttura, tracciato o schema a forma di rete; *in part.* incrocio di linee che si sovrappone a un'immagine per retarla || *T.ott.* insieme di segni di riferimento posti sul piano del diaframma di strumenti ottici, atti a rendere più precisa l'inquadratura degli oggetti osservati || *T.fis.* e *T.min. reticolo cristallino* (o *spaziale*), struttura ideale formata dai punti che indicano le posizioni di equilibrio degli atomi costituenti un cristallo || *T.geogr. reticolo geografico*, l'insieme dei meridiani e dei paralleli || *T.zool.* una delle cavità dello stomaco dei ruminanti, le cui pareti hanno un caratteristico aspetto alveolato || *T.mat.* insieme parzialmente ordinato in cui per ogni coppia di elementi esistono un massimo confine inferiore e un minimo confine superiore. **Q.T.** *chimica, fisica.*

retifórme [comp. di *rete* e *-forme*; 1681] ***agg.*** a forma di rete.

retìna (*dim.* di *rete*) [1872] ***sf.*** piccola rete || *in part.* cuffietta a rete di nylon, quasi invisibile, usata per raccogliere i capelli acconciati.

rètina [dal lat. (*tunica*) *retīna*, (tunica) a forma di rete; sec. XV] ***sf.*** tunica interna dell'occhio, costituita da dieci strati cellulari, avente la funzione di trasformare le impressioni luminose in impulsi nervosi da trasmettere ai centri della corteccia cerebrale deputati alla vista || **N.** OCCHIO. **Q.T.** *anatomia* **TAV.** ***anatomia*** **p. 642** 16.10.

retinàre (pres. *-ìno*) [da *rete*; 1959] ***tr.*** **1.** *T.tip.* scomporre con un retino i chiaroscuri di un originale a stampa; per riprodurre la tonalità dell'originale in ogni punto, i chiaroscuri sono scomposti in punti neri di diametro proporzionale alla tonalità **2.** *T.tecn.* rinforzare incorporando una rete: *cemento, vetro re-*

tinato.

retinatùra [da *retinare*; 1970] ***sf.*** atto o effetto del retinare.

retinènza [dal lat. *retinēre*, trattenere; a. 1320] ***sf.*** *arc.* **1.** capacità di ritenere, di trattenere **2.** *fig.* ritegno.

retinèrvio (pl. *-vi*) [comp. di *rete* e un der. di *nervo*; 1959] ***agg.*** *T.bot.* *foglia retinervia*, foglia a nervatura reticolata. **TAV. *fiori...* p. 671** 6.2.

retìnico (pl. *-ci*) [da *rètina*; 1950] ***agg.*** *T.med.* proprio della retina: *emorragia retinica.*

retinìte[1] [comp. di *rètina* e *-ite*[1]; 1875] ***sf.*** *T.med.* infiammazione della retina.

retinìte[2] [comp. del gr. *rhētínē*, resina e *-ite*[2]; 1875] ***sf.*** *T.min.* roccia vulcanica vetrosa, appartenente al gruppo del granito, che si altera facilmente trasformandosi in caolino.

retìno (*dim.* di *rete*) [1640] ***sm.*** **1.** piccola rete || *in part.* *T.pesc.* nella pesca in acqua dolce, il cestello di rete in cui si conservano i pesci appena pescati; *per meton.* il pesce catturato in una giornata di pesca **2.** *T.tip.* schermo reticolato usato nella fotoincisione || **N. 2.** retinare. **TAV. *pesca*** 11.

retinoscopìa [comp. di *rètina* e *-scopia*; 1959] ***sf.*** *T.med.* esame della retina con cui si verifica il grado di rifrazione dell'occhio.

rètore [dal lat. *rhētor, -oris*; a. 1294] ***sm.*** **1.** nell'antichità classica, cultore o maestro di retorica || oratore **2.** *per estens. spreg.* chi si esprime con eccessiva ed artificiosa enfasi declamatoria || *pegg.* retoricàstro.

retòrica [dal lat. (*ars*) *rethorica*; a. 1294 *rettorica*] ***sf.*** **1.** arte del parlare e dello scrivere in modo appropriato e persuasivo: *la retorica classica, medievale; trattato di retorica* || oggi, spesso nel senso di "teoria dell'argomentazione" || *concr.* il complesso dei principi compositivi e degli artifici espressivi della retorica **2.** *per estens. spreg.* modo di parlare e di scrivere stereotipato ed enfatico, pieno di ornamenti vuoti e artificiosi e di frasi fatte: *un discorso gonfio di retorica* **3.** *per estens.* insieme di discorsi e comportamenti in apparenza impegnati e ispirati a elevati valori, ma in realtà stereotipati e vuoti: *la retorica fascista del patriottismo, dell'atto eroico* **4.** nell'antico ordinamento scolastico italiano, livello d'insegnamento superiore corrispondente alle attuali prime classi liceali. **Q.T. *retorica...***

retoricàle [da *retorica*; sec. XIV *rettoricale*] ***agg.*** *raro* retorico.

retoricàre (pres. *-òrico, -òrichi*) [dal lat. *rhetoricāre*; a. 1500] ***intr.*** (aus. *avere*) *ant. raro* esprimersi retoricamente (spec. *spreg.*).

retoricàstro (*pegg.* di *retore*) [a. 1642] ***sm.*** (f. *-a*) *spreg.* retore da strapazzo.

retòrico (pl. *-ci*) [dal lat. *rhetoricus*; 1294 *rettorico*] **I *agg.*** **1.** della retorica: *l'arte retorica, artifici retorici; figura retorica*, V. FIGURA || *domanda retorica*, la cui risposta è ovvia sia a chi formula la domanda, sia ai suoi ascoltatori (la cui formulazione costituisce quindi un artificio retorico) **2.** *spreg.* inficiato di retorica e contenutisticamente povero: *discorsi, gesti retorici* || **retoricaménte** ***avv.*** **1.** *spreg.* in modo retorico (nel senso 2) **2.** *propr.* meno com., seguendo le regole della retorica **II *sm.*** (f. *-a*) raro maestro o cultore di retorica; retore || **N. I 2.** *Sin.* ampolloso, declamatorio, enfatico, gonfio, magniloquente, prolisso, ridondante, vuoto | *Contr.* laconico.

retoricùme [da *retorico*; a. 1850] ***sm.*** *spreg.* discorso pieno di retorica || gli artifici retorici nel loro insieme.

retoromànzo [comp. dell'etnico *Reti*, popolo dell'antichità e *romanzo*[1]; 1934] ***agg.*** del raggruppamento di lingue e dialetti neolatini comprendente il romancio, il ladino dolomitico e il friulano || **N.** ladino.

retour match (pr. it. [retur 'mɛtʃ]) [comp. del fr. *retour*, ritorno e ingl. *match*, partita; 1905] ***loc. m.*** *inv.* *T.sport disus.* nel calcio e in altri sport, partita disputata nel girone di ritorno di un campionato o di un torneo, tra due squadre che si erano già incontrate nel girone di andata || **N.** *Sin.* incontro, partita di ritorno.

retràttile [basato sul lat. *retrahere*, tirare indietro; 1827] ***agg.*** *T.biol.* e *T.tecn.* che può ritrarsi, rientrare in un'apposita sede: *unghie retrattili, antenna retrattile* || **N.** *Sin.* rientrabile.

retrattilità [da *retrattile*; 1905] ***sf.*** caratteristica di ciò che è retrattile.

retràtto [dal lat. *retractus*, tirato indietro; 1751] ***sm.*** *T.stor.* diritto di prelazione riconosciuto a parenti, vicini, condomini in caso di alienazione di una proprietà immobiliare || *T.giur.* *retratto successorio*, diritto di prelazione riconosciuto ai coeredi quando uno di essi intenda alienare a un estraneo la sua quota o parte di essa.

retraziòne [dal lat. *retractio, -ōnis*; a. 1384] ***sf.*** *ant.* ritrazione || *com.* *T.med.* accorciamento che possono subire determinati organi o tessuti: *retrazione tendinea.*

retribuìre (pres. *-ìsco, -ìsci*) [dal lat. *retribuere*, restituire; sec. XIV] ***tr.*** corrispondere una retribuzione: *retribuire gli operai, un lavoro mal retribuito* || *per estens. fig. non com.* ricompensare: *retribuire con l'ingratitudine* || **N.** *Sin.* pagare, rimunerare.

retributìvo [da *retribuire*; 1965] ***agg.*** di retribuzione: *sistema retributivo.*

retributóre [dal lat. *retributor, -ōris*; a. 1342] ***agg.*** e ***sm.*** (f. *-trìce*) *raro* che o chi retribuisce.

retribuzióne [dal lat. eccl. *retributio, -ōnis*; 1353] ***sf.*** compenso in denaro corrisposto da un datore di lavoro: *adeguata retribuzione* || *per estens. fig.* la conseguenza di un'azione in quanto esprime un giudizio morale su di essa: *la solitudine è la (giusta) retribuzione dei superbi; retribuzione di vita eterna*, il Paradiso || **N.** *Sin.* compenso, emolumento, onorario, paga, remunerazione, salario, stipendio.

retriever (ingl., pr. [rɪ'triːvə]) [letter. che recupera; 1935] ***sm.*** *inv.* nome generico usato per designare un gruppo di cani da caccia specializzati nel riporto.

retrìvo [da *retro*, sul modello di *tardivo*; a. 1566] **I *agg.*** **1.** *fig.* rivolto al passato, avverso a qualsiasi progresso, ammodernamento e sim.: *idee retrive, classe sociale retriva* **2.** *ant. raro* tardivo **II *sm.*** (f. *-a*) persona retriva || **N. I 1.** *Sin.* reazionario, retrogrado | *Contr.* innovatore, progressista.

rètro [dal lat. *retro*; 1313 come avv.; 1959 come sm.] **I *sm.*** *inv.* **1.** faccia, parte posteriore di qualcosa: *il retro della medaglia* **2.** forma abbr. di *retrobottega*: *sistemare le casse nel retro* **II *avv.*** **1.** *poet.* dietro, indietro || nelle *loc. avv. a, di retro*, di dietro || *com.* nell'espr. *vedi retro*, indicazione con cui si invita a leggere il verso di un foglio **2.** indietro, nella loc. lat. *vade retro* (*Satana*)!, V. VADE RETRO SATANA || **N. I 1.** *Sin.* rovescio, verso | *Contr.* davanti, dritto, *recto.*

rétro (fr., pr. [re'tro]) [da *rétro*(*spectif*), retrospettivo; 1980] ***agg.*** *inv.* **1.** che si ispira al recente passato, imitandone lo stile e i gusti; che privilegia il recente passato: *gusto rétro, moda rétro* **2.** retrospettivo: *mostra rétro.*

rètro- [dal lat. *retro*, dietro, indietro] ***pref.*** può indicare "movimento all'indietro nello spazio o nel tempo" (*retromarcia, retrodatare*) o "posizione dietro qualcosa" (*retroguardia, retrobottega*).

retroagìre (pres. *-ìsco, -ìsci*) [comp. di *retro-* e *agire*; 1931] ***intr.*** (aus. *avere*) **1.** *T.giur.* avere efficacia retroattiva **2.** *T.scient.* esercitare una retroazione || **N. 2.** *feed-back.*

retroattività [da *retroattivo*; 1877] ***sf.*** *T.giur.* l'essere retroattivo: *in campo penale vige il principio della retroattività della legge più favorevole al reo* || **N.** *Contr.* irretroattività.

retroattìvo [comp. di *retro-* e *attivo*; 1798] ***agg.*** *T.giur.* di norma, che disciplina anche rapporti sorti quando essa ancora non esisteva: *tassa retroattiva, valore retroattivo di una norma* || **retroattivaménte** ***avv.*** || **N.** *Contr.* irretroattivo.

retroazióne [comp. di *retro-* e *azione*; 1804] ***sf.*** **1.** *T.giur.* effetto di retroattività **2.** *T.tecn.* nei meccanismi di controllo e in genere in un processo, azione di una variabile su di un'altra da cui la prima è determinata: *retroazione positiva, negativa*, a seconda che un incremento del valore della seconda variabile, determinato dalla prima variabile, determini a sua volta un incremento (o, invece, un decremento) della prima variabile || **N. 2.** *Sin.* *feed-back.*

retrobócca [comp. di *retro-* e *bocca*; 1940] ***sm.*** *inv.* regione posteriore del cavo della bocca, corrispondente anatomicamente alla regione tonsillare e della faringe.

retrobottéga (pl. m. inv.; pl. f. *retrobottéghe*) [comp. di *retro-* e *bottega*; 1891] ***sm.*** o ***sf.*** locale situato dietro alla bottega, usato come deposito, laboratorio e sim.

RETORICA E STILISTICA

CONCETTI E PARTIZIONI GENERALI: amplificazione, argomentazione, *compositio*, descrizione, *dispositio* o disposizione, *elocutio* o elocuzione o eloquio, epilogo o perorazione, esordio, *inventio* o invenzione, memoria, narrazione, ornato, *pronuntiatio* o dizione o declamazione; oratoria (deliberativa, epidittica, giudiziaria), poetica.

STILISTICA: monostilismo / pluristilismo; diegesi, fabula, intreccio, mimesi, stereotipo, stile, stilema, straniamento, *topos*; avantesto, intertesto, paratesto, macrotesto; cacofonia, eufonia, fonosimbolismo, onomatopea.

TROPI: antifrasi, antonomasia, catacresi, enfasi, iperbole, ironia, litote, metafora, metonimia, perifrasi, sineddoche, sinestesia.

FIGURE DI PAROLA: accumulazione, allitterazione, anadiplosi, anafora, anastrofe, antanaclasi, asindeto / polisindeto, climax o gradazione / anticlimax, diafora, diallage, distribuzione, dittologia, ellissi, enallage o ipallage, endiadi, enumerazione, epanadiplosi, epanalessi, epifora o epistrofe, epifrasi, epiteto, figura etimologica, iperbato, isocolo o parisosi, omeoteleuto, omeoptoto, paromeosi, paronomasia o bisticcio o annominazione, poliptoto, simploche, sinchisi, sinonimia, tautologia, zeugma o sillepsi.

FIGURE DI PENSIERO: allegoria, allusione, anacenosi, antimetabole, antitesi, aposiopesi o reticenza, apostrofe, chiasmo, comparazione, definizione, dialogismo, digressione, entimema, epifonema, epifrasi, esclamazione, esempio, *hysteron proteron*, interrogazione, ipotiposi, laconismo, licenza, mimesi, ossimoro, paragone, parentesi, personificazione o prosopopea, preterizione, prosapodosi, sentenza, similitudine, simulazione / dissimulazione.

retrocàmera [comp. di *retro-* e *camera*; a. 1536] **sf.** stanzino situato dietro a una camera, usato perlopiù come disimpegno, guardaroba e sim. || **N.** *Sin.* retrostanza.
retrocàrica [comp. di *retro-* e *carica*; 1872] **sf.** *T.bal.* caricamento di un'arma da fuoco dalla culatta || nella *loc. avv. a retrocarica*, che si carica dalla culatta: *fucile a retrocarica* || **N.** *Contr.* avancarica.
retrocèdere (p.rem. *-cèssi* o *-cedètti* o *-cedéi, -ésti*; pps. *-cèsso* o *-cedùto*) [dal lat. *retrocedere*; 1598] **intr.** (aus. *essere*, raro *avere*) andare o tornare indietro; arretrare, anche *fig.*: *retrocedere di fronte al nemico, alle difficoltà* || *per estens.* passare a una condizione, a un grado inferiore: *la nostra squadra è retrocessa in serie B* || **tr.** **1.** far passare a una condizione, a un grado inferiore: *retrocedere un ufficiale* **2.** *T.giur.* restituire mediante retrocessione || **N.** **intr.** *Sin.* indietreggiare, rinculare, ripiegare, ritirarsi; regredire | *Contr.* avanzare; progredire || **tr.** *Sin.* declassare, degradare | *Contr.* avanzare, promuovere.
retrocediménto [da *retrocedere*; a. 1694] **sm.** *raro* retrocessione.
retrocessióne [dal lat. tardo *retrocessio, -ōnis*; a. 1598] **sf.** **1.** atto ed effetto del retrocedere e dell'essere retrocessi: *ha tentato di tutto per evitare la retrocessione*; *T.sport. zona retrocessione*, nel calcio, la parte della classifica che comprende le squadre che, per il basso punteggio, rischiano di essere retrocesse alla divisione inferiore **2.** *T.giur.* restituzione dei beni espropriati, o di loro parti, non destinati all'uso pubblico || **N.** **1.** *Sin.* arretramento, declassamento, degradazione, indietreggiamento, retrogradazione | *Contr.* avanzamento, promozione.
retrocucìna (pl. m. *inv.*; pl. f. *retrocucìne*) [comp. di *retro-* e *cucina*; 1870] **sm.** o **sf.** stanzino posto dietro la cucina, gen. adibito a dispensa.
retrodatàre (pres. *-dàto*) [comp. di *retro-* e *datare*; 1905] **tr.** **1.** apporre su un documento una data anteriore a quella effettiva **2.** attribuire una datazione anteriore a quella solitamente attribuita: *retrodatare un reperto archeologico* || **N.** *Sin.* antidatare | *Contr.* postdatare.
retrodatazióne [da *retrodatare*; 1932] **sf.** atto ed effetto del retrodatare.
retroflessióne [comp. di *retro-* e *flessione*; 1959] **sf.** ripiegamento, rovesciamento all'indietro || *in part. T.ling.* la posizione che assume la lingua per articolare un suono retroflesso || *T.med.* posizione anomala che assume l'utero quando corpo e collo uterini formano un angolo aperto posteriormente.
retroflèsso [comp. di *retro-* e *flesso*; 1959] **agg.** **1.** ripiegato, rovesciato all'indietro || *T.med.* di utero, che presenta retroflessione **2.** *in part. T.ling.* in fonetica, di suono articolato con la punta della lingua rovesciata all'indietro, contro il palato, ad es. la doppia *d* del siciliano *beddu* (pr. ['beḍḍu]), bello || **N.** **2.** *Sin.* cacuminale.
retrofrontespìzio (pl. *-zi*) [comp. di *retro-* e *frontespizio*; 1959] **sm.** il rovescio del frontespizio di un libro, con l'indicazione della proprietà letteraria e sim. || **N.** *Sin.* seconda di copertina.
retrogradàre (pres. *-ògrado*) [dal lat. tardo *retrogradāri*; sec. XIII] **intr.** (aus. *essere*) retrocedere || **N.** *Contr.* avanzare, procedere.
retrogradazióne [dal lat. tardo *retrogradātio, -ōnis*; a. 1348] **sf.** **1.** *non com.* movimento all'indietro, in senso contrario al normale **2.** *com. T.astr.* moto retrogrado di un astro o di un punto della sfera celeste **3.** *T.mus.* forma di imitazione che, nel corso di un brano, ripropone una frase a ritroso, dall'ultima nota alla prima || **N.** **1.** *Sin.* retrocessione **2.** *Contr.* processione.
retrògrado [dal lat. *retrogradus*; sec. XIV nel senso 2] **I** **agg.** **1.** *fig.* retrivo **2.** *propr.* che si muove all'indietro, in senso contrario al normale: *il movimento retrogrado di un ingranaggio* || *T.astr.* del moto di un astro o di un punto della sfera celeste che avviene in senso opposto a quello del Sole: *moto retrogrado apparente, reale*, a seconda che sia percepito come tale considerando come punto d'osservazione la Terra o il Sole || *T.mus. moto retrogrado*, retrogradazione || *T.psic. amnesia retrograda*, perdita della memoria degli eventi immediatamente anteriori al trauma che l'ha indotta **II** **sm.** (f. *-a*) persona retrograda || **N.** **I** **1.** *Sin.* retrivo **2.** *Contr.* anterogrado.
retroguàrdia [comp. di *retro-* e *guardia*; a. 1348] **sf.** **1.** *T.mil.* reparto che segue la colonna principale, proteggendone la ritirata o difendendola, nell'avanzata, da eventuali attacchi alle spalle: *i soldati della retroguardia* **2.** *per estens. fig.* posizione arretrata rispetto a posizioni politiche o culturali avanzate: *stare alla retroguardia del movimento, polemiche di retroguardia* || **N.** *Contr.* avanguardia.
retroguìda [comp. di *retro-* e *guida*; 1552] **sf.** *ant. raro* serrafila.
retrogùsto [comp. di *retro-* e *gusto*, sul modello del fr. *arrière - goût*; 1959] **sm.** nella degustazione del vino, ultimo sapore che rimane in bocca e che è diverso da quello del primo sorso || **N.** *Sin.* retrosapore.
retromammàrio (pl. *-ri*) [comp. di *retro-* e *mammario*; 1959] **agg.** *T.anat.* relativo alla parte posteriore della mammella; posto nella parte posteriore della mammella: *spazio retromammario.*
retromàrcia (pl. *-ce*) [comp. di *retro-* e *marcia*; 1955] **sf.** **1.** *T.aut.* marcia all'indietro di un autoveicolo || *per meton.* complesso degli ingranaggi del cambio che consentono l'inversione del moto delle ruote: *ingranare la retromarcia* || *fig. fam. fare retromarcia*, tirarsi indietro, ritirandosi da un'impresa o ritrattando quanto si era detto **2.** *per estens. T.cin.* proiezione effettuata facendo scorrere la pellicola in senso opposto a quello normale **3.** *T.fot.* arretramento di un fotogramma del rullino, al fine di effettuare esposizioni multiple dello stesso fotogramma; anche il dispositivo che lo consente. **TAV.** ***automobile*** **p. 658** 3.39.
retromastìte [comp. di *retro-* e *mastite*; 1959] **sf.** *T.med.* infezione retromammaria.
retronèbbia [comp. di *retro-* e *nebbia*; 1983] **sm.** *inv. T.aut.* proiettore posteriore che emette luce rossa più intensa di quella delle luci di posizione e che serve in caso di nebbia per rendere il veicolo più visibile.
retropàlco (pl. *-chi*) [comp. di *retro-* e *palco*; 1937] **sm.** *T.teatr.* parte posteriore del palcoscenico, dietro lo scenario di sfondo || **N.** proscenio.
retropulsióne [comp. di *retro-* e *pulsione*; 1959] **sf.** *T.med.* tendenza, tipica dei soggetti affetti dal morbo di Parkinson, a cadere all'indietro mentre camminano.
retroràzzo [comp. di *retro-* e *razzo*; 1965] **sm.** razzo che ha la funzione di frenare il moto di un veicolo (e spec. di capsule e sonde spaziali). **TAV.** ***astronautica*** **p. 654** 1.3, 1.6 e **p. 655** 7.1.
retròrso [dal lat. *retrorsus*, girato all'indietro; a. 1321 come avv.; 1959 come agg.] **I** **agg.** *T.bot.* volto, piegato all'indietro: *aculeo retrorso* **II** **avv.** *ant.* all'indietro.
retrosapóre [comp. di *retro-* e *sapore*, sul modello del fr. *arrière-goût*; 1959] **sm.** retrogusto.
retroscèna [comp. di *retro-* e *scena*; 1905] **sm.** *inv. fig.* tutto ciò che, pur concernendo un fatto o una situazione noti, non è palesato: *svelare i retroscena della loro separazione* || **sf.** *propr. T.teatr.* spazio dietro la scena || **N.** **sf.** proscenio.
retroscrìtto [comp. di *retro-* e *scritto*; 1600] **agg.** e **sm.** di ciò che è scritto sul retro di un foglio.
retrospettìva [da *retrospettivo*, sul modello del fr. *rétrospective*; 1970] **sf.** mostra o esposizione che si propone di illustrare l'evoluzione di un artista, di un movimento artistico, di un'epoca o sim.
retrospettìvo [dal fr. *rétrospectif*; 1872] **agg.** che guarda all'indietro (spec. nel tempo): *uno sguardo retrospettivo alle cause degli attuali sviluppi della vicenda*; *mostra retrospettiva* || **retrospettivaménte** **avv.**
retrostànte [comp. di *retro-* e *stante*, ppr. di *stare*; 1909] **agg.** che sta dietro: *il territorio retrostante.*
retrostànza [comp. di *retro-* e *stanza*; prima metà sec. XVII] **sf.** retrocamera.
retrotèrra [comp. di *retro-* e *terra*, sul modello del ted. *Hinterland*; 1915] **sm.** *inv.* **1.** la regione che è immediatamente all'interno rispetto a una zona abitata costiera o a un porto e che gravita intorno a questi: *lo stretto retroterra ligure* **2.** *fig.* il complesso di attività e di interessi che sono alla base di un dato fenomeno; sfondo economico o culturale || **N.** **1.** *Sin.* entroterra, *hinterland* **2.** *Sin. background*, sfondo.
retrotràrre (pres. *-àggo* ecc., come TRARRE) [comp. di *retro-* e *trarre*; a. 1685] **tr.** *ant.* riportare indietro anche *fig.*
retrotrazióne [da *retrotarre*; 1673] **sf.** *ant.* atto ed effetto del retrotrarre.
retrotrèno [comp. di *retro-* e *treno*; 1959] **sm.** **1.** *T.aut.* il complesso delle ruote e delle sospensioni posteriori di un autoveicolo **2.** *T.zool.* parte posteriore di un quadrupede, spec. un cane o un cavallo || **N.** **1.** avantreno.
retrovéndere [comp. di *retro-* e *vendere*; 1673] **tr.** rivendere qualcosa a colui dal quale lo si era acquistato.
retrovéndita [comp. di *retro-* e *vendita*; a. 1571] **sf.** atto ed effetto del retrovendere.
retroversióne [comp. di *retro-* e *versione*; 1835] **sf.** **1.** rivolgimento, spostamento all'indietro || *T.med. retroversione dell'utero*, deviazione dell'utero per cui il fondo dell'organo viene a trovarsi dietro e il collo risale in avanti, verso il pube **2.** *T.ling.* ritraduzione nella lingua originale di un testo tradotto da una lingua in un'altra.
retrovìa [comp. di *retro-* e *via*; 1891] **sf.** (spec. *pl.*) zona di guerra in cui si trovano le truppe non impegnate sul fronte. **Q.T.** *forze armate.*
retrovìrus [comp. di *retro-* e *virus*; 1982] **sm.** *inv. T.biol.* particolare tipo di virus in grado di trasmettere le informazioni genetiche dal RNA che lo costituisce al DNA della cellula infettata (inversamente a quanto avviene negli altri virus).
retrovisìvo [comp. di *retro-* e *visivo*; 1942] **agg.** che serve a vedere dietro: *specchietto retrovisivo*, retrovisore.
retrovisóre [comp. di *retro-* e lat. *visor, -ōris*, che vede; 1963] **agg.** e **sm.** *T.aut.* specchietto ad ampio angolo visuale installato su autoveicoli e motoveicoli in posizione tale da consentire al guidatore il controllo del campo visuale retrostante. **TAV.** ***automobile*** **p. 658** 3.46, 3.47; ***motocicletta...*** **p. 1323** 6.4.
rètta[1] [dal lat. *recta* (*linea*), (linea) retta; 1872] **sf.** *T.geom.* la più breve delle linee che passano per due punti, prolungata all'infinito nei due sensi: *retta numerica*, retta orientata in cui ciascun punto corrisponde al numero reale che esprime la misura del segmento che unisce il punto all'origine || **N.** impropria, numerica, orientata; coincidenti, complanari, incidenti, parallele, perpendicolari, sghembe | geodesica. **Q.T.** *matematica...* **TAV.** *geometria* 2.1.

rètta[2] [dal lat. *recta* (*summa*), (importo) pattuito; 1863] ***sf.*** somma periodicamente pagata per vitto e alloggio in collegi, cliniche e sim.: *retta mensile.*

rètta[3] [dal lat. *arrectus*, pps. di *arrigere*, rizzare; a. 1665] solo nella loc. *dar retta*, prestare attenzione, badare: *non dargli retta, lo dice per farti rabbia!, dar retta ai consigli degli amici.*

rettàle [da *retto*; 1935] ***agg.*** *T.anat.* e *T.med.* dell'intestino retto.

rettangolàre [da *rettangolo*; 1872] ***agg.*** che ha forma di rettangolo.

rettàngolo [dal lat. tardo *rectangulus*; a. 1472 *rettangulo*] **I *agg.*** *T.geom.* di figura che ha almeno un angolo retto: *triangolo rettangolo* **II *sm.*** **1.** *T.geom.* parallelogramma avente gli angoli interni uguali, cioè tutti retti **2.** *T.sport rettangolo di gioco*, nei giochi di palla, superficie di terreno rettangolare su cui si svolgono gli incontri, campo di gioco. **TAV.** *geometria* 6, 9.

rettangolòide [comp. di *rettangolo* e *-oide*; 1959] ***sm.*** *T.geom.* figura analoga a un rettangolo in cui almeno uno dei lati sia costituito da un arco di curva che si incontra con gli altri lati secondo angoli non troppo diversi da un angolo retto.

rettàre (pres. *rètto*) [dal lat. *reptāre*; seconda metà sec. XIV] ***intr.*** (aus. *avere*) *ant.* strisciare ventre a terra.

rettìfica [da *rettificare*; 1855] ***sf.*** atto ed effetto del rettificare; rettificazione: *la rettifica di una dichiarazione* || *T.mecc.* molatura eseguita per ottenere un'accurata finitura di un pezzo || *T.chim.* particolare procedimento di distillazione.

rettificàbile [da *rettificare*; 1959] ***agg.*** **1.** che può essere rettificato **2.** *T.geom. curva rettificabile*, curva di cui si può calcolare la lunghezza.

rettificaménto [da *rettificare*; 1692 *retificamento*] ***sm.*** *raro* rettificazione.

rettificàre (pres. *-ìfico, -ìfichi*) [dal lat. tardo *rectificāre*; sec. XIV nel senso 2; a. 1597 nel senso 1] ***tr.*** **1.** *fig.* correggere, modificare eliminando inesattezze: *rettificare una notizia* **2.** rendere lineare, retto, piano: *rettificare un percorso, una superficie* || *T.mat. rettificare un arco di curva*, determinare un segmento di retta di lunghezza pari a quella di una curva || *rettificare il tiro*, correggerlo per centrare il bersaglio; *fig.* prendere meglio le misure per ottenere uno scopo **3.** *per estens. T.tecn.* sottoporre a rettifica: *rettificare un pezzo meccanico, una miscela* || **N. 1.** *Sin.* emendare **2.** *Sin.* raddrizzare, spianare.

rettificàto (*pps.* di *rettificare*) [prima metà sec. XIV *retificato*] ***agg.*** sottoposto a rettifica || *T.chim. alcol rettificato*, sottoposto a ripetute distillazioni per eliminarne gli altri alcol tossici.

rettificatóre [da *rettificare*; 1970] ***sm.*** *T.elettr.* raddrizzatore.

rettificatrìce [da *rettificare*; 1959] ***sf.*** *T.mecc.* macchina utensile per la rettifica di pezzi metallici.

rettificazióne [da *rettificare*; a. 1320] ***sf.*** atto ed effetto del rettificare; rettifica || *in part. T.mat.* procedimento per determinare un segmento di retta di lunghezza pari a quella di una curva: *rettificazione della circonferenza* || **N.** *Sin.* correzione.

rettifìlo [comp. di *retto* e *filo*; 1812] ***sm.*** rettilineo: *i lunghi rettifili autostradali.*

rèttile [dal lat. tardo *rēptilis*, che striscia; a. 1320] **I *sm.*** **1.** animale appartenente alla classe dei Vertebrati eterotermi con corpo ricoperto di squame cornee: *la tartaruga e il coccodrillo sono rettili* || *pl.* la classe che comprende tali animali **2.** *per estens. fig. spreg.* persona spregevole, vile e infida **II *agg.*** *T.bot.* di organo vegetale che striscia sul terreno. **Q.T.** *animali, zoologia* **TAV.** *rettili.*

rettilìneo [dal lat. *rectilineus*; 1598] **I *agg.*** **1.** che segue una linea retta: *tracciato rettilineo, moto rettilineo uniforme* **2.** *fig. non com.* coerente, privo di ambiguità, incertezze o ripensamenti: *condotta rettilinea* **II *sm.*** parte rettilinea di un tracciato stradale: *i concorrenti sono sul rettilineo d'arrivo* || **N. I 1.** *Sin.* diritto | *Contr.* curvilineo, curvo, serpeggiante, sinuoso, tortuoso, zigzagante **2.** *Sin.* lineare **II** *Sin.* rettifilo.

rettinèrvio (pl. *-vi*) [comp. di *retto* e un der. di *nervo*; 1932] ***agg.*** *T.bot. foglia rettinervia*, foglia con nervature principali diritte.

rettitùdine [dal lat. *rectitudo, -inis*; 1308 nel senso 2] ***sf.*** **1.** *fig.* dirittura morale, onestà, probità: *la rettitudine di quell'uomo, giudicare con rettitudine* **2.** *propr. lett. raro* caratteristica di ciò che è diritto: *la rettitudine della sua ossatura* (D'Annunzio) || **N. 1.** *Sin.* correttezza, integrità, irreprensibilità, lealtà | *Contr.* disonestà, scorrettezza.

rètto [dal lat. *rectus*; 1308] **I *agg.*** **1.** diritto: *linea retta*, retta: *procedere in linea retta* || *fig. la retta via*, la via dell'onestà, della giustizia e sim.: *smarrire, abbandonare la retta via* || *per estens. T.anat.* attributo generico di formazioni di aspetto allungato: *muscoli retti*; *intestino retto*, tratto terminale dell'intestino crasso, tra l'ano e il colon discendente **2.** *fig. lett.* corretto, conforme alla norma: *retto giudizio, retta ragione, la retta interpretazione del passo* || in senso morale, integro, leale: *costumi retti, uomo retto* **3.** *T.geom. angolo retto*, ciascuno dei quattro angoli uguali formati da due rette perpendicolari; *piramide retta, cono retto*, il cui vertice è sulla perpendicolare al centro della base **4.** *T.gram. disus. caso retto*, nominativo || **rettaménte** ***avv.*** **1.** onestamente **2.** correttamente **II *sm.*** **1.** (solo *sing.*) *lett.* ciò che è giusto, corretto, onesto: *seguire il vero e il retto* **2.** *recto* **3.** *T.anat.* intestino retto || muscolo retto || **N. I 1.** RETTILINEO **2.** *Sin.* corretto, giusto, integro, irreprensibile, leale | *Contr.* disonesto, scorretto **4.** *Contr.* obliquo. **TAV.** *geometria* 3.2, 9.3; ***anatomia*** **p. 641** 1.9, 1.14 e **p. 642** 13.10.

rettocèle [comp. di *retto* e *-cele*; 1940] ***sm.*** *T.med.* prolasso del retto attraverso l'orifizio anale || sfiancamento della parete anteriore del retto che diventa saliente nella cavità vaginale.

rettoràle [da *rettore*; 1950] ***agg.*** del rettore.

rettoràto [da *rettore*; a. 1565] ***sm.*** funzione di rettore || *per estens.* la durata in carica di un rettore || *per estens.* ufficio o edificio in cui ha sede il rettore.

rettóre [dal lat. *rector, -ōris*; 1354] ***sm.*** (f. *-trìce*) **1.** chi dirige un istituto di studio o di educazione, comunità e sim.: *il rettore del collegio* || *in part.* la suprema autorità accademica di un'università: *il Magnifico Rettore dell'Università di Torino* || *T.eccl.* sacerdote preposto a una chiesa che non sia né parrocchiale, né capitolare, né annessa a una comunità religiosa **2.** *poet. ant.* chi regge, governa; reggitore: *Rettor del Ciel* (Petrarca), Dio || **N. 1.** capo d'istituto, direttore.

rettoréssa [da *rettore*; 1872] ***sf.*** *raro* moglie del rettore.

rettorìa [da *rettore*; 1280 *rectoria*] ***sf.*** *T.eccl.* ufficio di rettore || *per estens.* chiesa affidata a un rettore.

rettòrica e der. forme rare di RETORICA e der. (v.).

rettoscopìa [comp. di *retto* e *-scopia*; 1957] ***sf.*** *T.med.* esplorazione rettale per mezzo di un particolare endoscopio.

reuchliniàno (pr. [rɔikli'njano]) o **reuchliniàno** (pr. [rɔixli'njano]) [dal n. proprio J. *Reuchlin*; 1883] ***agg.*** dell'umanista J. Reuchlin || *T.ling. pronuncia reucliniana*, pronuncia bizantina del greco classico, caratterizzata dal fenomeno dell'etacismo e da altre trasformazioni avvenute nel greco tardo, sostenuta e difesa da Reuchlin || **N.** *Contr.* erasmiano.

rèuma [dal lat. e gr. *rhêuma*, corrente, catarro; 1872] ***sm.*** dolore reumatico.

reumatalgìa (pl. *-gìe*) [comp. del gr. *rhêuma, -atos*, corrente e *-algia*; 1821] ***sf.*** *T.med.* sindrome dolorosa a carico di parti dell'apparato locomotore, perlopiù dovuta a fattori meteorologici.

reumatèst [comp. di *reuma* e *test*; 1983] ***sm. inv.*** *T.med.* esame del sangue per la diagnosi dell'artrite reumatoide.

reumàtico (pl. *-ci*) [dal lat. *rheumaticus*, gr. *rheumatikós*; 1546] **I *agg.*** proprio del reumatismo: *agenti, dolori reumatici* **II *sm.*** (f. *-a*) *raro* persona affetta da reumatismi.

reumatìsmo [dal lat. *rheumatismus*, gr. *rheumatismós*; a. 1698] ***sm.*** *T.med.* denominazio-

RETTILI

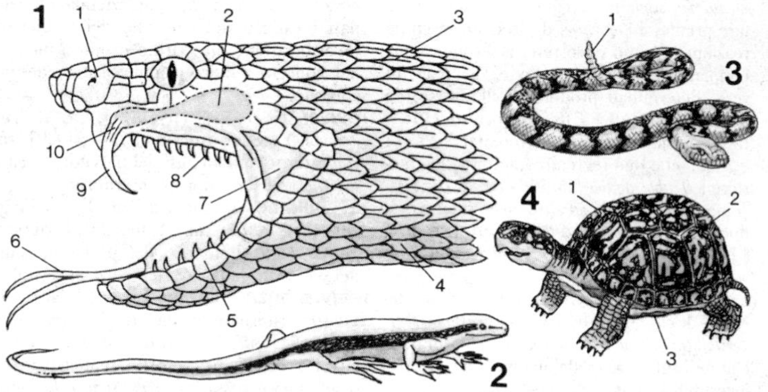

1. serpente
1.1. narice - 1.2. ghiandola del veleno - 1.3. scaglie carenate - 1.4. squame - 1.5. mandibola - 1.6. lingua biforcuta - 1.7. muscolo digastrico - 1.8. denti pieni - 1.9. zanna velenifera - 1.10. condotto del veleno

2. ramarro (sauro)

3. crotalo o serpente a sonagli
3.1. anello corneo e sonagli

4. tartaruga
4.1. corazza - 4.2. piastra dorsale - 4.3. piastra cornea ventrale con piastrone

ne generica di molteplici sindromi e malattie, di origine infiammatoria o degenerativa, che colpiscono parti dell'apparato locomotore, caratterizzate da dolori più o meno diffusi e persistenti: *esser pieno di reumatismi, reumatismo articolare acuto, cronico.*

reumatizzàre [dal lat. tardo *rheumatizāre*; 1891] *tr.* colpire con un reumatismo, procurare reumatismi ‖ *intr. pron.* prendere un reumatismo: *la gamba si è reumatizzata.*

reumatòide [comp. del gr. *rhêuma, -atos* e *-oide*; 1957] *agg.* simile a reumatismo: *sindromi reumatoidi.*

reumatologìa [comp. dal gr. *rheûma, -atos* e *-logia*; 1959] *sf. T.med.* branca della medicina che studia e cura le malattie reumatiche.

reumatòlogo (pl. *-gi*) [comp. dal gr. *rheûma, -atos*, reuma e *-logo*; 1983] *sm.* (f. *-a*) specialista in reumatologia.

revanscìsmo [dal fr. *revanche*; 1950] *sm.* atteggiamento diffuso in Francia tra il 1871 e il 1914, tendente a ricercare una rivincita militare sui tedeschi vincitori della guerra franco-prussiana del 1870 ‖ *per estens.* ogni atteggiamento di rivincita presso un popolo sconfitto militarmente.

revanscìsta [dal fr. *revanche*; 1955] **I** *s.* promotore del revanscismo **II** *agg.* revanscistico.

revanscìstico (pl. *-ci*) [da *revanscista*; 1963] *agg.* del revanscismo o dei revanscisti.

revellìno v. RIVELLINO.

reverberàre e der. forme ant. di RIVERBERARE e der. (v.).

reverèndo [dal lat. *reverendus*; a. 1535] **I** *agg.* **1.** titolo onorifico riservato agli ecclesiastici: *molto reverenda madre* ‖ rif. a prelati, monsignori, canonici, abati e vescovi, nella forma del superl.: *reverendissimo padre* **2.** *lett. ant.* che è degno di riverenza **II** *sm. pop.* sacerdote, prete.

reverènza v. RIVERENZA.

reverenziàle (raro *riverenziàle*) [da *reverenza*; a. 1342] *agg.* di riverenza, che esprime reverenza o che è dovuto a reverenza: *saluto, timore reverenziale.*

rêverie (fr., pr. [re'vri]) [da *rêve*, sogno; a. 1808] *sf. inv.* nel linguaggio della critica d'arte e musicale, fantasticheria, sogno.

reverìre e der. forme lett. ant. di RIVERIRE e der. (v.).

revers (fr., pr. [rə'vɛ:r]) [dal lat. *reversus*, rovesciato; 1905] *sm. inv.* risvolto della giacca o del cappotto.

reversàle [dal lat. *reversus*, pps. di *reverti*, ritornare; 1923] *sf. reversale ferroviaria*, scontrino dato al mittente al momento della consegna, alla stazione di partenza, degli oggetti da spedire ‖ *reversale d'incasso*, ordine scritto, emesso da un'amministrazione e rivolto a un cassiere o tesoriere, di riscuotere una somma di denaro dalla persona indicata su di esso.

reversìbile [dal lat. mediev. *reversibilis*; 1942] *agg.* che si può invertire, anche *fig.*: *ragionamento reversibile*, la cui conclusione può diventare premessa ‖ *T.chim.* di processo in cui le reazioni possono decorrere, a seconda della temperatura e della pressione, dai reagenti verso determinati prodotti o, all'inverso, da questi ai reagenti ‖ *T.fis.* di processo, ciclo o trasformazione che può avvenire nei due sensi ‖ *T.med.* che può regredire a uno stadio anteriore ‖ *T.abb. double-face* ‖ *T.econ.* di bene facilmente trasferibile ad altro investimento o riducibile in denaro ‖ **reversibilménte** *avv.* ‖ **N.** *Sin.* invertibile, rovesciabile | *Contr.* irreversibile.

reversibilità [da *reversibile*; 1766] *sf.* caratteristica di ciò che è reversibile ‖ *pensione di reversibilità*, che, in caso di morte del lavoratore che ne usufruiva, spetta alla moglie ‖ **N.** *Sin.* invertibilità | *Contr.* irreversibilità.

reversìna [da *riverso*, rovesciato; 1959] *sf. region.* parte superiore del lenzuolo che si ripiega sulla coperta.

reversìno [dal fr. *reversis*; 1905] *sm. T.gioc.* rovescina.

reversióne o **riversióne** [dal lat. *reversio, -ōnis*, inversione; 1831 *riversione*] *sf.* **1.** *T.giur.* ritorno dei beni di un beneficio in possesso del fondatore di un ente ecclesiastico (o dei suoi eredi), se di ciò si faceva esplicita menzione nell'atto di fondazione **2.** *T.biol.* sviluppo anormale di un organo rudimentale che ricorda una parentela, nel passato, tra due specie attualmente molto diverse **3.** *T.biol.* ritorno al tipo della specie primitiva, dopo una serie di generazioni di individui incrociati.

revertìgine [dal lat. *vertigo, -inis*; a. 1519] *sf. ant.* vortice.

revìndica [dal lat. *rei vindicatio*, rivendicazione; 1940] *sf. T.giur.* rivendicazione.

revirement (fr., pr. [rəvir'mɑ̃]) [da *revirer*, virare in senso contrario; 1942] *sm. inv.* cambiamento repentino di idee, opinioni o posizioni ideologiche.

revisionàre (pres. *-óno*) [da *revisione*; 1938] *tr.* sottoporre a revisione ‖ **N.** *Sin.* controllare, rivedere.

revisióne [dal lat. tardo *revisio, -ōnis*; a. 1595] *sf.* nuovo esame in vista della correzione di eventuali errori o difetti, e anche la correzione stessa: *un'accurata revisione delle bozze, la revisione dei patti, della costituzione, di un dizionario* ‖ *T.econ.* controllo dell'attività svolta da organi o uffici: *revisione aziendale, contabile*; anche, modifica di norme che regolano lo svolgimento di determinate operazioni: *revisione del contratto* ‖ ciascuno dei controlli periodici cui viene sottoposto un veicolo, un impianto ecc., cui fa seguito la sua messa a punto ‖ *T.giur.* nel diritto penale, impugnazione straordinaria di una sentenza divenuta irrevocabile, anche se la pena è già espiata o estinta ‖ **N.** *Sin.* controllo, esame, riscontro.

revisionìsmo [da *revisione*, sul modello del ted. *Revisionismus*; 1915 nel senso 2] *sm.* **1.** *T.pol.* tendenza a rielaborare una dottrina politica nel tentativo di renderla conforme alle mutate circostanze ‖ *per anton.* corrente ideologica sorta all'interno del marxismo, tendente a concepire il superamento del capitalismo più come un processo graduale che come frutto di una rottura rivoluzionaria **2.** *T.pol.* linea diplomatica volta a modificare la situazione territoriale fissata da trattati precedentemente sottoscritti.

revisionìsta [da *revisionismo*; 1942] **I** *s.* sostenitore di una forma di revisionismo **II** *agg.* revisionistico.

revisionìstico (pl. *-ci*) [da *revisionismo*; 1950] *agg.* del revisionismo e dei revisionisti: *politica revisionistica.*

revisóre [dal lat. tardo *revisor, -ōris*; a. 1642] *sm.* (raro o scherz. f. *-a*) chi, spec. per incarico o per mestiere, compie revisioni: *revisore di bozze*; *revisori dei conti*, in un'azienda, i funzionari incaricati del controllo dei bilanci; in un'associazione, un partito e sim., i membri del collegio elettivo deputato al medesimo compito.

revival (ingl., pr. [rɪ'vaivəl]; pr. it. [re'vaivol]) [letter. ritorno alla vita; 1929] *sm. inv.* ritorno a mode, usi del passato: *il revival del gilet* ‖ **N.** *Sin.* riproposta, ritorno.

revivalìsmo (pr. [reviva'lizmo]) [dall'ingl. *revivalism*; 1908] *sm.* **1.** movimento di risveglio mistico all'interno del protestantesimo dei sec. XVIII e XIX **2.** tendenza al revival.

reviviscènza (raro *riviviscènza*) [dal lat. *reviviscere*, ritornare in vita, attr. il fr. *reviviscence*; a. 1694] *sf.* **1.** ritorno in vita ‖ *com. T.biol.* anabiosi **2.** *fig. lett.* ritorno di atteggiamenti o sentimenti passati: *la reviviscenza di antichi ricordi, di mode passate, dell'antisemitismo* ‖ *in part. T.rel.* il rivivere dello stato di grazia quando sia cessato lo stato di peccato ‖ **N. 1.** *Sin.* rinascita, risveglio.

revivìscere (raro *rivivìscere*) (pres. *-ìsco, -ìsci*) [dal lat. *reviviscere*; 1340 ca. *riviviscere*] *intr.* (aus. *essere*) *lett. ant.* tornare in vita.

rèvoca [da *revocare*; 1812] *sf. T.bur.* e *T.giur.* atto ed effetto del revocare ‖ **N.** *Sin.* abrogazione, annullamento, cancellazione, cassazione, invalidamento, ritrattazione.

revocàbile [dal lat. *revocabilis*; 1673 *rivocabile*] *agg.* che si può revocare ‖ **N.** *Contr.* irrevocabile.

revocabilità [da *revocabile*; 1673] *sf.* caratteristica di ciò che è revocabile.

revocaménto [da *revocare*; 1309] *sm. non com.* revoca.

revocàre (pres. *rèvoco, rèvochi*) [dal lat. *revocāre*, chiamare indietro; a. 1306 *rivocare*] *tr.* **1.** *T.bur.* e *T.giur.* abrogare, annullare: *revocare una concessione* ‖ rif. a persona, privarla di un incarico precedentemente assegnatole: *revocare dalla carica di sindaco* **2.** *lett. ant.* richiamare, far ritornare ‖ *fig.* rievocare ‖ **N. 1.** *Sin.* cancellare, cassare, invalidare, ritrattare | *Contr.* approvare, confermare, fissare.

revocatìvo [da *revocare*; a. 1566] *agg.* revocatorio.

revocatóre [da *revocare*; 1959] *agg.* e *sm.* (f. *-trice*) che, chi revoca.

revocatòrio (pl. *-ri*) [dal lat. *revocatōrius*; a. 1566 *rivocatorio*] *agg. T.bur.* e *T.giur.* atto a revocare: *disposizione revocatoria* ‖ **N.** *Sin.* abrogativo.

revocazióne [dal lat. *revocātio, -ōnis*; sec. XIV] *sf.* revoca ‖ *in part. T.giur.* nel diritto civile, impugnazione straordinaria di una sentenza.

revolùto [dal lat. *revolūtus*; sec. XIV nel senso 2] *agg.* **1.** *T.bot.* di margine fogliare o foglia, che si ripiega su se stesso **2.** *lett. ant.* che ha compiuto un giro completo, anche *fig.*: *l'anno revoluto*; *danza revoluta* (D'Annunzio).

revolver (ingl., pr. [rɪ'vɒlvə]; pr. it. [re'vɔlver]) [da to *revolve*, girare, con rif. al tamburo girevole dell'arma; 1862] *sm. inv.* rivoltella.

revolveràta [da *revolver*, 1891] *sf.* colpo di revolver.

revulsióne o **rivulsióne** [dal lat. *revulsio, -ōnis*; 1692] *sf. T.med.* aumento dell'afflusso di sangue ai tessuti superficiali, allo scopo di decongestionare organi profondi.

revulsìvo o **rivulsìvo** [dal lat. **revulsīvus*; a. 1698] *agg.* e *sm.* di qualsiasi mezzo (in part. farmaco) atto a produrre revulsione ‖ **N.** salasso, ventosa.

rexìsmo [dal fr. *rexisme*, da (*Christus*) *rex*, Cristo re; 1938] *sm.* movimento politico di ispirazione fascista, nato in Belgio nel 1935, e attivo, durante la II guerra mondiale, al fianco delle forze di occupazione naziste.

rexìsta [da *rexismo*; 1948] *s.* seguace, sostenitore del rexismo.

reziàrio (pl. *-ri*) [dal lat. *retiārius*; a. 1498] *sm. T.stor.* gladiatore romano che combatteva armato di tridente e di una rete nella quale cercava di avviluppare l'avversario (*gallo* o *mirmillone*).

rézza [dal lat. *retia*, reti; 1483] *sf.* **1.** rete di refe a maglie minutissime usata come fondo di lavori di ricamo **2.** *merid.* rete da pesca ‖ *dim.* rezzuòla.

rezzàglio (pl. *-gli*) (meno com. *rizzàglio, rizzàgio*) [dal lat. *retiaculum*; a. 1494 *rezaglio*] *sm. T.pesc.* rete circolare che, lanciata, si apre e cade aperta nell'acqua, e che al momento opportuno viene chiusa a sacco tirando una corda ‖ **N.** *Sin.* giacchio.

rézzo [da *orezzo*; a. 1311] *sm. lett. ant.* luogo ombroso e fresco: *stare al rezzo* ‖ **N.** *Sin.* fre-

scura, fresco, ombra.
rezzuòla o **rezzòla** (*dim.* di *rezza*) [1563] ***sf.*** *T.pesc.* rete da pesca simile alla sciabica, ma di maglia più fitta.
RH o ***Rh*** (pr. ['ɛrre'akka]) [da *Rh(esus)*, n. scient. della scimmia nel cui sangue fu evidenziato per la prima volta; 1949] ***sm. inv.*** *T.biol.* fattore antigene del sangue la cui presenza (RH+) o assenza (RH–) nel sangue umano ha carattere ereditario.
rho o ***ro*** (gr., pr. it. [rɔ]) [dal gr. *rô*, lettura della lettera ρ; 1959] ***sm.*** o ***sf. inv.*** nome della diciassettesima lettera dell'alfabeto greco, corrispondente alla *r* latina.
rhum V. RUM.
rhythm and blues (ingl., pr. ['rɪðəm əm 'blu:z]) [comp. di *rhythm*, ritmo e *blues*; 1983] ***loc. m. inv.*** genere musicale che si ispira al folklore negro americano, e presenta ritmi di *blues* e di *jazz*; sta alla base del *rock and roll* ‖ *concr.* brano musicale appartenente a tale genere.
ri- [dal lat. *re-*] ***pref.*** di verbi e loro derivati che può indicare ripetizione (*rifare, ridire*), ritorno a una fase precedente (*riacquistare*), o conferire valore intensivo (*ripulire, ricercare*) ‖ si combina spesso con i pref. *in-*[1] e *a-*[2] dando luogo a *rin-* e *ra-*: *rinfacciare, rinchiudere, ringiallire*; *raffreddare, rabbrividire*. In questo dizionario, poiché i composti con il prefisso *ri-* sono potenzialmente numerosissimi, sono registrati soltanto quelli più largamente usati o che presentano accezioni particolari.
ria (sp., pr. ['rria]) [da *rio*, fiume; 1959] ***sf.*** (pl. *rias*, pr. ['rrias]) profonda insenatura costiera, tipica della Galizia e delle Asturie, prodotta dalla parziale sommersione da parte del mare di una valle fluviale.
riabbàttere [da *abbattere*; 1738 *rabbattere*] ***tr.*** abbattere di nuovo ‖ ***intr. pron.*** *ant.* imbattersi nuovamente in qualcuno o qualcosa.
riabilitànte (*ppr.* di *riabilitare*) [1982] ***agg.*** di riabilitazione, proprio della riabilitazione: *terapie riabilitanti.*
riabilitàre (pres. *-ìlito*) [da *abilitare*; 1692] ***tr.*** **1.** *fig.* far recuperare la stima perduta: *quel suo atto lo ha completamente riabilitato* ‖ *T.giur.* reintegrare qualcuno nei diritti di cui era stato privato **2.** rendere di nuovo capace di svolgere determinate funzioni, attività: *riabilitare un lavoratore infortunato, un arto*, rieducarli ‖ ***rifl.*** *fig.* recuperare la stima altrui: *con quel gesto si è riabilitato agli occhi di tutti.*
riabilitatìvo [da *riabilitare*; 1980] ***agg.*** riabilitante.
riabilitazióne [da *riabilitare*; 1804] ***sf.*** atto ed effetto del riabilitare e del riabilitarsi: *la riabilitazione di individui traumatizzati, di un condannato.*
riaccompagnàre (raro *raccompagnàre*) [da *accompagnare*; 1640] ***tr.*** accompagnare di nuovo o indietro: *ti riaccompagno a casa* ‖ ***rifl.*** meno com., unirsi nuovamente a una compagnia di persone: *riaccompagnarsi con gli amici di un tempo.*
riacconciàre e der. V. RACCONCIARE e der.
riaccrédito [da *accredito*; 1959] ***sm.*** *T.banc.* nuova registrazione a credito di una somma già stornata.
riacquistàbile [da *riacquistare*; 1872] ***agg.*** che può essere riacquistato.
riacquistàre (raro *racquistàre*) [da *acquistare*; sec. XIV] ***tr.*** ritornare in possesso di qualcosa, riconquistare, anche *fig.*: *riacquistare peso, un grande vantaggio* ‖ *ass. raro* guadagnare, avvantaggiarsi di nuovo.
riacquìsto [da *riacquistare*; a. 1527] ***sm.*** **1.** atto del riacquistare **2.** la cosa riacquistata.
riacutizzàre [da *acutizzare*; 1959] ***tr.*** e ***intr. pron.*** acutizzare o acutizzarsi di nuovo, anche *fig.*: *la crisi si è riacutizzata.*
riacutizzazióne [da *riacutizzare*; 1959] ***sf.*** atto ed effetto del riacutizzare e del riacutizzarsi.
riadattaménto [da *riadattare*; a. 1704] ***sm.*** atto ed effetto del riadattare o del riadattarsi.
riadattàre [da *adattare*; a. 1704] ***tr.*** adattare di nuovo: *riadattare un cappotto* ‖ ***rifl.*** e ***intr. pron.*** adattare o adattarsi di nuovo: *riadattarsi a vivere in provincia.*
riaffacciàrsi (pres. *-àccio*) [da *affacciarsi*; 1872] ***intr. pron.*** affacciarsi di nuovo, anche *fig.*: *si riaffaccia il problema del razzismo* ‖ **N.** *Sin.* ripresentarsi.
riaffermàre (raro *raffermàre*) (pres. *-érmo*) [da *affermare*; 1547] ***tr.*** e ***rifl.*** affermare o affermarsi di nuovo, ribadire: *riaffermiamo la nostra fedeltà alle alleanze.*
riaffermazióne [da *riaffermare*; 1920] ***sf.*** atto o effetto del riaffermare; conferma: *la riaffermazione di un diritto.*
riaffogliàre (pres. *ògllio*) [comp. parasint. di *foglio*; 1859] ***tr.*** *T.banc.* aggiungere nuove cedole a un titolo mobiliare che le ha esaurite.
riaggregàre (pres. *-ègo, -èghi*) [da *aggregare*; 1872] ***tr.***, ***rifl.*** e ***intr. pron.*** aggregare o aggregarsi di nuovo: *le sparse forze superstiti si riaggregarono all'alba.*
riagguantàre [da *agguantare*; 1864] ***tr.*** agguantare di nuovo; agguantare qualcuno che era riuscito a sfuggire.
riagìre V. REAGIRE.
riallacciàre (meno com. *rallacciàre*) (pres. *-àccio*) [da *allacciare*; 1872] ***tr.*** allacciare di nuovo, anche *fig.*: *riallacciare un rapporto dopo anni di lontananza* ‖ ***intr. pron.*** ricollegarsi: *un dibattito che si riallaccia al tema del congresso.*
riallineaménto [da *allineamento*; 1983] ***sm.*** *T.econ.* l'insieme delle operazioni con cui vengono contemporaneamente modificate le parità di alcune monete, mediante processi di svalutazione e rivalutazione.
riallogàre (pres. *-ògo* ecc., come ALLOGARE) [da *allogare*; 1620] ***tr.*** allogare di nuovo ‖ *in part.* rimaritare: *riallogare una figlia* ‖ ***intr. pron.*** allogarsi di nuovo.
riàlto [da *rialzo*, con influsso di *alto*; a. 1600] ***sm.*** **1.** luogo rialzato rispetto a un piano circostante; altura ‖ *per estens.* rilievo **2.** *tosc.* e *rom.* pasto più abbondante del solito: *fare un rialto.*
rialzaménto [da *rialzare*; a. 1703] ***sm.*** rialzo.
rialzàre [da *alzare*; a. 1484 nel senso 2] ***tr.*** **1.** alzare di nuovo o di più **2.** sollevare da terra chi o ciò che è caduto: *rialzare il ferito* ‖ *fig. rialzare la testa*, riprendere coraggio, ardire **3.** elevare, rendere più alto: *rialzare un muro, un edificio* ‖ *fig.* aumentare: *rialzare i prezzi* ‖ ***rifl.*** e ***intr. pron.*** tirarsi su da terra ‖ ***intr.*** (aus. *essere*) aumentare, salire: *le azioni rialzano, la temperatura rialza.*
rialzàto (*pps.* di *rialzàre*) [1959] ***agg.*** posto più in alto rispetto al livello del suolo, soprelevato: *piano rialzato.*
rialzìsta [da *rialzo*; 1905] ***s.*** in borsa, chi specula al rialzo ‖ **N.** *Sin.* aumentista | *Contr.* ribassista.
riàlzo [da *rialzare*; 1831] ***sm.*** **1.** atto ed effetto del rialzare (nel senso 3): *il rialzo della diga, un improvviso rialzo delle azioni* ‖ *T.econ.* in borsa, *speculare, giocare al rialzo*, comprare titoli allo scoperto contando su un loro rialzo; anche, cercare di determinare un rialzo dei titoli (e quindi un guadagno) con acquisti massicci ‖ *T.ferr. squadra rialzo*, la squadra addetta nelle ferrovie italiane alla manutenzione corrente, alle piccole e medie riparazioni e ad alcune revisioni minori dei veicoli ferroviari (la cui cassa, per queste lavorazioni, viene normalmente "rialzata", cioè sollevata dal rodiggio) **2.** elemento usato per tenere rialzato qualcosa: *mettere un rialzo nella scarpa della gamba più corta* **3.** *concr. non com.* parte rialzata, rilievo: *una pianura con qualche rialzo* ‖ **N.** **1.** *Sin.* aumento, rincaro | *Contr.* calo, diminuzione, ribasso **3.** *Sin.* rialto; prominenza, sporgenza | *Contr.* avvallamento, concavità, depressione.
riamàre [da *amare*; a. 1306] ***tr.*** amare di nuovo o a propria volta: *amava una vicina di casa e ne era riamato.*
riamméttere (pres. *-étto* ecc., come METTERE) [da *ammettere*; 1673] ***tr.*** **1.** ammettere di nuovo: *devo riammettere che hai ragione* **2.** lasciar rientrare qualcuno in un ambiente o consesso dal quale era stato allontanato, o consentirgli nuovamente di partecipare a una prova e sim.: *fu riammesso in sala, al club*; *i candidati furono riammessi a sostenere la prova scritta.*
riammissìbile [da *riammettere*; 1872] ***agg.*** che si può riammettere.
riammissióne [da *riammettere*; 1872] ***sf.*** atto ed effetto del riammettere.
riammobiliàre (pres. *-ìlio*) [da *ammobiliare*; 1847 *riammobigliare*] ***tr.*** ammobiliare di nuovo, spec. apportando miglioramenti.
riandàre (pres. *rivàdo* ecc., come ANDARE) [da *andare*; 1313] ***intr.*** (aus. *essere*) andare di nuovo, tornare, anche *fig.*: *riandare sempre nelle stesse località, riandare con la memoria al passato* ‖ ***tr.*** *lett. raro* ripercorrere.
rianimàre (pres. *riànimo*) [da *animare*; a. 1794] ***tr.*** far riprendere i sensi, far tornare in sé: *rianimare il paziente* ‖ *fig.* ridare coraggio, fiducia in se stessi: *la presenza dei familiari lo ha rianimato, il discorso rianimò i soldati* ‖ *per estens. fig.* dar nuova vita: *rianimare una conversazione che languiva, quei fiori hanno rianimato la piazza* ‖ ***intr. pron.*** riprendere i sensi, riacquistare vitalità, vivacità ‖ **N.** ***tr. Sin.*** consolare, rincuorare; ravvivare | *Contr.* abbattere, avvilire, scoraggiare.
rianimazióne [da *rianimare*; 1776] ***sf.*** atto ed effetto del rianimare e del rianimarsi, anche *fig.* ‖ *in part. T.med.* complesso degli interventi cui si ricorre per riportare e mantenere in equilibrio biologico un organismo colpito da trauma, shock ecc., e il reparto di un ospedale deputato a tali interventi.
riannèttere o **riannéttere** (pres. *-ètto* o *-étto* ecc., come ANNETTERE) [da *annettere*; 1872] ***tr.*** **1.** annettere di nuovo **2.** annettere una parte che si era staccata: *riannettere le zone di confine occupate dal nemico.*
riapertùra [da *riaprire*; 1872] ***sf.*** atto ed effetto del riaprire e del riaprirsi, anche *fig.* ‖ il momento in cui avviene la riapertura di qualcosa: *la riapertura delle scuole.*
riappaltàre [da *appaltare*; 1872] ***tr.*** appaltare a terzi ciò che si è avuto in appalto.
riappaltatóre [da *riappaltare*; 1872] ***agg.*** e ***sm.*** (f. *-trìce*) che o chi riappalta: *ditta riappaltatrice.*
riappàlto [da *riappaltare*; 1831] ***sm.*** atto ed effetto del riappaltare; subappalto.
riapparìre (pres. *riappàio* o *riapparìsco* ecc., come APPARIRE) [da *apparire*; a. 1294 *rappari-re*] ***intr.*** (aus. *essere*) apparire di nuovo; ricomparire, ripresentarsi.
riapparizióne [da *riapparire*; 1872] ***sf.*** atto ed effetto del riapparire; ricomparsa.
riappioppàre (pres. *-òppo*) [da *appioppare*; 1891] ***tr.*** appioppare di nuovo ‖ appioppare a qualcuno qualcosa di cui era riuscito a liberarsi: *mi hanno riappioppato quell'incarico.*
riappropriàrsi (pres. *riappròprio*) [da *appropriarsi*; 1983] ***intr. pron.*** **1.** riprendere possesso, rientrare in possesso **2.** riprendere coscienza del valore di un bene, spec. non materiale e rivendicarne la gestione autonoma: *riappropriarsi della propria vita.*
riappropriazióne [da *rappropriarsi*; 1983] ***sf.*** il riappropriarsi.
riapriménto [da *riaprire*; 1673] ***sm.*** *raro* riapertura.
riaprìre (pres. *riàpro* ecc., come APRIRE) [da

aprire; a. 1698] **tr. 1.** aprire di nuovo: *riaprire la bottiglia, le braccia, gli occhi*; *riaprire una ferita*, anche, *fig.*, rinnovare un dolore **2.** *fig.* ridare avvio a un'attività dopo un'interruzione: *riaprire le trattative, un conto corrente, le iscrizioni, le scuole* || **intr. pron. 1.** aprirsi di nuovo: *la porta si è riaperta* **2.** *in part.* allargarsi: *dopo la curva la vallata si riapre.*

riàrdere (pres. *riàrdo* ecc., come ARDERE) [da *ardere*; a. 1320] **tr.** e **intr.** (aus. *essere*) **1.** ardere, bruciare intensamente **2.** ardere, bruciare di nuovo **3.** disseccare, inaridire.

riarmaménto [da *riarmare*; 1872] **sm.** riarmo.

riarmàre [da *armare*; 1614] **tr.** armare di nuovo: *riarmare i soldati*; *riarmare uno yatch, una fabbrica*, rimetterli in efficienza, apprestarli per l'uso || anche *ass.*: *la Germania riarmò* || **rifl.** armarsi di nuovo.

riarmatùra [da *riarmare*; 1872] **sf.** *T.edil.* rinforzo dell'armatura di una costruzione.

riàrmo [da *riarmare*; 1935] **sm.** atto ed effetto del riarmare: *il riarmo della flotta*; *corsa al riarmo*, fase in cui una nazione aumenta gli investimenti per spese militari.

riàrso (*pps.* di *riardere*) [a. 1320] **agg.** completamente disseccato, inaridito dal calore, dal vento, dalla sete ecc.: *terra, gola riarsa.*

riascoltàre (pres. *-ólto*) [da *ascoltare*; a. 1729] **tr.** ascoltare di nuovo.

riassaporàre (pres. *-óro*) [da *assaporare*; 1677] **tr.** assaporare di nuovo, anche *fig.*

riassegnàre (pres. *-égno*) [da *assegnare*; 1872] **tr.** assegnare di nuovo, anche eventualmente in modo diverso: *riassegnare i turni in biblioteca.*

riassestaménto [da *riassestare*; 1932] **sm.** rimessa in sesto, riordino: *riassestamento del bilancio* || ritorno a una condizione stabile, riequilibrio: *il riassestamento del terreno dopo lo smottamento.*

riassestàre (pres. *-èsto*) [da *assestare*; 1872] **tr.**, **rifl.** e **intr. pron.** assestare o assestarsi di nuovo o meglio.

riassettàre (pres. *-ètto*) [da *assettare*; 1686] **tr.** rassettare.

riassètto [da *riassettare*; 1872] **sm. 1.** atto ed effetto del rassettare o del rassettarsi **2.** nuovo ordinamento, riordinamento.

riassicuràre [da *assicurare*; 1699] **tr.** e **rifl.** assicurare o assicurarsi di nuovo || stipulare un contratto di riassicurazione.

riassicuratóre [da *riassicurare*; 1835] **agg.** e **sm.** (f. *-trice*) *T.giur.* che o chi, mediante contratto, assume totalmente o parzialmente il rischio già assicurato da un'altra società.

riassicurazióne [da *riassicurare*; 1872 nel senso 2] **sf. 1.** atto ed effetto del riassicurare e del riassicurarsi **2.** *T.giur.* contratto mediante il quale un assicuratore si assicura a sua volta per il rischio (o parte di esso) presso un altro assicuratore.

riassorbiménto [da *riassorbire*; a. 1758] **sm. 1.** nuovo o completo assorbimento, anche *fig.*: *il riassorbimento dell'umidità, dei lavoratori licenziati* **2.** *T.med.* processo nel quale una raccolta liquida formatasi in una cavità organica o patologica viene assorbita nelle vie sanguigne o linfatiche.

riassorbìre (pres. *riassòrbo* o *riassorbìsco*, *riassòrbi* o *riassorbìsci*) [da *assorbire*; a. 1698] **tr.** e **intr. pron.** assorbire o assorbirsi di nuovo o del tutto: *la terra arida riassorbì subito la pioggia* || *fig.* esaurire: *gli interventi di miglioramento del servizio riassorbirono tutti i guadagni*; *riassorbire la mano d'opera, i disoccupati*, riassumerli.

riassùmere (pres. *-ùmo* ecc., come ASSUMERE) [da *assumere*; a. 1375] **tr. 1.** assumere di nuovo (in tutti i sensi): *riassumere un incarico, un'aria di superiorità, il personale licenziato, informazioni sul suo conto* **2.** compendiare in un sunto: *riassumere un capitolo* || *riassumendo*, facendo una sintesi, in breve || **rifl. indir.** assumersi di nuovo: *riassumersi un impegno.*

riassumìbile [da *riassumere*; 1959] **agg.** che si può riassumere: *l'impiegato è riassumibile in servizio, un articolo molto denso e difficilmente riassumibile.*

riassuntìvo [da *riassumere*; 1872] **agg.** che riassume (nel senso 2): *citazione, tabella riassuntiva.*

riassùnto (*pps.* di *riassumere*) [1848] **sm.** esposizione sintetica del contenuto di un testo scritto od orale: *fare un riassunto del primo capitolo* || **N.** *Sin.* compendio, riepilogo.

riassunzióne [da *riassumere*; 1657] **sf.** atto ed effetto del riassumere (nel senso 1).

riattaccàre (pres. *-àcco*, *-àcchi*) [da *attaccare*; 1640] **tr.** attaccare di nuovo: *riattaccarono i manifesti strappati dagli avversari* || *ass.* riappendere il microfono del telefono, col senso di "troncare, più o meno bruscamente, una conversazione telefonica" (spec. da parte di chi l'aveva iniziata) || *ass.* riprendere una relazione, spec. amorosa: *ha riattaccato con la sua vecchia fiamma*; con soggetto pl., con valore reciproco: *quei due hanno riattaccato*, si sono rimessi insieme || **intr. pron.**, **rifl.** e **rifl. rec.** attaccarsi di nuovo.

riattaménto [da *riattare*; a. 1758] **sm.** atto ed effetto del riattare.

riattàre [dal lat. *aptāre*, rendere atto, accomodare; a. 1758] **tr.** rendere nuovamente utilizzabile, detto spec. di immobili: *riattare delle soffitte per uso abitazione.*

riatterràre (pres. *-èrro*) [da *atterrare*; 1872] **intr.** (aus. *avere* ed *essere*) di aereo, atterrare poco dopo aver decollato.

riattivàre [da *attivare*; 1831] **tr.** attivare di nuovo || rimettere in funzione: *riattivare una centrale elettrica in disuso* || **rifl.** e **intr. pron.** tornare in attività, tornare in funzione: *il vulcano si riattivò dopo secoli di silenzio.*

riattivazióne [da *riattivare*; 1810] **sf.** il riattivare: *la riattivazione dei servizi ferroviari, sospesi in seguito ad un incidente, è prevista per domani.*

riattizzàre [da *attizzare*; 1840] **tr.** attizzare di nuovo, anche *fig.*

riattraversàre (pres. *-èrso*) [da *attraversare*; 1911 nel senso 2] **tr. 1.** attraversare di nuovo **2.** attraversare in senso inverso: *riattraversarono il fiume che avevano appena guadato.*

riavére (pres. *riò, riài, rià, riànno*; nelle altre forme come AVERE) [da *avere*; 1305] **tr.** avere di nuovo: *oggi riò un po' di febbre* || *in part.* riottenere, riacquistare, ritrovare, avere in restituzione e sim.: *riavere voce in assemblea, la vista, ciò che si era prestato* || **intr. pron.** riprendere i sensi, e *per estens.* riacquistare piena padronanza di sé: *dopo quel primo attimo di spavento, si riebbe.*

riàvolo [dal lat. *rutābulum*, attizzatoio; 1612] **sm.** paletta o asta in ferro usata per rimestare materiali fusi o per attizzare e smuovere il combustibile nelle fornaci || **N.** *Sin.* attizzatoio.

riavùta [da *riavere*; a. 1536 *riauta*] **sf.** *ant.* **1.** riacquisto **2.** *tosc.* rivincita al gioco.

riavvicinaménto [da *riavvicinare*; 1965] **sm.** atto o effetto del riavvicinare o del riavvicinarsi, anche *fig.*: *dopo il litigio c'è stato un primo riavvicinamento.*

riavvicinàre [da *avvicinare*; 1612] **tr.**, **rifl.**, **intr. pron.** e **rifl. rec.** avvicinare o avvicinarsi di nuovo o di più, anche *fig.*

riavvòlgere (pres. *-òlgo* ecc., come VOLGERE) [da *avvolgere*; 1872] **tr.**, **rifl.** e **intr. pron.** avvolgere di nuovo o di più.

riavvolgiménto [da *riavvolgere*; 1973] **sm.** atto ed effetto del riavvolgere.

ribadàre (pres. *-àdo*) [da *badare*; 1872] **intr.** (aus. *avere*) *ant.* badare di nuovo || **intr. pron.** *tosc. ant.* guardarsi, riguardarsi da qualcosa.

ribadiménto [da *ribadire*; 1726] **sm.** atto ed effetto del ribadire.

ribadìre (pres. *-ìsco, -ìsci*) [etim. inc.; a. 1565] **tr. 1.** *fig.* riconfermare quanto si era detto, eventualmente rafforzandolo con nuovi argomenti e prove: *ribadire un concetto, l'accusa* **2.** *propr.* piegare e ribattere la punta di chiodi e sim. che sporge dall'altra parte dell'elemento (tavola, lastra ecc.) in cui li si è conficcati, perché abbiano più tenuta || nei modi di dire fig.: *ribadire qualcosa in testa a qualcuno*, ripetergliela più volte perché gli rimanga impresso; *disus. ribadire le catene*, rendere più dura la schiavitù, accrescere l'oppressione || **intr. pron.** *fig.* imprimersi nettamente nella mente || **N. 1.** *Sin.* confermare, ripetere | *Contr.* negare, smentire.

ribaditóio (pl. *-ói*) [da *ribadire*; 1940] **sm.** utensile per ribadire (nel senso 2).

ribaditrìce [da *ribadire*; 1935] **sf.** macchina che ribadisce a pressione chiodi, fermi, perni e sim.

ribaditùra [da *ribadire*; sec. XIV] **sf.** atto ed effetto del ribadire (solo in senso proprio).

ribadocchìno [dal fr. *ribaudequin*, da *ribaud*, ribaldo; 1835] **sm.** *T.stor.* piccola bocca da fuoco simile allo smeriglio, con cui anticamente venivano lanciate palle di fuoco.

ribàlda (meno com. *rubàlda*) [da *ribaldo*; sec. XV] **sf. 1.** nel Medioevo, parte speciale dell'armatura, a difesa della testa **2.** *ant.* celata usata in guerra dai ribaldi o dai briganti.

ribaldàggine [da *ribaldo*; 1686] **sf.** *raro* ribalderia.

ribaldàglia (pl. *-glie*) [da *ribaldo*; 1690] **sf.** *non com.* la massa dei ribaldi.

ribaldeggiàre (pres. *-éggio*) [da *ribaldo*; a. 1406] **intr.** (aus. *avere*) *raro* essere ribaldo, fare il ribaldo.

ribalderìa [da *ribaldo*; sec. XIII-XIV nel senso 2; a. 1535 nel senso 1] **sf.** *non com.* **1.** qualità di chi è ribaldo o di ciò che è da ribaldo **2.** *concr.* atto da ribaldo || *fig. iperb. disus.* lavoro eseguito in maniera pessima.

ribàldo [dal fr. ant. *ribaud*; 1313] **sm. 1.** furfante, scellerato || *scherz.* briccone, birbone **2.** brigante che, in passato, si accodava agli eserciti per saccheggiare **3.** nel Medioevo, soldato molto coraggioso, ma anche sregolato e indisciplinato, cui erano affidate le imprese più rischiose (spec. come guastatore) || *pegg.* ribaldàccio || **N. 1.** *Sin.* canaglia, farabutto, manigoldo, mascalzone.

ribàlta [da *balta*; 1303] **sf. 1.** sportello che, essendo incernierato orizzontalmente, lungo il lato inferiore, a un mobile, può essere ribaltato e costituire così un ripiano: *la ribalta del secrétaire, mobile a ribalta* || più in gen., sportello incernierato orizzontalmente: *sollevare la ribalta della botola* **2.** *T.teatr.* la parte più avanzata del palcoscenico, al di qua del sipario, dove si presentano gli attori per ricevere, a fine spettacolo, gli applausi del pubblico: *salire alla ribalta*, anche *fig.*, far parlare di sé, acquistare notorietà **3.** *T.teatr.* tavola incernierata al proscenio che, ribaltata, impediva alle luci di proscenio di illuminare la scena: *le luci della ribalta*, anche *fig.*, l'attenzione del pubblico || *dim.* ribaltìna || **N. 2.** proscenio. **Q.T.** *teatro.*

ribaltàbile [da *ribaltare*; 1955] **agg.** che si può ribaltare.

ribaltacàrri [comp. di *ribalta(re)* e *carro*; 1959] **sm.** *inv.* apparecchio con cui si scaricano i carri ferroviari che portano merci.

ribaltaménto [da *ribaltare*; 1931] **sm.** atto ed effetto del ribaltare, anche *fig.*: *il ribaltamento dell'auto, della situazione* || *T.geom.* trasformazione dello spazio per cui, date due figure aventi un segmento in comune, l'una delle due viene fatta ruotare intorno a questa fino a sovrapporsi all'altra || **N.** *Sin.* capovolgimento, rovesciamento.

ribaltàre [comp. parasint. di *balta*; 1561] ***tr.*** fare assumere una posizione diversa (da orizzontale a verticale) od opposta (mettendo sottosopra): *ribaltare il piano di carico del camion per scaricare, ribaltare il tavolo per ripararne le gambe*; anche *fig.* capovolgere: *ribaltare la situazione a proprio favore* || ***intr.*** (aus. *essere*) e ***intr. pron.*** capovolgersi, rovesciarsi, anche *fig.*: *la sedia, spinta all'indietro, si è ribaltata; i rapporti di forza tra i due si sono all'improvviso ribaltati* || **N.** *Sin.* capovolgere, rivoltare, rovesciare.

ribaltatùra [da *ribaltare*; a. 1767] ***sf.*** *raro* ribaltamento.

ribaltìna (*dim.* di *ribalta*) [1970] ***sf.*** **1.** piccola scrivania a ribalta **2.** parte ripiegata all'interno della copertina di un libro, sulla quale vengono riportate brevi notizie biografiche sull'autore || **N. 2.** *Sin.* risvolto.

ribaltóne [da *ribaltare*; 1872] ***sm.*** *pop. disus.* grosso sobbalzo di veicolo che è sul punto di ribaltarsi || *fig.* grave rovescio economico e *per estens.* sconfitta, perdita di popolarità e sim.

ribalzaménto [da *ribalzare*; a. 1642] ***sm.*** *raro* atto ed effetto del ribalzare.

ribalzàre [da *balzare*; 1631 nel senso 2] ***intr.*** (aus. *avere* o *essere*, come nei verbi di moto; v. CORRERE) **1.** balzare di nuovo **2.** *raro* rimbalzare.

ribàlzo [da *ribalzare*; 1453 nel senso 2] ***sm.*** *ant. raro* **1.** sbalzo **2.** rimbalzo.

ribarbàre [da *barbare*; a. 1606] ***intr.*** (aus. *avere*) *non com.* ribarbicare.

ribarbicàre (pres. *-àrbico, -àrbichi*) [da *barbicare*; 1872] ***intr.*** (aus. *avere*) e ***intr. pron.*** rifare le barbe, rimettere le radici.

ribassaménto [da *ribassare*; 1959] ***sm.*** il ribassare || **N.** *Sin.* ribasso.

ribassàre [dal fr. *rabaisser*; 1812] ***tr.*** abbassare, e spec. collocare in posizione più bassa lungo una verticale: *ribassare il sellino della bicicletta* || *fig.* ridurre: *ribassare il prezzo della frutta* || ***intr.*** (aus. *essere*) spec. di prezzi, diminuire: *l'oro è ribassato di molto* || **N.** *Sin.* calare, diminuire, scemare | *Contr.* aumentare.

ribassista [da *ribasso*; 1891] ***s.*** in borsa, chi specula al ribasso || **N.** *Contr.* rialzista.

ribàsso [dal fr. *rabais*; 1745] ***sm.*** atto ed effetto del ribassare e, *in part.*, diminuzione di prezzo o valore: *il ribasso del dollaro; speculare, giocare al ribasso*, in borsa, vendere titoli a termine, confidando in un loro ribasso o, anche, cercando di determinarne il ribasso con massicce vendite; *essere in ribasso*, essere in fase di svalutazione e, *fig.*, di persona, perdere popolarità, autorità, stima ecc. || *pop. non com.* sconto: *mi ha fatto un bel ribasso* || **N.** *Contr.* rialzo.

ribàttere [da *battere*; 1313] ***tr.*** **1.** battere di nuovo: *ho ribattuto il gomito nello stesso punto, ribattere i tappeti, hanno ribattuto tutta la zona metro per metro* || *ribattere un chiodo*, ribadirlo || *ribattere le cuciture*, spianarle col ferro da stiro **2.** battere a propria volta per respingere: *ribattere il pallone* || *fig.* confutare, respingere, contraddire: *ribattere un'accusa*; *più com.* replicare, anche *ass.*: *ha ribattuto che non era affar suo, lo ha ascoltato e non ha ribattuto* **3.** riscrivere con la macchina da scrivere: *ribattere la tesi* || ***intr.*** (aus. *avere*) **1.** *fig. fam.*, anche *ass.* insistere: *a forza di ribattere sullo stesso argomento l'ho convinto; batti e ribatti, finalmente l'ha capita* **2.** *raro* della luce, cadere su un oggetto riflettendosi || **N.** ***tr.*** **2.** opporsi, rimandare, rinviare; controbattere, rintuzzare | *Contr.* ammettere, approvare, assentire.

ribattezzàre (pres. *-ézzo*) [da *battezzare*; a. 1396] ***tr.*** **1.** battezzare di nuovo **2.** *fig.* dare un nuovo nome: *ribattezzare una piazza* **3.** *scherz.* rif. al vino, annacquarlo.

ribattiménto [da *ribattere*; sec. XIV] ***sm.*** *raro* ribattitura.

ribattìno [da *ribattere*; 1872] ***sm.*** chiodo usato per il collegamento di strutture leggere (lamiere ecc.) mediante ribaditura || **N.** *Sin.* rivetto[1]. **TAV. *utensili* p. 1340** 7.2.

ribattitóre [da *ribattere*; 1872] ***sm.*** (f. *-trice*) chi ribatte (spec. la palla o il pallone).

ribattitùra [da *ribattere*; a. 1406] ***sf.*** atto ed effetto del ribattere (non nei sensi fig.).

ribèca [dall'ar. *rabāb*, prob. attr. il fr. ant. *ribec*; a. 1400] ***sf.*** strumento musicale ad arco, usato nel Medioevo da trovatori e menestrelli, di dimensioni varie, con cassa in legno di forma oblunga e manico sottile.

ribechìsta [da *ribeca*; 1872] ***s.*** *non com.* suonatore di ribeca.

ribellaménto [da *ribellare*; a. 1292] ***sm.*** *raro* ribellione.

ribellànte (*ppr.* di *ribellare*) [1313] ***agg.*** e ***s.*** *poet. arc.* ribelle: *perch'io fu' ribellante alla sua legge* (Dante).

ribellàre (pres. *-èllo*) [dal lat. *rebellāre*, ricominciare a guerreggiare; sec. XIV] ***intr. pron.*** insorgere, sollevandosi contro un'autorità costituita (spec. politica), rifiutandosi di sottostare ulteriormente al suo potere: *ribellarsi a un governo dittatoriale, alla madrepatria, alla Chiesa di Roma* || *per estens.* reagire, opporsi: *ribellarsi alle ingiustizie, è inutile ribellarsi alla propria sorte* || ***tr.*** *ant.* indurre alla ribellione: *ribellare la città* || **N.** ***intr. pron.*** *Sin.* levarsi, rivoltarsi.

ribellazióne [da *ribellare*; sec. XIII] ***sf.*** *ant.* ribellione.

ribèlle [dal lat. *rebellis*; 1313 *rubello*] **I *agg.*** che si è ribellato (nel senso stretto del termine): *città ribelle, popolazioni ribelli* || *per estens.* che ha tendenza a non sottostare ad alcuna autorità, che rifiuta ogni disciplina; indocile: *un ragazzo, un carattere ribelle* || *fig.* che oppone resistenza; *malattia ribelle a qualsiasi cura, un ciuffo ribelle che non tiene la piega*; anche, più in gen., avverso, ostile: *atteggiamento ribelle a qualsiasi innovazione* **II *s.*** persona ribelle || **N. I** *Sin.* disubbidiente, indisciplinato, insofferente, insubordinato, turbolento; incontrollabile, indocile, indomabile, invincibile, ostinato **II** *Sin.* insorto, rivoltoso.

ribellióne [dal lat. *rebellio, -ōnis*; a. 1375] ***sf.*** atto ed effetto del ribellarsi: *ribellione di popolo, alle convenzioni; un moto di ribellione* || **N.** *Sin.* ammutinamento, insurrezione, reazione, rivolta, sollevazione | domare, fomentare, istigare, povocare, reprimere, sedare, soffocare.

ribellìsmo [da *ribellare*; 1938] ***sm.*** *non com.* tendenza a ribellarsi || *in part.* atteggiamento protestatario, di rifiuto, in campo politico-sociale.

ribellista [da *ribellismo*; 1983] ***agg.*** *non com.* ribellistico: *moti ribellisti.*

ribellìstico (pl. *-ci*) [da *ribellismo*; 1944] ***agg.*** tipico del ribellismo: *atteggiamenti ribellistici.*

ribes [dall'ar. *rībās*; sec. XIV] ***sm.*** genere di piante dicotiledoni della famiglia delle Sassifragacee, arbusti dai frutti eduli costituiti da piccole bacche globose (rosse, gialle o nere) riunite in grappolini.

ribobinatrìce [da *ribobinare*; 1987] ***sf.*** macchina per il riavvolgimento (automatico o manuale) su bobina.

ribobinatùra [da *ribobinare*; 1976] ***sf.*** riavvolgimento su bobina.

ribobolista [da *ribobolo*; a. 1850] ***s.*** *raro* chi parla con troppi riboboli.

ribòbolo [voce onom.; sec. XV] ***sm.*** parola, modo di dire, frase, gioco di parole della parlata dialettale spec. fiorentina, generalmente molto espressivo.

riboccàre (pres. *-ócco, -ócchi*) [comp. parasint. di *bocca*; sec. XIV] ***intr.*** (aus. *essere* se il soggetto è il contenuto, *avere* se è il contenitore) traboccare, straripare, esser pieno: *nei giorni di mercato la piazza ribocca di gente.*

ribócco (pl. *-chi*) [da *riboccare*; a. 1406] ***sm.*** *ant.* traboccamento || nella *loc. avv. a ribocco*, in sovrabbondanza: *dire spropositi a ribocco.*

riboflavìna [comp. di *ribo(sio)* e *flavina*; 1949] ***sf.*** *T.chim.* vitamina B.

ribolliménto [da *ribollire*; a. 1696] ***sm.*** atto ed effetto del ribollire, anche *fig.*: *il ribollimento della massa metallica fusa, provare un ribollimento di sdegno* || **N.** *Sin.* agitazione, fermento, tumulto.

ribollìo (pl. *-ìi*) [da *ribollire*; 1726 nel senso 2] ***sm.*** **1.** ribollimento intenso e continuo **2.** gorgoglio di una sostanza in ebollizione.

ribollìre (pres. *ribóllo* o *ribollisco, ribólli* o *ribollisci*) [da *bollire*; 1598] ***tr.*** far bollire di nuovo: *ribollire il latte* || ***intr.*** (aus. *avere*) **1.** bollire di nuovo: *getta la pasta appena l'acqua ribolle* **2.** avere un comportamento simile a quello di un liquido che bolle: *l'acqua ribolliva infrangendosi tra gli scogli* || *fig.* tumultuare, agitarsi: *sentirsi ribollire il sangue nelle vene*, per lo sdegno ecc.; *ribollire di rabbia, gli ribollivano in capo mille idee* **3.** *per estens.* fermentare per il calore: *il vino, il fieno ribolle.*

ribollìta [da *ribollire*; 1983] ***sf.*** piatto popolare toscano, che si cucina facendo ricuocere una minestra di pane, cavolo, fagioli e altri ingredienti, fatta il giorno prima.

ribollitìccio (pl. *-ci*) [da *ribollire*; 1779] ***sm.*** *spreg.* cosa (spec. vivanda) ribollita || le impurità che, nel bollire una sostanza per purificarla, restano sul fondo.

ribollitùra [da *ribollire*; 1872] ***sf.*** atto ed effetto del ribollire.

ribombàre v. RIMBOMBARE.

ribonuclèico (pl. *-ci*) [dall'ingl. *ribonucleic (acid)*; 1959] ***agg.*** *T.biol. acido ribonucleico*, acido nucleico di struttura simile al DNA, dal quale differisce per il fatto di contenere ribosio. **Q.T. *genetica...***

ribòṣio [dal fr. *ribose*, deformazione di *arabinose*, specie di zucchero; 1930] ***sm.*** *T.chim.* zucchero con cinque atomi di carbonio, presente nell'acido ribonucleico.

ribosòma [comp. di *ribo(nucleico)* e *-soma*; 1974] ***sm.*** *T.biol.* corpuscolo cellulare sferico, sede della sintesi proteica.

ribòtta [dal fr. *ribote*; 1872] ***sf.*** *non com. pop.* bisboccia: *far ribotta.*

ribottóne [da *ribotta*; 1872] ***sm.*** (f. *-a*) *non com. pop.* chi ama far ribotta.

ribreẓẓàre (pres. *-éẓẓo*) [da *ribrezzo*; 1723] ***intr.*** (aus. *avere*) e ***intr. pron.*** *non com.* provare ribrezzo: *si ribrezzava nella sua bestiale orridezza* (D'Annunzio).

ribréẓẓo [der. di *brezza*; 1313 nel senso 2 e, secondo alcuni, anche nel senso 1] ***sm.*** **1.** impressione di schifo, di repulsione: *i serpenti mi fanno ribrezzo* **2.** sensazione di freddo, con brividi, causata da accesso di febbre spec. malarica || **N. 1.** *Sin.* brivido, orrore, raccapriccio, schifo | avere, destare, fare, provare, sentire.

ribruscolàre (pres. *-ùscolo*) [comp. parasint. di *bruscolo*; 1872] ***tr.*** *tosc.* raccogliere gli ultimi frutti rimasti sugli alberi dopo la raccolta || *fig.* raggranellare.

ributtànte (*ppr.* di *ributtare*) [1835] ***agg.*** rivoltante, ripugnante: *un odore ributtante, è di un'avarizia ributtante.*

ributtàre [da *buttare*; a. 1642] ***tr.*** **1.** buttare di nuovo, anche *fig.*: *l'ha buttato, l'ha ripreso e infine l'ha ributtato, nonostante la sgridata ha ributtato sassi contro i vetri, si era un po' consolato ma l'esito delle analisi l'ha ributtato giù* **2.** gettare a propria volta, lanciare indietro: *ributtare la palla al compagno* **3.** buttar fuori: *il mare ha ributtato i corpi sulla spiaggia* || *in part.* vomitare: *ha ributtato tutto quello che aveva mangiato* || *in part.* di piante, metter fuori i germogli, le radici || ***rifl.*** buttarsi di nuovo, anche *fig.*: *si è ributtato nell'acqua, a bere* || ***intr.*** (aus.

avere) *non com.* provocare ribrezzo, ripugnanza: *uno spettacolo che ributta* || **N.** *Sin.* RIGETTARE.

ribuzzàre [da *ribuzzo*; 1940] ***tr.*** scalpellare col ribuzzo.

ribùzzo [etim. inc.; 1853] ***sm.*** scalpello per metalli a punta ottusa e testa spianata, dotato di un manico nel mezzo.

rica [dal lat. *rīca*; 1936] ***sf.*** *T.stor.* panno di porpora che le donne romane mettevano sul capo durante le cerimonie solenni.

ricacciàre (pres. *-àccio*) [da *cacciare*; a. 1642] ***tr.*** **1.** cacciare, scacciare di nuovo: *tornarono, ma li ricacciarono con sdegno* **2.** respingere, far allontanare con forza: *ricacciare l'invasore oltre le montagne* **3.** rimettere dentro, far rientrare a forza, anche *fig.*: *ricacciare il chiodo nella tavola, ricacciare l'urlo in gola* **4.** *pop.* tirare fuori di nuovo: *ricaccerai tutti i soldi rubati* || ***rifl.*** cacciarsi, mettersi di nuovo, anche *fig.*: *si ricacciò nella tana, ricacciarsi in un brutto guaio.*

ricadére (pres. *-àdo* ecc., come CADERE) [da *cadere*; sec. XIV] ***intr.*** (aus. *essere*) **1.** cadere di nuovo: *ricadde una terza volta dalla bicicletta* || *fig.* ripiombare, finire nuovamente in una situazione negativa: *ricadere nel peccato, nell'errore, in preda ai sospetti*; *ricadere nella malattia* (o *ass. ricadere*), riammalarsi quando già sembrava di guarire **2.** cadere dopo esser stato lanciato in alto: *la palla gli ricadde in testa* || *fig.* riversarsi: *la colpa l'han fatta ricadere tutta su di lei* **3.** pendere, scendere: *i capelli le ricadono sulle spalle, questa gonna non ricade bene* **4.** *ant.* toccare in eredità || **N. 1.** *Sin.* ricascare.

ricadìa V. RECADIA.

ricadiménto [da *ricadere*; a. 1320] ***sm.*** *raro* ricaduta.

ricadùta [da *ricadere*; a. 1566] ***sf.*** atto ed effetto del ricadere || *in part. T.med.* recidiva: *avere una ricaduta.*

ricagnàto [comp. parasint. di *cagna*; 1353] ***agg.*** *ant.* rincagnato.

ricalcàbile [da *ricalcare*; 1891] ***agg.*** che si può ricalcare.

ricalcàre (pres. *-àlco, -àlchi*) [dal lat. *recalcāre*; 1891] ***tr.*** **1.** tracopiare un disegno mediante carta traslucida o copiativa || *per estens. fig.* imitare, riprodurre più o meno fedelmente: *racconti che ricalcano le antiche fiabe popolari, la trama del film ricalca fedelmente quella del libro* **2.** premere di nuovo: *ricalcare il timbro sul tampone, ricalcarsi il cappello in testa* **3.** *propr.* premere di nuovo con i piedi: *ricalcare le scene*, riprendere a fare l'attore; *ricalcare le orme di qualcuno*, seguirne l'esempio || **N. 1.** *Sin.* ricopiare, ripassare, riprodurre; ripetere, seguire.

ricalcàta [da *ricalcare*; 1891] ***sf.*** atto del ricalcare una volta || *dim* ricalcatìna.

ricalcatóio (pl. *-ói*) [da *ricalcare*; 1940] ***sm.*** punzone da pressa per metalli, dall'estremità opportunamente sagomata in base al segno che si vuole imprimere.

ricalcatùra [da *ricalcare*; 1891] ***sf.*** atto ed effetto del ricalcare || *concr.* copia, imitazione.

ricalcificàre (pres. *-ìfico, -ìfichi*) [da *calcificare*; 1959] ***tr.*** *T.med.* ristabilire la normale quantità di calcio in un organismo, mediante la somministrazione di farmaci a base di calcio || ***intr. pron.*** *T.med.* riacquistare progressivamente la necessaria quantità di calcio: *le ossa si ricalcificano.*

ricalcificazióne [da *ricalcificare*; 1959] ***sf.*** *T.med.* atto o effetto del ricalcificare.

ricalcitràre e der. V. RECALCITRARE e der.

ricàlco (pl. *-chi*) [da *ricalcare*; 1959] ***sm.*** ricalcatura: *fare il ricalco di un disegno*; *carta a ricalco*, carta carbone || *contabilità a ricalco*, registrazione simultanea nel libro giornale e nel libro mastro di un atto contabile, per mezzo di carta carbone.

ricalescènza [dal lat. *ricalescere*, scaldarsi di nuovo; 1959] ***sf.*** *T.metal.* sviluppo di calore che si verifica durante il raffreddamento del ferro e dell'acciaio.

ricalibràre (pres. *-àlibro*) [da *calibrare*; 1959] ***tr.*** effettuare la ricalibratura.

ricalibratùra [da *calibratura*; 1959] ***sf.*** operazione per cui i bossoli di artiglieria già sparati vengono riportati alle dimensioni primitive.

ricamàre (pres. *-àmo*) [dall'ar. *raq(q)ama*, ricamare, tessere una stoffa; a. 1444] ***tr.*** **1.** eseguire con l'ago e appositi filati motivi ornamentali su tessuti: *ricamare un collettino, un monogramma*; *ricamare in seta, in oro* ecc., con filo di seta, d'oro ecc.; *ricamare a mano, a macchina*; *ricamare in bianco, a giorno, a punto erba* **2.** *fig.* eseguire un lavoro badando molto alla rifinitura, alla forma: *ricamare versi, un passaggio al centravanti* **3.** *per estens. iron. ricamare sopra qualcosa*, aggiungere particolari fantasiosi alla narrazione di un avvenimento: *i giornalisti ci hanno ricamato sopra.*

ricamàto (*pps.* di *ricamare*) [a. 1492] ***agg.*** adorno di ricami.

ricamatóre [da *ricamare*; 1550] ***sm.*** (f. *-trìce*) **1.** chi, per professione, esegue ricami **2.** *fig. non com.* chi esegue un lavoro badando molto alla rifinitura, alla forma: *un abile ricamatore di versi.*

ricamatùra [da *ricamare*; a. 1446] ***sf.*** *non com.* il ricamare || *concr.* il lavoro eseguito ricamando.

ricambiàre (pres. *-àmbio*) [da *cambiare*; a. 1306] ***tr.*** **1.** contraccambiare: *ricambiare gli auguri* **2.** cambiare di nuovo: *devo ricambiare per la terza volta il bambino* || **N. 1.** *Sin.* corrispondere, restituire.

ricàmbio (pl. *-bi*) [da *ricambiare*; 1848] ***sm.*** **1.** l'azione di cambiare, sostituendo o rinnovando ciò che si è consumato, logorato e sim.: *il ricambio dell'aria nella cucina*; nella *loc. agg. di ricambio*, che serve come sostituto: *pezzi di ricambio, aver pronta una camicia di ricambio* **2.** *in part. T.med.* metabolismo: *malattie del ricambio*, quelle che sono conseguenza dell'alterata funzionalità biochimica dell'organismo **3.** *per meton.* pezzo di ricambio: *di quella marca è difficile trovare i ricambi* || *in gen.* sostituto **4.** contraccambio: *avere in ricambio solo ingratitudine* || **N. 1.** *Sin.* cambio, sostituzione.

ricambista [da *ricambio*; 1983] ***s.*** rivenditore di pezzi di ricambio per autoveicoli.

ricàmo [da *ricamare*; a. 1446 nel senso 2; 1891 nel senso 1] ***sm.*** **1.** attività del ricamare: *tecniche di ricamo, filo da ricamo* **2.** *concr.* il lavoro ottenuto: *un ricamo finissimo* || *per estens.* opera d'arte, spec. architettonica, con molti minuti e delicati ornamenti e particolari: *il ricamo dei marmi di San Marco, il ricamo musicale*; più in gen., opera o azione eseguita con grande cura della forma e dei particolari || *fig.* aggiunte fatte al racconto di un avvenimento; frangia || *dim.* ricamétto, ricamìno, ricamùccio; *accr.* ricamóne; *pegg.* ricamàccio. **Q.T.** *maglia...* **TAV. *maglia...* p. 1316** sg.

ricantàre [da *cantare*; 1666] ***tr.*** **1.** cantare di nuovo **2.** *per estens. fam.* dire e ridire insistentemente la stessa cosa: *gliele ho ricantate per bene, ricantare su tutti i toni un'ammonizione* **3.** *ant.* ritrattare, disdire.

ricantazióne [da *ricantare*; a. 1729] ***sf.*** *ant.* palinodia, ritrattazione.

ricapitalizzàre [da *capitalizzare*; 1983] ***tr.*** **1.** *T.banc.* aumentare il capitale, aggiungendovi gli interessi maturati **2.** *T.econ.* aumentare mediante nuovi finanziamenti il capitale di una società per adeguarlo all'aumento dell'attività, o ricostituirlo dopo una riduzione dovuta alla necessità di coprire delle perdite.

ricapitalizzazióne [da *ricapitalizzare*; 1983] ***sf.*** atto o effetto del ricapitalizzare.

ricapitàre[1] e der. forme rare di RECAPITARE e der. (V.).

ricapitàre[2] (pres. *-àpito*) [da *capitare*; 1585] ***intr.*** (aus. *essere*) capitare di nuovo.

ricàpito V. RECAPITO.

ricapitolàre (ant. *recapitolàre*) (pres. *-ìtolo*) [dal lat. tardo *recapitulāre*; a. 1704] ***tr.*** riepilogare brevemente per sommi capi, riassumere: *ricapitolare il discorso* || **N.** *Sin.* compendiare.

ricapitolazióne (ant. *recapitolazióne*) [dal lat. *recapitulātio, -ōnis*; sec. XIV] ***sf.*** atto ed effetto del ricapitolare || **N.** *Sin.* riassunto, RIEPILOGO.

ricàrica [da *ricaricare*; 1640] ***sf.*** **1.** atto ed effetto del ricaricare: *la ricarica del fucile* **2.** *concr.* cartuccia di ricambio contenente inchiostro o combustibile per sostituire quelle esaurite in biro, penne stilografiche, accendisigari.

ricaricaménto [da *ricaricare*; 1940] ***sm.*** *non com.* atto del ricaricare.

ricaricàre (pres. *-àrico, -àrichi*) [da *caricare*; 1336 ca.] ***tr.*** **1.** dare di nuovo la carica: *ricaricare la sveglia, il fucile, un accumulatore* || *fig. fam.* dare nuova forza, energia, entusiasmo: *quella vacanza l'ha ricaricato* **2.** porre nuovamente un carico su qualcosa: *hanno dovuto scaricarlo e ricaricarlo per tre volte* || ***rifl.*** riprendere energia, forza: *ho bisogno di ricaricarmi.*

ricàrico (pl. *-chi*) [da *ricaricare*; 1959] ***sm.*** **1.** atto o effetto del ricaricare || *per estens.* ciò che si è ricaricato **2.** ogni rinforzo realizzato su una muratura che ha ceduto o si è rovinata **3.** addebito al compratore di spese che sono state sostenute dal venditore: *ricarico delle spese di trasporto.*

ricascànte (*ppr.* di *ricascare*) [a. 1704] ***agg.*** *non com.* floscio, ricadente.

ricascàre (pres. *-àsco, -àschi*) [da *cascare*; a. 1484] ***intr.*** (aus. *essere*) cascare di nuovo, anche *fig.* || *fam. ricascarci*, ricadere in una certa situazione e, in part., farsi di nuovo ingannare: *si era disintossicato, ma poi c'è ricascato, ti avevo avvertito che ti avrebbe imbrogliato di nuovo, ma ci sei ricascata* || **N.** *Sin.* ricadere.

ricascàta [da *ricascare*; prima metà sec. XVII] ***sf.*** *pop. non com.* ricaduta, recidiva.

ricàsco (pl. *-schi*) [da *ricascare*; 1872] ***sm.*** **1.** *non com.* panneggio, drappeggio che scende morbido ed elegante **2.** *pop. region.* nella *loc. prep. a ricasco di*, a carico di, a spese di (sia letter. che fig.).

ricàsso [etim. inc.; 1891] ***sm.*** parte dell'impugnatura della spada, dove, nell'impugnarla, s'introducono le prime tre dita della mano destra.

ricattàbile [da *ricattare*; 1983] ***agg.*** che può essere ricattato.

ricattàre [lat. **recaptāre*, prendere con forza; 1484 *recatare*] ***tr.*** fare oggetto di ricatto: *ricattare un personaggio molto in vista.*

ricattatóre [da *ricattare*; 1865] ***sm.*** (f. *-trìce*) chi mette in atto un ricatto.

ricattatòrio (pl. *-ri*) [da *ricattare*; 1934] ***agg.*** che costituisce un ricatto, che serve a ricattare: *messaggio ricattatorio.*

ricàtto [da *ricattare*; 1872] ***sm.*** **1.** coercizione, basata sulle minacce, esercitata nei confronti di qualcuno, al fine di estorcergli denaro o favori o di costringerlo ad atti o comportamenti contrari alla sua volontà o ai suoi interessi: *subire un ricatto dietro la minaccia di pesanti rivelazioni, non cedere al ricatto dei rapitori del figlio* || *T.giur.* sequestro di persona a scopo di estorsione nei confronti dei familiari **2.** *per estens. scherz.* richiesta formulata nei confronti di chi non può rifiutarsi di soddisfarla **3.** *ant.* riscatto || **N. 1.** estorsione, *racket.*

ricavàbile [da *ricavare*; 1831] ***agg.*** che si può ricavare: *l'utile ricavabile dalla vendita.*

ricavàre [da *cavare*; a. 1811] ***tr.*** **1.** ottenere, trarre per mezzo di determinate operazioni, lavorazioni o trasformazioni: *ricavare un'imbarcazione da un tronco svuotato, un film da un romanzo, un abito da una pezza di stoffa, il risultato sommando gli addendi* || *in part.* rif. a guadagni, utili (anche non economici) ottenere: *rivendendolo ne ho ricavato molto denaro, ho lavorato tanto per ricavarne solo umiliazioni* || *in part.* dedurre: *ricavare da una tabella i dati che interessano, dal suo discorso si ricava che la cosa non gli interessa* **2.** *non com.* cavare di nuovo || **N. 1.** *Sin.* derivare, estrarre, guadagnare | *Contr.* perdere, rimetterci.

ricavàto (*pps.* di *ricavare*) [1848] **sm.** somma che si ricava da un'operazione o da una prestazione: *il ricavato della lotteria è stato devoluto in beneficenza, il ricavato della vendita* || *per estens. non com.* frutto, risultato: *un premio letterario che è il ricavato di tutti i suoi sforzi* || **N.** *Sin.* guadagno, profitto, ricavo, utile, vantaggio | *Contr.* perdita.

ricàvo [da *ricavare*; 1812] **sm. 1.** differenza tra il costo di un bene e il guadagno ottenuto rivendendolo; profitto || *per estens.* guadagno: *calcolare i ricavi netti dell'impresa* **2.** *non com.* il cavare, il tirar fuori: *impianti di ricavo*, per l'estrazione di materiali dal terreno (pietre, argilla ecc.) || **N. 1.** RICAVATO.

ricchézza [da *ricco*; a. 1292] **sf. 1.** condizione di chi o di ciò che è ricco di beni materiali o (*fig.*) spirituali: *far sfoggio della propria ricchezza, la ricchezza della nazione, del suo ingegno* || caratteristica di ciò che esprime la ricchezza del suo possessore; *in part.* lusso, magnificenza: *la ricchezza di quei saloni, dei loro ricevimenti* **2.** abbondanza, dovizia: *la ricchezza di spunti offerta da quel testo, si esprime con ricchezza di termini*; *la ricchezza di una lingua*, la sua abbondanza di mezzi espressivi **3.** *concr.* (spesso *pl.*) quantità ingente di beni materiali e spec. di denaro, preziosi e sim.: *ha accumulato immense ricchezze*; anche rif. a ciò che è fonte di ricchezza: *le ricchezze minerarie del sottosuolo* || *fig.* quantità di beni spirituali: *le ricchezze artistiche dell'Italia, ci ha messo a disposizione le ricchezze del suo intelletto* || **N. 1.** *Sin.* agiatezza, opulenza, prosperità | *Contr.* povertà **3.** *Sin.* capitali, patrimonio, risorsa, tesoro.

ricchióne V. RECCHIONE.

ricchìre (pres. *-ìsco, -ìsci*) [da *ricco*; sec. XIV] **intr.** (aus. *essere*) *arc.* arricchire, diventare ricco.

ricciàia [da *riccio*[1]; a. 1320] **sf.** luogo in cui si accumulano i ricci di castagno || cumulo di ricci di castagno lasciati a maturare.

ricciarèlle [da *riccio*[2]; 1974] **sf. pl.** formato di pasta alimentare a nastro dai bordi frastagliati. **TAV.** *alimentazione* 1.5.

ricciarèllo [da *riccio*[2], per l'originaria forma arricciata; 1909] **sm.** piccolo dolce senese, a forma di losanga, di pasta di mandorle e ricoperto di zucchero a velo.

ricciatóio (pl. *-ói*) [da *riccio*[2]; a. 1384] **sm.** *ant.* ferro per fare i riccioli; calamistro.

riccio[1] (pl. *-ci*) [dal lat. *ericiu*; sec. XIV] **sm. 1.** mammifero insettivoro, dal muso appuntito e dal tozzo corpo ricoperto, nella parte superiore, di aculei, che reagisce al pericolo arrotolandosi a palla **2.** *riccio di mare*, echino **3.** globo spinoso, formato da quattro brattee saldate, che avvolge il frutto del castagno || **N. 1.** *Sin.* porcospino | ricciotto.

riccio[2] (pl. m. *-ci*, pl. f. *-ce*) [prob. da *riccio*[1]; a. 1738] **I agg.** dalla capigliatura o dal pelo a riccioli: *testa riccia* || *per estens.* arricciato, a forma di ricciolo: *insalata riccia* **II sm.** ricciolo, nel senso 1 || *dim.* riccétto || **N. I** *Sin.* ricciuto, crespo | *Contr.* liscio. **TAV.** *musica* p. 1325 14.1.

ricciòla [da *leccia*, prob. per incrocio con *riccio*; 1959] **sf.** pesce marino dei Perciformi, munito di corti aculei sul dorso || **N.** *Sin.* leccia, seriola.

ricciolìna [da *ricciolo*; 1872] **sf. 1.** bambina ricciuta **2.** insalata riccia.

ricciolìno (*dim.* di *ricciolo*) [1618] **I sm. 1.** piccolo ricciolo **2.** bambino ricciuto **II agg.** riccio, ricciuto.

rìcciolo [da *riccio*[2]; 1863] **I sm. 1.** ciocca di peli o capelli arricciati, a spirale: *un ricciolo ricadeva sulla fronte, una testina tutta riccioli* **2.** *per estens.* denominazione di vari elementi che ricordano, nella forma, un ricciolo: *un ricciolo di burro* || nel violino, l'estremità superiore del manico; chiocciola || *T.arch.* decorazione a spirale; voluta **II agg.** ricciuto: *un bimbo ricciolo* || *dim.* ricciolìno; *accr.* ricciolóne || **N. I 1.** *Sin.* riccio; boccolo.

ricciolùto [da *ricciolo*; 1865] **agg. 1.** che ha i capelli ricci **2.** a forma di ricciolo || **N. 1.** *Sin.* ricciuto.

ricciòtto [da *riccio*[1]; a. 1938] **sm.** il piccolo del riccio.

ricciùto [da *riccio*[2]; sec. XIV] **agg. 1.** che ha i capelli ricci **2.** riccio: *capelli ricciuti* || **N. 1.** *Sin.* riccio, ricciolùto.

ricco (pl. *-chi*) [dal long. *rīhhi*, potente; a. 1292] **I agg. 1.** che possiede beni di fortuna e spec. denaro in misura notevolmente superiore alla media: *un uomo molto ricco, categorie professionali, amministrazioni comunali molto ricche*; *fam. ricco sfondato*, ricchissimo || che manifesta ricchezza: *una casa ricca, ambiente ricco* || pregiato, costoso: *un dono ricco* **2.** abbondante: *una ricca cena, un raccolto ricco, una ricca vena aurifera, una ricca messe di successi* || *T.chim.* di composto chimico, che possiede in proporzione elevata l'elemento principale: *miscela ricca* || *ricco di*, che abbonda di: *una ragazza ricca di fantasia, giornale ricco di notizie, popoli ricchi di tradizioni*; anche *iron.*: *un testo ricco di errori* **3.** *in part.* che abbonda di elementi ornamentali o comunque accessori: *una scenografia troppo ricca* || **riccaménte avv. 1.** lussuosamente, fastosamente: *una chiesa, una veste riccamente adornata* **2.** abbondantemente: *cataloghi riccamente illustrati* **II sm.** (f. *-a*) persona ricca, benestante: *una società in cui non esistano più ricchi e poveri* || *accr.* riccóne; *pegg.* riccàccio, riccàstro || **N. I 1.** *Sin.* abbiente, agiato, benestante, danaroso, facoltoso, opulento **2.** *Sin.* carico, dotato, dovizioso, fecondo, fertile, fornito, generoso, pingue, prodigo, traboccante | *Contr.* povero **II** arricchito, parvenu, villan rifatto.

ricèdere (pres. *-èdo* ecc., come CEDERE) [da *cedere*; 1872] **tr.** e **intr.** (aus. *avere*) **1.** cedere di nuovo **2.** cedere a qualcuno ciò che ci era stato ceduto da altri.

riceppàre (pres. *-éppo*) [comp. parasint. di *ceppo*; 1959] **tr.** *T.agr.* rif. ad albero, tagliare al piede.

riceppatùra [da *riceppare*; 1965] **sf.** *T.agr.* operazione del riceppare.

ricérca [da *ricercare*; 1470] **sf. 1.** atto ed effetto del ricercare: *essere alla ricerca di una soluzione, l'assassino ha per ora eluso le ricerche della polizia*; *ricerca mineraria*, volta all'individuazione di giacimenti **2.** *per anton.* indagine scientifica spec. in quanto organizzata in istituzioni e svolta da professionisti: *darsi alla ricerca, i finanziamenti per la ricerca in Italia, la ricerca fisica, sociologica* ecc. || *concr.* singolo prodotto della ricerca scientifica: *una ricerca poco originale, ricerche recentemente pubblicate* || *per estens.* lavoro scolastico volto ad accrescere ed organizzare le conoscenze intorno a un argomento: *assegnare una ricerca sull'evoluzione biologica*; anche l'elaborato scritto che riporta i risultati di tale lavoro || *ricerca di mercato*, indagine volta a sondare il mercato in vista del lancio di un nuovo prodotto **3.** messa a punto: *ricerca manuale, automatica della sintonia* || **N.** affrettata, breve / lunga, diligente, feconda / infeconda, fruttuosa / infruttuosa, meticolosa, paziente, vana. **Q.T.** *archeologia*.

ricercaménto [da *ricercare*; a. 1558] **sm.** *ant. raro* ricerca.

ricercapersóne [comp. di *ricerca(re)* e *persona*; 1983] **sm. inv.** e **agg. inv.** cercapersone.

ricercàre[1] (pres. *-érco, -érchi*) [da *cercare*; a. 1337 nel senso 2] **tr. 1.** cercare di nuovo: *l'ho cercato e ricercato, ma non l'ho ancora trovato* **2.** cercare con grande cura e impegno: *ricercare un pericoloso assassino* || cercare con impegno di ottenere, di raggiungere: *ricercare delicati effetti di colore, la spiegazione del fenomeno* **3.** *ant.* esaminare attentamente, ispezionare: *tutto con gli occhi dal capo alle piante mi ricercava* (Tasso) **4.** *lett. ant.* toccare, penetrare, anche *fig.*: *un freddo che ricerca le ossa, ricercare l'anima* **5.** *ant.* rif. a corde o tasti di strumenti musicali, toccare, scorrere **6.** *raro* rif. a opera d'arte, ripassare, ritoccare con attenzione **7.** *ant.* esigere: *ricercare un'analisi più accurata* || **N. 2.** *Sin.* indagare, investigare, CERCARE.

ricercàre[2] [da *ricercare*[1]; 1584] **sm.** *T.mus.* titolo di pezzi strumentali in forma libera, di carattere virtuosistico, in uso dal sec. XVI.

ricercàta [da *ricercare*[2]; 1581 nel senso 2] **sf. 1.** ricercare[2] **2.** l'intonare sottovoce o in sordina prima di iniziare a cantare o a suonare; il preludiare.

ricercatézza [da *ricercato*; a. 1764] **sf.** qualità di ciò che è ricercato (nel senso 2): *ricercatezza nel vestire, di stile* || *concr.* elemento, dettaglio ricercato (nel senso 2): *certe ricercatezze linguistiche sul momento piacciono ma poi risultano stucchevoli* || **N.** *Sin.* affettazione, leziosaggine, maniera, preziosismo, raffinatezza, snobbismo | *Contr.* cattivo gusto, rozzezza, trascuratezza; naturalezza, semplicità, spontaneità.

ricercàto (*pps.* di *ricercare*) [1657 nel senso 2] **I agg. 1.** richiesto, in quanto apprezzato e desiderato da molti: *un architetto, un tessuto molto ricercato* **2.** che denota la minuziosa cura e raffinatezza con cui è stato eseguito, studiato: *effetti di luce molto ricercati* || *spreg.* eccessivamente artefatto, affettato: *un arredamento ricercatissimo ma freddo, espressioni troppo ricercate per essere quelle di un ragazzino* || **ricercataménte avv.** affettatamente **II sm.** (f. *-a*) persona che è oggetto di ricerca da parte della polizia || **N. I 2.** *Sin.* elaborato, prezioso; artificioso, lezioso, manierato, snob, sofisticato, studiato | *Contr.* rozzo, sciatto, trasandato, trascurato; disinvolto, naturale, semplice, spontaneo **II** *Sin.* catturando.

ricercatóre [da *ricercare*[1]; sec. XIV] **agg.** e **sm. 1.** (f. *-trice*) chi o che ricerca: *critica ricercatrice del vero* (Tommaseo) || *com.* studioso che si dedica alla ricerca scientifica **2.** apparecchio che ricerca qualcosa che è nascosto: *ricercatore di mine*.

ricèrnere (pres. *-èrno* ecc., come CERNERE) [da *cernere*; 1321] **tr.** *lett. ant.* cernere di nuovo o meglio, anche *fig.*: *tu dubbi; e hai voler che si ricerna ... lo dicer mio* (Dante).

ricetraṣméttere (pres. *ricetraṣmétto* ecc., come TRASMETTERE) [comp. di *rice(vere)* e *trasmettere*; 1959] **tr.** *T.rad.* comunicare mediante un ricetrasmettitore.

ricetraṣmettitóre [comp. di *rice(vitore)* e *trasmettitore*; 1963] **sm.** apparato elettronico per la trasmissione e la ricezione di onde radio, dotato di un'unica antenna operante alternativamente in trasmissione e in ricezione.

ricetraṣmissióne [da *ricetrasmittente*; 1983] **sf.** *T.rad.* comunicazione mediante ricetrasmettitore.

ricetraṣmittènte [comp. di *rice(vente)* e *trasmittente*; 1980] **I sf.** *T.rad.* ricetrasmettitore **II agg.** *T.rad.* *apparecchio ricetrasmittente*, ricetrasmettitore.

ricètta [dal lat. *recepta* (*formula*), (formula) ricevuta; a. 1320] **sf.** **1.** prescrizione medica in cui sono specificati i medicinali che un paziente deve assumere, nonché le loro dosi e modalità d'assunzione: *fare, scrivere una ricetta; ricetta magistrale, officinale,* a seconda che il medico specifichi la composizione e le dosi della medicina prescritta o, invece, prescriva un farmaco noto ‖ *concr.* il modulo su cui è scritta la prescrizione: *spedire le ricette* **2.** *per estens.* rimedio, anche *fig.*: *è una buona ricetta contro il mal di pancia, la pigrizia* **3.** elenco degli ingredienti, loro dosi e descrizione del modo di combinarli per la preparazione di vivande e sim.: *la ricetta della panna cotta, una ricetta per la marmellata di castagne; un libro che contiene ottime ricette* ‖ *dim.* ricettina ‖ **N.** **1.** *Sin. recipe* **2.** *Sin.* antidoto, cura, espediente, trucco.

ricettàcolo [da *ricettare*[1]; sec. XIV] **sm.** luogo in cui trovano riparo o, *per estens.*, si radunano più cose o persone, anche *fig.*, spesso *spreg.*: *quel bar è un ricettacolo di ladri, la sua stanza è un ricettacolo di oggetti strani, quel gatto è un ricettacolo di pulci; cumuli d'immondizia, veri ricettacoli di agenti patogeni* ‖ *T.bot.* parte del fiore, detta anche *talamo,* sulla quale si innestano i vari organi fiorali (petali, sepali, stami, pistilli ecc.) ‖ *T.zool. ricettacolo seminale,* formazione dell'apparato riproduttore femminile di vari invertebrati, costituita da una vescicola nella quale viene conservato lo sperma prima della fecondazione delle uova ‖ **N.** *Sin.* asilo, covo, nido, ricetto, ricovero, rifugio. **TAV. *fiori...* p. 671** 1.7.

ricettaménto [da *ricettare*[1]; 1389] **sm.** *raro* ricettazione.

ricettàre[1] (pres. *-ètto*) [lat. *receptāre*; 1309] **tr.** **1.** *T.giur.* acquistare, ricevere o custodire oggetti provenienti da attività illecite al fine di procurarsi un profitto: *ricettare merce di contrabbando, la refurtiva* **2.** *ant. non com.* dar ricetto.

ricettàre[2] (pres. *-ètto*) [da *ricetta*; sec. XIV] **tr.** *raro* prescrivere con una ricetta.

ricettàrio (pl. *-ri*) [da *ricetta*; 1498 *receptario* nel senso 2] **sm.** **1.** blocchetto di moduli per le ricette mediche **2.** raccolta di ricette culinarie o sim.

ricettatóre [da *ricettare*[1]; 1342 ca. nel senso 2] **sm.** (f. *-trice*) **1.** *T.giur.* chi fa ricettazione: *senza ricettatori i ladri avrebbero vita più dura* **2.** *ant. non com.* chi dà ricetto.

ricettazióne [da *ricettare*[1]; 1930] **sf.** *T.giur.* delitto consistente nel ricettare: *fu accusato di ricettazione.*

ricettività o **recettività** [da *ricettivo*; 1835] **sf.** attitudine a ricevere e a ritenere, ad assimilare stimoli esterni, anche *fig.*: *la ricettività dei bambini, misurare la ricettività di un organo sensorio* ‖ *ricettività alberghiera,* la qualità dei servizi offerta e, il numero di posti letto negli alberghi di una zona, spec. turistica ‖ *T.med.* attitudine di un organismo a contrarre infezioni ‖ *T.tecn.* capacità di un apparecchio di captare onde elettromagnetiche: *un apparecchio radiofonico di grande ricettività* ‖ **N.** *Sin.* sensibilità.

ricettìvo o **recettìvo** [dal lat. *receptus*, pps. di *recipere*, ricevere; a. 1565] **agg.** dotato di ricettività: *apparato ricettivo degli odori, ha un'intelligenza molto ricettiva, un organismo scarsamente ricettivo a determinate malattie, una rete alberghiera molto ricettiva* ‖ **N.** *Sin.* sensibile; capace, capiente | *Contr.* immune, insensibile, refrattario.

ricettìzio o **recettìzio** (pl. *-zi*) [dal lat. *receptīcius*; 1872] **agg.** **1.** *T.giur.* che si riferisce alla ricezione: *dichiarazione ricettizia, non ricettizia,* a seconda che produca effetto solo quando una determinata persona la riceve o non appena sia stata effettuata **2.** *T.eccl. chiese ricettizie,* enti morali collegiali, senza prebende, in cui l'amministrazione e la partecipazione alle rendite a esse annesse spetta agli addetti al loro servizio.

ricètto [da *ricettare*[1]; 1313 *recetto*] **sm.** **1.** *ant.* o *lett.* ricettacolo: *scavare un ricetto per lo scolo delle acque, in un ricetto trovammo riparo dal temporale; dare ricetto,* ospitare, dare asilo **2.** nel Medioevo, gruppo di case protette da mura fortificate in cui si riunivano gli abitanti della campagna in caso di pericolo: *il ricetto di Cendelo è molto ben conservato.*

ricettóre v. RECETTORE.

ricevènte (*ppr.* di *ricevere*) [sec. XIV] **I agg.** che riceve: *antenna, stazione ricevente,* atta alla ricezione radiofonica **II s.** chi riceve, spec. rif. a comunicazioni: *il ricevente ha respinto il pacco* ‖ **N.** *Sin.* destinatario | *Contr.* emittente, mittente.

ricévere (p.rem. *ricevéi* o *ricevètti, ricevésti*) [lat. *recipere*, prendere di ritorno; a. 1292] **tr.** **1.** avere, come risultato di un atto di trasferimento, trasmissione, comunicazione e sim.: *ha ricevuto lettere minatorie, il motore riceve il combustibile dagli iniettori, ricevere una brutta notizia, una cortesia, molte critiche; ricevere qualcosa in dono, in cambio* ‖ captare: *la radio riceve un segnale molto debole*; anche *ass.*: *la radio non riceve, riceve male* **2.** rif. a persona, accogliere; *in part.*: accogliere all'arrivo: *ti riceveremo a braccia aperte, vado a riceverlo alla stazione* ‖ ammettere alla propria presenza, sia per intrattenersi, sia nell'ambito di incontri professionali: *ricevere gli amici in giardino, il capo dello Stato ha ricevuto la delegazione straniera; ass.* tenere ricevimento: *il dottore riceve nel primo pomeriggio* ‖ ammettere nel proprio gruppo: *ricevere un nuovo alunno nel collegio* ‖ **rifl. intens.** prendersi: *per tutta risposta si è ricevuto uno schiaffo* ‖ **N.** **tr.** **1.** *Sin.* captare, incassare, riscuotere, trarre | *Contr.* dare, emettere, inviare, mandare, spedire **2.** *Sin.* accettare, ospitare | *Contr.* allontanare, cacciare, scacciare | **rifl. intens.** *Sin.* beccarsi, buscarsi, pigliarsi | *Contr.* affibbiare, appioppare, dare, mollare.

ricevìbile [da *ricevere*; 1872] **agg.** *raro* che si può ricevere.

riceviménto [da *ricevere*; a. 1342] **sm.** **1.** il ricevere (solo rif. a oggetti o persone, spec. di riguardo, in arrivo): *si paga al postino all'atto del ricevimento della merce, il ricevimento degli ospiti nella hall dell'albergo* **2.** intrattenimento ufficiale o riunione mondana organizzati in onore di qualcuno o per festeggiare determinati eventi o ricorrenze: *siamo invitati al ricevimento dell'ambasciatore; dare, offrire, organizzare un ricevimento di nozze* ‖ **N.** **1.** *Contr.* invio, spedizione **2.** *Sin.* festa, trattenimento.

ricevitóre [da *ricevere*; 1308] **agg.** e **sm.** (f. *-trice*) che o chi riceve: *il ricevitore del messaggio* ‖ *T.tecn.* denominazione di vari apparecchi o dispositivi atti a ricevere segnali emessi da una sorgente esterna: in acustica, qualsiasi rilevatore di onde sonore; in ottica, qualsiasi rilevatore di onde luminose; nelle telecomunicazioni, apparato elettronico capace di ricevere un segnale e di rinviarlo, opportunamente adattato, all'utilizzatore: *ricevitore radio, televisivo; ricevitore telefonico* (o *ass. ricevitore*), nell'uso corrente, microtelefono: *abbassare, alzare il ricevitore* ‖ *bur.* persona cui spetta la riscossione di somme per conto dello Stato o di enti: *ricevitore delle imposte, del Totocalcio* ‖ *T.sport.* nel baseball, giocatore cui spetta intercettare la palla scagliata dal lanciatore e mancata dal battitore; *catcher* ‖ **N.** *Sin.* destinatario | *Contr.* emittente, mittente | ricevitoria. **TAV. *telefono* p. 1334** 1.4.

ricevitorìa [da *ricevere*; 1812] **sf.** ufficio del ricevitore; luogo dove si accettano le giocate del lotto o del Totocalcio: *le code davanti alle ricevitorie del lotto.*

ricevùta [da *ricevere*; 1550] **sf.** **1.** documento rilasciato, da chi riceve beni o mezzi di pagamento, a colui dal quale li riceve: *esigere la ricevuta fiscale, firmare la ricevuta del pacco; ricevuta di ritorno,* cartolina che, se spedita insieme a una raccomandata, viene rispedita al mittente controfirmata dal destinatario, quale prova dell'avvenuto ritiro della raccomandata **2.** *disus.* il ricevere qualcosa che ci è stato inviato; *com.* nell'espr. *accusare ricevuta,* dichiarare il ricevimento di qualcosa ‖ **N.** **1.** bolletta, quietanza, scontrino.

ricevùto (*pps.* di *ricevere*) [a. 1348] **I agg.** **1.** avuto, ottenuto **2.** *ant.* riconosciuto, accettato, ammesso: *quella scusa così corrente e ricevuta* (Manzoni) **II sm.** *ant.* la cosa ricevuta: *render conto del ricevuto; vi paghi ... e avvisate del ricevuto* (Caro).

ricezióne o **recezióne** [dal lat. *receptio, -ōnis*; sec. XIV] **sf.** atto ed effetto del ricevere; *in part. T.telecom.* l'azione espletata da ricevitori radio, televisivi, telefonici ecc.: *un apparecchio che consente un'ottima ricezione* ‖ *T.giur.* momento conclusivo di un contratto, in cui l'altra parte riceve la dichiarazione di accettazione ‖ *T.sport.* nella pallavolo, il primo tocco di palla difensivo dopo una battuta o una schiacciata avversaria. **Q.T.** *audiovisivi.*

richèrere e der. forme arc. di RICHIEDERE e der. (v.).

richiamàbile [da *richiamare*; 1872] **agg.** che si può richiamare.

richiamàre [da *chiamare*; 1313 nel senso 2] **tr.** **1.** chiamare di nuovo: *ti ho chiamato e richiamato cento volte: perché non rispondi?; richiamare (alle armi),* chiamare nuovamente in servizio militari in congedo ‖ *in part.* chiamare di nuovo al telefono: *non è in casa: richiami stasera* **2.** chiamare indietro chi si sta allontanando o era lontano: *richiamare il cane, le truppe dislocate alla frontiera; richiamare l'ambasciatore,* farlo rimpatriare in caso di rottura delle relazioni con lo stato in cui risiedeva ‖ *fig.* invitare qualcuno, in modo perlopiù autoritario e con tono di rimprovero, a tornare a una determinata forma di comportamento: *richiamare all'ordine* (v. RICHIAMO), *alla disciplina*; anche *ass.*: *tende a trascendere, per cui i professori lo richiamano continuamente* ‖ *fig.* far tornare in mente, rievocare, citare: *richiamare alla mente una vecchia storia, vorrei richiamare un passo molto famoso* **3.** attirare: *una mostra che ha richiamato un vasto pubblico, fa di tutto per richiamare (su di sé) l'attenzione, vorrei richiamare la vostra attenzione su questo eccezionale prodotto* ‖ **intr. pron.** **1.** rifarsi, riferirsi: *richiamarsi ai classici, a ciò che si è detto in precedenza* **2.** *ant.* dolersi: *né par che ormai del barbaro marito si richiami* (Carducci) ‖ **N.** **tr.** **1.** *Sin.* CHIAMARE.

richiamàta [da *richiamare*; a. 1595 nel senso 2] **sf.** **1.** *T.aer.* manovra di volo, effettuata immediatamente prima del contatto col suolo, per cui la traiettoria del velivolo assume una curvatura verso l'alto **2.** *raro* il richiamare; richiamo.

richiamàto (*pps.* di *richiamare*) [1891] **sm.** **1.** soldato già congedato che è chiamato a prestare nuovamente servizio militare **2.** ciascun ciuffetto di capelli che viene pettinato in una piega diversa da quella naturale, per nascondere la calvizie.

richiamatóre [da *richiamare*; prima metà sec. XIII] **agg.** e **sm.** (f. *-trice*) *raro* che o chi richiama.

richiàmo [da *richiamare*; fine sec. XIII nel senso 2] **sm.** **1.** atto del richiamare e, *concr.*, mezzo con cui si richiama; *in part.* nuova chiamata: *il richiamo alle armi di una classe* ‖ imposizione, ordine di tornare indietro: *il richiamo in sede di un funzionario; per estens. fig.* in espr. tecniche e scientifiche: *dispositivo di richiamo,* che consente di riportare un organo nella sua posizione originaria; *forza di richiamo*, in fisica, tendente a riportare un corpo nello stato di equilibrio dal quale si era allontanato; *vaccinazione di richiamo* (o *ass. richiamo*), iniezione che rafforza lo stato immunitario acquisito con la prima vaccinazione || sollecito ad assumere nuovamente un certo comportamento: *questo discorso vorrebbe costituire un richiamo al vostro senso del dovere*; *ass.* rimprovero e, insieme, provvedimento disciplinare: *fare un richiamo scritto, verbale*; *richiamo all'ordine*, originariamente, nel linguaggio parlamentare, richiamo del presidente all'oratore perché si attenga all'argomento in discussione || appello per attirare l'attenzione, per attrarre a sé: *rispondere ai richiami che si udivano in lontananza*; *fig.* forza d'attrazione, attrattiva: *non è affatto sensibile al richiamo del bel sesso, uno spettacolo di grande richiamo*; *il richiamo della foresta*, il ridestarsi dell'istinto selvatico in un animale addomesticato o, *per estens.*, l'attrazione esercitata dalle vecchie abitudini, dall'ambiente a cui si apparteneva originariamente e sim.; *per estens. concr.* qualunque dispositivo atto, durante la caccia, a far avvicinare la selvaggina alle trappole o al cacciatore (come specchietti per allodole, zimbelli, fischietti ecc.) || sistema di rinvio, di rimando a un altro punto e, *concr.*, il segno grafico utilizzato: *fare un richiamo a pie' di pagina, asterisco, numerino di richiamo*; *simboli di richiamo usati dai correttori di bozze* **2.** *ant.* reclamo || **N. 1.** *Sin.* ammonimento, avvertimento, esortazione, invito, sollecitazione; adescamento, allettamento. **Q.T.** *caccia* **TAV.** *caccia* 5.

richiedènte (*ppr.* di *richiedere*) [1872] **agg.** e **s.** *bur.* che o chi richiede: *i richiedenti dovranno presentare domanda in carta bollata.*

richièdere (arc. *richèrere* o *richièrere*) (pres. *-èdo* ecc., come CHIEDERE) [da *chiedere*; a. 1292] **tr. 1.** chiedere di nuovo: *ti ho chiesto e richiesto di non andare* **2.** chiedere indietro, in restituzione: *gli ho richiesto il libro che gli avevo prestato, ma non lo trova più* **3.** *bur.* chiedere (mediante una procedura determinata): *richiedere il rilascio di un certificato* **4.** esigere, pretendere: *per concorrere a quel posto si richiede la conoscenza di due lingue* || necessitare, aver bisogno, comportare: *un oggetto che richiede una lunga e attenta lavorazione, una traversata che richiede poco tempo, la riuscita di questo progetto richiede l'impegno di tutti voi* **5.** ricercare per acquistare: *un prodotto molto richiesto* || **N.** *Sin.* CHIEDERE, DOMANDARE.

richiediménto [da *richiedere*; sec. XIV] **sm.** *raro* richiesta.

richieditóre [da *richiedere*; 1505] **sm.** (f. *-trice*) *raro* richiedente.

richièrere e der. forme arc. di RICHIEDERE e der. (v.).

richièsta [da *richiedere*; a. 1292 *richesta*] **sf. 1.** atto del chiedere: *una disperata richiesta d'aiuto* **2.** il mezzo con cui si chiede, e spec. il testo scritto in cui si formula una richiesta: *la richiesta va presentata in triplice copia* **3.** ciò che si chiede, spec. in transazioni economiche: *la richiesta per quell'alloggio era veramente eccessiva, le richieste salariali dei lavoratori* **4.** in senso economico, domanda: *di quest'articolo c'è poca richiesta, in questo settore c'è molta richiesta di manodopera* || **N. 1.** *Sin.* istanza, petizione, pretesa **2.** *Sin.* domanda **3.** *Sin.* rivendicazione.

richiùdere (pres. *-ùdo* ecc., come CHIUDERE) [da *chiudere*; 1319 come intr. pron.] **tr. 1.** chiudere di nuovo, chiudere ciò che era stato aperto: *entra e richiudi la porta* **2.** *lett. ant.* racchiudere, circondare: *e ciò non pensa la turba presente / che Tagliamento e Adice richiude* (Dante) || **intr. pron.** chiudersi di nuovo: *la porta, la ferita si è richiusa.*

richiudiménto [da *richiudere*; sec. XIV] **sm.** *raro* il richiudere o il richiudersi.

richiusùra [da *richiudere*; sec. XIV] **sf. 1.** *raro* il richiudere o il richiudersi **2.** *ant.* clausura.

riciclàbile [da *riciclare*; 1983] **agg.** che si può riciclare: *rifiuti riciclabili.*

riciclàggio (pl. *-gi*) [da *riciclare*; 1971] **sm. 1.** recupero e riutilizzazione di sostanze di scarto o di rifiuti: *riciclaggio della carta* **2.** *T.econ.* ritorno in circolazione di denaro proveniente da attività criminose mediante vari passaggi che ne mascherano la provenienza illecita || *riciclaggio dei petrodollari*, rimessa in circolazione sul mercato monetario internazionale di dollari provenienti dai paesi produttori di petrolio, spec. dopo gli aumenti degli anni '70.

riciclàre [dal fr. *recycler*; 1959] **tr. 1.** *T.tecn.* sottoporre a nuova lavorazione produttiva scarti di produzione di lavorazioni precedenti o rifiuti **2.** *per estens. T.econ.* impiegare in nuovi investimenti produttivi le eccedenze finanziarie accumulate con la vendita di un prodotto: *riciclare i petrodollari* || investire in attività finanziarie insospettabili il denaro ricavato da attività criminose.

riciclàto (*pps.* di *riciclare*) [1972] **agg. 1.** rimesso in circolazione **2.** costruito con materiale che ha subito riciclaggio: *carta riciclata* **3.** modificato e utilizzato in maniera diversa rispetto allo scopo primario.

ricìclo [da *riciclare*; 1959] **sm.** *T.tecn.* atto o effetto del riciclare.

ricìngere V. RECINGERE.

rìcino [dal lat. *ricinus*, letter. zecca; 1542] **sm.** pianta dicotiledone delle Euforbiacee, arbustiva nelle regioni tropicali ed erbacea in quelle temperate, dotata di grandi foglie palmate, vistose infiorescenze a grappolo e frutto a capsula spinosa, dal quale si ricava un olio denso usato, spec. in passato, come lassativo e, oggi, nell'industria dei saponi e dei lubrificanti.

ricinolèico (pl. *-ci*) [comp. di *ricino* e (*acido*) *oleico*; 1872] **agg.** *acido ricinoleico*, ossiacido organico presente in natura sotto forma di gliceride nell'olio di ricino.

ricinoleina [da *ricinole*(*ico*); 1959] **sf.** *T.chim.* gliceride contenuto nell'olio di ricino, che costituisce il principio attivo dell'azione purgativa.

ricìnto V. RECINTO.

rickèttsia (pr. [rik'kɛttsja]) [dal n. proprio H.T. *Ricketts*, patologo statunitense che la individuò; 1949] **sf.** *T.biol.* genere di microrganismi unicellulari portatori di varie malattie infettive dell'uomo e di alcuni animali (pidocchi, zecche ecc.).

rickettsiòsi (pr. [rikket'tsjɔzi]) [da *rickettsia*; 1959] **sf.** *T.med.* malattia causata da un microorganismo del genere rickettsia.

rickshaw (ingl., pr. ['rɪkʃɔ:]) [dal giapp. (*jin-*) *rikisha*, letter. veicolo mosso dalla forza di un uomo; 1942 *riscciò*] **sm.** *inv.* risciò. **TAV.** ***carri...* p. 664** 5.

riclassificàre (pres. *ìfico, -ìfichi*) [da *classificare*; 1959] **tr.** classificare di nuovo || ordinare secondo una nuova classifica.

ricògliere (pres. *-òlgo* ecc., come COGLIERE) [da *cogliere*; a. 1292 nel senso 2; 1891 nel senso 1] **tr. 1.** cogliere di nuovo, anche *fig.* **2.** *lett. ant.* raccogliere.

ricoglitùra [da *ricogliere*; 1872] **sf. 1.** *lett. ant.* l'operazione e il tempo in cui si fa la raccolta **2.** riscatto di pegni || **N. 1.** *Sin.* raccolta.

ricognitìvo [da *ricognizione*; 1872 nel senso 2] **agg.** *T.giur.* che effettua un riconoscimento: *atto ricognitivo.*

ricognitóre [da *ricognizione*; 1940] **sm. 1.** velivolo da ricognizione **2.** (f. *-trice*) chi effettua una ricognizione.

ricognizióne (ant. *recognizióne*) [dal lat. *recognitio, -ōnis*; 1575 nel senso 2] **sf. 1.** *T.mil.* operazione esplorativa compiuta per accertare la presenza e l'entità delle forze nemiche in una zona: *ricognizione aerea, marittima*; *andare in ricognizione* **2.** *non com.* atto del riconoscere; riconoscimento || *com. T.giur.* atto di identificazione di una persona o di una cosa o di accertamento della veridicità di un fatto: *la ricognizione della salma, di un debito* || **N. 1.** *Sin.* esplorazione, perlustrazione.

ricognóscere [lat. *recognōscere*; sec. XIV] **tr.** *arc.* riconoscere.

ricollegàre (pres. *-égo, -éghi*) [da *collegare*; a. 1558 come intr. pron.] **tr. 1.** collegare di nuovo, anche *fig.*: *ricollegare due cavi* **2.** collegare, mettere in relazione: *ricollegare una serie di eventi apparentemente a se stanti* || **rifl.** o **intr. pron. 1.** collegarsi di nuovo, anche *fig.*: *ci ricolleghiamo via radio con Roma* **2.** stabilire una relazione di continuità con eventi, figure ecc. del passato: *gli Umanisti si ricollegarono al mondo classico, mi ricollego a quanto è stato detto un momento fa* || **rifl. rec.** essere in reciproca connessione: *le due teorie si ricollegano* || **N. tr.** *Sin.* ricongiungere.

ricolmàre (pres. *-ólmo*) [da *colmare*; 1667 nel senso 2] **tr. 1.** colmare con sovrabbondanza, anche *fig.*: *ricolmare di caramelle, di baci* **2.** *meno com.*, colmare di nuovo || **N.** *Sin.* riempire.

ricolmatùra [da *ricolmare*; 1872] **sf.** *raro* il ricolmare.

ricólmo [da *ricolmare*; a. 1729] **agg.** pienissimo, traboccante, anche *fig.*: *la chiesa era ricolma di fiori, il cuore ricolmo di tristezza* || **N.** colmo.

ricoloràre (pres. *-óro*) (ant. *ricolorire*; pres. *-ìsco, -ìsci*) [da *colorare*; a. 1735] **tr.** colorare di nuovo || **intr. pron.** riprendere colore.

ricòlta V. RACCOLTA.

ricombinànte (*ppr.* di *ricombinare*) [1983] **I agg. 1.** che combina di nuovo **2.** *T.biol. DNA ricombinante*, molecola di DNA che, prelevata da una cellula e poi reinseritavi, si replica, generando un numero infinito di copie con nucleotidi nella sequenza desiderata **II sm.** *T.biol.* in genetica, nuova cellula o nuovo individuo che deriva da una ricombinazione.

ricombinàre (pres. *-ìno*) [da *combinare*; 1600] **tr.** combinare, unire di nuovo cose prima separate || **intr. pron.** e **rifl. rec.** riunirsi.

ricombinazióne [da *ricombinare*; 1934] **sf. 1.** il combinare di nuovo **2.** *T.fis.* combinazione di due corpi con cariche di segno opposto, e conseguente formazione di un corpo neutro **3.** *T.biol.* in genetica, presenza nella progenie di combinazioni di geni diverse da quelle dei genitori.

ricominciaménto [da *ricominciare*; sec. XIV] **sm.** *raro* il ricominciare.

ricominciàre o **rincominciàre** (pres. *-ìncio*) [da *cominciare*; a. 1292] **tr.** cominciare di nuovo, riprendere dopo un'interruzione: *ecco che ricomincia a scocciare!, ho ricominciato da capo la lettera perché non mi piaceva* || **intr.** (aus. *essere* e *avere*) avere di nuovo inizio: *la partita ricomincia tra un quarto d'ora* || *impers.* riprendere: *è ricominciato il bel tempo.*

ricommèttere (pres. *-étto* ecc., come METTERE) [da *commettere*; sec. XIV] **tr. 1.** commettere, fare di nuovo: *ricommise lo stesso sbaglio* **2.** *non com.* mettere di nuovo insieme le parti di un tutto: *ricommettere i frammenti del piatto.*

ricommettitùra [da *ricommettere*; 1872] **sf.** atto del ricommettere (nel senso 2) || *concr.* punto in cui sono stati uniti i pezzi di un tutto: *l'ho incollato, ma si vedono sempre le ricommettiture.*

ricompaginàre (pres. *-àgino*) [da *compaginare*; a. 1704] **tr.** riunire ciò che era stato scompaginato.

ricomparire (pres. *ricompàio* o *ricomparisco* ecc., come COMPARIRE) [da *comparire*; 1640] ***intr.*** (aus. *essere*) comparire di nuovo.

ricompàrsa [da *ricomparire*; 1872] ***sf.*** atto ed effetto del ricomparire.

ricompènsa [da *ricompensare*; a. 1535] ***sf.*** atto del ricompensare: *non so cosa darti per* (o *in*) *ricompensa di ciò che hai fatto* || *concr.* ciò con cui si ricompensa qualcuno: *la ricompensa non è sempre pari al merito, ricompensa al valore militare* (o *civile*), *offrire una ricompensa in denaro* (o, al contrario, *in natura*) || *iron.*: *bella ricompensa ho ricevuto!, per tutta ricompensa mi ha aggredito* || **N.** *Sin.* compenso, contraccambio, gratifica, gratificazione, mercede, onorario, paga, premio, remunerazione, retribuzione, riconoscimento, salario | adeguata, degna, equa, giusta, lauta, misera; inattesa, meritata.

ricompensàbile [da *ricompensare*; 1872] ***agg.*** che può essere ricompensato.

ricompensàre (pres. *-ènso*) [dal lat. tardo *recompensāre*; a. 1342] ***tr.*** dare qualcosa in contraccambio di un servizio prestato o come riconoscimento di comportamenti meritevoli; *in part.* dare come retribuzione *una tantum* (*una lauta ricompensa, ricompensare con un dono, non so come ricompensarti del tuo prezioso aiuto*), o, anche, dare come premio (*per il suo eroismo è stato ricompensato con la croce al valore militare*) || **N.** *Sin.* compensare, premiare, remunerare, retribuire, ricambiare.

ricompensatóre [da *ricompensare*; 1872] ***agg.*** e ***sm.*** (f. *-trice*) che o chi ricompensa.

ricompensazióne [da *ricompensare*; sec. XIV] ***sf.*** *ant.* **1.** ricompensa; compenso **2.** risarcimento.

ricompènso [da *ricompensare*; a. 1527] ***sm.*** *arc.* ricompensazione, risarcimento.

ricomperàre V. RICOMPRARE.

ricomponiménto [da *ricomporre*; 1872] ***sm.*** *raro* ricomposizione.

ricompórre (pres. *-óngo* ecc., come PORRE) [da *comporre*; 1581 nel senso 2] ***tr.*** **1.** ricominciare da capo la composizione di qualcosa (nei vari sensi): *ricomposero la prima pagina per far posto a una notizia dell'ultim'ora, ricompose per intero il secondo movimento* **2.** mettere insieme ordinatamente elementi separati (ma originariamente uniti); ricostruire, anche *fig.*: *ricomporre il puzzle, lo scheletro di un fossile, la sequenza dei fatti; ricomporre un conflitto, un contrasto,* sanarlo, riportando la pace || *per estens. fig.* far assumere nuovamente un aspetto composto: *ricomporre il viso dopo il lungo pianto* || ***rifl.*** e ***intr. pron.*** assumere nuovamente un aspetto composto: *ricomponiti, prima che ti veda in questo stato!* || *fig.* riprendere il controllo di sé: *dopo quella sfuriata si ricompose.*

ricomposizióne [da *ricomporre*; 1872] ***sf.*** atto ed effetto del ricomporre, anche *fig.*: *ricomposizione tipografica; la ricomposizione del consiglio d'amministrazione, di un ministero; la ricomposizione di un conflitto; ricomposizione delle mansioni,* nell'organizzazione del lavoro industriale, la costruzione di un unico compito lavorativo a partire da più mansioni originariamente attribuite a lavoratori diversi || *T.giur. ricomposizione fondiaria,* riunione di più fondi contigui in vista di consentire una migliore utilizzazione dei terreni || *T.ling.* restituzione alla forma primitiva di uno degli elementi di un composto che aveva subito modificazioni fonetiche o d'accento.

ricómpra [da *ricomprare*; 1353 *ricompera* nel senso 2] ***sf.*** **1.** *raro* il ricomprare **2.** *arc.* riscatto || *in part.* redenzione.

ricompràbile [da *ricomprare*; 1872] ***agg.*** che si può ricomprare.

ricompraménto [da *ricomprare*; a. 1311 *ricomperamento*] ***sm.*** *raro* o *arc.* ricompra.

ricompràre (pres. *-ómpro*) (meno com. *ricomperàre*; pres. *-ómpero*) [da *comp(e)rare*; a. 1292 *ricomperare*] ***tr.*** **1.** comprare di nuovo qualcosa di identico o dello stesso tipo di ciò che già si era comprato: *ho ricomprato una lavatrice della stessa marca, perché mi ero trovata molto bene; ho comprato un numero di quella rivista, ma non lo ricomprerò mai più!* **2.** comprare qualcosa da colui al quale la si era precedentemente venduta o, più in gen., da chi l'ha a sua volta comprata: *lui non era soddisfatto e a me mancava; così gliel'ho ricomprato* **3.** *arc.* riscattare || *in part.* redimere dal peccato **4.** *arc.* recuperare, anche *fig.*: *con quel gesto ho ricomprato tutta la sua stima* || **N.** *Sin.* riacquistare.

ricompratóre [da *ricomprare*; a. 1311 *ricomperatore* nel senso 2] ***sm.*** (f. *-trice*) **1.** *non com.* chi ricompra **2.** *arc.* chi riscatta o, *in part.*, chi redime.

ricomùnica [da *ricomunicare*; a. 1400] ***sf.*** *ant. T.eccl.* assoluzione dalla scomunica.

ricomunicàre (pres. *-ùnico, -ùnichi*) [da *comunicare*; a. 1348 nel senso 2] ***tr.*** **1.** comunicare di nuovo: *hanno ricomunicato l'avvenuta nomina* **2.** *ant. T.eccl.* assolvere dalla scomunica || ***intr. pron.*** fare di nuovo la comunione.

riconcentraménto [da *riconcentrare*; a. 1694] ***sm.*** *non com.* il riconcentrare e il riconcentrarsi.

riconcentràre (pres. *-èntro*) [da *concentrare*; 1690] ***tr.*** **1.** concentrare di nuovo, anche *fig.*: *riconcentrare le forze in un punto rivelatosi strategico, riconcentrò tutti gli sforzi sullo scopo che si era prefisso all'inizio* **2.** concentrare maggiormente: *riconcentrare una miscela* || ***rifl.*** raccogliersi nuovamente o maggiormente in se stesso.

riconciliàbile [da *riconciliare*; 1872] ***agg.*** che si può riconciliare.

riconciliaménto [da *riconciliare*; a. 1363] ***sm.*** *raro* riconciliazione.

riconciliàre (ant. *reconciliare*) (pres. *-ìlio*) [dal lat. *reconciliāre*; fine sec. XIII] ***tr.*** **1.** conciliare, mettere di nuovo d'accordo; rappacificare: *riconciliare i due fratelli; riconciliare qualcuno con Dio,* assolverlo dai suoi peccati **2.** procurare nuovamente, far riacquistare: *il suo gesto gli ha riconciliato la generale simpatia* || ***rifl. rec.*** tornare in buoni rapporti, rappacificarsi || **N. 1.** *Sin.* conciliare.

riconciliatóre [dal lat. *reconciliator, -ōris*; a. 1311] ***agg.*** e ***sm.*** (f. *-trice*) che o chi riconcilia.

riconciliatòrio (pl. *-ri*) [da *riconciliatore*; 1835] ***agg.*** *raro* che tende alla riconciliazione || proprio della riconciliazione, relativo ad essa.

riconciliazióne [dal lat. *reconciliatio, -ōnis*; sec. XIV] ***sf.*** atto ed effetto del riconciliare e del riconciliarsi || *T.giur.* ripresa della vita in comune da parte di coniugi separati || *T.eccl. riconciliazione della Chiesa,* rito con cui la Chiesa riabilita all'esercizio del culto un luogo sacro profanato o riammette alla sua funzione un chierico interdetto; *sacramento della riconciliazione,* altra denominazione del sacramento della penitenza, introdotta dal Concilio Vaticano Secondo || **N.** *Sin.* pacificazione, rappacificazione.

ricòndito [dal lat. *reconditus,* rinascosto; 1600] ***agg.*** *arc.* recondito.

ricondótta [da *ricondurre*; a. 1540] ***sf.*** **1.** *raro* il ricondurre **2.** *arc.* riconferma in un incarico retribuito || rafferma militare.

ricondùcere V. RICONDURRE.

riconducìbile [da *ricondurre,* sul modello di *conducibile*; 1967] ***agg.*** che si può ricondurre: *elementi riconducibili ad un unico aspetto.*

ricondùrre (arc. *ricondùcere*) (pres. *-ùco* ecc., come CONDURRE) [da *condurre*; a. 1557 nel senso 2] ***tr.*** **1.** condurre di nuovo: *ci ricondusse al solito locale* **2.** condurre indietro, al luogo di provenienza: *il pullman ricondurrà i bambini a scuola, ricondurre l'evaso in carcere* || *fig.* riportare al punto o allo stato di partenza: *ricondurre il discorso alla questione centrale, ricondurre qualcuno alla ragione, sulla retta via; ricondurre un peccatore a Dio,* redimerlo || far derivare, mettere in relazione con la causa o ragione: *ricondurre il teorema agli assiomi, la situazione politica alle sue radici sociali* **3.** *arc.* riconfermare in un incarico retribuito || ***intr. pron.*** *ant.* tornare in un luogo || **N. 2.** *Sin.* riaccompagnare, rimenare; riportare.

riconduttóre [da *ricondurre*; 1872] ***agg.*** e ***sm.*** (f. *-trice*) *raro* che o chi riconduce.

riconduzióne [da *ricondurre*; 1872 nel senso 2] ***sf.*** **1.** il ricondurre (spec. fig.) **2.** *T.giur.* rinnovo del contratto di locazione, in caso di mancata disdetta alla scadenza.

riconférma [da *riconfermare*; a. 1704] ***sf.*** ulteriore conferma: *sollecitare la riconferma in un incarico.*

riconfermàbile [da *riconfermare*; 1872] ***agg.*** che si può riconfermare.

riconfermàre (pres. *-érmo*) [da *confermare*; a. 1348 nel senso 2] ***tr.*** **1.** confermare di nuovo, dare nuova conferma: *fu riconfermato nella carica* **2.** rendere più fermo, anche *fig.*: *riconfermare la propria fede* || ***rifl.*** e ***intr. pron.*** **1.** dare nuova conferma di se stessi: *si riconfermò campione* **2.** rafforzarsi in un atteggiamento, una convinzione e sim.: *si è riconfermato nella sua opinione.*

riconfermazióne [da *riconfermare*; 1353] ***sf.*** *raro* riconferma.

ricongiùngere (pres. *-ùngo* ecc., come GIUNGERE) [da *congiungere*; 1308 *ricongiungnere*] ***tr.*** congiungere di nuovo, anche *fig.*: *ricongiungere due parti* || ***rifl.*** riunirsi: *ricongiungersi alla famiglia* || ***rifl. rec.*** *i coniugi si sono ricongiunti* || **N.** *Sin.* ricollegare, riconnettere.

ricongiungiménto [da *ricongiungere*; 1598] ***sm.*** atto ed effetto del ricongiungere e del ricongiungersi || **N.** *Sin.* riunione.

ricongiunzióne [da *ricongiungere*; a. 1375] ***sf.*** ricongiungimento, spec. rif. a cose materiali.

riconnèttere o **riconnéttere** (pres. *-ètto* o *-étto* ecc., come ANNETTERE) [da *connettere*; 1865] ***tr.*** connettere di nuovo: *riconnettere due circuiti, i propri pensieri* || ***rifl.*** e ***intr. pron.*** ricollegarsi: *i due eventi si riconnettono* || **N.** *Sin.* ricollegare, ricongiungere.

riconoscènte (*ppr.* di *riconoscere*) [a. 1311] ***agg.*** che nutre riconoscenza.

riconoscènza [da *riconoscere*; sec. XIV] ***sf.*** sentimento che si prova nei confronti di chi ci ha fatto del bene: *ho un grosso debito di riconoscenza nei suoi confronti, vorrei esprimerle tutta la mia riconoscenza per l'aiuto che mi ha dato* || **N.** *Sin.* gratitudine.

riconóscere (pres. *-ósco* ecc., come CONOSCERE) [lat. *recognoscere*; a. 1292 nel senso 3] ***tr.*** **1.** identificare, individuare come qualcuno o qualcosa che già si conosce: *si travestì per non farsi riconoscere, riconobbe il luogo, sa riconoscere il mio passo*; nel modo di dire *non riconoscere più qualcuno,* rif. a persona molto cambiata nel fisico o, più spesso, nei modi o nel carattere: *non ti riconosco più* **2.** *per estens.* identificare, distinguere sulla base di determinate caratteristiche: *farsi riconoscere esibendo un documento d'identità, non riesco mai a riconoscere i due gemelli, non riconoscere il vero dal falso, l'originale dalla copia* || anche rif. non a un singolo individuo ma a un tipo, una categoria di enti: *riconoscere un animale dalle orme, i gentiluomini si riconoscono subito* **3.** ammettere, accettare: *riconosco che hai ragione, che può essere pericoloso, di avere fatto degli errori, riconoscere le doti di una persona, la paternità di un'opera; lo riconobbero come loro capo; riconoscere un figlio,* dichiarare davanti alla legge di esserne il padre o la madre || *per restr.* accettare come legalmente valido: *un diploma non riconosciuto in Italia; riconoscere un governo,* prendere atto della sua legittimità **4.** *arc.* esplorare: *riconoscere un paese* || *T.mil.* verificare le condizioni di qualcosa (in part. luoghi) || ***rifl.*** con compl. predicativo dell'oggetto, ammettere il proprio stato o qualità: *riconoscersi colpevole* || ***rec.*** riconoscersi l'un l'altro || **N.** ***tr.*** **1.** *Sin.* raffigurare, ravvisare **2.** *Sin.* discernere | *Contr.* confondere **3.** *Sin.* accogliere, approvare, confessare, convenire | *Contr.* disapprovare; disconoscere, eludere, misconoscere, negare, respingere **4.** *Sin.* ispezionare, perlustrare.

riconoscìbile [da *riconoscere*; 1699] ***agg.*** **1.** che si può riconoscere, identificabile: *la casa è riconoscibile dalle persiane verdi* **2.** facile da riconoscere: *una voce molto riconoscibile* || **riconoscibilménte** ***avv.*** in modo riconoscibile || palesemente: *era riconoscibilmente la migliore* || **N.** **1.** *Sin.* discernibile, distinguibile, individuabile **2.** *Sin.* evidente, palese | *Contr.* irriconoscibile.

riconosciménto [da *riconoscere*; 1570] ***sm.*** l'atto di riconoscere; *in part.* ammissione: *il riconoscimento delle proprie colpe;* presa d'atto in senso giuridico: *riconoscimento di un figlio naturale, dei diritti dei lavoratori;* identificazione: *tesserino di riconoscimento, segni di riconoscimento di un aereo;* presa d'atto del valore di qualcuno o qualcosa: *gli fu attribuito un premio in riconoscimento dei suoi meriti; concr. per meton.* ciò che testimonia del riconoscimento dei meriti di qualcuno: *un riconoscimento in denaro* || **N.** *Sin.* attestazione, testimonianza.

riconoscitìvo [da *riconoscere*; 1608] ***agg.*** *raro* atto a far riconoscere.

riconoscitóre [da *riconoscere*; a. 1527] ***agg.*** e ***sm.*** (f. *-trìce*) che o chi riconosce (in tutti i sensi) || *in part.* dispositivo che riconosce: *riconoscitore acustico, ottico, sintattico, di forme.*

riconquìsta [da *riconquistare*; a. 1694] ***sf.*** il riconquistare: *la riconquista della libertà* || *per anton.* la riconquista della Spagna occupata dai Saraceni effettuata intorno al 1230 da Alfonso I.

riconquistàre [da *conquistare*; sec. XIV] ***tr.*** conquistare di nuovo: *riconquistare il titolo per la terza volta consecutiva* || *per restr.* conquistare di nuovo ciò che si era perduto: *riconquistare il bene dell'amata.*

riconségna [da *riconsegnare*; 1872] ***sf.*** l'atto di riconsegnare || **N.** *Sin.* restituzione, ritorno.

riconsegnàre (pres. *-égno*) [da *consegnare*; a. 1484] ***tr.*** **1.** consegnare di nuovo **2.** consegnare ciò che si era ricevuto; restituire: *il poliziotto ci riconsegnò i documenti.*

riconsideràre (pres. *-ìdero*) [da *considerare*; a. 1565] ***tr.*** considerare di nuovo, riprendere in considerazione || **N.** *Sin.* rivisitare.

riconsigliàre (pres. *-ìglio*) [da *consigliare*; 1374] ***tr.*** consigliare di nuovo || ***rifl.*** *poet.* riproporsi di fare qualcosa o proporsi qualcosa di nuovo: *ogni animal d'amar si riconsiglia* (Petrarca).

ricónto [da un ant. *ricontare*, iter. di *contare*; 1340 ca.] ***sm.*** *ant.* riepilogo, ricapitolazione.

riconvenìre (pres. *-èngo* ecc., come VENIRE) [da *convenire*; a. 1565] ***tr.*** *T.giur.* di chi sia stato accusato, citare a sua volta in giudizio l'accusatore || ***intr.*** (aus. *avere*) convenire di nuovo.

riconvenzionàle [da *riconvenzione*; 1940] ***agg.*** *T.giur.* di riconvenzione: *giudizio riconvenzionale.*

riconvenzióne [da *riconvenire*; 1566 *reconvenzione*] ***sf.*** **1.** *T.giur.* nel processo civile, istituto in base al quale il convenuto promuove, nell'ambito della stessa lite, un'azione contro l'attore, affinché questa venga decisa nello stesso processo **2.** *arc.* rimprovero.

riconversióne [da *riconvertire*, sul modello dell'ingl. *reconvertion*; 1950] ***sf.*** atto ed effetto del riconvertire || *in part. T.econ.* riadattamento di un impianto, o di un intero sistema produttivo, a nuove esigenze: *la riconversione industriale nel dopoguerra.*

riconvertìre (pres. *-èrto* ecc., come CONVERTIRE) [da *convertire*; a. 1556] ***tr.*** convertire di nuovo (in tutti i sensi) || ***rifl.*** *T.econ.* operare una riconversione: *riconvertirsi all'alta tecnologia* || convertirsi di nuovo.

ricopèrta [da *ricoprire*; 1353] ***sf.*** *arc.* **1.** atto del ricoprire; ricopertura, occultamento **2.** *concr.* copertura || *fig.* scusa, pretesto.

ricopertùra [da *ricoprire*; 1603] ***sf.*** **1.** atto del ricoprire **2.** *concr.* ciò con cui si ricopre; copertura.

ricòpia [da *ricopiare*; 1872] ***sf.*** *ant. raro* ricopiatura.

ricopiàre (pres. *-òpio*) [da *copiare*; a. 1595] ***tr.*** **1.** copiare o copiare di nuovo: *ricopiare il compito in bella* **2.** *per estens. raro* imitare.

ricopiatóre [da *ricopiare*; 1872] ***sm.*** (f. *-trìce*) *non com.* chi ricopia.

ricopiatùra [da *ricopiare*; a. 1594] ***sf.*** operazione e risultato del ricopiare.

ricoprìbile [da *ricoprire*; a. 1712] ***agg.*** che si può ricoprire.

ricopriménto [da *ricoprire*; a. 1406] ***sm.*** *raro* ricopertura.

ricoprìre (poet. *ricovrire*) (pres. *-òpro* ecc., come COPRIRE) [da *coprire*; 1313 nel senso 2] ***tr.*** **1.** coprire di nuovo: *ricopri il bimbo quando si scopre* **2.** coprire interamente: *ricoprire il tetto di catrame, il riccio della castagna è ricoperto di spine* || *fig.* riempire, colmare: *ricoprire qualcuno di insulti, di baci* **3.** *in part.* coprire per nascondere, per occultare, anche *fig.*: *ricoprire la salma, le magagne* **4.** *fig.* di incarico, ufficio e sim., occupare, rivestire: *ricopre un'importante carica statale* || ***rifl.*** **1.** coprirsi di nuovo **2.** *ant.* assicurarsi nei confronti dei propri creditori || rifarsi di una spesa || ***rec.*** coprirsi a vicenda; *in part.* sovrapporsi in tutto o in parte: *i due insieme si ricoprono* || **N.** COPRIRE.

ricopritóre [da *ricoprire*; fine sec. XIII] ***sm.*** (f. *-trìce*) *raro* chi ricopre.

ricopritùra [da *ricoprire*; 1891] ***sf.*** *raro* ricopertura.

ricorcàre (pres. *-òrco, -òrchi*) [da *cor(i)care*; 1319] ***tr.*** *arc.* ricoricare.

ricordàbile [da *ricordare*; 1872] ***agg.*** *raro* che si può o si deve ricordare || **ricordabilménte** ***avv.*** *raro* memorabilmente || **N.** *Sin.* memorabile, memorando.

ricordànza [dal lat. tardo *recordantia*; a. 1294] ***sf.*** *arc.* **1.** *poet.* il ricordo o la rievocazione del passato: *lasciare ricordanza di sé ai posteri; dove sei gita, Che qui sola di te la ricordanza Trovo, dolcezza mia?* (Leopardi) **2.** pegno: *fa domandare il tabarro lasciato per ricordanza* (Boccaccio) || **N.** RICORDO.

ricordàre (pres. *-òrdo*) [dal lat. *recordāri*; a. 1292] ***tr.*** **1.** rif. a evento o cosa del passato, averla presente alla mente o essere in grado di richiamarvela: *ricordo bene il suo volto, ricordi quella vacanza al mare?, non ricordo che tu me l'abbia mai detto, di averlo sentito dire; che cos'hai fatto ieri pomeriggio? non ricordo* **2.** far ricordare, richiamare alla mente di qualcuno: *gli ho ricordato i giorni felici trascorsi insieme* || rif. a impegni, incombenze ecc., far presente: *gli ho ricordato la sua promessa, ricordami di imbucare quella lettera* **3.** rievocare, richiamare all'attenzione nominando: *ogni volta che ci incontriamo ti ricordiamo con affetto, ricordatemi nelle vostre preghiere* || commemorare: *una lapide ricorda i caduti* **4.** far venire in mente per via di una somiglianza, assomigliare vagamente: *nel* (o *per il*) *modo di camminare ricorda suo padre, la sua voce ricorda quella della madre* || ***intr. pron.*** (e *fam.* ***tr. pron.***) aver presente alla mente: *mi ricordo bene* (*di*) *quel tale, non mi ricordo di esserci mai stato, qual è la capitale del Nepal? non me lo ricordo* || essere consapevole, tener presente: *ricordati che gli altri hanno i tuoi stessi diritti* || rif. ad azioni, non dimenticare di eseguirle: *ricordati di telefonare* || rif. a persone, averne presenti le esigenze ed agire di conseguenza: *ricordati di lui, mi sono ricordato del suo cuore e non gli ho fatto fare le scale; ricordarsi di qualcuno nel proprio testamento,* lasciargli qualcosa in eredità || **N.** ***tr.*** *Sin.* rammentare, rimembrare | *Contr.* dimenticare, obliare, scordare | memoria, ricordo.

ricordatìvo [da *ricordare*; 1872] ***agg.*** *lett. raro* **1.** atto a ricordare, a commemorare **2.** degno di essere ricordato; memorabile.

ricordatóre [da *ricordare*; sec. XIV] ***sm.*** (f. *-trice*) *raro* chi ricorda.

ricordazióne [dal lat. *recordātio, -ōnis*; a. 1342] ***sf.*** *arc.* ricordo.

ricordévole [da *ricordare*; 1342] ***agg.*** *ant.* **1.** che si ricorda, memore **2.** memorabile || **ricordevolménte** ***avv.*** *ant.*

ricordìno (*dim.* di *ricordo*) [a. 1767] ***sm.*** **1.** oggettino che serve a ricordare qualcuno o qualcosa, o che si regala per farsi ricordare: *accetta questo mio ricordino, ho portato qualche ricordino dal mio viaggio* || *in part.* cartoncino cui è applicata la foto di un defunto o immaginetta sacra che ricorda la prima comunione o la cresima di qualcuno **2.** *raro* appunto, annotazione.

ricòrdo [da *ricordare*; a. 1348] **I** ***sm.*** **1.** atto del ricordare (nel senso 1) o del venire ricordato: *fatti degni di ricordo* || nelle loc. *in, a ricordo,* per tener vivo il ricordo: *mi ha lasciato una sua foto in ricordo, un monumento eretto a ricordo dei caduti* **2.** *concr.* contenuto della memoria, traccia di cose, persone o vicende passate: *conservo un buon ricordo di lui, ho solo un vago ricordo dell'accaduto, vivere di ricordi* **3.** *concr.* ciò che ricorda qualcosa o qualcuno; *in part.* ricordino, *souvenir* || oggetto cui è legato il ricordo di qualcosa o qualcuno e che si conserva per il suo valore affettivo: *un caro ricordo di famiglia* || *disus.* annotazione, appunto || *per estens.* segno che rimane come conseguenza (spec. spiacevole) di un fatto passato: *una malattia cronica, ricordo della vita in trincea, l'incidente gli ha lasciato un brutto ricordo sul viso* **II** in funzione di ***agg. inv.*** (sempre posposto), che serve a ricordare: *fotografie ricordo* || *dim.* ricordìno, ricordùccio || **N.** **1.** *Sin.* reminiscenza, rimembranza, MEMORIA | *Contr.* dimenticanza, oblio | memorabile, memorando | immemore / memore **2.** *Sin.* reminiscenza, rimembranza | chiaro, confuso, dolce, doloroso, gradito, lieto, lontano, pallido, sbiadito, soave, vivo **3.** *Sin.* appunto, memento, nota.

ricòrre [da *corre*, var. di *cogliere*; a. 1320] ***tr.*** *poet. ant.* ricogliere.

ricorrènte (*ppr.* di *ricorrere*) [a. 1729] **I** ***agg.*** **1.** che si ripete periodicamente nel tempo: *fenomeni economici ricorrenti, temi ricorrenti nella letteratura del Novecento; T.med. febbri ricorrenti* || *per estens.* che si ripete a intervalli più o meno regolari nello spazio: *fregi ricorrenti; T.anat. nervo ricorrente,* ramo del nervo vago che dal torace risale per raggiungere la laringe **2.** *T.mat. disus.* ricorsivo **3.** *T.giur.* che fa o ha fatto ricorso **II** ***s.*** *T.giur.* chi fa o ha fatto ricorso || **N.** **I** **1.** *Sin.* intermittente, periodico | *Contr.* continuo, incessante, ininterrotto.

ricorrènza [da *ricorrere*; 1640] ***sf.*** **1.** ritorno periodico nel tempo: *studiare la ricorrenza di un fenomeno* **2.** *concr.* avvenimento che periodicamente si ripete: *la ricorrenza dell'onomastico* || festività periodica, ricorrente: *ricorrenze religiose, civili* || **N.** **2.** anniversario, biennale, triennale ecc.; decennale, ventennale, trentennale ecc.; centenario, bicentenario ecc.

ricórrere (pres. *-órro* ecc., come CORRERE) [lat. *recurrere*, letter. correre in direzione contraria; a. 1292] **intr.** (aus. *essere*) **1.** rivolgersi a qualcuno per ottenerne aiuto: *quando è a corto di soldi ricorre a sua madre, ricorse allo psicanalista, alle autorità* || *per estens. fig.* rif. a cose, fare uso, avvalersi per i propri scopi: *al culmine della crisi dovette ricorrere ai tranquillanti, nel tradurre ricorre spesso al dizionario, non sapendosela cavare ricorse all'inganno* || *in part. T.giur.* e *T.bur.* fare ricorso: *ricorrere in appello* **2.** di eventi che si ripetono a intervalli regolari, tornare ad accadere: *domani ricorre l'anniversario del nostro matrimonio* || presentarsi, comparire: *nei suoi scritti ricorrono spesso voci dialettali, un motivo ornamentale che ricorre lungo tutto il basamento* **3.** correre indietro: *sono dovuto ricorrere a casa* || *raro* correre di nuovo: *ricorri a cercarlo!* || **tr. 1.** correre di nuovo: *la tappa, sospesa per pioggia, si ricorrerà domenica prossima* **2.** *ant.* tornare a correre in escursione o scorreria: *l'esercito corse e ricorse il paese seminando il terrore* || **N. intr. 1.** *Sin.* affidarsi, appellarsi, indirizzarsi, invocare; adoperare, servirsi, utilizzare, valersi **2.** *Sin.* ripresentarsi.

ricorrezióne [da *correzione*; 1872] **sf.** *non com.* nuova correzione.

ricorriménto [da *ricorrere*; sec. XIV] **sm.** *raro* atto ed effetto del ricorrere (in tutti i sensi) || **N.** *Sin.* ricorrenza, ricorso.

ricorsióne (meno com. *recursióne*) [dall'ingl. *recursion*; 1972] **sf.** *T.mat.* procedimento che consente di calcolare progressivamente nuovi valori di una funzione data, riapplicando sempre la stessa regola al risultato precedente.

ricorsività (raro *recursività*) [da *ricorsivo*; 1970] **sf. 1.** *T.mat. teoria della ricorsività*, studio sistematico delle funzioni ricorsive **2.** proprietà di ciò che è ricorsivo: *ricorsività di una regola, di un algoritmo.*

ricorsivo (ant. *recorsivo*) [dall'ingl. *recursive*; 1959 *recorsivo*] **agg. 1.** *T.mat. funzione ricorsiva*, funzione di cui si possono calcolare progressivamente i valori a partire dai valori della precedente; *insieme ricorsivo*, la cui funzione caratteristica è ricorsiva **2.** *T.ling.* di regola che può essere applicata al risultato di una sua applicazione.

ricórso [dal lat. *recursus*; a. 1540] **sm. 1.** atto del ricorrere a qualcuno o a qualcosa: *fare ricorso a un amico per un consiglio, fece ricorso a farmaci sempre più potenti, disapprovare ogni ricorso alle armi* || *in part. T.giur.* e *T.bur.* atto con cui una parte si rivolge, con una domanda orale o scritta, a un organo amministrativo o giudiziario per presentare una richiesta: *ricorso per cassazione*, tipo di impugnazione processuale ordinaria; *per meton.* il documento con cui si presenta la domanda: *presentare il ricorso all'ufficio competente* **2.** il ripetersi di qualcosa a intervalli più o meno regolari: *corsi e ricorsi storici* || **N. 1.** *Sin.* appello, domanda, petizione, reclamo, richiesta, supplica **2.** *Sin.* periodicità, ricorrenza, ritorno.

ricorsóio (pl. *-ói*) [da *corsoio*; a. 1484] **agg.** *arc.* che va avanti e indietro: *canapo ricorsoio*, scorsoio || nella loc. *a ricorsoio*, smodatamente, eccessivamente: *bere a ricorsoio*, a più non posso; *bollire a ricorsoio*, impetuosamente.

ricostituènte (*ppr.* di *ricostituire*) [1891] **I agg.** *fig.* che ricostituisce: *cura ricostituente* **II sm.** denominazione generica di preparati farmaceutici rinvigorenti || **N.** I *Sin.* corroborante, energetico, rivitalizzante | *Contr.* debilitante.

ricostituìre (pres. *-ìsco, -ìsci*) [da *costituire*; sec. XIV] **tr. 1.** costituire nuovamente: *ricostituire la società disciolta* || costituire su nuove basi: *ricostituire il governo* **2.** *per estens. fig.* rinvigorire, ridare forza a un organismo debilitato || **intr. pron. 1.** costituirsi di nuovo: *il partito si è ricostituito* **2.** *fig.* rinvigorirsi || **N. tr. 1.** *Sin.* restaurare, ricomporre, riedificare, rifare, ripristinare **2.** *Sin.* corroborare, rafforzare, rinforzare.

ricostituito (*pps.* di *ricostituire*) [1606] **agg.** sottoposto a ricostituzione || *T.ind.* detto di materiale o sostanza che, mediante opportuni trattamenti, si ottiene da quella originale: *latte ricostituito*, ottenuto dal burro; *olio ricostituito*, ottenuto tramite esterificazione di acidi grassi; *legno ricostituito*, ottenuto tramite sfibratura e successivo riagglomeramento di pezzi di legno.

ricostituzióne [da *costituire*; 1872] **sf.** atto ed effetto del ricostituire e del ricostituirsi.

ricostruìre (pres. *-ìsco, -ìsci* ecc., come COSTRUIRE) [da *costruire*; 1804] **tr. 1.** costruire di nuovo, e in part. costruire (più o meno uguale a come era) un edificio crollato o abbattuto: *ricostruire il muro di cinta* || *fig.* restaurare: *ricostruire l'economia nazionale dopo il crollo, la pace tra le nazioni* **2.** riprodurre: *ha ricostruito nel film la vita in un'abbazia medievale* **3.** in archeologia, paleografia e sim., completare una struttura giuntaci mutilata o alterata, sulla base di frammenti, descrizioni attendibili ecc.: *ricostruire un antico tempio, un manoscritto* || *fig.* desumere l'andamento di fatti o situazioni sulla base di elementi parziali o indiretti: *ricostruire la meccanica dell'incidente, la successione dei fatti, la scena del delitto* || **N. 1.** *Sin.* riedificare.

ricostruttóre [da *ricostruire*; 1872] **agg.** e **sm.** (f. *-trìce*) che o chi ricostruisce, anche *fig.*: *politica ricostruttrice.*

ricostruzióne [da *ricostruire*; 1872] **sf. 1.** atto del ricostruire, anche *fig.*: *la ricostruzione di uno pneumatico*, l'applicazione di un nuovo battistrada sulla sua carcassa || *T.econ.* insieme degli interventi volti a riorganizzare la struttura gravemente danneggiata di un sistema produttivo || *T.ling.* deduzione, a partire da corrispondenze in lingue diverse di elementi lessicali e grammaticali, delle forme originarie di una data lingua o di un gruppo di lingue **2.** *concr.* la cosa o la parte ricostruita: *l'ala destra dell'edificio è una ricostruzione* || **N. 1.** *Sin.* riedificazione, rifacimento.

ricòtta [da *ricuocere*; a. 1320] **sf. 1.** prodotto caseario ottenuto riscaldando il siero del latte proveniente dai residui della produzione del formaggio: *una forma di ricotta, ravioli alla ricotta* **2.** *fig.* in espr. che, per analogia con la mollezza della ricotta, alludono alla debolezza fisica o morale di qualcuno: *avere le mani di ricotta, un uomo di ricotta* || *dim.* ricottìna.

ricottàio (pl. *-ài*) [da *ricotta*; 1891] **sm.** (f. *-a*) **1.** *non com.* venditore di ricotta **2.** *raro* gran mangiatore di ricotta.

ricottùra [da *ricuocere*; 1929] **sf.** operazione del ricuocere: *la ricottura della minestra, dell'acciaio.*

ricoveraménto [da *ricoverare*; a. 1363] **sm.** *raro* il ricoverare, ricovero.

ricoveràre (pres. *-óvero*) [lat. *recuperāre*, recuperare; a. 1292 nel senso 3] **tr. 1.** fare entrare, accogliere in un luogo di cura o di assistenza: *ricoverare d'urgenza il ferito, ha fatto ricoverare il padre in un ospizio* || *meno com.* internare, rinchiudere: *lo ricoverarono in riformatorio* **2.** *disus.* offrire rifugio, asilo, protezione: *lo ricoverai in casa, ricoverare le pecore nell'ovile* **3.** *arc.* recuperare || riscattare || **rifl.** e **intr. pron.** trovare ricovero: *gli escursionisti si ricoverarono in una grotta* || **N. rifl.** e **intr. pron.** *Sin.* rifugiarsi.

ricoveràto (*pps.* di *ricoverare*) [1872] **sm.** (f. *-a*) degente di luoghi di cura od ospite di luoghi d'assistenza: *orario di visita dei ricoverati.*

ricoveratóre [da *ricoverare*; 1618 *ricovratore*] **agg.** e **sm.** (f. *-trìce*) *raro* che o chi ricovera.

ricóvero [da *ricoverare*; sec. XIV nel senso 3] **sm. 1.** atto del ricoverare: *si è reso necessario il ricovero urgente del malato, compilare il foglio di ricovero* **2.** *concr.* istituto assistenziale per indigenti, orfani ecc.: *ricovero per vecchi, per i senzatetto* **3.** luogo o ambiente che offre riparo e protezione: *allestire un ricovero improvvisato con rami e teli per passare la notte* || locale di una fortificazione destinato ad accogliere le truppe || *T.zoot.* costruzione adibita al riparo degli animali || **N. 2.** brefotrofio, gerontocomio, ospizio **3.** *Sin.* asilo, ricetto, rifugio, riparo.

ricovrìre e der. v. RICOPRIRE e der.

ricreaménto [da *ricreare*; a. 1363 *ricriamento*] **sm.** *raro* ricreazione.

ricreàre (pres. *-èo*) [dal lat. *recreāre*; sec. XIV] **tr. 1.** creare di nuovo: *ricreare un'organizzazione* || riprodurre: *è riuscito a ricreare l'atmosfera dell'epoca* **2.** *fig.* divertire, rilassare, svagare (anche *ass.*): *passatempi per ricreare i bambini; un silenzio che ricrea* **3.** *fig.* ristorare, ritemprare: *letture per ricreare lo spirito, il riposo ricrea le forze, il fisico* || **rifl.** svagarsi, rilassarsi divertendosi.

ricreativo [da *ricreare*; sec. XIV] **agg.** che serve a ricreare (nel senso 2): *giochi ricreativi, circolo ricreativo.*

ricreatóre [dal lat. tardo *recreātor, -ōris*; sec. XIV] **sm.** (f. *-trìce*) *raro* chi ricrea.

ricreatòrio (pl. *-ri*) [da *ricreare*; 1891] **I agg.** ricreativo **II sm.** *disus.* istituto o locale per la ricreazione dei ragazzi, sotto la sorveglianza di personale addetto.

ricreazióne [dal lat. tardo *recreātio, -ōnis*; a. 1600] **sf. 1.** *non com.* nuova creazione: *l'opera d'arte come ricreazione del vero attraverso la personalità dell'artista* **2.** *fig.* pausa o attività ricreativa, distensiva; svago: *dopo tre ore di scuola facciamo venti minuti di ricreazione* || *per meton. non com.* ciò che ricrea: *lo sport è un'ottima ricreazione* || **N. 2.** *Sin.* distensione, *relax*, riposo, ristoro.

ricredènte (*ppr.* di *ricredere*) [sec. XIV] **agg.** *arc.* che si ricrede: *rendersi ricredente* || *per estens.* incerto, esitante.

ricrédere (pres. *-édo* ecc., come CREDERE) [da *credere*; a. 1250] **intr. pron.** mutare opinione rispetto a qualcosa o a qualcuno, riconoscendo di essersi sbagliati: *ti ricrederai ben presto sul suo conto, mi vedo costretto a ricredermi circa l'utilità della cosa* || **intr.** (aus. *avere*) *raro* credere di nuovo: *ora ci ricredo* || **N. intr. pron.** *Sin.* disingannarsi.

ricredùto (*pps.* di *ricredere*) [fine sec. XIII] **agg.** *ant.* disingannato: *poi si partì sí come ricreduta* (Dante).

ricréscere (pres. *-ésco* ecc., come CRESCERE) [da *crescere*; a. 1320] **intr.** (aus. *essere*) **1.** riprendere a crescere, ad aumentare, dopo aver smesso di farlo: *lozioni per far ricrescere i capelli, sentivo ricrescere in lui la rabbia* || più in gen., crescere di nuovo: *in quel prato le erbacce ricrescono tutti gli anni* **2.** *dial. raro* aumentare di dimensioni: *la pasta ricresce in cottura* || **tr.** *raro* accrescere di nuovo o di più.

ricresciménto [da *ricrescere*; 1625] **sm.** *raro* ricrescita.

ricréscita [da *ricrescere*; 1872] **sf.** *non com.* atto ed effetto del ricrescere; nuova crescita, aumento.

ricristallizzàre [da *cristallizzare*; 1959] **tr.** sottoporre a ricristallizzazione || **intr.** (aus. *avere*) subire una ricristallizzazione.

ricristallizzazióne [da *ricristallizzare*; 1959] **sf. 1.** *T.min.* nuova cristallizzazione in seguito alla quale vengono eliminate le impurità precedenti **2.** *T.metal.* in un metallo, mutamento della struttura cristallina in seguito a riscaldamento.

ricrociàto [da *crociato*; 1872] **agg.** *T.arald.* di croce i cui quattro bracci terminano a loro volta con croci.

ricsiò o **ricsò** v. RISCIÒ.

rictus (lat., pr. it. ['riktus]) [letter. apertura della bocca; 1891] **sm. inv.** *T.med.* contrazione spasmodica dei muscoli della bocca, con l'effetto di un sorriso forzato.

ricuciménto [da *ricucire*; a. 1698] **sm.** *raro* ricucitura (solo nel senso 1).

ricucìre (pres. *-ùcio*) [da *cucire*; a. 1320] **tr.** cucire di nuovo ciò che si è scucito || *più com.* cucire per riparare uno strappo, una cucitura e sim.: *ricucire uno strappo nella manica, i buchi nei calzini* || *T.chir.* riunire i margini di una ferita fermandoli con ago e filo o con graffette; suturare || *fig.* ricollegare, ricomporre: *ricucire i rapporti, la frattura tra le due potenze* || **N.** CUCIRE.

ricucìto (*pps.* di *ricucire*) [1742 come sm.] **I agg.** cucito di nuovo **II sm.** rammendo.

ricucitóre [da *ricucire*; 1726] **sm.** (f. *-trìce*) *raro* chi ricuce.

ricucitùra [da *ricucire*; 1686 nel senso 2] **sf. 1.** atto del ricucire, anche *fig.* **2.** *concr.* punto in cui è stata effettuata la ricucitura.

ricuòcere (pres. *-cuòcio* ecc., come CUOCERE) [da *cuocere*; a. 1537] **tr.** cuocere di nuovo || *T.tecn.* sottoporre a ricottura un materiale (metallo, vetro ecc.).

ricuocitùra [da *ricuocere*; 1803] **sf.** *raro* ricottura.

ricùpera [da *ricuperare*; 1806] **sf.** *T.bur.* recupero: *la ricupera dei beni.*

ricuperàre e der. v. RECUPERARE e der.

ricurvàre [da *curvare*; 1871] **tr.** curvare nuovamente o di più || rendere curvo, incurvare.

ricùrvo [dal lat. *recurvus*; 1342] **agg. 1.** molto curvo: *le schiene ricurve sotto quegli immani pesi, una vecchietta ricurva* **2.** *non com.* che ha una doppia curvatura: *cannello ricurvo.*

ricùṣa [da *ricusare*; 1598] **sf.** *non com.* ricusazione.

ricuṣàbile [dal lat. tardo *recusābilis*; a. 1642 *recusabile*] **agg.** che si può ricusare.

ricuṣabilità [da *ricusabile*; 1940] **sf.** *raro* carattere di ciò che è ricusabile.

ricuṣànte (*ppr.* di *ricuṣare*) [1353] **I agg.** che ricusa, rifiuta **II s.** *T.giur.* in un processo, soggetto che ricusa il giudice assegnatogli.

ricuṣàre (pres. *-ùṣo*) (lett. *recuṣàre*) [dal lat. *recusāre*; a. 1292] **tr. 1.** non accettare, respingere, rifiutare (ma senza reazioni di aperta ostilità): *ricusò le lodi, le accuse che gli venivano rivolte* || con una persona come oggetto: *ricusare il medico*; *ricusare un giudice*, escluderlo, in base a determinati motivi, da un processo || meno com. seguito da *di* e l'infinito: *ricusare di mangiare* **2.** *ass. T.mar.* del vento, girare verso la prua, assumendo una direzione sfavorevole alla rotta di un'imbarcazione a vela || **intr. pron.** *ant. raro* rifiutarsi: *ricusarsi di obbedire* || **N. 1.** *Sin.* declinare, RIFIUTARE | *Contr.* accettare, accogliere, acconsentire, gradire.

ricuṣazióne [dal lat. *recusātio, -ōnis*; a. 1540] **sf.** atto ed effetto del ricusare || *in part. T.giur.* atto procedurale introdotto da una parte o dal pubblico ministero quando, in specifiche situazioni, si suppone che il giudice non possa giudicare serenamente o non sia imparziale.

rìda [dal fr. *rider*, arridare; 1937] **sf.** *T.mar.* cavo con cui si tirano le bigotte delle sartie.

ridacchiàre (pres. *-àcchio*) [da *ridere*; sec. XVI] **intr.** (aus. *avere*) ridere sommessamente, a risatine brevi e marcate, spec. con tono canzonatorio, sarcastico: *cos'hai da ridacchiare sotto i baffi?.*

ridanciàno [da *ridere*; 1891] **agg. 1.** che è naturalmente portato a ridere spesso e di gusto: *un carattere ridanciano e spensierato* **2.** meno com., che suscita il riso: *storielle ridanciane.*

ridàre (pres. *ridò, ridài, ridà* ecc., come DARE) [da *dare*; a. 1357] **tr. 1.** dare di nuovo: *mi ha ridato uno schiaffo!* || nell'espr. fam. *dagli e ridagli*, a forza di insistere **2.** dare indietro, restituire: *ridammi i miei soldi, ridare la libertà*, rimettere in libertà || **intr.** (aus. *avere*) *tosc.* **1.** manifestarsi di nuovo, ritornare: *gli ha ridato fuori il raffreddore* **2.** incorrere, incappare di nuovo: *ridare nello stesso sbaglio* || **N. tr. 2.** *Sin.* RESTITUIRE.

ridarèlla o **riderèlla** [da *ridere*; 1929] **sf.** *fam.* accesso di riso continuo e irrefrenabile: *gli è venuta la ridarella, gli è presa la ridarella.*

ridarèllo o **riderèllo** [da *ridere*; 1912] **agg.** *pop. non com.* facile al riso: *boccuccia ridarella*; *i fauni ridarelli* (Pascoli).

rìdda [da *riddare*; 1353] **sf. 1.** antico ballo popolare italiano, in cui molte persone si tengono per mano e girano in tondo saltando e cantando || *fig.* danza convulsa: *ridda infernale, la ridda delle streghe* **2.** *per estens. fig.* avvicendarsi, accalcarsi confuso: *una ridda di persone, una ridda di idee gli si affollava nella mente* || **N. 1.** rigoletto, tregenda.

riddàre [dal long. *wrīdan*, svolgere, voltare; a. 1237] **intr.** (aus. *avere*) *arc.* **1.** ballare la ridda **2.** *per estens.* muoversi scompostamente, come ballando la ridda.

riddóne [da *riddare*; 1313 nel senso 2] **I sm.** *non com.* ridda **II avv.** *arc.* riddando.

rideau (fr., pr. [ri'do]) [di orig. germ.; 1905] **sm. inv.** tenda, cortina || sipario || *disus.* nella *loc. m. disus. lever de rideau*, breve rappresentazione che precede il dramma principale, quasi per dar tempo a tutti gli spettatori di arrivare a teatro.

ridènte (*ppr.* di *ridere*) [1319 nel senso 2] **agg. 1.** *fig.* che suscita un senso di serenità, letizia; piacevole, ameno: *un ridente paesino* || meno com., che arride, favorevole: *un ridente futuro* **2.** *propr.* che ride o sorride: *volto ridente, occhi ridenti* || **N. 2.** *Sin.* sorridente.

rìdere[1] (p.rem. *rìsi, ridésti, rìsero*; pps. *rìso*) [lat. tardo *rīdere*, class. *ridēre*; a. 1292] **intr.** (aus. *avere*) **1.** manifestare allegria, ilarità, euforia o, anche, ironia, sprezzo, piacere maligno e sim., con una serie di rapide espirazioni, a bocca aperta o chiusa, accompagnate dall'emissione di suoni caratteristici e da una caratteristica modificazione della mimica facciale (stiramento in senso orizzontale delle labbra e contrazione dei muscoli delle gote): *scoppiare a ridere, smettere di ridere, una battuta che non fa ridere*; *ridere sgangheratamente, a crepapelle, fino alle lacrime*, farsi grandi risate; *ridere sotto i baffi*, sorridere o ridacchiare sommessamente e nascostamente; *ridere verde*, sforzatamente, celando il proprio disappunto; *ridere di qualcuno, alle spalle di qualcuno*, deriderlo; *ridere delle disgrazie altrui*, compiacersene; *ridere in faccia a qualcuno*, ridere di fronte a lui con l'intento di deriderlo e, contemporaneamente, di umiliarlo od offenderlo; detto, con tono di rimprovero, a chi mostra, con manifestazioni fuori luogo di allegria o leggerezza, mancanza di serietà: *cosa c'è da ridere?!, non c'è niente* (o *c'è poco*) *da ridere*; detto con tono di sprezzo: *ma non farmi* (o *fatemi*) *ridere!*, non dire (dite) cose ridicole; *far ridere i polli*, rendersi ridicolo || *per estens.* scherzare: *cose da (far) ridere*, pressoché irrilevanti al confronto con altre: *è un taglietto da ridere*; *far qualcosa per ridere*, per scherzo; nella loc. fam. *ridendo e scherzando*, tra una cosa e l'altra: *ridendo e scherzando s'è fatto tardi* || *prov. ride bene chi ride ultimo*, detto dall'avversario a chi si rallegra di una vittoria non conclusiva **2.** *per estens.* manifestare o infondere allegria, felicità, gioia: *Ridono i prati e 'l cielo si rasserena* (Petrarca); *le ridevano gli occhi per quanto era contenta* **3.** *fig. lett.* arridere: *la vita ride a chi è giovane* || **intr. pron.** *non com.* farsi beffe: *ridersi dei consigli altrui* || *ridersela*, non prendere affatto sul serio, burlarsi, infischiarsi e sim.: *io me la rido delle tue sciocche minacce* || **tr.** *lett. ant.* irridere, deridere, schernire: *beata ride i nostri vani amori* (Carducci) || **N. intr. 1.** *Sin.* ghignare, ridacchiare, sghignazzare, sogghignare, sorridere; esultare, gioire, rallegrarsi, tripudiare; canzonare, coprire di ridicolo, deridere, irridere, schernire | *Contr.* frignare, piangere, singhiozzare; affligersi, addolorarsi, lagnarsi, lamentarsi, rattristarsi; prendere seriamente | a fior di labbra, a scrosci, di cuore, rumorosamente, saporitamente, sardonicamente, sfacciatamente, sguaiatamente, sommessamente, sotto sotto **3.** *Contr.* avversare, contrariare.

rìdere[2] [da *ridere*[1]; 1319] **sm.** (solo *sing.*) atto ed effetto del ridere; riso: *ricordo il gran ridere che ne facemmo, c'è da morire dal ridere a sentirlo raccontare la sua ultima conquista* || **N.** sbellicarsi, scompisciarsi, sganasciarsi, smascellarsi, spanciarsi.

riderèlla v. RIDARELLA.

riderèllo v. RIDARELLO.

ridestàre (pres. *-ésto*) [da *destare*; 1374] **tr.** e **intr. pron.** destare o destarsi di nuovo, anche *fig.*: *ci ha ridestato un rumore sospetto, in lui si è ridestata la speranza* || **N.** *Sin.* risvegliare | DESTARE.

ridétto (*pps.* di *ridire*) [a. 1547] **agg.** più volte detto, quasi solo nell'espr. *detto e ridetto*: *sono cose dette e ridette.*

ridévole [da *ridere*[1]; 1313] **agg.** *ant.* che fa ridere; ridicolo, risibile.

ridicìbile [da *ridire*; a. 1564] **agg.** *raro* che si può ridire.

ridicitóre [da *ridire*; a. 1294] **sm.** (f. *-trìce*) *raro* chi ridice || *in part.* chi divulga cose che sarebbe meglio non divulgare.

ridicolàggine [da *ridicolo*; 1863] **sf.** *spreg.* **1.** qualità di chi o ciò che è ridicolo **2.** *concr.* detto o fatto ridicolo || **N.** *Sin.* ridicolezza, ridicolo.

ridicoleggiàre (pres. *-éggio*) [da *ridicolo*; 1965] **tr.** ridicolizzare.

ridicolézza [da *ridicolo*; 1872] **sf. 1.** ridicolaggine (nel senso 1) **2.** *concr.* detto o fatto ridicolo || *per estens.* cosa di poco valore, inezia: *non starmi a ringraziare per una simile ridicolezza!* || **N. 2.** *Sin.* cosuccia, piccolezza, sciocchezza.

ridicolizẓàre [da *ridicolo*; 1916] **tr.** mettere in ridicolo: *ridicolizzare il suo gesto, una situazione tragica.*

ridicolizẓazióne [da *ridicolizzare*; 1983] **sf.** il ridicolizzare.

ridìcolo [dal lat. *ridiculus*; 1525] **I agg. 1.** che suscita la derisione: *smettila con queste ridicole scene di gelosia!, si è reso ridicolo di fronte all'intera assemblea*; *andatura, espressione, acconciatura ridicola*, buffa **2.** *per estens.* che non merita di esser preso seriamente in considerazione in quanto assurdo e, *in part.*, eccessivo o eccessivamente esiguo: *manie ridicole, pretese ridicole*; *paga ridicola* || **ridicolménte** (raro *ridicolaménte*) **avv.** **II sm.** (solo *sing.*) qualità di ciò che è ridicolo, aspetto ridicolo di qualcosa: *il ridicolo della situazione è che si crede affascinante, esporsi al ridicolo*; *avere il senso del ridicolo*, avere la capacità di evitare di rendersi ridicolo, e, anche, avere il senso del comico || *cadere nel ridicolo*, dire o fare cose ridicole; *mettere in ridicolo qualcuno*, deriderlo, farlo diventare oggetto di scherno; *mettere, volgere in ridicolo qualcosa*, considerarlo senza la dovuta serietà, con ciò sminuendolo || **N. I 1.** *Sin.* buffo, comico, grottesco, risibile.

ridicolóso (meno com. *ridiculóso*) [da *ridicolo*; sec. XIV] **agg.** *arc.* ridicolo.

ridimensionaménto [da *ridimensionare*; 1951] **sm.** atto ed effetto del ridimensionare o del ridimensionarsi (anche *fig.*).

ridimensionàre (pres. *-óno*) [comp. parasint. di *dimensione*; 1950] **tr.** e **rifl.** ridurre o ridursi entro limiti più ristretti, in funzione di un migliore adattamento alla realtà o alla necessità del momento, anche *fig.*: *ridimensionare un progetto urbano, la fine della guerra ha indotto l'industria bellica a ridimensionarsi, ridimensionare l'importanza di un movimento artistico, il ragazzino sta diventando troppo arrogante: bisogna ridimensionarlo un po'.*

ridipìngere (pres. *-ingo* ecc., come DIPINGERE) [da *dipingere*; a. 1696] **tr.** e **rifl.** dipingere e dipingersi di nuovo; ritoccare.

ridipintùra [da *ridipingere*; 1959] **sf.** **1.** il ridipingere **2.** *concr.* ciò che è stato ridipinto sopra una pittura precedente.

ridìre (pres. *-dìco* ecc., come DIRE) [da *dire*; a. 1292] **tr.** **1.** dire di nuovo: *te l'ho detto e ridetto* **2.** riferire ciò che qualcun'altro ha detto, spec. per maldicenza o facendo la spia: *non confidarti con lui, perché va a ridire tutto ai capi* || più in gen., riferire, narrare: *non so ridirti le feste che mi hanno fatte* **3.** dire in risposta, come commento, come obiezione; anche *ass.*: *trova sempre da ridire su tutto* || **N.** **1.** *Sin.* riaffermare, ribadire, ripetere **2.** *Sin.* riportare, rivelare, spifferare, svelare | *Contr.* nascondere, occultare, tacere **3.** *Sin.* obiettare, replicare.

ridiscéndere (pres. *-éndo* ecc., come SCENDERE) [da *scendere*; 1872] **tr.** e **intr.** (aus. *essere*) scendere di nuovo || scendere ciò che si era salito.

ridisegnàre (pres. *-égno*) [da *disegnare*; a. 1571] **tr.** disegnare di nuovo || disegnare diversamente, anche *fig.*: *ridisegnare i confini in Europa, ridisegnare la mappa della cultura moderna.*

ridispórre (pres. *-óngo* ecc., come PORRE) [da *disporre*, 1872] **tr.** disporre di nuovo, spec. secondo un nuovo ordine.

ridistribuìre (meno com. *redistribuìre*) (pres. *-ìsco, -ìsci*) [da *distribuire*; 1959] **tr.** distribuire di nuovo, spec. secondo un diverso criterio o facendo parti diverse: *ridistribuire il reddito.*

ridistribuzióne [da *ridistribuire*; 1959] **sf.** atto ed effetto del ridistribuire: *la ridistribuzione degli incarichi.*

ridivenìre (pres. *-èngo* ecc., come VENIRE) [da *divenire*; a. 1673] **intr.** (aus. *essere*) divenire di nuovo || tornare allo stato di prima: *s'era arricchito e adesso è ridivenuto povero.*

ridiventàre (pres. *-énto*) [da *diventare*; a. 1673] **intr.** (aus. *essere*) ridivenire.

ridivìdere (pres. *-ìdo*) [da *dividere*; a. 1527] **tr.** dividere di nuovo o ulteriormente (spec. secondo un criterio diverso).

ridomandàre [da *domandare*; sec. XIV] **tr.** **1.** domandare di nuovo **2.** domandare indietro, in restituzione.

ridonàre (pres. *-óno*) [da *donare*; a. 1484] **tr.** donare di nuovo || dare ciò che era stato tolto: *ridonare la salute, la vista a un cieco.*

ridonatóre [da *ridonare*; 1872] **sm.** (f. *-trìce*) *raro* chi ridona.

ridondaménto [da *ridondare*; sec. XIV] **sm.** *raro* il ridondare.

ridondànte (*ppr.* di *ridondare*) [a. 1503 *redondante*] **agg.** **1.** eccessivamente ricco, sovrabbondante: *un testo ridondante di citazioni, stile ridondante di ornamenti* **2.** *ass.* che usa risorse espressive sovrabbondanti rispetto al contenuto informativo effettivamente trasmesso: *un testo, un messaggio ridondante* || **ridondanteménte** **avv.**

ridondànza [dal lat. *redundantia*; a. 1459 *redundanzia*] **sf.** **1.** caratteristica di ciò che è ridondante: *ridondanza d'immagini fantasiose* || *T.inform.* caratteristica di un messaggio che trasporta più informazioni di quelle necessarie per la sua comprensione || in genetica, presenza di un numero molto elevato di copie di uno stesso gene nel genoma di un organismo **2.** *concr.* elemento ridondante: *eliminare tutte le ridondanze* || **N.** *Sin.* eccedenza, sovrabbondanza.

ridondàre (pres. *-óndo*) [dal lat. *redundāre*; a. 1306] **intr.** (aus. *essere*) **1.** sovrabbondare, possedere in eccesso: *un testo che ridonda di richiami mitologici* **2.** *T.mar.* del vento, girare allontanandosi dalla prua e assumendo così una posizione favorevole al veliero **3.** *raro* nella loc. *ridondare in* (o *a*), risultare in: *ciò ridonda in suo onore* || **tr.** *arc.* soverchiare.

ridóppio (pl. *-pi*) [da *doppio*; 1872] **sm.** *fam. tosc. raro* due volte il doppio || nella *loc. avv. a ridoppio*, molto, in abbondanza: *pagare qualcosa a ridoppio.*

ridormìre (pres. *-òrmo*) [da *dormire*; 1726] **intr.** (aus. *avere*) dormire di nuovo, riprendere a dormire.

ridossàre (pres. *-òsso*) [da *ridosso*; 1937] **tr.** *T.mar.* condurre un'imbarcazione in zona riparata dalla pioggia, dal vento o dalla forza del mare || **rifl.** *T.mar.* rifugiarsi, riparandosi dalla pioggia, dal vento o dalla forza del mare.

ridòsso [da *dosso*; a. 1540] **sm.** elemento che costituisce, per ciò che vi sta addossato, un riparo, una protezione: *quel picco costituisce un eccellente ridosso dal vento* || *per estens.* luogo riparato: *attraccare in un ridosso* || *com.* nella *loc. avv. a ridosso*, a riparo o anche, *fig.*, in prossimità, nelle immediate vicinanze (nello spazio o nel tempo): *un paesino a ridosso del vulcano, siamo ormai a ridosso dell'inverno* || **N.** *Sin.* contrafforte, riparo.

ridótta [dal fr. *redoute*; 1940] **sf.** *T.mil.* piccola opera di fortificazione campale, anche provvisoria, per ripararsi e difendersi dal nemico.

ridottàre (pres. *-ótto*) [dal fr. ant. *redouter*; a. 1348] **tr.** *arc.* temere molto, paventare.

ridottévole [da *ridottare*; sec. XIV] **agg.** *arc.* molto temibile; terribile, spaventoso.

ridótto [dal lat. *redūctus*; sec. XIV *redutto*] **I** **agg.** che è stato sottoposto a riduzione: *biglietto a prezzo ridotto, formato ridotto, un sunto ridotto all'osso, ferrovia a scartamento ridotto* || *mal ridotto*, in cattive condizioni, malconcio **II** **sm.** **1.** *T.teatr.* complesso dei locali in cui gli spettatori possono intrattenersi durante gli intervalli **2.** *ant.* locale appartato per riunirsi **3.** *T.mil.* ridotta || **N.** **I** *Sin.* abbreviato, compendiato, diminuito, limitato, rimpicciolito, ristretto | *Contr.* accresciuto, aumentato, esteso, ingrandito **II** **1.** atrio, *foyer.*

ridrizzàre o **ridirizzàre** [da *drizzare*; 1367] **tr.** *raro* drizzare di nuovo || *fig.* rimettere in piedi: *chiamato... a ridirizzare lo stato della nostra città* (Boccaccio).

riducchiàre (pres. *-ùcchio*) [da *ridere*; 1872] **intr.** (aus. *avere*) *non com.* ridacchiare.

riducènte (*ppr.* di *ridurre*) [a. 1375] **I** **agg.** che è in grado di operare una riduzione: *agente chimico riducente; crema riducente*, snellente **II** **sm.** *T.chim.* agente riducente.

ridùcere (pres. *-ùco, -ùci*) [dal lat. *redūcere*; 1313 *reducere*] **tr.** *arc.* ridurre.

riducévole [da *ridurre*; a. 1667] **agg.** *arc.* riducibile.

riducìbile [da *ridurre*; a. 1492 *reducibile*] **agg.** che si può ridurre (in tutti i sensi) || **N.** *Contr.* irriducibile.

riducibilità [da *riducibile*; 1959] **sf.** caratteristica di ciò che è riducibile || **N.** *Contr.* irriducibilità.

riducitóre [da *ridurre*; a. 1698] **agg.** e **sm.** (f. *-trìce*) *arc. raro* riduttore.

ridùrre (pres. *-ùco* ecc., come CONDURRE) [lat. *redūcere*; a. 1348 nel senso 4] **tr.** **1.** trasformare portando a dimensioni minori, anche *fig.*; abbassare, limitare, diminuire: *ridurre la velocità, il volume della radio, l'orario lavorativo, le spese; ridurre di poco, di un centimetro, allo stretto necessario* || nel disegno, riprodurre in scala minore **2.** più in gen., trasformare, adattare: *ridurre un romanzo in forma di sceneggiato, ridurre per pianoforte uno spartito operistico* || *T.scient.* e *T.tecn.* sottoporre a riduzione **3.** forzare portando a una condizione diversa: *ridurre alla ragione, al silenzio, all'obbedienza; ridurre una belva scatenata all'impotenza; ridurre in poltiglia*, a una massa informe; *ridurre in pezzi, in frammenti*, frantumare || *per restr.* forzare portando a una condizione peggiore: *ridurre un popolo in schiavitù; ridurre qualcuno alla miseria, sul lastrico*, farlo diventare poverissimo; *fig. iperb. ridurre qualcuno* (*a*) *uno straccio*, in stato pietoso **4.** *raro* ricondurre al luogo o al punto di partenza: *ridurre l'evaso in carcere, il gregge all'ovile* || *com. T.med.* riportare, manualmente o chirurgicamente, nella sua sede anatomica normale un osso lussato o fratturato o un organo erniato || **intr. pron.** **1.** diminuire di dimensione: *il golf, lavandolo, si è ridotto di dieci centimetri*; abbassarsi, calare: *il suo capitale, a causa della svalutazione, s'è ridotto a un terzo* || consistere in ultima analisi, essere in realtà: *le soluzioni si riducono a due, il problema si riduce ad una questione di forma* **2.** passare a una condizione diversa e peggiore: *ha dilapidato tutti i suoi averi e s'è ridotto a mendicare; s'è ridotto che sembra uno straccio, la sua auto s'è ridotta a un rottame; ridursi pelle e ossa*, diventare magrissimo **3.** *raro* portarsi: *s'è ridotto oltre il confine, in salvo* || **N.** **tr.** **1.** *Sin.* restringere, rimpicciolire | *Contr.* allargare, allungare, ampliare, dilatare, espandere, estendere **2.** *Sin.* cambiare, convertire, far diventare, modificare, rendere **3.** *Sin.* costringere, indurre, obbligare **4.** *Sin.* riportare.

riduttàṣi V. REDUTTASI.

riduttóre [dal lat. *reductor, -ōris*; sec. XIV] **sm.** (f. *-trìce*) **1.** chi riduce || chi cura la riduzione di un'opera a una diversa forma espressiva: *riduttore di drammi in musical* **2.** *T.tecn.* denominazione di vari dispositivi o apparecchi atti a operare una riduzione; *in part.*: *T.elettr.* adattatore che consente l'inserimento di una spina in una presa di passo diverso; *T.elettr.* dispositivo che consente la misura di una tensione elevata a partire da una sua frazione; *T.mecc.* dispositivo, interposto tra un motore e un utilizzatore, per consentire l'uso di unità motrici funzionanti a un elevato numero di giri con utilizzatori che debbono operare a basso numero di giri.

riduzionàle [da *riduzione*, sul modello dell'ingl. *reductional*; 1983] **agg.** *T.biol. divisione riduzionale*, nella fase della meiosi, divisione del nucleo che comporta la riduzione del numero dei cromosomi da diploide ad aploide.

riduzióne [dal lat. *reductio, -ōnis*; sec. XIV *reduzione*] **sf.** **1.** atto ed effetto del ridurre, nelle dimensioni o nella quantità: *la riduzione delle aree verdi, di un disegno, praticare una riduzione del 10%* || *T.mecc. ingranaggio di riduzione*, riduttore || *T.tecn. organo di riduzione*, giunto troncoconico usato per raccordare una tubatura di diametro maggiore ad una di diametro minore **2.** atto del ridurre ad una forma diversa; trasformazione, adattamento: *la riduzione televisiva di un romanzo; concr.* il risultato della riduzione: *la riduzione cinematografica è risultata migliore dell'originale* || *T.astr.* correzione della posizione osservata di un corpo celeste, tenendo conto di errori di rifrazione, parallasse ecc. || *T.biol. riduzione cromosomica*, meiosi || *T.chim. reazione di riduzione*, in cui si ha diminuzione dello stato di ossidazione di un atomo, per acquisto di elettroni || *T.mat. riduzione (di una frazione) ai minimi termini*, semplificazione della frazione fino a che numeratore e denominatore risultino primi fra di loro; *fig. ridurre ai minimi termini*, semplificare al massimo; anche, *fam.*, ridurre a poca cosa, in pessimo stato || *T.mat. riduzione dei termini simili di un polinomio*, trasformazione ottenuta sommando tutti i monomi simili che vi compaiono **3.** atto ed effetto del ridurre ad una condizione diversa (e spec. peggiore): *riduzione in schiavitù di tutto un popolo* **4.** *raro* atto ed effetto del riportare al punto o alla condizione di partenza || *com. T.med.* riconduzione di un osso fratturato o di un organo nella sua sede anatomica normale: *riduzione di una frattura, di un'ernia* **5.** *T.fil. riduzione all'assurdo,* di una tesi o ipotesi, argomentazione che ne dimostra l'assurdità facendone derivare conseguenze insostenibili (tipicamente, una contraddizione) || **N. 1.** *Sin.* abbassamento, calo, contrazione, decremento, diminuzione, limitazione, restringimento, restrizione, rimpicciolimento; sconto | *Contr.* allargamento, ampliamento, aumento, dilatazione, estensione, incremento, ingrandimento, maggiorazione **2.** *Sin.* versione; modificazione **5.** dimostrazione per assurdo, prova indiretta.

riduzionişmo [da *riduzione*; 1963 nel senso 1; 1978 nel senso 2] **sm. 1.** *T.fil.* tesi epistemologica che postula un ordine gerarchico delle varie discipline scientifiche a partire dalla fisica, considerata la prima e fondamentale (cui seguono, in ordine di importanza decrescente, la chimica, la biologia, la psicologia e la sociologia); in base a questa tesi, tutti i termini e i concetti di una disciplina sono traducibili in quelli di una disciplina più fondamentale, e non è possibile il contrario **2.** *T.biol.* teoria biologica che fa risalire i fenomeni vitali e la formazione di ogni organismo a un unico principio.

rièccο [da *ecco*; 1848] **avv.** ecco di nuovo, ecco un'altra volta: *riecco che piove!* || unito alle particelle pronominali *mi, ti, ci, si, vi, lo, la, le, li, ne*: *rieccomi ancora da te, rieccotene un altro po'*.

riecheggiaménto [da *riecheggiare*; 1959] **sm.** atto ed effetto del riecheggiare, anche *fig.*

riecheggiàre (pres. *-éggio*) [da *echeggiare*; 1872] **intr.** (aus. *essere*) echeggiare di nuovo; rimbombare: *le urla dei bambini riecheggiavano nel cortile* || **tr.** rimandare l'eco, anche *fig.*: *una prosa che riecheggia quella di Moravia.*

riḕdere [var. di *redire*; 1313] **intr.** (aus. *essere*) *poet. arc.* ritornare || **N.** *Sin.* redire.

riedificàbile [da *riedificare*; 1940] **agg.** che si può riedificare, anche *fig.*

riedificàre (pres. *-ìfico, ìfichi*) [da *edificare*; a. 1342 *riedificare*] **tr.** edificare nuovamente, anche *fig.*: *riedificare un campanile, la pace sulle rovine della guerra* || anche, riedificare ciò che era crollato, era stato abbattuto, o *fig.* era venuto meno ecc. || **N.** *Sin.* ricostruire.

riedificatóre [da *riedificare*; a. 1348 *reedificatore*] **agg.** e **sm.** (f. *-trìce*) che o chi riedifica, anche *fig.*: *piano riedificatore, il riedificatore della pace tra i popoli.*

riedificazióne [da *riedificare*; a. 1363 *reedificazione*] **sf.** atto ed effetto del riedificare, anche *fig.* || **N.** *Sin.* ricostruzione.

riedizióne [da *edizione*; 1959] **sf. 1.** nuova edizione di un'opera: *una riedizione di un classico in formato economico, la riedizione sonora di un vecchio film muto* **2.** *per estens.* riproposizione con modifiche più o meno rilevanti: *una riedizione anni '80 di un'acconciatura anni '30* || **N. 1.** *Sin.* ripubblicazione, ristampa.

rieducàbile [da *rieducare*; 1959] **agg.** che si può rieducare.

rieducàre (pres. *-èduco, -èduchi*) [da *educare*; 1872] **tr.** e **rifl. 1.** educare o educarsi di nuovo, spec. correggendo i difetti derivanti da una precedente (e inadeguata) educazione: *rieducare minorenni traviati, dopo tanti anni di solitudine hai bisogno di rieducarti a vivere in società* **2.** *per estens.* ricondurre, per quanto è possibile, alla primitiva funzionalità: *rieducare gli invalidi, un arto semiparalizzato.*

rieducazióne [da *rieducare*; 1947] **sf.** operazione ed esito del rieducare.

rièl [etim. inc.; 1970] **sm.** *inv.* unità monetaria della Cambogia.

rielaboràre (pres. *-àboro*) [da *elaborare*; 1970] **tr.** elaborare di nuovo, spec. in base a criteri diversi.

rielaborazióne [da *rielaborare*; 1970] **sf.** atto ed effetto del rielaborare.

rielèggere (pres. *-èggo* ecc., come LEGGERE) [da *eleggere*; sec. XIV *reeleggere*] **tr.** eleggere nuovamente: *lo hanno rieletto presidente.*

rieleggìbile [da *rieleggere*; 1863] **agg.** che può essere rieletto.

rieleggibilità [da *rieleggibile*; 1851] **sf.** caratteristica di chi o di ciò che può essere rieletto. **Q.T.** *politica.*

rielezióne [da *elezione*; 1813] **sf.** atto ed effetto del rieleggere.

riemèrgere (pres. *-èrgo* ecc., come EMERGERE) [da *emergere*; 1872] **intr.** (aus. *essere*) emergere di nuovo, anche *fig.*

riemersióne [da *riemergere*; 1940] **sf.** *non com.* atto ed effetto del riemergere.

riempìbile [da *riempire*; a. 1712] **agg.** che si può riempire.

riempibottìglie [comp. di *riempi(re)* e *bottiglia*; 1970] **sf.** *inv.* macchina che riempie automaticamente le bottiglie || **N.** *Sin.* imbottigliatrice, riempitrice.

riémpiere V. RIEMPIRE.

riempiménto [da *riempire*; a. 1320] **sm.** atto ed effetto del riempire o del riempirsi: *il riempimento del modulo* || nella tecnica delle costruzioni *materiali di riempimento,* impiegati per colmare dislivelli o depressioni del terreno.

riempìre (meno com. *riémpiere*) (pres. *riémpio, riémpi*; pps. *riempìto* o meno com. *riempiùto*) [da *empire*; a. 1292 *riempiere*] **tr. 1.** occupare completamente il volume a disposizione di un recipiente e sim.: *riempire la caraffa fino all'orlo, la cassa di libri*; anche *fig.*: *riempire la mente di idee, riempire di benefici* || *in part. riempire un modulo,* scrivere ciò che è richiesto negli spazi vuoti || *in part., ass.* saziare: *la polenta riempie ma non nutre* **2.** *raro* empire, colmare di nuovo || **rifl.** mangiare a sazietà: *si riempì di ogni portata fino quasi a scoppiare* || **rifl. indir.** rimpinzare: *riempirsi la pancia di dolci*; *riempirsi la bocca,* anche *fig. iron.* parlare solennemente, gonfiarsi di paroloni || **intr. pron.** diventare pieno: *la piazza si riempì di gente* || **N. tr. 1.** *Sin.* affollare, colmare, completare, coronare, empire, farcire, gonfiare, gremire, imbottire, impinguare, infarcire, ingorgare, inondare, intasare, inzeppare, occupare, rimpinzare, saturare, saziare | *Contr.* sgombrare, svuotare, vuotare | **intr. pron.** *Sin.* riboccare, ridondare, rigurgitare, traboccare.

riempìta [da *riempire*; 1872] **sf.** *fam.* atto del riempire una volta frettolosamente || *dim.* riempitìna.

riempitìvo [da *riempire*; a. 1729] **I agg.** che viene usato per riempire, di riempimento: *materiali riempitivi* **II sm.** ciò che viene usato per riempire: *usare come riempitivo un materiale schiumoso* || con valore limitativo, ciò che ha solo la funzione di riempire un vuoto, ma non ha rilevanza intrinseca, anche *fig.*: *una citazione che fa solo da riempitivo, mancava il quarto e allora hanno chiamato me come riempitivo* || **N. I** *Sin.* espletivo, pleonastico, superfluo **II** pleonasmo, tappabuchi.

riempitóre [da *riempire*; 1686] **agg.** e **sm.** (f. *-trìce*) che o chi riempie || *in part.* vaso pieno di vino che si adatta alla botte per mantenerla piena, riempiendola via via che il vino in essa contenuto viene a scemare.

riempitrìce [da *riempitore*; 1959] **sf.** macchina che riempie automaticamente bottiglie, flaconi o altri recipienti || **N.** *Sin.* riempibottiglie.

riempitùra [da *riempire*; 1550] **sf.** *non com.* **1.** riempimento **2.** ciò che viene usato per riempire.

rientràbile [da *rientrare*; 1959] **agg.** che si può far rientrare: *scala rientrabile* || **N.** *Sin.* retrattile.

rientraménto [da *rientrare*; a. 1547 nel senso 2] **sm.** *raro* **1.** rientranza **2.** atto del rientrare; rientro.

rientrànte (*ppr.* di *rientrare*) [1804] **I agg.** che rientra: *linea rientrante* || *fam. torace rientrante,* incavato || **II sm.** *T.mil.* rientranza, ad angolo o a semicerchio, nel perimetro di una fortificazione o nella linea di schieramento delle unità combattenti || **N. I** *Sin.* concavo, incavato | *Contr.* convesso, prominente, rilevato, sporgente **II** *Contr.* saliente.

rientrànza [da *rientrare*; 1953] **sf.** parte rientrante || **N.** *Contr.* prominenza, protuberanza, rialzo, sporgenza.

rientràre (pres. *-éntro*) [da *entrare*; a. 1348] **intr.** (aus. *essere*) **1.** entrare nel luogo dal quale si era usciti o dal quale ci si era allontanati: *rientra subito in casa!, le squadre stanno per rientrare in campo dopo l'intervallo, la barca, date le condizioni del mare, è subito rientrata in porto* || *ass.* rincasare: *non rientra mai prima dell'ora di cena* || *per restr.* ritornare entro la propria sede o alloggiamento: *far rientrare l'antenna telescopica della radio* **2.** *fig.* ritornare ad un ambiente o situazione di provenienza: *rientrare in famiglia, nel partito*; *rientrare in servizio, in gioco*; *rientrare in possesso di un bene confiscato* || nei modi di dire: *rientrare in sé,* riprendere il controllo di sé; *rientrare nelle grazie di qualcuno,* riconquistarne la stima, il favore **3.** *per estens. fig.* essere compreso, contenuto, di pertinenza: *questo compito non rientra nelle mie competenze, una mansione che non rientra nel contratto* || star dentro: *rientrare nelle spese,* concludere un'operazione economica recuperando le spese sostenute, senza guadagnarci; *rientrarci,* recuperare le spese: *ci sono rientrato, ma a stento* **4.** *per estens.* ritirarsi: *il foruncolo è rientrato,* si è riassorbito senza sfogarsi || *fig.* venire ritirato, non essere mantenuto: *proposte, aspirazioni rientrate* **5.** *per estens.* formare una rientranza, assumere una conformazione concava: *la parete rientra formando una nicchia* || **tr.** *fam.* riportare dentro: *rientra le sedie, sta per piovere!*; *in part. T.mar.* ritirare entro il perimetro dell'imbarcazione: *rientrare i remi* || **N. intr. 1.** *Sin.* tornare, ritornare | *Contr.* allontanarsi, andarsene, partire, uscire **3.** *Contr.* esorbitare, essere escluso **5.** *Sin.* incavarsi.

rientràta [da *rientrare*; 1940] **sf.** *raro* il rientrare; rientro.

riéntro [da *rientrare*; 1865] **sm. 1.** atto del rientrare: *attendiamo il tuo rientro in patria, le code sull'autostrada in occasione del grande rientro (dalle ferie), la capsula spaziale è nella fase di rientro nell'atmosfera* **2.** parte che rientra, rientranza: *un rientro nel muro che forma una nicchia* || **N. 1.** *Sin.* rimpatrio, ritorno | *Contr.* allontanamento, andata, partenza, uscita. **TAV. *astronautica* p. 654** 2.21.

riepilogaménto [da *riepilogare*; 1872] **sm.** *non com.* atto del riepilogare; riepilogo.

riepilogàre (pres. *-ìlogo, -ìloghi*) [comp. parasint. di *epilogo*; a. 1406] **tr.** riassumere quanto è stato detto o scritto o lo svolgimento di una vicenda; ricapitolare: *riepilogare i fatti* || **N.** *Sin.* sintetizzare.

riepilogatìvo [da *riepilogare*; 1959] **agg.** che riepiloga: *paragrafo riepilogativo.*

riepilogazióne [da *riepilogare*; 1872] **sf.** *non com.* atto del riepilogare; riepilogo.

riepìlogo (pl. *-ghi*) [da *riepilogare*; 1745] **sm.** atto ed effetto del riepilogare, esposizione riassuntiva: *concludere con un riepilogo dei principali punti toccati* || **N.** *Sin.* compendio, epilogo, resoconto, riassunto, ricapitolazione, sintesi, sommario, sunto.

riequilibràre (pres. *-ìbro*) [da *equilibrare*; 1983] **tr.** rimettere in equilibrio: *riequilibrare*

il carico || anche *fig.*: *riequilibrare la situazione* || ***intr. pron.*** e ***rifl.*** rimettersi in equilibrio, ritrovare stabilità, spec. *fig.*: *le loro posizioni reciproche si sono riequilibrate da poco.*
riequilìbrio (pl. *-bri*) [da *riequilibrare*; 1963] ***sm.*** atto o effetto del riequilibrare o del riequilibrarsi, anche *fig.*: *il riequilibrio delle forze politiche in seno al governo; il riequilibrio delle proprie tensioni interne.*
rieșàme [da *riesaminare*; 1942] ***sm.*** nuovo esame, spec. più attento dei precedenti: *procedere al riesame del problema.*
rieșaminàre (pres. *-àmino*) [da *esaminare*; 1677] ***tr.*** esaminare di nuovo: *i candidati saranno riesaminati da un'altra commissione* || sottoporre a un nuovo e più attento esame: *l'intera questione dovrà essere riesaminata* || **N.** *Sin.* riconsiderare, ricontrollare, riguardare, rivedere, verificare.
riescìre [var. di *riuscire*; a. 1533] ***intr.*** (aus. *essere*) *pop. raro* riuscire.
riesling (ted., pr. ['ri:sliŋ]; pr. it. ['rizliŋg]) [etim. inc.; 1894] ***sm. inv.*** nome di vitigni da cui si ricavano vini bianchi secchi da pasto || il vino ricavato da tali vitigni.
riesploràre (pres. *-òro*) [da *esplorare*; 1872] ***tr.*** esplorare nuovamente || esplorare con maggior cura.
riespórre (pres. *-óngo* ecc., come PORRE) [da *esporre*; 1872] ***tr.*** e ***rifl.*** esporre o esporsi nuovamente || *in part.* esporre con parole diverse il contenuto di un testo o discorso.
riesportàre (pres. *-òrto*) [da *esportare*; 1872] ***tr.*** esportare prodotti finiti realizzati con materie prime importate || esportare prodotti a loro volta importati.
riesportazióne [da *riesportare*; 1959] ***sf.*** il riesportare.
riespoșizióne [da *esposizione*; 1935 nel senso 2] ***sf.*** **1.** nuova esposizione **2.** *T.mus.* in un brano musicale, ritorno di un tema già proposto, con una o più variazioni || **N.** 2. *Sin.* ripresa.
rièssere (pres. *risóno* ecc., come ESSERE) [da *essere*; 1872] ***intr.*** (aus. *essere*) essere di nuovo: *risarò da voi tra un paio di mesi* || nel modo di dire *ci risiamo!*, siamo alle solite!, usato per rimproverare chi ripete un errore, una cattiva azione e sim.
rieșumàre (pres. *-èșumo* o *-ùmo*) [da *esumare*; 1959] ***tr.*** esumare, disseppellire: *riesumare la salma* || *fig.* riportare alla luce, rimettere in voga e sim.: *riesumare antichi rancori, un'antica disposizione legislativa.*
rieșumazióne [da *riesumare*; 1963] ***sf.*** atto ed effetto del riesumare, anche *fig.*
rievocàre (pres. *-èvoco, -èvochi*) [da *evocare*; 1959] ***tr.*** richiamare alla memoria: *rievocare un pomeriggio di molti anni prima* || *in part.* commemorare.
rievocatìvo [da *rievocare*; 1959] ***agg.*** che rievoca, che tende alla rievocazione: *mostra rievocativa, cerimonia rievocativa.*
rievocazióne [da *rievocare*; 1940] ***sf.*** atto ed effetto del rievocare.
riézza [da *rio*; a. 1406] ***sf.*** *arc.* reità, colpevolezza.
rifacìbile [da un der. del lat. *facere*; a. 1704] ***agg.*** *raro* rifattibile.
rifaciménto [da *rifare*; a. 1348] ***sm.*** atto ed effetto del rifare (in tutti i sensi) || *in part.* il rifare sotto altra forma un'opera, *remake*: *un pessimo rifacimento cinematografico del romanzo; l'«Orlando innamorato» di M.M. Boiardo, secondo il rifacimento del Berni.*
rifacitóre [da *rifare*; a. 1729] ***agg.*** e ***sm.*** (f. *-trìce*) *raro* che o chi rifà.
rifàre (pres. *rifàccio* ecc., come FARE) [da *fare*; a. 1292] ***tr.*** **1.** fare di nuovo, in tutto o in parte, in sostituzione di ciò che si è deteriorato, consumato, che è passato di moda, che non è più in efficienza e sim.: *rifare la punta alla matita, rifare l'orlo scucito, è ora di rifare i materassi, i rivestimenti delle poltrone, l'arredamento dell'alloggio, rifare (ordine nel) le camere, il letto, il motore della macchina* || anche, fare meglio ciò che è risultato sbagliato, insufficiente, mal fatto: *è tutto sbagliato, è tutto da rifare; rifare lo stesso l'esercizio finché non si è raggiunta la perfezione, rifare il capitolo finale* || nelle espr. *rifare da capo, da principio, di sana pianta, da cima a fondo*, rifare per intero, non solo in parte **2.** fare di nuovo o ripetutamente (in tutti i sensi principali del verbo): *rifà quel gesto, ogni giorno rifà la stessa strada, la gatta ha rifatto sei gattini, mi hai rifatto paura, l'hanno rifatto presidente, bisogna rifare benzina; abbandonata definitivamente la libera professione, rifà il professore, rifare a botte* **3.** *per estens.* imitare (spec. con intento caricaturale): *rifare qualcuno, rifà benissimo il fischio del merlo* **4.** *fig.* rif. a persona, compensare, indennizzare, risarcire: *rifare qualcuno dei danni subìti, delle spese sostenute* || ***rifl.*** ridiventare, tornare in una data condizione: *rifarsi prete, rifarsi vivo* || *ass.* recuperare uno svantaggio, una perdita e sim.: *dopo un lungo digiuno, con quella cena ci siamo rifatti, con quell'affare si è rifatto abbondantemente delle perdite subite in precedenza* || ***rifl. indir.*** farsi di nuovo: *rifarsi le unghie, la barba* || in espr. fig. particolari: *rifarsi il seno, il naso*, farseli ricostruire chirurgicamente; *fig. rifarsi una verginità*, riacquistare la stima perduta o compromessa, dimostrando la propria estraneità (o minimizzando la propria partecipazione) ai fatti riprovevoli in cui ci si era trovati coinvolti; *rifarsi gli occhi, le orecchie, la bocca*, rispettivamente, guardare, ascoltare o mangiare qualcosa che ripaghi la sgradevolezza di ciò che si è visto, ascoltato o mangiato prima || ***rifl. intens.*** farsi di nuovo: *rifarsi una dormita; rifarsela sotto*, pisciarsi o cacarsi nuovamente addosso, com. *fig.*, avere di nuovo paura || ***intr. pron.*** **1.** ridiventare: *il cielo si è rifatto cupo* **2.** con avv. di luogo, muoversi, spostarsi di nuovo: *rifarsi avanti; rifarsi sotto*, anche, *fig.*, tornare a insistere || **N.** ***tr.*** **1.** *Sin.* accomodare, riaggiustare, riattare, rimodernare, riordinare, riparare, ristrutturare; rielaborare, rimaneggiare **2.** *Sin.* ripetere, riprendere; riformare **3.** *Sin.* contraffare, mimare, parodiare, riprodurre, scimmiottare **4.** *Sin.* rifondere, rimborsare.
rifașaménto [da *rifasare*; 1936] ***sm.*** *T.elettr.* nei circuiti in corrente alternata, riduzione dello sfasamento fra tensione e corrente (provocato perlopiù dalla presenza di utilizzatori fortemente induttivi) allo scopo di aumentare il rendimento dei circuiti.
rifașàre (pres. *-àșo*) [comp. parasint. di *fase*; 1950] ***tr.*** *T.elettrot.* diminuire lo sfasamento fra tensione e corrente in un circuito a corrente alternata, aumentando opportunamente la potenza.
rifașatóre [da *rifasare*; 1983] **I** ***sm.*** *T.elettrot.* apparecchio per il rifasamento **II** ***agg.*** *T.elettrot.* che attua un rifasamento.
rifàscio [comp. di *ri-* e *fascio*; 1872] solo nella ***loc. avv.*** *lett. ant. a rifascio*, alla rinfusa || nel modo di dire *andare a rifascio*, andare a rotoli, a catafascio.
rifattìbile [da *rifare*; a. 1704] ***agg.*** *raro* che si può rifare; rifacibile.
rifàtto (*pps.* di *rifare*) [a. 1348] ***agg.*** fatto di nuovo || *villano rifatto*, v. VILLANO.
rifattùra [da *rifare*; 1872] ***sf.*** *raro* atto del rifare; rifacimento.
rifazióne [da *rifare*; sec. XIII] ***sf.*** *raro* **1.** rifacimento, adattamento **2.** rifusione, indennizzo.
rifenditùra [da *fenditura*; 1965] ***sf.*** in Emilia, aratura preliminare del terreno, seguita, dopo un certo tempo, da quella principale.
riferendàrio (pl. *-ri*) [dal lat. tardo *referendārius*; a. 1431] ***agg.*** *ant.* referendario.
riferènte (*ppr.* di *riferire*) [1872] ***s.*** *raro* chi riferisce; relatore.
riferìbile [da *riferire*; 1673] ***agg.*** che si può riferire, riportare o attribuire: *una notizia riferibile, disordini riferibili alle tensioni createsi nei giorni passati* || **N.** *Sin.* narrabile, raccontabile, rivelabile; attribuibile, ascrivibile | *Contr.* indicibile, inenarrabile, irriferibile, irripetibile; non riferibile.
riferiménto [da *riferire*; a. 1642] ***sm.*** **1.** azione del riferire (nel senso 2) o del riferirsi e, *concr.*, la relazione, il rapporto, la connessione che con ciò si stabilisce: *fare riferimento a*, richiamarsi a, connettersi a; *in riferimento alla tua obiezione, alla Vostra del 27 u.s.* || *in part. T.ling.* in semantica, rapporto tra espressione linguistica e referente: *la nuova teoria del riferimento diretto, studiare le modalità del riferimento degli elementi linguistici a enti extra-linguistici* || *sistema di riferimento*, ente o insieme di enti rispetto ai quali si considera un fenomeno fisico o una forma geometrica: *sistema di riferimento cartesiano, polare, proiettivo* **2.** *concr.* ciò con cui qualcosa è messo in relazione; *in part. T.ling.* in semantica, denotazione, referente di un'espressione linguistica: *fissare il riferimento degli elementi lessicali* || termine, elemento di riferimento, anche *fig.*: *cercare precisi riferimenti per la ricostruzione dei fatti* || *T.tecn.* nelle lavorazioni in serie, qualsiasi dispositivo atto a fissare ciascuno dei pezzi da lavorare in una determinata posizione rispetto agli utensili di una macchina utensile; riscontro: *retta, piano di riferimento* **3.** *concr.* ciò che media il riferimento a qualcos'altro; *in part.* allusione, accenno, menzione: *ogni riferimento a fatti o persone è puramente casuale, l'opera è piena di riferimenti agli eventi contemporanei, cercare negli scritti dell'epoca riferimenti al fatto che interessa* || rimando, rinvio: *in appendice sono sciolti i riferimenti ad altre opere che nel testo sono dati abbreviati* || **N.** **1.** *Sin.* attinenza, correlazione, richiamo; nesso.
riferìre[1] (pres. *-ìsco, -ìsci*) [dal lat. *referre*, riportare; sec. XIV] ***tr.*** **1.** riportare, a voce o per iscritto, ciò di cui si è venuti a conoscenza: *riferirò la cosa a chi di dovere, gli riferii l'esito delle mie indagini*; *ass.* riportare quanto appena detto: *sta bene, riferirò* || *ass.* tenere una relazione, perlopiù ufficiale, intorno a un dato argomento: *la commissione riferirà alle Camere riunite* **2.** mettere in relazione, connettere, stabilire un rapporto di pertinenza tra un elemento e uno o più altri: *riferire effetti diversi a un'unica causa, la sua carriera è da riferire alle protezioni di cui gode* || ***intr. pron.*** essere o mettersi in relazione, in connessione con uno o più elementi; rapportarsi: *l'aggettivo concorda col nome cui si riferisce, mi riferisco a quanto vi ho detto ieri* || *in part.* fare riferimento, denotare: *la parola "gatto" si riferisce a una specie di animali* || **N.** ***tr.*** **1.** *Sin.* dire, esporre, fare la spia, fare rapporto, far relazione, far sapere, narrare, raccontare, ridire, rivelare | relatore, riferente; *relata refero* **2.** *Sin.* annettere, ascrivere, attribuire | ***intr. pron.*** *Sin.* riguardare.
riferìre[2] (pres. *-ìsco, -ìsci*) [da *ferire*; 1336 ca.] ***tr., rifl., intr. pron.*** e ***rec.*** *non com.* ferire o ferirsi di nuovo.
riferitóre [da *riferire*[1]; sec. XIV] ***agg.*** e ***sm.*** (f. *-trìce*) *raro* che o chi riferisce, racconta; relatore, informatore.
rifèrma [da *rifermare*; a. 1667] ***sf.*** *arc.* rafferma, conferma.
rifermàre (pres. *-érmo*) [da *fermare*; a. 1348 nel senso 2] ***tr.*** **1.** fermare di nuovo **2.** *arc.* confermare || ***rifl.*** e ***intr. pron.*** **1.** fermarsi di nuovo **2.** *arc.* confermarsi di nuovo al servizio di qualcuno || **N.** 2. *Sin.* raffermare.
rifermentazióne [da *fermentazione*; 1959] ***sf.*** *T.enol.* riattivazione artificiale della fermentazione alcolica.

riff (ingl., pr. [rɪf]) [forse abbr. e deformazione di *refrain*; 1959] **sm.** *inv.* nel jazz, frase musicale di struttura molto semplice e orecchiabile, che viene ripetuta frequentemente.

riffa[1] [etim. inc.; 1863] **sf.** *tosc.* violenza, prepotenza, sopruso || nelle *loc. avv. di riffa*, prepontentemente; *di riffa o di raffa*, in qualunque modo, a tutti i costi.

riffa[2] [etim. inc.; 1804] **sf.** lotteria privata con premi costituiti da oggetti.

riffo [dal long. *riffi*, maturo; 1872] **agg.** *arc.* robusto, forte, vigoroso.

riffóso [da *riffa*[1]; 1872] **agg.** *tosc.* avvezzo a far soprusi.

rifiancàre (pres. *-ànco, -ànchi*) [da *fiancare*; a. 1574] **tr.** *raro* rinfiancare.

rifiatàre [da *fiatare*; sec. XIV] **intr.** (aus. *avere*) *raro* **1.** riprender fiato: *lasciatemi rifiatare* || più in gen., respirare **2.** riferire ciò che si è visto o udito, dir parola: *guai a te se rifiati!*.

rifiatàta [da *rifiatare*; 1872] **sf.** *raro* il rifiatare una volta || *dim.* rifiatatina; *accr.* rifiatatóna.

rificolóna [prob. da *fiericolona*, perché usata nelle fiere; 1863] **sf.** *tosc.* lampioncino di carta colorata, fissato in cima a una canna, che durante le feste popolari si portava in giro.

rifìggere (pres. *rifiggo* ecc., come FIGGERE) [da *figgere*; 1592] **tr.** *lett.* infiggere di nuovo o con maggiore intensità.

rifilàre[1] (meno com. *refilàre*) (pres. *-ilo*) [comp. parasint. di *filo*; 1940] **tr.** tagliare a filo (anche in vari settori industriali): *rifilare l'orlo sfilacciato della stoffa, un blocco di fogli, un pezzo meccanico* || **N.** *Sin.* pareggiare, raffilare, rifinire.

rifilàre[2] (pres. *-ilo*) [prob. dal fr. gerg. *refiler*; 1872] **tr.** *pop.* dire o dare di seguito: *gli rifilò un paio di schiaffi, una sfilza di insulti* || *per estens.* più com., appioppare, affibbiare: *gli ha rifilato la parte più noiosa del lavoro, un avanzo di magazzino, una banconota falsa* || **N.** *Sin.* assestare, dare, mollare.

rifilàre[3] (pres. *-ilo*) [da *filare*; 1309] **tr.** *raro* filare di nuovo: *rifilare la lana.*

rifilatóre [da *rifilare*[1]; 1940] **agg.** e **sm.** (f. *-trice*) *non com.* che, chi rifila.

rifilatrice [da *rifilare*[1]; 1940] **sf.** *T.tecn.* macchina utensile (fresatrice o limatrice rapida) usata per la rifilatura delle flange.

rifilatùra [da *rifilare*[1]; 1940] **sf.** *T.tecn.* taglio a filo di rifinitura, di pareggiamento.

rifinanziaménto [da *rifinanziare*; 1983] **sm.** atto o effetto del rifinanziare || *concr.* la somma di denaro con cui si rifinanzia un'impresa, un affare e sim.

rifinanziàre (pres. *-ànzio*) [da *finanziare*; 1983] **tr.** apportare nuovi fondi a un'impresa, un affare e sim. che abbia esaurito i finanziamenti precedenti.

rifinàre (pres. *-ìno*) [comp. parasint. di *fine*; a. 1306] **intr.** (aus. *essere*) *arc.* cessare.

rifiniménto [da *rifinire*; 1940] **sm.** *raro* rifinitura.

rifinìre (pres. *-ìsco* ecc., come FINIRE) [da *finire*; a. 1742 nel senso 3] **tr.** **1.** finire di nuovo: *vedrai che rifinirà la sua sfuriata con le solite minacce* **2.** *com.* finire compiutamente e con cura, fin nei minimi particolari; effettuare la rifinitura: *rifinire un disegno, un orlo* **3.** *tosc.* consumare, esaurire completamente, dar fondo: *ha rifinito l'intera eredità in un solo anno* || *fig.* conciare male, ridurre in cattivo stato, rovinare: *la vita che fa lo sta rifinendo* **4.** *tosc.* cessare (solo in frasi negative): *non rifinisce mai di parlare* **5.** *tosc.* andare a genio, soddisfare (solo in frasi negative): *una persona, un lavoro che non mi rifinisce* || **N. 2.** *Sin.* completare, perfezionare, ritoccare, terminare.

rifinitézza [da *rifinire*; 1863 nel senso 2] **sf.** **1.** caratteristica di ciò che è completamente rifinito **2.** *tosc.* l'essere sfinito, spossato, spec. per la fame || **N. 1.** *Sin.* compiutezza, completezza, perfezione | *Contr.* imperfezione, incompiutezza, incompletezza.

rifinìto (*pps.* di *rifinire*) [a. 1665 nel senso 2] **agg.** **1.** sottoposto a rifinitura: *un pezzo mal rifinito* **2.** *tosc.* sfinito, spossato, malconcio, malridotto (fisicamente, psichicamente o economicamente).

rifinitóre [da *rifinire*; 1863] **sm.** (f. *-trice*) addetto alla rifinitura di un manufatto industriale.

rifinitùra [da *rifinire*; a. 1767 nel senso 2] **sf.** **1.** atto ed effetto del rifinire (nel senso 1): *dare un'ultima rifinitura; una rifinitura accurata, sommaria* **2.** *concr.* dettaglio che serve a rifinire: *giacca con rifiniture in pelle* || **N. 1.** *Sin.* compimento, completamento, perfezionamento, ritocco, ultima mano **2.** *Sin.* guarnizione. **Q.T.** *abbigliamento.*

rifinizióne [da *rifinire*; 1940] **sf.** **1.** *non com.* atto ed effetto del rifinire; rifinitura **2.** *tosc.* consunzione, rovina ecc.: *andare, mandare in rifinizione.*

rifioriménto [da *rifiorire*; a. 1712] **sm.** *raro* rifioritura, solo *fig.*: *rifiorimento artistico.*

rifiorìre (pres. *-ìsco, -ìsci*) [da *fiorire*; sec. XIV] **intr.** (aus. *essere*; anche *avere* nel senso 1) **1.** di pianta, rimettere il fiore: *la piantina ha rifiorito per la seconda volta quest'anno* **2.** fiorire di nuovo, essere di nuovo in fiore: *quando l'albero sarà rifiorito, sarà cominciata la primavera* || *fig.* tornar fiorente, prospero: *cessata la malattia è rifiorita, l'arte in quel periodo rifiorì* **3.** *per estens. fig.* di macchie prodotte da formazioni già precedentemente eliminate, raffiorare, riapparire: *le macchie di muffa sono rifiorite; l'intonaco, per l'umidità, è rifiorito* || **N. 2.** *Sin.* rigenerarsi, rinascere, rinforzarsi, ringiovanire, rinnovarsi, rinvigorirsi, risorgere | *Contr.* decadere, declinare, deteriorarsi, guastarsi **3.** *Sin.* riemergere, rispuntare.

rifiorìta [da *rifiorire*; a. 1579 nel senso 2] **sf.** **1.** *non com.* nuova fioritura di piante **2.** nel canto popolare, trilli intercalati tra uno stornello e l'altro.

rifioritùra [da *rifiorire*; a. 1738 nel senso 2] **sf.** **1.** nuova fioritura di una pianta durante il ciclo annuale || *fig.* nuovo sviluppo, ripresa, rinascita: *la rifioritura delle arti nel Cinquecento* **2.** *per estens. fig.* ricomparsa di macchie: *la rifioritura del soffitto della cucina* || *concr.* le macchie stesse rifiorite: *le pagine del libro sono piene di rifioriture di muffa* **3.** *fig. raro* fiorettatura, ornamento, abbellimento: *aggiungere qualche rifioritura alla narrazione, al motivo musicale* || **N. 1.** *Sin.* rifiorimento, rinascenza, rinnovamento, rinnovo, rinvigorimento, risveglio | *Contr.* decadenza, decadimento, deterioramento, logoramento **3.** *Sin.* fronzolo.

rifischiàre (pres. *-ìschio*) [da *fischiare*; 1872] **intr.** (aus. *avere*) **1.** fischiare di nuovo **2.** *raro* fischiare in risposta al fischio di un altro || **tr.** **1.** fischiare di nuovo **2.** *fam. non com.* riferire, facendo la spia.

rifischióne [da *rifischiare*; 1891] **sm.** (f. *-a*) *fam. spreg. non com.* chi è solito rifischiare le cose che è venuto a sapere; spione.

rifiutàbile [da *rifiutare*[1]; a. 1566] **agg.** che si può o si deve rifiutare: *un'offerta non rifiutabile.*

rifiutaménto [da *rifiutare*[1]; sec. XIII] **sm.** *ant.* rifiuto.

rifiutànza [da *rifiutare*[1]; a. 1306] **sf.** *arc.* atto ed effetto del rifiutare[1].

rifiutàre[1] [lat. *refutāre*, forse con influsso di *fiutare*; fine sec. XIII] **tr.** **1.** non accettare, respingere ciò che viene offerto: *rifiutare un consiglio, un'eredità* || *T.cacc. rifiutare la selvaggina*, di cane da caccia, seguire soltanto la traccia della selvaggina per la quale è stato addestrato, trascurando tutte le altre **2.** non voler fare, dare, concedere ciò che viene richiesto; negare: *rifiutare la grazia, di riceverlo, un aiuto* || *T.ipp. rifiutare l'ostacolo*, di cavallo, rifiutare di saltare l'ostacolo **3.** *lett. raro* non riconoscere; disconoscere, rinnegare: *rifiutare i propri scritti giovanili* **4.** *ass. T.mar.* del vento, ricusare || **intr. pron.** non voler fare qualcosa, non acconsentire a qualcosa: *mi rifiuto di crederlo, si è rifiutato di obbedirmi* || **N.** **tr.** **1.** *Sin.* declinare, ricusare, rigettare, rinunciare, RESPINGERE | *Contr.* accettare, accogliere **2.** *Contr.* acconsentire, concedere, consentire, permettere **3.** *Sin.* ripudiare.

rifiutàre[2] [da *fiutare*; 1872] **tr.** fiutare di nuovo.

rifiutatóre [da *rifiutare*[1]; sec. XIV] **agg.** e **sm.** (f. *-trice*) **1.** *raro* che o chi rifiuta **2.** *ant.* confutatore.

rifiùto [da *rifiutare*[1]; 1313] **sm.** **1.** atto ed effetto del rifiutare e del rifiutarsi: *il suo sdegnoso rifiuto mi offese, oppose alla sua offerta un netto rifiuto; colui / che fece per viltade il gran rifiuto* (Dante) || *T.ipp.* arresto del cavallo di fronte all'ostacolo da saltare || *T.gioc.* nei giochi di carte, mancata risposta al compagno nel colore o nel seme **2.** *per estens.* scarto, eliminazione, espulsione di ciò che è inservibile, dannoso e sim.: *sostanze di rifiuto; merce di rifiuto*, di scarto || *concr.* spec. *pl.*, ciò che viene rifiutato, scartato, anche *fig.*: *rifiuti radioattivi; il riciclaggio dei rifiuti*, dell'immondizia; *rifiuti della società*, la feccia della società, la canaglia || **N. 1.** *Sin.* diniego, negazione, ricusa, rigetto, ripudio | *Contr.* accettazione, consenso | reciso, secco **2.** *Sin.* avanzo, ciarpame, pattume.

riflessìbile [da *riflettere*; 1872] **agg.** *raro* che può riflettersi.

riflessibilità [da *riflessibile*; 1872] **sf.** *raro* caratteristica di ciò che può riflettersi.

riflessióne [dal lat. tardo *reflexio, -ōnis*; sec. XIV *reflessione*] **sf.** **1.** *T.fis.* effetto del riflettere o del riflettersi; *in part.* in ottica, fenomeno per cui un raggio luminoso incidente su una superficie riflettente viene rinviato verso la sorgente: *angolo di riflessione; fattore di riflessione*, V. RIFLETTENZA; *riflessione totale*, fenomeno che si verifica quando il raggio luminoso incontra la superficie di separazione tra due mezzi e viene completamente riflesso, senza che si verifichi rifrazione || *per estens.* rif. a onde di diversa natura: *la riflessione di onde elettromagnetiche, sismiche*; in acustica, eco **2.** atto del riflettere su qualcosa: *dopo attenta riflessione siamo giunti a queste conclusioni, non è portato per la riflessione* || *T.fil.* nell'empirismo, la conoscenza di sé e delle proprie operazioni mentali; in Kant e nell'idealismo, la determinazione delle relazioni tra le cose, e anche (in Hegel) la relazione di immanenza reciproca tra concetti opposti **3.** *concr.* ciò che risulta dalla riflessione su qualcosa; considerazione, valutazione meditata: *riflessioni molto profonde, superficiali; un'amara riflessione sulla natura umana, un'acuta riflessione di Pascal* || **N. 1.** *Sin.* riverberamento, riverbero, riflesso **2.** *Sin.* introspezione, meditazione, raccoglimento; senso interno. **Q.T.** *fisica.*

riflessività [da *riflessivo*; 1959] **sf.** carattere di chi o di ciò che è riflessivo.

riflessìvo [da *riflettere*; a. 1719] **agg.** **1.** incline alla riflessione, a considerare le cose con serietà e ponderazione: *mente riflessiva, un ragazzo molto riflessivo* **2.** che riguarda la riflessione (nel senso 1): *capacità riflessiva* **3.** che si rivolge su se stesso; *in part. T.mat. proprietà riflessiva*, la proprietà delle relazioni binarie per cui la relazione sussiste tra ciascun elemento e se stesso; *T.gram. pronome riflessivo* (o anche *particella pronominale*), che riflette sul soggetto il processo verbale (come, per es., in *Anna si lava*); *aggettivo riflessivo*, che si riferisce al soggetto (come, per es., in *Daniela ha venduto la sua moto*); *verbo riflessivo*, che è accompagnato da una particella pronominale (*mi, ti, ci, si, vi*) della stessa persona del soggetto, in modo che il processo dell'azione verbale si riflette sul soggetto, che è così contemporaneamente agente e paziente (come, per es., in *rivestiti!*); *verbo riflessivo reciproco*, quando l'azione verbale si riflette reciprocamente sui soggetti (come, per es., in *i suoi genitori si sono separati*); *verbo riflessivo intensivo*, in cui il pronome esprime che l'azione si svolge in favore del soggetto (come, per es., in *mangiarsi una mela*); *riflessivo indiretto*, quando la particella pronominale che accompagna il verbo non ha la funzione di complemento oggetto, ma di complemento indiretto sempre riferito, però, alla persona che compare come soggetto (come, per es., in *lavarsi le mani, guardarsi intorno*) ‖ **riflessivaménte** *avv.* ponderatamente; in modo riflessivo ‖ **N. 1.** *Sin.* giudizioso, meditativo, posato, ragionevole, savio | *Contr.* avventato, imprudente, impulsivo, irriflessivo, sconsiderato, scriteriato.

riflèsso [dal lat. tardo *reflexus*; 1336 ca. come agg.] **I** *sm.* **1.** raggio luminoso rinviato da una superficie riflettente: *ripararsi gli occhi dai riflessi del sole sulla neve, un diamante con dei riflessi stupendi* ‖ immagine riflessa: *in quel gioco di specchi tu credi di andare incontro a qualcuno, ma in realtà è solo un riflesso* **2.** *per estens. T.fisiol.* risposta involontaria a uno stimolo esterno, indotta dal sistema nervoso: *misurare la velocità di un riflesso*; *riflesso innato* (o *assoluto*), che si verifica immancabilmente; *riflesso condizionato* (o *acquisito*), indotto dalla prolungata associazione di uno stimolo a una particolare risposta **3.** *fig.* effetto secondario, indiretto: *i riflessi del boom economico nella vita sociale* ‖ nelle loc. *di* (o, meno com., *per*) *riflesso*, indirettamente, per conseguenza: *della sua felicità noi tutti, di riflesso, abbiamo beneficiato* ‖ **riflessaménte** *avv. raro* per riflesso **II** *agg.* **1.** che ha subito riflessione: *raggio riflesso* **2.** che è in relazione con uno stimolo fisiologico: *azione riflessa*, frutto di un riflesso fisiologico; *tempo riflesso*, lasso di tempo intercorrente dal momento in cui lo stimolo colpisce l'apparato recettore a quello in cui si ha la risposta; *arco riflesso*, il percorso di un riflesso nervoso, costituito da un nervo afferente, un centro nervoso e un nervo efferente **3.** *non com.* che è il frutto di una riflessione mentale, non spontaneo: *risposta riflessa*; *arte riflessa*, fondata sulla rielaborazione di prodotti culturali, non immediata ‖ **N. I 1.** *Sin.* riverbero **3.** *Sin.* conseguenza. **Q.T.** *psicologia* **TAV.** *ottica* **p. 1329** 2.5.

riflessologìa o **reflessologìa** [comp. di *riflesso* e *-logia*] *sf.* **1.** *T.psic.* termine coniato nel 1921 da V.M. Bechterev per designare la dottrina psicologica sviluppatasi particolarmente nell'URSS nella prima metà di questo secolo a seguito degli studi di I.P. Pavlov sui riflessi condizionati ‖ oggi il termine è usato perlopiù in senso spreg., e indica una qualsiasi interpretazione psicologica aridamente meccanicistica **2.** *T.med.* studio dei riflessi nervosi.

riflettènza [da *riflettere*; 1959] *sf. T.fis.* nella riflessione della luce, rapporto tra il flusso dell'energia riflessa e il flusso complessivo dell'energia incidente ‖ **N.** *Sin.* fattore di riflessione.

riflèttere (pres. *riflètto*; p.rem. *riflettéi, riflettésti, rifletté*; pps. *riflettùto* (nel senso intr. o meno com. tr.) o *riflèsso* (nel senso tr.)) [dal lat. *reflectere*, letter. ripiegare; 1319 *reflettere*] *tr.* rimandare o riprodurre raggi luminosi o immagini per riflessione: *lo specchio riflette le immagini, la neve riflette i raggi del sole*; *superficie riflettente*, che è in grado di riflettere raggi luminosi o immagini ‖ *per estens.* rif. a onde di diversa natura: *quella paratia riflette il calore, il suono* ‖ *fig.* rispecchiare, riprodurre: *lo sguardo riflette i sentimenti che si provano* ‖ *per estens. fig.* costituire una manifestazione, un effetto: *la svalutazione della moneta riflette la crisi in atto* ‖ **intr. pron.** riverberarsi: *il lampo si rifletté sul lago* ‖ *fig.* esprimersi: *l'insofferenza si rifletteva nel suo atteggiamento* ‖ *per estens. fig.* ripercuotersi, influire: *le esperienze infantili si riflettono sul carattere dell'adulto, la contrazione della domanda estera si riflette sul mercato interno* ‖ **intr.** (aus. *avere*) pensare con concentrazione, in cerca della soluzione di un problema o in vista di una decisione; meditare, considerare attentamente: *riflettere sulla situazione, rifletti prima di agire!* ‖ *senza riflettere*, sconsideratamente ‖ **N.** *tr. Sin.* restituire, riecheggiare, riverberare; manifestare, mostrare, rivelare, far trapelare | **intr.** *Sin.* lambiccarsi il cervello, pensare, ragionare, rimuginare, scervellarsi.

riflettóre [da *riflettere*, sul modello del fr. *réflecteur*; 1905] **I** *sm. T.tecn.* qualsiasi dispositivo atto a riflettere energia radiante e, in genere, a concentrarla nella direzione voluta; *in part.* superficie a elevato coefficiente di riflessione opportunamente sagomata per concentrare e orientare la luce di una o più lampade: *i riflettori dei fari, dei flash*; *per meton.* proiettore: *accendere i riflettori* ‖ *T.telecom.* dispositivo di un'antenna usato per concentrare l'irradiazione dell'antenna stessa in una particolare direzione ‖ *T.astron.* telescopio riflettore ‖ nei reattori nucleari, ciascuno degli schermi usati per impedire l'evasione di neutroni dal nucleo del reattore **II** *agg. T.tecn.* che riflette: *telescopio riflettore*. **TAV.** *astronautica* **p. 655** 6.2.

riflettutaménte [da *riflettuto*; 1872] *avv. raro* avendo ben riflettuto; ponderatamente.

riflettùto *pps.* di *riflettere*.

rifluire (raro *refluire*) (pres. *-isco, -isci*) [dal lat. *refluere*; scorrere indietro; 1549] *intr.* (aus. *essere*, meno com. *avere*) **1.** fluire all'indietro, in senso opposto: *finalmente l'acqua comincia a rifluire dalla vallata inondata, all'arrivo dei soldati la folla rifluì dalla piazza* **2.** *non com.* tornare a scorrere: *con quel messaggio il sangue gli rifluì nelle vene* **3.** *raro* tornare ad affluire: *i generi di prima necessità rifluirono sul mercato* ‖ **N. 1.** *Contr.* affluire.

riflùsso [da *rifluire*; a. 1519] *sm.* **1.** flusso in senso contrario: *riflusso del sangue dovuto a insufficienza cardiaca*; *il riflusso della marea*, corrente di allontanamento delle acque dalla costa che accompagna l'abbassamento del livello marino tra un'alta marea e la successiva bassa marea **2.** *per estens.* movimento in senso contrario: *il riflusso dei villeggianti al termine delle ferie* ‖ *fig.* ripiegamento di un movimento o tendenza a riscoprire valori che si ritenevano superati: *il riflusso del movimento sindacale alla fine degli anni '70* ‖ **N. 1.** *Contr.* flusso.

rifocillaménto [da *rifocillare*; sec. XIV] *sm.* il rifocillare o il rifocillarsi.

rifocillàre (ant. *refocillàre*) [dal lat. *refocilāre*; sec. XIV] *tr.* e *rifl.* ristorare, o ristorarsi, con alimenti: *giunti in cima ci rifocillammo un po'* ‖ **N.** *Sin.* cibare, nutrire.

rifoderàre (pres. *-òdero*) [da *foderare*; 1872] *tr.* foderare di nuovo, munire di una nuova fodera.

rifoderatùra [da *rifoderare*; 1936] *sf.* il rifoderare ‖ *concr.* ciò che serve per rifoderare.

rifolo v. REFOLO.

rifondàre (pres. *-óndo*) [da *fondare*; 1313] *tr.* fondare di nuovo; fondare su nuove basi, anche *fig.*, imprimere un indirizzo radicalmente nuovo: *rifondare un partito*.

rifondazióne [da *rifondare*; 1872] *sf.* nuova fondazione, nuova costituzione, profonda trasformazione: *congresso di rifondazione del partito*.

rifóndere (pres. *-óndo* ecc., come FONDERE) [dal lat. *refundere*, versare indietro; a. 1537] *tr.* **1.** fondere nuovamente, spec. per far assumere nuova forma: *rifondere una statua, l'oro delle fedi nuziali* ‖ *per estens. fig.* rif. a scritto, rimaneggiarlo, rielaborarlo, ricombinarne le parti **2.** *fig.* rimborsare: *rifondere i danni a qualcuno, lo rifonderò della cifra che ha anticipato per me* **3.** *ant.* versare di nuovo: *rifondere l'olio nelle lampade* **4.** *poet. arc.* riflettere ‖ **intr. pron.** *poet. arc.* riflettersi ‖ **N. 2.** *Sin.* indennizzare; rendere, restituire.

rifondibile [da *rifondere*; 1872] *agg.* che si può o si deve rifondere.

rifóndita [da *rifondere*; 1959] *sf.* nuova fusione ‖ *T.tip. materiale di rifondita*, l'insieme dei vecchi caratteri o di altro materiale tipografico che deve subire una nuova fusione.

rifonditóre [da *rifondere*; 1872] *agg.* e *sm.* (f. *-trice*) *raro* che o chi rifonde.

riforestazióne [comp. parasint. di *foresta*; 1983] *sf.* rimboschimento.

rifórma [da *riformare*; 1618] *sf.* **1.** trasformazione più o meno profonda, intesa a migliorare l'esistente: *una radicale riforma dei costumi* ‖ *in part. T.pol.* trasformazione a scopo migliorativo, dell'intera società o di una singola istituzione, ottenuta attraverso i processi decisionali ammessi dal sistema politico e senza sostituzione violenta di classe dirigente: *riforma del sistema elettorale, sanitaria, dell'ordinamento carcerario*; *strategia delle riforme*, strategia politica che persegue una radicale trasformazione della società non per via rivoluzionaria, ma attraverso cambiamenti graduali; *riforme di struttura*, che modificano la struttura economico-sociale ‖ *T.stor. Età delle Riforme*, la seconda metà del Settecento, che vide molti sovrani europei impegnati in un'attività riformatrice ‖ *per anton. T.rel. la Riforma*, il movimento di critica teologica e disciplinare della Chiesa cristiana (sec. XVI) da cui ebbe origine il Protestantesimo ‖ *Riforma cattolica*, la Controriforma **2.** *T.mil.* atto ed effetto del riformare: *certificato di riforma* ‖ **N. 1.** *Sin.* innovazione | *Contr.* conservazione, rivoluzione. **Q.T.** *diritto.*

riformàbile [da *riformare*; 1745] *agg.* che si può riformare.

riformagióne [da *riformare*; a. 1348] *sf. arc.* riforma ‖ *T.stor.* nell'età dei Comuni, deliberazione del consiglio legislativo non avente forza di vero e proprio statuto.

riformaménto [da *riformare*; sec. XV] *sm. ant.* riforma.

riformàre (pres. *-órmo*) [dal lat. *reformāre*; fine sec. XIII] *tr.* **1.** formare di nuovo, ricostituire: *riformare un partito disciolto* **2.** trasformare per mezzo di riforme: *riformare un'istituzione, l'amministrazione pubblica, la sanità, la scuola* ‖ *pop. scherz. iperb.* trasformare: *riformare i connotati a forza di pugni* **3.** *T.mil.* esonerare permanentemente dal servizio militare a causa di inabilità fisica o psichica: *l'hanno riformato per insufficienza toracica* ‖ **intr. pron.** formarsi di nuovo, ricostituirsi: *la ruggine si è riformata* ‖ **N.** *tr.* **1.** *Sin.* rifare **2.** *Sin.* cambiare, innovare, migliorare, modificare, rinnovare, svecchiare; cambiare, modificare, mutare **3.** *Sin.* dichiarare inabile, scartare | *Contr.* arruolare.

riformativo [da *riformare*; a. 1667] *agg. non com.* che serve a riformare.

riformàto (*pps.* di *riformare*) [a. 1543] **I** *agg.* **1.** modificato mediante riforme ‖ *T.stor. chiese riformate*, nate dalla Riforma **2.** *T.mil.* permanentemente esonerato dal servizio militare **II** *sm.* **1.** (f. *-a*) *T.rel.* seguace dei riformatori protestanti e, in part., di Zwingli e di Calvino **2.** *T.mil.* persona riformata.

riformatóre [da *riformare*; a. 1600] *agg.* e *sm.* (f. *-trice*) che o chi riforma: *governi, provvedimenti riformatori*; *i riformatori della religione cristiana* ‖ *T.stor. Riformatori dello Studio*, magistratura della Repubblica Veneta, istituita nel sec. XVI per sovrintendere all'università di Padova; *Governo dei Riformatori*, governo senese di parte popolare che, nel sec. XIV, si distinse nella riorganizzazione del debito pubblico.

riformatòrio (pl. *-ri*) [da *riformare*; 1902] ***sm.*** istituto di pena e di rieducazione per delinquenti minorenni: *rinchiudere in riformatorio.*

riformazióne [da *riformare*; a. 1348 nel senso 2] ***sf.*** **1.** nuova formazione **2.** *arc.* riforma, riordinamento rinnovatore.

riformismo [da *riforma*; 1936] ***sm.*** *T.pol.* linea di azione politica tendente a migliorare le strutture politiche, sociali ed economiche di un paese attraverso riforme graduali: *un cauto riformismo contrario sia al conservatorismo oltranzista, sia al velleitarismo rivoluzionario* || *per estens.* ogni atteggiamento orientato alle riforme, anche in sfera diversa dalla politica: *riformismo religioso, industriale.*

riformista [da *riforma*; 1798] ***agg.*** e ***s.*** fautore del riformismo: *socialisti riformisti*, socialisti che considerano gran parte delle rivendicazioni del proletariato conseguibili all'interno di regimi borghesi.

riformistico (pl. *-ci*) [da *riformista*; 1918] ***agg.*** del riformismo o dei riformisti.

rifornimento [da *rifornire*; 1872] ***sm.*** **1.** atto del rifornire e del rifornirsi: *far rifornimento di viveri*; *posto, punto di rifornimento*, in cui ci si può rifornire di qualcosa (spec. carburante) **2.** *concr.* spec. *pl.*, i generi di cui ci si rifornisce: *sono arrivati, sono finiti i rifornimenti* || **N. 2.** *Sin.* provviste, riserve, scorte, vettovaglie, viveri.

rifornire (pres. *-isco, -isci*) [da *fornire*; a. 1348] ***tr.*** fornire, provvedere di quanto è necessario a un dato scopo (e, in part., al sostentamento di persone o al funzionamento di macchine) e che era venuto a mancare: *rifornire i guerriglieri di armi, l'auto di carburante, l'industria di materie prime* || ***rifl.*** fornirsi di qualcosa: *rifornirsi di cibo per l'inverno, di sigarette* || **N.** *Sin.* approvvigionare, dotare, munire.

rifornitóre [da *rifornire*; 1940] ***agg.*** e ***sm.*** (f. *-trice*) che o chi rifornisce.

rifornitura [da *rifornire*; 1940] ***sf.*** *raro* rifornimento.

rifòsso [da *fosso*; 1872] ***sm.*** *ant.* fosso secondario che cinge le mura di una fortezza; controfosso.

rifrangènza [da *rifrangere*; 1965] ***sf.*** *T.fis.* proprietà di un mezzo per cui esso provoca rifrazione.

rifràngere (arc. *refràngere*) (pres. *rifràngo, rifràngi*; pps. *rifràtto* nel senso 1 e *rifrànto* nel senso 2) [dal lat. *refringere*; a. 1321] ***tr.*** **1.** *T.fis.* provocare una rifrazione: *un mezzo che rifrange una certa radiazione, l'acqua rifrange i raggi solari* **2.** frangere, spezzare, rompere di nuovo || ***intr. pron.*** **1.** *T.fis.* subire una rifrazione **2.** spezzarsi: *le onde si rifrangevano sugli scogli.* **TAV. *ottica* p. 1329** 2.2.

rifrangibile [da *rifrangere*; 1872] ***agg.*** che può rifrangersi.

rifrangibilità [da *rifrangibile*; 1803] ***sf.*** *raro* caratteristica di ciò che è rifrangibile.

rifrangiménto [da *rifrangere*; sec. XVI] ***sm.*** *raro* atto ed effetto del rifrangere o del rifrangersi.

rifràtto *pps.* di *rifrangere* (v.).

rifrattòmetro [comp. di *rifratto* e *-metro*; 1936] ***sm.*** *T.ott.* strumento che determina l'indice di rifrazione || strumento per la misurazione del grado di miopia, di ipermetropia o di astigmatismo. **TAV. *ottica* p. 1329** 9.

rifrattóre [da *rifratto*; 1872] ***agg.*** e ***sm.*** (f. *-trice*) che rifrange (detto spec. di apparecchiature luminose o acustiche) || *in part.* telescopio astronomico con obiettivi e oculare costituiti da lenti rifrangenti; cannocchiale.

rifrazióne [da *rifratto*; sec. XIV *refrazione*] ***sf.*** *T.fis.* fenomeno subito da un'onda di qualsiasi tipo quando, propagandosi, incontra la superficie di separazione di due mezzi diversi, in corrispondenza della quale varia la sua direzione di propagazione: *angolo di rifrazione* || **N.** birifrazione; incidenza, indice di rifrazione, rifrattometro. **Q.T. *fisica*** **TAV. *ottica* p. 1329** 2.

rifreddàre (pres. *-éddo*) [da *freddare*; a. 1290] ***tr.*** e ***intr. pron.*** freddare e freddarsi di nuovo.

rifréddo [da *rifredd(at)o*; a. 1543] **I *agg.*** di vivanda, che si consuma dopo averla fatta raffreddare **II *sm.*** (gen. *pl.*) vivanda fredda.

rifrigeràre (pres. *-ìgero*) [dal lat. *refrigerāre*; 1306 *rifriggerare*] ***tr.*** *ant.* refrigerare.

rifrìggere (pres. *-ìggo* ecc., come FRIGGERE) [da *friggere*; 1640] ***tr.*** **1.** friggere di nuovo **2.** *fig. fam.* dire sempre le stesse cose dando loro una forma diversa per farle apparire nuove || ***intr.*** (aus. *avere*) di vivanda, friggere troppo a lungo: *il pesce è lì che rifrigge.*

rifriggiménto [da *rifriggere*; a. 1712] ***sm.*** *raro* atto ed effetto del rifriggere (spec. in senso *fig.*).

rifriggitóre [da *rifriggere*; 1872] ***agg.*** e ***sm.*** (f. *-trice*) *raro* che o chi rifrigge (spec. in senso *fig.*).

rifritto (*pps.* di *rifriggere*) [a. 1449] **I *agg.*** **1.** fritto di nuovo **2.** *fig. fam.* *fritto e rifritto*, vecchio e arcinoto, più volte detto: *discorsi fritti e rifritti* **II *sm.*** **1.** odore o sapore di grasso od olio fritto più volte, emanante spec. dai contenitori usati: *sa di rifritto* **2.** *fig. fam.* *sapere di rifritto*, di discorso o sim., ripetere cose vecchie e arcinote.

rifrittume [da *rifritto*; 1872] ***sm.*** *spreg.* quantità di cose rifritte (spec. in senso *fig.*).

rifrittura [da *rifritto*; 1872] ***sf.*** **1.** vivanda rifritta **2.** *fig. fam. spreg.* ripetizione di cose vecchie o arcinote.

rifrugàre (pres. *-ùgo, -ùghi*) [da *frugare*; a. 1712] ***tr.*** e ***intr.*** (aus. *avere*) frugare di nuovo o più intensamente.

rifrustàre [da *frustare*; a. 1543 nel senso 2] ***tr.*** **1.** *non com.* frustare di nuovo **2.** *fam. tosc.* scartabellare alla ricerca di qualcosa: *rifrustò tutti i vecchi giornali che aveva in casa* || frugare, rovistare: *ha rifrustato tutte le osterie per trovare del buon vino* || *fig.* rivangare: *ma guarda che cosa è andato a rifrustare!.*

rifrustatóre [da *rifrustare*; 1872] ***agg.*** e ***sm.*** (f. *-trice*, arc. *-tóra*) *raro* che o chi rifrusta.

rifrùsto [da *rifrustare*; a. 1543] ***sm.*** *ant.* percossa || *fig.* grave danno, sconfitta e sim.

rifuggire (pres. *-ùggo, -ùggi*) [lat. *refugere*; a. 1348 nel senso 2] ***intr.*** (aus. *essere*) **1.** *fig.* evitare, tenersi ben lontano da qualcosa o qualcuno: *rifuggire da ogni proposito di vendetta, dalle cattive compagnie* **2.** *meno com.*, fuggire di nuovo: *il prigioniero è rifuggito* **3.** *raro* cercare rifugio || ***tr.*** evitare: *rifuggire la fatica, i pettegoli* || **N. *intr.*** **1.** *Sin.* aborrire, guardarsi.

rifugiàrsi [da *rifugio*; a. 1571] ***intr. pron.*** trovare rifugio: *si rifugiarono sui monti* || *fig.* trovare conforto, sostegno morale: *rifugiarsi nella preghiera* || **N.** *Sin.* fuggire, nascondersi, ricoverarsi, rimpiattarsi, rincantucciarsi, rintanarsi, riparare.

rifugiàto (*pps.* di *rifugiarsi*) [1872] ***sm.*** (f. *-a*) chi, spec. per motivi politici, ha trovato rifugio in un paese straniero.

rifùgio (pl. *-gi*) [dal lat. *refugium*; 1319 *refugio*] ***sm.*** **1.** asilo, riparo, protezione, conforto (sia materiale che non): *trovò rifugio in un portone, presso una famiglia di contadini, nella preghiera*; *T.econ.* *beni rifugio*, quelli che sono meno soggetti a perdere valore per l'inflazione (come immobili, opere d'arte, gioielli ecc.) **2.** *concr.* luogo che offre asilo, riparo, protezione: *la caverna si rivelò un ottimo rifugio durante la tempesta*; *rifugio alpino* (o *ass. rifugio*), edificio usato dagli alpinisti come luogo di ricovero; *rifugio antiaereo, antiatomico*, locale (spec. sotterraneo) a prova di bombardamento || *fig.* ciò che offre protezione, sostegno (sia materiale che non): *il rifugio della religione* **3.** *per estens. concr.* persona cui si ricorre per trovare aiuto o conforto: *la Madonna è il rifugio dei peccatori* || **N. 1.** *Sin.* aiuto, ricovero **2.** *Sin.* nascondiglio, ricovero. **Q.T. *alpinismo.***

rifulgènza [dal lat. *refulgentia*; a. 1311 *refulgenzia*] ***sf.*** *ant.* fulgore.

rifùlgere (arc. *refùlgere*) (pres. *rifùlgo, rifùlgi*; p.rem. *rifùlsi, rifulgésti, rifùlse, rifùlsero*; pps. raro *rifùlso*) [dal lat. *refulgēre*; 1321] ***intr.*** (aus. *essere* e *avere*) risplendere, emanare luce viva e brillante: *astro che rifulge*; anche *fig.*: *rifulgere di felicità* || **N.** *Sin.* rilucere, SPLENDERE.

rifuşàre [dal lat. volg. **refusāre*, attr. il fr. ant. *refuser*; a. 1348] ***tr.*** *arc.* rifiutare.

rifuşìbile [da *rifuso*; 1872] ***agg.*** *non com.* che si può rifondere.

rifuşióne [dal lat. tardo *refusio, -ōnis*; 1802 *refusione* nel senso 2] ***sf.*** **1.** nuova fusione: *la rifusione della campana* || *per estens. fig.* rimaneggiamento: *la rifusione di un'opera letteraria* **2.** restituzione, rimborso: *rifusione delle spese, dei danni.*

rifùşo (*pps.* di *rifondere*) [a. 1566 nel senso 2] ***agg.*** **1.** fuso di nuovo: *statua rifusa* **2.** *raro* nella *loc. avv. a rifuso*, in abbondanza.

rifutàre [dal lat. *refutāre*; 1374 nel senso 2] ***tr.*** *ant.* **1.** confutare **2.** rifiutare.

rifutatìvo [da *rifutare*; a. 1566] ***agg.*** *raro* confutativo.

rifutazióne [da *rifutare*; a. 1729] ***sf.*** *raro* confutazione.

riga [dal long. *rīga*; 1313 nel senso 3] ***sf.*** **1.** sottile linea retta rilevabile su una superficie: *un tessuto bianco a righe azzurre, quaderni a righe e a quadretti, sottolineare gli errori con una riga rossa* || *T.fis.* in ottica, *riga spettrale*, banda di uno spettro, corrispondente a una radiazione monocromatica || *T.telecom.* linea di scansione || *T.arald.* divisa || rif. ai capelli, scriminatura || *per estens.* striscia, graffio, scalfittura lineare ma non necessariamente rettilinea: *strisciando contro il muro ho fatto una riga sulla fiancata dell'auto, le lenti dei tuoi occhiali sono piene di righe* **2.** *per estens.* attrezzo da disegnatore usato per tracciare linee rette, costituito da una striscia in materiale rigido (legno, metallo o plastica), gen. a bordo millimetrato **3.** *per estens.* serie di cose o persone disposte l'una di fianco all'altra su una stessa linea retta; *in part.* ciascuna delle serie di segni grafici (scritti a mano, a macchina o a stampa), parallele tra loro, disposte orizzontalmente nella pagina: *nell'ultima riga di p. 3 c'è un errore di stampa, una cartella di 23 righe*; *T.tip.* insieme dei caratteri che in una composizione tipografica occupano una determinata giustezza || nei modi di dire fig.: *due righe*, un breve scritto: *scrivere, buttar giù due righe*; *leggere tra le righe*, intuire ciò che nello scritto non è detto esplicitamente ma è sottinteso || rif. a persone, spec. nell'uso militare o sportivo: *i giocatori si allinearono su due righe*; *mettere in riga*, anche *fig.*, disciplinare; *in riga!*, ordine di disporsi su una o più righe; *rompere le righe!*, ordine che annulla il precedente; *riga destr', riga sinistr'*, ordini per rettificare l'allineamento della riga (volgendo il capo rispettivamente a destra e a sinistra) || *dim.* righétta, righettìna, righìna, righìno (*sm.*), righèllo (*sm.*); *accr.* rigóna, rigóne (*sm.*); *pegg.* rigàccia || **N. 1.** *Sin.* frego, solco, striatura, tratto **2.** *Sin.* righello, stecca | falsariga **3.** *Sin.* schieramento; colonna, fila, incolonnamento, sfilza, teoria. **TAV.** *disegno* 10.1.

rigabèllo [etim. inc.; 1872] ***sm.*** piccolo organo portativo usato nel Medioevo || **N.** *Sin.*

regale.

rigàccia (pl. *-ce*) (*pegg.* di *riga*) [1965] ***sf.*** *T.giorn.* riga inserita per sbaglio in un testo tipografico.

rigàggio (pl. *-gi*) [da *rigare*; 1959] ***sm.*** **1.** impressione di linee su fogli, moduli ecc. **2.** numero delle righe di un testo da stampare.

rigàglia (pl. *-glie*) [lat. *regālia*; a. 1400] ***sf.*** **1.** *pl.* interiora di pollo o altro volatile, impiegate in cucina: *risotto con rigaglie* **2.** cascame di seta ricavato dal bozzolo **3.** *ant.* *raro* scarto, avanzo in genere.

rigàgno [da *rigare*, in un'accezione corrispondente a quella del lat. *rigāre*, solcare bagnando; 1313] ***sm.*** *ant.* rigagnolo.

rigàgnolo [da *rigagno*; fine sec. XIII] ***sm.*** rivoletto d'acqua piovana che corre lungo i marciapiedi delle strade || piccolo rivo || *dim.* rigagnolétto, rigagnolìno.

rigalleggiàre (pres. *-éggio*) [da *galleggiare*; 1872] ***intr.*** (aus. *avere*) tornare a galla || galleggiare di nuovo.

rigàme [da *riga*; 1881] ***sm.*** scanalatura degli stipiti entro cui scorre la saracinesca.

rìgamo [lat. *orīganum*, gr. *oríganon*; sec. XIV] ***sm.*** *ant.* origano.

rigàre (pres. *rìgo*, *rìghi*) [da *riga*; a. 1584 come intr.] ***tr.*** segnare con una o più righe una superficie: *rigare il tavolo con un coltellino*, *le lacrime gli rigavano il volto* || *T.arm.* praticare scanalature nell'anima delle bocche da fuoco per aumentarne e disciplinarne la forza proiettiva || ***intr.*** (aus. *avere*) *fig.* *rigare dritto*, comportarsi rettamente, attenersi alle disposizioni ricevute || **N.** ***tr.*** *Sin.* righettare, scanalare, solcare.

rigàta[1] [da *riga*; 1708 nel senso 2] ***sf.*** **1.** colpo dato con una riga **2.** rigo musicale.

rigàta[2] [f. sostantivato di *rigato*; 1959] ***sf.*** *T.geom.* ogni superficie che sia luogo di un'infinità semplice di rette.

rigatìno [da *rigato*; 1872] ***sm.*** **1.** tessuto in lino o cotone a piccole righe, usato spec. in camiceria, per grembiuli ecc. **2.** *pl.* tipo di pasta alimentare a forma di cilindretti rigati.

rigàto (*pps.* di *rigare*) [a. 1292] ***agg.*** percorso da righe: *carta rigata*, *viso rigato di pianto* || **N.** *Sin.* lineato, listato, segnato, striato.

rigatóne [da *rigato*; 1935] ***sm.*** spec. *pl.* tipo di pasta alimentare a forma di cilindro rigato. **TAV.** *alimentazione* 1.9.

rigatóre [da *rigare*; 1837] ***sm.*** **1.** attrezzo agricolo usato per tracciare leggeri solchi || attrezzo di analoga funzione usato in pelletteria **2.** (f. *-trìce*) *raro* chi riga.

rigatrìce [da *rigare*; 1959] ***sf.*** macchina per rigare la carta.

rigatterìa [da *rigattiere*; 1881] ***sf.*** *non com.* merce da rigattiere || *per estens.*, anche *fig.*, roba vecchia e fuori uso, ciarpame: *ciarpe della rigatteria romantica* (Carducci) || **N.** *bric-à-brac*, cianfrusaglia.

rigattière [forse dal lat. volg. **recaptāre*, comprare, e vendere di nuovo; sec. XIV] ***sm.*** (f. *-a*) rivenditore di roba usata, oggi spec. mobili e suppellettili || **N.** *Sin.* ferrovecchio, robivecchio; cenciaiolo, straccivendolo.

rigatùra [da *rigare*; 1872] ***sf.*** atto ed effetto del rigare: *un foglio dalla rigatura fitta* || *in part.* l'insieme delle scanalature nell'anima delle bocche da fuoco. **TAV.** ***armi*** **p. 648** 17.1.

rigaudon o ***rigodon*** (fr., pr. [rigɔ'dɔ̃]) [dal n. proprio *Rigaud*, presunto inventore di questa danza; 1931] ***sm.*** *inv.* antica danza di movimento vivace, originaria della Provenza o della Linguadoca, assai diffusa nel sec. XVII.

rigelàre (pres. *-gèlo*) [da *gelare*; 1872] ***tr.*** far gelare di nuovo || ***intr.*** (aus. *essere*) e *impers.* (aus. *essere* e *avere*) gelare di nuovo.

rigèlo [da *rigelare*; 1879] ***sm.*** il fenomeno per cui il ghiaccio, fondendo nei punti di elevata pressione, rigela al cessare della compressione.

rigeneràbile [da *rigenerare*; 1970] ***agg.*** che può essere rigenerato.

rigeneraménto [da *rigenerare*; 1959] ***sm.*** *raro* rigenerazione.

rigeneràre (pres. *-ènero*) [dal lat. *regenerāre*; a. 1306 *regenerare*] ***tr.*** **1.** generare di nuovo || *T.biol.* ricostituire parti dell'organismo lese o perdute || *fig.* far nascere a nuova vita: *rigenerare una nazione* **2.** *per estens.* ripristinare in qualcosa le caratteristiche che ha perso: *farmaci che rigenerano le forze*; *rigenerare la lana*, *un catalizzatore* || ***intr.*** (aus. *essere*) e ***intr. pron.*** riprodursi, ricostituirsi, anche *fig.*: *il tumore rigenera*, *rigenerarsi nella fede.*

rigeneratìvo [da *rigenerare*; 1745] ***agg.*** atto a rigenerare || che riguarda la rigenerazione: *processi rigenerativi.*

rigeneràto (*pps.* di *rigenerare*) [a. 1342] **I** ***agg.*** che ha subito rigenerazione: *legno rigenerato* **II** ***sm.*** prodotto rigenerato: *rigenerati di cotone.*

rigeneratóre [dal lat. tardo *regenerātor*, *-ōris*; 1686] ***agg.*** e ***sm.*** (f. *-trice*) che o chi rigenera: *educazione rigeneratrice*, *rigeneratore della capigliatura.*

rigenerazióne [dal lat. tardo *regenerātio*, *-ōnis*; sec. XIV] ***sf.*** atto ed effetto del rigenerare e del rigenerarsi (anche *fig.*): *la rigenerazione delle ossa*, *la rigenerazione civile di popoli imbarbariti* || **N.** *Sin.* ricostituzione, riformazione; redenzione, rinascita, rinnovamento.

rigènte [dal lat. *rigens*, *-entis*; 1905] ***agg.*** *poet.* gelido, intirizzito per il gran freddo.

rigermogliàre (pres. *-óglio*) [da *germogliare*; a. 1577] ***intr.*** (aus. *essere*) **1.** germogliare di nuovo **2.** *fig.* rinascere, rigenerarsi.

rigettàbile [da *rigettare*; a. 1704] ***agg.*** *non com.* che deve o può essere rigettato.

rigettàre (pres. *-ètto*) [lat. *reiectāre*; sec. XIV] ***tr.*** **1.** gettare nuovamente, un'altra volta: *riprese la palla al volo e gliela rigettò* **2.** gettare fuori, indietro: *la marea ha rigettato sulla spiaggia i corpi dei bagnanti travolti dal maremoto*; *rigettare il cibo ingoiato* (anche *ass.* *rigettare*), vomitarlo (vomitare) || anche *fig.*, *raro* respingere, rifiutare: *rigettare gli assalitori oltre le trincee*, *rigettare la domanda di grazia*, *fu rigettato in latino*; *T.med.* espellere, rifiutare: *l'organismo ha rigettato il tessuto trapiantato* **3.** di pianta, mettere nuovi getti, germogliare di nuovo: *sembrava morta e invece rigetta nuovi germogli* **4.** fondere di nuovo: *rigettare un bronzo* || **N.** **1.** *Sin.* respingere, ributtare, rilanciare, rimandare | *Contr.* trattenere **2.** *Sin.* rigurgitare, rimettere; ricusare, rifiutare | *Contr.* accettare **3.** *Sin.* ributtare **4.** *Sin.* rifondere.

rigètto [da *rigettare*; 1598] ***sm.*** **1.** atto ed effetto del rigettare: *il rigetto di un disegno di legge* || *T.med.* reazione negativa dell'organismo al trapianto di un organo: *crisi di rigetto* **2.** *concr.* la cosa rigettata **3.** *T.bot.* pollone || **N.** **1.** *Sin.* reiezione, ricusazione, ripulsa, RIFIUTO.

rìggia (pl. *-ge*) [dal lat. *regula*, assicella; 1889] ***sf.*** *T.mar.* ognuno dei due bastoni in ferro fissati ai lati delle coffe o delle crocette per sostenere le sartie di gabbia o di velaggio.

righèllo (*dim.* di *riga*) [1891] ***sm.*** riga millimetrata di modeste dimensioni.

righettàre (pres. *-étto*) [da *righetta*, dim. di *riga*; 1835] ***tr.*** *non com.* segnare con righette || **N.** *Sin.* rigare.

righìno (*dim.* di *rigo*) [1872] ***sm.*** **1.** rigo molto sottile o corto || *T.tip.* riga incompleta cui segue un capoverso **2.** *non com.* righello.

rigidézza [da *rigido*; a. 1348] ***sf.*** qualità di chi o di ciò che è rigido: *la rigidezza di un nodo in una travatura*; anche *fig.*: *la rigidezza della stagione*, *della disciplina nei collegi*, *del suo carattere* || **N.** *Sin.* resistenza, rigidità; asprezza, austerità, durezza, fermezza, inflessibilità, intransigenza, rigore, severità | *Contr.* cedevolezza, elasticità, flessibilità; indulgenza.

rigidità [dal lat. *rigiditas*, *-ātis*; sec. XIV] ***sf.*** rigidezza (meno com. negli usi fig.): *la rigidità di una barra*, *la rigidità del clima*, *della legge marziale*, *dei loro costumi* || *T.med.* parziale o totale perdita della motilità: *la rigidità dei muscoli dovuta alla prolungata immobilità*, *rigidità cadaverica* || **N.** *Sin.* RIGIDEZZA.

rìgido [dal lat. *rigidus*; 1308 nel senso 2] ***agg.*** **1.** che non si piega, non flette, non cede: *berretto rigido*, *copertina rigida* || *T.tecn.* di corpo, organo o particolare meccanico, che ha attitudine a mantenere invariata la propria forma quando venga sottoposto a forze esterne: *un trave*, *un giunto*, *un cartone molto rigido*; *sistema*, *corpo rigido*, sistema o corpo tali che la distanza tra due loro punti comunque scelti rimanga inalterata durante un moto o quando i punti sono sollecitati da forze || *per estens.* di organismo o di membra, irrigidito, indurito: *era morto da alcune ore e il corpo era già rigido*, *ho le dita rigide dal freddo* **2.** *fig.* che non ammette deroghe, cedimenti, compromessi; duro, severo: *un giudice molto rigido*, *normative troppo rigide*, *una rigida educazione*, *si attenne a un rigidissimo metodo di studio* || talora con valore limitativo, caratterizzato da scarsa duttilità: *una rigida interpretazione letterale va spesso a discapito dello spirito del testo*, *un rigido censore della morale corrente*; *T.econ.* *domanda*, *offerta rigida*, poco sensibile alle variazioni dei prezzi **3.** *fig.* del clima o della stagione, molto freddo: *un rigidissimo inverno* || **rigidaménte** ***avv.*** || *dim.* rigidétto, rigidìno || **N.** **1.** *Sin.* duro, indeformabile; anchilosato, paralizzato | *Contr.* cedevole, deformabile, elastico, flessibile, floscio, pieghevole; dinoccolato, sciolto, snodato **2.** *Sin.* austero, implacabile, inflessibile, intransigente, rigoroso | *Contr.* accondiscendente, duttile, elastico, flessibile, indulgente **3.** *Contr.* clemente, dolce, mite.

rigiocàre (ant. o lett. *rigiuocàre*) (pres. *-iòco*, *-iòchi*) [da *giocare*; a. 1566 *rigiuocare*] ***tr.*** e ***intr.*** (aus. *avere*) giocare di nuovo.

rigiraménto [da *rigirare*; 1746] ***sm.*** *raro* atto ed effetto del rigirare.

rigiràre (pres. *-ìro*) [da *girare*; 1319 nel senso 3] ***tr.*** **1.** girare di nuovo || *fig.* *rigirare il discorso*, mutarne l'impostazione o l'argomento **2.** girare più volte: *rigirare la chiave nella toppa*; *rigirare il coltello nella piaga*, anche, *fig.*, infierire **3.** *raro* circondare, girare intorno: *le mura rigirano tutta la città* || ***intr.*** (aus. *avere*) *raro* muoversi andando in giro per un posto: *rigirarono per tutto il centro* || ***rifl.*** voltarsi indietro, girarsi: *ci rigirammo indietro più volte per vedere dove andava*, *si è rigirato tutta la notte nel letto*; *in questo spazio non ci si rigira*, è troppo stretto || ***rifl. intens.*** *fam.* *rigirarsi qualcuno*, farne docile strumento dei propri voleri, interessi ecc.: *me lo rigiro come voglio* || **N.** GIRARE.

rigiràta [da *rigirare*; 1891] ***sf.*** *raro* atto ed effetto del rigirare o del rigirarsi una volta || *dim.* rigiratìna.

rigirìo (pl. *-ìi*) [da *rigirare*; 1842] ***sm.*** *tosc.* *non com.* movimento o comportamento sospetto.

rigìro [da *rigirare*; 1615 nel senso 2] ***sm.*** *non com.* **1.** atto del rigirare e del rigirarsi; serie di giri, ripetuti anche in senso opposto ai precedenti: *dopo tanti rigiri abbiamo trovato il posto giusto* **2.** *fig.* movimento o comportamento sospetto || intrigo, raggiro || discorso contorto **3.** *ant.* movimento di capitali || **N.** **1.** *Sin.* giro.

rigiùngere (pres. *rigiùngo* ecc., come GIUNGERE) [da *giungere*; 1872] ***intr.*** (aus. *essere*) giungere nuovamente || ***tr.*** *ant.* raggiungere.

rigiuocàre V. RIGIOCARE.

rignàre [lat. volg. **ringulāre*; a. 1492] ***intr.*** (aus. *avere*) *tosc.* ringhiare || del cavallo, nitrire in modo represso.

rìgno [da *rignare*; a. 1565] ***sm.*** *pop.* *tosc.* atto del rignare, ringhio, nitrito.

rìgo (pl. *-ghi*) [da *riga*; a. 1566] ***sm.*** **1.** riga tracciata su un foglio o sim. con penna, matita ecc. || *T.mus. rigo musicale*, l'insieme delle cinque linee tra loro parallele sulle quali si scrive la musica; pentagramma; anche ciascuna delle dette cinque righe **2.** riga di testa o scritto (in nero o a colori) a mano, con la macchina da scrivere, con la stampante del computer, su una superficie, *gen.* su carta, su pergamena ecc. || *per meton. un rigo*, un brevissimo testo: *non mi ha mandato nemmeno un rigo di ringraziamento* || *dim.* righìno, rigolìno.

rigodon v. RIGAUDON.

rigodóne o **rigolóne** ***sm.*** *inv.* adattamento it. del fr. *rigaudon* (v.).

rigóglio (pl. *-gli*) [dal francone **orgōli*; sec. XIV] ***sm.*** **1.** lussureggiante sviluppo di piante: *il rigoglio della foresta* || *per estens. fig.* esuberanza di vigore, energia **2.** *raro* il gorgogliare dell'acqua: *bolle con qualche rigoglio* **3.** *arc.* orgoglio **4.** *T.arch. arc.* lo sfogo dell'arco; monta **5.** *arc.* la parte rigonfia di un vaso || **N. 1.** *Sin.* esuberanza, floridezza, lussureggiamento, pompa; vigore, vivacità.

rigogliosità [da *rigoglioso*; 1959] ***sf.*** qualità di chi o di ciò che è rigoglioso.

rigogliόso [da *rigoglio*; a. 1292 nel senso 2; a. 1484 nel senso 1] ***agg.*** **1.** di piante o della vegetazione, che è in pieno rigoglio || *per estens. fig. non com.* di cosa o persona, esuberante, piena di vitalità: *ingegno, ragazzo rigoglioso* **2.** *arc.* orgoglioso || **rigogliosaménte** ***avv.*** || **N. 1.** *Sin.* florido, lussureggiante; vigoroso, vivace.

rigògolo [lat. volg. **aurigalgulus*, giallo come l'oro; a. 1294] ***sm.*** uccello dei Passeriformi, con piumaggio di color giallo vivo e ali, nei maschi, nere, e, nelle femmine, verdastre || **N.** *Sin.* oriolo.

rigolétto [dal fr. ant. *rigolet*; sec. XIV] ***sm.*** **1.** antica danza ballata in girotondo, tenendosi per mano e cantando **2.** *per estens. ant.* cerchio di persone || **N. 1.** *Sin.* ridda.

rìgolo [etim. inc.; a. 1597 nel senso 2] ***sm.*** **1.** nel gioco delle bocce, spostamento del pallino o di un'altra boccia effettuato con un tiro rasoterra **2.** *ant.* scanalatura.

rigolóne v. RIGODONE.

rigommàto [comp. parasint. di *gomma*; 1988] ***agg.*** *T.filat.* di francobollo sul cui retro sia stato applicato uno strato di gomma (che lo rende adesivo) per mascherare l'assenza di quella originale.

rigonfiaménto [da *rigonfiare*; a. 1642] ***sm.*** atto ed effetto del rigonfiare || *concr.* il punto in cui una cosa è rigonfia || **N.** *Sin.* gonfiore, turgore.

rigonfiàre (pres. *-ónfio*) [da *gonfiare*; a. 1597] ***tr.*** gonfiare di nuovo || ***intr.*** (aus. *essere*) e ***intr. pron.*** crescere in volume.

rigónfio (pl. *-fi*) [da *rigonfiare*; a. 1638] **I** ***agg.*** gonfio, tumido **II** ***sm.*** *non com.* rigonfiamento.

rigóre [dal lat. *rigor, -ōris*; a. 1320 nel senso 4] ***sm.*** **1.** freddo intenso: *il rigore dell'inverno, i rigori della stagione* **2.** *fig.* inflessibilità, intransigenza, spec. nell'applicare leggi e regole: *applicare le leggi con rigore* || asprezza, severità: *il rigore di una regola monastica* || *T.sport. area di rigore*, ciascuno dei due rettangoli che, nel campo da calcio, sono posti immediatamente davanti alle porte; *calcio di rigore* (o *ass. rigore*), nel gioco del calcio, massima punizione inflitta per un grave fallo commesso nell'area di rigore ai danni della squadra in attacco; viene calciato da 11 m dalla porta e vi si può opporre solo il portiere || nella *loc. agg. di rigore*, obbligatorio: *l'abito nero, per l'occasione, è di rigore*; come *T.mil.*, rif. al grado più severo di una punizione: *arresti, cella di rigore* **3.** stretta coerenza nell'applicazione di regole precise: *una tesi svolta con rigore scientifico* || nelle espr.: *a rigor di logica*, secondo lo sviluppo delle premesse; *a rigor di termini*, attenendosi al senso letterale dei termini **4.** *raro* rigidità: *il rigore della morte* (più com. *rigor mortis*), rigidità cadaverica || **N. 2.** *Sin.* rigidezza, rigorismo, rigorosità | *Contr.* lassismo **3.** *Sin.* esattezza, precisione, rigorosità, scrupolosità | *Contr.* approssimazione, pressappochismo.

rigorìsmo [da *rigore*, sul modello del fr. *rigorisme*; 1745] ***sm.*** tendenza a usare rigore (nel senso 2) nell'applicare e far applicare prescrizioni; intransigenza: *rigorismo disciplinare, morale, intellettuale* || **N.** *Contr.* lassismo.

rigorista [da *rigore*, sul modello del fr. *rigoriste*; 1708] ***s.*** **1.** propugnatore o seguace di una dottrina etica ispirata al rigorismo || *per estens.* chi è eccessivamente austero, rigoroso **2.** *T.sport.* giocatore specializzato nel tirare calci di rigore.

rigorìstico (pl. *-ci*) [da *rigorismo*; 1959] ***agg.*** di rigorismo, da rigorista: *sistema, tendenza rigoristica.*

rigorosità [da *rigoroso*; sec. XIV] ***sf.*** qualità di chi o di ciò che è rigoroso: *la rigorosità di quel giudice, della scienza* || **N.** RIGORE.

rigoróso [dal lat. tardo *rigorōsus*; a. 1535 nel senso 2] ***agg.*** **1.** di persona, che agisce con rigore; rigido, severo: *non bisogna essere eccessivamente rigorosi coi bambini* || *per estens.* che esprime rigore: *regola monastica rigorosa* **2.** che prevede e applica coerentemente regole precise: *deduzione rigorosa, metodo rigoroso* || **rigorosaménte** ***avv.*** || **N. 1.** *Sin.* austero, duro, inflessibile, rigido **2.** *Sin.* meticoloso, scrupoloso.

rigovernàre (pres. *-èrno*) [da *governare*; sec. XIV nel senso 2] ***tr.*** **1.** riordinare e ripulire la casa e, in part., le stoviglie in cucina: *rigovernare i piatti* **2.** rif. ad animali, pulirli e nutrirli; governare.

rigovernàta [da *rigovernare*; 1891] ***sf.*** *non com.* il rigovernare alla svelta e superficialmente: *dare una rigovernata in cucina.*

rigovernatùra [da *rigovernare*; 1618 nel senso 2] ***sf.*** **1.** l'azione del rigovernare (nel senso 1) **2.** *concr.* l'acqua nella quale si lavano i piatti; *fig.* minestra molto liquida e insipida o sgradevole.

rigrattàre [da *grattare*; 1823] ***tr.*** grattare di nuovo || anche *fig.* nella loc. *gratta e rigratta*, a forza di provare, dopo vari tentativi: *gratta e rigratta è riuscito a trovare la soluzione del mistero.*

rigràzie [da *grazie*; 1872] *fam. ant.* formula per rinnovare un ringraziamento, grazie di nuovo.

riguadagnàre [da *guadagnare*; fine sec. XIII] ***tr.*** guadagnare di nuovo, recuperare: *riguadagnare terreno, la sua stima.*

riguardaménto [da *riguardare*; a. 1320 *ragguardamento*] ***sm.*** *ant.* **1.** atto ed effetto del riguardare; sguardo **2.** rispetto.

riguardànte (*ppr.* di *riguardare*) [1342 come sm.] **I** ***agg.*** che riguarda, concernente, attinente **II** ***s.*** *ant.* chi sta a guardare, a osservare: *lo spettacolo destò la commozione di tutti i riguardanti.*

riguardàre [da *guardare*; 1313 nel senso 2] ***tr.*** **1.** concernere, avere attinenza, avere relazione: *per quanto mi riguarda, la faccenda è chiusa, non c'è neanche una parola che ti riguardi* || *meno com.* spettare: *simili questioni riguardano il tribunale* **2.** *propr.* guardare di nuovo || *per estens.* riesaminare, ricontrollare: *riguardare i conti; se tu riguardi ben questa sentenza* (Dante) **3.** *per estens. ant.* considerare: *lo riguardano come una speranza della famiglia* **4.** *raro* trattare con riguardo: *è un oggetto prezioso: riguardalo!* || ***rifl.*** avere riguardo per se stessi, spec. rif. alla propria salute: *durante l'inverno riguardati* || *ant.* stare in guardia: *riguardarsi dagli imbroglioni, dalle correnti d'aria* || ***intr.*** (aus. *avere*) *raro* essere rivolto: *la finestra riguarda in una piazza* || *per estens. fig.* mirare, badare: *riguardare ai propri scopi* || **N. *tr.* 1.** *Sin.* avere pertinenza, riferirsi **2.** *Sin.* rivedere.

riguardàta [da *riguardare*; 1872] ***sf.*** l'atto del riguardare una volta e alla svelta; ripassata: *dare una riguardata alla lezione, datemi una riguardata a questo motore* || *dim.* riguardatìna.

riguardatóre [da *riguardare*; 1308] ***sm.*** (f. *-trìce*) *raro* chi riguarda; spettatore.

riguardévole [da *riguardare*; 1505] ***agg.*** *ant.* degno di riguardo.

riguàrdo [da *riguardare*; a. 1290 nel senso 5] ***sm.*** **1.** attenzione, cura nell'usare qualcosa: *abbi un po' di riguardo per i dischi, sono delicati* || *in part.* avendo come scopo la salvaguardia della salute: *abbi riguardo di* (o *per*) *te stesso* || nella *loc. avv. senza riguardo a*, senza badare a, senza preoccuparsi di: *ha comprato ciò che gli piaceva senza riguardo alla spesa* **2.** sollecita attenzione, premura o, anche, cortese rispetto nel trattare qualcuno: *usare i dovuti riguardi nei confronti degli anziani, non ha mai dimostrato alcun riguardo nei confronti della madre, mancare di riguardo a un superiore, non l'ho denunciato soltanto per riguardo al suo socio* || nella *loc. agg. di riguardo*, che deve essere trattato con particolare riguardo: *stasera abbiamo ospiti di riguardo* **3.** rapporto, attinenza, in modi di dire e loc.: *a questo riguardo*, in relazione a ciò, a questo proposito: *a questo riguardo non ho nulla da obiettare*; (*in* o *con*) *riguardo a*, relativamente a, per quanto riguarda: *riguardo a me, non credo di essere la persona che fa al caso tuo*; *nei riguardi di*, nei confronti di, rispetto a: *nei suoi riguardi si è sempre comportato correttamente* **4.** *T.tip.* risguardo **5.** *ant.* sguardo, vista: *questi onde a me ritorna il tuo riguardo* (Dante) **6.** *ant.* limite, termine **7.** *ant.* motivo, ragione **8.** *ant.* compenso, interesse || **N. 1.** *Sin.* accuratezza, avvertenza, cautela, delicatezza, oculatezza, precauzione, prudenza | *Contr.* disattenzione, inavvertenza, incuria, noncuranza, sbadataggine, trascuratezza **2.** *Sin.* delicatezza, sollecitudine; considerazione, reverenza **3.** *Sin.* connessione, correlazione, nesso, relazione, riferimento.

riguardóso [da *riguardo*; 1505] ***agg.*** che si comporta con rispetto e circospezione per paura di disturbare: *è così riguardoso che non osa chiedere un aiuto* || pieno di riguardi, di premurose attenzioni: *è estremamente riguardoso con la madre* || **riguardosaménte** ***avv.*** || **N.** *Sin.* circospetto; cortese, deferente, ossequioso, premuroso, reverente, rispettoso.

riguastàre [da *guastare*; 1573] ***tr.*** *non com.* guastare di nuovo || ***intr. pron.*** guastarsi di nuovo.

rìguo [dal lat. *riguus*; a. 1597] ***agg.*** *ant.* irriguo.

rigurgitaménto [da *rigurgitare*; 1699] ***sm.*** *raro* rigurgito.

rigurgitànte (*ppr.* di *rigurgitare*) [1835] ***agg.*** pieno zeppo, che contiene in grandissima quantità: *un lago rigurgitante di pesci.*

rigurgitàre (pres. *-ùrgito*) [da *ingurgitare*, con cambio di pref.; a. 1642] ***tr.*** avere un rigurgito di cibo: *rigurgitare il latte* || ***intr.*** (aus. *essere* se il soggetto è il contenuto, *avere* se è il contenitore) di sostanza liquida o semiliquida, rifluire in alto o indietro per saturazione del contenitore o interruzione della via d'accesso ad esso: *il liquame è rigurgitato dalla fognatura* || *fig.* di luogo, traboccare di persone o cose: *il teatro rigurgita di spettatori* || **N. *tr.*** *Sin.* rimettere, vomitare | ***intr.*** *Sin.* traboccare, tracimare; defluire, rifluire.

rigùrgito [da *rigurgitare*; 1660 *regurgito*] ***sm.*** **1.** atto del rigurgitare: *il rigurgito dei tombini intasati dalle foglie secche* || *in part. T.med.* emissione dalla bocca di cibi non digeriti o di secrezioni dell'esofago o dello stomaco: *il rigurgito del lattante* **2.** *concr.* sostanza rigurgitata: *un rigurgito di latte* || *fig.* impulso improvviso: *un rigurgito di rabbia.*

rilanciàre (pres. *-àncio*) [da *lanciare*; 1640] **tr.** **1.** lanciare di nuovo || *in part.* riproporre all'attenzione del pubblico: *rilanciare un cantante, la minigonna* **2.** *ass.* in alcuni giochi di carte, superare la posta del giocatore precedente || in un'asta, superare con la propria l'offerta precedente.

rilàncio (pl. *-ci*) [da *rilanciare*; a. 1635] **sm.** **1.** nuovo lancio, anche *fig.*: *il rilancio della palla, di una zona turistica abbandonata* **2.** in un'asta, offerta che supera la precedente: *un rilancio portò il prezzo a due milioni.*

rilargàre [comp. parasint. di *largo*; sec. XIV] **tr.** *arc.* riallargare.

rilasciaménto [da *rilasciare*; 1848] **sm.** *non com.* rilassamento, allentamento.

rilasciàre (pres. *-àscio*) [lat. *relaxāre*; 1598] **tr.** **1.** lasciare di nuovo: *lo lasciò, lo riprese e lo rilasciò* **2.** lasciar andare, liberare: *tutti gli arrestati furono rilasciati dopo un'ora* **3.** allentare, lasciar libero da una presa, pressione e sim.: *rilasciare il freno* || rilassare: *rilasciare i muscoli* **4.** concedere, consentire di avere: *rilasciare ricevuta, un'intervista* **5.** *arc.* cedere qualcosa rinunciandovi: *gli rilasciò una parte della vincita* **6.** *arc.* perdonare, condonare || **intr. pron.** allentarsi, perdere tensione: *con gli anni l'elastico si è rilasciato* || **N. tr. 1.** dare, emettere **2.** *Sin.* lasciare andare **3.** *Sin.* lasciare andare.

rilàscio (pl. *-sci*) [da *rilasciare*; 1598] **sm.** **1.** atto ed effetto del rilasciare; *in part.* consegna, concessione: *il rilascio di un certificato, della merce* || liberazione: *il rilascio dei prigionieri* || allentamento: *il rilascio del pedale della frizione deve essere graduale* **2.** *T.inform.* versione di un programma o di un insieme integrato di programmi.

rilassaménto [da *rilassare*; a. 1557] **sm.** atto ed effetto del rilassare e del rilassarsi; allentamento: *il rilassamento dei muscoli, della tensione nervosa*; anche *fig.* *rilassamento dei costumi*, loro progressiva perdita di rigore.

rilassànte (*ppr.* di *rilassare*) [a. 1758] **agg.** distensivo: *un paesaggio rilassante.*

rilassàre [lat. *relaxāre*; a. 1342 *relassare*] **tr.** allentare una tensione fisica o psichica: *ginnastica dolce per rilassare i muscoli, una camomilla per rilassare i nervi* || *fig.* infiacchire: *l'eccessiva indulgenza rilassa la disciplina* || **rifl.** distendersi: *cerca di rilassarti* || **intr. pron.** di solidi sottoposti a sforzo più o meno costante, perdere progressivamente tensione: *le corde del violino, le molle si sono rilassate* || *fig.* infiacchirsi, rammollirsi: *il suo senso del dovere si è notevolmente rilassato* || **N. tr.** *Sin.* distendere | **intr. pron.** *Sin.* allentarsi; indebolirsi, intiepidirsi.

rilassatézza [da *rilassare*; a. 1729] **sf.** caratteristica di ciò che è rilassato (spec. in senso *fig.*): *la rilassatezza dei costumi* || *in part.* mancanza di rigore, inerzia || **N.** *Sin.* decadenza, dissoluzione, infiacchimento, intiepidimento; fiacchezza, ignavia, languidezza, lassismo, negligenza | rilassamento | *Contr.* attivismo, fervore, vitalità, zelo.

rilassàto (*pps.* di *rilassare*) [a. 1574 *relassato*] **agg.** allentato e, *in part.*, che ha perduto il potere di contrarsi || **rilassataménte avv.** || **N.** *Contr.* contratto, teso.

rilassatóre [da *rilassare*; 1879] **agg.** *non com.* che rilassa, rilassante: *bagno rilassatore.*

rilassazióne [da *rilassare*; a. 1320] **sf.** *arc.* **1.** rilassamento: *rilassazione d'animo*, ricreazione || indebolimento, fiacchezza || *fig.* infiacchimento **2.** cessione **3.** condono, esenzione.

rilavàre [da *lavare*; sec. XIV] **tr., rifl.** e **rifl. indir.** lavare e lavarsi di nuovo.

rilavatùra [da *rilavare*; 1872] **sf.** *non com.* **1.** atto del rilavare **2.** *concr.* l'acqua nella quale è stato rilavato qualcosa.

rileccàre (pres. *-ècco, -ècchi*) [da *leccare*; a. 1850 nel senso 2] **tr.** **1.** *non com.* leccare di nuovo **2.** *fig.* rifinire con esagerata cura, con eccessivo amore dei particolari: *passava ore a leccare e rileccare il suo quadro.*

rilegàre (pres. *-égo, -éghi*) [da *legare*; 1313] **tr.** **1.** legare di nuovo **2.** rif. a libro, effettuare la legatura: *un libro rilegato in pelle*, legato in un volume con copertina in pelle || *non com.* rinnovare la legatura **3.** rif. a gemma, incastonarla. **Q.T.** *tipografia.*

rilegatóre [da *rilegare*; a. 1642] **sm.** (f. *-trìce*) chi rilega i libri || **N.** *Sin.* LEGATORE.

rilegatùra [da *rilegare*; 1865] **sf.** operazione e risultato del rilegare: *la rilegatura di un volume, di una pietra preziosa* || **N.** *Sin.* legatura. **Q.T.** *tipografia.*

rilèggere (pres. *-èggo* ecc., come LEGGERE) [da *leggere*; a. 1375] **tr.** leggere di nuovo.

rilènto [da *lento*; a. 1527] nella **loc. avv.** *a rilento*, con lentezza, spec. di procedure: *l'iter della pratica va a rilento*, procede lentamente.

rilettùra [da *lettura*; 1959] **sf.** nuova lettura di un testo: *a un'attenta rilettura il romanzo si è rivelato più interessante* || *in part.* nuova interpretazione: *una rilettura dell'"Amleto" in chiave psicanalitica.*

rilevàbile [da *rilevare*; 1959] **agg.** **1.** che può essere rilevato, notato, messo in evidenza: *particolari difficilmente rilevabili* **2.** che può essere comperato: *un terreno rilevabile.*

rilevaménto [da *rilevare*; a. 1306] **sm.** **1.** atto ed effetto del rilevare (spec. nei sensi tecnici): *effettuare un rilevamento statistico*; *rilevamento geologico, topografico*, determinazione delle caratteristiche naturali o artificiali di un terreno, al fine di rappresentarle su una carta || *T.mar.* *rilevamento vero* (o *ass.* *rilevamento*), determinazione dell'angolo che la verticale contenente l'osservatore e l'oggetto rilevato forma con la verticale Nord dell'osservatore; *rilevamento (alla) bussola*, quello riferito al Nord indicato dalla bussola **2.** *non com.* rilievo, sporgenza verso l'alto || **N.** *Sin.* RILIEVO.

rilevànte (*ppr.* di *rilevare*) [1598] **agg.** **1.** *fig.* considerevole, notevole **2.** *propr.* *non com.* rilevato, prominente.

rilevànza [da *rilevare*; 1745] **sf.** **1.** caratteristica di chi o di ciò che è rilevante: *la rilevanza di un fenomeno nel contesto generale* **2.** *raro* rilievo, prominenza || **N. 1.** *Sin.* importanza.

rilevàre (pres. *-èvo*) [lat. *relevāre*, alzare; 1321 come intr. pron.] **tr.** **1.** ricavare mediante la tecnica del rilievo o altra tecnica analoga: *rilevare il calco del volto, le impronte digitali* || *per estens.* rif. a dati in genere, ricavarli mediante operazioni di misura e analisi: *rilevare le caratteristiche del fondale, la percentuale dei non votanti* || accertare in seguito a esame: *la finanza ha rilevato parecchie irregolarità contabili* **2.** *fig.* mettere in rilievo, fare osservare, spesso criticamente: *nel corso del dibattito è stata rilevata un'incongruenza della relazione, devo rilevare che il mio consiglio non è stato seguito* **3.** *propr. lett.* rialzare, sollevare nuovamente o decisamente dal fondo, anche *fig.*: *la donna... il cominciò a voler rilevare* (Boccaccio), *più largo fu Dio a dar sé stesso / per far l'uom sufficiente a rilevarsi* (Dante) **4.** assumere a proprio carico, subentrare a qualcuno nel possesso o nella gestione di qualcosa: *rilevare un negozio, uno stock di merce* || *per estens.* *raro* sollevare qualcuno da un incarico e sim. subentrandogli: *rilevare la sentinella* **5.** *non com.* levare, togliere nuovamente || **intr. pron.** sollevarsi, fare rilievo, sporgere: *la vernice si è rilevata in più punti* || **intr.** (aus. *avere*) **1.** *non com.* sollevarsi, fare rilievo, sporgere: *il terreno rileva lungo le coste* **2.** *fig.* avere rilievo, importanza, spiccare: *questo disegno non rileva* || **N. tr. 1.** *Sin.* attingere, dedurre, desumere, estrarre; cogliere, notare, osservare, riscontrare **2.** *Sin.* dare rilievo, far risaltare, far spiccare **4.** *Sin.* dare il cambio, sostituire **5.** *Sin.* ritogliere | **intr. 1.** *Contr.* abbassarsi **2.** *Sin.* importare.

rilevatàrio (pl. *-ri*) [da *rilevare*; 1891] **sm.** (f. *-a*) *T.giur.* chi subentra a un altro, spec. in contratti d'acquisto, locazione o gestione di abitazioni o aziende || **N.** *Contr.* cedente.

rilevatìccio (pl. m. *-ci*, pl. f. *-ce*) [da *rilevare*; a. 1396] **agg.** *spreg.* *ant.* che è venuto su dal nulla: *i suoi erano gente rilevaticcia.*

rilevàto (*pps.* di *rilevare*) [a. 1348 come sm.] **I agg.** **1.** rialzato, sporgente **2.** *ant.* alto, elevato: *rilevata statura* (Sannazzaro) || *fig.* ragguardevole, segnalato || **rilevataménte avv.** *raro* **II sm.** rialzo, rilievo del terreno; *in part.* terrapieno di sostegno della massicciata di una strada, che si eleva sopra il piano di campagna || **N. I 1.** *Sin.* prominente, rigonfio.

rilevatóre [da *rilevare*; 1835] **agg.** e **sm.** (f. *-trice*) che o chi rileva dati.

rilevatùra [da *rilevare*; prima metà sec. XVIII nel senso 2] **sf.** *raro* **1.** atto del rilevare; rilevamento **2.** protuberanza, escrescenza, sporgenza.

rilevazióne [da *rilevare*; sec. XIV] **sf.** rilevamento (nel senso 1).

rilièvo¹ [da *rilevare*; 1342] **sm.** **1.** sporgenza, parte rilevata rispetto alla superficie di fondo: *il rilievo di una moneta*; *in part.* *T.geogr.* collina, montagna, altopiano e sim.: *i rilievi caucasici* || *T.art.* sporgenza di un elemento ornamentale: *il rilievo del fregio*; *per meton.* tecnica scultorea, usata anche in oreficeria, consistente nel far sporgere dal fondo dell'elemento lavorato (pietra o lastra di metallo), in misura maggiore o minore, figure e oggetti: *un fregio a rilievo*; *alto rilievo, basso rilievo*, V. ALTORILIEVO, BASSORILIEVO; *mezzorilievo*, V. MEZZORILIEVO || *per estens.* *T.pitt.* effetto visivo del rilievo: *conferire rilievo al disegno mediante l'ombreggiatura* **2.** *fig.* importanza, spicco, rilevanza: *il rilievo assunto dall'informatica nel mondo attuale, una personalità di rilievo*; *dar rilievo, mettere in rilievo*, far osservare, evidenziare **3.** *per estens.* rilevamento, rilevazione: *rilievo architettonico, topografico, contabile* || tecnica di rappresentazione di forme e configurazioni, allo scopo di acquisirle come dati, consistente nel sovrapporre loro un supporto plastico o impressionabile, che assume la forma che si vuole rappresentare **4.** *fig.* osservazione (spec. critica): *gli hanno mosso alcuni rilievi* **5.** *T.giur.* atto del rilevare: *il rilievo di un appalto*; *rilievo del fideiussore*, sollevamento dalla responsabilità nei confronti del creditore, operato dal debitore principale a favore del fideiussore || **N. 1.** *Sin.* aggetto, prominenza, rialzo | *Contr.* avvallamento, incavo, rientranza **2.** *Sin.* prominenza; entità, peso, risalto, valore | *Contr.* irrilevanza, trascurabilità **4.** *Sin.* appunto, contestazione, critica. **Q.T.** *geografia, scultura.*

rilièvo² [da *rilevare*; sec. XIV] **sm.** *dial. tosc.* l'allevare uccellini o bambini || *concr.* l'uccellino o il bambino allevato.

rilievografìa [comp. di *rilievo* e *-grafia*; 1936] **sf.** tecnica di stampa a rilievo consistente nell'incidere la matrice per ottenere una forma in rilievo tra le parti riportate; l'immagine si ottiene premendo il foglio di carta contro la matrice inchiostrata.

rilievogràfico (pl. *-ci*) [da *rilievografia*; 1959] **agg.** relativo alla rilievografia, proprio della rilievografia.

rilimàre (pres. *-ìmo*) [da *limare*; 1745] **tr.** limare di nuovo || *fig.* rifinire un'opera d'arte o letteraria.

rilisciàre (pres. *-ìscio*) [da *lisciare*; 1872] **tr.**

lisciare di nuovo || ***rifl.*** *fig. iron.* curare la propria bellezza, acconciarsi: *si liscia e riliscia per delle ore.*

rilòga [etim. inc.; 1963] ***sf.*** sostegno per tendaggi, munito di guida per il loro scorrimento.

rilucentézza [da *rilucere*; a. 1729] ***sf.*** *raro* qualità di chi o di ciò che è rilucente || **N.** *Sin.* SPLENDORE.

rilùcere (arc. *relùcere*) (pres. *rilùco, rilùci, rilùce*; dif. del pps. e dei tempi composti) [dal lat. *relucēre*, splendere intensamente; a. 1292] ***intr.*** *lett.* risplendere, rifulgere: *i brillanti rilucevano* || *fig.* brillare, fare spicco: *riluceva per intelligenza in mezzo a quegli stupidi.*

riluttànte (*ppr.* di *riluttare*) [1342] ***agg.*** restio, renitente: *è molto riluttante a dare il suo consenso* || **N.** *Sin.* recalcitrante, refrattario.

riluttànza [da *riluttare*; 1745 nel senso 1; 1940 nel senso 2] ***sf.*** **1.** atteggiamento di chi è riluttante; malavoglia, ripugnanza: *ha obbedito con riluttanza* **2.** *T.fis.* resistenza opposta da un circuito magnetico al passaggio di un flusso magnetico.

riluttàre [dal lat. *reluctāri*, letter. lottare contro; 1804] ***intr.*** (aus. *avere*) *lett.* essere renitente, restio a fare qualcosa || **N.** *Sin.* recalcitrare.

riluttività [da *riluttare*; 1959] ***sf.*** *T.fis.* resistenza specifica || **N.** *Contr.* permeabilità magnetica.

rima[1] [prob. dal lat. *rhytmus*, ritmo, attr. il fr. *rime*; 1303 nel senso 2] ***sf.*** **1.** identità di suono, in due o più parole, dall'ultimo accento in poi: *far rima*, rimare; *rima baciata*, tra due versi consecutivi (secondo lo schema AABB); *rima continuata*, tra più versi consecutivi (secondo lo schema AAA); *rima alternata*, tra il primo verso e il terzo, il secondo e il quarto ecc. (secondo lo schema ABAB); *rima incrociata* (o *chiusa*), tra il primo verso e il quarto, il secondo e il terzo (secondo lo schema ABBA); *rima incatenata, invertita, ripetuta* (o *cantata*); *rima al mezzo*, quando la parola finale di un emistichio rima con la parola finale dell'altro verso; *rima leonina*, V. LEONINO; *terza rima*, terzina; *ottava rima*, ottonario; *nona rima*, ottonario cui è aggiunto un verso rimante con il sesto; *rime obbligate*, rime imposte, sulle quali bisogna fare il componimento **2.** *per estens.*, *pl.* versi: *Voi ch'ascoltate in rime sparse il suono / Di quei sospiri* (Petrarca); *mettere in rima*, in versi; *rispondere per le rime*, ai tempi dei trovatori, rispondere usando le stesse rime della proposta e oggi, *fig.*, ribattere prontamente con lo stesso tono usato dall'interlocutore (spec. se questo era arrogante, indisponente e sim.) || *per estens.* componimento poetico: *le rime di Dante* || *dim.* rimétta, rimettìna; *pegg.* rimàccia || **N.** **1.** banale, equivoca, grammaticale, libera, ricca; felice, stiracchiata, tirata, zoppicante | rimario | rimare. **Q.T.** *metrica.*

rìma[2] [dal lat. *rīma*; a. 1758] ***sf.*** *T.med.* termine generico indicante fessure o aperture normali o patologiche interposte tra parti omologhe di strutture anatomiche: *rima labiale, delle palpebre.* **TAV.** *fonetica...* 1.9, 1.17.

rimalmèẓẓo [comp. di *rima, al* e *mezzo*; 1940 *rima al mezzo*] ***sf. inv.*** rima al mezzo (v. RIMA).

rimandàre [da *mandare*; fine sec. XIII nel senso 2] ***tr.*** **1.** mandare di nuovo: *quando sarà guarito, rimanderò il bambino a scuola* **2.** mandare indietro: *rimandare (indietro) il pallone, un pacco postale* || rif. a persona, farla tornare da dove era venuta: *rimandare un elemento indesiderato al suo paese d'origine, in ospedale non c'era ragione che rimanesse, per cui l'hanno rimandato a casa* **3.** mandare da un luogo, da un punto a un altro (spec. per ottenere maggiori aiuti, chiarimenti o sim.): *per quel documento mi hanno rimandato per ore da un ufficio all'altro* || più com. *fig.*: *rimandare (il lettore) da un capitolo a un altro* **4.** rinviare nel tempo, posticipare, differire: *rimandare di due giorni la riunione, inutile rimandare ulteriormente la decisione* || nel linguaggio scolastico, far sostenere a un alunno uno o più esami di riparazione nella sessione di settembre (anche *ass.*): *lo hanno rimandato in latino e matematica, dobbiamo bocciarlo o rimandarlo?* || **N.** **2.** *Sin.* rendere, respingere, restituire, ridare, rifiutare, rispedire | *Contr.* trattenere **4.** *Sin.* posporre, procrastinare, prorogare, ritardare | *Contr.* anticipare.

rimandàto (*pps.* di *rimandare*) [1940] **I** ***agg.*** nel linguaggio scolastico, detto di alunno cui si fa sostenere uno o più esami di riparazione a settembre **II** ***sm.*** (f. *-a*) alunno rimandato.

rimàndo [da *rimandare*; sec. XV] ***sm.*** **1.** atto ed effetto del rimandare, del mandare indietro; *in part. T.sport.* nei giochi di palla, rilancio: *il rimando del portiere, fare un rimando di testa* || nella *loc. avv. di rimando*, in risposta: *e lui, di rimando: "non ci penso nemmeno!"* **2.** espressione o contrassegno grafico di rinvio a un autore o a un'opera o a una sua parte specifica; richiamo: *opere minori piene di rimandi all'Ariosto, fare un rimando all'appendice del libro* **3.** *raro* dilazione, posticipazione, differimento: *ottenere un rimando della scadenza* || **N.** *Sin.* rinvio.

rimaneggiaménto [da *rimaneggiare*; 1872] ***sm.*** atto ed effetto del rimaneggiare, anche *fig.*: *un intervento di rimaneggiamento; un pesante, un radicale rimaneggiamento, il rimaneggiamento della giunta* || *concr.* ciò che ne risulta: *un volgare rimaneggiamento di un brano classico* || **N.** *Sin.* rifacimento, rimpasto, riordinamento.

rimaneggiàre (pres. *-éggio*) [da *maneggiare*; 1664 nel senso 2] ***tr.*** **1.** *fig.* riorganizzare, dare un nuovo ordinamento a qualcosa: *rimaneggiare il consiglio direttivo, un testo più volte rimaneggiato* **2.** *propr. meno com.* maneggiare di nuovo: *dopo anni è tornato a rimaneggiare i pennelli* || **N.** **1.** *Sin.* ricomporre, ricostituire, rimpastare, riordinare.

rimanènte (*ppr.* di *rimanere*) [1313 come sm.] **I** ***agg.*** che rimane, avanza: *la merce rimanente* **II** ***sm.*** ciò che rimane, avanza: *ti manderò domani il rimanente* || *ant.* nel modo di dire *essere del rimanente*, sopravanzare || *arc.* nella *loc. avv. del rimanente*, del resto, per il resto: *è spesso in ritardo, ma del rimanente è un ottimo collaboratore* || *pl.* coloro che rimangono, tutti gli altri: *i rimanenti si sono astenuti o hanno votato scheda bianca* || **N.** I *Sin.* eccedente, restante II *Sin.* avanzo, eccedenza, residuo, resto, rimanenza.

rimanènza [da *rimanere*; sec. XIV] ***sf.*** **1.** ciò che rimane, avanza (com. solo come *T.comm.*): *rimanenze di magazzino*, merce rimasta invenduta, spesso messa in vendita a prezzo ribassato **2.** *T.fis.* magnetizzazione residua || **N.** **1.** *Sin.* RIMANENTE | giacenza.

rimanére (pres. *rimàngo, rimàni, rimàne, rimaniàmo, rimanéte, rimàngono*; p.rem. *rimàsi* o *rimàṣi, rimanésti, rimàse* o *rimàṣe, rimàsero* o *rimàṣero*; fut. *rimarrò*; cong. pres. *rimànga, rimàngano*, cond. pres. *rimarrèi, rimarrésti*; pps. *rimàsto*) [dal lat. *remanēre*; fine sec. XIII] ***intr.*** (aus. *essere*) sin. di tono più elevato di *restare*; *in part.* **1.** continuare a stare, permanere in un dato luogo: *rimango a casa, rimani a pranzo da noi, è rimasto tre ore a contemplare quella statua* || *fig.* continuare a essere; permanere: *nonostante gli ultimi sviluppi, rimango della mia idea, rimase in carica due anni, se non studi rimarrai ignorante, il tuo ricordo rimarrà vivo in noi, quel posto rimane tuttora vacante* **2.** avanzare, restare: *di quel battaglione rimasero pochi uomini, rimangono solo pochi minuti a tua disposizione, rimangono da risolvere parecchi problemi, della cena non è rimasto nulla* || *fig.* restare: *non ci rimane altro (da fare) che piangere, che scappare* **3.** in funzione di verbo copulativo, risultare, finire col trovarsi: *rimanere zoppo, stordito; nel conflitto a fuoco rimasero uccisi due passanti, è rimasto solo al mondo; rimanere indietro*, anche *fig.*, farsi distanziare da chi precede; *rimanere d'accordo, intesi*, finire con l'accordarsi in un dato modo: *com'eravamo rimasti d'accordo, tu paghi le spese; rimanere scoperto*, nel gergo bancario, essere privo di copertura || nei modi di dire pop.: *rimanere* (o *rimanerci*) *male*, restare mortificato, deluso e sim.; anche *ass.*: *puoi immaginare come c'è rimasto quando gliel'ho detto!*; *rimanere* (o *rimanerci*) *secco* (anche *ass. rimanerci*), morire; *rimanere* (o *rimanerci*) *di stucco, di sasso*, provare grande stupore, meraviglia || *per estens. fam.* trovarsi: *se vieni dal centro, casa mia rimane subito dopo la banca* **4.** arrivare e non procedere oltre; fermarsi: *ha cominciato con entusiasmo quel lavoro ma poi è rimasto a metà; dov'ero rimasto* (sott. *nella narrazione, nella lettura, nella discussione* e sim.) ? || ***intr. pron.*** *arc.* fermarsi || **N.** **1.** *Sin.* fermarsi, restare, sostare, trattenersi | *Contr.* allontanarsi, andarsene, partire; cessare, terminare **2.** *Sin.* restare, sopravanzare **3.** *Sin.* restare; essere posto, essere situato, essere ubicato.

rimangiàre (pres. *-àngio*) [da *mangiare*; a. 1294] ***tr.*** mangiare di nuovo: *hai mangiato un'ora fa, e ora già rimangi!* || ***rifl. indir.*** rif. a cosa detta, ritirarla, ritrattarla: *quell'insulto gliel'ho fatto rimangiare, aveva promesso di venire, ma poi se l'è rimangiato.*

rimànte (*ppr.* di *rimare*) [a. 1667] **I** ***agg.*** che rima **II** ***s.*** *ant.* chi fa versi in rima.

rimarcàbile [dal fr. *remarquable*; sec. XVIII] ***agg.*** rimarchevole.

rimarcàre (pres. *-àrco, -àrchi*) [dal fr. *remarquer*; 1643] ***tr.*** notare, rilevare, osservare.

rimarchévole [da *rimarcare*, sul modello del fr. *remarquable*; 1640] ***agg.*** degno di nota, ragguardevole.

rimàrco (pl. *-chi*) [da *rimarcare*; 1643] ***sm.*** *T.bur.* osservazione, nota, appunto, richiamo.

rimàre [da *rima*[1]; a. 1294] ***intr.*** (aus. *avere*) far rima: *"fegato" è una parola che non rima con nessun'altra* || ***tr.*** *raro* **1.** comporre in rima, poetare: *poeti che rimavano in modo rozzo* **2.** mettere in rima: *rimare una favola.*

rimarginàre (pres. *-àrgino*) [comp. parasint. di *margine*; 1566 *rammarginare*] ***tr.*** **1.** ricongiungere insieme i margini di una ferita **2.** *fig.* guarire, lenire: *solo il tempo può rimarginare le piaghe dell'anima* || ***intr.*** (aus. *essere*) e ***intr. pron.*** cicatrizzare o cicatrizzarsi.

rimàrio (pl. *-ri*) [da *rima*[1]; 1529] ***sm.*** vocabolario ove sono raccolte in ordine alfabetico le parole di una lingua (o di una singola opera o di un autore) che rimano tra loro: *rimario petrarchesco, de «La Divina Commedia».*

rimaritàre [da *maritare*; 1308 come intr. pron.] ***tr.*** **1.** maritare di nuovo **2.** *fig. poet.* riconciliare, ricongiungere || ***rifl.*** riprendere marito dopo vedovanza o divorzio.

rimàsa o **rimàṣa** [da *rimaso*; sec. XIV] ***sf.*** *arc.* il rimanere; fermata, permanenza || **N.** *Contr.* andata.

rimàso o **rimàṣo** (*pps. arc.* di *rimanere*) [1308] **I** ***agg.*** rimasto **II** ***sm.*** avanzo, rimanente, residuo.

rimasticàre (pres. *-àstico, -àstichi*) [da *masticare*; a. 1311 nel senso 3] ***tr.*** **1.** masticare di nuovo || ruminare **2.** *fig. spreg.* utilizzare senza alcuna originalità: *rimasticare vecchie idee* **3.** *fig.* rimuginare.

rimasticatìccio (pl. *-ci*) [da *rimasticare*, sul modello di *appiccicaticcio*; 1959] ***sm.*** cosa rimasticata || *fig. spreg.* di composizione letteraria poco originale: *il discorso era un rimasticaticcio di luoghi comuni.*

rimasticatùra [da *rimasticare*; 1959] **sf. 1.** atto ed effetto del rimasticare **2.** *concr.* la cosa rimasticata, anche *fig.*: *quel film è una rimasticatura di vecchie pellicole.*

rimàstico (pl. *-chi*) [da *rimasticare*; a. 1912] **sm.** *raro* rimasticatura ‖ *in part.* il ruminare: *il sordo rimastico mite dei bovi* (Pascoli).

rimasùglio (pl. *-gli*) (tosc. *rimasùgliolo*) [da *rimaso*; sec. XIV] **sm.** piccolo avanzo, generalmente di poco valore: *raccolse i rimasugli della cena per i cani* ‖ **N.** *Sin.* briciola, fondo, residuo, resto, rimanente, rimanenza, ritaglio.

rimatóre [da *rimare*; 1294] **sm.** (f. *-trice*) chi fa versi rimati; verseggiatore, poeta.

rimbacuccàre (pres. *-ùcco, -ùcchi*) [da *imbacuccare*; 1872] **tr.** *non com.* imbacuccare di nuovo ‖ **rifl.** ravvolgersi strettamente: *si rimbacuccò nello scialle.*

rimbaldanzìre (pres. *-ìsco, -ìsci*) [da *imbaldanzire*; sec. XIII] **intr.** (aus. *essere*) e **intr. pron.** *non com.* imbaldanzire o imbaldanzirsi di nuovo, riprendere nuova e maggiore baldanza.

rimbaldìre [da un ant. *imbaldire*, diventare baldo; a. 1306] **intr.** (aus. *essere*) *arc. raro* rallegrarsi ‖ **tr.** *raro* rallegrare.

rimballàre [da *imballare*; 1872] **tr.** *non com.* imballare di nuovo.

rimbalzàre [da *balzare*; 1321 nel senso 2] **intr.** (aus. *avere* ed *essere*) **1.** di cosa che nel muoversi urta contro un ostacolo, balzare indietro: *la palla rimbalzò contro la rete* ‖ *per estens.* di onde sonore o raggi luminosi, riflettersi **2.** *fig.* trasmettersi da una persona all'altra, divulgarsi con rapidità: *la notizia rimbalzò per tutto il quartiere.*

rimbalzatóre [da *rimbalzare*; 1988] **sm.** *T.oref.* tipo di cesello usato per sbalzare dall'interno un oggetto cavo.

rimbalzèllo (*dim.* di *rimbalzo*) [1842] **sm.** gioco di abilità consistente nel far rimbalzare ciottoli piatti sulla superficie di uno specchio d'acqua.

rimbalzìno (*dim.* di *rimbalzo*) [1891] **sm.** gioco consistente nel lanciare una moneta contro un muro cercando di farla rimbalzare il più vicino possibile a un punto prestabilito.

rimbàlzo [da *rimbalzare*; 1313] **sm.** atto del rimbalzare: *dopo due rimbalzi la palla non è più valida* ‖ nella *loc. avv. di rimbalzo*, dopo che il corpo ha già rimbalzato contro l'ostacolo: *colpire la palla di rimbalzo*; *fig.* di riflesso: *la cosa lo coinvolse di rimbalzo* ‖ *dim.* rimbalzèllo, rimbalzino.

rimbambiménto [da *rimbambire*; a. 1573] **sm.** atto ed effetto del rimbambire.

rimbambinìre (pres. *-ìsco, -ìsci*) [comp. parasint. di *bambino*; 1872] **intr.** (aus. *essere*) e **intr. pron.** *non com.* rimbambire ‖ **N.** *Sin.* rinfanciullire.

rimbambìre (pres. *-ìsco, -ìsci*) [comp. parasint. di *bambo*, sciocco; 1598] **intr.** (aus. *essere*) e **intr. pron.** perdere il senno e l'equilibrio della maturità, tornando come bambini: *la senilità lo ha fatto rimbambire, a forza di prendere pugni in testa si è rimbambito* ‖ **tr.** far rimbambire: *quel lavoro l'ha rimbambito* ‖ **N.** *Sin.* rimbambinire, rincretinire.

rimbambìto (*pps.* di *rimbambire*) [a. 1357] **I agg.** *spreg.* rincretinito: *vecchio rimbambito che non sei altro!* **II sm.** (f. *-a*) persona rimbambita: *è un povero rimbambito.*

rimbambolìre (pres. *-ìsco, -ìsci*) [comp. parasint. di *bambola*; 1945] **intr.** (aus. *essere*) *pop. tosc.* tornare bambino; rimbambire.

rimbarbarìre (pres. *-ìsco, -ìsci*) [da *imbarbarire*; 1872] **intr.** (aus. *essere*) e **intr. pron.** ridiventare barbaro o imbarbarire sempre di più: *popolazioni rimbarbarite* ‖ **tr.** *raro* far ridivenire barbaro.

rimbarcàre e der. forme meno com. di REIMBARCARE e der. (v.).

rimbastìre (pres. *-ìsco, -ìsci*) [da *imbastire*; 1726] **tr.** imbastire di nuovo, anche *fig.*

rimbàtto [da *battere*; 1835] **sm.** *ant. T.mar.* colpo improvviso di vento che colpisce le vele dal lato opposto a quello per cui sono bordate ‖ *accr.* rimbattóne.

rimbeccàre (pres. *-écco, -écchi*) [prob. da *imbeccare*; a. 1400] **tr. 1.** *fig.* rispondere prontamente e aggressivamente: *lo rimbecca ogni volta che apre bocca* **2.** *propr.* di uccelli, dare un colpo di becco in risposta a uno ricevuto ‖ **rec. 1.** *fig.* polemizzare scambiandosi botte e risposte pungenti **2.** *propr.* di uccelli, lottare a colpi di becco ‖ **N. tr. 1.** *Sin.* rendere la pariglia, replicare, ribattere, rispondere per le rime.

rimbécco (pl. *-chi*) [da *rimbeccare*; 1566] **sm.** atto ed effetto del rimbeccare, anche *fig.* ‖ nella *loc. avv. fig. di rimbecco*, di rimando.

rimbecillìre (pres. *-ìsco, -ìsci*) [comp. parasint. di *imbecille*; 1863] **intr.** (aus. *essere*) e **intr. pron.** ridiventare imbecille o diventarlo sempre di più ‖ **tr.** far rimbecillire: *la routine familiare l'ha rimbecillito* ‖ **N.** *Sin.* istupidire, rimbambire, rincretinire.

rimbecillìto (*pps.* di *rimbecillire*) [1872] **agg.** *spreg.* rincretinito, istupidito: *vecchio rimbecillito!*

rimbellìre (pres. *-ìsco, -ìsci*) [da *imbellire*; a. 1311] **intr.** (aus. *essere*) e **intr. pron.** ridiventare bello o diventarlo sempre di più: *la piazza, con tutte quelle piante, si è rimbellita* ‖ **tr.** rendere bello di nuovo o più bello di prima: *la gravidanza l'ha rimbellita.*

rimbeltempìre (pres. *-ìsce*) [comp. parasint. di *bel tempo*; 1891] **intr.** (aus. *essere*) *impers. raro* di tempo, cielo e sim., tornare al bello, al sereno.

rimberciàre (pres. *-èrcio*) [da *rabberciare*, con cambio di pref.; sec. XIV] **tr.** *arc.* rabberciare.

rimbiancàre (pres. *-ànco, -ànchi*) [da *imbiancare*; 1686] **tr.** imbiancare di nuovo ‖ **intr.** (aus. *essere*) e **intr. pron.** *pop. tosc.* diventare o ridiventare bianco.

rimbiondìre (pres. *-ìsco, -ìsci*) [da *imbiondire*; a. 1484 *rimbiondare*] **tr.** far tornare biondo di nuovo o più biondo di prima ‖ **intr.** (aus. *essere*) e **intr. pron.** tornare biondo di nuovo o più biondo di prima ‖ **rifl. indir.** far tornare biondo: *rimbiondirsi i capelli.*

rimboccaménto [da *rimboccare*; 1575] **sm.** *raro* atto ed effetto del rimboccare.

rimboccàre (pres. *-ócco, -ócchi*) [comp. parasint. di *bocca*; sec. XIV] **tr. 1.** ripiegare all'estremità: *rimboccare le maniche troppo lunghe, le coperte sotto il materasso* **2.** *ant. raro* rabboccare **3.** *ant. raro* rif. a vasi e sim., rovesciare ‖ **rifl. indir.** nel modo di dire *rimboccarsi le maniche*, anche, *fig.*, accingersi a un lavoro particolarmente impegnativo.

rimboccatùra [da *rimboccare*; a. 1320 nel senso 3] **sf.** atto ed effetto del rimboccare ‖ *concr.* la parte che si rimbocca.

rimbócco (pl. *-chi*) [da *rimboccare*; 1863] **sm.** *non com.* rimboccatura.

rimbombaménto [da *rimbombare*; sec. XIV] **sm.** il rimbombare; rimbombo.

rimbombàre (raro *ribombàre*) (pres. *-ómbo*) [comp. parasint. di *bomba*; a. 1292] **intr.** (aus. *avere* ed *essere*) risuonare cupamente e a lungo, fare rimbombo: *le cannonate rimbombano, il tavolato rimbombava sotto i suoi passi* ‖ **N.** *Sin.* echeggiare, rintronare, risuonare, rombare.

rimbombévole [da *rimbombare*; a. 1340] **agg.** *raro* rimbombante: *s'ode rimbombevole coro* (D'Annunzio).

rimbombìo (pl. *-ìi*) [da *rimbombare*; seconda metà sec. XVI] **sm.** *raro* rimbombo prolungato e insistente.

rimbómbo [da *rimbombare*; 1313] **sm. 1.** *T.fis.* fenomeno acustico per cui un suono prodotto in un ambiente chiuso o concavo, riflettendosi sulle pareti, persiste per un certo tempo, anche dopo che la sorgente sonora ha cessato di emetterlo **2.** *per estens.* suono fragoroso, rombo: *il rimbombo delle cannonate* ‖ **N. 1.** *Sin.* eco, risonanza, riverbero **2.** *Sin.* boato, frastuono, rumore, strepito.

rimborsàbile [da *rimborsare*; 1799] **agg.** che si può o si deve rimborsare; pagabile.

rimborsabilità [da *rimborsabile*; 1970] **sf.** *raro* possibilità di essere rimborsato.

rimborsaménto [da *rimborsare*; 1745] **sm.** *raro* rimborso.

rimborsàre (pres. *-órso*) [comp. parasint. di *borsa*; a. 1542] **tr. 1.** restituire il denaro prestato, o versato per prestazioni non effettuate, o versato, speso al posto nostro: *ai viaggiatori fu rimborsato l'importo del biglietto acquistato, ti devo ancora rimborsare i soldi che hai anticipato per me* ‖ del datore di lavoro, restituire ad un lavoratore le spese che ha dovuto sostenere per lavorare fuori sede: *il trattamento di missione rimborsa un pasto al giorno* ‖ del fisco, restituire versamenti non dovuti dal contribuente: *rimborsare l'IRPEF* **2.** *ant.* rimettere nella borsa ‖ **N. 1.** *Sin.* restituire, rifondere, ripagare; indennizzare, risarcire.

rimbórso [da *rimborsare*; 1799] **sm.** atto ed effetto del rimborsare: *il rimborso delle spese di viaggio* ‖ *concr.* la somma rimborsata.

rimboscaménto [da *rimboscare*; 1866] **sm.** atto ed effetto del rimboscare.

rimboscàre (pres. *-òsco, -òschi*) [comp. parasint. di *bosco*; 1375 come intr. pron.] **tr. 1.** imboscare di nuovo **2.** rimboschire ‖ **intr. pron.** *non com.* rientrare nel bosco: *i cacciatori si rimboscarono.*

rimboschiménto [da *rimboschire*; 1879] **sm.** atto ed effetto del rimboschire.

rimboschìre (pres. *-ìsco, -ìsci*) [comp. parasint. di *bosco*; 1851] **tr.** ricostituire un bosco in un terreno disboscato in seguito ad avversità ambientali o per opera dell'uomo ‖ **intr.** (aus. *essere*) e **intr. pron.** di terreno, ridiventare boscoso ‖ **N.** *Sin.* afforestare, alberare | *Contr.* disboscare, sboscare.

rimbrèncio (pl. *-ci*) o **rimbrènciolo** [da un arc. *brencio*, straccio; a. 1566 *rimbrenciolo*] **sm.** *ant.* lembo di straccio, di carne, di carta e sim. penzolante.

rimbrencioloso [da *rimbrenciolo*; a. 1556] **agg.** *ant.* che ha molti rimbrenci.

rimbricconìre (pres. *-ìsco, -ìsci*) [da *imbricconire*; 1872] **intr.** (aus. *essere*) e **intr. pron.** *raro* ridiventare briccone o diventarlo sempre di più.

rimbrigliàre (pres. *-ìglio*) [da *imbrigliare*; 1872] **tr.** imbrigliare di nuovo.

rimbrodolàre (pres. *-òdolo*) [da *imbrodolare*; 1872] **tr.** *fam. tosc.* imbrodolare di nuovo o più di prima ‖ *fig.* cercare di ricoprire alla meglio, con scuse poco verosimili, il torto che si fa.

rimbrontolàre (pres. *-óntolo*) [da *brontolare*; 1835] **tr.** *fam. tosc.* rammentare spesso ad altri un beneficio fattogli, quasi rimproverandolo d'ingratitudine ‖ **N.** *Sin.* rinfacciare.

rimbrottàre (pres. *-òtto*) [etim. inc.; sec. XIV] **tr.** *fam.* rimproverare con asprezza ‖ **N.** *Sin.* RIMPROVERARE.

rimbròtto [da *rimbrottare*; 1353] **sm.** aspro rimprovero.

rimbrunìre (pres. *-ìsco, -ìsci*) [da *imbrunire*; a. 1573] **tr.** e **intr.** (aus. *essere*) *tosc.* imbrunire.

rimbruttìre (pres. *-ìsco, -ìsci*) [comp. parasint. di *brutto*; 1835] **intr.** (aus. *essere*) e **intr. pron.** ridiventare brutto o diventarlo sempre di più ‖ **tr.** far diventare brutto o più brutto di prima.

rimbucàre (pres. *-ùco, -ùchi*) [da *imbucare*; a. 1400] **tr.** rimettere nella buca ‖ **intr.** (aus. *essere*) e **intr. pron.** di animali, ritornare nella buca, rintanarsi.

rimbuòno [da *buono*; a. 1597] nella **loc. avv.**

ant. di rimbuono, computando le annate buone e quelle scarse; facendo una media; un anno per l'altro.

rimbussolàre (pres. *-ùssolo*) [da *imbussolare*; 1872] ***tr.*** *tosc.* rimettere nel bossolo o nell'urna le schede, le palline numerate ecc. precedentemente estratte ‖ ***intr.*** (aus. *avere*) *tosc.* scuotere il contenitore delle palline numerate per rimescolarle prima dell'estrazione.

rimbustàre (pres. *-ùsto*) [da *imbustare*; 1970] ***tr.*** mettere di nuovo in una busta.

rimbuzzàre [da *imbuzzare*; 1872] ***tr.*** e ***rifl.*** *fam. tosc.* dare troppo da mangiare o mangiare troppo: *a cena si rimbuzza e la notte non riesce a dormire* ‖ **N.** *Sin.* ingozzare, rimpinzare.

rimediàbile [dal lat. *remediābilis*; a. 1566] ***agg.*** che si può rimediare: *un incidente rimediabile* ‖ **N.** *Sin.* riparabile, sanabile | *Contr.* irrimediabile.

rimediàre (pres. *-èdio*) [dal lat. *remediāre*; sec. XIV] ***intr.*** (aus. *avere*) **1.** porre rimedio, riparare al danno: *a tutto si rimedia fuorché alla morte* **2.** *fam. non com.* provvedere: *per ora rimediamo alla frattura con una steccatura* ‖ ***tr.*** **1.** *fam.* mettere insieme, procurarsi, tirar fuori: *lavora tanto da rimediare il pranzo* ‖ *antifr.*: *abbiamo rimediato solo guai* **2.** *non comp.* porre rimedio: *rimediare un guaio* ‖ **N.** ***tr.*** **1.** *Sin.* raccogliere, racimolare, procacciarsi **2.** *Sin.* accomodare, aggiustare, mettere a posto, rabberciare, salvare, sanare, sistemare.

rimèdio (pl. *-di*) [dal lat. *remedium*; a. 1292] ***sm.*** quanto si fa per eliminare un inconveniente, un danno o per risolvere una situazione difficile o increscìosa: *adottare un rimedio molto efficace*; nei modi di dire *non esserci rimedio, senza rimedio,* riferendosi a ciò che non è suscettibile di miglioramento: *alla pigrizia non c'è rimedio; è una situazione senza rimedio,* senza via di scampo ‖ *in part.* farmaco, medicinale, medicamento: *rimedio contro l'influenza; rimedio eroico,* farmaco a effetto rapido ma pericoloso e, *fig.*, provvedimento grave e pericoloso per rimediare a un male ‖ *prov. a mali estremi, estremi rimedi; a tutto c'è rimedio, fuorché alla morte* ‖ **N.** *Sin.* accomodamento, espediente, mezzo, misura, palliativo, panacea, provvedimento, rappezzo, riparo, ripiego, soluzione, toppa; cura, terapia, toccasana | corroborante, debilitante, efficace, impareggiabile, inefficace, miracoloso, omopoietico, portentoso, preventivo, profilattico, pronto, semplice, tardo, violento | applicare, cercare, porre.

rimeditàre (pres. *-èdito*) [da *meditare*; 1680] ***tr.*** riprendere in considerazione criticamente ‖ ***intr.*** (aus. *avere*) meditare di nuovo.

rimeggiàre (pres. *-éggio*) [da *rimare*; a. 1620] ***intr.*** (aus. *avere*) *raro* comporre versi, rimare.

rimembrànza [da *rimembrare*; 1319] ***sf.*** *lett.* il rimembrare, ricordo; *parco della rimembranza,* boschetto dedicato alla memoria dei caduti in guerra, in cui ogni albero porta una targhetta col nome di un militare caduto ‖ **N.** *Sin.* RICORDO.

rimembràre (pres. *-èmbro*) [dal lat. tardo *rememorāri,* attr. il provenz. ant. *remembrar*; 1308] ***tr.*** e ***intr. pron.*** *lett.* ricordare, rammentare: *Silvia rimembri ancora / Quel tempo della tua vita mortale* (Leopardi), *rimembrarsi dei sogni della giovinezza.*

rimemoràre (pres. *-èmoro*) [dal lat. tardo *rememorāri*; sec. XIII] ***tr.*** e ***intr. pron.*** *ant.* ricordare.

rimenàre (pres. *-éno*) [da *menare*; sec. XIV] ***tr.*** *ant.* o *lett.* **1.** menare, condurre di nuovo: *lo rimenò all'albergo* **2.** agitare con forza, perlopiù in tondo; dimenare: *rimenare la polenta* ‖ **N. 1.** *Sin.* ricondurre, riportare **2.** *Sin.* rimescolare, rimestare.

rimenàta [da *rimenare*; 1853] ***sf.*** **1.** *raro* atto del rimenare (nel senso 2) una volta; rimestata **2.** *region.* rimprovero.

rimendàre v. RAMMENDARE.

rimenìo (pl. *-ìi*) [da *rimenare*; a. 1578] ***sm.*** *raro* il rimenare (nel senso 2) frequente o continuo.

riméno [da *rimenare*; 1551] ***sm.*** **1.** *ant.* nella *loc. agg. di rimeno,* di cavalli, vetture e sim., da posta, che tornano indietro, al luogo da cui sono partiti **2.** matterello.

rimerìa [da *rima*[1]; a. 1907] ***sf.*** *spreg. lett. ant.* congerie di versi e di verseggiatori: *rassomigliano alla rimeria politica di quei tempi* (Carducci).

rimeritàbile [da *rimeritare*; 1872] ***agg.*** *lett.* che si può rimeritare.

rimeritàre (pres. *-èrito*) [comp. parasint. di *merito*; a. 1306] ***tr.*** *lett.* rendere merito, dare ricompensa, remunerare: *Dio ti rimeriterà della tua buona azione* ‖ **N.** *Sin.* RICOMPENSARE.

rimèrito [da *rimeritare*; 1897] ***sm.*** *raro* il rimeritare; ricompensa.

rimescolaménto [da *rimescolare*; 1353] ***sm.*** atto ed effetto del rimescolare: *a sentir quel grido ho avuto un rimescolamento; rimescolamento delle carte,* anche *fig.*, cambiamento della situazione, dei rapporti di potere, dei ruoli ecc. ‖ **N.** *Sin.* mescolanza, miscuglio, rimescolata, rimescolio.

rimescolànza [da *rimescolare*; 1586] ***sf.*** *raro* mescolanza.

rimescolàre (pres. *-éscolo*) [da *mescolare*; a. 1348 nel senso 2] ***tr.*** **1.** mescolare più volte con cura: *rimescolare la polenta, le carte* ‖ *fig.* sconvolgere, mettere sottosopra: *a quella vista mi sentii rimescolare, uno spettacolo che fa rimescolare il sangue* **2.** mescolare di nuovo **3.** *fig.* ritornare su fatti passati che sarebbe opportuno dimenticare: *rimescolare vecchie questioni* ‖ ***intr. pron.*** *raro* mischiarsi tumultuosamente: *poliziotti e manifestanti si rimescolarono nella piazza* ‖ **N.** ***tr.*** **1.** *Sin.* rimestare, scozzare, MESCOLARE **2.** *Sin.* rivangare.

rimescolàta [da *rimescolare*; 1872] ***sf.*** veloce e approssimativo rimescolamento.

rimescolìo (pl. *-ìi*) [da *rimescolare*; 1872] ***sm.*** il rimescolare o il rimescolarsi intenso e continuo ‖ *fig. non com.* trambusto, confusione, gran movimento: *un rimescolio di gente nella via.*

riméscolo [da *rimescolare*; 1872] ***sm.*** *pop. tosc.* rimescolamento.

riméssa [da *rimettere*; a. 1306] ***sf.*** **1.** l'atto e l'effetto del mettere di nuovo qualcosa in una situazione o in una condizione precedente: *la rimessa in scena di un'opera teatrale* ‖ *T.sport. rimessa (in gioco),* nei giochi di palla, rilancio nell'area di gara della palla uscita dai limiti del campo: *rimessa laterale, di fondo*; anche, tiro di rilancio, battuta di risposta: *una rimessa troppo lunga*; *in part.*, nel tennis, risposta al servizio; *giocare di rimessa,* anche *fig.*, limitarsi a reagire alle iniziative dell'avversario ‖ nella scherma, secondo colpo vibrato a uno stesso bersaglio qualora l'aversario, dopo aver parato il primo, non risponda subito **2.** di piante, l'atto e l'effetto del mettere, del far spuntare di nuovo: *la rimessa dei germogli* ‖ *concr.* germoglio, getto **3.** atto del riporre, dell'immagazzinare; *in part.*, immagazzinamento delle derrate agricole (*fare la rimessa del raccolto*) o ricovero del bestiame **4.** *per estens.* edificio o locale in cui si ripone, custodisce, immagazzina qualcosa; *in part.* autorimessa, *garage* **5.** *T.comm.* spedizione di denaro o, meno com., di merce: *rimessa postale, di valuta* ‖ *concr.* il denaro o la merce inviati: *ricevere una forte rimessa* **6.** *raro* il rimetterci; perdita: *nel vendere quella merce ho avuto una forte rimessa; vendere a rimessa,* sottocosto, rimettendoci ‖ *dim.* rimessìna, rimessùccia; *accr.* rimessóna; *pegg.* rimessàccia ‖ **N. 4.** *Sin. box*; deposito, *hangar,* magazzino **6.** *Sin.* scapito. **TAV.** *abitazione* 2.16.

rimessàggio (pl. *-gi*) [da *rimessa*; 1963] ***sm.*** **1.** deposito in appositi locali attrezzati di imbarcazioni da diporto, *roulottes* o altri veicoli, per il periodo dell'anno in cui non se ne fa uso **2.** la manutenzione di tali veicoli effettuata durante il periodo di deposito.

rimessìbile [dal lat. tardo *remissibilis*; a. 1406] ***agg.*** *raro* remissibile.

rimessióne [da *rimettere*; prima metà sec. XIV] ***sf.*** **1.** *T.giur.* atto con cui si rimette l'istruzione o il giudizio ad altro giudice in sede diversa **2.** *ant. raro* remissione.

rimessitìccio (meno com. *rimettitìccio*) (pl. m. *-ci*, pl. f. *-ce*) [da *rimesso*; 1574 *rimettitìccio*] ***agg.*** e ***sm.*** detto di ramo nuovo, virgulto, rampollo cresciuto sul ceppo vecchio.

rimésso (*pps.* di *rimettere*) [1550 come sm. nei sensi 2 e 3] **I** ***agg.*** *arc.* umile, mite, dimesso **II** ***sm.*** **1.** lembo di tessuto che si ripiega per fare l'orlo **2.** intarsio policromo in legno o in pietre dure ‖ *concr.* ciascun pezzetto di legno usato in tali intarsi **3.** *T.pitt. ant.* ritocco.

rimestaménto [da *rimestare*; 1959] ***sm.*** atto ed effetto del rimestare, anche *fig.*: *rimestamento di vecchi rancori.*

rimestàre (pres. *-ésto*) [da *mestare*; a. 1340] ***tr.*** **1.** rimescolare (nel senso 1) **2.** *raro* mestare di nuovo **3.** *fig.* rimettere in discussione, rivangare: *rimestare vecchie questioni.*

rimestatóre [da *rimestare*; 1745] ***agg.*** e ***sm.*** (f. *-trìce*) mestatore.

rimestatùra [da *rimestare*; 1940] ***sf.*** *raro* rimestamento.

rimestìo (pl. *-ìi*) [da *rimestare*; 1965] ***sm.*** un rimestare continuo o frequente.

rimettàggio (pl. *-gi*) [da *rimettere*; 1929] ***sm.*** *T.tess.* operazione con cui si fanno passare i fili dell'ordito tra le maglie dei licci.

riméttere (pres. *-étto* ecc., come METTERE) [dal lat. *remittere,* rimandare; a. 1292 nel senso 5] ***tr.*** **1.** mettere qualcosa dove già si trovava prima: *rimettere il gelato in frigo, rimettere la stessa persona a capo del governo* ‖ indossare nuovamente: *rimetti subito il cappotto* ‖ *per estens.* far assumere nuovamente una certa disposizione, ridare un certo ordine a qualcosa: *rimetti tutto come l'hai trovato; rimettere insieme,* riunire; *rimettere il pallone in gioco* (anche *ass.*: *rimettere da fondo campo*), lanciarlo entro i limiti del campo di gioco perché la partita possa continuare **2.** mettere ancora, di nuovo: *mettere e rimettere lo stesso disco, rimetter piede in un luogo, rimettere tutto in discussione, rimettere in pericolo la propria vita* ‖ far uscire, far spuntare nuovamente: *la pianta ha rimesso i germogli* ‖ far entrare nuovamente in funzione: *rimetti l'allarme quando esci* **3.** rinviare, rimandare: *rimettere al mittente* ‖ *in part.* vomitare, rigettare (anche *ass.*): *ha rimesso tutto quello che aveva mangiato* **4.** *T.comm.* far pervenire: *rimettere un vaglia, una partita di merce* ‖ *per estens.* consegnare: *rimettere la documentazione nelle mani di un notaio* ‖ *fig.* affidare, demandare: *rimettere la decisione finale al pubblico* **5.** condonare: *rimettere i peccati, una pena* **6.** con la particella pronominale *ci*, perderci: *in questo affare ci ho già rimesso troppo, in amore chi ci rimette è chi ama di più* ‖ ***intr. pron.*** **1.** seguito da *a* e verbo all'infinito, ricominciare, intraprendere di nuovo: *rimettersi a piangere, a lavorare*; anche rif. a cose: *l'orologio si è rimesso a funzionare* **2.** tornare in buone condizioni; *in part.* di persona, ristabilirsi: *si è ormai rimesso del tutto dalla lunga malattia; rimettersi da uno spavento,* riaversi ‖ del tempo, tornare al bello, rasserenarsi ‖ ***rifl.*** mettersi di nuovo: *si rimise subito in viaggio, rimettiti a sedere* ‖ *fig.* affidarsi: *rimettersi al giudizio dell'avvocato, alla clemenza della corte* ‖ ***rifl. indir.*** indossare nuovamente: *rimettiti il cappotto e vieni fuori* ‖ ***rifl. rec.*** rappacificarsi: *si sono lasciati, ma vedrai che* *si rimettono insieme* || **intr.** (aus. *avere*) *raro* di piante, rigermogliare, ributtare || **N. tr. 1.** *Sin.* ricollocare, ridisporre, riordinare, riporre, risistemare **3.** *Sin.* rendere, restituire | *Contr.* trattenere **4.** *Sin.* mandare, recapitare **6.** *Contr.* guadagnarci.

rimettina [da *rimettere*; 1959] **sf.** *T.tess.* operaia che, nell'operazione del rimettaggio, porge i fili alla macchina per tessere.

rimettitìccio V. RIMESSITICCIO.

rimettitóre [da *rimettere*; 1551] **agg.** e **sm.** (f. *-trìce*, disus. *-tóra*) *non com.* che o chi rimette.

rimettitùra [da *rimettere*; 1726] **sf.** *raro* atto ed effetto del rimettere.

rimiràre (pres. *-iro*) [da *mirare*; 1313] **tr. 1.** osservare a lungo e con intensa ammirazione: *rimirare un quadro* || *per estens. lett.* considerare **2.** *raro* guardare di nuovo || **rifl.** contemplarsi con compiacimento || **intr.** (aus. *avere*) prendere nuovamente la mira: *rimirare al bersaglio* || **N. tr. 1.** *Sin.* mirare, GUARDARE.

rìmmel ® [n. commerciale; 1939] **sm.** prodotto cosmetico liquido piuttosto denso che si applica sulle ciglia con un apposito spazzolino per scurirle o per dar loro risalto.

rimmelensire (pres. *-isco, -isci*) [da *immelensire*; 1872] **intr.** (aus. *essere*) ridiventare melenso o diventarlo più di prima.

rimminchionire (pres. *-isco, -isci*) [da *imminchionire*; 1872] **intr.** (aus. *essere*) e **intr. pron.** *volg.* ridiventare minchione o diventarlo sempre di più.

rimodellàre (pres. *-èllo*) [da *modellare*; 1816] **tr.** modellare di nuovo.

rimodernaménto [da *rimodernare*; 1872] **sm.** atto ed effetto del rimodernare e del rimodernarsi.

rimodernàre (pres. *-èrno*) [comp. parasint. di *moderno*; 1598] **tr.** rendere moderno o più moderno: *rimodernare un abito, gli impianti di uno stabilimento, le proprie idee* || **rifl.** di persona all'antica, cominciare ad adattarsi agli usi moderni || **N. tr.** *Sin.* rammodernare; riformare, rinnovare.

rimodernatóre [da *rimodernare*; a. 1729] **agg.** e **sm.** (f. *-trìce*) *raro* che o chi rimoderna.

rimodernatùra [da *rimodernare*; 1872] **sf.** rimodernamento.

rimónda [da *rimondare*; 1897] **sf.** potatura dei rami secchi o superflui di un albero.

rimondàre (pres. *-óndo*) [da *mondare*; 1319] **tr. 1.** mondare con cura: *rimondare una pianta*, eliminarne i polloni inutili e i rami secchi || *fig. lett.* purificare: *rimondare lo spirito con la penitenza* **2.** mondare di nuovo || **N. 1.** *Sin.* potare, scapitozzare, svettare.

rimondatùra [da *rimondare*; a. 1712] **sf.** atto ed effetto del rimondare || *concr.* ciò che si toglie rimondando (spec. riferendosi a piante).

rimóndo [da *rimondare*; a. 1320] **agg.** rimondato, ripulito: *fossa rimonda.*

rimónta¹ [da *rimontare*¹; 1652] **sf.** atto ed effetto del rimontare; *in part. T.sport.* recupero progressivo di uno svantaggio: *con una sensazionale rimonta la squadra è riuscita a evitare la retrocessione, la rimonta del campione negli ultimi venti metri* || *meno com.* risalita: *la rimonta dei salmoni, del fiume.*

rimónta² [da *rimontare*²; 1872] **sf.** ricomposizione || *T.calz.* sostituzione della tomaia o di una sua parte || *T.mil.* sostituzione dei quadrupedi riformati con altri sani.

rimontàre¹ (pres. *-mónto* ecc., come MONTARE) [da *montare*¹; 1313] **intr.** (aus. *essere*) **1.** montare, salire di nuovo su qualcosa: *rimontarono in macchina e partirono* **2.** *fig.* risalire: *il fatto in questione rimonta a tre anni fa* || **tr. 1.** montare di nuovo; *in part.* rif. ad animale da sella, cavalcarlo nuovamente: *ho rimontato lo stesso cavallo* **2.** risalire, anche *fig.*: *rimontarono il corso del fiume*; *rimontare la corrente, il vento*, navigare controcorrente, controvento **3.** recuperare: *riuscì a rimontare lo svantaggio accumulato* || **N. intr.** *Sin.* risalire | *Contr.* ridiscendere | **tr. 2.** *Contr.* discendere.

rimontàre² (pres. *-mónto* ecc., come MONTARE) [da *montare*²; 1611 nel senso 3] **tr. 1.** montare di nuovo, ricomporre, ricostruire: *rimontare il motore riparato* **2.** *per estens.* effettuare la sostituzione di parte di qualcosa; *T.calz.* eseguire la rimonta **3.** *T.mil.* eseguire la rimonta.

rimontatùra [da *rimontare*²; 1863 nel senso 2] **sf.** atto ed effetto del rimontare² (in tutti i sensi) || **N.** *Sin.* rimonta².

rimorchiàre (pres. *-òrchio*) [lat. volg. **remulculāre*; 1532] **tr. 1.** trainare un veicolo che non sia provvisto di propri mezzi di propulsione o non sia in grado di servirsene: *rimorchiare la nave nel porto, un'auto in panne* **2.** *per estens. fam.* trascinarsi dietro, portare con sé qualcuno: *hanno rimorchiato due ragazze* || *ass. fam.* cercare compagnia per relazioni amorose occasionali: *anche stasera vai a rimorchiare?* || **rifl. indir.** *fig. scherz.* trascinarsi dietro: *si rimorchia sempre (dietro) quello scocciatore del suo socio* || **N. tr.** *Sin.* tirarsi dietro, trascinare, trascinarsi dietro.

rimorchiatóre [da *rimorchiare*; 1872] **sm.** e **agg.** (f. *-trìce*) di nave appositamente predisposta al rimorchio di altre imbarcazioni: *rimorchiatore d'alto mare* (od *oceanico*), *portuale* || *per estens.* di velivolo predisposto per il rimorchio di alianti.

rimòrchio (pl. *-chi*) [lat. *remulcum*, gr. *rhymoulkós*; 1490 *remurchio*] **sm. 1.** atto ed effetto del rimorchiare: *prendere a rimorchio un veicolo, cavo di rimorchio* || *fig. scherz. essere a rimorchio di qualcuno*, seguirne passivamente la volontà **2.** *concr.* il mezzo rimorchiato (spec. se stradale e privo di un proprio sistema di propulsione): *rimorchio stradale, agricolo, ferroviario; l'autotreno è un camion con rimorchio* || *concr.* cavo o sim. usato per rimorchiare || **N. 2.** carrello, *roulotte*. **TAV. automobile p. 659 12.1.**

rimòrdere (pres. *-òrdo* ecc., come MORDERE) [dal lat. *remordēre*, mordere di nuovo; 1319] **tr. 1.** *fig.* tormentare, angustiare con il rimorso: *ti rimorderà la coscienza per quello che hai fatto!* || *per estens. ant.* rimproverare **2.** *propr.*, meno com., mordere di nuovo || mordere chi ha precedentemente morso: *il gatto l'ha morsicato e il cane l'ha rimorso.*

rimordiménto [da *rimordere*; a. 1342] **sm.** *lett. raro* rimorso.

rimorìre (pres. *-uòio* ecc., come MORIRE) [da *morire*; a. 1638] **intr.** (aus. *essere*) *lett. non com.* morire di nuovo; spec. *fig.*, venir meno: *nel vederlo così triste mi sentii rimorire.*

rimormoràre (pres. *-órmoro*) [dal lat. *remurmurāre*; 1810] **tr.** e **intr.** (aus. *avere*) mormorare di nuovo.

rimòrso [da *rimordere*; a. 1342] **sm.** tormentosa consapevolezza del male compiuto: *fu preso dai rimorsi, per il rimorso non riusciva a prender sonno, non ho alcun rimorso per quello che ho fatto* || **N.** *Sin.* angoscia, contrizione, cruccio, pentimento, rammarico, rincrescimento, tormento.

rimòrto (*pps.* di *rimorire*) [1319] **agg.** morto un'altra volta || *lett.* molto pallido, sciupato, senza vitalità: *l'ombre che parean cose rimorte* (Dante).

rimóso [dal lat. *rimōsus*; a. 1525] **agg.** *ant.* pieno di fessure o di buchi.

rimòsso (*pps.* di *rimuovere*) [1313] **I agg.** *arc.* lontano **II sm.** *T.psican.* contenuto psichico che è stato oggetto di rimozione: *ritorno del rimosso.* **Q.T.** *psicanalisi.*

rimostrànte (*ppr.* di *rimostrare*) [a. 1606] **agg.** e **s.** *non com.* che o chi fa rimostranze || *per anton.* (spesso con iniz. maiuscola) membro di una setta riformata olandese, di orientamento anticalvinista (sec. XVII).

rimostrànza [da *rimostrare*, sul modello del fr. *remontrance*; 1643] **sf.** spec. *pl.* espressione di protesta per un torto patito: *fare le proprie rimostranze* || **N.** *Sin.* denuncia, lamentela, protesta, querela.

rimostràre (pres. *-óstro*) [da *mostrare*; a. 1527] **intr.** (aus. *avere*) presentare le proprie rimostranze || **tr.** *non com.* mostrare di nuovo || **N. intr.** *Sin.* protestare.

rimòto [dal lat. *remōtus*; a. 1694] **agg.** *lett. arc.* remoto.

rimòvere V. RIMUOVERE.

rimovìbile (raro *removìbile*) [da *rim(u)overe*; a. 1642] **agg.** che si può rimuovere, anche *fig.*: *impedimento rimovibile* || **N.** *Contr.* irremovibile.

rimoviménto [da *rim(u)overe*; a. 1320] **sm.** *raro* rimozione.

rimovitóre [da *rim(u)overe*; a. 1375 *rimovitrice*] **agg.** e **sm.** (f. *-trìce*) *ant. raro* che o chi rimuove.

rimozióne (raro *remozióne*) [dal lat. *remōtio*, *-ōnis*; a. 1311] **sf. 1.** atto ed effetto del rimuovere allontanando: *la rimozione delle auto in sosta vietata, dei corpi delle vittime dal luogo della strage* || *fig.* rif. a persona, allontanamento dalla sede in cui espleta il suo incarico, ufficio e sim. (*rimozione di un impiegato, un sacerdote*) o, anche, sua destituzione o sospensione dall'incarico stesso: *rimozione dal grado* || *per estens.* eliminazione, anche *fig.*: *la rimozione di un grosso ostacolo burocratico, psicologico* **2.** *T.psican.* meccanismo di esclusione dalla coscienza di contenuti psichici traumatici o comunque pericolosi per l'Io || **N.** *Sin.* **1.** spostamento | *Contr.* collocazione, posizionamento, sistemazione. **Q.T.** *psicanalisi.*

rimpacchettàre (pres. *-étto*) [da *impacchettare*; a. 1826] **tr.** impacchettare di nuovo.

rimpaciàre (pres. *-àcio*) [dal tosc. *impaciare*, terminare alla pari; a. 1850] **tr.** *tosc.* rappacificare || **rifl. rec.** riconciliarsi: *si sono rimpaciati.*

rimpadronìrsi (pres. *-ìsco, -ìsci*) [da *impadronirsi*; a. 1580] **intr. pron.** impadronirsi di nuovo.

rimpaginàre (pres. *-àgino*) [da *impaginare*; 1872] **tr.** impaginare di nuovo.

rimpaginatùra [da *rimpaginare*; 1872] **sf.** l'operazione e il risultato del rimpaginare.

rimpaginazióne [da *rimpaginare*; 1986] **sf.** rimpaginatura.

rimpagliàre (pres. *-àglio*) [da *impagliare*; 1872] **tr.** impagliare di nuovo.

rimpagliatóre [da *rimpagliare*; 1872] **sm.** (f. *-trìce*) chi rimpaglia: *rimpagliatore di sedie.*

rimpagliatùra [da *rimpagliare*; 1872] **sf.** operazione e risultato del rimpagliare.

rimpallàre [comp. parasint. di *palla*; 1863] **intr.** (aus. *avere*) fare un rimpallo.

rimpàllo [da *rimpallare*; 1863] **sm.** nel biliardo, scontro tra due palle che si sono già urtate; in molti giochi rende il tiro falloso || nei giochi di palla, rimbalzo della palla che, avendo colpito un ostacolo, torna verso chi l'ha lanciata.

rimpaludàre (pres. *-ùdo*) [da *impaludare*; 1690] **tr.** e **intr. pron.** ridiventare paludoso.

rimpanàre (pres. *-àno*) [da *impanare*; 1872] **tr. 1.** *T.mecc.* rifare il pane a una vite **2.** *T.cuc.* impanare di nuovo.

rimpannucciàre (pres. *-ùccio*) [comp. parasint. di *pannuccio*, dim. di *panno*; a. 1587 nel senso 2] **tr.** *ant.* rivestire con abiti migliori || **rifl.** e **intr. pron.** *fig.* migliorare un po' la propria condizione: *con l'eredità dello zio si sono rimpannucciati.*

rimpantanàre [da *impantanare*; 1872] **tr.** fare impantanare di nuovo: *ha rimpantanato l'auto cercando di superare un ruscello* || **intr. pron.** finire nuovamente impantanati || *fig.* ricadere nel vizio.

rimparàre (pres. *-àro*) [da *imparare*; 1549] ***tr.*** imparare di nuovo.

rimparentàrsi (pres. *-ènto*) [da *imparentare*; 1872] ***intr. pron.*** imparentarsi di nuovo con una stessa famiglia.

rimpastàre [da *impastare*; 1598] ***tr.*** impastare di nuovo || *fig.* ricomporre effettuando modifiche e sostituzioni; rimaneggiare: *l'ha rimpastata due o tre volte ma non è riuscito a farne una buona commedia*; *rimpastare un governo*, effettuare un rimpasto.

rimpasticciàre (pres. *-ìccio*) [da *impasticciare*; 1872] ***tr.*** impasticciare di nuovo o di più.

rimpàsto [da *rimpastare*; 1851] ***sm.*** atto ed effetto del rimpastare (spec. *fig.*): *un rimpasto d'idee*; *rimpasto del governo*, sostituzione di uno o più ministri (o scambio o rotazione dei titolari di alcuni ministeri) effettuata senza aprire formalmente una crisi.

rimpatriàre (pres. *-àtrio*) [dal lat. tardo *repatriāre*; a. 1276 *repradiare*] ***intr.*** (aus. *avere* ed *essere*) tornare in patria || ***tr.*** rimandare in patria: *rimpatriare gli immigrati clandestini.*

rimpatriàta [da *rimpatriare*; 1880 *ripatriata*] ***sf.*** *fam.* riunione di amici che non si vedono da molto tempo.

rimpàtrio (pl. *-tri*) [da *rimpatriare*; 1877] ***sm.*** ritorno o rinvio in patria: *dopo anni ottenne il rimpatrio.*

rimpaurìre (pres. *-ìsco, -ìsci*) [da *impaurire*; a. 1375] ***intr.*** (aus. *essere*) e ***intr. pron.*** impaurire e impaurirsi di nuovo.

rimpazzìre (pres. *-ìsco, -ìsci*) [da *impazzire*; 1872] ***intr.*** (aus. *essere*) impazzire di nuovo.

rimpellàre (pres. *-èllo*) [comp. parasint. di *pelle*; 1879] ***tr.*** **1.** *raro* ricoprire di pelle: *rimpellare la poltrona* **2.** *T.edil.* rinnovare un muro.

rimpennàre (pres. *-énno*) [da *impennare*; 1342] ***tr.*** *raro* rimettere le penne || ***intr. pron.*** *fig.* di persona, rimpannucciarsi: *era nella miseria, ma ora si rimpenna* || ***intr.*** (aus. *essere*) di pianta, rimettere le foglie: *rimpennava ogni taglio, ogni betulla* (Pascoli).

rimpettàio (pl. *-ài*) [da *rimpetto*; 1891] ***sm.*** (f. *-a*) *pop. ant.* dirimpettaio.

rimpettinàre (pres. *-èttino*) [comp. parasint. di *pettinare*; 1897] ***tr.*** introdurre di nuovo nel pettine del telaio i fili che sono usciti.

rimpettìre (pres. *-ìsco, -ìsci*) [comp. parasint. di *petto*; 1872] ***intr.*** (aus. *essere*) e ***intr. pron.*** sporgere il petto in fuori, ostentando boriosamente orgoglio, forza e sim. || *fig.* ostentare boriosamente orgoglio, forza e sim.

rimpètto [da *petto*; 1319 come loc. prep.] **I** ***avv.*** *ant. raro* dirimpetto: *abita rimpetto* **II** nelle ***loc. prep.*** *ant. (di) rimpetto a, a rimpetto di*, di fronte a || *fig.* rispetto a **III** in funzione di ***sm.*** (solo *sing.*) *ant.* facciata, parte frontale: *il rimpetto della chiesa.*

rimpiaccicàre (pres. *-àccico, -àccichi*) [voce onom.; 1872] ***tr.*** *tosc.* appiccicare di nuovo e malamente.

rimpiaccicottàre (pres. *-òtto*) [comp. parasint. di *piaccicotto*; 1872] ***tr.*** e ***intr.*** (aus. *avere*) *tosc.* fare piaccicotti, accomodare malamente (spec. rammendando).

rimpiagàre (pres. *-àgo, -àghi*) [da *impiagare*; 1530] ***tr.*** e ***intr. pron.*** *raro* impiagare e impiagarsi di nuovo.

rimpiallacciàre (pres. *-àccio*) [da *impiallacciare*; 1872] ***tr.*** impiallacciare di nuovo.

rimpiallacciatùra [da *rimpiallacciare*; 1872] ***sf.*** operazione e risultato del rimpiallacciare.

rimpiàngere (pres. *-àngo* ecc., come PIANGERE) [da *piangere*; a. 1543 *rimpiagnere*] ***tr.*** **1.** rammentare con desiderio nostalgico e doloroso persone o cose lontane, passate o definitivamente perdute: *rimpiangere la giovinezza, l'amico morto, le occasioni perdute* **2.** *arc.* compiangere.

rimpiànto (*pps.* di *rimpiangere*) [1940] **I** ***agg.*** che è oggetto di rimpianto: *il nostro rimpianto maestro* **II** ***sm.*** nostalgico e doloroso desiderio di persone o cose lontane, passate o definitivamente perdute: *vivere di rimpianti, pensare a lei con rimpianto* || **N. II** nostalgia.

rimpiattàre [comp. parasint. di *piatto*[1]; a. 1665] ***tr.*** *pop. non com.* nascondere: *rimpiattò il gruzzolo sotto il materasso* || ***rifl.*** nascondersi: *rimpiattarsi nel sottoscala* || **N.** *Sin.* appiattare, NASCONDERE.

rimpiatterèllo [da *rimpiattare*; 1967] ***sm.*** *tosc.* rimpiattino.

rimpiattìno [da *rimpiattare*; a. 1735] ***sm.*** *T.gioc.* gioco da bambini in cui uno si nasconde e gli altri devono trovarlo || **N.** *Sin.* nascondarella, nascondino.

rimpiazzàre [dal fr. *remplacer*; 1652] ***tr.*** sostituire: *rimpiazzò il pezzo rovinato, l'impiegato assente.*

rimpiàzzo [da *rimpiazzare*; 1804] ***sm.*** atto del rimpiazzare || *concr.* persona o cosa che serve da sostituto: *cercare un rimpiazzo* || **N.** *Sin.* sostituzione, surrogazione; sostituto, surrogato.

rimpiccinìre (pres. *-ìsco, -ìsci*) [da *impiccinire*; 1872] ***tr.*** e ***intr. pron.*** *raro* rimpicciolire.

rimpiccioliménto [da *rimpicciolire*; 1872] ***sm.*** atto ed effetto del rimpicciolire e del rimpicciolirsi.

rimpicciolìre (pres. *-ìsco, -ìsci*) [da *impicciolire*; 1667] ***tr.*** rendere più piccolo || ***intr.*** (aus. *essere*) e ***intr. pron.*** diventare più piccolo.

rimpiccoliménto [da *rimpiccolire*; a. 1712] ***sm.*** *raro* atto ed effetto del rimpiccolire e del rimpiccolirsi.

rimpiccolìre (pres. *-ìsco, -ìsci*) [da *impiccolire*; a. 1642] ***tr.***, ***intr.*** (aus. *essere*) e ***intr. pron.*** *non com.* rimpicciolire e rimpicciolirsi.

rimpiegàre e der. forme rare di REIMPIEGARE e der. (v.).

rimpigrìre (pres. *-ìsco, -ìsci*) [da *impigrire*; 1872] ***tr.*** rendere più pigro || ***intr.*** (aus. *essere*) e ***intr. pron.*** divenire pigro o più pigro.

rimpinguàre (pres. *-ìnguo*) [da *impinguare*; 1728] ***tr.*** e ***intr. pron.*** arricchire: *rimpinguare le casse dello Stato.*

rimpinzaménto [da *rimpinzare*; a. 1698] ***sm.*** *non com.* atto ed effetto del rimpinzare e del rimpinzarsi.

rimpinzàre [lat. volg. **impinctiāre*, ficcare dentro; 1543] ***tr.*** riempire eccessivamente, spec. di cibo || *fig.* imbottire: *ci ha rimpinzati di frottole* || ***rifl.*** riempirsi esageratamente di cibo || **N.** ***tr.*** *Sin.* imbottire, inzeppare, riempire, stipare.

rimpinzàta [da *rimpinzare*; 1891] ***sf.*** il rimpinzare e il rimpinzarsi una volta: *si fecero una rimpinzata di risotto.*

rimpiumàre [da *impiumare*; 1553] ***tr.***, ***intr.*** (aus. *essere*) e ***intr. pron.*** *raro* rimettere le piume || *fig. tosc.* rimpannucciarsi.

rimpolpàre (pres. *-ólpo*) [comp. parasint. di *polpa*; 1600] ***tr.*** **1.** *fig. fam.* arricchire, ampliare, dare maggiore sostanza: *rimpolpare un discorso con citazioni dai classici* **2.** *propr. non com.* impolpare di nuovo || ***intr. pron.*** *non com.* rimettersi in carne.

rimpolpettàre (pres. *-étto*) [comp. parasint. di *polpetta*; a. 1673] ***tr.*** *raro* **1.** *fig. spreg.* rimettere insieme malamente, raffazzonare **2.** *propr.* ricucinare in forma di polpette.

rimpoltronìre (pres. *-ìsco, -ìsci*) [da *impoltronire*; 1872] ***tr.*** *raro* rendere di nuovo poltrone o più poltrone di prima || ***intr.*** (aus. *essere*) e ***intr. pron.*** *raro* diventare poltrone o più poltrone di prima || **N.** *Sin.* impigrire.

rimpossessàrsi (pres. *-èsso*) [da *impossessarsi*; 1872] ***intr. pron.*** impossessarsi di nuovo.

rimpoverìre (pres. *-ìsco, -ìsci*) [da *impoverire*; a. 1527] ***tr.***, ***intr.*** (aus. *essere*) e ***intr. pron.*** impoverire o impoverirsi di nuovo o di più.

rimpratichìre (pres. *-ìsco, -ìsci*) [da *impratichire*; 1940] ***tr.*** e ***intr. pron.*** impratichire o impratichirsi di nuovo o di più.

rimpregnàre (pres. *-égno*) [da *impregnare*; 1823] ***tr.***, ***intr.*** (aus. *essere*) e ***intr. pron.*** impregnare di nuovo o di più.

rimpresciuttìre V. RIMPROSCIUTTIRE.

rimpreziosìre (pres. *-ìsco, -ìsci*) [da *impreziosire*; 1872] ***tr.*** rendere più prezioso, rendere di nuovo prezioso || ***intr. pron.*** divenire più prezioso o di nuovo prezioso.

rimprigionàre (pres. *-óno*) [da *imprigionare*; 1872] ***tr.*** imprigionare un'altra volta.

rimprocciàre (pres. *-òccio*) [dal lat. volg. **repropiāre*, riavvicinare, mettere sotto gli occhi, attr. il fr. *reprocher*, a. 1348] ***tr.*** *arc.* rimproverare, rinfacciare.

rimpròccio (pl. *-ci*) [da *rimprocciare*; 1340 ca.] ***sm.*** *arc.* rimprovero.

rimprosciuttìre (raro *rimpresciuttìre*) (pres. *-ìsco, -ìsci*) [da *improsciuttire*; 1881] ***intr.*** (aus. *essere*) *pop. raro* improsciuttire di nuovo o di più || **N.** *Sin.* rinsecchire; dimagrire, smagrire.

rimproveràbile [da *rimproverare*; 1686] ***agg.*** che può essere rimproverato || **N.** *Sin.* biasimevole, deplorevole, riprovevole | *Contr.* irreprensibile.

rimproveraménto [da *rimproverare*; sec. XIV] ***sm.*** *ant.* rimprovero.

rimproveràre (pres. *-òvero*) [dall'ant. e sett. *improverare*; 1319] ***tr.*** manifestare a qualcuno il proprio biasimo per la sua cattiva condotta: *lo rimproverò di esser giunto in ritardo, le rimprovera l'eccessiva condiscendenza con la figlia, non ho nulla da rimproverarmi* || **N.** *Sin.* ammonire, biasimare, redarguire, richiamare, rimbrottare, riprendere, sgridare, strapazzare | *Contr.* elogiare, encomiare, lodare.

rimproveratóre [da *rimproverare*; a. 1558] ***agg.*** e ***sm.*** (f. *-trìce*) *raro* che o chi rimprovera.

rimproverazióne [da *rimproverare*; a. 1667] ***sf.*** *ant.* rimprovero.

rimpròvero [da *rimproverare*; a. 1292] ***sm.*** atto del rimproverare: *un'occhiata di muto rimprovero, gli rivolse un duro rimprovero* || *concr.* parole che sono usate per rimproverare: *il suo rimprovero non ha avuto alcun effetto su di lei* || **N.** *Sin.* accusa, ammonimento, ammonizione, deplorazione, disapprovazione, rimostranza; antifona, appunto, lavata di capo, monito, panegirico, paternale, predica, predicozzo, rabbuffo, ramanzina, rampogna, rimbrotto, sgridata, strapazzata, strigliata, tirata d'orecchi | *Contr.* approvazione, elogio, encomio; complimento, elogio, lode | acre, affettuoso, aspro, benevolo, bonario, giusto, ingiusto, severo, violento | fare, muovere, ricevere, rivolgere, subire; RIMPROVERARE.

rimpulizzìre (pres. *-ìsco, -ìsci*) [comp. parasint. di *pulizia*; 1872] ***tr.*** *tosc.* ripulire || rif. a persona, curare nel vestiario, nell'aspetto esteriore, e anche nei modi || ***rifl.*** *tosc. scherz.* diventare più elegante nel vestire e nei modi.

rimputridìre (pres. *-ìsco, -ìsci*) [da *imputridire*; 1872] ***intr.*** (aus. *essere*) imputridire di nuovo o di più.

rimuginàre (pres. *-ùgino*) [dal lat. *mugināri*; a. 1712] ***tr.*** **1.** *fig.* meditare e rimeditare a lungo, senza giungere a conclusioni: *continua a rimuginare quello che gli hai detto, rimuginare mille propositi* **2.** *propr. raro* rimescolare, rivoltare, frugare con insistenza: *rimuginava vecchie carte* || **N. 1.** *Sin.* elucubrare **2.** *Sin.* rimestare.

rìmula [dal lat. tardo *rīmula*; sec. XIV] ***sf.*** *ant.* piccola e stretta apertura; fessura.

rimuneraménto [da *rimunerare*; 1300 ca.] ***sm.*** *raro* rimunerazione.

rimuneràre o **remuneràre** (pres. *-ùnero*) [dal lat. *remunerāri*; a. 1306] ***tr.*** **1.** ricompensare: *rimunerare secondo il merito* **2.** *ass.* rendere bene, essere redditizio.

rimuneratività [da *rimunerativo*; 1983] ***sf.***

l'essere rimunerativo; redditività, rendimento.
rimunerativo o **remunerativo** [da *rimunerare*; 1940] **agg.** che è ben rimunerato; redditizio.
rimuneratóre o **remuneratóre** [dal lat. tardo *remunerātor, -ōris*; a. 1342 *remuneratore*] **agg.** e **sm.** (f. *-trice*) *raro* che o chi dà rimunerazione.
rimuneratòrio o **remuneratòrio** (pl. *-ri*) [da *rimunerare*; 1745] **agg.** *non com.* che serve a rimunerare || *donazione rimuneratoria*, fatta per riconoscenza.
rimunerazióne o **remunerazióne** [dal lat. *remunerātio, -ōnis*; a. 1348 *remunerazione*] **sf.** atto del rimunerare || *concr.* ciò con cui si rimunera; compenso: *ricevere un'adeguata rimunerazione* || **N.** *Sin.* RICOMPENSA.
rimunìre (pres. *-ìsco, -ìsci*) [da *munire*; a. 1494] **tr.** **1.** munire di nuovo **2.** *ant.* rimondare: *e il peggio è netto e rimunito e bello* (Poliziano).
rimuòvere (lett. *rimòvere*) (pres. *-òvo* ecc., come MUOVERE) [dal lat. *removēre*; 1294] **tr.** **1.** spostare, allontanare, togliere di mezzo: *rimuovere i massi dalla sede dei binari* || *in part. fig.* rif. a persona, allontanarla dalla sede in cui espleta il suo incarico, ufficio e sim. o, anche, destituirla o sospenderla dall'incarico stesso: *lo rimosse dall'impiego* || *per estens.* eliminare, anche *fig.*: *rimuovere la causa del male* **2.** *propr.* meno com., muovere nuovamente: *si è rotta la spalla ma ora la rimuove* || **N.** **1.** *Sin.* portar via, scansare, scostare, sgombrare; cacciare, deporre, licenziare, silurare | *Contr.* collocare, mettere, piazzare.
rimuràre (pres. *-ùro*) [da *murare*; 1310] **tr.** **1.** murare di nuovo || *per estens. raro* riedificare **2.** chiudere murando: *fece rimurare tutte le finestre*.
rimutàbile [da *rimutare*; 1891] **agg.** *raro* che si può rimutare.
rimutabilità [da *rimutabile*; 1891] **sf.** *raro* caratteristica di ciò che è rimutabile.
rimutaménto [da *rimutare*; a. 1348] **sm.** *raro* atto ed effetto del rimutare e del rimutarsi.
rimutàre (pres. *-ùto*) [da *mutare*; a. 1294] **tr.** **1.** mutare di nuovo: *ha rimutato opinione* **2.** *raro* far cambiare decisione, pensiero, giudizio a qualcuno; smuoverlo, distoglierlo da un'idea: *le prove più convincenti non riuscirono a rimutarlo* || **intr.** (aus. *essere*) mutare di nuovo: *il tempo è rimutato* || **intr. pron.** cambiare opinione, parere, idea, gusti ecc.
rinacerbìre (pres. *-ìsco, -ìsci*) [da *inacerbire*; a. 1729] **intr.** (aus. *essere*) *tosc. ant.* divenire più acerbo || **tr.** e **intr. pron.** *tosc. ant.* fare o farsi ancora più acerbo, più aspro, più amaro, anche *fig.*: *quella notizia ha rinacerbito il suo dolore* || **N.** *Sin.* esacerbare, inasprire.
rinaldésca [dal n. proprio *Rinaldo*; a. 1597 *rinaldessa*] **agg.** e **sf.** *ant.* di qualità d'uva da vino, e la vite che la produce.
rinalgìa (pl. *-gìe*) [comp. di *rin(o)* e *-algia*; 1829] **sf.** *T.med.* dolore al naso.
rinanimìre (pres. *-ìsco, -ìsci*) [da *inanimire*; 1872] **tr.** *lett.* dare coraggio, dare animo, rianimare || **intr. pron.** riprendere animo, riprendere coraggio.
rinascènza [dal fr. *renaissance*; a. 1597 nel senso 1; 1905 nel senso 2] **sf.** **1.** *lett.* rinascita **2.** (con l'iniz. maiuscola) *non com.* Rinascimento.
rinàscere (pres. *-àsco* ecc., come NASCERE) [dal lat. *renāsci*; a. 1292] **intr.** (aus. *essere*) nascere di nuovo, in tutti i sensi || *in part. sentirsi rinascere*, sentirsi rinvigoriti, sentire una nuova vitalità: *dopo la sauna ci si sente rinascere* || **N.** *Sin.* rigermogliare, risorgere, rivivere, NASCERE.
rinascimentàle [da *rinascimento*; 1942] **agg.** del Rinascimento: *la civiltà rinascimentale*.
rinasciménto [da *rinascere*; sec. XIV nel senso 2; 1872 nel senso 1] **sm.** **1.** (con l'iniz. maiuscola) la civiltà artistico-culturale fiorita in Italia nel primo Cinquecento, caratterizzata da uno spirito classicista (tendente a ignorare l'epoca medievale, considerata epoca di decadenza) e dall'affermazione (già propria dell'Umanesimo) del valore dell'uomo nella storia: *gli scrittori politici del Rinascimento, Rinascimento lombardo* **2.** *propr. raro* rinascita || **N.** **1.** *Sin.* Rinascenza.
rinàscita [da *rinascere*; 1550] **sf.** **1.** atto ed effetto del rinascere (spec. in senso *fig.*): *la rinascita dell'economia nazionale* **2.** (con l'iniz. maiuscola e preceduto dall'art. det.) *non com.* Rinascimento.
rincagnàrsi [lat. volg. **incaniāre*; a. 1566] **intr. pron.** *raro* atteggiare il viso a somiglianza del muso di un cane.
rincagnàto (*pps.* di *rincagnarsi*) [sec. XIV] **agg.** di viso o anche di naso, depresso alla radice e volto in su, a somiglianza del muso dei cani mastini.
rincalcàre (pres. *-àlco, -àlchi*) [da *incalcare*; 1540] **tr.** *non com.* calcare con forza o nuovamente: *gli rincalcarono il cappello in testa*.
rincalzaménto [da *rincalzare*; a. 1320] **sm.** *non com.* atto ed effetto del rincalzare.
rincalzàre [da *calzare*; 1319] **tr.** **1.** rinforzare, fissare elementi in equilibrio instabile: *rincalzare un mobile traballante*; *rincalzare il letto*, ripiegare sotto il materasso i lembi laterali delle coperte; *fig. rincalzare le forze d'attacco, un'argomentazione* || *T.edil.* apportare materiale al di sotto o ai lati di una struttura per renderla più stabile: *rincalzare un palo, una massicciata ferroviaria* || *T.agr.* accumulare terra ai piedi delle piante: *rincalzare il mais, il sedano*; *fig. disus. andare a rincalzare i cavoli*, morire **2.** *raro* incalzare nuovamente || **N.** **1.** *Sin.* assicurare, fermare, puntellare, rafforzare, sostenere | *Contr.* indebolire, scalzare.
rincalzàta [da *rincalzare*; a. 1566] **sf.** singolo e affrettato atto del rincalzare.
rincalzatóre [da *rincalzare*; 1891] **agg.** e **sm.** (f. *-trice*) che o chi rincalza || *T.agr.* l'aratro che serve alla rincalzatura delle piante. **TAV. giardinaggio p. 1315** 18.
rincalzatrìce [da *rincalzare*; 1959] **sf.** macchina che esegue la rincalzatura delle piante || macchina che rincalza il pietrisco delle massicciate ferroviarie sotto le traversine dei binari.
rincalzatùra [da *rincalzare*; 1835] **sf.** operazione del rincalzare, spec. piante o strutture portanti.
rincàlzo [da *rincalzare*; 1313 nel senso 2] **sm.** **1.** atto ed effetto del rincalzare; sostegno, supporto: *opera di rincalzo, inviarono due reparti di rincalzo* **2.** *concr.* ciò o chi serve a rincalzare: *metti un rincalzo sotto la gamba del tavolo* || *T.sport.* atleta di riserva || **N.** **1.** *Sin.* rincalzamento, rincalzatura **2.** *Sin.* puntello, rinforzo, sostegno; riserva.
rincanalàre (pres. *-àlo*) [da *incanalare*; 1872] **tr.** tornare a incanalare.
rincantucciàre (pres. *-ùccio*) [da *incantucciare*; a. 1698] **tr.** *raro* spingere, mettere in un cantuccio || **rifl.** ritirarsi in un cantuccio, nascondersi: *si rincantucciò laggiù, solo soletto*.
rincappellàre (pres. *-èllo*) [da *incappellare*; a. 1597] **tr.** *tosc. ant.* gettare il vino vecchio sopra la vinaccia || *fig.* riprendere un malanno: *ha rincappellato l'influenza* || **intr. pron.** *tosc. ant.* di malanno, accrescersi, peggiorare: *il raffreddore mi si è rincappellato*.
rincaràre (pres. *-àro*) [comp. parasint. di *caro*; a. 1348] **tr.** rendere qualcosa più caro: *hanno rincarato la benzina* || *fig.* nel modo di dire *rincarare la dose*, rendere più grave un rimprovero, un danno, un castigo e sim. || **intr.** (aus. *essere*) divenire più caro.
rincarceràre (pres. *-àrcero*) [da *incarcerare*; 1872] **tr.** mettere di nuovo in carcere.
rincarìre (pres. *-ìsco, -ìsci*) [comp. parasint. di *caro*; 1551] **tr.** e **intr.** (aus. *essere*) *raro* rincarare: *la vita è rincarita*.
rincarnàre [da *incarnare*; a. 1604] **tr.** **1.** *non com.* incarnare di nuovo **2.** *non com.* far tornare in carne **3.** *raro* reincarnare || **intr. pron.** **1.** incarnarsi di nuovo: *l'unghia si è rincarnata* **2.** rimettersi in carne **3.** *raro* reincarnarsi.
rincarnazióne V. REINCARNAZIONE.
rincàro [da *rincarare*; a. 1803] **sm.** aumento di prezzo: *il rincaro degli affitti* || **N.** *Contr.* ribasso | carovita.
rincartàre [da *incartare*; 1353] **tr.** **1.** incartare di nuovo o meglio **2.** *ant.* rif. a panni, dar loro il lustro col cartone.
rincàrto [da *rincartare*; 1835] **sm.** *T.tip.* incarto.
rincasàre (pres. *-àso*) [comp. parasint. di *casa*; 1810] **intr.** (aus. *essere*) ritornare a casa || **tr.** e **rifl.** *ant. lett.* rientrare, ritornare a casa: *or ti rincasa e ai tuoi lavori intendi* (Monti).
rincattivìre (pres. *-ìsco, -ìsci*) [da *incattivire*; a. 1742] **intr.** (aus. *essere*) e **intr. pron.** diventare più cattivo.
rincèffo [da *ceffo*; 1734] **sm.** *arc.* rinfaccio.
rincentràre (pres. *-èntro*) [da *incentrare*; 1940] **tr.** rif. a cosa che sia fuori di centro, far sì che torni in asse con il centro: *rincentrare le palle del biliardo, le ruote della bicicletta*.
rinceppàre (pres. *-éppo*) [da *inceppare*; a. 1527 come tr. nel senso 2] **intr.** (aus. *essere*) e **intr. pron.** incepparsi di nuovo || **tr.** **1.** inceppare di nuovo **2.** *non com.* fissare nuovamente o meglio.
rinchiccolirsi (pres. *-ìsco, -ìsci*) [voce espr.; a. 1832 *rinchiccolarsi*] **rifl.** *tosc. ant.* azzimarsi, rinfronzolirsi.
rinchinàre (pres. *-ìno*) [da *inchinare*; 1556] **tr.** *ant.* inchinare, piegare ancora || **rifl.** *ant.* inchinarsi di nuovo o di più, spec. con umiltà, confessando il proprio torto.
rinchìte [dal gr. *rýnchos*, becco; 1835] **sf.** nome generico di vari Curculionidi coleotteri, parassiti di molti alberi, dei quali accartocciano le foglie per deporvi le uova || **N.** *Sin.* sigaraio.
rinchiùdere (pres. *-ùdo* ecc., come CHIUDERE) [da *chiudere*; fine sec. XIII] **tr.** chiudere qualcosa o qualcuno in un luogo da cui non può essere preso o fuggire: *lo rinchiusero in una stanza, ha rinchiuso il figlio in collegio* || *ant.* racchiudere || **rifl.** chiudersi in un luogo per appartarsi: *si rinchiuse in convento* || **N.** **tr.** *Sin.* imprigionare, ingabbiare, rinserrare, serrare, suggellare, CHIUDERE | **rifl.** *Sin.* asserragliarsi, barricarsi, ritirarsi, ritrarsi, serrarsi, tapparsi in casa.
rinchiùso (*pps.* di *rinchiudere*) [a. 1292] **I** **agg.** chiuso dentro || *in part.* di aria, viziata, stantia **II** **sm.** **1.** recinto: *costruire un rinchiuso* **2.** l'odore caratteristico delle stanze che non sono sufficientemente aerate: *sapere di rinchiuso*.
rinciampàre [da *inciampare*; a. 1294] **intr.** (aus. *essere* o *avere*) inciampare di nuovo: *rinciampare nello scalino* || *fig. raro* incontrare di nuovo chi si era già incontrato: *ha rinciampato nello stesso direttore* || **N.** *Sin.* rintoppare.
rincitrullìre (pres. *-ìsco, -ìsci*) [da *incitrullire*; 1872] **tr.** rendere citrullo || **intr.** (aus. *essere*) e **intr. pron.** divenire citrullo.
rincivilimento [da *rincivilire*; 1872] **sm.** *non com.* atto ed effetto del rincivilire e del rincivilirsi.
rincivilìre (pres. *-ìsco, -ìsci*) [da *incivilire*; a. 1604] **tr.** rendere civile o più civile || **intr.** (aus. *essere*) e **intr. pron.** divenire più civile || **N.** *Sin.* civilizzare, incivilire.
rinco- [dal gr. *rýnchos*, grugno, becco] **primo elem.** che, in parole composte della termino-

logia zoologica e di quella botanica, indica la presenza di proboscide o di altre protuberanze a forma di rostro (per es. *Rincocefali, Rincofori*).

-rinco [dal gr. *rýnchos*, grugno, becco] ***elem. term.*** che, in parole composte della terminologia zoologica, vale "becco" (per es. *ornitorinco*).

Rincocèfali [comp. di *rinco-* e *-cefalo*; 1959] ***sm. pl.*** *T.zool.* ordine di Rettili comprendente specie (per la massima parte fossili) simili a lucertole, dal corpo squamato e percorso dorsalmente da una cresta. **Q.T.** *zoologia.*

Rincòfori [comp. di *rinco-* e *-foro*; 1821] ***sm. pl.*** *T.zool.* sezione o divisione o superfamiglia di coleotteri polifagi dalla testa che si prolunga in un rostro alla cui estremità è collocato l'apparato boccale.

rincoglionìre (pres. *-ìsco, -ìsci*) [comp. parasint. di *coglione*; 1967] ***tr.*** *volg.* far diventare stupido o più stupido: *il matrimonio lo ha rincoglionito* || *per estens.* inebetire, stordire; *tutte quelle chiacchiere lo hanno rincoglionito* || ***intr.*** (aus. *essere*) e ***intr. pron.*** diventare coglione, istupidire || **N.** *Sin.* rimbecillire.

rincollàre[1] (pres. *-òllo*) [da *incollare*; sec. XVI] ***tr.*** riattaccare per mezzo della colla, incollare di nuovo.

rincollàre[2] (pres. *-òllo*) [comp. parasint. di *collo*; 1761] ***intr.*** (aus. *essere*) *ant.* di liquido, doversi fermare senza poter proseguire; ringorgare.

rincollerìre (pres. *-ìsco, -ìsci*) [da *incollerire*; 1872] ***intr.*** (aus. *essere*) e ***intr. pron.*** andare in collera un'altra volta.

rincòllo [da *rincollare*[2]; 1761] ***sm.*** ingorgo, ristagno di liquidi correnti.

rincominciàre V. RICOMINCIARE.

rincontràre (pres. *-óntro*) [da *incontrare*; a. 1484 nel senso 2] ***tr.*** **1.** incontrare di nuovo **2.** *ant.* o *dial.* incontrare || ***intr. pron.*** e ***rec.*** **1.** incontrarsi di nuovo **2.** *raro tosc.* scontrarsi || **N.** *Sin.* imbattersi, rinciampare.

rincóntro [da *rincontrare*; a. 1400] **I** ***sm.*** **1.** *ant.* atto ed effetto del rincontrare e del rincontrarsi **2.** *concr. pl.* segni fatti per riscontrare tra loro pezzi che devono combaciare **3.** *ant. fig.* paragone, confronto, riscontro **II** nella ***loc. prep.*** *ant. rincontro a*, dirimpetto: *abita rincontro a noi* || nella *loc. avv. a* (o *di*) *rincontro*, dirimpetto, di fronte || **N. I 1.** *Sin.* incontro; scontro.

rincoraggiàre (pres. *-àggio*) [da *incoraggiare*; 1340 ca.] ***tr.*** incoraggiare di nuovo o di più.

rincoràre e der. forme disus. di RINCUORARE e der. (v.).

rincordàre (pres. *-òrdo*) [da *incordare*; 1612] ***tr.*** *raro* incordare di nuovo.

rincorniciàre (pres. *-ìcio*) [da *incorniciare*; 1872] ***tr.*** incorniciare di nuovo.

rincorporàre (pres. *-òrporo*) [da *incorporare*; a. 1577] ***tr.*** *raro* incorporare di nuovo (spec. *fig.*).

rincórrere (pres. *-órro* ecc., come CORRERE) [da *correre*; a. 1597] ***tr.*** inseguire di corsa: *il gatto rincorreva il topo* || ***rec.*** corrersi dietro l'un l'altro: *giocavano a rincorrersi.*

rincórsa [da *rincorrere*; 1804] ***sf.*** la breve corsa che si fa per avere più slancio nel saltare e sim.: *prendere la rincorsa*, fare una breve corsa per avere più slancio || nella *loc. avv. di rincorsa*, prendendo la rincorsa e, *fig. non com.*, di slancio.

Rincòti (sing. *-a*) [da *rinco-*; 1940] ***sm. pl.*** *T.zool.* ordine d'insetti parassiti con apparato boccale pungente e succhiante, con quattro ali membranose o quelle del primo paio trasformate in elitre, o senz'ali (cimice, cicala ecc.) || **N.** *Sin.* Emitteri.

rincréscere (pres. *-ésco* ecc., come CRESCERE) [da *increscere*; 1313] ***intr.*** (aus. *essere*) **1.** essere causa di rincrescimento, di dispiacere: *mi rincresce di non poter venire, rincresce vederlo rovinare, son cose che rincrescono* || in costruzioni *impers.*: *mi rincresce per lui* || in formule di cortesia: *se non ti rincresce*, se non ti spiace **2.** *ant.* (con costruzione personale) venire a noia || **N. 1.** *Sin.* dispiacere.

rincrescévole [da *rincrescere*; a. 1347] ***agg.*** *lett. raro* spiacevole || **rincrescevolménte** ***avv.*** *raro* con rincrescimento.

rincresciménto [da *rincrescere*; a. 1292] ***sm.*** sentimento di dispiacere o di rammarico: *è con rincrescimento che l'ho punito, provare rincrescimento* || **N.** *Sin.* dispiacere.

rincresciόso [da *rincrescere*; a. 1565] ***agg.*** *raro* **1.** che dà rincrescimento; increscioso, spiacevole **2.** che prova rincrescimento.

rincrespaménto [da *rincrespare*; 1883] ***sm.*** *non com.* il rincrespare o il rincresparsi.

rincrespàre (pres. *-éspo*) [da *increspare*; a. 1374] ***tr.*** e ***intr. pron.*** increspare o incresparsi di nuovo.

rincretinìre (pres. *-ìsco, -ìsci*) [comp. parasint. di *cretino*; 1976] ***tr.*** rendere cretino o più cretino || *per estens.* inebetire, stordire: *tutti questi discorsi mi hanno rincretinito* || ***intr.*** (aus. *essere*) e ***intr. pron.*** diventare cretino || **N.** *Sin.* rimbambire, rimbecillire, rincoglionire.

rincrociàre (pres. *-ócio*) [da *incrociare*; 1803 *rincruciare*] ***tr.*** incrociare di nuovo.

rincrudelìre (pres. *-ìsco, -ìsci*) [da *incrudelire*; 1600] ***tr.*** rendere più crudele || ***intr.*** (aus. *essere*) divenire più crudele.

rincrudiménto [da *rincrudire*; 1872] ***sm.*** *non com.* l'atto e l'effetto del rincrudire.

rincrudìre (pres. *-ìsco, -ìsci*) [da *incrudire*; a. 1675] ***tr.*** rendere più aspro, esacerbare: *queste sue villanie rincrudiscono l'odio per lui* || ***intr.*** (aus. *essere*) e ***intr. pron.*** (solo *fig.*) divenire più rigido, più aspro: *l'inverno rincrudisce.*

rinculàre (pres. *-ùlo*) [comp. parasint. di *culo*; a. 1348] ***intr.*** (aus. *essere* e *avere*) effettuare un movimento di rinculo: *il cavallo rinculò fino al muro* || ***tr.*** *arc.* far rinculare || **N.** *Sin.* arretrare, indietreggiare.

rinculàta [da *rinculare*; 1624] ***sf.*** *raro* rinculo.

rincùlo [da *rinculare*; 1855] ***sm.*** **1.** movimento di arretramento; *in part. T.bal.* nelle armi da fuoco, quello dovuto alla forza di reazione alla spinta in avanti impressa al proiettile dalla deflagrazione della carica; contraccolpo || di animali, arretramento senza voltarsi **2.** *concr.* lo spazio percorso nel rinculare.

rincuòcere (pres. *-cuòcio* ecc., come CUOCERE) [da *cuocere*; 1835] ***tr.*** *ant.* rimettere nel fuoco un pezzo di metallo per poterlo lavorare col martello.

rincuoraménto [da *rincuorare*; sec. XIV *rincoramento*] ***sm.*** *non com.* atto ed effetto del rincuorare e del rincuorarsi.

rincuoràre (pres. *-uòro*) [da *incuorare*; 1336 ca. *rincorare*] ***tr.*** ridare coraggio, fiducia in se stesso a qualcuno: *lo rincuorò dandogli nuove speranze* || ***intr. pron.*** riacquistare coraggio, fiducia in se stesso: *a quella notizia si rincuorò.*

rincupìre (pres. *-ìsco, -ìsci*) [da *incupire*; 1872] ***tr.*** rendere di nuovo cupo o più cupo || ***intr.*** (aus. *essere*) e ***intr. pron.*** diventare di nuovo cupo o più cupo (anche *fig.*): *il cielo rincupì, a quelle parole si rincupì.*

rincurvàre [da *incurvare*; 1835] ***tr.*** e ***intr.*** (aus. *essere*) incurvare di nuovo.

rindebitàre (pres. *-ébito*) [da *indebitare*; 1891] ***tr.*** e ***rifl.*** indebitare o indebitarsi di nuovo.

rindolcìre (pres. *-ìsco, -ìsci*) [da *indolcire*; 1515] ***tr.*** rendere dolce di nuovo o di più || ***intr.*** (aus. *essere*) *raro* diventare dolce di nuovo o di più.

rindossàre (pres. *-òsso*) [da *indossare*; a. 1673] ***tr.*** indossare di nuovo.

rindurìre (pres. *-ìsco, -ìsci*) [da *indurire*; 1566 *rindurare*] ***tr.*** indurire nuovamente || ***intr.*** (aus. *essere*) e ***intr. pron.*** indurirsi di nuovo o di più.

rinèchide [comp. di *rino-* e gr. *échis, -eōs*, vipera; 1970] ***sm.*** *T.zool.* serpente dei Colubridi dal corpo bruno rossiccio con due linee nere lungo tutto il dorso; può raggiungere il metro di lunghezza, si nutre di piccoli animali e di uova, ed è diffuso nel Mediterraneo occidentale.

rinegoziàbile [da *rinegoziare*; 1983] ***agg.*** che si può negoziare nuovamente.

rinegoziabilità [da *rinegoziabile*; 1983] ***sf.*** l'essere rinegoziabile.

rinegoziàre (pres. *-òzio*) [da *negoziare*; 1983] ***tr.*** negoziare nuovamente || rimettere in discussione nel corso di un nuovo negoziato gli accordi, spec. diplomatici, politici, sindacali, precedenti.

rinegoziàto (*pps.* di *rinegoziare*) [1983] **I** ***agg.*** che è stato nuovamente discusso e trattato **II** ***sm.*** il complesso delle trattative necessarie per raggiungere un nuovo accordo tra le parti.

rinencèfalo [comp. di *rino-* e *encefalo*; 1835] ***sm.*** *T.anat.* insieme delle formazioni del cervello che hanno rapporto con la funzione olfattoria.

rinfacciaménto [da *rinfacciare*; a. 1673] ***sm.*** atto del rinfacciare.

rinfacciàre (pres. *-àccio*) [comp. parasint. di *faccia*; a. 1342 nel senso 2] ***tr.*** **1.** gettare in faccia a qualcuno, rimproverandolo apertamente, i suoi errori, colpe o difetti: *gli rinfacciò la sua disonestà* **2.** ricordare con parole umilianti alla persona beneficiata i benefici ricevuti (spec. per accusarla d'ingratitudine): *gli rinfacciano il pane che gli hanno dato.*

rinfàccio (pl. *-ci*) [da *rinfacciare*; 1891] ***sm.*** *raro* il rinfacciare || *concr. raro* le parole con cui si rinfaccia o, anche, ciò che si rinfaccia.

rinfagottàre (pres. *-òtto*) [da *infagottare*; a. 1767] ***tr.*** **1.** infagottare di nuovo **2.** *tosc.* infagottare alla meno peggio.

rinfamàre (pres. *-àmo*) [comp. parasint. di *fama*; 1319] ***tr.*** *arc.* far tornare in buona fama.

rinfanciullìre (pres. *-ìsco, -ìsci*) [comp. parasint. di *fanciullo*; sec. XIV] ***intr.*** (aus. *essere*) *ant. raro* rimbambire.

rinfangàre (pres. *-àngo, -ànghi*) [da *infangare*; inizi sec. XIV] ***tr.*** *non com.* infangare di nuovo || ***rifl.*** e RIFL. INDIR. sporcarsi di nuovo di fango, anche *fig.*: *con questa azione ti sei rinfangato la reputazione.*

rinfantocciàre (pres. *-òccio*) [comp. parasint. di *fantoccio*; 1618] ***tr.*** *tosc. raro* rivestire da fantoccio || ***intr.*** (aus. *essere*) e ***intr. pron.*** *fig. raro* rimbambire.

rinfarciàre (pres. *-àrcio*) [var. di *rinfarcire*; 1313] ***tr.*** *raro* rinfarcire.

rinfarcìre (pres. *-ìsco, -ìsci*) [da *infarcire*; 1872] ***tr.*** *non com.* infarcire di nuovo o di più.

rinfarinàre (pres. *-ìno*) [da *infarinare*; a. 1645] ***tr.*** infarinare di nuovo o meglio.

rinferràre (pres. *-èrro*) [da *inferrare*; a. 1543] ***tr.*** *ant.* aggiustare o sostituire parti in ferro || ***intr. pron.*** *fig. raro* rimettersi in sesto.

rinfervoràre (pres. *-èrvoro*) [da *infervorare*; 1673] ***tr.*** e ***intr. pron.*** infervorare o infervorarsi di nuovo.

rinfiammàre [da *infiammare*; 1321] ***tr.*** e ***intr. pron.*** infiammare o infiammarsi di nuovo.

rinfiancaménto [da *rinfiancare*; a. 1729] ***sm.*** *non com.* rinfianco.

rinfiancàre (pres. *-ànco, -ànchi*) [comp. parasint. di *fianco*; 1550] ***tr.*** **1.** *T.edil.* rinforzare i fianchi di una costruzione **2.** *per estens. fig.* rafforzare: *rinfiancò l'accusa con nuove prove* || **N.** *Sin.* consolidare.

rinfiànco (pl. *-chi*) [da *rinfiancare*; 1682] ***sm.*** **1.** atto del rinfiancare, anche *fig.* **2.**

concr. ciò che ha la funzione di rinfiancare, anche *fig.* || **N. 2.** *Sin.* contrafforte, rinforzo. **TAV. *architettura* p. 646** 8.4.

rinfichìre (pres. *-ìsco, -ìsci*) [comp. parasint. di *fico*; 1872] ***intr.*** (aus. *essere*) *ant. tosc.* rinficosecchire.

rinficosecchìre o **rinfichisecchìre** (pres. *-ìsco, -ìsci*) [comp. parasint. di *fico secco*; 1872] ***intr.*** (aus. *essere*) diventare grinzoso come un fico secco || **N.** *Sin.* avvizzire, incartapecorire, striminzire.

rinfierìre (pres. *-ìsco, -ìsci*) [da *infierire*; a. 1827 nel senso 2] ***intr.*** **1.** (aus. *avere*) *raro* di persona, infierire maggiormente **2.** (aus. *essere*) *lett. raro* diventare più forte, violento ecc.: *il suo dolore, la tormenta rinfieri* || **N. 2.** *Sin.* inacerbire, inasprire, rincrudire.

rinfilàre (pres. *-ìlo*) [da *infilare*; a. 1543] ***tr.*** *non com.* infilare di nuovo.

rinfingardìre (pres. *-ìsco, -ìsci*) [da *infingardire*; 1891] ***intr.*** (aus. *essere*) *raro* infingardire di nuovo o di più.

rinfioràre (pres. *-ióro*) [da *infiorare*; sec. XIV] ***tr.*** *lett.* infiorare di nuovo o di più || ***intr.*** (aus. *essere*) e ***intr. pron.*** *lett.* ricoprirsi di fiori.

rinfittìre (pres. *-ìsco, -ìsci*) [da *infittire*; 1872] ***tr.*** *raro* infittire di più, anche *fig.*: *il medico ha rinfittito le visite* || ***intr.*** (aus. *essere*) e ***intr. pron.*** *non com.* divenire più fitto, più folto: *da allora il bosco ceduo è rinfittito.*

rinfocàre v. RINFUOCARE.

rinfocolaménto [da *rinfocolare*; a. 1729] ***sm.*** atto ed effetto del rinfocolare.

rinfocolàre (pres. *-òcolo*) [dal lat. *foculāre*, attizzare; sec. XIV] ***tr.*** **1.** *fig.* riaccendere, ridestare passioni e sim. sopiti: *rinfocolare l'odio* **2.** *propr. ant.* riattizzare il fuoco || ***intr. pron.*** riaccendersi (spec. *fig.*) || **N. 1.** *Sin.* fomentare, soffiare sul fuoco.

rinfoderàre (pres. *-òdero*) [da *infoderare*; 1640] ***tr.*** **1.** rimettere nel fodero: *rinfoderare la sciabola* **2.** *fig. raro* tralasciare di dire o di fare ciò che si era preparati a dire o a fare: *rinfoderò le sue domande* || **N. 1.** *Sin.* ringuainare | *Contr.* sfoderare, sguainare.

rinformicolàrsi (pres. *-ìcolo*) o **rinformicolìrsi** (pres. *-ìsco, -ìsci*) [da *informicolarsi*; 1872] ***intr. pron.*** *raro* informicolarsi di nuovo.

rinfornàre (pres. *-órno*) [da *infornare*; inizi sec. XVII] ***tr.*** infornare di nuovo.

rinfornàta [da *rinfornare*; 1872] ***sf.*** nuova infornata.

rinforzaménto [da *rinforzare*; a. 1597] ***sm.*** *non com.* atto ed effetto del rinforzare e del rinforzarsi.

rinforzàndo (*ger.* di *rinforzare*) [1826] ***sm.*** *T.mus.* didascalia musicale che segnala un graduale accrescimento dell'intensità sonora nell'esecuzione del brano.

rinforzàre (pres. *-òrzo*) [comp. parasint. di *forza*; a. 1292] ***tr.*** rendere più forte, più vigoroso e, *per estens.*, rendere più solido, stabile (anche, ma meno com., *fig.*): *una cura che rinforza l'organismo, metodi per rinforzare la voce; rinforzare il muro di sostegno con dei puntelli, la propria teoria con nuove prove* || ***intr.*** (aus. *essere*) e ***intr. pron.*** farsi più forte: *il vento rinforza, il muscolo leso col tempo si è rinforzato* || **N.** *Sin.* fortificare, irrobustire, rafforzare.

rinforzàto (*pps.* di *rinforzare*) [1581] ***agg.*** che, per l'aggiunta di elementi di rinforzo o l'uso di materiali o accorgimenti particolari, è reso più forte (più ricco, più intenso ecc.) di come è normalmente o era precedentemente: *cucitura rinforzata, spago rinforzato, panino rinforzato* || *in part.* di movimento, accelerato: *passo rinforzato.*

rinfòrzo [da *rinforzare*; a. 1600 nel senso 2] ***sm.*** **1.** atto del rinforzare, anche *fig.*: *il rinforzo della struttura portante* || *T.fot.* trattamento al quale vengono sottoposti negativi o diapositive con immagini debolmente sviluppate, per migliorarne il contrasto || *T.psic.* nel corso di un procedimento sperimentale di condizionamento, elemento utilizzato come incoraggiamento a ripetere un comportamento accidentale || *più com. concr.* elemento che vale a rinforzare: *mettere rinforzi nei punti di maggior usura degli indumenti* || nelle loc. *di* (o *a*) *rinforzo*: *di rinforzo alla sua argomentazione citò il parere di numerosi esperti* **2.** *in part. pl.* forze (spec. militari) inviate in appoggio di quelle regolari || **N. 1.** *Sin.* aiuto, appoggio, puntello, rincalzo, sostegno, supporto. **Q.T.** *psicologia.*

rinfoscàre (pres. *-ósco, -óschi*) [da *infoscare*; a. 1530] ***intr.*** (aus. *essere*) *raro* diventare fosco di nuovo o più fosco.

rinfoschìre (pres. *-ìsco, -ìsci*) [da *infoschire*, 1970] ***tr.*** rendere di nuovo fosco || ***intr. pron.*** infoschirsi di nuovo o di più.

rinfrancaménto [da *rinfrancare*; 1716] ***sm.*** il rinfrancare o il rinfrancarsi.

rinfrancàre (pres. *-ànco, -ànchi*) [comp. parasint. di *franco*; sec. XIV] ***tr.*** **1.** ridare sicurezza, fiducia in sé e ottimismo; rincuorare, incoraggiare: *quella buona accoglienza lo rinfrancò* **2.** *meno com.*, rif. al fisico, ridare vigore: *il cibo caldo lo rinfrancò* || ***intr. pron.*** **1.** riacquistare fiducia in sé: *a quelle parole mi rinfrancai* **2.** *raro*, rinvigorirsi **3.** *ant.* rifarsi del danno patito: *spero di rinfrancarmi col nuovo raccolto.*

rinfrànco (pl. *-chi*) [da *rinfrancare*; a. 1673] ***sm.*** *disus.* cosa che rinfranca, che vale a rinfrancare || **N.** aiuto.

rinfràngere (pres. *-fràngo* ecc., come FRANGERE) [da *infrangere*; a. 1566] ***tr.*** e ***intr. pron.*** infrangere o infrangersi di nuovo: *le onde si rinfrangono rumorose tra gli scogli* || **N.** ROMPERE.

rinfrescaménto [da *rinfrescare*; sec. XIV] ***sm.*** il rinfrescare o il rinfrescarsi || rinfresco.

rinfrescànte (*ppr.* di *rinfrescare*) [1592 come agg.; 1872 come sm.] **I** ***agg.*** che rinfresca: *bevanda rinfrescante* **II** ***sm.*** preparato farmaceutico che attenua un'infiammazione o esercita una blanda azione lassativa || **N. I** *Sin.* refrigerante **II** antiflogistico.

rinfrescàre (pres. *-ésco, -éschi*) [comp. parasint. di *fresco*; 1294] ***tr.*** **1.** rendere di nuovo fresco o più fresco: *bisogna rinfrescare il vino, di tanto in tanto un temporale rinfresca un po' queste giornate afose* || *in part. non com.* di preparato farmaceutico rinfrescante: *una pozione che rinfresca l'intestino* || *T.mar. rinfrescare gli ormeggi, i rimorchi*, allascare le corde di ormeggio o di rimorchio per far sì che non sfreghino sempre nello stesso punto **2.** *fig.* ricondurre all'originaria freschezza; rinnovare, ravvivare: *rinfrescare l'intonaco, un vecchio abito; rinfrescare un dipinto*, restaurarlo || *iron. rinfrescare la memoria a qualcuno*, rammentargli qualcosa che aveva dimenticato o fingeva di aver dimenticato **3.** *arc.* ristorare con cibi e riposo || rifornire di munizioni e vettovaglie: *rinfrescare i reparti impegnati in prima linea* || ***intr.*** (aus. *essere* o, meno com., *avere*) **1.** del tempo, del clima, diventare più fresco (anche *impers.*): *man mano che si sale, l'aria rinfresca, di notte rinfresca molto* **2.** *T.mar.* del vento, aumentare d'intensità || ***rifl. indir.*** darsi una rinfrescata a una parte del corpo: *si rinfrescò il viso dopo quel lungo pianto* || **N.** ***tr.*** **1.** *Sin.* refrigerare; raffreddare | *Contr.* riscaldare | ***intr.*** **2.** *Sin.* intensificarsi, rafforzarsi.

rinfrescàta [da *rinfrescare*; a. 1698] ***sf.*** il fatto di rinfrescare o di rinfrescarsi un po': *vado a darmi una rinfrescata al viso, dopo l'acquazzone c'è stata una rinfrescata; dare una rinfrescata alle pareti*, ricoprirle con una nuova mano di tinta || *dim.* rinfrescatìna.

rinfrescatìvo [da *rinfrescare*; a. 1604] **I** ***agg.*** *raro* che è atto a rinfrescare **II** ***sm.*** *raro* rinfrescante: *prendere un rinfrescativo.*

rinfrescatóio (pl. *-ói*) [da *rinfrescare*; fine sec. XIII] ***sm.*** *ant.* contenitore per metterci cose da rinfrescare || **N.** *Sin.* cantimplora.

rinfrésco (pl. *-schi*) [da *rinfrescare*; 1666 nel senso 2] ***sm.*** **1.** spuntino, pasto leggero offerto in occasione di cerimonie, manifestazioni, eventi culturali e sim.: *siamo invitati al rinfresco dopo il matrimonio* || *concr. pl.* ciò che viene offerto: *servire i rinfreschi* **2.** *raro* atto ed effetto del rinfrescare e del rinfrescarsi.

rinfrignàre [da *rinfrigno*; 1879] ***tr.*** *ant.* e *fam. tosc.* cucire alla meno peggio.

rinfrigno [da un ant. *infrigno*, grinzoso; 1845] ***sm.*** *ant.* e *fam. tosc.* cucitura mal fatta, rammendo mal fatto; frinzello.

rinfrinzellàre (pres. *-èllo*) [comp. parasint. di *frinzello*; 1835] ***tr.*** *ant.* e *fam. tosc.* rammendare o cucire alla peggio || **N.** *Sin.* rinfrignare | frinzello.

rinfronzìre (pres. *-ìsco, -ìsci*) [da *fronzire*; a. 1665] ***intr.*** (aus. *essere* e *avere*) *ant.* e *lett.* infronzire di nuovo, mettere nuove fronde, coprirsi di nuove fronde || ***rifl.*** rinfronzolirsi.

rinfronzolàre v. RINFRONZOLIRE.

rinfronzolìre (pres. *-ìsco, -ìsci*) o **rinfronzolàre** (pres. *-ónzolo*) [comp. parasint. di *fronzolo*; a. 1767] ***tr.*** e ***rifl.*** adornare, adornarsi, caricarsi di fronzoli, detto spec. di persone non più giovani: *una vecchia zitella tutta rinfronzolita* || **N.** ***rifl.*** *Sin.* agghindarsi, azzimmarsi.

rinfuocàre (disus. *rinfocàre*) (pres. *-uòco, -uòchi*) [da *infuocare*; a. 1602 *rinfocare*] ***tr.*** e ***intr. pron.*** infuocare o infuocarsi di nuovo o di più.

rinfurbìre (pres. *-ìsco, -ìsci*) [da *infurbire*; 1872] ***intr.*** (aus. *essere*) *fam.* farsi di nuovo furbo o più furbo.

rinfùsa [dall'arc. *rinfondere*, rifornire; sec. XV] come solo nella ***loc. avv.*** *alla rinfusa*, in modo disordinato, senza distinzioni: *gettare i libri nel cassetto alla rinfusa* || *T.mar. carico, merci alla rinfusa* (o *sf. pl. rinfuse*), le merci che vengono messe direttamente nella stiva (carbone, sale ecc.), non in contenitori.

ring (ingl., pr. [rɪŋ]; pr. it. [riŋg]) [letter. anello, cerchio; 1897 nel senso 4] ***sm. inv.*** **1.** *T.sport* quadrato dove avvengono gli incontri di pugilato e di lotta: *salire sul ring, lasciare il ring* **2.** *T.ipp.* recinto posto in prossimità della tribuna centrale dell'ippodromo, nel quale i cavalli vengono esibiti dopo una corsa **3.** *T.tess.* filatoio continuo ad anelli **4.** *T.comm.* accordo tra imprese per l'acquisto di prodotti o materie prime da rivendere quando i prezzi siano rialzati. **Q.T.** *pugilato.*

ringabbiàre (pres. *-àbbio*) [da *ingabbiare*; 1872] ***tr.*** *non com.* rimettere in gabbia.

ringaggiàre (pres. *-àggio*) [da *ingaggiare*; 1872] ***tr.*** ingaggiare di nuovo.

ringagliardiménto [da *ringagliardire*; 1835] ***sm.*** *non com.* atto ed effetto del ringagliardire o del ringagliardirsi.

ringagliardìre (pres. *-ìsco, -ìsci*) [da *ingagliardire*; a. 1533] ***tr.*** rendere di nuovo gagliardo o più gagliardo || ***intr.*** (aus. *essere*) e ***intr. pron.*** acquistare nuovo vigore: *da bimbo era gracile, crescendo s'è ringagliardito.*

ringalluzzìre (pres. *-ìsco, -ìsci*) [comp. parasint. di *galluzzo*, dim. di *gallo*; a. 1543 *ringalluzzare*] ***intr.*** (aus. *essere*) e ***intr. pron.*** *scherz.* o *iron.* diventare baldanzoso, fiero e ardito per l'autocompiacimento: *si è ringalluzzito per le lodi ricevute, quando narra le sue imprese ringalluzzisce tutto* || ***tr.*** *scherz.* o *iron.* dare baldanza: *gli applausi lo hanno ringalluzzito* || **N.** *Sin.* imbaldanzire, ingalluzzire.

ringambàre [comp. parasint. di *gamba*; a. 1742] ***intr.*** (aus. *essere*) e ***intr. pron.*** *tosc.* rimettersi in gambe, riprendere forza, vigore.

ringarbugliàre (pres. *-ùglio*) [da *ingarbugliare*; 1891] ***tr.*** ingarbugliare di nuovo.

ringavagnàre [comp. parasint. di *gavagno*, var. sett. di *cavagno*; 1313] ***tr.*** *arc.* rimettere nel cavagno || *fig. poet. arc.* tornare ad accogliere nell'animo: *la speranza ringavagna* (Dante).

ringentilìre (pres. *-ìsco, -ìsci*) [da *ingentilire*; a. 1446] ***tr.*** ingentilire di nuovo o di più: *l'arte ringentilisce l'animo* ‖ ***intr.*** (aus. *essere*) e ***intr. pron.*** ingentilirsi di nuovo o di più.

ringhiàre (pres. *rìnghio*) [lat. volg. *ringulāre*; 1313 nel senso 2] ***intr.*** (aus. *avere*) **1.** di animali (spec. cani), emettere un brontolio minaccioso digrignando i denti **2.** *per estens. fig.* di persona, parlare in tono minaccioso, ostile: *le rispose ringhiando* ‖ **N. 1.** *Sin.* ringhiare.

ringhièra [dal germ. *hring*, cerchio (di uditori), attr. l'arc. *aringhiera*; fine sec. XIII nel senso 2] ***sf.*** **1.** parapetto, perlopiù in ferro battuto, di balconi, ballatoi, scale ecc. ‖ *lomb. casa di ringhiera*, complesso abitativo urbano, tipico dell'edilizia di fine Ottocento e del primo Novecento, sui cui lunghi ballatoi si aprono gli ingressi dei singoli alloggi **2.** *T.stor.* tribuna cinta di parapetto da cui si arringava il popolo: *salire alla ringhiera.* **TAV.** *abitazione* 1.37.

rìnghio (pl. *-ghi*) (tosc. *rìgno*) [da *ringhiare*; sec. XV] ***sm.*** atto del ringhiare, anche *fig.* ‖ *concr.* sordo brontolio dell'animale che ringhia.

ringhióso [da *ringhiare*; 1319] ***agg.*** **1.** che abitualmente ringhia: *cane ringhioso* **2.** *per estens. fig.* di persona, che si comporta spesso in modo sgarbatamente ostile ‖ **ringhiosaménte** ***avv.*** ‖ **N. 2.** *Sin.* iroso, rabbioso.

ringhiottìre (pres. *-ìsco, -ìsci*) [da *inghiottire*; a. 1729] ***tr.*** inghiottire di nuovo.

ringinocchiàrsi (pres. *-òcchio*) [da *inginocchiarsi*; 1835] ***intr. pron.*** inginocchiarsi di nuovo.

ringioìre (pres. *-ìsco, -ìsci*) [da *gioire*; a. 1348] ***tr.*** *arc.* rallegrare ‖ ***intr.*** (aus. *essere*) *arc.* gioire di nuovo.

ringiovaniménto [da *ringiovanire*; 1872] ***sm.*** atto ed effetto del ringiovanire ‖ *T.agr.* in arboricoltura, potatura molto spinta di piante vecchie o malate, per rinvigorirne il fusto ‖ *T.geol.* *ringiovanimento del paesaggio*, improvvisa accelerazione dei processi morfologici (per es. dell'azione erosiva dei corsi d'acqua) in atto in una regione, tale da innescare un nuovo ciclo morfologico.

ringiovanìre (pres. *-ìsco, -ìsci*) [comp. parasint. di *giovane*; a. 1320] ***tr.*** far ritornare giovane o far apparire più giovane: *la nuova maternità l'ha ringiovanita* ‖ *T.agr.* sottoporre a ringiovanimento ‖ ***intr.*** (aus. *essere*) e ***intr. pron.*** ritornare giovane, riprendere vigore giovanile: *gli anni passano, ma tu ringiovanisci* ‖ **N.** *Sin.* rifiorire, rinascere, rinverdire.

ringiucchìre (pres. *-ìsco, -ìsci*) [dal tosc. *ingiucchire*, diventare sciocco; 1872] ***intr.*** (aus. *essere*) *tosc.* rincitrullire, istupidire, rimbambire.

ringoiàre (pres. *-óio*) [da *ingoiare*; a. 1694] ***tr.*** ingoiare di nuovo ‖ *fig.* rif. ad accuse, minacce e sim., rimangiarsi, ritrattare ‖ **N.** *Sin.* ringhiottire, ringollare.

ringolfàre (pres. *-ólfo*) [da *ingolfare*; 1872] ***tr.*** e ***intr. pron.*** ingolfare o ingolfarsi di nuovo o di più.

ringollàre (pres. *-óllo*) [da *ingollare*; 1879] ***tr.*** *pop.* ingollare di nuovo, anche *fig.* ‖ **N.** *Sin.* ringoiare.

ringommàre (pres. *-ómmo*) [da *ingommare*; 1872] ***tr.*** *raro* ingommare di nuovo.

ringorgaménto [da *ringorgare*; a. 1348] ***sm.*** *raro* ringorgo.

ringorgàre (pres. *-órgo, -órghi*) [da *ingorgare*; a. 1348] ***intr.*** (aus. *essere*) e ***intr. pron.*** ingorgare o ingorgarsi di nuovo o di più ‖ **N.** *Sin.* rigurgitare, rincollare.

ringórgo (pl. *-ghi*) [da *ringorgare*; 1688] ***sm.*** *non com.* ingorgo ‖ **N.** *Sin.* gorgo, rigurgito, rincollo.

ringranaménto [da *ringranare*; 1983] ***sm.*** *T.mecc.* il ringranare.

ringranàre[1] (pres. *-àno*) [comp. parasint. di *grano*; 1738] ***tr.*** *T.agr.* ristoppiare.

ringranàre[2] (pres. *-àno*) [da *ingranare*; 1872] ***tr.*** **1.** *T.mecc.* fare nuovamente ingranare tra loro le parti di un ingranaggio **2.** *T.tecn.* otturare con un perno un foro troppo grande e successivamente effettuare col trapano il foro del diametro voluto ‖ ***intr.*** (aus. *avere*) *T.mecc.* di parte di ingranaggio, ingranare di nuovo.

ringrandìre (pres. *-ìsco, -ìsci*) [da *ingrandire*; 1542] ***tr.*** ingrandire di nuovo o di più ‖ ***intr.*** (aus. *essere*) e ***intr. pron.*** **1.** ingrandirsi di nuovo o di più **2.** *fig. raro* insuperbire, darsi grandi arie.

ringràno [da *ringranare*[1]; 1891] ***sm.*** *T.agr.* atto del ringranare.

ringrassàre [da *ingrassare*; a. 1320] ***tr.*** e ***intr.*** (aus. *essere*) ingrassare di nuovo o di più.

ringraziàbile [da *ringraziare*; metà sec. XIV] ***agg.*** *raro* che si può ringraziare.

ringraziaménto [da *ringraziare*; a. 1342] ***sm.*** atto del ringraziare: *mandò un biglietto di ringraziamento*; *il giorno del Ringraziamento* (*Thanksgiving day*), festività religiosa di rendimento di grazie, celebrata negli U.S.A. l'ultimo giovedì di novembre ‖ *concr.* le parole, i gesti o sim. con cui si ringrazia (spec. in formule di cortesia): *le porgo, voglia gradire i miei più vivi ringraziamenti*; *iron.*: *bel ringraziamento ricevo per tutto quello che ho fatto per lui!* ‖ **N.** *Sin.* rendimento di grazie; grazie, omaggio.

ringraziàre (pres. *-àzio*) [comp. parasint. di *grazie*; a. 1292] ***tr.*** esprimere la propria gratitudine: *ti ringrazio di tutto cuore per* (*o di*) *ciò che hai fatto per me*; *non ringraziarlo: ha fatto solo ciò che doveva, mi ringraziò con un cenno della mano*; usato anche per rifiutare cortesemente ciò che viene offerto: *ti ringrazio, ma non posso accettare*; *ti ringrazio, sarà per un'altra volta* ‖ *ass.*: *se n'è andato senza neppure ringraziare* ‖ *disus.* non accettare: *volevano fargli festa, ma ringraziò* ‖ *fam.* in espressioni di sollievo o di soddisfazione: *ringraziando il cielo se n'è finalmente andato, sia ringraziato il Cielo per questa bella bambina che ci ha dato!, Dio sia ringraziato!* ‖ **N.** *Sin.* dir grazie, rendere grazie.

ringrossaménto [da *ringrossare*; 1879] ***sm.*** *non com.* atto ed effetto del ringrossare e del ringrossarsi.

ringrossàre (pres. *-òsso*) [da *ingrossare*; 1348] ***tr.*** ingrossare di nuovo o di più ‖ ***intr.*** (aus. *essere*) e ***intr. pron.*** accrescersi.

ringrossatùra [da *ringrossare*; 1540] ***sf.*** *raro* ingrossatura.

ringròsso [da *ringrossare*; 1891] ***sm.*** *raro* atto ed effetto del ringrossare ‖ *concr.* ciò che serve a ingrossare qualcos'altro.

ringrullìre (pres. *-ìsco, -ìsci*) [da *ingrullire*; 1872] ***intr.*** (aus. *essere*) *tosc.* divenire grullo o più grullo.

ringuainàre (pres. *-ìno*) [da *inguainare*; a. 1673] ***tr.*** spec. rif. ad arma bianca, rimettere nella guaina ‖ **N.** *Sin.* rinfoderare.

ringurgitàre (pres. *-ùrgito*) [da *ingurgitare*; 1631 nel senso 2] ***tr.*** e ***intr.*** (aus. *avere*) **1.** ingurgitare di nuovo **2.** *raro* rigurgitare.

-rinia [dal gr. *rís, rinós*, naso] ***elem. term.*** che, in parole composte della terminologia medica, in part. in denominazioni di malattie o malformazioni, ha il valore di "naso" (per es. *macrorrinia*).

rìnico (pl. *-ci*) [dal gr. *rís, rinós*, naso; 1959] ***agg.*** *T.med.* relativo al naso, proprio del naso.

rinìte [comp. di *rino-* e *-ite*[1]; 1829 *rinitide*] ***sf.*** *T.med.* infiammazione acuta o cronica della mucosa nasale ‖ **N.** *Sin.* raffreddore.

rinnalzaménto [da *rinnalzare*; 1664] ***sm.*** il rinnalzare o il rinnalzarsi.

rinnalzàre [da *innalzare*; prima metà sec. XIV] ***tr.*** innalzare di nuovo; rialzare ‖ ***rifl.*** e ***intr. pron.*** farsi maggiore, crescere di grado.

rinnamoraménto [da *rinnamorare*; 1835] ***sm.*** *non com.* nuovo innamoramento (spec. della stessa persona).

rinnamoràre (pres. *-óro*) [da *innamorare*; a. 1492] ***intr. pron.*** innamorarsi di nuovo ‖ ***rifl. rec.*** provare nuovamente amore l'uno per l'altro ‖ ***tr.*** *raro* fare innamorare di nuovo.

rinnegaménto [da *rinnegare*; sec. XIV] ***sm.*** atto ed effetto del rinnegare.

rinnegàre (pres. *-égo, -éghi*) [dal lat. *renegāre*; a. 1348] ***tr.*** dichiarare e dimostrare di non voler più riconoscere e onorare fede, idee, istituzioni, persone che prima si professavano o rispettavano: *è stato rinnegato da tutti*; *rinnegare il proprio figlio, la propria religione, il partito* ‖ **N.** *Sin.* disconoscere, ripudiare; abiurare, dissociarsi, sconfessare, tradire.

rinnegàto (*pps.* di *rinnegare*) [a. 1348] **I** ***agg.*** **1.** che rinnega o ha rinnegato **2.** che è stato rinnegato **II** ***sm.*** (f. *-a*) chi rinnega o ha rinnegato.

rinnegatóre [da *rinnegare*; a. 1380] ***agg.*** e ***sm.*** (f. *-trìce*) *non com.* che o chi rinnega; rinnegato.

rinnegazióne [da *rinnegare*; sec. XIV] ***sf.*** *raro* rinnegamento.

rinnervàre (pres. *-èrvo*) [da *innervare*; 1910] ***tr.*** *raro* rinvigorire ‖ ***intr. pron.*** *raro* riprendere nerbo (anche *fig.*): *le mani del timoniere si rinnervarono e riappresero l'arte* (D'Annunzio).

rinnestàre e der. v. REINNESTARE e der.

rinnovàbile [da *rinnovare*; a. 1704] ***agg.*** che si può rinnovare: *cambiale rinnovabile.*

rinnovabilità [da *rinnovabile*; 1970] ***sf.*** l'essere rinnovabile: *è in discussione la rinnovabilità del mandato presidenziale.*

rinnovaménto [da *rinnovare*; a. 1320] ***sm.*** **1.** atto ed effetto del rinnovare e del rinnovarsi (*com.* solo rif. a trasformazioni morali, culturali o spirituali): *il rinnovamento civile di un popolo, il rinnovamento del suo stile letterario* ‖ *T.giur.* *rinnovamento delle cariche sociali*, attuato in occasione di morte o rinuncia dell'amministratore **2.** *raro* il ripetersi, il ripresentarsi di qualcosa: *il rinnovamento della richiesta, della bella stagione* ‖ **N. 1.** *Sin.* innovazione, rifioritura, svecchiamento | *Contr.* consunzione, decadenza, decadimento, deterioramento, invecchiamento, logoramento, rovina **2.** *Sin.* rinnovo, ripetizione, ritorno.

rinnovànza [da *rinnovare*; fine sec. XIV] ***sf.*** *ant.* rinnovamento: *la rinnovanza dell'amistà.*

rinnovàre (pres. *-òvo*) [dal lat. *renovāre*; a. 1292 *rinovare*] ***tr.*** **1.** sostituire con altro analogo, ma nuovo: *rinnovare l'arredamento della casa, il consiglio d'amministrazione dell'azienda*; *rinnovare l'aria*, cambiarla ‖ trasformare rendendo come nuovo: *rinnovare i metodi d'insegnamento, l'ordinamento giuridico di una nazione, la facciata dell'edificio* **2.** ripetere, compiere di nuovo: *le rinnovo i miei ringraziamenti, rinnovare un tentativo* ‖ *in part.* riconfermare la validità di qualcosa, prorogarne la scadenza: *rinnovare un abbonamento, un contratto* **3.** *tosc.* usare qualcosa per la prima volta ‖ ***intr. pron.*** **1.** subire un processo di rinnovamento: *il linguaggio dei giovani, il costume si rinnova continuamente, sarebbe ora che tu ti rinnovassi!* **2.** *meno com.*, accadere di nuovo: *speriamo che questo inconveniente non si rinnovi* ‖ **N.** ***tr.*** **1.** *Sin.* ammodernare, innovare, rimodernare, svecchiare; rigenerare, rimettere a nuovo, rinfrescare, ripristinare | *Contr.* lasciar consumare, lasciar corrompere, lasciar decadere, lasciar guastare, lasciar invecchiare, lasciar logorare, lasciar rovinare | rinnovamento **2.** *Sin.* reiterare, replicare, riaffermare, ribadire, ridire, rifare, ripetere | rinnovo.

rinnovativo [da *rinnovare*; 1745] ***agg.*** *non com.* atto a rinnovare ‖ **N.** *Sin.* innovativo.

rinnovatóre [dal lat. tardo *renovātor, -ōris*; sec. XIV] **agg.** e **sm.** (f. *-trice*) *non com.* che o chi rinnova ‖ **N.** *Sin.* innovatore, rivoluzionario.
rinnovazióne [dal lat. *renovātio, -ōnis*; sec. XIV] **sf.** *raro* rinnovamento.
rinnovellaménto [da *rinnovellare*; 1340] **sm.** *lett. ant.* il rinnovellare o il rinnovellarsi.
rinnovellàre (meno com. *rinovellàre*) (pres. *-èllo*) [dal lat. tardo *renovellāre*; fine sec. XIII] **tr.** *poet. ant.* **1.** rinnovare **2.** ripetere: *un biglietto che rinnovella l'invito* **3.** *fig.* ridestare: *il ricordo rinnovella il rammarico* ‖ **intr. pron.** *poet. ant.* rinnovarsi ‖ **N.** *Sin.* RINNOVARE.
rinnovellatóre [da *rinnovellare*; a. 1604] **agg.** e **sm.** (f. *-trice*) *poet. ant.* che o chi rinnovella.
rinnòvo [da *rinnovare*; 1841 nel senso 2] **sm.** **1.** atto ed effetto del rinnovare (nel senso 2), spec. come *T.bur.*: *il rinnovo di un contratto* **2.** *raro* atto ed effetto del rimettere a nuovo ‖ *com. T.agr.* lavoro agricolo di preparazione del terreno a un nuovo ciclo colturale, consistente in una doppia aratura (una superficiale e l'altra profonda).
rino- [dal gr. *rís, rinós*, naso] **primo elem.** che, in parole composte della terminologia scientifica, vale "naso" o indica relazione con il naso (per es. *rinoceronte, rinolaringite, rinoplastica*).
-rino o **-rrino** [dal gr. *rís, rinós*, naso] **elem. term.** che, in parole composte della terminologia scientifica, vale "naso" (per es. callorino, *Platirrine*).
Rinobàtidi (sing. *-e*) [comp. di *rinobato* e *-idi*; 1936] **sm. pl.** *T.zool.* famiglia di pesci dei Selaci dal corpo appiattito e fusiforme e grandi pinne pettorali ai lati della testa e del tronco.
rinòbato [comp. di *rino-* e del gr. *batís*, razza; 1835] **sm.** *T.zool.* pesce dei Rinobatidi dalle grandi pinne pettorali simili a quelle delle razze.
rinobilitàre (pres. *-ìlito*) [da *nobilitare*; 1835] **tr.** nobilitare di nuovo.
rinoceronte [dal lat. *rhinoceros, -ōtis*, gr. *rinókerōs*, propr. che ha un corno sul naso; a. 1484] **sm.** nome comune di varie specie di mammiferi perissodattili della famiglia dei Rinocerontidi, dal corpo di grandi dimensioni e massiccio, dalla pelle dura e glabra e dal muso armato di uno o due corni posti al di sopra del naso: *rinoceronte africano, indiano.* **TAV. *mammiferi* p. 1318** 14.
Rinoceròntidi (sing. *-e*) [comp. di *rinoceronte* e *-idi*; 1959] **sm. pl.** *T.zool.* famiglia di mammiferi perissodattili, diffusi in Africa e in Asia, comprendente tutti i rinoceronti. **TAV. *mammiferi* p. 1319.**
rinofaringe [comp. di *rino-* e *faringe*; 1959] **sf.** *T.med.* la parte superiore della faringe, che è in comunicazione, attraverso le coane, con le fosse nasali.
rinofaringite [comp. di *rinofaringe* e *-ite*[1]; 1959] **sf.** *T.med.* infiammazione della rinofaringe.
rinofima [comp. di *rino-* e gr. *phŷma*, tumore, escrescenza; 1957] **sm.** *T.med.* ispessimento anomalo e irregolare della cute del naso che si presenta sotto forma di protuberanza ipertrofica.
rinofonia [comp. di *rino-* e *-fonia*; 1835] **sf.** rinolalia.
rinoiatria [comp. di *rino-* e *-iatria*; 1895] **sf.** *T.med.* parte della medicina che studia le malattie del naso ‖ **N.** otorinolaringoiatria.
rinolalia [comp. di *rino-* e *-lalia*; 1905] **sf.** *T.med.* disturbo che provoca voce nasale.
rinolaringite [comp. di *rino-* e *laringite*; 1940] **sf.** *T.med.* infiammazione della mucosa nasale e insieme anche di quella laringea.
Rinolòfidi (sing. *-e*) [comp. di *rino-*, gr. *lóphos*, pennacchio e *-idi*; 1967] **sm. pl.** *T.zool.* famiglia di mammiferi dei Chirotteri che presentano sul muso delle membrane in forma di cresta ‖ **N.** *Sin.* ferri di cavallo.
rinologia [comp. di *rino-* e *-logia*; 1886] **sf.** *T.med.* branca della medicina che studia il naso nella sua costituzione anatomica, nelle sue funzioni e disfunzioni e nelle relative cure ‖ **N.** rinoiatria, rinoplastica, rinoscopia | rinalgia, rinite, rinolaringite, rinorragia.
rinomànza [da *rinomare*; fine sec. XIII] **sf.** *lett.* celebrità ‖ **N.** *Sin.* FAMA.
rinomàre (pres. *-òmo*) [dal lat. *renomināre*, chiamare di nuovo, attr. il fr. ant. *renominer*; a. 1363] **tr.** *lett. ant.* celebrare, nominare con lode, con venerazione.
rinomàta [da *rinomare*; 1340 ca.] **sf.** *ant.* rinomanza.
rinomàto (*pps.* di *rinomare*) [a. 1600] **agg.** che ha un'eccellente reputazione: *ditta rinomata, vino assai rinomato* ‖ **N.** *Sin.* FAMOSO.
rinomèa [dal fr. ant. *renommée*; a. 1348] **sf.** *ant.* rinomanza.
rinominànza [da *nominanza*; sec. XIV] **sf.** *ant.* rinomanza.
rinopitèco (pl. *-chi*) [comp. di *rino-* e *-piteco*; 1931] **sm.** *T.zool.* grossa scimmia dell'Asia centro-orientale dal pelame folto di colori vivaci e col naso schiacciato rivolto all'insù.
rinoplàstica [comp. di *rino-* e *plastica*; 1829] **sf.** *T.chir.* intervento di chirurgia plastica effettuato sul naso.
rinorragia (pl. *-gie*) [comp. di *rino-* e *-rragia*; 1829] **sf.** epistassi.
rinorrèa [comp. di *rino-* e *-rrea*; 1821] **sf.** *T.med.* scolo abbondante di muco dal naso.
rinoscopia [comp. di *rino-* e *-scopia*; 1865] **sf.** *T.med.* endoscopia delle cavità nasali e paranasali ‖ **N.** *Sin.* nasoscopia.
rinoscòpio (pl. *-pi*) [comp. di *rino-* e *-scopio*; 1959] **sm.** *T.med.* strumento per la rinoscopia.
rinotàre (pres. *-òto*) [da *notare*; 1872] **tr.** **1.** tornare a notare **2.** annotare di nuovo.
rinotite [comp. di *rino-* e *otite*; 1970] **sf.** *T.med.* infiammazione del naso e delle orecchie.
rinovellàre V. RINNOVELLARE.
rinquadràre [da *inquadrare*; 1891] **tr.** inquadrare di nuovo.
rinquartàre [comp. parasint. di *quarto*; a. 1572] **tr.** **1.** *raro* moltiplicare per quattro ‖ dividere in quarti **2.** *raro* eseguire la medesima operazione per la quarta volta ‖ *in part. T.agr.* riseminare la stessa coltura per il quarto anno consecutivo nello stesso terreno ‖ **intr.** (aus. *avere*) *T.gioc.* nel biliardo, fare un rinquarto ‖ **intr. pron.** *ant.* spartirsi, dividersi in quattro parti.
rinquàrto [da *rinquartare*; 1863] **sm.** *T.gioc.* nel biliardo, tiro per il quale una palla, colpita da un'altra (di norma avversaria), finisce sui birilli o contro il pallino dopo aver urtato tre sponde.
rinquattrinàre [comp. parasint. di *quattrino*; 1872] **tr.** e **intr. pron.** *raro scherz.* rifornire o rifornirsi di quattrini.
rinsaccaménto [da *rinsaccare*; a. 1729] **sm.** atto del rinsaccare o del rinsaccarsi.
rinsaccàre (pres. *-àcco, -àcchi*) [da *insaccare*; sec. XIV] **tr.** **1.** insaccare di nuovo **2.** scuotere il sacco perché entri più roba ‖ **intr.** (aus. *essere*) e **intr. pron.** **1.** sobbalzare malamente cavalcando **2.** affondere la testa fra le spalle, indicando perlopiù indifferenza.
rinsaldaménto [da *rinsaldare*[1]; a. 1729] **sm.** atto ed effetto del rinsaldare.
rinsaldàre[1] [comp. parasint. di *saldo*; 1872] **tr.** rendere più saldo, anche *fig.*: *rinsaldare i punti di giunzione, l'amicizia* ‖ **N.** *Sin.* consolidare, irrobustire, rafforzare | saldare.
rinsaldàre[2] [comp. parasint. di *salda*; a. 1708] **tr.** *raro* dare di nuovo salda: *rinsaldare i polsini e il colletto* ‖ **N.** insaldare.
rinsalvatichìre V. RINSELVATICHIRE.
rinsanguaménto [da *rinsanguare*; 1959] **sm.** atto ed effetto del rinsanguare e del rinsanguarsi, anche *fig.*
rinsanguàre (pres. *-ànguo*) [comp. parasint. di *sangue*; 1872] **tr.** rifornire di sangue e, *per estens.*, dare nuovo vigore, immettere nuove energie ‖ *fig.* rifornire di mezzi e, in part., di denaro: *rinsanguare il patrimonio, le finanze dello Stato* ‖ **intr. pron.** riprendere le forze ‖ *fig.* rifornirsi di denaro, rimettersi in sesto economicamente.
rinsanguinàre (pres. *-ànguino*) [da *insanguinare*; a. 1555] **tr.** e **rifl. indir.** insanguinare o insanguinarsi di nuovo: *rinsanguinarsi le mani di sangue innocente.*
rinsanicàre (pres. *-ànico, -ànichi*) [da *insanicare*; a. 1604] **intr.** (aus. *essere*) *tosc.* tornare sano ‖ **tr.** *tosc.* risanare ‖ bonificare.
rinsanìre (pres. *-ìsco, -ìsci*) [comp. parasint. di *sano*; 1598] **intr.** (aus. *essere*) *tosc.* tornare sano, e spec. tornare sano di mente ‖ **N.** *Sin.* rinsavire, GUARIRE.
rinsaponàre (pres. *-óno*) [da *insaponare*; 1872] **tr.** insaponare un'altra volta.
rinsaporire (pres. *-ìsco, -ìsci*) [da *insaporire*; 1970] **tr.** insaporire di nuovo o meglio ‖ **intr. pron.** acquistare più sapore.
rinsavìre (pres. *-ìsco, -ìsci*) [comp. parasint. di *savio*; a. 1642] **intr.** (aus. *essere*) recuperare il senno; rimettere giudizio.
rinsecchìre (pres. *-ìsco, -ìsci*) [da *insecchire*; 1959] **intr.** (aus. *essere*) e **intr. pron.** diventare secco: *il pane vecchio rinsecchisce* ‖ *fig.* di persona, dimagrire: *in seguito alla malattia si è tutto rinsecchito.*
rinsegnàre (pres. *-égno*) [da *insegnare*; 1353 nel senso 2] **tr.** **1.** insegnare di nuovo **2.** *ant.* indicare.
rinselvàre (pres. *-élvo*) [da *inselvare*; 1319] **intr. pron.** *lett.* rimboscarsi ‖ **tr.** *raro* rimboschire.
rinselvatichìre (tosc. *rinsalvatichìre*) (pres. *-ìsco, -ìsci*) [da *inselvatichire*; a. 1667] **tr.** far diventare di nuovo selvatico o più selvatico di prima ‖ **intr.** (aus. *essere*) e **intr. pron.** diventare di nuovo selvatico o più selvatico di prima.
rinserraménto [da *rinserrare*; a. 1758] **sm.** *raro* il rinserrare o il rinserrarsi.
rinserràre (pres. *-èrro*) [da *serrare*; a. 1519] **tr.** serrare di nuovo o di più ‖ **rifl.** rinchiudersi: *si rinserrò in casa* ‖ **rifl. indir.** serrarsi, pizzicarsi in mezzo: *si rinserrò un dito nella porta* ‖ **N.** RINCHIUDERE.
rinsozzàre (pres. *-ózzo*) [da *insozzare*; 1872] **tr.** insozzare di nuovo o di più ‖ **rifl.** e **rifl. indir.** risporcarsi: *rinsozzarsi le mani.*
rinsudiciàre (pres. *-ùdicio*) [da *insudiciare*; 1872] **tr.** e **rifl.** e **rifl. indir.** insudiciare o insudiciarsi di nuovo o di più.
rinsuperbire (pres. *-ìsco, -ìsci*) [da *insuperbire*; 1872] **intr.** (aus. *essere*) e **intr. pron.** insuperbire o insuperbirsi di nuovo o di più.
rintàllo [da *tallo*; 1803] **sm.** *ant.* gettata inutile di nuovi talli.
rintanaménto [da *rintanare*; a. 1704] **sm.** atto del rintanare o del rintanarsi.
rintanàre (pres. *-àno*) [da *intanare*; a. 1646] **intr. pron.** **1.** rientrare nella tana **2.** *per estens. fig.* nascondersi ‖ **tr.** *raro* far rientrare nella tana.
rintaṣàre o **rintasàre** (pres. *-àṣo* o *-àso*) [da *intasare*; a. 1597] **tr.** e **intr. pron.** intasare o intasarsi di nuovo.
rintascàre (pres. *-àsco, -àschi*) [da *intascare*; 1872] **tr.** intascare di nuovo.
rintavolàre (pres. *-àvolo*) [da *intavolare*; 1872] **tr.** intavolare di nuovo.
rintegràre e der. forme lett. di REINTEGRARE e der. (v.).
rintelaiàre (pres. *-àio*) [da *intelaiare*; 1872] **tr.** intelaiare di nuovo.

rintelàre (pres. *-èlo*) [da *intelare*; 1959] **tr.** intelare di nuovo.

rintelatùra [da *rintelare*; 1959] **sf.** nel restauro del dipinto, operazione con cui si rinforza la tela di un quadro incollandole sul rovescio una o più tele nuove.

rintempìre (pres. *-ìsce*) [comp. parasint. di *tempo*; a. 1579] **intr.** (aus. *essere*) *impers. tosc. ant.* del tempo, rifarsi bello: *pareva volesse rintempire* || **N.** *Sin.* rimbeltempire, rischiararsi.

rintenerìre (pres. *-ìsco, -ìsci*) [da *intenerire*; 1336 ca.] **tr.** far intenerire di nuovo o di più || **intr. pron.** e, *lett.*, **intr.** (aus. *essere*) intenerirsi di nuovo o di più.

rintepidìre V. RINTIEPIDIRE.

rinterraménto [da *rinterrare*; 1754] **sm.** il rinterrare.

rinterràre (pres. *-èrro*) [da *interrare*; 1664 nel senso 3] **tr.** **1.** mettere di nuovo nella terra, interrare di nuovo **2.** cambiare la terra a piante in vaso **3.** colmare di terra **4.** coprire di terra || **N.** *Sin.* interrare.

rinterratùra [da *rinterrare*; 1959] **sf.** il rinterrare, spec. in floricoltura.

rintèrro [da *rinterrare*; 1761] **sm.** *T.edil.* riporto di terra sulla superficie naturale del suolo, allo scopo di livellarla.

rinterrogàre (pres. *-èrrogo, -èrroghi*) [da *interrogare*; 1618] **tr.** interrogare di nuovo.

rinterzàre (pres. *-èrzo*) [comp. parasint. di *terzo*; a. 1405] **tr.** **1.** *raro* triplicare || dividere in tre parti **2.** *raro* eseguire la medesima operazione per la terza volta || *in part. T.agr.* riseminare la stessa coltura per il terzo anno consecutivo nello stesso terreno || **intr.** (aus. *avere*) *T.gioc.* nel biliardo, fare un rinterzo || **intr. pron.** *ant.* spartirsi, dividersi in tre parti.

rinterzàto (*pps.* di *rinterzare*) [a. 1698] **agg.** *sonetto rinterzato*, al quale si aggiungono sei settenari, uno dopo ciascun verso dispari delle quartine e dopo il verso medio delle terzine; talvolta sono rinterzate le sole quartine, talaltra le sole terzine.

rintèrzo [da *rinterzare*; 1863] **sm.** **1.** *T.gioc.* nel biliardo, tiro che manda la palla dell'avversario a battere contro due sponde e quindi nei birilli o nel pallino **2.** *T.min.* messa in opera di un quadro nuovo a fianco di uno spezzato o marcito.

rintiepidìre (disus. *rintepidire*) (pres. *-ìsco, -ìsci*) [da *intiepidire*; sec. XIV] **tr.** rendere di nuovo tiepido || **intr. pron.** diventare di nuovo tiepido.

rintoccàre (pres. *-òcco, -òcchi*) [comp. parasint. di *tocco*²; a. 1535] **intr.** (aus. *essere* e *avere*) di campana, orologio ecc., suonare a tocchi separati || anche con l'ora come soggetto: *rintoccarono le sei* || *fig. lett.* risuonare, aver corrispondenza nel cuore, nell'animo: *quelle parole gli rintoccavano nell'anima.*

rintòcco (pl. *-chi*) [da *rintoccare*; a. 1565] **sm.** ciascuno dei tocchi di una campana che rintocca || *per estens.* replica delle ore battute da un orologio.

rintombàre (pres. *-ómba*) [da *intombare*; 1940] **intr.** (aus. *essere*) *impers. tosc.* del tempo, rifarsi buio, quando, dopo uno sprazzo di sereno, rincupisce.

rintonacàre (pres. *-ònaco, -ònachi*) [da *intonacare*; 1551] **tr.** intonacare di nuovo.

rintonacatùra [da *rintonacare*; 1897] **sf.** atto ed effetto del rintonacare || il nuovo intonaco.

rintònaco (pl. *-chi*) [da *rintonacare*; 1872] **sm.** *non com.* il nuovo intonaco fatto su una superficie già intonacata.

rintonàre (pres. *-òno*) [da *intonare*; a. 1698] **tr.** intonare di nuovo.

rintontìre (pres. *-ìsco, -ìsci*) [da *intontire*; 1863] **tr.** intontire di nuovo o di più: *queste urla bestiali mi rintontiscono* || **intr.** (aus. *essere*) e **intr. pron.** meno com., diventare più tonto o di nuovo tonto.

rintoppàre (pres. *-òppo*) [da *intoppare*; sec. XIV] **tr.** intoppare, incontrare di nuovo qualcuno || **intr. pron.** imbattersi: *mi rintoppai col tale* || **N.** *Sin.* rinciampare.

rintòppo [da *rintoppare*; a. 1292] **sm.** *ant. raro* atto del rintoppare || *concr.* impedimento, ostacolo || nella *loc. avv. di rintoppo*, di rimando.

rintorbidàre (pres. *-órbido*) [da *intorbidare*; 1872] **tr.** e **intr. pron.** intorbidare o intorbidarsi di nuovo o di più.

rintorpidìre (pres. *-ìsco, -ìsci*) [da *intorpidire*; 1872] **tr.** e **intr. pron.** intorpidire o intorpidirsi di nuovo o di più.

rintorzolàre (pres. *-órzolo*) [comp. parasint. di (*ca*)*torzolo*; 1625] **tr.** e **intr.** (aus. *essere*) *tosc. ant.* far divenire o divenire secco come un catorzolo || *fig.* rimminchionire || **N.** *Sin.* ingrullire, rincitrullire.

rintracciàbile [da *rintracciare*; 1872] **agg.** che si può facilmente rintracciare: *mi deve dei soldi, ma non è più rintracciabile.*

rintracciaménto [da *rintracciare*; 1671] **sm.** *non com.* atto ed effetto del rintracciare.

rintracciàre (pres. *-àccio*) [comp. parasint. di *traccia*; sec. XVI-XVII] **tr.** **1.** trovare seguendo la traccia: *rintracciare la selvaggina* **2.** *per estens.* ritrovare cercando: *rintracciare le origini della famiglia, una notizia in un libro* || **N.** *Sin.* TROVARE.

rintristìre (pres. *-ìsco, -ìsci*) [da *intristire*; 1872] **intr.** (aus. *essere*) e **intr. pron.** intristire o intristirsi di nuovo o di più.

rintrodùrre V. REINTRODURRE.

rintronaménto [da *rintronare*; 1582] **sm.** atto ed effetto del rintronare.

rintronàre (pres. *-òno*) [da *intronare*; sec. XIV] **tr.** **1.** assordare, stordire: *quel vocione mi rintrona* **2.** scuotere con forte rumore: *l'esplosione rintronò tutta la casa* || **intr.** (aus. *essere* e *avere*) rimbombare fortemente.

rintròno [da *rintronare*; 1618] **sm.** *raro* rintronamento.

rintuzzaménto [da *rintuzzare*; a. 1673] **sm.** *raro* atto ed effetto del rintuzzare.

rintuzzàre [dal lat. volg. **tuditiāre*, battere ripetutamente; 1353] **tr.** **1.** *fig.* ribattere rendendo inefficace: *rintuzzare un'accusa* || *per estens.* respingere: *rintuzzare un assalto* || *per estens.* reprimere, soffocare: *rintuzzare l'orgoglio* **2.** *propr.* ribattere una punta rendendola ottusa, smussandola, spuntandola: *rintuzzare la spada* || **N.** **1.** *Sin.* confutare, controbattere, reagire, replicare, rimbeccare, rispondere; frenare, smorzare **2.** *Sin.* ottundere, smussare, spuntare | *Contr.* appuntire.

rinùncia (pl. *-ce*) o **rinùnzia** [da *rinunciare*; a. 1527 *rinunzia*] **sf.** atto ed effetto del rinunciare: *la rinuncia al trono, all'eredità, fare atto di rinuncia, abbandonare la carriera è stata per lei una grande rinuncia* || *pl.* privazioni, sacrifici: *ha allevato i figli tra mille rinunce* || *concr.* documento con cui si rinuncia a qualcosa: *firmare la rinuncia* || **N.** *Sin.* abbandono, abdicazione, rifiuto | *Contr.* accettazione.

rinunciaménto o **rinunziaménto** [da *rinunciare*; sec. XIV *rinunziamento*] **sm.** *ant.* rinuncia.

rinunciàre (pres. *-ùncio*) [dal lat. *renuntiāre*; a. 1292 *rinunziare*] **intr.** (aus. *avere*) **1.** (anche, *ant.*, *tr.*) abbandonare ciò che si possiede o non accettare ciò che spetterebbe di diritto: *rinunciare alla* (o *la*) *carica, al calore della famiglia, a un'allettante offerta* **2.** astenersi dal fare ciò che si avrebbe il diritto o la possibilità di fare: *rinunciare a vendicarsi* (o *alla vendetta*), *non sentendosi preparato, rinunciò a presentarsi all'esame*; *rinunciare al mondo, ai piaceri mondani*, astenervisi per dedicarsi interamente a Dio || *iron. ci rinuncio volentieri*, rif. a cosa che si ha ogni motivo di rifiutare || **N.** **1.** *Sin.* abdicare, declinare, dimettersi, lasciare, respingere, ricusare, rifiutare, ripudiare, ritirarsi | *Contr.* accogliere, pretendere **2.** *Sin.* desistere, disdire, recedere, respingere, rifiutare; privarsi.

rinunciatàrio (pl. *-ri*) [da *rinunciare*; 1919] **agg.** e **sm.** (f. *-a*) che o chi ha tendenza a rinunciare ai propri diritti o alle possibilità che gli sono aperte: *politica rinunciataria, è un rinunciatario.*

rinunciatóre [da *rinunciare*; a. 1342 *rinunziatore*] **agg.** e **sm.** (f. *-trìce*) *raro* che o chi rinuncia; rinunciatario.

rinunziàre e der. forme meno com. RINUNCIARE e der. (v.).

rinvangàre V. RIVANGARE.

rinvaṣàre [da *invasare*; 1872] **tr.** cambiare di vaso un liquido: *rinvasare l'olio* || trasferire in un vaso più grande una pianta troppo sviluppata rispetto alla capacità del contenitore.

rinvaṣatùra [da *rinvasare*; 1959] **sf.** il rinvasare.

rinvelenìre (pres. *-ìsco, -ìsci*) [da *invelenire*; 1686] **tr.**, **intr.** (aus. *essere*) e **intr. pron.** invelenire o invelenirsi di nuovo o di più (spec. *fig.*).

rinvenìbile [da *rinvenire*¹; a. 1704] **agg.** che si può rinvenire || **N.** *Sin.* reperibile, rintracciabile, ritrovabile.

rinveniménto¹ [da *rinvenire*¹; a. 1671] **sm.** ritrovamento: *il rinvenimento della scatola nera dell'aereo* || *concr.* ciò che è stato rinvenuto: *rinvenimenti archeologici* || **N.** *Sin.* scoperta | *Contr.* smarrimento.

rinveniménto² [da *rinvenire*²; 1936 nel senso 2] **sm.** **1.** il riprendere i sensi dopo uno svenimento **2.** *per estens.* di cose, il riacquistare, mediante appositi trattamenti, determinate caratteristiche; *in part.* di vegetali appassiti o secchi, il riprendere freschezza, morbidezza, volume e sim. || di metalli (in part. acciai) sottoposti a tempra, l'assumere, mediante opportuno trattamento termico, uno stato chimico-fisico più vicino a quello ottimale.

rinvenìre¹ (pres. *-èngo* ecc., come VENIRE) [dall'arc. *invenire*, trovare; sec. XIV] **tr.** ritrovare: *rinvenne per caso ciò che aveva smarrito* || *per estens.* scoprire: *durante gli scavi per la metropolitana rinvennero importanti resti archeologici* || **N.** *Sin.* imbattersi, recuperare, trovare | *Contr.* nascondere, occultare, smarrire.

rinvenìre² (pres. *-èngo* ecc., come VENIRE) [da *svenire*, con cambio di pref.; a. 1484] **intr.** (aus. *essere*) **1.** riprendere i sensi dopo uno svenimento **2.** *per estens.* di cose, riprendere la freschezza, la morbidezza, il volume e sim. originari: *se li metti subito nell'acqua, forse i fiori riescono a rinvenire, mettendoli a mollo i funghi rinvengono, far rinvenire il pane in forno*; *far rinvenire l'acciaio*, fargli perdere gli effetti di tempra troppo drastici (principalmente l'eccessiva durezza) || **N.** **1.** *Sin.* rianimarsi, riaversi, riprendersi | *Contr.* svenire **2.** *Sin.* ammorbidirsi.

rinvenitóre¹ [da *rinvenire*¹; 1989] **sm.** (f. *-trìce*) *non com.* scopritore: *il rinvenitore delle rovine di Troia.*

rinvenitóre² [da *rinvenire*²; 1959] **sm.** (f. *-trìce*) addetto a operazioni industriali di rinvenimento.

rinverdiménto [da *rinverdire*; 1835] **sm.** **1.** atto o effetto del rinverdire **2.** nella concia delle pelli, procedimento con cui esse vengono rese elastiche e morbide.

rinverdìre (pres. *-ìsco, -ìsci*) [da *inverdire*; 1319 nel senso 2] **tr.** **1.** far divenire di nuovo verde: *la pioggia ha rinverdito i prati* **2.** *fig. non com.* rinnovare, far rifiorire || **intr.** (aus. *essere*) e **intr. pron.** **1.** riacquistare il colore verde, ricoprirsi di verde: *a primavera i prati rinverdiscono* **2.** *fig. non com.* rinnovarsi, ravvivarsi: *le sue speranze rinverdirono.*

rinvergàre (pres. *-érgo, -érghi*) [da *invergare*;

a. 1565] *tr.* **1.** *arc.* trovare dopo attenta ricerca, rintracciare **2.** *T.mar. raro* invergare, inferire di nuovo.

rinverginàre (pres. *-érgino*) [comp. parasint. di *vergine*; 1872] *tr.* rendere di nuovo vergine || *intr. pron.* ridiventare vergine || *fig.* ridiventare puro, incontaminato.

rinvertìre (pres. *-èrto*) [da *invertire*; sec. XIV] *tr. raro* invertire, capovolgere di nuovo.

rinverzàre (pres. *-érzo*) [comp. parasint. di *verza*²; a. 1712] *tr. non com.* riempire fessure di legnami con verze o schegge di legno || *per estens.* riempire con schegge le fessure che, nel murare con pietre, rimangono tra pietra e pietra.

rinvescàre (pres. *-ésco, -éschi*) [da *invescare*; a. 1374] *tr. lett.* invescare di nuovo.

rinvestìre e der. V. REINVESTIRE e der.

rinviàbile [da *rinviare*; 1983] *agg.* che può essere rinviato: *una scelta difficilmente rinviabile* || **N.** *Sin.* differibile.

rinviàre (pres. *-ìo*) [da *inviare*; fine sec. XIII] *tr.* **1.** rimandare nel tempo, fissare a un'altra data, ora o sim., successiva; posticipare, differire: *rinviare di due giorni la riunione, inutile rinviare ulteriormente la decisione* **2.** inviare da un luogo, da un punto a un altro: *la pratica fu rinviata ad altro ufficio* || *più com. fig.* rimandare: *rinviare (il lettore) da un capitolo a un altro, a una nota a fondo pagina* **3.** rimandare indietro, respingere, restituire: *rinviare il pallone, lo specchio rinvia l'immagine* || *T.post.* rispedire al mittente: *rinviare un pacco postale, firma il documento allegato e rinviamelo* || rif. a persona, rimandarla indietro, farla tornare da dove era venuta: *rinviare un elemento indesiderato al suo paese d'origine, rinviò il fattorino con la risposta* **4.** *propr. raro* inviare di nuovo (nel senso 1 di *mandare*): *lo rinviò dal preside per altre due volte nella stessa mattinata* || **N.** *Sin.* rimandare.

rinvigoriménto [da *rinvigorire*; a. 1311 *rinvigoramento*] *sm.* atto ed effetto del rinvigorire e del rinvigorirsi || **N.** *Sin.* rafforzamento.

rinvigorìre (pres. *-ìsco, -ìsci*) [da *invigorire*; a. 1348] *tr.* ridar vigore, rendere più vigoroso anche *fig.*: *il vino rinvigorisce le forze, la fede rinvigorisce la speranza* || *intr.* (aus. *essere*) e *intr. pron.* riprendere vigore: *la mia speranza si rinvigorisce* || **N.** *Sin.* irrobustire, rafforzare.

rinviliàre (pres. *-ìlio*) [comp. parasint. di *vile*; 1600] *tr.* e *intr.* (aus. *essere*) *tosc.* rinvilire.

rinvìlio (pl. *-li*) o **rinvilìo** (pl. *-ìi*) [da *rinvilire*; 1841] *sm. tosc.* diminuzione di prezzo || **N.** *Sin.* ribasso.

rinvilìre (pres. *-ìsco, -ìsci*) [comp. parasint. di *vile*; sec. XV-XVI] *tr. non com.* diminuire di prezzo: *hanno rinvilito la frutta* || *intr.* (aus. *essere*) *non com.* scemare di prezzo: *le uova rinviliscono* || **N.** *Sin.* ribassare.

rinviluppàre [da *inviluppare*; 1340 ca.] *tr.* inviluppare di nuovo o di più, meglio.

rinvìo (pl. *-ìi*) [da *rinviare*; 1812] *sm.* **1.** differimento, posticipazione: *ottenere il rinvio dell'udienza*; *rinvio sine die, a tempo indeterminato*, spec. come *T.bur.*, differimento a una data non stabilita **2.** atto del rinviare da un punto a un altro; *in part.* in un testo scritto, rimando, richiamo: *un rinvio alla nota a pie' di pagina* || *T.giur.* nel diritto processuale civile, *giudizio di rinvio*, quello per cui la Corte di Cassazione accoglie un ricorso e rinvia la causa ad altro giudice di grado pari a quello che pronunciò la sentenza cassata dalla Corte; nel diritto processuale penale, *sentenza di rinvio a giudizio*, pronunciata dal giudice istruttore quando riconosce che il fatto costituisce un reato di competenza del giudice ordinario e ha trovato sufficienti prove a carico dell'imputato **3.** atto ed effetto del rinviare, del respingere, del rimandare indietro; *in part. T.sport.* nei giochi di palla, rilancio, respinta: *calcio di rinvio*, quello con cui il portiere rimette il pallone in gioco: *fare un rinvio di testa* || **N.** *Sin.* **1.** aggiornamento | *Contr.* anticipo, anticipazione **2.** *Sin.* rimando.

rinvischiàre (pres. *-ìschio*) [da *invischiare*; 1679] *tr.* invischiare di nuovo || *intr. pron.* invischiarsi di nuovo.

rinvitàre (pres. *-ìto*) [da *invitare*; a. 1492] *tr.* **1.** invitare di nuovo **2.** invitare a propria volta per ricambiare un invito.

rinvivìre (arc. *rivivìre*) (pres. *-ìsco, -ìsci*) [comp. parasint. di *vivo*; 1340 ca.] *intr.* (aus. *essere*) *tosc.* tornare vivo, tornare in vita; rinascere (spec. *fig.*).

rinvogliàre (pres. *-òglio*) [da *invogliare*; 1600] *tr.* invogliare di nuovo; suscitare nuova voglia, nuovo desiderio di qualcosa.

rinvòlgere (pres. *-òlgo* ecc., come VOLGERE) [da *involgere*; 1518 come tr.; 1825 come rifl.] *tr.* involgere di nuovo o più strettamente || *rifl.* ravvolgersi, inviluppàrsi.

rinvòlto [da *rinvolgere*; a. 1588] *sm. raro* involto.

rinvoltùra [da *rinvolgere*; a. 1566 nel senso 3] *sf.* **1.** *raro* atto ed effetto del rinvolgere **2.** *concr. raro* ciò con cui si rinvolge qualcosa || *in part. tosc.* tela grossolana usata per avvolgervi merce da spedire **3.** *fig. raro* sconvolgimento.

rinzaffàre [da *zaffare*; 1550] *tr.* riempire le fessure con nuovi zaffi || *T.mur.* dare al muro una prima mano di calcina per pareggiarlo grossolanamente.

rinzaffatùra [da *rinzaffare*; 1682] *sf.* operazione del rinzaffare; rinzaffo.

rinzàffo [da *rinzaffare*; 1804] *sm. T.mur.* nell'intonacatura, operazione preliminare consistente nel gettare direttamente sulla muratura un primo strato grossolano di malta || *concr.* lo strato di malta in questione || **N.** *Sin.* rinzaffatura.

rinzeppàre (pres. *-éppo*) [da *inzeppare*²; a. 1704] *tr.* e *intr. pron. fam.* rimpinzare o rimpinzarsi.

rinzeppatùra [da *rinzeppare*; 1835] *sf. raro fam.* eccessivo riempimento.

rìo¹ (pl. *rìi*) [lat. *rīvus*; 1313] *sm.* **1.** *lett.* ruscello, rivoletto **2.** a Venezia, ciascuno dei canali minori: *Rio Grande* || **N.** *Sin.* rivo.

rìo² (pl. *rìi*) [lat. *reus*; a. 1292] **I** *agg. poet.* **1.** reo **2.** *per estens. fig.* malvagio, perverso **II** *sm. poet.* peccato, colpa, male.

rioja (sp., pr. ['rrjɔxa]) [dal n. geogr. La *Rioja*, regione della Spagna settentrionale; 1988] *sf. inv.* vino rosso spagnolo, ricavato dai vitigni della regione della Rioja, molto ricercato, dal gusto fresco, che può raggiungere gradazioni piuttosto alte.

riolìte [comp. del gr. *rýax*, torrente e *-lite*; 1934] *sf. T.min.* roccia effusiva di colore chiaro, composta prevalentemente di quarzo e biotite || **N.** *Sin.* liparite.

rionàle [da *rione*; 1950] *agg.* di, del rione: *mercato rionale.*

rióne [lat. *regio, -ōnis*; a. 1348] *sm.* parte della città, quartiere || **N.** sestiere.

riordinaménto [da *riordinare*; 1554] *sm.* atto ed effetto del riordinare: *il riordinamento della pubblica amministrazione* || **N.** *Sin.* riassetto, riorganizzazione | ORDINE.

riordinàre (pres. *-órdino*) [da *ordinare*; a. 1527] *tr.* **1.** mettere di nuovo in ordine: *riordinare la tavola* **2.** dare un nuovo ordinamento: *riordinare la magistratura su nuove basi, i libri secondo un diverso criterio* **3.** fare una nuova ordinazione: *riordinare la merce non pervenuta.*

riordinatóre [da *riordinare*; 1872] *agg.* e *sm.* (f. *-trìce*) che o chi riordina.

riordinazióne [da *riordinare*; 1568] *sf.* **1.** *T.comm.* nuova ordinazione di merci **2.** *T.eccl.* nuovo conferimento di ordini sacri, quando il precedente sia stato dichiarato invalido.

riórdino [da *riordinare*; 1938] *sm. T.bur.* riordinamento.

riorganizzàre [da *organizzare*; 1799] *tr.* **1.** organizzare di nuovo: *riorganizzò l'incontro per la settimana successiva* **2.** organizzare secondo nuovi criteri: *riorganizzare la distribuzione dei compiti.*

riorganizzatóre [da *riorganizzare*; 1959] *agg.* e *sm.* (f. *-trìce*) che o chi riorganizza.

riorganizzazióne [da *riorganizzare*; 1947] *sf.* atto ed effetto del riorganizzare: *la riorganizzazione dell'azienda.*

riòtta [dal fr. ant. *riotte*; 1353] *sf. ant.* contesa, contrasto.

riottàre (pres. *riòtto*) [dal fr. ant. *rioter*; 1370] *intr.* (aus. *avere*) *lett. ant.* contendere, litigare, questionare.

riòttolo o **riòzzolo** (*dim.* di *rio*¹) [a. 1698 *riozzolo*] *sm. ant.* rivoletto, ruscelletto.

riottosità [da *riottoso*; 1959] *sf.* l'essere riottoso.

riottóso [da *riotta*; 1353 nel senso 2; 1666 nel senso 1] *agg.* **1.** indocile, refrattario, restio **2.** *lett.* rissoso, che cerca contesa, litigioso || **riottosaménte** *avv. lett.*

rìpa [lat. *rīpa*; 1313] *sf.* **1.** *lett.* riva || *T.cacc. uccelli di ripa*, che vivono lungo i fiumi **2.** striscia di terreno che corre lungo fossi, canali e sim. o delimita proprietà fondiarie **3.** dirupo, sponda di burrone || **N.** **1.** *Sin.* argine, ciglio, ciglione **2.** *Sin.* greppo **3.** *Sin.* balza, ciglio, ciglione, costa, greppo.

ripagàre (pres. *-àgo, -àghi*) [da *pagare*; a. 1311 nel senso 3; 1673 nel senso 1; 1872 nel senso 2] *tr.* **1.** ricompensare: *ripagare un beneficio con l'ingratitudine*; *ripagare della stessa moneta*, ricambiare il male ricevuto facendo del male a propria volta **2.** ricomprare a proprie spese ciò che era di altri e si è danneggiato o perduto; risarcire, indennizzare: *me l'hai rotto e me lo ripagherai* **3.** pagare di nuovo.

riparàbile [da *riparare*¹; a. 1530 *reparabile*] *agg.* che si può o si deve riparare || **N.** *Contr.* irreparabile.

riparabilità [da *riparabile*; 1872] *sf. raro* condizione di ciò che è riparabile.

riparametràre (pres. *-àmetro*) [comp. parasint. di *parametro*; 1987] *tr. T.bur.* ricalcolare secondo nuovi parametri: *riparametrare gli stipendi dei dipendenti comunali.*

riparametrazióne [da *riparametrare*; 1987] *sf. T.bur.* ridefinizione dei parametri; adeguamento a nuovi parametri.

riparàre¹ (pres. *-àro*) (ant. *reparare*¹) [lat. *reparāre*; a. 1320 come intr.] *tr.* **1.** aggiustare, far tornare integro, rimettere in grado di funzionare: *il mio orologio è appena stato riparato, hai fatto riparare le scarpe?* || *fam. riparare una materia a settembre*, sostenere il relativo esame di riparazione (v.) || *ass.* rimediare: *tu hai fatto il guaio e a me tocca riparare!* **2.** offrire riparo, proteggere: *una tettoia ripara la legna dalla pioggia, un tessuto che ripara dall'umidità* || *rifl.* trovare riparo: *si riparò sotto un albero* || *rifl. indir.* proteggersi: *ripararsi gli occhi dalla luce con lenti scure* || *intr.* (aus. *avere*) porre rimedio: *riparare al danno fatto, riparare a un'insufficienza in latino* || **N.** *tr.* **1.** *Sin.* accomodare; acconciare, ovviare, rabberciare, rappezzare, rattoppare, riattare, ripristinare, sanare | *Contr.* danneggiare, guastare, rompere, rovinare **2.** *Sin.* difendere | *Contr.* esporre.

riparàre² (pres. *-àro*) (ant. *reparàre*²) [dal lat. tardo *repatriāre*, attr. il provenz. *repairar*; 1342] *intr.* (aus. *essere*) **1.** rifugiarsi, trovare ricovero: *i partigiani ripararono sui monti* **2.** *arc.* dimorare || **N.** **1.** *Sin.* nascondersi, rintanarsi | *Contr.* avventurarsi, esporsi.

riparàta [da *riparato*, pps. di *riparare*¹; 1897] *sf.* riparazione frettolosa e approssimativa: *da-*

re una riparata al tetto.

riparàto (*pps.* di *riparare*[1]) [1970] ***agg.*** che è al riparo: *un luogo molto riparato* || **N.** *Sin.* appartato, nascosto, occulto.

riparatóre [dal lat. *reparātor, -ōris*; sec. XV] ***agg.*** e ***sm.*** (f. *-trìce*) che o chi ripara, aggiusta, anche *fig.*: *un riparatore d'auto, provvedimento riparatore.*

riparazióne [dal lat. *reparātio, -ōnis*; sec. XIV] ***sf.*** operazione e risultato del riparare, aggiustare, anche *fig.*: *la riparazione dell'auto gli è costata cara, si nota il punto in cui è stata fatta la riparazione*; *esigere riparazione per l'affronto subito* || nel linguaggio scolastico, *esame di riparazione*, quello, a settembre, con cui si rimedia alle insufficienze di fine d'anno || *T.biol.* procedimento avente lo scopo di mantenere e ripristinare l'integrità cromosomica || **N.** *Sin.* accomodamento, aggiustamento, rammendo, rattoppo, restauro, riadattamento, riassetto, riattamento, ripristino, ristrutturazione; rimedio, riparo, risarcimento, soddisfazione | *Contr.* danneggiamento, danno, deterioramento, guasto, rottura.

riparèlla (meno com. *raperèlla*) [da *riparare*[1]; 1540] ***sf.*** **1.** frammento di pietra per turare fessure **2.** anello metallico usato come guarnizione.

ripària [da *ripario*, perché cresce spec. sulle rive dei fiumi; 1937] ***sf.*** *T.bot.* vite americana importata in Europa come portainnesto.

ripàrio (pl. *-ri*) [dal lat. *ripārius*; 1595] ***agg.*** *lett.* che vive, frequenta o nasce abitualmente sulle ripe: *uccello ripario, erba riparia.*

riparlàre [da *parlare*; 1353] ***intr.*** (aus. *avere*) parlare di nuovo: *ne ha riparlato nell'ultima conferenza* || nell'espr. *ne riparleremo!*, usata, spesso con tono minaccioso, per rimandare a un momento più opportuno una decisione, una discussione e sim. (*oggi non ho tempo: ne riparleremo, per ora puoi andare, ma stasera ne riparleremo!*) o, in tono di sfida, per mostrarsi certi che il futuro mostrerà la fondatezza delle proprie previsioni (*io invece dico che ci caschi anche tu: ne riparleremo!*, vedremo chi ha ragione!) || ***rec.*** rivolgersi nuovamente la parola: *dopo anni di tensioni finalmente si riparlano* || **N.** ridiscutere.

ripàro [da *riparare*[1]; 1313 nel senso 2] ***sm.*** **1.** luogo, situazione in cui si è riparati: *tutti al riparo!* || *concr.* cosa che ripara: *questi cespugli sono un ottimo riparo* **2.** difesa, protezione: *trovò riparo nel bosco, cercare riparo nella solidarietà degli amici* || rimedio: *porre riparo alla situazione*; *correre ai ripari*, cercare di rimediare il più presto possibile; *senza riparo*, senza rimedio, senza scampo || **N. 1.** argine, baluardo, barriera, copertura, difesa, egida, schermo | al coperto.

ripartìbile [da *ripartire*[2]; 1872] ***agg.*** che si può o si deve ripartire || **N.** *Sin.* divisibile, suddivisibile.

ripartimentàle [da *ripartimento*; 1959] ***agg.*** *T.bur.* che riguarda un ripartimento: *ispettorato ripartimentale.*

ripartiménto [da *ripartire*[2]; a. 1566 nel senso 3] ***sm.*** **1.** *T.bur.* sezione **2.** *raro* scompartо, scompartimento **3.** *raro* atto ed effetto del ripartire || **N. 3.** *Sin.* ripartizione, spartizione, suddivisione.

ripartìre[1] (pres. *-àrto*) [da *partire*[1]; a. 1557 nel senso 2] ***tr.*** **1.** dividere in parti: *ripartì l'orto in aiuole* **2.** distribuire in parti; spartire: *ripartì il guadagno tra i soci.*

ripartìre[2] (pres. *-isco, -isci*) [da *partire*[2]; sec. XIV] ***intr.*** (aus. *essere*) **1.** partire di nuovo **2.** partire da un luogo in cui si è giunti: *è appena arrivato, ed è già ripartito!* || **N.** PARTIRE.

ripartìto (*pps.* di *ripartire*[2]) [1619] ***agg.*** suddiviso, spartito || **ripartitaménte** ***avv.*** *raro* con equa ripartizione.

ripartitóre [da *ripartire*[2] nel senso 1; 1872] ***agg.*** e ***sm.*** (f. *-trìce*) *non com.* che o chi ripartisce || *T.post.* impiegato postale che ripartisce la corrispondenza secondo le diverse destinazioni.

ripartizióne [da *ripartire*[2] nel senso 1; 1635] ***sf.*** **1.** suddivisione in parti **2.** *concr.* ciascuna delle parti risultanti: *grosse ripartizioni territoriali* || *T.bur.* reparto, sezione, settore amministrativo **3.** distribuzione delle parti di un tutto: *la ripartizione degli utili* || **N.** *Sin.* DIVISIONE.

ripàrto [da *ripartire*[2] nel senso 1; a. 1742] ***sm.*** **1.** *non com.* ripartizione (nel senso 1) **2.** *non com.* ripartizione amministrativa.

ripassàre [da *passare*; 1313] ***intr.*** (aus. *essere*) **1.** passare di nuovo per un luogo: *passa e ripassa per delle ore sotto la sua finestra* **2.** recarsi nuovamente in un luogo, tornare: *ripasserò a trovarvi prima di partire, ripassa tra un mese* || ***tr.*** **1.** attraversare di nuovo: *ripassare il torrente a guado, il confine* **2.** far passare nuovamente attraverso qualcosa: *ripassare la farina al setaccio* **3.** passare nuovamente sopra; *in part.* rif. a disegno o scritto, ritracciarlo (in modo da renderlo più evidente): *ripassare a china un disegno a matita*; riverniciare dando una mano leggera, o facendo ritocchi: *ripassare le porte e le finestre*; stirare o stirare nuovamente: *ripassare collo e polsini della camicia* || *fig.* revisionare: *ripassare il motore prima della gara* || *fig.* ripercorrere con la mente, rinfrescare la memoria di qualcosa (spec. rif. a materia di studio): *ripassare la lezione, ho studiato storia, ma devo ancora ripassarla* || *fam.* sgridare, spesso picchiando || **N.** ***tr.*** **3.** *Sin.* ricalcare; riesaminare, riguardare, rivedere.

ripassàta [da *ripassare*; 1598] ***sf.*** **1.** ulteriore e veloce passata di qualcosa attraverso qualcos'altro: *bisogna dare una ripassata al pan grattato attraverso il setaccio* **2.** ulteriore e veloce passata di qualcosa sopra qualcos'altro: *dare una ripassata di vernice al termosifone, da' una ripassata alla gonna, che è tutta spiegazzata* || *fig.* veloce lettura di un testo precedentemente studiato: *mi basta una ripassata per memorizzarlo bene* **3.** *fam.* severo rimprovero, violenta sgridata: *tuo padre ti darà una bella ripassata stasera!* || *dim.* ripassatina || **N. 2.** *Sin.* occhiata, riguardata, scorsa; rilettura, ripasso.

ripassatóre [da *ripassare*; 1891] ***sm.*** *non com.* operaio incaricato di ripassare un lavoro, di rivederlo e correggerlo.

ripassatrìce [da *ripassare*; 1959] ***sf.*** **1.** *T.tess.* donna addetta al controllo dei tessuti **2.** *T.tess.* macchina usata nell'industria tessile, per il controllo dei tessuti.

ripàsso [da *ripassare*; 1699] ***sm.*** **1.** *T.zool.* il ritorno degli uccelli o dei pesci di passo dal luogo di svernamento a quello di riproduzione **2.** ulteriore passata di qualcosa sopra qualcos'altro; *com.* solo nel senso di lettura di un testo precedentemente studiato: *sto facendo il ripasso* || **N. 2.** *Sin.* ripassata.

ripàtica [dal lat. mediev. *ripāticum*; 1671] ***sf.*** *T.giur.* diritto pubblico o privato sopra le rive o sponde di fiumi, laghi e sim. || *per estens.* ripatico.

ripàtico (pl. *-ci*) [dal lat. mediev. *ripāticum*; 1671] ***sm.*** tassa dovuta per poter occupare le rive di un fiume o di un lago, per potervi attraccare, per potervi esercitare la pesca ecc.

ripensaménto [da *ripensare*; sec. XIV nel senso 2] ***sm.*** **1.** cambiamento d'opinione: *in ultimo ha avuto un ripensamento* **2.** *non com.* atto del ripensare di nuovo: *è necessario un ripensamento dell'intera questione.*

ripensàre (pres. *-ènso*) [da *pensare*; a. 1292 come tr.] ***intr.*** (aus. *avere*) **1.** pensare di nuovo, e con maggiore ponderazione o diligenza: *ripensare alle cose vedute* **2.** *ripensarci*, cambiare opinione: *ci ho ripensato, non parto più* || ***tr.*** *lett.* rievocare, riandare con la mente: *ripensare i casi passati.*

ripensazióne [da *ripensare*; 1872] ***sf.*** *ant.* ripensamento, meditazione.

ripènse [dal lat. *ripēnsis*; 1872] ***agg.*** *lett.* che è posto lungo una riva || **N.** *Sin.* ripario, ripuario, rivierasco | ripatica, ripatico.

ripentànza o **ripentènza** [da *ripentere*; prima metà sec. XIV] ***sf.*** *arc.* pentimento.

ripentère (pres. *-ènto*) [var. di *ripentirsi*; a. 1348] ***intr.*** (aus. *essere*) e ***intr. pron.*** *arc.* ripentirsi.

ripentiménto [da *ripentirsi*; a. 1348] ***sm.*** atto ed effetto del ripentirsi.

ripentìrsi (pres. *-ènto*) [da *pentirsi*; 1374] ***intr. pron.*** pentirsi di nuovo o, meno com., di più.

ripercórrere (pres. *-órro* ecc., come CORRERE) [da *percorrere*; 1940] ***tr.*** percorrere di nuovo, anche *fig.*: *ripercorrere un sentiero, la propria esistenza.*

ripercòssa [da *percossa*; a. 1646] ***sf.*** *non com.* contraccolpo prodotto da una percossa.

ripercotiménto [da *riperc(u)otere*; sec. XIV] ***sm.*** *non com.* ripercussione.

ripercuòtere (pres. *-uòto* ecc., come PERCUOTERE) [dal lat. *repercutere*; 1308] ***intr. pron.*** causare per contraccolpo una scossa o sim.: *l'urto si ripercosse per tutti i vagoni* || di fenomeno sonoro, riecheggiare, diffondersi: *il rombo si ripercosse lungo tutta la valle* || *fig.* provocare indirettamente determinati effetti: *la stanchezza degli allievi si ripercosse sul loro rendimento, la crisi di un settore produttivo si ripercuote su tutta l'economia* || ***tr.*** **1.** *propr.* percuotere nuovamente o più volte: *ripercuotevano l'acqua con i remi* || *raro* percuotere di rimando: *nonostante tutto non lo ripercosse* **2.** respingere, rimandare indietro, riflettere: *lo specchio ripercosse il primo raggio di sole* || **N.** ***intr. pron.*** *Sin.* rimbombare, rintronare, risuonare | ***tr.*** **2.** *Sin.* far riverberare.

ripercussióne [dal lat. *repercussio, -ōnis*; a. 1320] ***sf.*** atto e, spec., effetto del ripercuotersi (spec. *fig.*): *la ripercussione delle onde sonore provoca l'eco, le ripercussioni degli avvenimenti politici sull'economia* || **N.** *Sin.* contraccolpo, eco, effetto indiretto; riflessione, rifrazione.

ripercussìvo [dal lat. *repercussus*, ripercosso; sec. XIV] ***agg.*** *non com.* che si ripercuote, che rimanda indietro.

ripescàggio (pl. *-gi*) [dal fr. *repêchage*; 1978] ***sm.*** recupero di persone o cose che erano state messe da parte; il far rientare in competizione concorrenti o candidati che nel primo turno di eliminazione di una gara, o di elezioni politiche, erano stati eliminati.

ripescàre (pres. *-ésco, -éschi*) [da *pescare*; a. 1484] ***tr.*** pescare di nuovo || *per estens.* trarre fuori dall'acqua qualcosa che vi era caduto || *fig.* ritrovare: *riuscimmo a ripescare la terra, ha ripescato una delle proposte precedentemente scartate.*

ripésco (pl. *-schi*) [etim. inc.; 1849] ***sm.*** *fam. tosc.* tresca.

ripetènte (*ppr.* di *ripetere*) [1902] ***agg.*** e ***s.*** di studente che, essendo stato bocciato, è costretto a ripetere il corso scolastico dell'anno precedente: *un alunno ripetente, una classe piena di ripetenti.*

ripetènza [da *ripetente*; 1980] ***sf.*** il ripetere anni scolastici in seguito a bocciatura || *per meton.* numero complessivo degli alunni che ripetono l'anno scolastico.

ripètere (pres. *-èto*) [dal lat. *repetere*, letter. chiedere di nuovo; 1319 nel senso 2] ***tr.*** **1.** fare di nuovo: *ripetere un esperimento, il trattamento va ripetuto ogni ventiquattr'ore*; *ripetere l'anno, una classe*, frequentare un'altra volta lo stesso anno scolastico, essendo stati bocciati; *coazione a ripetere*, v. COAZIONE || nel modo di dire *Paganini non ripete*, quando non si vuol ripetere una cosa già fatta e già detta, con allusione all'abitudine di Paganini di non concedere bis || *per estens.* fare qualcosa di simile a ciò che ha già fatto qualcun'altro: *c'è da augurarsi che non ripeta gli errori dei suoi genitori* || *raro* con sogg. non animato: *lo spettacolo ha ripetuto il successo della stagione precedente* **2.** dire di nuovo: *non ho capito bene: potresti ripetere l'ultima frase?, ripeti quello che hai detto, se ne hai il coraggio!*; *fig. l'eco ripeté a lungo il boato* || in espr. di impazienza, fastidio e sim.: *quante volte te lo devo ripetere?!*, non hai ancora capito?!; *te lo dico e te lo ripeto:* ..., insisto: ...; *te lo ripeto per l'ultima volta* || *per estens.* dire ciò che hanno detto o scritto altri: *ripetere la lezione a memoria, ripeté approssimativamente quello che aveva sentito, non oso ripeterti quello che dice di te, i pappagalli ripetono anche intere frasi* **3.** *T.giur.* richiedere in giudizio la restituzione di una somma che si ritiene di aver pagato indebitamente **4.** *fig. lett. ant.* riandare con la memoria: *ripetendo quel che le aveva detto il cavaliero* (Ariosto) || **intr. pron.** verificarsi, accadere di nuovo: *l'eruzione si è ripetuta a distanza di pochi anni; che la cosa non si ripeta (più)!*, detto in tono di minaccia || **rifl.** *fig.* ridire ciò che si è già detto, o riesprimere ciò che si è già espresso: *è inutile che si ripeta: ho capito benissimo!, ormai la sua vena creativa è esaurita e si ripete* || **N. tr. 1.** *Sin.* iterare, reiterare, replicare, rifare **2.** *Sin.* ribadire, ridire | **intr. pron.** *Sin.* replicarsi, ricorrere.

ripetìbile [da *ripetere*; 1831] **agg.** che si può ripetere || **N.** *Sin.* reiterabile | *Contr.* irripetibile.

ripetibilità [da *ripetibile*; 1959] **sf.** l'essere ripetibile.

ripetio V. REPETIO.

ripetitività [da *ripetitivo*; 1983] **sf.** l'essere ripetitivo.

ripetitìvo [da *ripetere*; 1974] **agg.** che contiene ripetizioni: *dibattito parlamentare ripetitivo, critiche ripetitive.*

ripetitóre [dal lat. *repetitor, -ōris*; a. 1311 *repetitore* come sm. nel senso 3] **I agg.** che ripete; *in part. T.telecom. stazione ripetitrice*, ripetitore **II sm. 1.** dispositivo atto a ripetere determinati segnali: *ripetitore di impulsi*, teletaxe, indicatore di conteggio di scatti telefonici || *T.telecom.* stazione interposta tra quelle terminali di un ponte radio; *in part.* nei sistemi di comunicazione su linea o cavo coassiale, stazione amplificatrice: *ripetitore televisivo* || *T.ferr.* dispositivo che ripete in cabina di manovra le segnalazioni effettuate lungo la linea **2.** (f. *-trice*) *T.teatr.* suggeritore **3.** (f. *-trìce*) insegnante privato che dà ripetizioni **4.** (f. *-trìce*) *T.alp. non com.* alpinista che esegue esattamente un'ascensione eseguita da altri.

ripetitrìce [da *ripetitore*; 1970] **sf.** *T.fot.* macchina che consente di riprodurre fotograficamente più volte la stessa immagine su un'unica lastra.

ripetizióne [dal lat. *repetitio, -ōnis*; a. 1342] **sf. 1.** atto ed effetto del ripetere e del ripetersi: *la ripetizione di una simile catastrofe pare da escludersi, la ripetizione di un ordine* || *T.ret.* figura retorica consistente nel ripetere a breve distanza parole o frasi || *T.alp.* ascensione eseguita ripercorrendo esattamente la via seguita da altri || nella *loc. agg. a ripetizione*, di meccanismo che consente la ripetizione automatica di un movimento: *arma a ripetizione; orologio a ripetizione*, orologio da tasca che, spingendo una molla, suonava l'ora e il quarto d'ora; *fig. fam.* in rapida successione: *ingiurie a ripetizione* **2.** nel linguaggio scolastico, lezione privata in cui un insegnante tratta nuovamente gli argomenti svolti a scuola e aiuta lo studente nello studio: *dare, prendere ripetizioni di greco* **3.** *T.giur.* richiesta in giudizio della restituzione di una somma che si ritiene di aver pagato indebitamente || **N. 1.** *Sin.* iterazione, reiterazione, replica; anadiplosi, anafora, epistrofe.

ripetùto (*pps.* di *ripetere*) [a. 1729] **agg.** reiterato più volte: *battere ripetuti colpi alla porta, ripetute volte* || **ripetutaménte avv.** più volte.

ripezzàre (pres. *-èzzo*) [comp. parasint. di *pezza*; a. 1311] **tr.** *ant.* e *lett.* rappezzare.

ripianàre [da *pianare*; sec. XIV-XV] **tr. 1.** render piana una superficie diseguale **2.** *T.econ.* rif. a debiti, deficit o passivi, estinguere, pareggiare: *ripianare la passività di un bilancio.*

ripiàngere (pres. *-àngo* ecc., come PIANGERE) [da *piangere*; 1319 *ripiagnere*] **intr.** (aus. *avere*) piangere di nuovo || **intr. pron.** *ant.* rammaricarsi.

ripiàno [da *piano*; 1619 nel senso 2] **sm. 1.** elemento orizzontale di armadi, scaffalature e sim. su cui si sistemano gli oggetti: *è nel terzo ripiano dal basso della libreria* **2.** zona pianeggiante di un terreno prevalentemente in pendio **3.** *raro* pianerottolo **4.** *T.econ.* operazione del ripianare un bilancio, un passivo ecc. || **N. 1.** *Sin.* mensola **2.** *Sin.* terrazza.

ripicca (arc. *ripìcco*) [etim. inc.; 1841 *ripicco*; 1959 *ripicca*] **sf.** dispetto, sgarbo fatto in risposta a un dispetto o sim. ricevuto, per puntiglio: *fare qualcosa per ripicca.*

ripicchettàre (pres. *-étto*) [da *picchettare*; 1983] **tr.** compiere la ripicchettatura.

ripicchettatùra [da *picchettatura*; 1970] **sf.** trapianto delle piantine nate da seme, prima di porle a dimora || **N.** *Sin.* ripiolamento.

ripicchiàre (pres. *-ìcchio*) [da *picchiare*; a. 1446] **tr.** picchiare di nuovo (spec. *ass.*): *ho sentito ripicchiare alla porta* || *fig.* nella loc. *picchia e ripicchia*, a forza di insistere: *picchia e ripicchia ha finalmente acconsentito* || **rifl.** *fam. tosc.* azzimarsi, lisciarsi.

ripicchiàta [da *ripicchiare*; prima metà sec. XVIII] **sf.** *raro* atto ed effetto del ripicchiare || *dim.* ripicchiatìna.

ripicco (pl. *-chi*) **sm.** *arc.* ripicca.

ripìcolo [comp. di *ripa* e *-colo*; 1959] **agg.** *T.biol.* di organismo che vive sulle rive o nei pressi dell'acqua: *flora, fauna ripicola.*

ripidézza [da *ripido*; 1640] **sf.** qualità di ciò che è ripido.

rìpido [da *rapido*, con influsso di *ripa*; a. 1597] **agg.** in forte pendenza, erto, difficile a salire: *strada ripida* || **ripidaménte avv.**

ripièga [da *piega*; 1959] **sf.** *T.geol.* nuova piega che si forma su strati già precedentemente corrugati.

ripiegaménto [da *ripiegare*; sec. XIV] **sm.** atto ed effetto del ripiegare e del ripiegarsi || *in part. T.mil.* manovra di indietreggiamento ordinato di reparti dell'esercito.

ripiegàre (pres. *-ègo*) [da *piegare*; a. 1565 come rifl.] **tr. 1.** piegare di nuovo o più volte: *ripiega la carta stradale, le lenzuola* **2.** piegare una o più volte su se stesso: *ripiegare il lembo della stoffa per fare l'orlo, ripiegare le gambe del tavolino; appena a terra, ripiegò le ali* || **intr. pron.** incurvarsi: *i rami carichi di frutti si ripiegano* || **rifl.** *fig.* rinchiudersi: *ripiegarsi nel proprio dolore; ripiegarsi in se stessi*, isolarsi spiritualmente || **intr.** (aus. *avere*) **1.** *fig.* adottare come ripiego, adattarsi a una soluzione meno soddisfacente: *costava troppo, perciò abbiamo ripiegato sulla versione economica* **2.** *propr. T.mil.* ritirarsi su posizioni più arretrate || **N. intr. pron.** e **rifl.** *Contr.* drizzarsi, raddrizzarsi | **intr. 2.** *Sin.* arretrare, indietreggiare, retrocedere | ripiegamento.

ripiegàta [da *ripiegare*; 1872] **sf.** affrettata e grossolana ripiegatura: *dare una ripiegata alla tovaglia.*

ripiegatùra [da *ripiegare*; 1612] **sf.** il ripiegare o il ripiegarsi: *dare una ripiegatura alla tovaglia, il fiume fa una brusca ripiegatura.*

ripieghévole [da *pieghevole*; a. 1333] **agg.** *non com.* pieghevole.

ripiègo (pl. *-ghi*) [da *ripiegare*; 1550] **sm.** soluzione meno soddisfacente cui si è costretti ad adattarsi: *ricorrere a un ripiego, trovare un ripiego, ecco un ottimo ripiego; spreg. vivere di ripieghi* || nella *loc. agg. di ripiego*, detto di ciò cui si è costretti ad adattarsi in mancanza di meglio: *adottare una soluzione di ripiego* || **N.** *Sin.* compromesso, scappatoia.

ripienézza [da *ripieno*; 1618] **sf.** *non com.* condizione di ciò che è ripieno: *provare un senso di ripienezza allo stomaco.*

ripienista [da *ripieno*; 1835] **s.** nella musica orchestrale, suonatore o cantante di ripieno.

ripièno [da *pieno*; a. 1292] **I agg. 1.** pieno; *in part.* di preparazione culinaria, imbottito, farcito: *zucchini ripieni, tacchino ripieno* **2.** completamente pieno o pieno oltre il normale: *una scatola ripiena di caramelle, sentirsi lo stomaco ripieno* **II sm. 1.** ciò che serve a riempire; imbottitura: *il ripieno del materasso* || *T.cuc.* preparato, costituito da un impasto di ingredienti triturati, con cui si riempiono alcune vivande: *preparare il ripieno per gli agnolotti* **2.** *T.tess. raro* trama **3.** *T.mus.* nei sec. XVII e XVIII, concerto grosso **4.** *T.mus.* nell'organo, registro di mutazione composta, replicante in diverse ottave le consonanze di quinta e di ottava || **N. I 1.** *Sin.* colmo, raso, ricolmo **2.** *Sin.* imbottito, pienissimo, ricolmo, rimpinzato, stipato, stracolmo, strapieno, straripante, traboccante, zeppo | *Contr.* vuoto.

ripigliaménto [da *ripigliare*; 1565] **sm.** atto o effetto del ripigliare.

ripigliàre (pres. *-iglio*) [da *pigliare*; 1313] **tr.**, **intr.** (aus. *avere*), **rifl. intens.** e **rec.** *fam.* riprendere e riprendersi: *ripigliare la palla al volo, lui terminò di parlare e io ripigliai, il fuoco ripiglia subito se metti della carta nel camino, ripigliarsi il raffreddore; quei due non fanno che lasciarsi e ripigliarsi.*

ripigliàta [da *ripigliare*; 1959] **sf. 1.** ripigliamento **2.** *T.sport.* nella scherma, colpo inferto all'avversario che para, retrocedendo, senza rispondere.

ripigliatùra [da *ripigliare*; a. 1712] **sf.** *arc. raro* atto ed effetto del ripigliare e dell'essere ripigliato.

ripiglino [da *ripigliare*; 1688] **sm.** gioco infantile consistente nel formare sempre nuove figure servendosi di un filo unito a due capi e intrecciato in vario modo attraverso le dita delle mani.

ripiglio (pl. *-gli*) [da *ripigliare*; a. 1342] **sm.** *ant. lett.* reprensione, rimprovero.

ripìngere[1] o **ripìgnere** (pres. *ripìngo* ecc., come SPINGERE) [da *spingere*, con cambio di pref.; a. 1276] **tr.** *ant.* respingere.

ripìngere[2] (pres. *ripìngo* ecc., come DIPINGERE) [da *pingere*; 1897] **tr.** *poet.* ridipingere.

ripiolaménto [da *ripiolare*; 1970] **sm.** atto o effetto del ripiolare || **N.** *Sin.* ripicchettatura.

ripiolàre (pres. *-òlo*) [comp. parasint. di *piolo*; 1970] **tr.** e **intr.** (aus. *avere*) trapiantare le piantine nate da seme, prima di porle a dimora || **N.** *Sin.* ripicchettare.

ripiombàre (pres. *-ómbo*) [da *piombare*; 1745] **intr.** (aus. *essere*) piombare di nuovo, anche *fig.*: *è ripiombato nel vizio* || **tr. 1.** rimettere a piombo **2.** far precipitare giù: *i suoi errori lo hanno ripiombato nella più squallida miseria.*

ripiòvere (pres. *-òvo*) [da *piovere*; 1618] **tr.**, **intr.** e *impers.* (aus. *essere* o *avere*) piovere di nuovo, riprendere a piovere.

ripire (pres. *ripìsco, -ìsci*; *dif.* del pps. e dei tempi composti) [lat. *rēpere*, strisciare; sec. XIV] **intr.** *arc.* salire, montare l'erta arrampicandosi con mani e piedi: *essi ripìano muti* (Pascoli).

ripopolaménto [da *ripopolare*; 1918] **sm.** atto ed effetto del ripopolare e del ripopolarsi.

ripopolàre (pres. *-òpolo*) [da *popolare*; 1686] **tr.** e **intr. pron.** popolare o popolarsi di nuovo.

ripopolazióne [da *popolazione*; a. 1604] **sf.** *raro* ripopolamento.

ripórre (pres. *-óngo* ecc., come PORRE) [da *porre*; fine sec. XIII nel senso 2] **tr.** **1.** porre di nuovo: *riporre in vendita un oggetto* || *com.* sistemare qualcosa dove si trovava precedentemente: *riporre i libri nello scaffale* **2.** sistemare in un posto adatto per conservare al riparo e al sicuro: *riporre le camicie nel cassetto, i gioielli in cassaforte* || *arc.* seppellire **3.** *fig.* rif. a sentimenti e sim., concentrarli su qualcuno: *riposi in lui tutto il mio amore, tutte le mie speranze* || **N. 1.** *Sin.* ricollocare, rimettere, riposizionare.

riportàbile [da *riportare*; 1940] **agg.** *raro* che si può riportare: *un discorso non riportabile.*

riportaménto [da *riportare*; a. 1698] **sm.** *raro* atto o effetto del riportare.

riportàre (pres. *-òrto*) [dal lat. *reportāre*; 1353] **tr.** **1.** portare di nuovo: *non riporta mai lo stesso abito in due occasioni importanti, se sei stanco ti riporto un po' in braccio* **2.** portare indietro; ricondurre, restituire: *ti riporto domani il libro che mi avevi prestato, ti riporto a casa in macchina* || *in part.* di cane da caccia, portare al padrone la selvaggina raccolta || *fig. riportare la memoria ai tempi passati,* riandare con il ricordo al passato, ricordare **3.** *fig.* ottenere, conseguire: *riportare una brillante vittoria* || subire: *riportare lievi danni, ferite* **4.** portare da un luogo a un altro; trasferire: *riportare terriccio nello scavo per farvi un giardino, riportare un lembo di pelle per un intervento di chirurgia estetica* || nei calcoli aritmetici, trasferire a un nuovo conto: *scrivere 3 e riportare 2* **5.** *per estens.* riprodurre: *riportare il disegno in scala 1:10, su foglio millimetrato, sulla stoffa; riportare i dati in una tabella, le correzioni sulle bozze* || *in part.* ripetere quanto si è letto o udito; riferire, citare, comunicare: *mi ha riportato parola per parola tutto ciò che le hai detto, riportare l'opinione di una fonte autorevole* || **rifl.** ritornare: *gli investigatori si riportarono sul luogo della strage* || *più com. fig.* trasferirsi idealmente; rifarsi, richiamarsi: *immagina di riportarti al tempo dei Romani, riportarsi al tema della discussione, per capire l'importanza di questa scoperta è necessario riportarsi alle ultime conquiste della medicina* || **N. tr. 2.** *Sin.* ridare, rimenare, rispedire **4.** *Sin.* aggiungere, mettere, porre, spostare | *Contr.* levare, sottrarre, togliere **5.** *Sin.* rifare, trasferire, trasportare; raccontare, ridire, rivelare, spifferare | *Contr.* tacere | **rifl.** *Sin.* tornare, trasferirsi; riandare, tornare.

riportàto (*pps.* di *riportare*) [1823] **I agg.** che è stato portato di nuovo || *tasca riportata,* in sartoria, tasca applicata all'esterno **II sm.** (f. *-a*) *T.banc.* chi vende titoli a pronti e acquista a termine.

riportatóre [da *riportare*; 1566] **agg.** e **sm.** (f. *-trìce*) **1.** che o chi riporta **2.** *T.banc.* in borsa, chi prende titoli a riporto.

riportatùra [da *riportare*; 1726] **sf.** *non com.* il riportare, copiando, un disegno o sim.

riportìsta [da *riporto*; 1959] **s.** *T.banc.* riportatore.

ripòrto [da *riportare*; 1855] **sm.** **1.** atto del portare da un punto a un altro e, *concr.*, ciò che è riportato; trasporto || *in part.* operazione aritmetica effettuata nell'addizionamento in colonna, nel caso in cui la somma dei numeri della colonna superi il 9, consistente nello scrivere soltanto la cifra di ordine inferiore e nell'aggiungere l'altra alla colonna delle cifre di ordine immediatamente superiore; *concr.* la cifra che si riporta: *7 più 5 è uguale a 12: scrivo il 2 e il riporto è di 1* || *materiale di riporto,* proveniente da demolizioni edilizie; *lavori di riporto,* operazioni di prelievo di materiali di riporto e del loro utilizzo per l'esecuzione di interri || *T.metal.* saldatura su un manufatto di una porzione di metallo, in corrispondenza di un punto difettoso; *concr.* la porzione di metallo saldata || modo di pettinare i capelli consistente nel far coprire con una lunga ciocca la parziale calvizie; *concr.* la ciocca in questione || *T.banc. contratto di riporto* (o *ass. riporto*), quello col quale una persona (il riportato) trasferisce a un'altra (il riportatore) la proprietà di titoli di credito, con l'obbligo del riportatore di trasferire al riportato, alla scadenza del termine stabilito, la proprietà di altrettanti titoli della stessa specie **2.** *non com.* atto ed effetto del riportare indietro || *com. T.cacc.* l'azione del cane che porta al cacciatore la selvaggina trovata || *com. T.sport.*, nella scherma, movimento di ritorno all'atteggiamento iniziale dopo un avvolgimento attorno alla lama avversaria. **Q.T.** *caccia.*

riposaménto [da *riposare*[1]; a. 1347] **sm.** *arc.* riposo.

riposànte (*ppr.* di *riposare*[1]) [1342] **I agg.** che riposa lo spirito, la vista ecc.: *compagnia, paesaggio riposante; calze, occhiali riposanti* **II s.** *ant.* impiegato pubblico messo a riposo.

riposàre[1] (pres. *-òso*) [lat. tardo *repausāre*; a. 1292] **intr.** (aus. *avere*) **1.** sospendere ogni attività affaticante e rilassarsi (fisicamente o mentalmente), per eliminare la stanchezza e recuperare energie: *sono tanto stanco e ho bisogno di riposare, dopo pranzo va a coricarsi mezz'ora ma non riesce a riposare* || *eufem.* dormire il sonno eterno: *riposare in pace* || essere sepolti: *qui riposa...* || per analogia, di organi, apparecchiature e sim., non essere sottoposti ad attività affaticanti: *ogni tre ore di funzionamento è bene far riposare il motore spegnendolo; far riposare il terreno,* non coltivarlo per alcune stagioni, perché non si impoverisca troppo || più in gen., meno com., di cosa, restare in quiete: *il dolore per ora riposa; far riposare il vino,* lasciarlo immobile perché si depositino le sostanze pesanti e così chiarisca **2.** *fig.* poggiare, fare affidamento: *tutte le nostre speranze riposano su di lui* || *propr. raro* essere posato: *la statua riposa su di un solido piedistallo* || **intr. pron.** riacquistare energia dormendo o comunque non facendo attività faticose: *riposati un po'*; di organi rilassarsi, decongestionarsi: *con queste scarpe il piede si riposa* || **tr.** far riposare, dare riposo: *riposare la mente, la vista* || nel modo di dire *Dio lo riposi,* Dio gli dia pace || **N. intr. 1.** *Sin.* coricarsi, distendersi, dormire, fermarsi, sostare; riprendersi | *Contr.* affaccendarsi, affannarsi, affaticarsi, debilitarsi, spossarsi, stancarsi; affaticare, stancare **2.** *Sin.* basarsi, fondarsi, reggersi; appoggiarsi.

riposàre[2] (pres. *-òso*) [da *posare*; sec. XIV] **tr.** posare nuovamente: *dopo averlo preso in mano più volte, l'ha riposato ed è uscito senza comprarlo* || **rifl.** e **intr. pron.** posarsi di nuovo: *dove avevo spolverato si è già riposata la polvere* || **N.** *Sin.* riadagiare, riappoggiare, riporre | *Contr.* rialzare, risollevare.

riposàta [da *riposare*[1]; sec. XIII] **sf.** *raro* sosta, pausa, riposo || *dim.* riposatìna.

riposàto (*pps.* di *riposare*[1]) [1306] **agg.** **1.** non affaticato, non stanco: *ti vedo bello riposato* **2.** *lett. raro* libero da perturbazioni, tranquillo, indisturbato: *a noi morte apparecchi riposato albergo* (Foscolo) || **riposataménte** **avv.** *raro* **1.** con mente riposata **2.** tranquillamente, serenamente || *dim.* riposatìno.

riposévole [da *riposare*[1]; prima metà sec. XIV] **agg.** *arc.* riposante.

riposìno (*dim.* di *riposo*) [1959] **sm.** breve riposo, spec. pomeridiano || *per estens.* dormitina, sonnellino || **N.** *Sin.* pisolino.

ripoṣitòrio (pl. *-ri*) [dal lat. tardo *repositōrium*; prima metà sec. XIV] **sm.** *ant.* ripostiglio.

ripoṣizióne [dal lat. tardo *repositio, -ōnis*; a. 1667] **sf.** atto ed effetto del ricollocare qualcosa nella sua sede solita: *T.med. la riposizione dell'omero* || *T.eccl.* rif. a reliquie o al Santissimo Sacramento, ricollocamento nel reliquiario o nel tabernacolo dopo l'ostensione.

ripòso [da *riposare*[1]; fine sec. XIII] **sm.** **1.** atto ed effetto del rinfrancarsi dalla stanchezza: *non ho avuto un momento di riposo,* per riposare; *mi hanno prescritto un periodo di riposo assoluto; (giorno di) riposo settimanale,* il giorno (solitamente la domenica) in cui si sospende l'attività lavorativa; *casa di riposo,* ospizio per anziani, convalescenti e sim. || *T.mil.* e *T.ginn.* come ordine di assumere la posizione di distensione in cui il corpo poggia sulla gamba destra e la sinistra è un po' avanzata, mentre le braccia — se disimpegnate — sono allacciate dietro la schiena: *attenti!... riposo!* || *bur. collocare, mettere a riposo,* sospendere dall'attività lavorativa, generalmente per raggiunti limiti di età; pensionare || *T.orol. scappamento a riposi,* organo distributore dell'energia motrice che per una certa frazione di tempo resta immobile **2.** *per estens.* sonno, dormita, spec. nella forma del dim.: *fa sempre un riposino pomeridiano* || *fig. eufem. l'eterno riposo,* la morte **3.** *per estens.* di cosa inanimata, stato di quiete: *tenere un terreno, il vino in riposo* **4.** *T.arch.* parte del pilastro su cui poggia l'arco || *dim.* riposìno || **N. 1.** *Sin.* distensione, dolce far nulla, festa, ozio, pace, quiete, requie, rilassamento, ristoro, siesta, sosta, tregua, vacanza | *Contr.* affaticamento, fatica, lavoro, spossatezza, stanchezza **2.** *Sin.* pisolino.

ripósta [da *riporre*; 1373] **sf.** *raro* provvista, provvisione.

riposterìa [da *riposto*; 1983] **sf.** *T.mar.* vano delle navi posto vicino alla cucina o alla sala da pranzo, adibito a dispensa o a mensa per bevande e cibi freddi.

ripostìglio (pl. *-gli*) [da *riposto,* sul modello di *nascondiglio*; sec. XIV] **sm.** **1.** piccolo vano chiuso in cui si ripongono oggetti vari d'uso domestico: *abbiamo chiuso il sottoscala e ottenuto così un ripostiglio* || nascondiglio: *un buon ripostiglio per i documenti* **2.** *T.mar. non com.* riposto || **N. 1.** *Sin.* bugigattolo, sgabuzzino.

ripósto (*pps.* di *riporre*) [a. 1348] **I agg.** nascosto, recondito: *pensieri riposti, intenzione riposta* || **ripostaménte** **avv.** *non com.* occultamente, riservatamente **II sm.** **1.** *T.mar.* locale di servizio usato come deposito per le stoviglie, posto tra le cucine e le sale da pranzo **2.** *region.* credenza, dispensa || **N. I** *Sin.* appartato, celato, recondito, riparato, riservato, occulto, segreto, NASCOSTO.

riprèndere (pres. *-èndo* ecc., come PRENDERE) [da *prendere*; a. 1294] **tr.** **1.** prendere di nuovo: *riprendere il primo premio, ho ripreso un brutto raffreddore, ha ripreso il solito posto, ho ripreso subito il treno e sono tornato qui; riprendere (in mano) la penna,* anche, *fig.*, ricominciare a scrivere; *fig. riprendere (in mano) la situazione,* padroneggiarla nuovamente; *riprendere i sensi,* rinvenire dopo uno svenimento || con valore incoativo, in espr. in cui indica il ripetersi della fase iniziale, di formazione e sim. di qualcosa: *l'ipotesi iniziale va riprendendo consistenza, ci sta riprendendo gusto alla cosa; riprendere piede,* V. PIEDE; *riprendere la mano,* V. MANO; *in gen.* ricominciare, rimettersi a: *riprendere il lavoro interrotto* **2.** *T.fot.* e *T.cin.* riprodurre una scena o un oggetto: *riuscì a riprendere l'assassino mentre fuggiva, la riprese con un teleobiettivo* || più in gen., *raro* ritrarre: *riprese la madre in un disegno* **3.** rimproverare, redarguire: *fu ripreso dal padre per il suo comportamento* || *raro* criticare: *riprese la mia superficialità* **4.** in sartoria, restringere un indumento mediante una cucitura: *bisogna riprendere questa gonna in vita* || **intr.** (aus. *essere* nel senso 1, *avere* nel senso 2) **1.** ricominciare: *dopo l'intervallo è ripreso il dibattito* || (aus. *avere*) nella loc. *riprendere a*: *la tempesta ha ripreso a infuriare* **2.** riprendere energia, intensità e sim.: *il fuoco riprende se lo attizzi* || *intr. pron.* tornare in buona forma fisica o intellettuale, o a un buon livello di prestazioni: *dopo la lunga malattia non si è più ripresa completamente, riprendersi dallo choc, nella seconda parte della gara si è ripreso* || *rifl. intens.* rifare proprio: *si è ripreso il raffreddore, vengo a riprendermi il bambino appena finisco le commissioni; riprendersi cura di qualcuno,* occuparsene nuovamente con sollecitudine || **N.** *tr.* **1.** *Sin.* riacchiappare, riacciuffare, riacquistare, riafferrare, ricatturare, riconquistare, ricuperare, riottenere, ripigliare; PRENDERE **2.** *Sin.* filmare, fotografare **3.** *Sin.* ammonire, correggere, sgridare; riprovare | *Contr.* elogiare, esaltare, lodare **4.** *Sin.* correggere, modificare, ritoccare | *intr.* **2.** *Sin.* ravvivarsi, rianimarsi | *intr. pron. Sin.* riaversi, ristabilirsi.

riprenditrice v. RIPRENSORE.

riprensibile v. REPRENSIBILE.

riprensióne v. REPRENSIONE.

riprensivo v. REPRENSIVO.

riprensóre v. REPRENSORE.

riprensòrio v. REPRENSORIO.

riprésa [da *riprendere*; a. 1348] *sf.* **1.** nuovo inizio di un'attività dopo un'interruzione: *la ripresa delle ostilità allo scadere della tregua; in più* (o *in varie*) *riprese,* di attività o processo che si svolge in più fasi discontinue; *a più riprese,* più volte, ripetutamente: *ho insistito con lui a più riprese perché terminasse quel lavoro* || *T.teatr.* nuovo allestimento di un'opera (dopo un periodo in cui non è stata rappresentata) || *T.sport.* nel calcio, secondo tempo di una partita: *ha segnato il secondo goal nella ripresa*; nel pugilato, ciascuna delle frazioni in cui è diviso un incontro: *match su dodici riprese, K.O. alla terza ripresa* || *T.mus.* il punto in cui inizia la ripetizione di un brano; nella ballata, ritornello; nella forma sonata, l'ultima sezione || *T.bot.* inizio di una nuova fase vegetativa, dopo un periodo di riposo || nella tecnica delle costruzioni, aggiunta di parti al preesistente e, *concr.*, le parti aggiunte: *una ripresa di un tronco autostradale* **2.** atto ed effetto del riprendersi; ritorno di energia, recupero: *il suo organismo ha dimostrato ottime capacità di ripresa; ripresa economica,* fase di aumento dell'attività economica dopo un periodo di recessione o stagnazione; di un veicolo a motore, accelerazione: *questa macchina è veloce ma ha poca ripresa* **3.** *T.cin.* e *T.fot.* registrazione di immagini mediante macchina fotografica, cinepresa o telecamera: *riprese televisive in esterni, una ripresa a tutto campo* || *concr.* immagine o sequenza di immagini riprese: *tagliò alcune riprese* **4.** *non com.* in sartoria, *pince,* piegolina || *dim.* ripresina. **Q.T.** *cinematografia, pugilato.*

ripreṣentàre (pres. *-ènto*) [da *presentare*; a. 1556] *tr.* presentare di nuovo: *ripresentare una persona; ripresentare un progetto, una legge,* sottoporli nuovamente alla discussione || *rifl.* tornare a presentarsi: *ripresentarsi alle elezioni,* proporre un'altra volta la propria candidatura || *intr. pron.* verificarsi nuovamente: *un fenomeno che si ripresenta a intervalli regolari.*

ripresina (*dim.* di *ripresa*) [1979] *sf.* nel linguaggio giornalistico, timida ripresa economica.

ripristinaménto [da *ripristinare*; 1798] *sm. non com.* atto del ripristinare.

ripristinàre (pres. *-ìstino*) [comp. parasint. di *pristino*; 1797] *tr.* **1.** rimettere nello stato di prima: *ripristinare una parete, un'antica villa* **2.** *per estens.* rimettere in funzione: *ripristinare il contatto telefonico* || *fig.* rimettere in vigore: *ripristinare una vecchia usanza* || **N. 1.** *Sin.* restaurare, riattare, ricostituire **2.** *Sin.* ristabilire.

ripristinazióne [da *ripristinare*; 1799 *repristinazione*] *sf. raro* ripristinamento.

ripristino [da *ripristinare*; 1813 *repristino*] *sm.* atto ed effetto del ripristinare || *in part. T.arch.* riconduzione di un edificio al suo carattere architettonico e alla sua destinazione originari.

riprivatiẓẓàre [da *privatizzare*; 1963] *tr.* restituire alla proprietà privata un bene o un servizio precedentemente statalizzato.

riprivatiẓẓazióne [da *riprivatizzare*; 1963] *sf.* atto ed effetto del riprivatizzare.

riproducìbile [da *riprodurre*; 1872] *agg.* che può essere riprodotto.

riproducibilità [da *riproducibile*; 1959] *sf.* l'essere riproducibile || capacità di riprodursi, riproduttività.

riprodùrre (pres. *-ùco* ecc., come PRODURRE) [da *produrre*; 1690 nel senso 2] *tr.* **1.** produrre uno o più esemplari identici o simili a un originale: *riprodurre una statua in gesso, un testo in fotocopia, apparecchi per riprodurre anche i suoni più deboli* || *fig.* raffigurare: *l'identikit riproduceva le fattezze dell'assassino, il francobollo riproduce una veduta di Venezia* **2.** produrre di nuovo: *il suo esperimento ha riprodotto lo stesso effetto* || ricreare: *il film non riesce a riprodurre la tensione del romanzo da cui è tratto* || *intr. pron.* **1.** generare individui della stessa specie: *animali che si riproducono per partenogenesi, che non si riproducono in cattività* **2.** *meno com.* formarsi di nuovo: *la crosta, la muffa si è riprodotta* || *per estens.* di eventi, aver nuovamente luogo, ripetersi: *bisogna evitare che simili crisi si riproducano* || **N.** *tr.* **1.** *Sin.* copiare; effigiare, rappresentare, ritrarre **2.** *Sin.* esprimere, rendere | *intr. pron.* **1.** *Sin.* moltiplicarsi **2.** *Sin.* ricrearsi, riformarsi; riverificarsi.

riproduttività [da *riproduttivo*; 1940] *sf. non com.* l'essere riproduttivo || *T.sociol.* processo di rinnovamento cui è sottoposta una popolazione: *tasso di riproduttività.*

riproduttìvo [da *riprodurre*; 1872] *agg.* **1.** relativo alla riproduzione: *periodo riproduttivo* **2.** atto a riprodurre: *forza riproduttiva.*

riproduttóre [da *riprodurre*; 1835] **I** *agg.* atto alla riproduzione: *apparecchio riproduttore* || *T.biol. apparato riproduttore,* negli animali pluricellulari, complesso di organi deputato alla riproduzione sessuale **II** *sm.* **1.** apparecchio che riproduce qualcosa: *riproduttore fonografico, pick up; riproduttore sonoro,* apparecchio che riproduce suoni registrati su nastri magnetici: *riproduttore stereofonico, monofonico, a cassette, a bobine* **2.** (f. *-trice*) animale selezionato destinato alla riproduzione della specie. **TAV.** *audiovisivi* 7.

riproduzióne [da *riprodurre*; a. 1685] *sf.* **1.** operazione del riprodurre e del riprodursi (nel senso 1): *è vietata la riproduzione dell'opera senza il permesso dell'editore; diritto di riproduzione (in copie), copyright* || *T.fis. riproduzione del suono,* trasformazione del segnale elettrico di uscita di un apparecchio di registrazione del suono nel corrispondente segnale sonoro || *T.biol.* funzione di tutti gli esseri viventi per cui ogni organismo è in grado di riprodurre altri individui della stessa specie: *riproduzione sessuale, asessuata, per gemmazione, per partenogenesi* **2.** *concr.* ciò che costituisce copia di un originale: *un libro pieno di bellissime riproduzioni a colori, alcuni castelli sono solo riproduzioni di originali medievali* **3.** *raro* atto del produrre di nuovo: *la riproduzione del fenomeno* || **N. 1.** *Sin.* copiatura, duplicazione, moltiplicazione, procreazione, proliferazione, ristampa **2.** *Sin.* copia, facsimile, falso, imitazione, rifacimento, ristampa. **Q.T.** *botanica, stampa...*

ripromèttere (pres. *-ètto* ecc., come PROMETTERE) [dal lat. *repromittere,* promettere alla propria volta; 1505] *tr.* tornare a promettere: *riprometto di ubbidire* || *intr. pron.* proporsi, prefiggersi: *si ripromise di tornare a trovarli.*

ripromissióne (ant. *repromissióne*) [dal lat. *repromissio, -ōnis*; 1300 ca. *repromissione*] *sf. ant.* atto del ripromettere e del ripromettersi.

ripropórre (pres. *-óngo* ecc., come PORRE) [da *proporre*; a. 1565] *tr.* avanzare, presentare nuovamente: *vi ripropongo il quesito cui non avete risposto ieri, ripropongo la mia candidatura* || *intr. pron.* **1.** ripresentarsi: *il problema si ripropone negli stessi termini dello scorso anno* **2.** prefiggersi: *si ripropose di non rifare quell'errore* || *rifl.* proporre, presentare di nuovo se stessi: *si ripropose come candidato.*

ripròva [da *riprovare*[1]; 1598 *ripruova*] *sf.* conferma: *questo è la riprova di quanto ti avevo detto* || *T.giur.* la prova contraria, per testi, che una parte in causa può esperire in contrasto con la prova già esperita dall'altra parte || *T.mat. disus.* operazione con cui si verifica se un'altra operazione è stata eseguita correttamente: *la riprova della divisione* || nella *loc. avv. a riprova,* a conferma || **N.** *Sin.* PROVA.

riprovagióne [dal lat. tardo *reprobātio, -ōnis*; 1308] *sf. ant.* riprovazione.

riprovaménto [da *riprovare*[2]; prima metà sec. XIV] *sm. raro* riprovazione.

riprovàre[1] (pres. *-òvo*) [da *provare*; 1353] *tr.* provare di nuovo: *riprovare un paio di scarpe* || *intr.* (aus. *avere*) ritentare: *riprovò ad arrampicarsi sull'albero* || *intr. pron.* provarsi di nuovo, osare di nuovo: *riprovati a dire quello che hai detto!* || **N.** PROVARE.

riprovàre[2] (pres. *-òvo*) [dal lat. tardo *reprobāre*; a. 1306 *reprovare*] *tr.* **1.** disapprovare, biasimare: *riprovò il suo comportamento* || *disus. raro* nel linguaggio scolastico, bocciare **2.** *raro* confutare, dimostrare falso.

riprovàto (*pps.* di *riprovare*[2]) [1959] *agg.* e *sm.* (f. *-a*) *disus. raro* di studente, bocciato a un esame.

riprovatóre [dal lat. tardo *reprobātor, -ōris*; a. 1604] *agg.* e *sm.* (f. *-trice*) *raro* che o chi riprova, rimprovera.

riprovazióne [dal lat. tardo *reprobātio, -ōnis*; a. 1294 *reprobassione*] *sf. lett.* severa disapprovazione, biasimo: *incontrare la generale riprovazione.*

riprovévole [da *riprovare*[2]; 1831] *agg.* che merita riprovazione || **riprovevolménte** *avv.* || **N.** *Sin.* biasimevole, censurabile, condannabile, deplorevole, deprecabile | *Contr.* ammirevole, encomiabile, incensurabile, lodevole.

ripuàrio (pl. *-ri*) [dal fr. *ripuaire*; 1835] *agg. lett.* ripario, ripense: *province ripuarie.*

ripudiàbile [da *ripudiare*; 1745] *agg.* che si può o si deve ripudiare.

ripudiàre (pres. *-ùdio*) [dal lat. *repudiāre*; a. 1606] *tr.* disconoscere, rinnegare un legame sociale o affettivo (spec. rif. alla moglie): *ripudiare un amico, la moglie* || *per estens.* rif. a oggetti, non riconoscerli come propri: *ripudiò gli scritti giovanili; in part.* rinnegare: *ripudiare la fede* || **N.** *Sin.* disconoscere, respingere, rifiutare.

ripudiatóre [dal lat. tardo *repudiātor, -ōris*; a. 1667] *agg.* e *sm.* (f. *-trice*) *non com.* che o chi ripudia.

ripùdio (pl. *-di*) [dal lat. *repudium*; 1598] *sm.* atto ed effetto del ripudiare: *il ripudio della moglie, dell'ideologia abbracciata in gioventù* || *in part.* nel diritto matrimoniale di alcuni popoli, dichiarazione che un coniuge fa all'altro di voler rompere il vincolo matrimoniale.

ripugnànte (*ppr.* di *ripugnare*) [1640] *agg.* **1.** che suscita ripugnanza: *uno spettacolo ripugnante* **2.** *ant.* opposto, antagonistico: *tesi tra loro ripugnanti* || **ripugnanteménte** *avv. raro* || **N. 1.** *Sin.* disgustoso, nauseabondo, nauseante, repellente, rivoltante, stomachevole | *Contr.* allettante, attraente, gradevole, piacevole.

ripugnànza [dal lat. *repugnantia*; sec. XIV *re-*

pugnanza] **sf. 1.** avversione, profondo disgusto, sia fisico che morale: *ho ripugnanza per gli insetti, per qualsiasi forma di violenza* **2.** *per estens. non com.* riluttanza: *ha ripugnanza a parlare in pubblico* **3.** *ant.* opposizione, incompatibilità: *c'è ripugnanza tra le due tesi* || **N. 1.** *Sin.* repulsione, ribrezzo, schifo; antipatia, resistenza.

ripugnàre [dal lat. *repugnāre*, letter. combattere contro; a. 1566 nel senso 2] **intr.** (aus. *avere*) **1.** suscitare ripugnanza (nel senso 1): *mi ripugna doverti picchiare* **2.** *ant.* opporsi, contrastare: *il tuo argomento ripugna alla logica* **3.** *ant. raro* combattere di nuovo || **N. 1.** *Sin.* disgustare, dispiacere, nauseare, repellere, schifare, stomacare; aborrire, detestare, odiare | *Contr.* allettare, attirare, piacere.

ripuliménto [da *ripulire*; a. 1606] **sm.** *raro* ripulitura.

ripulìre (pres. *-ìsco*) [da *pulire*; 1336 ca. nel senso 2] **tr. 1.** pulire di nuovo: *pulire e ripulire* **2.** pulire a fondo, eliminare tutta la sporcizia, anche *fig.*: *ripulire la cucina, ripulì la città dai malviventi* || *per estens.* eliminare il superfluo: *ripulire le piante dai rami secchi* || *per estens. scherz.* portare via tutto: *durante il weekend i ladri hanno ripulito l'alloggio, ha ripulito il piatto* **3.** *fig.* rifinire, limare: *ripulire uno scritto* || *non com.* rif. a persona, dirozzare, incivilire || **rifl. 1.** rimettersi in ordine **2.** *non com.* dirozzarsi, incivilirsi || **N. 2.** *Sin.* PULIRE | *Contr.* SPORCARE **3.** *Sin.* affinare, correggere, dirozzare, perfezionare, raffinare, revisionare, rivedere; affinare, ingentilire | *Contr.* peggiorare; imbarbarire, inselvatichire.

ripulìsti v. REPULISTI.

ripulìta [da *ripulire*; 1863] **sf.** singolo e rapido atto del ripulire (in tutti i sensi, anche *fig.*) e suo effetto: *dare una ripulita alla casa, stando insieme agli altri sarà costretto a darsi una ripulita* || *dim.* ripulitìna || **N.** *Sin.* ripulitura.

ripulitóre [da *ripulire*; a. 1729] **agg.** e **sm.** (f. *-trice*) *raro* che, chi ripulisce.

ripulitùra [da *ripulire*; a. 1712] **sf. 1.** atto ed effetto del ripulire (nel senso 1): *la ripulitura dei tessuti* || *fig.* ultima mano, rifinitura **2.** *concr.* ciò che si elimina nel ripulire: *la ripulitura della canapa.*

ripùlsa (raro *repùlsa*) [dal lat. *repulsa*; 1353] **sf.** diniego, netto rifiuto di domanda, petizione e sim.: *ricevere una ripulsa.*

ripulsàre [dal lat. *repulsāre*; a. 1306] **tr.** *arc.* respingere, rifiutare.

ripulsióne v. REPULSIONE.

ripulsìvo v. REPULSIVO.

ripuntàre [da *puntare*; 1872] **tr.** puntare di nuovo.

ripuntatóre [da *ripuntare*; 1959] **sm.** *T.agr.* tipo di aratro adatto a smuovere il terreno in profondità, senza tuttavia rimescolarlo con quello superficiale.

ripuntatùra [da *ripuntare*; 1959] **sf.** *T.agr.* aratura compiuta col ripuntatore.

ripurgàre (pres. *-ùrgo, -ùrghi*) [da *purgare*; 1599] **tr. 1.** purgare di nuovo o più accuratamente **2.** *non com.* purificare || *fig.* emendare, correggere: *ripurgare un testo.*

riputàre e der. forme ant. di REPUTARE e der. (v.).

riquadraménto [da *riquadrare*; 1550] **sm.** *raro* riquadratura.

riquadràre [comp. parasint. di *quadro*; a. 1574 nel senso 2] **tr. 1.** ridurre in forma quadrangolare; squadrare: *riquadrare un blocco di pietra* || *fig. fam. riquadrare la testa a qualcuno,* abituarlo a un maggiore rigore intellettuale **2.** effettuare i riquadri: *riquadrare un disegno* || *in part.* dipingere zoccoli e fregi di una stanza di un colore diverso da quello delle pareti || **intr.** (aus. *avere*) **1.** *raro* misurare in superficie: *questo locale riquadra venti metri* **2.** *fig. raro* quadrare, risultare giusto, tornare: *il tuo discorso non mi riquadra.*

riquadratóre [da *riquadrare*; 1872] **agg.** e **sm.** (f. *-trìce*) *raro* che o chi riquadra.

riquadratùra [da *riquadrare*; 1541] **sf.** atto ed effetto del riquadrare || **N.** *Sin.* riquadro, squadratura.

riquàdro [da *riquadrare*; a. 1616] **sm. 1.** spazio quadrangolare delimitato su di una superficie: *foglio da disegno diviso in quattro riquadri* || *T.arch.* spazio quadrangolare affrescato o decorato, delimitato da modanature o cornici; anche l'elemento che delimita tale spazio **2.** *raro* riquadratura || **N. 1.** pannello.

riqualificàre (pres. *-ìfico, -ìfichi*) [da *qualificare*; 1959] **tr.** qualificare di nuovo || dare una migliore qualificazione professionale.

riqualificazióne [da *qualificazione*; 1983] **sf.** il riqualificare.

risàcca [dallo sp. *resaca*; 1604] **sf.** moto di ritorno dell'onda che, respinta da un ostacolo, si scontra con l'onda successiva in arrivo, dando origine a un frangente.

risàia [da *riso*[1]; 1779] **sf.** terreno coltivato a riso: *risaia da vicenda, permanente,* in cui, rispettivamente, si avvicenda periodicamente o non si avvicenda mai alla coltura del riso quella di altra pianta || **N.** RISO.

risaiòlo [da *riso*[1]; 1891] **sm.** (f. *-a*) contadino che attende ai lavori della risaia || **N.** mondariso, mondina.

risaldaménto [da *risaldare*; a. 1698] **sm.** *non com.* atto ed effetto del risaldare.

risaldàre [da *saldare*; a. 1320] **tr. 1.** saldare di nuovo o meglio **2.** *per estens.* rimettere assieme, connettere i pezzi di qualcosa di rotto.

risaldatùra [da *risaldare*; a. 1698] **sf.** atto del risaldare || *concr.* il punto risaldato; anche la sostanza adoperata per la risaldatura.

risalìre (pres. *-sàlgo* ecc., come SALIRE) [da *salire*; a. 1321] **intr.** (aus. *essere*) **1.** salire di nuovo nel luogo da cui si era discesi: *risalire in soffitta; risalire in macchina, a cavallo,* rimontarvi || *per estens. fig.* di prezzo, aumentare: *il costo della vita è risalito* || *fig.* ricuperare idealmente, ripercorrendo all'indietro con la mente un processo temporale o logico: *risalire alle fonti della leggenda, occorre risalire alle cause del fenomeno* **2.** avere origine in, datare da: *quest'usanza risale a tempi remoti* || **tr. 1.** percorrere in salita: *risalire il versante più scosceso della valle; risalire il corso del fiume,* navigare controcorrente o, procedendo lungo le sue rive, dirigersi verso la sua sorgente **2.** salire di nuovo: *risalire le scale* || **N. intr. 1.** *Sin.* rimontare; rincarare; riandare, rievocare, ripensare, ritornare | **tr. 1.** *Sin.* ascendere, salire | *Contr.* discendere **2.** *Contr.* ridiscendere.

risalìta [da *risalire*; a. 1616] **sf.** l'atto e l'effetto del risalire: *la risalita dell'ultimo tratto del fiume fu molto faticosa; impianti, mezzi di risalita,* quelli di cui si servono gli sciatori e i turisti in montagna per risalire alla sommità delle piste (funivie, *ski-lift* e sim.) || **N.** *Contr.* ridiscesa.

risalìto (*pps.* di *risalire*) [1835] **agg.** e **sm.** (f. *-a*) *spreg. raro* di chi, da povero o sconosciuto che era, ha raggiunto la ricchezza o la fama || **N.** *Sin.* nuovo ricco, *parvenu,* villano rifatto.

risaltàre [da *saltare*; a. 1484 nel senso 3] **intr.** (aus. *avere*) **1.** spiccare, essere in evidenza, anche *fig.*: *in quella foto risalta bene nel resto del gruppo, risalta tra gli altri per intraprendenza; far risaltare,* mettere in evidenza: *un abito che fa risaltare il punto vita* **2.** *propr. T.arch.* aggettare, sporgere: *un fregio che risalta poco* **3.** saltare di nuovo: *è risaltato fuori da non so dove* || **tr.** saltare di nuovo: *risaltò il fosso* || **N. intr. 1.** *Sin.* campeggiare, emergere, evidenziarsi, staccare | *Contr.* svanire, uniformarsi **2.** *Sin.* rilevarsi.

risàlto [da *risaltare*; a. 1519 nel senso 4] **sm. 1.** spicco, evidenza, anche *fig.*: *il risalto dei colori vivaci sul fondo scuro; porre, mettere in risalto, dar risalto,* evidenziare, far spiccare **2.** *propr. T.arch.* aggetto, sporgenza: *il risalto del cornicione* **3.** nelle antiche fortificazioni, spalto **4.** *ant.* rimbalzo || **N. 1.** *Sin.* apparìscenza, rilievo, stacco, vistosità **2.** *Sin.* prominenza, rilievo, sbalzo, sporto.

risalutàre [da *salutare*; fine sec. XIII] **tr. 1.** salutare di nuovo **2.** rendere, restituire il saluto || **rec.** salutarsi scambievolmente.

risanàbile [da *risanare*; 1505] **agg.** che si può risanare.

risanabilità [da *risanabile*; 1983] **sf.** l'essere oggetto di possibile risanamento: *la risanabilità del debito pubblico.*

risanaménto [da *risanare*; a. 1547] **sm.** atto ed effetto del risanare, anche *fig.*: *il risanamento di una zona paludosa, degli allevamenti bovini infettati, risanamento finanziario di un'impresa; risanamento edilizio,* complesso di interventi che vanno dalla dotazione di strutture igienico-sanitarie, al consolidamento statico, alla ristrutturazione fino, talora, alla demolizione delle strutture fatiscenti || **N.** *Sin.* bonifica, disinfestazione, disinfezione; miglioramento, riassetto | *Contr.* infestazione, inquinamento; peggioramento.

risanàre (pres. *-àno*) [dal lat. tardo *resanāre*; a. 1321] **tr. 1.** far guarire: *quella terapia l'ha completamente risanato* **2.** *com. per estens.* determinare un sensibile e permanente miglioramento di qualcosa; rimettere in sesto, anche *fig.*: *risanare un quartiere del centro storico, il bilancio dello stato* || *in part.* rendere salubre, bonificare: *risanare l'Agro Romano* || **intr.** (aus. *essere*) *raro* recuperare la salute, guarire || **N. tr. 1.** *Sin.* guarire, ristabilire **2.** *Sin.* migliorare, riassestare | *Contr.* infestare, inquinare | **intr.** *Sin.* rimettersi, ristabilirsi.

risanatóre [da *risanare*; 1745] **agg.** e **sm.** (f. *-trìce*) *lett.* che o chi risana: *natura risanatrice.*

risapére (pres. *risò, risài, risà* ecc., come SAPERE) [da *sapere*; 1353] **tr.** venire a sapere per sentito dire, per fama, per relazione: *riseppero tutto quello che ci dicemmo.*

risapùto (*pps.* di *risapere*) [1664] **agg.** noto a tutti: *il loro fidanzamento è ormai cosa risaputa.*

risarcìbile [da *risarcire*; 1745] **agg.** che si può o si deve risarcire: *danno risarcibile.*

risarcibilità [da *risarcibile*; 1986] **sf.** l'essere risarcibile.

risarciménto [da *risarcire*; a. 1642] **sm. 1.** atto ed effetto del risarcire: *chiedere, ottenere un risarcimento dei danni* || *concr.* ciò con cui si risarcisce: *ricevemmo un risarcimento ridicolo* **2.** *ant.* riparazione, restauro || **N. 1.** *Sin.* indennizzo, rifusione, rimborso.

risarcìre (pres. *-ìsco, -ìsci*) [dal lat. *resarcīre*, ricucire, riparare; 1342 ca. nel senso 2] **tr. 1.** indennizzare per il danno arrecato: *questo denaro mi risarcisce dell'invalidità che ho subito* || *fig.* compensare, ripagare: *risarcire qualcuno di un'offesa* **2.** *ant.* riparare, restaurare: *risarcire un muro* || **intr. pron.** *ant.* cicatrizzarsi: *la ferita si è risarcita* || **N. 1.** *Sin.* ricompensare, rifondere, rimborsare; riscattare.

risarèllo [da *riso*[2]; 1959] **agg.** *rom.* ridente, atteggiato al sorriso: *occhi risarelli.*

risàta [da *riso*[2]; a. 1566] **sf.** prolungata e sonora emissione di riso: *scoppiò in una risata fragorosa, che risate a sentirlo raccontare!, risata aperta, grassa; risata omerica,* rumorosa e lunga, come quella degli dei omerici; *disus. finire in risata,* in nulla di serio, in uno scherzo || *dim.* risatìna; *accr.* risatóna; *pegg.* risatàccia || **N.** RISO.

risàzio (pl. *-zi*) [da *sazio*; a. 1380] **agg.** *fam. non com.* più che sazio: *essere sazio e risazio di qualcosa* || **N.** *Sin.* satollo.

risbaldìre (pres. *-ìsco, -ìsci*; non usato nei tempi composti) [dal provenz. *esbaudir*, metà del sec. XIII] *tr.* e *intr. ant.* rallegrare e rallegrarsi.

riscaldaménto [da *riscaldare*; a. 1320] *sm.* **1.** atto del riscaldare: *il riscaldamento della parte contusa*; nello sport *esercizi di riscaldamento* (o *ass. riscaldamento*), attività ginnica volta ad aumentare il calore naturale del corpo e a preparare a uno sforzo **2.** tecnica, procedimento, operazione di innalzamento della temperatura: *riscaldamento a legna, a carbone, a gasolio, a metano, elettrico*, a seconda del combustibile usato; *le spese per il riscaldamento* || *com. concr.* impianto di riscaldamento: *accendi il riscaldamento*; *riscaldamento centrale, autonomo*, impianto che serve un intero stabile o, invece, una singola unità abitativa **3.** effetto del riscaldare, aumento della temperatura: *l'incidente è stato provocato dall'eccessivo riscaldamento dei freni, in questi locali il riscaldamento è troppo alto* || *per estens. pop. raro* leggera infiammazione, riscaldo e, *fig.*, stato di eccitazione: *cibi che provocano riscaldamento*; *uomini che... per un riscaldamento di passione... fanno di tutto per ispingere le cose al peggio* (Manzoni) || **N. 1.** calore **2.** braciere, bruciatore, caldaia, calorifero, caminetto, fornace, fornello, forno, radiatore, scaldaacqua, scaldabagno, scaldaletto, scaldamani, scaldapiedi, scaldavivande, scaldino, stufa, termosifone, trabiccolo. **Q.T.** *sport.*

riscaldàre [da *scaldare*; fine sec. XIII nel senso 2] *tr.* **1.** scaldare di nuovo: *riscaldare la minestra* **2.** scaldare, anche *fig.*: *riscaldare l'acqua per la pasta, riscaldare l'uditorio con facili slogan* || *ass.* aumentare la temperatura di un ambiente: *questa stufa riscalda bene* || *rifl.* scaldarsi: *cercavano di riscaldarsi a quel pallido sole* || *intr. pron.* **1.** diventare caldo: *la minestra dev'essersi riscaldata* **2.** *fig.* surriscaldarsi: *l'ambiente si sta riscaldando*; infiammarsi, prendersela: *si riscalda tanto per gli amici, non è il caso di riscaldarsi per una simile piccolezza* || *rifl. indir.* fare attività fisica di riscaldamento: *fare un po' di ginnastica per riscaldarsi i muscoli* || *intr.* (aus. *avere*) **1.** surriscaldarsi: *questo motore riscalda* (*troppo*) **2.** *impers.* (aus. *essere*) dell'aria, diventare meno fredda: *da qualche giorno è riscaldato parecchio* || **N.** *tr.* **1.** *Contr.* raffreddare, rifreddare | *intr. pron.* **2.** *Sin.* accalorarsi, accendersi, appassionarsi, eccitarsi, infervorarsi, infiammarsi | *Contr.* calmarsi, quietarsi.

riscaldàta [da *riscaldare*; 1940] *sf.* veloce e approssimativa scaldata || *dim.* riscaldatìna.

riscaldàto (*pps.* di *riscaldare*) [1342 ca. nel senso 2] *agg.* **1.** che è stato scaldato di nuovo: *cibo riscaldato* || *fig. spreg. è sempre la solita minestra riscaldata*, di ciò che è vecchio, risaputo, ma vien fatto passare per nuovo, originale **2.** *non com.* surriscaldato.

riscaldatóre [da *riscaldare*; 1745] *sm.* **1.** nome generico di qualsiasi dispositivo per riscaldare **2.** (f. *-trìce*) chi riscalda.

riscaldatùra [da *riscaldare*; a. 1597] *sf. raro* riscaldamento.

riscàldo [da *riscaldare*; 1804] *sm.* **1.** *raro* riscaldamento **2.** *pop.* leggera infiammazione dello stomaco o dell'intestino, in gen. accompagnata da eruzioni cutanee **3.** *fig. pop. raro* infatuazione, passione **4.** *forno a riscaldo*, forno utilizzato per portare un materiale alla temperatura di lavorazione.

riscattàbile [da *riscattare*[1]; 1872] *agg.* che si può riscattare || **N.** *Sin.* redimibile, ricuperabile, svincolabile.

riscattàre [lat. volg. **reexcaptāre*, trarre fuori tirando verso sé; a. 1348] *tr.* **1.** riavere qualcosa che era in mano di altri (spec. perché era stato sottratto o si era ceduto), consegnando in cambio denaro o altri beni: *riscattare il figlio rapito, un prigioniero di guerra, un pegno* || *T.giur.* riacquistare la completa disponibilità di un bene liberandolo da un'ipoteca o da altro gravame: *riscattare l'alloggio ipotecato*; anche, eliminare gli obblighi a carattere continuativo derivanti da certi contratti (rendite, assicurazioni ecc.), corrispondendo in una sola volta quanto dovuto **2.** *fig.* liberare, redimere: *riscattare il terzo mondo dalla povertà, Cristo, col suo sacrificio, ha riscattato l'umanità* || *rifl.* redimersi da una colpa, liberarsi da una condizione deplorevole e sim. (anche, *fig.*, detto di enti inanimati): *si riscattò con un gesto eroico dalla vigliaccheria di tutta una vita*; *il film riesce a riscattarsi solo verso la fine, quando acquista un po' di vivacità* || **N.** *tr.* **1.** *Sin.* recuperare, riacquistare, ricomprare; svincolare | *Contr.* impegnare, vincolare **2.** *Sin.* affrancare, salvare | *rifl. Sin.* affrancarsi, rifarsi, salvarsi.

riscattatóre [da *riscattare*[1]; a. 1604] *agg.* e *sm.* (f. *-trìce*) *raro* che o chi riscatta, anche *fig.* || **N.** *Sin.* redentore.

riscàtto [da *riscattare*[1]; 1353] *sm.* **1.** atto ed effetto del riscattare: *chiedere il riscatto di un prigioniero, il prezzo del riscatto*; *case a riscatto*, alloggi economici concessi in locazione agli assegnatari che potranno divenirne proprietari pagandone ratealmente il prezzo; *patto di riscatto*, contratto in cui il venditore si riserva il diritto di riavere la proprietà della cosa tramite la restituzione del prezzo e il rimborso delle spese fatte; *fig.* redenzione, liberazione: *il riscatto dall'ignoranza, dalla schiavitù della droga* **2.** *concr.* ciò con cui si riscatta: *pagare un riscatto ingente* || **N. 1.** *Sin.* affrancamento, liberazione, recupero, redenzione, svincolo.

riscégliere (pres. *-élgo* ecc., come SCEGLIERE) [da *scegliere*; 1690] *tr.* scegliere di nuovo o scegliere con più cura tra più cose già scelte.

riscélta [da *scelta*; a. 1729] *sf.* nuova scelta.

rischiaraménto [da *rischiarare*; sec. XIV nel senso 2] *sm.* **1.** atto ed effetto del rischiarare (anche, ma meno com., *fig.*) **2.** *arc.* spiegazione, giustificazione.

rischiaràre [comp. parasint. di *chiaro*; fine sec. XIII come intr.] *tr.* **1.** rendere chiaro, luminoso: *la luna rischiara la notte* || meno com. *fig.* rendere comprensibile; chiarire: *la sua lezione mi ha rischiarato le idee* **2.** *per estens. fig.* rendere più limpido, squillante, nitido e sim.: *rischiarare un vino facendolo depositare* || *rischiarare la voce*, renderla più nitida || *rischiarare un bosco*, sfoltirlo; *rischiarare un albero*, diradarne i rami || *intr.* (aus. *essere*) (anche *impers.*) del tempo, schiarire o schiarirsi: *già rischiara* || *intr. pron.* diventare chiaro o più chiaro; chiarirsi, anche *fig.*: *la situazione comincia a rischiararsi, a quella notizia si rischiarò in volto* || **N.** *tr.* **1.** *Sin.* chiarire, illuminare, schiarire; delucidare | *Contr.* incupire, offuscare, oscurare, scurire **2.** *Contr.* intorbidare | *intr. Sin.* rasserenarsi | *Contr.* rannuvolarsi | *intr. pron. Sin.* illuminarsi, rasserenarsi | *Contr.* incupirsi, scurirsi.

rischiaràta [da *rischiarare*; 1974] *sf.* di tempo, schiarita.

rischiàre (pres. *rìschio*) [da *rischio*; a. 1348] *tr.* mettere a repentaglio: *rischiare la vita* || *ass.* correre il rischio: *ha rischiato di essere colto con le mani nel sacco* || *impers.* del tempo, minacciare: *rischia di piovere*, minaccia pioggia || **N.** *tr. Sin.* ardire, arrischiare, azzardare, osare | arrischiarsi, azzardarsi, esporsi.

rischiarìre (pres. *-ìsco, ìsci*) [comp. parasint. di *chiaro*; sec. XIV] *intr.* (aus. *essere*) e *intr. pron.* diventare chiaro o più chiaro: *il cielo* (*si*) *è rischiarito* || *rifl. indir.* schiarirsi di nuovo: *si è rischiarita i capelli* || *tr. raro* rendere di nuovo chiaro o più chiaro || **N.** *Sin.* RISCHIARARE.

rìschio (pl. *-schi*) [etim. inc.; a. 1292] *sm.* concreta possibilità di un danno, di una conseguenza spiacevole e sim.: *qui c'è il rischio che crolli tutto, ha corso il rischio di non farcela*; *indennità di rischio*, corrisposta a chi corre particolari rischi per ragioni attinenti al lavoro || *in part.* possibilità di perdita economica: *calcolare i rischi commerciali e tecnici nella gestione di un'azienda*; *primo rischio*, clausola di un contratto di assicurazione con la quale l'assicuratore si impegna a corrispondere il risarcimento totale anche se l'assicurazione copre solo una parte del valore della cosa assicurata || nelle loc. *a rischio di*, correndo il rischio di, anche a costo di: *mangiò tutto, a rischio di scoppiare*; *a rischio* (*e pericolo*) *di qualcuno*, in modo che gli eventuali danni o perdite saranno subiti esclusivamente da quella persona: *fallo pure, ma a tuo rischio e pericolo!*, *la merce viaggia a rischio del mittente*; *porre, mettere a rischio*, rischiare: *mise a rischio la propria vita per salvare l'amico* || *per estens.* pericolo: *amare il rischio*, le situazioni rischiose, pericolose; *un malato a rischio*, continuamente in pericolo di morte || **N.** *Sin.* alea, repentaglio; avventura, cimento, pericolo.

rischiosità [da *rischioso*; 1983] *sf.* l'essere rischioso.

rischióso [da *rischio*; 1598] *agg.* che comporta un rischio, pieno di rischi: *un'impresa, una proposta rischiosa* || **rischiosaménte** *avv.* || **N.** *Sin.* pericoloso; audace, avventato, imprudente.

risciacquaménto [da *risciacquare*; 1745] *sm. raro* atto del risciacquare.

risciacquàre (pres. *-àcquo*) [da *sciacquare*; a. 1320] *tr.* **1.** sciacquare: *risciacquare il bucato* || *fig. risciacquare i panni* (o *i cenci*) *in Arno*, adeguarsi al modello linguistico fiorentino **2.** sciacquare di nuovo: *l'ho risciacquato, ma il sapone non è andato tutto via* || *rifl.* asportare il sapone con l'acqua o bagnarsi, rinfrescarsi: *lavarsi e risciacquarsi* || *rifl. indir.* lavarsi con acqua: *risciacquarsi le mani alla fontana.*

risciacquàta [da *risciacquare*; 1598] *sf.* **1.** veloce e approssimativa risciacquatura, sciacquata: *darsi una risciacquata* **2.** *fig. fam. non com.* lavata di capo, sgridata || *dim.* risciacquatìna.

risciacquatóio (pl. *-ói*) [da *risciacquare*; a. 1449] *sm.* canale di scolo dei mulini a vento o ad acqua || **N.** *Sin.* margone.

risciacquatóre [da *risciacquare*; 1823] *agg.* e *sm.* (f. *-trìce*) che o chi risciacqua.

risciacquatùra [da *risciacquare*; 1804] *sf.* **1.** atto ed effetto del risciacquare; risciacquo **2.** *per estens. concr.* l'acqua in cui qualcosa è stato risciacquato: *butta via la risciacquatura dei piatti* || *fig. pop. spreg.* bevanda o pietanza liquida sgradevole: *questo non è brodo, ma risciacquatura di piatti!* || *per estens. fig.* opera letteraria eccessivamente lunga, povera di sostanza e priva di originalità || **N.** *Sin.* sciacquatura, sciacquo | lavaggio.

risciàcquo [da *risciacquare*; 1940] *sm.* atto ed effetto del risciacquare: *la lavatrice è in fase di risciacquo, aggiungere l'ammorbidente nel risciacquo* || *in part.* il risciacquarsi la bocca con preparati medicinali: *fare risciacqui con un collutorio* || **N.** *Sin.* sciacquatura, sciacquo | lavaggio.

riscintillàre [da *scintillare*; 1872] *intr.* (aus. *avere*) scintillare di nuovo, di più o ripetutamente.

risciò (raro *ricsiò* o *ricsò*) [dal giapp. (*jin-*) *rikisha*, letter. veicolo mosso dalla forza di un uomo, attr. l'ingl. *rickshaw*; 1942] *sm. inv.* mezzo di trasporto urbano, in uso nelle città dell'Estremo Oriente, consistente in una carrozzella a due ruote trainata da un uomo a piedi o più spesso in bicicletta.

rìscolo [etim. inc.; 1779] *sm. T.bot.* ciascuna di varie piante annue delle Chenopodiacee, tra cui il finocchio marino || **N.** *Sin.* bacicci.

riscontàre (pres. *-ónto*) [comp. parasint. di *sconto*; 1905] *tr. T.banc.* effettuare un'operazione di risconto.

riscónto [da *riscontare*; 1905] *sm. T.banc.* cessione, in pagamento o in garanzia, di cambiali che erano già state scontate.

riscontràbile [da *riscontrare*; a. 1704] ***agg.*** che si può riscontrare.

riscontraménto [da *riscontrare*; sec. XIV nel senso 2] ***sm.*** **1.** *raro* riscontro **2.** collazione.

riscontràre (pres. *-óntro*) [comp. parasint. di *contro*; sec. XIII nel senso 4] ***tr.*** **1.** *com.* rilevare in seguito a un attento esame: *nel testo si riscontrano alcune inesattezze* **2.** controllare, verificare qualcosa sotto un certo aspetto: *riscontrare le misure del carico per stabilire se sono nella norma, il funzionamento di un apparecchio*; *riscontrare il resto,* ricontarlo per verificarne l'ammontare **3.** *propr.* mettere a confronto due o più elementi per cogliere analogie e differenze; confrontare, collazionare: *riscontrare l'originale e la copia di un documento*; *riscontrare una citazione,* controllarne l'esattezza confrontandola con il passo corrispondente del testo originale **4.** *tosc.* incontrare ‖ andare incontro ‖ ***intr.*** (aus. *avere*) *non com.* risultare uguale o corrispondente: *i calcoli fatti nei due registri riscontrano* ‖ ***intr. pron.*** **1.** scontrarsi di nuovo: *mi sono riscontrato con un camion* **2.** *raro tosc.* imbattersi, incontrare: *mi sono riscontrato nello stesso impiegato cafone dell'altra volta* ‖ ***rifl. rec.*** incontrarsi, scontrarsi nuovamente: *le due auto si sono riscontrate* ‖ **N.** ***tr.*** **1.** *Sin.* cogliere, evidenziare, notare, osservare **3.** *Sin.* mettere a fronte, paragonare | ***intr.*** *Sin.* coincidere, concordare, corrispondersi, essere conforme.

riscontràta [da *riscontrare*; 1891 *riscontratina*] ***sf.*** *non com.* veloce e sommario riscontro: *dare una riscontrata al resto, a due documenti.*

riscontratóre [da *riscontrare*; 1872] ***agg.*** e ***sm.*** (f. *-trìce*) *raro* che o chi riscontra.

riscóntro [da *riscontrare*; 1521] ***sm.*** **1.** *fig.* corrispondenza, rispondenza: *avere, trovare riscontro,* avere corrispondenza, conferma: *ciò che tu cerchi di dimostrare non trova alcun riscontro nella realtà*; *fare riscontro,* corrispondere ‖ *propr.* corrispondenza simmetrica di due o più elementi posti frontalmente l'uno rispetto all'altro: *alla cattedrale fa riscontro, sul lato opposto della piazza, il palazzo dei signori* ‖ *T.mecc. piano di riscontro* (*o di paragone*), piano di appoggio per i pezzi su cui deve essere effettuata una tracciatura **2.** *per estens. concr.* ciò che sta di riscontro: *questo mobile aveva come riscontro una credenza che non ho più* ‖ *T.mecc.* pezzo corrispondente a un altro in un incastro: *ricalibrare i riscontri dei denti di una ruota dentata, nel rimontare l'armadio bisogna fare attenzione ai riscontri*; *in part.* all'interno di una serratura, meccanismo composto di leve, azionato solo da una chiave che abbia una conformazione corrispondente a quella delle leve stesse ‖ *T.comm.* lettera di risposta (spec. di conferma dell'avvenuto ritiro di merci o documenti): *attendendo il riscontro* **3.** *per estens. raro* corrente d'aria prodotta da due aperture che si riscontrano, che sono l'una di fronte all'altra **4.** raffronto: *il riscontro di due conteggi* **5.** prova, esame: *il riscontro della resa di un motore* **6.** atto ed effetto del riscontrare (nel senso 1): *il riscontro di un ammanco di cassa, il riscontro casuale di un difetto cardiaco* ‖ **N.** **1.** simmetria **4.** *Sin.* confronto, paragone **5.** *Sin.* controllo, verifica.

riscoprìre (pres. *-òpro* ecc., come APRIRE) [da *scoprire*; 1872] ***tr.*** scoprire di nuovo ‖ valorizzare nuovamente dopo un periodo di oscurità: *riscoprire l'arte italiana di fine Ottocento, i piaceri della compagnia* ‖ ***rifl.*** scoprirsi di nuovo: *riscoprirsi pittore.*

riscórrere (pres. *-órro* ecc., come CORRERE) [da *scorrere*; sec. XV] ***tr.*** *fig.* scorrere, percorrere di nuovo: *riscorrere con la memoria gli ultimi avvenimenti* ‖ ***intr.*** (aus. *avere*) *non com.* scorrere di nuovo: *dopo averlo oliato riscorre* ‖ **N.** ***tr.*** *Sin.* riandare, ripercorrere; rammentare.

riscòssa [da *riscuotere*; a. 1348] ***sf.*** **1.** controffensiva vittoriosa, anche *fig.*: *incitare i soldati alla riscossa, è suonata l'ora della riscossa, la riscossa civile delle genti di colore* **2.** *raro* liberazione **3.** *ant.* riscossione.

riscossióne [da *riscuotere*; a. 1311] ***sf.*** atto e modo del riscuotere denaro: *il giorno della riscossione dell'affitto, riscossione delle imposte per ritenuta diretta, per versamento in tesoreria.*

riscossóne [da *scossone*; 1891] ***sm.*** *non com.* scossone, sobbalzo.

riscòtere e der. v. RISCUOTERE e der.

riscrittùra [da *scrittura*; 1969] ***sf.*** atto ed effetto del riscrivere ‖ *T.ling. regole di riscrittura,* regole che permettono di individuare i costituenti di una frase e di attribuirle un indicatore sintagmatico.

riscrìvere (pres. *-ìvo* ecc., come SCRIVERE) [dal lat. *rescrībere*; sec. XIV come intr. nel senso 2] ***tr.*** scrivere di nuovo, spec. per migliorare il primo testo: *ho riscritto l'ultimo capitolo del romanzo* ‖ ***ass.*** scrivere di nuovo: *non ho avuto risposta, così gli ho riscritto* ‖ scrivere in risposta: *gli ho riscritto per ringraziarlo dell'invito.*

riscuòtere (disus. *riscòtere*) (pres. *-scuòto* ecc., come SCUOTERE) [da *scuotere*; fine sec. XIII come intr. pron.] ***tr.*** **1.** ritirare qualcosa (e spec. incassare una somma) cui si ha diritto: *riscuotere un premio, un credito, lo stipendio* ‖ *per estens.* ottenere, conseguire in virtù delle proprie qualità: *riscuote la stima di tutti, il suo numero ha riscosso molti applausi* **2.** svegliare bruscamente o, anche, far riavere bruscamente da uno stato di torpore, anche *fig.*: *il suono del telefono lo riscosse* **3.** scuotere, agitare di nuovo: *l'ho scosso e riscosso ben bene* ‖ ***intr. pron.*** rianimarsi, ridestarsi, riaversi bruscamente: *a quel boato si riscosse* ‖ *fig.* reagire, ribellarsi, insorgere: *si riscossero dalla schiavitù* ‖ **N.** ***tr.*** **1.** *Sin.* percepire; riportare | *Contr.* pagare, sborsare, versare **2.** *Sin.* ridestare, risvegliare | *Contr.* addormentare, sopire.

riscuotìbile o **riscotìbile** [da *riscuotere*; 1804 *riscotibile*] ***agg.*** che si può riscuotere.

riscuotiménto o **riscotiménto** [da *riscuotere*; 1612 *riscotimento*] ***sm.*** *raro* riscossione.

riscuotitóre o **riscotitóre** [da *riscuotere*; a. 1565 *riscotitore*] ***sm.*** (f. *-trìce*) *raro* esattore.

risecàre v. RESECARE.

riseccàre (pres. *-écco, écchi*) [da *seccare*; a. 1320] ***tr.*** seccare, disseccare di nuovo o totalmente: *la siccità ha riseccato la terra* ‖ ***intr.*** (aus. *essere*) e ***intr. pron.*** diventare più secco o completamente secco; rinsecchire.

risecchìre (pres. *-ìsco, -ìsci*) [comp. parasint. di *secco*; 1766] ***intr.*** (aus. *essere*) e ***intr. pron.*** *pop. tosc.* divenire secco, rinsecchire.

risecchìto (*pps.* di *risecchire*) [1872] ***agg.*** *pop. tosc.* rinsecchito.

risécco (pl. *-chi*) [da *secco*; a. 1400] ***agg.*** *pop. tosc.* rinsecchito.

risedére[1] (pres. *-sièdo* o, disus., *-sèggo* ecc., come SEDERE) [da *sedere*; a. 1729] ***intr.*** (aus. *essere*) e ***intr. pron.*** sedersi nuovamente: *risiedi un momento, si è riseduto al suo posto.*

risedére[2] (pres. *-édo*) [dal lat. *residēre*; a. 1306] ***intr.*** (aus. *avere*) *arc.* risiedere.

riséga [da *risegare*; a. 1537] ***sf.*** **1.** *T.edil.* progressiva riduzione di un muro o di un pilastro allo scopo di variarne la sezione resistente **2.** *per estens.* brusca rientranza che forma una sorta di gradino su una superficie: *il versante nord del monte forma una risega* ‖ sporgenza che si forma ai lati di un solco prodotto in un corpo cedevole da qualcosa che stringe: *l'anello mi ha fatto una risega al dito*; *in part.* solco nelle carni delle persone grasse ‖ **N.** **1.** rientranza.

risegàre (pres. *-égo, éghi*) [lat. *resecāre*; a. 1320 nel senso 2] ***tr.*** **1.** segare di nuovo **2.** *raro* recidere, resecare ‖ ***intr. pron.*** formare una risega.

risémina [da *semina*; 1959] ***sf.*** *T.agr.* nuova semina, effettuata nel caso in cui la prima sia stata compromessa da parassiti o dal maltempo.

risensàre (pres. *-ènso*) [comp. parasint. di *senso*; a. 1321] ***intr.*** (aus. *essere*) e ***intr. pron.*** *raro* riprendere i sensi, rinvenire.

risentiménto [da *risentire*; a. 1566] ***sm.*** **1.** sorda ostilità nei confronti di qualcuno da cui ci si ritiene danneggiati, offesi e sim.; rancore: *nutre ancora del risentimento per la sua vecchia fiamma che lo abbandonò, sfogare il proprio risentimento sul primo venuto* **2.** *non com. T.med.* atto ed effetto del risentire gli effetti dolorosi di una malattia ‖ *per estens.* stato di leggera e breve sofferenza di un organo: *risentimento timpanico* ‖ **N.** **1.** *Sin.* animosità, malanimo, odio, ruggine, sdegno.

risentìre (pres. *-ènto* ecc., come SENTIRE) [da *sentire*; 1353 come intr. pron. nel senso 2] ***tr.*** **1.** sentire di nuovo: *ho risentito il rumore di prima* ‖ riascoltare: *risentire un concerto* **2.** *non com.* subire l'effetto di qualcosa: *risentire la mancanza d'affetto da parte dei genitori, risentire i benefici della cura* ‖ ***rifl.*** sentirsi di nuovo in un certo modo, provare nuovamente una certa sensazione: *risentirsi male, ora mi risento in grado di affrontare la situazione* ‖ ***rec.*** riparlarsi, e spec. ritelefonarsi: *ci risentiamo domani* ‖ ***intr.*** (aus. *avere*) **1.** avvertire gli effetti (perlopiù dannosi) di una causa più o meno lontana: *il ragazzo risente della cattiva educazione ricevuta, le condizioni economiche del paese risentono ancora della caduta della moneta* ‖ *per estens.* mostrare l'influenza di qualcosa, conservarne l'impronta: *il suo stile risente di quello del maestro* **2.** *raro* avere un sentore (perlopiù sgradevole): *questo vino risente di acido* ‖ ***intr. pron.*** **1.** offendersi, provare risentimento: *si è risentito per quello che gli ho detto, risentirsi con qualcuno* **2.** *non com.* destarsi, svegliarsi ‖ riaversi, rinvenire; *in part.* di fiori e piante, riprendersi ‖ **N.** ***tr.*** **1.** *Sin.* cogliere di nuovo, udire di nuovo **2.** *Sin.* patire, soffrire; godere | ***intr.*** **2.** *Sin.* odorare, sapere, sentire | ***intr. pron.*** **1.** *Sin.* adirarsi, arrabbiarsi, impermalirsi.

risentitézza [da *risentire*; 1872] ***sf.*** *raro* caratteristica di chi si risente facilmente ‖ **N.** *Sin.* permalosità, suscettibilità.

risentìto (*pps.* di *risentire*) [a. 1566] **I *agg.*** **1.** pieno di risentimento; offeso: *atteggiamento risentito* **2.** sentito di nuovo: *questa è una storia sentita e risentita!* **3.** *fig.* che si fa sentire, accentuato, rilevato; *com.* solo in alcune loc.: *polso risentito,* forte; *passo risentito,* veloce; *maniera risentita, stile risentito,* vigorosi, vivaci; *linee risentite,* nitide, decise; *colori risentiti,* accesi, vivaci; *lineamenti risentiti,* molto pronunciati ‖ **risentitaménte** ***avv.*** con risentimento **II *avv.*** *raro* risentitamente: *risposero risentito* ‖ **N.** I **1.** *Sin.* ferito, rancoroso **3.** *Sin.* intenso, vivo **II** *Contr.* indulgentemente.

riserbàre[1] (pres. *-èrbo*) [da *serbare*; 1353] ***tr.*** *raro* serbare di nuovo.

riserbàre[2] e der. forme rare di RISERVARE e der. (v.).

risèrbo [da *riserbare*[2]; 1478 nel senso 2] ***sm.*** **1.** circospezione, prudenza di contegno, spec. nel parlare, trattenendosi dal manifestare apertamente i propri sentimenti: *mantenere il più rigoroso riserbo*; *uscire dal riserbo,* manifestare con parole o atti ciò che prima si manteneva segreto **2.** *ant.* guardia, difesa ‖ **N.** **1.** *Sin.* avvertenza, delicatezza, discrezione, ritegno.

riserìa o **risièra** [da *riso*[1]; 1940] ***sf.*** stabilimento industriale per la lavorazione del riso ‖ **N.** *Sin.* risificio.

riserràre (pres. *-èrro*) [da *serrare*; 1313 nel senso 2] ***tr.*** **1.** serrare di nuovo **2.** *raro* rinserrare, rinchiudere.

risèrva [da *riservare*; 1639] **sf.** **1.** atto ed effetto del mettere in serbo qualcosa per servirsene al momento opportuno; accantonamento: *fare la riserva del cibo* || *com. concr.* ciò che è messo in serbo; provvista, scorta: *la riserva d'acqua si è quasi esaurita, dar fondo alle proprie riserve, intaccare le riserve* || *in part.* *T.econ.* scorta di valori che società, aziende di credito o lo Stato accantonano per fronteggiare rischi futuri: *riserve valutarie, auree* || nella motoristica, quantità residua del carburante contenuto nel serbatoio, che consente di percorrere ancora una breve distanza: *essere in riserva*, consumare il carburante di riserva (il che viene segnalato dall'accensione di una spia, detta anch'essa *riserva*) || *T.enol.* quantitativo di vino messo da parte ogni anno per l'invecchiamento: *Barolo riserva 1959* || *T.mil.* forze non direttamente impegnate in campo, ma tenute a disposizione per intervenire in caso di necessità || *T.mil.* insieme di coloro che, pur non essendo in servizio attivo, sono ancora soggetti a obblighi militari: *in caso di guerra si richiamano le riserve, ufficiali della riserva* || *T.sport.* giocatore o atleta che partecipa a una competizione o ciclo di competizioni solo in caso di indisponibilità di un altro giocatore o atleta: *durante la partita di calcio le riserve e l'allenatore siedono in panchina* || *T.mar.* *riserva di galleggiabilità* (o *di spinta*), in un'imbarcazione, la differenza, espressa in tonnellate, tra il dislocamento a pieno carico e quello che essa avrebbe con un'immersione fino al ponte di coperta || nella loc. *di riserva*, di scorta, di ricambio: *portarsi un paio di guanti di riserva* **2.** atto ed effetto del destinare qualcosa all'uso esclusivo di qualcuno: *riserva di caccia, di pesca*, diritto esclusivo di cacciare (o di pescare) in un determinato territorio || *per estens. com.* il territorio a cui si estende tale esclusiva: *andare a caccia in riserva*; *riserva naturale*, area nella quale viene rigorosamente salvaguardato l'ambiente naturale || *T.etn.* territorio su cui hanno diritto esclusivo (ma in cui sono di fatto costretti a vivere) gruppi etnici indigeni: *riserva indiana* **3.** *fig.* limitazione, restrizione: *te lo affido, ma con delle riserve*; *riserva mentale*, tacita restrizione con cui si limita (ma solo per sé) la portata di un'affermazione che si fa in pubblico || nelle loc. *con riserva*, a determinate condizioni: *accettò con riserva quell'incarico*; *senza riserve*, incondizionatamente: *mi fido di te senza riserve* || *eufem.* critica parziale: *sul suo comportamento ho molte riserve* **4.** *T.tess.* sostanza grassa, usata nella stampa dei tessuti, che, stesa su determinate zone, le preserva dall'azione dei bagni coloranti: *un tipo di tintura per riserva è quella con la tecnica batik* || **N.** **1.** *Sin.* accaparramento, deposito, fondo, provvisione, rifornimento | riservista **2.** *Sin.* bandita, privilegio **3.** *Sin.* eccezione. **Q.T.** *forze armate, sport.*

riservàre (pres. *-èrvo*) [dal lat. *reservāre*; a. 1292] **tr.** tenere da parte per occasioni o persone determinate: *vi ho riservato una copia del mio libro, il compito più impegnativo* || prenotare: *vi ho riservato due posti per la prima* || *in part.* conservare per sé la facoltà di fare qualcosa in futuro, non rinunciare a una possibilità: *mi riservo* (sott. *la possibilità*) *di rispondere quando ne saprò di più* || *fig.* con soggetto inanimato, destinare: *chissà cosa ci riserva l'anno che verrà!* || **rifl.** **1.** *raro* risparmiarsi: *gli studenti si riservano per l'esame finale* **2.** *ant.* astenersi || **N.** **tr.** *Sin.* conservare, custodire, serbare | *Contr.* dare, largire, prodigare, usare | **rifl.** **2.** *Sin.* ASTENERSI.

riservatàrio (pl. *-ri*) [da *riservare*; 1959] **sm.** (f. *-a*) *T.giur.* erede cui spetta per legge una quota di eredità; legittimario.

riservatézza [da *riservare*; a. 1758] **sf.** qualità di chi è riservato: *una persona di estrema riservatezza* || **N.** *Sin.* discrezione.

riservàto (*pps.* di *riservare*) [a. 1642 nel senso 3] **agg.** **1.** di cosa il cui uso è destinato e limitato a certe persone od occasioni: *posti a sedere riservati agli invalidi, saletta riservata per i pranzi di nozze* **2.** coperto da riserbo, non pubblico: *corrispondenza, faccenda riservata*, che deve essere resa nota solo ai diretti interessati; nella *loc. avv.* *in via riservata*, confidenzialmente || *T.med.* *prognosi riservata*, che i medici curanti si riservano di formulare in seguito, essendo al momento impossibile fare previsioni sul decorso del male **3.** di persona, piena di riserbo: *un segretario molto efficiente e riservato, ha un contegno molto riservato* || **riservataménte** **avv.** || **N.** **2.** *Sin.* confidenziale, privato, segreto | *Contr.* di pubblico dominio **3.** *Sin.* discreto | *Contr.* chiacchierone, indiscreto.

riservista [dal fr. *réserviste*; 1877] **s.** *T.mil.* soldato appartenente alle classi in congedo costituenti la riserva dell'esercito.

risèrvo V. RISERBO.

rișgorgàre (pres. *-órgo, -órghi*) [da *sgorgare*; 1872] **intr.** (aus. *essere*) sgorgare di nuovo.

rișguardàre [da *riguardare*, con influsso di *sguardo*; fine sec. XIII] **tr.** *ant.* **1.** riguardare **2.** rispettare.

rișguardévole [da *risguardare*; 1597] **agg.** *ant.* riguardevole, ragguardevole.

rișguàrdo [deverbale da *risguardare*, parallelo di *riguardare*, guardare verso qualcuno o qualcosa, influenzato da *sguardo*; 1939 nel senso 1] **sm.** **1.** *T.tip.* foglio bianco posto all'inizio e alla fine di un libro a protezione delle pagine, per metà incollato all'interno della copertina **2.** in legatoria, risvolto **3.** *ant.* sguardo **4.** *lett.* rispetto, riguardo. **TAV.** ***tipografia*** **p. 1337** 11.2.

risìbile [dal lat. tardo *risĭbilis*; 1294 nel senso 2] **agg.** **1.** che suscita il riso, che merita di essere deriso: *un'obiezione, un personaggio risibile* || *per estens.* di poco conto, irrilevante: *un danno risibile* **2.** *arc.* atto o disposto al riso || **N.** **1.** *Sin.* ridicolo.

risibilità [dal lat. tardo *risibilitas, -ātis*; a. 1694] **sf.** *non com.* l'essere risibile || **N.** *Sin.* ridicolaggine; irrilevanza.

rișicàre (pres. *rìșico, rìșichi*) [da *risico*; 1598] **tr.** e **intr.** (aus. *avere*) *tosc.* rischiare || *prov.* *chi non risica non rosica*, chi non arrischia non otterrà mai nulla.

rìșico (pl. *-chi*) [forse dal gr. *risikó*, sorte; 1367] **sm.** *tosc.* rischio.

risìcolo [dal fr. *rizicole*; 1959] **agg.** che riguarda la coltivazione del riso || **N.** risaia, riseria, RISO.

risicoltóre o **risicultóre** [dal fr. *riziculteur*; 1955] **sm.** (f. *-trice*) coltivatore di riso.

risicoltùra o **risicultùra** [dal fr. *riziculture*; 1860] **sf.** la coltivazione del riso || **N.** risaia, riseria, RISO.

rișicóso [da *risico*; a. 1673] **agg.** *tosc.* rischioso.

risicultóre V. RISICOLTORE.

risicultùra V. RISICOLTURA.

risièdere (pres. *-ièdo*) [lat. volg. **resedere*; a. 1604 nel senso 2] **intr.** (aus. *avere*) **1.** avere residenza, avere stanza in un luogo **2.** *fig.* stare, consistere: *la ragione della tua infelicità risiede in te* || **N.** **1.** *Sin.* abitare, dimorare | domicilio, residenza, sede.

risièra V. RISERIA.

risière [da *riso*[1]; 1959] **sm.** (f. *-a*) (spec. *pl.*) addetto alla lavorazione del riso: *i risieri.*

risièro [da *riso*[1]; 1955] **agg.** relativo all'industria o alla produzione del riso: *mercato risiero.*

risifìcio (pl. *-ci*) [comp. di *riso*[1] e *-ficio*; 1959] **sm.** stabilimento industriale per la lavorazione del riso || **N.** *Sin.* riseria.

risifórme [comp. di *riso*[1] e *-forme*; 1959] **agg.** a forma di chicco di riso.

risigàllo [dall'ant. ted. *Reuschgeel*, attr. il lat. mediev. *risigallum*; a. 1320] **sm.** *ant.* realgar.

rìsiko ® [n. commerciale; 1988] **sm.** *inv.* gioco di società che si svolge su un planisfero rappresentante i sei continenti; lo scopo di ogni giocatore consiste nel conquistare un certo numero di territori o distruggere un'armata avversaria, mediante scontri il cui esito dipende da lanci di dadi.

rișina [dal ted. *rieseln*, scorrere; 1959] **sf.** canalone semicircolare usato in montagna per il trasporto a valle del legname.

risìna (meno com., sm., *risìno*) [da *riso*[1]; 1869 *risino*] **sf.** **1.** riso di scarto **2.** *non com.* grandine dai chicchi di piccole dimensioni, come quelle dei chicchi di riso.

rișìpola o **reșìpola** [var. pop. di *erisipela*; a. 1320] **sf.** *pop.* erisipela.

rișipolóso [da *risipola*; 1872] **agg.** e **sm.** (f. *-a*) *pop.* affetto da risipola.

rìșma [dall'ar. *rizma*; sec. XIV] **sf.** **1.** quantità di fogli di carta (normalmente cinquecento) d'identico formato || *per meton.* confezione di una risma di fogli **2.** *fig. spreg.* qualità, specie, genere: *sono tutti della stessa risma, gente della peggior risma.* **Q.T.** *carta.*

rìso[1] (pl. *risi*) [dal lat. *orȳza*, gr. *óryza*; a. 1320 nel senso 2] **I** **sm.** **1.** risone raffinato, consumato direttamente dopo averlo fatto bollire o trasformato in vari modi (in riso soffiato, farina di riso, amido di riso ecc.) per la preparazione di alimenti più complessi: *riso comune, fino, superfino*, classificato in base alla sua durezza (e, quindi, alla minor sfaldabilità in cottura); *riso pilaf*, V. PILAF; *riso soffiato*, V. SOFFIATO; *riso in brodo, timballo di riso*; *insalata di riso*, riso bollito, lasciato raffreddare e mescolato con svariati ingredienti (sottaceti, formaggi a pezzetti, olive, *würstel* ecc.) **2.** pianta erbacea annuale delle Graminacee, che vive immersa nell'acqua, dotata di foglie dritte, ruvide e sottili e infiorescenza apicale a pannocchia; il frutto è una cariosside vestita (*risone*) **3.** *per estens.* *riso d'acqua, d'America, degli Indiani*, zizzania **4.** *carta di riso*, tipo di carta molto fine, ricavata dallo sparto **II** in funzione di **agg.** *inv.* (sempre posposto), nella loc. *punto riso*, lavorazione a maglia in cui si alternano, sia orizzontalmente che verticalmente, un diritto e un rovescio || *dim.* risèlla, risino; *accr.* risóne || **N.** **1.** PARTI: chicco, buccia, glume, glumelle | brillatura, mietitura, monda, pilatura, raffinazione, sbiancatura, sbramatura, scortecciatura, trebbiatura; brillatoio, pila, pileria, sbiancatrice, sbramatrice, scortecciatrice, trebbiatrice; risaia; grana, mezzagrana; carolo, ruggine | PERSONE: mondariso, mondina, risaiolo, risiere.

rìso[2] (pl. f. *le risa*) [dal lat. *rīsus*; a. 1300] **sm.** **1.** atto del ridere: *riso spontaneo, forzato* || nei modi di dire: *sbellicarsi, spanciarsi, sganasciarsi dalle risa*, ridere forte e a lungo; *volgere in riso*, ridicolizzare; *muovere le risa, il riso*, far ridere || *T.med.* *riso sardonico*, V. SARDONICO || *fig.* *riso amaro*, maligno, beffardo || *prov.* *il riso abbonda sulla bocca degli stolti, il riso fa buon sangue* **2.** *per estens. lett.* sorriso || *per meton. poet.* bocca: *il disiato riso / esser baciato da cotanto amante* (Dante) **3.** *per estens. fig. lett.* aspetto gioioso: *il riso della primavera* || *dim.* risolino || **N.** **1.** *Sin.* ghigno, risata, sghignazzata, sogghigno, sorriso | buffonesco, canzonatorio, cattivo, convulso, inestinguibile, ironico, mefistofelico, omerico, represso, rumoroso, sarcastico, schietto, sciocco, scomposto, sgangherato, sguaiato, sincero, smodato, sonoro, sprezzante | scoppio, scroscio | eccitare, frenare, indurre, suscitare, trattenere; scappare, scoppiare | ridanciano, ridicolo, risibile **3.** *Sin.* allegria, giocondità, ilarità | *Contr.* tristezza.

rìso[3] *pps.* di *ridere* (v.).

risoffiàre (pres. *-óffio*) [da *soffiare*; sec. XIV]

intr. (aus. *avere*) soffiare di nuovo || **tr.** *fig. fam.* riferire cosa udita dire, o vista fare; fare la spia: *di lui non c'è da fidarsi, risoffia ai superiori tutto ciò che sente.*

risolàre e der. v. RISUOLARE e der.

risollevàre (pres. *-èvo*) [da *sollevare*; a. 1704] **tr.** sollevare di nuovo, anche *fig.*: *risollevare il bambino caduto, la discussione, le sorti dell'azienda, lo spirito* || **rifl.** e **intr. pron.** sollevarsi di nuovo, anche *fig.*: *il popolo si risollevò, l'aereo si risollevò in volo* || **N. tr.** *Sin.* rialzare, ritirare su; rianimare | **intr.** *Sin.* rialzarsi, risorgere; rianimarsi; insorgere.

risolùbile [dal lat. tardo *resolūbilis*; 1598] **agg.** che può essere risolto || **N.** *Sin.* risolvibile | *Contr.* insolubile, irresolubile.

risolutézza [da *risoluto*; a. 1642] **sf.** caratteristica di chi o di ciò che è risoluto: *agire, rispondere con risolutezza.*

risolutìvo [da *risoluto*; a. 1320] **agg.** **1.** che vale a risolvere, che costituisce una soluzione: *formula risolutiva* **2.** che costituisce la conclusione di qualcosa: *la fase risolutiva di un processo, di una malattia* **3.** decisivo: *un incontro risolutivo* **4.** (*com.* solo in particolari contesti) che vale a sciogliere, a scomporre: *clausola risolutiva*, in un contratto o sim., quella che indica come scioglierlo; *potere risolutivo*, in ottica, il minimo angolo sotto il quale sono visibili due punti distinti posti in trasversale rispetto all'asse ottico: *il potere risolutivo dell'occhio umano, di un cannocchiale* || **N. 1.** *Sin.* risolutore.

risolùto (*pps.* raro di *risolvere*) (ant. *resolùto*) [a. 1565] **agg.** **1.** pronto e deciso nell'azione; determinato: *un uomo risoluto* || *per estens.* che esprime risolutezza: *gesto risoluto* **2.** *raro disus.* sciolto || **N. 1.** *Sin.* deciso, sicuro | *Contr.* dubbioso, esitante, incerto, indeciso, irresoluto, perplesso, tentennante, titubante.

risolutóre [da *risoluto*; a. 1704] **I agg.** che risolve, che trova o costituisce una soluzione: *intervento risolutore* **II sm.** (f. *-trìce*) chi risolve, trova una soluzione: *un abile risolutore di problemi matematici* || **N. I** *Sin.* risolutivo **II** *Sin.* solutore.

risoluzióne [dal lat. tardo *resolutio, -ōnis*; a. 1320] **sf.** **1.** atto del risolvere, del dare una soluzione: *la risoluzione della crisi politica, di un enigma, di un'equazione matematica* || *concr.* ciò che costituisce una soluzione || *T.mus.* procedimento armonico consistente normalmente nello scaricare la tensione delle note dissonanti di un accordo su quelle consonanti di un accordo successivo **2.** (*com.* solo in particolari contesti) atto ed effetto del risolvere, dello scomporre, dello sciogliere: *la risoluzione di un composto chimico, di un contratto*; *T.fis.* in ottica, potere risolutivo || *fig. ant.* dissoluzione: *cagione della risoluzione di quella Repubblica* (Machiavelli) **3.** conclusione, esito: *la risoluzione di un processo morboso* **4.** decisione: *una pronta e coraggiosa risoluzione* || **N. 1.** *Sin.* scioglimento, soluzione **2.** *Sin.* scomposizione | *Contr.* composizione, ricomposizione **4.** *Sin.* deliberazione.

risolvènte (*ppr.* di *risolvere*) [1750] **agg.** che risolve || *T.fis. potere risolvente*, potere risolutivo || *T.mat. equazione risolvente di un sistema di equazioni in più incognite*, equazione in una sola incognita ottenuta eliminando successivamente tutte le incognite del sistema tranne una.

risòlvere (pres. *risòlvo*; p.rem. *risòlsi, risolvésti* o, disus., *risolvètti* o *risolvéi*; *risòlse* o, disus., *risolvètte* o *risolvé*; *risòlsero* o, disus., *risolvèttero* o *risolvérono*; pps. *risòlto* o, in casi part., *risolùto*) [dal lat. *resolvere*; a. 1527 nel senso 4] **tr.** **1.** *fig.* dare soluzione: *risolvere un problema*, trovare la risposta alla domanda in cui esso consiste; *risolvere un dubbio, una situazione intricata* || dare esito positivo: *risolvere un caso clinico con un intervento chirurgico*; anche *ass.*: *sembrava una buona trovata, ma non risolve* **2.** (*com.* solo in particolari contesti) sciogliere, scomporre negli elementi costitutivi: *risolvere un composto nelle sue molecole, in frazione un numero intero* || *raro* sciogliere, scomporre: *risolvere le nuvole in pioggia, un nodo*; *T.giur. risolvere un contratto*, rescinderlo, annullarlo **3.** *ant.* decidere: *cos'hai risolto di fare?* || *ant.* convincere: *lo risolsi ad accettare* || **intr. pron.** **1.** *propr. raro* sciogliersi, scomporsi **2.** *fig.* avere soluzione: *la questione si risolse da sola* **3.** *fig.* concludersi, avere come esito (spec. positivo): *tutto si risolse in una bolla di sapone, una malattia che si risolve in pochi giorni* **4.** decidersi: *si risolse a partire* || **N. tr.** **1.** *Sin.* appianare, chiarificare, chiarire | *Contr.* complicare **2.** *Sin.* analizzare, dividere, frazionare, scindere, suddividere **3.** *Sin.* deliberare, determinare, stabilire.

risolvìbile [da *risolvere*; a. 1712] **agg.** **1.** che si può risolvere: *una situazione difficilmente risolvibile* **2.** *T.giur.* che si può sciogliere, annullare || **N. 1.** *Sin.* risolubile | *Contr.* insolubile, insolvibile, irrisolubile **2.** *Sin.* rescindibile.

risolvibilità [da *risolvibile*; 1872] **sf.** caratteristica di ciò che è risolvibile.

risolviménto [da *risolvere*; 1691] **sm.** *raro* risoluzione.

risonànte (*ppr.* di *risonare*) [a. 1363] **agg.** che risuona, sonoro: *voce risonante.*

risonànza [dal lat. *resonantia*; a. 1642] **sf.** **1.** *T.scient.* atto ed effetto del risonare || *in part. T.fis.* amplificazione ed esaltazione dell'ampiezza delle oscillazioni di un sistema (meccanico, acustico o elettrico) vibrante, che si verifica quando questo viene investito da vibrazioni con frequenza identica alla propria: *entrare in risonanza*; *cassa di risonanza* (o *armonica*), quella che, sfruttando il fenomeno della risonanza, ha lo scopo, negli strumenti musicali, di ampliare la sonorità; *frequenza di risonanza*, frequenza caratteristica di un sistema, all'avvicinarsi della quale un dato fenomeno periodico acquista ampiezza molto maggiore del consueto; *risonanza nucleare*, fenomeno che si presenta nelle reazioni nucleari, consistente nel fatto che la probabilità di una determinata reazione assume valori molto grandi per particolari valori dell'energia; *risonanza magnetica nucleare*, fenomeno fisico, sfruttato spec. in medicina per indagini diagnostiche e analisi in chimica organica, per il quale numerosi nuclei atomici, quando si trovano in un campo magnetostatico, assorbono energia da un campo elettromagnetico a radiofrequenza in corrispondenza di certe frequenze caratteristiche || *T.chim.* fenomeno per il quale una molecola può assumere una struttura intermedia tra altre due per la capacità di alcuni elettroni di legame di oscillare tra due o più atomi collegati tra loro || *per estens.* nel linguaggio comune, rimbombo, effetto di eco: *in questa sala c'è troppa risonanza* **2.** *fig.* diffusione accompagnata da vivo interesse: *una vicenda che ha avuto grande risonanza ad opera della stampa*; *far da cassa di risonanza*, amplificare, pubblicizzare qualcosa perché se ne discuta || **N. 1.** eco, sonorità **2.** *Sin.* clamore, eco, notorietà, popolarità. **TAV. *musica* p. 1325** 4.4, 14.7.

risonàre (pres. *-uòno* ecc., come SUONARE) [dal lat. *resonāre*; a. 1292 nel senso 2] **intr.** (aus. *essere* e *avere*) **1.** di luoghi, ambienti, spazi, fare riecheggiare i suoni in esso prodotti ampliandoli, prolungandoli: *questa sala risuona troppo, la valle risuonava del rumore della frana, il teatro risuonava di fischi* **2.** di corpi percossi, rimandare un suono prolungato: *il gong risuona a lungo* || *T.fis.* di corpi, entrare in risonanza || *fig.* aver risonanza: *la fama di Roma, il nome di Dante risuona attraverso i secoli* **3.** di suoni, riecheggiare: *l'urlo risuonò in tutto il condominio* || *fig.*: *mi sento risuonare nelle orecchie le sue ultime parole* **4.** *meno com.* risuonare || **tr.** *meno com.* risuonare || **N. 1.** *Sin.* rimbombare **3.** *Sin.* diffondersi, echeggiare, rimbombare, rintronare, ripercuotersi.

risonatóre o **risuonatóre** [da *risonare*; 1929] **agg.** e **sm.** (f. *-trìce*) *raro* detto genericamente di ciò che risuona || *com. T.fis.* di sistema atto ad entrare in risonanza.

risóne (*accr.* di *riso*[1]) [a. 1811] **sm.** la cariosside del riso non spogliata dagli involucri; riso vestito || **N.** chicco, gluma, glumella.

risorgènte (*ppr.* di *risorgere*) [a. 1400 *risurgente*] **agg.** che risorge || *acque risorgenti*, quelle che dopo un corso sotterraneo tornano alla superficie; risorgive.

risorgènza [da *risorgere*; 1988] **sf.** risorgiva.

risórgere (pres. *-órgo* ecc., come SORGERE) [dal lat. *resurgere*; 1313 *risurgere*] **intr.** (aus. *essere*) **1.** sorgere di nuovo, anche *fig.*: *il sole risorge ogni mattino, sono risorti gli stessi problemi, Berlino è risorta sulle sue rovine* **2.** risuscitare, tornare in vita: *Cristo il terzo giorno è risorto* || *fig.* riprendere vita, rifiorire: *in lui risorse la speranza, le arti in quel periodo risorsero* || **tr.** *lett. raro* far risorgere || **N. intr.** **1.** *Sin.* riaffacciarsi, riapparire, ripresentarsi, rispuntare **2.** *Sin.* rinascere, rivivere; ravvivarsi, riaversi, riprendersi, risollevarsi.

risorgimentàle [da *risorgimento*; 1942] **agg.** del Risorgimento: *letteratura risorgimentale.*

risorgimentalista [da *Risorgimento*; 1983] **s.** studioso di storia del Risorgimento.

risorgimentista [da *risorgimento*; 1959] **s.** studioso del Risorgimento.

risorgiménto [da *risorgere*; a. 1565 nel senso 2] **sm.** **1.** (con l'iniziale maiuscola) *T.stor.* il movimento per l'indipendenza e l'unità nazionale sviluppatosi in Italia nel sec. XIX, e anche il periodo in cui si svolse: *i martiri del Risorgimento, Museo del Risorgimento* **2.** gen. *raro* atto ed effetto del risorgere: *il risorgimento della cultura* **3.** *disus.* Rinascimento || **N. 2.** *Sin.* rifioritura, rinascenza, rinascita, rinnovamento | *Contr.* decadenza, decadimento, declino.

risorgiva [da *risorgivo*; 1933] **sf.** sorgente d'acqua alimentata da una falda freatica che affiora in pianura || *linea delle risorgive*, zona ricca di risorgive, che delimita il passaggio dall'alta alla bassa pianura.

risorgìvo (non com. *resorgìvo*) [da *risorgere*; 1940] **agg.** *T.geol. acqua risorgiva* (o, come *sf.*, *risorgiva*) acqua che, dopo esser scomparsa nel sottosuolo, torna alla superficie; risorgente; *zona risorgiva*, zona della superficie terrestre nella quale le falde acquifere intersecano la superficie topografica; in essa si formano i fontanili.

risórsa [dal fr. *ressource*; a. 1576] **sf.** qualsiasi mezzo, materiale e non, utile a soddisfare le normali necessità o esigenze eccezionali: *risorse economiche, intellettuali*; *disporre di molte risorse*; *persona piena di risorse* (o *di molte risorse*), piena di doti e, *in part.*, piena di ingegno e spirito d'iniziativa, con cui riesce a togliersi d'impaccio in ogni situazione || *in part.* fonte di ricchezza: *risorse disponibili di un sistema economico*, il complesso del reddito nazionale lordo e delle importazioni di beni e servizi; *risorse naturali*, quelle, non prodotte, utilizzabili nei processi di produzione e di consumo: *i metalli preziosi sono risorse naturali* || *T.inform.* qualsiasi elemento utilizzabile per l'esecuzione di un compito (memoria centrale, unità di *input/output* ecc.) || **N.** capitale, patrimonio, ricchezza; capacità, pregio, qualità, talento. **Q.T.** *ecologia*.

risórto (*pps.* di *risorgere*) [a. 1348] **I agg.** risuscitato || *fig.* rinato, rifiorito **II sm.** *per anton. il Risorto*, Cristo.

risòtto [da *riso*[1]; 1855] **sm.** piatto a base di riso cotto in poco brodo o in sughi liquidi, spec. dopo essere stato soffritto in burro con cipolla e aromi: *risotto coi funghi; risotto alla milanese*, condito con lo zafferano.

risovvenìre (pres. *-èngo* ecc., come VENIRE) [da *sovvenire*; 1374] **tr.** *lett.* sovvenire, aiutare di nuovo ‖ **intr.** (aus. *essere*) e **intr. pron.** *lett.* ricordarsi.

risparmiàre (pres. *-àrmio*) [incrocio del germ. *sparōn* col franco **waidanjan*; a. 1292] **tr. 1.** consumare con moderazione, solo nella misura dello stretto necessario; fare economia: *dobbiamo risparmiare l'acqua perché altrimenti domani saremo a secco, risparmia le forze* (o *le energie*), *altrimenti non arriverai fino in cima, in questo modo si risparmia tempo e denaro* ‖ *ass.* limitare le spese: *non puoi continuare a chiedere prestiti: cerca di risparmiare!* **2.** *per estens.* non consumare: *mi ha telefonato, e così ho risparmiato la carta da lettere e il francobollo* ‖ nei modi di dire *risparmiare la voce, il fiato*, non consumarli inutilmente per parlare se non si è ascoltati o se si tratta di cosa irrilevante ‖ *in part.* rif. al denaro, mettere da parte quello che si è riusciti a non spendere (anche *ass.*): *risparmiando per anni è riuscito a comprarsi un alloggio* **3.** evitare: *risparmiati i tuoi soliti commenti, risparmia questo dispiacere a tua madre, puoi anche risparmiarti di continuare* **4.** graziare: *risparmiare la vita a qualcuno*, lasciargliela; *risparmiare qualcuno*, lasciarlo in vita: *la morte non risparmia nessuno* e *fig.* non attaccare, danneggiare e sim.: *la sua lingua velenosa non risparmia nessuno, la censura ha risparmiato solo pochi film* ‖ **intr.** (aus. *avere*) consumare con moderazione, fare economia: *risparmia sul vitto facendosi sempre invitare a pranzo, quando si segue una ricetta non si deve risparmiare sugli ingredienti* ‖ **rifl.** non consumare le proprie forze oltre lo stretto necessario: *si è risparmiato per la gara di domani* ‖ **N. 1. tr.** *Sin.* economizzare, lesinare | *Contr.* dilapidare, dissipare, scialacquare, sperperare, sprecare **2.** *Sin.* serbare | *Contr.* consumare, sprecare **3.** *Sin.* astenersi | *Contr.* dar fondo, prodigare **4.** *Sin.* graziare, rispettare, salvare.

risparmiatóre [da *risparmiare*; 1618] **agg.** e **sm.** (f. *-trìce*) che o chi risparmia: *i piccoli risparmiatori* ‖ **N.** *Sin.* economo, frugale, parsimonioso, previdente, sobrio | *Contr.* prodigo, scialacquatore, scialone, spendaccione.

rispàrmio (pl. *-mi*) [da *risparmiare*; 1300 ca.] **sm. 1.** atto ed effetto del risparmiare (nei sensi 1 e 2): *lo stesso risultato lo puoi ottenere, con gran risparmio di tempo, di energia e di denaro, se usi quest'altro sistema; risparmio energetico*, limitazione del consumo delle fonti di energia ‖ *in part.* rif. al denaro: *cassa di risparmio*, v. CASSA; *libretto di risparmio*, v. LIBRETTO ‖ nella loc. *senza risparmio*, senza limitazioni, a profusione: *cucina senza risparmio di spezie e aromi, prodigarsi senza risparmio* **2.** *concr. T.econ.* quota di reddito non utilizzata per spese correnti e accantonata: *il risparmio delle famiglie ha raggiunto livelli mai visti; risparmio forzato*, v. FORZATO; *risparmio ex ante, ex post*, v. EX ANTE, EX POST ‖ *com. pl.* il denaro che si è risparmiato: *custodisce in banca i suoi risparmi* ‖ *dim.* risparmiùccio, risparmiétto ‖ **N. 1.** *Sin.* economia; frugalità, parsimonia, taccagneria | *Contr.* consumo, sciupio, sperpero, spreco. **Q.T.** *banca, economia...*

rispecchiaménto [da *rispecchiare*; 1886] **sm.** il rispecchiare ‖ *T.fil.* nell'estetica marxista (e spec. in G. Lukács), corrispondenza tra la produzione artistica e la realtà sociale assunta come oggetto.

rispecchiàre (pres. *-ècchio*) [da *specchiare*; 1890 nel senso 2] **tr. 1.** riflettere, far da specchio: *il lago rispecchiava gli alberi della riva* **2.** *fig.* rappresentare, esprimere: *un testo che non rispecchia la posizione della maggioranza* ‖ **N. 1.** *Sin.* riverberare.

rispedìre (pres. *-ìsco, -ìsci*) [da *spedire*; a. 1698 nel senso 2] **tr. 1.** spedire di nuovo **2.** spedire indietro: *rispedire una lettera al mittente, a casa qualcuno.*

rispedizióne [da *rispedire*; 1745] **sf.** atto del rispedire ‖ *concr.* nuova spedizione.

rispettàbile [da *rispettare*; 1686] **agg. 1.** degno di rispetto: *le opinioni sono tutte egualmente rispettabili* **2.** *per restr.* degno di rispetto in quanto onesto, perbene, retto: *una famiglia rispettabile* **3.** degno di rispetto in quanto di notevole entità; ragguardevole: *è giunto alla rispettabile età di ottant'anni, ha vinto una somma più che rispettabile* ‖ **N. 1.** *Sin.* degno, onorevole | *Contr.* disprezzabile, indecoroso, indegno, spregevole **2.** *Sin.* dabbene, integro, irreprensibile, probo | *Contr.* disonesto, spregevole **3.** *Sin.* cospicuo, notevole, rilevante | *Contr.* irrisorio, trascurabile.

rispettabilità [da *rispettabile*, sul modello dell'ingl. *respectability* e del fr. *respectabilité*; a. 1866] **sf.** qualità di chi o di ciò che è rispettabile, spec. in quanto ha buona reputazione: *mise in dubbio la sua rispettabilità* ‖ **N.** *Sin.* onorabilità, stimabilità | *Contr.* indegnità, spregevolezza.

rispettàre (pres. *-ètto*) [dal lat. *respectāre*, guardare indietro; 1342] **tr. 1.** avere rispetto per qualcuno o qualcosa: *rispettare i genitori, i prigionieri, le idee altrui, la natura; rispettare un edificio*, non alterarlo con abbattimenti, aggiunte o rifacimenti ‖ *fig.* esprimere senza alterazioni, conformarsi esattamente, come conseguenza di un atteggiamento di rispetto: *il film non rispetta lo spirito del romanzo da cui è tratto, l'accordo firmato dai dirigenti del sindacato non rispettava le esigenze della base* ‖ nei modi di dire: *farsi rispettare*, ottenere il rispetto altrui: *è troppo accondiscendente con i suoi allievi e non riesce a farsi rispettare; che si rispetti*, che sia degno, in quanto tale, di rispetto (anche *scherz.*): *un architetto che si rispetti non può dimostrare così poco buon gusto, una tesi che si rispetti deve avere una buona bibliografia; rispettare se stesso*, non rischiare di compromettere il proprio onore con comportamenti degradanti, indecorosi, indegni; *disus.* *rispettare la propria firma*, far onore al proprio nome **2.** *per estens.* di legge o regola, riconoscere come vigente, legittimo e attenervisi: *rispettare gli orari, le norme, la parola data, le feste* ‖ **rec.** provare reciproco rispetto: *non si amano ma si rispettano* ‖ **N. tr. 1.** *Sin.* onorare, ossequiare, riverire, stimare, venerare | *Contr.* disprezzare, spregiare, vilipendere, vituperare **2.** *Sin.* obbedire, seguire | *Contr.* disobbedire, ignorare, trasgredire, violare.

rispettìvo [da *rispetto*; sec. XIV nel senso 2] **agg.** che è proprio di ciascuno degli elementi di una serie prima nominati: *le due vetture e i rispettivi conducenti; pleon.: tornarono alle loro rispettive case* ‖ **rispettivaménte avv. 1.** rispetto a ciascuno degli elementi di una serie prima nominati: *Bologna e Firenze sono rispettivamente capoluoghi dell'Emilia e della Toscana* **2.** *ant. raro* relativamente a, riguardo a, rispetto a: *rispettivamente a lui sei un genio* ‖ **N.** *Sin.* proprio, relativo.

rispètto [da *rispettare*; a. 1292] **sm. 1.** atteggiamento di riconoscimento del valore intrinseco, delle prerogative e dei diritti di persone, cose, istituzioni e sim.: *mostrare il dovuto rispetto nei confronti dei genitori, non l'ho insultato soltanto per il rispetto che gli devo; rispetto per il* (o *del*) *dolore, per le esigenze, per le idee altrui, per la cosa pubblica* ‖ nei modi di dire: *mancare di rispetto a qualcuno*, trattare in modo irrispettoso, offendere; *con rispetto parlando*, per scusarsi anticipatamente di espressioni ritenute indecenti o irrispettose: *con rispetto parlando, tuo figlio se l'è fatta addosso* ‖ *fig. scherz.* nella *loc. agg. di tutto rispetto*, che merita grande rispetto (spec. in considerazione della sua entità): *dieci milioni è già una somma di tutto rispetto* ‖ *pl.* in formule di cortesia: *porga i miei rispetti alla sua signora* **2.** scrupolosa osservanza: *esigo il rispetto della norma, degli orari, dei termini di consegna, dell'accordo* ‖ *T.edil.* *zona di rispetto*, soggetta a norme che vietano o vincolano rigidamente la costruzione di edifici ‖ *T.mar.* nella *loc. agg. di rispetto*, di componenti e ricambi conservati sulle navi o nei magazzini a terra **3.** *per meton., T.lett.* componimento poetico di contenuto amoroso, diffuso (spec. in Toscana) fin dal Trecento, consistente in uno strambotto di ossequio alla donna cui era diretto (in contrapposizione al *dispetto*, che era invece carico di scherno e avversione) **4.** nella *loc. prep. rispetto a*, relativamente a, in confronto a: *rispetto a lei mi sembra molto immaturo* **5.** aspetto, punto di vista: *sotto questo rispetto mi pare migliore l'altra soluzione* **6.** *T.tip.* *foglio di rispetto*, foglio che nei libri è posto dopo la copertina (o il foglio di risguardo) e il frontespizio ‖ **N. 1.** *Sin.* considerazione, deferenza, ossequio, reverenza, riguardo, venerazione | *Contr.* disistima, disprezzo, spregio | doveroso, giusto, meritato, profondo, sincero.

rispettóso [da *rispetto*; 1563] **agg.** che ha, che mostra rispetto: *rispettoso dei diritti altrui* ‖ **rispettosaménte avv.** ‖ **N.** *Sin.* deferente, ossequente, ossequioso, riverente | *Contr.* irrispettoso.

rispifferàre (pres. *-ìffero*) [da *spifferare*; 1872] **tr. 1.** spifferare di nuovo **2.** spifferare.

rispìngere (pres. *-ìngo* ecc., come SPINGERE) [da *spingere*; 1872] **tr. 1.** spingere di nuovo **2.** *ant. lett.* respingere.

rispìtto [dal fr. *respit*; 1319 *respitto*] **sm. 1.** *arc.* rispetto **2.** *arc. raro* requie, agio, riposo: *viaggiare senza rispitto.*

risplendènza [da *risplendere*; a. 1565] **sf.** *ant.* splendore.

risplèndere (pres. *-èndo* ecc., come SPLENDERE; raro il pps. *risplendùto* e le forme composte) [dal lat. *resplendēre*; a. 1292 nel senso 2] **intr.** (aus. *essere* e *avere*) **1.** rilucere, rifulgere, avere splendore: *la luna risplende* ‖ *fig. poet.: risplendere di bellezza, il suo sacrificio risplenderà in eterno* **2.** *fig.* distinguersi per qualche dote particolare; brillare, rifulgere: *risplende per intelligenza* ‖ **N.** *Sin.* SPLENDERE.

risplendiménto [da *risplendere*; sec. XIV] **sm.** *ant.* splendore.

risplendóre [da *risplendere*; a. 1406] **sm.** *ant.* splendore.

rispolveràre (pres. *-ólvero*) [da *spolverare*; 1940] **tr. 1.** togliere nuovamente la polvere da qualcosa: *rispolverare i mobili* ‖ *fig.* rimettere in funzione, tornare a usare: *rispolverare le proprie nozioni di filosofia* ‖ *per estens.* riproporre come nuovo qualcosa di vecchio, riesumare: *rispolverare vecchie teorie* **2.** aspergere nuovamente con una sostanza in polvere: *la neve ha rispolverato la città* ‖ **N.** *Sin.* spolverare.

rispondènte (*ppr.* di *rispondere*) [a. 1320] **agg.** corrispondente, proporzionato, adatto: *strumenti rispondenti all'uso, dichiarazioni non rispondenti al vero* ‖ **N.** *Sin.* adeguato, congruo.

rispondènza [da *rispondere*; a. 1600] **sf.** *raro* **1.** caratteristica di ciò che è rispondente a qualcosa: *la rispondenza del reale all'ideale* **2.** ripercussione: *la rispondenza del fatto sulla situazione politica* ‖ **N. 1.** *Sin.* accordo, armonia, concordanza, conformità, congruità, consonanza, corrispondenza | *Contr.* difformità, disaccordo, disarmonia, dissonanza **2.** *Sin.* conseguenza, effetto.

rispóndere (pres. *rispóndo*; p.rem. *rispósi, rispondésti, rispóse*; pps. *rispósto*) [lat. tardo *re-*

spondēre; fine sec. XIII] ***intr.*** (aus. *avere*) **1.** fornire le informazioni richieste da una domanda: *non seppe rispondermi, rispose con un secco rifiuto, con un'alzata di spalle*; il complemento indica la persona a cui si risponde (*rispondere al maestro*), la domanda stessa (*rispondere a un quesito*) o il mezzo della risposta (*rispondere a parole, per iscritto, per lettera*); *rispondere a tono*, soddisfacendo la domanda o, anche, sullo stesso tono della domanda; *rispondere per le rime*, replicare a una domanda o a un intervento aggressivi altrettanto aggressivamente **2.** *per estens.* render conto, essere responsabile verso qualcuno: *risponderò io di* (sott. *ciò che farà*) *lui, non devo rispondere a nessuno delle mie azioni* **3.** *per estens.* replicare, reagire a un richiamo, a un'azione o a un comportamento di altri: *rispondere all'appello, risposero alla richiesta d'aiuto inviando viveri e medicinali; risposero al fuoco, al saluto; non rispondere a questa provocazione!* || *T.mus.* nel responsorio e nella salmodia responsoriale, dare risposta ai versetti del solista || *T.gioc.* fare una mossa in risposta a quella dell'avversario: *rispose alla battuta con una schiacciata*; *in part.* nei giochi di carte, *rispondere nel* (o *al*) *seme*, giocare una carta dello stesso seme di quella giocata || *in part.* ribattere: *rispondere a una critica, a un'accusa*; *ass.* replicare in tono arrogante: *non solo fa sciocchezze, ma se lo rimproveri ti risponde anche* || *rispondere al nome di*, chiamarsi **4.** *per estens.* di animali o cose, reagire in modo opportuno a un comando, una sollecitazione e sim.: *questo motore risponde perfettamente, questo cavallo non risponde alle redini* **5.** *per estens. fig.* ripercuotersi: *il dolore allo stomaco mi risponde alla schiena* || *propr. non com.* avere sbocco, andare a finire: *questa via risponde sul corso* **6.** *per estens. fig.* essere corrispondente, conformarsi: *questa soluzione non risponde alle mie aspettative* || *propr. non com.* trovarsi in corrispondenza, corrispondere: *questo cancello risponde all'uscita sul retro* || ***tr.*** dire in risposta: *rispose poche parole, un sì deciso, che accettava volentieri* || nel modo di dire *fam. rispondere picche*, dare risposta negativa a una richiesta || **N.** ***intr.*** **1.** *Contr.* chiedere, domandare; tacere | adeguatamente, affermativamente, argutamente, aspramente, a vanvera, categoricamente, chiaramente, di rimando, esaustivamente, evasivamente, francamente, freddamente, garbatamente, gentilmente, insolentemente, malvolentieri, negativamente, recisamente, risolutamente, seccamente **4.** docilmente, poco **5.** *Sin.* aprirsi, dare, guardare **6.** *Sin.* appagare, soddisfare | *Contr.* contrariare, deludere, scontentare | ***tr.*** *Sin.* replicare.

rispondièro [da *rispondere*; a. 1803] ***agg.*** (f. *-a*) *ant.* impertinente nel rispondere ai superiori.

risponditóre [da *rispondere*; 1881] **I *sm.*** (f. *-trice*) *raro* chi risponde **II *agg.*** **1.** *T.telecom.* detto di dispositivo elettronico che raccoglie e riflette i segnali di un radar **2.** specie di segreteria telefonica che, rispondendo automaticamente in assenza della persona chiamata, trasmette un messaggio precedentemente registrato, ma non registra una eventuale risposta, anche *sm.*

risponsàbile v. RESPONSABILE.

risponsióne [dal lat. *responsio, -ōnis*; fine sec. XIII] ***sf.*** **1.** *raro* responsione **2.** *T.giur.* e *T.bur.* canone, imposta.

risponsìvo [dal lat. tardo *responsīvus*; a. 1566] ***agg.*** *ant.* responsivo.

rispósta [da *rispondere*; fine sec. XIII] ***sf.*** **1.** atto ed effetto del rispondere (nel senso 1), del replicare e, *concr.*, ciò che si risponde, ciò che si fa seguire a una domanda o sim.: *una risposta esauriente, molto concisa; sto aspettando la tua risposta, la sua risposta fu un sì entusiastico* || nella loc. *in risposta*, in funzione di risposta, rispondendo a: *in risposta al vostro quesito* **2.** *per estens.* atto ed effetto del rispondere (nel senso 3) e, *concr.*, ciò con cui si reagisce a richiami, richieste, azioni o comportamenti altrui: *il nostro appello è rimasto tutt'ora senza risposta, la risposta all'attacco fu immediata* || *T.mus.* figurazione che si contrappone simmetricamente alla proposta; *in part.* nella fuga, ripetizione del soggetto da parte di una voce; nelle salmodie responsoriali, ritornello affidato al coro || nelle loc.: *per tutta risposta*, come unica reazione: *io lo aiutai e lui, per tutta risposta, mi insultò*; *botta e risposta*, rapida successione di battute in un dialogo o, anche, rapida successione di eventi **3.** *per estens.* comportamento costituente una reazione a uno stimolo: *la risposta del cuore all'elettroshock è debole* || *T.tecn.* modo in cui un dispositivo reagisce a un comando: *la risposta del motore* || *T.fis.* in acustica, *risposta di frequenza*, l'andamento della grandezza d'uscita del trasduttore per segnale d'entrata di ampiezza costante e di frequenza variabile || *dim.* rispostina; *pegg.* rispostàccia || **N.** **1.** giudizio, parere, responso, sentenza | accorta, affermativa, ambigua, asciutta, categorica, cortese, decisiva, dura, elusiva, energica, entusiastica, evasiva, favorevole, franca, garbata, gentile, impertinente, insufficiente, irriverente, laconica, mordace, negativa, piccante, precisa, pronta, pungente, sbrigativa, secca, soddisfacente | *Contr.* domanda, interrogazione, richiesta **2.** controproposta, rappresaglia, rimbeccata, riscontro, ritorsione. **Q.T.** *psicologia.*

rispostàccia (pl. *-ce*) (*pegg.* di *risposta*) [a. 1756] ***sf.*** risposta sgarbata.

risprangàre (pres. *-àngo, -ànghi*) [da *sprangare*; a. 1535] ***tr.*** **1.** sprangare di nuovo **2.** *tosc.* accomodare vasi rotti riunendone i pezzi con fil di ferro; anche *fig.*: *quelle fantasie ... risprangate prima ove son fesse* (Carducci).

rìss [dal n. geogr. *Riss*, affluente del Danubio; 1937] ***sm. inv.*** *T.geol.* terzo periodo glaciale del Pleistocene.

rìssa [lat. *rixa*; 1313] ***sf.*** violento litigio con scambio d'ingiurie e percosse; mischia, zuffa: *l'incontro finì in una rissa collettiva, una sanguinosa rissa* || *per estens.* violenta polemica che degenera fino allo scambio d'insulti: *una rissa letteraria* || **N.** *Sin.* accapigliamento, alterco, baruffa, colluttazione, parapiglia, tafferuglio | rissare.

rissaiòlo [da *rissa*; 1872 *rissaiuolo*] ***sm.*** (f. *-a*) *non com.* attaccabrighe.

rissànte (*ppr.* di *rissare*) [1600] ***s.*** *raro* chi rissa: *i rissanti furono arrestati.*

rissàre [dal lat. *rixāri*; a. 1565] ***intr.*** (aus. *avere*) impegnarsi in una rissa || **N.** *Sin.* accapigliarsi, azzuffarsi, fare a pugni, litigare, venire alle mani.

rissatóre [da *rissare*; a. 1729] ***agg.*** e ***sm.*** (f. *-trice*) *raro* che o chi attacca frequentemente rissa.

rissosità [da *rissoso*; 1959] ***sf.*** caratteristica di chi o di ciò che è rissoso.

rissóso [lat. tardo *rixōsus*; a. 1396] ***agg.*** litigioso: *un temperamento rissoso.*

ristabiliménto [da *ristabilire*; 1640] ***sm.*** *non com.* atto ed effetto del ristabilire o del ristabilirsi || ricostituzione.

ristabilìre (pres. *-isco, -isci*) [da *stabilire*; 1640] ***tr.*** **1.** far tornare, rimettere in vigore: *ristabilire la pace, l'orario di apertura normale* **2.** *non com.* far riacquistare la salute: *quella cura lo ha ristabilito* || ***intr. pron.*** riacquistare la salute, rimettersi: *si è completamente ristabilito* || **N.** ***tr.*** **1.** *Sin.* reintegrare, restaurare, riattivare, ripristinare **2.** *Sin.* guarire, risanare | ***intr. pron.*** *Sin.* guarire | *Contr.* ammalarsi.

ristagnaménto [da *ristagnare*; 1750] ***sm.*** *non com.* ristagno.

ristagnàre¹ [dal lat. *restagnāre*; 1340 ca.] ***intr.*** (aus. *avere*) spec. di acque, arrestare il proprio flusso assumendo un aspetto statico || *fig.* subire una stasi, un forte rallentamento: *in questo periodo gli affari ristagnano* || ***tr.*** *non com.* far cessare di scorrere || **N.** ***intr.*** *Sin.* impaludarsi, stagnare | *Contr.* fluire, defluire, rifluire, scorrere | ***tr.*** *Sin.* bloccare.

ristagnàre² [da *stagnare*; 1804] ***tr.*** stagnare di nuovo: *ristagnare una pentola, una fessura.*

ristagnatùra [da *ristagnare²*; 1940] ***sf.*** operazione del saldare con lo stagno, e il suo effetto.

ristàgno [da *ristagnare¹*; 1653 *restagno*] ***sm.*** di liquido o anche di sostanze semisolide, il fatto di ristagnare: *il ristagno delle acque negli avvallamenti, il ristagno dei cibi nello stomaco* || *fig.* rallentamento, stasi: *un forte ristagno negli scambi di valuta* || **N.** *Sin.* impaludamento, ristagnamento; arresto, crisi, diminuzione, inerzia, paralisi | *Contr.* flusso, scorrimento; attività, espansione, ripresa, sviluppo.

ristàllo [comp. di *ri-* e un der. di *stallare*; 1983] ***sm.*** *T.zool.* *vitello di ristallo*, vitello ingrassato in una stalla diversa da quella in cui è stato allevato.

ristàmpa [da *ristampare*; 1640] ***sf.*** operazione del ristampare un'opera o del farne una nuova edizione senza apportare importanti modifiche || *concr.* l'insieme delle copie così edite, e anche ciascun esemplare: *la ristampa di un romanzo in edizione economica, il libro ha avuto dieci ristampe, questo libro è una ristampa*; *ristampa anastatica*, ottenuta attraverso un processo fotografico dall'edizione precedente. **Q.T.** *tipografia.*

ristampàbile [da *ristampare*; 1872] ***agg.*** che può essere ristampato.

ristampàre [comp. del pref. *ri-* e di *stampare*; 1618] ***tr.*** pubblicare o stampare di nuovo libri, novelle, discorsi ecc.: *la prima edizione di quest'opera è esaurita; la ristamperanno presto.*

ristampatóre [da *ristampare*; 1872] ***sm.*** (f. *-trice*) chi ristampa.

ristàre (pres. *ristò, ristài, ristà* ecc., come STARE) [var. di *restare*; fine sec. XIII nel senso 2] ***intr.*** (aus. *essere*) **1.** *raro* stare di nuovo: *ristarò qui tutta l'estate prossima* **2.** *lett. ant.* trattenersi, fermarsi un po', sostare: *ristette in ascolto* **3.** *lett. ant.* cessare un momento: *un moto che mai ristà* || ***intr. pron.*** *lett. ant.* **1.** fermarsi un po' **2.** astenersi: *ristarsi dal fare qualcosa* || **N.** ***intr.*** **2.** *Sin.* indugiare, soffermarsi | *Contr.* muoversi, spostarsi **3.** *Sin.* desistere, smettere | *Contr.* ricominciare, riprendere.

ristàta [da *ristare*; inizi sec. XV] ***sf.*** *T.pitt.* quella maggior quantità di colore che, nel dipingere, lascia il pennello dove si ferma.

ristauràre e der. forme arc. di RESTAURARE e der. (v.).

ristoppiàre (pres. *-óppio*) [comp. parasint. di *stoppia*; a. 1566] ***tr.*** e ***intr.*** (aus. *avere*) *T.agr.* seminare a grano (o altro cereale) un campo che ha ancora le stoppie del raccolto precedente, senza lasciarlo riposare || **N.** *Sin.* ringranare.

ristoràbile [da *ristorare*; 1717] ***agg.*** *raro* che si può ristorare (spec. nei sensi *ant.*): *un edificio, un'usanza, una perdita non ristorabile.*

ristoraménto [da *ristorare*; a. 1621] ***sm.*** *raro* ristoro.

ristorànte¹ (*ppr.* di *ristorare*) [1872] ***agg.*** *raro* che dà ristoro, ristoratore: *sonno ristorante.*

ristorànte² [dal fr. *restaurant*; 1877] **I *sm.*** locale pubblico abbastanza elegante in cui si possono consumare pasti completi serviti al tavolo: *ti invito a cena al ristorante*; *(ristorante) self-service*, in cui ci si serve da soli **II** in funzione di ***agg. inv.*** (sempre posposto): *albergo ristorante*, albergo con servizio di ristorante annesso; *carrozza ristorante*, sui treni carrozza in cui si servono pasti e bevande || *dim.* ristorantìno || **N.** I osteria, trattoria. **Q.T.** *alimentazione.*

ristoràre (pres. *-òro*) [lat. *restaurāre*; 1353 come rifl.] ***tr.*** **1.** ridare forza, vitalità nutrendo o, meno com., riposando: *un buon pranzo, un lungo sonno che ristora* **2.** *ant.* restaurare (anche *fig.*): *ristorare un locale, la disciplina* **3.** *ant.* riparare || *fig.* ricompensare, risarcire: *ristorare delle perdite subite* || ***rifl.*** rimettersi in forze, ritornare in forma nutrendosi o, meno com., riposandosi; rifocillarsi || **N.** ***tr.*** **1.** *Sin.* ricreare, rifocillare, rinvingorire, ritemprare | *Contr.* debilitare, fiaccare, indebolire, logorare, spossare.

ristoratìvo [da *ristorare*; 1353] ***agg.*** e ***sm.*** *raro* di ciò che è atto a ristorare: *qui ci vuole un buon ristorativo.*

ristoratóre [lat. tardo *restaurātor, -ōris*; 1618] I ***agg.*** che ristora **II** ***sm.*** **1.** (f. *-trìce*) chi ristora **2.** (f. *-trìce*) gestore di un ristorante **3.** *raro* ristorante.

ristorazióne [lat. tardo *restaurātio, -ōnis*; a. 1294 nel senso 2; 1983 nel senso 1] ***sf.*** **1.** l'insieme di attività, persone e cose legate alla somministrazione di pasti a pagamento in luoghi pubblici o semipubblici: *i problemi della ristorazione* **2.** *non com.* ristoro **3.** *ant.* riparazione, compenso. **Q.T.** *alimentazione.*

ristornàre (pres. *-órno*) [da *stornare*; 1872] ***tr.*** *T.comm.* stornare di nuovo || ***intr.*** (aus. *essere*) *tosc.* rimbalzare indietro: *il sasso batté sul muro e ristornò di mezzo metro.*

ristórno [da *ristornare*; 1959] ***sm.*** *T.comm.* abbuono o riduzione di prezzo fatto dal venditore a chi acquista merci in grandi quantità.

ristòro [da *ristorare*; a. 1400] ***sm.*** **1.** atto ed effetto del ristorare e del ristorarsi: *cercare ristoro (d)alla fame, (d)alla fatica*; *trovare ristoro nel sonno*; *posto di ristoro,* locale con servizio di bar, frequente in luoghi molto affollati (stazioni, stadi ecc.) || *fig. non com.* conforto morale **2.** *ant.* restauro **3.** *arc.* risarcimento, compenso || **N.** **1.** *Sin.* conforto, sollievo. **TAV. *automobile* p. 658** 4.16.

ristrettézza [da *ristringere*; a. 1320 nel senso 2] ***sf.*** **1.** *fig.* scarsità: *far fronte alla ristrettezza di mezzi* || *com. pl.* condizioni economiche disagiate: *essere, trovarsi in ristrettezze* **2.** *propr.* qualità di ciò che è ristretto, spec. *fig.*: *ristrettezza di vedute* || **N.** **1.** *Sin.* miseria, penuria, povertà | *Contr.* abbondanza, dovizia, larghezza, ricchezza **2.** *Sin.* strettezza; angustia, grettezza, meschinità | *Contr.* ampiezza, larghezza; ampiezza, apertura, larghezza.

ristrettìre (pres. *-ìsco, -ìsci*) [da *ristretto*; 1872] ***tr.*** *tosc.* far diventare stretto || ***intr. pron.*** *tosc.* diventare stretto.

ristrettìvo [da *ristretto*; a. 1577] ***agg.*** *raro* restrittivo.

ristrétto (*pps.* di *restringere* e di *ristringere*) [a. 1321 nel senso 3] **I** ***agg.*** **1.** stretto, angusto: *un locale troppo ristretto* || *fig.* meschino, limitato: *ha vedute molto ristrette, la sua indagine copre un campo molto ristretto, l'accezione ristretta di un termine* **2.** *per estens.* limitato quanto al numero: *un ricevimento con un numero ristretto di invitati* **3.** racchiuso in uno spazio molto piccolo; stipato, costretto: *in cinque in questa macchina si sta troppo ristretti* || *per estens.* denso, condensato, riassunto e sim.: *caffè, brodo ristretto, un ristretto saggio* || *fig. lett.* raccolto, unito: *spiriti ristretti in un ideale comune* || *T.econ. mercato ristretto,* i titoli azionari non quotati ufficialmente in Borsa || **ristrettaménte** ***avv.*** **II** ***sm.*** **1.** *T.econ.* mercato ristretto **2.** *non com.* prezzo ridotto **3.** *ant.* riassunto, compendio di un'opera || **N.** I **1.** *Sin.* circoscritto, limitato, ridotto, STRETTO **2.** *Sin.* circoscritto, piccolo.

ristrìngere (pres. *-ingo* ecc., come STRINGERE) [dal lat. *restringere*; 1400 ca. nel senso 2] ***tr.*** **1.** stringere di nuovo **2.** *ant.* restringere || ***intr. pron.*** diventare più stretto || ***rifl.*** *raro fig.* adunarsi nuovamente intorno a qualcuno, riavvicinarsi a qualcuno.

ristringiménto [da *ristringere*; a. 1320 *ristrignimento*] ***sm.*** *non com.* restringimento.

ristrutturàre (pres. *-ùro*) [da *strutturare*; 1973] ***tr.*** sottoporre a ristrutturazione || **N.** *Sin.* riattare, rinnovare, riordinare, riorganizzare, risistemare.

ristrutturazióne [da *strutturazione*; 1973] ***sf.*** conferimento di una nuova struttura, di un nuovo assetto, di una nuova organizzazione: *la ristrutturazione di un'azienda, di un romanzo, di un programma* || *in part. T.edil.* riassetto e trasformazione di un complesso edilizio, spec. limitato alle sue parti interne || **N.** *Sin.* riattamento, rinnovo, riordinamento, riorganizzazione, risistemazione.

ristuccaménto [da *ristuccare*; a. 1604] ***sm.*** *raro* atto ed effetto del ristuccare.

ristuccàre (pres. *-ùcco, -ùcchi*) [da *stuccare*; 1518 nel senso 2] ***tr.*** **1.** stuccare di nuovo: *ristuccare una fessura* **2.** saziare fino alla nausea: *tutti questi complimenti mi ristuccano* || **N.** **2.** *Sin.* annoiare, infastidire, venire a noia.

ristuccatùra [da *ristuccare*; 1872] ***sf.*** nuova stuccatura.

ristucchévole [da *stucchevole*; 1597] ***agg.*** *raro* stucchevole.

ristùcco (*pps.* sinc. di *ristuccare*) [fine sec. XIII] ***agg.*** *tosc.* più che sazio, nauseato: *sono stucco e ristucco delle vostre faccende.*

risucchiàre (pres. *-ùcchio*) [da *succhiare*; 1940] ***tr.*** **1.** attrarre e portar via come in un risucchio: *cose e persone furono risucchiate dalla tromba d'aria* || *fig.* assorbire completamente: *è stato di nuovo risucchiato dal lavoro* **2.** succhiare di nuovo.

risùcchio (pl. *-chi*) [da *succhio*; 1804] ***sm.*** *T.mar.* movimento vorticoso dell'acqua che, aggirandosi intorno a un punto centrale, descrive una spirale diretta verso il fondo.

risucciàre (pres. *-ùccio*) [da *succiare*; a. 1712] ***tr.*** *pop. tosc.* risucchiare.

risùlta [da *risultare*; 1959] ***sf.*** *T.tecn. materiali di risulta,* materiali di scarto della lavorazione delle materie prime; in edilizia, materiali ricavati da uno scavo o da una demolizione.

risultaménto [da *risultare*; 1872] ***sm.*** *raro* effetto del risultare || *concr.* la cosa che risulta.

risultànte (*ppr.* di *risultare*) [1541] **I** ***agg.*** che deriva come risultato: *l'effetto risultante* **II** ***sf.*** **1.** *T.fis.* somma di due o più vettori **2.** *in gen. non com.* risultato conclusivo.

risultànza [da *risultare*; 1812] ***sf.*** *T.bur.* risultato, esito: *le risultanze del dibattimento.*

risultàre [dal lat. *resultāre*; 1308] ***intr.*** (aus. *essere*) **1.** derivare come conseguenza, come effetto: *dall'affare risultò un notevole guadagno per tutti* || *per estens.* derivare come conclusione: *come è risultato dall'inchiesta* **2.** *per estens.* dimostrarsi, rivelarsi, apparire: *tutto quello che aveva detto è risultato falso* || *ass.* apparire evidente: *da questi documenti risulta che lei non ha ancora pagato, mi risulta che questo sia illegale* || *per estens.* essere, riuscire: *solo lui è risultato promosso, contagiato* || **N.** **1.** *Sin.* conseguire, provenire.

risultatìvo [da *risultato*; 1983] ***agg.*** **1.** che rappresenta o costituisce il risultato di un'azione; conclusivo, risultante **2.** *T.ling. verbi risultativi,* verbi che esprimono il risultato di un'azione passata (per es. *sapere* rispetto a *imparare*).

risultàto (*pps.* di *risultare*) [1647] ***sm.*** ciò che risulta come effetto, conseguenza, conclusione e sim. di qualcosa: *il risultato del tuo lavoro è ottimo, non conosco ancora i risultati delle analisi, il risultato della somma è 100*; *risultato positivo, negativo,* a seconda che corrisponda o meno a ciò che si desiderava || **N.** *Sin.* frutto, prodotto.

risuolàre o **risolàre** (pres. *-uòlo*) [da *s(u)olare*; 1353 *risolare*] ***tr.*** *T.calz.* mettere nuove suole a una calzatura.

risuolatùra o **risolatùra** [da *risuolare*; 1804 *risolatura*] ***sf.*** atto ed effetto del risuolare.

risuonàre (pres. *-uòno* ecc., come SUONARE) [dal lat. *resonāre*; a. 1292 nel senso 2] ***intr.*** (aus. *essere* e *avere*) **1.** suonare di nuovo: *l'allarme ha risuonato* **2.** risonare || ***tr.*** suonare di nuovo: *prova a risuonare il campanello, ha risuonato lo stesso pezzo di ieri.*

risùrgere (pres. *-ùrgo, -ùrgi*) [dal lat. *resurgere*; 1313] ***intr.*** *ant.* risorgere.

risurrèsso v. RESURRESSI.

risurrezióne v. RESURREZIONE.

risuscitàre e der. v. RESUSCITARE e der.

riṣvegliaménto [da *risvegliare*; 1505] ***sm.*** *raro* risveglio.

riṣvegliàre (pres. *-églio*) [da *svegliare*; 1353 come intr. pron.] ***tr.*** **1.** svegliare, destare chi dorme **2.** *fig.* con ogg. animato, scuotere dall'apatia || *per estens.* con ogg. inanimato, richiamare, suscitare: *risvegliare il ricordo, il dolore, l'appetito* **3.** *meno com.* svegliare di nuovo: *mi sono svegliato alle due e poi mi ha risvegliato il campanello alle sei* || ***intr. pron.*** **1.** svegliarsi, destarsi **2.** *fig.* di persona, riscuotersi || *per estens.* di cosa, ripresentarsi con forza **3.** *meno com.* svegliarsi di nuovo || **N.** ***tr.*** *Sin.* ridestare.

riṣvéglio (pl. *-gli*) [da *risvegliare*; 1640] ***sm.*** atto ed effetto del risvegliare e del risvegliarsi, anche *fig.*: *il risveglio mattutino, il risveglio dei popoli oppressi* || **N.** *Sin.* ravvivamento, rinascita, rinnovamento, ripresa | *Contr.* paralisi, ristagno, sonno, stasi.

riṣvòlta [da *svolta*; a. 1616 nel senso 2] ***sf.*** *raro* **1.** svolta, curva **2.** parte ripiegata in fuori || *in part.* risvolto.

riṣvoltàre[1] (pres. *-òlto*) [da *svoltare*[1]; 1940] ***intr.*** (aus. *avere*) svoltare di nuovo.

riṣvoltàre[2] (pres. *-òlto*) [da *svoltare*[2]; 1891] ***tr.*** *raro* svoltare, svolgere di nuovo.

riṣvòlto [da *risvoltare*[2]; 1940] ***sm.*** **1.** parte ripiegata; *in part. T.abb.* bordo di tessuto ripiegato all'infuori; *revers*: *il risvolto della manica, del collo* || *T.tip.* in legatoria, parte della sovraccoperta che copre la sguardia e, *per meton.*, il breve testo di presentazione dell'autore o dell'opera che vi è talora riportato **2.** *fig.* spec. *pl.*, aspetto, gen. secondario: *la vicenda ha risvolti drammatici* || *dim.* risvoltino || **N.** **1.** *Sin.* arrovesciatura, mostra, risvolta, rovescia; aletta, bandella, ribaltina, risguardo **2.** *Sin.* conseguenza, effetto, sviluppo. **TAV. *tipografia* p. 1337** 11.1.

ritagliàre (pres. *-àglio*) [da *tagliare*; a. 1537 nel senso 2] ***tr.*** **1.** tagliare via una parte da un intero: *ritagliare una foto dal giornale* || ricavare tagliando: *ritagliare bamboline di carta* **2.** tagliare di nuovo: *ho ritagliato un altro po' di pane* || ***rifl. intens.*** *fig.* ricavarsi: *ritagliarsi uno spazio personale* || ***rifl.*** e ***rifl. indir.*** tagliarsi nuovamente: *mi sono ritagliato con quel maledetto coltello, mi sono ritagliato il dito.*

ritagliatóre [da *ritagliare*; a. 1400] ***sm.*** (f. *-trìce*) **1.** *raro* chi ritaglia **2.** *ant.* venditore di ritagli, di scampoli e sim.

ritàglio (pl. *-gli*) [da *ritagliare*; a. 1374] ***sm.*** **1.** ciò che resta quando si è ritagliata via la parte che serve: *gettare i ritagli di stoffa avanzati* || *fig. ritaglio di tempo,* breve lasso di tempo libero: *lavora molto e nei ritagli di tempo fa sport* **2.** parte ritagliata da un intero: *conservare un ritaglio di giornale sulla vicenda* || *disus. vendita al ritaglio,* vendita al dettaglio || *dim.* ritagliétto, ritaglino || **N.** **1.** *Sin.* avanzo, brandello, brano, frammento, rimasuglio, scampolo **2.** *Sin.* pezzo, taglio.

ritàna [etim. inc.; sec. XIII] ***sf.*** *T.arch.* stretto spazio di separazione tra edifici adiacenti; molto usato in epoca medievale per gli scarichi delle grondaie e delle acque luride.

ritardaménto [da *ritardare*; 1631] **sm.** *raro* ritardo.

ritardànte [da *ritardare*; 1983] **agg.** e **sm.** *T.farm.* sostanza che rende l'azione di un farmaco graduale, rallentandone l'assimilazione.

ritardàre [dal lat. *retardāre*; 1374] **tr.** far tardare, far rallentare: *un inconveniente ha ritardato la nostra partenza, ritardare il moto dell'orologio* || *per estens.* rimandare a un tempo successivo, differire: *ritardare la scadenza* || **intr.** (aus. *avere* con soggetto animato, *essere* con soggetto inanimato) effettuare o terminare qualcosa in un tempo superiore a quello stabilito o previsto: *hai ritardato troppo nel pezzo in salita, a rispondere; il tuo orologio ritarda (di) qualche minuto* || *in part.* giungere, arrivare in ritardo: *ho ritardato perché ho trovato molto traffico* || essere in ritardo: *non capisco perché ritarda tanto* || **N.** **tr.** *Sin.* dilazionare, prorogare | *Contr.* anticipare; accelerare | **intr.** *Sin.* indugiare | *Contr.* anticipare.

ritardatàrio (pl. *-ri*) [da *ritardare*, sul modello del fr. *retardataire*; 1848] **agg.** e **sm.** (f. *-a*) che o chi giunge in ritardo o fa qualcosa in ritardo, spec. abitualmente: *far portare la giustificazione agli alunni ritardatari, i ritardatari dovranno pagare una mora.*

ritardàto (*pps.* di *ritardare*) [1540] **I agg.** giunto in ritardo: *telegramma ritardato* || posticipato: *ordigni a scoppio ritardato,* dotati di dispositivo che fa sì che lo scoppio avvenga qualche istante dopo l'impatto; *fig.* nella *loc. avv. a scoppio ritardato,* non immediatamente, tardivamente; *la sua reazione è avvenuta a scoppio ritardato* || rallentato: *moto uniformemente ritardato* **II sm.** (f. *-a*) persona il cui sviluppo intellettuale avviene in modo rallentato: *i ritardati mentali.*

ritardista [da *ritardo*; 1983] **s.** *T.sport.* nel paracadutismo, specialista in lanci nei quali si ritarda al massimo l'apertura del paracadute.

ritàrdo [da *ritardare*; a. 1492] **I sm.** **1.** atto del ritardare: *essere in ritardo, scusate il ritardo, ma non sono riuscito a sbrigarmi prima, qualsiasi ritardo nei pagamenti sarà fortemente multato* || posticipazione: *T.tecn. dispositivo di ritardo,* che trasmette dopo un tempo determinato il segnale ricevuto || *T.mus.* il mantenere uno o più suoni di un accordo per un certo tempo, successivo all'attacco del nuovo accordo || *T.psic. ritardo mentale,* deficit accumulato nello sviluppo intellettivo **2.** *concr.* il lasso di tempo che intercorre tra un evento e il momento (precedente) in cui avrebbe dovuto verificarsi: *il treno ha (accumulato) un ritardo di due ore, un forte ritardo; recuperare, annullare il ritardo,* riuscire a essere puntuali o meno in ritardo **3.** rallentamento: *il ritardo del moto prodotto dall'attrito* **II** in funzione di **agg. inv.** (sempre posposto): *T.farm. effetto ritardo,* quello di un farmaco che ha la proprietà di rilasciare i suoi princìpi attivi a poco a poco || **N.** **I** **1.** *Contr.* anticipo **3.** *Contr.* accelerazione.

ritégno [da *ritenere*; a. 1348] **sm.** **1.** il trattenere, il porre freno ai propri impulsi; moderazione, misura: *spende senza ritegno* || *in part.* controllo del proprio modo di comportarsi e di esprimersi; contegno, pudore: *una persona che non conosce ritegno, parla delle sue faccende più intime senza alcun ritegno* **2.** *arc.* ciò che serve a trattenere qualcosa che tende a muoversi || *T.tecn. valvola di ritegno,* v. RITENUTA || **N.** **1.** *Sin.* freno, inibizione, remora, riguardo, riserbo | *Contr.* impudenza, sfacciataggine, sfrenatezza, sfrontatezza **2.** *Sin.* vincolo.

ritemperàre (pres. *-èmpero*) [da *temperare*; 1300 ca. nel senso 2] **tr.** **1.** temperare di nuovo: *ritemperare la matita* **2.** *raro* ritemprare.

ritempràre (pres. *-èmpro*) (raro *ritemperàre*) [da *temprare*; 1940] **tr.** **1.** *fig.* rendere nuovamente efficiente, dare nuovo vigore: *il riposo ritempra il corpo, le buone letture ritemprano lo spirito* **2.** *propr.* ridare la tempra: *ritemprare una lama* || **rifl.** riprendere vigore, ristabilirsi || **N.** **1.** *Sin.* fortificare, rianimare, rinfrancare, rinsaldare, rivingorire, vivificare | *Contr.* debilitare, fiaccare, indebolire, sfiancare, spossare, stancare, stressare.

ritèndere (pres. *-èndo* ecc., come TENDERE) [da *tendere*; 1313] **tr.** tendere di nuovo.

ritenènza [dal lat. *retinentia*; a. 1294] **sf.** *ant.* **1.** ritegno, riguardo **2.** sostegno.

ritenére (pres. *-èngo* ecc., come TENERE) [lat. *retinēre*; a. 1276 nel senso 2] **tr.** **1.** credere, giudicare: *ritengo che sia una persona intelligente, ritieni sensato un simile comportamento?* **2.** *ant.* o *lett.* trattenere, anche *fig.*: *ritenere i propri impulsi, ritenere il corso delle acque; ritenere il passo,* fermarsi; *ritenere il volo,* posarsi || *in part. com.* tenere a mente: *non riesce a ritenere nomi e date* || *in part. com. T.med.* non espellere: *ritenere l'orina* **3.** in contabilità, non corrispondere una percentuale dell'importo dovuto in pagamento: *ritenere un quinto dello stipendio* || **rifl.** considerarsi: *si ritiene un uomo fortunato* || **N.** **tr.** **1.** *Sin.* considerare, reputare, stimare.

riteniménto [da *ritenere*; a. 1320] **sm.** *raro* atto del ritenere.

ritenitiva v. RITENTIVA.

ritenitivo v. RITENTIVO.

ritenitóre [da *ritenere*; a. 1348 come sm.] **I agg.** *raro* che ritiene **II sm.** (f. *-trice*) **1.** *raro* chi ritiene **2.** *ant.* manutengolo.

ritentàre (pres. *-ènto*) [da *tentare*; 1374] **tr.** tentare di nuovo: *ritentare la sorte, non ritentarmi.*

ritentìva (ant. *retentìva, ritenitìva*) [da *ritenere*; 1319 *retentiva*] **sf.** la facoltà di ritenere a memoria || **N.** MEMORIA.

ritentività [da *ritentivo*; 1965] **sf.** *lett.* la facoltà di ritenere nella memoria i ricordi.

ritentivo (ant. *ritenitivo*) [da *ritenere*; a. 1294 *retentivo*] **agg.** *raro* atto a ritenere || *in part.* atto a tenere a mente.

ritenùta [da *ritenere*; 1510] **sf.** atto ed effetto del ritenere (nel senso 3); *in part.* in contabilità, detrazione di una percentuale dall'importo di un pagamento: *operare una ritenuta alla fonte; ritenuta d'acconto,* acconto d'imposta versato allo Stato, per conto di un contribuente, da chi effettua un pagamento al contribuente stesso || *T.tecn.* dispositivo che impedisce il deflusso di un liquido: *valvola di ritenuta* (o *di ritegno*) || *T.mar.* organo che serve a guidare o trattenere elementi fissi o mobili || *T.min. capacità di ritenuta,* attitudine di una roccia a trattenere l'acqua.

ritenutézza [da *ritenuto*; 1738] **sf.** riserbo, riguardo negli atti e nelle parole.

ritenùto (*pps.* di *ritenere*) [a. 1348] **agg.** **1.** trattenuto **2.** *raro* circospetto, riservato nell'agire e nel parlare || **ritenutaménte** **avv.** *raro* cautamente, discretamente.

ritenzióne [dal lat. *retentio, -ōnis*; a. 1595] **sf.** atto ed effetto del ritenere (nel senso 2); *in part. T.med.* mancata espulsione di sostanze organiche: *ritenzione urinaria* || *T.psic.* conservazione della traccia mnestica || *T.econ.* diritto del creditore di conservare a garanzia del suo credito qualcosa di proprietà del debitore.

ritèssere [dal lat. *retexere*; sec. XIV] **tr.** tessere di nuovo, anche *fig.*

ritessitùra [da *tessitura*; 1872] **sf.** *non com.* atto ed effetto del ritessere, anche *fig.*

ritidectomìa [comp. del gr. *rhytís, rytídos,* ruga e *-ectomia*; 1981] **sf.** *T.med.* intervento di chirurgia plastica con cui le rughe del viso e del collo vengono eliminate mediante tensione della pelle || **N.** *Sin. lifting.*

ritidòma [dal gr. *rhytídōma,* increspamento; 1940] **sm.** *T.bot.* strato esterno della corteccia delle piante legnose, costituito da sughero e da vasi e fibre morti; scorza.

ritìngere (pres. *-ìngo* ecc., come TINGERE) [da *tingere*; sec. XIV] **tr.** tingere di nuovo, anche dando altro colore.

ritìnto (*pps.* di *ritingere*) [a. 1742] **agg.** tinto nuovamente: *vestito ritinto; vecchio ritinto,* che si tinge barba e capelli.

ritintùra [da *tintura*; 1942] **sf.** atto ed effetto del ritingere.

ritiraménto [da *ritirare*; metà sec. XIV] **sm.** *raro* atto ed effetto del ritirare o del ritirarsi.

ritiràre (pres. *-iro*) [da *tirare*; 1313] **tr.** **1.** tirare indietro, ritrarre: *ritirare la mano*; *fig.* ritrattare o revocare, annullare: *ritirare le accuse, ciò che si era promesso; ritirare la propria candidatura, una proposta di legge* || rif. a persona o gruppo di persone, far tornare indietro, richiamare: *ritirare le truppe, il proprio ambasciatore; ritirare il figlio dal collegio, un atleta dall'incontro* || *per estens.* riprendere o prendere qualcosa che si trova temporaneamente presso altri e che ci appartiene o ci compete; recuperare: *ritirare i bagagli alla stazione, una raccomandata, la paga, la patente* **2.** tirare di nuovo: *ritirare la palla* || nelle loc. fig.: *ritirare in ballo, fuori,* tirare di nuovo fuori, menzionare nuovamente: *ha ritirato fuori la sua solita scusa* || **rifl.** **1.** tirarsi indietro, arretrare, retrocedere; ritrarsi: *se non si ritirava in tempo lo travolgeva, l'esercito si ritirò precipitosamente* **2.** *fig.* lasciare un'attività che era la propria: *ritirarsi dalla professione*; anche *ass.*: *dopo vent'anni di lavoro si è ritirato* || non partecipare, rif. spec. a competizioni: *si è ritirato dalla gara, dalle elezioni* **3.** lasciare un ambiente, una compagnia e sim. per essere da soli: *si è ritirato nella sua stanza, vi saluto e mi ritiro; ritirarsi in convento; ritirarsi in se stesso,* isolarsi, cessare di avere contatti sociali || **intr. pron.** **1.** di tessuto o indumento, restringersi o accorciarsi (spec. in seguito a lavaggio sbagliato): *lavandola in acqua calda la lana si ritira* **2.** rifluire, ritornare indietro: *dopo l'inondazione le acque si sono ritirate* || **N.** **tr.** **1.** *Sin.* disdire, incassare, rimuovere, riscuotere, togliere | *Contr.* allungare, porgere; avanzare, proporre; mandare **2.** *Sin.* ributtare, rigettare, rilanciare | *Contr.* trattenere | **rifl.** **1.** *Sin.* indietreggiare, rinculare, ripiegare | *Contr.* avanzare, procedere **2.** *Sin.* abbandonare, dimettersi | *Contr.* gettarsi, iniziare, intraprendere | **intr. pron.** **2.** *Sin.* defluire.

ritiràta [da *ritirare*; a. 1540] **sf.** **1.** atto ed effetto del ritirarsi (solo rif. a persone o gruppi di persone); *in part. T.mil.* arretramento di truppe compiuto per sottrarsi allo scontro diretto con il nemico: *una ritirata precipitosa, tagliare la ritirata alle forze nemiche; ritirata strategica,* suggerita da un nuovo piano di azione più che imposta dalla forza del nemico e, *fig.*, tentativo di mascherare un insuccesso; *battere in ritirata,* anche *fig.*, abbandonare un'impresa a causa della propria inferiorità, darsi per vinto || *T.mil.* il rientro dei militari in caserma: *l'ora della ritirata; per estens.* l'ora della ritirata: *suonare la ritirata* **2.** *disus.* gabinetto, latrina: *la ritirata è in fondo al vagone* || **N.** **1.** *Sin.* indietreggiamento, ripiegamento; rinuncia | *Contr.* avanzata, resistenza.

ritiratézza [da *ritirare*; a. 1566] **sf.** *raro* caratteristica di chi o di ciò che è riservato, appartato: *la ritiratezza della sua vita* || **ritirataménte** **avv.** *raro* || **N.** *Sin.* riservatezza | *Contr.* mondanità, socievolezza.

ritiràto (*pps.* di *ritirare*) [a. 1566 nel senso 2] **agg.** **1.** tirato indietro, anche *fig.*: *la mano, l'offerta ritirata* **2.** che sta o si svolge in disparte (dalla gente, dalla mondanità e sim.): *vita ritirata* **3.** di luogo, appartato || **N.** **2.** *Contr.* socievole **3.** *Sin.* isolato, romito, solitario, solingo | *Contr.* frequentato, popolato.

ritiro [da *ritirare*; a. 1557 nel senso 5] ***sm.*** **1.** atto del tirare indietro: *il ritiro della rete a riva* || richiamo: *il ritiro delle truppe d'invasione* || recupero: *il ritiro dei bagagli, dei risultati delle analisi* || *fig.* revoca, annullamento: *il ritiro della patente* **2.** atto del ritirarsi; allontanamento, rinuncia, autoesclusione: *ritiro dal concorso, dalla vita politica* || *ritiro spirituale* (o *ass. ritiro*), riunione a scopo di esercizi spirituali, solitamente in un luogo relativamente isolato || *T.sport.* riunione di atleti in luogo appartato a scopo di riposo e allenamento: *i calciatori sono in ritiro* **3.** atto del restringersi o del contrarsi: *il ritiro del metallo durante il raffreddamento* **4.** *raro* nuovo tiro, rilancio **5.** luogo ritirato: *quel casolare costituisce un ottimo ritiro* || **N. 1.** *Sin.* ricupero **2.** *Sin.* abbandono, distacco | *Contr.* ingresso, partecipazione **3.** *Sin.* accorciamento, restringimento | *Contr.* espansione **5.** *Sin.* asilo, eremo, romitorio.

ritișma [dal gr. *rhýtisma*, pezza; 1835] ***sm.*** *T.bot.* fungo degli Ascomiceti parassita delle foglie degli alberi, spec. dell'acero, su cui lascia degli stromi neri simili a croste.

ritmàre [da *ritmo*; sec. XIV] ***tr.*** adattare a un certo ritmo: *ritmare il passo, la narrazione* || **N.** *Sin.* cadenzare, modulare, scandire.

ritmàto (*pps.* di *ritmare*) [1940] ***agg.*** ritmico, cadenzato: *passo ritmato.*

ritmica [dal lat. tardo *rhythmica*; 1821] ***sf.*** studio e arte del ritmo musicale e poetico.

ritmicità [da *ritmico*; 1959] ***sf.*** caratteristica di ciò che segue un ritmo || **N.** *Sin.* periodicità, regolarità | *Contr.* aritmia, irregolarità.

ritmico (pl. *-ci*) [dal lat. *rhythmicus*; 1585] ***agg.*** **1.** attinente al ritmo: *accento ritmico* **2.** che segue un ritmo: *movimento ritmico, pulsazioni ritmiche* || **ritmicaménte** ***avv.*** seguendo un ritmo || **N. 2.** *Sin.* armonico, cadenzato, modulato, periodico, ritmato | *Contr.* aritmico, disarmonico, irregolare, saltuario.

ritmo [dal lat. *rhythmus*, gr. *rhythmós*; a. 1375] ***sm.*** **1.** l'ordine di una successione nel tempo di una qualsiasi forma di movimento: *il ritmo ossessionante del tam tam, della mitragliatrice*; *il ritmo della respirazione, della luce del faro* || *T.mus.* dimensione della musica attinente all'organizzazione dei valori temporali delle note: *ritmo lento, veloce*; *per meton.* composizione in cui la cadenza ritmica prevale sulla melodia: *suonare un famoso ritmo jazz* || nella metrica, l'alternarsi nel verso, secondo una certa successione, di tempi forti e deboli (ovvero, in una metrica quantitativa, di sillabe lunghe e brevi o, in una metrica accentuativa, di sillabe toniche e atone); *per meton. T.lett.* componimento poetico delle origini, in lasse monorime e versi disuguali, che segna il passaggio dalla metrica dei ritmi bassolatini a quella italiana (accentuativa) **2.** *per estens.* ordine della successione delle fasi di un processo: *il ritmo della produzione*; *il ritmo delle stagioni*, l'ordine con cui si alternano, e anche l'alternarsi; *ritmo biologico*, bioritmo; *il ritmo di un romanzo, di un film*, il susseguirsi dei tempi nell'azione narrata o rappresentata || *fig.* scansione, disposizione secondo un ordine di elementi spaziali: *il ritmo di una scultura, delle linee in un disegno*; *T.geol.* complesso dei tipi litologici che si ripete regolarmente in una successione ritmica **3.** *per estens.* frequenza, intensità: *gli scontri razziali, le scene del film si susseguono a un ritmo impressionante*; *il ritmo cardiaco, della natalità sta salendo* || **N. 1.** *Sin.* alternanza, cadenza, modulo, scansione **3.** *Sin.* fase, periodo, scansione, sequenza, successione. **Q.T.** *metrica, musica.*

ritmografia [comp. di *ritmo* e *-grafia*; 1959] ***sf.*** *T.cin.* nella tecnica del doppiaggio, procedimento per cui il doppiatore sovrappone la propria voce a quella originale, badando ai movimenti ritmici della bocca dell'attore.

ritmologia [comp. di *ritmo* e *-logia*; 1965] ***sf.*** *T.mus.* studio dei ritmi.

ritmomania [comp. di *ritmo* e *-mania*; 1970] ***sf.*** *T.psic.* mania di canterellare in continuazione.

rito [dal lat. *ritus*; a. 1306] ***sm.*** **1.** l'insieme delle prescrizioni che regolano un culto religioso, e *per estens.* l'insieme delle azioni di culto: *così vuole il rito*; *chiesa cattolica di rito greco, di rito ambrosiano*; *un rito molto complicato* || ciascuna liturgia: *rito funebre, il rito del matrimonio* **2.** *per estens. fig.* qualsiasi successione più o meno codificata di azioni (con l'idea della mancanza di un vero scopo): *il week-end è un rito della società di massa, l'esame di maturità si è ridotto a un rito?* || *scherz.* con l'idea del carattere sacrale attribuito a operazioni profane: *prepararsi per la pesca per lui è un rito* **3.** *T.giur.* procedura: *rito civile, eccezione sul rito*; *di rito*, prescritto dalle norme che regolano la procedura; *per estens.* prescritto dall'uso: *scambiarsi gli auguri di rito, è di rito il brindisi agli sposi* || **N. 1.** *Sin.* cerimonia, cerimoniale, rituale | ambrosiano, armeno, copto, gallicano, greco, gregoriano, illirico, maronita, romano, russo, siriaco **2.** *Sin.* consuetudine, costume, istituzione, usanza. **Q.T.** *antropologia, religione.*

ritoccàre (pres. *-òcco* ecc., come TOCCARE) [da *toccare*; 1353 nel senso 2] ***tr.*** **1.** intervenire su qualcosa di compiuto per effettuare correzioni, piccoli aggiustamenti: *ritoccare un racconto, ritoccare a secco un affresco, ritoccare (il trucco de)gli occhi, ritoccare una fotografia*; *in part.* effettuare un piccolo restauro: *questa ceramica è solo da ritoccare* || *fig.* apportare piccole modifiche: *ritoccare i prezzi al minuto* **2.** toccare di nuovo || ***intr.*** (aus. *essere*) toccare, spettare di nuovo: *è ritoccato a me accompagnarlo* || **N.** ***tr.*** **1.** *Sin.* aggiustare, correggere, migliorare, perfezionare, restaurare, ripassare, rivedere, variare.

ritoccatóre [da *ritoccare*; 1940] ***sm.*** (f. *-trice*) chi effettua ritocchi: *ritoccatore di lastre fotografiche.*

ritoccatùra [da *ritoccare*; 1835] ***sf.*** ritocco, ritoccata.

ritocchino (*dim.* di *ritocco*) [1872 nel senso 2] ***sm.*** **1.** piccolo ritocco (nel senso 1) **2.** *fam. raro* spuntino successivo a un pasto completo.

ritócco (pl. *-chi*) [da *ritoccare*; a. 1696] ***sm.*** atto del ritoccare (nel senso 1) e, *concr.*, variazione apportata ritoccando: *questo capitolo necessita di una serie di veloci ritocchi, i ritocchi di un abile restauratore devono essere a malapena percepibili* || *dim.* ritocchìno || **N.** *Sin.* correzione, intervento, modifica, perfezionamento.

ritògliere (pres. *-òlgo* ecc., come TOGLIERE) [da *togliere*; a. 1348 nel senso 2] ***tr.*** **1.** togliere di nuovo **2.** riprendersi ciò che si era dato || togliere a qualcuno ciò che aveva tolto a un terzo || **N. 1.** *Sin.* rilevare.

ritondàre (pres. *-óndo*) [da *ritondo*; a. 1400] ***tr.*** *ant. lett.* **1.** dare forma rotonda, arrotondare **2.** *per estens.* pareggiare, eliminare le sporgenze.

ritóndere [dal lat. *retondēre*; 1872] ***tr.*** *ant. lett.* tosare di nuovo.

ritóndo e der. forme pop. di ROTONDO e der. (v.).

ritóne [dal gr. *rhytón*; 1835] ***sm.*** *T.archeol.* vaso per bervi, curvo a forma di corno, usato nell'antica Grecia.

ritòrcere (pres. *-òrco* ecc., come TORCERE) [lat. volg. **retorcere*; a. 1321] ***tr.*** **1.** torcere di nuovo o di più: *ritorcere un braccio, il filo* **2.** *fig.* rivolgere contro: *ritorcere un'accusa, un argomento* || ***intr. pron.*** **1.** torcersi di nuovo **2.** *fig.* rivolgersi contro: *quest'accusa si ritorce contro di te* || **N.** ritorsione.

ritorcibile [da *ritorcere*; 1872] ***agg.*** che si può ritorcere.

ritorciménto [da *ritorcere*; 1554] ***sm.*** *raro* il ritorcere.

ritorcitóio (pl. *-ói*) [da *ritorcere*; 1931] ***sm.*** *T.tess.* macchina che esegue la ritorcitura dei filati.

ritorcitóre [da *ritorcere*; 1959] ***sm.*** (f. *-trice*) *T.tess.* operaio addetto alla ritorcitura.

ritorcitrice [da *ritorcere*; 1959] ***sf.*** *T.tess.* ritorcitoio.

ritorcitùra [da *ritorcere*; sec. XIV] ***sf.*** *non com.* l'atto del ritorcere (nel senso 1); *in part.* operazione tessile di ritorcere insieme più fili.

ritormentàre (pres. *-énto*) [da *tormentare*; a. 1604] ***tr.*** tormentare di nuovo.

ritornàre (pres. *-órno*) [da *tornare*; fine sec. XIII] ***intr.*** (aus. *essere*) **1.** tornare o tornare di nuovo: *è ritornato a casa tardi, ritornò da lei per la terza volta, ritornare in sé, ritornare sull'argomento, ritornare a dire, è ritornato il caldo, mi è ritornato in mente quello che volevo dirti, è ritornato tutto pulito*; *non com.* riuscire, risultare: *mi ritornerà utile farlo, un gesto che ritorna a danno di chi lo compie* **2.** *raro* derivare: *da ciò che fai ti ritornerà immensa fama* || ***tr.*** *ant.* o *dial.* o *bur.* restituire: *ti ritorno i libri che mi hai prestato* || **N.** ***intr.*** **1.** *Sin.* rientrare, rimpatriare, rincasare; riandare, ripassare, rivenire; ricomparire, ricorrere, ripetersi; ripresentarsi; ridivenire, ridiventare; volgersi | *Contr.* riallontanarsi, ripartire.

ritornàta [da *ritornare*; 1294] ***sf.*** *arc.* ritorno.

ritornèllo [da *ritorno*; 1314] ***sm.*** elemento che si ripete più volte periodicamente; *in part. T.lett.* verso o gruppo di versi che si ripete in una composizione (come nella ballata) || *T.mus.* parte di una composizione che viene ripetuta periodicamente, intercalata o a riscontro delle strofe (come nella canzone), o anche come unico episodio ripetuto più volte (come nel rondò) || *fam.* monotona ripetizione della stessa richiesta, lamentela o sim.: *rieccolo col suo solito ritornello* || **N.** *Sin.* periodo, *refrain*; manfrina, solfa | strofa.

ritórno [da *ritornare*; a. 1294] ***sm.*** **1.** atto del ritornare, del tornare indietro o del tornare di nuovo indietro: *il ritorno a casa è sempre commovente*; *fare ritorno*, ritornare; *essere di ritorno*, essere appena tornati; *prendere la via del ritorno*, iniziare a tornare indietro; *biglietto di andata e ritorno*, biglietto, generalmente scontato, che comprende anche il viaggio di ritorno; *eufem. viaggio senza ritorno*, la morte; *ritorno di fiamma*, v. FIAMMA; *ritorno d'immagine*, riflesso, anche *fig.*: *quell'intervento gli fruttò un buon ritorno d'immagine*, una buona pubblicità || *fig.* ricomparsa, riapparizione: *il ritorno della primavera*; *analfabetismo di ritorno*, quello di chi sapeva leggere e scrivere, ma non ne è più capace || *per estens.* in espr. part.: *T.mar.* tratto di un cavo da alare che, deviato da un bozzello (detto *di ritorno*), ha direzione diversa da quello cui è applicata la resistenza; *T.sport. girone di ritorno*, il secondo gruppo di partite di un campionato, in cui le squadre si incontrano per la seconda volta **2.** restituzione: *avere di ritorno*, avere indietro; *vuoti di ritorno* (o *a rendere*), quelli che vengono restituiti, dietro rimborso della cauzione, al fornitore da cui li si è acquistati pieni || **N. 1.** *Sin.* rientro, rimpatrio | *Contr.* andata, partenza; scomparsa **2.** *Sin.* riconsegna | *Contr.* ritiro.

ritòrre [da *tòrre*; a. 1348] ***tr.*** *arc.* ritogliere.

ritorsióne [da *ritorcere*; 1872] ***sf.*** **1.** atto ed effetto del ritorcere (nel senso 2): *la ritorsione dell'argomentazione contro chi l'aveva formulata* **2.** *ass.* rappresaglia: *un'ingiusta ritorsione nei suoi confronti, per ritorsione lo denunciò.*

ritòrta [da *ritorcere*; 1313] ***sf.*** **1.** ramoscello flessibile verde che si usa per legare fastelli, fascine o altro || *fig. ant. raro* rimedio, sotterfugio **2.** *T.mar. ant.* sagola doppia e torticcia **3.** *ant.*, spec. *pl.*, catene: *spezzare le ritorte* || **N.** *Sin.* ritortola.

ritòrto [da *ritorcere*; sec. XIV] **I agg.** torto più volte, attorcigliato e sim.: *filo ritorto, radice ritorta* **II sm. 1.** filato ritorto, più robusto perché formato da vari filati ritorti insieme o da più fili dello stesso filato **2.** *pl.*, volute, che nelle trombe, allungano la canna dell'aria, rendendo il suono più grave.

ritòrtola [var. di *ritorta*; 1473] **sf.** *tosc.* ritorta.

ritradùrre (pres. *-ùco* ecc., come TRADURRE) [da *tradurre*; a. 1729] **tr.** tradurre di nuovo (nella stessa lingua) || tradurre nella lingua di partenza || tradurre in una terza lingua, partendo dalla traduzione fatta nella seconda.

ritraduzióne [da *traduzione*; 1959] **sf.** atto ed effetto del ritradurre.

ritràere o **ritràggere** [lat. *ritrahere*; a. 1321] **tr.** *arc.* ritrarre.

ritràrre (pres. *-àggo* ecc., come TRARRE) [dal lat. *ritrahere*; 1313 nel senso 4] **tr. 1.** trarre indietro, ritirare: *ritrasse la mano per paura di scottarsi* || *per estens. fig.* distogliere: *ritrarre lo sguardo da uno spettacolo disgustoso* **2.** fare un ritratto: *il suo viso si presta ad essere ritratto, questa foto lo ritrae nella sua casa* || *ant.* copiare, riprodurre fedelmente: *sono più facili a ritrarre le cose dipinte che le scolpite* (Alberti) **3.** *disus.* ricavare, estrarre, tirar fuori: *ritrarre onesti guadagni dal commercio, onore da un'impresa* || *per estens. fig. disus.* dedurre, concludere: *da quanto ci ha detto ritraggo che non vuole rinunciare all'impresa* **4.** *fig. arc.* riferire, riportare, rapportare **5.** *fig. arc.* riprendere, criticare, biasimare **6.** *raro* trarre, tirare di nuovo || **intr.** (aus. *avere*) *raro* prendere, ereditare: *ritrae tutto da suo padre* || **rifl. 1.** fare un ritratto a se stesso: *il pittore si ritrasse da vecchio* **2.** tirarsi indietro (spec. *fig.*), ritirarsi: *si ritrasse dall'impresa, dovettero ritrarsi su di un'altura* || appartarsi, isolarsi e, *fig.*, raccogliersi in se stesso || **N. tr. 1.** *Sin.* sottrarre, togliere | *Contr.* mettere avanti **2.** *Sin.* raffigurare, rappresentare; dipingere, disegnare, effigiare, fotografare **3.** *Sin.* cavare, ottenere, percepire, riscuotere | *Contr.* perdere, rimetterci. **Q.T.** *pittura.*

ritrasformàre (pres. *-órmo*) [da *trasformare*; a. 1449] **tr.** trasformare di nuovo, eventualmente riportando alla forma primitiva.

ritrașméttere (pres. *-étto* ecc., come METTERE) [da *trasmettere*; 1965] **tr. 1.** trasmettere un messaggio ricevuto **2.** mandare nuovamente in onda.

ritrașmissióne [da *trasmissione*; 1965] **sf.** atto del ritrasmettere || *concr.* ciò che viene ritrasmesso.

ritràtta [da *ritrarre*; a. 1348] **sf.** *ant.* **1.** ritirata **2.** riesportazione di una merce.

ritrattàbile [da *ritrattare*²; 1872] **agg.** che si può ritrattare.

ritrattabilità [da *ritrattabile*; 1959] **sf.** *raro* l'essere ritrattabile.

ritrattaménto [da *ritrattare*²; a. 1729] **sm.** *ant.* ritrattazione.

ritrattàre¹ [da *trattare*; 1350] **tr.** trattare di nuovo: *ritrattare un argomento, mi ha ritrattato male, ritrattare con alcali.*

ritrattàre² [dal lat. *retractāre*; sec. XIV] **tr.** smentire, rinnegare come falso o erroneo qualcosa che si era asserito in precedenza: *ritrattare una testimonianza, le idee professate in gioventù* || ritirare, disdire una promessa, un'offerta e sim. fatta precedentemente: *si era detto disponibile ma poi ha ritrattato* || **rifl.** *raro* disdire, smentire ciò che si era detto || **N. tr.** *Sin.* negare, revocare, rimangiare, sconfessare.

ritrattàre³ [da *ritratto*; 1846] **tr.** *raro* fare il ritratto a qualcuno.

ritrattatóre [da *ritrattare*²; 1872] **sm.** (f. *-trìce*) *raro* chi ritratta, chi rinnega le proprie opinioni o affermazioni.

ritrattazióne [dal lat. *retractātio, -ōnis*; 1598] **sf.** atto del ritrattare²: *esigo la ritrattazione pubblica dell'accusa* || *concr.* dichiarazione, scritta od orale, con cui si ritratta: *firmare la ritrattazione* || **N.** *Sin.* disdetta, rettifica, revoca, sconfessione, smentita.

ritrattìsta [da *ritratto*; 1677] **agg.** e **s.** artista specializzato o, comunque, molto abile nell'eseguire ritratti. **Q.T.** *pittura.*

ritrattìstica [da *ritratto*; 1950] **sf.** l'arte del ritratto.

ritrattìstico (pl. *-ci*) [da *ritratto*; 1959] **agg.** che riguarda l'arte del ritratto: *la tradizione ritrattistica.*

ritrattìvo [da *ritrarre*; a. 1406] **agg.** *raro* atto a ritrarre.

ritràtto [da *ritrarre*; 1505] **sm. 1.** fotografia o raffigurazione artistica di una persona gen. copia fedele del soggetto: *incorniciare un ritratto* || *fig. essere il ritratto di qualcuno*, somigliargli moltissimo: *è tutto il ritratto del padre* || *fig.* descrizione di una persona, e spec. del suo carattere: *quel romanzo contiene un perfetto ritratto psicologico di Napoleone* || *per estens.* anche di cose: *un fedele ritratto della cultura greca* **2.** *per estens. essere il ritratto di qualcosa*, esserne la personificazione, l'immagine: *quella donna è il ritratto della meschinità, un bimbo che è il ritratto della salute* **3.** *ant.* copia, riproduzione || *dim.* ritrattìno, ritrattùccio || **N. 1.** *Sin.* effigie, immagine, simulacro | di fronte, di profilo; fedele, parlante, somigliante, vivo | caricatura; profilo, *silhouette.* **Q.T.** *pittura.*

ritrazióne [da *ritrarre*; sec. XIV] **sf.** atto del ritrarre o del ritrarsi || **N.** *Sin.* accorciamento, contrazione, riduzione, ritiro.

ritrécine [etim. inc.; a. 1597] **sf. 1.** *T.pesc.* specie di rete che, quando si ritrae dall'acqua, si chiude sul fondo; è molto simile al giacchio ma più piccola **2.** *ant.* la ruota a palette del mulino, disposta orizzontalmente nell'acqua, che aziona la macina.

ritréppio (pl. *-pi*) [dal germ. **trippōn*, saltare; 1688] **sm.** *ant. raro* ripiegatura orizzontale che si cuce per accorciare una veste senza tagliarla || **N.** basta.

rititàre [da *tritare*; a. 1577] **tr.** tritare di nuovo.

ritrito (*pps.* ant. di *rititare*) [1872] **agg.** tritato più volte || *com. fig.* nell'espr. *trito e ritrito*, detto e ridetto, ripetuto molte volte; risaputo.

ritrósa [da *ritroso*; 1618] **sf.** *tosc.* **1.** piega o ricciolo irriducibile di un ciuffetto di capelli o di peli della barba o, anche, dei peli del mantello di un animale **2.** tortuosità: *pioveva, e l'acqua scendeva per diverse ritrose* **3.** tipo di nassa per pesci e uccelli.

ritrosàggine [da *ritroso*; a. 1557] **sf.** qualità di chi è ritroso.

ritrosìa [da *ritroso*; a. 1292] **sf. 1.** comportamento, atteggiamento ritroso; riluttanza: *riuscì a vincere la sua ritrosia e a parlare in pubblico* **2.** caratteristica di chi o di ciò che è ritroso: *la ritrosia del suo carattere, un ragazzo di un'inguaribile ritrosia* || **N. 1.** *Sin.* repulsione, resistenza, ripugnanza | *Contr.* accondiscendenza, compiacenza **2.** *Sin.* riservatezza, scontrosità, selvatichezza | *Contr.* affabilità, cordialità, cortesia, socievolezza.

ritrosità [da *ritroso*; a. 1595] **sf.** *raro* ritrosia.

ritróso [lat. *retrōrsum*; a. 1292] **agg. 1.** *fig.* poco socievole, chiuso in se stesso per timidezza: *è così ritrosa che non si riesce a parlarle* || *meno com.* che ha o dimostra volontà contraria, avversa a comportarsi come gli viene suggerito o imposto; restio, recalcitrante, riluttante: *si è dimostrato ritroso ad accettare il mio invito* **2.** *propr. lett. ant.* che ha movimento inverso: *acque ritrose* || *com.* nella loc. *a ritroso*, all'indietro, anche *fig.*: *camminare a ritroso, andare a ritroso nel tempo* || **ritrosaménte avv.** con ritrosia || *dim.* ritrosétto || **N. 1.** *Sin.* asociale, riservato, schivo, selvatico; contrario, refrattario, renitente, riottoso | *Contr.* affabile, cordiale, cortese, socievole; accondiscendente, compiacente, favorevole **2.** *Sin.* retrogrado, rovescio.

ritrovàbile [da *ritrovare*; a. 1729] **agg.** *non com.* che si può ritrovare.

ritrovaménto [da *ritrovare*; 1505] **sm. 1.** atto ed effetto del ritrovare || *in part.* rinvenimento: *il ritrovamento del relitto* || *in part.* scoperta, invenzione: *ritrovamenti sensazionali* **2.** *concr.* ciò che è stato ritrovato, *in part.* l'oggetto di una scoperta: *ritrovamenti archeologici* || **N. 2.** *Sin.* ritrovato. **Q.T.** *archeologia.*

ritrovàre (pres. *-òvo*) [da *trovare*; a. 1292 nel senso 2] **tr. 1.** trovare di nuovo: *tutte le volte che torno a casa ritrovo tutto in disordine* **2.** rintracciare, individuare qualcuno o qualcosa che si era perso di vista: *lo ritrovai dove l'avevo lasciato* || recuperare qualcosa che si era smarrito: *finalmente ho ritrovato quel documento, con quell'uomo ho ritrovato la felicità* || senza alcuna correlazione con *cercare*, incontrare, vedere, imbattersi di nuovo in qualcuno: *l'ho ritrovato dopo molti anni a casa di amici comuni* **3.** *non com.* scoprire dopo lunghe ricerche: *ritrovare una nuova cura* || **rifl. intens.** *scherz. fam.* avere, spec. alludendo a qualcosa di sgradevole: *con quella faccia che ti ritrovi...!* || **rec.** incontrarsi di nuovo: *si sono ritrovati dopo cena* || **intr. pron. 1.** capitare o capitare di nuovo: *si ritrovarono in mezzo alla tempesta* || *fig.* trovarsi o trovarsi di nuovo in una data condizione: *si ritrovò sull'orlo di un esaurimento nervoso* **2.** *fig. pop.* raccapezzarsi, orientarsi: *in mezzo a questo caos non mi ritrovo* || trovarsi a proprio agio: *in questo ambiente non si ritrova.*

ritrovàta [da *ritrovare*; a. 1580] **sf.** *arc.* ritrovato.

ritrovàto (*pps.* di *ritrovare*) [1863] **sm. 1.** invenzione, scoperta: *gli ultimi ritrovati della scienza medica* **2.** *fig. ant.* espediente, astuzia, trovata.

ritrovatóre [da *ritrovare*; sec. XIV] **agg.** e **sm.** (f. *-trìce*) *non com.* che o chi ritrova || **N.** *Sin.* inventore, scopritore.

ritròvo [da *ritrovare*; a. 1600 nel senso 2] **sm. 1.** locale frequentato da persone che lì si incontrano: *un ritrovo notturno, quel bar è diventato un ritrovo di delinquenti* **2.** *raro* il ritrovarsi insieme di due o più persone: *organizzare un ritrovo* || *com.* nella loc. *di ritrovo*, in cui ci si ritrova: *luogo, punto di ritrovo* || **N. 1.** *Sin.* circolo, club, covo **2.** *Sin.* adunanza, adunata, incontro, raduno.

ritta [da *ritto*; 1598] **sf.** *lett.* mano destra.

ritto [lat. *rectus*; fine sec. XIII] **I agg. 1.** diritto in piedi, in posizione verticale, eretto: *palo ritto; capelli ritti sulla testa*, rizzati; *star ritto*, stare in piedi || nella *loc. avv. per ritto*, in modo che il lato più lungo sia disposto in verticale **2.** *tosc.* diretto **3.** *tosc.* destro **II sm. 1.** elemento verticale con funzione perlopiù di sostegno: *i ritti dell'impalcatura* || *T.sport.* ciascuno dei supporti che reggono l'asticella del salto in alto e del salto con l'asta **2.** diritto: *un tessuto con due ritti* **III** in funzione di **avv.** diritto, direttamente: *andarsene ritto a casa* || **N. I 1.** *Sin.* DIRITTO **3.** *Contr.* sinistro **II 2.** *Contr.* rovescio.

rittochino [comp. di *ritto* e *chino*; 1942] **sm.** nelle colture collinari, disposizione dei fossi di scolo dell'acqua piovana secondo la linea di massima pendenza.

rituàle [dal lat. *rituālis*; 1690 come sm.] **I agg. 1.** relativo ai riti o a un rito || che costituisce parte di un rito: *danze, formule rituali* **2.** *fig.* di rito, abituale: *visita, domanda rituale* || **ritualménte avv.** come prescritto dal rito **II sm. 1.** il complesso dei riti propri di una religione || il complesso degli atti e delle formule prescritti per lo svolgimento di un rito || *per meton.* libro contenente le norme relative allo svolgimento di determinati riti **2.** *fig.* cerimoniale: *l'accoppiamento è preceduto da un lungo rituale.*

ritualismo [da *rituale*; 1905] **sm. 1.** tendenza a dare una grande importanza ai riti **2.** *T.rel.* corrente della Chiesa d'Inghilterra e delle comunità sorelle, in cui si dà particolare rilievo all'aspetto dogmatico del Cristianesimo come viene espresso dalla liturgia; anglo-cattolicesimo.

ritualista [da *rituale*; 1804] **s. 1.** esperto in materia di riti; liturgista **2.** chi attribuisce grande importanza ai riti || *T.rel.* seguace, fautore del ritualismo nel senso 2.

ritualistico (pl. *-ci*) [da *ritualista*; 1970] **agg.** relativo al rito e al rituale || che ha carattere di rituale.

ritualità [da *rituale*; 1970] **sf.** qualità di ciò che è rituale: *la ritualità dei suoi gesti* || insieme di riti, anche *fig.*: *la nuova ritualità di massa.*

ritualizzàre [da *rituale*; 1959] **tr.** conferire carattere rituale: *ritualizzare una procedura burocratica* || **intr. pron.** diventare un rito, assumere carattere di rito.

ritualizzazióne [da *ritualizzare*; 1970] **sf.** atto o effetto del ritualizzare.

riùngere (pres. *-ùngo* ecc., come UNGERE) [da *ungere*; 1340 ca.] **tr.** ungere di nuovo || **rifl.** *fam. tosc.* rifar quattrini, rimpannucciarsi.

riuniménto [da *riunire*; 1668] **sm.** *ant. raro* atto del riunire.

riunióne [da *unione*; 1673] **sf. 1.** atto ed effetto dell'unire e dell'unirsi di nuovo (*com.* solo rif. a persone): *la riunione dei coniugi dopo anni di lontananza, dei due labbri della ferita* || *fig. non com.* riconciliazione **2.** *com.* il fatto di ritrovarsi insieme nello stesso luogo: *una riunione tra amici* || *concr.* adunanza, convegno di un certo gruppo di persone: *le riunioni periodiche del consiglio d'amministrazione, partecipare a una riunione di partito, organizzare una riunione sportiva* || **N. 1.** *Sin.* ricongiungimento | *Contr.* distacco, riallontanamento **2.** *Sin.* adunata, incontro; accolta, assemblea, assembramento, *meeting*, raduno.

riunìre (pres. *-ìsco, -ìsci* ecc., come UNIRE) [da *unire*; 1308 nel senso 2] **tr. 1.** unire di nuovo: *riunire i fogli sparsi* **2.** mettere vicino, insieme; radunare: *riunire le foto in un grosso album, i pezzi del puzzle, gli amici a casa propria per una cena* || **rifl.** tornare di nuovo insieme ad altri: *si riunì al gruppo* || **rifl. rec.** tornare di nuovo insieme: *i coniugi si sono alla fine riuniti* || **N.** *Sin.* UNIRE.

riunìta [da *riunire*] **sf.** *T.sport.* nella scherma di spada, azione di contrattacco.

riunìto (*pps.* di *riunire*) [1959] **I agg.** congiunto: *eccoci qui riuniti* || *in part.* associato, consociato: *società riunite* **II sm.** l'attrezzatura tipica dello studio dentistico, costituita dall'unione in un sol blocco di poltrona, lavabo, lampada, trapani e altri accessori.

riunitóre [da *riunire*; 1959] **agg.** e **sm.** (f. *-trìce*) *non com.* che o chi riunisce.

riunitrice [da *riunire*; 1931] **sf.** *T.tess.* macchina tessile che prepara meccanicamente le stoffe pettinate.

riùnto (*pps.* di *riungere*) [1842] **agg.** unto di nuovo o meglio || *fig. pop. disus.* nelle espr.: *villano riunto*, villan rifatto; *pidocchio* (o *ciuco*) *riunto*, nuovo ricco, povero arricchito e insuperbito.

riusàre [da *usare*; 1745] **tr.** e **intr.** (aus. *essere*) usare o usarsi di nuovo: *riusare la stessa espressione, quest'anno riusano i capelli lunghi.*

riuscibile [da *riuscire*; a. 1527] **agg.** *raro* che può riuscire || **riuscibilménte** **avv.** *raro* probabilmente.

riuscibilità [da *riuscibile*; 1872] **sf.** *raro* qualità, condizione di ciò che può riuscire.

riusciménto [da *riuscire*; a. 1363] **sm.** *ant.* riuscita.

riuscire (pres. *-èsco* ecc., come USCIRE) [da *uscire*; 1319 nel senso 5] **intr.** (aus. *essere*) **1.** (seguito da *a* e da un verbo all'infinito) portare a buon esito (nonostante difficoltà, ostacoli ecc.) un'azione, un'impresa e sim.: *dopo molti sforzi è riuscito a convincerlo, non riesco a smuovere questo bullone, a trovare la soluzione del problema*; *fig.* rif. a difficoltà di ordine morale: *non riesco a crederlo!* || essere capace: *i gatti riescono a vedere anche al buio* || costruito con un'infinitiva (introdotta da *di*) come soggetto: *non mi riesce di incontrarlo, mi è finalmente riuscito di parlargli* || *ass.* lasciando implicito l'oggetto del tentativo, a cui spesso si allude con la particella *ci*: *ho provato a lungo, ma non (ci) riesco* || *ass.* avere successo: *per riuscire nella vita ci vuole determinazione ma anche fortuna, riuscir bene in tutto* **2.** (seguito da avv. o loc. avv. o compl. predicativo del soggetto) avere un certo esito: *il ricamo è riuscito, bene, male*; *prov. non tutte le ciambelle riescono col buco*, non tutte le imprese sono coronate da successo || *ass.* avere esito positivo, felice: *il decollo è riuscito* **3.** (seguito da compl. predicativo del soggetto) risultare, apparire, tornare: *riesce simpatico a tutti, la cosa non mi riesce nuova* **4.** uscire di nuovo: *era rincasato, ma poi è riuscito* **5.** *non com.* avere sbocco: *una via che riesce nella piazza centrale* || **N. 2.** *Sin.* concludersi, finire; avere successo | *Contr.* fallire | farcela, imbroccarla, spuntarla, trionfare **3.** *Sin.* dimostrarsi, rivelarsi **5.** *Sin.* fare capo, finire, metter capo, sboccare, sfociare, terminare.

riuscita [da *riuscire*; a. 1348] **sf. 1.** modo in cui qualcosa riesce; risultato, esito: *l'iniziativa ha avuto un'ottima, una pessima riuscita* **2.** *ass.* buona riuscita: *la riuscita di un'impresa dipende da molti elementi* || **N. 1.** *Sin.* conclusione | *Contr.* esordio, inizio **2.** *Sin.* SUCCESSO | buona, completa, eccellente, felice, infelice, perfetta | *Contr.* INSUCCESSO.

riuscito (*pps.* di *riuscire*) [1644 nel senso 2] **agg. 1.** andato a finire, risultato: *una festa mal riuscita* **2.** *ass.* che ha avuto buon esito: *il loro matrimonio non può certo dirsi riuscito* || **N. 2.** *Sin.* eccellente, felice, indovinato, perfetto, ottimo | *Contr.* mancato, sbagliato.

riùso [da *uso*; 1969 nel senso 3] **sm. 1.** nuova utilizzazione **2.** in urbanistica, recupero e riutilizzazione del patrimonio edilizio esistente: *il riuso delle aree industriali dismesse* **3.** *T.ret. discorso di riuso*, tipo di discorso che viene ripetuto, periodicamente o irregolarmente, in situazioni solenni e celebrative (ad es. formule giuridiche, ma anche testi letterari in quanto testi usati per la rievocazione di atti di coscienza collettiva).

riutilizzàre [da *utilizzare*; 1959] **tr.** utilizzare di nuovo una cosa, anche adibendola a nuove funzioni: *riutilizzare un vecchio motore, riutilizzò lo scatolone come cuccia per il cane.*

riutilizzazióne [da *riutilizzare*; 1967] **sf.** ulteriore utilizzazione di una cosa per gli stessi usi o per usi diversi (in gen. secondari).

rìva [lat. *rīpa*; fine sec. XIII] **sf. 1.** estremo lembo di terra bagnato dalle acque di mare, lago, fiume, canale e sim.: *camminare lungo la riva destra*; *tornare a riva, toccare la riva*, raggiungerla a nuoto o approdando; *mantenersi a riva*, nuotare o navigare in prossimità di essa, non al largo **2.** *per estens.* l'immediato entroterra di una costa; zona costiera: *la riva dell'Adriatico è tutta un susseguirsi di località balneari* || *ven.* via, calle o piazza posta lungo le rive del mare o di un canale **3.** *per estens. lett. raro* orlo, bordo **4.** *T.mar.* sommità dell'alberatura, com. solo in espr. particolari: *avere, mandare le vele, la bandiera, degli uomini a riva*; *a riva!*, comando di salire sull'alberatura || **N. 1.** *Sin.* approdo, arenile, argine, bagnasciuga, battigia, costa, lido, litorale, proda, ripa, riviera, spiaggia | alta, a strapiombo, bassa, rocciosa, sabbiosa, sassosa, scoscesa | costeggiare.

rivaccinàre (pres. *-ino*) [da *vaccinare*; 1872] **tr.** vaccinare di nuovo.

rivaccinazióne [da *rivaccinare*; 1872] **sf.** nuova vaccinazione per immunizzare dalla stessa malattia.

rivàggio (pl. *-gi*) [dal fr. *rivage*; sec. XIII] **sm.** *ant.* riva.

rivàle[1] [dal lat. *rivālis*, letter. chi ha in comune con altri l'uso di un canale; sec. XIV] **s.** chi compete con qualcuno per conseguire la preminenza in un dato ambito o conquistare l'amore di un terzo; concorrente diretto, emulo: *un suo rivale nella professione* || nei modi di dire: *non avere rivali, essere senza rivali*, essere insuperabile, impareggiabile: *a scacchi non ha rivali*; *non temere rivali*, reputarsi superiore a chiunque altro || **N.** *Sin.* antagonista, avversario.

rivàle[2] [da *riva*; a. 1320 *rivale rete*] **sm.** *T.pesc.* rete da pesca rettangolare fissata lateralmente a due pali per mezzo dei quali la si trascina a riva.

rivaleggiàre (pres. *-éggio*) [da *rivale*[1], sul modello del fr. *rivaliser*; a. 1764] **intr.** (aus. *avere*) competere, comportarsi come un rivale: *rivaleggiare con i colleghi per la promozione* || essere oggettivamente in competizione, essere alla pari con (freq. *iron.*): *nella boxe rivaleggia con i più forti, in antipatia rivaleggia con i peggiori* || **N.** *Sin.* concorrere, gareggiare; non essere secondo.

rivalérsi (pres. *-àlgo* ecc., come VALERE) [da *valersi*; 1508] **intr. pron. 1.** rifarsi di un danno o di una perdita subita facendola scontare ad altri: *si è rivalso sul figlio dell'affronto subito dal padre, gli allevatori si rivalgono delle restrizioni CEE aumentando i prezzi all'ingrosso* **2.** valersi, servirsi di nuovo: *rivalersi del suo aiuto, dell'autista privato* || **N. 1.** *Sin.* indennizzarsi, rifarsi, risarcirsi, vendicarsi **2.** *Sin.* riservirsi, riutilizzare.

rivalità [dal lat. *rivālitas, -ātis*; 1598] **sf.** l'essere rivali, e il rapporto tra rivali: *rivalità politiche, nello sport, la loro rivalità rendeva difficile ogni collaborazione* || **N.** *Sin.* antagonismo, competitività, competizione, concorrenza, emulazione, gara.

rivàlsa [da *rivalso*, pps. di *rivalersi*; 1812] **sf.** atto ed effetto del rivalersi (nel senso 1): *cercare una rivalsa su chi non c'entrava affatto*; *T.banc. rivalsa cambiaria*, tratta che il beneficiario di una cambiale non pagata alla scadenza può spiccare nei confronti dell'insolvente o di un suo avallante || **N.** *Sin.* indennizzo, risarcimento, vendetta.

rivalutàre (pres. *rivalùto* o *rivàluto*) [da *valutare*; 1940] **tr. 1.** attribuire maggior valore a un bene economico: *rivalutare una moneta* **2.** attribuire valore a qualcosa o a qualcuno, in contrasto con le valutazioni precedenti, anche *fig.*: *rivalutare un poeta ormai dimenticato, l'arte medievale, una persona per le sue doti morali* **3.** valutare di nuovo: *diede il responso solo dopo aver rivalutato attentamente la questione* || **N. 1.** *Sin.* apprezzare | *Contr.* svalutare.

rivalutatìvo [da *rivalutare*; 1965] **agg.** di rivalutazione: *processo rivalutativo dei titoli, un commento rivalutativo dell'opera.*

rivalutazióne [da *valutazione*; 1927] **sf.** atto ed effetto del rivalutare: *la rivalutazione del Medioevo, del franco* || **N.** *Contr.* svalutazione.

rivangàre (raro *rinvangàre*) (pres. *-àngo, -àngħi*) [da *vangare*; a. 1580] **tr.** vangare di nuovo || *fig.* rievocare, riandare a cose, perlopiù spiacevoli, ormai vecchie: *non rivanghiamo quella faccenda!* || **N.** *Sin.* disseppellire, ricordare, rimescolare, risuscitare.

rivarcàre (pres. *-àrco, -àrchi*) [da *varcare*; 1618] **tr.** varcare di nuovo || *in part.* varcare di ritorno.

rivascolarizzazióne [da *vascolarizzazione*;

1959] **sf.** *T.med.* riacquisizione da parte di un organo della propria attività vascolare.

rivedére (pres. *-édo* ecc., come VEDERE) [dal lat. *revidēre*; a. 1292] **tr.** **1.** vedere di nuovo: *ho rivisto con piacere quel vecchio film, mi sembra di rivederla quando non era ancora malata*; *in part.* rif. a persone, incontrare di nuovo (casualmente o meno): *lo rividi l'anno passato*; nel modo di dire *scherz. chi non muore si rivede!*, detto a chi si fa vivo dopo molto || ripassare, rileggere, scorrere di nuovo: *rivedere la lezione* **2.** controllare, revisionare: *rivedere i conti, le bozze, il motore dell'auto* || ritoccare, correggere: *bisogna rivedere i prezzi dopo gli ultimi aumenti, rivedere un giudizio troppo affrettato* || **rifl.** **1.** vedere nuovamente la propria immagine riflessa: *rivedersi specchiato nelle acque del lago* **2.** *per estens. fig.* riconoscersi in un altro: *nel figlio si rivede ragazzo* || anche, vedere se stessi nel ricordo, nell'immaginazione e sim.: *mi rivedo bambina quando abitavo in città* || **rec.** incontrarsi di nuovo: *si sono rivisti ieri sera*; nel modo di dire *ci rivedremo a Filippi* (sono le parole dette, secondo una leggenda, da un fantasma a Bruto, uccisore di Cesare, che a Filippi poi perdette la battaglia e la vita), verrà il momento della resa dei conti, ci ritroveremo alla resa dei conti, non è ancora detta l'ultima parola o sim. || nella loc. *a rivederci!*, v. ARRIVEDERCI || **N.** **tr.** *Sin.* riguardare || **rec.** *Sin.* ritrovarsi.

rivedìbile [da *rivedere*; 1865] **agg.** che si può o si deve rivedere || *in part. T.mil.* di chi, non riconosciuto abile alla leva militare, deve tuttavia ripresentarsi a nuova visita dopo un anno; anche *sm.*: *si presentano i rivedibili della tua classe.*

rivedibilità [da *rivedibile*; 1959] **sf.** l'essere rivedibile.

riveditóre [da *rivedere*; 1309] **agg.** e **sm.** (f. *-trìce*) *non com.* revisore, revisionatore: *commissione riveditrice del bilancio, riveditore di bozze.*

riveditùra [da *rivedere*; sec. XIV-XV] **sf.** *ant.* revisione.

rivedùta [da *rivedere*; 1521] **sf.** il rivedere una volta sola e affrettatamente: *dà una riveduta alle bozze* || *dim.* rivedutìna || **N.** *Sin.* occhiata, ripassata, scorsa.

rivelàbile [da *rivelare*; a. 1712] **agg.** che si può rivelare: *retroscena rivelabili.*

rivelaménto [da *rivelare*; sec. XIV] **sm.** *ant.* il rivelare.

rivelàre (pres. *-élo*) [dal lat. *revelāre*, togliere il velo; 1308] **tr.** **1.** far conoscere qualcosa di segreto; svelare, palesare: *rivelare un segreto, la sua vera identità* || *T.scient.* e *T.tecn.* evidenziare, dimostrare: *l'analisi ha rivelato la presenza di un'infezione, l'apparecchio rivela la presenza di radiazioni* **2.** *per estens.* manifestare: *il suo sguardo rivela la sua intima angoscia* || **rifl.** e **intr. pron.** manifestarsi, rendersi palese: *un regista che si è rivelato in tutte le sue capacità fin dai primi lavori, la sua meschinità si è rivelata nel modo in cui ti ha trattato* || **N.** **tr.** **1.** *Sin.* confessare, confidare, diffondere, divulgare, far sapere, propalare, raccontare, spargere, spiattellare, spifferare; indicare | *Contr.* celare, nascondere, occultare, omettere, tacere, tenere segreto **2.** *Sin.* dare prova di, esprimere.

rivelatìvo [da *rivelare*; a. 1642] **agg.** che rivela.

rivelatóre [dal lat. *revelātor, -ōris*; a. 1342 come sm.] **I agg.** che rivela: *indizio rivelatore* **II sm.** **1.** (f. *-trìce*) chi rivela **2.** denominazione generica di vari tipi di strumenti, dispositivi o sostanze in grado di rendere percepibili enti o fenomeni: *rivelatore di radioattività, di mine* || *T.fot.* elemento che rende visibile l'immagine fotografica che era ancora latente nella negativa || *T.rad.* organo di un apparecchio radiotelegrafico o radiotelefonico ricevente che trasforma l'alta frequenza delle radioonde in bassa frequenza, per renderle udibili all'orecchio umano.

rivelazióne [dal lat. *revelātio, -ōnis*; a. 1294] **sf.** **1.** atto ed effetto del rivelare e del rivelarsi: *la rivelazione di segreti militari* || *T.rel.* in varie religioni, l'auto-manifestazione della divinità o, anche, la manifestazione da parte della divinità di verità altrimenti inaccessibili all'uomo; *per anton.* (perlopiù con l'iniz. maiuscola) la rivelazione cristiana, e gli scritti in cui è contenuta **2.** *concr.* la cosa, il fatto rivelato: *le sue rivelazioni hanno fatto riaprire l'inchiesta* || *iperb.* imprevista e sensazionale scoperta o manifestazione di qualcosa e, in part., delle qualità di una persona: *i risultati dell'indagine, le sue capacità artistiche sono stati per tutti una vera rivelazione* || *per meton.* la persona stessa che manifesta impreviste e sensazionali qualità: *è lui la rivelazione dell'anno in campo sportivo* || **N.** **1.** *Sin.* epifania, manifestazione, palesamento, propalazione **2.** *Sin.* scoperta, sorpresa. **Q.T.** *religione.*

rivellìno o **revellìno** [etim. inc.; a. 1470] **sm.** nelle antiche fortificazioni, opera distaccata, a due facce e con un saliente verso la campagna, solitamente posta dinanzi alla cortina.

rivéndere (pres. *-éndo* ecc., come VENDERE) [dal lat. tardo *revendere*; sec. XIV] **tr.** **1.** vendere di nuovo: *l'avevo riacquistato ma poi l'ho rivenduto* **2.** vendere ciò che si è acquistato: *rivendere al minuto merce acquistata all'ingrosso, acquista e rivende roba usata* || nel modo di dire *fig. la rivendo come l'ho sentita* (o *comprata*), di notizia, la ridico come me l'hanno detta, senza assumerne la responsabilità || **N.** **2.** commerciare.

rivendìbile [da *rivendere*; 1835] **agg.** che può essere rivenduto (spec. perché molto richiesto o particolarmente ben conservato): *una merce rivendibile.*

rivendicàre (pres. *-éndico, -éndichi*) [da *vendicare*; sec. XIV come tr. nel senso 2; 1812 come tr. nel senso 1] **tr.** **1.** esigere il riconoscimento di un proprio diritto, merito o status o reclamare per sé un bene materiale di cui ci si ritiene ingiustamente privati: *rivendicare il diritto di intervenire, la paternità di una scoperta, la propria innocenza, il possesso di un alloggio* || assumersi la responsabilità di qualcosa: *rivendicare l'attentato* **2.** *raro* vendicare di nuovo || **rifl.** vendicarsi di nuovo || **N.** **1.** *Sin.* accampare, attribuirsi, avocare, chiedere, pretendere, reclamare | *Contr.* rinunciare.

rivendicatìvo [da *rivendicare*; 1975] **agg.** che contiene rivendicazioni, che costituisce una rivendicazione: *piattaforma rivendicativa aziendale* || di rivendicazione: *atteggiamento rivendicativo.*

rivendicatóre [da *rivendicare*; 1872] **agg.** e **sm.** (f. *-trìce*) *non com.* che o chi rivendica: *un poeta rivendicatore della libertà.*

rivendicazióne [da *rivendicare*, sul modello del fr. *revendication*; 1812] **sf.** atto ed effetto del rivendicare: *la rivendicazione di un diritto, della paternità di un atto terroristico; rivendicazioni sindacali*, richieste avanzate dai sindacati per un miglioramento dei contratti di lavoro esistenti || **N.** *Sin.* evizione, giudizio recuperatorio, reclamo, richiesta.

rivendicazionìsmo [da *rivendicazione*; 1980] **sm.** tendenza ad avanzare continuamente nuove rivendicazioni o a far prevalere gli aspetti rivendicativi nell'attività politica o sindacale.

rivéndita [da *rivendere*; 1581] **sf.** **1.** atto ed effetto del rivendere **2.** *per meton.* negozio per la vendita al minuto di prodotti vari, spec. di monopolio; spaccio: *rivendita di sale e tabacchi.*

rivenditóre [da *rivendere*; sec. XIV] **agg.** e **sm.** (f. *-trìce*) che o chi rivende merci acquistate da altri || chi vende al minuto || **N.** RIVENDUGLIOLO.

rivendùgliolo [da *rivendere*; 1543] **sm.** (f. *-a*) rivenditore al minuto di generi di poco valore || **N.** *Sin.* barattiere, bottegaio, mercante, merciaio, rigattiere, trecca; bancarella.

riverberaménto [da *riverberare*; a. 1320] **sm.** *non com.* riverberazione.

riverberàre (pres. *-èrbero*) [dal lat. *reverberāre*, far rimbalzare; sec. XIV come intr.] **tr.** **1.** riflettere la luce o, meno com., il calore o il suono **2.** *fig. raro* abbagliare || **intr. pron.** **1.** riflettersi **2.** *fig. lett. non com.* estendersi, avere efficacia indiretta: *il suo successo si riverbera sui compagni* || **N.** **tr.** **1.** *Sin.* rispecchiare | **intr. pron.** **2.** *Sin.* influire, rimbalzare, ripercuotersi.

riverberatóio (pl. *-ói*) [da *riverberare*; 1835] **sm.** schermo posto davanti alla bocca di un particolare tipo di forno (detto, appunto, *a riverbero*) per evitare la dispersione delle fiamme e rifletterne il calore sul materiale da fondere.

riverberazióne [da *riverberare*; sec. XIV] **sf.** *T.fis.* riflessione di energia raggiante (luminosa, termica, acustica): *tempo di riverberazione*, tempo necessario perché l'energia sonora presente in un ambiente durante l'emissione di un dato suono decresca a un milionesimo del valore che ha nell'istante in cui cessa l'emissione.

rivèrbero [da *riverberare*; a. 1294] **sm.** **1.** atto ed effetto del riverberare e del riverberarsi; riflesso luminoso o, meno com., termico o sonoro: *il riverbero dell'asfalto crea l'effetto del bagnato, in questa sala si crea un fastidioso riverbero del suono*; *lampada a riverbero*, dotata di un disco concavo che riflette e concentra i raggi luminosi emessi dalla lampadina; *forno a riverbero*, in cui il calore si diffonde indirettamente **2.** *fig. lett. non com.* riflesso: *il riverbero della sua fama durerà in eterno* || *di riverbero*, di riflesso.

riverènte o **reverènte** (*ppr.* di *riverire* o *reverire*) [da *riverire*; a. 1444] **agg.** che dimostra riverenza, rispetto || **riverenteménte** **avv.** *lett.* || **N.** *Sin.* ossequente, ossequioso, rispettoso | *Contr.* irrispettoso, irriverente.

riverènza o **reverènza** [dal lat. *reverentia*; a. 1292] **sf.** **1.** (in questo senso si usa com. la variante *reverènza*) sentimento e atteggiamento di profondo rispetto e devozione: *nutre la massima reverenza per il suo maestro, per le tradizioni di famiglia*; *parlando con riverenza*, con rispetto || *com.* come titolo di rispetto attribuito a ecclesiastici: *Sua Reverenza* || *in part.* timore religioso **2.** *per estens.* ampio inchino fatto in segno di riverenza: *fai la riverenza* || **N.** **1.** *Sin.* deferenza, ossequio, riguardo, venerazione | *Contr.* disprezzo, indifferenza, noncuranza; alterigia, superiorità.

riverenziàle v. REVERENZIALE.

riverenziàre (pres. *-ènzio*) [dal lat. *reverentia*, riverenza; 1726] **tr.** *ant.* riverire.

riverìre (lett. ant. *reverire*) (pres. *-ìsco, -ìsci*) [dal lat. *reverēri*, temere, rispettare, con cambio di coniug.; a. 1292] **tr.** **1.** dimostrare riverenza con atti o parole: *riverire i genitori, la memoria dei caduti* **2.** *disus.* (com. solo in formule di saluto, spec. *scherz.*) salutare con deferente rispetto: *la riverisco signora madre!* || *ass. ant.* come formula di saluto: *riverisco!* || **N.** **1.** *Sin.* onorare, rispettare, venerare | *Contr.* disprezzare **2.** *Sin.* ossequiare.

riverìto (*pps.* di *riverire*) [a. 1363] **agg.** rispettato, venerato: *il suo nome è temuto e riverito* || salutato con riverenza, ossequiato, spec. come formula disus. di saluto: *riverita, signora maestra!.*

riversàle [dal lat. *reversus*, pps. di *reverti*, ritornare; 1974] **sf.** *T.eccl.* dichiarazione che la Chiesa richiede ai coniugi, nei matrimoni di religione mista, per cui essi s'impegnano a educare cattolicamente i figli, e il coniuge non cattolico inoltre s'impegna a non impedire al coniuge cattolico l'esercizio delle pratiche religiose.

riversaménto [da *riversare*; 1835] **sm.** atto ed effetto del riversare: *il riversamento su nastro del contenuto di un disco* || **N.** *Sin.* duplicazione, registrazione, riproduzione, trasferimento.

riversàre (pres. *-èrso* ecc., come VERSARE) [dal lat. *reversus*, pps. di *revertere*, ricadere sopra; 1313] **tr.** **1.** gettare, spandere, effondere in abbondanza: *il vulcano continuava a riversare lava lungo le pendici* || *fig.* gettare, far ricadere: *riversò la colpa sul socio, riversare l'affetto sui figli* **2.** versare di nuovo **3.** *T.tecn.* trasferire una registrazione da un supporto a un altro: *riversare i dati dal disco rigido a un dischetto* **4.** *ant.* rovesciare, risvoltare: *riversare un abito, le maniche* || **intr. pron.** spargersi, traboccare, rovesciarsi: *la folla si riversò nella piazza, l'acqua si riversò nella valle* || **N.** **tr.** **1.** *Sin.* rovesciare, scaricare, spargere **3.** *Sin.* registrare, riprodurre, trasportare | **intr. pron.** *Sin.* affluire, confluire, invadere, irrompere, prorompere, sfociare, sgorgare.

riversàto (*pps.* di *riversare*) [1313] **agg.** rovesciato || *ant.* supino.

riversìbile e der. forme rare di REVERSIBILE e der. (v.).

riversióne v. REVERSIONE.

rivèrso (*pps.* di *rivertere*) [1312] **I agg.** supino, col corpo rovesciato all'indietro: *giaceva riverso sulla sedia* **II sm.** *ant.* o *region.* rovescio, opposto || *fig.* sfortuna, sventura, rovina || *per estens.* manrovescio || nelle *loc. avv.* *di riverso*, di rovescio; *di riverso*, a rovescio || **N.** I *Contr.* diritto.

rivèrtere (pres. *-èrto*) [dal lat. *revertere*; 1313] **tr.** *ant.* rivoltare, rovesciare: *l'un verso il mento e l'altro* (labbro) *in su riverte* (Dante).

rivertìre (pres. *-èrto*) [da *rivertere*; prima metà sec. XIV] **tr.** *ant.* convertire.

rivestimentista [da *rivestimento*; 1959] **s.** *T.edil.* operaio edile che esegue lavori decorativi o mette in opera rivestimenti.

rivestiménto [da *rivestire*; 1855] **sm.** **1.** ciò che serve a rivestire, a ricoprire qualcosa: *rivestimenti per pareti, per poltrone* **2.** atto ed effetto del rivestire; ricopertura (anche, ma meno com., *fig.*): *il rivestimento di un pavimento, di una carica* || **N.** **1.** *Sin.* fodera, involucro, tappezzeria **2.** *Sin.* copertura.

rivestìre (pres. *-èsto* ecc., come VESTIRE) [da *vestire*; a. 1292 come tr. nel senso 2] **tr.** **1.** foderare, ricoprire: *rivestire un muro con mattonelle, i fiaschi, un divano*; *rivestire un monte*, provvedere al suo rimboschimento || *fig.* mascherare, ammantare: *rivestire la propria ambizione di falsa modestia* **2.** vestire (con l'oggetto della veste, e spec. rif. a vesti simboleggianti un ruolo professionale o sociale): *ha rivestito per anni la toga* || *più com. fig.* rif. a ruoli, incarichi e sim., ricoprire: *ha rivestito per vent'anni la carica di governatore* **3.** *fig.* avere, aver assunto: *un problema che riveste la massima importanza* **4.** vestire di nuovo: *sveste e riveste la bambola in continuazione, richiamato, fu costretto a rivestire la divisa* || *per estens.* dotare di abiti nuovi: *quando è arrivato sembrava uno straccione, sicché ho dovuto rivestirlo da capo a piedi* || **rifl.** **1.** vestirsi di nuovo || *per estens.* vestirsi con abiti nuovi **2.** indossare, vestire: *rivestirsi della divisa* || **N.** **tr.** **1.** *Sin.* ammantare, coprire, fasciare, incamiciare, inguainare, patinare, tappezzare | *Contr.* scoprire, spogliare, svestire, svolgere **2.** *Sin.* indossare **4.** *Contr.* svestire.

rivestìto (*pps.* di *rivestire*) [1319 *revestito*] **agg.** **1.** ricoperto di un qualche materiale: *divano rivestito* **2.** vestito di nuovo || *per estens.* vestito a nuovo; *in part.* nel modo di dire *fig.* *pop.* *villano rivestito*, villano rifatto.

rivestitùra [da *rivestire*; 1872] **sf.** *non com.* rivestimento.

rivettìno [dall'arc. *rivetto*, orlo; 1853] **sm.** ripiegatura dell'orlo della coccia che serve sia da finimento, sia per riparare la mano dai colpi che eventualmente scivolassero sulla coccia stessa.

rivétto[1] [dal fr. *rivet*; 1905] **sm.** chiodo a doppia testa e forato nel mezzo, usato spec. per tenere uniti elementi metallici || **N.** *Sin.* ribattino.

rivétto[2] (*dim.* di *rivo*) [prima metà sec. XIV] **sm.** **1.** piccolo rivo **2.** *raro* orlo.

rivièra [dal fr. ant. *rivière*, pendio lungo un fiume; 1313] **sf.** **1.** costa, immediato entroterra di mare o lago: *la riviera ligure di Levante* || *per anton.* (con l'iniz. maiuscola) la fascia costiera della Liguria: *passare le vacanze in Riviera* **2.** *ant.* o *poet.* corso d'acqua in genere **3.** *T.ipp.* nelle gare ippiche a ostacoli, ostacolo costituito da una fossa ripiena d'acqua, preceduta da una o due siepi || **N.** **1.** RIVA.

rivieràsco (pl. *-schi*) [da *riviera*, sul modello del lig. *riveasco*; 1842] **agg.** della riviera: *paesi, popoli rivieraschi* || **N.** *Sin.* costiero, litoraneo, ripario.

rivìncere (pres. *-ìnco* ecc., come VINCERE) [dal lat. *revincere*, vincere di nuovo, sopraffare; a. 1565 nel senso 2] **tr.** **1.** vincere di nuovo **2.** recuperare ciò che si era perduto al gioco o sim.

rivìncita [da *rivincere*; 1863 nel senso 2] **sf.** **1.** vittoria, successo che compensa una precedente sconfitta: *la squadra ottenne un'inattesa rivincita, Roma si prese una rivincita clamorosa su Cartagine* **2.** *T.gioc.* e *T.sport.* nuovo incontro o nuova partita giocata per dare a chi ha perso la prima volta la possibilità di vincere: *concedere la rivincita* || **N.** **1.** *Sin.* riscatto, rivalsa, vendetta.

rivìnta [da *rivincere*; a. 1292] **sf.** *ant.* rivincita.

rivisitàre (pres. *-ìsito*) [da *visitare*; 1598 nel senso 1; 1754 nel senso 2] **tr.** **1.** visitare di nuovo **2.** *fig.* riesaminare, riprendere in considerazione, spec. valendosi di nuovi contributi critici: *rivisitare la produzione letteraria dell'ultimo secolo* || **N.** **2.** *Sin.* riconsiderare.

rivisitazióne [da *rivisitare*; 1974] **sf.** il rivisitare || *in part.* nuova analisi critica, basata su nuovi criteri, di opere letterarie o artistiche del passato.

rivìsta [da *rivisto*, pps. di *rivedere*, sul modello del fr. *revue*; 1612 nel senso 4; 1828 nel senso 1; 1931 nel senso 2] **sf.** **1.** pubblicazione periodica specializzata di alto livello: *una rivista di filosofia, medica* || *per estens.* periodico in genere (spec. rotocalco): *una rivista femminile, di moda, di attualità*; *giornali e riviste* **2.** spettacolo teatrale (o, successivamente, televisivo e radiofonico) leggero, simile al varietà, caratterizzato dalla suddivisione in quadri a sé stanti che si succedono a ritmo serrato e dal carattere comico, satirico o di puro intrattenimento: *la soubrette della rivista, il music-hall è la forma inglese della rivista francese* **3.** parata militare in cui le truppe sfilano davanti alle autorità rendendo loro gli onori **4.** rassegna, ispezione, controllo: *passare in rivista un reparto di soldati* **5.** *non com.* atto ed effetto del rivedere, del rileggere e sim.: *dare una rivista al compito* || **N.** **1.** *Sin.* periodico **2.** avanspettacolo, operetta, varietà, *vaudeville* **3.** *Sin.* sfilata **5.** *Sin.* revisione, rilettura, ripassata, scorsa.

rivistaiòlo [da *rivista*; 1942] **agg.** *spreg.* da rivista, da varietà || *per estens.* superficiale, frivolo.

rivitalizzàre [da *vitalizzare*; 1983] **tr.** imprimere nuova vitalità: *rivitalizzare un'istituzione.*

rivitalizzazióne [da *rivitalizzare*; 1955] **sf.** atto ed effetto del rivitalizzare.

rivivènza [da *rivivere*; 1950] **sf.** *raro* il rivivere: *la rivivenza della grazia.*

rivìvere (pres. *-ìvo* ecc., come VIVERE) [dal lat. *revīvere*; 1313] **intr.** (aus. *avere* ed *essere*) **1.** vivere di nuovo, essere di nuovo in vita: *se potessi rivivere tra mille anni!* || *per estens. fig.* sentirsi di nuovo bene, in forze e sim.: *a questo fresco mi sento rivivere* **2.** *fig.* perpetuarsi: *le sue virtù rivivono nel figlio* || **tr.** **1.** vivere, trascorrere di nuovo: *non vorrei rivivere la disgraziata vita vissuta fin qui* **2.** *fig.* sperimentare, provare di nuovo: *nel sogno ho rivissuto il momento dell'addio* || **N.** VIVERE.

rivivìre v. RINVIVIRE.

rivivìscere e der. v. REVIVISCERE e der.

rìvo [lat. *rīvus*; sec. XIV] **sm.** *lett.* piccolo corso d'acqua; ruscello || *per estens. fig. disus.* flusso di qualcosa che scorre (anche *iperb.*): *rivi di lava, di sangue* || *dim.* rivétto, rivolétto, rìvolo || **N.** borro, ruscello.

rivocàre e der. forme rare di REVOCARE e der. (v.).

rivogàre (pres. *-ógo, -óghi*) [da *vogare*; 1891] **intr.** (aus. *avere*) vogare di nuovo || **tr.** *fam. tosc.* appioppare, rifilare: *rivogare un paio di schiaffi.*

rivolàre (pres. *-ólo*) [da *volare*; 1319] **intr.** (aus. *avere* ed *essere*) volare di nuovo || volare tornando indietro, anche *fig.*

rivolére (pres. *-ògliо* ecc., come VOLERE) [da *volere*; fine sec. XIII] **tr.** volere di nuovo || volere la restituzione di cosa prestata o che ci è stata presa: *rivoglio subito i libri che ti prestai* || **N.** VOLERE.

rivòlgere (pres. *-òlgo* ecc., come VOLGERE) [lat. *revolvere*, voltare di nuovo; a. 1292 come rifl.] **tr.** **1.** volgere (nel senso 1): *rivolgere lo sguardo al cielo, rivolse la prua a nord* || *fig.* indirizzare: *rivolgere l'attenzione all'oratore, i propri sforzi a un unico fine*; *rivolgere la parola a qualcuno*, parlargli; *non rivolgere* (*più*) *la parola a qualcuno*, troncare ogni rapporto; *rivolgere una domanda, un'obiezione*, porla || *ant.* *rivolgere qualcosa in bene, in male*, farle avere buon esito (o cattivo esito) **2.** volgere di nuovo: *se mi rivolge ancora le spalle mi sentirà!* **3.** *lett.* far girare: *rivolse la chiave nella toppa* **4.** *lett.* *rivolgere nella mente*, meditare, macchinare: *rivolgeva nella mente propositi di vendetta* || **rifl.** e **intr. pron.** orientarsi, dirigersi: *si rivolse verso la pianura, uno sci mi si è rivolto a valle* || *fig.* ricorrere a qualcuno per valersi del suo aiuto, della sua autorità e sim.: *si rivolse a uno specialista, ai carabinieri* || **intr. pron.** **1.** *raro* di astri, ruotare **2.** ribellarsi, sollevarsi || **N.** VOLGERE.

rivolgiménto [da *rivolgere*; a. 1348] **sm.** **1.** *fig.* profondo mutamento, sovvertimento di un ordinamento: *un rivolgimento sociale, della struttura politica, filosofico* **2.** *propr. non com.* atto ed effetto del rivolgere e del rivolgersi: *i rivolgimenti della Terra* || **N.** **1.** *Sin.* capovolgimento, pervertimento, rivoluzione, scombussolamento, sconvolgimento, turbamento **2.** *Sin.* rivoluzione, rotazione.

rìvolo [lat. *rivulus*; a. 1320] **sm.** piccolo rivo, rigagnolo || *dim.* rivolétto.

rivòlta [da *rivoltare*; 1374 nel senso 4; a. 1554 nel senso 1] **sf.** **1.** comportamento di un gruppo di persone che, consapevoli della portata della loro scelta, si rifiutano concordemente di obbedire alle imposizioni del potere costituito: *organizzare una rivolta, partecipare a una rivolta, soffocare una rivolta nel sangue*; *la rivolta dei carcerati, dei contadini* || atteggiamento di netto e sdegnato rifiuto: *quell'ingiustizia suscitò in me un moto di rivolta* **2.** *ant.* parte rivoltata, risvolto **3.** *ant.* svolta, curva a gomito di un percorso: *la rivolta del sentiero, del torrente* **4.** *ant.* atto ed effetto del rivoltare e del rivoltarsi in giro o dalla parte opposta || **N.** **1.** *Sin.* ammutinamento, insurrezione, ribellione, rivoluzione, sedizione, sommossa, sovvertimento.

rivoltaménto [da *rivoltare*; sec. XIV] ***sm.*** *non com.* il rivoltare.

rivoltànte (*ppr.* di *rivoltare*) [1813] ***agg.*** che rivolta || *com. fig.* che muove a sdegno, dà nausea; ripugnante: *un'azione rivoltante.*

rivoltàre (pres. *-òlto*) [da *rivolgere*; a. 1503 come intr. pron. e rifl. nel senso 2] ***tr.*** **1.** voltare di nuovo: *rivolta un attimo la pagina indietro* **2.** voltare, mettere sottosopra: *rivolta la bistecca, quest'odore fa rivoltare lo stomaco*; *rivoltare un abito*, disfarlo e rimontarlo utilizzando la stoffa al contrario, quando questa, sul diritto, sia rovinata, sbiadita e sim. || ***rifl.*** **1.** voltarsi più volte su stesso, rigirarsi: *continuava a rivoltarsi nel letto* **2.** *non com.* voltarsi all'indietro, girarsi: *ha continuato a rivoltarsi per vedere se lo seguivano* || ***intr. pron.*** **1.** *fig. iperb.* rovesciarsi, sconvolgersi: *mi si rivolta lo stomaco, mi si rivoltano le budella a quello spettacolo* **2.** rifiutarsi (spec. insieme ad altri) di obbedire alle imposizioni del potere costituito; ribellarsi, insorgere || *per estens.* avere una reazione ostile: *non devi rivoltarti contro tua madre quando ti sgrida, il cane si è rivoltato contro il padrone* || **N.** ***tr.*** **1.** VOLTARE **2.** *Sin.* arrovesciare, capovolgere, invertire, ribaltare, rigirare, rovesciare | *Contr.* drizzare, raddrizzare.

rivoltàta [da *rivoltare*; 1592] ***sf.*** *non com.* singolo atto del rivoltare: *da' una rivoltata all'arrosto* || *dim.* rivoltatìna.

rivoltàto (*pps.* di *rivoltare*) [1872] ***agg.*** **1.** voltato sottosopra; *in part. abito rivoltato*, rifatto mettendo all'esterno la parte che era all'interno || *fig. giubba rivoltata*, uomo che muta facilmente opinione a seconda delle circostanze **2.** *T.arald.* di figura orientata verso sinistra anziché verso destra.

rivoltatùra [da *rivoltare*; 1872] ***sf.*** *non com.* operazione del rivoltare un abito.

rivoltèlla [da *rivoltare*; 1872] ***sf.*** pistola il cui caricatore, a forma di tamburo, girando intorno a se stesso, pone successivamente, dopo ogni colpo, un nuovo proiettile in posizione di sparo || *per estens.* pistola || **N.** *Sin. revolver* | PARTI: cilindro, tamburo.

rivoltellàta [da *rivoltella*; 1940] ***sf.*** colpo di rivoltella.

rivoltìna [da *rivoltare*; 1891] ***sf.*** *non com.* risvolto.

rivòlto (*pps.* di *rivolgere*) [a. 1566] **I** ***agg.*** rivoltato **II** ***sm.*** *T.mus.* fenomeno che si verifica negli intervalli del sistema tonale quando le note che li costituiscono vengono scambiate (la più acuta al posto della più grave e viceversa).

rivoltolaménto [da *rivoltolare*; 1631] ***sm.*** *raro* atto del rivoltolare e del rivoltolarsi.

rivoltolàre (pres. *-òltolo*) [da *rivoltare*; a. 1597] ***tr.*** e ***rifl.*** voltolare o voltolarsi di nuovo o più volte.

rivoltolìo (pl. *-ìi*) [da *rivoltolare*; 1872] ***sm.*** il rivoltolare o il rivoltolarsi continuo o frequente.

rivoltolóne [da *rivoltolare*; 1872] ***sm.*** *pop. non com.* brusco atto del rivoltolare o del rivoltolarsi || **N.** *Sin.* sobbalzo.

rivoltóso [da *rivolta*; 1640] **I** ***agg.*** di rivolta, che costituisce rivolta: *atti rivoltosi* || di persona, che è in rivolta **II** ***sm.*** (f. *-a*) chi è in rivolta: *i rivoltosi si asserragliarono nel Palazzo della Signoria* || **N.** *Sin.* ammutinato, ribelle, rivoluzionario.

rivoltùra [da *rivoltare*; a. 1348] ***sf.*** *ant.* **1.** rivolta, rivolgimento **2.** tortuosità, turbine || avvolgimento, involgimento **3.** *fig.* raggiro, imbroglio || rappresentazione artificiosa.

rivoluzionàre (pres. *-óno*) [da *rivoluzione*, sul modello del fr. *révolutionner*; 1798] ***tr.*** **1.** mutare radicalmente qualcosa sconvolgendone l'ordinamento precedente: *un romanzo che ha rivoluzionato la tecnica narrativa, l'avvento dell'informatica ha rivoluzionato le tecniche bancarie, la donna delle pulizie ha rivoluzionato l'ordine dei libri nello scaffale* **2.** *raro* far insorgere contro l'ordine politico-sociale vigente || **N.** **1.** *Sin.* sovvertire, stravolgere | *Contr.* conservare, mantenere.

rivoluzionàrio (pl. *-ri*) [da *rivoluzione*, sul modello del fr. *révolutionnaire*; 1793] **I** ***agg.*** **1.** attinente alla (o a una) rivoluzione: *piani rivoluzionari, tribunale rivoluzionario, spirito rivoluzionario* || che sostiene la rivoluzione: *studenti rivoluzionari* **2.** *fig.* assolutamente innovatore, che provoca un rinnovamento radicale: *una scoperta rivoluzionaria* **II** ***sm.*** (f. *-a*) chi partecipa a una rivoluzione o ne è promotore, sostenitore e sim.: *la fazione dei rivoluzionari* || **N.** I **1.** *Sin.* rinnovatore **2.** *Sin.* fondamentale, sensazionale II *Sin.* giacobino, insorto, ribelle, rivoltoso, sovversivo, sovvertitore | *Contr.* conservatore, controrivoluzionario, reazionario, riformista.

rivoluzionarìsmo [da *rivoluzionario*, sul modello del fr. *révolutionnarisme*; 1905] ***sm.*** tendenza a identificare nella rivoluzione il mezzo più efficace di rinnovamento socio-politico.

rivoluzióne [dal lat. tardo *revolūtio*, *-ōnis*, rivolgimento; a. 1363 nel senso 2; a. 1642 nel senso 1] ***sf.*** **1.** *T.scient.* giro completo di un corpo intorno a un altro: *moto di rivoluzione*, di un corpo celeste, moto orbitale attorno al centro di gravitazione del sistema di cui esso fa parte **2.** *T.pol.* e *T.sociol.* abbattimento dell'ordinamento politico, economico e sociale esistente e instaurazione di un assetto completamente nuovo: *la Rivoluzione Francese* || più in gen., qualsiasi sviluppo in grado di modificare radicalmente uno o più aspetti fondamentali dell'organizzazione sociale: *la rivoluzione industriale, la rivoluzione culturale in Cina, l'assetto comunale rappresentò una rivoluzione nell'assetto feudale* || *per estens. fam.* confusione, caos, disordine: *nella tua camera c'è sempre una rivoluzione* **3.** profonda e rapida trasformazione, cambiamento radicale: *un movimento artistico che ha prodotto una vera rivoluzione nel gusto, una scoperta che produrrà una rivoluzione nella chimica* || **N.** **1.** *Sin.* rotazione **2.** colpo di stato, *golpe, putsch* | *Contr.* conservazione, controrivoluzione, reazione **3.** *Sin.* rivolgimento, rovesciamento, sconvolgimento, sovvertimento; baraonda, pandemonio, scompiglio | *Contr.* conservazione, tradizione; ordine, quiete. **Q.T.** ***politica, sociologia*** **TAV.** ***astronomia*** **p. 656** 6.

rivòlvere [lat. *revolvere*; 1308] ***tr.*** *ant. raro* rivolgere.

rivulària [dal lat. *rivulus*, piccolo rivo; 1929] ***sf.*** *T.bot.* alga azzurra delle Cianoficee che presenta filamenti pluricellulari a forma di pennello o ventaglio.

rivulsióne V. REVULSIONE.

rivulsìvo V. REVULSIVO.

rizàtono V. RIZOATONO.

rizèna [dal gr. *rhyzêin*, latrare; 1937] ***sf.*** mammifero carnivoro dei Viverridi simile alla mangusta.

rizìdio (pl. *-di*) [da *rizo-*; 1959] ***sm.*** *T.bot.* nelle piante inferiori, l'insieme degli organi che svolgono la stessa funzione delle radici nelle piante superiori.

rizìna [dal gr. *rhíza*, radice; 1835] ***sf.*** *T.bot.* nei muschi e nei licheni, filamento peloso lungo e sottile che funge da radice.

rizo- [dal gr. *rhíza*, radice] ***primo elem.*** che, in parole composte della terminologia scientifica, vale "radice" (per es. *rizobio, rizofago, rizotonico*).

rizoàtono o **rizàtono** [comp. di *rizo-* e *atono*; 1959] ***agg.*** *T.ling.* di parola che non presenta l'accento sul radicale, ma sul prefisso o sul suffisso || **N.** *Contr.* rizotonico.

rizòbio (pl. *-bi*) [comp. di *rizo-* e *-bio*; 1865] ***sm.*** *T.biol.* genere di batteri che vivono in simbiosi nelle radici delle leguminose, dove producono ingrossamenti ricchi di azoto, che sono sfruttati, col sovescio, per la concimazione.

rizocàrpico (pl. *-ci*) o **rizocàrpo** [comp. di *rizo-* e un der. di *-carpo*; 1835] ***agg.*** *T.bot.* di pianta che genera frutti alla radice.

rizodèrma [comp. di *rizo-* e *-derma*; 1959] ***sm.*** *T.bot.* strato esterno della radice.

rizòfago (pl. *-gi* e *-ghi*) [comp. di *rizo-* e *-fago*; 1835] ***agg.*** *T.zool.* di animale, che vive di radici.

Rizoforàcee [comp. di *rizo-*, *-foro* e *-acee*; 1936] ***sf.*** *T.bot.* famiglia di piante dicotiledoni tropicali che si fissano al suolo per mezzo di radici avventizie che si sviluppano dai rami.

rizoidàle [da *rizoide*; 1959] ***agg.*** *T.bot.* relativo al rizoide, proprio del rizoide; simile a rizoide: *ifa rizoidale.*

rizòide [comp. di *rizo-* e *-oide*; 1940] ***sm.*** *T.bot.* in alcuni vegetali inferiori, appendice filiforme con funzione di radice.

rizòma [dal gr. *rhízōma*, insieme di radici; 1829] ***sm.*** *T.bot.* fusto sotterraneo, allungato, cilindrico, spesso ricco di sostanze di riserva.

rizomatóso [da *rizoma*; 1940] ***agg.*** *T.bot.* di pianta, che ha rizoma || di organo vegetale, che ha aspetto di rizoma.

rizomòrfo [comp. di *rizo-* e *-morfo*; 1906] ***agg.*** a forma di radice.

Rizòpodi (sing. *-e*) [comp. di *rizo-* e *-pode*; 1929] ***sm. pl.*** *T.zool.* classe di Protozoi che si servono di minuscoli pseudopodi per nutrirsi e muoversi.

rizostòma [comp. di *rizo-* e del gr. *stóma*, bocca; 1835] ***sf.*** *T.zool.* medusa costiera tropicale la cui bocca è munita di numerose aperture.

rizotonìa [comp. di *rizo-* e *-tonia*; 1986] ***sf.*** *T.ling.* caratteristica di una parola che presenta l'accento sulla sillaba radicale.

rizotònico (pl. *-ci*) [comp. di *rizo-* e *tonico*; 1901] ***agg.*** *T.ling.* di parola in cui l'accento cade su una vocale del radicale || **N.** *Contr.* rizoatono.

rìzza [da *rizzare*[1]; 1804] ***sf.*** *T.mar.* ciascuna delle legature che si usano per fissare alla nave un oggetto mobile.

rizzacùlo [comp. di *rizza(re*[1]*)* e *culo*; 1803] **I** ***sm. inv.*** formica diffusa nei paesi del Mediterraneo, che spruzza veleno rizzando l'addome **II** ***agg.*** *formica rizzaculo*, rizzaculo.

rizzàgio V. REZZAGLIO.

rizzàglio V. REZZAGLIO.

rizzaménto [da *rizzare*[1]; a. 1320] ***sm.*** *non com.* atto ed effetto del rizzare e del rizzarsi.

rizzàre[1] [lat. volg. **rectiāre*; a. 1292 come rifl.] ***tr.*** alzare qualcosa sistemandolo in modo che stia su, dritto: *rizzare la tenda, il bambino caduto, le vele*; *rizzare il capo*, anche *fig.* risentirsi, ribellarsi; *fig. rizzare le orecchie*, mettersi in attento ascolto || *per estens.* ergere, costruire, innalzare (ma solo di costruzioni a sviluppo verticale): *rizzare un argine, un muro alto tre metri* || ***rifl.*** mettersi dritto, levarsi: *si rizzò a sedere sul letto* || ***intr. pron.*** diventare dritto: *mi si rizzano i capelli per l'orrore.*

rizzàre[2] [da *rizza*; 1814] ***tr.*** *T.mar.* assicurare con rizze, cavi e sim. gli oggetti mobili per evitare che si spostino quando il mare è mosso.

rizzàta [da *rizzare*[1]; 1897] ***sf.*** atto o effetto del rizzare.

rizzatùra [da *rizzare*[2]; 1814] ***sf.*** *T.mar.* atto ed effetto del rizzare || *concr.* l'insieme delle rizze usate per fissare un oggetto mobile.

RNA (pr. ['ɛrre'ɛnne'a]) [sigla dall'ingl. *R(ibo)n(ucleic) A(cid)*; 1970] ***sm.*** acido ribonucleico. **Q.T.** ***genetica...***

ro V. RHO.

roàno [dallo sp. ant. *roán*; 1532 *rovano*] ***sm.*** mantello equino o bovino formato da peli bianchi, rossi e neri || *per meton.* il cavallo o il bovino con tale tipo di mantello || anche *agg.*:

cavallo, mantello roano. Q.T. *cavallo.*

roast-beef (ingl., pr. ['roust bi:f]; pr. it. ['rɔzbif]) [letter. manzo arrostito; 1819] **sm.** *inv.* taglio di carne di bue (gen. tratto dal controfiletto), allungato e cilindrico, cotto in modo da risultare brunito all'esterno e al sangue all'interno. TAV. *alimentazione* 3.3.

ròba¹ [dal francone *rauba*, armatura, veste; 1313] **sf.** *fam.* (spec. al sing., con valore collettivo) termine generico che concorre nell'uso con *cosa*: *che roba è questa?, le ho regalato una collanina, roba da poco; che robe mi ha fatto vedere!* || *in part.* ciò che si possiede: *voglio la mia roba, ha lasciato tutta la sua roba al nipote, si veste sempre con roba elegante* || merce: *vende roba usata, rubata, di scarto, di prima qualità* || alimenti: *c'è ancora roba in frigo?* || indumenti, abiti e sim.: *roba da strapazzo, hai roba da lavare?*; *capo di roba*, capo di vestiario || materiale di cui è costituito qualcosa: *di che roba è fatto?*; *in part.* stoffa: *roba di lana* || affare, faccenda (spec. con tono spregiativo, ironico o esprimente distacco, disinteresse e sim.): *discutevano di inflazione, tassi bancari e così via, e io di tutta quella roba non capisco nulla, ma guarda che roba hai combinato!, questa non è roba per bambini!, bella roba mi tocca sentire sul tuo conto!*; *roba da matti!, da chiodi!*, per commentare cose riprovevoli o molto fuori dal comune || *dim.* robétta, robettina, robìna; *accr.* robóna; *pegg.* robàccia || **N.** *Sin.* aggeggio, arnese, oggetto, COSA.

ròba² [dal fr. *robe*; 1291] **sf.** *ant.* abito, veste || *accr.* robóne.

róbbia [lat. *rubia* (*herba*), letter. (erba) rossa; a. 1320] **sf.** erba perenne delle Rubiacee con corolle gialle, frutto carnoso e radici contenenti una sostanza colorante rossa; è spontanea anche in Italia nelle zone boscose || **N.** alizarina.

róbbio (pl. *-bi*) [dal lat. *rubeus*, rosso; 1319 come agg.] **I sm.** *ant.* *T.mil.* distintivo rosso sulla manopola di alcuni ufficiali, indicante funzione superiore al grado **II agg.** *ant.* rosso.

robe (fr., pr. [rɔb]) [letter. vestito; 1940] **sf.** *inv.* *T.abb.* elegante abito femminile in un solo pezzo.

robe-manteau (fr., pr. [rɔb mã'to]) [letter. vestito-mantello; 1970] **sf.** *inv.* abito da donna simile a un soprabito abbottonato sul davanti, indossato in primavera o in autunno.

robinétto [dal fr. *robinet*; 1853] **sm.** *non com.* rubinetto.

robìnia [dal n. proprio J. *Robin*, botanico fr.; 1801] **sf.** pianta arbustiva o arborea della famiglia delle Papilionacee, con fiori bianchi o rosati riuniti in grappoli pendenti, spontanea ovunque e spesso coltivata in boschi cedui || **N.** *Sin.* gaggia.

robiòla [etim. inc.; 1549 *robbiola*] **sf.** nome di vari tipi di formaggi piemontesi o lombardi, di pasta molle, ottenuti da latte intero di vacca, dal sapore leggermente piccante e dal profumo intenso, consumati sia freschi che stagionati || *dim.* robiolìna.

robivècchio o **robivècchi** [comp. di *rob*(*a*) e *vecchio*; 1927] **sm.** rigattiere.

roboànte V. REBOANTE.

robóne (*accr.* di *roba²*) [1536 *robbone*] **sm.** ricca sopravveste maschile, usata nel Medioevo, in tessuto pregiato e talora ornata di pelliccia.

robot (ceco, pr. ['rɔbɔt]; pr. it. ['rɔbot] o [ro'bo]) [dal ceco *ròbota*, lavoro faticoso, attr. il n. proprio *Ròbot*, automi protagonisti di un dramma di K. Čapek; 1942] **sm.** *inv.* **1.** nella fantascienza, macchina che simula il comportamento e l'aspetto di un uomo; androide || *fig.* persona che agisce meccanicamente, tanto da sembrare priva di volontà propria **2.** *per estens.* macchina capace di compiere in modo coordinato alcune operazioni (spec. meccaniche) di precisione: *l'introduzione dei robot nell'industria automobilistica* || *robot da cucina*, elettrodomestico in grado di compiere numerose operazioni utili in cucina, come frullare, triturare, mescolare ecc. TAV. *elettrodomestici* 7.

robòtica [dall'ingl. *robotics*; 1964] **sf.** ramo della cibernetica che si occupa della progettazione, della costruzione e dell'applicazione di robot.

robòtico (pl. *-ci*) [da *robot*; 1968] **agg.** che si riferisce ai robot o alla robotica: *tecnologia robotica.*

robotizzàre [dal fr. *robotiser*; 1980] **tr.** dotare di robot: *robotizzare un'azienda* || **intr. pron.** **1.** automatizzarsi in seguito all'introduzione di robot: *la produzione industriale si è robotizzata* **2.** *fig.* disumanizzarsi, diventare come un robot.

robotizzazióne [da *robotizzare*; 1969] **sf.** atto ed effetto del robotizzare e del robotizzarsi.

roburìte [comp. del lat. *rōbur*, forza e *-ite²*; 1891] **sf.** esplosivo adoperato perlopiù nelle miniere.

robustézza [da *robusto*; sec. XIV] **sf.** qualità di chi o di ciò che è robusto, anche *fig.*: *la robustezza di un materiale, delle sue braccia, di una pianta, di un'argomentazione* || **N.** *Sin.* energia, forza, gagliardia, potenza, resistenza, saldezza, solidità, tempra, tenacia, vigore, vigoria | *Contr.* debolezza, delicatezza, fiacchezza, fragilità.

robùsto [dal lat. *robustus*, letter. di quercia, di legno duro; 1319 nel senso 2] **agg.** **1.** di organismo o di sua parte, che è in grado di sopportare sforzi, tensioni, disagi e sim.; forte, resistente, vigoroso: *piante molto robuste che resistono al gelo, nonostante l'età avanzata e la grave cardiopatia dimostra di avere una fibra molto robusta, ha una muscolatura molto robusta, certificato di sana e robusta costituzione* || *per estens. eufem.* solo di persona, di grassa corporatura, tozzo e grasso: *un ragazzo un po' robusto* **2.** di oggetto o materiale, che è in grado di sopportare grosse tensioni senza deformarsi o spezzarsi; solido, forte: *un tessuto, un ponte molto robusto* **3.** *per estens. fig.* intenso, energico ecc.: *voce robusta*, forte; *sapore robusto*, intenso; *stile robusto*, efficace, espressivo || **robustaménte** **avv.** *non com.* gagliardamente || **N.** **1.** *Sin.* aitante, erculeo, forzuto, gagliardo, nerboruto, solido; corpulento, massiccio, tarchiato | *Contr.* debole, fiacco, fragile, svigorito **2.** *Sin.* fermo, incrollabile, saldo | *Contr.* cadente, cedevole, consunto, malfermo.

robustóso [dal lat. *robustus*; 1224 ca.] **agg.** *arc.* o *scherz.* robusto, vigoroso: *frate focu... è bellu, et jucundo, et robustoso et forte* (S. Francesco).

rocàggine [da *roco*; 1691] **sf.** *non com.* rochezza.

rocaille (fr., pr. [rɔ'ka:j]) [letter. pezzetti di pietra; 1905] **sf.** *inv.* tipo di decorazione che fa uso di conchiglie, rocce e stalagmiti, adoperata fin dall'inizio del Settecento nell'architettura dei giardini e nella fabbricazione di mobili.

rocambolésco (pl. *-schi*) [dal n. proprio *Rocambole*, protagonista dei romanzi di Ponson du Terail, attr. il fr. *rocambolesque*; 1905] **agg.** avventuroso, spericolato, audace al limite della credibilità: *fuga rocambolesca* || **rocambolescaménte** **avv.**

ròcca [lat. volg. **rocca*; 1319] **sf.** **1.** opera fortificata costruita in luoghi elevati, di difficile accesso e di una certa importanza strategica: *una rocca inespugnabile*; *rocca forte*, V. ROCCAFORTE **2.** *T.alp.* cima isolata dalle pareti nude e scoscese, con un piccolo spiazzo in cima **3.** *T.anat.* *rocca petrosa*, parte piramidale dell'osso temporale dell'orecchio **4.** *ant.* roccia || *cristallo di rocca*, varietà di quarzo (*quarzo ialino*) assolutamente limpida, che si presenta in prismi esagonali terminati da due piramidi a sei piani **5.** la parte del camino che sporge dal tetto; fumaiolo || *dim.* rocchétta || **N.** **1.** *Sin.* cittadella, forte, fortezza, fortilizio, roccaforte. Q.T. *fortificazioni.*

rócca [got. *rukka*; 1321] **sf.** **1.** *T.tess.* attrezzo per la filatura a mano, costituito da una cannuccia attorno alla cui cima, ingrossata, si avvolge una massa della materia da filare (*pennecchio*) || *per meton. disus.* *la rocca e il fuso*, i lavori femminili **2.** *T.tess.* confezione di filato, cilindrica o tronco-conica, ottenuta avvolgendo a spire incrociate il filato su di un tubetto di cartone || *dim.* rocchétta || **N.** **1.** *Sin.* conocchia **2.** rocchetto.

roccafòrte (pl. *rocchefòrti* o *roccafòrti*) [comp. di *ròcca* e *forte*, con influsso del fr. *châteaufort*; 1959] **sf.** fortezza, città fortificata || *fig.* luogo, istituzione e sim. dove il potere di qualcuno è massimo: *il Veneto, roccaforte elettorale della Democrazia Cristiana.*

roccàta [da *rócca*; a. 1406 nel senso 2] **sf.** **1.** colpo dato con la rocca **2.** la quantità di lana, lino ecc. che si pone sulla rocca per filarla; pennecchio.

roccatrìce [da *rócca*; 1949] **sf.** *T.tess.* macchina per la roccatura del filato.

roccatùra [da *rócca*; 1959] **sf.** *T.tess.* avvolgimento a spire incrociate su un'unica rocca del filato svolto da più bobine.

roccèlla [etim. inc.; 1823] **sf.** lichene africano da cui si estrae l'oricello, impiegato in tintoria per colorare di violetto e in chimica come indicatore.

roccétto [dal fr. ant. *rochet*; a. 1527] **sm.** rocchetto².

rocchèlla [da *rócca*; sec. XIV] **sf.** *non com.* rocchetto¹.

rocchétta (*dim.* di *ròcca*) [inizio sec. XVII] **sf.** **1.** piccola rocca **2.** *ant.* polvere usata dai vetrai nella fabbricazione del vetro.

rocchettàro V. ROCKETTARO.

rocchettièra [da *rocchetto¹*; 1931] **sf.** *T.tess.* nell'industria tessile, macchina per avvolgere i filati sul rocchetto.

rocchétto¹ [da *rócca*; sec. XIV] **sm.** **1.** cilindretto cavo a bordi sporgenti, su cui si avvolge un filato || *per meton.* la spoletta ottenuta: *un rocchetto di filo da cucire* **2.** *per estens.* denominazione di vari elementi di forma o uso simile: *rocchetto di spago*; *tacco a rocchetto*, tacco di calzatura femminile in cui la base inferiore è uguale a quella superiore, attaccata alla scarpa; *cappello a rocchetto* || *T.elettr.* *rocchetto d'induzione* (o *di Ruhmkorff*), cilindro cavo sul quale è avvolto un filo conduttore e nel quale penetra un altro rocchetto più piccolo detto *induttore*; trova impiego in molte applicazioni industriali, spec. come elevatore di tensione; *disus.* bobina || *T.mecc.* elemento cilindrico dentato che ingrana nei denti di una ruota maggiore; pignone || *T.cin.* e *T.fot.* *rocchetto dentato* (o *di trascinamento*), cilindretto dotato di denti che si incastrano nelle perforazioni della pellicola per farla avanzare || *T.teatr.* rullo impiegato per far scorrere le funi che sostengono gli elementi di scena || *pl.* *T.etn.* *rocchetti auricolari*, cilindri ornamentali di varie dimensioni che si introducono in fori praticati nei lobi delle orecchie || **N.** **2.** *Sin.* cannello, cilindro, rullo. TAV. *maglia...* p. 1316 12.2.

rocchétto² [dal fr. ant. *rochet*; a. 1566] **sm.** **1.** sopravveste liturgica consistente in un corto camice a manica lunga, le cui estremità inferiori sono solitamente ornate con pizzi **2.** mantellina di maglia d'acciaio che copriva il petto, il dorso e le spalle, usata nei sec. XV e XVI dai cavalieri durante le giostre.

ròcchio (pl. *-chi*) [lat. *rotulus*, rotolo; 1313 nel senso 2] **sm.** **1.** *T.arch.* ciascuno dei blocchi cilindrici costituenti il fusto della colonna non monolitica **2.** *per estens.* denominazione generica di elementi piuttosto massicci e approssimativamente cilindrici: *un rocchio di salsiccia, di pesce, di carbone* **3.** *raro* volume e robustezza di voce di un cantante **4.** *tosc.* acconciatura di capelli avvolti attorno a se stessi || *accr.* rocchióne.

ròccia (pl. *-ce*) [dal fr. ant. *roche*; 1313] ***sf.*** **1.** massa di notevoli dimensioni di un minerale o aggregato di minerali costituente parte integrante della crosta terrestre: *rocce eruttive*, derivanti dal consolidamento di masse magmatiche; *rocce sedimentarie*, originatesi per deposizione e successiva diagenesi di materiali di origine clastica, chimica od organica; *rocce primitive*, dovute al primo consolidamento della crosta terrestre; *rocce metamorfiche*, derivanti da altre rocce per mezzo di trasformazioni chimico-fisiche; *roccia madre*, quella in seno alla quale si è originato petrolio o dalla quale provengono i materiali clastici di un sedimento || *fig.* nel modo di dire *forte come una roccia*, fortissimo, saldissimo || masso affiorante, rupe || *non com.* pezzo, frammento di roccia: *alcune rocce sono cadute sulla strada* **2.** *com.* non numerabile, la parte più consistente della crosta terrestre: *una casa costruita sulla roccia, nello scavo siamo giunti al livello della roccia, perforare la roccia per costruire un tunnel* || considerata come tipo di materia: *un pavimento, una parete di roccia; scolpito nella roccia, duro come la roccia; attrezzatura alpinistica da roccia*, chiodi, corde, scarponi ecc. adatti per le ascensioni su pareti rocciose || nel modo di dire *fare roccia*, fare alpinismo **3.** *tosc. fam.* incrostazione di sudiciume || la crosta della forma di formaggio || **N. 1.** *Sin.* macigno, masso, pietra, scoglio **3.** *Sin.* crosta. **Q.T.** ***geologia.***

rocciatóre [da *roccia*; 1935] ***sm.*** (f. *-trice*) alpinista. **Q.T.** ***alpinismo.***

roccióso [da *roccia*; 1872 nel senso 2] ***agg.*** **1.** di roccia: *parete rocciosa* || *fig.* solido, resistente ai disagi e alle offese: *genti rocciose*, abituate alle privazioni **2.** ricco di rocce, e quindi impervio: *monti rocciosi* **3.** *pop. tosc.* incrostato di sudiciume: *mani rocciose.*

ròcco [forse dal pers. *rōh*, cammello che porta una torre con uomini armati; 1319] ***sm.*** **1.** *ant.* nel gioco degli scacchi, torre **2.** *ant.* bastone ricurvo; pastorale: *e Bonifazio che pasturò col rocco molte genti* (Dante) || **N. 1.** arroccare.

roccocò V. ROCOCÒ.

ròccolo [forse da *ròcca*; 1905] ***sm.*** *T.cacc.* sistema di reti tese per la cattura degli uccelli; si dispone a semicerchio e poggia al centro su filari di piante; gli uccelli finiscono nelle reti quando tentano di sfuggire dagli spauracchi di vario tipo lanciati al momento opportuno dall'uccellatore.

rochézza [da *roco*; a. 1698] ***sf.*** qualità di ciò che è roco.

rock (ingl., pr. [rɒk]) [da *rock and roll*; 1942] **I** ***sm. inv.*** **1.** abbr. di *rock and roll* **2.** *per estens.* a partire dagli anni Sessanta, denominazione generica di tutta la musica giovanile, originariamente meno commerciale e più oltraggiosa della musica leggera tradizionale, nella quale si distinguono vari filoni: *country rock, rock blues, rock jazz*, a seconda che prevalga la matrice *country, blues* o *jazz*; *rock psichedelico*, in cui prevalgono brani lunghi e ipnotici, accompagnati da testi simbolici; *rock decadente*, nel quale è assente la carica autenticamente ribelle del *rock* originario e prevale l'ambiguità dei testi e l'amore del travestitismo scenico; *hard rock*, aggressivo, basato su sezioni ritmiche ossessive e monotone e fortemente indirizzato al consumo di massa; *punk rock*, V. PUNK **II** in funzione di ***agg. inv.*** (sempre posposto) di, concernente il *rock*: *musica, concerto, gruppo, cultura rock.*

rockabilly (ingl., pr. ['rɒkəbɪlɪ]) [comp. di *rock a(nd roll)* e *(hill) billy*, musica delle remote zone rurali degli Stati Uniti del Sud; 1982] ***sm. inv.*** genere musicale statunitense che accosta il ritmo del *rock and roll* a quello della musica popolare bianca detta *hill billy.*

rock and roll o ***rock' n' roll*** (ingl., pr. [ˌrɒk ən 'roʊł]) [letter. barcolla e rotola; 1959] ***loc. m. inv.*** genere musicale, sorto negli Stati Uniti negli anni Cinquanta e diffusosi rapidamente tra il pubblico giovanile in tutto l'Occidente; per la sua dimensione provocatoria e ribelle costituì una rottura nei confronti del genere leggero tradizionale (compassato e sentimentale o, tutt'al più, scherzoso); basato sul ritmo del *boogie*, fu diffusissimo anche come musica da ballo || ciascun singolo pezzo di questo genere musicale: *suonare un rock' n' roll* || danza molto acrobatica che si esegue su brani di rock'n'roll: *campionati di rock' n' roll.*

rocker (ingl., pr. ['rɒkə]; pr. it. ['rɔker]) [da *rock*; 1964] ***s. inv.*** **1.** musicista o cantante rock **2.** *per estens.* giovane che veste e si atteggia secondo il gusto musicale del movimento rock.

rockettàro o **rocchettàro** [da *rock*; 1980] ***sm.*** (f. *-a*) **1.** cantante, suonatore di rock || *in part. spreg.* imitatore di scarso valore dei musicisti rock statunitensi **2.** appassionato di musica rock.

rock-star (ingl., pr. ['rɒk stɑ:]) [letter. stella del rock; 1977] ***sf. inv.*** importante e celebre cantante o musicista rock.

ròco (pl. *-chi*) [lat. *raucus*; 1374] ***agg.*** della voce, di suono, di strumento musicale o di versi animali, rauco.

rococò (raro *roccocò*) [dal fr. *rococo*; 1870] **I** ***sm.*** *T.art.* tendenza architettonico-decorativa fiorita in Francia nella prima metà del Settecento, basata su infinite variazioni (spec. asimmetriche) della linea curva e su forme morbide, leggiadre, aggraziate, avversata dai contemporanei come una degenerazione del barocco: *la frivolezza del rococò* **II** in funzione di ***agg. inv.*** (sempre posposto) in stile rococò: *interno rococò, gusto rococò* || *per estens. fig.* frivolo, artificiosamente aggraziato, infronzolito: *un'acconciatura rococò.*

rodàggio (pl. *-gi*) [da *rodare*, sul modello del fr. *rodage*; 1939] ***sm.*** **1.** *T.mecc.* mutuo assestamento degli organi cooperanti di un motore, come risultato di piccole abrasioni delle superfici degli organi in attrito: *rodaggio al banco* (o *preventivo*), effettuato in fabbrica, prima della vendita; *rodaggio su strada*; *fare il rodaggio di un veicolo* || periodo di tempo durante il quale si effettua il rodaggio: *quest'auto è ancora in rodaggio* **2.** *fig.* adattamento, spec. reciproco, e il periodo che richiede: *una coppia in (fase di) rodaggio, il bambino adottivo sarà in un primo tempo come in rodaggio presso la famiglia ospite* || **N. 2.** avvio, inizio.

rodàre (pres. *ròdo*) [dal fr. *roder*; 1935] ***tr.*** sottoporre a rodaggio, anche *fig.*: *il motore è ormai rodato, la squadra non è ancora ben rodata.*

rodenticìda [comp. di *rodente*, ppr. di *rodere* e *-cida*; 1978] ***sm.*** prodotto chimico impiegato per eliminare i roditori che infestano le coltivazioni.

rodeo (sp., pr. [rrɔ'ðeo]; pr. it. [ro'dɛo]) [da *rodear*, girare intorno; 1950] ***sm. inv.*** (anche pl. it. *rodei*, pr. [ro'dɛi]) gara di bravura tra *cow-boys*, in cui questi montano e catturano puledri selvatici e torelli || **N.** *lazo.*

ròdeo [dal gr. *ródeos*, roseo; 1957] ***sm.*** *T.zool.* pesci dei Ciprinidi, la cui livrea, verde sul dorso e argentea sul ventre, in primavera diventa rossa sui lati (nei maschi) e sul ventre (nelle femmine).

ródere (pres. *ródo*; p.rem. *rósi, rodésti, róse*; pps. *róso*) [lat. *rōdere*; a. 1292] ***tr.*** **1.** intaccare, consumare poco per volta triturando con i denti: *i topi hanno roso il formaggio* || *per estens.* di animali che non hanno denti, ma intaccano materiali in modo analogo: *i tarli rodono il legno* || *scherz.* mangiare **2.** *per estens.* consumare, sgretolare per il continuo attrito o per l'azione di agenti chimici; corrodere, intaccare: *il torrente ha roso la roccia, la ruggine rode il metallo* **3.** *fig.* consumare internamente, tormentare: *è roso dalla gelosia* || ***rifl.*** *fig.* tormentarsi, struggersi: *rodersi dalla rabbia* || **N. 1.** *Sin.* rosicare, rosicchiare; mordicchiare, sgranocchiare **2.** *Sin.* erodere, limare, logorare, raschiare, scarnire, smangiare **3.** *Sin.* affliggere, crucciare, logorare, macerare, struggere, travagliare, turbare | *Contr.* placare, quietare, rasserenare.

rodiàre (pres. *ròdio*) [da *rodio*[1]; 1970] ***tr.*** eseguire la rodiatura.

rodiatùra [da *rodiare*; 1959] ***sf.*** operazione del rivestire i metalli di un sottilissimo strato di rodio mediante un bagno galvanico.

rodìbile [da *rodere*; 1891] ***agg.*** *non com.* che si può rodere.

ròdico (pl. *-ci*) [da *rodio*[1]; 1872] ***agg.*** *T.chim.* di composti del rodio.

rodiése [dal n. geogr. *Rodi*, isola della Grecia; 1860] **I** ***agg.*** di Rodi: *stile rodiese*, uno degli stili dell'antica eloquenza **II** ***s.*** abitante, nativo di Rodi || **N.** *Sin.* rodiota.

rodìggio (pl. *-gi*) [etim. inc.; 1937] ***sm.*** in un veicolo ferroviario, complesso degli organi compresi tra il binario e la sospensione elastica (cerchioni, ruote, assi ecc.).

rodigìno [dal n. geogr. *Rodigio*, antico n. della città; 1860] **I** ***agg.*** *lett.* di Rovigo, rovigotto **II** ***sm.*** (f. *-a*) *lett.* abitante di Rovigo.

rodilégno [comp. di *rode(re)* e *legno*; 1959] ***sm. inv.*** lepidottero le cui larve sono munite di robuste mandibole con cui scavano e rodono il legno || **N.** cosso.

rodiménto [da *rodere*; a. 1320] ***sm.*** *non com.* atto ed effetto del rodere e del rodersi, anche *fig.*: *il continuo rodimento delle acque, placare il suo rodimento interiore* || *concr. raro* ciò che è oggetto di cruccio: *quel figlio svogliato è il suo rodimento* || **N.** *Sin.* corrodimento, corrosione, erosione, sgretolamento; cruccio, logorio, macerazione, struggimento, tormento, travaglio | *Contr.* calma, quiete, serenità.

ròdio[1] [dal gr. *rhódon*; 1829] ***sm.*** *T.chim.* metallo nobile del gruppo del platino, simile a quello nel colore; altamente resistente agli agenti corrosivi, è variamente impiegato nell'industria.

ròdio[2] (pl. *-di*) [dal lat. *Rhodius*, gr. *Ródios*; 1835] ***agg.*** di Rodi: *diritto rodio.*

ròdio[3] (pl. *-di*) [dal gr. *rhódeos*; 1568] ***agg.*** di rosa: *legno rodio.*

rodìo (pl. *-ìi*) [da *rodere*; 1840] ***sm.*** un rodere continuo (spec. *fig.*).

rodiòta [dal n. geogr. *Rodi*, isola della Grecia; 1860] **I** ***agg.*** di Rodi **II** ***s.*** abitante, nativo di Rodi || **N.** *Sin.* rodiese.

roditóre [da *rodere*; a. 1375] ***agg.*** e ***sm.*** (f. *-trice*) *lett.* che o chi rode (anche *fig.*): *un tarlo roditore.*

Roditóri (sing. *-e*) [da *rodere*; 1907] ***sm. pl.*** *T.zool.* ordine di Mammiferi dotati di un solo paio di incisivi superiori; di taglia variabile (dai topi di pochi cm, al capibara di 1,20 m di lunghezza), hanno dentatura incompleta e incisivi sporgenti a crescita continua. **Q.T.** ***zoologia*** **TAV. *mammiferi* p. 1318.**

roditrìce [da *rodere*; 1983] ***sf.*** cesoia usata dai lamieristi per praticare fori e incisioni sulle lamiere.

ròdo- [dal gr. *rhódon*, rosa] ***primo elem.*** che, in parole composte della terminologia scientifica (in part. botanica) vale "rosa", "di colore rosa" (per es. *Rodoficee, rodopsina, rodotamno*).

rododèndro [dal lat. *rhododendron*, gr. *rhodó-*

dendron, oleandro; a. 1562 *rododentro*] **sm.** *T.bot.* genere di piante delle Ericacee, costituito da arbusti o cespugli molto ramosi tipici delle zone montane dell'Eurasia; le specie coltivate sono anche note col nome di *azalee.*

Rodoficee [comp. di *rodo-* e *-ficee*; 1957] **sf.** *pl. T.bot.* divisione di alghe macroscopiche dette comunemente *Alghe rosse* (per la colorazione del tallo, dal rosa chiaro al rosso violaceo).

Rodofite [comp. di *rodo-* e *-fita*; 1936] **sf.** *pl. T.bot.* Rodoficee.

rodomontàta [da *rodomonte*; a. 1712] **sf.** smargiassata, spacconata.

rodomónte [dal n. proprio *Rodomonte*, re di Algeri, personaggio dei poemi di Boiardo e di Ariosto; 1545] **sm.** persona prepotente che si vanta e si cimenta in imprese rischiose per ostentare la propria forza e superiorità || **N.** *Sin.* gradasso, smargiasso, spaccone.

rodomontésco (pl. *-schi*) [da *rodomonte*; 1619] **agg.** *non com.* da rodomonte.

rodopsìna [comp. di *rodo-* e un der. del gr. *ópsis*, vista; 1940] **sf.** *T.anat.* pigmento rosso che è nella retina dell'occhio.

rodotàmno [comp. di *rodo-* e gr. *thámnos*, arboscello, pianta; 1965] **sm.** arbusto delle Ericacee con foglie ovali e fiori rosa, diffuso nelle zone alpine.

roentgen e der. V. RÖNTGEN e der.

rogànte (*ppr.* di *rogare*) [1940] **agg.** e **s.** *T.giur.* (del)la parte che chiede al rogatario la stesura e l'autenticazione di un atto notarile || **N.** *Sin.* rogatore.

rogàre (pres. *rògo, ròghi*) [dal lat. *rogāre*, domandare; a. 1400 nel senso 2] **tr.** *T.giur.* **1.** inoltrare una rogatoria **2.** di notaio, stendere un atto || **N. 2.** rogante, rogatario.

rogatàrio (pl. *-ri*) [da *rogare*; 1959] **sm.** (f. *-a*) *T.giur.* chi (di regola un notaio) su richiesta della parte rogante stende un atto notarile.

rogatóre [dal lat. *rogātor, -ōris*; a. 1363] **agg.** e **sm.** (f. *-trìce*) *T.giur.* rogante.

rogatòria [da *rogatorio*; 1936] **sf.** *T.giur.* richiesta, rivolta da un giudice a un altro, di compiere determinati atti processuali per i quali il giudice richiedente non sia territorialmente competente: *interrogare il testimonio per rogatoria.*

rogatòrio (pl. *-ri*) [da *rogare*; 1804] **agg.** *T.giur.* di rogatoria.

rogazióne [dal lat. *rogātio, -ōnis*; 1387 *rogatione*] **sf.** **1.** *T.giur.* richiesta di uno o più privati a un notaio di stendere un atto e autenticarlo **2.** *T.stor.* nella Roma repubblicana, proposta di legge fatta, in forma di interrogazione, dal magistrato al popolo adunato **3.** *T.eccl. pl.*, nel cattolicesimo, suppliche solenni, accompagnate da litanie e processioni, fatte spec. per invocare la benedizione divina sui frutti della terra.

ròggia (pl. *-ge*) [dal lat. *arrugia*, galleria di miniera; 1465 ca.] **sf.** *sett.* piccolo canale artificiale per l'irrigazione.

róggio (pl. m. *-gi*, pl. f. *-ge*) [lat. *rubeus*; 1465 ca.] **agg.** *arc. lett.* di colore che tende al ruggine: *saggina gracile e roggia* (Pascoli).

rògito [dal lat. **rogitus*, pps. di *rogāre*, domandare; a. 1484] **sm.** *T.giur.* atto stipulato da un notaio.

rógna [lat. volg. **ronea*, var. di *aranea*, ragna, prob. con influsso del lat. *rōdere*, rodere; a. 1320] **sf.** **1.** *pop.* scabbia **2.** *T.agr.* nome di varie malattie batteriche o fungine che colpiscono diverse specie di piante: *la rogna dell'olivo, della patata* **3.** *fig. fam.* cosa o persona molto fastidiosa e molesta; briga, grana: *che rogna questo bambino!*; *essere in cerca di rogne, cercar rogna*, cercare d'attaccar briga || dim. rognétta; *pegg.* rognàccia.

rognonàta [da *rognone*; 1640] **sf.** vivanda di rognoni.

rognóne [lat. volg. **ronio, -ōnis*, var. di **renio, -ōnis*; 1493] **sm.** **1.** rene dell'animale macellato **2.** *T.alp.* roccia che sporge da un ghiacciaio.

rognóso [da *rogna*; sec. XIV] **agg.** **1.** affetto da rogna **2.** *fig. fam.* che procura molte noie: *un affare rognoso* || fastidioso, sgradevole: *oggi sei proprio rognoso!* || *dim.* rognosétto.

rògo (pl. *ghi*) [dal lat. *rogus*; 1340] **sm.** **1.** catasta di legna su cui si bruciavano i cadaveri e i condannati a morte mediante supplizio: *condannare al rogo* **2.** *per estens.* incendio, falò: *un rogo di libri, la fabbrica è ormai un rogo* || **N.** **1.** *Sin.* pira | autodafé **2.** *Sin.* falò | stipa.

rógo (pl. *-ghi*) [lat. *rubus*; 1336 ca.] **sm.** *pop. tosc. raro* rovo: *roghi di bosco.*

rolfing (ingl., pr. ['rɔːlfɪŋ]) [dal n. proprio J. *Rolf*, fisioterapista americana che sviluppò questo metodo; 1983] **sm.** *inv.* massaggio del tessuto praticato in profondità per rilassare il corpo e renderlo più agile.

rolino V. RUOLINO.

rollàre (pres. *ròllo*) [dal fr. *rouler*, rotolare; 1804] **intr.** (aus. *avere*) *T.mar.* e *T.aer.* di natante o velivolo, oscillare lungo l'asse longitudinale, inclinandosi ora da un lato ora dall'altro, per effetto delle spinte laterali del mezzo nel quale si muove || **tr.** nel gergo marinaro o aeronautico, arrotolare strettamente: *rollare le brande, le tende* || **N.** **intr.** rollata, rollio | *Contr.* beccheggiare. **Q.T.** *nautica...*

rollàta [da *rollare*; 1937] **sf.** *T.mar.* e *T.aer.* singola e accentuata oscillazione laterale.

rollatùra V. RULLATURA.

roll-bar (ingl., pr. ['roʊł bɑː]) [comp. di *roll*, rotolo, tubo e *bar*, sbarra; 1983] **sm.** *inv. T.aut.* sulle automobili da corsa, sistema di sicurezza costituito da una barra a forma di U capovolta, impiantata sulla scocca, che passa sopra le teste dei passeggeri, proteggendoli nel caso la vettura si rovesci. **TAV.** ***automobile* p. 659** 6.1.

rollè [dal fr. *roulé*, pps. di *rouler*, arrotolare; 1942] **agg.** e **sm.** carne, spec. di vitello, disossata, arrotolata e cotta arrosto.

rollino V. RULLINO.

rollio (pl. *-ii*) [da *rollare*; 1804 *rullio*] **sm.** *T.mar.* e *T.aer.* atto ed effetto del rollare || *alette di rollio*, robuste strisce longitudinali nella nave per diminuire il rollio || **N.** stabilizzatore giroscopico. **Q.T.** *nautica...*

ròllo [dall'ingl. *roll*, rotolo; 1959 nel senso 2] **sm.** **1.** rotolo di carta da parati **2.** rotolo di pellicola cinematografica.

rollòmetro o **rullòmetro** [comp. di *roll(are)* e *-metro*; 1937] **sm.** *T.mar.* strumento che misura l'ampiezza del rollio della nave || **N.** *Sin.* oscillometro.

ROM (pr. [rɔm]) [sigla dall'ingl. *Read Only Memory*, memoria a sola lettura; 1983] **sf.** *inv. T.inform.* uno dei due tipi principali di memoria normalmente usati nei calcolatori elettronici, il cui contenuto non può essere modificato durante la programmazione o il calcolo || **N.** RAM.

romagnòlo [dal lat. *romandiolus*, letter. della piccola România; 1313] **I agg.** della Romagna, parte sudorientale della regione Emilia-Romagna: *dialetto romagnolo, specialità romagnole* **II sm.** **1.** (f. *-a*) abitante della Romagna **2.** (solo *sing.*) dialetto romagnolo **3.** *ant.* grosso panno di lana greggia.

romàico o **romèico** (pl. *-ci*) [dal gr. mod. *romaikós*, proprio dei Greci moderni; 1872] **I agg.** proprio della lingua e della letteratura greca moderna **II sm.** (solo *sing.*) la lingua greca moderna.

romaiòlo e **romaiuòlo** V. RAMAIOLO.

romanàccio (pl. m. *-ci*, pl. f. *-ce*) [da *romano*[1]; 1986] **sm.** **1.** (f. *-a*) *spreg.* abitante, nativo di Roma (in riferimento spec. a presunte caratteristiche di chiassosità e arroganza dei romani di oggi) **2.** (solo *sing.*) parlata romanesca popolare.

romance (sp., pr. [rrɔ'manθe]) [da *romano*, romano; 1934] **sm.** *inv.* (anche pl. *romances*, pr. [rrɔ'manθes]) componimento poetico epico-lirico spagnolo, di origine castigliana, in doppi ottonari in assonanza.

romancero (sp., pr. [rrɔman'θero]) [da *romance*; 1959] **sm.** *inv.* (pl. *romanceros*, pr. [rrɔman'θerɔs]) **1.** raccolta di *romances* **2.** scrittore di *romances.*

romàncio (pl. m. *-ci*, pl. f. *-ce*) [dal lat. *romānice* (*loqui*), (parlare) romanamente, come il romancio *rumantsch*; 1861] **I sm.** (solo *sing.*) lingua romanza, affine al ladino dolomitico e al friulano, parlata nel cantone dei Grigioni; è lingua nazionale della Confederazione Elvetica **II agg.** di, relativo al romancio.

romàndo [dal fr. *romand*; 1942] **I agg.** che parla uno dei dialetti franco-provenzali: *popolazione romanda* || relativo ai cantoni della Svizzera occidentale in cui si parlano tali dialetti: *cultura romanda* || *Svizzera romanda*, nell'uso corrente, parte della Svizzera in cui si parla il francese come lingua materna **II sm.** (solo *sing.*) il complesso dei dialetti franco-provenzali parlati nei cantoni della Svizzera occidentale.

romanèlla [da *romano*[1]; 1884] **sf.** canto popolare romagnolo, simile ai rispetti toscani, composto di soli quattro endecasillabi: *la romanella delle risaiole* (Pascoli).

romanésca [da *romanesco*; 1635] **sf.** *T.mus.* melodia cinque-secentesca usata come tema per variazioni in vari tipi di composizioni.

romanésco (pl. *-schi*) [da *romano*[1]; inizio sec. XIV] **I agg.** di Roma moderna, dell'uso romano d'oggi: *i sonetti romaneschi del Belli* **II sm.** (solo *sing.*) il dialetto di Roma.

romànico (pl. *-ci*) [dal lat. *romānicus*, proveniente da Roma; 1872] **I agg.** *T.art.* dell'arte dell'Europa occidentale nei sec. XI e XII, spec. per quanto riguarda l'architettura e la scultura **II sm.** stile romanico. **TAV.** ***architettura* p. 646** 1.

romanismo [dal fr. *romanisme*; 1872] **sm.** **1.** voce o modo di dire della parlata romanesca **2.** *T.rel.* opinione di chi parteggia per l'autorità della curia pontificia e per l'ubbidienza a Roma **3.** nella storia dell'arte, atteggiamento culturale, diffuso nel Cinque-Seicento, che assumeva come modello l'arte di Roma antica.

romanista [dal fr. *romaniste*; 1872 nei sensi 1 e 2; 1942 nel senso 3] **s.** **1.** studioso di diritto romano **2.** dotto nelle lingue o nelle letterature romanze **3.** tifoso della Roma.

romanìstica [da *romanista*; 1950] **sf.** **1.** lo studio del diritto romano **2.** la filologia romanza.

romanìstico (pl. *-ci*) [da *romanista*; 1959] **agg.** **1.** che si riferisce al diritto romano **2.** che si riferisce allo studio delle lingue e delle letterature romanze: *il settore romanistico degli studi letterari.*

romanità [dal lat. tardo *romanitas, -ātis*; 1872] **sf.** **1.** il mondo romano nel suo complesso **2.** qualità di romano || *in part.* spirito di Roma, l'indole e la qualità dell'antica civiltà romana.

romanizzàre [da *romano*[1]; 1959] **tr.** rendere romano, assimilare alla civiltà e alla cultura romana: *la Gallia fu rapidamente romanizzata* || **intr. pron.** acquisire i caratteri dei Romani antichi || diventare come i Romani odierni.

romanizzazióne [da *romanizzare*; 1970] **sf.** atto ed effetto del romanizzare.

romàno[1] [da *romānus*; fine sec. XIII nel senso 2] **I agg.** **1.** di, attinente a Roma: *visitare i castelli romani, accento romano* || nella loc. *alla romana*, secondo l'uso dei romani: *gnocchi alla* *romana*, a base di semolino, latte, uova e burro, cotti in una teglia in forno; *pagare alla romana*, dividendo la spesa totale per il numero dei commensali **2.** di, attinente a Roma antica: *storia romana, arte romana, il Sacro Romano Impero* || *saluto romano*, fatto tenendo alta e tesa la mano destra, saluto fascista; *numeri romani*, rappresentati con lettere anziché con cifre, ancora attualmente usati come ordinali; *T.tip. carattere romano*, carattere di stampa simile a quello delle antiche iscrizioni lapidarie latine **3.** di, attinente a Roma in quanto sede del papato: *curia romana; la Chiesa Romana*, cattolica || **romanaménte** ***avv.*** secondo l'uso degli antichi Romani: *morire romanamente* **II** ***sm.*** **1.** (f. *-a*) abitante o nativo della Roma odierna || *T.stor.* cittadino dell'antica Roma **2.** (solo *sing.*) dialetto romano; romanesco || *pegg.* romanàccio.

romàno^{2} [dall'ar. *rummān*, (peso della) stadera; a. 1400] ***sm.*** il contrappeso che scorre lungo il braccio della stadera.

romanticherìa [da *romantico*; 1872] ***sf.*** atteggiamento affettato di esagerato sentimentalismo || *concr.* fantasticheria da romantici.

romanticismo [da *romantico*; 1825] ***sm.*** **1.** (anche con iniz. maiuscola) movimento letterario e artistico europeo, sorto alla fine del sec. XVIII, come reazione all'Illuminismo in filosofia e al classicismo in letteratura, nella musica e nelle arti figurative, che assunse caratteri diversi a contatto con le singole culture nazionali; sono tratti del romanticismo l'affermazione della superiorità della fantasia e del sentimento sulla ragione, l'esaltazione della spontaneità della creazione individuale e la rivalutazione della cultura e dello spirito popolare (spec. del mondo gotico e medievale in genere) **2.** atteggiamento estetico, spirituale o culturale improntato a tale movimento: *il romanticismo di Manzoni* **3.** eccessivo sentimentalismo: *romanticismo adolescenziale* || **N. 3.** romanticheria, romanticume.

romàntico (pl. *-ci*) [dall'ingl. *romantic*, inverosimile, poi romanzesco; a. 1828] **I** ***agg.*** **1.** del romanticismo (nel senso 1): *il periodo romantico* || *in part.* che si ispira all'estetica o alla filosofia romantica: *l'arte romantica, gli scrittori romantici* **2.** di persona, incline al sentimentalismo, ad abbandonarsi al sogno e alla fantasticheria: *un adolescente molto romantico* **3.** di cosa, che ispira atteggiamenti e sentimenti romantici: *un romantico tramonto* || **romanticaménte** ***avv.*** **II** ***sm.*** (f. *-a*) **1.** rappresentante, seguace del romanticismo (nel senso 1): *i romantici tedeschi* **2.** persona incline al romanticismo: *è un inguaribile romantico* || **N.** I **2.** *Sin.* sentimentale, sognatore.

romanticùme [da *romantico*; 1872] ***sm.*** *spreg.* complesso di scritti o di manifestazioni eccessivamente e affettatamente romantici; romanticheria.

romantizzàre [da *romant(ico)*; a. 1907] ***tr.*** *raro* far divenire o far parere romantico: *egli romantizzò, per così dire, la purità del sentimento greco* (Carducci).

romànza [dallo sp. *romance*, attr. il fr. *romance*; 1837] ***sf.*** **1.** *T.mus.* composizione per canto e accompagnamento musicale (perlopiù pianistico), di carattere amoroso e sentimentale, affermatasi in Francia nella seconda metà del Settecento || nell'opera, aria di intonazione patetica || breve composizione strumentale con caratteri espressivi e formali analoghi alla forma cantata, affermatasi in Germania nella seconda metà del Settecento **2.** *T.lett.* componimento epico-lirico di forma metrica irregolare, diffuso durante il romanticismo, solitamente di argomento leggendario, attinto da narrazioni medievali fantasiosamente rielaborate: *le romanze del Carrer.*

romanzàre [da *romanzo*^{2}; 1877] ***tr.*** **1.** narrare una vicenda reale in forma di romanzo, eventualmente arricchendola con aggiunte di fantasia: *storia romanzata, romanzare la vita di Napoleone* **2.** *raro* scrivere romanzi.

romanzatóre [da *romanzare*; 1570] ***sm.*** (f. *-trice*) *lett.* **1.** autore di storie o biografie romanzate **2.** *ant.* autore di romanzi.

romanzeggiàre (pres. *-éggio*) [da *romanzo*^{2}; 1835] ***intr.*** (aus. *avere*) *lett.* narrare vicende reali in forma romanzata || ***tr.*** *raro* romanzare.

romanzèro V. ROMANCERO.

romanzésco (pl. *-schi*) [da *romanzo*^{2}; 1708] ***agg.*** **1.** *T.lett.* di, da, relativo a romanzo (anche nel senso di "poema cavalleresco"): *letteratura romanzesca, stile romanzesco* **2.** *fig.* in contrapposizione a *reale* o a *storico*, spec. in quanto straordinario, inconcepibile nell'esperienza comune: *vicende romanzesche, personaggi romanzeschi* || in funzione di *sm.*, straordinario: *la sua avventura ha del romanzesco* || **romanzescaménte** ***avv.***

romanzétto (*dim.* di *romanzo*^{2}) [1726] ***sm.*** **1.** breve romanzo **2.** *com., spreg.*, romanzo di scarso valore **3.** *fig.* relazione amorosa di non grande importanza.

romanzière [da *romanzo*^{2}; a. 1704] ***sm.*** (f. *-a*) chi compone romanzi nel senso moderno: *i romanzieri russi, un romanziere di successo.*

romanzina V. RAMANZINA.

romànzo^{1} [dal fr. ant. *romanz*; a. 1729] ***agg.*** *lingue romanze* (o *neolatine*), quelle che derivano la loro origine dal latino volgare; *filologia romanza*, la disciplina che studia tali lingue.

romànzo^{2} [dal fr. ant. *romanz*, racconto in volgare; 1319] ***sm.*** **1.** *T.lett.* componimento in prosa, di ampio sviluppo, che narra vicende immaginarie relative a un'epoca, un ambiente, un personaggio: *romanzo storico, psicologico; romanzo di fantascienza, giallo* (o *poliziesco*), *rosa* (o *d'amore*); *romanzo d'appendice*, pubblicato a puntate in appendice a giornali, riviste e sim. e, *fig. spreg.*, di basso pregio, essendo improntato ai gusti grossolani della massa; *romanzo sceneggiato*, riduzione televisiva o cinematografica di un romanzo || nel Medioevo, componimento, in prosa o in versi, di soggetto cavalleresco **2.** *fig.* storia vera che ha dello straordinario, dell'inverosimile: *la sua vita è un romanzo* || racconto pieno di complicazioni e vicende fuori dall'ordinario, poco plausibile: *ci ha fatto su tutto un romanzo* || *T.psican. romanzo familiare*, scenario immaginario per mezzo del quale un soggetto modifica i propri legami con i genitori || *dim.* romanzétto; *accr.* romanzóne; *spreg.* romanzùccio, romanzùcolo; *pegg.* romanzàccio || **N. 1.** episodi, intreccio o trama, personaggi, protagonista.

rómba [da *rombare*; a. 1756] ***sf.*** *raro* rumore rintronante, cupo, confuso e prolungato: *la romba del vento* || **N.** *Sin.* rombo, RIMBOMBO.

rombàre (pres. *rómbo*) [da *rombo*^{1}; 1340 ca.] ***intr.*** (aus. *avere*) produrre un rombo, risuonare cupamente: *il tuono, il cannone romba.*

rombàzzo [da *rombo*^{1}; a. 1449] ***sm.*** *lett. ant.* frastuono, strepito.

rombencèfalo [comp. di *rombo*^{2} e *encefalo*; 1959] ***sm.*** *T.anat.* nell'embrione, una delle tre vescicole che formano l'abbozzo encefalico || **N.** mesencefalo, prosencefalo.

rombétto (*dim.* di *rombo*^{2}) [1823] ***sm.*** una delle specie di rombo diffusa nei mari d'Italia.

rómbico (pl. *-ci*) [da *rombo*^{2}; 1545] ***agg.*** di rombo (nel senso geometrico) || **N.** *Sin.* romboidale. **Q.T.** *mineralogia.*

rómbo^{1} [dal lat. *rhombus*, gr. *rhómbos*, trottola; 1313] ***sm.*** **1.** rumore grave e forte: *il rombo del cannone* **2.** *arc.* ronzio, frullo d'ali e sim. **3.** *T.etn.* strumento rituale costituito da un'assicella affusolata in legno che, tenuta legata a un capo e fatta roteare, produce un ronzio.

rómbo^{2} [dal lat. *rhombus*, gr. *rhómbos*, trottola; sec. XIV] ***sm.*** **1.** *T.geom.* quadrilatero equilatero; losanga **2.** nome di diversi pesci marini dei Batoidei, di forma approssimativamente rombica **3.** *T.mar.* suddivisione della rosa dei venti della bussola magnetica, corrispondente alla trentaduesima parte dell'angolo giro || *per estens.* rotta. **TAV.** *geometria* 11.

rombododecaèdro [comp. di *rombo*^{2} e *dodecaedro*; 1829] ***sm.*** **1.** *T.geom.* solido con dodici facce rombiche uguali **2.** *T.min.* cristallo del sistema monometrico, con dodici facce formate da altrettanti rombi.

romboèdrico (pl. *-ci*) [da *romboedro*; 1940] ***agg.*** **1.** *T.geom.* che ha forma di romboedro **2.** *T.min.* del sistema cristallino che ha per tipo il romboedro.

romboèdro [comp. di *rombo*^{2} e *-edro*; 1865] ***sm.*** **1.** *T.geom.* solido con sei facce rombiche uguali; romboide **2.** *T.min.* cristallo a forma di romboedro.

romboidàle [da *romboide*; 1684] ***agg.*** che ha forma di romboide, o anche di rombo.

rombòide [dal gr. *rhomboeidḗs*; prima metà sec. XIV] **I** ***sm.*** **1.** *T.geom.* parallelogramma qualunque (in part. che non sia un rettangolo o un rombo) **2.** muscolo romboide **II** ***agg.*** **1.** che ha forma di romboide **2.** *T.anat. muscolo romboide*, gruppo di due muscoli, intimamente connessi, che vanno dalle vertebre alla scapola (di cui costituiscono gli adduttori).

romeàggio (pl. *-gi*) [da *romeo*; 1294] ***sm.*** *arc.* pellegrinaggio a Roma.

romèico V. ROMAICO.

romèno o **rumèno** [dal rum. *român, rumân*; 1872] **I** ***agg.*** della Romania **II** ***sm.*** **1.** (f. *-a*) abitante, nativo della Romania **2.** (solo *sing.*) lingua romanza, parlata in Romania.

romèo [dal lat. **romēus*, gr. *rhomâios*; 1211] **I** ***sm.*** (f. *-a*) *arc.* nome che veniva dato ai pellegrini occidentali che si recavano in Terrasanta || successivamente, nome che veniva dato ai pellegrini che si recavano a Roma **II** ***agg.*** detto di strade percorse dai pellegrini diretti a Roma || **N.** I *Sin.* palmiere.

rómice [dal lat. *rumex, -icis*; sec. XIV] ***sf.*** nome generico di varie specie di piante erbacee spontanee o coltivate, con foglie verdi chiare, glabre, di sapore acidulo e fiori poco appariscenti riuniti in grappoli, note anche con i nomi di *acetosella, acetosa* e *lapazio.*

romitàggio (pl. *-gi*) [dal fr. *ermitage*; fine sec. XIII] ***sm.*** *non com.* eremitaggio.

romitàno [da *romito*; 1298] ***agg.*** e ***sm.*** (f. *-a*) *arc.* o *pop.* eremitano.

romìtico (pl. *-ci*) [da *romito*; sec. XIV] ***agg.*** *arc.* eremitico.

romito [da *(e)remita*; 1319] **I** ***agg.*** *lett.* solitario: *strada romita* **II** ***sm.*** (f. *-a*) *ant.* eremita.

romitòrio (pl. *-ri*) [dal lat. mediev. *romitorium*; a. 1348] ***sm.*** eremo || *per estens.* rifugio solitario.

romóre e der. forme arc. di RUMORE e der. (v.).

rómpere (pres. *rómpo*; p.rem. *rùppi, rompésti, rùppe, rompémmo, rompéste, rùppero*; pps. *rótto*) [lat. *rumpere*; 1313] ***tr.*** **1.** mandare in pezzi, in frantumi qualcosa, con un'azione generalmente violenta; spezzare, spaccare, frantumare: *rompere un piatto* || *iperb. rompere i timpani, le orecchie*, assordare; *rompere le ossa, la faccia a qualcuno*, picchiarlo violentemente || *fig.* in vari modi di dire: *rompere il ghiaccio*, vincere il disagio iniziale in un rapporto umano; *rompere le uova nel paniere*, sconvolgere i progetti di qualcuno; *pop. volg., rompere le scatole, l'anima, le palle*, scocciare, seccare (com. anche *ass.*: *ma quanto rompi!*); *rompere un patto, un giuramento*, infrangerli, non rispettarli; *rompere l'incantesimo*, annullarne gli effetti e, *fig.*, guastare una situazione che pareva perfetta || *prov.*, usato *ass.*, *chi rompe paga e i cocci sono suoi* ‖ *per estens.* guastare, mettere fuori uso: *hai già rotto la calcolatrice* **2.** *in part.* interrompere la continuità, la compattezza di qualcosa, aprirvi uno o più varchi; squarciare: *il fiume ruppe gli argini* (com. anche *ass.*: *il torrente in piena ruppe in più punti*); *rompere l'accerchiamento nemico, piegandoti hai rotto i pantaloni*; *rompere le righe, le file*, spec. come *T.mil.*, sciogliere lo schieramento in cui un gruppo di persone era raggruppato **3.** *fig.* interrompere: *rompere il digiuno*; *rompere le relazioni diplomatiche con uno stato, rompere i rapporti con la famiglia, ruppe il fidanzamento*; *rompere l'andatura, il trotto* (o *ass. rompere*), di cavallo, passare dal trotto (l'andatura prescritta in una gara) al galoppo; *rompere la monotonia*, creare un diversivo, introdurre elementi di novità in qualcosa e sim.; *rompere gli indugi*, porvi fine e agire; *rompere l'amicizia con qualcuno*, non essere più in rapporti amichevoli con lui ‖ com. ass., sottintendendo *i rapporti, le relazioni, i ponti* e sim.: *ha rotto con la fidanzata* ‖ **intr. pron.** spezzarsi, danneggiarsi: *il ghiaccio si è rotto e lui è caduto in acqua, le cose si rompono quando più uno ne ha bisogno* ‖ **rifl. indir.** fratturarsi: *dando un calcio si ruppe un piede* ‖ *iperb. rompersi il capo, la testa su qualcosa*, scervellarsi; *rompersi la schiena a* (o *per*) *far qualcosa*, faticare, stancarsi moltissimo a farla ‖ **intr.** (aus. *avere*) *lett.* prorompere: *ruppe in un pianto angosciato* ‖ **N. tr. 1.** *Sin.* distruggere, fracassare, frangere, infrangere, sconquassare, sfasciare; incrinare, sbrindellare, scheggiare, sfondare, sfracellare, sgangherare, spezzettare; danneggiare, deteriorare, rovinare, sciupare | *Contr.* accomodare, aggiustare, riparare **2.** *Sin.* fendere, lacerare | *Contr.* ricomporre **3.** *Sin.* sospendere | *Contr.* riprendere, ristabilire; continuare, proseguire | **intr.** *Sin.* dirompere, erompere, scoppiare.

rompibàlle v. ROMPIPALLE.

rompicàpo [comp. di *romp(ere)* e *capo*; 1940] **sm. 1.** indovinello o gioco enigmistico ‖ *per estens.* questione, problema di non facile soluzione: *devo risolvere questo rompicapo* **2.** motivo di preoccupazione, fastidio e sim.; grattacapo: *in questo lavoro non mancano mai i rompicapi.*

rompicoglióni [comp. di *romp(ere)* e *coglione*; 1841] **s.** e **agg.** *inv. volg.* scocciatore, persona molesta.

rompicòllo [comp. di *romp(ere)* e *collo*; sec. XVI] **1. sm.** *non com.* (pl. *-li*) parete molto scoscesa e pericolosa da scendere ‖ *com.* nella *loc. avv. a rompicollo*, precipitosamente, a rotta di collo **2. s.** (pl. *inv.*) chi ama buttarsi in imprese rischiose: *siete dei rompicollo!*

rompifiàmma [comp. di *rompe(re)* e *fiamma*; 1983] **sm.** *inv.* **1.** riduttore della vampa di bocca delle armi da fuoco **2.** disco di rete che si pone sui fornelli perché la fiamma non venga a contatto diretto con le pentole ‖ **N.** *Sin.* spegnifiamma.

rompighiàccio [comp. di *romp(ere)* e *ghiaccio*; 1906] **sm.** e **agg.** *inv.* unità navale dallo scafo concepito in modo da consentire la navigazione aprendosi un varco tra i ghiacci: *nave rompighiaccio.*

rompiménto [da *rompere*; 1300 ca.] **sm.** atto ed effetto del rompere e del rompersi ‖ *fig. pop. volg. rompimento di scatole, di tasche* e sim., seccatura, noia, molestia ‖ **N.** *Sin.* rottura.

rompipàlle o **rompibàlle** [comp. di *rompe(re)* e *palla*, testicolo; a. 1950] **s.** e **agg.** *inv. volg.* seccatore, persona fastidiosa.

rompiscàtole [comp. di *romp(ere)* e *scatola*; 1869] **s.** *inv. pop. volg.* seccatore, scocciatore.

rompistivàli [comp. di *romp(ere)* e *stivale*; 1872] **s.** *inv. pop. volg. non com.* rompiscatole.

rompitóre [da *rompere*; a. 1348] **agg.** e **sm.** (f. *-trice*) *non com.* che o chi rompe: *macchina rompitrice.*

rompitùra [da *rompere*; sec. XIV] **sf.** *raro* rottura.

romùleo [dal lat. *romuleus*; 1872] **agg.** *lett.* di Romolo, il leggendario fondatore di Roma: *città romulea, mura romulee.*

romùlide [dal lat. *Romulidae*; 1835] **sm.** *lett. raro* ciascun romano, in quanto discendente di Romolo.

rónca [da *roncare*; a. 1535] **sf. 1.** roncola **2.** *ant.* arma in asta, tagliente e adunca ‖ *dim.* ronchétto.

roncàre (pres. *rónco, rónchi*) [dal lat. *runcare*, sarchiare; 1313] **tr.** *non com.* anche *ass.*, tagliare con la ronca: *ne' monti di Luni dove ronca / lo Carrarese* (Dante) ‖ procedere alla roncatura, sarchiare, estirpare: *roncava i gracili fagioli* (Pascoli).

roncàṣo [etim. inc.; 1823] **sm.** francolino di monte.

roncatùra [da *roncare*; 1854] **sf.** *T.agr.* l'azione di recidere con uno zappetto o una ronca le erbe infestanti ‖ **N.** *Sin.* sarchiatura.

roncheggiàre (pres. *-éggio*) [da *ronco*[1]; sec. XIV] **intr.** (aus. *avere*) *ant.* russare.

ronchéggio (pl. *-gi*) [da *roncare*; 1768] **sm.** *raro* sarchiatura.

ronchétto (*dim.* di *ronca*) [a. 1712] **sm.** *non com.* piccola falce ‖ coltello arcuato in punta ‖ **N.** *Sin.* falcetto, roncola.

rónchio (pl. *-chi*) [etim. inc.; a. 1406] **sm.** *arc.* **1.** sporgenza rocciosa **2.** bernoccolo ‖ *dim.* ronchiétto; *accr.* ronchióne.

ronchióso [da *ronchio*; 1313] **agg.** *ant. lett.* che presenta sporgenze: *scoglio ronchioso.*

roncigliàre (pres. *-ìglio*) [da *ronciglio*; 1313] **tr.** *ant.* prendere con un ronciglio.

roncìglio (pl. *-gli*) [dal lat. *runcilio, -ōnis*; 1313] **sm.** *ant. lett.* ferro adunco per uncinare ‖ **N.** *Sin.* graffio, rampino.

roncinàto [dal lat. *runcinātus*; a. 1523] **agg. 1.** piegato a uncino **2.** *T.bot.* detto di foglia pennatifida con i lobi rivolti verso il picciolo (ad es. la foglia della cicoria o del radicchio).

roncióne v. RONZONE[2].

rónco[1] (pl. *-chi*) [dal lat. *ronchus*, il russare; 1829] **sm.** *T.med.* rantolo.

rónco[2] (pl. *-chi*) [etim. inc.; 1925] **sm.** squalo dalla pelle cosparsa di scudetti ossei con una spina al centro; spinarello.

rónco[3] (pl. *-chi*) [etim. inc.; 1726] **sm.** *tosc.* vicolo cieco, strada senza uscita, anche *fig.*: *essere nel ronco*, non trovare via d'uscita.

róncola [da *ronca*; a. 1565] **sf.** specie di falcetto adunco per tagliare rami o pianticelle legnose ‖ **N.** *Sin.* falcetto, pennato, ronca, ronchetto. **TAV.** ***agricoltura*** 10.4.

roncolàre (pres. *róncolo*) [da *roncola*; 1872] **tr.** tagliare, potare ecc. con la roncola.

roncolàta [da *roncola*; 1872] **sf.** colpo dato con la roncola o col roncolo.

róncolo [da *roncola*; 1778] **sm.** grosso coltello richiudibile a lama ricurva ‖ *fig. fam. tosc. gambe a roncolo*, arcuate.

roncóne [dal lat. *runco, -ōnis*; a. 1348] **sm.** *T.stor.* arma in asta, più grossa della ronca.

rónda [dallo sp. *ronda*, fr. *ronde*; 1598] **sf.** *T.mil.* giro di sorveglianza effettuato da una pattuglia armata: *essere di ronda*; *cammino di ronda*, spazio protetto per il passaggio della ronda lungo opere fortificate; rondello ‖ *concr.* la pattuglia che effettua tale servizio: *è passata la ronda* ‖ *fig. fare la ronda intorno a qualcuno, a qualcosa*, girargli intorno e, se si tratta di una donna, corteggiarla.

rondàccia (pl. *-ce*) [dal fr. *rondache*; 1617] **sf.** *T.stor.* antico scudo rotondo e leggero.

rondàre (pres. *róndo*) [dallo sp. *rondar*; 1641] **intr.** (aus. *avere*) *ant. raro* fare la ronda, andare in ronda.

ronde (fr., pr. [rɔ̃:d]) [letter. rotonda; 1959] **sf.** *inv.* scrittura calligrafica in carattere rotondo.

rondeau (fr., pr. [rɔ̃'do]) [letter. (ballo in) tondo; 1758] **sm.** *inv.* rondò.

rondèlla [dal fr. *rondelle*; 1905] **sf.** *T.mecc.* sottile corona circolare metallica che, posta sotto la testa del dado o del bullone, serve a migliorarne il serraggio e impedisce lo slittamento ‖ **N.** *Sin.* rosetta. **TAV.** ***utensili*** **p. 1340** 14.3, 14.7.

rondèllo[1] [da *ronda*; a. 1708] **sm.** *T.mil.* cammino di ronda ‖ **N.** ronda.

rondèllo[2] [dal fr. *rondel*; 1872 nel senso 2] **sm. 1.** *T.lett.* antica forma di componimento poetico; rondò **2.** *T.mus.* la musica che accompagnava tale componimento; cantilena circolare.

rondes (fr., pr. [rɔ̃:d]) [da *ronde*, rotondo, perché si cantavano a turno; 1970] **sf.** *pl. T.mus.* canti normanni di carattere epico-narrativo.

róndine [lat. *hirundo, -inis*; a. 1294] **sf. 1.** nome comune dei Passeriformi della famiglia degli Irundini, uccelli migratori con piumaggio nero-azzurro sul dorso, sulla testa e sulle ali, e bianco ferrigno sulla gola, sul petto e sul ventre; hanno le ali lunghissime e la coda biforcuta ‖ *prov. una rondine non fa primavera*, un solo caso non fa regola, un fatto isolato non costituisce abitudine e sim. ‖ nella *loc. avv. a coda di rondine*, terminante con due punte: *incastro a coda di rondine, giacca a coda di rondine* **2.** *rondine di mare*, detto anche *pesce rondine*, può percorrere qualche breve tratto fuori dall'acqua, quasi volando ‖ *rondine di mare*, uccello dei Lariformi simile ad una rondine, ma con becco rosso e piumaggio grigio e bianco; sterna ‖ *dim.* rondinèlla, rondinétta, rondinìno (*sm.*), rondinòtto (*sm.*). **TAV.** ***uccelli*** **p. 1339** 17.

rondinèlla (*dim.* di *rondine*) [1319] **sf. 1.** piccola rondine **2.** *rondinella di mare*, pesce osseo marino che si serve delle robuste pinne pettorali per balzare fuori dell'acqua e compiere salti di alcuni metri mantenendosi poco sopra la superficie dell'acqua ‖ **N. 2.** *Sin.* pesce volante.

rondinìno (*dim.* di *rondine*) [sec. XIV] **sm. 1.** piccola rondine **2.** il piccolo della rondine; rondinotto.

rondinòtto (*dim.* di *rondine*) [1872] **sm.** rondinino.

rondiṣmo [da (*La*) *Ronda*, n. di una rivista romana; 1942] **sm.** corrente letteraria italiana del primo dopoguerra che proponeva un ritorno ai modelli classici e vedeva nella prosa di Leopardi il più alto esempio di stile.

rondista [da *rondismo*; 1970] **I s.** collaboratore della rivista romana «La Ronda»: *i rondisti più illustri furono Cardarelli, Cecchi e Bacchelli* **II agg.** ispirato ai principi del rondismo.

rondò [dal fr. *rondeau*; 1833 nel senso 2] **sm. 1.** piazzale circolare, posto alla convergenza di più strade, la cui parte centrale è generalmente sistemata a giardino **2.** *T.mus.* forma strumentale in cui il soggetto è ripreso periodicamente, identico o con modificazioni, sino alla conclusione, in modo da conferire alla composizione una struttura circolare; di solito è posto alla fine dell'ultimo tempo di una sonata **3.** *T.lett.* piccolo componimento della poesia francese antica, in cui i primi versi si ripetevano al centro o alla fine; rondello ‖ **N. 1.** rotatoria.

rondóne [dal volg. **hirundo, -ōnis*; a. 1320] **sm.** uccello degli Apodiformi, velocissimo nel volo, esteriormente simile a una grossa rondine.

rónfa [etim. inc.; 1576] **sf.** *T.gioc.* antico gioco di carte detto anche *picchetto.*

ronfaménto [da *ronfare*; 1959] **sm.** *fam. non com.* atto ed effetto del ronfare.

ronfàre (pres. *rónfo*) [voce onom.; 1342]

intr. (aus. *avere*) *fam.* **1.** russare forte **2.** del gatto, fare le fusa || **N. 1.** *Sin.* stronfiare.

ronfiàre (pres. *rónfio*) [voce onom.; a. 1729] *intr.* (aus. *avere*) *ant.* ronfare.

rónfio (pl. *-fi*) [da *ronfiare*; 1940] *sm. ant.* atto ed effetto del ronfare.

ròn ròn [voce onom.; 1970] **1.** voce onom. che riproduce il suono di chi russa dormendo; è usata spec. nel linguaggio dei fumetti **2.** voce onom. che riproduce il suono del gatto che fa le fusa.

röntgen o ***roentgen*** (ted., pr. ['rœntgən]) [dal n. proprio W.C. *Röntgen*, fisico ted.; 1927] **I** *agg. inv. raggi röntgen*, raggi X **II** *sm. inv.* unità di misura delle radiazioni X.

röntgenografìa o **roentgenografìa** [comp. di *Röntgen* e *-grafia*; 1970] *sf. T.fis.* analisi e studio dei materiali per mezzo dei raggi Röntgen.

röntgenterapìa o **roentgenterapìa** (pr. [ˌrœntgentera'pia]) [comp. di *röntgen* e *terapia*; 1939] *sf.* terapia a base di raggi X.

ronzaménto [da *ronzare*; 1585] *sm. non com.* atto ed effetto del ronzare; ronzio.

ronzàre (pres. *rónzo*) [voce onom.; a. 1484] *intr.* (aus. *avere*) **1.** di insetti in volo, emettere il caratteristico rumore cupo, sibilante e continuo: *i mosconi ronzavano indisturbati in cucina* || *per estens.* emettere un rumore simile al ronzio degli insetti: *l'aereo ronzava sulla città* **2.** *fig.* girare, frullare: *un'idea mi ronza per il capo* **3.** *fig.* girare intorno a un luogo o a una persona: *era tanto che mi ronzava intorno.* **Q.T.** *animali.*

ronzatóre [da *ronzare*; 1758] *agg.* e *sm.* (f. *-trice*) *raro* che o chi ronza.

ronzinànte [dallo sp. *Rocinante*, n. del cavallo di don Chisciotte; 1905] *sm. scherz.* ronzino.

ronzìno [dal fr. ant. *runcin*; 1240 *roncino*] *sm. spreg.* cavallo di piccola taglia, perlopiù malandato e di scarsissimo pregio || **N.** *Sin.* brenna, ronzinante, rozza.

ronzìo (pl. *-ìi*) [da *ronzare*; a. 1712] *sm.* il ronzare continuato: *il ronzio delle api* || *per estens.* rumore simile al ronzio degli insetti: *il ronzio dell'altoparlante, un ronzio di voci lontane.*

rónzo [da *ronzare*; a. 1470] *sm. ant.* e *lett.* ronzio.

ronzóne[1] [da *ronzare*; 1872] *sm. raro* **1.** grosso insetto che ronza **2.** *ant. fig.* cortegiatore || **N.** moscone.

ronzóne[2] o **roncióne** [da *ronzino*; sec. XIV] *sm. non com.* stallone.

rood (ingl., pr. [ru:d]) [letter. canna; 1749] *sm. inv.* unità di misura di superficie inglese corrispondente a circa 1011,71 m^2.

roof (ingl., pr. [ru:f]) (*abbr.* di *roof-garden*) [1982] *sm. inv.* roof-garden.

roof-garden (ingl., pr. ['ru:fˌgɑ:dn]) [comp. di *roof*, tetto e *garden*, giardino; 1917] *sm. inv.* grande terrazza adorna di piante, posta sul tetto di un edificio e adibita a luogo di ritrovo elegante, bar o ristorante.

ropàlico (pl. *-ci*) [dal gr. *rhópalon*, clava, attr. il lat. tardo *rhopalicus*, perché la clava aumenta di grossezza da un'estremità all'altra; 1835] *sm.* e *agg. T.metr.* nella poesia classica greca e latina, detto di verso costituito da una serie di parole che aumentano progressivamente di una sillaba.

Ropalòceri (sing. *-o*) [comp. del gr. *rhópalon*, clava e *-cero*; 1932] *sm. pl. T.zool.* antica divisione dei Lepidotteri, non più in uso, che includeva le farfalle diurne, caratterizzate da antenne rigonfiate a clava a un'estremità, che stanno in riposo tenendo le ali erette verticalmente || **N.** Eteroceri.

roquefort (fr., pr. [rɔk'fɔ:r]) [dal n. geogr. *Roquefort*-sur-Soulzon, località fr.; 1959] *sm. inv.* formaggio francese a pasta molle screziato da muffe verdi, prodotto in forme cilindriche di 2 o 3 kg.

roràre (pres. *ròro*) [dal lat. *rorāre*; 1321] *tr. poet. ant.* bagnare, irrorare, spec. di rugiada || *fig.* rinfrescare, ristorare.

ròrido [dal lat. *roridus*; 1582] *agg. poet.* bagnato di rugiada || *per estens.* umido di sudore || **N.** *Sin.* roscido; madido.

rósa [da *rodere*; 1400 ca.] *sf.* **1.** *tosc.* prurito, pizzicore: *avere la rosa* **2.** *ant.* luogo corroso dalle acque.

ròsa [lat. *rosa*; 1250] **I** *sf.* **1.** genere di piante arbustive o rampicanti delle Rosacee, le cui innumerevoli specie e varietà sono in tutto il mondo coltivate a scopo ornamentale per la bellezza dei loro fiori: *rosa canina* (o *di macchia*), *tea, gallica, indica, damascena,* nomi di varie specie di rose || il fiore della rosa: *sette rose rosse*; *acqua di rose,* lozione tonificante e rinfrescante ricavata dai petali di rose; *il mese delle rose,* maggio || nei modi di dire *fig.*: *se son rose fioriranno,* si vedrà dagli sviluppi, dai risultati ecc. se una situazione è positiva; *fresco come una rosa,* di persona, o del suo viso, che è l'immagine del benessere fisico; *non sono tutte rose e fiori,* rif. a ciò che si presenta in modo allettante ma che in realtà ha anche aspetti negativi; *all'acqua di rose,* in maniera non incisiva, superficiale: *una sgridata all'acqua di rose* || *prov. non c'è rosa senza spine,* non c'è gioia che non porti con sé anche dispiaceri **2.** *per estens.* ciascuno dei vari fiori o aggregati la cui struttura ricorda quella di una rosa: *rosa di natale,* elleboro; *rosa di Gerico,* pianta delle Crocifere, propria delle zone desertiche, che dopo la caduta delle foglie racchiude a palla i rami e viene trascinata dal vento, per poi riaprirsi quando giunge in un ambiente sufficientemente umido || *rosa di mare,* anemone di mare || *rosa dei venti,* figura a stella con 32 punte (ciascuna corrispondente a un punto cardinale, intercardinale o intermedio) sulla quale è indicata la direzione da cui spirano i venti principali || *rosa del deserto,* aggregato di cristalli di gesso, a disposizione concentrica, rinvenibile in alcune aree desertiche sabbiose || *rosa di ferro,* aggregato di cristalli di ematite che si presenta in sottili lamelle petaliformi || elemento decorativo a rosa stilizzata || nel tiro con armi a palla, *rosa di tiro,* l'insieme dei punti di arrivo dei colpi sparati da un'arma puntata sempre nella stessa direzione; *rosa dei pallini,* l'area circolare in cui si distribuisce il 90% dei pallini fuoriusciti dalla canna **3.** *fig.* gruppo, cerchia tra cui si deve scegliere uno o più elementi: *rosa di nomi, di candidati, di possibilità* || *sm. inv.* colore intermedio tra il bianco e il rosso: *un rosa pallido, shocking, antico* **II** *agg. inv.* (sempre posposto) di colore rosa: *fiorellini rosa, camicetta rosa*; *maglia rosa,* nel ciclismo, quella indossata dal ciclista che è in testa alla classifica del Giro d'Italia || *fig. vedere tutto rosa,* ottimisticamente; *romanzo, letteratura rosa,* d'amore || *dim.* rosellìna, rosétta, rosettìna || **N. I 1.** rosaio, roseto | appassita, avvizzita, fresca, socchiusa, spampanata, vizza; semplice, doppia, stradoppia **2.** rosetta, rosone **II** carnicino, incarnato, rosato, roseo. **Q.T.** *giardinaggio...* **TAV.** *alimentazione* 4.9.

Rosàcee [comp. di *rosa* e *-acee*; 1892] *sf. pl. T.bot.* famiglia di piante dicotiledoni, erbacee o arboree, con rami talvolta spinosi, coltivate per i frutti commestibili (melo, pero, susino, albicocco, ciliegio, pesco, fragola) o a scopo ornamentale (rosa, lauro ceraso). **Q.T.** *botanica.*

rosàceo [dal lat. tardo *rosāceus*; 1696] *agg. non com.* che somiglia al colore della rosa || **N.** *Sin.* rosato, ROSEO.

rosàio (pl. *-ài*) [dal lat. *rosārium*; a. 1320] *sm.* **1.** roseto **2.** grande pianta di rose.

rosalìa V. ROSOLÌA.

rosanilìna [comp. di *rosa* e *anilina*; 1872] *sf. T.chim.* colorante rosso usato per tingere lana e seta || **N.** *Sin.* fucsina.

rosàrio (pl. *-ri*) [dal lat. *rosārius*, della rosa; 1686] *sm.* **1.** pratica devota in onore della Madonna, consistente nella recitazione di quindici decine di *Ave Maria*; ciascuna decina, preceduta da un *Padre Nostro* e conclusa da un *Gloria al Padre*, è dedicata alla meditazione di un mistero della vita di Cristo || *concr.* corona di grani che serve a recitare il rosario **2.** *per estens. fig. fam.* sequela, serie: *un rosario d'imprecazioni* **3.** *T.med.* manifestazione morfologicamente simile a una corona da rosario, consistente in una serie di noduli riuniti a cordone, distanziati regolarmente.

rosàta [da *rosa*; 1970] *sf.* rosa di pallini sparata da un fucile da caccia.

rosatèllo (*dim.* di *rosato*) [1967] *sm.* vino di colore rosso chiaro; vino rosato.

rosàto [dal lat. *rosātus*; a. 1320] **I** *agg.* **1.** tendente al rosa; roseo **2.** *raro* di rosa: *acqua rosata*; *miele rosato,* decotto di foglie di rosa e miele || *fig. pop. raro Pasqua rosata,* Pentecoste **3.** detto di vino di colore rosato **II** *sm. T.enol.* vino di colore chiaro; *rosé* || *dim.* rosatèllo.

ròscido [dal lat. *roscidus*; 1340 ca.] *agg. ant.* bagnato di rugiada || *per estens.* umido || **N.** *Sin.* rorido.

rosciòlo [dal lat. tardo *russeolus*, rosseggiante; 1959] *sm.* **1.** *region.* triglia di scoglio **2.** varietà di olivo coltivato in Umbria e nel Lazio.

rosé (fr., pr. [ro'ze]) [da *rose*, rosa; 1940] *sm.* e *agg. inv. T.enol.* rosato.

rosellìna (*dim.* di *rosa*) [a. 1565] *sf.* **1.** piccolo fiore di rosa **2.** varietà di ranuncolo.

ròseo [dal lat. *roseus*; a. 1320] *agg.* **1.** tendente al colore rosa; rosato: *carnagione rosea* **2.** *fig.* improntato a un fiducioso (e talora ingenuo) ottimismo; lieto, lusinghiero e sim.: *sogni rosei, speranze rosee* || **N. 1.** *Sin.* carnacino, color carne, incarnato, incarnatino, rosaceo, rosato, rosa.

roṡèola [dal fr. *roséole*; 1895] *sf. T.med.* eruzione cutanea consistente in chiazzette eritematose rosee, circolari od ovoidali.

roséto [dal lat. *rosētum*; 1485] *sm.* luogo piantato a rose || **N.** *Sin.* rosaio.

rosétta (*dim.* di *rosa*) [1336 ca.] *sf.* **1.** piccola rosa **2.** *com. per estens.* ciascuno di vari oggetti e forme che ricordano la disposizione dei petali di una rosa; *in part. a rosetta,* di tipo di taglio dei diamanti a piramide con simmetria ditrigonale e base molto larga || *T.mecc.* rondella, spec. se elastica o dotata di dentini lungo la circonferenza || *T.bot.* insieme di foglie raccolte a raggiera alla base del fusto || formato di pane la cui parte superiore ricorda una rosa || coccarda || *T.ipp.* stella, nel senso di macchia sulla fronte del cavallo || *dim.* rosettìna. **TAV.** *alimentazione* 2.2.

rosicànte (*ppr.* di *rosicare*) [1872 come sm.] **I** *agg. non com.* che rosica **II** *sm. pl. T.zool. disus.* (con l'iniziale maiuscola) Roditori.

rosicàre (pres. *rósico, rósichi*) [lat. **rosicāre*; 1640] *tr.* rodere, spec. un poco alla volta || *fig.* guadagnare un poco: *è un affare in cui c'è da rosicare* || *prov. chi non risica non rosica,* bisogna rischiare per poter guadagnare || **N.** *Sin.* rosicchiare.

rosicatùra [da *rosicare*; 1687] *sf.* atto del rosicare || *com.* effetto, segno prodotto dal rosicare: *nel libro ci sono parecchie rosicature di topi.*

rosicchiaménto [da *rosicchiare*; 1872] *sm. non com.* atto ed effetto del rosicchiare.

rosicchiàre (pres. *-ìcchio*) [lat. **rosiculāre*; sec. XIV] *tr.* rodere leggermente e lentamente: *rosicchiare una mela* || *fig. T.sport. rosicchiare lo svantaggio, qualche punto* e sim., rimontare la classifica riducendo lo svantaggio || **N.** *Sin.* rosicare.

rosìcchio (pl. *-chi*) o **rosicchiòlo** [da *rosic-*

chiare; a. 1837] ***sm.*** *ant. raro* pezzetto di pane secco avanzato || **N.** *Sin.* tozzo; avanzo, rimasuglio.

rosichìo (pl. *-ìi*) [da *rosicare*; 1940] ***sm.*** continuo e insistente rosicare.

roṣicoltóre (meno com. *roṣicultóre*) [comp. di *rosa* e *-coltore*; 1959] ***sm.*** (f. *-trìce*) coltivatore di rose.

roṣicoltùra [comp. di *rosa* e *-coltura*; 1959] ***sf.*** coltivazione di rose.

roṣignòlo o **roṣignuòlo** v. USIGNOLO.

roṣmarìno [lat. *rōs marīnus*, letter. rugiada marina; sec. XIV] ***sm.*** arbusto delle Labiate con fiori piccoli, azzurro-violacei e foglie dure, piccole, lineari, ricche di oli essenziali; spontaneo nelle zone mediterranee, è anche coltivato come pianta aromatica e officinale || **N.** *Sin.* ramerino.

roṣminiàno [dal n. proprio A. *Rosmini*, filosofo it.; 1891] **I** ***agg.*** del pensiero di A. Rosmini **II** ***sm.*** (f. *-a*) **1.** chi si ispira o sostiene il pensiero di A. Rosmini **2.** *T.rel.* religioso della congregazione istituita da A. Rosmini, denominata *Istituto della Carità*.

róso (*pps.* di *rodere*) [1342 nel senso 2; 1750 nel senso 1] ***agg.*** **1.** guastato da corrosione causata da agenti atmosferici o da acidi **2.** *non com.* consumato.

roṣolàccio (pl. *-ci*) [da *rosa*; sec. XIV] ***sm.*** papavero selvatico.

roṣolàre (pres. *ròṣolo*) [prob. da *rosa*; 1618] ***tr.*** **1.** far cuocere la carne o altre vivande a fuoco lento finché si forma una crosticina rossastra: *rosolare la cipolla* **2.** *tosc. scherz.* criticare qualcuno || conciare male || ***intr. pron.*** cuocersi a fuoco lento: *la salsiccia si sta rosolando* || *fig.* abbronzarsi stando a lungo sotto il sole: *da quando siamo arrivati si sta rosolando sul bagnasciuga* || **N.** ***tr.*** **1.** *Sin.* soffriggere.

roṣolatùra [da *rosolare*; 1940] ***sf.*** atto ed effetto del rosolare.

roṣolìa (pop. *roṣalìa*) [da *rosa*; a. 1306 *rosellia*] ***sf.*** *T.med.* malattia infettiva esantematica, a decorso benigno.

roṣòlida [dal lat. mediev. *rōs sōlis*, rugiada del sole; 1835] ***sf.*** pianta erbacea carnivora che cresce in luoghi paludosi || **N.** *Sin.* drosera.

roṣolièra [da *rosolio*; 1891] ***sf.*** servizio in vetro composto da una bottiglia e da alcuni bicchierini per il rosolio o altri liquori.

roṣòlio (pl. *-li*) [dal fr. *rossolis*; 1677] ***sm.*** liquore poco alcolico, molto zuccherato, aromatizzato alla frutta e con essenze e spezie varie: *rosolio di cedro* || *per estens. fig. disus.* bevanda squisita: *questo vino è un rosolio* || **N.** alchermes, anisetta, benedettino, *curaçao, kummel*, maraschino, ratafià.

ròṣolo [da *rosolare*; 1872] ***sm.*** *raro* l'effetto, spec. il colore ambrato, dell'essere rosolato; rosolatura.

roṣóne [propr. accr. di *rosa*; 1550] ***sm.*** **1.** *T.arch.* finestra rotonda riccamente decorata con elementi (colonnine e sim.) disposti a raggiera e raccordati da archetti, solitamente posta al centro della facciata delle chiese romaniche o gotiche per illuminarne la navata centrale || motivo decorativo inscritto in un cerchio, solitamente a motivi vegetali raggruppati attorno a un bottone centrale **2.** *T.tip.* fregio di stampa che si pone perlopiù in fondo ai capitoli.

ròspo [etim. inc.; a. 1577] ***sm.*** **1.** nome comune degli anfibi anuri simili a grosse e tozze rane, dalla cute ruvida cosparsa di ghiandole secernenti una sostanza irritante || *fig. ingoiare un rospo*, essere costretti a tollerare una cosa molto incresciosa **2.** *fig.* persona dall'aspetto ripugnante: *come fai ad amare quel rospo?!* **3.** *coda di rospo*, pesce detto anche *rana pescatrice*, spec. la parte terminale di tale pesce, molto ricercata per cucinarla || dim. rospétto, rospettìno; *pegg.* rospàccio.

rossàstro [da *rosso*, sul modello del fr. *rougeâtre*; sec. XIV] **I** ***agg.*** che tende al rosso, di un rosso opaco e scuro **II** ***sm.*** colore rossastro || **N.** *Sin.* rossiccio.

rosseggiàre (pres. *-éggio*) [da *rosso*; sec. XIV] ***intr.*** (aus. *avere*) tendere al colore rosso vivo; essere rosso: *l'acqua rosseggiava di sangue*.

rossèllo [da *rosso*; 1872] ***sm.*** *tosc.* chiazza rossa || *in part. pl.*, i pomelli rossi sulle gote.

rossése [da *rosso*; 1959] ***sm.*** **1.** tipo di olivo coltivato in Liguria **2.** vitigno della Liguria con la cui uva si produce un vino delicatamente aromatico.

rossétta [da *rosso*; 1872] ***sf.*** **1.** pipistrello dalla pelliccia rossastra, diffuso in Africa e nell'Asia meridionale **2.** pesce detto anche *gattuccio* **3.** varietà di pera a buccia rossastra.

rossétto (*dim.* di *rosso*) [1677] ***sm.*** **1.** cosmetico in pasta, in matite o in stick, per tingere le labbra, creato in tutte le tonalità del rosso, fino al viola e al marrone: *passarsi il rossetto sulle labbra, un rossetto in stick* || *meno com.* cipria compatta o cremosa per ravvivare le guance **2.** colorante rosso.

rossézza [da *rosso*; 1336 ca.] ***sf.*** l'essere rosso.

rossicàre (pres. *róssico, róssichi*) [da *rosso*; a. 1406] ***intr.*** (aus. *avere*) *lett. ant.* divenire o farsi rosso.

rossìccio (pl. m. *-ci*, pl. f. *-ce*) [da *rosso*; 1340 ca.] **I** ***agg.*** che tende al rosso: *vestito rossiccio, marrone rossiccio* **II** ***sm.*** colore rossiccio: *d'estate viene fuori il rossiccio nei suoi capelli* || **N.** *Sin.* rossastro.

rossìgno [da *rosso*; a. 1370] ***agg.*** e ***sm.*** *raro* rossastro, rossiccio.

rossiniàno [dal n. proprio G. *Rossini*, musicista it.; 1872] ***agg.*** di (o alla maniera di) Gioacchino Rossini, spec. dal punto di vista dello stile e del gusto musicale: *crescendo rossiniano*.

rossìno (*dim.* di *rosso*) [a. 1729] **I** ***agg.*** **1.** di colore rosso chiaro, tendente al biondo **2.** *mal rossino*, malattia infettiva dei suini che può colpire anche l'uomo; è caratterizzata da febbre, chiazze rosse sulla pelle e depressione nervosa **II** ***sm.*** (f. *-a*) *fam.* persona dai capelli rossi.

rósso [lat. *russus*; 1321] **I** ***agg.*** del colore del sangue: *globuli rossi; passare col semaforo rosso*, senza rispettare l'obbligo di fermarsi; *cinema, film a luci rosse*, pornografico; *camicie rosse, per anton.* quelle dei garibaldini; *bandiera rossa, per anton.* quella comunista; *vini rossi*, di moltissime gradazioni cromatiche vicine al rosso, ottenuti facendo fermentare assieme mosto e vinacce di alcune uve; *occhi rossi*, arrossati; *diventare rosso* (*in volto*), arrossire, spec. per la vergogna, l'imbarazzo e sim. || in alcune accezioni specifiche: *T.metal.* di metallo che ha raggiunto una temperatura tale per cui emette una radiazione rossa: *giungere al color rosso* || *T.pol.* comunista (o di estrema sinistra): *giunta rossa, propaganda rossa* **II** ***sm.*** **1.** il colore rosso: *mescolare il rosso al blu, dipingere di rosso* || *prov. rosso di sera, bel tempo si spera*, se il cielo alla sera appare rosso, l'indomani il tempo sarà probabilmente bello || in alcune accezioni specifiche: *puntare sul rosso*, nella roulette, sui numeri scritti in campo rosso; *passare col rosso*, quando il semaforo è rosso || *T.banc. andare, essere in rosso*, giungere a essere in debito con la banca; *cifre in rosso*, in un bilancio, quelle in passivo; *scrivere in rosso una cifra*, addebitarla || *T.pol.* comunista o di estrema sinistra: *i rossi* **2.** *per estens.* sostanza colorante rossa: *rosso di Parigi* (o *di Venezia*), minio; *rosso Congo, rosso cocciniglia, rosso metile*, nomi di vari coloranti sintetici **3.** *per estens.* la parte rossa di qualcosa: *il rosso d'uovo*, il tuorlo || *dim.* rossìno, rossétto || **N.** I **1.** amaranto, carminio, cremisi, fulvo, fuoco, mattone, porpora o purpureo, sangue, scarlatto, solferino, vermiglio; acceso, brillante, chiaro, cupo, sbiadito, scuro, spento, vivo | rossastro, rosseggiante, rossiccio, rossigno | arrossare, arrossire, imporporare.

rossoblù [da *rosso* e *blu*, colori della squadra; 1935] **I** ***s. inv.*** giocatore o tifoso di una squadra che ha la maglia colorata di rosso e di blu (ad es. le squadre di calcio del Genoa, del Bologna, del Cagliari) **II** ***agg. inv.*** relativo a tali squadre: *tifosi rossoblu*.

róssola v. RUSSOLA.

rossonéro (pl. *-ri*) [da *rosso* e *nero*, colori della squadra; 1930] **I** ***sm.*** (f. *-a*) giocatore o tifoso della squadra di calcio del Milan **II** ***agg.*** milanista, del Milan: *sostenitori rossoneri*.

rossóre [da *rosso*; 1313 nel senso 2] ***sm.*** **1.** arrossamento improvviso del viso provocato dalla vergogna, dalla timidezza o dall'ira: *il rossore comparve sulle sue gote* || *per estens. fig. disus.* vergogna: *e non ebbe rossore di chiedermi aiuto* **2.** *ant.* rossezza || **N.** **1.** accendersi in volto, arrossire.

rossùme [da *rosso*; sec. XV] ***sm.*** *spreg. raro* quantità di cose rosse.

ròsta [dal long. *hrausta*, riparo, fascio di frasche; 1688] ***sf.*** **1.** inferriata semicircolare, con gli elementi disposti a raggiera, posta al di sopra dell'architrave di una porta **2.** la ruota che fanno il tacchino e il pavone **3.** ventola fatta con frasche, usata per far vento o per cacciare le mosche || *per estens. poet. raro* intrico di rami, frasche ecc. che fa da ostacolo a qualcosa o a qualcuno **4.** fossetta semicircolare scavata ai piedi dei castagni perché vi si raccolga acqua piovana e macerino così le foglie e i ricci dell'albero.

rosticcère o **rosticcière** [dal fr. *rôtisseur*; 1863] ***sm.*** (f. *-a*) gestore di una rosticceria.

rosticcerìa [dal fr. *rôtisserie*; 1863] ***sf.*** bottega dove si preparano e si vendono vivande arrosto.

rosticciàna [da *rostire*; 1872] ***sf.*** *T.cuc.* costola di maiale arrostita.

rosticcière v. ROSTICCERE.

rostìccio (pl. *-ci*) [da *rostire*; 1806] ***sm.*** **1.** *T.metal.* scoria porosa della fusione di alcuni metalli **2.** pezzo di calcina sporgente da un muro non intonacato.

rostìre (pres. *-ìsco, -ìsci*) [dal germ. **raustjan*; 1342] ***tr.*** *ant.* arrostire.

rostràle [dal lat. tardo *rostrālis*; a. 1574 nel senso 2] ***agg.*** **1.** *T.zool.* che si riferisce al becco o al rostro dei rapaci **2.** *T.stor.* della corona onorifica adorna di rostri d'oro, che presso i Romani veniva data a chi per primo uncinava una nave nemica o vi saliva sopra o in qualsiasi altro modo si segnalava in una battaglia navale.

rostràto [dal lat. *rostrātus*; 1598] ***agg.*** munito di rostro: *nave rostrata, uccello rostrato*; *corona rostrata*, corona rostrale; *colonna rostrata*, fregiata dei rostri tolti alle navi nemiche vinte.

ròstro [dal lat. *rostrum*; 1321] ***sm.*** **1.** becco degli uccelli, spec. quello duro e adunco dei rapaci **2.** *per estens.* formazione sporgente di vari organismi; *in part.* apparato boccale, pungente e succhiante, di alcuni insetti || appendice cefalica appuntita e dai bordi taglienti di alcuni crostacei || porzione allungata e a forma di becco di alcuni semi o silique **3.** punta o sprone di ferro o di bronzo delle antiche navi, con cui in combattimento si speronavano le navi avversarie **4.** *T.stor.* tribuna da cui nel Foro Romano l'oratore parlava al popolo, posta in prossimità del luogo in cui erano deposti i rostri tolti alle navi nemiche vinte **5.** elemento aggettante della pila dei ponti, per ridurre il moto vorticoso dell'acqua. **TAV. architettura p. 646** 8.5.

rosùme [da *roso*, pps. di *rodere*; 1619] ***sm.*** *ant.* avanzi di cose rosicchiate: *il rosume dei* *bachi.*

rosùra [da *roso,* pps. di *rodere;* 1350 ca.] ***sf.*** *ant.* **1.** atto ed effetto dell'erodere o del corrodere **2.** rosume.

ròta [dal lat. *rota;* 1308] ***sf.*** **1.** *arc.* ruota **2.** *T.eccl.* *(Tribunale della) Sacra Rota,* il tribunale ordinario della Santa Sede.

rotàbile [dal lat. tardo *rotābilis,* che si può far girare; 1855] **I** ***agg.*** **1.** di strade sulle quali si può passare con veicoli a ruote **2.** provvisto di ruote: *materiale rotabile,* mobile, non fisso **II** ***sf.*** strada carrozzabile ‖ ***sm.*** *non com.* veicolo a ruote ‖ **N.** I **1.** *Sin.* camionabile, carreggiabile, carrozzabile.

rotacìṣmo [dal gr. *rhotakismós;* 1931] ***sm.*** *T.ling.* passaggio di un suono a [r].

rotaciẓẓàre [dal gr. *rhōtakízein,* usare spesso il suono *r;* 1959] ***tr.*** *T.ling.* modificare un suono per rotacismo.

rotaciẓẓazióne [da *rotacizzare;* 1965] ***sf.*** *T.ling.* trasformazione di un fono in [r].

rotàia [da *r(u)ota;* 1872] ***sf.*** **1.** ciascuna delle due guide di acciaio sulle quali rotolano le ruote di mezzi ferroviari o tranviari: *le rotaie di un binario morto* ‖ *in gen.* guida metallica che costituisce il piano di scorrimento di qualcosa che su di essa scivola **2.** solco, spec. quello lasciato nel terreno dalle ruote di un veicolo **3.** *fig. non com.* norma, consuetudine e sim.: *uscire dalle rotaie* ‖ **N.** **1.** strada ferrata; ago, *ballast,* baratto, chiavarda, scambio, traversine; deviatore, scambista; scartamento normale, scartamento ridotto; deragliamento. **Q.T.** *ferrovia* **TAV.** ***ferrovie...*** **p. 669** 5.1, 9.5.

rotàle [dal lat. tardo *rotālis;* 1959] ***agg.*** relativo al tribunale della Sacra Rota: *sentenza rotale.*

rotaménto [da *rotare;* 1560] ***sm.*** *raro* il rotare; rotazione.

ròtang [dal malese *rôtan;* 1930] ***sm.*** *inv.* palma asiatica dal fusto sottile e flessuoso.

rotànte (*ppr.* di *rotare*) [1959] ***agg.*** caratterizzato da un movimento circolare rispetto a una parte fissa: *ali rotanti, convertitore rotante* ‖ **N.** rotodina.

rotàre V. RUOTARE.

rotariàno [da *Rotary (Club);* 1950] **I** ***agg.*** del *Rotary Club* **II** ***sm.*** (f. *-a*) socio del *Rotary Club.*

rotativa [da *rotativo,* sul modello dell'ingl. e fr. *rotative;* 1937] ***sf.*** *T.tip.* macchina da stampa a cilindri rotanti, che viene usata per grandi e rapide tirature (in part. per la stampa dei quotidiani) ‖ *rotativa offset* (o *roto-offset*), utilizzata nel procedimento di stampa indiretta con forma planografica (matrice metallica piana); a differenza del procedimento *offset,* utilizza solo carta in bobina ed è adatto per tirature medio-alte. **Q.T.** *stampa..., tipografia* **TAV.** ***tipografia*** **p. 1337** 8, 10.

rotativìsta [da *rotativa;* 1959] ***s.*** *T.tip.* addetto alla rotativa.

rotativo [dal lat. *rotātus,* pps. di *rotāre,* ruotare; 1940] ***agg.*** **1.** che ha moto rotatorio, che può girare su un asse verticale: *antenna rotativa* **2.** che avviene per rotazione: *agricoltura rotativa.*

rotàto (*pps.* di *rotare*) [1723 nel senso 2] ***agg.*** **1.** girato **2.** *lett.* fornito di ruote **3.** *T.ling.* detto talvolta del suono vibrante della [r] opposto ad altre realizzazioni del fonema /r/ **4.** *T.bot.* *corolla rotata,* corolla regolare che presenta il lembo piatto e disteso.

rotatóre [dal lat. *rotātor, -ōris;* 1321] ***agg.*** e ***sm.*** (f. *-trìce*) *raro* che, chi ruota; esecutore di uno spostamento in senso circolare.

rotatòria [da *rotatorio;* 1954] ***sf.*** segnale stradale indicante l'immissione in una piazza o un largo, nei quali la circolazione deve ruotare attorno a un'isola rotazionale ‖ direzione obbligatoria imposta ai veicoli da tale segnale.

rotatòrio (pl. *-ri*) [da *rotatore;* 1872] ***agg.*** di movimento circolare intorno a un punto di riferimento.

rotazionàle [da *rotazione;* 1933] ***agg.*** di, della rotazione: *moto rotazionale.*

rotazióne [dal lat. *rotātio, -ōnis;* 1804] ***sf.*** **1.** atto ed effetto del ruotare, del muoversi intorno a qualcosa: *la rotazione della Terra intorno al Sole, al proprio asse* ‖ *T.geom.* movimento di una figura che compie un giro completo intorno a una retta (*asse di rotazione*) o a un'altra figura: *superficie di rotazione,* generata dalla rotazione di una curva intorno a una retta; *solido di rotazione,* generato dalla rotazione di una figura piana intorno a un asse **2.** *fig.* ridistribuzione ciclica (di ruoli, incarichi, compiti ecc.) tra i membri di un gruppo: *praticare la rotazione delle mansioni* ‖ nella loc. *a rotazione,* a turno ‖ *T.agr.* successione di diverse colture su uno stesso appezzamento di terreno ‖ *T.sport.* nella pallavolo, avvicendamento dei giocatori all'angolo di battuta ‖ **N.** **1.** *Sin.* GIRO **2.** *Sin.* turno.

roteaménto [da *roteare;* a. 1294] ***sm.*** *raro* atto ed effetto del roteare.

roteàre (pres. *ròteo*) [da *r(u)otare;* 1321] ***tr.*** muovere in circolo, far ruotare: *roteare gli occhi, la spada* ‖ ***intr.*** (aus. *avere*) muoversi descrivendo circoli: *i falchi roteavano sopra la torre* ‖ **N.** *Sin.* girare, ruotare, turbinare.

roteazióne [da *roteare;* a. 1406] ***sf.*** atto ed effetto del roteare; roteamento.

rotèlla (*dim.* di *ruota*) [sec. XIV] ***sf.*** **1.** piccola ruota: *sedia, pattini a rotelle* ‖ *in gen.* in un meccanismo, elemento circolare rotante: *le rotelle di un ingranaggio; fig. gli manca qualche rotella,* rif. a persona, è un po' stravagante **2.** *per estens.* elemento relativamente piatto e circolare; *in part.* il disco od ogni altro elemento largo e sporgente che è fissato in prossimità della punta del bastoncino da sci e gli impedisce di affondare ‖ *T.anat. disus.* rotula ‖ *T.stor.* piccolo scudo circolare ‖ *dim.* rotellìna, rotellìno (*sm.*); *accr.* rotellóne (*sm.*). **Q.T.** *pattinaggio.*

rotellista [da *rotella;* 1955] ***s.*** *T.sport.* praticante di sport in cui si usano i pattini a rotelle.

rotèllo [da *rotolo;* 1904] ***sm.*** *ant.* piccolo tondo che serve a trattenere il filo ben accosto sul fuso ‖ *non com.* rotolo di tela: *ho due lenzuola nuove, anche un rotello* (Pascoli).

Rotìferi [comp. del lat. *rota,* ruota (dalla forma delle ciglia) e *-fero;* 1835] ***sm. pl.*** *T.zool.* tipo di Invertebrati acquatici quasi sempre invisibili a occhio nudo, provvisti di ciglia vibratili, con le quali mettono in movimento l'acqua circostante, e dotati anche di una specie di peduncolo retrattile e adesivo.

rotìno o **ruotìno** (*dim.* di *ruota*) [1665] ***sm.*** **1.** piccola ruota (spec. di veicoli): *alcune auto non hanno più la ruota di scorta ma un ruotino; riesce ad andare in bicicletta soltanto coi ruotini laterali* **2.** piccola mola usata per lavori di fino.

rotìṣmo o **ruotìṣmo** [da *r(u)ota,* sul modello di *meccanismo;* 1804] ***sm.*** *T.mecc.* sistema di ruote tra loro connesse. **Q.T.** *orologeria.*

ròto- [dal lat. *rota,* ruota] ***primo elem.*** che, in parole composte della terminologia tecnica, indica presenza di meccanismi rotanti o di movimento rotatorio (per es. *rotocalco, rotocompressore, rotonave*).

rotocàlco (pl. *-chi*) [da *rotocalco(grafia);* 1940] ***sm.*** **1.** procedimento di stampa che impiega come matrice una forma incavografica (cilindro inciso); utilizza prevalentemente macchine rotative a bobina; è molto utilizzato per i lavori di grande tiratura quali cataloghi, periodici, imballi ecc. (sia su carta che su altri materiali): *riprodurre un disegno a rotocalco* **2.** *per estens.* periodico stampato a rotocalco: *i rotocalchi italiani.* **TAV.** ***tipografia*** **p. 1337** 8, 9, 10.

rotocalcografìa [comp. di *roto-* e *calcografia;* 1930] ***sf.*** procedimento d'impressione su carta che deriva dalla calcografia, rispetto alla quale si differenzia per il metodo di preparazione delle matrici (che è fotografico) e per la forma stampante (che è un cilindro in ghisa ricoperto di rame elettrolitico).

rotocalcogràfico (pl. *-ci*) [da *rotocalcografia;* 1932] ***agg.*** di rotocalcografia: *riproduzione rotocalcografica, macchina rotocalcografica.*

rotocalcògrafo [comp. di *roto-* e *calcografo;* 1970] ***sm.*** (f. *-a*) operaio addetto a una delle fasi della rotocalcografia.

rotocompressóre [comp. di *roto-* e *compressore;* 1937] ***sm.*** *T.mar.* nei sommergibili, motore elettrico a turbina destinato a immettere l'aria compressa nei doppi fondi per espellerne l'acqua.

rotodìna [comp. di *roto-* e *(aero)dina;* 1987] ***sf.*** aeromobile più pesante dell'aria in cui le forze portanti, e eventualmente anche quelle propulsive, sono determinate dalla rotazione di un complesso di pale; per es. l'elicottero. **Q.T.** *aeronautica.*

rotoidàle [da *rotoide;* 1931] ***agg.*** *T.mecc.* *coppia rotoidale,* coppia cinematica che presenta superfici a contatto in rotazione.

rotòide [comp. di *rot(are)* e *-oide;* 1930] ***sm.*** *T.mecc.* ciascuno dei due elementi cilindrici che costituiscono la coppia rotoidale.

rotolaménto [da *rotolare;* 1872] ***sm.*** atto ed effetto del rotolare.

rotolàre (pres. *ròtolo*) [lat. volg. **rotulāre;* a. 1470] ***intr.*** (aus. *essere*) avanzare girando su se stessi: *è rotolato giù dalle scale, la valanga è rotolata fino a valle* ‖ ***rifl.*** rivoltarsi: *i maiali amano rotolarsi nel fango* ‖ ***tr.*** **1.** spingere qualcosa facendolo girare su se stesso ‖ nel modo di dire *rotolare il sasso di Sisifo,* fare cosa inutile e faticosa **2.** arrotolare ‖ **N.** ***intr.*** *Sin.* precipitare, ruzzolare | rotoloni.

rotolàto (*pps.* di *rotolare*) [1983] ***sm.*** *T.sport.* nella lotta libera, movimento dell'atleta che tocca il tappeto prima con una spalla e poi con l'altra rotolando sulla schiena.

rotolìo (pl. *-ìi*) [da *rotolare;* 1895] ***sm.*** *non com.* un rotolare continuato.

ròtolo[1] [lat. tardo *rotulus,* piccola ruota; a. 1470] ***sm.*** **1.** qualunque cosa flessibile avvolta su se stessa, in forma cilindrica: *fare un rotolo di un disegno; un rotolo di tela, di papiro; rotolo di pellicola fotografica,* rullino **2.** *per estens.* pacchetto cilindrico e, *in part.,* pacchetto di monete tutte della stessa dimensione e valore: *un rotolo di monete metalliche da cinquecento lire* **3.** nelle *loc. avv.* *andare* o *mandare a rotoli,* in rovina, in malora ‖ *dim.* rotolétto, rotolìno; *accr.* rotolóne; *pegg.* rotolàccio ‖ **N.** arrotolare, avvolgere.

ròtolo[2] [dall'ar. *ratl;* 1398] ***sm.*** antica misura di peso usata nell'Italia meridionale e a Genova.

rotolóne (*accr.* di *rotolo*[1]) [1872] ***sm.*** caduta di chi rotola; ruzzolone.

rotolóni [da *rotolare;* a. 1584] ***avv.*** **1.** rotolando: *cadere (a) rotoloni* **2.** *fig. mandare, andare (a) rotoloni,* a rotoli, in rovina.

rotonàve [comp. di *roto-* e *nave;* 1927] ***sf.*** *T.mar.* tipo sperimentale di nave che utilizza per la propulsione l'effetto del vento su alcuni cilindri verticali sistemati lungo il piano longitudinale.

rotónda [da *rotondo;* a. 1571] ***sf.*** **1.** *T.arch.* edificio a pianta circolare, perlopiù con copertura a cupola: *il Pantheon è una rotonda* **2.** *per estens.* piazzale, terrazza panoramica circolare, perlopiù sopraelevata rispetto al piano stradale, spesso aggettante sul mare o su un lago **3.** *per estens.* rondò (nel senso 1).

rotondàre (pres. *-óndo*) [da *rotondo;* 1659 *ritondare*] ***tr.*** *raro dial.* arrotondare.

rotondeggiànte (*ppr.* di *rotondeggiare*)

[1872] **agg.** *non com.* tondeggiante.

rotondeggiàre (pres. *-éggio*) [da *rotondo*; 1733] **intr.** (aus. *avere*) *non com.* tondeggiare.

rotondézza [da *rotondo*; sec. XIV] **sf.** *non com.* rotondità.

rotondità [da *rotondo*; a. 1571] **sf.** **1.** qualità di ciò che è rotondo: *la rotondità della Terra* **2.** *fig.* di periodo, di stile e sim., pienezza, ampiezza e sim. **3.** spec. *pl.* e *scherz.*, parte tondeggiante, a contorni curvi: *le rotondità femminili.*

rotóndo [lat. *rotundus*; a. 1527] **I agg.** **1.** che ha forma di circonferenza, di cerchio o di sfera (o, anche, meno propr., cilindrica) o vi si avvicina; tondo, tondeggiante: *una piazza rotonda, mento rotondo*; *tavola rotonda*, V. TAVOLA **2.** *fig.* pieno, ampio, sonante: *periodo, stile rotondo* || **rotondaménte** **avv.** *non com.* **II sm.** oggetto o figura rotonda o tondeggiante || *dim.* rotondétto, rotondino || **N.** **I** *Sin.* circolare, sferico, tondo; arrotondato, tondeggiante.

roto-offset V. ROTATIVA OFFSET.

rotóre [dall'ingl. *rotor*; 1931] **sm.** **1.** *T.tecn.* organo rotante di una macchina || *in part.* *rotore di elicottero*, grande elica con pale orizzontali che serve a sollevare l'elicottero e a farlo procedere **2.** *T.mat.* operatore differenziale vettoriale definito sulle funzioni vettoriali di tre variabili || **N.** **1.** *Contr.* statore. **TAV.** ***aeronautica*** 8.1; *elettrotecnica* 2.3, 10.

rotòrico (pl. *-ci*) [da *rotore*; 1959] **agg.** proprio del rotore, relativo a rotore: *asse rotorica, flusso rotorico.*

rotovìa [da *r(u)ota*, sul modello di *funivia*; 1959] **sf.** funicolare per il trasporto di persone, in grado di superare notevoli dislivelli, costituita da un carrello con ruote fornite di pneumatici che si muovono su un'apposita pista.

rótta[1] [dal lat. *via rupta*, strada aperta (rompendo il bosco), attr. il fr. *route*; 1855] **sf.** *T.mar.* e *T.aer.* direzione del percorso (*com.* anche il percorso stesso) seguito da una nave e, per analogia, da un aeromobile: *correggere, seguire la rotta*; *deviare dalla rotta prestabilita, essere fuori rotta, rotta sud - sud est, una rotta pericolosa*; *far rotta verso*, dirigersi verso, anche *fig.*: *far rotta verso nuovi lidi*, cercare nuove esperienze || **N.** *Sin.* itinerario. **TAV.** ***astronautica* p. 654** 1.8, 2.9, 2.10, 2.18.

rótta[2] [dal lat. *ruptus*, rotto; a. 1348] **sf.** **1.** rottura, com. solo in alcune espr.: *essere in rotta con qualcuno*, aver troncato le relazioni con lui; *a rotta di collo*, precipitosamente e pericolosamente || *in part.* rottura degli argini di un corso d'acqua; *concr.* punto in cui è avvenuta la rottura **2.** disfatta, gravissima sconfitta: *mettere in rotta l'esercito avversario, la rotta di Montaperti.*

rottamàggio (pl. *-gi*) [da *rottamare*; 1968] **sm.** raccolta di rottami da cui ricavare pezzi riutilizzabili.

rottamàre (pres. *-àmo*) [da *rottame*; 1966] **tr.** rif. spec. ad autoveicoli vecchi o fuori uso, raccoglierli per ricavarne pezzi da riutilizzare.

rottàme [da *rotto*; 1598] **sm.** **1.** cosa rotta o, *iperb.*, funzionante male: *rimorchiare il rottame alla demolizione, questa radio è ormai un rottame* || *pl.*, pezzi o materiali provenienti dalla demolizione di manufatti (spec. metallici): *rottami di ferro, cercare tra i rottami* **2.** *fig.* persona fisicamente o moralmente distrutta: *è ridotta a un rottame* || **N.** **1.** *Sin.* maceria, rudere, sfasciume.

rottamìsta [da *rottame*; 1983] **s.** chi cerca e recupera rottami riciclabili per rivenderli spec. alle fonderie.

rótto (*pps.* di *rompere*) [1319] **I agg.** **1.** spezzato, infranto: *catene rotte*; nel modo di dire *ant.* *piovere a ciel rotto*, a dirotto **2.** *fig.* interrotto: *parole rotte*, interrotte dal pianto, dall'agitazione e sim. **3.** *per estens.* *iperb.* malconcio, sgangherato, consunto e sim.: *una strada tutta rotta, va in giro con le scarpe rotte*; *mi sento tutto rotto, tutte le ossa rotte*, spec. a causa di fatiche o sforzi violenti o malattie **4.** *rotto a*, avvezzo, assuefatto: *rotto alle fatiche, a ogni vizio* || **rottaménte** **avv.** *non com.* in modo frammentario: *parlare rottamente* **II sm.** **1.** rottura, squarcio; *com.* solo nel modo di dire *per il rotto della cuffia*, a malapena, *in extremis*: *c'è riuscito solo per il rotto della cuffia* **2.** *pl.* frazione, spec. di una somma di denaro: *l'ho pagato un milione e rotti* || **N.** **I** **1.** *Contr.* intatto, integro, intero, sano **4.** *Sin.* abituato.

rottòrio (pl. *-ri*) [da *rotto*; 1583] **sm.** **1.** *ant.* cauterio **2.** *fig.* *pop.* *disus.* rottura, seccatura.

rottùme [da *rotto*; a. 1577] **sm.** *non com.* rottami.

rottùra [lat. tardo *ruptūra*; 1313] **sf.** **1.** atto del rompere o del rompersi: *la rottura degli argini fu causa di una disastrosa inondazione*; *punto, limite di rottura*, il limite delle deformazioni elastiche o permanenti di un corpo, oltre il quale esso si spezza o, *fig.*, limite oltre il quale una situazione si fa insostenibile; *carico di rottura*, di un materiale, valore della sollecitazione per unità di superficie che provoca il cedimento del materiale || *fig.* violazione: *la rottura del trattato* || *fam.* *volg.* *rottura di scatole, di palle* (o *ass.* *rottura*), noia, fastidio, seccatura: *che rottura questo film!, questo bambino!* **2.** *fig.* brusca interruzione di rapporti per l'insorgere di discordie: *la rottura delle relazioni diplomatiche tra due stati, ci fu una rottura tra i due coniugi, la rottura del trattato* || *T.ipp.* *rottura del trotto*, passaggio del cavallo al galoppo (contro la volontà del fantino) || *T.enol.* *rottura del colore*, intorbidamento del vino **3.** *concr.* punto in cui è avvenuta una rottura: *saldare una rottura* || **N.** **3.** *Sin.* apertura, breccia, crepa, fenditura, fessura, frattura, incrinatura, lacerazione, scissura, spaccatura, squarcio, strappo.

ròtula [dal lat. *rotula*, piccola ruota; 1574] **sf.** *T.anat.* osso rotondo che si trova nella parte anteriore del ginocchio e impedisce la flessione in avanti della gamba || **N.** *Sin.* patella, rotella. **TAV.** ***anatomia* p. 641** 2.17.

rotùleo [da *rotula*; 1918] **agg.** *T.anat.* di, attinente alla rotula: *legamento, riflesso rotuleo.*

roulette (fr., pr. [ru'lɛt]) [letter. piccola rotella; 1895] **sf.** *inv.* **1.** gioco d'azzardo nel quale si scommette sui numeri, sulle combinazioni di numeri o sul colore su cui si arresterà una pallina lanciata sul piatto rotante incassato nel tavolo da gioco: *ha perso tutto alla roulette* **2.** *roulette russa*, prova di coraggio, in uso originariamente tra gli ufficiali della Russia zarista, consistente nel puntarsi alla tempia una pistola nel cui tamburo è stato inserito un solo colpo e premere il grilletto.

roulotte (fr., pr. [ru'lɔt]) [in orig. carro, poi carovana di zingari; 1931] **sf.** *inv.* cabina rimorchiabile da un'autovettura, dotata di tutti gli impianti domestici, usata come abitazione nei lunghi viaggi o nelle vacanze || **N.** *Sin.* *caravan.*

roulottìsta (pr. [rulot'tista]) o **rulottìsta** [da *roulotte*; 1958 *rulottista*] **s.** chi campeggia, viaggia o abita in roulotte || **N.** *Sin.* caravanista.

roulottòpoli (pr. [rulot'tɔpoli]) o **rulottòpoli** [comp. di *roulotte* e *-poli*; 1983] **sf.** l'insieme delle roulotte piazzate in un'area appositamente attrezzata per accogliere e dare temporanea dimora a popolazioni sfollate in seguito a calamità.

round (ingl., pr. [raund]) [letter. giro, turno; 1828] **sm.** *inv.* *T.sport.* nel pugilato, ripresa. **Q.T.** *pugilato.*

routier (fr., pr. [ru'tje]) [da *route*, strada; 1905] **sm.** *inv.* *T.sport.* ciclista specializzato nelle corse su strada; stradista.

routinàrio (pr. [ruti'narjo]) o **rutinàrio** (pl. *-ri*) [da *routine*; 1983] **agg.** e **sm.** (f. *-a*) abitudinario; fatto secondo una *routine.*

routine (fr., pr. [ru'tin]) [da *routier*, chi conosce bene la strada; 1823] **sf.** *inv.* **1.** con valore limitativo, ripetizione monotona, meccanica di atti e procedure: *in quest'ufficio è sempre la solita routine* **2.** *T.inform.* parte in sé compiuta di un programma.

routinièro (pr. [ruti'njɛro]) o **rutinièro** [dal fr. *routinier*; 1983] **agg.** e **sm.** (f. *-a*) che è conforme a una *routine*, chi vive seguendo una *routine.*

rovàio (pl. *-ài*) [prob. lat. volg. **boreārius*, di borea, con influsso di *rovo*, perché pungente; 1353] **sm.** *ant.* *lett.* vento di settentrione, tramontana || *fig.* *scherz.* *dare dei calci al rovaio*, essere impiccato.

rovàno [dallo sp. *roán*; 1532] **agg.** *ant.* color ruggine; roano.

rovèllo [dal lat. *rebellāre*, ribellarsi; a. 1400] **sm.** tormento incessante: *la mancata promozione è il suo rovello* || **N.** arrovellarsi.

roventàre (pres. *-ènto*) [da *rovente*; 1340 ca.] **tr.** *raro* arroventare.

rovènte [lat. *rubens*, *-entis*, rosseggiante; 1319] **agg.** riscaldato fino ad essere caldo come il fuoco: *ferro, sabbia rovente* || cocente: *lacrime roventi* || *fig.* che brucia o infiamma per l'intensa passione da cui è animato: *parole roventi* (per es., di rimprovero), *discorso rovente* || *propr.* *raro* del colore rosso del fuoco: *ed io facea con l'ombra più rovente parer la fiamma* (Dante).

roventìno [da *rovente*; 1726] **sm.** *tosc.* migliaccio di sangue di maiale cotto in padella.

róvere [lat. *robur*, *-oris*, forza, poi quercia forte; a. 1320] **sm.** e **f.** varietà di quercia delle Alpi e degli Appennini, il cui legno è usato in falegnameria, per mobili, pavimenti ecc. || *per meton.* il legno di tale pianta: *una madia in rovere.*

roverèlla [da *rovere*; 1959] **sf.** specie di pianta, affine al rovere (e da taluni considerata una sua varietà), detta anche *quercia lanuginosa* o *pubescente.*

roveréto [lat. *roborētum*; a. 1320] **sm.** bosco di roveri.

roverìa [da *rovo*; 1612] **sf.** *ant.* roveto.

rovèscia (pl. *-sce*) [da *rovescio*; 1560 *alla roverscia*] **sf.** **1.** rovescio, *com.* solo nella loc. *alla rovescia*, all'opposto, al contrario del normale o del giusto: *fare tutto alla rovescia* **2.** *ant.* risvolto.

rovesciàbile [da *rovesciare*; 1955] **agg.** che può essere rovesciato.

rovesciaménto [da *rovesciare*; 1745] **sm.** l'atto e l'effetto del rovesciare e del rovesciarsi: *si attende un rovesciamento della situazione* || **N.** *Sin.* capovolgimento.

rovesciàre (pres. *-èscio*) [lat. volg. **reversiāre*, class. *reversāre*; a. 1348] **tr.** **1.** mutare la disposizione di qualcosa in modo che la parte superiore risulti l'inferiore, o l'interna l'esterna; rivoltare, capovolgere: *mettere le carte in tavola rovesciate, per fare l'orlo ai pantaloni bisogna rovesciarli* || nel modo di dire *fig.* *rovesciare il sacco*, vuotare il sacco **2.** *per estens.* far cadere disteso a terra qualcosa che stava diritto; abbattere: *rovesciò la sedia con un calcio* || *fig.*: *rovesciare il governo*, provocarne la caduta || lasciar cadere all'indietro: *rovesciare il capo* **3.** *in part.* rif. a recipienti, far cadere provocando la fuoriuscita del contenuto: *rovesciare il bicchiere, il barattolo delle matite* || *per meton.* col contenuto stesso come oggetto: *chi ha rovesciato il vino sulla tovaglia?* || *per estens.* *fig.* gettare, riversare addosso: *per difendersi rovesciò la responsabilità dell'accaduto sul suo principale, gli rovesciò addosso un torrente di improperi* || **intr. pron.** **1.** capovolgersi: *per la tempesta la barca si rovesciò* || *fig.* ribaltarsi: *la situazione si è rovesciata e l'imputato pare ormai scagionato* **2.** cadere lasciando fuoriuscire il contenuto: *si è rovesciato il fiasco e il vino è andato dappertutto* || *fig.* abbattersi: *una violenta tempesta si rovesciò sulla città* **3.** *fig.* riversarsi: *la folla si rovesciò sul terreno di gioco dello stadio* || **N. tr. 1.** *Sin.* ribaltare, rivoltare | *Contr.* drizzare, raddrizzare **2.** *Contr.* rialzare, risollevare **3.** *Sin.* VERSARE | **intr. pron. 1.** *Sin.* ribaltarsi, rivoltarsi | *Contr.* drizzarsi, raddrizzarsi **3.** *Sin.* traboccare.

rovesciàta [da *rovesciare*; 1913] **sf.** *T.sport.* nel calcio, tiro con cui il giocatore invia il pallone verso la parte opposta a quella cui è volto; nella lotta, il mettere l'avversario con la schiena a terra.

rovescìna (o *rovescino* sm.) [da *rovescio*; a. 1584] **sf. 1.** *non com.* rimboccatura, a capo del letto, fatta col lenzuolo che sta sopra **2.** *T.gioc.* gioco simile al tressette nel quale vince però il giocatore che fa meno punti degli altri || **N. 2.** *Sin.* reversino, rovescino.

rovescìno V. ROVESCINA.

rovèscio (pl. *-sci*) [dal lat. *reversus*, sul modello di *rovesciare*; sec. XIV come agg.; 1550 come sm.] **I sm. 1.** la parte opposta a quella che si considera principale, o quella che va rivolta all'interno: *cucire un tessuto dal rovescio*; *il rovescio della medaglia*, anche, *fig.*, l'aspetto negativo di qualcosa: *occorre considerare il rovescio della medaglia* || *fig.* opposto: *lei è il rovescio della sorella* || nella *loc. avv. a rovescio*, alla rovescia: *ha messo il libro a rovescio*; *andare a rovescio*, male; *capire a rovescio*, il contrario di ciò che l'altro intendeva dire **2.** *non com.* colpo dato col dorso della mano; manrovescio || *com. T.sport.* nel tennis, uno dei colpi fondamentali, effettuato colpendo la palla con l'esterno della racchetta, incrociando il braccio davanti al corpo **3.** nel lavoro a maglia, maglia lavorata infilando il ferro dal retro della maglia del giro precedente **4.** atto del rovesciare e del rovesciarsi, *com.* solo nel senso di "caduta violenta e di breve durata di qualcosa": *un rovescio di pioggia*, uno scroscio di pioggia || *fig.* grave contrarietà, danno: *ha subito una serie di rovesci* **II agg.** (sempre posposto) contrario a quello diritto: *maglia rovescia*, rovescio (nel senso 3) || *dim.* rovescìno; *accr.* rovescióne || **N. I 1.** *Sin.* contrario, inverso, opposto, retro, tergo | *Contr.* dritto, DIRITTO **2.** *Contr.* dritto, DIRITTO **3.** *Contr.* dritto, DIRITTO **II** *Contr.* dritto, DIRITTO. **TAV.** *tennis* 2; *maglia*... **p. 1316** 1.2.

rovescióne [da *rovescio*; 1804] **I sm. 1.** forte colpo dato col rovescio della mano **2.** violento rovescio di pioggia **II avv.** *raro rovescione, rovescioni*, a rovescio, supino: *giaceva rovescioni* || **N. 1.** *Sin.* manrovescio.

rovéto [lat. *rubētum*; 1640] **sm.** luogo in cui crescono molti rovi || *roveto ardente*, nella Bibbia, cespuglio di rovi con cui Dio si manifestò a Mosè.

rovigliàre (pres. *-iglio*) [etim. inc.; 1543] **tr.** *ant. non com.* rovistare.

rovìna [lat. *ruīna*; 1300 ca.] **sf. 1.** atto e spec. effetto del rovinare; distruzione, sfacelo, decadimento (spec. *fig.*, in senso economico o spirituale): *la sua morte segnò l'inizio della rovina dell'intero casato* || nella *loc. avv. in rovina*, distrutto, decaduto ecc.: *una nobile famiglia, un palazzo ormai in rovina*; *andare in rovina*, crollare, rovinarsi: *il vecchio acquedotto è ormai andato in rovina, pur di non far mancare qualcosa al figlio è andato in rovina*; *mandare in rovina*, rovinare: *il vizio di scommettere l'ha mandato in rovina* **2.** *per meton.* chi o ciò che è causa di rovina: *tu sei la mia rovina!, quell'investimento sbagliato è stato la rovina dell'azienda* **3.** *concr.*, spec. *pl.*, ciò che resta di costruzioni andate in rovina; ruderi, resti: *le rovine di Troia* **4.** *ant.* scoscendimento, dirupo **5.** *ant. fig.* violenza, furia: *la piena tutto travolse nella sua rovina* || nella *loc. avv. ant. a rovina*, a precipizio: *l'acqua veniva giù a rovina* || **N. 1.** *Sin.* catastrofe, disastro, disfacimento, dissesto, fallimento, tracollo | *Contr.* fortuna, salvezza **2.** *Sin.* disgrazia, flagello, perdizione **3.** *Sin.* avanzi, macerie.

rovinàccio (pl. *-ci*) [da *rovina*; 1940] **sm.** *T.mur.* materiale (perlopiù vecchi mattoni, pietrame ecc.) proveniente da demolizioni e sim., utilizzabile in opere di muratura come riempitivo.

rovinaménto [da *rovinare*; a. 1348] **sm.** *arc.* rovina.

rovinàre (pres. *-ìno*) [da *rovina*; 1313 come intr.] **tr. 1.** *fig.* danneggiare tanto da privare totalmente o parzialmente della bellezza, dell'efficienza, dell'utilità ecc.: *quello sfregio gli ha rovinato la faccia, il fumo rovina la salute, quello scandalo gli ha rovinato la reputazione* || *in part.* ridurre in miseria: *il crollo in borsa ha rovinato molti* **2.** *propr. raro* far crollare, demolire: *rovinare un vecchio muro* || **intr.** (aus. *essere*) **1.** cadere giù, crollare con impeto e fragore: *la valanga rovinò a valle* **2.** andare in rovina, anche *fig.*: *la ditta sta rovinando* || **rifl.** e **intr. pron.** danneggiarsi gravemente (spec. per quanto riguarda le proprie condizioni di salute o economiche): *si è rovinato a forza di bere, con speculazioni sbagliate*; *prendendo la pioggia le scarpe si sono rovinate* || **N. tr. 1.** *Sin.* compromettere, deteriorare, distruggere, guastare, sciupare | *Contr.* aggiustare, migliorare, riparare **2.** *Sin.* abbattere, diroccare, distruggere, sfasciare | *Contr.* costruire, edificare | **intr. 1.** *Sin.* cadere, crollare, franare, precipitare | **rifl.** e **intr. pron.** *Sin.* andare in malora, deperire, fallire, ridursi sul lastrico.

rovinatóre [da *rovinare*; a. 1565] **agg.** e **sm.** (f. *-trìce*) *raro* che o chi rovina.

rovinìo (pl. *-ìi*) [da *rovinare*; sec. XIV] **sm. 1.** grande fragore risultante da molte cose che crollano, franano insieme **2.** meno com., crollo, franamento prolungato.

rovinismo [da *rovina*; 1970] **sm.** gusto pittorico e poetico del XVII e XVIII sec. che prediligeva la rappresentazione di rovine, spec. di età classica.

rovinìsta [da *rovina*; 1965] **s.** artista specializzato nella rappresentazione di rovine.

rovinografìa [comp. di *rovina* e *-grafia*, calco sull'ingl. *doomwriting*; 1974] **sf.** genere letterario che, basandosi su una visione pessimistica del mondo contemporaneo, ha come proprio oggetto la descrizione di catastrofi e sciagure ambientate nel futuro.

rovinogràfico (pl. *-ci*) [comp. di *rovina* e *-grafico*; 1982] **agg.** relativo alla rovinografia, proprio della rovinografia.

rovinògrafo [comp. di *rovina* e *-grafo*, calco sull'ingl. *doomwriter*; 1980] **sm.** (f. *-a*) scrittore che coltiva la rovinografia.

rovinologìa [comp. di *rovina* e *-logia*; 1983] **sf.** studio dei danni provocati dall'uomo sull'ambiente con l'inquinamento, l'urbanizzazione e sim.

rovinòlogo (pl. *-gi*) [comp. di *rovina* e *-logo*; 1983] **sm.** (f. *-a*) esperto, appassionato di rovinologia.

rovinóso [da *rovina*; sec. XIV] **agg. 1.** che apporta danni gravissimi: *speculazione rovinosa, una piena, una caduta rovinosa* **2.** *non com.* furioso, impetuoso: *tempesta rovinosa* **3.** *ant. raro* cadente: *un edificio rovinoso* || **rovinosaménte avv.** || **N. 1.** *Sin.* disastroso.

rovistàre [dal lat. *revisitāre*, tornare a vedere; a. 1311] **tr.** fare oggetto di disordinate e prolungate ricerche di qualcosa: *rovistò tutti i cassetti* || *com. ass.* frugare: *rovistarono in ogni angolo della casa* || **N.** *Sin.* frugare.

rovistatóre [da *rovistare*; 1872] **agg.** e **sm.** (f. *-trìce*) *non com.* che o chi rovista: *rovistatore di codici, di vecchie carte.*

rovistìo (pl. *-ìi*) [da *rovistare*; 1726] **sm. 1.** rumore di oggetti smossi da chi rovista **2.** atto del rovistare a lungo.

róvo [dal lat. *rubus*, di colore rosso; a. 1320] **sm.** *T.bot.* genere di piante delle Rosacee, con fusto legnoso aculeato, fiori bianco-rosei riuniti in grappoli, foglie composte, frutti neri, dolci, costituiti da molte bacche, dette *more* || **N.** pruno.

royalty (ingl., pr. [ˈrɔɪəltɪ]) [letter. regalità; 1963] **sf.** (pl. *royalties*, pr. [ˈrɔɪəltɪz]) **1.** percentuale sugli utili che spetta a chi concede lo sfruttamento di un giacimento petrolifero, una miniera, una foresta o sim. **2.** *non com.* compenso corrisposto all'autore di un'opera dell'ingegno per il diritto di sfruttamento commerciale || **N. 2.** *Sin.* diritti d'autore.

rózza o **ròzza** [dal medio alto ted. *ros*; 1524] **sf. 1.** cavallo di poco pregio, spec. perché vecchio, poco agile e malandato **2.** *fig. arc.* carogna || *accr.* rozzóne (*sm.*) || **N. 1.** brenna, ronzinante, ronzino.

rozzézza [da *rozzo*; 1342] **sf.** qualità di chi o di ciò che è rozzo.

rózzo [dal lat. *rudius*, compar. neutro di *rudis*, rude; 1319] **agg. 1.** *fig.* non raffinato dall'educazione, dalla civiltà: *popoli ancora rozzi*; *non com. spreg.* zotico, sgarbato: *usi rozzi e barbari, uomo rozzo e villano* **2.** non lavorato, non rifinito, grezzo: *pietra, tela rozza* || *per estens.* privo di raffinatezza, grossolano: *versi rozzi* || **rozzaménte avv.** || *accr.* rozzóne; *pegg.* rozzàccio || **N. 1.** *Sin.* incivile, incolto, rustico, sgarbato, tagliato con l'accetta, tanghero, villano, villanzone, zotico | inzotichire **2.** *Sin.* rudimentale, rustico, sgrossato.

rozzùme [da *rozzo*; inizio sec. XVII] **sm.** *spreg. raro* rozzezza, zoticità.

-rrafìa V. -RAFIA.

-rragìa o **-ragìa** (pl. *-gìe*) [dal gr. *-(r)ragía*, affine a *regnýnai*, rompere, far sgorgare] **elem. term.** che, in parole composte della terminologia medica, vale "fuoriuscita anormale di liquido" (per es. *blenorragia, emorragia*) || in part., come abbr. di *emorragia*, vale "fuoriuscita patologica di sangue (dall'organo indicato dal primo elem.)" (per es. *epatorragia, rinorragia*) || **N.** *Sin.* -rrea.

-rrèa [dal gr. *rêin*, scorrere] **elem. term.** che, in parole composte della terminologia medica, vale "secrezione patologica di liquidi" (per es. *blenorrea, rinorrea*) || **N.** *Sin.* -rragia.

rùa V. RUGA[3].

rùba [da *rubare*; fine sec. XIII] **sf.** rapina, saccheggio, *com.* solo nel modo di dire *andare a ruba*, detto di merci che vengono vendute in fretta perché attirano un gran numero di compratori.

rubacchiaménto [da *rubacchiare*; 1600] **sm.** *raro* atto ed effetto del rubacchiare.

rubacchiàre (pres. *-àcchio*) [da *rubare*; 1525] **tr.** rubare qua e là poca roba o di scarso valore, ma di continuo o piuttosto frequentemente (anche *ass.*).

rubacchiatóre [da *rubacchiare*; 1940] **agg.** e **sm.** (f. *-trìce*) *raro* che o chi rubacchia; ladruncolo.

rubacuòri [da *ruba(re)* e *cuore*; a. 1527] **I s. inv.** *scherz.* persona di grande fascino che riesce facilmente a far innamorare di sé: *goditevi cento anni di vita con quella rubacuori* (Cecchi) **II agg.** che fa innamorare: *occhi rubacuori, sguardo rubacuori.*

rubàldo [var. di *ribaldo*; a. 1444] **agg.** e **sm.** *arc.* ribaldo.

rubamàzzo [comp. di *ruba(re)* e *mazzo*; 1959] **sm. inv.** *T.gioc.* elementare gioco di carte nel quale ogni giocatore può, giocando una delle proprie carte, prenderne un'altra di pari valore tra quelle che vi sono in tavola o appropriarsi dell'intero mazzetto di un altro giocatore se l'ultima carta di quello è di valore pari a quella giocata.

rubaménto [da *rubare*; a. 1406] **sm.** *raro* furto.

rubamónte [comp. di *ruba(re)* e *monte*; 1872] **sm.** rubamazzo.

rubàre [dal germ. *raubōn*; a. 1294 *robare*] **tr.** **1.** sottrarre indebitamente beni altrui: *uno scippatore mi ha rubato la borsa, si è scoperto che l'amministratore aveva rubato miliardi* || *iperb. rubare lo stipendio, la paga,* non lavorare abbastanza per guadagnarselo || *ass.* commettere furti: *non fatevi sorprendere a rubare, ha rubato per sfamarsi*; *rubare sul peso, sul prezzo,* dichiararne falsamente un ammontare superiore a quello reale per poterci guadagnare; nei modi di dire: *rubare a man salva, a più non posso,* rubare più che si può, con tutti i mezzi **2.** *per estens.* appropriarsi di qualcosa che è di altri, perlopiù indebitamente o, comunque, a loro spese: *rubare un'idea, un'invenzione a qualcuno,* farla passare per propria; *rubare il posto a qualcuno,* riuscire ad ottenerlo subentrandogli con manovre subdole o, anche, pur avendo meno diritti di lui; *rubare il mestiere a qualcuno,* acquisirne la pratica a sue spese o anche, *scherz.*, fare qualcosa che spetterebbe a lui fare, data la sua competenza; *scherz. rubare il cuore a qualcuno,* farlo innamorare di sé; *ass. rubare in partenza,* nel gergo sportivo, partire prima del via || anche con una persona come oggetto: *rubare il fidanzato all'amica,* sedurlo, facendolo innamorare di sé || *fig.*: *rubare le ore al sonno, al riposo,* destinare a una qualche attività le ore in cui si dovrebbe dormire; sottrarre: *le erbacce rubano il nutrimento al grano*; *T.mar. rubare il vento (a un'imbarcazione a vela),* di imbarcazione a vela che sottrae il vento a un'altra ponendosi sopravvento rispetto a essa **3.** *per estens., fig.* rapire, portar via: *una morte prematura l'ha rubato all'affetto dei suoi* || carpire: *rubare un segreto a qualcuno* || **rec.** cercare di accaparrarsi, contendersi: *gli invitati si rubavano il grande divo* || **N.** **tr.** 1. *Sin.* arraffare, borseggiare, ghermire, grattare, rubacchiare, sgraffignare, soffiare, sottrarre, trafugare | borsaiolo, cleptomane, ladro, rapinatore; estorsione, furto, ladroneria, latrocinio, rapina, ruberia, saccheggio | alleggerire, borseggiare, depredare, derubare, ripulire, spogliare, svaligiare **2.** *Sin.* impadronirsi, portar via, sottrarre **3.** *Sin.* estorcere.

rubàsca [dal russo *rub,* abito grossolano; 1935] **sf.** la caratteristica casacca russa allacciata al collo da un lato e stretta da una cintura.

rubàto (*pps.* di *rubare*) [sec. XIV] **I** **agg.** che è frutto di un furto (anche in senso *fig.*): *oggetti rubati, affetti rubati*; *T.mus. tempo rubato,* rubato **II** **sm.** *T.mus.* indicazione espressiva che prescrive all'interprete un'esecuzione svincolata dalla rigidità metronomica, tesa a sottolineare le particolari caratteristiche strutturali di un brano.

rubatóre [da *rubare*; 1308] **agg.** e **sm.** (f. *-trìce*) *ant.* che o chi ruba.

rubber (ingl., pr. ['rʌbə]) [etim. inc.; 1965] **sm.** *inv.* *T.gioc.* nel *bridge,* partita e vittoria di una partita (completamento di entrambe le *manches*): *fare (il) rubber,* vincere la partita.

rùbbio (pl. m. *rùbbi* e f. *rùbbia*) [dall'ar. *rub'*, misura di capacità; 1350 ca. *rugio*] **sm.** **1.** misura agraria di superficie nel Lazio; equivale a 18.000 m^2 **2.** antica misura di capacità per aridi, di valore variabile intorno ai 300 l.

rubécchio (pl. *-chi*) [lat. volg. **rubiculus*; 1319] **agg.** *arc.* rossiccio, rosseggiante: *tu vedresti il Zodiaco rubecchio... rotare* (Dante).

rubefacènte [dal lat. *rubefacens, -entis*; 1835] **agg.** *T.farm.* di revulsivo che produce un semplice arrossamento della pelle, perfettamente reversibile; anche come *sm.*: *i rubefacenti.*

rubefazióne [dal lat. *rubefacere,* tingere di rosso; 1835] **sf.** **1.** *T.med.* arrossamento cutaneo **2.** *T.min.* fenomeno per cui alcune rocce che contengono ferro presentano alla loro superficie una colorazione rossastra, dovuta all'ossidazione del ferro.

rubellìte [comp. del lat. *rubellus,* rossiccio e *-ite*[2]; 1823] **sf.** *T.min.* varietà di tormalina di color rosso.

rubèllo [var. di *ribelle*; 1313] **agg.** *arc.* ribelle.

rubèola [dal lat. *rubeus,* rosso; 1908] **sf.** *non com.* rosolia.

ruberìa [da *rubare*; 1282 *robbaria*] **sf.** **1.** atto del rubare, spec. più volte, con una certa continuità **2.** *arc.* ciò che è stato rubato || **N.** 1. *Sin.* furto, rapina.

rubèsto [var. di *robusto*; 1313] **agg.** *arc.* robusto, gagliardo || irruento, impetuoso: *l'Archian rubesto* (Dante); anche *fig.*, del parlare, impetuoso, animoso.

Rubiàcee [comp. del lat. *rubia,* robbia e *-acee*; 1929] **sf. pl.** *T.bot.* famiglia di piante dicotiledoni, erbacee o legnose, erette o rampicanti, diffuse spec. ai tropici, alla quale appartengono il caffè, l'ipecacuana, la robbia dei tintori ecc.

rubicànte [dal lat. *rubicans, -antis*; sec. XIV] **agg.** *ant. raro* rosseggiante.

rubicóndo [dal lat. *rubicundus*; 1308] **agg.** rosso vivo || *in part.* detto del viso o di sue parti: *il naso rubicondo degli ubriachi.*

rubìdio (pl. *-di*) [dal lat. *rubidius,* di color rosso cupo, per le due righe rosse che presenta nello spettro; 1872] **sm.** *T.chim.* elemento metallico alcalino, debolmente radioattivo, di consistenza cerosa e colore bianco-argenteo, relativamente abbondante in natura ma sempre molto disperso; non ha impieghi nell'industria.

rubìgine [dal lat. *rubīginis*; a. 1320] **sf.** *ant.* ruggine (nel senso 3).

rubìglia (o *rubìglio* sm.) [lat. *ervilia,* specie di lenticchia; 1340 ca.] **sf.** *tosc.* varietà di pisello da foraggio.

rubinetterìa [da *rubinetto,* sul modello del fr. *robinetterie*; 1931] **sf.** l'insieme dei rubinetti e degli elementi di un impianto a essi connessi.

rubinétto [dal fr. *robinet*; 1598] **sm.** dispositivo che, inserito in una tubazione o posto a una sua estremità, consente di regolare il flusso del fluido che vi circola: *aprire, chiudere il rubinetto dell'acqua, del gas.*

rubìno [dal lat. mediev. *rubinus*; a. 1321] **I** **sm.** **1.** splendida varietà di corindone, rosso cremisi, usata come gemma || *per estens.* denominazione di altri minerali dalle caratteristiche simili a quelle del rubino propriamente detto: *rubino spinello,* spinello di colore rosso vivo; *rubino balascio,* spinello rosso pallido; *rubino di Boemia,* granato; *rubino d'arsenico,* realgar || *fig. disus.* di ciò che è di colore rosso vivo: *aperse / della tenera bocca i bei rubini* (Chiabrera) **2.** *per meton. T.orol.* ciascuno dei cuscinetti (originariamente costituiti da rubini naturali) che sostengono e guidano i perni degli assi delle ruote **II** nella **loc. agg.** *rosso rubino,* del colore rosso del rubino || nella *loc. m.* usata come *loc. agg. color rubino,* del colore del rubino.

rubìzzo o **rubìzzo** [etim. inc.; a. 1484] **agg.** spec. di persone anziane, dall'aspetto colorito e sano || **N.** *Sin.* arzillo, florido.

rùblo [dal russo *rubl',* taglio di legno, poi pezzo di moneta; a. 1764] **sm.** unità monetaria dell'U.R.S.S., già in uso nella Russia prerivoluzionaria.

rubóre [dal lat. *robor, -ōris*; a. 1311] **sm.** *arc.* rossore.

rubrìca [dal lat. *rubrīca (terra),* (terra) rossa (usata per scrivere ed evidenziare i titoli delle leggi); 1294 nel senso 4; 1563 nel senso 5; 1851 nel senso 3] **sf.** **1.** specie di registro a scaletta dove sono segnate le lettere dell'alfabeto; consente il rapido reperimento delle voci e dei nomi in esso disposti in ordine alfabetico: *la rubrica telefonica* **2.** in ragioneria, ciascuna delle categorie del bilancio distinte in relazione alle materie amministrate || in contabilità, sottoclasse dei titoli in cui si ripartiscono le entrate e le uscite finanziarie || *per estens.* categoria, classe **3.** *T.giorn.* parte di giornale o periodico, o trasmissione televisiva, che tratta regolarmente un determinato argomento: *rubrica filatelica, sportiva* **4.** *arc.* titolo in inchiostro rosso dei singoli capitoli di un'opera || *per estens. pl. T.eccl.* le regole secondo le quali si devono celebrare gli uffici divini; sono stampate in rosso nei messali e frapposte alle preci, come una specie di didascalia || *essere di rubrica,* essere di prescrizione **5.** *T.min.* sorta di argilla rossa, detta anche *sinopia* o *sanguigna* || *dim.* rubrichétta.

rubricàre (pres. *-ico, -ìchi*) [da *rubrica*; 1337 nel senso 2] **tr.** **1.** riportare in una rubrica || *per estens. fig.* classificare, archiviare: *la sua morte è stata rubricata come suicidio* **2.** *arc.* scrivere in rosso i titoli di un manoscritto.

rubricàrio (pl. *-ri*) [da *rubrica*; 1959] **sm.** nei codici o negli incunaboli, il prospetto dei titoli.

rubricatóre [da *rubricare*; 1835] **sm.** (f. *-trìce*) e **agg.** chi, che annota su una rubrica.

rubricazióne [da *rubricare*; 1945] **sf.** il rubricare.

rubricìsta [da *rubrica*; 1835 *rubrichista* nel senso 2] **s.** **1.** redattore di una rubrica giornalistica o radiotelevisiva **2.** *T.eccl.* esperto delle rubriche ecclesiastiche; liturgista.

rùbro[1] [dal lat. *rubrus,* roveto; sec. XIV] **sm.** *arc.* rovo, roveto.

rùbro[2] [dal lat. *rubrus,* rosso; 1321] **agg.** *lett. ant.* rosso.

rùca [dal lat. *erūca,* bruco; a. 1320] **sf.** **1.** ruchetta **2.** *pop.* piccolo bruco rugoso e verdastro || *dim.* ruchétta.

ruche (fr., pr. [ryʃ]) [letter. scorza, poi alveare; 1905] **sf.** *inv.* striscia di seta o lino pieghettata, usata come ornamento di abiti femminili o infantili || **N.** gala, *volant.*

ruchétta (meno com. *rughétta*) (*dim.* di *ruca*) [a. 1424] **sf.** pianta erbacea mediterranea del genere Eruca le cui foglie piccanti sono usate in cucina per aromatizzare l'insalata.

rùcola [da *ruca*; 1572] **sf.** *sett.* ruchetta.

rùde [dal lat. *rūdis*; 1319] **agg.** **1.** di persona, dai modi bruschi e spicci, quasi rozzi: *un uomo rude* || *per estens.* di gesto, espressione e sim., da persona rude: *risposta rude* **2.** di cosa, duro, aspro: *un lavoro rude* || **rudeménte** **avv.** con modi rudi.

rudentàto [da *rudente*; 1959] **agg.** *T.arch.* di colonna, provvista di rudente.

rudènte [dal lat. *rudens, -entis*; 1793] **sm.** e **sf.** **1.** *lett.* fune **2.** *T.arch.* ornamento riproducente una fune, posto talvolta nella parte inferiore della scanalatura delle colonne. **TAV. architettura p. 646** 3.11.

ruderàle [da *rudere*; 1809] **agg.** *lett.* di rudere || *in part. flora, pianta ruderale,* che prolifera tra le macerie, lungo i muri, nelle fessure della pavimentazione ecc.

rùdere (ant. *rùdero*) [dal lat. *rūdus, -eris*; 1872] **sm.** **1.** ciò che resta, più o meno in rovina, di antichi edifici: *i ruderi del teatro greco* **2.** *fig.* persona vecchia e malandata: *è ormai un rudere* || **N.** 1. *Sin.* macerie, rovine.

rudézza [da *rude*; 1940] **sf.** qualità di chi o di ciò che è rude: *rudezza di modi.*

rudimentàle [da *rudimento*; 1943] **agg.** **1.** limitato agli elementi primi, più semplici; elementare: *conoscenza rudimentale* **2.** non sviluppato, primitivo: *strumenti rudimentali* || *T.biol.* allo stato di abbozzo: *organo rudimentale.*

rudimentazióne [da *rudimento*; 1959] ***sf.*** *T.biol.* riduzione morfologica o funzionale di un organo animale o vegetale nel corso delle generazioni.

rudiménto [dal lat. *rudimentum*; 1598] ***sm.*** **1.** *pl.* elementi più semplici, nozioni basilari di una disciplina, di un'arte: *insegnare i rudimenti del disegno* **2.** elemento allo stato di abbozzo || *T.biol.* ciò che resta di un organo che non si è sviluppato o che si è involuto: *avere un rudimento di coda* || **N. 1.** prolegomeni.

rudìsta [dal lat. *rūdis*, ruvido; 1929] ***sm.*** *T.geol.* mollusco fossile dei Bivalvi vissuto nel Cretaceo, il cui corpo, lungo fino a un metro, reggeva una conchiglia di forma conica.

rùere (dif. del pass. rem., del pps., dei tempi composti) [dal lat. *ruere*, precipitare; 1313] ***intr.*** (*dif.* del pps.) *arc. lett.* rovinare, precipitare.

rùffa [etim. inc.; a. 1400] ***sf.*** *ant.* confusione di più persone che si accalcano per afferrare qualcosa || nei modi di dire: *fare la ruffa*, gettare spiccioli alla folla per vederla azzuffarsi nel raccoglierli; *fare a ruffa raffa*, a chi è più svelto a prendere, a rubare || **N.** *Sin.* parapiglia.

ruffèllo [affine ad *arruffare*; 1872] ***sm.*** *pop. tosc.* groviglio di fili di una matassa || ciuffo di capelli arruffati, scarmigliati.

rùffi [voce onom.; 1879] nella ***loc. avv.*** *pop. tosc. o di ruffi o di raffi*, per diritto o per traverso, in un modo o nell'altro.

ruffianàre [da *ruffiano*; 1528] ***tr.*** arruffianare.

ruffianàta [da *ruffiano*; 1959] ***sf.*** atto da ruffiano.

ruffianeggiàre (pres. *-éggio*) [da *ruffianare*; 1745] ***intr.*** (aus. *avere*) fare il ruffiano (nel senso 2).

ruffianerìa [da *ruffiano*; sec. XIV] ***sf.*** qualità di chi è ruffiano (nel senso 2) || *concr.* atto da ruffiano (nel senso 2).

ruffianésco (pl. *-schi*) [da *ruffiano*; 1534] ***agg.*** *spreg.* da ruffiano: *modi ruffianeschi.*

ruffianésimo [da *ruffiano*; 1353] ***sm.*** *raro* l'arte del ruffiano || *concr.* ruffianeria.

ruffiàno [etim. inc.; 1313] ***sm.*** (f. *-a*) **1.** chi fa da intermediario per incontri amorosi (spec. illeciti o a pagamento) **2.** *fig.* chi cerca di procurarsi favori attraverso un atteggiamento di ostentata sottomissione || *dim.* ruffianèllo, ruffianétto; *pegg.* ruffianàccio || **N. 1.** *Sin.* protettore.

rùfola [da *rufolare*; 1872] ***sf.*** *pop.* grillotalpa.

rufolàre (pres. *rùfolo*) [var. di *grufolare*; a. 1597] ***tr.*** e ***intr.*** (aus. *avere*) *ant.* grufolare.

rùga[1] [dal lat. *rūga*, grinza, piega; 1342] ***sf.*** solco che si forma sulla pelle per contrazione dei muscoli sottostanti o, invecchiando, per atrofia del connettivo sottocutaneo: *le rughe dei vecchi* || *dim.* rughétta, rughettìna, rughìna || **N.** *Sin.* crespa, grinza, rugosità | corrugare, increspare, raggrinzire.

rùga[2] [lat. *erūca*, bruco; a. 1602] ***sf.*** *pop. dial.* bruco.

rùga[3] o **rùa** [dal lat. *rūga*, solco; a. 1311] ***sf.*** *dial.* via, vicolo, strada.

rugantìno [dal n. proprio *Rugantino*, maschera rom.; 1905] ***sm.*** *raro* persona arrogante e vanagloriosa; spaccone.

rugàre (pres. *rùgo, rùghi*) [prob. voce onom.; 1965] ***tr.*** *dial. volg.* infastidire, scocciare: *ci hai rugato abbastanza: smettila!*

rugbìsta (pr. [rag'bista] o [rug'bista]) [da *rugby*; 1955] ***sm.*** *T.sport.* giocatore di *rugby*.

rugby (ingl., pr. ['rʌgbɪ]) [dal n. geogr. *Rugby*, città ingl. dove prob. nacque il gioco; 1927] ***sm. inv.*** *T.sport.* gioco disputato da due squadre di quindici uomini su un campo erboso rettangolare; al centro di ciascuno dei due lati minori del campo ("linee di meta") è collocata una porta a forma di H e scopo del gioco è portare o calciare il pallone (ovale), attraverso la porta, oltre la linea di meta avversaria (segnando così una meta) || **N.** RUOLI: prima linea (piloni, tallonatore), seconda linea, terza linea, mediano (di apertura, di mischia), trequarti (ala, centro), estremo | *drop*, fuorigioco, meta, mischia, trasformazione.

ruggènte (*ppr.* di *ruggire*) [sec. XIV] ***agg.*** che ruggisce || *fig. anni ruggenti*, gli anni Venti, in quanto caratterizzati da una frenetica corsa al godimento.

rugghiaménto [da *rugghiare*; a. 1320] ***sm.*** *raro* atto del rugghiare || **N.** borborigmo.

rugghiàre (pres. *rùgghio*) [da *ruggire*, con influsso di *mugghiare*; 1313] ***intr.*** (aus. *avere*) *ant. lett.* **1.** ruggire, ma più cupamente, con un ruggito che si dilunga nel tempo **2.** *fig.* rumoreggiare cupamente: *rugghia il mare in tempesta.*

rùgghio (pl. *-ghi*) [da *rugghiare*; 1604] ***sm.*** *ant. lett.* il rugghiare: *il rugghio del vento.*

rùggine [lat. *aerugo, -inis*, verderame; a. 1292] **I** ***sf.*** **1.** prodotto dell'ossidazione di materiali ferrosi esposti all'aria; di colore rosso-bruno, si presenta sotto forma di massa pulverulenta **2.** *fig.* rancore, astio: *tra quei due c'è una vecchia ruggine* **3.** *per estens. T.bot.* denominazione di varie malattie delle piante, provocate da funghi parassiti, che si manifesta con macchie rugginose sulle superfici della pianta **II** ***agg. inv.*** (sempre posposto), di colore simile a quello della ruggine: *vernice ruggine*; *pera, mela ruggine* (o *roggia*), con la buccia di color ruggine || **N. 1.** arrugginire | antiruggine.

rugginìre V. ARRUGGINIRE.

rugginosità [da *rugginoso*; 1599] ***sf.*** *raro* qualità di ciò che è rugginoso || alterazione della buccia di taluni frutti per cui essa si presenta rugosa e color ruggine.

rugginóso [lat. *aerugīnōsus*; fine sec. XIII] ***agg.*** **1.** coperto, intaccato dalla ruggine: *ferro rugginoso* **2.** *per estens.* che di colore è simile alla ruggine: *buccia rugginosa* **3.** *fig. lett.* non esercitato: *intelligenza rugginosa* || **N. 1.** *Sin.* arrugginito, ossidato.

ruggìre (pres. *ruggìsco, ruggìsci, ruggìsce* o lett. *rùgge, ruggìscono* o *rùggono*) [dal lat. *rugīre*; a. 1342] ***intr.*** (aus. *avere*) **1.** del leone, emettere il suo caratteristico verso **2.** *per estens.* produrre un rumore simile a un ruggito: *il vento ruggiva* || *fig.* di persona, parlare a voce alta e con tono rabbioso, furente.

ruggìto [dal lat. tardo *rugītum*; 1311] ***sm.*** **1.** il verso del leone **2.** *per estens.* suono cupo e fragoroso, simile al ruggito del leone.

rughétta V. RUCHETTA.

rugiàda [lat. volg. **rosāta*; sec. XIII] ***sf.*** **1.** fenomeno atmosferico che si verifica nelle notti della stagione calda, consistente nel depositarsi di goccioline d'acqua sugli oggetti esposti all'aria che abbiano una temperatura inferiore a quella: *foglie coperte di rugiada* **2.** *non com. fig. poet.*: *la rugiada delle gote*, il pianto **3.** *fig. poet.* ristoro, consolazione: *le tue parole sono rugiada al mio dolore* || **N. 1.** brina, guazza, serena | imperlare, irrorare | bagnato, madido, rorido.

rugiadóso [da *rugiada*; 1353] ***agg.*** **1.** bagnato di rugiada: *prati rugiadosi* || in cui si forma molta rugiada: *notte rugiadosa* **2.** *non com. fig. poet.* fresco: *guance rugiadose* **3.** *non com. fig. spreg.* untuoso, affettatamente dolce: *un oratore rugiadoso, parole rugiadose* || **N. 1.** *Sin.* irrorato, rorido.

rugliàre (pres. *rùglio*) [da *ruggire*, con influsso di *mugliare*; 1863] ***intr.*** (aus. *avere*) **1.** di animali, produrre un brontolio cupo e minaccioso **2.** *per estens. poet.* in part. di elementi naturali, produrre un brontolio cupo e continuo: *il torrente rugliava* || **N.** *Sin.* rugghiare, ruggire.

rùglio (pl. *-gli*) [da *rugliare*; 1940] ***sm.*** *pop. tosc.* il rugliare.

rugosità [dal lat. *rugositas, -ātis*; a. 1730] ***sf.*** **1.** qualità di ciò che è rugoso **2.** *concr.* formazione rugosa: *le rugosità della pelle.*

rugóso [dal lat. *rugōsus*; 1342] ***agg.*** **1.** pieno di rughe: *volto rugoso* **2.** *per estens.* grinzoso || **N.** *Sin.* aggrinzito, increspato, vizzo | *Contr.* liscio, vellutato.

rugumàre (pres. *rùgumo*) [lat. *rumigāre*, ruminare; 1300 ca.] ***tr.*** e ***intr.*** (aus. *avere*) *pop. arc.* ruminare || **N.** *Sin.* rumare.

ruìna e der. forme lett. di ROVINA e der. (v.).

rullàggio (pl. *-gi*) [da *rullare*; 1942] ***sm.*** **1.** *T.aer.* corsa a terra di un velivolo (spec. in fase di decollo o di atterraggio): *pista di rullaggio* **2.** *T.sport.* nell'atletica, appoggio graduale del piede a terra, dal tallone alla punta || nel salto in lungo, battuta.

rullaménto [da *rullare*; 1959] ***sm.*** *raro* il rullare.

rullànte (*ppr.* di *rullare*) [a. 1667] **I** ***agg.*** che rulla **II** ***sm.*** nella batteria, piccolo tamburo nella cui parte inferiore sono poste spirali tese che producono un prolungato effetto di rullio. **TAV. *musica* p. 1325 16.3.**

rullàre [dal lat. volg. **rotulāre*, attr. il fr. *rouler*; 1872] ***intr.*** (aus. *avere*) **1.** di tamburo percosso a colpi rapidi e frequenti, risuonare nel modo caratteristico **2.** *T.aer.* di velivolo, effettuare il rullaggio **3.** *T.mar.* e *T.aer.* rollare **4.** *arc.* girare, rotolare || ***tr.*** comprimere, spianare col rullo: *rullare la strada.*

rullàta [da *rullare*; 1939] ***sf.*** rullaggio.

rullatùra o **rollatùra** [da *rullare*; 1887] ***sf.*** **1.** *T.agr.* compressione del terreno eseguita con rulli || nelle costruzioni stradali, cilindratura **2.** *T.tecn.* creazione di un filetto per deformazione a freddo del materiale, senza asportazione di truciolo || sagomatura della lamiera secondo profili stabiliti, effettuata mediante il passaggio attraverso un sistema di rulli appositamente predisposti.

rullétto (*dim.* di *rullo*) [1965] ***sm.*** nella tecnica dell'incisione, attrezzo che presenta a un'estremità una rotella zigrinata, con cui si esegue l'ombreggiatura.

rullìno o **rollìno** (*dim.* di *rullo*) [1959] ***sm.*** piccolo rullo || *in part.* rotolo di pellicola fotografica.

rullìo (pl. *-ii*) [da *rullare*; 1889] ***sm.*** **1.** il rullare continuato; rullo **2.** *T.mar.* e *T.aer.* atto ed effetto del rollare; rollio.

rùllo [da *rullare*; 1550] ***sm.*** **1.** elemento cilindrico, in materiale vario, girevole intorno al proprio asse, impiegato in varie lavorazioni: *rullo compressore*, pesante cilindro metallico usato per comprimere piani stradali; analogo attrezzo usato per la rullatura del terreno agricolo || *T.tip.* ciascun elemento cilindrico dei gruppi inchiostratori di alcuni tipi di macchine da stampa **2.** *pl. T.sport.* attrezzo da palestra utilizzato dai ciclisti per allenarsi; è costituito da cilindri mobili sui quali la bicicletta funziona senza avanzare **3.** *T.tip.* rotolo di carta da tipografia || rotolo di carta traforata per la pianola **4.** suono emesso dal tamburo percosso con colpi che si succedono rapidissimi || *dim.* rullétto, rullettìno, rullìno; *accr.* rullóne.

rullòmetro V. ROLLOMETRO.

rulottìsta V. ROULOTTISTA.

rulottòpoli V. ROULOTTOPOLI.

rum o **rhum** [dall'ingl. *rum*, abbr. di *rumbullion*, tumulto; 1708] ***sm. inv.*** acquavite ottenuta dalla melassa di canna da zucchero.

rumàre [lat. tardo *rumāre*; sec. XIV] ***tr.*** e ***intr.*** (aus. *avere*) **1.** *arc.* ruminare **2.** *pop. tosc.* rimescolare, voltare e rivoltare: *un poco ne rumò lo strame* (Pascoli).

rumèno V. ROMENO.

ruminàle [dal lat. *rumināIis*; 1835] ***agg.*** *lett.*

del fico sotto cui furono ritrovati i due gemelli Romolo e Remo.

ruminànte (*ppr.* di *ruminare*) [1341] **I** *agg.* che rumina || *T.zool.* di mammifero dell'ordine degli Artiodattili che ha lo stomaco diviso in quattro cavità (rumine, reticolo, omaso, abomaso o ventricolo), tale da consentire la ruminazione **II** *sm. pl. T.zool.* il sottordine di cui fanno parte Bovidi, Cervidi ecc. **TAV.** ***mammiferi* p. 1318** 1.1 e **p. 1319**.

ruminàre (pres. *rùmino*) [dal lat. *rumināre*; 1319] *tr.* **1.** di ruminanti, rimasticare il cibo tornato dal rumine alla bocca **2.** *per estens.* masticare a lungo **3.** *fig.* meditare a lungo un pensiero; rimuginare: *sta ruminando qualcosa in quella testaccia.*

ruminazióne [da *ruminare*; 1598] *sf.* atto del ruminare.

rùmine [dal lat. *rūmen, -inis*, stomaco di animale; 1872] *sm. T.zool.* la maggiore delle quattro cavità dello stomaco dei ruminanti, nella quale si raccoglie il cibo dopo la prima e non compiuta masticazione || **N.** *Sin.* pancione, reticolo, omaso, abomaso.

rumóre [dal lat. *rumor, -ōris*; a. 1306] *sm.* **1.** fenomeno acustico, perlopiù sgradevole e privo di espressione o di modulazione: *il rumore della pioggia, di una macchina; smettila di far rumore!* **2.** *fig.* scalpore, strepito: *la vicenda ha suscitato molto rumore in città; far rumore,* far parlare di sé: *han fatto un gran rumore per nulla* || *lett. i rumori del mondo,* le contese umane: *lontano dai rumori del mondo* || *lett.* fama: *non è il mondan rumore altro che un fiato di vento* (Dante) || *dim.* rumorétto, rumorino; *accr.* rumoróne; *pegg.* rumoràccio || **N.** **1.** *Sin.* baccano, bailamme, baraonda, bisbiglio, boato, botto, brontolio, brusio, buscherio, calpestio, chiasso, cigolio, clamore, clangore, colpo, crepitio, detonazione, diavoleto, eco, fischio, fracasso, fragore, frastuono, fruscio, gazzarra, gorgoglio, grido, mormorio, parapiglia, putiferio, rimbombo, romba, rombo, ronzio, rovinio, rumoreggiamento, scalpore, schiamazzo, schianto, scoppio, scroscio, scricchiolio, sentore, sfrigolio, sibilo, strepito, stridore, stropiccio, strofinio, ticchettio, tintinnio, trambusto, tramestio, trapestio, tumulto, urlo, voce, SUONO; per i versi di animali, v. quadro terminologico ANIMALI | acuto, altisonante, alto, aspro, assordante, basso, confuso, crescente, cupo, debole, fastidioso, flebile, forte, grave, indiavolato, infernale, irritante, leggero, lontano, molesto, sordo, sommesso, stridulo | *Contr.* silenzio.

rumoreggiaménto [da *rumoreggiare*; 1587 *romoreggiamento*] *sm.* l'atto e l'effetto del rumoreggiare.

rumoreggiàre (pres. *-éggio*) [da *rumore*; sec. XIV *romoreggiare*] *intr.* (aus. *avere*) **1.** emettere un rumore cupo e continuo || di una collettività di persone, esprimere disapprovazione o disagio con parole e rumori il cui effetto complessivo è un sordo brontolio: *il pubblico in sala cominciò a rumoreggiare* **2.** *ant.* spargere dicerie || **N.** **1.** *Sin.* schiamazzare, strepitare.

rumoreggiatóre [da *rumoreggiare*; a. 1384 *romoreggiatore*] *agg.* e *sm.* (f. *-trice*) *raro* che o chi rumoreggia.

rumorìo (pl. *-ìi*) [da *rumore*; 1686] *sm.* rumore confuso, frequente o prolungato, ma non molto alto.

rumorista [da *rumore*; 1950] *s.* **1.** tecnico addetto alla produzione dei rumori da registrare sulla colonna degli effetti speciali di un film, prima della realizzazione della colonna sonora definitiva **2.** *raro scherz.* conducente d'auto o di moto che disturba la quiete pubblica viaggiando in modo da produrre molto rumore.

rumorosità [da *rumoroso*; 1955] *sf.* caratteristica di ciò che è rumoroso.

rumoróso [da *rumore*; sec. XIV] *agg.* **1.** pieno di rumore: *strada rumorosa* **2.** che fa molto rumore: *conversazione rumorosa* **3.** *fig. non com.* clamoroso, strepitoso || **rumorosaménte** *avv.* || **N.** **1.** *Sin.* chiassoso | *Contr.* silenzioso **2.** *Sin.* fracassone, fragoroso | *Contr.* silenzioso.

rùna [dal lat. tardo *rūna*; 1872] *sf.* ciascun segno grafico dell'antica scrittura germanica.

rùnico (pl. *-ci*) [da *runa*; 1674 *rumnico*] *agg.* che consiste di rune: *lingua runica, caratteri runici.*

ruolìno (meno com. *rolìno*) (*dim.* di *ruolo*) [1935] *sm.* piccolo ruolo (nel senso di "registro"), in part. come *T.mil.* libretto, taccuino in cui sono annotati dati relativi al personale, agli armamenti, alle attività di un reparto ecc.: *ruolino di marcia,* anche non in campo militare, programma di lavoro, elenco dei compiti da assolvere con le relative scadenze.

ruòlo [dal lat. *rotolum,* foglio arrotolato, attr. il fr. *rôle*; 1528 *rollo* nel senso 2] *sm.* **1.** *fig.* funzione, parte svolta all'interno di un tutto: *il ruolo degli studenti nel '68, il suo ruolo è stato del tutto marginale, ha svolto un ruolo importante nell'intera vicenda* || *propr.* parte interpretata da un attore, e la sua funzione in una compagnia teatrale: *il ruolo di prima attrice, di Amleto* **2.** *T.bur.* registro o prospetto dei dati relativi al personale di un ente: *essere in ruolo* (o *di ruolo*), essere compreso nel ruolo di un'impresa o amministrazione; *essere fuori ruolo,* non appartenere più (o ancora) al personale stabile dell'ente, pur svolgendovi certe funzioni; *T.mar. ruolo dell'equipaggio,* carta di bordo delle navi mercantili che reca la data dell'armamento della nave, l'elenco dell'equipaggio, l'indicazione numerica dei passeggeri, la descrizione delle armi e munizioni che si trovano sulla nave ecc.; *T.mar. ruolo di combattimento, di manovra, d'incendio, di lavaggio,* sulle navi da guerra, le disposizioni scritte che assegnano le destinazioni di ciascun uomo dell'equipaggio per i servizi sopra indicati || elenco nominativo dei componenti un certo gruppo: *il ruolo dei contribuenti* || *T.giur.* registro delle cancellerie giudiziarie; *ruolo di riscossione,* documento compilato dagli uffici contabili di un ente pubblico, contenente l'elenco delle entrate da riscuotere, con le rispettive scadenze; *ruolo di stipendi,* contenente l'indicazione dello stipendio annuo lordo e delle rate da corrispondere mensilmente || *dim.* ruolìno. **Q.T.** *antropologia, giochi, sociologia.*

ruòta (pop. e lett. *ròta*) [lat. *rota*; a. 1294] *sf.* **1.** *T.mecc.* organo di traslazione (in veicoli) o di trasmissione del moto rotatorio (in meccanismi), in materiale rigido (legno, metallo, materie plastiche), costituito da un disco o da un cerchio collegato per mezzo di raggi al suo mozzo centrale, girevole intorno al proprio asse: *ruote di bicicletta, di auto, di trattore,* di diverse dimensioni, ma tutte dotate di pneumatici; *ruota dentata, elicoidale,* in ingranaggi; *la ruota del mulino,* ruota idraulica a vento o a palette sporgenti; l'acqua corrente o il vento, battendo contro le palette della ruota, le imprimono il movimento che essa trasmette, per mezzo di un sistema di ingranaggi, alla macina; anche la macina stessa; *nave a ruota,* vecchio tipo di nave a motore spinta da due grandi ruote alettate fissate lateralmente || in modi di dire *fig.*: *l'ultima ruota del carro,* la persona meno importante; *mettere il bastone tra le ruote,* ostacolare; *a ruota libera,* senza alcun freno, senza dover seguire alcuna prescrizione: *parlare, andare a ruota libera*; *arrivare, seguire a ruota,* nel ciclismo, tagliare il traguardo subito dopo il corridore che precede e, *fig.*, seguire immediatamente; *ungere le ruote,* accelerare un procedimento burocratico con la corruzione || nella loc. *a ruota,* a forma di ruota, circolare: *gonna a ruota* **2.** *per estens.* denominazione di vari oggetti di forma circolare che vengono fatti girare come una ruota: *la ruota della roulette* || *ruota panoramica,* nei *luna park,* imponente costruzione metallica a forma di ruota, rotante intorno a un perno posto orizzontalmente, lungo il cui perimetro sono appesi seggiolini su cui prendono posto le persone || disco orizzontale ruotante, sul quale il vasaio poggia la massa di creta da modellare || cassetta a base circolare, ruotante intorno a un perno infisso in un'apertura del muro esterno di un edificio (spec. convento), che in passato consentiva, senza essere riconosciuti, la consegna di qualcosa a chi stava dentro l'edificio: *la ruota degli esposti, dei trovatelli,* quella dei brefotrofi, nella quale si abbandonavano i neonati || urna girevole del lotto, dalla quale si estraggono settimanalmente i numeri vincenti e, *per meton.*, ciascuna sede in cui avviene l'estrazione: *è uscito il 5 sulla ruota di Napoli* || strumento di supplizio, usato anticamente, consistente in una ruota orizzontale in movimento, sulla quale veniva legato e lasciato morire il condannato con le braccia e le gambe spezzate: *condannare alla ruota* || *T.mar. ruota del timone,* la ruota di maneggio del timone; *ormeggio a ruota,* ormeggio alla fonda su una sola ancora, che lascia l'imbarcazione libera di ruotare; *ruota di poppa, di prua,* pezzo, opportunamente sagomato, posto in prolungamento della chiglia per dare forma e robustezza alla prua e alla poppa || nel modo di dire *fare la ruota,* di alcuni uccelli (spec. il pavone e il tacchino), spiegare a ventaglio le penne della coda; *per estens. fig.* di persona, pavoneggiarsi **3.** *per estens.* movimento rotatorio: *fare la ruota,* di persona, compiere la figura acrobatica consistente nell'appoggiare lateralmente le mani a terra e, dandosi lo slancio, ritornare in posizione eretta dal lato opposto || *fig. la ruota della fortuna,* l'avvicendarsi di buona e cattiva sorte || *dim.* rotèlla, rotellìna, ruoticìna, ruotìna, ruotìno (*sm.*); *accr.* ruotóna, ruotóne (*sm.*); *pegg.* ruotàccia || **N.** **1.** PARTI: cerchione, corona, disco, mozzo, pneumatico, raggio, razza | girare, ingranare, mordere, ruotare. **Q.T.** *automobile, carri..., motocicletta, orologeria* **TAV.** *agricoltura*; *motori* 9; ***automobile* p. 658** 3.33, 3.38; ***ferrovie...* p. 669** 1.15; ***giardinaggio* p. 1315** 19.

ruotàre (pres. *ruòto*) (meno com. *rotàre*) [lat. *rotāre*; a. 1292 *rotare*] *intr.* (aus. *avere*) muoversi girando intorno a qualcosa che resta fisso: *la Luna ruota intorno alla Terra* || *tr. meno com.* roteare: *ruotava la spada per tener lontani gli assalitori* || **N.** *intr. Sin.* girare, volteggiare | *tr. Sin.* mulinare.

ruotìno v. ROTINO.

ruotìsmo v. ROTISMO.

rùpe [dal lat. *rūpis*; 1321] *sf.* roccia, balza alta e scoscesa: *precipitò da una rupe* || **N.** *Sin.* macigno, picco, pietrone, sasso; dirupo, greppo.

rupèstre [da *rupe*; 1892] *agg.* di rupe: *flora rupestre,* che cresce fra le rupi; *arte rupestre,* incisioni su roccia tipiche del Paleolitico superiore || dirupato: *dalle case d'Itaca rupestre* (Pascoli).

rùpia [dal gr. *rhýpos,* sporcizia; 1891] *sf.* *T.med.* alterazione crostosa della cute, che non costituisce malattia a sé, ma un semplice modo di disporsi del pus e del sangue disseccato in croste di forma conica.

rupìa [dall'indost. *rūpaiya,* attr. l'ingl. *rupee*; 1623] *sf.* **1.** unità monetaria dell'India e di altri paesi della regione circumindiana **2.** unità monetaria del sistema in uso nella colonia italiana della Somalia, dal 1909 al 1925.

rupìcola [comp. di *rupe* e *-cola*; 1897] *sf.* *T.zool.* uccello sudamericano dei Passeriformi || **N.** *Sin.* galletto di roccia.

rupicolo [comp. di *rupe* e *-colo*; 1892] ***agg.*** *T.scient.* che vive sulle rocce: *pianta, fauna rupicola.*
rupofobia [comp. del gr. *rhýpos*, sudiciume e *-fobia*; 1934] ***sf.*** paura morbosa di contaminarsi a contatto con certi oggetti e conseguente sproporzionata attuazione di norme igieniche.
rùppia [dal n. proprio H.B. *Rupp*, botanico ted.; 1933] ***sf.*** pianta marina delle Potamogetonacee le cui foglie filiformi si accumulano sulle spiagge e, essiccate, fungono da concime.
ruràle [dal lat. tardo *rurālis*; 1598] **I *agg.*** di campagna, relativo alla campagna: *popolazione, economia, edilizia rurale*; *cassa rurale*, istituto di credito e di risparmio presente nelle zone rurali **II *s.*** *non com.* chi abita o lavora in campagna: *i rurali* || **N.** I *Sin.* agricolo; agreste, rusticano, rustico.
ruscellaménto [da *ruscellare*; 1959] ***sm.*** scorrimento delle acque in numerosi rivoli.
ruscellàre (pres. *-èllo*) [da *ruscello*; a. 1311] ***intr.*** (aus. *avere*) *ant. lett.* scorrere come un ruscello, venir giù a ruscelli.
ruscèllo [lat. volg. **rivuscellus*; 1319] ***sm.*** piccolo corso d'acqua || *dim.* ruscellétto, ruscellino || **N.** *Sin.* rigagnolo, rio, rivo, rivoletto, rivolo.
ruschétta [da *rusco*, nel senso dial. di pattume, rifiuto; 1940] ***sf.*** la lolla del riso tritata dalle macchine; è un sottoprodotto della risicultura.
rùsco (pl. *-schi*) [dal lat. *ruscum*; a. 1530] ***sm.*** *T.bot.* pungitopo.
rush (ingl., pr. [rʌʃ]) [letter. fretta, impeto, da (to) *rush*, precipitarsi; 1903] ***sm. inv.*** *T.sport.* sforzo conclusivo, scatto finale compiuto dall'atleta per vincere la gara || *per estens.* massimo sforzo compiuto alla fine di un'impresa per raggiungere il risultato prefissato || **N.** *Sin.* volata, sprint.
rusignòlo v. USIGNOLO.
rùspa [da *ruspare*; a. 1694] ***sf.*** **1.** macchina cingolata a motore per effettuare movimenti di terra, costituita da un trattore dotato anteriormente di un elemento escavatore, a forma di cassone aperto davanti e sopra e dotato di denti sullo spigolo anteriore, azionati da bracci || *propr.* l'elemento escavatore stesso, la benna **2.** atto ed effetto del ruspare: *andare alla ruspa delle castagne* || rif. ai polli, atto ed effetto del razzolare || **N. 1.** *Sin. scraper.*
ruspànte (*ppr.* di *ruspare*) [1970] ***agg.*** **1.** di pollo allevato libero e non chiuso in gabbia **2.** *per estens.* genuino, autentico, spesso *scherz.*: *cucina, musica ruspante.*
ruspàre [dal lat. *ruspāre*, frugare; a; 1566] ***intr.*** (aus. *avere*) rastrellare il terreno alla ricerca delle castagne che vi sono rimaste dopo la raccolta || *in part.* dei polli, razzolare || ***tr.*** spianare con la ruspa.
russàre [forse dal long. *hrūzzan*; sec. XIV] ***intr.*** (aus. *avere*) produrre nel sonno il caratteristico suono profondo e roco che deriva dalle vibrazioni del palato molle || **N.** *Sin.* ronfare, stronfiare.
russificàre (pres. *-ifico, -ifichi*) [dal fr. *russifier*; 1967] ***tr.*** far assumere usi, costumi e idee russi; assimilare agli usi e ai costumi russi || imporre il dominio russo.
russificazióne [da *russificare*; 1959] ***sf.*** atto o effetto del russificare.
russismo [da *russo*; 1984] ***sm.*** *T.ling.* parola o locuzione presa a prestito o calcata sulla lingua russa.
rùsso [dal russo *rūs'*; 1771] **I *agg.*** della Russia: *un romanziere russo* || *roulette russa*, v. ROULETTE || *insalata russa*, pietanza fredda composta di varie verdure (tra cui carote, patate, piselli) lessate, tagliate a dadini e mescolate a maionese || *uova alla russa*, sode con maionese **II *sm.*** **1.** (f. *-a*) nativo o abitante della Russia **2.** (solo *sing.*) la lingua russa: *sta studiando il russo.*
rùssola o **róssola** [dal lat. *russula*, rossiccia; 1835 *rossola*] ***sf.*** fungo delle Agaricacee con cappello di vari colori, convesso, spesso depresso al centro, con lamelle perlopiù bianche o gialle, e gambo cilindrico, regolare, bianco e privo di anello; alcune varietà sono commestibili || **N.** *Sin.* colombina.
rusticàggine [da *rustico*; 1691] ***sf.*** *raro* rustichezza.
rusticàle [da *rustico*; fine sec. XIII] ***agg.*** *ant. lett.* rusticano, rustico, contadinesco: *poemetti rusticali* || **rusticalménte** ***avv.*** *ant.* rusticamente.
rusticàno [dal lat. *rusticānus*; sec. XIV] ***agg.*** contadinesco, campagnolo: *cavalleria rusticana*, codice d'onore vigente tra le popolazioni rurali del Meridione || **N.** RUSTICO.
rustichézza [da *rustico*; 1336 ca.] ***sf.*** qualità di chi o di ciò che è rustico || *concr.* atto, modo di fare rustico || **N.** *Sin.* rozzezza, rudezza, scontrosità, zoticità.
rùstico (pl. *-ci*) [dal lat. *rusticus*; 1353] **I *agg.*** **1.** di campagna: *edificio rustico, gente rustica* **2.** *per estens.* rozzo, grezzo, non rifinito: *muro, tavolo rustico* || di persona o di modi, scontroso: *persone, maniere rustiche* **3.** *per estens.* di un tipo di decorazione, teorizzata nella trattatistica rinascimentale, realizzata con materiali ed elementi naturali (bugne sommariamente sbozzate, stalattiti, conchiglie ecc.) || **rusticaménte** ***avv.*** **II *sm.*** **1.** (solo *sing.*) stile rustico: *la moda del rustico nell'arredamento e nell'edilizia* **2.** edificio di campagna annesso alla casa padronale e destinato ad abitazione dei contadini || *dim.* rustichétto, rustichìno, rusticùccio; *accr.* rusticóne; *pegg.* rusticàccio || **N.** I **1.** *Sin.* campagnolo, rurale, rusticale, rusticano | *Contr.* urbano **2.** *Sin.* brusco, burbero, scorbutico, zotico, ROZZO.
rùta [dal lat. *rūta*; a. 1320] ***sf.*** *T.bot.* genere di piante suffruticì delle Rutacee con foglie glauche, ricche di un olio essenziale amaro, dall'odore caratteristico, irritante, con corimbi di piccoli fiori giallastri; sono usate nella fabbricazione di liquori.
Rutàcee [comp. di *ruta* e *-acee*; 1940] ***sf. pl.*** *T.bot.* famiglia comprendente numerosissime specie in genere legnose, tipiche delle zone calde, con foglie dotate di ghiandole contenenti oli essenziali; vi appartengono, tra l'altro, gli agrumi. **Q.T.** *botanica.*
rutènico (pl. *-ci*) [da *rutenio*; 1872] ***agg.*** *T.chim.* detto di composto del rutenio esavalente || *acido rutenico*, acido presente in natura sotto forma di sali.
rutènio [dal n. geogr. *Rutenia*, n. mediev. della Russia; 1872] ***sm.*** *T.chim.* elemento metallico assai raro, di colore bianco-grigio, appartenente alla famiglia del platino.
rutèno [dal n. geogr. *Rutenia*, n. mediev. della Russia; 1959] ***agg.*** e ***sm.*** (f. *-a*) *lett.* **1.** che, chi appartiene al ramo degli Ucraini della Rutenia || *per estens. T.ling.* ucraino || *per estens. lett.* russo **2.** cristiano di rito bizantino-slavo in comunione con la Chiesa Cattolica.
rutherford (ingl. pr. [ˈrʌðəfəd]) [dal n. proprio E. *Rutherford*, fisico ingl.; 1949] ***sm. inv.*** *T.fis.* unità di misura di emissione radioattiva.
ruticàrsi (pres. *rùtico, rùtichi*) [da *r(u)otare*; a. 1311] ***intr. pron.*** *arc.* muoversi, dimenarsi un po'.
rutilànte (*ppr.* di *rutilare*) [sec. XIV] ***agg.*** *poet.* che risplende || **N.** *Sin.* SPLENDENTE.
rutilàre (pres. *rùtilo*) [dal lat. *rutilāre*; sec. XIV] ***intr.*** (aus. *avere*) *lett.* rifulgere, splendere, scintillare.
rutilismo [dal lat. *rutilus*, rosseggiante; 1959] ***sm.*** *T.etn.* colorazione rossa dei capelli.
rùtilo¹ [dal lat. *rutilus*, rosseggiante; 1929] ***sm.*** *T.min.* biossido di titanio che si presenta in cristalli prismatici allungati di lucentezza adamantina, di colore da rosso sangue a bruno scuro o rosso giallo; viene usato per la preparazione degli acciai al titanio.
rùtilo² [dal lat. *rutilus*; a. 1530 *rutile*] ***agg.*** *lett.* rutilante.
rutìna [da *ruta*; 1891] ***sf.*** glucoside estratto dalla ruta.
rutinàrio v. ROUTINARIO.
rutinièro v. ROUTINIERO.
ruttàre [dal lat. *ructāre*; sec. XIV] ***intr.*** (aus. *avere*) emettere dalla bocca, con suono sgradevole, i gas accumulati nello stomaco || ***tr.*** *lett. raro* eruttare.
rùttile [dal lat. *ruptus*, rotto; 1906] ***agg.*** *T.bot.* detto di organo che, giunto a maturità, si rompe trasversalmente.
rùtto [dal lat. *ructus*; a. 1320] ***sm.*** rumorosa emissione dalla bocca del gas contenuto nello stomaco: *fare un rutto* || **N.** ruttare.
ruttóre [dal fr. *rupteur*; 1953] ***sm.*** *T.elettr.* dispositivo di interruzione di circuiti elettrici; è usato spec. nello spinterogeno delle automobili, dove ha la funzione di fornire tensione al circuito primario di accensione del motore a scoppio.
ruvidézza [da *ruvido*; sec. XIV] ***sf.*** qualità di ciò che o, *fig.*, di chi è ruvido || **N.** *Sin.* ruvidità, scabrosità.
ruvidità [da *ruvido*; a. 1565] ***sf.*** *lett.* ruvidezza.
rùvido [lat. *rugidus*, rugoso; 1319] ***agg.*** **1.** che è scabro al tatto, non liscio: *pietra ruvida, una stoffa troppo ruvida* **2.** *fig. non com.* di persona, di modi bruschi, aspri: *un uomo ruvido ma buono* || di ciò che rivela ruvidezza: *modi ruvidi* **3.** *fig. lett. non com.* non rifinito, rozzo: *ruvido carme* (Petrarca) || **ruvidaménte** ***avv.*** || *dim.* ruvidétto, ruvidìno || **N. 1.** *Sin.* aspro, granuloso, grinzoso, rugoso, scabro | *Contr.* levigato, liscio, polito **2.** *Sin.* rude, scortese, sgarbato, zotico.
rùzza v. RUZZO.
ruzzàre [prob. voce onom.; 1857] ***intr.*** (aus. *avere*) *non com.* correre e saltare per divertirsi, detto spec. di animali e di bambini.
rùzzo (meno com., *rùzza*, sf.) [prob. voce onom.; 1354] ***sm.*** *non com.* **1.** voglia di scherzare, di ruzzare: *ove per ruzzo trassemi il lupatto* (D'Annunzio) **2.** *per estens. fig.* capriccio, ghiribizzo: *cavare il ruzzo di capo a uno*, fargli mettere la testa a partito.
rùzzola [da *ruzzolare*; 1631] ***sf.*** *disus.* disco di legno che, per gioco, si lanciava facendolo rotolare il più lontano possibile || *accr.* ruzzolóne.
ruzzolàre (pres. *rùzzolo*) [lat. volg. **roteolāre*; 1623] ***intr.*** (aus. *essere*) precipitare rotolando: *ruzzolare giù per le scale* || ***tr.*** *raro* far rotolare come una ruzzola: *ruzzolare un sasso* || **N. *intr.*** *Sin.* CADERE.
ruzzolàta [da *ruzzolare*; 1940] ***sf.*** *raro* **1.** colpo dato alla ruzzola **2.** ruzzolone: *fare una brutta ruzzolata.*
ruzzolìo (pl. *-ìi*) [da *ruzzolare*; 1891] ***sm.*** *tosc.* un ruzzolare prolungato: *è stato un ruzzolio per tutti gli scalini.*
ruzzolóne (*accr.* di *ruzzola*) [1863] ***sm.*** caduta fatta ruzzolando || *fig. fare un ruzzolone*, subire un grave tracollo || nella *loc. avv. a ruzzoloni*, ruzzolando, come cosa che cadendo ruzzoli.

S

s lettera dell'alfabeto italiano. Nome per esteso *esse*, di genere maschile o, più spesso, femminile: *una s maiuscola*, ma anche *un s maiuscolo*; *s come Savona*, nella compitazione delle parole ‖ *a s*, si dice di qualunque oggetto a forma di *s*: *curva a s*, successione di due curve ravvicinate, la prima a destra e la seconda a sinistra, o viceversa; *tubo a s*, sagomato a doppio gomito ‖ rappresenta i suoni della consonante fricativa alveolare sorda [s], come in *rosso, sole, asfalto*, e della fricativa alveolare sonora [z], come in *rosa*. La *s* ha suono sordo quando è geminata (*cassa, disse*), quando è iniziale di sillaba e segue un'altra consonante (*gelso, orso*), in principio di parola quando è seguita da vocale (*sapere*), quando è seguita dalle consonanti *f, p, q, t, c* (con *c* seguita da *a, o, u*), sia all'inizio che nel corpo della parola (*stare, rospo*). Compare anche nel digramma *sc* davanti a *i* ed *e*, nel trigramma *sci* davanti alle altre vocali (e talvolta davanti a *e*), che rappresentano la consonante fricativa palatoalveolare sorda [ʃ], pronunciata sempre geminata in posizione intervocalica (*sci, scena*; *sciarpa, coscienza, uscio, asciutto*). Ha suono sonoro davanti alle consonanti sonore (*smettere, sgarrare*). In posizione intervocalica si ha opposizione tra [s] e [z] (*presente* [pre'zente], attuale; *presente* [pre'sente], voce del verbo *presentire*). Tale opposizione, non notata dalla grafia, manca in molte varianti regionali non toscane dell'italiano, che hanno sempre in posizione intervocalica il suono [z] (al Nord) o il suono [s] (al Sud). In questo dizionario si sono sempre distinti graficamente nei lemmi i due suoni, indicando con *ṣ* la sonora ‖ quando è in principio di parola ed è seguita da consonante, la *s* vuole l'articolo determinativo nella forma *lo, gli* e l'articolo indeterminativo nella forma *uno*: *lo scolaro, gli scolari, uno scolaro*; quando ha davanti gli aggettivi *quello* e *bello* non permette che si tronchino nel singolare, e al plurale li vuole nelle forme *quegli, begli*: *quello scolaro, bello studio, quegli scolari, begli studi* ‖ per le sigle e le abbreviazioni in cui compare, v. la lista relativa.

s-¹ [lat. *ex-*] ***pref.*** **1.** si aggiunge a verbi, nomi, aggettivi (non inizianti per vocale), formando derivati della stessa categoria con valore negativo-privativo: *sgonfiare, slegare, sfortuna, sfiducia*; *scortese, scarico*; talvolta il derivato assume piuttosto un significato peggiorativo (*scostumato, sragionare*); in alcuni casi il verbo con *s-* non si oppone a un verbo semplice, ma a uno con altro prefisso: *attaccare / staccare, ricordare / scordare* **2.** forma verbi parasintetici derivati da nomi, coi valori fondamentali di "privare di" (*sbucciare, scolorire, spennare*), "far uscire da" (*sgusciare, stanare*) o "estrarre" (*sradicare*) ‖ forma verbi parasintetici a partire da aggettivi, gen. col valore di "togliere o ridurre la qualità espressa dall'agg." (*sfoltire, svecchiare*).

s-² [lat. *ex-*] ***pref.*** **1.** si aggiunge a verbi, con valore intensivo (*smuovere, stirarsi*), spesso unitamente a suffissi alterativi (*sbaciucchiare, svolazzare*) **2.** forma verbi parasintetici derivati da nomi (*sbandierare, sfacchinare, sgomitare, sforbiciare*) e da aggettivi (*sbizzarrirsi, sbiancare*), con valori semantici diversi, ma spesso con una sfumatura intensiva.

sabadìglia (pl. *-glie*) [dallo sp. *cebadilla*, dim. di *cebada*, orzo; 1872] ***sf.*** pianta perenne delle Liliacee, originaria dell'America centrale, i cui semi contengono alcaloidi che trovano impiego nella preparazione di insetticidi e polveri antielmintiche.

sabàtico V. SABBATICO.

sabatino [da *sabato*; a. 1712] ***agg.*** *non com.* di o del sabato ‖ *ant.* *cena sabatina* (o *sf.* *sabatina*), cena di grasso dopo la mezzanotte del sabato; in uso un tempo fra gli operai che lavoravano sino alla tarda notte del sabato.

sàbato (ant. e region. *sàbbato*) [dall'ebr. *shabbāth*, attr. il gr. *sábbaton* e lat. *sabbatum*; a. 1342] ***sm.*** nome del sesto giorno della settimana civile, settimo di quella liturgica: *Sabato di Passione*, quello che precede la Domenica delle Palme; *Sabato Santo*, quello che precede la Pasqua di Resurrezione; *Sabato grasso*, l'ultimo sabato di Carnevale; *sabato inglese*, mezza vacanza, concessa nel pomeriggio del sabato ‖ *prov.* *Dio non paga il sabato*, la retribuzione divina, pur immancabile, non è necessariamente immediata.

sabàudo [dal lat. tardo *Sapàudia*, Savoia; 1872] ***agg.*** che si riferisce o appartiene alla casa Savoia: *dinastia sabauda, stemma sabaudo*.

sàbba [dal lat. *sabbatum*, sabato, attr. il fr. *sabbat*; 1918] ***sm.*** convegno di streghe e demoni la notte del sabato; tregenda.

sabbàtico o **sabàtico** (pl. *-ci*) [dal gr. *sabbatikós*, attr. il fr. *sabbatique*; 1741] ***agg.*** di sabato, usato nella loc. *anno sabbatico*, anno, ogni 7 anni, in cui secondo la legge mosaica si lasciava riposare la terra, non si pagavano tributi e non si riscuotevano crediti ‖ nei paesi anglosassoni indica l'anno durante il quale, a intervalli regolari di 6 o 7 anni, un professore è dispensato dall'insegnamento per dedicarsi interamente all'attività di ricerca.

sàbbato V. SABATO.

sàbbia [lat. *sabula*, pl. di *sabulum*, sabbia; 1444 *sabla*] **I** ***sf.*** **1.** detriti granulari, di natura mineralogica diversa e di dimensioni variabili tra 0,06 mm e 0,2 mm, dovuti al disgregamento di rocce per azione degli agenti atmosferici e dell'acqua: *sabbie quarzifere*, ricche di detriti di quarzo; *sabbie aurifere*, con granelli e pepite d'oro; *sabbie vulcaniche*, nere, comuni nei luoghi vulcanici; *sabbie bollenti*, nelle quali gorgoglia un'acqua sorgiva termale formando dei piccoli coni; *sabbie mobili*, distese di sedimenti sabbiosi saturi d'acqua che cedono sotto un peso e in cui è perciò facile sprofondare; *fig.* situazione insidiosa e poco chiara in cui si rischia di rimanere invischiati ‖ *fig.* *scrivere sulla sabbia, scritto sulla sabbia*, detto di ciò che non rimane o è destinato a non rimanere nella memoria; *seminare nella sabbia, far buchi nella sabbia*, compiere impresa vana, fare lavoro inutile; *costruire sulla sabbia*, su basi precarie **2.** *T.med.* piccolissime concrezioni, prodotte dall'organismo in particolari stati patologici, presenti nelle vie biliari o urinarie **II** ***agg.*** *inv.* (sempre posposto) che ha il colore della sabbia, ovvero tra il grigio e il marrone chiaro: *un tailleur* (*tinta*) *sabbia* ‖ *dim.* sabbiolìna, sabbiétta ‖ **N. I 1.** *Sin.* arena, arenaceo, ghiaia, polverino, rena, zavorra. **TAV. *geologia* p. 1313** 4.6.

sabbiàre (pres. *sàbbio*) [da *sabbia*; a. 1698 nel senso 2] ***tr.*** **1.** eseguire la sabbiatura di pezzi in vetro o metallo **2.** *raro* coprire con sabbia.

sabbiàto (*pps.* di *sabbiare*) [1970] ***agg.*** sottoposto a sabbiatura ‖ *immagine sabbiata*, immagine televisiva poco nitida, come se fosse coperta da un velo di sabbia.

sabbiatóre [da *sabbiare*; 1959] ***sm.*** (f. *-trice*) operaio addetto alla sabbiatura.

sabbiatrice [da *sabbiare*; 1958] ***sf.*** **1.** *T.tecn.* macchina usata per eseguire la sabbiatura **2.** macchina per spargere sabbia sulle strade.

sabbiatùra [da *sabbiare*; 1926] ***sf.*** **1.** il ricoprire o il farsi ricoprire il corpo o parte del corpo con un notevole strato di sabbia scaldata dal sole; si fa a scopo curativo spec. sulle spiagge marine **2.** *T.tecn.* operazione di finitura dei pezzi metallici o di smerigliatura di pezzi di vetro, consistente nel farvi passare sopra un getto di sabbia silicea o graniglia metallica sotto pressione. **Q.T.** ***oreficeria.***

sabbièra [da *sabbia*; 1940] ***sf.*** recipiente, installato su locomotive, tram e sim., contenente sabbia che, in caso di necessità, viene sparsa sui binari per impedire slittamenti. **TAV. *ferrovie...* p. 669** 3.4.

sabbionàio (pl. *-ài*) [da *sabbione*; 1959] ***sm.*** chi per mestiere cava la sabbia e la trasporta ‖

N. *Sin.* renaiolo.

sabbióne [lat. *sabulo, -ōnis*; a. 1320] **sm.** **1.** terreno sabbioso misto a ghiaia e non del tutto infecondo **2.** vasta distesa di terreno più o meno arenoso || *dim.* sabbioncèllo.

sabbioniccio (pl. *-ci*) [da *sabbione*; 1895] **sm.** *spreg.* sabbione, terra mista a molta sabbia e sassi.

sabbiósa [da *sabbioso*; 1940] **sf.** macchina usata nella lavorazione dei cappelli che, facendone passare le falde sotto sacchi pieni di sabbia, dà loro forma e resistenza.

sabbióso [lat. *sabulōsus*; 1340 ca.] **agg.** **1.** ricco di sabbia: *spiaggia sabbiosa, terra sabbiosa* **2.** che ha la consistenza della sabbia, facile a sgretolarsi: *pietra, terra sabbiosa.*

sabeismo [da *sabeo*; 1780] **sm.** antico culto astrale della comunità dei Sabei, nel Medio Oriente (in particolare nella Mesopotamia). **Q.T.** *religione.*

sabelliàno [dal lat. tardo *Sabelliānus*; sec. XIV] **agg.** e **sm.** (f. *-a*) *T.stor.* seguace della corrente eretica cristiana fondata da Sabellio (sec. III), secondo cui Padre, Figlio e Spirito Santo sono tre modi dell'unica sostanza divina. **Q.T.** *religione.*

sabèllico (pl. *-ci*) [dal lat. *Sabellicus*; 1891] **agg.** che appartiene o si riferisce ai Sabelli, antica popolazione dell'Italia centrale.

sabèo [dal lat. *Sabāeus*, abitante della Saba; 1860] **I agg.** relativo a Saba, proprio di Saba, antica città e regione dell'Arabia meridionale: *regno sabeo* **II sm.** **1.** (f. *-a*) abitante, nativo della città o della regione di Saba **2.** (solo *sing.*) antica lingua dell'Arabia meridionale.

sabina [dal lat. *sabīna*; a. 1320 *savina*] **sf.** pianta delle Cupressacee, simile al ginepro, della quale in medicina si adoperavano i piccoli rami e le foglie.

sabino [dal lat. *Sabīnus*; 1321] **I agg.** relativo alla Sabina, importante regione storica a levante di Roma **II sm.** (f. *-a*) abitante della Sabina: *il ratto delle Sabine.*

sabir [dallo sp. *saber*, sapere; 1932] **sm. inv.** *T.ling.* qualsiasi lingua, caratterizzata da un lessico misto e da una grammatica semplificata, che si sia formata per facilitare la comunicazione tra gruppi di lingua diversa aventi frequenti contatti, spec. per ragioni commerciali || *per anton.* l'antica lingua franca del Mediterraneo, costituita da un lessico prevalentemente italiano e spagnolo, con alcune parole arabe || **N.** creolo, *pidgin.*

sabot (fr., pr. [sa'bo]) [letter. calzatura da contadini; 1970] **sm. inv.** **1.** propr. zoccolo di legno || *per estens.* ogni tipo di scarpa cui manchi il quartiere **2.** cassetta usata nei casinò dal *croupier* per contenere le carte da gioco, affinché il mazzo non possa essere truccato.

sabotàggio (pl. *-gi*) [dal fr. *sabotage*; 1908] **sm.** **1.** azione di chi intenzionalmente distrugge o rende in tutto o in parte inutilizzabili strumenti, mezzi di trasporto, edifici o impianti adibiti al servizio delle forze armate dello Stato, attenta all'efficienza e alla sicurezza dei servizi e dei trasporti pubblici, danneggia costruzioni di pubblica utilità e sim.; in campo economico o sindacale, ogni azione che, danneggiando la produzione o deteriorando gli strumenti di lavoro, sia intesa a creare ostacoli al processo produttivo o a paralizzarlo; anche l'effetto di tali azioni: *un chiaro atto di sabotaggio; il sabotaggio del treno* || *T.giur.* titolo di reato sotto il quale la legge penale comprende le azioni di sabotaggio di opere militari e quelle di sabotaggio di macchinari agricoli o industriali **2.** *fig.* qualsiasi azione intesa a ostacolare o ritardare lo svolgimento di un'attività: *il sabotaggio delle iniziative del nuovo direttore; sabotaggio parlamentare,* ostruzionismo || **N.** **1.** *Sin.* attentato | luddismo, sciopero.

sabotàre (pres. *-òto*) [dal fr. *saboter*, orig. far rumore con gli zoccoli; 1915] **tr.** fare atto di sabotaggio: *sabotare la produzione, le operazioni militari*; ostacolare, danneggiare: *sabotare l'attività di un'assemblea.*

sabotatóre [da *sabotare*; 1935] **sm.** (f. *-trìce*) e **agg.** chi o che sabota.

sabra (ebr., pr. [tsa'bar]; pr. it. ['sabra]) [letter. cactus; 1983] **s. inv.** israeliano nato e vissuto in Israele.

saburràle [dal lat. *saburrālis*; 1957] **agg.** *T.med.* solo nell'espressione *lingua saburrale,* lingua con patina giallastra o marrone, sintomo di uno stato tossico dell'organismo, spec. di disturbi all'apparato digerente.

sàcca [da *sacco*; 1490 nel senso 3] **sf.** **1.** sacco floscio più largo e meno profondo dell'ordinario, usato per mettervi oggetti, biancheria, viveri ecc.: *sacca da viaggio; sacca da notte,* per la biancheria da notte; *sacca da piedi,* foderata internamente di pelliccia per tenere i piedi al caldo; *sacca dei frati questuanti,* bisaccia **2.** *merid.* tasca **3.** *fig.* insenatura, rientranza: *sacche di fiume, di lago, di mare* | *far sacca,* detto di qualunque oggetto che formi una rientranza **4.** *T.mil.* rientranza profonda nella linea del fronte di un esercito combattente, ottenuta all'inizio della manovra di aggiramento dell'esercito nemico: *chiudere il nemico in una sacca* **5.** *T.aer. sacca d'aria,* vuoto che un aereo trova improvvisamente sotto di sé e che lo fa abbassare **6.** *T.med.* e *T.bot.* cavità a forma di sacco: *sacche di pus; sacche polliniche,* logge in cui è divisa l'antera, nelle quali è contenuto il polline **7.** *T.metal.* parte dell'altoforno, di sezione troncoconica allargata verso l'alto, collegata inferiormente al crogiolo || *dim.* sacchétta || **N.** **1.** *Sin.* bisaccia, borsa, tasca, SACCO.

saccàia [da *sacco*; 1872 nel senso 3] **sf.** **1.** legno sospeso con due funi al palco del granaio per tenerci i sacchi vuoti e impedire che i topi li rodano **2.** luogo dove si tengono i sacchi **3.** *fig. fam. tosc. far saccaia,* detto di piaga infistolita che sembra guarita di fuori, ma dentro accumula materia purulenta || *per estens.* accumulare ira o rancore dentro di sé.

saccapàne [dal fr. *sac à pain*; 1891] **sm.** *ant. T.mil.* tascapane.

saccaràsi [comp. di *saccaro-* e *-asi*; 1957] **sf.** *T.chim.* enzima, detto anche *invertasi* o *invertina,* contenuto nei succhi digestivi, che agisce sul saccarosio scindendolo in glucosio e fruttosio.

saccaràti [comp. di *saccaro-* e *-ato*; 1872] **sm. pl.** *T.chim.* composti medicinali ottenuti versando su dello zucchero tinture alcoliche o eteree di una droga, e lasciando quindi evaporare fino a ricavarne una polvere.

saccàrdo [da *sacco*; a. 1363] **sm.** **1.** chi attendeva ai bagagli e alle vettovaglie nell'esercito medievale **2.** (f. *-a*) *raro lett.* uomo vile; saccheggiatore: *il saccardo che mai non si commosse al dolore dei vinti* (D'Annunzio) || **N.** **1.** *Sin.* bagaglione.

sàccari- v. SACCARO-.

saccarìfero [comp. di *saccari-* e *-fero*; 1872] **agg.** **1.** che contiene zucchero, che è ricco di zucchero **2.** relativo alla produzione dello zucchero: *industria saccarifera.*

saccarificàre (pres. *-ìfico, -ìfichi*) [comp. di *saccari-* e *-ficare*; 1891] **tr.** *T.chim.* trasformare polisaccaridi, quali cellulosa e amido, in zuccheri.

saccarificazióne [comp. di *saccari-* e *-ficazione*; 1875] **sf.** *T.chim.* l'azione e il processo del saccarificare.

saccarimetrìa [comp. di *saccari-* e *-metria*; 1872] **sf.** **1.** *T.chim.* l'insieme dei procedimenti con cui, mediante il saccarimetro, si determina la percentuale di zucchero contenuta in una soluzione **2.** la disciplina che studia tali procedimenti.

saccarimètrico (pl. *-ci*) [da *saccarimetria*; 1983] **agg.** *T.chim.* relativo alla saccarimetria || *grado saccarimetrico,* percentuale di zucchero presente in una soluzione, calcolata mediante il saccarimetro.

saccarìmetro [comp. di *saccari-* e *-metro*; 1841 *saccarometro*] **sm.** *T.chim.* strumento per calcolare la percentuale di zucchero contenuta in una soluzione.

saccarina [comp. di *saccaro-* e *-ina*; 1888] **sf.** composto organico artificiale della serie aromatica, bianco, con proprietà dolcificanti molto maggiori di quelle dello zucchero, in sostituzione del quale può essere usato come edulcorante nei medicinali e negli alimenti per diabetici o come antifermentativo; presentando una certa tossicità, in Italia ne è permesso solo l'uso farmaceutico, in quantità moderate.

saccarinàto [da *saccarina*; 1918] **agg.** che contiene saccarina: *zucchero saccarinato.*

sàccaro- o **sàccari-** [dal lat. *saccharum,* zucchero] **primo elem.** che, in parole composte della terminologia scientifica, vale "zucchero" (per es. *saccaromicete*).

saccaròide [comp. di *saccaro-* e *-oide*; 1817] **I sm.** **1.** minerale che ha aspetto simile a quello dello zucchero bianco cristallizzato **2.** *T.farm.* e *T.chim.* preparato con zucchero **II agg.** di materia zuccherina in genere o che ha aspetto simile allo zucchero in cristalli: *marmo saccaroide.*

saccarometrìa e der. v. SACCARIMETRIA e der.

saccaromicèti (sing. *-e*) [comp. di *saccaro-* e *micete*; 1957] **sm. pl.** funghi microscopici unicellulari, degli Ascomiceti, utilizzati per applicazioni industriali data la loro capacità di determinare la fermentazione alcolica dei liquidi zuccherini.

saccaròsio [comp. di *saccaro-* e *-osio*; 1895] **sm.** denominazione del comune zucchero in commercio; molto diffuso nel regno vegetale, viene estratto industrialmente dalla canna da zucchero o dalla barbabietola bianca || **N.** ZUCCHERO.

saccàta [da *sacco*; 1841] **sf.** **1.** quantità di roba che potrebbe essere contenuta in un sacco: *saccate di roba,* roba in gran quantità **2.** *ant.* unità di misura approssimativamente corrispondente alla superficie di terreno occorrente per seminarvi un sacco di grano (circa 6000 m^2).

saccàto [da *sacco*; 1750] **agg.** *ant. T.med.* detto di una forma di idropisia nella quale il siero resta chiuso in una specie di sacco.

saccènte [lat. *sapiens, -entis,* attr. i dial. merid.; 1306 nel senso 2; a. 1492 nel senso 1] **agg.** e **s.** **1.** che o chi, presumendo di sapere molto, ostenta fastidiosamente la propria cultura: *fare il saccente* **2.** *ant.* sapiente; sagace, abile || *dim.* saccentino, saccentèllo; *pegg.* saccentùcolo; *accr.* saccentóne || **saccenteménte** **avv.** || **N.** **1.** *Sin.* arrogante, barbassoro, cacasenno, presuntuosetto, saputello, saputo, sputasentenze | darsi delle arie, impancarsi, parlare come un oracolo, sdottorare, sentenziare, sputare sentenze.

saccenterìa [da *saccente*; a. 1472] **sf.** modo di fare da saccente; presunzione di sapere || **N.** presunzione, sfacciataggine.

saccheggiaménto [da *saccheggiare*; prima metà sec. XIV] **sm.** *non com.* atto ed effetto del saccheggiare, saccheggio.

saccheggiàre (pres. *-éggio*) [da (*mettere a*) *sacco*; 1532] **tr.** depredare con la violenza, spesso devastando o distruggendo quanto non viene asportato || *per estens.* svaligiare, derubare, anche senza azione violenta: *l'azienda è stata per lungo tempo saccheggiata dai suoi stessi amministratori* || *fig. saccheggiare un autore, un libro,* appropriarsi indebitamente e spudoratamente di passi, idee, espressioni || **N.** *Sin.* depredare, derubare, fare razzia, fare tabula rasa, mettere a ferro e a fuoco, mettere a sacco, plagiare, predare.

saccheggiatóre [da *saccheggiare*; 1618] ***agg.*** e ***sm.*** (f. *-trice*) che o chi compie un atto di saccheggio: *banda saccheggiatrice.*

sacchéggio (pl. *-gi*) [da *saccheggiare*; 1709] ***sm.*** atto ed effetto del saccheggiare || *fig.* azione o effetto dell'appropriazione indebita e sistematica di oggetti o espressioni e idee altrui || **N.** *Sin.* depredamento, saccheggiamento, sacco, scorreria, razzia | bottino, preda.

saccherìa [da *sacco*; 1959] ***sf.*** *non com.* fabbrica o reparto in cui si confezionano sacchi.

sacchétta (*dim.* di *sacca*) [1872 nel senso 2] ***sf.*** piccolo sacco contenente foraggio, che si lega al muso di cavalli, asini o muli || *dim.* sacchettìna.

sacchettificio (pl. *-ci*) [comp. di *sacchetto* e *-ficio*; 1970] ***sm.*** fabbrica che produce sacchetti di carta.

sacchétto (*dim.* di *sacco*) [a. 1370] ***sm.*** piccolo involucro a forma di sacco in tela, carta, cellofan o altro, usato per contenere oggetti o merce posta in vendita: *un sacchetto di plastica* || *per meton.* quantità di roba contenuta in un sacchetto: *un sacchetto di riso, di caffè* || *sacchetti* (o anche *sacchi*) *a terra*, sacchi di terra o sabbia, usati in guerra per far barricate o ripari || *giacca a sacchetto*, giacchettina diritta, non aderente e non modellata || *dim.* sacchettìno.

sacchificio (pl. *-ci*) [comp. di *sacco* e *-ficio*; 1974] ***sm.*** fabbrica di sacchi.

saccifórme [comp. di *sacci-*, da *sacco* e *-forme*; 1878] ***agg.*** avente forma di sacco: *aneurisma sacciforme.*

sacciùto [forma merid., formata analogicamente su *saccio*, so; a. 1565] ***agg.*** e ***sm.*** (f. *-a*) *ant.* saccente.

sàcco (pl. *-chi*; pl. f. ant. e pop. tosc. *sàcca*) [lat. *saccus*, gr. *sákkos*; fine sec. XIII *sacho*] ***sm.*** **1.** recipiente prevalentemente in tela grossolana e rozza, lungo, stretto, cucito in fondo e sui lati, aperto in alto, usato per mettervi dentro roba da conservare o da trasportare: *sacchi di grano, di carbone, di cemento* || *corsa nei sacchi*, gara che consiste nel percorrere una distanza saltellando con le gambe chiuse in un sacco legato alla vita || nelle loc. fig. *non è farina del tuo* (*suo*) *sacco*, non è opera tua (sua), ti sei (si è) fatto aiutare, è un plagio; *far le cose con la testa nel sacco*, alla cieca, senza considerazione; *reggere, tenere il sacco*, aiutare chi ruba, tenere mano a chi commette una cattiva azione; *vuotare il sacco*, confessare; *tornare con le pive nel sacco*, delusi, scornati per non essere riusciti a nulla; *non dir quattro finché non lo hai nel sacco*, non contare su una cosa finché non ne sei in possesso; *mettere qualcuno nel sacco*, imbrogliarlo; *essere colto con le mani nel sacco*, essere colto sul fatto mentre si compie una cattiva azione || *linea a sacco*, nel linguaggio della moda, indica una linea morbida e diritta nei vestiti femminili || *spreg.* abito malfatto, confezionato senza alcuna attenzione **2.** *per meton.* quantità di roba contenuta in un sacco: *abbiamo comperato un sacco di patate* || *fam.* grande quantità: *ci vuole un sacco di soldi*; *dire un sacco di fandonie* || *fam. iperb. me ne sono prese un sacco e una sporta*, mi sono preso tantissime botte || *fam. un sacco*, molto: *mi sono divertito un sacco* || *spreg. un sacco di cenci, di stracci*, persona malvestita, cenciosa, sbrindellata; *un sacco di ossa*, persona magrissima || *ant.* unità di misura di capacità per aridi, in uso in Italia prima dell'introduzione del sistema metrico decimale, di valore variabile tra i 70 e i 180 litri, a seconda delle località **3.** tela rozza e grossolana con trama rada ed evidente: *tessuti a sacco*; *per estens.* saio; veste rozza degli eremiti: *vestire il sacco della penitenza* **4.** *per estens.* denominazione di recipienti o contenitori di genere e materiale vario, di foggia sacciforme: *sacco da viaggio*; *sacco da montagna*, zaino di tela, perlopiù impermeabile, che alpinisti ed escursionisti portano sulle spalle, contenente provviste, indumenti e sim. (da cui *pranzo, colazione al sacco*, consumata all'aperto con i viveri portati con sé in un sacco da montagna); *sacco a pelo, da bivacco, a piuma*, copertura a foggia di sacco, foderata internamente di pelliccia o imbottita con lana, piume o materiale sintetico, usata per pernottare all'aperto, in tenda o, comunque, ove non si disponga di un letto con coperte e lenzuola; *sacco di sabbia*, nel pugilato, attrezzo ripieno di sabbia o segatura, appeso al soffitto della palestra, contro il quale i pugili sferrano pugni per allenarsi **5.** *per estens. fig.* formazioni vagamente sacciformi dovute al prodursi di una cavità: *fare il sacco a qualcuno*, ripiegare, per scherzo, il lenzuolo di sopra formando come un sacco, in modo che, infilandosi nel letto, non si riescano ad allungare le gambe || *T.cacc. sacco della ragna*, l'insaccatura che fa la ragna quando vi cade dentro un uccello || *T.mar. vela a sacco* (o *sacco*), vela usata sull'albero di trinchetto quando si procede con il vento in poppa **6.** *T.scient.* nome di varie formazioni fisiologiche o patologiche cave, più o meno profonde, in organismi vegetali o animali || *T.anat. sacco lacrimale*, piccola cavità agli angoli interni dell'occhio, contenente l'umore lacrimale; *sacco urinario*, allantoide; *sacco auricolare*, sacculo; *sacco del tuorlo* o *vitellino*, membrana embrionale presente in tutti i Cordati, contenente la massa del tuorlo (o *vitello*) e concorrente agli scambi nutritivi con l'embrione || *T.bot. sacco pollinico*, cavità in cui si produce il polline; *sacco embrionale*, cellula dell'ovulo delle Fanerogame || *pop. scherz.* stomaco o ventre: *riempirsi il sacco*, saziarsi; *sacco vuoto non sta in piedi*, si usa per dire che senza mangiare non ci si sostiene **7.** *gerg.* biglietto da mille lire: *l'ho pagato cinque sacchi* **8.** saccheggio: *mettere a sacco una città, il sacco di Roma* **9.** *T.mus.* parte del fagotto || *dim.* sacchétto, sàccolo; *accr.* saccóne || **N. 1.** PARTI: bocca, corda, fondo, orecchio, picciolo, rimbocchetto | imballare, insaccare, legare, riempire, rimboccare, sciogliere, vuotare | larghezza, profondità **2.** capacità, saccata **4.** *Sin.* bisaccia, borsa, sacca, zaino; *punching-bag.*

saccòccia (pl. *-ce*) [da *sacca*; 1618] ***sf.*** *region.* tasca, spec. larga e staccata dal vestito.

saccocciàta [da *saccoccia*; 1940] ***sf.*** *region.* tascata, saccoccia piena; anche il contenuto di essa: *una saccocciata di caramelle, di soldi.*

sàccolo (*dim.* di *sacco*) [1618] ***sm.*** *lett.* sacchetto: *un saccolo bianco gli pendeva dal collo* (D'Annunzio).

saccomannàre [da *saccomanno*; a. 1500] ***tr.*** *ant.* saccheggiare.

saccomànno [dal medio alto ted. *sakmann*, uomo col sacco; a. 1363] ***sm.*** **1.** *T.stor.* nel Medioevo e nel Rinascimento saccardo, bagaglione || successivamente brigante, saccheggiatore **2.** *lett.* sacco, saccheggio: *è buono a fare saccomanno in ogni terra* (D'Annunzio); *lett. non com. mettere a saccomanno*, mettere sottosopra; saccheggiare.

saccóne (*accr.* di *sacco*) [fine sec. XII nel senso 2] ***sm.*** **1.** grosso sacco **2.** sacco grande quanto il letto, pieno di cartocci di granoturco o di paglia, non trapuntato, usato come materasso o, quando manchi la rete, posto sotto di questo || *saccone elastico*, con le molle || **N. 2.** pagliericcio, paglione.

saccopelista [da *sacco* (*a*) *pelo*; 1983] ***s.*** campeggiatore o turista che di notte dorme all'aperto nel sacco a pelo.

sacculàre [da *sacculo*; 1959] ***agg.*** *T.anat.* relativo al sacculo: *membrana sacculare.*

sàcculo [dal lat. *sacculus*; a. 1364] ***sm.*** **1.** *lett.* piccolo sacco **2.** *T.anat.* parte membranosa dell'orecchio interno || **N. 2.** *Sin.* sacco auricolare.

sacèllo [dal lat. *sacellum*; 1340] ***sm.*** *poet.* piccola cappella, tempietto || *T.archeol.* piccola area recintata o piccolo edificio, rotondo o rettangolare, con dentro un'ara, che nell'antica Roma veniva dedicata, specialmente da parte di privati, a una divinità.

sacerdotàle [dal lat. *sacerdotālis*; sec. XIV] ***agg.*** relativo al sacerdote o al suo ufficio: *dignità, veste, ordine sacerdotale*; *benefici sacerdotali*, che spettano solo a chi è negli ordini sacri || **sacerdotalménte** ***avv.*** da sacerdote: *era vestito sacerdotalmente* || **N.** *Sin.* ecclesiastico, ieratico, presbiterale.

sacerdòte [dal lat. *sacerdos, -ōtis*; a. 1348] ***sm.*** chi, in qualità di ministro di una religione o di un culto, esercita il ruolo di intermediario tra il mondo del divino e la comunità umana, celebra i riti, custodisce gli oggetti sacri, interpreta la legge divina e ne predica l'osservanza: *sacerdote pagano, buddista, di Zeus*; *sacerdote ebraico*, rabbino; *sacerdote protestante*, pastore; *sommo sacerdote*, nel cattolicesimo, il papa; nell'ebraismo antico, il più importante tra i sacerdoti del tempio; *sacerdote perfetto*, per i cristiani, Cristo || *per anton.* prete cattolico || *fig.* (perlopiù *enf.* o *scherz.*) chi esercita il proprio ufficio come se si trattasse di una missione sacra: *sacerdote della scienza, sacerdote della giustizia*; *sacerdote di Esculapio*, medico; *sacerdote delle Muse*, cultore dell'arte, spec. della poesia || **N.** *Sin.* celebrante, curato, ministro di Dio, missionario, parroco, prete, reverendo | *Contr.* laico | canonico, cappellano, cardinale, diacono, monsignore, vescovo, vicario; presule, primate, vescovo, vicario; clero | aruspice, augure, bonzo, bramino, coribanti, druidi, feziale, flamine, fratelli Arvali, gallo, ierofante, *imam*, lama, levita, magi, marabut, mistagogo, muezzin, pontefice, pope, rabbino, salio | ordini sacri (accolito, diacono, esorcista, lettore, ostiario, prete, suddiacono); infula, mitra, paramenti, seminario. **Q.T.** ***religione.***

sacerdotéssa [dal lat. tardo *sacerdotissa*; 1336 ca.] ***sf.*** colei che in alcune religioni esercita l'ufficio sacerdotale: *le vestali erano sacerdotesse di Vesta* || *scherz.* donna che esercita quasi con sacralità un lavoro: *una sacerdotessa dell'alta moda* || **N.** baccante, devadasi, pizia.

sacerdòzio (pl. *-zi*) [dal lat. *sacerdōtium*; 1321] ***sm.*** **1.** condizione, ufficio e dignità di sacerdoti e sacerdotesse: *assumere il sacerdozio*; *sacerdozio eterno*, nella religione cristiana, quello di Cristo che, sacrificandosi sulla croce, si è fatto mediatore perenne tra Dio e gli uomini || *fig.* (perlopiù *enf.* o *scherz.*) missione sociale o professione da esercitarsi con zelo e dedizione assoluta: *il sacerdozio della scienza* **2.** nel cattolicesimo, il sacramento che conferisce la dignità dell'ordine sacerdotale || **N. 1.** *Sin.* presbiterato. **Q.T.** ***religione.***

sacertà [dal ted. *Sazertät*; 1950] ***sf.*** **1.** nel diritto romano, sanzione con cui veniva punito un delitto contro la religione o lo Stato, per la quale il trasgressore veniva consacrato a Zeus, cioè alla vendetta divina, espulso dalla comunità, e i suoi beni confiscati **2.** *lett.* sacralità.

sàcra V. SAGRA.

sacràle[1] [da *sacro*[1], sul modello dell'ingl. *sacral*; 1959] ***agg.*** relativo alla sfera del culto religioso: *rito, cerimonia sacrale.*

sacràle[2] [da *sacro*[2]; 1922] ***agg.*** *T.anat.* che si riferisce all'osso sacro: *vertebre sacrali.* **TAV.** ***anatomia* p. 641** 4.7.

sacralgìa (pl. *-gìe*) [comp. di *sacro*[2] e *-algia*; 1922] ***sf.*** *T.med.* dolore in corrispondenza della regione sacrale.

sacralità [da *sacrale*[1]; 1959] ***sf.*** carattere o

qualità di ciò che è sacro: *la sacralità di un'istituzione.*

sacralizzazióne [da *sacrale*[2]; 1957] **sf.** *T.med.* processo patologico per il quale una vertebra lombare (solitamente la quinta, ma talora anche la quarta) assume l'aspetto morfologico delle vertebre sacrali.

sacramentàle [dal lat. tardo *sacramentālis*; 1353] **I agg.** *T.eccl.* conforme o attinente a un sacramento: *confessione sacramentale*; *grazia sacramentale*, acquistata in virtù dei sacramenti || *fig.* di rito solenne, che non si può cambiare né omettere: *parole sacramentali, formule sacramentali* || *fig.* (perlopiù *scherz.*) rituale, detto di cose consacrate dall'abitudine: *la gita si concluse con una sacramentale bevuta* **II sm. pl.** cose sacre || atti rituali istituiti dalla Chiesa (e quindi distinti dai sacramenti, istituiti da Dio) per procurare determinati effetti spirituali; si dividono in esorcismi, consacrazioni e benedizioni || **sacramentalménte avv.** in modo sacramentale, per mezzo del sacramento: *nell'Ostia c'è sacramentalmente Gesù Cristo.*

sacramentàre (pres. *-énto*) [da *sacramento*; sec. XIV nel senso 2; 1634 nel senso 1] **tr.** *T.eccl.* nella liturgia cattolica, impartire i sacramenti, spec. quello dell'Eucaristia ai moribondi || in senso profano, giurare, affermare solennemente || *pop.* bestemmiare || **intr. pron.** ricevere i sacramenti || **N.** VIATICO.

sacramentàrio[1] (pl. *-ri*) [dal lat. eccl. *sacramentārium*; 1838] **sm.** *T.eccl.* antico libro liturgico contenente i testi per l'amministrazione dei sacramenti, dei sacramentali e per la celebrazione della Messa.

sacramentàrio[2] (pl. *-ri*) [da *sacramento*; 1838 come sm.] **I agg.** riguardante i sacramenti **II sm.** (f. *-a*) *T.stor.* seguace della dottrina di Zwingli, negante, in contrasto con la dottrina luterana, la presenza reale di Cristo nell'Eucaristia.

sacramentàto (*pps.* di *sacramentare*) [1686] **agg.** *Gesù sacramentato*, Gesù che è nell'ostia consacrata.

sacraménto [dal lat. *sacramentum*; a. 1292] **sm.** *T.eccl.* ciascuno dei sette segni sensibili ed efficaci della Grazia invisibile istituiti da Gesù Cristo: *sacramenti dei morti*, il Battesimo e la Penitenza, in quanto somministrati all'anima in colpa, morta alla grazia divina; *accostarsi ai sacramenti*, ai sacramenti della Penitenza e dell'Eucaristia; *Congregazione per i sacramenti e il culto divino*, congregazione della Chiesa romana che, nella sezione per i sacramenti, si occupa della disciplina dei sette sacramenti (escluse le questioni dogmatiche), delle cause della nullità del matrimonio e di questioni relative alla validità dell'ordinazione || *fam. fare una cosa con tutti i sacramenti*, con tutte le regole, rispettando tutte le formalità; *lo conciò con tutti i sacramenti*, lo conciò per bene || *ant.* e *lett.* giuramento: *fece sacramento di non mettere più piede là dentro* || **N.** conforti religiosi, mistero sacramentale, sacramentali | battesimo, cresima o confermazione, estrema unzione od olio santo, eucaristia o comunione, matrimonio, ordine sacro, penitenza o confessione. **Q.T.** *religione.*

sacràre [dal lat. *sacrāre*; 1374] **tr.** *lett.* consacrare, rendere sacro, dedicare con cerimonie sacre: *ove Atene sacrò tombe ai suoi prodi* (Foscolo) || **intr.** (aus. *avere*) *pop.* bestemmiare, imprecare || **rifl.** consacrarsi, sacrificarsi || **N. tr.** *Sin.* consacrare, dedicare | *Contr.* dissacrare, sconsacrare.

sacràrio (pl. *-ri*) [dal lat. *sacrārium*; a. 1558 nel senso 5] **sm. 1.** *T.stor.* presso i Romani, luogo, in prossimità di un tempio, dove si conservavano le suppellettili e gli arredi sacri; nelle case dei Romani era il luogo consacrato alle divinità protettrici della famiglia **2.** nelle chiese cattoliche, vaschetta posta presso l'altare, nella quale si versano le lavature dei vasi sacri o tutto ciò che resti di oggetti benedetti **3.** *per estens.* monumento dedicato ai caduti o a persone benemerite della comunità e che talora ne conserva le spoglie **4.** *fig.* sacra intimità di affetti e di ricordi: *il sacrario della famiglia, il sacrario domestico* **5.** *ant.* sagrestia; tabernacolo || chiostro || **N.** *Sin.* sacello, santuario.

sacràto (*pps.* di *sacrare*) [1319] **I agg.** *lett.* consacrato; sacro: *ostia sacrata*; *monaca sacrata*, che ha fatto i voti **II sm.** lo spazio consacrato che è dinanzi a una chiesa, e il luogo dove si seppellivano i morti, sagrato.

sacrestìa e der. V. SAGRESTIA e der.

sacrificàbile [da *sacrificare*; 1959] **agg.** che può o deve essere sacrificato.

sacrificàle [dal lat. tardo *sacrificālis*; 1900 *sagrificale*] **agg.** *lett.* relativo a un sacrificio pagano: *riti, cerimonie sacrificali.*

sacrificaménto [da *sacrificare*; a. 1642] **sm.** *raro* atto ed effetto del sacrificare, sacrificio.

sacrificàre (pres. *-ìfico, -ìfichi*) [dal lat. *sacrificāre*; sec. XIV] **tr. 1.** offrire in sacrificio alla divinità, immolare: *sacrificare un capretto, Agamennone sacrificò Ifigenia ad Artemide*; anche *ass.*: *gli antichi sacrificavano agli dei*; nella religione cattolica *il sacerdote sacrifica a Dio sull'altare*, celebra la Messa **2.** *per estens.* offrire in sacrificio, dedicare o posporre a ideali o istituzioni per i quali si nutra devozione altissima: *sacrificare la vita alla patria, all'onore, al dovere, alla famiglia, allo studio*; rinunciare a qualcosa a cui si tiene, privarsi di certi vantaggi nell'interesse proprio o altrui: *sacrifico un'ora per far piacere a un amico, sacrifico le vacanze per gli affari, non sacrificarti per me* **3.** dare a cose o persone una sistemazione peggiore di quella meritata o desiderata, non valorizzandone le qualità e le possibilità o non valutandone le aspirazioni e le esigenze: *è un peccato sacrificare quell'armadio in quell'angolo!, in sei in quell'alloggio sono troppo sacrificati, costringere quell'impiegato a fare un lavoro simile significa sacrificarlo* || **rifl. 1.** rischiare volontariamente e perdere la vita per un ideale: *i martiri cristiani si sacrificarono per la fede, i martiri di tutte le guerre si sono sacrificati per la loro patria* **2.** sopportare volontariamente disagi, privazioni, fatiche, spese ecc. in vista di un certo fine o per favorire altri: *i genitori si sacrificano per i figli, certa gente si sacrifica per la carriera* || **intr.** (aus. *avere*) *fig. lett.* mostrare con atti e parole ammirazione, devozione, culto: *sacrificare alla bellezza, alla bontà* || *eufem. sacrificare a Bacco*, bere vino in abbondanza e con gusto || **N. tr. 1.** *Sin.* immolare, offrire; propiziare | **rifl. 2.** *Sin.* privarsi, rassegnarsi, rinunciare, spogliarsi.

sacrificàto (*pps.* di *sacrificare*) [1342] **I agg. 1.** offerto in sacrificio, immolato **2.** sottoposto a privazioni, fatiche, rinunce, incomodi: *è una vita sacrificata*; *un ingegno sacrificato*, impiegato male, non considerato o valorizzato **II sm.** (f. *-a*) *non com.* persona danneggiata, costretta a gravi rinunce: *quel giovanotto è un povero sacrificato.*

sacrificatóre [dal lat. *sacrificātor, -ōris*; a. 1348] **agg.** e **sm.** (f. *-trice*) *lett. non com.* che o chi sacrifica, compie un sacrificio.

sacrifìcio (lett. tosc. *sacrifizio*) (pl. *-ci, -zi*) [dal lat. *sacrificium*; 1319] **sm. 1.** rito che, pur con modalità e fini diversi, consiste nell'offerta di qualcosa alla divinità: *sacrificio propiziatorio, fare, compiere un sacrificio, offrire una vittima in sacrificio*; *sacrificio espiatorio*, a riparazione di una colpa; *sacrificio umano*, in cui la vittima è un essere umano; *sacrificio cruento/incruento*, con o senza spargimento di sangue; *sacrificio latreutico*, di adorazione della divinità || anche la cerimonia che accompagna il rito; *in part.* nella religione cattolica il sacrificio per eccellenza è l'Eucaristia, nella quale si rinnova in forma simbolica il sacrificio di Cristo sulla croce: *santo sacrificio*; *sacrificio eucaristico, dell'altare*, la Messa || *per estens.* offerta della vita o della libertà per la realizzazione di un ideale: *far sacrificio di sé, l'ingiusto sacrificio delle vite dei soldati*; anche l'offrire a Dio un danno, una privazione o un'ingiustizia subiti: *offro in sacrificio a Dio questa mia pena* **2.** grave perdita, privazione, fatica impostaci dalla nostra volontà o dalla situazione: *lo mantiene agli studi con gravi sacrifici, una vita piena di sacrifici* || **N. 1.** *Sin.* ecatombe, immolazione, libazione, lustrazione, oblazione, offerta, olocausto | altare, ara, cultrario, ostia, tripudio, vittima, vittimario **2.** *Sin.* abnegazione, rinuncia. **Q.T.** *religione.*

sacrìfico (pl. *-ci*) [dal lat. *sacrificus*; 1838] **agg.** relativo a sacrificio || nella Roma antica, detto di chi faceva un sacrificio agli dei.

sacrifìzio V. SACRIFICIO.

sacrilègio (pl. *-gi*) [dal lat. *sacrilegium*; a. 1294] **sm.** profanazione, violazione di cose sacre: *commettere un sacrilegio* || *fig.* mancanza di rispetto verso persone o valori che ne sono degni: *è un sacrilegio insultare una simile persona* || *iperb.* danno arrecato per mancanza di sensibilità artistica o spirituale in genere: *ritoccare quel quadro è stato un vero e proprio sacrilegio*; anche *scherz.*: *annacquare il vino è proprio un sacrilegio!*

sacrìlego (pl. *-ghi*) [dal lat. *sacrilegus*; a. 1333] **agg.** che costituisce un sacrilegio: *gesto, furto sacrilego* || che commette o ha commesso sacrilegio: *mani sacrileghe*; *uomo sacrilego*, empio || *fam. lingua sacrilega*, detto di chi sparla di tutto e di tutti, senza risparmiare nessuno || **sacrilegaménte avv.**

sacripànte [dal n. proprio *Sacripante*, personaggio dell'*Orlando innamorato* e dell'*Orlando furioso*; 1630] **sm.** uomo di corporatura robusta, bravaccio, smargiasso || *scherz.* detto di una persona vivace e scaltra: *quel sacripante di mio figlio* || **N.** gradasso, rodomonte.

sacrìsta o **sagrìsta** [dal lat. mediev. *sacrista*; 1657 *sagrista*] **sm.** sagrestano; *sacrista del papa*, il prelato che, in Vaticano, ha in custodia gli arredi sacri della cappella pontificia e regola le funzioni liturgiche del papa; *prete sacrista*, nelle chiese collegiate, sacerdote che ha in custodia gli arredi del culto.

sacristìa V. SAGRESTIA.

sàcro[1] [lat. *sacer*; 1313] **I agg. 1.** appartenente, attinente o consacrato alla divinità e al suo culto: *paramento, luogo sacro*; *musica sacra*, scritta per cerimonie sacre; *arte sacra*, di soggetto religioso; *il poema sacro*, la *Divina Commedia*; *sacra rappresentazione*, nel Medioevo, dramma di argomento religioso || con particolare riferimento alla religione cristiana cattolica: *la Sacra Famiglia*, quella di Gesù; *il Sacro Cuore di Gesù*, simbolo della sua carità e del suo amore universale; *le Sacre Scritture*, il Vecchio e il Nuovo Testamento; *i Sacri Misteri*, quelli del Rosario; *Sacri Ordini*, i quattro ordini minori e i tre maggiori che costituiscono i segni coi quali è dato potere spirituale ai sacerdoti; *Sacro Collegio*, quello dei cardinali; *Sacri Palazzi*, quelli del pontefice a Roma, il Vaticano; *il Sacro Romano Impero*, l'ordinamento politico-religioso fondato da Carlo Magno, in cui il ruolo sacrale dell'imperatore era legittimato dal papa || *in gen.* consacrato, dedicato: *l'amore è sacro a Venere, questo luogo è sacro agli studi* || *ant. il morbo sacro*, l'epilessia **2.** che ispira profondo rispetto e devozione: *la persona del Capo dello Stato è sacra e inviolabile, la parola data è sacra* || *scherz.* o *enf.* detto di oggetti o privilegi ai quali non si intende rinunciare per alcuna ragione: *i miei libri sono sacri!, il riposo per me è sacro!* **II sm.** (solo *sing.*) sfera del reale e dello spirituale separata e opposta a quella del profano: *il sacro e il profano* || **N.** I **1.** *Sin.* consacrato, divino, sacrosanto, venerabile, venerato | *Contr.* profano, sconsacrato **2.** *Sin.* intangibile, intoccabile, inviolabile.

sàcro² [dal lat. tardo *os sacrum*, sul modello del gr. *hieròn ostéon*, osso grosso; 1584] **agg.** e **sm.** *T.anat.* *(osso) sacro*, osso del bacino, costituito dalle vertebre sacrali saldate insieme. **TAV.** ***anatomia* p. 641** 2.9.

sacrosànto [dal lat. *sacrosānctus*; 1319] **agg.** più che sacro: *i sacrosanti misteri della religione* || *per estens.* legittimo, intangibile; degno della massima reverenza, del massimo rispetto: *verità sacrosanta, un diritto sacrosanto* || *fam. iperb. parole sacrosante!*, indiscutibilmente vere; *castigo sacrosanto*, ben dato, meritato || **sacrosantaménte** ***avv.***

sadducèo o **saducèo** [dal lat. tardo *sadducāeus*, dall'ebr. *saddiq*, giusto o dal n. del sacerdote *Saddūq*; 1682] **agg.** e **sm.** (f. *-a*) *T.stor.* seguace di un partito politico-religioso giudaico che, nei sec. II-I a.C., negava l'immortalità dell'anima, la resurrezione dei morti e la validità della tradizione orale.

sàdico (pl. *-ci*) [dal fr. *sadique*; 1889] **I agg.** che è indice di sadismo o che presenta caratteri di sadismo: *piacere, gusto sadico*; *temperamento sadico* || **sadicaménte** ***avv.*** **II sm.** (f. *-a*) chi gode nel torturare altri crudelmente.

sadismo [dal n. del marchese de *Sade*, scrittore fr., sul modello del fr. *sadisme*; 1892] **sm.** perversione sessuale per cui si gode nell'infliggere ad altri sofferenze fisiche e umiliazioni || *per estens.* crudeltà raffinata e gratuita che si manifesta nel tormentare gli altri || **N.** *Contr.* masochismo | sadomasochismo. **Q.T.** *psicanalisi, psicologia.*

sadomàso **s.** *inv.* forma raccorciata di *sadomasochista.*

sadomasochismo [comp. di *sad(ismo)* e *masochismo*; 1963] **sm.** *T.psic.* coesistenza di impulsi sadici e masochisti nello stesso individuo. **Q.T.** *psicologia.*

sadomasochista [da *sadomasochismo*; 1978] **s.** *T.psic.* chi è affetto da sadomasochismo.

sadomasochistico (pl. *-ci*) [da *sadomasochismo*; 1968] **agg.** *T.psic.* relativo a sadomasochismo: *istinti sadomasochistici.*

saducèo V. SADDUCEO.

saéppola [da *saeppolo*; 1872] **sf.** *tosc. eufem.* saetta: *che saeppola di ragazzo!*

saéppolo [etim. inc.; a. 1320] **sm.** *ant.* **1.** arco per tirare pallottole **2.** pollone della vite.

saétta [lat. *sagitta*; a. 1294] **sf.** **1.** *lett.* la freccia che si scaglia con l'arco o la balestra || *per estens.* denominazione di utensili e oggetti a forma di freccia come, per es., una punta di trapano usata per alesare, arnesi appuntiti per scolpire e intagliare, la lancetta dell'orologio, l'asta inclinata usata nelle costruzioni edili come sostegno o rinforzo ecc. || *lett. poet.* raggio di sole **2.** fulmine, folgore; usato spesso per indicare persona o cosa che si muove con grande velocità: *pareva una saetta* || *fam.* persona molto irrequieta || nel calcio, tiro a rete improvviso e potente **3.** *T.geom.* il segmento di retta che unisce il punto mediano di un arco di cerchio con la corda che lo sottende **4.** *ant.* e *raro* nulla affatto, niente: *non ci capisco una saetta* || *dim.* saettèlla, saettùzza || **N.** **1.** *Sin.* dardo, strale | saettia, sagittario.

saettàme [da *saetta*; sec. XIV] **sm.** *ant.* e *lett.* quantità di saette, di varie specie: *abbiam quasi finito il saettame* (D'Annunzio).

saettaménto [da *saettare*; a. 1324] **sm.** *ant.* e *lett.* **1.** lancio continuato di saette || *fig.* ripetizione insistente, mitragliamento: *un saettamento di domande* **2.** uccisione o ferimento a colpi di saette **3.** saettame.

saettànte (*ppr.* di *saettare*) [1723] **I agg.** detto di gesti o di espressioni del viso che ricordano il movimento del fulmine: *movimento, occhiata saettante* || *lett.* che scaglia saette: *il saettante dio Apollo* **II sm.** *lett. per anton.* il dio Apollo.

saettàre (pres. *-étto*) [lat. tardo *sagittāre*; 1313 nel senso 2] **tr.** **1.** *lett.* ferire di saetta **2.** scagliare saette || *per estens.* scagliare, lanciare a mo' di saetta: *saettare occhiate severe, ingiurie*; *il Sole saettava tutti i suoi raggi più infocati* || nel linguaggio calcistico, fare un tiro forte e velocissimo; fulminare: *saettare in rete* || **N.** **2.** *Sin.* dardeggiare, folgorare, gettare, lanciare.

saettàta [da *saettare*; a. 1584] **sf.** *ant.* colpo di saetta.

saettàto (*pps.* di *saettare*) [1353] **agg.** **1.** scagliato, lanciato, folgorato **2.** *T.bot.* detto di foglia appuntita, la cui base incavata si bipartisce come il ferro della freccia.

saettatóre [lat. tardo *sagittātor, -ōris*; sec. XIV] **agg.** e **sm.** (f. *-trìce*) *ant.* e *lett.* che o chi saetta || **N.** *Sin.* arciere, sagittario.

saettèlla (*dim.* di *saetta*) [a. 1539] **sf.** punta di trapano molto delicata per eseguire lavori di precisione.

saettìa¹ [da *saetta*; 1872] **sf.** *T.eccl.* triangolo di legno sul quale si pongono nella settimana santa le quindici candele che vanno poi spente a una a una, alla fine di ogni salmo cantato.

saettìa² [dal lat. *sagittāria*, attr. il genov. *sagittea*; sec. XIV] **sf.** *T.mar.* piccolo bastimento sottile, leggero, velocissimo, a tre alberi con vele latine, usato nel sec. XVI.

saettière [dal lat. *sagittārius*; a. 1729] **sm.** *ant.* e *lett.* arciere, saettatore.

saettifórme [comp. di *saetta* e *-forme*; 1906] **agg.** *T.bot.* di foglia, dalla forma triangolare, piuttosto stretta e slanciata.

saettóne [da *saetta*; 1676] **sm.** **1.** grosso serpente nostrano innocuo; biacco **2.** *T.arch.* trave della capriata, che dalla metà del puntone va sino all'estremità inferiore del monaco.

saettùzza (*dim.* di *saetta*) [a. 1571] **sf.** punta del trapano, più delicata della saettella, per i lavori minuti || *T.scult.* ferro usato dagli scultori; saetta.

safàri [da una voce swahili, prob. attr. l'ingl. *safari*; 1959] **sm.** spedizione di caccia (*per estens.* anche turistica) nei territori dell'Africa equatoriale e tropicale: *safari fotografico*, per fotografare gli animali selvatici nel loro ambiente naturale; anche le persone e l'equipaggiamento relativo.

safarìsta [da *safari*, attr. il ted. *Safarist*; 1973] **s.** chi partecipa a un safari.

safèna [dall'ar. *sāfin*, vena che sta in profondità nel braccio; sec. XIV] **sf.** *T.anat.* nome di due vene sottocutanee della gamba, l'una sulla faccia interna (*grande safena*), l'altra su quella esterna (*piccola safena*).

safèno [da *safena*; 1838] **agg.** *T.anat.* detto di vena o nervo degli arti inferiori: *nervo safeno*; *vena safena*, safena.

sàffico (pl. *-ci*) [dal lat. *sapphicus*, gr. *sapphikós*; 1546 nel senso 2] **I agg.** **1.** relativo a Saffo, poetessa greca del sec. VII a.C.: *stile saffico* || *per estens.* proprio del saffismo, lesbico: *amore saffico* **2.** detto di verso e di metro (composto di tre endecasillabi saffici e di un adonio) coniati da Saffo: *strofe saffica*, metro italiano a imitazione di quello saffico greco, composto di tre endecasillabi e di un quinario o settenario **II sf.** *saffica*, lirica in metro saffico: *le belle saffiche carducciane.*

saffìro **sm.** *ant.* V. ZAFFIRO.

saffismo [dal n. proprio *Saffo*, poetessa gr., sul modello del fr. *saphisme*; 1908] **sm.** omosessualità femminile || **N.** *Sin.* lesbismo. **Q.T.** *psicologia.*

sàffo [dal lat. *Sappho*, gr. *Sapphṓ*, nome della poetessa gr.; 1965] **sf.** uccello originario del Sudamerica, simile al colibrì, caratterizzato dal piumaggio verde, rosso e bruno e dalla coda con le penne laterali più lunghe di quelle interne.

safranàle [dal fr. *safran*, zafferano; 1959] **sm.** sostanza odorosa dello zafferano.

safranìna [dal fr. *safranine*; 1967] **sf.** *T.chim.* sostanza organica usata per tingere di rosso le stoffe in seta o cotone.

sàga¹ [dal ted. *Sage*, narrazione; 1819] **sf.** *T.lett.* leggenda epica delle antiche letterature nordiche: *le saghe dei Nibelunghi* || *per estens.* narrazione romanzata delle vicende di un personaggio o di una famiglia.

sàga² [dal lat. *sāga*; 1532] **sf.** *ant.* strega, incantatrice.

sagàce [dal lat. *sāgax, -ācis*; a. 1348 *segace* nel senso 2] **agg.** **1.** *lett.* che ha olfatto fine: *cane sagace* **2.** *per estens. più com.* accorto, avveduto: *uomo sagace* || detto o fatto con sagacia: *risposta sagace* || **sagaceménte** ***avv.*** || **N.** **1.** *Sin.* acuto, raffinato, sottile **2.** *Sin.* accorto, arguto, astuto, avveduto, cauto, destro, furbo, oculato, perspicace | *Contr.* malaccorto.

sagàcia (pl. *-cie*) [da *sagace*; 1563] **sf.** l'essere sagace; accortezza, finezza di giudizio e di sensi, prontezza nel valutare e nell'intuire || *lett.* odorato fine || **N.** *Sin.* avvedutezza, oculatezza, perspicacia, raffinatezza, sagacità, sottigliezza, ASTUZIA | aver buon naso o buon fiuto.

sagacità [dal lat. *sagācitas, -ātis*; a. 1348] **sf.** *non com.* sagacia.

sàgari [dal gr. *ságaris*, bipenne; 1909] **sf.** bipenne, ascia da guerra, *in part.* la scure delle Amazzoni: *la sagari amazonia* (D'Annunzio).

sagàrzia [dal gr. *Sagártioi*, nome di un antico popolo che combatteva con un laccio, per analogia con i filamenti di questo celenterato; 1930] **sf.** attinia della famiglia dei Celenterati, di color rosa, parassita in part. di granchi e mitili.

sagèna [dal lat. *sagēna*, gr. *sagḗnē*; sec. XIV] **sf.** **1.** *T.pesc.* piccolo tramaglio da uccellagione o da pesca **2.** imbarcazione per la navigazione costiera usata nel Medioevo.

saggézza [da *saggio¹*; 1548] **sf.** l'essere saggio; sapienza, prudenza, equilibrio intellettuale applicati alla vita pratica: *operare con saggezza*; *mostrare una grande saggezza* || **N.** *Sin.* assennatezza, buonsenso, criterio, giudizio, senno, sensatezza.

saggiàre (pres. *sàggio*) [da *saggio²*; 1308] **tr.** **1.** valutare sperimentalmente le caratteristiche di un materiale, in part. la qualità o la purezza: *saggiare l'oro, un terreno* **2.** *fig.* mettere alla prova, verificare: *saggiare le proprie capacità, le intenzioni del nemico* **3.** *ant.* e *dial.* assaggiare || **N.** **1.** *Sin.* provare, verificare.

saggiatóre [da *saggiare*; 1324] **agg.** e **sm.** **1.** (f. *-trìce*) che o chi saggia, spec. chi saggia l'oro **2.** bilancia di precisione per il saggio dell'oro **3.** arnese per saggiare il formaggio.

saggiatùra [da *saggiare*; 1891] **sf.** **1.** operazione ed effetto del saggiare **2.** il segno che resta sul metallo saggiato.

saggiavìno [comp. di *saggia(re)* e *vino*; 1891] **sm.** *inv.* tubetto di vetro con un'estremità rigonfiata, con cui viene prelevato il vino dalle botti per le prove di assaggio.

saggina [lat. *sagīna*, nutrimento per animali domestici; a. 1320] **sf.** pianta delle Graminacee, di cui si adoperano le parti erbacee e le giovani pianticelle come foraggio, i semi come becchime; le infiorescenze di una particolare specie di saggina, la saggina da granate, si usano nella fabbricazione di scope e spazzole || **N.** *Sin.* meliga, sorgo | sagginella.

sagginàle [da *saggina*; a. 1320] **sm.** fusto secco della saggina; sanale.

sagginàre (pres. *-ìno*) [lat. *sagināre*; 1598] **tr.** ingrassare con saggina (o con altri alimenti sim.) animali da allevamento, spec. maiali e volatili.

sagginàto (*pps.* di *sagginare*) [1340 ca.] ***agg.*** *maiale sagginato*, tenuto all'ingrasso || *ant.* e *lett.* detto di cavallo col manto color della saggina, roano: *il centauro di manto sagginato* (D'Annunzio).

sagginèlla [da *saggina*; a. 1606] ***sf.*** nome di alcune piante della famiglia delle Graminacee, con fusto terminante in pannocchia piramidale.

sàggio[1] (pl. m. *-gi*, pl. f. *-ge*) [lat. volg. **sapius*, attr. il fr. ant. *sage*; fine sec. XIII] **I *agg.*** savio, prudente: *saggio consiglio, guida saggia* || *ant.* pratico, esperto || **saggiaménte** ***avv.*** **II *sm.*** (f. *-a*) sapiente, savio: *il consiglio dei saggi* || **N.** I *Sin.* accorto, assennato, giudizioso, moderato, savio, sensato | *Contr.* avventato, dissennato, malaccorto, pazzo.

sàggio[2] (pl. *-gi*) [lat. tardo *exāgium*, peso; sec. XIV] ***sm.*** **1.** prova sperimentale compiuta per conoscere la qualità e il valore di qualcosa; *in part.* accertamento del grado di purezza di una sostanza chimica rispetto a un determinato campione di riferimento: *bisogna fare il saggio del metallo* **2.** la piccola parte di una cosa che si prende per farne il saggio o per mostrarla ad altri perché la esamini; campione: *le manderò un saggio dei nostri vini* || di libro, estratto e sim., esemplare inviato gratuitamente dall'editore per propaganda; omaggio **3.** prova: *ha dato un saggio della sua bravura; saggio di ginnastica, saggio musicale* || *T.lett.* studio, monografia: *saggi critici, un saggio sul Boccaccio* **4.** *T.banc.* misura percentuale dell'interesse e dello sconto: *ho avuto il prestito a un saggio onesto* || *dim.* saggiòlo || **N.** **1.** *Sin.* assaggio, esperimento, prova **2.** *Sin.* campione, esemplare, *specimen* **3.** *Sin.* mostra **4.** *Sin.* tasso.

saggiòlo (*dim.* di *saggio*[2]) [a. 1400 nel senso 3] ***sm.*** **1.** *ant.* piccolo saggio **2.** *non com.* piccola parte di vino o olio che si dà per assaggio; campione; anche il fiaschetto che lo contiene **3.** *ant.* bilancia su cui si pesano le monete.

saggìsta [da *saggio*[2], sul modello dell'ingl. *essayist*; 1927] ***s.*** scrittore di saggi, solitamente in campo umanistico.

saggìstica [da *saggio*[2]; 1950] ***sf.*** **1.** la tecnica dello scrivere saggi **2.** genere letterario del saggio; anche l'insieme dei saggi prodotti in un determinato luogo, periodo o nell'ambito di un determinato indirizzo: *la saggistica italiana.*

saggìstico (pl. *-ci*) [da *saggio*[2]; 1950] ***agg.*** che concerne i saggi o la saggistica: *produzione saggistica.*

saginàre ***tr.*** *lett.* V. SAGGINARE.

sagitta [dal lat. *sagitta*, freccia; sec. XIV] ***sf.*** **1.** *ant.* saetta **2.** *T.zool.* genere di Invertebrati marini diffusi in tutti i mari.

sagittàle [da *sagitta*; 1584 nel senso 2; 1922 nel senso 1] ***agg.*** **1.** *raro* di saetta **2.** *T.anat.* detto del piano ideale che divide il corpo umano per lungo in due metà simmetriche; *sutura sagittale*, quella che unisce le due ossa parietali del cranio.

sagittària [dal lat. *sagitta*, freccia, come il lat. scient. *Sagittāria*; 1891] ***sf.*** pianta erbacea acquatica, caratterizzata da foglie triangolari strette e slanciate e da fiori bianchi, diffusa nelle zone temperate.

Sagittàridi (sing. *-e*) [comp. di *sagittario* e *-idi*; 1959] ***sm. pl.*** *T.zool.* famiglia di uccelli dei Falconiformi comprendente il sagittario.

sagittàrio (pl. *-ri*) [dal lat. *sagittārius*; a. 1374] ***sm.*** **1.** *ant.* arciere **2.** (perlopiù con iniz. maiuscola) *T.astr.* costellazione dello zodiaco, tra Scorpione e Capricorno || *T.astrol.* segno zodiacale che domina il periodo compreso tra il 23 novembre e il 21 dicembre; *per meton.* persona nata sotto tale segno **3.** uccello falconiforme, detto anche *serpentario.* **TAV.** *astrologia* 1.9.

sagittàto [da *sagitta*; 1809] ***agg.*** *T.bot.* a forma di freccia: *foglia sagittata.*

sàglia ***sf.*** *sett.* V. SAIA.

saglìre ***intr.*** *ant.* V. SALIRE.

sàgo[1] V. SAGÙ.

sàgo[2] (pl. *-ghi*) [dal lat. *sagum*; sec. XIV] ***sm.*** **1.** mantello dei soldati romani **2.** *lett.* veste monacale, saio: *prostesi in grigio sago i padri* (Carducci).

sàgola [etim. inc.; 1846] ***sf.*** *T.mar.* cordicella intrecciata e incatramata, che non si attorciglia mai su se stessa e si usa sulle imbarcazioni per alzare le bandiere o per calare scandagli, solcometri ecc. || funicella di nylon o canapa usata per trattenere l'arpione lanciato col fucile subacqueo. **TAV.** *pesca* 12.1.

sàgoma [dal lat. *sacōma*, gr. *sákōma*, contrappeso della stadera; 1572 nel senso 2; 1660 nel senso 1] ***sf.*** **1.** modello in legno, cartone e sim., usato come fac-simile di un oggetto da costruire artigianalmente o industrialmente || foglio di materiale rigido in cui sono intagliate determinate forme o figure, impiegato per tracciare disegni di precisione **2.** profilo, linea di contorno di un mobile, di un'opera architettonica, di un veicolo o di qualsiasi altro oggetto la cui forma sia esteticamente o funzionalmente rilevante: *la sagoma di un armadio, di un capitello; sagoma aerodinamica* || *sagoma limite, di carico*, quella entro la quale deve potersi iscrivere la sezione di massimo ingombro di un veicolo stradale o ferroviario, compreso il carico, al fine di poter passare sotto gallerie, cavalcavia ecc. **3.** *per estens.* profilo della figura umana: *la sagoma del viso*; *in part.* figura che rappresenta schematicamente quella di un uomo o di un animale, usata come bersaglio nel tiro a segno || *fam. scherz.* persona stravagante, bel tipo: *che sagoma!, sei una bella sagoma!* || **N.** **1.** *Sin. silhouette*, FORMA **2.** *Sin.* modanatura, modano. **TAV.** *disegno* 13.

sagomàre (pres. *sàgomo*) [da *sagoma*; 1891] ***tr.*** dare la sagoma: *sagomare un mobile.*

sagomàto (*pps.* di *sagomare*) [1876] ***agg.*** che ha sagoma: *cornice ben sagomata, ecco un mobile molto mal sagomato.*

sagomatóre [da *sagomare*; 1959] ***sm.*** (f. *-trice*) operaio addetto alla sagomatura.

sagomatrìce [da *sagomare*; 1936] ***sf.*** macchina che dà sagoma a pezzi di legno e a pietre.

sagomatùra [da *sagomare*; 1959] ***sf.*** **1.** l'operazione di sagomare e il suo effetto **2.** sagoma, nel senso 1. **Q.T.** *scultura.*

sàgra (arc. *sàcra*) [lat. *sacra*, cose sacre, cerimonia, festa sacra; sec. XIV] ***sf.*** **1.** festa con la quale si commemora la consacrazione di una chiesa **2.** *per estens.* festa popolare con fiera e mercato, celebrante determinate ricorrenze: *la sagra dell'uva, del grano, del villaggio* || festa civile commemorativa di imprese o personaggi: *la sagra dei Mille.*

sagraménto e der. forme arc. di SACRAMENTO e der. (v.).

sagràre [dal lat. *sacrāre*, consacrare; a. 1742] ***intr.*** (aus. *avere*) *volg.* sacramentare, bestemmiare: *cominciò a sagrare come un turco* || ***tr.*** *ant.* consacrare, dedicare.

sagràto (*pps.* di *sagrare*) [a. 1400] ***sm.*** **1.** lo spazio dinanzi la chiesa, sacrato || *ant.* terreno consacrato affiancato alla chiesa, destinato alla sepoltura dei cristiani **2.** *volg.* bestemmia: *tirare, attaccare sagrati.*

sagrestàna [da *sagrestano*; 1354] ***sf.*** **1.** *T.eccl.* la monaca che nei conventi è addetta alla sagrestia **2.** la moglie del sagrestano; la donna che è incaricata della pulizia della chiesa.

sagrestàno [dal lat. mediev. *sacristānus*; 1353] ***sm.*** *T.eccl.* custode della sagrestia e degli oggetti sacri: *il sagrestano del Duomo; sagrestano del papa*, prelato domestico || **N.** *Sin.* sacrista, scaccino.

sagrestìa [dal lat. mediev. *sagrestīa*; 1313] ***sf.*** **1.** luogo annesso alla chiesa, dove si custodiscono gli arredi e i paramenti sacri, e dove i sacerdoti si parano per le funzioni || *fig. qui c'è odor di sagrestia*, si avverte l'ingerenza del clero **2.** *T.banc.* stanza riposta, perlopiù sotterranea e blindata, in cui si custodiscono i valori.

sagrì [dal turco *sağrı*, pelle conciata; a. 1636] ***sm. inv.*** **1.** *ant.* zigrino **2.** piccolo squalo dal corpo nerastro con pinne dorsali fornite di aculei.

sagrifìcio o **sagrifìzio** ***sm.*** *ant.* e *region.* V. SACRIFICIO.

sagrinàto [da *sagrì*; 1711] ***agg.*** *non com.* zigrinato.

sagrìno V. SAGRÌ.

sagrìsta V. SACRISTA.

sàgro [dall'ar. *saqr*; prima metà sec. XIV *falcone sagro*] ***sm.*** **1.** *T.stor.* grosso pezzo di artiglieria da campagna **2.** uccello dei Falconidi.

sagù (raro *sàgo*) [dal malese *sāgū*, attr. il fr. *sagou*; 1747] ***sm. inv.*** fecola che si ricava dal midollo di alcune piante ed è utilizzata sia come alimento, sia nella fabbricazione del glucosio || **N.** metrossilo.

saguàro [voce indigena dell'Arizona e del Messico; 1959] ***sm.*** pianta tropicale nordamericana delle Cactacee, dal fusto con pochi rami recanti all'estremità fiori bianchi e frutti a bacca con polpa rossa.

sahariàno (pr. [saa'rjano]) [dal n. geogr. *Sahara*; 1959] **I *agg.*** del Sahara **II *sf.*** *sahariana*, ampia giacca di tela color cachi, portata dalle truppe coloniali; in tessuto nero, costituì parte della divisa fascista || *per estens.* giacca ampia di colori vari, perlopiù di cotone, che si porta d'estate.

sàhib o **sahib** (pr. ['sa(h)ib] o [sa'(h)ib]) [dall'ar. *sāhib*, amico, padrone; 1828] ***sm. inv.*** nell'India coloniale, titolo con cui gli Indiani si rivolgevano agli Europei.

sàia [dal lat. *saga*, mantelli, attr. il fr. ant. *saie*; 1278 nel senso 2] ***sf.*** **1.** panno sottile e leggero di lana, spinato, ruvido al tatto: *pezza di saia* **2.** tipo di armatura tessile usata nella fabbricazione di tessuti spigati || *dim.* saiétta.

sàica o **saìcca** [dal turco *šaika*; 1675] ***sf.*** *T.mar.* antico bastimento dei levantini, a vela e a remo, con scafo grossolano e tondo.

saìme [lat. volg. **sagīmen*; 1340 ca.] ***sm.*** *ant.* lardo, strutto, grasso.

saint-honoré (fr., pr. [sẽt ɔnɔ're]) [dal n. del patrono dei fornai; 1942] ***sf. inv.*** dolce di pasta sfoglia, crema e panna, circondato da una corona di bignè.

sàio (pl. *sài*) [dal lat. *sagum*, mantello, attr. il fr. *saie*; a. 1535] ***sm.*** **1.** tonaca monacale: *vestire il saio*, entrare in un ordine monastico **2.** *T.stor.* tunica corta, con cintola alla vita, che portavano gli schiavi e i soldati romani || nel Medioevo e nel Rinascimento, veste militare e anche cotta d'arme || *dim.* saiétto; *accr.* saióne.

saióne (*accr.* di *saio*) [a. 1556] ***sm.*** **1.** grosso saio **2.** panno pesante tessuto a lisca di pesce.

saìtico (pl. *-ci*) [dal lat. *saīticus*; 1959] ***agg.*** originario di Sais, antica città egiziana, o anche relativo al periodo in cui Sais era capitale dell'Egitto.

sakè [da una voce giap., attr. il fr. *saké*; 1841 *saki*] ***sm. inv.*** bevanda giapponese simile alla birra, ma molto più alcolica; si ricava dal riso fermentato.

sàla[1] [dal long. *sala*; fine sec. XIII] ***sf.*** locale, perlopiù spazioso, che in edifici pubblici o privati viene destinato ad attività collettive di vario genere: *sala da pranzo, da ballo, sala da biliardo*; *sala giochi*, locale pubblico attrezzato con giochi elettronici e *videogames*; *sala d'aspetto*, in stazioni ferroviarie e aeroportuali, studi professionali, uffici ecc., quella riservata alle persone in attesa (V. ANTICAMERA); *sala d'armi*, dove si tira di scherma; *sala di convegno*, sala di ritrovo per gli ufficiali di un reggimento; *sala di lettura*, nelle biblioteche, locale dove si leggono i libri chiesti in lettura; *sala di disciplina*, il locale nelle caserme dove devono stare i sottufficiali puniti, e anche la punizione stessa: *ha avuto otto giorni di sala* (*di disciplina*); *sala operatoria*, la stanza dove il chirurgo opera in ospedali, case di cura e sim.; *sala corse*, dove si fanno scommesse sulle corse ippiche; *sala stampa*, locale predisposto in occasione di manifestazioni o nelle sedi di alcune importanti istituzioni pubbliche, dal quale i giornalisti possono inviare al giornale i propri servizi; *sala macchine*, vano in cui, spec. su di una nave, sono alloggiati i motori; *sala nautica*, nelle navi mercantili, la camera sul ponte di comando riservata al capitano e agli ufficiali per tenervi carte e strumenti nautici ed eseguirvi i calcoli necessari alla navigazione; sulle navi da guerra, casotto del timone ‖ *in part.* quando non è usata in loc. che ne specificano la funzione, si intende l'ambiente riservato alla conversazione e ai ricevimenti in un'abitazione privata e anche il mobilio che la arreda: *abbiamo comprato una sala in stile barocco* ‖ *dim.* salétta, salòtto; *accr.* salóne, salóna ‖ **N.** *Sin.* aula, camerone, *hall* | poltrone, quadri, soprammobili, specchi, tappeti, tappezzeria, tende. **Q.T.** *arredamento, teatro* **TAV.** *nave* **p. 1327** 6.10.

sàla² [lat. volg. **axālis*, assale; a. 1320] ***sf.*** l'asse che entra nel mozzo della ruota e intorno al quale essa gira; assale.

sàla³ [etim. inc.; forse voce preindoeuropea; 1618] ***sf.*** nome comune di alcune piante palustri, le cui foglie, sottili e lunghe, servono per rivestire fiaschi, impagliare sedie e sgabelli ecc.

salàcca [prob. dallo scozzese *sillock*; 1805] ***sf.*** **1.** *pop. region.* denominazione di varie specie di alosa o di altri pesci marini di scarso pregio simili alle aringhe, spec. se seccati o affumicati ‖ *per estens.* cibo da poveri: *mangiare salacche*, vivere miseramente **2.** *fig. scherz.* persona magrissima **3.** *scherz.* sciabola **4.** *spreg.* vecchio libro, sudicio e strappato ‖ *dim.* salacchìno.

salaccàio (pl. *-ài*) [da *salacca*; 1872] ***sm.*** **1.** (f. *-a*) venditore di salacche **2.** *fig. tosc.* libro di nessun pregio, vecchio, sbrindellato; salacca, salacchino.

salacchìno (*dim.* di *salacca*) [a. 1872 nel senso 3] ***sm.*** **1.** piccola salacca **2.** *region.* libro vecchio e sudicio **3.** *fam.* colpo dato con due o tre dita stese sul palmo della mano o sui polpacci.

salàce [dal lat. *salax, -ācis*; 1546 nel senso 2] ***agg.*** *lett.* **1.** scurrile, osceno o, *più com.*, arguto, pungente, spec. riferito a discorsi o scritti: *motti, parole salaci* **2.** *arc.* afrodisiaco ‖ **N.** **1.** *Sin.* mordace, piccante, SCURRILE.

salacità [dal lat. *salacitas, -ātis*; 1598] ***sf.*** qualità di ciò che è salace.

salagióne [da *salare*; 1840] ***sf.*** il salare, spec. sostanze alimentari da conservare ‖ **N.** *Sin.* salatura.

salàma [da *salame*; 1905] ***sf.*** carne di maiale molto drogata e mista con vino vecchio, insaccata in forma di piccola mortadella; è una specialità ferrarese.

salamàndra [dal lat. *salamăndra*, gr. *salamándra*; a. 1250] ***sf.*** nome di vari anfibi Urodeli, simili alle lucertole, dal corpo a macchie gialle e nere, presenti con alcune specie anche in Italia; secondo un'antica credenza popolare, questi animali non subiscono danni dall'azione del fuoco: *fig.* *avere la pelle di salamandra, essere una salamandra*, non bruciarsi al contatto del fuoco.

salamànna o **alamànna** [da *Ser Alamanno* Salviati, n. di chi importò il vitigno; 1712 *seralamanna*] ***agg.*** e ***sf.*** uva bianca da tavola, con chicchi grossi, polposi e molto gustosi.

salàme [lat. tardo *salāmen*; 1561] ***sm.*** **1.** carne di maiale tritata, salata e insaccata in grosse budella insieme a parti di grasso e grani di pepe; si consuma, cotto o crudo, dopo un periodo più o meno lungo di stagionatura: *pane e salame* **2.** *fig.* persona infagottata, impacciata, goffa e anche sciocca, facilmente raggirabile: *restare impalato come un salame, fare la figura del salame* ‖ *dim.* salamìno, salamòtto; *accr.* salamóne ‖ **N.** **1.** affettato, salsicciotto | fetta, treccia | pizzicagnolo, salsamentario, salumaio, salumiere **2.** *Sin.* imbranato. **TAV.** *alimentazione* 7.1.

salameleccàre (pres. *-ècco, -ècchi*) [da *salamelecco*; 1891] ***tr.*** *raro* fare salamelecchi.

salamelècco (ant. *salamelècche*) (pl. *-chi*) [dall'ar. (*as*) *salām 'alahk*, la pace sia con te; 1481 *salamalec*] ***sm.*** *scherz.* saluto, atto di ossequio o complimento esageratamente cerimonioso: *fare grandi, mille salamelecchi* ‖ **N.** SALUTO.

salamèlla [da *salame*; 1983] ***sf.*** salame magro lavorato in modo da fargli assumere la tipica forma a ferro di cavallo.

salaminèstra ***s.*** *scherz. ant.* V. SALAMISTRO.

salamìno (*dim.* di *salame*) [1872] ***sm.*** **1.** salame più piccolo del normale o da cuocere **2.** *T.tip.* colonnino.

salamistràre [da *salamistra*; 1618] ***intr.*** (aus. *avere*) *ant. raro* fare il saccente, il saputo.

salamìstro [da *salmista*, con influsso del n. proprio *Salomone*, saggio re d'Israele; 1543] ***sm.*** (f. *-a*) *ant. raro* saccente.

salamòia [lat. volg. **salmuria*; a. 1320] ***sf.*** **1.** acqua convenientemente salata, nella quale si conservano olive, funghi ecc.: *olive in salamoia* ‖ *acciughe in salamoia*, messe a conservare tra strati di sale che, sciogliendosi e unendosi con l'umido del pesce, forma la salamoia ‖ *fig. fam.* detto di cosa assai salata: *è una salamoia* **2.** liquido incongelabile che negli impianti di refrigerazione è usato come intermediario tra il fluido frigorifero e i corpi da raffreddare.

salamoiàre (pres. *-òio*) [da *salamoia*; 1701] ***intr.*** (aus. *avere*) *non com.* fare la salamoia ‖ ***tr.*** mettere in salamoia.

salamóne ***sm.*** *ant.* e *region.* V. SALMONE.

salangàna [dal malese *sārang*, nido; 1708 *salangan*] ***sf.*** nome volgare di varie specie di rondoni esotici i quali costruiscono, con alghe impastate di saliva, nidi gelatinosi commestibili, molto apprezzati nella cucina cinese (*nidi di rondine*).

salapùzio (pl. *-zi*) [dal lat. *salapūtium*; 1805] ***sm.*** *lett.* uomo di bassa statura, astioso e saccente.

salàre [da *sale*; 1340 ca.] ***tr.*** **1.** cospargere di sale una sostanza commestibile per conservarla o darle sapore: *salare il prosciutto, salare la minestra* **2.** *fig. region.* *salare la scuola*, marinarla.

salariàle [da *salario*; 1942] ***agg.*** del salario, attinente al salario: *aumento salariale*.

salariàre (pres. *-àrio*) [da *salario*; 1353] ***tr.*** retribuire con un salario, stipendiare ‖ **N.** *Sin.* assoldare, prezzolare.

salariàto (*pps.* di *salariare*) [sec. XIV] **I** ***agg.*** che riceve un salario **II** ***sm.*** (f. *-a*) chi riceve un salario fisso per prestare la sua opera.

salàrio (pl. *-ri*) [dal lat. *salārium*; 1288 *salaro*] ***sm.*** **1.** paga del lavoratore manuale dipendente, calcolata in base alle ore lavorative: *salario settimanale, mensile*; *salario reale*, valutato in termini di potere d'acquisto della moneta; *salario nominale*, fissato senza tener conto del potere d'acquisto della moneta **2.** *T.stor.* la razione di sale, accompagnata da viveri, data ai soldati e ai magistrati per il loro mantenimento ‖ **N.** *Sin.* compenso, indennità, mercede, PAGA; mensile, onorario, propina, retribuzione, sportula, stipendio.

salassàre [dal lat. tardo *sanguinem laxāre*, lasciar fluire il sangue; a. 1342] ***tr.*** praticare un salasso ‖ *fig.* spillare a qualcuno molto denaro, far pagare caro ‖ ***rifl.*** sottoporsi a grandi sacrifici economici: *mi sono salassato per far studiare i figli*.

salassatùra [da *salassare*; 1872] ***sf.*** *non com.* atto del salassare.

salàsso [da *salassare*; a. 1320] ***sm.*** intervento di estrazione di una certa quantità di sangue a scopo terapeutico, eseguito praticando una piccola incisione in una vena superficiale o aspirandone il sangue con un grosso ago ‖ *scherz.* esborso di denaro più o meno spontaneo e gradito, e sempre notevole: *quel viaggio è stato per lui un bel salasso* ‖ **N.** flebotomia.

salàta [da *salare*; 1879] ***sf.*** azione del salare: *dà una salata alla minestra* ‖ *dim.* salatìna.

salatìno [da *salato*; 1923] ***sm.*** piccola pasta sfoglia farcita e, *per estens.*, pizzetta o tartina salata che si consuma con il tè o l'aperitivo.

salàto (*pps.* di *salare*) [a. 1294; 1453 come agg. nel senso 2] **I** ***agg.*** **1.** che contiene o che ha sapore di sale: *acqua salata*; detto di vivanda dove è stato messo troppo sale o conservata sotto sale: *questa minestra è salata*; *carni, acciughe salate* **2.** *fig.* di prezzo, materiale o morale, troppo alto: *questo vestito è salato*; *l'ho pagata salata*, l'ho scontata duramente **3.** arguto, mordace, amaro: *risposta salata* **II** ***sm.*** **1.** sapore salato: *preferisco il dolce al salato* **2.** la carne di maiale battuta e insaccata; salumi ‖ *dim.* salatìno, salatùccio; *accr.* salatóne ‖ **N.** I **1.** *Sin.* condito, sapido, saporito; salmastro | *Contr.* dolce | gusto, sapore.

salatóio (pl. *-ói*) [da *salare*; 1912] ***sm.*** locale dei caseifici dove si sala il formaggio.

salatóre [da *salare*; 1891] ***agg.*** e ***sm.*** (f. *-trice*) addetto alle operazioni di salatura.

salatùra [da *salare*; 1865] ***sf.*** azione ed effetto del salare; salagione.

salbànda [dal ted. *Salband*, cimosa; 1932] ***sf.*** *T.geol.* ammasso di detriti, spec. di natura argillosa, che delimita un filone metallico incassato nella roccia.

sàlce [lat. *salix, -icis*; a. 1294] ***sm.*** *ant.* salice, salcio.

salcéto V. SALICETO.

salciàia [da *salce*; 1872] ***sf.*** *non com.* riparo di salici intrecciati, lungo le rive dei fiumi.

salciaiòla [da *salce*; 1872] ***sf.*** piccolo uccello che ama i luoghi umidi dove crescono i salici.

salciccia V. SALSICCIA.

salcìgno [da *salce*, con influsso di *saligno*; 1676] ***agg.*** **1.** di salice ‖ *per estens.* detto di legname che somiglia al salice, difficile da lavorare e di qualità scadente; anche di carne stopposa, tigliosa, oppure del pane mal lievitato, poco cotto, umidiccio **2.** *fig. tosc.* di uomo, che ha un aspetto duro, legnoso, anche riferendosi al carattere intrattabile ‖ duro, segaligno: *un vecchio alto e salcigno* (Pascoli).

sàlcio (pl. *-ci*) [lat. *salix, -icis*; a. 1320] ***sm.*** salice.

salciòlo [da *salcio*; 1625] ***sm.*** ramoscello di salice con cui l'agricoltore lega le innestature, le viti e altre piante ai sostegni.

salcràuti V. SARCRAUTI.

sàlda¹ [da *saldare*; a. 1492] ***sf.*** soluzione acquosa nella quale si è stemperato o si è fatto bollire amido o gomma, usata per apprettare la biancheria da stirare ‖ **N.** inamidare, insaldare.

sàlda² [da *saldo¹*; 1872] ***sf.*** *tosc.* campo lasciato a erba nell'inverno per pascolarvi le bestie col bel tempo: *i contadini aravano le salde* (Pascoli).

saldàbile [da *saldare*; 1959] ***agg.*** che si può saldare: *una fessura facilmente saldabile.*

saldabilità [da *saldabile*; 1959] ***sf.*** caratteristica di alcuni materiali che, con tecniche e materiali adeguati, possono essere uniti in maniera compatta e resistente.

saldacónti [comp. di *salda(re)* e *conto*; 1957] ***sm. inv.*** *T.comm.* nella tecnica contabile, registro a fogli mobili in cui vengono riportati i conti analitici ‖ ufficio di un'azienda addetto all'esazione dei crediti.

saldaménto [da *saldare*; 1305] ***sm.*** *raro* **1.** atto ed effetto del saldare **2.** *ant.* saldo, pareggiamento di conti.

saldàre [da *saldo*[1]; 1262 nel senso 2; 1320 nel senso 1] ***tr.*** **1.** riunire, mediante tecniche e materiali adatti, due o più parti di oggetti rotti o disgiunti: *saldare due pezzi di tubo con lo stagno* ‖ *fig.* coordinare, legare organicamente le parti di un tutto: *le due parti della trattazione non sono ben saldate tra loro* **2.** pagare un conto: *saldò il suo debito* ‖ *saldare le partite o i conti*, pareggiare il dare e l'avere in un bilancio; *fig.* definire liti, controversie: *saldarono così le partite e tornarono più amici di prima* ‖ ***intr. pron.*** rimarginarsi, cicatrizzarsi: *le labbra della ferita si saldarono in modo perfetto* ‖ **N.** ***tr.*** **1.** *Sin.* incollare, piombare, riappiccicare, ricongiungere, stagnare, UNIRE | *Contr.* dissaldare.

saldatóio (pl. *-ói*) [da *saldare*; 1540] ***sm.*** *raro* saldatore, nel senso 2.

saldatóre [da *saldare*; 1831] ***sm.*** **1.** (f. *-trìce*) operaio specializzato nell'eseguire saldature **2.** apparecchio portatile che, riscaldando pezzi metallici, consente di unirli per brasatura; utensile appuntito a forma di martelletto che viene scaldato sulla fiamma o elettricamente per saldare a stagno; saldatoio.

saldatrìce [da *saldare*; 1941] ***sf.*** nome di vari tipi di apparecchiature elettriche (ad arco, a resistenza ecc.) per saldare. **TAV.** *macchine utensili* 7.

saldatùra [da *saldare*; sec. XIV] ***sf.*** atto ed effetto del saldare: *la saldatura di un osso, di una lamiera, di due tubi metallici*; *saldatura autogena*, v. AUTOGENO ‖ il punto in cui si è fatta la saldatura: *catenina d'oro con due saldature* ‖ il metallo, la lega o altra sostanza adoperata per saldare: *saldatura dolce*, lega per saldare il rame e l'ottone ‖ *fig.* collegamento: *la saldatura dei due episodi nel romanzo* ‖ punto di congiunzione tra due periodi di tempo consecutivi ‖ **N.** *Sin.* congiungimento, incollatura, stagnatura | colla, lega, piombo, stagno. **Q.T.** *metallurgia.*

saldézza [da *saldo*[1]; 1340 ca.] ***sf.*** qualità di ciò che è saldo, fermezza: *la saldezza dei metalli, dei suoi propositi* ‖ **N.** *Sin.* costanza, resistenza, solidità.

sàldo[1] [dal lat. *solidus*, solido, prob. con influsso del lat. *validus*, valido, forte; 1313] ***agg.*** **1.** integro, compatto ‖ *per estens.* resistente, sano, solido, robusto: *un saldo sostegno, è un vecchio saldo come una roccia* ‖ *poet.* materiale, consistente: *trattando l'ombra come cosa salda* (Dante) **2.** irremovibile, costante, fermo, stabile, fisso (anche *fig.*): *avere dei saldi principi*; *star saldo, tenersi saldo*, fortemente, senza pericolo di lasciarsi cadere: *stare saldo in sella* ‖ fondato, inoppugnabile, valido: *argomento saldo* ‖ **saldaménte** ***avv.*** ‖ **N. 1.** *Sin.* forte, stabile, tenace **2.** *Sin.* immutabile, inalterabile | *Contr.* debole, fragile, incostante, vacillante, volubile.

sàldo[2] [da *saldare*; 1444] ***sm.*** **1.** in contabilità, differenza tra le partite attive e quelle passive di un'attività commerciale: *il conto presenta un saldo attivo* **2.** l'importo residuo dovuto per estinguere un debito già parzialmente pagato o, anche, l'intero pagamento di un conto, di un debito: *ricevette mille lire a saldo del conto, il saldo dovrà avvenire in contanti* **3.** *merce di saldo* (o *pl. saldi*), merce residua di una partita che si mette in vendita per lo più a prezzo inferiore al fine di esaurirla.

sàle [lat. *sal, salis*; a. 1320] ***sm.*** **1.** *T.chim.* combinazione chimica di un acido con una base: *sali di piombo, sale ammoniaco*; *sale acido*, quando nella combinazione è rimasto un eccesso di acido; *sale basico*, quando vi è rimasto un eccesso di base; *sale neutro*, quando non è né acido né basico ‖ *com. per anton.* il cloruro di sodio (*sale da cucina*, o *sale comune*), adoperato per dare sapore alle vivande o per conservare vari generi alimentari: *sale grosso, fino*; *un grano, un pizzico, un pugno di sale* ‖ *dolce di sale*, si dice di vivanda poco salata e, *fig.*, di persona sciocca ‖ *giusto di sale*, detto di vivanda salata in giusta misura ‖ *fig. non metterci su né sale né pepe*, non aggiungere in una storia o notizia niente di proprio; *restar di sale*, rimanere come pietrificati per la sorpresa; *sapore di sale*, d'amaro: *tu proverai sì come sa di sale lo pane altrui* (Dante) ‖ senno, buon senso: *è un uomo che ha sale in zucca*; *fare una cosa cum grano salis*, con giudizio ‖ arguzia, mordacità: *in questa risposta c'è del sale*; *sale attico*, le arguzie garbate degli scrittori attici antichi **2.** *T.min. sale inglese* o *sale amaro*, epsomite **3.** *sali da bagno*, preparati cosmetici tonificanti e detergenti da sciogliere nell'acqua ‖ **N. 1.** condito, salato, salso, saporito; saliera; privativa, salagione, salamoia, salgemma, salina, salinatura. **Q.T.** *chimica.*

salesiàna [dal n. di san Francesco di *Sales*; 1853] ***sf.*** monaca della Visitazione, congregazione istituita da san Francesco di Sales e da G.F. Fréymot de Chantal per l'educazione delle fanciulle; anche *agg.*: *suora salesiana.*

salesiàno [dal n. di san Francesco di *Sales*; 1879] **I** ***sm.*** sacerdote o laico appartenente alle varie congregazioni che si ispirano al modello spirituale di san Francesco di Sales e, in particolare, a quella istituita nel sec. XIX da san Giovanni Bosco, allo scopo di educare e istruire la gioventù **II** ***agg.*** relativo alla detta congregazione o, anche, a san Francesco di Sales: *opere, missioni salesiane*; *oratorio, collegio salesiano.*

salesman (ingl., pr. [ˈseɪlzmən]) [comp. di *sales*, vendite e *man*, uomo; 1950] ***sm. inv.*** (anche pl. *salesmen*, pr. [ˈseɪlzmən]) nell'organizzazione aziendale, agente e funzionario addetto alla vendita.

sales manager (ingl., pr. [ˈseɪlz ˌmænɪdʒə]) [comp. di *sales*, vendite e *manager*, dirigente; 1983] ***loc. s. inv.*** nell'organizzazione aziendale, dirigente responsabile dell'organizzazione delle vendite; direttore commerciale.

salétta (*dim.* di *sala*[1]) [1353] ***sf.*** **1.** piccola sala **2.** sulle navi mercantili, locale della mensa ufficiali ‖ *dim.* salettìna.

salgèmma [comp. di *sale* e *gemma*; a. 1320 *salgemmo*] ***sm. inv.*** (anche pl. *-i*) cristalli di cloruro di sodio localizzati in vasti giacimenti formatisi in seguito all'evaporazione dell'acqua marina in bacini chiusi.

saliàre [dal lat. *saliāris*; a. 1566] ***agg.*** *T.stor.* dei Salii, sacerdoti di Marte: *carmi, danze, conviti, canti saliari.*

salìbile [da *salire*; 1723] ***agg.*** *raro* che si può salire.

Salicàcee [comp. di *salice* e *-acee*; 1940] ***sf. pl.*** *T.bot.* famiglia di piante legnose, con fiori aclamidi, unisessuali, riuniti in amenti; comprende i salici e i pioppi.

Salicàli (sing. *-e*) [dal lat. *salix, -icis*, salice; 1959] ***sm. pl.*** *T.bot.* ordine di piante legnose dicotiledoni, tra cui la famiglia delle Salicacee, viventi in zone temperate e umide.

salicàstro [da *salice*; prima metà sec. XIV] ***sm.*** *tosc.* salice selvatico.

sàlice [dal lat. *salix, -icis*; a. 1525] ***sm.*** *T.bot.* genere di piante della famiglia delle Salicacee cui appartengono circa 300 specie diffuse nei luoghi umidi delle zone temperate, con corteccia screpolata, rami sottili, foglie allungate, fiori privi di perianzio, con nettari bene sviluppati, riuniti in amenti, e con frutto capsulare dai semi pelosi ‖ *salice piangente*, pianta oriunda dell'Oriente, con chioma ricadente verso il basso, assai coltivata, spec. la pianta femminile, per ornamento e per utilizzarne i virgulti per lavori di intreccio; *fig. scherz.* detto di persona lagrimosa: *sembra un salice piangente* ‖ *salice bianco* e *rosso*, dei quali si usa in medicina la corteccia.

salicéto (pop. *salcéto*) [dal lat. tardo *salicētum*; a. 1320 *salceto*] ***sm.*** bosco di salici o, in un vivaio, zona riservata ai salici ‖ *fig. raro* ginepraio, intrico, viluppo.

salicilàto [da *salicile*; 1872] ***sm.*** *T.chim.* e *T.farm.* sale o anche estere dell'acido salicilico usato nella preparazione di aromi e profumi o, in medicina, spec. come antireumatico e antipiretico.

salicìle [comp. di *salic(e)* e *-ile*; 1872] ***sm.*** *T.chim.* radicale monovalente, derivato dall'acido salicilico.

salicìlico (pl. *-ci*) [da *salicile*; 1872] ***agg.*** *T.chim. acido salicilico*, ossiacido aromatico che si presenta in cristalli bianchi, aghiformi, solubilissimi nei solventi organici e in acqua calda, utilizzato nell'industria alimentare per le sue proprietà antisettiche e antifermentative; è usato anche in medicina e nell'industria dei colori.

salicìna [da *salice*; 1872] ***sf.*** *T.chim.* e *T.farm.* glucoside di sapore amarognolo che si estrae dalla corteccia del salice e ha proprietà medicinali antireumatiche e antipiretiche.

sàlico (pl. *-ci*) [dal lat. mediev. *salicus*; 1580] ***agg.*** *T.stor.* dei Salii, che erano una tribù dei Franchi ‖ *legge salica*, compilazione giuridica dei Franchi Salii che esclude le donne dalla successione al trono.

salicòrnia [dall'ar. *sala alqarah*, attr. il fr. *salicorne*; a. 1758] ***sf.*** pianta annua o perenne con fusto e rami carnosi che prospera sui litorali e sui terreni salati; è coltivata per dissalare il terreno.

saliènte (*ppr.* di *salire*) [a. 1320 *salente*; 1844 come agg. nel senso 2] **I** ***agg.*** **1.** *lett.* che sale: *la marea saliente* ‖ *T.arch. arco a sesto saliente*, l'arco gotico a ogiva **2.** prominente, sporgente ‖ *fig.* che ha risalto, che spicca: *narrare solo i fatti salienti* **II** ***sm.*** **1.** *T.mil.* sporgenza, prominenza; *in part.* opera fortificata ad angolo più o meno acuto rivolto verso il nemico, o anche solo il tratto più avanzato del muro di cinta; anche quel tratto di allineamento, sul fronte di un esercito operante, che si protende verso le linee nemiche in forma più o meno angolare **2.** *T.arch.* elemento sopraelevato od orientato verso l'alto: *facciata a salienti*, quella che rivela le differenze di altezze delle navate interne ‖ **N. I 2.** *Sin.* importante, notevole, rilevante.

salièra [da *sale*, sul modello del fr. *salière*; a. 1449] ***sf.*** **1.** piccolo recipiente di forma e materiale vari, usato per tenervi il sale per la tavola **2.** *arc.* salina ‖ **N. 1.** *Sin.* spargisale.

salìfero [comp. di *sale* e *-fero*; 1855] ***agg.*** che contiene o produce sale: *le pianure salifere della Dancalia, l'industria salifera.*

salificàbile [da *salificare*; 1795] ***agg.*** *T.chim.* detto di composti o elementi che, combinandosi con un acido o una base, possono essere trasformati in sali.

salificàre (pres. *-ìfico, -ìfichi*) [comp. di *sale* e *-ficare*; 1701] ***tr.*** *T.chim.* determinare la reazione chimica per cui si ha un sale; ridurre una sostanza a sale; produrre sale.

salificazióne [comp. di *sale* e *-ficazione*;

1957] **sf.** *T.chim.* processo di formazione di un sale.

saligno [lat. volg. **salineus*; a. 1574] **agg.** *raro* che, per l'aspetto o per il sapore, ricorda il sale; *in part.* detto di muro, di marmo e sim. da cui, per effetto dell'umidità, trasuda salsedine.

salina [lat. *salīnae*, pl.; a. 1348] **sf.** serie di bacini artificiali litoranei nei quali si fa evaporare l'acqua del mare per ricavarne cloruro di sodio (sale comune) e altri sali; anche il giacimento di salgemma: *le famose saline naturali di Lungro.*

salinàio (pl. *-ài*) (pop. *salinàro*) [da *salina*; 1872] **sm.** chi lavora nelle saline.

salinàre (pres. *-ìno*) [da *salina*; 1412] **intr.** (aus. *avere*) *raro* estrarre il sale dalle saline.

salinàro V. SALINAIO.

salinatóre [dal lat. *salinātor, -ōris*; 1701] **sm.** salinaio, chi dirigeva le saline.

salinatùra [da *salinare*; 1855] **sf.** il complesso delle operazioni eseguite per estrarre e raffinare il sale nelle saline.

salincèrvo [comp. di *sali(re)*, *in* e *cervo*; sec. XIV *salincervio*] **sm.** *ant. T.gioc.* gioco di ragazzi che si fa mettendo uno dei giocatori chino, col viso nascosto nel grembo di un altro, mentre un terzo gli sale sul dorso a cavalcioni e gli domanda quante dita delle mani abbia aperte; soltanto quando ha indovinato, il primo giocatore è libero dalla sua scomoda posizione.

salinèlla [da *salina*; 1959] **sf.** *T.geol.* sorgente di gas a bassa temperatura, che provoca l'emissione di fango imbevuto di acqua salata e di metano con tracce di petrolio ‖ **N.** *Sin.* maccaluba.

salinità [da *salino*; 1929] **sf.** qualità di ciò che è salino ‖ proporzione del sale contenuto in una certa soluzione acquosa e in part. nelle acque marine: *la salinità del Mar Morto non consente forme di vita.*

salìno [dal lat. *salīnus*; 1681] **agg.** **1.** di sale: *giacimento salino*; che contiene sale: *soluzione salina, purgante salino, concimi salini* **2.** che ha aspetto o proprietà simili a quelle del sale.

salinòmetro [comp. di *salino* e *-metro*; 1959] **sm.** strumento con cui si misura la salinità dell'acqua marina.

sàlio (pl. *-ii*) [dal lat. *Salii*, sacerdoti di Marte; 1600] **I sm.** nell'antica Roma, ciascuno dei dodici sacerdoti di Marte, custodi degli ancili o scudi sacri **II agg.** saliare: *sacerdoti, carmi salii.*

salìre (pres. *sàlgo, sàli, sàle, saliàmo, salìte, sàlgono*; p.rem. *salìi, salisti*; fut. *salirò*; cong. pres. *sàlga, saliàmo, saliàte, sàlgano*; cond. pres. *salirèi*; ppr. *saliènte*; pps. *salìto*) [lat. *salīre*, saltare; inizio sec. XIII] **intr.** (aus. *essere*) **1.** muoversi verso un luogo più alto rispetto a quello di partenza: *salire per le scale, a piedi, fino in cima, in ascensore, con la funivia*; anche del Sole e degli altri corpi celesti nel loro moto apparente rispetto all'orizzonte: *la Luna sale in cielo*; *salire su da qualcuno*, andare a fargli visita; *salire alla testa*, detto del vino che ubriaca o del sangue che affluisce improvvisamente, in modo massiccio, al cervello; *salire al cielo*, detto di grida o rumori fortissimi; *eufem. salire in cielo*, morire; *fig. salire in collera, su tutte le furie*, adirarsi; *fig. salire in cattedra, sul pulpito*, di persona, parlare con saccenteria ‖ *fig.* raggiungere una posizione particolarmente ambita o un alto grado di distinzione: *salire agli alti gradi della magistratura*; *salire al trono*, diventare re; *salire in gran fama*, diventare famoso; *salire nella stima, nella considerazione di qualcuno* ‖ *per estens.* montare sopra, spec. nel caso di veicoli: *salire sul treno, in auto*; *salire a bordo*, imbarcarsi; *salire su uno sgabello, salire in sella, a cavallo* ‖ *in part.* ergersi, elevarsi, sollevarsi, arrampicarsi: *quella vetta sale oltre i 4000 m, la nebbia saliva dal fiume, la strada saliva lentamente, l'edera è salita fino al tetto* **2.** *fig.* aumentare, crescere di tono, intensità, numero, grado e sim.: *il rumore saliva, le acque del fiume salirono, la popolazione indiana sale ad un ritmo velocissimo, il numero dei dispersi è salito a 20* ‖ *in part.* rincarare: *il prezzo della carne salirà ancora* ‖ **tr.** percorrere in salita, andare verso l'alto: *salire un colle, le scale*; dar la scalata: *salì il Cervino* ‖ **N. intr. 1.** *Sin.* ascendere, inerpicarsi, innalzarsi, progredire, scalare | *Contr.* discendere, scendere | china, erta, pendio, salita **2.** *Contr.* decrescere, diminuire, scemare.

saliscéndi [comp. di *sali(re)* e *scende(re)*; a. 1400 *saliscendo*; 1836 nel senso 2] **sm. inv.** **1.** serratura senza chiave costituita da una spranghetta di ferro imperniata a un estremo su un battente, mentre l'altro estremo si incastra in un apposito gancio o nasello infisso nel secondo battente o nello stipite **2.** tratto di strada tutto a salite e discese ‖ *fig.* alternanza: *i saliscendi della fortuna* ‖ **N. 1.** *Sin.* chiavistello.

salìta [da *salire*; 1308 nel senso 2] **sf.** **1.** atto del salire, ascesa: *fare una salita, strada in salita* **2.** tratto di sentiero o di strada che fa un angolo più o meno acuto col piano orizzontale; erta: *prima di arrivare al paese c'è una lunga salita* ‖ *dim.* salitìna; *pegg.* salitàccia ‖ **N. 1.** *Sin.* scalata | aspra, difficile, dolce, erta, facile, faticosa, leggera, lieve, ripida **2.** *Sin.* montata, pendio. **TAV. *astronautica* p. 654** 3.2, 4.9.

salitóio (pl. *-ói*) [da *salire*; a. 1400] **sm.** *raro* qualsiasi cosa che agevoli l'atto del salire, come una scala, un panchetto e sim.

salitóre [da *salire*; 1319] **agg.** e **sm.** (f. *-trìce*) che o chi sale, spec. chi scala una vetta: *i primi salitori del Cervino.*

salìva [dal lat. *salīva*; 1342] **sf.** liquido incolore, filante, insipido, secreto da varie ghiandole, dette appunto *salivari*, collocate nella mucosa del cavo orale; oltre a favorire la masticazione e la deglutizione, la saliva contiene un fermento (*ptialina*) che, trasformando gli amidi in zucchero, concorre direttamente alla digestione: *avere un'abbondante secrezione di saliva* ‖ *fig. essere attaccato con la saliva*, detto di cosa incollata in modo non stabile, che subito si stacca ‖ **N.** acquolina, bava, escreato, espettorato, muco, sputo | parotidi, sottolinguali, sottomascellari | biascicare, salivare, sbavare, sputare | ptialismo, scialorrea.

salivàle [da *saliva*; 1664] **agg.** *non com.* della saliva; salivare.

salivàre¹ (pres. *-ìvo*) [da *saliva*; 1829] **agg.** della saliva: *secrezione salivare*; *ghiandole salivari*, che secernono la saliva; si dividono in *maggiori* (parotidi, sottomascellari, sottolinguali) e *minori* (boccali, labiali, linguali, molari, palatine).

salivàre² (pres. *-ìvo*) [dal lat. *salivāre*; 1745] **intr.** (aus. *avere*) produrre, secernere saliva: *nel parlare salivava molto, il sale fa salivare.*

salivatòrio (pl. *-ri*) [da *salivare²*; 1745] **I agg.** relativo alla salivazione: *nucleo salivatorio*, centro nervoso del bulbo che regola l'attività delle ghiandole salivari **II sm.** medicamento atto a promuovere la secrezione di saliva: *bisogna somministrargli qualche salivatorio.*

salivazióne [dal lat. tardo *salivātio, -ōnis*; a. 1712] **sf.** atto del salivare; secrezione della saliva: *salivazione abbondante.*

sàlma [lat. volg. **sauma*, lat. tardo e gr. *ságma*, basto, sella; 1321] **sf.** **1.** corpo di un defunto, cadavere: *rendere gli ultimi onori alla salma del defunto* ‖ *poet.* il corpo della persona viva, in quanto contrapposto all'anima: *quasi obliando la corporea salma* (Giusti) **2.** antica unità di misura di peso, di capacità o di superficie, variabile a seconda delle località **3.** *ant.* soma.

salmànno [dal lat. mediev. *salmanus*, rappresentante; 1957] **sm.** nell'antico diritto germanico, colui che sarà in seguito detto *esecutore testamentario*, ovvero la persona che riceveva da un'altra un diritto reale da esercitare secondo precise istruzioni.

salmarìno¹ o **sal marìno** [comp. di *sale* e *marino*; 1957] **sm.** sale estratto dall'acqua del mare.

salmarìno² V. SALMERINO.

salmàstra [comp. di *sa(go)l(a)* e *mastra*; 1889] **sf.** *T.mar.* treccia molto robusta a due cime, usata per eseguire legature molto salde.

salmàstro [dal lat. *salmacidus*, attr. il fr. ant. *saumastre*; a. 1320] **I agg.** contenente sale: *le acque salmastre della palude*; che ha sapore salato e amarognolo: *sorgente salmastra* **II sm.** sapore salmastro: *quest'acqua sa di salmastro.*

salmastróso [da *salmastro*; 1891] **agg.** **1.** di terreno, impregnato d'acqua salmastra: *terreno salmastroso* **2.** che ha odore o sapore di salmastro: *è un vino salmastroso.*

salmerìa [da *salma*; a. 1348] **sf.** spec. *pl. T.mil.* il complesso dei mezzi meccanici (o, in passato, degli animali e dei carriaggi) adibiti al trasporto di bagagli, viveri ecc. per l'esercito.

salmerìno (dial. *salmarìno*) [dal ted. tirolese *Salmling*, attr. il trentino *Salmarin*; 1935] **sm.** pesce commestibile dei Salmonidi, simile alla trota ma più piccolo, di color grigio olivastro, diffuso nei laghi alpini.

salmerìsta [da *salmeria*; 1942] **sm.** soldato addetto alle salmerie.

salmì [dal fr. *salmis*; 1741 *salmè*] **sm. inv.** procedimento per cucinare la selvaggina, che viene tagliata a pezzi, macerata nel vino e infine fatta rosolare in un sugo aromatizzato: *lepre, beccacce in salmì.*

salmìsta [da *salmo*; 1319] **sm.** **1.** autore di salmi: *il re Davide è detto il salmista per antonomasia* **2.** *raro* il volume che raccoglie i salmi; salterio.

salmistràre (pres. *-ìstro*) [ven. *salmistrar*, da *salmistro*, salnitro; 1942] **tr.** preparare un alimento da conservarsi a lungo, trattandolo prima con sale e salnitro, e quindi lessandolo: *salmistrare la lingua di bue.*

sàlmo [dal lat. tardo *psalmus*, gr. *psalmós*; a. 1294] **sm.** **1.** componimento sacro di origine ebraica, destinato a essere cantato con l'accompagnamento del salterio o della cetra: *Libro dei Salmi*, raccolta, nel Vecchio Testamento, di centocinquanta salmi, di cui la metà circa sono attribuiti a Davide; *i sette salmi penitenziali*, salmi di Davide che si recitano per penitenza; *salmi graduali*, che venivano cantati nel salire i gradini del tempio di Salomone ‖ *prov. tutti i salmi finiscono in gloria*, si torna sempre a parlare della cosa che più ci sta a cuore; oppure, la conclusione è sempre la stessa **2.** *T.mus.* canto (in gregoriano) di un salmo ‖ **N. 1.** antifona, cantico.

salmodìa [da *salmo*; sec. XIII *psalmodia*] **sf.** canto di salmi e di cantici della Bibbia, caratteristico della liturgia cristiana ‖ anche il modo e l'ordine secondo i quali si cantano i salmi: *salmodia antifonale*, nella quale si alternano due cori; *salmodia responsoriale*, nella quale il canto si alterna tra il solista e il coro; *salmodia diretta*, nella quale non vi si è nessun avvicendamento di esecutori ‖ *per estens. lett.* qualsiasi preghiera dolce, monotona e malinconica.

salmodiànte (*ppr.* di *salmodiare*) [1940] **agg.** che va salmodiando: *processione salmodiante.*

salmodiàre (pres. *-òdio*) [da *salmodia*; 1891] **intr.** (aus. *avere*) cantare salmi ‖ *scherz.* cantare con voce monotona e cupa.

salmòdico (pl. *-ci*) [da *salmodia*; 1781] **agg.** *lett. raro* relativo ai salmi o alle salmodie: *un canto salmodico.*

salmògrafo [comp. di *salmo* e *-grafo*; 1821]

sm. (f. *-a*) *raro* scrittore di salmi, salmista.
salmonàre (pres. *-óno*) [da *salmone*; 1983] **tr.** conferire una tinta rosata, simile a quella del salmone, alla carne delle trote di allevamento, nutrendole con crostacei ricchi di carotene.
salmonàto (*pps.* di *salmonare*) [1967] **agg.** detto di trota la cui carne ha assunto un colore rosato in seguito a salmonatura.
salmonatùra [da *salmonare*; 1983] **sf.** il salmonare, l'essere salmonato; la colorazione rosata, tipica delle carni delle trote salmonate.
salmóne [lat. *salmo, -ōnis*; a. 1464] **I sm. 1.** pesce della famiglia dei Salmonidi che vive nelle acque fredde dell'Atlantico e risale il corso dei fiumi nel periodo della riproduzione; ha colore grigio e carne rosata, di sapore delicato e assai pregiata; in commercio si trova anche salato, affumicato o in scatola **2.** *per estens.* colore giallo roseo: *quest'estate va di moda il salmone* **3.** *T.mar.* ciascuno dei pezzi di ferro o di piombo, com. a forma di prisma quadrangolare, di peso medio, che vengono usati come zavorra o per ancoraggio **II agg.** *inv.* (sempre posposto) del colore del salmone: *una maglietta* (*tinta*) *salmone.*
salmonèlla [dal n. proprio D.E. *Salmon*, medico statunitense; 1957] **sf.** *T.biol.* genere di batteri che si trasmettono a uomini e animali attraverso acqua o cibi contaminati da escrezioni di individui infetti; sono causa di intossicazioni intestinali.
salmonellòsi [comp. di *salmonella* e *-osi*; 1908] **sf.** *T.med.* gruppo di malattie infettive causate da varie specie di salmonelle.
Salmònidi (sing. *-e*) [comp. di *salmone* e *-idi*; 1931] **sm.** *pl. T.zool.* famiglia di pesci ossei dei Clupeiformi, tra cui la trota e il salmone.
salnitràio (pl. *-ài*) [da *salnitro*; 1872] **sm.** (f. *-a*) *non com.* addetto alla lavorazione del salnitro.
salnitràle [da *salnitro*; 1872] **I agg.** attinente al salnitro **II sm.** deserto di salnitro, tipico di alcune regioni dell'America Latina.
salnìtro [lat. *sāl nitrum*; sec. XIV] **sm.** nome comune del nitro o nitrato di potassio; è usato nella preparazione dell'acido nitrico, della polvere da sparo, e quale fertilizzante.
salnitróso [da *salnitro*; 1531] **agg.** *non com.* che contiene salnitro: *terreno salnitroso, acqua salnitrosa.*
salòlo [comp. di *sal*(*icile*) e *-olo*³; 1905] **sm.** *T.farm.* estere fenilico dell'acido salicilico, adoperato in medicina quale antipiretico e quale disinfettante, spec. intestinale.
salomònico (pl. *-ci*) [dal n. proprio *Salomone*; 1959] **agg.** di Salomone, il saggio re d'Israele: *giudizio salomonico*, assolutamente equo, in quanto rigidamente imparziale.
salon (fr., pr. [sa'lɔ̃]) [letter. salone; 1877 nel senso 1] **sm.** *inv.* (anche pl. *salons*, pr. [sa'lɔ̃]) **1.** in Francia, esposizione periodica di pittura **2.** *disus.* salone, salotto **3.** *disus.* bottega di barbiere o parrucchiere.
salóne¹ (*accr.* di *sala*¹) [1550] **sm. 1.** grande sala: *il Salone dei Cinquecento* **2.** ampio salotto o sala da ricevimento; *vettura-salone*, vettura ferroviaria con poltrone e tavolini || *dim.* saloncìno.
salóne² [dal fr. *salon*; 1825] **sm. 1.** mostra, esposizione perlopiù periodica: *il salone dell'automobile, della nautica* **2.** bottega di barbiere o parrucchiere.
saloon (ingl., pr. [sə'lu:n]; pr. it. [sa'lun]) [letter. salone; 1921] **sm.** *inv.* locale caratteristico statunitense dell'epoca della conquista del West, dove si bevevano alcolici, si giocava d'azzardo e si presentavano spettacoli di varietà.
salopette (fr., pr. [salɔ'pɛt]) [da *salop*, persona mal vestita, trasandata; 1967] **sf.** *inv.* calzoni forniti di pettorina a bretelle, usati come tuta da lavoro o come abbigliamento sportivo: *una salopette di tela jeans.*
salottésco (pl. *-schi*) [da *salotto*; 1957] **agg.** *non com.* di salotto; *spreg.* salottiero.
salottièro [da *salotto*, sul modello del fr. *salonnier*; 1931] **I agg.** di salotto, da salotto, frivolo, mondano: *discorsi salottieri, modi salottieri* **II sm.** (f. *-a*) persona che frequenta i salotti.
salòtto (*dim.* di *sala*¹) [1521 *saloto*] **sm. 1.** piccola sala da ricevimento e da conversazione: *andare in salotto* || *per estens.* il mobilio del salotto: *ha un salotto bellissimo* **2.** riunione perlopiù mondana, a carattere periodico, tenuta in un'abitazione privata; anche il gruppo di persone che vi partecipa: *tenere salotto*; *salotto letterario* || *spreg. artista, uomo da salotto*, disimpegnato, fatuo; *discorsi da salotto*, chiacchiere frivole || *dim.* salottìno. **Q.T.** *arredamento.*
sàlpa (dial. *sàrpa* solo nel senso 2) [dal lat. *salpa*; 1476 nel senso 2] **sf. 1.** *T.zool.* famiglia di Tunicati pelagici dal corpo trasparente e cilindrico, presente nel Mediterraneo **2.** piccolo pesce dei Perciformi dal corpo di colore argenteo con striature gialle sui fianchi, diffuso nel Mediterraneo.
salpàre [etim. inc.; 1532 *sarpare*] **intr.** (aus. *avere* ed *essere*) levare l'àncora, mollare gli ormeggi e partire: *il piroscafo salperà domani alle quattro* || *scherz.* nella loc. *salpare per lidi migliori*, partire in cerca di fortuna || **tr.** *T.mar. salpare l'àncora*, svellerla dal fondo del mare e tirarla su con la sua catena o gomena || *per estens.* recuperare un oggetto sommerso: *salpare una mina, una torpedine* || **N. intr.** *Sin.* dar le vele ai venti, partire, prendere il largo | *Contr.* ancorare, ormeggiare. **Q.T.** *nautica...*
salpìnge [dal lat. tardo *salpinx, -ingis*, tromba; 1829] **sf. 1.** *T.anat.* condotto a forma di tromba: *salpinge uterina*, quella che va dall'ovaia all'utero, detta anche *tromba di Falloppio*; *salpinge uditiva*, collegante l'orecchio medio alla faringe **2.** *T.stor.* tromba militare dei Greci.
salpingectomìa [comp. di *salpinge* e *-ectomia*; 1959] **sf.** *T.chir.* asportazione chirurgica di una o di entrambe le tube uterine.
salpingìte [comp. di *salpinge* e *-ite*¹; 1890] **sf.** *T.med.* infiammazione di una salpinge.
sàlsa¹ [lat. *salsa*, salata; a. 1320] **sf.** intingolo di varia composizione che si unisce alle vivande per renderle più gustose: *salsa di pomodoro, di acciughe, di capperi* || *salsa di san Bernardo*, l'appetito, che, secondo quel santo, è il migliore condimento || *fig. cucinare in tutte le salse*, ribadire il medesimo concetto in forme solo superficialmente diverse || *dim.* salsétta, salsìna, salsettìna || **N.** *Sin.* condimento, intingolo, sugo | *bagna cauda*, besciamella, danese, *ketchup*, maionese, mostarda, pesto, salsa aurora, salsa bianca, salsa spagnola, salsa verde, senape, tabasco, tartara, *Worcester* | agrodolce, delicata, piccante, saporita. **Q.T.** *alimentazione.*
sàlsa² [da *salsa*¹; 1872] **sf.** eruzione di fango, frammisto ad acqua salata, calda o fredda, che assume l'aspetto di un piccolo vulcano: *le salse di Sassuolo.*
sàlsa³ [dallo sp. *salsa*, salsa; 1980] **sf.** musica da ballo nata dalla fusione del rock con ritmi latino-americani.
salsamentàrio (pl. *-ri*) [dal lat. *salsamentārius*; 1812] **sm.** (f. *-a*) *region.* salumaio, pizzicagnolo.
salsamenterìa [comp. di *salsament*(*ario*) ed *-eria*; 1931] **sf.** *region.* salumeria.
salsaparìglia (pl. *-glie*) [dallo sp. *zarzaparilla*; 1567] **sf.** droga che si estrae dalle radici di alcune piante della famiglia delle Liliacee, originarie dell'America centrale e meridionale; queste radici sono anche utilizzate nella medicina popolare per le loro proprietà antiluetiche e depurative del sangue.
salsàto [da *salsa*¹; 1970] **agg.** *non com.* detto di vivanda cui è stata aggiunta salsa di pomodoro: *pomodori pelati salsati.*
salsèdine [dal lat. *salsēdo, -inis*; 1631] **sf. 1.** qualità di ciò che è salso, spec. se intriso di elementi salini: *la salsedine di un muro, delle acque marine* || *per estens.* il residuo secco lasciato dall'evaporazione dell'acqua del mare || *T.scient.* la quantità percentuale di sali contenuti nelle acque salse; salinità **2.** *ant. pop.* malattia cutanea spec. del viso, che si attribuiva un tempo a umori salsi del corpo.
salsedinóso [da *salsedine*; 1750] **agg.** *raro* che ha salsedine, di salsedine: *acqua, efflorescenza salsedinosa.*
salsézza [da *salso*; 1340 ca.] **sf.** salsedine: *come d'argento cui salsezza infoschi* (D'Annunzio); sapore di salso.
salsìccia (pop. *salcìccia*) (pl. *-ce*) [lat. tardo *salsīcia*; 1353] **sf.** carne di maiale, cinghiale, asino o cavallo, prevalentemente fresca, macinata insieme a parti di grasso e di frattaglie, insaccata nelle budella minute dello stesso animale, e divisa poi in rocchi: *polenta e salsiccia, mi dia due salsicce* || *fam. scherz. far salsiccia di uno*, picchiarlo sodo, quasi si volesse ridurlo a pezzettini || *fig. legare le viti con le salsicce*, vivere nel paese dell'abbondanza || *dim.* salsiccétta, salsiccìna, salsicciuòla; *accr.* salsicciòtto, salsiccióne, salsiccióna || **N.** cervellata | filo, filza, rocchio. **TAV.** *alimentazione* 7.5.
salsicciàio (pl. *-ài*) [da *salsiccia*; a. 1543] **sm.** (f. *-a*) chi fa o vende salsicce || **N.** *Sin.* norcino, pizzicagnolo, salsamentario, salumiere.
salsiccióne (*accr.* di *salsiccia*) [a. 1400] **sm. 1.** grossa salsiccia **2.** (f. *-a*) *fig. fam.* persona grossa e grassa, impacciata, che non sa muoversi con garbo.
salsicciòtto (*dim.* di *salsiccia*) [a. 1566] **sm.** specie di grossa salsiccia che si mangia cruda.
salsièra [da *salsa*¹; 1836] **sf.** recipiente di porcellana o vetro, a uno o più scomparti, per portare in tavola le salse.
sàlso [lat. *salsus*; a. 1320 come agg.; a. 1566 come sm.] **I agg.** che ha qualità e sapore di sale; che contiene in sé, naturalmente, del sale (quando invece il sale vi è stato messo, si dice *salato*): *l'acqua salsa del mare* || *ant. umori salsi*, quelli del corpo che, secondo la teoria umorale, si manifestano con eruzioni cutanee, come herpes, eritema ecc. **II sm.** sapore di sale: *quest'acqua sa di salso*; salsedine: *il salso è la rovina delle piante* || **N. I** *Sin.* amaro, amarognolo, salato, salmastro.
salsoiòdico (pl. *-ci*) [comp. di *salso* e *iodico*; 1872] **agg.** di acque, fanghi o sorgenti, che contengono cloruro di sodio e ioduro di sodio o di magnesio; detto anche di cura fatta con tali acque o fanghi: *il medico gli ha prescritto una cura salsoiodica a Salsomaggiore.*
salsùggine [dal lat. *salsūgo, -uginis*; a. 1320] **sf.** *lett.* salsedine, con valore peggiorativo.
salsugginóso [da *salsuggine*; a. 1698] **agg.** *ant.* che ha salsuggine || **N.** *Sin.* salsedinoso, salso.
salsùme [da *salso*; 1306 nel senso 2] **sm. 1.** *ant.* l'insieme dei cibi che si conservano col sale; salume **2.** *raro* sapore salso.
saltabécca [comp. di *salta*(*re*) e *becca*(*re*); a. 1704] **sf.** *pop.* cavalletta verde || *fig.* detto di chi cammina a salti: *cammina che pare una saltabecca.*
saltabeccàre (pres. *-écco, -écchi*) [da *saltabecca*; a. 1571] **intr.** (aus. *avere*) procedere a salti come fanno le cavallette: *il vitello saltabeccava* || **N.** *Sin.* saltellare, SALTARE.
saltabellàre (pres. *-èllo*) [da *saltabeccare*, con influsso del suff. *-ellare*; 1353] **intr.** (aus. *avere*) *ant.* e *lett.* procedere a piccoli salti e a scatti; saltabeccare.

saltafòssi [comp. di *salta(re)* e *fosso*; 1891] **sm. inv.** **1.** *tosc.* tipo di carrozza a due ruote **2.** barca leggera da manovrare con una pertica.
saltafòsso [comp. di *salta(re)* e *fosso*; 1987] **sm.** *region.* astuzia consistente nel dare per certa una cosa ipotetica, messa in atto per indurre qualcuno a dire o fare qualcosa che non vorrebbe.
saltaleóne [comp. di *salta(re)* e *leone*; 1706] **sm.** molla elasticissima fatta con un sottile filo di ottone o di altro metallo, strettamente avvolto a spirale.
saltamartìno [comp. di *salta(re)* e n. proprio *Martino*; 1618] **sm.** **1.** *T.gioc.* balocco che imita un ranocchio o altro animale, sotto il cui ventre c'è una molla che lo fa saltare **2.** *pop.* grillo, locusta || *fig.* bimbo che non fa che saltare, che non sta mai fermo **3.** *T.stor.* piccolo pezzo d'artiglieria dei sec. XVII-XVIII, della classe dei falconi.
saltambànco v. SALTIMBANCO.
saltàre [lat. *saltāre*; a. 1294] **intr.** (aus. *essere*, tranne nei casi in cui è indicato l'aus. *avere*, ossia quando si considera l'azione di per se stessa, non in rapporto a un particolare luogo di partenza o di arrivo; tutti gli usi non propri del verbo vogliono comunque l'aus. *essere*; v. CORRERE) **1.** (aus. *avere*) compiere un movimento per cui il corpo o un oggetto si stacca dal suolo, seguendo una traiettoria rettilinea perpendicolare a quello e, dopo essere rimasto un poco come sospeso in aria, ricade a terra in forza della propria gravità: *il bambino saltava con la corda*; *saltare sul piede destro, sinistro, a piè pari* o *a piedi uniti*; *saltare dalla gioia*; *in part.* eseguire uno o più salti come esercizio fisico o sportivo: *il campione ha saltato due metri e dieci* **2.** balzare, lanciarsi in avanti, indietro, da un lato o dall'alto in basso con impeto: *saltò giù dal letto, da una finestra, in acqua dal trampolino*; *in part.* salire, montare con un movimento rapido: *saltare a cavallo, sull'autobus* || *fig.* andare da un punto a un altro senza passare per ciò che vi è in mezzo: *sono saltato dal primo all'ottavo capitolo*; *fig. saltare di palo in frasca*, da un argomento all'altro senza nesso logico || *per estens.* di oggetti che, in virtù delle loro proprietà elastiche o delle spinte cui vengono sottoposti, sono proiettati in alto, schizzano, escono fuori di scatto ecc.: *i bulloni saltarono via*; *la palla è saltata oltre la siepe*; *mi è saltato un bottone*, si è staccato || nelle loc.: *farsi saltare le cervella*, uccidersi sparandosi alle tempie; *saltar fuori*, comparire all'improvviso, inaspettatamente: *saltarono fuori eredi a decine*; ritrovare, trovare: *quei gioielli sono poi saltati fuori*, *bisogna far saltar fuori i soldi per la bolletta*; *fig.* risultare: *saltò fuori che lui era innocente*; intervenire improvvisamente nel discorso in modo perlopiù inopportuno: *saltò fuori con le sue accuse*; *saltare in mente, in testa*, di un'idea che si ha all'improvviso; *saltare il ticchio, il ghiribizzo, il grillo*, avere un'idea balzana o una voglia bizzarra; *gli è saltata la mosca al naso*, ha perso la pazienza, si è irritato; *saltare agli occhi*, aggredire qualcuno o *fig.* essere palese, manifesto: *la sua eleganza saltava agli occhi*; *saltare al collo di qualcuno*, abbracciarlo con impeto o, con intenzione opposta, tentare di strangolarlo **3.** esplodere: *la polveriera saltò (in aria)* || *per estens.* guastarsi, bloccarsi, rompersi: *sono saltate le valvole, è saltata la luce*; *è saltata una lampadina*, si è bruciata || *fig.* fallire: *l'azienda è saltata, le trattative sono saltate*; cessare di funzionare in seguito all'azione di qualcuno: *il governo è saltato, il banco è saltato*; *gli oppositori intendono far saltare il sistema*, sopprimere violentemente le istituzioni e le strutture socio-economiche || perdere il posto di lavoro, l'incarico, la carica: *sono saltati molti gerarchi* || **tr.** **1.** oltrepassare con un salto: *saltare un fosso, una siepe* || *fig. saltare il fosso*, fare un passo importante con risolutezza, senza preoccuparsi delle conseguenze **2.** omettere, tralasciare: *saltò, nel leggere, una pagina intera*; *saltare il pasto*; *saltare le difficoltà*, eluderle; *saltare una classe*, di scolaro, fare due classi in un solo anno scolastico; *T.mil. saltare la barra*, eludere la vigilanza delle sentinelle e uscire clandestinamente di caserma **3.** *T.cuc.* cuocere al tegame con olio o burro a fuoco vivo; rosolare: *saltare le braciole* || **N.** **intr.** **1.**, **2.** *Sin.* ballonzolare, balzare, buttarsi, gettarsi, guizzare, piroettare, precipitare, rimbalzare, saltabeccare, salticchiare, sbalestrare, sbalzare, scagliarsi, scavalcare, schizzare, sgambettare, sobbalzare, spiccare un salto, sussultare, trasalire, zompare | **tr.** **1.** *Sin.* oltrepassare, scavalcare, travalicare, valicare, varcare.
saltarellàre v. SALTERELLARE.
saltarèllo (*dim.* dial. di *salto*[1]) [a. 1502 nel senso 2] **sm.** **1.** *pop.* piccolo salto, salterello **2.** ballo vivace, di andamento saltellante, in uso a Roma e nell'Italia centrale fra contadini **3.** *T.pesc.* rete da pesca trimagliata che viene tesa orizzontalmente nel mare ed è combinata con una rete semplice tesa verticalmente e assicurata a una serie di pali disposti a spirale in fondo al mare; è usata anche in lagune e fiumi, spec. per la cattura di pesci che saltano.
saltarùpe [comp. di *salta(re)* e *rupe*; 1891] **sm. inv.** piccola antilope africana dal pelame fitto e ispido, caratterizzata da notevole agilità || **N.** *Sin.* oreotrago.
saltàto (*pps.* di *saltare*) [1728] **agg.** *lana saltata*, messa nell'acqua corrente dopo tosata.
saltatóio (pl. *-ói*) [da *saltare*; 1891] **sm.** luogo in cui o su cui si salta; *in part.* le assicelle poste trasversalmente in voliere, pollai o gabbie perché i volatili vi si possano posare.
saltatóre [lat. *saltator*, *-ōris*, ballerino; 1590] **I sm.** **1.** (f. *-trìce*) *ant. lett.* saltimbanco, acrobata **2.** (f. *-trìce*) *T.sport.* atleta specializzato nel salto, sia nell'atletica che con gli sci || nell'ippica, il cavallo addestrato per la corsa a ostacoli **3.** *pl. T.zool.* ortotteri col terzo paio di arti atto al salto, come cavallette, grilli e sim. **II agg.** che salta: *insetto saltatore*.
saltazióne [da *saltare*; a. 1406] **sf.** **1.** *ant.* atto del saltare; esercizio del saltare **2.** *T.stor.* danza ginnica, religiosa o guerriera degli antichi popoli greci o romani.
saltellaménto [da *saltellare*; 1891] **sm.** atto del saltellare.
saltellànte (*ppr.* di *saltellare*) [1697] **agg.** che saltella: *moto, suono saltellante*.
saltellàre (pres. *-èllo*) [da *saltello*, dim. di *salto*[1]; 1313] **intr.** (aus. *avere*) **1.** fare piccoli salti, frequenti e vivaci: *i ranocchi saltellavano, i ragazzi saltellano* || *fig. lett.* apparire a intervalli: *va saltellando il riso tra i muscoli del labro* (Parini) **2.** palpitare: *il cuore mi saltella in petto* **3.** *lett.* vagare col pensiero || **N.** SALTARE.
saltellìo (pl. *-ìi*) [da *saltellare*; 1940] **sm.** *raro* un saltellare continuato, a salti corti e frequenti.
saltellóni [da *saltello*, dim. di *salto*[1]; 1541 *saltellone*] **avv.** a salti disuguali e scomposti: *camminammo (a) saltelloni su quel terreno pantanoso*.
salterellàre (pop. *saltarellàre*) (pres. *-èllo*) [da *salterello*; 1612] **intr.** (aus. *avere*) fare piccoli salti, saltellare, saltabeccare.
salterèllo (*dim.* di *salto*[1]) [1561 *saltarello* nel senso 3] **sm.** **1.** piccolo salto **2.** fuoco artificiale, fatto mettendo un po' di polvere da sparo fortemente pressata dentro una cartuccia a più pieghe, che scoppiando salterella **3.** *T.mus.* meccanismo di produzione del suono in uso negli strumenti precursori del pianoforte, che non percuote la corda con un martelletto, ma la pizzica per mezzo di una linguetta di penna o di pelle applicata all'estremità del tasto **4.** *T.mecc.* dente di scatto di un congegno **5.** *T.pesc.* saltarello.
saltèrio (pl. *-ri*) (ant. *saltèro*) [dal lat. *psaltērium*, gr. *psaltḗrion*; a. 1294 *saltero* nel senso 2] **sm.** **1.** *T.mus.* termine generico con cui, nell'antica Grecia, si designavano gli strumenti a corde || antico strumento a corda simile alla cetra o all'arpa, usato spec. dagli Ebrei per accompagnare il canto dei salmi || strumento da 6 a 16 corde, di forma triangolare o trapezoidale, comparso in Europa nel sec. XI || strumento musicale moderno in uso spec. presso i Tedeschi, con cassa di forma trapezoidale; si suona appoggiandolo orizzontalmente e facendone vibrare le corde per mezzo di ditali uncinati **2.** *T.eccl.* il Libro dei Salmi, chiamato così dai settanta traduttori dell'Antico Testamento || *per estens.* libretto didascalico contenente anche alcuni salmi, su cui i fanciulli imparavano a leggere **3.** omaso.
salticchiàre (pres. *-ìcchio, -ìcchi*) [da *saltare*; a. 1574] **intr.** (aus. *avere*) *raro* saltellare anche in modo discontinuo, con piccoli salti.
saltimbànco (non com. *saltambànco*) (pl. *-chi*) [comp. di *salta(re)*, *in* e *banco*; 1582 *saltimbanca*] **sm.** (f. *-a*) persona che in fiere paesane, circhi, baracconi e sim. intrattiene il pubblico con giochi di destrezza e di forza || *fig. spreg.* politico, professionista, artista o intellettuale privo di dignità professionale e di senso di responsabilità che, badando solo al proprio tornaconto, sfoggia atteggiamenti esibizionistici || **N.** *Sin.* acrobata, cantambanco, forzatore, funambolo, giocoliere, giullare, pagliaccio; ciarlatano, imbonitore, opportunista.
saltimbócca [comp. di *salta(re)*, *in* e *bocca*; 1855 *salt'in bocca*] **sm. inv.** specialità culinaria romana consistente in una fettina di vitello arrotolata, guarnita con prosciutto e salvia e fatta cuocere nel burro a fuoco vivo.
saltimpàlo [comp. di *salta(re)*, *in* e *palo*; 1872] **sm.** piccolo uccello dei Turdidi, diffuso in Europa, con becco corto e piumaggio nero sul dorso e sulla testa, color ruggine sul petto e bianco sul collo.
sàlto[1] [lat. *saltus*; a. 1294 nel senso 6] **sm.** **1.** atto del saltare; rapido movimento compiuto dal corpo che, in seguito a una spinta sulle gambe, si solleva dal suolo per poi ricadere più o meno vicino al punto di partenza o anche in un punto collocato a un livello sovrastante o sottostante quello di partenza: *fare, spiccare un salto, con un salto il gatto fu sulla tavola, fare un salto nel vuoto*; *salto mortale*, esercizio acrobatico consistente nel compiere una o più giravolte complete su se stessi durante il salto; *fig. fare i salti mortali*, fare l'impossibile per ottenere qualcosa; *salto del montone*, il salto particolare che compie il cavallo per disarcionare il cavaliere; *fig. fare un salto nel buio*, impegnarsi in un'impresa rischiosa, della quale non si possono prevedere gli sviluppi; *fam. fare quattro salti*, ballare un po', alla buona, tra amici; *fig. salto della quaglia*, manovra politica consistente nel tentativo di scavalcare l'avversario, offrendo più di lui || *T.sport.* nell'atletica, nome di quattro specialità: *salto in alto, con l'asta, in lungo, triplo*; *salto dal trampolino*, nei tuffi e nello sci || *per estens.* movimento di rimbalzo o di spostamento repentino di un oggetto: *il pallone ha fatto due o tre salti*; *salto di corsia*, sbandamento accidentale di un autoveicolo che, all'improvviso, va a finire al di là della banchina spartitraffico **2.** *per estens.* movimento o spostamento rapido e sbrigativo, scappata: *faccio un salto in farmacia e sono da te, domani faccio un salto in città*; *facciamo un salto da voi*, vi facciamo una breve visita || *in un salto*, rapidamente, in pochissimo tempo: *in un salto vado e torno* || sussulto, sobbalzo: *fece un salto dalla paura, per la meraviglia fece un salto sulla sedia* **3.** differenza di livello: *il salto di quella cascata*

è più di venti metri || *T.mus.* passaggio tra due note della scala non consecutive: *salto di quarta, di quinta* **4.** *fig.* passaggio da un punto o da uno stadio all'altro senza passare per gli stadi intermedi: *tentò il salto dalla prima alla terza media, da impiegato a direttore è un bel salto!* || *T.inform. salto condizionato,* in un programma, passaggio a una determinata sequenza di istruzioni dovuto al verificarsi di certe condizioni; *salto incondizionato,* non vincolato a condizioni || *salto di qualità,* miglioramento rilevante della propria situazione o condizione || nella *loc. avv. a salti,* in modo discontinuo || *per estens.* variazione repentina, improvviso e brusco cambiamento: *salto di temperatura, di pressione; salto di vento,* in meteorologia, improvviso cambiamento di direzione del vento **5.** *T.cuc. al salto,* saltato, rosolato **6.** omissione: *in quella dimostrazione, in quel ragionamento ci dev'essere un salto, nella ritrascrizione di quell'atto ci sono parecchi salti* || *dim.* saltìno, saltellìno, saltèllo, salterèllo || **N. 1.** *Sin.* balzellone, balzo | slancio, estensione, ricaduta **3.** *Sin.* dislivello, sbalzo **6.** *Sin.* lacuna. **Q.T.** ***atletica*** **TAV.** ***atletica*** **p. 657 1.**

sàlto² [lat. *saltus*; 1321] ***sm.*** *lett.* zona montana boscosa o ricoperta da sterpaglia più o meno rada.

saltòmetro [comp. di *salto* e *-metro*; 1965] ***sm.*** *T.sport.* ciascuna delle due aste graduate sulle quali scorrono i supporti che reggono l'asticella o la cordicella da saltare.

saltràto [dall'ingl. *salt,* sale; 1942] ***sm.*** nome commerciale di sali cristallini profumati con azione emolliente e decongestionante, usati spec. per bagni.

saltuarietà [da *saltuario*; 1959] ***sf.*** l'essere saltuario.

saltuàrio (pl. *-ri*) [da *saltare*; 1812] ***agg.*** senza continuità, irregolare, occasionale: *visite, riscossioni saltuarie; lavoro saltuario* || **saltuariaménte** ***avv.*** con periodicità irregolare || **N.** *Contr.* continuo, fisso, regolare, stabile.

salubèrrimo (*superl.* di *salubre*) [a. 1484] ***agg.*** molto salubre: *città saluberrima.*

salùbre [dal lat. *salūber*; a. 1320] ***agg.*** che giova alla salute: *aria salubre, abitudine salubre* || *superl.* salubèrrimo || **N.** *Sin.* balsamico, puro, salutare, salutifero, sano | *Contr.* insalubre, malsano, nocivo.

salubrità [dal lat. *salūbritas, -ātis*; a. 1320] ***sf.*** *non com.* qualità di ciò che è salubre: *la salubrità del luogo.*

salumàio (pl. *-ài*) [da *salume*; 1767] ***sm.*** (f. *-a*) salumiere.

salùme [da *sale*; a. 1556 nel senso 2] ***sm.*** **1.** qualunque prodotto confezionato con carne suina salata e, talora, affumicata o insaccata **2.** *ant.* qualità di cibo che si conserva nel sale o salandolo || **N. 1.** bondiola, bresaola, cacciatorino, capocollo, ciccioli, coppa, cotechino, culatello, lardo, lingua, mortadella, pancetta, prosciutto, salame, salsiccia, soppressata, *speck, würstel,* zampone **2.** acciughe, baccalà, bottarga, caviale, conserve, galantina, gelatina, migliaccio, paté di fegato, sanguinaccio, sardine, strutto, sugna, tonno, ventresca. **Q.T.** ***alimentazione.***

salumerìa [da *salume*; 1901] ***sf.*** negozio di salumaio, gen. fornito anche di prodotti da gastronomia e rosticceria || **N.** SALUME. **Q.T.** ***alimentazione.***

salumière [da *salume*; 1831] ***sm.*** (f. *-a*) venditore di salumi || **N.** *Sin.* pizzicagnolo, salsamentario, salumaio | SALUME.

salumifìcio (pl. *-ci*) [comp. di *salume* e *-ficio*; 1942] ***sm.*** fabbrica dove si preparano salumi.

salutàre¹ [dal lat. *salutāris*; 1354] ***agg.*** che dà la salute o le giova: *rimedio salutare* || *fig.* giovevole alla salute dell'anima: *lezione, avvertimento, esortazione salutare* || **salutarménte** ***avv.*** *raro* in modo salutare: *un vitto salutarmente sobrio* || **N.** *Sin.* salutifero | salubre, sano.

salutàre² (pres. *-ùto*) [lat. *salutāre*; fine sec. XIII] ***tr.*** **1.** indirizzare a qualcuno che si incontra o da cui ci si accomiata cenni, gesti o formule verbali esprimenti ossequio, rispetto, deferenza o, più semplicemente, un riconoscimento amichevole o un augurio: *lo salutò con un "arrivederci!", con un sorriso, con un cenno del capo, con una calorosa stretta di mano, sventolando il fazzoletto, togliendosi il cappello; i miei amici sono venuti a salutarmi alla stazione; fam. non saluta nessuno,* è un tipo altezzoso || *T.mil.* onorare, con procedure diverse a seconda delle nazioni e delle circostanze, un superiore, la bandiera, i rappresentanti di paesi amici e sim.: *salutò la nave con ventun colpi di cannone; salutò col presentat'arm, mettendosi sull'attenti* || con le particelle pronominali *mi, ci, gli,* salutare da parte mia, nostra, sua: *salutami tuo fratello; salutamelo tanto,* si dice, oltre che con significato proprio, anche quando viene nominata una persona che non si vuole più rivedere o di cui non si intende parlare || *passare, salire a salutare,* a far visita || *vi* (*ti*) *saluto,* per accomiatarsi o per troncare una conversazione; *iron.* per esprimere amarezza e dispiacere: *ha preso i soldi che gli ho prestato e ti saluto!* **2.** *per estens.* accogliere festosamente: *un applauso unanime salutò la chiusa del discorso; gli uccelli, coi loro gorgheggi, salutarono il Sole nascente;* anche *iron.*: *salutarono il nemico con una scarica di mitragliatrice, lo salutarono con un coro di fischi* || *fig.* accogliere, considerare con compiacimento: *salutiamo questa nuova era* **3.** acclamare: *lo salutarono loro liberatore, loro re* || ***rec.*** scambiarsi il saluto: *ci siamo salutati per telefono* || *fam. non si salutano più,* hanno rotto i rapporti || **N. 1.** dare il benvenuto, dire addio, far tanto di cappello, genuflettersi, inchinarsi, presentare omaggio, riverire, sprofondarsi in riverenze | affettuosamente, calorosamente, cordialmente, cortesemente, freddamente, frettolosamente, rispettosamente | SALUTO.

salutatóre [dal lat. *salutator, -ōris*; a. 1446] ***agg.*** e ***sm.*** (f. *-trìce*) *non com.* che o chi saluta: *turba salutatrice.*

salutatòrio¹ (pl. *-ri*) [dal lat. *salutatōrius*; 1872] ***agg.*** *raro* di saluto, atto a salutare, diretto a salutare: *gesto salutatorio.*

salutatòrio² (pl. *-ri*) [dal lat. tardo *salutatōrium*; 1872] ***sm.*** **1.** *T.stor.* ambiente che, nei palazzi o nelle abitazioni della Roma imperiale, era destinato a ricevere gli ospiti **2.** in parrocchie, conventi, seminari e sim., parlatorio.

salutazióne [dal lat. *salutātio, -ōnis*; a. 1294] ***sf.*** *lett.* atto del salutare || *salutazione angelica,* le parole che l'angelo disse a Maria annunciandole che sarebbe stata madre di Gesù; anche la preghiera dell'*Ave Maria* che ripete tali parole.

salùte [lat. *salus, -ūtis*; 1300 ca. *saluta* nel senso 2] ***sf.*** **1.** stato di benessere fisico e psichico dovuto a una condizione di normalità funzionale e strutturale di ogni apparato e organo del corpo; sanità: *rovinarsi, riacquistare la salute, essere utile, dannoso, nocivo alla salute; rimetterci la salute,* sacrificare il proprio benessere fisico || in varie loc. riferite a chi non è mai colpito da malattie e ha un aspetto sano e florido: *gode di* (*un'*) *ottima salute, ha una salute di ferro, ha salute da vendere, scoppia, crepa di salute, è il ritratto della salute, sprizza salute da tutti i pori* || nei modi di dire: *quando c'è la salute, c'è tutto,* per indicare che è la cosa più importante; *pensa alla salute!,* esortazione a lasciar correre, a non crucciarsi eccessivamente || in varie *escl.*: *alla* (*tua, nostra, ...*) *salute!,* augurale, durante un brindisi; *salute!,* augurale, a chi starnutisce; anche di meraviglia: *salute! si è mangiato un pollo intero!* || *in gen.* le condizioni psicofisiche in cui si trova, occasionalmente o usualmente, una persona: *ho telefonato per informarmi sulla sua salute, dimettersi per motivi di salute, essere di salute cagionevole* || *per meton.* ciò che è causa della salute, ciò che vi contribuisce: *una doccia fredda è tanta salute; casa di salute,* casa di cura, sanatorio o, anche, ospedale psichiatrico, manicomio **2.** *lett. arc.* salvezza: *salute pubblica, combattemmo per la salute della patria; la salute spirituale, eterna,* la salvezza dell'anima; *Gesù soffrì per la salute degli uomini,* per la loro redenzione || *raro lett.* scampo, rifugio: *trovare la salute, porto di salute* **3.** *ant.* saluto: *inviare, rendere, dar salute,* salutare || **N. 1.** buona / cattiva, d'acciaio, delicata, florida, malandata, malferma, precaria, prospera, rovinata, vacillante | acciacco, batosta, disturbo, indisposizione, malanno, malattia, male, malessere, malore | deperito, esaurito, florido, forte, fresco, gracile, malandato, prospero, robusto, sciupato, vegeto, vispo | decadere, declinare, deperire, deteriorare, esaurirsi, guarire, languire, logorarsi, prosperare, rifiorire, riguardarsi, rimettersi, ringiovanire, riprendersi, risorgere, sentirsi bene, strapazzare | convalescenza, cura (climatica, termale; corroborante, ricostituente), igiene, profilassi, terapia **2.** *Sin.* salvazione. **Q.T.** ***medicina.***

salutévole [da *salute*; a. 1294 *salutevile*] ***agg.*** **1.** *lett.* che apporta salute, salutare: *ammonimento salutevole, consiglio salutevole* **2.** *lett.* di saluto, che esprime saluto: *volgersi a me con salutevol cenno* (Dante) || **salutevolménte** ***avv.*** *lett. arc.* in modo salutevole e, anche, in pro, in vantaggio.

salutìfero [dal lat. *salutifer*; 1353] ***agg.*** *ant.* che arreca salute, perlopiù usato in senso morale: *sarà per lui una lezione salutifera.*

salutìsta [dal fr. *salutiste*; 1905 nel senso 2] ***s.*** **1.** chi ha cura esagerata della propria salute **2.** chi appartiene all'Esercito della Salvezza || **N. 1.** *Sin.* igienista | ipocondria, patofobia.

salùto [da *salutare²*; a. 1294] ***sm.*** **1.** atto del salutare; anche le espressioni o gli atti che si usano per salutare: *fare un cenno di saluto, rispondere al saluto; levare, togliere il saluto a qualcuno,* non salutarlo più per inimicizia o disprezzo; *pl.* in formule di cortesia usate spec. nella corrispondenza epistolare: *distinti saluti, i miei più cordiali saluti; tanti saluti,* usato anche *iron.* per congedarsi bruscamente o troncare un discorso: *vi ho detto come la penso, e ora tanti saluti!* || *per estens.* in cerimonie ufficiali, assemblee ecc., breve discorso che esprime omaggio o partecipazione e sim.: *il ministro ha portato ai terremotati il saluto del governo* || *T.mil.* nelle forze armate, gesto, o insieme di procedure prestabilite, rivolto in segno di ossequio o deferenza a superiori, autorità o simboli di istituzioni: *fare un saluto alla bandiera, le artiglierie diedero il saluto alla nave; saluto alla voce,* in uso nella marina da guerra e che consiste nel gridare espressioni di saluto; *saluto militare,* portando la mano destra a palma distesa alla visiera del berretto || *T.sport.* successione di gesti che, in talune competizioni, gli avversari si devono obbligatoriamente scambiare come promessa di correttezza e lealtà sportiva **2.** *T.lett. saluto d'amore,* genere di lirica amorosa in forma epistolare, propria della tradizione trobadorica || *dim.* salutino; *accr.* salutóne || **N. 1.** abbraccio, addio, augurio, baciamano, bacio, cenno di testa, cerimonia, complimento, cortesia, inchino, riverenza, sberrettata, scappellata, stretta di mano | affabile, affettuoso, beffardo, cerimonioso, complimentoso, cordiale, cortese, freddo, gentile, ironico, languido, malinconico, ossequioso, rispettoso, sdegnoso, secco, sgarbato, smorfioso, sostenuto, villano | dare, dire, fare, inviare, mandare, negare, porgere, portare, rendere, ricambiare, ricevere, rifiutare, rispondere, rivolgere, togliere, tributare | addio, arrivederci, ben arrivato, bentornato, ben trovato, benvenuto, buonanotte, buonasera, buongiorno, ciao, salve; ave, osanna, pace e bene.

sàlva [dal lat. *salve*, espressione di saluto, attr. il fr. *salve* e lo sp. *salva*; 1614 nel senso 2] **sf.** **1.** sparo simultaneo di più bocche da fuoco dirette a colpire lo stesso bersaglio **2.** sparo simultaneo di più bocche da fuoco, caricate solo a polvere, in segno di saluto o di festa; anche serie di colpi sparati in onore di autorità militari, religiose, civili ecc.: *fu eseguita una salva di ventun colpi*; *cartucce da salva*, per salve o esercitazioni belliche; *colpo a salva* o *a salve*, in bianco, senza proiettile **3.** *fig.* esplosione simultanea di qualcosa, scroscio: *salva di fischi, di applausi, di sassate, di risate.*

salvàbile [da *salvare*; 1959] **I agg.** che si può salvare **II sm.** nella loc. *fam. salvare il salvabile*, salvare tutto ciò che è possibile salvare.

salvacondótto [dal fr. ant. *sauf-conduit*, letter. scorta salva; a. 1348 *salvocondotto*] **sm.** permesso scritto rilasciato dalle autorità competenti, che garantisce a una persona l'ingresso, il soggiorno e l'uscita da territori che le sarebbero altrimenti interdetti, senza rischio per lei stessa o i suoi beni; *in part.* nel diritto internazionale, il permesso che le autorità militari concedono a coloro che svolgono determinate attività in zone di operazioni belliche || *ant.* il permesso rilasciato dal magistrato a una persona sotto processo o esiliata, che le consentiva di presentarsi all'autorità giudiziaria senza essere arrestata.

salvadanàio (pl. *-ài*) (meno com. *salvadanàro*) [comp. di *salva(re)* e *danaio*; a. 1446] **sm.** contenitore chiuso in terracotta o altro materiale, di foggia variabile, munito di una fessura attraverso la quale si introducono monete e banconote che si vogliono mettere da parte: *ho rotto il salvadanaio*, ho dovuto ricorrere ai miei piccoli risparmi.

salvadito [comp. di *salva(re)* e *dito*; 1966] **sm.** *T.magl.* nei lavori di cucito, ditale senza punta che avvolge il dito indice della mano che tiene la stoffa; serve a evitare di pungersi con l'ago.

salvadorègno o **salvadorégno** [dallo sp. *salvadoreño*; 1959] **I agg.** dello stato del Salvador **II sm.** (f. *-a*) abitante, nativo del Salvador.

salvafiàschi [comp. di *salva(re)* e *fiasco*; sec. XVI] **sm. inv.** cesta, divisa in scomparti, per trasportare fiaschi senza romperli.

salvagènte [comp. di *salva(re)* e *gente*; 1866] **I sm. inv.** (anche pl. *-ti* nel senso 1) **1.** qualsiasi tipo di attrezzo che consenta a una persona in acqua di restare a galla; è usato tipicamente in caso di naufragio o dagli inesperti di nuoto: *salvagente a ciambella*, di forma anulare, in gomma, gonfiabile, oppure in sughero o materiale espanso **2.** struttura metallica posta orizzontalmente nella parte anteriore bassa di locomotori e tram, per impedire alle persone investite di essere travolte dalle ruote **3.** marciapiede rialzato posto in zone urbane molto frequentate da veicoli, per facilitare l'attraversamento dei pedoni o proteggere chi scende e sale dai mezzi pubblici **II agg. inv.** (sempre posposto) che funge da salvagente: *giubbotto, cintura salvagente*, in tela, imbottiti di sughero.

salvàggio e der. forme arc. di SELVAGGIO e der. (v.).

salvagócce [comp. di *salva(re)* e *goccia*; 1959] **sm. inv.** tipo speciale di tappo o apposita guarnizione che si applica al collo della bottiglia per evitare che colino gocce di liquido quando lo si versa.

salvaguardàre [dal fr. *sauvegarder*, 1877] **tr.** proteggere, tutelare: *salvaguardare il patrimonio artistico del Paese, la salute, i diritti dei cittadini* || **rifl.** difendersi, porsi al riparo da qualcosa: *salvaguardarsi dal contagio della malattia.*

salvaguàrdia [dal fr. *sauvegarde*; 1647] **sf.** tutela, protezione: *la salvaguardia delle libertà democratiche.*

salvaménto [dal lat. tardo *salvamentum*; a. 1320] **sm.** atto ed effetto del salvare e del salvarsi; salvezza; *com.* solo nella *loc. avv. a salvamento*: *trarre, portare a salvamento* || *raro* salvataggio: *nuoto per* (o *di*) *salvamento*, disciplina sportiva e agonistica che insegna le tecniche e le operazioni di salvataggio in acqua; *binario di salvamento*, costituisce una deviazione in contropendenza rispetto a una linea in forte pendenza e consente l'arresto a un treno che abbia acquistato troppa velocità || **N.** *Sin.* salvezza.

salvamotóre [comp. di *salva(re)* e *motore*; 1959] **sm.** *T.elettr.* fusibile o interruttore automatico usato per la protezione dei motori elettrici in caso di variazione eccessiva di tensione e carico.

salvamùro [comp. di *salva(re)* e *muro*; 1983] **sm. inv.** zoccolo di marmo, legno o plastica, applicato al fondo delle pareti di una stanza per proteggerle dai colpi || **N.** *Sin.* battiscopa.

salvapùnte [comp. di *salva(re)* e *punta*; 1942] **sm. inv.** **1.** cappuccetto metallico o di materia plastica che copre e protegge la punta di compassi, pennelli, matite, penne e sim. **2.** piccola mezzaluna metallica inchiodata sotto la suola, per proteggere le punte delle scarpe.

salvàre [dal lat. tardo *salvāre*; 1219] **tr.** **1.** sottrarre a un pericolo, a un grave danno o anche alla morte: *un prestito lo salvò dal fallimento, i medici non disperano di salvarlo, gli salvò la vita*; *salvare la pelle*, scampare da un pericolo mortale || in formule di devozione o augurali, allusive alla protezione divina o in loc. di scongiuro; *Dio mio, salvami!*; *Dio ci salvi da un cattivo vicino!* || rif. a cosa, preservarne l'integrità o le condizioni: *salvò il raccolto dalla siccità, riuscì a salvare il capitale*; *salvare le apparenze*, nascondere (ma solo formalmente) una situazione riprovevole o disdicevole; *salvare capra e cavoli*, conciliare due interessi apparentemente opposti; *salvare il salvabile*, limitare il danno in una situazione di emergenza || *fam. salvare la faccia*, evitare una brutta figura || *T.eccl. salvare l'anima*, evitare la dannazione eterna || non pregiudicare: *salvando il dovuto rispetto per suo padre, Mario è proprio una canaglia* **2.** *pop. region.* mettere in serbo, custodire: *ho salvato la frutta per l'inverno* || **rifl.** **1.** sfuggire a un pericolo, mettersi in salvo: *si salvò a nuoto, si salvò dall'incendio* || *si salvi chi può!*, grido d'allarme con cui si invitano le persone in pericolo a tentare di salvarsi con i propri mezzi; anche *scherz.*: *si salvi chi può, arriva una frotta di turisti* || *salvarsi in extremis* o, *fam.*, *salvarsi per il rotto della cuffia*, riuscire a mettersi in salvo proprio all'ultimo momento || *salvarsi in corner*, detto del portiere di una squadra di calcio, quando riesce a evitare un goal mandando il pallone oltre la linea di fondo; anche *fig.* cavarsela all'ultimo momento **2.** fuggire, trovare rifugio: *si salvò in Grecia* || *fig.* essere al sicuro: *nessuno si salva dalle sue critiche* || **rifl. indir.** *salvarsi l'anima*, evitare la dannazione eterna || **N.** **tr.** **1.** *Sin.* aiutare, assicurare, guarire, liberare, proteggere, redimere, risparmiare, tutelare **2.** *Sin.* serbare | **rifl.** **1.** *Sin.* scampare **2.** *Sin.* sfuggire; difendersi, proteggersi.

salvastrèlla o **selvastrèlla** o **silvastrèlla** [prob. dal lat. *silvestris*, selvatico; 1400 ca. *salbastrella*] **sf.** nome di alcune piante erbacee delle Rosacee con fiori privi di corolla e foglia composta ovale seghettata ricca di oli essenziali che le conferiscono un sapore gradevole || **N.** *Sin.* pimpinella.

salvatàcco (pl. *-chi*) [comp. di *salvare* e *tacco*; 1918] **sm.** lunetta di metallo, gomma o sim. che si applica alla parte posteriore del tacco per evitarne il logorio.

salvatàggio (pl. *-gi*) [dal fr. *sauvetage*; 1847] **sm.** **1.** atto ed effetto del salvare; nelle loc. *salvataggio in extremis, in corner* (V. SALVARE) || *in part.* l'insieme delle operazioni compiute per portare in salvo naufraghi, o coloro che sono su una nave in procinto di affondare o già affondata, o per ricuperare gli uomini caduti in mare da una nave: *scialuppa di salvataggio, compiere un salvataggio* || *salvataggio dei sommergibili*, il complesso delle operazioni che si compiono per riportare a galla un sommergibile che non possa risalire dal fondo del mare alla superficie **2.** *fig.* intervento volto a porre rimedio a una situazione gravemente compromessa in cui siano coinvolte persone o istituzioni: *il salvataggio della Indesit, il salvataggio del disegno di legge da parte dell'opposizione.* **TAV.** ***nave*** **p. 1327** 6.8; ***vela*** **p. 1343** 6.36.

salvàtico e der. forme pop. region. di SELVATICO e der. (v.).

salvatóre [da lat. tardo *salvātor*, *-ōris*; sec. XIII] **I sm.** (f. *-trice*) chi salva || *per anton. il Salvatore*, Gesù Cristo **II agg.** che salva: *fede salvatrice*, che può dare la salvezza spirituale.

salvavita ® [comp. di *salva(re)* e *vita*; 1974] **agg.** e **sm. inv.** nome commerciale di un interruttore automatico che viene applicato ai circuiti elettrici come sistema di sicurezza.

salvazióne [dal lat. tardo *salvātio*, *-ōnis*; sec. XIII] **sf.** *ant.* il salvarsi, perlopiù soltanto in senso religioso: *la salvazione delle anime* || **N.** *Sin.* redenzione, salvamento, salvezza, salute | *Contr.* perdizione.

sàlve [dal lat. *salve*, imper. pres. sing. di *salvēre*, star bene, star sano; 1723] formula di saluto, com. di tono amichevole: *salve a tutti!*; con tono solenne è usata in contesti letterari o come esordio in preghiere e sim.: *Salve, Umbria verde!* (Carducci); *Salve Regina*, all'inizio di un'orazione in onore della Vergine.

salveregina [dalle parole iniziali della preghiera; 1319] **sm.** e **sf. inv.** (anche pl. f. *salveregine*) *T.eccl.* orazione in onore della Vergine, cosiddetta dalle prime parole che la compongono.

salvézza [da *salvo*; 1353] **sf.** **1.** condizione di chi è salvo: *ci rimane ancora una via di salvezza* || *in part.* in senso religioso, liberazione dal peccato e riconciliazione con Dio ottenuta con la fede: *la salvezza dell'anima* **2.** *per estens.* persona o cosa che salva: *lui, il suo intervento, è stato la mia salvezza* || *T.mar. àncora di salvezza*, àncora di riserva che ogni nave possiede e che viene gettata in casi estremi; *fig.* cosa o persona che rappresenta l'ultima speranza, l'estremo rimedio: *tu sei la mia àncora di salvezza* || **N.** **1.** *Sin.* redenzione, sicurezza; incolumità, rifugio, riparo | *Contr.* perdizione **2.** *Sin.* scampo | *Contr.* perdizione. **Q.T.** *religione.*

sàlvia [lat. *salvia*; a. 1320] **sf.** **1.** suffrutice delle Labiate con foglie ovali, rugose, ricche di oli essenziali, usata in cucina per dare sapore ai cibi e per tisane digestive || nome di piante affini: *salvia dei prati*; *salvia splendente* o *splendida*, coltivata come pianta ornamentale **2.** foglie fresche o secche di salvia: *far rosolare un po' di salvia nel burro, un infuso di salvia.*

salviétta [dal fr. *serviette*; 1549] **sf.** **1.** tovagliolo in stoffa o carta || *salvietta rinfrescante*, di carta imbevuta di profumo o di detergente e ripiegata in bustine plasticate che evitano l'evaporazione del liquido **2.** *dial.* asciugamano.

salvìfico (pl. *-ci*) [dal lat. tardo *salvificus*; 1872] **agg.** che dà la salvezza dell'anima: *grazia salvifica.*

salvìnia [dal n. proprio A.M. *Salvini*, letterato it.; 1922] **sf.** nome di alcune piccole felci acquatiche galleggianti sull'acqua stagnante.

Salviniàcee [dal n. proprio A.M. *Salvini*, letterato it.; 1932] **sf. pl.** *T.bot.* famiglia di piante di cui sono stati trovati fossili risalenti al Miocene.

sàlvo [lat. *salvus*; fine sec. XIII come prep.] **I agg.** che è scampato da un pericolo, che non ha sofferto danno: *tornò a casa salvo, ebbe salva la vita*; si rafforza con *sano*: *li ritrovammo sani e salvi in una grotta* ‖ fuori pericolo: *quel ferito ormai è salvo* ‖ in senso religioso, scampato dalla perdizione eterna: *è salvo solo chi crede* ‖ nella loc. *a man salva*, senza impedimenti, e perciò a più non posso: *rubava a man salva* **II sm.** nella loc. *in salvo*, al riparo da pericoli o danni, al sicuro: *mettere, mettersi, condurre in salvo*; *pop. region.* da parte, in serbo: *ho messo in salvo un po' di torta per te* **III prep.** eccetto, tranne: *c'erano tutti, salvo voi due* ‖ *salvo errore od omissione* (*S. E. o O.*), formula commerciale che si appone ai rendiconti e sim. quale riserva per gli errori che possono essere stati commessi nel conteggiare ‖ *salvo il vero*, se è vero **IV cong.** e nella **loc. cong.** *salvo che*, eccetto che, a meno che (introduce una subordinata con il verbo al congiuntivo); meno com. *salvo se*: *non telefonarmi, salvo vi siano problemi*; *verrò domani, salvo che capiti qualcosa* ‖ **N. I** *Sin.* esente, franco, immune, incolume, indenne, libero, salvato, sano, sicuro.

sàmara [dal lat. *samara*; 1813] **sf.** *T.bot.* frutto secco, indeiscente, provvisto di espansioni membranose che permettono al vento di portarlo lontano dalla pianta madre (per es. il frutto del frassino o dell'olmo).

samàrio [da *samarskite*, minerale, scoperto da V.E. *Samarskij*, dal quale viene ricavato; 1920] **sm.** *T.chim.* elemento metallico del gruppo dei lantanidi.

samaritàno [dal lat. tardo *samaritānus*; 1319] **I agg.** relativo alla Samaria, antica regione della Palestina **II sm. 1.** (f. *-a*) nativo o abitante della Samaria **2.** (f. *-a*) appartenente all'antica popolazione palestinese originatasi dalla fusione degli Israeliani con genti provenienti da varie zone dell'Impero assiro, perseguitata per motivi religiosi dai Giudei ‖ *il buon Samaritano*, il protagonista di una parabola del Vangelo che, per aver soccorso un ferito giudeo, è diventato il simbolo della persona buona e caritatevole, che si prodiga per gli altri senza tornaconto alcuno: *fare il buon samaritano* **3.** (solo *sing.*) il dialetto parlato in Samaria.

samarskìte [dal n. proprio V.E. *Samarskij*, mineralogista russo; 1931] **sf.** *T.min.* minerale radioattivo (ossido di ittrio e niobio) che si presenta in cristalli prismatici o tabulari, bruno-nerastri, facilmente sfaldabili.

sàmba [dal port. del Brasile *samba*; 1950] **sm.** e **sf.** ballo brasiliano di origine negra, dal ritmo scandito e sincopato.

sambabilìno v. SANBABILINO.

sambernàrdo v. SAN BERNARDO.

sambìsta [da *samba*; 1983] **s.** ballerino di samba ‖ autore specializzato nella composizione di sambe ‖ cantante specializzato nell'esecuzione di sambe.

sambùca¹ [dal lat. *sambūca*, gr. *sambýkē*; a. 1292 nel senso 2] **sf. 1.** *T.stor.* antico strumento a corde, di forma triangolare, di origine fenicia | nel Medioevo, nome di vari strumenti, tra i quali la ghironda, la cornamusa e una varietà di flauto **2.** *T.stor.* scala che dalle navi consentiva di salire sulle mura delle città marittime; anche macchina da guerra con la quale dalle torri si abbassava il ponte sulle mura delle città da espugnare.

sambùca² [da *sambuco*¹; 1950] **sf.** liquore simile all'anisetta.

sambùco¹ (pl. *-chi*) [lat. *sambūcus*; a. 1320] **sm.** arbusto delle Caprifogliacee con corteccia chiara, ricca di soffice midollo bianco, foglie composte, piccoli fiori bianchi, odorosissimi, riuniti in grandi ombrelli e frutti che si presentano come bacche nere e vengono usati in medicina.

sambùco² (pl. *-chi*) [dall'ar. *sanbūq*, attr. il port. *sambuco*; 1505] **sm.** *T.mar.* grossa barca a vele latine usata nel Mar Rosso.

samizdat (russo, pr. [səmʲiz'dat]; pr. it. [samiz'dat]) [letter. autoedizione; 1971] **I sm. inv.** nell'Unione Sovietica, stampa e diffusione clandestina, perlopiù in copie ciclostilate, di testi politici e letterari di esponenti del dissenso ‖ *per meton.* i prodotti di tale editoria clandestina **II agg. inv.** (sempre posposto) pubblicato in proprio: *edizioni, pubblicazioni samizdat.*

sammarinése [dal n. geogr. *San Marino*; 1860] **I agg.** proprio della Repubblica di San Marino **II s.** abitante o nativo di San Marino.

samoàno [dal n. geogr. *Samoa*; 1959] **I agg.** proprio delle isole Samoa **II sm. 1.** (f. *-a*) abitante o nativo delle isole Samoa **2.** (solo *sing.*) lingua parlata nelle isole Samoa.

samòro [etim. inc.; 1769] **sm.** *T.mar.* naviglio largo e piatto usato specialmente sul Reno per il trasporto dei legnami.

samovar (russo, pr. [səmʌ'var]; pr. it. [samo'var]) [letter. che bolle da sé; 1867] **sm. inv.** recipiente metallico dotato di fornellino, usato in Russia per tenere in caldo l'acqua per il tè.

sampàn o **sampàng** [dal malese *sampan*, attr. il fr.; 1937] **sm. inv.** grossa imbarcazione a vela o a remi, larga, piatta e dotata di una tettoia centrale, usata per i servizi costieri nell'Estremo Oriente.

sampdoriàno [dal n. della squadra di calcio della *Sampdoria*; 1967] **agg.** e **sm. 1.** (f. *-a*) tifoso della squadra di calcio della Sampdoria **2.** giocatore della Sampdoria.

sampièro o **sampiètro** [da *San Pie(t)ro*; 1483 come agg.; 1959 come sm.] **I agg.** di fico o susina primaticci che maturano per San Pietro (29 giugno) **II sm.** pesce sampietro (v.).

sampietrìno o **sanpietrìno** [da *San Pietro*; 1828 nel senso 2] **sm. 1.** elemento squadrato in pietra usato per la pavimentazione di strade e piazze romane, tra cui piazza San Pietro, e oggi diffuso ovunque **2.** addetto all'addobbo e alla manutenzione della basilica di San Pietro in Roma **3.** *T.num.* antica moneta di rame dello Stato pontificio.

sampiètro [da *San Pietro*; 1959] **sm.** pesce dal corpo ovale e schiacciato con pinna dorsale provvista di lunghe appendici filiformi; è molto apprezzato per il sapore. **TAV.** ***pesci*** **p. 1331** 9.

samurài [dal giap. *samurai*, attr. il fr.; 1895] **sm. inv.** nel periodo feudale giapponese, nobile appartenente alla classe dei guerrieri, avente anche poteri amministrativi.

san **agg.** troncamento di *santo*, che si usa dinanzi a nomi inizianti con consonante semplice (*san Giovanni*), con muta + liquida (*san Cristoforo*), con *z* (*san Zaccaria*) o, più di rado, con semiconsonante (*san Jacopo*).

sanàbile [dal lat. *sanābilis*; 1300 ca.] **agg. 1.** che si può sanare: *queste tue ferite sono facilmente sanabili* ‖ *fig.* che si può rimediare, che si può riportare al normale andamento: *azienda, errore sanabile* **2.** *T.giur.* che può riacquistare validità: *diritto sanabile* ‖ **N. 1.** *Sin.* guaribile | *Contr.* insanabile.

sanabilità [da *sanabile*; 1872] **sf.** *raro* l'essere sanabile ‖ **N.** *Sin.* guaribilità | *Contr.* insanabilità.

sanàle [lat. *sagginālis*; 1891] **sm.** *ant.* gambo secco del granturco e della saggina; sagginale.

sanaménto [da *sanare*; 1872] **sm.** *raro* azione ed effetto del sanare; *più com.* guarigione.

sanàre [lat. *sanāre*; 1306] **tr. 1.** ridare la sanità, guarire da una malattia, risanare: *sanare una piaga, gli infermi* ‖ bonificare: *sanare le terre paludose* **2.** *fig.* ristabilire secondo la regola, riportare alle condizioni normali: *sanare un'industria, sanare il deficit della bilancia commerciale* ‖ *sanare il vino*, toglierli i difetti **3.** *T.giur.* concedere una sanatoria: *l'irregolarità della citazione fu sanata dalla costituzione della parte convenuta* **4.** *arc.* o *region.* castrare ‖ **intr. pron.** guarire: *la ferita si è sanata rapidamente* ‖ **N. 1.** *Sin.* guarire, risanare **2.** *Sin.* correggere, rimediare, riparare.

sanatìvo [dal lat. tardo *sanatīvus*; a. 1320] **agg.** *raro* che ha virtù di sanare: *la virtù sanativa di quelle acque.*

sanàto [dal lat. mediev. *sanatus*, castrato; 1967] **sm.** *sett.* vitello da latte: *bistecca di sanato.*

sanatóre [dal lat. tardo *sanātor, -ōris*; 1308] **agg.** e **sm.** (f. *-trìce*) *raro* che o chi sana: *sanatore di mali.*

sanatòria [da (*sentenza*) *sanatoria*; a. 1712] **sf.** *T.giur.* atto amministrativo o legislativo col quale si legittima uno stato di cose ritenuto non regolare, in base a un precedente atto: *chiedere una sanatoria, gli ha concesso una sanatoria.*

sanatoriàle [da *sanatorio*²; 1959] **agg.** di sanatorio: *reparto sanatoriale, cure sanatoriali.*

sanatòrio¹ (pl. *-ri*) [dal lat. tardo *sanatōrius*; 1745] **agg.** *T.giur.* atto a sanare, a correggere una situazione giuridica o amministrativa: *atto sanatorio.*

sanatòrio² (pl. *-ri*) [dall'ingl. *sanatorium*; 1897] **sm.** centro ospedaliero specializzato per la cura delle varie forme tubercolari, situato in zone, marine o montane, ben aerate e ben soleggiate.

sanazióne [dal lat. *sanātio, -ōnis*; a. 1698] **sf. 1.** *ant.* atto del sanare, guarigione **2.** *T.eccl.* legittimazione di stato matrimoniale nullo.

sanbabilìno o **sambabilìno** [da (*piazza*) *San Babila*, luogo di incontro nel centro di Milano; 1976] **agg.** e **sm.** (f. *-a*) detto di giovane borghese di idee politiche di destra, che frequenta la zona di piazza San Babila a Milano e che si oppone agli avversari politici con atti di violenza.

san bernàrdo o **sambernàrdo** [dal fr. *saint-bernard*; 1930] **sm.** razza di cani robusti e di grossa mole, dal folto pelo bianco chiazzato di rosso-marrone, testa grossa ed espressione mite, addestrati per il salvataggio in alta montagna dai monaci del Gran San Bernardo. **TAV.** ***cani*** **p. 663.**

sancìre (pres. *-ìsco, -ìsci*) [dal lat. *sancīre*; sec. XIV] **tr.** ratificare, stabilire in modo imperativo, decretare: *sancire un trattato, una legge*; *la Costituzione sancisce il diritto al lavoro* ‖ *per estens.* conferire validità: *la consuetudine ha finito col sancire quell'uso* ‖ **N.** *Sin.* promulgare, sanzionare, statuire.

sancta sanctorum (lat., pr. it. ['saŋkta saŋk'tɔrum]) [letter. le parti sante tra le sante] **loc. m. inv. 1.** luogo del tempio di Salomone in Gerusalemme dove gli Ebrei custodivano l'Arca Santa, accessibile soltanto al Sommo Sacerdote ‖ *per estens.* nella Chiesa cristiana, il tabernacolo sull'altare dove si conserva il SS. Sacramento **2.** *fam.* locale dove non sono ammesse che persone intime o privilegiate: *lo studio è il suo sancta sanctorum.*

sanctificetur (lat., pr. it. [saŋktifi'tʃɛtur]) [letter. sia santificato] **s. inv. 1.** forma verbale latina che compare nella preghiera del Padre Nostro **2.** persona che ostenta una devozione bigotta e viscida || **N. 2.** *Sin.* bigotto.

sanctus (lat., pr. it. [ˈsaŋktus]) [letter. santo] **sm.** *inv.* nella Messa, formula liturgica di glorificazione del Signore che si ripete tre volte alla fine del prefazio || *per estens.* il momento della Messa in cui finisce il prefazio: *il prete è arrivato al sanctus* || anche l'inno di lode relativo e la musica che lo accompagna.

sanculòtto [dal fr. *sans-culotte*, senza calzoncini; 1796] **sm.** (f. *-a*) *T.stor.* rivoluzionario francese di estrazione proletaria (spec. negli anni 1792-94), così chiamato perché sostituiva i calzoncini corti, usati dalla borghesia e dall'aristocrazia, con i calzoni lunghi || *per estens.* rivoluzionario plebeo o, anche, appartenente a una corrente estremista.

sandalifìcio (pl. *-ci*) [comp. di *sandalo*^{2} e *-ficio*; 1959] **sm.** fabbrica di sandali.

sandalino v. SANDOLINO.

sàndalo¹ [dall'ar. *sandal*; inizio sec. XIV] **sm.** ciascuna di due specie di alberi, l'una della famiglia delle Papilionacee, l'altra delle Santalacee, i cui legni, bianco e rosso, sono utilizzati per lavori pregiati di ebanisteria; dal *sandalo bianco* si estrae un olio essenziale molto apprezzato in profumeria e in farmacia || il legno del sandalo: *un mobile di sandalo* || l'olio etereo che se ne ricava.

sàndalo² [dal gr. *sándalon*; 1669] **sm. 1.** calzatura, da uomo o da donna, costituita da una suola (con o senza tacco) tenuta aderente al piede per mezzo di strisce o legacci variamente disposti; lasciando scoperta gran parte del piede, è normalmente usata in estate || presso i Greci e i Romani, calzatura femminile allacciata dietro il tallone **2.** *T.eccl.* calzatura usata dal papa e dai vescovi quando celebrano in abito pontificale **3.** calzatura usata da certi ordini religiosi, di fattura simile a quella civile || *dim.* sandalétto, sandalìno || **N.** guiggia.

sàndalo³ o **sàndolo** [dal gr. biz. *sándalis*; a. 1367] **sm.** *T.mar.* barca a fondo piatto usata nella laguna veneta per trasportare merci || *sandalino da regata*, imbarcazione leggera, a forma di gondola, ma più piccola e senza pettine, usata nelle tradizionali regate veneziane.

sandhi (sanscrito, pr. [ˈsandʰi]) [letter. legamento; 1959] **sm.** *inv.* *T.ling.* l'insieme di modificazioni o adattamenti fonetici tra parole contigue nella catena parlata (per es., in it., il raddoppiamento sintattico in *soprattutto* o l'assimilazione della nasale in *sampietrino*; oppure, nell'it. parlato in Toscana e nell'Italia centromeridionale, il raddoppiamento sintattico in *a casa*, pr. [aˈkkasa]).

sandinista [dal n. del generale A.C. *Sandino*, eroe contadino; 1978] **agg.** e **s.** appartenente al movimento rivoluzionario di liberazione nazionale del Nicaragua, al potere dal 1979.

sandolino (raro *sandalino*) (*dim.* di *sandalo*^{3}) [1891] **sm.** piccolo sandalo || *in gen.* imbarcazione da diporto a fondo piatto leggerissima, per una o due persone, con un solo remo a pala doppia.

sàndolo v. SANDALO³.

sàndra [da una voce slava; 1936] **sf.** luccioperca.

sandràcca [dal lat. *sandarăca*, gr. *sandarákē*; 1573] **sf.** resina di una conifera dell'Africa settentrionale, in squamette gialle, trasparenti, solubili in alcol, usata per la preparazione di vernici, lacche ecc.; in part. si adopera (in polvere) per ridare il lucido alla carta là dove sia stato raschiato lo scritto.

sandróne [dal n. proprio *Sandro*; 1918] **sm.** maschera popolare tipica di Modena e di Parma.

sandwich (ingl., pr. [ˈsænwɪdʒ]; pr. amer. [ˈsændwɪtʃ]) [dal n. proprio J. Montague, conte di *Sandwich*; 1890 *sandwiche*] **I sm.** *inv.* **1.** panino imbottito; vivanda composta da due fette di pane a cui sono inframmezzati vari cibi; *club-sandwich*, tramezzino a più strati **2.** *per estens.* spec. nel gioco del calcio, azione fallosa commessa da due giocatori che stringono un avversario **II agg.** *inv.* (sempre posposto) nelle loc.: *struttura (a) sandwich*, costituita da una "pelle" esterna, resistente, e da un riempimento interno leggero, allo scopo di concentrare il peso nelle fibre più sollecitate; è particolarmente usata nelle strutture "a guscio" (fusoliere di aereo, scafi di barche ecc.) e in strutture piane con necessità di forte rigidità di forma; *uomo-sandwich*, chi va per le vie con un cartellone pubblicitario appeso sul petto e uno sul dorso.

sanfedismo [da *San(ta) Fede*; 1851] **sm.** *T.stor.* il movimento reazionario e clericale che nei primi anni dell'Ottocento determinò la caduta della Repubblica partenopea, organizzando bande di contadini armati (il cosiddetto "Esercito della Santa Fede") || *per estens.* atteggiamento politico caratterizzato da un sordo clericalismo reazionario.

sanfedìsta [da *San(ta) Fede*; 1851] **s.** *T.stor.* seguace del sanfedismo || *per estens. spreg.* reazionario clericale.

sanforizzàre [dal n. proprio *Sanford* L. Cluett, inventore americano; 1963] **tr.** *T.tess.* sottoporre a sanforizzazione.

sanforizzazióne [da *sanforizzare*; 1959] **sf.** trattamento impiegato per rendere irrestringibili i tessuti di cotone.

sangàllo [dal n. geogr. *San Gallo*, città svizzera; 1965] **sm.** ricamo con disegni traforati eseguiti a cordoncino; anche il pezzo o il tessuto così ricamati.

sangiaccàto [da *sangiacco*; 1872] **sm.** *T.stor.* suddivisione amministrativa, in origine di carattere feudale, delle province nell'Impero ottomano, sopravvissuta fino a oggi in alcuni paesi arabi.

sangiàcco (pl. *-chi*) [dal turco *sancak*, bandiera, governo; 1865] **sm.** *T.stor.* il governatore di un sangiaccato.

sangiovése [etim. inc.; a. 1739] **agg.** e **sm. 1.** varietà di uva di sapore un po' aspro, ma molto sugosa e ottima da vino || il vitigno che la produce **2.** il vino fatto con tale uva: *una bottiglia di sangiovese.*

sangría (sp., pr. [saŋˈgria]) [letter. salasso; 1970] **sf.** *inv.* cocktail a base di vino rosso, acqua, zucchero e limone, servito ghiacciato e con frutta a pezzetti in infusione.

sàngue [lat. *sanguis*; a. 1294] **I sm. 1.** fluido circolante nell'apparato cardiovascolare dei Vertebrati, costituito da una parte intercellulare liquida (plasma) e da vari elementi corpuscolari (eritrociti o globuli rossi, leucociti o globuli bianchi, piastrine), le cui funzioni fondamentali sono il trasporto dei gas respiratori (ossigeno e anidride carbonica), la distribuzione delle sostanze nutritizie e l'eliminazione di quelle di scarto: *sangue arterioso* (o *rosso*), *venoso* (o *blu*); *sangue coagulato*, nel quale la parte globulare si è separata dal plasma per opera della fibrina; *analisi del sangue, prelievo, trasfusione di sangue*; *donatore di sangue*, v. DONATORE; *banca del sangue*, v. BANCA; *una goccia, un fiotto di sangue*; *iperb. una pozza, un lago, un mare di sangue* || *T.biol. animali a sangue caldo, freddo*, quelli, rispettivamente, nei quali la temperatura del corpo è quasi costante (mammiferi e uccelli), e quelli nei quali questa varia in modo da differire sempre di poco da quella dell'ambiente esterno (pesci e rettili) || *T.cuc. bistecca al sangue*, poco cotta || in varie loc., propr. e fig., che si riferiscono a uccisioni, morti, ferimenti o atti violenti in genere: *rissa con, senza spargimento di sangue, reato, fatto di sangue*, ferimento, omicidio; *picchiare a sangue*, fino a far sanguinare; *duello al primo (all'ultimo) sangue*, protratto fino al ferimento (alla morte) di uno dei due contendenti; *sete di sangue*, istinto sanguinario, follia omicida, furore vendicativo; *spargere, far scorrere sangue*, uccidere, far strage; *soffocare nel sangue*, rif. a una ribellione, una manifestazione e sim. quando viene repressa in modo violento, ferendo o uccidendone i partecipanti; *versare, dare il proprio sangue per qualcuno, per qualcosa*, sacrificargli la vita in segno di devozione; *lavare un'offesa, un affronto col sangue*, vendicarla uccidendo il responsabile; *avere le mani sporche di sangue, grondare sangue*, portare su di sé la colpa di un omicidio; *il sangue degli innocenti grida vendetta*, le vittime di una strage ingiusta e crudele devono essere vendicate; *scritto a caratteri di sangue*, detto di avvenimento che ha portato con sé il sacrificio di vite umane; *pagare un tributo di sangue*, far sacrificio di vite umane, quale prezzo per salvaguardare un'istituzione, realizzare un ideale e sim.; *patto di sangue*, che impegna i contraenti a morire l'uno per l'altro || come *T.rel.*, nelle loc.: *battesimo di sangue*, martirio nel nome della fede; *preziosissimo sangue di Cristo*, simbolo del sacrificio di Cristo sulla croce per la salvezza dell'umanità **2.** in loc. fig. esprimenti stati d'animo diversi: *sangue freddo*, padronanza di sé, impassibilità: *fare qualcosa a sangue freddo*, deliberatamente e freddamente; *calma e sangue freddo!*, invito a mantenere il controllo di sé; *sangue caldo*, passionalità: *è un tipo dal sangue caldo*, passionale, impulsivo; *sentirsi gelare, agghiacciare il sangue*, restare come esangui per l'improvviso spavento od orrore; *sentirsi rimescolare, ribollire il sangue*, provare un vivo sdegno; *bisognerebbe non avere sangue nelle vene*, cioè essere di temperamento freddo e insensibile; per scusarsi di un impeto d'ira, si dice *piangere lacrime di sangue*, pentirsi amaramente; *guastarsi il sangue, farsi il sangue amaro, farsi cattivo sangue*, prendersela, tormentarsi, rodersi l'anima; *sentir salire, andare il sangue alla testa*, infuriarsi; *sentir montare il sangue al viso*, sentirsi avvampare per la vergogna o la rabbia; *sudare, sputare sangue*, compiere uno sforzo inverosimile, una fatica disumana **3.** *fig.* forza, salute, energia vitale; lo spirito, il profondo della persona: *volete forse il mio sangue?*, per convincere qualcuno che già ci si è sforzati fino al limite per fare del proprio meglio; *non ha più una goccia di sangue nelle vene*, ha perso tutto il suo vigore; *avere una cosa nel sangue*, sentirla radicata in sé, quasi come se si trattasse di un istinto: *ha la musica nel sangue* **4.** *fig.* stirpe, razza, discendenza, parentela e sim., intese in part. come veicoli dei caratteri ereditari: *è di sangue reale*; *nobiltà di sangue*, ereditaria; *di sangue blu*, aristocratico, spesso *iron.*; *sangue misto* (o *sanguemisto*), persona che ha genitori di razze diverse, meticcio; *il sangue del mio sangue*, i figli o, anche, il figlio; *quelli del mio sangue*, i miei parenti; *il vincolo del sangue*, il legame tra familiari; *la voce del sangue*, l'istinto naturale che ci fa amare le persone unite a noi da parentela || nelle loc.: *il sangue non è acqua*, per indicare che il vincolo della parentela è importante; *buon sangue non mente*, detto di una persona che sembra aver ereditato le qualità positive dei suoi avi || di un animale, spec. di un cavallo, se è di razza pura si dice che è un *puro sangue* (o *purosangue*), altrimenti che è un *sangue misto* (o *sanguemisto*), un ibrido, un incrocio **5.** *fig.* tutto ciò che si possiede (denaro, averi ecc.), nella loc. *succhiare il sangue*, detto di tasse, strozzini, usurai, sfruttatori ecc. **6.** in varie loc. usate come imprecazione o per esprimere disappunto e sim.: *sangue di Cristo, di Bacco, di Giuda!* **7.** *sangue di drago*, resina rossastra prodotta da una palma, usata nell'industria delle vernici; anche, ciascuna di varie resine ricavate da alcune specie di dracena **II** nella ***loc. agg.*** *rosso sangue*, del colore rosso del sangue: *ha* *un abito rosso sangue* || nella *loc. m.* usata come *loc. agg. color sangue*, del colore del sangue: *un tramonto color sangue* || **N.** I **1.** albumina, ematina, emoglobina, fibrina, siero | acquoso, discrasico, fibroso, grosso, sottile | coagulo, grumo, zampillo | afflusso, anemia, aneurisma, apoplessia, arteriosclerosi, caldana, cianosi, clorosi, congestione, ematoma, ematosi, ematuria, embolo, emofilia, emolisi, emorragia, emottisi, epistassi, iperemia, leucemia, lipemia, oligoemia, pressione, setticemia, travaso, trombosi, uricemia | dissanguare, erompere, grondare, insanguinare, rinsanguare, stillare, svenare, versare, zampillare | circolazione, metabolismo, ricambio | dissanguamento, salasso, trasfusione | ematologia, ematopoiesi, emoinnesto, emometro, emoteca | consanguineità. **Q.T.** *anatomia.*

sanguemìsto o **sàngue mìsto** v. SANGUE.

sanguétta [da *sangue*; 1550] *sf. dial.* sanguisuga.

sanguìfero [comp. di *sangue* e *-fero*; 1726] *agg.* che porta il sangue, sanguigno: *vasi sanguiferi.*

sanguificàre (pres. *-ifico, -ifichi*) [comp. di *sangue* e *-ficare*; a. 1673] *intr.* (aus. *avere*) *disus. T.med.* stimolare la formazione degli elementi sanguigni, eccitare la produzione del sangue || *intr. pron.* trasformarsi in sangue || *tr.* arricchire di sangue.

sanguificatóre [da *sanguificare*; 1872] *agg.* e *sm.* (f. *-trice*) *disus. T.med.* che sanguifica; ciò che sanguifica, emopoietico.

sanguificazióne [da *sanguificare*; a. 1673] *sf. disus. T.med.* il sanguificare; emopoiesi.

sanguìgna [dal fr. *sanguine*; 1765] *sf. T.pitt.* pastello di color rossastro || *per estens.* disegno eseguito con questo pastello.

sanguìgno [lat. *sanguineus*; 1246 nel senso 3] **I** *agg.* **1.** attinente al sangue: *plasma sanguigno, vasi sanguigni, gruppi sanguigni* **2.** che contiene sangue; che ha eccesso di sangue: *sputo sanguigno*; *complessione sanguigna* || *fig. tipo sanguigno*, vitale e irruento, in riferimento al temperamento di un individuo **3.** di color rosso come il sangue: *cielo sanguigno* || *T.min. diaspro sanguigno*, varietà di diaspro verde con macule rosse **II** *sm.* il colore rosso del sangue: *noi che tignemmo il mondo di sanguigno* (Dante) || **N.** I **2.** *Contr.* anemico, apatico, clorotico, controllato, esangue.

sanguìna [dal fr. *sanguine*; 1965] *sf. raro* sanguigna.

sanguinàccio (pl. *-ci*) [dal lat. *sanguis, -inis*; sec. XIII-XIV *sanguanacio*] *sm.* **1.** vivanda di sangue di maiale e farina, cotta in padella come una frittata **2.** nell'Italia centrale indica un insaccato di sangue di maiale, grasso e droghe **3.** dolce preparato con sangue di maiale, latte, cioccolato, uva passa, pinoli e canditi || **N. 2.** *Sin.* mallegato.

sanguinaménto [da *sanguinare*; 1983] *sm.* il perdere sangue: *sanguinamento della ferita.*

sanguinànte (*ppr.* di *sanguinare*) [a. 1704] *agg.* che sanguina: *ferita, mano sanguinante* || *carne, bistecca sanguinante*, cotta al sangue || **N.** *Sin.* insanguinato, sanguinolento, sanguinoso.

sanguinàre (pres. *sànguino*) [lat. tardo *sanguināre*; sec. XIV] *intr.* (aus. *avere*) stillare sangue, scorrere del sangue fuori dei suoi naturali condotti: *la ferita si rimise a sanguinare* || di carne macellata, il cui sangue non è ancora coagulato || *arrosto che sanguina*, poco cotto || *fig. enf. sentirsi sanguinare il cuore*, provare una grande pena; *cose che sanguinano*, cose infami, che fanno rabbrividire || *tr. ant.* insanguinare.

sanguinària [dal lat. *sanguinăria*; a. 1320] *sf.* **1.** erba perenne delle Papaveracee, rizomatosa, con fiori bianchi o rosati, dalla quale si ricava un lattice ricco di alcaloidi, utilizzato in medicina come tonico ed espettorante **2.** erba delle Geraniacee, rizomatosa, gracile, con foglie picciolate dal contorno profondamente e ripetutamente diviso e fiori rossi e violacei.

sanguinàrio (pl. *-ri*) [dal lat. *sanguinārius*; 1686] **I** *agg.* incline a commettere reati di sangue, crudele, feroce: *uomo sanguinario* **II** *sm.* (f. *-a*) uomo che ha istinti omicidi: *è un sanguinario.*

sànguine [dal lat. *sanguis, -inis*, sangue; a. 1320] *sm.* nome comune dell'arbusto detto *sanguinella.*

sanguinèlla [dal lat. *sanguis, -inis*, sangue; 1550] *sf.* **1.** erba infestante delle Graminacee, diffusissima nei campi coltivati, così detta perché, quando se ne introduce una foglia nel naso, lo fa subito sanguinare **2.** arbusto delle Cornacee, con piccoli fiori bianchi e frutti neri rotondeggianti, i cui rami, color porpora, sono adoperati per fare panieri, canestri e sim. || **N. 2.** *Sin.* sanguine.

sanguinèllo [dal lat. *sanguis, -inis*, sangue, per il colore; 1959] *sm.* tipo di arancio siciliano che produce frutti dalla polpa color rosso sangue.

sanguinènte (*ppr.* arc. di *sanguinare*) [1313 nel senso 2] *agg. lett.* **1.** *raro* sanguinario **2.** sanguinante: *menommi al cespuglio che piangea / per le rotture sanguinenti in vano* (Dante); *il mio cor sanguinente* (Foscolo); insanguinato: *tavola sanguinente* (D'Annunzio).

sanguìneo [dal lat. *sanguineus*; 1340] **I** *agg. poet.* insanguinato: *sanguineo manto* (Foscolo); anche sanguigno, nel senso di color del sangue: *manto sanguineo, capelli sanguinei* **II** *sm. arc.* consanguineo.

sanguineròla [dal lat. *sanguis, -inis*, sangue; 1934] *sf.* piccolo pesce d'acqua dolce dei Ciprinidi dal corpo allungato di color verde con striature rosso dorate || **N.** *Sin.* fregarola.

sanguinità [dal lat. *sanguis, -inis*; 1294 *sanguinitade*] *sf. ant.* **1.** complessione, temperamento **2.** discendenza gentilizia, parentela, consanguineità.

sanguinolènto (ant. *sanguinolènte*) [dal lat. *sanguinolentus*; a. 1472] *agg.* che stilla sangue: *carne sanguinolenta* || che è misto a sangue: *sputo sanguinolento*; che è macchiato di sangue, insanguinato: *mani sanguinolente.*

sanguinóso [dal lat. tardo *sanguinōsus*; 1308] *agg.* **1.** lordo di sangue: *aveva il viso tutto sanguinoso* **2.** *fig.* che costa molte vittime: *battaglia sanguinosa* **3.** che provoca un grande dolore: *ingiuria sanguinosa*, disonorante, diffamante || **sanguinosaménte** *avv.* in modo sanguinoso, con grande spargimento di sangue || *fig.* in modo crudele e offensivo: *lo insultarono sanguinosamente* || **N. 1.** *Sin.* sanguinante, sanguinolento **2.** *Sin.* cruento **3.** *Sin.* virulento.

sanguisòrba [comp. del lat. *sanguis*, sangue e lat. *sorbēre*, assorbire; 1824] *sf.* pianta erbacea perenne delle Rosacee, dalle foglie dotate di proprietà astringenti ed emostatiche.

sanguisùga [dal lat. *sanguisūga*; inizio sec. XIV nel senso 1; 1801 nel senso 2] *sf.* **1.** anellide degli Irudinei, parassita di mammiferi, anfibi e pesci, che vive nelle acque dolci; ha bocca provvista di tre lamine taglienti disposte a triangolo, con le quali incide la pelle degli animali per succhiarne il sangue; è usata per fare salassi **2.** *fig.* seccatore protervo, persona insistente e assillante || persona che spilla continuamente soldi; usuraio avido ed esoso || *T.sport.* il corridore che si pone alla ruota degli altri concorrenti per farsi tirare; succhiaruote || **N. 1.** *Sin.* mignatta.

sanìcola [dal lat. mediev. *sanicula*, dal lat. *sanus*, per i suoi poteri medicinali; 1872] *sf.* erba perenne delle Ombrellifere, con rizoma e foglie palmate, dotate di qualità astringenti || **N.** *Sin.* erba fragolina.

sanidìno [dal gr. *sanís, sanídos*, tavoletta, attr. il fr. *sanidine*; 1932] *sm. T.min.* varietà di ortoclasio a forma di tavoletta che si trova nelle rocce eruttive di recente formazione.

sànie [dal lat. *sanies*; prima metà sec. XIII] *sf. lett.* umore prodotto dalla suppurazione di una piaga o dalla putrefazione di un corpo.

sanificàre (pres. *-ifico, -ifichi*) [comp. di *sano* e *-ficare*; 1306] *tr. ant.* rendere sano, salubre, rif. ad abitazioni, territori e sim. || **N.** *Sin.* bonificare, guarire, riparare, risanare, sanare.

sanióso [da *sanie*; 1547] *agg. T.med.* che spurga pus, purulento: *una piaga saniosa.*

sanità [dal lat. *sānitas, -ātis*; 1308] *sf.* **1.** l'essere sano, in senso sia fisico, sia psichico: *sanità del corpo*; *sanità di giudizio, di mente, di spirito* e sim., equilibrio, raziocinio || *fig.* rif. a princìpi, costumi ecc., conformità alla morale || in varie loc. denominanti gli organismi che hanno per compito la tutela della salute di una collettività: *il Ministro della Sanità, ufficio di sanità*; *in part. compagnia di sanità*, il corpo dei medici e farmacisti militari e le truppe che assistono e curano i militari malati e feriti; *sanità marittima*, l'organismo statale che, nei porti, è incaricato del servizio di vigilanza sanitaria sulle navi **2.** *raro* salubrità: *la sanità del clima* || **N. 1.** *Sin.* benessere, igiene, prosperità, salute, vigore. **Q.T.** *medicina.*

sanitàrio (pl. *-ri*) [da *sanità*; 1812] **I** *agg.* della sanità, che concerne la sanità e in part. gli organismi e il personale preposti alla sanità pubblica: *la città si trova in condizioni sanitarie precarie*; *articoli sanitari, materiale sanitario*, strumenti, apparecchiature, sostanze medicinali e, in gen., tutto ciò che viene utilizzato quale mezzo o sussidio nella terapia, nella prevenzione, nella disinfezione e sim.; *strutture sanitarie*, ospedali, ambulatori, consultori ecc.; *assistenza sanitaria*; *corpo sanitario*, il personale preposto alla sanità pubblica: *il corpo sanitario di un ospedale, dell'esercito*; *ufficiale sanitario*, medico posto a capo di un ufficio sanitario; *operatore sanitario*, appartenente al personale paramedico, infermieristico o, in gen., chi opera nel campo dell'assistenza medica; *cordone sanitario*, insieme di misure adottate al fine di isolare una zona colpita da un'epidemia infettiva; *bollettino sanitario*, comunicato emanato dai medici che assistono uno o più malati || *impianti sanitari*, servizi igienici **II** *sm.* **1.** *T.bur.* medico **2.** *pl.* impianti sanitari: *un'esposizione di sanitari e arredi da bagno.* **Q.T.** *abitazione, farmacia, medicina.*

sanitizzànte (*ppr.* di *sanitizzare*) [1983] **I** *sm.* prodotto battericida impiegato per la sanitizzazione **II** *agg.* che sanitizza: *azione, trattamento sanitizzante.*

sanitizzàre [dall'ingl. (*to*) *sanitize*, da *sanity*, sanità; 1983] *tr.* sottoporre al procedimento di sanitizzazione.

sanitizzazióne [da *sanitizzare*; 1983] *sf.* trattamento di sterilizzazione dei macchinari industriali usati nella produzione di generi alimentari, effettuato per mezzo di sostanze battericide.

sànna [dal long. *zann*, dente; 1313] *sf. ant.* zanna.

sannìta (lett. *sannite*) [dal lat. *Samnītis*; 1838] **I** *agg.* del Sannio **II** *s.* **1.** abitante del Sannio, regione a nord della Campania, che si estendeva sino al mare Adriatico **2.** *T.archeol.* gladiatore armato di armi sannitiche, cioè di un'armatura pesante.

sannìtico (pl. *-ci*) [dal lat. *Samnīticus*; 1895] *agg.* del Sannio, dell'antico popolo italico dei Sanniti: *guerre sannitiche.*

sannùto [da *sanna*; 1313] *agg. ant.* zannuto.

sàno [lat. *sānus*; 1294] **I** *agg.* **1.** in buona salute e libero da malattie e disturbi: *sano come un pesce* o *come una lepre*, sanissimo; *stai sano*, forma di augurio e saluto; *essere sano e salvo*, esente da danno e pericolo || detto di organi e membra, che non ha difetti né malformazioni: *ho tutti i denti sani* || *per estens.* che dimostra buona salute: *aspetto, colorito sano* **2.** salubre, che mantiene in salute: *campagna sana, cibi sani, vita sana* **3.** di oggetti, integro: *non si trova più un piatto sano in questa casa; un frutto sano,* non intaccato, non guasto || nella loc. fig. *di sana pianta,* per intero, da capo a fondo: *se l'è inventata di sana pianta, ha riscritto il libro di sana pianta* **4.** *fig.* onesto, integro, retto, senza errori: *sani princìpi, sana dottrina, sana educazione* || *prov. chi va piano va sano e va lontano,* bisogna far le cose adagio e con giudizio perché riescano bene || **sanaménte** *avv.* in modo sano || *fig.* rettamente, saggiamente, onestamente **II** *sm.* (f. *-a*) persona sana: *i sani e i malati* || **N.** I **1.** florido, fresco, robusto, saldo, vegeto | *Contr.* ammalato, malato **3.** *Sin.* intatto, perfetto.

sanpietrìno v. SAMPIETRINO.

sanrocchìno v. SARROCCHINO.

sànsa¹ [lat. *sansa*; a. 1320] *sf.* ciò che resta dopo la prima spremitura e torchiatura delle olive (bucce, polpa, noccioli); dalla sansa, nuovamente spremuta e trattata con solventi, si estrae poi un secondo olio, di qualità inferiore (*olio di sansa*) e il residuo viene utilizzato per l'alimentazione dei bovini o come combustibile (*brace di sansa*).

sànsa² o **sànza²** [dall'ar. *ṣanǧ*, cembalo; 1959] *sf.* strumento musicale africano costituito da una sbarretta cui sono fissate delle linguette metalliche che, quando vengono toccate, risuonano per le vibrazioni.

sanscritìsta [da *sanscrito*; 1873] *s.* esperto di letteratura o di lingua sanscrita.

sànscrito [dal sanscrito *samkrta*, (grammaticalmente) perfetto; 1819] **I** *sm.* (solo *sing.*) lingua letteraria dell'India antica: *cattedra di sanscrito* **II** *agg.* di, relativo a tale lingua: *letteratura sanscrita, caratteri sanscriti* || **N.** pali, pracrito. **TAV.** *alfabeti* 6.

sansepolcrista [da (*piazza*) *San Sepolcro*; 1936] *s. T.stor.* chi aderì alle prime organizzazioni fasciste, che si riunirono il 23 marzo 1919 in piazza San Sepolcro a Milano per fondare i Fasci italiani di combattimento.

sansevièria [dal n. proprio Raimondo di Sangro, principe di *San Severo*; 1875] *sf.* pianta ornamentale delle Gigliacee, dalle lunghe foglie lucide e carnose striate di giallo o di verde chiaro.

sans façon (fr., pr. [sɑ̃ fa'sɔ̃]) [letter. senza complimento; 1841 *sanfasson*] nella *loc. avv. alla sans façon,* alla buona, senza cerimonie.

sans-gêne (fr., pr. [sɑ̃'ʒɛ:n]) [letter. senza disagio; 1905] *loc. avv.* e *agg.* senza soggezione, con disinvoltura.

sansifìcio (pl. *-ci*) [comp. di *sansa*¹ e *-ficio*; 1935] *sm.* stabilimento industriale in cui viene lavorata la sansa delle olive.

sansimonìsmo [dal n. proprio H. de Rouvroy, conte di *Saint Simon*; 1846] *sm.* la dottrina politico-sociale di Saint Simon e il movimento ispirato alla sua opera; proponeva un'utopia tecnocratica con venature mistiche.

sansimonista [da *sansimonismo*; 1923] *s.* seguace del sansimonismo.

sansino [da *sansa*¹; 1881] **I** *sm.* olio estratto dalla terza macinazione delle olive **II** *agg. olio sansino,* sansino.

santabàrbara (pl. *santebàrbare*) [da *Santa Barbara*, come il fr. *sainte-barbe*; 1769 *Santa Barbera*] *sf.* **1.** sulle navi da guerra, il deposito delle munizioni; è un'antica denominazione con la quale la gente di mare intende porre il pericoloso deposito sotto la protezione di santa Barbara, che è la patrona degli artiglieri **2.** *fig.* situazione esplosiva, polveriera.

santacróce [comp. di *santa* e *croce*; 1538] *sf. inv. ant. fam.* abbecedario, dalla croce che il libriccino recava in fronte.

santagostìno [dal n. di *sant'Agostino*; 1930] *sm.* carattere tipografico simile a quello usato nel 1476 per l'edizione del *De Civitate Dei* di sant'Agostino.

Santalàcee [comp. del gr. *sántalon*, pianta del sandalo e *-acee*; 1932] *sf. pl. T.bot.* famiglia di piante dicotiledoni erbacee o legnose, dai fiori di piccole dimensioni e frutto a noce o a drupa; fra essi il sandalo e il vischio.

santarellìna o **santerellìna** (*dim.* di *santarella*) [a. 1835] *sf. iron.* giovane ragazza che finge di essere ingenua e innocente: *fare la santerellina* || **N.** *Sin.* gattamorta.

santarèllo o **santerèllo** (*dim.* di *santo*) [1565 *santarella*] *agg.* e *sm.* (f. *-a*) *iron.* persona che, in contrasto con i suoi reali sentimenti, ostenta ingenuità, candore, innocenza, zelo religioso e sim.: *da come parla sembra proprio un santerello* || *dim.* santarellino.

santé (fr., pr. [sɑ̃'te]) [letter. salute; 1940] *sf. inv.* solo nella *loc. f. zuppa* (*alla*) *santé,* zuppa di verdure con crostini.

santerellìna v. SANTARELLINA.

santerèllo v. SANTARELLO.

santificaménto [da *santificare*; prima metà sec. XIV] *sm. raro* il santificare.

santificànte (*ppr.* di *santificare*) [1671] *agg.* che santifica: *grazia santificante.*

santificàre (pres. *-ìfico, -ìfichi*) [dal lat. tardo *sanctificāre*; sec. XIII nel senso 2] *tr.* **1.** canonizzare, decretare ufficialmente santo; elevare alla gloria degli altari: *alcuni anni fa santificarono don Bosco* **2.** riconoscere il carattere sacro di qualcosa: *santificare le feste,* osservarle, astenendosi dal lavoro e pregando; *santificare il nome di Dio,* celebrarlo, adorarlo con la preghiera **3.** rendere santo: *i sacramenti santificano l'anima, santificare l'amore col matrimonio* || *rifl.* perfezionarsi spiritualmente, divenir santo: *quelle suore si santificano nell'assistere i bisognosi* || **N.** **1.** beatificare **2.** *Sin.* celebrare, consacrare.

santificatìvo [da *santificare*; 1745] *agg. raro* atto a santificare.

santificatóre [dal lat. tardo *sanctificātor, -ōris*; sec. XIV] *agg.* e *sm.* (f. *-trìce*) *lett.* che o chi santifica.

santificazióne [dal lat. tardo *sanctificātio, -ōnis*; a. 1342] *sf.* il santificare; *in part.* l'atto del canonizzare e le cerimonie che l'accompagnano; canonizzazione.

santimònia [dal lat. *sanctimōnia*, santità; a. 1311] *sf. ant.* la vita e le opere di persona santa; santità di ideali o di istituzioni || *iron.* ipocrisia, affettazione di santità, bigotteria.

santimoniàle [dal lat. tardo *sanctimoniālis*; a. 1424] *agg. raro* di santimonia.

santìno (*dim.* di *santo*) [a. 1712] *sm.* piccola immagine sacra stampata su cartoncino: *un santino della Madonna* || *non com.* santarello.

santìssimo (*superl.* di *santo*) [1319] **I** *agg. T.rel.* quanto è oggetto di adorazione o venerazione: *la Santissima Trinità; il Santissimo Sacramento,* l'ostia consacrata o anche l'Eucaristia; *il Santissimo Padre,* il papa; *la Santissima Vergine,* la Madonna || *fam.* per sottolineare un'esortazione accompagnata da una nota di irritazione: *fammi* (*mi faccia*) *il santissimo piacere di...* **II** *sm. il Santissimo,* l'ostia consacrata, Cristo nell'Eucaristia: *il sacerdote espone il Santissimo.*

santità [dal lat. *sanctitas, -ātis*; a. 1342] *sf.* **1.** qualità di ciò che (o di chi) è santo, l'essere santo; *in part.* nella teologia cattolica, il carattere di perfezione spirituale attribuito a Dio, alla Madonna e a tutto ciò che è a essi consacrato o è attinente al loro culto: *la santità della Chiesa, del tempio, dei Sacramenti, della preghiera* || *per estens.* qualità di chi ha improntato la sua vita ai princìpi della religione, cercando incessantemente di conformarsi alla volontà divina: *la santità di don Bosco, raggiungere la santità; morire in odore di santità,* dopo aver vissuto in modo tale da poter essere ritenuti santi (da cui, per contrasto, *non essere in odore di santità,* detto di chi ne ha fatte di tutti i colori) || *prov. quattrini e santità metà della metà,* non bisogna prestar fede a chi fa il santarello e a chi si vanta delle proprie ricchezze, o anche a quanto si dice circa i grandi meriti e le grandi ricchezze di qualcuno **2.** *per estens.* qualità di ciò che è ritenuto inviolabile e venerando: *la santità del giuramento, del matrimonio, della legge;* probità, integrità: *la santità dei costumi* **3.** titolo dato al sommo pontefice: *Sua Santità* (abbr. *S.S.*) || **N.** SANTO.

sànto [lat. *sanctus*; 1186 nel senso 2] **I** *agg.* (premesso a nome proprio m. iniziante per consonante, che non sia *s* seguita da consonante, o per gruppi di consonanti o, ancora, per *i* semiconsonante, si tronca in *san*: *san Pietro, san Francesco, san Iacopo*; se invece il nome proprio, m. o f., comincia per vocale, si elide: *sant'Antonio, sant'Orsola*) **1.** attributo di Dio e di tutto ciò che lo riguarda, in quanto degno di adorazione o connesso al suo culto: *il santo nome di Dio; lo Spirito Santo,* la terza persona della Trinità; *la santa Messa, la santa Croce, la santa Comunione; settimana santa,* quella che precede la Pasqua (si dicono santi anche tutti i giorni che la compongono: *lunedì, ... sabato santo*); *il santo Natale; il santo Sepolcro,* quello di Cristo; *la terra santa* (o *Terrasanta*), la Palestina; *il Santo Padre,* il papa; *la Santa Sede,* la sede del papa, la curia romana; *il Sant'Offizio,* la congregazione fondata nel sec. XVI per combattere le eresie; *l'anno santo,* quello in cui il papa concede il giubileo; *l'acqua santa,* quella bendetta; *l'olio santo,* quello consacrato, che serve a cresimare, a ordinare i sacerdoti e a dare l'Estrema Unzione; *campo santo* (o anche *camposanto*), cimitero || in varie *loc. escl.* di invocazione devota o, in tono irriverente, esprimenti collera, disappunto, stupore e sim.: *santo cielo!, sant'Iddio!, Dio santo!, Madonna santa!* ecc. **2.** titolo che si dà a chi, ufficialmente canonizzato dalle autorità ecclesiastiche, è venerato e invocato quale intercessore presso Dio: *i santi martiri, i santi apostoli, le sante vergini*; più gen., è attribuito alle creature angeliche (*i santi cherubini e serafini*) e a tutti coloro che, morti nella grazia di Dio, godono (o sono destinati a godere) della visione beatifica: *le anime sante del paradiso, del purgatorio* || il nome del santo, preceduto dal titolo, è usato per indicare ellitticamente il giorno in cui se ne celebra la festa, un edificio a lui consacrato o anche una sua immagine, dipinta o scolpita: *oggi è san Bartolomeo; ho visitato Sant'Ambrogio; quel san Giorgio è di un anonimo del Trecento* **3.** *per estens.* detto di cose, istituzioni o princìpi universalmente rispettati: *il giuramento è santo, la legge è santa* **4.** pio, devoto, conforme alla religione, alla morale: *quella è una santa donna, la sua fu una santa morte* || da santo, degno d'un santo, nelle loc. *santa innocenza, santa pazienza* e sim. || *per estens.* buono, giusto, vero: *sante verità,* le verità della Chiesa, del Vangelo ecc.; *verità sante,* indiscutibili; *parole sante,* giuste e sagge || *fig. fam.* utile, efficace o, addirittura, provvidenziale: *furono sante bastonate quelle che ti diede tuo padre!, questa pioggia è stata una mano santa per il raccolto* || in varie loc. fam. con valore rafforzativo: *santa pazienza!,* detto da chi è sul punto di perderla; *starsene in santa pace,* completamente tranquilli; *tutto il santo giorno,* senza intervalli; *di santa ragione,* giustamente o, anche, abbondantemente: *gliele diede di santa ragione* || **santaménte** *avv.* con santità, da santo: *vivere e morire santamente* || *fig. enf. raro* con rettitudine e purezza di sentimenti, tanto da meritare l'approvazione assoluta: *parlare, agire santamente* **II** *sm.* **1.** (f. *-a*) colui che la Chiesa venera quale intercessore presso Dio (quando sostituisce il nome del santo, vuole l'iniziale maiuscola): *e allora il Santo fece il miracolo, mi fece la grazia*; *festeggiamo il Santo della nostra città*, il Patrono; *tutti i santi* o *Ognissanti*, la festa celebrata in onore di tutti i santi, il primo novembre; *in part. fam. tosc.* il santo protettore di una persona e, *per estens.*, il giorno in cui lo si festeggia, l'onomastico: *per il mio santo mi hanno regalato dei libri, oggi è il santo di mio figlio* ‖ in varie loc., propr. e fig.: *non saper più a che santo votarsi*, non sapere a che partito appigliarsi; *non c'è santo che tenga, non ci sono santi*, non c'è niente da fare; *non essere uno stinco di santo*, essere una persona senza scrupoli, un poco di buono; *avere un santo dalla propria, avere un santo in paradiso*, avere qualche forte protezione, o essere molto fortunato; *qualche santo ci aiuterà*, si dice quando si vuol dimostrare fiducia nella riuscita di un'impresa rischiosa; *voler andare in paradiso a dispetto dei santi*, voler andare in un luogo in cui non si è graditi ‖ *prov. passata la festa, gabbato lo santo*, quando si è ottenuto ciò che si voleva, non si mantengono più le promesse fatte precedentemente; *scherza coi fanti e lascia stare i santi*, non bisogna prendersi gioco di persone o cose rispettabili **2.** (f. *-a*) *per estens.* persona caratterizzata da una bontà e una pazienza non comuni o, anche, veramente virtuosa e devota: *solo quella santa di tua madre ti sopporta*; *è vissuto e morto come un santo* **3.** *arc.* luogo consacrato ‖ *pop. tosc. rientrare in santo*, detto di donna che, per la prima volta dopo aver partorito, si reca in chiesa ‖ *dim.* santìno, santarèllo; *accr.* santóne ‖ **N.** I **1.** *Sin.* sacro, venerabile **2.** *Sin.* divino; angelo, apostolo, arcangelo, beato, cherubino, martire, serafino, vergine **3.** *Sin.* inviolabile **4.** *Sin.* religioso II **1.** canonizzare, dichiarare, fare, proclamare | invocare, pregare, supplicare, venerare | culto, grazia, inno, preghiera.

santocchierìa [da *santocchio*; 1597] ***sf.*** *raro* devozione simulata, bigotteria, santimonia.

santòcchio (pl. *-chi*) [da *santo*; a. 1735] ***sm.*** (f. *-a*) *spreg.* ipocrita, persona che simula devozione ‖ **N.** *Sin.* baciapile, santarello, BIGOTTO.

santofìlla ***sf.*** *raro* V. XANTOFILLA.

santolìna [dal lat. *santonica* (*herba*), variante di *santonicum*; sec. XVI] ***sf.*** pianta delle Composite fortemente aromatica, con foglie alterne, fiori gialli in capolini solitari, frutto ad achenio; viene usata in erboristeria come antispasmodico e vermifugo ‖ **N.** *Sin.* crespolina.

sàntolo [dal lat. *sanctus*, santo, venerabile; seconda metà sec. XIV] ***sm.*** (f. *-a*) *dial.* il padrino (o la madrina) al battesimo o alla cresima ‖ **N.** *Sin.* comare, compare.

santóne [da *santo*; 1545 nel senso 2; 1623 nel senso 1] ***sm.*** **1.** eremita, asceta anziano che in molte religioni non cristiane è riverito per la sua virtù e saggezza ‖ *per estens. iron.* o *spreg.* chi, per capacità e prestigio personale, condiziona pesantemente il comportamento e le opinioni dei componenti di un movimento, di un'associazione e sim. **2.** (f. *-a*) bacchettone, bigotto.

santònico (pl. *-ci*) [dal lat. *santonicus*, gr. *santonikón*, assenzio; sec. XIV] ***sm.*** **1.** pianta delle Composite dai cui fiori viene estratta la santonina **2.** *T.chim.* acido organico da cui si ottiene, come anidride, la santonina.

santonìna [da *Santoni*, n. di un'antica popolazione gallica; 1864] ***sf.*** sostanza contenuta nei fiori di alcune Artemisie, in passato largamente usata in medicina come efficace vermifugo, ma ora abbandonata a causa della sua tossicità.

santopsìa ***sf.*** *raro* V. XANTOPSIA.

santoràle [da *santo*; 1957] ***sm.*** *T.eccl.* ognuna delle feste dell'anno liturgico dedicate alla Vergine e ai Santi; la sezione corrispondente nei libri liturgici.

santoréggia (pl. *-ge*) [lat. *saturēia*, per deformazione pop.; a. 1320] ***sf.*** pianta delle Labiate, comune nelle zone aride del bacino mediterraneo, da cui si estrae un olio essenziale aromatico ‖ **N.** *Sin.* satureia.

santuàrio (pl. *-ri*) [dal lat. *sanctuārium*; sec. XV; 1977 nel senso 4] ***sm.*** **1.** chiesa o luogo dove si conservano importanti reliquie, immagini miracolose ecc., meta di pellegrinaggi: *il santuario di Loreto* **2.** *T.stor.* presso gli Ebrei, parte del tempio riservata ai sacerdoti **3.** *per estens.* luogo sacro in genere, tempio, chiesa o altra sede di culto ‖ *fig.* centro ideale di attività, affetti ecc., talvolta *scherz.*: *il santuario delle leggi*, il tribunale; *il santuario della coscienza*; *santuario domestico, della famiglia* **4.** calco giornalistico dell'ingl. *sanctuary*, rifugio di esuli, combattenti: *un santuario dei brigatisti* ‖ **N.** *sancta sanctorum.* **Q.T.** *religione.*

sànza[1] [dal lat. *absentia*; a. 1284] ***prep.*** *ant.* senza.

sànza[2] V. SANSA[2].

sanzionàre (pres. *-óno*) [dal fr. *sanctionner*, 1789 nel senso 1; 1939 nel senso 2] ***tr.*** **1.** dare la sanzione; approvare, dare valore legislativo o comunque ufficiale: *il parlamento ha sanzionato la legge*; *la proposta della commissione è stata sanzionata dall'assemblea* ‖ *per estens.* dare il proprio assenso autorevole; approvare, confermare: *l'elezione fu sanzionata da un lungo applauso, la tradizione ha finito col sanzionare quell'uso* **2.** applicare sanzioni punitive ‖ **N.** **1.** *Sin.* confermare, convalidare, ratificare, sancire.

sanzióne [dal lat. *sanctio*, *-ōnis*, attr. il fr. *sanction*; a. 1691 nel senso 2; a. 1712 nel senso 1] ***sf.*** **1.** penalità, provvedimento previsto dalla legge per i trasgressori; anche quella parte di una legge che stabilisce la pena per i trasgressori: *essere colpito dalle sanzioni*; *sanzione di carattere civile, amministrativo, penale* ‖ *in part.*, *pl.*, complesso di misure di ritorsione, adottate da uno o più Stati contro uno Stato che abbia violato le norme del diritto internazionale o non abbia rispettato patti o accordi: *le sanzioni contro l'Italia* **2.** azione del sancire, ratificazione: *senza la sanzione del capo dello Stato la legge non ha validità.* **Q.T.** *sociologia.*

sanzionìsmo [da *sanzione*; 1945] ***sm.*** tendenza di uno Stato ad applicare sanzioni in campo economico e politico nei confronti di altri Stati.

sanzionìsta [da *sanzionismo*; 1945] ***agg.*** di uno Stato, che promuove una politica improntata al sanzionismo.

sanzionìstico (pl. *-ci*) [da *sanzionista*; 1945] ***agg.*** relativo alle sanzioni politiche ed economiche che uno Stato applica nei riguardi di un altro.

sàpa [lat. *sapa*; 1340 ca.] ***sf.*** mosto ridotto alla metà o a un terzo del suo volume per mezzo della cottura, e usato per condimento; mostarda.

sapèrda [dal lat. *saperda*, gr. *sapérdēs*, tipo di pesce marino; a. 1729] ***sf.*** coleottero dal corpo bruno allungato le cui larve sono nocive alle piante, spec. al pioppo, al salice e al ciliegio, perché ne scavano il legno.

sapére[1] (pres. *so, sài, sa, sappiàmo, sapéte, sànno*; p.rem. *sèppi, sapésti, sèppe, sèppero*; fut. *saprò*; cong. pres. *sàppia*; cond. pres. *saprèi*; ppr. *sapiènte*; pps. *sapùto*) [lat. volg. *sapēre*, lat. *sapere*, aver sapore, essere savio; 960 nel senso 3; 1321 come intr. nel senso 1] **I** come verbo modale, seguito da un infinito (se coniugato nei tempi composti, prende l'ausiliare del verbo a cui è unito: *non sono saputo tornare indietro, non ho saputo resistere*; com. con aus. *avere*: *non ho saputo tornare indietro*), potere, essere in grado, essere capace: *sa già leggere e scrivere, mi ha saputo dire solo poche cose*; *saperci fare*, essere abili, competenti; *saper vivere*, comportarsi conformemente alle convenzioni sociali o, anche, detto con una punta di biasimo, riuscire a destreggiarsi negli eventi, senza lasciarsi assalire da scrupoli morali; quando è seguito da forme riflessive o pronominali può prendere la particella pron.: *sapersi vestire*, sapere vestirsi, *sapersi far valere*, saper farsi valere; *non saper far altro che protestare, lamentarsi* e sim., detto per commentare un comportamento sterile e fastidioso **II** ***tr.*** **1.** disporre di un certo numero di nozioni intorno a qualcosa, acquisite con lo studio, l'informazione e sim.: *sapere il latino, la lezione, le regole degli scacchi*; *sapere a mente, a memoria*, essere capace di ripetere un testo parola per parola; seguito da un compl. partitivo, avere parecchie nozioni in un certo campo: *sa di musica, di poesia* ‖ *ass.* essere molto colto: *bisogna studiare molto per sapere, chi più sa, meno presume* ‖ in vari modi di dire: *sapere* (*una cosa*) *per filo e per segno, come l'avemaria, dall'a alla zeta, a menadito*, molto bene, gen. per averla studiata a lungo **2.** disporre di un certo numero di nozioni, spec. di ordine pratico, intorno a qualcosa, acquisite con l'esperienza, l'esercizio, il tirocinio professionale e sim.: *il suo mestiere lo sa, sa il fatto suo*, nel suo campo è un esperto ‖ conoscere qualcosa per averla provata, vista, sperimentata in prima persona: *so come sono andate le cose, so cosa sono la fame e la miseria* ‖ in vari modi di dire: *saperne una più del diavolo, sapere dove il diavolo tiene la coda*, essere astuto, sagace; *saperle tutte*, conoscere tutte le malizie, le astuzie, i trucchi; *la sa lunga*, detto di persona scaltra; *saperla lunga ma non saperla raccontare*, essere scaltri ma non riuscire a farla al proprio interlocutore **3.** essere a conoscenza, avere notizia di qualcuno o qualcosa: *sai che ore sono?, so quanti soldi ti ha chiesto*; *sapere tutto* (*sul conto*) *di qualcuno, sapere vita, morte e miracoli di qualcuno*, conoscerne dettagliatamente tutte le vicende ‖ venire a conoscenza di qualcosa, apprenderne la notizia, venirne informati: *sapere qualcosa dai giornali, da altri*; *sapere qualcosa da fonte sicura*, averla appresa da una persona di cui ci si può fidare; *volerne sapere di più*, desiderare ulteriori informazioni; *si può sapere cosa volete?*, detto in risposta alle insistenze di qualcuno o, anche, per accertarsi delle sue reali intenzioni; *avete saputo di lui?*, ciò che gli è capitato?, che cosa ha fatto?; *far sapere*, informare: *fammi sapere i tuoi progetti per le vacanze*; *che la cosa non si sappia, che non si sappia in giro*, detto per dissuadere l'interlocutore a divulgare quanto gli si sta comunicando; nel modo di dire *non volerne più sapere di qualcosa, di qualcuno*, non voler avere più a che fare con qualcosa o qualcuno, disinteressarsene; *non volerne sapere di fare qualcosa*, rifiutarsi categoricamente di farla ‖ conoscere: *la so la strada per venire da te*; anche rif. a cose inanimate: *la penna che sa le tempeste* (Carducci) ‖ in molti usi particolari: preceduto dal verbo *dovere*, si usa per introdurre, in modo enfatico, una narrazione o una dichiarazione: *dovete* (o, ant., *avete da*) *sapere che a casa mia comando io, dovete sapere che a quel tempo...*; usato pleonasticamente, serve a richiamare l'attenzione dell'ascoltatore o, in fine di frase, come rafforzativo: *sai, partirò domani, ti ho visto, sai?*; usato incidentalmente, sottolinea l'ovvietà o la notorietà di un certo fatto: *nelle feste, si sa, c'è sempre chi vuole mettersi in mostra*; in forma imperativa, ha la funzione di ammonire o di avvertire: *sappi che ne ho abbastanza di te!*; come risposta affermativa è più forte del *sì*: *lo so, lo sappiamo*; per suscitare l'aspettativa di un discorso spiacevole o triste: *se sapessi!, sapeste!*; per avviare un discorso con decisione: *sai* (o *sapete*) *bene, sai* (o *sapete*) *be-*

nissimo, come ben sai (o *sapete*): *come ben sapete si è poi laureato*; per esporre o chiarire un fatto, in tono risoluto o anche risentito: *se proprio vuoi* (o *volete*) *saperlo, per chi non lo sapesse*; per esprimere dubbio o incertezza: *chi sa* (o *chissà*)?, *chi sa mai?*, *che ne so io?*; lo stesso significato si ha con diverse forme negative: *non saprei*, detto quando non si sa rispondere a una domanda; *non so cosa fare, se devo aspettare o andarmene*; *non si sa mai*, esprime l'intenzione di cautelarsi: *è meglio prendere l'ombrello, non si sa mai...*, *in questo posto non si sa mai cosa può capitare*; *non so chi, che, come, perché, dove, quando* ecc., formule che, usate come s. o avv., indicano persone, cose, modalità ecc. che non si conoscono: *ha telefonato non so chi, ci vedremo non so quando*; *sentivo un non so che per lui*, qualcosa di strano, di indefinibile **4.** rendersi conto, essere consapevole di qualcosa, averla chiara in mente: *so quello che sto facendo, so di aver torto*; *non sapere quello che si dice* (o *si sta dicendo*), parlare a vanvera, sragionare; *so io quello che voglio, come devo comportarmi*, ho le idee chiare sul da farsi ‖ prevedere, presagire: *sapevo che doveva finir male*; *lo sapevo, si sapeva*, espr. ironiche o irate alludenti al fatto che un evento spiacevole avrebbe potuto essere facilmente previsto e quindi evitato; nelle loc. (*a*) *saperlo!*, (*ad*) *averlo saputo!*, esprimenti rammarico per non aver saputo prevedere ciò che sarebbe stato più opportuno fare ‖ ***intr.*** (aus. *avere*) **1.** avere sapore: *questo vino sa d'aceto*; *questa carne non sa di niente*, non ha sapore; *questo pane sa di buono*, ha un buon sapore; anche *fig.*: *questo libro non sa di nulla*, non ha succo, sostanza, non è interessante ‖ avere odore: *questa stanza sa di chiuso, sa di gas*; anche *fig.*: *questa faccenda sa* (o *puzza*) *d'imbroglio, quell'uomo mi sa di ciarlatano* **2.** dare l'impressione, sembrare: *mi sa che questa volta perdiamo* ‖ *ant. sapere male*, dispiacere, sembrare brutto: *mi sa male dirgli di no*; *saper cent'anni, mill'anni*, aver l'impressione che sia passato molto tempo: *mi sa cent'anni che non ci vediamo* ‖ **N.** ***tr.*** *Sin.* apprendere, conoscere, discernere, distinguere, imparare, intendere, intendersene, intuire, risapere, trapelare; avere cognizione, avere familiarità, avere sulla punta delle dita, essere ben informato, essere certo, non giungere nuova | *Contr.* ignorare; essere all'oscuro, fare il nesci, fare lo gnorri.

sapére[2] [da *sapere*[1]; 1313 *savere*] ***sm.*** lo scibile, il complesso delle cognizioni che si possono acquisire: *questa è una cosa che eccede il sapere umano*, inconoscibile; *i diversi settori del sapere*, le varie scienze ‖ *in part.* ciò che una persona conosce, il suo grado di cultura, di istruzione: *è un uomo di gran sapere* ‖ *pl.* scienze, conoscenze: *l'intreccio dei saperi*.

sapévole [da *sapere*[1]; 1342] ***agg.*** *ant.* **1.** che sa **2.** *raro* consapevole **3.** *raro* esperto, conoscitore, perito.

sapidità [da *sapido*; 1895] ***sf.*** *lett.* qualità di ciò che è sapido.

sàpido [dal lat. tardo *sapidus*; 1340 ca.] ***agg.*** *lett.* che ha sapore, gustoso; anche *fig.*: *un racconto sapido*, arguto, spiritoso, vivace ‖ **N.** *Sin.* saporito | *Contr.* insipido, sciocco.

sapiènte [dal lat. *sapiens, -entis*; 1525] **I** ***agg.*** che ha sapienza, saggio ‖ *per estens.* abile, accorto, esperto, capace, competente: *un sapiente artigiano, avvocato, amministratore* ‖ rif. a cose, che dimostra abilità, competenza, destrezza e sim.: *un intervento, un tocco, una risposta sapiente* ‖ *iperb.* di animale, ammaestrato: *l'orso sapiente* ‖ **sapienteménte** ***avv.*** **II** ***s.*** chi ha sapienza, chi è dotto in una scienza, chi è saggio: *i sette sapienti della filosofia greca antica, Salomone è stato davvero un grande sapiente*; *non fare il sapiente con me* ‖ *dim.* sapientìno, sapientèllo; *accr.* sapientóne; *pegg.* sapientùcolo ‖ **N. I** *Sin.* colto, dotto, erudito, esperto, saggio | *Contr.* ignorante, incolto, incompetente, indotto **II** *Sin.* dottore, intenditore, luminare, maestro, perito, saccente, saputello; arca o pozzo di scienza | *Contr.* ignorante, sciocco, stolto.

sapientóne (*accr.* di *sapiente*) [a. 1691] ***sm.*** (f. *-a*) *iron.* chi si ritiene molto sapiente, senza esserlo: *non venir qui a fare il sapientone*.

sapiènza [dal lat. *sapientia*; 1300 ca.] ***sf.*** **1.** ricchezza di conoscenza, possesso di un vasto sapere: *un uomo di grande sapienza* **2.** *per estens.* la più alta perfezione morale e intellettuale dell'uomo: *la sapienza di Salomone era proverbiale* ‖ uno dei sette doni dello Spirito Santo ‖ attributo della seconda persona della Trinità **3.** antica denominazione di sedi universitarie a Roma, a Bologna, a Pisa: *andare alla Sapienza* ‖ **N. 1.** *Sin.* competenza, conoscenza, cultura, erudizione, istruzione, scienza | apparente, estesa, profonda, superficiale, universale, varia | *Contr.* ignoranza **2.** *Sin.* consapevolezza, giustizia, probità, saggezza, senno.

sapienziàle [da *sapienza*; a. 1565] ***agg.*** *lett.* di sapienza, relativo alla sapienza ‖ *libri sapienziali*, quelli che, nell'Antico Testamento, contengono sentenze e massime sul retto giudizio e comportamento.

Sapindàcee [da *sapindo*; 1936] ***sf. pl.*** *T.bot.* famiglia di piante dicotiledoni, diffuse nelle regioni tropicali, con foglie sparse e seme ricoperto da un involucro zuccherino.

sapìndo [contrazione dal lat. *sāpo indicus*, sapone indiano; 1838] ***sm.*** albero delle Sapindacee dai cui frutti si estrae la saponina ‖ **N.** *Sin.* albero del sapone.

sapodilla V. SAPOTIGLIA.

saponàceo [da *sapone*; 1743] ***agg.*** che ha l'aspetto o le proprietà del sapone.

saponàio (pl. *-ài*) [da *sapone*; 1444] ***sm.*** (f. *-a*) *raro* chi fabbrica saponi o li vende al pubblico.

saponària [dal lat. *saponārius*; a. 1577] ***sf.*** pianta erbacea delle Cariofillacee, con foglie glabre d'un verde chiaro, fiori rosei disposti a corimbo, ramosa, leggermente velenosa; dalle sue radici si ricava una sostanza detersiva ‖ **N.** *Sin.* ocimoide.

saponàrio (pl. *-ri*) [dal lat. *saponārius*; 1959] ***agg.*** che si riferisce al sapone, saponiero: *prodotti saponari, industria saponaria* ‖ *radice* (o *radica*) *saponaria*, rizoma della saponaria che si usava disseccato, in infusione, per lavare i tessuti.

saponàṣi [comp. di *sapone* e *-asi*; 1974] ***sf.*** *T.fisiol.* fermento dell'apparato digerente che saponifica i grassi separando la glicerina.

saponàta [dal lat. tardo *saponāta*; a. 1492] ***sf.*** l'acqua in cui si è sciolto del sapone e che, fortemente agitata, produce un'abbondante schiuma: *fare una bella saponata*; *in part.* la schiuma così ottenuta ‖ *fig. ant. raro* adulazione.

sapóne [dal lat. *sāpo, -ōnis*; a. 1320] ***sm.*** composto, solubile in acqua, a base di sale alcalino (spec. di sodio e di potassio) di acidi grassi, usato come detergente; anche il pezzo di sapone e la saponetta: *sapone da bucato* (*in scaglie, in polvere, in pezzi*); *sapone di Marsiglia*, sapone da bucato in cubetti o mattonelle; *sapone da toeletta*, per la pulizia personale, in vari tipi: *sapone allo zolfo, al catrame* (sgrassanti), *medicato* (con proprietà antisettiche o medicamentose), *neutro* (particolarmente delicato), *profumato, alla glicerina*; *crema sapone*, di consistenza cremosa; *sapone da barba*, emolliente, da usare prima della rasatura; *bolle di sapone*, ottenute per gioco raccogliendo l'acqua saponata con una cannuccia e soffiandovi dentro; in senso *fig.*, promesse o minacce che non hanno alcun seguito, che si risolvono in nulla; cose vane: *i suoi propositi non sono altro che bolle di sapone* ‖ nelle loc.: *un viso acqua e sapone*, un viso femminile non truccato o sul quale i cosmetici sono stati usati in modo da non essere notati; *dare del sapone a qualcuno*, adularlo; *rimetterci il ranno e il sapone*, fare opera inutile e vana ‖ *albero del sapone*, sapindo ‖ dim. saponétta ‖ **N.** insaponare, lavare, pulire, sgrassare, smacchiare.

saponerìa [da *sapone*; 1561] ***sf.*** luogo ove si fabbrica il sapone, saponificio.

saponétta (meno com. region. *savonétta*) [da *sapone*, forse sul modello del fr. *savonette*; 1508 *saponetto*; 1564 *savonetta*] ***sf.*** **1.** piccolo pezzo di sapone da toeletta, gen. profumato **2.** orologio da tasca di forma piatta, con doppia cassa metallica, del sec. XIX.

saponièra [da *sapone*; 1891] ***sf.*** astuccio usato, spec. in viaggio, per tenervi il sapone; portasapone.

saponière [da *sapone*; 1936] ***sm.*** (f. *-a*) operaio di un saponificio o, anche, industriale o commerciante del settore saponiero.

saponièro [da *sapone*; 1896] ***agg.*** che riguarda la produzione del sapone: *industria saponiera*.

saponificàre (pres. *-ìfico, -ìfichi*) [da *sapone*; 1872] ***tr.*** *T.chim.* sottoporre al processo di saponificazione.

saponificatóre [da *saponificare*; 1950] **I** ***sm.*** (f. *-trìce*) *non com.* chi è addetto al processo di saponificazione **II** ***agg.*** che saponifica.

saponificazióne [da *saponificare*; 1829] ***sf.*** *T.chim.* procedimento di trasformazione di oli e di grassi animali o vegetali in sapone ‖ *T.chim.* processo di idrolisi dei gliceridi; scissione di un estere in acido e alcol per ricavare glicerina e acidi grassi o sapone.

saponifìcio (pl. *-ci*) [comp. di *sapone* e *-ficio*; 1954] ***sm.*** stabilimento in cui si producono saponi e saponette.

saponìna [comp. di *sapone* e *-ina*; 1872] ***sf.*** *T.chim.* glucoside vegetale estratto dalla saponaria, dalla salsapariglia ecc.; sciolto in acqua produce schiuma e ha proprietà detersive.

saponìte [comp. di *sapone* e *-ite*[2]; 1891] ***sf.*** *T.min.* minerale a base di magnesio, caratterizzato da una consistenza saponosa.

saponóso [da *sapone*; 1833] ***agg.*** che ha le qualità, l'aspetto del sapone; che contiene sapone.

saporàre (pres. *-óro*) [da *sapore*; a. 1294 *savorare*] ***tr.*** *ant.* assaporare.

sapóre (ant. region. *savóre*) [lat. *sapor, -ōris*; a. 1294] ***sm.*** **1.** proprietà di alcune sostanze, spec. alimentari, che ci viene rivelata attraverso le papille gustative: *lo zucchero è di sapore buono*; anche la sensazione che ne riceviamo: *sapore buono, cattivo, disgustoso, di muffa, di rancido, di bruciato*; *non sento alcun sapore particolare*; *dar sapore*, rendere saporito, insaporire, anche *fig.*: *facciamo di tutto per dar sapore alla vita*, per renderla interessante **2.** *fig.* tono, carattere espressivo: *parole di sapore dolcissimo*; *aver sapore di arcaismo, di classicismo* **3.** *pl. region.* le erbe aromatiche, gli odori dell'orto ‖ *ant. region.* salsa, condimento ‖ *dim.* saporìno; *pegg.* saporàccio ‖ **N. 1.** *Sin.* gusto, gustosità, sapidità | acido, acre, agro, agrodolce, amabile, amaro, aromatico, aspro, brusco, delicato, disgustoso, dolce, forte, frizzante, gradevole, insolito, insulso, nauseabondo, nauseante, ostico, piacevole, pungente, rancido, ripugnante, salato, salmastro, sgradevole, soave, spiacevole, squisito, stomachevole, stuzzicante; gustoso, insipido, sapido, saporito, saporoso, scipito | assaggiare, assaporare, degustare, gustare, pregustare | lingua, palato.

saporìre (pres. *-ìsco, -ìsci*) [da *sapore*; a. 1561] ***tr.*** *raro* insaporire.

saporìto (*pps.* di *saporire*) [1353] ***agg.*** che ha un buon sapore, di gusto gradevole: *minestra saporita* ‖ un po' troppo salato: *questo brodo* *è un po' saporito*; *fig.* arguto, pungente: *stile saporito, risposta saporita* || *fig.* che si fa con gusto, piacevole, soddisfacente: *un sonno saporito, una risata saporita* || *fig.* di prezzo, elevato, caro, salato, pepato: *conto saporito* || **saporitaménte** *avv.* con molto sapore || *fig.* detto del ridere, del dormire e sim., quasi gustando il riso, il sonno ecc. || **N.** *Sin.* gustoso, sapido, saporoso | *Contr.* insipido, sciocco, scipito | SAPORE.

saporosità [da *saporoso*; a. 1320] ***sf.*** *raro* l'essere saporoso.

saporóso [da *sapore*; a. 1294 *savoroso*] ***agg.*** *lett.* di buon sapore, molto saporito: *vino, gelato saporoso* || *fig.* colorito, vivace: *una novella saporosa* || **saporosaménte** ***avv.*** saporitamente, di gusto || **N.** *Sin.* SAPORITO.

sapòta [dall'azteco *tzàpotl*, frutto della sapota, attr. lo sp. *zapote*; 1959] ***sf.*** albero tropicale della famiglia delle Sapotacee, che produce frutti commestibili || **N.** *Sin.* sapotiglia.

Sapotàcee [da *sapota*; 1936] ***sf. pl.*** *T.bot.* famiglia di piante dicotiledoni tropicali, che secernono lattice dalla corteccia.

sapotìglia (pl. *-glie*) o **sapodilla** o **sapotilla** [dall'azteco *tzàpotl*, attr. lo sp. *zapotilla*; 1891] ***sf.*** **1.** sapota **2.** frutto della sapota, di forma tondeggiante e con polpa sugosa molle e zuccherina.

sàpro- [dal gr. *saprós*, putrido, marcio] ***primo elem.*** che, in parole composte della terminologia scientifica, vale "putrefazione" o indica relazione con sostanze organiche in decomposizione.

sapròbio (pl. *-bi*) [comp. di *sapro-* e *-bio*; 1959] ***agg.*** e ***sm.*** *T.biol.* detto di organismo vivente che si sviluppa a contatto con materia organica in decomposizione.

sapròfago (pl. *-gi*) [comp. di *sapro-* e *-fago*; 1959] ***agg.*** *T.biol.* detto di pianta o animale che si nutre di materia organica in decomposizione.

sapròfilo [comp. di *sapro-* e *-filo*; 1959] ***agg.*** *T.biol.* detto di organismo animale o vegetale che vive di preferenza in ambienti ricchi di materia organica in decomposizione.

saprofìta v. SAPROFITO.

saprofitìsmo [da *saprofito*; 1906] ***sm.*** *T.scient.* l'attitudine, propria di moltissime specie vegetali inferiori prive di apparato fotosintetico, di utilizzare per il proprio accrescimento la materia organica in decomposizione.

saprofito o **saprofìta** [comp. di *sapro-* e *-fito*; 1895] ***agg.*** e ***sm.*** *T.scient.* organismo vegetale, spec. batterio o fungo, che, privo di apparato fotosintetico, per nutrirsi invade gli organismi animali o vegetali morti e in decomposizione e in essi si moltiplica.

sapropèl [da *sapropelite*; 1935] ***sm.*** *T.geol.* fanghiglia di colore nerastro, ricca di materia organica, originatasi dalla decomposizione di alghe e microorganismi; accumulandosi sui fondali marini, lacustri o lagunari, dà origine a sapropeliti.

sapropèlico (pl. *-ci*) [da *sapropel*; 1959] ***agg.*** di organismo che vive nel fango e tra sostanze in putrefazione.

sapropelìte [comp. di *sapro-*, del gr. *pēlós*, fango e *-ite*²; 1959] ***sf.*** *T.geol.* sedimento di sapropel, da cui si ricavano bitumi, idrocarburi, petroli e certe qualità di carbone.

sapùta [da *sapere*; fine sec. XIII] ***sf.*** *ant.* o *lett.* il sapere un fatto, l'esserne a conoscenza, solo nelle loc. *a mia, tua, ... loro saputa*, per quanto ne so, sai ... sanno || nella loc. *per saputa*, per sentito dire, non per esperienza diretta || **N.** SAPERE | *Contr.* insaputa.

saputèllo (*dim.* di *saputo*) [1664] ***agg.*** e ***sm.*** (f. *-a*) ragazzino che si dà arie da adulto, intervenendo nei discorsi con petulanza e con fare saccente, ostentando le sue conoscenze: *fare il saputello, è una bambina proprio saputella!*

sapùto (*pps.* di *sapere*) [1319 come agg.; 1538 come agg. e sm.] **I** ***agg.*** *lett.* **1.** che sa: *è un uomo saputo* **2.** che si sa, che è noto: *è una cosa saputa e risaputa* **II** ***agg.*** e ***sm.*** (f. *-a*) spec. *spreg.* che, chi presume di sapere e pretende di essere competente in ogni campo: *è un ragazzo saputo, non fare il saputo* || *dim.* saputèllo, saputìno || **saputaménte** ***avv.*** *iron.* da saccente || **N.** *Sin.* SACCENTE.

sarabànda [dallo sp. *zarabanda*; 1623 *saravanda*] ***sf.*** *T.mus.* danza spagnola, forse di derivazione orientale; originariamente di ritmo sfrenato, entrando nel Seicento nella *suite* strumentale, si assestò su di un ritmo lento e grave || *fig.* gran rumore, danza convulsa, confusione: *questo non è più un valzer, è una sarabanda!, in mezzo a questa sarabanda di macchine non si riesce più ad andare avanti.*

saràcchio (pl. *-chi*) [etim. inc.; 1838] ***sm.*** pianta erbacea perenne delle Graminacee, le cui foglie vengono utilizzate per cordami e intrecci || **N.** *Sin.* ampelodesma.

saràcco (pl. *-chi*) [forse da *saracca*, var. di *salacca*, attr. il gergo; 1891] ***sm.*** sega corta, a lama trapezoidale molto larga, con un'ampia impugnatura a uno degli estremi. **TAV. *utensili* p. 1341** 30.4.

saracèno o **saracìno** [dal lat. *saracēnus*; fine sec. XIII *saracino*] **I** ***sm.*** **1.** (f. *-a*) nel Medioevo cristiano si indicavano con questa voce i musulmani della Siria, dell'Egitto, delle coste africane, e quelli che avevano invaso la Sicilia e altre parti d'Europa: *cristiani e saraceni, gente saracena* || nei modi di dire: *armato come un saraceno*, fino ai denti; *bestemmia come un saraceno*, come un turco **2.** fantoccio di legno della quintana: *ad Arezzo si fa la giostra del Saraceno* **II** ***agg.*** relativo ai saraceni || *grano saraceno*, pianta delle Poligonacee, con i cui semi si fa una farina scura || **N.** II *Sin.* arabo, infedele, pagano, musulmano, turco.

saracinésca [da *saracino*; fine sec. XV] ***sf.*** **1.** serramento metallico, in lamiera ondulata o a elementi snodati, che scorre tra due guide fissate agli stipiti ed è utilizzata spec. per le aperture ai piani terreni; sollevandola si arrotola intorno a un perno posto in alto e, abbassata, viene fissata a terra con lucchetti e sim. || dispositivo a serranda utilizzato per sbarrare le cateratte; cateratta || *T.stor.* porta a scorrimento verticale, costituita da una cancellata in metallo o da un pesante tavolato, che per mezzo di catene si calava per chiudere le porte di città, castelli, fortificazioni ecc. **2.** dispositivo per regolare il flusso di un fluido in una condotta sotto pressione || **N.** **1.** abbassare, alzare **2.** aprire, chiudere.

saracinésco (pl. *-schi*) [da *saracino*; sec. XIV] ***agg.*** di, da saraceno || *porta saracinesca*, v. SARACINESCA.

sàrago o **sàrgo** (pl. *-ghi*) [dal lat. *sargus*, gr. *sargós*; 1560 *sargo*] ***sm.*** pesce marino degli Sparidi, dal colore argenteo, che predilige i fondali rocciosi ed è pescato, anche nel Mediterraneo, per le sue carni pregiate.

saraménto [dal lat. *sacramentum*, attr. il fr. ant. *sairement*; 1306] ***sm.*** *ant.* giuramento solenne.

sarcàsmo [dal lat. tardo *sarcasmus*; gr. *sarkasmós*; 1575] ***sm.*** ironia malevola, amara, pungente, offensiva: *trattare con sarcasmo, fare del sarcasmo* || *per estens.* frase piena di sarcasmo: *meno sarcasmi!* || **N.** *Sin.* IRONIA.

sarcàstico (pl. *-ci*) [da *sarcasmo*; 1862] ***agg.*** pieno di sarcasmo, che esprime sarcasmo: *tono, discorso, linguaggio, riso sarcastico* || **sarcasticaménte** ***avv.***

sarchiaménto [da *sarchiare*; sec. XIV] ***sm.*** *raro* sarchiatura.

sarchiàre (pres. *sàrchio*) [lat. tardo *sarculāre*; a. 1320] ***tr.*** compiere la sarchiatura.

sarchiàta [da *sarchiare*; 1891] ***sf.*** il sarchiare una volta sola, sarchiatura sommaria: *sono riuscito solo a dare una sarchiata alle patate.*

sarchiatóre [da *sarchiare*; 1258] ***agg.*** e ***sm.*** (f. *-trìce*, pop. *-tóra*) che o chi sarchia. **TAV. *giardinaggio* p. 1314** 6 e **p. 1315** 20, 21.

sarchiatrìce [da *sarchiare*; 1922] ***sf.*** *T.agr.* macchina agricola che compie la sarchiatura, dotata di utensili fissi o rotanti (dischi, zappette, lame ecc.).

sarchiatùra [da *sarchiare*; 1340 ca.] ***sf.*** atto ed effetto del sarchiare; operazione che si esegue nelle colture a file, consistente nello smuovere lo strato superficiale del terreno compreso tra le file delle colture; eseguita con zappe, sarchielli o altri attrezzi adatti, a mano o con sarchiatrici meccaniche, viene effettuata allo scopo di distruggere le erbacce infestanti, attivare la respirazione delle radici delle piante e impedire che il terreno subisca un'eccessiva perdita di umidità per evaporazione diretta || **N.** *Sin.* roncatura.

sarchiellàre (pres. *-èllo*) [da *sarchiello*; 1340 ca.] ***tr.*** togliere le male erbe col sarchiello.

sarchièllo (*dim.* di *sarchio*) [1340 ca.] ***sm.*** piccolo sarchio usato per estirpare le erbacce in giardini e aiuole || *dim.* sarchiellìno.

sàrchio (pl. *-chi*) [lat. *sarculus*; a. 1320] ***sm.*** piccola zappa fornita di due denti o rebbi, con la quale si estirpano le erbacce infestanti dai campi coltivati e si muove il terreno; zappetto || *dim.* sarchièllo, sarchiétto.

sàrcina¹ [dal lat. *sarcina*, fardello; sec. XIV] ***sf.*** batterio parassita, generalmente non patogeno, reperibile sulle mucose dell'organismo umano.

sàrcina² [dal lat. *sarcina*; 1838] ***sf.*** fagotto che anticamente il soldato portava appeso a un bastone || *per estens.* peso, soma, carico.

sarcìna [comp. di *sarco-* e *-ina*; 1873] ***sf.*** *T.chim.* composto chimico organico presente in alcuni acidi nucleinici.

sarcìte¹ [comp. di *sarco-* e *-ite*¹; 1838] ***sf.*** *T.med.* infiammazione muscolare, reumatismo acuto || *non com.* obesità.

sarcìte² [comp. di *sarco-* e *-ite*²; 1821] ***sf.*** *T.min.* sarcolite.

sàrco- [dal gr. *sárx*, *sarkós*, carne] ***primo elem.*** che, in parole composte della terminologia scientifica, ha il valore di "carne", "parte carnosa".

sarcocàrpio (pl. *-pi*) [comp. di *sarco-* e *-carpio*; 1838] ***sm.*** *T.bot.* il mesocarpio dei frutti, quando è carnoso.

sarcòde¹ [dal fr. *sarcode*; 1936] ***sm.*** nome attribuito nell'Ottocento alla sostanza costituente il corpo dei Protozoi, cioè al protoplasma.

sarcòde² [dal lat. scient. *sarcodes*, gr. *sarkṓdēs*, carnoso; 1967] ***sf.*** *T.bot.* genere di piante dal fusto avvolto in scaglie alterne e con fiori bisessuati raccolti in infiorescenze capitali.

Sarcodìni o **Sarcòdini** o **Sarcòdici** (sing. *-o*) [dal gr. *sarkṓdēs*, di carne; 1935] ***sm. pl.*** *T.zool.* classe di Protozoi provvisti di pseudopodi, di cui si servono per procurarsi il nutrimento e per modificare la loro forma in caso di pericolo.

sarcòfaga [comp. di *sarco-* e *-fago*; 1821] ***sf.*** mosca grigia della carne; dittero che depone le sue uova, da cui sgusciano ben presto le larve, in materie decomposte o su piaghe di animali o anche dell'uomo, causando gravi infezioni.

sarcòfago (pl. *-gi* e *-ghi*) [dal lat. *sarchophagus*, gr. *sarkophágos*; sec. XIV] ***sm.*** **1.** arca di pietra o di legno, perlopiù scolpita e istoriata, nella quale si deponeva il cadavere per seppellirlo: *sarcofaghi etruschi, romani* **2.** *lett.* pietra calcarea orientale cui anticamente veniva attribuita la proprietà di consumare i cadaveri || **N.** **1.** tomba, SEPOLCRO.

sarcofillo [comp. di *sarco-* e *-fillo*; 1959] ***sm.*** *T.bot.* tipo di foglia di natura carnosa, che serve alla pianta come ricettacolo d'acqua e di sostanze nutritive.

sarcòfilo [comp. di *sarco-* e *-filo*; 1891] **sm.** *T.zool.* marsupiale carnivoro dall'aspetto simile a quello di un piccolo orso, di natura molto aggressiva e feroce || **N.** *Sin.* diavolo orsino.

sarcòide [comp. di *sarco-* e *-oide*; 1959] **sm.** *T.med.* nome generico di alcune alterazioni cutanee (noduli, placche), simili per aspetto a sarcomi, ma il cui decorso cronico è benigno, senza compromissione dello stato generale.

sarcolèmma [comp. di *sarco-* e gr. *lémma*, involucro; 1940] **sm.** *T.anat.* la sottile e trasparente membrana di origine connettivale che avvolge la fibra muscolare striata.

sarcolite [comp. di *sarco-* e *-lite*; 1824] **sf.** *T.min.* silicato di alluminio, calcio e sodio, in cristalli di colore rosa carnicino pallido, frequente nei proietti vulcanici del Vesuvio.

sarcòma [dal lat. tardo *sarcōma*, gr. *sárkōma*, escrescenza carnosa; 1598] **sm.** *T.med.* qualsiasi neoplasma costituito da elementi di tessuto connettivo; generalmente si tratta di tumori carnosi maligni accompagnati da fenomeni regressivi quali necrosi, ulcerazione, rammollimento, infezione || **N.** cancro, carcinoma, epitelioma, fibroma.

sarcomatòsi [comp. dal gr. *sárkōma*, *-atos* e *-osi*; 1899] **sf.** *T.med.* condizione patologica caratterizzata dallo sviluppo di sarcomi con nodi numerosi invadenti organi e apparati diversi.

sarcomatóso [da *sarcoma*; 1838] **agg.** relativo a sarcoma, tipico del sarcoma: *affezione sarcomatosa* || colpito da sarcoma, che presenta sarcoma: *tessuti sarcomatosi.*

sarcòmero [comp. di *sarco-* e *-mero*; 1983] **sm.** *T.anat.* unità contrattile della fibra muscolare striata.

sarcoplàsma [comp. di *sarco-* e *plasma*; 1899] **sm.** *T.anat.* sostanza fluida del citoplasma delle fibre muscolari; essendo in rapporto con la terminazione nervosa, consente la propagazione dell'eccitamento nella fibra muscolare.

Sarcoptèrigi (sing. *-gio*) **sm. pl.** *T.zool.* Sauropteridi.

sarcòsi [dal lat. *sarcōsis*, gr. *sárkosis*, sviluppo di carne; 1838] **sf.** *T.bot.* assunzione di consistenza carnosa da parte di un organo vegetale.

sarcràuti o **salcràuti** [dal ted. *Sauerkraut*; 1908] **sm. pl.** *disus.* crauti.

sàrda[1] [lat. *sarda*; 1570] **sf.** piccolo pesce di color glauco argenteo, dell'ordine dei Clupeiformi, che vive in banchi nel Mediterraneo e nell'Atlantico; si mangia fresco o si conserva in salamoia o sott'olio dentro barili o scatole || **N.** *Sin.* sardella, sardina; acciuga, alice | sardelliera.

sàrda[2] [dal lat. *sarda*; 1599] **sf.** *T.min.* varietà bruno-giallognola di calcedonio, detta anche *sardonica*, usata come pietra dura ornamentale.

sardagnòlo V. SARDEGNOLO.

sardàna [dal cat. *sardana*; 1940] **sf.** *T.mus.* danza catalana, di movimento rapido, danzata da numerose persone che si tengono per mano, formando un circolo.

sardanapalésco (pl. *-schi*) [dal n. proprio *Sardanapalo*; 1618] **agg.** da Sardanapalo, degno di Sardanapalo; effeminato e sfarzoso: *vita sardanapalesca, lusso sardanapalesco.*

sardanapàlo [dal n. proprio *Sardanapalo*, re assiro; a. 1827] **sm.** *per anton.* chi vive mollemente e fastosamente tra il lusso e i piaceri: *i carmi che il lombardo pungean Sardanapalo* (Foscolo).

sardegnòlo o **sardagnòlo** (meno com. *sardignòlo*) [dal n. geogr. *Sardegna*; 1950] **agg.** della Sardegna, sardo, spec. riferito agli animali: *asinelli sardegnoli.*

sardèlla (*dim.* di *sarda*[1]) [a. 1400] **sf.** sarda, sardina.

sardellàra [da *sardella*; 1935] **sf.** sardelliera.

sardellièra [da *sardella*; 1937] **sf.** *T.pesc.* rete alla deriva, del tipo menaide, usata nell'Adriatico per catturare sardine e alici || **N.** *Sin.* sardellara.

sardésco (pl. *-schi*) [da *sardo*; 1299 ca.] **agg.** *lett. ant.* sardo, della Sardegna (riferito a cose e animali): *argento sardesco.*

sardìgna [prob. dal lat. *Sardinia*, Sardegna; 1726] **sf.** nome che anticamente si dava in alcune città al luogo fuori porta in cui si ammassavano le carogne degli animali e i rifiuti della macellazione || *dial.* reparto del macello in cui si distruggono le carni avariate o infette.

sardignòlo V. SARDEGNOLO.

sardìna [dal lat. tardo *sardīna*; sec. XIV] **sf.** sin. di *sarda*, ma indicante generalmente la varietà più piccola, messa in commercio per essere consumata fresca o inscatolata sott'olio || *fig.* nella loc. *essere pigiati come sardine*, stare stretti a causa di un notevole affollamento.

sardìsmo [da *sardo*; 1959] **sm.** **1.** movimento politico autonomista sorto in Sardegna dopo la prima guerra mondiale **2.** *T.ling.* forma linguistica o struttura sintattica tipica dei dialetti della Sardegna.

sardìsta [da *sardo*; 1959] **agg.** e **s.** fautore del sardismo: *politica sardista.*

sàrdo [dal lat. *sardus*; fine sec. XIII] **I agg.** proprio della Sardegna: *fauna, lana sarda; dialetto sardo* **II sm.** **1.** (f. *-a*) abitante della Sardegna **2.** (solo *sing.*) insieme di dialetti neolatini con caratteri fortemente conservatori || **N.** **I** *Sin.* sardagnolo.

sardònia [dal lat. *sardonia*, gr. *sardōnía*; 1544] **sf.** ranuncolo palustre velenosissimo che provoca, a chi ne ingerisca, caratteristici moti spasmodici della bocca.

sardònica [dal lat. *sardonyx*, *-ychis*, gr. *sardónyx*, *-ychos*, onice di Sardi (in Lidia); a. 1364] **sf.** *T.min.* sarda[2].

sardònico (pl. *-ci*) [da *sardonia*, prob. attr. il fr. *sardonique*; 1627] **agg.** di riso, beffardo, amaro, provocatorio, maligno || *per estens.* si dice anche dello sguardo, dell'espressione del volto e sim.: *un'occhiata sardonica* || *T.med.* *riso sardonico*, movimento convulsivo caratteristico di certe malattie che, come il tetano, provocano la contrazione dei muscoli facciali, facendo assumere al volto un'espressione di riso maligno || *erba sardonica*, sardonia || **sardonicaménte** **avv.**

sargàsso [dal port. *sargaço*; 1562 *gargazzo*] **sm.** *T.bot.* genere di alghe brune diffuso nei mari caldi e temperati, con tallo cilindrico molto ramificato, lunghissimo, dal quale si dipartono foglie laminari; può essere ancorato al fondo marino tramite una specie di radice o tenuto a galla da particolari vescichette sferiche ripiene d'aria; viene utilizzato nella produzione di fibre tessili o a scopo alimentare || *Mar dei Sargassi*, zona dell'Atlantico in cui si estende un enorme banco galleggiante di sargassi e materiali di vario genere. **TAV.** ***botanica*** **p. 661** 3.

sargènte [dal lat. *serviens*, *-entis*, attr. il fr. ant. *sergent*, servo; 1853] **sm.** *ant.* sergente, sottufficiale nelle forze armate.

sàrgia (pl. *-ge*) [dal fr. ant. *sarge*; 1294 nel senso 2] **sf.** **1.** tessuto in lana, con effetto di ordito sul diritto, usato nell'arredamento **2.** tessuto policromo in lana o lino usato in epoca medievale e rinascimentale per tendaggi e cortine **3.** *ant.* coperta da letto con frange e motivi a strisce.

sàrgo V. SARAGO.

sàri [dall'indostano *sārī*, attr. l'ingl.; 1933] **sm. inv.** *ant.* lunga pezza gen. di cotone o di seta variopinta che le donne indiane portano drappeggiata intorno al corpo e appoggiata sopra una spalla; si indossa insieme a un corpino corto che copre seni e spalle.

sàriga [dal tupi *sarighe*, attr. il port. e fr. *sarigue*; 1940] **sf.** marsupiale dell'America meridionale con coda prensile e muso aguzzo, dalle abitudini arboricole e notturne; in una specie la madre tiene attaccati alla coda, arcuata sul dorso, i piccoli che vi si appendono, ciascuno con la propria codina || **N.** *Sin.* opossum.

sarìssa [dal lat. *sarīsa*, gr. *sárisa*; 1520] **sf.** *T.stor.* asta lunga da sei a sette metri, adoperata in guerra dai Macedoni.

sarmatiano V. SARMAZIANO.

sarmàtico (pl. *-ci*) [dal lat. *Sarmaticus*; a. 1707] **I agg.** dell'antica Sarmazia, regione che comprendeva parte dell'odierna Polonia e della Russia meridionale: *pianura, lingua sarmatica* **II sm.** sarmaziano.

sarmaziàno o **sarmatiàno** [dal n. geogr. *Sarmazia*, pianura a nord del Mar Nero; 1933] **agg.** e **sm.** nella cronologia geologica, detto del piano inferiore del Miocene medio.

sarmentàceo [da *sarmento*; 1891] **agg.** *raro* simile a sarmento; di sarmento.

sarménto (ant. *serménto*) [lat. *sarmentum*; a. 1320 *sermento*] **sm.** denominazione del fusto e dei rami principali delle piante volubili che, se non vengono dotati di sostegni, strisciano a terra || *in part.* tralcio di vite.

sarmentóso [lat. *sarmentōsus*; a. 1577] **agg.** che ha sarmenti, ricco di tralci lunghi, sottili e flessibili || *per estens.* detto di pianta provvista di organi vegetali simili a sarmenti.

saròng [dal malese *sarung*, attr. l'ingl. *sarong*; 1949] **sm. inv.** indumento maschile e femminile della Malesia e dell'Indonesia che giunge alle caviglie; è costituito da una fascia di cotone o di seta a righe vivacemente decorate con la tecnica del *batik* e si indossa avvolgendolo intorno al torace.

sàros [dal gr. *sáros*, ciclo di anni babilonese; 1838] **sm.** *inv.* *T.astr.* periodo di diciotto anni e undici giorni che intercorre tra un'eclissi di Sole o di Luna e quella successiva.

sàrpa V. SALPA.

sarracènia [dal n. proprio J.F. *Sarrazin*, naturalista canadese; 1929] **sf.** pianta erbacea carnivora delle Sarraceniacee, tipica delle zone umide dell'America del Nord.

Sarraceniàcee [comp. di *sarracenia* e *-acee*; 1959] **sf. pl.** *T.bot.* famiglia di piante erbacee insettivore, con fiori ermafroditi, frutti a capsula e foglie con apparati ascidi, tipiche delle zone umide.

sarrocchìno o **sanrocchìno** [forse dal medio alto ted. *sarrok*, veste militare; a. 1665] **sm.** mantello corto incerato, simile a quello che in passato portavano i pellegrini || **N.** pellegrina.

sarrussòfono [comp. del n. proprio W. *Sarrus*, maestro di una banda fr., che l'inventò, e *-fono*; 1902 *sarruxofono*] **sm.** strumento a fiato, d'ottone, ad ancia doppia, di suono intenso, con meccanica simile a quella del fagotto e dell'oboe; quasi del tutto abbandonato nell'orchestra, viene usato invece nella banda.

sàrta [da *sarto*; a. 1527] **sf.** donna che taglia e confeziona abiti, spec. da donna e da bambino || *in part.* la direttrice, che è in genere anche la creatrice dei modelli, di un laboratorio di confezioni o di un *atelier* di moda: *questo vestito è firmato da una grande sarta* || *dim.* sartina; *spreg.* sartùcola || **N.** caterinetta | confezionare | fattura, manichino. **Q.T.** *moda...*

sàrtia [dal gr. tardo *exártia*, attrezzi della nave; 1306 *sarte* pl.] **sf.** **1.** *T.mar.* ciascuna delle corde di canapa o di acciaio che sostengono gli alberi delle imbarcazioni a vela; sono talora attraversate dalle *griselle* che, facendo da gradini, trasformano le sartie stesse in scale per salire sull'alberatura **2.** *pl.* *ant.* corde o cavi in generale || *dim.* sartiétta. **TAV. *vela* p. 1342** 1.5 e **p. 1343** 6.

sartiàme [da *sartia*; 1602] **sm. 1.** *T.mar.* l'insieme delle sartie di un'imbarcazione a vela **2.** *ant.* insieme di cavi o corde. **Q.T.** *vela.*

sartiàre (pres. *sàrtio*) [da *sartia*; 1805] **tr.** *T.mar.* fare scorrere nelle pulegge un cavo, una fune e sim.

sartìna (*dim.* di *sarta*) [1872] **sf. 1.** apprendista sarta, caterinetta **2.** sarta giovane e ancora poco esperta o, anche, di poche pretese.

sartiòla [da *sartia*; 1872] **sf.** *T.mar.* ciascuna delle sartie che mantengono ritti gli alberi minori di un'imbarcazione || sartia per piccole imbarcazioni.

sàrto [lat. tardo *sartor*, 1353] **sm.** colui che taglia e confeziona abiti: *sarto da uomo, donna, bambino; io non compro vestiti già confezionati, vado dal sarto; metro da sarto*, a nastro || *in part.* chi dirige una sartoria e, creando i modelli, la rende famosa per un suo particolare stile: *una creazione di un grande sarto, la firma di un sarto famoso* || *dim. spreg.* sartorèllo, sartùcolo || **N.** sarta; creatore, stilista. **Q.T.** *moda...* **TAV. *maglia...* p. 1316** 8, 11 e **p. 1317** 14.

sartóre [lat. tardo *sartor, -ōris*; 1288 *sartor*] **sm.** (f. *-trìce* o pop. *-tóra*) *ant.* e *region.* sarto: *come vecchio sartor fa nella cruna* (Dante).

sartorìa [da *sartore*; 1598] **sf. 1.** laboratorio o bottega da sarto o da sarta || casa di mode, *atelier* || *in part. sartoria teatrale*, specializzata nel confezionare costumi per gli attori || reparto di una comunità (convento, colonia, collegio e sim.) in cui si confezionano e riparano abiti **2.** la tecnica, l'industria della confezione degli abiti: *quello della sartoria è un settore in espansione*; anche con riferimento all'insieme dei sarti o a un gruppo di essi: *la fama della sartoria italiana è mondiale.* **Q.T.** *moda...*

sartoriàle [da *sartoria*, sul modello dell'ingl. *sartorial*; 1942] **agg.** che concerne l'attività di sartoria: *industria sartoriale.*

sartòrio (pl. *-ri*) [da *sartore*; a. 1673] **agg.** e **sm.** *T.anat.* detto dei muscoli nastriformi, situati nella regione antero-laterale della coscia, che, provocando la flessione della gamba e la sua rotazione verso l'esterno, permettono di accavallare le gambe. **TAV. *anatomia* p. 641** 1.13.

sartotècnica [comp. di *sarto* e *tecnica*; 1959] **sf.** l'insieme delle tecniche della sartoria.

sartù [voce nap. prob. dal fr. *surtout*, centrotavola; 1959] **sm.** specialità gastronomica napoletana, consistente in uno sformato di riso ripieno di polpettine, uova sode, mozzarella e funghi.

sassafràsso o **sassofràsso** [da una voce sudamericana, attr. lo sp. *sasafras*; 1573 *sassafras*] **sm.** *T.bot.* genere di piante arboree delle Lauracee, dell'America settentrionale e dell'Asia; se ne adopera il legno odoroso della radice e della parte inferiore del tronco per uso medicinale (diuretico e diaforetico).

sassàia [da *sasso*; 1688] **sf. 1.** cumulo di sassi che si erige, spec. negli alvei di torrenti e fiumi, come difesa contro le frane **2.** luogo o strada pieni di sassi: *il giardino si è ormai ridotto a una sassaia* || **N. 2.** *Sin.* sasseto.

sassaiòla [da *sasso*; fine sec. XIV] **sf.** battaglia coi sassi, fatta per gioco tra ragazzi || fitto lancio di sassi, fatto da più persone, contro uno o più bersagli (animati o inanimati): *fu accolto da una fitta sassaiola.*

sassaiòlo [da *sasso*; sec. XIV] **agg.** che vive tra i sassi, tra le rocce: *colombo sassaiolo.*

sassàta [da *sasso*; 1483] **sf.** colpo inferto scagliando un sasso: *tirare una sassata, colpire con una sassata; prendere a sassate*, anche *fig.* calunniare, trattare male || *fig. dare il pane e la sassata*, fare un piacere o del bene, ma in modo rozzo, offensivo o villano.

sassèlla [dal n. geogr. *Sassella*, in Valtellina; 1905] **sm.** pregiatissimo vino rosso della Valtellina; anche l'uva del vitigno omonimo, che è usata nella produzione di molti altri vini della zona.

sassèllo [da *sasso*; 1483] **agg.** e **sm.** *(tordo) sassello*, varietà di tordo, più piccola del tordo comune, di passo ritardato rispetto alle altre specie (da noi in autunno) || **N.** *Sin.* malvizzo.

sàsseo [dal lat. *saxeus*; a. 1375] **agg.** *lett.* di sasso; simile, per aspetto o consistenza, al sasso || convertito in sasso.

sasséto [dal lat. *saxētum*, luogo sassoso; 1768] **sm.** terreno coperto di sassi rotolati dalle acque di un fiume || **N.** *Sin.* ghiareto, greto, sassaia.

sassìcolo [comp. di *sasso* e *-colo*; 1959] **agg.** *T.biol.* detto di pianta o animale che vive in zone sassose.

sassificàre (pres. *-ìfico, -ìfichi*) [da *sasso*; a. 1638] **tr.** *raro* pietrificare.

sassìfraga [dal lat. *saxifraga* (*herba*), erba che rompe i sassi; a. 1320] **sf.** pianta erbacea di varie specie, della famiglia delle Sassifragacee, con foglie carnose e fiori di vari colori, che vive in zone montane temperate o fredde, prediligendo le crepe delle rocce silicee o calcaree; alcune specie sono coltivate per ornamento, spec. nei giardini rocciosi.

Sassifragàcee [comp. di *sassifraga* e *-acee*; 1922] **sf. pl.** *T.bot.* famiglia di piante dicotiledoni erbacee o legnose, perlopiù montane.

sassìṣmo [da *sasso*; 1983] **sm.** *T.alp.* attività sportiva consistente nell'arrampicarsi su piccole rocce o su massi isolati.

sassìsta [da *sasso*; 1983] **s.** *T.alp.* chi pratica il sassismo.

sàsso [lat. *saxum*; 1313] **sm. 1.** ciottolo, pietra di piccole dimensioni che si può reggere e scagliare con una mano: *scagliò un sasso, un sentiero tutto sassi; fare ai sassi*, a sassate || in varie loc. fig.: *tirar sassi in piccionaia*, far danno a se stessi volendo danneggiare altri; *scagliare il sasso e nascondere la mano*, danneggiare qualcuno senza esporsi, dimostrandogli anzi amicizia; *lanciare un sasso nello stagno*, provocare intenzionalmente discussioni o polemiche in una situazione precedentemente calma || *in gen.* blocco, macigno, masso di pietra o, anche, rupe, parete rocciosa: *aspettava seduto su un sasso; lett. nudo sasso*, monte o parte di monte senza vegetazione **2.** materia rocciosa, pietrosa: *un riparo scavato nel sasso; scolpire, incidere il sasso* || in loc. che fanno riferimento alla durezza del sasso: *cuore di sasso*, duro e insensibile; *rimanere* (o *restare*) *di sasso*, come pietrificato, paralizzato per la paura o lo stupore; *non essere di sasso*, essere soggetto a tentazioni e sentimenti; *far compassione ai sassi* o *far piangere i sassi*, detto di cosa veramente commovente **3.** *arc. lett.* pietra sepolcrale: *e serbi un sasso il nome che distingua le mie dalle infinite ossa che in terra e in mar semina morte* (Foscolo) || *dim.* sassétto, sassolino; *accr.* sassóne; *pegg.* sassàccio || **N. 2.** *Sin.* pietra, selce | dolce, friabile, listato, vergolato, vivo | cumulo, ghiareto, greto, massicciata, mora, morena, mucchio, sasseto, selciato; fionda, frombola, sassata.

sassofonìsta o **saxofonìsta** [da *sassofono*; 1959] **s.** suonatore di sassofono.

sassòfono o **saxòfono** [dal fr. *saxophone*, dal n. proprio A. *Sax*, che l'inventò; 1895 *saxofono*] **sm.** strumento musicale a fiato di ottone nichelato, a tubo conico, dotato di un'ancia semplice e di chiavi, molto usato nel jazz; ne esistono di varie voci: *sassofono sopranino, soprano, contralto, tenore, baritono, basso, contrabbasso.*

sassofràsso v. SASSAFRASSO.

sàssola o **sèssola** [etim. inc.; 1824] **sf.** *T.mar.* specie di grossa cucchiaia di legno con manico corto con la quale si toglie l'acqua entrata in una imbarcazione || *per estens.* strumento dello stesso tipo che viene usato, spec. nelle rivendite, per prendere piccole quantità di grano, zucchero, farina e sim. || **N.** *Sin.* gottazza, sessola | aggottare, sgottare.

sassolìno[1] [dal n. geogr. *Sasso*, località toscana; 1936] **sm.** *T.min.* minerale dell'acido borico che si presenta in pagliuzze o incrostazioni di colore madreperlaceo || **N.** *Sin.* sassolite.

sassolìno[2] [da *Sassuolo*, località modenese; 1934] **sm.** liquore all'aroma di anice.

sassolìte [comp. del n. geogr. *Sasso*, località tosc. e *-lite*; 1940] **sf.** *T.min.* acido borico naturale, in laminette pieghevoli, tenuissime, lucenti, o in aggregati scagliosi; si trova in crateri vulcanici o, sciolto nell'acqua, nei soffioni boraciferi || **N.** *Sin.* sassolino[1].

sàssone [dal n. geogr. *Sassonia*; 1838] **I agg.** della Sassonia, antica e moderna || *T.ling. genitivo sassone*, la terminazione *'s*, contrassegnante il caso genitivo, che sopravvive nell'inglese dall'antica declinazione || *T.paleogr. scrittura sassone* (*insulare*), quella dell'Inghilterra e dell'Irlanda dal VII al X sec. **II s. 1.** abitante spec. antico della Sassonia **2.** *sm.* (solo *sing.*) antica lingua germanica parlata dai Sassoni e anche il moderno dialetto tedesco parlato in Sassonia.

sassóso [dal lat. *saxōsus*; 1340 ca.] **agg.** che è pieno di sassi: *strada sassosa, viottoli sassosi.*

sassotrómba [comp. di *sasso(fono)* e *tromba*; 1959] **sf.** *T.mus.* nome generico degli strumenti musicali di ottone con pistoni e con bocchino.

satanàsso [dal lat. tardo *Satanas*; a. 1400] **sm. 1.** *pop.* Satana **2.** *fig.* persona irosa, prepotente: *è un satanasso, è diventato come un satanasso* || *fam.* persona forte, irrequieta, dinamica, esuberante, che compie lavori difficili senza apparente fatica: *sei un gran satanasso, non stai mai fermo un istante!* **3.** scimmia sudamericana che ha mantello nero, lunga barba e coda non prensile.

sataneggiàre (pres. *-éggio*) [da *Satana*; a. 1850] **intr.** (aus. *avere*) *raro* ostentare sentimenti di ribellione, di violenza, di esaltazione del male, imprecando e negando la divinità || mostrarsi maligno e astuto come un demonio || *T.lett.* di scrittori e artisti, ispirarsi alla poetica del satanismo.

satànico (pl. *-ci*) [da *Satana*; sec. XIV] **agg.** di Satana, diabolico: *riso satanico, superbia satanica, culto satanico* || *fig.* che rivela malignità, perfidia: *ghigno, sorriso satanico; piano satanico*, elaborato con astuzia e nequizia degne di Satana || *T.lett.* relativo al satanismo.

satanìṣmo [da *Satana*, come l'ingl. *satanism*; 1914] **sm. 1.** la rappresentazione letteraria del male nei suoi aspetti tenebrosi o morbosi || *in part.* tendenza letteraria, romantica, decadente, che ostentava atteggiamenti di ribellione alla morale comune, esaltando le forze liberatrici e creative simbolizzate da Satana: *il satanismo di Oscar Wilde* **2.** indirizzo che, nell'ambito di alcune religioni o culti, è perseguito da sette predicanti la ribellione a Dio ed esaltanti lo spirito del male.

satanìsta [da *satanismo*; 1971] **s.** chi pratica il culto di Satana.

satèllite [dal lat. *satelles, -itis*; a. 1492 nel senso 4; a. 1642 nel senso 1; 1957 nel senso 2] **I sm. 1.** *T.astr.* corpo celeste ruotante intorno a un pianeta: *la Luna è il satellite della Terra* **2.** qualsiasi oggetto che l'uomo costruisce e mette in orbita intorno a un corpo celeste, generalmente utilizzato per telecomunicazioni, rilevamenti meteorologici, ricerca di risorse, ricognizione militare e sim.; in questo senso i satelliti si dicono *artificiali*, in contrasto con quelli menzionati al senso 1, che si dicono *na-*

turali: *è stato lanciato un satellite sovietico*; *trasmissioni, collegamenti radio-televisivi via satellite*, quelli internazionali o intercontinentali per i quali si utilizzano satelliti artificiali **3.** *T.mecc.* ingranaggio cilindrico o conico di un rotismo epicicloidale, il cui asse, anziché essere fisso, ruota intorno a un altro asse (parallelo nei rotismi cilindrici, normale in quelli conici) **4.** *T.stor.* presso i Romani, seguace e guardia dell'imperatore || *ant.* sgherro, bravo, guardia del corpo al servizio di un signore **II** ***agg.*** (sempre posposto, talvolta *inv.*) che ruota attorno, che è funzionale a qualcosa o che dipende da qualcosa: *Stati satelliti*, subordinati a un altro Stato in quanto dipendenti ideologicamente, politicamente o economicamente da esso; *città satellite*, centri urbani minori che dipendono economicamente da una grande città || *T.anat.* detto di formazioni nervose, muscolari o vascolari facenti funzionalmente capo a un organo principale || **N.** I **4.** *Sin.* giannizzero, scherano, sicario, vassallo. **Q.T.** *astronautica, astronomia, meteorologia* **TAV.** ***astronautica*** **p. 655** 8, 9; ***meteorologia*** **p. 1321** 11.

satellitịsmo [da *satellite*; 1967] ***sm.*** nel linguaggio politico e giornalistico, la condizione di dipendenza politico-economica da una nazione più potente.

satellìzio (pl. *-zi*) [dal lat. tardo *satellitius*; 1838] ***sm.*** *ant.* scorta, insieme di satelliti, guardia del corpo.

satellịzzàre [da *satellite*; 1963] ***tr.*** **1.** lanciare un oggetto nello spazio in modo da farne un satellite artificiale **2.** esercitare un condizionante controllo politico o economico su Stati vicini; ridurre a satellite.

satellịzzazióne [da *satellizzare*; 1973] ***sf.*** riduzione di una nazione alla condizione di satellite di un'altra: *la satellizzazione dei Paesi di confine altera l'equilibrio tra le grandi potenze.*

satellòide [comp. di *satellite* e *-oide*; 1963] ***sm.*** satellite artificiale che, dovendo orbitare nell'atmosfera, è dotato di mezzi di propulsione che gli consentono di vincere la resistenza aerodinamica.

sàtem [dall'avestico *satem*, cento; 1933] ***agg.*** *inv.* *T.ling.* *lingue satem*, gruppo di lingue indoeuropee (albanese, armeno, balto-slavo, indo-iranico) nelle quali alcune occlusive dell'indoeuropeo si evolvono in sibilanti, mentre nelle *lingue centum* danno luogo a velari.

satin (fr., pr. [sa'tɛ̃]) [dall'ar. *Zaitūm*, n. della città cin. in cui veniva prodotto; 1835] ***sm.*** *inv.* stoffa leggera, morbida, lucida, molto simile a seta, usata spec. per fodere; raso di cotone.

satinàre (pres. *-ino*) [dal fr. *satiner*; 1905] ***tr.*** **1.** portare a lucentezza serica la superficie di una stoffa o di un foglio di carta, per mezzo di macchinari e attrezzi appositi **2.** rendere opaca la superficie di un oggetto di metallo || **N. 1.** *Sin.* calandrare.

satinàto (*pps.* di *satinare*) [1649] ***agg.*** **1.** lucido per effetto della satinatura: *una carta ben satinata* **2.** di metallo, reso opaco: *un anello d'oro satinato.*

satinatrìce [da *satinare*; 1959] ***sf.*** *T.tess.* macchina simile alla calandra, usata per stirare tessuti di *satin.*

satinatùra [da *satinare*; 1942] ***sf.*** nell'industria tessile e cartaria, l'operazione del satinare una stoffa o una carta.

satinèlla [da *satin*; 1974] ***sf.*** tessuto di seta leggero, simile al *satin*, usato per fodere e sim.

sàtira [dal lat. *satira*; a. 1406; 1814 nel senso 2] ***sf.*** **1.** componimento poetico che, mettendo in risalto, sia con espressioni ironiche, sia con l'invettiva diretta, gli aspetti deteriori di un ambiente sociale o anche di un singolo, intende suscitare riprovazione nei loro confronti, al fine più o meno esplicito di correggere i costumi: *le satire di Giovenale* || *per estens.* la produzione satirica di un autore, di un periodo o di una scuola letteraria: *la satira del Parini, cinquecentesca, classica* **2.** *per estens.* qualsiasi prodotto artistico culturale (discorso, scritto, film, spettacolo teatrale, opera pittorica e sim.) che attacchi o ridicolizzi aspetti diversi della realtà: *quel libro è una feroce satira del consumismo, un giornale di satira politica, far la satira di qualcosa o di qualcuno*; *mettere in satira*, descrivere in modo canzonatorio, caricaturale || *dim.* satirétta; *pegg.* satiràccia || **N.** *Sin.* burletta, caricatura, critica, epigramma, ironia, parodia, sferzata, tirata; sarcasmo.

satireggiàre (pres. *-éggio*) [da *satira*; a. 1566 come intr.] ***tr.*** prendere come oggetto di satira, descrivere in modo canzonatorio || ***intr.*** (aus. *avere*) comporre satire o fare della satira: *è sua abitudine satireggiare* || **N.** *Sin.* caricaturare, ironizzare.

satirésco (pl. *-schi*) [da *satiro*; 1623] ***agg.*** *lett.* da satiro: *riso satiresco* || *fig.* lascivo || *T.lett.* *dramma satiresco*, dramma giocoso del teatro greco, nella cui azione dovevano figurare i satiri come personaggi del coro || **satirescaménte** ***avv.*** *raro* da satiro, come i satiri: *sorrideva satirescamente.*

satiriạṣi [dal lat. tardo e gr. *satyríasis*; a. 1698] ***sf.*** *T.med.* eccesso morboso di desiderio sessuale nell'uomo, provocato da forme psicopatiche o da squilibri ormonali; corrisponde alla ninfomania nella donna.

satìrico (pl. *-ci*) [dal lat. tardo *satiricus*; a. 1406; 1618 come sm.] **I** ***agg.*** relativo al genere letterario della satira || che ha carattere di satira; sarcastico, sferzante: *componimento, poeta satirico* || **satiricaménte** ***avv.*** **II** ***sm.*** (f. *-a*) **1.** autore di satire: *i satirici latini* || chi ama satireggiare **2.** *raro*, al *f.*, il genere letterario della satira o, al *m.*, ciò che ha qualità o aspetto di satira: *la satirica, il satirico non è di mio gusto* || **N.** I *Sin.* burlesco, caustico, derisorio, ironico, mordace, sarcastico.

satirióne [dal lat. *satyrion*, gr. *satýrion*, nome di una pianta; a. 1320] ***sm.*** fungo velenoso dei Gasteromiceti, il cui cappello presenta alveoli puzzolenti, di color grigio-olivastro.

satirịzzàre [da *satira*; a. 1646] ***tr.*** *raro* satireggiare.

sàtiro [dal lat. *satyrus*, gr. *sátyros*; 1354; 1891 nel senso 2] ***sm.*** **1.** divinità dei boschi che, nella mitologia greco-romana, veniva raffigurata con fattezze umane ma con coda e zampe caprine; inclusi nel corteo di Dioniso, ai satiri venivano attribuite una lussuria e una lascivia smodate **2.** *fig.* uomo lussurioso || *iperb.* dongiovanni, uomo intraprendente con le donne **3.** *fig. arc.* uomo rozzo, selvatico || *dim.* satirèllo, satirétto; *pegg.* satiràccio || **N. 1.** fauno, sileno.

satirògrafo [comp. di *satira* e *-grafo*; a. 1642] ***sm.*** *raro* autore di satire, poeta satirico || **N.** *Sin.* satirico.

satisfàre e der. forme arc. di SODDISFARE e der.

satìvo [dal lat. *satīvus*, seminativo; a. 1320] ***agg.*** **1.** detto spec. di terreno, atto a ricevere la semente **2.** domestico, coltivabile, coltivato: *piante sative.*

satòlla [da *satollo*; sec. XIII-XIV] ***sf.*** *tosc.* quantità di cibo che satolla || scorpacciata, anche *fig.*: *fare una satolla di libri, di letture* || nel modo di dire *prendere una satolla di una cosa*, saziarsene.

satollaménto [da *satollare*; metà sec. XIV] ***sm.*** *raro* il satollare o il satollarsi.

satollàre (pres. *-óllo*) [lat. *satullāre*; fine sec. XIII] ***tr.*** dare cibo a persona o ad animale finché non sia sazio: *è difficile satollare queste bestie, più mangiano e più mangerebbero* || ***rifl.*** saziarsi || **N.** *Sin.* saziare, sfamare.

satóllo [lat. *satullus*; a. 1294] ***agg.*** sazio di cibo || *prov.* *ventre satollo non ricorda il digiuno*, chi sta bene è indifferente verso gli indigenti || **N.** *Sin.* SAZIO.

satrapéssa [da *satrapo*; 1891] ***sf.*** *T.stor.* moglie del satrapo || *fig.* donna estremamente autoritaria.

satrapìa [dal lat. *satrapīa*; 1597] ***sf.*** *T.stor.* l'ufficio e la dignità di satrapo || anche la provincia retta da un satrapo.

satràpico (pl. *-ci*) [da *satrapo*; a. 1595] ***agg.*** che riguarda i satrapi.

sàtrapo [dal lat. *satrapes*, gr. *satrápēs*; 1532] ***sm.*** **1.** *T.stor.* governatore di provincia e comandante di eserciti nell'antico impero persiano **2.** *fig. fam.* chiunque ami fare mostra di sé, della propria ricchezza o potenza, approfittando della propria posizione per calpestare i diritti e le esigenze altrui.

sàtura [dal lat. *satura*; 1959] ***sf.*** *T.lett.* forma drammatica romana costituita di parti recitate e parti danzate o mimate.

saturàbile [da *saturare*; 1611] ***agg.*** che può essere saturato || **N.** *Contr.* insaturabile.

saturabilità [da *saturabile*; 1872] ***sf.*** condizione di ciò che è saturabile; l'essere saturabile.

saturàre (pres. *sàturo*) [dal lat. *saturāre*; 1771] ***tr.*** **1.** *T.chim.* e *T.fis.* portare al livello di saturazione, cioè al livello in cui un corpo raggiunge il grado massimo di una sua certa caratteristica **2.** *per estens.* riempire, impregnare, immettere in gran quantità, anche *fig.*: *saturare l'atmosfera di anidride carbonica, la stanza di fumo, il mercato di un dato prodotto*; *saturare la mente di cognizioni* || ***rifl.*** e ***intr. pron.*** diventare saturo, giungere alla saturazione: *mi sono saturato di chiacchiere della vicina, la soluzione si è saturata.*

saturatóre [da *saturare*; 1959] ***sm.*** *T.chim.* apparecchio o dispositivo con cui si opera una saturazione.

saturazióne [dal lat. *saturātio*, *-ōnis*; 1771 nel senso 2] ***sf.*** **1.** l'atto del saturare **2.** lo stato di ciò che è saturo: *stato, regime, condizione, punto di saturazione*; *portare, giungere a saturazione* || *T.fis.* e *T.chim.* livello raggiunto il quale l'aumento di un certo fattore causale non provoca un ulteriore aumento dell'effetto risultante: *saturazione di un vapore*, lo stato in cui il liquido non può più evaporare; *saturazione di una soluzione*, livello al quale si è raggiunta la massima concentrazione possibile della sostanza solubile, dal momento che solvente e soluto sono combinati in proporzioni tali che né dell'uno né dell'altro resti una quantità sia pur minima non combinata || *T.econ.* *saturazione del mercato*, limite massimo della sua capacità ricettiva || *fig.* limite massimo della sopportazione di una persona: *non ti sopporto più, sono arrivato al punto di saturazione.*

saturèia [dal lat. *saturēia*, santoreggia; 1546] ***sf.*** *T.bot.* pianta erbacea delle Labiate dalle foglie lanceolate e fiori bianchi a puntini rosa || **N.** *Sin.* santoreggia.

saturità [da *saturo*; 1618] ***sf.*** *raro* condizione di ciò che è saturo || *ant.* sazietà.

saturnàle [dal lat. *saturnālis*; a. 1698] **I** ***agg.*** *T.stor.* relativo al dio Saturno o alle feste in suo onore || **II** ***sm.*** *pl.* *i Saturnali*, feste e giochi che si celebravano in dicembre presso i Romani e, durando parecchi giorni, assumevano carattere carnevalesco e orgiastico || *fig.* orgia, baldoria.

satùrnia [dal lat. *Saturnia*, Giunone; 1875] ***sf.*** *T.zool.* genere di farfalle notturne, alcune specie delle quali filano bozzoli che forniscono seta di discreta qualità; *saturnia pyri*, il più grande insetto europeo, di colore marrone, con quattro macchie tonde sulle ali.

saturniàno [da *Saturno*[1]; 1959] **I** ***agg.*** del pianeta Saturno **II** ***sm.*** (f. *-a*) ipotetico abitatore di Saturno.

saturnìno [dal lat. *saturnīnus*; a. 1363] ***agg.*** **1.** *raro* del pianeta Saturno || *ant. influssi saturnini*, emanati dal pianeta Saturno e che secondo gli astrologi rendono l'uomo malinconico e portato a fantasticare **2.** *T.med. coliche, malattie saturnine*, malattie professionali prodotte dall'intossicazione di piombo, saturnismo.

satùrnio (pl. *-ni*) [dal lat. *saturnius*; a. 1729] **I** ***agg.*** **1.** *lett.* del dio Saturno || *per estens. ant.* italico, latino, romano, in quanto il dio avrebbe regnato appunto sull'Italia **2.** *T.metr. verso saturnio*, metro indigeno italico, usato dai primi poeti latini **II** ***sm.*** **1.** verso o metro saturnio **2.** Giove in quanto figlio di Saturno.

saturnìsmo [da *saturno*²; 1885] ***sm.*** *T.med.* intossicazione cronica che colpisce gli addetti all'estrazione o alla lavorazione del piombo o dei suoi derivati, i cui fenomeni più appariscenti sono coliche viscerali, comparsa sulle gengive di un alone grigiastro in corrispondenza dei denti, paralisi degli estensori ecc.

satùrno [dal lat. *Saturnus*, n. di una divinità italica; 1559 nel senso 1; 1319 nel senso 2] ***sm.*** **1.** in alchimia, piombo **2.** (con iniz. maiuscola) il sesto pianeta del sistema solare. **TAV.** *astrologia* 2.5.

sàturo [dal lat. *satur*, sazio; sec. XIV nel senso 2] ***agg.*** **1.** *T.fis.* e *T.chim.* saturato: *soluzione satura* **2.** pieno, pregno: *atmosfera satura di elettricità* || *fig.* traboccante: *animo saturo d'odio* || *ant.* sazio || **N. 2.** *Sin.* zeppo, PIENO.

saudade (port., pr. [sɐu'ðaðə]; pr. bras. [sau'dadʒɪ]) [dal lat. *solitas, -ātis*, solitudine; 1959] ***sf.*** *inv.* nella letteratura e nella musica portoghese, sentimento malinconico tra la nostalgia e il rimpianto.

saudiàno [dal n. proprio Ibn *Sa'ud*; 1929] ***agg.*** saudita.

saudìta [dal n. proprio Ibn *Sa'ud*; 1959] **I** ***agg.*** che riguarda la dinastia di Ibn Sa'ud (1880-1953) o la popolazione e il territorio ad essa soggetto || *per anton.* relativo all'Arabia Saudita **II** ***s.*** **1.** abitante dell'Arabia Saudita **2.** chi appartiene alla dinastia saudita.

sàuna [da una voce finnica; 1932] ***sf.*** bagno a vapore, effettuato in apposite cabine in legno e alternato con massaggi riattivanti la circolazione e docce fredde; ha effetto tonificante, depurante e dimagrante || *per estens.* il locale in cui si effettua la sauna.

Sàuri [dal gr. *sâuros*, lucertola; 1875] ***sm. pl.*** *T.zool.* sottordine dei Rettili Squamati che comprende lucertole, iguane, camaleonti ecc. **Q.T.** *zoologia* **TAV.** *rettili* 2.

sàuro [dal provenz. *saur*, bruno chiaro; 1532] **I** ***agg.*** detto del colore rosso castano nel mantello del cavallo: *cavallo sauro chiaro* **II** ***sm.*** cavallo sauro. **Q.T.** *cavallo.*

sàuro- [dal gr. *saûros*, lucertola] ***primo elem.*** che, in parole composte della terminologia zoologica, vale "lucertola" o "rettile" in genere (per es. *Sauropodi*).

-sàuro [dal gr. *saûros*, lucertola] ***elem. term.*** che, in parole composte della terminologia zoologica, vale "rettile" e spec. "appartenente all'ordine dei Dinosauri" (per es. *brontosauro, dinosauro, ittiosauro*).

Sauròpodi (sing. *-e*) [comp. di *sauro-* e *-pode*; 1940] ***sm. pl.*** *T.zool.* gruppo di rettili, comparsi nel Giurassico inferiore, caratterizzati da dimensioni gigantesche, collo lungo e cranio piccolo; erano erbivori e vivevano semisommersi in paludi e stagni.

Sauroptèridi (sing. *-e*) o **Saurottèrigi** (sing. *-gio*) [comp. di *sauro-* e del gr. *ptéryx, ptérygos*, ala; 1936] ***sm. pl.*** *T.zool.* ordine di grossi rettili marini o anfibi vissuti dal Triassico al Cretaceo, caratterizzati da collo lunghissimo, testa piccola e arti adattati al nuoto.

sauté (fr., pr. [so'te]) [letter. saltato, rosolato; 1942] ***agg.*** *inv. T.cuc.* cucinato velocemente a fuoco vivo, rosolato || *à la sauté*, al salto, detto di pietanza rosolata velocemente in padella.

sauveterriàno (pr. [soveter'rjano]) [dal n. geogr. *Sauveterre*-la-Lémance, località fr.; 1948] ***agg.*** e ***sm.*** detto di fase del tardenoisiano.

sauvignon (fr., pr. [sovi'ɲɔ̃]) [dal lat. *sanguineus*, sanguigno; 1894] ***sm.*** *inv.* vitigno di uva bianca del Bordolese da cui si ottengono i rinomati vini di Sauternes; è coltivato anche in Italia.

savàna [da una voce aruaca, attr. lo sp. *sabana*; 1565 *zavana*] **I** ***sf.*** **1.** formazione vegetale caratterizzata da alberi sparsi di media o bassa statura o dalla prevalenza di graminacee, propria dell'America meridionale, dell'Australia e dell'Africa tropicale **2.** *per estens.* colore giallo bruciato **II** ***agg.*** *inv.* (sempre posposto) del colore della savana.

savarin (fr., pr. [sava'rɛ̃]) [dal n. proprio A. Brillat-*Savarin*, gastronomo fr.; 1942] ***sm.*** *inv.* dolce a forma di ciambella di impasto simile a quello del babà.

savate (fr., pr. [sa'vat]) [letter. ciabatta; 1959] ***sf.*** gioco francese molto simile al pugilato; l'incontro avviene in tre riprese di tre minuti ciascuna e non è previsto il pareggio || **N.** *Sin.* boxe francese.

savétta [etim. inc.; 1959] ***sf.*** pesce dei Ciprinidi diffuso nei fiumi dell'Italia settentrionale.

saviézza [da *savio*; 1354] ***sf.*** l'essere savio, accortezza: *operare con saviezza* || *ant.* sapienza || **N.** *Sin.* SAGGEZZA.

sàvio (pl. *-vi*) [dal lat. volg. **sapius*, attr. il provenz. *savi*; sec. XIII] **I** ***agg.*** **1.** assennato, che pensa, parla, opera con prudenza e accortezza: *sii savio, non fare pazzie* || che dimostra accortezza, assennatezza e sim.: *un giudizio savio* || giudizioso, ubbidiente, quieto, posato: *è proprio un bimbo savio* **2.** *ant.* esperto: *savio di guerra, di scienza* || **saviaménte** ***avv.*** *raro* **II** ***sm.*** uomo sapiente: *i sette savi di Grecia* || *T.stor.* giureconsulto che assisteva il magistrato in alcuni Comuni italiani: *il consiglio dei savi* || **N.** *Sin.* SAGGIO¹.

savoiàrdo [dal fr. *savoyard*; 1617; 1756 *savogiardo* nel senso 3] **I** ***agg.*** della Savoia **II** ***sm.*** **1.** (f. *-a*) abitante della Savoia **2.** (solo *sing.*) dialetto parlato nella Savoia **3.** biscotto friabile, di forma oblunga, molto soffice, fatto con tuorli d'uovo, farina e zucchero, usato anche come ingrediente in dolci quali la zuppa inglese, il tiramisù ecc.

savoir-faire (fr., pr. [savwar 'fɛ:r]) [letter. saper fare; 1895] ***sm.*** *inv.* tatto, garbo, disinvoltura, signorilità: *è un tipo brillante, con molto savoir-faire.*

savoir-vivre (fr., pr. [savwar 'vi:vr]) [letter. saper vivere; 1905] ***sm.*** *inv.* pratica, conoscenza del mondo e delle convenienze sociali.

savonaròla [dal n. proprio *Savonarola*; 1923] ***sf.*** sorta di sedia in uso nel Cinquecento italiano, costituita da stecche in legno ricurve incrociate a X, in modo tale che braccioli e gambe si aprono a semicerchio, rispettivamente verso l'alto e verso il basso, e con schienale e sedile in cuoio o legno.

savonétta v. SAPONETTA.

savóre [lat. *sapor, -ōris*; 1688] ***sm.*** *tosc.* salsa fatta con noci pestate, pane rinvenuto nel latte e altri ingredienti, che si adopera con carni, verdure e spec. con i funghi || *gen.* condimento, salsa.

sax [da *saxofono*; 1970] ***sm.*** *inv.* forma raccorciata di *sassofono.*

saxhorn (ingl., pr. ['sækshɔ:n]) [comp. di *sax* e *horn*, corno; 1932] ***sm.*** *inv.* strumento musicale a fiato in ottone dalla forma conica terminante in un ampio padiglione che sboc-ca sopra la testa dell'esecutore || **N.** flicorno.

saxòfono e der. v. SASSOFONO e der.

saziàbile [dal lat. tardo *satiābilis*; 1598] ***agg.*** *raro* che si può saziare || **saziabilménte** ***avv.*** *raro* a volontà, in abbondanza || **N.** *Contr.* avido, insaziabile.

saziabilità [da *saziabile*; 1640] ***sf.*** *raro* qualità di chi o di ciò che è saziabile; l'essere saziabile.

saziaménto [da *saziare*; 1761] ***sm.*** *non com.* il saziare o il saziarsi; l'essere sazi.

saziàre (pres. *sàzio*) [dal lat. *satiāre*; a. 1311] ***tr.*** rendere sazio, soddisfare pienamente l'appetito, la voglia di cibo: *questo basterebbe a saziare dieci persone, saziare un affamato, la fame* || *raro saziare la sete*, dissetare || *per estens. fig.* appagare, soddisfare pienamente un desiderio, un impulso passionale, un'esigenza spirituale e sim.: *saziare l'amore del bello, la sete di vendetta, l'odio* || *ass.* annoiare, stuccare, anche *fig.*: *questo è un cibo che sazia presto, le feste mi hanno saziato* || ***rifl.*** essere sazio: *con questo pranzo mi sono saziato; non si sazia mai*, detto di persona molto vorace; anche *fig.* appagarsi: *intelletto che non si sazia mai di sapere* || **N.** ***tr.*** *Sin.* riempire, satollare, sfamare.

sazietà [dal lat. *satietas, -ātis*; a. 1342] ***sf.*** lo stato di chi è sazio: *ho mangiato fino alla sazietà* || nella *loc. avv. a sazietà*, fino a saziarsi, in abbondanza o, anche, in eccesso: *mangiare a sazietà*; anche *fig.*: *ballare a sazietà* || *per estens. fig.* noia, disgusto, avversione, senso di saturazione: *stando con lui provavo ormai solo un senso di sazietà* || **N.** *Sin.* pienezza, satollamento, saturità, saziamento, sfamamento; nausea, ripienezza.

saziévole [da *saziare*; 1342] ***agg.*** *ant.* che sazia, che sazia molto, anche fino alla nausea, al disgusto: *cibo sazievole* || *fig.* fastidioso, noioso: *poeta, compagnia sazievole.*

sazievolézza [da *sazievole*, a. 1565] ***sf.*** *ant.* l'essere sazievole.

sàzio (pl. *-zi*) [da *saziare*; a. 1311] ***agg.*** che ha mangiato tanto da non aver più voglia di cibo: *non voglio mangiare più, sono sazio* || *fig.* che ha goduto tanto di qualcosa da non averne più desiderio; appagato, soddisfatto: *sono sazio di onori e di lodi* || *per estens. fig.* nauseato, disgustato: *sono sazio di sentire piagnistei* || **N.** *Sin.* pasciuto, pieno, rimpinzato, satollo, saturo, sfamato, soddisfatto; nauseato; annoiato, pago | *Contr.* digiuno; voglioso.

ṣbaccanàre (pres. *-àno*) [comp. parasint. di *baccano*; 1891] ***intr.*** (aus. *avere*) *raro* fare gran baccano.

ṣbaccaneggiàre (pres. *-éggio*) [da *sbaccanare*; 1618] ***intr.*** (aus. *avere*) sbaccanare.

ṣbaccanìo (pres. *-ìi*) [da *sbaccanare*; 1891] ***sm.*** *raro* uno sbaccanare continuato o frequente, e insistente.

ṣbaccellàre (pres. *-èllo*) [comp. parasint. di *baccello*; 1741 *sbaccellato*] ***tr.*** estrarre i semi (di fave, piselli e sim.) dal baccello, sgranare, sgusciare.

ṣbaccellatùra [da *sbaccellare*; 1891] ***sf.*** lo sbaccellare || *T.scult.* lavoro d'incavo in forma di baccelli fatto dagli intagliatori con una piccola sgorbia a mezzo tondo.

ṣbacchettàre (pres. *-étto*) [comp. parasint. di *bacchetta*; 1872] ***tr.*** *tosc.* e *region.* battere a lungo con una bacchetta o un battipanni abiti, tappeti e sim. per toglierne la polvere: *ha sbacchettato i tappeti tutta la mattina.*

ṣbacchettàta [da *sbacchettare*; 1872] ***sf.*** *raro* **1.** colpo di bacchetta, bacchettata **2.** una rapida e breve sbacchettatura: *dammi una sbacchettata a questo tappeto*, una spolverata sommaria || *dim.* sbacchettatìna.

ṣbacchettatùra [da *sbacchettare*; 1838] ***sf.*** *raro* l'azione del bacchettare o dello sbacchettare.

ṣbacchiàre (pres. *ṣbàcchio*) [da *bacchiare*; a.

1735] **tr.** *tosc.* sbattere con violenza: *sbacchiare qualcosa in testa a qualcuno, sbacchiare il calamaio contro il muro* || *sbacchiare l'uscio in faccia* o *sul muso a uno,* chiudere l'uscio con violenza o per impedire l'entrata o per dimostrare ira e disprezzo || **intr.** (aus. *avere*) di porte e finestre, sbattere con violenza per vento o corrente d'aria: *l'uscio sbacchia* || **N.** *Sin.* sbatacchiare.

ṣbàcchio (pl. *-chi*) [da *sbacchiare*; 1892] **sm.** *tosc.* atto ed effetto dello sbacchiare.

ṣbacchìo (pl. *-ii*) [da *sbacchiare*; 1892] **sm.** *tosc.* uno sbacchiare continuo o frequente, e insistente.

ṣbaciucchiaménto [da *sbaciucchiare*; 1863] **sm.** l'azione dello sbaciucchiare; sbaciucchio.

ṣbaciucchiàre (pres. *-ùcchio*) [da *baciucchiare*; 1863] **tr.** dare piccoli e frequenti baci, perlopiù in modo sdolcinato, vezzoso e talora inopportuno, lasciando sulla cosa baciata l'umidore delle labbra: *non bisogna sbaciucchiare i bambini* || **rec.** scambiarsi l'un l'altro, ripetutamente, dei baci.

ṣbaciucchiatóre [da *sbaciucchiare*; 1863] **agg.** e **sm.** (f. *-trìce*) *raro* che o chi sbaciucchia.

ṣbaciucchìo (pl. *-ìi*) [da *sbaciucchiare*; 1863] **sm.** *raro* lo sbaciucchiare continuato o frequente, e insistente.

ṣbaciucchióne [da *sbaciucchiare*; 1891] **sm.** (f. *-a*) chi sbaciucchia spesso, per abitudine.

ṣbadatàggine [da *sbadato*; a. 1698] **sf.** **1.** l'essere sbadato, distratto, disattento: *molti errori li fa per sbadataggine* **2.** *concr.* atto, gesto, frase compiuto o pronunciato con disattenzione, da sbadato: *è una delle sue solite sbadataggini* || **N. 1.** *Sin.* disattenzione, distrazione, inavvedutezza, inavvertenza, incuria, leggerezza, negligenza, noncuranza, sventatezza.

ṣbadàto [da *badare*; 1640] **I agg.** che parla od opera senza riflettere, negligentemente, senza badare a quello che fa: *è un uomo sbadato, non ci si può fidare di lui* || *non com.* nella *loc. avv. alla sbadata*, sbadatamente || **ṣbadataménte avv. II sm.** (f. *-a*) persona sbadata || *dim.* sbadatèllo; *accr.* sbadatóne; *pegg.* sbadatàccio || **N. I** *Sin.* avventato, disattento, distratto, inavveduto, irriflessivo, maldestro, negligente, smemorato, sventato.

ṣbadigliaménto [da *sbadigliare*; a. 1566] **sm.** *raro* lo sbadigliare, soprattutto quando si tratta di uno sbadigliare frequente, quasi irrefrenabile, che sembra diffondersi come per contagio tra le persone: *che cosa è tutto questo sbadigliamento?* || **N.** *Sin.* sbadigliella, sbadiglierella.

ṣbadigliàre (pres. *-ìglio*) [forse dal lat. *bataculāre*, spalancare la bocca; a. 1321] **intr.** (aus. *avere*) fare sbadigli: *sbadigliare sguaiatamente, sbadigliare per fame, per sonnolenza* || **tr.** *fig. lett.* manifestare, esprimere in modo svogliato, senza dimostrare alcun interesse (detto spec. del parlare e dello scrivere): *sbadigliò poche frasi.*

ṣbadiglièlla o **ṣbadiglierèlla** [da *sbadigliare*; 1891] **sf.** *raro fam.* uno sbadigliare ripetuto, quasi irreprimibile: *ehi! ti ha preso la sbadiglierella?*

ṣbadìglio (pl. *-gli*) [da *sbadigliare*; sec. XV] **sm.** lenta e profonda inspirazione involontaria, fatta a bocca spalancata, seguita da una breve espirazione, accompagnata solitamente da chiusura delle palpebre e stiramento di braccia e tronco; è un atto respiratorio accessorio provocato da sonno, fame, noia: *sbadiglio nervoso, lo sbadiglio è contagioso.*

ṣbadìre (pres. *-ìsco, -ìsci*) [da *ribadire*, con cambio di pref.; 1838] **tr.** togliere la ribaditura di ganci, chiodi, graffe e sim.

ṣbafàre [prob. da una radice onom. **baf*; 1863 *sbafiare*] **tr.** *fam.* scroccare, mangiare a ufo, senza pagare: *ha sbafato un pranzo, una colazione* || *per estens.* ottenere senza pagare: *sbafare un ingresso a teatro* || **rifl. intens.** mangiare avidamente: *si è sbafato tutto il dolce da solo.*

ṣbafàta [da *sbafare*; 1911] **sf.** *fam. scherz.* grande mangiata, spec. a spese altrui: *farsi una bella sbafata di dolci.*

ṣbafatóre [da *sbafare*; 1922] **sm.** (f. *-trìce*) chi è solito sbafare, scroccone, portoghese.

ṣbàffo [da *baffo*; 1959] **sm.** macchia, striatura a forma di baffo lasciata da un materiale colorante: *uno sbaffo di rossetto, d'inchiostro.*

ṣbàfo [da *sbafare*; 1922] **sm.** *fam.* lo sbafare, spec. nella *loc. avv. a sbafo,* a scrocco, senza pagare, a spese altrui: *è entrato in teatro a sbafo.*

ṣbafóne [da *sbafare*; 1891] **sm.** (f. *-a*) *pop.* sbafatore, scroccone.

ṣbagliàre (pres. *ṣbàglio*) [prob. da *abbagliare*, con sostituzione del pref.; 1666 come intr.] **tr.** **1.** commettere un errore non cogliendo nel segno, o dicendo e facendo qualcosa di inesatto o inopportuno: *sbagliai la somma, sbagliò la mira, vai sempre diritto che non puoi sbagliare strada* || *fig. sbagliare i propri calcoli,* fare una cattiva scelta e, in part., fare vano assegnamento su qualcuno o qualcosa; sempre riferendosi a scelte sbagliate, non opportune, non convenienti: *ho sbagliato professione, ho sbagliato tutto nella vita* **2.** prendere una cosa o una persona per un'altra simile; scambiare, confondere: *sbagliare treno, strada; sbagliare numero,* al telefono, formare un numero diverso da quello voluto **3.** illudersi, ingannarsi, nella loc. fam. *sbagliarla: se credevi di farmela, l'hai sbagliata di grosso!* || **intr.** (aus. *avere*) commettere un errore, materiale o morale: *ha sbagliato, ma si riprenderà, tutti possiamo sbagliare; sbaglia spesso nel fare i conti, ho sbagliato a sposarmi, sbagliare di molto* o *di grosso, di poco* || *se non sbaglio, non vorrei ṣbagliare, sbaglierò,* formule usate per attenuare un'informazione || *prov. sbagliando s'impara* || **intr. pron.** essere in errore: *mi sono sbagliato sul tuo conto; mi sbaglierò, non vorrei sbagliarmi, se non mi sbaglio,* formule usate per attenuare un'affermazione || **N. intr.** *Sin.* equivocare, errare, fallare, fallire, prendere un abbaglio o una cantonata o un granchio, sgarrare.

ṣbagliàto (*pps.* di *sbagliare*) [1839] **agg.** errato, non eseguito alla perfezione, impreciso: *calcoli, esercizi sbagliati; lavoro sbagliato,* mal fatto || mal calcolato, avventato, imprudente: *una impresa, una mossa sbagliata, giudizi sbagliati, previsioni sbagliate.*

ṣbàglio (pl. *-gli*) [da *sbagliare*; 1666] **sm.** atto ed effetto dello sbagliare; errore materiale, in genere non molto grave, commesso per la fretta o per distrazione; inesattezza: *uno sbaglio di calcolo, di misura* || passo falso, cattiva azione, scelta o comportamento inopportuno: *per me commetti uno sbaglio a non accettare quel posto, a portar via il posto a un altro; enf. sbagli di gioventù,* le avventatezze dell'età giovanile || nella *loc. avv. per sbaglio,* per errore, per disattenzione: *ho preso il tuo libro per sbaglio* || *dim.* sbagliétto, sbagliùccio || **N.** *Sin.* abbaglio, cantonata, equivoco, errore, fallo, granchio, inesattezza, inganno, *lapsus calami, lapsus linguae,* peccato, quiproquo, sgarro, sproposito, svarione, svista | commettere, confessare, correggere, evitare, fare, peggiorare, rimediare, riparare | grande, grave, grosso, irrimediabile, lieve, madornale, piccolo.

ṣbaiaffàre [comp. di *s-*, *baia* e *fare*; 1542] **intr.** (aus. *avere*) *ant.* dire baie, cianciare, ciarlare, chiacchierare.

ṣbaionettàre (pres. *-étto*) [comp. parasint. di *baionetta*; 1872] **tr.** *raro* percuotere ripetutamente a colpi di baionetta.

ṣbaldanzìre (pres. *-ìsco, -ìsci*) [comp. parasint. di *baldanza*; sec. XIII] **tr.** *lett.* togliere, far perdere la baldanza: *il pericolo di andare in prigione sbaldanzì quei prepotenti* || **intr.** (aus. *essere*) perdere la baldanza || **N.** *Sin.* IMPAURIRE.

ṣbaldìre (pres. *-ìsco, -ìsci*) [dal provenz. ant. *esbaudir*; a. 1250] **intr.** (aus. *essere*) e **intr. pron.** *ant.* divenire allegro, rallegrarsi.

ṣbaldóre [da *sbaldire*; fine sec. XII] **sm.** *ant.* allegrezza.

ṣbaldoriàre (pres. *-òrio*) [comp. parasint. di *baldoria*; 1891] **intr.** (aus. *avere*) *raro* far baldoria.

ṣbalestraménto [da *sbalestrare*; 1631] **sm.** *raro* atto ed effetto dello sbalestrare (anche *fig.*).

ṣbalestràre (pres. *-èstro*) [da *balestrare*; a. 1449 come tr. nel senso 1] **intr.** (aus. *avere*) *ant.* non cogliere nel segno tirando con la balestra || *fig.* non cogliere nel segno parlando di una cosa, trattando un argomento; parlare a vanvera, divagare: *egli chiacchiera molto, ma spesso sbalestra* || **tr.** *raro* scaraventare lontano, tirare, scagliare: *la bufera sbalestrò la nave contro il molo* || *fig.* trasferire qualcuno procurandogli disagi e difficoltà: *era a Palermo e lo sbalestrarono a Torino da un giorno all'altro*; anche, in gen., far cadere qualcuno in uno stato di turbamento, confusione e sim.: *il viaggio in nave lo ha sbalestrato, la bocciatura mi ha davvero sbalestrato* || *per estens.* rif. a cose, trattare con poco riguardo, scompigliare: *i quadri si sono rovinati quando li hanno sbalestrati da un museo all'altro, il tuo comportamento ha sbalestrato tutti i miei progetti* || **rifl.** rovinarsi, fallire; sbilanciarsi, perdere il proprio equilibrio abituale: *quel tipo non si sbalestra mai.*

ṣbalestràto (*pps.* di *sbalestrare*) [sec. XIV] **I agg.** squilibrato, che opera in modo scoordinato, illogico, strambo: *fantasia, mente sbalestrata* || a disagio, disorientato: *sentirsi sbalestrato* || disordinato: *condurre un'esistenza sbalestrata* **II sm.** (f. *-a*) spostato, balordo, disorganizzato: *lascialo perdere, è uno sbalestrato.*

ṣballàre [da *balla*[1]; sec. XV; a. 1665 nel senso 2] **tr.** **1.** aprire una balla, togliere dall'imballaggio: *sballare i mobili* **2.** *fig.* inventare bugie, favole, spacciare frottole: *sballa storie inverosimili; le sballa grosse,* ne racconta di veramente esagerate **3.** causare guasti al motore di un veicolo e *per estens. fam.* guastare macchine in genere: *ha sballato l'auto nuova, è riuscito a sballare la lavatrice* || *per estens.* rovinare, sbagliare: *ha sballato tutta l'organizzazione, il conto* || **intr.** (aus. *essere* o *avere*) **1.** *T.gioc.* sorpassare il limite massimo stabilito di punti e perdere così la posta: *il banco è sballato* **2.** *per estens.* sbagliare un calcolo per eccesso: *sballare nel fare quel calcolo, quell'ipotesi* **3.** *gerg.* essere in uno stato di eccitazione: *al concerto rock i giovanissimi sballavano* || **N. tr. 2.** *Sin.* esagerare, mentire | **intr. 2.** *Sin.* eccedere, oltrepassare, superare.

ṣballàto (*pps.* di *sballare*) [1838] **agg. 1.** tolto dall'imballo **2.** *fig.* disordinato, squilibrato: *mente, persona sballata*; inventato, menzognero: *storia sballata, notizia sballata*; irragionevole, assurdo: *affare sballato, causa sballata* **3.** *gerg.* sotto l'effetto della droga || anche *sm.* (f. *-a*): *è uno sballato.*

ṣballatùra [da *sballare*; 1891] **sf.** operazione dello sballare: *la sballatura dei mobili.*

ṣbàllo [da *sballare*; 1959] **sm. 1.** sballatura: *lo sballo delle merci* **2.** stato di euforia, intontimento, eccitazione o sim., provocato dalla droga || *per estens. gerg.* cosa meravigliosa: *questo disco è uno sballo, una compagnia da sballo* || **N. 2.** *Sin.* sbarellamento.

ṣballonàta [da *sballone*; 1872] **sf.** *fam.* notizia o racconto falso, esagerato per boria; fandonia.

ṣballóne [da *sballare*; 1872] **sm.** (f. *-a*) *fam.* chi racconta fandonie: *è uno sballone e non gli si può credere* || **N.** *Sin.* BUGIARDO.

ṣballottaménto [da *sballottare*; 1922] **sm.** atto ed effetto dello sballottare: *lo sballottamento continuo del treno, dell'automobile.*

ṣballottàre (pres. *-òtto*) [da *ballottare*; 1863]

tr. agitare in qua e in là qualcosa che si ha in mano o tra le braccia, come fosse una palla: *i bambini non vanno sballottati* || scuotere in tutte le direzioni, provocando danni o disagi: *se sballotti la bottiglia, il vino si intorbidisce, fu sballottato dalla folla.*

ṣballottìo (pl. *-ìi*) [da *sballottare*; 1957] ***sm.*** uno sballottamento prolungato e continuo.

ṣbalordiménto [da *sbalordire*; a. 1698] ***sm.*** il fatto di sbalordire, e anche l'essere sbalordito || **N.** *Sin.* confusione, conturbamento, intronamento, meraviglia, sbigottimento, stordimento, stupore, turbamento.

ṣbalordìre (pres. *-ìsco, -ìsci*) [comp. parasint. di *balordo*; sec. XIV o XV come intr.] ***tr.*** *propr.* stordire, tramortire, far perdere la conoscenza: *lo sbalordì con un colpo di bastone sulla nuca* || *per estens.* frastornare, scombussolare, impressionare: *la notizia della sua morte mi ha sbalordito, tutto quel rumore mi ha sbalordito*; *più com.* meravigliare, stupire: *la sua abilità mi ha sbalordito* || ***intr.*** (aus. *avere*) rimanere intontito: *al secondo pugno sbalordì* || *per estens.* restare stupito o vivamente impressionato: *a quella notizia sbalordì* || **N.** ***tr.*** *Sin.* confondere, intontire, sbigottire, stupefare, turbare.

ṣbalorditàggine [da *sbalordire*; 1872] ***sf.*** **1.** atto o parole da sbalordito **2.** qualità o stato di chi è abitualmente sbalordito || **N.** *Sin.* balordaggine, storditaggine, sventatezza.

ṣbalorditìvo [da *sbalordire*; a. 1704] ***agg.*** atto a sbalordire || *in part.* incredibile, non comune, straordinario: *il percorso è stato realizzato in un tempo sbalorditivo* || **N.** *Sin.* eccessivo, esagerato, impressionante, incredibile, sconcertante, stupefacente.

ṣbalordìto (*pps.* di *sbalordire*) [a. 1348] **I** ***agg.*** sorpreso, stupito **II** ***sm.*** (f. *-a*) *non com.* persona spesso svanita o ebete, tonta, balorda: *è uno sbalordito, credimi!* || **N. I** *Sin.* attonito, intontito, intronato, istupidito, stranito, tramortito.

ṣbaluginàre (pres. *-ùgino*) [da *baluginare*; 1891 *sbalugginare*] ***intr.*** (aus. *essere* o *avere*) *raro* mandare bagliori.

ṣbalzaménto [da *sbalzare*; a. 1786] ***sm.*** *raro* atto ed effetto dello sbalzare o dell'essere sbalzato.

ṣbalzàre[1] [da *balzare*; a. 1535] ***tr.*** **1.** far balzare lontano da sé con violenza, lanciare con forza, scagliare: *il cavallo sbalzò il cavaliere di sella* **2.** *fig.* allontanare da una sede, rimuovere da una carica, da un ufficio e sim., improvvisamente: *fu sbalzato dal posto di direttore* || sbalestrare, mandare da una residenza a un'altra, da un posto a un altro: *lo sbalzano da un capo all'altro della penisola* || ***intr.*** (aus. *essere*) rimbalzare o balzare di scatto, all'improvviso: *la palla sbalzò lontano, il mulo prese a sbalzare* || *fig.* subire sbalzi, brusche variazioni: *la temperatura è sbalzata da 10 a 40°.*

ṣbalzàre[2] [da *sbalzo*[2]; 1930] ***tr.*** *T.art.* lavorare a sbalzo.

ṣbalzàto (*pps.* di *sbalzare*[2]) [1940] ***agg.*** *T.art.* lavorato a sbalzo: *rame sbalzato.*

ṣbalzatóre [da *sbalzare*[2]; 1931] ***sm.*** (f. *-trìce*) chi esegue lavori a sbalzo.

ṣbalzellàre (pres. *-èllo*) [da *balzellare*; 1872] ***tr.*** *raro* sballottare, far fare piccoli sbalzi: *l'autista ci sbalzellava sulla strada sassosa* || ***intr.*** (aus. *avere*) fare o procedere a piccoli e frequenti balzi: *in quella vecchia carrozza sbalzellavano gli uni contro gli altri.*

ṣbalzellìo (pl. *-ìi*) [da *sbalzellare*; 1879] ***sm.*** *fam. tosc.* lo sbalzellare continuo o frequente.

ṣbalzellóni [da *sbalzellare*; 1879] ***avv.*** (anche nella *loc. avv. a sbalzelloni*), a piccoli e frequenti sbalzi: *procedere (a) sbalzelloni* || **N.** *Sin.* balzelloni.

ṣbàlzo[1] [da *sbalzare*[1]; a. 1568] ***sm.*** atto ed effetto dello sbalzare: *lo sbalzo della palla, gli sbalzi della carrozza* || *fig.* salto, variazione improvvisa: *sbalzi d'umore, gli sbalzi della temperatura* || nella *loc. avv. di sbalzo*, di punto in bianco, di scatto, senza passare per tutti i gradi intermedi, saltandone qualcuno: *di sbalzo è stato promosso a direttore* || nella *loc. avv. a sbalzi*, senza continuità, saltuariamente: *lavora a sbalzi* || **N.** *Sin.* sbilancio.

ṣbàlzo[2] [da *sbalzare*[1]; 1895] ***sm.*** **1.** *T.art.* nella *loc. avv. a sbalzo*, indicando la lavorazione a rilievo ottenuta incavando o imprimendo sul retro lamine di metallo, di cuoio ecc.: *rame lavorato a sbalzo, cornice a sbalzo* **2.** *T.edil.* e *T.arch.* struttura sporgente da quella principale, che funge da sostegno per piani praticabili (balconi, ballatoi ecc.) o da riparo (pensiline, tettoie ecc.).

ṣbambagiàre (pres. *-àgio*) [comp. parasint. di *bambagia*; 187] ***intr.*** (aus. *essere*) e ***intr. pron.*** *raro* sfilacciare o sfilacciarsi, come fa il cotone mal torto: *questo cotone (si) sbambagia.*

ṣbancaménto [da *sbancare*[1]; 1942] ***sm.*** *T.edil.* l'operazione di sbancare un terreno.

ṣbancàre[1] (pres. *ṣbànco, ṣbànchi*) [comp. parasint. di *banco*; 1942] ***tr.*** asportare un rilievo o uno strato di materiale per modificare la superficie del terreno.

ṣbancàre[2] (pres. *ṣbànco, ṣbànchi*) [comp. parasint. di *banco*; 1829] ***tr.*** nei giochi d'azzardo, far saltare il banco, vincendo l'intera somma di cui esso dispone || *fig.*, anche *scherz.*, far fallire, rovinare economicamente: *le tasse mi hanno sbancato* || ***intr. pron.*** *fig.* andare in rovina, dal punto di vista economico: *si è sbancato per costruirsi la casa* || ***intr.*** (aus. *essere*) *raro* al gioco, perdere l'intera posta di cui si dispone e ritirarsi: *tre giocatori sono sbancati.*

ṣbanchettaménto [da *sbanchettare*; 1940] ***sm.*** *raro* lo sbanchettare: *un continuo sbanchettamento.*

ṣbanchettàre (pres. *-étto*) [da *banchettare*; 1891] ***intr.*** (aus. *avere*) *fam.* passare di banchetto in banchetto, festeggiare con frequenti banchetti.

ṣbandaménto[1] [da *sbandare*[1]; 1657] ***sm.*** atto ed effetto dello sbandarsi, spec. rif. a truppe, reparti e sim. || *per estens. fig.* dispersione, sparpagliamento dei membri di una famiglia, di un gruppo e sim. || **N.** *Sin.* sbaragliamento, scompigliamento; dissoluzione, fuga, sbaraglio, scompiglio.

ṣbandaménto[2] [da *sbandare*[2]; 1889] ***sm.*** **1.** improvviso scarto laterale di un veicolo in corsa, provocato da slittamento, velocità eccessiva, scoppio di uno pneumatico o altre cause || *T.mar.* e *T.aer.* anomala inclinazione trasversale di un natante o di un velivolo, dovuta all'azione del vento, allo spostamento del carico o ad altre cause accidentali **2.** *fig.* deviazione, allontanamento da una linea ideologica, da un principio: *nel partito si nota uno sbandamento a sinistra.*

ṣbandàre[1] [comp. parasint. di *banda*[3]; a. 1565] ***tr.*** *ant.* sciogliere un esercito, una banda armata || *per estens. raro* disperdere un gruppo di persone: *sbandare la folla* || ***intr. pron.*** disperdersi, separarsi, dividersi disordinatamente, detto spec. di truppe o reparti militari, quando i soldati abbandonano i ranghi: *l'esercito si sbandò, il gruppo dei dimostranti si è subito sbandato* || *fig.* di un nucleo familiare, sociale, ideologico e sim., disgregarsi, perdere di coesione: *dopo la morte del leader, il partito si sbandò* || **N.** ***tr.*** *Sin.* sbaragliare, scompigliare, sparpagliare.

ṣbandàre[2] [comp. parasint. di *banda*[1]; 1813] ***intr.*** (aus. *avere*) **1.** di un veicolo in corsa o di un natante o di un velivolo, avere uno scarto laterale: *l'auto, l'aereo sbandò* **2.** *fig.* deviare dall'ortodossia, da una linea ideologica o etica: *in quel paese il conservatorismo sbandò verso la dittatura.*

ṣbandàta [da *sbandare*[2]; 1959] ***sf.*** **1.** singolo brusco scarto laterale; lo sbandare: *dopo la sbandata, l'auto precipitò dal viadotto* || *T.mar.* e *T.aer.* singola oscillazione di un natante o di un velivolo su di un fianco **2.** *fig.* detto di persona, improvvisa deviazione dalla consueta linea di comportamento o di pensiero || *scherz. prendere una sbandata per qualcuno*, prendere una cotta, innamorarsi.

ṣbandàto (*pps.* di *sbandare*[1]) [a. 1535] **I** ***agg.*** isolato, disperso, in quanto ha perduto il contatto con gli altri membri del suo gruppo: *soldato sbandato* || *fig.* ideologicamente o moralmente disorientato o, anche, non più inserito nella vita sociale, disadattato: *dopo la vicenda, molti membri si trovarono sbandati, i giovani sbandati dei sobborghi* || **ṣbandataménte** ***avv.*** come sbandati **II** ***sm.*** (f. *-a*) persona sbandata: *gruppi di sbandati.*

ṣbandeggiaménto [da *sbandeggiare*; 1353] ***sm.*** *ant.* atto ed effetto del mettere al bando.

ṣbandeggiàre (pres. *-éggio*) [da un arc. *bandeggiare*, mettere al bando; 1312] ***tr.*** *ant.* mettere al bando, esiliare.

ṣbandellàre (pres. *-èllo*) [comp. parasint. di *bandella*; a. 1704] ***tr.*** *raro* privare delle bandelle, o togliere dalle bandelle, scardinare: *sbandellare la porta* || **N.** *Sin.* scardinare, scassinare.

ṣbandieraménto [da *sbandierare*; 1891] ***sm.*** **1.** atto ed effetto dello sbandierare **2.** *fig.* esibizione, ostentazione: *non mi piacciono tutti questi sbandieramenti di virtù, di altruismo.*

ṣbandieràre (pres. *-èro*) [comp. parasint. di *bandiera*; 1891] ***tr.*** **1.** far sventolare bandiere, vessilli e sim. in segno di festa **2.** *fig.* ostentare, far mostra di una cosa, di un sentimento ecc.: *eccolo lì intento a sbandierare le sue doti.*

ṣbandieràta [da *sbandierare*; 1872] ***sf.*** sventolamento festoso di molte bandiere || *in part.* esibizione degli sbandieratori.

ṣbandieratóre [da *sbandierare*; 1975] ***sm.*** (f. *-trìce*) chi fa volteggiare con destrezza la bandiera nel corso di cortei, spettacoli pubblici, parate e sim.: *gli sbandieratori di Siena.*

ṣbandigióne [da *sbandire*; a. 1306] ***sf.*** *ant.* lo sbandire.

ṣbandiménto [da *sbandire*; sec. XIII] ***sm.*** *ant.* atto ed effetto dello sbandire || **N.** *Sin.* bando, esilio.

ṣbandìre (pres. *-ìsco, -ìsci*) [da *bandire*; 1313] ***tr.*** *ant.* e *pop.* **1.** mettere al bando, esiliare, bandire || *per estens. lett.* cacciare lontano da sé, respingere: *sbandire i sogni di gloria* **2.** *arc.* rendere pubblico mediante un bando.

ṣbandìto (*pps.* di *sbandire*) [1306] ***agg.*** e ***sm.*** (f. *-a*) colpito da bando, esiliato, esule.

ṣbàndo[1] [da *sbandire*, prima metà sec. XIV] ***sm.*** *ant.* atto ed effetto dello sbandire; bando, esilio.

ṣbàndo[2] [da *sbandare*[2]; 1972] ***sm.*** nella *loc. avv. allo sbando*, alla deriva, in balia degli eventi: *la nostra ditta è ormai allo sbando.*

ṣbaraccàre (pres. *-àcco, -àcchi*) [comp. parasint. di *baracca*; 1935] ***tr.*** *fam.* trasferire o rimuovere cose e persone || *ass.* andarsene, lasciar libero un posto: *l'ordinanza del sindaco costrinse gli abusivi a sbaraccare.*

ṣbaragliaménto [da *sbaragliare*; 1551] ***sm.*** atto ed effetto dello sbaragliare || **N.** *Sin.* sbaraglio.

ṣbaragliàre (pres. *-àglio*) [dal provenz. *baralhar*, agitarsi, battersi; a. 1370] ***tr.*** mettere in rotta, travolgere, sconfiggere definitivamente l'esercito nemico || mettere in fuga, disperdere: *la polizia sbaragliò il gruppo dei dimostranti* || *per estens.* nella lotta politica o in competizioni sportive, sconfiggere duramente gli avversari || **N.** *Sin.* sgominare, SCONFIGGERE.

ṣbaraglìno [da *sbaragliare*; a. 1535] ***sm.*** *T.gioc.* gioco fatto con due tavolette o scacchiere, con le pedine e con due dadi; si chiama anche *tavola reale* o *trictrac.*

ṣbaràglio (pl. *-gli*) [da *sbaragliare*; a. 1535] **sm.** lo sbaragliare e l'essere sbaragliato; usato spec. nelle loc.: *condurre, mettere* o *mandare allo sbaraglio*, esporre a grave rischio e pericolo; *buttarsi, gettarsi* o *andare allo sbaraglio*, avventurarsi in un'impresa rischiosa senza prendere alcuna precauzione || **N.** *Sin.* cimento, SCONFITTA.

ṣbarattàre [dal dial. *barattare*, sbaragliare; a. 1348] **tr.** *ant.* disunire, sbaragliare, disperdere, mettere in rotta.

ṣbarazzàre [da *imbarazzare*, con cambio di pref.; 1618; 1827 come intr. pron.] **tr.** togliere via tutto ciò che costituisce un impedimento, un ingombro; sgombrare: *sbarazzare il terreno dagli ostacoli, la stanza dalle cianfrusaglie*; *sbarazzare la tavola*, sparecchiarla || **intr. pron.** liberarsi di cosa o persona che ci intralci o ci infastidisca: *mi sono sbarazzato di lui, mi sbarazzo di tanti libri inutili*.

ṣbarazzìna [da *sbarazzino*; 1965] **sf.** *T.gioc.* variante del gioco della scopa, in cui l'asso prende tutte le carte in tavola || **N.** *Sin.* asso pigliatutto.

ṣbarazzinàta [da *sbarazzino*; 1872] **sf.** *raro* azione da sbarazzino: *sono sbarazzinate indegne di lui* || **N.** *Sin.* birichinata, monelleria.

ṣbarazzìno [etim. inc.; 1839] **I sm.** (f. *-a*) giovane vivace e spensierato che agisce in modo talora impertinente e con scarsa coscienza dei propri doveri e delle convenienze sociali **II agg.** da sbarazzino: *oggi hai un'aria sbarazzina* || nella *loc. avv. alla sbarazzina*, da sbarazzino; detto in part. di maniera di mettere il cappello inclinato su un occhio, sulle ventitrè || **N.** I *Sin.* birichino, monello.

ṣbarbàre [da *barba*¹; a. 1577 nel senso 2] **tr.** **1.** radere la barba **2.** svellere dalle radici o barbe, sradicare, svellere: *sbarbare le male erbe* || *fig.* estirpare, eliminare completamente: *è difficile sbarbare i vizi* **3.** *T.capp.* eliminare la peluria dal feltro usato per i cappelli **4.** *fam. tosc. arc.* nel modo di dire *non ce la sbarba*, non ci riesce, non la spunta || **rifl.** radersi la barba || **N.** BARBA.

ṣbarbarìre (pres. *-ìsco, -ìsci*) [da *imbarbarire*, con cambio di suff.; 1872] **tr.** *non com.* togliere la barbarie, civilizzare, dirozzare.

ṣbarbatèllo (*dim.* di *sbarbato*) [1545] **sm.** (f. *-a*) *iron.* e *spreg.* giovane immaturo e inesperto che ostenta una notevole presunzione: *questi sbarbatelli pretendono di saperne più di me*.

ṣbarbàto (*pps.* di *sbarbare*) [a. 1535] **agg.** nei sensi del verbo; *in part.* rasato || *raro* imberbe: *un giovane sbarbato* || *T.mil.* messo in barba, allo scoperto: *batteria sbarbata* (v. BARBETTA¹) || *dim.* sbarbatèllo.

ṣbarbatóre [da *sbarbare*; 1959] **sm.** (f. *-trìce*) **1.** nell'industria siderurgica, sbavatore **2.** nell'industria dei cappelli, operaio che elimina la peluria dal feltro.

ṣbarbatrìce [da *sbarbare*; 1940] **sf.** **1.** *T.capp.* macchina utensile per operare la sbarbatura **2.** macchina utensile usata per rifinire le superfici laterali dei denti di un ingranaggio.

ṣbarbatùra [da *sbarbare*; 1940] **sf.** **1.** l'operazione del radersi la barba **2.** *T.capp.* operazione della rasatura del feltro usato per i cappelli **3.** operazione di rifinitura dei fianchi di una ruota dentata.

ṣbarbazzàta [da *barbazzale*; a. 1571 nel senso 2] **sf.** **1.** *ant.* forte strappo dato al barbazzale del cavallo **2.** *raro fig.* rimprovero, riprensione, strigliata || **N.** **1.** *Sin.* sbrigliata.

ṣbarbettàre (pres. *-étto*) [comp. parasint. di *barbetta*, piccola radice; 1959] **tr.** *T.agr.* tagliare le radici superficiali cresciute nelle piante al di sopra del punto di innesto: *sbarbettare le viti*.

ṣbarbettatùra [da *sbarbettare*; 1937] **sf.** *T.agr.* operazione dello sbarbettare.

ṣbarbicaménto [da *sbarbicare*; 1745] **sm.** *raro* atto ed effetto dello sbarbicare, sradicamento.

ṣbarbicàre (pres. *ṣbàrbico, ṣbàrbichi*) [da *barbicare*; 1525] **tr.** *ant.* e *lett.* sbarbare, sradicare, estirpare, anche *fig.*: *l'uragano ha sbarbicato le querce*.

ṣbarbificàre (pres. *-ìfico, -ìfichi*) [comp. di *s-*, *barba* e *-ficare*; 1908] **tr.** *scherz.* sbarbare, radere la barba || **rifl.** *scherz.* radersi.

ṣbarbìno [comp. parasint. di *barba*; 1963] **sm.** (f. *-a*) *sett.* giovane ragazzo che vuole apparire smaliziato: *mi piacciono le sbarbine*.

ṣbarcàre¹ (pres. *ṣbàrco, ṣbàrchi*) [comp. parasint. di *barca*¹; a. 1565 come intr.] **tr.** **1.** portare a terra, scaricare persone o cose da un'imbarcazione o da un velivolo: *gli astronauti sbarcarono gli strumenti dalla navetta*; *sbarcarono due casse, i passeggeri* || *per estens. fam.* mettere giù, far scendere da un veicolo: *mi ha sbarcato di fronte all'albergo* **2.** *fig.* passare, trascorrere alla meglio: *abbiamo sbarcato discretamente l'estate*; *sbarcare il lunario* o *la vita*, vivere giorno per giorno con lo stretto necessario: *con questo stipendio si riesce appena a sbarcare il lunario* || *fam. sbarcarsela* o *sbarcarla*, passarsela alla meglio: *per grazia di Dio, nonostante i tempi difficili, me la sbarco* || **intr.** (aus. *essere*) **1.** scendere a terra da una nave, da una barca, da un aeromobile: *sbarcheremo a Marsiglia* || *in part.* di reparti militari, effettuare uno sbarco in una zona costiera nemica o controllata dal nemico: *le truppe sbarcarono a Tripoli* **2.** *T.mar.* cessare di far parte dell'equipaggio di una nave || **N.** **tr.** **1.** *Contr.* imbarcare | **intr.** **1.** *Sin.* approdare, attraccare, prender terra, smontare | *Contr.* imbarcarsi | imbarcadero, molo, sbarcatoio.

ṣbarcàre² (pres. *ṣbàrco, ṣbàrchi*) [comp. parasint. di *barca*²; 1865] **tr.** *raro* disfare la barca o il barcone di fieno o biada, spargendolo a terra.

ṣbarcatóio (pl. *-ói*) [da *sbarcare*¹; 1872] **sm.** impianto, fisso o mobile, atto a consentire lo sbarco o l'imbarco di mercanzie o persone || **N.** *Sin.* banchina, imbarcadero, molo, palanca, pontile, scalo.

ṣbàrco (pl. *-chi*) [da *sbarcare*¹; 1587] **sm.** **1.** lo sbarcare: *lo sbarco delle casse, dei passeggeri* || cessazione del servizio a bordo: *un mozzo ha chiesto lo sbarco* || *T.mil.* il discendere a terra delle truppe per un'azione militare: *lo sbarco degli Alleati in Normandia*; *mezzo da sbarco*, nave di pescaggio ridotto, dotata di un grande portello di prua atto a consentire lo sbarco diretto di uomini e mezzi sulla costa; *forza da sbarco*, insieme delle forze armate impiegate in un'operazione di sbarco; *testa di sbarco*, il tratto costiero sul quale avviene lo sbarco || *colloq. elemento da sbarco*, individuo irruento e poco affidabile **2.** *per estens.* il luogo in cui si sbarca.

ṣbardàre [da *bardare*; 1970] **tr.** togliere la bardatura al cavallo.

ṣbardellàre (pres. *-èllo*) [da *bardellare*; 1726] **tr.** *ant.* cavalcare i puledri con la bardella, per domarli; scozzonare: *i domatori sbardellarono i puledri* || *fig.* sballare, dire panzane: *ne sbardellava delle grosse*.

ṣbardellàto (*pps.* di *sbardellare*) [1483] **agg.** *ant.* senza freno, senza misura: *risa sbardellate* || grandissimo, esorbitante: *si è mangiato un piatto di minestra sbardellato, è diventato grasso sbardellato* || **ṣbardellataménte** **avv.** *ant.* senza misura, senza freno; eccessivamente, smisuratamente, smoderatamente, troppo || **N.** *Sin.* enorme, ECCESSIVO.

ṣbardellatùra [da *sbardellare*; a. 1712] **sf.** *ant.* atto dello sbardellare, scozzonatura || *fig.* dirozzamento.

ṣbarellaménto [da *sbarellare*; 1983] **sm.** **1.** atto ed effetto dello sbarellare **2.** effetto della droga || **N.** **2.** *Sin.* sballo.

ṣbarellàre (pres. *-èllo*) [da *barellare*, vacillare; 1983] **intr.** (aus. *avere*) **1.** *fam.* camminare con andatura vacillante, ondeggiante **2.** *fam.* comportarsi in maniera smodata e incontrollata.

ṣbarèllo [da *barella*; 1891] **sm.** *raro* specie di barroccio, il cui cassone si può alzare formando un piano inclinato per favorire lo scarico di ghiaia, terra ecc. dalla parte posteriore.

ṣbàrra [da *barra*; a. 1348] **sf.** **1.** asta di legno o metallica che serve a separare, delimitare o impedire il passaggio: *la sbarra della dogana, di un passaggio a livello, le sbarre del cancello, dell'inferriata*; *per meton. essere dietro le sbarre*, in prigione || *per estens.* spranga o bastone di legno, ferro ecc. che serve ad assicurare la chiusura del battente || tramezzo, cancelletto o sim. che, nei tribunali, divide lo spazio riservato ai giudici da quello riservato al pubblico e alle parti; *per meton. venire, presentarsi alla sbarra*, in tribunale, in giudizio; *fig. mettere qualcuno* (o *qualcosa*) *alla sbarra*, sottoporlo a giudizio, a inchiesta: *personaggi, opinioni messi alla sbarra* **2.** spranga, barra, bastone in genere || *in part.* arnese contundente: *lo colpì con una sbarra* || *T.tess.* stanga orizzontale del telaio su cui passa e striscia il tessuto che scende ad avvolgersi sul subbiello || *T.mar.* barra del timone **3.** *T.stor.* strumento di tortura che si metteva in bocca ai condannati per impedire loro di parlare; mordacchia **4.** *T.equit. sbarre* o *barre*, nella bocca del cavallo, gli spazi interdentali maggiori tra gli incisivi e i molari, o tra gli scaglioni e i molari, su cui si fa poggiare il morso || *fig.* freno, ritegno **5.** *T.sport.* nella pesistica, l'asta alle cui estremità sono fissati i pesi || nella ginnastica, attrezzo da palestra formato da un'asta cilindrica sostenuta da due montanti graduati, per esercizi di oscillazione, sospensione, roteazione e volteggio; anche l'asta cilindrica fissata al muro o sostenuta da montanti a circa un metro da terra, usata, soprattutto dai ballerini, come appoggio nell'esecuzione di esercizi ginnici: *esercizi alla sbarra* **6.** lineetta verticale od obliqua usata come segno grafico di separazione; è detta anche *barra* o *sbarretta* **7.** *T.arald.* banda che attraversa lo scudo araldico diagonalmente, dall'angolo superiore sinistro a quello inferiore destro **8.** *T.elettr. sbarra collettrice* (o *ass. sbarra*), negli impianti di produzione o di trasformazione dell'energia elettrica, ciascuno dei conduttori cui sono collegati i circuiti di alimentazione o di distribuzione || *dim.* sbarrétta. **TAV.** ***araldica*** **p. 645** 3.16; ***atletica*** **p. 657** 2.2.

ṣbarraménto [da *sbarrare*; 1865] **sm.** atto ed effetto dello sbarrare || *concr.* ostacolo, ostruzione (sia occasionale, sia naturale) e sim. atti a sbarrare: *i tronchi trasportati dalla piena creavano uno sbarramento*; *opere di sbarramento*, dighe, chiuse e sim.; *uno sbarramento di polizia* || *T.mil. azione, fuoco di sbarramento*, volti a fermare l'attaccante; *sbarramento radar*, sistema di radar che intercetta ogni infiltrazione nello spazio aereo controllato; *forte di sbarramento*, alla stretta di un fiume o che domina l'entrata di una valle; *tiro di sbarramento*, d'interdizione, che serve a impedire l'avanzata al nemico in un certo punto; *sbarramento difensivo, offensivo*, l'insieme delle mine subacquee ancorate su una o più linee in uno spazio di mare; è difensivo quando è posto presso le proprie coste per vietarne l'approccio al nemico, offensivo quando è posto lungo le coste del nemico per rendergli più pericolosa la navigazione nei suoi mari || nelle opere minerarie o nella tecnica costruttiva in genere, opera provvisoria o stabile destinata a preservare una zona da allagamenti, infiltrazioni d'acqua o di gas nocivi ecc.

ṣbarràre [da *sbarra*; 1313] **tr.** **1.** porre una

o più sbarre o qualunque altro ostacolo, anche costituito da persone, per impedire il passaggio: *sbarrare il sentiero, un poliziotto sbarrava l'entrata; sbarrare la porta,* sprangare; si usa anche quando l'ostacolo non è stato posto intenzionalmente: *una frana sbarrava il sentiero* || *sbarrare le braccia,* distenderle di traverso per impedire il passaggio; *sbarrare gli occhi,* spalancarli per meraviglia, paura e sim. **2.** segnare con una o più sbarre trasversali: *il maestro ha sbarrato gli esercizi sbagliati* || *T.banc. sbarrare un assegno,* segnarlo in modo da impedirne la girabilità || **N. 1.** *Sin.* barricare, chiudere, ostacolare, serrare.

ṣbarràto (*pps.* di *sbarrare*) [1330] ***agg.*** nei sensi del verbo; *in part.* per indicare il numero di tram, autobus ecc.: *prendo il 56 sbarrato* || *T.arald. scudo sbarrato,* costituito da 4, 6 o 8 sbarre in smalto.

ṣbarrétta (*dim.* di *sbarra*) [1922] ***sf.*** **1.** piccola sbarra **2.** *T.tip.* segno grafico costituito da una lineetta obliqua o verticale, usato per separare.

ṣbarrista [da *sbarra*; 1902] ***s.*** *T.sport.* atleta specializzato negli esercizi alla sbarra.

ṣbàrro [da *sbarrare*; 1319] ***sm.*** *ant.* effetto dello sbarrare; sbarramento || sorta di tramezzo, ostacolo, sbarra.

ṣbaṣìre (pres. *-ìsco, -ìsci*) [da *basire*; a. 1566] ***intr.*** (aus. *essere*) *ant.* basire, morire, venir meno.

ṣbassaménto [da *sbassare*; 1779] ***sm.*** atto ed effetto dello sbassare.

ṣbassàre [da *abbassare,* con cambio di pref.; a. 1527] ***tr.*** abbassare, ribassare, rendere più basso: *sbassare i piedi della tavola, i tacchi delle scarpe* || *fig. sbassare la superbia,* contenerla, moderarla, diminuirla.

ṣbàsso [da *sbassare*; a. 1742] ***sm.*** *raro* l'atto o più spesso l'effetto dello sbassare, sbassamento || *ant.* sconto, riduzione || **N.** *Sin.* ribasso.

ṣbastìre (pres. *-ìsco, -ìsci*) [da *imbastire,* con cambio di pref.; 1963] ***tr.*** disfare un'imbastitura, dopo che si è fatta la cucitura definitiva.

ṣbatacchiaménto [da *sbatacchiare*; 1872] ***sm.*** atto ed effetto dello sbatacchiare.

ṣbatacchiàre (pres. *-àcchio*) [comp. parasint. di *batacchio*; a. 1600] ***tr.*** sbattere in malo modo, gettare violentemente una cosa o una persona contro un muro, per terra ecc., anche ripetutamente: *gli sbatacchiò l'uscio sulla faccia, lo sbatacchiava contro il muro* || sbattere con forza, urtando: *il colombo sbatacchiò le ali, il vento sbatacchiò le imposte* || agitare con furia e disordinatamente: *sbatacchiò a lungo la campana, non sbatacchiare quella roba, che si rompe* || ***intr.*** (aus. *avere*) sbattere, urtare ripetutamente: *usci e finestre sbatacchiano, le campane sbatacchiano* || ***rifl.*** agitarsi, dibattersi: *si sbatacchiava di qua e di là senza ascoltare le nostre parole.*

ṣbatacchiàta [da *sbatacchiare*; 1891] ***sf.*** sbatacchiamento impetuoso, frettoloso, non ripetuto: *uscì dando una sbatacchiata all'uscio, si udì una sbatacchiata di campane.*

ṣbatacchìo (pl. *-ìi*) [da *sbatacchiare*; 1872] ***sm.*** lo sbatacchiare continuo e insistente.

ṣbatàcchio (pl. *-chi*) [da *batacchio*; 1957] ***sm.*** puntello di legno adoperato come sostegno nei lavori di scavo.

ṣbatacchióne [da *sbatacchiare*; 1959] ***sm.*** violento urto con cui si fa sbatacchiare qualcosa: *uscendo diede uno sbatacchione alla porta.*

ṣbattagliàre (pres. *-àglio*) [comp. parasint. di *battaglio*; a. 1749] ***intr.*** (aus. *avere*) *raro* di battaglio delle campane, suonare, sbatacchiare || *per estens.* suonare a distesa.

ṣbàttere (pres. *ṣbàtto* ecc., come BATTERE) [da *battere*; a. 1294] ***tr.*** **1.** battere con forza o ripetutamente qualcosa: *sbattere i tappeti, i panni,* percuoterli col battipanni per toglierne la polvere || urtare, o far urtare, violentemente contro qualcosa: *sbatté il pugno sul tavolo,* per invitare al silenzio o in segno di rabbia; *sbattere i piedi per terra,* proprio dei bambini quando sono indispettiti o fanno i capricci || *sbattere la testa contro il muro,* anche *fig.* disperarsi: *non saper dove sbattere la testa,* non sapere a chi rivolgersi per aiuto || *sbattere la porta in faccia a qualcuno,* chiuderla violentemente davanti a una persona; *fig.* negargli un aiuto **2.** agitare con energia: *sbattere le palpebre, le ali*; *in part.* rif. a sostanze alimentari, frullarle per amalgamarle o montarle: *sbattere le uova per la frittata, la panna per la torta* **3.** gettare via in malo modo, togliersi d'attorno qualcosa che infastidisce o ingombra: *ho sbattuto nell'immondizia un po' di roba vecchia; sbatti pure tutta quella roba in un angolo* || *fig.* liberarsi di una persona allontanandola: *fu sbattuto fuori di casa, in un ufficio dall'altra parte della città, in galera* **4.** *fig.* esibire qualcosa in modo provocatorio: *sbatterono la notizia in prima pagina; sbattere qualcosa in faccia a qualcuno,* rinfacciargliela apertamente **5.** *fig.* conferire un aspetto stanco, non giovare all'aspetto di qualcuno: *il viaggio in nave mi ha sbattuto; questo colore ti sbatte* **6.** *volg.* possedere carnalmente in modo brutale || ***intr. pron.*** *fig.* aver poca cura di sé, fare di sé un uso casuale e violento: *non avendo nulla di interessante da fare, si sbatte in giro tutto il giorno* || *fig. pop. volg. sbattersene,* infischiarsene || ***intr.*** (aus. *avere*) urtare violentemente: *l'auto ha sbattuto contro un muro, sento le imposte sbattere* || di vele, tende e sim., agitarsi, scuotersi: *le tende hanno sbattuto tutta la notte* || **N.** ***tr.*** **1.** *Sin.* battere, picchiare **3.** *Sin.* cacciare.

ṣbattezzàre (pres. *-èzzo*) [da *battezzare*; 1483] ***tr.*** **1.** costringere o indurre qualcuno ad abiurare la religione cristiana **2.** *scherz.* mutare il nome a cosa o persona || ***intr. pron.*** **1.** abbandonare, abiurare la religione cristiana || *scherz. si sbattezzerebbe, pur di ottenere qualcosa,* farebbe di tutto **2.** cambiar nome.

ṣbattighiàccio [comp. di *sbatte(re)* e *ghiaccio*; 1932] ***sm. inv.*** *raro* sin. di *shaker.*

ṣbattiménto [da *sbattere*; a. 1320] ***sm.*** **1.** atto ed effetto dello sbattere o dello sbattersi; percuotimento: *lo sbattimento delle onde* **2.** *T.pitt.* ombra che proiettano i corpi se sono illuminati direttamente.

ṣbattiòva v. SBATTIUOVA.

ṣbattitóia [da *sbattere*; 1891] ***sf.*** **1.** ogni arnese usato per sbattere || *sbattitoia del lavatoio,* lastra inclinata su cui si sbattono i panni da lavare **2.** *T.tip.* attrezzo con cui si pareggia la composizione.

ṣbattitóio (pl. *-ói*) [da *sbattere*; 1959] ***sm.*** sbattitoia.

ṣbattitóre [da *sbattere*; 1841] **I** ***agg.*** che sbatte **II** ***sm.*** **1.** (f. *-trìce*) chi sbatte **2.** elettrodomestico azionato da un motorino e fornito di frusta con cui si sbattono le uova, le creme, la panna e sim. || **N.** II **2.** *Sin.* sbattitrice.

ṣbattitrìce [da *sbattere*; 1959] ***sf.*** in pasticceria e nell'industria dolciaria, apparecchio con cui si sbattono le uova, la panna e sim. || elettrodomestico per sbattere uova, creme e sim.; sbattitore.

ṣbattitùra [da *sbattere*; a. 1597] ***sf.*** l'atto dello sbattere.

ṣbattiuòva (meno com. *ṣbattiòva*) [comp. di *sbatte(re)* e *uovo*; 1883 *sbatti-uova*] ***sm. inv.*** frullino o frusta per sbattere le uova, montare la panna e sim.

ṣbattùta [da *sbattere*; a. 1712] ***sf.*** lo sbattere una volta o approssimativamente: *dare una buona sbattuta ai panni.*

ṣbattùto (*pps.* di *sbattere*) [sec. XIV] ***agg.*** **1.** battuto, agitato: *tappeti sbattuti; porta sbattuta,* chiusa con violenza || *in part. uovo sbattuto,* tuorlo d'uovo agitato fortemente, frullato con lo zucchero **2.** abbattuto, smorto: *aspetto, occhio, viso sbattuto.*

ṣbavàggio o **sbavéggio** (pl. *-gi*) [da *sbavare*; 1891 *sbaveggio*] ***sm.*** *T.tip.* leggero profilo intorno alle lettere, come una incerta ombreggiatura, dovuta a un cattivo funzionamento della macchina tipografica.

ṣbavagliàre (pres. *-àglio*) [da *imbavagliare,* con cambio di pref.; 1735] ***tr.*** *raro* togliere il bavaglio.

ṣbavaménto [da *sbavare*; 1838] ***sm.*** emissione di bava.

ṣbavàre [comp. parasint. di *bava*; 1561] ***intr.*** (aus. *avere*) **1.** lasciar uscire bava fuori dalle labbra; *fig. volg.* mostrare un desiderio incontenibile: *le sbavava dietro da un anno* || *per estens.* uscir fuori e spandersi come bava: *il lucchicchio del filo d'acqua che sbava nel fondo della bolgia* (D'Annunzio) **2.** *per estens.* detto di inchiostri, acquerelli o altri colori, lasciare un alone oltre la linea di contorno della parte dipinta: *il rosso ha sbavato sul giallo* **3.** *per estens. T.tip.* di carattere, lasciare intorno a sé una sbavatura || ***tr.*** **1.** sporcare di bava: *mi ha tutto sbavato* **2.** lasciare sbavature di colore: *con l'inchiostro hai sbavato tutto il disegno* **3.** *T.metal.* levare la bava, cioè gli orli e i profili che restano intorno ai pezzi metallici tolti dalla forma || ***rifl.*** bagnarsi, sporcarsi di bava || **N.** *Sin.* sbavazzare.

ṣbavatóre [da *sbavare*; 1960] ***sm.*** (f. *-trìce*) nell'industria siderurgica, operaio che toglie le bave metalliche rimaste dopo la fusione di due pezzi || **N.** *Sin.* sbarbatore, scalpellatore.

ṣbavatrìce [da *sbavare*; 1960] ***sf.*** nell'industria siderurgica, macchina utilizzata per eliminare le bave metalliche rimaste dopo la fusione di due pezzi.

ṣbavatùra [da *sbavare*; 1668] ***sf.*** **1.** traccia di bava: *pulire i funghi dalle sbavature delle lumache* **2.** *per estens. T.tip.* sfumatura d'inchiostro lasciata dai caratteri di stampa coi contorni poco netti; sbavaggio **3.** *per estens.* sfumatura lasciata da inchiostri, acquerelli e sim. oltre la linea di contorno della parte dipinta **4.** *T.metal.* l'operazione di eliminazione della bava da pezzi metallici ottenuti per fusione || *concr.* le bave stesse, ovvero le incrostazioni che restano intorno ai pezzi metallici tolti dalla forma **5.** *per estens.* peluria che resta ai margini dei fogli di carta che sono stati tagliati a mano **6.** *fig.* lieve imperfezione in una prestazione: *ha eseguito un pezzo al pianoforte senza una sbavatura.*

ṣbavazzàre [da *sbavare*; 1872] ***tr.*** insudiciare di bava || ***rifl.*** insudiciarsi di bava.

ṣbavéggio v. SBAVAGGIO.

ṣbavóne [da *sbavare*; 1891] ***sm.*** (f. *-a*) *fam.* chi abitualmente sbava molto; bavoso.

ṣbeccàre (pres. *ṣbécco, ṣbécchi*) [comp. parasint. di *becco*; 1942] ***tr.*** rompere un recipiente di terracotta, porcellana e sim. all'altezza dell'orlo o dell'attaccatura del beccuccio.

ṣbeccucciàre (pres. *-ùccio*) [comp. parasint. di *beccuccio*; 1872] ***tr.*** rompere il beccuccio di un bricco, di un vaso; sbeccare.

ṣbeffaménto [da *sbeffare*; 1553] ***sm.*** *raro* atto ed effetto dello sbeffare || **N.** *Sin.* beffa, scherno.

ṣbeffàre (pres. *ṣbèffo*) [da *beffare*; 1551] ***tr.*** beffare, deridere crudelmente, malignamente || **N.** *Sin.* SCHERNIRE.

ṣbeffatóre [da *sbeffare*; a. 1745] ***agg.*** e ***sm.*** (f. *-trìce*) *raro* che o chi sbeffa.

ṣbeffeggiaménto [da *sbeffeggiare*; a. 1712] ***sm.*** atto ed effetto dello sbeffeggiare.

ṣbeffeggiàre (pres. *-éggio*) [da *beffeggiare*; a. 1543] ***tr.*** deridere con beffe continuate || **N.** *Sin.* SCHERNIRE.

ṣbeffeggiatóre [da *sbeffeggiare*; 1745] ***agg.*** e ***sm.*** (f. *-trìce*) sbeffatore; che o chi sbeffeggia.

ṣbellicàre (pres. *-ìco, -ìchi*) [da *bellico*, ombelico; a. 1704] ***tr.*** *arc.* e *raro* rompere l'ombelico ‖ ***intr. pron.*** *fig.* solo nel modo di dire *sbellicarsi dalle risa*, ridere smodatamente, smascellarsi.

ṣbellicàto (*pps.* di *sbellicare*) [1872] ***agg.*** smodato: *un riso sbellicato* ‖ **ṣbellicataménte** ***avv.*** smodatamente.

ṣbendàre (pres. *ṣbèndo*) [da *bendare*; a. 1294] ***tr.*** togliere la benda ‖ **N.** *Contr.* bendare.

ṣbèrcia (pl. *-ce*) [da *sberciare*[1]; 1618] ***sf.*** *fam. tosc.* persona incapace o poco pratica del suo mestiere, schiappa: *quel medico è una sbercia, al gioco sei una sbercia.*

ṣberciàre[1] (pres. *ṣbèrcio*) [da *imberciare*, con cambio di pref.; a. 1735] ***intr.*** (aus. *avere*) *tosc.* non cogliere nel segno tirando al bersaglio, non imberciare.

ṣberciàre[2] (pres. *ṣbèrcio*) [da *berciare*; 1872] ***intr.*** (aus. *avere*) *raro* gridare ad alta voce, berciare.

ṣbèrcio (pl. *-ci*) [da *sberciare*[2]; 1959] ***sm.*** *tosc.* verso, urlo sguaiato.

ṣbèrgo (pl. *-ghi*) [da *usbergo*; prima metà sec. XIV] ***sm.*** *ant.* usbergo.

ṣbèrla [etim. inc.; 1931] ***sf.*** schiaffo ‖ *accr.* sberlóne (*sm.*).

ṣberleffàre (pres. *-èffo*) [da *sberleffo*; a. 1553] ***tr.*** *raro* schernire, deridere facendo sberleffi.

ṣberlèffo [dall'ant. ted. *leffur*, labbro; a. 1553] ***sm.*** **1.** gesto, smorfia di scherno: *se ne andò facendogli uno sberleffo* **2.** *ant.* taglio o sfregio sul viso ‖ **N. 1.** SCHERNO.

ṣbernàre v. SVERNARE[2].

ṣbèrnia [da *bernia*; 1618] ***sf.*** *ant.* bernia, sorta di antico mantello da donna.

ṣberrettàrsi (pres. *-étto*) [comp. parasint. di *berretto*; a. 1665] ***intr. pron.*** *raro* togliersi il berretto in segno di saluto o come atto di esagerata deferenza.

ṣberrettàta [da *sberrettarsi*; sec. XVI] ***sf.*** *raro* saluto profondo levandosi il berretto e, *per estens.*, il cappello ‖ **N.** *Sin.* scappellata, SALUTO.

ṣbertàre (pres. *ṣbèrto*) [comp. parasint. di *berta*; a. 1726] ***tr.*** *raro lett.* schernire ‖ **N.** *Sin.* sbeffeggiare, SCHERNIRE.

ṣberteggiàre (pres. *-éggio*) [da *berteggiare*; 1940] ***tr.*** *raro* sbertare, schernire con insistenza.

ṣbertucciàre (pres. *-ùccio*) [comp. parasint. di *bertuccia*; 1839] ***tr.*** **1.** gualcire, far perdere la forma originaria, spec. a tessuti o cappelli: *guarda come hai sbertucciato quel cappello* ‖ *fig.* schernire o trattar male, umiliandola, una persona **2.** intendere e commentare male un autore: *ha sbertucciato l'Ariosto.*

ṣbevacchiàre (pres. *-àcchio*) [da *bevere*; 1872] ***intr.*** (aus. *avere*) *spreg.* sbevazzare.

ṣbevazzaménto [da *sbevazzare*; 1872] ***sm.*** lo sbevazzare.

ṣbevazzàre [da *bevere*; a. 1565] ***intr.*** (aus. *avere*) bere molto, frequentemente e sregolatamente, con avidità: *sbevazzare tutto il giorno.*

ṣbevazzatóre [da *sbevazzare*; 1657] ***sm.*** (f. *-trice*) *raro* chi sbevazza ‖ **N.** *Sin.* beone, ubriacone.

ṣbevucchiàre (pres. *-ùcchio*) [da *bevucchiare*; 1872] ***intr.*** (aus. *avere*) bere frequentemente, poco per volta, non tanto per sete, quanto per passare il tempo chiacchierando con gli amici: *è stato con gli amici a sbevucchiare.*

ṣbiadìre (pres. *-ìsco, -ìsci*) [da *biado*; 1865] ***intr.*** (aus. *essere*) e ***intr. pron.*** divenire pallido, perdere l'intensità, la vivezza, detto di colore, di tessuto colorato, o anche *fig.*: *al sole questa tela sbiadisce, il viola sbiadisce facilmente, i nostri ricordi si sono ormai sbiaditi* ‖ ***tr.*** far diventare più pallido, meno vivace di colore: *l'acqua a 90° sbiadisce il bucato* ‖ **N.** ***intr.*** *Sin.* affievolire, impallidire.

ṣbiadìto (*pps.* di *sbiadire*) [1660] ***agg.*** nei sensi del verbo ‖ *fig.* che manca di vivacità, di colorito: *racconto sbiadito, bellezza sbiadita* ‖ **N.** *Sin.* languido, scialbo, scolorito, smorto, stinto.

ṣbiànca [da *sbiancare*; 1930] ***sf.*** **1.** *T.ind.* l'operazione dello sbiancare; candeggio **2.** *T.fot.* bagno chimico impiegato per trasformare l'argento dell'immagine fotografica in un sale solubile nel bagno di fissaggio. **Q.T.** *fotografia.*

ṣbiancànte (*ppr.* di *sbiancare*) [1959] **I** ***agg.*** che ha funzione di sbiancare, di rendere bianco **II** ***sm.*** sostanza sbiancante.

ṣbiancàre (pres. *ṣbiànco, ṣbiànchi*) [comp. parasint. di *bianco*; a. 1406] ***intr.*** (aus. *essere*) divenire biancastro ‖ impallidire, per timore, dolore, commozione: *udendo la mia voce, sbiancò* ‖ ***intr. pron.*** impallidire: *a quella notizia si sbiancò tutto* ‖ ***tr.*** rendere bianco ‖ *in part.* sottoporre il riso all'operazione di sbianca, raffinarlo.

ṣbiancatóre [da *sbiancare*; 1945] ***sm.*** (f. *-trice*) operaio addetto alla pulitura del riso.

ṣbiancatrìce [da *sbiancare*; 1940] ***sf.*** macchina che toglie al riso già scortecciato la cute del pericarpio ‖ **N.** risicoltura.

ṣbiancatùra [da *sbiancare*; 1973] ***sf.*** **1.** nella lavorazione del riso, fase in cui viene eliminata la pula **2.** *T.tess.* candeggio.

ṣbianchìre (pres. *-ìsco, -ìsci*) [comp. parasint. di *bianco*; 1931 nel senso 2] ***tr.*** *non com.* **1.** rendere bianco, sbiancare **2.** sbollentare, scottare carni o verdure nell'acqua bollente perché perdano il sapore acido ‖ ***intr.*** (aus. *essere*) diventare bianco.

ṣbiancicànte [da *biancicare*; 1872] ***agg.*** *ant.* di colore, che tende al bianco sbiadito, non vivo.

ṣbiasciàre (pres. *-àscio*) [da *biasciare*; 1891] ***tr.*** e ***intr.*** (aus. *avere*) *pop. tosc.* biascicare.

ṣbicchieràre (pres. *-èro*) [comp. parasint. di *bicchiere*; 1872] ***intr.*** (aus. *avere*) **1.** *ant.* vendere il vino a bicchieri, nelle osterie **2.** bere vino e sim. in allegra compagnia: *si vede che hanno sbicchierato.*

ṣbicchieràta [da *sbicchierare*; 1895] ***sf.*** lo sbicchierare, nel senso 2: *torniamo da una sbicchierata* ‖ **N.** *Sin.* bicchierata.

ṣbiecàre (pres. *ṣbièco, ṣbièchi*) [da *sbieco*; a. 1574] ***tr.*** *tosc.* **1.** mettere una cosa di sbieco **2.** *ant.* togliere lo sbieco a una cosa **3.** *raro* guardare di sbieco ‖ ***intr.*** (aus. *avere* e *essere*) disporsi o stare di sbieco: *le cuciture sbiecavano dalla parte sinistra.*

ṣbièco (pl. *-chi*) [da *bieco*; a. 1574] **I** ***agg.*** storto, obliquo: *parete sbieca, andatura sbieca* ‖ nelle *loc. avv.*: *di sbieco, a sbieco, per sbieco*, obliquamente, di traverso: *guardare di sbieco* o *per sbieco*, guardare di traverso, per vedere se una linea è diritta, e *fig.* guardare con sospetto o con malanimo **II** ***sm.*** striscia di tessuto tagliata obliquamente rispetto alla trama.

ṣbiellàre (pres. *ṣbièllo*) [comp. parasint. di *biella*; 1983] ***intr.*** (aus. *essere* nel senso 1, *avere* nei sensi 2, 3) **1.** in un motore a scoppio a combustione interna, smettere di funzionare per la rottura di una o più bielle: *il motore è sbiellato* **2.** mettere fuori uso il motore di un'auto provocando la rottura di una o più bielle: *ho sbiellato dopo pochi chilometri* **3.** *fig. scherz.* perdere il controllo dei nervi, uscire di senno, dare i numeri: *ha sbiellato in modo pauroso.*

ṣbiettàre (pres. *ṣbiétto*) [comp. parasint. di *bietta*; sec. XIV nel senso 2] ***tr.*** togliere la bietta: *sbiettare la ruota* ‖ ***intr.*** (aus. *essere* e *avere*) **1.** *raro fig. tosc.* mettere il piede in fallo, scivolare: *ha* (o *è*) *sbiettato sul primo gradino* **2.** *per estens.* andare via velocemente e quasi nascostamente; sgusciar via: *è sbiettato via e non si è più visto.*

ṣbiettatùra [da *sbiettare*; 1872] ***sf.*** lo sbiettare.

ṣbigonciàre (pres. *-óncio*) [comp. parasint. di *bigoncia*; sec. XVII] ***intr.*** (aus. *essere* e *avere*) **1.** sorpassare l'orlo della bigoncia, per sovrabbondanza **2.** *tosc. scherz.* star troppo largo in indumenti o scarpe.

ṣbigottiménto [da *sbigottire*; a. 1348] ***sm.*** lo sbigottire ‖ stato di chi è sbigottito ‖ **N.** paura, stupore, terrore, SPAVENTO.

ṣbigottìre (pres. *-ìsco, -ìsci*) [etim. inc.; fine sec. XIII] ***tr.*** spaventare, causare un grave turbamento d'animo, tanto da far perdere ogni capacità di reagire: *la notizia di quella catastrofe ci sbigottì* ‖ ***intr.*** (aus. *essere*) e ***intr. pron.*** perdersi d'animo: *non sbigottir ch'io vincerò la prova* (Dante); restare turbato per grande stupore o ammirazione ‖ **N.** ***tr.*** *Sin.* atterrire, impaurire, sbalordire, sconcertare, sgomentare, stordire.

ṣbigottìto (*pps.* di *sbigottire*) [1313] ***agg.*** sbalordito, turbato ‖ **N.** *Sin.* smarrito, spaurito, stupefatto, stupito.

ṣbilanciaménto [da *sbilanciare*; 1735] ***sm.*** lo sbilanciare, lo sbilanciarsi; sbilancio.

ṣbilanciàre (pres. *-àncio*) [da *bilanciare*; 1666] ***tr.*** **1.** turbare l'equilibrio di un corpo, squilibrare, come avviene nella bilancia quando trabocca: *il carico a prua sbilancia la barca* **2.** *fig.* dissestare: *quella spesa troppo forte lo sbilanciò* ‖ causare difficoltà, alterare negativamente un assetto: *il tuo arrivo ha sbilanciato tutti i miei programmi* ‖ sconcertare, turbare: *la notizia lo sbilanciò* ‖ ***intr.*** (aus. *avere*) perdere l'equilibrio o pendere da una parte per troppo peso: *il carro sbilancia da questa parte* ‖ ***intr. pron.*** reclinare più da una parte che dall'altra: *il carico si è sbilanciato*; *fig.* in un giudizio, favorire, preferire: *si è sbilanciato a tuo favore*; *in part.* promettere più di quanto si possa fare o mantenere: *si sbilanciò un po' troppo e ora non può più tornare indietro.*

ṣbilàncio (pl. *-ci*) [da *sbilanciare*; 1662] ***sm.*** atto ed effetto dello sbilanciare e dello sbilanciarsi; squilibrio, disavanzo; *in part.* in contabilità, la differenza tra i totali del dare e dell'avere ‖ **N.** *Sin.* sbalzo.

ṣbilancióne [da *sbilanciare*; seconda metà sec. XVII] ***sm.*** *raro* salto lungo, disordinato e improvviso: *il cavallo fece uno sbilancione e lo buttò nel fosso* ‖ *non com.* nella *loc. avv.* *a sbilancioni*, a salti disuguali e spropositati ‖ **N.** *Sin.* balzo.

ṣbilènco (pl. *-chi*) [forse dal francone **link*, sinistro, attr. il fr. ant. *bellinc*; 1623] ***agg.*** storto, vistosamente asimmetrico, incurvato o reclinato da una parte: *vecchietta, tavola, gamba sbilenca* ‖ *fig.* mal costruito, mal proporzionato: *un ragionamento sbilenco* ‖ **N.** *Sin.* storpio, storto.

ṣbiliardàre [comp. parasint. di *biliardo*; 1872] ***intr.*** (aus. *avere*) *ant.* *T.gioc.* nel gioco del biliardo, mandare due palle ad urtarsi più volte.

ṣbiòbba v. SBOBBA.

ṣbirbàre [comp. parasint. di *birba*; a. 1742] ***tr.*** *fam. tosc.* ottenere qualcosa comportandosi disonestamente ‖ ***intr. pron.*** *fam. tosc.* *sbirbarsela*, spassarsela allegramente ‖ **N.** *Sin.* scarnascialare, SCIALARE.

ṣbirciàre (pres. *ṣbìrcio*) [comp. parasint. di *bircio*; a. 1665 nel senso 2] ***tr.*** **1.** guardare di traverso, di sfuggita, cercando di non darlo a vedere: *lo stavo sbirciando da un pezzo* **2.** *raro* socchiudere gli occhi per vedere meglio, come fa chi ha la vista corta: *andava sbirciando tra la gente se lo vedesse* ‖ guardare attentamente: *lo sbirciò tutto da capo a piedi* ‖ **N.** *Sin.* GUARDARE.

ṣbirciàta [da *sbirciare*; 1872] ***sf.*** atto dello sbirciare velocemente e una sola volta: *diede* *una sbirciata nella sala e se ne andò* ‖ *dim.* sbirciatina.

ṣbircio (pl. *-ci*) [da *bircio*; 1872] **agg.** bircio.

ṣbirràglia (pl. *-glie*) [da *sbirro*[1]; 1532] **sf.** *spreg.* con valore collettivo, l'insieme degli sbirri: *stava a capo della sbirraglia* ‖ **N.** *Sin.* guardie, polizia.

ṣbirreggiàre (pres. *-éggio*) [da *sbirro*[1]; 1891] **intr.** (aus. *avere*) *raro spreg.* comportarsi da sbirro.

ṣbirrerìa [da *sbirro*[1]; a. 1535] **sf.** *ant.* **1.** sbirraglia **2.** il luogo di raduno degli sbirri.

ṣbirrésco (pl. *-schi*) [da *sbirro*[1]; 1619] **agg.** *spreg.* di o da sbirro: *modi, atti sbirreschi.*

ṣbirro[1] (meno com. *birro*[1]) [forse dal lat. tardo *birrus*, rosso, per il colore del mantello; a. 1336 *birro*] **I sm.** *T.stor.* il tutore dell'ordine pubblico di governi medievali e rinascimentali ‖ *spreg.* guardia, poliziotto: *faccia, modi da sbirro* **II agg.** *region.* vivace, furbo, che la sa lunga: *ha gli occhi sbirri.*

ṣbirro[2] o **birro**[2] [prob. da *sbirro*[1]; 1805] **sm.** *T.mar.* anello di canapa, fatto di filacce non ritorte, ma soltanto legate insieme, che si avvolge stretto a una corda o a un'asta da collegare a un paranco.

ṣbiṣoriàre (pres. *-òrio*) [dalla formula del padrenostro *da nobis hodie*, deformata popolarmente in *do(n) na sbisoria*; 1864] **intr.** (aus. *avere*) *fam. tosc. ant.* bisbigliare pregando, come fanno le vecchie bigotte; ha una valenza beffarda ‖ **N.** *Sin.* biascicare.

ṣbiẓẓarrìre (pres. *-ìsco, -ìsci*) [comp. parasint. di *bizzarro*; a. 1565] **tr.** togliere a qualcuno i capricci, la bizzarria: *lo sbizzarrisco io quel ragazzo!* ‖ **intr. pron.** sfogare le proprie bizzarrie, i propri desideri: *è giusto che alla sua età si sbizzarrisca un po'* ‖ **N.** *Sin.* scapricciare.

ṣbiẓẓìre (pres. *-ìsco, -ìsci*) [comp. parasint. di *bizza*; 1891] **intr.** (aus. *essere*) e **intr. pron.** *raro* sfogare le bizze.

ṣbloccàggio (pl. *-gi*) [da *sbloccare*; 1939] **sm.** sblocco.

ṣbloccaménto [da *sbloccare*; 1942] **sm.** atto ed effetto dello sbloccare; sblocco.

ṣbloccàre (pres. *ṣblòcco, ṣblòcchi*) [comp. parasint. di *blocco*; 1814] **tr.** togliere il blocco: *sbloccò la piazzaforte* ‖ togliere a una parte di un meccanismo l'impedimento che ne ostacolava il movimento o il funzionamento: *sbloccare le ruote* ‖ *fig. sbloccare gli affitti*, abolire i vincoli che ne impediscono l'aumento; *sbloccare una situazione*, liberarla da vincoli e impedimenti ‖ **intr.** (aus. *essere*) nel gioco del biliardo, rimbalzare indietro, detto della palla quando urta i bordi della buca ‖ **intr. pron.** tornare alla normalità dopo un'interruzione nel funzionamento o nell'attività: *la caldaia si è sbloccata, la situazione dei tir alle frontiere si è sbloccata.*

ṣblòcco (pl. *-chi*) [da *sbloccare*; 1942] **sm.** lo sbloccare, sbloccamento: *sblocco dei prezzi.*

ṣbòbba o **ṣbòbbia** o **sbiòbba** [etim. inc.; 1872 *sbobbia*] **sf.** *pop.* minestra stracotta e di gusto sgradevole, brodaglia ‖ *fig.* guazzabuglio, miscuglio di miscela semiliquida.

ṣbobinaménto [da *sbobinare*; 1987] **sm.** l'operazione e il risultato dello sbobinare.

ṣbobinàre (pres. *-ìno*) [comp. parasint. di *bobina*; 1981] **tr.** trascrivere il contenuto di un discorso, di una intervista o sim. registrati su nastro magnetico.

ṣbobinatóre [da *sbobinare*] **sm.** *T.tecn.* dispositivo per lo svolgimento automatico di una bobina.

ṣbobinatùra [da *sbobinare*; 1987] **sf.** sbobinamento.

ṣboccaménto [da *sboccare*; a. 1519] **sm.** lo sboccare.

ṣboccàre (pres. *ṣbócco, ṣbócchi*) [comp. parasint. di *bocca*; a. 1565] **intr.** (aus. *essere*) **1.** detto di corsi d'acqua, mettere foce, gettarsi: *l'Arno sbocca nel Tirreno* ‖ *per estens.* detto di strade, metter capo: *questa via sbocca in una piazza, la strada sbocca nella valle*; detto di persone, giungere o irrompere: *prosegui diritto e sboccherai proprio in via Roma; la folla sboccò sulla piazza* ‖ *fig.* andare a finire, concludersi: *l'incidente è sboccato in un tafferuglio* **2.** *fig.* prorompere: *è sboccato in una serie di imprecazioni* ‖ **tr. 1.** rompere la bocca a un vaso, bricco, fiasco e sim.: *nel riempirla alla botte, ho sboccato la mezzina* **2.** rif. a fiaschi e bottiglie, gettare via con movimento risoluto un poco del liquido che è alla bocca **3.** *ant. sboccare le artiglierie*, tirare a quelle nemiche cercando di colpirle alla bocca ‖ **N. intr. 1.** *Sin.* far capo, riuscire, sfociare, uscire | **tr. 1.** *Sin.* sbecucciare **2.** *Contr.* rabboccare.

ṣboccatàggine [da *sboccato*[2]; 1891] **sf.** l'essere sboccato nel discorso o nello scritto.

ṣboccàto[1] (*pps.* di *sboccare*) [1750] **agg. 1.** che ha l'imboccatura rotta: *un bricco sboccato* **2.** *cavallo sboccato*, che non ha sensibilità alla bocca e non sente più il morso.

ṣboccàto[2] [comp. parasint. di *bocca*; 1354] **agg.** detto di persona che scrive o parla in modo volgare, scurrile, osceno: *sei davvero sboccato!* ‖ **ṣboccataménte** **avv.** in modo volgare, licenzioso.

ṣboccatóio (pl. *-ói*) [da *sboccare*; 1550] **sm.** sbocco di un condotto, da cui si versa il liquido.

ṣboccatùra [da *sboccare*; a. 1665] **sf.** *ant.* atto ed effetto dello sboccare ‖ *concr.* quel tanto di liquido che si getta via nello sboccare un fiasco ‖ **N.** *Contr.* rabboccatura.

ṣbocciaménto [da *sbocciare*[1]; 1940] **sm.** *raro* lo sbocciare.

ṣbocciàre[1] (pres. *ṣbòccio*) [comp. parasint. di *boccio*; a. 1712] **intr.** (aus. *essere*) schiudersi dei petali dei fiori che escono dall'involucro del calice: *le prime rose sono sbocciate* ‖ *fig.* nascere, realizzarsi: *la loro amicizia sbocciò da un atto di bontà* ‖ **N.** *Sin.* aprire, schiudersi.

ṣbocciàre[2] (pres. *ṣbòccio*) [da *boccia*; 1872] **tr.** nel gioco delle bocce, bocciare.

ṣbòccio (pl. *-ci*) [da *sbocciare*[1]; 1891] **sm.** *tosc.* lo sbocciare: *lo sboccio dei fiori* ‖ *poet. sul primo sboccio*, sul fiorire dell'età ‖ nella *loc. agg. di sboccio*, che sta per sbocciare: *fiori di sboccio*; anche *fig.*: *fanciulla di primo sboccio* ‖ **N.** *Sin.* fioritura.

ṣbócco (pl. *-chi*) [da *sboccare*; 1600] **sm. 1.** atto ed effetto dello sboccare: *lo sbocco delle acque* ‖ luogo dove sbocca un fiume, dove mette capo una strada, una valle, un valico e sim.: *s'incontrarono allo sbocco dell'Adda* ‖ *per estens.* apertura, uscita: *lo sbocco della galleria, una strada senza sbocco* ‖ *fig.* punto d'arrivo, conclusione, sfogo, soluzione: *gli sbocchi per i laureati sono pochi, non vedo sbocco in questa crisi* **2.** grande scalo commerciale, porto o città, dove affluiscono le merci di un paese ‖ *T.econ.* collocamento dei prodotti sul mercato; anche il mercato in grado di assorbire un certo prodotto: *cercare nuovi sbocchi per l'industria nazionale* **3.** *pop.* fuoriuscita: *sbocco di sangue*, emottisi ‖ **N. 1.** *Sin.* foce; esito | *Contr.* imbocco.

ṣbocconcellàre (pres. *-èllo*) [comp. parasint. di *bocconcello*, dim. di *boccone*; a. 1543] **tr. 1.** mangiare di mala voglia, a piccoli bocconi: *sbocconcella una pera* **2.** dividere in piccole parti, spezzettare, anche *fig.*: *l'Italia era un tempo sbocconcellata in piccoli Stati* ‖ rif. a piatti, tazze e sim., romperne un pezzetto sull'orlo ‖ **N. 2.** *Sin.* sbreccare, ROMPERE.

ṣbocconcellàto (*pps.* di *sbocconcellare*) [1872] **agg. 1.** dal quale sono stati presi piccoli bocconi: *pane sbocconcellato* **2.** rotto sull'orlo, intorno alla bocca: *piatto, bicchiere sbocconcellato.*

ṣbocconcellatùra [da *sbocconcellare*; 1872] **sf. 1.** atto ed effetto dello sbocconcellare **2.** *concr.* la parte che si stacca da un corpo sbocconcellandolo **3.** il segno lasciato nella cosa quando sia sbocconcellata: *questo vassoio ha già cinque o sei sbocconcellature.*

ṣbòffo [da *sbuffo*; 1872] **sm.** parte del vestito che forma un rigonfiamento, sbuffo: *sboffi alle maniche.*

ṣboglientàre V. SBOLLENTARE.

ṣbolgiàre (pres. *ṣbòlgio*) [comp. parasint. di *bolgia*; 1872] **intr.** (aus. *essere* e *avere*) *tosc. non com.* fare delle borse, dei rigonfiamenti, detto spec. di abiti: *la giacca ti sbolgia alle spalle.*

ṣbolinàto [da *bolinato*, pps. di *bolinare*; 1937] **agg. 1.** *T.mar.* detto di veliero nel quale non sono stati tirati a sufficienza i cavi delle vele quadre **2.** *per estens. pop. fam.* trasandato, trascurato.

ṣbollàre (pres. *ṣbóllo*) [da *bollare*; 1940] **tr.** levare il bollo: *sbollare una lettera, un plico.*

ṣbollentàre (ant. *ṣboglientàre*) (pres. *-ènto*) [comp. parasint. di *bollente*; 1935] **tr.** *fam.* immergere per pochi secondi nell'acqua bollente carni e verdure prima della conservazione o della cottura con altri ingredienti; scottare ‖ **rifl.** scottarsi.

ṣbollìre (pres. *-ìsco, -ìsci*) [da *bollire*; 1841] **intr.** (aus. *essere* e *avere*) **1.** cessare di bollire: *l'acqua non ha ancora sbollito* **2.** *più com. fig.* detto di passioni, calmarsi, raffreddarsi: *allora l'ira gli sarà sbollita.*

ṣbolognàre (pres. *-ógno*) [comp. parasint. del n. geogr. *Bologna*, forse perché in questa città si producevano oggetti d'oro falso; 1923] **tr.** *fam.* rifilare, cedere qualcosa di poco valore, difettosa o falsa: *mi sbolognò una banconota falsa* ‖ *fig.* liberarsi da una persona sgradita, togliersi di torno, anche *scherz.*: *ha sbolognato i figli ai genitori ed è partita per un viaggio.*

ṣbombàre (pres. *ṣbómbo*) [comp. parasint. di *bomba*; 1940] **tr.** *raro tosc.* rivelare cosa che sarebbe opportuno tacere ‖ spararle grosse, dir panzane colossali.

ṣbombazzàre [da *sbombare*; prima metà sec. XVI] **tr.** *ant.* rivelare largamente in giro ciò che sarebbe opportuno tacere: *va sbombazzando la notizia per tutta la città* ‖ **intr.** (aus. *avere*) bere smodatamente: *come sbombazza!*

ṣbombóne [da *sbombare*; 1940] **sm.** (f. *-a*) *fam. tosc.* chi sbomba; chi racconta fandonie.

ṣbonẓolàre (pres. *ṣbónẓolo*) [comp. parasint. del tosc. *bonzola*, bondiola; a. 1597] **intr.** (aus. *avere*) *ant.* essere pendente, a causa del grave peso dovuto a eccessivo turgore: *i grappoli d'uva sbonzolavano dai tralci* ‖ **intr. pron.** *ant.* **1.** detto d'intestino, allentarsi, andar fuori posto per sforzo **2.** piegarsi sotto il peso.

ṣbordàre (pres. *ṣbórdo*) [da *bordare*; 1872] **tr.** *raro* privare del bordo.

ṣbòrnia [forse dal lat. volg. **ebrionia*; 1841] **sf. 1.** forte ubriacatura: *ha preso una sbornia colossale, deve ancora smaltire la sbornia* **2.** *fig.* infatuazione, eccessivo entusiasmo ‖ *dim.* sborniétta; *pegg.* sborniàccia ‖ **N. 1.** *Sin.* ciucca, sbronza; cotta.

ṣborniàre[1] (pres. *ṣbòrnio*) [comp. parasint. di *bornio*[2]; 1872] **tr.** e **intr.** (aus. *avere*) *fam. raro* scorgere un oggetto, cercandolo attentamente con lo sguardo: *senza occhiali non sbornio nulla.*

ṣborniàre[2] (pres. *ṣbòrnio*) [da *sbornia*; 1875] **intr. pron.** *pop.* prendere una sbornia, ubriacarsi: *s'è sborniato col cognac* ‖ **tr.** *raro* ubriacare.

ṣbornióne [da *sborniare*[2]; 1891] **sm.** (f. *-a*) chi è solito prendere sbornie; ubriacone.

ṣborràre[1] (pres. *ṣbórro*) [comp. parasint. di *borro*; a. 1597] **intr.** (aus. *essere* nel senso 1; *avere* nel senso 2) **1.** *ant.* sgorgare, uscire con irruenza **2.** *volg.* eiaculare.

ṣborràre[2] (pres. *ṣbórro*) [comp. parasint. di *borra*; 1821] **tr.** togliere la borra.

ṣborsaménto [da *sborsare*; a. 1595] **sm.** lo

sborsare.

ṣborsàre (pres. *ṣbórso*) [comp. parasint. di *borsa*; 1508] **tr.** levare dalla borsa; *in part.* togliere dalla borsa denaro per pagare ‖ *per meton.* pagare: *dovette sborsare mille lire* ‖ **N.** *Sin.* spendere, PAGARE.

ṣbórso [da *sborsare*; a. 1556] **sm.** *non com.* atto ed effetto dello sborsare; pagamento in contanti ‖ *concr.* denaro sborsato ‖ **N.** *Sin.* esborso.

ṣboscaménto [da *sboscare*; 1789] **sm.** *raro* disboscamento.

ṣboscàre (pres. *ṣbòsco, ṣbòschi*) [comp. parasint. di *bosco*; a. 1603] **tr.** togliere gli alberi da un bosco; disboscare.

ṣbottàre (pres. *ṣbòtto*) [comp. parasint. di *botta*[1]; 1855] **intr.** (aus. *essere*) erompere, scoppiare: *sbottò in un pianto dirotto* ‖ *ass.* non riuscire a trattenere il proprio sentimento ed esprimerlo con parole violente; sfogarsi: *non potei frenarmi e sbottai* ‖ **N.** *Sin.* esplodere, prorompere.

ṣbottàta [da *sbottare*; 1872] **sf.** atto ed effetto dello sbottare: *una sbottata di pianto, di riso* ‖ **N.** *Sin.* sbotto.

ṣbòtto [da *sbottare*; 1940] **sm.** sbottata: *diede in un improvviso sbotto di pianto.*

ṣbottonàre[1] (pres. *-óno*) [comp. parasint. di *bottone*; sec. XIV] **tr.** **1.** far uscire i bottoni dall'occhiello per slacciare un indumento, un rivestimento e sim.: *sbottonò il soprabito, la federa* **2.** togliere a una pianta i bottoni fiorali ‖ **rifl. indir.** slacciarsi: *si sbottonò la giacca*; anche *ass.*: *sbottonati, fa caldo!* ‖ **rifl.** *fig. fam.* palesare il proprio pensiero, i propri sentimenti; confidarsi: *non si sbottona con nessuno* ‖ **N.** **tr.** **1.** *Contr.* abbottonare.

ṣbottonàre[2] [da un ant. *bottare*, picchiare; 1872] **intr.** (aus. *avere*) *ant. raro* sparlare sconsideratamente, sbottoneggiare, dare bottate pungenti.

ṣbottonatùra [da *sbottonare*[1]; 1879] **sf.** **1.** lo sbottonare **2.** *T.agr.* l'eliminare da una pianta i boccioli.

ṣbottoneggiàre (pres. *-éggio*) [da *sbottonare*[2]; a. 1565] **intr.** (aus. *avere*) *ant.* sparlare in modo pungente di qualcuno; lanciare motti pungenti.

ṣbòvo [forse da *boa*; 1937] **sm.** *T.mar.* molinello, argano orizzontale per salpare le ancore.

ṣboẓẓacchìre (pres. *-ìsco, -ìsci*) [da *imbozzacchire*, con cambio di pref.; 1872] **intr.** (aus. *essere*) *pop. tosc.* detto di animali o piante stenti o rinsecchiti, riaversi ‖ **tr.** **1.** far riprendere freschezza e vigore a piante e animali **2.** *fig.* ingentilire, dirozzare ‖ **N.** *Contr.* imbozzacchire.

ṣboẓẓaménto [da *sbozzare*; 1891] **sm.** *raro* atto ed effetto dello sbozzare; sbozzatura.

ṣboẓẓàre (pres. *ṣbòẓẓo*) [da *abbozzare*, con cambio di pref.; a. 1564] **tr.** **1.** *T.scult.* sottoporre la materia da scolpire o plasmare a una prima sommaria lavorazione ‖ *per estens.* tracciare le linee fondamentali di un disegno o di una figura: *sbozzò il busto del papa* ‖ *fig.* delineare le linee principali di un lavoro letterario e sim. **2.** *T.mar. ant.* sciogliere le bozze ‖ **N.** **1.** *Sin.* abbozzare, schizzare.

ṣboẓẓatóre [da *sbozzare*; 1865] **sm.** (f. *-trice*) e **agg.** chi o che sbozza ‖ *in part.* marmorario che prepara allo scultore l'opera grezza, da questo modellata nella creta.

ṣboẓẓatùra [da *sbozzare*; a. 1673] **sf.** *T.scult.* atto ed effetto dello sbozzare ‖ **N.** *Sin.* sgrossatura.

ṣboẓẓimàre (pres. *ṣbòẓẓimo*) [comp. parasint. di *bozzima*; 1691] **tr.** togliere la bozzima.

ṣboẓẓimatrìce [da *sbozzimare*; 1984] **sf.** nell'industria tessile, macchina che esegue la sbozzimatura.

ṣboẓẓimatùra [da *sbozzimare*; 1959] **sf.** atto ed effetto dello sbozzimare.

ṣboẓẓìno [da *sbozzare*; 1865] **sf.** *T.fal. tosc.* arnese col quale si dà una prima dirozzata al legno da lavorare.

ṣbòẓẓo [da *sbozzare*; a. 1673] **sm.** atto ed effetto dello sbozzare ‖ l'opera allo stadio in cui è solo sbozzata; abbozzo: *un primo sbozzo* ‖ **N.** *Sin.* digrossatura, sbozzatura.

ṣboẓẓolàre (pres. *ṣbòẓẓolo*) [comp. parasint. di *bozzolo*; 1612] **tr.** levare dalla frasca i bozzoli dei bachi da seta ‖ **intr.** (aus. *avere*) detto delle farfalle del baco da seta, uscire dai bozzoli.

ṣboẓẓolàto (*pps.* di *sbozzolare*) [1838] **agg.** uscito dal bozzolo ‖ *fig.* cresciuto, detto di ragazzo uscito dall'infanzia: *otto figli già sbozzolati* (Pascoli).

ṣboẓẓolatóre [da *sbozzolare*; 1879] **sm.** (f. *-trice*, pop. *-tóra*) e **agg.** chi o che sbozzola.

ṣboẓẓolatùra [da *sbozzolare*; 1879] **sf.** l'operazione di sbozzolare ‖ il periodo in cui si effettua quell'operazione.

ṣbracalàto [comp. parasint. dell'ant. *bracale*, braca; 1891] **agg.** detto di uomo che ha i calzoni cascanti perché troppo larghi o perché male allacciati ‖ *fig.* sbracato, sciatto, trasandato.

ṣbracàre (pres. *ṣbràco, ṣbràchi*) [comp. parasint. di *braca*; a. 1577] **tr.** togliere i pantaloni, le brache ‖ **rifl.** togliersi i pantaloni, le brache ‖ *per estens.* slacciarsi gli abiti, alleggerirsi per mettersi a proprio agio, in libertà: *appena arrivo a casa mi sbraco* ‖ nei modi di dire fig. fam.: *sbracarsi per uno*, darsi gran da fare in suo favore; *sbracarsi dalle risa*, ridere smodatamente, sguaiatamente, smascellarsi ‖ **intr.** (aus. *avere*) *fig.* peggiorare rovinosamente la propria prestazione, degenerare: *nel terzo atto gli attori hanno sbracato completamente.*

ṣbracàto (*pps.* di *sbracare*) [a. 1400] **agg.** nei sensi del verbo ‖ *fig. fam.* *risa sbracate*, smodate, sguaiate; *fare vita sbracata*, vivere largamente e sciattamente; *stile sbracato*, sboccato, sguaiato.

ṣbraccettàre (pres. *-étto*) [comp. parasint. di *braccetto*; a. 1850] **tr.** *scherz.* o *iron.* condurre in giro a braccetto ‖ **rec.** andare a braccetto.

ṣbracciàre (pres. *ṣbràccio*) [comp. parasint. di *braccio*; a. 1492 nel senso 2] **rifl.** e **intr. pron.** **1.** agitare le braccia disordinatamente per segnalare, salutare ecc.: *gli amici si sbracciavano sulla banchina* ‖ *fig.* darsi da fare, ingegnarsi per riuscire in una cosa; ostentare sollecitudine nel lavoro, spec. per farsi notare: *si sbracciava molto per difendere le sue teorie, sbracciarsi a favore di uno* **2.** tirare su la manica per scoprire il braccio: *si sbracciò e si lavò accuratamente* ‖ indossare indumenti senza maniche o con mezze maniche: *non fa ancora abbastanza caldo per sbracciarsi* ‖ **intr.** (aus. *avere*) agitare esageratamente le mani e le braccia parlando: *ha il difetto di sbracciare* ‖ **tr.** *ant.* posare la cosa imbracciata: *sbracciare lo scudo* ‖ **N.** **rifl.** **1.** *Sin.* affannarsi, stancarsi, SFORZARSI.

ṣbraccìàta [da *sbracciare*; 1940] **sf.** movimento violento fatto con le braccia: *riuscì a sbucare tra la folla a furia di sbracciate.*

ṣbracciàto (*pps.* di *sbracciare*) [1342] **agg.** **1.** di persona, con le braccia scoperte, nude: *stare sbracciato* **2.** di indumento, con le maniche molto corte, o senza maniche.

ṣbràccio (pl. *-ci*) [da *sbracciare*; 1872 nel senso 2; 1940 nel senso 1] **sm.** **1.** movimento largo e vigoroso del braccio nell'atto di lanciare una cosa, per es. il pallone nel gioco: *avere un bello sbraccio* **2.** lo spazio necessario per muovere agevolmente il braccio in un qualche lavoro: *in questo posto non c'è sbraccio* **3.** *fig.* *sbraccio di una gru, di una giraffa* e sim., area coperta dal suo braccio mobile.

ṣbracerìa [da *sbraciare*; a. 1584] **sf.** *ant.* azione di largheggiare in fatti o parole; spacconata, vanteria.

ṣbraciàre (pres. *ṣbràcio*) [comp. parasint. di *brace*; a. 1565 come intr.] **tr.** muovere la brace accesa affinché non si spenga o perché bruci meglio: *sbraciare il fuoco* ‖ **intr.** (aus. *avere*) **1.** *tosc.* vantarsi e anche sfoggiare grandi disponibilità economiche: *sbracia sbracia, è rimasto senza il becco di un quattrino* **2.** uscire dalle braci, come fanno le faville quando si rimescolano i carboni accesi: *ardean, lievi sbraciando, le faville* (Pascoli).

ṣbraciàta [da *sbraciare*; 1723] **sf.** **1.** lo sbraciare il fuoco frettolosamente e una sola volta: *dare una sbraciata* **2.** *fig. tosc.* spacconata, sfoggio: *con quelle sbraciate finirà per perdere ogni credibilità* ‖ **N.** **2.** *Sin.* MILLANTERIA.

ṣbraciatóio (pl. *-ói*) [da *sbraciare*; 1872] **sm.** arnese che serve per smuovere la brace.

ṣbràcio (pl. *-ci*) [da *sbraciare*; 1838] **sm.** *ant. tosc.* **1.** *raro* lo sbraciare il fuoco **2.** millanteria, sfoggio.

ṣbracìo (pl. *-ìi*) [da *sbraciare*; 1585] **sm.** *ant. tosc.* lo sbraciare continuo nel senso di sfoggiare, vantarsi.

ṣbracióne [da *sbraciare*; 1872] **agg.** e **sm.** (f. *-a*) *pop. tosc.* che o chi fa sbraciate; millantatore.

ṣbraitaménto [da *sbraitare*; 1872] **sm.** lo sbraitare.

ṣbraitàre (pres. *ṣbràito*) [dal lat. volg. **bragitāre*; 1730] **intr.** (aus. *avere*) gridare concitatamente in tono irato: *sbraitare dal mattino alla sera* ‖ **N.** *Sin.* berciare, strillare, urlare, vociare, GRIDARE.

ṣbraitìo (pl. *-ìi*) [da *sbraitare*; 1891] **sm.** un continuo e insistente sbraitare.

ṣbraitóne [da *sbraitare*; 1872] **sm.** (f. *-a*) chi è solito sbraitare.

ṣbramàre[1] [comp. parasint. di *brama*; 1336 ca.] **tr.** *lett.* togliere la brama ‖ **N.** *Sin.* saziare, soddisfare.

ṣbramàre[2] [forse dal piem. *brenn*, crusca; 1959] **tr.** liberare il risone dalle glume con lo sbramino.

ṣbramatùra [da *sbramare*[2]; 1965] **sf.** operazione dello sbramare il riso.

ṣbramìno [da *sbramare*[2]; 1940] **sm.** macchina che toglie le glume al riso.

ṣbranaménto [da *sbranare*; 1579] **sm.** lo sbranare ‖ **N.** *Sin.* dilaniamento; lacerazione, smembramento, sminuzzamento, squarciamento, squartamento, strazio.

ṣbranàre [comp. parasint. di *brano*; 1353] **tr.** **1.** di belve, fare a pezzi, dilaniare uccidendo: *fu sbranato dalle tigri* ‖ *fig. iperb.* di persone, usare ogni mezzo per nuocere a qualcuno: *con quelle parole lo ha veramente sbranato* **2.** lacerare: *sbranò il vestito ai rovi della siepe* ‖ *per estens. fig.* arrecare un grande dolore: *quel dispiacere gli sbranò l'animo* ‖ **rec.** dilaniarsi, uccidersi: *due cani rabbiosi si sono sbranati*; anche *fig. iperb.* rif. a persone: *popoli che si sbranano nel nome della civiltà, si sorridono, ma se potessero si sbranerebbero* ‖ **N.** **tr.** **1.** *Sin.* scempiare, smembrare, sminuzzare, squartare, stracciare, strappare, straziare.

ṣbrancaménto [da *sbrancare*; a. 1566] **sm.** *raro* atto ed effetto dello sbrancare ‖ **N.** *Sin.* sbandamento.

ṣbrancàre (pres. *ṣbrànco, ṣbrànchi*) [comp. parasint. di *branco*; 1502] **tr.** togliere dal branco, rif. spec. ad animali: *sbrancarono i più bei vitelli e li portarono al mercato* ‖ disfare il branco, disperderlo ‖ *per estens.* rif. a persone riunite in cortei, assembramenti e sim., disperdere: *i carabinieri sbrancarono i manifestanti* ‖ **intr. pron.** disperdersi, uscire dal branco: *sentendo il rombo del motore i puledri si sbrancarono* ‖ *per estens. raro* rif. a persone, sparpagliarsi, detto spec. di soldati: *per sfuggire all'accerchiamento le truppe si sbrancarono.*

ṣbrancicàre (pres. *ṣbràncico, ṣbràncichi*) [da *brancicare*; 1836] **tr.** *fam.* brancicare molto e con insistenza.

ṣbrandellàre e der. forme rare di SBRINDELLARE e der. (v.).

ṣbràno [da *sbranare*; 1367] **sm.** atto ed effetto dello sbranare || *tosc.* squarcio, ferita, rottura ecc.: *si è fatto uno sbrano in una gamba* || **N.** *Sin.* lacerazione, SBRANAMENTO.

ṣbrattàre [da *imbrattare*, con cambio di pref.; a. 1320] **tr.** toglier via ciò che imbratta o ingombra, pulire, riordinare: *sbrattami il tavolino, la stanza* || *fig. sbrattarono il paese dalle canaglie*, lo liberarono cacciandole via || **N.** *Sin.* ripulire, sgomberare.

ṣbrattàta [da *sbrattare*; 1872] **sf.** l'azione veloce e sommaria dello sbrattare: *datemi una sbrattata alla stanza* || *dim.* sbrattatìna.

ṣbràtto[1] [da *sbrattare*; 1879] **sm.** atto ed effetto dello sbrattare: *fare lo sbratto*; *stanza di sbratto*, di sbarazzo, dove si ripongono oggetti ingombranti o utilizzati raramente || *ant. dare lo sbratto*, dare lo sfratto.

sbràtto[2] v. BRATTO.

ṣbravazzàre [da un ant. *bravazzare*, fare il bravaccio; 1872] **intr.** (aus. *avere*) assumere un atteggiamento da bravaccio, da spaccone.

ṣbravazzàta [da *sbravazzare*; 1872] **sf.** impresa da bravaccio.

ṣbravazzóne [da *sbravazzare*; 1618] **sm.** (f. *-a*) *raro* spaccone || **N.** *Sin.* millantatore.

ṣbreccàre (pres. *ṣbrécco, ṣbrécchi*) [dal long. *brehhan*, rompere; 1863] **tr.** *tosc.* rompere, scheggiare sull'orlo un contenitore (vaso, piatto ecc.) in terracotta, porcellana o vetro || **N.** *Sin.* ROMPERE, sbocconcellare.

ṣbreccàto (*pps.* di *sbreccare*) [1872] **agg.** di recipiente di terracotta e sim., rotto agli orli: *un piatto tutto sbreccato.*

ṣbrecciàre (pres. *ṣbréccio*) [comp. parasint. di *breccia*; 1950] **tr. 1.** rompere le mura di una fortificazione aprendovi una breccia **2.** *per estens.* sbreccare.

ṣbrégo (pl. *-ghi*) [dal sett. *sbregar*, strappare; 1983] **sm.** *pop.* strappo, lacerazione.

ṣbrendolàre (pres. *ṣbrèndolo* o *ṣbréndolo*) [da *sbrendolo*; 1863] **intr.** (aus. *essere* e *avere*) *tosc.* cadere a brandelli, sbrindellarsi: *quel vestito gli sbrendola da tutte le parti.*

ṣbrèndolo o **ṣbréndolo** [dal tosc. *brendolo*, affine a *brindello*; 1836] **sm.** *tosc.* pezzo stracciato e cascante di vestito: *che cosa è quello sbrendolo che hai dietro?* || **N.** *Sin.* brandello, brindello, cencio, straccio, PEZZO.

ṣbrendolóne [da *sbrendolo*; 1879] **agg.** e **sm.** (f. *-a*) *tosc.* persona sciatta, trascurata, che va in giro con vesti stracciate || **N.** *Sin.* straccione.

ṣbrìcco (pl. *-chi*) [dal provenz. ant. *bric*; a. 1535] **sm.** *ant.* briccone, masnadiere.

ṣbriciàre (pres. *ṣbrìcio*) [comp. parasint. di *bricia*; 1891] **intr. pron.** *non com.* andare in briciole, in pezzi || **tr.** sbriciolare, stritolare, frantumare: *le zolle sbriciò l'aratro* (Pascoli).

ṣbrìcio (pl. m. *-ci*, pl. f. *-cie*) [da *sbriciare*; a. 1665] **agg.** *tosc.* povero, meschino, striminzito, detto anche di persona mal vestita.

ṣbriciolaménto [da *sbriciolare*; a. 1704] **sm.** atto ed effetto dello sbriciolare; sbriciolatura.

ṣbriciolàre (pres. *ṣbrìciolo*) [comp. parasint. di *briciola*; 1612] **tr. 1.** ridurre in briciole: *sbriciolare il pane per i passeri* **2.** ricoprire di briciole: *sbriciolare il tavolo* || *per estens. iperb.* distruggere: *la bomba ha sbriciolato l'edificio* || **intr. pron.** ridursi in briciole: *questa torta nel tagliarla si sbriciola tutta quanta* || **N. tr.** *Sin.* sminuzzare.

ṣbriciolatùra [da *sbriciolare*; 1872] **sf.** atto ed effetto dello sbriciolare || *concr.* le briciole prodotte: *raccogliere la sbriciolatura.*

ṣbrigaménto [da *sbrigare*; a. 1347] **sm.** *raro* lo sbrigare.

ṣbrigàre (pres. *ṣbrìgo, ṣbrìghi*) [comp. parasint. di *briga*; a. 1311] **tr.** portare sollecitamente a termine un lavoro, un incarico, un'incombenza: *stamattina sbrigherò ogni cosa*; *sbrigare la questione*, risolverla; *sbrigare la posta*, evaderla || *per estens. sbrigare una persona*, liberarla dall'attesa di una risposta, di una decisione ecc.: *in due minuti ti sbrigo* || **tr. pron.** *sbrigarsela con qualcuno o con qualcosa*, disimpegnarsi: *con lui, con quella faccenda me la sbrigo in due minuti* || **intr. pron.** spicciarsi: *sbrigati, è tardi!* || *sbrigarsi di una faccenda, di un incomodo*, liberarsene; detto anche in rif. a persone: *mi sbrigo subito di lei* || **N. tr.** *Sin.* adempiere, disimpegnare, liberare, sbrogliare, soddisfare | **intr. pron.** *Sin.* affrettarsi, districarsi, spicciarsi.

ṣbrigatività [da *sbrigativo*; 1959] **sf.** qualità di chi o di ciò che è sbrigativo || *per estens.* superficialità, scarso approfondimento || **N.** *Sin.* prontezza, rapidità, speditezza.

ṣbrigatìvo [da *sbrigare*; a. 1696] **agg.** che serve a sbrigare: *modi sbrigativi, un fare sbrigativo*, un comportamento efficiente, che trascura ogni particolare inutile || che opera rapidamente, che sbriga le faccende alla svelta: *è un uomo sbrigativo* || che viene sbrigato in fretta: *discussione sbrigativa* || affrettato, superficiale: *giudizio sbrigativo* || **ṣbrigativaménte** **avv.** || **N.** *Sin.* pronto, spedito, spiccio, svelto.

ṣbrigliaménto [da *sbrigliare*; 1872] **sm.** atto ed effetto dello sbrigliare || *T.chir.* operazione chirurgica dello sbrigliare.

ṣbrigliàre (pres. *ṣbrìglio*) [comp. parasint. di *briglia*; 1590 come intr.] **tr. 1.** togliere la briglia || *fig.* dar libero sfogo: *sbrigliare la fantasia* **2.** *per estens. T.chir.* tagliare legamenti che strozzano, legano, tengono fermo ecc.: *sbrigliare un'ernia* || **intr.** (aus. *avere*) *ant.* tirare le briglie a colpi secchi e ripetuti: *sbrigliava, ma il cavallo non ubbidiva più* || **intr. pron.** liberarsi delle briglie || *fig.* sfrenarsi: *la sua ardente fantasia si sbriglia volentieri.*

ṣbrigliàta [da *sbrigliare*; 1562] **sf.** *raro* **1.** strappata di briglia **2.** *fig.* strigliata, ramanzina || *dim.* sbrigliatìna || **N. 1.** *Sin.* sbarbazzata.

ṣbrigliatézza [da *sbrigliare*; 1872] **sf.** *fig.* l'essere sbrigliato, sfrenatezza: *nei giovani un po' di sbrigliatezza è tollerabile.*

ṣbrigliàto (*pps.* di *sbrigliare*) [1618] **agg.** nei sensi del verbo; in part. *fig.* intemperante, scapestrato: *è un uomo sbrigliato* || **ṣbrigliataménte** **avv.**

ṣbrinaménto [da *sbrinare*; 1959] **sm.** operazione volta a eliminare strati di brina o di ghiaccio da superfici quali pareti di impianti refrigeranti, vetri frontali e posteriori di veicoli ecc.: *sbrinamento automatico.*

ṣbrinàre [comp. parasint. di *brina*; 1963] **tr.** sottoporre una superficie all'operazione di sbrinamento || **intr. pron.** eliminare le incrostazioni di ghiaccio: *fa così freddo che i vetri non si sbrinano.*

ṣbrinatóre [da *sbrinare*; 1962] **sm.** dispositivo per operare lo sbrinamento; *in part.* nelle auto l'insieme di resistenze elettriche inserite nel lunotto posteriore, detto *lunotto termico.*

ṣbrinatùra [da *sbrinare*; 1974] **sf.** effetto dello sbrinare, sbrinamento.

ṣbrindellàre (pres. *-èllo*) [comp. parasint. di *brindello*; 1865] **tr.** ridurre a brandelli, lacerare: *non sbrindellare il libro, ha sbrindellato il vestito* || **intr.** (aus. *essere* e *avere*) di un abito, pendere qua e là goffamente o, anche, cadere a brandelli: *quel vestito sbrindella sul davanti* || **N. tr.** *Sin.* sbranare, LACERARE, STRAPPARE.

ṣbrindellàto (*pps.* di *sbrindellare*) [1865] **agg.** stracciato: *un vestito tutto sbrindellato.*

ṣbrindèllo [da *sbrindellare*; 1872] **sm.** *pop.* brindello || **N.** *Sin.* brandello, brano, strappo.

ṣbrindellóne [da *sbrindellare*; 1872] **sm.** (f. *-a*) *pop.* persona sciatta e trasandata nel vestire; sbrendolone, straccione.

ṣbrinz [dal n. geogr. *Brienz*, città della Svizzera; 1891 *sbrinze*] **sm.** *inv.* formaggio svizzero da tavola, simile al grana per sapore e consistenza.

ṣbroccàre (pres. *ṣbròcco, ṣbròcchi*) [comp. parasint. di *brocco*; 1872] **tr. 1.** *ant.* e *raro* ripulire la seta dagli sbrocchi e dalla sporcizia che vi si è attaccata nel filarla **2.** *T.agr.* ripulire le piante, levando loro i brocchi o rami inutili.

ṣbroccatùra [da *sbroccare*; 1872] **sf.** atto ed effetto dello sbroccare.

ṣbròcco (pl. *-chi*) [da *brocco*; 1872] **sm.** *ant.* **1.** piccolo groppo sul filo della seta, dopo che è stata filata **2.** sprocco, brocco, troncone di ramo.

ṣbroccolàre (pres. *ṣbròccolo*) [da *sbroccare*; 1865] **tr.** *ant.* sbroccare.

ṣbrodàre (pres. *ṣbròdo*) [comp. parasint. di *brodo*; 1891] **tr.** e **rifl.** sbrodolare e sbrodolarsi (anche *fig.*).

ṣbrodolaménto [da *sbrodolare*; 1940] **sm.** atto ed effetto dello sbrodolare e dello sbrodolarsi.

ṣbrodolàre (pres. *ṣbròdolo*) [comp. parasint. di *brodo*; 1872] **tr. 1.** insudiciare il viso o le vesti o la tovaglia di brodo, sugo o altro alimento liquido: *ha sbrodolato il vestito* **2.** *fig.* parlare diluendo il pensiero in molte parole inutili: *ha sbrodolato un lungo discorso* || **rifl.** insudiciarsi con alimenti liquidi, spec. mentre si mangia.

ṣbrodolàto (*pps.* di *sbrodolare*) [1959] **agg.** nei sensi del verbo, anche *fig.*: *un discorso sbrodolato.*

ṣbrodolóne [da *sbrodolare*; 1872] **agg.** e **sm.** (f. *-a*) **1.** che o chi è solito sbrodolarsi mangiando: *è sempre sudicio quello sbrodolone* **2.** *fig.* che o chi parla o scrive in modo prolisso e confusamente.

ṣbròglia (pl. *-glie*) [da *sbrogliare*; 1959] **sf.** la parte meno pregiata dello scarto della lana.

ṣbrogliaménto [da *sbrogliare*; 1803] **sm.** *raro* lo sbrogliare.

ṣbrogliàre (pres. *ṣbròglio*) [da *imbrogliare*, con cambio di pref.; 1598] **tr. 1.** districare, sciogliere nodi o grovigli: *sbrogliare un gomitolo*; *fig. sbrogliare la matassa*, risolvere una faccenda complicata || *T.mar.* sciogliere gli imbrogli delle vele, liberare le vele dagli imbrogli **2.** togliere le cose che ingombrano, sgombrare: *sbrogliare il tavolino* || **tr. pron.** *fig. sbrogliarsela*, trarsi dagli impicci: *devi sbrogliartela da solo* || **rifl.** *fig.* liberarsi di un'incombenza fastidiosa od onerosa: *spero di sbrogliarmi presto da questo lavoro* || **N. tr.** *Sin.* sbarazzare, sbrigare.

ṣbrogliàto (*pps.* di *sbrogliare*) [1872] **agg.** sgombro: *stanza, tavola sbrogliata.*

ṣbròglio (pl. *-gli*) [da *sbrogliare*; 1959] **sm.** *raro* sgombro: *camera di sbroglio*, ripostiglio.

ṣbrónza o **ṣbrónẓa** [etim. inc.; 1927] **sf.** *fam.* sbornia.

ṣbronzàre o **ṣbronẓàre** (pres. *ṣbrónzo, ṣbrónẓo*) [da *sbronza*; 1931] **tr.** ubriacare (anche *fig.*) || **intr. pron.** ubriacarsi, prendere una sbornia.

ṣbrónzo o **ṣbrónẓo** [da *sbronzare*; 1935] **agg.** *fam.* ubriaco.

ṣbròscia (pl. *-sce*) [da *broscia*; 1872] **sf.** *tosc.* **1.** minestra o bibita allungata, senza sapore: *non ho davvero voglia di bere quella sbroscia* **2.** *fig.* discorso prolisso e vuoto || **N. 1.** *Sin.* broscia, sbobba.

ṣbrucàre (pres. *ṣbrùco, ṣbrùchi*) [da *brucare*; a. 1573] **tr.** *raro* staccare le foglie da un ramo facendovi scorrere intorno la mano chiusa stretta.

ṣbruffàre [voce onom.; sec. XIV; 1959 nel senso 2; 1940 nel senso 3] **tr. 1.** spruzzare con forza, soffiando, un liquido dalla bocca o dalle narici || irrorare, spruzzare: *ha sbruffato il fazzoletto di profumo* **2.** *fig.* vantare capacità o imprese eccezionali, fare lo sbruffone; anche *ass.*: *non fa altro che sbruffare* **3.** *raro* offrire di nascosto una somma di denaro per corrompere || **N. 1.** *Sin.* aspergere, soffiare.

ṣbruffàta [da *sbruffare*; a. 1704] ***sf.*** lo sbruffare una volta (anche *fig.*): *fare una sbruffata* || *dim.* sbruffatina || **N.** *Sin.* sbruffo, spruzzata.

ṣbrùffo [da *sbruffare*; a. 1665] ***sm.*** **1.** l'atto dello sbruffare **2.** mancia o denaro dato per corrompere; bustarella: *ha dato lo sbruffo a un usciere e ha ottenuto subito tutto quel che voleva.*

ṣbruffonàta [da *sbruffone*; 1959] ***sf.*** *region.* atto o detto da sbruffone; spacconata.

ṣbruffóne [da *sbruffare*; 1931] ***sm.*** (f. *-a*) *region.* millantatore, spaccone.

ṣbucàre (pres. *ṣbùco, ṣbùchi*) [comp. parasint. di *buca*; 1550] ***intr.*** (aus. *essere*) **1.** detto di animali, uscire dalla buca o dal nascondiglio || *per estens.* detto di persone, uscire fuori da un luogo chiuso, nascosto, buio ecc.: *i minatori sbucarono finalmente dal tunnel* **2.** *fig.* comparire, apparire all'improvviso e inaspettatamente: *da dove è sbucato fuori?* **3.** detto di strade, percorsi, valichi e sim., avere uno sbocco: *quel passo sbuca in Francia* || ***tr.*** *ant.* far uscire dalla tana; stanare, snidare: *il cane ha sbucato la lepre* || **N.** ***intr.*** *Sin.* USCIRE.

ṣbucciaménto [da *sbucciare*; a. 1597] ***sm.*** lo sbucciare.

ṣbucciapatàte [comp. di *sbuccia(re)* e *patata*; 1957] ***sm.*** *inv.* arnese da cucina per sbucciare patate; pelapatate.

ṣbucciàre (pres. *ṣbùccio*) [comp. parasint. di *buccia*; a. 1320] ***tr.*** **1.** togliere la buccia: *sbucciare le patate, la frutta* **2.** *T.sport.* nel calcio: *sbucciare la palla,* colpirla di striscio || ***tr. pron.*** *fam. sbucciarsela,* liberarsi con astuzia da una fatica o da una seccatura; svignarsela || ***rifl.*** di certi insetti, spogliarsi dell'involucro epidermico: *le serpi in certe stagioni si sbucciano* || ***rifl. indir.*** farsi un'abrasione alla pelle: *mi sono sbucciato il ginocchio.*

ṣbucciatóre [da *sbucciare*; 1959] ***sm.*** (f. *-trìce*) **1.** chi toglie la buccia **2.** strumento utilizzato in cucina per sbucciare frutta, verdura o sim.

ṣbucciatùra [da *sbucciare*; 1841] ***sf.*** **1.** lo sbucciare **2.** leggera abrasione della pelle: *farsi una sbucciatura a una mano, al ginocchio.*

ṣbuccióne [da *sbucciare*; 1872] ***agg.*** e ***sm.*** (f. *-a*) *fam. tosc.* che o chi trova sempre un pretesto per scansare le fatiche, per non fare un lavoro || **N.** *Sin.* scansafatiche.

ṣbudellaménto [da *sbudellare*; 1612] ***sm.*** atto ed effetto dello sbudellare.

ṣbudellàre (pres. *-èllo*) [comp. parasint. di *budello*; 1312] ***tr.*** **1.** sventrare un animale in modo da far uscire le budella **2.** ferire gravemente al ventre: *una sciabolata lo sbudellò* || *iperb.* colpire violentemente con un'arma da taglio: *l'ha sbudellato nel sonno* || ***rec.*** accoltellarsi: *durante la rissa si sono sbudellati* || ***rifl.*** *fig. sbudellarsi dalle risa,* ridere a crepapelle || **N. 2.** *Sin.* lacerare, squartare, FERIRE.

ṣbuffànte (*ppr.* di *sbuffare*) [1600] ***agg.*** **1.** che soffia, che sbuffa **2.** detto di un abito o di una sua parte, che fa dei rigonfi a sbuffo: *manica sbuffante.*

ṣbuffàre [da *buffare*; 1541] ***intr.*** (aus. *avere*) **1.** detto di una persona, soffiare dalla bocca o dalle narici per ira, per noia, per lo sforzo fisico e sim.: *sbuffava dal caldo, arrivarono in cima sbuffando* || *in part.* detto del cavallo, emettere fiato dalle froge || *per estens.* detto del vento, soffiare impetuoso e a tratti: *il vento sbuffava* **2.** gettare fuori buffi di fumo: *la locomotiva sbuffa* || ***tr.*** *raro* emettere sbuffando: *sbuffare il fumo della sigaretta.*

ṣbuffàta [da *sbuffare*; 1876] ***sf.*** l'atto dello sbuffare, spec. quello del cavallo e dell'uomo seccato: *mi rispose con una sbuffata* || *dim.* sbuffatina.

ṣbùffo [da *sbuffare*; 1728] ***sm.*** **1.** atto ed effetto dello sbuffare: *uno sbuffo di fumo, di vento* **2.** *fig.* sboffo o sgonfio: *aveva le maniche tutte a sbuffi* || **N. 1.** *Sin.* soffio.

ṣbugiardàre [comp. parasint. di *bugiardo*; a. 1606] ***tr.*** dimostrare che una persona è bugiarda: *lo sbugiardò pubblicamente* || **N.** *Sin.* smascherare, smentire.

ṣbullettàre (pres. *-étto*) [comp. parasint. di *bulletta*; 1681 come intr.] ***tr.*** togliere le bullette per separare parti che quelle congiungevano: *sbullettare il velluto dalla poltrona* || ***intr. pron.*** perdere le bullette: *queste scarpe si sbullettano già* || ***intr.*** (aus. *avere* ed *essere*) della calcina degli intonachi freschi, rigonfiare in piccole bolle rotonde e scrostarsi: *il muro ha sbullettato.*

ṣbullettatùra [da *sbullettare*; 1872] ***sf.*** atto ed effetto dello sbullettare, nei vari sensi.

ṣbullonàre (pres. *-óno*) [comp. parasint. di *bullone*; 1939] ***tr.*** togliere i bulloni || **N.** *Sin.* schiavardare.

ṣburocratiẓẓàre [comp. parasint. di *burocrate*; 1950] ***tr.*** ridurre o eliminare i formalismi e la pedanteria burocratica: *sburocratizza i Ministeri.*

ṣburràre [comp. parasint. di *burro*; 1759] ***tr.*** levare la parte più grassa del latte per farne panna o burro || **N.** *Sin.* scremare, spannare.

ṣburràto (*pps.* di *sburrare*) [1789] ***agg.*** scremato, spannato: *latte sburrato.*

ṣbuẓẓàre [comp. parasint. di *buzzo*[1]; a. 1742] ***tr.*** **1.** *fam. tosc.* rif. a polli, pesci ecc., aprirne il buzzo, per togliere via le interiora || *per estens. iperb.* rif. a persona, ferire al ventre, sbudellare **2.** *ant.* aprire, lacerandolo, un plico, un involto e sim.: *sbuzzare i materassi* || ***intr. pron.*** rompersi da sé, provocando la fuoriuscita del contenuto: *il cuscino si è sbuzzato, l'ascesso s'è sbuzzato stanotte* || **N. *tr.* 1.** *Sin.* squarciare, sventrare.

ṣbuẓẓatóio (pl. *-ói*) [da *sbuzzare*; 1891] ***sm.*** coltello aguzzo per sbuzzare pesci, polli e sim.

scàbbia [lat. tardo *scabia*, class. *scabies*, asperità, rugosità; 1313] ***sf.*** *T.med.* malattia cutanea pruriginosa e contagiosa prodotta da un acaro che scava cunicoli nelle pieghe della cute || **N.** *Sin.* rogna.

scabbiósa V. SCABIOSA.

scabbióso [da *scabbia*; 1340 ca.] ***agg.*** e ***sm.*** (f. *-a*) che o chi è affetto da scabbia, rognoso.

scabinàto [da *scabino*; 1931] ***sm.*** **1.** *T.stor.* l'ufficio e la dignità di scabino; o anche il tempo che dura in carica **2.** *T.stor.* sistema giudiziario fondato sulla presenza di scabini.

scabìno [dal francone *skapīns*, colui che fa, come il lat. mediev. *scabīnus*; a. 1348 *schiavino*] ***sm.*** *T.stor.* nei tribunali franchi, giudice di elezione regia la cui funzione era quella di emettere le sentenze.

scabiósa o **scabbiósa** [dal lat. *scabiōsa*; a. 1320] ***sf.*** pianta erbacea delle Dipsacacee dai fiori rossastri, che vive in terreni argillosi e può raggiungere il metro di altezza.

scabrézza [da *scabro*; a. 1730] ***sf.*** **1.** l'essere scabro **2.** *T.tecn.* in tecnologia meccanica, lo scostamento della superficie reale di un pezzo da quella ideale, dovuto al procedimento costruttivo utilizzato.

scàbro [dal lat. *scaber*; a. 1320] ***agg.*** **1.** ruvido, aspro al tatto: *superficie, pietra scabra* || *T.mecc.* che presenta attrito || *per estens. fig.* brullo, pietroso: *un terreno scabro* **2.** *fig.* conciso, rigoroso, senza concessioni retoriche o estetizzanti: *stile scabro* || **N. 1.** *Sin.* ROZZO, RUVIDO.

scabrosità [da *scabroso*; 1598] ***sf.*** **1.** qualità di ciò che è scabroso || *concr.* il punto, la parte che sporge ed è aspra al tatto: *portar via le scabrosità* || *per estens. fig.* durezza, asprezza: *le scabrosità dello stile* **2.** *fig.* la particolare delicatezza di un argomento o di una situazione: *la scabrosità dell'argomento ci mette in imbarazzo.*

scabróso [lat. tardo *scabrōsus*; a. 1320 nel senso 2] ***agg.*** **1.** *fig.* che può urtare il pudore o la sensibilità e perciò va affrontato con cautela: *situazione scabrosa, discorso scabroso* || arduo, irto di difficoltà: *compito scabroso* **2.** *non com.* scabro: *pietra scabrosa* || *dim.* scabrosétto || **scabrosaménte** ***avv.*** || **N. 1.** *Sin.* delicato, DIFFICILE **2.** *Sin.* ruvido | *Contr.* levigato, liscio.

scacazzaménto [da *scacazzare*; 1872] ***sm.*** *raro* atto ed effetto dello scacazzare.

scacazzàre (dial. *scagazzàre*) [da *cacare*; 1872] ***intr.*** (aus. *avere*) *volg.* defecare spesso qua e là: *le mosche scacazzavano dappertutto* || ***tr.*** lordare di escrementi.

scacazzàto (*pps.* di *scacazzare*) [1838] ***agg.*** lordo di escrementi: *carta scacazzata.*

scaccàto [da *scacco*; a. 1400] ***agg.*** *non com.* disegnato o fatto a scacchi: *scudo scaccato, bandiera scaccata.* **TAV. araldica p. 645** 3.9.

scaccheggiàto [da *scacco*; 1865] ***agg.*** *raro* scaccato, a scacchi.

scacchiàre (pres. *scàcchio*) [comp. parasint. di *cacchio*[1]; 1592] ***tr.*** *T.agr.* levare i cacchi, e cioè i getti superflui di una pianta; sfrondare.

scacchiatùra [da *scacchiare*; 1738] ***sf.*** *T.agr.* l'operazione e il risultato dello scacchiare.

scacchièra [da *scacco*; a. 1388] ***sf.*** tavola quadrata suddivisa in sessantaquattro riquadri bianchi e neri alternativamente, sui quali si posano le pedine per la dama o i pezzi per il gioco degli scacchi || nella *loc. avv. a scacchiera,* a elementi, gen. di colore diverso, disposti in modo alternato: *ho messo le mattonelle a scacchiera* || **N.** SCACCO.

scacchière [da *scacco*; a. 1303 nel senso 3] ***sm.*** **1.** *T.mil.* parte del teatro delle operazioni di guerra, che a sua volta si divide in settori ma possiede complessivamente una propria individualità geografica e strategica: *riportò una vittoria nello scacchiere settentrionale* **2.** *T.stor.* Corte che giudicava, in Inghilterra, le controversie relative all'erario pubblico || oggi, l'erario pubblico inglese: *cancelliere dello Scacchiere,* il Ministro delle Finanze e del Tesoro in Inghilterra **3.** *ant.* scacchiera || *per estens. T.mil. disposizione, formazione a scacchiere,* a unità belliche (truppe, imbarcazioni ecc.) alternate come i riquadri bianchi e neri sulla scacchiera.

scacchìsta [da *scacco*; 1901] ***s.*** giocatore di scacchi: *è uno dei migliori scacchisti che io abbia conosciuto.*

scacchìstico (pl. *-ci*) [da *scacco*; 1922] ***agg.*** relativo al gioco degli scacchi: *tra poco sarà indetto un gran torneo scacchistico.*

scàccia [da *scacciare*; 1891] ***sm.*** *inv.* colui che in una battuta di caccia è incaricato di mandare gli animali verso la posta; battitore.

scacciacàni [comp. di *scaccia(re)* e *cane*; 1927] ***sm.*** o ***sf.*** *inv.* pistola con capsula detonante per allontanare cani pericolosi o molesti; *in gen.* pistola a salve.

scacciadiàvoli [comp. di *scaccia(re)* e *diavolo*; 1940] ***sm.*** *inv. T.stor.* pezzo di artiglieria di lunga portata, a granate esplosive, che era in uso nel sec. XVI.

scacciafèbbre [comp. di *scaccia(re)* e *febbre*; 1967] ***sf.*** erba delle Genzianacee dai fiori bianchi e rosa, usata per le sue qualità febbrifughe.

scacciafùmo [comp. di *scaccia(re)* e *fumo*; 1940] ***sm.*** *inv. T.bal.* dispositivo applicato alle artiglierie, che immette nella camera di scoppio dell'arma un forte getto d'aria capace di espellerne con una certa rapidità i gas prodotti dall'esplosione.

scacciaménto [da *scacciare*; prima metà sec. XIV] ***sm.*** *raro* atto ed effetto dello scacciare || **N.** *Sin.* bando, cacciata, esilio, espulsione, scacciata, sfratto.

scacciamósche [comp. di *scaccia(re)* e *mosca*; a. 1637] ***sm.*** *inv.* arnese, manuale o elettrico, per scacciare le mosche.

scacciapensièri [comp. di *scaccia(re)* e *pensiero*; a. 1584 nel senso 2] **sm. inv.** **1.** piccolo strumento musicale metallico che si suona facendo vibrare con il polpastrello di un dito una linguetta fissata a un supporto a forma di ferro di cavallo che, appoggiato davanti all'apertura della bocca, sfrutta questa come cassa armonica; è in uso nell'Italia meridionale **2.** *fig. raro* passatempo che serve da distrazione.

scacciàre (pres. *scàccio*) [da *cacciare*; fine sec. XIII] **tr.** mandar via bruscamente, malamente: *scacciare di casa*; *scacciare le mosche*, allontanarle agitando la mano || *fig.* far dileguare, far passare: *il vento scacciava le nubi temporalesche*, le spingeva innanzi a sé; *il sole scaccia la nebbia*, la fa dileguare; *scacciare la malinconia, la noia*, allontanarle da sé; *scacciare i grilli dalla testa*, far passare la voglia di aver capricci || *prov. chiodo scaccia chiodo*, un male nuovo fa parere meno grave il vecchio; *un diavolo scaccia l'altro*, una nuova preoccupazione fa parere meno grave una preoccupazione precedente || **N.** *Sin.* cacciare, dissipare, espellere, respingere, ricacciare, rimuovere, scansare, sfrattare, LICENZIARE.

scacciàta [da *scacciare*; 1735] **sf.** *raro* l'atto dello scacciare, cacciata || *dim.* scacciatìna.

scaccìno [da *scacciare*; 1824] **sm.** (f. *-a*) l'inserviente (solitamente di sesso maschile) che ha l'incarico di accudire e sorvegliare la chiesa; in passato aveva anche il compito di scacciarne animali e disturbatori || **N.** *Sin.* sacrestano.

scàcco (pl. *-chi*) [dal persiano *shâh*, re, attr. l'ar., lo sp. e il provenz. ant. *escac*; fine sec. XIII] **sm.** **1.** ognuno dei pezzi del gioco degli scacchi, variamente foggiati e dotati di particolari possibilità di movimento; *pl.* il complesso dei pezzi: *vado a prendere gli scacchi* || *pl.* gioco che si fa con trentadue figure di legno, osso e sim., divise in due schiere di colore diverso, muovendole sulla scacchiera, avendo come scopo la cattura del re avversario **2.** posizione della partita a scacchi in cui un pezzo è minacciato da un pezzo avversario, che è in condizione di catturarlo alla mossa successiva: *scacco alla regina*; *in part. scacco matto*, posizione in cui un giocatore non è in grado di impedire, muovendo, che alla mossa successiva l'avversario catturi il suo re; *dare lo scacco al re*, minacciare con un pezzo il re dell'avversario || *fig. dare scacco matto a uno*, infliggergli una sconfitta definitiva; *subire uno scacco*, un insuccesso; *tenere in scacco*, sotto minaccia, in condizione di forte inferiorità **3.** ciascuno dei sessantaquattro quadretti bianchi e neri, disposti in modo alternato, in cui è divisa la scacchiera || *per estens.* riquadro, quadretto: *stoffa, tessuto a scacchi*, a quadrati di due colori alternati; *fig. scherz. vedere il sole a scacchi*, attraverso l'inferriata della finestra e, quindi, essere in prigione || *dim.* scacchìno, scacchétto || **N.** SCACCHIERA: casella o casa, colonna, riga o traversa, diagonale; PEZZI: Pedone, Cavallo, Alfiere, Torre, Donna o Regina, Re; MOSSA O TRATTO: arrocco (corto o di Re, lungo o di Donna), fianchetto (di Re, di Donna), forchetta, gambetto, inchiodatura, presa, sacrificio (di Pedone, di pezzo, di qualità), scacco (doppio, di scoperta), scacco matto, scambio, stallo; apertura, finale | mangiare o prendere, rifiutare (una presa, un sacrificio); abbandonare.

scaccografìa [comp. di *scacco* e *-grafia*; 1930] **sf.** trascrizione mediante simboli grafici delle mosse di una partita a scacchi.

scaccogràmma [comp. di *scacco* e *-gramma*; 1959] **sm.** riproduzione in piccolo di una scacchiera con indicazione dei posti occupati dai singoli pezzi ad una data fase di partita.

scaccolàre (pres. *scàccolo*) [comp. parasint. di *caccola*; 1872] **tr.** e **rifl.** *pop.* togliere e togliersi le caccole dal naso.

scadènte (*ppr.* di *scadere*) [1600] **agg.** di roba, merce e anche di persona, di qualità non buona, imperfetta, difettosa, dozzinale: *abitazione, merce scadente*; *voto scadente*, insufficiente; *scolaro scadente*, di scarso profitto.

scadènza [da *scadere*; 1872] **sf.** **1.** termine fisso di tempo entro cui si deve adempiere un obbligo o una promessa, o pagare un debito, una cambiale e sim.: *è giunta la scadenza della pigione* || l'impegno stesso cui si deve adempiere: *avere delle importanti scadenze cui far fronte* **2.** *per estens.* periodo di tempo, più o meno lungo, entro cui si verifica, o si dovrebbe verificare, un certo evento; spec. nelle loc.: *a breve* o *lunga scadenza*, dopo breve o dopo lungo tempo: *ci rivedremo a breve scadenza*; *a scadenze mensili*, ogni mese || **N.** **1.** *Sin.* decorso, limite | mora, proroga, puntualità, respiro; estinzione, perenzione.

scadenzàre (pres. *-ènzo*) [da *scadenza*; 1965] **tr.** *T.bur.* fissare una scadenza o, più com., una serie di scadenze.

scadenzàrio (pl. *-ri*) [da *scadenza*; 1875] **sm.** *T.bur.* registro in cui si registrano le varie scadenze.

scadenzière [da *scadenza*; 1872] **sm.** *raro* scadenzario.

scadére (pres. *scàdo* ecc., come CADERE) [lat. volg. **excadere*, venir meno, cadere; sec. XIV; 1715 nel senso 2; 1612 nel senso 3] **intr.** (aus. *essere*) **1.** deteriorarsi, cominciare a declinare: *la qualità del prodotto è progressivamente scaduta, la sua salute scade ogni giorno più*; *scadere di peso*, diminuire di peso || in senso morale o intellettuale, perdere credito, stima ecc.: *è scaduto nell'opinione pubblica* **2.** detto di pagamento, cambiale, promessa, obbligo, giungere al tempo prefissato nel quale si deve pagare o soddisfare l'impegno assunto: *oggi scade la cambiale* || *in gen.* giungere a un limite di tempo convenuto, estinguersi: *oggi scade il mio permesso, la mia licenza* **3.** *T.mar.* di un galleggiante, spostarsi in senso laterale per l'azione del vento o di una corrente marina || **N.** **1.** *Sin.* peggiorare, screditarsi, DECADERE | scadenza **3.** *Sin.* scarrocciare.

scadiménto [da *scadere*; a. 1348] **sm.** atto ed effetto dello scadere, peggioramento, declino: *lo scadimento delle arti figurative* || **N.** *Sin.* decadenza.

scadùto (*pps.* di *scadere*) [a. 1348] **agg.** **1.** che ha perduto valore, decaduto: *bellezza, nazione scaduta* **2.** che è giunto a scadenza: *pigione, cambiale scaduta* || che ha esaurito la sua validità: *moneta, tessera scaduta*.

scàfa [dal lat. *scapha*, gr. *skáphē*; a. 1292] **sf.** *T.stor.* presso i Romani, barca usata per i trasbordi tra la costa e le navi da guerra || nel Medioevo, qualsiasi imbarcazione ausiliaria di un'unità maggiore.

scafàndro [dal fr. *schaphandre*, basato sul gr. *skáphos*, carena e *anḗr, andrós*, uomo; 1775] **sm.** equipaggiamento generalmente metallico, snodato e impermeabile, che ricopre tutta la persona, fornito di un sistema di tubi per la respirazione e per comunicare con la superficie del mare, adoperato dai palombari per poter lavorare a notevole profondità marina || *per estens.* tuta speciale adoperata per proteggere il corpo in ambienti particolari: *lo scafandro degli astronauti*.

scafàre [dal dial. centr. *scafo*, baccello; 1846; 1942 nel senso 2] **tr.** **1.** *region.* sgranare, togliere dal baccello **2.** *per estens. fig.* rendere meno impacciato, più smaliziato; dirozzare: *quel lavoro l'ha scafato* || **intr. pron.** diventare più sveglio, più spigliato.

scafàto (*pps.* di *scafare*) [1966] **agg.** *region.* o *fam.* disinvolto, spigliato, smaliziato || furbo, scaltro.

scafatùra [da *scafo*; 1988] **sf.** *T.oref.* ossatura di varie forme che viene riempita con filigrana per fare oggetti preziosi.

scàffa [dal long. *skaf*, insieme di tavole; 1891] **sf.** **1.** *region.* ripiano, scaffale **2.** *T.alp.* ripiano stretto che sporge dalla parete rocciosa.

scaffalàre [da *scaffale*; 1891] **tr.** **1.** rivestire, munire di scaffali (per libri o altro) le pareti di una stanza o di un ambiente (appartamento, negozio ecc.) **2.** disporre ordinatamente negli scaffali.

scaffalàta [da *scaffalare*; 1891] **sf.** insieme di oggetti, spec. libri, che occupano uno scaffale.

scaffalatùra [da *scaffalare*; 1891] **sf.** lo scaffalare; l'insieme degli scaffali.

scaffàle [dal long. *skafa*, armadio aperto, attr. il dial. sett. *scaffa*; 1618] **sm.** tipo di armadio di legno o metallo, aperto, a più ripiani sovrapposti (gen. fissati al muro o a montanti), usato per riporvi libri, incartamenti, oggetti da vendere o esporre e sim. || *dim.* scaffalétto, scaffalino; *accr.* scaffalóne; *pegg.* scaffalàccio || **N.** *Sin. étagère*, scansia.

scafista [da *scafo*; 1935] **s.** *T.mar.* operaio che provvede alla manutenzione dello scafo di un aereo o di un'imbarcazione.

scàfo [dal gr. *skáphos*; 1612] **sm.** il corpo essenziale di un'imbarcazione, composto di tutti gli elementi strutturali e di rivestimento || *T.aer.* il corpo centrale dell'idrovolante, foggiato a barchetta || **N.** fusto. **Q.T.** *vela* **TAV.** *vela* **p. 1342** 2.

scàfo- [dal gr. *skáphos*, scafo] **primo elem.** che, in parole composte della terminologia medica, vale "di forma simile a una barca": **scafocefalìa**, **scafocefàlico**, **scafocèfalo**.

-scàfo [dal gr. *skáphos*, scafo] **elem. term.** che, in parole composte dotte, vale "natante" (per es. *aliscafo, motoscafo*).

scafòide [dal gr. *skaphoeidḗs*, a forma di scafo; a. 1673] **I sm.** *T.anat.* nome di un osso del carpo (*scafoide della mano*) e di un osso del tarso (*scafoide del piede*), entrambi a forma di scafo **II agg.**: *osso scafoide*. **TAV.** *anatomia* **p. 642** 9.9, 10.8.

Scafòpodi (sing. *-e*) [comp. di *scafo* e *-pode*; 1936] **sm. pl.** *T.zool.* classe di molluschi marini la cui conchiglia, conica o tubolare, è aperta alle due estremità per permettere l'uscita del piede e di cirri filiformi.

scàggia (pl. *-ge*) [voce merid., lat. *scabies*, asperità, rugosità; a. 1375] **sf.** *ant.* infermità, malattia.

scagionàre (pres. *-óno*) [da *cagionare*; 1313] **tr.** e **rifl.** discolpare, discolparsi: *scagionarsi da un'accusa* || **N.** *Sin.* GIUSTIFICARE | *Contr.* accusare, incolpare.

scàglia[1] (pl. *-glie*) [dal got. *skalja*, scheggia; 1296 nel senso 2] **sf.** **1.** *T.zool.* lamella formante il dermascheletro dei pesci || squama dei rettili **2.** *per estens.* lamina lucente di metallo di corazze e armature antiche || *gen.* placca, falda o frammento di materiale, di spessore e dimensioni varie; *in part.* scheggia minuta che salta via da pietre o metalli durante la lavorazione; lastra in pietra, più o meno regolare, disposta come le scaglie dei pesci in rivestimenti per tetti; frammento di riso, sottoprodotto della sua lavorazione; ciascuna delle minutissime pellicole che si distaccano dal cuoio capelluto e formano la forfora **3.** *T.metal.* strato di ossido che si forma sulla superficie di un metallo quando questo viene riscaldato || *dim.* scagliétta, scagliettìna, scagliòla. **TAV.** *rettili* 1.3.

scàglia[2] (pl. *-glie*) [da *scagliare*[1]; a. 1631] **sf.** (spec. *pl.*) *T.mil.* rottami o frammenti di ferro usati un tempo per caricare le artiglierie: *tirare a scaglia*, a mitraglia.

scagliàbile [da *scagliare*[1]; a. 1704] **agg.** *raro* che si può scagliare: *un macigno non scaglia-*

bile.

scagliaménto [da *scagliare*[1]; 1631] **sm.** *raro* azione dello scagliare.

scagliàre[1] (pres. *scàglio*) [da *scaglia*[1]; 1483 come rifl.] **tr.** lanciare lontano con forza: *scagliò un sasso* || *fig.* lanciare: *scagliare truppe all'assalto*; *scagliare ingiurie*, inveire, insultare con tono irato e violento || **rifl.** avventarsi, gettarsi addosso a qualcuno o a qualcosa: *si scagliò contro le mura della città, gli si scagliò contro con ogni sorta di recriminazioni* || **N. tr.** *Sin.* GETTARE, LANCIARE.

scagliàre[2] (pres. *scàglio*) [da *scaglia*[1]; a. 1616] **tr. 1.** frantumare, ridurre in scaglie, scheggiare **2.** *raro* togliere le scaglie ai pesci || **intr. pron. 1.** scheggiarsi, frantumarsi: *il bordo del vaso si è scagliato* **2.** *raro* detto dei pesci, perdere le scaglie.

scagliare[3] (pres. *scàglio*) [da *incagliare*, con cambio di pref.; 1838] **tr.** *T.mar. raro* rif. a navi, disincagliare || **intr. pron.** di navi, liberarsi dall'incaglio, disincagliarsi.

scagliatóre [da *scagliare*[1]; a. 1704] **agg.** e **sm.** (f. *-trice*) *raro* che o chi scaglia; lanciatore.

scagliòla (*dim.* di *scaglia*[1]) [sec. XIV nel senso 3] **sf. 1.** piccola scaglia **2.** impasto di gesso cristallino (selenite) e gesso cotto, caratterizzato da una rapida presa; ha aspetti e usi simili a quelli degli stucchi **3.** pianta delle Graminacee che fa il frutto a spiga e il cui seme, detto pure *scagliola*, si usa come becchime per gli uccelli.

scaglionaménto [da *scaglionare*; 1866] **sm.** atto ed effetto dello scaglionare.

scaglionàre (pres. *-óno*) [da *scaglione*; 1872] **tr.** rif. spec. a truppe, disporre a scaglioni, a distanza regolare gli uni dagli altri || *fig.* disporre a determinati intervalli di tempo: *scaglionare i finanziamenti* || **rifl.** disporsi a intervalli regolari: *scaglionatevi lungo il sentiero.*

scaglióne [dal fr. *échelon*, gradino; 1306 nel senso 3; 1831 nel senso 1] **sm. 1.** *T.mil.* ciascuna unità logistica, operativamente autonoma, dell'esercito o della polizia, schierata a una determinata distanza dalle altre, in vista di un eventuale impiego in momenti successivi || *per estens.* ogni gruppo in cui viene suddivisa una certa categoria di persone o cose e che viene collocato a un certo intervallo di spazio o di tempo dagli altri: *il primo scaglione di iscrizioni, divisero le persone da sfrattare in scaglioni* **2.** balza, ampio pendio naturale sulle pendici di un monte o lungo una costa **3.** *ant.* gradino, scalino || *fig. T.econ. imposta a scaglioni*, calcolata in modo tale che le varie parti del reddito siano gravate da aliquote diverse **4.** *T.arald.* pezza onorevole formata da una sbarra e una banda incrociantisi ad angolo acuto **5.** ciascuno dei denti canini del cavallo || **N. 1.** *Sin.* blocco. **TAV. *araldica* p. 645** 3.17.

scaglióso [da *scaglia*[1]; inizio sec. XIV] **agg. 1.** che ha molte scaglie || che ha aspetto di scaglie: *pelle scagliosa* **2.** che si divide in scaglie: *pietra scagliosa* || **N. 1.** *Sin.* squamoso.

scagnàre [da *cagna*; 1872] **intr.** (aus. *avere*) *T.cacc.* abbaiare in modo ritmico e acuto, detto dei cani quando si fanno addosso alla selvaggina.

scàgno[1] [lat. *scamnum*; 1572] **sm.** *dial.* scranna, scanno || ufficio.

scàgno[2] [da *scagnare*; 1891] **sm.** *raro* lo scagnare.

scagnòzzo [da *scagnare*; 1808] **agg.** e **sm.** (f. *-a*) *spreg.* **1.** prete povero che va, poco dignitosamente, a cercare messe e funzioni di chiesa in chiesa per guadagnare qualcosa || *per estens.* persona venale e di scarso valore nella sua disciplina, nella sua arte **2.** tirapiedi.

scàla [lat. *scāla*; fine sec. XIII] **sf. 1.** struttura, fissa o mobile, che serve a mettere in comunicazione piani di diverso livello; è formata da una o più serie (*rampe*) di gradini (o *scalini*), che possono essere intervallate da pianerottoli: *scala principale*, in un palazzo signorile, quella più importante; *scala di servizio*, scala secondaria per la servitù, i fornitori ecc.; *scala di sicurezza, antincendio*, costruita all'esterno di un edificio, facilita, in caso di bisogno, lo sfollamento delle persone, che vi accedono dai pianerottoli interni; *scala a chiocciola*, elicoidale, su pianta circolare, priva di pozzo centrale, con gradini a pedata triangolare; *scala a pozzo*, tra le cui rampe è lasciato uno spazio residuo detto *pozzo* o *tromba*; *scala mobile*, impianto costituito da un nastro trasportatore inclinato, a gradini mobili, azionato da un motore; *scala a pioli*, scala portatile, formata da due montanti paralleli nei quali sono infissi i pioli per posarvi i piedi nel salire; *scala di corda*, simile alla precedente, ma con corde al posto dei pioli e dei montanti; *scala volante*, di corda, con pioli o tavolette per scalini, usata sulle navi, biscaglina; *scala a libretto*, formata da due scale incernierate in alto che, aprendosi a V rovesciata, le consentono di sostenersi da sola; spesso una sola scala è incernierata a un cavalletto della stessa lunghezza; *scala aerea* o *Porta*, formata da più pezzi che, mossi da un argano, scorrono e si innestano l'uno sull'altro, raggiungendo altezze considerevoli; è solitamente montata su di un autocarro || *pl.* insieme delle rampe: *non correre per le scale!*; *fare le scale*, salirle o scenderle; *salire, scendere le scale, cadere dalle scale, scivolare sulle scale, ruzzolare, precipitare dalle scale* || nella *loc. avv. a scala*, detto di una serie di cose disposte in ordine crescente o decrescente di altezza: *ti ha tagliato i capelli a scala* || *prov. il mondo è fatto a scale, chi le scende e chi le sale*, la vita è un continuo alternarsi di alti e bassi, di fortuna e sfortuna **2.** denominazione di formazioni, strutture e dispositivi che presentano una somiglianza morfologica o funzionale con la scala: *scala di monta*, dispositivo che, in corrispondenza di ostacoli nel letto di un corso d'acqua, consente ai pesci di risalire la corrente || *T.anat. scala timpanica, vestibolare*, formazioni dell'orecchio interno che morfologicamente ricordano una scala a chiocciola || *T.alp.* roccia a scaglioni || *T.sport. scala svedese*, attrezzo ginnico, orizzontale o verticale, simile a una scala a pioli **3.** *fig.* sequenza di elementi omogenei, ordinata secondo un ordine progressivo (numerico, cronologico e sim.) o anche per gradi di complessità, intensità, importanza e sim.: *scala dei valori, dei bisogni* ecc., il loro ordinamento in base al criterio dell'importanza o dell'urgenza || *T.mat.* successione crescente o decrescente di numeri reali || *T.gioc.* in alcuni giochi di carte (ramino, scala quaranta ecc.), successione di tre o più carte dello stesso seme di valore numerico progressivo; *in part.* nel poker, sequenza di cinque carte in ordine numerico progressivo: *scala reale*, quando le carte sono dello stesso seme || *T.mus.* successione ordinata di suoni su cui si basa un sistema musicale: *scala naturale, temperata, diatonica* (*maggiore, minore* ecc.); *fare le scale*, esercitarsi a eseguirle su di uno strumento || *T.ott. scala dei colori*, successione cromatica dal tono più chiaro al più scuro || *T.econ. scala mobile dei salari*, meccanismo che ne fissa la variazione in corrispondenza col variare del costo della vita **4.** in varie scienze o aree tecnologiche, successione omogenea di valori, fissati in maniera convenzionale, che costituiscono i termini di raffronto per misurare l'intensità di un dato fenomeno: *scala termometrica* (*centigrada* o *Celsius, Fahrenheit, Kelvin* ecc.), per misurare la temperatura; *scala di Mohs*, per la valutazione della durezza dei materiali; si compone di dieci minerali disposti in ordine di crescente durezza; *scala sismica* (*Mercalli, Richter* ecc.), per misurare l'intensità dei terremoti; *scala dei venti* o *Beaufort*, per misurare la forza del vento, da quando è calmo fino all'uragano **5.** *per estens.* parte di uno strumento di misura su cui si legge il valore della grandezza misurata: *scala del regolo calcolatore, della bilancia*; *scala di sintonia*, nei radioricevitori, il pannello graduato sul quale sono segnate le frequenze e le lunghezze d'onda; è anche detta, ormai impropriamente, *scala parlante*, in quanto era in passato segnato anche il nome delle principali stazioni radio **6.** *scala di proporzione*, in topografia, rapporto intercorrente tra la lunghezza misurata sulla carta e la corrispondente lunghezza reale misurata sulla superficie terrestre || *scala di rappresentazione*, in cartografia e nel disegno ingegneristico e architettonico, rapporto di riduzione utilizzato per raffigurare su fogli di formato standard pezzi o costruzioni molto grandi: si esprime per mezzo di una frazione avente 1 al numeratore e, al denominatore, il numero per il quale si deve moltiplicare la lunghezza misurata sulla carta per conoscere quella reale: *scala 1:1000* (si legge *uno a mille*), in cui la rappresentazione è mille volte più piccola di quella naturale; *carta geografica in scala 1:100.000, rappresentare in scala*; *un modello, un disegno in scala*, che riproduce in piccolo un oggetto reale || *per estens. fig.* misura, estensione, dimensione, proporzione, in varie loc.: *su vasta* (o *larga*) *scala*, in grandi proporzioni: *un'operazione di polizia su vasta scala*; *su scala ridotta*, in piccole proporzioni; *su scala regionale, nazionale, mondiale*, con diffusione o importanza regionale ecc. || *dim.* scalétta; *accr.* scalóne (*sm.*); *pegg.* scalàccia || **N. 1.** agevole, buia, comoda, corta, erta, faticosa, larga, lunga, pericolosa, ripida, scomoda, sdrucciolevole | alzata, anima, corrimano, frontalino, pedata o piano, rampa, ringhiera, tromba. **Q.T.** *architettura, fotografia, musica* **TAV.** *audiovisivi* 5.3, 6.1; ***meteorologia* p. 1321** 8.3; ***musica* p. 1324** 1.10, 1.12.

scalaménto [da *scalare*[1]; a. 1502] **sm.** *raro* lo scalare, scalata.

scalàndo (*ger.* di *scalare*[1]) [1959] **sm.** *inv.* *T.fin.* ordine di acquistare o vendere un quantitativo di titoli azionari a più riprese, allo scopo di ottenere prezzi di volta in volta migliori.

scalandróne [etim. inc.; 1889] **sm. 1.** *T.mar.* parte di scalo in pendio che si prolunga in mare per agevolare il varo o la tratta a terra di imbarcazioni **2.** *T.mar.* passerella volante con ringhiere laterali per il trasporto di persone e merci, posta tra l'imbarcazione e la banchina || **N. 1.** *Sin.* antiscalo.

scalappiàre (pres. *-àppio*) [comp. parasint. di *calappio*; 1319] **tr.** *raro* levare o liberare dal calappio || **rifl.** uscire, liberarsi da qualcosa che trattiene o limita nei movimenti o, *fig.*, da insidie.

scalàre[1] [da *scala*; a. 1444] **tr. 1.** salire, spec. per mezzo di scale, in cima a qualcosa: *scalare le mura del castello* || *T.alp.* arrampicarsi su di una parete rocciosa o un monte scosceso: *scalare il Monviso* || *fig.* acquisire il controllo di una società acquistandone le azioni sul mercato: *ha scalato la Montedison* **2.** disporre secondo un ordine graduale: *scalare i capelli*, tagliarli progressivamente più corti in prossimità del collo e del viso; *scalare i toni, i colori*, disporli secondo la loro gradazione; *scalare un pagamento*, distribuirlo nel tempo **3.** detrarre: *scalare le spese dal ricavato.* **Q.T.** *alpinismo.*

scalàre[2] [dal lat. *scalāris*, di scala, di gradino; 1872] **I agg. 1.** foggiato o disposto a scala: *un taglio di capelli scalare* || *fig.* che procede per gradi: *diminuzione scalare*; *metodo scalare*, per calcolare gli interessi su un conto corrente bancario **2.** *T.mat.* e *T.fis.* in opposizione a *vettoriale*, indica una grandezza individuata da un solo numero reale || **scalarménte** **avv.** **II sm. 1.** *T.banc.* prospetto per il calcolo degli interessi dei conti correnti bancari **2.** *T.mat.* e *T.fis.* ogni elemento di un insieme dotato della struttura di corpo (in contrapposizione a *vettore*, che indica gli elementi di uno spazio vettoriale).

scalàre[3] [da *scalo*; 1983] ***intr.*** (aus. *essere*) di navi e aerei, fare scalo.

scalària [da *scala*, per la forma della conchiglia, sul modello del lat. *scalārius*; 1932] ***sf.*** mollusco dei Gasteropodi dei mari tropicali, caratterizzato dalla conchiglia a forma di torre.

scalarifórme [comp. di *scalare*[2] e *-forme*; 1959] ***agg.*** a forma di scala.

scalàta [da *scalare*[1]; 1614] ***sf.*** l'azione dello scalare: *la scalata di un muro, di un monte; dare la scalata*, scalare ‖ *fig. dare la scalata al potere, a una banca*, cercare d'impadronirsi del governo, della direzione di una banca e sim. **Q.T.** *alpinismo*.

scalàto (*pps.* di *scalare*[1]) [a. 1565] ***agg.*** nei sensi del verbo; *in part.* graduato, digradato: *colori ben scalati; letture scalate*, graduate, che vanno dalle più facili alle più difficili.

scalatóre [da *scalare*[1]; 1447 *ascalatore*] ***agg.*** e ***sm.*** (f. *-trice*) che o chi scala ‖ *T.sport.* nell'alpinismo, arrampicatore, rocciatore; nel ciclismo, ciclista che va forte in salita. **Q.T.** *alpinismo*.

scalcagnàre [comp. parasint. di *calcagno*; sec. XIV] ***intr.*** (aus. *avere*) battere il calcagno camminando ‖ ***tr.*** rif. a scarpe, sciuparle nel calcagno, sformarle ‖ pestare con il calcagno ‖ *fig. raro scalcagnare qualcuno*, malmenarlo, avvilirlo.

scalcagnàto (*pps.* di *scalcagnare*) [1618] ***agg.*** detto di scarpa, deformata nel calcagno ‖ *fig. fam.* male in arnese, scalcinato, avvilito.

scalcàre (pres. *scàlco, scàlchi*) [da *scalco*; 1805] ***tr.*** trinciare la carne cotta secondo certe regole per servirla ai banchetti: *scalcare un pollo*.

scalcherìa [da *scalco*; a. 1698] ***sf.*** *T.stor.* mestiere e arte dello scalco: *maestro di scalcheria* ‖ il luogo riservato allo scalco.

scalciàre (pres. *scàlcio*) [comp. parasint. di *calcio*[1]; a. 1712] ***intr.*** (aus. *avere*) tirare calci: *quel mulo scalcia, quel ragazzo scalcia come un mulo*.

scalciàta [da *scalciare*; 1957] ***sf.*** *raro* atto ed effetto dello scalciare ‖ **N.** calcio.

scalcinàre [comp. parasint. di *calcina*; a. 1400] ***tr.*** rovinare l'intonaco, levandone la calcina; *scalcinare i mattoni*, levarne d'intorno la calcina per adoperarli di nuovo ‖ ***intr. pron.*** di muro o di intonaco, perdere la calcina.

scalcinàto (*pps.* di *scalcinare*) [a. 1574] ***agg.*** senza calcina: *muro scalcinato* ‖ *fig. fam.* di persona o cosa, male in arnese, malridotto o anche, di persona, inesperto, buono a nulla: *sei un giocatore scalcinato*.

scalcinatùra [da *scalcinare*; 1872] ***sf.*** azione ed effetto dello scalcinare ‖ la parte del muro scalcinata.

scàlco (pl. *-chi*) [dal long. *skalk*, servo; 1483] ***sm.*** **1.** nel Medioevo e nel Rinascimento, colui che nelle case signorili trinciava le vivande e serviva i convitati; in seguito, maggiordomo, direttore di mensa **2.** *ant. coltelli da scalco*, che servono per scalcare **3.** *T.eccl.* dignitario della corte papale che provvede alla mensa del papa ed è sempre presente ai suoi pasti ‖ **N. 1.** *Sin.* siniscalco | scalcheria.

scaldaàcqua o **scaldàcqua** [comp. di *scalda(re)* e *acqua*; 1959] ***sm. inv.*** dispositivo con cui si scalda l'acqua, impiegato per usi industriali e domestici: *scaldacqua elettrico, a gas; scaldaacqua ad accumulazione, boiler*.

scaldabàgno (pl. *scaldabàgni*) [comp. di *scalda(re)* e *bagno*; 1922] ***sm.*** apparecchio (solitamente a gas o elettrico) per scaldare l'acqua del bagno ‖ **N.** *Sin. boiler*.

scaldabànchi [comp. di *scalda(re)* e *banco*; 1959] ***s. inv. fam. scherz.*** scolaro che, non prestando attenzione durante le lezioni, non ne trae alcun profitto ‖ **N.** *Sin.* scaldaseggiole.

scaldàcqua v. SCALDAACQUA.

scaldalètto (pl. *scaldalètti*) [comp. di *scalda(re)* e *letto*; a. 1535] ***sm.*** arnese di rame, ormai disusato, a forma di pentola schiacciata, con lungo manico e coperchio traforato, in cui si metteva la brace ardente per scaldare il letto; oggi, apparecchiatura a forma di disco riscaldata elettricamente ‖ **N.** *Sin.* prete, trabiccolo.

scaldamàni o **scaldamàno** [comp. di *scalda(re)* e *mano*; 1565; 1676 nel senso 2] ***sm.*** **1.** arnese di metallo, ormai disusato, a forma di sfera cava, in cui si metteva acqua calda per scaldarsi le mani **2.** *T.gioc.* gioco infantile in cui ciascun partecipante, a turno, appoggia la mano tesa su quella di un altro; quando si è terminata la pila, il primo la ritira, battendola poi forte su quella che di volta in volta sta sopra a tutte.

scaldaménto [da *scaldare*; a. 1698] ***sm. pop.*** atto ed effetto dello scaldare; riscaldamento.

scaldamùscoli [comp. di *scalda(re)* e *muscolo*; 1983] ***sm. inv.*** speciale tipo di calza pesante senza piede, lunga fino al ginocchio, che copre il polpaccio di atleti o ballerini durante gli esercizi.

scaldapànche [comp. di *scalda(re)* e *panca*; 1863] ***s. inv.*** scaldabanchi.

scaldapiàtti [comp. di *scalda(re)* e *piatto*; fine 1892] ***sm. inv.*** scaldavivande.

scaldapièdi [comp. di *scalda(re)* e *piede*; 1561] ***sm. inv.*** cassetta di metallo, ormai disusata, con tappo a chiusura ermetica, che si riempiva di acqua calda e sulla quale si poggiavano i piedi.

scaldaràncio [comp. di *scalda(re)* e *rancio*; 1918] ***sm. inv.*** *disus.* rotoli di carta rigidi imbevuti di paraffina, che, accesi, servivano ai soldati, durante la prima guerra mondiale, per riscaldare il rancio.

scaldàre [lat. tardo *excaldāre*; 1313] ***tr.*** rendere calda una cosa, dar calore: *scaldare le mani, scaldare l'acqua; scaldare il motore*, avviarlo e tenerlo acceso per qualche tempo; *fig. scaldare i banchi, le sedie* e sim., detto di scolari fannulloni ‖ *fig.* infiammare, infervorare, accendere: *un bel discorso scalda gli uditori; scaldare la testa a qualcuno*, eccitargli con discorsi o atti la fantasia, accendere in lui una passione ‖ *scaldare la serpe in seno*, beneficare qualcuno che poi ingratamente ci nuoce ‖ ***rifl.*** procurarsi calore: *mi scaldavo al fuoco* ‖ ***intr. pron.*** **1.** divenire caldo: *quest'acqua comincia a scaldarsi* **2.** *fig.* infiammarsi, infervorarsi e, *in part.*, perdere il controllo, accendersi d'ira: *finalmente, all'ingresso del protagonista, il pubblico si scaldò, per un nonnulla si scalda e dà subito in escandescenze* ‖ ***intr.*** (aus. *avere*) **1.** raggiungere un certo calore: *il ferro da stiro non scalda* **2.** emanare calore: *con questo vento il sole non scalda* ‖ **N.** ***tr.*** *Sin.* accaldare, accalorare, riscaldare | caldo, calore.

scaldasèggiole [comp. di *scalda(re)* e *seggiola*; 1872] ***s. inv.*** chi si limita a presenziare svogliatamente a lezioni, riunioni, spettacoli e sim., senza apportarvi alcun contributo personale né trarne alcun profitto ‖ **N.** *Sin.* scaldabanchi.

scaldàta [da *scaldare*; 1872] ***sf.*** atto ed effetto dello scaldare e dello scaldarsi: *darsi una scaldata alle mani* ‖ *dim.* scaldatina.

scaldavivànde [comp. di *scalda(re)* e *vivanda*; a. 1584] ***sm. inv.*** denominazione di apparecchi, diversi per forma e sistema di funzionamento, utilizzati per tenere calde le vivande o i piatti da portare a tavola ‖ **N.** *Sin.* scaldapiatti.

scàldico (pl. *-ci*) [da *scaldo*; 1957] ***agg.*** *T.lett.* degli scaldi: *poesia scaldica*.

scaldìno [da *scaldare*; 1754] ***sm.*** vaso di terracotta o di rame in cui si metteva brace ardente leggermente coperta di cenere, per scaldarsi le mani o il letto in inverno ‖ oggi, *scaldino elettrico*, specie di stufetta elettrica usata per scaldare il letto ‖ **N.** *Sin.* braciere.

scàldo [dall'ant. nordico *skald*; 1891] ***sm.*** *T.stor.* presso le corti scandinave dei sec. IX-XIII, poeta-cantore autore di un tipo di poesia epica ed encomiastica che prese il nome di *scaldica* ‖ **N.** aedo, bardo, rapsodo, trovatore.

scalducciàre (pres. *-ùccio*) [da *scaldare*; 1872] ***tr.*** e ***rifl.*** *fam.* scaldare o scaldarsi un po'; starsene al calduccio.

scalèa [lat. volg. **scalēria*, scala; 1319] ***sf.*** (spec. *pl.*) serie di larghi, ampi scalini, posti specialmente davanti a chiese o a edifici monumentali: *le scalee di Aracoeli in Roma* ‖ **N.** *Sin.* cordonata, scalinata.

scalèno [dal lat. tardo *scalēnus*, gr. *skalēnós*, disuguale; a. 1572] ***agg.*** **1.** *T.geom.* detto di triangolo che ha i tre lati disuguali ‖ *per estens.* detto di poligono con tutti i lati disuguali e, in part., di trapezio con i lati obliqui diversi **2.** *T.anat. muscolo scaleno*, ciascuno dei due muscoli laterali della regione cervicale che, contraendosi, innalzano le due prime costole e servono pertanto alla respirazione.

scalenoèdro [comp. di *scaleno* e *-edro*; 1875] ***sm.*** **1.** *T.geom.* solido con un numero variabile di facce triangolari scalene, uguali tra loro **2.** *in part.* forma semplice dei cristalli, costituita da otto o dodici facce triangolari scalene.

scalèo [lat. volg. **scalērius*, a scala; 1321] ***sm.*** *tosc.* **1.** scala a libretto, e in part. quella dalla base molto larga, dotata di ripiani più larghi e in numero ridotto rispetto al normale, usata spec. in negozi e biblioteche per raggiungere le parti superiori delle scaffalature **2.** mobiletto a forma di scala sul quale si tengono vasi di fiori.

scalèra [lat. volg. **scalēria*, scala; a. 1742] ***sf.*** scalinata esterna, con due rampe semicircolari simmetriche, l'una a destra l'altra a sinistra, che confluiscono superiormente in un pianerottolo comune.

scalessàre (pres. *-èsso*) [comp. parasint. di *calesse*; a. 1850] ***intr.*** (aus. *avere*) *ant.* andare in giro, spec. per svago, col calesse ‖ **N.** *Sin.* scarrozzare.

scalétta (*dim.* di *scala*) [1319; 1959 nel senso 3; 1940 nel senso 2] ***sf.*** **1.** piccola scala **2.** l'ineguaglianza che resta nei capelli tagliati male **3.** primo abbozzo di sceneggiature cinematografiche, televisive, teatrali e sim. ‖ *per estens.* abbozzo schematico di un testo (discorso, relazione, tema e sim.), che ne elenca gli argomenti principali **4.** nello sci, modo di salire tenendo gli sci in diagonale e spostandoli uno dopo l'altro come se si stesse salendo i gradini di una scala ‖ *dim.* scalettìna.

scalettàre (pres. *-étto*) [da *scaletta*; 1879] ***tr.*** dare forma di scaletta: *scalettare un pendio, i margini di un registro*.

scalfàre[1] [dal lat. *excalefacere*; prima metà sec. XIV] ***tr.*** *ant.* scaldare, riscaldare.

scalfàre[2] [forse da **sfalcare*, dal long. *falkan*, togliere; 1965] ***tr.*** in un abito, allargare l'attacco della manica alla spalla, scavare il giro della manica.

scalfaròtto o **scalferòtto** [prob. da *scalfare*[1]; 1600] ***sm.*** *region.* grossa scarpa in lana o panno, con suola rinforzata, o pantofola imbottita, usata in casa per mantenere i piedi caldi in inverno.

scalfìre (pres. *-ìsco, -ìsci*) [etim. inc.; a. 1604] ***tr.*** incidere, intaccare leggermente, anche *fig.*: *il diamante scalfisce il vetro, la tua fama ne esce scalfita* ‖ ***rifl.*** e ***rifl. indir.*** ferire superficialmente: *attento, con quel chiodo ti puoi scalfire, si è scalfito un dito* ‖ **N.** *Sin.* FERIRE, INCIDERE.

scalfittùra [da *scalfitto*, pps. ant. di *scalfire*; sec. XIV] **sf.** l'atto ma spec. l'effetto dello scalfire; piccola ferita superficiale.
scàlfo [da *scalfare*²; 1965] **sm.** attaccatura della manica alla spalla.
scalificio (pl. *-ci*) [comp. di *scala* e *-ficio*; 1970] **sm.** fabbrica di scale.
scaligero [dal lat. mediev. *scaligerus*, che porta la scala, per l'insegna della famiglia; 1892; 1931 nel senso 2] **agg. 1.** relativo alla famiglia dei Della Scala: *la signoria scaligera* || *per estens.* veronese: *la città scaligera* **2.** relativo al teatro alla Scala di Milano.
scalimetro [comp. di *scala* e *-metro*; 1988] **sm.** *T.tecn.* regolo prismatico con incisa su ogni spigolo una scala grafica corrispondente a una scala numerica di riduzione; permette di disegnare e leggere rapidamente una carta in scala o di passare da una scala all'altra.
scalinàre (pres. *-ìno*) [da *scalino*; 1934] **tr.** *T.alp.* gradinare.
scalinàta [da *scalino*; 1617] **sf.** scala esterna, a gradini larghi, che dà accesso a edifici importanti o collega livelli diversi di un paese o quartiere: *scalinata monumentale* || **N.** *Sin.* gradinata, scalea, scalera, scalone.
scalinatùra [da *scalinare*; 1959] **sf.** *T.alp.* operazione con cui si ricavano scalini nel ghiaccio per mezzo della piccozza || **N.** *Sin.* gradinamento.
scalino [da *scala*; sec. XIV] **sm.** ciascuno degli elementi costitutivi di una scala, formati da un piano d'appoggio (*pedata*) e da uno verticale (*alzata* o *frontalino*); gradino || *per estens.* gradino che consente di superare il livello tra due piani e anche, in part., l'elemento rialzato che forma la soglia di un locale o di un edificio: *lo scalino del marciapiede* || *fig.* grado di una gerarchia: *è salito di uno scalino nella carriera* || **N.** *Sin.* gradino; livello.
scalmàna [da *calma* con *s-* privativo; 1688 *scarmana*] **sf. 1.** raffreddore o anche reumatismo preso per brusco raffreddamento dopo una sudata: *prendere una scalmana* **2.** *fig.* l'infatuarsi per una cosa, il buttarcisi dentro con eccessivo entusiasmo: *ha preso una scalmana per la fisica.*
scalmanàrsi (pres. *-àno*) [da *scalmana*; 1688 *scarmanare*] **intr. pron.** affannarsi, compiere una serie di sforzi fisici eccessivi, sudare: *fai in fretta, ma senza scalmanarti!* || *fig.* darsi gran da fare, agitarsi eccessivamente per fare una cosa; scaldarsi nel parlare ecc.: *inutile scalmanarsi a volerlo convincere.*
scalmanàto (*pps.* di *scalmanarsi*) [1546 *scalmanà*] **I agg.** che mostra, nell'aspetto, d'avere corso, d'essersi affannato intorno a una cosa: *arrivò tutto scalmanato* **II sm.** (f. *-a*) persona in stato d'esaltazione e tendenzialmente violenta: *mi investì una turba di scalmanati.*
scalmanatùra [da *scalmanarsi*; a. 1698] **sf.** *non com.* scalmana; lo scalmanarsi.
scalmièra [da *scalmo*; 1813] **sf.** *T.mar.* nelle imbarcazioni a remi, ciascuna delle aperture rotonde praticate sugli orli dei loro fianchi oppure ciascuna delle forcelle di metallo nelle quali giocano i remi nel vogare. **TAV.** *canottaggio* 1.2.
scalmière [da *scalmo*; 1930] **sm.** *T.mar.* scalmiera.
scàlmo [lat. *scalmus*, gr. *skalmós*; 1614] **sm. 1.** ciascuno dei pezzi che formano le coste delle imbarcazioni in legno **2.** in alcune imbarcazioni a remi, caviglie in legno o metallo infisse verticalmente negli orli dei fianchi che sostituiscono le scalmiere e sulle quali il remo, tenutovi saldo dagli stroppi, fa forza durante la voga.
scalmòtto [da *scalmo*; 1813] **sm.** *T.mar.* le parti più alte delle coste (o *ordinate*), che in genere formano il supporto delle impavesate della nave || **N.** scalmo.
scàlo [forse da *scala*; a. 1764] **sm. 1.** luogo di approdo per le navi e particolarmente quello destinato al traffico delle merci e dei passeggeri; *scalo aereo*, aeroporto o idroscalo; *scalo merci*, in una stazione o in un porto, complesso delle attrezzature predisposte per tutte le operazioni relative al traffico delle merci || *fare scalo*, fermarsi in un porto per compiervi operazioni di sbarco o d'imbarco di merci e di passeggeri; *volo senza scalo*, diretto, senza tappe intermedie **2.** *T.mar.* *scalo di costruzione*, opera in muratura destinata alla costruzione e al varo di una nave; la sua parte immersa si dice *antiscalo*; *scalo d'alaggio*, opera in muratura e legno, simile allo scalo di costruzione, sulla quale si può trarre in secco una nave per eseguirvi riparazioni o ripulirne la carena || *scalo coperto*, cantiere navale; *scalo fisso*, scalandrone || **N. 1.** *Sin.* bacino, bacino di carenaggio, banchina, calata, porto, squero | invasatura, palancata; attracco, calafataggio. **Q.T.** *porto* **TAV.** *porto* 3.22.
scalòccio (pl. *-ci*) [da *scala*; 1614] **sm.** *T.stor. mar.* grosso remo mosso nelle galee da più uomini disposti a diversi livelli, a scala; anche *agg.*: *remo scaloccio.*
scalógna¹ [dal lat. *ascalōnia* (*cēpa*), cipolla (tipica) di Ascalona, in Palestina; 1561] **sf.** scalogno.
scalógna² (pop. *scarógna*) [prob. da *scalogna*¹; 1908] **sf.** *fam.* iettatura, sfortuna, disdetta.
scalognàto (pop. *scarognàto*) [da *scalogna*²; 1942] **agg.** *fam.* che ha molta scalogna; sfortunato, disgraziato.
scalógno [dal lat. *ascalōnius*, di Ascalona, in Palestina; 1353] **sm.** pianta erbacea perenne delle Liliacee, con foglie cilindriche e bulbi più piccoli delle cipolle e di odore più acuto, usata come condimento aromatizzante.
scalóne (*accr.* di *scala*) [1865] **sm.** scala, gen. interna, di notevoli dimensioni, adorna, monumentale, per l'accesso ai piani nobili di grandi edifici || **N.** *Sin.* scalea.
scalòppa [dal fr. *escalope*; 1895 *scalopa*] **sf.** fetta di carne di vitello infarinata e cotta al tegame in vari modi (con limone, con marsala, con panna ecc.); è più com. il dim. *scaloppina* || *per estens.* bistecca di manzo o vitello.
scaloppìna (*dim.* di *scaloppa*) [1890 *scaloppino*] **sf.** piccola scaloppa || **N.** *Sin.* bistecchina, braciolina.
scalpàre [da *scalpo*; 1942] **tr. 1.** levare lo scalpo, scotennare **2.** *T.chir.* incidere il cuoio capelluto per poter intervenire sul cranio.
scalpellàre (pres. *-èllo*) [da *scalpello*; a. 1320 *scarpellare*] **tr. 1.** lavorare con lo scalpello per scheggiare, incidere ecc.: *scalpellare le pietre* || cancellare, distruggere a colpi di scalpello: *hanno scalpellato l'epigrafe* **2.** *T.chir.* *scalpellare il cranio* e sim., aprirlo con lo scalpello.
scalpellatóre [da *scalpellare*; sec. XIV *scarpellatore*] **agg.** e **sm.** (f. *-trice*) che o chi scalpella; scalpellino || sbavatore.
scalpellatùra [da *scalpellare*; a. 1472] **sf.** atto ed effetto dello scalpellare.
scalpellinàre (pres. *-ino*) [da *scalpellino*; 1872] **tr.** *tosc.* scalpellare.
scalpellino [da *scalpello*; 1520 *scarpellino*] **sm.** operaio che lavora la pietra con lo scalpello: *lavora da scalpellino* || *spreg.* cattivo scultore, senza estro creativo: *è uno scalpellino e nulla più* || **N.** *Sin.* lapidario, marmista, marmorario, tagliapietre | calandrino, calcagnolo, cuneo, curro, martellina, mazzuolo, raspa, scalpello, smeriglio | arrotare, incidere, intagliare, levigare, polire, raschiare, scalpellare, smussare.
scalpèllo [lat. *scalpellum*; a. 1320 *scarpello*] **sm. 1.** strumento d'acciaio temperato, tagliente in cima, con grosso manico e foggiato in modo da poter essere percosso con un martello, che serve per lavorare materiali diversi (asportandone piccole parti, scheggiandoli, incidendoli e sim.) **2.** *in part.* lo strumento usato dallo scultore: *l'arte dello scalpello*, la scultura; *opera di scalpello*, opera scultorea || *per meton.* scultore: *è uno dei migliori scalpelli d'Europa* **3.** *T.chir.* strumento chirurgico, a forma di scalpello, per incidere le ossa **4.** in campo minerario, utensile usato per praticare fori nel terreno, in part. trivellazioni per pozzi petroliferi || *dim.* scalpellìno; *accr.* scalpellóne; *pegg.* scalpellàccio, scalpellùcolo || **N.** bicciacuto, bulino, calcagnolo, ciappola, granitoio, pianatoio, ribuzzo, sgorbia, subbia, tagliaferro, ugnetto | codolo, manico, ralla, taglio. **Q.T.** *scultura* **TAV.** ***edilizia* p. 666** 12.7; ***utensili* p. 1340** 2 e **p. 1341** 30.5.
scalpicciaménto [da *scalpicciare*; a. 1320] **sm.** lo scalpicciare, e spec. il rumore che si fa scalpicciando; scalpiccìo.
scalpicciàre (pres. *-ìccio*) [da *scalpitare*, prob. con influsso di *pesticciare*; a. 1320] **intr.** (aus. *avere*) camminare con passo leggero e rapido, strisciando i piedi per terra.
scalpiccìo (pl. *-ìi*) [da *scalpicciare*; 1353] **sm.** lo scalpicciare continuato; il rumore che si fa scalpicciando.
scalpitaménto [da *scalpitare*; a. 1363] **sm.** *raro* lo scalpitare.
scalpitàre (pres. *scàlpito*) [prob. dal lat. volg. **scalpitare*, dal lat. *scalpere*, raspare; 1340 ca.] **intr.** (aus. *avere*) battere in terra con le zampe ferrate come fanno i cavalli quando sono irrequieti o impazienti per essere rimasti a lungo fermi: *i cavalli scalpitano impazienti* || *fig.* di persona, mostrare impazienza per la smania di fare qualcosa: *sta per diventare maggiorenne e comincia a scalpitare* || **tr.** *ant.* calpestare || **N.** **intr.** *Sin.* scalpicciare.
scalpitìo (pl. *-ìi*) [da *scalpitare*; sec. XIV] **sm.** uno scalpitare prolungato e insistente.
scàlpito [da *scalpitare*; 1891] **sm.** *lett.* lo scalpitare.
scàlpo [dall'ingl. *scalp*, cuoio capelluto; 1942 *scalp*] **sm. 1.** il cuoio capelluto, asportato con tutti i capelli al nemico vinto, conservato come trofeo guerresco da tribù di scotennatori, in part. dai pellirossa **2.** *T.med.* scollamento del cuoio capelluto in seguito a trauma o per fini chirurgici.
scalpóre [da *scalpitare*; 1400 ca. *scarpore*] **sm. 1.** strepito, rumore scomposto || rumorosa manifestazione di risentimento: *fai tanto scalpore per nulla* **2.** rumore, scandalo; *fare scalpore*, far parlare di sé: *è un matrimonio che farà molto scalpore* || **N. 1.** *Sin.* chiasso, frastuono, strepito.
scàlpro [dal lat. *scalprum*; 1618] **sm.** *ant.* temperino che gli scribi usavano per raschiar via i segni d'inchiostro da eliminare o per appuntire la penna o la cannuccia per scrivere.
scaltrézza [da *scaltro*; 1611] **sf.** l'essere scaltro || **N.** *Sin.* accortezza, avvedutezza, furbizia, malizia.
scaltriménto [da *scaltrire*; a. 1292] **sm.** *raro* **1.** *arc.* lo scaltrire o lo scaltrirsi **2.** stratagemma, atto scaltro: *con quello scaltrimento riuscì a ottenere ciò che voleva* **3.** *ant.* astuzia, sagacia.
scaltrìre (pres. *-ìsco, -ìsci*) [lat. volg. **cauterīre*, bruciare col ferro rovente; 1319] **tr.** rendere accorta, avveduta una persona inesperta, ingenua, rozza, insicura: *ha bisogno d'essere un po' scaltrito* || *scaltrire lo stile*, renderlo più sicuro, raffinarlo || **intr. pron.** diventare scaltro o più scaltro || diventare abile, sicuro, esperto per aver imparato le malizie di un'arte o di una professione || **N.** **tr.** *Sin.* dirozzare, smaliziare.
scàltro [da *scaltrire*; a. 1550] **agg.** avveduto, sagace, che agisce con accortezza, sa evitare insidie e malizie e, al caso, tenderle e praticarle: *una donna scaltra* || detto anche di ciò che è

detto o fatto con scaltrezza: *una mossa scaltra* || **scaltraménte** ***avv.*** || **N.** *Sin.* accorto, astuto, smaliziato, FURBO.

scalvàre [comp. parasint. di *calvo*; sec. XIV] ***tr.*** *T.agr.* tagliare i rami di una pianta vicino al fusto, per ottenere nuovi getti.

scalvatùra [da *scalvare*; 1959] ***sf.*** operazione dello scalvare; l'essere scalvato.

scàlvo [da *scalvare*; 1959] ***sm.*** scalvatura.

scalzacàne o **scalzacàni** [prob. comp. di *scalza(re)* e *cane*; 1598 *scalciacane*] ***s.*** *spreg.* **1.** persona misera, trasandata, male in arnese **2.** inetto, incompetente nella sua arte o nella sua professione: *non è un medico, quello, è piuttosto uno scalzacane.*

scalzagàtto o **scalzagàtti** [prob. comp. di *scalza(re)* e *gatto*; a. 1665] ***s.*** *ant.* scalzacane.

scalzaménto [da *scalzare*; a. 1519] ***sm.*** atto ed effetto dello scalzare; scalzatura.

scalzapèlli [comp. di *scalza(re)* e *pelle*; 1965] ***sm.*** *inv.* piccolo oggetto usato per scalzare le pelli dalle unghie.

scalzàre [lat. *excalceāre*; fine sec. XIII] ***tr.*** **1.** togliere le scarpe e le calze dai piedi: *lo scalzò e gli fece passare il fiume* **2.** levare la terra intorno al piede di un albero o alle radici dalle piante erbacee: *scalzare i cavoli per concimarli* || rimuovere il materiale entro cui qualcosa è infisso, privandolo così dell'appoggio alla base: *scalzare un muro, un dente, le acque scalzarono le fondamenta delle case* || *fig.* indebolire, compromettere la posizione, scuotere: *scalzare il credito, l'autorità di qualcuno*; fare in modo che qualcuno sia tolto dal posto, ufficio, grado: *lo scalzò dal posto di segretario* **3.** *fam.* *scalzare qualcuno*, indurlo con sotterfugi a rivelare ciò che non vorrebbe dire || ***rifl.*** togliersi le scarpe e le calze dai piedi || *fig.* entrare in un ordine di religiosi scalzi.

scalzàto (*pps.* di *scalzare*) [a. 1577] ***agg.*** nei sensi del verbo || *T.ipp.* *cavallo scalzato*, abituato a camminare senza ferri, cosicché manca quasi completamente di unghia.

scalzatóre [da *scalzare*; 1872] ***agg.*** e ***sm.*** (f. *-trìce*) *raro* che o chi scalza.

scalzatùra [da *scalzare*; a. 1597 nel senso 2] ***sf.*** **1.** atto ed effetto dello scalzare **2.** luogo dove si è scalzato.

scàlzo [da *scalzare*; 1321] ***agg.*** **1.** senza scarpe né calze, coi piedi nudi: *camminare scalzo, stare scalzo*; *a piedi scalzi*, a piedi nudi || *iperb.* *spreg.* detto di persona volgare, di bassa estrazione: *è un cafone sudicio e scalzo ma pieno di arroganza* **2.** detto di ordini o congregazioni di religiosi che portano sandali senza calze: *Carmelitani scalzi*; anche *sm.* (f. *-a*): *la chiesa degli Scalzi.*

scamatàre [da *scamato*; a. 1400] ***tr.*** *raro* battere la lana di materassi, cuscini e sim. con lo scamato per farla districare || battere con lo scamato panni, tappeti e sim. per togliere la polvere.

scamàto [dal gr. *kámax, -akos*, pertica; 1325 ca.] ***sm.*** **1.** bacchetta, perlopiù di corniolo, usata per scamatare **2.** nell'antica liturgia cattolica, bacchetta usata dai penitenzieri per toccare il penitente dopo la confessione in segno di assoluzione.

scambiàbile [da *scambiare*; 1959] ***agg.*** che si può scambiare.

scambiaménto [da *scambiare*; 1558] ***sm.*** *raro* atto ed effetto dello scambiare, scambio.

scambiàre (pres. *scàmbio*) [da *cambiare*; 1353 nel senso 2] ***tr.*** **1.** barattare, permutare: *scambiare merci, scambiare grano con olio*; *in part.* cambiare una banconota o una moneta con altre di valore equivalente ma di taglio inferiore: *hai da scambiare diecimila lire?* || *scambiare quattro chiacchiere*, conversare **2.** confondere, prendere una persona o una cosa per un'altra: *ti ho scambiato per tuo padre, le due sorelle si somigliano tanto, che è facile scambiarle* || ***rifl. rec.*** avvicendarsi, sostituirsi: *i due giocatori si scambiarono, il difensore si scambiò con l'attaccante* || ***rec.*** dirsi, darsi, farsi reciprocamente qualcosa: *scambiarsi il saluto, i regali, la visita, confidenze* || **N.** ***tr.*** **1.** *Sin.* CAMBIARE.

scambiàto (*pps.* di *scambiare*) [a. 1348] ***agg.*** cambiato, confuso, sostituito || *raro* *occhi scambiati*, strabici.

scambiatóre [da *scambiare*; 1949] ***sm.*** **1.** (f. *-trìce*) chi scambia **2.** *T.fis.* *scambiatore di calore*, qualsiasi apparecchio destinato a trasferire energia termica da un mezzo a un altro a temperatura inferiore.

scambiettàre (pres. *-étto*) [da *scambietto*; 1473] ***intr.*** (aus. *avere*) *ant.* fare scambietti, danzando || **N.** *Sin.* saltellare, sgambettare.

scambiétto (*dim.* di *scambio*) [a. 1400 nel senso 2] ***sm.*** **1.** piccolo scambio **2.** piccolo salto che si fa ballando, scambiando la posizione dei piedi in modi vari **3.** *fig.* gioco di parole con antitesi e rispondenze artificiose || **N.** **2.** *Sin.* sgambetto.

scambiévole [da *scambiare*; 1598] ***agg.*** reciproco, vicendevole: *affetto, aiuto scambievole* || **scambievolménte** ***avv.***

scambievolézza [da *scambievole*; a. 1673] ***sf.*** *raro* l'essere scambievole; vicendevolezza, reciprocità.

scàmbio (pl. *-bi*) [da *scambiare*; fine sec. XIII] ***sm.*** **1.** atto ed effetto dello scambiare e dello scambiarsi cose dello stesso genere o anche di genere diverso: *tra i due paesi vi furono scambi culturali, di prigionieri, di aggressioni, tra quei due ci fu uno scambio di cortesie, facciamo uno scambio: tu mi dai la palla e io ti do la bambola* || *T.comm.* cessione di una merce per un'altra: *ci fu uno scambio di materie prime tra i due paesi*; *libero scambio*, commercio libero, senza dazi protettivi: *zona di libero scambio*; *valore di scambio*, il prezzo di mercato || *T.sport.* *scambio di palla*, passaggio del pallone da un giocatore all'altro; nel tennis, il periodo durante il quale la palla è in gioco **2.** *in part.* equivoco, confusione tra persone o cose dovuta a errore o distrazione: *c'è stato uno scambio di persona* **3.** *T.chim.* *scambio ionico*, V. REAZIONE DI SCAMBIO **4.** in genetica, cessione, tra cromosomi omologhi, di porzioni corrispondenti; *crossing over* **5.** gioco enigmistico per cui da una parola se ne ottiene un'altra, spostando una o più lettere **6.** *T.ferr.* meccanismo che, spostando una parte mobile delle rotaie, permette a veicoli ferroviari o tranviari di passare da un binario all'altro || *dim.* scambiétto || **N.** **1.** *Sin.* baratto, contraccambio, permuta. **Q.T.** ***commercio...*** **TAV. *ferrovie...* p. 669** 5.16, 5.26.

scambìsta [da *scambio*, sul modello del fr. *échangiste*; 1857] ***s.*** **1.** chi partecipa a operazioni di scambio || *in part.* *T.filat.* collezionista di francobolli che incrementa la propria collezione mediante scambi **2.** *T.ferr.* il deviatore, l'impiegato o manovratore ferroviario addetto allo scambio.

scameràre (pres. *scàmero*) [da *incamerare*, con cambio di pref.; 1600] ***tr.*** *T.giur.* *raro* liberare dalla confisca o dal sequestro || **N.** *Contr.* incamerare.

scamiciàrsi (pres. *-ìcio*) [comp. parasint. di *camicia*; 1846] ***rifl.*** mettersi in maniche di camicia: *a casa si è scamiciato.*

scamiciàto (*pps.* di *scamiciarsi*) [a. 1311] **I** ***agg.*** in maniche di camicia **II** ***sm.*** **1.** (f. *-a*) uomo volgare, di modi inurbani || persona che in politica segue dottrine sovversive; fanatico rivoluzionario: *teorie da scamiciato* **2.** *T.abb.* abito femminile diritto, scollato e senza maniche.

scammonèa V. SCAMONEA.

scamóne [etim. inc.; 1905] ***sm.*** *lomb.* taglio di carne dei bovini che corrisponde alla parte superiore delle natiche. **TAV.** *alimentazione* 3.4.

scamonèa o **scammonèa** [dal lat. *scammōnea*, gr. *skamōnía*; a. 1320] ***sf.*** **1.** pianta delle Convolvulacee dalle cui radici si ricava un succo resinoso usato un tempo come purgante, ma ormai abbandonato per i suoi dannosi effetti collaterali **2.** *fig.* *ant.* persona noiosa, malaticcia e di brutto aspetto: *dovrò passare tutta la sera con quella scamonea.*

scamòrza o **scamòzza** [da *scamozzare*; 1895; 1959 nel senso 2] ***sf.*** **1.** formaggio fresco a pasta filata che si può consumare anche affumicato o cotto alla griglia **2.** *fig.* *scherz.* persona inetta, che dimostra scarse capacità nel gioco, nei lavori e sim.

scamoscerìa [da *scamosciare*; 1931] ***sf.*** tipo di concia, nella quale le pelli vengono scamosciate trattandole con speciali miscugli di olii.

scamosciàre (pres. *-òscio* o *-óscio*) [comp. parasint. di *camoscio*; 1895] ***tr.*** *T.conc.* conciare le pelli trattandole a olio, in modo da farle somigliare a quella del camoscio.

scamosciàto (*pps.* di *scamosciare*) [1472] ***agg.*** detto di pelle trattata in modo tale da assomigliare al camoscio || di pelle scamosciata: *gonna scamosciata.* **Q.T.** *pellicciaio...*

scamosciatóre [da *scamosciare*; 1824] ***sm.*** (f. *-trìce*) chi concia pelli con la tecnica a olio, in modo da renderle scamosciate.

scamosciatùra [da *scamosciare*; 1959] ***sf.*** operazione ed effetto dello scamosciare.

scamòscio o **scamóscio** (pl. m. *-sci*, pl. f. *-sce*) [da *scamosciare*; 1872] ***agg.*** *raro* scamosciato.

scamòzza V. SCAMORZA.

scamozzàre (pres. *-òzzo*) [prob. da *scapitozzare*, con influsso di *mozzare*; 1860] ***tr.*** rif. a pianta, potarla nella parte superiore o, talvolta, sino al tronco, perché rigermogli più vigorosamente || **N.** *Sin.* scapezzare, scapitozzare, svettare.

scamozzatùra [da *scamozzare*; 1891] ***sf.*** atto ed effetto dello scamozzare || la parte di un albero recisa nello scamozzare.

scampafórca [comp. di *scampa(re)* e *forca*; 1618] ***s.*** *inv.* *raro* chi scampa o è scampato alla forca, quindi briccone, furfante matricolato.

scampagnàre [comp. parasint. di *campagna*; 1872] ***intr.*** (aus. *avere*) *raro* andare e stare a divertirsi in campagna; fare una scampagnata.

scampagnàta [da *scampagnare*; 1841] ***sf.*** gita in campagna di un giorno, per divertimento.

scampanacciàta [comp. parasint. di *campanaccio*; 1940] ***sf.*** il suono prolungato di molti campanacci || *per estens.* il frastuono provocato battendo ripetutamente su oggetti metallici o con rudimentali strumenti, che in alcune regioni italiane si fa in segno di scherno nei confronti di qualcuno || **N.** *Sin.* scampanata.

scampanaménto [da *scampanare*; 1940] ***sm.*** *raro* atto ed effetto dello scampanare.

scampanàre (pres. *-àno*) [comp. parasint. di *campana*; 1598] ***intr.*** (aus. *avere*) **1.** suonare a distesa le campane: *scampanare a festa* **2.** *T.abb.* di vestito, allargarsi sul fondo, a campana: *questa gonna scampana* || ***tr.*** allargare un abito sul fondo: *scampanare dei pantaloni, una gonna.*

scampanàta [da *scampanare*; 1838] ***sf.*** **1.** lungo e festoso suonare di campane; lo scampanare **2.** scampanacciata: *gli hanno fatto la scampanata per meglio deriderlo.*

scampanàto (*pps.* di *scampanare*) [1959] ***agg.*** di gonna, abito e sim., che si allarga a campana verso il basso.

scampanatùra [da *scampanare*; 1966] ***sf.*** forma allargata a campana del fondo di gonne o di pantaloni.

scampanellàre (pres. *-èllo*) [comp. parasint. di *campanello*; 1726] ***intr.*** (aus. *avere*) far suonare forte e a lungo il campanello: *chi è che scampanella?*

scampanellàta [da *scampanellare*; 1855] ***sf.*** forte e prolungata suonata di campanello.

scampanellìo (pl. *-ìi*) [da *scampanellare*; 1865] ***sm.*** frequente e continuo scampanellare.

scampanìo (pl. *-ìi*) [da *scampanare*; 1827] ***sm.*** frequente e forte scampanare.

scampàre [comp. parasint. di *campo* (di battaglia); 1312] ***tr.*** **1.** far uscire illeso da un pericolo, salvare, liberare da un male e sim.: *il mio aiuto lo scampò dal fallimento* || nelle escl. *Dio ci scampi!, Dio ce ne scampi e liberi!*, Dio ci preservi da ogni male in genere o da uno in particolare **2.** schivare, evitare un pericolo o una disgrazia: *scampare la morte, la prigione*, evitarla per un pelo || uscire indenne da una situazione rischiosa, anche *fig.*, nelle espressioni *scamparla, scamparla bella, scamparla per miracolo* e sim.: *il professore non mi ha interrogato: per questa volta l'ho scampata* || ***intr.*** (aus. *essere*) uscire illeso da un pericolo: *scampò per miracolo alla strage* || trovare rifugio, scampo, per evitare un pericolo: *scampò in America.*

scampàto (*pps.* di *scampare*) [a. 1348] ***agg.*** e ***sm.*** (f. *-a*) che o chi si è salvato da un grave pericolo: *gli scampati al naufragio.*

scàmpo¹ [da *scampare*; 1312] ***sm.*** salvezza dal pericolo, liberazione: *trovare uno scampo, cercare scampo nella fuga*; *non c'è (via di) scampo*, si dice quando non c'è modo di evitare qualcosa || **N.** *Sin.* salvezza.

scàmpo² [dal gr. *kámpē*, bruco; 1923] ***sm.*** nome di uno squisito crostaceo dei Decapodi: *un fritto di scampi.*

scàmpolo [etim. inc.; 1298] ***sm.*** **1.** avanzo di una pezza di tessuto, gen. venduto a basso prezzo o sotto costo **2.** *per estens.* pezzo, ritaglio, residuo, rimasuglio: *scampolo di tempo, di terreno* || *spreg. scampolo d'uomo*, uomo piccolo e malaticcio || *dim.* scampolétto, scampolìno, scampolùccio.

scamùzzolo [da *scamozzare*; sec. XIV] ***sm.*** *ant. tosc.* rimasuglio, briciola || *mettere insieme a scamuzzoli*, a piccole quantità, a forza di risparmio.

scàna [da *sanna*, con influsso di *cane*; 1313] ***sf.*** *ant.* dente aguzzo di cani e belve; zanna: *e con l'agute scane / mi parea lor veder fender li fianchi* (Dante).

scanagliàre (pres. *-àglio*) [comp. parasint. di *canaglia*; 1846 come rec.] ***intr.*** e ***intr. pron.*** (aus. *avere*) *raro* comportarsi da canaglia: *è tutto il giorno a scanagliare per la strada* || ***rec.*** trattarsi l'un l'altro come canaglie: *quei due non fanno che urtarsi e scanagliarsi tra loro.*

scanalàre (pres. *-àlo*) [comp. parasint. di *canale*; 1612] ***tr.*** incavare legno o pietra perlopiù nel senso della lunghezza, formando come un piccolo solco: *scanalare il bastone, una colonna* || ***intr.*** (aus. *avere*) *raro* uscire dal canale || *fig.* non seguire le vie gerarchiche consuete o, in gen., deviare dalla norma.

scanalatrice [da *scanalare*; 1942] ***sf.*** macchina che serve per eseguire scanalature.

scanalatùra [da *scanalare*; a. 1698] ***sf.*** **1.** la tecnica o l'azione dello scanalare: *scanalatura a mano* **2.** incavo di profondità e larghezza limitate che si pratica per ragioni funzionali od ornamentali: *scanalatura del fucile*, rigatura || *T.arch.* decorazione ricorrente su triglifi, paraste e colonne classiche; su queste ultime, in part., aveva anche la funzione di nascondere le suture dei rocchi che ne compongono il fusto. **TAV. *architettura* p. 646** 2.6.

scancellàre e der. forme pop. di CANCELLARE e der. (v.).

scancerìa [da *scancia*, var. di *scansia*; a. 1400] ***sf.*** *ant.* scansia.

scanciò o **schianciò** (pl. *-ci* o *-cìi*) [forse dal fr. ant. *guenchier, guenchir*, a. 1320] ***sm.*** *tosc.* sghimbescio, sghembo; usato solo nelle *loc. avv. di scancio, a scancio, per scancio*, di ghembo, di traverso, a sghimbescio, obliquamente, di sbieco.

scandagliaménto [da *scandagliare*; 1937] ***sm.*** misurazione della profondità delle acque, effettuata mediante lo scandaglio: *lo scandagliamento del fondo marino.*

scandagliàre (pres. *-àglio*) [da *scandaglio*; 1339 *scandigliare* nel senso 3; sec. XVI nel senso 1] ***tr.*** **1.** *T.mar.* misurare con lo scandaglio la profondità delle acque: *scandagliare il fondo del mare* **2.** *fig.* cercare di conoscere i sentimenti o le intenzioni di qualcuno o anche, riferito a un'impresa, una società e sim., controllarne, tramite sondaggi, le disponibilità o la solidità **3.** *ant.* misurare accuratamente || **N. 2.** *Sin.* calcolare, saggiare, soppesare, INVESTIGARE.

scandagliàta [da *scandagliare*; 1848] ***sf.*** l'atto di scandagliare una volta: *dagli tu una scandagliata.*

scandagliatóre [da *scandagliare*; 1872] ***sm.*** (f. *-trìce*) chi è addetto a scandagliare la profondità delle acque.

scandàglio (pl. *-gli*) [lat. volg. **scandăculum*, misura, scala, sonda; 1314] ***sm.*** **1.** strumento di varie forme e più o meno complicato, usato per misurare la profondità delle acque di mare, di un lago, di un fiume, e la natura del fondo: *gettare lo scandaglio*; *scandaglio comune, a mulinello, meccanico, a pressione, a decolorazione, a perdita di peso, acustico, ultrasonico*; *scandaglio a presa di fondo e di acqua*, usato nelle campagne oceanografiche, permette di prelevare saggi del fondo o dell'acqua marina alle varie profondità **2.** l'operazione dello scandagliare || *fig.* saggio, esperimento, indagine, sondaggio: *ha fatto il suo scandaglio, e si rifiuta di partecipare all'impresa* **3.** *T.sport.* nella scherma, azione tendente a scoprire le intenzioni e l'abilità dell'avversario || **N. 1.** batisfera, idrofono, piombino, sagola, sonda | oceanografia. **Q.T. *nautica...***

scandalìsmo [da *scandalo*; 1942] ***sm.*** tendenza a suscitare e sfruttare gli scandali.

scandalista [da *scandalo*; 1923] ***s.*** chi sfrutta gli scandali e ne vive; spec. giornalista che denuncia scandali, talora esagerando i fatti, per far aumentare la tiratura del proprio giornale e sim.

scandalìstico (pl. *-ci*) [da *scandalo*; 1947] ***agg.*** che mira a provocare o diffondere scandali: *iniziò un'aspra campagna scandalistica.*

scandalizzàre (ant. *scandolezzàre*) [dal lat. tardo *scandalizāre*, gr. *skandalízein*; 1306 *scandalezzare*] ***tr.*** offendere o turbare la coscienza, il pudore o il senso morale di altri con azioni, parole o atteggiamenti: *è grave colpa scandalizzare gli innocenti* || ***intr. pron.*** provare indignazione e turbamento per azioni o atteggiamenti ritenuti contrari alla morale, al decoro, alla convenienza o eccessivamente spregiudicati: *si scandalizza per niente, si è scandalizzato dei costumi della figlia*; anche *iperb.*: *non scandalizzatevi se finisco la torta* || **N. *intr. pron.*** *Sin.* indignarsi, sdegnarsi.

scandalizzatóre [da *scandalizzare*; sec. XIV] ***agg.*** e ***sm.*** (f. *-trìce*) *arc.* che o chi scandalizza.

scàndalo (pop. *scàndolo*) [dal lat. tardo *scandalum*, gr. *skándalon*, pietra d'inciampo, laccio, insidia; 1313 nel senso 3] ***sm.*** **1.** atto, comportamento o atteggiamento capace di indurre altri al male, o di turbarne la coscienza: *dare scandalo, un film che è un vero scandalo, gridare allo scandalo*; *la pietra dello scandalo*, il primo a dare il cattivo esempio || episodio contrario alle norme morali socialmente riconosciute, che fa scalpore in quanto diventa di pubblico dominio: *illustri uomini politici sono coinvolti nello scandalo* **2.** il turbamento stesso suscitato da comportamenti scandalosi: *essere motivo di scandalo, sul suo volto c'era un misto di scandalo e di tristezza* || la reazione collettiva e clamorosa prodotta nell'opinione pubblica da comportamenti scandalosi di persone in vista: *fare, suscitare, far scoppiare uno scandalo, soffocare, mettere a tacere uno scandalo* **3.** *ant.* discordia, dissidio: *suscitatore di scandali, ha messo scandalo fra loro* || *dim.* scandalétto || **N. 2.** *Contr.* edificazione.

scandalóso [dal lat. tardo *scandalōsus*; a. 1527 *scandalosissimo*] ***agg.*** che è motivo di scandalo, che suscita scandali: *fatti scandalosi, vita scandalosa* || *iperb.* eccessivo, esagerato: *è di un'indulgenza scandalosa* || **scandalosaménte** ***avv.*** || **N.** *Sin.* immorale, licenzioso, osceno, riprovevole.

scandèlla [dal lat. *scandala*, spelta; 1340 ca.] ***sf.*** **1.** denominazione volgare di una specie di orzo che matura in meno di due mesi **2.** *ant.* piccola goccia d'olio o di grasso galleggiante in un liquido || **N. 1.** *Sin.* spelta.

scandènte [dal lat. *scandere*, salire; 1872] ***agg.*** *T.bot.* detto di fusto rampicante che sale attaccandosi con viticci, peli uncinati, radici avventizie e sim. || **N.** *Sin.* rampicante.

scàndere (pres. *scàndo*) ***tr.*** *raro* V. SCANDIRE.

scandinàvo (meno corretto ma com. *scandìnavo*) [dal n. geogr. *Scandinavia*; 1838] **I** ***agg.*** della Scandinavia: *la penisola scandinava* **II** ***sm.*** (f. *-a*) abitante della Scandinavia.

scàndio [dal lat. *Scandia*, Scandinavia; 1895] ***sm.*** *T.chim.* elemento del gruppo delle terre rare, che allo stato libero si presenta come un metallo bianco-argenteo.

scandìre (pres. *-ìsco, -ìsci*) (raro *scàndere*) [dal lat. *scandere*; a. 1411; 1908 nel senso 2; 1959 nel senso 3] ***tr.*** **1.** in metrica, misurare il verso latino o greco nei suoi piedi e secondo la quantità delle sillabe: *scandire un esametro* || *per estens.* dividere in intervalli un periodo di tempo: *l'anno prossimo sarà scandito da importanti appuntamenti elettorali* **2.** *per estens.* *scandire le parole, le sillabe*, pronunciarle in modo distinto || *T.mus.* *scandire il tempo*, evidenziarne la successione ritmica **3.** nelle telecomunicazioni, eseguire una scansione || **N. 1.** prosodia **2.** *Sin.* compitare.

scàndola [lat. *scandula*, assicella; 1570] ***sf.*** assicella o scaglia di legno con cui si ricoprono i tetti in certe località di montagna.

scandolezzàre V. SCANDALIZZARE.

scàndolo V. SCANDALO.

scannafòsso [comp. di *scanna(re)*¹ e *fosso*; 1532 nel senso 2] ***sm.*** **1.** fosso che dà scolo alle acque nei campi o intorno alle costruzioni rurali **2.** nelle fortificazioni, condotto murato dalla piazzaforte al fosso.

scannaménto [da *scannare*¹; a. 1649] ***sm.*** *non com.* atto ed effetto dello scannare, dell'uccidere sgozzando || anche *iperb.*: *la prenotazione dei biglietti è stata un grande scannamento.*

scannaminèstre [comp. di *scanna(re)*¹ e *minestra*; a. 1635] ***s. inv.*** *ant. spreg.* millantatore, buono a nulla.

scannapagnòtte [comp. di *scanna(re)*¹ e *pagnotta*; a. 1571] ***s. inv.*** *ant. fam.* scannapane.

scannapàne [comp. di *scanna(re)*¹ e *pane*; a. 1571] ***s. inv.*** *ant.* fannullone, buono a nulla, persona capace solo di riempirsi il ventre.

scannàre¹ [comp. parasint. di *canna* (della gola); a. 1250] ***tr.*** **1.** uccidere recidendo la trachea e le arterie del collo: *scannò il maiale* || *per estens.* uccidere con atrocità e ferocia: *scannarono i nemici*; anche *iperb.*: *non cede neanche se lo scanni, urlava come se lo scannassero* **2.** *fig.* di negozianti e sim., far pagare cara una merce: *non lo sapevi che in quel negozio scannano la gente?* || rovinare: *gli strozzini scannano i disgraziati che capitano nelle loro mani* **3.** *ant.* *scannare un fosso*, tagliare un fosso per derivarne le acque (cfr. SCANNAFOSSO) || ***rec. iperb.***

accapigliarsi: *si scannavano per un posto in tribuna* || **N.** **1.** *Sin.* sgozzare **2.** *Sin.* angariare, strangolare.

scannàre² [comp. parasint. di *canna*; 1618] ***tr.*** *T.tess.* togliere il filato dai cannelli o dai fusi || **N.** *Sin.* scannellare | *Contr.* incannare.

scannàto (*pps.* di *scannare¹*) [1673] **I *agg.*** sgozzato || *fam.* povero, senza soldi: *sono rimasto scannato* **II *sm.*** (f. *-a*) chi è povero in canna.

scannatóio (pl. *-ói*) [da *scannare¹*; 1615 nel senso 2] ***sm.*** **1.** luogo dove si scannano pecore, agnelli e altri animali **2.** *fig.* locale equivoco frequentato da bari e ladri che truffano le persone ingenue e danarose che vi capitano || banco di uno strozzino o, in gen., negozio in cui si praticano prezzi particolarmente esosi.

scannatóre [da *scannare¹*; 1598] ***agg.*** e ***sm.*** (f. *-trice*) *raro* che o chi scanna, anche *fig.* || **N.** *Sin.* sgozzatore; strozzino.

scannatùra [da *scannare¹*; 1582] ***sf.*** atto ed effetto dello scannare || *in part. ant.* terra tolta dal fosso e gettata su una delle sponde, per lo scolo e la derivazione delle acque.

scannellaménto [da *scannellare*; 1728] ***sm.*** *raro* atto ed effetto dello scannellare.

scannellàre (pres. *-èllo*) [comp. parasint. di *cannello*; a. 1555] ***tr.*** **1.** fare una scanalatura, a scopo ornamentale o funzionale; scanalare **2.** *T.tess.* svolgere il filo dal cannello su cui era avvolto **3.** di un liquido, uscire a zampilli **4.** *raro* diradare i canneti.

scannellàto (*pps.* di *scannellare*) [a. 1555] **I *agg.*** nei sensi del verbo || detto di abiti a pieghe larghe e profonde **II *sm.*** *T.tecn.* lavoro di scannellatura eseguito su vetro, marmo o metallo.

scannellatóre [da *scannellare*; 1988] ***sm.*** *T.oref.* tipo di cesello con cui si lavora con scannellature di forma ovale un oggetto di metallo.

scannellatùra [da *scannellare*; a. 1555] ***sf.*** atto ed effetto dello scannellare; scanalatura.

scannèllo¹ [lat. tardo *scamnellum*; 1550] ***sm.*** piccola cassetta da scrivania sul cui coperchio, inclinato e sollevabile, si appoggiavano in passato fogli e libri per scrivere e leggere più comodamente, e dove si potevano anche riporre carte, documenti, lettere ecc.

scannèllo² [prob. da *cannello*; 1805] ***sm.*** *T.mac.* taglio di carne di buona qualità, ricavato dalla parte interna della coscia dei bovini, vicino al culaccio.

scanner (ingl., pr. ['skænə]; pr. it. ['skanner]) [da to *scan*, esaminare minuziosamente; 1974] ***sm. inv.*** **1.** attrezzatura elettronica che utilizza fonti luminose (compresa quella laser) per esplorare gli oggetti (opachi o trasparenti), registrando le loro emissioni di elettroni || *in part.* dispositivo che permette di intervenire direttamente su testi o immagini già computerizzati o di riprodurre col computer testi e immagini che non sono su supporto magnetico (*traduttore ottico*) **2.** *T.med.* apparecchiatura con cui viene praticata la scintigrafia dinamica.

scanning (ingl., pr. ['skænɪŋ]) [dall'ingl. to *scan*, esaminare minuziosamente; 1979] ***sm. inv.*** **1.** *T.med.* scansioscintigrafia **2.** scansione nel senso 2..

scànno¹ [lat. *scamnum*; a. 1320] ***sm.*** **1.** seggio in legno, a sé stante o inserito in un ordine di sedili, di forma varia ma sempre di aspetto imponente, solitamente posto in ambienti in cui si svolgono manifestazioni civili o religiose: *lo scanno del giudice, gli scanni del coro, dei deputati* || *fig. lett.* grado, dignità **2.** *ant.* il sedile del capitano sulla galea.

scànno² [lat. *scamnum*; a. 1616] ***sm.*** *sett.* banco di sabbia alla foce dei fiumi o nei porti; duna.

scanonicàre (pres. *-ònico, -ònichi*) [da *canonico*; 1872] ***tr.*** *T.eccl. raro* togliere a un ecclesiastico la dignità canonicale.

scansabrìghe [comp. di *scansa(re)* e *briga*; 1959] ***s. inv.*** chi cerca di schivare ogni impegno o fatica, per garantirsi il quieto vivere.

scansafatìche [comp. di *scansa(re)* e *fatica*; 1872] ***s. inv.*** chi per pigrizia non ha voglia di lavorare || **N.** *Sin.* fannullone.

scansaménto [da *scansare*; a. 1729] ***sm.*** *raro* lo scansare.

scansàre [lat. *campsāre*, doppiare; sec. XIV come rifl.] ***tr.*** **1.** evitare: *scansare un pedone, un colpo*; anche *fig.*: *scansare le grane, i pericoli, la fatica*, tenersene lontani || sfuggire la compagnia di una persona: *tutti lo scansano* **2.** spostare, allontanare, perlopiù provvisoriamente, per far posto ad altro, consentire il passaggio e sim.: *scansa questa sedia, perché non riesco a passare* || ***rifl.*** farsi da parte per non essere investito o per far posto ad altri: *scànsati, che devo passare!* || **N.** ***tr.*** **1.** *Sin.* fuggire, scampare, scantonare, schivare, sfuggire, sottrarsi **2.** *Sin.* discostare, scostare | *Contr.* avvicinare.

scansaruòte [comp. di *scansa(re)* e *ruota*; 1891 *scansarote*] ***sm. inv.*** paracarro perlopiù in ferro che si metteva ai lati dei passi carrabili.

scansìa [etim. inc.; 1618 *scancia*] ***sf.*** mobile perlopiù di legno, a diversi ripiani o scomparti, usato per tenervi libri, merci, oggetti vari ecc. || **N.** *Sin.* scaffale; armadio, cristalliera, pluteo, rastrelliera | palchi.

scansióne [dal lat. *scansio, -ōnis*; a. 1588] ***sf.*** **1.** nella metrica classica, la misurazione dei piedi del verso e, anche, la lettura del verso fatta sottolineando con la voce l'inizio e la fine di ogni piede || *per estens. scansione delle parole*, il pronunciarle in modo marcato, distinto, sillabandole **2.** *T.elettron.* (in ingl. *scanning*) separazione elettronica di immagini od oggetti attraverso l'impiego di fonti luminose; *in part.* nelle telecomunicazioni, esplorazione della superficie di uno schermo effettuata per mezzo di un pennello elettronico in movimento: *linee di scansione*, quelle lungo le quali avviene l'esplorazione; lo stesso procedimento avviene nel *microscopio elettronico a scansione*.

scansioscintigrafìa [comp. di *scansio(ne)* e *scintigrafia*; 1974] ***sf.*** *T.med.* tipo di scintigrafia nella quale l'apparecchio analizzatore esplora tutto l'organo o il tessuto da esaminare, muovendosi automaticamente avanti e indietro || **N.** *Sin.* scintigrafia dinamica; *scanning*.

scànso [da *scansare*; 1640 nel senso 2] ***sm.*** **1.** nella *loc. prep. a scanso di*, per prevenire, evitare: *a scanso di equivoci* **2.** *ant.* lo scansare.

scansòrio (pl. *-ri*) [dal lat. *scandere*, salire; 1936] ***agg.*** *T.zool.* in grado di arrampicarsi, detto spec. di uccelli con zampe a quattro dita prensili.

scantinàre (pres. *-ìno*) [etim. inc.; 1872 nel senso 2] ***intr.*** (aus. *avere*) *raro* **1.** uscire di tono suonando uno strumento a corda **2.** dire qualcosa che non si dovrebbe, deviare dalla retta via, venir meno a un impegno.

scantinàto [comp. parasint. di *cantina*; 1922] ***sm.*** piano interrato o seminterrato di un edificio.

scantonaménto [da *scantonare*; 1728] ***sm.*** *raro* atto ed effetto dello scantonare; scantonatura.

scantonàre (pres. *-óno*) [comp. parasint. di *cantone*; 1353 *scantonarsi* nel senso 2] ***tr.*** **1.** smussare gli angoli, eliminare gli spigoli vivi: *scantonare un muro, un marmo* **2.** evitare: *scantonare una persona noiosa* || ***intr.*** (aus. *avere*) voltare rapidamente all'angolo di una strada, spec. per evitare di incontrare qualcuno: *alla prima occasione scantonò* || *per estens. fam.* svignarsela; anche eludere difficoltà o problemi, lasciar cadere un discorso delicato: *non cercare di scantonare* || **N.** ***tr.*** **2.** *Sin.* scansare, sfuggire.

scantonatùra [da *scantonare*; a. 1696] ***sf.*** **1.** *raro* atto dello scantonare, dello svignarsela **2.** l'operazione dello scantonare, smussatura || *concr.* lo spigolo smussato ottenuto || *T.arch.* elemento di raccordo, di foggia varia, posto nel punto d'incontro di due superfici murarie per spezzarne la rigidità.

scantucciàre (pres. *-ùccio*) [comp. parasint. di *cantuccio*; 1872] ***tr.*** *tosc.* levare i cantucci, i bordi: *scantucciare il pane*.

scanzonàto [da *canzonare*; 1931] ***agg.*** che affronta ogni questione, anche grave, con atteggiamento scherzoso o spregiudicatamente disinvolto: *una ragazza scanzonata*.

scapaccionàre (pres. *-óno*) [da *scapaccione*; 1872] ***tr.*** *fam.* prendere a scapaccioni; scappellottare.

scapaccióne [comp. parasint. di *capo*; 1836] ***sm.*** colpo dato a mano aperta nella parte posteriore del capo: *prendere a scapaccioni* || *fig. passare a scapaccioni*, entrare senza pagare in un locale pubblico, per concessione di qualcuno; *passare, essere promosso a scapaccioni*, passare all'esame senza avere studiato, a stento, per grazia || **N.** *Sin.* scappellotto.

scapàre [comp. parasint. di *capo*; 1838] ***tr.*** *fam. tosc. raro* levare il capo, spec. alle acciughe prima di salarle || ***rifl.*** *fig.* perdere il capo, lambiccarsi il cervello, darsi pensiero di una cosa.

scapatàggine [da *scapato*; 1837] ***sf.*** **1.** l'essere scapato **2.** azione da scapato || **N.** *Sin.* leggerezza, sconsideratezza, SBADATAGGINE.

scapàto (*pps.* di *scapare*) [1841] **I *agg.*** che si comporta con leggerezza e poco giudizio; sventato, sbadato || *raro* nella *loc. avv. alla scapata*, sventatamente || **scapataménte** ***avv.*** sventatamente: *fai sempre tutto scapatamente* **II *sm.*** (f. *-a*) persona scapata || *dim.* scapatèllo; *accr.* scapatóne; *pegg.* scapatàccio || **N.** I *Sin.* SBADATO.

scapecchiàre (pres. *-écchio*) [comp. parasint. di *capecchio*; 1838] ***tr.*** togliere il capecchio dal lino o dalla canapa.

scapecchiatóio (pl. *-ói*) [da *scapecchiare*; 1838] ***sm.*** *ant.* arnese per scapecchiare.

scapestràre (pres. *-èstro*) [comp. parasint. di *capestro*; 1374 come intr. pron.] ***intr.*** (aus. *avere*) *ant.* vivere da scapestrato || ***intr.*** (aus. *essere*) e ***intr. pron.*** *ant.* togliersi il capestro || *fig.* liberarsi da vincoli e da impacci: *l'alma dal cor non si scapestra* (Petrarca) || ***tr.*** *ant. raro* guastare, corrompere, disordinare.

scapestratàggine [da *scapestrato*; 1865] ***sf.*** **1.** azione da scapestrato **2.** qualità di chi è scapestrato || **N.** **2.** *Sin.* dissolutezza, scostumatezza, sfrenatezza.

scapestràto (*pps.* di *scapestrare*) [inizio sec. XIV] **I *agg.*** nei sensi del verbo || **scapestrataménte** ***avv.*** in modo sfrenato e dissoluto **II *sm.*** (f. *-a*) persona che conduce vita sregolata, dissoluta || **N.** II *Sin.* discolo, disordinato, dissoluto, scapigliato, scavezzacollo, scioperato, vagabondo.

scapezzaménto [da *scapezzare*; a. 1597] ***sm.*** *raro* atto ed effetto dello scapezzare; scapezzo.

scapezzàre (pres. *-ézzo*) [comp. parasint. dell'ant. *capezzo*, lat. *capitium*, estremità; 1340 ca.] ***tr.*** **1.** potare i rami di un albero fino al tronco **2.** *per estens. raro* mozzare nella parte superiore: *scapezzarono tutte le torri* || **N.** **1.** *Sin.* capitozzare, scapitozzare, svettare.

scapézzo [da *scapezzare*; 1891] ***sm.*** *raro* atto ed effetto dello scapezzare; scapezzamento.

scapezzóne [dall'ant. *capezzo*, lat. *capitium*, estremità; sec. XIV] ***sm.*** *ant.* scapaccione.

scapicollàrsi (pres. *-òllo*) [comp. parasint. di *capo* e *collo*; 1950] ***intr. pron.*** *rom.* lanciarsi a rotta di collo, gettarsi a precipizio e senza riflettere giù per una china scoscesa, e, *fig.*, in un'impresa rischiosa || *per estens. fig.* agitarsi, affannarsi: *si è scapicollato per riuscire ad arrivare in tempo.*

scapicòllo [da *scapicollarsi*; 1950] ***sm.*** *rom.* luogo scosceso, in forte pendenza; dirupo, precipizio || nella *loc. avv. a scapicollo*, a rotta di collo, a rompicollo, a precipizio.

scapigliàre (pres. *-ìglio*) [comp. parasint. di *capegli*, ant. pl. di *capello*; sec. XIV] ***tr.*** arruffare, scompigliare i capelli: *il vento ti scapiglierà* || ***rifl.*** e ***intr. pron.*** spettinarsi: *ti sei tutto scapigliato* || *fig.* abbandonarsi a una vita dissoluta, sregolata, da scapato || **N.** ***tr.*** *Sin.* scarmigliare.

scapigliàto (*pps.* di *scapigliare*) [fine sec. XIII; 1618 nel senso 1; 1857 nel senso 2] **I** ***agg.*** **1.** detto della vita, della condotta e sim., disordinato, dissoluto **2.** appartenente al movimento letterario della scapigliatura **II** ***sm.*** (f. *-a*) **1.** persona sregolata, dissoluta, scapestrata **2.** *T.lett.* artista appartenente al movimento della scapigliatura.

scapigliatùra [da *scapigliare*; 1612; 1857 nel senso 2] ***sf.*** **1.** dissolutezza o anticonformismo nel comportamento e nei costumi **2.** *T.lett.* movimento letterario, sorto in Lombardia nella seconda metà dell'Ottocento, i cui appartenenti proponevano, sia con l'impegno artistico sia con la condotta di vita, l'opposizione al conformismo borghese e la ricerca di un'originalità estrema: *la scapigliatura milanese.*

scapitàre (pres. *scàpito*) [dal lat. *caput, -itis*, cosa capitale, con influsso di *capitare*; a. 1292] ***intr.*** (aus. *avere*) patire un danno, rimetterci invece di guadagnare: *in questo affare ci scapito* || *fig.* perdere nella reputazione, nel valore e sim.: *a venire con te ci scapito* || **N.** *Sin.* perdere, rovinarsi.

scàpito [da *scapitare*; 1611] ***sm.*** lo scapitare; perdita, danno, materiale o morale: *il guadagno è stato minore dello scapito* || nella *loc. prep. a scapito di*, a svantaggio di: *la revisione del romanzo è andata a scapito della freschezza originaria.*

scapitozzàre (pres. *-òzzo*) [da *capitozzare*; a. 1505] ***tr.*** tagliare i rami superiori degli alberi; capitozzare || **N.** *Sin.* scamozzare, scapezzare.

scàpo [dal lat. *scāpus*, fusto; a. 1452 nel senso 4] ***sm.*** **1.** *T.bot.* asse fiorifero privo di foglie che parte direttamente da un fusto sotterraneo || il fusto privo di foglie delle piante **2.** *T.zool.* lo stelo delle penne degli uccelli **3.** *T.anat.* nei Mammiferi, la parte del corpo priva di pelo **4.** *T.arch.* il fusto della colonna; si distingue la parte superiore o *sommoscapo*, e la parte inferiore o *imoscapo* || **N.** **4.** COLONNA.

scapocchiàre (pres. *-òcchio*) [comp. parasint. di *capocchia*; 1872] ***tr.*** privare della capocchia: *scapocchiare gli spilli.*

scàpola [dal lat. tardo *scapula*; 1598] ***sf.*** *T.anat.* osso pari, largo e appiattito, di forma triangolare, posto nella parte dorsale superiore del torace, al quale si articola la clavicola || **N.** *Sin.* omoplata. **TAV. *anatomia* p. 641** 2.3.

scapolàggine [da *scapolo*; 1950] ***sf.*** *scherz.* l'essere scapolo.

scapolàre[1] [dal lat. tardo *scapulāris*; 1353 come sm.; 1922 come agg.] **I** ***agg.*** *T.anat.* relativo alla scapola **II** ***sm.*** parte dell'abito di alcuni ordini religiosi costituita da due rettangoli di stoffa, pendenti sul davanti e sul dorso, che, uniti sulle spalle, formano un pezzo unico, talora dotato di cappuccio; oblati, terziari e membri delle confraternite ne indossano, a contatto con la pelle, una forma ridotta costituita da due rettangolini di stoffa uniti sulle spalle con fettucce o, talvolta, anche solo da un'immaginetta sacra appesa al collo.

scapolàre[2] (pres. *scàpolo*) [lat. volg. **excapulāre*, districarsi; sec. XIII] ***tr.*** **1.** *T.mar.* superare con qualche difficoltà un ostacolo presentatosi durante la navigazione: *scapolare un promontorio, uno scoglio* **2.** *fam.* evitare una situazione indesiderata, sfuggire a un pericolo, scampare, talora fortunosamente: *scapola sempre i suoi impegni* || in espressioni col pronome *la* in funzione di oggetto indeterminato: *scapolarla, scapolarsela*, svignarsela, passarla liscia, scamparla: *e anche stavolta l'ho scapolata, l'ho scapolata bella!, me la sono scapolata per miracolo* || ***intr.*** (aus. *avere* e *essere*) sottrarsi a un pericolo, un danno, un fastidio: *è riuscito a scapolare da tutti quei fastidi.*

scàpolo [da *scapolare*[2]; a. 1449; 1600 nel senso 2] ***agg.*** e ***sm.*** **1.** non ammogliato, celibe: *vecchio scapolo, appartamento da scapolo; uno scapolo impenitente*, che non ha alcuna intenzione di sposarsi **2.** *ant.* libero, non soggetto a vincoli o a rapporti di dipendenza || *accr.* scapolóne.

scapolóne (*accr.* di *scapolo*) [1931] ***sm.*** *scherz.* uomo di una certa età rimasto scapolo; scapolo inveterato.

scàpolo-omeràle (pl. *scàpolo-omeràli*) [comp. di *scapolo-*, da *scapola* e *omerale*; 1959] ***agg.*** *T.anat.* relativo alla scapola e all'omero: *articolazione scapolo-omerale*, articolazione posta tra la testa dell'omero e la scapola.

scaponìre (pres. *-ìsco, -ìsci*) [da *incaponire*, con cambio di pref.; 1865] ***tr.*** *tosc.* vincere l'ostinatezza; rendere docile.

scapotàre V. SCAPPOTTARE.

scappaménto [da *scappare*; 1772 nel senso 3] ***sm.*** **1.** *T.mus.* nei pianoforti, il dispositivo a molla che provoca l'immediata ricaduta del martelletto e la conseguente vibrazione delle corde **2.** *T.mecc.* l'uscita di vapori e gas combusti dai motori a combustione interna || *per meton.* l'impianto di scarico posto sui veicoli dotati di simili motori **3.** *T.orol.* negli orologi, congegno mobile che serve a regolarne il movimento. **Q.T.** ***motocicletta, orologeria*** **TAV.** ***automobile*** **p. 658** 3.37; ***ferrovie...*** **p. 669** 2.4.

scappànte (*ppr.* di *scappare*) [a. 1729] ***agg.*** nei sensi del verbo || *non com.* di capi di vestiario, svasato: *maniche, calzoni scappanti.*

scappàre [lat. volg. **excappare*, togliersi la cappa; 1353] ***intr.*** (aus. *essere*) **1.** fuggire per paura o viltà; sottrarsi con la fuga a un pericolo o a una situazione di costrizione o di detenzione o sim.: *i nemici scapparono, scappare di corsa, a piedi, in auto, scappare dal collegio, di casa; scappare dalla prigione*, evadere; anche rafforzato: *scappare via, a gambe levate, a rotta di collo* || *fig. di qui non si scappa*, detto di situazione senza via d'uscita, che non lascia alternative || *per estens.* andare via in fretta, allontanarsi velocemente: *dove scappi?, scappo a casa, mi aspettano da un'ora, scappo a studiare* || *T.sport.* nel ciclismo, effettuare una fuga || *tosc. a scappa e fuggi*, in fretta e furia: *ho mangiato un boccone a scappa e fuggi* **2.** sfuggire inavvertitamente, detto di cose, espressioni scorrette o sconvenienti, sentimenti che, per disattenzione o fatalità, non si è riusciti a trattenere o controllare: *mi è scappata di mano la bottiglia, mi è scappato l'autobus, pulivo il fucile e mi è scappato un colpo, non ti lasciar scappare questa buona occasione, m'è scappato un errore, uno sproposito, mi scappò detto d'averlo già visto* (anche *ellitt.*: *non dovevo dirlo, ma mi è scappato*); *m'è scappato di mente*, me ne sono dimenticato; *m'è scappata la pazienza*, l'ho perduta || a proposito di bisogni, stimoli fisiologici, necessità e sim., manifestarsi in modo impellente e irresistibile: *mi scappava da ridere*, non riuscivo a trattenere il riso; *mi scappa la pipì* (anche *ellitt. fam.*: *mi scappa*) || prorompere in parole, gesti e sim. all'improvviso e in modo inconsiderato: *scappò fuori con una sciocchezza, scappò su a dire la sua* **3.** sbucare fuori, uscire da ciò che dovrebbe contenere, proteggere, coprire o sim.: *mi scappa la gonna dal cappotto, ti sono scappati dei soldi dal portafoglio* || *fam.* saltar fuori, in espressioni con la particella pronominale *ci*: *nell'incidente c'è scappato il morto, da quello che guadagno ci scappano fuori anche i soldi per le ferie* || *prov. chiudere la stalla dopo che i buoi sono scappati*, detto di provvedimenti presi tardivamente e perciò inutili || **N.** *Sin.* FUGGIRE.

scappàta [da *scappare*; 1600 nel senso 3] ***sf.*** **1.** il recarsi in un luogo o presso qualcuno senza soffermarcisi oltre lo stretto necessario: *faccio una scappata in città per una commissione, dai miei per salutarli* **2.** frase inattesa; gesto imprevisto; trovata, uscita: *a quella scappata nessuno seppe come rispondere, ha parecchie belle scappate, a volte, nella conversazione* **3.** mancanza, atto di leggerezza, trasgressione non grave: *ha fatto qualche scappata in gioventù* **4.** scoppio simultaneo di razzi nei fuochi d'artificio: *la scappata finale* **5.** *T.ipp.* partenza volante o fuga rapida dei cavalli in corsa || *dim.* scappatèlla, scappatìna; *pegg.* scappatàccia || **N.** **1.** *Sin.* puntata **3.** *Sin.* fallo.

scappatèlla (*dim.* di *scappata*) [a. 1629] ***sf.*** trasgressione temporanea e poco grave di principi comunemente accettati; com. infedeltà coniugale: *una scappatella del marito.*

scappàto (*pps.* di *scappare*) [1618] ***agg.*** nei sensi del verbo || nella loc. *uccelli scappati*, fettine di carne con altri ingredienti che s'infilano su spiedini e si cuociono a fuoco vivo.

scappatóia [da *scappare*; 1612] ***sf.*** sotterfugio, espediente trovato per sfuggire un pericolo, per eludere una difficoltà: *hai trovato una bella scappatoia* || **N.** *Sin.* pretesto, scusa, SOTTERFUGIO.

scappatóre [da *scappare*; 1872] ***agg.*** e ***sm.*** (f. *-trice*) *raro tosc.* che o chi scappa || *cavallo scappatore*, velocissimo al trotto o al galoppo.

scappavìa [comp. di *scappa(re)* e *via*; 1865 nel senso 2] ***sf. inv.*** **1.** *T.mar.* imbarcazione leggera e sottile, simile alla iole, utilizzata per gli ufficiali delle navi mercantili **2.** *raro* porta o uscita segreta: *la sala ha una scappavia* || *fig. ant.* scappatoia, sotterfugio.

scappellàre (pres. *-èllo*) [comp. parasint. di *cappello*; 1561] ***tr.*** **1.** levare il cappello o la cappella: *scappellare i funghi; scappellare il falco*, levargli il cappuccio prima di lanciarlo alla caccia **2.** *T.mar.* togliere un cerchio, un anello, un collare metallico o di corda dall'estremità di un albero, di un'antenna, di un'asta || ***rifl.*** levarsi il cappello in segno di saluto; far (tanto) di cappello: *tutti si scappellarono* || **N.** ***rifl.*** *Sin.* SALUTARE.

scappellàta [da *scappellare*; 1734] ***sf.*** l'atto di levarsi il cappello per salutare: *gli fanno grandi scappellate* || *fig.* atto di omaggio, spec. esagerato || **N.** *Sin.* SALUTO.

scappellatùra [da *scappellare*; a. 1837] ***sf.*** *raro* scappellata, ma con qualche affettazione e non senza una certa volontà di adulare.

scappellottàre (pres. *-òtto*) [da *scappellotto*; 1872] ***tr.*** *fam.* pigliare a scappellotti, scapaccionare.

scappellòtto [etim. inc.; 1618] ***sm.*** scapaccione leggero: *prendere a scappellotti* || *passare, entrare* e sim. *a scappellotti* o *con lo scappellotto*, per l'interessamento di qualcuno o per l'altrui indulgenza; si dice spec. quando si superano prove, esami e sim. per la benignità dell'esaminatore e quando si entra in un locale pubblico senza pagare il biglietto.

scàppia [var. di *schiappa*; 1872] ***sf.*** *raro* scheggia di legno o rottame di pietra.

scappiàre (pres. *scàppio*) [comp. parasint. di *cappio*; 1872] ***tr.*** *ant.* levare dal cappio || ***rifl.*** liberarsi dal cappio, svincolarsi (anche *fig.*) ||

N. *Sin.* SCIOGLIERE.
scappino [da *scarpa*, con influsso di *scappare*; metà sec. XIII] **sm.** *ant.* pedule della calza.
scapponàta [comp. parasint. di *cappone*; 1612] **sf.** *ant. tosc.* **1.** mangiata di capponi **2.** lauto pranzo tra contadini per la nascita del primogenito.
scappottàre¹ (pres. *-òtto*) [comp. parasint. di *cappotto*; 1872] **intr.** (aus. *avere*) *T.gioc.* impedire, in certi giochi di carte, che l'avversario faccia cappotto, il che si ottiene facendo anche un solo punto || **N.** cappotto.
scappottàre² o **scapottàre** (pres. *-òtto*) [comp. parasint. di *cappotta²*; 1959] **tr.** abbassare la capotta di un'automobile.
scappucciàre¹ (pres. *-ùccio*) [comp. parasint. di *cappuccio*; a. 1400] **tr.** levare il cappuccio || **rifl.** levarsi il cappuccio.
scappucciàre² (pres. *-ùccio*) [forse comp. parasint. di *cappuccio* (negli occhi); sec. XVI] **intr.** (aus. *avere*) *raro* inciampare con la punta del piede in un sasso o in altro ostacolo || *fig.* commettere un errore; sbagliare.
scappùccio (pl. *-ci*) [da *scappucciare²*; a. 1565] **sm.** l'urtare del piede in un ostacolo, sasso o altro, rischiando così di cadere || *fig.* errore, fallo non grave || **N.** *Sin.* fallo, SBAGLIO.
scapricciàre (pres. *-ìccio*) [comp. parasint. di *capriccio*; 1598 *scapprricciare*] **tr.** levare i capricci di testa a uno || **intr. pron.** togliersi un capriccio, soddisfacendolo; levarsi una voglia; svagarsi || **N.** **intr. pron.** *Sin.* sbizzarrirsi, sfogarsi.
scapriccìre (pres. *-ìsco, ìsci*) [comp. parasint. di *capriccio*; 1618] **tr.** e **intr. pron.** scapricciare e scapricciarsi.
scàpula [dal lat. tardo *scapula*; a. 1673] **sf.** *ant.* scapola.
scarabàttola¹ [prob. dallo sp. *escarpate*, con influsso di *carabattola*; 1666 *scarabattolo*] **sf.** (anche *sm.*: *scarabàttolo*) *tosc. raro* **1.** stipo elegante a vetri per tenervi oggetti di valore; oggi più com. *cristalliera* **2.** edicola in cui si espongono le immagini sacre.
scarabàttola² [da *carabattola*; 1940] **sf.** cosa di nessun valore, carabattola: *portò via tutte le sue scarabattole.*
scarabàttolo v. SCARABATTOLA¹.
Scarabèidi (sing. *-e*) [comp. di *scarabeo* e *-idi*; 1838] **sm. pl.** *T.zool.* gruppo numeroso di insetti Coleotteri con corpo massiccio, zampe robuste, ali atte al volo e clava antennale con articoli divaricabili a ventaglio.
scarabèo [dal lat. *scarabăeus*, scarafaggio; a. 1525] **sm.** **1.** nome generico col quale s'indicano vari Coleotteri degli Scarabeidi || *scarabeo sacro*, rappresentato nelle omonime pietre dure scolpite finemente dagli antichi Egizi; così detto perché da essi venerato come divinità **2.** nome commerciale di un gioco di società in cui si formano a turno parole (a incastro, come nelle parole crociate) utilizzando tessere di diverso valore recanti una lettera dell'alfabeto.
scarabillàre [etim. inc.; a. 1565] **tr.** *ant.* arpeggiare su uno strumento pizzicandone le corde: *va', scarabilla un ribechino e lascia star l'archetto* (D'Annunzio) || **N.** *Sin.* SUONARE.
scarabocchiàre (pres. *-òcchio*) [da *scarabocchio*; 1598] **tr.** **1.** riempire, ricoprire di scarabocchi: *scarabocchiare il quaderno* **2.** scrivere alla meglio, senza impegnarsi, in fretta, svogliatamente; scribacchiare: *ho scarabocchiato una risposta* || **N.** *Sin.* SCRIVERE.
scarabocchiatóre [da *scarabocchiare*; 1838] **agg.** e **sm.** (f. *-trìce*) *raro* che o chi scarabocchia.
scarabocchiatùra [da *scarabocchiare*; 1872] **sf.** *raro* l'effetto dello scarabocchiare; scarabocchio: *ci sono più scarabocchiature che parole* || scrittura disordinata, arruffata.
scarabòcchio (pl. *-chi*) [forse dal fr. *escarbot*, scarafaggio; 1598] **sm.** **1.** macchia d'inchiostro fatta scrivendo **2.** scrittura fatta alla peggio, quasi illeggibile: *come volete che io possa leggere i suoi scarabocchi?* || *fig.* opera d'arte figurativa mal fatta: *questi non sono quadri, sono scarabocchi infantili* **3.** *fig.* persona piccola di statura e mal fatta || **N.** **2.** *Sin.* frego, sgorbio.
scarabocchióne [da *scarabocchio*; 1891] **agg.** e **sm.** (f. *-a*) che o chi non fa che scarabocchiare.
scaraboìde [comp. di *scarab(eo)* e *-oide*; 1931] **sm.** gemma a forma di scarabeo egiziano, tipica dell'arte etrusca.
scarabóne o **scarafóne** [lat. *crābro, -ōnis*, calabrone, forse con influsso di *scarabăeus*, scarabeo; 1340 ca.] **sm.** *ant.* e *region.* **1.** calabrone **2.** scarafaggio.
scaracchiàre (pres. *-àcchio*) [da *scaracchio*; 1779] **intr.** (aus. *avere*) *volg.* fare scaracchi: *lo senti scaracchiare* || **N.** *Sin.* espettorare, scatarrare, spurgarsi.
scaràcchio (pl. *-chi*) [voce onom.; 1640 *scracchio*] **sm.** *volg.* sputo catarroso.
scaracchióne [da *scaracchiare*; 1891] **sm.** (f. *-a*) *volg.* chi non fa che scaracchiare.
scaracciàre e der. forme dial. di SCARACCHIARE e der. (v.).
scarafàggio (pl. *-gi*) [lat. volg. **scarafāius*, var. di *scarabăeus*; 1300 ca.] **sm.** nome generico per indicare insetti notturni e lucifughi, di colore nero, che si trovano spesso nelle abitazioni.
scarafóne v. SCARABONE.
scaramàntico (pl. *-ci*) [da *scaramanzia*; 1963] **agg.** di, relativo a scaramanzia: *gesto scaramantico* || **scaramanticaménte** **avv.**
scaramanzìa [forse da *chiromanzia*; 1872] **sf.** pratica, formula o gesto che, nella superstizione popolare, serve per combattere la iettatura e per allontanare da sé il malocchio: *fare, dire qualcosa per scaramanzia* || **N.** *Sin.* scongiuro.
scaramàzzo [etim. inc.; 1671] **agg.** di perla non perfettamente tonda, con gibbosità e sim.: *collana di perle scaramazze* || anche *sf.*: *una scaramazza.*
scaramùccia (pl. *-ce*) [etim. inc.; forse da un dim. di *scherma*, con influsso del francone *skara*, schiera; a. 1363] **sf.** breve *scontro* non decisivo, mischia, combattimento tra schiere non numerose, schermaglia || *fig.* polemica, schermaglia di scarsa entità: *scaramucce politiche, letterarie* || **N.** *Sin.* contesa, contrasto, zuffa, COMBATTIMENTO.
scaramucciàre (pres. *-ùccio*) [da *scaramuccia*; sec. XIV] **intr.** (aus. *avere*) *raro* battersi in una scaramuccia.
scaraventàre (pres. *-ènto*) [etim. inc.; a. 1600] **tr.** scagliare con impeto e in malo modo: *quando si arrabbia, scaraventa tutto in aria, il vento ha scaraventato la barca contro il molo* || *fig. iperb.* rif. a impiegati e sim., trasferire improvvisamente; sbattere: *l'hanno scaraventato in Calabria* || **rifl.** gettarsi, assalire con violenza, scagliarsi, avventarsi || **N.** **tr.** *Sin.* sbalestrare, LANCIARE.
scarbonàre (pres. *-óno*) [comp. parasint. di *carbone*; 1872] **intr.** (aus. *avere*) *raro* togliere dalla carbonaia il carbone appena fatto || **N.** carbonaia, carbone.
scarbonatùra [da *scarbonare*; 1891] **sf.** *raro* lo scarbonare.
scarcàre e der. forme lett. di SCARICARE e der. (v.).
scarcassàto [comp. parasint. di *carcassa*; 1963] **agg.** *fam.* sconquassato, sfasciato: *un'automobile scarcassata.*
scarceraménto [da *scarcerare*; 1745] **sm.** lo scarcerare; scarcerazione.
scarceràre (pres. *scàrcero*) [comp. parasint. di *carcere*; a. 1600] **tr.** liberare dal carcere: *sarà presto scarcerato.*
scarcerazióne [da *scarcerare*; 1666] **sf.** liberazione dal carcere disposta dall'autorità giudiziaria.
scardaccióne o **scardàccio** (pl. *-ci*) o **scardiccióne** [da *cardo*; 1838] **sm.** cardo selvatico.
scardàre [comp. parasint. di *cardo*; 1838] **tr.** estrarre le castagne dal riccio o cardo, sdiricciare, diricciare.
scardassàre [da *scardasso*; 1483] **tr.** raffinare e pettinare la lana con gli scardassi, cardare || *fig.* maltrattare, punire severamente.
scardassatóre [da *scardassare*; a. 1563] **sm.** (f. *-trìce*) chi per mestiere scardassa la lana || **N.** *Sin.* cardatore, scardassiere.
scardassatùra [da *scardassare*; 1865] **sf.** l'operazione dello scardassare; cardatura.
scardassière [da *scardassare*; 1353] **sm.** (f. *-a*) scardassatore.
scardàsso [comp. parasint. di *cardo*; 1353] **sm.** strumento consistente in una tavoletta irta di punte uncinate, che serve per pettinare e raffinare la lana || **N.** *Sin.* cardo.
scardiccióne v. SCARDACCIONE.
scardinàre (pres. *scàrdino*) [comp. parasint. di *cardine*; 1713] **tr.** **1.** svellere, togliere dai cardini con violenza: *il vento ha scardinato le persiane* || *fig.* disgregare, scompigliare: *scardinare le istituzioni* **2.** *T.pell.* e *T.capp.* pettinare il pelo delle pelli col cardo || **N.** **1.** *Sin.* sbandellare, scassare, sgangherare.
scàrdola (meno com. *scàrdova*) [dal lat. tardo *scarda*; 1313] **sf.** pesce dei Ciprinidi dal corpo snello ricoperto di squame dure e grosse, comune nelle acque dolci d'Europa.
scarduffàre [da *scarruffare*, con influsso di *scardare*; a. 1850] **tr.** *ant. tosc.* scarmigliare, arruffare, scapigliare || **rifl.** arruffarsi.
scàrica [da *scaricare*; 1699] **sf.** **1.** sparo simultaneo di più armi da fuoco: *una nutrita scarica di fucileria* || *per estens.* raffica di colpi sparati da un'arma automatica: *una scarica di mitragliatrice* **2.** improvviso e violento rovescio; subisso: *lo accolsero con una scarica di pugni; una scarica di grandine, di sassi*; anche *fig.*: *una scarica di insulti, di bestemmie* **3.** *T.elettr.* passaggio di elettricità da un corpo in un altro di diverso potenziale: *fu colpito da una scarica elettrica* **4.** violenta evacuazione di feci: *nella nottata il malato ebbe tre scariche* **5.** *fig.* *T.psic.* *scarica affettiva*, liberazione di un impulso.
scaricabarili o **scaricabarile** [comp. di *scarica(re)* e *barile*; a. 1602] **sm.** *inv.* *T.gioc.* gioco da ragazzi in cui ci si mette schiena contro schiena e, intrecciate reciprocamente le braccia, ci si solleva, a vicenda, sul dorso || *fig.* *fare a scaricabarili*, addossarsi l'un l'altro colpe e responsabilità.
scaricalàsino [comp. di *scarica(re)* e *l'asino*; 1838] **sm.** *T.gioc.* gioco da ragazzi consistente nel portarsi a cavalcioni sulle spalle o sulla schiena.
scaricaménto [da *scaricare*; a. 1406] **sm.** lo scaricare || *piano di scaricamento*, banchina rialzata rispetto al piano stradale, posta in corrispondenza delle aperture di entrata e uscita delle merci in stazioni, fabbriche, officine, mercati ecc.
scaricàre (pres. *scàrico, scàrichi*) [da *caricare*; 1353] **tr.** **1.** rimuovere il carico da un mezzo di trasporto: *scaricare il carbone dalla nave*; anche col sogg. rappresentato dal mezzo stesso: *l'autobus ha scaricato tutti i passeggeri, il furgone ha scaricato questi pacchi*; liberare il mezzo dal carico trasportato: *scaricare un camion* || *per estens.* liberare, svuotare qualcosa dal suo contenuto: *bisogna scaricare la caldaia del ferro a vapore*; *scaricare un'arma*, svuotarne il caricatore; *raro scaricare il ventre*, defecare || *fig.* liberare da un peso morale, dal nervosismo e sim.: *ho bisogno di scaricare i nervi, scaricare la coscienza dei peccati commessi*; *raro scaricare la te-*

sta, alleggerirla dalla sensazione di peso || sfogare: *scarica nello sport tutta la sua tensione nervosa* || *fam.* liberarsi di una persona interrompendo improvvisamente e senza riguardo il rapporto che si aveva con lei: *ha scaricato moglie e figli per andare a vivere con l'amante* **2.** riversare, trasferire, immettere, versare il proprio carico o il proprio contenuto in altro o su altro: *i fiumi scaricano le loro acque nel mare, quelle travi scaricano il loro peso su pilastri di sostegno*; *T.inform.* trasferire il contenuto di un settore di memoria in un altro settore, o su un altro supporto: *scaricare su dischetto* || *in part.* riversare violentemente su qualcuno o qualcosa colpi d'arma da fuoco o percosse: *gli ha scaricato addosso la pistola*, lo ha colpito ripetutamente, sino a esaurire i colpi; *gli scaricò addosso una caterva di botte* || *fig. scaricare qualcosa su* (o *addosso a*) *qualcuno*, liberarsi da preoccupazioni, responsabilità, pesi morali e sim. riversandoli su altri: *ha scaricato su di lui tutte le sue pene, le grane le scaricano sempre addosso a me* **3.** togliere o esaurire la carica: *scaricare le pile, la batteria dell'auto, ha lasciato scaricare l'orologio* **4.** *T.comm.* registrare l'uscita, la cessione o la perdita di beni materiali già in carico || ***rifl.*** **1.** liberarsi di un peso, spec. *fig.*: *scaricatevi pure degli zaini, si sono scaricati con noi delle loro delusioni* **2.** *ass. fig.* distendersi, rilassarsi, allentare la tensione: *spesso ci si scarica facendo dello sport* || ***intr. pron.*** **1.** riversarsi, sfociare: *quel torrente si scarica nel lago* **2.** abbattersi, andare a finire, trovare sfogo: *il fulmine si è scaricato sulla casa, il temporale si è scaricato oltre la collina* **3.** esaurire la carica, detto di meccanismi a molla, accumulatori e sim. || ***intr.*** (aus. *essere*) *raro* riferito spec. a un colore, sbiadire, perdere in brillantezza: *questo blu scarica*.

scaricatóio (pl. *-ói*) [da *scaricare*; 1567 nel senso 2] ***sm.*** **1.** luogo attrezzato per le operazioni di scarico **2.** deposito di rifiuti e merci di scarico **3.** condotto che riceve l'acqua di rifiuto; fogna.

scaricatóre [da *scaricare*; 1776 come agg.] **I *sm.*** **1.** (f. *-trìce*) chi fa il mestiere di scaricare: *lo scaricatore di porto* || *fig.* persona volgare e rozza: *linguaggio da scaricatori* **2.** impianto o dispositivo per lo scarico di materiali vari: *scaricatore di carro*, facilita lo scarico di furgoni e vagoni ferroviari; negli impianti idraulici, canale, fossato o condotto di scarico **3.** *T.elettr.* dispositivo per proteggere gli impianti elettrici da sovratensioni generatesi lungo la linea di alimentazione **II *agg.*** che scarica, che serve a scaricare: *canali scaricatori*.

scaricatùra [da *scaricare*; a. 1564] ***sf.*** il lavoro e la spesa dello scaricare; scaricamento.

scaricazióne [da *scaricare*; 1618] ***sf.*** *raro* scaricamento || **N.** *Sin.* scaricatura, scarico.

scàrico¹ (pl. *-chi*) [da *carico*; 1319 *scarco* nel senso 2] ***agg.*** **1.** che non ha carico, in quanto non è più o deve ancora essere caricato: *il camion ha viaggiato scarico* **2.** *per estens.* libero, sgombro, vuoto: *il cielo è scarico*, sereno || *fig.* dell'animo e della mente, libero da preoccupazioni, sereno, tranquillo || nella loc. fam. *capo scarico*, persona allegra e spensierata, buontempone **3.** privo di carica: *il mio orologio è scarico, se la batteria è scarica, l'auto non parte*; *la pistola è scarica*, priva di colpi nel caricatore.

scàrico² (pl. *-chi*) [da *scaricare*; 1313 *scarco* nel senso 2] ***sm.*** **1.** rimozione del carico da un mezzo di trasporto o, anche, liberazione del mezzo dal carico trasportato: *scarico delle merci*; *lo scarico del bastimento durò tutto il giorno* **2.** deflusso di acqua o altri liquidi, gas, sostanze semiliquide o solide incoerenti: *gli scarichi industriali inquinano i corsi d'acqua, lo scarico dei rifiuti*; *divieto di scarico*, divieto di scaricare rifiuti; *tubo di scarico* (o *scarico*), quello attraverso il quale avviene il deflusso; *valvola di scarico*, che controlla il deflusso; anche *fig.*, di ciò che contribuisce ad allentare la tensione nervosa: *lo sport è la mia valvola di scarico* || *T.aut.* nel ciclo di un motore a quattro tempi, l'ultima fase, in cui il pistone risalendo espelle i gas combusti || *T.arch.* *struttura di scarico*, su cui si scarica il peso di elementi sovrastanti || *T.elettr.* *dispositivo di scarico*, consente di scaricare a terra l'eccesso di tensione elettrica accumulatasi su reti o linee elettriche **3.** *T.comm.* uscita di merci o valori; *buono di scarico* e *verbale di scarico*, documenti che, rispettivamente, autorizzano o registrano tali uscite || *fig.* sgravio, abolizione di responsabilità: *in quella famiglia si verifica uno scarico di responsabilità*; *testimoni di scarico*, in un processo, quelli della difesa || **N.** **2.** *Sin.* fosso, scolo, sfogo. **TAV.** *motori* 1.4, 2.4, 4.4; ***automobile* p. 658** 3.37, 5.

scarificàre (pres. *-ìfico, -ìfichi*) [dal lat. tardo *scarificāre*; sec. XIV] ***tr.*** **1.** *T.chir.* incidere leggermente la cute o una mucosa alla superficie con uno o più tagli **2.** *T.agr.* *scarificare un albero*, inciderne la corteccia **3.** *scarificare un terreno*, operarvi la scarificazione (v.) || **N.** **1.** *Sin.* scarnare, scarnire.

scarificatóre [da *scarificare*; 1838] **I *sm.*** (f. *-trìce*) chi scarifica || *T.agr.* specie di erpice per rompere gli strati profondi del terreno senza rivoltarlo **II *agg.*** che scarifica.

scarificatùra [da *scarificare*; 1940] ***sf.*** l'operazione che si fa con lo scarificatore; scarificazione.

scarificazióne [da *scarificare*; sec. XIV] ***sf.*** **1.** *T.chir.* incisione superficialissima della pelle o di una mucosa a scopo terapeutico **2.** *T.agr.* incisione della corteccia degli alberi || lavoro fatto con lo scarificatore sui prati vecchi, per smuovere il terreno e renderlo idoneo alla semina.

scariòla o **scaròla** [lat. volg. **escariola*; sec. XIV *scariuola*] ***sf.*** varietà di indivia.

scariolàre e der. v. SCARRIOLARE e der.

scarióso [da *escarioso*, der. da *escara*; 1959] ***agg.*** **1.** *T.bot.* detto di organo dalla consistenza membranosa **2.** *T.zool.* detto di organo membranoso, per es. della lingua degli uccelli.

scarlattìna [da *scarlatto*; 1772] ***sf.*** *T.med.* malattia infantile, epidemica, contagiosa, che si manifesta con angina, febbre elevata ed esantema di innumerevoli punticini rossi che poi confluiscono in un eritema diffuso, color rosso scarlatto.

scarlattinóso [da *scarlattina*; 1959] ***agg.*** *T.med.* relativo alla scarlattina; proprio della scarlattina e dei suoi sintomi: *esantema scarlattinoso*.

scarlàtto [dal persiano *säqirlāt*, abito tinto di rosso; fine sec. XIII] **I *agg.*** rosso vivacissimo: *stoffa scarlatta* **II *sm.*** **1.** il colore stesso: *vestita di scarlatto* **2.** *ant.* tessuto di lana finissimo di colore scarlatto: *cappa di scarlatto*.

scarmigliàre (pres. *-ìglio*) [lat. volg. **excarmināre*, cardare, con influsso di *scapigliare*; 1583 come intr. pron., a. 1735 come tr.] ***tr.*** scompigliare i capelli; spettinare || ***rifl.*** scompigliarsi i capelli || ***intr. pron.*** *ant.* azzuffarsi || **N.** ***tr.*** *Sin.* arruffare, scapigliare, scompigliare.

scarmigliatùra [da *scarmigliare*; 1891] ***sf.*** *non com.* atto ed effetto dello scarmigliare, scapigliatura.

scarmiglióne [da *scarmigliare*; 1940] ***sm.*** (f. *-a*) *raro* persona che ha sempre i capelli scarmigliati.

scàrmo [lat. *scalmus*, gr. *skalmós*; a. 1470] ***sm.*** *ant.* scalmo.

scarnaménto [da *scarnare*; a. 1320] ***sm.*** *non com.* lo scarnare.

scarnàre [lat. tardo *excarnāre*; a. 1320] ***tr.*** **1.** togliere la carne superficialmente **2.** *T.mac.* levare la massa carnosa da un animale macellato **3.** *T.pell.* togliere il carniccio alle pelli || ***intr. pron.*** *ant.* e *lett.* dimagrire: *mi scarno* || **N.** ***tr.*** *Sin.* scarnificare | ***intr. pron.*** *Sin.* consumarsi, deperire, logorarsi, smagrire.

scarnascialàre (pres. *-àlo*) [comp. parasint. di *carnasciale*; a. 1565 *scarnescialare*] ***intr.*** (aus. *avere*) *ant. tosc.* darsi ai divertimenti e agli svaghi del carnevale; gozzovigliare.

scarnascialàta [da *scarnascialare*; 1940] ***sf.*** *ant. tosc.* lo scarnascialare || **N.** *Sin.* baldoria, orgia, GOZZOVIGLIA.

scarnàto (*pps.* di *scarnare*) [1585] ***agg.*** scarnificato, privato della carne.

scarnatóio (pl. *-ói*) [da *scarnare*; 1838] ***sm.*** specie di coltello a due manici per scarnare le pelli.

scarnatóre [da *scarnare*; 1959] ***sm.*** (f. *-trìce*) nella lavorazione delle pelli, operaio che esegue la scarnatura.

scarnatùra [da *scarnare*; 1838] ***sf.*** nella lavorazione delle pelli, raschiatura dello strato adiposo della parte interna del pellame.

scarnificàre (pres. *-ìfico, -ìfichi*) [dal lat. *excarnificāre*; a. 1597] ***tr.***, ***rifl.*** e ***rifl. indir.*** togliere e togliersi la carne d'intorno a un osso; anche *iperb.* lacerare la carne: *mi sono scarnificato un dito* || *fig. lett.* ridurre all'essenziale, eliminare il superfluo: *scarnificare la prosa, lo stile*.

scarnificàto (*pps.* di *scarnificare*) [1673] ***agg.*** privo di carne: *un osso scarnificato* || *fig.* ridotto all'essenziale, disadorno, spec. rif. a stile letterario: *una prosa scarnificata*.

scarnificazióne [da *scarnificare*; 1692] ***sf.*** atto ed effetto dello scarnificare.

scarnìre (pres. *-ìsco, -ìsci*) [comp. parasint. di *carne*; a. 1597] ***tr.*** **1.** togliere la carne, scarnificare: *scarnire l'unghia*, liberarla dalla carne cresciutale attorno; *scarnire un osso*, spolparlo || *T.pell.* togliere il carniccio alle pelli **2.** rendere sottile, magro, scarno: *la malattia gli sta scarnendo il volto* || *fig.* rif. a stile, linguaggio e sim., ridurre all'essenziale || **N.** *Sin.* scarnare.

scarnìto (*pps.* di *scarnire*) [a. 1729] ***agg.*** scarnificato; dimagrito || **N.** *Sin.* scarno, spolpato, MAGRO.

scarnitùra [da *scarnire*; a. 1597] ***sf.*** *raro* atto ed effetto dello scarnire.

scàrno [da *scarnare*; 1532] ***agg.*** magro, smunto, secco, quasi scheletrico: *viso scarno* || *fig.* esile, povero di contenuto: *discorso scarno* || privo di elementi ridondanti, essenziale, sobrio: *prosa scarna, stile scarno* || **N.** *Sin.* scarnito, smilzo, sparuto, striminzito, MAGRO.

scàro [lat. *scarus*, gr. *skáros*; a. 1595] ***sm.*** pesce dei Perciformi di forma tozza e tinte vivacissime, diffuso spec. nei mari equatoriali; è detto anche *pesce pappagallo*.

scarógna v. SCALOGNA².

scarognàre (pres. *-ógno*) [comp. parasint. di *carogna*; 1872] ***intr.*** (aus. *avere*) *raro* lavorare svogliatamente, far la carogna.

scarognàto v. SCALOGNATO.

scarognìre (pres. *-ìsco, -ìsci*) [comp. parasint. di *carogna*; 1872] ***tr.*** *fam.* ricondurre all'attività e al bene una persona impigrita o incarognita || ***intr. pron.*** diventare meno pigro o meno carogna.

scaròla v. SCARIOLA.

scàrpa¹ [dal germ. *skarpa*, tasca di pelle; 988 ca.] ***sf.*** **1.** calzatura fatta perlopiù di pelle nella parte superiore (*tomaia*) e di cuoio o altro materiale semirigido in quella inferiore, che sta a contatto col suolo (*suola e tacco*); si usa spesso al pl. per indicare la coppia di scarpe che forma il paio: *scarpa da uomo, donna, bambino, scarpa col tacco basso* (o *bassa*), *senza tacco, un bel paio di scarpe*; *scarpe scollate, accollate*, che, rispettivamente, lasciano scoperto o fasciano il collo del piede; *scarpe da tennis*; *scarpe da calcio*, con i tacchetti; *scarpe chiodate*, per camminare sul ghiaccio; *queste scarpe sem-*

brano delle barche, mi vanno larghe, ci ballo dentro, sono di una misura superiore alla mia o, anche, si sono sfondate con l'uso; *queste scarpe calzano bene,* sono adatte alla forma del mio piede; *che numero di scarpe hai?*; *far risuolare, aggiustare, mettere in forma le scarpe; lucidare, sfondare, allacciare, slacciare le scarpe* || *fig. scherz. scarpe che ridono, che hanno fame,* scollate o rotte in punta in modo che la tomaia, rivoltata verso l'alto, sembri una bocca spalancata; *non avere scarpe ai piedi,* versare in uno stato di estrema indigenza; *avere il giudizio sotto la suola delle scarpe,* averne poco o nulla; *far le scarpe a uno,* danneggiarlo, fingendo di essergli amico; *non esser degno di lustrare* (o *legare*) *le scarpe a uno,* essergli di gran lunga inferiore; *mettere le scarpe al sole,* morire; *morire con le scarpe ai piedi,* morire di morte violenta || *fam. essere una scarpa,* essere un incapace, inetto nel fare una cosa: *a tennis sei proprio una scarpa!* || *fam. spreg. essere una scarpa vecchia,* essere ormai inservibile, essere ridotto male: *quell'uomo così aitante si ridurrà a una scarpa vecchia* || *prov. contadino, scarpe grosse, cervello fino,* il contadino è rozzo nell'aspetto ma è ingegnoso e furbo **2.** in vari campi, denominazione di strutture morfologicamente o funzionalmente analoghe alla scarpa; *in part.* blocco a forma di cuneo che si mette dietro le ruote di un veicolo fermo su un terreno in forte pendenza per evitare che si sposti || nelle funivie e sim., sostegno per le funi portanti o fisse posto alla testa dei piloni || nell'attrezzatura navale, *scarpa dell'ancora,* nelle navi con àncora a ceppo, il rivestimento fissato alla superficie esterna del fianco, a lato della prora, per impedire che l'ancora danneggi la murata; anche la piattaforma inclinata su cui si adagia l'ancora || *dim.* scarpìna, scarpétta, scarpìno (*sm.*); *accr.* scarpóne (*sm.*), scarpóna; *pegg.* scarpàccia || **N. 1.** calzare, entrare, guazzarci, infilare, provare, screpolarsi, scricchiolare, sfilare, slabbrarsi, spaccarsi, stringere | calzascarpe, calzatoio, cera, lucido | fibbia, fiosso, laccio, linguetta, mascherina, punta, quartiere, stringa, suola, suoletta, tacco, tomaia. **Q.T.** *abbigliamento, calzolaio, danza* **TAV.** ***armi* p. 648** 6.14; ***sci* p. 1333** 18, 19.

scàrpa² [prob. got. **skrapa,* sostegno; a. 1465] ***sf.*** la parte inclinata della superficie esterna di un terreno o di una struttura (muro, massicciata, argine ecc.) || scarpata || nella *loc. avv. a scarpa,* in pendenza.

scarpàio o **scarpàro** (pl. *-ài* e *-ri*) [da *scarpa;* 1872 *scarparo*] ***sm.*** (f. *-a*) *raro region.* venditore ambulante di calzature.

scarpàre [da *scarpa²*; a. 1703] ***tr.*** *raro* fare la scarpa a un terrapieno, a un muro ecc.

scarpàta¹ [da *scarpa¹*; 1872] ***sf.*** colpo dato con la scarpa.

scarpàta² [da *scarpare;* 1847] ***sf.*** superficie inclinata di un terreno o di un'opera artificiale (terrapieno, muro ecc.): *lungo la scarpata della ferrovia* || **N.** *Sin.* PENDIO. **TAV.** *porto* 1.

scarpèllo e der. forme pop. di SCALPELLO e der. (v.).

scarpétta (*dim.* di *scarpa¹*) [1353] ***sf.* 1.** *fam. fare la scarpetta,* raccogliere il sugo rimasto sul piatto, passandovi un pezzetto di pane **2.** cipripedio, pianella della Madonna.

scarpicciàre e der. forme pop. di SCALPICCIARE e der.

scarpièra [da *scarpa¹*; 1942] ***sf.* 1.** armadietto per riporvi le scarpe **2.** borsa da viaggio suddivisa all'interno in più scomparti, per trasportare scarpe.

scarpinàre (pres. *-ìno*) [da *scarpa¹*; 1536] ***intr.*** (aus. *avere*) *dial.* camminare a lungo e con fatica.

scarpinàta [da *scarpinare;* 1940] ***sf.*** *dial.* lunga e faticosa camminata: *per arrivare sin là ho dovuto fare una scarpinata.*

scarpìno (*dim.* di *scarpa¹*) [sec. XIV-XV] ***sm.*** calzatura elegante, con tomaia bassa di pelle lucida, di raso o di altro materiale, specialmente adatta per il ballo.

scarponàta [da *scarpone;* 1974] ***sf.*** pedata, colpo dato con lo scarpone || *fig.* atto rude, da montanaro.

scarponcèllo [da *scarpone;* 1872] ***sm.*** scarpa di pelle da donna allacciata o abbottonata, la cui tomaia abbraccia la caviglia.

scarpóne (*accr.* di *scarpa¹*) [1880 ca.] ***sm.* 1.** scarpa robusta, con suola spessa e talvolta chiodata, da montagna; *scarpone da sci,* con la suola sagomata in modo da potersi incastrare nell'attacco dello sci; *scarpone a iniezione,* da sci, con la parte interna in materiale che, col calore, si adatta alla forma del piede **2.** *per meton. scherz.* il soldato alpino; alpinista di vecchia data || *scherz.* o *spreg.* persona rozza, non elegante || *dim.* scarponcìno. **Q.T.** *alpinismo, sci* **TAV.** ***sci* p. 1333** 13, 14, 15, 16, 17.

scarrièra [da *carriera* con *s-* privativo; a. 1543] ***sf.*** *ant.* solo nelle loc.: *gente di scarriera,* di mal affare, vagabondi; *comperare* o *vendere per scarriera,* quasi di contrabbando, clandestinamente.

scarriolànte o **scariolànte** (*ppr.* di *scarriolare*) [1973] ***sm.* 1.** manovale addetto al trasporto di materiale con la carriola **2.** *T.stor.* bracciante che, tra fine Ottocento e inizio Novecento, partecipava alla bonifica del delta del Po, trasportando materiale con la carriola.

scarriolàre o **scariolàre** (pres. *-òlo*) [comp. parasint. di *carriola;* 1959] ***tr.*** trasportare terra o altro materiale con la carriola.

scarrocciàre (pres. *-òccio*) [da *scarroccio;* 1889] ***intr.*** (aus. *avere*) *T.mar.* andare a scarroccio.

scarròccio [forse dal venez. *carozzo,* carena; 1614 *scaroccio*] ***sm.*** *T.mar.* lo spostarsi di una imbarcazione, spec. a vela, in senso laterale verso sottovento, cioè dalla parte opposta a quella da cui spira il vento obliquo che la spinge.

scarrozzàre (pres. *-òzzo*) [comp. parasint. di *carrozza;* 1805] ***tr.*** portare qua e là in carrozza o, *per estens.*, con un altro veicolo: *non fa che scarrozzare gli amici* || ***intr.*** (aus. *avere*) farsi portare in giro in carrozza o con un altro veicolo: *ieri ha scarrozzato tutto il giorno.* **Q.T.** *carri...*

scarrozzàta [da *scarrozzare;* 1865] ***sf.*** gita o passeggiata in carrozza o con altri veicoli, spec. in automobile.

scarrozzìo (pl. *-ìi*) [da *scarrozzare;* 1872] ***sm.*** *tosc.* un andare e venire continuo o frequente di carrozze.

scarrucolaménto [da *scarrucolare;* 1688] ***sm.*** *non com.* atto ed effetto dello scarrucolare.

scarrucolàre (pres. *-ùcolo*) [comp. parasint. di *carrucola;* 1612 nel senso 2] ***intr.*** (aus. *avere*) **1.** uscire, saltar fuori, detto della fune della carrucola **2.** della fune, scorrere liberamente nella gola della carrucola || ***tr.* 1.** *raro* lasciare andar giù violentemente ciò che è legato al canapo della carrucola **2.** disincagliare la fune che è nella carrucola || levare la corda dalla carrucola.

scarrucolìo (pl. *-ìi*) [da *scarrucolare;* 1872] ***sm.*** il continuo scarrucolare (nel senso 2 della forma *intr.*) e il cigolìo che produce || *iron. fig.* sfoggio di voce, di agilità nei cantanti; *uno scarrucolio di parole,* un parlare rapido e prolungato.

scarruffàre [da *arruffare,* con influsso di *scapigliare;* 1863] ***tr.*** *raro tosc.* spettinare, arruffare.

scarseggiàre (pres. *-éggio*) [da *scarso;* a. 1446] ***intr.*** (aus. *avere*) **1.** essere, avere disponibile in misura scarsa: *il burro cominciò a scarseggiare, noi scarseggiamo a* (*di*) soldi, *a* (*di*) *vino;* anche *fig.*: *scarseggiare di logica, di buoni sentimenti* **2.** *T.mar.* del vento, portarsi in direzione della prua.

scarsèlla [etim. inc.; a. 1350] ***sf.* 1.** anticamente, borsa perlopiù di cuoio che si portava appesa al collo o alla cintura per tenervi il denaro **2.** *dial.* tasca, borsellino: *mettere mano alla scarsella,* sborsare; *avere il granchio alla scarsella,* essere avari **3.** *T.arch.* abside a pianta rettangolare || *dim.* scarsellétta, scarsellìna; *accr.* scarsellóna, scarsellóne (*sm.*) || **N.** *Sin.* borsa, tasca.

scarsézza [da *scarso;* a. 1294] ***sf.* 1.** qualità di ciò che è scarso; scarsità, penuria, insufficienza: *scarsezza di mezzi, di cuore, d'ingegno* **2.** *ant.* taccagneria || **N. 1.** *Sin.* scarsità.

scarsità [da *scarso;* a. 1294] ***sf.*** scarsezza, ridotta disponibilità, insufficienza: *scarsità di mezzi, di uomini, di raccolto;* anche *fig.*: *scarsità d'ingegno* || **N.** *Sin.* deficienza, mancanza, povertà, rarità | *Contr.* abbondanza, dovizia, eccesso, esuberanza.

scàrso [lat. volg. **excarpsus,* tirato fuori, diminuito; 1319] ***agg.* 1.** manchevole, insufficiente: *reddito, raccolto scarso, essere scarso a* (o *di*) *quattrini; vento scarso,* poco forte; *luce scarsa,* fioca; *tempi scarsi,* magri, di carestia; *veste scarsa,* corta o stretta; *scarso d'ingegno,* poco intelligente **2.** leggermente inferiore alla misura espressa: *sono tre chili* (*metri, minuti* ecc.) *scarsi* **3.** *ant.* avaro, taccagno: *andare* (o *essere*) *scarso,* essere parsimonioso || **scarsaménte** ***avv.*** || **N. 1.** *Sin.* deficiente, limitato, magro, mancante, manchevole, povero, rado, raro | *Contr.* abbondante, eccessivo, esagerato, esuberante.

scartabellàre (pres. *-èllo*) [da *scartabello;* a. 1629] ***tr.*** scorrere le pagine di un libro rapidamente, senza porvi grande attenzione o per ricercarvi qualcosa: *non scartabellare quel libro, leggilo invece con attenzione* || **N.** *Sin.* scorrere, LEGGERE.

scartabèllo [etim. inc.; a. 1508] ***sm.*** *ant. spreg.* libro, opuscolo, testo scritto di poco valore || **N.** *Sin.* scartafaccio, LIBRO.

scartafàccio (pl. *-ci*) [etim. inc.; a. 1543] ***sm.* 1.** quaderno di più fogli, anche non legati, per prendere appunti, per farvi minute ecc. **2.** *spreg.* testo scompaginato e mal ridotto; *per estens.* testo di poco valore; scartabello || **N. 1.** *Sin.* taccuino **2.** *Sin.* brogliaccio.

scartaménto [da *scartare²*; 1895] ***sm.*** *T.ferr.* la distanza tra le rotaie delle ferrovie, misurata nella parte interna: *scartamento normale,* di metri 1,445; *scartamento ridotto* quando la distanza è minore della normale || *fig. a scartamento ridotto,* di modeste proporzioni: *una rivista a scartamento ridotto* || la distanza tra le funi portanti di una funivia. **Q.T.** *ferrovia.*

scartàre¹ [comp. parasint. di *carta;* a. 1595 nel senso 2; 1891 nel senso 1] ***tr.* 1.** togliere qualcosa dalla carta in cui è avvolta: *scarta quei cioccolatini e mettili nel piatto* **2.** *T.gioc.* gettare a monte le carte che si rifiutano o che sono meno utili: *ha scartato un asso* || *per estens.* ricusare, respingere, rifiutare gli elementi meno idonei a quanto richiede la situazione: *scartare i libri inutili; scartare uno alla leva,* dichiararlo non idoneo al servizio militare. **Q.T.** *giochi.*

scartàre² [dal lat. volg. **exquartāre,* dividere in quattro parti, separare, attr. il fr. *s'écarter,* 1855] ***intr.*** (aus. *avere*) deviare bruscamente in senso laterale dal cammino, detto di veicoli o animali: *l'auto scartò a sinistra, allora il cavallo si impaurì e scartò a destra* || ***tr.*** *T.sport.* nel calcio, superare l'avversario eludendone l'intervento o in *dribbling* || nel ciclismo e nell'ippica, spostarsi di lato, spec. nella volata, per mettere in difficoltà l'avversario.

scartàta [da *scartare²*; 1840] ***sf.* 1.** brusco spostamento laterale di un veicolo o di un animale (spec. il cavallo): *ha fatto una scartata a destra* **2.** *fig.* ramanzina, rabbuffo.

scartàto (*pps.* di *scartare*[1]) [1940] **sm.** chi è stato riformato alla leva militare: *ci sarà la revisione degli scartati.*

scartellaménto [da *scartellare*; 1959] **sm.** *T.banc.* atto ed effetto dello scartellare.

scartellàre (pres. *-èllo*) [comp. parasint. di *cartello*; 1959] **intr.** (aus. *avere*) *T.banc.* non rispettare le norme di un cartello bancario.

scartina (*dim.* di *scàrto*[1]) [1963] **sf. 1.** *T.gioc.* nei giochi di carte, carta di poco valore **2.** *fig.* persona o cosa di scarso valore, peso, potere.

scartinàre (pres. *-ìno*) [da *scartino*; 1959] **tr.** *T.tip.* inserire fogli bianchi tra i fogli freschi di stampa per evitare che si macchino.

scartino (*dim.* di *scarto*[1]) [1957] **sm. 1.** *T.gioc.* *raro* scartina **2.** *T.tip.* foglio di carta porosa che si inframmezza ai fogli appena stampati per evitare che si macchino tra loro.

scàrto[1] [da *scartare*[1]; 1640] **sm. 1.** *T.gioc.* l'atto di scartare una carta da gioco || *concr.* la carta scartata: *fare, sbagliare lo scarto, quel tre di cuori è il mio scarto* **2.** *per estens.* l'azione di scartare ciò che non serve; anche l'oggetto scartato: *ho terminato lo scarto della roba avariata, ora vendono gli scarti di magazzino* **3.** *fig.* persona inetta, che non vale nulla: *è uno scarto di avvocato* **4.** *T.gioc.* gioco enigmistico in cui, togliendo una lettera o una sillaba (*scarto sillabico*) da una parola data, si deve ricavare una nuova parola, di senso compiuto || *dim.* scartina (*sf.*), scartino || **N. 2.** *Sin.* ciarpame, rifiuti, robaccia.

scàrto[2] [da *scartare*[2]; 1922] **sm. 1.** salto, brusca deviazione laterale, spec. di veicoli e animali: *l'auto ebbe uno scarto per lo scoppio di un pneumatico* **2.** *per estens.* deviazione, spostamento rispetto alla direzione o alla traiettoria prestabilita; *in part.* *T.bal.* nella pratica del tiro con artiglierie, la deviazione che alcune cause perturbatrici, non dipendenti dall'esecuzione del puntamento, producono nel percorso del proiettile **3.** differenza, distacco; lo scostarsi da un determinato valore; deviazione dalla media: *ha vinto con uno scarto di dieci secondi, gli scarti in più e in meno si bilanciano* || *T.stat.* *scarto quadratico medio*, v. DEVIAZIONE nel senso 4. **Q.T.** *statistica...*

scartocciaménto [da *scartocciare*; 1965] **sm.** scartocciatura.

scartocciàre (pres. *-òccio*) [comp. parasint. di *cartoccio*; 1752] **tr. 1.** disfare il cartoccio, levare dal cartoccio **2.** *T.agr.* togliere le brattee secche che avvolgono la pannocchia di granturco || **N. 2.** *Sin.* sfogliare, spannocchiare, spogliare.

scartocciatùra [da *scartocciare*; 1891] **sf.** lo scartocciare: *la scartocciatura del granturco.*

scartòccio (pl. *-ci*) [da *cartoccio*; 1581] **sm. 1.** tubo in vetro che, posto intorno alla fiamma di lampade a olio, petrolio e sim., serve a proteggerla dalle correnti d'aria **2.** *T.arch.* ornato di architettura, a forma di cartoccio **3.** *raro* cartoccio.

scartòffia (raro *cartòffia*) [prob. comp. parasint. di *carta*; 1923] **sf.** *spreg.* o *scherz.* (spec. *pl.*) documento, pratica d'ufficio; *per estens.*, *pl.*, insieme di carte, libri ecc.: *portati via le tue scartoffie!*

scasàre [comp. parasint. di *casa*; 1891] **intr.** (aus. *avere*) *tosc.* lasciare un alloggio portando via masserizie varie per andare ad abitarne un altro || **tr.** *tosc.* mandare via di casa un inquilino; sfrattare || **N. intr.** *Sin.* sloggiare, trasferirsi, traslocare.

scàsimo [abbr. di *scasimodeo*; 1872] **sm.** (spec. *pl.*) *fam. tosc. raro* smorfie leziose di chi mostra di non voler fare o accettare o concedere qualcosa: *quanti scasimi mi fai prima di dirmi un sì!*

scasimodèo [prob. corruzione di *spasimo di Dio*; a. 1543] **sm.** (f. *-a*) *ant.* persona sciocca, imbecille, squasimodeo.

scàssa [da *scasso*; 1838] **sf.** *T.mar.* sede dell'albero (o della deriva) di un'imbarcazione.

scassaquìndici [comp. di *scassa*(*re*)[2] e *quindici*; 1942] **sm.** *T.gioc.* gioco simile alla morra.

scassàre[1] [comp. parasint. di *cassa*; 1566] **tr.** *raro* levare dalla cassa ciò che vi è contenuto.

scassàre[2] [lat. *exquassāre*, sbattere, fracassare; a. 1597; 1942 nel senso 2] **tr. 1.** *T.agr.* dissodare a fondo un terreno **2.** rompere, danneggiare in modo da impedire o deteriorare il funzionamento: *scassare la serratura, la macchina* || *fig. fam.* prostrare, ridurre in cattive condizioni fisiche: *quella corsa mi ha tutto scassato* || **intr. pron.** rompersi, cessare di funzionare in seguito a rottura: *questi giocattoli si scassano subito.*

scassatùra [da *scassare*[1]; a. 1696] **sf.** l'operazione di levare le merci dalle casse.

scassettàre (pres. *-étto*) [comp. parasint. di *cassetta*; 1891] **tr.** *raro* levare, estrarre dalla cassetta.

scassinaménto [da *scassinare*; 1940] **sm.** l'atto dello scassinare.

scassinàre (pres. *-ìno*) [da *scassare*[2]; 1566] **tr.** rompere, sconquassare, forzare, spec. a scopo di furto: *scassinare la porta* || **N.** *Sin.* sbandellare, scardinare, scassare, sgangherare.

scassinatóre [da *scassinare*; 1951] **sm.** (f. *-trìce*) chi scassina, chi compie furti con scasso.

scassinatùra [da *scassinare*; 1940] **sf.** lo scassinare, e spec. il suo effetto; scassinamento.

scàsso [da *scassare*[2]; a. 1729] **sm. 1.** forzatura e rottura di serrature e dispositivi di sicurezza in genere, per commettere un furto: *furto con scasso* **2.** *T.agr.* il lavoro di rompere il terreno non coltivato per prepararlo alla coltura o per piantarvi alberi che richiedono lavori profondi || **N. 1.** *Sin.* effrazione.

scastagnàre [comp. parasint. del gerg. *castagna*, errore; a. 1712] **intr.** (aus. *avere*) *ant.* deviare dalla regola consueta, uscire dal retto cammino, uscire di carreggiata: *quel ragazzo comincia un po' a scastagnare* || **N.** *Sin.* tralignare.

scat (ingl., pr. [skæt]) [da *to scatter*, frammentare; 1959] **sm. inv.** *T.mus.* accompagnamento vocale jazzistico, in cui vengono pronunciate sillabe o parole senza senso.

scatafàscio [da *catafascio* con il prefisso *s-*; 1546] **sm.** usato nella *loc. avv.* *a scatafascio*, a catafascio, sottosopra.

scataròscio (pl. *-sci*) [da *scroscio*, con sovrapposizione di *catarro*; 1872] **sm.** *raro* o *pop.* gran rovescio di pioggia; scroscio, cateratta.

scatarràre [comp. parasint. di *catarro*; 1640] **intr.** (aus. *avere*) espellere catarro tossendo || **N.** *Sin.* scaracchiare.

scatarràta [da *scatarrare*; a. 1742] **sf.** lo scatarrare.

scatarróne [da *scatarrare*; 1872] **sm.** (f. *-a*) *fam.* chi scatarra spesso, per abitudine.

scatàrzo [dal gr. *katartéon* (*sērikón*), seta da purificare, attr. il lat. **catharteum*; 1838] **sm.** *volg.* qualità grossolana di seta (più com. *catarzo*).

scatenacciàre (pres. *-àccio*) [comp. parasint. di *catenaccio*; 1872] **intr.** (aus. *avere*) **1.** togliere il catenaccio per aprire **2.** agitare catene facendo un grande rumore.

scatenacciò (pl. *-ìi*) [da *scatenacciare*; 1872] **sm.** *raro* rumore forte e frequente di catene agitate e sim.

scatenaménto [da *scatenare*; 1680] **sm.** atto ed effetto dello scatenare e dello scatenarsi.

scatenàre (pres. *-éno*) [comp. parasint. di *catena*; a. 1348 come intr. pron.] **tr. 1.** *raro* sciogliere, liberare dalla catena **2.** *fig.* aizzare, sollevare: *scatenarono la folla contro di lui* || rompere ogni freno alle passioni: *scatenare l'odio, la gelosia* || **rifl.** sciogliersi dalla catena || **intr. pron.** *fig.* sfrenarsi, rompere il freno e la misura: *a quel giusto rimprovero il suo furore si scatenò; scatenarsi addosso* (o *contro*) *a uno*, assalirlo con parole o discorsi violenti || detto di tempo, tempesta, vento, prendere a infuriare, sollevarsi con furia ecc.: *si scatenò una tempesta di neve* || **N. tr. 2.** *Sin.* agitare, incitare, sfrenare, sollevare | **intr. pron.** *Sin.* infuriare.

scatenàto (*pps.* di *scatenare*) [1353] **agg.** agitato, senza freno né misura: *furia scatenata* || *fig.* *diavolo scatenato*, persona irosa, infuriata, rissosa oppure vivace (detto spec. di bambini).

scatenìo (pl. *-ìi*) [da *scatenare*; 1879] **sm.** *tosc.* rumore forte prolungato o frequente di catene smosse.

scàto- [dal gr. *skôr, skatós*, sterco] ***primo elem.*** che, in parole composte scientifiche vale "sterco", "escrementi" (per es. *scatofagia*).

scatofagìa [comp. di *scato-* e *-fagia*; 1959] **sf.** *T.med.* forma di alienazione mentale che induce all'ingestione degli escrementi || **N.** *Sin.* coprofagia.

scàtola [forse dal lat. mediev. *castula*, cassa, dal francone *kasto*; 1353] **sf. 1.** recipiente a forma di parallelepipedo o di cilindro, di cartone, metallo, plastica, legno e sim., cavo, chiuso da coperchio, usato per riporvi oggetti di svariato genere: *scatola per i biscotti, per il tabacco, scatola di fiammiferi*; *cibi in scatola*, conservati in scatola di latta ermeticamente chiusa || in varie espressioni *fig.*: *comperare a scatola chiusa*, senza controllare la merce; *lettere, caratteri di scatola*, molto grandi, cubitali; *dire a lettere di scatola*, esprimere apertamente il proprio pensiero; *fig. pop.* *rompere le scatole a qualcuno*, infastidirlo, importunarlo, scocciarlo; *levarsi, togliersi dalle scatole*, togliersi di torno; *averne piene le scatole*, non poterne più; essere sul punto di perdere la pazienza || *per meton.* la quantità di roba che può contenere una scatola: *ho mangiato una scatola di cioccolatini* **2.** *per estens.* denominazione di oggetti, elementi o dispositivi funzionalmente o strutturalmente simili a una scatola: *T.elettr.* *scatola di derivazione*, contenente i collegamenti della conduttura elettrica principale con quelle in diramazione; *T.aer.* *scatola nera*, apparecchiatura elettronica che, installata a bordo dell'aereo, ne registra tutti i dati di volo, permettendo così, in caso di incidente, di stabilirne le cause; *T.mus.* *scatola armonica*, formata da un cilindro metallico con dentellature e incavi che, messo in movimento, riproduce uno o più motivi musicali, *carillon*; *T.anat.* *scatola cranica*, cavità che contiene il cervello, limitata dalle ossa del cranio; *T.mecc.* *scatola di tenuta*, dispositivo meccanico che permette all'asta di uno stantuffo di uscire senza che il vapore si spanda || *T.aut.* *scatola guida*, quella contenente il meccanismo che trasmette il moto del volante al sistema di aste e leve dello sterzo || *dim.* scatolina, scatolino (*sm.*), scatolétta, scatolùccia; *accr.* scatolóne (*sm.*), scatolóna; *pegg.* scatolàccia || **N. 1.** *Sin.* astuccio, *boîte à surprise*, cofanetto, custodia, forziere, recipiente, scrigno | scatolificio.

scatolàio (pl. *-ài*) [da *scatola*; 1838] **sm.** (f. *-a*) chi fabbrica o vende scatole.

scatolàme [da *scatola*; 1942] **sm. 1.** quantità di scatole, spec. di quelle dentro cui si conservano generi alimentari **2.** *per meton.* l'insieme dei generi alimentari che sono contenuti in tali scatole: *si nutriva di scatolame.*

scatolàre [da *scatola*; 1963] **agg.** *T.tecn.* che ha forma di scatola; *in part.* *struttura scatolare*, in edilizia, quella costituita da travi parallele collegate da traversi, utilizzata nella costruzione di ponti in cemento armato.

scatolàta [da *scatola*; 1959] **sf.** il quantitativo di roba contenuto in una scatola: *ha divorato una scatolata di biscotti.*

scatolàto [pps. di un disus. *scatolare*; 1942] **agg.** conservato in scatola.

scatolétta (*dim.* di *scatola*) [1666] **sf.** piccola scatola || *in part.* piccola scatola di latta usata nell'industria alimentare per contenervi cibi conservati: *una scatoletta di carne, di tonno.*

scatolificio (pl. *-ci*) [comp. di *scatola* e *-ficio*; 1952] **sm.** fabbrica di scatole.

scatolino (*dim.* di *scatola*) [a. 1588] **sm.** piccola scatola || *fig. fam. stare in uno scatolino,* usarsi molti riguardi; *sembra uscito da uno scatolino,* detto di persona vestita di tutto punto, con un'accuratezza esagerata.

scatologia (pl. *-gìe*) [comp. di *scato-* e *-logia*, come il fr. *scatologie*; 1882] **sf.** discorso o scritto, perlopiù scherzoso, su argomenti che hanno a che fare con gli escrementi.

scatològico (pl. *-ci*) [da *scatologia*; 1940] **agg.** che si riferisce alla scatologia: *facezie, arguzie scatologiche.*

scatòrcio v. CATORCIO.

scattànte (*ppr.* di *scattare*) [1935] **agg.** che scatta, dotato di scatto, agile: *un atleta scattante.*

scattàre [lat. volg. **excaptāre*, cercare di prendere, afferrare; a. 1712; 1872 nel senso 3; 1965 come tr.] **intr.** (aus. *essere* o *avere* rif. a cosa, *essere* rif. a persona) **1.** di una cosa, liberarsi improvvisamente dallo stato di tensione o di compressione a cui era sottoposta: *l'arco ha scattato, la molla non è scattata, far scattare il grilletto* || funzionare, anche *fig.*: *la trappola non è scattata; l'operazione è pronta a scattare* || di enti o processi che seguono una successione prestabilita di fasi o stati (come gli scatti di un ingranaggio), passare a una fase successiva: *la contingenza è scattata di tre punti, mi è scattato lo stipendio* **2.** *fig.* essere promosso: *quest'anno sono scattato di grado* **3.** *fig.* balzare su con impeto: *il pubblico scattò in piedi, l'atleta scattò velocissimo, è scattato su come una molla* || entrare immediatamente in azione: *quando ti chiamo devi scattare* || *fig.* reagire di colpo con atti o parole di rabbia o indignazione: *non si può contrariarlo che scatta subito* **4.** *tosc. ant. ci scattò un pelo, ci è scattato poco* e sim., mancò un pelo, mancò poco || **tr.** agire sull'otturatore di una macchina fotografica, consentendo così all'immagine di impressionare la pellicola: *scattare una fotografia* || **N. 3.** *Sin.* PROROMPERE.

scattering (ingl., pr. ['skætərɪŋ]) [da to *scatter*, sparpagliare; 1963] **sm.** *inv. T.fis.* diffusione, deviazione, sparpagliamento subito da particelle subatomiche in seguito a interazioni con un nucleo o con altre particelle.

scattinàre e der. forme dial. di SCHETTINARE e der. (v.).

scattista [da *scatto*; 1954] **s.** *T.sport.* atleta dotato di scatto, specializzato in gare di velocità su brevi percorsi || **N.** *Contr.* fondista.

scattivàre [comp. parasint. di *cattivo*; 1872] **tr.** *tosc.* levare la parte guasta di una cosa: *scattivare una mela.*

scàtto [da *scattare*; 1666; 1726 nel senso 2; 1872 nel senso 3; 1863 nel senso 4; 1927 nel senso 5] **sm. 1.** l'atto dello scattare || *per estens.* il rumore prodotto dallo scatto: *ho sentito lo scatto della serratura* **2.** meccanismo o congegno che, scaricando istantaneamente una molla in tensione, produce lo scatto: *lo scatto del percussore nel fucile, lo scatto dell'orologio*; negli apparecchi fotografici, il dispositivo che comanda l'apertura e la chiusura dell'otturatore || *a scatto, con lo scatto,* a molla: *serratura a scatto* **3.** *per estens.* sussulto, movimento brusco e repentino: *appena lo toccai ebbe uno scatto*; nelle *loc. avv. a scatti,* con movimenti bruschi e discontinui: *procedere a scatti; di scatto,* in modo brusco e improvviso: *si alzò di scatto, rispose di scatto* || *T.sport.* accelerazione rapida e improvvisa della velocità, spec. nel finale di una corsa: *effettuare uno scatto*; attitudine di un atleta ad accelerare improvvisamente l'andatura: *atleta dotato di un ottimo scatto* **4.** *fig.* improvvisa e incontrollata manifestazione di un'emozione: *scatto d'ira* || uscita improvvisa: *ha degli scatti geniali* **5.** *fig.* avanzamento di un grado, passaggio di livello in un sistema di valori o in una graduatoria: *gli scatti della contingenza, uno scatto di anzianità, di carriera, di retribuzione* **6.** nel servizio telefonico, unità tariffaria calcolata in base alla fascia oraria e alla distanza del collegamento telefonico || **N. 3.** *Sin.* slancio. **TAV.** *cinematografia...* 8, 11.1; *armi* **p. 648** 14.4, 15.5.

scaturìgine [dal lat. *scaturīgo, -īginis*; 1485] **sf.** *lett.* sorgente d'acqua, polla || *fig.* origine || **N.** *Sin.* polla, vena, SORGENTE.

scaturìre (pres. *-ìsco, -ìsci*) [dal lat. *scaturīre*; 1342] **intr.** (aus. *essere*) **1.** detto di acque sotterranee, sgorgare, zampillare || *per estens.* di liquidi in genere, sgorgare, uscire abbondantemente: *le lacrime scaturirono dai suoi occhi* **2.** *fig.* avere origine, derivare: *da ciò scaturiscono tutte le sue sventure* || **N. 2.** *Sin.* derivare, emanare, emergere, erompere, muovere, nascere, stillare.

scautismo e der. v. SCOUTISMO e der.

scavabùche [comp. di *scava(re)* e *buca*; 1985] **sm.** *inv. T.agr.* strumento agricolo, montabile su un trattore, usato per scavare nel terreno piccole buche che raccolgano l'acqua piovana, evitando così la corrosione del terreno stesso.

scavafàngo [comp. di *scava(re)* e *fango*; 1985] **sm.** *inv.* macchina fornita di una pompa che aspira la melma del fondo marino, usata spec. negli scavi archeologici.

scavafòssi [comp. di *scava(re)* e *fosso*; 1974] **sm.** *inv. T.agr.* macchina agricola per scavare fossati e canali di irrigazione.

scavalcaménto [da *scavalcare*; 1957] **sm.** lo scavalcare.

scavalcàre (pres. *-àlco, -àlchi*) [da *cavalcare*; a. 1348 nel senso 2; a. 1566 nel senso 1] **tr. 1.** oltrepassare qualcosa passandovi sopra: *scavalcare la staccionata* || *fig.* oltrepassare, superare, passare avanti agli altri negli studi, nella promozione, in competizioni, nella carriera ecc.: *riprese il tempo perduto e scavalcò i migliori della sua classe*; *T.pol. scavalcare a sinistra, a destra,* oltrepassare le posizioni di un partito solitamente più progressista o più conservatore **2.** sbalzare, gettare a terra da cavallo: *la caduta del cavallo scavalcò il fantino* || *per estens. T.mil. scavalcare un cannone,* toglierlo dal suo affusto || **intr.** (aus. *essere*) *ant.* smontare, scendere da cavallo || **N. tr. 1.** *Sin.* valicare.

scavalcatóre [da *scavalcare*; a. 1698] **agg.** e **sm.** (f. *-trìce*) *raro* che o chi scavalca.

scavallàre [comp. parasint. di *cavallo*; 1340] **intr.** (aus. *avere*) correre qua e là sfrenatamente: *questi ragazzi scavallano tutto il giorno* || *fig.* condurre una vita disordinata || **tr.** disarcionare, buttare giù da cavallo || **N. intr.** *Sin.* CORRERE.

scavaménto [da *scavare*; 1670] **sm.** *raro* l'atto di scavare, scavo.

scavàre [lat. *excavāre*; a. 1320] **tr. 1.** asportare materiali di cui è costituito il suolo (terra, sassi ecc.) penetrandovi in profondità, ottenendo così una cavità: *scavare il terreno* || con riferimento a ciò che si forma scavando: *scavare un pozzo, un canale* || anche *ass.*: *scavare in giardino, sulla collina* || *per estens.* asportare parte del materiale di cui è costituito un qualsiasi oggetto, rendendolo cavo o più cavo, più profondo, più incavato: *scavare un tronco per farne una canoa; la malattia le ha scavato le pieghe del volto; scavare la scollatura, il giro manica di un abito,* allargarli accentuandone la profondità || *fig. scavarsi la fossa con le proprie mani,* si dice di chi è la sola causa della propria rovina, delle proprie disgrazie **2.** portare alla luce, dissotterrare cose sepolte: *scavare una statua antica, un tesoro nascosto* || *fig.* rammentare cose lontane, quasi seppellite nella memoria: *ha scavato storie ormai trascorse*; escogitare, trarre dalla propria immaginazione e sim.: *è andato a scavare strani argomenti*; andare a fondo nella conoscenza di qualcuno o qualcosa: *scava, scava, la verità è venuta fuori, scava nell'animo dei personaggi* || **N. 1.** *Sin.* incavare, ricavare | cavo, incavo, scavo **2.** *Sin.* disseppellire, estrarre, scalzare, sterrare; approfondire, indagare, sviscerare.

scavàto (*pps.* di *scavare*) [a. 1342] **agg. 1.** dissotterrato: *lo zolfo scavato lo ammucchiano per terra* **2.** incavato: *canale poco scavato, giro del collo troppo scavato* || di volto e sim., smunto, provato dal dolore: *ha le guance scavate.*

scavatóre [da *scavare*; a. 1685] **agg.** e **sm. 1.** (f. *-trìce*) che o chi scava **2.** escavatore.

scavatrìce [da *scavare*; 1940] **sf.** escavatrice.

scavatùra [da *scavare*; a. 1597] **sf. 1.** *raro* atto ed effetto dello scavare || *concr.* il materiale di scavo **2.** lo scollo e lo scalfo di un abito.

scavazióne [dal lat. *excavātio, -ōnis*; 1865] **sf.** *raro* escavazione.

scavezzacòllo (pl. *scavezzacòlli*; raro *scavezzacòllo*) [comp. di *scavezzare*[2] e *collo*; a. 1535] **sm. 1.** *raro* precipizio, pendio molto ripido || *per estens.* caduta a rompicollo || *a scavezzacollo,* a precipizio, di gran furia **2.** (anche *f.*) *fig.* persona audace e imprudente o, anche, indisciplinata e sregolata || **N. 2.** *Sin.* SCAPESTRATO.

scavezzàre[1] (pres. *-ézzo*) [comp. parasint. di *cavezza*; 1891] **tr.** levare la cavezza.

scavezzàre[2] (pres. *-ézzo*) [var. sett. di *scapezzare*; a. 1400] **tr. 1.** variante di *scapezzare* (v.) **2.** *T.tecn.* rompere gli steli delle piante tessili (lino, canapa ecc.) per prepararli alla stigliatura || **intr. pron.** spezzarsi, rompersi: *si è scavezzato una gamba, il collo.*

scavezzatrìce [da *scavezzare*[2]; 1940] **sf.** *T.tecn.* macchina per la scavezzatura delle piante tessili.

scavezzatùra [da *scavezzare*[2]; 1940] **sf.** *T.tecn.* operazione dello scavezzare le piante tessili.

scavézzo (*pps.* contratto di *scavezzare*[2]) [sec. XVI nel senso 3] **sm. 1.** ciascuna delle cime che uniscono al divergente la rete a strascico **2.** *T.stor.* arma da fuoco portatile con calcio incernierato al fusto e ripiegabile **3.** *ant.* scampolo.

scavigliàre (pres. *-ìglio*) [comp. parasint. di *caviglia*; 1865] **tr.** *raro* sciogliere da una caviglia, spec. la seta dal cavigliatoio.

scavino [da *scavare*; 1965] **sm.** arnese da cucina usato per svuotare frutta o ortaggi da cucinare ripieni.

scavizzolàre (pres. *-ìzzolo*) [dal lat. volg. *excavitiāre*, cavar fuori; 1837] **tr.** *pop. tosc.* cercare, frugare attentamente in un luogo riposto || *fig. scavizzolare pretesti,* tirarli fuori, inventarli.

scàvo [da *scavare*; a. 1537 nel senso 2; 1803 nel senso 1] **sm. 1.** atto ed effetto dello scavare; *in part.* operazione di sterro per fondamenta, passaggi sotterranei, ricerca di reperti archeologici e sim.: *assistere agli scavi* || *per estens.* il luogo in cui si scava; *in part.* la zona archeologica creata mediante operazioni di scavo: *far visita agli scavi, gli scavi di Pompei* **2.** incavo, incavatura: *lo scavo del collo e della manica,* la scollatura e lo scalfo || **N. 1.** *Sin.* cavità, concavità, dissotterramento, escavazione, esumazione. **Q.T.** *archeologia* **TAV.** *edilizia* **p. 666** 8.

scazónte [dal lat. *scazon, -ontis*, gr. *skázon, skázontos*; a. 1698] **agg.** e **sm.** *T.metr.* trimetro giambico che, invece dell'ultimo giambo, ha uno spondeo o un trocheo || **N.** *Sin.* coliambo.

scazòntico (pl. *-ci*) [da *scazonte*; a. 1742] ***agg.*** *T.metr.* di scazonte: *metro scazontico.*

scazzàrsi [da *incazzarsi*, con cambio di pref.; 1983] ***intr. pron.*** *pop.* **1.** litigare, adirarsi, scontrarsi con qualcuno || scontrarsi con un problema difficile **2.** *fig.* abbattersi; essere annoiato.

scazzàto (*pps.* di *scazzarsi*) [1988] ***agg.*** *pop.* abbattuto, giù di morale, annoiato.

scàzzo [da *scazzarsi*; 1978] ***sm.*** **1.** *pop.* screzio; dissenso, tensione: *ci sono stati degli scazzi inaspettati tra i due* || *per estens.* lite, rissa **2.** *pop.* situazione difficile; problema di difficile soluzione.

scazzóne [prob. da *cazzo*, per la forma; 1931] ***sm.*** piccolo pesce d'acqua dolce dei Cottidi, caratterizzato da una testa spinosa, con grandi labbra e occhi molto ravvicinati.

scazzottàre (pres. *-òtto*) [da *cazzottare*; 1922] ***tr.*** *pop.* prendere uno a cazzotti, percuoterlo con pugni || ***rec.*** prendersi a cazzotti.

scazzottàta [da *scazzottare*; 1959] ***sf.*** *pop.* serie di cazzotti; rissa a cazzotti.

scazzottatùra [da *scazzottare*; 1959] ***sf.*** scazzottata.

sceccàrio (pl. *-ri*) [dal fr. *chèque*, assegno; 1942] ***sm.*** libretto di assegni di conto corrente bancario.

scecheràre V. SHAKERARE.

scèda [dal lat. *scheda*, gr. *schédē*, foglio di papiro; 1313] ***sf.*** *ant.* **1.** beffa, facezia, burla **2.** leziosaggine, smorfia.

scégliere (pres. *scélgo, scégli, scéglie, scegliàmo, scegliéte, scélgono*; p.rem. *scélsi, scegliésti, scélse, scélsero*; fut. *sceglierò*; cong. pres. *scélga, scélgano*; cond. pres. *sceglierèi, sceglierésti*; pps. *scélto*) [lat. volg. **exeligere*; a. 1294] ***tr.*** **1.** indicare o prendere tra più cose, persone o soluzioni alternative quella che si preferisce o comunque si vuole: *scelse un garofano nel mazzo, la strada da percorrere, l'abito più bello, quella che gli piaceva di meno* || seguito dal compl. indicante il fine: *scegliere per amico, in moglie* || anche *ass.*: *scegliere bene, in fretta* || nei modi di dire: *c'è (ben) poco da scegliere, non c'è (molto) da scegliere*, quando vi siano poche o nessuna alternativa; *c'è, abbiamo da scegliere*, vi è un'ampia gamma di possibilità di scelta **2.** separare la parte migliore di una cosa da quella peggiore: *scegliere la lana, la frutta* **3.** preferire: *sceglierei piuttosto la galera* || **N. 1.** *Sin.* eleggere, prescegliere **2.** *Sin.* cernere, discernere, distinguere, dividere, sceverare.

sceglitìccio (pl. *-ci*) [da *scegliere*; 1838] ***sm.*** *raro* ciò che è scartato in una scelta; sceltume.

sceglitóre [da *scegliere*; sec. XIV] ***sm.*** (f. *-trice*) *raro* chi sceglie: *sceglitore di lana, sceglitore di agrumi.*

sceiccàto [da *sceicco*; 1963] ***sm.*** **1.** *T.stor.* titolo, ufficio e dignità di sceicco **2.** territorio su cui esso esercita la sua autorità.

sceìcco (pl. *-chi*) [dall'ar. *šayh*, vecchio, attr. il fr. *cheic*; 1542 *sceic*] ***sm.*** titolo dato ai capi di tribù arabe e, in genere, a personaggi notabili.

scekeràre V. SHAKERARE.

sceleràre e der. forme poet. di SCELLERARE e der. (V.).

scelleràggine [da *scellerare*; a. 1364] ***sf.*** *lett.* scelleratàggine.

scellerànza [dal lat. *scelerāre*; 1865] ***sf.*** *ant.* scelleratezza.

scelleràre (pres. *scèllero*) [dal lat. *scelerāre*; a. 1332] ***tr.*** *ant. lett.* contaminare con la colpa, rendere colpevole || ***intr.*** (aus. *avere*) *ant.* commettere scelleratezze.

scelleratàggine [da *scellerato*; 1553] ***sf.*** scelleratezza || azione o comportamento da scellerato || **N.** *Sin.* atrocità, empietà, malvagità, nequizia.

scelleratézza [da *scellerato*; 1342 nel senso 2; a. 1566 nel senso 1] ***sf.*** **1.** qualità di chi è scellerato; inclinazione alla crudeltà e alla malvagità nell'agire **2.** misfatto, crimine empio e nefando, atto da scellerato || **N.** *Sin.* SCELLERATAGGINE.

scelleràto [dal lat. *scelerātus*, pps. di *scelerāre*; 1313] **I** ***agg.*** **1.** che si è macchiato di gravi delitti: *uomo scellerato* **2.** di cosa, empio, esecrando: *vita scellerata*; *pensiero scellerato*, che manifesta un'inclinazione a compiere delitti atroci || **scellerataménte** ***avv.*** **II** ***sm.*** (f. *-a*) persona scellerata || *pegg.* scelleratàccio || **N.** I **1.** *Sin.* canaglia, empio, malfattore, malvagio, sciagurato **2.** *Sin.* atroce, esecrabile, iniquo, nefando, perfido.

scellìno [dall'ingl. *shilling*; 1667 nel senso 2] ***sm.*** **1.** unità monetaria dell'Austria **2.** moneta inglese d'argento, in uso fino al 1971, pari alla ventesima parte della sterlina.

scélta [da *scegliere*; 1353] ***sf.*** **1.** lo scegliere e l'effetto dello scegliere: *fate voi la scelta, è stata una buona scelta, in questo negozio (non) c'è molta scelta*; *di prima scelta*, di prima qualità, selezionato; *di seconda scelta*, di qualità scadente || *a scelta*, con facoltà di scegliere ad arbitrio, a piacere: *poter chiedere un premio o l'altro, a scelta* || *scelta di tempo*, capacità di cogliere l'istante più opportuno; tempismo: *colpisce la palla con perfetta scelta di tempo* || *promozione a scelta*, per meriti, non per anzianità **2.** il risultato di una scelta; antologia: *una scelta di liriche greche* || **N. 1.** *Sin.* alternativa, arbitrio, cernita, elezione, opzione, preferenza, sceveramento, separazione, spoglio, vaglio **2.** *Sin.* collezione, florilegio, raccolta, selezione | sceglitìccio, sceltume, scarto, schiuma.

sceltézza [da *scegliere*; 1570] ***sf.*** *lett.* qualità di ciò che è scelto, selezionato; ricercatezza, squisitezza, eleganza: *la sceltezza del suo stile, della lingua.*

scélto (*pps.* di *scegliere*) [1340 ca.] ***agg.*** nei sensi del verbo || di ottima qualità, altamente selezionato, eccellente: *merce, frutta scelta* || *per estens.* particolarmente raffinato, elegante, che ha meriti particolari: *compagnia scelta*; *scrivere per un pubblico scelto*, esclusivo; particolarmente abile in una data specialità: *tiratore, pilota scelto* || **sceltaménte** ***avv.*** in modo distinto ed elegante || **N.** *Sin.* distinto, eletto, fine, migliore, prescelto, squisito.

sceltùme [da *scegliere*; 1838] ***sm.*** *raro* l'avanzo delle cose meno buone separate, scegliendo, dalle buone; sceglitìccio || **N.** *Sin.* schiuma.

scemàbile [da *scemare*; 1872] ***agg.*** *raro* che può essere scemato; diminuibile, riducibile.

scemaménto [da *scemare*; prima metà sec. XIV] ***sm.*** *raro* lo scemare; diminuzione.

scemànte (*ppr.* di *scemare*) [1340] ***agg.*** calante: *Luna scemante*, Luna tra la fase di plenilunio e quella di novilunio.

scemàre (pres. *scémo*) [lat. volg. **exsemāre*, dimezzare; 1313] ***intr.*** (aus. *essere*) diminuire d'intensità, quantità, efficienza e sim.: *la pioggia, la febbre scema, il mucchio di caramelle scema, il mio udito scema progressivamente* || di solito si indica con la prep. *di* la cosa di cui un'altra diminuisce: *scemare di autorità, di prestigio, di peso* e sim. || *in part.* di giorno, notte, diminuire la loro durata: *d'inverno le giornate scemano* || ***tr.*** diminuire, ridurre: *scemare il prezzo di una cosa, scemare le proprie pretese* || **N.** ***intr.*** *Sin.* calare, DIMINUIRE.

scemàta [da *scemo*; 1891] ***sf.*** banalità, sciocchezza: *ha detto un sacco di scemate* || comportamento, azione da persona poco intelligente: *fare una scemata.*

scemènza [da *scemo*; 1918] ***sf.*** *fam.* **1.** l'essere scemo **2.** comportamento, detto o atto da persona scema.

scémo (*pps.* contratto di *scemare*) [1313 nel senso 2] **I** ***agg.*** **1.** detto di persona, privo di senno, di intelligenza; deficiente, imbecille, stupido: *un ragazzo scemo* || di idee, discorsi, azioni e sim., sciocco, insulso: *che idea scema!, è un film scemo* **2.** mancante di una parte: *T.arch.* *arco scemo*, a sesto ribassato; *monte scemo*, incavato a forma di valle || che ha subito l'asportazione di parte del contenuto: *un fiasco scemo*; che si è ridotto per effetto di un processo decrescente: *luna scema* **II** ***sm.*** (f. *-a*) persona scema: *non ascoltarlo, è un povero scemo, non sono mica scemo!*; *lo scemo del villaggio*, si dice di chi viene continuamente fatto oggetto di scherno per i suoi comportamenti stravaganti o ridicoli || **N.** I **2.** *Sin.* manchevole.

scempiàggine [da *scempio*[1]; 1806] ***sf.*** balordaggine || **N.** *Sin.* SCIOCCHEZZA.

scempiaménto [da *scempiare*[1]; 1940] ***sm.*** atto ed effetto dello scempiare: *lo scempiamento delle consonanti doppie.*

scempiàre[1] (pres. *scémpio*) [da *scempio*[1]; 1681] ***tr.*** rendere scempio, semplice || **N.** sdoppiare | *Contr.* raddoppiare.

scempiàre[2] (pres. *scémpio*) [da *scempio*[2]; a. 1342] ***tr.*** *lett.* fare scempio, straziare || *iperb.* deturpare, rovinare: *con quei caseggiati hanno scempiato il paesaggio.*

scempiatàggine [da *scempiato*; a. 1704] ***sf.*** *raro* scempiaggine.

scempiàto (*pps.* di *scempiare*[1]) [1698] ***agg.*** sdoppiato, semplice || *tosc.* persona di poco senno e di molta boria: *uomo scempiato*; anche *sm.* (f. *-a*): *guardate come si pavoneggia quello scempiato* || **N.** *Sin.* scemo, scimunito, SCIOCCO.

scémpio[1] (pl. *-pi*) [lat. *simplus*, con influsso di *scemo*; 1319] ***agg.*** **1.** semplice (in quanto sdoppiato o in quanto contrario di *doppio*): *cucire col filo scempio, consonante scempia* **2.** sciocco, scimunito: *persone* o *cose scempie.*

scémpio[2] (pl. *-pi*) [dal lat. *exemplum*, (strage che serva da) esempio; 1313] ***sm.*** strage, eccidio: *fece scempio dei nemici*; *fare scempio di una cosa*, straziarla, distruggerla, annientarla infierendo su di essa: *fece scempio dei corpi delle vittime* || *iperb. fig.* rovina, completo deturpamento: *quella traduzione è lo scempio del testo originale* || **N.** *Sin.* carneficina, massacro, sterminio, strazio, STRAGE.

scèna [dal lat. *scāena*; 1550] ***sf.*** **1.** la parte del teatro dove recitano gli attori, costituita generalmente da una piattaforma rialzata rispetto alla platea e divisa da questa dalla ribalta; palcoscenico: *scena ampia, vuota*; *ai lati della scena, entrare in scena*; *essere in scena*, detto dell'attore che è impegnato nella recitazione; *direttore di scena*, colui che dirige la rappresentazione di uno spettacolo teatrale; *fig.* colui che, senza comparire di persona, tiene le fila di un'operazione, di un maneggio e sim.; *andare in scena*, di uno spettacolo teatrale, essere rappresentato; *mettere in scena*, allestire la rappresentazione di un testo teatrale; *messa in scena*, V. MESSINSCENA || *pl. per estens.* teatro (inteso sia come locale, sia come attività professionale): *la commedia era nuova per le scene di Roma*; *calcare le scene, darsi alle scene*, fare l'attore; *ritirarsi dalle scene*, smettere di fare l'attore **2.** l'insieme degli elementi scenografici riproducenti il luogo in cui è ambientata l'azione teatrale, cinematografica o televisiva: *le scene erano dipinte da un grande pittore, una scena spoglia, ricca*; *dietro le scene*, dietro le quinte; *fig.*: *agire (da) dietro le scene*, detto di chi opera nascostamente; *fig. cambiamento di scena*, cambiamento improvviso dello stato delle cose || *per estens.* il luogo in cui si immagina ambientata l'azione rappresentata: *la scena del primo atto è a Firenze* || *per estens.* fuori dal teatro, spettacolo naturale, panorama: *una scena campestre, la maestosa scena delle Alpi* **3.** singola azione, vicenda o episodio in cui si articola la rappresentazione teatrale, cinematografica o televisiva, delimitabile in base alla compiutezza del dialogo e alla presenza di un certo gruppo di attori: *scena di guerra, d'amore, la scena dell'addio, dell'incontro*; *fig. scena comica, drammatica*, avvenimento, fatto ridicolo, drammatico; *scena madre*, quella centrale, fondamentale; anche *fig.*, grande esibizione di emozioni; *colpo di scena*, nel corso della vicenda rappresentata, avvenimento inaspettato che cambia il corso dell'azione; anche *fig.*, svolta clamorosa nel corso degli avvenimenti; *scena muta*, senza dialogo; *fig. far scena muta*, non saper rispondere a una o più domande, a un'interrogazione e sim.; *in part.* in un'opera teatrale, ciascuna delle parti in cui si divide un atto: *la prima scena dell'ultimo atto* || *per estens.* in loc. che si riferiscono all'azione e al comportamento degli attori durante la recitazione, in quanto misura delle loro capacità: *far, aver scena*, avere una buona presenza scenica, essere disinvolti e accattivanti nel recitare; *non avere scena*, essere goffo, impacciato nella recitazione **4.** fatto, avvenimento della vita reale che potrebbe essere fatto oggetto di una rappresentazione teatrale o che sembra tratto dal teatro o, anche, al quale si assiste in modo distaccato, come se avvenisse a teatro: *scene di vita militare, sembrava proprio una scena di guerra, i poliziotti assistevano alla scena senza intervenire* **5.** scenata: *mi ha fatto una scena di gelosia, per un piccolo errore ha fatto una scena incredibile*; spec. *pl.*, manifestazione ostentata di sentimenti o passioni: *non fare scene, tanto non mi convinci, non ho voglia di assistere alle tue solite scene* **6.** *per estens. fig.* attività umana, mondo, vita: *entrare in scena*, intervenire in un affare o fare la propria comparsa in un'attività, in un settore e sim.: *si è prepotentemente fatto avanti sulla scena della politica*; *ritirarsi dalla scena*, abbandonare un'attività; *la scena del mondo*, il mondo considerato come un teatro in cui ognuno recita la sua parte; *scomparire dalla scena del mondo*, morire o ritirarsi a vita privata || dim. scenétta; *accr.* scenàccia || **N.** **1.** spettacolo, teatro **2.** *Sin.* scenario, scenografia, *set* | scenografo. **Q.T.** *teatro.*

scenàrio (pl. *-ri*) [dal lat. tardo *scaenārium*; 1772] ***sm.*** **1.** l'apparato scenico raffigurante il luogo in cui è ambientata una rappresentazione teatrale, cinematografica o televisiva; anche l'ambiente naturale in cui ha luogo una rappresentazione: *per la realizzazione del film, come scenario si è scelta una fabbrica* || *per estens.* sfondo naturale, paesaggio: *lo scenario delle Dolomiti* **2.** soggetto, intreccio, trama; *in part.* canovaccio della commedia dell'arte e, *T.cin.*, sceneggiatura di un film **3.** *per estens.* prevedibile sviluppo di una situazione politica: *in Medio Oriente si possono prevedere tre scenari alternativi.*

scenarìsta [da *scenario*, sul modello dell'ingl. *scenarist*; 1930] ***s.*** *T.cin.* scrittore di sceneggiature o soggetti || **N.** *Sin.* sceneggiatore.

scenàta [da *scena*; 1855] ***sf.*** violento sfogo di emozioni ostili, accompagnato da urla, minacce e sim.: *in casa mia non voglio scenate* || *pegg.* scenatàccia || **N.** *Sin.* piazzata, scena.

scéndere (pres. *scéndo*; p.rem. *scési, scendésti, scése, scésero*; pps. *scéso*) [da *discendere*; fine sec. XIII] ***intr.*** (aus. *essere*) **1.** muoversi verso un luogo più basso rispetto a quello di partenza: *scendere per le scale, a piedi, fino a valle, in ascensore, con la funivia*; *scendo un attimo dal tabaccaio*; anche del Sole e degli altri corpi celesti nel loro moto apparente rispetto all'orizzonte e, in gen., di qualcosa che si abbassa, cala, sprofonda, digrada e sim.: *il sole sta scendendo*; *la colonnina del termometro è scesa*; *scende la notte*, diventa sempre più buio; *la strada scendeva lentamente, quella fossa oceanica scende oltre i 3000 metri, quell'aereo sta scendendo* || sostare, fermarsi in un luogo, farvi tappa nel corso di un viaggio: *a Roma siamo scesi al Grand Hotel* || viaggiare verso il Sud: *siamo scesi fino a Napoli* || in varie loc. fig.: *scendere a patti, a compromessi*, piegarsi, rinunciare a imporre le proprie idee; *scendere in lizza, in campo*, accingersi ad affrontare uno scontro o una gara sportiva (anche in senso proprio); *scendere in piazza*, prender parte a una manifestazione pubblica di protesta; *scendere in basso*, degradarsi moralmente; *scendere dal pulpito*, abbandonare un atteggiamento di ostentata superiorità || *per estens.* discendere, smontare, calare, spec. nel caso di veicoli: *scendere dall'auto, dal tram, da cavallo*; *scendere a terra*, sbarcare; *scendere da uno sgabello* **2.** *fig.* diminuire di tono, intensità, numero, grado, livello, valore e sim.: *le acque del fiume scesero, la popolazione italiana scenderà rapidamente, la febbre è scesa, il numero dei dispersi è sceso a 20*; *il dollaro, l'oro è sceso ancora*, il suo valore è diminuito; *scendere nella stima, nell'apprezzamento di qualcuno*, perdere di prestigio agli occhi di qualcuno **3.** cadere giù, ricadere: *la gonna scendeva fino ai piedi* || pendere: *dal soffitto scendeva il filo della lampadina* **4.** *lett.* avere origine, discendere per stirpe: *scende dalla più alta nobiltà del paese* || ***tr.*** percorrere in discesa: *scendere un colle, le scale* || **N.** ***intr.*** **1.** *Sin.* abbassare, atterrare, calare, decadere, digradare, discendere, precipitare, sbarcare, smontare | *Contr.* SALIRE | discesa, pendio, saliscendi.

scendibàgno [comp. di *scendere* e *bagno*; 1963] ***sm. inv.*** piccolo tappeto collocato accanto alla vasca da bagno.

scendìbile [da *scendere*; 1723] ***agg.*** *raro* che si può scendere; che è agevole per la discesa.

scendilètto [comp. di *scendere* e *letto*; 1931 nel senso 2] ***sm. inv.*** **1.** tappetino accanto al letto **2.** veste da camera da indossare appena alzati. **TAV. *arredamento* p. 650** 3.11.

sceneggiaménto [da *sceneggiare*; 1872] ***sm.*** *raro* lo sceneggiare; sceneggiatura.

sceneggiàre (pres. *-éggio*) [da *scena*; 1872] ***tr.*** distribuire, ripartire un testo teatrale o cinematografico in successioni di scene e atti: *l'arte di sceneggiare non è facile* || ridurre un soggetto narrativo in forma dialogata e corredarlo di tutte le annotazioni tecniche necessarie per uso teatrale, cinematografico o radiotelevisivo: *sceneggiare un romanzo.*

sceneggiàta [dal nap. *scenejà*, mettere in scena; 1976] ***sf.*** **1.** genere teatrale napoletano che dal contenuto di una canzone di successo ricava la trama per uno spettacolo dai toni strazianti e commoventi, nel quale scene dialogate sono inframmezzate da scene cantate **2.** *per estens.* messinscena per impietosire, indurre a commozione o suscitare benevolenza in chi ascolta: *con una delle sue solite sceneggiate ha scosso nuovamente l'opinione pubblica.*

sceneggiàto (*pps.* di *sceneggiare*) [1969] ***sm.*** adattamento radiofonico o televisivo, gen. a puntate, di un soggetto narrativo letterario o cronachistico: *uno sceneggiato in tre puntate, tratto da un romanzo di successo.*

sceneggiatóre [da *sceneggiare*; 1959] ***agg.*** e ***sm.*** (f. *-trice*) che o chi sceneggia; scrittore di sceneggiature.

sceneggiatùra [da *sceneggiare*; 1922] ***sf.*** **1.** ordine in cui sono disposte le scene di un'opera teatrale, cinematografica o televisiva **2.** *T.cin.* l'ultima fase dell'elaborazione del soggetto per un film o per una trasmissione radiotelevisiva, nella quale l'azione viene divisa in scene, in quadri, descritti nelle loro caratteristiche sia visive, sia acustiche || il lavoro dello sceneggiatore.

scenétta (*dim.* di *scena*) [1872] ***sf.*** **1.** breve azione scenica di carattere comico; sketch comico **2.** *per estens.* episodio buffo, divertente, ridicolo.

scènico (pl. *-ci*) [dal lat. *scaenicus*; sec. XIV] ***agg.*** di scena, appartenente al teatro, alla scena: *spettacolo, apparato scenico, azione scenica* || **scenicaménte** ***avv.*** dal punto di vista scenico.

scenografìa [dal gr. *skēnographía*, decorazione teatrale; a. 1555] ***sf.*** **1.** arte di ideare e decorare le scene per il teatro **2.** il complesso di elementi scenici realizzati per uno spettacolo: *una scenografia curata, originale* **3.** *ant.* prospettiva. **Q.T.** *teatro.*

scenogràfico (pl. *-ci*) [dal gr. *skēnographikós*; 1771] ***agg.*** **1.** appartenente alla scenografia, che si riferisce a scenografia: *tecnica scenografica, progetto, studio scenografico* **2.** *fig. spreg.* detto di manifestazione, opera d'arte e sim. che miri ad effetti spettacolari, appariscente: *il gusto scenografico barocco.*

scenògrafo [dal gr. *skēnográphos*; 1821] ***sm.*** (f. *-a*) ideatore o realizzatore di scenografie. **Q.T.** *teatro.*

scenotècnica [comp. di *scena* e *tecnica*; 1872] ***sf.*** la tecnica del preparare tutto quello che è necessario per mettere in scena un'opera teatrale o cinematografica (scenografia, macchinari, carrelli per cineriprese ecc.). **Q.T.** *teatro.*

scenotècnico (pl. *-ci*) [comp. di *scena* e *tecnico*; 1872] **I *agg.*** che si riferisce alla scenotecnica **II *sm.*** (f. *-a*) chi conosce e pratica la scenotecnica || **N.** teatro.

scentràre (pr. [stʃen'trare] o [ʃen'trare]; pres. *scèntro*) [comp. parasint. di *centro*; 1957] ***tr.*** mettere fuori centro, sbilanciare.

scentràto (pr. [stʃen'trato]; *pps.* di *scentrare*) [1983] ***agg.*** *fig.* fuori centro, sbilanciato || *fig.* di persona, squilibrato, svitato.

scèpsi (raro *schèpsi*) [dal gr. *sképsis*, revisione, dubbio, osservazione; 1905] ***sm.*** *T.fil.* sospensione del giudizio; atteggiamento metodico basato sul dubbio, fatto proprio da varie filosofie a partire dallo scetticismo antico || **N.** *Sin. epoché.*

sceratrìce [da *cera*[1]; 1983] ***sf.*** apparecchio per l'estrazione della cera dai favi.

scerbàre (pres. *scèrbo*) [lat. *exherbāre*; 1942] ***tr.*** *tosc. T.agr.* eseguire la scerbatura.

scerbatùra [da *scerbare*; 1942] ***sf.*** *tosc. T.agr.* operazione per cui si liberano le colture dalle erbacce.

scerìffo[1] [dall'ingl. *sheriff*, giudice; 1498 *serifo*] ***sm.*** **1.** in Inghilterra, in Irlanda primo magistrato in una contea, con funzioni amministrative e giudiziarie **2.** negli Stati Uniti d'America capo della polizia di una provincia.

scerìffo[2] [dall'ar. *šarīf*, nobile; 1838] ***sm.*** titolo nobiliare dei discendenti di Maometto; in alcuni luoghi hanno il diritto di portare il turbante verde.

scèrnere (pres. *scèrno*; p.rem. *scèrsi* o *scernéi* o *scernètti, scernètte, scernèttero*; pps. raro *scernìto*) [da *discernere*; 1313 nel senso 2] ***tr.*** **1.** *ant.* e *lett.* separare, sceverare, scegliere: *scerni tra queste cose le migliori* **2.** *raro* discernere, distinguere: *ci scerne poco.*

scerniménto [da *scernere*; 1300 ca.] ***sm.*** *ant.* e *lett.* l'azione dello scernere, discernimento.

scèrpa V. SHERPA.

scerpàre (pres. *scèrpo*) [lat. *excerpere*, estrarre; 1313] ***tr.*** *ant. lett.* svellere, rompere, schiantare: *perché mi scerpi?* (Dante); *scerpare radiche* (D'Annunzio).

scerpellàto [etim. inc., forse da *scerpellino*; sec. XIV] ***agg.*** *raro* detto di occhio con le palpebre rovesciate in fuori per tracoma o altra malattia.

scerpellìno (raro *cerpellìno*) [forse da *scerpare*; a. 1492] ***agg.*** *tosc.* scerpellato: *quel poveretto aveva gli occhi scerpellini.*

scerpellóne (raro *cerpellóne*) [forse da *scerpellino*; 1560] ***sm.*** *raro* grosso errore commesso parlando o scrivendo; svarione, strafalcione || **N.** *Sin.* ERRORE.

scèrpere ***tr.*** *ant.* V. SCERPARE.

scèrre *tr. poet.* v. SCEGLIERE.

scervellàrsi (pres. *-èllo*) [comp. parasint. di *cervello*; 1858] ***intr. pron.*** perdere la testa per capire o risolvere una questione o un problema intricati o difficili, lambiccarsi il cervello: *mi ci sono scervellato tutta la mattina e ancora non sono riuscito a capirci nulla.*

scervellàto (*pps.* di *scervellarsi*) [a. 1698] **I** ***agg.*** sciocco, senza cervello **II** ***sm.*** (f. *-a*) persona scervellata: *è uno scervellato.*

scésa [da *scendere*; 1313 nel senso 2] ***sf.*** **1.** lo scendere **2.** strada o luogo in pendio che si percorre scendendo: *fece la scesa di corsa* || *merid. scesa di testa,* capriccio, ghiribizzo, pazzia || **N. 2.** *Sin.* china, declivio, discesa, scoscendimento | *Contr.* salita.

scéso *pps.* di *scendere* (v.).

scespiriàno o **shakespeariàno** (pr. [ʃekspi'rjano]) [dall'ingl. *shakespearian*; 1959] ***agg.*** relativo all'opera e alla figura del drammaturgo e poeta inglese W. Shakespeare: *il teatro scespiriano.*

scetticìsmo [da *scettico*, sul modello del fr. *scepticisme*; 1745] ***sm.*** **1.** *T.fil.* dottrina filosofica secondo la quale non è possibile nessuna conoscenza certa **2.** *per estens.* tendenza di una persona a dubitare di tutto, incredulità abituale, sfiducia, perplessità || **N. 1.** *Sin.* pirronismo.

scèttico (pl. *-ci*) [dal gr. *skeptikós*, come il fr. *sceptique*; 1587 *sceptico*] **I** ***agg.*** **1.** *T.fil.* seguace, proprio della filosofia detta scetticismo: *filosofo scettico, principi scettici* **2.** *per estens.* proclive al dubbio; che ha dubbi: *sulla sua attendibilità sono scettico* || **scetticaménte** ***avv.*** **II** ***sm.*** (f. *-a*) persona scettica: *è uno scettico* || **N. I 2.** *Sin.* incredulo.

scettràto [da *scettro*; a. 1638] ***agg.*** *lett.* che tiene nel pugno lo scettro; munito di scettro || *per estens.* che ha il potere sovrano.

scèttro [dal lat. *scēptrum*, gr. *skêptron*, bastone; 1353] ***sm.*** bastone, variamente ornato e talora sormontato da simboli vari, che è insegna dell'autorità regale || *per estens.* autorità regale: *Carlo Alberto depose lo scettro* || *fig.* primato: *detenere lo scettro delle arti, delle scienze* || **N.** deporre, prendere, tenere, togliere, usurpare | corona.

scevà [dall'ebr. *shewà*, da *shaw*, niente; 1967] ***sm. inv.*** nell'alfabeto ebraico, simbolo grafico che viene posto sotto una consonante per denotare assenza di vocale o presenza di vocale neutra di quantità ridotta.

sceveraménto [da *sceverare*; prima metà sec. XIV] ***sm.*** *raro* atto ed effetto dello sceverare, separazione.

sceveràre (pres. *scévero*) [lat. volg. **exseperāre*; 1306] ***tr.*** *lett.* separare scegliendo, mettere da parte, spartire; si usa perlopiù solo in senso *fig.*: *sceverare il bene dal male* || **N.** *Sin.* discernere, distinguere, vagliare, SCEGLIERE.

sceviò adattamento it. di *cheviot* (v.).

scévro [da *sceverare*; 1306 *scevero*] ***agg.*** **1.** *lett.* affatto mancante, esente, privo: *scevro d'impurità, ipotesi non scevra di fondamento* **2.** *ant.* separato || **N. 1.** *Sin.* alieno, immune, libero, mondo, netto, privo, puro, spoglio, vergine.

schèda [dal lat. *scheda*; 1855] ***sf.*** **1.** rettangolo di carta o cartoncino sul quale vengono annotati dati relativi a cose, persone o argomenti; le schede vengono poi raccolte e disposte in un ordine (alfabetico, cronologico ecc.) che ne consenta una pratica e veloce consultazione: *scrivere le annotazioni su schede, le schede della biblioteca*; *scheda perforata* o *meccanografica*, con appositi fori che rendono possibile un'elaborazione meccanica dei dati; *scheda segnaletica*, documento in cui l'autorità di polizia registra i dati relativi a persone sospette o già note per attività illegali; *scheda telefonica*, scheda magnetizzata che, inserita in appositi telefoni pubblici, ne consente il funzionamento **2.** modulo prestampato, da compilare secondo certe modalità, per usi amministrativi e burocratici: *scheda di assicurazione, anagrafica*, cedola; *scheda elettorale*, cartoncino sul quale si scrive il nome del candidato o si segna il simbolo del partito per cui si vota, nelle elezioni; *scheda bianca*, in cui non è stata espressa nessuna preferenza || *scheda di valutazione*, nella scuola dell'obbligo, quella che gli insegnanti compilano alla fine di ogni quadrimestre, riportando il loro giudizio sul comportamento, il profitto, il livello d'apprendimento e la maturazione dell'alunno **3.** breve recensione **4.** *T.inform.* supporto laminare su cui sono montati componenti elettronici destinati ad una particolare funzione; *scheda di espansione*, che serve a incrementare le capacità funzionali di un elaboratore elettronico; *scheda madre*, su cui sono installati i componenti principali dell'elaboratore (CPU e memoria principale); *scheda figlia*, contenente dispositivi che svolgono funzioni accessorie o specializzate || *dim.* schedìna; *accr.* schedóna. **Q.T.** *politica, telefono...*

schedàre (pres. *schèdo*) [da *scheda*; 1905] ***tr.*** scrivere o annotare su scheda i dati relativi a cose, persone o argomenti: *schedare i propri dipendenti*; *schedare un libro*, scriverne le annotazioni bibliografiche prima di metterlo nella biblioteca; *in part.* registrare negli schedari di polizia determinate categorie di persone (pregiudicati, oppositori del regime ecc.): *sono stato schedato nel periodo dell'occupazione dell'università.*

schedàrio (pl. *-ri*) [da *scheda*; 1891] ***sm.*** **1.** raccolta ordinata di schede: *consultare lo schedario dei periodici* **2.** dispositivo, cassettina o mobile nel quale si ripongono le schede nell'ordine stabilito || *per estens.* l'ufficio in cui si conservano e si aggiornano gli schedari.

schedarìsta [da *schedario*; 1950] ***s.*** chi è addetto a uno schedario.

schedarìstico (pl. *-ci*) [da *schedario*; 1942] ***agg.*** che riguarda le schede o gli schedari.

schedàto (*pps.* di *schedare*) [1959] **I** ***agg.*** registrato su scheda **II** ***sm.*** (f. *-a*) persona registrata negli schedari della polizia perché pregiudicata o sospetta.

schedatóre [da *schedare*; 1950] ***sm.*** (f. *-trìce*) chi scheda, chi compila schede.

schedatùra [da *schedare*; 1952] ***sf.*** l'operazione dello schedare: *la schedatura di un testo.*

schedìna (*dim.* di *scheda*) [1891] ***sf.*** **1.** piccola scheda **2.** foglietto emesso settimanalmente per partecipare ai giochi del Totocalcio, Totip ed Enalotto, su cui il giocatore segna i propri pronostici relativi, rispettivamente, alle partite di calcio, alle corse dei cavalli e ai numeri usciti nelle ruote del lotto indicate nel foglietto stesso: *giocare, fare la schedina.*

schéggia (pl. *-ge*) [lat. *schidia*, gr. *schídion*; 1313] ***sf.*** pezzetto di legno, di pietra o d'altra materia, che si stacca da un corpo tagliandolo o colpendolo: *una scheggia di legno lo ferì a un occhio*; *scheggia di granata*, pezzo di granata esplosa || *dim.* scheggétta, scheggettìna, scheggiolìna || **N.** *Sin.* schiappa.

scheggiàle [etim. inc.; sec. XIII] ***sm.*** *T.stor.* cintura di cuoio con fibbia usata nei sec. XII-XIV per ornamento o per appendervi armi o altri oggetti da portare con sé.

scheggiaménto [da *scheggiare*; a. 1704] ***sm.*** *raro* atto ed effetto dello scheggiare; scheggiatura.

scheggiàre (pres. *schéggio*) [da *scheggia*; a. 1321] ***tr.*** far saltare via da un corpo una o più schegge || dividere o ridurre una cosa in schegge || ***intr. pron.*** perdere schegge: *questo è un legno che si scheggia facilmente.*

scheggiàto (*pps.* di *scheggiare*) [1813] ***agg.*** a cui mancano delle schegge: *piatto scheggiato* || *poet. raro* frastagliato, irto di detriti rocciosi: *per lo scheggiato calle* (Manzoni).

scheggiatùra [da *scheggiare*; 1875] ***sf.*** l'atto dello scheggiare e dello scheggiarsi, e anche il punto dove è venuta a mancare la parte scheggiata.

schéggio (pl. *-gi*) [da *scheggia*; 1313] ***sm.*** *arc.* o *lett.* masso scheggiato o scosceso || *accr.* scheggióne.

scheggióso [da *scheggia*; a. 1566] ***agg.*** *raro* che si riduce facilmente in schegge: *roccia scheggiosa.*

schèi [dalla scritta ted. *Schei*(*demünze*), moneta divisionale, riportata su alcune monete austriache; 1942] ***sm. pl.*** *ven.* denaro, quattrini, spec. in usi scherz.: *essere senza schei.*

scheletràto [da *scheletro*; 1980] ***sm.*** in odontotecnica, protesi mobile posta tra due denti, che riempie lo spazio lasciato dai denti mancanti || **N.** *Sin.* ponte.

schelètrico (pl. *-ci*) [da *scheletro*; 1940] ***agg.*** **1.** relativo allo scheletro: *apparato scheletrico* **2.** *fig.* simile a uno scheletro, detto di persona o di una parte del suo corpo; scarno, magrissimo, ridotto a pelle e ossa: *figura, mano scheletrica* || *per estens.* privo di qualsiasi superfluità; stringato, essenziale: *una prosa scheletrica.*

scheletrìre (pres. *-ìsco, -ìsci*) [da *scheletro*; 1872] ***tr.*** e ***intr. pron.*** ridurre o ridursi a scheletro o come uno scheletro || *fig.* dimagrire molto.

scheletrìto (*pps.* di *scheletrire*) [1872] ***agg.*** magro come uno scheletro: *vecchio scheletrito*; secco, spoglio: *albero scheletrito* || *fig.* ridotto all'essenziale.

schèletro [dal gr. *skeletós*; 1612] ***sm.*** **1.** l'insieme delle formazioni rigide e semirigide (ossa, cartilagini ecc.) che in vari animali servono di protezione o di sostegno delle parti molli del corpo: *lo scheletro di un uccello, di un bambino* || *per estens. fig.* la struttura ossea dell'uomo come simbolo di estrema magrezza o della morte: *è magro come uno scheletro* || *fig. avere uno scheletro nell'armadio*, fatto o avvenimento della propria vita personale che, in quanto compromettente e riprovevole, si preferisce tenere nascosto **2.** qualsiasi armatura interna di una cosa; struttura portante: *lo scheletro di una nave* || *fig.* schema, trama: *lo scheletro del dramma, della conferenza* || *dim.* scheletrìno, scheletrùccio || **N. 1.** *Sin.* carcassa, ossatura **2.** *Sin.* intelaiatura; canovaccio. **Q.T.** *anatomia* **TAV. *anatomia* p. 641** 2.

schélmo [var. di *scalmo*; 1873] ***sm.*** **1.** *T.mar.* piccola imbarcazione a remi, palischermo **2.** *T.mar.* spazio tra due scalmi.

schèma [dal lat. *schēma*, gr. *schêma*, forma, figura, atteggiamento; 1821] ***sm.*** **1.** rappresentazione semplificata e caratterizzante di un fenomeno o di un oggetto: *lo schema di un motore, di un impianto elettrico* || *schema metrico*, la successione delle sillabe brevi e lunghe (indicata con segni convenzionali) o della disposizione delle rime in una strofa o in un componimento (indicata con lettere dell'alfabeto maiuscole) || in astrologia, la rappresentazione dei pianeti secondo la loro collocazione in un dato momento: *schema natale*, oroscopo || *T.fil. schema trascendentale*, in Kant, forma a priori di rappresentazione, intermedia tra sensibilità e intelletto **2.** progetto, piano preliminare, trama, abbozzo: *uno schema di restauro, lo schema di un romanzo*; *schema di legge*, disegno di legge, proposta di legge **3.** modello rigido, spec. in campo culturale e formale: *la ribellione romantica agli schemi* **4.** *T.psic. schema corporeo*, la consapevolezza del proprio corpo e delle sue posizioni e movimenti **5.** *T.inform. schema a blocchi*, diagramma di flusso || *dim.* schemìno || **N. 1.** *Sin.* lineamenti, paradigma, traccia.

schematicità [da *schematico*; 1959] ***sf.*** l'essere schematico: *la schematicità di un ragionamento, di un'ipotesi.*
schemàtico (pl. *-ci*) [dal gr. *schēmatikós*, attr. il fr. *schématique*; 1895] ***agg.*** di schema, ridotto a schema: *trattazione schematica*; *figura schematica*, che non rappresenta la cosa nella sua realtà, ma solo i rapporti delle sue varie parti e l'interpretazione che di esse si dà || *per restr.* rigido, angusto, insufficientemente articolato: *una posizione schematica* || **schematicaménte** ***avv.*** || **N.** *Sin.* abbozzato, sommario.
schematìṣmo [dal gr. *schēmatismós*, configurazione, atteggiamento; 1895] ***sm.*** tendenza a operare e procedere secondo schemi precostituiti, fissi, rigidi || *T.fil.* *schematismo latente*, nella dottrina di Francis Bacon, configurazione o struttura dei corpi considerati staticamente; nella filosofia di Immanuel Kant, mediazione tra intelletto e sensibilità, e anche la dottrina che ne tratta.
schematiẓẓàre [dal gr. *schēmatízein*, dare figura, forma, attr. il fr. *schématiser*; 1959] ***tr.*** ridurre a schema, semplificare: *schematizzare i termini di un ragionamento.*
schematiẓẓazióne [dal fr. *schématisation*; 1959] ***sf.*** atto ed effetto dello schematizzare.
schèpsi V. SCEPSI.
scheràno [dal provenz. *escaran*, brigante; a. 1342] ***sm.*** *lett.* masnadiero, uomo facinoroso || **N.** *Sin.* aguzzino, assassino, bravo, brigante, cagnotto, malandrino, sgherro, sicario.
schérma [da *schermire*; 1601] ***sf.*** **1.** arte d'aggredire e di difendersi con un'arma bianca, sciabola, spada o fioretto, o anche col bastone || *per estens.* lo sport che si pratica con tali armi **2.** *per estens.* nel pugilato, la capacità di eludere gli attacchi dell'avversario, riuscendo nello stesso tempo a colpirlo: *quel pugile ha una buona scherma* || (spec. *pl.*) *ant. lett.* schermaglia, polemica: *bozzetti e scherme* (Carducci). **Q.T.** *scherma* **TAV.** *scherma.*
schermàggio (pl. *-gi*) [da *schermare*; 1959] ***sm.*** *T.tecn.* l'operazione dello schermare; *per estens.* dispositivo che serve per schermare, schermo.
schermàglia (pl. *-glie*) [da *schermire*; a. 1375] ***sf.*** **1.** serie di attacchi, finte e parate in un combattimento all'arma bianca || *fig.* alterco, scaramuccia, breve polemica, discussione: *schermaglie amorose* **2.** *ant.* battaglia, duello.
schermàre (pres. *schérmo*) [da *schermo*; 1319] ***tr.*** **1.** munire di schermo, spec. una lampada o un'altra sorgente di energia luminosa || in elettrotecnica, proteggere, riparare un sistema (organi o circuiti elettrici, radiofonici ecc.) da fenomeni di induzione e di accoppiamento, tramite l'interposizione di schermi idonei **2.** *ant.* schermire, cercar di parare: *ma con dar volta il suo dolore scherma* (Dante).
schermàta V. VIDEATA.
schermàto (*pps.* di *schermare*) [1940] ***agg.*** protetto: *filo schermato, valvola schermata.*
schermatùra [da *schermare*; 1959] ***sf.*** operazione dello schermare || *per estens.* dispositivo usato per schermare; schermo.
schermidóre (non com. *schermitóre*) [da *schermire*; fine sec. XIII *schermitore*] ***sm.*** (f. *-trìce*; meno com. *-a*) *T.sport.* chi pratica l'arte della scherma || pugile dotato di buona tecnica || abile polemista. **Q.T.** *scherma.*
schermìre (pres. *-ìsco, -ìsci*) [dal long. *skirmjan*, proteggere; a. 1336] ***intr.*** (aus. *avere*) tirare di scherma, parare il colpo dell'avversario e al tempo stesso cercare di offenderlo || ***rifl.*** difendersi, ripararsi: *schermirsi dal vento, da domande indiscrete*; *più com.* ritrarsi di fronte a una lode, un onore o un'incombenza onorevole; esimersi da una cosa: *il candidato più acclamato continuava a schermirsi* || ***rifl. indir.*** proteggere, difendere: *schermirsi gli occhi dalla luce.*
schermìstico (pl. *-ci*) [da *scherma*; 1959] ***agg.*** di scherma: *un torneo schermistico.*
schermitóre V. SCHERMIDORE.
schérmo [da *schermire*; 1313] ***sm.*** **1.** *lett.* protezione, riparo, difesa: *farsi schermo col braccio*; anche *fig.*: *ti sei fatto schermo della mia autorità* || *arc.* impedimento, ostacolo **2.** dispositivo destinato a evitare la propagazione di un campo di forze (magnetico, elettrico, elettromagnetico) in una regione di spazio, o ad attenuare od orientare un flusso luminoso o calorico **3.** superficie destinata a raccogliere, riflettere e diffondere radiazioni di vario tipo || *in part.* in cinematografia, superficie piana o leggermente concava su cui vengono proiettate le immagini: *schermo normale, ridotto, panoramico*; *schermo in tela*, per la proiezione di diapositive o di filmati di piccolo formato; nei televisori, la superficie fluorescente, leggermente bombata, che costituisce la parte anteriore del cinescopio (com. detta *video*); *per estens.* *il piccolo, il grande schermo*, rispettivamente, il televisore (o anche la televisione) e la sala di proiezione cinematografica (o anche la cinematografia): *vedremo queste scene sia sul piccolo che sul grande schermo, quel regista è passato dal piccolo al grande schermo* **4.** *T.mil.* formazione aerea o navale preposta alla ricognizione e all'avvistamento delle unità nemiche. **Q.T.** *audiovisivi, cinematografia, fotografia* **TAV.** *cinematografia*... 4.4, 5.1.
schermografàre (pres. *-ògrafo*) [da *schermografia*; 1970] ***tr.*** sottoporre a schermografia.
schermografìa [comp. di *schermo* e *-grafia*; 1948] ***sf.*** *T.med.* in radiologia, tecnica che consiste nel fotografare l'immagine che si forma su uno schermo fluorescente prodotta da un fascio di raggi X.
schermogràfico (pl. *-ci*) [da *schermografia*; 1946] ***agg.*** attinente a schermografia: *esame, servizio schermografico.*
schernévole [da *schernire*; 1294 nel senso 2] ***agg.*** **1.** *lett.* di scherno, che contiene scherno; mordace, ironico: *parole schernevoli* **2.** *ant.* degno di scherno: *uomo schernevole*, ridicolo || **schernevolménte** ***avv.*** *lett.* con scherno: *parlava con lui schernevolmente.*
scherniménto [da *schernire*; 1342] ***sm.*** *ant.* lo schernire; derisione, scherno, dileggio.
schernìre (pres. *-ìsco, -ìsci*) [dal long. **skirnjan*; fine sec. XIII] ***tr.*** **1.** deridere con crudeltà e disprezzo: *schernire gli affetti più sacri* **2.** *raro* ingannare || **N. 1.** *Sin.* beffare, beffeggiare, burlare, canzonare, deridere, dileggiare, fischiare, irridere, motteggiare, pungere, sbeffeggiare.
schernitóre [da *schernire*; 1336 ca.] ***agg.*** e ***sm.*** (f. *-trìce*) che o chi schernisce: *sorriso schernitore* || **N.** *Sin.* beffardo, derisorio, dileggiante; beffatore, derisore, dileggiatore, motteg-

SCHERMA

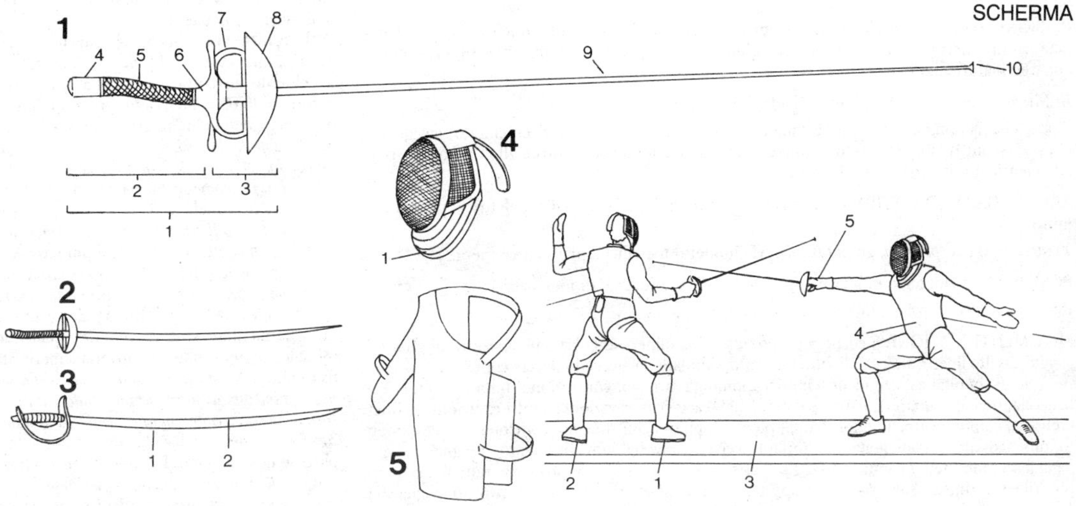

1. fioretto
1.1. elsa - 1.2. impugnatura - 1.3. guardia - 1.4. pomolo - 1.5. manico - 1.6. gavigliano - 1.7. archetti - 1.8. coccia - 1.9. lama - 1.10. bottone

2. spada

3. sciabola
3.1. filo - 3.2. costola

4. maschera

5. *plastron*

6. parata e affondo
6.1. piede mobile - 6.2. piede fisso - 6.3. pedana - 6.4. coprigiubbotto metallico - 6.5. guanto

giatore.

schérno [da *schernire*; 1353] **sm.** **1.** derisione oltraggiosa e fatta con disprezzo: *parole di scherno* **2.** la vittima di tale derisione: *tu sei lo scherno di tutti* || **N.** **1.** *Sin.* beffa, canzonatura, derisione, dileggio, facezia, ironia, irrisione, motteggio, parodia, sarcasmo, sbeffeggio, scherzo.

scherzàndo (*ger.* di *scherzare*) [1940] **sm.** *inv.* *T.mus.* annotazione per indicare che un passo musicale va eseguito briosamente, capricciosamente.

scherzàre (pres. *schérzo*) [dal long. *skerzan*; a. 1320; a. 1580 nel senso 2] **intr.** (aus. *avere*) **1.** giocare piacevolmente; muoversi e agitarsi vivacemente come fanno i bambini e gli animali giovani: *i ragazzi scherzano tutto il giorno, i cuccioli scherzano con la madre* || *per estens. fig. poet.* agitarsi con leggerezza: *il venticello scherza tra i fiori* **2.** detto di adulti, esprimersi con atti o parole argute, fare scherzi, prendersi gioco di qualcuno; anche prendere troppo leggermente una cosa, senza le opportune precauzioni: *non ti offendere, volevo solo scherzare, non scherzare con queste malattie, con le armi da fuoco*; *scherzare con la morte* o *con il fuoco*, fare con leggerezza cose pericolose | fare o dire una cosa non seriamente: *restituire un oggetto che ho pagato? ma tu scherzi!* || *con lui non si scherza*, detto di uomo risoluto || **tr.** *dial. pop.* schernire, deridere, canzonare: *i compagni mi scherzano* || **N.** **intr.** **1.** *Sin.* baloccarsi, divertirsi, trastullarsi.

scherzeggiàre (pres. *-éggio*) [da *scherzare*; 1872] **intr.** (aus. *avere*) *raro* scherzare con leggerezza e ripetutamente, con frequenza.

scherzévole [da *scherzare*; 1525] **agg.** *lett.* scherzoso, fatto o detto per scherzo: *atto scherzevole, parole scherzevoli*; *uomo scherzevole*, che ama lo scherzo || **scherzevolménte** **avv.** *lett.*

schérzo [da *scherzare*; a. 1374] **sm.** **1.** l'atto dello scherzare, e spec. del fare o dire qualcosa senza impegno, senza intenzioni serie, solo per divertire o fare dello spirito: *fare, dire qualcosa per scherzo*; *senza scherzi, scherzi a parte*, sul serio; *accettare, stare allo scherzo*, non offendersi quando si è presi in giro; *nemmeno per scherzo*, per nessun motivo: *non dire queste cose nemmeno per scherzo!* || ciò che si fa o si dice per scherzo: *non ci credere, è uno scherzo!*; *uno scherzo pesante*, di cattivo gusto, quasi offensivo; *pop. scherzo da prete*, maligno, di cattivo gusto || *fig.* impresa estremamente semplice: *per lui scalare il Monviso è uno scherzo* || *per estens. antifr.* brutto tiro, effetto sgradevole: *l'alcol fa brutti scherzi* || *iperb. scherzi di* (*o della*) *natura*, persone, animali o anche altre forme naturali dalla conformazione curiosamente alterata: *un nano è uno scherzo di natura* **2.** effetto piacevole e suggestivo risultante dalla particolare disposizione di una serie di elementi: *scherzi di luce*, incontro bizzarro di fasci luminosi; *scherzi d'acqua*, zampilli d'acqua orientati in modo da ottenere, spec. nei giardini, un piacevole effetto scenografico; *scherzo di penna*, disegno bizzarro e movimentato **3.** *lett.* componimento poetico di genere burlesco || *T.mus.* composizione musicale fantasiosa, briosa, bizzarra || *prov. a carnevale ogni scherzo vale*; *scherzo* (o *gioco*) *di mano, scherzo di villano*, è sempre riprovevole alzare le mani sugli altri, anche se lo si fa per gioco || *dim.* scherzétto, scherzettino; *spreg.* scherzùccio; *pegg.* scherzàccio || **N.** **1.** *Sin.* beffa, bisticcio, bizzarria, buffonata, capriccio, celia, giarda, gioco, lazzo, motteggio, motto, pesce d'aprile, trastullo, BURLA | allegro, amichevole, atroce, crudele, di cattivo gusto, garbato, gentile, grazioso, ingenuo, innocente, leggero, licenzioso, maligno, malvagio, piacevole, sanguinoso, spiritoso, umoristico, villano.

scherzóso [da *scherzo*; 1611] **agg.** **1.** che scherza volentieri: *ragazzo scherzoso* || *lett.* che ha del variabile, del capriccioso: *vento scherzoso* **2.** detto o fatto per scherzo: *componimento scherzoso, parole scherzose* || *dim.* scherzosétto, scherzosìno || **scherzosaménte** **avv.** || **N.** *Sin.* beffardo, bizzarro, brioso, buffo, burlone, comico, faceto, giocoso, lepido, mattacchione, ridanciano.

schettinàggio (pl. *-gi*) [da *schettinare*, sul modello di *pattinaggio*; 1877 *scatinaggio*] **sm.** *T.sport.* pattinaggio a rotelle.

schettinàre (pres. *schèttino*) [dall'ingl. *skating*, pattinaggio; 1877 *scatinare*] **intr.** (aus. *avere*) pattinare con i pattini a rotelle.

schettinatóre [da *schettinare*; 1877 *scatinatore*] **sm.** (f. *-trìce*) *T.sport.* chi pratica il pattinaggio a rotelle.

schèttino [da *schettinare*, sul modello di *pattino*; 1877 *scatino*] **sm.** spec. *pl.* pattino a rotelle.

schiàccia (pl. *-ce*) [da *schiacciare*; a. 1535] **sf.** *fam.* **1.** *tosc.* trappola per topi o per uccelli, formata da una pietra tenuta in bilico da fuscelli che scattano al primo tocco, facendola cadere sopra gli animali, i quali ne rimangono schiacciati || *fig. rimanere alla schiaccia*, sotto le rovine; anche rimanere preso in un tranello o in una situazione senza via d'uscita **2.** *pl.* ferro da parrucchiere, per arricciare baffi o capelli **3.** arnese formato da due dischi di ferro, infissi su lunghi manici imperniati a forbice, che serve per cuocere cialde, brigidini, ostie e simili.

schiacciabiàde [comp. di *schiaccia(re)* e *biada*; 1965] **sm.** *inv.* *T.agr.* arnese per schiacciare biada e altre granaglie, in modo da favorirne l'essiccazione || **N.** *Sin.* frangibiade.

schiacciaforàggi [comp. di *schiaccia(re)* e *foraggio*; 1974] **sm.** *inv.* *T.agr.* macchina a rulli con cui si schiaccia il foraggio per favorirne l'essiccazione || **N.** *Sin.* condizionatrice.

schiacciaménto [da *schiacciare*; a. 1704] **sm.** l'atto dello schiacciare, l'essere schiacciato || *T.mecc.* compressione.

schiaccianóci [comp. di *schiaccia(re)* e *noce*, sul modello del ted. *Nussknacker*; 1803] **sm.** *inv.* arnese da tavola costituito da due ganasce con manico, imperniate a un'estremità, per schiacciare noci, nocciole, mandorle e sim.

schiacciànte (*ppr.* di *schiacciare*) [1877] **agg.** nei sensi del verbo || *fig.* soverchiante, assoluto: *superiorità schiacciante*; *prove schiaccianti*, che non lasciano più dubbi sulla colpevolezza di una persona.

schiacciapatàte [comp. di *schiaccia(re)* e *patata*; 1959] **sm.** *inv.* arnese da cucina per schiacciare le patate lesse.

schiacciàre (pres. *-àccio*) [etim. inc., forse di orig. onom.; a. 1321] **tr.** **1.** comprimere fortemente un corpo gen. dall'alto in basso deformandolo, ammaccandolo, rompendolo o danneggiandolo in qualche modo: *schiacciare un cappello, le noci, le uova* || *fig. iperb.* premere: *la folla mi sta schiacciando* || pigiare: *schiacciare il bottone del telecomando* || appiattire, comprimere, anche *ass.*: *questa camicetta schiaccia troppo il seno*; *quel vestito a righe orizzontali ti schiaccia*, ti fa apparire più basso del reale || nelle loc. fig.: *schiacciare moccoli*, bestemmiare; *schiacciare un sonnellino* (o *un pisolino*), fare una breve dormita **2.** *fig.* opprimere, annientare, vincere, superare qualcuno o qualcosa giocando sulla propria superiorità fisica o morale: *era schiacciato dal peso della colpa, si è imposto di forza, schiacciando gli avversari, lo ha schiacciato con argomenti inconfutabili* **3.** *T.sport.* nella pallavolo, nel tennis e nel ping-pong, respingere la palla con una schiacciata || **rifl. indir.** comprimersi: *mi sono schiacciato un dito* || **intr. pron.** appiattirsi, deformarsi in seguito a un urto: *si schiacciò contro il muro, l'auto si è schiacciata contro un albero* || **N.** **tr.** **1.** *Sin.* acciaccare, ammaccare, calcare, calpestare, comprimere, deformare, infrangere, opprimere, pestare, pigiare, premere, pressare, reprimere, rompere, schiantare, sformare, spiaccicare, spremere, torchiare.

schiacciasàssi [comp. di *schiaccia(re)* e

SCHERMA

PERSONE: schermidore (fiorettista, spadista, sciabolatore), duellante, duellista, buona lama, maestro di scherma; giuria (presidente, giudici), segnapunti, cronometrista, supervisori alle apparecchiature elettriche.

ARMI: arma bianca, ferro, fioretto, spada, sciabola.

PARTI: elsa (impugnatura: pomolo, manico; guardia: archetti, coccia, cuscinetto, gavigliano, ricasso, tallone), lama (terzo forte, medio, debole; taglio, dorso, controtaglio), puntale (puntale elettrico; punta d'arresto, bottone).

AREA DI GARA ED EQUIPAGGIAMENTO: sala d'armi, pedana, pedana elettrica, piastrone a muro.

TENUTA DI GARA: *plastron*, giubbotto, copri-giubbotto metallico, guanto, maschera.

POSIZIONI: inizio, ferro in guardia, prima, seconda, ... ottava, di mezzocerchio.

PRESE DI FERRO: di prima, di seconda, di terza, di quarta.

MOVIMENTI E AZIONI: a corpo a corpo, affondo, allineo, angolazione, apertura di guardia, assalto, assalto libero, attacco (libero, indiretto, simulato), ripresa d'attacco, controattacco, azione, azione simultanea, azioni in tempo (appuntata, arresto, contrazione, finta in tempo, imbroccata, uscita in tempo), battuta, botta dritta, cartoccio, cavazione, controcavazione, ceduta, chiusura, colpo (dritto, al ginocchio, al piede, doppio), controtaglio, controtempo, deviamento, difesa, disarmo, fianconata, filo, finta, frecciata, giravolta, inquadramento, intagliata, invito, legamento, mulinello, parata, passaggio, passo, piattonata, polsino, proposta, puntata, raddoppio, rimessa, rimessa sulla risposta, risposta, controrisposta, riposo, riunita, ritorno in guardia, salto, salto affondo o balestra, saluto, scandaglio, schivata, sciabolata (fendente, traversone, montante), sforzo o pressione, spaccata, sparita di corpo, stoccata (di prima, seconda o terza intenzione), striscio, tasteggio o gioco di dita, tempo comune, tocco, traccheggio, trasporto. Accennare, avanzare, battersi, cavare il ferro, coprirsi, destreggiarsi, duellare, incrociare le spade, indietreggiare, infilarsi, replicare, ritirarsi, schermire, sfalsare, stare sulla difensiva, tirare.

VOCI ATTINENTI: bersaglio, quadrante (o area) di bersaglio, fraseggio, linea d'offesa, misura (lunga o fuori misura, media o giusta misura, breve o sottomisura), tempo; assalto accademico, campionato, combattimento, gara, incontro, torneo.

sasso; 1942] **sm.** *inv.* compressore stradale || *fig.* chi va dritto per la strada, incurante degli ostacoli: *in politica è un vero schiacciasassi* || **N.** *Sin.* rullo compressore.

schiacciàta [da *schiacciare*; 1473 nel senso 2; a. 1665 nel senso 1] **sf.** **1.** l'atto dello schiacciare una sola volta, perlopiù sommariamente o rapidamente: *dare una schiacciata con il batticarne, nella calca mi sono preso una schiacciata al piede* || *T.sport.* colpo o tiro schiacciato; *in part.* nel tennis, *smash* **2.** *tosc.* nome di vari tipi di focaccia || *dim.* schiacciatina; *accr.* schiacciatóna || **N.** **1.** *Sin.* battuta, pestata, pestone.

schiacciàto (*pps.* di *schiacciare*) [1340 ca.] **agg.** **1.** *T.arch.* *arco schiacciato, volta schiacciata*, che ha poca altezza **2.** *T.sport.* *colpo* o *tiro schiacciato*, nel tennis e nella pallavolo, tiro molto forte dato colpendo la palla (alta) dall'alto in basso.

schiacciatóre [da *schiacciare*; 1959] **sm.** (f. *-trice*) **1.** *raro* chi schiaccia **2.** *T.sport.* nel tennis, nel ping-pong e nella pallavolo, giocatore abile nell'eseguire schiacciate.

schiacciatùra [da *schiacciare*; a. 1320] **sf.** lo schiacciare.

schiaffàre [da *schiaffo*; 1863] **tr.** **1.** gettare con mal garbo: *lo schiaffò in terra*; *in part.* *schiaffare uno dentro*, metterlo in prigione **2.** *raro* schiaffeggiare || **intr. pron.** buttarsi, gettarsi: *schiaffarsi a letto.*

schiaffeggiàre (pres. *-éggio*) [da *schiaffare*; 1598] **tr.** colpire con schiaffi, prendere a schiaffi || *fig. poet.* colpire con forza, detto di onde e sim. || **N.** *Sin.* ceffonare, gonfiare, malmenare, percuotere, picchiare.

schiaffeggiatóre [da *schiaffeggiare*; 1872] **agg.** e **sm.** (f. *-trice*) che o chi schiaffeggia.

schiaffétto (*dim.* di *schiaffo*) [1891] **sm.** **1.** piccolo schiaffo **2.** *T.sport.* nel basket, leggero colpo dato alla palla su rimbalzo || *dim.* schiaffettìno.

schiàffo [voce onom.; a. 1347] **sm.** **1.** colpo dato con il palmo della mano sul viso: *dare, ricevere uno schiaffo*; *faccia da schiaffi*, espressione o atteggiamento irritante, antipatico; *per meton.* persona irritante o antipatica: *sei proprio una faccia da schiaffi* || *fig.* offesa, umiliazione molto grave: *la promozione del collega più giovane fu per lui uno schiaffo* (*morale*) **2.** *T.gioc.* nel gioco del biliardo, colpo per cui la palla va a battere forte nella sponda lunga, quindi nella palla dell'avversario e fa punti || *dim.* schiaffétto; *accr.* schiaffóne || **N.** **1.** *Sin.* ceffone, manrovescio, scapaccione | appiccicare, appioppare, mollare.

schiamazzàre [prob. dal lat. *exclamāre*; 1308] **intr.** (aus. *avere*) emettere versi rauchi e striduli, detto dei polli e degli uccelli in genere quando hanno paura o delle galline quando hanno fatto l'uovo || *per estens. fig.* fare strepito con grida o voci: *senti quei ragazzi come schiamazzano* || *prov.* *gallina che schiamazza ha fatto l'uovo*, per indicare che spesso l'autore di un danno è il primo a lamentarsene || **N.** *Sin.* gridare, vociare, vociferare, rumoreggiare. **Q.T.** *animali.*

schiamazzatóre [da *schiamazzare*; 1735] **agg.** e **sm.** (f. *-trice*) che o chi schiamazza.

schiamazzìo (pl. *-ii*) [da *schiamazzare*; 1353] **sm.** schiamazzo continuato o frequente, e insistente.

schiamàzzo [da *schiamazzare*; 1483] **sm.** **1.** lo schiamazzare; strepito, rumore alto di voci: *fare schiamazzo, schiamazzi notturni* **2.** *T.cacc.* tordo o altro uccello di richiamo, che si fa schiamazzare impaurendolo, perché attiri con la sua voce altri uccelli || **N.** **1.** *Sin.* baccano, chiasso, clamore, fracasso, strepito, RUMORE.

schiancìo v. SCANCIO.

schiantàre [etim. inc.; 1294] **tr.** rompere con violenza, stroncare, perlopiù rumorosamente: *schiantare un ramo, ha schiantato la moto contro un palo, il fulmine ha schiantato il pino nel giardino* || far scoppiare (anche *fig. iperb.*): *a forza di gonfiare, hai schiantato la camera d'aria; con il tuo comportamento hai schiantato il cuore di tua madre*, le hai dato un grande dolore || **intr.** (aus. *essere*) *fam.* scoppiare: *la botte troppo piena rischia di schiantare* || *fig.* crepare: *schiantava dalle risa, dalla fatica, mangiò fin che schiantò* || **intr. pron.** rompersi, fendersi, scoppiare: *la giacca gli si schiantò nella schiena, mi si schiantò il cuore; andò a schiantarsi contro un muro*, sbatté in modo rovinoso || **N.** *Sin.* ROMPERE.

schiantatùra [da *schiantare*; a. 1566 *stiantatura*] **sf.** *raro* **1.** l'atto e spec. l'effetto dello schiantare **2.** il punto dove è avvenuto lo schianto.

schiànto [da *schiantare*; sec. XIV] **sm.** atto ed effetto dello schiantare o dello schiantarsi: *nello schianto sono morte due persone* || il rumore che fa la cosa schiantandosi; *in gen.* ogni rumore secco: *lo schianto del tuono, del fulmine* || *fig. iperb.* gran dolore: *la morte del padre fu uno schianto per lui* || *fam. iperb.* detto di cosa o persona che colpisce violentemente per la sua bellezza: *uno schianto di ragazza, di macchina* || nella *loc. avv.* *di schianto*, all'improvviso, di colpo, sùbito || **N.** *Sin.* colpo, esplosione, fenditura, rottura, scoppio, urto.

schiànza [etim. inc.; a. 1311] **sf.** *ant.* crosta che si forma su una piaga.

schiàppa¹ [da *schiappare*; a. 1537] **sf.** scheggia del legno.

schiàppa² [etim. inc.; 1905] **sf.** *fig.* persona inesperta nel proprio mestiere, nello sport, nel gioco e sim.; sbercia || *dim.* schiappìno (*sm.*).

schiappàre [etim. inc.; 1585] **tr.** *ant.* spaccare, fare schegge di legno per metterle a bruciare sul fuoco: *mi schiapperanno per il metato* (Pascoli).

schiaràre [comp. parasint. di *chiaro*; 1313] **tr.** e **intr.** (aus. *essere*) *lett. raro* schiarire.

schiariménto [da *schiarire*; a. 1698] **sm.** atto ed effetto dello schiarire, il divenire chiaro o più chiaro || *fig.* dichiarazione, spiegazione, delucidazione: *domandare, dare, chiedere, avere uno schiarimento.*

schiarìre (pres. *-ìsco, -ìsci*) [da *chiarire*; fine sec. XIII come intr.] **tr.** **1.** rendere chiaro o più chiaro: *schiarire i capelli, la voce* || *fig. ant.* mettere in chiaro, spiegare: *schiarire un dubbio* **2.** rif. a un bosco, una macchia di vegetazione o anche solo un albero, sfoltirlo, diradarlo || **intr.** (aus. *essere*) rischiararsi, farsi chiaro; rasserenarsi: *il cielo schiariva a oriente* || *impers.* (aus. *essere*) **1.** tornare sereno **2.** far giorno: *incomincia già a schiarire* || detto di un colore, divenire sbiadito o di colore meno cupo, meno acceso: *il rosso al sole schiarisce* || **intr. pron.** farsi chiaro, nei vari sensi: *d'estate, al mare, i capelli si schiariscono.*

schiarìta [da *schiarire*; 1950] **sf.** il rasserenarsi del cielo || anche *fig.* miglioramento: *c'è una schiarita nelle relazioni politiche internazionali.*

schiaritóio (pl. *-ói*) [da *schiarire*; 1891] **sm.** luogo dove si lascia l'olio a schiarire.

schiaritùra [da *schiarire*; 1959] **sf.** l'operazione e l'effetto dello schiarire qualcosa.

schiassolàre (pres. *-òlo*) [da un ant. *chiassolo*, vicolo; 1872] **intr.** (aus. *essere* e *avere*) *raro dial.* entrare, andare in un chiasso; scantonare in un chiasso o vicolo || **N.** *Sin.* svicolare.

schiàtta [dal got. **slahta*, stirpe; 1313] **sf.** *lett.* discendenza, progenie, famiglia: *discendere da nobile schiatta* || **N.** *Sin.* ceppo, dinastia, RAZZA, STIRPE.

schiattàre [etim. inc.; 1709] **intr.** (aus. *essere*) *pop.* crepare, scoppiare, spec. *fig.*: *schiattava dall'invidia, dalla fatica, di rabbia.*

schiattìre (pres. *-ìsco, -ìsci*) [voce onom.; 1533] **intr.** (aus. *avere*) **1.** *T.cacc.* *raro* di cani da caccia, gridare, abbaiare quando hanno scovato e inseguono la selvaggina **2.** *ant.* squittire.

schiavacciàre (pres. *-àccio*) [comp. parasint. di *chiavaccio*; 1872] **tr.** *raro* levare il chiavaccio || **intr.** (aus. *avere*) fare rumore con le chiavi agitandone il mazzo.

schiavardàre [comp. parasint. di *chiavarda*; 1959] **tr.** *raro* levare, togliere le chiavarde || **N.** *Sin.* sbullonare | *Contr.* inchiavardare.

schiavàre [da *chiavare*; sec. XIV nel senso 2] **tr.** **1.** *dial.* aprire con la chiave una porta **2.** *ant.* sconficcare, schiodare, schiavardare.

schiavésco (pl. *-schi*) [da *schiavo¹*; 1600] **agg.** *raro*, spec. *spreg.* di o da schiavo, servile: *vesti schiavesche, modi schiaveschi.*

schiavétto (*dim.* di *schiavo¹*) [1967] **sm.** (f. *-a*) *scherz.* o *iron.* chi esegue pedantemente gli ordini senza opporre alcun rifiuto.

schiavìna [da *schiavo²*; 1353] **sf.** **1.** *T.stor.* veste di panno grosso, lunga, con maniche larghissime, portata dai pellegrini **2.** coperta da letto di panno grosso **3.** *ant.* prigione da schiavi, ergastolo.

schiavìsmo [da *schiavo¹*; 1959] **sm.** dottrina che ammette l'istituto della schiavitù e l'ordinamento economico-sociale conseguente || *per estens.* tendenza a trattare singoli individui o aggregati sociali come schiavi: *lo schiavismo hitleriano.*

schiavìsta [da *schiavo¹*; 1864] **s.** sostenitore della schiavitù || *per estens.* chi tratta i propri sottoposti come schiavi: *il direttore è un vero schiavista.*

schiavìstico (pl. *-ci*) [da *schiavista*; 1959] **agg.** **1.** basato sulla schiavitù: *economia schiavistica* **2.** da schiavista: *metodi schiavistici.*

schiavitù [da *schiavo¹*; 1612 *schiavitudine*] **sf.** condizione di chi è schiavo: *abolizione della schiavitù; ridurre in schiavitù*, rendere schiavo; *riscattare dalla schiavitù*, affrancare, liberare || *per estens.* soggezione allo straniero o a un tiranno: *i popoli che gemono nella schiavitù* || *per estens. fig.* soggezione forzata, dipendenza da consuetudini, vizi e sim.: *la schiavitù delle cerimonie, del fumo* || **N.** *Sin.* cattività, giogo, oppressione, prigionia, servaggio, servitù, soggezione | affrancare, emancipare, liberare, sottomettere | aguzzino, negriero, schiavo.

schiavizzàre [da *schiavo¹*; 1952] **tr.** rendere schiavo; ridurre in schiavitù || *per estens.* trattare in modo dispotico: *mia moglie è schiavizzata da nostra figlia, mio figlio mi schiavizza.*

schiàvo¹ [lat. mediev. *sclāvus*, slavo, poi prigioniero; 1319] **agg.** e **sm.** (f. *-a*) **1.** che o chi è assoggettato, insieme alla sua famiglia e ai suoi discendenti, a qualcuno e non gode, di fronte a costui, di alcun diritto: *i vinti furono fatti schiavi; tratta degli schiavi*, la loro cattura, gen. in Africa, e il loro commercio soprattutto in America || *iperb.* *lavorare come uno schiavo*, duramente || nella *loc. agg.* *alla schiava*, forma ellitt. per *alla maniera degli schiavi*, spec. riferito a indumenti o monili: *sandali alla schiava*, legati con lacci alla caviglia; *bracciale alla schiava*, disadorno e simile all'anello cui si incatenavano gli schiavi || *per estens.* detto di individuo o popolo che è in potere di altri avendo perduto la libertà: *un paese schiavo* **2.** *fig.* assoggettato, dipendente, che si lascia dominare: *schiavo delle passioni, delle abitudini, del lavoro, delle convenzioni, della moglie* || *ant.* e *dial.* nelle loc. di saluto *schiavo suo, vostro; amici, vi sono schiavo* (Goldoni) || *dim.* schiavétto || **N.** **1.** *Sin.* oppresso, prigioniero, sottomesso, SERVO | affrancato, liberato, riscattato | liberto, negriero, schiavista; tratta.

schiàvo² [lat. mediev. *sclāvus*; a. 1320] **agg.** *ant.* della Slavonia, slavo: *vènti schiavi*, che giungono dalla Dalmazia.

schiavóna [da *schiavone*; 1936] **sf.** spada maneggevole del sec. XVII portata a Venezia dagli Schiavoni al servizio dei Dogi.

schiavóne [da *schiavo*²; 1483] **sm.** *T.stor.* **1.** (f. *-a*) abitante della Slavonia **2.** soldato slavo che faceva servizio militare nella repubblica di Venezia.

schiccheracàrte [comp. di *schiccherare* e *carta*; a. 1729] **s. inv.** *raro* scrittore di nessun valore, scribacchino, poetastro.

schiccherafògli [comp. di *schiccherare* e *foglio*; a. 1729] **s. inv.** *raro* schiccheracarte.

schiccheràre¹ (pres. *schìcchero*) [etim. inc.; 1353] **tr.** *fam.* **1.** buttar giù alla peggio nello scrivere e nel disegnare; scrivere o disegnare in fretta || imbrattare, dipingere: *senza avere a schiccherare le mura a modo che fa la lumaca* (Boccaccio) **2.** palesare ad altri tutto ciò che si sa di un segreto e sim.; spifferare.

schiccheràre² (pres. *schìcchero*) [comp. parasint. di *chicchera*; 1872] **tr.** e **intr.** (aus. *avere*) *tosc. scherz.* bere oltre misura o avidamente: *si è schiccherato un litro, tutte le sere le passa a schiccherare.*

schiccheratùra [da *schiccherare*¹; 1680] **sf.** *fam.* atto ed effetto dello schiccherare¹.

schidionàre (pres. *-óno*) [da *schidione*; 1805] **tr.** *raro* infilare nello schidione per cuocere arrosto.

schidionàta [da *schidione*; 1612 *stidionata*] **sf.** i polli, gli uccelletti o altra carne, infilati in uno schidione per arrostire.

schidióne [etim. inc.; a. 1311 *schedone*] **sm.** spiedo lunghissimo di ferro in cui si infilano carni per cuocerle arrosto.

schièna [dal long. *skĕna*; 1313] **sf.** **1.** la parte posteriore del torace umano, dal collo alla cintura; dorso: *filo della schiena*, linea corrispondente alla spina dorsale || nelle loc. fig.: *lavoro di schiena*, faticoso; *rompersi la schiena*, lavorare duramente, faticare; *colpire alla schiena*, a tradimento; *curvare la schiena*, umiliarsi; *voltare la schiena a qualcuno*, andarsene, piantarlo in asso; *raro*: *essere duro di schiena*, essere restio nel pagare **2.** la groppa dei mammiferi: *portare qualcosa a schiena di mulo, d'asino* e sim., caricarle su muli, asini e sim. || *giocare di schiena*, di cavallo, alzare la groppa per tirar calci || *carreggiata a schiena d'asino*, quella dal profilo trasversale rigonfio al centro e spiovente ai lati || *per estens.* dosso di montagna || **N.** **1.** *Sin.* dorso, dosso, gobba, groppa, spalle, tergo | cifosi, lordosi, scoliosi.

schienàle [da *schiena*; a. 1320 nel senso 2; 1940 nel senso 1; 1891 nel senso 3] **sm.** **1.** la parte di una sedia, di una poltrona e sim. contro la quale si appoggia la schiena **2.** l'insieme delle vertebre che compongono la schiena delle bestie macellate, e il midollo spinale in esse contenuto || la schiena di un animale e il pezzo di carne relativo **3.** *T.stor.* parte dell'armatura, che difendeva la schiena del guerriero.

schienàta [da *schiena*; 1959] **sf.** colpo dato di schiena.

schienùto [da *schiena*; seconda metà sec. XIV] **agg.** *lett.* **1.** che ha una schiena forte e larga **2.** gibboso: *arcipelago schienuto* (D'Annunzio).

schièra [dal provenz. *esqueira*; 1313 nel senso 2; a. 1348 nel senso 1] **sf.** **1.** unità, reparto di soldati in ordinanza: *mettere in schiera, uscire di schiera, raccogliere, ordinare in schiere* || *pl.* anche con il senso generico di esercito, truppe: *sbaragliare le schiere nemiche* **2.** ogni moltitudine più o meno ordinata: *le schiere dei tifosi, le schiere delle formiche* || nelle *loc. avv.*: *a schiera*, in torma: *molti uccelli vanno a schiera*; *case a schiera*, serie di abitazioni affiancate; *a schiere*, a una schiera per volta o, anche, numerosi, in gran quantità: *avanzare a schiere* || *per estens.* folto gruppo di persone accomunate per qualche aspetto: *schiere di accusatori si fecero avanti, la schiera dei miei creditori* || **N.** **1.** *Sin.* battaglione, colonna, compagnia, contingente, coorte, drappello, falange, legione, manipolo, plotone, squadra, squadriglia, squadrone, stormo | fianchi, fronte, spalle **2.** *Sin.* caterva, frotta, sciame, stuolo, torma, FOLLA, MOLTITUDINE.

schieraménto [da *schierare*; 1691] **sm.** **1.** lo schierare, lo schierarsi e la manovra che si fa schierandosi || disposizione a schiere ordinate: *schieramento tattico, offensivo, difensivo, aereo, navale* || *per estens. T.sport. schieramento di una squadra*, la sua conformazione, data dalla disposizione dei giocatori in campo; formazione **2.** l'insieme delle forze schierate: *penetrare nello schieramento nemico* || *in part. fig.* insieme di forze accomunate da interessi e lotte comuni, spec. in senso politico: *lo schieramento delle forze di sinistra, dei partiti di centro*; *problemi di schieramento*, problemi politici relativi ad alleanze o divisioni tra gruppi, partiti ecc., più che a programmi o strategie || **N.** **1.** riga.

schieràre (pres. *-èro*) [da *schiera*; 1312 come rifl.] **tr.** **1.** disporre in schiere: *schierare le truppe* **2.** *per estens.* disporre in un certo ordine; *in part.* mettere in fila, allineare, anche *fig.*: *schierare i libri sulle mensole, schierare i propri argomenti*; *schierare la formazione*, disporre i giocatori secondo lo schieramento scelto || **rifl.** **1.** ordinarsi in schiera **2.** *fig.* assumere una posizione, aderire a una tesi, prendere partito: *schierarsi dalla parte di qualcuno*, prendere le sue difese, essere suo seguace; anche *ass. schierarsi*, esplicitare chiaramente la propria scelta tra le parti in conflitto || **N.** **tr.** *Sin.* allineare, indrappellare, ordinare.

schiericàre (pres. *-érico, -érichi*) [comp. parasint. di *chierica*; a. 1571 nel senso 2] **tr.** *ant.* **1.** levare la chierica; spretare **2.** *schiericare il diamante*, mozzarlo sulla punta || **rifl.** deporre la tonaca, abbandonare il sacerdozio.

schiettézza [da *schietto*; a. 1555] **sf.** l'essere schietto: *schiettezza di lingua, parlare con schiettezza* || **N.** *Sin.* candore, genuinità, lealtà, purezza, sincerità.

schiètto [dal got. *slaíths*, semplice; 1296] **I** **agg.** **1.** puro, non mischiato ad altre sostanze che ne alterino la natura: *vino, oro, pane schietto* || *fig.* puro: *lingua schietta, pronuncia schietta*, non alterata da elementi o inflessioni dialettali o straniere **2.** *fig.* leale, sincero, candido: *animo schietto, modi schietti* **3.** *lett.* privo di ridondanze, di eccessive decorazioni o anche di asperità, di difetti; semplice, uniforme: *elemento architettonico schietto*, liscio, senza intagli || di un tronco o di un ramo, senza nodi, liscio || di frutti od ortaggi, sani, non guasti: *pesche schiette* || del filo di un'arma, senza intagli, senza difetti || *T.arald.* di uno stemma, che non ha partizioni di dipendenza || **schiettaménte** **avv.** **II** **avv.** schiettamente: *gli parlai schietto*; *a dirla schietta*, a parlare con tutta franchezza || nella *loc. avv. alla schietta*, schiettamente || **N.** **I** **1.** *Sin.* autentico, genuino, incontaminato, intatto, mero, pretto **2.** *Sin.* aperto, franco, ingenuo, onesto.

schifàre [da *schifo*²; a. 1294] **tr.** **1.** avere in dispregio, avere a schifo, a noia: *schifa la nostra compagnia, schifare l'acqua e amare il vino* **2.** far schifo: *la sua presenza mi schifa* **3.** *ant.* scansare, schivare || **intr. pron.** ritrarsi con disgusto, sdegnosamente: *schifarsi di una cosa, di una persona*, sdegnarsene, provarne schifo, disgusto.

schifènza [da *schifo*²; 1866] **sf.** *dial.* schifezza.

schifévole [da *schifare*; 1686] **agg.** *arc.* schifoso.

schifézza [da *schifo*²; a. 1342] **sf.** qualità di ciò che fa schifo || *concr.* ciò che fa schifo || **N.** *Sin.* porcheria, sporcizia, sudiciume.

schifiltà [da *schifo*²; sec. XIII] **sf.** *raro* disgusto, ritrosia, ripugnanza || atteggiamento schifiltoso || **N.** *Sin.* schifiltosità.

schifiltosità [da *schifiltoso*; 1959] **sf.** l'essere schifiltoso.

schifiltóso [da *schifo*²; a. 1606] **agg.** e **sm.** (f. *-a*) difficile a contentarsi, di gusti difficili, spec. nel mangiare: *è uno schifiltoso, nulla gli sta bene* || **schifiltosaménte** **avv.** con atteggiamento schifiltoso, da persona schifiltosa || **N.** *Sin.* delicato, schizzinoso, sdegnoso, smorfioso, sofistico.

schìfo¹ [dal long. *skif*, battello; a. 1470] **sm.** *T.mar.* piccola imbarcazione sportiva a due remi, con un solo vogatore || imbarcazione usata per servizio di nave; scialuppa || *poet.* barchetta.

schìfo² [dal fr. ant. *eschif*; 1353] **I** **sm.** senso di ripugnanza prodotto da ciò che è moralmente o materialmente sporco, nauseabondo: *quelle bevande fanno schifo a vederle*; *è uno schifo*, di situazione moralmente riprovevole; *mi fa schifo solo a pensarci, che schifo!* || *per estens. far schifo*, detto anche di ciò che è brutto, malfatto, o che dà pessimi risultati: *questo abito, questo disegno fa schifo, la tua squadra ha fatto schifo* || *lett. avere a schifo*, a noia, a sdegno: *ebbe a schifo le lodi* **II** **agg.** **1.** *tosc.* e *fam.* sporco, sudicio, ripugnante: *è una cosa schifa* **2.** *lett.* guardingo, schifiltoso **3.** *ant.* schivo, ritroso || **N.** **I** *Sin.* disgusto, nausea, orrore, raccapriccio, ribrezzo, ripugnanza, ritrosia.

schifosàggine [da *schifoso*; 1940] **sf.** schifosità.

schifosità [da *schifoso*; 1872] **sf.** l'essere schifoso || cosa o azione schifosa, ripugnante.

schifóso [da *schifo*²; 1679] **agg.** sudicio, immondo, lordo, che fa ribrezzo: *bestia schifosa*; anche sul piano morale: *avaro schifoso*; *vecchio schifoso*, pervertito, depravato || *iperb.* pessimo: *è stata una serata schifosa* || *antifr. pop.* smisurato, enorme, eccessivo al punto da far rabbia: *ha avuto un successo schifoso* || **schifosaménte** **avv.** || *dim.* schifosétto, schifosino; *pegg.* schifosàccio || **N.** *Sin.* laido, lercio, nauseante, ributtante, ripugnante, rivoltante, sconcio, sozzo, stomachevole.

schimbèscio v. SGHIMBESCIO.

schinèlla [dal francone *skina*, tibia; sec. XIV *schienella*] **sf.** deformazione dello stinco di animali domestici, causata da esostosi dei metacarpi rudimentali.

schinière [dal long. *skinko*, osso della gamba; 1440 *schiniera*] **sm.** *T.stor.* parte dell'armatura che difendeva le gambe e, in part., gli stinchi. **TAV. *armi* p. 648** 6.15.

schìno [dal lat. tardo *schīnus*, gr. *schínos*, lentisco; 1838] **sm.** albero delle Anacardiacee simile al lentisco, originario dell'America meridionale || **N.** *Sin.* falso pepe.

schioccàre (pres. *schiòcco, schiòcchi*) [voce onom.; 1817] **tr.** fare schiocchi con la frusta, con la lingua, con le dita o nel dare un bacio: *gli schioccò un bel bacio sulla fronte*; *schioccare la frusta*; *schioccare la lingua, le dita* || **intr.** (aus. *avere*) fare il rumore di uno schiocco: *la frusta schiocca, le labbra schioccano nel baciare, le dita schioccano.*

schioccàta [da *schioccare*; 1872] **sf.** l'atto dello schioccare una volta; schiocco.

schiòcco (pl. *-chi*) [da *schioccare*; 1817] **sm.** rumore che fa la frusta agitata con un colpo secco nell'aria || *per estens.* rumore secco e risonante come quello della frusta: *dare un bacio con lo schiocco* || **N.** *Sin.* schioccata, scocco | schioccare.

schiodàre (pres. *-òdo*) [comp. parasint. di *chiodo*; a. 1367] **tr.** togliere un chiodo da dove è conficcato || aprire togliendo i chiodi: *schiodare una cassa* || **intr. pron.** *pop.* togliersi, allontanarsi: *schiòdati da quella sedia!*

schiodatùra [da *schiodare*; 1805] **sf.** l'atto dello schiodare; *in part. T.alp.* nell'arrampicarsi, il togliere il chiodo conficcato nella parete, dopo averlo superato || *raro* la cosa schiodata.

schiomàre (pres. *-òmo*) [comp. parasint. di *chioma*; a. 1400] **tr.** *lett.* disfare, scompigliare la chioma.

schioppettàre v. SCOPPIETTARE.

schioppettàta [da *schioppo*; 1640] **sf.** colpo sparato con un fucile o con uno schioppo: *è stato ferito da una schioppettata* || lo spazio percorso da un proiettile sparato con lo schioppo; tiro di schioppo: *la casa è a una schioppettata dalla nostra* || *fare a schioppettate*, tirarsi l'un l'altro colpi di schioppo || *pop.* un bel po' di denaro: *è costato una schioppettata* || **N.** *Sin.* fucilata, SPARO, TIRO | traiettoria.

schiòppo [lat. *scloppus*, rumore prodotto aprendo la bocca gonfia d'aria; a. 1537] **sm.** arma da fuoco, portatile, ad avancarica, usata spec. nella caccia alla selvaggina di piccola o media mole; *per estens.* fucile in genere || nel modo di dire *essere a un tiro di schioppo*, essere a una distanza pari a quella che raggiungerebbe una schioppettata, quindi non lontano || *dim.* schioppétto, schioppettìno.

schipetàro [dall'albanese *shqiptár*; 1957] **agg.** e **sm.** (f. *-a*) *lett.* albanese.

schiribilla [etim. inc.; 1891] **sf.** uccello migratore di palude dal piumaggio bruno rossiccio a macchie bianche || **N.** *Sin.* gallinella palustre.

schiribìzzo [da *ghiribizzo*; a. 1745] **sm.** ghiribizzo.

schiribizzóso [da *schiribizzo*; a. 1712] **agg.** *raro* ghiribizzoso.

schişàre [dal gr. *schísis*, divisione; a. 1565] **tr.** *tosc.* nel gioco del biliardo, colpire la palla da un lato, di traverso, di striscio; frisare.

schìşi [dal gr. *schísis*, divisione, spaccatura; 1937] **sf.** *T.med.* fenditura, scissione, spaccatura: *schisi vertebrale*.

-schìşi [dal gr. *schísis*, separazione] **elem. term.** che, in parole composte della terminologia scientifica, vale "divisione", "fessura" (per es. *cheiloschisi*, *palatoschisi*).

schìşo [da *schisare*; a. 1742] **agg.** *tosc.* storto, obliquo || *di schiso*, obliquamente, spec. nel gioco del biliardo quando si colpisce la palla avversaria non già in pieno, ma da un lato, di striscio; anche *di friso*.

schìsto e der. forme disus. di SCISTO e der. (v.).

schìsto- [dal gr. *schistós*, diviso] **primo elem.** che, in parole composte della terminologia scientifica, vale "fenditura", "capacità di fendersi" (per es. *schistosoma*).

schistosòma [comp. di *schisto-* e *-soma*; 1957] **sm.** genere di vermi Platelminti parassiti di animali e dell'uomo adulto || **N.** *Sin.* bilharzia.

schistosomìaşi [comp. di *schistosom(a)* e *-iasi*; 1930] **sf.** *T.med.* malattia cronica dovuta a ingestione di schistosoma || **N.** *Sin.* bilharziosi.

schitarraménto [da *schitarrare*; 1872] **sm.** *spreg.* lo schitarrare: *un continuo schitarramento*.

schitarràre [comp. parasint. di *chitarra*; 1723] **intr.** (aus. *avere*) *spreg.* suonare a lungo e malamente la chitarra.

schiùdere (pres. *schiùdo*; p.rem. *schiùsi, schiudésti, schiùse, schiùsero*; pps. *schiùso*) [lat. *exclūdere*, far uscire; 1313] **tr.** **1.** aprire leggermente e lentamente: *schiudeva le labbra al sorriso* **2.** *arc.* escludere || **intr. pron.** aprirsi, spec. di fiori o uova: *le uova della carpa si schiudono dopo meno di tre settimane* || **N. tr. 1.** *Sin.* APRIRE || **intr. pron.** *Sin.* sbocciare.

schiudiménto [da *schiudere*; 1872] **sm.** *raro* atto dello schiudere e dello schiudersi.

schiùma [dal long. *skūm*, con influsso di *spuma*; a. 1320] **sf.** **1.** aggregato instabile di numerose bolle d'aria o gas separate da un velo tenuissimo di liquido, che si forma agitando fortemente il liquido stesso o facendolo bollire forte o, anche, facendo gorgogliare in esso il gas o l'aria: *schiuma di sapone, bagno di schiuma*; *estintore a schiuma*, che funziona emettendo un getto di schiuma; *schiuma di mare*, sostanza leggera, porosa, composta di silice, magnesio, acido carbonico che si trova in rocce stratificate e serve a fare pipe; sepiolite || la bava che si forma alla bocca degli animali e, in part., del cane idrofobo: *avere la schiuma alla bocca*, anche, *fig.*, essere in preda a un accesso di rabbia **2.** *fig.* la feccia, la parte più spregevole di un ambiente o di una categoria di persone: *qui si ritrova la schiuma dei bassifondi, della società* || **N. 1.** *Sin.* spuma.

schiumaiòla o **schiumaròla** [da *schiumare*; 1817] **sf.** cucchiaio a pala larga, quasi piatta e traforata, con manico lungo, per schiumare liquidi o per togliere cibi dal liquido di cottura || **N.** *Sin.* schiumatoio, schiumino.

schiumàre [da *schiuma*; a. 1294] **tr.** togliere la schiuma da un liquido, specialmente dal brodo || **intr.** (aus. *avere*) fare schiuma: *guarda quel sapone quanto schiuma!* || *fig. schiumare dalla rabbia*, essere in preda a un accesso d'ira.

schiumaròla v. SCHIUMAIOLA.

schiumatóio (pl. *-ói*) [da *schiumare*; 1838] **sm.** *raro* schiumaiola, schiumarola.

schiumino [da *schiuma*; 1940] **sm.** schiumaiola.

schiumògeno [comp. di *schiuma* e *-geno*; 1950] **I agg.** detto di sostanza che favorisce la formazione di schiuma **II sm.** sostanza schiumogena; *in part.* dispositivo antincendio costituito da un recipiente metallico contenente sostanze schiumogene ad alta pressione; estintore.

schiumosità [da *schiumoso*; 1959] **sf.** l'essere schiumoso || capacità di una sostanza di produrre schiuma.

schiumóso [da *schiuma*; a. 1333] **agg.** pieno di schiuma, che produce molta schiuma o, anche, simile a schiuma || **N.** *Sin.* effervescente, spumante, spumeggiante, spumoso.

schiùsa [da *schiuso*; 1922] **sf.** atto dello schiudersi; uscita dall'uovo: *la schiusa dei pulcini*.

schiùso (*pps.* di *schiudere*) [a. 1321] **agg.** **1.** *lett.* dischiuso, aperto: *uovo schiuso* **2.** *arc.* senza riparo.

schivàbile [da *schivare*; 1745] **agg.** che si può schivare.

schivafatìche [comp. di *schiva(re)* e *fatica*; 1891] **s. inv.** scansafatiche.

schivàre [dal francone *skiuhjan*, avere riguardo; sec. XIV] **tr.** scansare di misura, evitare di poco: *schivare una persona, un pericolo* || **N.** *Sin.* esimersi, scantonare, scostarsi, sfuggire, svicolare, EVITARE.

schivàta [da *schivare*; 1940] **sf.** atto o mossa dello schivare || *T.sport.* nel pugilato, l'azione con cui un pugile schiva un colpo dell'avversario: *schivata laterale*.

schìvo [da *schivare*; 1313] **agg.** che si mostra ritroso, timido: *un ragazzo schivo* || alieno dal fare, dal mostrarsi, dal parlare: *schivo delle lodi, schivo a mostrarsi in luoghi pubblici* || **N.** *Sin.* pudico, restio, riluttante, RITROSO.

schìzo- [dal gr. *schízo-*, elem. compositivo tratto dal verbo *schízein*, fendere] **primo elem.** che, in parole composte della terminologia scientifica, ha il valore di "fenditura, separazione", e part. in psicanalisi e in psichiatria quello di "dissociazione" (per es. *Schizofite, schizoide*).

schizocàrpo [comp. di *schizo-* e *-carpo*; 1940] **sm.** *T.bot.* frutto che si divide in più piccoli frutti parziali circondanti uno o più semi.

Schizòfite [comp. di *schizo-* e *-fita*; 1957] **sf. pl.** *T.bot.* raggruppamento vegetale, comprendente le Tallofite unicellulari, che si riproducono per semplice scissione.

schizofrenìa [dal ted. *Schizophrenie*; 1926] **sf.** *T.med.* forma di psicosi caratterizzata da dissociazione tra le varie funzioni psichiche, alterazioni nella risposta agli stimoli esterni, instabilità d'umore, stati confusionali, autismo e altri disturbi della sfera mentale, comportamentale e affettiva. **Q.T.** *psicanalisi, psicologia*.

schizofrènico (pl. *-ci*) [da *schizofrenia*; 1936] **I agg.** *T.med.* affetto da schizofrenia || relativo alla schizofrenia **II sm.** (f. *-a*) *T.med.* chi è affetto da schizofrenia.

schizogèneşi [comp. di *schizo-* e *genesi*; 1936] **sf.** riproduzione cellulare che avviene per divisione di una cellula in più cellule nuove || **N.** *Sin.* schizogonia.

schizogonìa [comp. di *schizo-* e *-gonia*; 1936] **sf.** schizogenesi.

schizografìa [comp. di *schizo-* e *-grafia*; 1983] **sf.** *T.psic.* turba psichica in cui il malato compone scritti incomprensibili, spesso formati da parole inventate.

schizòide [dal ted. *schizoid*; 1936] **I s.** *T.med.* individuo che presenta caratteri di schizoidia **II agg.** affetto da schizoidia || relativo alla schizoidia.

schizoidìa [da *schizoide*; 1957] **sf.** *T.med.* tratto fondamentale del tipo caratteriologico schizoide, descrivibile come associazione di tendenza all'isolamento, asocialità, distacco dal mondo esterno e tendenza a fantasticare.

schizoidìşmo **sm.** v. SCHIZOIDIA.

schizolalìa [comp. di *schizo-* e *-lalia*; 1959] **sf.** *T.psic.* parlata confusa o incomprensibile, in cui le parole non presentano alcun ordine logico.

schizomanìa [comp. di *schizo-* e *mania*; 1959] **sf.** *T.med.* sindrome psicotica che si sviluppa in un soggetto schizoide in determinate circostanze.

Schizomicèti (sing. *-e*) [comp. di *schizo-* e *micete*; 1882] **sm. pl.** *T.biol.* microrganismi unicellulari che si riproducono per scissione; batteri.

schizotimìa [comp. di *schizo-* e gr. *thymós*, animo; 1959] **sf.** *T.med.* psicopatia caratterizzata da varietà di temperamento, timidezza, introversione, reazione abnorme alle circostanze.

schizzaménto [da *schizzare*; a. 1704] **sm.** *raro* lo schizzare.

schizzàre [voce onom.; a. 1320 come intr.; a. 1574 nel senso 2 del tr.] **intr.** (aus. *essere*) detto di liquidi, zampillare, fuoriuscire con impeto e all'improvviso: *lo spumante schizzò fuori dalla bottiglia* || *fig.* balzar fuori, saltare su di scatto e all'improvviso: *sentendomi chiamare, schizzai via* || anche *iperb.* per esprimere spavento, agitazione, rabbia: *gli occhi gli schizzavano fuori dalle orbite* || **tr.** **1.** spruzzare, gettare addosso schizzi: *mi schizzò di fango, di mosto, d'inchiostro* || *fig. schizzare veleno* o *fuoco* o *odio*, esser presi da grande collera, da furore, o da forte odio, tanto da sembrare che se ne spanda tutt'intorno || *schizzare faville*, del carbone che si accende, o di ferro rovente percosso **2.** *T.pitt.* accennare un disegno con poche e rapide linee: *schizzò un paesaggio, una caricatura* || **rifl.** macchiarsi per effetto di schizzi: *si è schizzato d'olio* || **N. intr.** *Sin.* sprizzare, spruzzare. **Q.T.** *pittura*.

schizzàta [da *schizzare*; a. 1566] **sf.** atto ed effetto dello schizzare, schizzo: *prendersi una schizzata d'acqua* || *dim.* schizzatina.

schizzatóio (pl. *-ói*) [da *schizzare*; a. 1519] **sm.** arnese a stantuffo usato per spruzzare un liquido || **N.** *Sin.* spruzzatore.

schizzettàre (pres. *-étto*) [da *schizzetto*; 1838] **tr.** **1.** spruzzare, bagnare con lo schizzetto **2.** gettare piccoli schizzi, bagnare spruzzando.

schizzettàta [da *schizzettare*; 1872] **sf.** *raro* atto ed effetto dello schizzettare.

schizzettatùra [da *schizzettare*; a. 1735] **sf.** *raro* getto ripetuto di un liquido in una cavità dell'organismo, a scopo igienico o terapeutico: *gli ordinarono delle schizzettature all'orecchio.*

schizzétto (*dim.* di *schizzo*) [1735] **sm.** **1.** piccolo schizzatoio **2.** giocattolo che permette di schizzare acqua a sorpresa, premendo una piccola pompa **3.** *fig. scherz.* o *spreg.* fucile piccolo, che vale poco.

schizzinóso [prob. dal sett. *schissa*, naso schiacciato; 1527] **agg.** e **sm.** (f. *-a*) schifiltoso, di gusti difficili: *mangia e non fare la schizzinosa* || **schizzinosaménte** **avv.** || **N.** *Sin.* smorfioso, sofistico.

schìzzo [da *schizzare*; 1353 nel senso 1; a. 1535 nel senso 2] **sm.** **1.** lo schizzare || *per estens.* il liquido schizzato e la macchia che ha prodotto: *uno schizzo di fango, uno schizzo di vino* || *pop. caffè con lo schizzo*, con un poco di liquore forte; caffè corretto **2.** *T.pitt.* disegno abbozzato, abbozzo: *ha fatto uno schizzo della casa* || rif. a un'opera letteraria, schema, minuta, bozza: *ha steso lo schizzo del discorso* || *dim.* schizzétto. **Q.T.** *pittura.*

schnauzer (ted., pr. [ˈʃnaʊtsɐ]; pr. it. [ˈʃnautser]) [da *Schnauze*, muso; 1955] **sm.** *inv.* cane da guardia e da difesa dal pelo corto e ispido di colore grigiastro, con testa allungata e orecchie corte ed erette. **TAV.** ***cani*** **p. 663.**

schnorchel (ted., pr. [ˈʃnɔrçəl]) [etim. inc.; 1948 *schnörkel*] **sm.** *inv.* dispositivo per alimentazione di aria e scarico di gas usato dai sommergibili per la navigazione in immersione a poca profondità.

schola cantorum (lat., pr. it. [ˈskɔla kanˈtɔrum]) [letter. collegio dei cantori] **loc. f.** *inv.* **1.** i cantori che formano il coro di una chiesa **2.** nelle chiese, spec. antiche, sorta di ballatoio sopraelevato e circondato da un parapetto marmoreo o ligneo, destinato al coro.

schooner o ***scooner*** (ingl., pr. [ˈsku:nə]) [etim. inc.; 1801] **sm.** *inv.* *T.mar.* goletta. **Q.T.** *vela* **TAV.** ***vela*** **p. 1343** 5.6.

schuss (ted., pr. [ʃʊs]) [letter. slancio; 1983] **sm.** *inv.* *T.sport.* tratto di una pista di sci diritto e molto ripido.

Schützen (ted., pr. [ˈʃʏtsən]) [letter. tiratori; 1983] **sm.** *pl.* nel Tirolo e in Baviera, membri di un'organizzazione paramilitare che, ispirandosi alla tradizione di antichi corpi di tiratori scelti, operano per la tutela e la valorizzazione del patrimonio culturale locale.

schwatzìte (pr. [ʃvatˈtsite]) [dal n. geogr. *Schwatz*, località del Tirolo; 1936] **sf.** *T.min.* minerale contenente grande quantità di mercurio.

Schwester (ted., pr. [ˈʃvɛstɐ]) [letter. sorella; 1965] **sf.** *inv.* bambinaia tedesca.

sci [dal norv. *ski*; 1905 *sky*] **sm.** *inv.* **1.** ciascuno dei due attrezzi in legno, plastica e sim., consistenti in un'assicella lunga, stretta e incurvata in punta, che si adattano, tramite un attacco di sicurezza, agli scarponi da sci, usati per percorrere scivolando tratti di terreno coperti da neve: *comprare un paio di sci* || *sci da fondo*, più stretti del normale, dotati di un attacco che consente di sollevare il tallone e, di conseguenza, di marciare su distese di neve perlopiù pianeggianti || *sci d'acqua* (o *nautici*), più larghi di quelli da neve, consentono allo sciatore, trainato da un motoscafo, di scivolare sull'acqua **2.** lo sport che si pratica con gli sci: *gare di sci* || *sci alpinismo*, v. SCIALPINISMO || *sci estremo*, praticato lungo pendii e canaloni montani molto scoscesi || *sci di fondo*, praticato lungo percorsi innevati perlopiù pianeggianti || *sci nautico*, lo sport che consiste in gare di corsa, di salto e di abilità effettuate con gli sci d'acqua || **N.** **1.** monosci, tavola, surf da neve | discesa, fondo, salto dal trampolino, slalom. **Q.T.** *sci* **TAV.** ***sci*** **p. 1332** sg.

scia (pl. *scìe*) [da *sciare*[2]; 1772] **sf.** traccia spumeggiante e vorticosa lasciata da un'imbarcazione sulla superficie dell'acqua, al centro della quale si nota una zona d'acqua calma detta *rèmora*: *navigare nella scia*, seguendo la scia di un altro galleggiante || *per estens. fig.* traccia di profumo, odore e sim. che si lascia passando: *una scia di profumo* || nelle *loc. prep.* *sulla* (o *nella*) *scia di*, in continuità e coerenza con: *sulla scia di ciò che si è detto, del precedente oratore.*

scià [dal persiano *šāh*, re; 1839 *shah*] **sm.** *inv.* titolo dell'autorità regale in Persia (Iran).

sciabécco (pl. *-chi*) [dall'ar. *šabbak*, piccola nave, attr. lo sp. *jabeque*; 1768] **sm.** *T.mar. ant.* veliero da guerra, usato però anche come imbarcazione da carico, di scafo grosso, con tre alberi a vele latine.

sciàbica [dall'ar. *šabaca*, prob. attr. il sic. *sciabbica*; 1618] **sf.** **1.** *T.pesc.* grossa rete a strascico formata da un sacco centrale e da due lunghe ali tenute a galla da sugheri || *per estens.* imbarcazione a remi usata per calare in mare tale rete **2.** gallinella con le penne del collo color cinerino; gallinella d'acqua. **TAV.** *pesca* 2.

sciabicàre (pres. *-àbico, -àbichi*) [da *sciabica*; 1838] **intr.** (aus. *avere*) *T.mar.* trascinare la sciabica || **tr.** rastrellare o trascinare qualcosa sul fondo del mare.

sciabichèllo [da *sciabica*; 1838] **sm.** *T.pesc.* sciabica di piccole dimensioni, che ha talvolta il sacco di tela anziché di rete.

sciàbile (pr. [ʃiˈabile]) [da *sciare*[1]; 1942] **agg.** detto di neve su cui si può sciare, quindi fresca e leggermente farinosa, oltre che abbondante.

sciabilità (pr. [ʃiabiliˈta]) [da *sciabile*; 1942] **sf.** l'essere sciabile, detto della neve, della pista e sim.

sciàbola [dal polacco *szabla*, prob. attr. il ted.; a. 1680 *sciabla*] **sf.** arma bianca da punta e da taglio dalla lama piatta appuntita, perlopiù leggermente curva, con la concavità dalla parte della costola: *duello di sciabola* || *sciabola d'onore*, offerta per onorare qualcuno || *scherz. gambe a sciabola*, un po' ricurve || *in part.* una delle tre armi usate nella scherma, e *per estens.* la specialità schermistica omonima: *un incontro di sciabola, sciabola a squadre* || *dim.* sciabolétta, sciabolìna; *accr.* sciabolóne (*sm.*), sciabolóna || **N.** inguainare, sfoderare, sguainare. **Q.T.** *scherma* **TAV.** *scherma* 3; ***armi*** **p. 648** 8.

sciabolàre (pres. *-àbolo*) [da *sciabola*; 1853] **tr.** colpire con la sciabola, prendere a sciabolate: *ha già sciabolato due persone* || *fig. sciabolare giudizi*, trinciare giudizi || **intr.** (aus. *avere*) tirare sciabolate.

sciabolàta [da *sciabolare*; 1865] **sf.** colpo di sciabola. **Q.T.** *scherma.*

sciabolatóre [da *sciabolare*; 1873] **agg.** e **sm.** (f. *-trìce*) che o chi sa maneggiare bene la sciabola.

sciabordàre (pres. *-órdo*) [forse da *sciacquare*, con influsso di *bordo*; 1805] **tr.** agitare una cosa in un liquido o il liquido stesso perché si mischi: *sciabordare i panni nell'acqua*, sciacquarli; *sciabordare una medicina liquida prima di usarla* || **intr.** (aus. *avere*) di piccole onde, battere contro un ostacolo (chiglia, banchina, spiaggia, scoglio ecc.).

sciabordìo (pl. *-ìi*) [da *sciabordare*; 1922] **sm.** lo sciabordare continuo e insistente delle onde.

sciacallàggio (pl. *-gi*) [da *sciacallo*; 1976] **sm.** **1.** attività, comportamento di chi sfrutta a proprio vantaggio calamità pubbliche (terremoti, incendi, alluvioni e sim.) saccheggiando case e negozi abbandonati **2.** *sciacallaggio politico*, sfruttamento di notizie relative alla vita privata e pubblica di un avversario politico, al fine di comprometterne la reputazione e la carriera.

sciacàllo [dal turco *čakāl*, attr. il fr. *chacal*; 1802 *jakal*] **sm.** **1.** mammifero dei Canidi, poco più grosso di una volpe; vive nell'Asia, nell'Africa e nell'Europa orientale in branchi e assale piccole prede o si nutre di carogne e di resti avanzati dai grossi carnivori; *sciacallo delle caverne*, v. SPEOTO **2.** *fig.* persona che sfrutta a suo vantaggio le sventure altrui; *in part.* chi depreda le case dopo un terremoto o altra calamità o chi si finge portavoce dei rapitori per appropriarsi del riscatto.

sciacchetrà [voce lig. composta di *šàkka*, schiaccia e *tra*, togli; 1962] **sm.** vino dolce prodotto in Liguria.

sciaccò [dall'ungh. *csákó*, casco, attr. il fr. *schako*; 1891] **sm.** copricapo militare di forma cilindrica in uso nel sec. XIX || **N.** *Sin.* chepì.

sciacquabarìli [comp. di *sciacqua(re)* e *barile*; 1838] **sm.** *ant.* nella loc. *andare a sciacquabarili*, a gambe larghe, mettendo un piede di qua e uno di là, come gli sciancati.

sciacquabócca [comp. di *sciacqua(re)* e *bocca*; 1891] **sm.** *inv. ant.* vaso largo e basso di vetro, metallo, porcellana, che si portava a tavola a ogni convitato, con un po' d'acqua e limone per lavare la punta delle dita e la bocca dopo il pranzo.

sciacquabudèlla [comp. di *sciacqua(re)* e *budella*; 1896 *sciaquabudelle*] **sm.** *inv. pop. scherz.* vino molto debole e acquoso; brodaglia || nel modo di dire *bere a sciacquabudella*, bere a digiuno.

sciacquadita [comp. di *sciacqua(re)* e *dito*; 1960] **sm.** *inv.* recipiente contenente acqua, e eventualmente limone, per sciacquarsi le di-

SCI

GARE: chilometro lanciato, discesa libera, supergigante, slalom gigante, slalom speciale, parallelo, combinata; fondo, staffetta, biathlon, salto dal trampolino, combinata nordica.

ATTREZZATURA: bastoncini (rotella, impugnatura, laccio, puntale), sci (curva, scannellatura, lamine, attacchi, *ski-stopper*), monosci, tavola da neve o *snowboard*, scarponi, scarpette, pelli di foca, scioline.

TECNICHE: cristiania parallelo, discesa diagonale, a spazzaneve, slittamento diagonale e laterale, virata elementare, parallelo di base con apertura, *stemm*, curva per arresto, curva per sterzata, passo di pattinaggio, superparallelo, serpentina, cortoraggio; telemark, passo telemark, mezzo telemark; passo alternato, a spina di pesce, di pattinaggio, finlandese, giro, spinta, triplo, raspa scivolata, scaletta; partenza, scatto, salto, volo, atterraggio, arresto.

TERMINI VARI: alleggerimento, angolazione, anticipo, assorbimento, conversione, distensione, dietrofront, linea di massima pendenza, piegamento, rotazione, sci a monte, a valle; paletto, pettine, porta; funivia, cabinovia, seggiovia, *ski-lift* o sciovia; dente di scatto, trampolino.
(V. anche quadro terminologico SPORT)

ta dopo il pasto.

sciacquàre (pres. *sciàcquo*) [lat. tardo *exaquāre*; a. 1367] **tr.** lavare nell'acqua pulita qualcosa che si è precedentemente insaponato o messo a bagno in acqua con detersivo; anche lavare rapidamente in acqua qualcosa di non troppo sporco; risciacquare || **rifl. indir.** *sciacquarsi lo stomaco*, bere a digiuno; *sciacquarsi la bocca*, bere un sorso di qualcosa o fare degli sciacqui a scopo igienico o terapeutico || *fig.* *sciacquarsi la bocca sul conto di uno*, dirne molto male || **N.** *Sin.* LAVARE.

sciacquàta [da *sciacquare*; 1891] **sf.** lo sciacquare una volta: *dare una sciacquata* || *dim.* sciacquatìna || **N.** *Sin.* risciacquata.

sciacquatóio (pl. *-ói*) [da *sciacquare*; 1872] **sm.** *raro* **1.** parte del mulino in cui l'acqua mette in moto le macine **2.** *dial.* acquaio.

sciacquatùra [da *sciacquare*; 1772 nel senso 2] **sf.** **1.** azione ed effetto dello sciacquare **2.** *per estens.* l'acqua in cui è stata sciacquata qualche cosa || *fig. spreg.* cosa scipita, di nessun valore.

sciacquìo (pl. *-ìi*) [da *sciacquare*; 1891] **sm.** lo sciacquare continuato e insistente; sciabordìo.

sciàcquo [da *sciacquare*; 1873] **sm.** **1.** l'atto dello sciacquarsi la bocca || lavanda della bocca e del retrobocca fatta a scopo terapeutico: *il medico gli ordinò gli sciacqui di clorato e di potassio* **2.** sciacquatura di panni, in part. quella fatta da una macchina da lavare: *questo programma di lavaggio prevede tre sciacqui.*

sciacquóne [da *sciacquare*; 1942] **sm.** impianto per lo scarico a comando dell'acqua nei gabinetti.

sciafilìa (pr. [ʃiafi'lia]) [comp. del gr. *skiá*, ombra e *-filia*; 1936] **sf.** *T.biol.* tendenza di alcune piante e animali a vivere all'ombra, non sopportando la luce || **N.** *Sin.* eliofobia.

sciàfilo (pr. [ʃi'afilo]) [comp. del gr. *skiá*, ombra e *-filo*; 1838] **agg.** *T.biol.* detto di organismi animali e vegetali che preferiscono vivere all'ombra || **N.** *Sin.* eliofobo.

sciàfita (pr. [ʃi'afita]) [comp. del gr. *skiá*, ombra e *-fita*; 1967] **sf.** e **agg.** pianta che vive soltanto in zone ombrose, pianta sciafila.

sciaguattaménto [da *sciaguattare*; a. 1712] **sm.** *pop. tosc. raro* l'atto dello sciaguattare.

sciaguattàre [da *sciacquare*, con prob. influsso di *guattero*; a. 1665] **tr.** sciacquare qualcosa nell'acqua || **intr.** (aus. *avere*) diguazzare, detto di un liquido in un recipiente o di un corpo immerso in un liquido || **N.** *Sin.* agitare, dibattere, sbatacchiare, sciabordare, scuotere.

sciagùra [da *sciagurato*; a. 1342] **sf.** grave disgrazia, disavventura: *perseguitato dalle sciagure* || **N.** *Sin.* sventura, DISGRAZIA.

sciaguratàggine [da *sciagurato*; a. 1492] **sf.** *raro* qualità di chi o di ciò che è sciagurato: *è tutta colpa della sua sciaguratàggine* || azione di uomo sciagurato; bricconata, malvagità.

sciaguràto [lat. *exaugurātus*, profanato; a. 1300 *sciaurato*] **agg.** e **sm.** (f. *-a*) **1.** perseguitato dalle sciagure, infelice, misero, disgraziato: *è una famiglia sciagurata*; *sciagurato me!*, povero me! || che porta con sé sciagure, cattivo, calamitoso: *tempi sciagurati, pronostici sciagurati*; anche *iperb.*: *mestiere sciagurato* **2.** scellerato, malvagio, iniquo: *fu una madre sciagurata* || **sciaguratamènte** **avv.** disgraziatamente; da sciagurato, iniquamente || *dim.* sciaguratèllo; *accr.* sciaguratóne; *spreg.* sciaguratàccio || **N. 2.** *Sin.* iniquo, malvagio, SCELLERATO.

scialacquaménto [da *scialacquare*; sec. XIV] **sm.** lo scialacquare: *lo scialacquamento del tempo.*

scialacquàre (pres. *-àcquo*) [etim. inc.; a. 1292] **tr.** spendere eccessivamente e senza criterio, dissipare, sperperare: *scialacquare il proprio capitale* || **N.** *Sin.* consumare, dilapidare, prodigare, profondere, SPENDERE.

scialacquatóre [da *scialacquare*; sec. XIV] **agg.** e **sm.** (f. *-trìce*) che o chi scialacqua; prodigo.

scialacquìo (pl. *-ìi*) [da *scialacquare*; a. 1600] **sm.** lo scialacquare continuato, insistente.

scialàcquo [da *scialacquare*; a. 1446] **sm.** l'azione dello scialacquare; scialacquamento, spreco, sperpero; anche *fig. spreg.*: *uno scialacquo di parole.*

scialacquóne [da *scialacquare*; a. 1830] **sm.** (f. *-a*) *pop.* chi scialacqua molto; scialacquatore.

scialagògo (pl. *-ghi*) [comp. di *scialo-* e gr. *agōgós*, che conduce; 1931] **sm.** *T.farm.* sostanza velenosa che, usata in opportune dosi, viene iniettata nell'organismo per provocare un'abbondante salivazione.

scialaménto [da *scialare*; a. 1406] **sm.** *raro* atto ed effetto dello scialare.

scialàppa **sf.** V. GIALAPPA.

scialàre [lat. *exhalāre*, esalare; XIV sec. nel senso 2; 1726 nel senso 1] **intr.** **1.** (aus. *avere*) spendere senza risparmio, sprecare risorse: *scialare in abiti, in feste*; anche *fig.*: *in fatto d'ingegno, quel ragazzo ne ha da scialare* || *c'è poco da scialare*, quando c'è poca abbondanza di beni materiali **2.** *arc.* esalare || **tr.** sperperare: *mi voglio scialare l'eredità* || **N.** *Sin.* godere, grandeggiare, scialacquare, sciupare, sfoggiare, spendere, sperperare.

scialatóre [da *scialare*; a. 1749] **sm.** (f. *-trìce*) chi sciala.

scialbàre [lat. tardo *exalbāre*, imbiancare; a. 1320] **tr.** *raro* **1.** preparare il muro con l'intonaco, per poi imbiancarlo **2.** imbiancare.

scialbatùra [da *scialbare*; a. 1698] **sf.** *raro* l'azione dello scialbare || **N.** *Sin.* intonacatura, tinteggiatura.

sciàlbo [da *scialbare*; 1319] **I agg.** bianco smorto, scolorito, pallido: *viso scialbo* || *fig.* privo di vivacità, squallido: *stile scialbo, prestazione scialba* **II sm.** *ant.* e *dial.* intonaco.

scialbóre [da *scialbo*; 1960] **sm.** *lett.* l'essere scialbo: *lo scialbore della luce invernale*; *lo scialbore di un romanzo.*

scialìtico (pl. *-ci*) [comp. del gr. *skiá*, ombra e *-litico*; 1931] **agg.** *T.scient.* *lampada scialitica*, lampada usata per illuminare il tavolo operatorio senza generare ombre. **TAV. medicina... p. 1320** 12.

sciallàto [da *scialle*; 1960] **agg.** fatto a forma di scialle: *collo sciallato.*

sciàlle [dall'hindi *skāl*, attr. il fr. *châle*; 1621 *scial*] **sm.** drappo di lana, seta, trina, che si porta sulle spalle, piegato a triangolo || nella *loc. agg.* *a scialle*, detto di quel tipo di bavero che si incrocia sul petto || *dim.* sciallétto, sciallettìno, sciallìno, scialllùccio; *accr.* sciallóne; *pegg.* scialllàccio || **N.** sciarpa | doppio, frangiato, veneziano | cocca, frangia.

sciàlo [da *scialare*; a. 1704] **sm.** lo scialare; spreco, sperpero: *non sopporta gli sciali*; *fare scialo di una cosa*, farne consumo senza riguardo; anche *fig.*: *fare scialo di cortesie* || nella *loc. avv.* *a scialo*, in abbondanza, senza economia: *spendere a scialo* || **N.** *Sin.* lusso, sfoggio.

sciàlo- [dal gr. *síalon*, saliva] **primo elem.** che, in parole composte della terminologia scientifica, vale "saliva" o "ghiandole salivari": **scialorrèa**.

scialoadenìte [comp. di *scialo-* e *adenite*; 1960] **sf.** *T.med.* infiammazione delle ghiandole salivari.

scialografìa [comp. di *scialo-* e *-grafia*; 1960] **sf.** *T.med.* radiografia delle ghiandole salivari.

scialóne [da *scialare*; a. 1742] **sm.** (f. *-a*) *pop.* chi sciala per abitudine; dissipatore, scialacquatore.

scialpinìṣmo o **sci alpinìṣmo** (pr. [ʃialpi'nizmo]) [comp. di *sci* e *alpinismo*; 1958 *sci-alpinismo*] **sm.** (o **loc. m.**) *inv.* *T.sport.* pratica sportiva che richiede la salita di pendici innevate mediante sci dotati di rivestimenti antisdrucciolo (*pelli di foca*) e la discesa fuori dalle piste battute. **TAV. sci p. 1332** 7, 9 e **p. 1333** 14.

scialpinìsta [comp. di *sci* e *alpinista*; 1984] **s.** chi pratica lo scialpinismo.

scialpinìstico o **sci alpinìstico** (pr. [ʃialpi'nistiko]) (pl. *-ci*) [da *scialpinismo*; 1967] **agg.** (o **loc. agg.**) relativo allo scialpinismo, proprio dello scialpinismo: *attrezzatura scialpinistica.*

scialùppa [dal fr. *chaloupe*; 1667] **sf.** imbarcazione a remi o a vela, che le navi tengono a bordo per gli eventuali servizi di trasporto quando sono ancorate; è usata anche come barca di salvataggio.

sciamànico (pl. *-ci*) [da *sciamano*; 1960] **agg.** relativo allo sciamano, proprio dello sciamano: *doti sciamaniche* || proprio dello sciamanismo: *manifestazioni sciamaniche.*

sciamanìṣmo o **sciamanéṣimo** [da *sciamano*, sul modello dell'ingl. *shamanism*; 1838] **sm.** *T.etn.* complesso di fenomeni, rituali e dottrine magico-religiose che fanno capo alla figura dello sciamano.

sciamannàre [da *sciamannato*; 1865] **tr.** *tosc.* disordinare, sciupare una cosa trattandola senza alcun riguardo || **rifl.** scomporsi, agitarsi sino ad assumere un'aria trasandata || **N.** **tr.** *Sin.* disordinare, scomporre, sgualcire.

sciamannàto [etim. inc.; a. 1565] **agg.** *tosc.* sciatto, disordinato nella persona e nelle vesti || *alla sciamannata*, trasandatamente || **N.** *Sin.* trasandato, SCIATTO.

sciamànno [prob. dall'ebr. *sīmān*, segno; 1935] **sm.** *T.stor.* pezzo di stoffa gialla o altro distintivo che, tra i Cristiani, dovevano portare gli Ebrei per essere riconosciuti a prima vista.

sciamannóne [da *sciamannato*; 1872] **sm.** (f. *-a*) *tosc.* persona sciamannata per abitudine.

sciamàno [dall'ingl. *shaman*; 1838] **sm.** *T.etn.* presso alcune comunità primitive dell'area artica, individuo dotato di facoltà particolari che, in stato di estasi, comunica con il mondo degli spiriti, cura i malati e soccorre la comunità in altri suoi bisogni.

sciamàre [da *sciame*; a. 1320] **intr.** (aus. *avere* ed *essere*, come i verbi di moto; V. CORRERE) **1.** di api, riunirsi di una moltitudine per abbandonare il vecchio alveare troppo affollato e andare a fondare una nuova colonia **2.** *fig.* di persone, partire, allontanarsi in massa da un luogo per trasferirsi stabilmente o temporaneamente in un altro: *ai primi caldi la gente è sciamata verso la campagna* || *per estens.* muoversi in moltitudine, spec. da un luogo chiuso: *i bambini sciamavano fuori dalla scuola.*

sciamatùra [da *sciamare*; 1891] **sf.** l'azione dello sciamare: *la sciamatura delle api.*

sciàme [lat. *exāmen, -minis*; a. 1320 nel senso 1; a. 1600 *sciamo* nel senso 2] **sm.** **1.** gruppo di api operaie che, al seguito di una regina, abbandonano l'alveare per andare a fondare un'altra colonia **2.** *per estens.* moltitudine, anche *fig.*: *uno sciame di bimbi, di mosche* || *T.astr.* *sciami meteorici*, gruppi di meteore, visibili in alcuni periodi dell'anno, che sembrano irradiarsi da un unico punto e danno origine al fenomeno delle stelle cadenti || nella *loc. avv.* *a sciami*, molti in una volta. **TAV. zootecnia** 4.

sciàmito [dal gr. biz. *exámitos*, di sei fili; metà sec. XIII] **sm.** *lett.* antico drappo fine di varie specie e colori || *dim.* sciamitèllo.

sciàmma [dall'amarico *šāmmā*, manto; a. 1912] **sm.** *T.abb.* sorta di scialle amplissimo, quasi un mantello, molto usato dai guerrieri e dai nobili tra gli Abissini: *ravvolti nel purpureo sciamma* (Pascoli) || **N.** *Sin.* toga.

sciampàgna *sm.* (raro *sf.*) adattamento it. di *champagne* (v.).

sciampagnino [da *sciampagna*; 1905] *sm. disus.* bibita effervescente fatta con uno sciroppo dolce che viene diluito in acqua.

sciampagnòtta [da *sciampagna*; 1955] *sf.* tipo di bottiglia a fondo cavo, di vetro verde e spesso, dalla forma affusolata, adatta, per la sua alta resistenza alla pressione, a conservare gli spumanti. **TAV.** *enologia* 11.1.

sciampiàre (pres. *sciàmpio*) [lat. tardo *exampliare*; 1308] *tr. ant.* aprire, stendere, tendere, allargare, dilatare.

sciàmpio (pl. *-pi*) [da *sciampiare*; sec. XIV] *sm. ant.* ampiezza, apertura, distesa, dilatazione.

sciàmpo *sm.* adattamento it. di *shampoo* (v.).

sciancàre (pres. *sciànco, sciànchi*) [forse da *anca*; 1873] *intr. pron.* diventare sciancato: *cadde da un albero e si sciancò* ‖ *tr.* rendere storpio, sciancato, in seguito a una grave frattura o slogatura delle gambe o del bacino; anche *fig.*: *il vento ha sciancato tutti i rami del ciliegio* ‖ **N.** *Sin.* azzoppare, storpiare.

sciancàto (*pps.* di *sciancare*) [1313] *agg.* e *sm.* (f. *-a*) che o chi ha il femore non articolato normalmente e quindi cammina male, dondolandosi sulle anche ‖ *fig.* di cosa, che non si regge sulle gambe: *sedia, tavola sciancata* ‖ **sciancataménte** *avv.* da sciancato: *camminava sciancatamente* ‖ **N.** *Sin.* claudicante, storpio, zoppo | arrancare.

sciancràto [dal fr. *échancré*, scavato, scollato; 1965] *agg. sett. T.abb.* detto di abito aderente alla vita, coi fianchi stretti.

sciancratùra [dal fr. *échancrure*, scavatura, scollatura; 1965] *sf. sett. T.abb.* la linea aderente alla vita di un abito.

sciangài o ***shangai*** [dal nome geogr. *Shang-hai*, città della Cina; 1963] *sm. T.gioc.* gioco da tavola consistente nel far cadere sul tavolo un mazzetto di bastoncini che devono poi essere rimossi ad uno ad uno senza smuovere quelli vicini.

sciànto [da un dial. tosc. *sciantare*; a. 1850] *sm. raro pop. tosc.* spasso, riposo dopo il lavoro: *lo godrebbe questo po' di scianto* (Pascoli).

sciantósa [dal fr. *chanteuse*, cantante; 1918] *sf. merid. scherz.* canzonettista di spettacoli di varietà e di caffè concerto.

sciàntung *sm. inv.* adattamento it. di *shantung* (v.).

sciàpido [lat. volg. **exsapidus*; 1745] *agg. region.* sciapo.

sciapito v. SCIPITO.

sciàpo [da *sciapido*; 1872] *agg.* scipito, insulso; di cibi, senza sale: *questa minestra è un po' sciapa.*

sciàra [voce sic. dall'ar. *harra*, terreno vulcanico; 1942] *sf.* nella regione dell'Etna, accumulo di lava che si deposita lungo le pendici del vulcano.

sciaràda [dal fr. *charade*; 1816] *sf. T.gioc.* gioco di enigmistica per cui si tratta di trovare una parola (*tutto* o *intero*) che è composta da due o più altre parole (*primo* o *primiero, secondo, terzo*), che sono ricavabili risolvendo altrettanti indovinelli; *sciarada a frase*, sciarada nella quale le varie parti, invece di formare una parola, formano una frase; *sciarada incatenata*, sciarada nella quale le parti hanno qualche lettera in comune (es.: cane + estro = canestro); *sciarada in azione*, sciarada nella quale le definizioni sono sostituite da brevi scene rappresentate dai partecipanti al gioco ‖ *fig.* rompicapo, enigma.

sciaradista [da *sciarada*; 1932] *s.* chi compone sciarade; chi è abile a risolvere sciarade.

sciaràppa *sf. ant.* v. GIALAPPA.

sciàre[1] (pr. [ʃi'are]) (pres. *scìo, scìi*) [da *sci*; 1918 *schiare* e *skiare*] *intr.* (aus. *avere*) percorrere in salita, in piano o in discesa, mediante l'ausilio degli sci, terreni coperti di neve.

sciàre[2] (pr. [ʃi'are]) (pres. *scìo, scìi*) [voce di orig. onom.; a. 1470 *siare*] *intr.* (aus. *avere*) *T.mar.* remare all'indietro, mandando avanti la poppa invece della prua ‖ far resistenza col remo nell'acqua in modo da frenare la corsa della barca ‖ *scia e voga*, quando in un'imbarcazione, per farla girare rapidamente in uno spazio ristretto, si voga con i remi di un bordo e si scia con quelli dell'altro ‖ **N.** *Contr.* vogare.

sciàrpa [dal fr. *écharpe*; a. 1375 *ciarpa*] *sf.* fascia di seta, di lana o altro che si porta intorno al collo per ripararsi dal freddo o per ornamento ‖ fascia in tessuto portata a tracolla o alla vita da militari o funzionari pubblici quale distintivo di grado e dignità: *il sindaco cinse la sciarpa tricolore* ‖ **N.** *Sin.* cintura, balteo, fascia, fusciacca, scialle, tracolla. **Q.T.** *abbigliamento.*

sciàrra [dall'ar. *šarra*, lite, contesa; 1477] *sf. ant.* rissa rumorosa.

sciarràno o **serràno** [lat. volg. **serranus*, dal lat. *serra*, sega; 1891] *sm. T.zool.* genere di pesci marini di color verde-bruno e dalle carni poco pregiate ‖ *sciarrano gigante*, cernia.

sciarràre [da *sciarra*; a. 1348] *tr. ant.* sbaragliare, separare, dividere ‖ *rifl. rec.* dividersi ‖ azzuffarsi, altercare, rissare.

sciarràta [da *sciarrare*; a. 1708] *sf. ant.* scenata, rissa.

sciàta (pr. [ʃi'ata]) [da *sciare*[1]; 1960] *sf.* lo sciare sulla neve o con gli sci d'acqua: *ho fatto una gran sciata* ‖ percorso che si compie sciando.

sciatalgìa (pl. *-gie*) [comp. di *sciat(ico)* e *-algia*; 1954] *sf. T.med.* sciatica.

sciàtica [da *sciatico*; sec. XIV] *sf. T.med.* nevralgia del nervo sciatico o più propr. ischiatico, che produce un dolore intenso e pungente.

sciàtico (pl. *-ci*) [dal lat. tardo *sciaticus*, class. *ischiadicus*; sec. XIV] **I** *agg.* **1.** *T.anat.* *nervo sciatico*, nervo che ha origine dal plesso sacrale, segue la faccia posteriore della coscia, per prolungarsi nella gamba in due branche le quali innervano tutto l'arto inferiore; è il più lungo nervo del corpo umano **2.** *non com.* relativo alla sciatica: *quell'uomo soffre di dolori sciatici* **II** *sm.* (f. *-a*) *non com.* chi è malato di sciatica ‖ **N.** I **1.** *Sin.* ischiatico, ischio. **TAV.** *anatomia* **p. 641** 4.9.

sciatóre (pr. [ʃia'tore]) [da *sciare*[1]; 1905 *skiatore*] *sm.* (f. *-trìce*) *T.sport.* chi scia sulla neve; chi pratica lo sport dello sci. **Q.T.** *sci.*

sciatòrio (pr. [ʃia'tɔrjo]) (pl. *-ri*) [da *sciatore*; 1930] *agg. raro* di sciatori, dello sci: *gara sciatoria.*

sciattàggine [da *sciattare*; a. 1696] *sf. raro* sciatteria.

sciattàre [lat. volg. **exaptāre*; a. 1704] *tr. raro* guastare, conciare male, spec. per trascuratezza: *sciattare un vestito, un libro* ‖ **N.** *Sin.* maltrattare, rovinare, sciupare.

sciatterìa [da *sciatto*; a. 1704] *sf.* atto e modo di comportarsi da persona sciatta ‖ **N.** *Sin.* sciattezza, trascuratezza.

sciattézza [da *sciatto*; 1688] *sf. raro* sciatteria.

sciàtto [lat. volg. **exaptus*; a. 1606] *agg.* eccessivamente negligente o non curato nella persona o negli atti; trasandato: *è uno scrittore sciatto* ‖ **sciattaménte** *avv.* ‖ *accr.* sciattóne ‖ **N.** *Sin.* arruffato, dimesso, disadorno, discinto, negligente, sbrindellato, sciamannato, scomposto, sconcio, trascurato.

sciattóne (*accr.* di *sciatto*) [1841] *sm.* (f. *-a*) *fam.* persona trasandata, trascurata.

sciaùra e der. forme arc. di SCIAGURA e der. (v.).

sciàvero [dall'ant. *sciaverare*, sceverare; 1838] *sm.* **1.** *tosc.* ciascuna delle due o delle quattro assi, aventi una faccia piana e l'altra curva, che si ottengono dopo aver segato un tronco per il lungo ‖ *per estens.* qualunque pezzo di legno che si scarta quando si squadra un tronco **2.** *T.conc.* avanzo di pelli conciate, vendute a taglio ‖ avanzo di stoffa fatto tagliando vestiti; scampolo ‖ *T.cart.* sfrido.

scìbile [dal lat. tardo *scibilis*, conoscibile; 1308] **I** *sm.* tutto quello che all'uomo è dato conoscere per mezzo della scienza: *un ramo dello scibile, l'immensità dello scibile* **II** *agg. ant.* che si può sapere ‖ **N.** I *Sin.* dottrina, sapere, scienza.

sciccherìa [da *scicche*, adattamento del fr. *chic*; 1905] *sf. pop. scherz.* eleganza, lusso, raffinatezza.

sciccóso [da *scicche*, adattamento del fr. *chic*; 1890] *agg. pop. iron.* o *scherz.* molto elegante.

science fiction (ingl., pr. [ˌsaɪəns 'fɪkʃən]) [comp. di *science*, scienza e *fiction*, narrativa; 1963] *loc. f. inv.* fantascienza.

sciènte (pr. [ʃi'ɛnte]) [dal lat. *sciens, scientis*, ppr. di *scīre*, sapere; a. 1294] **I** *agg. raro lett.* che sa, consapevole, conscio ‖ nella *loc. avv. a sciente*, apposta ‖ **scienteménte** *avv. lett.* con cognizione, consapevolmente, apposta **II** *sm. ant.* sapiente ‖ **N.** I *Sin.* cosciente, onnisciente.

scientificità [da *scientifico*; 1960] *sf.* qualità di ciò che è scientifico: *una spiegazione di dubbia scientificità.*

scientìfico (pl. *-ci*) [dal lat. tardo *scientificus*; sec. XIV] *agg.* **1.** relativo, pertinente o fondato sulla scienza, proprio della scienza: *esperimento scientifico, dimostrazione scientifica, metodo, rigore scientifico, pubblicazioni scientifiche*; *società scientifica, accademia scientifica*, formata da scienziati; *studi scientifici, materie scientifiche, facoltà scientifiche*, che hanno per oggetto la scienza o una scienza particolare, contrapposti agli *studi classici* o *umanistici*; *liceo scientifico*, nel quale si approfondiscono le materie scientifiche più di quelle umanistiche **2.** *per estens.* che applica metodologie caratteristiche di una o più scienze: *polizia scientifica* (anche *sf. scientifica*), senzione della polizia che si avvale di tecniche e metodi scientifici nello svolgimento della propria opera (indagini, identificazioni, accertamenti ecc.) **3.** *fig.* rigoroso, metodico, attento, fondato su principi teorici precisi: *risolve i suoi problemi in modo scientifico* ‖ **scientificaménte** *avv.* in modo scientifico; dal punto di vista scientifico ‖ **N.** **2.** *Sin.* esatto, preciso, rigoroso.

scientìsmo [dal fr. *scientisme*; 1942] *sm. T.fil.* atteggiamento filosofico di origine positivistica, che identifica la conoscenza con la scienza naturale e la considera capace di soddisfare tutti i bisogni umani autentici ‖ *per estens.* tendenza a porre la scienza al di sopra di ogni altro valore umano.

scientista [dal fr. *scientiste*; 1960] *s. T.fil.* seguace dello scientismo.

sciènza [dal lat. *scientia*; 1308] *sf.* **1.** qualsiasi forma di sapere: *la scienza del Bene e del Male*; *non fa scienza, senza lo ritenere, avere inteso* (Dante) ‖ nei modi di dire: *arca di scienza, pozzo di scienza*, persona dottissima; *avere la scienza infusa*, spesso *iron.*, conoscere senza aver appreso; *scherz. spezzare il pane della scienza*, insegnare ‖ *gaia scienza*, nel Medioevo, il sapere cavalleresco espresso nella poesia trovadorica **2.** insieme definito di conoscenze e di metodi per estenderle: *scienze naturali*, che hanno per oggetto la natura nei suoi vari aspetti; *scienze umane* o *sociali*, che hanno per oggetto l'uomo e la società; *scienze formali* o *pure*, la logica, la matematica e le altre discipline che consistono nella costruzione di sistemi formali di per sé indipendenti dall'esperienza; *scienze occulte*, magia, spiritismo, negromanzia ‖ *per anton. scienze*, l'insegnamento scolastico delle scienze naturali ‖ l'insieme delle conoscenze scientifiche dell'uomo: *i progres-*

si, i limiti della scienza; la scienza è impotente di fronte a questo male || **N. 1.** *Sin.* cognizione, disciplina, dottrina, gnosi, notizia, onniscienza, prescienza, sapere, sapienza, studio, teoria | accessibile, applicata, comparata, elementare, empirica, esatta, positiva, profonda, pura, trascendentale **2.** filosofiche, fisiche, giuridiche, matematiche, mediche, morali, naturali, politiche, sociali, storiche | dogma, elemento, fondamento, legge, massima, nozione, principio, regola | branca, enciclopedia, eresia, errore, esperienza, indagine, insegnamento, invenzione, metodo, monografia, osservazione, problema, propedeutica, quesito, ramo, repertorio, ricerca, scoperta, sistema, tecnica, trattato | diffondere, popolarizzare, volgarizzare.

scienziàto [da *scienza*; 1353] **I** **sm.** (f. *-a*) cultore di una scienza: *congresso di scienziati italiani* **II** **agg.** *raro lett.* fornito di scienza || **N.** I *Sin.* dottore, erudito, luminare, professore II *Sin.* colto, dotto | *Contr.* ignorante, profano.

scifàto [dal gr. *skyphâton*; 1930] **agg.** *T.num.* detto di monete concave, in particolare bizantine.

scìfo [dal lat. *scyphus*, gr. *skýphos*; 1829] **sm.** *T.archeol.* tipo di vaso greco a forma di coppa, con due anse poste diagonalmente.

Scifozòi (sing. *-òo*) [comp. di *scifo-* e *-zoo*; 1957] **sm. pl.** *T.zool.* classe di Celenterati, di forma prevalentemente medusoide.

sciìstico (pl. *-ci*) [da *sci*; 1932] **agg.** che si riferisce allo sport dello sci: *gara sciistica.*

sciìta [dall'ar. *shī'i*, che è della setta (di Alì), attr. l'ingl. *shiite*; 1838] **s.** seguace di sette musulmane di vario orientamento politico e dottrinale, tutte aderenti alla convinzione che Alì fosse l'unico legittimo successore di Maometto e che ritengono pertanto usurpatori i primi califfi || **N.** ismailita, sunnita.

sciitìsmo [da *sciita*; 1942] **sm.** *T.rel.* dottrina islamica professata dagli sciiti.

scilàcca [etim. inc.; 1872] **sf.** *raro* colpo di frusta, di cinghia e sim.; colpo dato con la mano aperta o col piatto della spada.

scilinguàgnolo [etim. inc.; 1353] **sm.** **1.** *T.anat.* legamento della lingua, nella sua faccia inferiore, in prossimità della punta; frenulo: *tagliare lo scilinguagnolo* **2.** *fig.* parlantina: *sciogliere lo scilinguagnolo*, parlare molto, dopo lungo silenzio; *avere lo scilinguagnolo sciolto*, detto di chi parla molto.

scilinguàre (pres. *-ìnguo*) [lat. volg. **exelinguāre*; prima metà sec. XIV] **intr.** (aus. *avere*) essere affetto da leggera balbuzie; non pronunciare bene e speditamente le parole || **N.** *Sin.* balbettare, farfugliare.

scilinguàto (*pps.* di *scilinguare*) [prima metà sec. XIV] **agg.** farfugliato, pronunciato male || **scilinguataménte** **avv.** *raro* da scilinguato, da balbuziente.

scilinguatùra [da *scilinguare*; 1872] **sf.** *raro* imperfezione nella pronuncia di una parola || *concr.* le parole imperfettamente pronunciate.

scilìva [lat. *salīva*; a. 1364] **sf.** *ant.* saliva.

scilivàto [da *lisciva*, per metatesi; a. 1832 *sciliato*] **agg.** *ant. tosc.* **1.** detto di pane molto bianco e senza sapore **2.** detto del cattivo odore che prendono i panni mal risciacquati dopo essere stati nella lisciva: *queste camicie hanno odore di scilivato.*

Scilla [dal n. geogr. *Scilla*, promontorio della Calabria estrema; 1865] **sf.** usato nella loc. *essere fra Scilla e Cariddi*, trovarsi tra due pericoli.

scìlla [dal lat. *scilla*, cipolla marina; 1542] **sf.** *T.bot.* genere di piante delle Liliacee, dal cui bulbo si ricavano sostanze utilizzate in medicina come cardiotonici.

scillaro [dal gr. *skýllaros*, specie di granchio; 1829] **sm.** crostaceo marino dal corpo tozzo ben corazzato e privo di chele || **N.** *Sin.* cicala di mare, magnosa.

scilòppo V. SCIROPPO.

scìmia V. SCIMMIA.

scimiottàre V. SCIMMIOTTARE.

scimitàrra [prob. dal persiano *šimšīr*, spada; a. 1405] **sf.** sciabola corta, con elsa a forma di croce e con lama larga e ricurva, arma tradizionale dell'esercito persiano. **TAV. *armi* p. 648** 9.

scìmmia (arc. *scìmia*) [lat. *sīmia*; fine sec. XIII *scimia*] **sf.** **1.** nome generico dei Mammiferi dell'ordine dei Primati: *scimmie antropomorfe*, nome comune dei Pongidi, scimmie affini all'uomo (per es. l'orango); *scimmia urlatrice*, scimmia del Brasile che emette un urlo lamentoso **2.** *per estens.* con riferimento al comportamento delle scimmie, persona maligna e dispettosa, o persona dai movimenti agili ma eccessivi o anche imitatore maldestro: *quanto a dispetti è una vera scimmia*; *il diavolo è la scimmia di Dio*, *far la scimmia a qualcuno* **3.** *dial.* sbornia **4.** *fig. gerg.* tossicodipendenza: *liberarsi dalla scimmia*, disintossicarsi || *dim.* scimmiétta, scimmiettina, scimmiòtto (*sm.*); *accr.* scimmióne (*sm.*); *pegg.* scimmiàccia || **N.** antropoide, antropomorfo | Catarrine, Platirrine | babbuino, bertuccia, cercopiteco, cinopiteco, gorilla, macaco, mandrillo, nasica, orango, pitecia, scimpanzè. **Q.T.** ***zoologia*** **TAV. *mammiferi* p. 1318.**

scimmiàta [da *scimmia*; 1872] **sf.** *raro* atto ridicolo o goffo di scimmia o da scimmia.

scimmieggiàre (pres. *-éggio*) [da *scimmia*; 1872] **tr.** *raro* scimmiottare.

scimmieggiatùra [da *scimmieggiare*; 1872] **sf.** *raro* lo scimmiottare; scimmiottatura.

scimmiésco (pl. *-schi*) [da *scimmia*; 1640 *scimiesco*] **agg.** di o da scimmia: *movimenti scimmieschi, muso scimmiesco.*

scimmiottàre (non com. *scimiottàre*) (pres. *-òtto*) [da *scimmiotto*, prob. attr. il ven. *simiotar(e)*; 1807 *scimiottare*] **tr.** **1.** imitare altri goffamente: *scimmiottare gli stranieri* **2.** rifare il verso per scherno, beffeggiare || **N. 1.** *Sin.* seguire, IMITARE.

scimmiottàta [da *scimmiottare*; 1872] **sf.** *raro* lo scimmiottare || **N.** *Sin.* imitazione.

scimmiottatùra [da *scimmiottare*; 1940] **sf.** l'atto dello scimmiottare.

scimmiòtto (*dim.* di *scimmia*) [1598 *scimiotto*] **sm.** scimmia giovane o di piccole dimensioni || *fare lo scimmiotto*, scimmiottare || *fig.* persona brutta, sgraziata: *sembrare uno scimmiotto* || *dim.* scimmiottino.

scimpanzé [dal fr. *chimpanzé*; 1875] **sm.** scimmia antropomorfa dell'Africa, di pelo scuro, con labbra assai protrattili, molto intelligente e facilmente addomesticabile.

scimunitàggine [da *scimunito*; a. 1629] **sf.** azione e qualità di chi è scimunito || **N.** *Sin.* SCIOCCHEZZA.

scimunito [etim. inc., ma affine a *scemo*; 1354] **agg.** e **sm.** (f. *-a*) sciocco, scemo, privo di senno: *non badargli, è uno scimunito*; anche *iperb.*: *che scimunito! mi sono dimenticato di dirglielo* || **scimunitaménte** **avv.** *disus.* da scimunito || **N.** *Sin.* SCIOCCO.

scìnco (pl. *-chi*) [dal lat. *scincus*, gr. *skínkos*; 1542 *sinco*] **sm.** lucertola africana che vive nella sabbia, dove si muove come se nuotasse, servendosi di robuste zampe a paletta.

scìndere (p.rem. *scìssi, scindésti, scìsse, scìssero*; pps. *scìsso*) [dal lat. *scindere*; 1319] **tr.** separare in modo netto, dividere (anche *fig.*): *scindo la mia responsabilità dalla tua, scindere le forze nemiche* || *T.chim.* frazionare un composto in elementi più semplici || **intr. pron.** dividersi, spaccarsi: *il partito si scisse in due correnti* || **N.** **tr.** *Sin.* fendere, sdoppiare, separare, staccare, DIVIDERE | scisma.

scindìbile [da *scindere*; 1970] **agg.** che si può scindere.

scìngere (pres. *scìngo, scìngi*; p.rem. *scìnsi, scingésti, scìnse, scìnsero*; pps. *scìnto*) [da *cingere*; 1333] **tr.** *lett.* sciogliere, slacciare ciò che cinge, slegare | *scingere la spada*, deporla togliendo la cintura che la sostiene || **rifl. indir.** slacciarsi (indumenti) || **N.** *Sin.* SCIOGLIERE.

scintigrafia [comp. di *scinti(lla)* e *-grafia*; 1974] **sf.** *T.med.* tecnica di visualizzazione di un organo mediante somministrazione di isotopi radioattivi || *scintigrafia dinamica*, scansioscintigrafia.

scintigràmma [comp. di *scinti(lla)* e *-gramma*; 1974] **sm.** *T.med.* registrazione grafica dei risultati di una scintigrafia.

scintilla [lat. *scintĭlla*; 1321] **sf.** **1.** particella incandescente, di splendore vivissimo e di breve durata, che si sprigiona da pietre focaie sfregate energicamente, da carbone o legna ardente o anche dal ferro incandescente battuto || *scintilla elettrica*, fenomeno luminoso che accompagna la scarica elettrica || *fig. fare scintille*, esprimere aggressività reciproca: *quando si incontravano, quei due facevano scintille* **2.** *fig.* sprazzo di luce, d'ingegno, illuminazione: *la scintilla dell'intelligenza*; *una scintilla d'ingegno*, intuizione improvvisa; *fare scintille*, brillare per il proprio ingegno, per la propria bellezza ecc. **3.** *fig.* occasione che determina il verificarsi di un fenomeno: *la scintilla della rivolta* || **N. 1.** *Sin.* favilla, luccichio, scintillio, sfavillio.

scintillaménto [da *scintillare*; sec. XIV] **sm.** lo scintillare || *T.cin.* sfarfallamento.

scintillànte (*ppr.* di *scintillare*) [1353 *sintillante*] **agg.** che scintilla, splendente; anche *fig.*: *una prosa scintillante* || **N.** *Sin.* abbagliante, brillante, rutilante, sfavillante, sgargiante.

scintillàre [da *scintilla*; 1321] **intr.** (aus. *avere*) risplendere mandando scintille || *fig.* risplendere tremolando, quasi che dal corpo da cui parte la luce si spiccassero scintille: *sotto il sole l'acqua del lago scintillava* || brillare, luccicare: *guarda come scintillano i suoi occhi* || **N.** *Sin.* lampeggiare, rutilare, sfavillare, splendere.

scintillatóre [da *scintillare*; 1965] **sm.** *T.fis.* apparecchio atto a rilevare la presenza di particelle subatomiche || anche il materiale usato in questi rivelatori, la cui particolarità consiste nel restituire, sotto forma di impulsi luminosi o di scintille, parte dell'energia ad esso precedentemente ceduta da radiazioni ionizzanti.

scintillazióne [da *scintillare*; sec. XIV] **sf.** **1.** *lett.* atto dello scintillare **2.** *T.astr.* apparente variazione e instabilità di splendore e di colore della luce stellare, dovuta alla sua irregolare rifrazione da parte dell'atmosfera terrestre; tremolio **3.** *T.fis.* emissione di onde elettromagnetiche visibili, prodotta dall'interazione di atomi con particolari particelle elementari.

scintillìo (pl. *-ìi*) [da *scintillare*; 1873] **sm.** lo scintillare, intenso, continuato o frequente.

scintillografia [comp. di *scintilla* e *-grafia*; 1974] **sf.** *T.med.* scintigrafia.

scintillògrafo [comp. di *scintilla* e *-grafo*; 1970] **sm.** *T.med.* apparecchio che esamina l'attività delle ghiandole, visualizzando il percorso di isotopi radioattivi somministrati al paziente.

scintillòmetro [comp. di *scintilla* e *-metro*; 1932] **sm.** *T.astr.* apparecchio per la misura della scintillazione dei corpi celesti.

scìnto (*pps.* di *scingere*) [metà sec. XIII] **agg.** *lett.* discinto, sciolto, slacciato: *spada scinta* (Petrarca).

scintoìsmo [dal cino-giapp. *šin-tō*, la via degli dei; 1905] **sm.** religione nazionale del Giappone, anteriore al buddismo; unisce il culto delle forze della natura con quello degli antenati e dei grandi personaggi della storia nazionale, e attribuisce un ruolo centrale alla figura dell'imperatore. **Q.T.** *religione.*

scintoista [da *scintoismo*; 1931 *shintoista*] **I** *s.* chi segue la religione dello scintoismo **II** *agg.* scintoistico.

scintoistico (pl. *-ci*) [da *scintoismo*; 1960] *agg.* che si riferisce allo scintoismo.

sciò o **sció** [voce onom.; a. 1675] voce onom. che si usa per scacciare galline, polli e sim.; e, *scherz.*, anche le persone.

sciocàggine [da *sciocco*; 1520] *sf. ant.* sciocchezza.

sciocàre e der. v. SHOCKARE e der.

scioccheggiàre (pres. *-éggio*) [da *sciocco*; sec. XIV] *intr.* (aus. *avere*) *ant.* fare sciocchezze.

scioccherìa [da *sciocco*; a. 1543] *sf. raro* sciocchezza, scempiaggine.

sciocchézza [da *sciocco*; 1353] *sf.* **1.** l'essere sciocco: *con la sua sciocchezza ha rovinato un buon affare* || atto, parola da sciocco: *commettere delle sciocchezze* **2.** inezia, cosa di poca importanza, di poco valore: *è una sciocchezza, ma spero vorrai gradirla ugualmente, per lui scalare il Monviso è una sciocchezza* || **N. 1.** *Sin.* asinata, asineria, asinità, baggianata, balordaggine, bestialità, castroneria, citrullaggine, corbelleria, cretinata, dabbenaggine, demenzialità, fatuità, fesseria, goffaggine, idiozia, imbecillità, insipienza, insulsaggine, melensaggine, minchioneria, scemata, scempiaggine, scempiataggine, scimunitaggine, scipitaggine, stolidezza, stoltezza, stupidaggine, stupidità.

sciòcco (pl. *-chi*) [etim. inc.; 1313] **I** *agg.* **1.** di persona, che non possiede o non dimostra scaltrezza, criterio, senno; ingenuo, stolto || anche di atti o parole, da sciocchi: *risposta sciocca* **2.** *tosc.* insipido, scipito, detto spec. di vivanda priva o scarsa di sale: *brodo sciocco* || **scioccaménte** *avv.* **II** *sm.* **1.** (f. *-a*) persona sciocca: *non badargli, è uno sciocco!* **2.** *tosc.* l'essere insipido, poco salato: *non mi piace lo sciocco* **III** *avv. ant.* **1.** scioccamente: *tu parli sciocco* **2.** *tosc.* in modo insipido, senza sale: *cucinare, mangiare sciocco* || *dim.* sciocchìno, sciocccherèllo; *accr.* scioccóne, sciocccherellóne || **N. I 1.** *Sin.* allocco, asino, babbeo, babbione, baggiano, balordo, beota, bestia, bietolone, citrullo, coglione, deficiente, fesso, gonzo, grullo, idiota, imbecille, insensato, insulso, leggero, minchione, pazzo, pecorone, rimbambito, scemo, scimunito, sempliciotto, stolido, stolto, stupido, tonto, zuccone.

scioglìbile [da *sciogliere*; a. 1451] *agg. raro* solubile.

sciògliere (poet. *sciòrre*) (pres. *sciòlgo, sciògli, sciòglie, sciogliàmo, sciogliéte, sciòlgono*; p.rem. *sciòlsi, sciogliésti, sciòlse, sciòlsero*; fut. *scioglierò* o poet. *sciorrò*; cong. pres. *sciòlga, sciòlgano*; cond. pres. *scioglierèi* o poet. *sciorrèi*; pps. *sciòlto*) [lat. *exsolvere*; fine sec. XIII] *tr.* **1.** disfare, districare: *sciogliere il nastro*; con ogg. indiretto, liberare disfacendo un vincolo: *sciogliere il cane dalla catena*; *sciogliere i capelli*, lasciarli ricadere sulle spalle dopo aver tolto forcine, pettinini, elastici e sim. || *fig.* liberare da qualcosa che trattiene o impedisce: *sciogliere la lingua*, parlare, gen. dopo aver superato una certa reticenza; *sciogliere la lingua a qualcuno*, indurlo a parlare; *sciogliere la voce*, schiarirla con una serie di vocalizzi prima di iniziare a cantare; *sciogliere i muscoli*, compiere una serie di movimenti che li liberino dalla rigidità dovuta alla stasi || *lett. sciogliere le vele*, spiegarle per iniziare la navigazione || *ant. sciogliere la borsa*, decidersi a fare una spesa, un dono, un prestito **2.** *fig.* disfare, rescindere, annullare: *sciogliere un contratto, un matrimonio*; *sciogliere le riserve*, non tenerne più conto, agire liberamente; *sciogliere un gruppo, una società, un'associazione*, disperderne i componenti; *sciogliere una seduta, una riunione, una manifestazione*, porvi fine, consentendo ai partecipanti di allontanarsi (o anche costringendoli a farlo); con ogg. indiretto, liberare annullando un impegno: *sciogliere qualcuno da un voto, da un giuramento* **3.** *fig.* risolvere, rendere chiaro: *sciogliere un problema*; *sciogliere un dubbio*, dissolverlo **4.** fondere, liquefare, fare una soluzione: *sciogliere lo zucchero nell'acqua, l'acquaragia scioglie la vernice* || *rifl.* liberarsi da un impegno o vincolo, anche in senso figurato: *sciogliersi dalle catene, dalle promesse* || *intr. pron.* **1.** di romanzo, commedia e sim., concludersi, avviarsi a una soluzione: *la commedia classica si scioglieva spesso con un'agnizione* **2.** fondersi, dissiparsi: *la neve si sciolse, le nebbie si sciolgono al sole* || **N.** *tr.* **1.** *Sin.* decomporre, discingere, disciogliere, disfare, disgiungere, disgregare, disunire, liberare, prosciogliere, rescindere, sbrigliare, scindere, scingere, scomporre, slegare, snodare, svincolare, svolgere | *Contr.* avvincere, legare, stringere, vincolare.

scioglilìngua [comp. di *sciogli(ere)* e *lingua*; 1887] *sm. inv.* gioco di parole che consiste nel ripetere più volte una frase con forte allitterazione; usato anche come ginnastica linguale per allenarsi a superare certe difficoltà di pronuncia.

scioglimento [da *sciogliere*; a. 1348] *sm.* atto ed effetto dello sciogliere e dello sciogliersi: *lo scioglimento delle Camere, della neve* || *T.lett.* la parte di un dramma, romanzo ecc. in cui si risolvono le situazioni trattate: *uno scioglimento artificioso, naturale* || **N.** *Sin.* chiusa, chiusura, conclusione, decomposizione, discioglimento, disfacimento, disgregamento, dissoluzione, dissolvimento, distruzione, finale, soluzione, termine | insolubile, solubile, solvente.

scioglitóre [da *sciogliere*; 1304] *agg.* e *sm.* (f. *-trice*) *raro* che o chi scioglie || **N.** *Sin.* solutore.

sciografìa [dal lat. tardo *sciographia*, gr. *skiographía*, disegno in prospettiva; a. 1555] *sf.* **1.** antico metodo per calcolare l'ora servendosi dell'ombra della Luna o del Sole **2.** *T.arch.* la rappresentazione verticale di una parte intera di un edificio; spaccato, sezione; anche la tecnica usata per questo tipo di rappresentazione.

sciolìna (pr. [ʃio'lina]) [comp. di *sci*, *ol(io)* e *-ina*; 1934] *sf.* ciascuna di varie sostanze, di composizione diversa, con cui si spalmano gli sci per assicurarne la scorrevolezza.

sciolinàre (pr. [ʃioli'nare]) (pres. *-ìno*) [da *sciolina*; 1959] *tr.* spalmare gli sci con sciolina.

sciolinatùra (pr. [ʃiolina'tura]) [da *sciolinare*; 1960] *sf.* operazione di stendere la sciolina sugli sci.

sciolo (pr. ['ʃiolo]) [dal lat. tardo *sciolus*; a. 1742] *agg.* e *sm.* (f. *-a*) *raro* saccente, saputello.

sciòlta [da *sciogliere*; 1891] *sf. fam.* diarrea.

scioltézza [da *sciolto*; 1485 ca.] *sf.* qualità di chi o di ciò che è sciolto, nel senso 1: *la scioltezza del suo discorrere*; *in part.* agilità, destrezza di movimenti: *scioltezza di membra, di mano* || *fig.* franchezza, disinvoltura: *scioltezza di stile, di modi*; nel modo di dire *scioltezza di lingua*, facilità di parola, o anche mancanza di riguardo nel parlare.

sciòlto (*pps.* di *sciogliere*) [1306] *agg.* **1.** libero, non vincolato: *a briglia sciolta*, di gran carriera; *sciolto di mano*, anche troppo abile; *movimenti sciolti*, agili, non impediti; *essere di lingua sciolta*, aver facilità di parola (ma, anche, non saper frenare le parole) || *T.pol. cane sciolto*, militante politico che non aderisce a nessun gruppo o partito || *T.mus. nota sciolta*, non legata || *T.lett. versi sciolti* (o *sm. sciolti*), non legati da rima **2.** in soluzione, dissolto: *camminare nella neve sciolta* || *T.agr. terra sciolta*, sminuzzata (opposto di *compatta*) || **scioltaménte** *avv.* con scioltezza, speditamente || **N. 1.** *Sin.* discinto, disgiunto, disunito, liberato, libero, prosciolto, rescisso, sbrigliato, scapigliato, scisso, scomposto, sfrenato, slegato, smodato, snodato, svincolato | *Contr.* avvinto, legato, stretto, vincolato **2.** *Sin.* decomposto, disciolto, disfatto, diluito, dissolto, distrutto, liquefatto, stemperato.

scioperàggine [da *scioperare*; a. 1729] *sf. raro* scioperataggine.

scioperànte (*ppr.* di *scioperare*) [1875] **I** *agg.* che sciopera **II** *s.* operaio o impiegato che partecipa a uno sciopero.

scioperàre (pres. *-òpero*) [lat. volg. **exoperāre*; 1284 ca. come rifl. nel senso ant.; 1891] *intr.* (aus. *avere*) fare sciopero: *ieri hanno scioperato i metallurgici* || *tr. ant.* distogliere dal lavoro || *rifl. ant.* distogliersi dal lavoro.

scioperatàggine [da *scioperato*; 1715] *sf.* atto, abitudine di chi è scioperato; scioperatezza.

scioperatézza [da *scioperato*; 1679] *sf.* l'essere scioperato, sfaccendato, fannullone.

scioperàto (*pps.* di *scioperare*) [1353] **I** *agg. ant.* sfaccendato, disoccupato: *un giovane scioperato* **II** *sm.* (f. *-a*) chi abitualmente non ha voglia di lavorare e conduce una vita sregolata: *vivere da scioperato, gli scioperati non mi piacciono* || *accr.* scioperatóne; *pegg.* scioperatàccio || **N. I** *Sin.* fannullone, ozioso, pigro.

scioperìo (pl. *-ìi*) [da *scioperare*, prima metà sec. XIV] *sm. raro* dannosa perdita di tempo.

sciòpero [da *scioperare*; 1869] *sm.* astensione collettiva dal lavoro messa in atto da lavoratori dipendenti al fine di promuovere modifiche nei rapporti economici, sindacali o politici con la classe padronale: *sciopero di protesta*, astensione dal lavoro per protestare contro qualcuno o contro certi provvedimenti; *sciopero politico*, fatto per ragioni politiche, per premere sul Governo o protestare contro la sua politica; *sciopero bianco*, l'osservare meticolosamente le norme in modo da rallentare moltissimo l'attività, oppure l'essere presenti nelle officine, ma interrompendo il lavoro, incrociando le braccia; *sciopero a singhiozzo*, alternando sospensioni e riprese di lavoro; *sciopero articolato*, quando gruppi diversi di lavoratori scioperano a turno, ciascuno per poche ore, bloccando completamente la produzione; *sciopero generale*, quando scioperano tutte le categorie di lavoratori; *sciopero di solidarietà*, per appoggiare nella lotta altre categorie di lavoratori; *sciopero selvaggio*, spontaneo, non diretto dai sindacati; *sciopero a scacchiera*, quando scioperano gli operai ora in un reparto e ora in un altro di un'azienda; *sciopero a oltranza, a tempo indeterminato*, che viene protratto finché non si siano raggiunti gli scopi prefissi; *sciopero lampo*, attuato all'improvviso || *sciopero della fame*, rifiuto di prender cibo, il lasciarsi morir di fame in segno di protesta || *fig. scherz. far sciopero*, non lavorare || **N.** crumiro, ostruzionismo, picchettaggio, sabotaggio, serrata. **Q.T.** *politica.*

scioperóne [da *scioperare*; 1483] *agg.* e *sm.* (f. *-a*) *raro* che o chi non vuol fare nulla, fannullone, ozioso.

sciorinaménto [da *sciorinare*; sec. XVI] *sm.* atto ed effetto dello sciorinare.

sciorinàre (pres. *ìno*) [etim. inc.; 1313 *sciurinare*] *tr.* **1.** spiegare, distendere all'aria tessuti, indumenti: *sciorinare i vestiti al sole*; *sciorinare il bucato*, stenderlo **2.** metter fuori, esporre: *sciorinare la migliore merce del negozio* || *fig. sciorinare citazioni, erudizione*, farne mostra, ostentarli || *rifl. ant.* slacciarsi, sfibbiarsi le vesti per rinfrescarsi || **N. 1.** *Sin.* stendere.

sciorìno [da *sciorinare*; 1932] *sm.* operazione dello sciorinare, spec. nel linguaggio marinaresco: *lo sciorino delle vele, della biancheria.*

sciòrre v. SCIOGLIERE.

sciòtt [dall'ar. *šatt*, sponda, riva, attr. il fr. *chott*; 1929] *sm. inv. T.geogr.* nella morfologia desertica, bacino di acqua salata privo di sfoghi verso il mare, che normalmente si presenta come un vasto pantano.

sciovìa (pr. [ʃio'via]) [comp. di *sci* e *-via*; 1942] **sf.** mezzo di risalita lungo un pendio, costituito da una fune in movimento continuo, fornita di ganci, cui si aggrappano gli sciatori || **N.** *Sin.* *ski-lift.* **TAV.** ***ferrovie... p. 669*** 8.

sciovïàrio (pr. [ʃiovi'arjo]) (pl. *-ri*) [da *sciovia*; 1942] **agg.** di sciovia: *impianto scioviario.*

sciovinìsmo [dal fr. *chauvinisme*; 1884] **sm.** patriottismo fanatico e intollerante || **N.** *Sin.* campanilismo, nazionalismo.

sciovinìsta [dal fr. *chauviniste*; 1939] **s.** chi pecca di sciovinismo || **N.** *Sin.* campanilista, nazionalista.

sciovinìstico (pl. *-ci*) [da *sciovinista*; 1960] **agg.** di, da sciovinista: *idee, tendenze sciovinistiche.*

scipàre [lat. volg. **exsipāre*, gettare via; 1313] **tr.** *ant.* sciupare, straziare || **intr. pron.** *ant.* abortire.

scìpido [dal lat. volg. **exsipidus*; 1306] **agg.** *ant.* scipito.

scipitàggine [da *scipito*; a. 1629] **sf.** scipitezza || atto o discorso sciocco: *in quel suo discorso non c'erano che scipitaggini.*

scipitézza [da *scipito*; a. 1311] **sf.** *disus.* l'essere scipito.

scipìto (dial. *sciapìto*) [dal lat. volg. **exsipidus*, insipido; a. 1342] **agg.** insipido, senza sapore: *frutto scipito, minestra scipita* || *fig.* privo di spirito, insulso || **N.** *Sin.* sciocco.

scippàre [voce merid. di etim. inc.; 1963] **tr.** commettere uno scippo.

scippatóre [da *scippare*; a. 1960] **sm.** (f. *-trìce*) chi compie uno scippo.

scìppo [da *scippare*; 1950] **sm.** furto commesso strappando con violenza l'oggetto (tipicamente, una borsa) al suo possessore, spec. quando ciò avvenga per strada.

sciroccàle [da *scirocco*; 1745] **agg.** di scirocco.

sciroccàta [da *scirocco*; 1937] **sf.** il soffiare prolungato dello scirocco: *la sciroccata ha sciolto la neve.*

sciròcco (pl. *-chi*) [forse dall'ar. magrebino *šuluq*, vento di mezzogiorno, attr. il genov.; a. 1294 *scilocco*] **sm.** vento caldo, originario dell'Africa, che proviene da sud-est e giunge sulle coste europee ricco dell'umidità assorbita nell'attraversare il Mediterraneo, ed è quindi portatore di pioggia.

sciroppàre (pres. *-òppo*) [da *sciroppo*; 1483 *sciloppare*] **tr.** conservare in una soluzione zuccherina, mettere sotto sciroppo: *sciroppare le pere* || **rifl. intens.** *fig. fam. scherz.* dover sopportare una persona o una cosa noiosa: *mi sono sciroppato tutta la conferenza.*

sciròppo (arc. *scilòppo*) [dall'ar. *šarab*, bevanda; a. 1320] **sm.** soluzione acquosa di zucchero concentrata a caldo || *sciroppo di frutta*, soluzione zuccherata con aggiunta di succo di frutta fresca o fermentata || *T.farm.* medicina in cui la sostanza medicamentosa è sciolta in uno sciroppo: *sciroppo per la tosse* || *dim.* sciroppétto, sciroppìno || **N.** *Sin.* melassa, rosolio.

sciroppóso [da *sciroppo*; 1839] **agg.** che ha l'aspetto, la densità, il sapore o la consistenza dello sciroppo: *liquore sciropposo* || *fig.* di opere e autori, sentimentale, sdolcinato: *un film, un romanzo sciropposo.*

scirpéto [da *scirpo*; 1960] **sm.** fascia di vegetazione posta ai bordi di laghi o paludi, costituita da piante semisommerse.

scìrpo [dal lat. *scirpus*; a. 1729] **sm.** *raro lett.* giunco.

scìrro [dal lat. *scirros*, gr. *skírros*; 1741] **sm.** *T.med.* tumore ricco di fibre tanto da raggiungere notevole durezza || **N.** *Sin.* cancro, TUMORE | adenoma, carcinoma, epitelioma.

scirróso [da *scirro*; 1752] **agg.** *T.med.* che è affetto da scirro || che ha l'aspetto, la natura, la consistenza di scirro: *tumore scirroso.*

scìsma [dal lat. tardo *schisma*, gr. *schísma*, separazione; 1313] **sm.** separazione, divisione, discordia tra i membri di una comunità; si dice spec. del distacco di un gruppo di fedeli da una Chiesa: *lo scisma anglicano.*

scismàtico (pl. *-ci*) [dal lat. tardo *schismaticus*, gr. *schismatikós*; a. 1342] **I agg.** concernente uno scisma; che segue uno scisma: *greci scismatici, sette scismatiche, Chiese scismatiche* **II sm.** (f. *-a*) chi provoca e anche chi segue uno scisma: *gli scismatici.*

scìssile [dal lat. *scissilis*; 1550] **agg.** *T.scient.* che si scinde in parti, che si rompe o sfalda facilmente.

scissióne [dal lat. *scissio, -ōnis*, fenditura; 1848] **sf.** atto ed effetto dello scindere; divisione, separazione: *la scissione di un partito, operare una scissione* || *T.biol. riproduzione per scissione*, modo di riproduzione negli organismi unicellulari per cui il corpo della cellula madre, per mezzo di una strozzatura, si divide in due cellule figlie; scissiparità.

scissionìsmo [da *scissione*; 1950] **sm.** tendenza a provocare una scissione, spec. in senso politico e sociale.

scissionìsta [da *scissionismo*; 1950] **s.** fautore di un movimento scissionistico.

scissionìstico (pl. *-ci*) [da *scissionista*; 1950] **agg.** concernente gli scissionisti e lo scissionismo: *corrente scissionistica.*

scissiparità [da *scissiparo*; 1908] **sf.** *T.biol.* riproduzione agamica per scissione.

scissìparo [comp. di *scissi(one)* e *-paro*; 1960] **agg.** *T.biol.* di animale, che si riproduce per scissione.

scìsso (*pps.* di *scindere*) [1319] **agg.** separato, diviso || **N.** *Sin.* lacerato, staccato.

scissùra [dal lat. tardo *scissūra*; a. 1320] **sf.** *non com.* fessura, fenditura || *T.anat.* solco: *le scissure dell'encefalo* || *fig.* dissidio, contrasto di opinioni; discordia: *in seno al consiglio si determinarono alcune deplorevoli scissure.*

scìsto (disus. *schìsto*) [dal lat. *schistos* (*lapis*), pietra che si divide; 1550 *schisto*] **sm.** roccia metamorfica a tessitura scistosa e pertanto facilmente sfaldabile.

scistosità [da *scistoso*; 1895 *schistosità*] **sf.** *T.min.* proprietà, caratteristica delle rocce metamorfiche dette *scisti*, di sfaldarsi secondo piani tra loro paralleli.

scistóso [da *scisto*; 1817 *schistoso*] **agg.** *T.min.* relativo allo scisto; con caratteristiche simili a quelle dello scisto.

scìtale o **scìtala** [dal gr. *skytálē*, cilindro di legno; a. 1604 *scitala*] **sf.** *T.stor.* presso gli Spartani, bastone intorno a cui si avvolgeva a spirale una lista di membrana su cui si scriveva verticalmente; svolta la lista le parole non diventavano leggibili se non riavvolgendo la striscia a un bastone d'identica dimensione del primo || **N.** crittografia.

scìtico (pl. *-ci*) [dal lat. *Scythicus*, gr. *Skythikós*; 1838] **agg.** della Scizia, degli Sciti.

sciugàre e der. forme pop. di ASCIUGARE e der. (v.).

sciuntàre v. SHUNTARE.

sciupacchiàre (pres. *-àcchio*) [da *sciupare*; 1873] **tr.** *fam.* sciupare alquanto una cosa || **N.** *Sin.* rovinare, SCIUPARE.

sciupàre [etim. inc.; a. 1704] **tr.** **1.** ridurre in cattivo stato, rovinare, guastare: *sciupare il vestito, la salute* **2.** dissipare, spendere male: *sciupare i denari, un patrimonio* || sprecare, usare male: *sciupare la stoffa, il tempo* || *fig. sciupare l'ingegno*, adoperandolo in cose da poco || **intr. pron.** **1.** di persona, deperire, ridursi in cattivo stato; in senso *ass.* si intende riferito alla salute: *non ti sciupare* **2.** di tessuto, stoffa e sim., rovinarsi, gualcirsi || **N.** **tr.** **1.** *Sin.* consumare, lacerare, logorare, sciupacchiare, sconciare, sgualcire **2.** *Sin.* disperdere, sperperare, sprecare.

sciupàto (*pps.* di *sciupare*) [1838] **agg.** nei sensi del verbo; *in part. ass.* logoro nella salute, stanco, esaurito: *mi sembri sciupato, un volto sciupato* || *dim.* sciupatìno, sciupatèllo || **N.** *Sin.* esaurito, logorato, male in arnese, sfinito, stanco.

sciupinìo (pl. *-ìi*) [da un dial. *sciupinare*, sciupare; a. 1597] **sm.** *raro tosc.* sciupio.

sciupìo (pl. *-ìi*) [da *sciupare*; 1691] **sm.** lo sciupare continuato: *qui si fa un grande sciupio di energia.*

sciùpo [da *sciupare*; 1841] **sm.** *raro* atto ed effetto dello sciupare: *fare sciupo di carta* || **N.** *Sin.* consumo, sciupio, sperpero, spreco.

sciupóne [da *sciupare*; 1841] **agg.** e **sm.** (f. *-a*) *fam.* chi sciupa per vizio, per trascuratezza; *in part.* chi spende molto e senza senno.

Sciùridi (sing. *-e*) [dal gr. *skíouros*, scoiattolo, attr. il lat. *sciūrus*; 1936] **sm. pl.** *T.zool.* famiglia di mammiferi roditori dal corpo snello e coda coperta di folto pelame, tra cui gli scoiattoli e le marmotte.

sciuscià [dall'ingl. d'America *shoe-shine*, lustrascarpe; 1945] **sm.** ragazzo lustrascarpe || nome dato ai ragazzi di strada che nell'immediato dopoguerra vivevano di espedienti.

scivolaménto [da *scivolare*; 1932] **sm.** lo scivolare || *frana per scivolamento*, frana in cui lo strato superiore sdrucciola su quello inferiore, lubrificato di solito da acqua di infiltrazione.

scivolàre (pres. *scìvolo*) [etim. inc.; a. 1704] **intr.** (aus. *essere* o *avere*, come i verbi di moto; v. CORRERE) **1.** scorrere leggero e rapido sopra una superficie liscia o in declivio: *scivolò sul ghiaccio* || sdrucciolare: *gli è scivolato un piede* **2.** *per estens.* guizzare, sfuggire alla presa: *gli scivolò di mano, da sotto il braccio* || *fig. scivolare su un argomento, su un discorso*, evitare di discuterne **3.** *T.aer.* dell'aeroplano, precipitare in posizione inclinata sul fianco (*scivolare d'ala*) o con la coda all'ingiù (*scivolare di coda*).

scivolàta [da *scivolare*; 1726] **sf.** **1.** atto dello scivolare: *fare una scivolata* || il lasciarsi scorrere giù per un pendio, uno scivolo o altra superficie liscia: *invece di scendere la scala, ha fatto una scivolata a cavalcioni sulla ringhiera* **2.** *T.aer.* il movimento dello scivolare d'ala o di coda dell'aereo.

scivolàto (*pps.* di *scivolare*) [1891 nel senso 2] **agg.** **1.** *T.abb.* detto di una linea morbida, non aderente alla figura **2.** *T.mus. note scivolate*, eseguite strisciando le dita sulla tastiera del pianoforte.

scìvolo [da *scivolare*; 1723 nel senso 2] **sm.** **1.** piano inclinato naturale o artificiale; in cantieri, miniere e sim. viene usato per far scorrere materiali a livelli inferiori; *in gen.* indica qualsiasi piano inclinato che consenta lo scorrimento: *accanto alla scalinata c'è uno scivolo ciclabile*; *in part. T.aer.* piano inclinato, perlopiù di cemento, che va dal capannone dove sono ricoverati gli idrovolanti sino all'acqua e serve a farvi scivolare gli apparecchi per metterli in acqua o per ritirarli dall'acqua || attrezzatura, posta in giardini pubblici, spiagge e sim., costituita da un piano in forte pendenza sormontato da una piccola pedana cui si accede tramite una scala a pioli, lungo la quale i bambini si divertono a scivolare **2.** *T.mus.* agile gorgheggio fatto nel cantare.

scivolóne [da *scivolare*; 1873] **sm.** lunga scivolata fatta cadendo; anche sdrucciolone || *fig.* svista madornale, errore di chi è solito non commetterne: *in quell'articolo ha fatto uno scivolone.*

scivolosità [da *scivoloso*; 1942] **sf.** l'essere

scivoloso.

scivolóso [da *scivolare*; 1927 nel senso 2] **agg.** **1.** sdrucciolevole, che fa scivolare: *terreno scivoloso* **2.** sfuggente, viscido: *le anguille sono scivolose*; anche *fig.*: *un personaggio scivoloso.*

sclamàre [dal lat. *exclamāre*; a. 1348] **tr.** *lett. ant.* esclamare.

sclèra [dal gr. *sklērós*, duro; 1829] **sf.** *T.anat.* sclerotica. **TAV. anatomia p. 642** 16.11.

scleràle [da *sclera*; 1935] **agg.** *T.anat.* della sclera.

sclerènchima [comp. di *sclero-* ed *-enchima*, sul modello di *parenchima*; 1875] **sm.** **1.** *T.bot.* tessuto vegetale costituito da cellule a parete ispessita e formante le parti dure di sostegno o di protezione, come nei fusti o nei gusci di alcuni frutti **2.** *T.zool.* negli Echinodermi, tessuto da cui ha origine lo scheletro dermico.

sclerenchimàtico (pl. *-ci*) [da *sclerenchima*; 1960] **agg.** *T.bot.* che si riferisce allo sclerenchima.

sclerìte [comp. di *sclera* e *-ite*[1]; 1838 *scleritide*] **sf.** *T.med.* infiammazione della membrana sclerotica dell'occhio.

sclèro- [dal gr. *sklērós*, duro] **primo elem.** che, in parole composte della terminologia scientifica, vale "indurimento", "ispessimento", "durezza".

Scleroattìnie [comp. di *sclero-* e *attinia*; 1967] **sf.pl.** *T.zool.* organismi provvisti di esoscheletro calcareo che vivono nelle acque calde e danno luogo a banchi molto importanti per la fissazione del carbonato di calcio nelle acque marine e per la formazione di rocce calcaree ‖ **N.** madrepora.

sclerodermìa [comp. di *sclero-* e *-dermia*; 1872] **sf.** *T.med.* indurimento sclerotico della cute.

sclerofìllo [dal gr. *sklērόphyllos*, dalle foglie dure; 1967] **agg.** *T.bot.* detto di pianta legnosa, con foglie coriacee.

scleròma [dal gr. *sklḗrōma*, durezza; 1821] **sm.** *T.med.* malattia infettiva caratterizzata dalla comparsa di placche sulla mucosa delle vie respiratorie.

sclerometrìa [comp. di *sclero-* e *-metria*; 1936] **sf.** *T.min.* metodo e tecnica di misurazione della durezza dei materiali.

scleròmetro [comp. di *sclero-* e *-metro*; 1895] **sm.** strumento che misura la resistenza dei corpi a essere scalfiti, quindi la loro durezza.

sclerosàre (pres. *-òso*) [da *sclerosi*; 1950] **tr.** *T.med.* produrre sclerosi ‖ *fig.* provocare una perdita di elasticità in un sistema.

scleròsi [dal gr. tardo *sklḗrōsis*, indurimento; sec. XIV *sclirosi*] **sf.** indurimento patologico dei tessuti o degli organi animali; *sclerosi a placche* (o *multipla*), affezione dei centri nervosi caratterizzata da lesioni nell'encefalo e nel midollo spinale, che compromette la mobilità e l'equilibrio ‖ *fig.* mancanza di elasticità in un sistema.

scleróso [da *sclero-*; 1960] **agg.** *T.bot.* relativo allo sclerenchima.

scleròtica [dal gr. tardo *sklḗrōsis*, indurimento; seconda metà sec. XV] **sf.** *T.anat.* membrana esterna del globo oculare, bianca, opaca, dura, che nella faccia anteriore presenta una parte sporgente trasparente, detta *cornea* ‖ **N.** *Sin.* sclera | OCCHIO.

scleròtico (pl. *-ci*) [da *sclerosi*; sec. XIV *sclirotigo*] **I agg.** di sclerosi ‖ che è affetto da sclerosi **II sm.** (f. *-a*) chi è affetto da sclerosi.

sclerotizzàre [da *sclerotico*; 1973] **tr.** **1.** *T.med.* provocare un processo di sclerosi, sclerosare **2.** *fig.* rendere rigido, privare di elasticità, rif. a strutture economiche, sociali, amministrative e sim. ‖ **intr. pron.** *T.med.* subire un processo di sclerosi.

sclerotomìa [comp. di *sclera* e *-tomia*; 1940] **sf.** *T.chir.* incisione chirurgica della sclerotica.

scleròzio (pl. *-zi*) [dal gr. *sklērótēs*, durezza; 1821] **sm.** *T.bot.* corpo di alcuni funghi, con funzione di organo di resistenza, capace di passare un periodo anche lungo di vita latente per ritornare poi in vegetazione.

scòcca [voce di orig. lomb., dal long. *skokka*, dondolo; 1960] **sf.** insieme delle strutture portanti e del rivestimento in un'automobile, e, genericamente, in una macchina. **Q.T.** *automobile.*

scoccaménto [comp. parasint. di *cocca*, nodo del filo; 1929] **sm.** *T.tess.* distanza tra due punti di legatura, espressa dal numero di fili di trama e ordito interposti.

scoccàre (pres. *scòcco, scòcchi*) [comp. parasint. di *cocca*; 1319] **tr.** **1.** detto di frecce, far uscire di scatto dalla cocca **2.** *fig.* mandare in direzione di qualcuno con rapidità e intensità: *scoccare occhiate severe, un bacio* **3.** di un orologio, battere le ore ‖ **intr.** (aus. *essere*) **1.** scattare: *ho sentito la trappola scoccare* **2.** di una scintilla elettrica, prodursi, guizzare **3.** di un'ora, giungere, con riferimento ai battiti di un orologio a suoneria: *è scoccata la mezzanotte.*

scocciàre[1] (pres. *scòccio*) [voce di orig. rom., comp. parasint. di *coccia*, guscio; 1855 nel senso 2] **tr.** **1.** detto di oggetti fragili, rompere: *scocciare il guscio dell'uovo, un vaso* **2.** *fig. fam.* infastidire, importunare: *smettila di scocciare!* ‖ **intr. pron.** seccarsi: *mi sono scocciato con queste tue domande.*

scocciàre[2] (pres. *scòccio*) [da *incocciare*, con cambio di pref.; 1838] **tr.** *T.mar.* togliere un gancio da un anello metallico o da una gassa a cui era agganciato ‖ **intr. pron.** *T.pesc.* del pesce, liberarsi dall'amo ‖ **N. intr. pron.** *Contr.* incocciare.

scocciatóre [da *scocciare*[1]; 1905] **sm.** (f. *-trìce*) *fig. fam.* chi scoccia; importuno, seccatore, noioso.

scocciatùra [da *scocciare*[1]; 1905] **sf.** *fam.* fastidio, noia, seccatura: *è stata una bella scocciatura!*

scòcco (pl. *-chi*) [da *scoccare*; 1550] **sm.** atto e rumore dello scoccare: *lo scocco del bacio*; *lo scocco delle due*, il rintocco; *lo scocco della freccia*, al momento dello stacco della corda dall'arco ‖ **N.** *Sin.* schiocco.

scocuzzolàre (pres. *-ùzzolo*) [comp. parasint. di *cocuzzolo*; 1873] **tr.** *raro* togliere il cocuzzolo.

scodàre (pres. *scódo*) [comp. parasint. di *coda*; 1772] **tr.** tagliare la coda a un animale: *scodare il gatto, il cavallo.*

scodàto (*pps.* di *scodare*) [1542] **agg.** senza coda, anuro: *scimmia scodata.*

scodèlla [lat. *scutella*; 1193 *scudella*] **sf.** **1.** ciotola, tazza priva di manico, usata per contenere alimenti perlopiù liquidi e alla quale si può anche bere direttamente, come da una tazza ‖ *per estens.* la quantità di minestra contenuta in una scodella: *ha mangiato una scodella di riso* ‖ piatto fondo, usato gen. per servire minestre; fondina **2.** cavità di una roccia simile, per forma, a quella di una scodella ‖ *dim.* scodellìna, scodellìno (*sm.*); *accr.* scodellóne (*sm.*), scodellóna; *pegg.* scodellàccia.

scodellàre (pres. *-èllo*) [da *scodella*; 1612] **tr.** **1.** versare minestre o alimenti in genere (spec. liquidi) nelle scodelle **2.** *fig. fam. scherz.* spiattellare, spifferare, o, anche, tirar fuori con estrema facilità: *scodellare molte fandonie, giustificazioni*; *ogni due anni scodella un figlio* **3.** *T.sport. scodellare la palla*, nel calcio, passare la palla con grande precisione; anche, procedura eseguita dall'arbitro che fa rimbalzare a terra la palla fra due giocatori, perché uno la conquisti e il gioco possa riprendere.

scodellàta [da *scodellare*; a. 1573] **sf.** la quantità di roba che è contenuta in una scodella.

scodellàto (*pps.* di *scodellare*) [a. 1742] **agg.** nei sensi del verbo ‖ nell'espr. *fam. volere la pappa scodellata*, volere le cose già pronte, non volere faticare per ottenerle.

scodellìna (*dim.* di *scodella*) [a. 1400] **sf.** **1.** piccola scodella **2.** mollusco dei Gasteropodi, patella **3.** ombelico di Venere.

scodellìno (*dim.* di *scodella*) [1353; 1735 nel senso 2] **sm.** **1.** piccola scodella **2.** *T.stor.* parte del fucile opposta al focone dove si poneva l'innescatura.

scodinzolàre (pres. *-ìnzolo*) [comp. parasint. di *codinzolo*; 1772] **intr.** (aus. *avere*) dimenare la coda, detto spec. dei cani ‖ *fig.* di animali o di persone, spostarsi con movimento ondulatorio: *la carpa scodinzola sul lago, scodinzolava sugli sci* ‖ *fig.* mostrare servile premura: *scodinzola sempre intorno al capo.*

scodinzolìo (pl. *-ìi*) [da *scodinzolare*; 1891] **sm.** lo scodinzolare continuato o frequente, e insistente.

scoffìna [lat. tardo **scoffīna*, raspa; sec. XVI-XVII] **sf.** *ant.* scuffina.

scòglia (pl. *-glie*) [lat. *spolia*, spoglia, con influsso di *scaglia*; 1340 ca.] **sf.** **1.** involucro che la serpe abbandona annualmente nella muta **2.** *fig. lett.* involucro, velo, strato di peccato, d'ignoranza ecc. ‖ **N. 1.** *Sin.* spoglia.

sceglièra [da *scoglio*[1]; sec. XIII *scolliera*] **sf.** **1.** successione ravvicinata di scogli lungo il litorale o nel mare aperto: *scogliera sommersa*; *scogliera madreporica* o *corallina*, propria dei mari tropicali, formata da residui di madrepore o coralli **2.** barriera artificiale, diga, argine formato da massi rocciosi come protezione da frane o dalla violenza delle onde marine. **TAV.** *porto* 1.2, 2.

scòglio[1] (pl. *-gli*) [lat. *scopulus*, attr. il genov. *scogiu*; 1313] **sm.** **1.** grande masso di roccia nuda emergente dalla superficie di mari, fiumi e laghi o anche sommerso o appena affiorante rispetto al pelo dell'acqua ‖ *per estens. lett.* rupe, masso **2.** *fig.* difficoltà, ostacolo: *la matematica è uno scoglio per lui* ‖ *dim.* scogliétto ‖ **N. 1.** *Sin.* faraglione, frangente, roccia, rompente.

scòglio[2] (pl. *-gli*) [lat. *spolia*, spoglia, con influsso di *scaglia*; sec. XIV] **sm.** *ant.* scoglia.

scoglionàto [comp. parasint. di *coglione*; 1967] **agg.** *pop.* annoiato, infastidito, irritato; scontento.

scoglióso [da *scoglio*[1]; a. 1321] **agg.** pieno di scogli.

scoiàre e der. v. SCUOIARE e der.

scoiàttolo [lat. volg. **scuriolus*, dim. del lat. *sciūrus*, gr. *skíouros*; fine sec. XV] **sm.** piccolo mammifero della famiglia Sciuridi dei Roditori, agilissimo, di forme eleganti, di colore marrone bruciato o rossiccio sul dorso, chiarissimo sul ventre, con orecchie appuntite e coda lunga e pelosa: *agile come uno scoiattolo* ‖ *fig.* detto di persona agilissima: *è uno scoiattolo* ‖ *dim.* scoiattolìno; *accr.* scoiattolóne. **TAV. mammiferi p. 1318** 7.

scòla v. SCUOLA.

scolabròdo **sm.** *dial.* v. COLABRODO.

scolafrìtto [comp. di *scola(re)*[1] e *fritto*; 1891] **sm. inv.** *raro* arnese da cucina, a forma di recipiente bucherellato, sopra il quale si mette il fritto per farne scolare via l'olio eccedente.

scolamaccheróni [comp. di *scola(re)*[1] e *maccherone*; 1891] **sm. inv.** *raro* scolapasta.

scolaménto [da *scolare*[1]; a. 1597] **sm.** *raro* atto ed effetto dello scolare e dello scolarsi.

scolapàsta [comp. di *scola(re)*[1] e *pasta*; 1952 *scolapaste*] **sm.** colapasta.

scolapiàtti [comp. di *scola(re)* e *piatto*; 1970] **sm. inv.** arnese in cui si ripongono i piatti lavati per farne scolare l'acqua ‖ **N.** *Sin.* piattaia.

scolàrca (pl. *-chi*) [dal gr. *scholárchēs*; 1929]

sm. nell'antichità classica, capo di una scuola filosofica.

scolàre¹ (pres. *scólo*) [da *colare*; a. 1320] **intr.** (aus. *essere*) colare giù, andare giù a poco a poco, detto di liquidi || **tr.** far colare, far gocciolare per togliere ogni residuo di liquido: *scolare i fiaschi, scolare la pastasciutta* || **rifl. intens.** *scolarsi una bottiglia di vino*, bersela tutta || **N. intr.** *Sin.* gocciolare, spillare, stillare, trapelare, trasudare.

scolàre² [dal lat. tardo *scholāris*, attr. il fr. (*âge*) *scolaire*; 1960] **agg.** *non com.* di scuola || *età scolare*, quella in cui si è soggetti agli obblighi scolastici.

scolàre³ v. SCOLARO.

scolarésca [da *scolaro*; 1671] **sf.** l'insieme degli scolari che frequentano una classe, un istituto scolastico e sim.

scolarésco (pl. *-schi*) [da *scolaro*; 1737] **agg.** *gen. spreg.* di scolaro, da scolaro: *costumi scolareschi* || **scolarescaménte** **avv.** *raro* da scolaro.

scolarità [da *scolare²*, sul modello del fr. *scolarité*; 1973] **sf.** **1.** percentuale degli appartenenti a una classe di età che frequentano la scuola **2.** condizione di scolaro **3.** *T.bur.* obbligo scolastico; in Italia, l'obbligo di frequentare la scuola elementare e media inferiore. **Q.T.** *sociologia.*

scolarizzàbile [da *scolarizzare*; 1974] **agg.** che può essere scolarizzato.

scolarizzàre [dal fr. *scolariser*; 1974] **tr.** mettere in grado di frequentare la scuola (rif. soprattutto a bambini tardivi o disadattati o ad adulti analfabeti) || sottoporre agli obblighi scolastici, includere tra gli scolari.

scolarizzazióne [da *scolarizzare*, sul modello del fr. *scolarisation*; 1973] **sf.** lo scolarizzare; effetto dello scolarizzare. **Q.T.** *sociologia.*

scolàro (ant. *scolàre*) [lat. tardo *scholāris*; a. 1294 *scolaio*] **sm.** (f. *-a*) **1.** chi frequenta una scuola, spec. quelle degli ordini inferiori (elementari e medie inferiori) **2.** allievo, discepolo o seguace di un maestro o di una scuola: *Aristotele fu scolaro di Platone* || *dim.* scolarétto; *spreg.* scolarùccio || **N. 1.** *Sin.* allievo, alunno, educando, studente | privatista, ripetente; cartella, diario, pagella; esame, licenza.

scolàstica [dal lat. mediev. *scholastica*, letter. (filosofia) della scuola; a. 1667] **sf.** *T.fil.* la produzione filosofica e teologica medievale, elaborata nelle scuole sorte presso pievi, monasteri e cattedrali, che mira a rendere intelligibile il patrimonio della rivelazione cristiana con l'aiuto di concetti e teorie della filosofia greca classica || **N.** agostinismo, aristotelismo, neoscolastica, platonismo, tomismo. **Q.T.** *religione.*

scolasticherìa [da *scolastico*; 1873] **sf.** *spreg. raro* **1.** pedanteria da maestro di scuola **2.** astruseria da filosofo scolastico.

scolasticìsmo [da *scolastico*; 1873] **sm.** **1.** *raro* qualità di ciò che è scolastico **2.** tutto quanto è relativo alla metodologia e alle dottrine dei filosofi scolastici.

scolasticità [da *scolastico*; 1941] **sf.** *spreg.* l'essere scolastico.

scolàstico (pl. *-ci*) [dal lat. *scholasticus*, gr. *scholastikós*; a. 1595 come sm.; 1666 come agg. nel senso 2; 1832 nel senso 1] **I agg.** **1.** di scuola o della scuola: *consiglio scolastico*; *rendimento scolastico*, il profitto di uno scolaro; *edilizia scolastica*; *ispettore scolastico*, funzionario che ispeziona le scuole, spec. elementari || *fig. spreg.* legato agli schemi meccanici dell'insegnamento scolastico: *una poesia scolastica, un saggio, uno stile scolastico*; *espone in forma scolastica* **2.** della filosofia scolastica: *metodo scolastico* || *spreg.* dogmatico e categorico: *intransigenza scolastica* || **scolasticaménte** **avv.** **1.** in modo scolastico **2.** secondo le dottrine o le metodologie della scolastica **II sm.** (f. *-a*) seguace della filosofia scolastica.

scolasticùme [da *scolastico*; 1873] **sm.** *spreg.* pedanterie, astratti dogmatismi da scolastici.

scolatìccio v. COLATICCIO.

scolatóio (pl. *-ói*) [da *scolare¹*; a. 1406] **sm.** luogo dove si fanno scolare le cose, o piano inclinato lungo il quale scolano i liquidi.

scolatùra [da *scolare¹*; a. 1574] **sf.** l'azione dello scolare; *concr.* la materia scolata.

Scoleciformi (sing. *-e*) [comp. del gr. *skṓlēx, skṓlēkos*, verme e *-forme*; 1960] **sm. pl.** *T.zool.* raggruppamento di Anellidi sedentari marini.

scoliàste [dal gr. *scholiastḗs*; 1583] **sm.** *T.lett.* chiosatore, spec. degli antichi poeti greci.

scòlice [dal lat. *scōlex, -ēcis*, gr. *skṓlēx, skṓlēkos*, verme; 1891] **sm.** *T.zool.* estremità ingrossata del corpo dei Cestodi (come la tenia), volgarmente detta testa, armata di uncini o ventose utilizzate per aderire alle pareti interne del corpo dell'organismo ospitante, dalla quale si generano per gemmazione le proglottidi.

scolìna [da *scolo*; 1960] **sf.** piccolo fossato per raccogliere l'acqua di scolo dei campi.

scolìo (pl. *-ìi*) [da *scolare¹*; 1891] **sm.** *raro* deflusso di liquido, uno scolare lento e continuato.

scòlio¹ (pl. *-li*) [dal gr. *schólion*, glossa; 1737] **sm.** *T.lett.* nota critica o grammaticale ad autore classico || *in gen.* commento, osservazione in margine || **N.** *Sin.* annotazione, chiosa, glossa, COMMENTO.

scòlio² (pl. *-li*) [dal gr. *skólion* (*melos*), (canto) obliquo; 1826] **sm.** *T.mus.* presso i Greci, canto conviviale accompagnato con la lira.

scoliòsi [dal gr. tardo *skolíōsis*, incurvamento; 1821] **sf.** curvatura anomala laterale della colonna vertebrale.

scoliòtico (pl. *-ci*) [da *scoliosi*; 1939] **agg.** e **sm.** (f. *-a*) *T.med.* che, chi è affetto da scoliosi.

Scolìtidi (sing. *-e*) [dal lat. scient. *Scolytidae*, dal n. del genere *Scolytus*, basato sul gr. *skolýptein*, tagliare; 1931] **sm. pl.** *T.zool.* famiglia di Coleotteri di piccole dimensioni viventi in gallerie scavate nella corteccia o nei tronchi degli alberi; sono detti anche *tarli delle piante.*

scollacciàrsi (pres. *scollàccio*) [da *scollare²*; 1873] **rifl.** indossare vesti con profonde scollature.

scollacciàto (*pps.* di *scollacciare*) [a. 1606] **agg.** di abito, che è troppo scollato e, *per estens. spreg.*, della persona che lo indossa: *garzoni sbracati, scollacciati* (Buonarroti il Giovane) || *fig.* licenzioso, sboccato, osceno: *racconto, film scollacciato.*

scollacciatùra [da *scollacciarsi*; 1940] **sf.** scollo eccessivo || *fig. raro* licenziosità.

scollaménto [da *scollare¹*; 1960] **sm.** atto dello scollare, del separare cose incollate || distacco, anche *fig.*: *si è prodotto uno scollamento tra i partiti e il popolo* || *T.med.* separazione patologica, traumatica o chirurgica, di tessuti od organi || *T.geol.* distacco di una massa rocciosa superficiale da quella sottostante, con conseguente scivolamento della prima sulla seconda.

scollàre¹ (pres. *scòllo*) [comp. parasint. di *colla*; 1604 *scolare*] **tr.** staccare le parti di una cosa o le cose attaccate tra loro con colla || **intr. pron.** di cose che erano incollate, disgiungersi, anche *iperb.*: *vuoi scollarti da quella sedia?!*

scollàre² (pres. *scòllo*) [comp. parasint. di *collo*; 1846] **tr.** sagomare con le forbici un abito, una camicia e sim. in modo che resti nudo il collo e una parte più o meno grande di petto o di spalle; fare la scollatura || **rifl.** indossare abiti (troppo) scollati.

scollàto¹ (*pps.* di *scollare¹*) [1940] **agg.** staccato, disunito in corrispondenza del punto in cui era stata eseguita un'incollatura.

scollàto² (*pps.* di *scollare²*) [a. 1348] **agg.** di veste, che lascia nudo il collo e una parte più o meno grande di petto e di spalle: *abito scollato* || *per estens.* di persona, che indossa una veste scollata || *scarpe scollate*, che lasciano scoperto il dorso del piede.

scollatùra¹ [da *scollare¹*; 1922] **sf.** scissione, punto in cui si sono separate due parti precedentemente incollate.

scollatùra² [da *scollare²*; 1336 ca.] **sf.** l'apertura del vestito che lascia scoperto il collo ed eventualmente anche parte del petto e delle spalle; scollo || *per estens.* le parti del corpo lasciate scoperte dalla scollatura || anche il lavoro di sartoria dello scollare un abito e sim.

scollegaménto [da *scollegare*; 1745] **sm.** *raro* separazione di cose che dovrebbero essere invece collegate || **N.** *Contr.* collegamento.

scollegàre (pres. *-égo, éghi* o *-ègo, -èghi*) [da *collegare*; 1838] **tr.** disunire || **N.** *Sin.* separare, slegare, staccare | *Contr.* collegare.

scollettatrice [comp. parasint. di *colletto*; 1960] **sf.** macchina agricola per la scollettatura delle barbabietole da zucchero.

scollettatùra [comp. parasint. di *colletto*; 1960] **sf.** asportazione meccanica del colletto e delle foglie dalle radici delle barbabietole da zucchero.

scollinàre (pres. *-ìno*) [comp. parasint. di *collina*; a. 1621] **intr.** (aus. *avere*) **1.** *raro* valicare colline **2.** *ant.* passeggiare, andare su e giù per le colline, per diporto.

scòllo [da *scollare²*; 1905] **sm.** apertura che, spec. negli abiti femminili, lascia scoperto il collo e talora parte delle spalle e del petto || *per estens.* parte delle spalle e del petto lasciata scoperta dalla scollatura || **N.** *Sin.* scollatura.

scolmàre (pres. *scólmo*) [comp. parasint. di *colmo²*; a. 1606] **tr.** *raro* togliere il colmo: *scolmare un sacco di grano.*

scolmatóre [da *scolmare*; 1952] **agg.** e **sm.** *T.idr.* detto di canale che devia le acque di un fiume, per evitarne lo straripamento.

scolmatùra [da *scolmatore*; 1960] **sf.** lo scolmare || *in part.* abbassamento del livello d'acqua di un fiume in piena, ottenuto mediante la deviazione dell'acqua in canali scolmatori.

scólo [da *scolare¹*; a. 1580] **sm.** **1.** l'atto dello scolare: *tubo di scolo* || il liquido scolato: *bisogna deviare quello scolo* || condotto di scolo: *lo scolo si è intasato* **2.** *T.med.* fuoriuscita di umori || *pop.* blenorrea **3.** *T.giur.* *servitù di scolo*, servitù prediale stabilita dalla legge, per la quale i fondi inferiori sono soggetti a ricevere le acque che scolano naturalmente dai fondi superiori || **N. 1.** *Sin.* sgrondo. **TAV.** *zootecnia* 18.7.

scolopèndra [dal lat. *scolopendra*, gr. *skolópendra*; 1552] **sf.** *T.zool.* genere di Artropodi Chilopodi dal corpo segmentato e dotato di un paio di arti per ogni anello; ha ghiandole velenose.

scolopèndrio (pl. *-ri*) [dal gr. *skolopéndrion*, nome di una pianta; 1838] **sm.** felce comune in luoghi umidi e temperati, detta anche *lingua di cervo.*

scolòpio (pl. *-pi*) [comp. del lat. *schola*, scuola e lat. *pia*, pia; 1853] **sm.** sacerdote regolare delle Scuole Pie, congregazione (successivamente riconosciuta come ordine) fondata nel 1617 da san Giuseppe Calasanzio.

scoloraménto [da *scolorare*; 1666] **sm.** lo scolorare.

scoloràre (pres. *-óro*) [da *colorare*; 1313] **tr.** far perdere il colorito, il colore || **intr.** (aus. *essere*) e **intr. pron.** perdere splendore, vivezza, colore; impallidire: *gli astri all'alba si scolorano* || **N.** *Sin.* scolorire.

scoloriménto [da *scolorire*; a. 1694] **sm.** lo scolorire.

scolorìna [da *scolorare*; 1891] **sf.** nome commerciale di un preparato chimico a base di cloro, che serve a togliere le macchie d'inchiostro o a cancellare la scrittura a inchiostro dalla carta.

scolorire (pres. *-isco, -isci*) [da *colorire*; a. 1375 come intr.; 1873 come tr.] ***tr.*** diminuire la vivacità del colore: *il sole ha scolorito la stoffa* || *fig.* far perdere intensità: *il tempo scolorisce i ricordi* || ***intr.*** (aus. *essere*) e ***intr. pron.*** perdere il colore: *questa tinta (si) scolorisce; e par nel volto scolorir la luna* (Poliziano) || **N.** ***tr.*** *Sin.* decolorare, sbiadire, smorzare, stingere.

scolorito (*pps.* di *scolorire*) [a. 1321] ***agg.*** nei sensi del verbo || *fig. uno stile, una figura scoloriti*, scialbi, incolori, nient'affatto vivaci || **N.** *Sin.* decolorato, sbiadito, smorto, stinto.

scolpàre (pres. *scólpo*) [comp. parasint. di *colpa*; 1321] ***tr.*** liberare da un'accusa; giustificare || ***rifl.*** difendersi da un'accusa: *si scolpò con energia, ma non fu creduto* || **N.** ***tr.*** *Sin.* difendere, discolpare, giustificare, scagionare | *Contr.* accusare, incolpare.

scolpiménto [da *scolpire*; 1838] ***sm.*** *raro* lo scolpire.

scolpìre (pres. *-ìsco, -ìsci*; p.rem. *scolpìi* e poet. *scùlsi*; pps. *scolpìto* e poet. *scùlto*) [lat. *sculpere*, incidere con lo scalpello; a. 1342] ***tr.*** **1.** formare figure di pietra, marmo, legno, a rilievo: *scolpire una statua, un bassorilievo* **2.** incidere: *scolpì lettere sul banco* || *fig.* imprimere: *scolpì nel cuore la sua immagine, i suoi detti* **3.** *fig.* di parole, metterle ben in rilievo, pronunciare distintamente: *scolpiva le frasi* || **N.** **1.** scultore. **Q.T.** ***scultura.***

scolpitézza [da *scolpire*; a. 1837] ***sf.*** *lett. fig.* qualità di quanto pare scolpito, efficacia scultoria.

scolpitùra [da *scolpire*; fine sec. XIV] ***sf.*** **1.** *raro* scultura **2.** *T.aut.* complesso dei rilievi ricavati nel battistrada di un pneumatico. **TAV. *automobile* p. 658** 2.3.

scòlta o **scólta** [forse da *ascoltare*; a. 1540] ***sf.*** *lett.* sentinella, guardia: *essere di scolta, fare la scolta* || *T.mar.* sulle navi da guerra, una delle sentinelle non armate di fucile che sorvegliano i ponti inferiori || **N.** *Sin.* guardia, vedetta, SENTINELLA.

scólto v. SCULTO.

scombaciàre (pres. *-àcio*) [da *combaciare*; 1842] ***tr.*** disgiungere cose combacianti; disunire, scollegare.

scombiccheràre (pres. *-ìcchero*) [etim. inc.; a. 1566] ***tr.*** *fam.* scrivere male e con scarabocchi, con sgorbi, buttando giù alla peggio || **N.** *Sin.* scarabocchiare, schiccherare, sgorbiare, SCRIVERE.

scombiccheratóre [da *scombiccherare*; a. 1789] ***agg.*** e ***sm.*** (f. *-trìce*) *raro fam.* che o chi scombicchera.

scombinaménto [da *scombinare*; 1965] ***sm.*** *raro* lo scombinare, disguido.

scombinàre (pres. *-ìno*) [da *combinare*; a. 1729] ***tr.*** **1.** mettere in disordine **2.** mandare a monte ciò che si era combinato: *scombinare un affare, un matrimonio.*

scombinàto (*pps.* di *scombinare*) [1918] **I** ***agg.*** nei sensi del verbo || *fig.* detto di persona strana e confusionaria, che ha idee poco chiare: *un ragazzo scombinato* **II** ***sm.*** (f. *-a*) persona scombinata: *è uno scombinato.*

Scombresòcidi (sing. *-e*) [dal lat. scient. *Scomberesocidae*; 1957] ***sm. pl.*** *T.zool.* famiglia di pesci marini Beloniformi, diffusi nei mari caldi, comprendente, tra gli altri, aguglie e costardelle.

Scómbridi o **Scòmbridi** (sing. *-e*) [comp. di *scombro* e *-idi*; 1957] ***sm. pl.*** *T.zool.* famiglia di pesci Perciformi comunissimi nell'Atlantico e nel Mediterraneo, dei quali fa parte lo sgombro.

scómbro v. SGOMBRO².

scombùglio (pl. *-gli*) [da *scompiglio*, con influsso di *subbuglio*; 1673] ***sm.*** *ant. region.* sconvolgimento, disordine, confusione: *hai portato lo scombuglio in quella famiglia, tutta la città fu in scombuglio* || **N.** *Sin.* guazzabuglio, putiferio, scombussolamento, scombussolio, scompiglio, sconquasso, subbuglio, trambusto, DISORDINE.

scombuiaménto [da *scombuiare*; a. 1742] ***sm.*** *raro* atto ed effetto dello scombuiare, scompiglio.

scombuiàre (pres. *-ùio*) [da *scompigliare*, con influsso di *subbuglio*; a. 1606] ***tr.*** *raro* mettere sottosopra, mettere in gran disordine: *mi hai scombuiato ogni cosa nello studio* || turbare, ottenebrare: *queste idee scombuiano la mente* || **N.** *Sin.* scompigliare, CONFONDERE.

scombuiàto (*pps.* di *scombuiare*) [a. 1729] ***agg.*** disordinato, confuso || **N.** *Sin.* scompigliato, sconvolto, stravolto, turbato.

scombussolaménto [da *scombussolare*; 1726] ***sm.*** atto ed effetto dello scombussolare.

scombussolàre (pres. *-ùssolo*) [prob. comp. parasint. di *bussola*; a. 1698] ***tr.*** far perdere la bussola, ossia confondere, turbare, gravemente, mettere sottosopra, frastornare: *scombussolò tutti i documenti, questa notizia lo scombussolò* || **N.** *Sin.* ingarbugliare, scompigliare, sconvolgere, CONFONDERE, TURBARE.

scombussolìo (pl. *-ìi*) [da *scombussolare*; 1863] ***sm.*** grande confusione, rimescolio, scombussolamento.

scomméssa [da *scommettere*²; 1543] ***sf.*** **1.** patto stretto tra due o più persone, in base al quale ciascuno si impegna a pagare all'altro (o agli altri) una posta (in denaro o sotto forma di una qualche prestazione o sim.), nel caso in cui la propria affermazione o previsione, in contrasto con quella altrui, risulti errata: *fare una scommessa, ho vinto, ho perduto una scommessa* **2.** il puntare una somma di denaro in giochi d'azzardo, corse, gare sportive e sim.: *ha perso tutto alle scommesse* **3.** la somma o cosa scommessa, la posta, la puntata: *la scommessa era di tremila lire.*

scomméttere¹ (pres. *scomméttо*; p.rem. *scommìsi, scommìse, scommìsero*; ppr. *scommettènte*; pps. *scomméssо*) [da *commettere*; 1313] ***tr.*** disunire parti o cose unite, commesse insieme || rif. a macchina, smontare i pezzi che la compongono || **N.** *Sin.* disfare, disgiungere, disunire, dividere, scomporre, separare.

scomméttere² (pres. *-étto* ecc., come METTERE) [prob. da *scommettere*¹; 1640] ***tr.*** fare una scommessa: *scommetto mille lire che quel cavallo vincerà* || *ass.* dichiarare, asserire, modo di affermare la propria sicurezza soggettiva riguardo a qualcosa, senza tuttavia addurre prove esplicite e senza che vi sia effettivamente scommessa: *scommetto che ieri non sei andato alla riunione* || **N.** *Sin.* giocare, giurare, impegnare | allibratore, posta.

scommettitóre [da *scommettere*²; 1640] ***agg.*** e ***sm.*** (f. *-trìce*, raro *-tóra*) che o chi scommette.

scommettitùra [da *scommettere*¹; a. 1704] ***sf.*** *non com.* l'atto dello scommettere || la parte scommessa, cioè disunita.

scommiatàre [da *accomiatare*, con cambio di pref.; fine sec. XIII] ***tr.*** *ant.* accomiatare || ***intr. pron.*** prendere licenza o commiato.

scommoviménto [da *scomm(u)overe*; a. 1729] ***sm.*** *raro* lo scommuovere, sconvolgimento || *fig.* turbamento.

scommuòvere (pres. *-uòvo* ecc., come MUOVERE) [da *commuovere*; 1333] ***tr.*** *raro* commuovere fortemente, agitare, far tremare: *il terremoto scommosse tutta quanta l'isola.*

scomodàre (pres. *scòmodo*) [da *accomodare*, con cambio di pref.; a. 1566] ***tr.*** **1.** procurare disagio o fastidio a qualcuno; far muovere qualcuno: *ho dovuto scomodare il direttore per quella faccenda* **2.** *fam.* citare, chiamare in causa persone autorevoli per risolvere questioni banali: *non c'è bisogno di scomodare Hegel per sostenere un fatto così evidente!* || ***intr.*** (aus. *avere*) causare disagio, spec. economico: *se questo prestito ti scomoda, non farlo* || ***rifl.*** incomodarsi: *resti lì, non si scomodi.*

scomodità [da *scomodo*; a. 1565] ***sf.*** caratteristica di ciò che è scomodo, disagevole || situazione, sistemazione e sim. scomoda: *abitare in campagna è una scomodità* || **N.** *Sin.* disagio, incomodo.

scòmodo [da *comodo*; a. 1565 *scommodo*] ***agg.*** **1.** disagevole, arrecante disturbo o fastidio; non adatto all'uso: *sedile, treno scomodo* || rif. a persona, che si trova in una posizione scomoda: *li staresti scomodo* **2.** *per estens.* che pone problemi, difficile da trattare, non conciliante: *un interlocutore scomodo; mi fa scomodo pagare tutto subito*, mi risulta disagevole || **scomodaménte** ***avv.*** disagiatamente || *superl.* scomodìssimo || *dim.* scomodùccio || **N.** **1.** *Sin.* fastidioso, incomodo **2.** *Sin.* problematico.

scompaginaménto [da *scompaginare*; 1745] ***sm.*** atto ed effetto dello scompaginare.

scompaginàre (pres. *-àgino*) [da *compaginare*; a. 1675 come intr. pron.] ***tr.*** **1.** turbare la compagine, l'ordine, l'equilibrio di qualcosa, anche *fig.*: *squilibri che scompaginano la società* || *in part.* rovinare la rilegatura di un libro o di un quaderno **2.** *T.tip.* disfare l'impaginato, detto degli stampatori: *scompaginare un sedicesimo* || ***intr. pron.*** disgregarsi, scomporsi || *fig.* turbarsi: *egli non si scompaginò affatto* || **N.** **1.** *Sin.* DISORDINARE **2.** *Contr.* impaginare.

scompaginatùra [da *scompaginare*; 1873] ***sf.*** atto ed effetto dello scompaginare.

scompaginazióne [da *scompaginare*; 1690] ***sf.*** atto ed effetto dello scompaginare, spec. come operazione tipografica.

scompagnaménto [da *scompagnare*; 1745] ***sm.*** *raro* l'atto dello scompagnare.

scompagnàre [comp. parasint. di *compagno*; a. 1374] ***tr.*** spaiare, separare cose che sarebbero dovute stare insieme: *scompagnare le scarpe, i guanti, le tazze di un servizio* || ***intr. pron.*** *raro lett.* separarsi: *giunti alla meta, la compagnia si scompagnò.*

scompagnatùra [da *scompagnare*; 1558] ***sf.*** *raro* stato di ciò che è scompagnato, detto spec. di cose.

scompàgno [da *scompagnare*; 1873] ***agg.*** *dial.* sincope di *scompagnato*: *sono scarpe scompagne* || **N.** *Sin.* spaiato.

scompannàre [comp. parasint. di *panno*; 1625] ***tr.*** e ***rifl.*** *pop. tosc.* agitarsi nel letto e scomporre le coperte e le lenzuola, rimanendo scoperti.

scomparìre (pres. *scompàio* nel senso 2 o *scomparìsco* nel senso 3, *scompàri* o *scomparìsci*, *scompàre* o *scomparìsce, scompariàmo, scomparìte, scompàiono* o *scomparìscono*; p.rem. *scomparìi* nel senso 3 o *scompàrvi* nel senso 2 o raro *scompàrsi*; cong. pres. *scompàia* o *scomparìsca*; pps. *scompàrso* o *scomparìto*) [da *comparire*; 1715 nel senso 3] ***intr.*** (aus. *essere*) **1.** sparire, annullarsi: *la macchia è scomparsa* **2.** *per estens.* non farsi più vedere, togliersi dalla vista altrui: *tutt'a un tratto scomparve, scompaio e ricompaio grazie a un trucco* **3.** *fig.* perdere di bellezza, di pregio, detto di una cosa in confronto ad altre ad essa superiori: *questo quadro vicino agli altri scompare* || fare cattiva figura; non fare presso gli altri quella figura che si dovrebbe o che si vorrebbe: *vicino a lui scomparisco perché mi si deve mandare a scomparire a Napoli?* (Carducci) || **N.** **2.** *Sin.* dileguarsi, dissolversi, eclissarsi, squagliarsi, svanire **3.** *Sin.* sfigurare.

scompàrsa [da *scomparire*; 1848] ***sf.*** atto dello scomparire, sparizione || *eufem.* morte: *la sua scomparsa improvvisa ci lasciò tutti quanti disorientati e addolorati.*

scompàrso (*pps.* di *scomparire*) [1793] **I**

agg. sparito, che non c'è più: *una civiltà scomparsa* **II sm.** (f. *-a*) *eufem.* persona defunta.

scompartiménto [da *scompartire*; a. 1571 nel senso 2; 1681 nel senso 1] **sm. 1.** ciascuno dei settori in cui è stato suddiviso, per ragioni funzionali, un certo spazio; compartimento: *mobile a tre scompartimenti* || *per anton.* compartimento di carrozza ferroviaria: *ho viaggiato in uno scompartimento vuoto* || *scompartimento* o *compartimento stagno*, v. COMPARTIMENTO **2.** *raro* lo scompartire, il dividere in settori; suddivisione || **N. 1.** *Sin.* divisione, reparto, scomparto. **Q.T.** *ferrovia.*

scompartìre (pres. *-ìsco, -ìsci*) [da *compartire*; a. 1571] **tr.** dividere, distribuire, compartire il tutto in parti: *scompartire un terreno in campi* || dividere tra più persone: *scompartire gli utili* || **N.** *Sin.* ripartire, spartire, DIVIDERE.

scompàrto [da *scompartire*; 1812] **sm.** scompartimento || *T.arch.* spazio architettonico di una superficie muraria limitato da cornici o modanature o anche da differenti colorazioni.

scompensàre (pres. *-ènso*) [da *compensare*; 1865] **tr.** introdurre uno squilibrio in un sistema; *in part. T.med.* rompere l'equilibrio, la compensazione, tra le diverse funzioni del corpo.

scompensàto (*pps.* di *scompensare*) [1945] **agg.** e **sm.** (f. *-a*) *T.med.* che, chi presenta uno scompenso.

scompènso [da *scompensare*; 1931] **sm.** il non esserci compensazione; squilibrio tra richieste funzionali e capacità di risposta di un apparato, di un meccanismo e sim.: *scompenso del cuore* (o *cardiaco*); *scompenso del motore.*

scompiacènte (*ppr.* di *scompiacere*) [1873] **agg.** scortese, non compiacente || **N.** *Sin.* disobbligante, intrattabile, recalcitrante, riottoso, scontroso, sgarbato | *Contr.* arrendevole, compiacente, servizievole.

scompiacènza [da *scompiacente*; 1873] **sf.** *raro* l'essere scompiacente || **N.** *Sin.* scortesia.

scompiacére (pres. *-àccio* ecc., come PIACERE) [da *compiacere*; 1617] **tr.** e **intr.** (aus. *avere*) *raro* non accondiscendere ai desideri altrui, mostrarsi scortese || **N.** *Contr.* compiacere.

scompigliaménto [da *scompigliare*; 1686] **sm.** atto ed effetto dello scompigliare; disordine, scompiglio || **N.** *Sin.* CONFUSIONE.

scompigliàre (pres. *-ìglio*) [prob. da *pigliare*; a. 1348] **tr.** turbare l'ordine, confondere, anche *fig.*: *scompigliare i capelli, le idee* || **N.** *Sin.* arruffare, intricare, scarmigliare, CONFONDERE, DISORDINARE.

scompigliàto (*pps.* di *scompigliare*) [a. 1348] **agg.** messo in scompiglio, disordinato: *capelli scompigliati* || **scompigliataménte** **avv.** disordinatamente.

scompìglio (pl. *-gli*) [da *scompigliare*; a. 1348] **sm.** l'effetto dello scompigliare, perturbamento, disordine, trambusto, agitazione: *ha messo in scompiglio tutta la casa, dove lui arriva, porta scompiglio, ne nacque uno scompiglio, ovunque regna lo scompiglio.*

scompigliùme [da *scompigliare*; 1612] **sm.** *raro* massa di cose scompigliate, in scompiglio.

scompisciàre (pres. *-ìscio*) [da *pisciare*; 1340] **tr.** *raro pop.* imbrattare di piscio: *il cane scompisciò il muro* || **rifl.** *pop.* orinarsi addosso: *dalla paura si scompisciò tutto* || *fig. pop. scompisciarsi dalle risa*, ridere molto, smodatamente, sbellicarsi dalle risa.

scompletàre (pres. *-èto*) [da *completare*; 1840] **tr.** *raro* rendere incompleto: *scompletare una collezione*, perdere o venderne qualche pezzo.

scomplèto [da *completo*; 1860] **agg.** detto di opera, collezione, libro, al quale manchi qualche sua parte; incompleto, incompiuto.

scomponìbile [da *scomporre*; 1891] **agg.** che si può scomporre: *mobile, grandezza scomponibile.*

scomponibilità [da *scomponibile*; 1960] **sf.** l'essere scomponibile.

scomponiménto [da *scomporre*; a. 1704] **sm.** *ant. raro* atto ed effetto dello scomporre.

scompórre (pres. *-óngo* ecc., come PORRE) [da *comporre*; a. 1553] **tr. 1.** disgiungere le parti componenti un tutto: *scomporre un armadio, scomporre un numero in fattori* **2.** disordinare ciò che era ordinato, composto: *scomporre i capelli, le vesti* || *T.tip.* disfare una composizione tipografica **3.** *fig.* provocare alterazioni, manifestazioni di turbamento, spavento ecc.: *scomporre i lineamenti del volto*, contrarli, deformarli; *niente può farlo scomporre*, può fargli manifestare le emozioni che prova || **intr. pron.** alterarsi, perdere il controllo di sé: *gli rispose senza scomporsi* || **N. tr. 1.** *Sin.* disfare, disgiungere, disgregare, dividere, risolvere, scommettere, scompaginare, scompartire, sconnettere, separare, sfasciare, smembrare **2.** *Sin.* arruffare, ingarbugliare, scarmigliare, scompigliare, sconvolgere.

scompoṣitivo [da *scomporre*; a. 1704] **agg.** *raro* atto a scomporre: *un'operazione scompositiva.*

scompoṣitóre [da *scomporre*; a. 1704 *scompositrice*] **agg.** e **sm.** (f. *-trìce*) che o chi scompone || *T.tip. raro* addetto alla scomposizione.

scompoṣizióne [da *scomporre*; 1805] **sf.** atto ed effetto dello scomporre; decomposizione || *T.mat.* suddivisione in componenti o fattori di una certa entità: *scomposizione di un numero, di un vettore* || *T.tip.* il disfare una composizione tipografica, riponendo i caratteri e tutti gli accessori impiegati.

scompostézza [da *scomposto*; a. 1694] **sf.** lo stare o l'essere scomposto: *scompostezza di gesti.*

scompósto (*pps.* di *scomporre*) [1525] **agg. 1.** sguaiato, sconveniente negli atteggiamenti, nei gesti, nelle posizioni assunte **2.** sconnesso, disorganico: *una sintassi scomposta, ragionamenti scomposti* || **scompostaménte** **avv.** || **N. 1.** *Sin.* sciatto, sconcio.

scomputàbile [da *scomputare*; 1873] **agg.** che si può o anche che si deve scomputare.

scomputàre (pres. *scòmputo*) [da *computare*; 1745] **tr.** detrarre dal computo: *si deve sempre scomputare dalla pena inflitta il carcere sofferto.*

scòmputo [da *scomputare*; 1717] **sm.** detrazione dal computo: *ho fatto lo scomputo del debito.*

scomunàre (pres. *-ùno*) [comp. parasint. di *comune*; 1312] **tr.** *ant.* dividere.

scomùnica [da *scomunicare*; a. 1348] **sf.** *T.eccl.* solenne esclusione dalla comunità della Chiesa di un eretico o peccatore, a cui viene vietato di accostarsi ai sacramenti: *i fulmini della scomunica, dare, avere, infliggere, lanciare la scomunica* || *fig.* pubblica sconfessione di un membro o di una corrente di un partito politico e sim. || nel modo di dire *fam. avere* (*addosso*) *la scomunica*, essere disgraziati e non riuscire mai a combinare nulla di buono || **N.** anatema, censura, interdizione.

scomunicaménto [da *scomunicare*; prima metà sec. XIV] **sm.** *raro* l'atto dello scomunicare || scomunica.

scomunicàre (pres. *-ùnico, -ùnichi*) [lat. tardo *excommunicāre*; a. 1348] **tr.** *T.eccl.* colpire con la scomunica; interdire con anatema || *fig.* sconfessare pubblicamente, estromettere da una comunità, da un'associazione e sim.: *essere scomunicati dal partito* (gen. in tono *scherz.*).

scomunicàto (*pps.* di *scomunicare*) [a. 1348] **I agg.** colpito da scomunica, sconfessato || *per estens.* profano, sacrilego, iniquo || **scomunicataménte** **avv.** da scomunicato **II sm.** (f. *-a*) persona scomunicata; nella loc. *faccia da scomunicato*, faccia torva, sospetta.

scomunicatóre [da *scomunicare*; a. 1396] **agg.** e **sm.** (f. *-trìce*) *raro* che o chi scomunica.

scomunicazióne [da *scomunicare*; 1312] **sf.** *ant.* sentenza di scomunica; scomunica.

sconcàre (pres. *scónco, scónchi*) [comp. parasint. di *conca*; a. 1742] **tr. 1.** scavare una conca ai piedi di un albero **2.** *ant.* togliere dalla conca.

sconcatenàre (pres. *-éno*) [da *concatenare*; a. 1673] **tr.** *raro* dividere parti tra loro incatenate || *fig.* disgregare, separare elementi concatenati.

sconcatenàto (*pps.* di *sconcatenare*) [1838] **agg.** sconnesso, slegato, privo di coesione e di nessi logici: *un discorso sconcatenato.*

sconcatùra [da *sconcare*; 1967] **sf.** atto ed effetto dello sconcare.

sconcertaménto [da *sconcertare*; 1679] **sm.** *raro* sconcerto.

sconcertànte (*ppr.* di *sconcertare*) [1724] **agg.** che lascia confusi, interdetti, disorientati: *una risposta sconcertante.*

sconcertàre (pres. *-èrto*) [da *concertare*; 1611] **tr.** turbare l'armonia, l'ordine; sconvolgere, anche *fig.*: *questa notizia mi sconcerta, ha sconcertato i nostri piani* || lasciare perplesso, disorientare: *confesso che il tuo atteggiamento mi sconcerta* || **intr. pron.** turbarsi, confondersi || **N. tr.** *Sin.* confondere, disturbare, scombussolare.

sconcèrto [da *sconcertare*; 1657] **sm.** stato di turbamento, confusione mentale, disagio, disorientamento: *i titoli del giornale manifestavano lo sconcerto generale.*

sconcézza [da *sconcio*; a. 1347] **sf.** l'essere sconcio || *concr.* cosa vergognosa, rivoltante, sconcia: *quel libro è una sconcezza.*

sconciaménto [da *sconciare*; a. 1729] **sm.** *raro* atto ed effetto dello sconciare.

sconciàre (pres. *scóncio*) [da *conciare*; fine sec. XIII] **tr.** guastare, deturpare, mandare a male, anche *fig.*: *sconciare un lavoro, un progetto* || **intr. pron.** guastarsi, disordinarsi, rompersi || *ant.* abortire || **N. tr.** *Sin.* deformare, sfasciare, GUASTARE, ROMPERE | *Contr.* acconciare.

sconciatóre [da *sconciare*; sec. XVI] **agg.** e **sm.** (f. *-trìce*) *raro* che o chi sconcia || disturbatore, guastatore.

sconciatùra [da *sconciare*; a. 1565 nel senso 2] **sf. 1.** atto ed effetto dello sconciare; sconcio || *fig.* lavoro mal fatto **2.** *ant.* aborto.

scóncio (pl. m. *-ci*, pl. f. *-ce*) [da *sconciare*; 1313 come agg.] **I sm.** situazione riprovevole perché contraria a principi morali comunemente accettati; indecenza: *è uno sconcio che deve essere eliminato* || *iperb.* cosa mal fatta: *quel quadro è uno sconcio* **II agg. 1.** osceno, deforme, indecente, vergognoso: *atto sconcio, parole sconce* **2.** *ant. lett.* storpio, rotto: *braccio sconcio* || **sconciaménte** **avv.** || **N. II 1.** *Sin.* osceno, sconveniente, sporco, sudicio, turpe.

sconclùdere (pres. *-ùdo*; p.rem. *sconclùṣi, sconclùṣe, sconclùṣero*; pps. *sconclùṣo*) [da *concludere*; a. 1587 *sconchiudere*] **tr.** *raro* rompere un'intesa; disdire, disfare ciò che era stato concluso: *sconcludere un matrimonio, un contratto.*

sconcluṣionatézza [da *sconclusionato*; 1960] **sf.** l'essere sconclusionato.

sconcluṣionàto [comp. parasint. di *conclusione*; 1863] **I agg.** di ragionamento, progetto, piano, discorso e sim., che non conclude, sconnesso, senza capo né coda: *parole sconclusionate* || di persona, che non approda a nulla, che non giunge mai a una conclusione: *è un ragazzo sconclusionato* || **sconcluṣionataménte** **avv.** **II sm.** (f. *-a*) persona sconclusionata: *uno sconclusionato* || **N. I** *Sin.* disordinato, inconcludente, incongruente.

sconcordànte (*ppr.* di *sconcordare*) [1873] **agg.** discordante, discorde: *suoni sconcordanti, opinioni sconcordanti.*

sconcordànza [da *sconcordare*; a. 1685] **sf.** mancanza di armonia, di accordo: *c'è una sconcordanza di colori in questo vestito* || *T.gram.* errore di concordanza tra le parti del discorso || **N.** *Sin.* discordanza, discordia | *Contr.* concordanza.

sconcordàre (pres. *-òrdo*) [da *concordare*; 1873] ***intr.*** (aus. *avere*) essere in disaccordo, in contrasto, discorde: *questo sconcorda con quanto hai affermato prima* || **N.** *Sin.* discordare | *Contr.* concordare.

sconcòrde [da *concorde*; a. 1685] ***agg.*** *lett.* non concorde || **N.** *Sin.* discordante, discorde, dissidente.

sconcòrdia [da *concordia*; a. 1348] ***sf.*** *lett.* mancanza di concordia; è meno forte di *discordia* || **N.** *Sin.* contrasto, dissapore, DISCORDIA.

scondìto [da *condito*; a. 1629] ***agg.*** non condito; anche, poco condito: *insalata, minestra scondita.*

sconfacènte [da *confacente*; a. 1667] ***agg.*** sconveniente, non appropriato; incongruo: *s'è lasciato cogliere in atteggiamenti sconfacenti.*

sconfessàre (pres. *-èsso*) [da *confessare*; a. 1375] ***tr.*** ritrattare, rinnegare, non riconoscere quanto si è detto, fatto o creduto in precedenza: *sconfessare le amicizie, i vecchi ideali* || smentire, dissociarsi pubblicamente da dichiarazioni, prese di posizione e sim. di altri, nelle quali non si vuole essere coinvolti: *il partito ha sconfessato le dichiarazioni del segretario* || **N.** *Sin.* abiurare, negare, respingere | *Contr.* ammettere, confessare, riconoscere.

sconfessióne [da *sconfessare*; 1922] ***sf.*** lo sconfessare || disconoscimento di cosa detta o fatta, negazione || **N.** *Sin.* rettifica, smentita.

sconficcàbile [da *sconficcare*; a. 1704] ***agg.*** *raro* che si può sconficcare.

sconficcaménto [da *sconficcare*; a. 1704] ***sm.*** *raro* lo sconficcare.

sconficcàre (pres. *-ìcco, -ìcchi*) [da *conficcare*; 1353] ***tr.*** levare ciò che è piantato, conficcato in qualcosa; schiodare || *fig.* *sconficcare una cosa dalla mente, dalla testa a uno*, levargliela, persuaderlo a non pensarci più, a non esserne più convinto.

sconfìggere¹ (pres. *sconfiggo, sconfiggi*; p.rem. *sconfissi, sconfiggésti, sconfisse, sconfissero*; pps. *sconfitto*) [forse dal lat. **exconficere*, annientare, attr. il provenz. ant. *esconfire*; fine sec. XIII] ***tr.*** vincere: *sconfisse il nemico* || *per estens.* superare gli altri contendenti in una competizione di qualsiasi tipo (gara sportiva, elezione ecc.), o *fig.* debellare una forza avversa con la quale si è simbolicamente ingaggiata una lotta: *sconfisse il partito repubblicano, la medicina ha sconfitto la peste, la società non riesce a sconfiggere la droga* || **N.** *Sin.* annientare, battere, debellare, disfare, disperdere, prevalere, sbandare, sbaragliare, sgominare, sopraffare, sottomettere, sterminare, vincere.

sconfìggere² (pres. *-ìggo* ecc., come SCONFIGGERE¹) [da *configgere*; 1542] ***tr.*** *raro* sconficcare.

sconfinaménto [da *sconfinare*; 1940] ***sm.*** l'atto e spec. l'effetto dello sconfinare.

sconfinàre (pres. *-ìno*) [comp. parasint. di *confine*; a. 1722 nel senso 2; 1865 nel senso 1] ***intr.*** (aus. *avere*, raro *essere*) **1.** uscire dal confine entrando nel territorio altrui: *le truppe francesi sconfinarono in Svizzera, il contadino sconfinò nel campo del vicino* **2.** *fig.* varcare i limiti previsti: *il tuo discorso sconfina troppo dal tema* || *ass.* eccedere, trasmodare: *attenzione a non sconfinare quando parli con lui.*

sconfinatézza [da *sconfinato*; 1960] ***sf.*** l'essere sconfinato; estensione illimitata.

sconfinàto (*pps.* di *sconfinare*) [1873] ***agg.*** nei sensi del verbo || *iperb.* senza confini, infinito, illimitato: *lasciare a una persona libertà sconfinata; una distesa, una pianura sconfinata* || **N.** *Sin.* illimitato, immenso.

sconfìtta [da *sconfiggere*¹; a. 1342] ***sf.*** **1.** disfatta di un esercito in battaglia || *per estens.* insuccesso in una competizione sportiva: *la squadra ospite ha subito una pesante sconfitta* || *per estens.* rotta, disfatta, detto di un partito politico o di forze di qualunque genere (anche *fig.*): *i monarchici ricevettero una sconfitta alle elezioni* **2.** debellamento, vittoria su qualcosa o qualcuno di negativo: *la sconfitta della schiavitù, del vizio, dell'analfabetismo* || **N. 1.** *Sin.* disfatta, fallimento, fuga, perdita, rotta, sbandamento, sbaraglio, scacco, smacco, tracollo | cocente, dura, umiliante.

sconfìtto¹ (*pps.* di *sconfiggere*¹) [1300 ca.] **I *agg.*** vinto in battaglia || superato in una competizione sportiva || ridotto in condizione di umiliante inferiorità; ridotto al punto di non sapere che cosa replicare, che cosa dire; confuso **II *sm.*** (f. *-a*) chi ha subito una sconfitta || **N. 1.** *Sin.* abbattuto, battuto, disfatto, rotto, sbaragliato, sgominato, vinto.

sconfìtto² (*pps.* di *sconfiggere*²) [1353] ***agg.*** sconficcato.

sconfóndere (pres. *-óndo* ecc., come FONDERE) [da *confondere*; sec. XIV] ***tr.*** *non com.* mettere in gran confusione, anche *fig.*: *lo sconfuse rinfacciandogli la sua ingratitudine* || **N.** *Sin.* disorientare, svergognare.

sconfortànte (*ppr.* di *sconfortare*) [1833] ***agg.*** che sconforta; avvilente, scoraggiante: *un risultato sconfortante.*

sconfortàre (pres. *-òrto*) [da *confortare*; 1294 come intr. pron.] ***tr.*** **1.** far perdere d'animo, togliere la speranza, la fiducia: *l'inutilità dei miei sforzi mi sconforta* **2.** *lett. ant.* dissuadere, sconsigliare: *lo sconfortò dal tentare l'impresa* || ***intr. pron.*** deprimersi, avvilirsi, perdersi d'animo || **N.** ***tr.*** **1.** *Sin.* abbattere, accasciare, avvilire, costernare, deprimere, sconsolare, scoraggiare, umiliare | *Contr.* confortare, consolare, incitare.

sconfortàto (*pps.* di *sconfortare*) [a. 1348] ***agg.*** preso da sconforto, che non trova conforto: *è triste e sconfortato, un pianto sconfortato.*

sconfortévole [da *sconfortare*; 1873] ***agg.*** *raro* sconfortante.

sconfòrto [da *sconfortare*; a. 1337] ***sm.*** grande avvilimento: *fu un attimo di sconforto* || **N.** *Sin.* accasciamento, afflizione, amarezza, avvilimento, costernazione, delusione, demoralizzazione, depressione, dispiacere, dolore.

scongelaménto [da *scongelare*; 1970] ***sm.*** atto ed effetto dello scongelare o dell'essere scongelato.

scongelàre (pres. *-èlo*) [da *congelare*; 1963] ***tr.*** riportare a temperatura ambiente un prodotto congelato o surgelato || *scongelare il frigo*, sbrinarlo.

scongelazióne [da *scongelare*; 1970] ***sf.*** scongelamento.

scongiùngere (pres. *-ùngo* ecc., come GIUNGERE) [da *congiungere*; a. 1704] ***tr.*** *raro* disgiungere.

scongiuraménto [da *scongiurare*; a. 1294] ***sm.*** *raro* lo scongiurare || **N.** *Sin.* preghiera, scongiuro.

scongiuràre (pres. *-ùro*) [da *congiurare*; 1319 nel senso 2; a. 1348 nel senso 1; 1845 nel senso 3] ***tr.*** **1.** *fig. fam.* pregare insistentemente, supplicare: *ti scongiuro di obbedire* **2.** *fig.* allontanare, rimuovere, evitare: *scongiurare un pericolo, un danno, un incidente* **3.** *ant. lett.* obbligare i demoni con esorcismi a uscire dal corpo di un indemoniato || **N. 1.** *Sin.* invocare, PREGARE.

scongiuratóre [da *scongiurare*; a. 1396] ***agg.*** e ***sm.*** (f. *-trìce*) *raro* che o chi scongiura, fa scongiuri; esorcista.

scongiurazióne [da *scongiurare*; a. 1396] ***sf.*** *raro* scongiuro, esorcismo.

scongiùro [da *scongiurare*; 1354] ***sm.*** **1.** lo scongiurare e le formule, i gesti, i riti che si usano per allontanare le forze malefiche; esorcismo || *per estens.* (spec. *pl.*) formula o atto superstizioso per allontanare la iettatura: *fare gli scongiuri* **2.** *iperb.* preghiera fervida e insistente || **N. 1.** *Sin.* scaramanzia **2.** *Sin.* invocazione, PREGHIERA | amuleto.

sconnessióne [da *connessione*; 1741] ***sf.*** mancanza di connessione, disgiungimento.

sconnèsso o **sconnésso** (*pps.* di *sconnettere*) [1673] ***agg.*** mancante di connessione, disunito, incongruente, sconclusionato: *discorso sconnesso* || **sconnessaménte** ***avv.*** senza connessione.

sconnessùra [da *sconnettere*; 1960] ***sf.*** l'essere sconnesso || il punto in cui qualcosa è sconnesso: *le sconnessure dell'uscio.*

sconnèttere o **sconnéttere** (pres. *-ètto* o *étto* ecc., come ANNETTERE) [da *connettere*; a. 1758] ***tr.*** disunire, disgiungere: *sconnettere un asse* || *ass.* non connettere, sragionare: *quando è molto stanco, sconnette* || **N.** *Sin.* disfare, disgiungere, disgregare, disunire, dividere, scollegare, scommettere, scongiungere, separare, smembrare.

sconocchiàre (pres. *-òcchio*) [comp. parasint. di *conocchia*; a. 1492] ***tr.*** **1.** tirare via il pennecchio dalla rocca filando **2.** *fig. rom.* ridurre in cattivo stato.

sconocchiatùra [da *sconocchiare*; 1838] ***sf.*** *raro* **1.** l'atto dello sconocchiare **2.** la parte del pennecchio rimasta sulla conocchia.

sconoscènte (*ppr.* di *sconoscere*) [fine sec. XIII nel senso 2] ***agg.*** **1.** che non ha riconoscenza; anche *s.*: *gli sconoscenti* **2.** *ant.* rozzo, villano || che è incapace di discernere || **sconoscenteménte** ***avv.*** *raro* senza gratitudine || **N. 1.** *Sin.* ingrato.

sconoscènza [da *sconoscente*; 1306] ***sf.*** **1.** irriconoscenza, ingratitudine **2.** *ant.* incapacità di discernere.

sconóscere (pres. *-ósco* ecc., come CONOSCERE) [da *conoscere*; 1873] ***tr.*** *raro* non riconoscere; più propriamente non voler riconoscere; disconoscere: *sconoscere le doti di qualcuno*; *l'invasor che sconobbe ogni gentile virtù* (D'Annunzio) || **N.** *Sin.* ignorare, misconoscere.

sconosciménto [da *sconoscere*; a. 1363] ***sm.*** *raro* atto dello sconoscere.

sconosciùto (*pps.* di *sconoscere*) [1353] **I *agg.*** **1.** ignoto, ignorato per non essere ancora stato individuato, esplorato, sperimentato ecc.: *terre sconosciute, fenomeno sconosciuto* **2.** riferito a persona, mai sentito nominare, ignoto, di nessuna fama: *scrittore sconosciuto* || **sconosciutaménte** ***avv.*** *raro* da sconosciuto, senza essere riconosciuto **II *sm.*** (f. *-a*) persona non identificata.

sconquassaménto [da *sconquassare*; a. 1694] ***sm.*** l'azione dello sconquassare || lo stato di ciò che è sconquassato || **N.** *Sin.* sconquasso.

sconquassàre [da *conquassare*; fine sec. XIV] ***tr.*** scuotere violentemente, scompaginare: *il terremoto sconquassa gli edifici* || *fig. iperb.* scombussolare: *il viaggio in treno mi ha sconquassato* || ***intr. pron.*** rovinarsi, andare fuori di sesto: *l'auto si è sconquassata* || **N.** ***tr.*** *Sin.* danneggiare, rovinare, sgangherare, ROMPERE.

sconquassatóre [da *sconquassare*; 1618] ***agg.*** e ***sm.*** (f. *-trìce*) *raro* che o chi sconquassa.

sconquàsso [da *sconquassare*; 1618] ***sm.*** lo sconquassare, scossa forte e ripetuta || *fig.* scompiglio, disordine, come in seguito a scuotimento violento: *mise tutto in sconquasso.*

sconsacràre [da *consacrare*; 1650] ***tr.*** togliere, con una particolare cerimonia, la qualità di sacro a luoghi, oggetti o persone: *sconsacrare la chiesa, un sacerdote.*

sconsacrazióne [da *sconsacrare*; 1940] ***sf.*** *T.eccl.* atto ed effetto dello sconsacrare.

sconsideratézza [da *sconsiderato*; 1715] ***sf.*** qualità di chi o di ciò che è sconsiderato || **N.** *Sin.* avventatezza, leggerezza, precipitazione, sventatezza | *Contr.* cautela, prudenza.

sconsideràto [da *considerare*; a. 1600] **I**

agg. che opera senza riflettere, avventatamente: *giovane sconsiderato* || di azioni, gesti, frasi e sim., fatto o detto senza considerazione || **sconsideratamente** *avv.* **II** *sm.* (f. *-a*) persona sconsiderata: *gli sconsiderati* || **N.** I *Sin.* avventato, imprudente, incauto, leggero, precipitoso, sbadato, spensierato, sventato; inconsulto.

sconsiderazióne [da *considerazione*; a. 1729] **sf.** *raro* assenza di considerazione || **N.** *Sin.* avventatezza, imprudenza, leggerezza, sbadataggine, sconsigliatezza, spensieratezza, sventatezza.

sconsigliàbile [da *sconsigliare*; 1967] **agg.** non consigliabile, perché sconveniente o pericoloso.

sconsigliàre (pres. *-iglio*) [da *consigliare*; 1353] **tr.** dissuadere, consigliare di astenersi dal fare o dal dire una cosa: *mi hanno sconsigliato di acquistare le azioni di quella società, quella macchina, te la sconsiglio* || **N.** *Sin.* distogliere.

sconsigliatézza [da *sconsigliare*; a. 1729] **sf.** l'essere sconsigliato; mancanza di consiglio, di prudenza, di buon senso || **N.** *Sin.* SCONSIDERAZIONE.

sconsigliàto (*pps.* di *sconsigliare*) [a. 1374] **agg.** **1.** che non riflette prima di agire, privo di buon senso, di prudenza **2.** *ant.* bisognoso di consiglio || **sconsigliataménte** **avv.** sconsideratamente, in maniera inconsulta || **N.** **1.** *Sin.* avventato, imprudente, sconsiderato, sprovveduto.

sconsolànte (*ppr.* di *sconsolare*) [1842] **agg.** che sconsola, sconfortante: *ci ha dato una notizia assai sconsolante.*

sconsolàre (pres. *-ólo*) [da *consolare*; 1336] **tr.** sconfortare, abbattere, far perdere d'animo: *la notizia mi sconsola* || **intr. pron.** disperare, perdersi d'animo: *non è il caso di sconsolarsi* || **N.** *Sin.* SCONFORTARE.

sconsolatézza [da *sconsolare*; 1940] **sf.** *raro* condizione di chi è sconsolato; sconsolazione.

sconsolàto (*pps.* di *sconsolare*) [1294] **agg.** nei sensi del verbo; *in part.* privo di consolazione, addolorato, desolato || che non ammette consolazione: *parole sconsolate* || **sconsolataménte** **avv.** || **N.** *Sin.* afflitto, deluso, disperato, sconfortato, scoraggiato, INFELICE.

sconsolazióne [da *sconsolare*; a. 1348] **sf.** *ant.* l'essere sconsolato; sconsolatezza, sconforto.

scontàbile [da *scontare*; 1857] **agg.** che può essere scontato: *cambiale scontabile.*

scontabilità [da *scontabile*; 1960] **sf.** possibilità per un titolo di credito di essere scontato.

scontaménto [da *scontare*; a. 1380] **sm.** *ant.* atto e modo dello scontare (una pena ecc.): *a scontamento delle colpe* || **N.** *Sin.* espiazione.

scontànte (*ppr.* di *scontare*) [1891] **I agg.** che sconta **II s.** *T.banc.* chi sconta una cambiale, pagandola allo scontatario || **N.** *Sin.* scontatore, scontista.

scontàre (pres. *scónto*) [comp. parasint. di *conto*; 1211] **tr.** **1.** ridurre mediante successive detrazioni: *sconteremo il debito un po' alla volta* || da parte di un venditore, ridurre un prezzo, o ridurre di prezzo una merce: *prezzi scontati, quel vestito è stato scontato già due volte* **2.** *per estens. fig.* espiare, pagare la pena di una colpa: *scontò la pena in un carcere militare, sono colpe che si scontano* || *fam.* *scontarla*, pagare il fio, subire le conseguenze di una colpa **3.** *T.banc.* *scontare una tratta, una cambiale*, cederla a una banca prima della scadenza, ricevendone in cambio l'ammontare diminuito dell'interesse relativo al periodo intercorrente dalla transazione alla scadenza del titolo **4.** dare per assodato, prevedibile o inevitabile: *la sua vittoria era scontata; dobbiamo dare per scontato un certo ritardo dei rifornimenti* || considerare risaputo, e quindi privo d'interesse: *l'esperienza impressionistica è oggi scontata.*

scontatàrio (pl. *-ri*) [da *scontare*; 1940] **sm.** (f. *-a*) *T.banc.* colui che sconta una cambiale, incassandone l'importo dallo scontante.

scontatóre [da *scontare*; 1873] **agg.** e **sm.** (f. *-trice*) *T.banc.* scontante, scontista; la banca o il privato che paga una cambiale allo scontatario prima della scadenza, trattenendosi il saggio di sconto.

scontentàre (pres. *-ènto*) [da *contentare*; a. 1375] **tr.** rendere scontento, non appagare: *con questo lavoro mi avete scontentato, non scontentare il cliente.*

scontentézza [da *scontento*[1]; a. 1565] **sf.** l'essere scontento.

scontènto[1] [da *contento*; sec. XIV] **agg.** che non è contento, insoddisfatto, deluso: *la decisione ha lasciato tutti scontenti* || **N.** *Sin.* disgustato, dispiaciuto, frustrato.

scontènto[2] [da *scontentare*; 1551] **sm.** il sentimento di chi è scontento: *lo scontento nel paese* || **N.** *Sin.* disgusto, dispiacere, malcontento, malumore.

scontista [da *scontare*; 1863] **s.** *T.banc.* chi sconta cambiali o altri effetti, trattenendo l'interesse || **N.** *Sin.* scontante, scontatore | scontatario.

scónto [da *scontare*; 1278 *iscontio*; 1826 nel senso 2] **sm.** **1.** detrazione sul prezzo ufficiale, abbuono: *accordare uno sconto del 40% sulle merci in liquidazione; sconto di cassa*, concesso a chi paga anticipatamente o in contanti **2.** *T.banc.* contratto nel quale una parte (solitamente una banca) anticipa all'altra, dietro cessione di un titolo di credito, l'ammontare del titolo stesso, previa detrazione dell'interesse || l'ammontare dell'interesse dedotto; anche il saggio d'interesse (detto più correttamente *tasso di sconto*) || *commissione di sconto*, quella che giudica se un titolo di credito (ad es. una cambiale) possiede o meno certi requisiti che ne rendono conveniente lo sconto **3.** nelle loc. *a sconto, per sconto*, per scontare, per estinguere totalmente o parzialmente un debito; anche *fig.*: *a sconto delle tue colpe.* **Q.T. banca.**

scontòrcere (pres. *-òrco* ecc., come TORCERE) [da *contorcere*; a. 1400] **tr. rifl.** contorcere, storcersi: *scontorcere la bocca, scontorcersi tutto per il dolore* || *fig. raro* deformare: *scontorcere le affermazioni di uno* || **N.** *Sin.* contorcere, dibattere, divincolare, svincolare, torcere.

scontorciménto [da *scontorcere*; 1684] **sm.** *raro* l'atto dello scontorcere o dello scontorcersi.

scontràre (pres. *scóntro*) [da *incontrare*, con cambio di pref.; 1313] **tr.** **1.** *ant.* incontrare: *scontrò un amico per la strada* **2.** *T.mar.* *scontrare il timone, la barra*, durante un movimento angolare della nave o una accostata, mettere rapidamente il timone dalla parte opposta in modo da frenare al più presto tale movimento || **intr. pron.** **1.** *raro* imbattersi: *scontrarsi in qualcuno* **2.** andare a urtare violentemente contro un ostacolo in movimento: *il camion si scontrò con un autobus* || **rifl. rec.** **1.** urtare violentemente l'uno contro l'altro, detto spec. di veicoli: *le due auto si scontrarono* **2.** entrare in conflitto diretto: *i due eserciti, le due bande rivali si scontrarono* **3.** *fig.* contrastare, divergere, contrapporsi: *su questo punto le due linee politiche si scontrarono* || **N.** **rifl. rec.** *Sin.* urtarsi.

scontrìno [prob. dal venez. *scontrin*, dim. di *scontro*, bolletta che fa riscontro ad un'altra; 1891] **sm.** biglietto, piccola polizza di riscontro, di riconoscimento di un diritto a una prestazione o attestante l'adempimento di un obbligo: *conservare lo scontrino; scontrino fiscale*, cedola che il venditore rilascia all'acquirente, attestante l'avvenuta registrazione dell'incasso al fine dell'adempimento degli obblighi fiscali || **N.** *Sin.* biglietto, bollettino, contrassegno, contromarca.

scóntro [da *scontrare*; a. 1347 nel senso 2; 1891 nel senso 1] **sm.** **1.** lo scontrare e lo scontrarsi; *in part.* urto violento di veicoli in movimento: *rimase ferito nello scontro dei treni* **2.** combattimento, incontro violento e ostile, sia collettivo (tra eserciti, bande armate ecc.), sia individuale: *ci fu uno scontro sanguinosissimo* || nella scherma, duello, ripresa di duello e sim.: *fu ferito al secondo scontro* || *fig.* colloquio agitato e violento, contrasto: *ho avuto uno scontro col mio principale* **3.** *T.mar.* congegno che, introdotto in un qualsiasi meccanismo, limita la corsa di un suo organo mobile **4.** *ant.* disgrazia, disavventura || **N.** **1.** *Sin.* collisione.

scontrosàggine [da *scontroso*; 1873] **sf.** *raro* qualità di persona scontrosa || atto da scontroso.

scontrosità [da *scontroso*; 1873] **sf.** l'essere scontroso || *concr.* ciò che è fatto o detto in modo brusco e sgarbato.

scontróso [da *scontrare*; a. 1802] **I agg.** di persona, chiuso e brusco di modi: *è un ragazzo scontroso* || di gesto, atteggiamento e sim., poco affabile, aspro: *risposta scontrosa* **II sm.** (f. *-a*) persona scontrosa || *dim.* scontrosétto, scontrosìno; *pegg.* scontrosàccio || **scontrosaménte** **avv.** || **N.** I *Sin.* asociale, intrattabile, ombroso, permaloso, ritroso, rustico, suscettibile | *Contr.* affabile, socievole.

sconturbàre [da *conturbare*; 1600] **tr.** e **intr. pron.** turbare e turbarsi profondamente.

sconvenévole [da *convenevole*; 1325 ca.] **agg.** *lett.* disdicevole, indegno || **sconvenevolménte** **avv.** || **N.** *Sin.* inadatto, SCONVENIENTE.

sconvenevolézza [da *sconvenevole*; prima metà sec. XIV] **sf.** *lett.* l'essere sconvenevole; sconvenienza.

sconveniènte [da *sconvenire*; a. 1348] **agg.** **1.** che manca di tatto o di decoro: *risposta sconveniente* **2.** *raro* che non offre convenienza: *contratto sconveniente* || **sconvenienteménte** **avv.** || **N.** **1.** *Sin.* biasimevole, brutto, disdicevole, disonorevole, improprio, indebito, indecoroso, inopportuno, sconcio, scorretto **2.** *Sin.* svantaggioso.

sconveniènza [da *sconvenire*; a. 1348 *sconvenenza*] **sf.** **1.** mancanza di correttezza e rispetto che si deve a sé e agli altri, o al luogo in cui ci si trova: *è una grave sconvenienza chiacchierare in chiesa* || *per estens.* comportamento o discorso sconveniente: *queste tue parole sono una sconvenienza bella e buona* **2.** mancanza di vantaggio: *la sconvenienza di un trattato, di un contratto* || **N.** **1.** *Sin.* disdicevolezza, inciviltà, incompatibilità, indecenza, indegnità, inopportunità.

sconvenìre (pres. *-èngo* ecc., come VENIRE) [da *convenire*; sec. XIII] **intr.** (aus. *essere*) *lett.* essere sconveniente, non convenire || **N.** *Sin.* disdire.

sconvolgènte (*ppr.* di *sconvolgere*) [1838] **agg.** che sconvolge || che turba profondamente, impressionante: *una passione sconvolgente* || anche *iperb.* che colpisce moltissimo: *una bellezza sconvolgente.*

sconvòlgere (pres. *-òlgo* ecc., come VOLGERE) [dal lat. *convolvere*; a. 1400] **tr.** provocare uno scompiglio, un grande disordine, turbare un assetto ordinato: *sconvolgere l'ordine delle cose, hai sconvolto i miei progetti, la tempesta sconvolge le onde* || *fig.* turbare profondamente, scombussolare: *la morte della sorella l'ha sconvolta* || **intr. pron.** turbarsi: *si sconvolge per poco* || **N.** **tr.** *Sin.* confondere, disordinare, scompigliare.

sconvolgiménto [da *sconvolgere*; 1611] **sm.** atto ed effetto dello sconvolgere: *uno sconvolgimento politico, sociale, tellurico* || **N.** *Sin.* cataclisma, perturbamento, rimescolio, rivolta, rivoluzione, scompiglio, sconquasso, subbuglio,

DISORDINE.

sconvolgitóre [da *sconvolgere*; 1690] ***agg.*** e ***sm.*** (f. *-trìce*) *raro* che o chi sconvolge.

sconvòlto (*pps.* di *sconvolgere*) [1364] ***agg.*** nei sensi del verbo: *mare sconvolto*, agitato dalla burrasca || *in part. fig.* confuso, gravemente turbato: *mente sconvolta*; *viso sconvolto*, alterato da paura, ira, vergogna, dolore ecc.

scooner V. SCHOONER.

scoop (ingl., pr. [sku:p]) [letter. mestolo; 1963] ***sm.*** *inv. T.giorn.* notizia sensazionale e inedita pubblicata in esclusiva; colpo giornalistico: *giornalista a caccia di scoop.* **Q.T.** ***giornale.***

scoordinaménto [da *coordinamento*; 1966] ***sm.*** scoordinazione.

scoordinazióne [da *coordinazione*; 1960] ***sf.*** mancanza di coordinamento; *in part.* incapacità di coordinare i movimenti delle braccia con quelli delle gambe || *fig.* incapacità di coordinare le idee.

scooter (ingl., pr. [ˈsku:tə]; pr. it. [ˈskuter]) (non com. *scuter*) [da *to scoot*, correre, pattinare; 1950] ***sm.*** *inv.* **1.** veicolo a due ruote (abbr. di *motorscooter* (v.)) **2.** imbarcazione a vela capace di scivolare sul ghiaccio. **TAV.** ***motocicletta...*** **p. 1323** 7.

scooterìsta (pr. [skuteˈrista]) o **scuterìsta** [da *scooter*; 1963] ***s.*** guidatore di scooter.

scópa¹ [lat. *scōpa*; a. 1320] ***sf.*** nome comune di alcune piante delle Ericacee con i rami delle quali si possono confezionare scope.

scópa² [lat. *scōpa*; a. 1348] ***sf.*** arnese per spazzare, costituito da un lungo manico, all'estremità del quale è fissata una grossa spazzola di rami di erica o di saggina o di setole di fibra sintetica || *fig. scherz. avere mangiato il manico della scopa*, avere un contegno rigido e impettito || *fig.* ogni cosa che serve a spazzare via cose o persone: *per don Abbondio la peste era stata una scopa* (Manzoni) || *dim.* scopétta, scopétto, scopìna, scopìno (*sm.*) || **N.** *Sin.* granata, ramazza. **TAV.** ***giardinaggio*** **p. 1315** 24.

scópa³ [da *scopa²*; 1873] ***sf.*** **1.** *T.gioc.* gioco che si fa con le carte tra due o quattro giocatori, nel quale con una carta si può prendere quella di valore corrispondente o anche più carte, il cui valore sommato insieme equivalga a quello di essa; quando così facendo si porta via l'ultima carta scoperta che è sulla tavola, si dice che si è fatto scopa (donde il nome) e si segna un punto **2.** *T.gioc.* mossa consistente nel fare scopa **3.** *T.gioc.* punto totalizzato per aver fatto una scopa; *scopa d'assi* o *asso piglia tutto*, nella quale gli assi consentono di prendere tutte le carte in tavola || **N. 1.** carte, ori, primiera, scopa, settebello | scopone.

scopàio (pl. *-ài*) [da *scopa²*; 1960] ***sm.*** (f. *-a*) fabbricante o venditore di scope.

scopamàre [comp. di *scopa(re)* e *mare*; 1814 *scopamari*] ***sm.*** *T.mar.* vela di bel tempo, rettangolare o triangolare, che i velieri a vele quadre aggiungono lateralmente e da ciascun lato della vela di trinchetto; fa parte di quelle vele di bel tempo il cui complesso si chiama *forza di vele* || **N.** vela.

scopàre (pres. *scópo*) [da *scopa²*; fine sec. XIII nel senso 2; a. 1556 nel senso 1; 1922 nel senso 3] ***tr.*** **1.** pulire, spazzare con la scopa: *scopare il pavimento, la stanza* || nel modo di dire *scopare il mare*, dedicarsi a un'attività futile e improduttiva **2.** *T.stor.* il supplizio di percuotere un reo con fusti di scopa **3.** *volg.* possedere sessualmente; || ***intr.*** (aus. *avere*) avere un rapporto sessuale.

scopàta [da *scopare*; 1550] ***sf.*** **1.** colpo di scopa **2.** lo scopare velocemente alla meglio: *dare una scopata* **3.** *volg.* coito || *dim.* scopatìna.

scopatóre [da *scopare*; 1598] ***sm.*** (f. *-trìce*) **1.** spazzino || *T.eccl.* titolo di coloro che scopano le stanze alla corte pontificia; *scopatori segreti*, i domestici intimi del papa **2.** *volg.* chi ha rapporti sessuali frequenti.

scopatùra [da *scopare*; a. 1729 nel senso 2] ***sf.*** **1.** l'atto dello scopare **2.** *T.stor.* supplizio dello scopare.

scopàzzo [da *scopa¹*; 1957] ***sm.*** ammasso di più rametti avvicinati tra loro, generalmente più deboli del normale e sterili, generato da funghi parassiti in talune piante d'alto fusto.

scopelismo [dal gr. *skópelos*, sasso; 1838] ***sm.*** *disus. T.giur.* delitto di chi minaccia qualcuno di morte, di rapimento ecc. con lettere anonime o segni simbolici; prende nome dal fatto che anticamente, in certe regioni arabe, si usava porre mucchi di sassi in un campo, intimando con ciò la morte a chiunque osasse coltivarlo.

scoperchiàre (pres. *-èrchio*) [comp. parasint. di *coperchio*; 1353] ***tr.*** levare il coperchio, scoprire: *scoperchiare la pentola* || *per estens.* togliere la copertura: *scoperchiare un edificio*, togliergli il tetto.

scoperchiatùra [da *scoperchiare*; 1873] ***sf.*** **1.** atto ed effetto dello scoperchiare **2.** *tosc.* muscoli intercostali delle bestie macellate.

scopèrta [da *scoprire*; a. 1587] ***sf.*** **1.** atto ed effetto dello scoprire, nel significato di rivelare cose prime ignorate o nascoste: *la scoperta dell'America, di un giacimento petrolifero, dell'energia atomica, di una nuova specie di vipere* || *fig.* rivelazione artistica o letteraria: *quel poeta è una sua scoperta* || nella loc. iron. *che bella scoperta!*, quando si annuncia come nuova una cosa notissima **2.** *T.mil.* esplorazione: *è partito in servizio di scoperta* **3.** *T.mar. servizio di scoperta*, il servizio di avvistamento delle navi, fatto dai semafori e dalle stazioni costiere di vedetta: *segnali e telegrammi di scoperta*, quelli relativi al detto servizio || **N. 1.** *Sin.* rinvenimento, ritrovamento, ritrovato **2.** *Sin.* avanscoperta, perlustrazione, ricognizione.

scopèrto (*pps.* di *scoprire*) [fine sec. XIII; 1313 come sm.] **I** ***agg.*** **1.** non coperto, privo di copertura: *automobile scoperta, terrazzo scoperto*, senza tetto; *dormire scoperto*, senza coperte || insufficientemente coperto da indumenti, rif. spec. alla donna quando indossa abiti scollati, sbracciati o troppo corti: *quella zingara porta in giro il bambino tutto scoperto, va in giro tutta scoperta*; *braccia, spalle, gambe scoperte*; *a capo scoperto*, senza cappello **2.** *per estens.* insufficientemente riparato o protetto, e perciò esposto a pericoli o danni || *fig. lasciare il fianco scoperto alle critiche*, comportarsi in modo scorretto senza premunirsi contro eventuali critiche || *T.sport.* del pugile, esposto ai colpi avversari || *T.mil. posizione scoperta, camminamento scoperto, reparto scoperto*, indifesi, non protetti **3.** visibile, non nascosto: *cielo scoperto*, privo di nubi; *giocare a carte scoperte*, tenendole in tavola in modo che siano visibili a tutti, e *fig.* agire senza celare le proprie intenzioni || *fig. a fronte scoperta*, a viso aperto, francamente **4.** *T.comm.* e *T.banc.* in varie loc.: *conto scoperto*, con saldo passivo; *partita scoperta*, non ancora pagata || **scopertaménte** ***avv.*** palesemente, in modo esplicito: *parlare, agire scopertamente* **II** in funzione di ***avv.*** *lett.*: *parlare scoperto*, scopertamente **III** ***sm.*** **1.** nella loc. *allo scoperto*, in luogo privo di riparo o copertura, e anche *per estens.* di protezione: *dormirono, marciarono allo scoperto*; *agire, procedere allo scoperto*, non protetti, esponendosi a pericoli, rischi o, in senso *fig.*, a eventuali critiche o spiacevoli conseguenze **2.** *T.comm.* e *T.banc. restare, trovarsi allo scoperto*, a corto di denaro; *andare allo scoperto*, prelevare dal conto bancario una somma superiore a quella depositata; *avere uno scoperto di due milioni*, per mancanza di copertura; *vendere allo scoperto*, senza avere a disposizione la merce o (in borsa) le azioni.

scopéto [da *scopa¹*; 1806] ***sm.*** luogo ove crescono le scope; bosco di scope o eriche.

scopétta (*dim.* di *scopa²*) [a. 1571] ***sf.*** **1.** piccola scopa usata in ambienti angusti, angoli, mobili e sim. **2.** *region.* spazzola || *dim.* scopettìna.

scopétto (*dim.* di *scopa²*) [1940] ***sm.*** piccola scopa a manico corto || *accr.* scopettóne.

scopettóne (*accr.* di *scopetto*) [1923] ***sm.*** **1.** spazzolone per lavare i pavimenti **2.** *pl. scherz.* lunghe basette che scendono sulle gote lasciando scoperto e libero il mento || **N. 2.** *Sin.* favoriti, fedine.

-scopìa [dal gr. *-skopía*, der. di *skopêin*, guardare] ***elem. term.*** che, in parole composte della terminologia scientifica, vale "esame", "osservazione" condotti con strumenti ottici o a vista (per es. *endoscopia, necroscopia, rettoscopia*).

scopiazzàre [da *copiare*; 1942] ***tr.*** *spreg.* copiare male, anche *ass.* || plagiare goffamente.

scopiazzatóre [da *scopiazzare*; 1957] ***sm.*** (f. *-trìce*) *spreg.* chi scopiazza.

scopiazzatùra [da *scopiazzare*; 1957] ***sf.*** lo scopiazzare || *concr.* la cosa scopiazzata.

-scòpico [da *-scopia* e *-scopio*] ***elem. term.*** che forma gli agg. dei corrispondenti nomi in *-scopia* e *-scopio* (per es. *demoscopico, endoscopico, radioscopico, telescopico*).

scopièra [da *scopa²*; 1940] ***sf.*** armadio in cui si ripongono le scope.

scopinàre (pres. *-ìno*) [da *scopa²*; 1960] ***tr.*** sottoporre i bozzoli a scopinatura.

scopinatùra [da *scopinare*; 1960] ***sf.*** *T.tess.* operazione, manuale o meccanica, di ricerca del capo del filo di seta nel bozzolo.

scopìno [da *scopare*; 1940] ***sm.*** (f. *-a*) *region.* chi scopa le strade, al servizio di un Municipio || **N.** *Sin.* netturbino, spazzino.

-scòpio [dal gr. *-skópion*, da *skopêin*, guardare] ***elem. term.*** utilizzato nei composti che indicano strumenti impiegati per l'osservazione di determinati fenomeni o di determinati organi (per es. *stetoscopio, microscopio, telescopio*).

scopìsta [da *scopa³*; 1940] ***s.*** giocatore esperto di scopa o scopone.

scòpo [dal lat. tardo *scopus*, gr. *skopós*; 1563] ***sm.*** **1.** il fine a cui si tende in un'azione, l'oggetto dei desideri o dell'intenzione: *mi prefiggo questo scopo, è un discorso senza scopo, i figli sono lo scopo della nostra vita* **2.** *ant.* bersaglio, e spec. il punto al quale si mira nel bersaglio || *T.top.* tavoletta quadrata o rettangolare, a riquadri bianchi e rossi, usata come segnale in tutte le operazioni di osservazione a distanza || *T.bal. falso scopo*, nel tiro indiretto delle artiglierie, il punto visibile a cui, dopo opportuni calcoli, si mira con lo strumento ottico perché la bocca da fuoco riesca puntata al vero bersaglio lontano o nascosto || **N. 1.** *Sin.* aspirazione, bersaglio, fine, intento, mèta, mira, obiettivo, oggetto, proposito, termine | grandioso, ignobile, inconfessabile, meschino, nobile, principale, secondario, sublime, supremo, vergognoso | collimare, consacrarsi, convergere, dedicarsi, prestarsi, mirare, prefiggersi, proporsi, servire, tendere; accarezzare, conseguire, desistere, ottenere, rinunziare, riuscire | manovra, mezzo | deliberatamente, intenzionalmente.

scòpo- [dal gr. *skopêin*, osservare] ***primo elem.*** che, in parole composte della psicologia, vale "vedere", "essere visti" (per es. *scopofilia, scopofobia*).

-scopo [dal gr. *skopêin*, osservare] ***elem. term.*** che, in parole composte della terminologia scientifica, indica la persona che effettua gli esami indicati dai corrispondenti sostantivi in *-scopia* (per es. *necroscopo*).

scopofilìa [comp. di *scopo-* e *-filia*; 1942] ***sf.*** *T.psic.* perversione sessuale in cui il soggetto gode esclusivamente alla vista di nudità o di

atti erotici altrui; voyeurismo.
scopòfilo [comp. di *scopo-* e *-filo*; 1965] **sm.** (f. *-a*) *T.psic.* affetto da scopofilia.
scopofobìa [comp. di *scopo-* e *fobia*; 1983] **sf.** *T.psic.* paura morbosa di essere visti.
scòpola V. SCOPPOLA.
scopolamina [comp. del n. proprio G.A. *Scopoli*, botanico trentino e di *am(m)ina*; 1893] **sf.** *T.scient.* alcaloide contenuto in diverse Solanacee, che ha press'a poco l'azione dell'atropina; viene utilizzata come preanestetico e per i suoi effetti ipnotici e sedativi sul sistema nervoso centrale.
scopóne [da *scopa*[3]; 1887 *scupone*] **sm.** *T.gioc.* gioco di carte analogo alla scopa, in cui però i giocatori sono obbligatoriamente quattro, e tra loro vengono subito suddivise, all'inizio della partita, tutte le carte del mazzo || *scopone scientifico*, variante dello scopone in cui non vengono scoperte, all'inizio della partita, carte in tavola || **N.** primiera, settebello; tallone | parigliare; sparigliare.
scoponista [da *scopone*; 1942] **s.** giocatore di scopone.
scoppiaménto [da *scoppiare*[2]; 1940] **sm.** azione ed effetto dello scoppiare, dello spaiare.
scoppiàre[1] (pres. *scòppio*) [da *scoppio*; 1313] **intr.** (aus. *essere*) **1.** di corpi cavi, spaccarsi all'improvviso, e in genere fragorosamente, a causa dell'eccessiva pressione interna: *è scoppiato uno pneumatico, un palloncino, la caldaia era sul punto di scoppiare, il gelo ha fatto scoppiare le condutture dell'acqua, è scoppiato l'ascesso* || *in part.* esplodere, detto di ordigni esplosivi: *è scoppiata una bomba* **2.** *fig.* in varie loc. fam., prorompere, non riuscire a trattenersi: *è scoppiato in pianto, in lacrime, in singhiozzi, scoppiare a piangere, a ridere* || *iperb.* crepare: *scoppiare dal ridere, dal caldo; mangiare fino a scoppiare*, a crepapelle; *scoppiare d'invidia, di rabbia*, essere fortemente turbato da tali emozioni; *scoppiare di salute*, essere in condizioni di salute eccellenti || *ass. scoppio, mi sento scoppiare*, per l'ira, la tensione lungamente repressa o anche per aver mangiato troppo, per il troppo caldo, per la fatica e sim. **3.** *fig.* di un fenomeno, manifestarsi improvvisamente e violentemente, spec. quando si diffonde con grande rapidità: *scoppia un'epidemia, una guerra, una rivoluzione, un urlo, una salva di applausi* **4.** *T.sport.* perdere completamente le energie e abbandonare quindi la gara: *scoppiare alla distanza, in salita* || **N. 1.** *Sin.* detonare, saltare, schiantare, scoppiettare, spaccarsi **2.** *Sin.* erompere, schiattare.
scoppiàre[2] (pres. *-òppio* o *-óppio*) [comp. parasint. di *coppia*; a. 1584] **tr.** spaiare, separare cose tra loro accoppiate.
scoppiatùra [da *scoppiare*[1]; 1891] **sf.** *region. tosc.* screpolatura della pelle, ragade.
scoppiettaménto [da *scoppiettare*; a. 1597] **sm.** atto ed effetto dello scoppiettare.
scoppiettàre (raro pop. *schioppettàre*) (pres. *-étto*) [da *scoppiare*[1]; 1573] **intr.** (aus. *avere*) **1.** produrre piccoli scoppi, detto spec. di materiali che bruciano **2.** *fig.* risuonare, detto di rumori secchi e leggeri susseguentisi con rapidità: *sentivo scoppiettare brevi risate* || **N. 1.** *Sin.* scoppiare.
scoppiettìo (pl. *-ìi*) [da *scoppiettare*; 1612] **sm.** lo scoppiettare continuato o frequente, e insistente.
scoppiétto (*dim.* di *scoppio*) [1741] **sm. 1.** piccolo scoppio **2.** *T.stor.* arma da fuoco portatile in uso nel Quattrocento.
scòppio (pl. *-pi*) [lat. *scloppum*, rumore fatto battendo le guance a bocca chiusa; a. 1374 nel senso 2; 1834 nel senso 1] **sm. 1.** atto ed effetto dello scoppiare || *motore a scoppio*, il cui movimento è determinato dall'esplosione di una miscela detonante composta comunemente di benzina e aria || nella *loc. avv. a scoppio ritardato*, detto di ordigni muniti di un dispositivo che consente il prodursi dello scoppio a un certo intervallo dall'azionamento del comando detonante; *fig.* detto di reazioni ritardate rispetto alla loro causa: *la sua rabbia è stata a scoppio ritardato* **2.** rumore forte, improvviso, che fa una cosa quando scoppia o esplode; detonazione: *lo scoppio del fulmine, di una bomba* || *raro* schiocco, detto di baci, delle dita o della frusta **3.** *fig.* esplosione di un sentimento a lungo represso, o delle manifestazioni di tale sentimento: *scoppio d'ira, di pianto, di risa, di applausi* **4.** *fig.* il verificarsi improvviso di un fenomeno: *lo scoppio della guerra, della rivolta* || *raro* schianto, botto, nella *loc. avv. di scoppio*, improvvisamente || *dim.* scoppiétto. **TAV.** *motori* 1.1, 2.3, 4.3.
scòppola (tosc. *scòpola*) [da *coppa*; 1851] **sf. 1.** *region.* colpo dato con la mano aperta sulla nuca: *lo prese a scoppole* || *fig. passare all'esame con la scoppola*, senza merito, per una forte raccomandazione o per soverchia indulgenza degli esaminatori || *fig.* perdita di denaro al gioco o in affari: *s'è preso una bella scoppola* **2.** *T.aer.* sbalzo repentino, verso il basso o verso l'alto, di un apparecchio aereo in volo, dovuto a vuoti d'aria o a raffiche di vento || *dim.* scoppolétta || **N. 1.** *Sin.* scapaccione, scappellotto.
scopriménto [da *scoprire*; 1575] **sm. 1.** atto dello scoprire || *scoprimento di monumento, di statua*, la cerimonia nella quale si mostra per la prima volta al pubblico la statua, il monumento ecc. **2.** *ant. non com.* scoperta.
scoprire (pres. *scòpro* ecc., come APRIRE) [da *coprire*; 1313] **tr. 1.** togliere a una cosa ciò che la copre, la nasconde, la difende: *scoprì il viso, la pentola, il vento scoprì la casa* || *in part.* rif. a un monumento, una statua e sim., inaugurarli togliendo il velo che li ricopre; *fig. scoprire gli altarini*, far trapelare, anche non intenzionalmente, scabrosi segreti || togliere o sollevare indumenti, coperte e sim. che coprono il corpo o una sua parte: *il vento, sollevando la gonna, le scopriva le gambe, non scoprite il malato mentre è in traspirazione* **2.** rendere visibile, rivelare: *scoprire i propri piani; scoprire le carte*, voltarle in tavola in modo che tutti i giocatori possano conoscerne il valore e, *fig.*, rivelare le proprie intenzioni || sguarnire, esporre ad accuse, attacchi e sim.: *l'uscita del portiere scoprì la porta; scoprire il fianco*, di un esercito, lasciarlo indifeso e, *per estens. fig.*, esporsi a pericoli per mancanza di difese **3.** arrivare a conoscere ciò che era occulto, nascosto, ignoto: *scoprì nuove terre, un tesoro, una miniera* || *iron. scoprire l'America, l'acqua calda*, detto di chi presume di aver trovato qualcosa di nuovo e originale, quando si tratta in realtà di cose ben note || riuscire a individuare o a trovare qualcuno o qualcosa: *scoprimmo il colpevole, un ammanco di cassa* || *per estens.* riconoscere in qualcuno qualità che prima si ignoravano: *ho scoperto in lui un grande regista* **4.** *arc. T.mil.* esplorare: *scoprire (un) terreno, (un) paese*, anche nel senso *fig.* di indagare gli intendimenti altrui, per sapersi regolare di conseguenza **5.** *raro lett.* riuscire a vedere: *di lassù si scopriva un bel panorama; scoprire il nemico*, avvistarlo || *prov. ant. scoprire un altare per ricoprirne un altro*, fare un debito per pagarne un altro || **rifl. 1.** togliersi gli indumenti o le coperte di dosso o anche indossare indumenti più leggeri: *non ti vergogni a scoprirti così?, attento a non scoprirti di notte, in primavera è rischioso scoprirsi troppo* || *ass.* togliersi il cappello in segno di ossequio **2.** *fig.* manifestarsi per ciò che si è o si pensa: *finalmente si è scoperto: era una spia!* **3.** esporsi a rischi, attacchi e sim., allentare le difese: *lo sorpresero in un momento in cui si era scoperto* || *in part. T.sport.* nel pugilato, nella scherma e sim., allentare la guardia, esponendosi all'attacco avversario || **rifl. indir.** togliersi indumenti di dosso: *scoprirsi le gambe, il capo* || **N. tr. 1.** *Sin.* denudare, scoperchiare **2.** *Sin.* manifestare, palesare **3.** *Sin.* accorgersi, conoscere, escogitare, identificare, indovinare, intuire, inventare, rintracciare, ritrovare, rivelare, scovare, smascherare, svelare, trovare.
scopritóre [da *scoprire*; 1618] **agg.** e **sm.** (f. *-trice*) che o chi scopre: *lo scopritore della penicillina.*
scopritùra [da *scoprire*; a. 1320] **sf.** *raro* lo scoprire.
scoraggiaménto [da *scoraggiare*; 1810] **sm.** lo scoraggiarsi e lo stato d'animo di chi è scoraggiato: *bisogna reagire allo scoraggiamento* || **N.** *Sin.* abbandono, abbattimento, accasciamento, annichilimento, avvilimento, costernazione, demoralizzazione, depressione, prostrazione, sbigottimento, sconforto, scoramento, sgomento, smarrimento d'animo.
scoraggiàre (pres. *-àggio*) [comp. parasint. di *coraggio*; a. 1250] **tr.** togliere il coraggio; indurre sfiducia; indurre a desistere da un'impresa: *mi hanno scoraggiato dal proseguire gli studi* || **intr. pron.** perdere il coraggio: *non ti scoraggiare per così poco* || **N. tr.** *Sin.* accasciare, avvilire, costernare, demoralizzare, deprimere, disanimare, sbaldanzire, sconfortare, scorare.
scoraggiàto (*pps.* di *scoraggiare*) [prima metà sec. XIV] **agg.** che ha perso coraggio, abbattuto || **N.** *Sin.* accasciato, avvilito, costernato, depresso, disfatto, sconfortato, scorato.
scoraggiménto [da *scoraggire*; 1873] **sm.** *raro tosc.* scoraggiamento.
scoraggire (pres. *-ìsco, -ìsci*) [comp. parasint. di *coraggio*; 1838] **tr.** e **intr. pron.** *raro tosc.* scoraggiare e scoraggiarsi.
scoraménto [da *scorare*; 1699] **sm.** avvilimento, scoraggiamento.
scoràre (pres. *scòro* o, più com., *scuòro*; in tutta la coniugazione, la *o* dittonga preferibilmente in *uo* se tonica) [comp. parasint. da *cu(o)re*; fine sec. XIII] **tr.** *lett.* avvilire, far perdere la fiducia || **N.** *Sin.* SCORAGGIARE.
scoràto (*pps.* di *scorare*) [1574] **agg.** *lett.* scoraggiato, sconfortato.
scorazzàre V. SCORRAZZARE.
scorbacchiaménto [da *scorbacchiare*; 1726] **sm.** *raro* beffa e vituperio; l'atto di scorbacchiare, scorbacchiatura.
scorbacchiàre (pres. *-àcchio*) [comp. parasint. di un arc. *corbacchio*, grosso corvo; a. 1563] **tr.** *raro* svergognare pubblicamente; schernire, dileggiare.
scorbacchiàto (*pps.* di *scorbacchiare*) [a. 1527] **agg.** *raro* schernito, dileggiato || **N.** *Sin.* beffato, deriso, svergognato, umiliato.
scorbacchiatùra [da *scorbacchiare*; 1891] **sf.** *raro* scorbacchiamento || **N.** *Sin.* beffa, derisione, scherno.
scorbellàto [comp. parasint. di *corbello*; 1863] **agg.** che ha modi spregiudicati e reagisce solitamente con espressioni vivaci e risposte salaci || **N.** *Sin.* scanzonato.
scòrbio e der. forme arc. di SGORBIO e der. (V.).
scorbutamina [comp. di *scorbuto* e (*vit*) *amina*; 1960] **sf.** acido ascorbico, vitamina C.
scorbùtico (pl. *-ci*) [da *scorbuto*; 1674; 1891 nel senso 2] **I agg. 1.** relativo allo scorbuto || affetto da scorbuto **2.** *fig.* bisbetico, scontroso, di umore difficile: *uomo scorbutico* **II sm.** (f. *-a*) **1.** affetto da scorbuto **2.** persona scontrosa e antipatica.
scorbùto (non com. *scòrbuto*) [dal medio oland. **scorbut*, prob. attr. il fr. *scorbut*; 1611] **sm.** malattia da carenza alimentare e, in part., di vitamina C; è caratterizzata da uno stato di deperimento generale cui si associano emorragie cutanee, sottocutanee e delle mucose, e processi ulcerativi del cavo orale.

scorciaménto [da *scorciare*; 1631] **sm.** *raro* atto ed effetto dello scorciare; accorciamento.
scorciàre (pres. *scórcio*) [dal lat. volg. **excurtiāre*; 1532] **tr.** **1.** rendere più corto, abbreviare: *scorciare le maniche, un componimento*; *scorciare la strada*, prendere una scorciatoia **2.** *T.pitt.* fare scorci, rappresentare in scorcio || *per estens.* rappresentare, anche tramite uno scritto, in modo sintetico ma efficace e vivace; schizzare || **intr. pron.** diventare più corto, più breve: *le giornate si scorciano, il vestito si è scorciato* || **intr.** (aus. *essere*) *raro* **1.** diventare più corto: *le giornate cominciano a scorciare* **2.** apparire in scorcio.
scorciàto (*pps.* di *scorciare*) [1824] **agg.** reso più corto || *T.arald.* detto di pezza i cui estremi non toccano gli orli dello scudo.
scorciatóia [da *scorciare*; 1691] **sf.** strada secondaria, più breve della strada principale, tra due luoghi: *prendere una scorciatoia* || *fig.* mezzo più sbrigativo per ottenere qualche cosa.
scorciatùra [da *scorciare*; 1940] **sf.** *raro* l'azione dello scorciare || *concr.* la parte scorciata.
scórcio¹ (pl. *-ci*) [da *scorciare*; a. 1566 nel senso 2] **sm.** **1.** *T.pitt.* espediente rappresentativo la cui applicazione fa sì che una figura posta su un piano obliquo rispetto all'osservatore risulti esageratamente allungata e accorciata secondo le leggi della prospettiva: *uno scorcio arditissimo* || nella *loc. avv. di scorcio*, detto della rappresentazione di un oggetto posto obliquamente rispetto a un osservatore; anche di sfuggita, da lontano: *non lo saprei riconoscere: l'ho visto solo di scorcio* **2.** l'ultima parte di un periodo di tempo: *questo scorcio di giornata non passa mai*; *in questo scorcio di secolo, di stagione* **3.** vista, visuale limitata: *dal balcone si vede uno scorcio di mare*.
scórcio² (pl. *-ci*) (sincope di *scorciato*, *pps.* di *scorciare*) [1532] **agg.** *tosc.* *raro* scorciato.
scorcìre **tr.** variante *tosc.* di *scorciare* (v.).
scordaménto¹ [da *scordare*¹; a. 1306] **sm.** *arc.* dimenticanza.
scordaménto² [da *scordare*²; 1960] **sm.** *raro* perdita dell'accordatura; scordatura, stonatura.
scordàre¹ (pres. *scòrdo*) [da *ricordare*, con cambio di pref.; a. 1306] **tr.** dimenticare: *ho scordato il suo numero di telefono*; *scordare le offese*, perdonarle || **intr. pron.** *scordarsi di una cosa*, dimenticarla || **N.** **tr.** *Sin.* mettere nel dimenticatoio, obliare; passar di mente, sfuggir di mente | *Contr.* ricordare | amnesia, dimenticanza.
scordàre² (pres. *scòrdo*) [da *accordare*, con cambio di pref.; a. 1306] **tr.** far perdere l'accordatura: *non scordare il pianoforte* || **intr. pron.** perdere l'accordatura: *il violino si scorda facilmente*.
scordàto¹ (*pps.* di *scordare*¹) [1525] **I** **agg.** dimenticato, obliato **II** **sm.** (f. *-a*) *non com.* chi è stato dimenticato: *ormai io sono stato messo nel numero degli scordati*.
scordàto² (*pps.* di *scordare*²) [a. 1556] **agg.** che non è accordato: *pianoforte scordato* || **scordataménte** **avv.** in modo stonato.
scordatùra [da *scordare*²; 1873] **sf.** alterazione dell'accordatura normale di uno strumento musicale a corde, al fine di ottenere particolari effetti timbrici o per facilitare l'esecuzione di alcuni passi o accordi.
scordévole [da *scordare*¹; 1541] **agg.** *ant.* e *lett.* difficile da tenere a mente, che si scorda con facilità.
scòrdio (pl. *-di*) [dal lat. *scordium*, gr. *skórdion*; 1561] **sm.** erba perenne delle Labiate, con fiori violetti; odora di aglio e perciò viene chiamata anche *erba aglio*; le sue foglie sono usate come febbrifugo.
scordóne [da *scordare*¹; 1891] **agg.** e **sm.** (f. *-a*) *tosc.* *fam.* *raro* che o chi si scorda di ogni cosa, smemorato: *è uno scordone*.
score (ingl., pr. [skɔ:]) [letter. tacca, intaglio, poi punto; 1923 *scoore*] **sm.** *inv.* **1.** conteggio dei punti conseguiti da un giocatore o da una squadra durante il gioco; anche il punteggio finale **2.** il taccuino su cui si segnano i punti (spec. a *bridge*).
scoréggia o **scorréggia** (pl. *-ge*) [prob. da *scoreggiare*; 1640 *scorreggia*] **sf.** *volg.* rumorosa emissione di gas intestinali dall'ano; peto.
scoreggiàre o **scorreggiàre** (pres. *-éggio*) [forse comp. parasint. di *correggia*; 1598] **intr.** (aus. *avere*) *volg.* fare scoregge.
scòrfano [dal lat. *scorpǣna*, gr. *skórpaina*, prob. attr. i dial. merid.; 1518] **sm.** **1.** nome comune di vari pesci, il cui aspetto bizzarro deriva dalle scabrosità e punte di cui sono muniti; *in part.* *scorfano maggiore*, scorpena **2.** *fig.* *fam.* persona brutta, mal fatta: *che scorfano!*
scòrgere (pres. *scòrgo, scòrgi*; p.rem. *scòrsi, scòrse, scòrsero*; pps. *scòrto*) [dal lat. **excorrigere*; 1313] **tr.** **1.** riuscire a vedere, discernere: *nella nebbia non si scorge nulla, scorse lontano un viaggiatore*; *farsi scorgere*, esporsi alla vista altrui e anche, *tosc.*, attirare su di sé l'attenzione || *fig.* accorgersi, comprendere, rendersi conto di qualcosa: *solo all'ultimo momento scorsi il pericolo, le sue reali intenzioni* **2.** *raro* *lett.* indirizzare, guidare per la via giusta, scortare: *ci ha scorti sino al confine*; *scorse la grande anima... nel suo passaggio* (Carducci) || **N.** **1.** *Sin.* VEDERE.
scorgiménto [da *scorgere*; a. 1704] **sm.** *arc.* atto ed effetto dello scorgere; discernimento.
scorgitóre [da *scorgere*; a. 1406] **sm.** (f. *-trìce*) *arc.* chi scorge || *lett.* guida.
scòria [dal lat. *scōria*; a. 1306] **sf.** (spec. *pl.*) *T.metal.* prodotto di scarto ottenuto durante i procedimenti di estrazione di un metallo da un minerale o di raffinazione del metallo stesso; *scorie d'altoforno*, riutilizzate nella costituzione di cementi o altri materiali leganti; *scorie Thomas*, ricche di fosforo, utilizzate come concime || *per estens.* *T.geol.* *scorie vulcaniche*, parte superficiale della lava che raffreddandosi si rapprende in una massa porosa; *T.fis.* *scorie radioattive*, i prodotti inutilizzabili, radioattivi, di una reazione nucleare || *fig.* sottoprodotto, scarto: *queste sono le scorie della nostra letteratura*.
scorificànte (*ppr.* di *scorificare*) [1960] **agg.** in metallurgia, detto di sostanza che favorisce la formazione di scorie.
scorificàre (pres. *-ìfico, -ìfichi*) [comp. di *scoria* e *-ficare*, sul modello del fr. *scorifier*, 1965] **tr.** *T.metal.* ridurre in scorie un minerale separando la ganga dal metallo.
scorificazióne [da *scorificare*; 1940] **sf.** *T.metal.* separazione delle scorie dal metallo.
scornacchiaménto [da *scornacchiare*; 1838] **sm.** *tosc.* atto ed effetto dello scornacchiare.
scornacchiàre (pres. *-àcchio*) [comp. parasint. di *cornacchia*; a. 1742] **tr.** *tosc.* dileggiare, svergognare.
scornàre (pres. *scòrno*) [comp. parasint. di *corno*; a. 1374 come intr. pron. nel senso 2; 1611 nel senso 1; a. 1400 nel senso 2] **tr.** **1.** rompere le corna **2.** *fig.* svergognare, mettere in ridicolo qualcuno **3.** *ass.* dare cornate: *è un toro che scorna* || **intr. pron.** **1.** di animale, rompersi le corna **2.** *fig.* subire uno smacco clamoroso, rimanere deluso e umiliato.
scornatùra [da *scornare*; 1535 ca.] **sf.** *raro* lo scornare.
scorneggiàre (pres. *-éggio*) [da *corneggiare*; 1325 ca.] **intr.** (aus. *avere*) *ant.* dare ripetute cornate.
scorniciaménto [da *scorniciare*; a. 1574] **sm.** *raro* lo scorniciare, in tutti i sensi.
scorniciàre (pres. *-ìcio*) [comp. parasint. di *cornice*; 1681] **tr.** **1.** modellare, ridurre a forma di cornice **2.** togliere la cornice a qualcosa.
scorniciàto (*pps.* di *scorniciare*) [a. 1375] **I** **agg.** senza cornice: *quadro scorniciato* **II** **sm.** motivo architettonico costituito da cornici modanate.
scorniciatrìce [da *scorniciare*; 1960] **sf.** macchina usata per sagomare secondo un profilo costante assicelle in legno usate nella costruzione delle cornici.
scorniciatùra [da *scorniciare*; 1873] **sf.** sagomatura a forma di cornice.
scòrno [da *scornare*; a. 1294] **sm.** frustrazione, smacco, vergogna conseguente a un insuccesso: *con suo scorno*; *a scorno di qualcuno*, per sua vergogna, per umiliarlo || **N.** *Sin.* beffa, dileggio, onta, VERGOGNA.
scoronàre (pres. *-óno*) [da *coronare*; 1838] **tr.** **1.** *T.agr.* tagliare, potare gli alberi a corona; capitozzare **2.** *scoronare un dente*, togliergli o rompergli la corona.
scorpacciàta [comp. parasint. di *corpo*; 1598] **sf.** abboffata, gran mangiata: *farsi una scorpacciata di frutta* || *fig.* il far qualcosa fino a non poterne più, fino a essere completamente soddisfatti: *mi sono fatto una bella scorpacciata di film* || **N.** *Sin.* MANGIATA.
scòrpena o **scorpèna** [dal lat. *scorpǣna*, gr. *skórpaina*; 1544] **sf.** *T.zool.* pesce conosciuto anche con il nome di *scorfano*; ha colore rossastro ed è ricercato per la zuppa di pesce.
scòrpio [dal lat. *scorpio*; 1319] **sm.** *raro* la costellazione dello Scorpione.
scorpiòide [comp. del lat. *scorpio* e *-oide*; 1745] **agg.** *T.bot.* ramificazione o infiorescenza a coda di scorpione.
scorpióne [lat. *scorpio, -ōnis*; a. 1294 *scarpione*] **sm.** **1.** nome comune degli Aracnidi della fam. degli Scorpioni; hanno l'addome diviso in due parti, l'anteriore, larga e dotata di due robuste chele, e la posteriore, di forma allungata, terminante con un aculeo ricurvo, in cima al quale si trova lo sbocco di ghiandole velenose || *scorpione di acqua*, nepa **2.** *fig.* detto di persona che, a causa della sua malvagità e del suo aspetto ripugnante e inquietante, ispira un senso di repulsione e di diffidenza **3.** *T.stor.* e *T.mil.* macchina da guerra romana, simile alla balista, usata per lanciare dardi piccoli e sottili **4.** (perlopiù con iniz. maiuscola) *T.astr.* costellazione zodiacale tra Bilancia e Sagittario || *T.astrol.* ottavo segno dello Zodiaco tra il 24 ottobre e il 22 novembre || *per meton.* persona nata sotto il segno dello Scorpione. **TAV.** *astrologia* 1.8.
scorporaménto [da *scorporare*; 1988] sm. scorporo.
scorporàre (pres. *scòrporo*) [da *incorporare*, con cambio di pref.; a. 1444] **tr.** **1.** separare da un complesso patrimoniale unitario (detto spec. di una eredità, di un latifondo e sim.) || *per estens.* separare da un intero: *scorporare i libri di storia dalla biblioteca*; anche *ass.* dividere in corpi separati: *scorporare la biblioteca* **2.** *fig.* nel linguaggio della critica, togliere rilievo e consistenza ai personaggi, svuotarli, farne astrazioni || **N.** **1.** *Sin.* dividere, ripartire, separare, suddividere | *Contr.* incorporare.
scòrporo [da *scorporare*; a. 1665] **sm.** *T.bur.* atto ed effetto dello scorporare; anche la parte che è stata scorporata || *fig.* grave spesa.
scorrazzaménto [da *scorrazzare*; 1728] **sm.** *raro* atto ed effetto dello scorrazzare.
scorrazzàre (o meno corretto *scorazzàre*) [da *correre*; a. 1600] **intr.** (aus. *avere*) **1.** correre qua e là, anche con un mezzo meccanico, in gen. per svago: *andò scorrazzando per le strade della città, per i campi* || *fig.* cambiare con frequenza la propria attività, il proprio campo d'interessi: *ha scorrazzato un po' per tutte le letterature europee* **2.** *arc.* fare scorrerie || **tr.** percorrere rapidamente in lungo e in largo una certa zona: *ho scorrazzato in una settimana tutta*

la Francia.

scorrazzàta [da *scorrazzare*; 1965] **sf.** lo scorrazzare || veloce giro in macchina fatto per svago e senza destinazione precisa.

scorredàre (pres. *-èdo*) [da *corredare*; 1960] **tr.** (usato spec. al *pps.*) *raro* privare del corredo di accessori.

scorrèggere (pres. *scorrèggo* ecc., come REGGERE) [da *correggere*; a. 1400] **tr.** *raro* rendere scorretto ciò che era prima corretto || *fig.* rendere sregolato e licenzioso ciò che prima non era.

scorréggia e der. v. SCOREGGIA e der.

scorrènza [da *scorrere*; a. 1320] **sf.** *ant.* fluidità, flusso || diarrea.

scórrere (pres. *scórro* ecc., come CORRERE) [lat. *excurrere*; 1306] **intr.** (aus. *essere*) **1.** muoversi, spostarsi aderendo a una superficie: *la fune scorre nella carrucola, il pannello scorre tra due guide* || *in part.* quando si tratta di fluidi, fluire, colare: *il fiume scorre nel suo letto, le lacrime scorrevano sulle guance* **2.** *per estens.* procedere speditamente, senza incontrare ostacoli: *le immagini del film scorrevano veloci davanti agli occhi del pubblico, la penna scorre veloce sul foglio, oggi il traffico non scorre* || *fig.* del tempo, trascorrere: *le ore scorsero veloci*; di discorsi, ragionamenti e sim., procedere in modo fluido e senza intoppi: *periodi così complessi non possono scorrere* || **tr.** **1.** percorrere con l'occhio, leggere frettolosamente: *scorrere il giornale* || *lett.* percorrere col pensiero, riandare con la memoria: *scorreva gli anni della sua gioventù* **2.** *raro* far scorrerie, percorrere devastando e saccheggiando: *scorrere la campagna* || **N.** **tr.** **1.** *Sin.* andare, correre, cadere, defluire, rasentare, scolare, scivolare, strisciare **2.** *Sin.* passare.

scorrerìa [da *scorrere*; 1478] **sf.** incursione armata di soldati nemici al fine di depredare, saccheggiare o distruggere impianti o reparti delle forze avversarie || *per estens.* nella Marina militare, incursione a sorpresa di navi da guerra || **N.** *Sin.* invasione, irruzione, *raid*, razzia, scorribanda.

scorrettézza [da *scorretto*; 1873] **sf.** **1.** l'essere scorretto, caratteristica di chi o di ciò che è sleale, disonesto, non segue regole morali o di comportamento: *la sua scorrettezza è proverbiale, scorrettezza di vita, di costumi* || *concr.* azione scorretta: *il gioco proseguì nonostante le continue scorrettezze dei giocatori, hai commesso una scorrettezza* **2.** il non essere esatto, il costituire un errore rispetto ad una norma formale: *la scorrettezza dell'interpretazione* || *concr.* errore, inesattezza: *compito pieno di scorrettezze sintattiche* || **N.** **1.** *Sin.* disonestà, imprecisione, indelicatezza, slealtà **2.** *Sin.* fallacia, erroneità, inesattezza.

scorrètto [da *corretto*; a. 1565 nel senso 1; a. 1571 nel senso 2] **agg.** **1.** che non rispetta le norme e le convenienze sociali, le regole del gioco e sim.; sleale: *atto scorretto, uomo scorretto* || disdicevole, che non ha garbo né dignità: *parole, pose scorrette* **2.** che contiene errori, che non è corretto: *disegno scorretto, periodo scorretto, impostazione scorretta* || **scorrettaménte** **avv.** || **N.** **1.** *Sin.* falloso, incivile, indelicato, indiscreto, maleducato **2.** *Sin.* errato, erroneo, imperfetto, impreciso.

scorrévole [da *scorrere*; 1784; 1612 nel senso 3] **I agg.** **1.** che scorre: *porta, finestra, nastro scorrevole* **2.** che scorre con facilità; che procede agevolmente, senza salti, senza durezze, anche *fig.*: *inchiostro scorrevole*, fluente; *musica scorrevole, versi scorrevoli, romanzo scorrevole* **3.** *ant.* labile || **scorrevolménte** **avv.** con scorrevolezza **II sm.** elemento che può scorrere lungo una guida, un asse e sim.: *il divisorio era fatto di scorrevoli dipinti.*

scorrevolézza [da *scorrevole*; 1873] **sf.** l'essere scorrevole: *la scorrevolezza del periodo.*

scorrezióne [da *correzione*; a. 1566] **sf.** *raro* l'essere scorretto, perlopiù nel senso materiale, errore di locuzione, di stile, di disegno, di stampa e sim. || **N.** *Sin.* SCORRETTEZZA.

scorribànda [prob. comp. di *scorr(ere)* e *banda*; 1741; a. 1470 nel senso 3] **sf.** **1.** breve scorreria, rapida incursione di un gruppo armato in territorio nemico **2.** *per estens.* rapida e breve escursione: *una scorribanda in centro* || *fig.* rapida e breve corsa fuori del proprio campo ordinario di interessi: *facciamo una scorribanda nella geografia* **3.** *arc.* giravolta.

scorribandàre [da *scorribanda*; 1939] **intr.** (aus. *avere*) *raro* fare scorribande.

scorridóra [da *scorridore*; 1889] **sf.** *T.mar.* piccola imbarcazione armata usata nei secoli passati come guardacoste.

scorridóre [da *scorrere*; 1325 ca.] **sm.** *arc.* *T.mil.* soldato che precede il grosso degli armati per esplorare o per fare scorrerie.

scorriménto [da *scorrere*; 1340 ca.] **sm.** **1.** atto o effetto dello scorrere: *lo scorrimento dell'acqua piovana, superficie, canale, condotto di scorrimento; inchiostro ad alto scorrimento*, molto fluido; *rete di scorrimento*, sistema di strade urbane a senso unico, non soggette a congestione, pensato per rendere veloci i lunghi spostamenti **2.** *T.fis.* deformazione di un sistema elastico dovuta all'insieme delle sollecitazioni che derivano da uno sforzo di taglio o di torsione || *T.geol.* slittamento, scivolamento di masse rocciose compatte su un substrato più plastico **3.** *T.mecc.* nei motori elettrici a induzione, rapporto tra la differenza delle velocità angolari del campo magnetico rotante e dell'indotto e la velocità angolare del campo magnetico rotante.

scorrucciàrsi [da *corrucciare*; 1613] **intr. pron.** *raro* adirarsi fortemente.

scorrùccio (pl. *-ci*) [da *corruccio*; a. 1588] **sm.** *raro* corruccio.

scórsa [da *scorrere*; a. 1566] **sf.** **1.** atto dello scorrere qualcosa in fretta, spec. rif. a libri, scrittura, musica e sim.; *dare una scorsa*, scorrere in fretta **2.** *ant.* passare per breve tempo in un luogo; scappata || *dim.* scorsettina.

scórso (*pps.* di *scorrere*) [1340 ca.] **I agg.** nei sensi del verbo || immediatamente trascorso, immediatamente precedente il tempo dell'enunciazione: *la notte scorsa*, l'ultima trascorsa || *lett.* passato, trascorso **II sm.** *non com.* errore involontario nel parlare o nello scrivere: *è uno scorso di penna* || **N.** **II** *Sin.* SBAGLIO.

scorsóio (pl. *-ói*) [da *scorrere*; a. 1484] **agg.** che scorre o può scorrere: *nodo* o *cappio scorsoio*, che più si stringe quanto più si tira.

scòrta [da *scorto*, pps. di *scorgere*; 1313] **sf.** **1.** atto dello scortare, dell'accompagnare al fine di proteggere o sorvegliare: *fare la scorta al furgone blindato, al presidente durante il suo viaggio, al prigioniero durante il processo; sotto* (o *con*) *la scorta di qualcuno*, con l'aiuto, la protezione, la sorveglianza di qualcuno: *fu portato in carcere sotto buona scorta* || *per meton.* guida che mostra il cammino e accompagna, spesso anche difendendo, proteggendo: *scorta armata*, gente armata che accompagna per sicurezza cose o persone; *scorta d'onore*, che accompagna autorità o rappresentanze in certe occasioni || in funzione di *agg. inv.*: *navi scorta*, navi da guerra che accompagnano e proteggono altre navi **2.** provvista di denaro o altri beni messa da parte per eventuale bisogno: *aveva una buona scorta di viveri, nell'automobile è obbligatorio tenere una ruota di scorta* **3.** (spec. *pl.*) l'insieme di materie prime e ausiliarie non ancora utilizzate nella lavorazione e anche l'insieme di prodotti finiti o semilavorati che giacciono nei magazzini di un'azienda || *T.agr.* l'insieme delle cose mobili destinate al servizio di un'azienda agricola; *scorte vive*, bestiame; *scorte morte*, utensili, macchine agricole, sementi, letame ecc. || **N.** **1.** *Sin.* guardia, guida **2.** *Sin.* provvista, rifornimento. **TAV. *automobile* p. 658** 3.38.

scortàre¹ (pres. *scòrto*) [da *scorta*; 1691] **tr.** accompagnare come scorta: *scortare fino al confine* || *per estens.* proteggere: *si fa scortare per sicurezza* || **N.** *Sin.* accompagnare, condurre, guidare; sorvegliare.

scortàre² (pres. *scórto*) [dal lat. *curtāre*; 1325 ca.] **tr.** *ant.* **1.** *dial.* abbreviare, accorciare **2.** *raro lett.* *T.pitt.* e *T.scult.* rappresentare in scorcio: *un mazzocchio ch'egli scortava* (Pascoli) || **intr.** (aus. *essere*) apparire, essere in scorcio: *negli spicchi della volta... sono molti putti che scortavano, bellissimi* (Vasari).

scortecciaménto [da *scortecciare*; 1623] **sm.** atto e anche effetto dello scortecciare.

scortecciàre (pres. *-éccio*) [comp. parasint. di *corteccia*; a. 1320] **tr.** togliere la corteccia: *scortecciare un tronco* || *per estens.* levare l'intonaco a un muro: *scortecciarono gli affreschi della chiesa*; *scortecciare il pane*, levargli la crosta || **intr. pron.** perdere la corteccia || *per estens.* di muro, parete e sim., perdere l'intonaco.

scortecciatóio (pl. *-ói*) [da *scortecciare*; 1965] **sm.** strumento per scortecciare tronchi e sim. **TAV. *agricoltura*** 10.1.

scortecciatóre [da *scortecciare*; 1957] **sm.** (f. *-trice*) operaio addetto alla scortecciatura delle piante.

scortecciatrìce [da *scortecciare*; 1960] **sf.** **1.** macchina utilizzata per la scortecciatura degli alberi **2.** sbramino.

scortecciatùra [da *scortecciare*; 1873] **sf.** atto ed effetto dello scortecciare || il punto dove una superficie è scortecciata.

scortése [da *cortese*; a. 1348] **agg.** che non è cortese: *uomo scortese, risposta scortese, è uno scortese!* || **scorteseménte** **avv.** || **N.** *Sin.* maleducato, sgarbato, villano | *Contr.* affabile, cortese, educato, gentile, premuroso.

scortesìa [da *cortesia*; a. 1313] **sf.** la qualità di chi è cortese; mancanza di garbo e di educazione nel trattare con gli altri: *grande è la sua scortesia* || *concr.* atto o parole scortesi: *mi hai fatto una scortesia* || **N.** *Sin.* inciviltà, maleducazione, sgarbo, villania | *Contr.* cortesia, educazione, garbo, gentilezza.

scorticaménto [da *scorticare*; a. 1320] **sm.** lo scorticare.

scorticàre (pres. *scórtico* o *scòrtico, scórtichi* o *scòrtichi*) [lat. tardo *excorticāre*, scortecciare; a. 1320] **tr.** **1.** levare, strappare via la pelle; spellare: *scorticò il coniglio; San Bartolomeo fu scorticato vivo* || *fig.* *scorticare la coda*, fare di un lavoro la parte più difficile, più incresciosa **2.** produrre un'abrasione, escoriare, sbucciare, lacerare la pelle in qualche parte del corpo: *la scarpa mi ha scorticato il piede* || togliere la crosta a una piaga, una vescichetta o sim.: *non ti scorticare quella ferita* **3.** *fig.* esigere un prezzo o un interesse esageratamente alto: *quell'usuraio scortica, il fisco scortica il contribuente* **4.** esaminare con eccessivo rigore e severità: *è un professore che scortica* || **N.** *Sin.* scuoiare.

scorticatóio (pl. *-ói*) [da *scorticare*; 1745] **sm.** **1.** locale in cui si scorticano le bestie macellate || *iron.* banco di strozzino e sim. **2.** coltello usato per scorticare.

scorticatóre [da *scorticare*; a. 1313] **agg.** e **sm.** (f. *-trice*) *raro* che o chi scortica. **TAV. *agricoltura*** 1.5.

scorticatùra [da *scorticare*; 1340 ca.] **sf.** **1.** atto ed effetto dello scorticare **2.** escoriazione superficiale della pelle.

scortichìno [da *scorticare*; 1805] **sm.** *pop.* **1.** coltello per scorticare le bestie macellate **2.** chi scortica le bestie || *fig.* usuraio.

scòrto (*pps.* di *scorgere*) [a. 1321] **agg.** nei sensi del verbo || *arc. lett.* che manifesta accortezza; avveduto, accorto, sagace: *parlar facondo e lusinghiero e scorto* (Tasso).

scórto [da *scortare*[2]; a. 1574] **sm.** *ant.* scorcio.

scòrza o **scòrza** [lat. *scortea*, sacco di pelle; 1319] **sf.** **1.** *T.bot.* strato di cellule morte costituente il rivestimento esterno del fusto e delle radici delle piante legnose; ritidoma ‖ anche la spessa buccia di alcuni frutti: *la scorza dell'arancia, del limone* **2.** *per estens.* pelle di alcuni animali (spec. pesci e rettili) **3.** *per estens. fig.* pelle umana, intesa come ciò attraverso cui si è in rapporto con l'esterno o come ciò che cela l'interiorità: *è un uomo di scorza dura, sotto una scorza ruvida ha un cuore d'oro* ‖ *poet.* il corpo come rivestimento materiale dell'anima: *la scorza terrena* ‖ nel modo di dire *non valere una scorza*, non valere nulla ‖ *dim.* scorzétta ‖ **N.** *Sin.* guscio, involucro, rivestimento.

scorzàre o **scorzàre** (pres. *scòrzo* o *scòrzo*) [da *scorza*; sec. XIV] **tr.** **1.** *arc.* o *region.* togliere la scorza: *scorzare il tronco* ‖ togliere la buccia, sbucciare un frutto **2.** *fig. poet.* spogliare del corpo: *perché me del mio mortal non scorza l'ultimo dì* (Petrarca) ‖ **N.** **1.** *Sin.* sbucciare, scortecciare, scorticare, scrostare, sgusciare.

scorzatrice o **scorzatrice** [da *scorzare*; 1963] **sf.** attrezzo usato per levare la scorza.

scorzatùra o **scorzatùra** [da *scorzare*; 1838] **sf.** **1.** *non com.* atto ed effetto dello scorzare **2.** punto scorzato.

scorzétta o **scorzétta** (*dim.* di *scorza*) [a. 1597] **sf.** **1.** scorza sottile **2.** pezzetto di buccia di limone o arancia da mettere in certe bevande: *un aperitivo con una scorzetta di limone* **3.** scorza di quercia da sughero contenente sostanze tanniche, usata come materiale da concia.

scòrzo o **scòrzo** [dal lat. *scorteum*, sacca di pelle; 1938] **sm.** **1.** unità di misura di superficie, corrispondente a 1.155,27 m^2, ancora in uso nella campagna romana **2.** unità di misura di volume, equivalente a 15,4 litri.

scorzóne o **scorzóne** [da *scorza*; a. 1571] **sm.** (f. *-a*) *raro* persona scontrosa, dai modi rozzi ‖ **N.** *Sin.* zotico, ROZZO.

scorzonéra o **scorzonéra** [dallo sp. *escorzonera*; 1582] **sf.** *T.bot.* genere di piante erbacee perenni della fam. delle Asteracee; la specie più nota, la *Scorzonera hispanica*, viene mangiata lessata o passata in padella.

scorzoneria o **scorzoneria** [da *scorzone*; 1879] **sf.** *raro* l'essere scorzone ‖ *concr.* espressione o atto da scorzone.

scorzóso o **scorzóso** [da *scorza*; 1865] **agg.** *raro* che ha molta scorza.

scoscéndere (pres. *-scéndo* ecc., come SCENDERE) [lat. *conscindere*; 1313 come intr. pron.] **tr.** *lett.* rompere con forza spaccando, dall'alto al basso: *il fulmine scoscende le nuvole* ‖ **intr.** (aus. *essere*) e **intr. pron.** **1.** *non com.* cadere, franare rovinando: *il masso scoscese giù a valle* **2.** *lett.* fendersi, aprirsi in un baratro.

scoscendiménto [da *scoscendere*; 1691] **sm.** atto ed effetto dello scoscendere e dello scoscendersi ‖ *concr.* il luogo scosceso: *gli scoscendimenti del terreno* ‖ **N.** crepaccio, dirupo, frana, orrido, precipizio, rottura.

scoscéso (*pps.* di *scoscendere*) [1541] **agg.** nei sensi del verbo; *in part.* detto di pendio, strada e sim., erto, dirupato, in forte e disagevole pendenza.

scosciàre (pres. *scòscio*) [comp. parasint. di *coscia*; a. 1406 come intr. pron.] **tr.** *raro* **1.** slogare le cosce, spec. in seguito a cadute, urti e sim. **2.** spezzare le articolazioni delle cosce di un animale che è stato cucinato intero: *scosciare un pollo* **3.** di ramo d'albero, romperlo vicino all'attaccatura ‖ **intr. pron.** allargare, divaricare al massimo le gambe ‖ *fam.* accavallare le gambe mostrando le cosce: *la presentatrice, seduta su uno sgabello, si scosciava con disinvoltura.*

scosciàta [da *scosciare*; 1865] **sf.** *fam.* atto dello scosciare e dello scosciarsi; *in part.* divaricamento massimo delle gambe; spaccata.

scosciatùra [da *scosciare*; 1960] **sf.** rottura accidentale del ramo di un albero in corrispondenza del punto di attaccatura.

scòscio (pl. *-sci*) [da *scosciare*; 1863] **sf.** **1.** divaricamento massimo delle gambe; spaccata **2.** incavo dei calzoni che sta in mezzo alle cosce **3.** spacco laterale di una gonna.

scòssa [da *scuotere*; 1313] **sf.** **1.** atto ed effetto dello scuotere o dello scuotersi; sussulto improvviso: *una scossa di terremoto, diede una scossa all'albero* ‖ *meno com.* scroscio, forte e breve pioggia: *una scossa di pioggia* ‖ *scossa elettrica* (o, *fam.*, *scossa*), senso di tremito che si avverte quando si riceve una scarica elettrica: *ho preso la scossa* ‖ nella *loc. avv. a scosse*, a sbalzi **2.** *fig.* danno, rovina, perturbamento grave: *il suo patrimonio ha avuto una bella scossa, la sua salute ha avuto una scossa* ‖ anche trauma psichico, grave turbamento: *la perdita della moglie fu per lui una brutta scossa* ‖ *dim.* scossétta, scosserèlla, scossettina; *accr.* scossóne (*sm.*) ‖ **N.** **1.** *Sin.* balzo, sbalzo, scrollone, scuotimento, sobbalzo, sussulto, tremore **2.** *Sin.* impressione.

scossàle [dal long. *skauz*, lembo dell'abito; 1960] **sm.** *sett.* grembiule.

scossàre (pres. *scòsso*) [da *scossa*; 1480] **tr.** *ant.* scuotere.

scòsso (*pps.* di *scuotere*) [a. 1311] **agg.** **1.** danneggiato, rovinato: *salute scossa, nervi scossi, finanze scosse* ‖ turbato da dispiaceri e sim.: *scosso da stupore*; anche *ass.*: *dopo quell'incidente rimase profondamente scosso* **2.** *tosc.* di animale da soma o da tiro che si è liberato dal carico o di animale da sella che ha disarcionato il cavaliere: *cavallo scosso.*

scostaménto [da *scostare*; a. 1667] **sm.** **1.** atto ed effetto dello scostare e dello scostarsi ‖ lo spazio percorso nello scostare o nello scostarsi **2.** *T.mil.* nel puntamento delle artiglierie contro bersagli mobili, la correzione apportata alla linea di mira per compensare lo spostamento laterale del bersaglio ‖ *T.mat.* e *T.stat.* scarto, deviazione dalla media.

scostànte (*ppr.* di *scostare*) [1960] **agg.** di persona, urtante, sgradevole: *è un tipo duro e scostante.*

scostàre (pres. *scòsto*) [da *accostare*, con cambio di pref.; 1313 come rifl. e intr. pron.] **tr.** **1.** allontanare di poco una cosa da un'altra: *scostare la sedia dal muro* ‖ *ass. T.mar.* allontanare un'imbarcazione da un'altra, dalla riva, da un ostacolo e sim. **2.** *fig. non com.* evitare, sfuggire: *tutti scostano quell'antipatico* ‖ **rifl.** e **intr. pron.** **1.** allontanarsi da una persona o da una cosa vicina: *si scostò da me* ‖ spostarsi: *scostati di lì!* **2.** *fig.* deviare: *si scostò dalla retta via* ‖ **intr.** (aus. *avere*) *raro* stare discosto: *la tavola scosta dal muro* ‖ **N.** *Sin.* staccare | *Contr.* accostare, avvicinare.

scostolàre (pres. *scòstolo*) [comp. parasint. di *costola*; 1873] **tr.** togliere la costa alle foglie: *scostolare la lattuga, il cavolo.*

scostolatrice [da *scostolare*; 1957] **sf.** operaia (o anche macchina) che scostola le foglie del tabacco nelle manifatture.

scostolatùra [da *scostolare*; 1960] **sf.** nell'industria del tabacco, l'operazione di scostolare le foglie.

scostumatézza [da *scostumato*; sec. XIV] **sf.** comportamento e indole di chi va contro le regole della decenza, del buon costume ‖ *concr.* espressione o azione scostumata ‖ **N.** *Sin.* dissolutezza, libertinaggio, licenza, licenziosità.

scostumàto [comp. parasint. di *costume*; 1353] **agg.** e **sm.** che, chi si comporta in modo contrario alle regole della decenza; dissoluto, licenzioso: *uomo scostumato, vita scostumata* ‖ **scostumataménte** **avv.** ‖ **N.** *Sin.* dissoluto, immorale, libertino, licenzioso, osceno, vizioso | *Contr.* morigerato.

scòtano [dal lat. *cotanus*; 1303] **sm.** pianta delle Anacardiacee dalle cui foglie si ottiene il tannino.

scotch (ingl., pr. [skɒtʃ]) [letter. scozzese; 1935] **sm.** *inv.* **1.** whisky scozzese **2.** nome commerciale di un nastro autoadesivo: *scotch gommato trasparente.*

scotennàre (pres. *-énno*) [comp. parasint. di *cotenna*; sec. XIV] **tr.** **1.** levare la cotenna, spec. ad animali macellati: *scotennarono il maiale* **2.** levare il cuoio capelluto a qualcuno: *i pellirosse scotennavano i nemici uccisi.*

scotennatóio (pl. *-ói*) [da *scotennare*; 1838] **sm.** strumento che serve per scotennare i maiali.

scotennatóre [da *scotennare*; 1960] **sm.** e **agg.** (f. *-trice*) che o chi pratica l'uso della scotennatura.

scotennatùra [da *scotennare*; 1960] **sf.** atto ed effetto dello scotennare.

scòtere e der. forme lett. o disus. di SCUOTERE e der. (v.).

scoticàre [comp. parasint. di *cotica*; 1838 nel senso 2] **tr.** **1.** ripulire un osso dalla carne che vi è attaccata **2.** scotennare **3.** *T.agr.* lavorare la terra con lo scoticatore.

scoticatóre [da *scoticare*; 1960] **sm.** *T.agr.* piccolo vomere di cui sono talvolta provvisti gli aratri per lavori medi o profondi; serve a rompere lo strato superficiale del terreno.

scotio (pl. *-ii*) [da *sc(u)otere*; 1873] **sm.** *fam. tosc.* lo scuotere continuo o ripetuto e prolungato: *lo scotio del treno, di una carrozza.*

scotipàglia v. SCUOTIPAGLIA.

scotismo [dal n. proprio Duns *Scoto*, filosofo medievale; 1960] **sm.** *T.fil.* la dottrina filosofica di Duns Scoto e l'indirizzo di pensiero che ad esso si ispirò, caratterizzato dall'attribuire alla volontà un primato sull'intelletto.

scotista [da *scotismo*; sec. XVII-XVIII] **s.** seguace dello scotismo.

scotistico (pl. *-ci*) [da *scotismo*; 1838] **agg.** *T.fil.* relativo al filosofo Duns Scoto e allo scotismo.

scòto [dal lat. tardo *Scōti*; 1321 *scotto*] **agg.** e **sm.** **1.** appartenente all'antico popolo celtico degli Scoti **2.** *lett.* scozzese.

scòto- [dal gr. *skótos*, oscurità] **primo elem.** che in parole composte della terminologia scientifica vale "oscurità, tenebre" (es. *scotòfobo*).

scotòfilo [comp. di *scoto-* e *-filo*; 1960] **agg.** *T.biol.* detto di organismo animale o vegetale che preferisce vivere al buio.

scotofobia [comp. di *scoto-* e *-fobia*; 1960] **sf.** *T.psic.* paura morbosa e ossessiva del buio.

scotòfobo [comp. di *scoto-* e *-fobo*; 1960] **agg.** **1.** *T.psic.* terrorizzato in maniera ossessiva dal buio **2.** *T.biol.* detto di organismo animale o vegetale che non sopporta l'oscurità.

scòtola [forse da *sc(u)otere*; a. 1320] **sf.** *T.tess.* stecca di legno o di ferro simile ad un coltello, ma senza taglio, con la quale, prima di pettinarli, si battono il lino, la canapa e sim. per farne cadere la lisca.

scotolàre (pres. *scòtolo*) [da *scotola*; 1545] **tr.** *T.tess.* battere il lino, la canapa e simili, con la scotola.

scotolatùra [da *scotolare*; 1593] **sf.** *T.tess.* l'operazione dello scotolare ‖ la parte del lino o della canapa che cade scotolando; lisca.

scotòma [comp. del gr. *skótos*, oscurità e *-oma*; 1829] **sm.** *T.med.* difetto del campo visivo dovuto a lesione delle vie ottiche tra la retina e i centri visivi corticali ‖ *scotoma scintil-*

lante, caratterizzato dalla comparsa nel campo visivo di un'immagine luminosa a forma di arco di cerchio fiammeggiante.

scotomàtico (pl. *-ci*) [da *scotoma*; 1865] **agg.** *T.med.* di scotoma || che soffre di scotoma.

scotomatóso [da *scotoma*; 1960] **agg.** *T.med.* scotomatico.

scotometrìa [comp. di *scoto-* e *-metria*; 1960] **sf.** *T.med.* esame oculistico con cui si individuano gli scotomi e se ne valuta l'estensione.

scotomètrico (pl. *-ci*) [da *scotometria*; 1960] **agg.** *T.med.* relativo alla scotometria: *analisi scotometrica.*

scòtta[1] [dal fr. ant. *escote*; 1532] **sf.** *T.mar.* ciascuna delle corde che servono a distendere le vele al vento tirando i loro angoli inferiori o bugne. **TAV. *vela* p. 1342** 1.17 e **p. 1343** 6.10, 6.29.

scòtta[2] [lat. volg. **excocta*, dal pps. di *excoquere*, far cuocere; 1612] **sf.** siero che rimane nella caldaia, quando vi si è fatto il cacio o la ricotta.

scottadìto [comp. di *scotta(re)* e *dito*; 1970] nella ***loc. avv.*** *a scottadito*, detto di cibi arrostiti o sbollentati, che vanno mangiati caldissimi: *spiedini a scottadito.*

scottaménto [da *scottare*; 1623] **sm.** atto ed effetto dello scottare; *com.* scottatura.

scottànte (*ppr.* di *scottare*) [a. 1597] **agg.** nei sensi del verbo || *fig.* cruciale, urgente, di vitale interesse: *un problema, una questione scottante.*

scottàre (pres. *scòtto*) [dal lat. volg. **excoctāre*; 1600 come tr. nel senso 2; a. 1673 nel senso 1] **tr.** **1.** produrre una sensazione di intenso calore; anche bruciare, ustionare: *l'olio bollente gli scottò una mano*; *il sole gli scottò la pelle* || *per estens.* sbollentare, dare una leggera cottura in acqua calda e sim.: *scottare i cardi* **2.** *fig.* offendere, addolorare vivamente: *quei rimproveri lo hanno scottato* || **intr.** (aus. *avere*) **1.** emettere una quantità di calore capace di produrre ustioni, bruciature, scottature: *il sole scotta, questo caffè scotta* || *la terra gli scotta sotto i piedi*, si dice di chi non può trattenersi in un luogo **2.** *fig.* irritare, addolorare e sim.: *sono accuse che scottano* || **rifl.** e **rifl. indir.** riportare una scottatura: *mi sono scottato con il ferro da stiro, mi sono scottato un piede* || *fig.* fare un'esperienza spiacevole e rimanerne amareggiato e mortificato || **N.** **tr.** **1.** *Sin.* ardere, bruciare.

scottàta [da *scottare*; 1875] **sf.** l'azione dello scottare una volta, spec. nel senso di cuocere un poco; sbollentata || *dim.* scottatina.

scottàto (*pps.* di *scottare*) [a. 1566] **agg.** nei sensi del verbo || *fig. rimanere scottato*, ricevere danno, scorno: *ci rimase scottato una volta e non tentò la seconda* || **N.** *Sin.* amareggiato, bruciato, deluso, dispiaciuto, mortificato, ustionato.

scottatrìce [da *scottare*; 1965] **sf.** apparecchio per scottare prodotti alimentari destinati alla conservazione.

scottatùra [da *scottare*; sec. XIV] **sf.** **1.** atto, ma soprattutto effetto dello scottare o dello scottarsi: *si è fatto una grave scottatura in un braccio* **2.** *fig.* grave delusione, esperienza amara || **N.** **1.** *Sin.* bruciatura, ustione.

scòttico (pl. *-ci*) [dal lat. *Scotticus*; 1960] **agg.** *lett.* scozzese.

scòtto[1] [dal francone *skot*, tassa; 1300] **sm.** **1.** *ant.* e *lett.* conto che si paga all'oste per il mangiare e il dormire; *tenere a scotto*, a pensione || oggi solo nella loc. *fig. pagare lo scotto*, pagare il fio **2.** *ant.* mensa, vivanda o anche vitto.

scòtto[2] (*ppr.* di *scuocere*) [1957] **agg.** troppo cotto, stracotto.

scout (ingl., pr. [skaʊt]) [letter. esploratore; 1950] **I** **sm.** *inv.* abbr. di *boy-scout* **II** **agg.** *inv.* (posposto al s.) che si riferisce ai *boy-scout*: *campo, raduno scout.*

scoutìsmo (pr. [skau'tizmo]) o **scautìsmo** [da *scout*; 1915] **sm.** il movimento dei *boy-scout* e il complesso dei principi su cui si fonda: spirito di avventura, solidarietà umana, vita a contatto con la natura.

scoutìsta (pr. [skau'tista]) o **scautìsta** [da *scout*; 1936] **s.** appartenente ad un gruppo di scout.

scoutìstico (pr. [skau'tistiko]) o **scautìstico** (pl. *-ci*) [da *scout*; 1942] **agg.** relativo allo scoutismo: *associazioni scoutistiche.*

scovaménto [da *scovare*; a. 1742] **sm.** *raro* atto ed effetto dello scovare.

scovàre (pres. *scóvo*) [comp. parasint. di *covo*; 1612 nel senso 2] **tr.** **1.** far uscire dal covo: *scovare la lepre* **2.** *fig.* scoprire, ritrovare: *l'ho scovato in biblioteca, ho scovato un posto magnifico* || **N.** **1.** *Sin.* snidare.

scovolìno (*dim.* di *scovolo*) [1960] **sm.** spazzola filiforme di feltro o di crine con cui si pulisce l'interno di pipe, pistole, bottiglie e sim.

scóvolo [lat. *scopula*, attr. il ven. *scovolo*; 1609] **sm.** spazzola cilindrica montata su di un'asta che serve per pulire la canna delle armi da fuoco.

scovrìre e der. forme poet. di SCOPRIRE e der. (v.).

scòzia [lat. *scotia*, gr. *skotía*, gocciolatoio, der. di *skótos*, ombra; a. 1452] **sf.** *T.arch.* modanatura concava che si pone a separare fra loro le modanature convesse; può essere semplice o composta, secondo che sia formata da uno o più archi di circolo raccordati tra loro.

scozzàre (pres. *scòzzo*) [da *accozzare*, con cambio di pref.; a. 1601] **tr.** mescolare le carte da gioco prima di distribuirle.

scozzàta [da *scozzare*; 1873] **sf.** lo scozzare: *dare una brava scozzata alle carte* || *dim.* scozzatìna || **N.** *Sin.* mescolata.

scozzése [dal n. geogr. *Scozia*, prob. sul modello del fr. *écossais*; 1677] **I** **agg.** della Scozia || *stoffa scozzese*, tessuta a quadri intrecciati di vari colori, piuttosto vivaci || *danza scozzese*, danza con movimento più lento della polca; anche *sf.* || *rito scozzese*, rito massonico; *passo scozzese*, passo lento e grave || *doccia scozzese*, a getti alternati caldi e freddi, e *fig.* rapida successione di avvenimenti spiacevoli e piacevoli **II** **s.** **1.** abitante della Scozia || *fig.* spilorcio, taccagno, in riferimento alla tradizionale avarizia degli scozzesi **2.** **sm.** (solo *sing.*) lingua gaelica, parlata in Scozia.

scòzzo [da *scozzare*; 1879] **sm.** *raro* lo scozzare le carte.

scozzonàre (pres. *-óno*) [comp. parasint. di *cozzone*; a. 1565] **tr.** **1.** domare e ammaestrare bestie da sella e da tiro: *scozzonare un cavallo* **2.** *fig.* dare i primi elementi di una disciplina, di un'arte: *scozzonare i ragazzi nel latino* || *per estens.* dirozzare: *scozzonare qualcuno negli usi metropolitani.*

scozzonàta [da *scozzonare*; 1690] **sf.** l'azione dello scozzonare || *dim.* scozzonatìna.

scozzonatóre [da *scozzonare*; 1690] **sm.** *raro* scozzone.

scozzonatùra [da *scozzonare*; a. 1712] **sf.** atto ed effetto dello scozzonare; scozzonata.

scozzóne [da *cozzone*; 1838] **sm.** chi cavalca cavalli indomiti per domarli; cozzone.

scrambler (ingl., pr. ['skræmblə]) [da to *scramble*, arrampicarsi; 1973] **sm.** *inv.* **1.** *T.sport.* motocicletta da cross con ruote piccole ben distanziate dai parafanghi, ammortizzatori robusti e manubrio alto e largo, retto da una forcella a cannocchiale **2.** apparecchio elettronico usato per decodificare messaggi in codice.

scramblerìsta [da *scrambler*; 1983] **s.** motociclista che guida uno scrambler.

scrànna [dal long. **skranna*; 1321] **sf.** **1.** *T.stor.* seggiolone di legno con spalliera alta e braccioli || *sedere a scranna*, sentenziare con presunzione, ergersi a giudice **2.** *dial.* sedia rozza, panca || **N.** *Sin.* SEDIA.

scrànno [da *scranna*; a. 1388] **sm.** scanno

scraper (ingl., pr. ['skreɪpə]) [letter. raspatore; 1935] **sm.** *inv.* **1.** nelle macchine escavatrici, la benna che raschia il terreno || *per estens.* la macchina escavatrice stessa **2.** arnese con cui vengono scrostati i tubi degli oleodotti || **N.** **1.** *Sin.* ruspa.

scratch (ingl., pr. [skrætʃ]) [letter. scalfittura; 1905] **sm.** *inv.* *T.sport.* nel tennis, eliminazione, eseguita d'ufficio dal giudice-arbitro, del giocatore che non si presenta in campo entro un certo numero di minuti; *vincere per scratch*, vincere per ritiro dell'avversario.

screanzàto [da *creanzato*; 1863] **agg.** e **sm.** (f. *-a*) maleducato, scortese: *una persona screanzata* || **screanzatamènte** **avv.** || **N.** *Sin.* MALEDUCATO.

screàto o **scriàto** [da *creato*; a. 1444 *iscriato*] **agg.** *ant.* cresciuto a stento; debole, gracile, senza vigore.

screditàre (pres. *scrédito*) [comp. parasint. di *credito*; 1618] **tr.** privare della stima, del credito; danneggiare la reputazione: *queste sono azioni che screditano un commerciante* || **intr. pron.** perdere il credito, la stima: *con quel discorso si è screditato.*

scrédito [da *screditare*; 1735] **sm.** *raro* perdita di credito; discredito.

screening (ingl., pr. ['skri:nɪŋ]) [da to *screen*, vagliare; 1979] **sm.** *inv.* **1.** *T.med.* indagine biologica o medica di massa, effettuata su gruppi esposti ad un alto rischio di contrarre una determinata malattia, per individuare i soggetti malati o quelli predisposti a tale malattia **2.** *per estens.* qualsiasi indagine volta a selezionare qualcuno o qualcosa sulla base di determinate caratteristiche **3.** *T.elettrot.* schermaggio **4.** spezzone di film utilizzato per scopi pubblicitari.

scremàre (pres. *scrèmo*) [comp. parasint. di *crema*; 1931] **tr.** togliere la crema o il fiore al latte; spannare: *latte scremato* || *fig.* selezionare la parte migliore: *scremare i candidati.*

scrematrìce [da *scremare*; 1899] **sf.** macchina centrifuga che separa la crema, il fiore, dal latte.

scrematùra [da *scremare*; 1901] **sf.** l'operazione dello scremare; anche *fig.*

screpolàre (pres. *scrèpolo*) [da un ant. *crepolare*, da *crepare*; a. 1571 come intr. pron.] **tr.** provocare minute crepe superficiali: *i detersivi screpolano le mani, l'umidità screpola i muri* || **intr.** (aus. *essere*) e **intr. pron.** fendersi superficialmente e minutamente in più punti: *la pelle gli si screpola per il freddo, l'intonaco è tutto screpolato.*

screpolatùra [da *screpolare*; a. 1571] **sf.** atto e (più spesso) effetto dello screpolare e dello screpolarsi: *muro pieno di screpolature* || **N.** *Sin.* crepa, crepatura, fenditura, fessura, incrinatura, spaccatura.

scrèpolo [da *screpolare*; 1668] **sm.** *raro* crepa, screpolatura, specialmente di muraglie e sim.

scréscere (pres. *scrésco* ecc., come CRESCERE) [da *crescere*; a. 1348] **intr.** (aus. *essere*) *ant.* decrescere, diminuire || **N.** *Contr.* crescere.

screziàre (pres. *scrèzio*) [da *screzio*; 1745] **tr.** tingere, cospargere con macchie irregolari e striature di vari colori.

screziàto (*pps.* di *screziare*) [1353] **agg.** cosparso di macchie e striature di vari colori: *screziato di giallo, tulipani screziati* || *fig. stile screziato*, molto ornato e alquanto disuguale.

screziatùra [da *screziare*; 1772] **sf.** **1.** qualità di ciò che è screziato: *la screziatura di quei garofani* **2.** *concr.* varietà di colori sparsi su una superficie come tante macchie.

scrèzio (pl. *-zi*) [forse dal lat. *discrētio*, separazione; a. 1306; 1618 nel senso 2] **sm.** **1.**

disaccordo non grave, discordanza di opinioni che turba l'armonia preesistente tra due persone: *c'è stato tra loro uno screzio* **2.** *ant.* e *raro* screziatura || **N. 1.** *Sin.* contrasto, dissapore, DISCORDIA | appianare, far nascere, far sorgere.

scrìa [da *cria*; 1891] **sm.** *raro* l'uccellino più piccolo di una covata, l'ultimo nato; cria.

scriàto v. SCREATO.

scrìba (pl. *-i*) [dal lat. *scrība*; a. 1306 nel senso 2] **sm. 1.** *ant.* e *lett.* scrivano, amanuense; usato oggi in senso spreg., scrittorucolo, scrittore da poco **2.** *T.stor.* nell'antica Roma, addetto a lavori di copiatura e compilazione di documenti o atti **3.** dottore della legge giudaica, presso gli Ebrei.

scribacchiàre (raro *scrivacchiàre*) (pres. *-àcchio*) [da *scrivere*, con influsso di *scriba*; 1873] **tr.** e **intr.** (aus. *avere*) scrivere con scarso impegno, svogliatamente o *spreg.* scrivere cose da poco, senza valore: *scribacchiare novelle, va scribacchiando articoli su vari giornali.*

scribacchìno [da *scribacchiare*; 1745] **sm.** (f. *-a*) *spreg.* **1.** scrittore da quattro soldi **2.** impiegato addetto a lavori d'ufficio di poco conto.

scricchiàre (pres. *scrìcchio*) [da *cricchiare*; a. 1729] **intr.** (aus. *avere*) *raro* scricchiolare.

scrìcchio (pl. *-chi*) [da *scricchiare*; 1891] **sm.** *raro* il rumore dello scricchiare; scricchiolio: *scarpe con lo scricchio.*

scricchiolaménto [da *scricchiolare*; 1873] **sm.** atto, effetto e suono dello scricchiolare.

scricchiolàre (pres. *scrìcchiolo*) [voce onom.; a. 1665] **intr.** (aus. *avere*) **1.** emettere suono acuto, secco e crepitante nel fendersi o nell'essere sottoposto a sforzo: *il ghiaccio scricchiolava paurosamente; non fare scricchiolare la seggiola* **2.** *fig.* dare segni di incrinatura nella continuità di un rapporto personale, nella stabilità di un'istituzione e sim.: *il loro matrimonio comincia a scricchiolare, tutti questi scandali fanno scricchiolare lo Stato* || **N. 1.** *Sin.* crocchiare.

scricchiolàta [da *scricchiolare*; sec. XVI-XVII] **sf.** *raro* il suono emesso da ciò che scricchiola.

scricchiolìo (pl. *-ii*) [da *scricchiolare*; 1873] **sm.** lo scricchiolare continuato o frequente e insistente.

scrìcchiolo [da *scricchiolare*; 1960] **sm.** *raro* rumore prodotto da ciò che scricchiola.

scricciolo [voce onom.; a. 1470] **sm.** uccello nostrano passeriforme, piccolissimo, dalla forma e dai movimenti aggraziati, che vive nelle siepi || in modi di dire *fig.*: *essere, parere uno scricciolo,* essere mingherlino, esile, minuto; *mangiare come uno scricciolo,* pochissimo; *avere il cervello di uno scricciolo,* essere poco intelligente || **N.** *Sin.* foramacchie, reattino.

scrìgno [lat. *scrīnium*; a. 1306 *scrignia* f. pl.] **sm. 1.** forziere, cassa di piccole dimensioni, per conservarvi gioielli e oggetti di valore di vario genere; cofanetto **2.** *fig. arc.* gobba, spec. del cammello.

scrignùto [da *scrigno*; 1388] **agg.** e **sm.** *ant.* gobbo.

scrìma [dal provenz. *escrima*, scherma; 1483] **sf.** *arc.* scherma.

scrimàglia (pl. *-glie*) [da *scrima*; a. 1698] **sf.** *arc.* schermaglia.

scriminàle [da *scriminare*; 1584] **I agg.** *ant.* che vale a separare, a dividere **II sm.** scriminatura.

scriminànte (*ppr.* di *scriminare*) [1965] **agg.** nei sensi del verbo || *T.giur.* (anche *sf.*) discriminante; causa che diminuisce o esclude la responsabilità penale di un imputato.

scriminàre (pres. *scrìmino*) [da *discriminare*; 1960] **tr.** *raro* discriminare || *T.giur.* togliere un'accusa, assolvere da un'accusa || **N.** *Contr.* incriminare.

scriminatóio [da *scriminare*; 1565] **sm.** discriminale.

scriminatùra [da *scriminare*; 1505] **sf.** linea di spartizione dei capelli: *avere la scriminatura a destra* || **N.** pettine.

scrìmolo [dal lat. *discrīmen, -inis*; a. 1850] **sm. 1.** margine, orlo, ciglio: *dormire sullo scrimolo del letto* **2.** *T.geogr.* cresta montuosa dai versanti asimmetrici, l'uno a pendio dolce, l'altro a precipizio.

scrinàre [comp. parasint. di *crine*; a. 1375] **tr.** *raro* strappare o tagliare i crini al cavallo o, *per estens. arc.*, i capelli.

scrìo (pl. *-ii*) [dal lat. *screāre*, sputare; a. 1742] **agg.** *tosc.* (perlopiù ripetuto) puro, semplice, vero e proprio: *lo chiami vino, ma è aceto scrio scrio.*

scripofilìa [dall'ingl. *scripophily*, comp. di *scrip*, certificato azionario provvisorio e *-phily*, -filia; 1983] **sf.** collezionismo di vecchi titoli azionari e obbligazionari fuori mercato.

scripòfilo [dall'ingl. *scripophile*; 1983] **agg.** e **sm.** (f. *-a*) che, chi colleziona vecchi titoli azionari fuori mercato.

script (ingl., pr. [skrɪpt]) [1966] **sm.** *inv.* copione del film che il regista segue durante le riprese.

scripta (lat., pr. it. [ˈskripta]) [letter. le cose scritte] **sf.** *T.paleogr.* il complesso degli usi scrittori adottati in una certa zona in un determinato periodo (detto spec. delle scritture volgari del Medioevo).

scriptio (lat., pr. it. [ˈskriptsjo]) [letter. scrittura; 1960] **sf.** *T.paleogr.* scrittura: *scriptio continua,* tipo di scrittura in cui le parole non sono separate le une dalle altre.

scriptorium (lat., pr. it. [skripˈtɔrjum]) [letter. atto a scrivere] **sm.** (pl. *scriptoria*, pr. it. [skripˈtɔrja]) nei conventi medievali, il locale dove gli amanuensi copiavano i manoscritti.

scristianizzàre [da *cristianizzare*; 1873] **tr.** far perdere la fede cristiana, sottrarre all'influenza spirituale del Cristianesimo || **rifl.** allontanarsi dalla cultura e dalla spiritualità cristiane, rinnegare la fede cristiana.

scristianizzazióne [da *scristianizzare*; 1960] **sf.** *raro* atto ed effetto dello scristianizzare.

scriteriàto [comp. parasint. di *criterio*; 1942] **agg.** e **sm.** (f. *-a*) che è senza criterio, senza giudizio: *è uno scriteriato* || **N.** *Sin.* dissennato, stolto.

scrìtta [da *scrivere*; 1313] **sf. 1.** iscrizione, indicazione scritta su cartelli, insegne, lapidi e sim.: *sopra la porta d'ingresso c'era una scritta* **2.** patto od obbligo steso per iscritto: *fu fatta tra loro una scritta di vendita.*

scrìtto (*pps.* di *scrivere*) [1313] **I agg. 1.** espresso per mezzo della scrittura; spesso con riferimento alla non smentibilità e all'immodificabilità del testo scritto: *ordine scritto, accordo scritto, impegno scritto; legge scritta,* emanata dall'autorità e fissata in una formulazione scritta (spesso contrapposta alle *leggi non scritte,* convenzioni che vengono rispettate senza che siano state esplicitamente sancite); *norma scritta,* opposta, riguardo al modo in cui viene tramandata, a *norma consuetudinaria*; *lingua scritta,* letteraria, di uso meno corrente di quella parlata, rispetto alla quale è più rigidamente dipendente da norme grammaticali, sintattiche e lessicali || *in part.* nel linguaggio scolastico, opposto a *orale*: *prove, esercitazioni, compiti, esami scritti* **2.** *fig.* impresso in modo indelebile: *lo porterò scritto nel cuore, l'aveva scritto in fronte* **II sm. 1.** testo scritto: *questo scritto prova la tua colpa; le parole si perdono, lo scritto rimane,* per sottolineare il carattere impegnativo e probante di un testo scritto (con la stessa sfumatura di sign. si usa la loc. *mettere per* (*i*) *scritto*: *dobbiamo fargli mettere per iscritto quello che ha appena detto*) || anche, lettera, missiva: *ieri ho ricevuto il tuo scritto;* anche, opera letteraria, saggio, articolo e sim.: *scritti politici, giovanili, postumi, minori* || prova scritta di un esame: *lo scritto è andato male, non passare lo scritto* **2.** *per estens.* il modo in cui un testo è scritto, scrittura: *scritto illeggibile, indecifrabile* || *dim.* scrittarèllo || **N. II 1.** appunto, abbozzo, bozza, cartella, ciclostilato, componimento, copia, dattiloscritto, dettato, dissertazione, duplicato, facsimile, geroglifico, manoscritto, memoria, minuta, nota, olografo, originale, poscritto, retroscritto, sgorbio, traccia, zibaldone | adespota, anonimo, apocrifo, astruso, autografo, breve, cifrato, concettoso, compendioso, improvvisato, ingegnoso, marginale, mutilo, oscuro, pepato, prolisso | alinea, brano, capoverso, correzione, firma, frammento, interlinea, lacuna, linea, nota, paragrafo, passo, richiamo, riga, rigo, rimando, ritocco, stralcio, testo, visto | censurare, correggere, datare, esaminare, espungere, inserire, omettere, ricopiare, stendere, studiare, trascrivere, valutare, SCRIVERE | autore, compilatore, dattilografo, stenografo, SCRITTORE | carattere, carta, contesto, stesura **2.** *Sin.* calligrafia, grafia, SCRITTURA | zampe di gallina.

scrittóio (pl. *-ói*) [dal lat. tardo *scriptōrius*; a. 1375 nel senso 2; 1815 nel senso 1] **sm. 1.** *ant.* scrivania **2.** stanza dove si scrive; studio.

scrittóre [dal lat. *scriptor, -ōris*; a. 1321] **sm.** (f. *-trice*) **1.** chi scrive opere letterarie in prosa: *gli scrittori italiani del Cinquecento;* in riferimento al genere degli scritti: *uno scrittore realista, comico, di fantascienza;* in riferimento alle sue capacità artistiche: *uno scrittore mediocre, celebre, di gran fama, da quattro soldi; un vero scrittore, scrittori si nasce* || *raro* l'autore di un certo scritto: *lo scrittore di queste didascalie è sconosciuto* **2.** *scrittore apostolico,* presso la cancelleria pontificia, addetto alla stesura di certi documenti **3.** *arc.* scrivano, copista || *dim. spreg.* scrittorèllo, scrittorùccio, scrittorùcolo || **N. 1.** amanuense, autore, compilatore, compositore, copista, estensore, grafomane, imbrattacarte, imitatore, letterato, plagiatore, penna, pornografo, pubblicista, redattore, scriba, scribacchino, scritturale, scrivano | arguto, agile, brioso, classico, disimpegnato, dotto, efficace, enciclopedico, eccellente, elegante, faceto, fecondo, fine, fantastico, forte, impegnato, libero, manierato, meschino, originale, pedissequo, pedestre, prezzolato, purgato, sboccato, sgrammaticato, serio, spigliato, spiritoso, triviale, valente, vivace, vigoroso, volgare, venduto | agiografo, commediografo, divulgatore, epigrafista, novelliere, poeta, poligrafo, prosatore, romanziere, saggista, storico, tragediografo, trattatista, verseggiatore | chirospasmo o crampo dello scrittore, citazione, plagio, pseudonimo. **Q.T.** *letteratura...*

scrittòrio (pl. *-ri*) [dal lat. *scriptōrius*; 1865] **agg. 1.** che viene usato per scrivere: *materiale scrittorio* **2.** *T.paleogr.* relativo ad un particolare tipo di scrittura: *uso scrittorio, tradizione scrittoria.*

scrittùra [dal lat. *scriptūra*; 1295 *scriptura*] **sf. 1.** l'atto dello scrivere: *era tutto assorto nella scrittura* || l'uso di scrivere inteso come fatto culturale: *popoli che non conoscevano la scrittura* || stesura: *la scrittura di una dichiarazione* || il modo di scrivere, con riferimento ai caratteri utilizzati (*scrittura maiuscola, minuscola, in corsivo, in stampatello* ecc.), ai sistemi alfabetici delle varie civiltà (*scrittura egiziana, cinese*), al mezzo con cui si scrive (*scrittura a mano, a macchina, videoscrittura*) o, nel linguaggio della critica, allo stile di uno scrittore (*una scrittura spigliata, monotona*); grafia: *ha una scrittura chiara, illeggibile* || l'espressione scritta in quanto opposta a quella orale: *esprimo me stesso nella scrittura* || *T.inform.* registrazione di informazioni in memoria (principale o periferica) **2.** *lett.* ciò che risulta dallo scrivere, il testo: *quest'idea si trova già nelle scritture degli an-*

tichi || *per anton.* (*Sacra*) *Scrittura* o anche (*Sacre*) *Scritture*, la Bibbia **3.** *T.giur.* contratto scritto; scritta; *scrittura privata*, quella fatta tra privati, senza l'intervento di un notaio o di un altro pubblico ufficiale; *scrittura pubblica*, stesa dal notaio || *ass.* contratto stipulato tra un imprenditore teatrale o cinematografico e un artista, un regista, un musicista e sim. || *dim. vezz.* scritturìna; *pegg.* scritturàccia || **N. 1.** crittografia, dattilografia, grafia, stenografia | frego, scarabocchio, sgorbio | bella, brutta, chiara, illeggibile, irregolare, leggibile, minuta, regolare, alfabetica, corsiva, cuneiforme, demotica, fonetica, ideografica, ieratica, lapidaria, maiuscola, minuscola, onciale, sillabica, simbolica, stampatello, tondo | abbreviazione, bella copia, brutta copia, cancellatura, cifrario, collazione, ghirigoro, grafomania, margine, palinsesto, svolazzo. **Q.T.** *archeologia, filologia..., linguistica.*

scrittuàbile [da *scritturare*; 1838] **agg.** che si può scritturare.

scritturàle[1] [da *scrittura*; 1633 come sm.] **I agg.** riguardante scritture contabili: *monete scritturali*, assegni e giroconti bancari fungenti da mezzo di pagamento **II sm.** scrivano, copista; *in part.* nell'ambiente militare, addetto ai lavori d'ufficio presso un comando.

scritturàle[2] [dal lat. eccl. *scripturalis*; 1873] **I agg.** *T.teol.* concernente la Sacra Scrittura: *una citazione, un'allusione scritturale*; *esegesi scritturale* **II s.** *T.teol.* interprete che si attiene rigidamente alla lettera delle Sacre Scritture.

scritturaliṣmo [da *scritturale²*; 1960] **sm.** *T.teol.* l'insieme di tradizioni esegetiche che si attengono ad un'interpretazione letterale della Bibbia.

scritturàre (pres. *-ùro*) [da *scrittura*; 1805] **tr. 1.** *T.teatr.* e *T.cin.* ingaggiare con un contratto di scrittura un attore, un artista dello spettacolo e sim.: *lo hanno scritturato per il prossimo festival* **2.** registrare nei libri contabili.

scritturazióne [da *scritturare*; 1837] **sf. 1.** l'atto di scritturare un attore e sim. **2.** lo scritturare dati contabili **3.** lo scrivere degli scrivani, ovvero per conto d'altri e dietro compenso: *le spese della scritturazione.*

scritturìsta [da *scrittura*; 1585] **s.** studioso, interprete delle Sacre Scritture.

scritturìstico (pl. *-ci*) [da (*Sacra*) *Scrittura*; 1837] **agg.** relativo alla Sacra Scrittura: *tradizione scritturistica.*

scrivacchiàre v. SCRIBACCHIARE.

scrivanìa [da *scrivano*; 1805] **sf.** mobile, di forma e materiale vario, destinato a lavori d'ufficio o attività di studio; è costituito da un ampio ripiano orizzontale, al di sotto del quale sono generalmente ricavati dei cassetti: *scrivania a ribalta*; *passa ore alla scrivania*, a lavorare, a studiare e sim. || **N.** *Sin.* scrittoio, *secrétaire* | ACCESSORI: carta, cartella, cestino, evidenziatore, fermacampioni, fermacarte, fermagli, gomma, graffette, matita, penna, pennarello, perforatrice, pinzatrice, portapenne, punti metallici, reggilibri, riga, tagliacarte, tampone, timbri.

scrivàno [dal lat. *scrība*, scriba; 1306] **sm. 1.** (f. *-a*) chi per mestiere copia scritti per conto d'altri, dietro compenso; copista, amanuense || impiegato di uffici pubblici che si occupa della stesura e della copiatura di documenti e sim. **2.** *T.stor.* qualifica che veniva conferita ai diplomati di un istituto nautico, che li abilitava a imbarcarsi come ufficiali dopo trenta mesi di imbarco come marinai **3.** *scrivano della vite*, piccolo coleottero che prende il nome dalle tipiche erosioni filamentari che scava sulle foglie della vite (*Bromius obscurus*) || **N. 1.** *Sin.* dattilografo, stenografo | copisteria, copia.

scrivènte (*ppr.* di *scrivere*) [a. 1375] **agg.** e **s.** che, chi scrive, e spec. nell'uso bur. chi scrive una domanda, una lettera e sim.: *lo scrivente fa istanza alla S. V. ....*

scrìvere (pres. *scrìvo*; p.rem. *scrìssi, scrìsse, scrìssero*; pps. *scrìtto*) [lat. *scrībere*; fine sec. XIII] **tr. 1.** tracciare su carta o su altra superficie i segni grafici (lettere, cifre, note musicali e sim.) convenzionali di un certo sistema linguistico; anche *ass.*: *l'occorrente per scrivere*, carta, penna ecc.; *scrivere a mano, a macchina*; *scrivere in modo chiaro, illeggibile*; *scrivere sotto dettatura*; *scrivere sulla carta, sulla pergamena, sulla sabbia, sui vetri appannati*; *scrivere* (*in*) *minuscolo*, (*in*) *corsivo*, (*in*) *stampatello*, *a caratteri cubitali*; *non saper né leggere né scrivere*, essere analfabeta; *scrivere tre pagine*, riempirle di segni grafici; *macchina da* (o *per*) *scrivere* || esprimere una parola con i segni grafici appropriati: *"soqquadro" si scrive con due "q"* **2.** stendere, redigere per iscritto: *scrivere appunti, annotazioni, la nota della spesa, l'ordine del giorno*; *scrivere una domanda*, redigerla; *scrivere una lettera, una cartolina*, comunicare per corrispondenza con qualcuno; anche *ass.*: *appena arrivo ti scrivo, sono due anni che non scrive* || esprimere per mezzo della scrittura: *scrivere le proprie impressioni, opinioni, idee su un tema, un argomento, un fatto* e sim. || comporre un'opera letteraria, musicale, scientifica e sim.: *scrivere un articolo, un saggio, un romanzo, una sinfonia*; *ass.* svolgere l'attività di scrittore: *ho cominciato a scrivere a trent'anni, scrive per un giornale, l'arte dello scrivere*, dello scrittore; dal punto di vista stilistico, *scrivere in modo conciso, prolisso, scorrevole, pesante* || detto di scrittori, asserire, sostenere, dire nelle proprie opere: *Platone scrisse che..., come scrive Hegel, ...* **3.** *fig. lett.* imprimere, fissare profondamente: *porto le tue parole scritte nel cuore*; nel modo di dire *questa me la scrivo!*, me la voglio ricordare **4.** *raro* registrare nei libri contabili: *scrivi la somma a debito* **5.** *raro lett.* attribuire, ascrivere: *scrivere qualcosa a merito di qualcuno, non me lo scrivere a colpa* **6.** *arc.* arruolare; anche *rifl.*: *si scrisse tra i volontari* || **rec.** avere rapporti epistolari: *non ci scriviamo più* || **N. 1.** carta, cartapecora, lavagna, papiro, pergamena, quaderno | crittografia, dattilografia, stenografia, grafomania, ortografia | *lapsus calami* **2.** *Sin.* abbozzare, buttar giù, compilare, comporre, descrivere, diffondersi, divagare, elaborare, riempire pagine, esprimere, imbrattar fogli, mettere nero su bianco, pubblicare, rappresentare, redigere, scarabocchiare, sciorinare, scribacchiare, stendere, trascrivere, trattare, vergare.

scrivìbile [da *scrivere*; a. 1729] **agg.** che si può scrivere.

scriviritto [comp. di *scrive*(*re*) e *ritto*; 1945] **sm.** *inv.* tavolino alto e inclinato a forma di leggio, sul quale si può scrivere stando in piedi.

scrivo [dal lat. *screāre*, sputare; a. 1597] **agg.** *raro* scrio.

scrivucchiàre (pres. *-ùcchio, -ùcchi*) [da *scrivere*; 1865] **tr.** e **intr.** (aus. *avere*) scrivere svogliatamente cose poco importanti, senza pretese artistiche, letterarie o scientifiche.

scrobìcolo [dal lat. *scrobiculus*; fossetta; 1960] **sm.** *T.bot.* fossetta sulla superficie di taluni organi.

scroccàre[1] (pres. *scròcco, scròcchi*) [comp. parasint. di *crocco*; a. 1566] **tr.** *fam. scherz.* e *spreg.* ottenere qualcosa e, in part., mangiare a spese altrui: *mi ha scroccato un pranzo*; anche *ass.*: *scroccano quando possono* || *fig.* godersi qualcosa senza merito, senza far nulla: *scroccare la fama, la promozione* || **N.** *Sin.* approfittarsi, frodare | a ufo.

scroccàre[2] (pres. *scròcco, scròcchi*) [da *scoccare*, con influsso di *crocco*; a. 1406] **intr.** *ant.* scoccare, scattare.

scroccatóre [da *scroccare¹*; a. 1566] **sm.** (f. *-trìce*) chi scrocca; scroccone || **N.** *Sin.* parassita.

scrocchiàre (pres. *-òcchio*) [da *crocchiare*; 1891] **intr.** (aus. *avere*) *raro* scricchiolare, croccare: *le sue ossa scrocchiano, le scarpe nuove scrocchiano.*

scròcchio[1] (pl. *-chi*) [da *scrocchiare*; 1891] **sm.** *raro* il rumore dello scrocchiare; anche scrocco.

scròcchio[2] (pl. *-chi*) [da *scroccare¹*; 1560] **sm.** forma di strozzinaggio per cui l'usuraio consegnava, insieme alla somma di denaro, oggetti di scarso pregio valutati a un prezzo elevatissimo, e il debitore doveva restituire, oltre alla somma prestata, il prezzo stabilito per quegli oggetti.

scròcco[1] (pl. *-chi*) [da *scroccare¹*; a. 1565] **sm.** l'azione dello scroccare: *vivere a scrocco*, a ufo, a spese altrui || v. SCROCCHIO².

scròcco[2] (pl. *-chi*) [da *scroccare²*; a. 1543] **sm.** *raro* schiocco, scatto || il rumore di qualcosa che scatta: *coltello a scrocco*, coltello a serramanico, che si apre a scatto; *serratura a scrocco*, che si chiude ad una semplice spinta della porta.

scroccóne [da *scroccare¹*; a. 1602] **sm.** (f. *-a*) chi ha l'abitudine di scroccare, chi vive a scrocco; parassita: *far la figura dello scroccone, un vergognoso scroccone.*

scrociàre (pres. *scròcio*) [incrociare, con cambio di pref.; 1872] **tr.** *T.mar.* togliere un pennone dalla normale posizione perpendicolare all'albero, collocandolo verticalmente lungo l'albero stesso, per poi ammainarlo in coperta.

scròfa [lat. *scrōfa*; 1313] **sf.** femmina del maiale o anche del cinghiale || *fig. spreg.* prostituta, sgualdrina.

scròfano **sm.** *raro* v. SCORFANO.

scròfola [dal lat. tardo *scrōfulae*, ghiandole; a. 1320] **sf.** processo flogistico delle ghiandole linfatiche e, *meno com.*, delle articolazioni o delle ossa.

scrofolàre [da *scrofola*; 1750] **agg.** *T.med.* di scrofola.

scrofolòṣi [comp. di *scrofola* e *-osi*; 1873] **sf.** *T.med.* scrofola.

scrofolóso [da *scrofola*; 1583 *scrofuloso*] **I agg.** proprio della scrofola || malato di scrofola **II sm.** (f. *-a*) chi è affetto da scrofola.

scròfula e der. v. SCROFOLA e der.

scrofulària [da *scrofula*, perché ritenuta efficace contro la scrofolosi; a. 1577] **sf.** *T.bot.* pianta erbacea medicinale delle Scrofulariacee.

Scrofulariàcee [da *scrofularia*; 1895] **sf. pl.** *T.bot.* famiglia di piante erbacee dicotiledoni dalle foglie sparse e infiorescenze disposte in modo irregolare.

scrollaménto [da *scrollare*; a. 1364] **sm.** lo scrollare.

scrollàre (pres. *scròllo*) [da *crollare*; 1353] **tr.** agitare ripetutamente e con forza; *scrollare la testa*, muoverla in senso orizzontale, in segno di negazione o disapprovazione; *scrollare le spalle*, in segno di indifferenza; *scrollarsi di dosso qualcosa*, agitarsi fino a farla staccare da sé; *fig.*, liberarsi (da una preoccupazione, da un pensiero spiacevole e sim.) || **intr. pron.** muoversi, scuotersi; anche *fig.* reagire a uno stato di apatia.

scrollàta [da *scrollare*; a. 1685] **sf.** l'atto dello scrollare, scrollamento: *mi rispose con una scrollata di spalle* || *dim.* scrollatina.

scrollatùra [da *scrollare*; 1873] **sf.** l'atto dello scrollare; scrollata.

scròllo [da *scrollare*; sec. XIV] **sm.** atto dello scrollare e dello scrollarsi || *accr.* scrollóne.

scrosciàre (pres. *scròscio*) [da *crosciare*, sec. XV] **intr.** (aus. *essere* e *avere*) **1.** detto della pioggia o di masse d'acqua, cadere o riversarsi impetuosamente producendo un fragore continuo: *la pioggia è scrosciata* (o *ha scrosciato*) *tutta quanta la notte* **2.** *fig.* di rumori, susseguirsi a ritmo serrato; crepitare: *si udirono scrosciare gli applausi; i colpi di cannone scrosciavano lontano* **3.** *tosc.* detto di liquidi, bollire molto forte.

scròscio (pl. *-sci*) [da *scrosciare*; inizio sec. XIV] **sm.** **1.** il rumore prodotto dalla pioggia o da una massa d'acqua che cade o si riversa impetuosamente || nella *loc. avv. a scroscio*, violentemente: *piovere a scroscio*; nel modo di dire *tosc. bollire a scroscio*, violentemente **2.** *fig.* rapido susseguirsi di rumori, con effetto simile a quello dell'acqua scrosciante; crepitio: *uno scroscio di applausi, di pianto, lo scroscio delle artiglierie* **3.** nella televisione, interruzione momentanea del collegamento, accompagnata da disturbi sonori.

scrostaménto [da *scrostare*; 1745] **sm.** lo scrostare.

scrostàre (pres. *scròsto*) [comp. parasint. di *crosta*; 1336 ca.] **tr.** levare lo strato superficiale di qualcosa (spec. vernice, intonaco ecc.): *scrostare il muro, il tavolino* || levare la crosta di una ferita || **intr. pron.** perdere la crosta, o *per estens.*, lo strato superficiale: *il tavolino si è tutto scrostato*; anche, di uno strato superficiale, staccarsi, cadere: *la vernice, la pelle si è scrostata* || **N.** **tr.** *Contr.* incrostare.

scrostatùra [da *scrostare*; a. 1789] **sf.** atto ed effetto dello scrostare || il punto dove si è tolto lo strato superficiale (vernice, intonaco e sim.).

scrotàle [da *scroto*; 1932] **agg.** *T.anat.* relativo allo scroto, proprio dello scroto: *sacco scrotale, infiammazione scrotale.*

scròto [dal lat. *scrōtum*, borsa; 1574] **sm.** *T.anat.* sacca muscolo-membranosa contenente i testicoli.

scrudìre (pres. *-ìsco, -ìsci*) [comp. parasint. di *crudo*; 1873] **tr.** *raro* **1.** levare il crudo, la rigidezza, alla seta, al filo e sim. **2.** di cosa fredda, scaldarla un po', intiepidirla: *bisogna scrudire l'acqua mettendola accanto al fuoco.*

scrupoleggiàre (pres. *-éggio*) [da *scrupolo*; 1669] **intr.** (aus. *avere*) *raro* lasciarsi prendere da troppi scrupoli || usare eccessiva prudenza.

scrùpolo [dal lat. *scrūpulus*, sassolino; 1427 *scropolo*] **sm.** **1.** dubbio ansioso relativo alla conformità dei propri atti, pensieri ecc. a norme morali, religiose, sociali, scientifiche ecc.: *avere molti scrupoli; essere tormentato dagli scrupoli; scrupoli di coscienza; uomo senza scrupoli*, disonesto, spregiudicato; *farsi scrupolo di una cosa*, non farla perché non si è assolutamente certi della sua liceità || *per estens.* riguardo, delicatezza: *non ha alcuno scrupolo a chiedere favori così impegnativi* **2.** meticolosità, estrema accuratezza nell'osservare le regole, nell'eseguire un lavoro e sim.: *una ricerca condotta con molto scrupolo* **3.** *ant.* antica unità di misura corrispondente alla ventiquattresima parte di un'oncia || *per estens. fig. arc.* quantità o misura piccolissima: *esatto fino allo scrupolo*, esattissimo || *dim.* scrupolétto, scrupolino, scrupolùccio || **scrupolosaménte** **avv.** con scrupolo, con grande diligenza || **N.** **1.** *Sin.* esitazione, sospetto **2.** *Sin.* attenzione, cura, diligenza, impegno, sofisticheria.

scrupolosità [dal lat. *scrupulōsitas, -ātis*; 1598] **sf.** l'essere scrupoloso || esattezza estrema e talora eccessiva || **N.** *Sin.* delicatezza, meticolosità, pedanteria.

scrupolóso [dal lat. *scrupulōsus*; a. 1396] **agg.** **1.** che ha molti scrupoli, che si lascia vincere dagli scrupoli **2.** attento, diligentissimo: *un impiegato scrupoloso* || anche, che è eseguito con accuratezza, meticolosità e sim.: *relazione scrupolosa di un avvenimento* || **N.** **2.** *Sin.* meticoloso, minuzioso, pedante.

scrutàbile [da *scrutare*; 1686] **agg.** *lett.* che si può scrutare || **N.** *Contr.* imperscrutabile.

scrutaménto [da *scrutare*; 1873] **sm.** *raro* atto ed effetto dello scrutare; esame minuto.

scrutàre [dal lat. *scrutāri*; sec. XIV] **tr.** osservare con attenzione per riuscire a vedere cose lontane o seminascoste: *scrutare la superficie del mare alla ricerca del relitto, scrutare qualcuno in volto per comprenderne le intenzioni*; anche *fig.*: *scrutare l'animo di qualcuno* || **N.** *Sin.* guardare, indagare, perscrutare, ricercare.

scrutàta [da *scrutare*; 1960] **sf.** sguardo, esame rapido, ma accurato.

scrutatóre [dal lat. *scrutātori, -ōris*; sec. XIV; 1873 nel senso 2] **I sm.** (f. *-trìce*) **1.** chi scruta **2.** chi nelle votazioni ha l'ufficio di computare i voti e di riconoscerne la validità; scrutinatore **II agg.** che scruta: *guardava con occhio scrutatore.* **Q.T.** *politica.*

scrutinàre (pres. *-ìno*) [dal lat. tardo *scrutināre*, investigare; 1355] **tr.** **1.** durante lo spoglio delle schede elettorali, fare lo scrutinio, cioè il computo dei voti || nel linguaggio scolastico, procedere all'assegnazione dei voti agli alunni **2.** *ant.* frequentativo di *scrutare*; ricercare, minuziosamente l'intimo valore delle cose.

scrutinatóre [da *scrutinare*; 1865 nel senso 2; 1960 nel senso 1] **sm.** (f. *-trìce*) **1.** chi esegue le operazioni di scrutinio in una votazione **2.** chi scrutina, ricerca.

scrutìnio (pl. *-ni*) [dal lat. *scrutinium*, perquisizione; 1337] **sm.** **1.** computo dei voti attribuiti dagli elettori ai vari candidati; *scrutinio segreto*, quando l'elettore ha espresso il suo voto in modo che nello scrutinarlo non si sappia da chi il voto sia stato dato; *scrutinio di lista*, votazione per una lista di più candidati, invece che per un singolo candidato; *scrutinio uninominale*, quando l'elettore ha facoltà di votare un solo candidato || in ambito parlamentare, votazione: *primo, secondo,... scrutinio per l'elezione del presidente della Repubblica* || nel linguaggio scolastico, determinazione dei voti di un alunno sulla base di quelli riportati durante il trimestre, il quadrimestre, durante l'anno scolastico o agli esami **2.** nel diritto pubblico italiano, sistema di promozione degli impiegati pubblici che può essere basato su una graduatoria di meriti (*scrutinio per merito comparativo*) o sulla loro condotta ed efficienza (*scrutinio per merito distinto*) **3.** *ant.* esame rigoroso: *sottoporre a severo scrutinio.* **Q.T.** *politica.*

scùcchia [dal lat. *scutula*, scodella; 1960] **sf.** *region.* mento pronunciato molto sporgente.

scucchiaiàre (pres. *-àio*) [comp. parasint. di *cucchiaio*; 1735 *scucchiarare*] **intr.** (aus. *avere*) fare un rumore di forchette e di cucchiai nel mangiare.

scucìre (pres. *scùcio*) [da *cucire*; a. 1400] **tr.** **1.** disfare una cucitura || disgiungere due parti cucite assieme: *ho scucito le maniche dell'abito* **2.** *gerg.* sborsare denaro || **intr. pron.** rompersi nella cucitura: *i pantaloni si sono scuciti* || **N.** **1.** *Sin.* sdrucire | *Contr.* cucire.

scucìto (*pps.* di *scucire*) [a. 1468] **agg.** nei sensi del verbo; *in part.* con le cuciture disfatte: *vestito scucito*; *fig.* sconnesso, incoerente, sconclusionato: *discorsi, pensieri scuciti.*

scucitùra [da *scucire*; 1891] **sf.** l'azione e il modo dello scucire || anche il punto scucito: *hai una scucitura nelle calze* || *per estens. fig.* separazione, disgiunzione, distacco.

scudàto [da *scudo*; 1520] **agg.** *lett.* dotato di scudo.

scuderìa [da *scudiero*; 1741; 1922 nel senso 2; 1942 nel senso 3] **sf.** **1.** complesso edilizio comprendente le stalle, i depositi e le attrezzature destinate all'allevamento dei cavalli: *le scuderie di palazzo Pitti* || *per estens.* l'insieme dei cavalli (spec. da corsa) di un medesimo proprietario o allenatore **2.** *T.sport.* organizzazione che si occupa dell'allevamento e dell'addestramento dei cavalli da corsa, nonché della preparazione tecnica dei fantini e della partecipazione alle competizioni **3.** *per estens.* *T.sport.* negli sport motoristici, complesso dei mezzi da corsa, dei tecnici e dei corridori di una casa industriale e l'organizzazione relativa || *ordini di scuderia*, impartiti dalla direzione tecnica di una scuderia ai propri corridori riguardo alla conduzione della gara; *fig.* disposizioni impartite dall'alto. **Q.T.** *cavallo.*

scudétto (*dim.* di *scudo*) [a. 1580 nel senso 2; 1940 nel senso 1] **sm.** **1.** distintivo a forma di scudo || *in part.* *T.sport.* quello che gli atleti di una squadra vincitrice di un campionato nazionale portano sulla maglia per tutta la durata della stagione successiva: *puntare allo scudetto, vincere lo scudetto* **2.** *T.agr.* specie d'innesto fatto riportando sulla pianta da innestare un pezzetto della corteccia della pianta con cui si fa l'innesto, provvisto di gemma o occhio. **Q.T.** *sport* **TAV. *araldica* p. 645** 5.2.

scudicciòlo (*dim.* di *scudo*) [1355] **sm.** **1.** piccolo scudo **2.** parte della briglia.

scudièro (arc. *scudière*) [dal lat. tardo *scutārius*, armato di scudo, attr. il provenz. *escudier*; 1299 *scudiere*] **sm.** **1.** *T.stor.* nella società cavalleresca, paggio di nobile famiglia che reggeva lo scudo al cavaliere, porgendoglielo al bisogno, e aveva cura dei cavalli; ed era il tirocinio per l'investitura a cavaliere || nelle loc. *calzoni alla scudiera*, corti e stretti al ginocchio; *guanti alla scudiera, stivali alla scudiera*, con risvolto di pelle d'altro colore **2.** titolo di dignitari di corte, originariamente connesso con il compito di sovrintendere alle scuderie reali.

scudisciàre (pres. *-ìscio*) [da *scudiscio*; a. 1470] **tr.** percuotere con lo scudiscio o sim. || **N.** *Sin.* frustare, PERCUOTERE.

scudisciàta [da *scudisciare*; a. 1566] **sf.** colpo di scudiscio.

scudisciatrice [da *scudisciare*; 1960] **sf.** nell'industria della seta, macchina con cui si effettua la scudisciatura dei bozzoli.

scudisciatùra [da *scudisciare*; 1960] **sf.** nell'industria della seta operazione con cui si tolgono i frammenti di crisalide dai bozzoli difettosi, in modo da approntarli per la lavorazione.

scudìscio (pl. *-sci*) [prob. dal lat. *scutica*, staffile; a. 1320] **sm.** frustino flessibile di legno, cuoio od altro, usato da chi cavalca per incitare il cavallo || **N.** *Sin.* frusta, sferza, staffile.

scùdo [lat. *scūtum*; fine sec. XIII] **sm.** **1.** *T.stor.* arma difensiva individuale, usata fin dai tempi preistorici, costituita da una; piastra di forma e materia varia, si infilava nel braccio sinistro e serviva a difendere il corpo dai colpi dei nemici; è usato ancor oggi da popoli primitivi e, costruito in plastica trasparente, è in dotazione ai reparti di polizia in servizio di ordine pubblico: *ripararsi, coprirsi con lo scudo*; *opporre lo scudo ai colpi del nemico* || nei modi di dire: *portar qualcuno sugli scudi*, esaltarlo; *essere sugli scudi*, godere di un momento di popolarità; *una levata di scudi*, improvviso e inaspettato insorgere contro qualcuno **2.** *per estens.* struttura di forma o funzione analoga a quella dell'arma || *in part.*: *T.mil.* nelle artiglierie moderne, piastra di corazza leggera, posta trasversalmente alla parte posteriore del cannone in modo da proteggere i serventi e i congegni di caricamento e di punteria; *T.astron.* *scudo termico*, rivestimento protettivo di veicoli sottoposti a fortissimo riscaldamento per attrito ad altissime velocità; *T.zool.* piastra ossea dei Cheloni e di numerosi crostacei; anche, nome generico delle squame del dorso dei coccodrilli e della testa dei serpenti **3.** *fig.* difesa, riparo, schermo: *fare, farsi scudo di* (o *con) qualcosa* (o *fig., qualcuno*): *gli fece scudo con la sua persona per evitare che fosse colpito, non fatevi scudo di me, parlategli voi!* ‖ *T.mil. scudo missilistico, aereo*, insieme dei sistemi antiaerei difensivi di una nazione **4.** *T.num.* moneta d'oro o d'argento sulla quale era impresso lo stemma dello Stato o del sovrano ‖ denominazione popolare della moneta d'argento da 5 lire in corso in Italia fino alla seconda guerra mondiale **5.** *T.arald.* parte dello stemma che fa da sfondo alle pezze o figure dell'arme ‖ *per estens.* insegna gentilizia: *lo scudo dei Savoia; scudo crociato*, simbolo della Democrazia cristiana ‖ *dim.* scudétto, scudìno ‖ **N. 1.** *Sin.* ancile, brocchiere, clipeo, egida, palvese, parma, pavese, pelta, quartiere, rotella, targa, usbergo **5.** blasone, STEMMA | PARTI: campo, imbracciatura, penna, sbarra, umbo. **Q.T.** *numismatica* **TAV.** ***araldica* p. 645** 1, 2, 3, 5.1; ***armi* p. 648** 6.12; ***astronautica* p. 654** 4.2.

scudocrociàto [da *scudo crociato*, simbolo del partito della Democrazia cristiana; 1966] ***agg.*** e ***sm.*** (f. *-a*) appartenente al partito politico della Democrazia cristiana: *un noto esponente scudocrociato* ‖ relativo alla Democrazia cristiana: *la politica scudocrociata.*

scùffia [da *cuffia*; fine sec. XIV *schufia* nel senso 3; 1935 nel senso 1; 1905 nel senso 2] ***sf.*** **1.** *pop.* cotta, infatuazione amorosa ‖ sbornia, ubriacatura: *ha preso una scuffia* **2.** *T.mar.* ribaltamento, capovolgimento di un'imbarcazione: *fare scuffia* **3.** *arc.* cuffia ‖ *dim.* scuffiétta, scuffiòtto (*sm.*); *accr.* scuffióne (*sm.*).

scuffiàre (pres. *scùffio*) [da *scuffia*; 1483 nei sensi 2 e 3; 1905 nel senso 1] ***intr.*** (aus. *avere*) **1.** *T.mar.* riferito a imbarcazioni, capovolgersi **2.** *raro* soffiare rumorosamente aria dalle narici, spec. dopo essere stati sott'acqua o aver mangiato troppo velocemente e in abbondanza **3.** *raro* mangiare con ingordigia, voracemente ‖ **N. 2.** *Sin.* sbuffare **3.** *Sin.* abboffarsi, divorare, MANGIARE.

scuffìna [lat. volg. **scoffina*; 1561] ***sf.*** sorta di lima piatta da falegname, con larghi solchi trasversali paralleli tra loro, scavati sulla faccia inferiore; viene detta anche *ingordina.*

scuffinàre (pres. *-ìno*) [da *scuffina*; sec. XVI-XVII] ***tr.*** grattare, limare o raspare con la scuffina.

scugnìzzo [etim. inc.; 1908] ***sm.*** (f. *-a*) *dial. nap.* monello di strada napoletano ‖ *per estens.* ragazzino irrequieto e vivace.

sculacciàre (pres. *-àccio*) [comp. parasint. di *culo*; 1598] ***tr.*** dare colpi con la mano aperta sul sedere a scopo punitivo: *sculacciare un bambino capriccioso.*

sculacciàta [da *sculacciare*; a. 1449] ***sf.*** azione ed effetto dello sculacciare: *prendere a sculacciate* ‖ *dim.* sculacciatìna.

sculacciόne [da *sculacciare*; 1691] ***sm.*** forte sculacciata.

sculdàscio (pl. *-sci*) [dal long. *skuldhaizo*, capo di circoscrizione; a. 1750] ***sm.*** *T.stor.* presso i Longobardi, ufficiale preposto a una circoscrizione territoriale con funzioni civili e militari.

sculettàre (pres. *-étto*) [comp. parasint. di *culetto*; 1691] ***intr.*** (aus. *avere*) *pop.* dimenare vistosamente i fianchi camminando.

scùlto o **scòlto** (*pps.* lett. raro di *scolpire*) [sec. XIV] ***agg.*** *poet. fig.*, impresso.

scultóre [dal lat. *sculptor, -ōris*; 1520] ***sm.*** (f. *-trìce*) chi esercita l'arte della scultura. **Q.T.** *scultura.*

scultòreo o **scultòrio** (pl. *-ri*) [da *scultore*; 1551 *scultorio*] ***agg.*** attinente alla scultura ‖ *per estens. atteggiamento, bellezza, profilo scultoreo*, statuario, dalle linee proporzionate e armoniose ‖ *fig. frase scultoria, stile scultorio*, di grande rilievo, incisivo.

scultùra [dal lat. *sculptūra*; a. 1320] ***sf.*** l'arte, la tecnica e l'attività dello scolpire, ovvero del creare oggetti a tutto tondo, liberi nello spazio, contemplabili da ogni lato; strettamente legata a quella scultorea è la creazione di oggetti in rilievo (altorilievo o bassorilievo) o intagliati, anch'essi dotati della dimensione della profondità: *darsi, dedicarsi alla scultura; corso di scultura; scultura greca, gotica* ‖ *concr.* le opere scolpite: *palazzo ricco di sculture.* **Q.T.** *scultura.*

sculturàle [da *scultura*; 1942] ***agg.*** *lett.* che si riferisce alla scultura: *linguaggio sculturale* (Croce).

scùna o **scùner** V. SCHOONER.

scuòcere (pres. *scuòcio* ecc., come CUOCERE) [da *cuocere*; 1950] ***intr.*** e ***intr. pron.*** cuocersi troppo, detto di vivande; diventare scotto: *questa pasta scuoce* (o *si scuoce*) *facilmente.*

scuoiaménto (disus. *scoiaménto*) [da *scuoiare*; 1960] ***sm.*** operazione dello scuoiare.

scuoiàre (pres. *scuòio*) (disus. *scoiàre*) [lat. tardo *excoriāre*, scorticare; 1313] ***tr.*** levare il cuoio o la pelle ad animali: *scuoiare un vitello* ‖ **N.** *Sin.* scorticare, spellare.

scuoiatóre (disus. *scoiatóre*) [da *scuoiare*; 1960] ***sm.*** (f. *-trìce*) operaio addetto ai lavori di scuoiamento.

scuoiatùra [da *scuoiare*; 1960] ***sf.*** *T.pell.* operazione che consiste nella separazione della pelle dalla carne dell'animale morto; può essere effettuata sia a mano che meccanicamente. **Q.T.** *pellicciaio...*

scuòla (pop. o poet. *scòla*) [lat. *schola*; fine sec. XIII nel senso 4] ***sf.*** **1.** attività organizzata ai fini dell'insegnamento e dell'apprendimento di una o più discipline, arti, tecniche e sim.: *fare scuola*, insegnare; *dedicare la vita alla scuola*, all'insegnamento; *ha ancora bisogno di scuola*, di lezioni; *domani non c'è scuola*, l'attività scolastica è sospesa; *ho diciotto ore di scuola alla settimana; a giugno chiude la scuola*, iniziano le vacanze estive **2.** istituzione organizzata e gestita dallo Stato o da privati, che, attraverso l'attività didattica, si prefigge lo scopo di dare agli allievi una formazione umana e culturale: *andare a scuola*, frequentare una scuola; *maestro, compagno di scuola; il mondo della scuola, la contestazione nella scuola; scuola serale*, per chi lavora durante il giorno; *scuola per corrispondenza; scuola dell'obbligo*, quella cui, per legge, i genitori sono obbligati a mandare i figli; *scuola speciale*, per alunni che presentino minorazioni fisiche o psichiche ‖ il termine *scuola* si riferisce normalmente ai livelli d'istruzione primari e secondari, a loro volta determinati secondo i gradi (*scuola materna, elementare, media inferiore* o *secondaria di primo grado, media superiore* o *secondaria di secondo grado*), gli indirizzi (*scuole tecniche, professionali, scuole a indirizzo umanistico, scientifico, tecnico, artistico* ecc.), le forme di gestione (*scuola pubblica* o *statale*, gestita dallo Stato; *scuola privata*, gestita da privati; *scuola parificata*, legalmente riconosciuta) e i metodi d'insegnamento (*scuola autoritaria, conservatrice, innovativa, formativa, critica, nozionistica, tradizionale, sperimentale; scuola religiosa* o *confessionale, scuola laica; scuola attiva*, il cui orientamento pedagogico tende a promuovere la spontaneità dell'allievo; *scuola montessoriana*, ispirata ai metodi pedagogici di M. Montessori) ‖ anche riferito a corsi d'istruzione a livello universitario e post-universitario: *scuola di perfezionamento, di specializzazione, la Scuola Normale di Pisa*; o a scuole connesse ad attività tecnico-pratiche: *scuola di dattilografia, per interpreti; scuola di belle arti, di pittura, di scultura, di disegno, scuola d'arte drammatica, di danza, di canto, scuola di taglio, di cucito, di acconciatura, scuola militare, ufficiali, sott'ufficiali, di guerra, d'applicazione; scuola-guida, di pilotaggio*, rispettivamente, per ottenere la patente abilitante alla guida di autoveicoli o il brevetto di pilota aereo ‖ le istituzioni scolastiche di un paese: *la riforma della scuola italiana* **3.** il complesso delle persone di un istituto scolastico, che lo frequentano, lo amministrano o comunque operano nel suo ambito: *la scuola ha organizzato un torneo di calcio, vado in gita con la scuola* **4.** l'edificio sede dell'attività scolastica: *è appena uscita da scuola, il custode della scuola* **5.** *fig.* insegnamento, ammaestramento, lezione, esempio: *che questo ti serva da scuo-*

SCULTURA

PERSONE: bronzista, ceroplasta, figurinaio, fonditore, formatore, intagliatore, lapicida, marmista, modellatore, sbozzatore, scalpellino, scultore, statuario.

UTENSILI E ATTREZZATURE: archetto a filo caldo, bisturi, calibro, carborundo, cavalletto, cera, collante, coltello *Stanley*®, compassi, coramella, *cutter* o taglierino, distaccante, filo a piombo, forbici, fresa, lancetta, levigatrice, lima, manichino, martello, mazza, morsa, pialla, pettinella, picchierello, punteruolo, raspa, saetta, saldatrice, scalpello, sega, seghetto, sgorbia, smerigliatrice, spazzola di ferro, squadra, stecca, supporto, tornio, trapano, trespolo, truschino, utensili *Surform*®, vaporizzatore.

MATERIALI: avorio, carta, legno, materiali da fondere (oro, argento, bronzo e altri metalli; gesso, resine, creta liquida), materiali da modellare (creta, terracotta, cera, gesso, scagliola, calcestruzzo, plastica con fibre di vetro), materiali plastici (*Acrylite*®, *Oroglas*®, *Perspex*®, *Altuglas*®), metalli da scolpire (acciaio, alluminio, ferro, ottone, rame), plastica espansa (polistirene, poliuretano).

LAVORI PREPARATORI: abbozzo, anima, armatura, calco, forma, getto, tassello, schizzo.

OPERE: anaglifo, busto, cariatide, cartoccio, cenotafio, conchiglia, cornice, erma, figurina, frastaglio, gesso, grottesca, gruppo, intaglio, lapide, maschera, mascherone, medaglione, mezzobusto, monumento, rilievo (altorilievo o tutto rilievo, mezzorilievo, bassorilievo), sbalzo, sottosquadro, statua (al naturale, crisoelefantina, equestre), stiacciato, tanagra, telamone, torso, zooforo; *objet-trouvé* o *ready-made object*, sculture cinetiche (*mobiles*, pendoli, composizioni in filo di ferro), sculture con superfici riflettenti (specchi, cromo), sculture luminose (con lampadine, tubi fluorescenti, tubi al neon, luci stroboscopiche, raggi *laser*, olografia).

PROCEDIMENTI E TECNICHE: abbozzatura, affilatura, brasatura, brunitura, carteggiatura, fusione, incavatura, incisione, intaglio, modellatura, plasticatura, politura, rinvenimento, sagomatura, sbalzo, sbozzatura, scultura, sfaccettatura, sgrassatura, sgrossatura; vedi inoltre i procedimenti relativi agli utensili citati.

VOCI ATTINENTI: equilibrio, forma, linea, massa, movimento, scala, spazio; esposizione, fonderia, galleria, glittoteca, laboratorio, mostra, museo, studio; modello, posa (plastica, scultorea).

la!; *la dura scuola della vita, della miseria, della sofferenza*; *è cresciuto alla scuola del dovere* **6.** *per estens.* insieme di scienziati, artisti, filosofi, letterati e sim. che seguono lo stesso indirizzo; *in part.* i seguaci che si richiamano, direttamente o indirettamente, a un unico maestro; anche l'indirizzo, la corrente medesimi: *la scuola romantica, un dipinto di scuola fiamminga, la scuola platonica, una scuola filosofica* || talora, in senso limitativo, per sottolineare una stretta dipendenza dai metodi o principi di un indirizzo particolare a scapito dell'originalità: *è solo un dipinto di scuola* || nella loc. *far scuola*, trovare continuatori, seguaci, imitatori: *quello è un metodo, un artista che ha fatto scuola* || *dim.* scuolétta; *pegg.* scuolàccia || **N. 1.** *Sin.* insegnamento, lezione **2.** materna, elementare, media inferiore, media superiore, ginnasio, liceo classico, liceo scientifico, liceo linguistico, liceo artistico, istituto magistrale, istituto tecnico, conservatorio musicale, istituto d'arte, università, istituti superiori statali (di educazione fisica, navale, di scienze sociali ecc.), accademia militare, accademia di belle arti | ORGANI ATTINENTI ALLA SCUOLA: ministero della pubblica istruzione, consiglio nazionale della pubblica istruzione, consiglio scolastico provinciale, consiglio scolastico distrettuale, provveditorato agli studi, consiglio di circolo, consiglio di istituto, consiglio di interclasse, consiglio di classe, assemblea dei genitori, assemblea di classe, assemblea degli studenti | PERSONE: allievo, alunno, direttore didattico, maestro, ministro della pubblica istruzione, preside, professore (di ruolo, incaricato, ordinario, precario, straordinario, supplente), provveditore agli studi, rettore, studente | abilitazione, diploma, dottorato, laurea, licenza, maturità, perfezionamento, specialità | assenza, bocciatura, compito, doposcuola, esame, giudizio, interrogazione, lezione, media, pagella, programma, promozione, punteggio, registro, scrutinio, sessione, tesi, voto | didattica, pedagogia, propedeutica **4.** aula, biblioteca, laboratorio, palestra, presidenza, sala professori, segreteria.

scuòlabus o **scuolabùs** [comp. di *scuola* e *bus*; 1966] **sm.** *inv.* autobus o pullmino adibito al trasporto degli scolari da casa a scuola e viceversa.

scuolaguìda [da *scuola* (*di*) *guida*; 1970] **sf.** scuola che impartisce lezioni teoriche e pratiche di guida e prepara al conseguimento della patente || **N.** *Sin.* autoscuola.

scuòtere (pres. *scuòto*; p.rem. *scòssi, scuotésti, scòsse, scòssero*; pps. *scòsso*; fuori accento anche *sco-* accanto a *scuo-*) [lat. volg. **exquotere*, class. *excutere*; 1313] **tr. 1.** agitare violentemente e ripetutamente, perlopiù con moto alterno, da destra a sinistra o dall'alto in basso, e viceversa: *scuotere l'albero, il terremoto ha scosso l'edificio*; *scuotere la testa, le spalle*, scrollarle in segno di diniego, disapprovazione e sim.; *scuotere abiti, coperte, tappeti*, per toglierne la polvere; *scuotere qualcuno*, per svegliarlo o per farlo ritornare in sé || *fig.* sollecitare qualcuno ad agire o a reagire: *scuotere dall'apatia, dal torpore* **2.** *fig.* turbare, sconvolgere: *scuotere gli animi, l'ordine politico, la salute*; *la morte del padre lo ha profondamente scosso* **3.** *per estens.* rimuovere, allontanare, anche *fig.*: *scuotersi di dosso la malinconia, un dubbio, un timore*; *scuotere la polvere dalle coperte*; *scuotere il giogo*, levarselo di dosso, *fig.* riconquistare la libertà || **intr. pron. 1.** sobbalzare bruscamente: *a quel grido tutti si scossero* || *fig. scuotersi dal torpore*, uscire da uno stato di inerzia spirituale **2.** turbarsi: *non si scuote neanche alle notizie più gravi*, resta sempre indifferente || **N. 1.** *Sin.* dimenare, sbattere, AGITARE | scossa.

scuotiménto (disus. *scotiménto*) [da *scuotere*; a. 1363 *scotimento*] **sm.** atto ed effetto dello scuotere e dello scuotersi.

scuotipàglia (disus. *scotipàglia*) [comp. di *scuot*(*ere*) e *paglia*; 1960] **sm.** *inv.* dispositivo della trebbiatrice, dotato di moto sussultorio e oscillatorio, che opera la separazione dei chicchi di grano dalla paglia.

scuotitóio (disus. *scotitóio*) (pl. *-ói*) [da *scuotere*; 1891 *scotitoio*] **sm.** qualsiasi dispositivo o macchinario in cui viene introdotto un materiale che deve essere sottoposto a scosse.

scuotitóre (disus. *scotitóre*) [da *scuotere*; a. 1595] **agg.** e **sm.** (f. *-trìce*) *lett.* che o chi scuote: *Nettuno Scotitor de la Terra* (Tasso) || **N.** *Sin.* agitatore.

scuponàto [comp. parasint. di *cupone*, adattamento del fr. *coupon*, cedola; 1960] **agg.** *T.banc.* detto di un titolo di credito da cui è già stata strappata la cedola di interesse o il dividendo.

scuràre [da *oscurare*; a. 1348] **tr.** *ant.* oscurare.

scùre (arc. *secùre*) [lat. *secūris*; a. 1294] **sf.** arnese di ferro tagliente con una lunga lama cuneiforme, assicurata a un lungo e robusto manico, usato per spaccare legna, abbattere alberi, e simili; era anche usata dai carnefici nella decapitazione: *colpo di scure* || *scure d'arme* (o *ass. scure*), arma bianca da taglio e da botta usata dalla cavalleria e dalla fanteria; azza || in varie loc. fig.: *darsi la scure sui piedi* (più com. la *zappa*), usare ragioni, argomenti che tornino a proprio danno; *tagliato con la scure*, fatto o modellato grossolanamente; anche *fig.* tutto d'un pezzo, intransigente, ma anche schematico, poco articolato; *gettare il manico dietro la scure*, non curarsi del meno quando si è perduto il più; *cadere sotto la scure della legge*, subirne le sanzioni || **N.** *Sin.* accetta, ascia, bipenne, mannaia | manico, taglio, codolo. **TAV.** *agricoltura* 10.5.

scuréggia e der. forme pop. di SCOREGGIA e der. (v.).

scurétto (*dim.* di *scuro*[2]) [1855] **sm.** piccola imposta che si pone nella parte interna delle finestre per fare buio nelle stanze: *chiudere gli scuretti.*

scurézza [da *scuro*[1]; 1541] **sf.** *raro* l'essere scuro.

scurìàta (arc. *scurìàda*) [lat. volg. **excorrigiāta*; 1313 *scuriada*] **sf. 1.** *ant.* scudiscio, sferza di cuoio **2.** sferzata, frustata.

scurìccio (pl. m. *-ci*, pl. f. *-ce*) [da *scuro*[1]; 1873] **agg.** *raro* che tende al colore scuro; nericcio, bruniccio.

scuriosàre (pres. *-óso*) [da *curiosare*; 1873] **intr.** (aus. *avere*) *tosc.* e *dial.* andar curiosando nei fatti altrui.

scuriosìre (pres. *-ìsco, -ìsci*) [comp. parasint. di *curioso*; 1865] **tr.** e **intr. pron.** levare o levarsi la curiosità.

scurìre (pres. *-ìsco, -ìsci*) [da *scuro*[1]; a. 1577] **tr.** far divenire scuro o più scuro; oscurare: *il fumo ha scurito le pareti* || **intr.** (aus. *essere*) e **intr. pron.** divenire scuro o più scuro: *al sole la carnagione scurisce* || riferito al tempo, imbrunire, farsi sera, annottare; anche *impers.*: *tra poco scurisce* || **N. tr.** *Sin.* offuscare, oscurare, ottenebrare, rabbuiare | **intr.** *Sin.* abbronzare, adombrare, affumicare.

scurità [da *scuro*[1]; 1308] **sf.** *ant.* e *lett.* oscurità, tenebre.

scùro[1] [lat. *obscūrus*; 1313] **I agg. 1.** scarsamente illuminato o anche oscuro, privo di luce: *stanza scura* **2.** di colore, che ha toni cupi, che tende al nero: *carnagione scura*; posposto a un agg. qualificativo di colore, indica una tonalità cupa del colore in questione e forma una *loc. agg. inv.*: *abiti rosso, azzurro scuro* **3.** *fig.* corrucciato, fosco, turbato: *faccia scura* **4.** *fig. ant.* incomprensibile, difficile da intendere: *parole, espressioni scure*; *più non dirò, e scuro so che parlo* (Dante) **5.** *fig.* funesto, triste, penoso: *tempi, anni scuri* **II avv.** *fig. lett.* in modo non chiaro, non perspicuo: *parlare scuro* || **scuraménte avv.** oscuramente **III sm. 1.** buio: *stare allo scuro* || *fig. essere allo scuro di tutto*, ignorare tutto **2.** parte in ombra di un disegno o di una pittura: *trattare accuratamente gli scuri* || **N.** I **1.** *Sin.* buio, tenebroso, tetro | *Contr.* luminoso **2.** *Sin.* bruno, cupo, fosco, nero, opaco, torbido | *Contr.* chiaro **3.** *Sin.* ombroso **4.** *Sin.* astruso, ermetico, misterioso.

scùro[2] [dal long. **skūr*, riparo, protezione; 1640] **sm.** imposta interna di una finestra o di una porta a vetri che serve a oscurare completamente il locale.

scurrìle [dal lat. *scurrīlis*, buffonesco; a. 1529] **agg.** volgare, triviale, spec. di discorsi che si vogliono comici: *parole scurrili* || **scurrilménte avv.** || **N.** *Sin.* lascivo, licenzioso, lubrico, procace, salace, sboccato.

scurrilità [da *scurrile*; sec. XIV] **sf.** l'essere scurrile || *concr.* parola, frase scurrile: *i suoi discorsi sono pieni di sciocche scurrilità* || **N.** *Sin.* licenziosità, volgarità.

scùṣa [da *scusare*; 1308] **sf. 1.** l'atto e le parole dello scusare o dello scusarsi: *lettera di scusa*; *fare, presentare le proprie scuse*; *accettare, respingere le scuse di qualcuno*; *chiedere scusa*, chiedere perdono; *chiedo scusa*, espr. di cortesia usata quando si scomoda o si interrompe qualcuno **2.** argomento che giustifichi o renda meno grave un errore o una colpa: *è una scusa buona, errore senza scusa* || in senso negativo, pretesto, ragione non buona: *ora tira fuori una scusa* || *dim.* scusétta, scuserèlla; *pegg.* scusàccia || **N. 2.** *Sin.* attenuante, cavillo, scappatoia, ripiego | apparente, assurda, balorda, buona, cattiva, debole, degna, legittima, magra, pessima, ridicola, sciocca, tardiva, valida, vana, verace | addurre, avanzare, presentare.

scuṣàbile [dal lat. *excusābilis*; a. 1342] **agg.** che può essere scusato || **scuṣabilménte avv.** || **N.** *Sin.* giustificabile | *Contr.* imperdonabile, inescusabile.

scuṣànte (*ppr.* di *scusare*) [a. 1606 come agg.; 1960 come sf.] **I agg.** che discolpa, che scagiona **II sf.** scusa: *non avere nessuna scusante per la propria azione.*

scuṣàre [lat. *excusāre*; fine sec. XIII come rifl.] **tr.** scagionare qualcuno da colpe o mancanze commesse o attribuitegli, talora adducendo giustificazioni parziali o totali: *non si può scusarlo, lo scusai del suo ritardo* || giustificare parzialmente o totalmente una manchevolezza: *la negligenza non si può scusare* || perdonare, non ritenere colpevole: *lo scusai, vogliate scusarlo* || *ass.* perdonare, spec. in formule di cortesia quando si domanda qualcosa, si importuna o interrompe qualcuno, si entra in un ambiente e sim.: *scusi, che ora è?, scusi, è permesso entrare?, scusa, avresti una sigaretta?*; anche, con tono risentito, in frasi di rimprovero: *scusa, ti sembra questo il modo di trattar la gente?* || *scusate se è poco!*, espr. usata per sottolineare qualcosa di insolito, grande, eccessivo: *vi ho aspettato per sei ore, e scusate se è poco!* || **rifl.** giustificarsi, chiedere scusa: *scusarsi dello sbaglio, per il ritardo* || *raro* ricusare, rifiutarsi di fare qualcosa, non accettare un invito: *si scusò del venire perché doveva andare a Bologna.*

scuṣàto (*pps.* di *scusare*) [sec. XIV] **agg.** giustificato || *avere per scusato*, scusare.

scùsso [dal lat. *excussus*; sec. XIV] **agg.** *arc.* privato di quello che potrebbe o dovrebbe accompagnarlo; spogliato: *ossa scusse di carne* || *region.* schietto, nudo e crudo: *verità scussa, acqua scussa*; *pane scusso*, senza companatico.

scutellària [dal lat. *scutella*, scodella, per la forma del calice; 1838] **sf.** *T.bot.* pianta erbacea perenne delle Labiate dai fiori di color azzurro violaceo a corolla tubolare.

scùter **sm.** *inv.* adattamento it. di *scooter* (v.).

scuterista V. SCOOTERISTA.

scùtica [dal lat. *scutica*; 1572] **sf.** *raro lett.* staffile, scudiscio, sferza.

scutìgera [comp. del lat. *scutum*, scudo e *-gero*; 1967] **sf.** insetto dei Miriapodi, frequente nelle abitazioni e nei luoghi umidi; è lunga circa 2,5 cm. ed è innocua.

scutrettolàre (pres. *-éttolo*) [comp. parasint. di *cutrettola*; 1873] **intr.** (aus. *avere*) detto di uccelli, dimenare la coda e i fianchi, come fa la cutrettola || *per estens.* di persone, camminare ancheggiando; sculettare.

scùtulo [dal lat. *scutulum*, piccolo scudo; 1940] **sm.** *T.med.* formazione patologica della cute e del cuoio capelluto caratteristica della tigna favosa, costituita da ammassi miceliari fungini.

ṣdamàre [comp. parasint. di *dama*; 1873] **intr.** (aus. *avere*) *T.gioc.* nel gioco della dama, muovere una o più pedine dell'ultima fila || **N.** DAMA.

ṣdàrsi [da *dare*; a. 1696] **intr. pron.** *tosc. fam.* impigrirsi, non avere più voglia di fare una cosa, diminuire di alacrità, cessare: *ormai si è sdato dalla musica* || avvilirsi: *costoro alla minima contrarietà si sdanno.*

ṣdàto (*pps.* di *sdarsi*) [1865] **agg. 1.** impigrito; avvilito **2.** *fam.* trito, scontato.

ṣdaziàbile [da *sdaziare*; 1940] **agg.** che si può sdaziare.

ṣdaziaménto [da *sdaziare*; 1891] **sm.** atto o effetto dello sdaziare.

ṣdaziàre (pres. *ṣdàzio*) [comp. parasint. di *dazio*; 1841] **tr.** pagare il dazio di una merce; sdoganare.

ṣdebitàre (pres. *ṣdébito*) [comp. parasint. di *debito*; 1319] **tr.** liberare da un debito || **rifl.** *più com.* pagare i propri debiti; soddisfare a un obbligo || *fig.* disobbligarsi: *non so come sdebitarmi della tua cortesia.*

ṣdébito [da *sdebitare*; 1957] **sm.** *ant.* pagamento di un debito.

ṣdegnaménto [da *sdegnare*; a. 1698] **sm.** *raro* sdegno.

ṣdegnàre (pres. *ṣdégno*) [lat. volg. **disdignāre*; 1313] **tr. 1.** disdegnare, disprezzare, rifiutare: *sdegnare gli onori, la compagnia di qualcuno* **2.** *lett. tosc.* provocare lo sdegno di una persona, farla adirare: *con quei discorsi lo sdegnerai* || **intr. pron.** incollerirsi a causa di qualcosa che si ritiene indegno: *a quella notizia si sdegnò fortemente, sdegnarsi con qualcuno* || **N. tr. 1.** *Sin.* schifare | **intr. pron.** *Sin.* alterarsi, arrabbiarsi, offendersi, risentirsi | collera, IRA.

ṣdégno [da *sdegnare*; 1312] **sm. 1.** sentimento di collera accompagnata da disprezzo, suscitato da cose o persone che offendono il senso morale: *a vedere certe cose non si può frenare lo sdegno, manifestare, mostrare, dichiarare il proprio sdegno; muovere a sdegno*, sdegnare **2.** disprezzo, disdegno: *avere a sdegno*, disprezzare, disdegnare || **N. 1.** *Sin.* collera, disgusto, dispetto, indignazione, ira, irritazione, risentimento, rabbia **2.** *Sin.* spregio, sprezzo.

ṣdegnosàggine [da *sdegnoso*; a. 1698] **sf.** *non com. spreg.* sdegnosità.

ṣdegnosità [da *sdegnoso*; a 1406] **sf.** qualità di chi è abitualmente sdegnoso; alterigia.

ṣdegnóso [da *sdegnare*; 1312] **agg. 1.** che prova sdegno o lo mostra con atti e parole: *uomo sdegnoso* || che dimostra sdegno: *parola, rifiuto sdegnoso* **2.** irritabile, altero, disdegnoso, permaloso, scontroso || **ṣdegnosaménte** **avv.** con sdegno, sprezzantemente: *ha rifiutato sdegnosamente le sue proposte.*

ṣdentàre (pres. *ṣdènto*) [comp. parasint. di *dente*; 1772] **tr.** rompere i denti e spec. rompere i denti a seghe, ruote o altri meccanismi dentati || **intr. pron.** rompersi i denti; perdere i denti.

ṣdentàto (*pps.* di *sdentare*) [a. 1375; 1864 come sm.] **I agg.** che è privo di tutti o di alcuni denti: *un vecchio sdentato, una sega sdentata* **II sm.** *pl. T.zool. ant.* Maldentati, ordine dei Mammiferi con dentatura incompleta, con dita provviste di unghioni robusti, perlopiù frugivori o insettivori. **Q.T.** *zoologia* **TAV.** ***mammiferi*** **p. 1318**.

ṣderenàre (pres. *-éno*) **tr.** *region.* V. SDIRENARE.

ṣdiacciàre (pres. *-àccio*) [comp. parasint. di *diaccio*; a. 1779] **tr.** *fam. tosc.* sghiacciare.

ṣdigiunàre (pres. *-ùno*) [da *digiunare*; a. 1712] **tr.** e **intr. pron.** interrompere il digiuno mangiando qualcosa.

ṣdilinquiménto [da *sdilinquire*; 1618] **sm.** atto e soprattutto effetto dello sdilinquire e dello sdilinquirsi || **N.** *Sin.* leziosità, moine, sdolcinatura, smanceria, smorfia, svenevolezza.

ṣdilinquìre (pres. *-ìsco, -ìsci*) [dal lat. *delinquere*, venir meno; 1555] **intr. pron.** e, *raro tosc.*, **intr.** (aus. *essere*) **1.** venir meno, indebolirsi, languire: *sdilinquire per la fame* **2.** *fig.* effondersi in fastidiose smancerie, svenevolezze e sim.; intenerirsi, andare in deliquio, in brodo di giuggiole: *per così poco non è il caso di sdilinquirsi* || **tr.** *raro* rendere languido, fiacco, debole || *fig.* commuovere, intenerire.

ṣdimenticàre (pres. *-éntico, -éntichi*) [da *dimenticare*; 1513] **tr.** *ant. pop.* dimenticare.

ṣdimeẓẓàre (pres. *-èẓẓo*) [da *dimezzare*; 1873] **tr.** *pop.* dimezzare.

ṣdipanàre (pres. *-àno*) [da *dipanare*; 1873] **tr.** disfare un gomitolo, una matassa o sim.

ṣdire (pres. *ṣdìco* ecc., come DIRE) [da *dire*; a. 1294] **tr.** *arc.* ritrattare, disdire.

ṣdirenàre (pres. *-éno*) [comp. parasint. di *reni*; a. 1722] **tr.** sfiancare, stremare || **intr. pron.** rompersi le reni, la schiena nel compiere uno sforzo eccessivo || *iperb.* affaticarsi, sfiancarsi.

ṣdiricciàre (pres. *-ìccio*) [comp. parasint. di *riccio*; sec. XVI] **tr.** e *ass.* togliere dal riccio le castagne: *a metà ottobre essi cominciano a sdiricciare.*

ṣdiricciatùra [da *sdiricciare*; 1960] **sf.** operazione dello sdiricciare le castagne || l'epoca in cui si sdiricciano le castagne.

ṣdoganaménto [da *sdoganare*; 1891] **sm.** atto ed effetto dello sdoganare, ovvero dello svincolare merci in arrivo dall'estero mediante il pagamento dei diritti doganali e l'assolvimento delle formalità richieste.

ṣdoganàre (pres. *-àno*) [comp. parasint. di *dogana*; 1735] **tr.** effettuare le procedure di sdoganamento di una merce: *sdoganare un pacco.*

ṣdogàre (pres. *ṣdógo, ṣdóghi*) [comp. parasint. di *doga*; 1838] **tr.** togliere le doghe o alcune doghe ad una botte.

ṣdolcinatézza [da *sdolcinato*; 1873] **sf.** l'essere sdolcinato: *non sopporto la tua sdolcinatezza* || *concr.* gesto, discorso, comportamento sdolcinato; sdolcinatura, leziosità: *non c'è bisogno di usare tante sdolcinatezze.*

ṣdolcinàto [comp. parasint. di *dolce*; a. 1597] **agg.** troppo dolce, dolce fino alla nausea || *com. fig.* lezioso, svenevole: *stile sdolcinato; persona sdolcinata* || **N.** *Sin.* stucchevole, LEZIOSO.

ṣdolcinatùra [da *sdolcinato*; 1838] **sf.** atto sdolcinato, svenevolezza: *non posso soffrire le sdolcinature* || **N.** *Sin.* sdolcinatezza, leziosaggine, smorfia.

ṣdolenzìre (pres. *-ìsco, -ìsci*) [da *indolenzire*, con cambio di pref.; a. 1597] **tr.** *raro* mitigare o togliere l'indolenzimento che, spec. a causa della posizione assunta, colpisce talvolta le membra || **intr. pron.** diventare meno indolenzito: *aspetta un attimo che la mia schiena sdolenzisca* || **rifl.** e **rifl. indir.** farsi massaggi o muoversi per sciogliersi le membra: *bisogna che prima mi sdolenzisca le gambe.*

ṣdonneàre (pres. *-èo*) [da *donneare*; a. 1321] **tr.** *ant.* cessare di corteggiare una donna.

ṣdoppiaménto [da *sdoppiare*²; 1873] **sm.** atto ed effetto dello sdoppiare || *T.psic. sdoppiamento della personalità*, stato psicopatologico per il quale la personalità di un individuo è organizzata in due strutture autonome e alternativamente prevalenti l'una sull'altra. **Q.T.** *psicologia*.

ṣdoppiàre¹ (pres. *ṣdóppio*) [comp. parasint. di *doppio*; 1584] **tr.** ridurre a semplice ciò che è doppio: *sdoppiare il filo.*

ṣdoppiàre² (pres. *ṣdóppio*) [comp. parasint. di *doppio*; 1940] **tr.** dividere in due parti una cosa unitaria; dimezzare, raddoppiare: *quando gli iscritti superano un certo numero, si deve sdoppiare il corso* || **intr. pron.** dividersi in due, o anche raddoppiarsi; anche *fig.*: *per riuscire a far tutto dovrei sdoppiarmi.*

ṣdoràre (pres. *ṣdòro*) [da *dorare*; 1540] **tr.** togliere la doratura.

ṣdormentàre (pres. *ṣdorménto*) [da *addormentare*, con cambio di pref.; sec. XIV] **tr.** e **intr. pron.** *ant.* destare, destarsi || **N.** *Sin.* svegliare.

ṣdossàre (pres. *ṣdòsso*) [comp. parasint. di *dosso*; 1618] **tr.** e **rifl. indir.** *raro* levare, levarsi di dosso un abito, un carico; anche *fig.*: *è riuscito a sdossarsi quella colpa.*

ṣdottoraménto [da *sdottorare*; 1873] **sm.** *raro* atto dello sdottorare.

ṣdottoràre (pres. *-óro*) [comp. parasint. di *dottore*; a. 1543] **tr.** *ant.* privare dei privilegi, della dignità di dottore || **intr.** (aus. *avere*) fare il saccente, pretendere di insegnare a tutti.

ṣdottoreggiàre (pres. *-éggio*) [comp. parasint. di *dottore*; 1833] **intr.** (aus. *avere*) fare il saccente; sdottorare.

ṣdràia [da *sdraiare*; 1940] **sf.** *non com.* sedia a sdraio.

ṣdraiàre (pres. *ṣdràio*) [prob. lat. volg. **exderadiāre*, stendere le membra a raggi; 1618] **tr.** e **intr. pron.** mettere, mettersi disteso supino a terra, su un prato, su un letto e sim.; coricare o coricarsi, giacere.

ṣdraiàta [da *sdraiare*; a. 1735] **sf.** *raro* atto dello sdraiarsi || *dim.* sdraiatina.

ṣdràio [da *sdraiare*; 1716] **sm.** lo sdraiarsi o anche la posizione sdraiata, distesa, spec. nella *loc. avv. a sdraio*; *stare, mettersi a sdraio*, stare, mettersi sdraiati; *sedia a sdraio*, sulla quale si può stare sdraiati || **sf.** *inv.* sedia costituita da un'armatura gen. in legno, a inclinazione regolabile e da un fondo di tela: *il bagnino apre le sdraio e gli ombrelloni* || **N.** sdraioni | **sf.** *Sin.* sdraia.

ṣdraióni [da *sdraiare*; a. 1388 *a sdrajone*] **avv.** *non com.* in posizione sdraiata: *starsene sdraioni.*

ṣdrammatiẓẓàre [da *drammatizzare*; 1960] **tr.** interpretare o cercare di modificare di fatto una situazione, una notizia e sim. in modo da attenuarne la gravità: *sdrammatizzare la portata della crisi, sdrammatizzare il racconto dei fatti*; anche *ass.*: *bisogna sforzarsi di sdrammatizzare.*

ṣdrucciolaménto [da *sdrucciolare*; 1657] **sm.** lo sdrucciolare.

ṣdrucciolàre (pres. *-ùcciolo*) [forse lat. volg. ** exderoteolāre*, rotolare giù; a. 1400] **intr.** (aus. *essere* e *avere*) **1.** scivolare su di una superficie viscida o troppo levigata, che non offre appigli: *mise un piede sul ghiaccio e sdrucciolò* **2.** *fig. raro* incorrere, incappare senza accorgersene in una situazione imbarazzante: *sdrucciolare a parlare di cose sconvenienti* **3.** *fig. raro* passar sopra, passar oltre, sorvolare: *sdrucciolare su un argomento*, non soffermarvisi.

ṣdrucciolévole [da *sdrucciolare*; 1525] **agg.** che fa sdrucciolare: *pavimento sdrucciolevole*; anche *fig.*: *argomenti sdrucciolevoli* || **N.** *Sin.* scivoloso, viscido.

ṣdrucciolevolézza [da *sdrucciolevole*; 1960] **sf.** l'essere sdrucciolevole, scivoloso: *sbandò per la sdrucciolevolezza del terreno.*

ṣdrucciolìo (pl. *-ìi*) [da *sdrucciolare*; 1873] ***sm.*** lo sdrucciolare frequente di più persone o di più cose.

ṣdrùcciolo[1] [da *sdrucciolare*; 1525] **I** ***agg.*** *T.ling.* *parola sdrucciola*, con l'accento sulla terzultima sillaba || *verso sdrucciolo*, che finisce con parola sdrucciola; rispetto alla misura normale, ha una sillaba in più **II** ***sm.*** verso sdrucciolo.

ṣdrùcciolo[2] [da *sdrucciolare*; 1354] **I** ***sm.*** **1.** forte pendenza: *lo sdrucciolo dei Pitti a Firenze* || *fig.* *raro* rovina, catastrofe: *così si va verso un grave sdrucciolo* **2.** *raro* atto dello sdrucciolare; sdrucciolone **II** ***agg.*** scivoloso, viscido, che non offre appigli.

ṣdrucciolóne [da *sdrucciolare*; 1863] ***sm.*** atto dello sdrucciolare cadendo: *fare uno sdrucciolone* || **N.** *Sin.* caduta, scivolata, scivolone.

ṣdrucciolóni [da *sdrucciolare*; a. 1704] ***avv.*** sdrucciolando: *fare una discesa sdruccioloni.*

ṣdrucciolóso [da *sdrucciolare*; a. 1567] ***agg.*** che fa sdrucciolare, scivoloso, viscido, sdrucciolevole.

ṣdrùcio (pl. *-ci*) [da *sdrucire*; 1618] ***sm.*** *tosc.* l'atto dello sdrucire, e il punto in cui una cosa è sdrucita; scucitura, strappo: *avere uno sdrucio nella manica* || *fam.* ferita profonda di arma o cosa tagliente: *si fece nella mano un grosso sdrucio con un chiodo* || *fig.* danno prodotto da grossa spesa imprevista: *fece uno sdrucio nel patrimonio.*

ṣdrucìre (meno corretto *ṣdruscìre*) (pres. *ṣdrucìsco* e *ṣdrùcio*, *ṣdrucìsce* e *ṣdrùce*, *ṣdrucìscono* e *ṣdrùciono*) [lat. volg. **exderesuere*, scucire; 1313] ***tr.*** disfare una cucitura strappandola || *per estens.* lacerare, rompere, escoriare || ***intr. pron.*** lacerarsi, scucirsi, strapparsi: *si è sdrucita una manica*; *gli si è sdrucita la pelle* || **N.** *Sin.* sbrindellare, scucire, squarciare, strappare.

ṣdrucìto (*pps.* di *sdrucire*) [1353] **I** ***agg.*** scucito malamente, rotto, bucato: *pantaloni sdruciti* **II** ***sm.*** taglio, strappo, buco, sdrucio.

ṣdrucitùra [da *sdrucire*; a. 1685] ***sf.*** lo sdrucire || il punto in cui la cosa è sdrucita; strappo || *fig.* mancanza di connessione in un discorso, in un'opera letteraria.

ṣdruscìre V. SDRUCIRE.

ṣdurìre (pres. *-ìsco*, *-ìsci*) [comp. parasint. di *duro*; 1891] ***tr.*** *raro* far perdere la durezza || ***intr.*** (aus. *essere*) e anche ***intr. pron.*** perdere la durezza.

ṣdùtto [forse lat. volg. **exductus*, condotto fuori; a. 1912] ***agg.*** *region.* esile, smilzo, magro, sottile: *di là crescevo sdutto, lungo, con molta frasca e molte polle*; *parete un uccelletto, biondo, sdutto* (Pascoli).

se[1] (pr. [se]) [lat. tardo *sē(d)*, dal class. *sī*, se con influsso di *quid*, che cosa; fine sec. XIII] **I** ***cong.*** si può elidere, in contesti poet. o lett., davanti a parola iniziante per vocale: *S'i' fosse foco* (Cecco Angiolieri) **1.** con valore condizionale, nel caso in cui, nell'eventualità che; introduce la *protasi* o antecedente del condizionale, che è la proposizione subordinata alla principale, detta *apodosi* o conseguente; regge il verbo all'indicativo quando è all'indicativo anche quello dell'apodosi, e il congiuntivo quando il verbo dell'apodosi è al condizionale: *se dici questo, sbagli, se dicessi questo, sbaglieresti, la storia d'Europa sarebbe stata diversa se Napoleone avesse vinto a Waterloo* || spesso vale "ogniqualvolta", "in tutti i casi in cui": *se vado a pescare, faccio sempre tardi, se un corpo è immerso in un liquido, riceve una spinta proporzionale al peso del liquido spostato* || rafforzato con *pure* (*se pure* o *seppure*), accentua il dubbio sulla verità della protasi: *gli è rimasto un solo cavallo, se pure è suo* || rafforzato con *mai*: *avvertimi se mai passi di qui*; anche *semmai*, spec. in frasi ellittiche della protasi: *semmai, ripasserò più tardi* || con valore causale, poiché, dato che: *se proprio non vuoi, non insisto, se è vero che l'aritmetica non è un'opinione, ti sbagli*; *se avevi i soldi, perché non l'hai pagato?* || spesso il nesso condizionale (in virtù del quale l'antecedente è condizione sufficiente del conseguente) è attenuato: *se non disturbo, vorrei chiedervi...*; o annullato: *se hai bisogno di lui, è in casa tutta la sera, è un po' caro, se si vuole, se Dio vuole, è finita!*; in espressioni enfatiche, ellittiche dell'apodosi: *se sapessi!, ma se siamo solo in due!, se ti dico di no!* || *solo se* introduce una condizione necessaria: *verrò solo se c'è anche Daniela, si scioglierà solo se lo riscaldi* || *se anche* ha valore concessivo, come "anche se": *se anche fosse così, non sarebbe un gran male* || *come se* introduce una comparazione: *correva come se lo inseguissero* || in espressioni ellittiche, seguito da negazione, forma locuzioni con valore eccettuativo: *nessuno poteva saperlo, se non lui, che cosa potevo fare, se non riconoscere la mia colpa?*; o avversativo: *sarei partito subito, se non che* (o *sennonché*) *gli altri non erano pronti* || *se non altro*, almeno: *sono andato se non altro per salutarlo* || *se no*, altrimenti, in caso contrario: *se vieni ne parliamo, se no ci telefoniamo* **2.** introduce una proposizione dubitativa o interrogativa indiretta (semplice o disgiuntiva), con il verbo all'indicativo o al congiuntivo: *non so se viene* (o *se venga*), *non so se è* (o *sia*) *meglio incontrarci oggi o domani, vedi se è* (o *fosse*) *possibile prenotare subito* || *fam.* in espressioni enfatiche, o in dipendenza da verbi come *guardare, vedere, sentire, provare*, prevale, rispetto al valore dubitativo, quello rafforzativo (talora anche con ellissi della proposizione principale): *non so se mi spiego!, vedi un po' se riesci a convincerlo, prova un po' se riesci a salire, se accetto? ma è chiaro!* **II** ***sm. inv.*** **1.** incertezza, esitazione, dubbio: *a furia di se e di ma non si combina mai nulla* **2.** condizione: *accetto, ma vorrei porre un se.*

se[2] (pr. [se]) [lat. *sic*, così con influsso di se[1]; 1313] ***avv.*** e ***cong.*** *arc.* così, usato spec. in frasi di valore deprecativo o ottativo, col verbo al congiuntivo: *Cotal m'apparve, s'io ancor lo veggia, un lume per lo mar venir sì ratto* (Dante).

se[3] (pr. [se]) [lat. *se*, sé; fine sec. XIII] ***pron.*** atono e ***particella pronominale*** di terza persona che sostituisce la forma *si* (v. SI[1] e SI[2]) davanti a *lo, la, li, le, ne*, sia in posizione enclitica che proclitica: *si beve una bottiglia da solo, se la beve da solo, si dicono tante cose, se ne dicono tante.*

sé [lat. *se*; 1196] ***pron. pers.*** riflessivo di terza persona, m. e f., sing. e pl. con funzione di compl. ogg. quando si voglia dargli un particolare rilievo o di compl. indiretto quando è preceduto da prep.: *ha danneggiato solo sé, pensava, pensavano solo a sé* || in alcune loc. di sign. particolare: *pensare a sé*, dedicarsi solo alle proprie faccende, non curarsi degli altri; *fare da sé*, senza aiuti; *tenere sotto di sé*, ai propri ordini; *prendere sopra di sé*, assumersi un incarico e sim.; *stare a sé, vivere a sé, far parte per sé*, stare per proprio conto, essere poco socievole; *essere, stare chiuso in sé*, essere poco espansivo; *parlare tra sé* o *da sé*, senza interlocutore; *essere fuori di sé*, non avere più il dominio dei propri atti e delle proprie parole per ira, gioia, dolore e sim.; *uscire di sé*, perdere conoscenza; *essere pieno di sé*, essere borioso, vanaglorioso; *tornare in sé*, rinvenire da uno svenimento o, anche ravvedersi; *a sé*, a parte, per proprio conto: *questo episodio va preso a sé*; *sono casi a sé*; *da sé*, da solo, senza bisogno di aiuto esterno: *vuol vedersela da sé, funziona da sé*; *va da sé che...*, è naturale che, non occorre dire che || *prov.* *chi fa da sé fa per tre* || ha come corrispondente atono *si*[1] nei sensi I 1, 2, 3 || in molte espressioni si usa rafforzato da *stesso* o da *medesimo*; *si fida solo di sé stesso* || deve essere sempre accentato per distinguerlo dalla congiunzione; quando sia seguito da *stesso* o *medesimo* al singolare, si può accentare o no.

sebàceo [dal lat. *sebāceus*; 1750] ***agg.*** di sebo || *T.anat.* *ghiandole sebacee*, quelle che secernono il sebo. **TAV. *anatomia* p. 642** 19.2.

sebàcico (pl. *-àcici*) [da *sebo*; 1795] ***agg.*** *T.chim.* di acido grasso che si ottiene per decomposizione termica del sale di sodio dell'acido ricinoleico.

sebbène [comp. di *se*[1] e *bene*; a. 1342 *se bene*] ***cong.*** concessiva, benché quantunque, nonostante; regge il congiuntivo: *ti scrivo sebbene tu mi abbia certamente dimenticato* || si usa talvolta con il verbo inespresso: *ci vado, sebbene poco convinto.*

sèbo [dal lat. *sēbum*, sego; 1895] ***sm.*** umore oleoso secreto dalle ghiandole sebacee dei Mammiferi; esercita un'azione protettiva sulla cute, accrescendone l'impermeabilità || **N.** sebaceo, seborrea.

seborrèa [comp. di *sebo* e *-rrea*; 1895] ***sf.*** *T.med.* eccessiva secrezione di sebo dalle ghiandole sebacee.

seborròico o **seborrèico** (pl. *-ci*) [da *seborrea*; 1929] ***agg.*** *T.med.* proprio della seborrea; causato da seborrea: *acne seborroica.*

secànte (*ppr.* di *secare*) [1614] **I** ***agg.*** che seca: *retta secante* **II** ***sf.*** *T.geom.* retta che taglia un'altra retta o una curva: *la secante e la tangente* || *T.mat.* funzione trigonometrica pari al reciproco del coseno. **TAV.** ***geometria*** 4.6.

secàre (pres. *sèco, sèchi*) [dal lat. *secāre*, tagliare; a. 1374] ***tr.*** *T.geom.* di una linea retta, incontrarne un'altra in uno o più punti: *retta che seca la circonferenza* || *raro* fendere, tagliare, segare || **N.** *Sin.* intersecare; resecare, recidere.

sécca [da *secco*; 1353] ***sf.*** **1.** sopraelevazione, perlopiù sabbiosa, del fondo marino, in corrispondenza della quale l'acqua ha poca profondità e che costituisce quindi impedimento e pericolo per la navigazione: *la nave è rimasta incagliata in una secca* **2.** *fig.* *rimanere nelle secche, trovarsi sulle secche*, essere in gravi difficoltà, spec. finanziarie; *abbandonare una persona nelle secche*, lasciarla nei pericoli, nelle necessità **3.** *dial.* siccità: *se dura ancora un po' la secca, il raccolto andrà a male* || **N.** **1.** *Sin.* banco di sabbia, bassofondo, sirte, seccagna.
Q.T. *nautica...*

seccàbile [da *seccare*; a. 1320] ***agg.*** *non com.* atto a essere seccato.

seccàggine [da *secco*; 1353] ***sf.*** **1.** *raro* siccità, grave inaridimento, mancanza d'acqua **2.** *fig.* *arc.* e *lett.* seccatura, noia.

seccagióne [da *seccare*; sec. XVII] ***sf.*** *non com.* inaridimento delle piante.

seccàgna [da *secca*; 1532] ***sf.*** **1.** *T.mar.* *raro* estensione di molte secche **2.** *ant.* secca.

seccàgno [da *secco*; 1564] ***agg.*** *ant.* e *dial.* arido, molto secco, detto spec. del terreno.

seccàia [da *secco*; 1891] ***sf.*** *tosc.* **1.** insieme di alberi, rami, legni secchi **2.** il seccarsi di alberi, rami, sementi e sim.

seccaióne [da *secco*; 1865] ***sm.*** *raro* o *tosc.* ramo secco.

seccaménto [da *seccare*; a. 1320] ***sm.*** *non com.* atto ed effetto del seccare e del seccarsi.

seccànte (*ppr.* di *seccare*) [1599] ***agg.*** nei sensi del verbo; *in part.* *fig.* noioso, fastidioso, importuno: *un discorso, una visita seccante*; *una persona seccante*, un seccatore.

seccàre (pres. *sécco, sécchi*) [lat. *siccāre*; a. 1294] ***tr.*** **1.** privare dell'acqua o di altri umori; eliminare l'umidità; rendere secco, inaridire, prosciugare: *seccare un pozzo, una pianta, il terreno*; *seccare i fichi al sole*; *iperb.*: *il gran parlare mi ha seccato la gola* **2.** *fig.* infastidire, importunare: *la seccano con discorsi inutili* || ***intr.*** (aus. *essere*) e ***intr. pron.*** **1.** prosciugarsi, inaridirsi: *le erbe seccano* o *si seccano al sole* || di ferita, essiccarsi, cicatrizzarsi || *iperb.* anche *fig.*: *mi si è seccata la gola, la sua vena poetica si è ormai seccata* **2.** *fig.* provar fastidio, noia: *mi sono seccato di questi discorsi*; *mi* *sono seccato di stare a sentirti, per tutte queste prediche* || **N. 1.** *Sin.* appassire, asciugare, disseccare, rinsecchire **2.** *Sin.* annoiare, disturbare, importunare, infastidire, irritare, molestare, nauseare, rompere (le scatole), scocciare, stuzzicare, saziare, stancare, stufare, tediare | sbadiglio, nausea, NOIA.

seccarèllo V. SECCHERELLO.

seccàta [da *seccare*; 1827 nel senso 2] ***sf.* 1.** l'atto del seccare: *dare una seccata ai funghi* **2.** *non com.* noia, seccatura, fastidio: *il suo arrivo è una gran seccata* || *dim.* seccatìna.

seccatàsche [comp. di *secca(re)* e *tasca*; 1891] ***s.*** *inv. tosc.* seccatore, scocciatore.

seccatìccio (pl. m. *-ci*, pl. f. *-ce*) [da *seccare*; a. 1574] **I *agg.*** *spreg. non com.* mezzo secco, rinsecchito **II *sm.*** cosa o persona secca, magra, rinsecchita.

seccatìvo [da *seccare*; sec. XIV] ***agg.*** *non com.* atto a fare asciugare rapidamente; e si dice perlopiù delle sostanze che si uniscono a un colore o a una vernice per farli asciugare più presto || **N.** *Sin.* essiccativo.

seccàto (*pps.* di *seccare*) [1336 ca.] ***agg.*** nei sensi del verbo; *in part. fig.* infastidito, importunato, annoiato: *mi è sembrato piuttosto seccato per la mia visita.*

seccatóio (pl. *-ói*) [da *seccare*; 1625] ***sm.* 1.** ambiente o luogo dove si pongono a seccare prodotti vari; essiccatoio **2.** *T.mar.* raschiatoio di gomma usato sulle navi dopo il lavaggio dei ponti per avviare l'acqua residua agli ombrinali (canali di scolo).

seccatóre [da *seccare*; a. 1375 *seccatrice*] ***sm.*** (f. *-trice*) chi secca; importuno, noioso || **N.** *Sin.* impiastro, importuno, invadente, noioso, rompiballe, rompiscatole, scocciatore.

seccatùra [da *seccare*; 1759] ***sf.* 1.** *non com.* atto ed effetto del seccare: *la seccatura delle castagne* **2.** *fig.* fastidio, noia, cosa seccante; conseguenza spiacevole, fastidiosa o anche grave di un fatto o di una situazione: *questa visita è una grande seccatura, quante seccature!, data la precarietà della situazione, non avremo altro che seccature, dev'essere tutto in regola, non voglio seccature con la Finanza!* || **N. 2.** *Sin.* disturbo, fastidio, grana, impiccio, imbarazzo, molestia, noia, scocciatura, tedio, tormento, uggia.

seccheréccio (pl. m. *-ci*, pl. f. *-ce*) [da *secco*; a. 1597] ***agg.*** *tosc. raro* quasi secco.

seccherèllo o **seccarèllo** [da *secco*; 1863] ***sm.*** *tosc. raro* pezzo di pane secco avanzato dal pranzo.

seccherìa [da *seccare*; 1931] ***sf.*** *T.cart.* nell'industria della carta, macchina continua che comprende gli essiccatori per asciugare il nastro della carta.

secchézza [da *secco*; a. 1320] ***sf.*** l'essere secco, arido: *la secchezza del terreno* || magrezza eccessiva: *è di una secchezza impressionante* || *fig.* scarna essenzialità, ma anche aridità di stile, di composizione artistica, di spirito o di comportamento: *secchezza di modi,* maniere brusche, sbrigative, quasi sgarbate.

sécchia [lat. volg. **sicla*, class. *situla*; a. 1320] ***sf.* 1.** recipiente di forma tronco-conica o cilindrica, perlopiù di metallo o di legno, dotato di un manico semicircolare, usato spec. per attingere acqua || nel modo di dire *tosc.*: *fare come le secchie,* andare in su e in giù, andare e venire più volte **2.** la quantità di liquido contenuta in una secchia **3.** antica unità di misura per liquidi || nelle loc. *arc.*: *a secchia,* in gran quantità; *a secchie rovesce,* detto della pioggia, cadere dirottamente **4.** nel gergo studentesco, secchione, sgobbone || *dim.* secchiétta, secchiettìna, secchierèlla, secchiolìna, secchiùccia; *accr.* secchióna; *pegg.* secchiàccia || **N. 1.** *Sin.* recipiente, secchio.

secchiàio (pl. *-ài*) [da *secchia*; 1983] ***sm.*** (f. *-a*) *region.* acquaio.

secchiàta [da *secchia*; 1618] ***sf.* 1.** la quantità di liquido contenuta in una secchia **2.** *non com.* colpo dato con una secchia **3.** *gerg.* studio lungo e faticoso: *per avere la sufficienza ho dovuto fare una secchiata.*

secchìccio (pl. m. *-ci*, pl. f. *-ce*) [da *secco*; 1865] ***agg.*** *non com.* alquanto secco.

secchièllo (*dim.* di *secchio*) [1631] ***sm.*** piccolo secchio; *in part.* quello con cui giocano i bambini sulla sabbia e quello che serve per mettere in tavola il ghiaccio || borsa da donna a forma di secchio.

sécchio (pl. *-chi*) [lat. volg. **siclus*, class. *situlus*; 1503 *sechio*] ***sm.* 1.** recipiente di forma tronco-conica o cilindrica, in legno, metallo, plastica e sim., dotato di un manico semicircolare e talora di coperchio, usato per contenere o trasportare liquidi o materiali incoerenti **2.** la quantità di liquido contenuta in un secchio: *un secchio di latte* || *dim.* secchièllo, secchiolìno, secchiétto; *accr.* secchióne; *pegg.* secchiàccio || **N. 1.** *Sin.* secchia; RECIPIENTE. **TAV. *edilizia* p. 666** 12.4.

secchióne (*accr.* di *secchio*) [1319 nel senso 1; 1965 nel senso 2] ***sm.* 1.** grosso secchio || *T.metal. secchione di colata,* siviera **2.** (f. *-a*) *spreg.* nel gergo studentesco, studente che studia o fa mostra di studiare eccessivamente, per compiacere gli insegnanti; sgobbone.

séccia (pl. *-ce*) [forse lat. (*feni*) *sicia*, fienagione; a. 1320] ***sf.*** *tosc.* e *lett.* paglia che resta sul campo dopo la mietitura, stoppia || *per estens.* il campo stesso con le stoppie; secciaio.

secciàio (pl. *-ài*) [da *seccia*; 1865] ***sm.*** *tosc.* e *lett.* terreno coperto di secce; seccia.

sécco (pl. *-chi*) [lat. *siccus*; a. 1294 come sm. nel senso 2] **I *agg.* 1.** privo o molto scarso d'acqua, umidità, umori o altri liquidi, asciutto, inaridito, prosciugato, disseccato, rinsecchito: *fonte secca, pozzo secco, terreno secco per mancanza di pioggia* || *pasticceria secca,* priva di ripieni cremosi (panna montata, crema ecc.) || del vento o del clima in genere, contrapposto a *umido*: *un freddo secco, il vento secco di tramontana* || di ciò che è stato sottoposto a essiccazione: *funghi, fichi secchi,* disidratati || di vegetali, contrapposto a *verde* o a *fresco*: *legna secca; fiori secchi,* nei quali non scorre più la linfa; *frutta secca,* noci, nocciole, mandorle e sim. || di ciò che, dopo un certo periodo di esposizione all'aria, perde la morbidezza originaria e si indurisce: *argilla, creta secca; pane secco,* raffermo || contrapposto a *grasso,* oleoso: *pelle secca, capelli secchi* || *T.med.* di processi o fenomeni patologici caratterizzati dall'assenza di essudati fluidi: *tosse secca,* senza catarro || *T.chim. analisi a secco* (o *per via secca*), effettuata senza diluire il campione da analizzare || nelle loc. *regime secco,* in cui vige il divieto di produrre e spacciare bevande alcoliche (con riferimento al proibizionismo negli U.S.A. tra il 1919 e il 1933) **2.** *per estens.* riferito a persone o animali, o anche solo a parti del corpo, eccezionalmente magro, scheletrico: *bambino secco, è diventato più secco di prima, secco allampanato* **3.** detto di vini e liquori, non dolci, non sciropposi: *spumante secco* (equivalente al fr. *sec* e all'ingl. *dry*) **4.** netto, brusco, deciso, improvviso, istantaneo: *spezzò il tronco con un colpo secco, con una secca sterzata evitò l'ostacolo, la partita si è chiusa con un secco 3 a 0*; nel gioco del lotto, *ambo, terno, ... secco,* quando il giocatore punta tutto sul solo ambo o terno, senza altra combinazione, e vede così raddoppiata la vincita; nei giochi di carte, detto di una carta non accompagnata da altre dello stesso seme: *un re, un asso secco* || nelle loc. *far secco qualcuno,* ucciderlo fulmineamente; *restare* (o *restarci*) *secco,* morire sul colpo || breve e isolato ma intenso e deciso, detto spec. di suoni, rumori e sim.: *risuonò un colpo secco* **5.** *fig.* perentorio, deciso: *rispose con un secco rifiuto, con un secco no*; *una secca replica, un ordine secco*; *modi, maniere secche* || detto dello stile di un artista, essenziale, disadorno, asciutto **6.** *T.econ. corso secco,* prezzo di mercato dei valori mobiliari, al netto degli interessi maturati **II *sm.* 1.** aridità, mancanza di acqua || *in part.* condizione meteorologica caratterizzata dalla scarsezza di umidità nell'atmosfera; siccità: *il gran secco danneggia le colture, il secco dell'estate* || nella *loc. avv. a secco*: *lavare a secco,* senz'acqua, adoperando solventi chimici; *murare a secco,* senza calce o altri leganti; *dipingere a secco,* direttamente sull'intonaco già secco (in opposizione a *dipingere a fresco* o *affrescare*); *pila a secco,* il cui elettrolita è costituito da una sostanza quasi solida; *fig. scherz. mangiare a secco,* senza bere || all'improvviso, in modo brusco, repentino: *svoltare, inchiodare a secco* **2.** luogo fuori dall'acqua, all'asciutto: *tirare in secco la barca,* sulla spiaggia || *fig. rimanere in* (o *a*) *secco, lasciare qualcuno a secco,* in difficoltà, senza mezzi, senza risorse || *T.mar. a secco di vele,* di un'imbarcazione a vela che ha perso tutte le vele **3.** *non com.* parte secca di un fiore o di una pianta: *potare il secco delle piante* **III *avv.*** seccamente: *gli rispose secco secco* || **seccaménte** ***avv.*** bruscamente, perentoriamente, in modo asciutto e deciso || *dim.* secchétto, secchìno, seccùccio; *pegg.* seccàccio.

seccóre [da *secco*; a. 1597] ***sm.*** *raro* secchezza, e spec. aridità dell'aria, della stagione || **N.** *Sin.* secchezza, siccità.

seccùme [da *secco*; a. 1320] ***sm.*** *spreg.* insieme di cose secche, e spec. di foglie e rami secchi: *togliere il seccume dalle piante.*

secentènne (raro *seicentènne*) [comp. di *se(i)cento* e *-enne*; 1873] ***agg.*** *lett.* **1.** di cosa che ritorna, si ripete dopo seicento anni **2.** che ha (o che dura da) seicento anni.

secentésco o **seicentésco** (pl. *-schi*) [da *se(i)cento*; 1960] ***agg.*** del Seicento.

secentìsmo o **seicentìsmo** [da *se(i)cento*; 1745] ***sm.*** *T.art.* e *T.lett.* atteggiamento, gusto letterario e artistico manifestatosi nell'Europa del Seicento e caratterizzato da un'esasperata tendenza all'arditezza formale e, in part. nella letteratura, da una concettosità raffinata e preziosa esprimentesi nell'uso estroso di metafore e sottigliezze concettuali || *concr.* tratto, immagine, stilema secentesco o simile a quelli secenteschi: *è una pagina piena di secentismi* || **N.** eufuismo, gongorismo, marinismo, preziosismo.

secentista o **seicentista** [da *se(i)cento*; 1745] ***s.*** artista, letterato e sim. del Seicento || rappresentante del secentismo.

secentìstico o **seicentìstico** (pl. *-ci*) [da *se(i)centista*; 1841 *seicentistico*] ***agg.*** che è proprio del Seicento o dei secentisti: *eleganze, stranezze secentistiche.*

secènto V. SEICENTO.

secèrnere (pres. *-èrno*; pps. *secréto*) [dal lat. *secernere*; 1835] ***tr.*** *T.biol.* emettere una sostanza dopo averla prodotta ed elaborata; si trova usato spec. alla terza persona del pres. e imp. ind., al pps. e all'infinito: *il fegato secerne la bile, le ghiandole che secernono il latte, le conifere secernono resina* || **N.** *Sin.* emettere secrezione.

secessióne [dal lat. *secessio, -ōnis*, sul modello dell'ingl. *secession*; 1865] ***sf.*** *lett.* separazione, scissione volontaria di una componente dall'unità politica, sociale, o *per estens.* anche filosofica, culturale e sim. cui apparteneva || *T.stor. guerra di secessione,* quella degli Stati Uniti d'America, tra gli Stati schiavisti meridionali e gli Stati antischiavisti settentrionali (1861-1865).

secessionìsmo [dall'ingl. *secessionism*; 1950] ***sm.*** tendenza ad operare una secessione.

secessionista [dall'ingl. *secessionist*; 1862; 1905 come s. nel senso 2] **I *s.* 1.** fautore di una secessione || chi partecipa a un gruppo che ha promosso o attuato una secessione; *in part.* i sudisti nella guerra di secessione americana **2.** aderente al movimento artistico che nei paesi di cultura tedesca corrisponde all'*art nouveau*, al *liberty* **II agg.** secessionistico: *gli stati secessionisti.*

secessionìstico (pl. *-ci*) [da *secessionista*; 1960] **agg.** dei secessionisti, del secessionismo: *movimento secessionistico.*

séco [lat. *sēcum*; fine sec. XIII] **pron. comp.** *ant.* e *lett.* con sé; usato tanto al sing. quanto al pl.: *lo portò seco*; *lo presero seco*, con loro || si usa anche rafforzato da *stesso* e *medesimo*: *lo portò seco stesso.*

secolàre [dal lat. *saeculāris*; a. 1294 *seculare* nel senso 4; 1840 nel senso 1; a. 1540 nel senso 2; 1353 nel senso 3] **I agg. 1.** che dura, che esiste da secoli: *pianta, istituzione secolare* **2.** che si ripete ogni secolo: *commemorazione, ricorrenza secolare*; *ludi secolari*, festeggiati dagli antichi Romani alla fine di un ciclo secolare || *per estens. T.scient.* che ha una periodicità molto lunga; *in part. T.astr. aberrazione, accelerazione, parallasse, perturbazione* (v. alle singole voci) **3.** civile, laico: *braccio secolare*, il potere civile considerato come esecutore di decisioni prese dalle autorità ecclesiastiche; *foro secolare*, per giudicare i secolari, i laici; *abito secolare*, borghese; *beni secolari*, terreni, non spirituali **4.** che vive e opera nel secolo, nella società civile: *clero secolare*, che non appartiene al *clero regolare*, cioè a un ordine monastico **II s.** laico: *i secolari non possono avere autorità in materia religiosa.*

secolarésco (pl. *-schi*) [da *secolare*; a. 1342] **agg.** *lett.* da secolare, da persona che vive nel mondo; anche *spreg.*: *gli interessi secolareschi del papa* || **N.** *contr.* ecclesiastico, religioso, spirituale.

secolarità [da *secolare*; a. 1311] **sf.** l'avere una tradizione, una durata secolare.

secolarizzàre [da *secolare*, sul modello del fr. *séculariser*; 1680] **tr.** sciogliere dai voti religiosi o trasferire dalla giurisdizione, dalla competenza religiosa a quella civile; laicizzare: *secolarizzare una scuola* || trasferire un religioso dal clero regolare a quello secolare || **rifl.** ritornare alla vita secolare, mondana, o, di un religioso, lasciare l'ordine monastico per passare al clero secolare.

secolarizzazióne [da *secolare*, sul modello del fr. *sécularisation*; 1745] **sf.** atto ed effetto del secolarizzare: *propugnava la secolarizzazione dell'insegnamento, dei beni ecclesiastici* || *T.teol.* la liberazione dell'uomo dai vincoli di una religione superstiziosa, avvenuta in età contemporanea || *per estens. T.fil.* il processo di affrancamento della società civile e della cultura dalla religione, caratteristico del sec. XX. **Q.T.** *religione.*

sècolo [dal lat. *saeculum*, generazione; a. 1294] **sm. 1.** periodo di cento anni: *vivere, durare, avere un secolo*; *all'inizio, nella prima metà, verso la metà, a metà, nella seconda metà, sul finire, alla fine del secolo*; *questi edifici stanno in piedi da più di nove secoli, a un secolo dalla sua morte* || *in part.* accompagnato da un agg. num. card., ciascuno dei periodi di cento anni computati a partire dalla nascita di Cristo: *il I sec. a.C., usanze del XVI secolo* (sottinteso *d.C.*) || *iperb.* lungo spazio di tempo: *l'abbiamo aspettato un secolo, è un secolo che non si è visto* || era, epoca, età: *il secolo d'oro delle arti, il secolo d'Augusto*; *il secolo delle grandi imprese spaziali*, l'epoca contemporanea; *idee, usi dell'altro secolo*, superati; *è un figlio del suo secolo*; anche in espr. *enf.* sottolineanti l'eccezionalità di un avvenimento, di un personaggio e sim.: *il furto del secolo, lo scrittore del secolo* **2.** *pl.* l'estensione del tempo, spec. nel passato: *dal principio dei secoli*; *nella notte dei secoli*, nel passato remotissimo; *la fine dei secoli*, la fine del mondo; *per tutti i secoli*, per l'eternità **3.** *lett.* il tempo presente, l'epoca attuale, in quanto contrapposta alla vita ultraterrena, spirituale ed eterna: *uscire, partire da questo secolo*, morire || *T.teol.* la vita terrena, gli impegni terreni e civili, in contrapposizione alla vita ascetica e spirituale del clero regolare: *abbandonare il secolo, ritirarsi, uscire dal secolo*, entrare in un ordine religioso || nella loc. *al secolo*, nella vita mondana, in opposizione alla vita religiosa o monastica, premesso al nome di un religioso che ha assunto uno pseudonimo, o, *per estens.*, premesso al nome di un personaggio (artista, letterato e sim.) più noto con lo pseudonimo: *Totò, al secolo Antonio De Curtis* || **N. 1.** *Sin.* epoca, era, età, evo | centenario, secolare.

secónda [da *secondo*[1]; 1319 nel senso 3; 1553 come termine della scherma; 1638 come T.mus.; 1836 nel senso 1] **sf. 1.** per ellissi di un sf., designa qualcosa che occupa il secondo posto in una serie, una gerarchia e sim.; *in part.* la seconda classe di un corso di studi: *uno studente di seconda liceo*; la seconda classe su alcuni mezzi di trasporto pubblici: *un biglietto di seconda* || *T.aut.* la seconda marcia nel cambio degli autoveicoli: *innestare, ingranare, togliere la seconda*; *partire in seconda* || *T.sport.* posizione in cui le braccia sono unite in basso dietro la schiena: *stare in seconda* || nella danza classica, delle sei posizioni fondamentali quella nella quale le gambe sono leggermente divaricate e le punte dei piedi sono rivolte verso l'esterno: *un plié in seconda* || nella scherma, posizione consistente nel girare il pugno in modo che il dorso della mano sia in alto || *T.mat.* la seconda potenza, il quadrato: *elevare un numero alla seconda* (o *al quadrato*), moltiplicarlo per se stesso: *2 alla seconda* (o 2^2 o *2 al quadrato*) || *T.banc.* lettera di cambio fatta in sostituzione di un'altra smarrita **2.** *T.mus.* intervallo che abbraccia due gradi della scala musicale diatonica **3.** *T.sport. punizione di seconda* (o *indiretta*), nel calcio, punizione eseguita non indirizzando il pallone verso la porta avversaria, ma passandola a un compagno, che può effettuare il tiro a rete **4.** in alcune loc.: nella *loc. prep. a seconda di*, secondo, conformemente a, in rapporto a: *mi regolerò a seconda delle circostanze* (o *secondo le circostanze*) || nella *loc. cong. a seconda che*, secondo che: *lo dirò a seconda che lo ritenga opportuno o meno* || nella loc. *in seconda*, usata per indicare una posizione o funzione subordinata: *pilota in seconda* || nella loc. *a seconda*, seguendo il corso della corrente di un fiume e sim.: *navigare a seconda*; *fig. disus.* secondo i propri desideri, favorevolmente: *tutto gli andava a seconda.*

secondaménto [da *secondare*; 1918] **sm. 1.** atto di secondare; assecondamento **2.** *T.med.* ultima fase del parto, quella dell'espulsione della placenta e degli altri annessi fetali.

secondàre (pres. *-óndo*) [dal lat. *secundāre*; 1313 nel senso 2] **tr. 1.** assecondare, favorire: *secondare la moda, secondare il suo amore per l'arte* **2.** *ant.* e *lett.* seguire, accompagnare nella stessa direzione: *secondare l'andamento della linea* || **intr.** *ant.* cedere, piegarsi, adattarsi, obbedire.

secondarietà [da *secondario*; 1960] **sf.** *non com.* l'essere secondario: *la secondarietà di una questione.*

secondàrio (pl. *-ri*) [dal lat. *secundārius*; a. 1396] **agg. 1.** che è al secondo posto in una successione || *T.geol. era secondaria*, mesozoica || *T.scol. insegnamento secondario*, compreso tra quello elementare (o *primario*) e quello universitario: *scuola secondaria di primo grado*, la media inferiore; *scuola secondaria di secondo grado*, la media superiore || *T.econ. settore secondario*, quello della produzione industriale, intermedio tra quello dell'agricoltura (o *primario*) e quello dei servizi (o *terziario*) **2.** che viene in secondo luogo in un ordine causale o d'importanza: *ramo ferroviario secondario, strada secondaria, problemi secondari* || *T.ling. proposizione secondaria*, subordinata || *T.fil. qualità secondarie*, che i corpi esibiscono solo in rapporto agli organi della percezione (colori, odori ecc.) || *T.fis. reazione secondaria*, conseguente o dipendente da una primaria || *T.chim.* di due atomi uniti a due atomi di carbonio || *T.elettr.* avvolgimento in cui il flusso di corrente è dovuto all'accoppiamento induttivo con un altro, detto *primario* || *T.bot. meristemi secondari*, tessuti non derivanti da tessuti embrionali, bensì formatisi *ex novo* da tessuti adulti: *radici, rami secondari* || **secondariaménte** **avv.** in secondo luogo, poi, accessoriamente || **N. 2.** *Sin.* accessorio, conseguente, dipendente, successivo, sussidiario | *Contr.* fondamentale, primario, principale. **Q.T.** *geologia.*

secondìne [dal lat. *secundīnae*; 1960] **sf. pl.** *T.med.* insieme della placenta e degli altri annessi fetali che vengono espulsi dopo il parto.

secondìno [da *secondo*[1]; 1812] **sm.** nelle carceri, l'aiutante del custode; oggi *gen.* guardia carceraria, agente di custodia.

secóndo[1] [lat. *secundus*; 1205] **I agg.** *num. ord.* **1.** che segue immediatamente il primo in una successione: *il secondo posto, il secondo giorno* || *seconda madre*, che tiene il luogo di madre || *seconde nozze*, matrimonio contratto dopo la morte del primo coniuge o lo scioglimento del primo matrimonio, da cui, *figlio di secondo letto*, nato da questo matrimonio || *T.aritm. alla seconda potenza*, al quadrato || *minuto secondo*, la sessantesima parte del minuto primo **2.** *per estens.* altro, diverso dal primo ma riproducente le sue caratteristiche salienti: *è stato per me un secondo padre, hanno una seconda casa in montagna, nell'uso dei colori è un secondo Raffaello* || altro, diverso: *secondo fine*, il fine reale di un'azione, diverso da quello dichiarato: *se ti ha assicurato il suo aiuto, avrà senz'altro un secondo fine, non ti verrà data una seconda possibilità* **3.** *per estens. fig.* inferiore qualitativamente, di minor pregio: *prodotti di seconda scelta* || *cause seconde*, gli esseri creati, in opp. a Dio, Causa Prima || *cosa di seconda mano*, già usata, o perlomeno già comprata da chi vende al minuto; *erudizione, notizia di seconda mano*, racimolata superficialmente da altri, non attinta direttamente dalle fonti || minore, inferiore per importanza, secondario: *non essere secondo a nessuno, ottenere il secondo premio, una seconda parte nella commedia* **4.** *lett.* favorevole: *venti secondi* **II sm. 1.** (f. *-a*) chi o che viene per secondo, che segue il primo in una successione: *sono stata la seconda ad arrivare in cima*; *la porta del bagno è la seconda a destra* || *in part.* la seconda portata di un pranzo: *per secondo c'è l'arrosto* **2.** minuto secondo || *iperb. fig.* istante, brevissimo attimo: *sono pronto in un secondo* **3.** ciascuno dei due padrini in un duello **4.** *T.sport.* nel pugilato, l'assistente del pugile che, durante gli intervalli, può salire sul ring **5.** *T.mar. secondo* o *ufficiale in seconda*, l'ufficiale che succede gerarchicamente al capitano di una nave || **secondaménte** **avv.** *raro* in secondo luogo, seguentemente **III avv.** secondariamente: *è inutile tentare l'impresa*: *primo perché siamo troppo pochi, secondo perché non abbiamo i mezzi sufficienti.*

secóndo[2] [lat. *secundus*; fine sec. XIII nel senso 2] **I prep. 1.** seguendo il verso, la direzione di: *procedere secondo la corrente* || *fig.* conformemente a, nel modo richiesto da: *fare qualcosa secondo le istruzioni ricevute, vestire secondo la moda, vivere secondo natura, decidere secondo coscienza* **2.** conformemente a, in base a: *secondo le ultime notizie*; *secondo me*, stando a ciò che penso; *secondo la legge hai torto* **3.** conseguentemente a, in conseguenza di, in relazione a: *verrai? secondo come starò, come sarà il tempo* ecc.; *deciderò secondo i casi* || *ass.* in base alle circostanze, alle esigenze del momento: *verrai? secondo* || *per estens.* in rapporto a, in proporzione a: *saranno puniti secondo le loro colpe, distribuiremo i viveri secondo i bisogni di ciascuno* **II** ***cong.*** *lett.* introducendo una proposizione condizionale, spec. disgiuntiva, con il verbo al cong., ha il sign. di "se, nel caso, nell'ipotesi che": *secondo si voglia invitarlo o no*; più com. associato a *che*: *secondo che si guardi al prezzo o alla robustezza.*

secondogènito [da *secondo*, sul modello di *primogenito*; a. 1348] ***agg.*** e ***sm.*** (f. *-a*) che, chi è il secondo figlio || **N.** *Sin.* cadetto.

secondogenitùra [da *secondo*, sul modello di *primogenitura*; 1873] ***sf.*** stato di secondogenito; la condizione legale di secondogenito || **N.** primogenitura.

secréta v. SEGRETA[2].

secrétaire (fr., pr. [sǝkre'tɛ:r]) [letter. segretario; 1813] ***sm.*** *inv.* mobile il cui corpo inferiore è costituito da cassetti o scompartimenti chiusi da ante e quello superiore da un ampio scomparto chiuso da una facciata che, ribaltata, può essere usata come piano di scrittura.

secretàre (pres. *-éto*) [da *secreto*[1]; 1891] ***tr.*** *T.pell.* e *T.capp.* inumidire le pelli col secreto, per renderle atte ad essere feltrate.

secretàrio (pl. *-ri*) [dal lat. mediev. *secretārius*; a. 1533] ***sm.*** (f. *-a*) *ant.* e *pop.* segretario.

secretìna [da *secreto*[1]; 1940] ***sf.*** ormone secreto dalle cellule della mucosa duodenale.

secretìvo [da *secreto*[1]; 1940] ***agg.*** *T.biol.* relativo alla secrezione || atto alla secrezione.

secréto[1] (*pps.* di *secernere*) [1840 come agg.; 1895 come sm.] **I** ***agg.*** che è prodotto per mezzo di un processo di secrezione **II** ***sm.*** **1.** *T.fisiol.* il prodotto della secrezione: *il secreto delle ghiandole salivari si chiama saliva* **2.** *T.capp.* e *T.pell.* soluzione allungata di nitrato di mercurio, usata dai cappellai e pellicciai per inumidire le pelli e aumentarne la capacità di divenire compatte come feltro || **N. 1.** *Sin.* secrezione, essudato.

secréto[2] [dal lat. *secrētus*; 1308] ***agg.*** e ***sm.*** *lett.* segreto.

secretóre [da *secreto*[1]; 1960] ***agg.*** e ***sm.*** (f. *-trìce*) *T.biol.* che secerne: *un organo secretore.*

secretòrio (pl. *-ri*) [da *secreto*[1]; 1750] ***agg.*** *T.biol.* di secrezione, concernente la secrezione: *ha una funzione secretoria.*

secrezióne [dal lat. *secretio*, *-ōnis*; 1745] ***sf.*** **1.** *T.biol.* la funzione del secernere e anche la sostanza secreta; secreto: *la secrezione della bile, la secrezione delle ghiandole surrenali* **2.** *per estens. T.med.* formazione patologica di essudati sierosi, mucosi o purulenti **3.** *T.ling.* estrazione da una parola di un prefissoide o di un suffissoide (per es.: *-bus* da *omnibus*) che viene ad assumere un valore autonomo morfologico (come in *autobus*) o lessicale (come in *bus*).

secùre v. SCURE.

securit o **sècurit** [dal lat. *securitas*, *securitātis*, sicurezza; 1937] ***sm.*** *inv.* nome commerciale di un tipo di vetro, impiegato spec. per autoveicoli e aeroplani, che ha la caratteristica di non frantumarsi, anche se lesionato internamente.

secùro [dal lat. *secūrus*; 1308] ***agg.*** *lett.* sicuro.

sedanìno (*dim.* di *sedano*) [1891] ***sm.*** **1.** varietà di sedano **2.** *pl.* tipo di pasta corta da minestra, di forma cilindrica ricurva.

sèdano [dal gr. *sélinon*; a. 1597] ***sm.*** pianta erbacea delle Ombrellifere; ha odore e sapore acuto; si mangia cruda o cotta; dai suoi semi si estrae anche un olio essenziale.

sedàre (pres. *sèdo*) [dal lat. *sedāre*; a. 1396] ***tr.*** calmare, placare: *sedare il dolore, l'ira, la rivolta.*

sedatìvo [da *sedare*; 1661 come agg.; 1936 come sm.] **I** ***agg.*** capace di sedare **II** ***sm.*** calmante || **N. I** *Sin.* antispastico, lenitivo, tranquillante.

sedatóre [dal lat. *sedātor*, *-ōris*; 1409] ***sm.*** e ***agg.*** (f. *-trìce*) chi, che seda.

sède [dal lat. *sēdis*; a. 1374] ***sf.*** **1.** area di insediamento, luogo di residenza; domicilio: *i Latini fissarono la loro sede nell'Italia centrale*; *avere, prendere sede in città*; *cambiar sede*, trasferirsi || *per estens.* edificio, città, ambiente e sim. in cui esplica la propria attività un ente, un organismo politico, un'autorità: *la sede del governo è (a) Roma, in quel palazzo c'è la sede dell'ambasciata italiana, la sede del Prefetto*; *in part.* l'edificio o i locali in cui risiede un'azienda, un ufficio e sim., e anche ciascuna delle sue filiali: *sede centrale*, dove si trova la direzione generale; *sedi distaccate, periferiche*, succursali, filiali e sim.; *il direttore oggi non è in sede, abbiamo sedi in tutta Europa* **2.** *per estens.* luogo, ambiente, locale in cui viene svolta temporaneamente una certa attività, manifestazione e sim.: *la sede del Festival dei due mondi è sempre stata Spoleto*; *le scuole saranno sede delle votazioni* || luogo in cui è normalmente situato un elemento materiale o, *fig.*, astratto: *sede stradale*, carreggiata, la parte percorribile dai veicoli; *nell'urto l'omero è uscito dalla sua sede, il cervello è la sede dell'intelligenza*; *in part. T.med.* la parte del corpo in cui si manifesta una malattia: *disturbi nervosi che hanno sede nel midollo spinale* **3.** *per estens. fig.* circostanza o contesto in cui si svolge o dovrebbe svolgersi un'azione: *non è questa la sede per simili discussioni, ne discuteremo in altra sede* || *T.giur.* *in separata sede*, al di fuori del processo in corso e, *fig.*, a quattr'occhi, privatamente || nella loc. *in sede di*, durante lo svolgimento di: *in sede d'esame, di giudizio*; *in sede di discussione, di trattativa, di dibattito* **4.** *arc.* seggio || *Santa Sede* o *Sede Apostolica*, il seggio papale, l'autorità pontificia; *sede vacante*, il periodo tra la morte di un papa e l'elezione del successore; *sede vescovile, arcivescovile*, luogo dove ha stanza il vescovo o l'arcivescovo o sul quale si estende la loro giurisdizione || **N. 1.** *Sin.* DOMICILIO | cambiare, destinare, rientrare, ritornare, trasferire.

sedentarietà [da *sedentario*; 1960] ***sf.*** l'essere sedentario.

sedentàrio (pl. *-ri*) [dal lat. *sedentārius*, attr. il fr. *sédentaire*; a. 1698 nel senso 2; 1931 come sm.] **I** ***agg.*** **1.** di persona, che non si muove molto, che trascorre la maggior parte del tempo seduta o sdraiata **2.** che non richiede movimento: *impiego sedentario*; *vita sedentaria*, quella di chi fa poco moto **3.** stanziale, che ha sede stabile: *popolazioni sedentarie* **II** ***sm.*** (f. *-a*) chi non si muove mai, chi fa vita poco attiva fisicamente: *tu sei un sedentario.*

sedentarizzàre [da *sedentario*; 1983] ***tr.*** *T.etn.* trasformare una comunità umana da nomade a sedentaria.

sedentarizzazióne [da *sedentario*; 1983] ***sf.*** *T.etn.* atto o effetto del sedentarizzare.

sedènte (*ppr.* di *sedere*) [1340] ***agg.*** nei sensi del verbo || *T.arald.* di animali raffigurati come posati sulle zampe posteriori.

sedére[1] (pres. *sièdo* e lett. *sèggo*, *sièdi*, *siède*, *sediàmo*, *sedéte*, *sièdono* e lett. *sèggono*; p.rem. *sedéi* o *sedètti*, *sedésti*, *sedé* o *sedètte*, *sedémmo*, *sedéste*, *sedérono* o *sedèttero*; fut. *sederò* (meno corretto *siederò*); cong. pres. *sièda* e lett. *sègga*, *sièdano* e lett. *sèggano*; pps. *sedùto*; nelle voci in cui si trasporta l'accento, sparisce il dittongo *ie*, v. DITTONGO MOBILE) [lat. *sedēre*; a. 1182] ***intr.*** (aus. *avere*) **1.** stare o mettersi appoggiato con le natiche su di un elemento di appoggio (sedia, poltrona, sgabello e sim.), o anche a terra, mantenendo il tronco eretto o leggermente inclinato e le gambe ripiegate all'attaccatura con le anche: *sedere a* (o *con le*) *gambe accavallate, incrociate, larghe, distese* (senza flettere le ginocchia); *sedere accovacciati*, per terra o su un divano ma con le gambe in posizione molto raccolta; *sedere composti* (o *compostamente*), *scomposti* (o *scompostamente*); *sedere a* (o *per*) *terra, sul prato, su di un gradino, in sella al cavallo, in grembo a qualcuno, in poltrona*; *sedere a tavola*, spec. per consumare un pasto; *sedere al tavolo da lavoro, alla scrivania*, per lavorare, studiare e sim.; *sedere in cattedra*, *part. fig.* assumere un atteggiamento professorale; *sedere al banco degli imputati*, subire un processo; *essere, stare, restare, mettersi seduto* (o *a sedere*); *alzarsi da sedere*, smettere di star seduto; *invitare a sedere, dare, offrire da sedere*, porgere o mostrare un sedile a qualcuno perché prenda posto; *trovare da sedere*, un posto per sedersi; *posti a sedere*, in locali e mezzi di trasporto pubblici, sedili, poltrone e sim. su cui ci si può sedere: *su questi autobus ci sono 17 posti a sedere e 60 posti in piedi* || *fig.* *mettere qualcuno a sedere*, deporlo dal suo ufficio, metterlo da parte || *fig.* *sedere su due poltrone*, ricoprire due incarichi **2.** *fig.* occupare una posizione d'autorità, con riferimento alla sua sede fisica: *sedere sul trono*, regnare; *sedere sulla cattedra di s. Pietro*, essere papa || *sedere in parlamento*, essere un deputato o un senatore || *sedere in giudizio*, essere giudice durante un processo **3.** *lett.* essere situato, adagiato; stendersi: *il paese sedeva sul fondo della valle, dopo l'atterraggio l'aereo sedeva sulla coda* || ***intr. pron.*** **1.** mettersi a sedere: (*la*) *prego, si sieda!* **2.** adagiarsi, stendersi: *il sommergibile si era seduto in un avvallamento del fondo marino* || **N.** ***intr. pron.*** **1.** *Sin.* accomodarsi, appoggiarsi, adagiarsi, posarsi, riposare, sprofondarsi | insediarsi | *Contr.* alzarsi | distendersi, stendersi.

sedére[2] [da *sedere*[1]; a. 1374 nel senso 1; a. 1400 nel senso 2] ***sm.*** **1.** lo stare o il mettersi seduto: *il sedere a tavola* **2.** la parte posteriore del corpo in fondo alla schiena: *questi pantaloni mi sono stretti nel sedere*; *prendere qualcuno a calci nel sedere*, anche *fig.*, trattarlo male || *pop. volg.* *prendere qualcuno per il sedere*, schernirlo || **N. 2.** *Sin.* culo, deretano, fondoschiena, posteriore | glutei, natiche, osso sacro.

sederìno [da *sedere*[1]; 1838] ***sm.*** *ant.* terzo sedile, da alzarsi o abbassarsi, usato un tempo nelle vetture a cavalli a due posti, situato dentro alla cassa || **N.** *Sin.* strapuntino.

sèdia [da *sedere*[1]; 1306] ***sf.*** **1.** mobile di forma e materiale vario usato per sedervi sopra; è costituita normalmente da un piano orizzontale sostenuto da quattro gambe e da uno schienale contro il quale si appoggia la schiena: *sedia di vimini, di paglia, in metallo*; *sedia a braccioli*; *sedia a rotelle*, per gli invalidi; *sedia girevole*, il cui piano è libero di ruotare intorno a un asse verticale; *sedia a dondolo*, poggiante su due elementi ad arco di circonferenza, per cui può esser fatta dondolare avanti e indietro; *sedia a sdraio*, più bassa da terra del normale e con schienale di inclinazione regolabile; è costituita da un telaio al quale è fissata una robusta tela sulla quale ci si può sdraiare || *sedia gestatoria*, trono sul quale è portato il papa in alcune solenni funzioni || *T.stor.* *sedia curule*, sedile in avorio ornato spettante ai magistrati romani di grado più elevato e perciò simbolo del potere giudiziario || *sedia elettrica*, sedile a braccioli, ancora in uso in alcuni Stati americani, sul quale il condannato a morte riceve scariche mortali di corrente elettrica: *finire sulla* (o *essere condannato alla*) *sedia elettrica* **2.** *ant.* il trono in quanto simbolo del potere temporale o spirituale: *sedia apostolica*, Santa Sede || come metafora del potere, ad ogni livello: *aspira solo a una sedia*, vuole soltanto occupare una carica; *è un problema di sedie*, di spartizione del potere || *dim.* sediòla, sediolina; *accr.* sedióne (*sm.*), sedióna; *pegg.* sediàccia || **N. 1.** agrippina, bisellio, ciscranna, dondolo, faldistorio, poltrona, savonarola, sdraia o sdraio, sedile, seggio, scanno, scranna, sgabello, stallo, soglio, strapuntino | PARTI: braccioli, cartella, gambe, imbottitura, impagliatura, intelaiatura, piano, spalliera, staggi, traverse | comoda, confortevole, scomoda; impagliata, imbottita; rotta, sgangherata, traballante, zoppa | cuscino, fodera | imbottire, impagliare, restaurare, riparare; lasciar libera, occupare, offrire, porgere | sediario. **TAV. *arredamento* p. 650** 2.12.

sedìaio (pl. *-ài*) [da *sedia*; 1960] ***sm.*** (f. *-a*) persona che fabbrica, ripara o vende sedie.

sediàrio (pl. *-ri*) [da *sedia*; 1751] ***sm.*** persona addetta al trasporto dalla sedia gestatoria del papa, o di una portantina e sim.

sedicènne [comp. di *sedici* e *-enne*; 1873] **I *agg.*** che ha sedici anni: *un ragazzo sedicenne* || *raro lett.* che dura da sedici anni **II *s.*** chi ha sedici anni: *un sedicenne.*

sedicènte [comp. di *sé* e *dicente*, ppr. di *dire*, sul modello del fr. *soi-disant*; 1762] ***agg.*** che si qualifica per quello che in realtà non è: *sedicente professore.*

sedicèṣimo [da *sedici*; 1611] **I *agg. num. ord.*** che viene dopo altri quindici della stessa serie: *il sedicesimo iscritto* || equivalente a uno su sedici, quasi soltanto nell'espr. *la sedicesima parte* **II *num. fraz.*** **1.** la sedicesima parte: *due sedicesimi equivalgono a un ottavo* || nella loc. *in sedicesimo*: in tipografia, del foglio di stampa su ognuna delle cui facce vengono impresse sedici pagine; in legatoria, del formato ottenuto piegando in sedici parti il foglio di stampa; *fig. scherz.* di dimensioni o qualità ridotte: *un Napoleone in sedicesimo* **2.** *T.sport.* *sedicesimi di finale*, fase di un torneo ad eliminazione diretta in cui si designano gli otto partecipanti che disputeranno gli ottavi di finale. **Q.T.** *tipografia.*

sédici [lat. *sēdecim*; 1353] ***agg.*** e ***sm.*** *num. card.*, ar. 16, rom. XVI || *pop. scherz.* sedere, deretano (poiché nella cabala il sedici corrisponde a tale parte del corpo).

sedicìna [da *sedici*; 1891] ***sf.*** insieme, gruppo di sedici o circa sedici unità: *avrà una sedicina d'anni.*

sedìle [dal lat. *sedīle*; a. 1306] ***sm.*** **1.** denominazione generica di qualsiasi mobile o struttura predisposti perché ci si possa sedere sopra: *i sedili anteriori, posteriori di un autoveicolo*; *carrozza ferroviaria con sedili imbottiti, di legno*; *i sedili del giardino pubblico*; *sedili ribaltabili*, su alcuni modelli di vettura, provvisti di schienale a inclinazione variabile || *in part.* il piano di una sedia o di un oggetto su cui ci si siede, distinto dallo *schienale*: *la roccia forma dei comodi sedili* **2.** trave di sostegno della botte; calastra || *dim.* sedilétto || **N. 1.** *Sin.* canapè, divano, manganella, panca, panchina, seggio, sgabello, stallo, tripode, trono, soglio, SEDIA | palanchino, portantina. **TAV.** *enologia* 5.4; ***automobile* p. 658** 3.48.

sedimentàre (pres. *-énto*) [da *sedimento*; 1960] ***intr.*** *T.chim.* di un liquido, depositare sul fondo le particelle che vi erano in sospensione, anche delle particelle stesse che vi depositano || **N.** *Sin.* decantare.

sedimentàrio (pl. *-ri*) [da *sedimentare*, sul modello dell'ingl. *sedimentary*; 1864] ***agg.*** *T.geol.* che ha origine da un processo di sedimentazione: *rocce sedimentarie.* **Q.T.** *geologia.*

sedimentazióne [da *sedimentare*; 1895 nel senso 1; 1965 nel senso 2] ***sf.*** **1.** *T.geol.* fenomeno per il quale un mezzo acqueo o aereo (correnti fluviali ecc.), per diminuzione della velocità o della turbolenza, lascia depositare i materiali minuti (sassi, sabbie, fanghi ecc.) che provengono dalla disgregazione delle rocce e che esse tenevano sospese: *bacini di sedimentazione*, per la depurazione di acque di scarico di complessi industriali e agricoli; *sedimentazione marina*, che ha luogo nei mari **2.** *T.chim.* e *T.fis.* processo di deposito di particelle in sospensione in un liquido che permette di ottenere una fase liquida chiarificata e una solida addensata **3.** in diagnostica, *velocità di eritrosedimentazione* (o VES), il tempo impiegato dalla parte corpuscolare del sangue per depositarsi nel plasma || **N. 2.** chiarificazione, decantazione, epurazione, flocculazione, flottazione.

sediménto [dal lat. *sedimentum*, deposito; 1599] ***sm.*** **1.** *T.geol.* sedimentazione; deposito naturale di detriti rocciosi, di sabbie ecc. portati dai venti o dalle acque di fiumi, laghi, mari **2.** *T.chim.* e *T.fis.* deposito lasciato sul fondo da una sostanza che era sospesa in un liquido **3.** *fig.* *sedimenti culturali, letterari e sim.* elementi di una stratificazione.

sedimentologìa [comp. di *sedimento* e *-logia*; 1960] ***sf.*** *T.geol.* settore della geologia che studia i sedimenti, le rocce e i processi sedimentari.

sedimentològico (pl. *-ci*) [da *sedimentologia*; 1960] ***agg.*** che riguarda la sedimentologia.

sedimentóso [da *sedimento*; a. 1698] ***agg.*** *non com.* che produce sedimento || che risulta da un sedimento || che ne abbonda.

sedimetrìa [comp. di *sedi*(*mentazione*) e *-metria*; 1960] ***sf.*** *T.med.* misurazione della velocità con cui si sedimentano i globuli rossi del sangue.

sèdio (pl. *-di*) [da *sedere*[1]; 1321] ***sm.*** *ant.* seggio.

sediolino [da *sedia*, sul modello di *seggiolino*; 1960] ***sm.*** **1.** seggiolino **2.** *T.aer.* su aerei o astronavi, il sedile del pilota || *sediolino eiettabile, sediolino a espulsione*, sedile che, in caso di emergenza, può essere espulso dall'aereo insieme col pilota ed è fornito di paracadute automatico.

sediòlo [da *sedia*; 1847] ***sm.*** veicolo leggerissimo, a un cavallo, con un solo sedile per una persona, posto piuttosto in alto; usato spec. nella corsa al trotto || **N.** *Sin. sulky.*

sedizióne [dal lat. *seditio, -ōnis*; a. 1396] ***sf.*** sommossa, azione collettiva e violenta contro il potere costituito: *domare la sedizione con la forza delle armi* || **N.** *Sin.* eversione, sollevamento, sovvertimento, ribellione, rivolta, rivoluzione, tumulto.

sedizióso [dal lat. *seditiōsus*; a. 1342] **I *agg.*** relativo alla sedizione; che costituisce una sedizione o che incita alla sedizione: *movimento, atto sedizioso*; *parole sediziose* **II *sm.*** (f. *-a*) chi organizza o partecipa a una sedizione: *i sediziosi furono allora arrestati* || **sediziosaménte** ***avv.*** || **N.** *Sin.* ribelle, sovversivo, turbolento.

sèdo [dal lat. *sedum*, erba pignola, vermicularia; 1838] ***sm.*** *T.bot.* genere di piante delle Crassulacee, dalle foglie carnose e fiori di color bianco, giallo o azzurro, a forma di stella.

seducènte (*ppr.* di *sedurre*) [a. 1406] ***agg.*** che possiede fascino, che attira: *una proposta seducente* || **N.** *Sin.* affascinante, allettante, amabile, ammaliante, attraente, avvincente, incantevole, irresistibile, lusinghiero, magnetizzante, piacevole, provocante, procace.

seduciménto [dall'ant. *seducere*, sedurre; a. 1294 *soducimento*] ***sm.*** *ant.* atto ed effetto del sedurre, seduzione.

sedùrre (pres. *sedùco* ecc., come ADDURRE) [dal lat. *sedūcere*; 1321 nel senso 2] ***tr.*** **1.** indurre una donna all'unione sessuale, con false promesse e lusinghe: *quella ragazza è stata sedotta e abbandonata* || di donna, esercitare il proprio fascino su un uomo: *quella lolita l'ha sedotto* || *per estens. fig.* allettare, piacere, lusingare e sim.: *quest'idea mi seduce*; *mi sedusse il miraggio del successo* **2.** *lett.* istigare, indurre al male o al peccato; traviare || **N. 1.** adescare, affascinare, allettare, ammaliare, attrarre, circuire, corrompere, incantare, irretire, lusingare, stregare.

sedùta [da *sedere*[1]; 1590] ***sf.*** **1.** riunione di un consesso per deliberare, discutere ecc.: *aprire, chiudere la seduta*; *la seduta è tolta, è rinviata*; *prendere parte, partecipare, presenziare a una seduta*; *abbandonare la seduta*; *seduta pubblica* (o *a porte aperte*), *segreta* (o *a porte chiuse*); *seduta ordinaria, straordinaria*; *seduta consiliare, del Senato*; *il Parlamento è in seduta* || nella loc. *seduta stante*, mentre la seduta è in corso, e *per estens.* immediatamente || *seduta spiritica*, nella quale si svolgono pratiche di spiritismo **2.** visita, incontro, appuntamento, spec. con un medico, uno psicanalista, un'estetista e sim.: *il trattamento ha richiesto dieci sedute* **3.** ciascuno dei periodi di posa del modello di un ritratto davanti all'artista: *il ritratto è stato fatto in tre sedute* **4.** l'atto dello stare seduto, solo nella loc. *votare per alzata e seduta*, in modo che rimangano seduti coloro che votano in un senso, e si alzino in piedi quelli che votano nel senso opposto.

seduttóre [dal lat. tardo *seductor, -ōris*; a. 1342] ***agg.*** e ***sm.*** (f. *-trìce*) che o chi seduce: *maniere seduttrici* || corruttore: *seduttore di fanciulle.*

seduzióne [dal lat. *seductio, -ōnis*; 1336 ca. *sodduzione* nel senso 1; 1965 nel senso 2] ***sf.*** **1.** l'atto del sedurre **2.** qualità di ciò che è in grado di sedurre; attrattiva, fascino: *la seduzione della poesia, della musica* || **N. 1.** *Sin.* adescamento, allettamento, ammaliamento, corruzione, istigazione, lusinga.

seedling (ingl., pr. ['si:dlɪŋ]) [da *seed*, seme; 1950] ***sm.*** *inv.* germoglio, rampollo.

seènne V. SEIENNE.

sefardita [dall'ebr. *sĕfāraddí*, di Spagna; 1950] ***agg.*** e ***s.*** nome dato agli Ebrei di Spagna fino al XVI sec. e ai loro attuali discendenti.

séga [da *segare*; a. 1342] ***sf.*** **1.** attrezzo o macchinario per tagliare legno, metallo, pietra ecc. per mezzo di una lama d'acciaio dentata, fissata a un manico o a un telaio: *sega da carpentiere, da traforo, a telaio*; *sega da pietra*, senza denti; *sega chirurgica*, per le amputazioni; *sega elettrica*, motosega o segatrice a nastro, a disco o, nella sega circolare, con lama circolare azionata meccanicamente || *a sega*, detto di oggetti dal profilo dentato o seghettato o che funzionano con un rapido movimento alterno: *coltello a sega*, coltello da tavola con la punta della lama seghettata || *pesce sega*, grosso squalo con il muso terminante in una lama appiattita e dentellata a forma di sega || *T.elettron.* *segnale a dente di sega*, che cresce fino a raggiungere un certo valore, raggiunto il quale torna rapidamente a quello di partenza, e ripete nel tempo questo andamento **2.** *region.* mietitura **3.** *pop. volg.* masturbazione maschile | *una mezza sega*, persona di bassa statura e mingherlina o, *fig.*, di poco valore; nullità **4.** *fam.* *far sega*, marinare la scuola || *dim.* seghétta, seghìno (*sm.*), seghettina, seghettino (*sm.*); *accr.* segóne (*sm.*), segóna; *pegg.* segàccia || **N. 1.** *Sin.* gattuccio, saracco | ad archetto, a braccia, a mano, elettrica, meccanica | PARTI DELLA SEGA A TELAIO: fune ritorta, lama, manichetto, nottola, piolo, staggio, traversa | allicciare, segare, tagliare. **Q.T.** *falegnameria* **TAV.** *agricoltura* 8, 10.2; *macchine utensili* 1, 2; ***utensili* p. 1341** 30.1.

segàbile [da *segare*; a. 1704] ***agg.*** che si può segare.

segàccio (pl. *-ci*) [da *sega*; 1957] ***sm.*** sega a mano per legno, simile a un saracco, con lama trapezoidale e denti più grandi.

ségale o **ségala** [lat. *sēcale*; 1205 ca. *segala*] ***sf.*** **1.** pianta delle Graminacee simile al frumento, ma più sviluppata di questo; dalla sua farina si ottiene un pane di più lunga conservazione rispetto a quella del frumento, ma meno digeribile; viene anche utilizzata per la produzione di birra e whisky **2.** *segale cornuta*, malattia crittogamica che colpisce i cereali e di cui è responsabile un fungo parassita.

segalìgno [da *segale*; 1284 *sechalingna* nel senso 1; 1472 nel senso 2] ***agg.*** *raro* **1.** proprio della segale, che ha le qualità della segale: *pane segaligno* **2.** *fig.* di corporatura asciutta, magra, ma robusta e sana: *vecchio segaligno* || **N. 2.** *Sin.* asciutto, MAGRO.

segalìno [da *segale*; 1472] ***agg.*** di segale; segaligno.

segaménto [da *segare*; 1597] ***sm.*** **1.** *non com.* l'atto del segare **2.** *ant.* intersezione.

segantìno [da *segare*; 1707] ***sm.*** chi per mestiere sega il legname; segatore.

segàre (pres. *sègo, sèghi*) [lat. *secāre*, tagliare; a. 1292] ***tr.*** **1.** dividere qualcosa in due o più parti con la sega; recidere con la sega: *segare una trave*; *segare via un ramo dal tronco*; anche *ass.*: *questa lama non sega bene* **2.** *region.* recidere con la falce, mietere: *segare il grano* || *gerg.* bocciare agli esami **3.** *iperb.* stringere tanto fortemente da recidere la pelle o la carne: *questo elastico gli sega la gamba* **4.** *ant.* intersecare || ***rec.*** *ant.* intersecarsi.

segàto (*pps.* di *segare*) [1824] **I *agg.*** tagliato con la sega **II *sm.*** foraggio formato da erba e paglia tritata.

segatóre [da *segare*; a. 1320] ***sm.*** (f. *-trìce*) **1.** chi sega; segantino **2.** *dial.* mietitore, falciatore.

segatrìce [da *segare*; 1930] ***sf.*** macchina elettrica per segare legno, metalli, laminati, pietre e sim.: *segatrice a moto alternativo, a moto circolare* (*a disco, a nastro, a filo d'acciaio elicoidale*).

segatùra [da *segare*; 1340 nel senso 2; fine sec. XV nel senso 1] ***sf.*** **1.** i detriti che si ottengono mentre si sega il legno o altri materiali teneri; *per anton.* quella del legno che viene usata come combustibile o come materiale assorbente: *stufa a segatura*; *butta della segatura per assorbire l'acqua che hai versato* **2.** l'azione del segare: *la segatura dei tronchi* **3.** *dial.* mietitura: *la segatura del grano, del fieno* || periodo della segatura.

segetàle [dall'ant. *segeta*, messe; 1960] ***agg.*** *T.bot.* detto di pianta che cresce in terreni coltivati.

seggétta [da *seggia*; a. 1554] ***sf.*** **1.** sedia che contiene internamente un vaso da notte **2.** *ant.* portantina.

sèggia (pl. *-ge*) [var. di *sedia* o di *seggio*; a. 1400] ***sf.*** *ant.* sedia.

sèggio (pl. *-gi*) [forse da *seggio*, ant. prima pers. ind. pres. di *sedere*[1]; 1313 nel senso 1; 1873 nel senso 2] ***sm.*** **1.** sedile riservato a un'autorità, spec. in quanto simbolo della sua dignità: *il seggio presidenziale*; *il seggio di s. Pietro*, papale; *seggio regale*, trono || *in part.* posto in un'assemblea elettiva: *in Parlamento i comunisti hanno tre seggi in più rispetto alle precedenti elezioni*; *perdere, guadagnare seggi* **2.** *seggio elettorale*, commissione che presiede alle operazioni di voto || anche i locali in cui si svolgono le votazioni **3.** parte della sella su cui siede il fantino || **N.** *Sin.* SEDIA. **TAV.** ***finimenti*** 1.3.

sèggiola [da *seggio*; a. 1320] ***sf.*** *tosc.* sedia || *dim.* seggiolétta, seggiolìna, seggiolìno; *accr.* seggiolóne, seggiolóna; *pegg.* seggiolàccia || **N.** *Sin.* SEDIA.

seggiolàio (pl. *-ài*) [da *seggiola*; 1551] ***sm.*** (f. *-a*) chi fabbrica, ripara o vende sedie e sim.

seggiolàta [da *seggiola*; 1960] ***sf.*** colpo di seggiola.

seggiolìna (*dim.* di *seggiola*) [1741] ***sf.*** *non com.* seggiolino.

seggiolìno (*dim.* di *seggiola*) [a. 1665] ***sm.*** piccola seggiola || *in part.* seggiola piccola e bassa, per farvi sedere i bambini || piccolo piano ribaltabile che si trova sulle piattaforme o lungo i corridoi dei vagoni ferroviari perché i viaggiatori possano sedersi || in aeronautica, *seggiolino eiettabile*, che può, in caso di emergenza, essere espulso dall'abitacolo. **TAV.** ***ferrovie... p. 669*** 6.4.

seggiolóne (*accr.* di *seggiola*) [a. 1587] ***sm.*** grande seggiola || *in part.* sedile per bambini munito di opportuni sistemi di protezione e di un piano d'appoggio ribaltabile.

seggiovìa [comp. di *seggio*(*la*) e *-via*; 1948] ***sf.*** specie di teleferica alla quale sono agganciati, con morsetti, seggiolini che si susseguono a intervalli regolari, destinati a trasportare lungo forti pendii turisti e spec. sciatori. **TAV.** ***ferrovie... p. 669*** 6.

seghedìglia v. SEGUIDILLA.

seghería [da *segare*; 1886] ***sf.*** **1.** stabilimento in cui si trasformano i tronchi d'albero in legname da costruzione (nei formati di assi, fogli, travi e sim.) **2.** nel corpo di un'industria di manufatti parzialmente o totalmente in legno, laboratorio dove si sega e lavora il legno.

seghétta (*dim.* di *sega*) [1340] ***sf.*** **1.** piccola sega **2.** *T.ipp.* arnese a semicerchio, dentato, di ferro, che si usa come stringilabbro per i cavalli, per domarli o guidarli con maggiore facilità e sicurezza.

seghettàre (pres. *-étto*) [da *seghetta*; 1960] ***tr.*** sagomare a dentelli simili a quelli di una sega.

seghettàto (*pps.* di *seghettare*) [1838] ***agg.*** dotato di dentellature come quelle delle seghe: *una pianta con foglie a margine seghettato.* **TAV.** ***fiori... p. 671*** 5.1.

seghétto (*dim.* di *sega*) [1949] ***sm.*** piccola sega usata spec. per tagliare metalli: *seghetto da ferro.*

seghidìglia v. SEGUIDILLA.

segmentàle [da *segmento*; 1940] ***agg.*** proprio di un segmento; che costituisce un segmento; *in part.* *T.biol.* di segmento di un animale; *T.ling.* di un segmento della catena parlata.

segmentàre (pres. *-énto*) [da *segmento*; 1942] ***tr.*** dividere in segmenti || *fig.* frazionare, suddividere ulteriormente.

segmentàrio (pl. *-ri*) [da *segmento*; 1960] ***agg.*** **1.** relativo a un segmento **2.** *T.chir.* relativo a una parte di organo: *resezione segmentaria*, asportazione di un segmento di polmone.

segmentazióne [da *segmentare*; 1914] ***sf.*** suddivisione in frazioni, in parti || *T.geom.* divisione in segmenti || *T.zool.* divisione in anelli o in segmenti del corpo di un verme o di un artropodo || in embriologia, complesso di divisioni che avvengono nell'uovo fecondato nei primi stadi di sviluppo e che danno origine alla blastula || *T.ling.* analisi che evidenzia i sintagmi nella frase e le unità morfologiche e fonetiche della parola.

segménto [dal lat. *segmentum*, ritaglio; 1660] ***sm.*** parte di un corpo compresa tra due estremi; anche *fig.* || *T.geom.* parte di una linea retta compresa tra due punti; *segmento circolare*, parte di superficie limitata da un arco e dalla sua corda || *T.zool.* ciascun anello del corpo di un verme o di un artropodo || ritaglio di qualcosa: *un segmento di stoffa* || *T.mecc.* anello elastico che assicura la tenuta dei cilindri. **Q.T.** ***matematica...*** **TAV.** *geometria* 2.1a, 22.6, 22.7; ***automobile p. 658*** 5.14.

segnacàrte [comp. di *segna*(*re*) e *carta*; 1891] ***sm.*** *inv.* segnalibro.

segnacàso [comp. di *segna*(*re*) e *caso*; a. 1648] ***sm.*** *T.gram.* monosillabo indeclinabile che si pone davanti al nome per indicare il caso, come ad esempio le preposizioni *di, a, da.*

segnaccènto o **ségna accènto** [comp. di *segna*(*re*) e *accento*; a. 1647] ***sm.*** segno grafico che si pone sulle vocali accentate || **N.** *Sin.* accento grafico.

segnàcolo [dal lat. tardo *signāculum*; 1321] ***sm.*** *lett.* insegna, simbolo, contrassegno: *la Croce è il segnacolo cristiano* || **N.** *Sin.* SEGNO.

segnaménto [da *segnalare*; 1813] ***sm.*** atto del segnalare; segnalazione.

segnalàre [da *segnale*; a. 1566] ***tr.*** comunicare, e spec. dare un avvertimento mediante sistemi convenzionali ottici o acustici: *segnalare l'arrivo del treno* || *ass.* spec. nel caso di aerei, navi e sim., fare segnalazioni a un'altra imbarcazione, a un altro velivolo ecc. o a una stazione costiera || comunicare, avvertire, render noto, far presente, dare notizia o avviso del verificarsi di un fatto e sim.: *ci è stato segnalato che ti trovi in difficoltà, si segnalano perturbazioni in arrivo, non si segnalano incidenti* || *per estens.* render noto, far conoscere con onore; additare all'altrui stima: *lo segnalò alla riconoscenza del paese* || ***rifl.*** distinguersi, farsi notare, farsi conoscere onorevolmente: *si segnalò nella pittura* || **N. *rifl.*** *Sin.* rendersi illustre, rendersi noto.

segnalàto (*pps.* di *segnalare*) [a. 1535] ***agg.*** illustre, onorevole: *esempi segnalati di dedizione alla libertà* || *non com.* grande, considerevole, eccezionale: *un segnalato favore* || **segnalataménte** ***avv.*** *raro* in modo segnalato, in modo da meritare di essere segnalato || specialmente, segnatamente, particolarmente.

segnalatóre [da *segnalare*; 1914 nel senso 2; 1940 nel senso 1] **I *sm.*** **1.** (f. *-trìce*) chi segnala || *T.mar.* nella marina da guerra, i militari della categoria che provvede ai servizi di segnalazione e di vedetta sulle navi e nei semafori **2.** apparecchio che trasmette segnali: *segnalatore luminoso, acustico* **II *agg.*** che segnala: *apparecchio, strumento segnalatore* || **N. 1.** *Sin.* semaforista.

segnalazióne [da *segnalare*; 1853] ***sf.*** **1.** atto del segnalare, trasmissione di segnali: *segnalazioni ottiche, acustiche*; *segnalazioni stradali, portuali* **2.** *per estens.* comunicazione data per mezzo di segnali: *la segnalazione dell'affondamento è stata fatta dal guardacoste* **3.** *fig.* mettere in evidenza azioni, fatti, cose o persone degne d'attenzione o d'onore: *ottenere, ricevere una segnalazione a un concorso di poesia*; *la segnalazione di un'edizione illustrata dell'opera in questione.* **Q.T.** *ferrovia.*

segnàle [lat. tardo *signāle*; fine sec. XIII] ***sm.*** **1.** segno convenzionale o convenuto tra più persone, usato per dar notizia, avvisare, avvertire qualcuno di qualcosa: *segnale ottico* (o *luminoso*), *acustico*; *attendere, aspettare, ricevere, inviare, trasmettere un segnale*; *un razzo rosso è segnale di pericolo*; *dare il segnale di partenza, di attacco* || *segnali stradali*, l'insieme delle segnalazioni che regolano il traffico stradale || *segnali di soccorso*, emessi da chi si trova in pericolo || *segnale d'allarme*, quello nelle carrozze ferroviarie di cui i viaggiatori possono servirsi, solo in caso di grave pericolo, per far fermare il treno; o quello che avverte la popolazione di una città dell'imminenza d'un attacco aereo o navale nemico || *segnale orario*, quello che in istanti prestabiliti dà periodicamente ai naviganti, agli aviatori, ai radioascoltatori ecc. l'ora precisa || *segnali di nebbia*, quelli, stabiliti da norme internazionali, che in caso di nebbia fitta deve fare ogni nave in navigazione o all'àncora per informare della sua presenza le altre navi che navigano nei paraggi **2.** segnalibro **3.** in elettronica, in informatica e nelle telecomunicazioni, grandezza fisica la cui legge di variazione riproduce le informazioni da trasmettere: *segnale fonico* (o *audio*), *visivo* (o *video*), *meccanico, elettrico*; *segnale d'ingresso, d'uscita* **4.** *raro ant.* o *lett.* segno, indice, indizio || **N. 1.** bandiera, campanello, cenno, colpo (di pistola, di cannone ecc.), contrassegno, faro, freccia, manina, razzo, semaforo, soneria **3.** bit. **Q.T.** *forze armate.*

segnalètica [da *segnale*; 1942] ***sf.*** un complesso organico di segnali: *segnaletica stradale, segnaletica verticale, orizzontale.*

segnalètico (pl. *-ci*) [da *segnale*; 1901] ***agg.*** che segnala, che indica || *dati segnaletici*, i connotati delle persone o i caratteri esteriori di animali o piante che valgono a farli riconoscere da altri simili; *in part.* quelli che servono all'identificazione dei criminali (impronte digitali, fotografia o descrizione fisica ecc.).

segnalibro (pl. *-i*) [comp. di *segna(re)* e *libro*; 1891] ***sm.*** segno (striscia di carta, nastrino o altro) che si mette in un libro per ritrovarne prontamente una pagina.

segnalìmite [comp. di *segna(re)* e *limite*; 1974] ***sm.*** *inv.* segnale costituito da un paletto munito di catarifrangenti o da un prisma di pietra posto ai margini della strada per evidenziare il limite della carreggiata.

segnalìnee [comp. di *segna(re)* e *linea*; 1920] ***sm.*** *inv. T.sport.* nel gioco del calcio, ciascuno dei due aiutanti dell'arbitro, che controllano lo svolgimento regolare del gioco dalle linee laterali del campo; guardalinee.

segnapósto (pl. *-i*) [comp. di *segna(re)* e *posto*; 1942] ***sm.*** in riunioni, congressi, pranzi ufficiali e sim., biglietto o targhetta indicante il posto assegnato a ciascun partecipante.

segnaprèzzo (pl. *-i*) [comp. di *segna(re)* e *prezzo*; 1963] ***sm.*** cartellino indicante il prezzo della merce esposta || anche con funzione di *agg. inv.* posposto: *cartellino segnaprezzo.*

segnapùnti [comp. di *segna(re)* e *punto*; 1960] ***s.*** *inv.* **1.** chi segna i punti in una partita di pallacanestro e sim. **2.** *sm.* oggetto fisso o mobile (lavagna, pallottoliere e sim.) su cui si registrano i punti, ad es. nelle partite di biliardo.

segnàre (pres. *ségno*) [lat. *signāre*; 1313] ***tr.*** **1.** marcare con un segno: *segnare gli errori con la matita rossa, segnare i capi di bestiame*; *segnare le banconote del riscatto*, per poterle poi riconoscere **2.** annotare, registrare: *segnare le spese, la data*; *segnare sull'agenda l'indirizzo di qualcuno*; *segnare i punti al gioco*, registrarli man mano che vengono totalizzati dai partecipanti || *fig. T.sport.* realizzare un punto a favore della propria squadra: *segnare un goal, un canestro*; anche *ass.*: *i nostri hanno segnato al tredicesimo minuto del secondo tempo* **3.** indicare: *quella sbarra segna il confine* || *segnare il passo*, nella marcia, fermarsi pur continuando a battere il passo; *fig.* arrestarsi, non procedere: *le trattative segnano il passo* || *segnare qualcuno a dito*, additare; *fig.* mostrarlo al pubblico disprezzo || di strumenti di misura, fornire dati, valori: *il barometro segna una bassa pressione, l'orologio segna le due* || *fig.* significare, rappresentare: *la sua morte segnò la fine di un'era* **4.** lasciare un segno su di una superficie; graffiare, rigare, scalfire: *quel ceffone gli ha segnato la guancia*; *hanno segnato le cortecce incidendo i loro nomi*; anche *fig.*: *la sofferenza ha profondamente segnato il suo carattere* **5.** *arc.* firmare: *segnare la lettera* || ***rifl.*** farsi il segno della croce || nel modo di dire *non avere neanche il tempo di segnarsi*, essere costantemente occupato || **N. 1.** *Sin.* marchiare, notare, sottolineare **3.** *Sin.* designare **4.** *Sin.* deturpare, sfregiare.

segnasùb [comp. di *segna(re)* e *sub*; 1984] ***sm.*** *inv.* segnale galleggiante, formato da un pallone recante una bandiera rossa e bianca, che indica la presenza di un sub in immersione.

segnatàrio (pl. *-ri*) [da *segnare*, sul modello del fr. *signataire*; 1873] ***sm.*** *ant.* firmatario.

segnatàsse [comp. di *segna(re)* e *tassa*; 1891] ***sm.*** *inv.* specie di francobollo che l'ufficio postale pone sulla corrispondenza non affrancata o affrancata insufficientemente, e che indica la tassa da pagare per poterla ritirare.

segnatèmpo [comp. di *segna(re)* e *tempo*; 1960] ***sm.*** *inv.* marcatempo.

segnàto (*pps.* di *segnare*) [1319] ***agg.*** **1.** che reca uno o più segni (o tracce, impronte e sim.) su di sé; marcato: *pagina segnata, pecora segnata*; *una bellezza segnata dagli anni*, alterata dalle tracce della vecchiaia; *restare segnato per tutta la vita*, recare su di sé segni indelebili (cicatrici, alterazioni e sim.) e, *fig.*, essere condizionato in modo permanente da un'esperienza || *fig. pecora segnata*, persona tenuta d'occhio dalla polizia, dai superiori ecc.; *segnato da Dio*, di persona che ha un grave difetto fisico, il quale nella superstizione popolare è indice di cattiva indole; in questo senso anche *sm.* (f. *-a*): *guardati dai segnati* **2.** stabilito: *il destino dei peccatori è segnato* || **segnataménte** ***avv.*** *lett.* specialmente, principalmente, particolarmente.

segnatóio (pl. *-ói*) [da *segnare*; 1838] ***sm.*** arnese appuntito usato per incidere segni che servono da traccia nell'esecuzione di un lavoro.

segnatóre [da *segnare*; 1355] ***agg.*** e ***sm.*** (f. *-trice*) *non com.* che o chi segna: *segnatore del tempo.*

segnatùra [dal lat. mediev. *signatūra*; 1305] ***sf.*** **1.** atto ed effetto del segnare || *T.sport.* l'azione del segnare un punto e il conteggio dei punti segnati **2.** *T.tip.* numero progressivo o altro segno che si pone in fondo alla prima pagina di ogni foglio di stampa || *per estens.* foglio di stampa: *libro di dodici segnature* **3.** nelle biblioteche, l'indicazione, applicata sul dorso del libro e ripresa nel catalogo, della collocazione del libro **4.** *T.eccl. Tribunale Supremo della Segnatura Apostolica*, tribunale della Curia papale formato da sette prelati e un uditore, sotto la presidenza di un cardinale, con funzioni analoghe a quelle della Corte di Cassazione **5.** *ant.* firma, sottoscrizione || *per estens.* originale della concessione di una grazia che porti il *fiat* scritto di proprio pugno dal papa o il *concessum* scritto in sua presenza.

segnavènto [comp. di *segna(re)* e *vento*; 1913] ***sm.*** *inv.* banderuola che indica la direzione del vento.

segnavìa [comp. di *segna(re)* e *via*; 1942] ***sm.*** *inv.* segno costituito in genere da una macchia di colore, che serve ad indicare sentieri e itinerari in montagna.

ségnico (pl. *-ci*) [da *segno*; 1950] ***agg.*** *T.ling.* che concerne il segno: *valore segnico.*

ségno [lat. *signum*; a. 1294] ***sm.*** **1.** qualsiasi oggetto, fatto o fenomeno che rimandi ad altro in virtù di un nesso causale: *il volo basso e radente delle rondini è segno che sta per piovere* (o *di pioggia*); *il calo dell'occupazione è un chiaro segno della crisi economica*; *esagera con l'alcol: segno che è in crisi*; nella loc. *è segno che*, significa, vuol dire che: *se ti ha zittita è segno che lo hai stufato* || *in part.* presagio, riferito a eventi favorevoli o sfavorevoli: *segni premonitori fanno intuire che finirà male, che ci sarà tempesta, che non ce la farò*; *si notavano tra la popolazione i primi segni di rivolta*; nelle escl. *buon segno!, brutto, cattivo segno!*: *non mi ha nemmeno guardato: cattivo segno!* || *in part.* sintomo di una condizione clinica: *si notano in lui chiari segni di pazzia*; *il mal di testa è talora segno di cattiva digestione*; *l'uomo non dava più segni di vita*, pareva morto **2.** espressione, manifestazione intenzionale: *mi ha dato un chiaro segno della sua lealtà*; *il pubblico dà segni d'insofferenza*; *fig. non ha più dato segni di vita*, non ha più dato notizie di sé; *questa sventura che ti è capitata è un segno della volontà divina* || nelle loc. *in segno di, come segno di*, come espressione, manifestazione di: *alzare la bandiera bianca in segno di resa*; *ti nomino mio vice in segno di stima* || *il segno della croce*, atto del portare la mano destra aperta alla fronte, poi al petto, poi alla spalla sinistra e infine alla spalla destra, per raffigurare la croce su cui morì Cristo; è uno dei segni di devozione con cui il cristiano manifesta la sua fede in Cristo: *farsi il segno della croce* **3.** cenno, gesto con cui si vuole comunicare qualcosa: *mi ha strizzato l'occhio in segno d'intesa*; *comunicavano a segni*, per mezzo di gesti; *gli fece segno di tacere, di andarsene, di sì, di no*, cenni, atteggiamenti mimici ecc. **4.** simbolo, figura che si usa convenzionalmente come veicolo di comunicazione in linguaggi naturali o artificiali: *segni alfabetici, ortografici, ideografici, stenografici* || *segni della scrittura*, i grafemi (le lettere) e i simboli grafici sussidiari (o *segni diacritici*); *segni di punteggiatura* (o *di interpunzione*), punto, virgola, due punti ecc. || *segni di correzione*, segni convenzionali, unificati dalle norme UNI, usati nelle bozze di stampa per indicare le correzioni da apportare alla composizione tipografica || *segni aritmetrici, algebrici*, in matematica, notazioni grafiche simboliche di operazioni e rapporti vari: *segno dell'addizione* o (*segno*) *"più"* (+), *della sottrazione* o (*segno*) *meno* (—); *il segno positivo* (+), *negativo* (—), indicanti, in matematica, i numeri positivi e quelli negativi, e in fisica grandezze (spec. forze) di verso opposto, contrarie || *funzione segno*, funzione che assume il valore +1 se la variabile indipendente è positiva, —1 se è negativa || *per estens.* simbolo non grafico: *la bandiera bianca è segno di pace* || *i segni dello Zodiaco* (o *zodiacali*), v. ZODIACO **5.** traccia, impronta visibile lasciata da qualcuno o da qualcosa: *sul viso ha ancora i segni degli schiaffi*; *nella stanza erano evidenti i segni della colluttazione* || *fig.* ricordo, testimonianza, vestigio: *queste rovine sono il segno di una fiorente civiltà*; nella loc. *lasciare il segno*, esser difficile da scordare, produrre importanti conseguenze || *per estens.* contrassegno, elemento caratteristico: *segni particolari*, di riconoscimento, caratteristici di una persona, descritti sui documenti d'identità **6.** oggetto apposito od occasionale la cui posizione indica un limite da non superare o il punto in cui si è arrivati in un'azione progressiva (spec. nella lettura, nel qual caso è o fa da segnalibro): *oltre questo segno non si può procedere*; *tienimi il segno con un dito*; *in part.* tacca, linea e sim. fatta su di un recipiente in corrispondenza del livello da raggiungere per avere una certa misura di capacità: *ha superato il segno: è un litro abbondante* || *per estens. fig.* punto, limite: *non credevo fosse orgoglioso fino a questo segno!*; *le cose sono giunte a tal segno che si devono prendere provvedimenti*; *superare, oltrepassare, passare il segno*, eccedere, andare oltre i limiti || nella loc. fig. *per filo e per segno*, in tutti i particolari: *raccontami per filo e per segno come sono andate le cose* **7.** elemento di riferimento nel mirare; bersaglio: *centrare il segno*, far centro; *tiro a segno*, tiro al bersaglio, e anche il luogo in cui si svolge tale esercizio || *fig. colpire nel segno*, intendere qualcosa nel senso giusto o, anche, ottenere l'effetto desiderato; nella loc. *esser fatto segno di*, essere oggetto di: *è continuamente fatto segno di derisione* || *fig. lett.* scopo: *tendere a un segno* **8.** *ant. lett.* insegna, vessillo: *sotto ai santi segni ridusse i suoi compagni erranti* (Tasso) **9.** *ant.* statua, dipinto, effigie: *fermava il piè ciascuno di questi segni / sopra due belle imagini più basse* (Ariosto) || *dim.* segnétto, segnìno, segnettìno, segnolìno, segnùzzo; *pegg.* segnàccio || **N. 1.** *Sin.* indice, spia **4.** *Sin.* cifra, lettera, numero

| semiologia, semiotica, significante, significato **5.** *Sin.* connotati, distintivo, documento. **Q.T.** *linguistica* **TAV.** *astrologia* 1.

segnóre e der. forme ant. di SIGNORE e der. (v.).

ségo (pl. *-ghi*) [lat. *sēbum*; 1618] **sm.** grasso animale (spec. di bovini e ovini) che, lavato, pulito dai carnicci e purificato, serve a fare candele, saponi o anche burro e margarina; sevo: *una candela di sego.*

ségolo [da *segare*; 1340] **sm.** falcetto usato per potare gli alberi; roncola.

segóso [da *sego*; a. 1597] **agg.** che contiene sego ‖ che è simile, per sapore, consistenza, aspetto ecc., al sego: *un brodo segoso.*

segregaménto [da *segregare*; 1873] **sm.** l'atto del segregare e lo stato dell'essere segregato; segregazione.

segregàre (pres. *sègrego, sègreghi*) [dal lat. *segregāre*; sec. XIV] **tr.** isolare, spesso a scopo punitivo o preventivo: *segregare il prigioniero, segregare il malato infettivo* ‖ **rifl.** separarsi, appartarsi: *segregarsi da tutti* ‖ **N.** **tr.** *Sin.* allontanare, SEPARARE.

segregazióne [dal lat. *segregatio, -ōnis*; 1837] **sf.** l'azione del segregare o del segregarsi e la condizione di chi è segregato; isolamento: *vivere in segregazione*; *segregazione cellulare*, pena per la quale il condannato deve stare in una cella, separato da tutti gli altri condannati; *segregazione razziale*, nei paesi razzisti, sistema per cui le comunità di colore vengono tenute il più possibile separate dal resto della collettività; *apartheid.*

segregazionìsmo [da *segregazione*; 1970] **sm.** politica di segregazione razziale.

segregazionìsta [da *segregazionismo*; 1962] **I s.** sostenitore del segregazionismo **II agg.** segregazionistico.

segregazionìstico (pl. *-ci*) [da *segregazionismo*; 1970] **agg.** proprio del segregazionismo o dei segregazionisti: *politica, propaganda segregazionistica.*

segrénna [etim. inc.; a. 1543] **sf.** *ant. tosc.* persona magrissima, di poca forza e di poca energia.

segréta[1] [da *segreto*; 1525 *segretta*] **sf.** **1.** angusta e oscura cella in cui venivano rinchiusi i prigionieri a cui era precluso ogni rapporto col mondo esterno e la cui esistenza doveva restare segreta **2.** *T.stor.* nell'armatura del cavaliere medievale, cervelliera ‖ **N.** **1.** prigione.

segréta[2] (raro *secréta*) [dal lat. *secreta*, le offerte; a. 1396] **sf. pl.** *T.eccl.* *le segrete*, precedentemente al Concilio Vaticano II, preghiere recitate a bassa voce dal sacerdote dopo l'offertorio; oggi, orazione recitata ad alta voce sulle offerte.

segretària [da *segretario*; 1891] **sf.** donna che svolge mansioni di segretario.

segretariàle [da *segretario*; 1745] **agg.** *non com.* da, di segretario.

segretariàto [da *segretario*; a. 1556] **sm.** carica di segretario ‖ la durata di tale carica ‖ l'insieme delle persone, l'organizzazione che fa capo a un segretario generale: *il Segretariato delle Nazioni Unite.*

segretariésco (pl. *-schi*) [da *segretario*; 1586] **agg.** *spreg.* da segretario, segretariale: *modi segretarieschi* ‖ **N.** *Sin.* burocratico, cancellieresco.

segretàrio (pl. *-ri*) [dal lat. mediev. *secretārius*; 1503 nel senso 2] **sm.** **1.** collaboratore diretto a cui sono affidate mansioni di fiducia inerenti tanto all'attività professionale quanto ad alcuni aspetti della vita privata della persona da cui dipende: *il segretario del direttore*; *è il segretario che risponde al telefono*; *segretario particolare*, quello privato di un ministro, di un alto prelato ecc. ‖ *fare da segretario a qualcuno*, prestargli la propria collaborazione in posizione subordinata (anche *scherz.*) ‖ *segretario galante*, titolo di libretti popolari, nei quali si raccoglievano modelli di lettere amorose **2.** impiegato o funzionario di enti pubblici o privati addetto a varie mansioni di tipo esecutivo o amministrativo: *segretario di una scuola*; *segretario di redazione*, nella sede di giornali e riviste; *segretario di produzione*, nella lavorazione di un film, chi assolve gli incarichi amministrativi e organizzativi; *segretario comunale*, funzionario dell'amministrazione comunale ‖ grado intermedio nelle carriere amministrative dei ministeri, delle prefetture, delle ambasciate **3.** chi redige verbali o resoconti di riunioni, assemblee e sim. **4.** dirigente di un organismo: *segretario di un partito*, il suo massimo dirigente; *il segretario generale dell'ONU*; *segretario di Stato*, negli USA, ministro degli esteri; *cardinale Segretario di Stato*, nella curia pontificia, capo della diplomazia **5.** *arc.* persona di fiducia di un personaggio importante, cui erano affidati incarichi segreti ‖ **N.** **1.** cancelliere, sottosegretario.

segreterìa [da *segretario*; a. 1535] **sf.** **1.** ufficio che è sede del segretario: *presentare le domande in segreteria* **2.** la carica e la funzione di segretario: *lasciare la segreteria dell'associazione*; anche il periodo di durata in carica di un segretario: *durante la segreteria* (*di*) *Berlinguer* ‖ il segretario e i suoi collaboratori come organo di un ente: *la segreteria ha emesso un comunicato, Segreteria di Stato* ‖ *segreteria telefonica*, apparecchio che risponde automaticamente alle chiamate telefoniche e registra la risposta dell'interlocutore **3.** *ant.* mobile con comparti segreti per conservare documenti riservati, oggetti di valore e sim. **TAV.** *telefono* **p. 1334** 4.

segretézza [da *segreto*[1]; a. 1529] **sf.** qualità dell'essere segreto: *la segretezza dell'operazione*; nelle loc. *in tutta, con la massima segretezza*, in gran segreto, di nascosto.

segréto[1] [dal lat. *secrētus*, separato; 1313] **agg.** **1.** celato, nascosto agli occhi dei più: *nascondiglio, passaggio segreto, porta segreta, congegno di apertura segreto* ‖ *fig.* nascosto nel più profondo dell'animo; intimo: *pensiero, desiderio segreto* **2.** di ciò di cui non si vuol divulgare l'esistenza o il contenuto o di ciò che si compie di nascosto, all'insaputa di altri: *documento, matrimonio, accordo segreto*; *società segreta* (v. SOCIETÀ); *scrutinio segreto*, in cui l'identità di chi esprime ciascun voto non è rivelata ‖ accessibile soltanto a poche persone: *archivio segreto, riti segreti*; *fondi segreti*, destinati a operazioni di natura riservata e del cui impiego non si deve render conto **3.** di persona, che nasconde la propria identità o le proprie mansioni: *agente segreto*, in incognito ‖ *non com.* che sa custodire ciò che gli è stato confidato: *un amico segreto e fidato* **4.** privato, particolare, spec. riferito a un ufficio o a una carica: *scopatore segreto*, addetto alla pulizia delle stanze private del papa; *cameriere segreto*, titolo onorifico nella Corte pontificia ‖ **segretaménte** **avv.** in segreto, con segretezza, di nascosto ‖ **N.** **1.** **2.** *Sin.* clandestino, esoterico, ignoto, misterioso, recondito, riposto, riservato, sconosciuto | mantenere, restare, tenere | *Contr.* palese.

segréto[2] [dal lat. *secrētum*; 1308] **sm.** **1.** informazione da tener nascosta, da non rivelare: *venire a conoscenza di un segreto*; *mettere qualcuno a parte di un segreto*, rivelarglielo; *non è un segreto*, lo sanno tutti ‖ *scherz.* *segreto di Pulcinella*, cosa che si vorrebbe tenere segreta e che invece tutti conoscono o immaginano ‖ *rimanga un segreto tra noi*, per invitare a non rivelare ciò che non si sta per confidare ‖ *è un tipo senza segreti*, abitualmente aperto ed estroverso ‖ *non avere segreti per qualcuno*, essere in piena confidenza ‖ *per estens.* obbligo, vincolo per il quale ci si impegna a non rivelare ciò di cui si è venuti a conoscenza nell'esercizio della propria professione: *in Italia vige il segreto epistolare*, il divieto di aprire la corrispondenza altrui e di rivelarne il contenuto; *segreto professionale*, dovere dei professionisti di tacere anche al magistrato i fatti di cui siano venuti a conoscenza nell'esercizio delle proprie funzioni; *segreto della confessione* (o *sacramentale*), obbligo dei sacerdoti di non rivelare, per nessuna ragione, ciò di cui sono venuti a conoscenza nella confessione; *segreto istruttorio*, riguardante gli atti relativi alla fase istruttoria di un processo; *segreto bancario*, relativo all'ammontare dei depositi e alle operazioni compiute dai clienti di una banca; *segreto militare*, riguardante le operazioni militari **2.** procedimento particolare, ricetta esclusiva: *il segreto del suo successo, della felicità, dell'eterna giovinezza*; *il segreto per un buon brodo, per costruire un aereo* ‖ mistero, arcano, cosa incomprensibile: *i segreti della natura* ‖ *concr.* congegno, meccanismo nascosto che fa scattare una serratura: *un cassetto con il segreto*; nelle telecomunicazioni, *dispositivo di segreto*, apparato elettronico che, modificando la banda vocale, impedisce che le informazioni trasmesse via radio o via telefono vengano intercettate da persone diverse dai destinatari **3.** luogo appartato, nascosto, intimo: *nel segreto della propria camera, della propria coscienza*; *sembrava sereno, ma nel segreto soffriva* ‖ nella *loc. avv.* *in segreto*, segretamente, di nascosto ‖ *dim.* segretùccio ‖ **N.** **1.** *Sin.* arcano, confidenza, mistero | assoluto, imperscrutabile, opprimente | carpire, celare, confessare, confidare, conoscere, custodire, dissimulare, far trapelare, investigare, iniziare, manifestare, mantenere, palesare, rivelare, rompere, rubare, scoprire, scrutare, serbare, spiattellare, spifferare, strappare, svelare, tradire, violare.

segretùme [da *segreto*; 1873] **sm.** *spreg. non com.* insieme di cose dette o fatte in segreto.

seguàce [lat. tardo *sequax, -ācis*; 1313] **I s.** chi segue i principi di una dottrina o si fa discepolo di un maestro: *un seguace della filosofia platonica, di Giotto, di Cristo* **II agg.** *arc.* e *lett.* che segue: *edera seguace*, flessibile, pieghevole; *giorno seguace*, seguente ‖ **N.** I *Sin.* accolito, adepto, aderente, braccio destro, bravo, cagnotto, catecumeno, corifeo, discepolo, fautore, gregario, partigiano, proselite, scolaro.

seguènte (*ppr.* di *seguire*) [fine sec. XIII] **I agg.** che segue **II s.** chi segue, chi viene dopo: *entri il seguente.*

seguènza **sf.** *ant.* v. SEQUENZA.

segùgio (pl. *-gi*) [lat. tardo *segūsius*; a. 1320 nel senso 1; 1875 nel senso 2] **sm.** **1.** nome generico di cani da caccia di razze diverse, veloci e dall'odorato finissimo **2.** *fig.* poliziotto, investigatore: *aveva i segugi alle calcagna.* **TAV.** *cani* **p. 663.**

seguìbile [da *seguire*; 1960] **agg.** *non com.* seguitabile.

seguidilla (sp., pr. [seγi'ðiʎa]) [da *seguido*, seguito; a. 1789 *zighediglia*] **sf.** (pl. *seguidillas*, pr. [segi'diʎas]) antica forma poetica popolare spagnola (spec. dell'Andalusia), accompagnata fin dalle origini dalla musica e dalla danza; è di ritmo agile e vivace.

seguiménto [da *seguire*; a. 1595] **sm.** *non com.* atto del seguire; inseguimento ‖ séguito.

seguìre (pres. *séguo*) [lat. volg. **sequīre*, class. *sequi*; fine sec. XIII] **tr.** **1.** andare con un mezzo o camminare intenzionalmente dietro a qualcuno o qualcosa; tenere dietro: *seguiamo il cicerone, il corteo* ‖ *in part.* pedinare: *mi seguì fin sotto casa* ‖ accompagnare, anche *fig.*: *mi segue in ogni cambiamento di residenza*; *il figlio la seguì nella tomba*, morì subito dopo **2.** procedere in una determinata direzione, assumendo qualcosa come guida o punto di riferimento: *seguire la rotta, una strada, la ferrovia* || in loc. usate anche in senso fig.: *seguire i passi, le orme di qualcuno,* andargli dietro; *fig.* imitarlo, prenderlo come modello; *seguire la corrente,* navigare o nuotare nel verso della corrente di un fiume e sim.; *fig.* attenersi pedissequamente a ciò che pensa o fa la maggioranza; in varie loc. fig.: *seguire il proprio istinto; seguire l'esempio del padre, degli antichi* || aderire a idee, dottrine e sim.: *seguire la scuola romantica, l'ideologia marxista, gli insegnamenti di Socrate;* attenersi a norme e modi di procedere costituiti: *seguire la prassi consueta, la moda, gli ordini* **3.** venire dopo nello spazio, nel tempo o in una serie: *le appendici seguono l'ultimo capitolo, aprile segue marzo, il tre segue il due* **4.** *fig.* tener dietro, accompagnare con lo sguardo, la mente e sim.: *seguire il volo di un uccello, il filo del ragionamento* || *in part.* prestare attenzione, tenersi informato, interessarsi a qualcuno o qualcosa: *seguire un malato nel corso della terapia, seguire i progressi della fisica; seguire i figli negli studi,* aiutarli, assisterli || ***intr.*** (aus. *essere*) **1.** venire dopo nello spazio, nel tempo o in una serie: *all'ultimo capitolo seguono le appendici, a marzo segue aprile, al due segue il tre; in part.* venire dopo in un racconto o in un discorso: *a quel punto disse quanto segue: "..."; "Ars longa", con quel che segue* || conseguire: *da quelle premesse segue questa conclusione* **2.** continuare: *l'articolo segue al prossimo numero, alla pagina successiva; segue,* posto in fondo alla pagina, indica che lo scritto prosegue nel numero seguente o alla pagina seguente || **N.** ***tr.*** **1.** *Sin.* accodarsi, inseguire **2.** *Sin.* conformarsi, perseguire **3.** *Sin.* accadere, conseguire, susseguire.

seguitàbile [da *seguitare;* sec. XIV] ***agg.*** *raro* che si può seguitare; seguibile.

seguitàre (pres. *séguito*) [forse da *seguìto;* a. 1292 nel senso 2] ***tr.*** **1.** continuare, proseguire: *ha seguitato gli studi, il suo discorso;* anche *ass.*: *se seguiti così, smettiamo* **2.** *arc.* seguire: *seguitava l'orma del mio duca* (Dante) || *arc.* inseguire, perseguitare: *temevano d'essere seguitati* (Boccaccio) || detto del cane, continuare a inseguire la selvaggina || ***intr.*** (aus. *avere*) **1.** procedere, durare, continuare, proseguire: *aveva seguitato a cantare; il racconto seguita* **2.** *lett.* venir dopo o come conseguenza: *al male ha seguitato il rimorso; da questo seguita che tu hai ragione.*

seguitatóre [da *seguitare;* 1308] ***agg.*** e ***sm.*** (f. *-trice*) *ant.* che o chi seguita; imitatore, seguace.

seguìto (*pps.* di *seguire*) [1321] ***agg.*** nei sensi del verbo || **seguitaménte** ***avv.*** *ant.* in modo continuativo, senza interruzione.

séguito [da *seguitare;* a. 1348] ***sm.*** **1.** gruppo di persone che scortano o accompagnano un personaggio importante: *la regina e il suo seguito; era al seguito del prefetto* || *fig.* aderenza, consenso: *ha seguito nell'assemblea; un partito che non trova seguito nelle masse* **2.** sequela, successione: *un seguito di disgrazie, un lungo seguito di stagioni* **3.** continuazione, spec. di un racconto: *ascoltate il seguito della storia; il seguito sul prossimo numero,* in racconti pubblicati a puntate su un periodico || *per estens.* conseguenza, sviluppo: *la polemica non ha avuto seguito, l'incidente non ha avuto alcun seguito* || *T.bur.* e *T.comm. far seguito a, a seguito di,* ricollegandosi a: *facendo seguito al nostro ordine del 2 marzo scorso* || *T.gioc. dare alla palla il seguito,* nel biliardo, colpirla in modo che, dopo essersi scontrata con quella dell'avversario, continui a muoversi per un certo tratto || in varie *loc. avv.*: *di seguito,* senza interruzione; *in seguito,* successivamente, dopo: *ne riparlammo in seguito; in seguito a* (o, meno com., *di*), per effetto di, in conseguenza di: *è morto in seguito a un collasso cardiaco* **4.** *raro* azione del seguire o dell'inseguire: *cane da seguito,* cane da caccia particolarmente abile nell'inseguire la selvaggina; *caccia al seguito,* fatta con i cani da seguito || **N.** **1.** *Sin.* codazzo, compagnia, corteo, scorta. **Q.T.** *caccia.*

sèi [lat. *sex;* 1313] ***agg.*** e ***sm.*** *num. card.*, ar. 6, rom. VI || nella votazione scolastica, il voto più basso tra quelli sufficienti: *riuscire a strappare un sei,* raggiungere a malapena la sufficienza || *tiro a sei,* carrozza tirata da tre pariglie di cavalli || *T.tip. corpo sei,* carattere tipografico che ha sei punti di altezza, ed è uno dei più piccoli || **N.** *Sin.* mezza dozzina | esaedro, esagono, senario, sestetto, sestina, sesto, sestuplo.

seicentènne V. SECENTENNE.

seicentésco V. SECENTESCO.

seicentismo e der. V. SECENTISMO e der.

seicènto (tosc. *secènto*) [lat. *sexcenti;* fine sec. XIII *secento*] ***agg.*** e ***sm.*** *num. card.*, ar. 600, rom. DC || il diciassettesimo secolo; in questo senso la voce richiede sempre l'iniziale maiuscola: *la pittura del Seicento* || ***sf. inv.*** autovettura utilitaria di circa 600 cc. di cilindrata: *si era comprato una seicento* || **N.** secentismo, secentista.

seiènne o **seènne** [comp. di *sei* e *-enne;* 1965] ***agg.*** **1.** *lett.* che ha sei anni **2.** *raro* che dura da sei anni.

seigiórni o **sèi giórni** [comp. di *sei* e *giorno;* 1942 *sei giorni*] ***sf.*** *T.sport.* corsa ciclistica su pista, che dura sei giorni ed è disputata da coppie di corridori che si alternano liberamente.

seigiornista [da *seigiorni;* 1960] ***s.*** *T.sport.* ciclista che corre una seigiorni.

seigiornìstico (pl. *-ci*) [da *seigiorni;* 1986] ***agg.*** *raro T.sport.* relativo a una seigiorni, proprio di una seigiorni: *il programma seigiornistico.*

sèismo- V. SISMO-.

Selàci (sing. *-cio*) [dal gr. *sélachos,* pesce cartilagineo; 1873] ***sm.*** *T.zool.* sottoclasse di pesci ai quali appartengono squali, razze e altre specie marine; sono caratterizzati dallo scheletro completamente cartilagineo e dall'assenza della vescica natatoria. **Q.T.** *zoologia* **TAV.** ***pesci*** **p. 1330.**

selaginèlla [dim. di un der. del lat. *selago, selaginis,* licopodio abetino; 1931] ***sf.*** piccola pianta albina delle Licopodiali dal fusto sdraiato-ascendente.

Selaginellàcee [comp. di *selaginella* e *-acee;* 1929] ***sf. pl.*** *T.bot.* famiglia di piante erbacee delle Pteridofite, perlopiù con fusto strisciante, diffuse in ambienti umidi e ombrosi.

sélce (pl. *sélci*) [lat. *silex, -icis;* 1306 *selice*] ***sf.*** (*poet.* o *region.* anche ***sm.***) *T.min.* **1.** roccia sedimentaria silicea a struttura micro- o cripto--cristallina, costituita generalmente da calcedonio, quarzo od opale **2.** blocchetto squadrato di tale pietra usato per il rivestimento di scarpate o per pavimentazioni stradali (dette appunto *selciati*): *ricoprirono la strada con selci* **3.** *lett. poet.* pietra in genere, spec. con allusione alla durezza.

selciàia [da *selce;* 1960] ***sf.*** terreno pieno di selci || ammasso di selci || **N.** *Sin.* pietraia.

selciàio (pl. *-ài*) [da *selciare;* 1905] ***sm.*** *non com.* operaio che per mestiere selcia le strade.

selciàre (pres. *sélcio*) [da *selce;* 1310 *seliciare*] ***tr.*** pavimentare, lastricare utilizzando selci o componenti simili.

selciàto (*pps.* di *selciare*) [1310 *seliciato*] **I** ***agg.*** ricoperto con selci **II** ***sm.*** strato di pietre squadrate con le quali è selciata una strada, una scarpata e sim.; lastricato: *cadere sul selciato.*

selciatóre [da *selciare;* 1596] ***sm.*** (f. *-trice*) persona (solitamente di sesso maschile) che selcia; lastricatore || **N.** *Sin.* selciaio.

selciatùra [da *selciare;* 1838] ***sf.*** operazione del selciare; e anche il selciato, il modo di farlo e la spesa.

selcìfero [comp. di *selce* e *-fero;* 1960] ***agg.*** detto di sedimento che contiene della selce: *calcare selcifero.*

selcìno [da *selce;* 1942] ***sm.*** *region.* selciaio, selciatore.

selcióso [da *selce;* 1785] ***agg.*** *non com.* che è della natura di selce; che ne ha l'aspetto.

seleniàno [dal fr. *sélénien,* dal gr. *selḗnē,* luna; 1983] ***agg.*** *lett.* lunare, proprio della Luna, spec. rif. ai suoi possibili abitanti || **N.** *Sin.* selenita.

selènico¹ (pl. *-ci*) [da *selenio;* 1829] ***agg.*** *T.chim.* di selenio, contenente selenio: *acido selenico.*

selènico² (pl. *-ci*) [dal gr. *selḗnē,* luna; 1821] ***agg.*** *lett.* lunare: *paesaggio quasi selenico; promontori selenici* (D'Annunzio).

selènio [dal lat. scient. *selenium,* basato sul gr. *selḗnē,* luna; 1821] ***sm.*** *T.min.* metalloide che fuso è di colore argento, come quello della luna (da cui il nome); rarissimo, è impiegato come semiconduttore nella costruzione di cellule fotoelettriche e di raddrizzatori di corrente, nonché per colorare vetri, smalti ceramici e sim.

selenióso [comp. di *selenio* e *-oso;* 1824] ***agg.*** *T.chim.* detto di composto del selenio tetravalente: *acido selenioso,* ossiacido del selenio, ricavato per scioglimento dell'anidride seleniosa in acqua; *anidride seleniosa,* anidride ottenuta bruciando il selenio in ossigeno.

selenita [dal gr. *selēnítēs,* abitante della luna; 1829] ***s.*** abitante immaginario della luna: *vedrà la luce il primo selenita* (Pascoli).

selenite¹ [dal gr. *selēnítēs,* pietra lunare; sec. XIV] ***sf.*** *T.min.* minerale trasparente che si sfalda in lamine sottili; è una varietà di gesso.

selenite² [dal gr. *selēnítēs,* abitante della luna; a. 1938 nel senso 2] **I** ***s.*** selenita **II** ***agg.*** *lett.* lunare, selenico: *una landa selenite* (D'Annunzio).

selenìtico¹ (pl. *-ci*) [da *selenite¹;* 1865] ***agg.*** *T.chim.* di selenite, contenente selenite.

selenìtico² (pl. *-ci*) [da *selenita;* 1957] ***agg.*** *lett.* lunare.

selèno- [dal gr. *selḗnē,* luna] ***primo elem.*** che, in parole composte della terminologia scientifica, vale "Luna": **selenocèntrico**, **selenologìa**, **selenològico**, **selenòlogo**; in biologia vale "a forma di luna o di mezzaluna".

selenodesìa [comp. di *seleno-* e (*geo*)*desia,* sul modello del fr. *sélénodésie;* 1983] ***sf.*** studio della forma, della superficie e del campo gravitazionale della Luna.

selenodónte [comp. di *seleno-* e *-odonte;* 1936] ***agg.*** e ***sm.*** detto dei molari di ruminanti ed erbivori, la cui corona è caratterizzata dalla presenza di creste incurvate a mezzaluna.

selenografìa [comp. di *seleno-* e *-grafia;* 1631 *selinografia*] ***sf.*** cartografia, studio fisico e topografico della Luna.

selenogràfico (pl. *-ci*) [da *selenografia;* 1838] ***agg.*** che si riferisce alla selenografia.

selenògrafo [comp. di *seleno-* e *-grafo;* 1631 *selinografo*] ***sm.*** (f. *-a*) esperto di selenografia.

selenòsi [comp. di *selen*(*io*) e *-osi;* 1960] ***sf.*** *T.med.* intossicazione da selenio.

selenotopografìa [comp. di *seleno-* e *topografia;* 1838] ***sf.*** studio del suolo lunare.

selettività [da *selettivo,* sul modello dell'ingl. *selectivity;* 1939] ***sf.*** qualità dell'essere selettivo: *la selettività di questa scuola,* propensione del suo corpo insegnante a bocciare, senza tentare il recupero degli allievi meno dotati || *T.tecn.* capacità di uno strumento d'analisi spettrale o di un rivelatore d'onde sonore o elettromagnetiche o, *per estens.*, dei ricettori sensoriali (orecchio, occhio) di rilevare variazioni minime di frequenza, di lunghezza d'onda o di altri fenomeni: *selettività di un filtro* *fotografico,* potere separatore dei colori della banda cromatica.

selettivo [dall'ingl. *selective,* basato sul lat. *selēctus,* scelto; 1905] **agg.** atto a selezionare, capace di scegliere, di distinguere: *un'intelligenza selettiva* || *T.tecn.* che presenta selettività (in grado alto o basso): *amplificatori, filtri poco* (o *molto*) *selettivi* || tendente a selezionare: *esame finale selettivo* || basato, fondato su una selezione, che comporta una selezione: *criterio selettivo* || **selettivaménte** **avv.**

selettocoltùra [comp. di *selett(ivo)* e *coltura;* 1960] **sf.** riproduzione controllata di animali o piante, allo scopo di migliorarne la qualità || **N.** *Sin. breeding.*

selettóre [dal lat. tardo *selēctor,* che seleziona, attr. l'ingl. *selector;* 1899] **I sm. 1.** in elettrotecnica, commutatore || in telefonia, dispositivo per la scelta automatica della linea sulla quale deve essere inserita la comunicazione **2.** (f. *-trìce*) *lett.* autore di una selezione **II agg.** *lett.* che opera una selezione. **TAV.** *elettrodomestici* 3.2, 8.4.

selezionaménto [da *selezionare;* 1876] **sm.** l'operazione del selezionare.

selezionàre (pres. *-óno*) [da *selezione;* 1881] **tr.** operare una selezione; scegliere, vagliare: *selezionare gli atleti, selezionare le razze d'allevamento.*

selezionàto (*pps.* di *selezionare*) [1905] **agg.** scelto: *razze selezionate.*

selezionatóre [da *selezionare;* 1960] **I sm. 1.** (f. *-trìce*) chi è addetto alla selezionatura || *T.sport.* tecnico che, per conto di una federazione, seleziona e prepara gli atleti che devono entrare a far parte di una rappresentativa nazionale, regionale, provinciale o sim. **2.** *selezionatore a tasti,* dispositivo di cui sono dotati alcuni apparecchi telefonici e che consente di chiamare un numero premendo sul tasto corrispondente anziché servendosi del disco combinatore **II agg.** fondato sulla selezione: *criterio selezionatore* || operato in vista di una selezione o adibito a una selezione: *prove attitudinali selezionatrici, dispositivo selezionatore.*

selezionatrìce [da *selezionare;* 1960] **sf.** parte di una macchina meccanografica che provvede a selezionare, secondo i criteri predisposti, le schede perforate.

selezióne [dal lat. *selectio, -ōnis,* scelta; 1869] **sf. 1.** scelta fatta rifiutando o conservando: *la selezione nazionale degli atleti; la selezione dei concorrenti; operare, fare una selezione* || *in part.* valutazione delle attitudini e delle capacità professionali di un candidato che si presenta per essere assunto; *selezione attitudinale,* valutazione psicofisica dei giovani da arruolare || in zootecnia, agricoltura e floricoltura, *selezione artificiale,* scelta, compiuta dall'uomo, degli esemplari migliori di quelli in cui siano presenti caratteri particolari per ottenere, attraverso la loro riproduzione, razze con pregi particolari || *T.biol. selezione naturale,* quella che avviene in natura, con l'eliminazione degli individui più deboli, meno adatti alla lotta per l'esistenza || *T.inform.* operazione di ordinamento di un insieme di dati secondo una sequenza predeterminata, rispetto a uno o più codici di classificazione **2.** insieme di elementi (cose o persone) selezionati: *una selezione dei migliori interpreti, una selezione di poesie del Novecento* **3.** selezione fotografica, processo di scomposizione cromatica del fascio di luce proveniente dall'oggetto e dal quale l'emulsione dovrà essere impressionata **4.** *T.tecn. selezione di frequenze, di segnali, di impulsi,* selettività **5.** *T.tel.* la formazione del numero telefonico, per mezzo del disco combinatore o del selettore a tasti, da parte dell'utente; anche la scelta di una linea elettrica per la realizzazione di una comunicazione telefonica; *selezione passante,* sistema per cui i telefoni di una rete interna possono essere chiamati dall'esterno mediante l'aggiunta di una o più cifre al numero del telefono principale (centralino) **6.** *T.fis.* in spettroscopia atomica, *regole di selezione,* regole, effettivamente risolte sperimentalmente, introdotte per spiegare il numero limitato di componenti della struttura fine. **Q.T.** *ecologia, genetica...*

selezionìstico (pl. *-ci*) [da *selezione;* 1960] **agg.** *non com.* fondato sulla selezione: *criterio selezionistico.*

self-acting (ingl., pr. [ˌsɛlf ˈæktɪŋ]) [letter. che agisce da solo; 1931] **loc. m.** *inv.* filatoio intermittente che compie in due tempi l'operazione finale di filatura.

self-control (ingl., pr. [ˌsɛlf kənˈtroʊl]) [letter. controllo di sé; 1911] **sm.** *inv.* dominio di sé, autocontrollo.

self-government (ingl., pr. [ˌsɛlf ˈgʌvənmənt]) [comp. di *self,* se stesso e *government,* governo; 1852] **sm.** *inv.* autogoverno.

self-made man (ingl., pr. [ˈsɛlf meɪd ˌmæn]) [comp. di *self,* se stesso, *made,* fatto e *man,* uomo; 1893] **loc. m.** *inv.* (anche pl. *self-made men,* pr. [ˈsɛlf meɪd ˌmen]) persona di estrazione sociale non elevata, che ha conseguito successo professionale e sociale esclusivamente grazie alle proprie forze e ai propri meriti.

self-service (ingl., pr. [ˌsɛlf ˈsəːvɪs]) [letter. servizio (svolto) da sé; 1963] **sm.** *inv.* **1.** sistema di vendita in cui l'acquirente preleva da sé le merci desiderate e paga all'uscita **2.** negozio o ristorante dove i clienti si servono da soli, senza l'intervento del personale (commessi, camerieri e sim.).

sèlla [lat. *sella,* sedia; fine sec. XIII] **sf. 1.** arnese perlopiù di cuoio, di forma e grandezze varie, che si pone sul dorso del cavallo, del mulo ecc., per cavalcare con maggiore comodità e sicurezza: *montare in sella; stare bene in sella,* cavalcare bene; *sella da buttero,* con arcioni altissimi; *sella all'inglese,* senza arcioni; *cavallo da sella,* atto ad essere cavalcato; *cavallo tra le due selle,* di statura mezzana; *fig.* anche di persona || *raro vuotare la sella,* cadere da cavallo || in varie loc.: *sbalzare, cavare qualcuno di sella,* disarcionarlo; *fig.* scalzarlo da una posizione di potere; *fig. essere, rimanere, tornare, rimettersi in sella,* conservare o riprendere la propria posizione di potere || *per non battere il cavallo si batte la sella,* riferito a chi, non osando rimproverare una persona direttamente, rimprovera un suo sottoposto **2.** *per estens.* sedile, gen. elastico, di biciclette e motociclette, sul quale si sale a cavalcioni; sellino: *montare in sella* **3.** *per estens.* struttura concava, talora con funzione di sostegno o di appoggio || *T.mac.* taglio pregiato dell'agnello e del vitello corrispondente a quella parte del dorso dove al cavallo si mette la sella || *T.anat. sella turcica,* depressione dello sfenoide in cui è contenuta l'ipofisi; *sella del naso,* incavatura della parte superiore del naso, all'altezza degli occhi || *T.geogr.* leggera depressione tra due montagne vicine || *dim.* sellétta, sellìno (*sm.*), sellìna, sellùccia; *accr.* sellóne, sellóna (*sm.*); *pegg.* sellàccia || **N. 1.** *Sin.* bardella, basto, efippio | PARTI: arcione, arco, bande, codone, cosciale, falde, fonde, fusto, groppiera, pomo, posola, posolino, quarti, sopraccinghia, sottopancia, staffe. **Q.T.** *cavallo* **TAV.** *alimentazione* 5.5; *finimenti* 1; ***motocicletta...* p. 1323** 6.1; ***carri...* p. 664** 10.7.

sellàio (pl. *-ài*) [lat. *sellārius;* 1308] **sm.** (f. *-a*) chi fa selle e altri finimenti per cavalli || **N.** *Sin.* bardellaio, bastaio | bicornia, imbottitoio, reggisella, tracciatoio.

sellàre (pres. *sèllo*) [da *sella;* fine sec. XIII] **tr.** mettere la sella: *volle che si sellasse subito la sua mula.*

sellatùra [da *sellare;* 1965] **sf.** l'operazione del sellare.

selleria [da *sella;* 1873] **sf. 1.** bottega del sellaio **2.** lavorazione delle selle **3.** parte della scuderia dove si tengono le selle, i finimenti ecc. **4.** reparto di fabbricazione di tutti i rivestimenti interni delle automobili; anche l'insieme dei rivestimenti stessi.

sèllero [dal gr. *sélinon;* 1940] **sm.** *dial. pop.* sedano.

sellìno (*dim.* di *sella*) [1853] **sm. 1.** parte del finimento della sella alla quale si attaccano il posolino e gli altri finimenti del cavallo da tiro **2.** piccolo sedile, perlopiù di cuoio, delle biciclette e delle motociclette. **TAV.** ***motocicletta...* p. 1322** 1.1.

sellistèrnio [dal lat. *sellisternium;* 1960] **sm.** nell'antica Roma, rito propiziatorio in cui veniva offerto un banchetto solenne a divinità femminili.

seltz V. SELZ.

sélva [lat. *silva;* 1313] **sf. 1.** associazione spontanea di alberi su un'estensione di terreno di una certa entità; bosco, foresta: *selva di abeti* || *poet.* albero **2.** *fig.* moltitudine, quantità grandissima di cose, spec. fitta, intricata: *selva di capelli, di lance, di fucili, di errori* **3.** *T.lett.* raccolta di pensieri e di passi d'autore, utile come materiale per redigere un testo || appunti, note || **N. 1.** *Sin.* foresta, BOSCO | aspra, folta, rigogliosa, selvaggia | disboscamento, rimboschimento; silvano, silvestre; silvicoltura.

selvaggìna [dal provenz. *salvatgina;* inizio sec. XIV *salvaggina*] **sf.** nome generico degli animali selvatici commestibili che vengono cacciati: *un territorio ricco di selvaggina; selvaggina di penna,* gli Uccelli; *selvaggina di pelo,* i Mammiferi; *selvaggina di passo,* che migra per svernare; *selvaggina stanziale,* non migratrice; *selvaggina protetta,* alla quale, per legge, è vietato dar la caccia || *per meton.* la carne della selvaggina: *ricette per cucinare la selvaggina* || **N.** cacciagione, uccellagione. **Q.T.** *alimentazione, caccia.*

selvàggio (pl. m. *-gi,* pl. f. *-ge*) [dal lat. tardo *salvātĭcus,* attr. il provenz. *salvatge;* 1313] **I agg. 1.** *ant.* o *lett.* che vive, cresce in selve, foreste, boschi e sim., selvatico: *animali selvaggi, piante selvagge* **2.** di luogo, ambiente naturale e sim., non civilizzato, inospitale per l'uomo: *zone selvagge* **3.** di comunità umane, primitivo, non ancora raggiunto dal progresso tecnologico: *tribù selvagge;* in senso meno forte, rozzo, rustico: *natio borgo selvaggio* (Leopardi) || proprio di comunità primitive: *riti selvaggi; danze, usanze selvagge* || proprio di chi vive allo stato selvaggio: *modi selvaggi,* incivili; spesso nel senso di feroce e violento: *orde selvagge saccheggiarono tutto; iperb.* turbolento: *una scolaresca selvaggia; per estens.* anche rif. a fenomeni naturali: *la furia selvaggia degli elementi, dell'uragano* || nella loc. *sciopero selvaggio,* spontaneo, non indetto dai sindacati **4.** in geomorfologia, *acque selvagge,* non incanalate, che scorrono in superficie in occasione di grandi piogge **5.** *ant.* inesperto: *la turba (...) selvaggia parea del loco* (Dante) || **selvaggiaménte** **avv.** in modo selvaggio, da selvaggio, come un selvaggio; brutalmente, ferocemente, crudelmente, violentemente e sim. **II sm.** (f. *-a*) **1.** persona che appartiene a una società primitiva: *i selvaggi delle terre equatoriali; abitudini da selvaggio* **2.** *fig.* persona insofferente delle convenzioni sociali: *è un selvaggio* || **N. I 1.** *Sin.* selvatico **2.** *Sin.* aspro, inospitale **3.** *Sin.* asociale, barbaro, bestiale, rude **II 1.** *Contr.* civile, civilizzato **2.** *Contr.* socievole.

selvaggiùme [da *selvaggio;* a. 1363 *salvaggiume*] **sm.** *raro* selvaggina.

selvastrèlla V. SALVASTRELLA.

selvatichézza [da *selvatico;* a. 1320 *salvatichezza*] **sf. 1.** qualità di ciò che è selvatico

2. *fig.* mancanza di finezza, di cultura ‖ asprezza di modi, caparbietà, indocilità: *selvatichezza di carattere, di abitudini.*

selvàtico (ant. e tosc. *salvàtico*) (pl. *-ci*) [lat. *silvāticus*; 1319 *salvatico* nel senso 4] **I** *agg.* **1.** di pianta, che cresce spontaneamente, senza aver bisogno delle cure dell'uomo: *rose selvatiche; frutti selvatici*, more, lamponi ecc. **2.** *per estens.* di luogo, ricoperto di vegetazione selvatica o anche incolto, abbandonato: *un terreno selvatico* **3.** di animale, non domestico, che vive allo stato brado: *coniglio selvatico* ‖ *per estens.* di animale domestico, indocile, difficile da addomesticare: *questo cane è un po' selvatico* **4.** *fig.* di persona, poco socievole, rozza, con poco garbo: *è un uomo un po' selvatico* ‖ **selvaticaménte** *avv.* **II** *sm.* **1.** gusto od odore caratteristico della selvaggina: *sapere, odorare, puzzare di selvatico* **2.** *ant.* luogo incolto, ricoperto di piante selvatiche ‖ **N.** I **2.** *Sin.* selvaggio | inselvatichire. **TAV.** *gatti* **p. 672.**

selvaticùme [da *selvatico*; 1472 *salvaticume*] *sm. spreg.* **1.** insieme di cose selvatiche **2.** selvatichezza, qualità di ciò che è selvatico.

selvicoltóre V. SILVICOLTORE.

selvicoltùra V. SILVICOLTURA.

selvóso [lat. *silvōsus*; a. 1411 nel senso 1; a. 1799 nel senso 2] *agg.* **1.** ricco di selve: *monti selvosi* **2.** *fig. testa selvosa*, con molti capelli, spec. se lunghi e arruffati.

selz o ***seltz*** (fr., pr. [sels]; pr. it. [selts]) [dal n. geogr. ted. *Selters*, fr. *Seltz*; 1865] *sm. inv.* un tipo di acqua gassata artificiale.

sèma [dal gr. *sêma*, segno; 1960] *sm. T.ling.* tratto semantico minimo che da solo, o più gen. con altri, costituisce il significato di una parola.

semafòrico (pl. *-ci*) [da *semaforo*; 1838] *agg.* di semafori, attinente a semafori.

semaforista [da *semaforo*; 1916] *s.* persona addetta alla manovra o alla manutenzione di impianti semaforici ‖ **N.** segnalatore.

semaforizzàre [da *semaforo*; 1983] *tr.* fornire, dotare di semafori: *semaforizzare una via.*

semaforizzazióne [da *semaforo*; 1982] *sf.* il dotare di semafori.

semàforo [dal fr. *sémaphore*, comp. del gr. *sêma*, segno e fr. *-phore*, -foro; 1838 nel senso 2; 1935 nel senso 1] *sm.* **1.** apparecchio a comando manuale o (più spesso) automatico per segnalazioni luminose a breve distanza, che serve a regolare il traffico dei veicoli e dei pedoni, spec. in corrispondenza di incroci stradali: *il semaforo è scattato, il semaforo è rosso, fermati!; semaforo tranviario*, a barra luminosa bianca (in posizione orizzontale, verticale od obliqua) in campo nero; *semaforo lampeggiante*, a luce gialla, che segnala la vicinanza di un incrocio non regolamentato da semafori o agenti preposti al traffico ‖ apparecchio per segnalazioni lungo la rete ferroviaria, consistente in una specie di colonnina in metallo, con braccio mobile, il quale, in diverse posizioni, assume significati diversi; è munito per la notte di fanali rossi, bianchi, verdi e gialli **2.** *T.mar.* stazione di vedetta e di segnalazione, gen. fornita di radio e di telegrafo, stabilita in appositi fabbricati, possibilmente in punti ben visibili dal mare, alla quale spetta il compito di sorvegliare il mare e le coste, di comunicare tra le navi e la terra, di compiere, registrare, trasmettere osservazioni meteorologiche, di comunicare ai naviganti le previsioni circa lo stato del tempo; è presidiata da segnalatori. **Q.T.** *ferrovia, porto.*

semàio (pl. *-ài*) [da *seme*; 1873] *sm.* (f. *-a*) **1.** *raro* chi, nella coltura del baco da seta, raccoglie e conserva le uova (dette com. *seme*) **2.** *raro* venditore ambulante di semi di zucca **3.** *raro* venditore di semi di piante.

semantèma [comp. di *semant(ico)* e *-ema*; 1937] *sm. T.ling.* l'elemento della parola portatore di significato, in opposizione al suffisso flessionale che ne regola i rapporti sintattici ‖ **N.** lessema; radice | morfema.

semàntica [dal fr. *semantique*, basato sul gr. *sēmáinein*, indicare con un segno; 1922] *sf.* **1.** *T.ling.* studio del significato delle parole e delle combinazioni di parole; *semantica storica*, studio delle variazioni dei significati nel tempo ‖ *per estens.* studio di forme espressive e comunicative non verbali: *semantica pittorica, filmica* **2.** *T.fil. semantica modellistica*, teoria del significato delle espressioni di un linguaggio naturale o artificiale, basata sui concetti di riferimento e verità; *semantica cognitiva*, famiglia di teorie in cui il significato è identificato con una rappresentazione mentale. **Q.T.** *linguistica.*

semanticista [da *semantica*; 1988] *s.* semantista.

semanticità [da *semantico*; 1965] *sf.* l'essere significativo, l'essere portatore di significato.

semàntico (pl. *-ci*) [dal fr. *semantique*; 1937] *agg.* **1.** *T.ling.* che concerne il significato: *prestiti semantici, evoluzione semantica* **2.** che si riferisce alla semantica: *ricerca semantica.*

semantista [dal fr. *sémantiste*; 1983] *s. T.ling. raro* studioso, esperto di semantica.

semașìa [dal gr. *sēmasía*, misura, segno; 1960] *sf.* presso gli antichi, modo di segnare il ritmo dei versi con la mano.

semașiologìa [dal ted. *Semasiologie*, basato sul gr. *sēmasía*, azione di dare un segno; 1831] *sf. T.ling.* parte della scienza del linguaggio che studia l'evoluzione storica del significato delle parole ‖ *in part.* contrapposta a *onomasiologia*, studio dei diversi significati che assume lo stesso segno linguistico ‖ **N.** *Sin.* semantica.

semașiològico (pl. *-ci*) [da *semasiologia*; 1891] *agg. T.ling.* che si riferisce alla semasiologia ‖ *dizionario semasiologico*, che parte dai segni linguistici, gen. ordinati alfabeticamente.

semașiòlogo (pl. *-gi*) [da *semasiologia*; 1891] *sm.* (f. *-a*) *T.ling.* chi è esperto, studioso di semasiologia.

semàta [da *seme*; 1846] *sf.* estratto di semi di orzo, melone, zucca e sim. per farne bibite; anche la bibita che si prepara con acqua e semata ‖ **N.** *Sin.* orzata.

sembiànte [dal provenz. *semblan*, ppr. di *semblar*, sembrare; a. 1250] **I** *sm. lett.* o *poet.* aspetto, e spec. i lineamenti del volto: *Tiresia, che mutò sembiante* (Dante); *un onesto sembiante* ‖ *per estens.* apparenza, aspetto: *ha sembiante di vetro* ‖ in varie loc.: *far sembiante*, fingere, o anche mostrare, esprimere col volto; *in sembianti*, in apparenza; *arc. mostrar sembiante*, manifestare, dare a vedere; *arc. nel primo sembiante*, a prima vista **II** *agg. poet.* o *lett. arc.* somigliante, simile ‖ **N.** I *Sin.* faccia, viso, volto.

sembiànza [dal provenz. *semblanza*; a. 1250 nel senso 2] *sf.* **1.** *poet.* o *lett* somiglianza, spec. nella loc. *a sembianza di* **2.** *lett.* aspetto, sembiante: *la sua sembianza era onesta* ‖ *in part.* gen. *pl.* lineamenti, fattezze: *di delicate sembianze* ‖ *per estens.* apparenza: *in sembianza di vetro*; *in part.* apparenza falsa, ingannevole: *sotto le sembianze del bene si cela il male.*

sembràre (pres. *sémbro*) [dal lat. tardo *similāre*, somigliare, attr. il provenz. *semblar*; a. 1250] (aus. *essere*) **I** come verbo copulativo **1.** parere (senza essere): *sembra oro, ma è ottone* **2.** apparire, risultare a giudicare dall'apparenza: *sembrano adatti a questo lavoro* **3.** assomigliare a, ricordare: *sembra suo padre, sembra il posto in cui eravamo l'estate scorsa* **II** come verbo modale, dare l'impressione, avere l'aria di (usato con o senza il compl. di termine): *sembra aver accettato la situazione, sembrano star bene* ‖ spesso con frasi soggettive: *mi sembra di poterlo fare, sembra che Luigi verrà, sembra che pioverà.*

séme [lat. *sēmen*; 1313 nel senso 2] *sm.* **1.** organo delle piante Spermatofite derivante dallo sviluppo dell'ovulo, al cui interno si forma l'embrione che può dar vita a un nuovo organismo; a seconda delle specie può avere un periodo di vita latente che va da pochi giorni a molti anni; è costituito (partendo dall'interno) dall'embrione, da uno strato di tessuti ricchi di sostanze nutritive, da strati di tegumenti protettivi (generalmente lignificati) e, talora, da formazioni carnose ricche di proteine ‖ *com.* i frutti di alcune piante, come i chicchi dei cereali: *semi di cavolo, di zucca; semi oleosi*, i semi e anche i frutti (noci, mais ecc.) dai quali si estraggono oli; *olio di semi*, V. OLIO; *seme santo*, seme di alcune artemisie da cui si estrae la santonina ‖ con valore collettivo, semente: *un seme selezionato; grano da seme*, da semina ‖ *per meton.* nocciolo di un frutto: *i semi delle ciliegie* ‖ *per estens. seme da bachi*, uova fecondate del baco da seta ‖ nelle loc. fig. *non rimanere il seme di una cosa*, non rimanerne traccia; *scherz. tenere una cosa per seme*, custodirla gelosamente **2.** *fig.* principio, origine: *il seme della discordia* ‖ *lett.* antenati, progenitori ‖ *lett.* stirpe, discendenza: *il mal seme d'Adamo* (Dante), le anime dannate **3.** *euf. pop.* o *lett.* sperma **4.** ciascuna delle quattro specie diverse, dette anche *colori*, in cui si dividono le carte da gioco e cioè picche, cuori, quadri e fiori, nelle carte francesi; e denari, bastoni, spade e coppe, nelle carte napoletane: *ho tutte carte dello stesso seme* ‖ *dim.* semìno ‖ **N.** **1.** acerbo, caldo, coriaceo, freddo, maturo, nudo | PARTI: apice, cotiledoni, embrione, endosperma, ipocotile, micropilo, pericarpo, radichetta, tegumento, testa | germinare, germogliare, granire, rampollare, semenzire, seminare, tallire **2.** *Sin.* germe. **Q.T.** *botanica, giochi.*

semeiografìa V. SEMIOGRAFIA.

semeiologìa V. SEMIOLOGIA.

semeiològico V. SEMIOLOGICO.

semeiòlogo V. SEMIOLOGO.

semeiòtica [dal gr. *sēmeiōtikḗ*, diagnostica; 1829] *sf.* **1.** *T.med.* parte della medicina che studia i sintomi delle malattie **2.** *T.fil.* semiotica, semiologia.

semeiòtico (pl. *-ci*) [dal gr. *sēmeiōtikós*, dell'osservazione; 1960] *agg.* relativo alla semeiotica.

semel (lat., pr. it. ['semel]) [letter. una sola volta] *avv.* una volta; nelle frasi correnti *semel in anno licet insanire*, una volta l'anno è lecito impazzire, una volta tanto è lecito commettere qualche follia; *semel abbas, semper abbas*, una volta abate si è sempre abate, cioè il carattere sacerdotale è indelebile; si dice del prete che, pur buttando la veste alle ortiche, non può tuttavia perdere l'impronta ecclesiastica.

sèmel (tosc. *sèmelle*, pl. *-i*) [dal ted. *Semmel*; 1822] *sm. inv.* panino soffice di fiore di farina lievitato con lievito di birra, da inzuppare ‖ **N.** *Sin. chifel.*

semellàio (pl. *-ài*) [da *sèmel*; 1873] *sm.* (f. *-a*) *pop. tosc. raro* chi fa, cuoce o vende semel.

semèlle V. SEMEL.

semèma [comp. di *sema* e *-ema*; 1960] *sm. T.ling.* in semantica, insieme di tratti semantici che si concretizza in un lessema.

seménta [lat. *sementis*, seminagione; 1666 *semente*] *sf.* **1.** il lavoro e tutte le operazioni del seminare; semina: *hanno dato inizio alla sementa* ‖ il tempo in cui si semina **2.** semente ‖ *fig.* causa, origine ‖ **N.** **1.** *Sin.* seminagione **2.** *Sin.* SEME.

sementàbile [da *sementare*; 1761] *agg. raro* di terreno, che si può sementare; seminabile.

sementàre (pres. *-énto*) [lat. *sementāre*, andare in semenza, spargere semenza; a. 1294] *tr.*

lett. e *region.* spargere la semente sul terreno appositamente preparato; *più com.* seminare.
sementatìvo [da *sementare*; a. 1703] **agg.** *lett.* e *region.* atto ad essere seminato; *più com.* seminativo.
sementatóre [da *sementare*; a. 1294] **agg.** e **sm.** (f. *-trice*) *ant.* che o chi sementa; seminatore.
seménte [lat. *sementis*, seminagione; a. 1294] **sf.** *T.agr.* semi messi da parte per la semina: *comprare la semente.*
sementìna [da *semente*; 1838] **sf.** *ant.* seme santo (v. SEME).
sementìno [da *semente*; 1745] **agg.** *raro* da semente; atto o propizio alla semina: *aratro, tempo sementino; giornate sementine.*
sementìre (pres. *-ìsco, -ìsci*) [da *semente*; 1891] **intr.** (aus. *avere*) fare, produrre seme o semenza.
semènza [dal lat. volg. **sementia*; a. 1294] **sf.** **1.** i semi che servono per seminare, semente || *pop. region.* semi di zucca abbrustoliti e salati || *fig. lett.* discendenza, progenie: *l'umana semenza* || *fig.* origine, cagione: *la semenza dei vizi* **2.** *fig. T.calz.* denominazione collettiva di un tipo di chiodino a testa piatta con gambo quadrato usato per le calzature **3.** denominazione collettiva delle perle di formato piccolissimo. **TAV. *utensili* p. 1340** 7.3.
semenzàio (pl. *-ài*) [da *semenza*; a. 1320] **sm.** terreno dove si seminano le piante da trapiantare a dimora in altri terreni; vivaio || *fig.* luogo pullulante di molti esemplari (cose, animali o persone) dello stesso tipo || luogo in cui si svolgono i primi stadi dello sviluppo di qualcosa: *quel rione è un vero semenzaio di delinquenti.*
semenzàle [da *semenza*; 1960] **sm.** *T.agr.* piantina appena germinata dal seme.
semenzièro [da *semenza*; 1960] **agg.** *non com.* che riguarda la produzione di sementi.
semenzìna (*dim.* di *semenza*) [1924] **sf.** *T.agr.* nome generico delle sementi di piccole dimensioni.
semestràle [da *semestre*; 1745] **agg.** che si riferisce a semestre; *in part.* che dura un semestre: *un corso semestrale*; che ricorre ogni semestre: *esame, rivista semestrale* || **semestralménte** **avv.** ogni semestre: *la rivista esce semestralmente.*
semestralità [da *semestrale*; 1960] **sf.** imposta, rata semestrale.
semestralizzàre [da *semestrale*; 1985] **tr.** rendere semestrale: *semestralizzare la scala mobile, i corsi universitari.*
semestralizzazióne [da *semestrale*; 1984] **sf.** atto o effetto del semestralizzare: *semestralizzazione della scala mobile.*
semèstre [dal lat. *semĕstris*; a. 1642 nel senso 2; 1735 nel senso 1] **sm.** **1.** periodo di tempo di sei mesi: *nel secondo semestre dell'anno in corso* **2.** *per estens.* somma da pagare ogni sei mesi; imposta, rata semestrale: *ha pagato il secondo semestre.*
sèmi- o **sémi-** [dal lat. *semi-*] **pref.** che, in parole composte dotte, ha il valore di "mezzo", "parzialmente", "quasi": **semianalfabèta**, **semianalfabetìsmo**, **semicopèrto**, **semigratùito**, **semilìquido**, **semilùcido**, **semioscùro**, **semipièno**, **semiscopèrto**, **semisvòlto**, **semitóndo**, **semivuòto**.
-semìa [dal gr. *sēmía*, da *sêma*, segno] **elem. term.** che, in parole composte della terminologia linguistica, vale "significato" (per es. *monosemia, polisemia*).
semiacèrbo [comp. di *semi-* e *acerbo*; 1873] **agg.** di frutto, non ancora completamente maturo.
semiàla [comp. di *semi-* e *ala*; 1960] **sf.** *T.aer.* una delle due parti nelle quali la fusoliera divide l'ala di un aereo.
semiàlbero [comp. di *semi-* e *albero*; 1983] **sm.** semiasse.
semiapèrto [comp. di *semi-* e *aperto*; 1598] **agg.** mezzo aperto: *tenere la porta semiaperta, gli occhi semiaperti* || **N.** *Sin.* semichiuso, socchiuso.
semiàsse [comp. di *semi-* e *asse*; 1747 nel senso 2; 1949 nel senso 1] **sm.** **1.** *T.mecc.* negli autoveicoli, la parte dell'asse che trasmette il moto alle ruote e che va dal differenziale al mozzo della ruota; semialbero **2.** *T.geom.* semiretta || ciascuna delle semirette positive o negative degli assi di riferimento cartesiani || la metà di un asse (maggiore o minore) di una figura dotata di assi di simmetria. **TAV. *automobile* p. 658** 3.32c.
semiautomàtico (pl. *-ci*) [comp. di *semi-* e *automatico*; 1960] **agg.** di meccanismo solo parzialmente automatizzato.
semibàrbaro [comp. di *semi-* e *barbaro*; 1873] **agg.** che è in parte ancora barbaro; poco civile.
semibarrièra [comp. di *semi-* e *barriera*; 1986] **sf.** nei passaggi a livello ferroviari, barriera che chiude solo una delle corsie stradali.
semibiscròma [comp. di *semi-* e *biscroma*; 1873] **sf.** *T.mus.* nota che vale metà della biscroma. **TAV. *musica* p. 1324** 1.5h.
semibrève [comp. di *semi-* e *breve*; 1561] **sf.** *T.mus.* nota musicale che vale metà d'una breve; pari a due minime o a una battuta, quando questa è di quattro tempi. **TAV. *musica* p. 1324** 1.5b.
semicabinàto [comp. di *semi-* e *cabinato*; 1972] **sm.** imbarcazione da diporto, fornita di una parte abitabile, situata gen. a prua, che serve al riparo dei passeggeri ma non al loro pernottamento.
semicadènza [comp. di *semi-* e *cadenza*; 1826] **sf.** *T.mus.* cadenza imperfetta che non compie il senso musicale.
semicàpro [comp. di *semi-* e *capro*; a. 1333 *semicapero*] **sm.** *lett.* essere mitologico che, come il fauno e il satiro, ha il corpo per metà umano e per metà caprino.
semicatìno [comp. di *semi-* e *catino*; 1965] **sm.** *T.arch.* cupola a forma di un quarto di sfera che ricopre l'abside nelle chiese.
semicérchio (pl. *-chi*) [comp. di *semi-* e *cerchio*; 1631] **sm.** *T.geom.* figura delimitata da una mezza circonferenza e dal diametro ad essa relativo; semicircolo, emiciclo || *per estens.* area, figura o disposizione approssimativamente semicircolare: *un palco a semicerchio, le sedie erano disposte a semicerchio.*
semichiùso [comp. di *semi-* e *chiuso*; 1873] **agg.** mezzo chiuso: *tenere gli occhi semichiusi* || **N.** *Sin.* socchiuso; semiaperto.
semicìclo [comp. di *semi-* e *ciclo*; 1986] **sm.** *T.scient.* e *T.tecn.* metà di un ciclo || **N.** *Sin.* semiperiodo.
semicingolàto [comp. di *semi-* e *cingolato*; 1960] **agg.** e **sm.** detto di veicolo fornito posteriormente di cingoli per la trazione e anteriormente di ruote sterzanti: *un semicingolato militare.*
semicircolàre [da *semicircolo*; 1541 *semicirculare*] **agg.** che ha forma di un semicerchio: *spazio semicircolare*, emiciclo || *T.anat.* *canali semicircolari*, i tre canali dell'orecchio interno che sono sede dei recettori del senso dell'equilibrio; sono disposti secondo le tre dimensioni dello spazio.
semicìrcolo [dal lat. tardo *semicirculus*; a. 1320] **sm.** mezzo circolo, semicerchio.
semicirconferènza [comp. di *semi-* e *circonferenza*; a. 1642] **sf.** *T.geom.* la metà della circonferenza, ovvero ciascuno dei due tratti in cui una circonferenza è divisa dai punti d'incontro con un diametro fissato.
sèmico (pl. *-ci*) [da *sema*; 1972] **agg.** *T.ling.* relativo al sema, proprio del sema: *nucleo semico*, nucleo semantico di base di un lessema, che è presente in tutti i sensi acquisiti dal lessema stesso.
semicolónna [comp. di *semi-* e *colonna*; 1940] **sf.** mezza colonna.
semiconduttóre [comp. di *semi-* e *conduttore*; 1960] **sm.** *T.fis.* materiale che presenta caratteristiche di conducibilità elettrica approssimativamente intermedie tra quelle dei conduttori e quelle degli isolanti, e varianti in base alla temperatura.
semiconservatìvo [comp. di *semi-* e *conservativo*; 1983] **agg.** *T.biol.* *replicazione semiconservativa*, separazione longitudinale dei due filamenti complementari della molecola del DNA, in seguito alla quale ciascuno dei due può diventare a sua volta lo stampo per la formazione del proprio filamento complementare.
semiconsonànte [comp. di *semi-* e *consonante*; 1938] **sf.** *T.ling.* si dice talvolta di fono affine alla semivocale, quando è seguito (anziché preceduto) da una vocale, come [j] o [w] in *saio, uovo.*
semiconsonàntico (pl. *-ci*) [da *semiconsonante*; 1957] **agg.** relativo a semiconsonante, semivocalico.
semiconvìtto [comp. di *semi-* e *convitto*; 1967] **sm.** convitto che ospita gli studenti solo nelle ore di studio o di lezione.
semiconvittóre [comp. di *semi-* e *convittore*; 1960] **sm.** (f. *-trice*) allievo di un convitto che frequenta l'istituto solo durante le ore di studio o di lezione.
semicòro [comp. di *semi-* e *coro*; 1865] **sm.** nel teatro greco, ciascuna delle due parti in cui era diviso il coro || nella musica corale, ciascuno dei due gruppi in cui viene diviso il coro per ottenere effetti antifonali.
semicòtto [comp. di *semi-* e *cotto*; 1932] **agg.** non perfettamente cotto; cotto solo per metà: *formaggio semicotto*, nella classificazione dei formaggi italiani, formaggio portato ad una temperatura tra i 35 e i 48 °C.
semicròma [comp. di *semi-* e *croma*; 1562] **sf.** *T.mus.* nota che vale metà della croma: *una pausa di semicroma.* **TAV. *musica* p. 1324** 1.5f.
semicrùdo [comp. di *semi-* e *crudo*; 1932] **agg.** cotto solo in parte; più crudo che cotto: *formaggio semicrudo*, nella classificazione dei formaggi italiani, formaggio portato ad una temperatura compresa tra i 32 e i 35 °C.
semicuòio (pl. *-òi*) [comp. di *semi-* e *cuoio*; 1957] **sm.** cartone resistente e lucido simile, per il colore tendente al rossiccio, al cuoio.
semicùpio (pl. *-pi*) [comp. di *semi-* e di un der. del lat. *cūpa*, botte; a. 1698] **sm.** **1.** specie di tinozza circolare con alto schienale nella quale si fa il bagno stando seduti **2.** *per estens.* bagno fatto nel semicupio.
semidènso [comp. di *semi-* e *denso*; 1957] **agg.** non troppo denso, di media densità: *olio semidenso.*
semidèo [dal lat. *semideus*; 1374] **sm.** *arc.* semidio.
semideponènte [comp. di *semi-* e *deponente*; 1960] **agg.** e **sm.** detto di verbo latino che ha valore attivo e medio, nel quale il perfetto e i tempi da esso derivati si coniugano in forma deponente, e gli altri tempi in forma attiva (per es. *invideo* al pres., *invisus sum* al perfetto).
semidiàfano [comp. di *semi-* e *diafano*; 1684] **agg.** parzialmente diafano; semitrasparente.
semidiàmetro [comp. di *semi-* e *diametro*; a. 1555] **sm.** *T.geom.* mezzo diametro; nella circonferenza e nella sfera è uguale al raggio.
semidìo (pl. *semidèi*) [dal lat. *semideus*; a. 1374 nel senso 1; a. 1572 nel senso 2] **sm.** **1.** *T.mit.* eroe di origine divina, o divinità minore, presso i Greci e i Romani **2.** *fam. iron.* persona arrogante, altezzosa, che si considera

dotata di qualità superiori che ostenta continuamente: *semidei terreni* (Parini), i nobili.

semidistéso [comp. di *semi-* e *disteso*; 1960] **agg.** non completamente disteso, adagiato in posizione leggermente obliqua: *dorme semidisteso sul letto.*

semidistrùtto [comp. di *semi-* e *distrutto*; 1960] **agg.** parzialmente distrutto.

semidóppio (pl. *-pi*) [comp. di *semi-* e *doppio*; 1682] **I sm.** *T.eccl.* nella liturgia cattolica precedente il Concilio Vaticano II, ufficio religioso in cui non si replica la recita delle antifone **II agg.** *T.bot.* di fiore, che risulta doppio in quanto parte degli stami si sono trasformati in petali: *rose semidoppie.*

semidòtto [comp. di *semi-* e *dotto*; a. 1606] **agg.** **1.** che ha una cultura superficiale; mediocremente erudito **2.** *T.ling.* di parola di tradizione ininterrotta, il cui uso, spec. rituale, ne ha limitato le alterazioni formali o semantiche (ad es. *anima, cupola*).

semidottóre [comp. di *semi-* e *dottore*; 1745] **sm.** (f. *-éssa*) *scherz.* quasi dottore; dottore di scarso valore.

semidùro [comp. di *semi-* e *duro*; 1970] **agg.** non molto duro || *T.min.* detto di minerale che può essere scalfito dall'acciaio.

semiellisse o **semiellissi** [comp. di *semi-* ed *ellisse*; a. 1703] **sf.** *T.geom.* mezza ellisse.

semiesònero [comp. di *semi-* e *esonero*; 1960] **sm.** esonero limitato a una parte dell'obbligo: *semiesonero dalle tasse scolastiche.*

semifinàle [comp. di *semi-* e *finale*; 1939] **sf.** *T.sport.* ultima gara di selezione in un campionato, in un torneo a eliminazione diretta; ha luogo dopo i quarti di finale e serve per l'ammissione alla finale: *essere ammesso in semifinale.*

semifinalista [da *semifinale*; 1960] **s.** *T.sport.* concorrente ammesso alle semifinali.

semiflùido [comp. di *semi-* e *fluido*; 1873] **I agg.** *T.fis.* di corpo, che si avvicina allo stato fluido **II sm.** corpo semifluido.

semifréddo [comp. di *semi-* e *freddo*; 1948] **I sm.** dolce cremoso, gen. contenente strati di biscotti o sim., che viene servito a una temperatura leggermente superiore a quella del gelato **II agg.** non completamente freddo.

semigòtico (pl. *-ci*) [comp. di *semi-* e *gotico*; 1873] **agg.** che si avvicina al gotico, che ha molti caratteri di esso: *scrittura semigotica*, dai caratteri meno complessi, meno angolosi di quelli della grafia gotica.

semigràsso [comp. di *semi-* e *grasso*; 1932] **agg.** non completamente grasso || *formaggio semigrasso*, nella classificazione dei formaggi italiani, il tipo che contiene una percentuale media di grasso.

semiin- v. SEMIN-.

semiinfermità v. SEMINFERMITÀ.

semiinférmo v. SEMINFERMO.

semiinterràto v. SEMINTERRATO.

semilavoràto [comp. di *semi-* e *lavorato*; 1947] **agg.** e **sm.** di prodotto che ha subito solo parzialmente il ciclo di lavorazione cui è destinato.

semilìbero [comp. di *semi-* e *libero*; 1873] **agg.** e **sm.** (f. *-a*) libero solo in parte, soggetto a determinate limitazioni || *in part.* nell'antichità, individuo che godeva solo parzialmente delle libertà civili e dei diritti politici e giuridici, come per es. i liberti nell'antica Roma || *T.giur.* detenuto che gode della semilibertà.

semilibertà [comp. di *semi-* e *libertà*; 1873] **sf.** condizione di chi è semilibero || *in part.* *T.giur.* opportunità, concessa in certe condizioni ai detenuti, di uscire dal carcere durante il giorno al fine di reinserirsi nel contesto sociale.

semilibràle [dal lat. *semilibra*, mezza libbra; 1935] **agg.** *T.num.* detto di asse romano ridotto al peso di mezza libbra.

semilunàre [comp. di *semi-* e *lunare*, sul modello dell'ingl. *semilunar*; 1684] **agg.** che ha forma di mezzaluna || *T.anat.* *osso semilunare*, ossicino del carpo. **TAV. *anatomia* p. 642** 9.10, 9.11.

semilùnio (pl. *-ni*) [comp. di *semi-* e *-lunio*, sul modello di *plenilunio*; 1745] **sm.** il periodo in cui la Luna è visibile per metà dalla Terra.

semimetàllo [comp. di *semi-* e *metallo*; 1770] **sm.** elemento chimico che (come per es. il germanio, il bismuto e una forma allotropica dell'arsenico) è dotato di alcune proprietà caratteristiche dei metalli (lucentezza, conducibilità e altre minori) e di altre di elementi non metallici (per es. la fragilità).

semimìnima [comp. di *semi-* e *minima*; a. 1565] **sf.** *T.mus.* nota musicale che vale metà della minima. **TAV. *musica* p. 1324** 1.5d.

semimòrto [comp. di *semi-* e *morto*; a. 1646] **agg.** *lett.* mezzo morto || di luce, smorta, fioca || di vocabolo, quasi disusato || **N.** semivivo.

semimpermeàbile [comp. di *semi-* e *impermeabile*; 1940] **agg.** che è impermeabile soltanto in parte: *rocce semimpermeabili.*

sémina [da *seminare*; 1564] **sf.** l'operazione del seminare || *per estens.* il tempo della semina || **N.** *Sin.* sementa, seminagione, seminatura.

seminàbile [da *seminare*; 1827] **agg.** atto ad essere seminato || **N.** sementabile, sementativo.

seminagióne [dal lat. *seminātio*, *-ōnis*, riproduzione; a. 1320] **sf.** *lett.* il seminare e il tempo in cui si semina || **N.** *Sin.* semina.

seminàle [dal lat. *seminālis*; sec. XIV nel senso 1; 1598 nel senso 2] **agg.** **1.** *T.bot.* relativo al seme, l'elemento riproduttivo della pianta **2.** *T.biol.* relativo allo sperma: *liquido seminale*; *ghiandola seminale*, testicolo.

seminàre (pres. *sémino*) [lat. *semināre*; 1205 ca. *semenare*] **tr.** **1.** spargere il seme sul terreno opportunamente preparato per farlo germogliare: *seminare il grano* || rif. al terreno: *seminare il campo a grano* || *ass.* effettuare la semina: *è arrivato il momento di seminare* || *fig.* *seminare sulla sabbia*, fare opera vana || *prov.* *chi semina vento raccoglie tempesta*, chi fa del male non può che aspettarsi un male anche peggiore; *raccogliere quello che si semina*, subire le conseguenze delle proprie azioni; *chi non semina non raccoglie*, non si può sperare nel risultato se non ci si adopera per conseguirlo **2.** *per estens. fig.* disseminare, spargere: *semina in giro tutte le sue cose*; diffondere, suscitare: *seminare odio, discordia, zizzania* **3.** lasciare a grande distanza: *ha seminato tutti gli avversari*; anche, far perdere le proprie tracce: *seminare un pedinatore* || **N.** **1.** *Sin.* interrare.

seminariàle [da *seminario*; 1976] **agg.** relativo a un seminario universitario, proprio di un seminario universitario: *esercitazioni seminariali, lezione seminariale.*

seminarile [da *seminario*; 1960] **agg.** relativo al seminario, proprio del seminario: *istituto seminarile.*

seminàrio (pl. *-ri*) [dal lat. *seminārium*, semenzaio; a. 1320 nel senso 3; 1565 nel senso 1; 1873 nel senso 2] **sm.** **1.** istituto dove si preparano spiritualmente e culturalmente gli aspiranti al sacerdozio **2.** all'università, gruppo di studio intorno a un argomento specifico, guidato da un docente o gestito autonomamente dagli studenti: *seminario autogestito, seminario giuridico, partecipare a un seminario di filologia* || corso di aggiornamento o di addestramento riservato a dirigenti, tecnici o altro personale di un'azienda **3.** *ant.* semenzaio, vivaio.

seminarista [da *seminario*; 1771] **sm.** allievo di un seminario (nel senso 1) || *fig.* giovane ingenuo, inesperto: *è timido come un seminarista.*

seminarìstico (pl. *-ci*) [da *seminario*; 1873] **agg.** di, da seminario: *norme seminaristiche* || di, da seminarista; *per estens.* dalle vedute ristrette, puritano: *educazione seminaristica.*

seminàta [da *seminare*; a. 1580] **sf.** *non com.* l'atto del seminare, spec. *fig.* || le cose seminate, disseminate, sparse in giro: *una seminata di giocattoli.*

seminatìvo [da *seminare*; a. 1703] **I agg.** **1.** atto a essere seminato **2.** terreno agricolo occupato da coltivazioni di cereali, ortaggi ecc. **II sm.** terreno seminativo (nel senso 2) || **N.** **I** **1.** *Sin.* sativo, seminabile.

seminàto (*pps.* di *seminare*) [1308] **I agg.** cosparso, anche *fig.*: *un cielo seminato di stelle*; *una vita seminata di spine* **II sm.** terreno seminato: *non andare sul seminato* || *fig.* *uscire dal seminato*, divagare dall'argomento, dal tema e simili.

seminatóio (pl. *-ói*) [da *seminare*; 1865] **sm.** *ant.* strumento che serve per seminare a mano.

seminatóre [dal lat. *seminātor*, *-ōris*; a. 1320] **agg.** e **sm.** (f. *-trìce*) che o chi semina; anche *fig.*: *seminatore di discordia.*

seminatrìce [da *seminatore*; 1882] **sf.** *T.agr.* macchina atta ad eseguire la semina. **TAV.** *agricoltura* 5.

seminatùra [da *seminare*; a. 1320] **sf.** *T.agr.* l'opera del seminare || il tempo in cui si semina || **N.** *Sin.* semina, seminagione.

seminfermità o **semiinfermità** [comp. di *semi-* e *infermità*; 1922] **sf.** infermità parziale, detto spec. delle affezioni mentali: *seminfermità mentale.*

seminférmo o **semiinférmo** [comp. di *semi-* e *infermo*; 1960] **agg.** e **sm.** (f. *-a*) che, chi è parzialmente infermo.

seminìfero [comp. di *semini-*, dal lat. *semen*, *-inis*, seme e *-fero*; 1838] **agg.** *T.bot.* e *T.anat.* che porta o contiene il seme o i semi.

seminìo (pl. *-ìi*) [da *seminare*; 1761] **sm.** il seminare continuo, spec. *fig.*; il lasciar cadere qua e là, sperpero: *un seminio di denari.*

semìno (*dim.* di *seme*) [1838] **sm.** **1.** piccolo seme **2.** *pl.* *semini*, tipo di pasta da minestra. **TAV.** *alimentazione* 1.19.

seminòma [comp. di *semin(ifero)* e *-oma*; 1937] **sm.** *T.med.* tumore maligno che colpisce il tessuto del testicolo e dell'ovaia.

seminòmade [comp. di *semi-* e *nomade*; 1960] **agg.** detto di popolazioni che praticano l'agricoltura in regioni fisse, ma si spostano periodicamente per pascolare il bestiame.

seminterràto o **semiinterràto** [comp. di *semi-* e *interrato*; 1935 *semi-interrato*] **sm.** piano di edificio ricavato in parte al di sotto del livello del suolo. **TAV.** *abitazione* 2.2.

seminùdo [comp. di *semi-* e *nudo*; 1745] **agg.** mezzo (o quasi, pressoché) nudo.

sèmio- [dal gr. *sēmeîon*, segno] **primo elem.** che, in parole composte della terminologia scientifica, vale "segno" (per es. *semiologia, semiotica*).

semiocclusìvo [comp. di *semi-* e *occlusivo*; 1960] **I agg.** *T.ling.* affricato **II sf.** *semiocclusiva*, consonante affricata.

semiografìa o **semeiografìa** [comp. di *semio-* e *-grafia*; 1829] **sf.** scrittura a segni convenzionali o ad abbreviazioni || l'arte di scrivere con segni o abbreviazioni || **N.** note tironiane, stenografia, tachigrafia.

semiologìa (raro *semeiologìa*) [comp. di *semio-* e *-logia*; 1829 nel senso 2] **sf.** **1.** scienza generale dei segni, linguistici e non (visivi, gestuali ecc.) **2.** *T.med.* *non com.* semeiotica || **N.** **1.** *Sin.* semiotica.

semiològico (raro *semeiològico*) (pl. *-ci*) [da *semiologia*; 1872] **agg.** relativo alla semiologia, proprio della semiologia: *ricerche semiologiche.*

semiòlogo (raro *semeiòlogo*) (pl. *-gi*) [comp. di *semio-* e *-logo*; 1970] **sm.** (f. *-a*) esperto di semiologia nel senso 1.

semionciàle [comp. di *semi-* e *onciale*; 1873] **agg.** *T.paleogr.* scrittura calligrafica in uso nel mondo latino tra il sec. V e il sec. VII; ha caratteri di forma intermedia tra quelli dell'onciale e quelli corsivi minuscoli, e alterna le forme maiuscole a quelle minuscole in proporzione variabile da testo a testo.

semiónda [comp. di *semi-* e *onda*; 1960] **sf.** *T.fis.* complesso dei valori assunti progressivamente da una grandezza periodica nell'intervallo di tempo di un semiperiodo: *semionda positiva*, insieme di tutti i valori positivi; *semionda negativa*, insieme di tutti i valori negativi.

semiopàco (pl. *-chi*) [comp. di *semi-* e *opaco*; 1940] **agg.** non del tutto opaco, che lascia passare un po' di luce || **N.** semitrasparente, traslucido.

semioscurità [comp. di *semi-* e *oscurità*; 1835 *semi-oscurità*] **sf.** oscurità parziale: *nella semioscurità del crepuscolo.*

semiòṣi [dall'ingl. *semiosis*, basato sul gr. *sēméiōsis*; 1965] **sf.** *T.fil.* il processo per cui qualcosa assume la funzione di segno.

semiòtica [dall'ingl. *semiotic*, basato sul gr. *sēmeiōtikḗ*; 1927] **sf.** *T.fil.* scienza generale dei segni || **N.** *Sin.* semiologia.

semiòtico (pl. *-ci*) [dal gr. *sēmeiōtikós*, diagnostico; 1960] **agg.** relativo alla semiosi o alla semiotica, proprio della semiosi o della semiotica.

semiovàle [comp. di *semi-* e *ovale*; 1873] **agg.** e **sm.** di figura geometrica delimitata da un arco di curva corrispondente a un mezzo ovale i cui estremi sono collegati da un segmento rettilineo.

semipagàno [comp. di *semi-* e *pagano*; 1873] **agg.** e **sm.** mezzo, quasi pagano rispetto alla fede, alle idee, ai costumi, alle forme rituali ecc.; che ha del pagano: *sono cerimonie semipagane.*

semiparassìta [comp. di *semi-* e *parassita*; 1932] **I agg.** **1.** *T.bot.* detto di pianta fornita di clorofilla, ma tuttavia incapace di svilupparsi normalmente senza diventare parassita di altre piante **2.** *T.zool.* detto di animale che per vivere può diventare parassita di altri, ma può anche condurre vita autonoma **II sf.** pianta semiparassita || **sm.** animale semiparassita.

semiperiferìa [comp. di *semi-* e *periferia*; 1960] **sf.** zona della città compresa tra il centro e la periferia.

semiperìmetro [comp. di *semi-* e *perimetro*; 1960] **sm.** *T.geom.* la metà del perimetro.

semiperìodo [comp. di *semi-* e *periodo*; 1936] **sm.** *T.scient.* e *T.tecn.* metà di un periodo || **N.** *Sin.* semiciclo.

semipermanènte [comp. di *semi-* e *permanente*; 1988] **agg.** di aggressivo chimico la cui tensione di vapore, relativamente bassa, non consente tuttavia una lunga permanenza sul suolo.

semipermeàbile [comp. di *semi-* e *permeabile*; 1940] **agg.** che è permeabile soltanto in parte: *membrana semipermeabile* || **N.** semimpermeabile.

semipiàno [comp. di *semi-* e *piano*; 1960] **sm.** *T.geom.* ciascuna delle due regioni in cui un piano è diviso da una retta ad esso complanare (detta *frontiera* o *contorno del semipiano*).

semipiùma [comp. di *semi-* e *piuma*; 1960] **sf.** in alcuni uccelli, penna di rivestimento che presenta caratteristiche intermedie tra le piume e le penne di contorno.

semipoèta [comp. di *semi-* e *poeta*; 1618] **sm.** (f. *-éssa*) *spreg.* poeta di scarse capacità; artistucolo che si atteggia a poeta.

semipoètico (pl. *-ci*) [comp. di *semi-* e *poetico*; 1745] **agg.** *lett.* che è composto in parte in prosa e in parte in poesia || *spreg.* di componimento, scarso quanto a valore poetico.

semiprò **s.** *inv.* abbr. di *semiprofessionista.*

semiprodótto [comp. di *semi-* e *prodotto*; 1960] **sm.** *T.mat.* in una moltiplicazione, la metà del prodotto.

semiprofessionìṣmo [comp. di *semi-* e *professionismo*; 1964] **sm.** *T.sport.* condizione lavorativa di certi atleti che sono vincolati da un contratto a svolgere la propria attività sportiva a favore di una società, ma restano comunque liberi di esercitare un'altra attività o professione.

semiprofessionìsta [comp. di *semi-* e *professionista*; 1964] **I s.** *T.sport.* atleta che svolge la propria attività sportiva in regime di semiprofessionismo **II agg.** da, di semiprofessionista.

semipùbblico (pl. *-ci*) [comp. di *semi-* e *pubblico*; 1745] **agg.** *raro* non del tutto pubblico; tra il pubblico e il privato.

semiquinàrio (pl. *-ri*) [dal lat. *semiquinarius*, che comprende la metà di cinque; 1922] **agg.** e **sm.** *T.metr.* pentemimero || *cesura semiquinaria*, nella metrica classica, cesura posta dopo due piedi e mezzo, cioè dopo la prima sillaba del terzo piede.

semirètta [comp. di *semi-* e *retta*; 1940] **sf.** *T.geom.* ciascuna delle due parti in cui un punto (detto *origine della semiretta*) divide una linea retta.

semirìgido [comp. di *semi-* e *rigido*; 1940] **agg.** rigido in parte, e in parte no: *struttura semirigida, lenti a contatto semirigide* || *in part.* di una specie di dirigibile con armature interne parzialmente articolabili.

semirimòrchio (pl. *-chi*) [comp. di *semi-* e *rimorchio*; 1948] **sm.** tipo di rimorchio privo di ruote anteriori, che viene collegato a snodo alla parte posteriore di una motrice.

semisécco (pl. *-chi*) [comp. di *semi-* e *secco*; 1970] **agg.** detto di vino il cui gusto non è né dolce né secco || **N.** *Sin. demi-sec.*

semisecolàre [comp. di *semi-* e *secolare*; 1873] **agg.** che ha mezzo secolo, che dura da mezzo secolo: *una istituzione semisecolare* || *raro* che ricorre ogni mezzo secolo: *commemorazione semisecolare.*

semiselvàggio (pl. m. *-gi*, pl. f. *-ge*) [comp. di *semi-* e *selvaggio*; 1873] **agg.** mezzo selvaggio, che ha del selvaggio, che non è ancora completamente civilizzato.

semisèrio (pl. *-ri*) [comp. di *semi-* e *serio*; 1815] **agg.** non del tutto serio, tra il serio e il faceto, lo scherzoso: *opera semiseria, lettura, faccia semiseria.*

semisettenàrio [comp. di *semi-* e *settenaria*; 1960] **agg. f.** *T.metr.* nella metrica classica, detto di cesura posta dopo tre piedi e mezzo, cioè dopo la prima sillaba del quarto piede || **N.** *Sin.* eftemimera.

semisfèra [comp. di *semi-* e *sfera*; 1873] **sf.** *T.geom.* mezza sfera.

semisfèrico (pl. *-ci*) [comp. di *semi-* e *sferico*; 1873] **agg.** *T.geom.* che ha la forma di mezza sfera, emisferico.

semisómma [comp. di *semi-* e *somma*; 1960] **sf.** *T.mat.* la metà della somma.

semispàzio (pl. *-zi*) [comp. di *semi-* e *spazio*; 1960] **sm.** *T.geom.* ciascuna delle due parti in cui lo spazio è diviso da un piano.

semispènto [comp. di *semi-* e *spento*; 1745] **agg.** mezzo spento, languente, fioco; anche *fig.*: *occhi semispenti, una voce semispenta.*

semìsse [dal lat. *semis, -issis*; 1838] **sm.** *T.num.* moneta romana e italica che valeva la metà di un asse di bronzo.

sèmita [dal lat. *sēmita*; a. 1342] **sf.** *ant.* stradicciola, sentiero.

semìta [dal n. proprio *Sem*, personaggio biblico, figlio di Noè; 1873] **I s.** appartenente a un gruppo etnico composto da popolazioni linguisticamente e culturalmente affini distribuite fin dalla preistoria in una vasta area che va dall'Africa del Nord all'Asia Minore **II agg.** semitico || **N.** Accadi, Arabi, Aramei, Assiri, Babilonesi, Ebrei, Etiopici, Fenici, Israeliti.

semitàppa [comp. di *semi-* e *tappa*; 1960] **sf.** *T.sport.* nelle gare ciclistiche, ciascuna delle due sezioni in cui è talora divisa una tappa.

semiternàrìa [comp. di *semi-* e *ternario*; 1960] **agg. f.** *T.metr.* nella metrica classica, detto di cesura posta dopo un piede e mezzo, cioè dopo la sillaba lunga del secondo piede || **N.** *Sin.* tritemimera.

semìtico (pl. *-ci*) [da *semita*; 1838] **I agg.** dei Semiti: *lingue, costumanze, razze semitiche* **II sm.** (solo *sing.*) il gruppo delle lingue dei Semiti. **Q.T.** *lingue...*

semitìsta [da *semita*; 1957] **s.** studioso esperto nelle lingue e nei costumi dei Semiti.

semitìstica [da *semitista*; 1960] **sf.** scienza che si occupa della lingua, della cultura e della storia dei popoli semiti.

semitònico (pl. *-ci*) [comp. di *semi-* e *tonico*; 1960] **agg.** *T.ling.* si dice della sillaba su cui cade un accento secondario.

semitòno [comp. di *semi-* e *tono*; 1556 *semituono*] **sm.** *T.mus.* intervallo minimo, di mezzo tono, tra due suoni.

semitrasparènte [comp. di *semi-* e *trasparente*; 1873] **agg.** che non è ben trasparente; semidiafano, pellucido, translucido || **N.** semiopaco.

semitrasparènza [comp. di *semi-* e *trasparenza*; 1872] **sf.** caratteristica di ciò che è semitrasparente.

semiufficiàle [comp. di *semi-* e *ufficiale*; 1851] **agg.** tra l'ufficiale e l'ufficioso (o privato); *in part.* di scritti, ordini, dichiarazioni e sim. che, pur non essendo ufficiali, hanno una certa autorevolezza: *lettera, avviso semiufficiale.*

semiunciàle [dal lat. *semuncia*, mezza oncia; 1988] **agg.** *T.num.* detto di asse romano ridotto al peso di mezza oncia.

semivestìto [comp. di *semi-* e *vestito*; 1745] **agg.** solo parzialmente vestito.

semivìvo [dal lat. *semivīvus*; 1336 ca.] **agg.** *lett.* mezzo morto, che è più morto che vivo, che è tra vita e morte.

semivocàle [comp. di *semi-* e *vocale*; 1855] **sf.** *T.ling.* detto talvolta di fono che presenta un'articolazione affine a quella delle vocali, ma ha durata più breve e non costituisce sillaba a sé, seguendo immediatamente una vocale; *in part.* in it., la realizzazione dei fonemi /i/ e /u/ in parole come *sei* e *cauto.* **Q.T.** *linguistica.*

semivocàlico (pl. *-ci*) [da *semivocale*; 1957] **agg.** *T.ling.* di semivocale.

semmài [comp. di *se* e *mai*; 1965 come avv.] **I cong.** se mai **II avv.** caso mai, tutt'al più: *semmai ci possiamo telefonare.*

semnopitèco (pl. *-chi*) [comp. del gr. *semnós*, venerabile e *-piteco*; 1838] **sm.** *T.zool.* scimmia dagli arti lunghi e agili e muso piccolo, diffusa prevalentemente in Asia.

sémola [lat. *simila*; a. 1320] **sf.** **1.** la buccia dei cereali separata dalla farina mediante staccio o buratto; è detta anche crusca || *fig. pop.* quelle macchioline color semola che taluni hanno sul viso o nelle mani; efelide **2.** fior di farina; prodotto della prima fase di lavorazione del grano duro, ad alta densità di glutine, usato spec. per la pasta alimentare: *pane di semola*, pane di prima qualità **3.** semolino.

semolàta [da *semola*; 1891] **sf.** beverone rinfrescante per i cavalli, fatto di acqua con qualche manciata di semola.

semolàto [da *semola*; 1902] **agg.** detto di zucchero raffinato fino a far assumere ai suoi granelli l'aspetto della semola (nel senso 2).

semolatrice [da *semola*; 1960] **sf.** macchina che seleziona le farine in base al peso delle particelle che le costituiscono.

semolino [da *semola*; 1735] **sm.** prodotto granuloso della macinazione dei cereali, più fine della semola (nel senso 2) || *per estens.* le pietanze preparate con il semolino: *semolino in brodo*; *semolino dolce*, abbastanza consistente, preparato con latte e zucchero, impanato e poi fritto.

semolóso [da *semola*; sec. XIV-XVII] **agg.** che contiene crusca: *pane semoloso* || *fig. pop. pelle semolosa*, che è cosparsa di efelidi, lentigginosa.

semòne [dal lat. *semōnes*; 1342] **sm.** *T.archeol.* ciascuna delle divinità minori, simili ai Lari e Penati, dei Romani; presiedevano alla prosperità delle semine; *dei semoni delle campagne italiche... fe' santi* (Carducci).

semovènte [comp. di *sé* e *movente*, ppr. di *muovere*; 1589] **I agg.** che ha la capacità di muoversi da sé: *mezzi semoventi, cannone semovente* **II sm. 1.** pezzo d'artiglieria montato su di un automezzo, generalmente corazzato e cingolato, che ne costituisce l'affusto mobile e all'interno del quale si riparano i soldati; a differenza dei carri armati, i semoventi fanno fuoco solo da fermi **2.** *arc.* automobile, locomotore.

semovènza [da *semovente*; 1873] **sf.** *non com.* qualità di ciò che è semovente: l'essere semovente.

sempitèrno [dal lat. *sempiternus*; 1312] **agg.** *lett.* perpetuo, perenne; che è sempre stato e sempre sarà: *in sempiterno*, perpetuamente || **N.** *Sin.* ETERNO.

sémplice¹ [lat. *simplex, -icis*; a. 1292 nel senso 3] **I agg. 1.** che non è composto da parti, ma è formato da un solo elemento: *nodo, filo semplice*; *consonante semplice*, non geminata || *T.gram. tempi semplici*, non composti, senza l'ausiliare || *preposizione semplice*, non articolata || *T.bot. foglia semplice*, costituita da una sola porzione laminare || *partita semplice*, in contabilità, scrittura che si limita all'annotazione dei principali movimenti di gestione || *roccia semplice*, formata da un solo minerale essenziale **2.** *per estens.* non complesso, elementare e quindi di immediata comprensione, facile: *un concetto, un testo semplice*, di facile comprensione; *un problema semplice*, facilmente risolvibile; *un metodo semplice*, facilmente applicabile; *ragioni, motivi semplici*, ovvi **3.** privo di ornamenti o sim. complicati o superflui: *un abito semplice* || *fig.* schietto, naturale, non artefatto: *costumi, gusti semplici*; modesto, senza ricercatezza, alla buona: *un pranzo molto semplice* || detto di persona, sincero, senza malizia, spontaneo, senza pretese: *è una persona semplice e ospitale* || semplicione, ingenuo, sciocco, credulone: *è facile ingannare uno dall'animo così semplice* **4.** (anteposto al s.) solamente, soltanto, solo, nient'altro che: *la mia era una semplice domanda, non un'accusa*; *a me interessano i semplici fatti*, solo i fatti; di persona, che non ha altra qualifica oltre a quella indicata: *è un semplice impiegato* || anche posposto al s., rafforzato da *puro*: *la sua è ignoranza pura e semplice* (o, anche, *pura e semplice ignoranza*) || in alcuni usi, sempre posposto al s.: *un caffè semplice*, non corretto; *bancarotta semplice*, non fraudolenta; *furto semplice*, senza ulteriori aggravanti; *soldato semplice*, della truppa, non graduato || **semplicemènte** **avv. 1.** in modo semplice, con semplicità, alla buona: *ci ricevete semplicemente* || con ingenuità, senza furbizia, alla buona: *un uomo che tratta gli affari semplicemente* **2.** solamente: *ho voluto semplicemente affermare la mia indipendenza* **II s.** persona semplice || *dim.* semplicétto, semplicino, sempliciòtto; *accr.* semplicióne || **N. I 1.** *Sin.* indecomponibile, omogeneo | *Contr.* combinato, composto, mischiato, misto, multiplo **2.** *Contr.* complesso, difficile, incomprensibile **3.** *Sin.* essenziale, genuino, mero, nudo, pretto, primitivo, puro; inesperto, tonto | *Contr.* affettato, artificioso, ricercato.

sémplice² [da *semplice¹*; 1544] **sm. 1.** gen. *pl.* erba medicinale; *giardino dei semplici*, in cui si coltivano le erbe medicinali **2.** farmaco preparato con erbe medicinali. **Q.T.** *erboristeria.*

semplicétto [da *semplice¹*; 1319] **agg.** ingenuo: *come suole semplicetta farfalla* (Petrarca).

sempliciàrio (pl. *-ri*) [da *semplice²*; 1618] **sm.** *ant.* libro che tratta delle erbe medicinali o dei semplici.

semplicióne (*accr.* di *semplice¹*) [1560] **sm.** (f. *-a*) persona di natura buona e ingenua, priva di malizia, un po' sciocca.

semplicioneria [da *semplicione*; 1873] **sf.** qualità di chi è un semplicione; dabbenaggine, ingenuità disarmante.

sempliciòtto (*dim.* di *semplice¹*) [a. 1470] **sm.** (f. *-a*) uomo privo di ogni malizia, piuttosto sciocco.

semplicismo [da *semplice¹*; 1905] **sm.** tendenza a semplificare eccessivamente problemi e punti di vista; schematismo: *è una ricerca condotta con troppo semplicismo.*

semplicista¹ [da *semplice¹*; 1905] **s.** chi pecca di semplicismo.

semplicista² [da *semplice²*; 1544] **s. 1.** conoscitore di erbe medicinali **2.** *sm.* libro in cui sono elencate le virtù medicinali dei semplici.

semplicìstico (pl. *-ci*) [da *semplicismo*; 1960] **agg.** caratterizzato da semplicismo; riduttivo, eccessivamente schematico: *ragionamento semplicistico.*

semplicità [dal lat. *simplicitas, -ātis*; a. 1292] **sf.** l'essere semplice; *in part.* facilità: *la semplicità di un problema*; sobrietà, naturalezza: *semplicità di costumi, di modi*; ingenuità, assenza di malizia o, anche, dabbenaggine: *approfitta della sua semplicità.*

semplicizzàre [da *semplice¹*; 1848] **tr.** *raro* semplificare.

semplificàre (pres. *-ifico, -ifichi*) [dal lat. mediev. *simplificāri*; 1715 *simplificare*] **tr. 1.** rendere semplice o più semplice: *semplificare un meccanismo, una procedura*; *questa circostanza semplifica ogni cosa* **2.** *T.mat.* effettuare un'operazione di semplificazione: *semplificare una frazione*, ridurla ai minimi termini; *semplificare un'equazione*, dividerne i termini per uno stesso fattore o sottrarne la stessa quantità || **intr. pron.** divenire più semplice || **N. 1.** *Sin.* agevolare, chiarire, facilitare | *Contr.* complicare.

semplificazióne [da *semplificare*; a. 1712 *simplificazione*] **sf.** il semplificare || **N.** *Contr.* complicazione.

sèmpre [lat. *semper*; fine sec. XIII] **I avv. 1.** per tutto il tempo, senza limiti di tempo nel passato, nel futuro o in entrambi: *così è sempre stato e sempre sarà, ti ho sempre stimato, le cose non saranno sempre così semplici, ora e sempre* || *da sempre*, fin dall'inizio o, *iperb.*, da moltissimo tempo: *la conosco da sempre* || *per sempre*, fino alla fine, in eterno: *un impegno che vale per sempre*; *ci siamo lasciati per sempre*, definitivamente; *te lo dico una volta per sempre*, una sola volta, una volta per tutte || *di sempre*, di tutto il tempo, solito: *è l'amico di sempre*; *è la storia di sempre*, la solita storia || *sempre suo, sempre suo affezionatissimo*, formule di congedo nelle lettere, esprimenti affetto perdurante **2.** per indicare il perdurare di una situazione o la continuazione di un'azione; tuttora, ancora: *abiti sempre lì?*; *fuma sempre*, non ha smesso || con un comparativo, indica la continuazione di un processo: *i prezzi sono sempre più alti, il malato peggiora sempre* **3.** tutte le volte: *la domenica andiamo sempre in campagna* || *per estens.* molto spesso: *si arrabbia sempre* **4.** con valore restrittivo, solo, purché: *può camminare, ma sempre senza affaticarsi*; *puoi scrivermi, sempre se ti fa piacere* **5.** comunque, tuttavia: *è (pur) sempre mia madre* **II** nella **loc. cong.** *sempre che* (meno com. *sempreché*), introduce prop. ipotetiche col verbo al cong.: *telefonami, sempre che ti sia possibile*; *è interessante, sempre che sia vero* || **N. I 1.** *Sin.* eternamente, in eterno, perennemente, per l'eternità, perpetuamente, *per omnia saecula saeculorum, usque dum vivam et ultra* | *Contr.* mai **2.** *Contr.* non più **3.** *Contr.* mai; di rado, raramente **II** *Sin.* purché.

sempreverde (pl. *sempreverdi*) [comp. di *sempre* e *verde*; 1813] **I agg.** di piante, come quasi tutte le Conifere, le cui foglie possono durare vitali anche più di un anno e cadono comunque scalarmente, per cui la pianta stessa è sempre fornita di foglie verdi **II sm.** pianta sempreverde: *piantate nel giardino qualche bel sempreverde* || **sf. pl.** *le sempreverdi*, piante sempreverdi.

semprevivo [dal lat. tardo *sempervīvus*; 1542] **sm.** nome generico attribuito a specie diverse di piante che allo stato secco conservano per lungo tempo inalterati l'aspetto e la colorazione; *in part.* pianta erbacea perenne con foglie coriacee e infiorescenze rosse a forma di rosette: *una corona di semprevivi.*

sempronio [dal n. proprio lat. *Semprōnius*, gentilizio rom.; 1873] **sm.** nella loc. *tizio, caio e sempronio*, uno qualunque.

sèna¹ o **sènna** [dall'ar. *sanā*; a. 1320] **sf.** nome comune di alcune piante del genere Cassia e della droga lassativa che si ricava mettendo in infusione le sue foglie.

sèna² [lat. *sēna*, neutro pl. di *sēni*, a sei a sei; 1873] **sf.** *tosc. T.gioc.* il doppio sei ai dadi e al domino: *ha fatto ancora sena*; non si usa mai con l'articolo || **N.** seino, DADI.

senàle [dal lat. *sēni*, a sei a sei; a. 1348] **sm.** *T.mar.* **1.** asta cilindrica installata a poppavia degli alberi a vele quadre, sulla quale scorre la gola del picco di randa, senza interferire con i pennoni **2.** canapo torticcio a sei cordoni || paranco a sei fili **3.** bastimento (detto anche *snow*) in uso un tempo nei mari nord-europei.

sènapa V. SENAPE.

senapàto [da *senape*; 1922] **agg.** a base di senape; preparato con senape: *carta senapata, impiastro senapato.*

sènape (ant. *sènapa*) [lat. *sināpis*; a. 1320] **I sf. 1.** nome generico di varie specie di piante della famiglia delle Brassicacee **2.** farina ricavata dai semi di tali piante, irritanti, revulsivi, di odore e sapore acre e piccante; vengono polverizzati e usati in medicina e in cucina: *salsa di senape, impiastro di senape* || *ant. fig. far venire la senape al naso*, stizzirsi, montare in bestia, adirarsi **II agg. inv.** (sempre posposto) che ha il colore della senape, ovvero tra il marrone e il giallo spento: *un abito senape.*

senapièra [da *senape*; 1846] **sf.** piccolo recipiente per contenere la salsa di senape.

senapismo [da *senape*; 1573] **sm. 1.** cataplasma revulsivo a base di senape nera **2.** *non com. fig.* molestia intollerabile o persona oltremodo molesta; impiastro: *sei proprio un senapismo.*

senàrio (pl. *-ri*) [dal lat. *senārius*; a. 1565] **agg.** e **sm.** *T.lett.* di verso di sei sillabe, in cui l'accento cade sulla quinta sillaba || di verso latino composto di sei piedi.

senàto [dal lat. *senātus*, assemblea di anziani; a. 1306] **sm. 1.** supremo consiglio dell'antica Roma che aveva funzioni legislative e di vigilanza nell'amministrazione dello Stato || nel Medioevo, nome di magistrature di varia natura || in Italia e in altri Stati a regime politico bicamerale, uno dei due rami del Parlamento; in Italia i suoi membri, in parte eletti e in parte nominati, devono aver compiuto il quarantesimo anno di età: *Senato e Camera dei Deputati formano il Parlamento italiano*; *le attribuzioni del Senato* || *per estens.* la carica di senatore: *aspiro al senato* || il luogo in cui si riuniscono i senatori: *si recò in senato* **2.** *senato accademico*, consiglio accademico di un'università, composto dal rettore e dai presidi delle facoltà || **N. 1.** anziani, camera alta, curia, gerusia, padri coscritti | laticlavio. **Q.T.** *politica*.

senatoconsùlto [dal lat. *senātusconsultum*; a. 1580] *sm. T.stor.* deliberazione del senato dell'antica Roma.

senatoràto [da *senatore*; a. 1742] *sm. raro* ufficio, carica di senatore || **N.** SENATO.

senatóre [dal lat. *senātor, -ōris*; a. 1375] *sm.* (f. *-trice*) membro del senato || *fig.* persona di aspetto autorevole, spec. anziana. **Q.T.** *politica*.

senatoriàle [da *senatore*, sul modello del fr. *sénatorial*; inizio sec. XVIII] *agg.* da, di senatore.

senatòrio (pl. *-ri*) [dal lat. *senatōrius*; a. 1527] *agg. lett.* relativo al senato e ai senatori, ma riferito quasi solo all'antica Roma: *provincia senatoria*, nell'antica Roma, governata direttamente dal senato attraverso i proconsoli; *dignità, gravità senatoria*.

sène [dal lat. *senex*; 1321] *agg.* e *sm. ant.* o *poet.* vecchio || **N.** *Sin.* senile.

senècio (pl. *-ci*) o **senecióne** [dal lat. *senecio, -ōnis*, vecchio, per la peluria bianca dei capolini dei fiori; a. 1577] *sm. T.bot.* genere di piante delle Composite di aspetto molto vario, viventi in climi temperati || **N.** *Sin.* calderugia, cineraria.

senegalése [dal fr. *sénégalois*; 1771] **I** *agg.* del Senegal **II** *s.* abitante del Senegal.

senescènte [dal lat. *senēscens, -entis*; 1598] *agg. lett.* che sta invecchiando, che dà segni di invecchiamento.

senescènza [da *senescente*; 1895] *sf. T.biol.* l'insieme dei fenomeni involutivi, sia morfologici che funzionali, che accompagnano l'invecchiamento di un organismo || *per estens. fig.* processo e stato di invecchiamento, decadimento e sim.: *la senescenza del centro storico, della scuola italiana*.

senése (arc. *sanése*) [dal n. geogr. *Siena*; a. 1321] **I** *agg.* di Siena **II** *s.* **1.** abitante, nativo di Siena **2.** *sm.* (solo *sing.*) variante del toscano parlato a Siena.

senesìsmo [da *senese*; 1872] *sm.* particolarità linguistica caratteristica del dialetto senese irradiatasi in un altro dialetto o in italiano.

senhal (provenz., pr. [se'ɲal]) [letter. segnale; 1942] *sm. inv. T.lett.* il nome fittizio con cui nella poesia provenzale il trovatore designava la donna amata.

senìle [dal lat. *senīlis*; 1342] *agg.* tipico della vecchiaia, di o da vecchio: *età senile, tubercolosi senile* || **senilménte** *avv. lett.* come un vecchio || **N.** *Sin.* vecchio.

senilìsmo [da *senile*; 1912] *sm. T.med.* senilità precoce.

senilità [da *senile*; 1611] *sf. lett.* vecchiezza, vecchiaia || *T.biol.* stato di decadimento morfologico e funzionale successivo alla piena maturità dell'uomo.

senilizzazióne [da *senile*; 1974] *sf.* in politica economica, invecchiamento generazionale delle persone che lavorano in un determinato settore produttivo.

sènio [dal lat. *senium*; 1308] *sm. ant.* decrepitezza, vecchiezza estrema.

senior (lat., pr. ['senjor]) [letter. più vecchio] **I** *agg. inv.* **1.** più anziano di un altro individuo; si pospone a nomi propri di persona per distinguere, nei casi di omonimia nell'ambito della stessa famiglia, il membro nato precedentemente **2.** (anche *pl. seniores*) *T.sport.* di atleta appartenente a una categoria superiore alla quale viene assegnato sulla base di determinati requisiti tecnici o per età: *categoria seniores* **II** *s. pl.* atleti della categoria seniores: *un incontro di seniores* || **N.** *Contr. junior*.

senióre [dal lat. *senior, -ōris*, più vecchio; 1319] *sm. ant.* e *lett.* **1.** persona anziana e autorevole, d'età e aspetto venerando; vegliardo **2.** *T.stor.* grado della Milizia volontaria fascista corrispondente a quello di maggiore dell'esercito.

sènna V. SENA[1].

sennàto [da *senno*; a. 1294] *agg. ant.* e *region.* assennato.

sénno [dal francone *sin*, attr. il fr. ant. *sen*; a. 1294] *sm.* **1.** buon senso, saggezza e prudenza naturale nel giudicare e nell'agire: *cosa fatta con senno* || *prov. del senno di poi son piene le fosse*, quando una cosa è già avvenuta, tutti sono capaci di giudicare come andava fatta **2.** intelletto, capacità d'intendere e di ragionare: *perdere il senno, uscir di senno*, impazzire; *ritrovare il senno, tornare in senno*, rinsavire **3.** *ant.* parere, opinione, giudizio, nelle loc. *a mio, tuo, suo... senno* **4.** *ant.* e *region. da senno, da maledetto senno*, sul serio || *dim.* sennìno, sennùccio || **N. 1.** *Sin.* assennatezza, criterio, discernimento, giudizio, ragione, raziocinio, saviezza | *Contr.* dissennatezza, faciloneria, imprudenza, sconsideratezza | assennato, dissennato, giudizioso, scriteriato **2.** *Contr.* follia, insania, pazzia.

sennò grafia unita di *se no* (V. SE).

sennonché o **se non che** [comp. di *se, non* e *che*; 1353 *se non che*] **I** *cong.* **1.** (con valore avversativo) ma: *stavano per sposarsi sennonché hanno cambiato idea* **2.** (con valore eccettuativo) eccetto che: *non poté comportarsi altrimenti, sennonché soffrire in silenzio* **3.** *ant.* se non fosse che **II** *avv. arc.* altrimenti.

séno[1] [lat. *sinus*; 1310] *sm.* **1.** la parte anteriore del torace umano, il petto, con riferimento spec. al corpo femminile: *la madre si strinse il figlio al seno* || le mammelle della donna: *un seno fiorente, piccolo, cadente*; *allattare al seno* || una sola mammella: *scoprire un seno, avere delle cisti in tutt'e due i seni* || *per estens. euf.* il ventre della donna gravida, il grembo materno: *porta un figlio in seno* **2.** spazio compreso tra un indumento che ricopre il seno e il seno stesso: *infilò la lettera in seno* || nelle loc. fig. *allevare, nutrire, scaldarsi una serpe* (*o una vipera*) *in seno*, fare del bene, dare aiuto e protezione a qualcuno che si rivelerà ingrato o nemico **3.** *fig. lett.* la parte più intima dell'animo: *nutrire in seno una segreta speranza* **4.** *fig.* parte interna di qualcosa; viscere: *i minerali che si estraggono dal seno della terra* || *fig.* ambito, nelle loc. *rientrare, tornare, vivere in seno a*, all'interno di gruppi, associazioni, comunità e sim.: *vivere nel seno della Chiesa cattolica* **5.** *T.anat.* cavità, infossamento: *seno carotideo, coronarico*, dilatazioni presenti nelle arterie omonime; *seno frontale, mascellare*, cavità presenti nelle ossa omonime **6.** *T.geogr.* insenatura di mare o lago; rada, baia **7.** *ant. lett.* capacità d'intendere.

séno[2] [dal lat. mediev. *sinus*, seno, sul modello dell'ar. *ǧaib*, seno, apertura della veste; 1436] *sm. T.mat. seno di un arco*, in trigonometria, la lunghezza della perpendicolare abbassata da uno degli estremi dell'arco sul raggio che passa per l'altro estremo. **TAV.** *geometria* 26.2.

sèno- V. XENO-.

senofobìa V. XENOFOBIA.

senòfobo V. XENOFOBO.

senologìa [comp. di *seno* e *-logia*; 1984] *sf. T.med.* disciplina che studia anatomia, fisiologia e patologia del seno.

sensàle [dall'ar. *simsār*; 1309] *s.* mediatore in transazioni, contratti, affari || *sensale marittimo*, mediatore dei noleggi di navi e di tutti gli affari inerenti al traffico marittimo || **N.** *Sin.* cozzone, mediatore, mezzano, negoziatore | mediazione, senseria.

sensatézza [da *sensato*; 1735] *sf.* **1.** assennatezza **2.** l'esser dotato di senso: *la dubbia sensatezza del tuo discorso* || **N. 1.** *Sin.* saggezza **2.** *Sin.* significanza.

sensàto [dal lat. tardo *sensātus*; 1308 come sm.] **I** *agg.* **1.** assennato, giudizioso: *parole sensate* **2.** dotato di senso; significante: *frase sensata* **3.** *ant.* sensibile, percepibile con i sensi || **sensataménte** *avv.* con criterio; anche, in modo significante: *esprimersi sensatamente* **II** *sm. ant. raro* cosa sensibile || **N. 1.** *Sin.* savio, SAGGIO | *Contr.* dissennato **2.** *Contr.* insensato.

sensazionàle [da *sensazione*, sul modello del fr. *sensationnel*; 1881] *agg.* che suscita grande interesse, curiosità e sim.: *uno spettacolo, un successo sensazionale* || **N.** *Sin.* eccezionale, impressionante, meraviglioso.

sensazionalìsmo [da *sensazionale*, sul modello del fr. *sensationnalisme*; 1965] *sm.* tendenza a divulgare notizie sensazionali o apparentemente sensazionali: *giornalista incline a fare del sensazionalismo*.

sensazionalìstico (pl. *-ci*) [da *sensazionalismo*; 1971] *agg.* incline a suscitare scalpore: *stampa sensazionalistica*; presentato in modo da suscitare scalpore: *tema sensazionalistico*.

sensazióne [dal lat. mediev. *sensātio, -ōnis*; 1549] *sf.* **1.** *T.fil.* e *T.psic.* evento mentale prodotto dalla stimolazione del corpo; spesso distinta dalla percezione, che sarebbe la consapevolezza dell'evento stesso: *sensazione visiva, uditiva, tattile*; *una sensazione di freddo, di piacere, di nausea* **2.** *per estens.* impressione, consapevolezza immediata non fondata su un ragionamento: *ho la sensazione di non farcela, di essere stato ingannato* **3.** effetto clamoroso di viva emozione: *fare sensazione*; *a sensazione*, ad effetto: *dramma a sensazione*, inteso a provocare vivaci reazioni emotive.

senserìa [da *sensale*; 1309 *sensaria*] *sf.* opera del sensale || compenso pagato al sensale per la sua prestazione || **N.** *Sin.* mediazione.

sensìbile [dal lat. *sensibilis*; 1308] **I** *agg.* **1.** percepibile attraverso i sensi; che si può conoscere, acquisire attraverso i sensi: *oggetti sensibili*; *mondo sensibile*, la realtà concreta, in quanto contrapposta a ciò che possiamo conoscere solo con l'intelletto || *per estens.* che si manifesta in modo evidente ai sensi e, quindi, notevole, rilevante: *un sensibile miglioramento, una sensibile differenza* **2.** che ha organi di senso attraverso i quali può ricevere impressioni: *gli animali sono esseri sensibili* || detto di un organo di senso, atto a ricevere determinate sensazioni: *l'occhio è sensibile alla luce*; *la pelle, nel punto dell'ustione, non è più sensibile* || *in part.* che reagisce intensamente a certi stimoli: *una pianta sensibile al freddo*; *occhi molto sensibili alla luce del sole* || *fig.* in relazione a stimoli intellettuali, emotivi e sim., ricettivo, reattivo: *è molto sensibile all'arte, al fascino femminile*; *ass.* particolarmente influenzabile da stimoli affettivi, emotivi, sentimentali: *è un ragazzo molto, troppo sensibile* **3.** di strumento, dispositivo, materiale ecc., che risponde alle minime sollecitazioni: *un barometro, una bilancia molto sensibile*; *carta, materiale sensibile*, in fotografia, ricoperto da un'emulsione che lo rende impressionabile dalla luce **4.** *disus.* dei sensi, relativo ai sensi: *esperienza sensibile* || **sensibilménte** *avv.* **1.** in modo sensibile, da poter esser riconosciuto per mezzo dei sensi: *percepibile sensibilmente* **2.** notevolmente, molto: *i prezzi sono sensibilmente aumentati* **II** *sm.* ciò che è percepibile, conoscibile attraverso i sensi || *sf. T.mus.* il settimo grado della scala diatonica || **N.** I **2.** *Sin.* impressionabile, sensitivo, senziente.

sensibilità [dal lat. tardo *sensibilitas, -ātis*; sec. XIV] **sf.** **1.** capacità di percepire, attraverso stimoli che colpiscono gli organi sensoriali, informazioni relative allo stato e ai cambiamenti delle condizioni esterne (ambientali) e interne: *sensibilità visiva, tattile*; *gli animali sono dotati di sensibilità* ‖ *per estens.* detto di vegetali, essere reattivi: *queste piante hanno una particolare sensibilità alla luce, al freddo* **2.** *fig.* interesse e capacità di comprensione di problemi e fenomeni: *essere dotato di una grande sensibilità artistica, per i problemi della scuola, degli adolescenti* ‖ *ass.* capacità di comprensione; tatto, delicatezza nei rapporti umani: *un uomo di grande sensibilità* ‖ anche, vulnerabilità, reattività affettiva ed emotiva: *ha sofferto molto per la sua eccessiva sensibilità* **3.** *T.tecn.* di strumenti, capacità di rispondere alle minime sollecitazioni: *questa bilancia è di una sensibilità eccezionale*; *in part. T.fot.* di lastre, pellicole e sim., attitudine a essere impressionati dalla luce ‖ **N. 1.** *Sin.* ricettività **2.** *Sin.* impressionabilità, sensitività, senso | *Contr.* apatia, insensibilità | acuta, anormale, morbosa, normale, ottusa, raffinata, scarsa, squisita, viva, vivace.

sensibilizzàre [dal fr. *sensibiliser*; 1922] **tr.** **1.** rendere sensibile o più sensibile ‖ *T.fot.* rendere sensibile un materiale per mezzo di sostanze sensibilizzatrici **2.** *fig.* far prendere consapevolezza di un problema: *sensibilizzare l'opinione pubblica sul tema della pace* ‖ **N. 1.** sensibilizzatore.

sensibilizzatóre [da *sensibilizzare*; 1940] **agg.** e **sm.** *T.fot.* nome generico delle sostanze impiegate in fotografia per rendere sensibili le lastre, le pellicole e le carte fotografiche, e anche per dare al materiale negativo una particolare sensibilità ai colori o a certi colori.

sensibilizzazióne [da *sensibilizzare*; 1957] **sf.** atto ed effetto del sensibilizzare; *in part. T.fot.* procedimento mirante ad aumentare la sensibilità del materiale fotografico.

sensismo [da *senso*; 1873] **sm.** *T.fil.* posizione gnoseologica che identifica nella sensazione la sola fonte di conoscenza.

sensista [da *senso*; 1732] **s.** *T.fil.* sostenitore del sensismo.

sensistico (pl. *-ci*) [da *sensismo*; 1873] **agg.** relativo al sensismo: *concezioni, correnti sensistiche.*

sensitiva [da *sensitivo*; 1735] **sf.** nome comune della *mimosa pudica*, pianticella delle Leguminose che ha la proprietà di rinserrare le foglie al minimo contatto ‖ *fig. essere una sensitiva*, avere una sensibilità quasi morbosa.

sensitività [da *sensitivo*; 1818 ca.] **sf.** qualità di chi o di ciò che è sensitivo: *sensitività speciale del nervo ottico, dell'olfatto* ‖ **N.** *Sin.* SENSIBILITÀ.

sensitivo [dal lat. mediev. *sensitīvus*; 1354] **I agg. 1.** atto a percepire le sensazioni, atto a sentire: *organo sensitivo*; concernente l'attività dei sensi: *funzione sensitiva*; *vita sensitiva*, quella degli animali, in contrapposizione a quella vegetativa, propria delle piante ‖ *T.fil. anima sensitiva*, nella filosofia aristotelica, quella che presiede alla sensibilità e al movimento **2.** di persona, che possiede una sensibilità esasperata **II sm.** (f. *-a*) **1.** persona sensitiva **2.** persona che concorre al verificarsi di fenomeni metapsichici (telepatia, chiaroveggenza ecc.); medium. **TAV.** ***anatomia*** **p. 642** 19.11.

sensitometria [comp. di *sensit(ivo)* e *-metria*; 1932] **sf.** *T.ott.* settore dell'ottica che si occupa della misurazione della sensibilità di una emulsione fotografica.

sensitomètrico (pl. *-ci*) [comp. di *sensit(ivo)* e *-metrico*; 1960] **agg.** *T.ott.* relativo alla sensitometria e al sensitometro: *gradazione sensitometrica.*

sensitòmetro [comp. di *sensit(ivo)* e *-metro*; 1932] **sm.** apparecchio impiegato per misurare la sensibilità di un'emulsione fotografica.

sènso [lat. *sēnsus*; 1306] **sm.** **1.** facoltà di ricevere le impressioni prodotte da stimoli fisici (*senso esterno*) e sollecitazioni mentali (*senso interno*); sensibilità: *gli animali sono esseri dotati di senso* ‖ *in part.* ciascuno dei sistemi di ricezione dell'organismo umano: *i cinque sensi*, vista, udito, odorato, gusto e tatto; *percepire con i sensi*; *avere un sesto senso*, una speciale capacità intuitiva ‖ *T.fil. senso comune*, nella filosofia scolastica, la facoltà che unifica i dati dei sensi e ne costituisce la consapevolezza **2.** *pl.* la percezione della realtà: *perdere i sensi*, svenire; *riprendere i sensi*, rinvenire **3.** *pl.* gli impulsi immediati legati al corpo: *abbandonarsi ai sensi, mortificare i sensi*; *schiavo dei sensi* **4.** affezione dell'animo, spec. vaga sensazione: *un senso di nausea, di pietà, di oppressione*; *senso di colpa*, l'impressione di essere colpevole ‖ *far senso*, produrre una reazione di disgusto: *la vista del sangue mi fa senso* **5.** sensibilità, capacità, spec. se considerata spontanea: *senso critico, estetico, dell'orientamento* ‖ *in part.* attenzione, disposizione a dare il giusto peso a qualcosa: *avere il senso dell'onore, della giustizia*; *senso della misura*, disposizione a evitare gli eccessi; *senso pratico*, capacità di affrontare e risolvere i problemi della vita quotidiana; *buon senso*, v. BUONSENSO; *senso comune*, il retto giudizio, condiviso dalla maggior parte degli uomini; anche *spreg.* il punto di vista banale e conformistico di chi non ha un'opinione propria: *discorsi che non vanno al di là del senso comune* **6.** *pl. ant.* sensibilità come disposizione d'animo complessiva: *uomo di alti sensi* ‖ espressione della disposizione dell'animo: *voglia gradire i sensi della mia stima*, formula di congedo nelle lettere **7.** significato, accezione, valore semantico di un'espressione linguistica: *questa parola ha tre sensi distinti*; *senso proprio, letterale, figurato, traslato, metaforico*; *il senso di quel testo è chiaro, oscuro, incomprensibile*; *ripetere a senso*, non alla lettera, ma riportando fedelmente il significato complessivo; *costruzione a senso* (dal lat. *constructio ad sensum*), *concordanza, accordo a senso*, fondati non su nessi grammaticali ma su nessi logici ‖ *doppio senso*, espressione ambigua, *in part.* quello fra i significati che è allusivo, malizioso od osceno; *avere senso*, essere significante, e, *per estens.*, anche di comportamenti, azioni ecc., avere coerenza, essere pertinente: *quello che hai detto, fatto non ha senso, non ha senso insistere quando si sa già che è inutile*; *senza senso*; *in questo senso*, in questa accezione, secondo questa interpretazione, da questo punto di vista; *in un certo senso*, da un certo punto di vista, per così dire **8.** orientamento, verso: *questa strada ha due sensi di marcia*; *senso vietato*, il verso in cui una strada non può essere percorsa; *prendere una stoffa nel senso della lunghezza, della larghezza* ‖ *senso orario*, quello in cui ruotano le lancette dell'orologio; *senso antiorario*, il senso inverso ‖ *fig. rispondere in senso affermativo, negativo*, affermativamente, negativamente; *decidere in un senso o nell'altro*, per l'una o l'altra alternativa **9.** *T.bur.* nella loc. *ai sensi di*, conformemente a: *ai sensi della legge 1014 del 2 marzo 1972* ‖ **N. 2.** *Sin.* sentimenti **3.** *Sin.* istinti, pulsioni **5.** *Sin.* abilità, fiuto, gusto, naso, virtù **6.** *Sin.* sentire **7.** assurdità, controsenso, nonsenso **8.** *Sin.* direzione. **Q.T.** *anatomia.*

sensóre [dall'ingl. *sensor*; 1974] **sm.** dispositivo atto a rilevare una grandezza fisica e a trasmetterne le variazioni a un sistema di misurazione o di controllo: *alcuni sensori rilevano immediatamente la presenza di un intruso nel locale.*

sensoriàle [da *sensorio*, sul modello del fr. *sensorial*; 1905] **agg.** **1.** relativo agli organi del senso: *centri, fibre sensoriali* **2.** relativo alla percezione sensibile, al senso: *impressioni sensoriali.*

sensòrio (pl. *-ri*) [dal lat. tardo *sensōrium*, s. neutro, organo del senso; 1631 come sm.; 1940 come agg.] **I agg.** *T.anat.* e *T.fisiol.* proprio dei sensi: *nervi sensori*, nervi che portano gli stimoli ai centri nervosi (in opposizione ai nervi di moto o motori) **II sm.** il complesso delle funzioni sensoriali: *il sensorio del paziente è efficiente* ‖ *in part.* nella fisiologia antica, sede nervosa del coordinamento delle attività sensoriali.

sensuàle [dal lat. tardo *sensuālis*; 1308 nel senso 4] **agg.** **1.** che riguarda il piacere dei sensi, spec. nella sfera sessuale: *appetiti sensuali* **2.** incline ai piaceri dei sensi, spec. sessuali: *un uomo sensuale* **3.** che rivela sensualità o eccita i sensi: *sguardo, voce sensuale*; *scene sensuali* **4.** *arc.* relativo ai sensi; sensibile, sensitivo ‖ **sensualménte** *avv.*

sensualismo [da *sensuale*; 1859] **sm.** **1.** *T.fil.* indirizzo edonistico della morale che identifica nel piacere sensibile il movente unico dell'azione umana ‖ *raro* sensismo **2.** tendenza ad una rappresentazione artistica attenta agli aspetti sensuali di ciò che è rappresentato: *il sensualismo degli scritti dannunziani.*

sensualista [da *sensuale*; 1873] **s.** seguace, fautore del sensualismo.

sensualistico (pl. *-ci*) [da *sensualismo*; 1957] **agg.** *non com.* relativo al sensualismo: *poesia sensualistica, indirizzo sensualistico.*

sensualità [da *sensuale*; 1354] **sf.** inclinazione verso le sollecitazioni dei sensi e spec. verso il piacere ‖ qualità di ciò che è sensuale: *la sensualità di un racconto* ‖ **N.** carnalità, concupiscenza, lascivia, libidine, lussuria, satiriasi, voluttà.

sensualizzàre [da *sensuale*, sul modello dell'ingl. (*to*) *sensualize*; 1960] **tr.** *non com.* rendere sensuale.

sensuóso [dall'ingl. *sensuous*; 1960] **agg.** *lett.* che si riferisce alla sensualità, alle sensazioni, ai sensi; percepito o rappresentato in forme di una raffinata sensualità: *una poesia sensuosa, un gusto sensuoso della parola.*

sentènza [dal lat. *sententia*, parere; 1291] **sf.** **1.** *T.giur.* verdetto, giudizio emesso da un giudice in merito a una causa civile o penale: *sentenza di primo grado, di appello*; *impugnare una sentenza, appellarsi contro una sentenza*; *sentenza in contraddittorio*, pronunciata in presenza di entrambe le parti; *sentenza contumaciale*, pronunciata in assenza del convenuto; *sentenza passata in giudicato* o *reiudicata*, non più impugnabile nelle forme ordinarie; *sentenza interlocutoria* o *incidentale*, che si pronuncia non sul merito, ma soltanto su un incidente di procedura, sull'ammissione delle prove ecc.; *sentenza definitiva*, che si pronuncia definitivamente in merito alla causa ‖ *per estens. non com.* giudizio espresso da chi ha competenza e autorità in merito: *Fu vera gloria? Ai posteri / l'ardua sentenza* (Manzoni) **2.** *raro lett.* parere, opinione: *egli non ha affatto mutato sentenza, io sono della vostra stessa sentenza* ‖ *prov. tante teste, tante sentenze* (traduzione del latino *quot capita tot sententiae*), ognuno vuol dire il suo parere, gli uomini hanno pareri disparatissimi **3.** massima, breve frase che enuncia concettosamente un'idea (spec. morale): *le sentenze di Cicerone* ‖ nella loc. fig. *sputar sentenze*, esprimere abitualmente giudizi su tutto, ostentando una presuntuosa autorità ‖ **N. 1.** assoluzione, condanna, declaratoria, decreto, giudicato, giudizio, lodo, ordinanza | appellabile, clemente, giusta, inappellabile, ingiusta, iniqua, saggia, severa | intestazione, fatto, motivazione, dispositivo, firma | annullare, cassare, eseguire, notificare, proferire, pronunciare, pubblicare, revocare | appello, esecuzione provvisoria, impugnativa, opposizione, ricorso; estensore **3.** *Sin.* adagio, apoftegma, epifonema, proverbio. **Q.T.** *diritto.*

sentenziàle [dal lat. tardo *sententiālis*; a. 1649] ***agg.*** *lett. raro* che contiene sentenze: *ecco un libro sentenziale.*

sentenziàre (pres. *-ènzio*) [dal lat. mediev. *sententiāre*; fine sec. XIII] ***tr.*** e ***intr.*** (aus. *avere*) **1.** emettere, emanare una sentenza; giudicare: *il giudice sentenziò che l'accusato venisse rimesso in libertà* || *per estens.* emanare sentenze, esprimere un giudizio o un'opinione riguardo a questioni di propria competenza: *il Senato sentenziò che il progetto di legge era da respingere* **2.** *ass. iron.* pronunciare frasi sentenziose con incompetenza e fuori luogo; sputare sentenze || **N. 1.** assolvere, condannare, dichiarare, giudicare, pronunziare.

sentenziosità [da *sentenzioso*; 1960] ***sf.*** qualità di ciò o di chi è sentenzioso.

sentenzióso [dal lat. mediev. *sententiōsus*; a. 1446 nel senso 2; 1806 nel senso 1] ***agg.*** **1.** ricco di sentenze, di massime: *prosa sentenziosa* **2.** che ha forma di sentenza: *detto sentenzioso* **3.** che ama sentenziare: *uomo sentenzioso* || **sentenziosaménte** ***avv.*** in modo sentenzioso, usando sentenze || **N.** *Sin.* aforistico, concettoso.

sentierìṣmo [da *sentiero*; 1938] ***sm.*** *non com.* pratica consistente nel percorrere antichi tracciati su mulattiere o sentieri poco frequentati.

sentièro [dal fr. ant. *sentier*; a. 1294] ***sm.*** viottolo con fondo naturale che, spec. in zone campestri o montane, è stato tracciato dal frequente passaggio di uomini o animali: *prendere un sentiero, un sentiero difficile* || *fig.* percorso, strada, via: *sentiero della virtù, seguire il retto sentiero* || *dim.* sentierìno, sentierétto, sentierùccio; *spreg.* sentieràccio, sentierùcolo || **N.** *Sin.* andana, callaia, calle, diverticolo, mulattiera, pesta, pista, redola, scorciatoia, strada, tratturo, vicolo, viottolo | sassoso, scosceso, sinuoso, tortuoso.

sentimentàle [dall'ingl. *sentimental*; 1792] **I** ***agg.*** **1.** che si riferisce alla sfera del sentimento: *vita sentimentale, esperienza, avventura sentimentale* **2.** portato a sentire con particolare partecipazione e abbandono gli affetti e i sentimenti e ad esaltarne gli aspetti più idealistici e romantici, talvolta in modo esageratamente sdolcinato: *un giovane sentimentale, essere molto sentimentale* **3.** che esprime o ispira sentimenti teneri, patetici, languidi: *una melodia, un libro sentimentale* **II** ***s.*** (spec. *spreg.*) persona sentimentale: *non fare il sentimentale, sii realistico!* || *accr.* sentimentalóne || **N. I** *Sin.* affettuoso, malinconico, romantico, sdolcinato.

sentimentaliṣmo [da *sentimentale*; 1816] ***sm.*** **1.** tendenza ad accentuare in modo eccessivamente patetico e sdolcinato le manifestazioni affettive: *un testo intriso del peggior sentimentalismo* || *concr.* atteggiamento, comportamento o espressione verbale che ne è l'effetto: *questi sono sciocchi sentimentalismi* **2.** *T.fil.* ogni dottrina che ponga come fondamento dell'agire pratico dell'uomo o della sua attività spirituale e religiosa un sentimento innato e autonomo.

sentimentalista [da *sentimentale*; 1940] ***s.*** **1.** chi manifesta un eccessivo sentimentalismo nel parlare, nell'atteggiarsi o nell'agire, spec. a discapito del senso pratico **2.** *T.fil.* chi si ispira o segue una dottrina imperniata sul sentimentalismo.

sentimentalìstico (pl. *-ci*) [da *sentimentalismo*; 1960] ***agg.*** relativo al sentimentalismo: *romanzo sentimentalistico.*

sentimentalità [da *sentimentale*; 1873] ***sf.*** qualità di chi, di ciò che è sentimentale; quasi sempre con l'idea di affettazione, sdolcinatura.

sentiménto [dal lat. mediev. *sentimentum*; 1300 ca. *sentemento* nel senso 3; 1801 nel senso 1] ***sm.*** **1.** condizione psichica relativamente stabile, legata a un'esperienza: *provocare, suscitare, ispirare un sentimento di paura, gioia, pietà, provare, nutrire un vivo e profondo sentimento nei confronti di* (o *verso*) *qualcuno, manifestare, nascondere, camuffare i propri sentimenti* **2.** *sing. ass.* la sfera dell'affettività, dell'emotività, perlopiù contrapposta a quella della razionalità: *in lui predomina il sentimento sulla ragione*; *una melodia, una poesia piena* (o *priva*) *di sentimento*; *parlare, recitare, scrivere* e sim. *con* (o *senza*) *sentimento* **3.** *non com.* facoltà di ricevere sensazioni; senso: *il sentimento e la ragione* || *in part. più com.* coscienza di sé e delle proprie azioni; spec. in loc. fam.: *essere fuori dei sentimenti*, essere infuriato, aver perso il controllo; *fare qualcosa con tutti i sentimenti, mettere* (o *metterci*) *tutti i sentimenti nel fare qualcosa*, farla con molta attenzione || anche capacità di sentire dentro di sé l'importanza di determinati valori: *il sentimento del dovere, dell'onore*; *essere privo di sentimento estetico, pervaso dal sentimento religioso* **4.** spec. *pl.* modo di pensare, di sentire proprio di una persona; inclinazione, atteggiamento: *una persona di buoni sentimenti*; *sentimenti volgari, elevati* || *per estens.* parere, opinione: *sulla questione ha ormai mutato sentimenti* **5.** *arc.* senno, giudizio, saggezza: *un ragazzo con poco sentimento* || **N. 1.** *Sin.* affetto, affezione, impressione, presentimento, sentore, spirito | affetto, altruismo, ambizione, amicizia, ammirazione, amore, amor proprio, antipatia, benevolenza, compassione, coraggio, desiderio, dignità, dubbio, egoismo, emulazione, fede, fiducia, filantropia, gelosia, generosità, gratitudine, indifferenza, invidia, ira, modestia, noia, odio, orgoglio, paura, pietà, sconforto, simpatia, sospetto, speranza, timore, vanità, vendetta | apparente, basso, debole, delicato, disonesto, effimero, elevato, falso, fine, forte, generoso, gentile, grossolano, ignobile, imparziale, innato, intimo, inveterato, morboso, mutevole, naturale, nobile, onesto, parziale, patetico, profondo, rozzo, sano, schietto, sincero, squisito, superficiale, triviale, vile, vivo | confidare, contraccambiare, destare, dimostrare, dissimulare, eccitare, effondere, esprimere, inasprire, infondere, ispirare, manifestare, professare, provare, ravvivare, sconfessare, simulare, soffocare, suscitare, svegliare.

sentina [lat. *sentīna*; a. 1306 nel senso 2] ***sf.*** **1.** *T.mar.* il luogo più profondo della nave, dove si raccolgono le acque di scolo **2.** *fig. lett.* ricettacolo di ogni bruttura, vizio e scelleratezza: *sentina d'iniquità.*

sentinèlla [da *sentire*; 1525] ***sf.*** **1.** soldato armato che monta la guardia a persone o cose (impianti, depositi, punti d'accesso, mezzi ecc.): *al ponte ci sono due sentinelle, dare il cambio alla sentinella, ispezionare, eludere la sentinella* || anche il servizio relativo: *essere, stare, montare di sentinella* || *fig. fare la sentinella*, restare a lungo attento e immobile a sorvegliare qualcosa, far la posta a qualcuno e sim. **2.** *T.mar. sentinella sottomarina*, apparecchio destinato ad avvertire il navigatore quando la sua nave passa su di un fondale di una determinata profondità || **N. 1.** *Sin.* custode, guardia, piantone, scolta, segnalatore, sorvegliante, vedetta, vigile | cambiare, dare il cambio, disporre, impostare, mettere, piazzare, rilevare, sostituire; custodire, proteggere, sorvegliare, vigilare | garitta, guardiola; consegna, parola d'ordine; corpo di guardia, picchetto, ronda.

sentire (pres. *sènto*) [lat. *sentīre*; fine sec. XIII] **I** ***tr.*** **1.** spec. *ass.*, avvertire, percepire, ricevere impressioni attraverso i sensi (escluso quello della vista) e averne coscienza: *la facoltà di sentire è propria dell'uomo e di quasi tutti gli animali*; nella loc. *farsi sentire*, di sensazione che si avverte distintamente: *il freddo comincia a farsi sentire*; anche *fig.*: *le conseguenze della crisi politica cominciano a farsi sentire* || *in part.* apprendere attraverso uno dei sensi: *sentire un rumore, le asperità di un oggetto, un profumo, un sapore*; *sentire dall'odore, al tatto*, detto di un oggetto o di una sua proprietà, avvertirne la presenza annusando, toccando ecc. || accertarsi di qualcosa, assaggiarla, provarla e sim.: *fammi sentire (che gusto ha) quella minestra, senti se l'acqua è abbastanza calda* **2.** *in part.* anche *ass.* percepire con l'udito || udire, percepire fenomeni acustici, indipendentemente dal loro contenuto significativo, o anche comprendendone il significato: *come si sente lì in fondo?*; *mi senti bene?*; *sentirci bene*, avere un buon udito; *non sentirci*, essere sordo: *da quell'orecchio non ci sente*, anche *fig.*, su quella questione è irremovibile o non si presta a discuterne; *sentire rumori, voci, grida, passi*; *sentir parlare, urlare, parla più forte, non sento quello che dici*; *dalla pesantezza del passo sento che è arrabbiato* || apprendere, venire a conoscenza: *ho sentito quello che dicevano, che non stai bene* || ascoltare, prestare attenzione a ciò che si sente: *sto sentendo un concerto, hai sentito quello che ti ho detto?, l'hai sentito parlare? È un oratore eccezionale*; *non stare a sentirlo, è solo invidioso* || *sentiamo!*, per incoraggiare qualcuno a parlare, mentre ci si dispone ad ascoltarlo || *senti!, senta!, sentite!, senti un momento!, state* (o *stai*) *(bene) a sentire*, per richiamare l'attenzione di qualcuno || *hai sentito l'ultima?, la novità?, senti questa!, senti che roba!*, per sottolineare in tono iron. o sdegnato il fatto che si sta per raccontare || in espr. fig.: *farsi sentire*, protestare, far valere le proprie ragioni; *adesso mi sentirà!, sentirà a casa suo padre!*, sarà giustamente rimproverato || dar ascolto, dar retta: *senti il mio consiglio*; *non sente ragioni*, è ostinato; *a sentir te, lui, loro* ecc., secondo te, lui, loro || consultare: *dovresti sentire un esperto* || *prov. non c'è peggior sordo di chi non vuol sentire* **3.** provare, avvertire una sensazione fisica o psicofisica: *sentire nausea, prurito, dolore, benessere, piacere*; *in part.* risentire, subire gli effetti di qualcosa: *sente molto l'umidità, le variazioni del tempo, la vecchiaia* **4.** provare un'emozione, essere sensibile ad una sollecitazione affettiva o morale: *sente il fascino della montagna, il dovere di ricambiare, un affetto profondo*; *tra i giovani è una battaglia molto sentita* **5.** avere un'impressione, avvertire in modo indistinto, confuso: *sentiva gli occhi di tutti puntati su di lui, la vicinanza del nemico*; *si sente l'influenza della madre sulla sua decisione* || presagire, avere un presentimento: *sentiva che presto sarebbe finita* **6.** essere in grado di apprezzare, ammirare, comprendere appieno qualcosa: *sente profondamente la musica, la poesia* || ***intr.*** (aus. *avere*) *raro* avere odore, sapore di: *questo vino sente di acido* || *fig.* avere sentore di qualcosa: *questa faccenda sente di truffa* || ***rifl.*** e ***rifl. indir.*** provare una sensazione fisica, psicofisica o psichica: *sentirsi scottare per la febbre, dolere la gamba*; *sentirsi bene, male, in ottimo stato, in cattiva forma, debole, a pezzi, in colpa, in vena* (o *in grado*) *di fare qualcosa, imbarazzato, a proprio agio, preso in giro*; *sentirsi come un pesce fuor d'acqua*, molto a disagio || con il pron. *la* come oggetto indeterminato, *fam. sentirsela*, esser disposto, in grado o avere voglia di fare qualcosa: *non me la sento di salire fino in cima, di affrontare quella discussione con lui* **II** ***sm.*** *lett.* sensibilità morale: *un uomo di alto sentire* || **N. I** ***tr.*** **1.** *Sin.* accorgersi, avvertire, provare | gustare, odorare, palpare **2.** *Sin.* ascoltare, intendere, sentirci, udire **4.** *Sin.* capire, cogliere, conoscere, intendere | ***intr.*** *Sin.* sapere **II** *Sin.* SENTIMENTO.

sentita [da *sentire*; a. 1337] ***sf.*** *tosc.* sommario accertamento; saggio, assaggio: *dagli una sentita per vedere se sa la lezione, dà una sentita al brodo prima di metterci altro sale* || quasi solo nelle loc. *per sentita dire* (meno com. di *per sentito dire*), per averlo saputo da altri e *andare, camminare a sentita*, camminare a tastoni, tastando col piede il terreno davanti a sé per precauzione.

sentìto (*pps.* di *sentire*) [1314; 1873 nel senso 1] **agg.** **1.** di ciò cui si partecipa in modo sincero, convinto: *un ideale particolarmente sentito tra i giovani*; anche in espr. formali di cortesia: *sentite condoglianze, con i più sentiti ringraziamenti* **2.** nella loc. *per sentito dire*, per averlo sentito da altri || **sentitaménte** **avv.** con sentimento vivo, sincero: *ringrazio sentitamente.*

sentóre [da *sentire*; 1308 nel senso 2] **sm.** **1.** impressione, indizio, notizia percepita, colta in modo indistinto: *avere sentore di un complotto* **2.** sentimento vago, sensazione indistinta: *ho un sentore di freddo, di pena* **3.** *lett.* odore: *il soave sentore delle viole* **4.** *ant.* rumore || **N.** **1.** *Sin.* preavviso, presentimento, INDIZIO.

senussìa [da *senusso*; 1923] **sf.** confraternita islamica libica che mirava a riportare l'islamismo all'antico splendore e ad opporsi alla penetrazione della civiltà europea.

senussìṣmo [da *senusso*; 1970] **sm.** dottrina e predicazione del movimento islamico dei Senussi.

senussìta [da *senusso*; 1940] **s.** musulmano appartenente alla senussia.

senùsso [dal n. proprio ar. Ben Alī *Senūsī*, fondatore della confraternita; 1918] **sm.** (f. *-a*) membro della confraternita islamica dei Senussi.

sènza (arc. *sànza*) [lat. *absentia*, mancanza, assenza; 1104] **I** **prep.** (si elide obbligatoriamente solo nella loc. *senz'altro*) è seguita da *di* davanti a pron. pers. (*senza di te*), e può esserlo davanti a pron. dimostr. (*senza di ciò*) || introduce un complemento di privazione: *gente senza storia, un uomo senza onore, un poveraccio senza una gamba*; *essere senza aiuti*, privo di aiuti || *T.telecom. senza fili*, di collegamento che avviene tramite onde radio || *T.giur. senza spese*, clausola posta su un titolo di credito, che dispensa l'ultimo possessore dall'obbligo del protesto in caso di mancato pagamento alla scadenza || *non senza*, per litote, con alquanto: *non senza difficoltà*, con notevole difficoltà || introduce un complemento di esclusione, e vale "in assenza di, facendo a meno di": *senza rete, andare in bicicletta senza mani*; *possiede duecento milioni senza gli alloggi che ha in città*, non contandoli; *senza (fare) tante storie*, immediatamente, senza frapporre difficoltà || *loc. avv. senza dubbio, senza forse, senz'altro*, certamente; usate anche come risposte: *verrai? senz'altro!*; *loc. agg. senza confronto, paragone*, incomparabile; *loc. avv. senza riserve*, incondizionatamente; *loc. agg. senza pretese*, modesto, alla buona || *prov. non c'è rosa senza spine*, ogni gioia è accompagnata da un dolore **II** **cong.** e non (seguita da un'infinitiva, forma una proposizione dipendente implicita): *ascoltò senza battere ciglio, parla sempre senza riflettere* || nella *loc. cong. senza che*, in modo tale che non (seguita dal congiuntivo, forma una dipendente con valore modale): *partì senza che gli altri se ne accorgessero, mi obblighi a decidere senza che abbia il tempo di riflettere.*

senzadìo [comp. di *senza* e *Dio*; 1930 *senza Dio*] **s. inv.** ateo, chi non ha alcun timore o scrupolo religioso || *per estens.* chi manca di senso morale.

senzapàtria [comp. di *senza* e *patria*; 1905] **s. inv.** chi non ha una patria; apolide || *per estens. spreg.* rinnegato.

senzatétto [comp. di *senza* e *tetto*; 1908 *senza tetto*] **s. inv.** chi, spec. in conseguenza di terremoti, alluvioni ecc., non ha dove alloggiare: *aprì un ricovero per i senzatetto.*

senziènte [dal lat. *sentiens, -entis*; sec. XIV] **agg.** che è dotato di sensibilità, che sente: *organismo senziente.*

sepaiòla [da *s(i)epe*; 1483] **sf.** *region.* scricciolo.

sèpalo [lat. scient. *sepalum*, di etim. discussa; 1875] **sm.** *T.bot.* ciascuna delle foglioline che costituiscono il calice del fiore. **TAV. fiori... p. 671** 1.6.

separàbile [dal lat. *separābilis*; a. 1565] **agg.** che si può separare || **N.** *Sin.* divisibile, scindibile | *Contr.* inseparabile.

separabilità [da *separabile*; a. 1673] **sf.** qualità di ciò che è separabile || **N.** *Sin.* divisibilità, scindibilità | *Contr.* inseparabilità.

separaménto [da *separare*; sec. XIV] **sm.** *raro* separazione.

separàre (pres. *-àro*, lett. *sèparo*) [dal lat. *separāre*; 1353] **tr.** **1.** staccare, disunire, dividere, allontanare cose o persone unite, mescolate, vicine materialmente o spiritualmente: *separare la crusca dalla farina, due fogli incollati insieme, un gruppo di membri dal resto del partito, due ragazzi che si azzuffavano* **2.** distinguere: *separare il bene dal male, la verità dall'errore* **3.** far da confine, da elemento divisore, anche *fig.*: *il fiume separa le due nazioni, l'interesse può separare anche gli amici* || costituire l'elemento (o un elemento) di distinzione, anche *fig.*: *un diverso gusto del colore separa i due pittori* || **rifl.** e **rifl. rec.** dividersi, lasciarsi, allontanandosi l'uno dall'altro: *ci separammo giunti all'aeroporto*; lasciarsi troncando un legame d'amicizia, d'amore, d'interesse e sim.: *le due correnti di partito si sono nuovamente separate, mi sono separato dai miei soci, è stato costretto a separarsi dalla madre* || *in part.* di coniugi, cessare la convivenza: *si sono separati consensualmente* (v. SEPARAZIONE) || **N.** **1.** *Sin.* appartare, cernere, discernere, disgiungere, disgregare, dissociare, dissolvere, distaccare, distinguere, disunire, dividere, fendere, recidere, sceverare, scindere, sciogliere, scompaginare, scompagnare, scomporre, sconnettere, scoppiare, scostare, sdoppiare, segregare, smembrare, spaiare, spartire, sradicare, strappare, svellere, tagliare fuori.

separatìṣmo [dall'ingl. *separatism*; 1857] **sm.** movimento scissionistico di gruppi di popolazione con caratteristiche etniche, culturali o religiose proprie, tesi a rendersi politicamente autonomi dall'organismo statale unitario di cui sono parte integrante: *il separatismo basco e catalano* || **N.** autonomismo.

separatìsta [dall'ingl. *separatist*; 1875 come s.] **I** **agg.** relativo al separatismo: *movimento separatista* **II** **s.** fautore del separatismo.

separatìstico (pl. *-ci*) [dall'ingl. *separatistic*; 1913] **agg.** relativo ai separatisti o al separatismo: *corrente separatistica.*

separatìvo [dal lat. tardo *separatīvus*; 1865] **agg.** *non com.* atto a separare, che serve a separare || *disus. congiunzione* o *particella separativa*, disgiuntiva || *T.filol. errore separativo*, tipo di errore che il copista non può correggere per congettura e che quindi permette di separare i testimoni di un'opera manoscritta; se un codice non presenta tale errore non può essere una copia del codice in cui compare.

separàto (*pps.* di *separare*) [1353] **I** **agg.** **1.** nella loc. *in separata sede*, v. SEDE **2.** riferito a coniugi in regime di separazione legale: *sono separati dall'anno scorso* || **separataménte** **avv.** in modo separato, diviso, disunito; *in part.* uno alla volta, da solo, a parte: *interrogare separatamente*; nella *loc. prep. separatamente da*: *fui interrogato separatamente dagli altri* **II** **sm.** (f. *-a*) coniuge separato.

separatóre [dal lat. tardo *separātor, -ōris*; 1666] **I** **agg.** che separa, divisore: *elemento separatore* **II** **sm.** **1.** (f. *-trìce*) chi separa **2.** apparecchio per la separazione di sostanze diverse, operante per centrifugazione o con altri metodi: *separatori meccanici, magnetici, elettrostatici.*

separazióne [dal lat. *separātio, -ōnis*; sec. XIV] **sf.** **1.** azione del separare e del separarsi: *dopo aver passato un bel mese insieme è dolorosa la separazione* **2.** *T.giur. separazione dei coniugi* o *coniugale*, condizione per la quale i coniugi non vivono più insieme, pur sussistendo il vincolo matrimoniale e ogni altro obbligo ad esso connesso: *chiedere, ottenere la separazione*; *separazione consensuale*, quando è avvenuta per concorde volontà dei coniugi; *separazione giudiziale*, richiesta per fatti che rendono intollerabile la convivenza; *separazione dei beni*, per la quale ciascun coniuge conserva la titolarità dei beni acquistati durante il matrimonio || **N.** **1.** *Sin.* disgiungimento, disgregazione, dissociamento, dissociazione, distaccamento, distacco, disunione, divisione, divorzio, sbandamento, scisma, scissione, sdoppiamento, secessione, segregazione, smembramento, spartizione.

séparé (fr., pr. [sepa're]) [letter. separato; 1931] **sm. inv.** in alberghi, ristoranti e sim. salottino riservato o scompartimento isolato da tramezzi e sim.

sepiménto [dal lat. *saepimentum*, recinto; 1967] **sm.** **1.** *T.anat.* setto, parete divisoria **2.** *T.bot.* setto, membrana divisoria.

sepìola [dal lat. *sepiola*, dim. di *sepia*, seppia; 1960] **sf.** mollusco dei Cefalopodi, più piccolo della seppia, munito di due alette poste ai lati del sacco.

sepiolite [comp. del gr. *sēpía*, seppia e, erroneamente, schiuma del mare e *-lite*; 1922] **sf.** *T.min.* silicato idrato di magnesio (noto anche come *schiuma di mare*) che si presenta in masse porose e spumose; è utilizzato per la preparazione di pipe e bocchini da fumo.

sepolcràle [dal lat. *sepulcrālis*; 1319 *sepulcrale*] **agg.** **1.** di sepolcro: *lapide, monumento sepolcrale* || *poesia sepolcrale*, genere letterario, diffuso tra il sec. XVII e l'inizio del XIX, ispirato a tematiche funebri (visioni cimiteriali, pensieri sulla morte ecc.) **2.** *fig.* cupo, triste, pauroso, da sepolcro: *silenzio, buio sepolcrale*, profondo, assoluto; *voce sepolcrale*, cupa, cavernosa.

sepolcréto [dal lat. *sepulcrētum*; 1805] **sm.** luogo dove sono riuniti molti sepolcri o tombe; cimitero: *sepolcreto romano, preistorico* || *non com.* tomba gentilizia || **N.** *Sin.* necropoli.

sepólcro [dal lat. *sepulcrum*; a. 1294 *sepulcro*] **sm.** **1.** monumento funebre costruito per custodire i resti di un personaggio illustre o anche solo a scopo commemorativo (rispetto a *tomba* è di tono più elevato e solenne): *il sepolcro di Dante a Ravenna* || *il Santo Sepolcro*, il sepolcro di Cristo e, *per estens.*, i luoghi santi in Palestina: *liberare il Santo Sepolcro* || *fig. scendere nel sepolcro*, morire || *fig. sepolcro imbiancato*, ipocrita, epiteto usato da Gesù contro scribi e farisei **2.** *pop.* commemorazione religiosa della morte di Cristo che si fa il giovedì santo nelle chiese; anche il repositorio nel quale viene conservata l'ostia per la comunione del venerdì santo: *visitare i sepolcri*, sostare in adorazione davanti ai repositori di più chiese, il giovedì santo || **N.** **1.** *Sin.* arca, avello, carnaio, cenotafio, dolmen, edicola, fossa, loculo, mausoleo, nicchia, ossario, sarcofago, sepoltura, tomba, tumulo, urna | catacomba, cimitero, colombario, necropoli, sepolcreto | cippo, epitaffio, ipogeo, lapide, pietra.

sepólto (*pps.* di *seppellire*) [1308 *sepulto*] **I** **agg.** **1.** nella loc. pop. *morto e sepolto*, di cosa o persona dimenticata da tutti: *un episodio morto e sepolto* **2.** *fig.* sprofondato, immerso: *sepolto nel sonno, nel suo dolore* **3.** *fig.* nascosto, dimenticato: *documento sepolto in archivio* **II** ***sm.*** (f. *-a*) cadavere seppellito: *i sepolti* || *le sepolte vive*, suore di clausura la cui regola impone la completa segregazione.

sepoltuàrio (pl. *-ri*) [da *sepolto*; 1751] ***sm.*** *ant.* libro dove sono nominate e descritte le sepolture gentilizie, delle famiglie illustri.

sepoltùra [dal lat. *sepultūra*; fine sec. XIII *sepultura* nel senso 2] ***sf.*** **1.** l'azione del seppellire un defunto: *dar sepoltura* || *per estens.* le cerimonie che l'accompagnano: *onorare di degna sepoltura, alla sepoltura c'erano solo pochi amici* **2.** *lett.* o *pop.* luogo in cui viene sepolto un defunto; tomba, sepolcro: *pare un morto uscito di sepoltura* || *non com. avere un piede nella sepoltura*, essere vecchio o mal ridotto || **N. 1.** *Sin.* esequie, funerale, interramento, inumazione, seppellimento, sotterramento, tumulazione, umazione | *Contr.* esumazione. **Q.T.** *archeologia.*

sepoy (ingl., pr. ['si:pɔɪ]) [dal persiano *sipāhi*, soldato a cavallo; 1933] ***sm.*** *inv.* nell'epoca coloniale, nome dato ai soldati indiani che prestavano servizio nell'esercito britannico || **N.** *Sin.* sipahi.

seppelliménto [da *seppellire*; a. 1574] ***sm.*** l'azione e l'effetto del seppellire, spec. *fig.*

seppellìre (pres. *seppellisco, seppellisci*; pps. *seppellito* e *sepólto*) [dal lat. *sepelīre*; a. 1182 *sepellir*] ***tr.*** **1.** deporre un cadavere in una tomba, un sepolcro, una fossa o sim.: *seppellire i morti, seppellire le ossa, le ceneri, i resti dei caduti in guerra* || *fig. fam.* sopravvivere agli altri, vederli morire, spesso con allusione all'eccezionale longevità o all'ottimo stato di salute: *la bisnonna ci seppellirà tutti* || *fig. seppellire il Carnevale, l'anno* e sim., festeggiarne l'ultimo giorno **2.** *per estens.* nascondere sotto terra, sotterrare: *seppellire un tesoro* || nascondere: *seppellì il documento sotto un mucchio di libri* || sommergere completamente, ricoprire: *la valanga seppellì un villaggio, la lava seppellì Pompei, il paese era sepolto sotto la neve*; *iperb.*: *l'ho trovato nel suo studio, seppellito sotto una montagna di scartoffie* **3.** *fig.* scordare, non tenere più in conto: *seppellire vecchi contrasti* || ***rifl.*** rinchiudersi, appartarsi, segregarsi completamente: *seppellirsi in biblioteca, in casa* || immergersi, sprofondarsi in qualcosa, dedicarvisi completamente: *si è seppellito tra i libri* || **N.** ***tr.*** **1.** *Sin.* interrare, inumare, sotterrare, tumulare | *Contr.* disseppellire, esumare.

seppellìto (*pps.* di *seppellire*) [sec. XIV] ***agg.*** sepolto, sotterrato || *fig. morto e seppellito*, detto di persona o cosa dimenticata da tutti.

seppellitóre [da *seppellire*; 1745] ***sm.*** (f. *-trìce*) chi seppellisce || **N.** *Sin.* beccamorto, becchino, fossore, sotterratore.

séppia [dal lat. *sēpia*, gr. *sēpía*; sec. XIV] **I** ***sf.*** mollusco marino dei Cefalopodi, con dieci tentacoli, occhi grandi, bocca munita di becco corneo; possiede una ghiandola che secerne un liquido nero (*inchiostro*) col quale intorbida l'acqua per sfuggire liberamente quando è inseguita; è commestibile: *seppie fritte, in umido, alla veneziana* || *osso di seppia*, la conchiglia interna della seppia, che serve a lucidare i metalli, a levigare ecc. || *nero di seppia*, il liquido secreto dalla seppia e, *per estens.*, gradazione di colore tra il bruno e il nero || *T.fot. carta seppia*, carta sensibile, di colore scuro, usata per riproduzioni fotografiche **II** ***agg.*** *inv.* (sempre posposto) del colore grigio-bruno analogo a quello del nero di seppia: *un abito seppia* || *dim.* seppiolìna, seppiétta.

seppiàre (pres. *séppio*) [da *seppia*; 1873] ***tr.*** levigare, lucidare sfregando con osso di seppia: *seppiare una cornice.*

seppiaròla [da *seppia*; 1935] ***sf.*** strumento di legno usato per pescare seppie e polipi nei pressi della costa.

seppiétta (*dim.* di *seppia*) [1960] ***sf.*** *T.mar.* **1.** nella marina da guerra, piccolo motoscafo a forma di seppia, in dotazione di una nave leggera **2.** battello antisommergibile e autoraddrizzante sistemato a poppa delle motovedette di salvataggio.

seppùre o **se pùre** [comp. di *se* e *pure*; 1838] ***cong.*** concessiva col verbo al congiuntivo o all'indicativo, anche se, quand'anche; esprime forte dubbio sull'eventualità che introduce: *seppure si fosse* (o *si è*) *interessato all'argomento, non è di sicuro un esperto.*

sèpsi [dal gr. *sêpsis*, putrefazione; 1829] ***sf.*** *inv. T.med.* infezione generalizzata dell'organismo dovuta alla penetrazione di germi attraverso un punto d'infezione || **N.** *Sin.* setticemia.

septicemìa ***sf.*** *ant.* v. SETTICEMIA.

sepùlcro ***sm.*** *ant.* v. SEPOLCRO.

se pùre v. SEPPURE.

sequèla [dal lat. tardo *sequēla*, seguito; a. 1348] ***sf.*** **1.** successione di più fatti, spec. sgradevoli: *una sequela di disgrazie* **2.** *raro* processione di persone: *una sequela di postulanti* **3.** *ant.* conseguenza || **N. 1.** *Sin.* sequenza, serie **2.** *Sin.* teoria.

sequènza [dal lat. tardo *sequentia*, serie, successione; fine sec. XV nel senso 2; 1518 nel senso 1] ***sf.*** **1.** successione, serie omogenea e ordinata di cose, fatti e sim. che si susseguono; *in part. T.cin.* complesso organico e ordinato di inquadrature sullo stesso episodio: *la sequenza finale è la più bella di tutto il film* || *per estens.* in riferimento a testi letterari, poetici o teatrali, serie di elementi narrativi || *non com. T.gioc.* in alcuni giochi di carte, scala, ovvero una combinazione di carte in serie progressiva: *una sequenza dal sei al fante* || *T.tecn.* successione ordinata di elementi, fasi, operazioni e sim.: *sequenza di lavorazione di un pezzo*; *in part.* in informatica, serie di dati o di istruzioni posti in un certo ordine || nella *loc. avv. in sequenza*, l'uno dopo l'altro, di seguito **2.** *T.eccl.* forma poetico-musicale del repertorio liturgico medievale. **Q.T.** *cinematografia.*

sequenziàle [da *sequenza*; 1940 nel senso 2] **I** ***agg.*** **1.** relativo a una sequenza, ordinato in una sequenza || *T.inform. accesso sequenziale*, v. ACCESSO **2.** *in part. T.eccl.* del libro che contiene le sequenze (o inni) disposte per i giorni stabiliti **II** ***sm.*** libro sequenziale.

sequestràbile [da *sequestrare*; 1873] ***agg.*** *T.giur.* che può essere sequestrato.

sequestrabilità [da *sequestrabile*; 1940] ***sf.*** *T.giur.* la condizione di un bene che può essere sottoposto a sequestro.

sequestrànte (*ppr.* di *sequestrare*) [1838] **I** ***agg.*** **1.** *T.giur.* detto della persona che chiede all'autorità giudiziaria di disporre il sequestro di dati beni: *la parte sequestrante* **2.** *T.chim.* detto di sostanza che, in soluzione, maschera o altera le proprietà chimiche di quelle con cui si combina **II** ***s.*** chi esegue o promuove un sequestro || **N.** II *Sin.* sequestratore.

sequestràre (pres. *-èstro*) [dal lat. tardo *sequestrāre*; a. 1540] ***tr.*** **1.** *T.giur.* porre sotto sequestro, da parte dell'autorità giudiziaria, beni mobili o immobili, corpi di reato o materiali che si vogliono togliere dalla circolazione: *al debitore sono stati sequestrati tutti i beni*; *hanno sequestrato le armi e la refurtiva*; *sequestrare un film, un prodotto tossico* || *per estens.* requisire d'autorità: *il maestro mi ha sequestrato il testo che cercavo di consultare durante il compito in classe, il vigile ha sequestrato il pallone ai ragazzini che giocavano sull'aiuola* **2.** *T.giur.* privare illegalmente qualcuno della libertà individuale, spec. a scopo di ricatto o per impedirgli lo svolgimento delle sue funzioni: *hanno sequestrato un facoltoso banchiere, sequestrarono il deputato per impedirgli di intervenire in parlamento* || *per estens.* segregare, tenere qualcuno in isolamento: *sequestrare i malati di malattie infettive* || *fig. fam. essere sequestrati in casa*, non poter uscire per qualche impedimento: *la pioggia ci ha sequestrati per due giorni in casa* || **N. 2.** *Sin.* bloccare, isolare, rapire.

sequestratàrio (pl. *-ri*) [da *sequestrare*; 1589] ***sm.*** (f. *-a*) *T.giur.* chi custodisce i beni sequestrati.

sequestràto (*pps.* di *sequestrare*) [sec. XIV] **I** ***agg.*** che è stato posto sotto sequestro, che è stato illegalmente privato della libertà individuale **II** ***sm.*** (f. *-a*) proprietario di beni posti sotto sequestro.

sequestratóre [dal lat. tardo *sequestrātor*, *-ōris*; 1872] ***sm.*** (f. *-trìce*) chi ordina o esegue un sequestro || **N.** *Sin.* sequestrante.

sequèstro [dal lat. *sequestrum*, deposito; a. 1588] ***sm.*** **1.** *T.giur.* atto col quale, per ordine dell'autorità giudiziaria, si mette sotto legale custodia un bene mobile o immobile, ponendovi un vincolo di indisponibilità alla vendita o all'uso: *tenere, conservare sotto sequestro, il pretore ordinò il sequestro, l'usciere gli mise il sequestro sui mobili* || *sequestro conservativo*, concesso dall'autorità giudiziaria al creditore quando vi siano fondati motivi di fuga del debitore o di sottrazione dei beni che sono a garanzia del debito || provvedimento dell'autorità di pubblica sicurezza con cui si toglie a chi l'aveva il possesso di cose che servirono a commettere un reato, che ne costituiscono elementi di prova o che vi sono in qualche modo connessi: *gli mise sotto sequestro la rivoltella, la refurtiva fu messa sotto sequestro* || *in part.* rif. a pubblicazioni a stampa, film e sim., provvedimento volto a ritirare il materiale dalla circolazione **2.** *T.giur. sequestro di persona*, reato di colui che priva illegittimamente qualcuno della libertà personale **3.** *T.med.* porzione di tessuto osseo rimasta isolata, in seguito a processi flogistici necrotici, nel contesto di un osso sano || **N. 1.** *Sin.* confisca, incameramento, intercettazione, pignoramento, requisizione, staggimento | chiedere, disporre, eseguire, ordinare **2.** *Sin.* rapimento.

sequestrotomìa [comp. di *sequestro* e *-tomia*; 1935] ***sf.*** *T.chir.* intervento per l'asportazione di un sequestro osseo.

sequòia [da *sequoiah*, voce indiana dell'America settentrionale, attr. l'ingl. *sequoiah*; 1875] ***sf.*** *T.bot.* genere di piante della famiglia delle Taxodiacee, con due sole specie di giganteschi alberi, originari della California e dell'Oregon, alti fino a 120 m, con foglie aghiformi e legno di ottima qualità.

sèr abbr. di *sère* (v.).

séra [lat. tardo *sēra*, class. (*dies*) *sēra*, giorno tardo; fine sec. XIII] ***sf.*** **1.** l'ultima parte del giorno, dopo il tramonto, che dura fino all'inizio della notte: *scende la sera, si fa sera*; *buona sera* (o *buonasera*), saluto e augurio che si usa rivolgere verso sera: *dare la buona sera*, salutare augurando buona sera || in varie *loc. avv.* temporali: *l'altra sera, ieri sera, questa sera* (o *stasera*), *domani sera, lunedì sera*; *a sera, di sera, la sera, quando è sera*; *verso sera, sul far della sera*, all'imbrunire; *a sera inoltrata*, quasi di notte; *mattina e sera*, sempre; *dalla mattina alla sera*, di continuo, tutto il giorno: *lavora dalla mattina alla sera*; in poco tempo: *muta parere dalla mattina alla sera*; *una sera, una sera di queste, una di queste sere*, una sera non precisata ma non lontana rispetto al momento in cui si parla; quanto prima: *una sera ci vediamo*; *far sera, tirar sera*, far tardi: *senza accorgercene abbiamo fatto* (o *si è fatta*) *sera* || nel modo di dire *rosso di sera, bel tempo si spera*, quando al tramonto il cielo diventa rosso, si prevede bel tempo per il giorno successivo **2.** *per estens.* serata, ultima parte della giornata, il dopo cena: *la sera di solito sto in casa, esco, studio* || *abito, vestito, toilette da sera*, da società, per feste e incontri che si svolgono nella serata; *abito, vestito da mezza sera,* non così impegnativo come quello da sera, per cocktail, cene e sim. || anche, in senso più generico, opposto a *mattino*: *i giornali della sera* **3.** *fig. poet.* vecchiaia, la fase finale della vita || **N. 1.** crepuscolo, tramonto, vespero.

seraccàta [da *seracco*; 1924] **sf.** *T.alp.* un susseguirsi di molti seracchi in un ghiacciaio.

seràcco (pl. *-chi*) [dal savoiardo *serac*, sorta di formaggio bianco e compatto; 1908] **sm.** *T.alp.* blocco di ghiaccio formatosi sulla superficie di un ghiacciaio in conseguenza dell'intersecarsi di più crepacci. **TAV. *geologia* p. 1313** 5.4.

seràfico (pl. *-ci*) [da *serafino*; 1321] **I agg. 1.** di serafino, da serafino: *ardore serafico* || *il padre serafico,* s. Francesco; *ordine serafico,* il francescano **2.** *fig. fam. iron.* estatico; tranquillo, beato: *avere un'espressione serafica* **II sm.** *il serafico di Assisi,* san Francesco.

serafino [dall'ebr. *serāphīm*, gli ardenti, attr. il lat. eccl. *seraphin*; a. 1306] **sm.** *T.teol.* nell'angelologia cristiana, essere celestiale appartenente al più alto coro della prima gerarchia, caratterizzato dal più intenso amore di Dio e ardore di carità.

seràle [da *sera*; 1805] **agg.** della sera o che si svolge di sera: *ore serali, turno (di lavoro) serale, rappresentazione, spettacolo serale; corsi, scuole serali,* per chi è impegnato durante il giorno || **seralménte avv.** *non com.* di sera; ogni sera || **N.** notturno, pomeridiano, preserale | *Contr.* diurno.

serapèo [dal lat. *Serapeum*, gr. *serapêion*, tempio di Seropide; 1838] **sm.** tempio del dio greco-egiziano Serapide.

seraschière v. SERRASCHIERE.

seràta [da *sera*; a. 1571 nel senso 1; 1832 con influsso del fr. *soirée* nel senso 2] **sf. 1.** l'intera durata della sera: *non so come passare la serata, passerò da te in serata; le lunghe e afose serate estive* **2.** *per estens.* festa, spettacolo, ricevimento che si svolge di sera: *i Rossi organizzano una serata per festeggiare l'anniversario; serata danzante* || *T.teatr. serata d'onore,* rappresentazione in onore di un attore, di un cantante e sim.; *serata di beneficienza,* il cui ricavato sarà dato in beneficienza; *serata di gala,* sfarzosa, per la presenza in teatro di illustri personalità; *serata d'addio,* l'ultima rappresentazione di una compagnia drammatica || *dim.* seratìna; *accr.* seratóna; *pegg.* seratàccia.

seratànte [da *serata*; 1863] **s.** *T.teatr.* artista in onore del quale si dedica una serata d'onore.

serbàre (pres. *sèrbo*) [lat. *servāre*; a. 1294] **tr. 1.** mettere una cosa da parte per conservarla e potersene servire all'occorrenza: *serbare le mele per l'inverno* **2.** *fig.* conservare, mantenere vivo: *serbare un dolce ricordo, serbare rancore a qualcuno* || mantenere, custodire: *serbare un segreto, un giuramento* || **N. 1.** *Sin.* immagazzinare, riporre, riservare, risparmiare, salvare.

serbatóio (pl. *-ói*) [da *serbare*; 1815] **sm. 1.** recipiente per contenere o conservare sostanze liquide o gassose: *serbatoio della penna stilografica,* parte interna in cui è contenuto l'inchiostro || *in part.* in veicoli o apparecchiature fisse a motore, recipiente contenente una certa quantità del fluido usato come combustibile o come lubrificante: *la capacità di questo serbatoio è 30 litri* **2.** *T.geol. serbatoio magmatico,* cavità interna alla crosta terrestre contenente materiale magmatico fuso **3.** *T.bal.* nelle armi da fuoco portatili, recipiente contenente le cartucce per il tiro a ripetizione || nel siluro, il compartimento più lungo e avente un più forte spessore di pareti, destinato a contenere l'aria compressa per la propulsione dell'arma || **N. 1.** *Sin.* cisterna, ricettacolo. **TAV.** *abitazione* 1.48; *agricoltura* 6.5, 6.7; ***astronautica* p. 654** 5.1 e **p. 655** 11.1, 12; ***automobile* p. 658** 3.41; ***ferrovie...* p. 669** 2.10; ***motociclette...* p. 1323** 6.3.

serbatóre [da *serbare*; a. 1396] **agg.** e **sm.** (f. *-trice*) *raro* che o chi serba.

serbévole [da *serbare*; a. 1320] **agg.** *ant.* e *raro* che si può serbare; che, messo in serbo, si mantiene per lungo tempo inalterato (detto solo di vini e prodotti agricoli).

serbevolézza [da *serbevole*; 1942] **sf.** qualità di vini o prodotti agricoli conservabili per lungo tempo.

sèrbo¹ [da *serbare*; 1548] **sm.** custodia, solo nelle loc. *mettere, avere, tenere in serbo*: *avere in serbo un piccolo capitale, tenere in serbo una notizia.*

sèrbo² [dal serbo-croato *Srb*; 1957] **I agg.** della Serbia: *popolazioni serbe, canti popolari serbi* **II sm. 1.** (f. *-a*) abitante o nativo della Serbia **2.** (solo *sing.*) varietà di serbocroato parlata in Serbia (e scritta in caratteri cirillici).

serbocroàto [comp. di *serbo* e *croato*; 1960] **I agg.** relativo ai Serbi e ai Croati o, anche, alla Serbia e alla Croazia: *letteratura serbocroata* **II sm.** (solo *sing.*) lingua indoeuropea del gruppo slavo meridionale parlata (con numerose varietà dialettali) in Serbia, Croazia, Bosnia-Erzegovina e Montenegro.

sèrdab [da una voce egiziana, letter. cantina; 1934] **sm. inv.** *T.archeol.* nelle mastabe egiziane, locale di piccole dimensioni, in cui venivano poste le statue di coloro che erano sepolti nella tomba.

sère [dal lat. *senior, -ōris*; 1353] **sm.** *ant.* signore, sire; davanti a nome proprio si usava la forma tronca *ser*: *ser Ciappelletto* || **N.** *Sin.* messere.

serème [comp. di *se(i)* e *remo*; sec. XVII] **sf.** nave a sei ordini di remi.

serèna [dal lat. tardo *Sirēna*; a. 1294] **sf.** *ant.* sirena.

seréna [da *serenare*; 1940] **sf.** *T.meteor.* rugiada abbondante determinata dal rapido raffreddarsi dell'aria dopo la scomparsa del sole || **N.** METEOROLOGIA.

serenàre (pres. *-éno*) [dal lat. *serenāre*; a. 1374] **tr.** e **intr. pron.** *ant.* e *lett.* rasserenare e rasserenarsi || **intr.** (aus. *avere*) *arc.* accamparsi o dormire di notte all'aperto, all'addiaccio.

serenàta [da *sereno*; a. 1484] **sf.** canto, con accompagnamento musicale, eseguito in ore serali sotto le finestre della donna amata per renderle omaggio || *per estens. antifr.* chiassata fatta in segno di beffa sotto le finestre di qualcuno o, anche, serie di rumori o versi sgradevoli: *le serenate dei gatti non mi hanno fatto dormire.*

serenèlla [da *sereno*; 1873] **sf.** *pop. sett.* lillà.

serenìssimo (*sup.* di *sereno*) [a. 1348] **I agg.** titolo onorifico attribuito ai principi dei rami collaterali delle case reali, ai principi sovrani minori e ai dogi: *Sua Altezza Serenissima* **II sf.** *la Serenissima,* appellativo della Repubblica di Venezia.

serenità [da *sereno*; a. 1342] **sf. 1.** l'essere sereno: *una notte di una serenità eccezionale* || più com. *fig.* la tranquillità dell'animo sgombro da preoccupazioni, noie, rimorsi ecc.: *affrontare la vita con serenità; giudicare con serenità,* senza preconcetti o pregiudizi, in modo equanime **2.** titolo onorifico che si dava ai dogi e ai principi: *Sua Serenità, la Serenità Vostra* || **N. 1.** *Sin.* TRANQUILLITÀ.

seréno [dal lat. *serēnus*; a. 1306 nel senso 2] **I agg. 1.** dell'atmosfera, del cielo e sim., sgombro da nuvole, terso: *giornate serene, notte serena* || nella loc. fig. *fulmine a ciel sereno,* disgrazia o grave notizia che giunge inaspettata **2.** *fig.* detto della vita, dell'animo e sim., senza turbamento, esente da dolori, noie, fastidi; detto del viso, dell'aspetto e sim., che denota una serenità interiore; detto di persona, tranquilla, che ha l'animo sgombro da preoccupazioni, noie, rimorsi ecc. || *giudizio sereno,* non turbato da passioni e preconcetti **3.** *pietra serena,* v. PIETRA || *sup.* serenissimo || **serenaménte avv.** senza turbamenti o preoccupazioni || in modo obiettivo, imparziale: *giudicare serenamente* **II sm. 1.** cielo sereno: *torna il sereno dopo la tempesta* **2.** *poet.* luminosità, aspetto limpido: *dal ben seren delle tranquille ciglia* (Petrarca) || **N. 1.** *Sin.* nitido, scarico, sgombro, trasparente | *Contr.* nuvoloso, rannuvolato | rasserenare, rischiarare | schiarita **2.** *Sin.* allegro, calmo, lieto, tranquillo | *Contr.* agitato, arrabbiato, sconvolto, turbato | confortare, rasserenare, tranquillizzare.

serge (fr., pr. [sɛrʒ]) [letter. sargia; 1929] **sf. inv.** stoffa leggera in lana, cotone o seta, tessuta diagonalmente.

sergènte [dal lat. *serviens, -ientis,* che serve, attr. il fr. ant. *sergent*; a. 1294 nel senso 4; 1604 nel senso 1; 1772 nel senso 2; 1353 nel senso 3] **sm. 1.** *T.mil.* grado nella gerarchia delle forze armate, attualmente il più basso dei sottufficiali; nei reparti coadiuva l'ufficiale in tutte le mansioni riguardanti l'ordine e la disciplina; *sergente furiere,* addetto all'amministrazione in una compagnia; *sergente maggiore,* grado intermedio tra il sergente e il maresciallo || *fig.* persona dispotica e oppressiva: *sua madre è un vero sergente* **2.** *T.fal.* arnese perlopiù di legno, a vite, che serve a tenere unite le parti appena incollate; è detto anche *servente* **3.** *arc.* sbirro, gendarme || fante, soldato a piedi **4.** *arc.* inserviente, garzone. **TAV. *utensili* p. 1341** 30.8.

sergentìna [da *sergente*; 1618] **sf.** *T.stor.* arma usata anticamente dai sergenti di fanteria, molto simile all'alabarda.

sergozzóne [comp. di *sor-*, sopra e *gozzo*; 1353] **sm.** *tosc.* colpo dato con la mano chiusa sotto il mento, dal basso in alto, in modo da far battere i denti.

sèri- [da *seri(co)*] **primo elem.** che, in parole composte dotte, vale "seta", "di seta" (per es. *sericoltore, sericoltura*).

serial (ingl., pr. [ˈsɪərɪəl]; pr. it. [ˈsɛrjal]) [letter. di serie; 1966] **sm. inv.** (anche pl. *serials,* pr. [ˈsɪərɪəlz]) telefilm o trasmissione radiofonica in più puntate o episodi in cui figurano sempre gli stessi protagonisti.

seriàle [da *serie*; 1960] **agg. 1.** ordinato, disposto in serie || *in part. T.mus. musica seriale* (o *dodecafonica*), basata sulla serie dei dodici suoni della scala cromatica **2.** *T.biol.* seriato || **serialménte avv.** in serie, secondo una serie.

serialità [da *seriale*; 1969] **sf.** qualità di ciò che è seriale; l'essere seriale.

serializzàre [da *seriale*; 1969] **tr.** ordinare, disporre o programmare in serie.

serializzazióne [da *serializzare*; 1969] **sf.** atto ed effetto del serializzare.

seriàre (pres. *sèrio*) [da *serie*; 1960] **tr.** disporre in serie.

seriazióne [da *seriare*; 1960 nel senso 2] **sf. 1.** atto ed effetto del seriare; disposizione di più elementi in una serie ordinata **2.** *T.stat.* successione numerica ordinata, nella quale ogni elemento rappresenta il numero degli individui che presentano una determinata modalità quantitativa di un fenomeno collettivo **3.** *T.archeol.* catalogazione di manufatti in una serie, tenuto conto della tipologia, dell'associazione e della datazione.

serìceo [dall'ingl. *sericeous*; 1922] **agg.** *poet.* relativo alla seta; simile a seta: *lucentezza sericea* || **N.** *Sin.* serico.

sericìna [comp. di *seric(eo)* e *-ina*; 1873] **sf.** la sostanza proteica gommosa (detta anche *gomma della seta*) che riveste, proteggendole, le fibre di seta greggia e che si elimina con la bollitura.

sericìte [comp. di *serico*[1] e *-ite*[2]; 1930] **sf.** *T.min.* tipo di mica bianca che si sfalda in minuscole lamelle.

sèrico[1] (pl. *-ci*) [dal lat. *sēricus*; a. 1374] **agg.** *lett.* che si riferisce alla seta, della seta: *industria serica, fruscio serico* || *fig. lett.* simile alla seta: *capelli serici* || **N.** *Sin.* sericeo.

sèrico[2] (pl. *-ci*) [dal lat. *serum*, siero; 1960] **agg.** *T.biol.* relativo al siero sanguigno: *proteine seriche.*

sericolìte [comp. di *serico*[1] e *-lite*; 1935] **sf.** *T.min.* varietà fibrosa di gesso dalla lucentezza simile a quella della seta.

serìcolo [comp. di *seri(co)*[1] e *-colo*; 1873] **agg.** relativo all'allevamento del baco da seta.

sericoltóre o **sericultóre** [comp. di *seri-* e *-coltore*; 1869] **sm.** (f. *-trìce*) allevatore di bachi da seta; bachicoltore.

sericoltùra o **sericultùra** [comp. di *seri-* e *-coltura*; 1873] **sf.** l'industria dell'allevamento del baco da seta e della produzione della seta.

sèrie [dal lat. *sēries*, fila; 1563] **sf. inv.** successione di elementi omogenei, concreti o astratti, considerati in una certa relazione tra loro: *la serie degli anni bisestili, dei papi; una serie di disgrazie, di colpi di fortuna, di prove; serie chiusa,* successione di enti costituente un insieme delimitato da un inizio e una fine; *serie aperta,* quando è fissato l'inizio ma non la fine || *T.geol.* unità cronostratigrafica comprendente l'insieme dei terreni depositati durante un'epoca || *T.mat.* somma di infiniti addendi || gruppo di banconote, titoli, biglietti di lotteria e sim. contraddistinto da una lettera alfabetica o da un numero romano che precede il numero progressivo individuante ciascun esemplare || *T.tip.* complesso di caratteri che presentano una stessa caratteristica di disegno, ossia, in part., la stessa pendenza (tondi, corsivi), lo stesso tono (chiari, neretti, neri), la stessa larghezza (stretti, normali, larghi) e la stessa forma alfabetica (maiuscoli, maiuscoletti, minuscoli) || *T.chim. serie ciclica,* il complesso dei composti idrocarburici a catena chiusa; *serie omologa,* serie di composti organici in cui ogni membro differisce dal precedente e dal successivo per uno stesso gruppo di atomi || *T.fis. serie spettrale,* gruppo di righe in uno schermo, aventi caratteristiche simili, la cui frequenza è ricavabile da un'unica formula; *serie radioattiva,* costituita da elementi i cui nuclei possono essere derivati dai precedenti per successive emissioni di particelle radioattive || *T.filat.* tutti i francobolli di un'emissione, dal valore più basso al più alto || rif. a telefilm o trasmissioni radiofoniche, l'insieme degli episodi trasmessi a breve scadenza l'uno dall'altro (gen. quotidianamente o settimanalmente) e aventi gli stessi protagonisti, *serial* || *T.mus.* la successione, in un determinato ordine dei dodici suoni che compongono la scala cromatica || *T.sport.* categoria di atleti e di squadre stabilita in base alle loro prestazioni: *giocatori di prima, seconda serie; squadre di serie A; passare, essere promosso, retrocedere in serie B; per estens. fig. di serie A,* di grande importanza, valore, prestigio; *di serie B,* di seconda categoria, di minor valore: *cittadini di serie A e cittadini di serie B* || nella loc. *in serie: produzione, fabbricazione, lavorazione in serie,* non artigianale, basata su tecniche industriali che consentono di produrre un gran numero di pezzi riproducendo un unico modello; *fatto, costruito in serie,* industrialmente e in gran numero e, *per estens.,* di scarso pregio, privo di originalità, ordinario || *T.elettr. collegamento in serie,* quello di più elementi di un circuito, eseguito in modo che siano percorsi dallo stesso flusso di corrente || nella loc. *di serie,* proprio di tutti i prodotti (spec. autoveicoli) costruiti secondo un certo modello: *in questo modello gli alzacristalli automatici sono di serie* || **N.** *Sin.* catena, collezione, fila, filza, gruppo, insieme, ordine, schiera, sequela, sequenza, sfilata, sfilza, successione | fuoriserie, *optional.* **Q.T.** *matematica...*

serietà [dal lat. *sērietas, -ātis*; 1673] **sf.** qualità di chi o di ciò che è serio: *agire con serietà; la serietà delle proposte, delle condizioni del malato* || **N.** *Sin.* affidabilità, gravità, importanza, maestà, mutria, severità, sussiego | *Contr.* frivolezza, leggerezza.

serigrafìa [comp. di *seri-* e *-grafia*; 1960] **sf.** *T.tip.* procedimento di stampa nel quale l'inchiostro passa al materiale da stampare attraverso le maglie di un tessuto sintetico (originariamente era seta), teso su un apposito telaio. **Q.T.** *stampa...*

serigràfico (pl. *-ci*) [comp. di *seri-* e *-grafico*; 1970] **agg.** relativo alla serigrafia; che serve alla serigrafia; che si ottiene per mezzo della serigrafia.

serìmetro [comp. di *seri-* e *-metro*; 1940] **sm.** strumento usato nell'industria della seta per provare la resistenza e l'elasticità del filo di seta.

sèrio (pl. *-ri*) [dal lat. *sērius*; a. 1667] **I agg. 1.** che esprime l'impegno e la considerazione richiesta dalle cose importanti della vita: *discorsi seri, intenzioni serie, dimostra seri propositi* || di persona, che dimostra impegno, coerenza, attendibilità e sim.: *un insegnante, un magistrato molto serio; una ditta poco seria,* inaffidabile || con riferimento alla moralità sessuale: *una ragazza seria non accetta la corte di un uomo sposato* || *musica seria,* quella classica, in opposizione a *musica leggera; opera seria,* nel teatro lirico, opposta a *opera buffa* **2.** che esprime serietà: *viso, sguardo serio; farsi serio,* atteggiare il volto a gravità **3.** grave, preoccupante: *una situazione seria, seri problemi, non è un raffreddore, è una cosa seria* **II sm.** nella *loc. avv. sul serio: parlare sul serio,* non per scherzo, con l'intenzione di essere presi alla lettera; *prendere qualcosa sul serio,* con impegno, non superficialmente; *fare sul serio,* agire con impegno e convinzione; con valore asseverativo enfatico, *è bravo sul serio!,* lo è davvero; con valore di "davvero, veramente" in formule interrogative: *"Ci sono riuscito." "Sul serio?";* o assertive: *"Ma ti piace davvero?" "Sul serio!"* || **seriaménte avv.** con serietà: *si comporta seriamente* || gravemente: *è seriamente coinvolto nello scandalo* || **N. 1.** *Contr.* faceto, frivolo, futile, superficiale **2.** *Contr.* allegro, ilare **3.** *Contr.* da nulla, da poco, irrisorio.

seriografìa [comp. di *serie* e *(radio)grafia*; 1960] **sf.** *T.med.* serie di radiografie eseguite a brevi intervalli di tempo, per individuare eventuali lesioni sulle pareti di un organo caratterizzato da mobilità (per es. stomaco o intestino).

seriògrafo [comp. di *serie* e *-grafo*; 1960] **sm.** *T.med.* apparecchio radiologico impiegato per eseguire radiografie in serie.

seriola o **serìola** [dal lat. *seriola*, dim. di *sēria*, giara; 1838] **sf.** *region.* ricciola.

serióre o **serióre** [dal lat. *serior, -ōris*; 1942] **agg.** *lett.* più tardo, successivo: *autore latino seriore, aggiunta seriore.*

serióso [dal lat. tardo *seriōsus*; a. 1375] **agg.** artificiosamente serio, che affetta serietà || *ant.* e *region.* serio.

serir [dall'ar. *serir*; 1929] **sm. inv.** deserto costituito da ciottoli e ghiaia misti a sabbia, tipico del Sahara orientale.

seritterio (pl. *-ri*) [comp. di *seri-* e *(t)terio*; 1913] **sm.** organo del baco da seta che secerne la bava filabile.

serizzo [dal lat. *siliceus*, di selce, attr. i dialetti sett.; 1934] **sm.** denominazione settentrionale di una roccia metamorfica simile al granito.

serliàna [dal n. proprio S. *Serlio*, architetto bolognese; 1929] **sf.** *T.arch.* finestra o porta trifora con l'apertura centrale ad arco e quelle laterali fornite di architravi.

serménto e der. forme arc. di SARMENTO e der.

sermocinàre (pres. *-ìno*) [dal lat. *sermocinā-ri*; prima metà sec. XIV] **intr.** (aus. *avere*) *ant.* tenere sermoni o anche parlare a lungo con solennità, come se si facesse un sermone || **N.** *Sin.* sermonare, sermoneggiare.

sermollìno [var. di *serpollino*; a. 1340] **sm.** *tosc.* serpollino.

sermonàre (pres. *-óno*) [dal lat. tardo *sermonāri*; a. 1348] **intr.** (aus. *avere*) *raro lett.* fare sermoni, parlare a lungo e solennemente || **N.** *Sin.* predicare, sermocinare, sermoneggiare.

sermoncìno (*dim.* di *sermone*[1]) [a. 1704] **sm. 1.** breve sermone || predicozzo, paternale **2.** poesia recitata dai bambini a Natale davanti al presepio.

sermóne[1] [dal lat. *sermo, -ōnis*, discorso; a. 1306] **sm. 1.** predica su argomenti religiosi o morali rivolta ai fedeli: *il sermone di Gesù sulla montagna* || discorso scritto d'argomento religioso **2.** discorso lungo e noioso fatto a scopo di ammonimento o di rimprovero; predica, paternale; anche *scherz.* **3.** genere di componimento poetico d'intonazione moralistica, più temperato della satira: *i sermoni di Orazio* **4.** *ant.* lingua, idioma, parlata: *il sermon prisco* || *dim.* sermoncìno || **N. 1. 2.** *Sin.* predicozzo, DISCORSO, PREDICA.

sermóne[2] [var. di *salmone*; a. 1535] **sm.** *ant.* e *region.* salmone.

sermoneggiàre (pres. *-éggio*) [da *sermone*; a. 1606] **intr.** (aus. *avere*) *raro lett.* fare sermoni, predicare; spec. *spreg.*

seròcchia V. SIROCCHIA.

seròtino [dal lat. *serōtinus*; 1308] **agg. 1.** *lett.* serale, della sera: *contra i raggi serotini e lucenti* (Dante) **2.** *per estens.* tardivo, che è fatto dopo lungo indugio: *dichiarazione serotina* || *in part.* di prodotti agricoli, che matura a stagione avanzata: *uva serotina* || **N.** *Sin.* TARDIVO.

serotonìna [comp. del lat. *serum*, siero e *(vaso) tonina*; 1960] **sf.** *T.biol.* sostanza presente in tutte le specie animali, che interviene in numerosi processi vascolari e nervosi, e determina tra l'altro i sintomi dell'emicrania.

sèrpa (tosc. *sèrpe*) [lat. *s(c)irpea*, cesta di giunchi intrecciati; 1805 *serpe*] **sf. 1.** nelle carrozze, cassetta a due posti su cui sedeva il cocchiere tenendosi a destra || sedile coperto che nelle diligenze si trovava dietro quello del cocchiere: *montare, essere in serpa* **2.** *T.mar.* nelle imbarcazioni a vela, la parte sporgente della prora nella quale solitamente si installano le latrine.

serpàio (pl. *-ài*) [da *serpe*[1]; a. 1742] **sm. 1.** covo di serpi, luogo infestato da serpi **2.** (f. *-a*) cacciatore di serpi.

serpànte [da *serpa*; 1866] **sm.** *T.mar.* marinaio addetto alla pulizia delle latrine di bordo || **N.** serpa.

serpàro [da *serpe*[1]; 1905] **sm.** (f. *-a*) *region.* serpaio (nel senso 2).

sèrpe[1] [lat. *serpens*; 1313] **sf.** (e, *dial.* o *lett.*, *sm.*) **1.** nome comune di varie specie di serpenti della famiglia dei Colubridi || nella loc. *a serpe,* a zig zag, serpeggiando **2.** *fig.* persona infida, subdola, malvagia: *allevarsi, scaldarsi la* (o *una*) *serpe in seno,* V. SENO || *prov. le cose lunghe diventano serpi,* è pericoloso trascinare le cose per le lunghe || *dim.* serpicìna, serpiciàttola, serpicèlla; *pegg.* serpàccia || **N.** *Sin.* SERPENTE.

sèrpe[2] V. SERPA.

serpeggiaménto [da *serpeggiare*; 1664] **sm.** il serpeggiare: *il serpeggiamento del ruscello.*

serpeggiànte (*ppr.* di *serpeggiare*) [a. 1519] **agg.** che procede in modo sinuoso || *T.bot.* detto di fusti che si allungano sul terreno emettendo radici.

serpeggiàre (pres. *-éggio*) [da *serpe*; a. 1494] ***intr.*** (aus. *avere*) **1.** procedere con andamento tortuoso, sinuoso, simile a quello della serpe: *il fiume serpeggia nella valle, la via sale serpeggiando* || *T.mar.* avanzare variando ripetutamente la rotta, per aver perso il controllo dell'imbarcazione o per sfuggire all'attacco nemico **2.** *fig.* diffondersi irregolarmente, manifestandosi or qua, or là: *serpeggia il malcontento, una malattia infettiva* || **N.** **1.** *Sin.* snodarsi.

serpentària [da *serpente*; a. 1320] ***sf.*** bistorta.

serpentàrio[1] (pl. *-ri*) [da *serpente*; sec. XIV] ***sm.*** uccello rapace dell'Africa che assale e divora i serpenti, anche quelli velenosi; è detto anche *segretario*.

serpentàrio[2] (pl. *-ri*) [da *serpente*; 1965] ***sm.*** istituto che alleva serpenti a scopo di studio.

serpènte [lat. *serpens, -entis*; 1313] ***sm.*** **1.** nome comune dei Rettili Squamati del sottordine Serpenti Ofidi, con corpo allungatissimo, coperto di squame, privo di arti, con fauci ed esofago molto dilatabili; le specie velenose hanno denti connessi con ghiandole che secernono veleno: *serpente a sonagli*, crotalo; *serpente dagli occhiali*, cobra || *serpente di mare*, denominazione di alcune specie della famiglia degli Idrofidi, adattissime alla vita in mare; anche mostro marino leggendario e, *fig.*, notizia sensazionale ma falsa, divulgata per catalizzare l'interesse del pubblico **2.** *per estens.* la pelle di serpente usata in pelletteria: *una borsa di serpente* **3.** *fig.* persona infida e malevola che agisce più che può nascostamente, talora a tradimento: *quell'uomo è un serpente* **4.** nell'iconografia tradizionale, simbolo del demonio tentatore o anche dell'astuzia e della prudenza **5.** *T.econ.* *serpente monetario*, fascia di oscillazione dei tassi di cambio di varie monete europee le une rispetto alle altre, introdotta negli anni Settanta **6.** *T.mus.* antico strumento a fiato, a forma di S, simile al trombone || *dim.* serpentèllo; *accr.* serpentóne; *pegg.* serpentàccio || **N.** **1.** FAMIGLIE: Boidi, Colubridi, Elapidi, Viperidi | VARI ESEMPLARI: anguide, aspide, biscia, boa, cerasta, cobra, colubro, crotalo, idra, naia, pitone, vipera | PARTI: lingua bifida, scaglia, scoglia, scorza, spire, spoglia, squame | divincolarsi, serpeggiare, sibilare, snodarsi, strisciare | anguicrinito; ofiologia. **TAV.** *rettili* 1, 3.

serpentésco (pl. *-schi*) [da *serpente*; 1960] ***agg.*** da serpente, proprio di un serpente: *malizia serpentesca*.

serpentìfero [comp. di *serpente* e *-fero*; 1664] ***agg.*** *lett.* che produce serpenti.

serpentifórme [dal lat. tardo *serpentiformis*; a. 1730] ***agg.*** che ha forma sinuosa, come di serpente che striscia.

serpentìna[1] [da *serpentino*[1]; 1895] ***sf.*** **1.** linea sinuosa, tortuosa; *in part.* tratto serpeggiante di strada: *strada a serpentine*, a curve e controcurve || nello sci, serie di curve e controcurve ravvicinate descritte dallo sciatore lungo il percorso di discesa || *T.aer.* traiettoria sinusoidale percorsa serpeggiando || tubo a spirale o a più giravolte che serve per il raffreddamento o il riscaldamento rapidi di liquidi, gas o vapori che vi circolano all'interno **2.** *T.orol.* ruota negli orologi, nel cui asse orizzontale imboccano i denti della ruota detta *corona*.

serpentìna[2] [da *serpentino*[3]; 1599] ***sf.*** *T.geol.* roccia metamorfica, di struttura fibrosa o lamellare, costituita prevalentemente da antigorite e crisotilo (serpentino).

serpentìna[3] [da *serpentino*[1]; 1891] ***sf.*** serpentaria, bistorta.

serpentìno[1] [dal lat. *serpentīnus*; a. 1294] ***agg.*** di, da serpente: *scatti, movimenti serpentini*; *lingua serpentina*, maldicente.

serpentìno[2] [da *serpentino*[1]; 1875] ***sm.*** denominazione di oggetti o tracciati la cui forma ricorda quella del serpente o la sua andatura; *in part.* tubo a spirale o a più giravolte che consente scambi calorici tra l'esterno e i fluidi o i gas che vi circolano all'interno; è detto anche *serpentina* || *T.stor.* braccetto metallico a forma di serpente che in antiche armi da fuoco stringeva la miccia e la portava al focone per l'accensione della miccia; anche, *per estens.*, l'arma basata su di un simile sistema di accensione.

serpentìno[3] [da *serpentino*[1]; 1483] ***sm.*** denominazione generica di specie mineralogiche di analoga composizione chimica ma strutturalmente diverse che, associate, rappresentano i costituenti principali delle rocce metamorfiche dette appunto *serpentine*.

serpentóne (*accr.* di *serpente*) [1838 nel senso 5] ***sm.*** **1.** grosso serpente **2.** corteo o processione che si snoda ad andamento serpeggiante **3.** in strade urbane, muratura longitudinale che delimita la corsia destinata ai mezzi di trasporto pubblico **4.** grande palazzo in cemento a forma di *S* **5.** strumento musicale a fiato caratterizzato dalla forma a *S* || **N.** **5.** *Sin.* oficleide.

serpentóso [da *serpente*; sec. XIV] ***agg.*** **1.** *lett.* infestato da serpenti: *deserti serpentosi, l'Arabia serpentosa* **2.** *lett.* fatto di serpenti, intrecciato di serpenti: *una criniera serpentosa che faceva pensare alla Gorgone* (D'Annunzio) **3.** *ant.* *fig.* collerico, stizzoso, irascibile.

sèrpere (pres. *sèrpo*; dif. del pps. e dei tempi composti) [dal lat. *serpere*; 1374] ***intr.*** *lett.* serpeggiare, strisciare serpeggiando.

serpìgine (lett. *serpìgo*) [dal lat. tardo *serpigo, -inis*, irritazione che si diffonde serpeggiando; a. 1320] ***sf.*** *T.med.* irritazione o ulcerazione della pelle che si estende in varie direzioni.

serpiginóso [da *serpigine*; 1544] ***agg.*** *T.med.* detto di irritazione, eruzione o ulcerazione cutanea che si estende con un andamento sinuoso irregolare.

serpìgno [da *serpe*; 1561] ***agg.*** *ant.* *lett.* di, da serpe: *la genìa serpigna* (D'Annunzio).

serpìgo V. SERPIGINE.

serpìllo [dal lat. *serpyllum*; a. 1320] ***sm.*** suffrutice della famiglia delle Labiate, con foglie piccole e fiori rosei o porporini in spicastri apicali, usata in profumeria e per aromatizzare vivande.

serpollìno [dal lat. *serpullum*; 1865] ***sm.*** serpillo.

sèrpula [dal lat. *serpula*, biscia; 1929] ***sf.*** anellide dei Policheti che vive dentro tubi calcarei fissati a corpi sommersi.

sérqua [lat. *siliqua*, baccello; 1279 nel senso 1; 1891 nel senso 2] ***sf.*** **1.** *pop.* dozzina: *una serqua di uova* **2.** *per estens.* un gran numero, abbondanza: *una serqua di figli, d'ingiurie, di bastonate*.

sèrra[1] [da *serrare*; a. 1294 nel senso 3; 1812 nel senso 1] ***sf.*** **1.** locale chiuso adibito alla coltura di piante dalle diverse esigenze climatiche; costituito gen. da una struttura portante in legno, metallo e sim. rivestita da materiale trasparente e isolante, è dotato di impianti di riscaldamento e di regolazione dell'umidità e della luce, e offre la possibilità di ottenere i prodotti (frutti o fiori) in epoca anticipata o posticipata rispetto a quella consueta: *serra fredda, temperata, calda*; *serra fissa*; *serra mobile*, che viene smontata quando le condizioni climatiche esterne lo consentono; *fiore di serra*, coltivato in serra, anche *fig.* persona delicata e gracile || *T.meteor.* *effetto serra*, fenomeno che si verifica quando gli strati inferiori dell'atmosfera terrestre si comportano come le pareti vetrate di una serra, poiché l'eccessiva concentrazione di anidride carbonica impedisce che il calore del Sole, riflesso dalla Terra, si disperda **2.** in impianti idraulici, briglia **3.** *ant.* luogo chiuso, riparato **4.** *ant.* ressa, calca, mischia, folla in tumulto **5.** *tosc.* ciascuna delle parti superiori dei calzoni, che servono per serrarli alla vita.

sèrra[2] [dal lat. *serra*, sega; sec. XIII] ***sf.*** *T.geol.* rilievo allungato a fianchi ripidi e sommità piatta, generalmente non molto elevato e ben individuato.

sèrra[3] [dal lat. *serra*; sec. XIII] ***sf.*** *ant.* sega.

serrabòzze [comp. di *serra(re)* e *bozza*; 1838] ***sm.*** *inv.* *T.mar.* ciascuna delle due catenelle che tengono l'àncora (a ceppo) aderente alla nave nella posizione di sgombro.

serradàdi [comp. di *serra(re)* e *dado*; 1942] ***sm.*** *inv.* arnese per avvitare i dadi.

serrafìla (pl. *-e*) [comp. di *serra(re)* e *fila*; 1647 *serra fila*] ***s.*** **1.** l'ultima persona di una fila; *in part.* *ant.* *T.mil.* soldato o graduato che viene ultimo in un gruppo, chiudendo le file **2.** *sf.* *T.mar.* l'ultima, in un gruppo, di navi che navighino in linea di fila.

serrafìlo [comp. di *serra(re)* e *filo*; 1899] ***sm.*** **1.** pinzetta o morsetto a vite per unire i capi di fili elettrici **2.** *T.tess.* dispositivo del telaio per serrare il filo.

serrafórme [comp. di *serra(re)* e *forma*; 1937] ***sm.*** *inv.* *T.tip.* strumento meccanico che fissa nel telaio di stampa le forme di composizione tipografica.

serràggio (pl. *-gi*) [dal fr. *serrage*, da *serrer*, stringere; 1960] ***sm.*** il serrare, lo stringere con forza.

serràglia (pl. *-glie*) [da *serraglio*[1]; prima metà sec. XIV nel senso 2] ***sf.*** **1.** *T.arch.* chiave dell'arco o anche chiave della volta **2.** *ant.* serraglio, barricata per sbarrare la via nei combattimenti.

serràglio[1] (pl. *-gli*) [dal lat. volg. **serrăculum*, chiusura, attr. il provenz. *serralh*; 1312 nel senso 2; 1671 nel senso 1] ***sm.*** **1.** luogo dove si tengono in gabbia le belve || il complesso degli animali di un circo || *fig.* gruppo di persone chiassose e scomposte: *quella classe è un vero serraglio* **2.** *ant.* chiusura, sbarramento di difesa; barricata **3.** *ant.* luogo chiuso, rinserrato.

serràglio[2] (pl. *-gli*) [dal turco *saray*; 1502 *serajo*] ***sm.*** **1.** nei paesi islamici, palazzo sede del governo o residenza di un principe **2.** *impropr.* termine usato in Occidente come sinonimo di *harem*.

serramànico [comp. di *serra(re)* e *manico*; 1905] ***sm.*** usato solo nella loc. *a serramanico*, riferita a un coltello a lama mobile, ripiegabile nel manico che serve così da custodia.

serràme [da *serrare*; 1296 *serame*] ***sm.*** *raro* congegno per serrare porte, finestre, casse, cassetti ecc., perlopiù con chiave.

serraménto (pl. *-i* e f., collettivo, *le serramenta*) [da *serrare*; 1891] ***sm.*** denominazione generica delle strutture mobili che servono a chiudere le aperture nei muri degli edifici, come porte, imposte, persiane ecc. || **N.** cancello, catena, catenaccio, catorcio, cerniera, chiave, chiavistello, inferriata, infissi, lucchetto, maniglia, nottolino, paletto, puntello, saliscendi, sbarra, serrame, serratura, spranga, stanga, toppa. **Q.T.** *abitazione*.

serrànda [da *serrare*; 1877] ***sf.*** **1.** chiusura a saracinesca, usata spec. per chiudere locali posti ai piani terreni o accessibili dal piano stradale (negozi, autorimesse ecc.): *alzare, abbassare la serranda* **2.** denominazione generica di vari dispositivi di intercettazione o di regolazione della portata di fluidi, analoghi a valvole a farfalla o a saracinesca, usati spec. per la regolazione del tiraggio in condotti fumari || **N.** *Sin.* saracinesca.

Serrànidi (sing. *-e*) [dal lat. volg. **serranus*, da *serra*, sega; 1936] ***sm. pl.*** *T.zool.* famiglia di pesci Perciformi, tra cui la cernia, lo sciarrano, la spigola.

serràno v. SCIARRANO.

serrapennóne [comp. di *serra(re)* e *penne*; 1824] **sm.** *T.mar.* cavo corrente che serve per serrare al pennone, sottraendoli al vento, i lembi esterni delle vele quadre.

serrapièdi [comp. di *serra(re)* e *piede*; 1960] **sm.** *inv.* fermapiedi.

serràre (pres. *sèrro*) [lat. tardo *serāre*, forse con influsso di *ferro*; a. 1294 nel senso 2] **tr.** **1.** chiudere, sbarrare un'apertura con serrature o altri congegni: *serrare le finestre, l'anta dell'armadio, il coperchio del baule* **2.** stringere con forza, chiudere: *serrare i pugni, il laccio intorno al collo*; *serrare le file, la fila*, detto di persone in fila, avvicinarsi l'una all'altra || *T.mar.* *serrare le vele*, avvolgerle ai pennoni e alle antenne || *fig.* detto di un'emozione quando sia tanto intensa da produrre un senso di soffocamento: *il piano, la commozione le serrava la gola* **3.** incalzare, stringere: *serrare il nemico da presso*, essergli addosso **4.** rendere più rapido, più intenso: *serrare i ritmi di lavoro* || *T.mar.* *serrare la voga*, accelerare il ritmo **5.** *raro* rinchiudere: *ho serrato il gatto in garage* || escludere, tener fuori: *ho serrato il gatto fuori di casa* **6.** *ant.* racchiudere; anche *fig.*: *serrava un dolore nel cuore* || **intr.** (aus. *avere*) *tosc.* **1.** detto di serramenti, chiudere, combaciare, commettere: *questa finestra non serra bene* **2.** stringere: *queste maniche serrano troppo nel gomito* || **rifl.** *non com.* addossarsi, stringersi addosso a qualcosa o qualcuno: *serrarsi addosso a qualcuno*, assalirlo; *serrarsi contro un muro*, stringerglisi contro || **N.** **tr.** **3.** *Sin.* comprimere, pressare, schiacciare.

serraschieràto [da *serraschiere*; 1891] **sm.** *T.stor.* dignità e grado di serraschiere; anche il luogo in cui aveva sede l'ufficio del serraschiere.

serraschière o **seraschière** [dal turco *serasker*; 1873] **sm.** *T.stor.* titolo dato dai Turchi al pascià che comandava le forze militari.

sèrra sèrra [imper. duplicato di *serrare*; 1960] **loc. m.** *inv.* l'accalcarsi affannoso e disordinato di persone o animali || **N.** *Sin.* pigia pigia.

serràta [da *serrare*; seconda metà sec. XIV nel senso 2; 1905 nel senso 1] **sf.** **1.** *non com.* il serrare || *in part. com.* sospensione del lavoro in stabilimenti industriali, deliberata dai proprietari per combattere gli scioperi o per opporsi a una modificazione dei contratti di lavoro **2.** *ant.* riparo costruito per fermare il corso delle acque; diga, cateratta.

serràte (*imper.* di *serrare*) [1911] **sm.** *T.sport.* *serrate finale*, intensificata azione d'attacco di una squadra sul finire di una partita per tentare di risolvere a proprio favore l'esito del gioco.

serràto (*pps.* di *serrare*) [fine sec. XIII] **agg.** **1.** compatto, fitto: *maglia molto serrata, file serrate* **2.** che ha un ritmo rapido, incalzante: *trotto serrato* || di una parlata, stretto: *pronuncia serrata* || *fig.* *discorso, ragionamento serrato*, stringato, conciso, strettamente logico || **serrataménte** **avv.**

serràtola o **serràtula** [dal lat. *serrātus*, seghettato; 1726 ca.] **sf.** nome di un'erba perenne del genere Serratula (*Serratula tinctoria*), diffusa nei boschi a suolo acido dell'Italia settentrionale e centrale; alcune sue parti contengono una sostanza colorante gialla.

serratùra [da *serrare*; 1325 ca.] **sf.** **1.** congegno che, fissato a porte, cassetti, casseforti e sim., ne impedisce l'apertura da parte di chi sia sprovvisto dell'apposita chiave; è costituito sostanzialmente da una sbarra manovrabile dall'esterno per mezzo della chiave che, introdotta in un foro del battente, fa scorrere il chiavistello entro apposite guide: *girare la chiave nella serratura, serratura a una, due... mandate, rompere, scassinare la serratura, spiare attraverso il buco della serratura*; *serratura a scatto*, congegnata in modo che si possa chiudere anche senza la chiave, che è però comunque necessaria per aprire; *serratura di sicurezza*, munita di toppa a forma di fessura con il profilo di una determinata chiave, la sola che può aprirla; non è quindi forzabile con grimaldelli; *serratura a combinazione*, in cui il meccanismo di apertura è comandato da bottoni, contrassegnati da numeri o lettere, muniti di corone che lo fanno scattare quando sono ruotate secondo la combinazione prestabilita **2.** *raro* atto del serrare; chiusura, sbarramento || **N.** **1.** *Sin.* serrame | catenaccio, chiavistello, lucchetto, saliscendi | PARTI: ago, bocchetta, boncinello, dente, feritoia, fondo, ingegni, molla, nasello, staffa, stanghetta, toppa.

serrétta [da *serra*[1]; 1838] **sf.** **1.** *T.mar.* nelle imbarcazioni con scafo in legno, ciascuna delle tavole del fasciame interno che riveste il fondo di una nave; nelle imbarcazioni con scafo in metallo, ciascuna delle tavole, convenientemente distanziate, disposte negli spazi interni destinati al carico, come protezione delle fiancate **2.** *region.* serratola. **TAV.** ***vela* p. 1342** 2.9.

sèrto [dal lat. *sertum*; 1321] **sm.** *lett.* ghirlanda, corona: *serto nuziale, serto di lauro, serto regale* || **N.** *Sin.* CORONA.

sèrva [lat. *serva*; 1353] **sf.** donna di servizio, domestica, collaboratrice familiare (o *colf*), cameriera; usato oggi solo in senso *spreg.* || in loc. fam. o pop.: *dormire con la serva*, ignorare o fingere di ignorare cose note a tutti; *essere il figlio della serva*, essere maltrattato; *iperb.* *fare la serva*, condurre un'esistenza non gratificante, di continui sacrifici, spec. nell'ambito familiare: *sono stufa di farti la serva!* || *spreg.* *fig.* persona gretta, pettegola e priva di dignità: *sei peggio di una serva*; *queste sono chiacchiere da serva*, dicerie, insinuazioni maliziose || *dim.* servétta, servettìna, servótta; *pegg.* servàccia || **N.** SERVO.

servàggio (pl. *-gi*) [dal fr. ant. *servage*; a. 1294] **sm.** *lett.* stato di schiavitù, soggezione politica o sociale: *servaggio allo straniero, secoli di servaggio.*

servàlo [dallo sp. o port. *cerval*, che attacca i cervi, attr. il fr. *serval*; 1936] **sm.** felino africano simile al leopardo || **N.** *Sin.* gattopardo africano, gatto delle selve.

servàre (pres. *sèrvo*) [dal lat. *servāre*; 1319 nel senso 2] **tr.** *ant.* e *non com.* **1.** serbare **2.** seguire, osservare, ubbidire.

servènte (*ppr.* di *servire*) [metà sec. XIII] **I** **agg.** *ant.* servizievole, oggi solo nella loc. *cavalier servente*, nella società aristocratica, cavaliere galante di una dama, e, *fig.*, chi accompagna e aiuta una donna, per galanteria o per corteggiarla **II** **s.** *ant.* *raro* **1.** inserviente, servitore, spec. chi presta servizio in ospedali, ricoveri, ospizi ecc. **2.** **sm.** *T.mil.* soldato o marinaio addetto a un pezzo di artiglieria **3.** **sm.** arnese da falegnami per tenere insieme pezzi incollati.

serventése v. SIRVENTESE.

servétta (*dim.* di *serva*) [a. 1735 nel senso 2] **sf.** **1.** giovane cameriera **2.** *T.teatr.* nella commedia del Settecento (e, già prima, nella commedia erudita rinascimentale e nella Commedia dell'Arte), il ruolo della domestica allegra e scaltra, capace di risolvere con abili stratagemmi le situazioni più complicate.

servìbile [da *servire*; 1819] **agg.** **1.** che può servire, che può essere ancora utilizzabile in qualche modo: *è un vestito ancora servibile* **2.** presentabile in tavola: *il gelato non si è sciolto, è ancora servibile* || **N.** *Contr.* inservibile.

servidoràme o **servitoràme** [da *servidore*; a. 1606] **sm.** *non com.* **1.** *spreg.* insieme di servitori **2.** *fig.* adulatori, cortigiani di un potente || **N.** **1.** *Sin.* servitù.

servidóre v. SERVITORE.

serviènte [dal lat. *serviens, -ientis*; 1965] **s.** chi assiste il sacerdote durante la Messa.

servìgio (pl. *-gi*) [lat. *servitium*; 1313] **sm.** **1.** azione, perlopiù spontanea e disinteressata, con cui si fa cosa utile e grata a qualcuno; si differenzia da *servizio*, per cui si intende generalmente una prestazione d'opera eseguita dietro ricompensa: *mi hai reso un gran servigio, mi occorre un servigio da te* || opera altamente meritoria: *è stato decorato per i servigi resi alla patria* **2.** *ant.* servizio; rapporto di vassallaggio || **N.** **1.** *Sin.* beneficio, cortesia, favore, piacere | adoperarsi, prestarsi.

servìle [dal lat. *servīlis*; 1353] **agg.** **1.** di servo, da servo: *condizione servile*; *lavori servili*, opere manuali vietate dalla Chiesa nelle feste di precetto || *per estens.* *spreg.* di persona o di atteggiamento privi di dignità, in quanto improntati a un'avvilente sottomissione: *animo servile, modi di fare servili*; *timore servile*, originato dalla paura del castigo || *imitazione servile*, pedissequa **2.** *T.stor.* *guerre servili*, combattute dagli antichi Romani contro gli schiavi insorti **3.** *T.gram.* così sono chiamati, per la loro subordinazione agli altri verbi, i verbi *volere, dovere, potere* e *sapere* (nel senso di "essere in grado di") quando non vengono usati in modo assoluto, ma hanno alle loro dipendenze un verbo di modo infinito; e infatti essi prendono l'ausiliare stesso che prenderebbe tale verbo: *non ho potuto dormire, non è dovuto partire* || **servilménte** **avv.** || **N.** **1.** *Sin.* abietto, avvilente, basso, degradante, sottomesso, umiliante | *Contr.* nobile.

servilìṣmo [da *servile*; 1877] **sm.** disposizione abietta ad assumere atteggiamenti di umiliante sottomissione nei confronti di altri, spec. se potenti, per accattivarsene la benevolenza o per paura.

servilità [da *servile*; a. 1673] **sf.** l'essere servile || *raro* *concr.* azione servile: *quell'uomo aveva commesso parecchie servilità.*

serviménto [da *servire*; a. 1272] **sm.** *ant.* il servire; servitù.

servìre (pres. *sèrvo*) [lat. *servīre*; a. 1250] **tr.** **1.** essere soggetto ad altri, riconoscendone l'autorità e assecondandone le richieste: *servire i potenti, la tirannia, i dominatori stranieri* || *più com.* prestare la propria opera in qualità di domestico, di servitore: *ho servito per anni una famiglia molto numerosa*; anche *ass.*: *ha iniziato a servire quando era ancora molto giovane* || *per estens.* operare alle dipendenze e per il bene di una persona fisica o morale (istituzione, regime politico e sim.): *ha servito per anni lo Stato*, rivestendo una carica pubblica; *servire una dama*, nel Settecento, farle da cicisbeo; *in part.* *fig.* essere fedele a una causa, dedicandosi a essa assiduamente: *servire la scienza*, dedicare la vita alla ricerca scientifica; *servire Dio, il Signore*, vivere nell'osservanza dei precetti evangelici o, anche, darsi alla vita ecclesiastica || *ass.* *T.mil.* prestare servizio militare: *ha servito in marina, nell'esercito* || in alcune formule di cortesia che vogliono esprimere premurosa sollecitudine: *per servirla!, il signore sarà servito!*; anche *iron.*: *servire qualcuno*, dirgli o dargli ciò che si merita: *l'hanno servito a dovere: è stato licenziato!*; *ora lo servo io!*; con lo stesso sign. nella loc. fam. *servire qualcuno di barba e capelli* **2.** detto del personale di esercizi di vendita al pubblico (negozi, ristoranti e sim.), ascoltare e soddisfare le richieste dei clienti: *servo subito il signore, chi è da servire?*; freq. *ass.*: *in quel locale sono lenti, in pochi a servire*; *serve al bar, ai tavoli* || riferito a prestazioni professionali, artigianali o commerciali in genere, avere come cliente: *il suo studio di consulenza serve le più grandi aziende della città, quella sarta serve* *solo l'alta società* **3.** portare in tavola vivande e bevande ed eventualmente distribuirne le porzioni ai commensali, prelevandole dal piatto di portata: *servire il cocktail, il caffè, la cena; il pranzo è servito*, le vivande sono già in tavola o sono comunque pronte per esservi portate; si usa, insieme a espr. analoghe (*la cena è servita* ecc.), come invito a mettersi a tavola; anche con il compl. ogg. rappresentato dalla persona che viene servita: *si devono servire prima gli ospiti*; anche *ass.*: *per il caffè passiamo in salotto, serva pure lì* ‖ *T.gioc. servire le carte, i giocatori*, distribuire le carte ai giocatori ‖ *T.sport.* nel tennis e nel ping pong, mettere in campo la palla, effettuare la battuta, il servizio, spec. *ass.*; nel calcio, nella pallacanestro e sim., passare la palla a un compagno di squadra che si trovi in una posizione più favorevole per poter continuare o concludere un'azione di gioco **4.** funzionare, svolgere una determinata funzione nei confronti di qualcuno o qualcosa: *gli occhi mi servono ancora bene* ‖ *in part. più com.* di servizi pubblici, essere funzionanti, predisposti per soddisfare i bisogni di una data zona: *la metropolitana serve tutti i quartieri periferici, ma il centro è mal servito; un solo acquedotto serve tutta la valle* ‖ di impianti, installazioni ecc., offrire determinate prestazioni: *una sola caldaia serve tutto il condominio* **5.** *servir Messa*, assistere il sacerdote durante la celebrazione della Messa ‖ ***intr.*** **1.** svolgere una data funzione, essere adatto a un certo scopo, giovare, essere utile a qualcuno o qualcosa: *a cosa serve questo attrezzo?, la lettura serve anche a* (o *per*) *passare il tempo*; *a che serve?*, a che giova?, a che pro?: *a che serve recriminare?; non mi serve*, non mi è utile; *non serve a niente*, è del tutto inutile; *in part.* fare le veci, l'ufficio di; fare, funzionare come qualcosa: *che ciò ti serva da* (o *di*) *esempio, monito, avvertimento, lezione; lei mi serve da interprete, da intermediario; questo locale serve da* (o *come*) *sgabuzzino* **2.** essere necessario, occorrere: *mi serve un abito nuovo, un consiglio* ‖ *meno com.* essere sufficiente, bastare: *questo cibo serve appena per una persona* ‖ ***intr. pron.*** **1.** adoperare una cosa o persona per un dato scopo: *si servì di lui per far carriera, per i brevi tragitti mi servo dei mezzi pubblici* **2.** prendere ciò che viene offerto: *servitevi, servitevi pure*, formule di cortesia usate nell'offrire qualcosa; e rifiutando di prenderne ancora, si risponde *grazie, mi sono* (*già*) *servito* **3.** essere cliente abituale, fornirsi: *mi servo in quella libreria* ‖ **N.** ***tr.*** dipendere, obbedire, prestar servizio, provvedere, sottostare.

servita [da *servo*; sec. XV] ***sm.*** frate dell'ordine dei Servi di Maria.

servito (*pps.* di *servire*) [a. 1588 come sm. nel senso 2] **I *agg.*** **1.** *T.gioc. servito* (*in mano*), in alcuni giochi di carte, detto di un giocatore che non intende cambiare alcuna carta tra quelle possedute né riceverne altre **2.** *non com.* nelle loc. *resta servito, vuoi restar servito?*, formule di cortesia per invitare qualcuno ad accettare qualcosa **II *sm.*** **1.** *tosc.* servizio di vasellame o di posate per tavola **2.** *ant.* portata: *un pranzo con molti serviti.*

servitoràme V. SERVIDORAME.

servitóre (ant. *servidóre*) [dal lat. *servītor, -ōris*; a. 1250] ***sm.*** (f. *-tóra*) **1.** chi serve un padrone o in una famiglia: *il mio fedele servitore*; è usato tuttavia talvolta con valore *spreg.*: *non faccio il servitore a nessuno!* **2.** *fig.* con senso di devozione, di dovere: *servitore della Patria* ‖ *servitor vostro, servitore umilissimo, mi creda suo umile servitore*, formule di cortesia, ormai abbandonate, nel salutare o nel chiudere una lettera **3.** attaccapanni, mobile, arnese di ferro o di legno, trasportabile da un punto all'altro della casa **4.** arnese, simile a un tavolino con ruote, facilmente trasportabile da una stanza all'altra, su cui si servono rinfreschi, tè, caffè o su cui si tengono, vicino alla tavola, stoviglie di ricambio e di portata; detto anche *servitore muto* ‖ *dim.* servitorèllo ‖ **N.** **1.** *Sin.* cameriere, domestico, SERVO. **Q.T.** *diritto.*

servitorésco (pl. *-schi*) [da *servitore*; 1891] ***agg.*** *spreg.* di servitore o da servitore; servile.

servitù [dal lat. *servitus, -ūtis*; a. 1294 *servitudine*] ***sf.*** **1.** stato o condizione di chi serve, di chi è soggetto ad altri; è però meno grave e insieme più esteso di *servaggio* e di *schiavitù*: *liberare dalla servitù, ridurre in servitù, la servitù dell'animo* ‖ *T.stor. servitù della gleba*, la condizione giuridico-sociale dei contadini nell'Impero Romano e in epoca feudale, per cui il contadino era legato alla terra e ne seguiva i passaggi di proprietà **2.** *fig.* ciò che costituisce una limitazione o un vincolo: *la servitù dell'orario fisso, della famiglia* **3.** insieme delle persone di servizio, dei servitori, dei domestici di una casa signorile: *trattar bene, male la servitù* **4.** *T.giur. servitù* (*prediale*), diritto reale comportante la parziale utilizzazione di un fondo (detto *servente*) a vantaggio di un altro fondo (detto *dominante*), appartenente a un diverso proprietario: *servitù di scolo* o *di stillicidio, di passaggio* ‖ *servitù militari*, sui fondi intorno a fortezze ‖ **N.** **1.** affrancazione **3.** SERVO. **Q.T.** *diritto.*

serviziàle [da *servizio*[1]; a. 1535] ***sm.*** *ant.* clistere.

serviziévole [da *servizio*[1]; 1873] ***agg.*** che fa volentieri servigi, che presta di buon grado la sua opera, il suo aiuto: *una persona gentile e serviziévole* ‖ **N.** *Sin.* compiacente, cortese, disponibile.

servìzio[1] (pl. *-zi*) [dal lat. *servitium*; a. 1363] ***sm.*** **1.** prestazione di lavoro dipendente in diversi settori di attività lavorative; *in part.* attività lavorativa prestata in casa altrui in qualità di domestico: *personale, donna di servizio; andare a servizio, prestare servizio presso una ricca famiglia; scala, porta di servizio*, riservata al personale di servizio; *essere, lavorare a mezzo servizio*, prestare la propria opera come domestico solo per mezza giornata al giorno ‖ prestazione del cameriere in ristoranti, bar e sim.: *il servizio è compreso nel conto* ‖ attività lavorativa alle dipendenze di una grande amministrazione pubblica o privata: *entrare in servizio, lasciare* (o *abbandonare*) *il servizio*, rispettivamente, essere assunto ed essere licenziato (o licenziarsi); *prendere servizio* (o anche *entrare in servizio*), iniziare il turno lavorativo: *prendo servizio alle otto e stacco alle dodici, dopo quarant'anni di servizio è stato licenziato* ‖ *in part.* l'attività svolta nelle forze armate e nelle sue singole ripartizioni: *servizio militare, prestò servizio in aeronautica, nell'esercito, come carabiniere a cavallo*; in base al particolare stato di servizio: *è in servizio di leva, come effettivo, come richiamato; un ufficiale in servizio permanente*; o quale incaricato di svolgere compiti precisi: *è in servizio di ronda, di sentinella, di corvé; essere in servizio, di servizio*, durante le ore in cui si è tenuti a svolgere tali prestazioni; *essere fuori servizio*, nelle ore libere, e, *per estens.*, di oggetti che un'avaria, l'usura o sim. ha reso inutilizzabili: *l'ascensore è fuori servizio* **2.** rapporto di dipendenza in cui la propria opera, o la propria vita, è messa a disposizione di una persona o della realizzazione di un compito: *al servizio della regina, mette il suo lavoro al servizio della scienza, la polizia è al servizio della comunità, si è messo al servizio dei potenti, della tirannide, della fede, di Dio* **3.** prestazione eseguita a beneficio di qualcuno, favore: *sei disposto a farmi un piccolo servizio?; mi ha reso un gran servizio*, mi ha fatto un grosso favore; spesso *antifr. iron.* per sottolineare un danno subito per colpa d'altri: *mi ha fatto davvero un bel servizio!* **4.** prestazione continuativa, organizzata dallo Stato o da privati, di carattere non produttivo bensì mirante a soddisfare certi bisogni della collettività; anche il personale, gli uffici e i mezzi destinati a fornire tale prestazione: *il settore dei servizi; il servizio sanitario, dei trasporti, aereo, marittimo, postale; quella nave effettua il servizio passeggeri; la scuola primaria è un servizio sociale aperto a tutti; servizi segreti* (o *di sicurezza*), gen. dipendenti dalle Forze Armate, hanno compito di difesa dello Stato e di controspionaggio ‖ *in part.* nell'ambito di una grande azienda, di un ente e sim., l'ufficio preposto a una particolare funzione: *il servizio delle relazioni pubbliche, del personale, mensa* ecc. **5.** insieme di oggetti o impianti destinati a un dato scopo; *in part. servizio da tavola*, tutto quello che occorre per apparecchiare la tavola, sia per quanto riguarda la biancheria: *un servizio ricamato, di lino; un servizio da* (o *per*) *sei persone*, con sei tovaglioli e una tovaglia di grandezza sufficiente per un tavolo a sei posti; sia per quanto riguarda posate, stoviglie, vasellame ecc.: *un servizio di posate d'argento, un servizio da tè, da caffè, un servizio di porcellana; un servizio da dodici* ‖ spec. *pl. servizi igienici*, denominazione collettiva degli impianti per l'igiene personale e i bisogni fisiologici; anche *ass.* in un appartamento, i vani destinati alla cucina e alle apparecchiature igieniche: *un alloggio di due stanze più i servizi; in part.* il bagno, l'ambiente dotato di servizi igienici: *una casa con doppi servizi* ‖ *stazione di servizio*, lungo le strade, il complesso delle installazioni per il rifornimento dei veicoli ed eventualmente la loro riparazione e il ristoro dei conducenti **6.** *T.giorn.* articolo, reportage o sim. realizzato da un giornalista o un collaboratore di un giornale o di una rete radiofonica o televisiva in relazione a un determinato argomento: *un servizio sulla cura dei tumori, sullo scandalo dei petroli; servizio speciale* ‖ *dim.* serviziétto, serviziùccio; *accr.* servizióne; *pegg.* serviziàccio. **Q.T.** *città, tennis* **TAV. *astronautica* p. 654** 2.19, 5; ***automobile* p. 658** 4.14; ***ferrovie...* p. 669** 5.18.

servìzio[2] (pl. *-zi*) [dall'ingl. *service*, servizio; 1955] ***sm.*** in alcuni sport di palla (tennis, ping pong), il lancio della palla nella metà campo avversaria, con il quale il battitore dà il via al gioco: *un servizio potente, debole, angolato, perfetto, sbagliato* ecc. **TAV.** *tennis* 1.

sèrvo [lat. *servus*; fine sec. XIII nel senso 2] **I *sm.*** (f. *-a*) **1.** schiavo, persona che si trova in stato di soggezione personale e diretta rispetto ad altri: *servi della gleba*, V. SERVITÙ ‖ *per estens. fig.* chi è schiavo di qualcosa, chi ne è dominato e sim.: *servo del denaro, dei capricci della figlia* **2.** chi è al servizio di una persona o di una famiglia, ed è addetto ai lavori domestici più umili e pesanti; *disus.* (è sostituito da *domestico, cameriere, persona di servizio* ecc.), tranne che in contesti in cui ha valore *spreg.* o polemico: *è solo un servo, ma si comporta da padrone, tratta tutti come servi, non sono il tuo servo* ‖ *T.teatr. servo di scena*, facchino addetto al trasporto dell'arredamento di scena dai magazzini al palcoscenico **3.** *per estens.* chi è devoto a qualcuno o a qualcosa, chi opera con impegno e abnegazione al servizio di una causa: *servo di Dio*, cristiano morto in odore di santità e nei confronti del quale è già stata avviata la procedura di beatificazione; *servo dei servi di Dio*, titolo dato al papa; in denominazioni di congregazioni e ordini religiosi: *servi di Maria*, ordine mendicante detto anche dei *serviti* ‖ in loc. disus. di saluto, di congedo o di cortesia: *servo suo, vostro!*; *il suo umilissimo servo*, nella chiusa di lettere, prima della firma **4.** *servo muto*, V. SERVITORE **II *agg.*** *ant.* o *lett.* schiavo: *Ahi serva Italia, di dolore ostello* (Dante) ‖ *T.fil. servo arbitrio*, nella teologia luterana, formula con cui si esprime l'assoluta dipendenza della volontà umana da quella di Dio ‖ *dim.* servétto; *pegg.* servàccio ‖ **N.** **1.** aio, balia, bambinaia, cameriere, cantiniere, cuoco, dipendente, domestico, facchino, famiglio, fattorino, galoppino, garzone, governante, inserviente, lacché, maggiordomo, mazziere, mozzo, paggio, palafreniere, portiere, servitore, sguattero, staffiere, tirapiedi, uomo di fatica, valletto, vassallo | *Contr.* padrone | alacre, fedele, fidato, infido, lento, maldestro, onesto, pigro, zelante | benservito, licenziamento, livrea, salario, uniforme | servitù.

sèrvo- [dal fr. *servo-*, dal lat. *servus*, schiavo] ***primo elem.*** che, in parole composte della terminologia tecnica moderna, indica che il meccanismo rappresentato dal secondo elemento è asservito ad un altro o fa parte di un sistema asservito (per es. *servosterzo, servomeccanismo*).

servoassistere [comp. di *servo-* e *assistere*; 1983] ***tr.*** *T.tecn.* azionare per mezzo di un servomeccanismo.

servocomàndo [comp. di *servo-* e *comando*; 1963] ***sm.*** comando realizzato mediante un servosistema.

servofréno o **servofrèno** [comp. di *servo-* e *freno*; 1930 *servo-freno*] ***sm.*** dispositivo installato su autoveicoli o vetture ferroviarie per diminuire lo sforzo del conducente nella frenatura.

servomeccanìsmo [comp. di *servo-* e *meccanismo*; 1960] ***sm.*** *T.tecn.* dispositivo che, inserito in un apparato, consente il comando, la regolazione o il controllo della posizione di determinate componenti meccaniche.

servomotóre [comp. di *servo-* e *motore*; 1905 *servo-motore*] ***sm.*** *T.tecn.* motore di un servomeccanismo.

servosistèma [comp. di *servo-* e *sistema*; 1960] ***sm.*** *T.tecn.* sistema di intervento e controllo in un impianto basato su servomeccanismi, utilizzato per mantenerlo in condizioni prossime ai valori predeterminati.

servostèrzo [comp. di *servo-* e *sterzo*; 1954] ***sm.*** *T.aut.* dispositivo per diminuire lo sforzo necessario per manovrare il volante di un autoveicolo.

sèṣamo [lat. *sēsamum*, gr. *sḗsamon*; 1340 ca. *sisamo*] ***sm.*** pianta erbacea delle Pedaliacee, tra le più importanti piante da olio || *apriti, sesamo*, è la formula magica che nelle *Mille e una notte* spalanca la porta della caverna ad Alì Babà; e, *per estens.*, si dice per invocare un aiuto quasi soprannaturale per risolvere i casi più complicati.

seṣamòide [comp. di *sesamo* e *-oide*, per la forma simile al seme del sesamo; 1659] ***agg.*** *T.anat.* detto di piccole ossa tondeggianti che possono trovarsi in prossimità di alcune articolazioni del piede e della mano o nello spessore di alcuni tendini.

seṣduzióne [dal fr. *sexduction*; 1983] ***sf.*** *T.biol.* metodo di ricombinazione genetica, nella riproduzione asessuata dei batteri || **N.** trasduzione.

sèṣia [dal lat. scient. *sesia*, basato sul gr. *sḗs*, tignola; 1891] ***sf.*** insetto dei Lepidotteri, la cui farfalla ha ali lunghe, strette e trasparenti; è notevole per il suo mimetismo protettivo.

seṣìno [dal milanese *sesin*, moneta da sei denari; 1934] ***sm.*** antica moneta italiana, diffusa tra il XIV e XVI sec., dal valore prima di sei, poi di otto denari.

sèsqui- [dal lat. *sesqui-*, da *semisque*, e mezzo, mezzo in più] ***primo elem.*** che, in parole composte dotte (per es. *sesquipedale*) o scientifiche (per es. *sesquiossido*), indica un rapporto di tre a due.

sesquiàltera [dal lat. *sesquialter*, letter. metà in più dell'altro; a. 1572] ***sf.*** *T.mus.* **1.** registro dell'organo, a mutazione composta, che realizza il III e il V armonico del suono fondamentale **2.** emiolia.

sesquiòssido [comp. di *sesqui-* e *ossido*; 1960] ***sm.*** *T.chim.* ossido di un elemento chimico trivalente, in cui il metallo e l'ossigeno stanno in rapporto atomico di due a tre.

sesquipedàle [dal lat. *sesquipedālis*, lungo un piede e mezzo; a. 1565] ***agg.*** *lett.* grande, enorme: *un naso sesquipedale* || *parole sesquipedali*, lunghe, secondo la metrica latina, un piede e mezzo; *fig.* troppo lunghe, ampollose || detto di mattoni quadrati, con lato di un piede e mezzo, usati dagli antichi Romani negli archi, nelle volte e (spezzati) nel rivestire pareti.

sèssa [etim. inc.; 1890] ***sf.*** oscillazione periodica del livello delle acque in bacini chiusi, come baie, laghi interni ecc. dovuta a venti o a variazioni di pressione atmosferica.

sessagenàrio (pl. *-ri*) [dal lat. *sexagenārius*; a. 1566] ***agg.*** e ***sm.*** (f. *-a*) *lett.* che o chi ha sessanta anni, sessantenne.

sessagèṣima [da *sessagesimo*; 1682] ***sf.*** nella liturgia cattolica, la domenica che precede di circa sessanta giorni la Pasqua.

sessageṣimàle [da *sessagesimo*; 1875] ***agg.*** detto di sistema di numerazione in cui ciascuna unità equivale a sessanta unità di ordine inferiore (per es. 1 ora = 60 minuti primi).

sessagèṣimo [dal lat. *sexagēsimus*; sec. XIV] ***agg.*** *lett.* sessantesimo.

sessàggio (pl. *-gi*) [da *sessare*; 1970] ***sm.*** in pollicoltura, l'operazione con cui si separano i pulcini secondo il sesso.

sessànta [lat. volg. **sexā(gi)nta*; a. 1348] ***agg.*** e ***sm.*** *num. card.*, ar. 60, rom. LX || il decennio compreso tra il quinto e il settimo di un secolo, spec. di quello contemporaneo: *la contestazione giovanile degli anni Sessanta.*

sessantaquattrèṣimo [da *sessantaquattro*; a. 1642] **I** ***agg.*** *num. ord.* di 64 **II** *num. fraz.*: *due sessantaquattresimi* || *in part.* *T.tip.* *in sessantaquattresimo*, di libri di formato piccolissimo, in cui un foglio di stampa viene ripiegato in sessantaquattro parti.

sessantenàrio (pl. *-ri*) [da *sessanta*, sul modello di *centenario*; 1960] **I** ***agg.*** **1.** *raro* detto di cosa o persona che ha sessanta anni **2.** che ricorre ogni sessanta anni **II** ***sm.*** *raro* sessantesimo anniversario di un fatto memorabile: *festeggiare il sessantenario della nascita di un uomo famoso* || *per estens.* cerimonia e festeggiamento con cui si commemora tale anniversario.

sessantènne [comp. di *sessanta* ed *-enne*; 1873] ***agg.*** e ***s.*** che, chi ha sessant'anni.

sessantènnio (pl. *-ni*) [comp. di *sessanta* e *-ennio*; 1954] ***sm.*** periodo di sessant'anni.

sessantèṣimo [da *sessanta*; a. 1547] **I** ***agg.*** *num. ord.* di 60 **II** *num. fraz.*: *due sessantesimi* || *in part.* unità in cui si esprime la votazione dell'esame conclusivo della scuola secondaria superiore: *si è maturato con cinquantadue sessantesimi.*

sessantìna [da *sessanta*; fine sec. XV] ***sf.*** quantità composta da circa sessanta unità: *una sessantina di spettatori* || nell'età dell'uomo, sessant'anni: *una persona sulla sessantina*, che ha circa sessant'anni.

sessantottésco (pl. *-schi*) [da *sessantotto*; 1979] ***agg.*** relativo alla contestazione giovanile scoppiata nel 1968: *atteggiamento, moto sessantottesco.*

sessantottìno [da *sessantotto*; 1978] ***sm.*** (f. *-a*) e ***agg.*** chi, che ha partecipato attivamente al movimento di contestazione del sessantotto, o chi ne continua l'ideologia o i comportamenti: *un gruppo di sessantottini, polemiche di marca sessantottina.*

sessantottìṣmo [da *sessantotto*; 1977] ***sm.*** ideologia e atteggiamento che si richiamano ai motivi ispiratori della contestazione giovanile scoppiata nel 1968.

sessantottìsta [da *sessantotto*; 1974] **I** ***agg.*** relativo alla contestazione scoppiata nel 1968, proprio di tale contestazione, sessantottesco **II** ***s.*** sessantottino.

sessantòtto [dall'anno 1968; 1978] ***sm.*** (spesso maiuscolo *il Sessantotto*) il movimento di contestazione giovanile, spec. studentesca, esploso nel 1968 || *per estens.* ogni movimento di contestazione o ribellione giovanile: *è scoppiato un nuovo sessantotto.*

sessàre (pres. *sèsso*) [da *sesso*; 1970] ***tr.*** in pollicoltura, distinguere il sesso dei pulcini per separare le galline dai galletti.

sessatóre [da *sessare*; 1970] ***sm.*** (f. *-trice*) chi ha il compito di sessare i pulcini.

sessennàle [da *sessenne*; 1940] ***agg.*** *lett.* che avviene ogni sei anni || che dura sei anni o da sei anni.

sessènne [dal lat. *sexennis*; 1940] ***agg.*** *lett.* che ha sei anni; seienne.

sessènnio (pl. *-ni*) [dal lat. *sexennium*; 1735] ***sm.*** intervallo di tempo di sei anni || *non com.* durata in carica per sei anni di un impiegato pubblico.

sèssile [dal lat. *sessilis*, atto a sedervisi; 1805] ***agg.*** *T.bot.* di foglia, frutto o fiore, privo di picciolo, che si attacca direttamente al ramo || **N.** *Contr.* vagile.

sessionàrio (pl. *-ri*) [da *sessione*; 1873] ***sm.*** registro su cui l'avvocato registra le sessioni tenute per il cliente.

sessióne [dal lat. *sessio, -ōnis*, seduta; a. 1540] ***sf.*** **1.** il periodo di tempo in cui un organo collegiale (assemblea, consiglio, commissione, tribunale, parlamento ecc.) tiene periodicamente le sue sedute; anche il complesso di sedute che un organo collegiale tiene per un determinato periodo di tempo: *la sessione autunnale degli esami, la sessione del parlamento, una sessione straordinaria della Corte d'Assise* **2.** nel linguaggio forense, seduta dell'avvocato col cliente o anche con altri per conto del cliente.

sessìṣmo [da *sesso*, sul modello del fr. *sexisme*; 1974] ***sm.*** tendenza a discriminare le persone in base al loro sesso; *in part.* discriminazione delle donne.

sessìsta [da *sesso*, sul modello del fr. *sexiste*; 1977] ***agg.*** e ***s.*** che, chi sostiene la discriminazione sessuale, considerando inferiore la donna e comportandosi di conseguenza: *ideologia patriarcale e sessista.*

sessitùra [dal lat. *subsutūra*, orlatura; sec. XIV] ***sf.*** la piega che si fa in fondo a un vestito, spec. da bambino o da donna, per poterlo in seguito allungare || **N.** balza, basta, orlo, ritreppio.

sèsso [dal lat. *sexus*; a. 1320] ***sm.*** **1.** il complesso dei caratteri anatomici, fisiologici e genetici che differenziano gli individui di una stessa specie in maschi e femmine: *sesso maschile, femminile*; *si assumono giovani d'ambo i sessi*, sia maschi che femmine; *la legge non fa distinzioni di sesso*; *i rapporti tra i due sessi*, tra persone di sesso diverso; *il terzo sesso*, gli omosessuali; *cambiar sesso*, assumere, per mezzo di interventi chirurgici, alcune caratteristiche anatomiche dell'altro sesso; *scherz.* *il sesso forte*, gli uomini; *il sesso debole, il bel sesso, il gentil sesso*, le donne || *fig.* *discutere sul sesso degli angeli*, su una questione insolubile e vana **2.** *per meton.* gli organi sessuali **3.** *per meton.* l'attività sessuale, la vita sessuale degli individui e i problemi che le sono connessi: *parlare del sesso ai bambini, il sesso è per molti un'ossessione, messaggi pubblicitari pieni di allusioni al sesso.*

sèssola v. SASSOLA.

sessuàle [dal lat. tardo *sexuālis*; 1865] ***agg.*** che riguarda il sesso: *organi sessuali*, della riproduzione; *ghiandole sessuali*, il testicolo dell'uomo e l'ovaia della donna; *riproduzione sessuale* (o *gamica*), contrapposta alla *riproduzione asessuale* (o *agamica*), è quella per cui il nuovo individuo si forma dall'incontro dei gameti || che riguarda l'attività sessuale: *inibizioni sessuali, educazione sessuale.*

sessualità [da *sessuale*; 1873] **sf.** tutto ciò che ha rapporto col sesso e lo caratterizza: *teoria della sessualità.*

sessualizzazióne [da *sessuale*; 1936] **sf.** l'acquisto o il conferimento di qualità sessuali a una parte dell'organismo.

sessuàto [da *sessuale*; 1949] **agg.** *T.biol.* si dice di individuo fornito di organi sessuali.

sessuofobìa [comp. di *sessu(ale)* e *-fobia*; 1963] **sf.** *T.psic.* atteggiamento fobico nei confronti del sesso.

sessuofòbico (pl. *-ci*) [da *sessuofobia*; 1963] **agg.** *T.psic.* relativo alla sessuofobia, tipico della sessuofobia: *comportamento sessuofobico.*

sessuòfobo [da *sessuofobia*; 1964] **I sm.** (f. *-a*) *T.psic.* persona che soffre di sessuofobia **II agg.** sessuofobico.

sessuologìa [comp. di *sessu(ale)* e *-logia*; 1935] **sf.** *T.med.* scienza che studia i fenomeni della vita sessuale, sia nei suoi aspetti fisiologici che in quelli patologici.

sessuològico (pl. *-ci*) [da *sessuologia*; 1942] **agg.** relativo a sessuologia.

sessuòlogo (pl. *-gi*) [comp. di *sessu(ale)* e *-logo*; 1957] **sm.** (f. *-a*) studioso, esperto di sessuologia.

sessuomanìa [comp. di *sessu(ale)* e *-mania*; 1983] **sf.** *T.psic.* attrazione morbosa per ogni manifestazione sessuale.

sèsta[1] [da *sesto*[1]; a. 1342] **sf.** **1.** *T.eccl.* nome di una delle ore canoniche, quella corrispondente al mezzogiorno: *è suonata la sesta* **2.** *T.mus.* intervallo che abbraccia sei gradi della scala diatonica **3.** nella danza classica, posizione in cui i piedi sono paralleli e l'uno contro l'altro: *mettersi in sesta*, assumere la sesta posizione.

sèsta[2] [da *sesto*[1]; 1306] **sf.** **1.** *ant.* compasso **2.** *fig. scherz.* gambe esageratamente lunghe e magre.

sestantàrio (pl. *-ri*) [da *sestante*; 1935] **agg.** *T.num.* detto di asse romano ridotto al peso di un sestante.

sestànte [dal lat. *sextans, -antis*, sesta parte; 1631] **sm.** **1.** strumento astronomico che si sposta su un arco di sessanta gradi (la sesta parte di una circonferenza) e serve a misurare l'altezza angolare di un astro sull'orizzonte o la distanza angolare tra due astri **2.** *T.num.* antica moneta romana corrispondente alla sesta parte di un asse. **Q.T.** *nautica...*

sestàrio (pl. *-ri*) [dal lat. *sextārius*; a. 1484] **sm.** antica misura di capacità per i liquidi che valeva circa mezzo litro.

sestèrno [da *sesto*, sul modello di *quaderno*; 1560] **sm.** gruppo di sei fogli piegati in due, inseriti l'uno dentro l'altro ed eventualmente rilegati a quaderno.

sestèrzio (pl. *-zi*) [dal lat. *sestertius*; 1554] **sm.** *T.num.* moneta romana originariamente d'argento e del valore di circa due assi e mezzo; in materiale e con valore diverso, restò in uso fino al sec. III.

sestétto [da *sesto*[1]; 1825] **sm.** gruppo di sei persone che compiono un'azione in comune; *in part. T.mus.* gruppo musicale di sei strumenti; *per estens.* composizione musicale a sei parti, strumentali o vocali ‖ *T.sport. sestetto difensivo*, nel calcio, il complesso formato dal portiere, i due terzini e i tre mediani.

sestière [dal lat. *sextārius*, sesta parte (di una misura); 1312 *sestiero*] **sm.** ciascuna delle sei parti in cui erano divise certe città: *abitava in un vecchio sestiere di Genova*; *in part.* ciascuna delle sei parti in cui è ancora oggi divisa la città di Venezia ‖ **N.** quartiere, rione.

sestiga [da *sesto*[1], sul modello di *quadriga*; 1873] **sf.** cocchio a sei.

sestile [dal lat. *sextīlis*; a. 1533] **sm.** **1.** *T.stor.* il sesto mese dell'anno romano, che corrisponde all'agosto **2.** *T.astrol.* posizione di due pianeti che distano tra loro di 60° **3.** *ant.* la sesta parte della circonferenza del cerchio. **TAV.** *astrologia* 3.5.

sestìna [da *sesto*[1]; fine sec. XV] **sf.** **1.** *T.lett.* canzone lirica generalmente di sei stanze, di sei versi ciascuna, con tre versi finali come commiato; le stesse sei parole finali dei versi della prima strofa devono terminare, secondo un ordine stabilito, ciascun verso delle strofe seguenti, e ritrovarsi poi, nell'ordine iniziale, al mezzo e alla fine dei tre versi del commiato ‖ strofa di sei versi, generalmente costituita da endecasillabi; questi possono essere tutti a rima alternata oppure i primi quattro a rima alternata, gli ultimi due a rima baciata **2.** *T.mus.* figura di sei note corrispondenti a un tempo **3.** *T.filat.* blocco di sei francobolli uguali, in formato due per tre **4.** formato di carta da scrivere di dimensioni 46×56 cm.

sestìno [da *sesto*[1]; 1400 ca.] **sm.** **1.** *T.num.* moneta equivalente a un sesto di tornese **2.** *ant.* mattone più piccolo dell'ordinario, quadruccio **3.** *ant. T.mus.* specie di clarinetto in *la* bemolle.

sèsto[1] [lat. *sextus*; fine sec. XIII] **I agg.** *num, ord.* di 6 ‖ *T.alp. sesto grado*, il grado di difficoltà che fino agli anni Sessanta era ritenuto il massimo nelle ascensioni **II** *num. fraz.*: *due sesti.*

sèsto[2] [forse da *sesta*[2]; 1511] **sm.** assetto, ordine, disposizione regolare di qualcosa; anche *fig.*: *rimettere in sesto i propri affari*; *rimettersi in sesto*, darsi una riordinata o, anche, ritornare in buona forma fisica o psicofisica o in buone condizioni economiche; *sentirsi fuori (di) sesto*, non in condizioni normali o, anche, in part., a disagio.

sèsto[3] [da *sesto*[1]; a. 1537] **sm.** **1.** *T.arch.* linea curva definita dalla superficie dell'intradosso di un arco; può avere sagoma diversa a seconda del numero e della posizione dei centri: *arco a tutto sesto*, semicircolare; *arco a sesto ribassato, rialzato*, in cui, rispettivamente, la saetta è minore o maggiore del raggio; *arco a sesto acuto*, ogivale, tipico del gotico **2.** *ant.* compasso, sesta. **TAV.** ***architettura* p. 646** 6.1.

sestogradista [da *sesto grado*; 1960] **s.** *T.alp.* fino agli anni Sessanta indicava chi era capace di compiere ascensioni di sesto grado.

sestùltimo [comp. di *sesto*[1] e *ultimo*; 1641] **agg.** che è il sesto partendo dall'ultimo: *la sestultima sillaba.*

sèstupla [da *sestuplo*; 1706] **sf.** *T.mus.* misura a due tempi ternari: *sestupla minore.*

sestuplicàre (pres. *-ùplico, -ùplichi*) [da *sestuplo*; 1960] **tr.** moltiplicare per sei ‖ **intr. pron.** diventare sei volte maggiore.

sestùplice [da *sesto*[1], sul modello di *quadruplice*; 1957] **agg.** *lett.* che è formato da sei parti, da sei elementi, anche diversi tra loro.

sèstuplo [da *sesto*[1], sul modello di *quadruplo*; 1585 come sm.] **I agg.** che è sei volte più grande **II sm.** quantità sei volte maggiore: *ho guadagnato il sestuplo di quanto avevo investito.*

set (ingl., pr. [set]) [letter. partita; disposizione; gruppo; 1905] **sm.** *inv.* **1.** *T.sport.* nel gioco del tennis, partita: *incontro al meglio dei cinque set*, in cui vince il giocatore che per primo si aggiudica tre partite su cinque ‖ nella *loc. m. inv.* ingl. *set point*, palla partita, cioè la palla che può essere risolutiva della partita **2.** *T.cin.* il luogo dove vengono effettuate le riprese cinematografiche **3.** attrezzatura, insieme di oggetti affini: *un set da viaggio*, composto da sacche, valigie, borse ecc.; *un set da cucito*, astuccio contenente tutto quanto occorre per i lavori di cucito. **Q.T.** *tennis.*

séta [dal lat. *sēta*, setola; fine sec. XIII] **sf.** **1.** filo tessile prezioso, prodotto dal bruco di una farfalla notturna (*Bombyx mori*) e destinato alla preparazione del bozzolo: *filati di seta*; *seta greggia*, ottenuta dipanando i bozzoli; *seta cotta, sgommata*, priva della sericina; *seta cruda*, non sgommata; *seta vegetale*, prodotto artificiale derivato dalla cellulosa, di aspetto e di uso simili a quelli della seta, ma più pesante e più rigida; si chiamava anche *seta artificiale* (ma oggi una legge proibisce di chiamarla così) o *rayon*; *seta gloria*, v. GLORIA ‖ *per estens.* tessuto di seta: *un vestito di seta bianca* **2.** *T.bot.* la porzione assile allungata che sorregge l'urna (o *capsula*) dei muschi ‖ **N.** **1.** bavella, bisso, cascame, catarzo, filaticcio, fioretto, organzino, raso, sbrocco, velluto | broccato, ciniglia, drappo, faldella, filo, gomitolo, nastro, tessuto | floscia, lavata, tinta, torta | ciompo, filanda, sbozzolatura, sericeo, serico, sericoltore, sericoltura, setaiolo, stagionatura, trattatura. **TAV.** *zootecnia* 11.2.

setacciàre (pres. *-àccio*) [da *setaccio*; a. 1574] **tr.** **1.** passare al setaccio per separare le impurità, i grumi, le parti più grossolane da quelle più fini: *setacciare la farina, i detriti del torrente alla ricerca dell'oro* **2.** *fig.* esaminare, sceverare minutamente: *setacciare i candidati, le informazioni.*

setacciàta [da *setacciare*; 1960] **sf.** passata al setaccio svelta e sommaria.

setacciatóre [da *setacciare*; 1970] **sm.** (f. *-trìce*) e **agg.** chi, che è addetto a setacciare.

setacciatùra [da *setacciare*; 1960] **sf.** **1.** il setacciare **2.** residuo di materiale troppo grossolano che non passa attraverso il setaccio.

setàccio (pl. *-ci*) [dal lat. mediev. *saetācium*; sec. XIV] **sm.** attrezzo costituito da un telaio in legno, plastica o metallo, gen. circolare, sul cui fondo è tesa una reticella in crine, fili di canapa o cotone o anche metallica, a maglie più o meno larghe, utilizzato per separare le parti più grossolane da quelle più fini di una massa di materiali o per filtrare da una massa semiliquida la parte più liquida, meno consistente: *passare al setaccio farina, sabbia*; *passare al setaccio la salsa di pomodoro, il passato di verdura* ‖ **N.** *Sin.* staccio.

setàceo [da *seta*; 1805] **agg.** *non com.* di aspetto simile a quello della seta; sericeo.

setaiòlo [da *seta*; 1272 *setaiuolo*] **sm.** (f. *-a*) **1.** commerciante di seterie **2.** operaio nelle filande di seta. **Q.T.** *tessitura.*

setàle [da *seta*; a. 1933] **sf.** *ant. T.pesc.* la parte estrema e più sottile della lenza, costituita da un filo trasparente di nailon cui è attaccato l'amo; più com. *terminale* o *finale.* **TAV.** *pesca* 6.5.

séte [lat. *sitis*; a. 1306 nel senso 2] **sf.** **1.** bisogno fisiologico di introdurre nell'organismo una quantità d'acqua che compensi l'impoverimento idrico che si è per qualche motivo verificato; si manifesta con un senso di arsura, di secchezza delle labbra, della bocca e del cavo faringeo: *ho una sete tremenda, insopportabile, togliersi la sete con una bibita, mangiar salato fa venir sete* ‖ *iperb. morire di sete*, avere una gran sete ‖ nel modo di dire *fig. levarsi la sete col prosciutto*, ricorrere a un rimedio che aggrava invece il male ‖ *per estens. aver sete*, detto di piante, terreni ecc., aver bisogno d'acqua, di umidità **2.** *fig.* ardente desiderio, brama: *ho sete di sapere, di onore, di affetto, di giustizia, di vendetta* ‖ **N.** **1.** *Sin.* aridità, arsura | ardere, bruciare; dissetarsi, far venir sete, soddisfare la sete, spegner la sete, togliere la sete | adipsia, dipsomania | beone, dipsomane, sitibondo, ubriacone | acqua, bevanda, bibita.

seterìa [da *seta*; 1771 nel senso 2] **sf.** **1.** setificio ‖ negozio di tessuti in seta **2.** *pl.* le varie qualità, l'insieme dei vari tessuti di seta ‖ **N.** **2.** broccato, crespo, damasco, drappo, ermisino, felpa, lustrino, raso, velluto, velo.

seticoltùra [comp. di *seta* e *coltura*; 1891] **sf.** *non com.* sericoltura.

setìfero [comp. di *seta* e *-fero*; 1873] **agg.** *non com.* che produce seta.

setifìcio (pl. *-ci*) [comp. di *seta* e *-ficio*; 1787]

sm. stabilimento industriale dove si lavora la seta. **Q.T.** *tessitura.*

setìno [da *seta*; 1746] **sm.** **1.** filo sottilissimo di seta usato per lavori di rammendo **2.** *non com.* paramento di seta o sim. per addobbare a festa le chiese.

sétola[1] [lat. tardo *sētula*; 1340 ca.] **sf.** **1.** pelo grosso e rigido del maiale, del cinghiale e del cavallo **2.** *per estens. fig. scherz.* capelli, barba e baffi duri e rigidi **3.** spazzola di setola usata spec. in tipografia per ripulire i caratteri dai residui di inchiostro ‖ *dim.* setolétta, setolìna; *accr.* setolàccia.

sétola[2] [forse dal lat. *secta*, tagliata, con influsso di *setola*[1]; a. 1320 nel senso 2; a. 1685 nel senso 1] **sf.** **1.** screpolatura della pelle, spec. delle mani e delle labbra; ragade **2.** fenditura dello zoccolo del cavallo.

setolàre (pres. *sétolo*) [da *setola*[1]; a. 1527 nel senso 2] **tr.** **1.** *T.tip.* ripulire con la setola i caratteri da stampa **2.** *ant.* spazzolare i panni con una spazzola di setole.

setolinàre [da *setolino*; 1873] **tr.** *raro* spazzolare col setolino.

setolìno [da *setola*[1]; 1865] **sm.** spazzola di setole più o meno dure, specialmente per pulire cappelli, panni e sim. ‖ **N.** *Sin.* pennello, scopettino, spazzolino.

setolóso [da *setola*[1]; 1340 ca.] **agg.** *ant.* e *lett.* pieno, coperto di setole ‖ duro e ruvido come setole.

setolùto [da *setola*[1]; a. 1333] **agg.** *lett.* setoloso, pieno di setole ‖ che è composto di setole.

setóne [dal lat. *sāeta*, setola; a. 1320] **sm.** *T.veter.* specie di corda di setole che si usava passare sotto la pelle dei cavalli per promuovere irritazioni o suppurazioni a scopo curativo o per favorire l'accrescimento dei muscoli degli esemplari da corsa ‖ *per estens.* l'operazione chirurgica relativa.

setóso[1] [da *sete*; a. 1571] **agg.** *ant.* sitibondo.

setóso[2] [lat. *setōsus*; a. 1320] **agg.** *ant.* setoluto.

setóso[3] [da *seta*; 1922] **agg.** che al tatto dà una sensazione simile a quella data dai tessuti di seta: *foglia setosa.*

set point (ingl., pr. [ˌset ˈpɔint]) [letter. punto del set; 1988] **loc. m.** *inv.* *T.sport.* nel tennis, il punto realizzando il quale un giocatore può aggiudicarsi un set. **Q.T.** *tennis.*

sètta [dal lat. *secta*, modo di pensare e operare; a. 1306] **sf.** **1.** insieme di più persone che seguono una dottrina religiosa e una prassi di vita rituale per alcuni tratti diversa da quella dell'istituzione religiosa: *gli Sciiti sono una setta dell'Islam, gli gnostici sono una setta cristiana* **2.** fazione, partito, compagnia, insieme di seguaci ‖ società segreta: *la setta dei Carbonari* ‖ **N.** **1.** *Sin.* chiesuola, combriccola | scisma | adepto, neofita, partigiano, settario. **Q.T.** *religione.*

settànta [lat. volg. **septuāg(i)nta*; 1353] **agg.** e **sm.** *num. card.*, ar. 70, rom. LXX ‖ il decennio compreso tra il sesto e l'ottavo di un secolo, spec. di quello contemporaneo: *i progressi degli anni Settanta* ‖ *per anton. T.eccl. i Settanta*, i settantadue leggendari traduttori della Bibbia in greco: *la traduzione dei Settanta.*

settantenàrio (pl. *-ri*) [da *settanta*, sul modello di *centenario*; 1960] **I agg.** **1.** *raro* detto di cosa o persona che ha settanta anni **2.** che ricorre ogni settanta anni **II sm.** settantesimo anniversario di un fatto memorabile: *celebrare il settantenario della nascita, della morte* ‖ *per estens.* cerimonia o festeggiamento con cui si commemora tale ricorrenza.

settantennàle [da *settantenne*; 1960] **agg.** **1.** *raro* della durata di settanta anni **2.** che ricorre ogni settanta anni, festeggiamento settantennale.

settantènne [comp. di *settanta* ed *-enne*; 1873] **agg.** e **s.** di settanta anni; che o chi ha settant'anni.

settantènnio (pl. *-ni*) [comp. di *settant(a)* e *-ennio*; 1960] **sm.** periodo di tempo che ha la durata di settanta anni: *un settantennio di attività intensa.*

settantèsimo [da *settanta*; 1715] **I agg.** *num. ord.* di 70 **II** *num. fraz.*: *cinque settantesimi* ‖ unità di voto in cui si esprimono i risultati di esami postuniversitari.

settantìna [da *settanta*; 1829] **sf.** quantità di settanta unità o poco più, poco meno ‖ nell'età dell'uomo, settant'anni: *ha già passato la settantina; è vicino, prossimo alla settantina*, è vicino a compiere settant'anni.

settàre (pres. *sètto*) [dall'ingl. (*to*) *set*, regolare, tarare; 1988] **tr.** *T.inform.* rif. a parametro o variabile, attribuirgli un valore, e spec. un valore iniziale.

settàrio (pl. *-ri*) [da *setta*; 1598 come sm.; 1873 come agg.] **I agg.** **1.** di setta, sovente in senso *spreg.*: *scopi, fini settari, un movimento settario* **2.** *per estens.* fazioso, intransigente, sul piano ideologico: *atteggiamento, spirito settario* **II sm.** (f. *-a*) **1.** seguace di una setta **2.** persona faziosa e ideologicamente intransigente ‖ **N.** II **2.** *Sin.* favoreggiatore, partigiano, satellite, seguace, settatore.

settarìsmo [da *settario*; 1915] **sm.** atteggiamento settario, faziosità.

settarìstico (pl. *-ci*) [da *settario*; 1960] **agg.** relativo al settarismo, proprio del settarismo: *tendenza settaristica.*

settatóre [dal lat. *sectātor*, *-ōris*; a. 1332] **sm.** (f. *-trice*) *raro lett.* partigiano, seguace.

sètte [lat. *septem*; fine sec. XIII] **agg.** e **sm.** *num. card.*, ar. 7, rom. VII ‖ *in part.*, come *agg.*, in varie loc.: *le sette meraviglie del mondo*, V. MERAVIGLIA; *avere sette vite come i gatti*, si dice di persona robusta e piena di vitalità; *i sette cieli*, le sette sfere del sistema telemaico, e propriamente la sfera del Sole, della Luna, di Giove, di Venere, di Saturno, di Marte e di Mercurio; anche *fig.*: *portare* o *innalzare qualcuno ai sette cieli*, magnificarlo, esaltarlo con ogni sorta di lodi; *chiudere una cosa con sette sigilli*, prendendo l'espressione dall'Apocalisse, chiuderla ermeticamente, in modo che nessuno possa prenderla; *settanta volte sette*, espressione evangelica per indicare un numero grandissimo ‖ nella *loc. m. sette ottavi*, giaccone lungo, che copre per sette ottavi la lunghezza di un vestito sottostante ‖ come *sm.*, in contesti in cui assume un sign. particolare: *fam.* ferita strappo che ha figura di un sette in cifre arabe: *s'è fatto un sette nei calzoni, nella mano* ‖ *T.gioc. tre sette*, V. TRESETTE; *sette e mezzo*, gioco di carte, nel quale il punto maggiore è un sette e in più una figura, che conta come mezzo punto; *sette bello*, V. SETTEBELLO ‖ **N.** ettaedro, ettagono, settemplice, settemvirato, settenario, settenne, settiduo, settimana, settimino, settimo.

settebèllo [comp. di *sette* e *bello*; 1891 *sette bello*] **sm.** **1.** *T.gioc.* il sette di danari o di quadri che nel gioco della scopa fa guadagnare un punto a chi riesce a prenderlo **2.** *T.ferr.* elettrotreno veloce e confortevole in servizio fino agli anni Settanta sulla linea Roma-Milano.

settecentésco (pl. *-schi*) [da *settecento*; 1922] **agg.** del XVIII secolo: *spirito settecentesco, arte, letteratura settecentesca.*

settecentìsta [da *settecento*; 1922] **s.** **1.** scrittore, filosofo, artista del sec. XVIII **2.** studioso del Settecento, spec. nelle sue manifestazioni artistiche e letterarie.

settecentìstico (pl. *-ci*) [da *settecentista*; 1960] **agg.** relativo al Settecento e ai settecentisti; proprio del Settecento e dei settecentisti: *cultura settecentistica.*

settecènto [comp. di *sette* e *cento*; a. 1388] **agg.** e **sm.** *num. card.*, ar. 700, rom. DCC ‖ (sempre maiuscolo) il secolo XVIII: *enciclopedismo del Settecento; scrittori del Settecento.*

settèmbre [lat. *september*, 1285 *setembre*] **sm.** nono mese dell'anno civile, secondo il calendario giuliano e gregoriano ‖ nell'uso scolastico, *rimandare a settembre*, per gli esami di riparazione; *esami di settembre*, di riparazione.

settembrìno [da *settembre*; a. 1729] **agg.** di settembre, attinente al settembre: *aria settembrina; lana settembrina*, tosata in settembre; *fichi settembrini*, che maturano in settembre.

settembrizzatóre [dal fr. *septembrisateur*; 1960] **sm.** (f. *-trice*) *T.stor.* nome che designava chi, durante la Rivoluzione francese, prese parte ai massacri di prigionieri monarchici del settembre del 1792 ‖ *per estens. lett.* chi ha compiuto atroci delitti politici.

settèmplice [dal lat. *septemplex*, *-icis*; a. 1745] **agg.** *lett.* formato da sette elementi, anche disuguali tra loro ‖ *in part. scudo settemplice*, doppiato sette volte, formato di sette strati; *luce settemplice*, luce bianca, detta così perché si può decomporla nelle sette luci colorate dello spettro solare.

settemviràto o **settenviràto** [da *settemviro*; 1745 *settenvirato*] **sm.** qualunque magistratura, collegio o sim. formato da sette persone ‖ la durata della carica dei settemviri.

settèmviro o **settènviro** [dal lat. *septĕmvir*; 1745 *settenviro*] **sm.** ciascuno dei magistrati componenti un settemvirato.

settenàrio (pl. *-ri*) [dal lat. *septenārius*; 1777] **I agg.** **1.** *T.metr. verso settenario*, formato da sette sillabe **2.** *T.mus. misura settenaria*, in sette tempi **II sm.** *T.metr.* verso di sette sillabe, il più usato, insieme all'endecasillabo, nella metrica italiana; ha l'accento ritmico fisso sulla sesta sillaba; *settenario doppio*, alessandrino francese.

settennàle [da *settenne*; 1758] **agg.** **1.** che ricorre ogni sette anni: *scadenza settennale* **2.** che vale per sette anni: *piano settennale* **3.** *lett.* di sette anni: *un settennale abbandono.*

settennàto [da *settenne*; 1891] **sm.** *non com.* spazio di sette anni, settennio ‖ *in part.* in Italia, la durata del mandato presidenziale.

settènne [dal lat. *septennis*; 1640] **agg.** **1.** di sette anni **2.** che ha sette anni: *un bambino settenne.*

settènnio (pl. *-ni*) [dal lat. *septennium*; 1611 *settenio*] **sm.** spazio di sette anni; settennato.

settentrionàle [dal lat. *septemtrionālis*; a. 1320] **I agg.** **1.** proprio del settentrione: *clima settentrionale, usanze settentrionali* **2.** che si trova a settentrione, in senso assoluto o relativamente a un punto di riferimento: *Europa settentrionale, popolo settentrionale* **3.** che è volto a settentrione: *l'ala settentrionale di un palazzo* **4.** che proviene da settentrione: *vento settentrionale* **II s.** nativo o abitante del settentrione ‖ **N.** *Contr.* meridionale.

settentrionalìsmo [da *settentrionale*; 1957] **sm.** **1.** *T.ling.* elemento linguistico (termine, costruzione, pronuncia ecc.) penetrato nell'italiano dai dialetti settentrionali **2.** *T.stor.* e *T.pol.* subito dopo l'Unità d'Italia, tendenza politica a sostenere la superiorità economica dell'Italia settentrionale nei confronti del Meridione.

settentrionalìsta [da *settentrionalismo*; 1982] **s.** e **agg.** chi, che sostiene il settentrionalismo.

settentrionalìstico (pl. *-ci*) [da *settentrionalista*; 1982] **agg.** relativo al settentrionalismo: *teorie settentrionalistiche.*

settentrionalizzàre [da *settentrionale*; 1982] **tr.** far adottare abitudini di vita e usi linguistici tipici del settentrione ‖ **intr. pron.** adottare usanze e abitudini tipiche del settentrione: *dopo tre anni si è perfettamente settentrionalizzato.*

settentrionalizzazióne [da *settentrionalizzare*; 1982] **sf.** atto ed effetto del settentrionalizzare o del settentrionalizzarsi.

settentrióne [dal lat. *septemtrio, -ōnis,* dal n. lat. delle stelle dell'Orsa; 1319] **sm.** **1.** propr. le sette stelle dell'Orsa minore, tra cui c'è la Stella Polare || *per estens.* l'emisfero terrestre da cui è visibile l'Orsa minore || *per estens.* il punto cardinale opposto a mezzogiorno e indicato dalla Stella Polare; nord: *dirigersi a settentrione; venti di settentrione,* che spirano da quella parte **2.** regione settentrionale: *il settentrione della Francia* || **N.** *Sin.* nord, parte boreale, polo artico | borea, tramontana | a bacìo, a mezzanotte | iperboreo, nordico, settentrionale | polarità.

settenviràto v. SETTEMVIRATO.

settènviro v. SETTEMVIRO.

sètte ottàvi o **settottàvi** [comp. di *sette* e *ottavo*; 1965] **loc. m. inv.** *T.abb.* giacca o giaccone da donna che copre i sette ottavi dell'abito su cui si indossa.

setter (ingl., pr. ['setə]; pr. it. ['sεtter]) [da (*to*) *set,* fermare (la selvaggina); 1875] **sm.** *inv.* nome comune di tre razze di cane da caccia, simile al bracco di origine inglese. **TAV. *cani* p. 663.**

setterème v. SETTIREME.

setticemìa (ant. *septicemìa*) [comp. di *settico* e *-emia*; 1875] **sf.** **1.** *T.med.* sepsi **2.** *T.veter.* nome di diverse malattie che colpiscono vitelli, suinetti e puledri nel primo periodo di vita, causandone la morte.

setticèmico (pl. *-ci*) [da *setticemia*; 1940] **agg.** *T.med.* relativo alla setticemia || che è malato di setticemia.

setticìda [comp. di *setto* e *-cida*; 1940] **agg.** *raro T.bot.* si dice di frutto a capsula che si apre in corrispondenza dei setti.

setticlàvio [comp. di *sette* e lat. *clāvis,* chiave; 1826] **sm.** *T.mus.* l'insieme delle sette chiavi musicali.

sèttico (pl. *-ci*) [dal lat. *sēpticus,* gr. *sēptikós,* che fa imputridire; 1598] **agg.** *T.med.* relativo a infezione, a sepsi; che produce infezione o ne è sede: *ferita settica* || **N.** *Sin.* infettivo, infetto, virulento | *Contr.* antisettico, asettico.

settifórme [comp. di *sette* e *-forme*; 1745] **agg.** *raro lett.* che ha sette forme, usato solo in riferimento allo Spirito Santo: *la grazia settiforme dello Spirito Santo.*

sèttile [dal lat. *sectilis,* segato, tagliato; 1960; 1865 nel senso 2] **agg.** **1.** *T.tecn.* tagliato in lamine sottili **2.** detto di materiale facilmente tagliabile || *disus.* facile da segare.

settilùstre [comp. di *sette* e *lustro*; 1873] **agg.** *ant. raro* di sette lustri.

sèttima [da *settimo*; 1313] **sf.** *T.mus.* intervallo che comprende sette gradi della scala diatonica: *accordo di settima,* qualsiasi accordo di cui la nota più bassa e quella più acuta costituiscono un intervallo di settima.

settimàna [dal lat. tardo *septimāna*; 1353] **sf.** **1.** spazio di sette giorni, dal lunedì alla domenica: *ci vediamo in settimana, la settimana entrante; il fine settimana,* trad. dell'espr. ingl. *week-end* (v.); *settimana corta,* con cinque giorni lavorativi anziché sei; *T.eccl. Settimana Santa,* l'ultima della quaresima, durante la quale si celebrano i misteri della Passione; *essere di settimana,* adempiere durante quella settimana un certo ufficio: *essere caporale di settimana* **2.** paga del lavoro della settimana: *riscuotere, pagare la settimana* **3.** *per estens.* periodo di sette giorni consecutivi: *sarà una settimana che...,* sono passati circa sette giorni da quando... **4.** *T.gioc.* gioco da ragazzi detto anche *campana* (v.) o *mondo* (v.).

settimanàle [da *settimana*; 1806] **I agg.** della settimana: *orario settimanale* || a periodicità fissa, ricorrente ogni settimana: *giornale settimanale,* che esce una volta alla settimana; *viaggio settimanale,* che si fa una volta alla settimana || **settimanalménte avv.** ogni settimana: *un giornale che arriva settimanalmente* **II sm.** **1.** giornale settimanale: *un settimanale illustrato* **2.** cassettiera con sette cassetti sovrapposti, destinata a contenere gli abiti per ciascun giorno della settimana; anche *settimanile* || **N.** ebdomadario.

settimanìle v. SETTIMANALE.

settimèstre [dal lat. tardo *septemmēstris*; a. 1758] **agg.** *arc. raro* di sette mesi; settimino.

settimìno [da *settimo*; 1873 nel senso 2] **I sm.** **1.** (f. *-a*) *sett.* bambino nato al settimo mese di gravidanza || *per estens.* guaritore, poiché i nati di sette mesi, secondo la credenza popolare, sono dotati di capacità terapeutiche **2.** *T.mus.* componimento corale o strumentale a sette voci o a sette parti **II agg.** nato al settimo mese di gravidanza.

sèttimo [lat. *septimus*; 1313] **I agg.** *num. ord.* di 7: *il settimo secolo,* il periodo dal 601 al 700 (d.C.) o dal 700 al 901 (a.C.); *il settimo sacramento,* il matrimonio || *essere, salire al settimo cielo,* essere al colmo della felicità **II** *num. fraz.*: *tre settimi.*

settìna [da *sette*; a. 1400] **sf.** *arc.* comitato fiorentino composto da sette cittadini, cui spettava proporre le imposte straordinarie per ciascuna contrada || *per estens.* la proposta e l'imposta risultanti.

settirème o **setterème** [dal lat. *septirēmis*; 1614] **sf.** *T.stor.* nave greca e romana dotata di sette ordini di remi.

sètto [dal lat. *sǣptum*; 1574] **sm.** elemento di divisione (membrana, lamina, organo, struttura) che separa due cavità, ambienti e sim.; *in part. T.anat.* membrana o lamina ossea che separa due cavità o divide una cavità in due: *setto nasale* o *sagittale,* sepimento, in parte osseo e in parte cartilagineo, che separa le fosse nasali; *setto interventricolare,* quello che divide la cavità del ventricolo destro da quella del ventricolo sinistro del cuore || *T.bot.* ciascuna delle membrane separanti in logge la cavità dell'ovario || *T.edil.* elemento murario o in altro materiale posto a separazione tra due ambienti || *T.tecn.* elemento con funzione di separazione o di diaframma. **TAV. *anatomia* p. 642** 7.3, 15.7.

settónce [dal lat. *septunx, -uncis,* sette once; 1932] **sm.** o **sf.** *inv.* in arboricoltura, tecnica di piantare a dimora gli alberi da frutto, collocandoli ai vertici di un triangolo equilatero.

settóre[1] [dal lat. *sector, -ōris,* che taglia, che divide; 1865] **I sm.** (f. *-trìce*) *T.anat.* chi effettua dissezioni di cadaveri; *in part. settore anatomico,* tecnico che, negli istituti di anatomia, seziona e prepara gli organi o le parti su cui un docente svolgerà la lezione **II agg.** (sempre posposto) **1.** che disseziona: *perito settore,* il medico legale che esegue autopsie **2.** *T.geom. curva settrice* (o *sf. settrice*), la curva che consente la soluzione del problema di dividere in parti uguali un angolo.

settóre[2] [dal lat. tardo *sector, -ōris,* settore circolare; sec. XIV] **sm.** **1.** *T.geom. settore circolare,* superficie di cerchio compresa tra un arco e i due raggi che passano per gli estremi dell'arco stesso; *settore sferico,* parte della sfera compresa tra due cerchi massimi **2.** spazio a forma di settore circolare in un'aula semicircolare: *i settori della Camera, del Senato, il settore di destra, di sinistra* || *T.sport* nell'atletica leggera, la zona entro cui deve cadere l'attrezzo (peso, disco, giavellotto) lanciato || *T.mecc.* porzione di cerchio che fa parte di un meccanismo: *settore dentato* **3.** *per estens.* spazio delimitato; *in part. T.telecom. settore telefonico,* ambito territoriale decentrato in cui vige una numerazione univoca che consente collegamenti in teleselezione senza prefisso || *T.meteor. settore caldo,* zona di aria calda compresa tra il fronte freddo e quello caldo di una depressione ciclonica || *T.mil.* parte di uno scacchiere o linea di combattimento, dipendente da un unico comando militare: *settore d'azione* || *settore di tiro,* lo spazio compreso tra le due direzioni estreme nelle quali una bocca da fuoco può sparare **4.** *fig.* ramo, partizione di un campo di attività e sim.: *il settore tessile è in crisi, è previsto uno sciopero nel settore edile.* **Q.T.** *economia...* **TAV.** *geometria* 4.4, 22.8.

settoriàle [da *settore*[2]; 1960] **agg.** **1.** che riguarda un settore: *sciopero, economia settoriale* || *fig.* particolare, circoscritto **2.** *raro* diviso in settori.

settorialìṣmo [da *settoriale*; 1970] **sm.** tendenza a valutare singoli particolari di una questione, perdendo di vista il quadro d'insieme || *in part.* tendenza a tenere presenti interessi particolari piuttosto che quelli generali: *le attuali vertenze contrattuali sono caratterizzate da settorialismo.*

settorìsta [da *settore*[2]; 1965] **s.** *T.banc.* impiegato di banca che ha il compito di seguire i clienti appartenenti a una determinata categoria economica.

settottàvi v. SETTE OTTAVI.

settrìce v. SETTORE[1].

settuagenàrio (pl. *-ri*) [dal lat. tardo *septuagenārius*; 1611] **agg.** e **sm.** (f. *-a*) che o chi ha settant'anni.

settuagèsima [da *settuagesimo*; a. 1396] **sf.** *T.eccl.* nella liturgia cattolica, la terza domenica prima dell'inizio della quaresima; cade circa settanta giorni prima della Pasqua.

settuagèsimo [dal lat. *septuagēsimus*; sec. XIV] **agg.** *num. ord. non com.* settantesimo.

settuplicàre (pres. *-ùplico, -ùplichi*) [da *settuplo*; 1865] **tr.** far diventare sette volte maggiore || **intr. pron.** moltiplicarsi per sette.

sèttuplo [dal lat. tardo *septuplus*; sec. XIV] **I agg.** *non com.* che è sette volte più grande rispetto a qualcosa di analogo: *ho pagato un prezzo settuplo rispetto a cinque anni fa* **II sm.** quantità sette volte maggiore: *gli iscritti sono aumentati del settuplo.*

severità [dal lat. *sevēritas, -ātis*; a. 1342] **sf.** l'essere severo || **N.** *Sin.* asprezza, austerità, durezza, fermezza, gravità, inclemenza, inesorabilità, intolleranza, intransigenza, rettitudine, rigidezza, rigidità, rigore, rigorismo, serietà, sostenutezza | *Contr.* condiscendenza, indulgenza, tolleranza.

sevèro [dal lat. *sevērus*; 1313] **agg.** **1.** che non transige, che è alieno da qualsiasi concessione o indulgenza nel giudicare o nell'imporre l'osservanza di leggi, norme e sim.: *giudice severo* || *per estens.* di provvedimenti o misure adottate, duro, rigoroso: *le autorità hanno preso severi provvedimenti* || *per estens.* di manifestazioni, atteggiamenti, espressioni del volto e sim., che esprime austerità; austero, grave: *aveva un aspetto severo* **2.** privo di frivolezze, semplice e austero, grave, solenne: *costumi, abiti severi* || profondo, non superficiale: *studi severi, metodo severo* **3.** di fatti o eventi dannosi, grave, ingente, di notevole entità: *gli investimenti hanno subito un severo ridimensionamento* || **severaménte avv.** con severità || **N.** **1.** *Sin.* acre, arcigno, aspro, austero, duro, grave, inclemente, inesorabile, inflessibile, rigido, rigoroso, rude, scrupoloso | *Contr.* clemente, comprensivo, indulgente, mite.

sevìzia [dal lat. *saevitia*; a. 1363] **sf.** spec. *pl. sevizie,* crudeltà, maltrattamenti, torture fisiche e morali || anche *scherz. iperb.* persecuzioni morali: *subire le sevizie dei superiori* || **N.** *Sin.* MALTRATTAMENTO.

seviziàre (pres. *-ìzio*) [da *sevizia*; 1883] **tr.** usare sevizie, maltrattare, torturare || *eufem.* violentare.

seviziatóre [da *seviziare*; 1960] **sm.** (f. *-trìce*) chi sevizia.

sévo [dal lat. *sēvum*; 1313] **sm.** *raro* sego.

sèvo [dal lat. *sǣvus*; a. 1400] **agg.** *ant.* cru-

dele, disumano, spietato, barbaro.
sex appeal (ingl., pr. [ˈseks ˌəpiːɫ]) [letter. richiamo del sesso; 1931] ***sm.*** *inv.* attrattiva fisica, fascino sessuale.
sex-shop (ingl., pr. [ˈseks ʃɒp]) [letter. negozio del sesso; 1978] ***sm.*** *inv.* negozio in cui si vendono giornali, fotografie, film e altro materiale erotico.
sex-symbol (ingl., pr. [ˈseks ˌsɪmbəɫ]) [letter. simbolo del sesso; 1980] ***sm.*** *inv.* personaggio del mondo dello spettacolo che, per la sua immagine particolarmente provocante e ricca di carica sessuale, viene considerato un modello di attrattiva erotica.
sexy (ingl., pr. [ˈseksɪ]) [da *sex*, sesso; 1963] ***agg.*** *inv.* provocante, eccitante, dotato di fascino sessuale: *sguardo sexy, una scollatura molto sexy, un'attrice sexy; film sexy,* genere di film commerciali di soggetto erotico.
sezionàle [da *sezione*; 1942] ***agg.*** di sezione, relativo a una sezione: *attività sezionale.*
sezionaménto [da *sezionare*, sul modello del fr. *sectionnement*; 1922] ***sm.*** atto ed effetto del sezionare; dissezione.
sezionàre (pres. *-óno*) [da *sezione*, sul modello del fr. *sectionner*; 1831 nel senso 2] ***tr.*** **1.** dividere in sezioni || *fig.* analizzare minuziosamente: *sezionare un argomento* **2.** *T.med.* fare la dissezione, tagliare il cadavere per studio anatomico o per scoprire la causa del decesso **3.** *T.elettr.* suddividere una linea elettrica in sezioni tra loro isolate || **N. 2.** *Sin.* anatomizzare, dissezionare, squartare, vivisezionare | autopsia, necroscopia | settore.
sezionatóre [da *sezionare*; 1960] ***sm.*** *T.elettr.* interruttore usato per isolare due tratti di una linea elettrica.
sezióne [dal lat. *sectio, -ōnis*; sec. XIV *sexsione*] ***sf.*** **1.** atto del sezionare; *in part. T.med.* incisione o recisione o, anche, sezionamento di organi durante un'autopsia: *sezione sagittale* (o *longitudinale*), *frontale, trasversale; sezione cadaverica,* autopsia || *T.geom.* operazione del tagliare una superficie o un solido geometrico con una retta o un piano, e anche il risultato di tale operazione: *la sezione di una figura piana,* eseguita con una retta complanare, è l'insieme dei punti comuni alla figura e alla retta; *la sezione di un cono, di una sfera* ecc., eseguita con un piano che li attraversa longitudinalmente, frontalmente o trasversalmente, è la figura geometrica che si ottiene || *per estens.* nel disegno tecnico, la rappresentazione grafica della figura che si ottiene tagliando idealmente o materialmente un oggetto con un piano: *la sezione di un ponte, di una trave; sezione verticale,* V. ALZATO O SPACCATO; *disegnare, rappresentare in sezione; in part.* rif. a una nave o a un aeromobile, *sezione maestra,* quella in cui il piano passa per il suo punto di maggior larghezza **2.** strato sottilissimo, di spessore micrometrico, di un materiale che si vuole esaminare al microscopio: *una sezione di organo, di minerale* **3.** *fig.* ciascuna delle ripartizioni in cui è suddiviso un tutto organico e, in part., un istituto, un ente, una struttura amministrativa, militare, giuridica ecc.: *la sezione contabilità di una grande azienda, le divisioni ministeriali sono divise in sezioni; sezione elettorale,* suddivisione di una circoscrizione e di un collegio elettorale e anche il luogo in cui ha sede ciascuna di queste suddivisioni; nella scuola, ciascuna delle classi dello stesso livello, gen. distinte da una lettera alfabetica: *un istituto con sezioni maschili e sezioni femminili, la sezione B della prima liceo; sezione staccata,* gruppo di classi di un istituto scolastico (e anche il luogo in cui hanno sede) che hanno una sede diversa da quella in cui si trovano la presidenza e la segreteria; raggruppamento locale di un partito e anche il luogo in cui ha sede: *le sezioni cittadine del PSI;* unità specializzata nel corpo di alcune armi militari: *sezione di squadriglia;* unità specializzata nel corpo di polizia: *la sezione omicidi;* ripartizione di un ufficio giudiziario nei vari rami del diritto: *sezione civile, penale, istruttoria, d'accusa* ecc. || rif. a libri, trattazioni e sim., ciascuna delle parti in cui possono essere divisi: *il manuale ha una sezione introduttiva* **4.** *T.geom. sezione aurea,* V. AUREO **5.** *T.fis. sezione d'urto,* grandezza che, in fisica nucleare, esprime la probabilità che avvenga una reazione nucleare secondo le varie modalità consentite dai principi di conservazione || *dim.* sezioncìna || **N. 3.** *Sin.* partizione, settore, DIVISIONE, PARTE.
sezzàio (pl. *-ài*) [da *sezzo*; 1296] ***agg.*** *arc.* ultimo, antico.
sézzo [lat. *setius*, più tardi; 1306 come avv.] **I *agg.*** *arc.* ultimo **II** nella ***loc. avv.*** *arc. da sezzo,* da ultimo, finalmente.
sfaccendàre (pres. *-èndo*) [comp. parasint. di *faccenda*; 1838] ***intr.*** (aus. *avere*) sbrigare con lena e sollecitudine le faccende di casa || **N.** *Sin.* sfacchinare, LAVORARE.
sfaccendàto [da *affaccendato*, con cambio di prefisso; a. 1543] ***agg.*** e ***sm.*** (f. *a*) **1.** che o chi non ha più nulla da fare, che è restato senza occupazione **2.** fannullone, ozioso || **N.** *Contr.* affaccendato.
sfaccettàre (raro *faccettàre*) (pres. *-étto*) [comp. parasint. di *faccetta*; a. 1704] ***tr.*** tagliare a faccette, detto spec. di pietre preziose || *fig.* esaminare una cosa da più prospettive: *sfaccettare un soggetto d'indagine* || **N.** *Sin.* faccettare. **Q.T.** ***oreficeria.***
sfaccettàto (*pps.* di *sfaccettare*) [1750] ***agg.*** tagliato a faccette: *uno smeraldo sfaccettato* || *fig.* ricco di aspetti: *una realtà sfaccettata;* che prende in considerazione più aspetti di un determinato oggetto d'indagine: *un resoconto imparziale e sfaccettato.*
sfaccettatùra [da *sfaccettare*; 1725] ***sf.*** lo sfaccettare || la parte che è stata sfaccettata: *un brillante con una sfaccettatura perfetta* || *fig.* lato, aspetto di una questione.
sfacchinàre (pres. *-ìno*) [comp. parasint. di *facchino*; 1734] ***intr.*** (aus. *avere*) *fam.* fare un lavoro faticoso e pesante, da facchino, impegnarsi accanitamente in un lavoro fisicamente affaticante: *sfacchinare dalla mattina alla sera* || **N.** *Sin.* sfaticare, sgobbare, LAVORARE.
sfacchinàta [da *sfacchinare*; 1940] ***sf.*** lavoro faticoso, pesante || **N.** *Sin.* FATICA, LAVORO.
sfacciatàggine [da *sfacciato*; a. 1589] ***sf.*** sfrontatezza, impudenza: *che sfacciataggine!* || azione sfacciata || **N.** *Sin.* ardire, baldanza, cinismo, disinvoltura, faccia di bronzo, faccia tosta, indiscrezione, petulanza, protervia, sfrontatezza, spudoratezza, temerarietà, tracotanza | *Contr.* ritegno.
sfacciatézza [da *sfacciato*; 1308] ***sf.*** *non com.* sfacciataggine.
sfacciàto [comp. parasint. di *faccia*; fine sec. XIII] **I *agg.*** **1.** che è senza ritegno, che non prova vergogna: *adulatore sfacciato* || *per estens.* che dimostra sfacciataggine: *parole, proposte, menzogne sfacciate, una scollatura sfacciata* **2.** di colore, troppo chiassoso, sgargiante **3.** *fig. una fortuna sfacciata,* che offende per quant'è grande || **sfacciataménte** ***avv.*** **II *sm.*** (f. *-a*) persona sfacciata: *è uno sfacciato* || *dim.* sfacciatèllo, sfacciatìno; *accr.* sfacciatóne; *pegg.* sfacciatàccio || **N. I 1.** *Sin.* ardito, cinico, disinvolto, faccia tosta o di bronzo, impudente, indiscreto, inverecondo, petulante, procace, protervo, sfrontato, spudorato, svergognato, temerario, tracotante.
sfacèlo [dal gr. *sphákelos*, cancrena; 1661] ***sm.*** **1.** disfacimento di un organismo vivente || *ant.* cancrena **2.** *fig.* disfacimento, rovina: *lo sfacelo di una nazione, lo sfacelo morale* || **N.** *Sin.* dissoluzione, ROVINA.
sfaciménto [da *disfacimento*; 1746] ***sm.*** *non com.* lo sfare o lo sfarsi || **N.** *Sin.* disfacimento, sfacelo.
sfagiolàre (pres. *-òlo*) [comp. parasint. di (*andare a*) *fagiolo*; 1891] ***intr.*** (aus. *essere*) *fam. gerg.* piacere, andare a genio.
sfagliàre[1] o **fagliàre** (pres. *sfàglio*; *fàglio*) [dallo sp. *fallar*, scartare; 1869] ***tr.*** e ***intr.*** (aus. *avere*) *T.gioc.* disfarsi, giocando, di una carta; scartare.
sfagliàre[2] (pres. *sfàglio*) [da *sfaglio*[2]; 1960] ***intr.*** (aus. *essere*) detto di animali, fare un balzo improvviso, scartare.
sfàglio[1] o **fàglio** (pl. *-gli*) [da *sfagliare*[1]; 1873] ***sm.*** *T.gioc.* l'atto dello sfagliare, dello scartare una carta || *per estens.* carata sfagliata; scarto: *stare attento allo sfaglio del compagno.*
sfàglio[2] [da *sfaglio*[1]; 1847] ***sm.*** scarto rapido e imprevedibile di un animale; *in part. T.ipp.* sbalzo improvviso del cavallo, detto anche *scarto.*
sfagnéto [da *sfagno*; 1960] ***sm.*** terreno acquitrinoso nel quale crescono sfagni.
sfàgno [dal lat. e gr. *sphágnos*; 1838] ***sm.*** *T.bot.* genere di muschi, diffusi nelle zone acquitrinose; l'enorme accumulo dei loro residui contribuisce alla formazione delle torbiere.
sfàlcio (pl. *-ci*) [da *falciare*; 1884] ***sm.*** *T.agr.* falciatura.
sfàlda [da *falda*; a. 1597] ***sf.*** *non com.* falda.
sfaldàbile [da *sfaldare*; 1922] ***agg.*** che si può sfaldare.
sfaldabilità [da *sfaldabile*; 1838] ***sf.*** *T.min.* proprietà di alcuni cristalli di dividersi in falde, ovvero di rompersi secondo superfici parallele a facce del cristallo.
sfaldaménto [da *sfaldare*; 1674] ***sm.*** atto ed effetto dello sfaldare e dello sfaldarsi.
sfaldàre [comp. parasint. di *falda*; a. 1574 come intr. pron.] ***tr.*** rif. ad alcuni cristalli, dividere in falde o in lamine sottili || ***intr. pron.*** **1.** detto di alcuni cristalli, dividersi in falde, sfogliarsi, squamarsi **2.** *per estens. fig.* disgregarsi, scomporsi || **N.** ***intr. pron.*** **1.** *Sin.* disfaldarsi, sfaldellarsi, sfogliarsi, squamare, trinciarsi.
sfaldatùra [da *sfaldare*; 1743] ***sf.*** **1.** *T.min.* atto ed effetto dello sfaldare o dello sfaldarsi || *per estens.* la superficie secondo la quale i minerali opportunamente percossi si sfaldano: *sfaldatura piena, sfaldatura concoide* **2.** *T.min.* sfaldabilità **3.** *T.metal.* piccola apertura costituente un difetto di fabbricazione di pezzi metallici.
sfaldellàre (pres. *-èllo*) [comp. parasint. di *faldella*; a. 1698] ***tr.*** **1.** dividere in faldelle **2.** ridurre in matasse || ***intr. pron.*** dividersi in faldelle.
sfalsaménto [da *sfalsare*; 1940] ***sm.*** atto ed effetto dello sfalsare || *T.aer.* lo spostamento che presentano le ali di certi biplani o multiplani nella loro disposizione sovrapposta.
sfalsàre [da *falsare*; 1553 nel senso 2] ***tr.*** **1.** disporre più oggetti l'uno sopra l'altro o l'uno accanto all'altro ma in modo che non si corrispondano esattamente, che non risultino allineati **2.** *T.bal.* deviare lateralmente il tiro per non colpire il bersaglio || *T.sport.* nella scherma, scansare i colpi dell'avversario.
sfamàre [comp. parasint. di *fame*; a. 1311] ***tr.*** togliere la fame: *quello spuntino non mi ha sfamato, col suo misero stipendio deve sfamare cinque figli* || ***rifl.*** togliersi la fame, saziarsi || *ant.* anche *fig.* soddisfare un desiderio.
sfamigliàto [comp. parasint. di *famiglia*; 1983] ***agg.*** detto di persona che vive da sola || **N.** *Sin. single.*
sfangaménto [da *sfangare*; 1960] ***sm.*** *T.min.* lavaggio cui vengono sottoposti i minerali per toglierne il fango e l'argilla che li ricoprono.
sfangàre (pres. *sfàngo, sfànghi*) [comp. para-

sint. di *fango*; 1314 come tr. nel senso 2; a. 1742 come intr.] **intr.** (aus. *avere*) camminare per strade fangose ‖ uscire dal fango e, *fig.*, dagli imbrogli ‖ **rifl. intens.** *fig. fam.* con il pron. *la* come ogg. indet., *sfangarsela*, cavarsela ‖ **tr. 1.** *T.min.* sottoporre i minerali a un energico lavaggio per liberarli dal fango che vi aderisce **2.** *ant.* pulire dal fango.

sfangatóio (pl. *-ói*) [da *sfangare*; 1934] **sm.** *T.min.* macchina per lo sfangamento dei minerali.

sfangatóre [da *sfangare*; 1960] **sm.** (f. *-trice*) *T.min.* operaio che effettua lo sfangamento dei minerali.

sfàre (pres. *sfàccio* o ant. *sfo* ecc., come FARE) [da *fare*; 1314] **tr.** e **intr. pron.** *non com.* disfare, disfarsi ‖ **N.** *Sin.* consumare, dissolvere, distruggere, scompaginare, scomporre, sfasciare.

sfarfallaménto [da *sfarfallare*; 1922] **sm.** lo sfarfallare.

sfarfallàre [comp. parasint. di *farfalla*; 1612 nel senso 1; a. 1665 nel senso 3; 1960 nel senso 4] **intr.** (aus. *avere*) **1.** l'uscire della farfalla dal bozzolo o dall'involucro ninfale **2.** *per estens. fig.* muoversi qua e là, svolazzare come una farfalla: *fogli inceneriti sfarfallavano intorno al falò* ‖ di persona, essere incostante nei gusti, nelle opinioni, nei comportamenti; comportarsi con leggerezza e volubilità: *sfarfalla da un'amicizia all'altra* **3.** *per estens. fig. fam.* dire spropositi **4.** di una fonte luminosa (lampada, schermo televisivo, cinematografico e sim.), subire repentine variazioni di luminosità, emettere lampi luminosi **5.** *T.mot.* serie di inconvenienti che si verificano nei motori a quattro tempi in conseguenza del distacco della valvola dall'eccentrico ‖ **N. 4.** *Sin.* scintillare, tremolare.

sfarfallàto (*pps.* di *sfarfallare*) [1652] **agg.** detto del bozzolo forato dopo l'uscita della farfalla.

sfarfallatùra [da *sfarfallare*; a. 1718] **sf.** l'atto dello sfarfallare nel senso 1.

sfarfallìo (pl. *-ìi*) [da *sfarfallare*; 1960] **sm.** uno sfarfallare continuato, *in part.* di proiezione cinematografica o di immagine televisiva che si muove, che tremola.

sfarfallóne [da *sfarfallare*; a. 1698] **sm.** *fam.* grosso sproposito ‖ **N.** *Sin.* errore, svarione, SPROPOSITO.

sfarinàbile [da *sfarinare*; 1873] **agg.** *raro* che si può sfarinare; polverizzabile.

sfarinaménto [da *sfarinare*; 1681] **sm.** atto ed effetto dello sfarinare o dello sfarinarsi.

sfarinàre (pres. *-ìno*) [comp. parasint. di *farina*; 1567] **tr.** ridurre in farina ‖ *per estens.* ridurre in polvere simile a farina, in frammenti minutissimi ‖ **intr. pron.** disfarsi in farina, *fig.* sciogliersi: *queste patate si sfarinano in bocca* ‖ *per estens.* ridursi, disfarsi in minutissimi frammenti, simili a farina: *questo intonaco con l'umidità si sfarina.*

sfarinàto (*pps.* di *sfarinare*) [a. 1597] **I agg.** trasformato in farina ‖ che non regge la cottura, che si spappola cuocendo: *patate sfarinate* ‖ *mele, pere sfarinate*, dalla polpa granulosa, perché di cattiva qualità o troppo mature; insipide **II sm.** alimento macinato e trasformato in farina: *sfarinato di grano.*

sfàrẓo o **sfàrzo** [dallo sp. *disfraz*, abito appariscente; 1673] **sm.** lusso appariscente o smodato: *vestire con sfarzo* ‖ **N.** *Sin.* fasto, fastosità, gala, lusso, magnificenza, opulenza, ostentazione, pompa, scialo, sfarzosità, sfoggio, sontuosità, splendore.

sfarẓosità o **sfarzosità** [da *sfarzoso*; a. 1704] **sf.** l'essere sfarzoso.

sfarẓóso o **sfarzóso** [da *sfarzo*; 1715] **agg.** che è pieno di sfarzo, fatto con sfarzo: *illuminazione sfarzosa, ricevimento sfarzoso* ‖ *dim.* sfarzosétto ‖ **sfarẓosaménte** o **sfarzosaménte** **avv.** ‖ **N.** *Sin.* dispendioso, fastoso, largo, lauto, lussuoso, magnificente, magnifico, pomposo, prezioso, principesco, regale, ricco, sontuoso, splendido, superbo.

sfaṣaménto [da *sfasare*; 1935] **sm.** atto ed effetto dello sfasare; anche *fig.* ‖ *T.fis.* differenza di fase tra due grandezze sinusoidali della stessa frequenza ‖ *T.mecc.* angolo o intervallo di tempo tra cicli di funzionamento degli organi di una macchina o tra eventi precedentemente disposti in una data successione.

sfaṣàre [comp. parasint. di *fase*; 1935] **tr.** metter fuori fase; *in part. T.fis.* variare la fase di una corrente alternata ‖ *T.mecc.* determinare uno sfasamento ‖ *fig. fam.* mettere fuori forma, disorientare, confondere: *tutte quelle discussioni mi hanno sfasato.*

sfaṣàto (*pps.* di *sfasare*) [1935] **agg.** scalato, messo fuori fase; *in part. fig.* di persona, disorientata, stordita, non in grado di adeguare le sue azioni alla necessità del momento: *l'ho trovato un po' sfasato.*

sfaṣatùra [da *sfasare*; 1960] **sf.** sfasamento.

sfasciacarròzze [comp. di *sfascia(re)* e *carrozza*; 1970] **sm.** *inv.* chi compra vecchie automobili per smontarle, recuperare i pezzi utilizzabili e rivenderli ‖ **N.** *Sin.* autodemolitore.

sfasciaménto [da *sfasciare*²; 1745] **sm.** sconnessione, rottura di parti dovuta a urto o a deterioramento.

sfasciàre¹ (pres. *sfàscio*) [da *fasciare*; a. 1400] **tr.** disfare una fasciatura, levare la fascia o le fasce: *sfasciare il bambino, sfasciare la ferita.*

sfasciàre² (pres. *sfàscio*) [prob. comp. parasint. di *fascio*; a. 1535] **tr.** disfare, sconnettere, rompere sconquassando: *sfasciare la seggiola* ‖ **intr. pron.** sconquassarsi, rompersi, rovinarsi: *l'automobile si sfasciò contro un albero* ‖ *fig.* crollare: *la resistenza nemica si sfasciò, l'impero austro-ungarico si è sfasciato* ‖ *fam.* detto spec. di donna, perdere la linea, ingrassare eccessivamente ‖ **N. tr.** *Sin.* scompaginare, sconnettere, ROMPERE, ROVINARE.

sfasciàto (*pps.* di *sfasciare*²) [1940] **agg.** disfatto, rotto; *in part. fam. corpo sfasciato*, troppo grasso, dai tessuti flaccidi e cadenti, che ha perduto l'elasticità e la snellezza di forme della gioventù ‖ **N.** *Sin.* sconquassato, sfatto.

sfasciatùra [da *sfasciare*¹; 1745] **sf.** operazione del togliere le fasce: *per la sfasciatura è meglio aspettare il medico.*

sfascicolàre (pres. *-ìcolo*) [comp. parasint. di *fascicolo*; 1960] **tr.** smembrare un libro, un quaderno e sim. nei fascicoli di cui è composto.

sfàscio (pl. *-sci*) [da *sfasciare*²; a. 1742] **sm.** *fam.* condizione di ciò che si sfascia o è sfasciato; sfacelo.

sfasciùme [da *sfasciare*²; a. 1566 nel senso 1; 1863 nel senso 2] **sm. 1.** insieme di rottami, di cose sfasciate, andate in rovina ‖ *fig.* persona sfatta fisicamente: *era un bell'uomo, ma ora non è più che uno sfasciume* **2.** *T.geol.* ammasso incoerente di terriccio e pietrisco accumulatosi alla base di pareti rocciose che si sono disgregate.

sfataménto [da *sfatare*; a. 1726] **sm.** *non com.* lo sfatare: *lo sfatamento di una leggenda, d'una teoria.*

sfatàre [prob. da un ant. *fatare* con *s-*; 1597 nel senso 2; 1922 nel senso 1] **tr. 1.** dimostrare inattendibile, smentire; *in part.* provare la falsità o la normalità di qualcosa a cui sono attribuiti caratteri eccezionali: *fu così sfatata la fama di dotto che s'era fatta; sfatò la leggenda* **2.** *ant.* togliere l'incantesimo ‖ **N. 1.** *Sin.* demistificare, demitizzare, demolire, distruggere, screditare, smascherare.

sfatatóre [da *sfatare*; 1865] **agg.** e **sm.** (f. *-trice*) *non com.* che o chi sfata.

sfaticàre (pres. *-ìco, -ìchi*) [da *faticare*; 1960] **intr.** (aus. *avere*) *tosc.* affaticarsi molto, compiere grosse fatiche ‖ **N.** *Sin.* sfacchinare, sgobbare.

sfaticàto [da *affaticato*, con cambio di pref.; 1845] **agg.** e **sm.** (f. *-a*) *region.* scansafatiche, poltrone, sfaccendato ‖ **N.** *Sin.* pigro, poltrone, scioperato, FANNULLONE.

sfàtto (*pps.* di *sfare*) [1321] **agg.** disfatto, distrutto.

sfavillaménto [da *sfavillare*; sec. XIV] **sm.** *non com.* lo sfavillare.

sfavillànte (*ppr.* di *sfavillare*) [1342] **agg.** luccicante, radioso, raggiante.

sfavillàre [comp. parasint. di *favilla*; 1313] **intr.** (aus. *avere* e raro *essere*) **1.** emettere, sprigionare faville, bagliori ‖ *per estens.* emettere una luce intensa, brillare, risplendere: *quel rubino sfavilla* **2.** *fig.* riflettere nell'aspetto l'intensità di uno stato d'animo: *occhi che sfavillano di gioia, gli occhi gli hanno sfavillato* o *gli sono sfavillati per la gioia* ‖ **N.** *Sin.* rifulgere, scintillare, splendere.

sfavillìo (pl. *-ìi*) [da *sfavillare*; 1873] **sm.** lo sfavillare continuato o frequente, vivo e intenso.

sfavóre [da *favore*; 1611] **sm.** danno, svantaggio, solo nelle loc. *a sfavore, in sfavore di*: *è tornato a (in) suo sfavore.*

sfavorévole [da *favorevole*; 1611] **agg.** non favorevole, contrario: *dare voto sfavorevole*, negativo; *avere un'opinione sfavorevole di qualcuno*, non stimarlo; *oggi il vento è sfavorevole alla navigazione*, la rende difficoltosa; *la reazione del pubblico è stata sfavorevole*, di non apprezzamento ‖ **sfavorevolménte** **avv.** ‖ **N.** *Sin.* avverso, contrario, contrastante, dannoso, maldisposto, nemico, opposto | *Contr.* favorevole.

sfavorìre (pres. *-ìsco, -ìsci*) [da *favorire*; 1525] **tr.** svantaggiare, trascurare.

sfebbràre (pres. *sfébbro*) [comp. parasint. di *febbre*; 1922] **tr.** liberare dalla febbre ‖ **intr.** (aus. *essere*) cessare di avere la febbre.

sfecciatùra [comp. parasint. di *feccia*; 1988] **sf.** *T.enol. dégorgement.*

Sfècidi o **Sfègidi** (sing. *-e*) [dal gr. *sphéx, sphēkós*, vespa; 1933] **sm. pl.** *T.zool.* famiglia di insetti Imenotteri dotati di un pungiglione velenoso usato per paralizzare le prede di cui sono destinate a nutrirsi le larve.

sfederàre (pres. *sfèdero*) [comp. parasint. di *federa*; 1838] **tr.** *raro* o *tosc.* togliere le federe ai guanciali ‖ **N.** *Contr.* infederare.

sfegatàrsi (pres. *mi sfégato*) [comp. parasint. di *fegato*; 1855] **intr. pron.** *fam.* gridare più forte che si può, fino quasi a rovinarsi il fegato, per farsi ascoltare ‖ *per estens.* sostenere una causa con passione, impegnarsi a fondo, rasentando il fanatismo ‖ **N.** *Sin.* accalorarsi, sfiatarsi, sgolarsi, spolmonarsi, urlare, GRIDARE.

sfegatàto (*pps.* di *sfegatarsi*) [a. 1573] **I agg.** intensissimo, sviscerato, appassionato: *un odio sfegatato* ‖ **sfegatataménte** **avv.** **II sm.** (f. *-a*) persona impetuosa, capace di tutto per sostenere la propria causa; fanatico.

Sfègidi v. SFECIDI.

sfeltràre (pres. *sféltro*) [comp. parasint. di *feltro*; 1960] **tr.** *T.tess.* preparare la lana alla pettinatura, raddrizzando le fibre cardate ed eliminando i residui vegetali.

sfeltratùra [da *sfeltrare*; 1933] **sf.** operazione dello sfeltrare la lana cardata prima di sottoporla alla pettinatura.

sfemminellàre (pres. *-èllo*) [comp. parasint. di *femminella*; 1809] **tr.** asportare i germogli secondari della vite.

sfemminellatùra [da *sfemminellare*; 1937] **sf.** operazione dello sfemminellare.

sfendóne [dal gr. *sphendónē*, fionda, benda; 1838] **sm.** ornamento femminile a forma di diadema o di nastro ricamato, usato nella Grecia antica per raccogliere od ornare i capelli.

Sfeniscifórmi (sing. *-e*) [comp. del gr. *sphēnískos*, piccolo cuneo e *-forme*; 1960] **sm. pl.** *T.zool.* ordine di Uccelli marini tuffatori, con ali corte adatte al nuoto ma non al volo, becco lungo, piedi palmati; capaci di stazionare in posizione quasi eretta, sono noti come *pinguini.* **Q.T.** *zoologia* **TAV. *uccelli* p. 1338.**

sfèno [dal gr. *sphḗn, sphēnós*, cuneo; 1960] **sm.** *T.min.* minerale (silicato di titanio) di colore bruno o verdastro.

sfenodónte [comp. del gr. *sphḗn, sphēnós*, cuneo e *-odonte*; 1952] **sm.** *T.zool.* rettile dei Rincocefali caratterizzato da una cresta a punte spinose disposta sul dorso e sulla coda; diffuso in isolotti della Nuova Zelanda, è considerato un fossile vivente.

sfenoidàle [da *sfenoide*; 1821] **agg.** *T.anat.* relativo allo sfenoide.

sfenòide [dal gr. *sphēnoeidḗs*, cuneiforme; 1745] **sm.** *T.anat.* osso mediano della base del cranio: *ali dello sfenoide.* **TAV. *anatomia* p. 642** 6.3.

sfèra [dal lat. *sphǣra*; 1548 nel senso 1; 1833 nel senso 4; 1677 nel senso 5] **sf.** **1.** *T.geom.* solido la cui superficie è il luogo geometrico dei punti dello spazio equidistanti da un punto interno detto *centro*: *la superficie, il volume della sfera* **2.** *T.astr.* *sfera celeste*, sfera immaginaria, di raggio molto grande, e avente come centro l'occhio dell'osservatore, sulla quale appaiono proiettati i corpi celesti; anche il complesso dei vari cieli che gli antichi astronomi ponevano intorno alla Terra, secondo il sistema tolemaico: *sfera terrestre*, il globo terracqueo, la Terra; *sfera armillare* o *planetaria*, congegno, formato da vari circoli di metallo mobili, nel cui centro è posto un piccolo globo che raffigura la Terra, che serve a rappresentare il moto apparente degli astri || *fig.* ambiente, condizione e grado sociale: *le sfere giornalistiche, finanziarie*; *rappresentanti delle alte sfere*, com. *le alte sfere*, insieme di persone importanti o potenti **3.** *per estens.* corpo a forma di sfera: *una sfera d'acciaio*; *sfera di cristallo*, nella quale indovini, maghi, chiromanti e sim. dicono di veder rappresentati eventi futuri; *la sfera di cuoio*, nel gergo calcistico, il pallone || *T.eccl.* parte dell'ostensorio || nella loc. *a sfera*, sferico: *penna a sfera*, il cui puntale è costituito da una piccola sfera che si ricopre dell'inchiostro proveniente dal serbatoio; *cuscinetto a sfere*, elemento meccanico costituito da due anelli concentrici tra i quali sono disposte sferette metalliche; posto tra due elementi in movimento, permette di ridurre l'attrito **4.** *T.orol.* ciascuna delle lancette dell'orologio **5.** *T.fis.* zona nella quale si fa sentire l'effetto di una forza: *sfera d'attrazione* || *fig.* campo, ambito, settore di attività economica, politica, culturale ecc.: *la sfera sociale, della morale, delle emozioni*; *sfera d'influenza*, ambito nel quale si esercita il potere o l'influenza di una persona, di un partito, di una chiesa e sim.; rif. a uno Stato, territorio in cui predomina la sua influenza politica, militare o economica || *dim.* sferétta, sferìna || **N. 1.** calotta sferica, cerchio massimo, diametro, segmento sferico, spicchio sferico **2.** emisfero, equatore, fuso, geode, globo, meridiano, parallelo, planisfero **3.** *Sin.* globo, palla. **Q.T.** *matematica...* **TAV.** *geometria* 22; *motori* 11.4.

Sferiàli (sing. *-e*) [dal gr. *sphâira*, sfera; 1960] **sm. pl.** *T.bot.* ordine di funghi degli Ascomiceti, parassiti o saprofiti, dal corpo fruttifero tondeggiante.

sfericità [da *sferico*; a. 1519] **sf.** qualità di ciò che è sferico, l'essere sferico: *la sfericità di un pallone, della Terra.*

sfèrico (pl. *-ci*) [dal lat. tardo *sphǣricus*; a. 1519] **agg.** della sfera, relativo o appartenente a una sfera: *superficie sferica*; *astronomia sferica*, riguardante la posizione e il movimento degli astri sulla sfera celeste || *per estens.* tondeggiante || **sfericaménte** **avv.**

sferinatóre [da *sfera*; 1988] **sm.** *T.oref.* tipo di cesello a punta arrotondata, con cui si lavora con cesellatura rotonda un oggetto di metallo.

sferìre (pres. *-ìsco, -ìsci*) [da *inferire*, con cambio di pref.; 1889] **tr.** *T.mar.* di vele, slacciarle, tenendole serrate, da pennoni, antenne, draglie e sim., per toglierle dall'alberatura || **N.** *Contr.* inferire.

sferistèrio (pl. *-ri*) [dal lat. *sphaeristērium*, gr. *sphairistḗrion*, luogo per il gioco della palla, nei ginnasi; 1873] **sm.** *T.sport.* campo da gioco dotato di un muro laterale di sponda, attrezzato per il pallone a bracciale o, impropriamente, per il tamburello e la pelota o, oggi, per il pallone elastico.

sferoidàle [da *sferoide*; 1660] **agg.** di uno sferoide, relativo a uno sferoide; che ha forma di sferoide; tondeggiante.

sferòide [dal lat. tardo *sphaeroīdes*; 1660] **sm.** solido dalla superficie curva e che si può immaginare originato da una mezza ellisse rotante intorno all'asse maggiore o minore; in astronomia e geodesia, la forma della Terra.

sferòmetro [comp. di *sfera* e *-metro*; 1838] **sm.** *T.tecn.* strumento per misurare il raggio di curvatura di una superficie sferica, e spec. di quella delle lenti ottiche.

sferoscòpio (pl. *-pi*) [comp. di *sfera* e *-scopio*; 1960] **sm.** *T.astr.* carte rappresentanti in proiezione la sfera celeste.

sfèrra [da *sferrare*; 1562] **sf.** pezzo di ferro vecchio, rottame, e spec. quello che si toglie dallo zoccolo del cavallo.

sferracavàllo [comp. di *sferra(re)* e *cavallo*; a. 1577] **sm.** pianta erbacea delle Papilionacee dai fiori gialli peduncolati e legume a siliqua a forma di ferro di cavallo.

sferragliaménto [da *sferragliare*; 1960] **sm.** lo sferragliare.

sferragliàre (pres. *-àglio*) [comp. parasint. di *ferraglia*; 1960] **intr.** (aus. *avere*) produrre un rumore di ferraglia, riferito spec. a veicoli su rotaie: *il tram sferraglia proprio sotto la mia finestra.*

sferràre (pres. *sfèrro*) [comp. parasint. di *ferro*; a. 1349 come intr. pron. nel senso 2] **tr.** **1.** togliere i ferri dallo zoccolo del cavallo **2.** *non com.* liberare dalle catene: *sferrare un prigioniero* **3.** *ass.* *T.mar.* delle ancore, cessare di fare presa sul fondo a causa del vento forte e del mare grosso; in questo caso si dice che la nave ara (V. ARARE) **4.** *fig.* indirizzare con impeto e all'improvviso: *sferrare un calcio*; *sferrare un attacco*, assalire con violenza || **intr. pron.** **1.** lanciarsi, avventarsi, scagliarsi contro qualcuno o qualcosa **2.** di quadrupedi, perdere la ferratura || **rifl.** *non com.* di persone incatenate, liberarsi dalle catene.

sferratùra [da *sferrare*; 1838] **sf.** rif. a quadrupedi, il togliere i ferri e il perderli.

sferruzzàre [comp. parasint. di *ferro*; 1940] **intr.** (aus. *avere*) lavorare velocemente con i ferri da maglia.

sfervoràto [da *infervorato*, con cambio di pref.; 1653] **agg.** *non com.* che ha perduto l'entusiasmo, il fervore || **N.** *Sin.* avvilito, deluso, demoralizzato | *Contr.* infervorato.

sfèrza [da *sferzare*; sec. XIV] **sf.** **1.** frusta costituita da una o più strisce di cuoio attaccate a un manico, per battere e spronare le bestie al lavoro; scudiscio **2.** *fig.* azione o cosa che fa sentire il suo effetto con violenza, come una sferza: *la sferza del freddo, del sole* || *la sferza della critica*, azione di acerba condanna esercitata dalla critica; censura || **N. 1.** *Sin.* ferula, flagello, frustino, scudiscio, staffile, FRUSTA.

sferzàre (pres. *sfèrzo*) [comp. parasint. di *ferza*; a. 1374] **tr.** **1.** percuotere, colpire con la sferza: *lo sferzò a sangue* || *per metaf.* colpire come una sferza: *il vento sferzava il viso* **2.** *fig.* criticare, censurare aspramente || **N. 1.** *Sin.* flagellare, frustare, fustigare, scudisciare.

sferzàta [da *sferzare*; a. 1400] **sf.** **1.** colpo dato con la sferza **2.** *fig.* motteggio ironico e mordace; anche rimprovero grave, pungente || *dim.* sferzatina || **N. 1.** *Sin.* frustata, scudisciata.

sferzìna (*dim.* di *sferza*) [1824] **sf.** *T.mar.* sferzino.

sferzìno [da *sferza*; 1838] **sm.** spago di canapa sottile, molto ritorto, resistentissimo, che si mette in fondo alla frusta per farla schioccare.

sfèrzo [dall'ant. *ferzo*; 1937] **sm.** *T.mar.* **1.** telo con cui vengono protetti materiali e attrezzature in coperta **2.** *raro* una delle strisce di tela che formano la vela.

sfiaccolàre (pres. *-àccolo*) [da *fiaccolare*; 1865] **intr.** (aus. *avere*) *non com.* di candela, cero o lume, fare improvvisamente una fiamma troppo grande || *raro* risplendere intensamente.

sfiaccolàto [comp. parasint. di *fiacco*; 1865] **agg.** *raro tosc.* che cammina, si muove con fatica, come se fosse stanchissimo || **N.** *Sin.* STANCO.

sfiammàre [comp. parasint. di *fiamma*; 1869] **intr.** (aus. *avere*) produrre una gran fiammata || detto della legna nella carbonaia, bruciare producendo una gran fiammata invece di carbonizzarsi || **tr.** attenuare o eliminare un'infiammazione || **intr. pron.** detto di un'infiammazione, attenuarsi.

sfiancaménto [da *sfiancare*; a. 1758] **sm.** lo sfiancare e lo sfiancarsi: *lo sfiancamento della nave.*

sfiancàre (pres. *-ànco, -ànchi*) [comp. parasint. di *fianco*; a. 1735 come tr. nel senso 2 e come intr. pron.] **tr.** **1.** rompere nei fianchi o nelle parti laterali: *il vento sfiancò gli alberi* **2.** *fig.* logorare, spossare, affaticare in modo eccessivo: *sfiancare un cavallo* **3.** *T.abb.* tagliare un abito in modo che aderisca ai fianchi || **intr. pron.** **1.** rompersi nei fianchi: *la nave si sfiancò* **2.** *fig.* sfinirsi, logorarsi per l'eccessivo sforzo: *gli si sfiancò il cuore.*

sfiataménto [da *sfiatare*; sec. XIV] **sm.** atto ed effetto dello sfiatare e dello sfiatarsi; sfiatatura.

sfiatàre [comp. parasint. di *fiato*; 1340 ca.] **intr.** (aus. *avere* nel senso 1, *avere* ed *essere* nel senso 2) **1.** mandare fuori fiato, aria, vapore e sim.: *sfiatava per la fatica* **2.** il fuoriuscire, il perdersi di gas, aria e sim. attraverso una fessura del condotto in cui passa o del recipiente che lo contiene sotto pressione || **intr. pron.** **1.** *fam.* perdere il fiato a parlare, chiamare, gridare: *suvvia, non mi fate sfiatare inutilmente* **2.** di strumenti musicali, perdere la sonorità || **N. intr. pron.** **1.** *Sin.* sfegatarsi, sgolarsi, spolmonarsi.

sfiatàto (*pps.* di *sfiatare*) [a. 1712] **agg.** senza fiato; *in part. fam.* che ha perduto la potenza di voce: *cantante sfiatato.*

sfiatatóio (pl. *-ói*) [da *sfiatare*; a. 1537 nel senso 1; 1829 nel senso 2] **sm.** **1.** fessura o apertura dalla quale può uscire l'aria, il vapore, i gas ecc. che si accumulano all'interno di un ambiente o di un contenitore || *T.metal.* foro praticato nella parte superiore della forma, per consentire la fuoriuscita dei gas durante la colata **2.** *T.zool.* ciascuna delle due narici che i Cetacei hanno sulla parte dorsale del capo e attraverso i quali emettono getti di vapore a temperatura corporea che, condensandosi, simulano uno zampillo d'acqua || **N.** *Sin.* sfiato, sfogatoio, sfogo. **TAV.** *elettrotecnica* 1.1.

sfiatatùra [da *sfiatare*; a. 1597 nel senso 2] **sf.** **1.** atto ed effetto dello sfiatare; sfiatamento **2.** *per estens.* punto, fessura o apertura attraverso cui un recipiente sfiata.

sfiàto [da *sfiatare*; 1805] **sm.** sfiatatoio, spiraglio.

sfibbiàre (pres. *sfibbio*) [comp. parasint. di *fibbia*; a. 1400] ***tr.*** sciogliere le fibbie, slacciare, sbottonare: *sfibbiare le scarpe* || ***rifl. indir.*** slacciarsi, sciogliersi: *sfibbiarsi la cintura* || **N.** *Contr.* affibbiare, allacciare.

sfibbiatùra [da *sfibbiare*; 1922] ***sf.*** *raro* lo sfibbiare.

sfibraménto [da *sfibrare*; a. 1704] ***sm.*** *non com.* atto ed effetto dello sfibrare o dello sfibrarsi.

sfibrànte (*ppr.* di *sfibrare*) [1838] ***agg.*** logorante, estenuante: *lavoro sfibrante, caldo sfibrante.*

sfibràre [comp. parasint. di *fibra*; a. 1564 nel senso 1; 1922 nel senso 2] ***tr.*** **1.** rompere, separare le fibre: *sfibrare il legno* **2.** *per estens.* spossare, indebolire, togliere vigore: *il lavoro eccessivo lo ha sfibrato* || ***intr. pron.*** ridursi allo stremo, stancarsi || **N.** ***tr.*** **2.** *Sin.* fiaccare, logorare, sfiancare, snervare, svigorire.

sfibràto (*pps.* di *sfibrare*) [a. 1698 nel senso 1; 1873 nel senso 2] ***agg.*** **1.** privato delle fibre **2.** spossato, privo di forze.

sfibratóre [da *sfibrare*; 1940] ***sm.*** *T.tecn.* macchina per la preparazione della pasta di legno, nella fabbricazione della carta.

sfibratrìce [da *sfibrare*; 1960] ***sf.*** *T.agr.* macchina agricola usata per sfibrare gli stecchi delle piante da foraggio.

sfibratùra [da *sfibrare*; 1960] ***sf.*** operazione dello sfibrare, consistente nel privare delle fibre tessuti vegetali o nel separare le diverse fibre del legno.

sfida [da *sfidare*; sec. XV] ***sf.*** l'atto dello sfidare: *lanciare una sfida, accettare, accogliere la sfida, rifiutare la sfida*; *lettera, cartello di sfida*, che contiene una sfida || *fig. sguardo di sfida*, provocatorio || **N.** disfida.

sfidànte (*ppr.* di *sfidare*) [1855] **I** ***agg.*** che sfida: *la squadra sfidante* **II** ***s.*** chi lancia la sfida: *i padrini dello sfidante* || *in part.* nel pugilato, atleta cui è stato riconosciuto il diritto di incontrare il detentore di un titolo.

sfidàre [da *disfidare*; 1297] ***tr.*** **1.** provocare, incitare qualcuno a misurarsi alle armi o a competere in gare sportive o anche, *per estens.*, a cimentarsi in una prova qualsiasi: *sfidare a duello*; *sfidò il pugile che deteneva il titolo*; *ti sfido a scacchi, a chi arriva primo* **2.** *per estens.* sollecitare qualcuno a fornire le prove di quanto si ritiene falso o a fare ciò che si ritiene impossibile: *ti sfido a dimostrare quello che stai dicendo*; *ti sfido a battere il campione* || nelle loc. fam. *sfido!, sfido io!, sfido che...!*, sottolineanti l'ovvietà di un fatto: *sfido che hai fame! È da ieri che non mangi!* **3.** *fig.* affrontare con coraggio e determinazione una forza avversa, un pericolo e sim.: *sfidare la tempesta, la furia degli elementi*; *sfidare la legge*, compiere un'audacissima azione illegale: *sfidare la morte, sfidare la sorte*, compiere un'impresa rischiosissima; *sfidare i secoli*, di monumenti, opere letterarie e sim., mantenere integro il loro valore attraverso i secoli **4.** *arc.* scoraggiare, far perdere la fiducia, disanimare || ***rec.*** lanciarsi una sfida, comunicarsi l'un l'altro l'intenzione di misurarsi in un confronto || **N.** ***tr.*** **1.** *Sin.* disfidare, gettare il guanto, mandare i padrini | affrontare, cimentare, gareggiare.

sfidatóre [da *sfidare*; a. 1638] ***agg.*** e ***sm.*** (f. *-trìce*) *lett.* che o chi sfida: *sfidatore di morte* || in un duello, sfidante; chi ha mandato la sfida.

sfidùcia (pl. *-cie*) [da *fiducia*; 1873] ***sf.*** mancanza di fiducia: *manifestare la propria sfiducia* || *T.pol. voto di sfiducia*, il voto col quale il parlamento ritira il suo appoggio a un ministero o a un ministro, costringendolo alle dimissioni || **N.** diffidenza, dubbio, paura, sospetto.

sfiduciàre (pres. *-ùcio*) [1855 come intr. pron.] ***tr.*** *non com.* togliere la fiducia || *in part. T.pol.* ritirare la fiducia a un governo o altro potere delegato || ***intr. pron.*** perdere ogni fiducia in sé, abbattersi, avvilirsi, perdersi d'animo.

sfiduciàto (*pps.* di *sfiduciare*) [1845] ***agg.*** avvilito, scorato, scoraggiato.

sfiga [da *figa*, var. sett. di *fica*; 1983] ***sf.*** *volg.* spec. nel linguaggio dei giovani, sfortuna, iella: *la mia solita sfiga!, che sfiga!*

sfigàto [da *sfiga*; 1980] ***agg.*** e ***sm.*** (f. *-a*) *volg.* spec. nel linguaggio dei giovani, sfortunato, iellato || *per estens.* che, chi è scarsamente attrattivo; che, chi ha poco credito in un gruppo; incapace, maldestro: *ha proprio l'aria dello sfigato.*

sfigmico (pl. *-ci*) [dal gr. *sphygmikós*, del polso; 1838] ***agg.*** *T.med.* che si riferisce alla pulsazione arteriosa.

sfigmo- [dal gr. *sphygmós*, pulsazione] ***primo elem.*** che, in parole composte della terminologia medica, vale "pulsazione" (per es. *sfigmografia*).

sfigmografia [comp. di *sfigmo-* e *-grafia*; 1821] ***sf.*** *T.med.* registrazione grafica dell'ampiezza della pulsazione arteriosa periferica.

sfigmògrafo [comp. di *sfigmo-* e *-grafo*; 1891] ***sm.*** *T.med.* strumento registratore per la sfigmografia.

sfigmogràmma [comp. di *sfigmo-* e *-gramma*; 1929] ***sm.*** *T.med.* grafico ricavato dalle registrazioni dello sfigmomanometro.

sfigmomanòmetro [comp. di *sfigmo-* e *manometro*; 1888] ***sm.*** *T.med.* strumento che consente di misurare contemporaneamente la pressione arteriosa e le pulsazioni periferiche || **N.** *Sin.* oscillometro. **TAV. *medicina...* p. 1320** 3.

sfiguràre (pres. *-ùro*) [comp. parasint. di *figura*; 1598 come tr.; 1827 come intr.] ***tr.*** alterare la figura, i lineamenti in modo tale da deturpare l'aspetto: *il vaiolo lo ha sfigurato*; anche *fig.*: *sfigurare un quadro, una statua* || ***intr.*** (aus. *avere*) dare cattiva impressione, fare cattiva figura: *non vuole sfigurare, questo tappeto sfigura in un salotto così elegante.*

sfiguràto (*pps.* di *sfigurare*) [1294] ***agg.*** dai lineamenti fortemente alterati; deturpato: *il volto del pugile era completamente sfigurato, dopo l'incidente è rimasto sfigurato.*

sfilàccia (pl. *-ce*) [da *sfilacciare*; 1922 nel senso 1; 1940 nel senso 2] ***sf.*** **1.** filaccia, filo tolto da un tessuto che si sfilaccia **2.** materiale formato da fibre ricavate dalla sfilacciatura di prodotti tessili.

sfilacciàre (pres. *-àccio*) [comp. parasint. di *filaccia*; 1618] ***tr.*** ridurre in filacce: *sfilacciare una tela* || ***intr.*** (aus. *essere*) e ***intr. pron.*** perdere le fila dell'ordito o della trama a causa di uno strappo o della debolezza del tessuto: *questa è una stoffa che (si) sfilaccia facilmente.*

sfilacciàto (*pps.* di *sfilacciare*) [1598] **I** ***agg.*** ridotto in filacce || *fig.* che manca di consistenza, di organicità: *una prosa sfilacciata* **II** ***sm.*** fibra tessile ricavata dalla sfilacciatura degli stracci.

sfilacciatrice [da *sfilacciare*; 1931] ***sf.*** nell'industria tessile, macchina a tamburi rotanti che riduce gli stracci in fibre adatte alla filatura.

sfilacciatùra [da *sfilacciare*; 1865] ***sf.*** l'atto dello sfilacciare e dello sfilacciarsi || *concr.* il punto in cui la stoffa è sfilacciata; anche i fili che spuntano da un tessuto sfilacciato.

sfilaccicàre (pres. *-àccico, -àccichi*) [comp. parasint. di *filaccica*; a. 1604] ***tr.*** e ***intr. pron.*** *pop. tosc.* sfilacciare e sfilacciarsi.

sfilàccio (pl. *-ci*) [da *sfilacciare*; 1865] ***sm.*** **1.** sfilamento, il togliere fili da un tessuto **2.** sfilaccia.

sfilaménto¹ [da *sfilare¹*; 1865] ***sm.*** atto ed effetto del togliere fili e dello sfilacciarsi.

sfilaménto² [da *sfilare²*; 1960] ***sm.*** *raro* sfilata.

sfilàre¹ [da *infilare*, con cambio di pref.; a. 1543] ***tr.*** **1.** togliere una cosa da ciò in cui o su cui è infilata: *sfilare la chiave dalla serratura*; *sfilare il filo dall'ago, dalle perle di una collana* (o ellitt. *sfilare l'ago, una collana*); *sfilare l'anello dal dito*; *sfilare i polli dallo spiedo* || *in part.* togliere di dosso a qualcuno un indumento o altro: *sfila il cappotto e le scarpe al bambino, gli sfilò il portafoglio* **2.** tirar via qualche filo da un tessuto, perlopiù per far ricami: *sfilò la tela per ricamarla* || ***intr. pron.*** **1.** sfuggire, uscire da ciò su cui o in cui è infilato: *le perle si sono sfilate, l'anello si è sfilato dal dito* **2.** di tessuto, perdere i fili, disfarsi, sfilacciarsi: *questa stoffa si sfila tutta* || ***rifl. indir.*** togliersi di dosso: *sfilarsi il maglione.*

sfilàre² [comp. parasint. di *fila*; 1641] ***intr.*** (aus. *essere* e *avere*) **1.** procedere di più persone in fila: *i soldati sfilarono dinanzi al colonnello, il corteo sfilò per tutta la città* **2.** *fig.* presentarsi in gran numero e in rapida successione; succedersi, susseguirsi: *le immagini sfilano sullo schermo.*

sfilàta [da *sfilare²*; 1863] ***sf.*** lo sfilare, il procedere susseguendosi l'uno dopo l'altro: *la sfilata dei carri allegorici durante il Carnevale*; *una sfilata di moda* (o, fr., *défilé*), in cui le modelle sfilano davanti al pubblico presentando le creazioni di una sartoria || il presentarsi in gran numero in modo più o meno ordinato: *la sfilata dei dimostranti lungo la via principale*; *la sfilata delle truppe*, nel linguaggio militare, il passaggio ordinato davanti ad autorità civili o militari cui rendere onore || *per estens. concr.* lunga serie di cose omogenee poste l'una accanto all'altra: *una sfilata di villette.*

sfilatìno [da *sfilare²*; 1942] ***sm.*** *region.* pane a forma di fuso sottile; filoncino. **TAV.** *alimentazione* 2.1.

sfilàto (*pps.* di *sfilare¹*) [1349 ca.] **I** ***agg.*** nei sensi del verbo **II** ***sm.*** ricamo eseguito sfilando un certo numero di fili dall'ordito di un tessuto e riunendo, secondo disegni diversi, i fili.

sfilatùra [da *sfilare¹*; 1940] ***sf.*** atto ed effetto dello sfilare || *per estens.* il punto in cui un tessuto si è sfilato, smagliato.

sfilza [da *filza*; 1960] ***sf.*** serie, successione, lunga filza: *una sfilza di errori, di improperi.*

sfilzàre [da *infilzare*, con cambio di pref.; a. 1574] ***tr.*** e ***intr. pron.*** sfilare e sfilarsi: *sfilzare il pollo dallo spiedo.*

sfinge [dal lat. *sphinx, sphingis*, gr. *sphínx, sphingós*; 1319] ***sf.*** **1.** *T.mit.* mostro favoloso rappresentato nell'antico Egitto con corpo di leone e testa umana (come immagine simbolica di faraoni e divinità), e nell'antica Grecia con corpo di leonessa alata e faccia di donna (e collegato alla leggenda di Edipo); anche le sue rappresentazioni scultoree o grafiche **2.** *fig.* persona enigmatica, della quale non si riescono a capire i pensieri e i sentimenti: *volto di sfinge*, impassibile, senza espressione **3.** nome comune di alcune farfalle della famiglia degli Sfingidi, così chiamate perché i loro bruchi, quando riposano, sollevano la porzione anteriore del corpo, in una posizione che ricorda quella del mostro favoloso omonimo.

sfingeo [da *sfinge*; 1915] ***agg.*** *lett.* di sfinge; misterioso.

Sfìngidi (sing. *-e*) [comp. di *sfinge* e *-idi*; 1932] ***sm. pl.*** *T.zool.* famiglia di farfalle crepuscolari o notturne dal corpo peloso e colorato, spesso dannose alle coltivazioni.

sfingomielina [comp. del gr. *sphíngō*, stringo e *myelós*, midollo; 1929] ***sf.*** *T.chim.* e *T.biol.* fosfolipide la cui componente alcolica è rappresentata dalla colina; è presente in abbondanza nelle strutture nervose degli animali superiori.

sfiniménto [da *sfinire*; 1353] ***sm.*** senso di spossatezza fisica o psichica: *ogni attacco lo la-*

scia in uno stato di sfinimento || *per estens. iperb. fam.* grave disagio, fatica snervante: *tre ore di coda; che sfinimento!* || **N.** *Sin.* debolezza, esaurimento, indebolimento, languore, prostrazione, STANCHEZZA.

sfinìre (pres. *-ìsco, -ìsci*) [da *finire*; 1873] ***tr.*** causare uno stato di sfinimento, di spossatezza psichica o fisica, far perdere le forze, render fiacco: *la febbre l'ha proprio sfinito* || ***intr. pron.*** perdere le forze, esaurirsi || **N.** *Sin.* fiaccare, indebolire, prostrare, spossare.

sfinitézza [da *sfinire*; 1873] ***sf.*** stato di chi è sfinito.

sfintère [dal lat. tardo *sphincter, -ēris*, gr. *sphinktḗr, -ēros*; 1681 *sfinctere*] ***sm.*** *T.anat.* muscolo ad anello che, contraendosi, serve a chiudere aperture o condotti.

sfintèrico (pl. *-ci*) [da *sfintere*; 1970] ***agg.*** *T.anat.* relativo allo sfintere, proprio dello sfintere: *apparato sfinterico.*

sfioccàre (pres. *-òcco, -òcchi*) [comp. parasint. di *fiocco*; 1838] ***tr.*** sfilacciare, ridurre a forma di nappa || ***intr. pron.*** ridursi in fiocco o in fiocchi.

sfiocinàre (pres. *-òcino*) [da *fiocinare*; 1838] ***tr.*** *T.mar.* colpire con la fiocina.

sfiondàre (pres. *-óndo*) [comp. parasint. di *fionda*; 1623] ***tr.*** *non com.* scagliare con la fionda: *sfiondò un sasso* || *fig.* scagliare, lanciare, avventare: *sfiondare insulti, fandonie.*

sfioraménto [da *sfiorare*[1]; 1940] ***sm.*** lo sfiorare, il passare radente.

sfioràre[1] (pres. *sfióro*) [comp. parasint. di *fiore*; 1827] ***tr.*** toccare appena, passare leggermente su qualche cosa, rasentandola: *le nuvole sfiorano le vette; le sfiorai il volto* || *per estens. fig.* toccare di sfuggita, in modo rapido e sommario, senza approfondire: *sfiorare un argomento* || essere sul punto di conseguire qualcosa o di arrivare a qualcosa: *sfiorare il successo, la follia, la lite* || **N.** *Sin.* rasentare.

sfioràre[2] (pres. *sfióro*) [comp. parasint. di *fiore*; a. 1712 nel senso 3; 1752] ***tr.*** **1.** togliere il fiore, la parte migliore di qualcosa: *sfiorare il latte*, scremarlo **2.** *ant.* spogliare dei fiori: *sfiorare un rosaio* **3.** *ant.* prendere il meglio di una merce.

sfioratóre [comp. parasint. di *fiore*; 1774] ***sm.*** *T.idr.* impianto che, in bacini o lungo canali, impedisce che il livello delle acque superi un dato limite.

sfioratùra [da *sfiorare*[2]; 1891] ***sf.*** lo sfiorare, scrematura.

sfiorettàre (pres. *-étto*) [comp. parasint. di *fioretto*; 1873] ***intr.*** (aus. *avere*) *non com.* abusare di ornamenti stilistici affettati nel linguaggio musicale o letterario.

sfiorettatùra [da *sfiorettare*; 1940] ***sf.*** lo sfiorettare: *un'esecuzione musicale piena di sfiorettature.*

sfiorìre (pres. *-ìsco, -ìsci*) [da *fiorire*; a. 1294] ***intr.*** (aus. *essere*) **1.** di pianta, perdere il fiore || di fiore, perdere i petali dopo la fioritura; appassire **2.** *fig.* perdere la freschezza, il rigoglio, lo splendore della bellezza: *la sua giovinezza sfiorì* || **N.** *Sin.* appassire, avvizzire.

sfiorìto (*pps.* di *sfiorire*) [a. 1320] ***agg.*** appassito, avvizzito.

sfioritùra [da *sfiorire*; a. 1698] ***sf.*** atto dello sfiorire.

sfiossàre (pres. *-òsso*) [comp. parasint. di *fiosso*; 1873] ***tr.*** *T.calz.* fare il fiosso a una scarpa.

sfiossatùra [da *sfiossare*; 1891] ***sf.*** *T.calz.* atto ed effetto dello sfiossare una scarpa.

sfirèna [dal lat. tardo *sphyrāena*, gr. *sphýraina*; 1561] ***sf.*** *T.zool.* pesce osseo marino dei Perciformi, dal muso stretto e bocca grande con dentatura robusta, vorace predatore, a volte pericoloso per l'uomo || **N.** *Sin.* luccio di mare, luccio imperiale.

Sfirènidi (sing. *-e*) [comp. di *sfirena* e *-idi*; 1960] ***sm. pl.*** *T.zool.* famiglia di pesci ossei marini, tra cui la sfirena.

sfittàre [da *affittare*, con cambio di pref.; 1789] ***tr.*** rendere sfitto: *sfittare il podere* || ***intr. pron.*** restare sfitto: *l'alloggio si sfitterà a partire da maggio.*

sfittìre (pres. *-ìsco, -ìsci*) [comp. parasint. di *fitto*[1]; 1960] ***tr.*** rendere meno fitto || ***intr. pron.*** diventare meno fitto || **N.** ***tr.*** *Sin.* diradare, sfoltire.

sfitto (*pps. sinc.* di *sfittare*) [1848] ***agg.*** sfittato, non affittato: *gli è rimasto sfitto un appartamento, il podere.*

sfìzio (pl. *-zi*) [etim. inc.; 1918] ***sm.*** *merid.* capriccio, desiderio, voglia: *levarsi, togliersi lo sfizio di qualcosa*, soddisfare un desiderio che si nutre da tempo || divertimento: *fare qualcosa per puro sfizio*, farla per puro capriccio, per divertimento.

sfizióso [da *sfizio*; 1983] ***agg.*** *merid.* che soddisfa un capriccio; fatto per puro capriccio || divertente, spassoso, stravagante: *un'idea sfiziosa.*

sflanellàre (pres. *-èllo*) [dal fr. *flâner*, passeggiare senza meta, perder tempo; 1981] ***intr.*** (aus. *avere*) **1.** *dial.* perder tempo, bighellonare, oziare **2.** amoreggiare con effusioni discrete e contenute.

sfocàre o **sfuocàre** (pres. *sfòco* o *sfuòco, sfòchi* o *sfuòchi*) [comp. parasint. di *f(u)oco*; 1940] ***tr.*** mettere fuori fuoco l'obiettivo di un sistema ottico (spec. fotocinematografico), in modo da attenuare la nitidezza dei contorni delle immagini degli oggetti inquadrati.

sfocàto o **sfuocàto** (*pps.* di *sfocare* o *sfuocare*) [1932] ***agg.*** non nitido, incerto, anche *fig.*: *una foto sfocata, uno stile sfocato.*

sfocatùra (non com. *sfuocatùra*) [da *sfocare*; 1960] ***sf.*** l'essere sfocato.

sfociaménto [da *sfociare*; 1767] ***sm.*** *non com.* lo sfociare.

sfociàre (pres. *sfócio*) [comp. parasint. di *foce*; 1767] ***intr.*** (aus. *essere*) sboccare, metter foce: *il fiume sfocia lento nel mare* || *fig.* concludersi in, dar luogo a, avere come esito: *il malcontento popolare sfociò in una rivolta* || ***tr.*** *non com.* rendere più grande la foce di un fiume o torrente sgombrandola dai sassi e dal terriccio || **N.** ***intr.*** *Sin.* gettarsi, sboccare, sgorgare.

sfociatùra [da *sfociare*; 1761] ***sf.*** *T.idr.* allargamento della foce di un fiume mediante lo sgombero di detriti; sfociamento.

sfócio (pl. *-ci*) [da *sfociare*; 1960] ***sm.*** **1.** atto dello sfociare **2.** *fig.* soluzione, esito, sbocco: *attività senza sfocio.*

sfoconàre (pres. *-óno*) [comp. parasint. di *focone*; 1641 nel senso 2; 1873 nel senso 1] ***tr.*** **1.** *dial.* stuzzicare il fuoco per farlo divampare meglio; sbraciare **2.** *ant. T.mil.* guastare il focone di un'arma da fuoco.

sfoconatóio (pl. *-ói*) [da *sfoconare*; 1824 nel senso 2] ***sm.*** **1.** *region.* attrezzo per sfoconare **2.** sfondatoio.

sfoderàbile [da *sfoderare*; 1983] ***agg.*** di poltrona, divano, cappotto, mantello o sim. cui può essere tolta la fodera per lavarla o sostituirla || di impermeabile o giaccone, che si può rendere più leggero togliendo la fodera imbottita.

sfoderaménto [da *sfoderare*[2]; 1838] ***sm.*** *non com.* lo sfoderare.

sfoderàre[1] (pres. *sfòdero*) [comp. parasint. di *fodera*; sec. XVI] ***tr.*** levare la fodera: *sfoderare un cuscino.*

sfoderàre[2] (pres. *sfòdero*) [comp. parasint. di *fodero*; a. 1566] ***tr.*** togliere, estrarre dal fodero, sguainare: *sfoderare la spada*, sguainarla o, *fig.*, entrare in guerra, muovere guerra || *per estens. fig.* tirar fuori inaspettatamente, mostrare con ostentazione: *sfoderare tutto lo scibile, dotte citazioni, sfoderare un magnifico sorriso, sfoderare la propria classe.*

sfoderàto (*pps.* di *sfoderare*[1]) [1855] ***agg.*** privo di fodera: *un cappotto sfoderato.*

sfogàre (pres. *sfógo, sfóghi*) [comp. parasint. di *foga*; 1313] ***tr.*** dar libero corso, lasciar fuoriuscire liberamente da un luogo chiuso: *lascia sfogare il fumo* || *più com. fig.* manifestare apertamente sentimenti, stati d'animo, istinti ecc. che si erano fino a quel momento repressi, controllati: *sfogò tutta la rabbia che aveva in corpo* || ***intr. pron.*** **1.** liberarsi da uno stato di tensione esternando le proprie pene, ansie, preoccupazioni e sim., spec. confidandole a qualcuno per riceverne conforto: *lascia che pianga, che si sfoghi; si è sfogato con me per* (o *di*) *tutti i torti che subisce quotidianamente; sfogarsi contro qualcuno*, dire apertamente tutto quanto di male si pensa di lui; *sfogarsi su qualcuno*, prendersela con lui anche immotivatamente, far ricadere su di lui il nervosismo, il malumore ecc. **2.** togliersi la voglia, soddisfare un desiderio, un istinto: *sfogarsi a correre, a urlare* || ***intr.*** (aus. *essere*) **1.** di liquidi o gas accumulatisi in spazi chiusi, uscir fuori liberamente, trovar sfogo: *il fumo è sfogato dalla finestra* **2.** manifestarsi liberamente, detto di istinti, sentimenti, malattie ecc.: *gli parlerò quando sarà sfogata la sua rabbia, il raffreddore è meglio lasciarlo sfogare* || **N.** ***intr. pron.*** **1.** *Sin.* abbandonarsi, aprirsi, confidarsi **2.** *Sin.* sfrenarsi | ***intr.*** **1.** *Sin.* effondersi, espandersi, prorompere, scoppiare, versare.

sfogatèllo [da *sfogato*; 1934] ***sm.*** piccolo fungo delle Poliporacee, con gambo bianco e cappello grigio, carnoso e commestibile.

sfogàto (*pps.* di *sfogare*) [sec. XIV-XV] ***agg.*** *raro* di luogo, ampio, libero, dove può circolare liberamente l'aria: *stanza sfogata* || *T.mus.* *canto sfogato*, che può raggiungere le note più alte con facilità, che ha ampio registro di voce, che esce fuori con foga.

sfogatóio (pl. *-ói*) [da *sfogare*; a. 1527] ***sm.*** apertura, vano, costruzione fatta per dare sfogo; anche *fig.*: *uno sfogatoio del malumore* || **N.** *Sin.* sfogo, spiraglio.

sfoggiaménto [da *sfoggiare*; 1608] ***sm.*** *raro* atto dello sfoggiare.

sfoggiàre (pres. *sfòggio*) [comp. parasint. di *foggia*; a. 1540] ***tr.*** portare, esibire ostentatamente qualcosa di prezioso e ricercato: *sfoggiare vestiti costosi* || *fig.* mettere in mostra le proprie qualità: *sfoggiare la propria erudizione* || ***intr.*** (aus. *avere*) *disus.* ostentare, fare sfoggio di cose denotanti un tenore di vita sfarzoso: *sfoggiare in gioielli, fuoriserie, ricevimenti* || **N.** ***intr.*** *Sin.* grandeggiare.

sfòggio (pl. *-gi*) [da *sfoggiare*; 1612] ***sm.*** ostentazione di cose lussuose e preziose; anche *fig.*: *sfoggio di erudizione* || **N.** grandiosità, magnificenza, opulenza, sfarzo.

sfòglia (pl. *-glie*) [da *sfogliàre*[2]; 1550 nel senso 1; 1918 nel senso 2] ***sf.*** **1.** lamina, falda sottilissima **2.** pasta da primi piatti spianata col matterello e ridotta a falda sottile, per farne tagliolini, quadrucci ecc. || *pasta sfoglia*, pasta, a base di burro e farina, che cotta si divide in sottili sfoglie ed è leggerissima || **N.** **1.** *Sin.* FALDA.

sfogliàra [da *sfoglia*, sogliola; 1907] ***sf.*** carpasfoglia. **TAV.** *pesca* 3.

sfogliàre[1] (pres. *sfòglio*) [comp. parasint. di *foglia*; 1310] ***tr.*** levare le foglie, i petali: *sfogliare un ramo, sfogliare un fiore; sfogliare il granoturco*, liberare la spiga dalle brattee; scartocciare || ***intr. pron.*** perdere le foglie, i petali: *le rose si sono tutte sfogliate* || sfaldarsi || **N.** sfiorire.

sfogliàre[2] [comp. parasint. di *foglio*; 1612 come intr. pron.; 1841 come tr.] ***tr.*** **1.** scorrere frettolosamente le pagine di un libro, d'una rivista ecc.: *ho sfogliato l'ultimo numero della rivista* **2.** *non com.* tagliare le pagine di un libro intonso **3.** *raro* di carte da gioco, distribuirle ai vari giocatori, o anche tirarle a una a una || *intr. pron.* separarsi in lamine sottili: *questo minerale si sfoglia* || **N. 1.** *Sin.* scartabellare.

sfòglia-sgranatrice [comp. di *sfoglia(trice)* e *sgranatrice*; 1960] *sf. T.agr.* macchina che esegue contemporaneamente le operazioni di sfogliatura e sgranatura delle pannocchie di granoturco.

sfogliàta¹ [da *sfogliare¹*; 1960] *sf.* atto dello sfogliare una pianta.

sfogliàta² [da *sfogliare²*; 1875] *sf.* **1.** atto dello sfogliare un libro: *dare una sfogliata al libro* **2.** *raro* la distribuzione delle carte da gioco || *dim.* sfogliatìna.

sfogliàta³ [da *sfogliare²*; a. 1548] *sf.* torta di pasta sfoglia.

sfogliatèlla (*dim.* di *sfogliata³*) [1891] *sf.* classico dolce napoletano formato di uno strato di pasta sfoglia ripiegato e riempito di crema, cioccolato, canditi ecc.

sfogliatrìce¹ [da *sfogliare¹*; 1940] *sf. T.agr.* macchina per lo scartocciamento del granturco.

sfogliatrìce² [da *sfogliare²*; 1960] *sf.* nell'industria del legno, macchina per ridurre il legno in fogli.

sfogliatùra¹ [da *sfogliare¹*; 1862] *sf.* atto ed effetto del togliere le foglie: *la sfogliatura del gelso, del granoturco* || **N.** *Sin.* scartocciatura, spannocchiatura.

sfogliatùra² [da *sfogliare²*; 1940] *sf.* **1.** lo sfaldarsi di certi tipi di formaggio, dovuto a difetti di lavorazione **2.** *T.metal.* sfaldatura di una massa di ferro prodotta dai colpi del maglio.

sfognàre (pres. *sfógno*) [comp. parasint. di *fogna*; 1613] *intr.* (aus. *essere*) *non com.* traboccare, sgorgare dalla fogna.

sfógo (pl. *-ghi*) [da *sfogare*; a. 1574] *sm.* **1.** lo sfogare e lo sfogarsi in tutti i suoi significati: *dare sfogo alle passioni, all'acqua, al fumo*; *valvola di sfogo* || *in part. T.mar. sfogo d'aria*, sui sommergibili, l'insieme di tutta la manovra delle valvole per lo sfogo dell'aria dai doppi fondi e dalle casse d'assetto || *T.arch. lo sfogo di un arco, di una volta*, la sua massima altezza; rigoglio, monta **2.** *per estens.* sbocco, apertura; anche *fig.*: *aprire uno sfogo per il fumo, un paese senza uno sfogo sul mare, cercare nuovi sfoghi per l'industria nazionale* || *pop.* eruzione cutanea: *le è scoppiato uno sfogo in faccia* **3.** *fig.* esito, libero corso: *dare sfogo a un affare* || manifestazione dei propri sentimenti, stati d'animo, impulsi: *fece uno sfogo con l'amico* || **N. 1.** *Sin.* esaltazione, espansione, esplosione, scoppio **3.** *Sin.* confidenza, effusione.

sfolgoraménto [da *sfolgorare*; 1682] *sm. raro* atto dello sfolgorare.

sfolgorànte (*ppr.* di *sfolgorare*) [1715] *agg.* risplendente || **N.** *Sin.* SPLENDENTE.

sfolgoràre (pres. *sfólgoro*) [da *folgorare*; sec. XIV] *intr.* (aus. *essere* e *avere*) risplendere come una folgore, risplendere di una luce intensa; anche *fig.*: *sfolgorare di gioia* || *tr. ant.* cacciar via || **N.** fulgore.

sfolgoràto (*pps.* di *sfolgorare*) [a. 1348] *agg. fig. ant.* ingente, sontuoso, smoderato, sfarzoso: *spese sfolgorate.*

sfolgoreggiàre (pres. *-éggio*) [da *sfolgorare*; 1838] *intr.* (aus. *essere* e *avere*) *raro lett.* sfolgorare.

sfolgorìo (pl. *-ìi*) [da *sfolgorare*; 1715] *sm.* lo sfolgorare, uno sfolgorare continuato.

sfollagènte [comp. di *sfolla(re)* e *gente*; 1935] *sm. inv.* staffile o bastone flessibile, infilato in una guaina, che in alcuni stati la polizia usa per sciogliere assembramenti e per sedare tumulti e disordini || **N.** *Sin.* manganello.

sfollaménto [da *sfollare*; 1922] *sm.* **1.** atto dello sfollare **2.** durante l'ultima guerra mondiale, abbandono delle città minacciate da bombardamenti aerei, da parte della popolazione **3.** riduzione dei dipendenti di enti pubblici o privati; sfoltimento.

sfollàre (pres. *sfòllo*) [comp. parasint. di *folla*; 1660] *intr.* (aus. *essere* e, raro, *avere*) **1.** di folla, diradarsi: *il pubblico sfollò lentamente dal teatro* **2.** allontanarsi dai centri abitati a causa di attacchi bellici o di catastrofi naturali imminenti o già in atto || *intr. pron.* svuotarsi di gente: *il teatro si sta sfollando* || *tr.* **1.** sgomberare, liberare dalla folla: *sfollare la piazza* **2.** far allontanare da un luogo la popolazione **3.** diradare un bosco tagliando i polloni in eccesso.

sfollàto (*pps.* di *sfollare*) [1943 come sm.] **I** *agg.* che si è allontanato da una città: *famiglia sfollata* **II** *sm.* (f. *-a*) chi si è allontanato da un centro abitato in previsione di attacchi bellici o altro pericolo: *arrivano gli sfollati.*

sfoltiménto [da *sfoltire*; 1960] *sm.* atto ed effetto dello sfoltire.

sfoltìre (pres. *-ìsco, -ìsci*) [comp. parasint. di *folto*; 1960] *tr.* rendere meno folto, diradare: *sfoltire le fronde di un albero, i capelli, le citazioni di un testo* || *intr. pron.* diventare meno folto: *con l'età i capelli si sfoltiscono* || **N.** *Sin.* sfittire, sfrondare.

sfoltìta [da *sfoltire*; 1960] *sf.* atto dello sfoltire: *dare una sfoltita ai capelli.*

sfoltitrìce [da *sfoltire*; 1983] *sf.* tipo di rasoio fornito di una lama seghettata, usato per sfoltire i capelli.

sfondagiàco (pl. *-chi*) [comp. di *sfonda(re)* e *giaco*; 1838 *sfondagiacco*] *sm. ant.* pugnale destinato a forare il giaco di maglie di ferro e riuscire così a ferire l'avversario || **N.** *Sin.* smagliatore.

sfondaménto [da *sfondare*; 1940] *sm.* atto ed effetto dello sfondare o dello sfondarsi: *lo sfondamento della botte, del fronte nemico.*

sfondàre (pres. *sfóndo*) [comp. parasint. di *fondo*; 1353] *tr.* **1.** rompere il fondo di qualcosa: *sfondare la scatola, il cesto, le scarpe* || *iperb. sfondare lo stomaco*, di cibo o di pranzo difficile da digerire e, *fig.*, di persona noiosa, difficile da sopportare, di discorso pesante **2.** *per estens.* aprirsi un varco, abbattere, schiantare, rompere, passando da parte a parte: *sfondare una parete, un uscio* || nel modo di dire *fig. sfondare una porta aperta*, cercare di persuadere chi è già persuaso || *T.mil.* superare con un attacco riuscito la linea del fronte difensivo nemico: *l'esercito sfondò il fronte nemico* || *intr.* (aus. *avere*) **1.** affermarsi, avere successo, riuscire nella carriera o nella vita: *quel benedetto ragazzo non riesce a sfondare come pittore* **2.** *ant. T.pitt.* creare un effetto di profondità: *facendolo sfondare e apparire lontano* (Vasari) || *intr. pron.* perdere il fondo: *il cestino si è sfondato* || **N.** *tr. Sin.* ROMPERE.

sfondastòmaco (pl. *-chi* o *-ci*) [comp. di *sfonda(re)* e *stomaco*; 1891] *agg.* e *s. fam.* di cosa o persona, noioso, pedante, insopportabile: *discorso sfondastomaco.*

sfondàto (*pps.* di *sfondare*) [a. 1537] **I** *agg.* **1.** rotto, sfasciato **2.** *fig. fam.* insaziabile di cibo, che non si sazia mai, come se non avesse fondo || nella loc. *ricco sfondato*, ricchissimo **II** *sm. T.pitt.* decorazione pittorica che, eseguita su pareti, soffitti, cupole ecc., riesce, mediante accorgimenti prospettici, a dare l'illusione di uno spazio che si stende al di là di quello reale.

sfondatóio (pl. *-ói*) [da *sfondare*; 1824] *sm. T.mil.* strumento in metallo che serviva per pulire il focone delle antiche armi da fuoco o per forare il contenitore della carica di lancio in modo da favorirne l'accensione || **N.** *Sin.* sfoconatoio.

sfondatóre [da *sfondare*; a. 1646] *sm.* (f. *-trìce*) *non com.* chi sfonda.

sfondatùra [da *sfondare*; 1544] *sf. non com.* azione ed effetto dello sfondare || **N.** *Sin.* rottura.

sfóndo [da *sfondare*; 1735] *sm.* **1.** *T.arch.* incassatura in volte, archi e sim. prevista per dipingervi ornati e figure || *per estens.* le pitture ivi eseguite **2.** *T.pitt.* in una rappresentazione pittorica, in un'immagine fotografica e sim., la parte della scena raffigurata che appare più lontana rispetto al piano in cui campeggiano i soggetti principali della raffigurazione: *lo sfondo di un quadro, di una scena, fare una fotografia sullo sfondo del mare*; anche la colorazione omogenea dello spazio in cui campeggiano i soggetti: *le icone hanno solitamente uno sfondo dorato* || *in part. T.teatr.* la scena di fondo, il fondale || *per estens.* la parte più lontana del campo visivo di un osservatore, l'orizzonte: *sullo sfondo puoi vedere le Alpi* || *T.psic.* la parte del campo visivo rispetto a cui si definiscono le forme delle figure **3.** *fig.* ambiente storico e sociale in cui si svolge una narrazione: *lo sfondo del romanzo* || tematica di base, idea o tonalità principale: *un romanzo a sfondo polemico, un film a sfondo politico.*

sfondóne [da *sfondare*, propr. colpo dato sotto le costole; 1942] *sm. centr.* errore grossolano, svarione, sbaglio madornale: *dire, fare uno sfondone, uscirsene con uno sfondone.*

sfontanàre (pres. *-àno*) [comp. parasint. di *fontana*; 1940] *tr. ant.* e *raro* gettare come una fontana || *fig. sfontanare denari, capitali*, sperperarli, spenderli senza costrutto.

sforacchiàre (pres. *-àcchio*) [da *foracchiare*; sec. XIV] *tr.* bucare malamente in più punti || **N.** *Sin.* bucare, FORARE.

sforàre (pres. *sfóro*) [comp. parasint. di *foro*; 1983] *intr.* (aus. *avere*) andare oltre un limite stabilito; *in part.* superare la cifra di spesa prevista: *abbiamo sforato il budget* || protrarsi oltre l'orario previsto, rif. a una trasmissione televisiva o radiofonica: *le trasmissioni in diretta hanno la tendenza a sforare, anche ieri il varietà ha sforato* || *per estens.* superare i limiti di tempo stabiliti per una determinata operazione.

sforbiciàre (pres. *sfòrbicio*) [comp. parasint. di *forbice*; 1940] *tr.* tagliare, tagliuzzare con le forbici; anche *ass.* || *intr.* (aus. *avere*) *T.sport.* eseguire una sforbiciata.

sforbiciàta [da *sforbiciare*; 1960] *sf.* **1.** l'atto di tagliare alla svelta e alla meglio con le forbici; colpo di forbici: *dare una sforbiciata ai capelli* **2.** *T.sport.* movimento a forbice delle gambe.

sformàre (pres. *sfórmo*) [comp. parasint. di *forma*; a. 1320 nel senso 1; 1691 nel senso 2] *tr.* **1.** far perdere la forma, deformare: *sformare il cappello* **2.** togliere dalla forma: *sformare le scarpe, la torta.*

sformàto (*pps.* di *sformare*) [a. 1292 come agg.; 1875 come sm.] **I** *agg.* privo di forma, alterato nella forma **II** *sm. T.cuc.* pasticcio cotto dentro una forma.

sformatùra [da *sformare*; 1891] *sf. T.tecn.* operazione manuale o meccanica con cui si estrae il pezzo dalla sua forma.

sfornaciàre (pres. *-àcio*) [comp. parasint. di *fornace*; 1891] *tr.* togliere dalla fornace il materiale cotto; anche *ass.*

sfornàre (pres. *sfórno*) [comp. parasint. di *forno*; a. 1400 nel senso 1; 1922 nel senso 2] *tr.* **1.** levare dal forno: *sforna la torta, è cotta!, il profumo del pane appena sfornato* **2.** produrre, far uscire, scodellare, anche *fig.*: *sforna un disco all'anno* || **N. 1.** *Contr.* infornare. **Q.T.** *pane.*

sfornellàre (pres. *-èllo*) [comp. parasint. di *fornello*; 1963] *intr.* (aus. *avere*) *fam.* occuparsi della cucina.

sfornìre (pres. *-ìsco, -ìsci*) [da *fornire*; a. 1363] *tr. non com.* privare dei fornimenti, di ciò di cui uno era provvisto o di cui dovrebbe essere provvisto: *decisero di sfornire l'esercito di uomini, di mezzi, dei vettovagliamenti* || *rifl.* privarsi di ciò che è utile o necessario: *non posso sfornirmi di tutto* || **N.** *Sin.* spogliare, togliere | *Contr.* fornire.

sfornìto (*pps.* di *sfornire*) [a. 1348] ***agg.*** privo di ciò che dovrebbe esserci: *un negozio sfornito* || *in part.* *T.mil.* mancante di aiuto, di difesa, di ciò che è necessario alla resistenza, alla battaglia: *lasciò la fortezza sfornita* || **N.** *Sin.* mancante, privo, scarso, sguarnito, spoglio.

sfóro [da *foro*; 1965] ***sm.*** *T.teatr.* fessura tra due elementi della scena, che fa intravedere agli spettatori una parte del retroscena.

sfortùna [da *fortuna*; a. 1431] ***sf.*** sorte sfavorevole, destino avverso: *avere sfortuna, ha sfortuna nel gioco e con le donne, la sfortuna lo perseguita* || *concr.* infortunio, disgrazia: *questa è una vera sfortuna, che sfortuna averlo incontrato!* || **N.** *Sin.* avversità, calamità, contrarietà, disavventura, disdetta, disgrazia, iella, infortunio, rovescio, sciagura, sfiga, sventura, traversia | *Contr.* fortuna.

sfortunàto [da *fortunato*; 1336 ca.] ***agg.*** **1.** che è perseguitato dalla sfortuna, che non è favorito dalla fortuna: *è sfortunato in amore* || *prov.* *sfortunato al gioco, fortunato in amore* **2.** che non ha avuto buon esito, non ha ottenuto successo: *un affare, un romanzo sfortunato* || **sfortunataménte** ***avv.*** per sfortuna, disgraziatamente, da sfortunato || **N. 1.** *Sin.* disgraziato, iellato, sventurato | *Contr.* fortunato **2.** *Sin.* infausto | *Contr.* fortunato.

sfortùnio (pl. *-ni*) [da *infortunio*, con cambio di pref.; prima metà sec. XIV] ***sm.*** *arc.* infortunio.

sforzaménto [da *sforzare*; 1344 ca.] ***sm.*** *raro* atto ed effetto dello sforzare.

sforzàndo (*ger.* di *sforzare*) [1940] ***sm.*** *T.mus.* notazione musicale che indica una particolare accentuazione di una nota o di un gruppo di note.

sforzàre (pres. *sfòrzo*) [da *forzare*; a. 1250] ***tr.*** **1.** usare la forza per aprire o cercare di aprire una serratura, un serramento e sim.: *anche sforzandolo non è riuscito ad aprire il cassetto* **2.** sottoporre a sforzo, a una tensione, a un affaticamento eccessivi, pretendere il massimo delle prestazioni da persone, animali, meccanismi, rischiando di comprometterne l'efficienza: *ha sforzato talmente il cavallo all'inizio, che a un certo punto non ha più retto; sforzare troppo il motore,* spingerlo oltre il numero consigliabile di giri; *sforzare la voce,* usarla in modo innaturale; *sforzare una pianta,* farla fiorire e fruttificare troppo in fretta; anche *ass.*: *ha sforzato troppo all'inizio della corsa e a metà si è dovuto fermare* **3.** far pressione su qualcuno per indurlo a fare una certa cosa; costringere, obbligare: *bisogna sforzarlo a studiare; se non se la sente, non sforzarlo a mangiare* || ***intr. pron.*** **1.** sottoporsi a uno sforzo eccessivo: *si è sforzato di salire, finché non si è sentito male* **2.** impegnarsi, fare ogni sforzo per raggiungere uno scopo: *sforzati di ricordare quello che ha detto, mi sforzo di capire quello che intendi dire, ma non ci riesco* || *iron.* in contesti in cui si vuole sottolineare la svogliatezza, la pigrizia o anche l'eccessiva parsimoniosità di qualcuno: *non ti sforzare, sai, ad alzarti!; cento lire di mancia! si è sforzato!* || ***intr.*** (aus. *avere*) offrire una resistenza irregolare: *questa porta sforza troppo* || **N. *tr.* 1.** *Sin.* forzare, scardinare, scassinare **3.** *Sin.* costringere, forzare | ***intr. pron.* 2.** *Sin.* affaccendarsi, affannarsi, arrabattarsi, brigare, industriarsi, ingegnarsi, sbracciarsi, scalmanarsi, sfegatarsi.

sforzàto (*pps.* di *sforzare*) [a. 1294] ***agg.*** **1.** artificioso, non naturale: *sorriso sforzato, posa sforzata, spiegazione sforzata* **2.** arbitrario: *interpretazione sforzata* || **sforzataménte** ***avv.***

sforzatùra [da *sforzare*; 1687] ***sf.*** atto ed effetto dello sforzare, forzatura: *sforzatura di una porta, nel romanzo ci sono molte sforzature.*

sforzésco (pl. *-schi*) [dal n. proprio *Sforza*; 1950] ***agg.*** che si riferisce alla famiglia degli Sforza: *il castello sforzesco di Milano.*

sforzìno [var. di *sferzino*; 1641] ***sm.*** *non com.* sferzino.

sfòrzo [da *sforzare*; 1312] ***sm.*** **1.** atto ed effetto dello sforzare e dello sforzarsi; applicazione di una forza maggiore di quella impiegata solitamente: *fare uno sforzo per portare un oggetto pesante, sottoporre il motore dell'automobile a uno sforzo; sforzo muscolare, di mente, di volontà, di memoria; senza sforzo,* facilmente; *costare molto sforzo,* richiedere un impegno notevole || *iron.* *che sforzo! bello sforzo!,* di cosa che non richiede nessun sforzo e che qualcuno ci descrive come faticosa o difficile **2.** *T.mecc.* tipo di sollecitazione cui è sottoposto un solido elastico in seguito all'azione di un sistema di forze esterne: *sforzo normale,* azione resistente che si sviluppa all'interno di un solido elastico sollecitato da forze assiali; *sforzo eccentrico, di torsione, di compressione, di schiacciamento* || *T.mat.* *tensore degli sforzi,* caratterizzante lo stato di tensione di un sistema elastico **3.** *T.sport.* nella scherma, azione tesa a far deviare al massimo il ferro avversario dalla linea d'attacco.

sfossàre (pres. *sfòsso*) [comp. parasint. di *fossa*; 1745] ***tr.*** *non com.* levare dalla fossa, detto spec. di grano o riso: *sfossare il grano e dargli aria.*

sfossatùra [da *sfossare*; 1879] ***sf.*** *raro* atto ed effetto dello sfossare.

sfóttere (pres. *sfótto*) [dal rom. *sfotte*, da *fotte*, fottere; 1952] ***tr.*** *pop.* prendere in giro, canzonare || ***rec.*** prendersi in giro a vicenda.

sfottiménto [da *sfottere*; 1931] ***sm.*** *pop.* atto dello sfottere: *uno sfottimento continuo.*

sfottitóre [da *sfottere*; 1960] ***sm.*** (f. *-trìce*) *pop.* chi sfotte, chi prende in giro || **N.** *Sin.* canzonatore.

sfottitùra [da *sfottere*; 1960] ***sf.*** *pop.* atto dello sfottere; sfottimento || *per estens.* le espressioni con cui si sfotte: *è ossessionato dalle sfottiture dei colleghi.*

sfottò [da *sfottere*; 1960] ***sm. inv.*** *pop.* sfottitura, presa in giro.

sfracassaménto [da *sfracassare*; a. 1712] ***sm.*** *non com.* atto ed effetto dello sfracassare e dello sfracassarsi.

sfracassàre [da *fracassare*; a. 1306] ***tr.*** fracassare, sconquassare || ***intr. pron.*** rompersi || **N.** *Sin.* ROMPERE.

sfracellàre (arc. o pop. *sfragellàre*) (pres. *-èllo*) [dall'ant. *fragellare*; sec. XIV] ***tr.*** schiacciare, rompere in modo da ridurre a un ammasso informe: *gli sfracellò il cranio* || ***intr. pron.*** andare in frantumi, ridursi in un ammasso informe: *è caduto dalla cima e si è sfracellato nel burrone, sul ghiacciaio; l'auto si è sfracellata contro un albero* || **N. *tr.*** *Sin.* disfare, fracassare, frantumare, infrangere, maciullare, rompere, sbriciolare, schiacciare, schiantare, sconquassare, sfracassare, sgretolare, smembrare, sminuzzare, spezzare, spiaccicare, squarciare, stritolare.

sfragìstica [dal gr. *sphragís*, sigillo, attr. il fr. *sphragistique*; 1829] ***sf.*** arte e produzione del sigillo || *T.archeol.* parte dell'antiquaria che studia i sigilli || **N.** *Sin.* sigillografia | numismatica.

sfragìstico (pl. *-ci*) [da *sfragistica*; 1957] ***agg.*** relativo alla sfragistica.

sfranàre e der. forme non com. di FRANARE e der. (v.).

sfrancesàre (pres. *-éso*) [comp. parasint. di *francese*; 1873] ***tr.*** e ***rifl.*** *non com.* far perdere e perdere quanto si ha di francese nella parlata, negli usi, nel vestire || ***intr.*** (aus. *avere*) *non com.* *scherz.* parlar male il francese || **N. *tr.*** *Contr.* infrancesare.

sfranchìre (pres. *-ìsco, -ìsci*) [comp. parasint. di *franco*; 1865] ***tr.*** *non com.* far acquistare disinvoltura, sicurezza: *sfranchire la mano a disegnare; è molto timido, sfranchiscilo un po'* || ***intr. pron.*** diventare più disinvolto, sicuro di sé: *da quel giorno si è già molto sfranchito.*

sfrangiàre (pres. *sfràngio*) [comp. parasint. di *frangia*; 1612] ***tr.*** fare la frangia a un tessuto, sfilacciandone l'orlo.

sfrangiàto (*pps.* di *sfrangiare*) [1536] ***agg.*** che ha delle frange: *abito sfrangiato* || *T.bot.* *foglia sfrangiata,* con i bordi terminanti in molte lacinie sottili || **N.** *Sin.* sfilacciato.

sfrangiatùra [da *sfrangiare*; a. 1712] ***sf.*** atto ed effetto dello sfrangiare || *per estens.* la parte sfrangiata.

sfrascàre (pres. *sfràsco, sfràschi*) [comp. parasint. di *frasca*; 1561] ***tr.*** **1.** togliere dalla frasca i bozzoli del baco da seta **2.** togliere, diradare le frasche || ***intr.*** (aus. *avere*) di frasche al vento, stormire.

sfratàrsi [comp. parasint. di *frate*; 1534] ***intr. pron.*** uscire da un ordine religioso di frati, gettare la tonaca || **N.** spretarsi.

sfrattàre [comp. parasint. di *fratta*; sec. XIV] ***tr.*** **1.** mandare via da un immobile, con un atto dell'autorità giudiziaria, chi lo aveva in locazione o ne usufruiva sotto altro titolo (colono, mezzadro e sim.) || *per estens.* detto del proprietario di un immobile, mettere in atto le procedure necessarie a far intervenire l'autorità giudiziaria per intimare lo sfratto all'occupante **2.** *per estens.* *fig.* *raro* espellere, intimare di lasciare un luogo || ***intr.*** (aus. *avere* o, meno com., *essere*) lasciare un immobile in seguito all'ingiunzione di sfratto || *per estens.* andarsene in fretta || **N. 2.** *Sin.* bandire, esiliare, espellere, licenziare, scacciare.

sfrattàto (*pps.* di *sfrattare*) [1618] **I *agg.*** che ha ricevuto uno sfratto, un'intimazione ad andarsene: *famiglia sfrattata* **II *sm.*** (f. *-a*) persona a cui è stato intimato lo sfratto.

sfràtto [da *sfrattare*; 1865] ***sm.*** **1.** lo sfrattare e spec. la disdetta di una locazione: *dare lo sfratto, ricevere, subire uno sfratto* **2.** *T.gioc.* *palla a sfratto,* palla vibrata (v. VIBRATO) || **N. 1.** *Sin.* bando, esilio, espulsione, ostracismo.

sfrecciàre (pres. *sfréccio*) [comp. parasint. di *freccia*; 1942] ***intr.*** (aus. *essere*) allontanarsi o passare velocemente come frecce: *un'auto sfrecciò rasente al bambino, sfrecciò via perché era in ritardo.*

sfregacciàre (pres. *-àccio*) [da *fregare*; a. 1850] ***tr.*** *pop.* *non com.* fregare malamente, far freghi.

sfregaménto [da *sfregare*; sec. XIV] ***sm.*** l'atto e anche l'effetto dello sfregare; sfregata || *per meton.* il rumore prodotto dallo sfregamento; *in part.* *T.med.* rumore prodotto dallo scorrimento l'uno sull'altro dei foglietti delle grandi sierose.

sfregàre (pres. *sfrégo, sfréghi*) [da *fregare*; 1340 ca.] ***tr.*** **1.** fregare ripetutamente la superficie di un corpo, esercitando una certa pressione: *sfregare il tavolo con la carta vetrata; sfregare un fiammifero sul muro,* farlo strisciare per accenderlo **2.** *per estens.* urtare di striscio: *ha sfregato la macchina contro un muro* **3.** *non com.* produrre freghi: *sfregare una pagina del libro con la biro* || ***rifl.*** e ***rifl. indir.*** strofinarsi, stropicciarsi: *sfregarsi gli occhi, sfregarsi contro lo stipite per il prurito.*

sfregàta [da *sfregare*; 1891] ***sf.*** azione dello sfregare, spec. dello sfregare una volta sola e rapidamente: *dà una sfregata al pavimento* || *dim.* sfregatìna.

sfregatùra [da *sfregare*; 1873] ***sf.*** azione ed effetto dello sfregare || *per meton.* il segno lasciato da un corpo che ha sfregato su un altro.

sfregiàre (pres. *-égio* o *-ègio*) [da *fregiare*; 1316 nel senso 2] ***tr.*** **1.** deturpare con sfregi: *sfregiare un antico monumento, una statua* || *in part.* rif. a persone, fare un segno con un'arma, un acido o un oggetto contundente casuale sul viso di qualcuno con l'intento di deturparlo **2.** *fig. ant.* o *lett.* privare di una virtù, di un merito; offendere qualcuno nell'onore || ***intr. pron.*** prodursi uno o più sfregi: *si è sfregiato battendo il viso contro il parabrezza.*

sfregiàto (*pps.* di *sfregiare*) [1691] **I *agg.*** deturpato, spec. nel volto: *dopo l'incidente è rimasto sfregiato* **II *sm.*** (f. *-a*) persona dal volto sfregiato, usato spec. come nomignolo in ambienti malavitosi: *Piglia con te un paio de' meglio... lo Sfregiato e Tira-dritto* (Manzoni).

sfregiatóre [da *sfregiare*; 1891] ***agg.*** e ***sm.*** (f. *-trice*) che o chi sfregia || **N.** deturpatore.

sfrégio o **sfrègio** (pl. *-gi*) [da *sfregiare*; a. 1584 nel senso 3; a. 1665 nel senso 2] ***sm.*** **1.** l'atto, il gesto di sfregiare **2.** *per meton.* deturpazione (taglio, macchia, cicatrice, bruciatura ecc.) che altera in modo grave e permanente: *un maniaco ha fatto degli sfregi sul monumento*; *in part.* deturpazione che altera i lineamenti, i tratti di un viso: *gli ha fatto uno sfregio col rasoio* **3.** *fig.* grave offesa, disonore, villania: *fare uno sfregio, ricevere, subire, sopportare uno sfregio da qualcuno* || **N. 3.** *Sin.* ingiuria, insulto, oltraggio.

sfrenaménto [da *sfrenare*; sec. XIV] ***sm.*** *non com.* atto ed effetto dello sfrenare e dello sfrenarsi.

sfrenàre (pres. *sfréno* o *sfrèno*) [comp. parasint. di *freno*; a. 1347] ***tr.*** liberare dal freno: *sfrenare un locomotore* || *più com. fig.* liberare da ogni vincolo, scatenare: *sfrenare le passioni, la fantasia* || ***intr. pron.*** *fig.* prendersi eccessiva licenza, scatenarsi || **N. *tr.*** *Sin.* allentare le redini, sbrigliare, sguinzagliare, svincolare | ***intr. pron.*** *Sin.* correre la cavallina, passare i limiti, perdere il controllo, sbrigliarsi, scapestrarsi, scapigliarsi, scatenarsi, sfogarsi.

sfrenatézza [da *sfrenato*; a. 1406] ***sf.*** **1.** qualità di chi è sfrenato **2.** *concr.*, spec. *pl.*, atto da persona sfrenata: *ha commesso ancora una delle sue sfrenatezze* || **N. 1.** *Sin.* incontinenza, libertinaggio, licenza, scostumatezza | *Contr.* ritegno.

sfrenàto (*pps.* di *sfrenare*) [a. 1348] ***agg.*** **1.** libero da freni || *per estens. corsa sfrenata*, velocissima **2.** *fig.* che non sembra avere alcun limite, ritegno o moderazione: *ambizione, passione sfrenata*; *piaceri sfrenati*, da persona sregolata, licenziosa || **sfrenataménte** ***avv.*** senza freno, senza ritegno; sregolatamente || **N. 2.** *Sin.* indomabile, indomito, intemperante, irrefrenabile, libertino, licenzioso, sbrigliato, scapestrato, scatenato, scavezzacollo | *Contr.* contenuto, frenato, moderato.

sfrido [dal germ. **fridu*, pace, prezzo della pace, attr. i dial. merid.; 1853 nel senso 2] ***sm.*** **1.** calo cui sono soggette le merci durante le fasi di carico e scarico, trasporto, travaso, precedenti all'immissione sul mercato **2.** parte di materiale che viene scartata durante la lavorazione, in quanto eccedente rispetto al pezzo da ottenere || **N. 2.** *Sin.* ritaglio.

sfrìggere (pres. *sfriggo* ecc., come FRIGGERE) [da *friggere*; 1873] ***intr.*** (aus. *avere*) sfrigolare || *per estens.* emettere crepitii simili a quelli di qualcosa che frigge: *la lucerna sfriggeva* (Pascoli).

sfrigolàre (disus. *sfriggolàre*) (pres. *sfrìgolo*) [connesso con *friggere*; a. 1574] ***intr.*** produrre crepitii e sfrigolii caratteristici di qualcosa che frigge || **N.** *Sin.* sfriggere, FRIGGERE.

sfrigolìo (disus. *sfriggolìo*) (pl. *-ìi*) [da *sfrigolare*; 1891 *sfriggolìo*] ***sm.*** lo sfrigolare continuo e insistente.

sfringuellàre (pres. *-èllo*) [comp. parasint. di *fringuello*; 1600 nel senso 2] ***intr.*** (aus. *avere*) **1.** *raro* cantare a distesa, come è tipico del fringuello; cinguettare, cantare **2.** *raro* parlare senza competenza, con frivola loquacità: *sfringuella di musica, d'arte, di politica* || ***tr.*** *raro* riferire, spifferare cose che dovrebbero essere taciute: *se arriva a saperlo lui, lo sfringuella a tutti* || **N. 2.** *Sin.* cianciare | ***tr.*** *Sin.* rivelare, spiattellare, svelare.

sfrişàre [da *frisare*; 1935] ***tr.*** **1.** frisare, toccare appena **2.** *region.* deturpare la superficie di un oggetto con sfregi.

sfrişatùra [da *sfrisare*; 1965] ***sf.*** *region.* segno superficiale prodotto sfrisando.

sfrìşo [da *sfrisare*; 1935] ***sm.*** **1.** atto dello sfrisare, il toccare appena **2.** *region.* segno superficiale prodotto strisciando; sfrisatura.

sfrittellàre (pres. *-èllo*) [comp. parasint. di *frittella*; 1873] ***intr.*** (aus. *avere*) *raro fam.* cucinare un gran numero di frittelle: *non hanno fatto che sfrittellare tutto il giorno* || ***rifl.*** e ***rifl. indir.*** *non com. fam.* macchiare e macchiarsi d'unto: *si è sfrittellato tutto il vestito.*

sfrombolàre (pres. *sfrómbolo*) [comp. parasint. di *frombola*; 1618] ***tr.*** *raro* frombolare, tirare con la frombola.

sfrombolàta [da *sfrombolare*; 1879] ***sf.*** colpo tirato con la frombola; tiro di frombola.

sfrondaménto [da *sfrondare*; 1745] ***sm.*** atto ed effetto dello sfrondare e dello sfrondarsi.

sfrondàre (pres. *sfróndo*) [comp. parasint. di *fronda*; a. 1449] ***tr.*** **1.** eliminare o diradare le fronde **2.** *fig.* eliminare il superfluo da componimenti letterari, relazioni e sim.: *sfrondare un saggio delle note superflue* || ***intr. pron.*** perdere le fronde || **N. *tr.* 1.** *Sin.* sfiorare, sfogliare, sfrascare.

sfrondatùra [da *sfrondare*; a. 1822] ***sf.*** l'operazione dello sfrondare.

sfrontatàggine [da *sfrontato*; 1745] ***sf.*** *raro* sfrontatezza, spec. abituale || **N.** *Sin.* SFACCIATAGGINE.

sfrontatézza [da *sfrontato*; 1728] ***sf.*** qualità di chi è abitualmente sfrontato || *concr.* manifestazione da sfrontato || **N. 1.** *Sin.* impudenza, insolenza, sfacciataggine.

sfrontàto [comp. parasint. di *fronte*; sec. XIV] **I *agg.*** che agisce o parla in modo insolente, senza provare alcuna vergogna || **sfrontataménte** ***avv.*** **II *sm.*** (f. *-a*) persona frontata: *è uno sfrontato* || *dim.* sfrontatèllo; *pegg.* sfrontatàccio || **N.** *Sin.* impudente, sfacciato.

sfrottolàre (pres. *sfròttolo*) [comp. parasint. di *frottola*; 1734] ***intr.*** (aus. *avere*) *ant. fam.* raccontare frottole, dire fandonie.

sfruconàre (pres. *-óno*) [comp. parasint. di *frucone*; 1865] ***tr.*** **1.** *ant.* il frugare con un frucone, un ferro o una bacchetta, tipico dei dazieri quando cercavano merce di contrabbando entro carichi di fieno e sim. **2.** *per estens. raro* passare ripetutamente avanti e indietro un oggetto allungato e sottile in un condotto per liberarlo: *per sfruconare la pipa usa uno scovolino* || **N. 1.** *Sin.* FRUGARE.

sfrusciàre (pres. *sfrùscio*) [da *frusciare*; 1865] ***intr.*** (aus. *avere*) frusciare.

sfruscio (pl. *-ìi*) [da *sfrusciare*; 1873] ***sm.*** uno sfrusciare continuato o frequente, e insistente.

sfruttàbile [da *sfruttare*; 1960] ***agg.*** che può essere sfruttato.

sfruttabilità [da *sfruttabile*; 1960] ***sf.*** caratteristica di ciò che è adatto ad essere sfruttato.

sfruttaménto [da *sfruttare*; 1904] ***sm.*** l'azione e anche l'effetto dello sfruttare || *ass.* nella teoria marxista, lo sfruttamento della forza lavoro da parte dell'imprenditore capitalista.

sfruttàre [comp. parasint. di *frutto*; 1592] ***tr.*** **1.** rif. a una risorsa naturale, farla rendere il più possibile, utilizzando appositi accorgimenti: *sfruttare un giacimento di metano, sfruttare le acque del fiume per produrre energia elettrica* || *in part.* rif. a un terreno, far sì che renda in breve tempo più di quello che potrebbe rendere normalmente, a scapito del suo mantenimento: *sfruttare un campo, una miniera* **2.** *per estens.* utilizzare qualcosa nel modo più razionale e funzionale: *sfruttare bene lo spazio in un magazzino, sfruttare la propria abilità oratoria per convincere, sfruttare i ritagli di tempo per studiare* **3.** *per estens.* approfittare, abusare di una determinata disposizione o qualità altrui, senza farsi scrupoli: *sfruttare la generosità del fratello, sfruttare la buona fede, l'ingenuità altrui* || approfittare del lavoro altrui, trarne un indebito vantaggio economico, retribuendolo in modo inadeguato: *padroni che sfruttano gli operai* || *in part. sfruttare una donna, una ragazza*, farsi mantenere da lei con ciò che possiede o guadagna, spec. prostituendosi **4.** *fig.* approfittare di una condizione o situazione particolare, utilizzandola a proprio vantaggio: *sfruttò la congiuntura economica per arricchirsi, non seppe sfruttare la superiorità numerica*; *sfruttare le amicizie, le conoscenze*, avvalersi del loro appoggio per raggiungere un obiettivo || **N. 1.** *Sin.* depauperare, esaurire, estenuare, impoverire, isterilire **3.** *Sin.* mungere, strozzare.

sfruttatóre [da *sfruttare*; 1908] ***agg.*** e ***sm.*** (f. *-trice*) che o chi sfrutta: *sfruttatore di donne, un padrone sfruttatore* || **N.** *Sin.* magnaccia, pappone, sanguisuga, strozzino, vampiro.

sfuggènte (*ppr.* di *sfuggire*) [1600] ***agg.*** che sfugge; *in part. fig.* ambiguo, equivoco, inafferrabile: *sguardi sfuggenti*, quelli di chi evita di guardare in faccia || *mento, fronte sfuggente*, volti un poco all'indietro.

sfuggévole [da *sfuggire*; a. 1347] ***agg.*** *lett.* che sfugge, che si dilegua facilmente, di breve durata: *immagini sfuggevoli* || **sfuggevolménte** ***avv.*** di sfuggita, fugacemente || **N.** *Sin.* fuggevole, FUGACE.

sfuggevolézza [da *sfuggevole*; a. 1729] ***sf.*** *non com.* condizione e qualità di ciò che è sfuggevole.

sfuggiménto [da *sfuggire*; a. 1698] ***sm.*** *ant.* e *raro* lo sfuggire.

sfuggire (pres. *sfùggo, sfùggi*; cong. pr. *sfùgga*) [da *fuggire*; a. 1320] ***tr.*** evitare, scansare, schivare: *sfuggire un pericolo, un incontro spiacevole, ogni forma di pubblicità* || ***intr.*** (aus. *essere*) **1.** scampare, evitare un danno o un pericolo: *la biblioteca è sfuggita al fuoco perché era ben protetta, pochi sono riusciti a sfuggire alla strage* || di persone, eludere un dovere, una punizione, sottrarsi alle ricerche di qualcuno: *sfuggire a una promessa*, non mantenerla; *sfuggire alla polizia, all'arresto* **2.** scappare inavvertitamente, involontariamente, casualmente; *in part.* di oggetti materiali, cadere, scivolar via, abbandonare fortuitamente la sede precedentemente occupata: *mi è sfuggito di mano il piatto e si è rotto*; *mentre pulivo la pistola mi è sfuggito un colpo*; *per estens.* rif. a cose astratte: *gli sfuggì il nome del complice, un'espressione offensiva, mi sfuggì detto che l'avevo conosciuto*; *lasciarsi sfuggire un'occasione (favorevole), un (buon) affare*, perderli, non approfittarne, lasciarseli scappare; *m'è sfuggito di mente come si chiama*, non lo ricordo più **3.** passare inosservato, inavvertito: *non gli sfugge nulla*, nota tutto; *nulla sfugge al suo controllo, al maestro è sfuggito un errore che ho fatto alla fine del compito* || **N. *tr.*** *Sin.* rifuggire, FUGGIRE, SCAMPARE, SCANSARE.

sfuggìta [da *sfuggire*; 1353] ***sf.*** breve visita in un luogo: *ho fatto una sfuggita a Roma* || nelle *loc. avv. alla sfuggita*, in fretta, quasi furtivamente: *gli parlai alla sfuggita*; *di sfuggita*, rapidamente, di passaggio: *lo vidi una volta sola di sfuggita.*

sfumàre [comp. parasint. di *fumo*; a. 1320] ***intr.*** (aus. *essere*) **1.** dissolversi, dileguarsi, svanire, andare in fumo: *sono illusioni che sfumano presto*; *l'affare è sfumato*, non si è potuto concludere || *arc.* evaporare, andare in fumo **2.** *T.pitt.* dell'intensità del colore, attenuarsi via via; di figure, ammorbidire i contorni fino a perdersi sullo sfondo || ***tr.*** attenuare, diminuire gradatamente l'intensità; *in part. T.pitt.* ammorbidire la forza e la nettezza di linee e contorni: *sfumare un'ombra*, non demarcarla troppo nettamente; rif. al colore, passare da un tono all'altro senza bruschi stacchi: *sfumare i vari toni del verde*; *T.lett.* esprimere in modo da attenuare la crudezza del contenuto: *sfumare un'espressione*; *T.mus.* nell'esecuzione strumentale o anche nel canto, diminuire gradatamente l'intensità o la tonalità di un suono; anche interrompere gradatamente l'esecuzione di un brano musicale: *di tanto in tanto il conduttore del programma commenta il brano, dopo averlo sfumato* || nel modo di dire *sfumare i capelli*, tagliarli sempre più corti man mano che si scende verso il collo.

sfumàto (*pps.* di *sfumare*) [a. 1320] **I** ***agg.*** **1.** non netto, non preciso, anche *fig.*: *un contorno sfumato* || che diminuisce gradatamente d'intensità: *un colore sfumato* **2.** che è svanito, andato in fumo: *un'occasione sfumata* || **sfumataménte** ***avv.*** *non com.* in modo graduale, con tonalità diverse: *dare il colore sfumatamente* || anche *fig.*: *trattare sfumatamente un problema* **II** ***sm.*** **1.** *T.pitt.* procedimento pittorico di ammorbidimento dei contorni attraverso il chiaroscuro; *per meton.* effetto chiaroscurale; chiaroscuro **2.** *T.fot.* effetto consistente nella diminuzione della nitidezza dei colori dell'immagine; è detto anche *flou*.

sfumatùra [da *sfumare*; 1759] ***sf.*** **1.** atto ed effetto dello sfumare; *in part.* *T.pitt.* tecnica di sfumare i colori o le linee e, *per estens.*, la zona o la linea stessa sfumata; *T.mus.* passaggio graduale da una nota all'altra || taglio di capelli caratterizzato dalla graduale diminuzione della lunghezza man mano che ci si avvicina al collo e, *per estens.*, la zona di capelli sfumata **2.** *fig.* lieve differenza, caratteristica specifica di secondaria importanza; *in part.* di colore, gradazione, tonalità: *quest'anno va di moda il giallo, in tutte le sue sfumature*; in un testo letterario, in un discorso o in una qualunque espressione significante, lieve differenza di significato mirante a ottenere un particolare effetto espressivo: *cogliere tutte le sfumature di un'opera letteraria, pittorica, cinematografica*; rif. alla voce, particolare intonazione esprimente un certo stato d'animo: *le sue parole avevano una sfumatura ironica.* **Q.T.** *pittura.*

sfumìno [da *sfumare*; 1838] ***sm.*** *T.pitt.* rotolino appuntito di pelle, di carta compressa, stoffa ecc., usato per sfumare disegni a matita, carboncino o pastello.

sfùmo [da *sfumare*; 1960] ***sm.*** *T.pitt.* lo sfumare.

sfuocàto e der. v. SFOCATO e der.

sfuriàre (pres. *sfùrio*) [comp. parasint. di *furia*; a. 1685] ***intr.*** (aus. *avere*) e ***intr. pron.*** sfogare l'ira con atti o parole: *lasciatelo sfuriare* || ***tr.*** *raro* sfogare con furia: *ha sfuriato tutta la sua collera.*

sfuriàta [da *sfuriare*; a. 1712] ***sf.*** atto ed effetto dello sfuriare; *in part.* violento sfogo di rabbia e sim. o anche furioso rimprovero: *fece una sfuriata di fronte a tutti* || *sfuriata di vento, di pioggia*, tempesta improvvisa e violenta || *dim.* sfuriatìna; *pegg.* sfuriatàccia.

sfùṣo [lat. volg. **exfūsus*, class. *effūsus*, attr. i dial. merid.; 1942 nel senso 2] ***agg.*** **1.** detto di merce venduta sciolta, non impacchettata: *zucchero, vino sfuso* **2.** sciolto, liquefatto, fuso: *burro sfuso.*

ṣgabbiàre (pres. *ṣgàbbio*) [comp. parasint. di *gabbia*; 1838] ***tr.*** *raro* togliere, levare dalla gabbia || **N.** *Contr.* ingabbiare.

ṣgabellàre (pres. *-èllo*) [comp. parasint. di *gabella*; a. 1543] ***tr.*** *ant.* pagare la gabella o il dazio per togliere le mercanzie dalla dogana, sdaziare, sdoganare || ***intr. pron.*** *raro sgabellarsi di una cosa o persona*, liberarsene con accortezza, disfarsene.

ṣgabellàta [da *sgabello*; 1959] ***sf.*** colpo dato con uno sgabello: *s'è preso una sgabellata in testa.*

ṣgabèllo [lat. *scabellum*; sec. XIV *scabello*] ***sm.*** sedile di varia forma ma senza spalliera e solitamente senza braccioli, o piccola predella per salirvi sopra || panchettino per appoggiarvi i piedi || *farsi sgabello di qualcuno*, servirsene senza ritegno per aumentare di grado, di dignità ecc. || *dim.* sgabellétto, sgabellìno || **N.** *Sin.* predellino, strapuntino, SEDILE. **TAV.** ***arredamento*** **p. 650** 1.14.

ṣgabuzzìno [prob. dall'ol. *kabuys*, cucina della nave; a. 1742] ***sm.*** stanzino che serve perlopiù da ripostiglio || **N.** *Sin.* bugigattolo, RIPOSTIGLIO.

ṣgagliardìre (pres. *-ìsco, -ìsci*) [comp. parasint. di *gagliardo*; 1873] ***tr.*** e ***intr. pron.*** *non com.* togliere e togliersi la gagliardia.

ṣgallàre [comp. parasint. di *galla*; 1865] ***tr.*** *raro* causare una galla o vescica in seguito a percosse, scottature e sim.: *l'acqua bollente gli ha sgallato la mano.*

ṣgallettàre (pres. *-étto*) [comp. parasint. di *galletto*; 1838] ***intr.*** (aus. *avere*) essere baldanzoso e vivace, ardito, spiritoso, disinvolto; fare il galletto con le donne || **N.** *Sin.* alzare la cresta, imbaldanzire, ringalluzzire.

ṣgallettìo (pl. *-ìi*) [da *sgallettare*; 1865] ***sm.*** *fam. tosc.* il ripetuto sgallettare || **N.** *Sin.* VIVACITÀ.

ṣgamàre [dal rom. *sgamà*, di orig. gerg.; 1972] ***intr.*** (aus. *avere*) *centr.* capire, intuire qualcosa di nascosto, accorgersi.

ṣgambàre[1] [comp. parasint. di *gambo*; 1873] ***tr.*** *non com.* rompere il gambo di un fiore: *sgambare la rosa.*

ṣgambàre[2] [comp. parasint. di *gamba*; a. 1665] ***intr.*** (aus. *avere*) e ***intr. pron.*** camminare in fretta, a lunghi passi: *non ho nessuna intenzione di sgambarmi* || ***tr.*** *T.abb.* in costumi da bagno, mutande e sim., modellarli in modo da lasciar completamente scoperta la coscia; anche accentuare la profondità del giro della gamba, in modo da lasciar scoperti i fianchi fino all'altezza dell'anca o addirittura della vita || **N.** ***intr.*** *Sin.* CORRERE.

ṣgambàta [da *sgambare*[1]; 1873] ***sf.*** *fam.* camminata lunga e affrettata: *ho dovuto fare una sgambata per arrivare in tempo* || *T.sport.* sgambatura || **N.** *Sin.* sgambettata, CORSA.

ṣgambàto[1] (*pps.* di *sgambare*[1]) [1838] ***agg.*** senza gambo.

ṣgambàto[2] (*pps.* di *sgambare*[2]) [a. 1400] ***agg.*** **1.** di indumento, che lascia scoperta la coscia: *un costume da bagno sgambato* **2.** *T.ipp. cavallo sgambato*, dalle gambe lunghe e sottili.

ṣgambatùra [da *sgambare*[2]; 1970] ***sf.*** **1.** *T.sport.* corsa breve eseguita da cavalli o da atleti per scaldarsi i muscoli prima della gara **2.** *T.abb.* apertura di un indumento in corrispondenza della coscia: *costume da bagno con una sgambatura molto alta* || **N.** **1.** *Sin.* sgambata.

ṣgambettaménto [da *sgambettare*; 1965] ***sm.*** *non com.* atto dello sgambettare, del muovere rapidamente le gambe.

ṣgambettàre (pres. *-étto*) [comp. parasint. di *gambetta*; a. 1565 nel senso 2] ***intr.*** (aus. *avere*) **1.** camminare con passi corti e rapidi, detto spec. dei bambini quando cominciano a camminare **2.** dimenare le gambe stando distesi, come fanno i neonati || ***tr.*** far cadere con uno sgambetto.

ṣgambettàta [da *sgambettare*; 1838] ***sf.*** *fam.* atto dello sgambettare.

ṣgambétto [da *sgambettare*; 1618] ***sm.*** **1.** mossa fatta col piede per far inciampare qualcuno che sta camminando || *fig. dare, fare lo sgambetto*, soppiantare uno in un ufficio, incarico e sim. usando mezzi sleali **2.** *T.sport.* colpo nella lotta giapponese che consiste nel colpire l'avversario al malleolo esterno con la pianta dei piedi || **N.** **1.** *Sin.* gambetto.

ṣgamollatùra [da *sgamollo*; 1983] ***sf.*** *T.agr.* potatura dei rami laterali di una pianta cedua, effettuata in modo che nel punto del taglio possano crescere nuovi rami.

ṣgamóllo [prob. dal dial. *scamollo*, capitozza; 1983] ***sm.*** *T.agr.* pianta sottoposta a sgamollatura || *ceduo a sgamollo*, bosco ceduo nel quale viene effettuata la potatura dei rami laterali degli alberi, ma viene lasciata intatta la parte superiore della chioma.

ṣganasciaménto [da *sganasciare*; 1865] ***sm.*** *non com.* atto ed effetto dello sganasciare o dello sganasciarsi: *ogni sua battuta provoca uno sganasciamento per le risa.*

ṣganasciàre (pres. *-àscio*) [comp. parasint. di *ganascia*; 1735] ***tr.*** **1.** slogare le ganasce, la mascella: *sganasciare l'avversario con un manrovescio* **2.** *per estens. fig. tosc.* rif. a un mobile, sfasciarlo, sconnetterlo sforzandolo || *sganasciare un libro*, sciupare la legatura a forza di aprirlo malamente || ***intr. pron.*** *iperb.* slogarsi le ganasce, assumere atteggiamenti scomposti di ilarità o noia: *sganasciarsi dagli sbadigli, dalle risa* || ***intr.*** (aus. *avere*) *raro* **1.** mangiare con ingordigia, avidamente **2.** rubare a piene mani, far man bassa || **N.** ***intr. pron.*** *Sin.* sbellicarsi, scompisciarsi, smascellarsi.

ṣganasciàta [da *sganasciare*; 1865] ***sf.*** lo sganasciare e lo sganasciarsi || *fam.* risata smodata.

ṣganascióne (region. *ṣganassóne*) [da *sganasciare*, sul modello del rom. *sganassone*; a. 1936] ***sm.*** forte schiaffo, ceffone.

ṣganciàbile [da *sganciare*; 1960] ***agg.*** che può essere sganciato.

ṣganciabómbe [comp. di *sgancia(re)* e *bomba*; 1960] ***sm.*** *inv.* *T.mil.* negli aerei da bombardamento, dispositivo automatico per lo sganciamento delle bombe || **N.** *Sin.* lanciabombe.

ṣganciaménto [da *sganciare*; 1960] ***sm.*** **1.** estrazione di una parte vincolata da un gancio **2.** *fig.* *T.mil.* elusione della pressione nemica mediante un ripiegamento ordinato **3.** *T.telecom.* *sganciamento di riga*, difetto dello schermo televisivo che consiste nella perdita o instabilità dei sincronismi orizzontali.

ṣganciàre (pres. *ṣgàncio*) [comp. parasint. di *gancio*; 1873] ***tr.*** **1.** liberare una cosa dal gancio a cui era attaccata o appesa: *sganciarono gli ultimi vagoni del convoglio*; *in part.* *T.mil.* rif. a bombe, lasciarle cadere da un aereo: *il pilota sganciò le bombe appese sotto la fusoliera dell'aereo*; anche *ass.*: *sganciare su una postazione avversaria* **2.** *fig. fam.* sborsare, regalare o prestare soldi, spec. malvolentieri e dopo lunghe insistenze: *finalmente ha sganciato la grana!* || ***rifl.*** e ***intr. pron.*** **1.** liberarsi dal gancio: *una vettura si è sganciata dal treno* **2.** *fig.* di truppe militari, liberarsi dalla pressione del nemico, riuscendo così a evitare il combattimento **3.** *fig. fam.* liberarsi da una persona importuna.

ṣgàncio (pl. *-ci*) [da *sganciare*; 1960] ***sm.*** operazione dello sganciare e anche l'effetto dell'operazione || **N.** *Contr.* aggancio.

ṣgangheraménto [da *sgangherare*; a. 1566] ***sm.*** atto ed effetto dello sgangherare.

ṣgangheràre (pres. *ṣgànghero*) [comp. parasint. di *ganghero*; a. 1449] ***tr.*** levare dai gangheri, dai cardini: *sgangherare la porta con una spallata* || *per estens. fig.* sfasciare, rompere, slogare: *gli sgangherò le braccia* || ***intr. pron.*** *fam.* *sgangherarsi dalle risa*, smascellarsi || **N.** ***tr.*** *Sin.* fracassare, scardinare, sconnettere, sconquassare, ROMPERE.

ṣgangheratàggine [da *sgangherare*; 1613] ***sf.*** *raro* l'essere sgangherato || *per estens. raro* modi scomposti, privi di garbo.

ṣgangheràto (*pps.* di *sgangherare*) [a. 1449]

agg. **1.** *fig.* scomposto, sciamannato, senza grazia: *uomo sgangherato; risa sgangherate,* smodate, sguaiate **2.** di oggetto materiale, mal tenuto, male in arnese **3.** sconnesso, illogico: *periodare, racconto sgangherato* || **sgangheratamente** *avv.* sguaiatamente, smodatamente: *ridere sgangheratamente.*

sgannàre [da *ingannare,* con cambio di pref.; 1313] *tr. ant.* far comprendere la verità, liberare dall'inganno, dall'errore: *questo fia suggel che ogni uomo sganni* (Dante) || **N.** *Sin.* disingannare | *Contr.* ingannare.

sgarbatàggine [da *sgarbato;* 1745] *sf. non com.* l'essere sgarbato || *concr.* atto o espressione sgarbati || **N.** *Sin.* scortesia, sgarbatezza, sgarberia.

sgarbatézza [da *sgarbato;* a. 1786] *sf.* l'essere sgarbato, sgarbataggine, sgarberia || *concr.* atto o detto di persona sgarbata.

sgarbàto [da *garbato;* a. 1543] **I** *agg.* **1.** senza garbo, senza grazia: *una voce sgarbata* **2.** che non usa le buone maniere, dai modi villani, scortese: *una persona sgarbata* || *per estens.* da persona sgarbata: *risposta sgarbata* || **sgarbataménte** *avv.* con espressioni o modi sgarbati, scortesemente **II** *sm.* (f. *-a*) persona sgarbata: *è uno sgarbato* || **N.** I **2.** *Sin.* cafone, maleducato, rozzo, rustico, scortese, sguaiato, villano | *Contr.* cortese, garbato, gentile.

sgarberìa [da *sgarbo;* 1893] *sf.* atto, comportamento o espressione sgarbati.

sgàrbo [da *garbo;* a. 1698] *sm.* atto villano, scortese: *fare uno sgarbo, ricevere uno sgarbo* || **N.** *Sin.* sgarberia, villania.

sgarbugliàre (pres. *-ùglio*) [da *ingarbugliare,* con cambio di pref.; 1960] *tr.* districare una cosa intricata || *fig.* chiarire qualcosa di oscuro e complicato: *sgarbugliare una questione.*

sgarettàre e der. v. SGARRETTARE e der.

sgargarizzàre [da *gargarizzare;* sec. XIV] *intr.* (aus. *avere*) *raro* gargarizzare, fare gargarismi.

sgargiànte (*ppr.* di *sgargiare*) [1840] *agg.* vistoso, appariscente: *colore, vestito, stile sgargiante* || *per estens.* di persona, che veste in modo piuttosto pacchiano, con colori e ornamenti appariscenti, vistosi.

sgargiàre (pres. *sgàrgio*) [forse dal sic. *sgargiari,* gridare a perdifiato; 1891] *intr.* (aus. *avere*) *raro* di abiti, colori e sim., essere molto vistosi.

sgarràre¹ [forse dal fr. ant. *esguarer,* errare; 1671] *tr.* e *intr.* (aus. *avere*) sbagliare, commettere errori, imprecisioni, inesattezze: *questo orologio non sgarra un minuto* (o *non sgarra di un minuto*) || *in part.* mancare al proprio dovere: *quell'impiegato, quello studente non sgarra mai* || **N.** *Sin.* SBAGLIARE.

sgarràre² [dal fr. ant. *echirer;* 1960] *tr. region.* strappare, lacerare || *intr. pron. region.* strapparsi, lacerarsi: *gli si sono sgarrati i calzoni.*

sgarrettàre o **sgarettàre** (pres. *-étto*) [da *garretto;* a. 1566] *tr.* **1.** tagliare i garretti a un animale **2.** *T.agr.* recidere le piantine fino al piede, per rinforzarle.

sgarrettatùra o **sgarettatùra** [da *sgarrettare;* 1960] *sf.* il taglio dei garretti.

sgàrro¹ [da *sgarrare¹;* 1660] *sm.* **1.** atto dello sgarrare; errore, imprecisione: *non concede il minimo sgarro* **2.** *gerg.* offesa, provocazione, infrazione a un codice di comportamento: *la banda rivale lo ha ucciso per punirlo dello sgarro.*

sgàrro² [da *sgarrare²;* 1960] *sm. region.* strappo, squarcio, lacerazione.

sgàrza [da *gazza¹;* 1831] *sf.* **1.** nome di un uccello della famiglia degli Ardeidi || *impropr.* airone **2.** *T.conc.* arnese con lama di ferro a taglio fine, per assottigliare le pelli.

sgasàre¹ (o, solo nel tr., *sgassàre¹*) [comp. parasint. di *gas;* 1983] *tr.* togliere l'anidride carbonica a una bevanda gassata, agitandola prima di berla || *intr. pron.* nel linguaggio dei giovani, perdere entusiasmo, smontarsi, abbattersi: *dopo tanta euforia, si è sgasato di colpo.*

sgasàre² o **sgassàre²** [comp. parasint. di *gas;* 1983] *intr.* (aus. *avere*) *fam.* dare forti colpi di acceleratore a un'automobile ferma o in partenza, per fare rumore o per partire velocemente.

sgasàto (*pps.* di *sgasare¹*) [1984] *agg.* nel linguaggio dei giovani, abbattuto, avvilito, giù di giri, depresso: *è molto sgasato, deve essergli andata male.*

sgassàre¹ v. SGASARE¹.

sgassàre² v. SGASARE².

sgattaiolàre (pres. *-àiolo*) [comp. parasint. di *gattaiola;* 1805] *intr.* (aus. *essere*) andarsene o entrare frettolosamente senza dar nell'occhio: *è riuscito a sgattaiolar via in un momento di confusione generale* || *rifl. intens. fig.* con il pron. *la* come ogg. indet., *sgattaiolarsela,* sottrarsi a una spiacevole incombenza, a un pericolo e sim.: *devi lavorare anche tu: non sgattaiolartela!*

sgavazzàre [da *gavazzare;* 1600] *intr.* (aus. *avere*) *ant.* far gozzoviglia; abbandonarsi senza freno ai godimenti, gavazzare.

sgelàre (pres. *sgèlo*) [da *gelare;* a. 1685] *tr.* sciogliere il gelo, scongelare; anche *fig.*: *raccontare qualcosa di divertente per sgelare l'ambiente* || *intr.* (aus. *essere*) liberarsi dal gelo || *impers.* sciogliersi, riferito al ghiaccio: *se non esce il sole, non sgela più.*

sgèlo [da *sgelare;* 1960] *sm.* disgelo.

sghémbo [prob. dal got. **slimbs,* obliquo; 1319 *schembo*] **I** *agg.* **1.** obliquo, storto: *linee sghembe* || *fig.* strambo, goffamente sbilenco: *non tiro più le rime sghembe* (D'Annunzio) **2.** *T.geom.* detto di rette o di segmenti di curva non complanari **II** *sm.* nella *loc. avv. a sghembo,* a sghimbescio **III** *avv.* obliquamente: *andare sghembo,* camminare a sghimbescio || **N.** I *Sin.* squincio.

sgheronàto [comp. parasint. di *gherone;* 1681] *agg.* **1.** *T.abb.* di indumento, composto da triangoli cuciti insieme con il vertice in alto, in modo che la parte alta sia più stretta della bassa **2.** *arc. fig.* di persona, senza garbo.

sghèrro [dal long. *skarrjo,* capitano; a. 1342] **I** *sm.* anticamente, armato al servizio di un signorotto || *per estens.* uomo d'armi violento, prepotente, privo di scrupoli || *spreg.* poliziotto, spec. di un regime tirannico **II** *agg. arc.* da sgherro, degno d'uno sgherro || nella *loc. avv. alla sgherra,* a mo' di sgherro || **N.** I *Sin.* birro, cagnotto, satellite; sbirro, scherano, sicario.

sghiacciàre (pres. *-àccio*) [da *ghiacciare;* 1564] *tr.* disgelare, portare una cosa ghiacciata a una temperatura più alta || *intr.* (aus. *essere,* raro *avere*) e *intr. pron.* diventare meno ghiacciato || **N.** *Contr.* congelare, gelare, ghiacciare.

sghiaiàre (pres. *sghiàio*) [comp. parasint. di *ghiaia;* 1965] *tr. non com.* togliere la ghiaia depositata sul fondo di bacini, canali ecc.

sghiaiatóre [da *sghiaiare;* 1960] *sm.* in ingegneria idraulica, dispositivo applicato all'imbocco di un condotto di presa per arrestare la ghiaia trasportata dall'acqua.

sghignàre [da *ghignare;* a. 1364] *intr.* (aus. *avere*) ghignare, fare un ghigno, sogghignare.

sghignazzaménto [da *sghignazzare;* 1525] *sm.* atto ed effetto dello sghignazzare.

sghignazzàre [comp. parasint. di *ghignare;* a. 1400] *intr.* (aus. *avere*) ridere rumorosamente e sguaiatamente, con intenzioni schernitrici || **N.** *Sin.* RIDERE.

sghignazzàta [da *sghignazzare;* 1640] *sf.* atto dello sghignazzare, risata schernitrice, provocatoria: *gli fece una sghignazzata in faccia.*

sghignazzìo (pl. *-ìi*) [da *sghignazzare;* 1824] *sm.* uno sghignazzare ripetuto.

sghilémbo [prob. da *sbilenco,* con influsso di *sghembo;* 1891] *agg. tosc.* storto, obliquo.

sghimbèscio (ant. *schimbèscio*) (pl. m. *-sci,* pl. f. *-scie*) [da *sghembo,* forse con influsso di *rovescio;* a. 1704] *agg.* storto, obliquo, sghembo: *quel muro è tutto sghimbescio* || nelle *loc. avv. a* (o *di*) *sghimbescio: andare a sghimbescio, mettere di sghimbescio.*

sghindàre [da *ghindare;* 1846] *tr. T.mar.* togliere dal suo posto un'asta o un albero che fungeva da prolungamento di altra asta o albero o sostegno fisso, e portarlo in basso: *il marinaio sghindò le aste di fiocco* || **N.** *Contr.* ghindare.

sghiribìzzo [da *ghiribizzo;* a. 1738 *schiribizzo*] *sm. pop.* ghiribizzo.

sghiribizzóso [da *sghiribizzo;* a. 1708] *agg. raro pop.* ghiribizzoso.

sgnaccàre (pres. *sgnàcco, sgnàcchi*) [voce onom.; 1908] *tr.* **1.** *sett.* nel gergo militare, in espressioni che si riferiscono a provvedimenti punitivi, cacciare, sbattere con violenza, schiaffare: *sgnaccare in prigione* **2.** *region.* schiacciare, spec. con le dita o con il palmo della mano.

sgobbàre (pres. *sgòbbo*) [comp. parasint. di *gobba;* a. 1742] *intr.* (aus. *avere*) *fam.* lavorare a lungo e faticosamente, fino a farsi venire la gobba: *sgobba dalla mattina alla sera* || **N.** *Sin.* faticare, sfacchinare, sfaticare, sgobbare, LAVORARE.

sgobbàta [da *sgobbare;* 1922] *sf.* atto dello sgobbare: *dovrò fare una sgobbata per finire in tempo il lavoro.*

sgòbbo [da *sgobbare;* 1855] *sm. fam. non com.* sgobbata || **N.** *Sin.* fatica, LAVORO.

sgobbóne [da *sgobbare;* 1841] *sm.* (f. *-a*) *spreg.* chi studia o lavora con grande applicazione, ma con poca intelligenza || **N.** *Sin.* secchione.

sgocciolàre (pres. *sgócciolo*) [comp. parasint. di *gocciola;* sec. XV] *tr.* far cadere a goccia a goccia il poco liquido rimasto in un recipiente: *stai sgocciolando il vino che era ancora nel bicchiere* || *scherz. sgocciolare il fiasco,* berne il vino fino all'ultima goccia || *intr.* (aus. *avere,* se il soggetto è il recipiente che versa, ed *essere* se il soggetto è il liquido versato) cadere a gocce, detto di acqua o altro liquido; gocciolare: *la botte ha sgocciolato,* ha perduto, goccia dopo goccia, il residuo di liquido che conteneva; *il vino è sgocciolato dalla botte,* ne è fuoriuscito, a goccia a goccia || **N.** *intr. Sin.* stillare.

sgocciolatóio (pl. *-ói*) [da *sgocciolare;* 1745] *sm.* recipiente predisposto per raccogliere un liquido che sgocciola; *in part.* scolapiatti || riparo per proteggere dalla pioggia una finestra o altro || il cavalletto di legno o metallo con scannellature sul quale si mettono a sgocciolare anche più lastre fotografiche. **TAV. *arredamento* p. 650** 1.13a.

sgocciolatùra [da *sgocciolare;* 1470] *sf.* atto ed effetto dello sgocciolare: *sgocciolatura di olio, di cera* || *per estens.* l'impronta lasciata dalla sgocciolatura di un liquido: *la tovaglia è piena di sgocciolature* || anche la piccola quantità di liquido rimasto nel recipiente che lo conteneva: *bere tutte le sgocciolature dei bicchieri.*

sgocciolìo (pl. *-ìi*) [da *sgocciolare;* 1891] *sm. fam.* uno sgocciolare continuo e insistente.

sgócciolo [da *sgocciolare;* a. 1742] *sm.* lo sgocciolare, sgocciolatura, solo nell'espr. *essere agli sgoccioli,* essere alla fine: *il vino è agli sgoccioli;* anche *fig.*: *siamo agli sgoccioli del mese, la mia pazienza è agli sgoccioli.*

sgolàrsi (pres. *mi sgólo*) [comp. parasint. di *gola;* 1791] *intr. pron.* affaticare la gola nel gridare, cantare, parlare e sim.: *sgolarsi per spie-*

gare la lezione || **N.** *Sin.* sfegatarsi, sfiatarsi, spolmonarsi.

ṣgomberàre (pres. *ṣgómbero*) [da *sgombrare*; 1348] ***tr.*** variante di *sgombrare*, ma solo nei sign. di allontanarsi o fare allontanare da una zona: *le truppe degli occupanti stanno per sgomberare la città, sgomberare i civili dalla zona sinistrata*; *in part.* lasciar libero un immobile: *intendono sgomberare l'appartamento entro la fine del mese* || *ass.* fare lo sgombero di un immobile: *gli inquilini stanno sgomberando.*

ṣgomberatóre [da *sgomberare*; 1838] **I** ***agg.*** *non com.* che sgombera **II** ***sm.*** (f. *-trìce*) chi per mestiere si incarica di liberare locali, edifici e sim. da rottami o macerie; anche traslocatore: *tra poco verranno gli sgomberatori.*

ṣgomberatùra [da *sgomberare*; a. 1742] ***sf.*** *non com.* azione dello sgomberare, spec. nel senso di traslocare in un'altra abitazione || *per estens.* il periodo di tempo in cui si effettua lo sgombero e anche il prezzo dell'operazione di sgombero.

ṣgómbero¹ v. SGOMBRO¹.

ṣgómbero² (meno com. *ṣgómbro³*) [da *sgomberare*; a. 1363] ***sm.*** **1.** azione dello sgomberare **2.** cambiamento di abitazione; trasloco: *è il tempo dello sgombero.*

ṣgombranéve [comp. di *sgombra(re)* e *neve*; 1936] ***agg.*** e ***sm.*** *inv.* detto di automezzo fornito degli accessori adatti per togliere la neve dalle strade: *il passo è stato riaperto dopo che sono entrati in funzione i mezzi sgombraneve dell'ANAS.*

ṣgombràre (pres. *ṣgómbro*) [da *ingombrare*, con cambio di pref.; fine sec. XIII] ***tr.*** **1.** liberare un ambiente, un locale, uno spazio da ciò che lo occupa ingombrandolo: *sgombra la scrivania, sgombrarono la piazza da tutte quelle baracche, il vento ha sgombrato il cielo dalle nubi* || *fig. sgombrare la mente*, liberarla da preoccupazioni, pensieri e sim. || *T.mil. sgombrare una posizione*, abbandonarla || *T.mar. sgombrare la fronte*, sulle navi da guerra, togliere dai ponti scoperti, dai fianchi della nave, dalle alberature tutto ciò che non è necessario al servizio di guerra || *in part.* allontanare, anche con la forza, le persone che occupano un luogo: *silenzio o faccio sgombrare l'aula!, il paese fu sgombrato in previsione dell'allagamento* **2.** *in part.* anche *ass.* lasciare libero un appartamento o altro immobile: *gli inquilini sgombreranno entro maggio* || *sgombra!*, intimazione ad andarsene, spec. *scherz.* || **N. 1.** *Sin.* disimpegnare, evacuare, sbarazzare.

ṣgómbro¹ o **ṣgómbero¹** [da *sgombrare*; a. 1363] ***agg.*** libero, privo, esente: *animo sgombro di rimorsi.*

ṣgómbro² (meno com. *scómbro*) [lat. *scombru(m)*, gr. *skómbros*; 1483] ***sm.*** pesce degli Scombridi, di sagoma slanciata e dal muso appuntito, comune nel Mediterraneo.

ṣgómbro³ v. SGOMBERO².

ṣgomentàre (pres. *-ènto*) [lat. volg. **excomentāre*, turbare; 1319] ***tr.*** causare sgomento, far sì che qualcuno si perda d'animo, tanto da non sapere più come reagire: *la notizia sgomentò i nemici* || ***intr. pron.*** provare sgomento, perdersi d'animo, turbarsi gravemente: *non ti sgomentare mai* || **N.** *Sin.* disorientare, turbare.

ṣgoménto (forma sinc. di *sgomentato*, *pps.* di *sgomentare*) [a. 1342 come sm.; a. 1726 come agg.] **I** ***agg.*** che è sgomentato, visibilmente disorientato e addolorato: *tono sgomento, faccia sgomenta* **II** ***sm.*** senso di grave apprensione che turba l'animo e rende incapaci di operare o pensare; disorientamento, turbamento: *non ti far prendere dallo sgomento, riaversi dallo sgomento.*

ṣgominàre (pres. *ṣgòmino*) [lat. volg. **excombināre*, disunire; 1518] ***tr.*** **1.** sbaragliare, sconfiggere e disperdere, mettere in rotta: *sgominare le schiere avversarie* || *fig.* conseguire un nettissimo successo in una competizione: *ha sgominato gli avversari* **2.** *ant.* mettere in disordine, in scompiglio, creare confusione.

ṣgominìo (pl. *-ìi*) [da *sgominare*; 1726] ***sm.*** *raro* scompiglio, confusione; dispersione, disordine.

ṣgomitàre (pres. *ṣgómito*) [comp. parasint. di *gomito*; 1948] ***tr.*** dare colpi con i gomiti; farsi largo a forza di gomitate: *l'autobus era così affollato che ho dovuto sgomitare per scendere*; anche *fig.*: *ha raggiunto il successo a forza di sgomitare.*

ṣgomitolàre (pres. *-ìtolo*) [comp. parasint. di *gomitolo*; sec. XIV] ***tr.*** **1.** disfare il gomitolo o qualcosa che sia avvolto a mo' di gomitolo **2.** *ant. fig.* parlare, raccontare con ordine e naturalezza: *sgomitola versi che non sembrano affatto farina del suo sacco* || ***intr. pron.*** **1.** di gomitolo, disfarsi **2.** *disus. fig.* di ricordo, di racconto, presentarsi ordinato, scorrevole e dettagliato: *quelle parole ... venivano una dopo l'altra come sgomitolandosi* (Manzoni).

ṣgommàre (pres. *ṣgómmo*) [comp. parasint. di *gomma*; 1598 nel senso 1; 1940 nel senso 2] ***tr.*** **1.** togliere l'ingommatura: *sgommare la busta, il francobollo* **2.** *T.tess.* purgare e sbiancare la seta, liberandola della parte gommosa || ***intr. pron.*** perdere la gomma, staccarsi, scollarsi || ***intr.*** (aus. *avere*) di un veicolo con pneumatici, partire o farlo partire di colpo facendo stridere il battistrada sull'asfalto: *la moto è partita sgommando, è partito sgommando.*

ṣgommàta [da *sgommare*; 1978] ***sf.*** *fam.* stridio dei pneumatici di un autoveicolo provocato da una partenza brusca e veloce: *la macchina della polizia con una sgommata partì all'inseguimento dei rapinatori.*

ṣgommàto (*pps.* di *sgommare*) [1950] ***agg.*** **1.** di veicolo, sprovvisto di gomme o le cui gomme sono in avanzato stato di usura **2.** senza colla: *francobollo sgommato* **3.** di seta, sottoposta a sgommatura.

ṣgommatùra [da *sgommare*; 1927] ***sf.*** *T.tess.* operazione per liberare la seta dalla parte gommosa (la sericina).

ṣgonfiaménto [da *sgonfiare*; 1745] ***sm.*** atto ed effetto dello sgonfiare; sgonfiatura.

ṣgonfiàre¹ (pres. *ṣgónfio*) [da *gonfiare*; sec. XIV nel senso 3] ***tr.*** **1.** far uscire l'aria o il gas da una cavità elastica precedentemente gonfiata: *sgonfiare il pneumatico, il pallone* **2.** ridurre il gonfiore: *il ghiaccio gli ha sgonfiato la caviglia* **3.** *fig. pop.* far perdere a qualcuno la pazienza, seccare, annoiare: *questa lunga attesa mi ha sgonfiato* || ***intr. pron.*** **1.** perdere la gonfiezza: *la palla si sgonfiò* **2.** perdere il gonfiore: *la caviglia si sgonfiò mettendoci un unguento* **3.** *fig. pop.* annoiarsi, perdere la pazienza: *mi sono sgonfiato di starti a sentire* **4.** *fig.* perdere l'entusiasmo, la baldanza: *dopo quell'insuccesso si è sgonfiato* || ***intr.*** (aus. *essere*) di cosa, perdere la gonfiezza: *il pneumatico, il pallone è sgonfiato.*

ṣgonfiàre² (pres. *ṣgónfio*; non usato nei tempi composti) [da *sgonfio²*; 1873] ***intr.*** *T.abb.* detto di indumenti, presentare un rigonfio, sboffare: *ho un vestito che sgonfia nelle maniche.*

ṣgonfiatùra [da *sgonfiare¹*; 1942] ***sf.*** atto ed effetto dello sgonfiare; sgonfiamento.

ṣgónfio¹ (pl. *-fi*) (forma sinc. di *sgonfiato*, *pps.* di *sgonfiare¹*) [1592] ***agg.*** **1.** privo di aria: *questo pneumatico è sgonfio* **2.** non più gonfio: *la caviglia è sgonfia.*

ṣgónfio² (pl. *-fi*) [da *gonfio*; a. 1574] ***sm.*** *T.abb.* la rigonfiatura che la sarta fa ad arte nei capi di biancheria o nei vestiti femminili; sboffo, rigonfio || *dim.* sgonfiétto.

ṣgonfiòtto [da *sgonfio²*; 1873] ***sm.*** **1.** tipo di frittella che lievitando, durante la cottura, si gonfia **2.** *T.abb.* grosso rigonfio in un abito.

ṣgonnellàre (pres. *-èllo*) [comp. parasint. di *gonnella*; 1855] ***intr.*** (aus. *avere*) *fam.* di donna, muoversi in modo civettuolo, compiaciuto o affaccendato, spec. per mettersi in mostra || anche, di donna, affaccendarsi in modo evidente, ma senza concludere molto.

ṣgórbia o **sgòrbia** [da *gorbia*; a. 1597] ***sf.*** **1.** *T.fal.* scalpello incavato con lama a forma di doccia, usato per fare sgusci o intagli nel legno **2.** *T.chir.* scalpello per l'asportazione di schegge ossee **3.** scalpello concavo a sezione semicircolare, usato in xilografia. **Q.T.** *stampa...* **TAV. *utensili* p. 1341** 30.7.

ṣgorbiàre (pres. *ṣgòrbio*) [da *sgorbio*; a. 1604 *scorbiare*] ***tr.*** macchiare d'inchiostro, fare sgorbi mentre si scrive; scarabocchiare: *sgorbiare una pagina di quaderno.*

ṣgorbiatùra [da *sgorbiare*; 1873 *scorbiatura*] ***sf.*** scarabocchio, scarabocchiatura, sgorbio, frego.

ṣgòrbio (pl. *-bi*) [lat. *scorpius*, scorpione; a. 1449] ***sm.*** **1.** scarabocchio, macchia d'inchiostro fatta scrivendo, spec. per disattenzione || *per estens. spreg.* parola scritta male o disegno malfatto: *non riesco a decifrare i tuoi sgorbi; questo non è un ritratto, è uno sgorbio!* **2.** *fig. spreg.* persona brutta e deforme: *quello sgorbio di tuo fratello.*

ṣgorgaménto [da *sgorgare*; 1348] ***sm.*** *non com.* lo sgorgare.

ṣgorgàre (pres. *ṣgórgo*, *ṣgórghi*) [comp. parasint. di *gorgo*; 1321 nel senso 2] ***intr.*** (aus. *essere*) **1.** di liquido, fuoriuscire con impeto: *dal rubinetto sgorgava l'acqua, il sangue sgorgava dalla ferita* || *per estens. fig.* uscir fuori, scaturire direttamente: *le parole che io ti dico sgorgano dal cuore* **2.** *ant.* sfociare, metter foce: *il fiume sgorga nel mare* || ***tr.*** liberare un condotto ingorgato: *sgorgare il lavandino* || **N.** ***intr.*** **1.** *Sin.* erompere, rampollare, scannellare, scaturire, zampillare.

ṣgorgàta [da *sgorgare*; a. 1642] ***sf.*** *non com.* la quantità di liquido che ogni volta sposta lo stantuffo di una pompa.

ṣgorgatóio (pl. *-ói*) [da *sgorgare*; a. 1597] ***sm.*** *non com.* il luogo, il punto da cui sgorga un liquido.

ṣgórgo (pl. *-ghi*) [da *sgorgare*; sec. XIV] ***sm.*** atto dello sgorgare || *fig.* espressione sovrabbondante || nella *loc. avv. a sgorgo*, abbondantemente.

ṣgottàre (pres. *ṣgòtto*) [da *aggottare*, con cambio di pref.; 1550] ***tr.*** *T.mar.* aggottare.

ṣgovernàre (pres. *ṣgovèrno*) [da *governare*; 1838] ***tr.*** *lett.* governare senza accortezza, non saggiamente; governare male; anche *ass.*

ṣgovèrno [da *sgovernare*; 1873] ***sm.*** *lett.* cattivo governo.

ṣgozzaménto [da *sgozzare*; 1960] ***sm.*** lo sgozzare.

ṣgozzàre (pres. *ṣgózzo*) [comp. parasint. di *gozzo*; 1483] ***tr.*** **1.** uccidere una persona o un animale recidendogli la gola, scannare: *la faina sgozza le sue vittime* **2.** *fig.* prestare denaro a usura molto forte, strozzare: *è un usuraio che sgozza tutti quanti si rivolgono a lui.*

ṣgozzatùra [da *sgozzare*; 1873] ***sf.*** *raro* atto dello sgozzare; sgozzamento; anche *fig.*

ṣgozzìno [da *sgozzare*; 1873] ***sm.*** *ant. spreg.* usuraio, strozzino.

ṣgradévole [da *gradevole*; 1736] ***agg.*** spiacevole, che non riesce gradito: *odore, aspetto sgradevole; una compagnia sgradevole*, fastidiosa || **ṣgradevolménte** ***avv.*** spiacevolmente: *essere sgradevolmente colpiti da una notizia.*

ṣgradevolézza [da *sgradevole*; 1960] ***sf.*** l'essere sgradevole, rif. a persone o cose: *la sgradevolezza della voce.*

ṣgradìre (pres. *-ìsco*, *-ìsci*) [da *gradire*; a. 1321] ***tr.*** *raro* non gradire: *ha sgradito il loro regalo* || ***intr.*** (aus. *avere*) *raro* spiacere, dispiacere: *pensoso dell'andar che mi sgradìa* (Dante) || **N.** *Contr.* apprezzare, gradire.

ṣgradìto (*pps.* di *sgradire*) [a. 1729] ***agg.*** fastidioso, spiacevole: *è sgradito a tutti.*

ṣgràffa [da *graffa*; 1838] ***sf.*** *T.tip.* segno tipografico che sta a indicare come vari articoli o capoversi debbano essere considerati tutti uniti insieme; graffa.

ṣgraffiàre (pres. *ṣgràffio*) [da *graffiare*; a. 1406] ***tr.*** ***pop.*** graffiare; *in part.* eseguire maldestramente lavori d'incisione con il graffio; rigare rovinando: *quel ramo mi ha sgraffiato tutta la fiancata dell'auto*; *in part.* rigare inavvertitamente una pietra preziosa.

ṣgraffiatùra [da *sgraffiare*; 1611] ***sf.*** ***pop.*** graffiatura.

ṣgraffignàre [da *graffiare*; a. 1566] ***tr.*** rubare con destrezza e di nascosto: *mi hanno sgraffignato l'orologio* ‖ **N.** *Sin.* RUBARE.

ṣgràffio (pl. *-fi*) [da *sgraffiare*; 1688] ***sm.*** graffio, sgraffiatura: *farsi uno sgraffio.*

ṣgrammaticàre (pres. *-àtico, -àtichi*) [comp. parasint. di *grammatica*; 1765] ***intr.*** (aus. *avere*) incorrere in gravi errori di grammatica.

ṣgrammaticàto (*pps.* di *sgrammaticare*) [1586 *sgramaticato*] ***agg.*** **1.** di persona, che fa molti errori di grammatica **2.** contenente errori di grammatica: *lettera sgrammaticata, discorso sgrammaticato.*

ṣgrammaticatùra [da *sgrammaticare*; 1855] ***sf.*** errore di grammatica ‖ **N.** *Sin.* solecismo.

ṣgrammaticóne [da *sgrammaticare*; 1891] ***sm.*** (f. *-a*) chi commette sempre sgrammaticature nel parlare o nello scrivere.

ṣgranàbile [da *sgranare*^{1}; a. 1704] ***agg.*** *raro* che si può sgranare.

ṣgranaménto [da *sgranare*^{1}; 1865] ***sm.*** lo sgranare.

ṣgranàre^{1} [comp. parasint. di *grano*; a. 1449] ***tr.*** estrarre i semi dai frutti delle piante leguminose (e compl. ogg. può essere tanto il frutto quanto il seme): *sgranare i baccelli dei fagioli, sgranare i piselli* ‖ *per estens.* staccare i chicchi del granturco dalla pannocchia o gli acini d'uva dal raspo ‖ *fig. sgranare il rosario,* far scorrere tra le dita i grani della catena, mentre lo si recita; *per estens. fig. sgranare paternostri, avemarie,* recitarli l'uno di seguito all'altro; *sgranare bestemmie,* dirle una dopo l'altra ‖ *fig. sgranare gli occhi,* spalancarli, spec. per lo stupore, quasi come se stessero per uscire dalle orbite ‖ **N.** *Sin.* sbaccellare, sbucciare.

ṣgranàre^{2} [comp. parasint. di *grana*; 1599 come intr. pron.] ***tr.*** disfare, rovinare la grana di un materiale, fargli perdere la compattezza: *sgranare l'acciaio con il calore* ‖ ***intr. pron.*** disfarsi, frantumarsi, rovinarsi, detto della grana di un materiale: *a temperatura troppo alta l'acciaio si sgrana.*

ṣgranàre^{3} [da *ingranare*, con cambio di pref.; 1960] ***tr.*** *T.mecc.* **1.** disinserire, staccare da un ingranaggio: *sgranare la catena dell'ancora,* staccarla dall'albero; *sgranare la marcia,* disinnestarla, mettere il cambio in folle **2.** disfare un ingranaggio ‖ ***intr.*** (aus. *avere*) *T.mecc.* negli autoveicoli, innestare malamente una marcia, provocando uno sgradevole rumore di attrito tra gli ingranaggi; com. detto *grattare*: *non sgranare, altrimenti rovini il cambio*; *su questa macchina la prima sgrana.*

ṣgranàta [da *sgranare*^{3}; 1967] ***sf.*** *T.mecc.* in un autoveicolo, rumore provocato dall'inserimento di una marcia in modo scorretto: *scala sempre con una gran sgranata.*

ṣgranàto (*pps.* di *sgranare*^{1}) [a. 1492] ***agg.*** **1.** di occhi, spalancati, sbarrati **2.** di semi, tolti dal baccello o dal guscio.

ṣgranatóio (pl. *-ói*) [da *sgranare*^{1}; 1940] ***sm.*** *T.agr.* macchina agricola, azionata a mano, che serve a sgranare le pannocchie di granoturco.

ṣgranatóre [da *sgranare*^{1}; 1891] ***agg.*** e ***sm.*** (f. *-trice*) che o chi sgrana piante leguminose.

ṣgranatrìce [da *sgranare*^{1}; 1892] ***sf.*** *T.agr.* macchina per sgranare il granoturco e sim., azionata meccanicamente da un motore elettrico.

ṣgranatùra [da *sgranare*^{1}; 1873] ***sf.*** azione ed effetto dello sgranare.

ṣgranchiàre (pres. *ṣgrànchio*) [comp. parasint. di *granchio*; 1483] ***tr.*** *arc.* o *region.* sgranchire.

ṣgranchìre (pres. *-ìsco, -ìsci*) [comp. parasint. di *granchio*; 1726] ***tr.*** distendere e stirare gli arti per sciogliergli dall'intorpidimento dovuto alla lunga permanenza in una stessa posizione o anche al freddo: *sgranchite le gambe prima di eseguire un salto* ‖ ***rifl.*** e ***rifl. indir.*** stirarsi: *dopo sei ore di macchina ho bisogno di sgranchirmi, di sgranchirmi le gambe* ‖ *sgranchirsi le gambe,* fare due passi, una breve passeggiata a piedi.

ṣgranellàre (pres. *-èllo*) [comp. parasint. di *granello*; a. 1494] ***tr.*** staccare i granelli, gli acini d'uva e simili ‖ ***intr. pron.*** dividersi in granelli.

ṣgranellatùra [da *sgranellare*; 1838] ***sf.*** azione ed effetto dello sgranellare; sgranamento.

ṣgranocchiàre (pres. *-òcchio*) [prob. da *sgranare*^{1}; a. 1665] ***tr.*** mangiare con gusto, e a piccoli morsi, cose che sotto i denti si sgretolino con rumore: *sgranocchiare biscotti, noccioline americane* ‖ **N.** *Sin.* macinare, mangiare, masticare, ruminare, triturare.

ṣgrappolàre (pres. *ṣgràppolo*) [comp. parasint. di *grappolo*; 1965] ***tr.*** separare i graspi dagli acini d'uva, dopo la vendemmia.

ṣgrappolatóio (pl. *-ói*) [da *sgrappolare*; 1891] ***sm.*** arnese per togliere il raspo ai grappoli d'uva.

ṣgrappolatrìce [da *sgrappolare*; 1965] ***sf.*** *T.agr.* macchina per sgrappolare l'uva.

ṣgrassàre [comp. parasint. di *grasso*; 1802] ***tr.*** asportare la parte grassa: *sgrassare il brodo* ‖ eliminare ogni traccia di grasso: *sgrassare il metallo prima dell'argentatura.*

ṣgrassatùra [da *sgrassare*; 1960] ***sf.*** operazione dello sgrassare.

ṣgravaménto [da *sgravare*; a. 1694] ***sm.*** *non com.* sgravio.

ṣgravàre [da *gravare*; sec. XIV] ***tr.*** alleggerire, liberare da un peso; alleviare, diminuire il peso: *ho sgravato le spalle da un peso* ‖ *fig.* liberare da pensieri, preoccupazioni, oneri e sim.: *l'ho sgravato da un gran pensiero, da un rimorso*; *sgravare il popolo da una tassa,* eliminarla ‖ ***rifl.*** alleggerirsi di un peso e sim.; anche *fig.* liberarsi da pensieri e sim. ‖ ***intr.*** (aus. *avere*) e ***rifl.*** ***pop.*** partorire: *ha sgravato ieri, si è sgravata ieri.*

ṣgravidàre (pres. *ṣgràvido*) [comp. parasint. di *gravido*; a. 1649] ***intr.*** (aus. *avere*) *ant.* sgravarsi, partorire.

ṣgràvio (pl. *-vi*) [da *sgravare*; 1444] ***sm.*** **1.** diminuzione o alleggerimento di un peso fisico o morale: *sgravio d'imposte* (o *fiscale*) ‖ *per* (o *a*) *sgravio di coscienza,* per sentirsi moralmente a posto, per non avere un peso sulla coscienza **2.** *fig. ant. per* (o *a*) *mio, tuo,* ecc. *sgravio,* a mia, tua discolpa, giustificazione: *per suo sgravio diremo che non lo sapeva* ‖ **N. 1.** *Sin.* esonero, scarico, sollievo | *Contr.* aggravio.

ṣgraziatàggine [da *sgraziato*; a. 1620] ***sf.*** l'essere sgraziato ‖ *concr.* espressione, gesto o comportamento sgraziato ‖ **N.** *Sin.* sgarbataggine, sgarbatezza.

ṣgraziàto [comp. parasint. di *grazia*; a. 1400] ***agg.*** **1.** senza grazia, che non ha garbo nei gesti e nel comportamento: *è così sgraziato che sembra un orso* **2.** *ant.* disgraziato ‖ *dim.* sgraziatèllo; *accr.* sgraziatóne; *pegg.* sgraziatàccio ‖ **ṣgraziataménte** ***avv.*** in modo sgraziato ‖ *non com.* per disgrazia, disgraziatamente ‖ **N. 1.** *Sin.* deforme, goffo, inelegante, sciamannato, sciatto, sgangherato, sgarbato, sguaiato | *Contr.* aggraziato, elegante.

ṣgretolaménto [da *sgretolare*; 1745] ***sm.*** atto ed effetto dello sgretolare e dello sgretolarsi.

ṣgretolàre (pres. *ṣgrétolo*) [prob. comp. parasint. di *gretola*; sec. XIV] ***tr.*** **1.** rompere riducendo in frammenti: *il gelo sgretola le rocce* **2.** *fig.* distruggere, disgregare un po' alla volta: *sgretolare la tesi avversaria, sgretolare il gruppo di maggioranza parlamentare* **3.** *raro tosc.* mangiare cose che fanno rumore sotto i denti o si rompono in schegge: *sgretolare pasticcini, pane croccante* ‖ ***intr. pron.*** ridursi in frammenti, sbriciolarsi: *con l'umidità l'intonaco si sgretola* ‖ **N. 1.** *Sin.* frammentare, frantumare, scheggiare, ROMPERE **3.** *Sin.* sgranocchiare.

ṣgretolìo (pl. *-ìi*) [da *sgretolare*; a. 1698] ***sm.*** sgretolamento continuo e persistente; stritolamento.

ṣgricciolo ***sm.*** *ant.* v. SCRICCIOLO.

ṣgridàre [da *gridare*; 1353] ***tr.*** rimproverare, riprendere severamente, alzando il tono della voce, spec. rivolgendosi a bambini: *non sgridatemi, non ne ho nessuna colpa* ‖ **N.** *Sin.* RIMPROVERARE.

ṣgridàta [da *sgridare*; 1841] ***sf.*** severo rimprovero, rabbuffo, spec. fatto ad alta voce e rivolto a bambini: *dare, fare, prendersi una sgridata* ‖ *dim.* sgridatìna; *pegg.* sgridatàccia ‖ **N.** *Sin.* RIMPROVERO.

ṣgrigiolàre (pres. *ṣgrigiolo*) [var. di *scricchiolare*; 1618] ***intr.*** (aus. *avere*) *raro tosc.* sgrigiolare: *la brina che sgrigiola*; *sgrigioli come quand'eri saggina* (Pascoli) ‖ **N.** *Sin.* SCRICCHIOLARE.

ṣgrigliatóre [comp. parasint. di *griglia*; 1965] ***sm.*** in ingegneria idraulica, dispositivo posto all'imbocco dei tubi per pulire la griglia dal materiale depositato.

ṣgrigliolàre (pres. *ṣgrigliolo*) [var. di *scricchiolare*; 1873] ***intr.*** (aus. *avere*) *raro pop. tosc.* scricchiolare: *le scarpe nuove sgrigliolano* ‖ **N.** *Sin.* SCRICCHIOLARE.

ṣgrillettàre (pres. *-étto*) [comp. parasint. di *grilletto*; 1873] ***intr.*** (aus. *avere*) *non com.* sfrigolare, detto di vivande che si mettono a cuocere in olio caldo senza prima asciugarle ‖ **N.** *Sin.* grillare, grillettare.

ṣgrìnfia [da *grinfia*; 1891] ***sf.*** ***pop.*** artiglio, grinfia ‖ *ha certe sgrinfie!,* detto di chi ruba.

ṣgrollàre (pres. *ṣgròllo*) [var. di *scrollare*; 1957] ***tr.*** *raro region.* scrollare.

ṣgrommàre (pres. *ṣgrómmo*) [comp. parasint. di *gromma*; 1873] ***tr.*** ripulire dalla gromma: *sgrommare le botti.*

ṣgrommatùra [da *sgrommare*; 1873] ***sf.*** l'atto e l'effetto dello sgrommare le botti e sim.

ṣgrondàre (pres. *ṣgróndo*) [da *grondare*; 1738] ***tr.*** far scolare un recipiente, svuotarlo, capovolgendolo, ed eventualmente scuotendolo, delle gocce di liquido che ancora vi erano contenute: *sgrondare la botte* ‖ ***intr.*** (aus. *essere*) **1.** perdere a goccia a goccia il liquido di cui un oggetto è impregnato o bagnato: *lascia che l'ombrello sgrondi, metti i panni a sgrondare al sole* **2.** *non com.* cadere a scrosci, come l'acqua dalle grondaie.

ṣgrondatùra [da *sgrondare*; 1891] ***sf.*** *tosc.* atto ed effetto dello sgrondare ‖ *in part. T.enol.* operazione di separazione del mosto dalle parti solide.

ṣgróndo [da *sgrondare*; 1865] ***sm.*** atto ed effetto dello sgrondare ‖ *per estens.* il liquido sgrondato: *si conserva lo sgrondo dell'uva* ‖ nella *loc. avv. a sgrondo,* in pendenza, in modo che l'acqua o un altro liquido possa sgrondare: *terreno, tetto a sgrondo* ‖ **N.** *Sin.* scolo.

ṣgroppàre^{1} (pres. *ṣgròppo* o *ṣgròppo*) (raro *ṣgruppàre*) [comp. parasint. di *groppo*; 1314] ***tr.*** disfare, sciogliere un groppo, un nodo ‖ *fig.* sciogliere una situazione intricata e sim. ‖ ***rifl.*** *fig. non com.* distendere le membra rattrappite, stirarsi.

ṣgroppàre[2] (pres. *ṣgròppo*) [comp. parasint. di *groppa*; 1483] *tr.* riferito a bestie da soma, rovinare la groppa: *sgroppare un cavallo*, slombarlo, sfiancarlo per il peso eccessivo di cui lo si carica; sgropponare || *intr.* (aus. *avere*) di cavallo, fare una sgroppata, levare in alto la groppa per impedire al cavaliere di salire o per disarcionarlo || *intr. pron.* sfiancarsi.

ṣgroppàta [da *sgroppare*[2]; 1895] *sf.* **1.** inarcamento della groppa, tipico degli animali da sella quando non vogliono farsi montare o vogliono disarcionare il cavaliere **2.** breve cavalcata **3.** *T.sport.* nel ciclismo, breve azione condotta a ritmo sostenuto.

ṣgroppàto (*pps.* di *sgroppare*[2]) [1353] *agg.* **1.** stanco, sfiancato, sfinito **2.** di cavallo o altra bestia da soma, magro di fianchi e di groppa **3.** *ant. lett.* detto di persona magra.

ṣgropponàre (pres. *-óno*) [da *sgroppare*[2]; 1873] *intr.* (aus. *avere*) **1.** di cavallo, inarcare la groppa per impedire al cavaliere di salire o per disarcionarlo **2.** *fig.* affaticare, spezzare la schiena dalla fatica || *intr. pron. fig. fam.* affaticarsi eccessivamente, spezzarsi la schiena.

ṣgropponàta [da *sgropponare*; 1940] *sf.* lo sgropponare o lo sgropponarsi.

ṣgrossaménto [da *sgrossare*; a. 1547] *sm.* lo sgrossare.

ṣgrossàre (pres. *ṣgròsso*) [comp. parasint. di *grosso*; 1590] *tr.* **1.** levare il di più per ridurre a una forma determinata: *sgrossare la trave* || *per estens.* dare una prima, rudimentale forma a un qualsiasi oggetto: *sgrossare il soggetto di un film* **2.** *fig.* di persona, renderla meno grossolana, dirozzarla || *intr. pron.* dirozzarsi, ingentilirsi || **N.** *tr.* **1.** *Sin.* abbozzare, assottigliare, digrossare.

ṣgrossatùra [da *sgrossare*; 1590] *sf.* atto ed effetto dello sgrossare || anche il procedimento usato: *sgrossatura a mano* || **N.** *Sin.* sbozzatura. **Q.T.** *scultura.*

ṣgrottàre (pres. *ṣgròtto*) [comp. parasint. di *grotta*; 1838] *tr.* **1.** *T.agr.* ingrandire una buca per piantarvi un albero; asportare materiale da un argine, da un muro **2.** *ant.* scavare una grotta || *intr.* (aus. *avere*) *ant.* smottare.

ṣgrovigliàre (pres. *-ìglio*) [da *aggrovigliare*, con cambio di pref.; 1873] *tr.* disfare un groviglio || *fig.* chiarire problemi aggrovigliati || **N.** *Contr.* aggrovigliare.

ṣgrugnàre [comp. parasint. di *grugno*; a. 1566] *tr. pop.* rompere il grugno a qualcuno, pestarlo || *intr. pron.* rompersi il grugno.

ṣgrugnàta [da *sgrugnare*; a. 1566] *sf. pop.* colpo, pugno molto forte dato sul grugno o botta presa sul grugno, cadendo a terra.

ṣgrùgno [da *sgrugnare*; 1558] *sm. pop.* sgrugnata || *accr.* sgrugnóne.

ṣgrumàre [comp. parasint. di *gruma*; 1841] *tr.* sgrommare.

ṣgruppàre[1] [comp. parasint. di *gruppo*; 1618] *tr. non com.* disfare un gruppo.

ṣgruppàre[2] V. SGROPPARE[1].

ṣguaiatàggine [da *sguaiato*; a. 1712] *sf.* l'essere sguaiato || *concr.* gesto, espressione o comportamento da sguaiato || **N.** *Sin.* scompostezza, sconcezza, sconvenienza.

ṣguaiàto [etim. inc.; 1566] **I** *agg.* scomposto, esagerato in maniera volgare: *posa sguaiata* || che denota sguaiataggine: *modi di fare sguaiati, risate sguaiate* || **ṣguaiataménte** *avv.* **II** *sm.* (f. *-a*) persona sguaiata || **N.** *Sin.* maleducato, scomposto, sconveniente, smodato.

ṣguainàre (pres. *ṣguaìno*, pop. *ṣguàino*) [comp. parasint. di *guaina*; 1297] *tr.* estrarre dalla guaina, sfoderare: *sguainare la sciabola* || *fig. sguainare le unghie*, diventare aggressivi || **N.** *Sin.* snudare.

ṣgualcìre (pres. *-ìsco, -ìsci*) [da *gualcire*; 1618] *tr.* spiegazzare, stropicciare, gualcire: *sgualcire il vestito* || *intr. pron.* stropicciarsi: *la gonna si è tutta sgualcita.*

ṣgualcitùra [da *sgualcire*; 1960] *sf.* lo sgualcire || parte sgualcita, spiegazzata.

ṣgualdrìna [etim. inc.; 1598] *sf. spreg.* donna di facili costumi || *per estens.* prostituta, puttana || *dim.* sgualdrinèlla.

ṣguància (pl. *-ce*) [da *guancia*; 1838] *sf. T.ipp.* striscia di cuoio che collega la testiera al portamorso degli animali da sella.

ṣguanciàre[1] (pres. *-àncio*) [comp. parasint. di *guancia*; 1873] *intr.* (aus. *avere*) *ant.* urtare con la guancia; urtare di striscio.

ṣguanciàre[2] (pres. *-àncio*) [etim. inc.; 1970] *tr.* rif. a porte o finestre, fare gli sguanci.

ṣguancìo[1] *sm. ant. dial.* V. SCANCIO.

ṣguàncio[2] (pl. *-ci*) [da *sguincio*, con influsso di *guancia*; 1865 nel senso 2] *sm.* **1.** linea, struttura obliqua || nella *loc. avv. a sguancio*, di sghimbescio, obliquamente **2.** *T.arch.* strombatura.

ṣguardaménto [da *sguardare*; sec. XIV] *sm. ant.* atto dello sguardare, del rimirare.

ṣguardàre [da *guardare*; fine sec. XIII] *tr.* e *intr.* (aus. *avere*) *ant.* **1.** guardare, osservare con particolare interesse, rimirare, occhieggiare **2.** ponderare, prendere in attenta considerazione.

ṣguardàta [da *sguardare*; a. 1306] *sf. ant.* e *raro* occhiata, sguardo || *dim.* sguardatina; *pegg.* sguardatàccia || **N.** *Sin.* SGUARDO.

ṣguàrdia [da *guardia*; 1940] *sf. T.tip.* ciascuno di quei fogli di carta, perlopiù marmorata o altrimenti decorata, che sono incollati per metà sull'interno della coperta di un libro quando viene rilegato || **N.** *Sin.* risguardo.

ṣguàrdo [da *sguardare*; 1308] *sm.* **1.** atto del guardare, perlopiù di sfuggita; occhiata: *gli ho dato uno sguardo: mi sembra bello*; *lanciare, buttare uno sguardo su qualcosa*; *al primo sguardo*, a prima vista || modo di guardare, in quanto espressione di uno stato d'animo: *uno sguardo amorevole, d'odio, d'intesa* || *fig. non degnare qualcuno d'uno sguardo*, non guardarlo nemmeno, per dimostrargli il proprio disprezzo **2.** la facoltà della vista, e gli occhi come suo organo: *alzare, abbassare lo sguardo, gli accennò con lo sguardo di tacere*; *fin dove lo sguardo può giungere*, fin dove si riesce a vedere; *fissare lo sguardo* (o, anche, *tenere lo sguardo fisso*) *su qualcuno* o *qualcosa*, osservarlo attentamente; *tenere lo sguardo fisso a terra*, solitamente come manifestazione di timidezza o pentimento || **N.** **1.** *Sin.* adocchiata, guardata | amabile, amorevole, amoroso, atterrito, attonito, benevolo, bonario, bieco, calmo, carezzevole, cattivo, collerico, crudele, dolce, espressivo, felino, feroce, fiero, fosco, freddo, fulmineo, furibondo, furioso, insignificante, iroso, limpido, losco, mansueto, minaccioso, pudico, rassicurante, ridente, sbarrato, sereno, severo, soave, sospettoso, spento, sprezzante, supplichevole, timido, tranquillo, triste, truce, vitreo, vivace | evitare, gettare, levare, posare, sgranare, volgere; folgorare, fulminare; VEDERE.

ṣguarnìre (pres. *-ìsco, -ìsci*) [da *guarnire*; 1612] *tr.* **1.** levare la guarnizione: *sguarnire il cappello, un abito* **2.** *T.mil.* togliere i mezzi di difesa; ritirare le truppe da una posizione: *sguarnire i forti del vecchio confine.*

ṣguarnìto (*pps.* di *sguarnire*) [a. 1348 nel senso 2] *agg.* **1.** privo di ornamenti: *una stanza sguarnita* **2.** privo di guarnigione, di difesa: *una piazzaforte sguarnita.*

ṣguàttero [dal long. *wahtari*, guardiano; 1400 ca. *guattaro*] *sm.* (f. *-a*) chi aiuta il cuoco nei lavori di cucina più umili; lavapiatti: *fare lo sguattero*; *trattare qualcuno come uno* (o *da*) *sguattero*, senza alcun rispetto.

ṣguazzàre [da *guazzare*; 1483] *intr.* (aus. *avere*) **1.** essere immerso nell'acqua o sim. e agitarsi, sollevando schizzi: *i bambini sguazzavano sulla riva* **2.** *fig. iperb. sguazzare in una cosa*, averne in gran quantità, scialare || *sguazzare in un vestito*, quando il vestito è troppo largo per la persona **3.** *fig.* trovarsi a proprio agio in una situazione, in un ambiente e sim.: *nei cavilli legali gli avvocati ci sguazzano* **4.** detto di un liquido in un recipiente, quando questo venga scosso o smosso, agitarsi sollevando spruzzi || **N.** **1.** *Sin.* diguazzare **2.** *Sin.* scialacquare **3.** *Sin.* godere **4.** *Sin.* sciabordare.

ṣgùbbia [da *gubbia*; 1891] *sf. pop.* gubbia.

ṣguerciàre (pres. *-èrcio*) [comp. parasint. di *guercio*; 1891] *tr.* rovinare la vista per averla affaticata troppo || *rifl. più com.* affaticarsi la vista per riuscire a vedere: *in quel lavoro così minuzioso mi sono dovuto sguerciare.*

ṣguercìre (pres. *-ìsco, -ìsci*) [comp. parasint. di *guercio*; 1922 come intr.] *tr.* sguerciare || *intr.* (aus. *essere*) *non com.* scorgere, distinguere.

ṣguerguènza [dal lat. *verecundia*, attr. lo sp. *verguenza*, vergogna; 1865] *sf. pop. tosc.* atto scomposto, sciatto, maleducato || birichinata, atto maldestro non grave: *bada, non voglio sguerguenze.*

ṣguernìre (pres. *-ìsco, -ìsci*) [da *guernire*; a. 1348] *tr.* sguarnire.

ṣguinciàre (pres. *ṣguìncio*) [dal fr. ant. *guenchir*; sec. XIV-XV] *tr.* tagliare obliquamente, a sguincio.

ṣguìncio (pl. *-ci*) [da *sguinciare*; 1340 ca.] *agg.* sghembo, sbieco, obliquo || nella *loc. avv. di sguincio*, di traverso, obliquamente.

ṣguinzagliàre (pres. *-àglio*) [comp. parasint. di *guinzaglio*; 1470] *tr.* sciogliere il cane dal guinzaglio perché possa liberamente correre, inseguire ecc. || *fig.* lanciare alla ricerca o all'inseguimento, mettere alle calcagna di qualcuno: *gli sguinzagliò dietro mezza polizia.*

ṣguisciàre (pres. *-ìscio*) [da *sgusciare*, prob. con influsso di *guizzare*; 1728] *intr.* (aus. *essere*) *fam. tosc.* sgusciar via, scivolar via.

ṣguizzàre [da *guizzare*; a. 1306] *intr.* (aus. *essere*) *ant.* e *pop.* guizzare.

ṣguìzzo [da *sguizzare*; 1891] *sm. ant. pop.* guizzo.

ṣgusciàre[1] (pres. *ṣgùscio*) [comp. parasint. di *guscio*; a. 1492] *tr.* **1.** togliere il guscio, levare dal guscio: *sgusciare le noci* || *per estens.* togliere dal baccello: *sgusciare i piselli, le fave* **2.** lavorare a sguscio || *intr. pron.* dei frutti delle leguminose, aprirsi lungo la nervatura di congiunzione delle due valve del baccello: *i fagioli si sono sgusciati tutti* || *intr.* (aus. *essere*) *tosc.* di uccelli, uscire dall'uovo || **N.** *tr. Sin.* scartocciare, sfavare, sgranare, sgranellare.

ṣgusciàre[2] (pres. *ṣgùscio*) [comp. parasint. di *guscio*; 1550] *intr.* (aus. *essere*) scappare di mano, sfuggire alla presa: *lo afferrarono per la giacca, ma sgusciò via* || *per estens. fig.* sfuggire alla cattura, alle ricerche, allontanarsi senza che nessuno se ne accorga: *è sgusciato via di soppiatto, sotto il naso dei poliziotti* || eludere una questione importante, sottrarsi a un impegno, a un'incombenza sgradevole e sim. || **N.** *Sin.* SFUGGIRE.

ṣgusciatrìce [da *sgusciare*[1]; 1929] *sf. T.agr.* macchina che sguscia i semi delle piante.

ṣgusciatùra [da *sgusciare*[1]; 1773] *sf.* atto ed effetto del togliere il guscio.

ṣgùscio (pl. *-sci*) [etim. inc.; a. 1764] *sm.* **1.** arnese per profilare usato dai cesellatori || *per meton. T.arch.* modanatura a profilo concavo, eseguita con uno sguscio o un attrezzo simile **2.** *T.mar.* rientranza nell'opera morta di una nave.

shake (ingl., pr. [ʃeɪk]) [da (*to*) *shake*, scuotere; 1966] *sm. inv.* ballo diffusosi alla fine degli anni Sessanta, che si esegue muovendo tutto il corpo secondo un ritmo veloce e scandito, senza passi precisi: *ballare uno shake.*

shaker (ingl., pr. [ˈʃeɪkə]; pr. it. [ˈʃɛker]) [letter. sbattitore; 1931] ***sm. inv.*** il recipiente ove si mescolano e scuotono i vari liquori insieme col ghiaccio, per fare un *cocktail* || **N.** *Sin.* sbattighiaccio, scotitoio.

shakeràre o **scecheràre** o **scekeràre** (pr. [ʃekeˈrare]; pres. [ˈʃɛkero]) [da *shaker*; 1980] ***tr.*** mescolare gli ingredienti di un cocktail, agitando lo shaker.

shakespeariàno V. SCESPIRIANO.

shampoo (ingl., pr. [ʃæmˈpuː]; pr. it. [ˈʃampo]) [letter. lavatura dei capelli; 1930] ***sm. inv.*** miscela a base di sapone, molto schiumosa, usata per lavare i capelli: *shampoo neutro, per capelli grassi, schiarente alla camomilla* || *per estens.* lavaggio dei capelli: *fare* (o *farsi*) *uno shampoo*, lavare (o lavarsi) i capelli.

shampooing (ingl., pr. [ʃæmˈpuːɪŋ]) [letter. lavatura dei capelli; 1895] ***sm. inv.*** lavaggio e frizione della testa con lo *shampoo*.

shangai V. SCIANGAI.

shantung (ingl., pr. [ʃænˈtʌŋ]; pr. it. [ˈʃantuŋg]) [dal n. geogr. *Shan-tung*, regione cinese; 1931] ***sm. inv.*** tessuto di seta a superficie opaca e a trama molto fitta, originario della Cina.

share (ingl., pr. [ʃeə]) [letter. quota, porzione; 1987] ***sm. inv.*** nella misurazione dell'*audience* televisiva, percentuale di telespettatori sintonizzati su una rete in una fascia oraria.

shed (ingl., pr. [ʃed]) [letter. capannone; 1960] ***sm. inv.*** tettoia || *copertura a shed*, in capannoni industriali, copertura costituita da una serie di falde disposte in modo sfalsato, per favorire l'illuminazione diurna dell'ambiente.

sherpa (ingl., pr. [ˈʃɔːpə]; pr. it. [ˈʃɛrpa]) [dal tibetano *Shar-pa*; 1959] ***sm. inv.*** **1.** guida e accompagnatore indigeno delle montagne dell'Himalaya, spesso addetto a trasportare grossi carichi sulle spalle **2.** nome non ufficiale dei diplomatici e funzionari di alto livello che concordano e stendono il testo di trattati o dichiarazioni internazionali, che vengono poi sottoscritti da capi di Stato o di governo o da ministri nel corso di riunioni solenni.

sherry (ingl., pr. [ˈʃerɪ]) [dallo sp. *Xeres*, ant. n. di *Jerez de la Frontera*, città dell'Andalusia dove viene prodotto; 1830] ***sm. inv.*** vino spagnolo bianco e liquoroso.

shetland (ingl., pr. [ˈʃetlənd]) [dal n. geogr. *Shetland*, isole britanniche; 1960] ***sm. inv.*** qualità di lana molto pregiata prodotta da una razza di pecore delle isole Shetland || il tessuto o il filato di tale lana.

shift (ingl., pr. [ʃɪft]) [letter. spostamento; 1984] ***sm. inv.*** *T.inform.* movimento di tutti i caratteri di una parola nello stesso senso, e di un ugual numero di posti.

shiftàre (pr. [ʃifˈtare]) [da *shift*; 1983] ***intr.*** (aus. *avere*) *T.inform.* effettuare uno shift || ***tr.*** traslare, spostare.

shimmy (ingl., pr. [ˈʃɪmɪ]) [prob. abbr. di *shimmy shake*, letter. scuotimento della camicia; 1929] ***sm. inv.*** **1.** ballo da sala in voga negli Stati Uniti negli anni Venti **2.** nel gergo automobilistico, il vibrare convulso del volante d'un automezzo.

shintoìsmo e der. V. SCINTOISMO e der.

shock (ingl., pr. [ʃɑk]) [letter. colpo; 1899] ***sm. inv.*** condizione patologica determinata da un'insufficienza circolatoria acuta || *per estens.* violenta e improvvisa emozione: *la sua morte le ha causato uno shock*; *è ancora sotto shock* || **N.** *Sin. choc.*

shockànte o **shoccànte** o **scioccànte** (pr. [ʃokˈkante]) (*ppr.* di *shockare*) [1971] ***agg.*** che sbalordisce o emoziona violentemente.

shockàre (pres. *shòcko, shòcki*) o **shoccàre** o **scioccàre** o **choccàre** (pr. [ʃokˈkare]) [da *shock*; 1963] ***tr.*** provocare una forte emozione, sbalordire violentemente.

shocking (ingl., pr. [ˈʃɒkɪŋ]) [letter. disgustoso, irritante; 1987] ***agg. inv.*** impressionante, scioccante || *rosa shocking*, tonalità di rosa molto brillante.

shockizzànte (pr. [ʃokkidˈdʒante]) [da *shock*; 1960] ***agg.*** che provoca uno shock: *emozione shockizzante*; *terapia shockizzante*, shockterapia.

shockterapìa (pr. [ʃokteraˈpia]) [comp. di *shock* e *terapia*; 1949 *shock-terapia*] ***sf.*** *T.med.* terapia di malattie mentali, consistente nel provocare uno stato di shock nel paziente.

shōgi (giap., pr. [ˈʃɔˈɔŋi]; pr. it. [ˈʃɔgi]) [voce giap.; 1933] ***sm. inv.*** antico gioco giapponese, di origine comune a quella degli scacchi occidentali, che si gioca su una scacchiera rettangolare di nove per nove caselle || **N.** *Sin.* scacchi giapponesi.

shōgun (giap., pr. [ˈʃɔːŋin]; pr. it. [ˈʃɔgun]) [voce giap.; 1960] ***sm. inv.*** titolo dei capi militari e feudali che, dal XII al XIX sec., governavano il Giappone.

shogunàto (pr. [ʃoguˈnato]) [da *shogun*; 1960] ***sm.*** carica dello shogun; potere dello shogun.

shopper (ingl., pr. [ˈʃɒpə]) [da (*to*) *shop*, comperare; 1985] ***sm. inv.*** sacchetto di plastica o di carta, distribuito o venduto ai clienti nei negozi e nei supermercati per trasportare le merci acquistate.

shopping (ingl., pr. [ˈʃɒpɪŋ]; pr. it. [ˈʃɔppiŋ(g)]) [da (*to*) *shop*, comperare; 1931] ***sm. inv.*** l'andare in giro per negozi a fare compere: *fare lo shopping*.

shopping center (ingl., pr. amer. [ˈʃɑpɪŋ ˌsentər]) [comp. di *shopping* e *center*, centro; 1957] ***loc. m. inv.*** centro di vendita al minuto che riunisce in un unico edificio negozi di generi diversi, bar e ristoranti || **N.** *Sin.* centro commerciale.

short (ingl., pr. [ʃɔːt]) [letter. breve; 1933] ***sm. inv.*** *T.cin.* cortometraggio.

shorts (ingl., pr. [ʃɔːts]; pr. it. [ʃɔrts]) [letter. corti; 1934 *short*] ***sm. pl.*** *T.abb.* calzoncini corti || *mini-shorts*, calzoncini cortissimi, che lasciano scoperta più di mezza coscia.

show (ingl., pr. [ʃoʊ]) [letter. mostra, esibizione; 1954] ***sm. inv.*** spettacolo di varietà, spec. televisivo || *talk show*, tramissione televisiva in cui un intrattenitore (solitamente un giornalista) dialoga con uno o più ospiti, spesso celebri.

showboat (ingl., pr. [ˈʃoʊboʊt]) [letter. nave per spettacoli; 1965] ***sm. inv.*** grande battello fluviale attrezzato a teatro che, nell'Ottocento, offriva spettacoli itineranti sui fiumi dell'America del Nord.

show business (ingl., pr. [ˈʃoʊ ˌbɪznɪs]) [letter. industria dello spettacolo; 1981] ***loc. m. inv.*** l'industria dello spettacolo; lo spettacolo come attività economica.

show down (ingl., pr. [ˈʃoʊdaʊn]) [comp. di (*to*) *show*, mostrare e *down*, giù; 1963] ***sm. inv.*** *T.gioc.* nel poker, atto dello scoprire le proprie carte || *fig.* nel gergo politico, confronto finale e decisivo, in cui si arriva al dunque, resa dei conti.

showgirl (ingl., pr. [ˈʃoʊgɔːɫ]) [comp. di *show*, spettacolo e *girl*, ragazza; 1967] ***sf. inv.*** donna di spettacolo in grado di recitare, cantare, ballare e intrattenere il pubblico, incentrando su di sé l'intero programma di uno show.

showman (ingl., pr. [ˈʃoʊmən]) [comp. di *show*, spettacolo e *man*, uomo; 1957] ***sm. inv.*** (anche pl. *showmen*, pr. [ˈʃoʊmən]) uomo di spettacolo in grado di recitare, cantare, ballare e intrattenere il pubblico, incentrando su di sé un intero spettacolo di varietà.

show-room (ingl., pr. [ˈʃoʊrʊm]) [comp. di *show*, mostra e *room*, sala; 1979] ***sf. inv.*** sala di esposizione e di vendita dei prodotti di un'azienda; *in part.* quella posta all'interno di fiere o mostre.

shrapnel (ingl., pr. [ˈʃræpnəɫ]) [dal n. proprio H. *Shrapnel*, generale ingl. che l'inventò; 1879] ***sm. inv.*** granata a frammentazione che, scoppiando ad una certa altezza da terra, provoca in un raggio di alcune decine di metri una pioggia di schegge.

shunt (ingl., pr. [ʃʌnt]) [letter. derivazione; 1899] ***sm. inv.*** *T.elettr.* resistenza messa in parallelo per ridurre la corrente in un dato apparecchio; derivazione o deviazione.

shuntàggio (pl. *-gi*) (pr. [ʃunˈtaddʒo]) [da *shunt*; 1987] ***sm.*** l'operazione di inserire uno shunt in un circuito elettrico.

shuntàre (pr. [ʃunˈtare]) o **sciuntàre** [da *shunt*; 1960] ***tr.*** *T.elettr.* inserire uno shunt in un circuito elettrico.

shuttle (ingl., pr. [ˈʃʌtəɫ]) [letter. navetta; 1982] ***sm. inv.*** *T.aer.* veicolo spaziale, pilotato da un equipaggio umano, che può trasportare persone e carico utile da una base terrestre a un'orbita bassa intorno alla Terra e che al termine della missione ritorna a terra con un atterraggio e può quindi essere riutilizzato per voli successivi || **N.** *Sin.* navetta spaziale. **TAV.** ***astronautica*** **p.** 655 11, 12.

si[1] [lat. *sē*, sé; fine sec. XIII] **I** ***pron.*** atono di terza pers. m. e f., sing. e pl. con funzione di compl. ogg. e di compl. indiretti || è proclitico con le forme finite del verbo (*si lava, si specchierebbe*), è enclitico con gerundio, participio e infinito (*lavandosi, sposatosi, uccidersi*); nella lingua arcaica era spesso enclitico anche con forme finite, uso conservatosi in alcune formule: *vendesi, vedasi, affittasi* || segue i pronomi atoni di prima e seconda pers. *mi, ti, ci, vi* (*mi si presentò, ti si adatta*), il dativo di terza pers. *gli, le* (*le si avvicinò*) e gli avverbi locativi atoni *ci, vi* (*vi si dirige*); precede invece i pronomi atoni compl. ogg. di terza pers. *lo, la, li, le* e l'avverbio atono *ne*, davanti ai quali si muta in *se* (*se lo mangia, se ne occupa*) || in tutti gli usi il verbo a cui si accompagna richiede l'aus. *essere* anche quando l'aus. originario è *avere*: *si è lavata, si è lavata le mani.* Ha usi diversi: **1.** *rifl.* con valore di compl. ogg.: *si lava* || *rifl. indir.* con valore di compl. di termine, vantaggio e sim.: *Mario si è fatto un bel regalo*; in questo uso a volte si può parafrasare con l'agg. poss. *suo, proprio*: *si mette il cappello*, mette il proprio cappello **2.** *rec.* con valore di compl. ogg.: *non si salutano perché hanno litigato* || con valore di compl. indiretto: *Mario e Anna si telefonano tutte le sere* **3.** unisce le funzioni di *rifl.* e di *rec.*: *Mario e Luisa si sono separati* **4.** *intens.* non ha un vero valore di compl. ma piuttosto esprime una particolare partecipazione affettiva del soggetto all'azione verbale: *si è divorato la torta da solo, si è rivisto tutto il film per la terza volta* **5.** con molti verbi transitivi, spec. con soggetto non animato, non esprime un'azione compiuta dal soggetto verso se stesso, ma trasforma il verbo da transitivo in intransitivo, denotando per lo più un processo non volontario che riguarda il soggetto: *il bicchiere si è rotto, la porta si aprì* **6.** in altri casi può arrivare ad esprimere una funzione analoga a quella del passivo (e viene detto *si passivante*): *i biglietti del tram si vendono* (vengono venduti) *in tabaccheria*; normalmente in tale uso, a differenza che nel passivo vero e proprio, non si può esprimere il compl. d'agente **II** ***particella pron.*** si accompagna a molti verbi da cui non è più separabile semanticamente (in molti casi il verbo senza *si* non esiste addirittura): *pentirsi, accorgersi* || in alcuni casi in quest'uso si accompagna all'altra particella pron. *ne*: *andarsene, fregarsene.*

si[2] [lat. *sē*, sé; fine sec. XIII] ***pron. impers.*** **1.**

con funzione di soggetto: è usato solo con le forme finite del verbo alla terza pers. sing., ed esprime un'azione compiuta da un soggetto indefinito o generico, talvolta parafrasabile con *uno*: *in questa fabbrica si lavora troppo* || nei tempi composti richiede in ogni caso l'ausiliare *essere*: con i verbi coniugati normalmente con *avere*, il participio va al m. sing. (*si è lavorato, si è dormito*); con i verbi coniugati normalmente con *essere*, il participio va invece al m. pl.: *si è arrivati*; lo stesso con i passivi (*si viene amati*) e con gli agg. predicativi (*si rimane soddisfatti*) || unito ad altri pronomi o avverbi atoni, li segue tutti (anche *lo, la, li, le*), ad eccezione del solo *ne*, davanti al quale si muta in *se*: *me lo si comunichi al più presto, ci si arriva per di qua, non se ne comprende il significato* || la sequenza di *si*[1] e *si*[2] non è ammessa, e viene sostituita da *ci si*: *ci si pente, ci se ne accorge* **2.** *tosc.* preceduto o no da *noi*, è l'equivalente, molto usato spec. nel parlato, della prima pers. pl.: *che si fa ora? Noi si andrebbe al cinema.*

si[3] [dalle iniziali *S*(ancte) *I*(ohannes), nel settimo emistichio dell'inno a S. Giovanni, scelto da Guido d'Arezzo per memorizzare le altezze relative di ciascun suono dell'esacordo e ripreso nel XVIII sec. coll'imporsi del sistema tonale basato sulla scala di sette note; 1805] ***sm.*** *T.mus.* la settima nota della scala diatonica di do maggiore, indicata con H nella notazione alfabetica dei paesi tedeschi e con B in quelli anglosassoni.

sì[1] [lat. *sic*, così; fine sec. XIII] **I *avv.*** **1.** corrisponde a un'intera frase o a un predicato affermativi nelle risposte o in frasi ellittiche che sottolineano un contrasto rispetto ad una frase negativa precedente: *uscirà? Sì, spero di sì, credo di sì, sembra di sì; Mario non mangia carne, ma Luigi sì; non si rende conto quando una cosa non si può fare e quando* (*invece*) *sì* || ha valore rafforzato unito a un'interiezione o a vari altri avverbi o reiterato: *oh sì!, sì bene, sì davvero, sì certamente, sì sì* || si usa accondiscendendo a chi domanda con insistenza, posposto a *ma*: *allora vieni? ma sì, quante volte te lo devo dire?* || *dire di sì*, acconsentire; *rispondere di sì*, rispondere affermativamente; *se sì*, in caso affermativo; *fare cenno* (o *segno*) *di sì*, annuire; *e sì che*, e aggiungi, eppure e sim.: *e sì che te lo avevo detto più volte* **2.** in molte loc. disgiuntive, contrapposto a *no*: *vuoi smetterla sì o no?*; *uno sì e uno no*, alternativamente, uno ogni due: *studia un giorno sì e uno no*; *più sì che no*, probabilmente sì; *forse* (*che*) *sì, forse* (*che*) *no*, può darsi; *sì e no*, più o meno, all'incirca o, anche, a mala pena, nemmeno: *per arrivare fin là ci sarà sì e no un chilometro* **3.** con valore pleonastico, per rafforzare una risposta: *l'ho detto io, sì!*; *sì, sono d'accordo!* || davvero, proprio, usato in espr. enfatiche: *adesso sì che ti ho preso!, tuo fratello sì che è un bravo ragazzo* **4.** in tono interrogativo, come risposta a una chiamata, con il valore di "eccomi!, sono qui!, pronto?, chi è?, dimmi!": *Lino! sì?* **II *sm.*** assenso, risposta affermativa: *un sì poco convinto, non impegnativo*; *stare* (o *essere*) *tra il sì e il no*, essere incerti; *la lingua del sì*, l'italiano || *in part. pronunciare il fatidico sì*, sposarsi; spec. *pl.* in una votazione, assenso, responso favorevole: *al referendum i sì hanno prevalso nettamente sui no* || **N.** *Contr.* no.

sì[2] [lat. *sic*; 1080] **I *avv.*** *arc. lett.* così **II** nelle ***loc. cong.*** consecutive *sì che* e *sì da*; *in part. far sì che* (o *da*), fare in modo che: *facciamo sì che non se ne accorga, ti telefonerò sì da avvertirti* || **N.** I *Sin.* COSÌ.

sìa [terza pers. sing. del cong. pres. di *essere*; sec. XIV] ***cong.*** **1.** con funzione correlativa: *sia d'estate sia d'inverno*, d'estate e d'inverno; il secondo correlato può anche essere preceduto da *che*: *ho parlato sia con Giorgio che con Lino* **2.** con valore disgiuntivo: *sia lui, sia un altro, per me è lo stesso*; in questo uso il secondo correlato può essere preceduto da *o, oppure*: *sia bello o brutto, non m'interessa* || seguito da *che*, serve a disgiungere frasi, con verbo al congiuntivo, formando una dipendente complessa con valore condizionale: *sia che piova, sia che faccia sole, verrò comunque*, se piove e (anche) se fa sole.

sìal [comp. di *si*(*licio*) e *al*(*luminio*) coniato dal geol. E. *Suess* per indicare l'involucro esterno della crosta terrestre formato prevalentemente di minerali di alluminio e di silicio; 1933] ***sm.*** *T.geol.* lo strato più esterno, granitico, della litosfera.

siamése [dal n. geogr. *Siam*; 1770] **I *agg.*** **1.** del Siam **2.** *fratelli siamesi*, gemelli ugualmente sviluppati ma congiunti tra loro in corrispondenza di una certa parte del corpo || *fig.* compagni inseparabili **3.** *gatto siamese*, di razza pregiata, con occhi azzurri e pelo liscio color avana e marrone **II *s.*** **1.** abitante o nativo del Siam **2.** *sm.* (solo *sing.*) lingua parlata nel Siam **3.** *ellitt.* gatto siamese. **TAV. *gatti* p. 672.**

sibarìta [dal lat. *sybarīta*, gr. *sybarítēs*; 1550] ***s.*** abitante dell'antica Sibari, nella Magna Grecia || *fig.* persona dedita ai piaceri e alle lascivie, che vive nel lusso più raffinato.

sibarìtico (pl. *-ci*) [dal lat. *sybarīticus*, gr. *sybaritikós*; 1627] ***agg.*** proprio dei sibariti, da sibarita; spec. *fig.* lascivo, voluttuoso, sfrenatamente lussuoso: *sono delicatezze sibaritiche* || **sibariticaménte** ***avv.*** *non com.*

sibbène [comp. di *sì*[2] e *bene*; a. 1571] ***cong.*** *lett.* (ha valore avversativo e si usa dopo una proposizione negativa) ma, bensì: *non è sua la colpa, sibbene di chi l'ha istigato.*

sibèria [dal n. geogr. *Siberia*, regione dell'Asia settentrionale, nota per il clima rigidissimo; 1873] ***sf.*** *fam. per anton.* in vari modi di dire: *è una siberia*, di luogo freddissimo; *freddo da Siberia, inverno da Siberia, clima da Siberia*, freddissimo.

siberiàno [dal n. geogr. *Siberia*; 1817] **I *agg.*** della Siberia || *per estens.* freddissimo: *clima, freddo siberiano* **II *sm.*** (f. *-a*) abitante o nativo della Siberia.

sibilànte (*ppr.* di *sibilare*) [a. 1642] **I *agg.*** che sibila || *T.ling.* detto di consonante articolata con emissione di un caratteristico sibilo: *la "s" è una consonante sibilante* **II *sf.*** *T.ling.* consonante sibilante || **N.** I *Sin.* FISCHIANTE.

sibilàre (pres. *sibilo*) [dal lat. *sibilāre*; a. 1342] ***intr.*** (aus. *avere*) fischiare acutamente, emettere sibili: *il vento sibila* || **N.** *Sin.* FISCHIARE.

sibilatóre [da *sibilare*; a. 1786] ***agg.*** e ***sm.*** (f. *-trìce*) *non com.* che o chi sibila.

sibilìo (pl. *-ìi*) [da *sibilare*; a. 1673] ***sm.*** un sibilare continuo e frequente.

sibìlla [dal gr. *Síbylla*, Sibilla; 1308] ***sf.*** profetessa che, presso i Greci e i Romani, prediceva il futuro, ispirata dagli dei: *la sibilla cumana* || *fig. scherz.* chi predice il futuro; anche chi si esprime in modo oscuro e allusivo: *fare la sibilla.*

sibillìno [dal lat. *sibyllīnus*; a. 1527] ***agg.*** che riguarda la Sibilla: *discorso sibillino*; *libri sibillini*, consultati dai Romani in casi di eccezionale gravità || *fig.* misterioso, oscuramente allusivo: *sorriso, discorso sibillino.*

sìbilo [lat. *sībilus*; 1485 ca.] ***sm.*** **1.** fischio acuto e sottile: *il sibilo del cobra, del vento* **2.** *T.med.* rumore, simile a fischio, percepibile durante la fase espiratoria in alcune condizioni morbose dell'apparato respiratorio.

sic (lat., pr. it. [sik]) [letter. così, proprio così; 1846] ***avv.*** così: si usa metterlo tra parentesi nel riferire un passo di qualche testo, per indicare che le parole sono proprio quelle, di solito con l'intenzione di far notare un errore del testo citato o per sottolineare ironicamente il giudizio espresso nel testo della questione || *sic itur ad astra* (Virgilio), così si ascende alle stelle, così si raggiunge la gloria || *sic transit gloria mundi*, così passa la gloria mondana, parole pronunciate dinanzi al pontefice nuovo eletto, bruciando un ciuffetto di stoppa in cima a una canna inargentata || *sic vos non vobis* (Virgilio), così voi non per voi; cioè, voi lavorate, ma non per voi è il frutto del vostro lavoro.

sìca [dal lat. *sīca*; 1892] ***sf.*** *T.archeol.* pugnale con la punta aguzza e con la lama ricurva, usato anticamente dai Traci.

sicàmbro o **sigàmbro** [dal lat. *Sicambri*; 1838] **I *agg.*** *T.stor.* germanico, e più precisamente della popolazione dei Sicambri stanziata tra la Sieg e la Ruhr **II *sm.*** (f. *-a*) appartenente alla popolazione dei Sicambri.

sicàno [dal lat. *Sicānus*; 1838] ***agg.*** dei Sicani, popolazione stanziata in Sicilia in età pregreca || *lett. raro* siciliano.

sicàrio (pl. *-ri*) [dal lat. *sicārius*; 1618] ***sm.*** (f. *-a*) colui che uccide per mandato altrui || **N.** *Sin. killer*, uomo di mano.

siccatività [da *siccativo*; 1960] ***sf.*** *T.chim.* proprietà di molti composti sintetici e naturali di indurirsi o di fare indurire le sostanze alle quali vengono mescolati, qualora vengano a contatto con l'ossigeno atmosferico.

siccatìvo [dal lat. *siccatīvus*; 1922] ***agg.*** *T.chim.* detto di sostanza dotata di siccatività.

sicché [comp. di *sì*[2] e *che*; fine sec. XIII *sì che*] ***cong.*** **1.** (introduce una proposizione consecutiva con il verbo dell'ind.) così che, di modo che, tanto che: *era forte sicché nessuno poteva tenergli testa* **2.** (introduce una proposizione conclusiva, con il verbo all'ind.) perciò: *sei tornato a casa, sicché ho deciso di non partire più* **3.** *ass.* in frasi interrogative (spec. per domandare a qualcuno quali siano le sue intenzioni) e allora, dunque, e così, insomma: *sicché vieni o rimani?*

sìcciolo [var. di *cicciolo*; 1806] ***sm.*** *tosc.* cicciolo.

siccità [dal lat. *siccitas, -ātis*; a. 1294] ***sf.*** assenza di precipitazioni atmosferiche || *per estens.* l'aridità del suolo che ne consegue: *la siccità ha rovinato il raccolto delle olive* || **N.** *Sin.* adustione, alidore, aridità, arsione, arsura, asciutto, secco | annaffiare, irrigare.

siccitóso [da *siccità*; 1950] ***agg.*** soggetto a siccità: *regioni siccitose.*

siccóme [comp. di *sì*[2] e *come*; fine sec. XIII nel senso 2] **I *cong.*** **1.** (introduce una proposizione causale, con verbo all'ind.) poiché, giacché, dato che, dal momento che: *siccome non c'era, tornai indietro* **2.** *lett.* (introduce una proposizione comparativa, con verbo all'ind.) così come, nel modo in cui: *onde, siccome suole, / ornare ella si appresta* (Leopardi) **3.** *ant. lett.* (introduce una proposizione oggettiva, con verbo all'ind.) come: *spiegò siccome si erano svolti i fatti* **4.** *ant.* (introduce una proposizione temporale, con verbo all'ind.) appena: *siccome arrivò, la salutai* **II *avv.*** *lett.* come: *e videro / Siccome a lor fu detto* (Manzoni).

siceliòta o **siciliòta** [dal gr. *Sikeliṓtēs*; 1860] ***s.*** *T.stor.* abitante delle antiche colonie greche della Sicilia.

sic et simpliciter (lat., pr. it. ['sik et sim'plitʃiter]) [letter. così e semplicemente] ***loc. avv.*** così com'è, senza alcuna aggiunta, senza variazioni.

siciliàna [da *siciliano*; 1585] ***sf.*** *T.mus.* antica danza di carattere campestre e quasi idillico, di origine siciliana, accompagnata da una musica in ritmo ternario; usata anche come parte di sonata, sinfonia, concerto, quartetto, o come forma di musica vocale.

sicilianìsmo [da *siciliano*; 1891] ***sm.*** parola, locuzione o altro costrutto tipico del dialetto siciliano, penetrato in un altro dialetto o nella lingua italiana.

sicilianità [da *siciliano*; 1960] **sf.** carattere tipicamente siciliano di qualcuno o di qualcosa.

siciliàno [dal n. geogr. *Sicilia*; sec. XIII *ciciliano*] **I agg.** della Sicilia || *Scuola siciliana*, scuola poetica formatasi alla corte di Federico II di Svevia || *vespri siciliani*, moti popolari scoppiati nel 1282 a Palermo contro la dominazione degli Angioini **II sm.** (f. *-a*) **1.** abitante o nativo della Sicilia **2.** (solo *sing.*) dialetto siciliano || **N.** I *Sin.* siculo.

siciliòta V. SICELIOTA.

sicinnide o **sicinni** [dal gr. *síkinnis, sikínnidos*; 1728] **sf.** *T.stor.* sicinno.

sicinno [dal gr. *síkinnon*; 1960] **sm.** *T.stor.* danza frigia con accompagnamento di canti e suoni eseguita in onore di Dioniso || *per estens.* danza sfrenata.

sìclo [lat. tardo *siclus*, ebr. *shequel*; fine sec. XIV] **sm.** *T.archeol.* peso e moneta dell'antica Persia e in genere dell'Oriente.

sicofànte [dal lat. *sycophanta*, gr. *sykophántēs*, colui che denuncia chi contrabbanda o ruba i fichi; 1604 *sicofanta*] **sm.** **1.** *T.stor.* presso l'antica Grecia, il denunciatore delle infrazioni alla legge cui era stato testimone **2.** *per estens. lett.* delatore, spia.

sicofantìa [dal lat. *sycophantia*, gr. *sykophantía*; 1970] **sf.** *lett.* attività e qualità di sicofante.

sicomòro [dal lat. tardo *sycomorus*, gr. *sykómoros*; a. 1320 *seccomoro*] **sm.** *T.bot.* grande albero frondoso dell'Africa, della famiglia delle Moracee || anche il suo frutto edule, dolciastro || *legno di sicomoro*, durissimo, era usato dagli antichi Egiziani per i sarcofagi.

sicònio (pl. *-ni*) [dal gr. *sŷkon*, fico; 1818 *sicono*] **sm.** *T.bot.* infiorescenza propria del fico, con talamo carnoso assai ingrossato e concavo, sul quale sono impiantati i fiori femminili e maschili || **N.** *Sin.* cenanzio.

sicòṣi [comp. del gr. *sŷkon*, fico e *-osi*; 1829] **sm.** *inv. T.med.* malattia cutanea caratterizzata da infiammazione dei follicoli piliferi, con formazione di pustole e suppurazione.

sìculo [dal lat. *Siculus*; 1860] **I agg.** appartenente all'antico popolo dei Siculi, stanziato in Sicilia || *per estens. lett.* o *scherz.* siciliano **II sm.** (f. *-a*) antico abitatore della Sicilia || *per estens. lett.* o *scherz.* abitante o nativo della Sicilia.

sicumèra [etim. inc.; 1544] **sf.** prosopopea, ostentazione di grande sicurezza di sé || **N.** *Sin.* presunzione, sostenutezza, sussiego; OSTENTAZIONE.

sicùra [da *sicuro*; 1922] **sf.** congegno di sicurezza che blocca il cane del fucile o della pistola e sim., affinché questo non venga azionato inavvertitamente || *per estens.* qualsiasi congegno di sicurezza che consente di bloccare il comando di una funzione di un meccanismo fino al momento in cui si creino le condizioni idonee alla sua attivazione: *mettere, togliere la sicura alle portiere dell'auto.* **TAV. *armi* p. 648** 16.3.

sicurànza [da *sicuro*, sul modello del provenz. *seguranza*; a. 1294] **sf.** *ant.* **1.** sicurezza, assoluta certezza **2.** baldanza, ardire, audacia.

sicuràre (pres. *-ùro*) [da *sicuro*; a. 1294 *securare*] **tr.** *ant.* assicurare, rassicurare, rendere sicuro.

sicurézza [da *sicuro*; a. 1556] **sf.** **1.** condizione oggettiva di assenza di rischi, pericoli e sim.; l'essere sicuro: *la sicurezza stradale*; *la sicurezza pubblica*, la tutela dell'ordine pubblico e, in part., l'incolumità dei cittadini; *Pubblica Sicurezza*, le forze di polizia: *agente di Pubblica Sicurezza*; *sicurezza sociale*, l'insieme degli istituti attraverso i quali una società garantisce ai cittadini protezione rispetto a malattie, incidenti, vecchiaia ecc. (pensioni, sussidi, assistenza medica ecc.); *adottare misure, provvedimenti per garantirsi la sicurezza economica*; *per maggior sicurezza*, per garantirsi ulteriormente contro eventuali pericoli o spiacevoli conseguenze || *in sicurezza*, in modo da non correre rischi: *lavorare, giocare in sicurezza* || *di sicurezza*, rif. a qualsiasi meccanismo, dispositivo, provvedimento o sistema mirante a prevenire pericoli, incidenti e sim.: *valvola di sicurezza*, valvola che, col crescere oltre un certo limite della pressione interna di caldaie e sim., si apre automaticamente e lascia fuoriuscire l'eccesso di vapore; *chiusura di sicurezza*, serratura difficile ad aprirsi, perlopiù munita di un dispositivo che ne blocca il funzionamento qualora si tenti di forzarla; *cassetta di sicurezza*, per custodire oggetti di valore, collocata in camere corazzate delle banche; *camera di sicurezza*, dove vengono rinchiuse le persone arrestate dalla polizia; *uscita di sicurezza*, porta sussidiaria da cui il pubblico può sfollare rapidamente da locali pubblici (teatri, cinema, discoteche, ristoranti ecc.) in caso d'incendio o di altra catastrofe; *lampada di sicurezza*, munita di uno speciale dispositivo per evitare esplosioni di gas infiammabili || *margine di sicurezza*, oltre il quale esistono reali possibilità di pericolo: *il margine di sicurezza dei voli spaziali è ancora troppo basso* || *T.giur. misure di sicurezza*, provvedimenti presi dall'autorità giudiziaria nei confronti di persone che si sono dimostrate socialmente pericolose (o sono sospettate di esserlo): *la libertà vigilata, il ricovero in un manicomio giudiziario o l'assegnazione a una casa di lavoro sono misure di sicurezza* || *per estens.* precauzione: *è meglio adottare qualche misura di sicurezza contro il rischio di congelamento* **2.** condizione di chi ha piena fiducia in sé: *guidare, tradurre con sicurezza*, senza titubanze, in quanto se ne è pienamente acquisita la capacità **3.** certezza soggettiva: *ho la sicurezza di riuscire* || **N.** **1.** *Sin.* assicurazione, garanzia | *Contr.* insicurezza, pericolo, rischio **2.** *Sin.* abilità, dimestichezza, perizia, tranquillità | *Contr.* esitazione **3.** *Sin.* confidenza, fede | *Contr.* incertezza, sfiducia. **TAV. *armi* p. 649** 24.1.

sicùro [lat. *secūrus*; fine sec. XIII nel senso 2] **I agg.** **1.** di persona, che non ha alcun timore, che si sente tranquilla: *state sicuro, non vi capiterà nulla* **2.** *per estens.* che non presenta pericoli o difficoltà: *viaggio sicuro, impresa sicura*; *una zona poco sicura*, mal frequentata; *un'arma sicura*, che non presenta pericoli per chi la adopera o maneggia o, anche, di precisione, con la quale non si rischia di sbagliare || *in part.* che offre sicurezza: *porto, rifugio sicuro* **3.** di persona, che non ha alcun dubbio, alcuna incertezza intorno a una data cosa: *è sicuro di ottenere quel posto, siamo sicuri che era lui* **4.** *per estens.* di cosa, certa, che è fuor di dubbio, che non dà motivo di sospetto: *notizia sicura, è sicuro che ha intenzione di vendicarsi*; rif. a una persona, della quale ci si può fidare, sulla quale si può fare affidamento, si può contare, fidata: *la notizia viene da una fonte sicura, è un amico sicuro* || *in part.* che avverrà secondo le previsioni: *tempo sicuro*, che non minaccia intemperie; *cavallo sicuro*, che vincerà sicuramente una gara ippica e, *fig.*, rif. a una persona, che farà molta strada || nella loc. *andare a colpo sicuro*, fare qualcosa con la certezza che andrà a buon fine: *nel firmare quel contratto sono andato a colpo sicuro* **5.** di persona, che si comporta o compie determinati atti con perizia, da esperto: *è sicuro nel maneggiare le armi, nel disegno è molto sicuro* || *per meton.* detto della parte del corpo che è particolarmente impegnata in un'attività: *ha un occhio sicuro*, è capace di determinare con buona approssimazione e senza l'uso di strumenti le distanze, le proporzioni ecc.; *mano sicura*, ferma, allenata a eseguire un particolare lavoro || *essere sicuro di sé, del fatto proprio*, agire sapendo bene a che cosa si mira e conoscendo bene le proprie capacità **6.** *per estens.* di azione, compiuta con sicurezza e precisione: *una mira sicura* **II avv.** sicuramente, di certo, sì, usato spec. per rafforzare una risposta in senso affermativo: *verrai? sicuro!* || nella *loc. avv. di sicuro*, certamente, senza dubbio, sicuramente: *verrò di sicuro, di sicuro si è offeso* || **sicuraménte** **avv.** **1.** con sicurezza: *guida sicuramente* **2.** *più com.* è certo che, certamente (modifica un'intera frase): *guida sicuramente meglio di me* **III sm.** (solo *sing.*) **1.** condizione o situazione sicura, che non comporta pericoli, conseguenze spiacevoli ecc.: *mettersi, andare, rifugiarsi al sicuro*; *essere al sicuro da*, essere riparati, protetti da; *muoversi, andare, camminare sul sicuro*, su un terreno su cui non vi è pericolo di cadere, scivolare ecc. o, *fig.*, non correre rischi **2.** cosa sicura: *dar qualcosa per sicuro*, per scontato, considerarlo assolutamente certo || **N.** I **1.** *Sin.* quieto, rassicurato | *Contr.* agitato, inquieto, insicuro **2.** *Sin.* riparato | *Contr.* esposto **3.** *Sin.* fiducioso | *Contr.* dubbioso, incerto **4.** *Sin.* assicurato, garantito, immancabile, indubbio **5.** *Sin.* abile, perito, pratico, preciso | *Contr.* esitante, tentennante, titubante **6.** *Sin.* esatto, perfetto | *Contr.* approssimativo.

sicurtà [dal lat. *secūritas, -ātis*, sicurezza; a. 1294 nel senso 2] **sf.** **1.** assicurazione: *polizza di sicurtà*, nel settore del traffico marittimo, polizza di assicurazione; *istituto di sicurtà*, società, agenzia assicurativa **2.** *ant.* sicurezza, certezza; garanzia, malleveria.

sidecar (ingl., pr. ['saɪdkɑ:]) [letter. carrozzino a lato; 1918] **sm.** *inv.* **1.** la carrozzetta che si unisce a lato di una motocicletta **2.** *per estens.* motocarrozzetta. **TAV. *motocicletta...* p. 1323** 8.

sideràle [dal lat. *siderālis*; 1598] **agg.** *T.astr.* attinente agli astri, alle stelle: *rivoluzione siderale*, intervallo di tempo tra due congiunzioni successive di un pianeta con la stessa stella; *universo siderale*, l'insieme dei corpi celesti e dello spazio in cui risiedono; *giorno siderale*, durata di una rivoluzione di 360° di un pianeta intorno al Sole, calcolata riferendosi a una stella, anziché al Sole stesso || *per estens. freddo siderale*, molto intenso, al di sotto degli 0 °C || **N.** *Sin.* sidereo.

siderazióne [dal lat. *siderātio, -ōnis*; 1838] **sf.** morte provocata da un flusso di corrente elettrica ad alta tensione || **N.** *Sin.* folgorazione.

sidèreo [dal lat. *sidereus*; a. 1396] **agg.** *T.astr.* che si riferisce agli astri, alle stelle; siderale: *luce siderea*; *pietre sideree*, sideroliti.

siderìte [dal lat. *sideritis*, gr. *sidērítēs*; 1550] **sf.** **1.** meteorite composta fino al 95% di ferro **2.** *T.min.* carbonato di ferro che in natura si presenta perlopiù in masse spatiche, granulari o compatte, di colore giallo (se puro); viene usato per estrarne il ferro, di cui è uno dei minerali più ricchi.

siderografìa [comp. di *sidero-* e *-grafia*; 1940] **sf.** *T.inc.* l'arte di fare le incisioni in acciaio || *per meton.* l'incisione così ottenuta.

siderolìte [comp. di *sidero-* e *-lite*; 1940] **sf.** meteorite contenente leghe ferro-nichel e silicati nelle stesse proporzioni.

sideròṣi [comp. di *sidero-* e *-osi*; 1957] **sf.** *inv. T.med.* accumulo di ferro o di suoi pigmenti in apparati od organi, condizionante reazioni degenerative; malattia professionale di chi lavora il ferro.

sideròstato [comp. di *sidero-* e *-stato*; 1936] **sm.** *T.astr.* strumento ottico costituito da due specchi, uno fisso e uno mosso da un motore autonomo, usato per riflettere sempre in una stessa direzione la radiazione proveniente dal Sole o da un altro astro || **N.** *Sin.* celostata.

siderurgìa [dal gr. *sidērourgía*; 1829] **sf.**

T.metal. settore della metallurgia che concerne l'estrazione e lo studio delle possibili applicazioni del ferro e delle sue leghe (acciaio, ghisa ecc.) || **N.** *Sin.* industria pesante | ferriera, magona. **Q.T.** *metallurgia.*

siderùrgico (pl. *-ci*) [da *siderurgia*; 1864] **I** *agg.* che riguarda la siderurgia: *tecnica siderurgica* **II** *sm.* (f. *-a*) lavoratore del settore siderurgico || *raro* impresario siderurgico || **N.** metallurgico.

sìdro [dal lat. tardo *sīcera*, bevanda inebriante, attr. il fr. *cidre*; a. 1597 *sidero*] *sm.* bevanda a bassa gradazione alcolica di sapore dolciastro, che si prepara facendo fermentare le mele o anche altra frutta.

siemens (ted., pr. ['zi:məns]; pr. it. ['simens]) [dal n. proprio W. von *Siemens*, scienziato ted.; 1937] *sm. inv. T.elettr.* unità di conduttanza, per definizione l'inverso dell'*ohm.*

sienite [dal n. geogr. *Siene*, città egiziana; 1817] *sf. T.min.* roccia eruttiva intrusiva costituita da feldspati e miche, di struttura granulare.

siepàglia (pl. *-glie*) [da *siepe*; sec. XIV] *sf. non com.* siepe folta e disordinata.

siepàia [da *siepe*; 1891] *sf. non com.* siepaglia.

siepàio [da *siepe*; a. 1735] *agg. ant.* da, di siepe.

sièpe [lat. *sāepes*; 1308] *sf.* **1.** riparo costituito da alberelli, arbusti, cespugli e sim. piantati a distanza ravvicinata (*siepe viva*) o da rami secchi, canne intrecciate, filo spinato e sim. (*siepe morta*); mentre il secondo tipo ha solo funzione protettiva, difensiva o di recinzione, il primo può anche avere funzione esclusivamente o parzialmente ornamentale **2.** *per estens.* ostacolo, barriera: *una siepe di baionette* || *raro fig. far siepe*, sbarrare, far ostruzione **3.** *T.sport.* nell'ippica, ostacolo di varie altezze fatto di arbusti || nell'atletica leggera, ostacolo di altezza fissa usato in una corsa sulla distanza di 3000 m || **N.** **1.** cinta, fratta, recinto, spalliera | bosso, lauroceraso, ligustro, lillà, mirto. **TAV.** ***atletica*** **p. 657** 1.4; ***automobile*** **p. 658** 4.12.

sièrico (pl. *-ci*) [da *siero*; 1960] *agg.* proprio di un siero.

sièro [lat. *serum*, parte acquosa del latte; a. 1320 nel senso 3] *sm.* **1.** *T.fisiol.* parte liquida del sangue che tiene in sospensione i corpuscoli che si separano da essa con la coagulazione **2.** *T.med.* medicamento iniettabile contro un veleno o per vaccinare contro malattie infettive: *siero antidifterico, antirabbico, antivipera* || *per estens. T.med.* sostanza, spec. iniettabile, che agisce sull'organismo: *siero della verità*, farmaco agente sul sistema nervoso centrale in modo da annullare le resistenze del soggetto a parlare o a rivelare cose altrimenti tenute nascoste o alterate **3.** prodotto secondario derivante dalla coagulazione del latte || **N.** **1.** coagulo, linfa **2.** sieroterapia, vaccinazione.

sièro- [da *siero*] ***primo elem.*** che, in parole composte della terminologia medica e biologica, vale "siero" e "siero sanguigno" (per es. *sieroterapia*).

sierologia [comp. di *siero-* e *-logia*; 1911] *sf. T.biol.* lo studio delle caratteristiche e delle proprietà del siero del sangue.

sierològico (pl. *-ci*) [da *sierologia*; 1960] *agg.* relativo alla sierologia.

sieronegatìvo [comp. di *siero-* e *negativo*; 1986] *agg.* e *sm.* (f. *-a*) *T.med.* detto di un individuo che, sottoposto a esame sierologico, risulta non portatore di una determinata malattia infettiva, in quanto privo dei relativi anticorpi.

sieropositività [da *sieropositivo*; 1987] *sf.* condizione di chi è sieropositivo.

sieropositìvo [comp. di *siero-* e *positivo*; 1986] *agg.* e *sm.* (f. *-a*) *T.med.* detto di un individuo che, sottoposto a esame sierologico, risulta portatore di una determinata malattia infettiva, in quanto presenta i relativi anticorpi specifici; è usato in part. in riferimento agli individui portatori del virus dell'AIDS.

sieroprofilàssi [comp. di *siero-* e *profilassi*; 1960] *sf. T.med.* profilassi basata sulla somministrazione di siero contenente gli anticorpi di una determinata malattia.

sierósa [da *sieroso*; 1895] *sf. T.anat.* membrana di rivestimento delle grandi cavità del corpo umano, formata da due pareti tra le quali è contenuto un liquido sieroso || **N.** pericardio, peritoneo, pleura.

sierosità [da *sieroso*; 1640] *sf.* qualità di ciò che è sieroso || liquido sieroso formatosi per qualche processo patologico; essudato.

sieróso [da *siero*; 1611] *agg.* di un siero || contenente, che ha siero, che secerne siero; *T.anat. membrana sierosa*, v. SIEROSA || che ha natura o aspetto di siero: *liquido sieroso.*

sieroterapìa [comp. di *siero-* e *terapia*; 1894] *sf. T.med.* metodo curativo basato su iniezioni di sieri di animali o di uomini, opportunamente preparati in modo da far insorgere specifici anticorpi.

sieroteràpico (pl. *-ci*) [da *sieroterapia*; 1927] *agg. T.med.* che si riferisce alla sieroterapia.

sièrra [dal lat. *serra*, sega, attr. lo sp.; 1839] *sf.* catena di montagne dal crinale dentellato, nei paesi spagnoli o colonizzati dalla Spagna, nell'America Latina.

sièsta [dallo sp. *siesta*, (ora) sesta; 1698] *sf.* riposo che si fa dopo il pasto di mezzogiorno || **N.** *Sin.* pennichella, pisolino.

siffàtto [comp. di *sì*[2] e *fatto*; 1548 *sì fatto*] *agg.* così fatto, tale, di tal natura; spesso con una sfumatura spreg.: *bada che ad accompagnarsi con siffatta gente ci si rimette sempre.*

sifilide [dal lat. scient. *syphilis, -idis*, basato sul n. proprio *Syphilus*, protagonista di un poema di G. Fracastoro; a. 1698] *sf.* malattia infettiva costituzionale, acquisita o congenita, sostenuta dal *Treponema pallidum*, che si trasmette spec. per contatto sessuale || **N.** *Sin.* lue.

sifilìtico (pl. *-ci*) [da *sifilide*; 1794] **I** *agg.* **1.** relativo alla sifilide **2.** colpito da sifilide **II** *sm.* (f. *-a*) malato di sifilide.

sifilo- [da *sifilide*] ***primo elem.*** che, in parole composte della terminologia medica, vale "sifilide" e, più gen., "malattia venerea" (per es. *sifiloma, dermosifilopatia*).

sifilodèrma [comp. di *sifilo-* e *-derma*; 1936] *sm. T.med.* insieme delle manifestazioni cutanee che caratterizzano la sifilide.

sifilofobìa [comp. di *sifilo-* e *-fobia*; 1960] *sf. T.med.* paura ossessiva di aver contratto o di contrarre la sifilide.

sifilòma [comp. di *sifil(ide)* e *-oma*; 1905] *sm. T.med.* lesione granulomatosa spesso ulcerata, riscontrabile nel periodo primario della sifilide acquisita.

sifilometrìa [comp. di *sifilo-* e *-metria*; 1960] *sf. T.med.* analisi del siero del sangue per verificare la presenza di anticorpi della sifilide e valutarne la quantità.

sifilopatìa [comp. di *sifilo-* e *-patia*; 1960] *sf.* **1.** *T.med.* sifilide **2.** *T.med.* parte della medicina che si occupa della sifilide.

sifòide *sf. raro* v. XIFOIDE.

sifoidèo *agg. raro* v. XIFOIDEO.

sifonàggio (pl. *-gi*) [da *sifone*; 1983] *sm.* funzionamento difettoso del sifone di un gabinetto, che si svuota dell'acqua per eccessivo risucchio dello scarico, con conseguente rigurgito di miasmi.

Sifonàli (sing. *-e*) [comp. di *sifone* e *-ali*; 1931] *sf. pl. T.bot.* classe di alghe verdi dal tallo costituito da un'unica cellula.

sifonaménto [da *sifone*; 1960] *sm.* **1.** *T.ing.* complesso di costruzioni idrauliche che consentono di far passare sottoterra i canali e le tubature dei centri urbani **2.** penetrazione di acqua alla base di una costruzione o di un argine che di conseguenza crolla in parte || **N.** **1.** *Sin.* imbottamento.

sifóne [dal lat. *sipho, -ōnis*, gr. *síphōn, síphōnos*, tubo; 1567 *sione*] *sm.* **1.** tubo a U rovesciata o a S che pesca in due recipienti posti a diversa altezza e serve a far passare il liquido dall'uno all'altro, ma dopo avergli fatto raggiungere un livello più alto di quello del contenitore superiore; il suo funzionamento si basa sul principio dei vasi comunicanti ed è usato spec. negli impianti di scarico idraulici e igienici, per evitare il ritorno di odori sgradevoli dal basso **2.** vaso ermeticamente chiuso da una valvola, nel quale si tiene un liquido gassoso: *un sifone di acqua di seltz* **3.** *T.zool.* organo di Molluschi e Tunicati, attraverso il quale viene espulsa dal corpo l'acqua che circola nell'apparato respiratorio; sfiatatoio **4.** *T.enol.* prodotto ottenuto dal mosto con aggiunta di alcol, usato nella preparazione del marsala || *dim.* sifoncìno.

sifòno- [dal gr. *síphōn, síphōnos*, tubo] ***primo elem.*** che, in denominazioni scientifiche di piante o animali, indica la presenza di un organo a tubo.

Sifonòfori [comp. di *sifono-* e *-foro*; 1936] *sm. pl. T.zool.* ordine di Celenterati idrozoi, che vivono nelle acque marine raggruppati in colonie galleggianti.

sifonògamo [comp. di *sifono-* e *-gamo*; 1936] *agg.* fornito di sifone o tubo pollinico, rif. a piante.

sifonostèle [comp. di *sifono-* e *stele*; 1931] *sf. T.bot.* stele con cilindro di midollo al centro del fascio vascolare.

sigàmbro v. SICAMBRO.

sigaràia [da *sigaro*; 1873] *sf.* **1.** operaia che lavora la foglia di tabacco nelle manifatture, per farne sigari, sigarette, ecc. **2.** ragazza che vende sigarette e sim. in locali pubblici.

sigaràio (pl. *-ài*) [da *sigaro*; 1863] *sm.* **1.** operaio addetto alla fabbricazione dei sigari e delle sigarette **2.** in passato, venditore ambulante di sigari e sigarette, spec. in caffè, ristoranti e sim. **3.** nome comune di un coleottero della famiglia Curculionidi che accartoccia le foglie di varie piante a guisa di sigaro, per deporvi le uova; rinchite: *il sigaraio della vite.*

sigarétta [dal fr. *cigarette*; 1845] *sf.* **1.** rotolino di tabacco trinciato finemente, avvolto in carta velina per essere fumato: *sigarette con, senza filtro, nazionali, estere, leggere, forti* **2.** *per estens.* oggetto a forma di sigaretta; *in part.* spagnoletta, rocchetto formato da un piccolo cilindro di cartone, su cui si avvolge un filo || *T.farm.* sigaretta medicamentosa destinata ad essere fumata a scopo curativo, spec. per l'asma bronchiale: *sigaretta di stramonio* || **N.** **1.** bocchino, cicca, mozzicone, pacchetto, scatola.

sìgaro [dallo sp. *cigarro*; 1824 *cigaro*] *sm.* rotolo di foglie di tabacco avvolto in una foglia più grande, che viene fumato: *un sigaro toscano, un sigaro avana* (o, *ellitt., un toscano, un avana*); *fumare un sigaro* || **N.** avana, branca, cavour, regàlia, sella, toscano, trabucco, virginia | attenuato, chiaro, di scarto, forte, fumabile, leggero, scelto, scuro, stagionato, umido | accendere, fumare, soffiare, spuntare, trinciare | sfiatare, sfogliarsi | cicca, mozzicone, spuntatura; astuccio, cenere, portacenere, portasigari; foglia, TABACCO.

sigh (ingl., pr. [saɪ]; pr. it. [sig]) [letter. sospiro; 1970] voce onom. che imita il rumore di un sospiro o di un debole singhiozzo malinconico; è usata soprattutto nei fumetti per esprimere tristezza, delusione, dispiacere.

sigillànte (*ppr.* di *sigillare*) [1987] *sm.* materiale isolante a base di silicone, utilizzato per la chiusura ermetica delle fessure di varie strutture. Q.T. *edilizia*.

sigillàre [dal lat. tardo *sigillāre*; 1308] **tr.** **1.** chiudere con sigilli, mettere il sigillo a una chiusura: *sigillare il lembo di una busta* || *in part.* dell'autorità giudiziaria o di pubblici ufficiali, apporre marchi o segni sull'ingresso di locali per impedire che qualcuno vi penetri o su documenti al fine di autenticarli o di impedire che qualcuno ne prenda visione: *hanno sigillato la stanza in cui è avvenuto il delitto, il testamento* **2.** *per estens.* chiudere bene: *sigillare la bottiglia con un buon tappo e con la paraffina*; anche *fig.*: *solo la morte sigillerà la sua bocca* || **intr.** (aus. *avere*) *raro* combaciare di due cose tra di loro.

sigillària [dal lat. *sigillum*, impronta, segno; 1895] **sf.** pianta fossile delle Sigillariacee, dal fusto alto fino a 30 metri, midollo sviluppato e foglie lineari.

Sigillariàcee [comp. di *sigillaria* e *-acee*; 1934] **sf. pl.** *T.bot.* famiglia di piante fossili Pteridofite risalenti al Carbonico superiore.

sigillàrio (pl. *-ri*) [dal lat. *sigillārius*, relativo ai sigilli; 1873] **sm.** artigiano specializzato nell'incidere i sigilli.

sigillàto (*pps.* di *sigillare*) [1618] **agg.** *T.archeol.* *terra sigillata*, nella Roma imperiale, ceramica di color rosso, con decorazioni a rilievo, realizzate a stampo mediante matrici e punzoni.

sigillatùra [da *sigillare*; 1873] **sf.** azione ed effetto del sigillare.

sigillo [dal lat. *sigillum*, propr. piccolo segno; 1279] **sm.** **1.** oggetto perlopiù di metallo o di pietra dura, sulla cui superficie piana sono incise lettere, cifre, stemma o altri segni che si imprimono su cera o ceralacca per autenticare documenti o per garantire da manomissioni la chiusura di lettere, pacchi, casse, locali, interi edifici ecc. || *per estens.* l'impronta stessa fatta con un sigillo || *T.giur.* *apporre i sigilli*, chiudere con sigilli porte di stanze, di negozi ecc., per ordine dell'autorità, in caso di fallimento, eredità e sim.; *violazione dei sigilli*, reato di chi rompe i sigilli apposti dall'autorità **2.** *per estens.* accessorio in materiale vario e di forme diverse (disco, fascetta ecc.) applicato sull'imballaggio quale garanzia dell'integrità del contenuto || *disus.* *sigillo d'Ermete*, sigillo ermetico, e propr. chiusura a fuoco di un tubo, una fiala, un vaso di vetro || nel modo di dire *mettere una cosa sotto sette sigilli*, chiuderla ermeticamente || *per estens.* *fig.* vincolo, obbligo: *mettere il sigillo alla bocca, alle labbra di qualcuno*, impedirgli di parlare; *il sigillo della confessione*, obbligo del sacerdote di non rivelare quanto ha udito in confessione || **N.** **1.** *Sin.* bollo, impronta, marchio, piombo, stampo, suggello, timbro | PARTI: area o campo, cifra | dissigillare, dissugellare, piombare, sigillare | guardasigilli; sfragistica o sigillografia.

sigillografìa [comp. di *sigillo* e *-grafia*; 1891] **sf.** *raro* sfragistica || arte e tecnica dell'incisione di sigilli.

sigìzia e der. forme errate di SIZIGIA e der. (v.).

sigla [dal lat. tardo *sigla*, abbreviature, prob. abbr. di *singula littera*; 1865] **sf.** **1.** abbreviazione di una o più parole perlopiù rappresentata dalle loro iniziali: *CAI è la sigla del Club Alpino Italiano, TO è la sigla di Torino* || *in part.* firma abbreviata: *molti giornalisti si firmano con una sigla* **2.** *sigla musicale*, il motivo musicale che dà il via a una trasmissione radiotelevisiva, e ne diventa il simbolo || **N.** **1.** acronimo, cifra, iniziale, parafa.

siglàre [da *sigla*; 1940] **tr.** apporre a uno scritto la propria sigla come segno di approvazione o presa visione || nel linguaggio della diplomazia, sottoscrivere in linea provvisoria un trattato in attesa di una ratifica da parte degli organi competenti || **N.** *Sin.* parafare.

siglàrio (pl. *-ri*) [da *sigla*; 1950] **sm.** raccolta di sigle.

siglatùra [da *siglare*; 1960] **sf.** atto ed effetto del siglare.

sìgma [dal gr. e lat. tardo *sígma*, lettura della lettera σ e ς; 1821 nel senso 1; 1922 nel senso 2] **sm.** o **sf.** *inv.* **1.** nome della diciottesima lettera dell'alfabeto greco, corrispondente alla *s* in quello latino **2.** *T.anat.* tratto dell'intestino crasso, a forma di una esse maiuscola rovesciata, che è interposto tra il colon discendente e l'intestino retto.

sigmàtico (pl. *-ci*) [da *sigma*; 1960] **agg.** *T.ling.* nella morfologia greca, detto di forma verbale caratterizzata dalla presenza del sigma: *futuro, aoristo, perfetto sigmatico* || *per estens.* nella morfologia latina o delle lingue romanze, detto di forma verbale o nominale caratterizzata dalla presenza di una *s* (per es. in it. *vissi* è un p.rem. sigmatico, *visto* un pps. sigmatico).

sigmatìsmo [da *sigma*, sul modello del fr. *sigmatisme*; 1932] **sm.** difetto nella pronuncia del suono [s].

sigmoidèo [dal gr. *sigmoeidḗs*, a forma di sigma; 1838] **agg.** *T.anat.* detto di ciascuna delle tre valvole (dette anche *semilunari*) che chiudono l'orifizio attraverso il quale il sangue passa dal ventricolo destro del cuore all'arteria polmonare || *colon sigmoideo*, parte dell'intestino crasso, detto anche *sigma*.

sigmoidìte [comp. di *sigmoideo* e *-ite*[1]; 1940] **sf.** *T.med.* infiammazione dell'intestino crasso sigmoideo.

Signàtidi (sing. *-e*) [comp. di *si(n)gnato*, italianizzazione del lat. scient. *Syngnatus*, n. del genere e *-idi*; 1936 *singnatidi*] **sm. pl.** *T.zool.* famiglia di pesci Singnatiformi, di piccole dimensioni, con il corpo ricoperto di placche ossee, pinne poco sviluppate, bocca piccolissima; vivono generalmente in acque marine dove si mimetizzano tra la vegetazione sommersa. TAV. *pesci* p. 1331.

signìfero [dal lat. *signifer*; a. 1292] **agg.** e **sm.** *T.stor.* portinsegna, alfiere.

significànte (*ppr.* di *significare*) [1353 come agg.; 1960 come sm.] **I agg.** **1.** *lett.* significativo, espressivo, efficace: *il tuo silenzio è significante* **2.** importante per ciò che rivela o implica: *un indizio significante* **II sm.** *T.ling.* nella linguistica strutturale, l'aspetto percepibile del segno, complementare al significato; *in part.* la successione dei fonemi di una parola, la rappresentazione dell'immagine acustica || **N.** I **2.** *Sin.* significativo | *Contr.* insignificante. Q.T. *linguistica*.

significànza [dal lat. tardo *significantia*; a. 1294] **sf.** il significare; significato || nella loc. *non com.* *fare significanza*, significare, dimostrare.

significàre (pres. *-ìfico, -ìfichi*) [dal lat. *significāre*; a. 1292 nel senso 3; a. 1565 nel senso 1; 1922 nel senso 2] **tr.** **1.** di espressioni linguistiche orali o scritte o anche, in gen., di segni, voler dire, avere un certo senso o significato: *"serotino" significa "tardivo", cosa significa in italiano "team"?, quella freccia significa che bisogna girare a destra, la strizzata d'occhio significa che ho l'asso*; *in part.* esprimere, dimostrare: *non capisco cosa significhi questo suo silenzio* || simboleggiare: *il rosso significa vendetta* || essere indizio, presagire, preannunciare: *mettersi a sbadigliare significa che si è stanchi o che ci si annoia, i tuoi dolori reumatici significano che cambia il tempo* **2.** aver valore, importanza, valere: *per me lui significava tutto, per un uomo d'onore la parola data significa molto* **3.** *lett.* esprimere per mezzo di un linguaggio (verbale o gestuale) o di un comportamento o atteggiamento: *gli significherò per lettera il mio parere, con questo gesto voglio significarle tutta la mia riconoscenza* || *arc.* comunicare ufficialmente || **N.** **1.** *Sin.* annunziare, denotare, equivalere, indicare, rivelare **3.** *Sin.* far intendere, manifestare, palesare.

significatività [da *significativo*; 1960] **sf.** l'essere significativo.

significatìvo [dal lat. tardo *significatīvus*; sec. XIV nel senso 2; a. 1529 nel senso 1] **agg.** **1.** espressivo, ricco di significato: *frase significativa, risultati significativi*; *in part.* importante, di notevole valore o entità: *un incremento significativo* **2.** *meno com.* atto a significare: *la capacità significativa di un segnale* || **significativaménte** **avv.** efficacemente; notevolmente || **N.** **1.** *Sin.* efficace **2.** *Sin.* significante.

significàto [dal lat. tardo *significātum*; 1353] **sm.** **1.** contenuto, senso, valore comunicativo insito in un'espressione linguistica e, *per estens.*, in qualsiasi segno: *conoscere il significato dei segni algebrici, non mi è chiaro il significato di quel segnale stradale, afferrare* (o *cogliere*) *il significato di un testo, di un gesto, è una frase senza significato* || *in part.* *T.ling.* nello strutturalismo designa il concetto associato al significante (v.) **2.** *per estens.* le implicazioni, il valore di un comportamento, di un gesto, di una comunicazione verbale: *non capisco il significato del suo rifiuto, del suo rimprovero*; *la sua presenza qui assume un ben preciso significato, un'occhiata piena di significato, parole cariche di significato, risultati di grande significato politico, il successo riportato assume per lui un notevole significato* || **N.** **1.** *Sin.* accezione, concetto, denotazione, nozione, pensiero, riferimento, senso, significazione | ambiguo, arcano, chiaro, esoterico, estensivo, figurato, impenetrabile, improprio, letterale, metaforico, misterioso, oscuro, proprio, simbolico | afferrare, alterare, capire, cogliere, comprendere, definire, esprimere, fraintendere, ignorare, illustrare, intendere, interpretare, intuire, sfuggire, spiegare, stiracchiare, stravolgere | antifrasi, antonimo, iperonimo, iponimo, sinonimo; anfibologia, polisemia. Q.T. *linguistica*.

significatóre [dal lat. tardo *significātor, -ōris*, che indica; sec. XIV *significatrice*] **agg.** e **sm.** (f. *-trice*) *raro* che o chi significa || per gli astrologi, il punto dell'eclittica che annuncia qualche avvenimento.

significazióne [dal lat. *significātio, -ōnis*; 1224 ca. *significatione*] **sf.** **1.** *lett.* atto del significare, espressione **2.** *ant.* significato, senso, accezione || indizio, presagio || valore, importanza.

signóra [da *signore*; a. 1503 nel senso 4] **sf.** **1.** appellativo di riguardo che si appone al titolo, al cognome o, *fam.*, al nome di una donna (fino a poco tempo fa si usava solo per le donne sposate o vedove): *scusi signora professoressa, ..., le presento la signora Rossi, ho incontrato la signora Maria al mercato*; freq. nelle intestazioni della corrispondenza epistolare, spec. abbr. in *sig.ra*: *Gent., Gent.ma Sig.ra...*; *in part.* in contrapposizione a *signorina*: *(è) signora o signorina?*, è sposata o nubile? **2.** moglie, usato con intento di maggior riguardo quando ci si rivolge al marito: *mi saluti tanto la signora, come sta la sua signora?* || *sett.* anche, in tono formale, per indicare la propria moglie: *le presento la mia signora* **3.** *in gen.* persona adulta di sesso femminile, come sin. più cortese di *donna*; in contrapposizione alle persone di sesso maschile o anche a *bambina, ragazzina* e sim.: *toeletta per signore, parrucchiere per signora, a tutte le signore intervenute sarà offerto un omaggio* || *signore e signori*, formula con cui ci si rivolge al pubblico all'inizio di un discorso, di una conferenza o anche, spec. durante uno spettacolo, nel presentare un personaggio famoso || nelle loc. affermative e negative *sì signora* (o *sissignora*), *no signora* (o *nossignora*), usate spesso iron. || in espr. di rispetto, come per es. quelle usate quando ci si rivolge a una cliente, ha valore di un pron. di terza pers.: *la signora desidera?*; *se le signore vogliono accomodarsi*, prego, si accomodino || *in part.* donna raffinata, di classe, molto distinta: *si comporta da* (o *è una*) *vera signora* || donna benestante che non è obbligata a lavorare per mantenersi: *piacerebbe anche a me fare la signora!* **4.** *lett.* padrona, dominatrice: *Venezia era la signora del mare* || usato dal personale domestico per designare la padrona di casa: *la signora è uscita* **5.** *per anton.* *Nostra Signora*, la Madonna || **N.** dama, madama.

signoràggio (pl. *-gi*) [dal provenz. *senhoratge*; 1257 ca.] **sm.** *ant.* signoria || *T.econ.* nei secoli passati, artificiosa sopravvalutazione della moneta coniata.

signorànza [dal provenz. *senhoranza*; seconda metà sec. XIII *segnoranza*] **sf.** *ant. lett.* signoria, dominio, vassallaggio, spec. nel linguaggio dell'amore cortese.

signoràto [da *signore*; 1865] **sm.** *ant.* ufficio e dignità di signore; signoria.

signóre [lat. *senior, -ōris*; 1224 ca. nel senso 4] **sm.** **1.** appellativo di riguardo per uomini che si appone (troncato in *signor*) al titolo, al cognome o, *fam.*, al nome: *signor conte, signor architetto, signor ministro, le presento il signor Rossi*; *ho parlato con il giardiniere, il signor Mario* || freq. nelle intestazioni della corrispondenza epistolare, spec. abbr. in *sig.*: *Sig. Ivo Rossi, Egr. Sig. Rossi* **2.** *in gen.* persona di sesso maschile, come sin. più cortese di *uomo*: *c'è un signore che ti cerca, parrucchiere per signori*; anche *iron.*: *caro signore, lei mi ha veramente scocciato!*; usato in part. quando ci si rivolge a persone adulte di sesso maschile (e in questo caso il pl. si intende comprensivo anche delle signore): *scusi signore, può dirmi l'ora?*; *prego signori, accomodatevi*; *signore e signori*, v. SIGNORA || *in part.* uomo di squisita sensibilità, dai modi gentili e dai gusti raffinati: *quello sì che è un signore!, un gesto da vero signore*; *altro che signore, è un gran villano!* || uomo benestante, che ha disponibilità economiche sufficienti per non essere costretto a lavorare: *è un signore, possiede mezzo paese!, ha sposato una ricca vedova e ora fa il signore*; *pl.* la fascia sociale dei benestanti: *i signori e i poveracci* || in espr. di particolare riguardo come per es. quelle usate quando ci si rivolge a un cliente, ha valore di pron. di terza pers.: *il signore desidera?, servo subito i signori* || nelle loc. affermative e negative *sì signore* (o *sissignore*), *no signore* (o *nossignore*), usate correntemente nei confronti di un superiore, ma anche spesso in tono iron. **3.** *T.stor.* e *T.lett.* titolare di un feudo, principe, reggitore o chiunque altro avesse dominio e potestà su altri: *Ludovico il Moro, signore di Milano*; anche *fig.*: *i corsari sono stati a lungo signori dei mari* || *arc.* padrone, possessore: *il signore di queste terre*; ancora usato dal personale domestico per designare il padrone di casa: *il signore è occupato con gli ospiti* **4.** *per anton.* Dio: *il Signore, Nostro Signore ti protegga*; *la casa del Signore*, la chiesa, il tempio || *Signore!, Signore Iddio!*, escl. di dolore, di meraviglia, di impazienza ecc. || *dim.* signorìno; *accr.* signoróne; *pegg.* signoràccio || **N.** **2.** *Sin.* gentiluomo **3.** signoria.

signoreggiaménto [da *signoreggiare*; a. 1320] **sm.** signoreggiare; dominio, signoria.

signoreggiàre (pres. *-éggio*) [da *signore*; 1298 nel senso 2] **tr.** **1.** *lett.* avere in proprio potere: *signoreggiare una provincia* **2.** *fig.* tenere a freno: *signoreggiare le passioni*; *signoreggiare la mente, i pensieri*, tenerli occupati intorno a ciò su cui ci si vuole concentrare **3.** *fig. raro* soprastare, dominare in altezza, detto di un luogo sopraelevato: *i colli signoreggiano le valli* || **intr.** (aus. *avere*) esercitare un predominio: *sul paese signoreggiava allora un conte.*

signoreggiatóre [da *signoreggiare*; a. 1292] **agg.** e **sm.** (f. *-trice*) *non com.* che o chi signoreggia.

signorésco (pl. *-schi*) [da *signore*; a. 1400] **agg.** di o da signore, perlopiù iron. o spreg.: *superbia signoresca, spocchia signoresca* || signorile: *un cortile signoresco.*

signorìa [da *signore*; sec. XIII] **sf.** **1.** *T.stor.* il potere del signore, la sua autorità: *essere sotto la signoria degli Sforza*; *acquistare, mantenere, perdere la signoria su di un territorio* || *fig. lett.* dominio, potere, autorità, spec. nella loc. *ant.*: *essere in signoria di qualcuno* o *qualcosa*, esserne dominato: *è in signoria delle passioni* **2.** *T.stor.* forma di governo instauratasi nel tardo Medioevo in molte città italiane, di carattere monarchico e assolutistico, in seguito alla crisi delle istituzioni comunali: *il passaggio dal comune alla signoria, l'età delle signorie*; anche l'unità territoriale dominata da un signore: *i territori ai confini delle signorie* || *per estens.* governo, spec. assoluto, ma anche autorità, potestà: *la Spagna sotto la signoria dei Mori, la signoria della Repubblica di Venezia si estendeva lungo la costa adriatica* **3.** titolo dato in passato alle persone di riguardo e spec. ai signori feudali o rinascimentali; oggi sopravvive in usi cerimoniali o burocratici o iron.: *Sua Signoria il Principe*; *la Signoria Vostra* (abbr. *S.V.*) *è pregata di presentarsi il 4 c.m. in questo ufficio* || **N.** **1.** *Sin.* egemonia, maestà, sovranità, DOMINIO. **Q.T.** *politica.*

signorìle [da *signore*; a. 1348 nel senso 1; 1816 nel senso 2] **agg.** **1.** di un signore (spec. feudale o rinascimentale): *palazzo signorile* **2.** *com. fig.* da signore, proprio di un signore, ovvero di una persona di condizione economica e sociale elevata e di gusto raffinato: *modi signorili, un quartiere, una zona signorile* || **signorilménte** **avv.** da signore: *si esprime signorilmente* || **N.** **1.** *Sin.* gentilizio, principesco.

signorilità [da *signorile*; a. 1704] **sf.** qualità di ciò o di chi è signorile: *signorilità di modi, di aspetto.*

signorìna (*dim.* di *signora*) [1605 nel senso 3] **sf.** **1.** appellativo di riguardo che si appone al cognome o, *fam.*, al nome di una donna nubile: *le presento la signorina Rossi, la signorina Ida*; oggi si tende a usare *signora* in questi contesti per non discriminare fra donne nubili e sposate, così come con *signore* non si fa differenza fra uomini celibi e sposati **2.** donna nubile non più giovane: *la Rossi è rimasta signorina* **3.** ragazza, donna molto giovane che ha passato la pubertà: *è un film poco adatto alle signorine* || *iperb.* per sottolineare la crescita notevole di una bambina: *ormai sei una signorina!* || usato dal personale domestico per designare una figlia dei padroni di casa || *iron.* o *scherz.* rif. anche a bambine: *beh signorina, oggi non si studia?* || *dim.* signorinétta, signorinèlla || **N.** **3.** damigella, donzella, fanciulla, madamigella, *miss*, ragazzina.

signorìno (*dim.* di *signore*) [1733] **sm.** giovinetto di famiglia signorile; termine usato spec. dalle persone di servizio parlando del figlio del padrone, o rivolgendogli la parola || oggi ha una coloritura iron. o spreg.: *che pretese, il signorino!*

signornò [comp. di *signore* e *no*; 1918] **avv.** con valore frasale, usata nel linguaggio militare come forma di negazione adoperata nelle risposte ai superiori; *scherz.* o *iron.* anche nel linguaggio comune.

signoróne (*accr.* di *signore*) [1873] **sm.** (f. *-a*) *fam. iperb.* persona ricchissima.

signoròtto [da *signore*; 1502] **sm.** *spreg.* signore di un piccolo dominio o di una modesta proprietà, spec. in campagna, incline all'arroganza e ai soprusi: *signorotto di campagna.*

signorsì [comp. di *signore* e *sì*; 1400 ca.] **avv.** con valore di frase, usato nel linguaggio militare come forma di affermazione nelle risposte ai superiori; *scherz.* o *iron.* anche nel linguaggio comune.

sikhìṣmo (pr. [si'kizmo]) [da *Sikh*, n. di una comunità religiosa e politica indiana; 1933] **sm.** movimento religioso sorto dall'insegnamento di Nanak tra il XV e il XVI sec.; predica un rigoroso monoteismo contro ogni forma di idolatria e insegna la legge del dovere e del distacco. **Q.T.** *religione.*

silàggio (pl. *-gi*) [da *silo*; 1930] **sm.** *T.agr.* operazione del mettere il grano nei silos || **N.** *Sin.* insilamento.

silcatùra [dall'ingl. *silk*, seta; 1933] **sf.** nell'industria tessile, insieme di operazioni con cui si conferisce al cotone la lucentezza della seta.

silèma **sm.** *raro* v. XILEMA.

silène [dal lat. *Silenus*, gr. *Silenós*, sileno; 1824] **sf.** *T.bot.* pianta erbacea perenne delle Cariofillacee, con fiori a colori vivaci e calice rigonfio, coltivata per scopi ornamentali || **N.** *Sin.* erba del cuccio.

silèno [dal lat. *Silenus*, gr. *Silenós*; 1838] **sm.** **1.** *T.mit.* nella mitologia greca, personaggio dal corpo umano e orecchie, coda e zoccoli di cavallo || statua raffigurante un sileno **2.** *T.zool.* scimmia indiana di colore bruno, con barba e capigliatura grigie e glutei rossi.

silènte [dal lat. *silens, -entis*; 1617] **agg.** *poet.* e *lett.* silenzioso: *valle, luna, notte silente.*

silenziàre (pres. *-ènzio*) [da *silenzio*; 1942] **tr.** *raro* ridurre al silenzio, detto spec. nel linguaggio militare nel senso di ridurre all'impotenza una postazione avversaria || *in part. com.* rendere meno rumoroso inserendo un dispositivo silenziatore: *silenziare una motocicletta, un macchinario.*

silenziàrio (pl. *-ri*) [dal lat. *silentiārius*; a. 1672 nel senso 2] **sm.** **1.** *T.stor.* nell'antica Roma, lo schiavo che doveva mantenere il silenzio nella casa, spec. quando c'era il padrone **2.** *T.stor.* nel Medioevo, titolo attribuito ai consiglieri dei giudici, tenuti a mantenere il massimo riserbo circa le questioni su cui venivano interpellati **3.** *silenziari del sacro palazzo*, i trenta ufficiali della corte bizantina incaricati di mantenere l'ordine durante le manifestazioni cui interveniva l'imperatore.

silenziatóre [da *silenziare*; 1913] **sm.** dispositivo per diminuire o annullare il rumore prodotto da un meccanismo; *in part.* applicato al tubo di scappamento dei motori a combustione interna, ne diminuisce la rumorosità (è detto più spesso *marmitta*); applicato alla bocca delle armi da fuoco portatili, attenua il rumore prodotto dallo sparo; nei radioricevitori professionali attenua il fruscio di fondo. **TAV.** ***automobile*** **p. 658** 3.36.

silènzio (pl. *-zi*) [dal lat. *silentium*; a. 1306] **sm.** **1.** assenza di ogni suono o rumore: *un silenzio perfetto, profondo, glaciale*; *silenzio di tomba*, assoluto || *per estens.* quiete: *il silenzio della notte, della campagna*; *il divino del pian silenzio verde* (Carducci) || *T.mil.* periodo nel quale nelle caserme (ma anche in collegi e sim.) vige l'obbligo di non disturbare; anche il segnale di tromba che ne segna l'inizio: *suona il silenzio* || *T.mil.* *ridurre al silenzio*, rif. a pezzo nemico, annientarlo **2.** il tacere: *interrogato, è rimasto in silenzio*; *ascoltare in silenzio* || *imporre il silenzio*, far tacere || *rompere il silenzio*, prendere la parola || nelle *loc. escl.* *fate* (o *fai*) *silenzio!*, anche *ass.*, *silenzio!*, intimare di tacere || *soffrire in silenzio*, senza lamentarsi || *ridurre, costringere al silenzio l'avversario, l'interlocutore* e sim., zittirlo, confutarlo in modo talmente efficace da impedirgli di replicare || *T.rel.* regola religiosa o monastica che obbliga a osservare il silenzio: *dispensare dal silenzio,* permettere eccezionalmente di parlare, quando di regola si sarebbe obbligati al silenzio || *T.mil. silenzio radio,* divieto temporaneo di comunicare via radio, per evitare di essere intercettati dal nemico; *in gen.* interruzione dei collegamenti radio dovuta a condizioni ambientali o a guasti **3.** il non parlare o scrivere intenzionalmente di persone, fatti, argomenti: *ti dirò una cosa, ma mi raccomando il silenzio; passare qualcosa sotto silenzio,* non farne menzione; *silenzio stampa,* astensione dal divulgare attraverso i mass media determinati fatti: *i familiari del rapito hanno chiesto il silenzio stampa;* anche il rifiuto di fare dichiarazioni ai giornalisti: *gli azzurri osservano il silenzio stampa* || il dimenticare o lasciar cadere nell'oblio una persona, un fatto o un argomento: *dopo un periodo di gloria, ritornò nel silenzio,* non se ne sentì più parlare || interruzione della corrispondenza o, in gen., dei contatti tra due persone; il non dare notizie di sé: *il suo silenzio è insolito;* anche, *per estens.*, il periodo in cui non si danno proprie notizie: *scusami per il lungo silenzio; in part.* detto di un artista, il periodo in cui non si pubblicano opere, non ci si esibisce davanti al pubblico e sim.: *dopo due anni di silenzio, è tornato in sala d'incisione* || *prov. il silenzio è d'oro,* a tacere non si sbaglia; anche *scherz.* detto a chi ha tendenza a parlare troppo || **N. 1.** *Sin.* pace, tranquillità | *Contr.* rumore, rumorosità | imbarazzante, pauroso, religioso, scrupoloso, sepolcrale | interrompere, mantenere, osservare, rompere; ammutolirsi, tacere, zittirsi.

silenziosità [da *silenzioso;* 1960] ***sf.*** l'essere silenzioso.

silenzióso [dal lat. *silentiōsus;* 1772] ***agg.*** **1.** di persona, che non parla o parla poco, taciturno: *se ne stava silenzioso accanto al fuoco* **2.** di luogo, il cui silenzio non è turbato da forti o continui rumori: *strada silenziosa; la stanza più silenziosa della casa;* anche di periodi di tempo: *una notte silenziosa* **3.** di cosa, che non fa rumore: *un motore silenzioso* || **silenziosaménte** ***avv.*** in silenzio, senza far rumore: *annuì, camminò silenziosamente* || **N. 1.** *Sin.* muto, quieto, silente, zitto **2.** *Contr.* rumoroso.

silèṣia [da *Silesia,* latinizzazione di *Slesia;* 1942] ***sf.*** tessuto di cotone per fodere.

silfide [da *silfo;* 1739] ***sf.*** **1.** femmina del silfo, che le leggende germaniche rappresentano leggera, agilissima, graziosa, danzante sui fiori dei prati senza piegarli **2.** *fig.* donna graziosa, snella e leggiadra.

silfio (pl. *-fi*) [dal gr. *sílphion;* sec. XVI-XVII] ***sm.*** **1.** *T.bot.* pianta erbacea ornamentale delle Composite, caratterizzata da grandi fiori gialli **2.** *T.bot.* antica pianta della Cirenaica da cui veniva estratto un succo resinoso molto pregiato.

silfo [voce formata dall'alchimista tedesco Paracelso, sul lat. *silvēster,* 1739] ***sm.*** nella mitologia germanica, genio dell'aria demoniaco, apportatore di infermità a uomini e animali || **N.** aierino, elfo.

silhouette (fr., pr. [si'lwet]; pr. it. [silu'ɛt]) [dal n. proprio E. de *Silhouette,* controllore generale delle finanze fr., per ragioni non chiare; 1828] ***sf. inv.*** **1.** ritratto di profilo ritagliato in carta nera o, anche, qualunque figura disegnata completamente in nero, per cui risulta evidenziato solo il contorno || *T.fot.* immagine ottenuta riprendendo il soggetto controluce, per cui di questo risulta definito solo il contorno e non i dettagli interni **2.** *per estens.* profilo, sagoma della persona umana, indicante in part. una linea femminile slanciata ed elegante: *che bella silhouette!*

silicàto [da *silice,* sul modello del fr. *silicate;* 1829] ***sm.*** *T.min.* e *T.chim.* nome generico dei minerali o dei composti chimici che si possono considerare sali degli acidi silicici, naturali o artificiali: *il vetro è un miscuglio di silicati.*

silice [dal lat. *silex, silicis;* 1795] ***sf.*** *T.min.* e *T.chim.* nome comune designante tutte le forme di biossido di silicio, diffusissima in natura sotto aspetti diversi (quarzo, opale ecc.) e in vari gradi di purezza.

silìceo [dal lat. *siliceus;* 1795] ***agg.*** della silice, che ha aspetto di silice o, anche, che contiene silice: *sabbie, frecce silicee; roccia silicea.*

silìcico (pl. *-ci*) [da *silice,* sul modello del fr. *silicique;* 1829] ***agg.*** *T.chim.* di, del silicio; *in part.* di acido che si ottiene dai silicati alcalini per azione di un acido.

silicìcolo [comp. di *silice* e *-colo;* 1932] ***agg.*** *T.bot.* detto di pianta che cresce di preferenza in terreni ricchi di silicio.

silìcio [da *silice;* 1873] ***sm.*** *T.chim.* elemento chimico, il più diffuso in natura dopo l'ossigeno; si trova in diversi composti, quali il quarzo, il calcedonio, l'opale, il talco ecc.

silicizzàre [da *silice;* 1960] ***tr.*** causare un processo di silicizzazione || ***intr. pron.*** subire un processo di silicizzazione.

silicizzazióne [da *silicizzare;* 1960] ***sf.*** *T.geol.* processo di fossilizzazione di sostanze organiche in cui atomi di silicio si sostituiscono agli atomi di carbonio.

silico- [da *silicio*] ***primo elem.*** che, in parole composte della terminologia chimica e mineralogica, indica relazione con il silicio (per es. *silicofilo, silicofugo, silicotrofo*).

silicòfilo [comp. di *silico-* e *-filo;* 1960] ***agg.*** *T.biol.* detto di animale o pianta che predilige ambienti ricchi di silice || **N.** *Sin.* silicotrofo.

silicòfugo (pl. m. *-ghi*) [comp. di *silico-* e *-fugo;* 1960] ***agg.*** *T.biol.* detto di animale o pianta che rifiuta ambienti troppo ricchi di silice.

silicóne [da *silicio;* 1875 *silicon*] ***sm.*** denominazione generica dei polimeri a base di silicio, usati per la produzione di fibre sintetiche, vernici, lubrificanti ecc.

silicòṣi [comp. di *silice* e *-osi;* 1933] ***sf. inv.*** *T.med.* malattia professionale di minatori, scalpellini, marmorari ecc., dovuta all'infiltrazione nei polmoni di polvere di silice.

silicòtrofo [comp. di *silico-* e *-trofo;* 1960] ***agg.*** *T.biol.* silicofilo.

silio V. PSILLIO.

sìliqua[1] [dal lat. *siliqua;* a. 1320] ***sf.*** *T.bot.* tipo di frutto secco deiscente simile al baccello, che si apre in due valve separate da un tramezzo membranoso il quale porta i semi: *siliqua del cavolo, della violacciocca* || **N.** BACCELLO. **TAV. *fiori...* p. 671** 8.8.

sìliqua[2] [dal lat. *siliqua,* baccello; sec. XIV nel senso 2] ***sf.*** **1.** la più piccola unità ponderale romana, equivalente a 1/6 di scrupolo **2.** *T.num.* moneta romana d'argento coniata all'epoca di Costantino.

siliquàstro [dal lat. *siliquastrum;* 1838] ***sm.*** *T.bot.* pianta arborea delle Leguminose diffusa nelle regioni mediterranee, che presenta foglie rotonde e fiori di color rosso in grappoli || **N.** *Sin.* albero di Giuda.

sìllaba [dal lat. *syllaba,* gr. *syllabḗ,* insieme di lettere; a. 1294] ***sf.*** **1.** sequenza di foni raggruppati intorno a un picco di prominenza o di intensità sonora, detto *nucleo* o *apice* della sillaba e costituito normalmente da una vocale; è l'unità che si assume come struttura base di ogni raggruppamento di fonemi (parola, verso ecc.): *"avaro" è una parola di tre sillabe; sillaba chiusa, aperta,* a seconda che termini con una consonante o con una vocale; *sillaba breve* o *lunga,* sono brevi le sillabe aperte che contengano una vocale breve; sono lunghe le sillabe aperte che contengano una vocale lunga o un dittongo e tutte le sillabe chiuse || due o più consonanti consecutive formano sillaba con la vocale seguente (*e-stro; re-clu-so*); tuttavia se la prima di esse è una *l, m, n, r* si unisce alla vocale antecedente (*al-zo; am-bo; ar-ma*); e se le due consonanti sono uguali (e valgono per uguali anche *c* e *q*) la prima si unisce alla vocale antecedente (*am-man-to; ac-qua*) || si noti che, sebbene nulla vieti di dividere in fine di riga una parola in modo che una sillaba composta da una sola vocale o da un solo dittongo vada in principio della riga seguente, si è soliti tuttavia evitarlo; perciò *ma-e-stra* si divide preferibilmente *mae-stra* **2.** in varie loc. fam., espressione brevissima: *senza mutare una sillaba,* senza mutare nulla; *non proferire sillaba,* non parlare, tacere; *non sapere una sillaba di una cosa,* non saperne nulla || **N. 1.** monosillabo, bisillabo, trisillabo, quadrisillabo, pentasillabo | atona, tonica | aferesi, apocope, crasi, diastole, dieresi, prosodia, rima, segnacaso, sincope, sineresi. **Q.T.** *linguistica.*

sillabàre (pres. *sillabo*) [da *sillaba;* 1598] ***tr.*** leggere le parole pronunciandone le sillabe in modo netto, scandendole || **N.** compitare, scandire.

sillabàrio (pl. *-ri*) [da *sillaba;* 1873] ***sm.*** manuale scolastico per imparare a leggere, che utilizza il metodo sillabico, ovvero prende come unità-base la sillaba e non il singolo suono || *impropr.* abbecedario, primo manuale per la lettura || **N.** santacroce.

sillabazióne [da *sillabare;* 1873] ***sf.*** *non com.* l'atto del sillabare e anche il modo di sillabare.

sillàbico (pl. *-ci*) [da *sillaba;* a. 1642] ***agg.*** di, relativo, appartenente a sillaba; *in part. accento sillabico,* che cade su una sillaba della parola; *apice* o *nucleo sillabico,* il fono di maggiore sonorità (gen. la vocale sillabica); *scrittura sillabica,* in cui la trascrizione avviene non per fonemi, ma per sillabe || *T.mus. canto sillabico,* nel quale a ogni sillaba corrisponde una nota.

sìllabo [dal lat. moderno *syllabus,* raccolta, basato sul gr. *syllambánein,* prendere assieme; 1865] ***sm.*** **1.** *arc.* indice, raccolta, sommario, catalogo || *per anton. T.stor. il Sillabo,* raccolta di 80 proposizioni che condannano come errori posizioni ideologiche, teologiche e politiche caratteristiche del mondo contemporaneo, pubblicata dalla Curia romana nel 1864 **2.** in glottodidattica, la sequenza e il modo in cui è disposto il contenuto linguistico di un corso di lingua straniera, cioè l'ordine da seguire nel proporre agli studenti funzioni, argomenti, costrutti grammaticali e vocabolario: *sillabo nozionale.*

sillèssi o **sillèpsi** [dal lat. tardo *syllēpsis,* gr. *sýllēpsis;* 1540] ***sf.*** **1.** costruzione grammaticale per la quale si riuniscono in un'unica costruzione termini che ne richiederebbero più di una (ad es. *la gente con bambini, donne e anziani arrivavano*) **2.** costruzione grammaticale per la quale si verifica una discordanza, solo apparente, fra i termini di una proposizione, poiché la concordanza anziché riferirsi grammaticalmente alla parola si riferisce logicamente al significato della stessa; concordanza a senso (ad es. *Vostra Signoria sia contento di ascoltare* ecc. (Della Casa); *gente di molto valore conobbi che in quel limbo eran sospesi* (Dante)).

sillio V. PSILLIO.

sillo [dal gr. *síllos;* 1960] ***sm.*** nella letteratura classica greca, componimento satirico e parodistico di argomento filosofico.

silloge [dal gr. *syllogḗ,* raccolta; 1841] ***sf.*** *lett.* collezione, antologia, florilegio.

sillogiṣmo [dal lat. *syllogismus,* gr. *syllogismós,* calcolo, illazione, ragionamento; 1308 *silogismo*] ***sm.*** **1.** *T.fil.* argomentazione deduttiva che consta di due premesse e una conclusione; un sillogismo è valido se la conclusione segue logicamente dalle premesse, cioè se non è possibile che le premesse siano vere e la conclusione falsa (per es.: *tutti gli uomini sono* *mortali, tutti gli italiani sono uomini, dunque tutti gli italiani sono mortali*) **2.** *per estens.* ragionamento: *come son difettivi sillogismi / che vi fan verso terra batter l'ali* (Dante) || **N. 1.** argomentazione, deduzione, ragionamento | premessa maggiore, premessa minore, termine maggiore, termine minore, termine medio | categorico, ipotetico, disgiuntivo; modi, figure (prima, seconda, terza, quarta) | divisione, entimema, epicherema, sorite.

sillogìstica [da *sillogistico*; 1865] **sf.** *T.fil.* teoria del sillogismo, parte della logica formale.

sillogìstico (pl. *-ci*) [dal lat. *syllogisticus*, gr. *syllogistikós*; fine sec. XV] **agg.** del sillogismo, proprio del sillogismo: *consequenzialità sillogistica* || in forma di sillogismo: *ragionamento sillogistico* || **sillogisticaménte** **avv.** per mezzo di sillogismi, con sillogismi.

sillogizzàre [dal lat. tardo *syllogizāre*; 1308 *silogizzare*] **intr.** (aus. *avere*) ragionare per sillogismi, far sillogismi || *fig.* ragionare con eccessiva sottigliezza, cavillare || **tr.** ridurre in forma di sillogismo, dimostrare mediante un sillogismo.

silo [dallo sp. *silo*; 1838] **sm.** costruzione generalmente a fossa o a torre per depositarvi o conservarvi prodotti o materiali solidi incoerenti (cereali, foraggio, prodotti chimici ecc.) che a contatto dell'aria deperirebbero. **TAV.** *porto* 3.7; *zootecnia* 20.2; ***edilizia*** **p. 666** 7.1.

silo- V. XILO-.

silòfago **agg.** e **sm.** *raro* V. XILOFAGO.

silofonìsta **s.** *raro* V. XILOFONISTA.

silòfono **sm.** *raro* V. XILOFONO.

silografìa **sf.** *raro* V. XILOGRAFIA.

silogràfico **agg.** *raro* V. XILOGRAFICO.

silògrafo **sm.** *raro* V. XILOGRAFO.

silologìa V. XILOLOGIA.

silològico V. XILOLOGICO.

silòlogo V. XILOLOGO.

silòmetro [comp. di *silo-* e *-metro*; 1931] **sm.** *T.mar.* strumento usato per misurare la velocità delle navi.

silos (sp., pr. ['silɔs]) [dallo sp. *silos*, sili; 1923] **sm. pl.** (in it. usato impropr. anche per il sing.) silo.

silotèca [comp. di *silo-* e *-teca*; 1963] **sf.** raccolta di campioni di legno per studi e ricerche scientifiche.

silt (ingl., pr. [sɪlt]) [letter. fango; 1984] **sm.** *inv.* *T.geol.* sedimento clastico formato da granuli molto fini, di dimensioni intermedie tra quelle della sabbia e quelle dell'argilla.

siltìte [comp. di *silt* e *-ite*²; 1970] **sf.** *T.geol.* roccia clastica composta spec. da quarzo, argilla e mica, dalla struttura granulosa compatta o laminata.

siluétta [dal fr. *silhouette*; 1838] **sf.** adattamento it. del fr. *silhouette* (v.).

silumìn [comp. di *sil(icio)* e *(al)lumin(io)*; 1960] **sm.** *inv.* *T.ind.* nome commerciale di una lega di alluminio e silicio, molto resistente.

siluraménto [da *silurare*; 1922] **sm.** atto ed effetto del silurare; anche *fig.*: *il siluramento di un'iniziativa.*

siluránte (*ppr.* di *silurare*) [1908] **I agg.** di un'unità navale, armato di lanciasiluri **II sf.** *T.mar.* nave silurante, denominazione generica delle navi da guerra leggere armate di lanciasiluri, come cacciatorpediniere, torpediniere, cacciasommergibili || *T.aer. mil.* V. AEROSILURANTE.

siluràre (pres. *-ùro*) [da *siluro*²; 1905] **tr.** colpire con uno o più siluri: *silurò la nave* || *fig.* far naufragare, far fallire, mandare a monte: *silurare un progetto, una proposta*; anche rimuovere qualcuno da una posizione, da un incarico: *se non si risolve questo caso, il questore rischia di essere silurato.*

siluratóre [da *silurare*; 1922] **sm.** (f. *-trìce*) e **agg.** chi, che silura.

Siluriàno [dall'ingl. *Silurian*, dal n. dei *Siluri*, antica popolazione del Galles; 1875] **I agg.** *T.geol.* detto del terzo periodo dell'era Primaria, che sta tra l'Ordoviciano e il Devoniano **II sm.** il periodo siluriano: *appartiene al Siluriano.*

silùrico (pl. *-ci*) [dal lat. *Silures*, antichi abitanti del Galles orientale; 1922] **agg.** e **sm.** *T.geol.* siluriano.

Silùridi (sing. *-e*) [da *siluro*; 1932] **sm. pl.** *T.zool.* famiglia di pesci teleostei dei Cipriniformi, viventi in acque dolci tropicali o subtropicali, dal corpo siluriforme privo di squame e bocca grande munita di bargigli.

silurifìcio (pl. *-ci*) [comp. di *siluro*² e *-ficio*; 1891] **sm.** *T.mil.* fabbrica di siluri.

silurifórme [comp. di *siluro* e *-forme*; 1960] **agg.** che ha la forma di un siluro || **N.** *Sin.* fusiforme.

siluripèdio (pl. *-di*) [da *siluro*² e gr. *pedíon*, campo; 1889] **sm.** località opportunamente attrezzata per compiervi il collaudo di siluri, torpedini ecc. || **N.** balipedio.

silurìsta [da *siluro*²; 1937] **agg.** e **sm.** *T.mar.* che o chi è addetto al lancio dei siluri.

silùro¹ [dal lat. *silūrus*, gr. *sílouros*; 1476] **sm.** *T.zool.* pesce d'acqua dolce, della famiglia dei Siluridi, il più grande, insieme allo storione, tra i pesci delle acque interne europee; ha testa grossa e schiacciata, bocca larga e sei bargigli || **N.** *Sin.* pesce gatto.

silùro² [da *siluro*¹; 1879] **sm.** **1.** *T.arm.* arma subacquea fusiforme, dotata di propri mezzi di propulsione e di direzione, carica di esplosivo, che una nave o un aereo può lanciare contro le navi nemiche attraverso il tubo di lancio o lanciasiluri; *siluro magnetico, acustico*, a seconda del tipo di segnali adottati per orientarlo o per provocare l'esplosione || *fig.* *siluro umano*, mas, nella prima e seconda guerra mondiale, mezzo d'assalto costituito da uno o due volontari che, mediante natanti subacquei o di superficie, conducevano essi stessi una carica esplosiva contro il bersaglio o la piazzavano sotto di esso **2.** *fig.* manovre, discorso, intervento tendente a silurare una personalità, un'iniziativa e sim. || **N. 1.** silurotto, torpedine. **TAV.** ***armi*** **p. 649** 25.

siluròtto [da *siluro*²; 1937] **sm.** *T.mar.* siluro che veniva usato dai mas, più piccolo del siluro normale.

silvàno [dal lat. *Silvānus*, divinità delle selve; 1319] **I agg.** *lett.* della selva, che vive nelle selve **II sm.** *T.mit.* divinità agreste dei pagani; fauno.

silvèstre [dal lat. *silvestris*; 1313 *silvestro*] **agg.** *lett.* della selva, che vive e cresce nelle selve; selvatico: *piante silvestri* || *per estens.* che ha carattere di selva, selvoso; *fig.* duro, impervio, arduo: *per lo cammino alto e silvestro* (Dante).

silvestrèlla V. SALVASTRELLA.

silvia [dal lat. *silvia*, foresta; 1873] **sf.** **1.** *T.zool.* genere di Passeracei di dimensioni molto piccole, dal corpo corto, zampe esili, coda diritta, becco sottile; tra di essi la capinera e il beccafico **2.** pianta erbacea delle Ranuncolacee dai cui fiori, bianchi o rosa, si sviluppano le foglie.

silvìcolo [dal lat. *silvicola*; 1960] **agg.** relativo ai boschi; proprio dei boschi: *patrimonio silvicolo* || che cresce nei boschi: *pianta silvicola.*

silvicoltóre o **selvicoltóre** o **silvicultóre** [comp. del lat. *silva*, selva e *-coltore*; 1891 *silvicultore*] **sm.** (f. *-trìce*) chi attende alla silvicoltura.

silvicoltùra o **selvicoltùra** o **silvicultùra** [comp. del lat. *silva*, selva e *-coltura*; 1873 *selvicoltura*] **sf.** l'arte di coltivare, conservare e sfruttare razionalmente le selve.

Sìlvidi (sing. *-e*) [comp. del lat. *silva*, selva e *-idi*; 1960] **sm. pl.** *T.zool.* famiglia di uccelli Passeriformi di piccole dimensioni, con becco diritto e sottile, piumaggio generalmente di colori poco vivaci.

silvio [forse dal nome dell'autore della prima opera stampata con questo carattere; 1824] **sm.** *T.tip.* carattere tipografico, ora non più in uso, di stile e dimensioni simili a quelle dell'agostino.

silvìte [comp. del lat. scient. (*sal digestivus*) *Sylvii*, (sale digestivo) di Silvio, n. umanistico del medico ol. Franz de la Boë, e *-ite*²; 1931] **sf.** cloruro di potassio presente, in forma di cristalli, nei giacimenti di salgemma.

silvóso [dal lat. *silvōsus*; 1532] **agg.** *ant.* e *lett.* selvoso.

sim- V. SIN-.

sìma¹ [dal lat. *sīma*, gola dritta; a. 1502] **sf.** *T.arch.* cornice o parte terminale del tetto di edifici di età classica, spec. greci, in terracotta, pietra o marmo; recava spesso inseriti i doccioni dell'acqua piovana.

sima² [comp. di *si(licio)* e *ma(gnesio)*, coniato dal geologo E. Suess per indicare un ampio strato interno terrestre, caratterizzato da masse rocciose in cui sono prevalenti i silicati di magnesio, che è però oggi, in gran parte, riferito al mantello; 1930] **sm.** (solo *sing.*) *T.geol.* strato della crosta terrestre sottostante al *sial* (60-1540 km di profondità), ma quasi affiorante (essendo ricoperto solo da una pellicola di sedimenti) in gran parte dei fondali oceanici; a composizione basica o ultrabasica, può essere considerato equivalente allo strato basaltico della litosfera.

Simarubàcee [comp. del caribico *simaruba* e *-acee*; 1936] **sf. pl.** *T.bot.* famiglia di piante dicotiledoni legnose che crescono nelle regioni tropicali dell'America.

simàtico (pl. *-ci*) [da *sima*²; 1960] **agg.** *T.geol.* relativo al sima, proprio del sima: *materiale simatico.*

simbiónte [dal gr. *symbióuntes*; 1906] **sm.** *T.biol.* ciascuno degli individui che vivono in simbiosi.

simbiòṣi [dal gr. *symbíōsis*, convivenza; 1886] **sf.** *inv.* **1.** *T.biol.* convivenza di animali o piante con vantaggio reciproco, come avviene tra il paguro e l'attinia o tra la dromia e la spugna **2.** *fig.* unità strettissima tra persone o aspetti di un fenomeno: *la simbiosi tra arte e tecnologia nell'architettura*; *in lui si realizza una perfetta simbiosi tra l'uomo politico e l'uomo di cultura.*

simbiòtico (pl. *-ci*) [da *simbiosi*; 1960] **agg.** *T.biol.* relativo alla simbiosi, proprio della simbiosi: *adattamento simbiotico* || caratterizzato da simbiosi: *vita simbiotica.*

simboleggiaménto [da *simboleggiare*; a. 1704] **sm.** *non com.* il simboleggiare.

simboleggiàre (pres. *-éggio*) [da *simbolo*; a. 1638] **tr.** rappresentare per mezzo di simboli: *l'ulivo simboleggia la pace* || **N.** *Sin.* connotare, esprimere, personificare, raffigurare, rappresentare, significare.

simboleggiatùra [da *simboleggiare*; 1960] **sf.** *non com.* sistema di simboli: *simboleggiatura cartografica* || anche l'uso di un sistema di simboli per un dato fine.

simbòlica [da *simbolico*; 1821] **sf.** scienza che studia il significato e la storia dei simboli || **N.** *Sin.* simbologia.

simbolicità [da *simbolico*; 1960] **sf.** l'essere simbolico.

simbòlico (pl. *-ci*) [dal lat. tardo *symbolicus*; a. 1673] **agg.** **1.** che ha valore di simbolo, che costituisce un simbolo: *figure, espressioni simboliche*; *funzione simbolica di un segno* **2.** che si esprime per mezzo di simboli o ne è costituito: *arte simbolica*; *T.mat.* *calcolo simbolico*, quello letterale; *logica simbolica*, logica matematica **3.** cosa, azione, espressione linguistica che ha un contenuto rappresentativo, ma non ha efficacia reale: *un dono, un gesto simbolico; agli amici questi oggetti li vendo a un prezzo simbolico*, a un prezzo molto inferiore a quello di mercato; *una protesta simbolica*, che non si traduce in azioni efficacemente ostili || **simbolicaménte** *avv.*

simbolismo [da *simbolo*, sul modello del fr. *symbolisme*; 1857] **sm. 1.** l'avere carattere simbolico: *il simbolismo della letteratura medievale, il simbolismo di un rito* **2.** sistema di simboli: *il simbolismo della logica, matematico* **3.** *T.art.* e *T.lett.* uso non sistematico ma ricorrente di simboli nell'ambito di una particolare forma artistica: *il simbolismo nella poesia dantesca, nell'architettura gotica* || *in part.* movimento artistico e letterario, sorto alla fine dell'Ottocento in Francia, secondo cui spetta all'artista interpretare la natura, intesa come una rete di simboli, utilizzando strumenti più penetranti del raziocinio (intuizione, veggenza e sim.) **4.** *T.ling. simbolismo fonetico*, rapporto tra il suono e il significato di un termine **5.** *T.stor.* e *T.rel.* indirizzo storico-religioso che spiega come simboli i miti e i culti caratteristici delle varie religioni.

simbolista [da *simbolo*, sul modello del fr. *symboliste*; 1897] **s.** esponente del simbolismo, spec. artistico.

simbolìstico (pl. *-ci*) [da *simbolismo*; 1960] **agg.** proprio dei simbolisti e del simbolismo: *poesia simbolistica.*

simbolizzàre [dal lat. mediev. *symbolizāre*; a. 1712] **tr. 1.** rappresentare per mezzo di simboli: *simbolizzare le forze della natura* **2.** simboleggiare, avere valore di simbolo.

simbolizzazióne [da *simbolizzare*; 1960] **sf.** il simbolizzare.

sìmbolo [dal lat. *symbolus* e *symbolum*, gr. *sýmbolon*, segno; sec. XIV nel senso 3] **sm. 1.** oggetto, figura, persona, animale o qualsiasi altro ente sensibile allusivamente o convenzionalmente riferentesi a un ente anche astratto: *la croce è il simbolo della fede cristiana, il cane della fedeltà e la bandiera della patria; Garibaldi è stato il simbolo dell'unità e dell'indipendenza nazionale* **2.** segno grafico assunto convenzionalmente per esprimere particolari valori, grandezze, relazioni, enti ecc. || *simboli chimici*, lettere dell'alfabeto con cui si rappresenta il nome di un elemento, solitamente le lettere iniziali del nome latino o greco di tale elemento: *"Au" è il simbolo dell'oro* **3.** *T.stor.* e *T.rel.* nelle religioni misteriche, formula di riconoscimento tra gli iniziati || nel Cristianesimo, breve sintesi delle verità di fede fondamentali che il battezzando (o chi per lui) deve pronunciare come professione di fede **4.** *T.stor.* nell'antica Grecia, elemento di riconoscimento ottenuto spezzando irregolarmente un oggetto in più parti, in modo che il possessore di una di esse potesse farsi riconoscere facendola combaciare con le altre || **N. 1.** *Sin.* allegoria, emblema, immagine, personificazione, rappresentazione | significato.

simbologìa (pl. *-gìe*) [comp. di *simbolo* e *-logia*; 1821] **sf. 1.** scienza dei simboli **2.** sistema di simboli.

Simbranchifórmi (sing. *-e*) [comp. di *sim-*, *branchi(a)* e *-forme*; 1965] **sm. pl.** *T.zool.* ordine di pesci Teleostei viventi in acque dolci tropicali, di forma allungata e con branchie unite sul ventre in modo da formare un'unica fessura.

sìmia [dal lat. *simia*; a. 1374] **sf.** *arc.* scimmia.

simigliàre e der. v. SOMIGLIARE e der.

similàre [da *simile*, sul modello del fr. *similaire*; 1549] **agg.** simile, affine, dello stesso tipo: *una macchina per la lavorazione di laminati in ferro e prodotti similari.*

similarità [da *similare*; 1873] **sf.** l'essere similare.

sìmile [dal lat. *similis*; 1308] **I agg. 1.** che ha alcuni caratteri significativi in comune con un'altra cosa o persona: *due persone simili per il carattere, persone dal carattere simile, caratteri simili; un tessuto simile a un altro per lavorazione, due vestiti simili per il colore* || detto di elementi che presentano un rapporto di similitudine; *in part.* *T.geom.* di figure che hanno gli angoli rispettivamente uguali e i lati omologhi proporzionali; in algebra, detto dei monomi di un polinomio contenenti le stesse variabili allo stesso esponente **2.** tale, siffatto: *non andrai sempre a una simile velocità, vero?!, non avrei mai immaginato una cosa simile* || **similménte** *avv.* analogamente, parimenti, allo stesso modo: *similmente possiamo contestare anche in questo caso...*; anche nella *loc. prep. similmente a*, in modo simile a **II sm. 1.** con valore neutro, *il simile*, la stessa cosa || *pl.* nella loc. *e simili* (abbr. in *e sim.*), per indicare una sequenza di cose affini: *le doti di una persona (intelligenza, bontà e simili)*, eccetera, e altre dello stesso genere **2.** (anche *sf.*) persona della stessa condizione, classe o qualità: *fu sbattuto in galera insieme ai suoi simili* || *gen.* il prossimo, gli altri appartenenti alla specie umana: *rispettate i vostri simili*; essere della stessa specie: *ogni simile ha bisogno del suo simile* **3.** in funzione di *avv.*, *ant.* e *pop.*, *il simile*, altrettanto, similmente: *io sto bene e il simile spero di voi* || **N. I 1.** *Sin.* analogo, comparabile, confacente, conforme, consimile, corrispondente, paragonabile, similare, somigliante | eguale, stesso | facsimile, imitazione | *Contr.* contrastante, differente, dissimile, diverso **II 1.** *Sin.* compagno, eguale, pari.

similitùdine [dal lat. *similitūdo, -inis*; sec. XIII] **sf. 1.** *T.ret.* figura retorica consistente in un paragone, un parallelismo stabilito per associazione di idee tra due immagini (concrete o astratte) (per es.: *dormire come un ghiro*): *la poesia dantesca è piena di similitudini* **2.** *T.geom.* rapporto intercorrente tra due figure, nel piano e nello spazio, che abbiano angoli corrispondenti uguali e segmenti corrispondenti in rapporto costante **3.** *ant. lett.* conformità, somiglianza: *Dio creò l'uomo a sua similitudine* || **N. 1.** allegoria, analogia, metafora.

similòro [comp. di *simile* e *oro*; 1745] **sm.** lega di rame, stagno e zinco che ha il colore giallo dell'oro.

similpèlle [comp. di *simil(e)* e *pelle*; 1973] **sf.** materiale sintetico molto simile alla pelle per aspetto e caratteristiche, impiegato nella produzione di borse, valigie o giacche o per il rivestimento di imbottiture (per es. di divani).

similvernice [comp. di *simil(e)* e *vernice*; 1986] **sf.** materiale sintetico laccato, di aspetto simile alla vernice: *cintura in similvernice.*

simmachìa [dal gr. *synmachía*; 1838] **sf.** *T.stor.* nell'antica Grecia, alleanza militare tra due città, che si impegnavano a soccorrersi reciprocamente in caso di guerra.

sìmmaco (pl. *-chi*) [dal gr. *sýnmachos*; 1938] **sm.** *T.stor.* nell'antica Grecia, ognuna delle città facenti parte di una simmachia.

simmelìa o **sinmelìa** [comp. di *sim-* e *-melia*; 1937] **sf.** *T.biol.* deformazione dei Vertebrati consistente nella fusione degli arti posteriori in uno solo.

simmetrìa [dal gr. *symmetría*, giusta proporzione, simmetria; 1521] **sf.** corrispondenza nell'ordine e nella proporzione che le varie parti hanno tra loro e rispetto al tutto; anche *fig.*: *edificio senza simmetria, la simmetria delle diverse parti di un racconto*; *in part.* *T.geom.* la situazione per cui due punti si trovano da parti opposte e a eguale distanza rispetto a un punto, un asse o un piano detti appunto *di simmetria* || *T.biol.* distribuzione delle varie parti di un organo o di un organismo secondo determinati rapporti geometrici: *simmetria bilaterale*, quando le parti sono simmetriche rispetto a un solo piano mediano; *simmetria raggiata*, quando le parti sono simmetriche rispetto a più piani || *T.min. elementi di simmetria*, in mineralogia, gli assi, i piani, il centro rispetto ai quali le parti del cristallo sono simmetriche || *T.mat.* in algebra, corrispondenza tra i termini di una funzione a due o più variabili, per cui questa rimane inalterata rispetto a qualsiasi permutazione delle variabili || **N.** corrispondenza, proporzione, regolarità | *Contr.* asimmetria.

simmètrico (pl. *-ci*) [dal gr. *symmetrikós*; 1745 *simetrico*] **agg.** che presenta simmetria || *T.fis. stato simmetrico*, quello di un sistema a più particelle che non cambia se si scambiano due qualsiasi delle particelle tra di loro; più in gen., un sistema è simmetrico rispetto a una data trasformazione, se l'applicazione di quella trasformazione lo lascia invariato || disposto simmetricamente rispetto a un omologo: *se lo metti così, non è simmetrico rispetto all'altro quadro* || *T.mat. proprietà simmetrica*, una delle tre proprietà dell'uguaglianza per la quale se A = B anche B = A || **simmetricaménte** *avv.*, anche nella *loc. prep. simmetricamente a* || **N.** *Contr.* asimmetrico.

simmetrizzàre [da *simmetria*; 1873] **tr.** rendere simmetrico; ordinare secondo criteri simmetrici || *T.elettr.* rendere bilanciato un circuito.

simmetrizzazióne [da *simmetrizzare*; 1985] **sf.** ordinamento secondo criteri di simmetria.

simmorìa [dal gr. *symmoría*; 1931] **sf.** *T.stor.* nell'antica Grecia, ognuno dei gruppi in cui furono divisi i contribuenti.

sìmo [dal lat. *sīmus*, gr. *simós*, camuso; 1532] **agg.** *lett.* dal naso piegato in dentro o schiacciato; camuso: *il fauno simo; ed ecco uscì dall'antro il brutto simo* (Pascoli) || di naso, rincagnato, schiacciato, camuso.

simolàcro v. SIMULACRO.

simoneggiàre (pres. *-éggio*) [da *Simon* Mago; 1313] **intr.** (aus. *avere*) *ant.* e *lett.* commettere il peccato di simonia.

simonìa [da *Simon* Mago, che voleva acquistare dagli Apostoli il potere di conferire lo Spirito Santo; a. 1292] **sf.** il lucrare sulle cose sacre o spirituali.

simonìaco (pl. *-ci*) [da *simonia*; a. 1342] **I agg. 1.** che si è reso colpevole di simonia: *frate simoniaco* **2.** *raro* che è frutto di un atto di simonia: *oggetti simoniaci* **II sm.** (f. *-a*) chi pratica la simonia: *i simoniaci.*

simpamìna ® [comp. di *simp(atico²)* e *amina*; 1942] **sf.** nome commerciale di un composto organico usato come stimolante del sistema nervoso ma provocante farmacodipendenza || **N.** *Sin.* amfetamina, isopropilammina.

simpatètico (pl. *-ci*) [dal gr. *sympathētikós*, come l'ingl. *sympathetic*; 1960] **agg.** *lett.* che è perfettamente in sintonia con i sentimenti, il pensiero, il carattere di un'altra persona o cosa: *atteggiamento simpatetico.*

simpatìa [dal lat. *sympathīa*, gr. *sympátheia*, conformità di sensazioni o di sentimenti; 1560] **sf. 1.** attrazione istintiva, inclinazione naturale che una persona prova nei confronti di un'altra persona o di una cosa: *provare, avere, manifestare simpatia per qualcuno* o *qualcosa; destare, suscitare, ispirare simpatia; andare a simpatia*, regolarsi in base a inclinazioni personali e non a giudizi obiettivi || spec. tra persone di sesso diverso, amicizia, intesa: *si tratta di una semplice simpatia, non di amore* || *per estens.* capacità innata di suscitare simpatia: *quel tizio è di una simpatia eccezionale*; spesso al *pl.*: *accattivarsi le simpatie di qualcuno, entrare in simpatia a qualcuno* **2.** *T.med.* tendenza di un organo a contrarre la stessa affezione che ha colpito un organo congenere (ma con il quale non è in contatto diretto) dello stesso organismo: *gli occhi si ammalano facilmente per simpatia* || *per anal.* fenomeno per cui in oggetti o situazioni non a contatto diretto tra loro si verificano, per influsso reale o apparente, analoghe reazioni: *alcune sostanze esplodono per simpatia, alla morte del primo geranio è seguita, per simpatia, quella di tutti gli altri* || **N. 1.** *Sin.* affinità elettiva, attrattiva, consenso, propensione | *Contr.* antipatia.

simpaticità [da *simpatico*[1]; 1960] ***sf.*** *raro* caratteristica di ciò o di chi è simpatico.

simpàtico[1] (pl. *-ci*) [da *simpatia*; a. 1707 nel senso 2] **I *agg.* 1.** che suscita simpatia: *giovane simpatico; non è bella, ma è simpatica, ha un modo di fare, un viso simpatico* || *per estens.* divertente, gradevole: *una canzone, una serata, una chiacchierata simpatica*; benevolo, incoraggiante, lusinghiero: *ha avuto per me parole veramente simpatiche* **2.** *non com.* che avviene per simpatia, per reciproco influsso (detto spec. di atti fisiologici riflessi che avvengono in conseguenza di altri) **3.** *inchiostro simpatico*, visibile solo sotto l'azione di determinati reagenti || **simpaticaménte** ***avv.*** **II *sm.*** (f. *-a*) persona simpatica || *accr.* simpaticóne || **N. I 1.** *Sin.* accattivante, affabile, amabile, espansivo.

simpàtico[2] (pl. *-ci*) [dal gr. *sympathikós*, che sente la stessa influenza; 1829] **I *sm.*** *T.anat.* tratto del sistema nervoso vegetativo (detto anche *ortosimpatico*) situato nel tratto toracico e lombare del midollo spinale **II *agg.*** *T.anat.* appartenente o relativo a questo sistema nervoso: *gangli simpatici, funzioni simpatiche.* **Q.T.** *anatomia.*

simpaticotonìa [comp. di *simpatico*[2] e *-tonia*; 1935] ***sf.*** *T.med.* condizione genetica o patologica in cui l'azione del sistema nervoso ortosimpatico prevale su quella del parasimpatico || **N.** *Sin.* simpaticotonismo.

simpaticotònico (pl. *-ci*) [da *simpaticotonia*; 1935] ***agg.*** **1.** *T.med.* affetto da simpaticotonia **2.** *T.farm.* di farmaco, che provoca un aumento del tono simpatico.

simpaticotonịsmo [da *simpaticotonia*; 1936] ***sm.*** *T.med.* simpaticotonia.

simpatina [comp. di *simpati(co)*[2] e *-ina*; 1936] ***sf.*** *T.biol.* ormone prodotto nei tessuti per azione del sistema simpatico, la cui funzione è simile a quella dell'adrenalina.

simpatiẓẓànte (*ppr.* di *simpatizzare*) [1919] ***s.*** chi dimostra sostanziale concordanza di vedute con un'organizzazione, spec. politica, senza tuttavia operarvi come militante: *un simpatizzante socialista* || **N. 2.** *Sin.* amico, fautore, sostenitore.

simpatiẓẓàre [da *simpatia*, prob. sul modello del fr. *sympathiser*; 1598 *simpathizzare*] ***intr.*** (aus. *avere*) instaurare con qualcuno un rapporto cordiale fondato sulla reciproca simpatia: *ha subito simpatizzato con i compagni di corso* || *per estens.* trovarsi sostanzialmente concorde con idee, opinioni, posizioni spec. politiche assunte da persone o movimenti: *simpatizzò per il movimento studentesco.*

simpatòṣi [comp. di *simpati(co)*[2] e *-osi*; 1960] ***sf.*** *T.med.* ogni manifestazione morbosa dovuta a simpaticotonia.

simpatrìa [comp. di *sim-* e *patria*; 1983] ***sf.*** *T.biol.* identica distribuzione geografica di specie o altri gruppi sistematici tra loro simili || **N.** allopatria.

simpàtrico (pl. *-ci*) [da *simpatria*; 1960] ***agg.*** *T.biol.* termine introdotto nella genetica evoluzionistica da E. Mayr nel 1942, per indicare specie o altro gruppo sistematico avente la stessa area di diffusione geografica rispetto ad altra specie o altro gruppo simile || **N.** allopatrico.

simpètalo [comp. di *sim-* e *petalo*; 1957] ***agg.*** *T.bot.* detto di fiore che ha i petali uniti, in modo da costituire una corolla a coppa o a imbuto || **N.** *Sin.* gamopetalo, monopetalo.

simplèsso [comp. di *sim-* e *plesso*; 1960] ***sm.*** *T.mat.* insieme di elementi che costituiscono una generalizzazione del concetto di punto, segmento, triangolo, quadrato e sim.: *metodo del simplesso*, procedimento impiegato nella programmazione lineare, per accertarsi se una soluzione base sia ottimale, anche senza conoscere altre soluzioni base.

simplex (lat., pr. it. ['simpleks]) [letter. semplice; 1960] ***sm.*** *inv.* impianto telefonico nel quale l'abbonato dispone interamente di una linea || **N.** duplex.

sìmplice e der. forme ant. di SEMPLICE e der. (v.).

Simplicidentàti [comp. del lat. *simplex*, *-icis*, semplice e *dentato*; 1936] ***sm. pl.*** *T.zool.* sottordine di Roditori, tra cui i topi e gli scoiattoli, che hanno un solo paio di incisivi sulla mascella e sulla mandibola.

simploche [dal gr. *symplokḗ*, intreccio, congiungimento; 1932] ***sf.*** *T.ret.* figura di parola consistente nella combinazione di anafora ed epistrofe, cioè nella ripetizione di una parola o sintagma all'inizio, e di un'altra alla fine, di più frasi adiacenti.

simpodiàle [da *simpodio*; 1935] ***agg.*** *T.biol.* relativo al simpodio: *ramificazione simpodiale* || **N.** *Sin.* simpodico.

simpòdico (pl. *-ci*) [da *simpodio*; 1906] ***agg.*** *T.bot.* simpodiale.

simpòdio (pl. *-di*) [dal gr. *sýmpous*, *sýmpodos*, legato ai piedi; 1931] ***sm.*** *T.bot.* ramificazione nella quale uno dei due rami della biforcazione cresce lateralmente più dell'altro, tanto da sembrare un ramo principale.

simpoṣìaco (pl. *-ci*) [da *simposio*; a. 1606 *simposico*] ***agg.*** *lett.* di simposio, relativo a un simposio.

simpoṣiàrca o **simpoṣìarco** (pl. *-chi*) [dal gr. *symposíarchos*, che presiede al convito; 1821] ***sm.*** *T.stor.* nell'antichità classica, chi presiedeva a un simposio || *lett.* chi presiede a un simposio o a un convito.

simpòṣio (pl. *-ṣi*) [dal lat. *symposium*, gr. *sympósion*; a. 1565 nel senso 2] ***sm.*** **1.** *T.stor.* nell'antichità classica, bevuta collettiva dei commensali al termine del pasto serale con canto di carmi conviviali **2.** *per estens. lett.* banchetto, convito **3.** *com.* convegno di studiosi a scopo di aggiornamento e informazione reciproca; differisce dal *congresso* per l'argomento più specifico e il minor numero di convenuti.

simulàcro (ant. *simolàcro*) [dal lat. *simulācrum*; a. 1342] ***sm.*** **1.** *lett.* riproduzione scultorea, immagine, spec. di divinità **2.** *fig.* immagine fallace di una cosa, parvenza: *simulacro di libertà; è appena un simulacro dell'antica bellezza* **3.** *arc.* fantasma, larva, spettro || **N. 1.** *Sin.* effigie, figura, idolo, immagine, ritratto, statua.

simulaménto [da *simulare*; a. 1406] ***sm.*** *non com.* simulazione.

simulàre (pres. *sìmulo*) [dal lat. *simulāre*; a. 1348] ***tr.*** **1.** fingere, spec. per ingannare: *simula un'amicizia che non prova, simula l'infermità mentale per avere delle attenuanti, ha simulato un furto per frodare l'assicurazione* || anche *ass.* fingere: *non simulare, si vede benissimo che non ti interessa; è bravissimo a simulare* **2.** imitare nella forma || *T.tecn.* riprodurre sperimentalmente un'operazione, modellare: *simulare un atterraggio lunare, un incontro di navicelle spaziali* || **N. 1.** *Sin.* FINGERE | dissimulare.

simulàto (*pps.* di *simulare*) [a. 1348] ***agg.*** apparente, fittizio || *in part.* *volo simulato*, situazione di laboratorio che riproduce certe condizioni del volo di un aviogetto, per mettere alla prova uomini o materiali || **simulataménte** ***avv.*** *non com.* con simulazione: *era simulatamente paziente* || **N.** *Sin.* artificiale, falso, fittizio, insincero.

simulatóre [dal lat. *simulātor*, *-ōris*; a. 1338] ***sm.*** (f. *-trice*) chi finge: *non credetegli, è un simulatore* || *in part.* apparecchio o sistema che realizza una simulazione (nel senso 2): *simulatore di volo, della voce* || **N.** *Sin.* BUGIARDO.

simulatòrio (pl. *-ri*) [dal lat. tardo *simolatōrius*; a. 1342] ***agg.*** *lett.* che è fatto con simulazione || di simulazione: *manovra simulatoria.*

simulazióne [dal lat. *simulātio*, *-ōnis*; a. 1363] ***sf.*** **1.** atto ed effetto del simulare || *T.giur.* *simulazione di reato*, il delitto di chi denuncia un reato che sa non avvenuto o ne simula le tracce **2.** *T.tecn.* riproduzione strumentale di un processo naturale o di una situazione complessa, o di alcune sue caratteristiche: *simulazione di volo, della voce* || **N. 1.** *Sin.* bugia, menzogna, FINZIONE | dissimulazione.

simùlio (pl. *-li*) [dal lat. *simulāre*, somigliare, perché somiglia alla mosca; 1970] ***sm.*** *T.zool.* genere di insetti dei Ditteri, le cui punture possono procurare gravi danni ai grossi Vertebrati (più raramente all'uomo).

simultaneịsmo [da *simultaneo*; 1942] ***sm.*** sovrapposizione di più prospettive in una rappresentazione pittorica allo scopo di dare l'impressione di una concitata agitazione delle forme, che risultano svolte su più piani; storicamente ha costituito una corrente artistica svoltasi nell'ambito dell'orfismo.

simultaneìsta [da *simultaneo*; 1963] ***s.*** e ***agg.*** **1.** interprete e traduttore simultaneo **2.** nel gioco degli scacchi, giocatore impegnato in più partite contemporaneamente.

simultaneità [da *simultaneo*; 1831] ***sf.*** qualità di ciò che è simultaneo || **N.** *Sin.* coesistenza, coincidenza, concomitanza, concorso, contemporaneità, sincronismo | singenesi.

simultàneo [dal lat. mediev. *simultāneus*, dal class. *simul*, insieme, sul modello di *momentāneus*; a. 1712] ***agg.*** che si fa o avviene nel medesimo tempo: *eventi simultanei; traduzione simultanea*, traduzione di un discorso che un interprete trasmette mentre l'oratore lo sta pronunciando nella sua lingua || nella *loc. avv. in simultanea*, mediante traduzione simultanea: *potremo ascoltarlo in simultanea*; anche nel senso di "mentre avviene", come *in contemporanea* || **simultaneaménte** ***avv.*** in modo simultaneo, nello stesso periodo di tempo, contemporaneamente; anche nella *loc. prep. simultaneamente a* (o, meno com., *con*): *simultaneamente a questi eventi* || **N.** *Sin.* coincidente, concomitante, contemporaneo, sincrono | coincidere.

simùn [dall'ar. *semūm*, attr. il fr. *simoun*; 1850 *simoun*] ***sm.*** vento caldo, soffocante, del deserto arabico, che solleva turbini di sabbia e spira da mezzogiorno.

sin- [dal gr. *syn-*] ***pref.*** che indica connessione, unione, complessità, collegamento e sim.; la *n* si assimila davanti a *l, m, s, r* (*sillaba, simmetria, sissizio*) e si muta in *m* davanti a *p* e *b* (*simpetalo*); può cadere davanti a *s* seguito da consonante: *sistole, sistema.*

sinafìa [dal lat. *synaphīa*, gr. *synápheia*, congiunzione; 1960] ***sf.*** *T.metr.* fenomeno metrico nel quale la sillaba finale di un verso ipermetro si fonda con la sillaba iniziale del verso successivo (per es. *sorridile, guardala; appressati / a mamma* (G. Pascoli)).

sinagòga [dal lat. tardo *synagōgā*, gr. *synagōgḗ*, riunione, luogo di riunione; sec. XIII] ***sf.*** **1.** luogo dove gli Ebrei convengono per partecipare ai riti della loro religione || *in part.* tempio adibito al culto religioso ebraico **2.** l'adunanza degli anziani di una comunità israelitica. **Q.T.** *religione.*

sinagogàle [da *sinagoga*; 1932] ***agg.*** relativo alla sinagoga, proprio della sinagoga e dei suoi riti: *cerimonie, libri sinagogali.*

sinaìtico (pl. *-ci*) [dal n. geogr. *Sinai*, penisola del Medio Oriente, sul modello dell'ingl. *sinaitic*; 1936] **agg.** del Sinai: *penisola sinaitica.*

sinalèfe [dal lat. *synalœphe*, gr. *synaloiphḗ*, fusione; 1528 ca. *sinalife*] **sf.** *T.lett.* contrazione in una sola sillaba della vocale finale di una parola e della vocale iniziale della seguente, importante specialmente in poesia per ragioni metriche, come nel verso *biondo era e bello e di gentile aspetto* (Dante) || **N.** elisione.

sinallàgma [dal gr. *synállagma*, contratto; 1838] **sm.** *T.giur.* obbligazione reciproca, in contratti e prestazioni corrispettive (per es., nella compravendita, l'obbligo del venditore di mettere a disposizione la merce e l'obbligo del compratore di pagare il prezzo fissato).

sinallagmàtico (pl. *-ci*) [dal gr. *synallagmatikós*; 1821] **agg.** *T.giur.* di contratto, che crea obbligazione per entrambe le parti.

sinàntropo [comp. di *sino-* e *-antropo*; 1960] **sm.** *T.scient.* tipo di ominide fossile vissuto probabilmente nel Pleistocene inferiore.

sinàpsi [dal gr. *sýnapsis*, collegamento; 1921] **sf.** *T.fisiol.* collegamento tra due centri nervosi.

sinàptico (pl. *-ci*) [da *sinapsi*; 1960] **agg.** *T.med.* proprio della sinapsi, relativo alla sinapsi: *ritardo sinaptico*, ritardo nella propagazione di uno stimolo nervoso.

sinartròṣi [dal gr. *synárthrōsis*, giuntura; 1771] **sf.** *inv.* *T.anat.* articolazione fissa, nella quale le ossa (per es. quelle del cranio) sono unite da uno strato di sostanza fibrocartilaginea.

sinàssi [dal lat. tardo *synaxis*, gr. *sýnaxis*, riunione; 1766] **sf.** *T.rel.* la riunione dei fedeli per la lettura dei libri sacri o per la celebrazione dell'Eucaristia, nelle prime comunità cristiane.

sinattantoché [comp. di *sin*(*o*), *a*, *tanto* e *che*; 1960] **cong.** *raro* fintantoché, finché, fino a quando.

sinc [da *sinc*(*ronizzatore*), sul modello dell'ingl. *sync*; 1966] **sm.** *inv.* *T.cin.* strumento che sincronizza il motore della cinepresa con l'apparecchio di registrazione del sonoro.

sincarpìa [da *sincarpo*; 1937] **sf.** *T.bot.* fusione di due frutti in un unico corpo.

sincàrpico (pl. *-ci*) [da *sincarpo*; 1927] **agg.** *T.bot.* sincarpo.

sincàrpio (pl. *-pi*) [da *sincarpo*; 1960] **sm.** *T.bot.* frutto composto, formato da frutti concresciuti o riuniti strettamente sullo stesso ramo.

sincàrpo [comp. di *sin-* e *-carpo*; 1821] **agg.** *T.bot.* di organi vegetali, con i carpelli uniti || anche detto di frutti riuniti tra loro con l'aspetto di un frutto unico || **N.** *Sin.* sincarpico.

sincefalìa [comp. di *sin-* e *cefalia*; 1937] **sf.** in teratologia, mostruosità nella quale due corpi sono congiunti simmetricamente nella loro parte superiore.

sincèfalo [comp. di *sin-* e *-cefalo*; 1937] **agg.** e **sm.** (f. *-a*) che, chi presenta sincefalia.

sincèllo [dal gr. biz. *sýnkellos*, compagno di cella; 1938] **sm.** in epoca bizantina, ecclesiastico che affiancava un vescovo o un patriarca come persona di fiducia o come successore designato.

sinceràre (pres. *-èro*) [da *sincero*; 1630] **tr.** *raro* rendere certo qualcuno della verità di una cosa || **rifl.** *com.* assicurarsi, accertarsi: *voglio sincerarmi di una cosa* || **N.** **tr.** *Sin.* assicurare, convincere, persuadere.

sincerità [dal lat. *sinceritas, -ātis*; a. 1348] **sf.** **1.** l'essere sincero || qualità di chi o di ciò che è sincero: *credo alla sua sincerità, ha dimostrato la sincerità del suo dolore* || che dimostra sincerità: *la sincerità del suo sguardo* **2.** *per estens.* purezza, genuinità: *giudica tu della sincerità di questo vino* || **N.** *Sin.* franchezza, lealtà, schiettezza | *Contr.* doppiezza, malafede.

sincèro [dal lat. *sincērus*; 1321 nel senso 2] **I agg.** **1.** che con le parole o il comportamento esprime ciò che pensa o prova, senza inganno né reticenza: *puoi credergli, è una persona sincera; sarò* (*o voglio essere*) *sincero* (*con te*)*: stai sbagliando a comportarti così; parlare con animo sincero*, con assoluta franchezza || rif. a quanto uno manifesta o dice, autentico, riflettente ciò che effettivamente si prova o si pensa: *parole sincere, il suo pentimento è sincero* **2.** *per estens.* com. solo riferito al vino e all'olio, genuino, non adulterato **3.** *ant.* sano, non malato **II avv.** *arc.* sinceramente: *vi parlo sincero* || **sinceraménte** **avv.** **1.** con sincerità: *parla sinceramente* **2.** con valore frasale, davvero, in verità: *sinceramente non riesco a capirti* || **N.** **1.** *Sin.* aperto, cordiale, franco, spontaneo | avere il cuore sulle labbra, essere la bocca della verità, dire pane al pane **2.** *Sin.* mero, naturale, pretto, puro, schietto.

sinché [comp. di *sino* e *che*; 1834] **cong.** *disus.* finché.

sinchìṣi [dal lat. tardo e gr. *sýnchysis*, iperbato; a. 1704] **sf.** *T.ret.* costruzione sintattica che presenta un forte turbamento dell'ordine abituale delle parole, attuato combinando ripetutamente anastrofi e iperbati.

sincineṣìa [comp. di *sin-* e *-cinesia*, dal gr. *kínesis*, movimento; 1960] **sf.** movimento involontario di un arto (spec. paralizzato) condizionato dal movimento volontario e cosciente di un'altra parte del corpo.

sincìpite [dal lat. *sinciput, sincipitis*; 1584] **sm.** *T.anat.* parte più elevata del cranio, nella regione del bregma, al disopra della nuca.

sinciziàle [da *sincizio*; 1932] **agg.** relativo al sincizio, proprio del sincizio: *massa sinciziale.*

sincìzio (pl. *-zi*) [comp. di *sin-* e *-cizio*, dal gr. *kýtos*, cavità; 1931] **sm.** *T.biol.* aggregato protoplasmatico, contenente più nuclei, derivato dalla fusione di cellule originariamente autonome.

sinclàṣi [comp. di *sin-* e del gr. *klásis*, frattura; 1936] **sf.** *T.geol.* crepa o fessura che si forma nella roccia a causa di forti sbalzi termici.

sinclinàle [comp. di *sin-* e un der. del gr. *klínein*, piegare; 1895] **agg.** *T.geol.* di strato geologico piegato che presenta la convessità verso il basso || **N.** anticlinale, isoclinale. **TAV.** ***geologia* p. 1313** 2.3.

sincopàle [da *sincope*; 1838] **agg.** *T.med.* tipico di una sincope; che si presenta sotto forma di sincope: *crisi, attacco sincopale.*

sincopàre (pres. *sincopo*) [da *sincope*; a. 1742] **tr.** **1.** *T.ling.* provocare una sincope in una parola **2.** *T.mus.* nella composizione, nell'adattamento o nell'esecuzione di un brano, adottare un ritmo caratterizzato da sincopi.

sincopàto (*pps.* di *sincopare*) [a. 1406] **agg.** **1.** di parola, che ha subito una sincope **2.** di un brano musicale, caratterizzato da sincopi: *musica sincopata, ritmo sincopato* || **sincopataménte** **avv.**

sìncope [dal lat. tardo *syncope*, gr. *synkopḗ*, collisione, urto reciproco; inizio sec. XIV] **sf.** **1.** *T.med.* arresto improvviso e momentaneo dell'attività cardiaca e respiratoria, con perdita della coscienza **2.** *T.ling.* soppressione di un fonema o gruppo di fonemi nel corpo della parola (per es., *merto* da *merito*) **3.** *T.mus.* effetto ritmico prodotto dalla scansione di un suono, sentita nel contesto della composizione, come in anticipo o come in ritardo rispetto alla regola implicita in una misura data.

sincràṣi [dal gr. *sýnkrasis*, mescolanza; 1957] **sf.** *inv.* fusione di due o più elementi in uno solo || *T.ling.* fusione nella pronunzia di tre o quattro vocali che porta a conglobarle in una sillaba sola.

sincrètico (pl. *-ci*) [da *sincretismo*; 1873] **agg.** caratterizzato da sincretismo.

sincretiṣmo [dal gr. *synkrētismós*, composizione, connessione, sistema filosofico combinato di diversi sistemi; 1771] **sm.** **1.** *T.stor.* e *T.rel.* fusione di diverse dottrine filosofiche e religiose, o di loro elementi o aspetti particolari, fatte confluire in un complesso eterogeneo: *l'induismo si fonda su un sincretismo di elementi brahmanici e buddistici* || *per estens.* fusione di elementi di provenienza disparata: *sincretismo di stili* **2.** *T.ling.* fenomeno per cui funzioni espresse da più forme confluiscono in una forma sola.

sincretìsta [da *sincretismo*; 1821] **s.** assertore, fautore del sincretismo.

sincretìstico (pl. *-ci*) [da *sincretismo*; 1960] **agg.** relativo a sincretismo, caratterizzato da sincretismo: *religioni sincretistiche del Brasile.*

sìncro [da *sincro*(*no*); 1988] **agg.** *inv.* *T.fot.* *attacco sincro*, in una macchina fotografica, attacco per il flash munito di un contatto elettrico che sincronizza lo scatto del flash con l'apertura dell'otturatore.

sìncro- [da *sincro*(*no*)] **primo elem.** che, in parole composte della terminologia tecnica e scientifica, indica relazione con il sincronismo o la sincronizzazione (per es. *sincrociclotrone*).

sincrociclotróne [comp. di *sincro-* e *ciclotrone*; 1948] **sm.** *T.fis.* macchina per accelerare particelle subatomiche cariche, lungo una traiettoria circolare.

sincrolàmpo [comp. di *sincro-* e *lampo*; 1960] **sm.** lampeggiatore sincronizzato con l'otturatore di un'apparecchiatura fotografica || **N.** *flash.*

sincronìa [dal fr. *synchronie*; 1960] **sf.** **1.** qualità di ciò che è sincrono; sincronismo: *la sincronia di due avvenimenti* || *in sincronia*, rif. a fenomeni, movimenti, azioni che si svolgono contemporaneamente: *le loro reazioni si verificarono in perfetta sincronia* **2.** *T.ling.* nella linguistica strutturale, l'insieme delle proprietà strutturali di una lingua in una data fase della sua evoluzione || **N.** **2.** *Contr.* diacronia. **Q.T.** *linguistica.*

sincrònico (pl. *-ci*) [dal fr. *synchronique*; 1865] **agg.** **1.** sincrono: *movimenti sincronici* **2.** *T.ling.* strutturale, indipendente dall'evoluzione storica: *linguistica sincronica, prospettiva sincronica.*

sincroniṣmo [da *sincrono*, sul modello del fr. *synchronisme*; 1771] **sm.** contemporaneità di avvenimenti o fenomeni: *una moda scoppiata con perfetto sincronismo in tutta la nazione, i gesti dei ballerini erano in sincronismo perfetto* || *T.fis.* identità di fase periodica in due fenomeni: *pendoli di sincronismo* || *T.cin.* perfetta contemporaneità tra le immagini di un filmato e la colonna sonora ad esse pertinente.

sincronìstico (pl. *-ci*) [da *sincronismo*; 1873] **agg.** che concerne, riguarda il sincronismo.

sincronizẓàre [da *sincrono*, sul modello del fr. *synchroniser*; 1942] **tr.** rendere sincroni due o più movimenti, fenomeni od operazioni: *sincronizzare il lavoro di tutti gli operai di un reparto; sincronizzare gli orologi*, regolarli sulla stessa ora || *T.cin.* rendere sincrono lo scorrimento delle immagini di un filmato con quello della colonna sonora ad esse pertinente.

sincronizẓàto (*pps.* di *sincronizzare*) [1960] **agg.** messo in sincronia; *in part.* *T.aut.* *cambio sincronizzato*, in cui la velocità degli ingranaggi è sincronizzata, in modo da facilitare l'innesto delle marce || *T.sport.* *nuoto sincronizzato*, nuoto artistico con evoluzioni e figure. **Q.T.** *nuoto* **TAV.** ***nuoto* p. 1328** 5.

sincronizẓatóre [da *sincronizzare*; 1931] **sm.** qualunque dispositivo che serve a sincronizzare due o più movimenti.

sincronizẓazióne [da *sincronizzare*; 1942] **sf.** atto ed effetto del sincronizzare. **Q.T.** *ci-*

nematografia.

sincrono [dal gr. *sýnchronos*, contemporaneo; 1745] **agg.** **1.** che avviene nel medesimo tempo; simultaneo, contemporaneo: *fatti sincroni*; *oscillazioni sincrone*, che avvengono nel medesimo periodo di tempo **2.** *raro lett.* di persona, che visse od operò nel medesimo tempo di un'altra; contemporaneo, coevo.

sincroscòpio o **sincronoscòpio** (pl. *-pi*) [comp. di *sincro(no)* e *scopio*; 1960] **sm.** apparecchio utilizzato per verificare il sincronismo di due o più grandezze fisiche o di due fenomeni periodici.

sincrotróne [dall'ingl. *synchro(nized elec)-tron*, elettrone sincronizzato; 1948] **sm.** *T.fis.* acceleratore di particelle subatomiche in grado di produrre fasci di protoni o elettroni ad altissima energia.

sindacàbile [da *sindacare*; a. 1831] **agg.** *non com.* che si può sindacare ‖ **N.** *Contr.* insindacabile.

sindacabilità [da *sindacabile*; 1872] **sf.** *raro* l'essere sindacabile: *la sindacabilità delle decisioni di una commissione.*

sindacàle[1] [da *sindaco*; 1872] **agg.** *non com.* pertinente alla carica e alle funzioni del sindaco: *ordinanza sindacale.*

sindacàle[2] [dal fr. *syndical*; 1905] **agg.** riguardante i sindacati o un sindacato; dei sindacati, di un sindacato: *lotte, diritti, rivendicazioni sindacali.*

sindacalismo [dal fr. *syndicalisme*; 1905] **sm.** **1.** il movimento sindacale: *storia del sindacalismo, il sindacalismo inglese dell'Ottocento* **2.** ogni teoria che attribuisca una funzione politica importante all'organizzazione dei lavoratori in sindacati.

sindacalista [dal fr. *syndicaliste*; 1904] **s.** **1.** funzionario di un'organizzazione sindacale ‖ *per estens.* militante sindacale **2.** fautore del sindacalismo.

sindacalìstico (pl. *-ci*) [da *sindacalismo*; 1965] **agg.** relativo al sindacalismo.

sindacalizzàre [da *sindacale*[2]; 1976] **tr.** far acquisire coscienza sindacale a un gruppo o a una categoria di lavoratori; organizzare in sindacato un gruppo o una categoria di lavoratori ‖ **intr. pron.** acquisire coscienza sindacale; aderire a un sindacato e partecipare attivamente alla sua attività.

sindacalizzazióne [da *sindacalizzare*; 1949] **sf.** atto ed effetto del sindacalizzare e del sindacalizzarsi.

sindacaménto [da *sindacare*; a. 1698] **sm.** *non com.* il sindacare.

sindacàre (pres. *sìndaco, sìndachi*) [da *sindaco*; 1324] **tr.** **1.** sottoporre a controllo l'operato di un'amministrazione pubblica o anche privata **2.** *per estens.* mettere in discussione, criticare l'altrui operato, spec. quando non si abbia titolo per farlo: *non vogliamo essere sindacati da lui* ‖ **N.** **1.** *Sin.* censurare, controllare, sorvegliare, vigilare **2.** biasimare, criticare.

sindacàto[1] (*pps.* di *sindacare*) [1312 come sm.] **I agg.** sottoposto a vigilanza; *in part. azioni sindacate*, quelle azioni di società anonime che, pur essendo al portatore, non possono essere cedute ad altri senza speciali garanzie e solo in determinate circostanze **II sm.** **1.** *non com.* controllo operato da un'autorità sull'operato amministrativo e contabile di un subordinato ‖ *per estens.* anche l'organo che esercita il controllo **2.** *T.stor.* spec. nel Medioevo, rendiconto che magistrati e amministratori, allo scadere del loro mandato, erano tenuti a presentare ai loro superiori.

sindacàto[2] [dal fr. *syndicat*; 1895 nel senso 2; 1900 nel senso 1] **sm.** **1.** associazione di lavoratori per la difesa dei loro interessi economici comuni, e spec. per la contrattazione dei salari con i datori di lavoro: *sindacato di categoria* (o *verticale*), organizza i lavoratori di un determinato settore merceologico (metalmeccanici, tessili ecc.); *sindacato territoriale* (od *orizzontale*), organizza i lavoratori di un'unità geografica (città, provincia ecc.) ‖ *per meton.* la sede di un sindacato: *ci vediamo al sindacato* **2.** *T.econ.* *sindacato azionario*, accordo di più azionisti che, per difendere i propri interessi nell'amministrazione di una società, si impegnano a votare tutti la stessa persona; *sindacato di controllo*, gruppo di azionisti che, pur non detenendo la maggioranza assoluta delle azioni di una società, costituiscono un pacchetto azionario abbastanza forte da controllarla ‖ *sindacato industriale, finanziario, commerciale*, accordo di banche, istituti finanziari, enti, imprese e sim. per conseguire fini comuni; in questo caso si parla anche di *cartello* o *consorzio* **3.** *gerg.* la mafia, il crimine organizzato, calco sull'ingl. *syndicate.* **Q.T.** *politica.*

sindacatóre [da *sindacare*; 1309] **agg.** e **sm.** (f. *-trice*) *raro* che o chi sindaca, controlla, sorveglia.

sìndaco (pl. *-ci*) [dal lat. tardo *syndicus*, gr. *sýndikos*, rappresentante di una comunità; 1297 nel senso 2] **sm.** **1.** capo dell'amministrazione di un comune, eletto dal Consiglio comunale tra i suoi stessi membri; rappresenta il comune e ne è il massimo organo esecutivo; è anche ufficiale di governo, e come tale è sottoposto al prefetto ed esercita compiti in materia di liste di leva, edilizia, igiene, anagrafe e stato civile ed eccezionalmente ordine pubblico **2.** *T.stor.* nell'antichità, il rappresentante della comunità durante i processi **3.** *T.econ.* nelle società finanziarie, membro dell'organo interno di controllo (*collegio dei sindaci*) per il rispetto delle leggi e dello statuto nell'attività della società. **Q.T.** *politica.*

sindattilìa [comp. di *sin-* e *-dattilia*; 1891] **sf.** *T.med.* malformazione congenita consistente nella fusione di più dita insieme.

sindàttilo [comp. di *sin-* e *-dattilo*; 1838] **I agg.** *T.med.* colpito da sindattilia: *mano sindattila* **II sm.** *T.zool.* scimmia antropomorfa dell'isola di Sumatra, caratterizzata da un piede con il secondo e il terzo dito parzialmente uniti.

sindèresi o **sintèresi** [dal gr. *syntḗrēsis*, conservazione, osservazione; sec. XIV] **sf.** *inv.* **1.** *T.fil.* nella filosofia scolastica, capacità naturale di conoscere il bene e il male, coscienza morale **2.** *per estens. fam.* capacità di connettere, coscienza di sé: *perdere la sinderesi*, sragionare.

sìndesi [dal gr. *sýndesis*, collegamento; 1960] **sf.** *T.ling.* collegamento degli elementi di una frase o di un periodo per mezzo di congiunzioni ‖ **N.** polisindeto | *Contr.* asindeto.

sindesmologìa [comp. del gr. *sýndesmos*, legame e *-logia*; 1821] **sf.** *T.anat.* parte dell'anatomia che studia le articolazioni e i legamenti; artrologia.

sindètico (pl. *-ci*) [da *sindesi*; 1960] **agg.** *T.ling.* proprio della sindesi; realizzato mediante sindesi: *figura sindetica* ‖ **N.** *Contr.* asindetico ‖ **sindeticaménte** **avv.** mediante sindesi: *struttura sintattica realizzata sindeticamente.*

sìndone [dal lat. *sindon, -onis*, gr. *sindṓn, -ónos*, mussolina, veste, lenzuolo; sec. XIV] **sf.** lenzuolo di tela finissima in cui gli Ebrei usavano avvolgere il cadavere prima di seppellirlo ‖ *per anton. T.rel. Sacra Sindone*, il lenzuolo (conservato a Torino) nel quale la tradizione vuole sia stato avvolto il corpo di Cristo morto.

sindonologìa [comp. di *sindone* e *-logia*; 1939] **sf.** studio storico e indagine scientifica sulla Sacra Sindone.

sindonològico (pl. *-ci*) [da *sindonologia*; 1950] **agg.** relativo alla sindonologia, proprio della sindonologia: *centro di studi sindonologici di Roma.*

sindonòlogo (pl. *-gi*) [comp. di *sindone* e *-logo*; 1983] **sm.** (f. *-a*) chi si dedica allo studio della Sacra Sindone.

sìndrome [dal gr. *syndromḗ*, concorso; 1665 ca.] **sf.** *T.med.* il complesso di tutti i sintomi oggettivi e soggettivi caratterizzanti un quadro clinico: *sindrome da astinenza*, colpisce il tossicodipendente quando è privato della droga ‖ spesso (accompagnata dal nome dello scopritore, dell'organo o apparato interessato o della causa inducente) per indicare una particolare malattia: *sindrome di Down*, mongolismo ‖ *per estens.* in alcuni usi giornalistici: *sindrome cinese*, psicosi collegata al timore di una catastrofe nucleare; *sindrome di Stoccolma*, atteggiamento di comprensione e collaborazione dei sequestrati nei confronti dei sequestratori; *sindrome di Stendhal*, disturbi causati da profonda emozione nell'osservare opere d'arte.

sinechìa [dal gr. *synécheia*, continuità; 1821] **sf.** *T.med.* aderenza di due foglietti di una sierosa o di due sierose tra loro, in seguito a processi infiammatori.

sinecìa [dal gr. *synoikía*; 1986] **sf.** convivenza in una stessa nazione o nella stessa città di popolazioni diverse ‖ **N.** *Sin.* sinecismo.

sinecismo [dal gr. *synoikismós*, unione; 1930] **sm.** **1.** nella Grecia classica, processo di formazione di una nuova città, in seguito alla concentrazione in un unico posto di popolazioni provenienti da luoghi diversi ‖ unione di più città autonome, con conseguente formazione di un nuovo grosso centro urbano **2.** accentramento e convivenza di popolazioni diverse in una stessa città o nello stesso Stato ‖ **N.** **2.** *Sin.* sinecia.

sinecologìa [comp. del gr. *synechḗs*, continuo e *-logia*; 1960] **sf.** **1.** *T.fil.* nella filosofia di Herbart, la scienza del continuo spazio-temporale, parte della fisica; in Fechner, l'unità della coscienza con l'insieme degli elementi connessi nel mondo **2.** ramo dell'ecologia che si occupa delle relazioni tra l'ambiente e raggruppamenti di organismi sia animali che vegetali.

sinecùra [dal lat. *sine cura*, senza cura (di anime), attr. l'ingl. *sinecure*; 1849 *sinecure* sm.; 1873 nel senso 2] **sf.** **1.** *fam.* incarico, obbligo, impegno che costa poca fatica o richiede scarsa responsabilità **2.** *T.eccl.* beneficio ecclesiastico senza obbligo di prestare assistenza ai fedeli e celebrare i sacri uffizi ‖ **N.** **1.** *Sin.* pacchia.

sinèddoche [dal lat. *synecdoche*, gr. *synekdochḗ*, comprensione; sec. XIV] **sf.** *T.ret.* figura di trasferimento semantico, freq. anche nel linguaggio comune, consistente nella sostituzione del termine proprio con uno di significato più esteso o più limitato, in part. indicando la parte per il tutto e viceversa (*vela* per *barca a vela*; *casa* per *appartamento*), il singolare per il plurale e viceversa (*il francese è un tipo raffinato*; *mai offendere i padri!*), la specie per il genere e viceversa (*non ci è mai mancato il pane*, il cibo; *i mortali* per *gli uomini*), la materia per l'oggetto (*ferro* per *spada*), il numero determinato per l'indeterminato (*fare quattro salti*).

sine die (lat., pr. it ['sine 'die]) [letter. senza giorno (stabilito)] **loc. avv.** indefinitamente, solo nella loc. *rinviare sine die*, a tempo indeterminato.

sinèdrio [dal lat. tardo *synedrium*, gr. *synédrion*, consesso, e luogo dove si riunisce il consesso; 1682] **sm.** **1.** *T.stor.* nell'antichità, riunione dei rappresentanti di varie associazioni nazionali ‖ *in part.* ad Atene, collegio formato da un alto magistrato (arconte) e da assessori (paredri) suoi coadiutori ‖ tribunale supremo presso gli Ebrei, in Gerusalemme **2.** *fig.*

scherz. consesso di persone più o meno autorevoli radunate per deliberare.

sinedrita [da *sinedrio*; 1960] **sm.** membro di un sinedrio.

sine qua non (lat., pr. it. ['sine 'kwa 'nɔn]) [letter. (condizione) senza la quale non] **loc. agg.** solo nella loc. *condizione* (o, anche, lat., *conditio*, pr. [kon'dittsjo]) *sine qua non*, condizione necessaria, imprescindibile.

sinèreṣi [dal lat. tardo *synaeresis*, gr. *synáiresis*, riunione, agglomeramento; 1540] **sf. inv.** *T.ling.* contrazione di due sillabe in una sola, ottenuta facendo diventar dittongo due vocali che formavano uno iato ‖ **N.** *Sin.* sinizesi | *Contr.* dieresi.

sinergìa (pl. *-gìe*) [dal gr. *synergía*, cooperazione; 1875] **sf.** azione combinata di due o più cause, fattori e sim. i cui effetti si sommano ‖ *in part. T.fisiol.* il concorso di più organi per il compimento di una funzione fisiologica.

sinèrgico (pl. *-ci*) [da *sinergia*; 1838] **agg.** **1.** *T.fisiol.* relativo a sinergia, proprio della sinergia: *azione sinergica di un organo* ‖ che presenta sinergia: *muscoli sinergici*, muscoli che presentano la medesima funzione ‖ *per estens.* risultante da una combinazione di fattori **2.** *T.farm.* che presenta sinergismo: *farmaco sinergico.*

sinergìṣmo [da *sinergia*; 1932] **sm.** **1.** collaborazione, cooperazione ‖ *T.farm.* azione combinata di due o più farmaci che, somministrati insieme, consentono di ottenere effetti superiori o anche più immediati di quelli che avrebbero prodotto separatamente **2.** *T.teol.* dottrina, di derivazione melantoniana, i cui sostenitori, in opposizione ai luterani intransigenti, ammettevano che fosse possibile all'uomo collaborare con l'iniziativa divina della salvezza.

sinergìsta [da *sinergismo*; 1838] **s.** *T.teol.* seguace o sostenitore della dottrina teologica del sinergismo.

sinergìstico (pl. *-ci*) [da *sinergista*; 1938] **agg.** *T.teol.* relativo al sinergismo, proprio del sinergismo: *dottrina sinergistica.*

sìneṣi [dal gr. *sýnesis*, intelligenza; 1960] **sf.** *T.gram.* costruzione a senso nella quale un nome al singolare concorda con un verbo al plurale o viceversa.

sinestèṣi [dal gr. *synáisthesis*, sensazione simultanea; 1960] **sf. inv.** *T.psic.* sinestesia.

sinesteṣìa [dal lat. scient. *syn(a)esthesia*, basato sul gr. *synáisthēsis*; 1967] **sf.** **1.** *T.ret.* fenomeno per cui si collegano strettamente parole che si riferiscono a percezioni sensoriali diverse; ad es. come nel verso: *io venni in luogo d'ogni luce muto* (Dante) **2.** *T.psic.* fenomeno per cui alcune percezioni derivanti da una modalità sensoriale si associano costantemente a immagini mentali legate a un'altra modalità sensoriale; esempi tipici sono le associazioni di immagini visive a suoni.

sinfalàngo (pl. *-gi*) [comp. di *sin-* e gr. *phálanx, -angos*; 1936] **sm.** *T.zool.* genere di mammiferi Primati che vivono nelle foreste dell'isola di Sumatra; hanno dimensioni notevoli, corpo agile, muso piccolo, occhi vivaci, pelliccia folta, lunga e morbida.

sinfaròṣa v. SINFOROSA.

sìnfilo [comp. di *sin-* e *-filo*; 1929] **sm.** *T.zool.* piccolo coleottero che vive in simbiosi con le formiche, per le quali secerne una sostanza inebriante, ricevendo in cambio il nutrimento per sopravvivere; anche *agg.*: *coleottero sinfilo.*

sìnfiṣi [dal gr. *sýmphysis*, il crescere insieme, coesione; 1574 *simphysis*] **sf. inv.** *T.anat.* forma di articolazione in cui tra le due ossa è interposto un disco cartilagineo, e che permette movimenti molto limitati: *la sinfisi delle vertebre.*

sinfonìa [dal lat. tardo *symphōnia*, gr. *symphōnía*, consonanza, accordo; 1321 nel senso 2; a. 1634 nel senso 1] **sf.** **1.** *T.mus.* a partire dal Cinquecento, composizione musicale per orchestra, di solito in quattro tempi: *la terza sinfonia di Beethoven* ‖ introduzione o prefazione strumentale a un'opera lirica, nella quale se ne anticipano le arie: *la famosa sinfonia del Guglielmo Tell di Rossini* **2.** *fig.* complesso armonioso di elementi omogenei, spec. di suoni o di colori ‖ *iron.* insieme di rumori sgradevoli, irritanti: *che sinfonia, quando la nonna russa!*

sinfonìale [da *sinfonia*; 1923] **agg.** *raro lett.* composto in modo armonioso.

sinfònico (pl. *-ci*) [da *sinfonia*; 1875] **agg.** relativo al genere musicale della sinfonia: *musica sinfonica* ‖ che ha la struttura di una sinfonia: *poema sinfonico.*

sinfonìétta (*dim.* di *sinfonia*) [1965] **sf.** composizione sinfonica di modeste dimensioni o eseguita da un corpo strumentale ridotto.

sinfonìsta [da *sinfonia*; 1778] **s.** autore o esecutore di sinfonie: *era un valente sinfonista.*

sinforòṣa o **sinfaròṣa** [dal n. di un personaggio di una commedia di G. Giraud; 1940] **sf.** **1.** ragazza svenevole, smorfiosa, dai modi leziosi e affettati ‖ donna non più giovane che, volendo fare la giovincella, si atteggia e si veste in modo ridicolo **2.** *T.abb.* cappello femminile a larghe falde, legato con nastri sotto il mento, in uso nell'Ottocento.

singalése o **cingalése** [dal sanscrito *Siṁhala*, n. dell'isola di Ceylon; 1931] **I agg.** proprio dell'isola di Ceylon (odierno Sri Lanka) **II s.** **1.** abitante o nativo dell'isola di Ceylon **2. sm.** (solo *sing.*) lingua parlata nell'isola di Ceylon.

singamòṣi [dal gr. *sýngamos*, unito in matrimonio; 1960] **sf.** *T.vet.* malattia dei volatili da cortile, spec. pulcini, causata da un verme che succhia loro il sangue, fissandosi nella trachea.

singèneṣi [dal gr. *syngénēsis*, unione; 1940] **sf. inv.** origine simultanea di fenomeni o cose diversi.

singenèṣio (pl. *-ṣi*) [da *singenesi*; 1929] **agg.** *T.zool.* *piede singenesio*, piede di alcuni uccelli (per es. il martin pescatore) nel quale il dito medio e quello esterno sono uniti in un unico corpo dalla pelle che li avvolge.

singenètico (pl. *-ci*) [da *singenesi*; 1940] **agg.** caratterizzato da singenesi ‖ *in part. T.geol.* *giacimenti singenetici*, giacimenti minerali la cui formazione è contemporanea a quella della roccia entro cui essi sono contenuti.

singhiozzàre (pres. *-ózzo*) [lat. volg. **singluttiāre*; sec. XIV] **intr.** (aus. *avere*) **1.** avere il singhiozzo ‖ *fig.* emettere rumori simili a singhiozzi ‖ *per estens. fig.* procedere, avanzare a strappi, a sbalzi: *la vecchia motocicletta singhiozzava su per la salita* **2.** piangere convulsamente, singhiozzando.

singhiozzìo (pl. *-ìi*) [da *singhiozzare*; 1842] **sm.** un singhiozzare continuo: *un sordo mormorio di gemiti, un singhiozzio che andava crescendo nell'adunanza* (Manzoni).

singhiózzo [da *singhiozzare*; a. 1320] **sm.** **1.** atto respiratorio anormale, nel quale l'improvvisa contrazione involontaria del diaframma e dei muscoli della glottide fa sì che il veloce passaggio, attraverso la glottide, dell'aria espirata produca un rumore caratteristico: *singhiozzo isterico, voce rotta dai singhiozzi* ‖ *fig.* *a singhiozzo*, a sbalzi: *sciopero a singhiozzo*, con astensioni dal lavoro alternate a temporanee riprese **2.** fenomeno analogo, consistente in una rapida successione di brevi inspirazioni ed espirazioni, causato da una forte agitazione, spec. durante un pianto convulso: *scoppiare in singhiozzi*, in un pianto dirotto ‖ **N.** **1.** *Sin.* singulto.

singhiozzóso [da *singhiozzo*; prima metà sec. XIV] **agg.** *ant.* mescolato con singhiozzi: *pianto singhiozzoso.*

single (ingl., pr. ['sɪŋgəl]) [letter. singolo; 1986] **s. inv.** uomo o donna non sposati; persona che vive sola.

single bar (ingl., pr. [ˌsɪŋgəl 'bɑ:]) [letter. bar per persone sole; 1983] **loc. m. inv.** bar per uomini o donne soli.

singleton (ingl., pr. ['sɪŋgəltən]; pr. it. ['siŋgleton]) [da *single*, singolo; 1965] **sm. inv.** **1.** *T.gioc.* a bridge, l'unica carta di un seme in mano a un giocatore: *avere un singleton a cuori* **2.** *T.mat.* nella teoria degli insiemi, insieme composto di un solo elemento.

Singnatifórmi (pr. [siŋŋati'formi]) (sing. *-e*) [dal lat. scient. *Syngnathiformes*, da *Syngnathus*, n. del genere; 1965] **sm. pl.** *T.zool.* famiglia di pesci Teleostei marini dal corpo affusolato rivestito di scudi ossei, muso tubolare e bocca priva di dentatura; tra di essi il cavalluccio marino.

singolàre [dal lat. *singulāris*; 1306 *singulare* nel senso 2] **I agg.** **1.** *lett.* relativo a una sola cosa o persona: *Gl'immortali ... non curano le singolari offese degli uomini* (Leopardi) ‖ *ant.* o *scherz.* *venire, sfidare a singolar tenzone*, battersi, scontrarsi (anche in senso *fig.*) con un unico avversario ‖ *T.gram.* detto del numero proprio delle forme che si riferiscono a una sola cosa o persona (in opposizione a *plurale*) **2.** *per estens.* speciale, particolare, caratteristico: *mi è capitata un'occasione singolare, ha un modo singolare di esprimersi* ‖ *iperb.* unico nel suo genere, eccezionalmente raro: *mi ha ascoltato con una cortesia davvero singolare* ‖ strano, strambo, eccentrico: *un tipo, un uomo singolare in ogni cosa*; *gli scienziati sono di solito un po' singolari nelle loro abitudini* ‖ **singolarménte** **avv.** **1.** a uno a uno: *comunicò la notizia singolarmente ai membri dell'associazione* **2.** particolarmente, specialmente: *un fatto singolarmente grave* **II sm.** **1.** *T.gram.* forma singolare di un nome, un pronome, un verbo, un aggettivo o un articolo: *i nomi collettivi anche al singolare designano un insieme* **2.** *T.sport.* incontro sportivo, e in part. partita di tennis o ping pong, tra due soli giocatori: *si sta disputando un singolare maschile* ‖ **N.** I **2.** *Sin.* eccellente, eccezionale, insolito, originale, peculiare, straordinario. **Q.T.** *tennis.*

singolarìsta [da *singolare*; 1963] **s.** *T.sport.* giocatore di tennis o ping pong specializzato nel singolo.

singolarità [dal lat. *singulāritas, -ātis*; 1306 *singularità*] **sf.** **1.** qualità di chi o di ciò che è singolare ‖ *iperb.* unicità, rarità, eccellenza: *la singolarità di questa antica maiolica* ‖ originalità, stranezza, eccentricità: *la singolarità del caso occorsogli, del suo comportamento* **2.** *T.mat.* *singolarità di una funzione*, punto in cui una funzione generalmente continua e derivabile presenta un comportamento anomalo (per es. una discontinuità) ‖ **N.** **1.** *Sin.* distinzione, eccezionalità, particolarità, peculiarità, prerogativa.

singolarizzàre [da *singolare*; 1549 nel senso 2] **tr.** *non com.* **1.** *T.gram.* volgere, ridurre al singolare: *singolarizzare un plurale* **2.** specificare caso per caso; puntualizzare.

singolatìvo [da *singolo*; 1935] **agg.** *T.ling.* di nome, che indica una persona o una cosa singola ‖ **N.** *Contr.* collettivo.

singolìsta [da *singolo*; 1960] **s.** *T.sport.* in alcuni sport (per es. il tennis), atleta che predilige la specialità del singolo.

singolo [dal lat. *singulus*; 1402 *singulo*] **I agg.** **1.** detto di persona o cosa considerata a sé, separatamente dagli altri: *bisogna considerare i singoli casi* **2.** costituito da un unico elemento: *letto singolo*, per una persona sola, a una sola piazza (al contr. di *matrimoniale*); in telefonia, detto di impianto telefonico che serve per un solo abbonato (è detto anche *simplex*, e ha come contr. *duplex*); detto di scompartimento di una carrozza ferroviaria con letti, destinato a un solo viaggiatore **II** ***sm.*** **1.** individuo; persona considerata separatamente: *i bisogni dei singoli non necessariamente coincidono con quelli della collettività* **2.** *T.sport.* incontro singolare, tra due soli giocatori, spec. nel tennis o nel ping pong: *un singolo femminile* || nel canottaggio, imbarcazione predisposta per un solo vogatore || **N. I 2.** *Sin.* semplice, unico | *Contr.* composto, doppio **II 2.** *Sin.* singolare | *Contr.* doppio.

sìngrafe (raro *sìngrafa*) [dal lat. *syngrapha*, gr. *syngraphḗ*; 1838 *singrafa*] ***sf.*** *T.stor.* nel diritto antico greco e romano, documento in doppio originale contenente l'obbligazione di un debitore nei confronti del creditore || **N.** chirografo.

Singspiel (ted., pr. [ˈzɪŋʃpi:l]) [comp. di *singen*, cantare e *Spiel*, spettacolo; 1930] ***sm. inv.*** genere teatrale tedesco dei sec. XVIII e XIX, solitamente di tono comico e popolaresco, nel quale si alternavano parti recitate e brani musicali.

sìngulo e der. forme ant. di SINGOLO e der. (v.).

singultìo (pl. *-ìi*) [da *singultire*; a. 1912] ***sm.*** *lett.* un singhiozzare frequente e continuato: *con un immenso singultìo sonoro* (Pascoli).

singultire (pres. *-ìsco, -ìsci*) [da *singulto*; a. 1912] ***intr.*** (aus. *avere*) *lett.* piangere con singulti, singhiozzare: *gli esuli intorno singultìan pian piano* (Pascoli).

singùlto [dal lat. *singultus*; 1294] ***sm.*** singhiozzo.

sinìbbio [forse dal lat. volg. **subnūbulus*, oscuro, tenebroso; 1891] ***sm.*** *tosc.* vento con neve; neve che il vento polverizza: *il sinibbio strepitava contro le vetrate del salotto.*

siniscalcàto [da *siniscalco*; a. 1348] ***sm.*** *T.stor.* l'ufficio e la dignità di siniscalco || *per meton.* la provincia governata da un siniscalco e anche la durata del suo incarico.

siniscàlco (pl. *-chi*) [dal francone *siniskalk*; a. 1238 *senescalco*] ***sm.*** *T.stor.* nel Medioevo, colui che nelle case reali o dei grandi feudatari aveva cura della mensa; maestro di casa, maggiordomo || in seguito, dignitario di corte con funzioni amministrative e infine anche politico-diplomatiche.

sinìstr o **sinìst** [da *sinistra*; 1970] voce usata nei comandi militari con valore di agg.; indica che il movimento va effettuato a sinistra: *fronte sinist(r)!* || ha valore di *sf.* nella loc. *a sinist(r)*: *attenti a sinist(r)!*

sinìstra [da *sinistro*; 1313] ***sf.*** **1.** mano che è dalla parte del cuore, in direzione opposta alla destra: *servire con la sinistra* **2.** lato o parte corrispondente alla mano sinistra: *i pedoni, quando non vi sia il marciapiede, dovrebbero tenere la sinistra*, ovvero mantenersi sul lato sinistro della strada || *a sinistra* e sim., dalla parte della mano sinistra, di solito del parlante ma talvolta dell'ascoltatore; per evitare ambiguità, si dice *alla mia, alla tua sinistra* ecc.: *il carro veniva alla sua sinistra* || *avanti a sinistra!, fronte a sinistra!, squadra a sinistra!*, comandi impartiti a militari e ginnasti || *cercare a destra e a sinistra*, dappertutto || *la sinistra di un fiume*, la riva che si trova alla sinistra di chi guarda in direzione della foce; *sinistra orografica*, la parte sinistra della valle guardando in direzione del suo sbocco || nel parlamento, i settori alla sinistra del presidente, che sono occupati dai partiti progressisti; anche tutti i deputati che siedono da quella parte **3.** *per estens.* in campo politico, le correnti avanzate, progressiste, rivoluzionarie: *la politica della sinistra* (o *delle sinistre*); *sinistra moderata, estrema*; *andare a sinistra*, orientarsi in senso progressista; *essere di sinistra*, dalla parte della sinistra politica || **N. 2.** *Sin.* manca, mancina | *Contr.* destra | mancinismo, mancino.

sinistràre [da *sinistro*; 1969] ***tr.*** colpire con un sinistro; rovinare, danneggiare || ***intr.*** (aus. *avere*) *ant.* andar male, aver esito sfavorevole || ***intr. pron.*** *ant.* scomodarsi; infuriarsi.

sinistràto (*pps.* di *sinistrare*) [a. 1642] **I** ***agg.*** che ha subito un danno **II** ***sm.*** (f. *-a*) colpito, danneggiato, rovinato da un sinistro: *i sinistrati abbandonarono le abitazioni pericolanti, approntare soccorsi per la zona sinistrata.*

sinistrése [da *sinistra*, sul modello di *francese, inglese*; 1977] ***agg.*** e ***sm.*** *iron.* insieme delle parole e degli stereotipi linguistici usati da chi è politicamente impegnato nella sinistra, in part. extraparlamentare.

sinistrìsmo [da *sinistro*; 1960] ***sm.*** **1.** mancinismo **2.** orientamento politico, letterario, culturale ecc. verso posizioni di sinistra.

sinìstro [lat. *sinister*, fine sec. XIII] **I** ***agg.*** **1.** di parte del corpo, che è dalla parte del cuore: *braccio, piede, rene sinistro* || che è dalla parte della mano sinistra, con riferimento al parlante, a un punto di vista citato in precedenza o anche a un punto di vista convenzionalmente fissato: *la fiancata sinistra dell'auto* (s'intende dal punto di vista del guidatore); *se guardi la facciata, è il portone all'angolo sinistro dell'edificio*; *sulla riva sinistra del fiume* (s'intende guardando verso la foce) **2.** *fig.* infausto, avverso, dannoso: *responso sinistro, effetti sinistri*; *tempi sinistri*, funesti || inquietante, oscuramente minaccioso: *occhiata sinistra, luogo sinistro* || **sinistraménte** ***avv.*** **II** ***sm*** **1.** incidente, evento dannoso fortuito: *assicurazione contro i sinistri automobilistici* **2.** *T.sport.* colpo del pugilatore vibrato col pugno sinistro: *gli sferrò un sinistro al mento* || piede o mano sinistra: *tirò, lo sgambettò di sinistro* || **N. I 1.** *Sin.* mancino, manco | *Contr.* destro **2.** *Sin.* bieco, losco, tristo, truce | *Contr.* favorevole, felice, fortunato **II 1.** *Sin.* accidente, infortunio.

sinistrochèrio (pl. *-ri*) [comp. di *sinistro* e un der. del gr. *chéir, cheirós*, mano; 1960] ***sm.*** *T.arald.* braccio che esce dal fianco destro dello scudo e si prolunga verso sinistra.

sinistrogiro [comp. di *sinistro* e *-giro*; 1957] ***agg.*** **1.** sinistrorso **2.** *T.fis.* e *T.chim.* levogiro.

sinistròide [da *sinistra*; 1945] ***agg.*** e ***s.*** *spreg.* detto di chi è orientato politicamente verso sinistra.

sinistròrso [dal lat. *sinistrorsus*, verso sinistra; 1906] **I** ***agg.*** **1.** che gira da destra verso sinistra, detto spec. di piante volubili: *vite sinistrorsa* || *elica sinistrorsa*, che gira in senso antiorario **2.** *T.fis.* e *T.chim.* levogiro **3.** *scherz.* o *spreg.* orientato politicamente a sinistra **II** ***sm.*** (f. *-a*) *scherz.* o *spreg.* di persona, di sinistra in senso politico || **N.** *Contr.* destrorso.

sinìẓesi [dal lat. tardo *synizēsis*, gr. *synízēsis*, abbassamento; 1821] ***sf. inv.*** *T.gram.* sineresi.

sinmelìa v. SIMMELIA.

sino (freq. la forma tronca *sin* davanti a consonante) [da *fino* con influsso di *si²*; a. 1294] **I** ***prep.*** fino, per tutto lo spazio o il tempo intercorrente tra il punto o il momento della locuzione e quello indicato; usato *ass.* con avv. di luogo: *sin qui, sin là, sin dietro la casa*, o altrimenti nelle *loc. prep. sino in, sino a*: *sino in Francia, sino a Fiesole* **II** ***avv.*** anche, persino: *ti ho sopportato sin troppo.*

sinodàle [da *sinodo*; 1354] ***agg.*** *T.eccl.* di sinodo, attinente a sinodo o prescritto da un sinodo: *deliberazioni sinodali* || *età sinodale*, età di quaranta anni, richiesta come minimo dal sinodo di Trento per le donne che sono a servizio di preti || **sinodalménte** ***avv.*** secondo le prescrizioni sinodali.

sinòdico (pl. *-ci*) [dal lat. *synodicus*, gr. *synodikós*; 1745 nel senso 2] ***agg.*** **1.** *T.eccl. non com.* del sinodo, relativo al sinodo; sinodale: *decisione sinodica* **2.** *T.astr.* *rivoluzione sinodica* o *periodo sinodico*, l'intervallo compreso tra due successive opposizioni di un pianeta esterno, o fra due congiunzioni inferiori di un pianeta interno, quale è osservato dalla Terra; *mese sinodico*, lunazione, anche detto *rivoluzione sinodica della Luna.*

sìnodo [dal lat. tardo *synodus*, gr. *sýnodos*, convegno, concilio; a. 1342] ***sm.*** **1.** *T.eccl.* assemblea di ecclesiastici; *in part. sinodo diocesano*, presieduto dal vescovo della diocesi || *Santo Sinodo*, concilio dei sacerdoti che regge la Chiesa ortodossa russa || assemblea dei pastori protestanti e degli anziani che deliberano sugli affari della Chiesa || *sinodo generale*, concilio ecumenico **2.** *disus.* *T.astr.* la congiunzione di due o più astri nello stesso punto ottico del cielo, osservata dalla Terra. **Q.T.** *religione.*

sìnolo [dal gr. *sýnolon*, totale; 1929] ***sm.*** *T.fil.* nel pensiero aristotelico, l'unione di materia e forma che si concretizza nell'individuo singolo.

sinologìa [comp. di *sino-* e *-logia*; 1935] ***sf.*** lo studio della lingua, della letteratura e della civiltà cinese.

sinològico (pl. *-ci*) [da *sinologia*; 1935] ***agg.*** relativo alla sinologia, proprio della sinologia: *studi sinologici.*

sinòlogo (pl. *-gi*) [comp. di *sino-* e *-logo*; 1873] ***sm.*** (f. *-a*) chi si occupa di sinologia.

sinonimìa [dal lat. tardo *synonymia*, gr. *synōnymía*; 1575] ***sf.*** *T.ling.* la relazione intercorrente tra sinonimi, ovvero la loro sostanziale identità di significato: *"scapolo" e "uomo non sposato" offrono un chiaro esempio di sinonimia* || *per estens.* l'uso di un sinonimo: *evitare la ripetizione con una sinonimia.* **Q.T.** *linguistica.*

sinonìmica [da *sinonimico*; 1960] ***sf.*** *T.ling.* parte della linguistica che si occupa dei sinonimi.

sinonìmico (pl. *-ci*) [da *sinonimo*; 1582] ***agg.*** proprio di un sinonimo o di sinonimi; relativo a sinonimia: *coppia sinonimica.*

sinònimo [dal lat. tardo *synōnymum*, gr. *synṓnymos*; a. 1565] ***agg.*** e ***sm.*** di parola o espressione, che ha sostanzialmente lo stesso significato di un'altra: *"candido" e "bianco" sono sinonimi*; *"giubilo" e "letizia" sono entrambi sinonimi di "allegria".*

sinòpia [dal lat. *sinōpis*, gr. *sinōpís*, terra rossa; a. 1320] ***sf.*** **1.** terra rossa molto pregiata che si importava da Sinope, città sul Mar Nero; era usata per tracciare sull'intonaco il disegno preparatorio per un affresco || *per meton. concr.* il disegno preparatorio stesso **2.** *impropr.* varietà di ocra rossa, usata come colorante in particolari tecniche. **Q.T.** *pittura.*

sinòpsi [dal gr. *sýnopsis*, compendio; 1838] ***sf. inv.*** sinossi.

sinóra [da *sino (ad) ora*; 1725 *sin'ora*] ***avv.*** finora.

sinòssi [dal lat. tardo *synopsis*, gr. *sýnopsis*, sguardo d'insieme; a. 1676] ***sf. inv.*** compendio, prospetto, esposizione sintetica e schematica: *una sinossi della storia contemporanea*; *sinossi dei quattro Vangeli*, giustapposizione dei brani che si riferiscono agli stessi episodi || *T.cin.* la prima stesura del soggetto di un film, che riassume in breve tutta l'azione.

sinòstoṣi [comp. di *sin-* e *-ostosi*, dal gr. *ostéon*, osso; 1821] ***sf. inv.*** *T.med.* giuntura, saldatura, spesso patologica, tra due ossa, talmente rigida da non consentire movimenti.

sinotibetàno [comp. di *sino-* e *tibetano*; 1960] ***agg.*** detto di un gruppo di lingue che comprende anche il cinese e il tibetano || relativo al territorio occupato dalla Cina e dal Tibet.

sinòttico (pl. *-ci*) [dal gr. *synoptikós*; a. 1712] ***agg.*** esposto in forma di sinossi, di prospetto; sintetico, schematico: *tavole sinottiche*, dove la materia è disposta con ordine e compendiata in modo da consentire una rapida visione d'insieme || *Vangeli sinottici* o, *per anton.*, *i Sinottici*, quelli di Matteo, Marco e Luca che, a differenza di quello di Giovanni, concordano sostanzialmente nella narrazione della vita di Gesù || *carte sinottiche*, carte topografiche con segnalazioni meteorologiche di varie regioni, ad uso dei naviganti || **N.** *Sin.* sintetico.

sinòvia [dal lat. scient. *synovia*, di orig. non chiara; 1749] **sf.** *T.anat.* liquido giallastro, vischioso e torbido, lubrificante, prodotto dalla membrana sinoviale e contenuto nelle cavità delle articolazioni delle ossa.

sinoviàle [da *sinovia*; 1771] **agg.** *T.anat.* relativo alla sinovia, della sinovia; *in part. membrana sinoviale*, membrana che tappezza la superficie interna delle cavità articolari e secerne la sinovia; *liquido sinoviale*, sinovia.

sinovìte [comp. di *sinovia* e *-ite*[1]; 1875] **sf.** *T.med.* infiammazione delle membrane sinoviali.

sintàgma [dal gr. *sýntagma*, composizione; 1950] **sm.** *T.ling.* unità sintattica dotata di una certa autonomia semantica: *sintagma nominale*, gruppo di parole che ha la distribuzione di un nome proprio, salvo che per le restrizioni di numero (ad es. *Aldo Rossi, il mio gatto, molti amici*); *sintagma verbale*, l'unione di una forma verbale con i suoi eventuali complementi; *sintagma preposizionale*, l'unione di una preposizione con un sintagma nominale. **Q.T.** *linguistica.*

sintagmàtico (pl. *-ci*) [da *sintagma*; 1960] **agg.** relativo ai sintagmi: *nessi sintagmatici* || nello strutturalismo, riguardante le relazioni di cooccorrenza tra lessemi in un sintagma: *il piano* (o *l'asse*) *sintagmatico del linguaggio*; *"il" e "mio" sono in relazione sintagmatica nell'espressione "il mio gatto"* || **N.** *Contr.* paradigmatico. **Q.T.** *linguistica.*

sintantoché [comp. di *sino, tanto* e *che*; 1838] **cong.** *disus.* fintantoché.

sintàssi [dal lat. tardo *syntaxis*, gr. *sýntaxis*, coordinamento; 1598] **sf.** *inv.* **1.** *T.ling.* settore della linguistica che studia le regole di formazione delle frasi e in generale delle espressioni linguistiche complesse: *un errore di sintassi, la sintassi del periodo* || manuale in cui sono esposte le norme di tale disciplina: *ho perso la sintassi latina* **2.** *per estens.* struttura sintattica di un testo: *uno scritto dalla sintassi sconnessa, incerta, perfetta* || *per estens.* struttura di una composizione non linguistica: *sintassi architettonica, filmica, pittorica*; *la sintassi dei colori, delle armonie musicali* **3.** in logica matematica, insieme delle proprietà di un sistema che determinano i concetti di dimostrazione e teorema (oggi, più com., *teoria della dimostrazione*) || **N. 1.** grammatica, lessicologia, morfologia, semantica. **Q.T.** *linguistica.*

sintàttica [da *sintattico*, sul modello dell'ingl. *syntactics*; 1946] **sf.** in semiotica, studio delle relazioni reciproche dei segni.

sintàttico (pl. *-ci*) [dal gr. *syntaktikós*; 1873] **agg.** proprio della sintassi, concernente la sintassi: *regola, forma sintattica* || **sintatticaménte** **avv.** dal punto di vista della sintassi: *sintatticamente errato.*

sintèreṣi v. SINDERESI.

sinterizẓàre [dall'ingl. (*to*) *sinter*; 1960] **tr.** *T.tecn.* sottoporre a sinterizzazione.

sinterizẓazióne [da *sinterizzare*; 1948] **sf.** *T.metal.* procedimento a caldo per agglomerare polveri di metalli in pezzi compatti.

sìnteṣi [dal gr. *sýnthesis*, composizione; 1711] **sf.** *inv.* **1.** operazione mentale mediante la quale una molteplicità di dati viene compresa e definita da un concetto: *la sintesi è l'operazione inversa dell'analisi*; *avere una buona* (o *una scarsa*) *capacità di sintesi*, di operare delle sintesi || *T.fil. sintesi a priori*, in Kant, attività unificatrice dell'intelletto che, mediante le categorie, struttura i dati della sensazione || *T.fil.* nella dialettica hegeliana, quello della sintesi è il momento dell'integrazione di tesi e antitesi **2.** *per estens.* riassunto, compendio che coglie l'essenziale: *fare la sintesi di un discorso, un buon lavoro di sintesi*; *una sintesi fedele, corretta*; spesso nel titolo di pubblicazioni manualistiche: *Sintesi di storia della filosofia* || *fig.* espressione, spec. artistica, che fonde tratti caratteristici di una realtà, di un'epoca e sim.: *nella Divina Commedia si è vista la sintesi del mondo medievale, le tombe medicee michelangiolesche sono una sintesi figurativa del neoplatonismo* || nella *loc. avv. in sintesi*, brevemente, in poche parole: *(detto) in sintesi, non hai ancora fatto nulla* **3.** *T.chim.* e *T.biol.* processo di costituzione di un composto a partire da elementi più semplici: *sintesi clorofilliana*, fotosintesi (v.); *la sintesi delle proteine* **4.** *T.ott. sintesi additiva*, miscela di tre colori (blu, verde e rosso) che consente di produrre la maggior parte dei colori; *sintesi sottrattiva*, procedimento che consente di produrre la maggior parte dei colori dalla luce bianca, facendola passare attraverso tre filtri di colore complementare a quelli della sintesi additiva (ciano, magenta e giallo).

sintetàṣi [comp. di *sintet(izzare)* e *-asi*; 1974] **sf.** *T.chim.* classe di enzimi che catalizzano il processo di unione di due molecole || **N.** *Sin.* ligasi.

sinteticità [da *sintetico*; 1960] **sf.** l'essere sintetico.

sintètico (pl. *-ci*) [dal gr. *synthetikós*; 1749] **agg. 1.** che procede, che è condotto per via di sintesi: *ragionamento sintetico* || che è il prodotto di una sintesi; succinto, conciso: *valutazione sintetica*, che coglie l'essenziale || *T.fil. giudizio sintetico*, in Kant, quello che attribuisce a un soggetto determinazioni in esso non contenute analiticamente || anche, capace di sintesi: *ha un'intelligenza sintetica* **2.** *T.chim.* detto di prodotto ottenuto artificialmente mediante un processo di sintesi: *fibre sintetiche, diamanti sintetici* **3.** *T.ling.* detto delle lingue che, come il latino, esprimono i rapporti grammaticali con desinenze e affissi, a differenza di quelle analitiche (come l'italiano) che li rendono con preposizioni, avverbi e ausiliari **4.** *T.mat.* detto dello studio della geometria che, in opposizione alla *geometria analitica*, non si avvale di metodi propri dell'analisi matematica, ma procede esclusivamente per via geometrica || **sinteticaménte** **avv.** in breve, in poche parole || **N. 1. 3. 4.** *Contr.* analitico.

sintetizẓàre [dal fr. *synthétiser*; 1862] **tr. 1.** riassumere, compendiare: *sintetizzare un discorso* **2.** *T.chim.* e *T.biol.* produrre un composto con un procedimento di sintesi || **N. 1.** *Sin.* riepilogare.

sintetizẓatóre [da *sintetizzare*; 1973] **sm.** e **agg.** *T.mus.* strumento elettronico munito di tastiera speciale con cui riprodurre una vasta gamma di suoni o rumori sovrapposti e mixati || **N.** *Sin. moog.*

sintetizẓazióne [da *sintetizzare*; 1948] **sf.** atto ed effetto del sintetizzare.

sintogràmma [comp. di *sinto(nia)* e *-gramma*; 1939] **sm.** nei radioricevitori, scala di sintonia.

sintomàtico (pl. *-ci*) [dal gr. *symptōmatikós*, accidentale, sul modello del fr. *symptomatique*; 1745] **agg. 1.** *T.med.* attinente a sintomo: *terapia sintomatica*, che elimina i sintomi ma non la loro causa **2.** che ha valore di sintomo: *una febbre sintomatica* || *fig.* significativo, rivelatore: *è sintomatico che sia arrivato prima del solito.*

sintomatologìa [da *sintomo* e *-logia*, sul modello del fr. *symptomatologie*; 1821] **sf.** *T.med.* la parte della medicina che studia i sintomi delle malattie || *concr.* complesso dei sintomi di una malattia || **N.** *Sin.* semeiotica.

sìntomo [dal gr. *sýmptōma*, caso; 1574] **sm. 1.** *T.med.* fenomeno che accompagna una malattia e la caratterizza: *ha tutti i sintomi della malaria* **2.** *fig.* indizio: *l'invidia è sintomo di bassezza d'animo* || **N.** *Sin.* indicazione, prodromo, pronostico, segno, INDIZIO | diagnosi, semeiotica.

sintonìa [dal gr. *syntonía*, intensità, attr. il fr. *syntonie*; 1922] **sf. 1.** *T.fis.* identità di periodo tra due o più grandezze di fenomeni periodici || *in part.* in radiotecnica, coincidenza di frequenza delle oscillazioni elettromagnetiche tra un radiotrasmettitore e un radioricevitore: *comando, controllo di sintonia*; *scala di sintonia*, v. SCALA **2.** *fig.* accordo, armonia, coerenza: *essere in sintonia con qualcuno* o *qualcosa, non c'è sintonia tra i tuoi atti e le tue parole.*

sintònico (pl. *-ci*) [da *sintonia*, sul modello dell'ingl. *syntonic*; 1908] **agg.** *T.fis.* e *T.rad.* di sintonia || che è in sintonia.

sintonìṣmo [da *sintonia*; 1922] **sm.** *non com.* l'essere in sintonia.

sintonizẓàre [da *sintonia*, sul modello dell'ingl. (*to*) *syntonize*; 1935] **tr.** *T.fis.* mettere in sintonia due o più circuiti oscillanti || *in part.* in radiotecnica, accordare su una data frequenza lo stadio di ingresso di un radioricevitore: *sintonizzare la radio su una data stazione* || **rifl.** e **intr. pron. 1.** cercare, per mezzo del comando di sintonia di un radioricevitore, le trasmissioni di una data stazione emittente: *sintonizzati su RAI 2* **2.** *fig.* armonizzarsi, porsi in accordo con qualcuno o qualcosa: *si è subito sintonizzato con il nuovo ambiente di lavoro.*

sintonizẓatóre [da *sintonizzare*; 1942] **sm.** *T.rad.* convertitore di frequenza usato per fare in modo che un ricevitore radiofonico riceva segnali al di fuori del suo normale campo di frequenza. **Q.T.** *audiovisivi* **TAV.** *audiovisivi* 8.5.

sintonizẓazióne [da *sintonizzare*; 1942] **sf.** atto ed effetto del sintonizzare.

sintropìa [comp. di *sin-* e *-tropia*; 1956] **sf.** *T.fis.* grandezza fisica applicata a gruppi di fenomeni collegati tra di loro e che tendono a costituire sistemi materiali ordinati e differenziati || **N.** *Contr.* entropia.

sintròpico (pl. *-ci*) [da *sintropia*; 1960] **agg.** *T.fis.* caratterizzato da sintropia: *fenomeni sintropici* || *differenziazione sintropica*, principio che tende a costituire sistemi materiali ordinati, ritardando la degradazione energetica.

sinuàto [dal lat. *sinuātus*; 1838] **agg.** *T.bot.* detto di organo il cui margine presenta seni poco profondi. **TAV.** *fiori...* **p. 671** 5.4.

sinuosità [da *sinuoso*; 1541] **sf.** qualità di ciò che è sinuoso: *sinuosità della riva, del sentiero, di un fiume* || *fig.* tortuosità: *sinuosità di un comportamento.*

sinuóso [dal lat. *sinuōsus*; a. 1527] **agg.** che presenta frequenti ondulazioni o curve, che ha concavità e convessità successive: *fiume sinuoso, margine, viottolo sinuoso* || *fig.* poco lineare, tortuoso: *un ragionamento, un periodo sinuoso.*

sinuṣìa [dal gr. *synousía*, convivenza; 1940] **sf.** *T.teol.* l'unità della sostanza divina e di quella umana in Gesù Cristo || **N.** monofisismo.

sinuṣiàsta [dal gr. *synousiastḗs*; 1838] **s.** *T.teol.* membro di sette di eretici che sostenevano la sinusia.

sinuṣìte [dall'ingl. *sinusitis*, basato sul lat. *sinus*, seno (paranasale); 1903] **sf.** *T.med.* infiammazione di uno o di più seni paranasali || **N.** etmoidale, frontale, mascellare, sfenoidale.

sinuṣìtico (pl. *-ci*) [da *sinusite*; 1960] **agg.** *T.med.* relativo alla sinusite, proprio della sinusite.

sinuṣoidàle [da *sinusoide*[1]; 1895] **agg.** *T.mat.* detto di funzione la cui rappresentazione grafica ha forma di sinusoide: *andamento, curva sinusoidale.*

sinuṣòide[1] [dal lat. mediev. *sinus,* seno; 1895] **sf.** *T.geom.* nome di una curva periodica determinata; corrisponde al diagramma della funzione seno.

sinuṣòide[2] [dal lat. mediev. *sinus,* seno; 1957] **sm.** *T.med.* vaso capillare di calibro e di lunghezza notevoli.

-siòne o **-ṣiòne** V. -IONE.

sioniṣmo [dall'ebr. *Siyyōn,* n. della parte più antica di Gerusalemme, attr. il ted. *Zionismus;* 1899] **sm.** movimento degli Ebrei tendente alla ricostituzione di uno Stato ebraico in Palestina e che oggi ha ottenuto il suo scopo con la costituzione dello Stato d'Israele ‖ *per estens.* sostenitore dello Stato d'Israele e dell'ebraismo come movimento politico.

sionista [da *sionismo;* 1899] **s.** seguace o fautore del sionismo.

sionìstico (pl. *-ci*) [da *sionismo;* 1909] **agg.** relativo al sionismo e ai sionisti: *movimento sionistico.*

siór V. SOR.

sipahi (persiano, pr. [sepɒ:'hi:]) o **sipài** [letter. esercito; 1937] **sm.** *inv.* nell'epoca coloniale, soldato indiano che prestava servizio nell'esercito britannico ‖ **N.** *Sin. sepoy.*

sipariétto (*dim.* di *sipario*) [1960] **sm.** *T.teatr.* sipario più leggero che si cala per separare un quadro dall'altro di uno spettacolo, spec. in riviste od operette ‖ *per estens.* intermezzo che separa le varie parti di un'opera teatrale: *siparietto comico* ‖ *non com. siparietto pubblicitario,* spot pubblicitario televisivo.

sipàrio (pl. *-ri*) [dal lat. *siparium;* a. 1681] **sm.** pesante tendaggio che nasconde il palcoscenico agli spettatori: *alzare il sipario* ‖ *fig. calare il sipario su qualcosa,* cessare di parlarne ‖ *dim.* sipariétto ‖ **N.** *Sin.* tela, telone, velario. **Q.T.** *teatro.*

siparista [da *sipario;* 1970] **s.** *T.teatr.* tecnico addetto alla manovra del sipario.

Sipuncùlidi o **Sipuncolòidi** (sing. *-e*) [dal lat. scient. *Sipunculidae;* 1936 *sipunculoidi*] **sm.** *pl. T.zool.* ordine di vermi marini di forma cilindrica e forniti di proboscide cefalica.

sir (ingl., pr. [sə:]) [dal fr. *sire,* signore; 1891] **sm.** *inv.* titolo inglese di baronetti e cavalieri ‖ titolo inglese di cortesia.

sire [dal lat. volg. **seior,* class. *senior,* più vecchio, attr. il fr. ant. *sire;* a. 1250 nel senso 2] **sm. 1.** titolo usato nel rivolgersi a un regnante **2.** *arc.* signore, sovrano.

sirèna[1] [dal lat. tardo *Sirēna;* a. 1294 *serena*] **sf. 1.** *T.mit.* mostro favoloso della mitologia greca, concepito come donna giovane e bella ma con corpo di uccello dalla vita in giù (l'immagine della donna-pesce si presenta solo più tardi, nel Medioevo, per influenza di tradizioni germaniche), che con il suo canto suadente e ammaliatore attirava i naviganti per farli perire **2.** *fig.* donna seducente, ammaliatrice, affascinante: *stai lontano da quella sirena!* ‖ *canto, voce di sirena,* che affascina, ammalia **3.** nome com. degli Anfibi Urodeli della famiglia dei Sirenidi ‖ *dim.* sirenèlla, sirenétta.

sirèna[2] [da *sirena*[1], sul modello del fr. *sirène;* 1838] **sf.** dispositivo generatore di suono di grande intensità usato, tra l'altro, in stabilimenti industriali per segnalare l'inizio e la fine dei turni lavorativi, sui veicoli di pronto intervento perché possano farsi strada nel traffico o anche, in tempo di guerra, per segnalare l'avvicinarsi di aerei nemici: *il fischio acuto della sirena.*

sirenétta (*dim.* di *sirena*[1]) [1821] **sf. 1.** piccola sirena **2.** strumento musicale con cui si riproduce il canto degli uccellli.

Sirèni (sing. *-e*) [dal lat. *sīren, sirēnis,* sirena; 1934] **sm.** *pl. T.zool.* ordine di mammiferi acquatici con corpo tozzo, arti anteriori trasformati in pinne e pinna caudale disposta orizzontalmente.

Sirènidi (sing. *-e*) [comp. di *sirena*[1] e *-idi;* 1957] **sm.** *pl. T.zool.* famiglia di Anfibi Urodeli dal corpo serpentiforme, con arti assenti o ridottissimi, e che mantengono per tutta la vita le caratteristiche larvali, vivendo perennemente in acqua, seppellendosi sovente nella melma, e respirando per mezzo di branchie. **TAV. *mammiferi* p. 1319.**

siriaco (pl. *-ci*) [dal lat. *Syriacus;* 1838] **I** **agg.** della Siria antica **II** **sm.** (solo *sing.*) la lingua siriaca letteraria.

siriàno [dal n. geogr. *Siria;* 1838] **I** **agg.** della Siria moderna **II** **sm. 1.** (f. *-a*) abitante della Siria **2.** (solo *sing.*) la lingua siriaca moderna.

sirice [dal lat. scient. *Sirex,* basato sul lat. *sīren, sirēnis,* sirena; 1936] **sm.** *T.zool.* insetto degli Imenotteri diffuso in regioni fredde e temperate, le cui larve costruiscono lunghe gallerie nei tronchi d'albero abbattuti.

sirighèlla [dal lat. tardo **siricus,* gr. tardo *sērikós,* dei Seri (popolo dell'Asia); 1838] **sf.** *T.tess.* cascame di seta; filaticcio, bavella.

sìrima o **sìrma** [dal lat. *syrma,* gr. *sýrma,* veste a strascico; 1908] **sf.** *T.lett.* la seconda parte di una strofa di canzone all'antica, concatenata alla prima parte della strofa (*fronte*) da un verso chiamato *chiave;* può dividersi in due parti minori, dette *prima* e *seconda volta* ‖ **N.** CANZONE.

siringa [dal lat. tardo *syringa,* class. *sȳrinx, -ingis,* zampogna, siringa; 1592 nel senso 4] **sf. 1.** *T.med.* cannello di vetro o plastica (terminante a un'estremità con un beccuccio per l'innesto di un ago forato nel senso della lunghezza) al cui interno scorre uno stantuffo a tenuta perfetta che consente di aspirare liquidi medicinali da iniettare nel corpo o di prelevare liquidi da analizzare (per es. sangue) **2.** analogo strumento a stantuffo usato in cucina spec. per iniettare crema nei dolci o per decorarli **3.** strumento musicale a fiato, costituito da sette canne forate di diversa lunghezza, usato dagli antichi pastori della Grecia **4.** *ant.* catetere.

siringàre (pres. *-ingo, -inghi*) [da *siringa;* 1611] **tr.** *T.med.* **1.** introdurre la siringa nel corpo **2.** *ant.* cateterizzare ‖ **rifl.** *gerg.* iniettarsi la droga con una siringa ‖ **N. 1.** *Sin.* iniettare.

siringatùra [da *siringare;* 1891] **sf.** *T.med.* il siringare.

siringe [dal lat. *sȳrinx, -ingis,* zampogna; 1940] **sf.** *T.zool.* organo della fonazione posto nella parte inferiore della trachea degli uccelli.

sìrma [dal lat. *syrma,* gr. *sýrma,* veste a strascico; 1927] **sf. 1.** *lett.* sirima **2.** veste lunga fino ai piedi indossata dagli attori tragici greci.

siro [dal lat. *Syrus;* 1822] **I** **agg.** *lett.* della Siria **II** **sm.** (f. *-a*) abitante della Siria.

siròcchia o **seròcchia** [lat. *sorōcula,* dim. di *soror,* sorella; 1319] **sf.** *arc.* (a volte *scherz.*) sorella ‖ *siròcchiama,* mia sorella, sorella mia.

siròcco **sm.** *ant.* V. SCIROCCO.

siròppo **sm.** *raro* V. SCIROPPO.

sirtaki (gr. mod., pr. [sir'taki]) [voce gr.; 1965] **sm.** *inv.* canto e danza popolare greca, particolarmente diffusa nell'isola di Creta.

sìrte [dal lat. *Syrtis,* gr. *Sýrtis,* insenature sabbiose sulla costa libica; a. 1566] **sf. 1.** *lett.* secca, bassofondo sabbioso molto pericoloso per i naviganti **2.** *fig.* insidia, pericolo: *tra le sirti aspre del vero* (Carducci) ‖ **N. 1.** *Sin.* seccagna.

sìrtico (pl. *-ci*) [dal n. geogr. *Sirte;* 1940] **agg.** della Sirte, che si riferisce alla regione che è tra le Sirti: *costa sirtica, deserto sirtico.*

sirventése o **serventése** [dal provenz. *sirventes,* letter. poesia del trovatore che serve il suo signore; 1887] **sm.** componimento celebrativo talvolta musicato; poi usato per trattare temi politici, morali, religiosi.

sìsal[1] [dal n. di un porto dello Yucatan, attr. l'ingl. *sisal;* 1929] **sf.** nome commerciale di una fibra tessile vegetale estratta dall'*Agave sisalana.*

sìsal[2] [sigla formata da *S(port) I(talia) S(ocietà) A (responsabilità) L(imitata);* 1959] **sf.** *disus.* totocalcio, concorso a pronostici sulle partite di calcio: *giocare, vincere alla sisal.*

sì signóre V. SISSIGNÓRE.

sìṣma V. SISMO.

siṣmicità [da *sismico;* 1960] **sf.** *T.geol.* caratteristica di una regione soggetta a frequenti movimenti sismici: *l'alta sismicità della penisola italiana.*

sìṣmico (pl. *-ci*) [da *sismo;* 1873] **agg.** relativo ai terremoti, di terremoto: *fenomeni, movimenti sismici; osservatorio sismico.*

sìṣmo o **sìṣma** [dal gr. *seismós,* scossa; 1922] **sm.** *T.scient.* terremoto, movimento tellurico.

sìṣmo- (raro *sèiṣmo-*) [dal gr. *seismós,* scossa] **primo elem.** che, in parole composte della terminologia scientifica, vale "movimento tellurico, scossa, vibrazione" (per es. *sismografo*).

-siṣmo [dal gr. *seismós,* scossa] **elem. term.** che, in parole composte della terminologia scientifica, vale "movimento tellurico, terremoto" (per es. *bradisismo, microsismo*).

siṣmografìa [comp. di *sismo-* e *-grafia;* 1938] **sf.** tecnica di registrazione dei fenomeni sismici per mezzo di un sismografo.

siṣmogràfico (pl. *-ci*) [comp. di *sismo-* e *-grafico;* 1945] **agg.** relativo alla sismografia: *registrazione sismografica* ‖ proprio del sismografo, relativo al sismografo: *tracciato sismografico.*

siṣmògrafo [comp. di *sismo-* e *-grafo;* 1873] **sm.** strumento che registra l'intensità, la durata e la direzione dei movimenti sismici.

siṣmogràmma [comp. di *sismo-* e *-gramma;* 1909] **sm.** registrazione effettuata da un sismografo.

siṣmologìa [comp. di *sismo-* e *-logia;* 1865] **sf.** parte della geofisica che studia i movimenti sismici.

siṣmològico (pl. *-ci*) [comp. di *sismo-* e *-logico;* 1872] **agg.** proprio della sismologia: *studi sismologici.*

siṣmòlogo (pl. *-gi*) [comp. di *sismo-* e *-logo;* 1873] **sm.** (f. *-a*) scienziato, studioso di sismologia.

sissignóre o **sì signóre** [comp. di *sì* e *signore;* 1891] **avv.** di affermazione che si usava nel rispondere a superiori o persone di riguardo; usato anche per sottolineare un'affermazione: *sissignore, mi è proprio piaciuto!* (quando si risponde a una signora, si usa la forma *sissignora*) ‖ **N.** *Sin.* signorsì.

sissìzio (pl. *-zi*) [dal gr. *syssítion,* banchetto comune; a. 1729] **sm.** spec. *pl. T.stor.* a Sparta e in altre città di origine dorica, pasti in comune cui partecipava, versando cibarie e denaro, chiunque fosse in possesso dei requisiti di cittadino.

sistèma [dal lat. tardo *systēma,* gr. *sýstēma,* un tutto composto di varie parti; 1623] **sm. 1.** insieme di elementi in relazione tra loro ‖ *T.astr. sistema planetario,* l'ordine dei pianeti rispetto a una stella intorno a cui ruotano; *sistema solare,* insieme di corpi celesti che gravitano intorno al Sole ‖ *T.anat.* complesso di organi che concorrono allo svolgimento di una funzione del corpo: *sistema nervoso, digerente, respiratorio* ‖ *T.geogr. sistema orografico,* gruppo di catene montuose che perlopiù hanno caratteri comuni; *sistema idrografico* (o *fluviale*), complesso dei fiumi o corsi d'acqua di una regione ‖ *T.fis.* insieme di corpi, elementi o enti legati tra loro dal possesso di proprietà comuni o uniti dal fatto di essere oggetto di una considerazione unitaria: *sistema rigido, deformabile, elastico*; *sistema di forze*, combinazione di due o più forze || *T.econ. sistema bancario*, insieme degli istituti bancari operanti in uno Stato; *sistema monetario*, la serie delle monete che hanno corso in uno Stato e le norme che ne regolano il corso || insieme di strumenti, impianti e sim. predisposti per uno scopo: *sistema di ingranaggi, un sofisticato sistema di irrigazione* || *T.mil. il sistema difensivo di uno Stato*, l'intero armamentario bellico e il complesso delle fortificazioni || *T.inform. sistema per l'elaborazione dei dati*, complesso di apparecchiature elettroniche destinate all'elaborazione di informazioni; *sistema operativo*, programma che gestisce tutti gli altri programmi in un calcolatore elettronico; *sistema esperto*, programma di calcolatore che emula le prestazioni di un esperto umano || *T.mat. sistema di equazioni*, insieme di equazioni delle quali si vogliono conoscere le soluzioni comuni; *sistema di assiomi*, che definiscono una struttura algebrica; *sistema formale*, insieme di teoremi, generati da regole di formazione e regole di inferenza || *sistema segnico*, in semiologia, insieme di simboli, indici e segnali (verbali e non), organizzato secondo un codice specifico, proprio di una determinata comunità, della quale riflette le tradizioni culturali e i valori || *T.ling. sistema sintattico, fonematico, alfabetico, morfologico* ecc. *di una lingua*, l'insieme di elementi in reciproco rapporto in cui può essere analizzata e scomposta una lingua || nella metrica classica, successione di due o più versi destinata a ripetersi costantemente nella composizione: *sistema saffico* || insieme gerarchizzato di istituzioni sociali, economiche, politiche: *un sistema sociale segregazionista, il sistema bipartitico inglese*; *sistema giuridico, fiscale, elettorale*; *per anton.* il complesso delle strutture politiche, sociali ed economiche di un Paese: *ribellarsi, adeguarsi al sistema*; *rivoluzionare, abbattere, rafforzare il sistema* **2.** insieme di unità di misura coordinate: *sistema metrico decimale*, sistema di misura le cui unità fondamentali sono multipli o sottomultipli di dieci; *sistema CGS*, sistema assoluto di unità di misura, avente come unità fondamentale il centimetro, il grammo massa e il secondo **3.** classificazione che, in base a un certo criterio, dispone ordinatamente tutti gli esemplari noti di una data classe; *in part. T.chim. sistema periodico degli elementi*, tavola in cui gli elementi sono ordinati in base al numero atomico crescente || *T.bot. sistema di Linneo*, classificazione delle piante in base a un ridotto numero di caratteristiche fondamentali || *T.min.* insieme dei raggruppamenti di forme cristalline caratterizzate da una particolare forma **4.** insieme di principi e tesi, organicamente connessi, che costituiscono una dottrina filosofica o una teoria scientifica: *sistema aristotelico, hegeliano* ecc.; *sistema tolemaico* (o *geocentrico*), *copernicano* (o *eliocentrico*) **5.** metodo: *un nuovo sistema di illuminazione, il sistema educativo montessoriano*; *escogitare un nuovo sistema di gioco*, una nuova tattica || *in part.* nei concorsi a pronostici, metodo che tende a razionalizzarli, massimizzando le possibilità di vincita; anche il pronostico stesso: *ho giocato un sistema da ventimila lire* || nel gioco del calcio, tattica (detta anche *schieramento*) introdotta in Italia negli anni Quaranta, che consente una più efficace marcatura dei giocatori avversari e una maggiore verticalità nel gioco rispetto alla disposizione in linee orizzontali del cosiddetto "metodo" || *in part.* modo di organizzare la propria vita: *un sistema di vita molto lineare*; *da domani cambio sistema: dieta, moto e studio* || *fam.* maniera, spec. di modi sbrigativi o scortesi: *ma ti pare questo il sistema di rispondere?!, conosco io il sistema di farlo smettere.* **Q.T.** *antropologia, astronomia, economia..., fisica, informatica, sociologia* **TAV.** ***anatomia* p. 641** 4 e **p. 642** 8.

sistemàre (pres. *-èmo*) [da *sistema*; 1772] **tr.** **1.** *non com.* organizzare in un sistema, ridurre a sistema: *sistemare i dati a disposizione* || *com.* mettere ordine, dare un assetto ordinato, mettere a posto: *sistema i libri nello scaffale, non lasciarli in giro!* || disporre: *sistema la scrivania vicino alla finestra* || *fig. fam.* regolare, definire, risolvere: *devo sistemare una questione complicata* **2.** rif. a persona, reperirle una sede o un alloggio adeguato: *ho sistemato la famiglia in una pensione in montagna*; procurarle un posto di lavoro stabile o comunque garantirle la sicurezza economica: *ha sistemato tutti i figli nella sua ditta, ho sistemato mia moglie con un'assicurazione che le garantisce un'alta rendita annuale*; far sì che concluda un matrimonio vantaggioso: *hanno sistemato la figlia trovandole un ricco partito* || *fam.* punire, dare una lezione, detto in tono minaccioso, ma spesso *scherz.*: *adesso ti sistemo io per le feste!* || **rifl.** trovare una sede o un alloggio adeguato: *si è sistemato in una vecchia baita* || trovare un posto di lavoro: *con l'assunzione in banca, con l'eredità si è sistemato* || sposarsi: *l'anno scorso si è sistemato e ha già un bambino.*

sistemàtica [da *sistema*, sul modello del fr. *systématique*; 1927] **sf.** *T.scient.* organizzazione di una serie di fenomeni in un sistema; *in part. T.biol.* ramo della biologia che si occupa della classificazione degli esseri organici.

sistematicità [da *sistematico*; 1970] **sf.** caratteristica di chi o di ciò che è sistematico: *lavora con molta sistematicità.*

sistemàtico (pl. *-ci*) [dal gr. *systēmatikós*, attr. il fr. *systématique*; 1755] **agg.** **1.** costituente un sistema, organizzato in un sistema: *una filosofia sistematica, un complesso sistematico di dati* || *classificazione, catalogo sistematici*, nelle biblioteche, ordinamento delle schede in base all'argomento del libro (contrapposto all'ordinamento alfabetico per autore); *dizionario sistematico*, dizionario onomasiologico, con i lemmi ordinati non alfabeticamente ma in base a un sistema concettuale **2.** che procede con metodo, seguendo uno schema preciso: *uno studio sistematico degli insetti* || di persona, che procede con metodo; preciso, meticoloso **3.** ricorrente, che si verifica puntualmente in determinate occasioni, spec. con periodicità regolare: *il ripetersi sistematico di un evento, queste sistematiche ispezioni mi esasperano* **4.** fatto per principio, per partito preso, con voluta assiduità: *il sistematico rifiuto di qualsiasi proposta.*

sistematizzàre [da *sistema*; 1983] **tr.** rendere sistematico; ordinare secondo un criterio preciso.

sistematizzazióne [da *sistematizzare*; 1983] **sf.** atto ed effetto del sistematizzare.

sistemazióne [da *sistemare*; 1798] **sf.** atto ed effetto del sistemare o del sistemarsi || **N.** *Sin.* assestamento, assetto, collocazione, disposizione, impiego, occupazione, ordinamento, ordine, posizione, soluzione | buona / cattiva, definitiva / provvisoria, favorevole / sfavorevole, precaria / stabile, redditizia, rigorosa / approssimativa, vantaggiosa / svantaggiosa.

sistèmico (pl. *-ci*) [da *sistema*; 1950] **agg.** relativo a un sistema.

sistemista [da *sistema*; 1960] **s.** **1.** *T.gioc.* chi adotta un sistema giocando a concorsi a pronostico **2.** *T.inform.* esperto di sistemi operativi, spec. di grandi calcolatori. **Q.T.** *informatica.*

sistemistica [da *sistema*; 1974] **sf.** teoria dei sistemi.

sistemìstico (pl. *-ci*) [da *sistema*; 1974] **agg.** relativo alla sistemistica, proprio della sistemistica.

sìstilo [dal gr. *sýstylos*, a colonne fitte; a. 1600] **agg.** e **sm.** *T.arch.* di edificio a colonne nel quale l'intercolumnio sia equivalente a due volte il diametro della colonna.

sìstola [etim. inc.; 1922] **sf.** lungo tubo, gen. in gomma o plastica, munito di un rubinetto a un'estremità, usato per innaffiare o per estinguere incendi.

sìstole [dal gr. *systolḗ*, restringimento; 1618] **sf.** **1.** *T.fisiol.* moto di contrazione del muscolo cardiaco che si alterna al moto di dilatazione o diastole **2.** *T.metr.* spostamento dell'accento, per esigenze di ritmo, verso l'inizio della parola.

sistòlico (pl. *-ci*) [da *sistole*; 1838] **agg.** *T.med.* relativo alla sistole, proprio della sistole: *soffio sistolico.*

sìstro [dal lat. *sīstrum*, gr. *sêistron*; sec. XIV] **sm.** *T.stor.* strumento musicale dell'antico Egitto, formato da una lamina metallica piegata a ferro di cavallo e attraversata da verghette metalliche mobili, che, impugnato per il manico e agitato, tintinnava || oggi, strumento musicale formato da una o due file di campanelli in bronzo o di lamine metalliche da percuotere con un martelletto.

sìtar [da una voce urdu; 1980] **sm.** *inv.* liuto indiano con manico molto lungo e numero di corde variabile.

sitàre [da *sito*²; a. 1742] **intr.** (aus. *avere*) *raro* o *lett.* emanare sito, e *per estens.* ogni cattivo odore.

sitibóndo [dal lat. *sitibundus*; a. 1492] **agg.** *lett.* che ha sete, assetato; anche *fig.*: *era sitibondo di vendetta.*

sit-in (ingl., pr. [ˈsɪt ɪn]; pr. it. [si'tin]) [comp. di *sit*, atto di sedersi e *in*, dentro; 1960] **sm.** *inv.* forma di protesta consistente nell'occupare in gruppo un luogo pubblico, sedendosi a terra.

sitìre (pres. *-ìsco, -ìsci*; dif. dei tempi composti) [dal lat. *sitīre*; a. 1306] **intr.** e **tr.** *poet. ant.* aver sete: *sangue sitisti* (Dante) || *fig.* bramare, desiderare vivamente.

sìto¹ [dal lat. *situs*, luogo; 1308] **sm.** **1.** *arc.* ubicazione, posizione di un luogo: *una città bella di sito* || *T.biol.* localizzazione nelle strutture organiche della sede di importanti processi biologici **2.** *per estens.* luogo, località: *che sito lontano!* || *dim.* siterèllo, sitino; *pegg.* sitàccio. **Q.T.** *archeologia.*

sìto² [dal lat. *situs*, muffa; a. 1320] **sm.** *tosc.* odore di chiuso, di raffermo e sim. || **N.** *Sin.* puzza, tanfo.

sìto³ [dal lat. *situs*, pps. di *sinere*, lasciare; a. 1342] **agg.** *lett.* o *bur.* posto, ubicato: *lo stabile sito al numero 2 di Via Roma.*

sìto- [dal gr. *sîtos*, cibo] **primo elem.** che, in parole composte della terminologia medica, ha il valore di "cibo": **sitofobìa**, **sitologìa**, **sitòlogo**, **sitomanìa**.

situàre (pres. *sìtuo*) [dal lat. mediev. *situāre*, dal lat. *situs*, positura; a. 1320] **tr.** porre, collocare || **intr. pron.** *più com.* essere, trovarsi, essere collocato; anche *fig.*: *dove si situa questa tua obiezione?* || **N.** *Sin.* mettere, posare, ubicare.

situàto (*pps.* di *situare*) [a. 1348] **agg.** posto, collocato: *la casa è situata a dieci chilometri dalla città.*

situazionàle [da *situazione*; 1970] **agg.** proprio di una situazione, che riguarda una situazione || *T.ling. contesto situazionale*, insieme di elementi extralinguistici (per es. psicologici, sociali e culturali) che condizionano in determinati luoghi e momenti un'espressione linguistica.

situazióne [da *situare*; a. 1555 nel senso 2] **sf.** **1.** condizione, stato in cui qualcuno o qualcosa si trova: *la situazione economica, culturale di una nazione*; *una situazione ottimale,* *critica, di stallo, favorevole, drammatica; tra di loro la situazione è grave, sono ormai ai ferri corti; (non) essere all'altezza della situazione,* (non) essere in grado di affrontarla adeguatamente **2.** *ant.* posizione, sito: *la città è in una bella situazione.*

sìtula [dal lat. *situla*; 1838 *situlo*] **sf.** *T.archeol.* vaso in terracotta o metallo a forma di tronco di cono rovesciato, diffuso nel mondo mediterraneo antico.

sivè [dal fr. (*lièvre en*) *civet*, (lepre al) sugo di cipolle; 1965] **sm.** *sett.* nella loc. *in sivè*, modo di cucinare spec. selvaggina, che prevede che essa sia marinata a pezzi in vino, legumi e aromi e poi cotta con le verdure della marinata.

sivièra [lat. volg. **cibāria*, cesto per i cibi, attr. i dial. sett.; 1932] **sf.** recipiente di lamiera a forma di caldaia destinato nelle fonderie a raccogliere il metallo fuso.

sizigia (pl. *-gie*) [dal lat. tardo *syzygia*, gr. *syzygía*, unione; 1749] **sf.** **1.** *T.astr.* ciascuno dei punti dell'orbita della Luna in cui essa si trova in congiunzione o in opposizione col Sole; indica cioè le due fasi lunari dette *plenilunio* e *novilunio* **2.** nella metrica classica, dipodia ‖ anche la coppia formata da due piedi diversi.

sizigiàle [da *sizigia*; 1934] **agg.** *T.astr.* relativo alle sizigie; che si verifica in fase di sizigie: *marea sizigiale.*

sìzio (pl. *-zi*) [dal lat. *sitio*, ho sete, una delle ultime parole dette da Gesù sulla croce; 1873] **sm.** *tosc.* opera penosa, gravosa ‖ *essere al sizio*, agli estremi.

sìzza [forse di orig. onom.; 1865] **sf.** *pop. tosc.* aria fredda e pungente, tramontana ‖ *dim.* sizzétta, sizzettìna.

skài ® [nome commerciale; 1970] **sm.** tipo di materiale sintetico robusto che assomiglia alla pelle per consistenza, morbidezza e colore, usato spec. nella produzione di valigie e per ricoprire poltrone e divani.

skate-board (ingl., pr. ['skeɪtbɔ:d]) [comp. di *skate*, pattino e *board*, asse; 1978] **sm.** *inv.* monopattino senza manubrio, formato da un'asse orizzontale con quattro rotelle.

skating (ingl., pr. ['skeɪtɪŋ]) [da to *skate*, pattinare; 1905 nel senso 2] **sm.** *inv.* **1.** tendenza del braccio del giradischi a spostarsi verso il centro del disco **2.** pattinaggio a rotelle o su ghiaccio ‖ il fare evoluzioni con lo *skate-board.*

skeet (ingl., pr. [ski:t]) [etim. inc.; 1964] **sm.** *inv.* *T.sport.* particolare tipo di tiro al piattello, in cui ogni tiratore ha a disposizione un solo colpo.

skeg (ingl., pr. [skeg]) [dall'ol. *scheg*; 1988] **sm.** *inv.* *T.mar.* parte posteriore della chiglia di una barca, dove poggia il timone.

skèkar [dall'ant. nordico *snákr*; 1934] **sm.** *inv.* imbarcazione a vela o a remi usata dai Normanni nell'Alto Medioevo ‖ **N.** drakar.

skeleton (ingl., pr. ['skelɪtən]) [letter. scheletro; 1911] **sm.** *inv.* velocissima slitta monoposto a pattini d'acciaio ‖ anche il nome dello sport praticato con questo slittino.

sketch (ingl., pr. [sketʃ]) [dall'it. *schizzo*, attr. l'ol. *schets*; 1915] **sm.** *inv.* numero comico di teatro di varietà.

ski (ingl., pr. [ski:]) [dal norv. *ski*; 1905] **sm.** *inv.* *disus.* sci.

skiff (ingl., pr. [skɪf]) [dal fr. *esquif*, it. *schifo*, piccola imbarcazione; 1908] **sm.** *inv.* imbarcazione a due remi per un solo rematore ‖ *T.sport.* nel canottaggio, singolo. **TAV.** ***canottaggio*** **5.**

ski-lift o ***skilift*** (ingl., pr. ['ski:lɪft]; pr. it. [ski'lift]) [comp. di *ski*, sci e *lift*, ascensore; 1957] **sm.** *inv.* sciovia. **TAV.** ***ferrovie... p. 669*** **8.**

skiman (ingl., pr. ['ski:mən]; pr. it. [ski'mɛn]) [comp. di *ski*, sci e *man*, uomo; 1967] **sm.** *inv.* (anche pl. *skimen*, pr. ['ski:mən]) *T.sport.* tecnico sportivo che si occupa della preparazione degli sci durante le competizioni.

skimmer (ingl., pr. ['skɪmə]) [letter. scrematore; 1983] **sm.** *inv.* apparecchio con cui vengono aspirate le impurità che galleggiano sull'acqua di una piscina.

ski-pass (ingl., pr. ['ski:pɑ:s]) [comp. di *ski*, sci e *pass*, passaggio; 1970] **sm.** *inv.* tessera personale che consente il libero accesso a tutti gli impianti di una stazione sciistica.

skipper (ingl., pr. ['skɪpə]; pr. it. ['skipper]) [dal medio basso ted. *schipper*, 1935] **s.** *inv.* **1.** *T.sport.* la persona che dirige la manovra sulle barche a vela da regata **2.** *T.mar.* capitano di un piccolo mercantile. **Q.T.** *vela.*

skistop (pr. [ski'stɔp]) v. SKI-STOPPER.

ski-stopper (ingl., pr. [ˌski:'stɒpə]; pr. it. [ski'stɔpper]) [comp. di *ski*, sci e *stopper*, che ferma, che blocca; 1983] **sm.** *inv.* dispositivo di sicurezza applicato sugli sci in corrispondenza dell'attacco, che garantisce l'arresto dello sci sganciatosi dallo scarpone. **TAV.** ***sci p. 1332*** **8.2.**

skunk (ingl., pr. [skʌŋk]) [dall'algonchino *segongue*, moffetta; 1905] **sm.** *inv.* **1.** moffetta **2.** pelliccia di moffetta.

skutterudìte [comp. del n. geogr. *Skutterud*, località norvegese e *-ite*²; 1960] **sf.** *T.min.* minerale (arsenio di cobalto e nichel) di forma cubica e colore bianco-stagno o argento con lucentezza metallica.

skylab (ingl., pr. ['skaɪlæb]) [comp. di *sky*, cielo e *lab*(*oratory*), laboratorio; 1974] **sm.** *inv.* astronave americana messa in orbita con equipaggio specializzato in ricerche ed esperimenti tecnico-scientifici.

skylight (ingl., pr. ['skaɪlaɪt]) [comp. di *sky*, cielo e *light*, luce; 1979] **agg.** e **sm.** *inv.* detto di filtro fotografico rosa pallido, che assorbe le radiazioni ultraviolette e parte di quelle azzurre e verdi.

ṣlabbràre [comp. parasint. di *labbro*; 1839] **tr.** **1.** scheggiare il bordo di piatti o vasellame in gen.; sbrecciare **2.** dilatare, allargare i labbri, i margini di una ferita ‖ **intr.** (aus. *essere*) fuoriuscire dall'orlo, debordare: *il brodo è slabbrato dalla tazza* ‖ **intr. pron.** **1.** di vasellame e sim., sbrecciarsi **2.** di indumenti, spec. in maglia, cedere, allentarsi in corrispondenza dei bordi: *la maglia si è tutta slabbrata nel collo.*

ṣlabbratùra [da *slabbrare*; 1863] **sf.** atto, effetto e modo dello slabbrare e dello slabbrarsi.

ṣlacciàre (pres. *ṣlàccio*) [comp. parasint. di *laccio*; 1313] **tr.** slegare lacci annodati: *slacciare le stringhe delle scarpe, i lacci del busto* (o, anche, *le scarpe, il busto*) ‖ *per estens.* aprire, sbloccare un congegno che serve a chiudere: *slacciare la cerniera della gonna, i ganci degli scarponi da sci, delle cinture di sicurezza* (o, anche, *slacciare la gonna, gli scarponi da sci, le cinture di sicurezza*) ‖ **rifl.** liberarsi, sciogliersi dai lacci, anche *fig.*: *cercai di slacciarmi da quell'abbraccio* ‖ **rifl. indir.** slegare, sbottonare: *slacciarsi la gonna, gli scarponi* ‖ **intr. pron.** di cosa allacciata, sciogliersi: *la camicia si è slacciata, mi si è slacciata una scarpa* ‖ **N.** **tr.** *Sin.* sbottonare, sfibbiare | *Contr.* allacciare.

ṣladinàre (pres. *-ìno*) [dal sett. *ladino*, scorrevole, facile; 1942] **tr.** *T.mecc.* di un motore o di qualunque altro meccanismo che, essendo nuovo, è ancora rigido e lento nei movimenti, renderlo scorrevole con l'uso; rodare ‖ *fig.* *T.mil.* *gerg.* allenare ‖ **N.** *Sin.* assestare.

ṣladinatùra [da *sladinare*; 1939] **sf.** *raro* lo sladinare; rodaggio.

slalom (norv., pr. ['slalɔm]; pr. it. ['zlalom]) [comp. di *sla*, piegato e *låm*, traccia dello sci; 1934] **sm.** *inv.* *T.sport.* discesa sciistica lungo un percorso che si snoda lungo una serie di passaggi obbligati (*porte*), segnati da coppie di paletti in corrispondenza dei quali si deve effettuare una curva; *slalom speciale*, gara disputata in due *manches*, lungo un tracciato breve ma molto tortuoso, con porte molto strette; *slalom gigante*, con un percorso più lungo, ma un numero minore di porte; *slalom supergigante*, disputato in una sola *manche* e con caratteristiche tra lo slalom gigante e la discesa libera; *slalom parallelo*, in cui due concorrenti scendono contemporaneamente lungo percorsi affiancati e praticamente identici ‖ *per estens.* in altri sport (in part. sci nautico e canottaggio), gara che si svolge lungo un percorso con ostacoli da aggirare ‖ nel calcio, serie di *dribbling* coi quali un giocatore in possesso della palla evita gli avversari ‖ *fig.* *fare lo slalom*, aggirare, eludere problemi, noie e sim. **Q.T.** *sci.*

ṣlalomìsta [da *slalom*; 1960] **s.** *T.sport.* atleta specialista in gare di slalom.

slam (ingl., pr. [slæm]; pr. it. [zlɛm]) [etim. inc.; 1943] **sm.** *inv.* **1.** *T.gioc.* nel bridge, serie di dodici (*piccolo slam*) o tredici prese (*grande slam*) effettuate da una coppia di giocatori in una stessa smazzata **2.** *T.sport.* *grande slam*, nel tennis, il riuscire a vincere, da parte di un giocatore, tutti i quattro principali tornei individuali del mondo nello stesso anno.

ṣlamàre¹ [comp. parasint. di *lama*²; 1682] **intr.** (aus. *essere*) smottare, dilamare, detto di terreno che si avvalla franando.

ṣlamàre² [comp. parasint. di *amo*; 1983] **tr.** rif. a pesce, staccarlo dall'amo con cui lo si è pescato ‖ **intr. pron.** liberarsi dall'amo: *il pesce s'è slamato.*

ṣlamatóre [da *slamare*²; 1988] **sm.** *T.pesc.* attrezzo simile a un paio di forbici, usato per ricuperare l'amo dalla gola del pesce, per schiacciare i piombini intorno al filo di lenza e per tagliare il filo stesso.

ṣlanatùra [comp. parasint. di *lana*; 1960] **sf.** nell'industria laniera, separazione della lana dalla pelle degli animali macellati.

ṣlanciaménto [da *slanciare*; 1838] **sm.** *raro* lo slanciare o lo slanciarsi ‖ **N.** *Sin.* slancio.

ṣlanciàre (pres. *ṣlàncio*) [da *lanciare*, 1810] **rifl.** lanciarsi con forza, proiettarsi, scagliarsi, avventarsi impetuosamente: *si slanciò contro il ladro, in avanti saltando l'ostacolo* ‖ *fig.* gettarsi con impeto e decisione in un'impresa, un'attività e sim. ‖ **intr. pron.** *per estens.* *fig.* di strutture a sviluppo verticale, protendersi, tendere verso l'alto ‖ **tr.** *non com.* lanciare con forza: *slanciare in alto la gamba.*

ṣlanciàto [pps. di *slanciare*, costruito sul fr. *élancé*, slanciato; 1884] **agg.** *fig.* di persona, longilineo: *un ragazzo alto e slanciato* ‖ di struttura architettonica, che si protende verso l'alto.

ṣlàncio (pl. *-ci*) [da *slanciare*; 1696] **sm.** **1.** atto ed effetto dello slanciarsi, del proiettarsi in avanti o in alto con movimento rapido e deciso, per acquistare maggior potenza o velocità o per imprimerle a qualcosa che si scaglia: *con uno slancio l'atleta superò l'ostacolo*; *prendere lo slancio*, raccogliersi per slanciarsi, prendere la rincorsa per compiere un balzo ‖ nella *loc. avv.* *di slancio*, di scatto, con un movimento repentino e impetuoso e, *fig.*, con decisione, senza titubanze: *si è buttato di slancio nell'impresa* ‖ *T.sport.* nel sollevamento pesi, alzata in un solo tempo in cui il bilanciere viene prima sollevato da terra e portato all'altezza del petto e successivamente sopra la testa a braccia tese **2.** *fig.* impulso, moto istintivo irrefrenabile: *in uno slancio di generosità gli ha comprato un giocattolo*; *uno slancio di passione, di tenerezza* ‖ anche spinta, incremento: *imprimere slancio al turismo italiano* **3.** aspetto slanciato: *lo slancio delle cattedrali gotiche* ‖ **N.** **2.** *Sin.* fervore, foga, passione, scoppio, sfogo.

slang (ingl., pr. [slæŋ]; pr. it. [zlɛŋg]) [letter. gergo; 1927] **sm.** *inv.* gergo, linguaggio parlato, spesso criptico e poco rispettoso delle regole della lingua colta standard, usato da gruppi ristretti di persone: *lo slang dei portuali newyorkesi, della malavita* || **N.** *Sin. argot.*

ṣlappolatóre [da *slappolatura*; 1960] **sm.** (f. *-trìce*) operaio che esegue la slappolatura.

ṣlappolatrìce [da *slappolatore*; 1986] **sf.** macchina che esegue la slappolatura.

ṣlappolatùra [comp. parasint. di *lappola*; 1933] **sf.** nell'industria tessile, separazione delle lappole dalla lana.

ṣlargaménto [da *slargare*; a. 1696] **sm.** l'atto dello slargare e lo stato della cosa slargata.

ṣlargàndo (*ger.* di *slargare*) [1960] **sm.** *inv.* *T.mus.* annotazione che prescrive un progressivo allargamento del tempo || **N.** *Sin.* slentando.

ṣlargàre (pres. *ṣlàrgo, ṣlàrghi*) [comp. parasint. di *largo*; 1557] **tr.** allargare, aumentare in larghezza: *slargare l'apertura* || *fig.* *slargare il cuore,* commuovere || **intr.** (aus. *essere*) *T.tip.* occupare più o meno posto: *questo è un carattere che slarga molto* || **intr. pron.** diventare più largo, allargarsi: *si è slargato il girocollo.*

ṣlargatùra [da *slargare*; 1865] **sf.** *non com.* atto ed effetto dello slargare || *T.tip.* spazio tra lettera e lettera, e tra parola e parola || **N.** *Sin.* slargamento.

ṣlàrgo (pl. *-ghi*) [da *slargare*; 1935] **sm.** punto in cui la strada o un terreno si allarga in uno spazio più vasto || **N.** *Sin.* spiazzo.

slash (ingl., pr. [slæʃ]; pr. it. [zlɛʃ]) [letter. taglio; 1986] **sm.** *inv.* lineetta obliqua usata come segno grafico di separazione; sbarra obliqua.

ṣlatinàre (pres. *-ìno*) [comp. parasint. di *latino*; 1633] **intr.** (aus. *avere*) *non com. iron.* far pompa di frasi latine, mescolare parole e frasi latine al discorso, più o meno a sproposito.

ṣlatinàta [da *slatinare*; 1873] **sf.** *raro* atto dello slatinare.

ṣlattaménto [da *slattare*; 1865] **sm.** *non com.* modo, atto ed effetto dello slattare || **N.** *Sin.* svezzamento.

ṣlattàre [da *allattare*, con cambio di pref.; 1598] **tr.** togliere il latte materno a un lattante || **N.** *Sin.* svezzare.

ṣlattatùra [da *slattare*; 1873] **sf.** *raro* slattamento.

ṣlavàto [da *lavato*; 1561 nel senso 1; 1873 nel senso 2] **agg.** **1.** dal colore dilavato, sbiadito, smorto: *colore slavato* **2.** *fig.* mancante di forza espressiva e vivacità: *descrizione slavata* || **N. 1.** *Sin.* scialbo, scolorito, smorto.

ṣlavatùra [da *slavato*; 1891] **sf.** l'essere slavato e la parte slavata.

ṣlavìna [dal disus. *lavina*; 1934] **sf.** *T.alp.* massa nevosa che scivola lungo un pendio montano.

ṣlavìṣmo [da *slavo*; 1922] **sm.** **1.** *T.pol.* tendenza delle popolazioni slave a costituirsi in unità politica **2.** elemento linguistico di origine slava || **N. 1.** panslavismo.

ṣlavìsta [da *slavo*; 1891] **s.** studioso di slavistica.

ṣlavìstica [da *slavo*; 1952] **sf.** *lett.* lo studio delle lingue e delle letterature slave.

ṣlavizzàre [da *slavo*; 1898] **tr.** *non com.* **1.** conformare, adattare agli usi, ai costumi, alla cultura degli slavi: *slavizzare una regione, una cultura* **2.** rif. a una lingua, introdurvi forme tipiche delle lingue slave || **rifl.** e **intr. pron.** acquisire caratteri slavi.

ṣlavizzaziόne [da *slavizzare*; 1960] **sf.** atto ed effetto dello slavizzare.

ṣlàvo [dal lat. mediev. *slavus*, latinizzazione dell'etnico originario; 1826] **I agg.** dei popoli che abitano la parte orientale dell'Europa e parte della penisola balcanica: *Chiesa, lingua slava; costumi, poemi slavi* **II sm.** **1.** (f. *-a*) appartenente a un popolo slavo **2.** (solo *sing.*) gruppo di lingue indoeuropee comprendente le lingue slave orientali (russo, ucraino, bielorusso), le lingue slave occidentali (ceco, slovacco, polacco) e le lingue slave meridionali (sloveno, serbocroato, bulgaro, macedone).

ṣlavofilìṣmo [da *slavofilo*; 1936] **sm.** movimento filosofico, culturale e politico sviluppatosi in Russia nel sec. XIX, che rivendicava la superiore energia e sanità spirituale del mondo slavo in contrapposizione all'Occidente || **N.** *Contr.* occidentalismo.

ṣlavòfilo [comp. di *slavo* e *-filo*; 1936 nel senso 2] **I sm.** (f. *-a*) chi ha simpatia per gli Slavi **II agg.** **1.** che ha simpatia per gli Slavi **2.** relativo allo slavofilismo; seguace dello slavofilismo || **N.** *Contr.* occidentalista.

ṣleàle [da *leale*; 1354] **agg.** privo di correttezza nei rapporti con gli altri, disonesto, iniquo: *è sleale nel gioco, con me è stato sleale* || di comportamento o atto, scorretto: *una mossa sleale; concorrenza sleale,* che si avvale di mezzi illeciti o perlomeno scorretti || **ṣlealménte** **avv.** in modo sleale, da persona sleale || **N.** *Sin.* disonesto, fedifrago, fraudolento, ignobile, illegale, scorretto | *Contr.* leale.

ṣlealtà [da *sleale*; 1598] **sf.** qualità di chi o di ciò che è sleale || *concr.* atto o comportamento sleale: *è una slealtà indegna* || **N.** *Sin.* disonestà, fellonia, frode, ignominia, illegalità, malafede, scorrettezza, tradimento | *Contr.* lealtà.

ṣlèbo [dall'ingl. *slab*, piastra; 1960] **sm.** *T.metal.* ciascuno di vari tipi di semilavorati piatti.

sled dog (ingl., pr. ['sled dɒg]) [comp. di *sled*, slitta e *dog*, cane; 1990] **sm.** *inv.* disciplina sportiva originaria dell'Alaska, che si pratica con slitta trainata da cani, generalmente di razza nordica.

ṣlegaménto [da *slegare*; 1691] **sm.** atto dello slegare || lo stato di ciò che è slegato (spec. in senso *fig.*).

ṣlegàre (pres. *ṣlégo, ṣléghi*) [da *legare*; 1319] **tr.** sciogliere da un legame: *slegare il cane* || *fig. lett.* liberare, svincolare da una condizione di impedimento; sbrigliare: *slegare la fantasia* || **rifl.** sciogliersi, svincolarsi, liberarsi, anche *fig.*: *il prigioniero si è slegato; com'uom che dal sonno si slega* (Dante) || **N.** **tr.** *Sin.* districare, liberare, scappiare, sciogliere, sfibbiare, sgrovigliare, slacciare, snodare, staccare | *Contr.* legare.

ṣlegàto (*pps.* di *slegare*) [1666 nel senso 2] **agg.** **1.** sciolto da ogni legame **2.** non rilegato: *volume slegato* **3.** *fig.* sconnesso, incoerente: *discorso slegato, idee slegate* || **N. 1.** *Sin.* sciolto, snodato.

ṣlegatùra [da *slegare*; a. 1707] **sf.** atto ed effetto dello slegare || *fig.* sconnessione, incoerenza: *slegatura del racconto, del ragionamento.*

ṣlembàre (pres. *ṣlémbo*) [comp. parasint. di *lembo*; 1873] **intr.** (aus. *essere*) di tessuto, presentare un'irregolarità lungo il bordo, per esser stato stiracchiato: *questo vestito slemba da una parte.*

ṣlentàndo (*ger.* di *slentare*) [1960] **sm.** *inv.* *T.mus.* annotazione che prescrive un progressivo rallentamento del tempo || **N.** *Sin.* slargando.

ṣlentàre (pres. *ṣlènto*) [da *allentare*, con cambio di pref.; 1843] **tr.** *non com.* allentare.

ṣlentatùra [da *slentare*; 1775] **sf.** *raro* allentamento.

ṣlèppa [voce onom.; 1983] **sf.** *sett.* **1.** ceffone, schiaffo, sberla **2.** *fig.* grande quantità, mucchio.

slide (ingl., pr. [slaɪd]) [da to *slide*, scivolare, scorrere; 1983] **sm.** *inv.* diapositiva || foglio di plastica trasparente su cui sono scritti o stampati testi o disegni destinati a essere proiettati; lucido.

slinky (ingl., pr. ['slɪŋkɪ]) [da to *slink*, strisciare; 1983] **sf.** *inv.* molla in acciaio elicoidale, lunga e molto flessibile, usata come giocattolo o come campione di studio in esperimenti sulle oscillazioni.

ṣlip (pr. [zlip]) [dall'ingl. to *slip*, scivolare, perché è un indumento che si toglie e mette con facilità; 1935] **sm.** *inv.* mutandine, anche da bagno, molto succinte || *dim.* slippìno.

ṣliricizzàre [prob. dal long. **slita*; 1624] **tr.** *non com.* togliere il carattere lirico a qualcosa || **intr. pron.** perdere l'ispirazione poetica || di composizione poetica, perdere il carattere lirico: *verso la fine si sliricizza.*

ṣlitta [prob. dal long. **slita*; 1624] **sf.** **1.** veicolo senza ruote trascinato da cavalli, renne, cani ecc., su terreno ghiacciato o innevato **2.** *T.bal.* parte delle bocche da fuoco a deformazione, che scivola sulla culla durante il rinculo del pezzo **3.** *T.tecn.* elemento caratterizzato da scorrimento su guide || *dim.* slittìno || **N. 1.** bob, *skeleton*, toboga, troika.

ṣlittaménto [da *slittare*; 1922] **sm.** atto ed effetto dello slittare; *in part.* scivolamento su di una superficie sdrucciolevole: *la macchina ha avuto uno slittamento in un tratto ghiacciato ed è uscita di strada, lo slittamento delle ruote ci impedì di far uscire l'auto dal pantano* || scivolamento verso il basso della parte di terrapieno a contatto con un muro, suscettibile di provocarne il crollo || *fig. T.econ.* progressiva perdita di valore, svalutazione: *lo slittamento del dollaro, delle azioni, dei prodotti petroliferi, dell'oro* || *fig.* rinvio: *slittamento delle scadenze*; graduale cambiamento di posizione politica: *uno slittamento a destra* || **N.** *Sin.* sbandamento, scivolata, scivolone, sdrucciolone.

ṣlittàre [da *slitta*; 1891] **intr.** (aus. *essere* e *avere*, come i verbi di moto; v. CORRERE) andare sulla slitta || *per estens.* non far presa per mancanza d'attrito, scivolare: *l'automobile slittò sul terreno ghiacciato* || *fig. T.econ.* perdere di valore, svalutarsi || subire un rinvio: *tutti gli appuntamenti sono slittati a domani* || deviare da una linea politica o ideologica.

ṣlittìno (*dim.* di *slitta*) [1936] **sm.** **1.** piccola slitta; *in part.* piccola slitta con cui i bambini si lanciano dai pendii innevati **2.** *T.sport.* tipo di slitta da neve a uno o due posti, con lame d'acciaio curvate in avanti, con cui si effettuano gare in apposite piste ghiacciate || disciplina sportiva invernale che si pratica con tale tipo di slitta: *campionato di slittino.*

ṣlittovìa [comp. di *slitta* e *-via*; 1942] **sf.** tipo di funicolare a motore, con cui viene trainata una slitta su una pista di neve battuta.

ṣlìvoviz [dal serbocroato *šljivovica*, attr. il ted. *Sliwowitz*; 1875 *sliwowitza*] **sm.** *inv.* acquavite di prugna, prodotta in Jugoslavia e in Italia, nelle regioni nord-orientali.

slòca (pl. *-chi*) [dal sanscrito *śloka*, suono; 1891] **sm.** *T.lett.* distico di sedici sillabe (due ottonari) negli antichi poemi indiani.

ṣlogaménto [da *slogare*; 1614] **sm.** atto ed effetto dello slogare e dello slogarsi; slogatura.

slogan (ingl., pr. ['sloʊgən]; pr. it. ['zlɔgan]) [in orig. grido di guerra di una tribù; 1930] **sm.** *inv.* frase concisa ed efficace, destinata a colpire l'attenzione dei lettori o degli ascoltatori; è usato spec. nella propaganda e nella pubblicità: *uno slogan efficace.*

ṣlogàre (pres. *ṣlògo, ṣlòghi*) [comp. parasint. di *l(u)ogo*; 1598] **tr.** produrre una slogatura || **rifl. indir.** riportare, subire una slogatura: *si slogò un piede, il pollice di una mano* || **N.** *Sin.* dislocare, lussare.

ṣlogàto (*pps.* di *slogare*) [a. 1535] **agg.** che ha subito slogatura: *braccio, piede slogato* || *fig.* snodato, sciolto nelle articolazioni: *un acrobata eccezionalmente slogato.*

ṣlogatùra [da *slogare*; a. 1681] **sf.** distorsione o lussazione articolare.

ṣloggiaménto [da *sloggiare*; 1838] **sm.** *non*

com. lo sloggiare.

ṣloggiàre (pres. *ṣlòggio*) [da *alloggiare*, con cambio di pref.; 1611] *tr.* cacciare dall'alloggio, far uscire dal luogo dove uno è: *sloggiare il nemico da una posizione* || *intr.* (aus. *avere*) andarsene da un luogo: *mi ha costretto a sloggiare* || *T.mil.* andarsene da una posizione occupata || **N.** *tr. Sin.* sfrattare | *intr. Sin.* sgombrare.

ṣlòggio (pl. *-gi*) [da *sloggiare*; 1965] *sm.* lo sloggiare; sloggiamento.

ṣlombàre (pres. *ṣlómbo*) [comp. parasint. di *lombo*; 1598] *tr. raro* sfiancare || *per estens. fig. iperb.* fiaccare, sfinire || *intr. pron. iperb.* sfiancarsi.

ṣlombàto (*pps.* di *slombare*) [a. 1667] *agg.* fiacco, debole; stanco, stremato.

ṣlontanàre (pres. *-àno*) [da *allontanare*, con cambio di pref.; 1631] *tr.* e *intr. pron. raro* allontanare, allontanarsi.

sloop (ingl., pr. [slu:p]) [dall'ol. *sloep* e dal fr. *challop* o *chaloupe*; 1799] *sm. inv.* piccolo veliero armato con un solo albero, forme di scafo gonfie e scarso pescaggio || *per anton.* la barca a un albero degli Stati della Nuova Inghilterra nel periodo coloniale; oggi si parla di imbarcazione *attrezzata a sloop* per indicare un natante con scafo di forma qualsiasi ma dotato di un solo albero e di un solo fiocco || **N.** *cutter.* **Q.T.** *vela* **TAV.** *vela* **p. 1343** 5.3, 5.5.

slop (ingl., pr. [slɒp]) [letter. acqua sporca; 1985] *sm. inv.* olio ricavato dai liquidi di scarto di una raffineria e mescolato con petrolio grezzo, per poter essere ulteriormente sottoposto a raffinazione.

ṣloppàggio (pl. *-gi*) [dall'ingl. to *slop*, svuotare; 1980] *sm.* travaso di greggio da una petroliera all'altra.

slot (ingl., pr. [slɒt]) [letter. fessura; 1983] *sm. inv. T.aer.* regolatore a fessura del flusso d'aria praticato sul bordo di attacco dell'ala, in modo da abbassare la velocità di stallo e migliorare il controllo dell'aereo.

slot-machine (ingl., pr. ['slɒt mə,ʃi:n]; pr. it. [,zlɔt ma'ʃin]) [letter. macchina a fessura; 1954] *sf. inv.* nome generico di svariati tipi di macchinette mangiasoldi, apparecchi automatici per il gioco d'azzardo, che funzionano introducendo monete in apposite fessure.

ṣlottatùra [dal sett. *lotta*, zolla; 1936] *sf.* nella lavorazione del riso, fase, precedente la semina, in cui il terreno già ricoperto d'acqua viene frammentato e rimestato.

ṣlovàcco (pl. *-chi*) [dallo slovacco *slovák*; 1860] **I** *agg.* della regione cecoslovacca detta Slovacchia **II** *sm.* **1.** (f. *-a*) abitante della Slovacchia **2.** (solo *sing.*) lingua slava del gruppo occidentale parlata in Slovacchia.

ṣlovèno [dallo sloveno *slovenski*; 1860] **I** *agg.* della Slovenia: *costumi sloveni* **II** *sm.* **1.** (f. *-a*) abitante della Slovenia **2.** (solo *sing.*) lingua slava del gruppo meridionale parlata in Slovenia.

slow (ingl., pr. [slou]) [letter. lento; 1939] *sm. inv.* abbr. di *slow-fox-trot*, fox-trot a ritmo lento || *gen.* ballo moderno lento, e la musica su cui lo si balla; negli anni Sessanta, abbr. di *slow-rock*, rock lento.

slum (ingl., pr. [slʌm]; pr. it. [zlam]) [etim. inc.; 1935] *sm. inv.* (anche pl. *slums*, pr. [slʌmz]) nelle grandi città, quartiere di abitazioni povere e malsane.

ṣlumacàre (pres. *-àco, -àchi*) [da *lumacare*; 1891] *tr.* allumacare.

ṣlumacatùra [da *slumacare*; 1873] *sf.* allumacatura.

slump (ingl., pr. [slʌmp]) [letter. mucchio; 1960] *sm. inv. T.econ.* fase di temporanea diminuzione dell'attività economica.

ṣlungàre (pres. *ṣlùngo, ṣlùnghi*) [da *lungo*; 1532] *tr. non com.* allungare, rendere più lungo, prolungare || *intr. pron.* crescere in altezza o in lunghezza.

ṣmaccàre (pres. *ṣmàcco, ṣmàcchi*) [etim. inc.; a. 1566] *tr. ant.* umiliare, svergognare qualcuno || rif. a cose, svilire, disprezzare.

ṣmaccàto (*pps.* di *smaccare*) [a. 1597] *agg.* troppo dolce, nauseante: *vino smaccato* || *più com. fig.* esagerato, stucchevole: *lodi, adulazioni smaccate*; anche sfrontato, privo di ritegno, esageratamente palese: *un'imitazione smaccata.*

ṣmacchiàre[1] (pres. *ṣmàcchio, ṣmàcchi*) [comp. parasint. di *macchia*; 1855] *tr.* togliere le macchie: *smacchiare i pantaloni*; anche *ass.*: *un prodotto molto efficace per smacchiare.*

ṣmacchiàre[2] [comp. parasint. di *macchia*; a. 1742 come intr. nel senso 2] *tr. raro* ripulire un terreno dalla macchia: *smacchiare una collina* || *intr.* (aus. *avere* nel senso 1, *essere* nel senso 2) **1.** disboscare **2.** *arc.* uscire dalla macchia.

ṣmacchiatóre [da *smacchiare*[1]; 1855] *sm.* **1.** (f. *-trice*) chi per professione smacchia abiti, stoffe e sim. **2.** liquido, sapone o sim. capace di togliere le macchie.

ṣmacchiatùra [da *smacchiare*[1]; 1865] *sf.* atto ed effetto del togliere macchie: *l'alone della smacchiatura.*

ṣmàcco (pl. *-chi*) [da *smaccare*; a. 1566] *sm.* insuccesso, sconfitta umiliante: *è stato uno smacco per lui, subire uno smacco* || **N.** *Sin.* umiliazione.

ṣmagàre (pres. *ṣmàgo, ṣmàghi*) [lat. volg. **exmagāre*; a. 1303 come intr. pron. nel senso 1] *tr. arc.* **1.** turbare, sconvolgere, disorientare **2.** sviare, distogliere da qualcosa: *quasi come uom cui troppa voglia smaga* (Dante) || *intr. pron.* **1.** perdersi d'animo, turbarsi: *per questo non si smagò, ma prese cuore d'abbattergli* (Villani) **2.** sviarsi, allontanarsi, distogliersi: *ma mia suora Rachel mai non si smaga dal suo miraggio* (Dante) **3.** disilludersi, liberarsi da un modo di vedere limitato o ingenuo: *sarebbe ora che ti smagassi.*

ṣmagliànte (*ppr.* di *smagliare*[2]) [a. 1577] *agg.* brillante, lucciacante, risplendente.

ṣmagliàre[1] (pres. *ṣmàglio*) [comp. parasint. di *maglia*; a. 1374] *tr.* **1.** rompere le maglie metalliche di una rete, un'armatura, una catena e sim. || disfare, in seguito a uno strappo, le maglie di un tessuto: *ho smagliato le calze, quel pesce ha smagliato la rete* **2.** *non com.* rif. a tessuti cutanei, provocare smagliature: *la gravidanza le ha smagliato il seno* **3.** *ant.* sciogliere le balle legate, ammagliate || *intr. pron.* **1.** di maglie, rompersi o disfarsi in seguito a uno strappo **2.** dei tessuti cutanei, presentare smagliature.

ṣmagliàre[2] (pres. *-àglio*) [dal fr. *émailler*, a. 1584] *intr.* (aus. *avere*) *ant.* risplendere vividamente, brillare: *un colore che smaglia.*

ṣmagliàto (*pps.* di *smagliare*[1]) [1873] *agg.* segnato da smagliature: *una calza smagliata, pelle smagliata.*

ṣmagliatóre [da *smagliare*[1]; 1932] *sm.* **1.** antico pugnale in grado di sfondare il giaco e le maglie dell'avversario **2.** nelle armi automatiche con caricatore a nastro, meccanismo che estrae le cartucce del nastro per passarle al congegno di caricamento || **N.** **1.** *Sin.* sfondagiaco.

ṣmagliatùra [da *smagliare*[1]; 1846] *sf.* atto ed effetto dello smagliare e dello smagliarsi || *concr.* lacerazione conseguente allo strappo o alla rottura di una o più maglie in reti, tessuti e sim. || striatura nella pelle che compare sovente in seguito a ingrassamento seguito da rapido dimagrimento, spec. dopo una gravidanza || *fig.* cedimento, calo di valore o, anche, discontinuità: *smagliature in un racconto, un discorso; una smagliatura stilistica, organizzativa.*

ṣmagnetiẓẓàre [da *magnetizzare*; 1891] *tr.* sottoporre a smagnetizzazione: *il metal detector mi ha smagnetizzato i dischetti.*

ṣmagnetiẓẓatóre [da *smagnetizzare*; 1960] *sm.* apparecchio in grado di smagnetizzare un corpo magnetizzato (per es. quello che, in un registratore, consente di cancellare dal nastro i suoni precedentemente incisi).

ṣmagnetiẓẓazióne [da *smagnetizzare*; 1900] *sf.* annullamento o riduzione della polarizzazione magnetica di un corpo precedentemente magnetizzato.

ṣmagràre [comp. parasint. di *magro*; sec. XIV] *intr.* (aus. *essere*) *non com.* smagrire, dimagrire.

ṣmagriménto [da *smagrire*; a. 1698] *sm. non com.* atto ed effetto dello smagrire.

ṣmagrìre (pres. *-ìsco, -ìsci*) [comp. parasint. di *magro*; 1618] *intr.* (aus. *essere*) dimagrire.

ṣmaliziàre (pres. *-ìzio*) [comp. parasint. di *malizia*; 1813] *tr.* far perdere l'ingenuità, l'innocenza; scaltrire; anche, *per estens.*, rendere più esperto, far acquisire i trucchi di un mestiere: *quell'esperienza l'ha smaliziato* || *intr. pron.* diventare più furbo, meno ingenuo o, *per estens.*, più esperto: *si è ormai smaliziato nella guida.*

ṣmallàre [comp. parasint. di *mallo*; sec. XVI] *tr.* levare il mallo alle noci || *per estens.* sbucciare frutti dalla scorza spessa.

Smalltalk (ingl., pr. ['smɔ:łtɔ:k]; pr. it. ['ẓmoltolk]) [letter. chiacchiere; 1988] *sm.* linguaggio di programmazione per computer.

ṣmaltàre [da *smalto*; a. 1303] *tr.* ricoprire di smalto: *smaltare il ferro* || *fig. lett.* coprire, ornare di colori vivaci, come si trattasse di smalti: *molti fiori rossi e gialli smaltavano il prato.*

ṣmaltatóre [da *smaltare*; 1562] *agg.* e *sm.* (f. *-trice*) che o chi lavora di smalto; smaltista.

ṣmaltatrìce [da *smaltare*; 1970] *sf.* in fotografia, apparecchiatura che rende nitide e lucide le immagini riprodotte.

ṣmaltatùra [da *smaltare*; 1570] *sf.* **1.** atto ed effetto dello smaltare; anche il costo dell'operazione || *concr.* il rivestimento, lo strato di smalto: *in questo punto è saltata via la smaltatura* **2.** *T.fot.* operazione con cui si rendono lucide le copie fotografiche positive. **Q.T.** *oreficeria.*

ṣmalterìa [da *smalto*; 1960] *sf.* officina dove si eseguono lavori di smaltatura.

ṣmaltiménto [da *smaltire*; a. 1712] *sm.* lo smaltire: *smaltimento dei rifiuti.*

ṣmaltìna [da *smalto*; 1960] *sf. T.min.* smaltite.

ṣmaltìre (pres. *-ìsco, -ìsci*) [dal got. *smaltjan*, fondere; 1306] *tr.* **1.** rif. a vino o bevanda, assimilarla, digerirla: *smaltire un pranzo troppo abbondante* || *per estens.* far passare: *smaltire una sbornia* **2.** *fig.* inghiottire, sopportare: *sono cose che non posso smaltire* **3.** rif. a merci, vendere tutto il quantitativo disponibile, disfarsene **4.** rif. a acque e sim., dar loro libero sfogo, farle defluire || rif. a rifiuti solidi, bruciarli, pressarli, ridurne le dimensioni || *meno com.* rif. a liquami, scoli industriali ecc., depurarli.

ṣmaltìsta [da *smalto*; a. 1712] *s.* artigiano specializzato in lavori a smalto; smaltatore.

ṣmaltite [comp. di *smalto* e *-ite*[2]; 1929] *sf. T.min.* cristalli bianco-argentei di arseniuro di cobalto, impiegati nella preparazione dello smalto azzurro.

ṣmaltitóio (pl. *-ói*) [da *smaltire*; a. 1574] *sm.* luogo di spurgo per acque residue o sporche, dove queste sono perlopiù assorbite dal terreno.

ṣmaltitóre [da *smaltire*; 1824] *agg.* e *sm.* (f. *-trice*) che o chi smaltisce: *canale smaltitore*, canale per lo smaltimento dei liquami.

ṣmàlto [dal francone *smalt*; 1313 nel senso 8] *sm.* **1.** rivestimento vetroso che si applica a oggetti metallici o ceramici con funzione protettiva e decorativa: *decorare a smalto* || *concr.* oggetto rivestito di smalto o decorato a smalto:

sono smalti pregevolissimi **2.** vernice molto brillante; *in part.* quella colorata o semi-trasparente usata nella cosmesi femminile per tingere o far brillare le unghie **3.** *T.fot.* il lucido che viene dato alle positive fotografiche **4.** *T.anat.* strato ricco di sostanze organiche e calcaree, duro, bianco, brillante, che ricopre superficialmente la corona dei denti **5.** denominazione di una miscela di sabbia o ghiaia, calce e acqua che veniva usata per rivestire pavimenti e muri in pietra **6.** *fig.* vivacità, energia, impeto agonistico e sim.: *quell'atleta ha ormai perso lo smalto, ha finalmente riacquistato lo smalto di un tempo* **7.** *fig. poet.* materiale duro come smalto: *cuore di smalto* **8.** *fig. lett.* superficie di colore intenso e omogeneo: *il verde smalto* (Dante), il prato. **TAV. *anatomia* p. 642** 20.1.

ṣmammàre [prob. comp. parasint. di *mamma*; 1948] ***intr.*** (aus. *avere*) *pop. dial.* levarsi di torno, andarsene via: *ho da fare, smamma!*

ṣmammolàrsi (pres. *ṣmàmmolo*) [comp. parasint. di *mammolo*; 1873] ***intr. pron.*** *raro tosc.* struggersi, intenerirsi || *smammolarsi dalle risa*, ridere di gusto.

ṣmanacciàre (dial. *ṣmanazzàre*) (pres. *-àccio*) [comp. parasint. di *mano*; 1873] ***intr.*** (aus. *avere*) *fam.* gesticolare eccessivamente mentre si parla, si lavora o sim. || ***tr.*** **1.** toccare con intenzioni libidinose; spesso *scherz.* **2.** *T.sport. smanacciare la palla*, nel calcio colpirla a mano aperta.

ṣmanacciàta (dial. *ṣmanazzàta*) [da *smanacciare*; 1873] ***sf.*** *fam.* gesto largo e scomposto compiuto con le mani, spec. nella concitazione del discorso || colpo dato a mano aperta || *non com.* un battere rumoroso e prolungato di mani, per applaudire.

ṣmanacciòne (dial. *ṣmanazzóne*) [da *smanacciare*; 1942] ***sm.*** (f. *-a*) *fam.* chi è solito gesticolare scompostamente ed esageratamente || *in part.* uomo che è solito mettere le mani addosso alle donne.

ṣmanazzàre e der. v. SMANACCIARE e der.

ṣmancerìa [etim. inc.; a. 1353] ***sf.*** leziosaggine, moina, affettuosità eccessiva: *smettila con queste smancerie.*

ṣmanceróso [da *smanceria*; a. 1400 *smanzeroso*] ***agg.*** pieno di smancerie || **N.** *Sin.* sdolcinato, smorfioso.

ṣmandrappàto o **ṣmandrippàto** [etim. inc.; 1967] ***agg.*** *gerg.* debole, che si regge appena sulle gambe || malmesso, scalcinato; vestito con abiti logori.

ṣmanettàre (pres. *ṣmanétto*) [comp. parasint. di *manetta*; 1983] ***intr.*** (aus. *avere*) nel linguaggio giovanile, azionare continuamente la manopola dell'acceleratore della motocicletta || andare in motocicletta a gran velocità.

ṣmanettóne [da *smanettare*; 1983] ***sm.*** (f. *-a*) chi sa correre in motocicletta ad alte velocità.

ṣmangiàre (pres. *ṣmàngio*) [da *mangiare*; 1838] ***tr.*** consumare, corrodere || ***intr. pron.*** corrodersi, consumarsi.

ṣmangiàto (*pps.* di *smangiare*) [1838] ***agg.*** corroso, consumato, eroso.

ṣmàngio (pl. *-gi*) [da *smangiare*; 1873] ***sm.*** *T.tip.* difetto tipografico per cui un lembo di pagina rimane non impresso per intromissione di qualche oggetto estraneo.

ṣmangiucchiàre ***tr.*** *pop.* v. MANGIUCCHIARE.

ṣmània [da *smaniare*; a. 1320] ***sf.*** **1.** palese manifestazione di uno stato di agitazione, di insofferenza: *ho addosso una smania per questo caldo...!; prorompere, dare in smanie* (anche nella variante eufonica *disus. in ismanie*) **2.** *fig.* voglia ardente, impaziente: *smania di correre, di ridere, di gloria* || *dim.* smaniétta; *accr.* smanióna; *pegg.* smaniàccia || **N. 1.** *Sin.* affanno, agitazione, ansia, assillo, concitazione, febbre, fermento, frenesia, furia, furore, irrequietezza, nervosismo, struggimento **2.** *Sin.* bramosia.

ṣmaniàre (pres. *ṣmànio*) [etim. inc.; a. 1313] ***intr.*** (aus. *avere*) **1.** essere in preda alla smania: *il malato ha smaniato tutto il giorno* **2.** *fig.* bramare, desiderare intensamente: *smaniava di essere ricevuto in casa nostra* || **N. 1.** *Sin.* affannarsi, agitarsi **2.** *Sin.* DESIDERARE.

ṣmanicàre¹ (pres. *ṣmànico, ṣmànichi*) [comp. parasint. di *manico*; 1873] ***tr.*** *non com.* privare del manico, rompendolo o togliendolo: *ha già smanicato due tazzine da caffè* || ***intr. pron.*** rimanere senza manico: *il coltello si è smanicato.*

ṣmanicàre² (pres. *ṣmànico, ṣmànichi*) [da *manica*; 1922] ***rifl.*** *raro* tirar su le maniche di camicie, maglioni e sim., rimboccarsele fin sopra il gomito: *si è smanicato e si è messo a zappare l'orto* || ***tr.*** *raro* togliere le maniche a qualcosa: *grazie a queste cerniere il giubbotto si può smanicare.*

ṣmanicatùra [da *smanicare¹*; 1826] ***sf.*** *T.mus.* lo spostare la mano sinistra sul manico di uno strumento ad arco verso il centro della cassa, in modo da ottenere suoni più acuti.

ṣmanieràto [comp. parasint. di *maniera*; 1873] ***agg.*** *raro* che usa cattive maniere, sgarbato, maleducato, rozzo.

ṣmanìglia (pl. *-glie*) (o sm. *ṣmanìglio*, pl. *-gli*) [dallo sp. *manilla*; a. 1602] ***sf.*** *ant.* braccialetto d'oro con pietre preziose fissate a un fondo di velluto nero.

ṣmanigliàre (pres. *-ìglio*) [da *ammanigliare*, con cambio di pref.; 1937] ***tr.*** *non com.* disgiungere un pezzo di catena da un altro pezzo, aprendo la maniglia a perno che li unisce || *T.mar.* disgiungere la catena dalla cicala || **N.** *Contr.* ammanigliare.

ṣmanióso [da *smania*; sec. XIV] ***agg.*** **1.** in preda alla smania **2.** bramoso: *smanioso di onori* **3.** *non com.* di cosa, che è causa di smania: *caldo smanioso* || **ṣmaniosaménte** ***avv.*** smaniando.

ṣmantàre [comp. parasint. di *manto*; 1873] ***tr.*** e ***rifl.*** *ant.* togliere e togliersi il manto o altra cosa da cui uno è coperto; anche *fig.*

ṣmantellaménto [da *smantellare*; 1805] ***sm.*** azione e risultato dello smantellare: *smantellamento delle basi militari.*

ṣmantellàre (pres. *-èllo*) [comp. parasint. di *mantello*; a. 1565] ***tr.*** **1.** demolire, abbattere, rif. a una costruzione e in part., *T.mil.*, a opere di fortificazione: *fu ordinato di smantellare tutti i forti* || *per estens.* rendere inefficienti strutture, impianti e sim., asportandone tutta l'attrezzatura: *smantellarono le ferriere* **2.** *fig.* dimostrare l'infondatezza di una tesi, una teoria e sim. || **N. 1.** *Sin.* atterrare, diroccare, distruggere, spianare.

ṣmantigliàre (pres. *-ìglio*) [comp. parasint. di *mantiglio*; 1889] ***tr.*** *T.mar.* piegare un pennone in modo da collocarlo parallelamente al suo albero, per smontarlo oppure in segno di lutto.

ṣmarcaménto [da *smarcare*; 1926] ***sm.*** *non com.* atto ed effetto dello smarcare e soprattutto dello smarcarsi nel calcio.

ṣmarcàre (pres. *ṣmàrco, ṣmàrchi*) [da *marcare*; 1935] ***tr.*** *T.sport.* nei giochi di palla, fare in modo che un compagno di squadra sia libero dalla marcatura degli avversari || ***rifl.*** sottrarsi alla marcatura dell'avversario.

ṣmargiassàre [da *smargiasso*; a. 1729] ***intr.*** (aus. *avere*) *non com.* dire o fare cose da smargiasso.

ṣmargiassàta [da *smargiasso*; 1699] ***sf.*** discorso da smargiasso || impresa millantata || **N.** *Sin.* fanfaronata, spacconata, MILLANTERIA.

ṣmargiasserìa [da *smargiasso*; 1618] ***sf.*** *non com.* qualità di chi si comporta da smargiasso || *concr.* discorso da smargiasso.

ṣmargiàsso [etim. sconosciuta; 1614] ***sm.*** (f. *-a*) spaccone, fanfarone, millantatore delle proprie presunte mirabolanti imprese: *non fare lo smargiasso* || **N.** *Sin.* bravazzo, rodomonte, MILLANTATORE.

ṣmarginàre (pres. *ṣmàrgino*) [comp. parasint. di *margine*; 1865] ***tr.*** **1.** tagliare via il margine delle pagine nei libri **2.** *T.tip.* levare le marginatura dalle forme dopo la stampa di un foglio.

ṣmarginàto (*pps.* di *smarginare*) [1838 nel senso 2] ***agg.*** **1.** detto di libro al quale siano stati tagliati troppo i margini **2.** *T.bot.* detto di organo vegetale (foglia, petalo e sim.) il cui margine presenta un seno più o meno profondo.

ṣmarginatùra [da *smarginare*; 1960] ***sf.*** operazione dello smarginare, sia in legatoria che in tipografia.

ṣmargottàre (pres. *-òtto*) [comp. parasint. di *margotta*; 1873] ***tr.*** *T.agr.* levare le margotte per trapiantarle.

ṣmarràre [comp. parasint. di *marra*; 1891] ***tr.*** *T.agr.* dissodare e ripulire le ceppaie con la marra.

ṣmarratùra [da *smarrare*; 1960] ***sf.*** atto o effetto dello smarrare.

ṣmarriménto [da *smarrire*; 1294 nel senso 2] ***sm.*** **1.** il fatto di smarrire o di aver smarrito qualcosa: *denunciare lo smarrimento di un oggetto* **2.** *fig.* stato momentaneo di confusione mentale, di turbamento: *a quella domanda ho avuto un attimo di smarrimento* || *non com.* momentanea perdita dei sensi, mancamento, svenimento: *va soggetto a frequenti smarrimenti* || **N. 1.** *Sin.* perdita **2.** *Sin.* paura, sconcerto, sconvolgimento, spavento.

ṣmarrìre (pres. *-ìsco, -ìsci*) [dal germ. *marrjan*, attr. il fr. ant. *esmarrir*, affliggersi; fine sec. XIII] ***tr.*** perdere provvisoriamente, non sapere dove qualcosa si trova, avendo però possibilità di ritrovarla: *ho smarrito i guanti, smarrì il bambino tra la folla, smarrire la strada* || *fig. smarrire il senno, la ragione*, impazzire; *smarrire i sensi*, svenire; *smarrire il filo del discorso*, dimenticarsi a che punto si era arrivati e dove si voleva andare a parare || ***intr. pron.*** **1.** perdersi, non riuscire a trovare la strada giusta, non sapersi più orientare: *mi sono smarrito nel bosco* **2.** *fig.* perdersi d'animo, turbarsi: *si smarrisce di fronte a ogni piccola difficoltà* || **N. *tr.*** *Contr.* rinvenire, scovare, trovare | ***intr. pron.*** **1.** *Sin.* sperdersi, sviarsi **2.** *Sin.* confondersi, sconcertarsi, terrorizzarsi.

ṣmarrìto (*pps.* di *smarrire*) [1300 ca. *smarito*] ***agg.*** **1.** perduto: *ufficio oggetti smarriti* **2.** confuso, sbigottito: *mostrarsi, apparire smarrito* || **N. 2.** *Sin.* sconvolto, spaurito, spaventato, sperduto.

ṣmarronàre (pres. *-óno*) [da *marrone¹*; 1960] ***intr.*** (aus. *avere*) *fam.* commettere un errore grossolano || dire o fare spropositi || comportarsi in modo inadatto alle circostanze.

ṣmarronàta [da *smarronare*; 1960] ***sf.*** *fam.* errore grossolano || gesto o discorso fuori luogo e poco discreto.

ṣmartellàre (pres. *-èllo*) [da *martellare*; 1940] ***intr.*** (aus. *avere*) *non com.* **1.** percuotere col martello o sim. **2.** battere sulla medesima nota cantando, detto specialmente degli uccelli.

smart set (ingl., pr. [ˌsmaːt ˈset]) [letter. ambiente elegante; 1962] ***loc. m. inv.*** ambiente raffinato e chic dell'alta società, bel mondo.

ṣmascellaménto [da *smascellare*; 1745] ***sm.*** sganasciamento, slogamento di mascelle.

ṣmascellàre (pres. *-èllo*) [comp. parasint. di *mascella*; 1353] ***tr.*** slogare le mascelle, sganasciare || ***intr. pron.*** slogarsi le mascelle, solo nella loc. *smascellarsi dalle risa*, ridere smodatamente.

ṣmascheraménto [da *smascherare*; 1873]

sm. atto ed effetto dello smascherare.
ṣmascheràre (pres. *ṣmàschero*) [da *mascherare*; 1579] **tr.** togliere la maschera || *fig.* rivelare le ipocrisie e le segrete magagne proprie o di altri: *smascherò il proprio gioco, smascherò il suo avversario, è un film che smaschera le contraddizioni della nostra società* || **rifl.** togliersi la maschera; anche *fig.* || **N. tr.** denudare, mettere in piazza, palesare, scoprire gli altarini, sfatare, svelare, tradire.
ṣmascheratóre [da *smascherare*; 1873] **agg.** e **sm.** (f. *-trice*) *raro* che o chi smaschera; anche *fig.*: *lo smascheratore della frode.*
ṣmascolinàto [comp. parasint. di *mascolino*; 1765] **agg.** *raro* effeminato || *fig.* che ha perduto ogni caratteristica virile (forza, vigore e sim.): *stile smascolinato.*
smash (ingl., pr. [smæʃ]; pr. it. [zmɛʃ]) [da to *smash*, colpire con violenza; 1926] **sm. inv.** *T.sport.* nel tennis, colpo schiacciato; schiacciata.
ṣmatassàre [comp. parasint. di *matassa*; 1873] **tr.** *non com.* disfare la matassa.
ṣmaterializzàre [da *materializzare*; 1960] **tr.** rendere immateriale || **intr. pron.** diventare immateriale, spiritualizzarsi: *smaterializzarsi nell'estasi mistica.*
ṣmaterializzazióne [da *smaterializzare*; 1960] **sf.** atto ed effetto dello smaterializzare e dello smaterializzarsi.
ṣmattonàre (pres. *-óno*) [da *mattonare*; a. 1571] **tr.** *non com.* disfare l'ammattonato, rimuovere i mattoni || **N.** *Contr.* ammattonare.
ṣmattonatùra [da *smattonare*; a. 1789] **sf.** *non com.* l'operazione e anche l'effetto dello smattonare.
ṣmazzàta [comp. parasint. di *mazzo*; 1960] **sf.** *T.gioc.* la distribuzione di un intero mazzo di carte durante una partita; in part., a *bridge*, l'unità di gioco costituita da dichiarazione e giocata, sulla base di una distribuzione di carte.
ṣmèctico o **ṣmèttico** (pl. *-ci*) [dal gr. *smēktikós*, atto a pulire; 1838 *smettico*] **agg.** *T.chim.* nei liquidi cristallini, detto di stato di aggregazione in cui le molecole sono disposte ordinatamente in strati perpendicolari al loro asse || *argilla smectica*, tipo di argilla molto plastica e assorbente, usata per decolorare oli alimentari e minerali.
ṣmègma [dal lat. *smēgma*, gr. *smêgma*, *smégmatos*, unguento; 1838] **sm.** *T.med.* materiale bianco-giallastro formato da residui di secrezione ghiandolare e di desquamazione delle mucose, che si deposita attorno agli organi genitali sia maschili che femminili.
ṣmegmàtico (pl. *-ci*) [da *smegma*; 1838] **agg.** *T.med.* proprio dello smegma, relativo allo smegma.
ṣmelàre e der. V. SMIELARE e der.
ṣmelensìto [da *immelensito*, con cambio di pref.; 1873] **agg.** *non com.* che è diventato melenso.
ṣmembraménto [da *smembrare*; a. 1681] **sm.** atto ed effetto dello smembrare; anche *fig.*: *lo smembramento della nazione vinta; smembramento del periodo*, la sua scomposizione nei vari membri.
ṣmembràre (pres. *ṣmèmbro*) [comp. parasint. di *membro*; 1300 ca.] **tr. 1.** squartare un corpo, separare le membra l'una dall'altra: *smembrare un cadavere* **2.** *fig.* dividere in parti un tutto organico: *smembrare una tenuta, una nazione, un periodo* || **N. 2.** *Sin.* disgregare, spezzettare, tagliare, DIVIDERE.
ṣmemoràggine [da *smemorare*; 1354] **sf.** *ant. raro* smemorataggine, difetto di memoria.
ṣmemoraménto [da *smemorare*; 1354] **sm.** *raro* l'essere, il divenire smemorato.
ṣmemoràre (pres. *ṣmèmoro*) [comp. parasint. di *memore*; 1306] **intr.** (aus. *essere*) *ant.* perdere la memoria || *per estens. ant.* perdere la lucidità, diventare stupido, insensato || **intr. pron.** *lett.* dimenticarsi di tutto, perdere la memoria.
ṣmemoratàggine [da *smemorato*; a. 1566] **sf.** l'essere smemorato || *concr.* atto da persona smemorata; dimenticanza.
ṣmemoratézza [da *smemorato*; a. 1566] **sf.** l'essere smemorato.
ṣmemoràto (*pps.* di *smemorare*) [fine sec. XIII] **I agg.** che ha perduto la memoria **II sm.** (f. *-a*) chi ha perduto la memoria: *stava lì come uno smemorato* || *per estens. ant.* dissennato, balordo || *accr.* smemoratóne; *pegg.* smemoratàccio || **N. I** *Sin.* disattento, sbadato, stordito, DISTRATTO.
ṣmencìre (pres. *-ìsco, -ìsci*) [comp. parasint. di *mencio*; 1873] **tr.** e **intr.** (aus. *essere*) *fam. tosc.* fare o diventare mencio, floscio; anche ammencire || **N.** *Sin.* afflosciare.
ṣmentìre (pres. *-ìsco, -ìsci*) [da *mentire*; 1312] **tr. 1.** rif. ad asserzione, negarla, dichiararla falsa: *il ministro ha smentito le voci sull'imminente caduta del governo* || dimostrare falso: *i fatti smentiscono le tue affermazioni* || *in part.* ritrattare una dichiarazione fatta in precedenza **2.** rif. a persona, dichiarare o dimostrare false le sue asserzioni: *sei stato smentito dai tuoi stessi amici* **3.** di persona, ritrattare: *smentire una deposizione* || perdere il buon nome: *smentire la propria fama* || **rifl. 1.** dire cose non conformi a quanto si era precedentemente detto: *lo aveva affermato, ma poi si è smentito* **2.** fare o dire cose non coerenti con la propria linea di condotta abituale: *non si smentisce mai, è sempre un egoista* || **N. tr. 1.** *Sin.* contraddire | *Contr.* confermare **2.** *Sin.* disdire **3.** *Sin.* sconfessare.
ṣmentìta [da *smentire*; 1873] **sf.** atto ed effetto dello smentire: *dare, ricevere una smentita* || **N.** *Sin.* negazione, ritrattazione, sconfessione | *Contr.* conferma, riaffermazione.
ṣmentitóre [da *smentire*; a. 1712] **agg.** e **sm.** (f. *-trice*) *raro* che o chi smentisce, sconfessa.
ṣmeraldìno [da *smeraldo*; 1294 *smiraldino*] **agg.** di smeraldo, di color verde vivo: *occhi smeraldini.*
ṣmeràldo [lat. volg. **smarăudus*, gr. *smáragdos*; a. 1250] **I sm. 1.** gemma cristallina di un bel verde vivo, varietà del berillo **2.** *poet.* colore verde intenso: *prato di smeraldo* **II** nella **loc. agg.** *verde smeraldo*, del colore verde brillante e intenso dello smeraldo: *occhi verde smeraldo* || nella *loc. m.* usata come *loc. agg.* *color smeraldo*, del colore dello smeraldo || **N. I 1.** corindone. **TAV.** *gemme* 3.
ṣmerciàbile [da *smerciare*; 1960] **agg.** che si può smerciare: *un prodotto difficilmente smerciabile.*
ṣmerciàre (pres. *ṣmèrcio*) [comp. parasint. di *merce*; 1770] **tr.** vendere, spacciare la merce: *smerciava roba rubata* || **N.** *Sin.* esitare, smaltire, VENDERE.
ṣmèrcio (pl. *-ci*) [da *smerciare*; a. 1764] **sm.** spaccio, vendita di una merce: *articolo che ha poco smercio* || **N.** *Sin.* mercato, VENDITA.
ṣmerdàre (pres. *ṣmèrdo*) [comp. parasint. di *merda*; a. 1704] **tr.** e **rifl.** *volg.* sporcare e sporcarsi di merda e, *per estens.*, insudiciare, imbrattare, insozzare || *com. fig. volg.* esporre qualcuno alla derisione generale, svergognarlo: *lo ha smerdato dimostrando la sua ignoranza.*
ṣmèrgo (pl. *-ghi*) [lat. *mergus*, l'uccello che s'immerge; a. 1535] **sm.** *T.zool.* genere di uccelli tuffatori della famiglia degli Anatidi, simili alle anatre || **N.** *Sin.* mergo.
ṣmerigliàre (pres. *-ìglio*) [da *smeriglio*[1]; a. 1597] **tr. 1.** sfregare con lo smeriglio per polire, lucidare ecc. **2.** *smerigliare il vetro*, renderlo ruvido e translucido con lo smeriglio.
ṣmerigliàto (*pps.* di *smerigliare*) [1902 nel senso 3] **agg. 1.** levigato con smeriglio **2.** del vetro, lavorato con lo smeriglio, reso translucido per smerigliatura: *tappo smerigliato*, di vetro smerigliato, per renderlo più aderente all'imboccatura **3.** *carta smerigliata*, alla quale è fissata polvere di smeriglio, usata per levigare.
ṣmerigliatóre [da *smerigliare*; 1960] **sm. 1.** (f. *-trice*) addetto all'operazione della smerigliatura **2.** parte della smerigliatrice.
ṣmerigliatrìce [da *smerigliatore*; 1949] **sf.** macchina che esegue la smerigliatura, mediante un nastro rotante coperto di materiale abrasivo. **TAV.** *macchine utensili* 6.
ṣmerigliatùra [da *smerigliare*; a. 1712] **sf.** atto ed effetto dello smerigliare; anche il costo dell'operazione.
ṣmerìglio[1] [dal gr. biz. **smyrídion*; sec. XIV-XV nel senso 2] **I sm. 1.** *T.min.* varietà granulare compatta di corindone, colorata in bruno da ossido di ferro, che ridotta in polvere, si usa per lavorare le pietre dure, i metalli e sim. **2.** polvere di smeriglio, usata per levigare, polire, brunire e sim. **II agg. inv.** che utilizza la polvere di smeriglio: *mola, carta smeriglio.* **TAV.** *macchine utensili* 6.3.
ṣmerìglio[2] (pl. *-gli*) [dal francone *smiril*, attr. il fr. ant. *esmeril*; 1336 ca.] **sm.** uccello dei Falconidi, di modeste dimensioni ma audace e aggressivo cacciatore di uccelli.
ṣmerìglio[3] (pl. *-gli*) [dal gr. *smarís, smarídos*, pesce di scarsa qualità; 1838] **sm.** squalo voracissimo e aggressivo detto anche *squalo nasuto*, ricercato per le carni pregiate e per la pelle, usata come abrasivo || **N.** *Sin.* zigrino.
ṣmerìnto [dal gr. (*s*) *mḗrinthos*, cordicella; 1838] **sm.** farfalla delle Sfingidi le cui ali posteriori sono chiazzate da macchie simili ad occhi.
ṣmerlàre (pres. *ṣmèrlo*) [comp. parasint. di *merlo*[2]; 1865] **tr.** ricamare un tessuto a merli e quindi ritagliare la stoffa lungo la smerlatura.
ṣmerlàto (*pps.* di *smerlare*) [1872] **agg. 1.** ricamato a merli **2.** *T.bot.* detto di foglia seghettata a denti ottusi.
ṣmerlatùra [da *smerlare*; 1940] **sf.** l'atto e l'effetto dello smerlare, e il punto in cui si smerla.
ṣmerlettàre (pres. *-étto*) [comp. parasint. di *merletto*; 1891] **tr.** fare smerletti o piccoli smerli ricamando; smerlare.
ṣmerlettatùra [da *smerlettare*; 1960] **sf.** smerlatura.
ṣmèrlo [da *smerlare*; 1835] **sm.** il ricamo fatto smerlando || *dim.* smerlétto || **N.** *Sin.* RICAMO. **TAV. maglia... p. 1316** 1.11.
ṣmerluzzàre [da *smerlare*; 1865] **tr.** tagliare con le forbici la carta ai margini facendo una specie di smerlo; tagliuzzare.
ṣmésso (*pps.* di *smettere*) [a. 1712] **agg.** messo da parte, usato e abbandonato: *le regalò abiti smessi* || **N.** *Sin.* dismesso, disusato.
ṣméttere (pres. *ṣmétto* ecc., come METTERE) [da *mettere*; 1805] **tr. 1.** non proseguire, cessare, tralasciare ciò che si stava facendo: *smettere un'attività, un lavoro* ecc. || spesso con il pron. indef. *la* come ogg. indiretto in espressioni esortative o imperative sottolineanti con tono più o meno risentito l'opportunità, la sconvenienza e sim. del persistere in un certo comportamento: *smettila di dar fastidio!; smettila!, smettetela!, smettetela una buona volta!, sarebbe meglio la smetteste!* **2.** detto di indumenti, non usare più, non indossare più: *smettere gli abiti fuori moda* || *fig. lett.* mettere da parte un atteggiamento, desistere da un comportamento: *smetti la superbia, quest'ostruzionismo* || **intr.** (aus. *avere*) cessare, desistere dal continuare ciò che si stava facendo: *smetti di urlare, smettete di raccontare fandonie* || aver termine: *il vento non smette* || **N. tr.** *Sin.* astenersi, tralasciare.

ṣmèttico V. SMECTICO.
ṣmeẓẓaménto [da *smezzare*; 1838] **sm.** *raro* l'atto e l'effetto dello smezzare ‖ **N.** dimezzamento.
ṣmeẓẓàre (pres. *ṣmèẓẓo*) [comp. parasint. di *mezzo*; 1863] **tr.** *non com.* **1.** dividere in due parti pressoché uguali: *smezzare il pane* **2.** consumare, svuotare per metà: *ha quasi smezzato la bottiglia* ‖ **N. 1.** *Sin.* dimezzare, DIVIDERE **2.** *Sin.* dimezzare.
ṣmidollàre (pres. *-óllo*) [da *midollo*; a. 1606 come intr. pron.] **tr. 1.** levare il midollo o la midolla: *smidollare l'osso; smidollare il pane* **2.** *fig.* privare di vigore, infiacchire ‖ **intr. pron.** *fig.* infiacchirsi, estenuarsi: *mi sono smidollato.*
ṣmidollàto (*pps.* di *smidollare*) [1592 *smedullato*] **I agg. 1.** privo di midollo o della midolla **2.** *fig.* privo di nerbo, senza spina dorsale, debole di carattere: *sei proprio smidollato!* **II sm.** (f. *-a*) persona debole fisicamente o moralmente.
ṣmielàre (raro *ṣmelàre*) (pres. *-èlo*) [comp. parasint. di *miele*; 1865 *smelare*] **tr.** svuotare i favi del miele in essi contenuto.
ṣmielatóre (raro *ṣmelatóre*) [da *smielare*; 1895 *smelatore*] **sm. 1.** (f. *-trìce*) chi smiela **2.** *com.* apparecchio che, centrifugando i favi, permette di estrarne il miele senza danneggiarli.
ṣmielatrìce (raro *ṣmelatrìce*) [da *smielare*; 1940 *smelatrice*] **sf.** smielatore.
ṣmielatùra (raro *ṣmelatùra*) [da *smielare*; 1865 *smelatura*] **sf.** operazione dello smielare ‖ anche il tempo in cui si è soliti effettuare tale operazione.
ṣmilitariẓẓàre [da *militarizzare*; 1947] **tr.** restituire alla propria normale funzione ciò che era stato destinato a usi militari: *smilitarizzare le ferrovie* ‖ togliere l'organizzazione militare, sottrarre alla competenza delle autorità militari: *smilitarizzare la Guardia di Finanza* ‖ privare un territorio di difesa e organizzazioni militari: *smilitarizzare una zona occupata* ‖ **N.** *Contr.* militarizzare.
ṣmilitariẓẓàto (*pps.* di *smilitarizzare*) [1960] **agg.** privato di difese e presidi militari ‖ *zona smilitarizzata*, fascia di territorio contesa da due o più stati belligeranti, libera da presidi militari e controllata da forze neutrali garanti.
ṣmilitariẓẓazióne [da *smilitarizzare*; 1960] **sf.** atto ed effetto dello smilitarizzare.
ṣmilzo [etim. inc.; 1541] **agg. 1.** magro, di corporatura asciutta e longilinea: *un tipo smilzo* **2.** *fig.* scarno, di contenuto esiguo: *un articolo, un saggio smilzo* ‖ **N.** *Sin.* esile, sottile.
ṣminaménto [da *sminare*; 1950] **sm.** lo sminare.
ṣminàre [da *minare*; 1950] **tr.** *T.mil.* rimuovere le mine da una zona minata.
ṣminatóre [da *sminare*; 1950] **agg.** e **sm.** (f. *-trìce*) *non com.* operaio o militare esperto nello sminare.
ṣminatùra [da *sminare*; 1950] **sf.** sminamento.
ṣminchionàre (pres. *-óno*) [da *minchionare*; a. 1729] **tr.** *ant. pop.* minchionare ‖ **intr.** (aus. *essere*) *ant. pop.* cessare di essere minchione, scaltrirsi.
ṣminchionàto [comp. parasint. di *minchione*; 1940] **agg.** e **sm.** (f. *-a*) *volg. non com.* scocciato, infastidito, scoglionato.
ṣminchionatòrio (pl. *-ri*) [da *sminchionare*; 1940] **agg.** detto o fatto per minchionare, per canzonare.
ṣminuiménto [da *sminuire*; 1525] **sm.** *non com.* atto ed effetto dello sminuire.
ṣminuìre (pres. *-ìsco, -ìsci*) [da *diminuire*, con cambio di pref.; sec. XIV] **tr.** far diminuire; *fig.* ridimensionare: *quell'errore non sminuì la sua fama* ‖ **rifl.** farsi da meno di quello che si è: *non sminuirti così!* ‖ **intr.** (aus. *essere*) rimpicciolire, diventare minore: *la sua forza è sminuita* ‖ **N. tr.** *Sin.* ridurre, svalutare.
ṣminuìto (*pps.* di *sminuire*) [1671] **agg.** diminuito; umiliato, sottovalutato.
ṣminuzzaménto [da *sminuzzare*; 1631] **sm.** azione e risultato dello sminuzzare.
ṣminuzzàre [da *minuzzare*; a. 1342] **tr. 1.** ridurre in pezzi minuti: *sminuzzò il pane* **2.** *fig.* rif. a narrazione, esporla nei più minuti particolari ‖ **intr. pron.** frantumarsi, ridursi in pezzi minuti ‖ **N. tr.** *Sin.* sbriciolare, TRITARE.
ṣminuzzatóre [da *sminuzzare*; 1691] **agg.** e **sm.** (f. *-trìce*) che o chi sminuzza.
ṣminuzzatrìce [da *sminuzzatore*; 1838] **sf.** denominazione generica di vari macchinari utilizzati per sminuzzare diversi tipi di materiali; *in part. T.cart.* macchina che stritola e sminuzza il legno per estrarne la cellulosa.
ṣminuzzatùra [da *sminuzzare*; 1873] **sf.** atto ed effetto dello sminuzzare ‖ *concr.* il prodotto del materiale sminuzzato.
ṣminuzzolaménto [da *sminuzzolare*; 1865] **sm.** atto ed effetto dello sminuzzolare.
ṣminuzzolàre (pres. *-ùzzolo*) [da *minuzzolare*; 1623] **tr.** sminuzzare, ridurre in minuzzoli: *sminuzzolare un pezzo di carta* ‖ *fig. non com.* presentare in forma molto frammentata: *sminuzzolare il racconto.*
ṣmiracolàre (pres. *-àcolo*) [comp. parasint. di *miracolo*; a. 1742] **intr.** (aus. *avere*) *non com. tosc.* dimostrare una grande meraviglia per cose di poco conto ‖ **N.** *Sin.* sbalordire, trasecolare.
ṣmiracolàto (*pps.* di *smiracolare*) [1873] **agg.** *tosc.* trasecolato, meravigliato, attonito per cosa di poco conto.
ṣmistaménto [comp. parasint. di *misto*; 1885] **sm.** operazione dello smistare: *lo smistamento della corrispondenza in arrivo; stazione di smistamento*, quella dove vengono smistati i treni merci.
ṣmistàre [comp. parasint. di *misto*; 1905] **tr.** avviare alle rispettive destinazioni i membri o i sottogruppi di un insieme di cose o persone: *in part. T.ferr.* scomporre un treno merci, avviando i carri che lo compongono alle loro varie destinazioni ‖ *T.post.* dividere un fascio di corrispondenza, avviando ogni lettera o plico alla sua destinazione ‖ *T.mil.* avviare i militari ai propri reparti o depositi ‖ *fig. T.sport.* nel gioco del calcio, passare il pallone a un proprio compagno.
ṣmiṣuràre (pres. *-ùro*) [comp. parasint. di *misura*; 1659] **intr.** *ant.* superare, eccedere la misura; anche *fig.*
ṣmiṣuratézza [da *smisurato*; sec. XIV] **sf.** qualità di ciò che è smisurato ‖ **N.** *Sin.* dismisura, eccesso, enormità, immensità, oltremisura, sovrabbondanza, sproporzione, sterminatezza, vastità.
ṣmiṣuràto [da *misurato*; a. 1250] **agg.** che eccede ogni misura, che si estende per uno spazio non misurabile; sconfinato: *lo smisurato spazio cosmico* ‖ *per estens. iperb.* grandissimo, eccedente le normali misure, anche *fig.*: *la smisurata bontà divina, ingegno smisurato* ‖ **ṣmiṣurataménte** **avv.** senza misura ‖ **N.** *Sin.* immenso, incommensurabile, sproporzionato, sterminato, ENORME.
ṣmitiẓẓàre [da *mitizzare*; 1942] **tr.** far perdere il carattere di mito ‖ *per estens.* sottoporre a una valutazione più obiettiva, realistica: *smitizzare la civiltà del benessere.*
ṣmitiẓẓazióne [da *smitizzare*; 1983] **sf.** l'azione dello smitizzare, del ridimensionare qualcuno o qualcosa.
ṣmobiliàre (pres. *-ìlio*) [comp. parasint. di *mobilia*; 1841] **tr.** *non com.* sguarnire della mobilia: *smobiliare il salotto, lo studio* ‖ *Contr.* ammobiliare.
ṣmobiliàto (*pps.* di *smobiliare*) [1841] **agg.** privo di mobili, non ammobiliato ‖ **N.** *Sin.* vuoto.
ṣmobilitàre (pres. *-ìlito*) [da *mobilitare*; 1922] **tr. 1.** *T.mil.* di forze armate, soldati, mezzi e sim., disarmarli, riportarli in assetto di pace; anche *ass.* annullare la mobilitazione, riportare il paese all'assetto di pace: *la Francia ha smobilitato* **2.** *per estens. fig.* riportare allo stato normale ciò che era stato precedentemente sottoposto a mobilitazione: *smobilitare l'opinione pubblica* ‖ **N.** *Contr.* mobilitare.
ṣmobilitazióne [da *smobilitare*; 1917] **sf.** *T.mil.* atto ed effetto dello smobilitare, anche *fig.*: *la smobilitazione dell'esercito, c'è aria di smobilitazione* ‖ **N.** *Contr.* mobilitazione.
ṣmobiliẓẓàre [da *smobilizzo*; 1985] **tr.** *T.fin.* convertire valori immobilizzati in valori liquidi.
ṣmobiliẓẓo [da *immobilizzo*, con cambio di pref.; 1960] **sm.** *T.econ.* operazione con cui si convertono in liquidità valori immobilizzati.
ṣmocciàre (pres. *ṣmóccio*) [comp. parasint. di *moccio*; 1841] **tr.** *tosc. fam.* ripulire il naso dai mocci.
ṣmoccicàre (pres. *ṣmóccico, ṣmóccichi*) [da *moccicare*; a. 1646] **tr.** *fam.* sporcare di moccio ‖ **intr.** (aus. *avere*) *fam.* colare moccio dal naso.
ṣmoccolàre (pres. *-òccolo* o *-óccolo*) [comp. parasint. di *moccolo*; 1483] **tr.** togliere la smoccolatura a lumi o candele: *smoccolare le candele* ‖ **intr.** (aus. *avere*) **1.** detto delle candele, lasciar cadere scolature di cera **2.** *pop.* tirar moccoli, bestemmie ‖ *per estens.* imprecare ‖ **N. tr.** *Sin.* levare il fungo, scarbonchiare | **intr. 2.** *Sin.* bestemmiare.
ṣmoccolatóio (pl. *-ói*) [da *smoccolare*; 1598] **sm.** arnese, a forma di forbici, per smoccolare candele e lumi.
ṣmoccolatùra [da *smoccolare*; 1618] **sf. 1.** azione dello smoccolare **2.** *concr.* la parte carbonizzata dello stoppino di una candela o di un lume ‖ **N. 2.** *Sin.* fungo, moccolaia.
smock (ingl., pr. [smɒk]; pr. it. [zmɔk]) [letter. camicia; 1960] **sm.** *inv.* nel ricamo, punto speciale eseguito per fermare le arricciature: *punto smock* o *punto a smock.*
ṣmodatézza [da *smodato*; 1983] **sf.** l'essere smodato ‖ **N.** *Sin.* eccesso, esagerazione.
ṣmodàto [comp. parasint. di *modo*; a. 1347] **agg.** eccessivo, eccedente i limiti del buon gusto o dell'opportunità: *lusso, desiderio smodato; ambizione smodata* ‖ **ṣmodataménte** **avv.** senza misura: *bere, ridere smodatamente* ‖ **N.** *Sin.* esagerato, sfrenato, smisurato.
ṣmoderàre (pres. *ṣmòdero*) [da *moderare*; a. 1673] **intr.** (aus. *avere*) *ant. raro* passare la misura, trasmodare, essere o diventare smoderato.
ṣmoderatézza [da *smoderato*; 1745] **sf.** l'essere smoderato ‖ *concr.* azione da persona smoderata ‖ **N.** *Sin.* eccesso, esagerazione, intemperanza | *Contr.* discrezione, ritegno.
ṣmoderàto [da *moderato*; a. 1342] **agg.** privo di misura, eccedente i gusti limiti, smodato: *richieste, pretese smoderate; un comportamento smoderato* ‖ **ṣmoderataménte** **avv.** senza moderazione: *bere smoderatamente* ‖ **N.** *Sin.* eccessivo, esagerato, esorbitante, sfrenato, smisurato, spropositato, trasmodato | *Contr.* moderato.
ṣmoderazióne [da *smoderare*; a. 1673] **sf.** smoderatezza.
smog (ingl., pr. [smɒg]; pr. it. [zmɔg]) [incrocio di *smoke*, fumo e *fog*, nebbia; 1955] **sm.** *inv.* massa nebbiosa tossica dovuta allo scarico nell'atmosfera di fumi e gas di scarico, che si forma soprattutto d'inverno sulle aree industriali e sui grandi centri urbani.
smoking (pseudoingl., pr. [ˈzmɔkiŋ(g)]) [dallo pseudoingl. *smoking jacket*, giacca per fumatori; 1891] **sm.** *inv.* abito da sera maschile, composto da una giacca perlopiù con collo sciallato con risvolto in seta, e pantaloni di li-

nea dritta con una sottile striscia in seta lungo le cuciture laterali.

ṣmollàre (pres. *ṣmòllo*) [comp. parasint. di *mollo*; 1873] **tr.** **1.** *pop.* allentare: *smollare un bullone* **2.** *ant.* mettere a bagno i panni prima di fare il bucato || **intr. pron.** allentare, perdere la tensione, la rigidità: *quella vite non si smolla; l'elastico delle calze, il girocollo del maglione si è tutto smollato* || **N.** **tr.** **2.** mettere in ammollo.

ṣmollicàre (pres. *-ìco, -ìchi*) [comp. parasint. di *mollica*; 1550] **tr.** ridurre in molliche.

ṣmonacàre (pres. *ṣmònaco, ṣmònachi*) [comp. parasint. di *monaca*; 1841] **tr.** privare dell'abito monacale, revocare dalla condizione monacale || **rifl.** rinunciare all'abito monacale, alla condizione monacale, abbandonare il convento.

ṣmonetàre (pres. *-éto*) [comp. parasint. di *moneta*; 1960] **tr.** *T.econ.* togliere a una moneta metallica il suo valore legale.

ṣmonetazióne [da *smonetare*; 1960] **sf.** *T.econ.* atto ed effetto dello smonetare.

ṣmontàbile [da *smontare*; 1960] **agg.** che si può smontare: *struttura, mobile smontabile.*

ṣmontàggio (pl. *-gi*) [da *smontare*; 1908] **sm.** *T.mecc.* operazione dello smontare.

ṣmontaménto [da *smontare*; 1865] **sm.** *raro* smontaggio.

ṣmontàre (pres. *ṣmónto*) [da *montare*; fine sec. XIII come intr.] **tr.** **1.** scomporre un meccanismo, una struttura e sim., rimuovendone uno alla volta gli elementi componenti: *smontare un orologio, un armadio* || *smontare una gemma*, toglierla dal castone **2.** far afflosciare, far sgonfiare, far perdere lo stato di emulsione, rif. a uova sbattute, panna montata e sim. || *fig.* deprimere, scoraggiare, far perdere l'entusiasmo, la foga: *ero pieno d'entusiasmo, ma lui mi ha smontato subito* **3.** *non com.* far scendere da un mezzo di trasporto: *smontami davanti a casa* || **intr.** (aus. *essere* nei sensi 1, 2, 3; *avere* nel senso 4) **1.** scender giù, calare da dove si era saliti (spec. quando si tratta di mezzi di trasporto): *smontare dal treno, da cavallo, da una scala; smonto all'incrocio, alla prossima fermata* **2.** concludere il proprio turno di lavoro, cessare di essere in servizio: *al lunedì smonto alle due* **3.** di sostanze liquide o semiliquide precedentemente montate, perdere la consistenza, la compattezza, sgonfiarsi, afflosciarsi: *al caldo la panna smonta subito* **4.** di colori, tinte, stingere, perdere vivacità e brillantezza: *il rosso in lavatrice rischia di smontare* || **intr. pron.** di panna montata e sim., ridiventare liquida || **rifl.** *fig.* perdere l'entusiasmo, scoraggiarsi || **N.** **intr.** **1.** *Sin.* SCENDERE.

ṣmontàta [da *smontato*, pps. di *smontare*; 1960] **sf.** spostamento autunnale del pesce delle lagune, che si porta verso il mare per la riproduzione || **N.** *Contr.* montata.

ṣmontatùra [da *smontare*; 1908] **sf.** atto ed effetto dello smontare.

ṣmonticatùra [comp. parasint. di *monticare*; 1960] **sf.** smonticazione.

ṣmonticazióne [da *monticazione*; 1960] **sf.** il ritorno del bestiame dai pascoli alpini a quelli della pianura.

ṣmorbàre (pres. *ṣmòrbo*) [comp. parasint. di *morbo*; a. 1574] **tr.** *non com.* purificare un ambiente infetto, ammorbato; anche *fig.*

ṣmòrfia[1] [dal gerg. *morfia*, bocca; 1598] **sf.** **1.** contrazione dei muscoli facciali che altera i lineamenti del volto, causata da sensazioni dolorose o spiacevoli, o come manifestazione volontaria di sentimenti di avversione: *una smorfia di dolore, di ribrezzo; i bambini quando bisticciano si fanno le smorfie* **2.** atto lezioso, svenevole, affettato; moina, smanceria: *una ragazzina tutta smorfie, non saranno le tue smorfie a convincermi!* || *dim.* smorfiétta, smorfiettìna, smorfiùccia; *pegg.* smorfiàccia || **N.** *Sin.* boccaccia, ghigno, smusata, visaccio **2.** *Sin.* lezio, svenevolezza.

ṣmòrfia[2] [forse da *Morpheus*, dio dei sogni; 1844] **sf.** *centr.* e *merid.* il libro dei sogni, dal quale si ricavano i numeri da giocare al lotto: *vediamo che cosa dice la smorfia.*

ṣmorfióso [da *smorfia*[1]; 1726] **I** **agg.** lezioso, smanceroso, che ha l'abitudine di fare smorfie: *una ragazza smorfiosa* **II** **sm.** (f. *-a*) persona smorfiosa: *è uno smorfioso; fare la smorfiosa*, civettare || *dim.* smorfiosétto, smorfiosìno, smorfiosùccio || **N.** *Sin.* svenevole.

ṣmorìre (pres. *ṣmuòio* ecc., come MORIRE; *dif.* dei tempi composti) [da *morire*; a. 1321] **intr.** e **intr. pron.** *ant. lett.* scolorarsi, impallidire, diventare smorto, del colore della morte: *dinanzi al sole le stelle smuoiono; è un colore, una tinta che smuore subito.*

ṣmorsàre (pres. *ṣmòrso*) [comp. parasint. di *morso*; 1342] **tr.** (aus. *avere*) *ant.* togliere il morso dalla bocca || *fig.* liberare.

ṣmortézza [da *smorto*; a. 1574] **sf.** *ant.* l'essere smorto.

ṣmortìccio (pl. m. *-ci*, pl. f. *-ce*) [da *smorto*; a. 1574] **agg.** di colore, che è alquanto smorto; pallido, terreo.

ṣmòrto (*pps.* di *smorire*) [1313] **agg.** **1.** dall'aspetto pallido, dal colorito spento: *era tutto smorto per la paura* **2.** *fig.* di colore, che non ha brillantezza, vivacità; scialbo || *per estens. fig.* privo di vivacità, di espressività: *una prosa smorta; un film, un quadro smorto.*

ṣmorzaménto [da *smorzare*; 1745] **sm.** atto ed effetto dello smorzare e dello smorzarsi.

ṣmorzàndo (*ger.* di *smorzare*) [1826] **sm.** *T.mus.* notazione dinamica per indicare che bisogna attenuare via via l'intensità del suono.

ṣmorzàre (pres. *ṣmòrzo*) [da *ammozzare*, con cambio di pref.; a. 1492] **tr.** **1.** attenuare, diminuire l'intensità: *smorzare la luce, il suono, la sete* || *T.fis.* ridurre progressivamente l'ampiezza di un moto oscillatorio || *T.sport.* *smorzare la palla*, nei giochi di palla, nel tennis, colpirla in modo da diminuirne la velocità di rinvio **2.** *region.* spegnere: *smorzare il lume, la calce* || *fig.* estinguere: *smorzare la rabbia, la sete* || **intr. pron.** attenuarsi, attutirsi || **N.** **1.** *Sin.* digradare.

ṣmorzàta [da *smorzare*; 1963] **sf.** *T.sport.* nel tennis, colpo che attenua di molto la velocità della pallina, mandandola a cadere poco al di là della rete, nel campo avversario.

ṣmorzàto (*pps.* di *smorzare*) [1550] **agg.** attenuato, reso meno forte: *colori smorzati, colpo smorzato.*

ṣmorzatóre [da *smorzare*; 1745] **I** **agg.** *raro* che smorza **II** **sm.** **1.** (f. *-trìce*) *raro* chi smorza **2.** *T.mus.* nel pianoforte, ognuna delle bacchettine di legno coperte di feltro o di flanella che, poggiando sulle corde, smorzano le vibrazioni e moderano la sonorità **3.** *T.fis.* e *T.tecn.* apparecchio che modera le oscillazioni di un sistema che oscilla liberamente.

ṣmorzatùra [da *smorzare*; 1891] **sf.** *non com.* smorzamento.

ṣmòrzo [da *smorzare*; 1879] **sm.** **1.** *T.mus.* smorzamento **2.** speciale bacchettina di legno con l'estremità rivestita in feltro o flanella che battendo sulle corde del pianoforte diminuisce l'intensità del suono o ne fa cessare le vibrazioni.

ṣmòsso (*pps.* di *smuovere*) [1340] **agg.** nei sensi del verbo || *terreno smosso, terra smossa*, lavorata di recente || instabile, malfermo, tentennante: *denti smossi.*

ṣmòtta [da *smottare*; 1754] **sf.** *raro* smottamento.

ṣmottaménto [da *smottare*; a. 1574] **sm.** atto ed effetto dello smottare; dissesto franoso di un terreno prevalentemente argilloso, causato perlopiù da infiltrazioni d'acqua.

ṣmottàre (pres. *ṣmòtto*) [comp. parasint. di *motta*; 1550] **intr.** (aus. *essere*) franare; scivolare verso il basso per infiltrazione d'acqua.

ṣmottatùra [da *smottare*; 1873] **sf.** **1.** *raro* smottamento **2.** *concr.* la materia smossa nello smottare, e il punto dove essa è smottata.

ṣmòvere v. SMUOVERE.

ṣmozzàre (pres. *ṣmózzo*) [da *mozzare*; a. 1704] **tr.** mozzare con un colpo energico e deciso.

ṣmozzatùra [da *smozzare*; 1838] **sf.** atto ed effetto dello smozzare || *concr.* la parte che è stata recisa.

ṣmozzicaménto [da *smozzicare*; a. 1604] **sm.** *non com.* atto dello smozzicare.

ṣmozzicàre (pres. *ṣmózzico, ṣmózzichi*) [da *mozzicare*; 1313] **tr.** **1.** tagliar via piccole parti di una cosa: *le granate smozzicarono le mura, smozzicava una mela* **2.** *fig.* abbreviare senza garbo; di parole e sim., pronunciarle male e non intere: *smozzicare un discorso, una frase.*

ṣmozzicàto (*pps.* di *smozzicare*) [1313] **agg.** dilaniato; rotto, spezzettato.

ṣmozzicatùra [da *smozzicare*; 1670] **sf.** atto ed effetto dello smozzicare; smozzicamento.

ṣmucciàre (pres. *-ùccio*; *dif.* dei tempi composti) [da *mucciare*; 1353] **intr.** *ant.* scivolare.

ṣmùngere (pres. *ṣmùngo, ṣmùngi*; p.rem. *ṣmùnsi, ṣmungésti, ṣmùnse, ṣmùnsero*; pps. *ṣmùnto*) [da *mungere*; 1596] **tr.** **1.** *ant.* mungere fino all'ultima goccia || *per estens.* esaurire, prosciugare **2.** *fig.* esaurire, sfruttare al massimo: *quelle tasse smunsero la popolazione.*

ṣmùnto (*pps.* di *smungere*) [1483] **agg.** emaciato, pallido, dall'aspetto estenuato: *viso smunto.*

ṣmuòvere (pop. lett. *ṣmòvere*) (pres. *ṣmuòvo* ecc., come MUOVERE) [lat. volg. **exmovēre*; a. 1348 nel senso 3] **tr.** **1.** far muovere, imprimere un movimento, ma senza spostare se non di poco: *smuovere un macigno, un armadio* **2.** spostare, rimescolare: *smuovere il terreno con la vanga* **3.** *fig.* distogliere da un proposito, far cambiare idea: *quando ha deciso una cosa, nessuno lo smuove; non s'è lasciato smuovere nemmeno dalle preghiere della madre* || distogliere dall'indolenza, scuotere: *nemmeno a quella notizia si smosse* || **intr. pron.** **1.** non esser saldo, spostarsi per opera di agenti esterni: *la nave è incagliata e non si smuove* **2.** *fig.* cambiare intenzione, opinione: *alla fine si è smosso dalla sua idea* || **N.** **tr.** **3.** *Sin.* dissuadere, distogliere, indurre.

ṣmuràre[1] [da *murare*; a. 1348] **tr.** **1.** di una struttura muraria, abbattere, buttare giù **2.** togliere, staccare dal muro ciò che vi era infisso: *smurare una mensola* || **N.** **2.** *Contr.* murare.

ṣmuràre[2] [comp. parasint. di *muro*; 1847] **tr.** *T.mar.* nei velieri a vele quadre, la manovra di allascare le mura e le scotte delle vele basse.

ṣmuṣàre [comp. parasint. di *muso*; 1873] **tr.** *raro tosc.* rompere il muso || fare una smorfia, contorcere il volto, in segno di disprezzo o anche di nausea.

ṣmuṣàta [da *smusare*; a. 1850] **sf.** *tosc.* atto di disprezzo o di ribrezzo fatto contorcendo il volto in una smorfia.

ṣmuṣicàre (pres. *ṣmùṣico, ṣmùṣichi*) [da *musicare*; 1865] **intr.** (aus. *avere*) *ant. pop.* scapricciarsi con la musica, ma senza alcun garbo, senza buon gusto.

ṣmussaménto [da *smussare*; a. 1704] **sm.** atto dello smussare e il punto dove la cosa è smussata.

ṣmussàre [dal fr. *émousser*; 1589] **tr.** **1.** arrotondare uno spigolo vivo: *smussate gli spigoli di quel cassettone* || *per estens.* ridurre l'acutezza di una lama, di una punta e sim. **2.** *fig.* togliere l'asprezza, attenuare: *smussare le asprezze del carattere, dello stile* || **N.** **2.** *Sin.* attutire.

ṣmussatùra [da *smussare*; 1873] **sf.** smussamento.

ṣmussettìno [da *smusso*; 1891] **sm.** scalpello con cui si eseguono le smussature.

ṣmùsso (*pps.* sinc. di *smussare*) [a. 1519] **sm.** smussamento, smussatura.

snack-bar (ingl., pr. ['snæk bɑ:]; pr. it. [znak 'bar]) [comp. di *snack*, spuntino e *bar*; 1959] **sm.** *inv.* bar dove si può consumare anche un rapido spuntino.

ṣnasàre [comp. parasint. di *naso*; a. 1704] **tr.** *non com. scherz.* togliere il naso, mutilare del naso: *snasare una statua.*

ṣnaturaménto [da *snaturare*; 1873] **sm.** *non com.* atto ed effetto dello snaturare.

ṣnaturàre (pres. *-ùro*) [comp. parasint. di *natura*; a. 1348] **tr.** far degenerare, alterare in peggio la natura di una cosa o una persona: *il disboscamento e le coltivazioni hanno snaturato la regione* ‖ *per estens. fig.* alterare profondamente: *il traduttore ha snaturato il senso del discorso* ‖ **intr. pron.** allontanarsi dalla propria natura: *ti sei snaturato, non ti riconosco più* ‖ **N. tr.** *Sin.* svisare, travisare.

ṣnaturatézza [da *snaturare*; 1873] **sf.** *raro* l'essere snaturato, crudele: *la snaturatezza di un figlio.*

ṣnaturàto (*pps.* di *snaturare*) [inizio sec. XIV] **I agg.** detto di persona talmente bassa e insensibile da comportarsi in modo contrario ai sentimenti e ai doveri dettati dalla natura umana: *un figlio snaturato*, degenere, disumano **II sm.** (f. *-a*) persona snaturata ‖ **ṣnaturataménte avv.**

ṣnazionalizẓàre [da *nazionalizzare*; 1861] **tr.** denazionalizzare.

ṣnazionalizẓazióne [da *snazionalizzare*; 1861] **sf.** atto ed effetto dello snazionalizzare.

ṣnebbiàre (pres. *ṣnébbio*) [comp. parasint. di *nebbia*; 1865] **tr.** sgombrare dalla nebbia: *snebbiare l'aeroporto* ‖ *fig.* chiarire, rendere chiare le idee, liberare la mente da quanto offusca la comprensione: *snebbiare il cervello* ‖ **rifl. indir.** *fig.* chiarirsi le idee: *snebbiarsi le idee.*

ṣneghittìre (pres. *-ìsco, -ìsci*) [comp. parasint. di *neghitt(oso)*; 1873] **tr.** *raro* spoltrire, sveltire, smuovere chi è neghittoso ‖ **rifl.** spoltrirsi, sveltirsi.

ṣnellézza [da *snello*; a. 1294] **sf.** qualità di chi o di ciò che è snello: *snellezza di forme, di vita*; *una ragazza di una snellezza eccessiva* ‖ **N.** *Sin.* magrezza.

ṣnelliménto [da *snellire*; 1960] **sm.** atto ed effetto dello snellire; anche *fig.*: *lo snellimento di una procedura burocratica.*

ṣnellìre (pres. *-ìsco, -ìsci*) [da *snello*; 1960] **tr.** **1.** rendere snello: *esercizi ginnici per snellire i fianchi* **2.** far apparire più snello: *questo vestito ti snellisce* **3.** *fig.* rendere meno complicato e, quindi, più spedito; sveltire: *snellire una procedura burocratica* ‖ **intr. pron.** dimagrire, diventare snello o più snello: *il ragazzo s'è molto snellito.*

ṣnèllo [dal francone *snel*, rapido; a. 1294] **agg.** **1.** dalle forme sottili e slanciate: *ragazza snella, gambe snelle, torre snella* **2.** *lett.* agile nel movimento, sciolto di membra: *un giovinetto snello* **3.** *fig.* agile, disinvolto, scorrevole: *uno stile snello* ‖ *dim.* snellétto, snellìno ‖ **N. 1.** *Sin.* flessuoso, mingherlino, minuto, smilzo, SLANCIATO | *Contr.* massiccio, tarchiato **2.** *Sin.* SVELTO.

ṣnerbàre V. SNERVARE.

ṣnervaménto [da *snervare*; a. 1698] **sm.** atto ed effetto dello snervare e dello snervarsi.

ṣnervànte (*ppr.* di *snervare*) [1873] **agg.** che snerva, che estenua i nervi: *clima, attesa, tensione snervante* ‖ **N.** *Sin.* sfibrante, spossante.

ṣnervàre (raro *ṣnerbàre*) (pres. *ṣnèrvo*) [comp. parasint. di *nervo*; a. 1374] **tr.** **1.** spossare, togliere le forze, debilitare, rammollire: *l'assiduo lavoro intellettuale lo ha snervato, questa attesa mi snerva* **2.** *T.tecn.* provocare lo snervamento di un materiale; *in part. T.tess.* sottoporre un filato a una trazione tale da fargli perdere completamente l'elasticità; *T.mecc.* provocare una forte riduzione della resistenza, e talora gravi deformazioni plastiche, in un materiale sottoposto a carico eccessivo ‖ **intr. pron.** estenuarsi, sia fisicamente che moralmente ‖ **N. tr.** **1.** *Sin.* debilitare, fiaccare, indebolire, infiacchire, svigorire.

ṣnervatézza [da *snervare*; 1686] **sf.** qualità di chi o di ciò che è snervato; fiacchezza, mancanza di forza; debilitazione, spossatezza.

ṣnervàto (*pps.* di *snervare*) [a. 1363] **agg.** privo di nerbo, fiaccato ‖ **ṣnervataménte avv.** fiaccamente, senza energia ‖ **N.** *Sin.* debilitato, infiacchito, sfibrato, spossato, svigorito.

ṣnervatrìce [da *snervare*; 1983] **sf.** macchina da macelleria formata da una placca metallica che, abbassandosi sulla carne, ne schiaccia i tendini e i nervi per renderla più tenera.

ṣnidàre [comp. parasint. di *nido*; a. 1367] **tr.** far uscire un animale dal nido, dalla tana o da un nascondiglio o rifugio qualsiasi; scovare: *i cani snidano la volpe* ‖ *per estens.* costringere qualcuno a lasciare il proprio nascondiglio o rifugio: *snidare il nemico da una posizione, un ladro dal suo covo*; *fig. scherz.* tirar fuori: *snidare uno dal letto, dall'ufficio.*

sniff (ingl., pr. [snɪf]; pr. it. [znif]) [voce onom.; 1937] voce onom. gen. reduplicata, riproduce il verso di un cane che fiuta ‖ riproduce anche il rumore di chi aspira forte col naso o quello di un pianto sommesso.

ṣniffàre [dall'ingl. to *sniff*, annusare; 1979] **tr.** *gerg.* annusare, fiutare cocaina.

ṣniffatóre [da *sniffare*; 1980] **sm.** (f. *-trìce*) *gerg.* chi fiuta cocaina.

ṣniffo [da *sniffare*; 1983] **sm.** *gerg.* dose di cocaina da fiutare.

snipe (ingl., pr. [snaɪp]) [letter. beccaccino; 1965] **sm.** *inv.* barca a vela da regata, con scafo a spigolo e deriva mobile ‖ **N.** *Sin.* beccaccino.

sniper (ingl., pr. ['snaɪpə:]) [da to *snipe*, sparare da un luogo nascosto; 1960] **s.** *inv.* tiratore scelto.

ṣnòb [dall'ingl. *snob*, calzolaio, uomo rozzo; 1897] **agg.** (sempre posposto) e **s.** *inv.* che o chi pedissequamente imita ciò che ritiene caratteristico delle persone dei ceti elevati ‖ anche che o chi ostenta raffinatezza e disprezzo per i gusti delle masse: *sei una snob, un inguaribile snob, intellettuali snob*; *locale, linguaggio snob*, da snob.

ṣnobbàre (pres. *ṣnòbbo*) [dall'ingl. to *snub*, umiliare, con influsso di *snob*; 1931] **tr.** assumere nei confronti di qualcuno un atteggiamento di superiorità e di indifferenza.

ṣnobìṣmo [da *snob*, come l'ingl. *snobbism*, e il fr. *snobisme*; 1891] **sm.** qualità di chi o di ciò che è snob.

ṣnobìsta [da *snob*; 1960] **agg.** e **s.** che, chi è snob o si comporta da snob.

ṣnobìstico (pl. *-ci*) [da *snob*; 1957] **agg.** ispirato a snobismo, da snob: *atteggiamento snobistico.*

ṣnocciolàre (pres. *ṣnòcciolo*) [comp. parasint. di *nocciolo*; a. 1565 nel senso 2] **tr.** **1.** di frutta ecc., togliere i noccioli: *snocciolare le ciliegie* **2.** *fig.* dire per filo e per segno, raccontare tutto quello che si sa intorno a una cosa, senza ritegno: *preso dall'ira, gli snocciolò la verità* **3.** *fig. fam.* sborsare denaro, pagare in contanti, quasi dando una moneta dopo l'altra: *dovette snocciolare parecchie migliaia di lire* ‖ **N. 2.** *Sin.* spifferare, SPIATTELLARE.

ṣnocciolatóio (pl. *-ói*) [da *snocciolare*; 1922] **sm.** strumento con cui si toglie il nocciolo a ciliegie, olive e sim. ‖ **N.** *Sin.* levanoccioli.

ṣnocciolatùra [da *snocciolare*; 1960] **sf.** operazione dello snocciolare: *snocciolatura delle olive.*

ṣnodàbile [da *snodare*; 1960] **agg.** che si può snodare: *lampada con braccio snodabile.*

ṣnodaménto [da *snodare*; 1631] **sm.** *non com.* atto ed effetto dello snodare; snodatura.

ṣnodàre (pres. *ṣnòdo*) [comp. parasint. di *nodo*; a. 1311] **tr.** **1.** disfare il nodo, sciogliere: *snodare la fune* ‖ *fig. non com. snodare la lingua*, cominciare a parlare **2.** *per estens.* rif. a membra, rendere agile nei movimenti: *un po' di ginnastica alla mattina mi snoda le gambe* **3.** *per estens.* rendere pieghevoli gli elementi di una struttura tramite uno o più snodi ‖ **intr. pron.** svolgersi, procedere lungo un percorso serpeggiante, a curve: *la strada si snoda tra i vigneti* ‖ **N. tr.** **1.** *Sin.* SCIOGLIERE | *Contr.* aggrovigliare, annodare, legare **2.** *Sin.* sgranchire | *Contr.* intorpidire, legare.

ṣnodàto (*pps.* di *snodare*) [1520] **agg.** mobile, pieghevole nelle giunture e nelle connessioni: *manichino snodato*; *metro snodato* ‖ *giunture snodate*, mobilissime, quasi fossero sciolte, slogate ‖ *atleta snodato*, con le articolazioni molto snodate. **TAV.** ***arti marziali*** **p. 653** 5.3; ***astronautica*** **p. 655** 12.6.

ṣnodatùra [da *snodare*; a. 1537] **sf.** atto ed effetto dello snodare ‖ *concr.* punto in cui avviene l'articolazione di parti rigide, che si muovono intorno a un perno; snodo.

ṣnòdo [da *snodare*; 1899] **sm.** **1.** *T.mecc.* collegamento tra due assi rigidi, che ne consente un movimento parzialmente indipendente **2.** svincolo, punto di diramazione: *snodo autostradale, ferroviario.*

ṣnodolàre (pres. *ṣnòdolo*) [comp. parasint. di *nodolo*; a. 1625] **tr.** *ant. raro scherz.* rompere le giunture del collo ‖ **intr. pron.** *ant. raro scherz.* rompersi l'osso del collo.

snooker (ingl., pr. ['snu:kə]) [etim. inc.; 1988] **sm.** *inv.* tipo di biliardo.

ṣnudàre [comp. parasint. di *nudo*; 1611] **tr.** **1.** sguainare, sfoderare: *snudare la spada* **2.** *arc.* denudare.

so- (pr. [so]) [lat. *sub*, sotto] **pref.** forma parole in cui indica inferiorità, soggezione, sostituzione, o ha semplicemente valore attenuativo (per es. *socchiudere*); richiede il raddoppiamento della consonante iniziale della parola a cui si unisce, a meno che non sia *s* seguita da consonante, *z, x, gn*: *soggiacere, socchiudere.*

Soanìano [dal n. geogr. *Soan*, fiume dell'India; 1988] **sm.** e **agg.** complesso culturale dell'India preistorica che prende nome dal fiume Soan.

soàno [dal n. geogr. *Soan*, valle nel Panjab; 1960] **agg.** e **sm.** detto di cultura preistorica del Paleolitico inferiore diffusa nella valle del Soan.

soap opera (ingl., pr. ['soʊp ˌɒpərə]) [comp. di *soap*, sapone e *opera*, perché le prime trasmissioni americane di questo tipo erano sponsorizzate da ditte di detersivi; 1963] **loc. f.** *inv.* serie di trasmissioni radiofoniche o televisive che presentano una trama ripetitiva e sentimentalistica sempre con gli stessi protagonisti ‖ **N.** *Sin. telenovela.*

soàve[1] [lat. *suāvis*; sec. XIII] **agg.** **1.** che risulta piacevole, gradito ai sensi: *voce, suono, sguardo soave* ‖ *per estens.* che infonde nell'animo una sensazione di dolcezza, di piacere, di tranquillità: *versi, parole soavi* **2.** *ant.* agevole, non faticoso: *un cammino soave* ‖ **soaveménte avv.** con soavità ‖ **N. 1.** *Sin.* amabile, benigno, blando, dolce, gentile, lieve, mite, morbido, piacevole | *Contr.* aspro.

soàve[2] [dal n. geogr. *Soave*, località in provincia di Verona; 1895] **sm.** qualità di vino bianco, dal sapore asciutto un po' amaro e dal caratteristico aroma.

soavità [dal lat. *suāvitas, -ātis*; 1319] **sf.** qualità di ciò che è soave; dolcezza, gradevolezza: *la soavità del suo sorriso, di un profumo.*

soavizzàre [da *soave*[1]; a. 1712] ***tr.*** *ant. raro* rendere soave ai sensi, addolcire.

sobbalzàre [comp. di *so-* e *balzare*; 1723] ***intr.*** (aus. *avere*) **1.** procedere facendo piccoli balzi continui e ripetuti, detto spec. di veicoli: *l'automobile sobbalzava sui ciottoli della strada* **2.** di persona, scuotersi di scatto, trasalire: *nell'udire la sua voce sobbalzò* || **N. 1.** *Sin.* balzare, SALTARE.

sobbàlzo [da *sobbalzare*; 1873] ***sm.*** breve movimento brusco verso l'alto con ricaduta sul posto: *i sobbalzi dell'auto gli impedivano di dormire, a quell'annuncio ebbe* (o *fece*) *un sobbalzo* || nella *loc. avv. di sobbalzo*, tutt'a un tratto, di soprassalto: *svegliarsi di sobbalzo.*

sobbarcàre (pres. *-àrco, -àrchi*) [prob. var. di *imbarcare*; 1319] ***rifl.*** sottoporsi a una grave fatica, a un'impresa rischiosa; assumersi un impegno gravoso: *si sobbarcò ad uno sforzo superiore alle sue possibilità* || ***tr.*** *raro* addossare a qualcuno una grande responsabilità, un onere gravoso: *non posso sobbarcare il Comune a una spesa così ingente* || **N.** ***rifl.*** *Sin.* assoggettarsi, sottomettersi, sottoporsi.

sobbattitùra [comp. di *so-* e *battitura*; sec. XIV] ***sf.*** *T.vet.* ecchimosi della pianta del piede del cavallo.

sobbillàre v. SOBILLARE.

sobbolliménto [da *sobbollire*; 1679] ***sm.*** *non com.* atto del sobbollire; leggero bollore.

sobbollìre (pres. *-óllo*) [lat. tardo *subbullīre*; 1713] ***intr.*** (aus. *avere*) **1.** bollire appena **2.** *per metaf. raro* essere presente in modo sotterraneo, manifestarsi appena, detto spec. di sentimenti, passioni e sim.: *l'ira sobbolliva nel suo cuore.*

sobbollìto (*pps.* di *sobbollire*) [1872] ***agg.*** *T.agr. fieni sobbolliti*, fieni che, a causa di una cattiva conservazione, hanno assunto colore scuro e consistenza friabile.

sobbórgo (pl. *-ghi*) [forse sovrapposizione di *borgo* al lat. *suburbium*, suburbio; fine sec. XIII] ***sm.*** centro abitato di limitata estensione, situato perlopiù lungo le principali vie d'accesso a una città: *nei sobborghi di Firenze* || **N.** borgo, suburbio.

sobbùglio ***sm.*** *pop. tosc.* v. SUBBUGLIO.

sobillaménto [da *sobillare*; 1838] ***sm.*** il sobillare.

sobillàre (pop. *sobbillàre*) [forse lat. volg. **subilāre*, class. *sibilāre*, sibilare, fischiare; a. 1565 *subillare*] ***tr.*** incitare alla ribellione o ad azioni ostili senza esporsi apertamente: *sobillare una persona contro un'altra, la popolazione contro gli invasori*; *farsi, lasciarsi sobillare da qualcuno* || **N.** *Sin.* aizzare, subornare, ISTIGARE.

sobillatóre [da *sobillare*; 1894] ***agg.*** e ***sm.*** (f. *-trice*) che o chi sobilla, aizza.

sobillazióne [da *sobillare*; 1960] ***sf.*** il sobillare; istigazione.

sobrietà [dal lat. *sōbrietas, -ātis*; a. 1294] ***sf.*** qualità di chi o di ciò che è sobrio || **N.** *Sin.* moderazione, TEMPERANZA.

sòbrio (pl. *-ri*) [dal lat. *sōbrius*; 1321] ***agg.*** **1.** controllato, moderato, parco nel soddisfare le esigenze naturali: *una famiglia sobria* || rif. agli oggetti e alle forme della soddisfazione di tali esigenze, contenuto nei limiti del necessario, lontano da ogni eccesso: *un pasto sobrio, un uomo di costumi sobri, conduce una vita sobria*; *essere sobrio nelle spese*, oculato || *per restr.* non ubriaco: *il guidatore al momento dell'incidente era perfettamente sobrio* **2.** *per estens.* misurato, alieno da ogni eccesso espressivo: *un pittore di gusto sobrio, stile sobrio, poche e sobrie parole* || **sobriaménte** ***avv.*** || **N. 1.** *Sin.* misurato, PARCO, TEMPERANTE | *Contr.* intemperante, smodato.

sòcca [dall'istriano, di orig. slava, *suòchena*, mantello, attr. il venez. ant. *soca*; 1935 *soca*] ***sf.*** nel tardo Medioevo, sopravveste femminile di lino o di lana aperta ai lati e sul davanti || manto maschile da cerimonia, di seta e pelliccia.

socchiamàre (pres. *socchiàmo* ecc., come CHIAMARE) [comp. di *so-* e *chiamare*; sec. XIV] ***tr.*** *ant.* chiamare sottovoce.

socchiùdere (pres. *socchiùdo* ecc., come CHIUDERE) [comp. di *so-* e *chiudere*; 1611] ***tr.*** chiudere non del tutto, lasciando una piccola apertura: *socchiudere l'uscio, socchiudere gli occhi.*

socchiùso (*pps.* di *socchiudere*) [prima metà sec. XIV] ***agg.*** non del tutto chiuso.

sòccida [lat. *societas*, società; 1262 *soçita*] ***sf.*** *T.giur.* contratto tra due parti (il soccidante e il soccidario) che si associano per l'allevamento e lo sfruttamento del bestiame e ripartiscono gli utili in proporzioni stabilite; nella *soccida semplice*, il soccidante mette a disposizione il bestiame, mentre il soccidario presta il lavoro necessario; in quella *parziaria* anche il soccidario mette a disposizione un certo numero di capi; in quella *con riferimento di pascolo* tutto il bestiame è del soccidario, ma lo alleva su un terreno di pascolo messo a disposizione dal soccidante.

soccidànte [da *soccida*; 1943] ***s.*** *T.giur.* colui che dà a soccida il bestiame.

soccidàrio (pl. *-ri*) [da *soccida*; 1922] ***sm.*** (f. *-a*) *T.giur.* chi riceve a soccida il bestiame e provvede all'allevamento.

sòccio (pl. *-ci*) [lat. *socius*, socio; 1354 nel senso 2] ***sm.*** **1.** (f. *-a*) colui che prende il bestiame a soccida; soccidario **2.** *tosc.* soccida.

sòcco (pl. *-chi*) [dal lat. *soccus*; a. 1374] ***sm.*** *T.stor.* sandalo usato tipicamente, presso gli antichi Romani, dagli attori nella commedia || *fig. calzare il socco*, scrivere o recitare commedie || **N.** coturno.

soccombènte (*ppr.* di *soccombere*) [1745] **I** ***agg.*** che viene sopraffatto || *T.giur. parte soccombente*, in un processo, la parte che ha perso la causa **II** ***s.*** *T.giur.* parte soccombente.

soccombènza [da *soccombere*; 1838] ***sf.*** condizione di chi soccombe || *T.giur.* perdita di una causa.

soccómbere (pres. *soccómbo*; p.rem. *soccombètti* o raro *soccombéi*; il pps. *soccombùto* è *ant.*, per cui sono disus. tutte le forme composte) [lat. *succumbere*, cadere; a. 1342] ***intr.*** (aus. *essere*) cedere sotto il peso di forza materiale o morale: *soccombere al dolore* || *ass.* perdere, risultare vinto: *di fronte alla superiorità degli avversari dovette soccombere*; morire: *nonostante le cure dei medici, soccombette* || **N.** *Sin.* assoggettarsi, soggiacere.

soccórrere (pres. *soccórro* ecc., come CORRERE) [lat. *succurrere*, correre sotto; 1300 ca.] ***tr.*** prestare aiuto, accorrere in aiuto: *soccorrere i feriti, soccorrere gli assediati mandando rifornimenti e truppe armate* || ***intr.*** (aus. *essere* e *avere*) *lett.* venire in mente, sovvenire: *in quel momento mi è soccorso il nome* || ***rec.*** darsi aiuto scambievole || **N.** ***tr.*** *Sin.* aiutare, assistere, dare aiuto, dar mano forte.

soccorrévole [da *soccorrere*; prima metà sec. XIV] ***agg.*** *lett.* che è solitamente pronto, disposto a soccorrere || **N.** *Sin.* compassionevole, generoso, pietoso, sollecito.

soccorriménto [da *soccorrere*; metà sec. XIII] ***sm.*** *raro* atto ed effetto del soccorrere.

soccorritóre [da *soccorrere*; 1723] **I** ***agg.*** che soccorre **II** ***sm.*** **1.** (f. *-trice*) chi soccorre **2.** *T.mecc. non com. relais.*

soccórso (*pps.* di *soccorrere*) [fine sec. XIII] ***sm.*** **1.** aiuto prestato nei confronti di chi è in grave e urgente stato di bisogno o di pericolo: *prestare i primi soccorsi ai feriti*; *soccorso stradale, aereo, marittimo*, complesso dei mezzi e del personale destinati all'assistenza tecnica dei veicoli, all'assistenza medica dei feriti in incidenti stradali o alla ricerca di persone disperse; *(posto di) pronto soccorso*, centro di prima assistenza medica organizzato presso un ospedale o anche in una scuola, fabbrica ecc.; *società di mutuo soccorso*, associazioni operaie assistenziali sorte alla fine del secolo scorso || come *escl.*, (*al*) *soccorso!*, invocazione di aiuto **2.** spec. *pl.* ciò che si offre come aiuto, rifornimenti: *inviare soccorsi alle popolazioni colpite dalla carestia*; *in part. T.mil.* rinforzi di uomini e munizioni: *i soccorsi giunsero in tempo* || *per estens.* sovvenzione, sussidio in denaro || *scherz. il soccorso di Pisa*, inutile perché tardivo (con allusione a quello che i Pisani, assediati dai Fiorentini, attesero invano dall'imperatore Massimiliano I d'Asburgo) || **N. 1.** *Sin.* AIUTO | andare in, chiamare, chiedere, implorare, inviare, invocare, mandare, prestare **2.** *Sin.* beneficenza, carità, elemosina.

soccòscio (pl. *-sci*) [comp. di *so-* e *coscio*; 1865] ***sm.*** *T.mac.* quella parte della bestia macellata che è posta subito al disopra della coscia.

sòcera ***sf.*** *pop.* v. SUOCERA.

sòcero ***sm.*** *pop.* v. SUOCERO.

sociàbile [dal lat. *sociābilis*; a. 1563] ***agg.*** *lett.* socievole.

sociabilità [da *sociabile*; 1757] ***sf.*** *lett.* qualità di chi è sociabile; socievolezza.

socialcomunista [comp. di *social(ista)* e *comunista*; 1946] **I** ***agg.*** *T.pol.* comune ai partiti socialista e comunista e alle loro linee di pensiero || costituito da socialisti e comunisti: *amministrazione socialcomunista* **II** ***s.*** *T.pol.* chi appartiene ai, o simpatizza per, partiti socialisti o comunisti.

socialdemocràtico (pl. *-ci*) [comp. di *sociale* e *democratico*; 1903] **I** ***agg.*** **1.** relativo alla socialdemocrazia **2.** che è un seguace della socialdemocrazia **II** ***sm.*** (f. *-a*) chi è un seguace della socialdemocrazia || *in part.* iscritto al Partito Socialdemocratico Italiano.

socialdemocrazìa [comp. di *sociale* e *democrazia*; 1918] ***sf.*** *T.stor.* denominazione assunta dal partito socialista marxista tedesco alla fine dell'Ottocento || oggi, *T.pol.* ogni movimento o partito politico che, pur professando le dottrine socialiste, rifiuta i metodi rivoluzionari, e preferisce agire all'interno del sistema con metodi riformisti || **N.** riformismo.

sociàle [dal lat. *sociālis*; sec. XIV] ***agg.*** **1.** che vive o tende a vivere in società: *l'uomo è un animale sociale* **2.** della società umana: *vita sociale*; *classi sociali, giustizia sociale* || *scienze sociali*, quelle che studiano i fenomeni della vita associata, come la sociologia, l'economia, la statistica ecc. || relativo alla struttura della società: *le lotte sociali* || *parti sociali*, negli incontri per il rinnovo dei contratti di lavoro, i rappresentanti degli imprenditori e quelli dei lavoratori: *il Ministro ha tentato una mediazione tra le parti sociali* **3.** tendente a migliorare le condizioni delle classi subalterne, a realizzare una maggiore giustizia sociale: *legislazione sociale, assistenza sociale* || *questione sociale*, il problema del miglioramento delle condizioni di vita e di lavoro dei ceti sociali inferiori **4.** relativo a una specifica associazione o ai suoi membri: *sede sociale, pranzo sociale, quote sociali d'iscrizione* || *in part.* rif. a una società commerciale: *capitale sociale*, quello di cui la società può disporre; *ragione sociale*, v. RAGIONE **5.** *T.stor. guerra sociale*, quella che i popoli d'Italia, in quanto soci di Roma, fecero contro la Repubblica per ottenere da essa la cittadinanza || **socialménte** ***avv.*** **1.** in maniera sociale: *vivere socialmente* **2.** dal punto di vista sociale: *questioni socialmente rilevanti.* **Q.T.** *sociologia.*

socialìsmo [da *sociale*, attr. il fr. *socialisme*; 1849] ***sm.*** **1.** ogni dottrina che propone una trasformazione della società basata sulla proprietà o il controllo collettivo dei mezzi di produzione, in vista del raggiungimento della piena uguaglianza giuridica, sociale ed economica dei cittadini **2.** sistema o regime che ha realizzato la socializzazione o collettivizzazione dei mezzi di produzione e della distribuzione dei beni: *un socialismo di stampo sovietico* || *socialismo reale*, la forma di socialismo attuata in URSS e in altri paesi dell'Europa orientale e dell'Asia || l'insieme di movimenti, partiti e sistemi socialisti: *il socialismo internazionale, la lotta tra capitalismo e socialismo* || **N.** collettivismo, comunismo, marxismo, socialdemocrazia | anarchico, cattolico, democratico, scientifico o marxistico, utopistico. **Q.T.** *politica.*

socialìsta [da *sociale*, attr. il fr. *socialiste*; 1839] **I s.** fautore del socialismo, aderente a movimenti, partiti e sim. ispirati ai principi del socialismo: *è una socialista convinta* **II agg.** dei socialisti, del socialismo; socialistico.

socialìstico (pl. *-ci*) [da *socialismo*; 1850] **agg.** dei socialisti, del socialismo; socialista.

socialistòide [da *socialista*; 1903] **agg.** e **s.** che, chi propende per le teorie dei socialisti, pur senza esserlo completamente o senza dichiararlo apertamente; è usato spec. in tono polemico e spreg.: *ha tendenze socialistoidi, intellettuali socialistoidi.*

socialità [da *sociale*, sul modello del fr. *socialité*; 1686] **sf.** inclinazione alla vita in società: *nell'uomo è innato il senso della socialità* || l'insieme dei rapporti che l'uomo stabilisce con la collettività e la coscienza dei doveri che questi comportano: *uomo privo d'ogni senso di socialità.* **Q.T.** *sociologia.*

socializzàre [da *sociale*, sul modello del fr. *socialiser*; 1901] **tr.** rendere sociale o statale una proprietà che, essendo di utilità e interesse generali, si vuole sottrarre al dominio privato: *socializzare le banche* || **intr.** (aus. *avere*) *T.psic.* adattarsi alla vita di gruppo, integrarsi nell'ambiente sociale, apprenderne le norme comportamentali, i valori, le modalità comunicative ecc.: *il bambino non ha avuto alcuna difficoltà a socializzare con i compagni d'asilo* || **N. tr.** municipalizzare, nazionalizzare.

socializzatóre [da *socializzare*; 1960] **agg.** e **sm.** (f. *-trìce*) *T.pol.* e *T.econ.* che, chi socializza; che, chi realizza, tende o invita alla socializzazione.

socializzazióne [da *sociale*, sul modello del fr. *socialisation*; 1904] **sf.** atto ed effetto del socializzare: *la socializzazione delle terre, dell'industria, delle fonti di energia; il problema della socializzazione nei bambini in età prescolare.* **Q.T.** *psicologia.*

società [dal lat. *societas, -ātis*; a. 1311 *sozietade* nel senso 1; a. 1712 nel senso 2; 1688 nel senso 3; 1760 nel senso 4] **sf.** **1.** insieme di persone legate da rapporti di cooperazione in vista di scopi generali comuni (la sopravvivenza, il controllo della violenza ecc.): *vivere in società, essere utile alla società, la società italiana, le società antiche, società agricole, la società industriale avanzata* || *società dei consumi*, caratterizzata dal consumo di massa di beni non strettamente necessari || *società del benessere* (dall'ingl. *welfare society*), in cui lo Stato si incarica di garantire una buona qualità di vita a tutta la popolazione || *per estens.* gruppo di animali della stessa specie che vivono secondo particolari forme di organizzazione e divisione del lavoro: *società di api, di formiche* **2.** associazione di persone che si sottopongono a determinate norme in vista di uno scopo specifico comune: *società sportiva, per la protezione degli animali; l'onorata società*, la mafia; *società segreta*, associazione clandestina di cui sono tenuti segreti l'esistenza e i nomi dei membri || *T.stor. Società delle Nazioni*, istituto che univa un certo numero di nazioni in vincolo giuridico protetto e regolato da un patto sociale, creato dopo la guerra mondiale del 1914-1918, allo scopo di evitare nuovi conflitti; oggi sostituita dall'O.N.U. (Organizzazione delle Nazioni Unite) **3.** *T.giur.* e *T.econ.* associazione di persone che, mediante apposito contratto, esercitano collettivamente un'attività economica; in Italia, *società in nome collettivo*, se le obbligazioni sociali sono garantite dalla responsabilità illimitata di tutti i soci; *società in accomandita*, se sono invece garantite dalla responsabilità illimitata di alcuni soci, gli accomandatari, mentre la responsabilità dei soci accomandanti è limitata a una somma prestabilita; *società per azioni* (S.p.A.), nella quale solo il patrimonio sociale risponde dei debiti sociali e le quote di partecipazione dei soci sono rappresentate da azioni; *società a responsabilità limitata* (S.r.l.), come la precedente, ma escludente la possibilità che le quote di partecipazione siano rappresentate da azioni || *in gen.* rapporto vincolante di collaborazione economica: *lavora, è in società con un suo amico; fare qualcosa in società con qualcuno*, dividendo profitti, perdite e lavoro: *giocare al Lotto in società con qualcuno* **4.** la vita di relazione spec. nei suoi aspetti mondani: *debuttare in società, far vita di società; abito da società*, da ricevimento; *giochi di società*, da salotto; *alta società*, l'insieme dei ceti sociali più elevati **5.** *ant.* compagnia, insieme di rapporti con persone: *fuggire la società dei malvagi, cercare la società degli uomini.* **Q.T.** *diritto, sociologia.*

societàrio (pl. *-ri*) [da *società*, sul modello del fr. *sociétaire*; 1884] **agg.** *T.giur.* sociale; che riguarda una società: *il patto societario.*

sociévole [lat. *sociābilis*; 1765] **agg.** portato per natura a vivere in società con i suoi simili: *l'uomo è un animale socievole* || *per estens.* che ama la compagnia dei suoi simili: *è poco socievole* || **socievolménte avv.** || **N.** *Sin.* affabile, cordiale, di compagnia, garbato | *Contr.* intrattabile, misantropo, orso.

socievolézza [da *socievole*; 1818] **sf.** qualità di chi è socievole, l'essere socievole.

socinianésimo o **socinianismo** [da *sociniano*; a. 1712 *socinianismo*] **sm.** *T.rel.* dottrina teologica ereticale, elaborata dai senesi Lelio e Fausto Socini (sec. XVI), caratterizzata dall'ispirazione alla tradizione umanistica italiana, dal rifiuto dei sacramenti e dalla negazione del dogma della Trinità.

sociniàno [dal n. proprio L. e F. *Socini*, teologi senesi; 1745] **agg.** e **sm.** (f. *-a*) seguace del socinianesimo.

sòcio (pl. *-ci*, pl. f. *-cie*) [dal lat. *socius*; 1221] **sm.** (f. *-a*) **1.** chi prende parte con altri a una qualsiasi attività, compartecipando agli utili, ai rischi, alle perdite || *in part. T.comm.* chi, avendovi impiegato un capitale, partecipa ai profitti e alle perdite di una società commerciale || *spreg.* tizio della stessa risma di un altro da cui si vogliono prendere le distanze: *dov'è il tuo degno socio?*; nella loc. *fam. e soci*: *ho visto Mario e soci*, Mario e i suoi compari || *spreg. fam.* persona che vive con un'altra senza vincoli matrimoniali; associato **2.** membro di accademia, circolo, società culturale ecc.: *riunione dei soci; socio onorario* || **N. 1.** accomandante, accomandatario, azionista, caratista, corrispondente, effettivo, emerito, fondatore, moroso, onorario **2.** *Sin.* associato, collega, compagno, confratello, consocio, membro, sodale.

sòcio- [dal lat. *socius*, compagno, attr. l'ingl.] **primo elem.** che, in parole composte dotte, vale "società" o fa riferimento a un fenomeno sociale (per es. *sociologia*). **Q.T.** *sociologia.*

socioanàlisi [comp. di *socio-* e *analisi*; 1985] **sf.** studio, di matrice psicoanalitica, delle relazioni socio-affettive all'interno di un gruppo, o tra gruppi diversi.

sociobiologìa [comp. di *socio-* e *biologia*; 1979] **sf.** corrente di pensiero socio-antropologica che riconduce i comportamenti umani evoluti e complessi a principi biologici.

sociobiològico (pl. *-ci*) [da *sociobiologia*; 1979] **agg.** relativo alla sociobiologia, proprio della sociobiologia.

sociobiòlogo (pl. *-gi*) [comp. di *socio-* e *biologo*; 1979] **sm.** (f. *-a*) studioso di sociobiologia; sostenitore della sociobiologia.

socioculturàle [comp. di *socio-* e *culturale*; 1964] **agg.** relativo ai caratteri sociali e agli aspetti culturali di un individuo o di una società.

sociodràmma [comp. di *socio-* e *dramma*[1]; 1978] **sm.** tecnica psicoterapica di gruppo, che mira a studiare ed eventualmente a modificare i comportamenti sociali di un gruppo nei confronti di un altro, realizzata facendo rappresentare drammaticamente agli individui del gruppo una serie di ruoli sociali || **N.** psicodramma.

socioeconòmico (pl. *-ci*) [comp. di *socio-* e *economico*; 1966] **agg.** detto di fenomeno o aspetto della società, studiato dal punto di vista economico e sociale insieme.

sociogènesi [comp. di *socio-* e *genesi*; 1974] **sf.** lo svilupparsi di un fenomeno determinato da fattori sociali.

sociogenètico (pl. *-ci*) [da *sociogenesi*; 1974] **agg.** relativo alla sociogenesi.

sociografìa [comp. di *socio-* e (*geo*)*grafia*; 1984] **sf.** descrizione scientifica delle condizioni di vita nelle società industriali sviluppate || *com.* studio sociologico che non si fonda sulla riflessione teorica, ma unicamente su basi empiriche, proponendosi fini puramente descrittivi.

sociogràmma [comp. di *socio-* e *-gramma*; 1963] **sm.** diagramma che descrive un fenomeno sociale.

sociolètto [da *socio-*, sul modello di *dialetto*; 1974] **sm.** *T.ling.* il complesso degli usi linguistici tipici di una categoria sociale o di un gruppo di parlanti accomunati da fattori sociali o professionali.

sociolinguìsta [comp. di *socio-* e *linguista*; 1970] **s.** studioso, esperto di sociolinguistica.

sociolinguìstica [comp. di *socio-* e *linguistica*; 1968] **sf.** settore della linguistica che ha per oggetto le relazioni tra usi linguistici e struttura sociale. **Q.T.** *linguistica, sociologia.*

sociolinguìstico (pl. *-ci*) [comp. di *socio-* e *linguistico*; 1969] **agg.** relativo alla sociolinguistica.

sociologìa [comp. di *socio-* e *-logia*, sul modello del fr. *sociologie*; 1865] **sf.** la scienza che studia la società umana, le sue istituzioni e i comportamenti collettivi. **Q.T.** *sociologia.*

sociològico (pl. *-ci*) [da *sociologia*; 1891] **agg.** di sociologia: *ricerche sociologiche.*

sociologìsmo [da *sociologia*; 1919] **sm.** l'atteggiamento di chi applica a ogni fenomeno umano (anche artistico, morale, religioso ecc.) i metodi di analisi della sociologia, e quelli soltanto.

sociòlogo (pl. *-gi*, pop. *-ghi*) [da *sociologia*; 1891] **sm.** (f. *-a*) esperto, studioso di sociologia.

sociometrìa [comp. di *socio-* e *-metria*, sul modello dell'ingl. *sociometry*; 1970] **sf.** tecnica di misurazione degli aspetti quantitativi dei fenomeni sociali.

sociomètrico (pl. *-ci*) [da *sociometria*; 1970] **agg.** relativo alla sociometria, proprio della sociometria: *analisi sociometrica, test sociometrico.*

sociopolìtico (pl. *-ci*) [comp. di *socio-* e *politico*; 1983] **agg.** detto di fenomeno o aspetto della società, considerato contemporaneamente dal punto di vista sociale e politico, o che ha rilevanza sociale e politica insieme.

sociosanitàrio (pl. *-ri*) [comp. di *socio-* e *sanitario*; 1983] **agg.** relativo all'assistenza medica pubblica: *strutture sociosanitarie efficienti.*

socioterapìa [comp. di *socio-* e *terapia*; 1960] **sf.** psicoterapia fondata sull'inserimento del paziente in un gruppo sociale appositamente costituito e sull'utilizzo delle relazioni sociali che si instaurano tra paziente e gruppo.

socràtico (pl. *-ci*) [dal lat. *socraticus*, gr. *sōkratikós*; 1546] **I agg.** di Socrate e della sua filosofia: *metodo socratico, filosofia socratica, ironia socratica* || **socraticaménte avv.** secondo il metodo di Socrate, che consisteva nel guidare il discepolo alla ricerca della verità mediante opportune interrogazioni **II sm.** filosofo seguace di Socrate e del suo metodo: *i Socratici e i presocratici* || **N.** maieutica.

socratìsmo [dal n. proprio *Socrate*, filosofo gr.; 1957] **sm.** l'insegnamento filosofico di Socrate.

sòda [dall'ar. *suwwâd*, nome di varie piante litorali dalla cui cenere si ricavava la soda; sec. XIV-XV nel senso 1; 1960 nel senso 2] **sf. 1.** denominazione comune del carbonato di sodio che si prepara industrialmente dal cloruro di sodio o sale marino || *soda caustica*, denominazione comune dell'idrossido di sodio; è molto corrosiva, e si adopera nelle industrie dei saponi, della carta, dei tessuti, dei colori ecc. **2.** acqua contenente carbonato di sodio e acido tartarico, adoperata nella preparazione di bevande o come digestivo.

sodàglia [da *sodo*; 1778] **sf.** terra non dissodata.

sodàle [dal lat. *sodālis*; 1618] **s. 1.** *lett.* socio, compagno e spec. compagno di studi **2.** *T.stor.* nell'antica Roma, chi apparteneva a un sodalizio || **N.** *Sin.* camerata, collega.

sodalìzio (pl. *-zi*) [dal lat. *sodalicius*; 1321] **sm. 1.** *lett.* società, associazione, congregazione: *sodalizio sportivo* || *per estens.* comunità di vita, legame d'amicizia spiritualmente fecondo || *ant.* gruppo, compagnia **2.** *T.stor.* nell'antica Roma, associazione dedita al culto di una divinità, comprendente un ristretto numero di membri patrizi.

sodanìtro [comp. di *soda* e *nitro*; 1936] **sm.** *T.chim.* nitrato di sodio molto diffuso in Cile, impiegato come concime e nella produzione di esplosivi || **N.** *Sin.* nitro del Cile.

sodàre (pres. *sòdo*) [da *sodo*; fine sec. XIII nel senso 2; 1444 nel senso 1] **tr. 1.** *T.ind.* rendere sodo, detto spec. di tessuti di lana che vengono gualcati per dare loro consistenza **2.** *ant.* garantire || **N. 1.** *Sin.* gualcare.

sodatóre [da *sodare*; 1940] **sm.** (f. *-trice*) *T.ind.* operaio addetto alla sodatura delle stoffe.

sodatrice [da *sodare*; 1940] **sf.** *T.ind.* macchina per sodare.

sodatùra [da *sodare*; 1922] **sf.** *T.ind.* operazione del sodare.

soddisfacènte (tosc. lett. *sodisfacènte*) (*ppr.* di *soddisfare*) [a. 1406] **agg.** che soddisfa, che è rispondente alle aspettative, adeguato: *condizioni soddisfacenti* || **soddisfacenteménte avv.**

soddisfaciménto (tosc. lett. *sodisfaciménto*) [da *soddisfare*; 1306] **sm.** atto ed effetto del soddisfare; soddisfazione.

soddisfàre (tosc. lett. raro *sodisfàre*) (pres. *soddisfàccio, soddìsfo* o raro *soddisfò, soddisfài* o *soddìsfi, soddisfà* o *soddisfa, soddisfacciàmo* o *soddisfiàmo, soddisfàte, soddisfànno* o *soddisfano*; cong. pres. *soddisfàccia* o *soddisfi, soddisfacciàmo, soddisfàcciano* o *soddisfino*; fut. *soddisferò* o, meno com., *soddisfarò, soddisferài* o, meno com., *soddisfarài*; cond. pres. *soddisferèi* o, meno com., *soddisfarèi, soddisferésti* o, meno com., *soddisfarésti*; nelle altre forme coniugato come FARE) [lat. *satisfacere*; fine sec. XIII] **tr.** e **intr.** (aus. *avere*) **1.** accontentare, appagare, andare incontro alle esigenze o alle aspettative (con compl. indicante persone gen. *tr.*; con ogg. non animati *tr.* o *intr.*): *soddisfare il pubblico; soddisfare i gusti del pubblico, le richieste, le preghiere, i desideri di qualcuno* (o *ai gusti, alle richieste* ecc.) || piacere, essere di gradimento: *questo lavoro non mi soddisfa pienamente, quella rivista non soddisfa più il lettore di oggi* **2.** (gen. nella forma *tr.*) adempiere, compiere, rif. a cosa a cui si sia tenuti o impegnati: *soddisfare un impegno preso, gli obblighi di leva; soddisfare* (*a*) *un debito*, pagarlo; *soddisfare un creditore*, risarcirlo, restituirgli ciò che gli si deve || *in part. non com.* dare soddisfazione, fare ammenda: *soddisfare l'offesa con le armi, soddisfare a una mancanza commessa* **3.** *fig.* di teorie, principi e sim., essere in accordo, corrispondere: *una teoria che non soddisfa le leggi della fisica classica, una sola soluzione soddisfa questa equazione* || **N. 1.** *Sin.* contentare, esaudire **2.** *Sin.* onorare, tener fede; riparare.

soddisfàtto (tosc. lett. *sodisfàtto*) (*pps.* di *soddisfare*) [a. 1527] **agg. 1.** appagato, pienamente contento: *restare soddisfatto* **2.** pagato: *debito soddisfatto* || **N. 1.** *Sin.* compiaciuto, contento, pago.

soddisfazióne (tosc. raro *sodisfazióne*) [lat. *satisfactio, -ōnis*; 1353] **sf. 1.** l'essere soddisfatto: *la sua soddisfazione era evidente*; anche la contentezza, il senso di compiacimento che l'essere soddisfatto comporta: *provare una grande soddisfazione, i figli danno molte soddisfazioni ma anche molte preoccupazioni, è per me motivo di soddisfazione vedere che hai ascoltato i miei consigli* || *in part.* piacere derivante da una rivalsa su qualcuno: *non gli darò la soddisfazione di dichiararmi battuto, di fargli capire che ho assoluto bisogno di lui*; gusto, divertimento: *non c'è soddisfazione a giocare con lui, perde sempre* **2.** azione del soddisfare o del soddisfarsi, in tutti i significati del verbo: *la società deve provvedere alla soddisfazione dei bisogni fondamentali dell'individuo; la soddisfazione di un obbligo*, il suo adempimento; *chiedere, esigere, ricevere, ottenere, dare soddisfazione di qualcosa* (danni, colpe e sim.), riparazione, compensazione || **N.** *Sin.* appagamento.

sodézza [da *sodo*; a. 1320] **sf.** la qualità di ciò che è sodo: *la sodezza delle carni.*

sòdico (pl. *-ci*) [da *sodio*; 1873] **agg.** relativo al sodio || contenente sodio.

sòdio [dal lat. scient. *sodium*, basato sul lat. mediev. *soda*, soda; 1834] **sm.** *T.chim.* elemento chimico alcalino diffusissimo in natura allo stato di combinazione: *cloruro di sodio*, il sale da cucina.

sodisfàre e der. v. SODDISFARE e der.

sòdo [prob. lat. *solidus*; 1270] **I agg. 1.** compatto, consistente, che non cede alla pressione: *carni sode*, non flosce, toniche; *legname sodo*, duro da lavorare; di terreno e sim., incolto, non lavorato, non dissodato || *in part. uovo sodo*, bollito nell'acqua col guscio, fino al completo rassodamento del tuorlo e dell'albume **2.** *fig. non com.* solido, saldo, fondato, serio: *argomenti sodi, cultura soda* || freq. in funzione di *avv.*, in loc. nelle quali rafforza l'azione espressa dal verbo: *picchiare sodo*, con forza; *studiare, lavorare sodo*, con molto impegno e accanimento; *dormire sodo*, profondamente **II sm. 1.** terreno, fondo sodo, compatto e resistente: *costruire, poggiare sul sodo*; anche *fig.*: *muoversi sul sodo* e sim., basarsi su fatti certi, avere argomenti probanti **2.** la parte essenziale di una questione, solo nelle loc. *venire, andare, passare al sodo*, parlare del nocciolo della questione, discuterne il punto principale || **N. I 1.** *Contr.* molle, soffice **2.** *Sin.* sicuro, stabile | *Contr.* debole, insicuro.

SOCIOLOGIA

Applicata, comparata, dinamica / statica, generale o pura / settoriale o speciale (aziendale, del cinema, del crimine o criminale, del denaro, del diritto, della città, della conoscenza, della cultura, della donna, della famiglia, della guerra, della letteratura, della massa, della medicina, della moda, della musica, della politica, della popolazione, della religione, della rivoluzione, dell'arte, della scienza, delle comunicazioni di massa, delle comunità locali, dell'educazione, delle forze armate, delle malattie mentali, delle minoranze, delle professioni, dell'industria, del linguaggio o sociolinguistica, dell'intelligenza, dell'organizzazione sociale, dello stato, dello sviluppo economico, del sindacato, del suicidio, economica, rurale, urbana); macrosociologia / microsociologia.

CORRENTI E SCUOLE SOCIOLOGICHE: analitica, empiristica o naturalistica o logico-sperimentale, fenomenologica, formale, giusnaturalistica, internazionalistica, liberale, marxista, neopositivistica, positiva, radicale, riflessiva, socialistica, storicistica; teoria critica della società.

DISCIPLINE ATTINENTI E AUSILIARIE: antropologia, biosociologia, criminologia, demografia, ecologia sociale, etnografia, etnologia, filosofia della storia, filosofia politica, geografia sociale, psicologia sociale, scienze politiche, sociografia, sociolinguistica, sociometria, statistica.

CONCETTI FONDAMENTALI: accentramento / decentramento, adattamento, adesione o consenso / dissociazione o dissenso, alienazione, altro (generalizzato, rilevante, significativo), ambiente (naturale, sociale), anomia, antagonismo, *apartheid*, apparato (aziendale, amministrativo, burocratico, istituzionale ecc.), arretratezza (economica, sociale ecc.), assimilazione, associazionismo, atomo sociale, atteggiamento (politico, sociale), autogestione, automazione, autoritarismo, azione sociale, base economica, bisogni sociali, burocratizzazione, cambiamento o mutamento sociale, campo sociale, carattere (nazionale, sociale), carisma, carriera, casta, categorie professionali (artigiani, commercianti, contadini, impiegati, imprenditori, operai), classe (dirigente, dominante, imprenditoriale, lavoratrice, operaia, padronale, politica, subalterna; aristocrazia, borghesia o classe media, nobiltà, proletariato, sottoproletariato), classe sociale, clero, clientelismo, collettivismo / individualismo, colonialismo, comparazione sociale, comportamento (economico, elettorale, istituzionale, politico, sociale), comportamento collettivo, comportamento deviante, comune, comunicazione di massa, comunismo, comunismo primitivo, comunità, comunità locale, comunità politica, condizionamento sociale, conflitto (di classe, politico, sociale), conflittualismo, consociazionismo, consumismo, contrattazione, controllo sociale, corporativismo, corpo sociale, coscienza (di classe, politica, sociale), costume, crimine, criminalità, criminalizzazione, crisi (economica, politica, sociale ecc.), culto, cultura (v. quadro terminologico ANTROPOLOGIA), cultura (della povertà, di massa, popolare), culturalismo, darwinismo sociale, degiuridicizzazione, delinquenza, determinismo sociale, deumanizzazione, deviazionismo, differenziazione / integrazione, diffusività / specificità, dinamica di gruppo, dipendenza, dirigismo, disuguaglianza sociale, disfunzioni, disoccupazione, disorganizzazione sociale,

segue

sodoku (giap., pr. [sɔ'dɔki]) [letter. veleno da topo; 1936] **sm.** *inv.* *T.med.* malattia infettiva tropicale causata da uno spirillo trasmesso dal morso di un topo, che si manifesta attraverso febbre, eruzioni cutanee e ingrossamento dei vasi linfatici.

sodomìa [dal lat. tardo *sodomia*, con rif. alla città di Sodoma, della cui distruzione da parte di Dio per la lussuria dei suoi abitanti parla la Bibbia; 1306 *soddomia*] **sf.** rapporto sessuale per via anale || anche omosessualità maschile.

sodomìta [dal lat. tardo *sodomita*; sec. XIII-XIV] **sm.** chi pratica la sodomia.

sodomìtico (pl. *-ci*) [da *sodomita*; sec. XIV *soddomitico*] **agg.** attinente alla sodomia, da sodomita.

sodomizzàre [da *sodomia*; 1970] **tr.** sottoporre a sodomia.

sofà [dall'ar. *suffa*, cuscino, attr. il fr. *sofa*; a. 1764] **sm.** *inv.* divano con spalliera e braccioli, molto imbottito e rivestito in stoffa, pelle e sim.

sofferènte [dal lat. *sufferens, -entis*; fine sec. XIII] **I agg. 1.** che soffre, che si sente male: *umanità sofferente, è sofferente d'asma* **2.** *ant. lett.* che sopporta **II s.** persona sofferente || **N.** I **1.** *Sin.* dolorante **2.** *Sin.* paziente.

sofferènza [dal lat. tardo *sufferentia*; a. 1300 nel senso 1; 1841 nel senso 3] **sf. 1.** dolore fisico o morale, patimento: *sopporta coraggiosamente tutte le sofferenze; che sofferenza!*, che dolore! **2.** *ant.* sopportazione: *far mostra di grande sofferenza* **3.** *T.banc.* indugio nel pagare un conto, un debito e sim., morosità: *ha una cambiale in sofferenza* || **N. 1.** *Sin.* angoscia, doglia, dolore, male, pena, spasimo, tormento, tribolazione, strazio **2.** *Sin.* pazienza, tolleranza | *Contr.* impazienza, insofferenza, intolleranza.

sofferére, sofferìre v. SOFFRIRE.

soffermàre (pres. *-érmo*) [comp. di *so-* e *fermare*; 1684] **tr.** fermare per qualche tempo, trattenere: *soffermare lo sguardo su un particolare* || **intr. pron.** indugiare, trattenersi, fermarsi un po': *si soffermò a guardare* || *fig.* indugiare su un argomento: *soffermiamoci su questo esempio di Platone.*

soffermàta [da *soffermare*; a. 1698] **sf.** *raro* atto del soffermarsi; sosta.

soffèrto (*pps.* di *soffrire*) [a. 1547 *sofferito*] **I agg.** patito, sopportato, tollerato || detto di qualsiasi manifestazione dello spirito che riveli un travaglio interiore: *una poesia, un'esperienza artistica sofferta* **II sm.** *T.giur.* la pena già scontata: *computare il sofferto.*

soffì v. SOFÌ.

soffiaménto [da *soffiare*; 1336 ca.] **sm.** *raro* atto del soffiare.

soffiànte (*ppr.* di *soffiare*) [a. 1320] **I agg.** che soffia **II sm.** dispositivo atto a imprimere a un gas (e spec. all'aria) la pressione necessaria a convogliarlo in un condotto.

soffiàre (pres. *sóffio*) [lat. *sufflāre*; 1313] **intr.** (aus. *avere*) **1.** spingere con forza l'aria fuori dai polmoni, tenendo le labbra semichiuse: *soffiare sul caffè perché si raffreddi* || *soffiare sul fuoco*, per ravvivarlo; *fig.* fomentare discordie, passioni, risentimenti e sim. || *in part.* respirare a fatica, ansimare per l'affanno: *soffiare come un mantice*; anche sbuffare per l'impazienza, il disappunto e sim.: *non ne poteva più di aspettare, e continuava a soffiare* || *per estens.* far uscire, produrre un flusso d'aria con uno strumento: *soffiava col mantice sul fuoco per ravvivarlo* **2.** del vento e sim., tirare, spirare: *il vento soffia da tramontana* **3.** del gufo e del serpente, emettere il loro verso caratteristico || **tr. 1.** spingere una cosa con la forza del fiato espulso violentemente attraverso il naso, la bocca, un soffietto, un mantice e sim.: *soffiare il fumo in faccia a qualcuno, soffiare via la polvere* || *soffiare* e *soffiarsi il naso*, purgarlo dal muco espellendo con forza l'aria attraverso le narici **2.** *T.gioc.* *soffiare una pedina* o *una dama*, nel gioco della dama, toglierla all'avversario, mangiargliela quando questi per disattenzione non ha mangiato come doveva || *soffiare un posto, un guadagno a uno*, portarlo via a chi già lo aveva o sperava di averlo || *T.sport.* *soffiare la palla*, sottrarre il pallone all'avversario **3.** *fig.* *soffiare una cosa nell'orecchio a uno*, dirgliela in gran segreto || *gerg.* e *fam.* far la spia, spifferare: *appena lo vide gli soffiò ogni cosa*; anche *ass.*: *qualcuno ha soffiato* **4.** fare bottiglie, vasi e sim. di vetro, soffiando nell'apposita canna intinta nella pasta di vetro: *soffiare il vetro*, oppure *soffiare un vaso, una bottiglia* ecc. || **N. intr. 1.** *Sin.* alitare, espirare.

soffiàta [da *soffiare*; a. 1571 nel senso 1; 1960 nel senso 2] **sf. 1.** atto del soffiare una volta **2.** *gerg.* delazione, spec. alla polizia; spiata || *dim.* soffiatina, soffiatèlla; *accr.* soffiatóna; *pegg.* soffiatàccia || **N. 1.** *Sin.* sbuffata.

soffiàto (*pps.* di *soffiare*) [1872] **I agg. 1.** *vetro soffiato*, vetro modellato a caldo soffiando aria nella materia fusa, mediante un'apposita canna **2.** insufflato; sottoposto a insufflamento: *olio soffiato*, olio non saturo ossidato mediante insufflamento di aria calda **3.** *riso soffiato*, chicchi di riso fatti scaldare in un recipiente chiuso finché l'umidità interna al chicco non li fa gonfiare; hanno un aspetto soffice e croccante e, mescolati al cioccolato, costituiscono un ingrediente di merendine industriali e cibi per cani **II sm.** *raro* soufflé.

soffiatóio (pl. *-ói*) [da *soffiare*; 1873] **sm.** strumento o dispositivo per soffiare; soffietto, mantice e sim.

soffiatóre [da *soffiare*; a. 1698] **sm. 1.** (f. *-trice*) chi soffia; è detto spec. dell'operaio che soffia il vetro; anche in posizione attributiva: *operaio soffiatore* **2.** (f. *-trice*) *non com. gerg.* e *fam.* spia, delatore **3.** apparecchio per introdurre aria nei focolari.

soffiatrìce [da *soffiare*; 1940] **sf.** *T.capp.* macchina usata nella lavorazione dei cappelli, che, mediante una forte ventilazione, sfiocca il pelo da feltrare e divide quello più fine da quello più ordinario. **Q.T.** *vetro.*

soffiatùra [da *soffiare*; 1553] **sf.** il soffiare prolungato || *T.capp.* operazione del cappellaio per cui il pelo da feltrare è passato per una serie di macchine che lo sfioccano e puliscono || il soffiare, nella lavorazione della pasta di vetro. **Q.T.** *vetro.*

sòffice [forse lat. *supplex, -icis*, supplice; a. 1320] **agg.** morbido, che cede alla pressione, ma non si deforma: *pane soffice, guanciale soffice* || **soffìcemente** **avv.** || **N.** *Sin.* cedevole, elastico, molle.

soffierìa [da *soffiare*, sul modello del fr. *soufflerie*; 1853] **sf.** l'insieme dei dispositivi di adduzione di aria sotto pressione necessaria in taluni processi metallurgici.

soffiétto (*dim.* di *soffio*) [a. 1742] **sm. 1.** piccolo mantice a mano col quale si soffia sul fuoco per ravvivarlo o farlo accendere || arnese simile al precedente col quale si soffia via la polvere, o col quale si soffia una polvere insetticida o medicamentosa su piante ecc.: *dare lo zolfo alle viti col soffietto* **2.** dispositivo snodabile di pelle che funge da camera oscura in certi tipi di macchine fotografiche (dette appunto *a soffietto*) **3.** *T.giorn.* articoletto di giornale in lode di qualcuno || **N. 1.** *Sin.* mantice | cannello o bocciolo, coperchio, manico, fondo.

segue SOCIOLOGIA

dissociatività, distanza sociale, distribuzione (della ricchezza, delle risorse), dispotismo, divisione del lavoro, dominio, egemonia, *élite*, emancipazione, emarginazione, emergenza normativa, equilibrio sociale, evoluzione (culturale, sociale ecc.), fattore (sociale, umano), fatto sociale, federalismo, femminismo, fenomeno sociale, folla, forma politica (v. quadro terminologico POLITICA), forma sociale (v. quadro terminologico POLITICA), formazione sociale (banda, clan, comunità rurale, comunità urbana, famiglia, nazione, orda, tribù), forza-lavoro, forze armate, forze produttive, funzione sociale, gerarchizzazione, ghettizzazione, governo, gruppi di veto, gruppo (di interesse, di pressione, di riferimento), identificazione, ideologia, illegalità, imborghesimento, impoverimento o pauperizzazione / arricchimento, imprenditorialità, inconscio collettivo, individualismo, indottrinamento, industrializzazione, innovazione, integrazione sociale, integrazionismo, intellighenzia, interazione sociale, iperurbanizzazione, irreggimentazione, isolamento, istituzionalizzazione, istituzione, lavoro, *leadership*, legittimazione, legittimità, libertà, livello di vita, lotta di classe, macrostruttura, maggioranza / minoranza, magistratura, *management*, marginalità, massa, massificazione, *mass media*, mestiere, migrazione, minoranze, mobilità (geografica, sociale), mobilitazione (politica, sociale), moda, modernità, modernizzazione, modo di produzione, molecola sociale, moltitudine, movimento (collettivo, sociale), normalità / devianza, norma sociale, opposizione, ordinamento sociale, ordine sociale, organismo (sociale, umano), organizzazione (del lavoro, economica, politica, religiosa, sociale), orientamento (dell'azione sociale, politico), parcellizzazione delle mansioni lavorative, partecipazione (in massa, politica), particolarismo, partito politico, patriarcato, pauperismo, persuasori occulti, pianificazione, pluralismo, popolazione, popolo, posizione sociale, potere, povertà / ricchezza, previsione, privilegio, produttività, professionalità, programmazione o pianificazione sociale, progresso / regresso o regressione, proletarizzazione, promozione sociale, propaganda sociale, proprietà, quadri, qualità della vita, quotidianità, rango, rapporti (di produzione, sociali), razzismo, reddito, regime, regola sociale, relazioni sociali, regressione, *revival*, ribellione, ricambio sociale, riforma sociale, riproduzione sociale, risorse, rivolta, rivoluzione (dei costumi, industriale, sociale ecc.), ruolo sociale, salario, sanzione sociale, scambio sociale, sciopero, scolarità, scolarizzazione, scuola, secolarizzazione, selezione sociale, senso comune, setta, settore (economico, sociale), sfruttamento, sindacalismo, sindacato, sistema (sociale, economico, politico, educativo, elettorale, giuridico ecc.), *slum*, sociabilità, socialità, socializzazione, società (amministrata, antagonistica / non antagonistica, avanzata / arretrata, borghese, capitalistica, civile, complessa / semplice, di massa, industriale, moderna, opulenta, post-industriale, pre-industriale, pre-moderna, primitiva, socialista ecc.), *societas*, solidarietà sociale, sottosviluppo, sovrastruttura / struttura, spazio (fisico, morale, sociale, vitale), specializzazione, stabilità sociale, stagnazione evolutiva, stato o status sociale, stratificazione sociale, strato sociale, suburbio, sviluppo (economico, politico, sociale ecc.), tecnica, tecnologia, tempo libero, territorio, tolleranza, tradizione, transizione, uguaglianza, unione, uomo (marginale, medio), urbanesimo, urbanizzazione, utilità, valore sociale, violenza, vita quotidiana.

(V. anche i quadri terminologici ANTROPOLOGIA, ECONOMIA E FINANZA e POLITICA).

soffino [da *soffiare*; a. 1708] **sm.** *tosc. T.gioc.* gioco che consiste nel far cadere a terra una piccola moneta con un soffio; vince chi la fa cadere rivoltata dalla parte che si è convenuta.

sóffio (pl. *-fi*) [da *soffiare*; a. 1406] **sm. 1.** l'atto del soffiare e anche il fiato, l'aria espulsa soffiando: *spense il lume con un soffio* ‖ *per estens.* alito di vento: *un soffio d'aria* ‖ verso che fa il gatto, e in genere ogni felino, quando è irato ‖ nelle *loc. avv. in un soffio, d'un soffio,* in un attimo, con estrema rapidità e facilità: *le vacanze sono passate in un soffio, d'un soffio si sono mangiati l'eredità* **2.** *lett. fig.* ispirazione: *soffio divino, il soffio artistico* **3.** *T.med.* rumore anormale, tenue e frusciante, del cuore, dei bronchi o dei polmoni ‖ *dim.* soffiétto; *accr.* soffióne ‖ **N. 1.** *Sin.* bava, folata.

soffióne (*accr.* di *soffio*) [a. 1571 nel senso 3; 1838 nel senso 1; 1809 nel senso 2] **sm. 1.** *T.geol.* fenomeno geologico che consiste in getti di vapor acqueo a fortissima pressione contenenti acido borico disciolto: *soffioni boraciferi di Lardarello* **2.** la sfera di frutti con pappi, che si dissolve al minimo soffio, formata dal dente di leone o tarassaco dopo la fioritura **3.** *T.stor.* pezzo di artiglieria; strumento col quale si accendeva lo stoppino nelle bocche da fuoco. **TAV. *geologia* p. 1313** 3.5.

soffitta [da *soffitto*; 1558] **sf. 1.** ambiente situato tra il solaio dell'ultimo piano di un edificio coperto a tetto, e la struttura di copertura; spesso adibito a deposito, può anche essere adibito ad alloggio (quando sia fornito di abbaini per l'aria e la luce e quando l'altezza del soffitto sia sufficiente): *vivere in soffitta, una spaziosa soffitta* **2.** *T.teatr.* la parte superiore del palcoscenico ‖ *dim.* soffittùccia; *pegg.* soffittàccia ‖ **N. 1.** mansarda, solaio. **TAV.** *abitazione* 1.19.

soffittàre [da *soffitto*; 1531 *soffitare*] **tr.** *T.edil.* dotare di soffitto un edificio o un ambiente.

soffittatùra [da *soffittare*; 1936 nel senso 2] **sf. 1.** operazione del soffittare **2.** soffitto che nasconde la travatura ‖ **N. 2.** *Sin.* plafonatura.

soffitto [dal lat. volg. **suffictus*, pps. di *suffigere*, coprire sotto; 1570] **sm. 1.** la superficie che delimita la parte superiore di un vano: *soffitto a cassettoni*, ligneo o in stucco, costituito da travi che si incrociano ad angolo retto, e danno luogo a riquadri intagliati, decorati o dipinti; *soffitto a stuoia*, fatto con canne intessute e coperte da più mani di gesso **2.** *T.alp.* sporgenza rocciosa ad angolo retto ‖ **N. 1.** cielo, *plafond*, volta. **Q.T.** *architettura* **TAV.** *abitazione* 1.13.

soffocaménto [da *soffocare*; 1673] **sm.** atto del soffocare e del rimanere soffocato: *fu preso da un improvviso soffocamento* ‖ *fig. iperb.* senso di oppressione ‖ **N.** *Sin.* asfissia, oppressione, soffocazione.

soffocànte (*ppr.* di *soffocare*) [1603] **agg.** asfissiante, opprimente: *faceva un caldo soffocante.*

soffocàre (pres. *sòffoco, sòffochi*) [lat. *suffocāre*; a. 1537 *suffocare*] **tr. 1.** causare la morte impedendo la respirazione: *lo soffocò tra i guanciali* ‖ *iperb.* impedire di respirare liberamente, mozzare il respiro: *il fumo ci soffoca* ‖ *per metaf.* rif. al fuoco, spegnerlo gettandovi sopra qualcosa (per es. sabbia) che impedisca all'aria di alimentarlo; rif. a piante, erbe e sim., impedirne la crescita privandole dell'aria e della luce: *l'edera soffocherà l'albero* **2.** *fig.* reprimere, impedire che si manifesti: *il pianto gli soffocava la voce, regimi che soffocano le libertà civili, con la sua prepotenza soffoca la libertà dei familiari*; *soffocare un fatto, uno scandalo,* impedire che ne giunga notizia ad altri; *soffocare una rivolta*, reprimerla; *in part.* di sentimenti, impulsi, passioni e sim., frenarli: *a stento riuscì a soffocare l'ira* ‖ **intr.** (aus. *essere*) sentirsi mancare il fiato, non riuscire a respirare: *con questo fumo si soffoca, se bevi così in fretta rischi di soffocare* ‖ **N. tr. 1.** *Sin.* asfissiare | imbavagliare, strangolare, strozzare **2.** *Sin.* opprimere.

soffocàto (*pps.* di *soffocare*) [1525] **agg.** *fig.* che non si manifesta apertamente; attutito, represso, coperto: *parole soffocate dalle lacrime*; *gemito soffocato.*

soffocatóre [da *soffocare*; 1872] **sm.** (f. *-trìce*) e **agg.** chi, che soffoca ‖ *fig.* chi, che opprime, reprime.

soffocazióne [dal lat. *suffocātio, -ōnis*; a. 1320] **sf.** soffocamento.

sòffoco [da *soffocare*; 1950] **sm.** *dial.* afa.

soffólcere (*dif.*; si trovano usati: indic. pres. terza pers. sing.: *soffólce*; p.rem. terza pers. sing. *soffólse*; pps. *soffólto*) [dal lat. *suffulcīre*, puntellare; 1313 *soffolge* terza pers. sing. pres. ind.] **tr.** *arc. poet.* sorreggere, sostenere: *l'alte colonne e i capitelli d'oro da che i gemmati palchi eran soffolti* (Ariosto) ‖ **intr. pron.** *arc. poet.* sostenersi, reggersi ‖ *fig.* detto dello sguardo, posarsi, appuntarsi.

soffóndere (pres. *soffóndo* ecc., come FONDERE) [dal lat. *suffundere*, spargere; 1873] **tr.** *lett. raro* colorire, cospargere leggermente diffondendosi lentamente su tutta una superficie: *un lieve rossore soffuse le sue guance, l'aurora soffonde il cielo di rosa* ‖ **intr. pron.** colorirsi, tingersi delicatamente, coprirsi: *il viso si soffuse di rossore, lo sguardo di un velo di tristezza* ‖ **N. tr.** *Sin.* diffondersi, ricoprire, spargersi.

soffreddàre (pres. *-éddo*) [comp. di *so-* e *freddare*; 1865] **tr.** *non com.* raffreddare alquanto una cosa ‖ **intr. pron.** *non com.* raffreddarsi un po'.

soffréddo [da *so-* e *freddo*; sec. XVI-XVII] **agg.** *non com.* che ha perduto molto del calore che aveva immagazzinato stando sul fuoco; intiepidito.

soffregaménto [da *soffregare*; sec. XIV] **sm.** *non com.* atto ed effetto del soffregare; stropicciamento.

soffregàre (pres. *-égo, -éghi*) [lat. tardo *suffricāre*; a. 1597] **tr.** strofinare, fregare leggermente ‖ **N.** *Sin.* FREGARE.

soffrènza [da *soffrire*; fine sec. XII] **sf.** *ant.* sofferenza.

soffrìbile [da *soffrire*; prima metà sec. XIV *sofferibile*] **agg.** *raro* che si può sopportare, cui si può resistere; tollerabile ‖ **N.** *Contr.* intollerabile.

soffrìggere (pres. *soffriggo* ecc., come FRIGGERE) [comp. di *so-* e *friggere*; sec. XIV] **tr.** far friggere leggermente, a fuoco moderato: *soffriggere la cipolla* ‖ **intr.** (aus. *avere*) friggere leggermente ‖ *fig.* essere sulle spine ‖ **N.** *Sin.* rosolare, FRIGGERE.

soffriménto [da *soffrire*; 1873] **sm.** *raro* sofferenza.

soffrìre (ant. *sofferére, sofferìre*) (pres. *sòffro, sòffri, sòffrono*; p.rem. *soffrìi* o *soffèrsi, soffrì* o *soffèrse, soffrìrono* o *soffèrsero*; fut. *soffrirò*; cong. *sòffra, sòffrano*; cond. *soffrirèi*; ppr. *soffrènte* o *sofferènte*; pps. *soffèrto*) [lat. volg. **sufferīre*, class. *sufferre*, sopportare; fine sec. XIII *sofferire*] **tr. 1.** provare dolore fisico o morale: *soffrire la fame, continui dolori di testa, il mal d'auto*; nel modo di dire *soffrire le pene dell'inferno*, grandi patimenti ‖ sopportare con disagio, risentire di qualcosa: *una pianta che soffre il caldo* **2.** tollerare: *l'orecchio non soffre suoni troppo acuti, non posso soffrire che un prepotente tratti male quel ragazzo* ‖ *in part.* avere in antipatia qualcuno o qualcosa: *non posso soffrire gli arroganti, gli atteggiamenti da arrogante* ‖ **intr.** (aus. *avere*) **1.** sentire dolore, patire: *soffre molto* **2.** essere soggetto a un particolare male, disturbo e sim.: *soffre di emicrania, di cuore* **3.** risentire di certe condizioni atmosferiche o ambientali: *le piante soffrono nel trapianto, le farine soffrono all'umido* ‖ **N. intr. 1.** *Sin.* dolorare, patire, penare, spasimare, tribolare.

soffritto (*pps.* di *soffriggere*) [sec. XV] **I agg.** fritto a fuoco moderato **II sm.** battuto di cipolla e altre verdure (sedano, carote ecc.) fatto cuocere a fuoco vivo in poco olio o burro.

soffrùtice **sm.** *raro* v. SUFFRUTICE.

soffrutìcolo [da *soffrutice*; 1988] **agg.** *T.bot.* che ha carattere di suffrutice.

soffusióne [dal lat. *soffusio, -ōnis*, letter. spargimento, diffusione; a. 1698] **sf.** *T.med.* emorragia superficiale della cute o delle mucose.

soffùso (*pps.* di *soffondere*) [1516 *suffuso*] **agg.** colorito, cosparso.

sofì o **soffì** [dall'ar. *ṣáfawī*, discendente di *Safi*; 1726 *soffì*] **sm.** *inv.* *T.stor.* nome che si dava un tempo al re di Persia.

sofìa [dal gr. *sophía*; 1821] **sf.** *lett.* sapienza: *un sillogismo di mistica sofia* (Carducci).

-sofìa [dal gr. *sophía*, saggezza, sapienza] **elem. term.** che, in composti dotti derivati dal greco o formati modernamente, vale "scienza", "conoscenza", "dottrina" (per es. *filosofia, teosofia*).

sofìsma [dal lat. *sophisma*, gr. *sóphisma*, cavillo; 1321 *sofismi* pl.] **sm.** ragionamento fallace, argomentazione non valida in cui compaiono (deliberatamente) errori logici sotto un'apparenza di correttezza ‖ *per estens.* ragionamento cavilloso e paradossale ma in apparenza logico ‖ **N.** arzigogolo, capziosità, cavillo, fallacia, petizione di principio, sofisticheria.

sofista [dal lat. *sophista*, gr. *sophistḗs*; 1321] **s.** *T.stor.* e *T.fil.* seguace della sofistica ‖ *per estens.* chi fa uso di argomenti sofistici, cavillosi e capziosi; cavillatore.

sofistica [dal gr. *sophistikḗ* (*téchnē*), (arte) di cavillare; 1306] **sf.** *T.stor.* e *T.fil.* indirizzo filosofico (diffuso in Grecia tra il V e il IV sec. a.C. e successivamente nel mondo greco-romano tra il I e il IV sec.) i cui seguaci impartivano (a pagamento) un insegnamento improntato al soggettivismo e all'affermazione dei valori pratici, e nel quale avevano larga parte l'oratoria e la retorica (intese come strumenti di persuasione e quindi essenziali per il successo nella vita pratica, spec. nella politica).

sofisticàggine [da *sofistico*; 1873] **sf.** *spreg. non com.* il sofisticare, nel senso di cavillare; sofisticheria.

sofisticàre (pres. *-ìstico, -ìstichi*) [dal lat. mediev. *sophisticāri*; a. 1375] **intr.** (aus. *avere*) argomentare in modo sofistico; cavillare, fare sofismi: *sofisticò molto su questo argomento* ‖ *com.* sottilizzare, trovare a ridire sulle minime cose: *tu trovi da sofisticare su tutto* ‖ **tr.** adulterare, alterare una sostanza, contraffarla: *sofisticare il burro, i liquori* ‖ **N. intr.** *Sin.* avere da ridire, cercare il pelo nell'uovo, criticare, guardare troppo per il sottile.

sofisticàto (*pps.* di *sofisticare*) [1354; 1937 nel senso 1] **agg. 1.** contraffatto, adulterato, preparato con ingredienti non genuini: *prodotti alimentari sofisticati* **2.** *fig.* privo di naturalezza e semplicità; raffinato, ricercato: *una ragazza sofisticata, eleganza sofisticata* **3.** di un dispositivo, di un impianto e sim., di grande perfezione tecnica: *un sofisticatissimo complesso di altoparlanti.*

sofisticatóre [da *sofisticare*; 1960] **sm.** (f. *-trìce*) chi sofistica un prodotto (spec. alimentare).

sofisticazióne [da *sofisticare*; 1821] **sf.** atto ed effetto del sofisticare, dell'adulterare: *la sofisticazione delle sostanze alimentari è punita a norma di legge.*

sofisticherìa [da *sofistico*; a. 1565] **sf.** qualità di chi è solito sofisticare ‖ *concr.* sottigliezza sofistica, ragionamento sofistico.

sofistico (pl. *-ci*) [dal lat. *sophisticus*, gr. *sophistikós*; a. 1348 nel senso 1; a. 1584 nel senso 2] **I agg. 1.** *T.fil.* concernente i sofisti o la sofistica ‖ che contiene sofismi; da sofista:

ragionamento sofistico **2.** *fig.* incontentabile, pedante al punto da trovar da ridire su tutto: *è sofistico sino all'impossibile* || **sofisticaménte** *avv.* **II** *s.* persona pedante o, anche, schizzinosa || **N. I 2.** *Sin.* esigente, pignolo, scrupoloso.

sòfo [dal lat. *sophus*, gr. *sophós*, saggio, esperto; 1765] *sm. lett.* o *scherz.* sapiente, saggio.

-sofo [dal gr. *sophós*, sapiente, saggio] *elem. term.* che, in composti dotti derivati dal greco o formati modernamente, vale "cultore di una dottrina" ed entra a far parte delle denominazioni di persone che sono dedite o professano la disciplina indicata dai corrispondenti termini in *-sofia* (per es. *filosofo*).

sofòra [dall'ar. *sufayrā*; 1933] *sf.* pianta arbustiva delle Leguminose, coltivata a scopo ornamentale per i fiori giallastri a grappoli.

soforìna [comp. di *sofora* e *-ina*; 1960] *sf. T.chim.* alcaloide ricavato dai semi della sofora.

sofrologìa [comp. del gr. *sṓphron*, saggio e *-logia*; 1974] *sf.* tecnica di rilassamento psicologico in cui, con l'uso combinato di parole e musica, si infonde tranquillità nei pazienti.

soft (ingl., pr. [sɒft]) [letter. soffice; 1978] *agg. inv.* (sempre posposto) che dà sensazioni piacevoli e delicate: *musica soft, cinema soft, atmosfera soft* || *fig.* accomodante, accondiscendente: *una presa di posizione soft* || **N.** *Contr.* *hard.*

softball (ingl., pr. ['sɒftbɔːł]) [letter. palla soffice; 1950] *sm. inv.* gioco simile al *baseball* giocato, gen. da squadre femminili, su campo più piccolo e con palle più morbide.

soft-core (ingl., pr. ['sɒftkɔː]; pr. it. ['sɔft kor]) [comp. di *soft*, morbido e *core*, nucleo, centro; 1980] *agg. inv.* (sempre posposto) detto di film o rivista pornografica con immagini dai particolari non eccessivamente crudi e osceni || *gen.* moderatamente volgare e violento || **N.** *Contr. hard-core.*

software (ingl., pr. ['sɒftweə]; pr. it. ['sɔftwɛr]) [comp. di *soft*, morbido e *ware*, elemento; 1970] *sm. inv.* **1.** *T.inform.* in un elaboratore elettronico, insieme dei linguaggi e dei programmi mediante i quali la macchina opera **2.** *per estens.* complesso dei programmi e dei documenti necessari allo svolgimento di un'attività tecnologica || **N.** *hardware.* **Q.T.** *informatica.*

software house (ingl., pr. ['sɒftweə ˌhaʊs]) [comp. di *software* e *house*, casa; 1984] *loc. f. inv.* azienda che produce e commercializza *software* per elaboratori.

softwarìsta (pr. [softwe'rista]) [da *software*; 1981] *s.* specialista nella progettazione di *software.*

soft white (ingl., pr. ['sɒft waɪt]) [comp. di *soft*, morbido e *white*, bianco; 1960] *loc. f. inv.* lampada fluorescente per interni, dalla luce bianco-rosata.

sóga [dal lat. tardo *soga*, corda; 1313] *sf. arc.* e *dial.* cinghia, correggia, sogatto.

sogàtto o *sovàtto* o *sugàtto* [etim. inc.; a. 1406 *soatto*] *sm. arc.* e *dial.* cuoio forte e solido, per fare cavezze, guinzagli e sim. || *dim.* sogàttolo.

sogàttolo (*dim.* di *sogatto*) [1618 *sovattolo*] *sm. arc.* e *dial. in part.* legaccio di cuoio per scarpe.

soggettàbile [da *soggettare*; 1745] *agg. raro* assoggettabile.

soggettàre (pres. *-ètto*) [da *soggetto*¹; a. 1642 *subbiettare*] *tr. raro* assoggettare.

soggettàrio (pl. *-ri*) [da *soggetto*²; 1960] *sm.* in biblioteconomia, codice di norme da seguire nella compilazione di cataloghi a soggetto || *raro* catalogo a soggetto.

soggettazióne [da *soggetto*²; 1960] *sf.* in biblioteconomia, individuazione del soggetto di una pubblicazione, che va schedato e inserito nei cataloghi a soggetto.

soggettìsta [da *soggetto*²; 1923] *s.* chi scrive soggetti per il teatro, il cinema o la televisione.

soggettìva [da *soggetto*², sul modello di *prospettiva*; 1970] *sf. T.cin.* inquadratura che rappresenta ciò che vede un attore presente in scena e che consente di stabilire una identificazione tra lo spettatore e l'attore stesso: *ripresa in soggettiva.*

soggettivàre (pres. *-ìvo*) [da *soggettivo*; 1960] *tr. raro* interpretare o rappresentare la realtà esterna in forme soggettive.

soggettivazióne [da *soggettivo*; 1942] *sf.* **1.** atto ed effetto del soggettivare **2.** *T.cin.* inquadratura ripresa dal punto di vista di un personaggio del film.

soggettivìsmo [da *soggettivo*; a. 1855] *sm.* **1.** *T.fil.* teoria o concezione tendente a ricondurre la realtà oggettiva all'attività del soggetto pensante **2.** *per estens.* tendenza a una valutazione molto soggettiva della realtà; *in part. T.art.* la prevalenza dell'elemento lirico e personale dell'artista nella rappresentazione artistica || **N.** *Contr.* oggettivismo.

soggettivìsta [da *soggettivo*; 1873] *s.* **1.** *T.fil.* chi assume o si ispira a una concezione soggettivistica **2.** *per estens.* chi interpreta la realtà in modo troppo personale, solo in rapporto a se stesso.

soggettivìstico (pl. *-ci*) [da *soggettivismo*; 1957] *agg.* improntato a soggettivismo: *concezione, rappresentazione soggettivistica della realtà.*

soggettività [da *soggettivo*; 1873] *sf.* **1.** l'essere soggettivo **2.** il soggetto come punto di vista: *le istanze della soggettività, la mia* (*tua* ecc.) *soggettività.*

soggettìvo [dal lat. tardo *subiectīvus*; 1873] *agg.* **1.** proprio del soggetto, fondato sulla realtà individuale del soggetto || *per estens.* rispecchiante idee, sentimenti, stati psicologici individuali e, in quanto tale, non imparziale: *queste sono solo considerazioni soggettive* || *T.fil.* che esiste e si determina solo in funzione del soggetto, inteso come realtà pensante || *T.med.* di sensazioni, provate dall'individuo ma non attestabili attraverso l'esame clinico **2.** *T.ling. proposizione soggettiva*, con funzione di soggetto.

soggètto¹ [dal lat. *subiectus*; 1308 *subietto*] *agg.* **1.** sottoposto all'autorità o al potere di qualcuno o qualcosa: *popoli soggetti allo straniero, tutti sono soggetti al rigore delle leggi* **2.** predisposto, particolarmente esposto, incline: *esser soggetto a un male, andar soggetto a frequenti disturbi* || **N. 1.** *Sin.* dipendente, sottomesso, vincolato.

soggètto² [dal lat. tardo *subiectum*; a. 1374] *sm.* **1.** argomento, tema: *il soggetto della conferenza, del racconto* || prima stesura della trama di un film, di uno spettacolo e sim.; *recitare a soggetto*, improvvisando su una trama **2.** individuo, singolo, in rapporto a particolari condizioni, relazioni e finalità; *in part. fam.* persona, individuo, in qùanto presenta peculiarità di carattere e di comportamento (spec. negative): *è un cattivo soggetto, un soggetto pericoloso, in quest'ambiente si trovano certi soggetti...!*; *iron. antifr.*: *è proprio un bel soggetto!* || *T.med.* individuo che presenta certe caratteristiche cliniche: *un soggetto nervoso, i soggetti sani* || *T.giur.* la persona fisica o giuridica (cioè l'individuo o l'ente) cui è riconosciuta la capacità di agire giuridicamente || *T.fil.* ciò a cui si attribuiscono qualità o determinazioni; *in part.* la persona umana in quanto è sottoposta a norme morali o in quanto conosce: *soggetto morale, soggetto conoscente* || *T.gram. soggetto logico di una frase*, quello che in base al senso compie l'azione espressa dal verbo; *soggetto grammaticale*, il sintagma nominale che si accorda in numero (ed eventualmente genere) col predicato: *in "a me ciò pare giusto" il soggetto logico è "io", quello grammaticale "ciò"*; *in latino il caso in cui si esprime il soggetto è il nominativo* **3.** *T.mus.* motivo principale di una fuga, che apre l'esposizione || *dim.* soggettìno, soggettùccio; *accr.* soggettóne; *spreg.* e *pegg.* soggettùcolo, soggettàccio || **N. 1.** *Sin.* contenuto, materia, pensiero, proponimento, proposito, tasto, tema, tesi | divagare. **Q.T.** *linguistica.*

soggezióne [dal lat. *subiectio, -ōnis*; 1354] *sf.* **1.** l'essere soggetto; sottomissione: *soggezione allo straniero* **2.** senso di inferiorità che determina uno stato di imbarazzo ansioso: *incutere, mettere soggezione*; *avere, provare soggezione di* (*o per* o *di fronte a*) *qualcuno*; *essere in soggezione, trovarsi in soggezione in un certo ambiente* || **N. 1.** *Sin.* dipendenza, giogo, inferiorità, obbedienza, schiavitù, servitù, sottomissione, subordinazione, sudditanza, vassallaggio **2.** *Sin.* impaccio, rispetto, ritegno, timore, vergogna.

sogghignàre [comp. di *so-* e *ghignare*; 1353] *intr.* (aus. *avere*) sorridere o ridacchiare con sarcasmo, malizia o disprezzo || **N.** *Sin.* ghignare, sghignazzare; RIDERE.

sogghìgno [da *sogghignare*; a. 1348] *sm.* sorriso sarcastico o beffardo || **N.** *Sin.* ghigno, riso sardonico.

soggiacènte (*ppr.* di *soggiacere*) [1970] *agg.* che soggiace || *in part. T.geol.* di roccia intrusiva, che si trova sotto allo strato che fa da riferimento || *plutone soggiacente*, di cui non è possibile accertare, data la grande profondità a cui si trova, se abbia un letto, oppure si congiunga direttamente al Sial sottostante || **N.** *Sin.* batolite.

soggiacére (pres. *soggiàccio* ecc., come GIACERE) [dal lat. *subiacēre*, giacere sotto; a. 1320] *intr.* (aus. *essere* e *avere*) **1.** cedere a un'imposizione, a una forza superiore; essere sottoposto, soggetto: *soggiacere alle prepotenze* **2.** *arc.* essere situato al di sotto: *Sotto la protezione del grande scudo / In che soggiace il leon e soggioga* (Dante) || **N. 1.** *Sin.* essere succube, soccombere.

soggiaciménto [da *soggiacere*; a. 1306] *sm. raro* atto del soggiacere.

soggiogaménto [da *soggiogare*; sec. XIV] *sm. non com.* atto ed effetto del soggiogare.

soggiogàre (pres. *-ógo, -óghi*) [lat. tardo *subiugāre*, far passare sotto il giogo; fine sec. XIII] *tr.* ridurre in uno stato di assoluta e umiliante sottomissione: *soggiogare una nazione* || *fig.* domare, tenere sotto controllo: *soggiogare le passioni* || **N.** *Sin.* aggiogare, assoggettare, domare, ridurre in schiavitù, sottomettere, sottoporre.

soggiogatóre [da *soggiogare*; a. 1396] *agg.* e *sm.* (f. *-trice*) *non com.* che o chi soggioga.

soggiornàre (pres. *-órno*) [lat. volg. **subdiurnāre*; sec. XIII] *intr.* (aus. *avere*) **1.** risiedere temporaneamente in un luogo: *d'inverno soggiorna a Capri* **2.** *arc.* attardarsi, indugiare, intrattenersi, trattenersi || *tr. arc.* detto del bestiame, curare, custodire, governare || **N. 1.** *Sin.* dimorare.

soggiórno [da *soggiornare*; a. 1294 nel senso 1; a. 1595 nel senso 2] *sm.* **1.** il soggiornare in un luogo, spec. per riposo, cura, svago, studio ecc.: *è ripartito dopo un breve soggiorno a casa*; *imposta di soggiorno*, quella che pagano i forestieri nel comune dove soggiornano **2.** *concr.* luogo di soggiorno: *questo luogo è un piacevole soggiorno* || *stanza di soggiorno* (o, semplicemente, *soggiorno*), la stanza dove ci si trattiene abitualmente durante la giornata; salotto, sala **3.** *ant.* indugio: *senza soggiorno andarono ... in Mugello* (Villani). **Q.T.** *arredamento* **TAV. arredamento p. 650** 2.

soggiùngere (pres. *soggiùngo* ecc., come GIUNGERE) [dal lat. *subiungere*, attaccare, unire; 1313] *tr.* aggiungere qualcosa al già detto: *parlò aspramente, ma poi soggiunse alcune parole* *più benevole* || **N.** ribadire, ribattere, riprendere.

soggiuntìvo [da *soggiungere*; 1561 come sm.] **I** ***agg.*** *ant.* che serve a congiungere, a connettere || *T.gram. ant.* congiuntivo **II** ***sm.*** *ant.* il modo soggiuntivo: *il soggiuntivo.*

soggolàre (pres. *-ólo*) [comp. parasint. di *gola*; a. 1300] ***tr.*** *ant.* mettere il soggolo.

soggólo [da *soggolare*; a. 1492] ***sm.*** **1.** velo o panno che le monache passano sotto il mento e avvolgono intorno alla gola; era caratteristico dell'abbigliamento femminile medievale e rinascimentale **2.** *T.ipp.* la striscia di cuoio che si attacca alla testiera e passa sotto la gola del cavallo **3.** striscia di cuoio intorno al berretto militare e sim. che si fa passare sotto il mento per meglio assicurare in capo il berretto stesso || **N.** *Sin.* sottogola.

sogguardàre [comp. di *so-* e *guardare*; a. 1735] ***tr.*** guardare di sottecchi: *mi sogguarda.*

sogguatàre (pres. *-àto*) [comp. di *so-* e *guatare*; a. 1729] ***tr.*** *ant.* sogguardare.

sòglia (pl. *-glie*) [lat. *solea*, suola; 1313 nel senso 2] ***sf.*** **1.** lastra di pietra, tavola di legno o di altro materiale, posta trasversalmente alla base del vano di una qualsiasi via di accesso: *inciampare nella soglia* || *per estens.* porta, via d'accesso, ingresso: *non oltrepassare la soglia*; *varcare la soglia*, entrare o uscire da una casa, da una stanza **2.** *fig.* punto d'inizio, primordio, limitare: *la soglia della vita*; *l'estate è alle soglie*, sta per arrivare || *per estens. T.scient.* il valore minimo necessario perché si produca un certo fenomeno: *la soglia del dolore, della coscienza*; *soglia di udibilità*, livello di intensità minimo che un suono deve possedere per poter essere avvertito; *valore di soglia*, quello che rappresenta la soglia **3.** *T.geol.* dislivello a forma di gradino, di origine erosiva: *soglia glaciale, di una cascata* **4.** *T.mar.* parte del fasciame esterno delle navi di legno, sotto le impavesate, formata dalle tavole di maggior spessore. **TAV.** *abitazione* 3.20.

sogliàre [lat. volg. **soleare*, da *solea*, suola; 1313] ***sm.*** *arc. raro* soglia, limitare: *un sogliare alto.*

sòglio (pl. *-gli*) (poet. *sòlio*, pl. *-li*) [dal lat. *solium*; a. 1348 *solio*] ***sm.*** *lett.* seggio, trono: *il soglio regio, il soglio pontificio* || *per estens. non com.* la sede, la funzione e la dignità connesse all'autorità sovrana.

sògliola [dal lat. *solea*, perché somiglia a una suola di scarpe; 1640] ***sm.*** pesce della famiglia dei Soleidi, marino, spiccatamente asimmetrico (ha entrambi gli occhi sul lato destro), il cui corpo, largo e piatto, ha, sul fianco che resta sempre volto verso l'alto, una colorazione simile a quella del fondo sabbioso su cui appoggia; è ricercato per la carne delicata. **TAV.** ***pesci*** **p. 1331** 12.

sognàbile [da *sognare*; a. 1704] ***agg.*** *non com.* che si può sognare; *fig.* che si può immaginare, spec. in frasi negative: *il suo consenso non è neanche sognabile!*

sognànte (*ppr.* di *sognare*) [a. 1375] ***agg.*** che sembra immerso in sogni: *col suo sguardo sognante.*

sognàre (pres. *sógno*) [lat. *somniāre*; fine sec. XIII] ***tr.*** e ***intr.*** (aus. *avere*) **1.** avere, nel sonno, impressioni e percezioni proprie dell'attività psichica del sogno; fare sogni, vedere in sogno: *sognare una persona, di viaggiare in un paese sconosciuto*; *ho sognato di lei* || con compl. dell'oggetto interno: *sognare sogni terribili*; *ass.*: *sognare spesso, raramente* || *fig.* in espr. sottolineanti l'effettiva realtà di quanto si è affermato, o, al contrario, la possibilità di uno scambio tra sogno e realtà: *l'ho visto, non l'ho sognato*; anche *iperb.* per sottolineare l'incredibilità, la straordinarietà di ciò che si è visto o sentito: *mi sembra di sognare*, stento a credere a ciò che vedo, sento ecc.: *quando finalmente ha acconsentito, credevo di sognare* **2.** *fig.* vagheggiare, fantasticare, vedere con l'immaginazione (da svegli) ciò che si desidera ardentemente: *non sogna altro che una moglie, che sposarsi*; *sognare (qualcosa) a occhi aperti*, fantasticare, abbandonarsi all'immaginazione; *chi se lo sarebbe sognato?*, chi poteva immaginarlo?; *che ti sogni?*, cosa credi?; anche *ass.*: *smettila di sognare, torna alla realtà!* || ***rifl. intens.*** *fam.* vedere in sogno: *mi sono sognato l'esame, di non passare l'esame*; anche con l'ogg. indeterminato *lo*, *fam.* illudersi, credere senza fondamento: *te lo sogni che mantenga uno sfaticato come te!*

sognatóre [da *sognare*; 1354 nel senso 1; 1821 nel senso 2] ***agg.*** e ***sm.*** (f. *-trice*) **1.** che o chi sogna **2.** *più com. fig.* che, chi prende i propri desideri per realtà; utopista.

sógno [lat. *somnium*; a. 1292] ***sm.*** **1.** attività psichica che si produce spontaneamente durante il sonno ed è caratterizzata dalla presenza di visioni fantastiche in cui ricorrono immagini spesso riproducenti, in forma alterata e illogica, eventi attinenti alla vita reale: *ho rivissuto in sogno le ansie di quei brutti giorni* || nelle loc. *neanche, nemmeno per sogno*, no nel modo più assoluto, proprio per niente || *concr.* ciascun insieme di immagini e percezioni che si manifestano in un periodo di sogno: *l'interpretazione psicanalitica dei sogni*; *fare sogni belli, tristi*; *un sogno premonitore, rivelatore*, rispetto ai fatti della vita reale; *mi sembra, mi pare un sogno!*, stento a credere alla realtà, tanto essa è straordinaria; *libro dei sogni*, nel quale si stabiliscono corrispondenze tra quello che si sogna e situazioni della vita reale, numeri da giocare al lotto e sim.; anche *fig.* progetto utopico: *il nuovo piano economico è il libro dei sogni del governo* **2.** *fig.* fantasia, idea priva di fondamento: *smettila con i sogni, sii più concreto* || *in part.* speranza, desiderio, dolce illusione: *per ora è solo un sogno, ma prima o poi lo realizzerò*; *insegue il sogno della sua vita*, tende a realizzare ciò a cui ha sempre aspirato; *coronare il proprio sogno d'amore*, sposare la persona amata || cosa irreale, vana: *la vita è un sogno, la ricchezza è un sogno* || cosa bella e reale, ma che per troppa bellezza ci sembra irreale e fantastica: *è passato come un sogno, ho conosciuto una ragazza che è un sogno* || **N. 1.** *Sin.* chimera, incubo | oniromanzia, sonnambulismo **2.** *Sin.* ideale, progetto.

sòia[1] [dal giap. *shōyū*; 1895] ***sf.*** pianta erbacea delle Papilionacee, affine al fagiolo, i cui semi sono largamente usati come alimento e per produrre olio.

sòia[2] [dal fr. *soie*, seta; a. 1470] ***sf.*** *ant.* seta || *fig.* lode esagerata, adulazione frammista a beffa; nelle loc. *ant. dar soia* e *dar la soia*, adulare, plagiare, lodare esageratamente per beffa.

soigné (fr., pr. [swa'ɲe]) [da *soigner*, curare; 1960] ***agg.*** accurato, elegante, preciso, puntuale, raffinato.

soirée (fr., pr. [swa're]) [letter. serata; 1855 *soarè*] ***sf. inv.*** serata mondana.

sol[1] (pr. [sɔl]) [prima sillaba del quinto emistichio dell'inno a S. Giovanni, *Sol*(ve polluti), scelto da Guido d'Arezzo per memorizzare le altezze relative di ciascun suono dell'esacordo; 1506 ca.] ***sm.*** *T.mus.* quinta nota della scala diatonica di do maggiore, indicata con G nella notazione alfabetica || *chiave di sol* (detta anche *chiave di violino*), quella che pone il sol sopra il do centrale sul secondo rigo del pentagramma a partire dal basso. **TAV.** ***musica*** **p. 1324** 1.2.

sòl[2] [dall'ingl. *sol*, abbr. di *hydrosol*, comp. di *hydro-*, idro- e *sol*(*ution*), soluzione; 1950] ***sm.*** *T.fis.* e *T.chim.* sistema colloidale, che si presenta in genere sotto forma liquida.

solàio (pl. *-ài*) [lat. *solārium*, luogo esposto al sole; 1319] ***sm.*** **1.** *T.edil.* piano orizzontale che separa due piani di un edificio; non va confuso col *soffitto*, che è soltanto la superficie inferiore del solaio || *per estens.* soffitta, sottotetto **2.** *tosc.* stanza a palco dell'ultimo piano, con un lato aperto, frequente nelle case rurali. **TAV.** *abitazione* 1.10.

Solanàcee [comp. del lat. *solānum*, n. di una pianta (letter. pianta del sole) e *-acee*; 1875] ***sf. pl.*** *T.bot.* famiglia di piante erbacee, arbustive o cespugliose, dicotiledoni, con fiori gamopetali a cinque lobi e cinque stami, alcune delle quali sono ricche di alcaloidi velenosi; vi appartengono il pomodoro, la patata, il tabacco, la belladonna, la melanzana, il peperone. **Q.T.** *botanica.*

solàndra[1] [dal fr. *solandre*; 1834] ***sf.*** *T.vet.* piaga che si forma nella piegatura del garretto di un cavallo.

solàndra[2] [dal n. del naturalista svedese D.C. *Solander*; 1838] ***sf.*** *T.bot.* genere di piante tropicali della Solanacee, dai fiori bianchi molto grandi.

solanìna [comp. di *Solan*(*acee*) e *-ina*; 1825] ***sf.*** alcaloide velenoso contenuto in alcune specie di Solanacee.

solàre[1] [dal lat. *solāris*; 1353] ***agg.*** **1.** del Sole: *radiazioni solari, spettro solare*; *sistema solare*, formato dai corpi che gravitano intorno al Sole; *orologio solare*, meridiana **2.** *per estens.* alimentato, azionato dall'energia solare: *forno, batteria, distillatore solare*; *pannello solare*, convertitore della luce solare in energia termica; *pila solare*, convertitrice dell'energia solare in energia elettrica **3.** *fig.* che ha il colore e il calore del sole: *colori, tinte solari*, i gialli, i rossi, gli aranciati || radioso, irradiante serenità ed energia: *personalità solare* || *non com.* evidente, lampante: *una dimostrazione solare* || *raro poet.* o *lett.* luminoso, illuminante: *parola solare*; *vate solare* (D'Annunzio) **4.** *T.anat.* *plesso solare* (o *celiaco*), plesso nervoso simpatico comprendente i rami efferenti dei gangli della regione celiaca, davanti alle vertebre toraciche inferiori e a quelle lombari superiori. **TAV.** ***astronautica*** **p. 655** 6.6.

solàre[2] [da *solaio*; 1960] ***agg.*** *T.edil.* relativo al solaio, solo nella loc. *lastrico solare*, la copertura piatta e praticabile di un edificio.

solàre[3] o **suolàre** (pres. *sòlo* o *suòlo*) [da *s*(*u*)*ola*; 1922] ***tr.*** mettere la suola alle scarpe, risuolare.

solarìano [dal n. della rivista *Solaria*, pubblicata a Firenze tra il 1925 e il 1936; 1960] **I** ***agg.*** relativo alla rivista letteraria e culturale «Solaria», proprio di tale rivista || che collabora a tale rivista **II** ***sm.*** (f. *-a*) collaboratore della rivista «Solaria» o suo sostenitore.

solarigràfico (pl. *-ci*) [da *solarigrafo*; 1960] ***agg.*** relativo al solarigrafo, proprio del solarigrafo: *rilevamenti solarigrafici.*

solarìgrafo [comp. di *solare*[1] e *-grafo*; 1960] ***sm.*** *T.meteor.* solarimetro registrante i dati misurati.

solarimetrìa [comp. di *solare* e *-metria*; 1960] ***sf.*** settore della geofisica che si occupa della misurazione delle radiazioni del Sole.

solarimètrico (pl. *-ci*) [da *solarimetria*; 1960] ***agg.*** relativo al solarimetro, proprio del solarimetro.

solarìmetro [comp. di *solare*[1] e *metro*; 1960] ***sm.*** *T.meteor.* strumento che misura l'intensità delle radiazioni solari || **N.** solarigrafo.

solàrio (pl. *-ri*) [dal lat. *solārium*; 1838 nel senso 2; 1940 nel senso 1] ***sm.*** **1.** *solarium* **2.** *T.stor.* nell'antica Roma, gnomone o meridiana.

solarità [da *solare*[1]; 1960] ***sf.*** *lett.* l'essere solare; luminosità, radiosità.

solarium (lat., pr. [so'larjum]) [letter. luogo esposto al sole; 1943 nel senso mod. per influsso dell'ingl. *solarium*] ***sm. inv.*** nell'antica Roma, parte della casa (terrazzo, loggia e sim.) esposta al sole || oggi, ambiente isolato destinato all'elioterapia o anche alla terapia radiante artificiale; più freq., parte di istituto di bellezza o di palestra in cui ci si può abbronzare per mezzo di lampade.

solarizzàre [dal fr. *solariser*, 1983] ***tr.*** **1.** *T.fot.* oscurare le parti chiare di un negativo fotografico, mediante un eccessivo tempo di esposizione **2.** dotare un edificio di pannelli solari per riscaldamento **3.** *T.bot.* e *T.ott.* provocare la solarizzazione.

solarizzazióne [dal fr. *solarisation*; 1983] ***sf.*** **1.** *T.fot.* oscuramento delle parti chiare di un negativo fotografico, causato da un eccessivo tempo di esposizione alla luce **2.** *T.bot.* progressiva inattivazione dei cloroplasti e conseguente arresto della fotosintesi, dovuta a un'eccessiva esposizione alla luce **3.** *T.ott.* in certi vetri, riduzione del fattore di trasmissione dell'ultravioletto, in seguito a lunghe esposizioni all'ultravioletto estremo.

solàta [da *sole*; 1865] ***sf.*** *pop.* colpo di sole, insolazione: *finirai col prendere una solata.*

solatìo (pl. *-ìi*) [lat. volg. **solatīvus*, colpito dal sole; a. 1492] **I** ***agg.*** soleggiato: *piaggia solatìa* **II** ***sm.*** luogo soleggiato, volto a mezzogiorno || nella *loc. avv. a solatìo*, dalla parte soleggiata, esposta al sole || **N. I** *Sin.* aprico, assolato **II** *Contr.* bacìo.

solatùra o **suolatùra** [da *solare*[3]; 1262] ***sf.*** operazione ed effetto del risuolare o rimettere la suola a un paio di scarpe; risolatura.

solcàbile [da *solcare*; a. 1704] ***agg.*** *lett.* che si può solcare.

solcaménto [da *solcare*; 1838] ***sm.*** *raro* atto ed effetto del solcare; solcatura.

solcàre (pres. *sólco, sólchi*) [dal lat. *sulcāre*; a. 1320] ***tr.*** **1.** fare solchi con l'aratro; arare: *solcare il campo* **2.** *per estens.* di un natante, tagliare la superficie dell'acqua: *solcare le onde* **3.** *fig.* lasciare una traccia, una scia; lasciare come un solco: *le rughe gli solcano la fronte*; *guance solcate di lacrime*, rigate dalle lacrime che scorrono || **N.** *Sin.* fendere, incavare, incidere, scalfire, scavare, ARARE.

solcàta [da *solcare*; 1741] ***sf.*** *tosc. raro* tracciatura di un solco || direzione di un solco.

solcatóre [da *solcare*; 1940] ***sm.*** *T.agr.* parte della seminatrice meccanica, detta anche *assolcatore*. **TAV.** *agricoltura* 5.3.

solcatùra [da *solcare*; a. 1704] ***sf.*** atto ed effetto del solcare: *una bella solcatura* || **N.** *Sin.* SOLCO.

sólco (pl. *-chi*) [lat. *sulcus*; a. 1320] ***sm.*** **1.** fenditura aperta nel terreno con aratri, zappe e sim. per la semina, l'incanalamento delle acque, la delimitazione dei confini ecc.: *i solchi sono separati dalle porche*; *tracciare, scavare un solco* || *fig. uscire dal solco*, uscire dal tracciato, abbandonare la retta via o, anche, deviare dall'argomento principale **2.** *per estens.* traccia lunga e stretta, simile a un solco, lasciata su una superficie: *sulle pendici innevate si distinguono i solchi degli sci, le ruote dell'auto hanno lasciato solchi sul terreno fangoso*; *i solchi sui dischi fonografici* || *T.biol.* linea cava impressa sulla superficie di un organo animale o vegetale, come sui frutti, sui piccioli, nelle circonvoluzioni del cervello ecc. || scia lasciata da un natante sulla superficie dell'acqua || traccia luminosa lasciata nel cielo da corpi luminosi in movimento o conseguente a particolari fenomeni atmosferici: *il solco lasciato dalla stella cadente, dal fulmine* **3.** *fig.* frattura, spaccatura: *i contrasti hanno prodotto un solco profondo tra i due* || **N. 1.** *Sin.* fossato, incavatura, incavo **2.** *Sin.* riga, scia, traccia.

solcòmetro [comp. di *solco* e *-metro*; 1838] ***sm.*** *T.mar.* strumento per misurare la velocità di una nave, costituito da un piccolo galleggiante (*barchetta*) che si getta in mare dietro la nave, lasciando filare da un rocchetto o molinello una sagola a nodi a cui la barchetta è attaccata; vi sono anche solcometri meccanici più complessi || **N.** *loch.*

soldanàto [da *soldano*; fine sec. XIII] ***sm.*** *ant.* dignità o dominio del soldano; sultanato.

soldanèlla [prob. da *soldo*, per la forma rotonda delle foglie; 1838] ***sf.*** **1.** piccola pianta erbacea delle Primulacee, di ambiente alpino, dalle foglie tondeggianti e fiori bianchi o azzurri **2.** pianta erbacea perenne dalle foglie grasse e fiori di color rosa, diffusa sulle spiagge marine.

soldàno [dall'ar. *sultān*, padrone assoluto; inizio sec. XIII *soldanu*] ***sm.*** *ant.* sultano.

soldàre (pres. *sòldo*) [da *soldo*; a. 1348] ***tr.*** *arc. raro* assoldare, arruolare.

soldatàglia (pl. *-glie*) [da *soldato*; a. 1363] ***sf.*** *spreg.* massa di soldati indisciplinati, violenti e senza scrupoli: *la soldataglia si diede al saccheggio.*

soldatésca [da *soldato*; 1614] ***sf.*** *spreg.* truppe, formazioni militari: *la città insorse contro le soldatesche dell'invasore* || *T.stor.* truppe.

soldatésco (pl. *-schi*) [da *soldato*; a. 1405] ***agg.*** da soldato, spec. *spreg.*, violento, volgare: *linguaggio, piglio, aspetto soldatesco*; *maniere soldatesche.*

soldatéssa [f. di *soldato*; a. 1708] ***sf.*** donna che presta servizio militare || *fig. scherz.* donna autoritaria.

soldatino (*dim.* di *soldato*) [1873] ***sm.*** figurina di soldato perlopiù di piombo (ma anche di legno, plastica, carta e sim.), usata dai bambini per giocare: *giocare ai soldatini.*

soldàto [da *soldare*; 1353] ***sm.*** **1.** chi milita in un esercito, senza distinzione di grado, arma né forma di arruolamento: *andar soldato*, esser chiamato sotto le armi; *tornare da soldato*, dal servizio militare || *in part.* soldato semplice, militare occupante il gradino più basso della gerarchia militare; uomo della truppa: *i soldati sono direttamente sottoposti ai sottufficiali, un soldato di fanteria* || *T.stor.* un tempo, chi si arruolava volontariamente al servizio di un signore o di uno Stato e percepiva per ciò un compenso; *soldato di ventura*, mercenario nelle compagnie di ventura del tardo Medioevo e del Rinascimento || *fig.* chi milita per un partito, un ideale o esercita una missione con dedizione, coraggio e impegno: *un soldato della giustizia, della lotta contro le discriminazioni razziali*; *soldato di Cristo*, il cristiano cresimato **2.** *T.zool.* nelle colonie di insetti sociali (formiche, termiti e sim.), gli individui specializzati nella difesa dai predatori || *dim.* soldatino, soldatèllo; *accr.* soldatóne; *pegg.* soldatàccio.

sòldo [lat. *solidus*; 1219] ***sm.*** moneta di vario valore, secondo i tempi, derivata dal solido del tardo Impero Romano; in Italia, fino alla seconda guerra mondiale, aveva un valore corrispondente alla ventesima parte della lira, pari a cinque centesimi || *com.* in espr. indicanti una quantità minima, insignificante di denaro: *non valere un soldo, non aver un soldo*; *non spendere un soldo*, nulla; *valere quanto un soldo bucato*, nulla || *per quattro soldi*, per poco o nulla: *ha comprato quel podere per quattro soldi* || *da quattro soldi*, di scarso valore || *scherz. essere (alto come) un soldo di cacio*, detto di una persona di statura molto bassa || mercede, paga del soldato: *essere al soldo di qualcuno*, essere assoldato da qualcuno, essere al suo servizio come soldato; anche *fig.* || *dim.* soldino, solderèllo o soldarèllo; *accr.* soldóne || **N.** baiocco, *comquibus, conquibus*, paga, palanca, quattrino, *quibus* | soprassoldo.

sóle [lat. *sol, solis*; a. 1294] ***sm.*** **1.** *T.astr.* astro intorno al quale gravita il sistema planetario di cui fa parte la Terra; la sua massa incandescente emana luce e calore (in questo senso si scrive con l'iniziale maiuscola in riferimenti astronomici, minuscola in espr. dell'uso comune): *il Sole ruota intorno al proprio asse*; *al sorgere del sole*, all'alba; *al calar del sole*, al tramonto; *il Sole è entrato nel Leone*, nel suo moto apparente intorno alla Terra, attraversa la costellazione del Leone || nella loc. fig. *alla luce del sole*, apertamente, senza sotterfugi || *per estens. T.astr.* stella, spec. quando sia al centro di un sistema planetario: *i soli della galassia* **2.** *per estens.* la luce e il calore emananti dal Sole: *in alta quota il sole scotta, picchia, il mio balcone è esposto al sole*; *prendere il sole, fare la cura del sole*, esporsi ai suoi raggi per abbronzarsi; *occhiali da sole*, con le lenti scure, che impediscono l'abbagliamento; *colpo di sole*, insolazione || tempo bello, sereno: *oggi non c'è il sole*, è nuvoloso || *per estens.* luogo in cui batte il sole: *sdraiarsi al sole* || in varie loc. fig.: *avere qualcosa al sole*, avere qualche proprietà, spec. rif. a terreni; *sotto il sole*, sulla Terra, spec. nel modo di dire *niente di nuovo sotto il sole*, non c'è nessuna novità; *cercare, trovare, avere, conquistarsi un posto al sole*, una sistemazione; *farsi bello del sole di luglio* (o *di agosto*), di ciò di cui non si ha alcun merito; *vedere il sole a scacchi*, V. SCACCO; *essere chiaro come il sole*, chiarissimo, evidente, lampante **3.** *fig.* simbolo di splendore, bellezza: *un bimbo bello come un sole* o anche, *meno com.*, *che è un sole*; di guida luminosa a una meta ideale: *Dio è il sole degli uomini*; *il sol dell'avvenire*, il socialismo; l'oggetto di un grande amore: *"meglio è morire, / che senza, mio sol, viver poi cieco"* (Ariosto) || **N. 1.** astro | alzarsi, apparire, calare, levarsi, piegare, sorgere, tramontare | eliocentrismo, diametro, elioscopio **2.** solicello, solleone | cocente, debole, malato, pallido, radioso, raggiante, rovente, sfolgorante, velato, vivido | abbronzare, ardere, battere, brillare, illuminare, indorare, irradiare, picchiare, riscaldare, riverberare, saettare, scottare, sfolgorare, splendere | afa, canicola, insolazione, parasole; eliofilia, eliofobia, eliotropismo; eliografia, elioterapia, eliotipia. **Q.T.** *astronomia, numismatica* **TAV.** *astrologia* 2.1; ***astronomia* p. 656** 1.1, 3, 6.4; ***sci* p. 1333** 20.1.

soleàre [dal lat. *soleāris*, a forma di sandalo; 1960] ***agg.*** *T.vet.* relativo alla suola dello zoccolo degli equini e alle malattie che la colpiscono.

solécchio [lat. volg. **soliculus*, solicello; 1319] ***sm.*** parasole, solo nell'espr. di uso letterario *far solecchio*, riparare gli occhi dal sole con la mano aperta all'altezza della fronte; solicchio.

solecìsmo [dal lat. *solecismus*, gr. *soloikismós*, errore di grammatica, come ne commettevano, parlando, gli abitanti della città di Soli, nella Cilicia; a. 1294] ***sm.*** errore di grammatica o di sintassi.

solecizzàre [dal gr. *soloikízein*, sgrammaticare; a. 1642] ***intr.*** (aus. *avere*) *raro lett.* commettere solecismi.

soleggiaménto [da *soleggiare*; 1745] ***sm.*** parametro che descrive l'esposizione alla radiazione solare di una zona, un'area, un edificio e sim. || **N.** insolazione.

soleggiàre (pres. *-éggio*) [da *sole*; 1641] ***tr.*** esporre al sole per far seccare o far asciugare: *soleggiare il grano, la biancheria.*

soleggiàto (*pps.* di *soleggiare*) [1666] ***agg.*** esposto al sole, che riceve molta luce solare diretta: *stanza soleggiata* || **N.** *Sin.* aprico, assolato, solatìo | *Contr.* aduggiato, bacìo.

Solèidi (sing. *-e*) [dal lat. *solea*, suola, sogliola; 1970] ***sm. pl.*** *T.zool.* famiglia di pesci dei Pleuronettiformi caratterizzati da un piccolo corpo di forma piatta e ovale, che reca entrambi gli occhi sul lato destro.

soleil (fr., pr. [sɔ'lɛj]) [letter. sole; 1929] ***agg. inv.*** *T.abb.* detto di pieghettatura di un tessuto, in cui le pieghe, strette in alto, si allargano a raggiera verso il basso: *plissé soleil*, *abito a pieghe soleil.*

Solènidi (sing. *-e*) [comp. del gr. *sōlḗn, -ênos,* tubo e *-idi*; 1933] **sm. pl.** *T.zool.* famiglia di molluschi marini lamellibranchi, dal corpo cilindrico, le cui carni sono molto pregiate.

solenite [comp. del gr. *sōlḗn, -ênos,* tubo e *-ite*[2]; 1905] **sf.** esplosivo derivato dalla balistite, preparato in forma di piccoli tubi.

solènne [dal lat. *sollemnis*; 1353] **agg.** **1.** che è compiuto con grande apparato e con gran pompa: *festa solenne, vespri solenni*; *abito solenne,* da cerimonia; *voto solenne,* pronunciato con tutte le formalità dei canoni; *messa solenne,* cantata || splendido, magnifico: *ricevimento solenne*; *encomio solenne,* lode esemplarmente pubblicata nell'ordine del giorno del reggimento, della brigata, del presidio ecc. **2.** che esprime particolare gravità e serietà e ispira grande rispetto: *un atteggiamento, un portamento, un'espressione solenne*; *il momento è solenne* **3.** *fig.* molto forte, straordinario, eccezionale, spec. in usi *iperb.*, *iron.* o *scherz.*: *si è preso un solenne ceffone, una solenne sbornia* || **solennemente** **avv.** pomposamente, con solennità || **N. 1.** *Sin.* grandioso, pomposo, straordinario **2.** *Sin.* grave, serio.

solennità [dal lat. *sollemnitas, -ātis*; 1295 *solennitade* nel senso 2] **sf.** **1.** qualità di ciò che è solenne: *la solennità dell'inaugurazione* || le cerimonie con le quali si rendono solenni un fatto, un avvenimento **2.** festa, ricorrenza solenne: *le solennità civili e religiose, la solennità del Natale* || **N. 1.** *Sin.* apparato, festa, pompa.

solennizzàre [dal lat. *sollemnizāre*; 1314 *solempnizare*] **tr.** celebrare, festeggiare con solennità, con pompa.

Solenogàstri [comp. del gr. *sōlḗn, -ênos,* tubo e *-gastro*; 1929] **sm. pl.** *T.zool.* classe di molluschi marini dal corpo lungo e sottile coperto da una cuticola a spicole calcaree.

Solenoglifi (pr. [soleno'glifi]) [comp. del gr. *sōlḗn, -ênos,* tubo e *glyphḗ,* incisione; 1937] **sm. pl.** *T.zool.* gruppo di serpenti, tra cui la vipera, forniti di dente velenifero tubolare attraverso cui inoculano il veleno.

solenoidàle [da *solenoide*; 1938] **agg.** *T.fis.* detto di campo vettoriale in cui il flusso del vettore di campo attraverso una superficie chiusa risulta nullo.

solenòide [dal gr. *solēnoeidḗs,* simile a tubo; 1865] **sm.** *T.elettr.* cilindro cavo costituito da un insieme di spire di filo metallico avvolto a elica, attraverso il quale si fa passare la corrente elettrica: *solenoide magnetico, d'induzione.*

solenostèle [comp. del gr. *sōlḗn, -ênos,* canale, tubo e *stele*; 1960] **sf.** *T.bot.* sifonostele con cilindro legnoso perforato da ampie lacune fogliari.

sòleo [dal lat. *solea,* suola; 1834] **agg.** e **sm.** *T.anat.* detto del muscolo piatto del polpaccio, collocato più internamente dei muscoli gemelli, assieme ai quali costituisce in basso il tendine d'Achille.

solére (pres. *sòglio, suòli, suòle, sogliàmo, soléte, sògliono*; imp. *solévo*; p.rem. *soléi, solésti*; cong. pres. *sòglia, sogliàmo, sogliàte, sògliano*; cong. imp. *soléssi, solésse, soléssimo, soléste, solèssero*; pps. *sòlito*; ger. *solèndo*; *dif.* del fut., del cond. pres. e imp., del ppr. e di tutti i tempi composti; per queste forme si usa la loc. *essere solito*) [lat. *solēre*; inizio sec. XIII] **intr.** (aus. *essere*) avere per costume o per usanza; essere avvezzo; si costruisce sempre con l'infinito: *egli suole andare tutte le sere in un caffè*; *io sono solito scrivere, andare al caffè*; *come si suol dire,* come si dice comunemente || **N.** *Sin.* usare | SOLITO.

solèrte [dal lat. *sollers, -ertis,* abile, capace; a. 1375] **agg.** attivo e diligente: *contadino solerte, massaia solerte* || **N.** *Sin.* alacre, operoso, premuroso, SOLLECITO.

solèrzia [dal lat. *sollertia*; 1354] **sf.** l'essere solerte; diligente prontezza nell'operare: *attendere al compito con solerzia* || **N.** *Sin.* diligenza, operosità, SOLLECITUDINE.

solétta (*dim.* di *s(u)ola*) [1561] **sf.** **1.** parte della calza che copre la punta e la pianta del piede, a volte fabbricata a parte e poi cucita al resto per rinforzarlo **2.** *T.calz.* piccola suola di cuoio che si applica alla parte interna della suola delle scarpe || suola mobile di feltro, sughero, cuoio e sim. che si mette dentro la scarpa per renderla più aderente al piede, o per difendere questo dall'umidità **3.** *T.edil.* elemento strutturale in forma di lastra, usato spec. per solai e sim. nelle costruzioni in cemento armato **4.** rivestimento della faccia inferiore degli sci: *sciolinare le solette.*

solettàre (pres. *-étto*) [da *soletta*; 1838] **tr.** *T.calz.* applicare la soletta.

solettatùra [da *solettare*; 1838] **sf.** **1.** azione ed effetto del solettare una scarpa e sim. **2.** *T.edil.* messa in opera, costruzione di solette.

solettificio (pl. *-ci*) [comp. di *soletta* e *-ificio*; 1983] **sm.** laboratorio in cui si fabbricano solette per calzature.

solétto (*dim.* di *solo*) [1313] **agg.** (sempre posposto) solo, appartato; in gen. nella *loc. agg. solo soletto.*

solettóne (*accr.* di *soletta*) [1967] **sm.** *T.edil.* soletta in cemento armato molto spessa e resistente.

sòlfa [comp. di *sol*[1] e *fa*; a. 1449 *zolfa* nel senso 1; 1922 nel senso 2] **sf.** **1.** solfeggio, le note musicali, la musica: *battere la solfa,* battere il tempo **2.** *più com. fig.* nel modo di dire *è sempre la stessa solfa,* la stessa musica, la stessa storia, rif. a discorso, atteggiamento ecc. che si ripete sempre uguale.

solfamidico v. SULFAMIDICO.

solfanèllo v. ZOLFANELLO.

solfanìlico v. SULFANILICO.

solfàra (meno com. *zolfàra*) [da *solfo,* sul modello del sic. *sulfara*; 1875] **sf.** giacimento di zolfo di origine sedimentaria: *le solfare della Sicilia.*

solfàre (pres. *sólfo*) [da *solfo*; 1873 *zolfare*] **tr.** *T.agr.* dare lo zolfo: *bisogna solfare le viti* || **N.** *Sin.* solforare.

solfatàra (raro *zolfatàra*) [da *solfo*; 1550] **sf.** emanazione naturale di vapor acqueo misto ad anidride solforosa e a idrogeno solforato, che si manifesta spec. presso vulcani spenti o sul dorso di una colata lavica.

solfatàro [da *solfo*; 1974] **sm.** cavatore di zolfo.

solfatazióne [da *solfato*; 1960] **sf.** **1.** *T.chim.* reazione tra un ossido e anidride solforica che dà luogo a solfati **2.** *T.elettr.* formazione anormale di solfato di piombo sugli elettrodi degli accumulatori.

solfàtico (pl. *-ci*) [da *solfato*; 1960] **agg.** *T.agr.* detto di concime e concimazione che arricchisce il terreno di solfati.

solfàto [comp. di *solfo* e *-ato,* come il fr. *sulfate*; 1791] **sm.** *T.chim.* sale dell'acido solforico: *solfato di calcio, di rame.*

solfatùra [da *solfare*; a. 1698] **sf.** *T.agr.* atto del solfare; solforatura.

solfeggiaménto [da *solfeggiare*; 1872] **sm.** modo e atto del solfeggiare.

solfeggiàre (pres. *-éggio*) [da *solfa*; 1640] **tr.** *T.mus.* eseguire il solfeggio, leggere la musica pronunciando il nome delle note e dando a ciascuna il suo giusto valore nel tempo: *solfeggiare uno spartito*; anche *ass.*: *prima solfeggia, poi canterai e suonerai.*

solfeggiatóre [da *solfeggiare*; 1970] **sm.** (f. *-trice*) chi solfeggia.

solféggio (pl. *-gi*) [da *solfeggiare*; 1761] **sm.** *T.mus.* lettura musicale; *solfeggio parlato,* quando ci si limita a pronunziare il nome di ciascuna nota, battendo il tempo; *solfeggio cantato,* quando la nota, oltre che letta, è anche intonata: *esercizi di solfeggio.*

solferino [dal n. geogr. *Solferino*; 1891] **agg.** *inv.* (sempre posposto) di colore rosso violaceo, di moda dopo la battaglia di Solferino (1859).

solfidràto [comp. di *solfidr(ico)* e *-ato*; 1872] **sm.** *T.chim.* sale ricavato dalla neutralizzazione dell'acido solfidrico da parte di una base.

solfidrico (pl. *-ci*) [comp. di *solfo* e *-idrico*; 1873] **agg.** *T.chim.* *acido solfidrico,* composto idrogenato di zolfo che ha odore di uova putride; è incolore e velenoso; si forma nella decomposizione delle sostanze organiche e si trova libero in natura; viene anche chiamato *idrogeno solforato.*

solfidrile [comp. di *solfo, idro-* e *-ile*; 1960] **sm.** *T.chim.* radicale monovalente composto da un atomo di idrogeno e uno di zolfo.

solfidrilico (pl. *-ci*) [da *solfidrile*; 1960] **agg.** *T.chim.* relativo a solfidrile.

solfièro [da *solfo*; 1942] **agg.** relativo allo zolfo: *il mercato solfiero.*

solfifero [comp. di *solfo* e *-fero*; 1922] **agg.** ricco di zolfo: *deposito solfifero.*

solfimetro o **solfitòmetro** [comp. di *solfo* e *-metro*; 1965] **sm.** in enologia, strumento usato per dosare l'anidride solforosa da immettere nel mosto.

solfino v. ZOLFINO.

solfitàre (pres. *-ìto*) [da *solfito*; 1965] **tr.** *T.ind.* trattare sostanze alimentari, ad es. il vino, con solfiti.

solfitazióne [da *solfitare*; 1960] **sf.** operazione del solfitare.

solfito [comp. di *solfo* e *-ito*; 1791] **sm.** *T.chim.* nome comune dei sali dell'acido solforoso || **N.** iposolfito.

solfitòmetro v. SOLFIMETRO.

sólfo **sm.** *raro lett.* v. ZOLFO.

solfonàle [da *solfone*; 1922] **sm.** nome commerciale di un preparato chimico in cui entra lo zolfo, usato in medicina quale ipnotico.

solfonàre (pres. *-óno*) [da *solfon(ico)*; 1960] **tr.** agire su sostanze chimiche mediante acido solforico al fine di produrre composti chimici detti *solfonati.*

solfonazióne [da *solfonare*; 1960] **sf.** *T.chim.* azione del solfonare.

solfóne o **sulfóne** [da *solfo*; 1957] **sm.** *T.chim.* composto organico in cui un radicale derivato dall'acido solforico è legato a due radicali alifatici o aromatici; trovano impiego come intermedi in sintesi organiche, come ipnotici e come additivi nell'industria dei carburanti.

solfònico (pl. *-ci*) [da *solfone*; 1931] **agg.** *T.chim.* detto di composto che presenta uno o più gruppi solfonici || *gruppo solfonico,* radicale a valenza libera, formato da un atomo di zolfo, tre atomi di ossigeno e uno di idrogeno.

solfonìtrico (pl. *-ci*) [comp. di *solfo* e *nitrico*; 1960] **agg.** *T.chim.* detto di miscela costituita da acido nitrico e solforico, impiegata nelle reazioni di nitrazione: *acido solfonitrico, miscela solfonitrica.*

solforàre (pres. *sólforo*) [lat. tardo *sulphurāre,* dare lo zolfo; 1803] **tr.** spolverizzare di zolfo.

solforàto (*pps.* di *solforare*) [a. 1294] **agg.** trattato con zolfo: *idrogeno solforato.*

solforatóio (pl. *-ói*) [da *solforare*; 1803] **sm.** luogo dove si esegue la solforazione; *in part.* nell'industria tessile, locale in cui si imbiancano i tessuti.

solforatrice [da *solforare*; 1886] **sf.** strumento a forma di soffietto, per dare lo zolfo alle viti; detto anche *soffietto.*

solforatùra [da *solforare*; 1945] **sf.** *T.agr.* atto ed effetto del solforare; solforazione.

solforazióne [da *solforare*; 1873] **sf.** operazione del solforare.

solfòrico (pl. *-ci*) [da *solfo,* sul modello del

fr. *sulphorique*; 1791] **agg.** *T.chim.* detto di qualsiasi composto ossigenato dello zolfo: *anidride solforica*; *acido solforico*, detto anche *olio di vetriolo*, liquido oleoso che intacca tutti i metalli, meno l'oro e il platino, e carbonizza e distrugge il legno e i tessuti animali.

solforóso [dal lat. *sulphurōsus*; 1791] **agg.** *T.chim.* detto di anidride ottenuta bruciando lo zolfo nell'aria; gas irritante e asfissiante, è detto anche *biossido di zolfo* e viene usato come antisettico e come fluido di scambio termico per frigoriferi, come antifermentativo, come candeggiante e come solvente selettivo nell'industria petrolifera ‖ detto di acido prodotto dalla combinazione dell'anidride solforosa con l'acqua.

solfùreo **agg.** *raro* v. SULFUREO.

solfùro [comp. di *solfo* e *-uro*; 1791] **sm.** *T.chim.* composto derivato dalla combinazione dello zolfo con un elemento più elettropositivo delle zolfo stesso (*solfuro di sodio, di carbonio*) o con un metallo (divenendo così un sale dell'acido solfidrico).

solicchio [lat. volg. **soliculus*; 1865] **sm.** *ant.* solecchio.

solicèllo (*dim.* di *sole*) [1853] **sm.** sole languido, pallido, filtrato dalle nuvole.

solidàle [dalla loc. lat. *in solidum*, (obbligato) in solido; 1777 nel senso 2] **agg.** **1.** che condivide idee e aspirazioni di altri ed è pronto a sostenerle e ad assumersene la responsabilità: *io sono sempre solidale con i miei amici* **2.** *T.giur.* di obbligazione, caratterizzata dal vincolo della solidarietà **3.** *T.tecn.* di elemento meccanico, collegato rigidamente con un altro ‖ *per estens.* anche di elementi collegati in forme non rigide ‖ **solidalménte** **avv.**, anche nella *loc. prep. solidalmente con*, spec. nei sensi 2 e 3 dell'*agg.*

solidarietà [dal fr. *solidarité*; 1806 nel senso 2] **sf.** **1.** atteggiamento di disponibilità all'aiuto reciproco fondato sulla consapevolezza di un destino comune: *fra loro c'è grande solidarietà, solidarietà nel dolore*; *sciopero di solidarietà*, quando i lavoratori scioperano per sostenere una lotta sindacale che non li coinvolge direttamente **2.** *T.giur.* il vincolo che unisce due o più debitori aventi un'obbligazione comune o due o più creditori: ciascuno di essi può pagare o riscuotere l'intera somma per tutti gli altri **3.** *T.tecn.* collegamento più o meno rigido fra elementi.

solidàrio (pl. *-ri*) [dal fr. *solidaire*; 1806] **agg.** *T.giur.* che è vincolato con altri a determinati obblighi ‖ **N.** *Sin.* solidale.

solidarìsmo [da *solidario*, sul modello del fr. *solidarisme*; 1959] **sm.** **1.** tendenza a sentirsi solidali con altri **2.** indirizzo sociale fondato sulla solidarietà: *solidarismo cristiano*.

solidarìstico (pl. *-ci*) [da *solidarismo*; 1931] **agg.** fondato sulla solidarietà: *azione solidaristica*.

solidarizzàre [da *solidario*, sul modello del fr. *solidariser*; 1915] **intr.** (aus. *avere*) mostrarsi solidale.

solidézza [da *solido*¹; a. 1320] **sf.** *raro* solidità, saldezza.

solidificàre (pres. *-ìfico, -ìfichi*) [da *solido*; 1853] **tr.** rendere solido, consistente ‖ **intr.** (aus. *essere*) e **intr. pron.** diventare solido, rassodarsi.

solidificazióne [da *solidificare*; 1875] **sf.** passaggio di un corpo dallo stato liquido allo stato solido ‖ **N.** *Sin.* coagulazione, consolidamento, cristallizzazione, rassodamento.

solidità [dal lat. *soliditas, -ātis*; a. 1342] **sf.** qualità di ciò che è solido, l'essere solido, anche *fig.*: *la solidità di un edificio, di un colore, della sua cultura* ‖ **N.** *Sin.* consistenza, saldezza, stabilità, sodezza.

sòlido¹ [dal lat. *solidus*; a. 1320 nel senso 3] **I** **agg.** **1.** detto dello stato di aggregazione della materia di un corpo caratterizzato da un valore della forza di coesione delle molecole abbastanza elevato da far sì che il corpo abbia una forma definita e sia difficilmente deformabile **2.** *T.geom.* dei solidi, tridimensionale: *geometria solida* **3.** *per estens.* saldo, resistente, fermo, stabile: *edificio solido*; *colori solidi*, che non sbiadiscono ‖ *fig.* che poggia su solide basi: *cultura solida*; *ditta solida*, che presenta una buona stabilità economica **4.** *T.giur.* nella *loc. avv. in solido*, insieme con altri: *obbligazione in solido, debitore in solido* ‖ **solidaménte** **avv.** **II** **sm.** **1.** corpo allo stato solido: *i solidi e i liquidi* ‖ *T.fis.* uno degli stati della materia in cui si ha una definita struttura cristallina ‖ *fisica dei solidi*, ramo della fisica che studia la struttura dello stato solido e le relazioni tra le proprietà degli atomi costituenti e le proprietà delle strutture rigide da essi costituite **2.** *T.geom.* figura che ha tre dimensioni, lunghezza, larghezza e altezza, contrapposta a *figura piana*: *il cubo è un solido* ‖ **N.** **I** **1.** *Sin.* duro, massiccio, sodo | consolidare, solidificare **3.** *Sin.* fondato, forte, robusto, serio **II** **2.** cubo, cilindro, cono, piramide, prisma, sfera, triedro, tetraedro, pentaedro, esaedro, eptaedro, ottaedro, dodecaedro, poliedro, parallelepipedo, sferoide | angolo, spigolo, faccia, vertice, base, sezione; geodinamica, geostatica, stereografia, stereotomia. **Q.T.** *fisica, matematica...* **TAV.** *geometria*.

sòlido² [dal lat. *solidus*, soldo; 1960] **sm.** *T.num.* moneta d'oro del basso Impero Romano.

solidùngo (pl. *-ghi*) [comp. di *solido*¹ e lat. *unguis*, zoccolo; 1873 *solidungolo*] **agg.** *lett.* solipede: *beato... chi cavalli ha solidunghi* (Pascoli).

soliflussióne [comp. del lat. *solum*, suolo e *flussione*; 1965] **sf.** *T.geol.* slittamento del terreno lungo pendii rocciosi dovuto soprattutto a infiltrazioni d'acqua.

Solifughi o **Solifugi** (sing. *-go*) [comp. di *sole* e *-fugo*; 1891] **sm. pl.** *T.zool.* ordine di Aracnidi velenosi, diffusi nei Paesi caldi desertici o stepposi, che conducono vita notturna.

solilòquio (pl. *-qui*) [lat. tardo *soliloquium*; a. 1595] **sm.** il parlare tra sé e sé, da solo ‖ *T.teatr.* monologo.

solingo (pl. *-ghi*) [da *solo*; 1294 nel senso 2] **agg.** *lett.* **1.** che vive solo, che ama restare in disparte, che non ama la compagnia: *vivere solingo* **2.** di luogo, non frequentato, solitario ‖ **N.** *Sin.* SOLITARIO.

solino [da *solo*; a. 1712] **sm.** **1.** colletto della camicia da uomo, quando può esserne staccato facilmente: *solino duro, inamidato* **2.** *T.mar.* nella marina da guerra, l'ampio bavero azzurro listato di bianco che portano i marinai sulle uniformi ‖ **N.** collo, goletto, COLLETTO.

sòlio v. SOGLIO.

solipede [dal lat. *solidipes, -edis*, con influsso di *solo*; a. 1565] **agg.** *T.zool.* detto di mammifero il cui piede termina in un'unica, robusta unghia, lo zoccolo ‖ **N.** *Sin.* solidungo.

solipsìsmo [comp. del lat. *solus*, solo e *ipse*, egli stesso; 1895] **sm.** *T.fil.* dottrina filosofica che ritiene non potersi affermare la reale esistenza di alcuna cosa al mondo fuori della propria esistenza ‖ *per estens.* individualismo esasperato.

solipsista [da *solipsismo*; 1960] **s.** seguace di una dottrina solipsistica ‖ *per estens.* individualista.

solipsìstico (pl. *-ci*) [da *solipsismo*; 1960] **agg.** del solipsismo, da solipsista: *posizione solipsistica*.

solista [da *solo*; 1876] **s.** e **agg.** (sempre posposto) *T.mus.* cantante o strumentista che esegue brani musicali da solo: *un famoso solista, violino, cantante solista*.

solìstico (pl. *-ci*) [da *solista*; 1960] **agg.** di solista: *interpretazione solistica*.

solitaire (fr., pr. [soli'tɛ:r]) [letter. solitario; 1988] **sm.** gioco francese che si svolge su un tavoliere ottagonale con 37 buchi numerati e altrettanti cavicchi; si tratta di mangiare un certo numero di cavicchi in modo che ne resti uno solo, oppure un certo numero, disposti secondo un disegno prefissato.

solitària [da *solitario*; 1983] **sf.** **1.** *T.alp.* ascensione alpinistica compiuta da una sola persona **2.** *T.mar.* navigazione a vela compiuta da una sola persona.

solitàrio (pl. *-ri*) [dal lat. *solitārius*; 1312] **I** **agg.** **1.** che ama la solitudine, che preferisce starsene appartato piuttosto che in compagnia dei propri simili: *un ragazzo solitario*; *navigatore solitario*, che affronta lunghe navigazioni da solo su scafi appositamente attrezzati; *passero solitario*, passeraceo simile al tordo, che vive isolato; *pop. verme solitario*, tenia **2.** di luogo, non frequentato **3.** *T.bot. capolini solitari*, detto di infiorescenze, quando ciascun peduncolo ha un solo fiore **II** **sm.** **1.** (f. *-a*) persona solitaria o, anche, animale solitario: *è un solitario* **2.** denominazione comune di vari giochi di carte giocati da un solo giocatore: *il solitario mi è riuscito* **3.** brillante molto pregiato e di grosse dimensioni, incastonato da solo in un anello, in una spilla ecc. **4.** *arc.* eremita, anacoreta ‖ **N.** **I** **1.** *Sin.* appartato, isolato, misantropo, selvatico, solo **2.** *Sin.* deserto | romito.

sòlito (*pps.* di *solere*) [a. 1429] **I** **agg.** consueto: *la solita passeggiata, le solite frasi*; *il solito tran tran*, il solito andazzo; *è sempre la solita storia*, la stessa, quella che si ripete frequentemente e sempre uguale; *siamo alle solite* (sottinteso: storie, questioni e sim.); *sei sempre il solito pessimista*; *è sempre il solito*, non è affatto cambiato ‖ nella loc. *esser solito*, solere, avere l'abitudine ‖ **solitaménte** **avv.** abitualmente, come di consueto; anche con valore frasale, non è consuetudine: *solitamente non ci si spoglia in pubblico* **II** **sm.** (solo *sing.*) ciò che è solito accadere, esser fatto ecc.: *è accaduto il solito* ‖ abitudine, costume: *secondo il suo solito è giunto in ritardo* ‖ *di solito, al solito*, di consueto, al modo solito; *oltre al solito*, in più ‖ **N.** **I** *Sin.* abituale, comune, consueto, dozzinale, normale, ordinario, ovvio, quotidiano, trito, usato, usuale, volgare | *Contr.* eccezionale, insolito, inusato, straordinario.

solitùdine [dal lat. *solitūdo, -inis*; a. 1294 nel senso 2; 1525 nel senso 1] **sf.** **1.** condizione di chi è solo, permanentemente o per lungo periodo: *non sopportare la solitudine, vivere in solitudine* **2.** condizione di luogo solitario, deserto e, *per meton.*, il luogo stesso: *la solitudine dei deserti* ‖ **N.** **1.** *Sin.* isolamento **2.** *Sin.* eremo, recesso, ritiro, romitorio.

solivago (pl. *-ghi*) [dal lat. *solivagus*; 1726] **agg.** *lett. raro* che vaga da solo.

solivo [lat. volg. **solīvus*, esposto al sole; 1905] **agg.** *non com.* assolato, esposto al sole: *poggi solivi, macchia a solivo*; *il grido solivo* (Pascoli).

sollazzaménto [da *sollazzare*; 1745] **sm.** *non com.* il sollazzare o il sollazzarsi; sollazzo.

sollazzàre [da *sollazzo*; a. 1250] **tr.** divertire in modo clamoroso e tendenzialmente eccessivo ‖ **intr. pron.** spassarsela, divertirsi smodatamente.

sollazzévole [da *sollazzare*; fine sec. XIII] **agg.** *lett.* **1.** che dà sollazzo: *gioco sollazzevole* **2.** amante dei sollazzi: *uomo sollazzevole* ‖ **sollazzevolménte** **avv.** *lett.* ‖ **N.** **1.** *Sin.* divertente, piacevole.

sollàzzo [lat. tardo *solātium*, conforto, sollievo, prob. attr. il provenz. *solatz*; a. 1250] **sm.** **1.** divertimento, spasso, spec. *scherz.* o *iron.*: *darsi ai sollazzi*, spassarsela; *essere il sollazzo della gente*, esserne lo zimbello, essere oggetto di risa e di scherno da parte della gente **2.** *lett. ant.* svago, piacere, ricreazione: *essere di sollazzo, recare sollazzo* **3.** *arc.* sollievo, conforto.

sollécciola [dal lat. tardo *senecio, -ōnis,* crescione; 1838] *sf. region.* **1.** erba delle Ossalidacee di sapore acidulo con foglie a saetta e fiori verdi e rossi raccolti in pannocchia **2.** erba delle Composite a capolini cilindrici e fiori minuti || **N. 1.** *Sin.* acetosella **2.** *Sin.* calderugia.

sollecitaménto [da *sollecitare*; a. 1406] *sm.* sollecitazione.

sollecitàre (pres. *-écito*) [lat. *sollicitāre*; 1353] *tr.* **1.** far pressione su qualcuno perché compia sollecitamente quanto promesso o richiesto (l'oggetto può essere la persona o la cosa): *sollecitare la sarta perché consegni presto il lavoro, bisogna che io solleciti questo lavoro* **2.** brigare, chiedere con insistenza: *sollecitare l'incarico, il sussidio* **3.** stimolare, eccitare: *sollecitare l'ingegno, la fantasia* **4.** *lett.* rendere sollecito, incitare, istigare: *sollecitare al bene, al male* **5.** *T.mecc.* sottoporre a sforzo un elemento meccanico || *intr. pron. arc.* affrettarsi, sbrigarsi in fretta || **N.** *tr.* **1.** *Sin.* far premura, far urgenza, incalzare, premere, pressare, stimolare.

sollecitatóre [da *sollecitare*; 1353] *agg.* e *sm.* (f. *-trice*) che o chi sollecita; stimolatore.

sollecitatòria [f. sost. di *sollecitatorio*; 1908] *sf. T.bur.* lettera di sollecitazione.

sollecitatòrio (pl. *-ri*) [da *sollecitare*; 1960] *agg. T.bur.* che è atto a sollecitare: *una lettera sollecitatoria.*

sollecitazióne [da *sollecitare*; 1353 *sollicitazione*] *sf.* **1.** atto del sollecitare: *fare molte sollecitazioni* **2.** *T.mecc.* l'insieme di forze che agiscono su un sistema: *sollecitazione interna, esterna* || **N. 1.** fretta, insistenza, PREMURA.

sollécito[1] [dal lat. *sollicitus,* agitato; 1329 *sollicito*] *agg.* **1.** che agisce con prontezza e diligenza: *un impiegato sollecito nel suo lavoro, a sbrigare la corrispondenza* **2.** fatto con rapidità: *dare, attendere una risposta sollecita* **3.** *lett.* premuroso, che si prende particolarmente cura di qualcuno o qualcosa: *una madre sollecita verso i figli, della loro educazione* || **sollecitaménte** *avv.* || **N. 1.** *Sin.* diligente, premuroso, pronto, rapido, solerte, svelto, zelante.

sollécito[2] [da *sollecitare*; 1950] *sm. T.bur.* sollecitazione: *ho fatto un sollecito alla succursale perché mi risponda subito.*

sollecitùdine [dal lat. *sollicitūdo, -inis*; fine sec. XIII *sollicitudine* nel senso 2] *sf.* **1.** prontezza, diligenza, premura diligente nell'operare: *attendere a un lavoro con grande sollecitudine* **2.** *lett.* cura, attenzione viva e assidua: *seguire l'educazione dei figli con sollecitudine, circondare qualcuno di sollecitudini* **3.** *lett. raro* viva e ansiosa preoccupazione: *essere in grande sollecitudine per qualcuno* || *pl.* affanni || **N. 1.** *Sin.* fretta, rapidità, zelo **2.** *Sin.* interessamento, riguardo | avere a cuore.

solleóne (ant. e pop. *sollióne*) [comp. di *sole* e *Leone,* segno zodiacale; a. 1400 *sollione* nel senso 2] *sm.* **1.** grande calura estiva, sole torrido **2.** la stagione dell'anno in cui il Sole si trova nella costellazione zodiacale del Leone, solitamente il periodo più caldo dell'anno || **N. 1.** *Sin.* canicola.

solleticaménto [da *solleticare*; 1589] *sm.* atto ed effetto del solleticare; solletico.

solleticàre (pres. *-ético, -étichi*) [forse dal lat. volg. **solliticāre,* metatesi di *sollicitāre,* sollecitare; a. 1535] *tr.* **1.** fare il solletico **2.** *fig.* stimolare, eccitare piacevolmente: *solleticare l'appetito, l'ambizione, la curiosità* || **N.** *Sin.* irritare, stuzzicare, titillare, vellicare, ECCITARE.

sollético (pl. *-chi*) [da *solleticare*; a. 1449] *sm.* eccitamento prodotto dallo stimolare leggermente la cute, soprattutto in certe parti del corpo (pianta dei piedi, fianchi, ascelle), in modo da produrre una sensazione speciale; è accompagnato da riso convulsivo e da brusche reazioni di allontanamento o di difesa della parte solleticata || *fig. fare il solletico,* essere appena avvertito, lasciare indifferente: *le tue intimidazioni mi fanno il solletico* || *concr.* la sensazione convulsiva che se ne prova: *non può soffrire il solletico, patisce il solletico* || **N.** *Sin.* pizzicore, pizzicorino, prurito, solleticamento, stimolo, titillio.

sollevàbile [da *sollevare*; 1599] *agg.* che si può sollevare.

sollevaménto [da *sollevare*; 1353] *sm.* **1.** atto ed effetto del sollevare e del sollevarsi: *impianti meccanici di sollevamento* **2.** *T.sport. sollevamento pesi* (o *pesistica*), denominazione di vari esercizi sportivi compresi nell'atletica pesante: *esercizi di sollevamento* **3.** *ant. raro* sollevazione, rivolta. **TAV. *atletica* p. 657** 3.4.

sollevàre (pres. *-èvo*) [lat. *sublevāre,* alzare da terra; 1313] *tr.* **1.** spostare e tenere più in alto, alzare un poco: *sollevare un macigno, la testa dal lavoro* || *fig. sollevare il morale a qualcuno,* rincuorarlo, rinfrancarlo || *fig. lett.* elevare a una più alta dignità: *sollevare qualcuno al trono, ai più alti onori* **2.** liberare da una condizione di sofferenza o disagio: *sollevare il Terzo Mondo dalla miseria* || *per estens.* liberare o alleggerire da un peso morale o materiale: *sollevare qualcuno dalle incombenze più gravose,* esonerarlo || dare conforto **3.** provocare, causare: *le sue dichiarazioni sollevarono feroci critiche, vivaci reazioni* **4.** spingere alla ribellione, far insorgere: *sollevare il popolo contro l'invasore, la tirannia* || *intr. pron.* **1.** alzarsi, innalzarsi: *si sollevò una nuvola di polvere; sollevarsi dalla sedia,* mettersi ritto in piedi **2.** provar sollievo, riprendersi, sentirsi meglio: *dopo la cura il malato si sollevò* || *rifl.* ribellarsi, insorgere: *i lavoratori si sollevarono contro gli sfruttatori* || **N.** *tr.* **1.** *Sin.* ALZARE | *Contr.* ABBASSARE **2.** *Sin.* affrancare, sgravare; confortare **3.** *Sin.* far nascere, far sorgere.

sollevàta [da *sollevato*; 1960] *sf.* esercizio ginnico in cui si solleva la gamba tesa fino a 30 cm da terra.

sollevàto (*pps.* di *sollevare*) [1294] *agg. fig.* che prova sollievo: *sentirsi sollevato, avere l'animo sollevato.*

sollevatóre [da *sollevare*; a. 1527] *agg.* e *sm.* (f. *-trice*) che o chi solleva: *muscolo sollevatore, sollevatore di pesi.*

sollevazióne [da *sollevare*; sec. XIV] *sf.* atto del sollevare, spec. nel senso di ribellione, tumulto di popolo || **N.** *Sin.* rivolta, sedizione, sollevamento, RIVOLUZIONE.

sollièvo [da *sollevare*; 1671] *sm.* alleviamento di un male fisico o morale: *le tue parole mi furono di grande sollievo, provare un senso di sollievo* || nell'escl. *che sollievo!,* in relazione a un dolore fisico che si attenua, a uno scampato pericolo o allo svanire di una preoccupazione || **N.** *Sin.* alleggerimento, lenimento, rilassamento, CONFORTO; benessere, piacere | alleviare, migliorare, sgravare.

sollióne v. SOLLEONE.

sóllo [etim. inc.; 1313] *agg. arc. tosc.* **1.** di terreno, friabile, soffice, cedevole: *esto loco sollo* (Dante) **2.** *fig.* molle, cedevole, soffice: *così la mia durezza fatta solla* (Dante).

sollùcchero v. SOLLUCHERO.

sollucheràre (pres. *-ùchero*) [etim. inc.; sec. XIV *sollecherare*] *tr. raro tosc.* mandare in solluchero: *le lodi lo sollucherano* || **N.** *Sin.* beare, dilettare, lusingare.

sollùchero (tosc. *sollùcchero*) [da *sollucherare*; 1876] *sm.* intenso godimento, gioia, solo nelle loc. *andare* o *mandare in solluchero,* in visibilio, in brodo di giuggiole.

solmiṣazióne o **solmiẓẓazióne** [da *sol*[1] e *mi*; 1826] *sf. T.mus.* sistema in cui si indicano i gradi della scala musicale con le sillabe *ut, re, mi, fa, sol, la.*

sólo [lat. *solus*; fine sec. XIII] **I** *agg.* **1.** (posposto al s. e in posizione predicativa) senza compagnia, non accompagnato: *un uomo solo, tornò a casa solo, l'ho trovato solo; essere solo come un cane*; si può rafforzare reiterandolo: *starsene soli soli* || *pl.* in compagnia unicamente delle persone di cui si parla: *eravamo noi due, noi tre soli* || *nella loc. da solo,* senza l'aiuto o la presenza di altri: *l'ho fatto da solo, ci sono andato da solo* || *prov. meglio soli che male accompagnati; le disgrazie non vengon mai (da) sole* || talvolta, pur essendo posposto, ha valore enf. e vale "soltanto": *Maria sola è venuta* **2.** (gen. preposto al s.) preceduto dall'art. o dal dimostr. o dal num. *uno,* unico, singolo, non più di uno, soltanto: *ho questa sola possibilità, l'ho visto una sola volta* (o, anche, *enf.* posposto: *ho una parola sola, te lo dirò una volta sola*), *ingresso consentito ai soli soci* || *fig. ho due sole braccia,* non posso fare più di tanto || quando è preposto a s. al pl., ma non è accompagnato da art. o dimostr., vale "unicamente, soltanto": *giornale per soli uomini* **3.** di cosa, semplice, pura, senza alcuna aggiunta: *mangia pane solo* || **solaménte** *avv.* soltanto **II** *sm.* **1.** (f. *-a*) l'unico: *sei il solo a saperlo* **2.** *T.mus.* assolo **III** *avv.* soltanto: *ha solo due anni, ho solo domandato, solo Giorgio è venuto alla festa; solo se,* introduce una condizione necessaria: *andremo al cinema solo se avrai fatto i compiti* **IV** *cong.* **1.** con valore limitativo e avversativo, ma, però: *è bello, solo è un po' caro*; nella *loc. cong. solo che: ti accompagnerei, solo che è troppo tardi* **2.** nella *loc. cong. solo che,* con valore di "a condizione che, purché, basta che", seguita dal congiuntivo: *ci riuscirai, solo che tu lo voglia.*

solóne [dal lat. *Solon, -ōnis,* gr. *Sólōn, Sólōnos,* Solone, famoso legislatore ateniese del VII sec. a.C.; 1872] *sm. per anton.* **1.** legislatore || *spreg.* persona che pretende di saper riformare le leggi **2.** sapiente, spec. *iron.*

solstiziàle [dal lat. *solstitiālis*; a. 1565] *agg.* di, del solstizio.

solstìzio (pl. *-zi*) [dal lat. *solstitium,* fermata del sole; a. 1320] *sm. T.astr.* il momento in cui il Sole si trova, due volte all'anno, alla massima distanza dall'equatore celeste: *solstizio d'inverno,* il 21 dicembre; *solstizio d'estate,* il 21 giugno.

soltànto [comp. di *solo* e *tanto*; 1611] *avv.* solamente: *voglio soltanto andarmene,* non voglio altro; *soltanto lui,* nessun altro.

solùbile [dal lat. tardo *solūbilis*; a. 1320 nel senso 1; 1666 nel senso 2] *agg.* **1.** che si può sciogliere in un liquido **2.** *non com.* che si può risolvere, spiegare: *questione solubile, equazione solubile* || **N. 2.** *Sin.* risolvibile | *Contr.* insolubile, irrisolvibile.

solubilità [da *solubile*; 1805] *sf.* qualità di ciò che è solubile.

solubiliẓẓàre [da *solubile*; 1960] *tr. T.chim.* e *T.fis.* rendere solubile.

solutìvo [da *soluto*; a. 1577] *agg. arc.* che serve a sciogliere || **N.** *Sin.* dissolutivo, dissolvente, solvente.

solùto (*pps.* di *solvere*) [1308] **I** *agg. ant.* **1.** sciolto **2.** risolto; adempiuto **II** *sm.* *T.chim.* sostanza solida o gassosa sciolta in un liquido (detto *solvente*) per formare una soluzione || **N. I 1.** *Sin.* libero, SCIOLTO.

solutóre [da *soluzione,* sul modello del lat. tardo *solūtor, -ōris,* che scioglie; 1865 nel senso 2] *sm.* **1.** (f. *-trice*) chi risolve: *i solutori del quiz* **2.** (f. *-trice*) chi scioglie **3.** apparecchio per fare soluzioni.

solutreàno [dal n. geogr. *Solutré,* villaggio fr.; 1948] *agg.* e *sm.* detto di civiltà del Paleolitico superiore caratterizzata da produzione di oggetti in pietra, scheggiati a ritocco.

soluzióne [dal lat. *solūtio, -ōnis,* dissolvimento; a. 1348 nel senso 2; 1599 nel senso 1; 1950 nel senso 3] **sf.** **1.** atto dello sciogliere una sostanza in un liquido: *la soluzione dello zucchero nel caffè* || *concr.* mescolanza omogenea di un corpo solido o gassoso con un liquido, in modo che le particelle del corpo stesso non siano più visibili: *soluzione salina, zuccherina* **2.** atto del risolvere un problema o di trovare una via di uscita da una situazione problematica: *proporre una soluzione* || *concr.* risoluzione; risposta corretta a una domanda che costituisce un problema: *soluzione giusta, errata*; *la soluzione di un indovinello*; *in part. T.mat. soluzione di un'equazione,* radice, valore che soddisfa l'equazione || decisione, via d'uscita da una difficoltà, appianamento: *giungere alla soluzione della disputa* **3.** *T.comm.* il liberarsi di un debito, pagamento: *pagare in un'unica soluzione* **4.** interruzione, solo nella loc. *soluzione di continuità,* usata in campo medico per indicare l'alterazione dei tessuti di rivestimento del corpo umano, interno ed esterno; rottura, taglio, ferita || *per estens.* ogni spaccatura, incrinatura, interruzione di parti che normalmente debbono essere unite; si usa anche, più com., in senso logico e temporale: *nel vostro ragionamento c'è soluzione di continuità* || **N.** **1.** *Sin.* scioglimento. **Q.T.** *chimica.*

solvatàre [da *solvato*; 1983] **tr.** *T.chim.* formare un solvato.

solvatazióne [da *solvato*; 1957] **sf.** *T.chim.* formazione di un solvato.

solvàto [dall'ingl. *solvate*; 1931] **sm.** *T.chim.* complesso ionico o molecolare formato dall'unione labile di solvente e soluto.

solvènte (*ppr.* di *solvere*) [1619 nel senso 2] **I agg.** **1.** *T.chim.* di sostanza, spec. liquida, che provoca o facilita la soluzione di una sostanza solida **2.** che ha modo di pagare i propri debiti, di far fronte alle proprie obbligazioni: *è persona solvente* **II sm.** *T.chim.* sostanza, spec. liquida, che provoca o facilita la soluzione di una sostanza solida: *un solvente per levare lo smalto dalle unghie* || **N.** **2.** *Contr.* insolvente. **Q.T.** *pittura, stampa...*

solvènza [da *solvente*; 1812] **sf.** l'essere solvente, nel senso d'idoneità a far fronte a un'obbligazione, solvibilità: *è sicuro della sua solvenza* || **N.** *Contr.* insolvenza.

sòlvere (pres. *sòlvo*; p.rem. *solvéi* o *solvètti, solvé* o *solvètte, solvérono* o *solvèttero*; pps. *solùto*) [dal lat. *solvere*; a. 1294] **tr.** *arc.* sciogliere: *solvere un liquido, un debito, un dovere* || **N.** *Sin.* SCIOGLIERE.

solvìbile [da *solvere*, sul modello del fr. *solvable*; 1802] **agg.** **1.** che può pagare, solvente: *persona solvibile* **2.** che può essere pagato **3.** *raro lett.* risolvibile.

solvibilità [da *solvibile*, sul modello del fr. *solvabilité*; 1802] **sf.** qualità di chi o di ciò che è solvibile.

solvolìṣi [comp. di *solve(nte)* e *-lisi*; 1949] **sf.** *T.chim.* reazione tra le molecole o gli ioni di un soluto e di un solvente, in seguito alla quale si possono formare elementi neutri o elettricamente carichi.

solvolìtico (pl. *-ci*) [da *solvolisi*; 1960] **agg.** *T.chim.* relativo alla solvolisi; proprio della solvolisi.

sòma[1] [lat. volg. **sāuma*, lat. tardo e gr. *ságma*, carico di un giumento, basto; fine sec. XIII] **sf.** **1.** carico portato in groppa da un quadrupede: *scaricare la soma*; *bestia da soma,* da carico; *una soma molto pesante* **2.** *fig. lett.* onere morale: *la soma dei peccati* **3.** *T.stor.* nome usato per unità di misura di liquidi e aridi, corrispondente all'incirca alla quantità di peso o volume che può portare una bestia da soma, ma con valori diversi nei diversi paesi || **N.** **1.** *Sin.* fardello, CARICO.

sòma[2] [dal gr. *sôma, sṓmatos,* corpo; 1936] **sm.** **1.** l'insieme delle cellule costituenti un organismo, con esclusione di quelle germinali (*gameti*) **2.** *T.med.* l'intero corpo, considerato in contrapposizione ai visceri.

sòma[3] [dal sanscrito *soma*; 1957] **sm.** *inv.* bevanda alcolica inebriante usata dai sacerdoti vedici nei sacrifici.

-sòma [dal gr. *sôma*, corpo] **elem. term.** che, in parole composte della terminologia biologica (per es. *cromosoma, mesosoma*), vale "corpo".

sòmalo [dal somalo *Sōmāli*; 1892 come sm.] **I agg.** della Somalia **II sm.** **1.** (f. *-a*) abitante della Somalia **2.** (solo *sing.*) lingua somala **3.** moneta della Somalia.

somaràggine [da *somaro*; 1940] **sf.** l'essere somaro, spec. *fig.* || *concr.* azione o discorso da somaro || **N.** *Sin.* asineria, asinità, bestialità, ignoranza, sciocchezza, somarata.

somaràta [da *somaro*; 1940] **sf.** *fam. non com.* azione o discorso da somaro; somaraggine.

somarèllo (*dim.* di *somaro*) [a. 1735] **sm.** **1.** piccolo somaro **2.** tipo di vitigno pugliese che produce uva rossa o nera a grappoli lunghi.

somàro [lat. volg. **saumārius*, lat. tardo *sagmārius*, bestia da soma; 1346 *somaio*] **sm.** (f. *-a*) **1.** asino: *lavorare come un somaro,* come una bestia da soma, compiendo grandi fatiche **2.** *fig.* ignorante: *quel medico è un somaro*; *sei un somaro!*; nella loc. fam. *somaro bardato,* uomo ricco presuntuoso e ignorante || *dim.* somarèllo, somarino, somarétto, somarùccio; *accr.* somaróne; *pegg.* somaràccio || **N.** *Sin.* ASINO.

somàsco (pl. *-schi*) [dal n. geogr. *Somasca,* località in provincia di Bergamo; 1838] **agg.** e **sm.** che o chi appartiene all'ordine religioso istituito da san Girolamo Emiliani in Somasca nel sec. XVI, con lo scopo di educare e istruire i giovani, spec. gli orfani: *padri somaschi.*

somàtico (pl. *-ci*) [dal gr. *sōmatikós*, corporale; 1838] **agg.** *T.scient.* in biologia, detto di ciò che si riferisce al corpo di un organismo vivente; in anatomia: *organi somatici,* quelli deputati alle attività poste sotto il controllo del sistema nervoso centrale (sensibilità, motilità volontaria ecc.); *cellule somatiche,* quelle che, diversamente dai gameti, non sono destinate alla riproduzione; in antropologia, *caratteri somatici,* insieme delle caratteristiche atte a definire in termini quantitativi e descrittivi la morfologia del corpo umano.

somatiẓẓàre [dal fr. *somatiser*; 1983] **tr.** *T.med.* manifestare un disturbo della psiche sotto forma di disturbi del corpo, organici o funzionali.

somatiẓẓazióne [dal fr. *somatisation*; 1960] **sf.** atto o effetto del somatizzare.

sòmato- [dal gr. *sôma, -atos,* corpo] **primo elem.** che, in parole composte della terminologia scientifica, vale "riferito al corpo", "riferito ai caratteri fisici di individui e organi" (per es. *somatometria, somatormone*).

somatodèrma [comp. di *somato-* e *-derma*; 1960] **sm.** *T.zool.* strato cellulare esterno del corpo dei Mesozoi.

somatògeno [comp. di *somato-* e *-geno*; 1932] **agg.** *T.biol.* derivato dal soma.

somatologìa [comp. di *somato-* e *-logia*; 1821] **sf.** *T.scient.* quella parte dell'antropologia che ha per oggetto lo studio della struttura del corpo umano, la proporzione delle sue parti, il suo sviluppo ecc.; antropologia fisica.

somatològico (pl. *-ci*) [da *somatologia*; 1936] **agg.** *T.med.* relativo alla somatologia, proprio della somatologia.

somatometrìa [comp. di *somato-* e *-metria*; 1936] **sf.** settore dell'antropologia che si occupa della misurazione del corpo umano e delle sue parti || **N.** *Sin.* antropometria.

somatormóne [comp. di *somato-* e *ormone*; 1974] **sm.** *T.biol.* somatotropina.

somatotropìna o **somatotrofìna** [comp. di *somatotropo* e *-ina*; 1960] **sf.** *T.biol.* ormone secreto dall'ipofisi, che stimola e favorisce lo sviluppo corporeo || **N.** *Sin.* somatormone, ormone somatotropo.

somatòtropo [comp. di *somato-* e *-tropo*; 1948] **agg.** *T.biol.* che stimola e favorisce l'accrescimento: *ormone somatotropo,* somatotropina.

somazióne [da *soma*[2]; 1938] **sf.** *T.biol.* modificazione dei caratteri somatici di un individuo singolo, dovuta a cause ambientali e non ereditarie.

sombrèro [dal port. *sombreiro,* che dà ombra, prob. attr. lo sp. *sombrero*; 1542 *sombriero*] **sm.** cappello a larghe tese, tipico dell'America Latina.

someggiàbile [da *someggiare*; 1905] **agg.** che può essere someggiato: *artiglieria someggiabile.*

someggiàre (pres. *-éggio*) [da *soma*[1]; sec. XIV] **tr.** trasportare carichi (spec. in ambito militare) a dorso di bestie: *someggiare munizioni, vino.*

someggiàto (*pps.* di *someggiare*) [1960] **agg.** trasportato con animali da soma || *T.mil. artiglieria someggiata,* artiglieria trasportata dalle truppe da montagna a dorso di mulo.

somière o **somièro** [dal fr. ant. *somier,* somaro; fine sec. XIII nel senso 2; 1561 nel senso 1] **sm.** **1.** parte dell'organo consistente in una grande cassa che riceve l'aria dai mantici e la convoglia alle canne **2.** *lett.* bestia da soma.

somigliànte (lett. *simigliànte*) (*ppr.* di *somigliare*) [1271] **I agg.** che ha analogia con, che somiglia al suo modello: *un ritratto molto somigliante* **II sm.** *lett.* (con valore neutro) la stessa cosa, cosa simile a un'altra: *dire, fare il somigliante* || **N.** **I** *Sin.* affine, confacente, conforme, consimile, gemello, identico, simile, sosia, stesso | *Contr.* diverso.

somigliànza (lett. *simigliànza*) [da *somigliare*; fine sec. XIII] **sf.** l'essere somigliante, spec. nell'aspetto esteriore ma anche per caratteri intrinseci: *tra loro due c'è una lontana somiglianza* || *lett.* nella loc. *a somiglianza di,* conformemente a un modello: *l'uomo fu fatto a somiglianza di Dio* || **N.** *Sin.* affinità, analogia, conformità, similitudine; identità, uguaglianza | approssimativa, assoluta, grande, lieve, lontana, perfetta, sconcertante, stretta, vaga.

somigliàre (lett. *simigliàre*) (pres. *-ìglio*) [lat. volg. **similiāre*, dal lat. *similis*, simile; a. 1294] **intr.** (aus. *essere* e *avere*) **1.** essere simile a un'altra cosa o persona, averne l'aspetto o certe caratteristiche: *un tessuto che somiglia molto alla seta, tuo figlio ti somiglia* **2.** *arc.* sembrare: *tu mi somigli a un galantuomo* || **rec.** essere simili, essere reciprocamente somiglianti: *questi due quadri si somigliano* || **tr.** *raro lett.* **1.** essere simile: *somiglia tutto suo padre* **2.** *arc.* confrontare, paragonare: *il tuo caso non può essere somigliato al mio* || **N.** **intr.** **1.** e **tr.** *Sin.* assomigliare, essere l'immagine o il ritratto, rammentare, rassomigliare, ricordare | *Contr.* differire | **rec.** accostarsi, approssimarsi.

somìte [comp. di *soma*[2] e *-ite*[2]; 1933] **sm.** *T.anat.* nell'embrione dei Vertebrati, ciascuna sezione in cui si divide la parte dorsale del mesoderma.

sómma [lat. *summa,* propr. la parte più alta; fine sec. XIII nel senso 4] **sf.** **1.** *T.aritm.* il risultato dell'addizione: *confrontare le somme* || *per estens.* l'operazione di addizione: *fare la somma*; *tirare le somme,* eseguire l'addizione e, *fig.*, giungere a una conclusione: *tirando le somme, non abbiamo raggiunto alcun accordo* **2.** *per estens.* complesso risultante dalla riunione di più elementi, quantità complessiva, in espr. generiche e com. per indicare una certa quantità di denaro: *il successo dell'operazione* *può essere assicurato solo dalla somma dei nostri sforzi; una grossa somma, costa una discreta somma* **3.** *fig.* conclusione ultima: *la somma del discorso è che così non si può andare avanti*; *fam.* anche *la somma delle somme* || nella loc. *in somma* (o *insomma*), in conclusione, in breve, in una parola sola **4.** *lett.* sintesi, sunto, compendio di un'opera, di una dottrina: *la Somma Teologica di san Tommaso* **5.** *lett. la somma del comando* o *la somma delle cose*, il potere supremo, la suprema autorità del governo || *dim.* sommétta, sommettìna || **N.** **1.** *Sin.* ammontare, importo, totale | addendi, addizione, riporto **2.** disporre, incassare, prelevare, spendere, stanziare.

sommàbile [da *somma*; 1960] **agg.** che può essere sommato.

sommabilità [da *sommabile*; 1936] **sf.** l'essere sommabile.

sommàcco (pl. *-chi*) [dall'ar. *summāq*; a. 1320 *sumaco*] **sm.** **1.** arbusto della famiglia Anacardiacee con fiori bianco-verdastri e drupe irsute come frutti; dalle foglie si estrae un tannino usato nella concia delle pelli e in tintoria || *per estens.* corteccia e foglia del sommacco **2.** *non com.* il cuoio conciato con le cortecce o con le foglie tanniche del sommacco.

sommàre (pres. *sómmo*) [da *somma*; a. 1348] **tr.** **1.** fare la somma, addizionare: *sommare due numeri* **2.** *fig.* computare aggiungendo: *sommare i pro e i contro, i rischi di un'impresa* || **intr.** (aus. *avere* ed *essere*) *raro* ammontare, assommare: *il totale somma a tre milioni.*

sommarietà [da *sommario*[1]; 1960] **sf.** l'essere sommario: *la sommarietà di un giudizio.*

sommàrio[1] (pl. *-ri*) [da *somma*; a. 1348 nel senso 2] **agg.** **1.** che non scende ai particolari, che è esposto, fatto per sommi capi: *descrizione sommaria, affronta i problemi in modo sommario* **2.** fatto senza seguire le forme prestabilite, in modo semplice e diretto: *fare giustizia sommaria* || *T.giur. procedimento, processo sommario*, svolto secondo una procedura semplificata; *istruzione sommaria*, procedimento giudiziario oggi comunemente in uso, più rapido del procedimento formale, messo in atto dal procuratore o dal pretore nei casi in cui non è richiesta l'istruzione formale (per es., quando l'imputato è sorpreso in flagranza di reato o quando è reo confesso) || **sommariaménte** **avv.** per sommi capi, approssimativamente || **N.** **1.** *Sin.* approssimativo.

sommàrio[2] (pl. *-ri*) [dal lat. *summārium*; a. 1580] **sm.** **1.** compendio, riassunto per sommi capi **2.** indice: *sommario di un fascicolo, di un trattato.* **TAV. *tipografia* p. 1337** 12.4.

sommatìvo [da *sommare*, sul modello dell'ingl. *summative*; 1983] **agg.** *raro* complessivo, globale, totale || *valutazione sommativa*, in docimologia, valutazione complessiva delle capacità e della resa di uno studente, effettuata alla fine di un ciclo di insegnamento sulla base dei risultati delle prestazioni intermedie.

sommàto (*pps.* di *sommare*) [1745 come sm.] **I agg.** addizionato, *in part.* nella loc. *tutto sommato*, tenuto conto di tutto quanto **II sm.** *ant.* somma: *è il sommato.*

sommatóre [da *sommare*; 1865] **sm.** **1.** (f. *-trice*) *raro* chi esegue una somma **2.** in un elaboratore elettronico, circuito che esegue le addizioni **3.** *T.elettr.* dispositivo che collega un apparecchio elettrico a una linea di distribuzione || **N.** **3.** *Sin.* inseritore.

sommatòria [da *sommare*; 1942] **sf.** *T.mat.* simbolo che permette di indicare sinteticamente la somma di più addendi muniti di indice progressivo (Σ).

sommatòrio (pl. *-ri*) [da *sommare*; 1965] **agg.** *T.mat.* detto di una successione di valori ciascuno dei quali è ottenuto dalla somma dei precedenti più un altro numero.

sommazióne [da *sommare*, sul modello dell'ingl. *summation*, addizione; 1960] **sf.** **1.** in neurofisiologia, fenomeno per cui più stimoli riescono a scatenare un impulso nervoso, eccitando un neurone, con una intensità pari alla somma delle intensità dei singoli stimoli **2.** *T.mat.* operazione simile all'integrazione; integrazione finita.

sommelier (fr., pr. [sɔmə'lje]) [letter. che conduce le bestie da soma; poi, custode dei viveri e quindi cantiniere; 1927] **s.** *inv.* nei grandi ristoranti, addetto alla cantina e all'assaggio dei vini.

sommèrgere (pres. *-èrgo, -èrgi*; p.rem. *-èrsi, -ergésti, -èrse, -èrsero*; pps. *sommèrso*) [dal lat. *submergere*; a. 1320] **tr.** mandare sott'acqua, coprire d'acqua: *la piena ha sommerso i campi* || *fig.* inabissare, coprire: *sommergere nell'oblio, nei debiti* || **intr. pron.** inabissarsi, sprofondare, affondare: *la nave si sommerse* || **N.** immergere | *Contr.* emergere.

sommergìbile [da *sommergere*; 1745 come agg.; 1906 come sm.] **I agg.** che si può sommergere **II sm.** *T.mar.* mezzo navale (spec. da guerra), con scafo fusiforme, che può navigare sia sopra che sotto la superficie dell'acqua, essendo dotato di comparti stagni che, allagati, permettono l'immersione e, svuotati, permettono l'emersione; può essere armato di lanciasiluri e di lanciamissili; si distingue dal sottomarino in quanto quest'ultimo è progettato per operare prevalentemente sott'acqua, ma i due termini vengono com. considerati sin. || **N.** II sottomarino | periscopio, torretta. **TAV. *nave* p. 1327** 4.

sommergibilìsta [da *sommergibile*; 1937] **sm.** *T.mar.* militare della marina da guerra che fa parte dell'equipaggio di un sommergibile.

sommersióne [dal lat. tardo *submersio, -ōnis*; a. 1348] **sf.** *non com.* atto del sommergere e del sommergersi || **N.** *Sin.* affondamento, immersione, inondazione.

sommèrso (*pps.* di *sommergere*) [1313] **I agg.** **1.** sprofondato || *fig.* oppresso, soffocato, gravato: *è sommerso dai debiti* **2.** *fig.* detto di attività economica che sfugge agli obblighi fiscali e contributivi e alle statistiche: *economia sommersa, lavoro sommerso* **II sm.** (solo *sing.*) economia sommersa.

sommésso [lat. *submissus*, pps. di *submittere*, abbassare; 1353] **I agg.** **1.** di suoni, del tono della voce ecc., basso, appena udibile: *parlava con voce sommessa, un pianto sommesso* **2.** *non com.* sottomesso, umile: *un atteggiamento, un fare sommesso* || **sommessaménte** **avv.** a bassa voce; umilmente **II avv.** *non com.* sommessamente: *ridere sommesso.*

sommèttere (pres. *sommétto* ecc., come METTERE) [dal lat. *submittere*, abbassare; 1308] **tr.** *arc. poet.* o *lett.* sottomettere, assoggettare: *che la ragion sommettono al talento* (Dante).

sommier (fr., pr. [sɔ'mje]) [abbr. di *sommier de lit*, saccone, rete da letto; 1931] **sm.** *inv.* divano letto.

somministrànte (*ppr.* di *somministrare*) [a. 1698] **I agg.** che offre, che porge, che serve **II sm.** *T.giur.* in un contratto di somministrazione, la parte obbligata a fornire le cose o le prestazioni periodiche pattuite.

somministràre [dal lat. *subministrāre*; 1525] **tr.** dare, distribuire, spec. in quanto azione connessa al proprio ufficio, alle proprie mansioni ecc.: *somministrare medicine ai malati, i sacerdoti somministrano i Sacramenti* || *per estens. gen.* distribuire, fornire: *somministrare un veleno*; anche *scherz.*: *somministrare una buona dose di ceffoni* || **N.** *Sin.* elargire, largire, propinare, DARE.

somministràto (*pps.* di *somministrare*) [1632] **I agg.** donato, fornito, elargito **II sm.** *T.giur.* in un contratto di somministrazione, la parte che ha diritto alle cose e alle prestazioni pattuite.

somministratóre [dal lat. *subministrātor, -ōris*; 1598] **agg.** e **sm.** (f. *-trice*) che o chi somministra.

somministrazióne [dal lat. tardo *subministrātio, -ōnis*; 1550] **sf.** azione del somministrare: *la somministrazione gratuita di viveri ai poveri* || *concr.* la cosa somministrata.

sommissióne [dal lat. *submissio, -ōnis*, abbassamento; 1342 *somessione*] **sf.** **1.** atteggiamento umile e dimesso, tipico di chi è conscio della superiorità di chi ha di fronte; disposizione a seguire i voleri altrui **2.** *ant.* o *lett.* sottomissione || **N.** **1.** *Sin.* docilità, rispetto, soggezione.

sommìsta o **summìsta** [da *somma*; 1679] **s.** nel Medioevo, autore di una summa.

sommità [dal lat. tardo *summitas, -ātis*; a. 1320] **sf.** **1.** la parte più alta di una cosa; il punto che è al sommo di essa: *sulla sommità del monte, del campanile* **2.** *fig.* eccellenza, il punto più alto di cosa astratta: *la sommità dell'arte, della gloria* || *non com. riunione, incontro alla sommità*, al vertice || **N.** **1.** *Sin.* apice, cima, colmo, estremo, vertice, vetta **2.** *summit.*

sommitàle [da *sommità*; 1963] **agg.** *non com.* che costituisce la sommità o si trova sulla sommità: *il colle, il punto sommitale.*

sómmo [lat. *summus*; fine sec. XIII come agg. nel senso 2; a. 1294 come sm.] **I agg.** (superlativo irregolare di *alto*) **1.** il più alto: *le somme cime dei monti* **2.** *fig.* che è superiore a tutti gli altri livelli di una gerarchia, di una scala di valori e sim.: *il sommo bene, ingegno sommo*; *il Sommo Pontefice*, il papa; *per anton. il Sommo Poeta*, Dante || nella loc. *in sommo grado*, al massimo **3.** nella loc. *per sommi capi*, riferendosi solo ai punti principali || **sommaménte** **avv.** **II sm.** sommità, il luogo più alto, la persona o cosa che s'innalza sopra tutte le altre: *il sommo del monte*; *e mostrommi una piaga a sommo il petto* (Dante); *raggiungere il sommo del successo* || nella *loc. avv. lett. al sommo*, sommamente, superlativamente: *è cattivo al sommo* || **N.** II **2.** *Sin.* altissimo, eccellente, eccelso, grandissimo, primario, primo, supremo.

sómmolo [da *sommo*; a. 1400] **sm.** *arc.* punta estrema.

sommómmolo [comp. di *so-* e *mommolo*, voce onom.; 1612 *sommommo*] **sm.** **1.** *tosc.* frittellina di riso **2.** *region.* colpo dato sotto il mento.

sommoscàpo [comp. di *sommo* e *scapo*; a. 1502] **sm.** *T.arch.* nell'architettura classica, parte della colonna che sta sotto il collarino del capitello; ratta superiore || **N.** fusto, scapo, imoscapo.

sommòssa [f. sost. di *sommosso*; a. 1348 nel senso 2; a. 1600 nel senso 1] **sf.** **1.** tumulto, sedizione: *reprimere la sommossa nel sangue* **2.** *arc.* istigazione, nella loc. *a sommossa di qualcuno* || **N.** **1.** *Sin.* ribellione, rivolta, sollevazione, RIVOLUZIONE.

sommòsso (*pps.* di *sommuovere*) [1294] **agg.** *lett.* agitato, turbato: *acque sommosse, animi sommossi*; *sonno sommosso da improvvisi sogni* (Pascoli).

sommòvere v. SOMMUOVERE.

sommoviménto [da *somm(u)overe*; a. 1363] **sm.** atto ed effetto del sommuovere, anche *fig.*: *il sommovimento delle onde, delle passioni* || **N.** *Sin.* agitazione, commozione, sollevamento, tumulto, turbamento.

sommovitóre [da *somm(u)overe*; a. 1348] **agg.** e **sm.** (f. *-trice*) *raro* che o chi sommuove.

sommozzatóre [dal nap. *sommozzatore*, da *sommozzare*, tuffarsi; 1857] **sm.** **1.** nuotatore subacqueo che, senza particolare attrezzatura, riesce a trattenersi a lungo sott'acqua anche a notevole profondità per brevi lavori di ricerca, di recupero, di riparazione e sim. ‖ *com.* subacqueo munito di respiratore **2.** *T.mil.* appartenente a un corpo speciale d'assalto della Marina, addestrato per azioni subacquee di offesa ‖ **N. 1.** *Sin.* palombaro, subacqueo.

sommuòvere (pop. lett. *sommòvere*) (pres. *sommuòvo* ecc., come MUOVERE) [dal lat. *submovēre*, allontanare; a. 1348 nel senso 2] ***tr.*** **1.** *lett.* muovere violentemente, agitare, scuotere: *il vento sommosse le onde* ‖ *fig.* eccitare, sconvolgere: *sommuovere gli animi, le passioni* **2.** *ant.* istigare, eccitare alla ribellione: *sommuovere il popolo.*

somnòși [comp. del lat. *somnus*, sonno e *-osi*; 1983] ***sf.*** *T.psic.* sonnambulismo che si verifica durante un sonno ipnotico.

sòn [abbr. del lat. *sonus*; 1976] ***sm.*** *inv.* in acustica, unità di misura della sensazione sonora; corrisponde alla sensazione prodotta da un suono puro a 100 Hz.

sonàbile o **suonàbile** [da *s(u)onare*; a. 1694] ***agg.*** *non com.* che si può suonare.

sonacchiàre V. SONICCHIARE.

sonagliàre (pres. *-àglio*) [da *sonaglio*; a. 1306] ***intr.*** (aus. *avere*) *ant.* scuotere la sonagliera, agitare i campanellini della sonagliera.

sonagliàto (*pps.* di *sonagliare*) [1960] ***agg.*** *T.arald.* detto di figure come il falcone o lo sparviero, raffigurate con dei sonagli che pendono dalle zampe.

sonaglièra [da *sonaglio*; a. 1492] ***sf.*** fascia perlopiù di cuoio cui sono fissati dei sonagli, che si mette al collo di cavalli, muli e sim. per segnalarne la presenza.

sonaglìno (*dim.* di *sonaglio*) [seconda metà sec. XV] ***sm.*** **1.** piccolo sonaglio **2.** pianta erbacea delle Graminacee in cui le glumette delle pannocchie secche producono, sfregandosi, uno stridio particolare.

sonàglio (pl. *-gli*) [dal lat. volg. **sonāculus*, attr. il provenz. *sonalh*; 1336 ca.] ***sm.*** **1.** sferetta cava di metallo, perlopiù di ottone, con due fori nella superficie, collegati da una fessura; nel suo interno è contenuta una pallina di ferro che, urtando contro le pareti della sfera, produce un suono squillante; *tosc.* bubbolo **2.** nella loc. *serpente a sonagli*, crotalo ‖ *dim.* sonagliétto, sonaglìno, sonagliòlo ‖ **N.** *Sin.* campanellino. **TAV.** ***rettili*** 3.

sonànte (*ppr.* di *sonare*) [1319] ***agg.*** **1.** che suona ‖ *in part.* nelle loc. *denaro, moneta sonante*, in contanti **2.** *non com. fig.* altisonante, roboante, di grandi proporzioni: *parole sonanti, vittoria sonante.*

sònar [acronimo dell'ingl. *sound navigation and ranging*, navigazione e misurazione per mezzo del suono; 1950] ***sm.*** *inv.* dispositivo di ricerca subacquea, detto anche *ecogoniometro*, basato sull'emissione di ultrasuoni e la captazione dei relativi echi. **Q.T.** *archeologia.*

sonàre V. SUONARE.

sonàta o **suonàta** (tranne che nel senso 2) [da *s(u)onare*; a. 1494 nel senso 1; 1611 nel senso 2] ***sf.*** **1.** atto ed effetto del suonare: *udii una sonata di campanello* **2.** *T.mus.* composizione musicale, per uno o due strumenti, in tre o quattro tempi tra loro contrastanti quanto a ritmo e modo, ma correlati in tonalità: *una sonata per piano, per violino*; *la Sonata al chiaro di luna di Beethoven* ‖ *forma-sonata*, schema formale usato, a partire dal Settecento, nel primo e talora nell'ultimo tempo di una sonata; tripartito in *esposizione, sviluppo* e *ripresa*, è basato su due temi che nell'esposizione vengono presentati in tonalità diverse e riappaiono nella ripresa entrambi nella tonalità del primo **3.** *fam. scherz.* bastonatura, anche *fig.*: *con quei tappeti ha avuto una bella sonata!* ‖ *dim.* sonatina ‖ **N. 1.** scampanata, scampanellata, strimpellata | SUONO.

sonatìna o **suonatìna** (*dim.* di *s(u)onata*) [a. 1704] ***sf.*** *T.mus.* breve sonata dalla struttura ridotta a due o tre tempi, facilmente eseguibile.

sonatista [da *sonata*; 1960] ***s.*** *T.mus.* compositore di sonate.

sonatistico (pl. *-ci*) [da *sonatista*; 1960] ***agg.*** *T.mus.* proprio della sonata, relativo alla sonata.

sonàto V. SUONATO.

sonatóre V. SUONATORE.

sónda [dal port. *sonda*, attr. il fr. *sonde*, scandaglio; 1483] ***sf.*** strumento usato per operare prelievi, perforazioni, esplorazioni, rilevamenti e sim.; *in part.* *T.mar.* scandaglio ‖ *T.med.* sottile strumento di forma tubolare e flessibile, usato per raggiungere una cavità o un canale naturale o patologico dell'organismo a scopo diagnostico, terapeutico o nutritivo: *sonda gastrica, esofagea* ‖ *T.astron.* *sonda spaziale*, veicolo privo di equipaggio, dotato di apparecchiature automatiche per l'esecuzione di rilievi, misurazioni e sim. e di sistemi per la trasmissione dei dati rilevati ‖ *T.min.* nell'industria mineraria, apparecchiatura per forare il terreno ‖ *T.aer.* *pallone sonda*, aerostato senza passeggeri, con strumenti fisici per osservazioni meteorologiche o fisiche. **Q.T.** *archeologia, astronautica* **TAV.** ***astronautica*** **p. 655** 6.7; ***meteorologia*** **p. 1321** 7.

sondàbile [da *sondare*; 1960] ***agg.*** che può essere sondato, anche *fig.* ‖ **N.** *Contr.* insondabile.

sondàggio (pl. *-gi*) [dal fr. *sondage*; 1859] ***sm.*** **1.** operazione del sondare attuata per mezzo di una sonda: *sondaggio medico, marino, geofisico, minerario* **2.** *fig.* ricerca sommaria volta ad acquisire informazioni, spec. in merito a opinioni, atteggiamenti e sim.; *in part.* indagine basata sull'analisi di un campione considerato rappresentativo di una certa totalità: *sondaggio statistico, di mercato*; *sondaggi d'opinione*, volti a conoscere l'orientamento dell'opinione pubblica su di un certo argomento; *effettuare, compiere sondaggi* ‖ **N. 1.** *Sin.* esplorazione, scandagliata, siringatura, specillatura **2.** *Sin.* inchiesta.

sondàre (pres. *sóndo*) [da *sonda*; 1490] ***tr.*** **1.** compiere operazioni di indagine o prelievo con una sonda: *sondare un terreno* **2.** *fig.* cercare di conoscere le opinioni, le intenzioni e sim. di qualcuno: *sondare l'opinione pubblica*; nel modo di dire *sondare il terreno*, indagare cautamente intorno a una certa situazione.

sondatóre [da *sondare*; 1960] ***sm.*** (f. *-trìce*) chi esegue operazioni di sondaggio.

sondatùra [da *sondare*; 1957] ***sf.*** *raro* sondaggio.

sonerìa V. SUONERIA.

son et lumière (fr., pr. [sɔnely'mjɛ:r]) [letter. suono e luce; 1970] ***sm.*** *inv.* rievocazione storica, attuata in luoghi o edifici storici, con l'ausilio di suoni (voci, musiche, rumori) e luci.

sonettéssa [da *sonetto*; 1586] ***sf.*** **1.** *T.lett.* sonetto con coda lunghissima, usato spec. in componimenti di genere burlesco **2.** *raro spreg.* sonetto che non ha alcun valore artistico.

sonettìsta [da *sonetto*; a. 1729] ***s.*** chi compone sonetti.

sonétto [dal provenz. *sonet*, propr. piccolo suono; 1294] ***sm.*** *T.lett.* componimento poetico di quattordici endecasillabi, diviso in due parti: la prima, di due quartine a rime aperte e chiuse oppure alternate; la seconda di due terzine (ABAB ABAB CDE CED); *sonetto con la coda*, nel quale alla fine si fa seguire uno o più terzetti di versi, in cui il primo è un settenario rimante con l'ultimo verso precedente e gli altri due endecasillabi a rima baciata; *sonetto doppio* o *rinterzato*, quello nelle cui quartine, dopo il primo e il terzo endecasillabo, e nelle cui terzine, dopo il secondo endecasillabo, s'inframmetteva un settenario: il sonetto risultava così di venti versi; *sonetto continuo*, quello in cui le quartine hanno la stessa rima delle terzine ‖ *dim.* sonettìno, sonettùccio; *spreg.* sonettàccio, sonettùcolo. **Q.T.** *metrica.*

sonicchiàre o **sonacchiàre** (pres. *-icchio* o *-àcchio*) [da *s(u)onare*; 1873] ***tr.*** e ***intr.*** (aus. *avere*) *fam.* suonare senza impegno e da inesperto.

sònico (pl. *-ci*) [dall'ingl. *sonic*; 1950] ***agg.*** *T.aer.* relativo al suono: *barriera sonica, muro sonico*, V. *barriera del suono* e *muro del suono*, alla voce SUONO ‖ **N.** subsonico, supersonico.

sonìo (pl. *-ii*) [da *s(u)onare*; 1873] ***sm.*** *non com.* il suonare prolungato o frequente, insistente e frastornante.

sònito [dal lat. *sonitus*, rumore, strepito; 1801] ***sm.*** *lett.* e *poet.* suono, risonanza: *di mille voci al sonito* (Manzoni); *un sonito di mondo lontano* (Carducci).

sonnacchiàre V. SONNECCHIARE.

sonnacchióso [lat. *somniculōsus*; 1353] ***agg.*** **1.** ancora mezzo addormentato, stordito dal sonno: *occhi sonnacchiosi*, ancora pieni di sonno **2.** *fig.* torpido, negligente: *spirito sonnacchioso* ‖ **sonnacchiosaménte** ***avv.*** ‖ **N. 1.** *Sin.* assonnato, imbambolato, insonnolito.

sonnambòlico (pl. *-ci*) [dal fr. *somnambulique*; 1960] ***agg.*** *raro* di sonnambulismo.

sonnàmbolo e der. forme non com. di SONNAMBULO e der. (V.).

sonnambulișmo [dal fr. *somnambulisme*; 1829 *sonnambolismo*] ***sm.*** *T.med.* fenomeno nervoso per cui, durante il sonno, inconsapevolmente si parla e si compiono atti come nello stato di veglia, spec. con movimenti di deambulazione ‖ **N.** ipnotismo. **Q.T.** *psicologia.*

sonnàmbulo [dal fr. *somnambule*, comp. del lat. *somnus*, sonno e *ambulāre*, camminare; 1743] ***sm.*** (f. *-a*) e ***agg.*** (sempre posposto) **1.** che o chi è affetto da sonnambulismo **2.** solo *f. pop.* *sonnambula*, donna che pretende di rivelare il futuro, fingendosi in sonno ipnotico.

sonnecchiàre (tosc. *sonnacchiàre*) (pres. *-écchio* o *-àcchio*) [lat. tardo *somniculāre*; a. 1306 *sonnocchiare*] ***intr.*** (aus. *avere*) **1.** dormire un sonno leggero e frequentemente interrotto **2.** *fig.* essere poco vigile, disattento; o, anche, essere inerte, poco attivo: *sonnecchiare su un lavoro*, lavorarci a rilento ‖ **N. 1.** *Sin.* appisolarsi, dormicchiare, fare un pisolino.

sonnellìno (*dim.* di *sonno*) [a. 1470] ***sm.*** sonno leggero e di breve durata; dormitina, pisolino.

sonnìfero [dal lat. *somnifer*; a. 1529 come sm.] **I** ***agg.*** che induce al sonno, che fa dormire: *proprietà sonnifere dell'oppio* **II** ***sm.*** preparato medicinale induttore del sonno, somministrato a chi è affetto da insonnia: *prendere un sonnifero* ‖ **N.** *Sin.* barbiturico, ipnotico, narcotico, soporifero.

sonnilòquio (pl. *-qui*) [comp. di *sonno* e *-loquio*; 1846] ***sm.*** **1.** il parlare nel sonno **2.** *fig.* il parlare sconclusionato ‖ **N. 2.** *Sin.* delirio, vaneggiamento, vaniloquio.

sonnìloquo [comp. di *sonno* e *-loquo*; 1838] ***sm.*** (f. *-a*) chi è solito parlare nel sonno.

sónno [lat. *somnus*; fine sec. XIII] ***sm.*** **1.** fenomeno biologico periodico caratterizzato dalla perdita della coscienza e dall'interruzione dei rapporti sensomotori del soggetto con l'ambiente, finalizzato al recupero delle energie fisiche e psichiche spese durante lo stato di veglia: *prender sonno*, addormentarsi; *essere vinto dal sonno*, cadere addormentato; *il primo sonno*, quello di chi si è appena addormentato; *l'ultimo sonno*, quello immediatamente prima del risveglio e, *eufem.*, la morte; *cura del sonno*, narcoterapia; *malattia del sonno*, malattia tropicale causata da un protozoo che viene trasmesso per mezzo della mosca tse-tse || in varie loc. fig.: *dormire sonni tranquilli*, vivere tranquillamente; *dormire il sonno del giusto*, di chi ha la coscienza in pace; *fam. morto di sonno*, terribilmente assonnato e, *fig.*, persona poco sveglia **2.** *per estens.* il bisogno fisiologico di dormire: *il bambino ha sonno*; *far venir sonno, metter sonno*, fare addormentare e, *fig.*, annoiare; *fam. cascare dal sonno*, non riuscire a restare svegli **3.** *per estens.* calma, silenzio, quiete: *la casa era immersa nel sonno* || *dim.* sonnellino || **N. 1.** *Sin.* assopimento, dormita, dormiveglia, pisolino, requie, riposo, siesta, sonnolenza, sopore | duro, greve, indisturbato, interrotto, leggero, lieve, pesante, placido, profondo, riparatore, ristoratore, tranquillo | addormentarsi, appisolarsi, assopirsi, conciliare il sonno, dormire, russare, sonnecchiare; destarsi, svegliarsi | incubo, insonnia, ipnosi, letargo, narcosi, sogno, sonnambulismo, succubo.

sonnolènto (arc. *sonnolènte*) [dal lat. *somnolentus*; 1319] ***agg.*** **1.** sonnacchioso, che ha ancora sonno o non ha soddisfatto interamente il bisogno di dormire **2.** *fig.* lento nel movimento, pigro: *fiume sonnolento*.

sonnolènza [dal lat. tardo *somnolentia*; 1319] ***sf.*** stato di torpore, fisiologico o patologico, conseguente al bisogno di dormire: *essere preso da sonnolenza, vincere la sonnolenza* || *fig.* pigrizia, inerzia spirituale.

sòno ***sm.*** *pop. lett.* V. SUONO.

sonografìa [comp. di *s(u)ono* e *-grafia*; 1983] ***sf.*** *T.fis.* registrazione con sonografo || *T.med.* analisi radiografica di un organo mediante onde ultrasoniche || **N.** *Sin.* ecografia.

sonògrafo [comp. di *s(u)ono* e *-grafo*, sul modello dell'ingl. *sonograph*; 1974] ***sm.*** sonometro fornito di registratore grafico.

sonòmetro [da *s(u)ono* e *-metro*; 1821] ***sm.*** *T.fis.* e *T.mus.* strumento per verificare e misurare le vibrazioni sonore delle corde e gli intervalli musicali.

sonorànte [da *sonoro*; 1983] ***agg.*** e ***sf.*** *T.ling.* in alcune teorie fonetiche, detto di suono caratterizzato da un passaggio relativamente libero dell'aria attraverso il canale orale o nasale, accompagnato dalla vibrazione delle corde vocali (il termine comprende i suoni vocalici, semivocalici, laterali, vibranti e nasali).

sonorista [da *sonoro*; 1963] ***s.*** *T.cin.* tecnico addetto alla colonna sonora di un film.

sonorità [dal lat. tardo *sonōritas, -ātis*; sec. XIV] ***sf.*** **1.** qualità di ciò che è sonoro: *la sonorità della voce* **2.** rif. a un ambiente, buona capacità di diffondere il suono: *una sala che ha poca* (o *molta*) *sonorità* **3.** *T.ling.* caratteristica dei suoni nella cui articolazione è presente la vibrazione delle corde vocali || **N.** acustica.

sonorizzàre [da *sonoro*; 1938] ***tr.*** **1.** *T.ling.* rendere sonoro un suono sordo **2.** *T.cin.* registrare la colonna sonora di un film; aggiungere musiche, voce e suoni vari all'azione cinematografica.

sonorizzatóre [da *sonorizzare*; 1966] ***sm.*** (f. *-trice*) nel cinema, alla radio e in televisione, responsabile dell'approntamento del materiale necessario per la sonorizzazione.

sonorizzazióne [da *sonorizzare*; 1938] ***sf.*** atto del sonorizzare. **Q.T.** *cinematografia.*

sonòro [dal lat. *sonōrus*; 1342 nel senso 2] **I** ***agg.*** **1.** *T.fis.* detto di un corpo che, vibrando, produce un suono: *onde sonore*, mediante le quali si propaga il suono || *per estens.* capace di produrre o diffondere il suono in modo particolarmente intenso: *una voce, una sala molto sonora* **2.** *fig.* caratterizzato da una particolare intensità di suono, rif. in part. a clamorose espressioni e alla forza ed efficacia di qualcosa: *fischi, applausi, risa sonori, un sonoro ceffone, una sonora lezione, una sonora sconfitta* || rif. alla ricchezza e ridondanza di un'espressione verbale: *versi sonori* **3.** *T.cin. colonna sonora*, settore della pellicola sulla quale sono incisi rumori e suoni che accompagnano le immagini del film || *per estens.* la musica composta per il film: *la colonna sonora è di un famoso musicista* || *cinema sonoro*, in cui all'azione cinematografica visiva sono state aggiunte musiche, suoni, voci **4.** *T.ling.* detto di suono prodotto con una contemporanea vibrazione delle corde vocali **II** ***sm.*** cinema sonoro.

sontuàrio ***agg.*** *raro* V. SUNTUARIO.

sontuosità o **suntuosità** [dal lat. tardo *sumptuositas, -ātis*; a. 1406 *suntuosità*] ***sf.*** l'essere sontuoso; sfarzo, pompa, magnificenza: *la sontuosità di un ricevimento.*

sontuóso o **suntuóso** [dal lat. *sumptuōsus*; a. 1446 *suntuoso*] ***agg.*** che manifesta ricchezza; fastoso, lussuoso.

soperchiàre e der. V. SOVERCHIARE e der.

soperchierìa V. SOVERCHIERIA.

sopèrchio V. SOVERCHIO.

sopiménto [da *sopire*; 1677] ***sm.*** *lett.* atto ed effetto del sopire: *il sopimento dei sensi.*

sopire (pres. *-ìsco, -ìsci*) [dal lat. *sopīre*; 1581 nel senso 2; 1855 nel senso 1] ***tr.*** **1.** *raro lett.* cominciare ad addormentare **2.** *fig.* calmare: *sopire le passioni, il dolore* || **N. 2.** *Sin.* attutire, smorzare, CALMARE.

sopóre [dal lat. *sopor, -ōris*; a. 1446] ***sm.*** stato intermedio tra la veglia e il sonno che precede il sonno || stato patologico di persistente sonnolenza; stato precomatoso.

soporìfero [dal lat. *soporifer*; a. 1566] ***agg.*** che induce sonno; sonnifero, narcotico || *fig. scherz.* noioso, che fa venir sonno: *discorsi, libri soporiferi.*

soppalcàre (pres. *-àlco, -àlchi*) [da *soppalco*; 1960] ***tr.*** dotare di un soppalco: *soppalcare una camera.*

soppàlco (pl. *-chi*) [comp. di *so-* e *palco*; a. 1616 *sopalco*] ***sm.*** parziale o totale suddivisione dell'altezza di un locale, che si ottiene disponendo un solaio intermedio all'interno del locale stesso.

soppannàre [da *soppanno*; a. 1492] ***tr.*** *non com.* foderare con un soppanno || **N.** *Sin.* FODERARE.

soppànno [comp. di *so-* e *panno*; a. 1492] ***sm.*** *non com.* stoffa grossa perlopiù di lana o di cotone con la quale si foderano internamente gli abiti per renderli più caldi || *T.calz.* fodera delle scarpe || **N.** *Sin.* FODERA.

soppassire (pres. *-ìsco, -ìsci*) [da *soppasso*; 1865] ***intr.*** (aus. *essere*) *ant.* appassire leggermente: *le olive si stendono a soppassire.*

soppàsso [comp. di *so-* e *passo*; a. 1571] ***agg.*** *ant.* parzialmente appassito.

soppedàneo V. SUPPEDANEO.

soppediàno [dal lat. tardo *suppedāneus*, da tenere ai piedi; a. 1320 *soppidiano*] ***sm.*** *ant.* cassapanca che si teneva ai piedi del letto.

soppélo [comp. di *so-* e *pelo*; 1838] ***sm.*** *T.mac.* taglio di carne macellata, formato dalla punta che sta attaccata alla spalla.

sopperire (pres. *-ìsco, -ìsci*) [forma alterata di *supplire*; 1339] ***intr.*** (aus. *avere*) provvedere a un bisogno, far fronte a una necessità: *sopperire a spese impreviste.*

soppesàre (pres. *-éso*) [comp. di *so-* e *pesare*; 1873] ***tr.*** calcolare all'ingrosso il peso di un corpo sollevandolo e bilanciandolo con una mano || *fig.* considerare, valutare attentamente: *soppesare il valore di qualcuno, soppesare i pro e i contro.*

soppéso [comp. di *so-* e *peso*; 1865] ***sm.*** *tosc.* solo nella loc. *alzare di soppeso*, alzare a forza di braccia qualcosa che sta a terra.

soppestàre (pres. *-ésto*) [comp. di *so-* e *pestare*; 1359] ***tr.*** *raro tosc.* pestare alquanto, senza arrivare tuttavia a ridurre in polvere la cosa pestata.

soppiantaménto [da *soppiantare*; 1872] ***sm.*** atto ed effetto del soppiantare.

soppiantàre [lat. *supplantāre*, fare lo sgambetto, stendere a terra; 1865] ***tr.*** **1.** imporsi al posto di un altro: *fu soppiantato nella carica di sindaco, soppiantò l'amico nell'affetto di quella donna* **2.** *arc.* mettere sotto la pianta dei piedi **3.** *arc. fig.* disprezzare, ingannare || **N. 1.** *Sin.* fare lo sgambetto, scavalcare, soffiare il posto, subentrare.

soppiatterìa o **soppiattonerìa** [da *soppiatto*; 1873 *soppiattoneria*] ***sf.*** *raro lett.* l'essere soppiattone || atti e modi del soppiattone: *con la soppiatteria del valletto spione* (Carducci).

soppiàtto [comp. di *so-* e *piatto*, appiattito, nascosto; fine sec. XV] ***agg.*** solo nella *loc. avv. di soppiatto*, di nascosto, nascostamente, slealmente.

soppiattóne [da *soppiatto*; a. 1565] ***agg.*** e ***sm.*** (f. *-a*) *non com.* che o chi opera di soppiatto.

soppiattóni [da *soppiatto*; 1891] ***avv.*** *arc.* di soppiatto.

soppórre [comp. di *so-* e *porre*; a. 1320] ***tr.*** *arc.* e *lett.* sottoporre.

sopportàbile [da *sopportare*; a. 1527] ***agg.*** che si può sopportare: *dolore sopportabile* || **sopportabilménte** ***avv.*** *raro* || **N.** *Sin.* compatibile, comprensibile, passabile, perdonabile, scusabile, sostenibile, tollerabile | *Contr.* insopportabile.

sopportabilità [da *sopportabile*; 1960] ***sf.*** *non com.* l'essere sopportabile; tollerabilità.

sopportaménto [da *sopportare*; sec. XIV] ***sm.*** *arc.* sopportazione.

sopportàre (pres. *-òrto*) [lat. *supportāre*, trasportare, poi sostenere, sopportare; 1313 nel senso 2] ***tr.*** **1.** rif. a un carico o peso materiale, sostenere, reggere: *il pilastro centrale sopporta quasi interamente il peso del tetto* || *più com. fig.* sostenere, subire un onere, spec. economico: *sono sempre le classi inferiori a sopportare i maggiori carichi fiscali* **2.** *fig.* subire, patire, soffrire pazientemente: *per le figlie sopporta continui sacrifici, per mantenersi sopporta l'umiliazione di essere trattata da serva* **3.** *fig.* adattarsi a una condizione sfavorevole senza risentirne; tollerare: *una pianta che sopporta gli sbalzi di temperatura, la rete elettrica non ha sopportato il sovraccarico*; anche rif. a persone sgradevoli, irritanti e sim.: *non so come faccia a sopportarti!, non sopporto le persone moleste* **4.** *fig.* concedere, permettere: *non sopporto che uno spadroneggi in casa mia* || ***rec.*** tollerarsi: *non si amano, si sopportano* || **N. 2.** *Sin.* inghiottire, ingoiare, lasciar correre, pazientare, trangugiare **3.** *Sin.* digerire, reggere, resistere, sostenere, superare.

sopportatóre [da *sopportare*; a. 1475] ***agg.*** e ***sm.*** (f. *-trice*) *raro* che o chi sopporta.

sopportazióne [da *sopportare*; a. 1396] ***sf.*** atteggiamento di chi sopporta e, anche, capacità di sopportare persone e circostanze sgradevoli: *dimostrare molta sopportazione* || *per estens.* annoiata condiscendenza, degnazione: *lo ascoltava con sopportazione* || **N.** *Sin.* PAZIENZA, TOLLERANZA.

soppòrto[1] [da *sopportare*; 1600] ***sm.*** *arc. raro* sopportazione: *vi chiedo pochi giorni di sopporto per il pagamento.*

soppòrto[2] ***sm.*** *raro* V. SUPPORTO.

sopprèssa[1] [etim. inc.; 1865 *soppressata*] ***sf.*** ciascuno di vari tipi di salume, appartenenti a due qualità nettamente diverse: da un lato i tipi simili alla coppa, e dall'altro i salumi di carne magra di maiale abbondantemente speziata e stagionata con lunga pressatura.

sopprèssa[2] [da *soppressare*; a. 1320] ***sf.*** *ant.* torchio.

soppressàre (pres. *-èsso*) [comp. di *so-* e *pressare*; a. 1320] ***tr.*** comprimere, pressare.

soppressàta o **soppressàta** ***sf.*** *region.* V.

SOPPRESSA[1].

soppressatùra [da *soppressare*; 1940] ***sf.*** azione del soppressare.

soppressióne [dal lat. *suppressio, -ōnis*, oppressione, sottrazione; a. 1667] ***sf.*** atto ed effetto del sopprimere; *in part. T.giur. soppressione* (o *supposizione*) *di stato*, reato che consiste nell'alterare lo stato civile di un neonato o addirittura nell'occultarne la nascita.

soppressivo [da *soppresso*; 1872] ***agg.*** che sopprime, mirante a sopprimere: *leggi, provvedimenti soppressivi.*

soppressóre [da *sopprimere*; 1960] ***sm.*** **1.** *non com.* chi sopprime **2.** *T.telecom. soppressore d'eco*, dispositivo che annulla l'eco nelle comunicazioni radiofoniche e nei circuiti telefonici; *soppressore di colore*, filtro che nei televisori a colori permette la visione in bianco e nero.

soppriìmere (p.rem. *-prèssi, -priméstì, -prèsse, -prèssero*; pps. *soppresso*) [dal lat. *supprimere*, trattenere, impedire; 1313 nel senso 3; 1624 nel senso 1; 1905 nel senso 2] ***tr.*** **1.** abolire, eliminare: *sopprimere un abuso, una cattedra* **2.** uccidere: *sopprimere un rivale* **3.** *arc.* calpestare, calcare ‖ *fig. arc.* opprimere ‖ **N. 1.** *Sin.* cancellare, depennare, distruggere, eliminare, togliere, rimuovere.

soppùnto [comp. di *so-* e *punto*; 1865] ***sm.*** la cucitura che si fa negli orli, introducendo l'ago sotto l'orlo e facendolo poi uscire obliquo nel margine raddoppiato dell'orlo stesso, in modo da non attraversare tutto lo spessore del tessuto e da rendere il punto invisibile sul lato esterno del tessuto stesso ‖ **N.** *Sin.* sopraggitto.

sópra (arc. o lett. o region. *sóvra*) [lat. *supra*; 1228 come avv.] **I *prep.*** (si può elidere, ma è uso *raro* o *lett.*, davanti a parola iniziante per vocale: *sopr'ogni altra ragione*) su (con il quale concorre in quasi tutti gli usi) rif. a cose che sono a contatto tra loro, anche *fig.*: *andare, essere, stare sopra coperta*, sul ponte di un'imbarcazione; *mettere una pietra sopra qualcosa*, rif. a qualcosa che si intende dimenticare, della quale non si intende più tener conto ‖ su, rif. a cose non a contatto tra loro: *lo specchio è appeso sopra il caminetto, le nuvole sopra di noi si fanno più scure* ‖ *fig. passar sopra qualcosa*, non curarsene, non preoccuparsene: *è passato sopra a quella mia piccola svista e non mi ha abbassato il voto, non puoi passar sopra alle esigenze degli altri* ‖ rif. a località posta nelle immediate vicinanze ma in posizione più elevata: *la rocca è proprio sopra il paesino* ‖ rif. a località posta più a nord: *Prato è sopra Firenze* ‖ oltre: *la temperatura è sopra lo zero, una gonna sopra il ginocchio* ‖ *ant.* con valore temporale, prima di, quasi solo nella loc. *sopra parto* **II** in alcune ***loc. prep.*** negli stessi sensi del semplice *sopra*: *sopra a*, talora usato davanti a s. o pron.: *il gatto è sopra alla poltrona; questo suo hobby viene sopra a tutto*, è per lui più importante di qualunque altra cosa; *sopra di*, com. usato davanti a pron.: *sopra di me abita un'anziana coppia; al di sopra* (o *disopra*) *di*: *un cittadino al di sopra di ogni sospetto, essere al di sopra delle parti* **III *avv.*** **1.** in posizione, in un luogo più elevati: *appoggia tutto lì sopra, sul tavolo; il tavolo sopra è di marmo*, la sua parte superiore è di marmo; *berci sopra*, si intende a un boccone, per deglutire meglio o, *fig.*, a un dispiacere e sim. per ubriacarsi e dimenticarlo; *in part.* il piano (o i piani) superiore di un edificio: *sopra abitano i miei genitori* ‖ con la prep. *di*, pleonastica, nella *loc. avv. di sopra*, V. DISOPRA ‖ preceduto da altre prep.: *il rumore veniva da sopra, fra sopra e sotto c'è poca differenza* **2.** in senso temporale, precedentemente, prima: *come sopra si è detto, ...*; *in part.* nelle loc. *vedi sopra, come sopra*, usate per rinviare a punti precedenti **IV *agg. inv.*** e ***loc. agg. inv.*** *di sopra*, superiore: *la parte sopra del tetto, il piano di sopra* **V *sm. inv.*** (anche preceduto da *di*), la parte superiore: *si è tutto arrugginito il* (*di*) *sopra della lamiera* ‖ **N. I** *Contr.* sotto **IV** *Contr.* inferiore.

sópra- o **sóvra-** [dal lat. *supra*] ***pref.*** gen. si elide davanti a vocale (*sopracuto, sopraggiungere*) e richiede il raddoppio della consonante iniziale (*soprattutto, sovraccarico*), anche se in molte parole di formazione recente rimane invariato (*sopracandele, soprarazionale, sovraesposto*); ha gli stessi valori della preposizione *sopra*: posizione superiore, aggiunta, superamento dei limiti ecc. ‖ unito ad agg., indica valore superlativo (*sopraffino*).

soprabbondàre e der. V. SOVRABBONDARE e der.

soprabbórdo [comp. di *sopra-* e *bordo*; 1889] ***agg.*** *T.mar.* detto di luogo vicino o superiore al bordo della murata.

soprabbuòno [comp. di *sopra-* e *buono*; a. 1729] ***agg.*** *arc.* buonissimo.

sopràbito [comp. di *sopra-* e *abito*; 1804] ***sm.*** *T.abb.* cappotto leggero per uomo o per donna, che si porta nelle stagioni intermedie ‖ in passato, veste gen. nera, lunga fino al ginocchio, con falde intere, di uso signorile o per cerimonie, chiamata com. finanziera o *redingote* ‖ *dim.* soprabitino, soprabitùccio; *pegg.* soprabitàccio.

sopracaudàle [comp. di *sopra-* e *caudale*; 1960] ***agg.*** *T.zool.* posto sopra la coda: *pinna sopracaudale.*

sopraccàlza [comp. di *sopra-* e *calza*; 1588] ***sf.*** *non com.* calza, gen. di lana, che si porta sopra una calza comune.

sopraccàpo [comp. di *sopra-* e *capo*; a. 1527] ***sm.*** *ant.* preoccupazione, grattacapo, grana: *avere dei gravi sopraccapi* ‖ **N.** *Sin.* noia, pensiero, FASTIDIO.

sopraccaricàre e der. V. SOVRACCARICARE e der.

sopraccàrta [comp. di *sopra-* e *carta*; a. 1685] ***sf.*** **1.** carta che copre, che avvolge un'altra carta **2.** *ant.* la faccia esterna del foglio di una lettera, su cui si scriveva l'indirizzo prima che entrassero in uso le buste ‖ *per estens.* l'indirizzo stesso.

sopraccàssa [comp. di *sopra-* e *cassa*; 1681] ***sf.*** *ant. T.orol.* la seconda cassa o contraccassa che protegge il meccanismo interno dell'orologio.

sopraccennàre o **sovraccennàre** (pres. *-énno*) [comp. di *sopra-* e *accennare*; a. 1698] ***tr.*** dire innanzi, più sopra.

sopraccennàto o **sovraccennàto** (*pps.* di *sopraccennare*) [comp. di *sopra-* e *accennato*, pps. di *accennare*; 1611 *sopracennato*] ***agg.*** detto sopra, suddetto: *il tema sopraccennato* ‖ **N.** *Sin.* suaccennato.

sopracchiglia (pl. *-glie*) [comp. di *sopra-* e *chiglia*; 1889] ***sf.*** *inv. T.mar.* grosso pezzo di costruzione steso da poppa a prua sul filo della chiglia.

sopraccièlo [comp. di *sopra-* e *cielo*; sec. XIV] ***sm.*** *non com.* la parte superiore di un baldacchino, una carrozza e sim.

sopracciglìare V. SOPRACCILIARE.

sopracciglio (pl. m. *sopraccìgli* e f. *sopraccìglia*) [dal lat. *supercilium*, con influsso di *sopra-*; a. 1342] ***sm.*** ciascuno dei due piccoli archi frontali sporgenti, costituenti i margini superiori delle orbite oculari, e ricoperti di peli.

sopracciliàre o **sopraccigliàre** o **sopraciliàre** [da *sopracciglio*; 1771] ***agg.*** attinente a sopracciglio: *l'arcata sopracciliare.*

sopracciò [comp. di *sopra-* e *ciò*; dopo il 1510] ***sm.*** *ant.* incaricato di sovrintendere a un lavoro, a un ufficio; sovrintendente; oggi è usato solo in senso *spreg.*: *fare il sopracciò*, darsi grandi arie di importanza, di autorità, di competenza e sim.

sopraccitàre o **sopracitàre** [comp. di *sopra-* e *citare*; a. 1684] ***tr.*** citare precedentemente.

sopraccitàto o **sopracitàto** (*pps.* di *sopraccitare*) [1664] ***agg.*** accennato, sopraindicato, suddetto: *il sopraccitato autore.*

sopraccóda o **sopracóda** [comp. di *sopra-* e *coda*; 1827] ***sm.*** *inv.* o ***sf.*** *T.zool.* parte dorsale degli uccelli all'attaccatura della coda. **TAV. *uccelli* p. 1339** 1.2.

sopraccòllo [comp. di *sopra-* e *collo*; 1873] ***sm.*** *ant.* sovraccarico, carico eccedente: *abbiamo un quintale almeno di sopraccollo.*

sopraccolóre [comp. di *sopra-* e *colore*; 1879] ***sm.*** *non com.* colore sovrapposto che faccia gradazione con un altro colore che è messo sotto.

sopraccòmito o **sovraccòmito** [comp. di *sopra-* e *comito*; a. 1602] ***sm.*** *ant.* comandante di una galea.

sopraccopèrta o **sovraccopèrta** [comp. di *sopra-* e *coperta*; 1691] **I *sf.*** **1.** coperta che si mette sopra un'altra; *in part.* coperta più fine e perlopiù lavorata, che si mette sopra il letto rifatto e si toglie quando si va a dormire **2.** foglio di carta con cui si riveste un libro per proteggerne la copertina **II *avv.*** *T.mar.* sul ponte di coperta. **TAV. *tipografia* p. 1337** 11.1.

sopraccórrere (pres. *sopraccórro* ecc., come CORRERE) [comp. di *sopra-* e *correre*; a. 1547] ***intr.*** (aus. *essere*) *arc. raro* correre sopra o addosso; *in part.* di corso d'acqua, inondare.

sopraccréscere (pres. *sopraccrésco* ecc., come CRESCERE) [comp. di *sopra-* e *crescere*; a. 1698] ***intr.*** (aus. *essere*) *ant.* **1.** crescere sopra o a ridosso di qualcosa **2.** crescere a dismisura.

sopraciliàre V. SOPRACCILIARE.

sopracitàre V. SOPRACCITARE.

sopracitàto V. SOPRACCITATO.

sopracóda V. SOPRACCODA.

sopraconduttività [comp. di *sopra-* e *conduttività*; 1934] ***sf.*** *T.fis.* superconduttività.

sopraconduttóre [comp. di *sopra-* e *conduttore*; 1934] ***sm.*** *T.fis.* superconduttore.

sopraconduzióne [comp. di *sopra-* e *conduzione*; 1965] ***sf.*** *T.fis.* superconduzione.

sopracostàle [comp. di *sopra-* e *costale*; 1957] ***agg.*** *T.anat.* localizzato al di sopra di una costa: *muscolo sopracostale, dolore sopracostale.*

sopràcqueo [comp. di *sopra-* e *acqueo*; 1937] ***agg.*** posto al di sopra dell'acqua: *la navigazione sopracquea dei sommergibili* ‖ **N.** *Contr.* subacqueo.

sopracùto [comp. di *sopra-* e *acuto*; a. 1712] **I *agg.*** *non com. T.mus.* molto acuto, più che acuto: *parlare con tono sopracuto* **II *sm.*** *T.mus.* suono più acuto rispetto al registro naturale di una voce (gen. femminile): *i sopracuti di un soprano.*

sopraddàzio o **sovraddàzio** (pl. *-zi*) [comp. di *sopra-* e *dazio*; 1873] ***sm.*** altra tassa che si paga oltre il dazio ordinario.

sopraddétto o **sopradétto** [comp. di *sopra-* e *detto*; fine sec. XIII *sopradetto*] ***agg.*** detto innanzi ‖ **N.** *Sin.* anzidetto, suddetto.

sopraddominànte o **sopradominànte** [comp. di *sopra-* e *dominante*; 1826 *sopradominante*] ***sf.*** *T.mus.* il sesto grado della scala diatonica e una delle note (insieme alla terza, *mediante*, e alla settima, *sensibile*) che ne stabiliscono il modo (maggiore o minore).

sopraddotàle [comp. di *sopra-* e *dotale*; 1834] ***agg.*** relativo alla sopraddote, proprio della sopraddote: *valori sopraddotali, donazione sopraddotale.*

sopraddotàre (pres. *-òto*) [comp. di *sopra-* e *dotare*; 1834] ***tr.*** fornire di una sopraddote.

sopraddòte [comp. di *sopra-* e *dote*; a. 1444

sopraddota] **sf.** controdote.

sopradétto v. SOPRADDETTO.

sopradominànte v. SOPRADDOMINANTE.

sopraebollizióne [comp. di *sopra-* e *ebollizione*; 1891] **sf.** *T.scient.* azione per cui si ottiene che un liquido superi la temperatura normale di ebollizione senza tuttavia bollire.

sopraeccèdere e der. forme rare di SOVRECCEDERE e der. (v.).

sopraeccèllere e der. v. SOVRECCELLERE e der.

sopraeccitàre e der. forme rare di SOVRECCITARE e der. (v.).

sopraedificàre e der. v. SOPREDIFICARE e der.

sopraelencàto o **soprelencàto** [comp. di *sopra-* e *elencato*; 1960] **agg.** elencato in precedenza: *le date sopraelencate.*

sopraelevàre e der. v. SOPRELEVARE e der.

sopraepàtico (pl. *-ci*) [comp. di *sopra-* e *epatico*; 1838] **agg.** *T.anat.* situato sopra il fegato; detto in part. di ognuna delle vene che sboccano nella vena epatica.

sopraespórre[1] (non com. *sovraespórre*[1]) [comp. da *sopra* e *esporre*; 1959] **tr.** *raro* esporre in precedenza.

sopraespórre[2] e der. v. SOVRAESPORRE[2] e der.

sopraespósto[1] (non com. *sovraespósto*[1]) (*pps.* di *sopraesporre*[1]) [1939] **agg.** esposto in precedenza, suddetto.

sopraespósto[2] v. SOVRAESPOSTO[2].

sopraffàre (pres. *sopraffò* o *sopraffàccio, sopraffà* ecc., come FARE) [comp. di *sopra-* e *fare*; a. 1348] **tr.** soverchiare, battere nettamente un avversario inferiore per forze e capacità; anche *fig.*: *la nave fu sopraffatta dai marosi, furono sopraffatti dal numero dei nemici, essere sopraffatti dalla stanchezza, dal sonno* || **N.** *Sin.* sconfiggere, stracciare, vincere.

sopraffàscia (pl. *-sce*) [comp. di *sopra-* e *fascia*; 1873] **sf.** *raro* fascia che si mette per coprire la vera fasciatura.

sopraffattóre [da *sopraffare*; 1960] **sm.** (f. *-trice*) e **agg.** chi, che sopraffà.

sopraffattòrio (pl. *-ri*) [da *sopraffattore*; 1960] **agg.** volto a sopraffare: *interventi sopraffattori.*

sopraffazióne [da *sopraffare*; 1813] **sf.** prepotenza, sopruso.

sopraffède [comp. di *sopra-* e *fede*; 1986] **sf.** anello sottile che ferma la fede nuziale, impedendole di scivolare dal dito.

sopraffilàre [da *sopraffilo*; 1873] **tr.** fare su una stoffa dei punti radi di sopraggitto, per evitare che il tessuto si sfilacci.

sopraffilo [comp. di *sopra-* e *filo*; 1873] **sm.** cucitura che si fa lungo i bordi di una stoffa perché non si sfilacci.

sopraffinèstra [comp. di *sopra-* e *finestra*; 1891] **sf.** *T.arch.* finestrella collocata sopra una porta o anche talora sopra un'altra finestra.

sopraffino [comp. di *sopra-* e *fino*; 1671] **agg.** finissimo, di ottima qualità, detto spec. di prodotti alimentari: *cibo, olio sopraffino* || *per estens. fig.* eccellente: *un cuoco sopraffino, ingegno sopraffino, un'arte sopraffina.*

sopraffollàto v. SOVRAFFOLLATO.

sopraffuṣióne o **soprafuṣióne** [comp. di *sopra-* e *fusione*; 1875 *soprafusione*] **sf.** *T.fis.* fenomeno fisico per cui un corpo si mantiene liquido al disotto della temperatura normale di solidificazione.

sopraffùṣo [comp. di *sopra-* e *fuso*; 1983] **agg.** *T.fis.* che è in stato di sopraffusione.

soprafioritùra [comp. di *sopra-* e *fioritura*; 1960] **sf.** *T.agr.* rifioritura.

sopraflùtto [comp. di *sopra-* e *flutto*; 1960] **agg.** e **sm.** detto del settore costiero più direttamente sottoposto al moto ondoso || nelle costruzioni marittime, detto di parte di un'opera di difesa esposta alle onde marine: *molo di sopraflutto* || **N.** sottoflutto.

soprafuṣióne v. SOPRAFFUSIONE.

sopraggittàre [comp. di *sopra-* e *gittare*; 1726] **tr.** e **intr.** (aus. *avere*) effettuare un sopraggitto.

sopraggitto [da *sopraggittare*; a. 1543] **sm.** cucitura a punti obliqui e distanziati con cui si congiungono due lembi di stoffa (anche non orlati) sovrapponendoli. **TAV. *maglia...* p. 1316** 1.4.

sopraggiùngere (pres. *sopraggiùngo* ecc., come GIUNGERE) [comp. di *sopra-* e *giungere*; 1294 come tr. nel senso 2] **intr.** (aus. *essere*) **1.** arrivare all'improvviso o inaspettatamente: *eravamo già alla fine del pranzo, quando sopraggiunsero alcuni amici* || arrivare aggiungendosi ad altri: *sopraggiunsero altri due ospiti* **2.** *non com.* accadere all'improvviso: *sopraggiunse un caso strano; stava per guarire, quando gli sopraggiunse una febbre altissima* || **tr.** *non com.* **1.** raggiungere: *lo sopraggiunsero gli inseguitori* **2.** cogliere di sorpresa con un arrivo inaspettato: *la tempesta ci sopraggiunse* **3.** *arc.* aggiungere.

sopraggiùnta [comp. di *sopra-* e *giunta*; a. 1716] **sf.** nuova aggiunta || nelle *loc. avv. di sopraggiunta, per sopraggiunta,* per di più, per sovrappiù: *ha perduto tutto e per sopraggiunta s'è ammalato.*

sopraggravàre [comp. di *sopra-* e *aggravare*; 1505] **tr.** *non com.* aggravare ulteriormente.

sopraggràvio (pl. *-vi*) [comp. di *sopra-* e *aggravio*; 1873] **sm.** *non com.* aggravio aggiunto a un altro: *le mie forze non reggono a questo nuovo sopraggravio.*

sopraimbòtte o **soprimbòtte** [comp. di *sopra-* e *imbotte*; 1940] **sf.** *T.arch.* estradosso, superficie esterna e convessa di un arco, di una volta e sim.

sopraindicàto o **soprindicàto** [comp. di *sopra-* e *indicato*; 1824] **agg.** *T.bur.* indicato precedentemente || **N.** *Sin.* anzidetto, sopraccitato, sopraddetto, suaccennato, succitato, suddetto, summenzionato.

soprainnestàre e der. v. SOVRAINNESTARE e der.

soprainnèsto v. SOVRAINNESTO.

soprainségna [comp. di *sopra-* e *insegna*; sec. XIII] **sf.** *T.stor.* insegna portata dai cavalieri medievali sopra l'armatura.

sopraintèndere e der. v. SOPRINTENDERE e der.

sopralimentàre e der. v. SOVRALIMENTARE e der.

sopralleġàto [comp. di *sopra-* e *legato*; a. 1580] **agg.** *T.bur.* allegato sopra, addotto in precedenza.

sopralloḍàto [comp. di *sopra-* e *lodato*; 1812] **agg.** *non com.* spec. *scherz.* sullodato.

sopralluògo (pl. *-ghi*) [comp. di *sopra-* e *luogo*; 1699 *sopralluoco*] **sm.** ispezione effettuata allo scopo di acquisire direttamente dati sulle caratteristiche di un luogo, un ambiente e sim.; *in part. T.giur.* ispezione dell'autorità inquirente sul luogo del delitto o della contestazione: *il giudice istruttore ordinò un sopralluogo.*

sopràlzo o **sovràlzo** [da un ant. *sopralzare*; 1927] **sm.** sopraelevazione.

sópra màno v. SOPRAMMANO.

sopramarino [comp. di *sopra-* e *marino*; 1960] **agg.** detto della fascia costiera che si trova immediatamente al di sopra della linea dell'alta marea.

sopramentovàto v. SOPRAMMENTOVATO.

sopramenzionàto v. SOPRAMMENZIONATO.

soprammànica [comp. di *sopra-* e *manica*; 1584 nel senso 2] **sf.** **1.** la mezza manica, gen. in tessuto nero, che impiegati e scrivani usavano portare infilata sopra la manica della giacca affinché questa non si sciupasse col continuo strofinio sul tavolo, nello scrivere **2.** *T.abb.* guarnizione che, spec. in abiti femminili del passato, ornava e proteggeva la manica.

soprammàno (ant. *sópra màno*) [comp. di *sopra-* e *mano*; 1312 *sopra mano* come avv.] **I** **sm.** **1.** *non com.* sopraggitto **2.** *T.sport.* nella scherma, colpo dato con la sciabola dall'alto in basso, alzando il braccio sopra la spalla; fendente **II** **avv.** *ant.* con la mano alzata al di sopra della spalla, detto spec. di colpi inferti con bastoni, spade e sim. || *fig.* apertamente, senza riguardo, scopertamente.

soprammattóne [comp. di *sopra-* e *mattone*; 1400] **sm.** *T.edil.* muro sottile fatto con mattoni posti l'uno sopra l'altro di coltello.

soprammentovàto o **sopramentovàto** [comp. di *sopra-* e *mentovato*; 1691] **agg.** *ant.* e *bur.* menzionato precedentemente; summenzionato.

soprammenzionàto o **sopramenzionàto** [comp. di *sopra-* e *menzionato*; 1873 *sopramenzionato*] **agg.** *ant.* e *bur.* menzionato precedentemente; summenzionato.

soprammercàto [comp. di *sopra-* e *mercato*; a. 1547] **sm.** solo nella *loc. avv. per soprammercato,* oltre il pattuito, in più, spec. *scherz.*: *ebbe una lavata di capo e per soprammercato due scapaccioni.*

soprammèttere (pres. *soprammétto* ecc., come METTERE) [comp. di *sopra-* e *mettere*; 1855] **tr.** *non com.* sovrapporre, mettere sopra.

soprammiṣùra [comp. di *sopra-* e *misura*; a. 1226] **avv.** *raro* grandemente, in eccesso, oltremodo, oltre i limiti || *per soprammisura,* per giunta, inoltre.

soprammòbile [comp. di *sopra-* e *mobile*; 1922] **sm.** ogni oggetto che si appoggia per ornamento sopra i mobili || **N.** carabattola, ninnolo. **Q.T.** *arredamento.*

soprammòdo [comp. di *sopra-* e *modo*; a. 1363] **avv.** *ant.* oltremodo, eccessivamente, oltre misura.

soprammontàre (pres. *-ónto*) [comp. di *sopra-* e *montare*; a. 1348 nel senso 2] **intr.** (aus. *essere*) *arc.* **1.** montar sopra: *il collo della giacca soprammonta bene* **2.** crescere, sovrabbondare.

sopramondàno [comp. di *sopra-* e *mondano*; 1551] **agg.** *non com.* che è al disopra, al di là delle cose di questo mondo.

sopràna [da *soprano*[1]; 1634] **sf.** sopravveste; *in part. T.eccl.* sopravveste senza maniche che alcuni seminaristi portano sopra la tonaca.

sopranazionàle e der. v. SOPRANNAZIONALE e der.

sopranista [da *soprano*[2]; 1954] **sm.** *T.mus.* nei sec. XVII e XVIII, cantante, comunemente evirato, con voce di soprano.

soprannaturàle o **sovrannaturàle** [comp. di *sopra-* e *naturale*; a. 1406] **I** **agg.** che è al di sopra della natura, che ne trascende l'ordine, le leggi, i limiti: *fenomeno soprannaturale; in part.* concernente Dio e il divino || *iperb.* detto di virtù, bontà e sim., grandissimo, straordinario: *bontà soprannaturale* **II** **sm.** (solo *sing.*) l'insieme dei fenomeni che trascendono l'ordine naturale: *molte cose fanno credere nel soprannaturale* || **N.** *Sin.* miracoloso, prodigioso, soprammondano, sovrumano, trascendente.

soprannaturaliṣmo [da *soprannaturale*; 1960] **sm.** *T.fil.* la credenza in un ordine di realtà superiore a quello naturale.

soprannaturalità [da *soprannaturale*; 1960] **sf.** carattere di ciò che è soprannaturale.

soprannazionàle o **sovranazionàle** o **sopranazionàle** [comp. di *sopra-* e *nazionale*; 1950] **agg.** che è al di sopra delle nazioni; *in part.* che esercita la sua autorità su più nazioni: *l'O.N.U. è un'organizzazione soprannazionale.*

soprannazionalità o **sopranazionalità** o

sovranazionalità [comp. di *sopra-* e *nazionalità*; 1950] ***sf.*** caratteristica di organismi i cui poteri sono al di sopra di quelli delle singole nazioni: *la soprannazionalità dell'O.N.U.*

soprannestàre V. SOVRAINNESTARE.

soprànno [comp. di *sopra-* e *anno*; 1625] ***agg.*** di un animale, che ha più di un anno.

soprannòlo [comp. di *sopra-* e *nolo*, sul modello del fr. *surcharge*; 1970] ***sm.*** tassa supplementare imposta in certi casi al carico trasportato da una nave.

soprannóme [comp. di *sopra-* e *nome*, sul modello del lat. *supernomen*; 1319] ***sm.*** **1.** appellativo, spesso ricavato da caratteristiche fisiche o morali, dal luogo di provenienza, dalla professione esercitata ecc., che si dà perlopiù scherzosamente: *Lo Smilzo, Jack La Volpe, Il Perugino, La Fornarina* **2.** *T.stor.* nell'antica Roma, appellativo aggiunto al nome proprio di una persona, con funzioni affini al nostro cognome ‖ **N. 1.** *Sin.* nomignolo; pseudonimo | cognome, NOME.

soprannominàre (pres. *-òmino*) [comp. di *sopra-* e *nominare*, sul modello del lat. tardo *supernomināre*; a. 1348] ***tr.*** dare un soprannome: *Giorgio Barbarelli fu soprannominato "Giorgione".*

soprannotàto o **sopranotàto** o **sópra notàto** [comp. di *sopra-* e *notato*; 1308] ***agg.*** notato, detto sopra.

soprannumeràrio (pl. *-ri*) [dal lat. tardo *supernumerārius*; 1532] ***agg.*** aggiunto oltre il numero prestabilito o normale: *impiegato soprannumerario* ‖ *T.anat.* detto di formazione che risulta in più rispetto al normale: *osso, dito soprannumerario.*

soprannùmero [comp. di *sopra-* e *numero*; 1853] **I** ***sm.*** quasi solo nella *loc. avv. in soprannumero*, oltre il numero normale o prestabilito **II** ***agg.*** *inv.* extra, oltre lo stabilito: *le ore soprannumero sono pagate come straordinario.*

sopràno[1] [lat. volg. **sup(e)rānus*; a. 1294] ***agg.*** **1.** *ant.* che sta sopra, opposto a *sottano*: *vidil seder sopra il grado soprano* (Dante) ‖ oggi sopravvive nella toponomastica, per distinguere località più alte rispetto a località vicine omonime ‖ *fig. ant.* sommo, culminante: *attinsero le altezze soprane* **2.** *ant.* e *lett.* reale, sovrano.

sopràno[2] [da *soprano*[1]; 1477] **I** ***sm.*** *T.mus.* il registro più alto delle voci femminili o bianche; *soprano lirico*, V. LIRICO; *soprano drammatico*, V. DRAMMATICO; *soprano leggero* o *di coloratura* o *di agilità*, predisposto all'agilità ed esteso verso le note acute ‖ *per estens.* chi canta con voce da soprano: *mia madre era un soprano* (pop. *una soprano*) **II** ***agg.*** *inv.* (sempre posposto) di soprano: *voce soprano*; posposto al nome di uno strumento musicale, ne indica il tipo più acuto: *sax soprano.* **Q.T. *musica.***

sopranominàre V. SOPRANNOMINARE.

sopranominàto o **sópra nominàto** [comp. di *sopra-* e *nominato*; 1342 *soprannominato*] ***agg.*** nominato prima; suddetto.

sopranormàle [comp. di *sopra-* e *normale*; 1960] **I** ***agg.*** **1.** superiore al normale **2.** paranormale **II** ***sm.*** l'insieme dei fenomeni metapsichici e paranormali.

sopranotàto o **sópra notàto** V. SOPRANNOTATO.

sopraòsso V. SOPROSSO.

sópra pàrto V. SOPRAPPARTO.

sópra pensièro V. SOPRAPPENSIERO.

soprapètto V. SOPRAPPETTO.

soprapòrta V. SOPRAPPORTA.

soprappàga [comp. di *sopra-* e *paga*; 1960] **I** ***sf.*** paga corrisposta in aggiunta alla paga normale **II** ***loc. avv.*** *per soprappaga*, in aggiunta, per di più, inoltre.

soprappàrto (o *sópra pàrto* come avv.) [comp. di *sopra-* e *parto*; a. 1604] **I** ***sm.*** parto immediatamente successivo al primo, in quelli gemellari **II** ***avv.*** in prossimità del parto: *essere, morire soprapparto.*

soprappassàggio V. SOVRAPPASSAGGIO.

soprappàsso V. SOVRAPPASSO.

soprappensièro (non com. *sópra pensièro* e *sovrappensièro*) [comp. di *sopra-* e *pensiero*; 1761 *soprapensiero*] ***avv.*** assorto nei propri pensieri e perciò, rispetto ad altro, distratto; *per estens.* senza pensare, distrattamente: *l'ho fatto soprappensiero, ero soprappensiero, oggi ti vedo soprappensiero.*

soprappéso o **sovrappéso** [comp. di *sopra-* e *peso*; prima metà sec. XIII] ***sm.*** *non com.* peso che è in eccesso rispetto al peso ordinario o giusto; anche nella loc. *fig. per soprappeso*, per giunta ‖ **N.** *Contr.* sottopeso.

soprappètto o **soprapètto** [comp. di *sopra-* e *petto*; 1532] ***sm.*** *T.stor.* nelle armature medievali e rinascimentali, rinforzo protettivo applicato alla corazza all'altezza del petto.

soprappiù V. SOVRAPPIÙ.

soprappórre e der. V. SOVRAPPORRE e der.

soprappòrta o **sovrappòrta** (non com. *soprapòrta*) [comp. di *sopra-* e *porta*; 1895] ***sf.*** *T.arch.* **1.** ornamento collocato sopra l'architrave di una porta e sim. **2.** finestrino aperto sopra una porta per consentire l'aerazione e l'illuminazione dell'ambiente.

soprapprèzzo V. SOVRAPPREZZO.

soprapproduzióne V. SOVRAPPRODUZIONE.

sopraprofitto o **sopraprofitto** o **sovraprofitto** [comp. di *sopra-* e *profitto*; 1916 *soprapprofitto*] ***sm.*** *T.econ.* profitto eccedente il valore normale ottenuto da commercianti e industriali su una merce per qualsiasi ragione: *i soprapprofitti di guerra.*

sopraprèzzo V. SOVRAPPREZZO.

soprarazionàle (raro *sovrarazionàle*) [comp. di *sopra-* e *razionale*; a. 1588] ***agg.*** al di là della ragione, sia in quanto eccedente le sue possibilità conoscitive, sia in quanto entità di natura superiore.

sopraròddito [comp. di *sopra-* e *reddito*; 1960] ***sm.*** *T.econ.* **1.** ogni reddito superiore a quello normale della stessa categoria **2.** *raro* rendita differenziale: *soprareddito di monopolio.*

soprariferito V. SOPRARRIFERITO.

soprariscaldaménto V. SOPRARRISCALDAMENTO.

soprarìzzo (non com. *soprarriccio*, pl. *-ci*) [comp. di *sopra-* e di var. sett. di *riccio*[2]; 1745 *soprariccio*] ***sm.*** tessuto di velluto operato per arredamento e abbigliamento.

soprarrìccio V. SOPRARIZZO.

soprarriferito o **soprariferito** [comp. di *sopra-* e *riferito*; 1664 *soprariferito*] ***agg.*** *non com.* surriferito.

soprarriscaldaménto o **soprariscaldaménto** [comp. di *sopra-* e *riscaldamento*; 1965] ***sm.*** *non com.* surriscaldamento.

soprarrivàre [comp. di *sopra-* e *arrivare*; 1581] ***intr.*** (aus. *essere*) *non com.* sopravvenire, sopraggiungere.

soprasaturazióne V. SOPRASSATURAZIONE.

soprasàturo V. SOPRASSATURO.

soprascàrpa [comp. di *sopra-* e *scarpa*; 1838] ***sf.*** scarpa di gomma che si mette sulle altre per difenderle dalla pioggia, dall'umidità o dalla neve ‖ **N.** *Sin.* galoscia.

sopraschièna [comp. di *sopra-* e *schiena*; 1838] ***sf.*** parte dei finimenti del cavallo che poggia sulla schiena dell'animale.

soprascritta [comp. di *sopra-* e *scritta*; sec. XIV nel senso 2] ***sf.*** **1.** *non com.* indirizzo scritto su biglietti, lettere, missive in gen. **2.** *raro* iscrizione posta su lapidi, cartelli e sim.

soprascritto (*pps.* di *soprascrivere*) [1294] ***agg.*** scritto sopra, indicato sopra.

soprascrivere [comp. di *sopra-* e *scrivere*; 1370] ***tr.*** *non com.* scrivere sopra.

soprasegmentàle [dall'ingl. *suprasegmental*; 1960] ***agg.*** *T.ling.* *tratto soprasegmentale*, tratto linguistico che si sovrappone alla normale catena parlata (come ad es. intonazione e intensità).

soprasensìbile V. SOVRASENSIBILE.

soprasènso V. SOPRASSENSO.

sopraspinóso [comp. di *sopra-* e un der. di *spina*; 1960] ***agg.*** *T.anat.* situato al di sopra di una spina ossea: *legamento, muscolo sopraspinoso, fossa sopraspinosa* ‖ **N.** *Contr.* sottospinoso.

soprassàlto [comp. di *sopra-* e *salto*; 1541] ***sm.*** sussulto, movimento brusco e repentino della persona ‖ *più com.* nella *loc. avv. di soprassalto*, di colpo, all'improvviso: *mi destai di soprassalto.*

soprassàta [dal provenz. *saupressado*, salata e pressata; 1873] ***sf.*** *tosc.* soppressa.

soprassaturazióne o **soprasaturazióne** [comp. di *sopra-* e *saturazione*; 1940] ***sf.*** *T.fis.* fenomeno per il quale un liquido può tenere in soluzione una quantità di sostanza maggiore di quella che comporterebbe l'indice di solubilità del corpo stesso ‖ **N.** sopraffusione.

soprassàturo o **soprasàturo** [comp. di *sopra-* e *saturo*; 1960] ***agg.*** *T.chim.* e *T.fis.* di una soluzione in condizioni di saturazione.

soprassedére (pres. *soprassièdo* ecc., come SEDERE) [comp. di *sopra-* e *sedere*; 1340] ***intr.*** (aus. *avere*) differire, rinviare ad altra occasione l'esecuzione di qualcosa o una decisione: *soprassedere a una decisione*; anche *ass.*: *per ora soprassediamo* ‖ **N.** *Sin.* rimandare, sospendere.

soprassèllo [dal lat. tardo *supersēllium*, gualdrappa; sec. XIV nel senso 2] ***sm.*** **1.** *arc.* carico superiore al normale imposto a un animale da soma **2.** *fig. non com.* aggiunta ‖ nella *loc. avv. per soprassello*, per giunta.

soprassènso o **soprasènso** [comp. di *sopra-* e *senso*; 1960] ***sm.*** capacità, facoltà sensoriale superiore a quelle normali.

soprassicurazióne [comp. di *sopra-* e *assicurazione*; 1960] ***sf.*** assicurazione per una somma superiore al valore del bene che si assicura.

soprassòglio (pl. *-gli*) [comp. di *sopra-* e *soglio*, soglia; a. 1342] ***sm.*** **1.** *T.arch.* architrave, epistilio **2.** rinforzo provvisorio di un argine, mediante sacchi di terra, per prevenire straripamenti in occasione di piene eccezionali.

soprassòldo [comp. di *sopra-* e *soldo*; 1824] ***sm.*** compenso aggiuntivo alla paga normale, corrisposto a militari, per maggiori servizi prestati.

soprassòma [comp. di *sopra-* e *soma*[1]; a. 1449] ***sf.*** *non com.* quello che si mette in più sopra la soma ordinaria ‖ **N.** *Sin.* sopraccarico, soprassello.

soprassuòla [comp. di *sopra-* e *suola*; 1960] ***sf.*** seconda suola applicata sopra la prima per darle maggiore resistenza.

soprassuòlo o **soprasuòlo** [comp. di *sopra-* e *suolo*; 1862 *sopra suolo*] ***sm.*** la superficie del terreno; *in part.* tutto ciò che vegeta e cresce sulla superficie della terra (contrapposto a quello che è sotto) ‖ **N.** *Contr.* sottosuolo.

soprastallìa [comp. di *sopra-* e *stallia*; 1838] ***sf.*** *T.mar.* l'eccesso di tempo che una nave mercantile spende in un porto per le operazioni di carico e scarico, oltre il pattuito e il consueto; controstallia.

soprastàmpa V. SOVRASTAMPA.

soprastampàre V. SOVRASTAMPARE.

soprastàre e der. V. SOVRASTARE e der.

soprastruttùra V. SOVRASTRUTTURA.

soprasuòlo V. SOPRASSUOLO.

sopratàcco V. SOPRATTACCO.

sopratàssa e der. V. SOPRATTASSA e der.

sopratemporàle v. SOVRATEMPORALE.
sopratèrra o **sópra tèrra** v. SOPRATTERRA.
sopratestàta [comp. di *sopra-* e *testata*; 1965] **sm.** *inv.* *T.giorn.* titolo pubblicato sopra la testata del giornale.
sopratònica [comp. di *sopra-* e *tonica*; 1820] **sf.** *T.mus.* secondo grado della scala musicale maggiore o minore.
soprattàcco o **sopratàcco** (pl. *-chi*) [comp. di *sopra-* e *tacco*; 1805 *sopratacco*] **sm.** *T.calz.* pezzo di cuoio che si sovrappone ai tacchi delle scarpe per non consumarli o quando questi sono logori || **N.** *Sin.* salvatacco.
soprattàssa o **sopratàssa** o **sovrattàssa** [comp. di *sopra-* e *tassa*; 1802 *sopratassa*] **sf.** tassa aggiunta a una tassa ordinaria: *soprattassa comunale.*
soprattassàre o **sopratassàre** [da *soprattassa*; 1873] **tr.** *non com.* mettere una soprattassa; gravare di soprattassa.
soprattènda [comp. di *sopra-* e *tenda*; 1922] **sf.** *non com.* tenda che per ornamento si mette sopra le tende di una finestra e sim.
soprattenére (pres. *soprattèngo* ecc., come TENERE) [comp. di *sopra-* e *tenere*; 1353] **tr.** *arc.* trattenere persona o cosa oltre il termine dovuto || imprigionare, trattenere.
soprattèrra o **sopratèrra** o **sópra tèrra** [comp. di *sopra-* e *terra*; a. 1405] **avv.** *raro* sulla superficie del terreno, a fior di terra || *raro fig.* nel mondo, sulla terra.
soprattétto [comp. di *sopra-* e *tetto*; a. 1646] **I avv.** e **agg.** *inv.* *raro* sopra il tetto di un'abitazione: *una stanza collocata soprattetto; ho una piccola stanza soprattetto* **II sm.** nelle tende da campeggio, telo di copertura.
soprattìtolo [comp. di *sopra-* e *titolo*; 1960] **sm.** titolo secondario, stampato a caratteri minori sopra il titolo principale di un articolo di giornale o di libro, gen. per precisare le informazioni del titolo stesso || **N.** *Sin.* occhiello.
soprattùtto (raro *sópra tùtto* e *sopratùtto*) [comp. di *sopra-* e *tutto*; a. 1375] **avv.** in primo luogo, specialmente, in modo particolare: *bisogna soprattutto vedere con chi si ha a che fare; non confidarti con nessuno, e soprattutto non con estranei.*
sopraumàno v. SOVRUMANO.
sopravalutàre e der. v. SOPRAVVALUTARE e der.
sopravanzàre [comp. di *sopra-* e *avanzare*; 1563] **tr.** superare || prevalere sugli altri: *sopravanza tutti in intelligenza* || **intr.** *non com.* **1.** (aus. *essere*) eccedere nella misura, nel numero: *conviene vendere in fretta la merce che sopravanza* **2.** (aus. *avere*) sporgere: *il vestito sopravanza di due dita buone.*
sopravànzo [da *sopravanzare*; 1559] **sm.** *non com.* il sopravanzare || *concr.* avanzo, quello che sopravanza, residuo: *il sopravanzo della somma verrà speso* || nella *loc. avv. di sopravanzo*, di sovrappiù.
sopravènto v. SOPRAVVENTO.
sopravvalutàre (pres. *-àluto*) [comp. di *sopra-* e *valutare*; 1942] **tr.** attribuire a cose o persone più valore di quanto realmente abbiano: *avevo sopravvalutato le mie capacità, quelle azioni sono molto sopravvalutate.*
sopravvalutazióne [da *sopravvalutare*; 1952] **sf.** valutazione eccessiva.
sopravveniènte (*ppr.* di *sopravvenire*) [a. 1320 *sopravvegnente*] **agg.** e **s.** *ant.* che o chi sopravviene.
sopravveniènza [da *sopravvenire*; a. 1683] **sf.** atto ed effetto del sopravvenire || *T.comm.* in contabilità, spesa o entrata imprevedibile.
sopravvenìre (pres. *sopravvèngo* ecc., come VENIRE) [comp. di *sopra-* e *venire*, sul modello del lat. *supervenīre*; fine sec. XIII] **intr.** (aus. *essere*) giungere improvviso e inaspettato, capitare addosso; sopraggiungere: *stava per fuggire quando sopravvennero le guardie, gli è sopravvenuta una sciagura* || **tr.** *ant. lett.* sorprendere, cogliere di sorpresa || **N.** *Sin.* accadere, ARRIVARE.
sopravventàre (pres. *-ènto*) [da *sopravvento*; 1889] **tr.** *T.mar.* portare una nave sopravvento, lasciando così sottovento un'altra nave, un'isola, una punta di terra e sim.
sopravvènto (o *sopravènto* come avv.) [comp. di *sopra-* e *vento*; 1561 *sopravento* come avv.; 1865 come sm. nel senso 1; 1830 nel senso 2] **I sm.** **1.** il lato da cui spira il vento || *T.mar.* lo spazio di mare che si trova dalla parte del vento, rispetto a un piano verticale perpendicolare alla direzione del vento e passante per il punto in cui è posta l'imbarcazione; *essere in sopravvento, navigare in sopravvento*, avvantaggiarsi su imbarcazioni sottovento **2.** *fig.* vantaggio, posizione vantaggiosa, supremazia sopra una cosa o persona: *avere il sopravvento; prendere il sopravvento*, avere la preminenza, riuscire a imporsi su altri **II avv.** dalla parte da cui spira il vento: *trovarsi sopravvento* || **N.** I **1.** *Contr.* sottovento.
sopravvenùta [da *sopravvenire*; 1611 *sopravenuta*] **sf.** *ant.* venuta improvvisa.
sopravvèste (arc. *sopravvèsta*) [comp. di *sopra-* e *veste*; a. 1348] **sf.** *T.abb.* veste che si mette sopra un'altra || *in part.* nel Medioevo e nel Rinascimento, veste portata dai cavalieri sopra l'armatura, come ornamento e mezzo di riconoscimento.
sopravvìa [comp. di *sopra-* e *via*; 1891] **sf.** strada sopraelevata rispetto alla rete urbana, costruita per snellire il traffico || **N.** *Sin.* sopraelevata.
sopravvissùto (*pps.* di *sopravvivere*) [1691] **I agg.** che è rimasto in vita **II sm.** (f. *-a*) persona sopravvissuta: *i sopravvissuti alla guerra atomica* || *fig.* persona che, per le sue idee sorpassate, pare appartenere a un'epoca passata || **N.** II *Sin.* SUPERSTITE.
sopravvìtto [comp. di *sopra-* e *vitto*; 1960] **sm.** in collegi e pensioni, razione supplementare di vitto || nelle carceri, pasto sostitutivo o supplementare che i reclusi si procurano a proprie spese.
sopravvivènte (*ppr.* di *sopravvivere*) [a. 1444] **I agg.** *non com.* che rimane in vita **II s.** *non com.* chi sopravvive; superstite, sopravvissuto.
sopravvivènza [da *sopravvivere*; a. 1644] **sf.** il sopravvivere e anche la condizione di chi sopravvive: *probabilità di sopravvivenza*, complementare a quella di morte, nelle tavole statistiche di mortalità; *certificato di sopravvivenza*, attestante che una data persona è ancora in vita.
sopravvìvere (fut. *-viverò* o *-vivrò*, *-viverài* o *-vivrài*; cond. pres. *-viverèi* o *-vivrèi*, *-viverèsti* o *-vivrèsti*; nelle altre forme, coniugato come VIVERE) [dal lat. tardo *supravīvere*; a. 1342] **intr.** (aus. *essere*) **1.** continuare a vivere dopo la morte di altri o di altro: *talvolta i genitori sopravvivono ai figli; secondo alcune religioni, l'anima sopravvive al corpo* || scampare, restare in vita dopo aver corso pericolo di morire: *è sopravvissuto per miracolo* **2.** *fig.* perdurare idealmente, rimanere vivo, attuale: *un artista che è sopravvissuto nelle sue opere; sopravvivere nella mente, nel ricordo di qualcuno.*
sopreccèdere e der. v. SOVRECCEDERE e der.
soprecciàre e der. forme rare di SOVRECCITARE e der. (v.).
sopredificàre (meno com. *sopraedificàre*) (pres. *-ìfico*, *-ìfichi*) [comp. di *sopra-* ed *edificare*, sul modello del lat. tardo *superaedificāre*; a. 1712] **intr.** (aus. *avere*) costruire sopra un edificio preesistente: *hanno sopredificato sul terrazzo della casa.*
sopredificazióne (meno com. *sopraedificazióne*) [comp. di *sopra-* ed *edificazione*, sul modello del lat. tardo *superaedificātio*, *-ōnis*; 1873] **sf.** l'operazione del sopredificare e anche la parte sopredificata.
soprelencàto v. SOPRAELENCATO.
soprelevàre (meno com. *sopraelevàre*) (pres. *-èvo*) [comp. di *sopra-* ed *elevare*, sul modello del lat. tardo *superelevāre*; 1922 *sopraelevare*] **tr.** **1.** rif. a edificio, renderlo più alto di uno o due piani: *soprelevare un ospedale* **2.** elevare sopra il piano normale: *soprelevare la strada, la ferrovia* || **intr. pron.** sovrastare, ergersi: *una vetta che si sopreleva su tutte le altre del massiccio.*
soprelevàto (meno com. *sopraelevàto*) (*pps.* di *soprelevare*) [1956 *sopraelevato*] **I agg.** elevato al di sopra del piano normale: *strada soprelevata* **II sf.** *soprelevata*, strada soprelevata.
soprelevazióne (meno com. *sopraelevazióne*) [comp. di *sopra-* ed *elevazione*; 1922 *sopraelevazione*] **sf.** l'operazione del soprelevare e anche la parte soprelevata.
soprimbótte v. SOPRAIMBOTTE.
soprindicàto v. SOPRAINDICATO.
soprinnestàre e der. v. SOVRAINNESTARE e der.
soprintendènte o **sovrintendènte** (*ppr.* di *soprintendere*) [a. 1595 *sopraintendente*] **I agg.** che è preposto al controllo di qualcosa **II s.** chi è addetto a soprintendere; *in part.* qualifica di funzionari statali, regionali ecc., con mansioni direttive, di controllo e di vigilanza nel settore delle belle arti, archeologico, storico e bibliografico: *soprintendente ai lavori, soprintendente agli archivi di Stato, agli scavi e monumenti.*
soprintendènza o **sovrintendènza** [da *soprintendere*; a. 1580 *sopraintendenza*] **sf.** **1.** funzione direttiva, di controllo, di vigilanza **2.** *com.* organo statale diretto da un soprintendente || *per estens.* l'edificio in cui ha sede l'ufficio del soprintendente.
soprintèndere o **sovrintèndere** (pres. *soprintèndo* ecc., come TENDERE) [comp. di *sopra-* e *intendere*, sul modello del lat. tardo *superintendere*; a. 1574 *sopraintendere*] **intr.** (aus. *avere*) essere preposto alla vigilanza, alla tutela o al controllo di qualcosa: *soprintendere ai beni artistici di una regione, ai lavori, agli scavi.*
sopròsso o **sopraòsso** [comp. di *sopra-* e *osso*; a. 1320] **sm.** *pop.* ispessimento che si forma ai margini di una frattura ossea.
soprumàno v. SOVRUMANO.
soprùso [comp. di *sopra-* e *uso*; a. 1543] **sm.** prepotenza di chi abusa dell'autorità o del potere che ha sugli altri: *subire un sopruso* || **N.** *Sin.* abuso, angheria, arbitrio, arroganza, prepotenza, soperchieria, sopraffazione.
soqquadràre [da *soqquadro*; a. 1597] **tr.** *arc.* mettere sottosopra, buttare ogni cosa all'aria.
soqquàdro [comp. di *so-* e *squadro*[1]; a. 1535] **sm.** rovina, scompiglio, quasi solo nella loc. *mettere a soqquadro*, mettere sottosopra, in gran disordine e, *fig.*, sconvolgere, turbare || **N.** *Sin.* trambusto, DISORDINE.
sor (pr. [sor]) (sett. *siór*) [abbr. di *signor*; 1855] **sm.** *region. pop.* (f. *sóra*) signore, signora, sempre premesso a un nome o a un titolo: *il sor Momo, la sora Nanna, il sor padrone.*
sor- [lat. *super*, sopra] **pref.** che indica superiorità, eccedenza (per es. *sormontare, sorpassare, sorprendere, sorvolare, sorreggere*).
sòrba [da *sorbo*; a. 1320] **sf.** **1.** frutto del sorbo **2.** *fig. dial. fam. scherz.* percossa, botta || *prov. col tempo e con la paglia maturano le sorbe*, bisogna dar tempo al tempo; di tutto si viene a capo usando un po' di pazienza.
sorbàre (pres. *sòrbo*) [da *sorba*; 1873] **tr.** *dial. fam.* percuotere, dare botte.
sorbettàre (pres. *-étto*) [da *sorbetto*; a. 1698] **tr.** *non com.* gelare, raffreddare un liquido per farne un sorbetto, una granita || **rifl. intens.** *non com. fig. fam. scherz.* essere costretto a sopportare una persona o un lavoro noioso; sciropparsi: *mi sono dovuto sorbettare quel noioso.*

sorbetterìa [da *sorbetto*; 1983] **sf.** **1.** gelateria **2.** assortimento di sorbetti.

sorbettièra [da *sorbetto*; 1666] **sf.** apparecchiatura per fare sorbetti e gelati.

sorbettière [da *sorbetto*; a. 1755] **sm.** (f. *-a*) chi è addetto alla fabbricazione di gelati nelle industrie dolciarie.

sorbétto [dal turco *šerbet*, bevanda fresca; 1581] **sm.** gelato poco consistente, perlopiù a base di sciroppi di frutta diluiti e congelati ‖ *fig. diventare un sorbetto*, patire un gran freddo, sentirsi gelare tutto ‖ *T.mus. aria di sorbetto*, nel teatro dell'opera dei secoli scorsi, aria di interesse minore che non era un gran peccato perdere per allontanarsi dal palco o chiacchierare ‖ **N.** GELATO.

sorbillàre [dal lat. *sorbil(l)āre*; 1872] **tr.** *raro* sorseggiare con lentezza.

sorbìre (pres. *-ìsco, -ìsci*) [lat. volg. **sorbīre*, class. *sorbēre*, inghiottire; a. 1342] **tr.** bere a piccoli sorsi aspirando leggermente: *sorbire il caffè, un gelato* ‖ **rifl. intens.** *fig. scherz.* sopportare una cosa noiosa: *sorbirsi una lunghissima conferenza* ‖ **N. tr.** *Sin.* centellinare, sorseggiare, BERE | **rifl. intens.** *Sin.* sciropparsi, sorbettarsi.

sorbìte [comp. di *sorbo* e *-ite*²; 1960] **sf.** *T.chim.* **1.** composto di ferrite e cementite che si ottiene nella lavorazione dell'acciaio **2.** sorbitolo.

sorbitòlo [comp. di *sorbite* e *-olo*²; 1960] **sm.** *T.chim.* alcol esavalente estratto spec. dai frutti del sorbo selvatico per essere impiegato nell'industria farmaceutica.

sòrbo [lat. *sorbus*; a. 1320] **sm.** alberello delle Rosacee con foglie composite, infiorescenza a corimbo, frutti simili a piccole pere che a maturazione diventano teneri al tatto e di color ruggine ‖ legno del sorbo.

sòrbola [da *sorba*; 1965] **I sf.** sorba **II escl.** *emil. sorbole!*, esprime meraviglia, stupore e sim.

sorbottàre (pres. *-òtto*) [dal disus. *forbottare*; a. 1584] **tr.** *ant.* picchiare, dar busse.

sorcìno [lat. *soricīnus*, di sorcio; 1562 *sorcigno*] **agg.** *non com.* di colore grigio, simile a quello del pelame del sorcio; detto spec. del mantello dei cavalli. **Q.T.** *cavallo.*

sórcio (pl. *-ci*) [lat. *sorex, sŏricis*; 1313 *sorco*] **sm.** topo ‖ *fig. far vedere i sorci verdi*, fare cose straordinarie e inaspettate o, più com., dare filo da torcere ‖ *dim.* sorcétto, sorcìno ‖ **N.** *Sin.* TOPO.

sorcòtto [dal fr. ant. *so(u)rcot*, veste sopra la cotta; a. 1348] **sm.** *T.stor.* sopravveste attillata che cavalieri e soldati portavano sopra la cotta.

sordàggine [da *sordo*; a. 1320] **sf.** *non com.* sordità, spec. se è parziale e temporanea.

sordàstro [lat. *surdaster*; a. 1565] **agg.** e **sm.** (f. *-a*) che, chi è parzialmente sordo.

sordidézza [da *sordido*; a. 1565] **sf.** l'essere sordido; avarizia estrema, spilorceria.

sòrdido o **sórdido** [dal lat. *sordidus*; 1340 ca.] **agg.** **1.** sudicio, sozzo, lordo: *antro sordido* **2.** *fig.* moralmente schifoso ‖ *fig.* estremamente avaro, taccagno, spilorcio; *avarizia sordida*, grandissima, spinta agli estremi ‖ **sordidaménte avv.** ‖ **N. 1.** *Sin.* laido, SPORCO **2.** *Sin.* basso; AVARO.

sordìna [da *sordo*; a. 1503] **sf.** **1.** *T.mus.* dispositivo che si applica agli strumenti musicali, per attutirne il suono; la sua forma varia a seconda che si tratti di applicarlo a strumenti a corda, a fiato o a percussione ‖ *fig. mettere la sordina*, attenuare ‖ nella *loc. avv. in sordina*, nascostamente, di soppiatto **2.** *T.mus.* strumento simile alla spinetta, dalla voce sorda e soave. **TAV. musica p. 1325** 14.15.

sordìno [da *sordo*; a. 1729 nel senso 4] **sm.** **1.** *T.cacc.* fischio di richiamo, usato per la caccia dei tordi **2.** nel gergo teatrale, manifestazione attenuata di disapprovazione da parte del pubblico **3.** *T.arch.* arco di scarico **4.** *raro* sordina.

sordità [lat. *surditas, -ātis*; sec. XIV] **sf.** **1.** l'essere sordo: *sordità parziale, totale, congenita, acquisita*; *sordità verbale*, fenomeno morboso per cui si odono le parole, ma non se ne comprende più il significato **2.** *fig.* insensibilità: *sordità alle richieste d'aiuto* **3.** di un ambiente, l'esser privo di una buona acustica: *la sordità della sala* ‖ **N. 1.** apparecchio acustico, cornetto acustico.

sórdo [lat. *surdus*; 1313] **I agg.** **1.** privo, totalmente o parzialmente, del senso dell'udito: *è sordo da un orecchio*; *essere mezzo sordo, un po' sordo*, duro di udito; *essere sordo come una campana*, completamente sordo **2.** *fig.* che non dà ascolto o per distrazione o perché non vuol rispondere: *rimase sordo ai nostri avvertimenti*; *in part.* che non si piega, non si lascia commuovere: *sordo alla voce della coscienza, alle nostre preghiere* **3.** di suono o rumore, cupo, che non ha molte vibrazioni: *voce sorda, rumore sordo* ‖ *lima sorda*, quella che non fa rumore quando viene usata **4.** di ambiente, privo di risonanza, che non ha sonorità: *un corridoio sordo* **5.** *T.ling.* detto di fono che si articola senza mettere in vibrazione le corde vocali: *consonanti sorde, nella parola "osso" la* [s] *è sorda* **6.** *fig.* non manifesto, tacito, nascosto ma vivo e tenace: *dolore sordo*, che si fa sentire debolmente ma continuamente ‖ **sordaménte avv.** **II sm.** (f. *-a*) chi è parzialmente o totalmente privo della facoltà dell'udito ‖ in varie loc.: *fare il sordo*, fare finta di non sentire; *parlare ai sordi*, a chi non vuol capire; nel modo di dire *non c'è peggior sordo di chi non vuol sentire* ‖ *dim.* sordettìno, sordétto; *accr.* sordóne, sordacchióne; *pegg.* e *spreg.* sordàccio, sordàstro ‖ **N. 1.** assordare **2.** *Sin.* chiuso, impenetrabile, ottuso | *Contr.* aperto, attento, disponibile **3.** *Contr.* acuto, vibrante **4.** *Contr.* risonante **5.** *Contr.* sonoro.

sordomutìsmo [da *sordomuto*; 1830] **sm.** l'infermità dei sordomuti, mutismo conseguente a sordità congenita o anche sopraggiunta prima che il bambino cominci a parlare.

sordomùto [comp. di *sordo* e *muto*, prob. sul modello del fr. *sourd-muet*; 1793] **agg.** e **sm.** (f. *-a*) che, chi è insieme sordo e muto: *istituto per sordomuti*.

sordóne [da *sordo*; 1826 nel senso 2] **sm.** **1.** uccello dei Prunellidi dal piacevole canto gorgheggiante che vive sui rilievi montuosi dai mille metri fino alle nevi eterne **2.** *T.mus.* strumento musicale a fiato della famiglia dell'oboe.

-sóre o **-ṣóre** v. -ORE.

sorèlla [dal lat. *soror*, sul modello di *fratello*; 1308] **I sf.** **1.** persona di sesso femminile che ha in comune con un'altra sia il padre che la madre: *fratelli e sorelle, amarsi come sorelle*; *amarsi come fratello e sorella*, di un amore casto; *sembrare sorelle*, somigliarsi molto ‖ *sorella di latte*, v. LATTE ‖ *fig. le sette sorelle*, le più importanti società petrolifere del mondo **2.** appellativo riservato alle religiose; suora: *sorella Eufemia* ‖ appellativo rivolto alle infermiere della Croce Rossa **II agg.** (spesso posposto) di cosa, che ha somiglianza con un'altra: *questa lampada è sorella della tua*; *arti sorelle*, la pittura e la scultura; *lingue sorelle*, del medesimo ceppo ‖ *dim.* sorellìna; *accr.* sorellóna; *pegg.* sorellàccia ‖ **N. 1.** germana, siamese, uterina | gemella, maggiore, minore | fratello.

sorellànza [da *sorella*; 1950] **sf.** la relazione che intercorre tra sorelle; anche *fig.*: *la sorellanza delle lingue romanze, la sorellanza universale delle donne*.

sorellàstra [da *sorella*; a. 1786] **sf.** persona di sesso femminile con cui si ha in comune solo il padre o la madre.

sorellévole [da *sorella*; 1865] **agg.** *arc. raro* da sorella: *affetto, concordia sorellevole* ‖ **N.** *Sin.* fraterno, sororale.

sorgènte (*ppr.* di *sorgere*¹) [1353 *surgente*] **I agg.** che sorge, che nasce: *sole sorgente* **II sf.** **1.** punto o zona da cui scaturisce una vena d'acqua sotterranea; anche il getto che scaturisce e, talora, lo specchio d'acqua che si forma prima che si formi il corso d'acqua: *acqua di sorgente*, che viene da una sorgente, spec. in rif. alla sua purezza e limpidezza; *le sorgenti del Po* ‖ *sorgente perenne*, a getto continuo; *sorgente intermittente*, da cui l'acqua scaturisce a intervalli; *sorgente termale*, da cui scaturisce acqua calda **2.** *per estens.* lo scaturire di altro liquido, gas, fluido e sim. e il corpo emittente: *sorgente di petrolio, di metano, di luce, di calore* **3.** *fig.* origine: *sorgente di ricchezze, di dolori*; *risalire alla sorgente di un fatto* ‖ *T.inform. programma sorgente* (o, anche, *sm. sorgente*), la versione di un programma nel linguaggio in cui il programmatore l'ha scritto: *il (programma) sorgente è scritto in FORTRAN* ‖ **N. II 1.** *Sin.* acqua freatica, bocca, capo d'acqua, fontanile, fonte, getto, polla, rampollamento, scaturigine, sorgiva, vena | bulicare, buttare, germinare, pullulare, scaturire, sgorgare, zampillare | cannello, filo, *geyser*, Naiadi, rocchio **3.** *Sin.* causa, genesi, principio.

sorgentìfero [comp. di *sorgente* e *-fero*; 1957] **agg.** sorgentizio, relativo a una sorgente: *rami sorgentiferi*.

sorgentìzio (pl. *-zi*) [da *sorgente*; 1950] **agg.** relativo a una sorgente: *bacino sorgentizio*.

sorgènza [da *sorgere*; 1960] **sf.** luogo in cui l'acqua sgorga in superficie; sorgente.

sórgere¹ (pres. *sórgo, sórgi*; p.rem. *sórsi, sorgésti, sórse, sórsero*; pps. *sórto*) [lat. *surgere*; a. 1294 *surgere*] **intr.** (aus. *essere*) **1.** levarsi da un luogo basso verso l'altro; *in part.* di stelle e pianeti, alzarsi sulla linea dell'orizzonte, levarsi (contrapposto a *tramontare*): *il sole sorge a est* ‖ di strutture e cose in gen. (spec. centri abitati e costruzioni), alzarsi al di sopra del livello circostante o avere un notevole sviluppo verticale: *Perugia sorge su di un colle*; *in periferia sorgono enormi grattacieli, i quartieri residenziali* ‖ *non com. lett.* di persone, alzarsi in piedi, mettersi dritti **2.** di corsi d'acqua, scaturire: *l'Arno sorge dal Falterona* **3.** *fig.* avere origine, inizio; nascere, derivare: *sorse una questione*; *mi sorge un dubbio, un sospetto*; *sono recentemente sorte molte finanziarie, con i viaggi spaziali è sorta una nuova era* ‖ **N. 1.** *Sin.* assurgere, balzare, comparire, elevarsi, innalzarsi, nascere, presentarsi, salire, sollevarsi, spuntare | *Contr.* abbassarsi **2.** *Sin.* sgorgare, uscire, venir fuori.

sórgere² [dal catalano *surgir*, approdare; 1483 *surgere*] **intr.** (aus. *essere*) *T.mar. ant. sorgere su di un'àncora* o *su due ancore*, di imbarcazione, essere ormeggiata a una o due ancore.

sorgiménto [da *sorgere*¹; a. 1519] **sm.** *arc. raro* il sorgere.

sorgitóre¹ [da *sorgere*¹; 1865] **sm.** (f. *-trìce*) *non com.* chi sorge.

sorgitóre² [da *sorgere*²; 1612] **sm.** *arc. T.mar.* luogo dove ci si può ancorare.

sorgìva [da un ant. *sortiva*, con influsso di *sorgere*; a. 1712] **sf.** *lett.* acqua di vena, sorgente.

sorgìvo [da un ant. *sortivo*, con influsso di *sorgere*; 1598] **agg.** di sorgente: *questa è un'acqua sorgiva* ‖ *fig. lett.* spontaneo, autentico, puro, genuino: *un'ispirazione, una poesia sorgiva*.

sórgo (pl. *-ghi*) [dal lat. volg. **syricum* (*grānum*), (grano) della Siria; a. 1525] **sm.** *T.bot.* genere di piante della famiglia delle Graminacee, comprendente, tra le altre specie, la saggina e la durra.

sorgozzóne **sm.** *ant. lett.* v. SERGOZZONE.

sorìano [da *Soria*, var. ant. di *Siria*; fine sec.

xv] **agg.** e **sm.** (f. *-a*) **1.** *arc.* siriano **2.** razza di gatto domestico dal pelo morbido e folto di colore grigio-giallastro, striato di nero. **TAV. *gatti* p. 672.**

sórice [lat. *sōrex, -icis*; prima metà sec. XIV] **sm.** *ant.* e *region.* sorcio.

sorite [dal lat. *sorītes*, gr. *sōréitēs*, sillogismo a cumulo; 1631] **sm.** *T.fil.* forma di ragionamento costituito da una catena di proposizioni collegate tra loro in modo che il predicato di ciascuna faccia da soggetto alla proposizione seguente, finché il soggetto della prima si unisce col predicato dell'ultima (ad es.: *vivere è agire; agire è fare sforzo; fare sforzo è tendere verso un bene di cui si è privi; tendere verso un bene di cui si è privi è soffrire; dunque vivere è soffrire*) || **N.** polisillogismo.

sormontaménto [da *sormontare*; 1873] **sm.** *non com.* il sormontare.

sormontàre (pres. *-ónto*) [comp. di *sor-* e *montare*; a. 1294] **tr.** superare, sorpassare, anche *fig.*: *sormontare gli argini, una cima, le più grandi difficoltà* || **intr.** (aus. *avere*) *ant.* salire in alto, anche *fig.*

sornacchiàre (pres. *-àcchio*) [dal long. *snarhhjan*, russare; 1541] **intr.** (aus. *avere*) *ant.* **1.** russare **2.** scatarrare.

sornàcchio (pl. *-chi*) [da *sornacchiare*; a. 1492] **sm.** *ant.* sputo catarroso.

sornióne [etim. inc.; a. 1712] **I agg.** di persona, che dissimula la propria astuzia e padronanza della situazione, dietro un aspetto pacifico, bonario, quasi assente: *un vecchio sornione*; detto anche di animali o atteggiamenti: *un gatto sornione, un'aria sorniona* **II sm.** (f. *-a*) persona sorniona: *è un sornione, non fidartene* || **N. II** *Sin.* acqua cheta, gatta morta.

sòro[1] [dal francone *saur*, attr. il fr. ant. *sor*; a. 1320 nel senso 2] **agg.** *arc.* **1.** rif. al mantello del cavallo, sauro: *sopra un gran destrier di pelo soro* (Boccaccio) **2.** *per estens.* rif. a uccelli rapaci da caccia, che ha ancora le prime penne, giovane || *fig.* rif. a persone, inesperto.

sòro[2] [dal gr. *sōrós*, mucchio; 1821] **sm.** *T.bot.* insieme di sporangi che si trova in alcune piante come le felci, di forma e colore diversi secondo le specie.

sororàle [dal lat. *soror, -ōris*, sorella; 1892] **agg.** *raro lett.* di sorella, da sorella: *affetto sororale.*

sororàto [dal lat. *soror, -ōris*, sorella, sul modello di *matriarcato*; 1932] **sm.** *T.etn.* in molti popoli primitivi, istituzione secondo la quale il vedovo prende in sposa la sorella della moglie defunta.

soróre [lat. *soror, -ōris*; a. 1374] **sf.** *arc. lett.* sorella.

sororicida [dal lat. *sororicīda*; 1745] **s.** uccisore della propria sorella || **N.** fratricida.

sororicìdio (pl. *-di*) [da *sororicida*; 1945] **sm.** uccisione della propria sorella.

soròsio (pl. *-si*) [dal lat. scient. *sorosis*, basato sul gr. *sōrós*, mucchio; 1906] **sm.** *T.bot.* infruttescenza formata da più drupe unite fra di loro, come ad es. quella dell'ananas o del gelso.

sorpassàre [dal fr. *surpasser*; 1611] **tr. 1.** oltrepassare, passare al di sopra o al di là: *ha già sorpassato in altezza il fratello maggiore; egli andava di buon passo, ma noi in breve lo sorpassammo* || *in part.* nella circolazione stradale, passare davanti a un altro veicolo che procede nella stessa direzione: *sorpassare un autotreno*; anche *ass.*: *è vietato sorpassare in galleria* **2.** *fig.* superare, sopravanzare: *sorpassare uno in ricchezze, in lusso; sorpassare ogni limite* || **N.** *Sin.* vincere, SUPERARE.

sorpassàto (*pps.* di *sorpassare*) [1935] **agg.** *fig.* superato, disusato, arcaico: *moda sorpassata, idee sorpassate.*

sorpàsso [da *sorpassare*; 1942] **sm.** spec. nell'ambito della circolazione stradale, atto del sorpassare: *manovra di sorpasso, effettuare, segnalare un sorpasso; un sorpasso pericoloso* || *fig.* il superare avversari negli sport o in politica, facendo più punti o ottenendo più voti. **TAV. *automobile* p. 658** 4.3.

sorprendènte (*ppr.* di *sorprendere*) [1688] **agg.** che è ragione di meraviglia: *effetto sorprendente* || **sorprendenteménte avv.** || **N.** *Sin.* impreviso, inatteso, sbalorditivo, singolare, strano, stupefacente.

sorprèndere (pres. *sorprèndo* ecc., come PRENDERE) [comp. di *sor-* e *prendere*; fine sec. XIII] **tr. 1.** cogliere qualcuno all'improvviso o inaspettatamente, spec. quando questi è nell'atto di compiere un reato, un'azione vergognosa e sim.: *sorprese il ladro mentre stava rubando; ci sorprese un temporale* || *sorprendere la buona fede di qualcuno*, ingannarlo **2.** provocare sorpresa, suscitare meraviglia: *le sue prodezze mi sorprendono, mi sorprende che tu non lo sappia* || **rifl.** accorgersi di qualcosa che si sta compiendo inavvertitamente: *mi sorprendo spesso a pensare a te* || **intr. pron.** provare sorpresa: *mi sorpresi di vederlo ancora lì* || **N. tr. 1.** *Sin.* sopravvenire **2.** strabiliare, stupire, MERAVIGLIARE.

sorprésa [da *sorprendere*, prob. sul modello del fr. *surprise*; 1611] **sf. 1.** atto del sorprendere: *la sorpresa è un fattore di grande importanza strategica* || nella *loc. avv. di sorpresa*, inaspettatamente, senza preparazione: *fummo colti di sorpresa* **2.** *concr.* evento imprevisto, azione inaspettata: *la polizia fece una sorpresa nella sala da gioco, il suo successo fu una sorpresa per tutti, che bella sorpresa!* **3.** reazione di stupore a un evento inatteso: *un gesto di sorpresa, accolse la notizia con sorpresa* **4.** dono contenuto nelle uova di cioccolato che si regalano a Pasqua || **N. 1. 2.** *Sin.* improvvisata **3.** *Sin.* meraviglia.

sorpréso (*pps.* di *sorprendere*) [fine sec. XIII] **agg.** vivamente stupito: *sono rimasto favorevolmente sorpreso.*

sórra [dall'ar. *sorra*, fianco di animale, attr. il catalano; 1353] **sf. 1.** la parte migliore della carne del tonno messa sott'olio **2.** *T.mac.* pezzo di carne macellata che corrisponde alla spalla dell'animale.

sorrèggere (pres. *sorrèggo* ecc., come REGGERE) [dal lat. *subrigere*, levar su, drizzare; 1715] **tr.** sostenere, reggere da sotto, mantenere in piedi: *sorreggere un bimbo che muove i primi passi* || *fig.* incoraggiare, aiutare, dare sostegno morale: *lo sorresse la fede, egli solo non ha chi lo sorregga* || **N.** *Sin.* confortare, puntellare, REGGERE, SOSTENERE.

sorrentìno [lat. *surrentīnus*; 1838] **I agg.** di Sorrento **II sm.** (f. *-a*) abitante di Sorrento.

sorrìdere (pres. *sorrìdo* ecc., come RIDERE) [lat. *subridere*; fine sec. XIII] **intr.** (aus. *avere*) **1.** dischiudere leggermente le labbra scoprendo un poco i denti in un'espressione caratteristica di simpatia, benevolenza, divertimento, allegria, ironia: *la donna sorrideva tra le lacrime; sorrise ironicamente, benevolmente* **2.** *fig.* arridere, essere favorevole, propizio: *gli sorride la vita* **3.** *fig.* essere gradito, allettare, piacere: *quest'idea mi sorride* || **tr.** *poet.* manifestare con un sorriso: *per le sorrise parolette brevi* (Dante) || **N.** RIDERE.

sorrisétto (*dim.* di *sorriso*) [1872] **sm.** sorriso abbozzato e privo di spontaneità: *un sorrisetto di circostanza.*

sorriso [da *sorridere*; 1321] **sm. 1.** il piegare le labbra con gli angoli verso l'alto come espressione di sentimenti diversi, dalla simpatia al compatimento: *ha sempre il sorriso sulle labbra; abbozzare, fare un sorriso; avere un sorriso per tutti*, essere cordiale; *avere sempre il sorriso sulle labbra*, essere allegro, ottimista per temperamento || *per meton.* la mimica facciale del sorridere: *avere un bel sorriso* **2.** *fig. non com.* letizia, splendore, bellezza: *il sorriso del cielo, della natura* || *dim.* sorrisétto, sorrisìno; *accr.* sorrisóne || **N.** *Sin.* ghignetto, risolino, sogghigno, RISO | affettuoso, amabile, amaro, beffardo, benevolo, dolce, fatuo, gentile, ironico, malizioso, modesto, sciocco, spontaneo, stentato | abbozzare, schiudere, spuntare.

sorsàre (pres. *sórso*) [da *sorso*; a. 1375] **tr.** *raro* sorseggiare, bere a sorsi.

sorsàta [da *sorsare*; sec. XIV] **sf.** la quantità di liquido bevuto in un sorso: *prendere una sorsata di vino, bere a lunghe sorsate* || *dim.* sorsatìna || **N.** *Sin.* SORSO.

sorseggiàre (pres. *-éggio*) [da *sorsare*; 1611] **tr.** bere a piccoli sorsi e con gusto: *sorseggiare il caffè, un liquore* || **N.** *Sin.* centellinare.

sórso [lat. volg. **sorpsus*, class. *sorptus*, agg. del lat. *sorbēre*; a. 1375] **sm.** la quantità di liquido che si beve con un solo moto di aspirazione e deglutizione: *un sorso d'acqua; bere a sorsi*, in più volte, adagio adagio, centellinando; *bere in un sorso*, tutto in una volta; *a sorso a sorso*, poco per volta, anche *fig.* || *per estens.* piccola quantità di liquido: *mi verso un sorso di liquore* || *dim.* sorsétto, sorsìno, sorsèllo, sorsellìno, sorsettìno || **N.** *Sin.* sorsata.

sòrta (tosc. arc. *sòrte*) (pl. *-e*) [lat. volg. **sorta*, class. *sors, sortis*, sorte; a. 1348] **sf.** specie, tipo: *che sorta di animale è questo?, alberi d'ogni sorta, gliene fa di tutte le sorte* || *di sorta*, solo in espr. con negazioni, di nessun genere: *non c'è difficoltà di sorta* || **N.** *Sin.* categoria, risma, specie, QUALITÀ | assortimento, assortire.

sòrte [lat. *sors, sortis*; 1310 nel senso 4] **sf. 1.** presunta forza impersonale che regola e decide in modo imperscrutabile le vicende umane; caso: *essere in balìa della sorte, ah! sorte crudele* **2.** di persona, istituzione ecc., destino individuale: *accettare la propria sorte; abbandonare qualcuno alla sua sorte*, non aiutarlo; anche *pl.*: *le sorti della nazione* || corso di eventi futuri, in part. in relazione alla vita e alla morte: *decidere della sorte di qualcuno, la sua sorte è segnata* **3.** ciò che tocca a ciascuno, per caso o per destino: *ha avuto in sorte una scarsa intelligenza, ho avuto la sorte di incontrarlo* || *tirare, estrarre a sorte*, scegliere mediante sorteggio **4.** *arc.* sortilegio, pronostico || *arc.* ciascuno degli elementi che, mescolati e gettati a caso, consentivano la predizione del futuro: *gettare le sorti* || **N. 1.** *Sin.* fatalità, fato, fortuna | interrogare, tentare.

sorteggiàbile [da *sorteggiare*; 1873] **agg.** *non com.* che può essere sorteggiato: *numero sorteggiabile.*

sorteggiàre (pres. *-éggio*) [da *sorte*; 1321] **tr.** estrarre a sorte: *sorteggiare i nomi dei componenti la spedizione.*

sorteggiàto (*pps.* di *sorteggiare*) [1940] **agg.** e **sm.** (f. *-a*) che o chi è estratto a sorte: *egli fu tra i sorteggiati ed ebbe un premio.*

sortéggio (pl. *-gi*) [da *sorteggiare*; 1873] **sm.** ogni procedimento di scelta cieca o casuale: *fare il sorteggio dei premi, procedere al sorteggio* || **N.** *Sin.* estrazione | bossolo, lotteria, urna | estrarre, imbussolare.

sortière [dal fr. ant. *sorcier*, con influsso di *sorte*; 1453] **sm.** (f. *-a*) *arc.* chi fa sortilegi, sortilego.

sortilègio (pl. *-gi*) [dal lat. mediev. *sortilegium*, sul modello di *sacrilegium*, sacrilegio; a. 1396] **sm.** pratica magica che ricorre a formule o riti per influenzare esseri viventi o cose in senso benefico o malefico o per predire il futuro.

sortilego (pl. *-ghi*) [dal lat. *sortilegus*; a. 1396] **sm.** *lett.* chi fa sortilegi || **N.** *Sin.* indovino, mago.

sortire[1] (pres. *-ìsco, -ìsci*) [lat. *sortīre*, sorteggiare; a. 1321] **tr. 1.** conseguire, ottenere, raggiungere: *le cure hanno sortito l'effetto sperato* **2.** *lett. raro* ottenere, avere in sorte: *sortì un bell'ingegno* **3.** *lett. raro* stabilire con un sorteggio, assegnare in base a un sorteggio: *Chi de' di voi combatter sortirete* (Ariosto).

sortire² (pres. *sòrto*) [dal fr. *sortir*, 1553 nel senso 2] ***intr.*** (aus. *essere*) **1.** *non com.* uscire per sorteggio: *sono sortiti i numeri che hai giocato* **2.** *per estens. pop.* uscire: *sono sortito di casa* || *non com. T.mil.* fare una sortita.

sortita [dal fr. *sortie*; 1553] ***sf.*** **1.** *T.mil.* l'uscire da una fortezza, da un riparo e sim. per assalire l'avversario || *non com.* via o porta segreta da cui gli assediati possono uscire da una fortezza per andare all'assalto del nemico; posterla **2.** nel gergo teatrale, uscita di un attore sulla scena **3.** uscita, arguzia o motto improvvisato: *certe volte ha delle sortite molto spiritose.*

sorvegliànte (*ppr.* di *sorvegliare*) [1848] ***agg.*** e ***s.*** che, chi sorveglia: *sorvegliante notturno, sorvegliante ai lavori* || **N.** *Sin.* assistente, guardia, guardiano, vigilatore, vigile.

sorveglianza [da *sorvegliare*, sul modello del fr. *surveillance*; 1807] ***sf.*** il sorvegliare, vigilanza: *eludere la sorveglianza di qualcuno*; *sorveglianza notturna*, esercitata dalle guardie notturne; *sorveglianza speciale*, quella esercitata dalla polizia nei confronti di persone notoriamente dedite a traffici illeciti o sospette di reato, e ritenute perciò socialmente pericolose.

sorvegliàre (pres. *-églio*) [dal fr. *surveiller*, 1812] ***tr.*** vigilare, tener d'occhio, non perdere di vista qualcuno per prevenire o reprimere atti delittuosi, illeciti o comunque non desiderati, per assicurare il normale svolgimento di operazioni e attività di vario genere e sim.: *sorvegliare i bambini, il traffico, una linea ferroviaria, le mosse dei nemici* || attendere, soprintendere: *sorvegliare la casa* || **N.** *Sin.* badare, custodire, tener d'occhio, VIGILARE | eludere.

sorvegliàto (*pps.* di *sorvegliare*) [1841] **I** ***agg.*** **1.** tenuto sotto controllo || *prezzo sorvegliato*, prezzo che i produttori possono aumentare solo documentando il rincaro dei relativi prodotti **2.** *fig.* sobrio, moderato: *stile sorvegliato* **II** ***sm.*** (f. *-a*) chi è tenuto sotto controllo || *T.giur. sorvegliato speciale*, persona sottoposta a un provvedimento di sorveglianza speciale.

sorvenire (pres. *sorvèngo* ecc., come VENIRE) [comp. di *sor-* e *venire*; a. 1294] ***intr.*** (aus. *essere*) *arc. lett.* sopravvenire.

sorvolaménto [da *sorvolare*; 1965] ***sm.*** il sorvolare.

sorvolàre (pres. *-ólo*) [comp. di *sor-* e *volare*; a. 1565] ***tr.*** **1.** volar sopra: *sorvolò la città* **2.** (anche *intr.*; aus. *avere*) *fig.* passar sopra a una difficoltà, un errore o sim. senza indugiare; tralasciare: *sorvolò la* (o, più com., *sulla*) *questione* || **N. 1.** *Sin.* sfiorare, superare **2.** *Sin.* mettere tra parentesi, omettere, prescindere.

sorvolatóre [da *sorvolare*; 1960] ***sm.*** (f. *-trìce*) pilota che ha sorvolato una determinata zona: *i primi sorvolatori del Pacifico.*

sorvólo [da *sorvolare*; 1950] ***sm.*** *T.aer.* atto del sorvolare; sorvolamento.

sos o **SOS** (pr. it. ['ɛsse 'ɔ 'ɛsse]) [dal segnale telegrafico costituito da tre punti, tre linee, tre punti, scelto come segnale di soccorso per la facilità di trasmissione e reinterpretato come acronimo dell'ingl. s(*ave*) *o*(*ur*) *s*(*ouls*), salvate le nostre anime; 1923] ***sm. inv.*** segnale internazionale radiotelegrafico per la richiesta di soccorso urgente: *lanciare un sos*, chiedere aiuto.

soscrivere V. SOTTOSCRIVERE.

soscrizióne V. SOTTOSCRIZIONE.

sòsia [dal lat. *Sōsia*, gr. *Sōsías*, n. del servo di Anfitrione nella omonima commedia di Plauto e Molière, attr. il fr. *sosie*; 1890] ***s. inv.*** persona talmente somigliante a un'altra da potersi scambiare con essa: *è il mio sosia.*

sóso V. SUSO.

sospecciàre o **sospiciàre** (pres. *-ìccio* o *-ìcio*) [dal provenz. *sospechar*; fine sec. XIII] ***tr.*** e ***intr.*** *arc.* sospettare: *ma poi che 'l sospecciar fu tutto spento* (Dante).

sospeccióso [da *sospecciare*; 1321] ***agg.*** *arc.* sospettoso.

sospèndere (pres. *-èndo*; p.rem. *-spési, -spendésti, -spése, -spésero*; pps. *sospéso*) [lat. *suspendere*; 1308] ***tr.*** **1.** attaccare una cosa in alto in modo che penzoli: *sospendere un lampadario al soffitto della stanza* || *fig. essere sospeso a un filo*, avere esistenza precaria **2.** interrompere per un certo periodo di tempo un'azione, un'attività e sim.: *sospendere il processo, la partenza, la seduta, una cura medica*; *sospendere i pagamenti*, non corrisponderli temporaneamente o definitivamente **3.** privare per qualche tempo di una carica, di un impiego, di uno stipendio, per punizione o per altra ragione: *fu sospeso dall'ufficio per dieci giorni*; *sospendere a divinis*, interdire a un sacerdote la celebrazione degli uffici divini || *T.scol. sospendere dalle lezioni*, allontanare uno studente dalla scuola per punizione, per un tempo proporzionato alla mancanza commessa || **N. 1.** *Sin.* agganciare | pendere, penzolare **2.** *Sin.* differire, posporre, rinviare.

sospendibile [da *sospendere*; a. 1704] ***agg.*** *non com.* che può essere sospeso.

sospendiménto [da *sospendere*; a. 1589] ***sm.*** *raro* sospensione.

sospensióne [dal lat. tardo *suspensio, -ōnis*; 1324 *suspensione*] ***sf.*** **1.** atto ed effetto del sospendere **2.** *T.mecc.* struttura con funzione di supporto su cui gravano dispositivi, strumenti ecc.; *in part. sospensione cardanica*, dispositivo che permette di mantenere un congegno in posizione costantemente orizzontale o verticale (viene usato, per es., nelle bussole); in un veicolo, il complesso degli organi di collegamento tra scocca e ruota che limitano l'effetto di scosse e vibrazioni durante la marcia **3.** *T.chim.* stato di un corpo diviso in minutissime parti, che si mescola a una massa fluida senza essere dissolto in essa: *sospensioni colloidali* **4.** *T.ret.* procedimento stilistico e di racconto che consiste nel ritardare il più possibile la conclusione di un periodo o di un'azione narrativa || *puntini di sospensione*, segno di punteggiatura consistente in tre puntini che indicano la non completezza di un enunciato **5.** *non com.* situazione di incertezza e attesa penosa || **N. 1.** *Sin.* dilazione, interruzione, proroga, rinvio. **Q.T.** *automobile* **TAV.** *elettrodomestici* 3.5; ***astronautica*** **p. 655** 6.10; ***automobile*** **p. 658** 3.32b; ***motocicletta...*** **p. 1323** 6.20.

sospensìva [da *sospendere*; 1950] ***sf.*** *T.bur.* sospensione: *ha ottenuto la sospensiva della sentenza.*

sospensìvo [da *sospendere*; a. 1406 *suspensivo*] ***agg.*** **1.** *T.bur.* atto a sospendere, che serve a interrompere o a differire: *decreto sospensivo* **2.** dubbio, incerto: *risposta sospensiva* **3.** *raro punti sospensivi*, punti di sospensione, puntini; segno ortografico della reticenza.

sospensóre [da *sospendere*; 1917] ***sm.*** congegno per tenere sospeso qualcosa.

sospensòrio (pl. *-ri*) [dal lat. tardo *suspensōrius*; 1681] **I** ***agg.*** *T.anat.* detto di legamento o muscolo che serve a tenere sospeso un organo o a impedirne l'abbassamento **II** ***sm.*** sacchetto di tessuto (spesso elasticizzato) che viene fissato alle anche con una cordicella, e serve a sostenere lo scroto e i testicoli durante l'esercizio di vari sport.

sospéso (*pps.* di *sospendere*) [1312 nel senso 2] **I** ***agg.*** **1.** attaccato in alto e pendente **2.** interrotto, differito || *T.mus. cadenza sospesa*, V. CADENZA **3.** *fig.* incerto, esitante: *stare con l'animo sospeso*; *stare col fiato sospeso*, trattenendo il fiato per l'emozione || *color che son sospesi* (Dante), gli spiriti del Limbo, che stanno tra il desiderio di Dio e l'angoscia di non poterlo vedere **4.** *fig.* che è in attesa di definizione; non definito, non risolto, spec. nella loc. *in sospeso*: *avere dei conti in sospeso*, non pagati; *stare, tenere in sospeso*, nel dubbio **II** ***sm.*** pratica non evasa; conto non pagato.

sospettàbile [da *sospettare*; 1873] ***agg.*** che si può sospettare, che può dar adito a sospetti || **N.** *Contr.* insospettabile.

sospettabilità [da *sospettabile*; 1940] ***sf.*** qualità o condizione di chi o di ciò che è sospettabile || **N.** *Contr.* insospettabile.

sospettàre (pres. *-ètto*) [lat. *suspectāre*; 1353] ***tr.*** **1.** ritenere colpevole, in base a indizi: *sospettare qualcuno di tradimento* **2.** subodorare, ritenere, in base a indizi più o meno fondati, che una realtà sia peggiore di quella che sembra o si vuole che sembri: *dietro quell'invito sospetto un tranello* (o *che si celi un tranello*) **3.** credere sulla base di impressioni, ipotizzare, immaginare, supporre: *lo sospettavano ancora pieno di rancore, non avrei sospettato in lui un'intelligenza così vivace* || ***intr.*** (aus. *avere*) **1.** nutrire sospetti di colpevolezza: *tutti sospettavano di lui* **2.** essere sospettoso, diffidare: *l'uno sospettava dell'altro, egli sospettava di tutto e di tutti* || **N.** ***intr.*** **2.** *Sin.* avere una pulce in un orecchio, congetturare, insospettirsi, pensare male.

sospètto¹ [lat. *suspectus*, pps. di *suspicere*, guardare con diffidenza; 1337] **I** ***agg.*** che desta diffidenza e timore: *uomo sospetto*; *sospetto di tradimento, di malafede*; *un giornale non sospetto di simpatia nei nostri confronti, un critico non sospetto di favoritismi*; *provenienza sospetta*, origine non chiara: *merci di sospetta provenienza*, probabilmente rubate; *testimone sospetto*, della cui buona fede si può sospettare **II** ***sm.*** (f. *-a*) persona sulla quale gravano indizi di responsabilità.

sospètto² [da *sospettare*; 1313] ***sm.*** **1.** diffidenza, tendenza a sospettare: *la paura e il sospetto gli erano costanti compagni* **2.** *concr.* ipotesi di colpevolezza; convinzione, presunzione, basata su indizi o impressioni, che qualcuno sia colpevole o, *per estens.*, che qualcosa sia diverso e peggiore di come sembra: *gettare su qualcuno l'ombra del sospetto, i sospetti si appuntarono sul maggiordomo, ho il vago sospetto che vogliate burlarvi di noi, c'è il sospetto di un tumore*; *cadere in sospetto*, divenir oggetto del sospetto altrui || **N. 1.** dubbio, ombra, paura, sfiducia | debole, fondato, forte, ignobile, infondato, legittimo, vago, vile | destare, far tacere, generare, indurre, nutrire, prevenire, sgombrare.

sospettosità [da *sospettoso*; 1965] ***sf.*** *non com.* l'essere sospettoso.

sospettóso [da *sospetto²*; a. 1294] ***agg.*** che sospetta di tutto, diffidente: *persona sospettosa e taciturna* || *per estens.* che rivela o esprime sospetto: *sguardo sospettoso* || **sospettosaménte** ***avv.*** manifestando sospetto: *guardava tutti sospettosamente* || **N. 1.** *Sin.* cauto, circospetto, guardingo, riservato | avere la coda di paglia.

sospìngere (pres. *sospingo* ecc., come SPINGERE) [comp. di *so-* e *spingere*; 1313] ***tr.*** *lett.* **1.** spingere con movimento lento e continuo: *sospingere una carrozzella da bambini* **2.** *fig.* indurre: *sospingere alla disperazione, a un delitto* || **N.** *Sin.* SPINGERE.

sospìnto (*pps.* di *sospingere*) [1313] ***agg.*** che viene mosso in modo lento e continuo || nella *loc. avv. a ogni piè sospinto*, continuamente, spessissimo: *egli diceva una sciocchezza a ogni piè sospinto.*

sospiràre (pres. *-ìro*) [lat. *suspirāre*; a. 1292 *suspirare*] ***intr.*** (aus. *avere*) emettere sospiri, perlopiù per rimpianto, rammarico, desiderio o sofferenza interiore: *sospirare ripensando alla* *felicità perduta* || **tr.** rimpiangere; desiderare intensamente, agognare: *sospirare le vacanze, la patria* || *per estens.* attendere con desiderio, con ansia: *me l'hanno proprio fatta sospirare la fine dell'anno scolastico!*; nella loc. fam. *farsi sospirare*, farsi attendere a lungo || *far sospirare uno*, esser ragione di dolore, di ansie: *quel figlio l'ha fatto sospirare tanto.*

sospiràto (*pps.* di *sospirare*) [1581] **agg.** desiderato, atteso: *la tanto sospirata pace.*

sospirévole [da *sospirare*; 1336 ca.] **agg.** *raro lett.* sospiroso, pieno di sospiri, accompagnato da sospiri: *sospirevole voce*; *con tanta sospirevole passione* (D'Annunzio).

sospiro [da *sospirare*; a. 1292] **sm.** **1.** atto d'inspirazione e di espirazione più lungo e profondo del normale, causato da insoddisfazione, sofferenza, passione, desiderio, ansia, rimpianto o altro turbamento: *fare, mandare un lungo sospiro, dare un sospiro di sollievo*; *mi costa molti sospiri*; *rispose con un sospiro*; *un amore fatto di sguardi e di sospiri* **2.** *per estens. lett.* respiro: *l'ultimo sospiro*, il momento della morte; *rendere, esalare l'ultimo sospiro*, morire || *poet.* soffio, alito: *un sospiro di vento* || *non com. a sospiri*, a lunghi intervalli, senza continuità: *pagare a sospiri* || *dim.* sospirétto, sospirùccio; *accr.* sospiróne; *pegg.* sospiràccio.

sospiróso [da *sospiro*; 1319] **agg.** *non com. lett.* e *poet.* che sospira || *fig.* patetico, languidamente sentimentale: *era una poesia patetica e sospirosa*; *una ragazza sospirosa.*

sossèllo [dal lat. *subsell(i)um*; a. 1502] **sm.** *T.arch.* gradino rialzato che serviva da sedile, lungo le facciate di alcuni palazzi del Rinascimento.

sossópra [comp. di *so-* e *sopra*; a. 1470] **avv.** *lett.* o *region.* sottosopra.

sòsta [da *sostare*; a. 1375] **sf.** **1.** atto ed effetto del sostare: *diritto di sosta*, pagamento di una certa somma per far sostare una merce in magazzini o sim.; *divieto di sosta*, è scritto nei luoghi in cui ai veicoli non è permesso parcheggiare **2.** *per estens.* pausa: *fare una sosta*; *non dar sosta a qualcuno*, tenerlo in continua tensione, non dargli tregua: *il dolore non gli dà sosta un minuto* || **N.** **2.** *Sin.* pausa, posa, quiete, riposo. **TAV. *automobile* p. 658** 4.1.

sostantivàle [da *sostantivo*; 1975] **agg.** *T.ling.* che ha funzione di sostantivo: *un aggettivo in funzione sostantivale.*

sostantivàre [da *sostantivo*; 1922] **tr.** *T.gram.* usare un aggettivo, un verbo, un avverbio o altra parte del discorso in funzione di sostantivo.

sostantivazióne [da *sostantivare*; 1960] **sf.** *T.gram.* atto ed effetto del sostantivare: *la sostantivazione di un aggettivo.*

sostantivo [dal lat. tardo (*nōmen*) *substantīvum*; a. 1396 *sustantivo*] **agg.** e **sm.** *T.gram.* parte del discorso con cui si indica un ente, concreto o astratto, singolo o collettivo: *usare un aggettivo in funzione di sostantivo* || **sostantivaménte** **avv.** con funzione di sostantivo: *un aggettivo usato sostantivamente* || **N.** *Sin.* nome | femminile, maschile, neutro, plurale, singolare. **Q.T.** *linguistica.*

sostànza [dal lat. *substantia*; a. 1294] **sf.** **1.** *T.fil.* la cosa nella sua essenza, ciò che di una cosa persiste identico nel divenire e nel mutare delle qualità o accidenti **2.** *per estens.* nell'uso comune, elemento essenziale, fondamentale, più concreto e rilevante di qualcosa: *non bisogna guardare alla forma, ma alla sostanza delle cose* || l'argomento essenziale, quello che vi è di più importante in uno scritto, discorso e sim.: *la sostanza del racconto* || detto di alimento, la parte più nutritiva: *cibo con poca sostanza* || nella *loc. avv. in (buona) sostanza*, in definitiva, in ultima analisi, considerando l'essenziale e tralasciando l'accessorio: *in sostanza, non avete concluso nulla* **3.** (solo *pl.*) complesso di beni economici, patrimonio: *ha ereditato tutte le sostanze paterne* **4.** elemento o composto chimico: *sostanza organica, inorganica, alimentare, medicinale, tossica, colorante, detergente* **5.** *T.anat.* termine con cui si indicano materiali od organi ben delimitabili rispetto ai tessuti circostanti: *sostanza corticale, midollare* || **N.** **1.** *Sin.* principio, quiddità **2.** *Sin.* contenuto, soggetto, succo **4.**, **5.** *Sin.* materia, materiale. **TAV. *anatomia* p. 642** 14.3, 14.4.

sostanziàle [dal lat. tardo *substantiālis*; 1319 *sustanziale*] **I** **agg.** **1.** della sostanza, che concerne la sostanza: *principio sostanziale*; *bada alle differenze sostanziali e non a quelle di forma* **2.** che è più importante, più considerevole: *la parte sostanziale del discorso, del concerto* || **sostanzialménte** **avv.** **1.** *T.fil.* per quanto concerne la sostanza **2.** essenzialmente, fondamentalmente: *sono due problemi sostanzialmente diversi*; anche con valore frasale: *sostanzialmente, sono d'accordo con te* || **II** **sm.** *raro* ciò che è sostanziale: *guarda al sostanziale.*

sostanzialismo [da *sostanziale*; 1960] **sm.** *T.fil.* ogni concezione filosofica che ammetta l'esistenza di una realtà assoluta oltre la pluralità fenomenica || **N.** *Contr.* fenomenismo.

sostanzialistico (pl. *-ci*) [da *sostanzialismo*; 1965] **agg.** *T.fil.* del sostanzialismo: *concezione sostanzialistica della realtà.*

sostanzialità [dal lat. tardo *substantiālitas, -ātis*; 1309 *substanzialità*] **sf.** l'essere sostanziale, il rivestire un'importanza fondamentale: *la sostanzialità della questione rispetto al problema più generale.*

sostanziàre (pres. *-ànzio*) [da *sostanzia*, var. ant. di *sostanza*; sec. XIV *sustanziare* come intr. pron.] **tr.** **1.** dare più consistenza, rendere più solido, più credibile ecc.: *sostanziare la proposta di indicazioni operative, sostanziare l'ipotesi con prove sperimentali* **2.** permeare: *una lettera sostanziata di sincera ammirazione* || **intr. pron.** ridursi, essere riconducibile, avere per essenza: *tutta la cosa si sostanzia in questo principio.*

sostanzióso [da *sostanzia*, var. ant. di *sostanza*; sec. XIV *sustanzioso*] **agg.** **1.** ricco di sostanza, di nutrimento: *le uova sono un cibo sostanzioso*; *consumare una colazione svelta ma sostanziosa* || *terra sostanziosa*, ricca di *humus*, di elementi fertilizzanti **2.** *fig.* ricco di contenuti rilevanti, spec. se espressi concisamente: *una relazione breve ma sostanziosa* || **N.** **1.** *Sin.* nutriente, nutritivo.

sostàre (pres. *sòsto*) [lat. *substāre*; a. 1294] **intr.** (aus. *avere*) fermarsi per un po', interrompere il proprio cammino: *sostammo per qualche tempo all'ombra* || *fig. raro* interrompere un poco: *sostare dal lavoro, dal combattere, dal piangere, dal parlare* || **N.** *Sin.* FERMARSI.

sostégno [dal provenz. *sostenh*; sec. XIII] **sm.** **1.** ciò che è atto a sostenere, a reggere una cosa: *muro di sostegno, la statua ha un robusto sostegno*; *essere di sostegno a qualcosa*, sostenerlo **2.** *fig.* appoggio materiale e morale: *il padre era il sostegno della famiglia, addurre nuovi argomenti a sostegno della propria tesi* || **N.** **1.** *Sin.* appoggio, base, bastone, caposaldo, cardine, cariatide, fondamento, gruccia, mensola, palo, piedistallo, pilastro, puntello, rincalzo, rinforzo, sostentamento, stampella, supporto, tallone, trave, trespolo.

sostenére (pres. *sostèngo* ecc., come TENERE) [lat. *sustinēre*; a. 1292] **tr.** **1.** sorreggere, reggere su di sé il peso di persone o cose, servire da appoggio o da sostegno: *il ponte non sostiene il peso, le colonne sostengono l'architrave* || tenere sospeso: *una fune sostiene lo striscione* || rendere stabile, impedire il crollo: *un puntello sostiene il muro pericolante* **2.** portare su di sé un onere materiale o morale, far fronte: *sostenere forti spese, il peso della famiglia, una lunga lotta contro l'invasore*; *sostenere dure prove, gli esami*, affrontarli; *sostenere l'urto dell'esercito nemico*, reggerlo, non ripiegare || *T.mar. sostenere il mare*, non soffrire il mal di mare e, detto di imbarcazione, stare a galla **3.** *fig.* tener alto: *sostenere la voce*, non calare di tono nel cantare o declamare || di prezzo, mantenerlo elevato: *sostenere i prezzi, i titoli di borsa* **4.** *fig.* addurre argomenti in sostegno, appoggiare, difendere: *sostenere una causa, una dottrina, un partito* || aiutare: *sostenere un amico nel bisogno* **5.** *fig.* dar sostanza, vigore, mantenere in forma, nutrire: *una cura ricostituente per sostenere il fisico provato dall'operazione* || *T.med.* provocare e mantenere viva un'infezione: *una malattia sostenuta da un batterio finora sconosciuto* **6.** *fig.* asserire con convinzione, affermare, propugnare: *sostenere che una cosa non è vera, la propria innocenza*; *sostenere le proprie ragioni*, cercare di farle valere **7.** *fig. T.teatr.* e *T.cin. sostenere una parte* (o *un personaggio*), di attori, caratteristi e sim., rappresentare in scena || rif. a carica, ufficio e sim., ricoprirli: *sostenere una carica importante* || **rifl.** **1.** reggersi in piedi: *si sosteneva con un bastone* **2.** *fig.* mantenersi in forze, sostentarsi: *si sostiene con qualche brodo* || **rec.** darsi aiuto scambievole: *quei due amici si sostengono a vicenda* || **intr. pron.** **1.** tenersi dritto, stare su: *la scaffalatura si sostiene da sola, senza doverla fissare al muro* **2.** *fig. non com.* di argomentazione, ragionamento e sim., risultare plausibile: *la tua proposta non si sostiene* || **N.** **tr.** **1.** *Sin.* portare, tenere su **4.** *Sin.* confortare, favorire, fiancheggiare, prender le difese, secondare, spalleggiare, suffragare **5.** *Sin.* corroborare.

sostenìbile [da *sostenere*; a. 1712] **agg.** che si può sostenere: *affermazione, spesa non sostenibile* || **N.** *Contr.* insostenibile.

sostenibilità [da *sostenibile*; 1940] **sf.** *non com.* condizione di ciò che è sostenibile || **N.** *Contr.* insostenibilità.

sosteniménto [da *sostenere*; 1306] **sm.** **1.** *raro* il sostenere e il sostenersi **2.** sostentamento.

sostenitóre [da *sostenere*; a. 1348] **sm.** (f. *-trìce*) e **agg.** (sempre posposto) chi o che sostiene, spec. *fig.*: *essere, farsi sostenitore di una tesi, di un'iniziativa, di una corrente politica* || *socio sostenitore*, che versa una quota superiore a quella normale per favorire l'associazione || **N.** *Sin.* collaboratore, difensore, fautore, protettore.

sostentàbile [da *sostentare*; a. 1578] **agg.** *raro* che si può sostentare.

sostentaménto [da *sostentare*; a. 1320] **sm.** il sostentare, spec. come soddisfazione delle necessità economiche e in part. alimentari: *provvede al sostentamento del nipote, mezzi di sostentamento.*

sostentàre (pres. *-ènto*) [dal lat. *sustentāre*, sostenere; fine sec. XIII nel senso 3] **tr.** **1.** *T.fis.* mantenere un corpo in un fluido, e spec. nell'aria, per mezzo di forze che ne equilibrano il peso **2.** mantenere, nutrire, provvedere del necessario: *sostentare la famiglia, un povero orfano* **3.** *arc.* reggere, sostenere || **N.** **2.** *Sin.* MANTENERE, NUTRIRE.

sostentativo [da *sostentare*; 1726] **agg.** *raro* atto a sostentare.

sostentatóre [da *sostentare*; a. 1348 nel senso 2] **agg.** e **sm.** (f. *-trìce*) **1.** che o chi sostenta **2.** *ant. raro* sostenitore.

sostentazióne [da *sostentare*; 1353 *sustentazione*] **sf.** *non com.* azione del sostentare; *in part. T.fis.* il fenomeno per cui un corpo è mantenuto in un fluido, spec. nell'aria, per effetto di forze che ne equilibrano il peso: *sostentazione dinamica*, quella degli aeromobili; *sostentazione statica*, quella degli aerostati; *mezzi, organi, sistemi di sostentazione.*

sostenutézza [da *sostenuto*; 1699] **sf.** l'essere sostenuto ‖ **N.** *Sin.* affettazione, austerità, riservatezza | *Contr.* affabilità, cordialità.

sostenùto (*pps.* di *sostenere*) [a. 1698] **I agg.** **1.** appoggiato, difeso, favorito **2.** riservato, austero, distaccato, che non dà confidenza: *mantenere un contegno sostenuto con tutti* **3.** dello stile di un testo, severo, austero, alieno da modi volgari: *stile sostenuto, prosa sostenuta* **4.** *T.mus.* notazione musicale per indicare che il passo va eseguito con una certa compostezza **5.** che si mantiene alto, che non diminuisce; *in part. T.econ.* rif. a prezzi e sim.: *cambi sostenuti, mercato sostenuto* ‖ rif. a movimenti ritmici o comunque continuativi, anche *fig.*: *velocità, andatura sostenuta; le trattative si svolgono a ritmo sostenuto* **II sm.** (f. *-a*) persona sostenuta: *non fare il sostenuto.*

sostituènte (*ppr.* di *sostituire*) [1965] **agg.** che sostituisce ‖ *T.chim.* detto di atomo o di un gruppo di atomi che, nel corso di una reazione, prende il posto di un altro atomo o gruppo atomico.

sostituìbile [da *sostituire*; 1891] **agg.** che si può sostituire: *un collaboratore non facilmente sostituibile* ‖ **N.** *Sin.* surrogabile | *Contr.* indispensabile, insostituibile.

sostituibilità [da *sostituibile*; 1940] **sf.** l'essere sostituibile ‖ **N.** *Contr.* insostituibilità.

sostituìre (pres. *-isco, -isci*) [dal lat. *substituere*, porre sotto; 1337] **tr.** **1.** mettere una cosa o persona al posto di un'altra: *sostituire gli originali con copie, sostituire un impiegato, sostituire una lampadina fulminata* **2.** prendere il posto di un altro: *sostituì per un mese il segretario malato* ‖ **N.** **1.** *Sin.* rimpiazzare, scambiare | *Contr.* conservare, mantenere **2.** *Sin.* rimpiazzare, succedere, supplire.

sostitutìvo [dal lat. tardo *substitutīvus*; 1940] **agg.** atto a sostituire; che costituisce una sostituzione: *provvedimenti sostitutivi, indennità sostitutive delle ferie non godute.*

sostitùto [dal lat. *substitūtus*, pps. di *substituere*, porre sotto; 1354] **sm.** (f. *-a*) chi sostituisce, esercita la funzione, fa le veci di un altro: *mandare un sostituto, il sostituto del direttore* ‖ *T.giur.* qualifica del magistrato che fa le veci del Procuratore della Repubblica o del Procuratore Generale: *sostituto Procuratore* ‖ *sostituto d'imposta*, soggetto tenuto per legge a pagare un'imposta per conto del contribuente assoggettato a tale imposta ‖ **N.** *Sin.* sottentrante, subentrante, succedaneo, successore, supplente, surrogante, surrogato.

sostitutóre [dal lat. mediev. *substitutor, -ōris*; 1838] **agg.** e **sm.** (f. *-trìce*) *raro* che o chi sostituisce; sostituto.

sostituzióne [dal lat. tardo *substitutio, -ōnis*; sec. XIV] **sf.** azione ed effetto del sostituire: *la sostituzione dei vecchi impianti con quelli nuovi* ‖ *T.giur. sostituzione testamentaria*, la nomina di un secondo erede, nel caso che il primo morisse o non volesse accettare; *sostituzione d'infante*, il reato di chi sostituisce un neonato con un altro ‖ *T.chim.* reazione chimica per cui un elemento prende il posto di un altro in un corpo composto ‖ *T.mat.* trasformazione: *sostituzione di variabile* ‖ *in sostituzione di*, in luogo di, al posto di ‖ **N.** *Sin.* cambio, rimpiazzo, scambio, supplenza.

sostràto [dal lat. *substrātus*; 1862] **sm.** **1.** strato sottostante un altro: *in questo terreno c'è un sostrato di argilla* ‖ *fig.* elemento costitutivo originario che esercita un influsso indiretto su quanto a esso si sovrappone successivamente: *il sostrato filosofico di una dottrina politica; è rozzo, ma in lui c'è un sostrato di bontà* ‖ *T.fil.* la sostanza, come ciò a cui ineriscono le proprietà **2.** *T.ling.* la lingua parlata in una determinata regione, prima che un'altra la sostituisse, assorbendone alcuni elementi strutturali: *azione, influssi di sostrato* ‖ **N.** **1.** *Sin.* sfondo, substrato, FONDO.

sostruzióne [dal lat. *substructio, -ōnis*, fondamenta; 1891] **sf.** *T.edil.* struttura basamentale totalmente o parzialmente interrata, destinata a sorreggere l'edificio sovrastante; nelle zone in pendenza è pressoché totalmente fuori terra per poter formare un piano d'appoggio uniforme ‖ **N.** *Sin.* fondamenta.

soteriologìa [comp. del gr. *sōtēría*, salvezza e *-logia*; 1829 *soterologia*] **sf.** *T.rel.* dottrina della salvezza: *la soteriologia cristiana, islamica.* **Q.T.** *religione.*

soteriològico (pl. *-ci*) [da *soteriologia*; 1960] **agg.** relativo alla soteriologia.

sòtnia [dal russo *sotnia*, propr. centinaio; 1905] **sf.** *T.mil.* centuria di soldati di cavalleria russa, che corrisponde al nostro squadrone: *una sotnia di cosacchi.*

sottàbito [comp. di *sotto-* e *abito*; 1963] **sm.** *T.abb.* sottoveste.

sottacére (pres. *sottàccio* ecc., come TACERE) [comp. di *so-* e *tacere*; 1935] **tr.** tacere deliberatamente qualcosa di noto per discrezione, cautela o col segreto intento di ingannare; omettere: *tutte queste circostanze furono da lui sottaciute* ‖ **N.** *Sin.* TACERE.

sottacéto (anche *sott'acéto* come agg. e avv.) [comp. di *sotto-* e *aceto*; 1846 come agg.] **I sm.** spec. *pl.* cibo, generalmente piccolo ortaggio o pezzetto di ortaggio, conservato a lungo in acqua e aceto, dopo esser stato sbollentato; si serve come antipasto o anche come contorno di bolliti: *i sottaceti industriali sono preparati in un altro modo, perciò sono più croccanti* **II agg.** *inv.* preparato e conservato sotto aceto: *cetrioli sottaceto* **III avv.** immergendo in una soluzione di acqua, aceto e aromi: *conservare sott'aceto* ‖ **N.** **I** capperi, cetrioli, cipolline, fagiolini, peperoni.

sott'àcqua (meno com. *sottàcqua*) [comp. di *sotto-* e *acqua*; 1483 *sott'acqua*] **avv.** sotto la superficie dell'acqua.

sottàcqueo [comp. di *sotto-* e *acqueo*; 1728] **agg.** *raro* subacqueo.

sottalimentàre e der. V. SOTTOALIMENTARE e der.

sottàna [da *sottano*; 1585 nel senso 2] **sf.** *T.abb.* **1.** sottoveste ‖ *per estens.* gonna; *fig. essere sempre attaccato* o *cucito alla sottana della mamma*, si dice di bambino, o *spreg.* di adulto, che non si allontana mai dalla mamma e non cerca altre compagnie ‖ *fig. fam. scherz.* donna: *correre dietro alle sottane* **2.** tunica usata nei sec. XIII e XIV da uomini e donne; oggi, veste talare ‖ *dim.* sottanèlla, sottanìna, sottanìno (*sm.*), sottanùccia; *accr.* sottanóna, sottanóne (*sm.*) ‖ **N.** **1.** *Sin.* GONNA.

sottanìno (*dim.* di *sottana*) [a. 1708] **sm.** sottana corta ‖ *in part.* sottana corta, di velo, che portano le ballerine in teatro ‖ **N.** *Sin.* tutù.

sottàno [lat. volg. **subtānus*; fine sec. XIII] **agg.** *arc.* che sta sotto; oggi sopravvive nella toponomastica ‖ **N.** *Contr.* soprano[1].

sottàrco (pl. *-chi*) [comp. di *sotto-* e *arco*; 1547] **sm.** *T.arch.* il punto di mezzo della faccia inferiore di un arco ‖ anche la faccia inferiore stessa.

sottascèlla V. SOTTOASCELLA.

sottécchi [etim. inc.; 1483] **avv.** dal basso in alto, rif. al guardare alzando lo sguardo ma non il viso, in modo da poter osservare furtivamente: *guardare una persona sottecchi* (o, più com., *di sottecchi*).

sottèndere (pres. *sottèndo* ecc., come TENDERE) [dal lat. *subtendere*; sec. XIV *sontendere*] **tr.** **1.** tendere sotto; *in part. T.geom.* unire con una retta, detto della corda che passa per gli estremi di un arco: *in uno stesso cerchio o in cerchi uguali, archi uguali sottendono corde uguali* **2.** *per estens. fig.* presupporre, richiedere.

sottentraménto [da *sottentrare*; 1336 ca.] **sm.** *raro* modo e atto del sottentrare ‖ **N.** *Sin.* rimpiazzo, sostituzione.

sottentràre (pres. *-éntro*) [comp. di *sotto-* ed *entrare*; 1353] **intr.** (aus. *essere*) **1.** *arc.* entrare sotto **2.** *com. fig.* prendere il posto di un altro: *sottentrò all'impiegato che se ne era andato* ‖ *fig.* sopravvenire: *all'amore sottentrò l'odio* ‖ **N.** **2.** *Sin.* sostituire, subentrare, succedere.

sotterfùgio (pl. *-gi*) [dal lat. mediev. *subterfugium*, dal class. *subterfugere*, sfuggire; a. 1566] **sm.** accorgimento, espediente fondato sulla finzione, l'inganno ecc.: *l'ottenne con un sotterfugio, si serve spesso di sotterfugi* ‖ nella *loc. avv. di sotterfugio*, nascostamente: *fa sempre tutte le cose di sotterfugio* ‖ **N.** *Sin.* espediente, insidia, malizia, scappatoia, scusa, stratagemma, tranello | di soppiatto, di straforo, furtivamente.

sottèrra [comp. di *so-* e *terra*; 1312] **avv.** *ant.* sotto terra: *tesoro nascosto sotterra, uscito di sotterra.*

sotterràbile [da *sotterrare*; 1873] **agg.** *raro* che si può sotterrare.

sotterraménto [da *sotterrare*; 1611] **sm.** atto ed effetto del sotterrare; seppellimento.

sotterrànea [da *sotterraneo*; 1934] **sf.** ferrovia sotterranea; metropolitana.

sotterràneo [dal lat. *subterrāneus*; a. 1320] **I agg.** **1.** che si trova sotto terra: *corridoio sotterraneo, acque sotterranee* **2.** *fig.* nascosto, clandestino: *i movimenti sotterranei dell'animo* **II sm.** *T.edil.* locale costruito sotto il livello del terreno circostante, perlopiù adibito a cantina, magazzino e sim. ‖ cunicolo scavato sotto terra: *i sotterranei del castello* ‖ **N.** **I** **1.** *Sin.* occulto, NASCOSTO **II** catacomba, caverna, cloaca, cripta, fondamenta, galleria, ipogeo, silo, sostruzione, sottosuolo | NASCOSTO.

sotterràre (pres. *-èrro*) [da *sotterra*; a. 1340] **tr.** **1.** interrare, mettere sotto la terra: *sotterrare i semi*, seminarli ‖ nascondere sotto terra: *sotterrare un tesoro* ‖ *in part.* rif. a un cadavere, seppellire: *lo sotterrarono al cimitero delle Porte Sante* ‖ *fig. fam. scherz. ne ha sotterrati parecchi*, si dice di persona che è sopravvissuta a molti dei suoi coetanei; *andare a farsi sotterrare*, si dice di chi ha perduto credito e stima, o di chi è stato battuto ignominiosamente in una competizione e sim. **2.** *fig. sotterrare una questione*, non parlarne più ‖ *sotterrare il carnevale*, festeggiarne la fine ‖ **N.** *Sin.* SEPPELLIRE | *Contr.* dissotterrare.

sotterràto (*pps.* di *sotterrare*) [a. 1348] **agg.** posto sotto terra; *in part.* nella loc. *morto e sotterrato*, morto e sepolto, morto da tempo e, *fig.*, meno com., ormai dimenticato, superato: *questioni morte e sotterrate.*

sotterratóre [da *sotterrare*; a. 1685] **agg.** e **sm.** (f. *-trìce*) *non com.* che o chi sotterra.

sottéso (*pps.* di *sottèndere*) [1586] **agg.** **1.** *T.geom.* di arco di curva i cui estremi sono uniti da un segmento rettilineo detto *corda* **2.** *fig. lett.* venato, soffuso: *quiete sottesa di paura.*

sottésso [comp. di *sotto* ed *esso*; 1340] **prep.** *ant. lett.* sotto, rafforzato con l'aggiunta pleonastica del pronome *esso* (come in *lunghesso*): *sottesso l'ombra* (Boccaccio), sotto l'ombra.

sottigliézza [da *sottile*, con influsso dell'ant. *sottigliare*; a. 1294 nel senso 2] **sf.** **1.** qualità di ciò che è sottile: *la sottigliezza di un filo metallico* **2.** *fig.* acutezza di ingegno ‖ finezza, acutezza: *sottigliezza di ragionamenti* **3.** cavillo, sofisticheria: *nel vostro ragionamento ci sono però troppe sottigliezze* ‖ **N.** **1.** *Sin.* finezza, snellezza, tenuità **2.** *Sin.* penetrazione, perspicacia, sagacia.

sottigliùme [da *sottile*, con influsso dell'ant. *sottigliare*; 1618] **sm.** *non com. spreg.* **1.** insieme di cose sottili, perlopiù ritagli o scampoli di poco prezzo **2.** *fig.* sofisticheria, sottigliezza eccessiva; cavillo.

sottile [lat. *subtīlis*; 1294 nel senso 2] **I** *agg.* **1.** di spessore esiguo o, comunque, inferiore al normale: *strato, foglio, ago sottile*; rif. al corpo o alle sue parti, esile, magro, snello: *i colli lunghi e sottili dei ritratti di Modigliani, fianchi, polsi sottili*; *una figura sottile* || *per estens. voce sottile*, acuta e poco robusta; *aria sottile*, leggera || *pop. mal sottile*, la tubercolosi **2.** *fig.* di facoltà sensoriali e intellettuali, acuto, fine, penetrante: *udito, orecchio sottile*; *ingegno sottile* || di ragionamenti, questioni o sim., acuto, condotto con rigore, addirittura troppo minuzioso e sofisticato: *un'argomentazione sottile*; *dottor Sottile*, storicamente è il nome con cui fu chiamato Giovanni Duns Scoto, ma si dice *iron.* di chi mostra soverchia sottigliezza di mente || **sottilménte** *avv. fig.* con acutezza di mente, di ragionamento e sim.; anche minutamente, diligentemente: *esaminare sottilmente* **II** *sm.* ciò che è sottile, la parte sottile di una cosa || nelle loc. *andar, guardar troppo per il sottile*, esser troppo scrupoloso, badare troppo alle minuzie, ai particolari || *dim.* sottilétto, sottilìno || **N. 1.** *Sin.* affilato, affusolato, aguzzo, fine, mingherlino, minuto **2.** *Sin.* sagace | affusolare, aguzzare, assottigliare, digrossare, raffinare.

sottilétta ® [da *sottile*; 1962] *sf.* nome commerciale di un formaggio fuso messo in vendita a fette sottili, quadrate, adatte alla forma del pane a cassetta usato per i *toast*.

sottilità [dal lat. *subtilitas, -ātis*; prima metà sec. XIII] *sf. raro* qualità di ciò che è sottile, sottigliezza, finezza || *fig.* sagacità, accortezza.

sottilizzàre [da *sottile*; sec. XIV] *intr.* (aus. *avere*) fare sottili distinzioni; anche usare sottili argomenti per sostenere una tesi: *è inutile sottilizzare tanto in una questione di questo genere*, cavillare, guardare per il sottile.

sottino [comp. di *so-* e *tino*; 1960] *sm.* recipiente collocato sotto il torchio per raccogliere l'olio della prima spremitura delle olive.

sottinsù [comp. di *sotto, in* e *su*; 1865] **I** *avv.* solo nella *loc. avv. di sottinsù*, dal basso in alto: *guardare di sottinsù* **II** *sm.* scorcio prospettico in cupole e soffitti in cui le figure sono dipinte come viste da sotto.

sottintèndere (pres. *sottintèndo* ecc., come TENDERE) [comp. di *sotto-* e *intendere*; 1574 *sottontendere*] *tr.* **1.** lasciare inespresso nel discorso o nello scritto un elemento grammaticale o un concetto che può essere facilmente intuito dal contesto: *sottintendere il soggetto, resta sottinteso che potete rivolgervi a noi in caso di difficoltà*; *è sottinteso!*, alludendo a cosa ovvia e facilmente intuibile **2.** *non com.* afferrare, intendere qualcosa che non sia esplicitamente espressa || **N. 1.** *Sin.* sottacere | ellittico, implicito.

sottintéso (*pps.* di *sottintendere*) [1662 come agg.; 1873 come sm.] **I** *agg.* lasciato inespresso **II** *sm.* il sottintendere e la cosa sottintesa: *parlare per sottintesi, ho capito il sottinteso* || **N. I** *Sin.* implicito, ovvio, pacifico, scontato **II** ellissi, reticenza.

sótto [lat. *subtus*, propr. per di sotto; 1228 come avv.] **I** *prep.* (si elide davanti a parola iniziante per vocale: *sott'acqua, sott'olio*) si usa in contrapposizione a *sopra* e ha valore locativo introducendo, a seconda del verbo reggente, il comp. di stato in luogo o di moto a luogo; rif. a cose a contatto tra loro, indica la posizione inferiore rispetto a quella occupata da ciò che grava, appoggia sull'altra o la riveste, l'avvolge: *sotto la giacca aveva un maglione, mettere due cuscini sotto i piedi, era rimasto sepolto sotto la neve, infilarsi sotto le coperte*; *sott'acqua*, sotto la sua superficie; *conservare alcuni cibi sott'olio*, immergendoveli completamente; *finire sotto una macchina*, esserne investito e rimanerne schiacciato; *ridere sotto i baffi*, sommessamente, per non farsi vedere || *eufem. finire sotto terra*, morire || *fig. mettere qualcuno sotto i (propri) piedi*, assoggettarlo umiliandolo || rif. a cose non a contatto tra loro: *metti una bacinella sotto il rubinetto che perde, dormire sotto la tenda, passare sotto un ponte, lavorare sotto il sole*; nella loc. fig. *sotto il sole*, sulla terra: *nulla di nuovo sotto il sole*, non è capitato niente di nuovo; *in part.* rif. ai piani di un edificio: *abita sotto di me* || in particolari contesti in cui è implicita l'idea della protezione: *piove, vai sotto la tettoia*; anche, con valore modale, *fig.*: *essere sotto la tutela dei genitori, sotto l'alto patronato del presidente della repubblica, sotto la guida di un ottimo maestro*; *la situazione è sotto controllo*; o, al contrario, indica l'esposizione all'azione minacciosa di qualcuno o qualcosa: *camminava sotto la grandine, una zona rimasta a lungo sotto i bombardamenti*; anche *fig.*: *trovarsi sotto la minaccia di una pistola, vivere sotto l'incubo di una guerra atomica, essere sotto shock, sotto l'effetto del narcotico, sotto processo, sotto accusa* || a un livello inferiore rispetto a un determinato limite: *sotto il livello del mare, una gonna che arriva sotto il ginocchio* || rif. a una misura che si approssima per difetto a un limite di riferimento: *essere (tre gradi) sotto (lo) zero*; *essere di poco sotto la tonnellata*, pesare quasi una tonnellata; *essere sotto la trentina*, avere meno di trent'anni || rif. a luoghi geografici, che si trovano più a sud: *Napoli è sotto Roma* || indica vicinanza rispetto a un luogo sovrastante; ai piedi di: *il paese è proprio sotto la rocca, ti aspetto sotto casa* || nelle espr. *avere qualcosa sotto il naso, sotto gli occhi, sotto mano*, vicinissima a sé e, in part., in posizione tale da non dover sollevare lo sguardo o le braccia per vederla o per toccarla; *tenere qualcuno* o *qualcosa sott'occhio*, stargli sufficientemente vicino per non perderlo di vista, spec. per controllarlo, proteggerlo, spiarlo e sim. || esprime la condizione di chi è sottoposto, assoggettato, subordinato a qualcuno o a qualcosa; alle dipendenze, al comando, al servizio: *essere sotto un governo tirannico, un padrone sfruttatore*; *combattere sotto la bandiera dei rivoluzionari*; *essere sotto le armi*, prestare servizio militare || *per estens.* con valore temporale, durante il governo, il regno, la dominazione di qualcuno o qualcosa: *visse sotto Augusto, sotto la Russia zarista* || indica il modo in cui qualcosa si presenta o si compie: *presentarsi sotto falso nome, mostrarsi sotto mentite spoglie, scrivere sotto pseudonimo, testimonianza sotto giuramento* || *in part.* da: *sotto un certo punto di vista, considerare la cosa sotto una diversa angolazione* || con valore temporale, in prossimità di, durante: *sotto Natale i negozi fanno affari favolosi* **II** nelle *loc. prep. sotto a* e *sotto di* (usata spec. quando precede un pron. pers.) con lo stesso senso del semplice *sotto*: *sotto di lui si lavora bene, sotto alle mille lire non esiste alcun articolo del genere* **III** *avv.* in posizione, in un luogo meno elevato, nella parte inferiore: *metti tutto lì sotto*; *non cercare in alto, guarda sotto, il piano del tavolo sotto è ruvido* || precisato dall'anteposizione di un altro avv. di luogo: *cerca qui, lì sotto* || rafforzato reiterandolo, per indicare la parte più bassa, proprio in fondo; anche *fig.* nascostamente, intimamente: *si fingeva innamorato ma poi, sotto sotto, mi tradiva* || in vari modi di dire: *metter sotto*, investire e schiacciare con un veicolo: *ho messo sotto un gatto*; *farsi sotto*, avvicinarsi con intenzione bellicosa, per attaccare: *il campione si fece sotto all'avversario e lo colpì con un gancio sinistro*; *sotto a chi tocca*, invito rivolto a chi è di turno a farsi sotto e, *per estens. scherz.*, ad affrontare una certa prova; *fam. farsela sotto*, farsela addosso, spec. per la paura o l'emozione; *mettersi sotto*, impegnarsi a fondo in qualcosa: *si è messo sotto a studiare*; *esserci qualcosa sotto*, alludendo a qualcosa di poco chiaro, di losco o sim. che non è palese: *qui c'è sotto un imbroglio* || nella *loc. avv. sotto sopra*, v. SOTTOSOPRA || con la prep., pleonastica, *di*, nella *loc. avv. di sotto*, v. DISOTTO || preceduto da altre prep.: *il suono veniva da sotto, una tazza con sotto il piattino* **IV** *agg. inv.* (anche preceduto da *di*), inferiore: *la parte sotto del tetto, il piano (di) sotto* **V** *sm. inv.* (anche preceduto da *di*), la parte inferiore: *bisogna ristrutturare il (di) sotto del tetto* || **N. I** *Contr.* sopra **III** *Sin.* dabbasso, giù **IV** *Contr.* superiore.

sótto- [da *sotto*] *pref.* adoperato nella formazione di alcune parole per indicare lo stare al di sotto e *fig.* inferiorità, soggezione e sim. (per es. *sottobicchiere, sottomettere, sottoporre*); contrariamente a *sopra* non richiede il raddoppiamento della consonante iniziale della parola a cui si unisce; unito a sostantivo che indichi carica, impiego e sim. significa *vice*: **sottoarchivista**, **sottobibliotecàrio**, **sottocancellière**, **sottodiàcono**; riferito all'elemento di una classificazione, indica un'ulteriore suddivisione: *sottotipo, sottofamiglia*.

sottoalimentàre (pres. *-énto*) [comp. di *sotto-* e *alimentare*; 1983] *tr.* **1.** nutrire in quantità e maniera insufficiente al fabbisogno normale **2.** fornire una macchina o un impianto di materiale insufficiente rispetto alla sua capacità di assorbimento: *sottoalimentare un motore*, fornirgli energia insufficiente per il suo normale funzionamento.

sottoalimentàto [comp. di *sotto-* e *alimentato*; 1974] *agg.* alimentato in maniera insufficiente.

sottoalimentazióne [comp. di *sotto-* e *alimentazione*; 1950] *sf.* alimentazione insufficiente, inferiore al normale.

sottoascèlla o **sottascèlla** [comp. di *sotto-* e *ascella*; 1960] *sf.* doppia mezzaluna di tessuto impermeabile applicata all'interno di un abito nel punto corrispondente all'ascella per proteggere la stoffa dalla traspirazione.

sottobànco o **sótto bànco** [comp. di *sotto-* e *banco*; a. 1742 *sotto banco*] *avv.* nelle loc.: *vendere, acquistare sottobanco*, di nascosto, eludendo leggi o divieti; *mettere una cosa sottobanco*, metterla a tacere, non occuparsene più.

sottobicchière [comp. di *sotto-* e *bicchiere*; 1893] *sm.* piattino rotondo per appoggiarvi il bicchiere sulla tavola apparecchiata.

sottobórdo [comp. di *sotto-* e *bordo*; 1889] *avv. T.mar.* di fianco alla nave: *portarsi sottobordo*.

sottobòsco (pl. *-schi*) [comp. di *sotto-* e *bosco*; 1935] *sm.* **1.** la vegetazione spontanea di arbusti ed erbe che cresce nei boschi ad alto fusto **2.** *fig.* insieme di persone e attività illegali, clandestine, ai margini della società: *il sottobosco del contrabbando, della malavita*.

sottobottiglia [comp. di *sotto-* e *bottiglia*; 1922] *sm. inv.* (anche pl. *-glie*) piccolo vassoio rotondo sul quale si appoggia la bottiglia per evitare che sgoccioli sulla tavola apparecchiata.

sottobràccio (o *sótto bràccio*) [comp. di *sotto-* e *braccio*; 1865 *sotto braccio*] *avv.* col braccio infilato tra il braccio e il fianco di un'altra persona: *prendere qualcuno sottobraccio, camminavano tenendosi sottobraccio*.

sottocàlcio (pl. *-ci*) [comp. di *sotto-* e *calcio*; 1940] *sm.* la parte inferiore del calcio di un fucile.

sottocàlza [comp. di *sotto-* e *calza*; 1780] *sf.* la calza che si può portare sotto quella indossata normalmente durante l'inverno.

sottocapitalizzàto [comp. di *sotto-* e *capitalizzato*; 1985] *agg.* detto di azienda o impresa provvista di un capitale insufficiente.

sottocàpo [comp. di *sotto-* e *capo*; 1851 *sotto-capo*] *sm.* voce generica per indicare il sostituto del capo di ufficio o altro || *T.mar.* nella Marina Militare, il grado che corrisponde a quello di caporale maggiore: *sottocapo cannoniere, sottocapo timoniere.*

sottòcchio o **sott'òcchio** [comp. di *sotto-* e *occhio*; 1810 *sott'occhio*] **avv.** sotto gli occhi, dinanzi, a portata di sguardo: *avere sottocchio un giornale*; *tenere sottocchio*, controllare da presso.

sottoccupàto o **sottooccupàto** [comp. di *sotto-* e *occupato*; 1952 *sotto-occupato*] **agg.** e **sm.** (f. *-a*) lavoratore che svolge un'attività lavorativa inferiore a quella per cui è qualificato.

sottoccupazióne o **sottooccupazióne** [comp. di *sotto-* e *occupazione*; 1951 *sotto-occupazione*] **sf.** l'essere sottoccupato e il fenomeno sociale relativo.

sottochiàve o **sótto chiàve** [comp. di *sotto-* e *chiave*; 1681 *sotto chiave*] **avv.** chiuso a chiave: *tenere, mettere sottochiave.*

sottochìglia [comp. di *sotto-* e *chiglia*; 1889] **sf.** *T.mar.* appendice che serve di rinforzo alla chiglia || anche la linea ideale, parallela a quella di costruzione, corrispondente alla faccia inferiore della chiglia.

sottocìpria [comp. di *sotto-* e *cipria*; 1942] **sm.** o **sf.** *inv.* prodotto cosmetico liquido o in crema che si stende sul viso prima della cipria, perché questa aderisca meglio.

sottoclàsse [comp. di *sotto-* e *classe*; 1906] **sf.** **1.** sottoinsieme, parte di una classe **2.** *T.scient.* nelle classificazioni biologiche, ciascuna delle suddivisioni di una classe.

sottocóda [comp. di *sotto-* e *coda*; 1561 *sotto coda* nel senso 2; 1827 nel senso 1] **sm.** *inv.* **1.** *T.zool.* l'insieme delle penne ventrali prossime alla coda degli Uccelli **2.** *T.ipp.* parte del finimento del cavallo che passa sotto la coda e la sostiene; posolino. **TAV.** ***carri...*** **p. 664** 10.10; ***uccelli*** **p. 1339** 1.3.

sottocòdice [comp. di *sotto-* e *codice*, sul modello dell'ingl. *subcode*; 1974] **sm.** varietà di un codice || *T.ling.* varietà di lingua caratterizzata da usi particolari degli elementi dell'intero codice linguistico e dall'esistenza di corrispondenze aggiuntive (parole diverse o significati diversi) rispetto a quelli del codice linguistico generale: *sottocodice burocratico, sottocodice sportivo* || **N.** lingua speciale, linguaggio settoriale.

sottocommissióne [comp. di *sotto-* e *commissione*; 1873] **sf.** commissione eletta tra i membri di un'altra commissione, e della quale essa disbriga una parte del lavoro: *ci sono quattro sottocommissioni di esami.*

sottoconsùmo [comp. di *sotto-* e *consumo*; 1934] **sm.** *T.econ.* consumo complessivo di una comunità inferiore a quello ritenuto necessario per un buon funzionamento dell'economia: *crisi di sottoconsumo.*

sottocopèrta o **sótto copèrta** [comp. di *sotto-* e *coperta*; 1561 *sotto coperta*] **I sf.** *T.mar.* la parte o lo spazio interno di una nave che è sotto il ponte di coperta **II avv.** sotto il ponte di coperta: *andare, scendere, sottocoperta.*

sottocòppa o **sottocóppa** [comp. di *sotto-* e *coppa*; 1630 nel senso 1; 1960 nel senso 2] **sm.** *inv.* o **sf.** (pl. *sottocòppe*) **1.** piattino o vassoietto sul quale si porta la coppetta da gelato o macedonia o la tazza **2.** *T.aut.* elemento di protezione della coppa dell'olio.

sottocorrènte [comp. di *sotto-* e *corrente*; 1838] **sf.** *T.idr.* la parte della corrente di un fiume che è negli strati inferiori || **N.** sottofluviale.

sottocòscio (pl. *-sci*) [comp. di *sotto-* e *coscio*; 1891] **sm.** *non com.* soccoscio.

sottocòsto o **sótto còsto** [comp. di *sotto-* e *costo*; 1960] **I avv.** a un prezzo inferiore al costo della merce: *vendere sottocosto* **II agg.** *inv.* (sempre posposto) venduto a un prezzo inferiore a quello di costo: *merce sottocosto.*

sottocrostàle [comp. di *sotto-* e *crosta*, con suff. agg.; 1983] **agg.** *T.geol.* localizzato sotto la crosta terrestre: *materia sottocrostale, spostamenti sottocrostali.*

sottocultùra [comp. di *sotto-* e *cultura*; 1965 nel senso 2] **sf.** **1.** in antropologia, cultura caratteristica di un gruppo minoritario all'interno della comunità di cui fa parte **2.** *spreg.* cultura scadente, di qualità deteriore.

sottocuòco (pl. *-chi*) [comp. di *sotto-* e *cuoco*; 1325] **sm.** (f. *-a*) aiutante del cuoco.

sottocutàneo [comp. di *sotto-* e *cutaneo*, sul modello del lat. tardo *subcutāneus*; 1829] **agg.** *T.anat.* relativo agli strati immediatamente inferiori alla cute: *pannicolo sottocutaneo, iniezioni sottocutanee.*

sottocùte [comp. di *sotto-* e *cute*; 1891] **I sm.** strato di tessuti posti immediatamente sotto la cute **II avv.** sotto la cute: *una iniezione sottocute.*

sottodialètto [comp. di *sotto-* e *dialetto*; 1872] **sm.** *T.ling.* varietà di un dialetto.

sottodivisióne [comp. di *sotto-* e *divisione*; 1595] **sf.** *non com.* suddivisione.

sottodominànte [comp. di *sotto-* e *dominante*; 1820] **sf.** e **agg.** *T.mus.* quarto grado della scala musicale diatonica.

sottoelencàto [comp. di *sotto-* e *elencato*; 1983] **agg.** elencato dopo: *allegare i sottoelencati documenti.*

sottoespórre (pres. *sottopóngo* ecc., come PORRE) [comp. di *sotto-* ed *esporre*; 1960] **tr.** *T.fot.* dare all'emulsione fotografica un tempo di esposizione alla luce minore del necessario.

sottoesposizióne [comp. di *sotto-* ed *esposizione*; 1960] **sf.** *T.fot.* il sottoesporre || *concr.* l'immagine che se ne ricava.

sottoespósto (*pps.* di *sottoesporre*) [1960] **agg.** *T.fot.* di negativa fotografica, che è stata insufficientemente esposta alla luce.

sottofàlda [comp. di *sotto-* e *falda*; 1965] **sf.** **1.** parte inferiore della falda di un cappello **2.** fodera di un cappotto, di un abito o sim.

sottofamìglia [comp. di *sotto-* e *famiglia*; 1906] **sf.** *T.scient.* nelle classificazioni biologiche, ciascuna delle suddivisioni di una famiglia.

sottofàscia (o *sótto fàscia* come sm. e avv.) [comp. di *sotto-* e *fascia*; 1940] **sm.** *inv.* *T.post.* stampato che si spedisce aperto, avvolto in una fascia di carta || anche *avv.*: *spedire sottofascia* || **sf.** (pl. *-sce*) foglia di tabacco che avvolge il ripieno del sigaro.

sottoflùtto [comp. di *sotto-* e *flutto*; 1960] **agg.** e **sm.** detto di settore costiero protetto dall'azione diretta delle onde da un sopraflutto antistante || nelle costruzioni marittime, detto di parte di un'opera di difesa, protetta da un'altra opera esposta all'azione delle onde: *molo di sottoflutto* || **N.** sopraflutto.

sottofluviàle [comp. di *sotto-* e *fluviale*; 1873] **agg.** di acqua, che viene dalla corrente inferiore di un fiume || **N.** sottocorrente.

sottofondazióne [comp. di *sotto-* e *fondazione*; 1942] **sf.** *T.edil.* muratura che rinforza una fondazione già esistente sotto un edificio.

sottofóndo [comp. di *sotto-* e *fondo*; 1950 nel senso 3] **sm.** **1.** strato inferiore a quelli superficiali o comunque al piano visibile: *questo baule ha un sottofondo* || *in part.* nelle pavimentazioni stradali, strato intermedio tra il terreno e il rivestimento superficiale **2.** *fig.* sfondo, sostrato: *un sottofondo di onestà, di invidia nelle sue parole* **3.** *T.cin.* voci, suoni e rumori inseriti nella colonna sonora per produrre determinati effetti: *un sottofondo di applausi.*

sottogàmba o **sótto gàmba** [comp. di *sotto-* e *gamba*; 1873] **avv.** nelle loc. *fare* o *prendere una cosa sottogamba*, farla o prenderla con eccessiva disinvoltura, senza darle troppa importanza.

sottogènere [comp. di *sotto-* e *genere*; 1931] **sm.** **1.** *T.zool.* e *T.bot.* nella tassonomia animale o vegetale, ognuna delle sottodivisioni in cui è ripartito un genere **2.** ognuna delle sottodivisioni di un genere letterario o cinematografico.

sottogóla [comp. di *sotto-* e *gola*; 1561] **sm.** **1.** striscia che si fa passare sotto il mento per tenere fissati al capo copricapi di vario genere, spec. infantili o militari **2.** *T.ipp.* parte del finimento del cavallo che passa sotto la gola || **N.** *Sin.* soggolo. **TAV.** ***finimenti*** 3.3, 5.3; ***carri...*** **p. 664** 10.5.

sottogónna o **sottogònna** [comp. di *sotto-* e *gonna*; 1965] **sf.** sottoveste che sta sotto la sola gonna: *questa gonna è così trasparente che ci vuole una sottogonna* || *in part.* sottoveste in tessuto rigido che va portata sotto la gonna per tenerla ampia e scostata dal corpo.

sottogovèrno [comp. di *sotto-* e *governo*; 1954] **sm.** *T.pol.* termine polemico con cui si indica l'attività svolta dai partiti governativi per condizionare a proprio vantaggio la pubblica amministrazione, esercitando la propria pressione su enti formalmente autonomi e soprattutto affidando i posti di comando a persone che privilegiano gli interessi del partito: *operazioni, manovre di sottogoverno.*

sottogrondàle [comp. di *sotto-*, *gronda* e suff. agg.; 1745] **sm.** *T.arch.* parte inferiore del gocciolatoio della cornice, per cui l'acqua piovana non può scorrere sulla cornice o sulla parete, ma gocciola in fuori.

sottogrùppo [comp. di *sotto-* e *gruppo*; 1933] **sm.** *T.scient.* ciascuna delle suddivisioni di un gruppo || *T.geol.* gruppo montuoso secondario.

sottoinsième [comp. di *sotto-* e *insieme*; 1960] **sm.** *T.mat.* insieme i cui elementi sono inclusi in un altro insieme più ampio.

sótto in su v. SOTTINSÙ.

sottolineàre (pres. *-ìneo*) [comp. parasint. di *linea*; 1873] **tr.** **1.** tirare una linea sotto una parola, una frase o altri segni grafici, per metterli in maggiore evidenza o per altro motivo **2.** *fig.* pronunciare con più forza una parola o una frase per farne meglio rilevare il senso || dare particolare importanza a qualcosa: *è appena il caso di sottolineare la gravità della cosa.*

sottolineatùra [da *sottolineare*; 1891] **sf.** l'azione e il modo di sottolineare || *concr.* la linea tracciata sotto lo scritto.

sottolinguàle [comp. di *sotto-* e *linguale*; 1838] **agg.** *T.anat.* che è sotto la lingua: *ghiandole sottolinguali.*

sott'òlio (meno com. *sottòlio*) [comp. di *sotto-* e *olio*; 1803] **I avv.** e **agg.** *inv.* preparato, conservato e sim. sotto olio: *mettere, conservare sott'olio*; *sardine, funghi sott'olio* **II sm.** (spec. pl. *sottòli*) alimenti, gen. ortaggi conservati sotto olio: *sottaceti e sottoli serviti come antipasto.*

sottolivèllo [comp. di *sotto-* e *livello*; 1960] **sm.** *T.min.* ognuno degli strati orizzontali in cui è suddivisa la parte di giacimento compresa tra due livelli di miniera.

sottolunàre [comp. di *sotto-* e *lunare*; 1677] **agg.** *non com.* sublunare.

sottomàno [comp. di *sotto-* e *mano*; 1922 come sm.] **I avv.** **1.** a portata di mano, a disposizione: *tenere, avere sottomano qualcosa* **2.** *disus.* *fig.* sottobanco, furtivamente: *passare bustarelle sottomano* **3.** *T.ipp.* *condurre, tenere un cavallo sottomano*, tenendo bassa la mano che impugna le briglie **4.** *T.sport.* nella scherma, si dice di colpi inferti con la mano che impugna l'arma al di sotto della spalla **II sm.** cartella per scrivervi sopra, che si tiene sulla scrivania.

sottomarìno [comp. parasint. di *mare*; 1827] **I agg.** (gen. posposto) che è sotto la superficie delle acque del mare: *fondo sottomarino, cavo sottomarino* **II sm.** *T.mar.* imbarcazione costruita appositamente per navigare e agire sott'acqua; impropr. è usato come sin. di *sommergibile* || **N.** sommergibile, subacqueo.

sottomascellàre [comp. di *sotto-* e *mascella-*

re; 1838] ***agg.*** *T.anat.* di formazione posta sotto la mascella inferiore.

sottomercàto [comp. di *sotto-* e *mercato*; 1960] ***avv.*** *raro* a prezzo più basso rispetto a quello di mercato: *vendere sottomercato.*

sottomésso (*pps.* di *sottomettere*) [1873] ***agg.*** soggiogato, ridotto all'obbedienza: *popolo sottomesso* ‖ *per estens.* ossequiente, rispettoso: *ragazzo sottomesso.*

sottométtere (pres. *sottométto* ecc., come METTERE) [comp. di *sotto-* e *mettere*, sul modello del lat. *submittere*; a. 1294] ***tr.*** **1.** ridurre in proprio dominio, assoggettare: *sottomettere un popolo, una nazione* ‖ *per estens.* piegare alla propria volontà, rendere ubbidiente, ridurre all'obbedienza: *sottomettere uno scolaro indisciplinato*; più com. *fig.*: *sottomettere la ragione alle passioni* **2.** *arc.* mettere sotto **3.** sottoporre, presentare: *sottomettere una questione al giudizio altrui* ‖ ***rifl.*** ridursi all'obbedienza: *mi sottometto ai tuoi voleri* ‖ **N.** ***rifl.*** *Sin.* chinare la testa, curvare la schiena, rassegnarsi, rendersi schiavo, rimettersi, sottostare, ubbidire.

sottomissióne [da *sottomettere*, sul modello del lat. *submissio, -ōnis*; 1812] ***sf.*** atto ed effetto del sottomettere: *fare atto di sottomissione* ‖ *per estens.* rispetto, soggezione, ossequio ‖ **N.** *Sin.* acquiescenza, docilità, obbedienza, rassegnazione, soggezione, subordinazione.

sottomiṣùra o **sótto miṣùra** [comp. di *sotto-* e *misura*; 1957] ***avv.*** in misura inferiore a quella giusta.

sottomùltiplo [comp. di *sotto-* e *multiplo*; 1940] ***agg.*** e ***sm.*** *T.mat.* detto di numero contenuto un numero esatto di volte in un altro.

sottomuràre (pres. *-ùro*) [comp. di *sotto-* e *murare*; 1960] ***tr.*** e ***intr.*** (aus. *essere*) costruire scavando la struttura, puntellandola e successivamente riempiendola con la muratura; è un procedimento usato soprattutto nella costruzione di pozzi.

sottonotàto [comp. di *sotto-* e *notato*; 1745] ***agg.*** nominato oltre, più avanti; seguente: *per i sottonotati motivi.*

sottooccupàto v. SOTTOCCUPATO.

sottooccupazióne v. SOTTOCCUPAZIONE.

sottopàlco (pl. *-chi*) [comp. di *sotto-* e *palco*; 1936] ***sm.*** nei teatri, vano ricavato sotto al palcoscenico, dove sono collocati i macchinari di scena.

sottopància [comp. di *sotto-* e *pancia*; 1853] ***sm. inv.*** **1.** larga striscia di cuoio o di tessuto che si passa sotto la pancia degli animali da sella, da tiro o da soma e si affibbia poi alla sella o al basto per tenerli a posto **2.** nel gergo militare, ufficiale aiutante **3.** nel gergo televisivo, la scritta col nome di una persona che appare sul margine inferiore del video quando tale persona è ripresa. **TAV.** *finimenti* 1.9; ***carri...* p.** 664 10.12.

sottopassàggio (pl. *-gi*) [comp. di *sotto-* e *passaggio*; 1908] ***sm.*** **1.** strada che passa sotto un'altra che l'attraversi ‖ anche la parte delimitata dal ponte della strada superiore: *durante i temporali estivi il sottopassaggio s'allaga* **2.** passaggio sotterraneo che, spec. in corrispondenza di grandi incroci o nelle stazioni ferroviarie, consente ai pedoni di andare da un marciapiede all'altro senza dovere attraversare i binari.

sottopassàre [comp. di *sotto-* e *passare*; 1960] ***tr.*** *raro* passare sotto, spec. rif. al traffico cittadino: *la metropolitana sottopassa tutta la città.*

sottopàsso [comp. di *sotto-* e *passo*; 1963] ***sm.*** sottopassaggio.

sottopéso o **sótto péso** [comp. di *sotto-* e *peso*] **I *sm.*** peso in difetto rispetto al peso originario o giusto **II *agg. inv.*** in condizione di sottopeso ‖ **N.** *Contr.* sovrappeso.

sottopiàtto [comp. di *sotto-* e *piatto*; 1873] ***sm.*** piatto su cui si pone un altro piatto o un altro recipiente contenente il cibo.

sottopiède [comp. di *sotto-* e *piede*, sul modello del fr. *sous-pied*; 1922 nel senso 2] ***sm.*** **1.** sagoma di sughero, stoffa, gommapiuma e sim. che si infila nella scarpa quando è di misura troppo grande **2.** striscia di cuoio che passa sotto la scarpa e serve ad assicurare calzoni, ghette e sim.

sottopórre (pres. *sottopóngo* ecc., come PORRE) [comp. di *sotto-* e *porre*, sul modello del lat. *suppōnere*; fine sec. XIII nel senso 3] ***tr.*** **1.** *fig.* presentare qualcosa a qualcuno perché la esamini e la giudichi: *sottoporre all'approvazione un disegno di legge, sottoporre agli esperti le questioni troppo delicate* **2.** *fig.* costringere qualcuno ad affrontare una prova o a subire, a sottostare a qualcosa di gravoso, spiacevole e sim.: *sottoporre a un severo esame, sottoporre il malato a un intervento urgente* ‖ *per estens.* rif. a cose, elaborarle mediante un particolare procedimento tecnico: *sottoporre il latte a sterilizzazione* **3.** *ant. non com.* porre sotto, metter sotto ‖ *arc. fig.* soggiogare, sottomettere ‖ ***rifl.*** **1.** *fig.* affrontare una prova, un rischio, una situazione difficile: *si sottopose a un lavoro estenuante, a pesanti sacrifici* **2.** *non com. fig.* sottomettersi, rendersi soggetto, rimettersi: *sottoporsi alla volontà di Dio* ‖ **N. *tr.*** **1.** *Sin.* deferire, demandare **3.** *Sin.* SOTTOMETTERE.

sottopòrtico (pl. *-ci*) [comp. di *sotto-* e *portico*; a. 1616] ***sm.*** lo spazio compreso sotto un portico.

sottopoṣizióne [da *sottoporre*; a. 1698] ***sf.*** *ant.* il sottoporsi ‖ **N.** *Sin.* sottomissione, soggezione.

sottopósto (*pps.* di *sottoporre*) [a. 1292 come agg.; a. 1400 come sm.] **I *agg.*** esposto, soggetto; che viene presentato al giudizio di qualcuno **II *sm.*** (f. *-a*) persona subordinata ad altri, spec. in ambito lavorativo o militare: *un ufficiale, un caposervizio mal visto dai suoi sottoposti* ‖ **N. II** *Sin.* dipendente, subordinato, suddito.

sottoprefètto [comp. di *sotto-* e *prefetto*; 1802] ***sm.*** *T.giur.* ufficiale pubblico che, prima dell'abolizione delle sottoprefetture, era posto dal Governo a capo del circondario e dipendeva dal prefetto; oggi chi aiuta il prefetto viene detto *vice-prefetto.*

sottoprefettùra [da *sottoprefetto*; 1802] ***sf.*** *T.giur.* il grado, l'ufficio, la sede e la giurisdizione del sottoprefetto.

sottoprèzzo o **sótto prèzzo** [comp. di *sotto-* e *prezzo*; 1948] ***avv.*** a prezzo di molto inferiore a quello normale: *vendere sottoprezzo i resti di un magazzino.*

sottoproblèma [comp. di *sotto-* e *problema*; 1988] ***sm.*** ognuno dei problemi più semplici o più specifici in cui viene suddiviso un problema più generale, così da renderne possibile la soluzione.

sottoprodótto [comp. di *sotto-* e *prodotto*; 1942] ***sm.*** **1.** prodotto secondario ottenuto da un processo produttivo destinato principalmente a ottenerne un altro: *i sottoprodotti del legno* **2.** prodotto scadente o poco originale.

sottoproduzióne [comp. di *sotto-* e *produzione*; 1951] ***sf.*** *T.econ.* produzione di beni inferiore alla richiesta del mercato.

sottoprogràmma [comp. di *sotto-* e *programma*; 1983] ***sm.*** *T.inform.* segmento di programma, che riunisce un insieme autonomo di istruzioni che devono essere eseguite in diversi punti di un programma e che può essere richiamato nel programma più vasto ogni volta che ce ne sia bisogno ‖ **N.** *Sin.* subroutine.

sottoproletariàto [comp. di *sotto-* e *proletariato*; 1970] ***sm.*** *T.pol.* ceto sociale di condizioni economiche inferiori a quelle del proletariato.

sottoproletàrio (pl. *-ri*) [comp. di *sotto-* e *proletario*; 1956] ***agg.*** e ***sm.*** (f. *-a*) che, chi vive in condizioni socio-economiche di sottoproletariato.

sottopùnto [comp. di *sotto-* e *punto*] ***sm.*** soppunto.

sottórdine [comp. di *sotto-* e *ordine*; 1906] ***sm.*** **1.** *T.biol.* gruppo di animali o piante costituente una sottodivisione di un ordine **2.** nelle *loc. avv. mettere, essere, passare in sottordine*, alla dipendenza di altri o, rif. a cose, dar loro un valore affatto secondario.

sottorégno [comp. di *sotto-* e *regno*; 1960] ***sm.*** *T.biol.* nelle classificazioni biologiche, ciascuna delle suddivisioni di un regno.

sottoscàla [comp. di *sotto-* e *scala*; a. 1742] ***sm. inv.*** spazio vuoto che resta sotto la scala, e anche lo stanzino che se ne può ricavare. **TAV.** *abitazione* 1.44.

sottoscapolàre [comp. di *sotto-* e *scapolare*; 1838] ***agg.*** *T.anat.* detto di formazione o regione situata sotto la scapola.

sottoscàrpa [comp. di *sotto-* e *scarpa*; 1934] ***sf.*** *T.edil. muro di sottoscarpa*, muro di sostegno di un terrapieno che non raggiunge l'altezza del terrapieno stesso.

sottoscrìtto (*pps.* di *sottoscrivere*) [1598 come sm.] **I *agg.*** **1.** scritto sotto: *iota sottoscritto*, quello che i bizantini scrissero in forma ridotta sotto le vocali lunghe risultate dalla semplificazione di originari dittonghi lunghi **2.** firmato in calce ‖ *per estens.* approvato **II *sm.*** (f. *-a*) *bur.* chi scrive l'istanza, la domanda ecc., e la firma: *il sottoscritto fa rispettosa domanda per ottenere un sussidio* ‖ *scherz.* o *iron.* io, riferendosi a se stessi in terza persona: *il sottoscritto ne ha piene le scatole di voi!*

sottoscrittóre [da *sottoscrivere*; 1745] ***agg.*** e ***sm.*** (f. *-trìce*) che o chi sottoscrive: *i sottoscrittori di un manifesto, di un'iniziativa.*

sottoscrìvere (arc. *soscrìvere*) (pres. *sottoscrìvo* ecc., come SCRIVERE) [comp. di *sotto-* e *scrivere*, sul modello del lat. *subscrībere*; a. 1606] ***tr.*** **1.** apporre la propria firma in calce a uno scritto: *sottoscrivere una lettera, una denuncia* **2.** approvare incondizionatamente: *sottoscrivo tutte le tue parole* **3.** impegnarsi a versare una cifra: *sottoscrivere un abbonamento, una cifra a favore dei terremotati, un pacchetto azionario* ‖ ***intr.*** (aus. *avere*) **1.** dare la propria adesione, il proprio consenso, anche parlando: *sottoscrivo alla protesta* **2.** impegnarsi per una somma di denaro, aderire a una sottoscrizione: *sottoscrissi a favore dei sinistrati per una forte somma* ‖ **N. *tr.*** **1.** *Sin.* firmare **2.** *Sin.* acconsentire, aderire, approvare, consentire.

sottoscrizióne (arc. *soscrizióne*) [da *sottoscrivere*; 1611] ***sf.*** **1.** atto del sottoscrivere, firma **2.** raccolta di firme e di denaro a sostegno di un'iniziativa: *iniziare una sottoscrizione a beneficio dei danneggiati* **3.** *T.tip. colophon.*

sottosegretariàto [da *sottosegretario*; 1934] ***sm.*** ufficio del sottosegretario e il complesso di funzionari e di uffici da esso dipendenti.

sottosegretàrio (pl. *-ri*) [comp. di *sotto-* e *segretario*; 1640 *sottosecretario*] ***sm.*** (f. *-a*) impiegato di grado inferiore al segretario; vicesegretario ‖ *T.pol. Sottosegretario di Stato*, nell'ordinamento politico italiano, parlamentare che, nell'ambito di ciascun dicastero, esercita attribuzioni delegategli dal Ministro, che è detto *Segretario di Stato.*

sottosezióne [comp. di *sotto-* e *sezione*; 1873] ***sf.*** ciascuno dei settori in cui è suddivisa una sezione.

sottosópra [comp. di *sotto-* e *sopra*; 1313] ***avv.*** **1.** in modo che la parte di sotto venga a trovarsi di sopra; alla rovescia: *rivoltare sottosopra una coperta, un bicchiere* **2.** *per estens.* in grande scompiglio, in completo disordine: *mise sottosopra tutta la casa* ‖ *fig., meno com.*, in uno stato di grande turbamento: *sono tutto sottosopra.*

sottospècie [comp. di *sotto-* e *specie*; 1864 *sot-*

to-specie] **sf.** *inv.* **1.** *T.biol.* unità sistematica che costituisce una suddivisione della specie **2.** *per estens.* varietà di un certo tipo di entità (concrete o astratte); spec. *spreg.*, specie di valore inferiore, di qualità scadente.

sottospinóso [comp. di *sotto-* e un der. di *spina*; 1934] **agg.** *T.anat.* situato al di sotto di una spina ossea: *fossa sottospinosa* || **N.** *Contr.* sopraspinoso.

sottosquàdro [comp. di *sotto-* e *squadro*; 1540] **sm.** *non com.* inclinazione minore di 90°, per cui sono da considerarsi in sottosquadro le superfici che, convergendo, vengono a costituire un angolo minore di un angolo retto.

sottòssido [comp. di *sotto-* e *ossido*; 1872] **sm.** *T.chim.* ossido metallico che presenta un numero di atomi di ossigeno inferiore a quello richiesto dalla valenza normale del metallo.

sottostànte (*ppr.* di *sottostare*) [1505] **agg.** che è posto, situato sotto (limitatamente al senso fisico): *le pianure sottostanti.*

sottostàre (pres. *-stò, -stài, -stà*; nelle altre forme coniugato come STARE) [comp. di *sotto-* e *stare*; 1340] **intr.** (aus. *essere*) **1.** *fig.* essere sottoposto, soggetto || soggiacere, piegarsi: *sottostare a imposizioni* **2.** *lett. non com.* stare sotto || **N.** **1.** *Sin.* chinare il capo, curvare la schiena, obbedire, rassegnarsi, sottomettersi **2.** *Contr.* sovrastare.

sottostazióne [comp. di *sotto-* e *stazione*; 1900] **sf.** *T.elettrot.* impianto di trasformazione dell'energia elettrica.

sottosterzànte [comp. di *sotto-* e *sterzante*; 1963] **agg.** *T.aut.* di autoveicolo, che tende a diminuire l'effetto della sterzata.

sottostèrzo [comp. di *sotto-* e *sterzo*; 1980] **sm.** *T.aut.* comportamento di un autoveicolo che in curva tende ad allargare verso l'esterno || **N.** *Contr.* sovrasterzo.

sottostruttùra [comp. di *sotto-* e *struttura*; 1970] **sf.** parte inferiore di una struttura; struttura sottostante un'altra struttura.

sottosuòlo [comp. di *sotto-* e *suolo*; 1840 *sotto-suolo*] **sm.** **1.** il complesso degli strati di terreno inferiori alla superficie lavorata esterna: *un sottosuolo ricco di minerali, esplorare il sottosuolo* **2.** *non com.* locale situato sotto il livello del suolo; sotterraneo.

sottosviluppàto [comp. di *sotto-* e *sviluppato*; 1956] **agg.** **1.** *T.econ.* economicamente e socialmente poco sviluppato, sia in rapporto alle proprie potenzialità di sviluppo, sia rispetto ad altre zone, nazioni e sim. più evolute: *aree sottosviluppate, paesi sottosviluppati* **2.** *fig. scherz.* o *spreg.* di persona, deficiente, poco intelligente.

sottosvilùppo [comp. di *sotto-* e *sviluppo*; 1960] **sm.** *T.econ.* rif. a paesi, aree geografiche ecc., condizione di arretratezza economica e sociale dovuta a insufficiente sviluppo produttivo. **Q.T.** *economia...*

sottotenènte [comp. di *sotto-* e *tenente*; 1819] **sm.** *T.mil.* primo grado della gerarchia degli ufficiali, inferiore al tenente || *T.mar. sottotenente di vascello*, il grado che, nella marina militare, segue quello di guardiamarina e corrisponde al grado di tenente nell'esercito.

sottotèrra [comp. di *sotto-* e *terra*; 1813] **I** **avv.** sotto la terra: *mettere sottoterra*, sotterrare e, *eufem.*, seppellire **II** **agg.** *inv. non com.* che sta sotto terra: *locale, vano sottoterra* **III** **sm.** *inv. raro* sotterraneo.

sottotétto [comp. di *sotto-* e *tetto*; 1960] **sm.** piano di un edificio compreso tra l'ultimo solaio orizzontale e la falda del tetto.

sottotipo [comp. di *sotto-* e *tipo*; 1960] **sm.** *T.scient.* nelle classificazioni biologiche, ciascuna delle suddivisioni di un tipo.

sottotitolàggio (pl. *-gi*) [da *sottotitolare*; 1980] **sm.** *T.cin.* il porre i sottotitoli a un film.

sottotitolàre (pres. *-ìtolo*) [comp. di *sotto-* e *titolare*; 1983] **tr.** corredare di sottotitoli, spec. un film.

sottotitolazióne [da *sottotitolare*; 1982] **sf.** *T.cin.* sovrimpressione dei sottotitoli || l'insieme dei sottotitoli.

sottotitolo [comp. di *sotto-* e *titolo*; 1912] **sm.** **1.** titolo secondario di un'opera letteraria, di un articolo giornalistico e sim., esplicativo di quello principale, solitamente impresso in un carattere inferiore a quello del titolo **2.** *T.cin.* didascalia impressa sul bordo inferiore del fotogramma che traduce in genere le parole pronunciate dai protagonisti nei film non doppiati o che permette ai non udenti di seguire, leggendoli, i dialoghi dei film. **TAV.** ***tipografia* p. 1337** 12.6.

sottoufficiàle o **sótto-ufficiàle** v. SOTTUFFICIALE.

sottovalutàre (pres. *-àluto*) [comp. di *sotto-* e *valutare*, sul modello dell'ingl. to *undervalue*; 1957] **tr.** non valutare abbastanza: *è uno scrittore molto sottovalutato* || attribuire importanza inferiore a quella reale: *sottovalutare un rischio.*

sottovalutazióne [da *sottovalutare*; 1908] **sf.** atto ed effetto del sottovalutare.

sottovarietà [comp. di *sotto-* e *varietà*; 1960] **sf.** varietà secondaria all'interno di una tipologia: *sottovarietà di fragole.*

sottovàso [comp. di *sotto-* e *vaso*; 1839] **sm.** vaso o piatto che si mette sotto ai vasi da fiori per riceverne l'acqua di scolo o per ornamento.

sottovéla [comp. di *sotto-* e *vela*; 1889] **avv.** *T.mar.* con le vele spiegate al vento: *essere, navigare sottovela.*

sottovènto [comp. di *sotto-* e *vento*; 1444 *soto vento* come avv.] **I** **sm.** *inv.* il lato opposto a quello da cui spira il vento || più precisamente, *T.mar.*, lo spazio di mare che si trova dalla parte opposta al vento; essere sottovento, rispetto alle navi e ai luoghi in sopravvento, è quindi svantaggioso: *navigare in sottovento* **II** **avv.** dal lato dove non viene il vento, dal lato opposto a quello da cui viene il vento: *trovarsi, mettersi sottovento.*

sottovèste [comp. di *sotto-* e *veste*; 1601] **sf.** *T.abb.* **1.** indumento femminile in nylon, cotone, seta e sim., trattenuto da spalline, che s'indossa sotto il vestito **2.** *non com. tosc.* indumento maschile senza maniche che copre solo il torace, abbottonato davanti, perlopiù della stessa stoffa della giacca che s'indossa sotto di questa; *gilet*, panciotto || *dim.* sottovestina.

sottovìa [comp. di *sotto-* e *via*; 1913] **sf.** struttura realizzata per consentire il passaggio di una via di comunicazione al di sotto di incroci stradali, piazzali, sedi stradali o ferroviarie e sim.

sottovita [comp. di *sotto-* e *vita*; 1879] **sf.** indumento femminile che le donne portavano un tempo sotto il vestito e che copriva solo il torace; detto anche *copribusto.*

sottovóce [comp. di *sotto-* e *voce*; fine sec. XIII *sotto voce*] **I** **avv.** a voce bassa: *parlare sottovoce* **II** **sm.** *inv.* didascalia musicale che indica una parte da eseguire sommessamente.

sottovuòto o **sótto vuòto** [comp. di *sotto-* e *vuoto*; 1970] **I** **avv.** in condizioni di vuoto, detto in part. del sistema di conservazione degli alimenti, realizzato eliminando l'aria dall'involucro o dal contenitore in cui essi vengono posti: *sottovuoto spinto*, con eliminazione totale dell'aria dal contenitore **II** **agg.** *inv.* detto di prodotto venduto in confezioni di questo tipo: *caffè in confezione sottovuoto.*

sottozèro o **sótto zèro** [comp. di *sotto-* e *zero*; 1974] **avv.** a una temperatura inferiore allo zero.

sottraèndo (*gerundivo* di *sottrarre*) [1849] **sm.** *T.aritm.* il termine della sottrazione che deve essere sottratto dal minuendo.

sottràrre (pres. *sottràggo* ecc., come TRARRE) [lat. *subtrahere*, togliere di sotto; 1313] **tr.** **1.** togliere a qualcuno qualcosa che non vorrebbe dare o cedere; *in part.* asportare furtivamente, rubare: *sottrarre gli incassi della giornata, sottrarre un documento, una lettera* || *per estens. in gen.* togliere, allontanare, rimuovere: *sottrarre agli sguardi altrui, all'attenzione generale; sottrarre uno al pericolo, alla morte* **2.** *T.aritm.* trovare la differenza tra una quantità maggiore (*minuendo*) e una minore (*sottraendo*); fare la sottrazione || **rifl.** togliersi da, evitare: *sottrarsi alla morte*, scampare; *sottrarsi a una responsabilità*, tirarsi indietro || **N.** **tr.** **1.** *Sin.* levare, strappare **2.** *Sin.* dedurre, defalcare, detrarre | *Contr.* addizionare, aggiungere, sommare.

sottrattivo [da *sottratto*; 1932] **agg.** **1.** che ha capacità o funzione di sottrarre **2.** *T.ling.* privativo **3.** *T.mat.* relativo alla sottrazione, proprio della sottrazione || *termine sottrattivo*, termine che va sottratto **4.** *T.ott. sintesi sottrattiva*, formazione di una luce o di un'immagine colorata, ottenuta eliminando da una luce bianca alcune luci colorate.

sottràtto (*pps.* di *sottrarre*) [1300] **I** **agg.** tolto, levato **II** **sm.** *lett.* allettamento, lusinga.

sottrattóre [da *sottrarre*; sec. XIV] **agg.** e **sm.** (f. *-trice*) che o chi sottrae.

sottrazióne [dal lat. tardo *subtractio*, *-ōnis*; 1300 ca.] **sf.** **1.** azione ed effetto del sottrarre nel senso 1: *la sottrazione di alcuni documenti segreti* **2.** *T.aritm.* operazione aritmetica o algebrica del sottrarre; ha come simbolo – || **N.** **2.** *Sin.* deduzione, defalcazione, detrazione, falcidia | minuendo, sottraendo, resto o differenza. **Q.T.** *matematica...*

sottufficiàle (raro *sottoufficiàle* o *sótto-ufficiàle*) [comp. di *sotto-* e *ufficiale*; 1809 *sottofficiale*] **sm.** *T.mil.* militare appartenente alla categoria intermedia tra la truppa e gli ufficiali || nella Marina mercantile sono sottufficiali i nostromi, i capi fuochisti e i capi meccanici. **Q.T.** *forze armate.*

soubrette (fr., pr. [su'brɛt]) [dal provenz. mod. *soubreto*, (ragazza) affettata; 1858] **sf.** *inv.* (anche pl. *soubrettes*, pr. [su'brɛt]) nella commedia brillante francese classica, il ruolo della servetta brillante || in Italia, all'epoca del caffè-concerto, cantante di secondo piano || nella rivista, il principale ruolo femminile || *dim.* soubrettina.

soufflé (fr., pr. [su'fle]) [letter. gonfiato; 1905] **sm.** *inv.* vivanda a base di un composto (di formaggio, verdura, carne ecc.) amalgamato con bianco d'uovo montato che, passata in forno, si gonfia e assume un aspetto spugnoso.

soul (ingl., pr. [soul]) [da *soul music*; 1983] **I** **agg.** *inv.* (sempre posposto) proprio della *soul music*: *stile soul* **II** **sm.** *inv. soul music.*

soul music (ingl., pr. ['soul ,mju:zɪk]) [letter. musica spirituale; 1987] **loc. f.** *inv.* genere di musica moderna che presenta forti elementi di musica spirituale religiosa afroamericana.

sound (ingl., pr. [saʊnd]) [letter. suono; 1985] **sm.** *inv.* insieme delle caratteristiche sonore, timbriche e armoniche di un genere musicale, di un singolo esecutore o di un gruppo: *il sound dei Beatles.*

souplesse (fr., pr. [su'plɛs]) [da *souple*, flessibile; 1905] **sf.** *inv. fig.* elasticità mentale di chi è capace di adattarsi ad ambienti, condizioni e sim. || nella *loc. avv. in souplesse*, con elasticità e, *fig.*, con un certo distacco, agevolmente, senza impegno.

soutache (fr., pr. [su'taʃ]) [dall'ungh. *sujtás*, treccina (che adorna il costume nazionale); 1905] **sf.** *inv.* cordoncino di seta che serve per guarnizione nei lavori di cucito; cordoncino, passamaneria a trecciolina, spighetta.

souvenir (fr., pr. [suv'ni:r]) [dal verbo *souvenir*, ricordare; 1855] ***sm. inv.*** oggetto che si riporta da un viaggio come ricordo della località visitata.

sovàtto V. SOGATTO.

sovchoz (russo, pr. [sʌf'xɔs]) [abbr. di *sov(etskoe) choz(jajstvo)*, economia sovietica; 1929 *sovchozy* pl.] ***sm. inv.*** in URSS, azienda agraria con lavoratori salariati dallo Stato, al quale spetta (al contrario di quanto avviene nel *kolchoz*) l'intero prodotto.

sovènte [dal lat. *subinde*, subito dopo, ripetutamente, attr. il fr. ant. *sovent*; a. 1250] ***avv.*** spesso, molte volte: *lo vediamo sovente* ‖ *disus.* nella *loc. avv. di sovente*, sovente ‖ **N.** *Sin.* SPESSO.

soverchiànte (*ppr.* di *soverchiare*) [1618] ***agg.*** molto più forte: *forze nemiche soverchianti.*

soverchiàre (raro *soperchiàre*) (pres. *-èrchio*) [da *soverchio*; fine sec. XIII *soperchiare* nel senso 2] ***tr.*** **1.** *fig.* vincere, superare per eccesso qualitativo o numerico: *il rumoreggiare del pubblico soverchiava la voce dell'oratore, non c'è chi lo soverchi per punti totalizzati* ‖ *per estens.* sopraffare, sottomettere: *voleva soverchiarlo con la sua prepotenza* **2.** *lett. meno com.* superare, sormontare, sopravanzare, oltrepassare: *il fiume soverchiò gli argini* ‖ ***intr.*** (aus. *avere*) *arc.* sporgere in fuori ‖ *fig.* sovrabbondare ‖ **N.** ***tr.*** **1.** *Sin.* opprimere, schiacciare.

soverchiatóre o **soperchiatóre** [da *soverchiare*; 1308] ***agg.*** e ***sm.*** (f. *-trìce*) che o chi soverchia ‖ **N.** *Sin.* PREPOTENTE.

soverchierìa o **soperchierìa** [da *soverchiare*; 1673] ***sf.*** abuso di forza ‖ **N.** *Sin.* angheria, prepotenza, sopraffazione, sopruso.

soverchiévole [da *soverchiare*; 1294] ***agg.*** *arc.* **1.** atto a soverchiare; eccessivo, soverchio **2.** *fig.* prepotente, offensivo.

sovèrchio (ant. *sopèrchio*) (pl. *-chi*) [lat. volg. **superculus*; 1294 come sm.] **I *agg.*** eccessivo, che eccede la misura: *zelo soverchio, spese soverchie* ‖ **soverchiaménte** ***avv.*** **II *sm.*** **1.** *lett.* quello che è in eccesso, che sovrabbonda; *averne di soverchio*, di avanzo ‖ *prov. il soverchio rompe il coperchio*, il troppo stroppia, ogni eccesso è dannoso **2.** *ant.* oltraggio, sopruso ‖ **N.** I *Sin.* abbondante, esagerato, sovrabbondante, superfluo, troppo, ECCESSIVO.

sóvero [lat. volg. **sober*, class. *sūber*; a. 1530] ***sm.*** *arc. lett. non com.* sughero: *i soveri nocchiuti* (D'Annunzio).

sovesciàre (pres. *-èscio*) [prob. lat. volg. **sobversiāre*; sec. XV] ***tr.*** *T.agr.* effettuare l'operazione del sovescio.

sovèscio (pl. *-sci*) [da *sovesciare*; sec. XIV] ***sm.*** *T.agr.* operazione agricola consistente nel ricoprire alcune leguminose fresche (trifoglio, lupino, fava ecc.) con uno strato di terra, perché servano da ingrasso al terreno.

soviet (russo, pr. [sʌ'vʲɛt]; pr. it. ['sɔvjet]) [dal russo *sovjet*, consiglio; 1917] ***sm. inv.*** consiglio; *Soviet degli operai, dei contadini, dei soldati*, organismi assembleari che svolsero un ruolo di direzione nella Rivoluzione d'Ottobre in Russia; nelle ex repubbliche sovietiche, organo legislativo; *Soviet supremo*, l'organo legislativo supremo dello Stato sovietico, composto di due Camere.

sovièttico (pl. *-ci*) [da *soviet*; 1931] **I *agg.*** **1.** che si riferisce ai soviet e, in gen., al governo comunista russo **2.** *per estens. più com.* di, che si riferisce all'Unione Sovietica: *uno scacchista sovietico, l'economia sovietica* **II *sm.*** (f. *-a*) cittadino dell'Unione Sovietica.

sovietizzàre [da *soviet*; 1921] ***tr.*** conferire a un Paese un ordinamento politico-sociale simile a quello sovietico.

sovietizzazióne [da *sovietizzare*; 1960] ***sf.*** il processo e l'effetto del sovietizzare.

sovietologìa [comp. di *soviet(ico)* e *-logia*; 1983] ***sf.*** studio del sistema sociale e politico sovietico.

sovietòlogo (pl. *-gi*) [comp. di *soviet(ico)* e *-logo*; 1980] ***sm.*** (f. *-a*) esperto di problematiche sociopolitiche sovietiche ‖ **N.** cremlinologo.

sóvra [lat. *supra*; a. 1566] ***prep.*** *lett.* sopra.

sóvra- o **sóvr-** V. SOPRA-.

sovrabbondànte (meno com. *soprabbondànte*) (*ppr.* di *sovrabbondare*) [1353 *soprabbondante*] ***agg.*** eccessivo ‖ **sovrabbondanteménte** ***avv.***

sovrabbondànza (meno com. *soprabbondànza*) [comp. di *sovra-* e *abbondanza*, sul modello del lat. tardo *superabundantia*; a. 1348 *soprabbondanza*] ***sf.*** abbondanza soverchia ‖ nella loc. *in sovrabbondanza*, più del necessario.

sovrabbondàre (meno com. *soprabbondàre*) (pres. *-óndo*) [comp. di *sovra-* e *abbondare*, sul modello del lat. tardo *superabundāre*; 1353 *soprabbondare*] ***intr.*** (aus. *avere* ed *essere*) **1.** abbondare molto, largamente: *sovrabbonda pure nelle porzioni!* **2.** avere in quantità superiore al bisogno o al normale: *queste colline sovrabbondano d'uva.*

sovraccaricàre (pres. *-àrico, -àrichi*) [comp. di *sovra-* e *caricare*; 1598 *sopraccaricare*] ***tr.*** caricare in modo eccessivo, anche *fig.*: *sovraccaricare una barca, un camion; sovraccaricare un impiegato di lavoro*, oberarlo.

sovraccàrico (pl. *-chi*) [comp. di *sovra-* e *carico*; 1598 *sopracarico* come sm. nel senso 2] **I *agg.*** eccessivamente carico, anche *fig.*: *un'automobile sovraccarica; una stanza sovraccarica di decorazioni* **II *sm.*** **1.** carico ulteriore, aggiunta che provoca il superamento dei limiti di sicurezza, di sopportazione e sim.: *il sovraccarico riduce l'efficienza del sistema frenante, un sovraccarico sulla linea elettrica ha causato un improvviso black out* **2.** *in gen.* carico eccessivamente gravoso, anche *fig.*: *è stressato dal sovraccarico di lavoro.*

sovraccennàre e der. V. SOPRACCENNARE e der.

sovraccòmito V. SOPRACCOMITO.

sovraccopèrta V. SOPRACCOPERTA.

sovracompressióne [comp. di *sovra-* e *compressione*; 1960] ***sf.*** in un motore a carburazione, aumento del rapporto volumetrico di compressione, effettuato per aumentare la potenza specifica del motore stesso ‖ **N.** *Sin.* surcompressione.

sovracomprèsso [comp. di *sovra-* e *compresso*; 1967] ***agg.*** detto di motore a carburazione che funziona a regime di sovracompressione ‖ **N.** *Sin.* surcompresso.

sovracorrènte [comp. di *sovra-* e *corrente*; 1932] ***sf.*** *T.elettr.* corrente di intensità notevolmente superiore al valore di normale funzionamento dell'impianto.

sovraddàzio V. SOPRADDAZIO.

sovraeccèdere e der. V. SOVRECCEDERE e der.

sovraeccèllere e der. V. SOVRECCELLERE e der.

sovraeccitàre e der. V. SOVRECCITARE e der.

sovraepàtico [comp. di *sovra-* e *epatico*; 1988] ***agg.*** *T.anat. vena sovraepatica*, vena che raccoglie il sangue proveniente dal fegato e lo riversa nella vena cava inferiore.

sovraespórre[1] V. SOPRAESPORRE[1].

sovraespórre[2] (pres. *sovraespóngo* ecc., come PORRE) [comp. di *sovra-* e *esporre*; 1960] ***tr.*** *T.fot.* dare un'esposizione eccessiva a una negativa fotografica.

sovraesposizióne [comp. di *sovra-* e *esposizione*; 1932 *sovra-esposizione*] ***sf.*** eccessiva esposizione alla luce di una pellicola fotografica.

sovraespósto[1] V. SOPRAESPOSTO[1].

sovraespósto[2] (*pps.* di *sovraesporre*[2]) [1960] ***agg.*** *T.fot.* di negativa fotografica, che ha avuto un'eccessiva esposizione alla luce ‖ **N.** *Contr.* sottoesposto.

sovraffaticàre (pres. *-ìco, -ìchi*) [comp. di *sovra-* e *affaticare*; 1963] ***tr.*** stancare eccessivamente, sottoporre a uno sforzo eccessivo: *sovraffaticare un atleta, un motore* ‖ ***intr. pron.*** stancarsi troppo.

sovraffollaménto [comp. di *sovra-* e *affollamento*; 1983] ***sm.*** rif. a locali chiusi, occupazione da parte di un numero eccessivo di persone.

sovraffollàto o **sopraffollàto** [comp. di *sovra-* e *affollato*; 1960] ***agg.*** eccessivamente affollato: *un locale sovraffollato.*

sovraimpórre e der. V. SOVRIMPORRE e der.

sovraimpressióne V. SOVRIMPRESSIONE.

sovraincisióne [comp. di *sovra-* e *incisione*; 1960] ***sf.*** incisione realizzata su una superficie già incisa.

sovrainnestàre o **soprainnestàre**, **soprannestàre**, **soprinnestàre** (pres. *-èsto*) [comp. di *sovra-* e *innestare*; 1965] ***tr.*** *T.agr.* innestare su un innesto precedente.

sovrainnèsto o **soprainnèsto**, **soprinnèsto** [comp. di *sovra-* e *innesto*; 1965] ***sm.*** *T.agr.* innesto eseguito su uno precedente.

sovraintèndere e der. V. SOPRINTENDERE e der.

sovralimentàre (pres. *-énto*) [comp. di *sovr-* e *alimentare*; 1983] ***tr.*** **1.** nutrire in misura eccessiva rispetto al fabbisogno normale **2.** *T.tecn.* fornire una macchina o un impianto di una quantità di energia eccessiva rispetto alla sua capacità di assorbimento.

sovralimentàto (*pps.* di *sovralimentare*) [1960] ***agg.*** alimentato eccessivamente ‖ *T.mecc.* detto di motore a combustione interna che funziona a regime di sovralimentazione.

sovralimentatóre [comp. di *sovra-* e *alimentatore*; 1960] ***sm.*** *T.mecc.* apparecchio usato per la sovralimentazione di un motore a combustione interna.

sovralimentazióne [comp. di *sovra-* e *alimentazione*; 1938] ***sf.*** **1.** *T.mec.* alimentazione forzata di un motore a combustione interna con una quantità d'aria maggiore di quella che entrerebbe direttamente dall'atmosfera **2.** *T.med.* ipernutrizione.

sovrallenaménto [comp. di *sovra-* e *allenamento*; 1964] ***sm.*** *T.sport.* superallenamento.

sovràlzo V. SOPRALZO.

sovramaturazióne [comp. di *sovra-* e *maturazione*; 1988] ***sf.*** *T.enol. periodo della sovramaturazione*, che segue la perfetta maturazione e può verificarsi tanto nei grappoli ancora sulle piante, quanto in quelli staccati e conservati.

sovràna [da *sovrano*; 1829 nel senso 2] ***sf.*** **1.** regina **2.** moneta d'oro inglese del valore di venti scellini, emessa dal XV sec. e recante sul rovescio l'effigie del re in trono ‖ moneta dell'Impero austriaco, circolante anche nel Lombardo-Veneto.

sovranazionàle e der. V. SOPRANNAZIONALE e der.

sovraneggiàre (pres. *-éggio*) [da *sovrano*; a. 1673] ***intr.*** (aus. *avere*) e ***tr.*** *raro* dominare da sovrano, anche in senso *fig.*

sovranità [da *sovrano*; a. 1348 *sovranitade*] ***sf.*** potere legittimo, autorità: *aver diritto di sovranità sopra un territorio* ‖ *sovranità popolare*, il principio secondo il quale la volontà del popolo è la fonte e la giustificazione del potere politico ‖ autonomia: *attentare alla sovranità nazionale* ‖ *fig.* preminenza, superiorità: *la sovranità dell'ingegno* ‖ **N.** *Sin.* imperio, legalità, maestà. ***Q.T. politica.***

sovrannaturàle V. SOPRANNATURALE.

sovràno [lat. volg. **superānus*, che sta sopra,

attr. il fr. ant. *souverain*; fine sec. XIII come agg. nel senso 3] **I agg. 1.** investito del sommo potere, non sottoposto ad alcuna autorità superiore: *il potere sovrano*; *il popolo sovrano*, dotato di sovranità **2.** *non com.* proprio di un re, di chi governa una monarchia: *privilegi sovrani* **3.** *ant.* che sta sopra: *rupe sovrana* ‖ *fig.* eminente, sommo: *onore sovrano, poeta sovrano* ‖ **sovranaménte** *avv.* supremamente **II sm.** (f. *-a*) chi detiene la potestà reale, principe, re, imperatore; *i sovrani*, la coppia regnante: *i sovrani di Svezia* ‖ **N. II** augusto, califfo, cesare, despota, dinasta, dominatore, emiro, gerarca, imperatore, maestà, monarca, potente, principe, re, scià, reggitore, regnante, scettrato, signore, signoretto, sire, sultano, tiranno, zar; aspirante, pretendente | abdicazione, deposizione, incoronazione; appannaggio, corte, decreto, lista civile, prammatica, rescritto, scettro, trono.

sovraoccupazióne [comp. di *sovra-* e *occupazione*; 1950] **sf.** *T.econ.* occupazione dei lavoratori con orario di lavoro superiore a quello normale o a quello economicamente vantaggioso.

sovraordinàto [comp. di *sovra-* e *ordinato*; 1988] **agg.** *T.ling.* iperonimo: *"fiore" è sovraordinato a "rosa"*.

sovrappassàggio (pl. *-gi*) (meno com. *soprappassàggio*) [comp. di *sovra-* e *passaggio*; 1931 *sovrapassaggio*] **sm.** cavalcavia. **TAV. automobile** p. 658 4.8.

sovrappàsso (meno com. *soprappàsso*) [comp. di *sovra-* e *passo*; 1963] **sm.** sovrappassaggio.

sovrappensièro V. SOPRAPPENSIERO.

sovrappéso V. SOPRAPPESO.

sovrappiù (meno com. *soprappiù*) [comp. di *sovra-* e *più*; 1960] **sm.** l'eccedenza, ciò che supera una data quantità considerata come equa o sufficiente: *ho dovuto pagare un sovrappiù sull'iscrizione* ‖ nelle loc.: *in sovrappiù*, in più, oltre un certo limite: *ha caricato merce in sovrappiù*; *per sovrappiù*, per giunta, in aggiunta: *lo pagò e per sovrappiù gli fece anche un regalo.*

sovrapponìbile [da *sovrapporre*; 1965] **agg.** che si può sovrapporre.

sovrappopolàre (pres. *-òpolo*) [comp. di *sovra-* e *popolare*; 1960] **tr.** popolare un luogo oltre la disponibilità naturale di risorse.

sovrappopolazióne [comp. di *sovra-* e *popolazione*; 1960] **sf.** popolazione eccessiva in rapporto alla disponibilità di risorse; l'essere sovrappopolato.

sovrappórre (raro *soprappórre*) (pres. *sovrappóngo* ecc., come PORRE) [comp. di *sovra-* e *porre*; 1321 *sovraporsi* come rifl.] **tr. 1.** porre sopra: *sovrapporre un ornamento a un altro* ‖ *in part.* mettere sopra in modo che le linee di contorno coincidano: *sovrapporre i tagli di stoffa per le maniche* **2.** *fig.* anteporre, far prevalere: *sovrapporre gli interessi individuali a quelli della comunità* ‖ **rifl. rec.** coincidere, combaciare: *i due impegni si sovrappongono parzialmente intorno alle undici* ‖ **rifl.** *ant.* mettersi sopra, riuscire superiore ‖ **N. tr. 1.** *Sin.* accavallare.

sovrappòrta V. SOPRAPPORTA.

sovrapposizióne (raro *soprapposizióne*) [da *sovrapporre*; a. 1642] **sf.** atto del sovrapporre, anche *fig.*: *la sovrapposizione di due poligoni, di due suoni, di due idee.*

sovrappressióne o **sovrapressióne** [comp. di *sovra-* e *pressione*; 1970] **sf.** *T.idr.* aumento eccessivo della pressione dell'acqua nelle condutture idrauliche.

sovrapprèzzo o **sovraprèzzo, soprapprèzzo, sopraprèzzo** [comp. di *sovra-* e *prezzo*; 1960] **sm.** prezzo aggiuntivo rispetto a quello normale: *le chiamate notturne sono soggette a un sovrapprezzo.*

sovrapproduzióne o **soprapproduzióne** [comp. di *sovra-* e *produzione*, sul modello del ted. *Überproduktion*; 1893] **sf.** *T.econ.* produzione superiore al consumo.

sovrapressióne V. SOVRAPPRESSIONE.

sovraprèzzo V. SOVRAPPREZZO.

sovraprofìtto V. SOPRAPPROFITTO.

sovrarazionàle V. SOPRARAZIONALE.

sovrascorriménto [comp. di *sovra-* e *scorrimento*; 1965] **sm.** *T.geol.* scorrimento tettonico di un'ampia zolla rocciosa sul sedimento sottostante, che si verifica durante il corrugamento di una catena montuosa.

sovrasensìbile o **soprasensìbile** [comp. di *sovra-* e *sensibile*; 1843] **I agg.** che trascende l'esperienza dei sensi **II sm.** ciò che è soprasensibile.

sovrastàmpa (non com. *soprastàmpa*) [comp. di *sovra-* e *stampa*; 1960] **sf.** atto ed effetto del sovrastampare. **Q.T.** *filatelia* **TAV.** *filatelia* 3.1.

sovrastampàre (non com. *soprastampàre*) [comp. di *sovra-* e *stampare*; 1950] **tr.** stampare una dicitura o altro sopra un foglio già stampato, per cancellare, arricchire o correggere quello che vi era stampato prima.

sovrastànte (non com. *soprastànte*) (*ppr.* di *sovrastare*) [1640] **agg.** incombente; imminente ‖ **N.** *Contr.* sottostante.

sovrastàre (non com. *soprastàre*) [comp. di *sovra-* e *stare*; 1321] **tr.** e **intr.** (aus. *essere*) **1.** elevarsi, stare sopra, essere superiore: *la montagna sovrasta la* (o *sulla*) *valle* ‖ *per estens.* primeggiare, essere decisamente superiore: *sovrastare di molto (su) tutti gli altri competitori* **2.** *fig.* essere imminente, incombente: *il pericolo (ci) sovrasta* ‖ **N.** *Sin.* SUPERARE | *Contr.* sottostare.

sovrasterzànte [comp. di *sovra-* e *sterzante*, ppr. di *sterzare*; 1963] **agg.** *T.aut.* detto di automobile che in determinate condizioni di curvatura, velocità, ripresa ecc. tende a percorrere una curva più stretta di quella impostata dal conducente manovrando il volante.

sovrastèrzo [comp. di *sovra-* e *sterzo*; 1980] **sm.** *T.aut.* comportamento di un autoveicolo che in curva tende a stringere verso l'interno ‖ **N.** *Contr.* sottosterzo.

sovrastruttùra o **soprastruttùra** [comp. di *sovra-* e *struttura*; 1922] **sf. 1.** parte di un complesso che si fonda e si eleva al di sopra della struttura portante, con funzione di protezione o di finitura della stessa ‖ *sovrastruttura stradale*, la massicciata e la pavimentazione, al di sopra del piano di fondazione ‖ *T.mar.* qualsiasi opera (come il castello di prua, il cassero centrale e di poppa, i ponti superiori ecc.) che in un'imbarcazione è costruita sopra coperta **2.** *per estens. fig.* elemento aggiuntivo, accessorio, che si sovrappone alla sostanza di qualcosa senza fondersi intimamente con esso, e sentito spesso come il prodotto di un'elaborazione posteriore, arbitraria e superflua: *un film appesantito da sovrastrutture ideologiche* **3.** *T.fil.* nel pensiero marxiano e nella dottrina marxista, ogni istituzione ed espressione culturale (artistica, religiosa, politica, filosofica ecc.) determinata dalla struttura economica della società. **Q.T.** *vela.*

sovratemporàle o **sopratemporàle** [comp. di *sopra-* e *temporale*; 1960] **agg.** *T.fil.* che trascende le determinazioni temporali ‖ **N.** *Sin.* extratemporale.

sovratensióne [comp. di *sovra-* e *tensione*; 1911] **sf.** *T.elettr.* tensione il cui valore supera quello di normale funzionamento dell'impianto.

sovrattàssa V. SOPRATTASSA.

sovraumàno V. SOVRUMANO.

sovreccedènte (*ppr.* di *sovreccedere*) [1940] **I agg.** che sovreccede **II sm.** sovreccedenza: *il sovreccedente* ‖ **N.** *Sin.* eccesso, superfluo.

sovreccedènza [da *sovreccedere*; 1940] **sf.** atto del sovreccedere; anche ciò che sovreccede: *avere una sovreccedenza di cassa.*

sovreccèdere (pres. *sovreccèdo* ecc., come CEDERE) [comp. di *sovra-* ed *eccedere*; 1940] **tr.** e **intr.** (aus. *avere*) eccedere di molto, sorpassare di gran lunga, trascendere, trasmodare.

sovreccèllere (pres. *sovreccèllo* ecc., come ECCELLERE) [comp. di *sovra-* ed *eccellere*; 1940] **tr.** e **intr.** (aus. *avere*) *ant. non com.* sovrastare, primeggiare di gran lunga.

sovreccèlso (*pps.* di *sovreccellere*) [1940] **agg.** *lett.* straordinario, incomparabile: *un sacerdote di sovreccelse virtù.*

sovreccitàbile [da *sovreccitare*; 1940] **agg.** facile a sovreccitarsi, eccitabile in modo eccessivo: *un carattere sovreccitabile.*

sovreccitabilità [da *sovreccitabile*; 1940] **sf.** l'essere sovreccitabile, l'eccessiva facilità a eccitarsi.

sovreccitaménto [da *sovreccitare*; 1940] **sm.** atto e spec. effetto del sovreccitare o del sovreccitarsi; sovreccitazione.

sovreccitàre (pres. *-èccito*) [comp. di *sovra-* ed *eccitare*; 1940] **tr.** eccitare molto, mettere in grande agitazione: *basta appena un nonnulla per sovreccitarlo.*

sovreccitazióne [da *sovreccitare*; 1940] **sf.** l'essere sovreccitato: *è in stato di sovreccitazione.*

sovrespórre e der. V. SOVRAESPORRE[2] e der.

sovrimpórre (pres. *sovrimpóngo* ecc., come PORRE) [comp. di *sovra-* e *imporre*; 1873] **tr.** *non com.* imporre di nuovo, in aggiunta; *in part.* imporre una nuova tassa in aggiunta alla vecchia.

sovrimpósta [comp. di *sovra-* e *imposta*; 1817] **sf.** imposta aggiunta ad un'altra: *la sovrimposta sui fabbricati.*

sovrimpressióne o **sovraimpressióne** [comp. di *sovra-* e *impressione*; 1931] **sf.** stampa o fotografia impressa sopra altra stampa o fotografia; sovrastampa.

sovrintèndere e der. V. SOPRINTENDERE e der.

sovrumàno (ant. *sopraumàno, sovraumàno*) [comp. di *sovra-* e *umano*; 1516 *sopraumano*] **agg.** che trascende la natura umana: *poteri, esseri sovrumani* ‖ *iperb.* eccezionale, grandissimo: *sforzi sovrumani.*

sovvàllo [etim. inc.; a. 1587] **sm.** *arc. tosc.* soprappiù, ciò che si ottiene senza alcuna spesa, spec. nelle loc.: *a sovvallo*, gratis; *di sovvallo*, per di più; *mettere a sovvallo*, stanziare, detto di una somma, spec. se la si vuole riservare per i divertimenti.

sovvenévole [da *sovvenire*; a. 1566] **agg.** *arc. lett.* che è pronto a soccorrere ‖ **N.** *Sin.* caritatevole, generoso, misericordioso, soccorrevole.

sovvenìbile [da *sovvenire*; a. 1712] **agg.** *arc. raro* che può sovvenire.

sovveniménto [da *sovvenire*; sec. XIV] **sm.** *arc. raro* il sovvenire.

sovvenire[1] (pres. *sovvèngo* ecc., come VENIRE) [lat. *subvenīre*, accorrere; a. 1292] **tr.** e **intr.** (aus. *avere*) *lett.* venire in aiuto, soccorrere: *lo sovvenni nel bisogno*; *sovvieni ai miei mali* ‖ **intr.** (aus. *essere*) venire, tornare in mente: *che di mia confession non mi sovvenne* (Dante); *non ti sovvien di quell'ultima sera* (Petrarca) ‖ **N.** *Sin.* RICORDARE; SOCCORRERE.

sovvenire[2] [da *sovvenire*[1]; a. 1574] **sm.** *ant. lett.* e *poet.* ricordo: *e dei di che furono l'assalse il sovvenir* (Manzoni).

sovvenitóre [da *sovvenire*[1]; 1336 ca.] **agg.** e **sm.** (f. *-trice*) *arc. raro* apportatore d'aiuto.

sovventóre [dal lat. tardo *subventor*, *-ōris*; 1812] **agg.** e **sm.** (f. *-trice*) *arc. raro* che o chi aiuta altri materialmente.

sovvenzionaménto [da *sovvenzionare*; 1983] **sm.** atto ed effetto del sovvenzionare; sovvenzione.

sovvenzionàre (pres. *-óno*) [da *sovvenzione*, sul modello del fr. *subventionner*; 1862] ***tr.*** aiutare con sovvenzioni: *l'iniziativa è stata sovvenzionata da un grande gruppo finanziario* || **N.** *Sin.* finanziare.

sovvenzionatóre [da *sovvenzionare*; 1967] ***agg.*** e ***sm.*** (f. *-trìce*) che, chi sovvenziona, finanziatore: *istituto sovvenzionatore.*

sovvenzióne [dal lat. tardo *subventio*, *-ōnis*; a. 1348] ***sf.*** contributo in denaro concesso a condizioni di restituzione agevolate a individui o enti vari perché possano svolgere la loro attività; sussidio, prestito: *ottenere una sovvenzione dallo Stato.*

sovversióne [dal lat. tardo *subversio*, *-ōnis*; a. 1342] ***sf.*** abbattimento violento e radicale di un assetto sociale e istituzionale: *le forze della sovversione, la sovversione dello Stato.*

sovversivìṣmo [da *sovversivo*; 1908] ***sm.*** tendenza a sovvertire l'ordine costituito, spec. in modo violento.

sovversìvo [dal fr. *subversif*; 1799] **I** ***agg.*** atto a sovvertire, che vuole sovvertire l'ordine costituito; ispirato a un intento di ribellione: *dottrine sovversive; attività, propaganda sovversiva* **II** ***sm.*** (f. *-a*) chi vuole sovvertire l'ordine costituito: *è un pericoloso sovversivo* || **N. II** *Sin.* agente provocatore, arruffapopoli, fomentatore di rivolta, perturbatore, provocatore, sobillatore, sovvertitore.

sovvertiménto [da *sovvertire*; a. 1673] ***sm.*** atto ed effetto del sovvertire || **N.** *Sin.* capovolgimento, rovesciamento, sconvolgimento.

sovvertìre (pres. *-èrto*) [dal lat. *subvertere*; a. 1342] ***tr.*** mandare sottosopra, rovesciare e mutare profondamente, spec. rif. all'ordine costituito: *sovvertire la compagine di uno Stato, costumi che sovvertono la famiglia* || **N.** *Sin.* sconvolgere, turbare.

sovvertitóre [da *sovvertire*; sec. XIV] ***agg.*** e ***sm.*** (f. *-trìce*) *non com.* che o chi sovverte || **N.** *Sin.* SOVVERSIVO.

sòzio (pl. *-zi*) [dal lat. *socius*; 1353] ***sm.*** *arc.* socio, compagno.

sozẓàre o **sozzàre** (pres. *sóẓẓo* o *sózzo*) [da *sozzo*; a. 1306] ***tr.*** *arc.* insozzare.

sozẓerìa o **sozzerìa** [da *sozzo*; 1970] ***sf.*** *region.* sporcizia, sudiciume || cosa, azione ripugnante, sordida, turpe.

sozẓézza o **sozzézza** [da *sozzo*; sec. XIV] ***sf.*** *raro* sozzura.

sóẓẓo o **sózzo** [dal lat. volg. **sucidus*, attr. il provenz. *sotz*; a. 1292 nel senso 2] ***agg.*** **1.** sudicio, lurido: *faccia sozza, mani sozze* **2.** *fig.* turpe, moralmente ripugnante: *animo, libro sozzo* **3.** *ant.* deforme || **sozẓaménte** o **sozzaménte** ***avv.***; anche *ant.* barbaramente || **N.** *Sin.* SPORCO.

sozẓóne o **sozzóne** [da *sozzo*; 1970] ***agg.*** e ***sm.*** *centr.* che o chi è molto sporco; che o chi si comporta in modo inverecondo.

sozẓùme o **sozzùme** [da *sozzo*; 1673] ***sm.*** insieme di cose sozze || ciò che insudicia, sudiciume.

sozẓùra o **sozzùra** [da *sozzo*; a. 1292] ***sf.*** **1.** qualità e condizione di ciò che è sozzo **2.** *concr.* cosa sozza || *fig.* bruttura, cosa turpe e vergognosa, laidezza: *la sozzura di certi vizi* **3.** *ant.* deformità.

spaccalégna [comp. di *spacca(re)* e *legna*; 1841 *spaccalegne*] ***s. inv.*** chi spacca la legna da ardere: *lo spaccalegna, gli spaccalegna.*

spaccaménto [da *spaccare*; 1838] ***sm.*** *raro* atto dello spaccare e dello spaccarsi.

spaccamontàgne [comp. di *spacca(re)* e *montagna*; 1726] ***s. inv.*** spaccamonti.

spaccamónti [comp. di *spacca(re)* e *monte*; 1699] ***s. inv.*** spaccone, gradasso || **N.** *Sin.* MILLANTATORE.

spaccaòssa [comp. di *spacca(re)* e *osso*; 1941] ***sm. inv.*** coltello a lama larga e pesante, impiegato in macelleria e in cucina per spaccare le ossa dei pezzi di carne macellata.

spaccapiètre [comp. di *spacca(re)* e *pietra*; 1891] ***s. inv.*** operaio che spacca le pietre, spec. quelle destinate alla selciatura delle strade.

spaccàre (pres. *spàcco*, *spàcchi*) [dal long. **spahhan*, fendere; a. 1606] ***tr.*** rompere in due o più parti un oggetto di una certa consistenza, spec. con un colpo violento: *spaccare la legna, la testa* || *fam.* rompere in modo da rendere inutilizzabile: *ha spaccato tutti i suoi giocattoli* || *fig. caldo, freddo che spacca le pietre*, assai intenso || *fig. orologio che spacca il minuto, il secondo*, precisissimo || *fig. spaccare un capello in quattro*, essere assai scrupoloso, pedante || *fig. spaccare il muso (la faccia)*, minacciare di picchiare || *fam. o la va o la spacca*, si dice nel rischiare il tutto per tutto || ***intr. pron.*** fendersi, rompersi: *la tavola si è spaccata nel mezzo* || **N.** *Sin.* crepare, incrinare, spezzare, FENDERE, ROMPERE.

spaccàta [da *spaccare*; 1853 nel senso 2] ***sf.*** **1.** in vari sport, nella danza e in esercizi acrobatici, movimento e posizione consistente nella massima apertura delle gambe **2.** *non com.* atto dello spaccare in una volta sola **3.** nel gergo della malavita, furto commesso infrangendo una vetrina. **TAV. *nuoto* p. 1328** 5.9.

spaccàto (*pps.* di *spaccare*) [a. 1535 come agg.; 1772 come sm.] **I** ***agg.*** **1.** rotto, spezzato **2.** *fig. fam.* evidente, chiaramente riconoscibile, vero e proprio: *è un milanese spaccato; è spaccato suo fratello*, tale e quale **3.** *T.arald.* detto di scudo diviso in due parti uguali da una linea orizzontale || **spaccataménte** ***avv.*** marcatamente **II** ***sm.*** disegno a sezione verticale di un solido: *lo spaccato di un organo del corpo umano.*

spaccatùra [da *spaccare*; 1612] ***sf.*** **1.** atto dello spaccare **2.** *concr.* il punto in cui la cosa è spaccata: *una spaccatura nella roccia* || screpolatura, spec. delle labbra, delle mani e sim. || **N. 2.** *Sin.* crepa, crepatura, fenditura, fessura, incrinatura, screpolatura, spaccata, spacco, squarcio.

spacchettàre (pres. *-étto*) [da *impacchettare*, con cambio di pref.; 1891] ***tr.*** togliere qualcosa da un pacchetto, disfare un pacchetto: *spacchettò i libri che io avevo impacchettato.*

spacchétto (*dim.* di *spacco*) [1873] ***sm.*** *T.abb.* nelle giacche da uomo, breve spacco posto ai lati o dietro al centro.

spacciàbile [da *spacciare*; a. 1729] ***agg.*** che si spaccia facilmente; che è atto essere spacciato.

spacciàre (pres. *spàccio*) [dal provenz. *despachar*; 1336 ca.] ***tr.*** **1.** piazzare sul mercato, vendere, spec. con facilità e rapidità: *spacciare merci* **2.** *per estens.* mettere in circolazione a scopo fraudolento, spec. rif. a oggetti scadenti presentati come pregiati o a sostanze proibite: *spacciare banconote false, droga*; anche *fig.* rif. a notizie non vere: *spaccia notizie false e tendenziose* || far passare qualcosa per quello che non è: *spaccia frottole per verità, surrogato per caffè, l'amante per marito* || *spacciare una cosa per buona*, per vera, pregiata, autentica e sim. **3.** *fam.* considerare inguaribile, dare ormai per morto, usato spec. nel pps.: *i medici lo danno per spacciato* || *per estens. fig.* dare per finito, rovinato: *sembrava ormai spacciato, ma con quel prestito si è tirato su* **4.** *ant.* sbrigare: *spacciare le proprie faccende* || ***rifl.*** far credere di essere, farsi passare per: *si spaccia per un gran luminare* || **N. 1.** *Sin.* esitare **2.** *Sin.* gabellare.

spacciatìvo [da *spacciare*; a. 1535] ***agg.*** *ant.* sbrigativo.

spacciàto (*pps.* di *spacciare*) [1483] ***agg.*** senza speranza, rovinato.

spacciatóre [da *spacciare*; a. 1729] ***sm.*** (f. *-trìce*) chi spaccia, spec. alludendo a cose illecite o biasimevoli: *spacciatore di notizie, di monete false, di droga* || **N.** *Sin.* divulgatore, venditore.

spàccio (pl. *-ci*) [da *spacciare*; 1353] ***sm.*** **1.** vendita, atto dello spacciare una merce: *in quel negozio c'è molto spaccio, articoli di spaccio limitato* **2.** *per estens.* messa in circolazione: *lo spaccio di droga, di monete false, di notizie tendenziose* **3.** luogo dove si vendono merci, rivendita: *uno spaccio alimentare*; *in part.* nelle caserme, rivendita di generi diversi, il cui esercizio è direttamente controllato da un sottufficiale.

spàcco (pl. *-chi*) [da *spaccare*; 1805] ***sm.*** **1.** fenditura, strappo, spaccatura: *uno spacco nel muro, nel labbro* **2.** *T.abb.* apertura longitudinale praticata in un capo di vestiario per agevolare i movimenti o a scopo estetico: *una gonna con lo spacco dietro, una giacca con gli spacchi laterali* **3.** *T.agr. innesto a spacco*, fatto tagliando per il lungo un ramo della pianta che deve ricevere l'innesto e facendovi entrare a forza un ramo sbiettato della pianta che deve fare da innesto || **N. 1.** *Sin.* SPACCATURA.

spacconàta [da *spaccone*; 1711] ***sf.*** atto, parole da spaccone || **N.** *Sin.* MILLANTERIA.

spaccóne [da *spaccare*; a. 1716] ***sm.*** (f. *-a*) smargiasso, persona che si vanta di aver fatto o saper fare cose eccezionali che in realtà non è in grado di compiere || *pegg.* spacconàccio.

spacelab (ingl., pr. ['speɪslæb]) [comp. di *space*, spazio e *lab(oratory)*, laboratorio; 1979] ***sm.*** *inv.* laboratorio spaziale orbitante.

space shuttle (ingl., pr. ['speɪs ˌʃʌtəl]) [lett. navetta dello spazio; 1974] ***loc. m.*** *inv.* veicolo spaziale che trasporta strumenti e passeggeri, compiendo ripetuti voli da una base terrestre a una stazione orbitante || **N.** *Sin.* navetta spaziale. **TAV. *astronautica* p. 655** 11.

spàda [lat. *spatha*, gr. *spáthē*, spatola; 1211] ***sf.*** **1.** arma da offesa, da punta e da taglio, con lama di lunghezza variabile, diritta, piatta, appuntita e tagliente dalle due parti, con una impugnatura detta *elsa* e una copertura detta *fodero*: *impugnare la spada* || in varie loc. fig.: *morire con la spada in pugno*, combattendo; *passare a fil di spada*, uccidere a colpi di spada; *incrociare la spada con qualcuno*, battersi a duello; *uomo di spada*, che segue il mestiere delle armi; *brandire la spada*, accingersi a combattere; *rimettere la spada nel fodero*, cessar di combattere; *difendere a spada tratta*, a oltranza, coraggiosamente; *la spada della giustizia*, le pene stabilite dalle leggi e applicate dai magistrati; *spada di Damocle*, per indicare un pericolo che incombe continuamente; *la spada di Brenno*, per indicare condizioni gravose imposte ai vinti || *prov. ne uccide più la lingua che la spada*, le parole possono essere più taglienti, possono far più danno di un'arma affilata; *chi di spada ferisce, di spada perisce*, a chi commette violenze toccherà subirne || *T.sport.* nella scherma, arma con lama triangolare, rigida, atta a colpire soltanto di punta || *per meton.* spadaccino, tiratore di spada: *è un'ottima spada* **2.** *pl.* *T.gioc.* uno dei quattro semi nelle carte da gioco napoletane e dei tarocchi **3.** *pesce spada*, grosso pesce di mare commestibile con la mascella superiore prolungata in un'appendice a forma di spada || *dim.* spadino (*sm.*), spadina; *accr.* spadóne (*sm.*); *pegg.* spadàccia || **N. 1.** brando, curtana, daga, durlindana, ferro, fioretto, lama, sciabola, scimitarra, squadrone, stocco | damaschinata, di Toledo | ACCESSORI: balteo, cintura, dragona, fermaglio, fiocco, fodero, ghiera, guaina, nappa, pendaglio, puntale, tracolla | affilare, cavare, cingere, inguainare, rinfoderare, rotare, roteare, sfoderare, sguainare, snudare | colpo, fendente, imbroccata, mulinello, piattonata, puntata, traversone | armaiolo, ensiforme, spadaccino, spadaio, spadista. **Q.T.** *armi, scherma* **TAV.** *scherma* 2; ***armi* p. 648** 7; ***pesci* p. 1331** 10.

spadaccìno [da *spada*; a. 1535] **sm.** (f. *-a*) chi è abile nell'arte del battersi alla spada.

spadacciòla [da *spada*; 1745] **sf.** *region.* pianta erbacea delle Iridacee, con fiori di colore roseo disposti in lunga spiga terminale ‖ **N.** *Sin.* gladiolo selvatico, pancacciòlo.

spadàio (pl. *-ài*) (region. *spadàro*) [da *spada*; 1308] **sm.** **1.** (f. *-a*) chi fabbrica spade **2.** *T.stor.* colui che al seguito dell'imperatore ne portava la spada.

spadàta [da *spada*; a. 1698] **sf.** colpo di spada.

spadàto [da *spada*; 1960] **agg.** armato di spada ‖ *T.stor.* detto di soldato del XVI sec., spec. spagnolo, che combatteva con lo spadone a due mani.

spadellàre (pres. *-èllo*) [comp. di *s-* e *padella*; 1942] **intr.** (aus. *avere*) **1.** (anche *tr.*) nel linguaggio dei cacciatori e di chi pratica lo sport del tiro a segno, mancare clamorosamente il bersaglio puntato: *due ore di prove e non ho fatto che spadellare!, ha spadellato una lepre* **2.** *fam.* affaccendarsi attorno ai fornelli per cucinare: *sta spadellando da mezz'ora come una matta!* ‖ **N.** **2.** *Sin.* padellare, spignattare.

spadellatóre [da *spadellare*; 1967] **sm.** (f. *-trìce*) cacciatore o appassionato di tiro a segno che manca regolarmente il bersaglio.

spadèrno [etim. inc.; a. 1320] **sm.** *T.pesc.* lenza con tre e talora anche più ami, usata per la pesca di fondo in acque dolci.

spàdice [dal lat. *spadix, -īcis*; 1809] **sm.** *T.bot.* infiorescenza a spiga, quando è avvolta da una brattea detta *spata*: *lo spadice delle palme da datteri.* **TAV. fiori... p. 671** 2.2.

Spadiciflòre [comp. del lat. *spădix, -īcis*, spadice e un der. del lat. *flōs, flōris*, fiore; 1929] **sf. pl.** *T.bot.* ordine di piante Monocotiledoni caratterizzate da un'infiorescenza a spadice; vi appartengono, tra le altre, le palme.

spadifórme [comp. di *spada* e *-forme*; 1838] **agg.** a forma di spada: *foglie spadiformi.*

spadìno (*dim.* di *spada*) [a. 1704] **sm.** spada corta, elegante, da cerimonia.

spadìsta [da *spada*; 1935] **s.** *T.sport.* nella scherma, chi è specializzato o particolarmente esperto nel tirare di spada.

spadóna (*accr.* di *spada*) [1891] **sf.** **1.** spada di grandi dimensioni **2.** *T.agr.* varietà di pera allungata, verde, di gusto assai delicato.

spadonàta [da *spadone*; 1891] **sf.** *raro* colpo di spadone.

spadóne (*accr.* di *spada*) [a. 1566] **sm.** *T.stor.* spada grande e lunga a due tagli, che s'impugnava con tutt'e due le mani.

spadronàre (pres. *-óno*) [comp. parasint. di *padrone*; 1873] **intr.** (aus. *avere*) *raro pop.* spadroneggiare, far da padrone.

spadroneggiaménto [da *spadroneggiare*; 1986] **sm.** atto ed effetto dello spadroneggiare.

spadroneggiàre (pres. *-éggio*) [da *spadronare*; 1841] **intr.** (aus. *avere*) comportarsi arbitrariamente da padrone: *costui spadroneggia in casa degli altri* ‖ **N.** *Sin.* tiranneggiare.

spaeṣaménto [da *spaesato*] **sm.** lo stato d'animo di chi si sente spaesato ‖ **N.** disorientamento, smarrimento.

spaeṣàto [comp. parasint. di *paese*, sul modello del piem. *despaisà*; 1869] **agg.** a disagio, smarrito per il fatto di trovarsi in un ambiente diverso dal proprio o non congeniale: *in quest'adunanza di bellimbusti mi sembri alquanto spaesato.*

spagherìa [da *spago*; 1930] **sf.** fabbrica di spaghi.

spaghettàta [da *spaghetti*; 1950] **sf.** *fam.* mangiata di spaghetti.

spaghetterìa [da *spaghetti*, sul modello di *pizzeria*; 1983] **sf.** ristorante in cui vengono preparati quasi esclusivamente spaghetti, conditi nelle più svariate maniere.

spaghétti wèstern (semiingl., pr. [spa'getti 'wɛstern]) [comp. di *spaghetti* e *western*; 1977] **loc. m. inv.** genere cinematografico, nato in Italia negli anni Sessanta, i cui film, ambientati nel Far West, ma di fatto girati in esterni non americani, hanno come protagonisti cow-boy impegnati in imprese crudeli e violente ‖ **N.** *Sin.* western all'italiana.

spaghétto[1] (*dim.* di *spago*[1]) [1353 nel senso 1; 1846 nel senso 2] **sm.** **1.** piccolo spago **2.** *pl.* *T.alim.* tipo di pasta alimentare di semola di grano duro, di forma cilindrica sottile e allungata, che si cuoce in acqua bollente salata e si serve condita in vari modi: *mangiare un piatto di spaghetti; spaghetti in bianco, al ragù, alla carbonara, all'amatriciana.* **TAV.** *alimentazione* 1.2.

spaghétto[2] (*dim.* di *spago*[2]) [1895] **sm.** *fam.* paura: *confessa che ti senti un po' di spaghetto addosso.*

spaginàre (pres. *spàgino*) [da *impaginare*, con cambio di pref.; 1873] **tr.** *T.tip.* disfare le pagine già formate, per correggerle o per impaginarle diversamente.

spaginatùra [da *spaginare*; 1940] **sf.** atto ed effetto dello spaginare.

spagirìa [dal lat. umanistico *spagyria*, prob. basato sul gr. *spân*, separare e *agérein*, riunire; 1838] **sf.** presso gli alchimisti, l'analisi e la ricomposizione degli elementi naturali.

spagìrico (pl. *-ci*) [dal lat. umanistico *spagyrica*, prob. basato sul gr. *spân*, separare e *agérein*, riunire; 1838] **agg.** detto delle dottrine mediche di Paracelso, in riferimento alla tecnica di scomposizione e ricomposizione degli elementi naturali propria degli alchimisti.

spagiriṣmo [da *spagirico*; 1960] **sm.** dottrina medica di Paracelso.

spagliaménto [da *spagliare*[1]; 1865] **sm.** *non com.* atto ed effetto dello spagliare e dello spagliarsi; spagliatura.

spagliàre[1] (pres. *spàglio*) [comp. parasint. di *paglia*; 1863 come intr. nel senso 1] **tr.** levare la paglia da cui è avvolta una cosa: *spagliare fiaschi* ‖ **intr.** (aus. *avere*) **1.** di animali, muovere la paglia nella stalla, sparpagliarla **2.** *raro* di animali, nutrirsi di paglia: *mandò l'asino a spagliare* ‖ *fig.* vivere a spese di uno: *è un mese che costui spaglia in casa mia* ‖ **intr. pron.** perdere la paglia: *le seggiole si spagliano.*

spagliàre[2] [da *sparpagliare*; a. 1742] **intr.** (aus. *essere*) *non com.* di acque, straripare e spandersi in pianura, impaludandosi.

spagliatóre [da *spagliare*[1]; 1865] **agg.** e **sm.** (f. *-trìce*) *arc.* che o chi spaglia.

spagliatùra [da *spagliare*[1]; 1891] **sf.** atto ed effetto dello spagliare.

spàglio (pl. *-gli*) [da *spagliare*[2]; sec. XVIII] **sm.** *non com.* **1.** lo spagliare delle acque di un fiume e sim. **2.** nella loc. *a spaglio*, sparsamente, gettando le cose qua e là, a ventaglio: *seminare a spaglio.*

spàgna [dal n. geogr. *Spagna*; 1685 *pan di Spagna*] **sf.** nome della nazione iberica, in alcune loc.: *pan di Spagna*, pasta dolce tenerissima fatta con farina, zucchero e tuorli d'uovo; *cera di Spagna*, ceralacca ‖ *pop.* *erba spagna* (o, *ass.*, *spagna*), erba medica.

spagnàio [da *spagna*; 1960] **sm.** campo di erba spagna ‖ **N.** *Sin.* medicaio.

spagnolàta [da *spagnolo*; a. 1642] **sf.** *raro* spacconata, millanteria.

spagnoleggiàre (pres. *-éggio*) [da *spagnolo*; 1618] **intr.** (aus. *avere*) adottare voci, locuzioni, atteggiamenti, usi e sim. spagnoli.

spagnolésco (pl. *-schi*) [da *spagnolo*; a. 1571] **agg.** da spagnolo, con rif. a uno stereotipo di fierezza, grandiosità, cerimoniosità ecc. ‖ *spreg.* *modi spagnoleschi*, altezzosi, boriosi, da spaccone.

spagnolétta [da *spagnolo*; 1771 nel senso 2] **sf.** **1.** confezione di filato avvolto intorno a un cilindretto di cartone o plastica; rocchetto, spoletta **2.** chiusura per imposte da finestra **3.** *T.abb.* scialletto triangolare di pizzo che si porta sul capo con un vertice sulla fronte e i lembi ricadenti ai lati; per uso e forma richiama la mantiglia **4.** *dial.* arachide **5.** *ant.* sigaretta, dal fatto che a introdurne l'uso furono gli Spagnoli.

spagnoliṣmo [da *spagnolo*; 1611 *spagnuolismo* nel senso 2] **sm.** **1.** *T.ling.* voce o locuzione propria della lingua spagnola; ispanismo **2.** *T.stor.* e *T.lett.* usanza e moda in letteratura, in pittura ecc. venuta dalla Spagna nel sec. XVII; secondo alcuni, uno degli elementi che concorrono nel fenomeno del secentismo.

spagnòlo (lett. *spagnuòlo*) [dal n. geogr. *Spagna*; fine sec. XIII *spagnuolo*] **I agg.** della Spagna: *lingua, letteratura spagnola* ‖ *febbre spagnola* (o *sf. la spagnola*), grave epidemia influenzale cominciata, sembra, in Spagna nel 1918 e diffusasi rapidamente in tutta Europa **II sm.** **1.** (f. *-a*) abitante della Spagna **2.** (solo *sing.*) lingua spagnola.

spàgo[1] (pl. *-ghi*) [lat. tardo *spăcus*; 1313] **sm.** filo a più capi ritorto, usato per legare; funicella sottile: *gomitolo di spago, cucire con lo spago* ‖ *fam.* *dare spago a qualcuno*, assecondarlo ‖ *dim.* spaghétto, spaghettìno ‖ **N.** *Sin.* corda, fune.

spàgo[2] [da *spago*[1], attr. il gergo; 1466 ca.] **sm.** *fam. scherz.* spaghetto, paura.

spàhi o **spài** (pr. [spai]) [dal persiano *sipahi*, soldato di cavalleria; a. 1680] **sm. inv.** **1.** soldato indiano reclutato dagli Inglesi **2.** soldato algerino appartenente a un corpo di soldati coloniali francesi a cavallo ‖ **N.** **1.** *Sin.* *sipahi.*

spaiaménto [da *spaiare*; a. 1620] **sm.** *non com.* lo spaiare.

spaiàre (pres. *spàio*) [da *appaiare*, con cambio di pref.; 1691] **tr.** **1.** disfare il paio, separare ciò che è appaiato **2.** accoppiare oggetti eterogenei, che non costituiscono un paio: *scarpe spaiate, guanti spaiati* ‖ **N.** **1.** *Sin.* disgiungere, spargliare | *Contr.* appaiare, accoppiare.

spaiàto (*pps.* di *spaiare*) [a. 1587] **agg.** che non fa il paio con qualcosa o qualcuno.

spalancaménto [da *spalancare*; 1891] **sm.** *non com.* atto ed effetto dello spalancare.

spalancàre (pres. *-ànco, -ànchi*) [comp. parasint. di *palanca*; 1483] **tr.** aprire del tutto, interamente: *spalancare usci e finestre*; *spalancare gli occhi*, aprirli bene per la meraviglia, per osservare meglio e sim. ‖ *spalancare la bocca*, per sbadigliare, per gridare, per introdurvi un grosso boccone o per la meraviglia ‖ *fig.* *spalancare gli orecchi*, stare ad ascoltare attentamente ‖ *spalancare le braccia*, per sbigottimento o per abbracciare qualcuno in segno di festosa accoglienza ‖ **intr. pron.** aprirsi completamente e da solo: *l'uscio si spalancò* ‖ **N.** *Sin.* APRIRE.

spalàre [comp. parasint. di *pala*; sec. XIV nel senso 1; 1847 nel senso 2] **tr.** **1.** rimuovere, levare via con la pala: *spalare la neve* **2.** *T.mar.* *spalare i remi*, nella voga, girarli rapidamente e orizzontalmente tra palata e palata per il tempo che restano emersi, in modo che, diminuendo la resistenza dell'aria, non venga diminuita la velocità della barca.

spalàta [da *spalare*; 1838] **sf.** lo spalare un po' ‖ colpo di pala ‖ *dim.* spalatìna.

spalatóre [da *spalare*; 1681] **agg.** e **sm.** (f. *-trìce*) che o chi spala la neve: *gli spalatori sono già al lavoro.*

spalatrìce [da *spalare*; 1965] **sf.** macchina per spalare.

spalatùra [da *spalare*; 1873] **sf.** atto ed effetto dello spalare.

spalcàre (pres. *spàlco, spàlchi*) [comp. parasint. di *palco*; 1838] ***tr.*** **1.** *non com.* smontare un'impalcatura o un palco **2.** *T.agr.* togliere i primi rami a un albero.

spalcatùra [da *spalcare*; 1965] ***sf.*** atto ed effetto dello spalcare.

spàlco [da *spalcare*; 1873] ***sm.*** *ant. tosc.* solo nelle loc. *cantante di spalco, attore di spalco, musicista di spalco,* per indicare cantante, attore, musicista di gran bravura, che primeggia su tutti.

spàldo [dal long. **spald*, barriera divisoria; 1313] ***sm.*** *ant.* e *lett.* spalto.

spàlla [lat. *spatula*, spatola, poi spalla; sec. XIII *spala*] ***sf.*** **1.** parte superiore del tronco umano, che corrisponde lateralmente all'attaccatura del braccio, dorsalmente alla scapola e anteriormente alla clavicola: *una frattura, una lussazione alla spalla*; *avere una spalla più bassa dell'altra*; *portare una cosa a spalla,* portarla appoggiata alla spalla || *pl.* ha quasi sempre significato più esteso, ed è sinonimo di schiena, dorso: *caricare un peso sulle spalle* || *mettere uno con le spalle al muro,* nell'impossibilità di fuggire e, *fig.*, di difendersi, reagire, controbattere e sim. || *fig. avere le spalle larghe,* avere una gran forza di sopportazione || *alzare le spalle,* per dimostrare indifferenza o per significare che non si è in grado di fare nulla || *fig. prendere sulle proprie spalle,* prendere su di sé la responsabilità || *fig. avere sulle spalle uno, la famiglia* e sim., doverli mantenere || *fare da spalla a qualcuno,* essergli di aiuto, di sostegno; *in part. T.teatr.* recitare in un ruolo e con il compito secondario di agevolare la parte dell'attore principale (anche *ass. sf. spalla*) || *voltare le spalle a qualcuno,* allontanarsene, fuggire lontano da lui: *voltare le spalle al nemico*; *in part. fig.* abbandonarlo: *nel momento in cui avevo bisogno di lui mi ha voltato le spalle, la fortuna gli ha voltato le spalle*; come dimostrazione di disprezzo: *mi ha voltato le spalle e non ha nemmeno risposto* || *buttarsi una cosa dietro le spalle,* non volersene più curare, dimenticarla || *guardarsi le spalle,* provvedere a non essere aggredito proditoriamente, premunirsi contro pericoli imprevisti || *cogliere, assalire alle spalle,* alla sprovvista, contando sulla sorpresa: *è da vigliacchi colpire alle spalle* || *dire una cosa dietro le spalle di uno,* far della maldicenza contro di lui quando non è presente || *avere un certo numero di anni sulle spalle,* esserne gravato, avere una età avanzata || *ridere alle spalle di uno,* burlarsi di lui || *vivere alle spalle di uno,* essergli a carico || in alcune *loc. avv.*: *in spalla, a spalle,* sulle spalle: *caricarsi uno zaino in spalla* (o *a spalle*); *alle spalle,* dietro: *io ero proprio alle tue spalle* **2.** *per estens. T.abb.* parte di un abito che copre la spalla: *questa giacca ha le spalle che cascano,* troppo larghe **3.** nei quadrupedi, la parte che va dalla zampa anteriore al collo: *prosciutto di spalla* (o anche, *ass.*, *sf. spalla*) **4.** *fig.* parte, zona, struttura, elemento e sim. situato in alto e lateralmente; *in part. T.geogr.* la parte superiore delle pendici, delle falde di un monte, di una collina e sim. || *T.edil. la spalla di un ponte, di un viadotto,* parte strutturale su cui è impostata un'estremità della costruzione; *spalla di un argine,* pendice digradante verso il terreno, contro la quale appoggia l'argine || *T.mar. spalla del timone,* V. TIMONE || *T.giorn. articolo di spalla,* collocato nell'angolo superiore destro della prima pagina || *T.tip.* la parte a partire dalla quale si sviluppano le aste ascendenti o discendenti di alcune lettere ("d", "t" ecc.) || *dim.* spallìna, spallétta; *pegg.* spallàccia || **N.** **1.** *Sin.* dorso, tergo, SCHIENA | PARTI: omero, scapola, clavicola, omoplata, troclea, ascella, deltoide, glenoide, bicipite, brachiale. **TAV.** *alimentazione* 3.9, 4.2, 6.6; *chiesa* 7.5; ***tipografia*** **p. 1336** 1.5 e **p. 1337** 12.5.

spallàccio (pl. *-ci*) [da *spalla*; 1440 nel senso 2] ***sm.*** **1.** cinghia con cui si fissano alle spalle zaini e sim. || cinghia di cuoio che sostiene il cinturone militare **2.** *T.stor.* la parte dell'armatura che copriva le spalle **3.** *T.stor.* nelle antiche divise militari, spallina. **TAV.** ***armi*** **p. 648** 6.7.

spallàre[1] [da *spalla*; prima metà sec. XIV come intr. pron.] ***tr.*** **1.** rif. al fucile e sim., avvicinarlo alla spalla prima di tirare **2.** *ant.* rovinare, rompere una spalla; *iperb.* far fare un lavoro molto gravoso: *con tutto quel peso vuole spallare il cavallo* || ***intr. pron.*** *ant.* rompersi una spalla: *sono caduto e mi sono spallato.*

spallàre[2] [comp. parasint. di *palla*; 1891] ***tr.*** *T.gioc.* nel biliardo, restare scoperto con la propria palla.

spallàrm o **spall'àrm** [comp. di *spalla* e *arm(a)*; 1942] **I** *T.mil.* comando a un reparto militare di portare il fucile sulla spalla destra e di tenervelo in posizione leggermente inclinata **II** ***sm.*** **1.** *T.mil.* il comando stesso: *dare lo spallarm* **2.** *T.mil.* la posizione stessa: *mantenere lo spallarm.*

spallàta [da *spalla*; 1598] ***sf.*** **1.** urto dato con la spalla **2.** *meno com.* alzata di spalle per disprezzo sdegnoso: *rispondere con una spallata* || **N.** **2.** fare spallucce, spallucciata.

spallàto ***agg.*** e ***sm.*** *raro* V. SBALLATO.

spallazióne [dall'ingl. *spallation*, da to *spall*, sbriciolare a martellate; 1974] ***sf.*** *T.fis.* in fisica nucleare, frammentazione del nucleo che si verifica durante una reazione ad alta energia || reazione nucleare di alta energia che provoca tale frammentazione.

spalleggiaménto [da *spalleggiare*; 1853] ***sm.*** l'atto e anche l'effetto dello spalleggiare.

spalleggiàre (pres. *-éggio*) [comp. parasint. di *palla*; a. 1604] ***tr.*** **1.** fare da spalla a uno, sostenerlo, difenderlo: *non c'è chi lo spalleggi* **2.** *T.mil.* portare a spalla || ***rec.*** sostenersi a vicenda || **N.** **1.** *Sin.* sostenere, AIUTARE.

spallétta (*dim.* di *spalla*) [a. 1571] ***sf.*** *T.edil.* parapetto in muratura lungo i fiumi o ai due lati di un ponte || nelle finestre e sim., quella parte del muro che è tagliata obliquamente al vano di esse, per lasciare luogo alle imposte; strombo, strombatura.

spallièra [da *spalla*, prob. sul modello del fr. ant. *espauliere*; a. 1363] ***sf.*** **1.** parte che in sedie, poltrone, sedili e sim. serve ad appoggiare la schiena, sedendo **2.** di un letto, la parte più alta che lo chiude da capo e da piedi **3.** sistema di coltivazione di piante da frutta od ornamentali nel quale i rami sono fissati a fili orizzontali tesi lungo un muro o un'impalcatura; anche le intelaiature o impalcature usate, nonché le piante così coltivate: *spalliera di edera, di aranci* **4.** *T.sport.* attrezzo per esercizi ginnici a forma di scala a pioli || **N.** **1.** *Sin.* schienale **2.** testiera.

spallìna (*dim.* di *spalla*) [1836] ***sf.*** **1.** *T.mil.* ornamento che si porta all'estremità di ciascuna spalla nelle divise militari, spec. degli ufficiali, e sul quale si mettono talvolta anche i distintivi del grado || *per estens. fig.* il grado di ufficiale: *si guadagnò le spalline* **2.** imbottitura frapposta tra la fodera e il tessuto delle spalle di un abito, di una giacca e sim., per rialzarle **3.** fettuccia o nastro che passa sopra la spalla e regge la sottoveste, il reggiseno, la canottiera ecc. nell'abbigliamento femminile.

spallóne [da *spalla*; 1869 nel senso 2] ***sm.*** **1.** imbottitura che, spec. in impermeabili e giacche a vento, protegge petto e spalle **2.** *gerg.* chi porta a spalla merci di contrabbando **3.** nei giornali, grande articolo di spalla della terza pagina.

spallùccia (pl. *-ce*) (*dim.* di *spalla*) [sec. XV] ***sf.*** *spreg.* spec. nella loc. *fare spallucce,* stringersi nelle spalle per mostrare di non sapere una cosa o anche come atto di disprezzo, noncuranza, indifferenza e sim.

spallucciàta [da *spalluccia*; 1863] ***sf.*** *non com.* alzata di spalle: *rispondere a spallucciate.*

spalmàre [comp. parasint. di *palma*; a. 1374] ***tr.*** distendere uno strato di liquido denso o di sostanza pastosa su un corpo solido: *spalmare bene la crema sul viso, spalmare il burro sulla fetta di pane* || *T.mar.* distendere sego liquido e pece sopra la carena di una nave perché questa scorra veloce sull'acqua || ***rifl.*** e ***rifl. indir.*** ungersi stendendo olio, unguenti ecc., sul proprio corpo con il palmo della mano: *spalmarsi il viso di crema*; *i lottatori si spalmavano d'olio.*

spalmàta [da *spalmare*; 1873] ***sf.*** l'atto dello spalmare in una volta: *dare una spalmata* || *dim.* spalmatìna, spalmatèlla.

spalmatóre [da *spalmare*; 1838] ***sm.*** (f. *-trìce*) e ***agg.*** chi o che spalma, spec. chi spalma di pece lo scafo delle navi || **N.** *Sin.* calafato.

spalmatrìce [da *spalmare*; 1933 *macchina spalmatrice*] ***sf.*** macchina impiegata nell'industria della gomma e delle materie plastiche per eseguire operazioni di gommatura o di rivestimento.

spalmatùra [da *spalmare*; 1844] ***sf.*** atto ed effetto dello spalmare; spalmata.

spàlmo [da *spalmare*; 1838] ***sm.*** *raro T.mar.* spalmatura || *concr.* miscuglio di pece, di sego ecc., che si spalma: *l'odore dello spalmo.*

spàlto [dal long. **spald*, barriera divisoria; 1498] ***sm.*** **1.** *T.mil.* scarpata che va con dolce pendìo verso il terreno circostante partendo dall'estremità superiore del parapetto o della controscarpa di fortificazione: *gli spalti di Belfiore* **2.** *pl.* le gradinate di uno stadio || **N.** **1.** *Sin.* bastione. **Q.T.** *fortificazioni.*

spampanaménto [da *spampanare*; 1745] ***sm.*** *raro* atto ed effetto dello spampanare.

spampanàre (pres. *spàmpano*) [comp. parasint. di *pampano*; a. 1320] ***tr.*** **1.** *T.agr.* levare i pampini alle viti **2.** *ass. ant.* e *region.* vantarsi || ***intr. pron.*** della vite, perdere i pampini || *per estens.* di fiori, aprirsi completamente, essere prossimi a perdere i petali: *queste rose si sono già spampanate* || *non com. per estens.* di persona, disordinata perché stanca, sfossata || **N.** ***intr. pron.*** *Sin.* sfiorire, sfogliarsi.

spampanàta [da *spampanare*; a. 1566 nel senso 2] ***sf.*** *raro* **1.** lo spampanare un po' **2.** vanto, spacconata: *quante spampanate!*

spampanàto (*pps.* di *spampanare*) [1344 ca.] ***agg.*** **1.** che non ha più i pampini **2.** di fiore, che ha i petali allargati || *fig.* di persona, spossato, sfatto.

spampanatùra [da *spampanare*; 1789] ***sf.*** atto ed effetto dello spampanare; spampanamento.

spanàre[1] [comp. parasint. di *pane*[2]; 1853] ***tr.*** *T.mecc.* rif. a viti, rovinare la filettatura, sicché la vite non fa più presa || ***intr. pron.*** perdere la filettatura.

spanàre[2] [comp. parasint. di *pane*[1]; 1865] ***tr.*** *T.agr. ant.* togliere alle piante la massa di terra che resta attaccata alle radici, detta *pane.*

spanciàre (pres. *spàncio*) [comp. parasint. di *pancia*; 1891] ***intr.*** (aus. *avere*) **1.** presentare un rigonfiamento, far pancia, detto di muro e sim. **2.** battere la pancia sull'acqua durante un tuffo **3.** *T.aer.* di un velivolo, urtare il suolo con il ventre, in seguito a rottura del carrello o a manovra errata || anche lo scendere che fa l'aereo, quando è in cabrata, secondo una traiettoria quasi perpendicolare || ***intr. pron.*** **1.** nella loc. *spanciarsi dal ridere,* ridere molto e smodatamente **2.** presentare un rigonfiamento: *la tela del dipinto si è spanciata* || ***tr.*** *ant. raro* sventrare.

spanciàta [da *spanciare*; a. 1735 nel senso 3] ***sf.*** **1.** urto con la pancia **2.** *T.aer.* atto ed effetto dello spanciare **3.** *fam.* scorpacciata, gran mangiata.

spandènte (*ppr.* di *spandere*) [1940] ***sm.*** conduttore che collega il parafulmine con la terra.

spàndere (p.rem. *spandéi*, raro *spànsi*, ant. *spandètti*; pps. *spànto* e ant. non com. *spandùto*) [lat. *expandere*; a. 1292 come tr. nel senso 3] **tr.** **1.** spargere abbondantemente e uniformemente su un'ampia superficie: *spandere la semente nei solchi del terreno* || *fam. eufem. non com. spander acqua*, orinare **2.** *per estens.* effondere, emanare: *i fiori spandono soavi profumi* **3.** *meno com. fig.* diffondere, divulgare: *spandere una notizia falsa* **4.** *fam. fig.* spendere scialacquando, spec. *ass.* nel modo di dire *spendere e spandere* || **intr. pron.** **1.** spargersi, allargarsi: *la chiazza di petrolio si spande lentamente lungo il litorale* **2.** *per estens.* diffondersi, effondersi: *il profumo si spandeva nell'aria* **3.** *fig. poet.* riversarsi: *la gioventù si spande per le vie* || **N.** **1.** *Sin.* espandere, stendere, versare, SPARGERE **4.** *Sin.* dilapidare, scialacquare.

spandicéra [comp. di *spand(ere)* e *cera*; 1960] **sm.** *inv.* arnese usato per spandere la cera sui pavimenti.

spandiconcime [comp. di *spand(ere)* e *concime*; 1901] **sm.** *inv.* *T.agr.* macchina impiegata per lo spargimento meccanico di concimi di vario tipo. **TAV.** ***giardinaggio*** **p. 1315** 32.

spandifièno [comp. di *spand(ere)* e *fieno*; 1862] **sm.** *inv.* *T.agr.* voltafieno.

spandiletàme [comp. di *spande(re)* e *letame*; 1960] **agg.** *inv.* e **sm.** *inv.* detto di macchina agricola che trasporta e sparge il letame sul terreno: *macchina spandiletame.*

spandiliquàme [comp. di *spand(ere)* e di *liquame*; 1976] **sm.** *inv.* *T.agr.* macchina usata per spandere sui campi il colaticcio di stalla; il liquame è contenuto in botti di lamiera zincata dotate di saracinesca regolabile, che allarga a ventaglio il getto.

spandiménto [da *spandere*; a. 1363] **sm.** *non com.* atto ed effetto dello spandere.

spandisàbbia [comp. di *spande(re)* e *sabbia*; 1970] **agg.** *inv.* e **sm.** *inv.* detto di macchina o di dispositivo, applicato gen. a un autocarro, che permette di spargere sulle strade della sabbia, come operazione finale dell'asfaltatura o per favorire lo scioglimento del ghiaccio.

spandisàle [comp. di *spande(re)* e *sale*; 1983] **agg.** *inv.* e **sm.** *inv.* detto di macchina o di dispositivo, applicato gen. a un autocarro, che permette di spargere del sale sulle strade gelate, per favorire lo scioglimento del ghiaccio.

spanditóre [da *spandere*; a. 1348] **agg.** e **sm.** (f. *-trìce*) *non com.* che o chi spande.

spanditùra [da *spandere*; 1891] **sf.** *non com.* lo spandere.

spaniàre (pres. *spànio*) [comp. parasint. di *pania*; 1483 come intr. pron.] **tr.** liberare un uccello levandolo dalla pania in cui era caduto || **intr. pron.** di un uccello, liberarsi dalla pania || *per estens. fig.* liberarsi da un qualsiasi impaccio od ostacolo.

spaniel (ingl., pr. ['spænɪəl]) [dal fr. ant. *espaignol*, spagnolo; 1905] **sm.** *inv.* nome generico di varie razze di cani da caccia inglesi. **TAV.** ***cani*** **p. 662** e **p. 663**.

spanieràre (pres. *-èro*) [comp. parasint. di *paniere*; 1940] **tr.** *raro* levare dal paniere.

spànna [dal long. **spanna*; a. 1320] **sf.** **1.** la distanza tra la punta del mignolo e quella del pollice nella mano completamente aperta e distesa; palmo **2.** *iperb.* distanza, lunghezza o altezza minima: *è alto una spanna.*

spannàre [comp. parasint. di *panna*; 1839] **tr.** *non com.* togliere la panna al latte || **N.** *Sin.* sburrare, scremare, sfiorare.

spannaròla [da *spannare*; 1960] **sf.** nella produzione del formaggio, attrezzo con cui si rivolta e si rompe il coagulo rassodato per livellarne la temperatura.

spannatóia [da *spannare*; 1891] **sf.** mestola forata che serve a spannare o scremare il latte; pannarola.

spannatùra [da *spannare*; 1891] **sf.** operazione dello spannare; scrematura del latte.

spannòcchia [da *pannocchia*; 1881] **sf.** *region.* **1.** pannocchia di granturco **2.** spannocchio.

spannocchiàre (pres. *-òcchio*) [comp. parasint. di *pannocchia*; 1612] **tr.** togliere le pannocchie alla pianta di granoturco.

spannocchiatùra [da *spannocchiare*; 1960] **sf.** atto ed effetto dello spannocchiare.

spannòcchio (pl. *-chi*) [da *pannocchia*, per la forma simile; a. 1707] **sm.** grosso gambero di mare dalle carni prelibate.

spantanàre (pres. *-àno*) [comp. parasint. di *pantano*; 1838] **tr.** *non com.* togliere da un pantano e, *fig. scherz.*, da un guaio, una difficoltà e sim. || **intr. pron.** uscire, liberarsi da un pantano e, *fig. scherz.*, da una situazione intricata.

spànto (*pps.* di *spandere*) [1873] **agg.** *lett.* slargato, sparso: *la chioma spanta di un albero.*

spaparanzàrsi o **sparapanzàrsi** [etim. inc.; 1981] **intr. pron.** *fam.* sdraiarsi o sedersi comodamente, assumendo posizioni poco eleganti, per rilassarsi completamente: *spaparanzarsi sul divano.*

spaparanzàto o **sparapanzàto** (*pps.* di *spaparanzare*) [1965] **agg.** seduto, sdraiato comodamente e scompostamente.

spappagallàre [comp. parasint. di *pappagallo*; 1873] **intr.** (aus. *avere*) fare il pappagallo ripetendo, anche senza capirlo, ciò che altri dicono, o chiacchierando a vanvera.

spappolaménto [da *spappolare*; 1960] **sm.** atto ed effetto dello spappolare.

spappolàre (pres. *spàppolo*) [comp. parasint. di *pappa*; 1684] **tr.** ridurre in poltiglia, in pappa || **intr. pron.** ridursi in poltiglia, disfarsi: *questa mela cuocendo si è spappolata* || nella loc. pop. *non com. spappolarsi dalle risa*, ridere smodatamente.

sparacchiàre (pres. *-àcchio*) [da *sparare*; 1950] **tr.** in gen. *ass.* sparare qualche colpo a intervalli più o meno lunghi.

sparachiòdi [comp. di *spara(re)* e *chiodo*; 1970] **agg.** *inv.* e **sf.** *inv.* detto di piccolo apparecchio ad aria compressa, simile a una pistola, che configge chiodi in materiali duri, senza che sia necessario forarli in precedenza: *pistola sparachiodi.*

sparadràppo [dal fr. *sparadrap*, di orig. oscura; 1583] **sm.** *T.farm. disus. raro* cerotto.

sparagèlla [da *sparagio*; 1891] **sf.** *tosc.* asparago selvatico.

sparagiàia **sf.** *pop.* V. ASPARAGIAIA.

spàragio (pl. *-gi*) **sm.** *pop.* V. ASPARAGO.

sparagnàre [dal germ. **sparōn*; a. 1306] **tr.** *ant.* e *region.* risparmiare.

sparagnino [da *sparagnare*; 1863] **agg.** e **sm.** (f. *-a*) *ant.* e *region.* economo, parsimonioso; anche *spreg.* avaro, tirchio.

sparàgno [da *sparagnare*; a. 1742] **sm.** *ant.* e *region.* risparmio.

sparaménto [da *sparare*; 1599] **sm.** *raro* atto dello sparare.

sparapanzàrsi e der. V. SPAPARANZARSI e der.

sparàre[1] [da *sparare*[2]; a. 1470] **tr.** **1.** fare scattare il congegno di un'arma da fuoco in modo che la carica si accenda e il proiettile parta dalla canna: *sparare una fucilata, un colpo di avvertimento* || *ass. sparare con precisione*, avere una buona mira; *sparare a vista*, senza dare preavvisi; *sparare a bruciapelo*, da molto vicino; *sparare a salve*, senza proiettile **2.** *per estens.* tirare, sferrare: *sparare un pugno in faccia a qualcuno*; *sparare una pallonata in porta, a rete*, nel calcio, scagliare violentemente il pallone in porta; anche *ass.*: *un cavallo che spara*, che tira calci **3.** *fig.* raccontare cose esagerate, inverosimili, perlopiù palesemente false: *sparare fandonie*; anche *ass.*: *spararle grosse* || mettere in grande evidenza: *spararono la notizia in prima pagina* **4.** *ass.* nel gergo televisivo, di oggetto ripreso, produrre un effetto abbagliante || **rifl.** e **rifl. indir.** puntare e azionare un'arma da fuoco contro se stessi: *spararsi un colpo, spararsi alla tempia* || **intr.** (aus. *avere*) azionare un'arma da fuoco contro qualcuno o contro un animale: *sparare al vicino, sparare sul nemico, sparare alla selvaggina stanziale* || *fig. sparare a zero su qualcuno* o *qualcosa*, criticarlo, attaccarlo con violenza || **N.** **1.** *Sin.* esplodere, far fuoco, scaricare, schioppettare, tirare | bordata, sparatoria | centrare, fare cilecca **3.** sparata.

sparàre[2] [prob. lat. volg. **exparare*, preparare (un animale per la cottura); a. 1348] **tr.** squartare, tagliare il ventre di un animale per togliergli i visceri || **rifl.** *fig.* nella loc. *spararsi per qualcuno*, farsi in quattro per lui.

sparàre[3] [da *parare*, ornare, addobbare; a. 1685] **tr.** e **rifl.** *raro* togliere i paramenti || **N.** *Contr.* parare.

sparàta [da *sparare*[1]; 1582] **sf.** **1.** *non com.* scarica di armi da fuoco **2.** *fig.* vanteria, spacconata || scenata, violento rimprovero.

sparàto[1] (*pps.* di *sparare*[1]) [a. 1555] **agg.** *fig.* fulmineo, velocissimo: *è passato di qui tutto sparato.*

sparàto[2] (*pps.* di *sparare*[2]) [1342 come agg.; 1585 come sm.] **I** **agg.** squarciato **II** **sm.** *T.abb.* apertura sulla parte davanti di veste o camicia || parte davanti della camicia, che si vede dallo sparato dell'abito: *ha lo sparato inamidato.*

sparatóre [da *sparare*[1]; 1619] **agg.** e **sm.** (f. *-trìce*) *non com.* che o chi spara; tiratore.

sparatòria [da *sparare*; 1927] **sf.** scambio di colpi d'arma da fuoco durante una rissa, uno scontro con le forze dell'ordine o anche in battaglia: *alle cinque del mattino cominciò la sparatoria, una sparatoria tra banditi e poliziotti.*

sparecchiaménto [da *sparecchiare*; a. 1742] **sm.** *non com.* atto ed effetto dello sparecchiare.

sparecchiàre (pres. *-écchio*) [da *apparecchiare*, con cambio di pref.; a. 1400] **tr.** **1.** *sparecchiare la tavola*, levar via le stoviglie, le posate, la tovaglia e ogni cosa dalla tavola apparecchiata; anche *ass.*: *io lavo i piatti, tu sparecchia* **2.** *fig. fam. non com.* mangiare con avidità.

sparéggio (pl. *-gi*) [da *pareggio*; a. 1712] **sm.** **1.** disuguaglianza || *in part.* mancanza di pareggio in un bilancio; disavanzo **2.** *com.* *T.sport.* e *T.gioc.* partita decisiva || **N.** **2.** *Sin.* BELLA. **Q.T.** ***sport.***

Sparganiàcee [dal lat. *sparganium*, gr. *spargánion*; 1936] **sf.** *pl.* *T.bot.* famiglia di piante erbacee monocotiledoni con frutto a drupa, che prediligono ambienti acquatici.

spàrgere (pres. *spàrgo*, *spàrgi*; p.rem. *spàrsi*, *spargésti*, *spàrse*, *spàrsero*; pps. *spàrso* e poet. *spàrto*) [lat. *spargere*; fine sec. XIII come intr. nel senso 2] **tr.** **1.** gettare o spandere qua e là: *spargere la ghiaia sul viale, i fiori davanti alla processione, il seme nei campi* **2.** rif. a liquidi, versare; *in part. spargere lacrime*, piangere; *spargere il sangue di qualcuno*, ferirlo o ucciderlo **3.** *fig.* diffondere, divulgare: *spargere notizie, spargere un segreto* || *spargere la voce*, mettere in giro una notizia **4.** *lett. disus.* elargire, spendere: *spargere denari a piene mani* || **intr. pron.** **1.** andare in qua e in là, sparpagliarsi: *si sparsero per la campagna* **2.** di notizie e sim., divulgarsi, diffondersi: *la voce si sparse in un baleno* || **N.** **tr.** **1.** *Sin.* cospargere, disseminare, seminare, sparpagliare.

spargiménto [da *spargere*; a. 1294] **sm.** lo spargere; *in part. spargimento di sangue*, uccisione o ferimento.

spargipépe [comp. di *sparge(re)* e *pepe*;

1970] **sm.** *inv.* piccolo recipiente col tappo bucherellato, con cui si sparge il pepe || **N.** *Sin.* pepiera.

spargisàle [comp. di *sparge(re)* e *sale*; 1970] **sm.** *inv.* piccolo recipiente col tappo bucherellato, con cui si sparge il sale || **N.** *Sin.* saliera.

spargitóre [da *spargere*; sec. XIII] **sm.** (f. *-trìce*) e **agg.** chi, che sparge.

spàrgolo [da *spargere*; sec. XVIII] **agg.** *T.bot.* detto di grappolo d'uva a chicchi radi.

Spàridi (sing. *-e*) [dal lat. *sparum*, gr. *spáros*, n. di pesce; 1936] **sm.** *pl.* *T.zool.* famiglia di pesci ossei marini dei Perciformi dal corpo allungato, le cui carni sono molto pregiate (fra di essi il dentice, l'orata, il sarago).

spariglìare (pres. *-iglio*) [comp. parasint. di *pariglia*; 1805] **tr.** **1.** disfare una pariglia, una coppia, un paio **2.** *T.gioc.* nel gioco della scopa, disfare una pariglia di un valore, ma spec. dei *sette*, portandone via uno insieme con un'altra carta, in modo che l'ultimo dei quattro che sono nel mazzo resti senza compagno || **N.** *Sin.* dividere, sdoppiare, separare, spaiare | *Contr.* appaiare, apparigliare.

sparìglio (pl. *-gli*) [da *sparigliare*; 1942] **sm.** *T.gioc.* lo sparigliare nel gioco della scopa.

sparìre (pres. *sparisco, sparisci*; p.rem. *sparìi* e lett. *spàrvi, sparì* e lett. *spàrve, sparìrono* e lett. *spàrvero*; pps. *sparito*) [da *apparire*, con cambio di pref.; fine sec. XIII] **intr.** (aus. *essere*) **1.** sottrarsi tutto d'un tratto alla vista altrui: *il sole sparì dietro una nuvola*; anche rafforzato con *via*: *sparì via in un baleno* || *per estens.* attenuarsi, dileguarsi a poco a poco: *la cicatrice è quasi sparita*; anche *fig.*: *dell'episodio è sparito ormai il ricordo*; nella loc. fig. *sparire dalla faccia della terra*, non esistere più **2.** *fig.* risultare improvvisamente irreperibile, introvabile: *un attimo fa era qui, ma ora è sparito!*; *in part.* venir rubato: *mi è sparito il portafoglio* || *fam. scherz.* venir consumato con insolita velocità: *i dolci, appena messi sul tavolo, sparirono in un batter d'occhio* || **N.** *Sin.* dileguarsi, dissolversi, involarsi, scomparire, svanire.

sparìta [da *sparire*; 1940] **sf.** *T.sport.* *sparita di corpo*, nella scherma, il sottrarre il proprio petto al colpo dell'avversario, attaccando contemporaneamente.

sparizióne [da *sparire*; 1585] **sf.** atto dello sparire: *la sparizione dei gioielli* || **N.** *Sin.* fuga, scomparsa | *Contr.* apparizione.

sparlàre [da *parlare*; a. 1363] **intr.** (aus. *avere*) **1.** dire male di una cosa o di una persona, fare maldicenza: *sparlare del prossimo* **2.** *non com.* parlare licenziosamente o usando parole triviali || **N.** **1.** *Sin.* calunniare, criticare, denigrare, detrarre, diffamare, infamare, malignare, mormorare, rovinare la reputazione, tagliare i panni addosso | denigratore, linguaccia.

sparlatóre [da *sparlare*; sec. XIV] **sm.** (f. *-trìce*) chi sparla || **N.** *Sin.* diffamatore, malalingua, maldicente.

sparnazzaménto [da *sparnazzare*; 1551] **sm.** *tosc.* *non com.* atto ed effetto dello sparnazzare.

sparnazzàre [da *starnazzare*, con influsso di *spargere*; 1541] **tr.** *tosc.* *non com.* spargere, sparpagliare; *in part.* dei polli, sparpagliare il becchime starnazzando || *fig.* scialacquare, spendere, spargere a piene mani: *sparnazza il danaro.*

spàro [da *sparare*[1]; 1666] **sm.** atto ed effetto dello sparare, dello scaricare un'arma da fuoco || il rumore che fa l'arma sparando: *ho sentito uno sparo* || **N.** *Sin.* cannonata, colpo, detonazione, fucilata, revolverata, scarica, schioppettata, scoppio.

sparpagliaménto [da *sparpagliare*; 1659] **sm.** atto ed effetto dello sparpagliare e dello sparpagliarsi || **N.** *Sin.* sbandamento, spandimento.

sparpaglìare (pres. *-àglio*) [lat. volg. **disparpalliāre*; a. 1320] **tr.** spargere qua e là senza ordine: *sparpagliare le carte* || **intr. pron.** disperdersi qua e là senza ordine: *gli invitati si sparpagliarono per i saloni* || **N.** *Sin.* SPARGERE.

sparpagliàto (*pps.* di *sparpagliare*) [a. 1348] **agg.** collocato a casaccio, senza ordine: *un tavolo coperto di carte sparpagliate* || **sparpagliataménte** **avv.** disordinatamente, in ordine sparso.

sparpàglio (pl. *-gli*) [da *sparpagliare*; 1940] **sm.** *raro* grande sparpagliamento || **N.** *Sin.* spargimento, DISORDINE.

sparpaglìo (pl. *-ìi*) [da *sparpagliare*; 1845] **sm.** uno sparpagliamento continuato o frequente.

sparring partner (ingl., pr. [ˈspɑːrɪŋ ˌpɑːtnə]) [comp. di *sparring*, ger. di *to spar*, accennare un colpo di pugilato senza portarlo a segno, e *partner*, compagno; 1962] **loc. m.** *inv.* (anche pl. *sparring partners*, pr. [ˈspɑːrɪŋ ˌpɑːtnəz]) pugile che allena un altro pugile, boxando con lui.

spàrso (ant. *spàrto*) (*pps.* di *spargere*) [a. 1294 *sparto*] **agg.** gettato qua e là, sparpagliato; versato; diffuso || *poet.* cosparso: *viso sparso di rossore* || di capelli, sciolti: *con le chiome sparse* || *T.mil.* *in ordine sparso*, detto di soldati che marciano non in file serrate, ma l'uno isolato dall'altro || *T.lett.* *rime, pagine sparse*, poesie, pagine di un autore disseminate in varie pubblicazioni e riunite poi in un unico volume || **sparsaménte** **avv.** *non com.* in modo sparso, qua e là, alla spicciolata || **N.** *Sin.* diffuso, disunito, scompigliato, sparpagliato.

spartachìsmo [da *spartachista*; 1961] **sm.** ideologia e movimento degli spartachisti.

spartachìsta [dal n. proprio *Spartaco*, capo degli schiavi romani che dal 73 al 71 a.C. si ribellarono a Roma, attr. il ted. *Spartakist*; 1960] **I** **s.** membro della Lega di Spartaco, movimento politico rivoluzionario di sinistra, che operò clandestinamente in Germania durante e dopo la prima guerra mondiale **II** **agg.** relativo a tale movimento politico, proprio di tale movimento politico.

spartàno [dal lat. *Spartānus*; 1630] **I** **agg.** di Sparta || *fig.* rude, fiero, stoico, austero: *educazione spartana* || **spartanaménte** **avv.** in modo spartano, austero, fiero **II** **sm.** (f. *-a*) abitante di Sparta.

sparteìna [dall'ingl. *sparteine*, basato sul lat. scient. *spartium*, sparto; 1873] **sf.** alcaloide contenuto nella ginestra, usato in medicina come cardiotonico e come preanestetico.

spartiàcque [comp. di *sparti(re)* e *acqua*; 1873] **sm.** *inv.* **1.** *T.geogr.* linea di displuvio tra due bacini idrografici passante lungo la cresta dei rilievi montuosi interposti **2.** *fig.* confine, netta linea divisoria: *la costituzione fa da spartiacque tra le forze politiche* || **N.** crinale, versante.

spartiàta [dal gr. *Spartiátēs*, di Sparta; 1838] **sm.** *T.stor.* nell'antica Sparta, cittadino a pieno diritto.

spartìbile [da *spartire*; 1806] **agg.** che si può spartire, dividere || **N.** *Sin.* divisibile.

spartifuòco [comp. di *sparti(re)* e *fuoco*; 1936] **sm.** *inv.* nei teatri, sipario in metallo posto davanti a quello in tela per isolare il palcoscenico dalla sala in caso di incendio.

spartiménto [da *spartire*; a. 1574] **sm.** *raro* spartizione, ripartizione.

spartinéve [comp. di *sparti(re)* e *neve*; 1919] **sm.** *inv.* spazzaneve.

spartìre (pres. *-isco, -isci*) [da *partire*, nel senso di *dividere*; a. 1348] **tr.** **1.** dividere in parti: *spartire il patrimonio tra gli eredi*; *come villani ch'hanno da spartire un buon raccolto* (Carducci) || *fig.* *non aver nulla da spartire con uno*, non averci nessun rapporto, nulla in comune **2.** *non com.* rif. a litiganti e sim., allontanare, separare, dividere **3.** *raro tosc.* scambiare: *i vecchi spartendo, tra due passi, una parola* (Pascoli) **4.** *T.mus.* fare la partitura || **rec.** dividersi, prendersi ciascuno una parte: *si spartirono i suoi beni* || **N.** **1.** *Sin.* condividere, distribuire, ripartire, DIVIDERE.

spartisémi [comp. di *sparti(re)* e *seme*; 1965] **sm.** *inv.* *T.agr.* macchina per separare i semi dalle vinacce spremute nella torchiatura.

spartìto (*pps.* di *spartire*) [1306 come agg.; a. 1742 come sm.] **I** **agg.** diviso **II** **sm.** *T.mus.* la partitura di un'opera musicale, cioè la sua ripartizione tra i vari esecutori || *com.* partitura.

spartitóre [da *spartire*; 1750] **agg.** e **sm.** (f. *-trìce*) *raro* che o chi spartisce.

spartitràffico [comp. di *sparti(re)* e *traffico*; 1942] **I** **sm.** *inv.* sovrastruttura stradale avente la funzione di dividere correnti di traffico parallele o incrociantisi **II** **agg.** *inv.* (sempre posposto) che separa le corsie: *aiuole spartitraffico.* **TAV. *automobile* p. 658** 4.4, 4.13.

spartizióne [da *spartire*; a. 1600 *spartigione*] **sf.** atto ed effetto dello spartire: *la spartizione della preda* || **N.** *Sin.* divisione, ripartizione, separazione.

spàrto[1] [lat. *spartum*, gr. *spárton*; a. 1556] **sm.** graminacea dell'Africa settentrionale che fornisce una fibra tessile, usata anche nella fabbricazione della carta || *impropr.* alfa.

spàrto[2] V. SPARSO.

sparutézza [da *sparuto*; a. 1604] **sf.** *non com.* qualità di ciò che è sparuto.

sparùto (*pps.* arc. di *sparire*) [a. 1348] **agg.** **1.** magro, quasi smunto: *viso sparuto* **2.** poco numeroso, esiguo, ridotto: *uno sparuto gruppo di seguaci* || **N.** **1.** *Sin.* emaciato, pallido, smunto, spettrale.

sparvieràto [da *sparviere*; 1600] **agg.** *ant.* di bastimento, molto agile, veloce, spedito.

sparvieratóre [da *sparviere*; a. 1400] **sm.** *ant.* chi governa gli sparvieri da caccia, strozziere.

sparvièro o **sparvière** [dal francone *sparwari*, aquila che mangia i passeri, attr. il provenz. *esparvier*; inizio sec. XIII *sparver* nel senso 1; 1803 nel senso 2] **sm.** **1.** uccello dei Rapaci con dita e unghie robuste e becco adunco, un tempo addestrato per la caccia **2.** *T.mur.* tavoletta di legno dotata di manico sulla faccia inferiore, su cui il muratore mette quel tanto di calcina che di volta in volta gli serve per il suo lavoro; nettatoia **3.** *T.pesc.* attrezzo da pesca, simile al giacchio, ma più grande **4.** *T.cacc.* lo spauracchio nella caccia col roccolo, anche detto *sfalco.* **TAV. *edilizia* p. 666** 12.2.

spașimànte (*ppr.* di *spasimare*) [1723] **I** **agg.** che è preda di spasimi; che desidera ardentemente qualcosa **II** **s.** *scherz.* o *iron.* innamorato, corteggiatore.

spașimàre (pres. *spàșimo*) [da *spasimo*; a. 1348] **intr.** (aus. *avere*) **1.** essere in preda a spasimi || *per estens.* soffrire per l'eccesso o la mancanza di qualcosa: *spasimare di* (o *dal* o *per il*) *caldo, di* (o *dalla* o *per la*) *sete* **2.** *fig.* desiderare ardentemente qualcosa o qualcuno; *in part.* *spasimare per una persona*, esserne perdutamente innamorato.

spàșimo [lat. *spasmus*, gr. *spasmós*; a. 1363] **sm.** dolore acuto, lancinante || *per estens.* *fig.* struggimento, ansia, dolore angoscioso: *dopo due mesi di spasimi ho avuto finalmente una lettera* || **N.** *Sin.* DOLORE.

spașimóso [da *spasimo*; a. 1566] **agg.** *raro* che dà spasimo: *pensiero spasimoso.*

spàsmo [dal lat. *spamus*, gr. *spasmós*; a. 1320 nel senso 2; 1661 nel senso 1] **sm.** **1.** *T.med.* contrazione, convulsione persistente di un muscolo o di un gruppo muscolare: *spasmo dell'esofago* **2.** *arc.* spasimo || **N.** **1.** *Sin.* crampo.

spasmòdico (pl. *-ci*) [dal gr. *spasmṓdēs*, convulsivo; a. 1698 nel senso 2; 1960 nel senso 1] ***agg.*** **1.** che dà spasimo: *angoscia spasmodica* ‖ *fig.* ansioso, affannoso, convulso **2.** *T.med.* attinente a spasmo muscolare: *contrazioni spasmodiche* ‖ **spasmodicaménte** ***avv.*** ansiosamente, affannosamente ‖ **N. 2.** antispasmodico.

spasmofilìa [comp. di *spasmo* e *-filia*; 1899] ***sf.*** *T.med.* condizione morbosa, dovuta a deficiente funzione delle ghiandole paratiroidee, e caratterizzata da anormale spiccatissima eccitabilità neuromuscolare.

spasmòfilo [comp. di *spasmo* e *-filo*; 1960] ***agg.*** e ***sm.*** (f. *-a*) che, chi è affetto da spasmofilia.

spasmolìtico (pl. *-ci*) [comp. di *spasmo* e *-litico*; 1957] ***agg.*** e ***sm.*** *T.med.* detto di farmaco che favorisce l'eliminazione degli stati spastici ‖ **N.** *Sin.* antispastico.

spàso [lat. *expānsus*, spanto, espanto; 1340] ***agg.*** *arc.* **1.** allungato, disteso **2.** abbondante, ampio, vasto.

spassàre[1] [lat. volg. **expassāre*; a. 1320] ***tr.*** *non com.* divertire: *spassare il bambino* ‖ ***intr. pron.*** e ***rifl. intens.*** col pron. indet. *la* pleonastico, divertirsi: *ci siamo davvero spassati alla sua festa, quel ragazzo se la spassa tutto il giorno invece di studiare* ‖ **N.** ***intr. pron.*** *Sin.* distrarsi, sollazzarsi, svagarsi.

spassàre[2] [da *passare*; 1937] ***tr.*** *non com.* *T.mar.* togliere, sfilare un cavo, una cima dall'anello, dalla carrucola, dal bozzello e sim. attraverso cui passa.

spasseggiàre ***intr.*** *raro pop.* V. PASSEGGIARE.

spasséggio ***sm.*** *raro pop.* V. PASSEGGIO.

spassévole [da *spassare*[1]; a. 1547] ***agg.*** *arc.* *raro* spassoso.

spassionàrsi (pres. *-óno*) [comp. parasint. di *passióne*; a. 1712] ***intr. pron.*** *tosc.* *non com.* sfogare con altri la propria passione, le proprie pene: *va sempre da lui a spassionarsi* ‖ **N.** *Sin.* confidarsi, SFOGARE.

spassionatézza [da *spassionato*; a. 1712] ***sf.*** l'essere spassionato ‖ **N.** *Sin.* equità, IMPARZIALITÀ.

spassionàto [comp. parasint. di *passione*; a. 1703] ***agg.*** non influenzato dalla passione, obiettivo, imparziale, sereno: *giudizio, animo spassionato* ‖ **spassionataménte** ***avv.*** **1.** in modo spassionato, senza passione **2.** imparzialmente ‖ **N.** *Sin.* equanime, IMPARZIALE.

spàsso [da *spassare*[1]; 1312 nel senso 3] ***sm.*** **1.** trastullo, passatempo: *prendersi qualche spasso* **2.** divertimento: *che spasso!, fare qualcosa per spasso* ‖ *per meton.* persona spassosa, divertente: *sei proprio uno spasso!* **3.** breve passeggiata fatta per svago: *andare a spasso*, a passeggio ‖ *fig.* *mandare qualcuno a spasso*, levarselo d'attorno, licenziarlo; *essere, trovarsi a spasso*, essere disoccupato ‖ **N. 1.** *Sin.* diletto, sollazzo, svago, trastullo, DIVERTIMENTO.

spassóso [da *spasso*; a. 1696] ***agg.*** divertente: *una storiella spassosa, un tipo spassoso.*

spastàre [comp. parasint. di *pasta*; 1353] ***tr.*** *ant.* raschiare via, levare la pasta rimasta appiccicata.

spàstico (pl. *-ci*) [dal lat. *spasticus*, gr. *spastikós*; 1640 come agg.; 1960 come sm.] **I** ***agg.*** *T.med.* relativo a uno spasmo, caratterizzato da uno spasmo o provocato da uno spasmo: *contrazioni spastiche, paralisi spastica* **II** ***sm.*** (f. *-a*) soggetto affetto da paralisi spastica.

spastoiàre (pres. *-óio*) [comp. parasint. di *pastoia*; 1306] ***tr.*** *non com.* liberare dalle pastoie; *fig.* liberare da impicci, da situazioni intricate e sim. ‖ ***rifl.*** *fig.* liberarsi da impicci, impedimenti, situazioni intricate e sim. ‖ **N.** *Sin.* disincagliarsi, districarsi, sbarazzarsi | *Contr.* impastoiarsi.

spàta [dal lat. *spatha*, gr. *spáthē*, propr. spada; 1542] ***sf.*** *T.bot.* grande brattea che avvolge alcune infiorescenze; spadice.

spàtico (pl. *-ci*) [da *spato*; 1838] ***agg.*** *T.min.* di minerale, che si presenta in aggregati cristallini a grana grossa facilmente sfaldabili: *struttura spatica.*

spatinàto [da *patinato*; 1960] ***agg.*** detto di dipinto che ha perso la patina a causa di una pulitura fatta in maniera sbagliata.

spàto [dal ted. *Spat*; 1550] ***sm.*** *T.min.* ciascuno di vari minerali costituiti da aggregati cristallini a grana grossa facilmente sfaldabili; *spato d'Islanda*, calcite purissima, trasparente, in grossi cristalli.

spàtola [dal lat. *spatula*, piccola spada, piccola spatola; a. 1320] ***sf.*** **1.** attrezzo costituito da una lamina più o meno flessibile in acciaio, legno, plastica e sim., a bordi smussati, a un'estremità della quale è solitamente fissato un manico; lo usano per es. i pittori per mescolare o impastare i colori, gli stuccatori per impastare e stendere stucchi o altri materiali di rivestimenti murali ‖ *T.med.* strumento chirurgico di forma analoga, usato per scostare i visceri ‖ nella loc. *a spatola*, a forma di spatola, con un'estremità più larga e appiattita: *becco a spatola* **2.** uccello acquatico simile alla cicogna, caratterizzato da un lungo becco a spatola.

spatolàto [da *spatola*; 1809] ***agg.*** *T.bot.* che ha il contorno a forma di spatola: *foglia spatolata.* **TAV. *fiori*... p. 671** 4.5.

spatriaménto [da *spatriare*; 1873] ***sm.*** *non com.* espatrio.

spatriàre (pres. *spàtrio*) [comp. parasint. di *patria*; a. 1600] ***tr.*** *raro* cacciare dalla patria; esiliare ‖ ***intr. pron.*** *non com.* (aus. *essere* e *avere*) e ***intr.*** abbandonare la patria per andare a vivere altrove; espatriare, emigrare.

spauràcchio (pl. *-chi*) [da *spaurare*; a. 1600 nel senso 2] ***sm.*** **1.** spaventapasseri **2.** *fig.* cosa o persona bruttissima o che fa paura: *essere lo spauracchio di qualcuno, gli esami sono lo spauracchio dei negligenti* ‖ **N. 2.** *Sin.* babau.

spauràre (pres. *-ùro*) [comp. parasint. di *paura*; sec. XIV] ***tr.*** *arc. lett.* spaurire.

spauriménto [da *spaurire*; sec. XV] ***sm.*** *non com.* lo spaurire e lo spaurirsi; spavento, sbigottimento.

spaurìre (pres. *-ìsco, -ìsci*) [comp. parasint. di *paura*; 1353] ***tr.*** *non com.* incutere paura, spaventare: *non bisogna spaurire i bambini con storie di streghe e di orchi* ‖ ***intr. pron.*** prendere paura: *si spaurì e non volle più uscir solo di casa* ‖ **N.** *Sin.* impaurire, turbare, SPAVENTARE.

spaurìto (*pps.* di *spaurire*) [sec. XIV] ***agg.*** impaurito, spaventato.

spavalderìa [da *spavaldo*; 1619] ***sf.*** l'essere spavaldo, la qualità di chi è spavaldo ‖ *concr.* atto e contegno da spavaldo, bravata ‖ **N.** *Sin.* arditezza, sfrontatezza.

spavàldo [etim. inc.; a. 1306] **I** ***agg.*** audace, che mostra un'eccessiva sicurezza di sé, spec. nell'esporsi a rischi e pericoli: *un uomo spavaldo, contegno, sorriso spavaldo*; *aria spavalda* **II** ***sm.*** (f. *-a*) persona spavalda: *non fare lo spavaldo* ‖ **N.** *Sin.* gradasso, sfrontato, temerario.

spaventàbile [da *spaventare*; 1960] ***agg.*** che può essere spaventato: *è un bambino facilmente spaventabile.*

spaventàcchio (pl. *-chi*) [da *spaventare*; a. 1320] ***sm.*** *tosc.* *ant.* spauracchio; anche *fig.*: *lo spaventacchio della Francia* (Carducci).

spaventapàsseri [comp. di *spaventare* e *passero*; 1960] ***sm. inv.*** fantoccio fatto di stracci e paglia che, infilato su di una pertica in mezzo a un campo seminato, ne tiene lontani gli uccelli ‖ *fig.* persona brutta, molto magra e malformata.

spaventàre (pres. *-ènto*) [lat. volg. **expaventāre*; a. 1292] ***tr.*** incutere spavento, grande paura: *le tue minacce non mi spaventano* ‖ *iperb.* destare preoccupazione: *il domani mi spaventa* ‖ ***intr. pron.*** provare, essere colto da paura e, anche, manifestare paura: *non si spaventa per così poco* ‖ **N.** ***tr.*** *Sin.* atterrire, far accapponare la pelle, far gelare il sangue nelle vene, far rizzare i capelli, far venire la tremarella, impaurire, intimorire, mandare il cuore in gola, preoccupare, sbalordire, sbigottire, scoraggiare, scorare, sgomentare, terrificare, terrorizzare, ALLARMARE | ***intr. pron.*** agghiacciarsi, aver la tremarella, gelarsi, morire di paura, rabbrividire, restare senza sangue, smarrirsi, trasalire, tremare, trepidare, turbarsi, venire la pelle d'oca.

spaventàto (*pps.* di *spaventare*) [1313] ***agg.*** impaurito; che manifesta spavento: *lo guardò con occhi spaventati* ‖ **N.** ansante di paura, atterrito, morto di paura, più morto che vivo, sbigottito, sgomento, smarrito, terrorizzato, tremante.

spaventatóre [da *spaventare*; 1336 ca.] ***agg.*** e ***sm.*** (f. *-trice*) *raro* che o chi spaventa.

spaventévole [da *spaventare*; a. 1348] ***agg.*** *lett.* *ant.* spaventoso, terribile, spec. *iperb.*: *una calma, un'ostinazione spaventevole.*

spavènto [da *spaventare*; fine sec. XIII nel senso 1; 1873 nel senso 2] ***sm.*** **1.** senso di timore improvviso e intenso, provocato dalla consapevolezza o dalla sensazione di trovarsi in presenza di un pericolo immediato: *esser preso, colto, assalito da spavento*; *che spavento, mi sembravi morto!* ‖ esperienza singola di spavento: *è stato un bello spavento, mi sono preso uno spavento* **2.** cosa che provoca spavento, spec. *iperb.* persona o cosa molto brutta o male in arnese: *certi quadri di pittori moderni sono uno spavento, dopo la malattia si era ridotto uno spavento* ‖ *far spavento*, essere così malridotto da suscitare preoccupazione ‖ **N. 1.** *Sin.* allarme, atterrimento, batticuore, fobia, panico, paura, sgomento, smarrimento, terrore, timore, tremarella.

spaventosità [da *spaventoso*; a. 1704] ***sf.*** *raro* l'essere spaventoso.

spaventóso [da *spavento*; a. 1348] ***agg.*** **1.** che incute spavento: *scoppio spaventoso* ‖ *per estens. iperb.* che desta una profonda impressione: *una sciagura spaventosa*; *in part.* orribile, deforme: *cicatrice spaventosa* **2.** *fam. iperb.* grandissimo: *ho una fama spaventosa* ‖ **spaventosaménte** ***avv.*** **1.** in modo spaventoso **2.** *fam. iperb.* straordinariamente: *è un film spaventosamente brutto* ‖ **N. 1.** *Sin.* orrendo, orrido, orripilante, pauroso, raccapricciante, ripugnante, tremendo.

spaziàle [da *spazio*; 1959] ***agg.*** **1.** dello spazio, relativo allo spazio: *distribuzione spaziale, geometria spaziale* **2.** *T.astr.* che si riferisce allo spazio cosmico: *volo, capsula, era, conquista spaziale.* **Q.T.** *astronautica* **TAV. *astronautica* p. 655** 7.

spazialìsmo [da (*arte*) *spaziale*; 1958] ***sm.*** *T.art.* movimento artistico sviluppatosi in Italia, intorno agli anni '50, che sosteneva la necessità di mutare il rapporto tra l'uomo e lo spazio fisico circostante, ponendosi in antitesi sia con gli schemi tradizionali di origine rinascimentale sia con quelli del cubismo e del futurismo ‖ **N.** *Sin.* arte spaziale.

spazialìsta [da *spazialismo*; 1964] **I** ***s.*** *T.art.* esponente dello spazialismo **II** ***agg.*** *T.art.* proprio dello spazialismo.

spazialità [da *spaziale*; 1960] ***sf.*** nel linguaggio della critica d'arte, gli aspetti, gli effetti spaziali di un'opera pittorica o architettonica.

spazializzàre [da *spaziale*; 1960] ***tr.*** rappresentare oggetti in uno spazio.

spaziaménto [da *spaziare*; 1960] ***sm.*** atto ed effetto dello spaziare, nel senso di collocare a una certa distanza due oggetti nello spazio.

spaziàre [dal lat. tardo *spatiāre*, class. *spatiāri*; 1319] ***tr.*** disporre più elementi a distanza opportuna gli uni dagli altri; *in part. T.tip.* lasciare un determinato spazio tra lettere e lettera, parola e parola o riga e riga || **intr.** (aus. *avere*) muoversi liberamente in un ampio spazio: *stormi d'uccelli spaziano per il cielo*; anche *fig.*, detto della vista e delle capacità intellettuali: *l'occhio spaziava sull'intera valle sottostante, un sapere che spazia per tutti i campi dello scibile* || **intr. pron.** *arc.* e *poet.* muoversi liberamente: *qual lodoletta che in aere si spazia* (Dante) || **N. intr.** *Sin.* allargarsi, diffondersi, dilatarsi, librarsi, vagare.

spaziatóre [da *spaziare*; 1965 *spaziatrice*] **agg.** che serve a spaziare || *barra spaziatrice*, nella macchina da scrivere, quella che regola la spaziatura.

spaziatùra [da *spaziare*; 1927] **sf.** atto ed effetto dello spaziare || *concr.* lo spazio che separa le lettere in una composizione tipografica.

spazieggiàre (pres. *-éggio*) [da *spaziare*; 1726] **tr.** porre tra più elementi gli spazi necessari od opportuni; anche *ass.* || *in part. T.tip.* interporre tra parola e parola o tra lettera e lettera spazi più grandi del normale, al fine di evidenziare lo scritto o di completare con esattezza la riga.

spazieggiatùra [da *spazieggiare*; 1865] **sf.** *T.tip.* atto dello spazieggiare || anche la spaziatura superiore al normale lasciata tra parola e parola o lettera e lettera.

spazientìre (pres. *-isco, -isci*) [comp. parasint. di *paziente*; 1863] **tr.** far perdere la pazienza: *non mi spazientire!* || **intr. pron.** perdere la pazienza: *si spazientisce facilmente.*

spazientìto (*pps.* di *spazientire*) [1873] **agg.** irritato, scocciato, urtato.

spàzio (pl. *-zi*) [dal lat. *spatium*; 1308 nel senso 3] **sm.** **1.** *T.scient.* e *T.fil.* l'estensione non determinata e non circoscritta che ha la capacità di contenere i corpi; dato che l'uomo non può immaginare nulla se non collocandolo nello spazio e nel tempo, Kant parla di questi come di "forme pure dell'intuizione": *la concezione euclidea, einsteiniana dello spazio* || *T.mat.* ogni insieme su cui siano definite operazioni: *spazi proiettivi, metrici, topologici, a 3 dimensioni, a n dimensioni* || *T.astr.* l'estensione nella quale si muovono i corpi celesti: *spazio interplanetario, interstellare,* cosmico; *la conquista dello spazio, lanciare astronauti nello spazio* **2.** *com.* estensione limitata bidimensionalmente o tridimensionalmente: *il bosco si estende su di un vasto spazio,* su di una vasta area; *su questa scrivania non c'è più spazio,* non restano superfici sgombre; *in questo armadio c'è molto spazio,* è molto capiente; *spostati un po', fammi spazio!,* fammi posto || *in part. spazio pubblico,* zona compresa in un'area pubblica, la cui occupazione è soggetta a tassazione; *spazio vitale,* ampiezza di territorio tale da assicurare a un popolo sicurezza e sviluppo economico; nella dottrina hitleriana, con questo principio si pretese di giustificare la politica di espansione territoriale nazista; si usa anche con valore *fig.* e *scherz.*: *il bambino è nervoso perché in casa gli manca lo spazio vitale* || superficie che è, o può essere, occupata da uno scritto o da uno stampato: *non c'è più spazio per questo articolo*; anche *fig.*: *un giornale che lascia* (o *dedica* o *riserva*) *poco spazio alla politica estera,* che se ne occupa solo marginalmente || intervallo: *diminuisci lo spazio tra quelle righe* || *spazio interdentale, intercostale, intercellulare,* in anatomia e in biologia, spazio compreso tra dente e dente, costa e costa, cellula e cellula || *T.mus.* l'intervallo tra riga e riga del pentagramma || *T.tip.* intervallo bianco interposto tra lettera e lettera, parola e parola o riga e riga e, anche, gli spessori che servono a separare le parole le une dalle altre || *fig.* occasione, possibilità, margine di azione, reso disponibile per qualcuno o qualcosa: *dare spazio ai giovani, lasciare spazio all'immaginazione, all'iniziativa individuale* **3.** periodo di tempo: *nello spazio di tre giorni sarà tutto pronto* || *dim.* spaziétto, spaziettìno || **N. 2.** *Sin.* area, aria, buco, campo, capacità, capienza, distanza, distesa, estensione, intermezzo, interstizio, superficie, terreno, tratto, zona | ampio, aperto, chiuso, circoscritto, delimitato, grande, illimitato, immenso, infinito, largo, libero, limitato, lontano, piccolo, ristretto, sconfinato, smisurato, vasto, vicino, vuoto | abbracciare, allargare, circoscrivere, ingombrare, misurare, occupare, percorrere, sgombrare. **Q.T.** *astronautica, matematica...*

spaziosità [da *spazioso*; sec. XIV *spaziositade*] **sf.** l'essere spazioso: *la spaziosità di una via.*

spazióso [dal lat. tardo *spatiōsus*; a. 1320] **agg.** vasto, che dispone di ampio spazio: *stanza spaziosa, fronte spaziosa* || **spaziosaménte** **avv.**

spàzio-tèmpo [comp. di *spazio* e *tempo*; 1931] **sm.** *T.fis.* unità inscindibile della dimensione spaziale e di quella temporale in cui sono collocati tutti gli eventi fisici || **N.** *Sin.* cronotopo.

spàzio-temporàle o **spaziotemporàle** [comp. di *spazio* e *temporale*; 1960] **agg.** **1.** *T.fis.* relativo allo spazio-tempo: *dimensione spazio-temporale* **2.** relativo allo spazio e al tempo.

spazzacamìno [comp. di *spazza(re)* e *camino*; fine sec. XV] **sm.** chi fa il mestiere di ripulire dalla fuliggine i camini || *fam. sembri uno spazzacamino,* sei tutto sporco.

spazzacampàgna o **spazzacampàgne** [comp. di *spazza(re)* e *campagna*; a. 1742] **sm.** *inv. T.stor.* arma da fuoco portatile, archibugio corto, largo di bocca, che si caricava con più palle; detto anche *trombone.*

spazzafórno [comp. di *spazza(re)* e *forno*; a. 1449] **sm.** *inv.* arnese per pulire il forno.

spazzamàre [comp. di *spazza(re)* e *mare*; 1973] **sm.** imbarcazione dotata delle attrezzature per aspirare nafta, olio e sim. dall'acqua del mare.

spazzaménto [da *spazzare*; 1585] **sm.** *raro* lo spazzare.

spazzamìne [comp. di *spazza(re)* e *mina*; 1916] **I agg.** *T.mar.* nave attrezzata per liberare il mare dalle mine **II sm.** *inv. T.mar.* dragamine.

spazzanéve [comp. di *spazza(re)* e *neve*; 1922] **sm.** *inv.* **1.** dispositivo a forma di sperone di nave che si applica sulla parte anteriore di locomotive o camion per liberare dalla neve la strada || *com.* veicolo appositamente costruito per rimuovere la neve dal manto stradale **2.** *T.sport.* nello sci, movimento di decelerazione, consistente nell'avvicinare le punte degli sci, divaricando completamente le code.

spazzàre [lat. tardo *spatiāre*, class. *spatiāri*, passeggiare, estendersi; 1353] **tr.** pulire con la scopa o altro attrezzo simile (compl. ogg. può essere tanto il luogo ripulito, quanto il materiale rimosso); si può rafforzare con *via*): *spazzare (il pavimento del) la sala, spazzare le foglie dal cortile* || *per estens.* rif. ad azioni di asportazione o rimozione particolarmente efficaci e su vasto raggio, togliere di mezzo, rimuovere: *il vento ha spazzato via le nubi, le cannonate spazzarono via le opere di difesa nemiche*; *in part.* nel gioco del calcio, allontanare rapidamente il pallone dalla propria area di rigore, calciandolo violentemente || *fig.* eliminare completamente: *spazzare via gli antichi usi, i pregiudizi* || **N.** *Sin.* scopare.

spazzàta [da *spazzare*; 1873] **sf.** atto dello spazzare in fretta o alla meglio o, anche, *concr.*, passata con la scopa, la ramazza e sim.: *dare una spazzata alla stanza* || *dim.* spazzatìna. **TAV.** *arti marziali* **p. 653** 2.2.

spazzatóio (pl. *-ói*) [da *spazzare*; sec. XIV] **sm.** *non com.* arnese per spazzare il forno.

spazzatóre [da *spazzare*; 1618] **sm.** (f. *-trice*) e **agg.** chi, che pulisce con scope o sim.: *macchina spazzatrice.*

spazzatrìce [da *spazzare*; 1916] **sf.** autoveicolo speciale per raccogliere le immondizie per la strada.

spazzatùra [da *spazzare*; 1353 nel senso 1] **sf.** **1.** *concr.* l'immondizia che si toglie nello spazzare: *ho ritrovato il cucchiaio nella spazzatura; il secchio della spazzatura* || *per estens.* rifiuti di vario genere: *cassone della spazzatura* **2.** atto ed effetto dello spazzare || **N. 1.** *Sin.* pattume.

spazzaturàio (pl. *-ài*) [da *spazzatura*; 1632] **sm.** (f. *-a*) *non com.* addetto al ritiro a domicilio della spazzatura || **N.** *Sin.* netturbino.

spazzìno [da *spazzare*; 1632] **sm.** (f. *-a*) colui che spazza le strade, le piazze e i luoghi pubblici in gen.; netturbino.

spàzzo [lat. *spatium*, intervallo, distanza; 1313] **sm.** *ant. raro* spiazzo || pavimento.

spàzzola [da *spazzare*, prob. con influsso di *spatola*; 1400 ca. *spazzora*] **sf.** **1.** arnese formato da un supporto in legno, plastica o sim. con infissi ciuffi di setole o di saggina o di fili di plastica e sim., utilizzato per spolverare, lucidare, ravviare i capelli ecc.: *una spazzola di crine per le macchie più ostinate, spazzola morbida per abiti*; *spazzola per i capelli*; *spazzola elettrica,* con un piccolo aspiratore incorporato || nella loc. *a spazzola*: *baffi, capelli a spazzola,* tagliati e pettinati in modo che stiano ritti come le setole di una spazzola **2.** *T.elettr.* conduttore che consente il passaggio di corrente tra parti fisse e parti rotanti **3.** *T.aut.* nel tergicristallo degli autoveicoli, ciascuno dei listelli di gomma inseriti nella racchetta a contatto col parabrezza || *dim.* spazzolìna, spazzolìno (*sm.*), spazzolétta; *accr.* spazzolóne (*sm.*) || **N. 1.** *Sin.* brusca, cardo, scopetta, striglia; setola, setolino | di crine, di tasso, dura, morbida. **Q.T.** *barbiere...* **TAV.** *elettrodomestici* 2.1; ***automobile* p. 658** 3.16a.

spazzolàre (pres. *spàzzolo*) [da *spazzola*; a. 1629] **tr.** ravviare o pulire con la spazzola: *spazzolare la giacca, i capelli* || **rifl.** e **rifl. indir.** ravviarsi i capelli o pulirsi con una spazzola: *spazzolarsi i capelli, spazzolati, hai la forfora sul colletto!* || **N. tr.** *Sin.* bruschinare, scopettare, setolinare, spolverare, strigliare.

spazzolàta [da *spazzolare*; 1841] **sf.** atto dello spazzolare in fretta e alla meglio: *dare* o *darsi una spazzolata* || *concr.* colpo di spazzola || *dim.* spazzolatìna.

spazzolatrìce [da *spazzolare*; 1934 nel senso 2] **sf.** **1.** macchina che esegue la spazzolatura della superficie di diversi materiali, spec. metallici **2.** *T.agr.* macchina che pulisce i chicchi di grano con un sistema di spazzole.

spazzolatùra [da *spazzolare*; 1966] **sf.** atto ed effetto dello spazzolare.

spazzolifìcio (pl. *-ci*) [comp. di *spazzola* e *-ficio*; 1942] **sm.** fabbrica di spazzole.

spazzolìno (*dim.* di *spazzola*) [a. 1712] **sm.** **1.** piccola spazzola per pulire i denti, le unghie, od oggetti minuti: *uno spazzolino per lucidare i metalli* **2.** *T.elettr.* nei motori a scoppio, parte dello spinterogeno che serve per raccogliere l'elettricità e distribuirla alle candele.

spazzolóne (*accr.* di *spazzola*) [1891] **sm.** arnese costituito da una grossa spazzola rettangolare fissata a un lungo manico, con cui si puliscono e si lucidano i pavimenti.

speaker (ingl., pr. ['spi:kə]; pr. it. ['spiker]) [letter. persona che parla; 1748 nel senso 2; 1927 nel senso 1] **s.** *inv.* **1.** annunciatore radiofonico o televisivo; cronista di avvenimenti sportivi e sim. **2.** *T.pol.* il Presidente della Camera dei Comuni, in Inghilterra. **Q.T.** *audiovisivi.*

speakeràggio (pl. *-gi*) (pr. [spike'raddʒo]) [da *speaker*, 1983] **sm.** **1.** *T.telecom.* trasmissione dell'audio di un programma televisivo registrato su nastro videomagnetico **2.** divulgazione di notizie, informazioni, idee, per mezzo di un altoparlante posto a bordo di un'automobile. **Q.T.** *pubblicità.*

speakerìna (pr. [spike'rina]) [da *speaker*, 1978] **sf.** annunciatrice radiofonica o televisiva.

specchiàio (pl. *-ài*) [da *specchio*; prima metà sec. XIV] **sm.** (f. *-a*) chi fabbrica, vende o ripara specchi.

specchiàre (pres. *spècchio*) [da *specchio*; a. 1306] **rifl.** guardarsi allo specchio, o in altra superficie riflettente: *passa un sacco di tempo a specchiarsi*; *specchiarsi nei pavimenti lucidi, nell'acqua della fonte* || *fig.* prendere come esempio, guardare a qualcuno o a qualcosa come a un modello: *specchiati nella rettitudine di tuo padre!*; *specchiarsi nelle azioni di uno* || **intr. pron.** rif. a cose, riflettersi: *i monti si specchiano nel lago* || **tr.** *arc.* e *lett.* fissare, osservare || rimirare.

specchiàto (*pps.* di *specchiare*) [a. 1566] **agg.** *fig.* puro, integro, senza macchia: *uomo specchiato, onestà specchiata.*

specchiatùra [da *specchiare*; 1838] **sf.** **1.** *raro* lo specchiarsi **2.** lucentezza che caratterizza le sezioni radiali di alcune piante da legno **3.** in una porta, riquadro centrale di legno o di vetro, delimitato dal telaio **4.** procedimento meccanico di lucidatura del vetro.

specchièra [da *specchio*; 1598 nel senso 2] **sf.** **1.** grande specchio, con cornice **2.** mobiletto consistente in un tavolinetto da toeletta munito di un grande specchio || **N.** SPECCHIO. **TAV.** ***arredamento*** **p. 650** 3.2.

specchiétto (*dim.* di *specchio*) [1508] **sm.** **1.** piccolo specchio: *uno specchietto da borsetta per il trucco*; *specchietto retrovisore* (o, meno com., *retrovisivo*), quello usato negli automezzi per controllare il tratto posteriore di strada **2.** *T.cacc. specchietto per le allodole*, congegno girevole, fissato su un perno, dotato di tanti pezzettini di specchio, per attirare le allodole; *fig.* lusinga, promessa ingannatrice **3.** schema riassuntivo, compendio: *unisci a questa relazione uno specchietto.* **TAV.** ***automobile*** **p. 658** 3.46, 3.47; ***medicina...*** **p. 1320** 17.

spècchio (pl. *-chi*) [lat. *speculum*; 1308] **sm.** **1.** qualunque superficie levigata che rifletta la luce; *in part.* la lastra di cristallo su una faccia della quale è stato spalmato un amalgama di argento o di stagno coperto di vernice in modo che possa riflettere la luce: *uno specchio deformante*, che, non essendo perfettamente liscio, riflette immagini deformate; *specchio ustorio*, specchio concavo capace di concentrare nel suo fuoco i raggi solari in tal quantità da produrre l'accensione di sostanze combustibili; fu usato da Archimede contro le navi romane || *com.* lastra di specchio accuratamente rifinita ed eventualmente incorniciata, usata per la toeletta o come elemento ornamentale: *per ritoccare il trucco si porta dietro un piccolo specchio da borsetta, un grosso specchio settecentesco è appeso a una parete del salone*; *guardarsi, stare allo specchio*, specchiarsi || in loc. fig. in riferimento a superfici perfettamente lisce, pulite, lucide, al punto da riflettere più o meno nitidamente le immagini: *tirare una superficie a specchio*, lucidarla benissimo; *tiene la casa come uno specchio*, perfettamente pulita; *il mare oggi è uno specchio*, perfettamente calmo, non increspato; *uno specchio d'acqua*, braccio di mare, lago e sim.; *non com. essere a specchio del lago* e sim., essere sulle sue rive: *la sua casetta è a specchio del lago* **2.** *fig.* di cose, situazioni che esprimono con chiarezza realtà spirituali, pensieri ecc.: *la crisi della scuola è lo specchio di una crisi sociale generale, gli occhi sono lo specchio dell'anima* || *per estens.* esempio, modello perfetto: *quell'uomo è uno specchio di onestà*; *farsi specchio di qualcuno* o *di qualcosa*, prendere a esempio, assumerlo come modello || *T.psican. fase dello specchio*, periodo fra i sei ed i diciotto mesi in cui il bambino anticipa con l'immaginazione la padronanza della propria unità corporea **3.** *per estens.* denominazione di elementi che presentino una superficie riflettente o semplicemente liscia o piana; nei mobili, pannello di legno lucidato e incorniciato || *T.mar. specchio di poppa*, nelle navi, quadro di poppa; nelle imbarcazioni, schienale di spalliera, chiuso da una parte con un fondo di vetro che permette di esplorare il fondo del mare || *T.sport.* nel calcio, lo spazio compreso tra i pali e la traversa della porta **4.** *per estens. T.tecn.* oggetto o strumento che serve a riflettere radiazioni diverse da quelle luminose: *specchio elettrico, sonoro* **5.** sin. meno com. di *specchietto* nel senso 3 **6.** *T.stor.* nel Medioevo, registro o raccolta di documenti, spec. di quelli attinenti ai debitori del comune; anche denominazione di trattazioni enciclopediche || *dim.* specchiétto || **N.** **1.** caminiera, psiche, specchiera, spera | concavo, convergente, convesso, divergente, parabolico, piano, sferico; a bilico, girevole; appannato, terso | battente, fuoco, luce. **Q.T.** *arredamento, fisica* **TAV.** ***astronomia*** **p. 656** 7.6; ***ottica*** **p. 1329** 4.1, 4.5, 7.6, 8.6.

special (ingl., pr. ['speʃəl]; pr. it. ['spɛtʃal]) [letter. speciale; 1966] **sm.** *inv.* spettacolo televisivo nel quale si esibisce un unico cantante o gruppo musicale || cortometraggio cinematografico interamente dedicato all'opera di un attore o di un regista.

speciàle [dal lat. *speciālis*, proprio della specie; a. 1294 *speziale*] **agg.** **1.** relativo a una specie, a un ambito delimitato (opposto a *generale*): *caratteri speciali* **2.** *per estens. più com.* non comune, straordinario, particolare, singolare: *predilezione, provvedimento speciale* || *numero speciale*, numero di un periodico interamente o prevalentemente dedicato a un particolare argomento || *inviato speciale*, giornalista mandato sul luogo in cui si verificano o si sono appena verificati fatti di particolare rilevanza perché riferisca su di essi || *tribunale speciale*, quello che durante il fascismo giudicava i reati politici || nella *loc. avv. in special modo*, specialmente || **specialménte** **avv.** soprattutto, particolarmente, in particolar modo || **N.** **2.** *Sin.* caratteristico, eccezionale, esclusivo, individuale, originale, particolare, peculiare, personale, proprio | *Contr.* comune, dozzinale, generico.

specialìsta [da *speciale*, sul modello del fr. *spécialiste*; 1846] **s.** e **agg.** (sempre posposto) chi, che ha particolare competenza in un ramo di un'attività, di un'arte, di una scienza: *medico specialista, uno specialista del restauro del legno, nel salto dal trampolino, di problemi economici, per la cura delle malattie nervose.*

specialìstico (pl. *-ci*) [da *specialista*; 1884] **agg.** di, da specialista: *saggio specialistico, ambulatorio specialistico.*

specialità [dal lat. tardo *speciālitas, -ātis*; a. 1294 *specialitate* nel senso 5] **sf.** **1.** abilità particolare, propria di chi è particolarmente esperto, versato, competente, abile e sim. in un particolare settore, ramo di attività ecc.: *le malattie nervose sono la sua specialità*; spesso *iron.*: *la sua specialità è interrompere mentre un altro parla* **2.** attività speciale, che richiede una particolare preparazione: *la sua specialità è l'architettura industriale*; *in part. T.sport.* tipo di gara in un determinato sport: *le specialità del ciclismo, dell'atletica* || *per meton.* il soggetto che svolge una simile attività: *mia moglie in cucina è una vera specialità* || *T.mil.* denominazione di corpi e reparti della marina militare e dell'esercito preposti a servizi che richiedono un particolare addestramento: *quella degli alpini è una specialità della fanteria* **3.** *concr.* prodotto, tipo di preparazione o di lavorazione speciale, soprattutto in quanto tipico di una zona o di una ditta: *specialità piemontesi*, i piatti tipici della cucina piemontese; *specialità della casa* **4.** *T.farm. specialità medicinale* (o *farmaceutica*), prodotto medicinale preparato secondo una determinata formula e posto in commercio sigillato, previa autorizzazione e registrazione del Ministero della Sanità **5.** *lett. non com.* l'essere speciale: *la specialità del mio incarico.*

specializzàre [da *speciale*, sul modello del fr. *spécialiser*; a. 1704] **tr.** fare acquisire una specializzazione; avviare, portare a una specializzazione: *specializzare la ricerca scientifica nello studio di soluzioni al problema energetico, la riforma tende a specializzare ulteriormente gli studi universitari* || **rifl.** indirizzare la propria attività in un determinato settore, in maniera da conseguire in quell'ambito una particolare competenza, abilità e sim.; dedicare i propri studi o il proprio lavoro a un ramo particolare di disciplina, arte, mestiere ecc.: *si è specializzato in ortopedia.*

specializzàto (*pps.* di *specializzare*) [1927] **agg.** dotato di specializzazione: *operaio specializzato* || **N.** *Contr.* comune.

specializzazióne [da *speciale*, sul modello del fr. *spécialisation*; 1900 ca.] **sf.** lo specializzare e lo specializzarsi || *in part.* preparazione specifica in un settore: *scuola di specializzazione* || ognuno dei campi in cui è suddivisa una disciplina: *la medicina e l'ingegneria hanno molte specializzazioni.*

speciazióne [da *specie*, sul modello dell'ingl. *speciation*; 1960] **sf.** *T.biol.* processo di formazione e differenziazione di specie animali o vegetali.

spècie (arc. *spèzie*) [dal lat. *species*, aspetto, apparenza; a. 1292 nel senso 5] **I** **sf.** *inv.* **1.** *T.scient.* nella classificazione biologica e botanica, categoria sistematica designante un insieme di individui forniti di certi caratteri simili, che li distinguono da altri individui dello stesso *genere*, del quale è perciò una suddivisione: *il passero è un genere di uccelli che comprende dodici specie, è in gioco la sopravvivenza di molte specie naturali*; *la specie umana*, il genere umano, l'umanità **2.** tipo, caso particolare: *esistono molte specie di società commerciali*; nella loc. *non com. nella specie*, nella fattispecie, nel caso particolare || *per estens.* sorta, qualità: *abbiamo mercanzie di ogni specie*; nella loc. *una specie di*, rif. a ciò che ha una vaga somiglianza con qualcos'altro (anche *spreg.* rif. a cosa o persona che manca di alcune qualità positive di quella nominata): *un copricapo strano, una specie di turbante*; *mi ricevette una specie di segretario* **3.** nella *loc. avv. in specie* (o nella variante eufonica *in ispecie*), particolarmente, soprattutto: *adora la musica, in specie il jazz* **4.** meraviglia, impressione, stupore, solo nella loc. *fare specie*: *mi fa specie che tu parli in questo modo* **5.** *lett. non com.* apparenza, forma esteriore: *una dittatura mascherata sotto specie di regime paternalistico* || *in part. T.teol.* nella loc. *sotto le specie*, sotto l'apparenza: *sotto le specie del pane e del vino nella messa si rinnova il sacrificio di Cristo* **II** **avv.** specialmente, in particolare: *non ha senso rimproverarlo, specie se non gli avevi detto cosa volevi che facesse* || **N.** **1.** famiglia, gruppo, razza, sottospecie | continuità, estinzione, evoluzione, riproduzione, selezione, sopravvivenza | esemplare, ibrido **2.** *Sin.* varietà, razza. **Q.T.** *ecologia.*

specìfica [da *specifico*; 1812] **sf.** descrizione dettagliata, spec. nell'uso commerciale: *redigere una specifica delle merci, delle spese* || *per estens. T.tecn. gen.* al *pl.* descrizione delle caratteristiche di un prodotto industriale || **N.** *Sin.* distinta, nota, prospetto.

specificàbile [da *specificare*; 1945] **agg.** che può essere specificato.

specificaménto [da *specificare*; 1639] **sm.** *raro* specificazione.

specificàre (pres. *-ìfico, -ìfichi*) [dal lat. tardo *specificāre*; 1354] **tr.** precisare con ricchezza di dati e particolari, determinare in particolare; dichiarare esplicitamente e particolareggiatamente: *voglio specificare come avvennero i fatti; specificare le circostanze, le accuse* || **N.** *Sin.* chiarire, identificare, illustrare, individuare, precisare.

specificatìvo [da *specificare*; 1639] **agg.** *non com.* che serve, che è atto a specificare; che specifica.

specificàto (*pps.* di *specificare*) [a. 1348] **agg.** descritto con ampiezza di particolari || **specificataménte** **avv.** dettagliatamente, in modo preciso: *elencare specificatamente i dati rilevati.*

specificazióne [da *specificare*, come il lat. mediev. *specificātio, -ōnis*; sec. XIV] **sf.** **1.** atto ed effetto dello specificare **2.** *T.gram.* *complemento di specificazione*, che determina meglio l'appartenenza a qualcuno, la materia ecc. del referente specificato: *nella frase "il cane di Maria è scappato", "di Maria" è un complemento di specificazione* || **N.** **1.** *Sin.* dichiarazione, elencazione, indicazione, nota.

specificità [da *specifico*; 1960] **sf.** l'essere specifico: *la specificità di un'argomentazione.*

specìfico (pl. *-ci*) [dal lat. tardo *specificus*; 1319] **I agg.** **1.** *T.scient.* che è proprio di una determinata specie e la distingue dalle altre dello stesso genere: *caratteri specifici, differenze specifiche* **2.** che è proprio di un determinato settore di un'attività, una disciplina e sim.: *una competenza, una cultura specifica* || *per estens.* particolare, determinato, precisato: *un'accusa specifica* || *T.med.* *malattia specifica*, che ha una causa precisa || di preparato, in part. farmaceutico, che svolge un'azione preminente in un determinato campo: *farmaco, medicamento specifico*, che agisce su uno speciale processo morboso **3.** in metrologia, rif. a grandezze fisiche, esprime il rapporto tra la grandezza fisica in esame e l'unità di un'altra grandezza con cui è posta in relazione: *peso specifico*, dato dal rapporto del peso di un corpo con il suo volume || **specificaménte** **avv.** in particolare **II sm.** **1.** medicamento specifico: *uno specifico per la bronchite* **2.** *lo specifico filmico, teatrale* ecc., ciò che qualifica e conferisce autonomia a un dato linguaggio || **N.** **I** **2.** *Contr.* generale, generico.

specillàre [da *specillo*; 1940] **tr.** *T.med.* indagare, esplorare con lo specillo || **N.** *Sin.* sondare.

specìllo [dal lat. *specillum*; 1611] **sm.** *T.chir.* stilo d'acciaio, con una sferettina d'argento a un estremo, che si adopera per esplorare ferite, cavità ecc. || **N.** *Sin.* scandaglio, sonda.

spècime [dal lat. *specimen*; 1950] **sm.** *raro* saggio, campione, *specimen.*

specimen (lat., pr. it. ['spɛtʃimen]) [letter. saggio, prova; 1839] **sm.** *inv.* (anche pl. *specimina*, pr. it. [spɛ'tʃimina]) **1.** campione, saggio, modello, fac-simile **2.** nel linguaggio editoriale, pubblicazione di poche pagine contenente saggi del testo e delle illustrazioni di una data opera.

speciosità [dal lat. tardo *speciositas, -ātis*; sec. XIV] **sf.** l'essere specioso, apparenza di validità || *arc.* bellezza || **N.** *Sin.* apparenza, appariscenza | lusinga, miraggio, sofisma.

speciόso [dal lat. *speciōsus*; a. 1375 nel senso 2; 1694 nel senso 1] **agg.** **1.** in apparenza valido, convincente e sim. ma, in realtà, privo di verità, di sostanza, di fondamento: *argomenti speciosi, ragioni speciose* **2.** *ant.* e *lett.* di una bellezza appariscente: *vestite di tuniche speciose* (D'Annunzio) **3.** *arc.* particolare, speciale, singolare || **speciosaménte** **avv.** || **N.** **1.** *Sin.* apparente, pretestuoso.

speck (ted., pr. [ʃpɛk]; pr. it. [spɛk]) [letter. *lardo*; 1976] **sm.** *inv.* prosciutto crudo, tipico della salumeria tirolese e bavarese, che viene disossato, lasciato in salamoia e affumicato.

spèco (pl. *-chi*) [dal lat. *specus*; a. 1374 nel senso 2; 1922 nel senso 1] **sm.** **1.** *T.anat.* cavità nelle ossa: *speco vertebrale* **2.** *lett.* antro, caverna, grotta, spelonca.

spècola [dal lat. *specula*, altura, luogo di vedetta; 1690] **sf.** osservatorio astronomico, situato sulla parte alta di un edificio o in altro luogo eminente.

specolàre [dal lat. *speculāri*; 1673] **tr.** *ant.* speculare.

spècolo [dal lat. *speculum*, specchio; 1561 *speculo*] **sm.** *speculum.*

speculàbile [da *speculare*; 1716] **agg.** *T.fil.* che può essere oggetto di speculazione intellettuale.

speculàre[1] (pres. *spèculo*) [dal lat. *speculāri*; 1308 come tr. nel senso 1; 1832 come intr. nel senso 2] **tr.** **1.** *T.fil.* indagare con l'intelletto: *speculare i misteri della natura* **2.** *ant.* scrutare, guardare per esplorare: *speculare la vallata* || **intr.** (aus. *avere*) **1.** *T.fil.* indagare, fare oggetto di ricerca filosofica: *speculare sulla natura e sui fini dell'uomo* **2.** *T.econ.* cercare di conseguire un forte utile compiendo operazioni finanziarie e commerciali basate su rapide fluttuazioni dei prezzi: *speculare sulle aree fabbricabili, sui titoli di borsa* || *per estens. fig.* cercare di sfruttare per fini politici una situazione sfavorevole ai propri avversari; anche, in gen., cercare di trarre un utile dalle disgrazie altrui || **N.** **intr.** **1.** *Sin.* contemplare, indagare, investigare, meditare, perscrutare, scrutare, studiare **2.** *Sin.* sfruttare, trafficare.

speculàre[2] [dal lat. *speculāris*; 1567] **agg.** di specchio, che è simile a uno specchio: *superficie speculare* || che è (o è come se fosse) riflesso da uno specchio: *immagine speculare*; *scrittura speculare*, da destra a sinistra || **specularménte** **avv.**; anche nella *loc. prep. non com.* *specularmente a*, imposizione speculare rispetto a.

speculatìvo [dal lat. tardo *speculatīvus*; 1308 nel senso 1; 1940 nel senso 2] **agg.** **1.** che è incline, portato a speculare nel senso 1: *intelligenza speculativa* **2.** *T.fil.* di indagine, pensiero e sim., che prescinde dall'esperienza: *scienze speculative*, scienze pure, non applicate **3.** *T.econ.* riguardante una speculazione: *investimenti speculativi* || **speculativaménte** **avv.** teoreticamente.

speculatóre [dal lat. *speculātor, -ōris*, osservatore; a. 1343 nel senso 1; a. 1794 nel senso 2] **agg.** e **sm.** (f. *-trice*) **1.** *raro* che o chi specula, nel senso filosofico; studioso, ricercatore, pensatore **2.** che o chi compie operazioni finanziarie di carattere speculativo: *speculatori senza scrupoli.*

speculatòrio (pl. *-ri*) [da *speculare*; 1960] **agg.** relativo a una speculazione finanziaria: *investimenti a carattere speculatorio; manovre speculatorie.*

speculazióne [dal lat. tardo *speculātio, -ōnis*; 1306 nel senso 1; a. 1794 nel senso 2] **sf.** **1.** *T.fil.* indagine teorica in opposizione alla ricerca sperimentale **2.** *T.econ.* operazione commerciale o finanziaria che si propone un forte e rapido utile: *la speculazione edilizia, sulle aree fabbricabili, in borsa* || *per estens. fig.* sfruttamento per i propri fini di una situazione di debolezza dell'avversario || *dim.* speculazioncèlla, speculazioncìna || **N.** **1.** *Sin.* contemplazione; indagine, ricerca, studio, teoria **2.** *Sin.* affare, traffico; affarismo, bagarinaggio, commercio, guadagno, mercanteggiamento, sfruttamento.

speculum (lat., pr. it. ['spɛkulum]) [letter. *specchio*; 1905] **sm.** *inv.* *T.med.* strumento usato per osservare alcune cavità interne, mediante dilatazione dell'orifizio.

spedàle e der. forme pop. tosc. di OSPEDALE e der. (v.).

spedalière [da *spedale*; 1618 come sm.] **I agg.** v. OSPEDALIERO **II sm.** *ant.* spedalingo.

spedalìngo (pl. *-inghi*) [da *spedale*; sec. XIV] **sm.** *ant.* nome che si dava al rettore di un ospedale.

spedalità [da *spedale*; 1841] **sf.** **1.** *T.bur.* l'accettazione e la cura del malato in un ospedale **2.** la spesa occorrente per tali cure.

spedalizzàre [da *spedale*; 1950] **tr.** variante di ospedalizzare.

spedantìre (pres. *-ìsco, -ìsci*) [comp. parasint. di *pedante*; a. 1584] **tr.** *raro* eliminare ogni pedanteria; rendere meno pedante.

spedàre (pres. *spèdo*) [comp. parasint. di *p(i)ede*; 1889 nel senso 2] **tr.** **1.** *non com.* stancare i piedi per il troppo camminare **2.** *T.mar.* *spedare l'àncora*, svellerla dal fondo || **intr. pron.** *non com.* stancarsi i piedi.

spedàto (*pps.* di *spedare*) [a. 1555] **agg.** *non com.* che ha i piedi affaticati, stanchi.

spedicàre (pres. *spèdico, spèdichi*) [comp. parasint. di *pedica*; a. 1294] **tr.** *ass.* e **rifl.** *arc.* districare e districarsi, togliere impedimenti o pastoie, spacciare e spacciarsi, anche *fig.*

spedìre (pres. *-ìsco, -ìsci*) [lat. *expedīre*; a. 1348 nel senso 3; 1801 nel senso 1; a. 1540 nel senso 2] **tr.** **1.** inviare qualcosa (spec. lettera, pacco, plico e sim.) mediante la posta o altri sistemi di trasporto: *spedire un vaglia, la merce per nave, una lettera per via aerea* **2.** rif. a persona, farla partire, mandarla in un certo luogo o da qualcuno con un incarico: *spedirono una staffetta per mantenere i contatti*; spec. *scherz.*: *il maestro lo spedì dritto filato dal direttore* || *fam.* nella loc. *spedire qualcuno all'altro mondo*, ammazzarlo **3.** *ant.* sbrigare, disimpegnare: *spedire una faccenda delicata* || oggi *com.* solo in alcune loc.: *spedire una ricetta*, dar esecuzione alle prescrizioni del medico, preparare i medicamenti ivi prescritti; *spedire una bolla, una breve*, stenderla, compilarla; *spedire una causa*, nel diritto, discuterla, risolverla, chiuderla con una sentenza || **intr. pron.** *arc.* affrettarsi, sbrigarsi, spicciarsi || **N.** **1.** *Sin.* diramare, inviare, mandare | destinatario, indirizzo, invio, mittente, spedizioniere.

speditézza [da *spedire*; 1673] **sf.** rapidità, prontezza nell'agire || **N.** *Sin.* celerità, PRONTEZZA.

speditìvo [da *spedire*; 1582] **agg.** *raro* spiccio, sbrigativo: *modi speditivi* || **N.** *Sin.* spicciativo.

spedìto (*pps.* di *spedire*) [1321] **I agg.** **1.** sciolto, senza impacci: *pronunzia spedita, lingua troppo spedita* **2.** sollecito, pronto: *essere spedito nel fare ogni cosa* **3.** *fam.* *non com.* detto di persona che viene data per morta; spacciato: *i medici lo davano già per spedito* **II avv.** speditamente: *parlare spedito* || **speditaménte** **avv.** prontamente, rapidamente.

speditóre [da *spedire*; 1820] **agg.** e **sm.** (f. *-trice*) che o chi spedisce || **N.** *Sin.* mittente.

spedizióne [lat. *expedītio, -ōnis*; a. 1527 nel senso 2] **sf.** **1.** atto ed effetto dello spedire: *ha fatto la spedizione dei bagagli* || *concr.* la cosa spedita: *ho ricevuto la vostra spedizione* || operazione di trasporto di un invio commissionata a uno spedizioniere: *contratto, spese di spedizione*; *impresa di spedizione*, ditta di trasporti che effettua spedizioni per conto terzi **2.** *T.mil.* impresa militare, perlopiù in luoghi lontani, che richiede lo spostamento in massa di persone e mezzi: *la spedizione dei Mille, una spedizione punitiva*; anche le persone che vi partecipano || *per estens.* impresa organizzata per fini scientifici: *i risultati della spedizione geografica in Cina* **3.** *T.eccl.* gli atti che si spediscono nelle cancellerie pontificie **4.** *T.mar.* l'insieme dei documenti di bordo e di quelli doganali e consolari che il capitano di una nave mercantile, all'arrivo in porto, consegna all'autorità marittima e che questa restituisce all'atto della partenza; *dare* o *rifiutare le spedizioni a una nave,* concedere o negare alla nave l'autorizzazione a partire || **N. 1.** a grande velocità, a piccola velocità, invio, porto franco o assegnato, presa e riconsegna a domicilio, rimessa.

spedizionière [da *spedizione*; 1617 nel senso 2; 1776 nel senso 1] **sm. 1.** chi s'incarica per mestiere della spedizione di merci per conto di terzi **2.** *T.eccl.* chi alla Corte pontificia provvede alla spedizione di brevi, bolle ecc. || **N. 1.** *Sin.* agenzia di spedizioni, corriere.

speedway (ingl., pr. [ˈspiːdweɪ]) [comp. di *speed*, velocità e *way*, via; 1973] **sm. inv.** tipo di corsa motociclistica praticato, su piste ellittiche dal fondo sabbioso, con motociclette prive di freni.

spéglio (pl. *-gli*) [dal provenz. *espelh*; 1319] ***sm. arc. lett.*** specchio, specchiera.

spegnàre (pres. *spégno*) [comp. parasint. di *pegno*; a. 1587] **tr.** liberare ciò che è stato dato in pegno || **N.** *Sin.* disimpegnare, riscattare | *Contr.* impegnare.

spègnere (pres. *spèngo, spègni, spegniàmo, spèngono*; p.rem. *spènsi, spegnésti*; cong. pres. *spènga*; pps. *spènto*) [prob. lat. volg. **expingere*, cancellare un dipinto; a. 1292] **tr. 1.** far cessare di ardere: *spegnere la candela, spegnere l'incendio* || *fig.* estinguere, far cessare: *spegnere l'ardore della passione*; *spegnere la sete,* calmarla dissetandosi **2.** interrompere un circuito elettrico, in modo da arrestare il funzionamento di un apparecchio ad esso collegato: *spegnere la radio, la televisione, la luce, un motore* **3.** *spegnere la calce viva,* mescolarla con acqua per farne calcina || *spegnere la farina,* bagnarla con latte o acqua per impastarla **4.** *T.comm. spegnere un debito,* estinguerlo; *spegnere un'ipoteca,* cancellarla || **intr. pron. 1.** cessare di ardere: *la candela si è spenta* || *fig.* svigorirsi, estinguersi: *l'amore con gli anni si spegne* **2.** di apparecchiature elettriche, smettere di funzionare: *il motore si è spento* **3.** morire: *si spense serenamente* || **N. tr. 1.** *Sin.* estinguere, smorzare, soffocare | *Contr.* accendere.

spegnifiàmma [comp. di *spegn(ere)* e *fiamma*; 1960] **sm. inv.** *T.mil.* specie di imbuto di metallo applicato davanti alle armi da fuoco per occultare lateralmente la vampata dello sparo || **N.** *Sin.* rompifiamma. **TAV. *armi* p. 649** 20.9.

spegniménto [da *spegnere*; 1295] **sm.** lo spegnere.

spegnitóio (pl. *-ói*) [da *spegnere*; sec. XV] **sm.** arnese a forma di cappuccio, per spegnere le fiammelle dei lumi a olio; *spegnitoio ad asta,* dotato di un lungo manico, per spegnere i lumi, le candele e sim. posti in alto || **N.** *Sin.* estintore, smorzatore, spegnitore.

spegnitóre [da *spegnere*; 1342] **I agg.** che spegne **II sm. 1.** (f. *-trìce*) *non com.* chi spegne **2.** spegnitoio.

spegnitùra [da *spegnere*; 1873] **sf.** *raro* spegnimento.

spelacchiaménto [da *spelacchiare*; 1940] **sm.** atto ed effetto dello spelacchiare.

spelacchiàre (pres. *-àcchio*) [da *spelare*; 1838] **tr.** togliere il pelo qua e là: *ha spelacchiato l'orsetto di pelouche* || **intr. pron.** perdere il pelo qua e là: *questa vostra pelliccia di zibetto si è tutta spelacchiata* || **N. tr.** *Sin.* spelare.

spelacchiàto (*pps.* di *spelacchiare*) [a. 1571] **agg.** che ha pochi ciuffi di peli radi: *pelliccia spelacchiata* || *per estens.* che ha perso quasi tutti i capelli, che ha pochi capelli: *un vecchietto spelacchiato.*

spelagàre (pres. *spèlago, spèlaghi*) [comp. parasint. di *pelago*; a. 1566] **tr.** *ant.* **1.** levare dal pelago **2.** *fig.* levare dagli impicci || **N.** *Contr.* impelagare.

spelàia [da *spelare*; 1936] **sf.** strato filamentoso esterno che avvolge il bozzolo del baco da seta.

spelaiatùra [da *spelaia*; 1965] **sf.** nella lavorazione della seta, asportazione della spelaia dal bozzolo.

spelàre (pres. *spélo*) [comp. parasint. di *pelo*; 1310] **tr.** togliere i peli e, *per estens.*, i capelli || **intr.** di persona, perdere lo strato superficiale di pelle in seguito a bruciatura, abbronzatura ecc.: *mi sono scottato al sole e adesso spelo tutto* || **intr. pron.** perdere peli: *la tua pelliccia si spela* || *per estens.* perdere i capelli, perdere la pelle || **N.** *Sin.* spelacchiare.

spelàto (*pps.* di *spelare*) [a. 1577] **agg.** pelato.

spelatùra [da *spelare*; 1957] **sf.** lo spelare e lo spelarsi || *concr.* il punto in cui qualcosa risulta spelato.

spèlda V. SPELTA.

spelèo [dal lat. *spelāeus*, gr. *spḗlaion*, caverna; 1873 come sm.] **I agg.** *T.scient.* delle caverne, delle spelonche; cavernicolo: *orso speleo,* orso che abitava le spelonche **II sm.** *raro* caverna, spelonca.

spelèo- [dal lat. *spelāeum*, caverna] ***primo elem.*** che, in parole composte dotte, vale "caverna" (per es. *speleologia*).

speleobiologìa [comp. di *speleo-* e *biologia*; 1936] **sf.** settore della speleologia che ha per oggetto organismi animali e vegetali viventi nelle caverne.

speleologìa [comp. di *speleo-* e *-logia*; 1902] **sf.** scienza che studia natura, formazione, fauna e flora delle caverne e delle grotte naturali.

speleològico (pl. *-ci*) [da *speleologia*; 1902] **agg.** che si riferisce alla speleologia.

speleòlogo (pl. *-gi*) [da *speleologia*; 1923] **sm.** (f. *-a*) esperto o studioso di speleologia.

spellàre (pres. *-èllo*) [comp. parasint. di *pelle*; 1598] **tr.** levare la pelle: *spellare un agnello* || *fig. scherz.* far pagare un prezzo esorbitante: *certi avvocati spellano i clienti* || **intr. pron.** *fam.* prodursi un'escoriazione, un'abrasione, lacerarsi la pelle: *si è spellato un dito* || **N.** *Sin.* escoriare, sbucciare, scorticare, scuoiare.

spellatùra [da *spellare*; 1833] **sf.** asportazione di pelle || *concr.* il punto in cui qualcosa risulta spellato || **N.** *Sin.* abrasione, escoriazione, sbucciatura, scorticamento.

spellicciàre (pres. *-ìccio*) [comp. parasint. di *pelliccia*; 1838] **tr.** *non com.* strappare, levar via la pelle o il pelo a un animale || *fig.* sottoporre a un trattamento brutale o eccessivamente severo od oneroso: *lo ha spellicciato per bene* || **N.** *Sin.* spelacchiare, spelare, spellare.

spellicciatùra [da *spellicciare*; 1565] **sf.** *ant.* atto ed effetto dello spellicciare.

spelluzzicàre V. SPILLUZZICARE.

spelónca [lat. *spelunca*; fine sec. XIII] **sf. 1.** *T.geol.* profonda caverna naturale scavata nel fianco di una montagna **2.** *fig.* abitazione misera, squallida, tetra: *abitava in una vera spelonca* **3.** *ant.* ricetto di malviventi || **N. 1.** *Sin.* antro, grotta, CAVERNA **3.** *Sin.* covo.

spèlta (region. *spèlda*) [dal lat. *spelta*; 1313] **sf.** farro.

speluzzàre [comp. parasint. di *peluzzo*; 1891] **tr.** *non com.* spelacchiare.

spème (raro *spène*) [dal lat. *spēs, spei*; 1313] **sf.** *poet.* speranza.

spencer (ingl., pr. [ˈspensə]) [dal n. proprio G. *Spencer*, conte ingl.; 1811] **sm. inv.** *T.abb.* nell'Ottocento, pesante giacca da ufficiale bordata in astrakan || oggi, nell'abbigliamento femminile, giacchina a vita con bordure in pelliccia; nell'abbigliamento maschile, gilet o giacca in lana.

spendaccióne [da *spendere*; 1891] **sm.** (f. *-a*) chi spende molto, senza misura e in cose non necessarie || **N.** *Sin.* dilapidatore, dissipatore, scialacquatore, scialone, sprecone.

spèndere (pres. *spèndo*; p.rem. *spési, spendésti, spése, spésero*; pps. *spéso*) [lat. *expendere*, pesare, pagare; 1219 *spendare*] **tr. 1.** dare denaro in pagamento: *ha speso duemila lire in* (o *per*) *un cappello*; *spendere bene, male i soldi,* fare buoni, cattivi affari; *spendere un patrimonio,* moltissimo || *ass. saper spendere,* fare attenzione ad acquistare cose che valgono il loro prezzo, essere oculati nello spendere; *è un uomo che spende,* sott. largamente || *prov. chi più spende meno spende,* meglio spendere qualcosa in più per acquistare una merce di qualità superiore, perché dura di più e il denaro è perciò meglio speso **2.** *fig.* consumare, impiegare: *spendere tutte le energie per compiere un grande sforzo*; talvolta con implicita l'idea dello spreco: *con te ho speso fin troppo tempo, spendere gli anni migliori della giovinezza in divertimenti* || rif. a persona, firma, nome e sim., farvi riferimento a garanzia delle proprie azioni: *spenda pure il mio nome* || **N. 1.** *Sin.* acquistare, allargar la borsa, avere le mani bucate, buttare via i denari, comprare, consumare, dar fondo, dilapidare, dissipare, erogare, impiegare, largire, metter mano alla borsa, non badare a spese, pagare, prodigare, profondere, regalare, ripulire le tasche, risparmiare, sborsare, scialacquare, scialare, sciupare, sperperare, sprecare | *Contr.* economizzare, lesinare, tener la borsa stretta | a borsa sciolta, a piene mani, a profusione, a tutto spiano, con economia, con parsimonia, senza risparmio | avarizia, generosità, pidocchieria, prodigalità, taccagneria | spesa.

spenderéccio (pl. m. *-ci*, pl. f. *-ce*) [da *spendere*; sec. XIV] **agg.** che spende volentieri, che spende largamente.

spendìbile [da *spendere*; 1838] **agg.** che si può spendere.

spendibilità [da *spendibile*; 1873] **sf.** l'essere spendibile; qualità e condizione di ciò che è spendibile.

spendicchiàre o **spenducchiàre** (pres. *-icchio* o *-ùcchio*) [da *spendere*; 1873] **tr.** e **intr.** (aus. *avere*) **1.** spendere poco per volta e di malavoglia **2.** spendere con una certa noncuranza anche più del necessario.

spèndio [da *spendere*; 1313] **sm.** *arc.* dispendio.

spèndita [da *spendere*; 1884] **sf.** *non com.* spesa || *T.giur. spendita di monete false,* il delitto di chi spaccia monete false.

spenditóre [da *spendere*; 1353] **sm.** (f. *-trice*) *non com.* chi spende || *T.mar.* sulle navi da guerra, membro dell'equipaggio incaricato di recarsi a terra per l'acquisto dei viveri freschi necessari alle varie mense: *lancia* o *battello degli spenditori* || in una corte signorile, incaricato degli approvvigionamenti, economo.

spène V. SPEME.

spèngere e der. var. tosc. di SPEGNERE e der.

spennacchiàre (pres. *-àcchio*) [da *spennare*; a. 1374] **tr. 1.** privare parzialmente un volatile delle penne **2.** *fig. scherz.* carpire denaro: *ha trovato il merlo e l'ha tutto spennacchiato* || **intr. pron.** perdere in parte le penne.

spennacchiàto (*pps.* di *spennacchiare*) [sec. XIV] **agg.** di volatile, che ha perduto parzialmente le penne || *scherz.* che ha pochi capelli o poco pelo: *un vecchietto, un gatto tutto spennacchiato.*

spennàcchio (pl. *-chi*) [da *pennacchio*; 1541] **sm.** *arc. pop.* pennacchio.

spennàre (pres. *spénno*) [comp. parasint. di *penna*; a. 1294] **tr. 1.** togliere le penne: *spennare gli uccelletti* **2.** *fig.* far pagare trop-

po, carpire denaro: *in quel locale ti spennano* || **intr. pron.** perdere le penne: *i galli, a forza di azzuffarsi, si sono tutti spennati* || **N.** *Sin.* spennacchiare.
spennàta [da *spennare*; 1873] **sf.** lo spennare: *dare una spennata al pollo.*
spennellàre (pres. *-èllo*) [da *pennellare*; 1934] **tr.** passare ripetutamente un pennello su una superficie, spec. se intinto di sostanza liquida: *spennellare la torta con il bianco d'uovo, la ferita con la tintura di iodio.*
spennellàta [da *spennellare*; 1891] **sf.** lo spennellare una volta o in fretta e alla meglio || **N.** *Sin.* pennellata.
spennellatùra [da *spennellare*; 1891] **sf.** l'atto e l'effetto dello spennellare; spennellata.
spensieratàggine [da *spensierato*; a. 1580] **sf.** *non com.* biasimevole leggerezza, negligenza, trascuratezza, incuria.
spensieratézza [da *spensierato*; 1745] **sf.** l'essere spensierato || **N.** *Sin.* leggerezza, negligenza, noncuranza, sconsideratezza.
spensieràto [comp. parasint. di *pensiero*; 1534] **I agg. 1.** non turbato da gravi preoccupazioni, sereno, disteso: *beato te, che fai una vita spensierata!* || *spreg.* farfallone, fatuo **2.** *arc.* irresponsabile || **spensierataménte avv.** senza alcun pensiero, da spensierato; *spreg.* a cuor leggero, alla carlona, avventatamente, sconsideratamente **II sm.** (f. *-a*) chi è spensierato || *dim.* spensieratèllo, spensieratìno; *accr.* spensieratóne; *pegg.* spensieratàccio || **N. 1.** *Sin.* avventato, frivolo, sbadato, sbalestrato, scapato, scapigliato, scioperato, sconsiderato, sventato.
spènto (*pps.* di *spegnere*) [1308] **agg. 1.** che ha cessato di bruciare: *fuoco, vulcano spento* **2.** *fig.* attenuato, attutito: *occhio spento, voce spenta, colori spenti* || poco attivo, abulico, depresso: *oggi sei un po' spento.*
spenẓolàre (pres. *spènẓolo*) [da *penzolare*; a. 1348 come tr.; 1550 come intr.; 1525 come intr. pron.] **intr.** (aus. *avere*) penzolare; sporgere sospeso in fuori: *i salami spenzolavano dal trave del tetto* || **intr. pron.** sospenḍersi || **tr.** far penzolare || **N. intr.** *Sin.* pendere, PENZOLARE.
spenẓolóni [da *spenzolare*; 1525] **avv.** a mo' di cosa che spenzoli; anche nella *loc. avv.* *a spenzoloni.*
speòto [comp. del gr. *spéos*, caverna e *thṓs*, sciacallo; 1930] **sm.** canide brasiliano dal corpo tozzo rivestito di un folto pelo bruno || **N.** *Sin.* sciacallo delle caverne.
spèra¹ [lat. tardo *spǎera*, class. *sphǎera*, sfera; a. 1250] **sf. 1.** *arc. lett. raro* corpo rotondo, globo, sfera || *per estens.* la sfera celeste; *spera del sole*, il disco del sole; *spera di sole*, la macchia luminosa tondeggiante che è prodotta da un raggio di sole che batte su di un corpo **2.** *tosc.* piccolo specchio perlopiù di forma rotonda.
spèra² [dal gr. *spêira*, gomena; a. 1348] **sf.** *T.mar.* nome generico di qualunque dispositivo galleggiante che, trainato da un'imbarcazione durante una tempesta, impedisce che questa si rovesci.
speràbile [da *sperare¹*; 1686] **agg.** che si può sperare; desiderabile: *è sperabile che riesca a farcela.*
sperànza [dal provenz. *esperansa*; a. 1250] **sf. 1.** condizione di chi attende con desiderio fiducioso che si realizzi un bene futuro: *mi sorride la speranza di un meritato riposo*; *ho una mezza speranza, un filo di speranza*; *tenere viva la speranza, togliere la* (o *ogni*) *speranza* || *prov. finché c'è vita c'è speranza* || *il colore della speranza*, il verde || *T.teol.* una delle tre virtù teologali, con la *Fede* e la *Carità*; consiste nell'aver fiducia di salvarsi per misericordia divina **2.** cosa o persona in cui si ripongono le proprie speranze: *i figli sono la speranza dei genitori, ormai tu sei la mia sola speranza* || *in part.* persona giovane che, per particolare attitudine, promette di riuscire bene in una data attività: *una speranza della boxe*; *giovane di belle speranze*, che fa sperare bene per il suo futuro || *dim.* speranzìna, speranzùccia || **N. 1.** *Sin.* aspettazione, assegnamento, conforto; chimera, desiderio, illusione, lusinga, miraggio, sogno | debole, dolce, falsa, fervida, folle, fondata, incerta, infondata, lieta, segreta, traditrice, ultima, vana, viva | abbandonare, carezzare, concepire, cullare, deporre, distruggere, infondere, ispirare, lasciare, levare, nutrire, pascere, perdere, realizzare, rinverdire | *Contr.* delusione, disperazione.
speranzóso [da *speranza*; 1686] **agg.** pieno di speranza, anche *scherz.*: *attendeva tutto speranzoso.*
speràre¹ (pres. *spèro*) [lat. *sperāre*; a. 1250] **intr.** (aus. *avere*) nutrire speranza, attendere un bene con vivo e fiducioso desiderio; confidare: *spero in una rapida guarigione, in un pieno successo*; *sperare negli amici, nella buona sorte*; *non sperare più*, avere perso tutte le speranze; *sperare in Dio*, confidare nella bontà divina || **tr. 1.** attendere con vivo desiderio: *che altro si può sperare?*, *spero di guarire, di farcela*; *spero di sì, di no*, che qualcosa avvenga o meno || *non com.* in costruzioni ellitt.: *spero un aiuto, la guarigione, un buon raccolto* || nelle loc. *voglio sperare, vorrei sperare, spero bene* e sim., usate quando si considera scontata una cosa: *spero bene che contribuisca anche tu alle spese!* **2.** *ant.* aspettare: *dal dì che spero ormai l'ultima sera* (Petrarca); *ch'altro si può sperar che biasmo o danno?* (Ariosto) || || **N. intr. 1.** *Sin.* aprire il cuore alla speranza, confidare, contare, covare una speranza, desiderare, far assegnamento, fidare, illudersi, vagheggiare | *Contr.* disperare.
speràre² (pres. *spèro*) [da *spera¹*; a. 1320] **tr.** *raro* guardare, osservare qualcosa controluce: *sperare una stoffa per vedere se è tarmata.*
speràta [da *sperare²*; 1872] **sf.** *tosc.* *sperata di sole*, fascio di raggi solari che entra in una stanza.
speratùra [da *sperare²*; 1940] **sf.** azione ed effetto dell'osservare qualcosa controluce.
sperauòvo (pl. *sperauòva*) [comp. di *spera(re)* e *uovo*; 1965] **sm.** apparecchio per esaminare in controluce le uova.
spèrdere (pres. *spèrdo* ecc., come PERDERE) [da *perdere*; inizio sec. XIV nel senso 2] **tr. 1.** *lett.* disperdere: *sperda il cielo la vostra genia* **2.** *ant.* smarrire, perdere: *non bisogna sperdere il sentiero* || **intr. pron.** perdersi: *si sperse nel folto del bosco* || **N.** *Sin.* DISPERDERE.
sperdiménto [da *sperdere*; 1865] **sm.** *raro* lo sperdere e lo sperdersi.
sperditóre [da *sperdere*; 1723] **agg.** e **sm.** (f. *-trice*) *ant.* e *raro* che o chi sperde o disperde.
sperdùto (*pps.* di *sperdere*) [prima metà sec. XIV] **agg. 1.** disperso || *fig.* che si sente a disagio, smarrito: *nel suo nuovo ambiente si trovava sperduto* **2.** *fig.* di luogo e sim., isolato, lontano dalle zone abitate, selvaggio: *una landa sperduta.*
sperèlla V. ASPERELLA.
sperequàre (pres. *-èquo*) [da *perequare*; 1973] **tr.** ripartire in maniera poco equa o poco funzionale, spec. una retribuzione o un onere fiscale.
sperequàto [da *perequato*; 1965] **agg.** di una divisione, distribuzione e sim., iniquo, che non si svolge nelle giuste proporzioni.
sperequazióne [da *perequazione*; 1940] **sf.** distribuzione iniqua, assegnazione sbilanciata di risorse: *sperequazione dei redditi, della ricchezza, tributaria* || **N.** *Contr.* perequazione.
spèrgere (pres. *spèrgo, spèrgi*) [lat. *expergere*; 1319] **tr.** *arc.* disperdere.
spergiuraménto [da *spergiurare*; sec. XIV] **sm.** *raro* lo spergiurare; giuramento falso, spergiuro.
spergiuràre (pres. *-ùro*) [lat. *periurāre*; a. 1342] **intr.** (aus. *avere*) giurare il falso || nella loc. *giurare e spergiurare*, sostenere con forza la verità di una cosa || **tr.** *spergiurare il vero*, mentire; *spergiurare il nome di Dio*, giurare il falso sul suo nome.
spergiuratóre [da *spergiurare*; seconda metà sec. XIV] **agg.** e **sm.** (f. *-trice*) *raro lett.* che o chi spergiura; spergiuro.
spergiùro [lat. *periūrius*; 1313] **I agg.** che spergiura: *è una donna spergiura* **II sm. 1.** (f. *-a*) chi spergiura: *è uno spergiuro* **2.** giuramento falso: *ha fatto uno spergiuro.*
spèrgola o **spèrgula** [etim. inc.; 1838 *spergula*] **sf.** pianta erbacea delle Cariofillacee dal fusto sdraiato-ascendente, che cresce su terreni arenosi || **N.** *Sin.* renaiola.
spericolàrsi (pres. *-ìcolo*) [comp. parasint. di *pericolo*; a. 1712 nel senso 2] **intr. pron.** *non com.* **1.** esporsi con leggerezza ai pericoli **2.** *tosc.* spaventarsi, perdersi d'animo per cosa da nulla: *si spericola a ogni più piccola difficoltà* || **N. 2.** *Sin.* sgomentarsi, SPAVENTARSI.
spericolàto (*pps.* di *spericolare*) [1922] **agg.** e **sm.** (f. *-a*) **1.** che o chi si espone ai pericoli con estrema leggerezza: *in moto è un vero spericolato* **2.** *tosc.* che o chi vede in ogni cosa un pericolo; timoroso || **N. 1.** *Sin.* imprudente, temerario | *Contr.* pauroso, pavido, timoroso.
spericolóne [da *spericolare*; 1872] **sm.** (f. *-a*) *fam. tosc.* persona spericolata.
sperìenza [aferesi di *esperienza*; a. 1602] **sf.** *arc.* esperienza.
sperimentàbile [da *sperimentare*; 1960] **agg.** che si può sperimentare.
sperimentàle [da *sperimento*; 1673] **agg. 1.** che si fonda sull'esperimento: *scienza sperimentale, metodo sperimentale, fisica, psicologia sperimentale* **2.** che si prefigge la sperimentazione di nuovi strumenti e tecniche, alternativi rispetto alla prassi e al gusto tradizionale: *cinema, teatro, romanzo sperimentale* **3.** detto della sede in cui si fanno esperimenti: *campo sperimentale* || **sperimentalménte avv.** in modo sperimentale, per mezzo di esperimenti: *ipotesi sperimentalmente verificata.*
sperimentalìsmo [da *sperimentale*; 1960] **sm.** *T.fil.* dottrina filosofica secondo cui non ci sono dati che non derivino dall'esperienza.
sperimentàre o **esperimentàre** (pres. *-énto*) [lat. tardo *experimentāre*; a. 1320 *spermentare*] **tr. 1.** provare il funzionamento, saggiare l'efficacia di qualcosa: *sperimentare le prestazioni di un motore, l'efficacia di una nuova cura, la resistenza di un materiale allo sforzo dichiarato dal costruttore*; *sperimentare l'affidabilità di una persona*, metterla alla prova || *ass.* indagare: *sperimentando s'impara* **2.** tentare, mettere in atto, usare: *costui ha ormai sperimentato ogni mezzo per riuscire* **3.** fare esperienza di qualcosa, provare per esperienza diretta: *sperimentare le atrocità della guerra* || **N. 1.** *Sin.* collaudare, periziare, provare, saggiare, scandagliare, tastare, testare, valutare, verificare.
sperimentàto (*pps.* di *sperimentare*) [1765] **agg. 1.** che ha esperienza, esperto: *un chirurgo sperimentato* **2.** provato, conosciuto per esperienza: *la nostra amicizia è lungamente sperimentata*; *farmaco, rimedio sperimentato.*
sperimentatóre [da *sperimentare*; a. 1537] **agg.** e **sm.** (f. *-trice*) che o chi sperimenta.
sperimentazióne [da *sperimentare*; sec. XIV] **sf.** azione e risultato dello sperimentare.
speriménto **sm.** *raro* V. ESPERIMENTO.
sperlàno [prob. collegato al fr. *éperlan*, eperlano; 1965] **sm.** pesce marino dei Clupeiformi usato come esca per il caratteristico odore delle carni || **N.** *Sin.* eperlano.
spèrma [dal lat. tardo *sperma* e gr. *spérma*, seme; a. 1320] **sm.** *T.biol.* liquido organico con-

tenente gli elementi fecondanti maschili.

spermacèti [dal lat. scient. *sperma ceti*, seme di balena; 1598] ***sm. inv.*** grasso semiliquido che si accumula nella testa di alcuni cetacei; è impiegato spec. in cosmetica come componente solido di creme, saponi, rossetti ecc.

spermatèca [comp. di *sperma* e *-teca*; 1933] ***sf.*** *T.anat.* in alcuni anfibi e insetti, sacca in cui si raccoglie e si conserva lo sperma che verrà utilizzato per la fecondazione delle uova.

spermàtico (pl. *-ci*) [dal lat. tardo *spermaticus*, gr. *spermatikós*; a. 1406] ***agg.*** *T.anat.* e *T.biol.* dello sperma: *liquido spermatico, funicolo spermatico.*

spèrmato- [dal gr. *spérma, spérmatos*, seme] ***primo elem.*** che, in parole composte della terminologia scientifica, vale "relativo al seme o al gamete maschile" (per es. *spermatozoo*).

spermatocìta o **spermatocìto** [comp. di *spermato-* e *-cita*; 1931] ***sm.*** *T.biol.* cellula germinale maschile in una delle fasi della spermatogenesi.

Spermatòfite [comp. di *spermato-* e *-fito*; 1936] ***sf. pl.*** *T.bot.* piante caratterizzate da stami e carpelli visibili e dalla presenza di fiori e di semi || **N.** *Sin.* Fanerogame.

spermatogènesi [comp. di *spermato-* e *-genesi*; 1955] ***sf.*** *T.biol.* processo di formazione degli spermatozoi.

spermatòlisi [comp. di *spermato-* e *-lisi*; 1955] ***sf.*** *T.biol.* processo che porta alla morte degli spermatozoi.

spermatorrèa [comp. di *spermato-* e *-rrea*; 1838] ***sf.*** *T.med.* secrezione incontrollata e involontaria di liquido seminale.

spermatozòide [da *spermatozoo*; 1891] ***sm.*** **1.** *T.zool.* cellula germinale maschile giunta a maturazione **2.** *T.bot.* gamete maschile.

spermatozòo (pl. *-òi*) [comp. di *spermato-* e *-zoo*; 1905] ***sm.*** *T.biol.* cellula germinale maschile.

-spermìa [dal gr. *spérma*, seme] ***elem. term.*** che, in parole composte della terminologia scientifica, indica relazione con il seme o lo sperma (per es. *azoospermia*).

spermicìda [comp. di *sperma* e *-cida*; 1976] ***agg.*** e ***sm.*** detto di prodotto capace di distruggere gli spermatozoi, usato come mezzo anticoncezionale.

spèrnere (*dif.*, usato al pres. indic. *spèrno*, all'imp. indic. e al cong. pres.) [dal lat. *spernere*; 1321] ***tr.*** *arc. lett.* disprezzare, rigettare.

speronaménto [da *speronare*; 1960] ***sm.*** atto ed effetto dello speronare: *lo speronamento di una nave nemica.*

speronàre (pres. *-óno*) [da *sperone*; a. 1294 nel senso 2; 1922 nel senso 1] ***tr.*** **1.** *T.mar.* urtare con lo sperone o con la prora un'altra nave **2.** *arc.* spronare.

speronàta [da *speronare*; 1889] ***sf.*** colpo di sperone.

speronàto[1] (*pps.* di *speronare*) [1922 nel senso 1; 1940 nel senso 2] ***agg.*** **1.** di nave, urtata dalla prua di un'altra nave **2.** *T.edil.* di edificio, che è rafforzato da speroni o contrafforti.

speronàto[2] [da *sperone*; 1745] ***agg.*** **1.** di animale, munito di speroni **2.** *T.bot.* di organo che presenta un prolungamento cavo.

speróne (o *spróne* nei sensi 1, 3 e 4) [dal francone **sporo*; inizio sec. XIII] ***sm.*** **1.** arnese metallico provvisto di una rotella a più punte che si fissa al tacco dello stivale da cavallerizzo per stimolare il cavallo sui fianchi (in questo senso è sin. di *sprone*, con il quale non condivide però il senso fig.) || *per estens.* elemento simile, per forma, funzione o posizione, a uno sperone **2.** *T.mar.* il pezzo d'acciaio di forma acuminata con cui un tempo terminava la parte immersa della prua delle navi da guerra e che serviva a urtare nei fianchi le navi avversarie, per squarciarle e colarle a picco; rostro **3.** *T.bot.* appendice, in forma di cono, che si osserva sul calice o sulla corolla di alcuni fiori **4.** *T.zool.* unghia conica isolata al di sopra del piede, nelle zampe di alcuni animali **5.** *T.geogr.* diramazione laterale di un contrafforte: *uno sperone roccioso* **6.** *T.edil.* contrafforte, rinforzo trasversale in muratura. **TAV. *armi* p. 648** 6.13.

speronèlla o **spronèlla** [da *sperone*; a. 1577 nel senso 2] ***sf.*** **1.** il disco munito di punte nello sperone da cavaliere **2.** nome volgare di alcune Ranuncolacee, che hanno fiori speronati di svariati colori.

sperperaménto [da *sperperare*; 1600] ***sm.*** lo sperperare.

sperperàre (pres. *spèrpero*) [forse comp. parasint. di *perpero*, antica moneta; sec. XV] ***tr.*** **1.** dissipare, consumare le proprie o le altrui sostanze in modo scriteriato: *sperperare un patrimonio* || *fig.* sciupare forze, ingegno e sim. **2.** *ant.* distruggere, devastare || **N. 1.** *Sin.* disperdere, scialacquare, sciupare, spendere.

sperperatóre [da *sperperare*; 1723] ***sm.*** (f. *-trìce*) *raro* chi sperpera.

sperperìo (pl. *-ìi*) [da *sperperare*; 1842] ***sm.*** lo sperperare continuato o frequente.

spèrpero [da *sperperare*; 1619] ***sm.*** atto ed effetto dello sperperare; spreco eccessivo e sconsiderato: *in quella casa c'è uno sperpero straordinario*; *fig. lo sperpero dell'ingegno, delle forze* || **N.** *Sin.* dilapidazione, dispendio, dissipazione, prodigalità, profusione, sciupio.

sperpètua [deformazione pop. di *lux perpetua*, luce perpetua; a. 1704] ***sf. fam. tosc.*** disgrazia, disdetta: *avere la sperpetua addosso* || **N.** *Sin.* iettatura, scalogna.

spèrso (*pps.* di *sperdere*) [1367] ***agg.*** sperduto.

spèrsola [prob. da *sperdere*; 1931] ***sf.*** tavolo in legno, inclinato e fornito di scanalature, su cui si collocano le cagliate per farne colare il siero.

spersonalizzàre [comp. parasint. di *personale*; 1942] ***tr.*** **1.** privare della personalità: *la vita militare spersonalizza gli individui* **2.** togliere riferimenti troppo personali: *spersonalizzare una polemica* || ***rifl.*** perdere la propria personalità.

spersonalizzazióne [da *spersonalizzare*; 1942] ***sf.*** atto ed effetto dello spersonalizzare e dello spersonalizzarsi.

sperticàre (pres. *spèrtico, spèrtichi*) [comp. parasint. di *pertica*; 1865 come intr.] ***intr.*** (aus. *essere*) *raro* detto spec. di un albero, allungarsi in alto come una pertica || ***intr. pron.*** *non com.* fare o dire una cosa in modo eccessivo, esagerato, poco sincero: *sperticarsi in lodi, sperticarsi in promesse.*

sperticàto (*pps.* di *sperticare*) [a. 1566 nel senso 1; 1827 nel senso 2] ***agg.*** **1.** eccessivo, sproporzionato, spec. nella lunghezza, tanto da assomigliare a una pertica: *ragazzo sperticato, naso sperticato* **2.** *fig.* eccessivo, esagerato: *lodi sperticate* || **sperticataménte** ***avv.*** *non com.* esageratamente, eccessivamente: *lodare sperticatamente.*

spèrto ***agg.*** e ***sm.*** *pop. lett.* V. ESPERTO.

spésa [lat. tardo *expensa*; a. 1250] ***sf.*** **1.** pagamento per l'acquisto di beni o come compenso per servizi, prestazioni o altro; anche la quantità di denaro, la somma che si spende: *una spesa ingente, forte*; *una modica spesa, la spesa ammonta a tre milioni, una spesa di tre milioni, dividere in tre la spesa della benzina*; *con poca spesa*, spendendo poco; *essere di poca spesa*, spendere poco || in varie loc. al *pl.*: *non badare a spese*, non astenersi dal fare alcuna spesa, pur di raggiungere l'intento; *a spese di*, pagando con i soldi di, spesato da: *viaggia a spese della ditta*; anche *fig.* a discapito di, a danno di: *la Francia s'ingrandì a spese della Germania*; *a proprie spese*, pagando di tasca propria, anche *fig.*; *fare le spese di qualcosa*, riceverne un danno, subirne conseguenze spiacevoli: *sono sempre i più deboli a fare le spese dei maneggi degli imbroglioni* || le spese necessarie al mantenimento e agli altri usi comuni: *vive a spese della moglie*; *lavorare per le spese*, in cambio del mantenimento; *stare sulle spese*, provvedere al proprio mantenimento quando ci si trova fuori casa e, gen., stare attenti a ciò che si spende **2.** acquisto, compera: *esco a fare alcune spese*; *è stata un'ottima spesa, una spesa inutile* || *in part. sing.* l'acquisto giornaliero o comunque periodico di generi alimentari o di uso domestico corrente || *per estens. concr.* l'insieme delle provviste acquistate: *la borsa, i carrelli della spesa*; *dove hai messo la spesa?* || *dim.* spesùccia, spesìna, speserèlla, spesétta; *pegg.* spesàccia || **N. 1.** all'ingrosso, di lusso, eccessiva, esagerata, facoltativa, forte, futile, giustificata, gravosa, imprevista, improduttiva, indispensabile, ingente, ingiustificata, inutile, larga, lieve, minuta, necessaria, obbligatoria, produttiva, proficua, straordinaria, superflua, utile, voluttuaria | accollare, affrontare, assumere, coprire, esentare, gravare, impegnarsi, limitare, moderare, pagare, provvedere, rimborsare, sobbarcarsi, sopperire, sostenere, subire | bilancio, conto, contributo, cresta, dispendio, erogazione, fattura, importo, mancia, margine, onere, parcella, passivo, quota, ribasso, sconto, sperpero, stanziamento, tangente.

spesàre (pres. *spéso*) [da *spesa*; a. 1565] ***tr.*** mantenere a proprie spese: *l'ha spesato di tutto punto.*

spesseggiaménto [da *spesseggiare*; a. 1320] ***sm.*** *raro* atto dello spesseggiare.

spesseggiàre (pres. *-éggio*) [comp. parasint. di *spesso*[2]; a. 1320] ***tr.*** *raro* ripetere spesso una cosa: *spesseggiare gli assalti* || ***intr.*** (aus. *essere* e *avere*) *raro* ripetersi spesso: *e intanto spesseggiavano le visite, i lampi* || **N. *tr.*** *Sin.* intensificare, moltiplicare, replicare, ripetere.

spessézza [da *spesso*[1]; a. 1320] ***sf.*** *raro* **1.** l'essere spesso; densità: *la spessezza dell'olio* **2.** frequenza: *la spessezza delle visite.*

spessìmetro [comp. di *spesso*[1] e *-metro*; 1949] ***sm.*** **1.** apparecchio costituito da più lamelle metalliche di diverso spessore, impiegato per misurare le fessure tra due organi meccanici **2.** piccolo strumento con cui si misura lo spessore e lo stato di usura del battistrada di uno pneumatico.

spessìre (pres. *-ìsco, -ìsci*) [da *spesso*[1]; sec. XIV] ***tr.*** *ant.* e *dial.* render più densa una cosa: *spessire l'olio* || ***intr.*** (aus. *essere*) e ***intr. pron.*** diventare più denso, più duro: *la gomma (si) spessisce* || **N.** *Sin.* addensare, indurire.

spésso[1] [lat. *spissus*; a. 1294] ***agg.*** **1.** denso: *crema spessa, olio spesso* **2.** fitto, folto: *capelli spessi* **3.** che ha un notevole spessore: *un foglio di carta spesso* **4.** *raro* frequente || nella *loc. avv. spesse volte*, frequentemente || **N. 1.** *Contr.* fluido, liquido **2.** *Contr.* rado **3.** *Contr.* sottile.

spésso[2] [lat. *spissus*, denso; a. 1250] ***avv.*** frequentemente: *viaggiava spesso* || *spesso e volentieri*, di frequente, molto spesso || anche con valore frasale: *spesso i risultati si vedono solo alla fine* || *superl.* spessìssimo || **N.** *Sin.* a ogni piè sospinto, a tutto spiano, di frequente, frequentemente, in ogni momento, molte volte, più volte, sovente.

spessóre [da *spesso*[1]; 1824] ***sm.*** **1.** distanza tra due superfici opposte delimitanti esternamente un corpo; grossezza, spessezza: *lo spessore del muro* || *fig.* complessità, profondità, ricchezza di temi: *uno studio, un testo di notevole spessore* **2.** *T.tecn.* elemento utilizzato per distanziare due parti, colmare una fessura e sim.

spetezzàre (pres. *-ézzo*) [comp. parasint. di *peto*; sec. XIV] ***intr.*** (aus. *avere*) *raro volg.* tirare peti || *fig.* spifferare.

spetràre (pres. *spètro*) [comp. parasint. di *p(i)etra*; 1374] **tr.** *poet. arc.* far perdere la durezza || *fig.* intenerire un cuore che era duro come pietra.

spettàbile [dal lat. *spectābilis*, visibile; a. 1375] **agg.** ragguardevole, rispettabile, usato solo negli indirizzi e nelle intestazioni di lettere commerciali.

spettabilità [da *spettabile*; 1497] **sf.** *raro* l'essere spettabile; ragguardevolezza, rispettabilità.

spettacolàre [da *spettacolo*, forse sul modello dell'ingl. *spectacular*; 1942] **agg.** che costituisce uno spettacolo grandioso, d'eccezione: *una parata spettacolare* || *per estens.* sorprendente, straordinario a vedersi: *un incidente, una zuffa spettacolare* || che ricerca effetti spettacolari, che tende a dare spettacolo: *giocare in modo spettacolare.*

spettacolarità [da *spettacolare*; 1960] **sf.** l'essere spettacolare.

spettacolarizzàre [da *spettacolare*; 1981] **tr.** rendere spettacolare, trasformare in spettacolo: *spettacolarizzare la politica.*

spettacolarizzazióne [da *spettacolarizzare*; 1983] **sf.** atto ed effetto dello spettacolarizzare.

spettàcolo [dal lat. *spectāculum*; a. 1342 nel senso 2] **sm.** **1.** rappresentazione scenica organizzata che si svolge davanti a un pubblico: *uno spettacolo noioso, interessante, poco movimentato; assistere a uno spettacolo teatrale; dare spettacolo (di sé)*, attirare su di sé l'attenzione, gen. provocando giudizi sfavorevoli **2.** *per estens.* vista di cose impressionanti, suscitante forti emozioni: *gli spettacoli della natura; le sue manifestazioni di pazzia erano per noi un doloroso spettacolo* || *dim.* spettacolìno, spettacolùccio; *accr.* spettacolóne || **N.** **1.** *Sin.* apparato, arlecchinata, bagordo, fantasmagoria, ludi, manifestazione, pagliacciata, panorama, pompa, rappresentazione, recita, scena, scenata, simulacro, trattenimento, veduta, vista | curioso, doloroso, esilarante, gradito, grandioso, impressionante, istruttivo, magnifico, pietoso, ridicolo, ripugnante, sorprendente, strano, terribile, triste | applauso, cartellone, programma, spettatore. **Q.T.** *teatro.*

spettacolóso [da *spettacolo*; 1816] **agg.** spettacolare, che dà molto nell'occhio, enorme, straordinario: *grappolo spettacoloso, opera spettacolosa* || **spettacolosaménte** **avv.** *fam.* in modo spettacoloso, assai vistosamente.

spettànte (*ppr.* di *spettare*) [1671] **agg.** *T.bur.* che spetta, che appartiene: *diritto spettante* || **N.** *Sin.* appartenente.

spettànza [da *spettare*; 1798] **sf.** **1.** *T.bur.* appartenenza, pertinenza, usato spec. nelle loc. *di mia, di tua... spettanza* **2.** *concr.* ciò che spetta di diritto per un'attività che si è prestata; *in part.* il relativo compenso in denaro: *il calcolo delle spettanze* || **N.** **1.** *Sin.* competenza, dovere, giurisdizione, PROPRIETÀ.

spettàre (pres. *spètto*) [dal lat. *spectāre*; 1800] **intr.** (aus. *essere*) **1.** appartenere per dovere: *l'educazione dei figli spetta ai genitori* **2.** appartenere per diritto: *non ti spetta alcuna eredità, non spetta certo a noi il diritto di giudicare* || **N.** **1.** *Sin.* incombere, toccare **2.** *Sin.* competere.

spettatóre [dal lat. *spectātor, -ōris*; 1528] **agg.** e **sm.** (f. *-trice*) che o chi assiste a uno spettacolo: *la commedia aveva pochi spettatori* || *per estens. essere spettatore*, assistere: *fummo spettatori della catastrofe* || **N.** *Sin.* assistente, astante, presente, pubblico. **Q.T.** *sport.*

spettegolàre (pres. *-égolo*) [comp. parasint. di *pettegolo*; a. 1704] **intr.** (aus. *avere*) fare pettegolezzi, parlare con malanimo e frivolezza dei fatti altrui || **N.** *Sin.* chiacchierare, criticare, mormorare, sparlare, tagliare i panni addosso.

spettinàre (pres. *spèttino*) [da *pettinare*; 1865] **tr.** disfare la pettinatura, arruffare i capelli: *il vento l'ha spettinato* || **intr. pron.** avere i capelli in disordine: *con questo vento mi sono tutta spettinata* || **N.** *Sin.* scapigliare, scarmigliare, scarruffare, scompigliare.

spettràle [da *spettro*; 1873] **agg.** **1.** da, di spettro: *aspetto, volto spettrale, luce spettrale* **2.** *T.fis.* relativo allo spettro di una fonte luminosa: *analisi spettrale*, lo studio sullo spettro solare o sugli spettri di qualche altra radiazione.

spèttro [dal lat. *spectrum*; 1587 nel senso 1; 1771 nel senso 2] **sm.** **1.** fantasma, immagine di persona defunta che si crede possa apparire ai vivi: *apparizione di uno spettro, aver paura degli spettri* || *iperb.* per alludere alla bruttezza di una persona o al suo aspetto particolarmente pallido, emaciato, smunto: *sembri uno spettro* || *fig.* minaccia, spauracchio, pericolo incombente, incubo: *lo spettro della fame, della disoccupazione* **2.** *T.fis.* il risultato, sotto forma di figura o diagramma, dell'analisi delle componenti di una radiazione elettromagnetica, acustica o corpuscolare in funzione di una grandezza caratteristica della radiazione considerata (quale, per es., la frequenza, l'energia ecc.): *spettro solare*, la proiezione su uno schermo delle luci complementari nelle quali si decompone un fascio di raggi solari passando attraverso un prisma di cristallo; *spettro acustico di un suono*, la rappresentazione in un diagramma dei suoni semplici di cui è composto; *spettro magnetico*, figura descritta dalla limatura di ferro su influsso di un campo magnetico **3.** campo, raggio d'azione di un determinato agente: *lo spettro battericida di un antibiotico; un antibiotico ad ampio spettro, a spettro limitato* || **N.** **1.** *Sin.* fantasima, fantasma, larva, lemure, ombra, spirito | allucinazione, apparizione, danza macabra, evocazione, incubo, sudario. **Q.T.** *fisica.*

spettrochìmica [comp. di *spettro* e *chimica*; 1970] **sf.** *T.chim.* settore della chimica che studia gli spettri delle varie sostanze per risalire alla loro struttura molecolare.

spettrochìmico (pl. *-ci*) [comp. di *spettro* e *chimico*; 1974] **agg.** relativo alla spettrochimica, proprio della spettrochimica: *indagine spettrochimica.*

spettroeliogràfico (pl. *-ci*) [da *spettroeliografo*; 1960] **agg.** relativo allo spettroeliografo, proprio dello spettroeliografo; ricavato con lo spettroeliografo.

spettroeliògrafo [comp. di *spettro* ed *eliografo*; 1960] **sm.** *T.astr.* strumento ottico che fornisce fotografie del Sole selezionando il suo spettro.

spettroeliogràmma [comp. di *spettro* ed *eliogramma*; 1960] **sm.** *T.astr.* fotografia del Sole ottenuta con lo spettroeliografo.

spettroelioscòpico (pl. *-ci*) [da *spettroelioscopio*; 1960] **agg.** relativo allo spettroelioscopio, proprio dello spettroelioscopio; ottenuto con lo spettroelioscopio.

spettroelioscòpio (pl. *-pi*) [comp. di *spettro* ed *elioscopio*; 1960] **sm.** *T.astr.* strumento ottico che permette l'osservazione del Sole in luce monocromatica.

spettrofotometrìa [comp. di *spettro* e *fotometria*; 1936] **sf.** parte della spettrochimica che riguarda le misure quantitative degli spettri.

spettrofotomètrico (pl. *-ci*) [da *spettrofotometria*; 1936] **agg.** relativo alla spettrofotometria, proprio della spettrofotometria; relativo allo spettrofotometro, proprio dello spettrofotometro.

spettrofotòmetro [comp. di *spettro* e *fotometro*; 1960] **sm.** *T.fis.* strumento ottico usato per confrontare l'intensità di due fasci luminosi policromatici.

spettrografìa [comp. di *spettro* e *-grafia*; 1960] **sf.** *T.fis.* tecnica sperimentale di osservazione e rilevazione degli spettri. **Q.T.** *chimica.*

spettrogràfico (pl. *-ci*) [da *spettrografia*; 1960] **agg.** che concerne la spettrografia: *analisi spettrografica.*

spettrògrafo [comp. di *spettro* e *-grafo*; 1930] **sm.** *T.fis.* strumento usato per rilevare lo spettro di radiazioni di vario tipo.

spettrogràmma [comp. di *spettro* e *-gramma*; 1960] **sm.** immagine spettrografica ottenuta mediante registrazione con spettrografo.

spettrometrìa [comp. di *spettro* e *-metria*; 1872] **sf.** insieme delle tecniche di misurazione delle intensità e delle lunghezze d'onda delle righe degli spettri.

spettromètrico (pl. *-ci*) [da *spettrometro*; 1872] **agg.** relativo alla spettrometria, proprio della spettrometria; relativo allo spettrometro, proprio dello spettrometro.

spettròmetro [comp. di *spettro* e *-metro*; 1891] **sm.** *T.fis.* strumento che serve a misurare l'indice di rifrazione delle varie sostanze, consistente sostanzialmente in uno spettroscopio munito di scala graduata.

spettroscopìa [da *spettro* e *-scopia*; 1873] **sf.** **1.** *T.fis.* ramo della fisica che studia lo spettro delle varie radiazioni || *spettroscopia siderale*, ramo della fisica siderale che, per mezzo di spettroscopi applicati al telescopio, permette di stabilire non solo la composizione delle stelle, ma anche la loro temperatura e la loro direzione **2.** l'esame di una radiazione attraverso lo spettroscopio. **Q.T.** *chimica.*

spettroscòpico (pl. *-ci*) [da *spettroscopia*; 1861] **agg.** di spettroscopio, di spettroscopia.

spettroscòpio (pl. *-pi*) [comp. di *spettro* e *-scopio*; 1873] **sm.** *T.fis.* strumento col quale, mediante la rifrazione ottica, si producono e si possono studiare i diversi spettri luminosi. **TAV.** *ottica* **p. 1329** 11.

speziàle[1] [da *spezie*[1]; 1211] **sm.** **1.** *ant.* chi vende spezie, droghiere **2.** *T.stor.* farmacista: *arte degli speziali*, una delle sette arti maggiori dell'ordinamento corporativo della Firenze del Trecento; *bottega dello speziale.*

speziàle[2] v. SPECIALE.

spezialità [lat. tardo *specialitas, -ātis*; 1353] **sf.** *arc.* specialità.

speziàre (pres. *spèzio*) [da *spezie*; 1982] **tr.** insaporire con spezie: *speziare un arrosto* || *fig.* rendere piccante: *speziare una scena del film* || **N.** *Sin.* aromatizzare, insaporire.

speziàto (*pps.* di *speziare*) [1914] **agg.** che odora di spezie, che ha il gusto delle spezie || **N.** *Sin.* aromatizzato.

spèzie[1] [dal lat. *species*, specie, poi nel lat. mediev. droghe; 1312] **sf.** *gen. pl. le spezie*, il complesso delle sostanze vegetali aromatiche che si adoperano come condimento di cibi || **N.** cannella, chiodi di garofano, cumino, noce moscata, pepe, senape, vaniglia, zafferano. **Q.T.** *alimentazione, erboristeria.*

spèzie[2] v. SPECIE.

spezierìa [da *spezie*[1]; 1544] **sf.** *ant.* **1.** bottega dello speziale || *com.* drogheria **2.** spec. *pl. le spezierie*, le spezie.

spezzàbile [da *spezzare*; 1723] **agg.** che può spezzarsi || **N.** *Contr.* infrangibile.

spezzaménto [da *spezzare*; a. 1292] **sm.** *raro* lo spezzare e la rottura di qualcosa di rigido, resistente.

spezzàre (pres. *spèzzo*) [comp. parasint. di *pezzo*; a. 1282] **tr.** **1.** ridurre in pezzi rompendo: *spezzare la legna, un bicchiere, un braccio a uno* || *fig. spezzare il cuore a qualcuno*, procurargli un grande dolore; *spezzare le catene, i ceppi*, riconquistare la libertà; *spezzare una lancia in favore di qualcuno*, prendere le sue difese || *non com. spezzare le monete*, cambiarle in spiccioli **2.** interrompere, dividere in due o più parti: *spezzare un viaggio, la lettura; spezzare la* *giornata, la settimana,* interrompere le abituali occupazioni giornaliere, settimanali ecc. per riposare o interporvi altre attività || *intr. pron.* ridursi in pezzi, rompersi: *il braccio, lo specchio si è spezzato* || **N.** *tr.* **1.** *Sin.* fendere, frangere, fratturare, spaccare, ROMPERE.

spezzàta [f. sost. di *spezzato*; 1960] **sf.** *T.geom.* linea spezzata; poligonale || **N.** aperta, chiusa. **TAV.** *geometria* 2.4.

spezzatìno [da *spezzare*; 1891] **sm.** *T.cuc.* carne a pezzetti in stufato: *uno spezzatino di vitello.*

spezzàto (*pps.* di *spezzare*) [1313 come agg.; 1873 come sm. nel senso 3] **I agg.** rotto, spaccato, infranto || *orario spezzato,* orario di lavoro non continuato, bensì diviso in due o più turni || *T.geom. linea spezzata,* composta da più segmenti consecutivi non allineati || *periodo, ritmo spezzato,* eccessivamente frammentato || *lancia spezzata,* uomo provato nelle armi e pronto a qualunque impresa; in seguito, nome di milizie a guardia di un principe; oggi, *spreg.*, rif. a chi, per interesse o ambizione, si pone al servizio di un potente || nella *loc. avv. non com. alla spezzata,* a pezzi, a pochi per volta, a intervalli **II sm. 1.** *T.abb.* completo maschile con giacca di colore diverso dai pantaloni **2.** *T.teatr.* elemento scenografico consistente in una sorta di quinta decorata rappresentante un particolare della scena **3.** *pl.* monete spicciole.

spezzatóre [da *spezzare*; 1618] **agg.** e **sm.** (f. *-trìce*) *raro* che o chi spezza; tagliatore.

spezzatrìce [da *spezzare*; 1952] **sf.** nei panifici, macchina per dividere la pasta in pezzi della forma voluta.

spezzatùra [da *spezzare*; 1295] **sf.** lo spezzare; *concr.* il pezzo ottenuto spezzando; *in part.* volume scompagnato di un'opera: *a forza di spezzature ha messo insieme l'opera intera* || *T.filat.* serie incompleta di francobolli || **N.** *Sin.* PEZZO.

spezzettaménto [da *spezzettare*; 1940] **sm.** atto ed effetto dello spezzettare; spezzettatura.

spezzettàre (pres. *-étto*) [comp. parasint. di *pezzetto*; 1865] **tr.** dividere in pezzetti: *spezzettare i periodi, la trattazione, un discorso.*

spezzettatùra [da *spezzettare*; 1940] **sf.** *non com.* spezzettamento.

spezzonaménto [da *spezzonare*; 1960] **sm.** atto ed effetto dello spezzonare.

spezzonàre (pres. *-óno*) [da *spezzone*; 1942] **tr.** *T.mil.* bombardare con spezzoni.

spezzóne [da *spezzare*; 1938] **sm. 1.** *T.mil.* piccola bomba lanciata in serie dagli aerei per colpire bersagli estesi **2.** parte, frammento, pezzo di un tutto; *in part. T.cin.* pezzo di pellicola inferiore al normale.

spìa [dal got. **spaiha*; 1269] **I sf. 1.** chi trasmette al governo di uno Stato nemico od ostile informazioni segrete o riservate, spec. di natura militare: *in tempo di guerra le spie si fucilavano* || *gen.* chi rivela informazioni segrete alla parte avversa: *spia della polizia,* chi, muovendosi negli ambienti della malavita, passa informazioni alla polizia; *fare la spia,* informare altri (spec. un'autorità) contro l'interesse della propria parte: *ha fatto la spia al maestro* **2.** *per estens.* dispositivo di segnalazione o di controllo installato su strumenti, impianti e sim.: *la spia del carburante, dell'olio,* dispositivi luminosi che ne segnalano la scarsità; *spia dello starter,* indicante che è in funzione; *spia della botte,* finestrella nella botte attraverso la quale si può osservare il livello del liquido contenuto **3.** *fig.* segno rivelatore, indizio, sintomo: *questo mozzicone di sigaretta è la spia che lui è stato qui, questi mancamenti sono spia di uno stato di debilitazione generale del tuo fisico* || *accr.* spióne (*sm.*); *pegg.* spiàccia **II agg. inv.** (sempre posposto) **1.** fornito di apparecchiature di rilevamento: *satellite spia* **2.** che segnala qualcosa: *lampada spia* || **N. 1.** *Sin.* delatore, sicofante, spione. **TAV.** *elettrodomestici* 4.3; *automobile* p. 658 1; *telefono* p. 1334 8.2.

spiaccicàre (pres. *-àccico, -àccichi*) [forse da *schiacciare,* con influsso di *appiccicare*; 1841] **tr.** schiacciare qualcosa di molle o comunque cedevole, riducendola a un ammasso informe o perlomeno deformandola: *spiaccicare un fico, un insetto con il piede* || *intr. pron.* schiacciarsi, spappolarsi cadendo o urtando contro qualcosa: *i moscerini si spiaccicano sul parabrezza* || **N.** *Sin.* SCHIACCIARE.

spiaccichìo (pl. *-ìi*) [da *spiaccicare*; 1891] **sm. 1.** uno spiaccicare continuato **2.** *concr.* roba spiaccicata.

spiacènte (*ppr.* di *spiacere*) [a. 1250 nel senso 2; 1922 nel senso 1] **agg. 1.** dispiaciuto, che prova dispiacere: *sono spiacente ma devo andarmene*; spesso in costruzioni ellitt.: *spiacente, non posso venire* **2.** *arc.* sgradito, odioso, che arreca dispiacere: *a Dio spiacente ed ai nemici sui* (Dante).

spiacènza [da *spiacere*; 1353] **sf.** *arc.* dispiacere.

spiacére (pres. *spiàccio* ecc., come PIACERE) [da *piacere*; a. 1250] **intr.** (aus. *essere*) dispiacere; arrecare rammarico, rincrescimento: *mi spiace molto che tu non sia promosso*; *il perder tempo a chi più sa più spiace* (Dante); amareggiare, addolorare: *spiace sentire che ancor oggi si commettono simili ingiustizie*; *lett.* risultare sgradevole: *un gusto forte ma che non spiace* || freq. in formule di cortesia usate per chiedere un favore o un permesso, attenuare un rifiuto e sim.: *se non le spiace avrei bisogno della sua collaborazione, mi spiace ma la sua proposta non mi interessa* || *intr. pron. non com.* dispiacersi, rammaricarsi: *si è molto spiaciuto di non aver potuto aiutarti* || **N.** *Sin.* RINCRESCERE.

spiacévole [da *spiacere*; a. 1348] **agg.** che spiace, sgradevole, fastidioso: *una sensazione spiacevole* || *eufem.* increscioso, disdicevole, imbarazzante: *uno spiacevole equivoco* || **spiacevolménte** *avv.* || **N.** *Sin.* antipatico, disgustoso, fastidioso, grave, insopportabile, molesto, odioso, ostico, ributtante, ripugnante, rivoltante, stomachevole.

spiacevolézza [da *spiacevole*; sec. XIII] **sf.** l'essere spiacevole: *la spiacevolezza dell'incontro.*

spiaciménto [da *spiacere*; a. 1306] **sm.** *raro* dispiacere.

spiàggia (pl. *-ge*) [da *piaggia*; sec. XIV *splagia*] **sf. 1.** striscia di costa, sabbiosa e ciottolosa, che scende dolcemente al mare, compresa tra la linea delle massime mareggiate (dove ha termine il lido) e quella dove cominciano le proprietà pubbliche e private: *spiaggia aperta,* prospiciente il mare aperto || *in part.* tratto di costa attrezzato per ricevere i bagnanti: *andare alla* (o *in*) *spiaggia, tornare dalla spiaggia*; *una spiaggia affollata, tranquilla*; *spiaggia libera,* tratto di spiaggia al quale si può accedere liberamente, contigua a tratti dati in concessione a stabilimenti balneari || *scherz. tipo da spiaggia,* personaggio esuberante, eccentrico, stravagante, spec. nel vestire || *fig. ultima spiaggia,* ultima possibilità, ultima speranza **2.** *per estens. ant.* riva di un corso d'acqua || *non com.* zona pianeggiante || *dim.* spiaggétta; *accr.* spiaggióne (*sm.*) || **N. 1.** arenile, costa, costiera, lido, litorale | duna, rena, sabbia **2.** piaggia, ripa.

spianàbile [da *spianare*; 1960] **agg.** che si può spianare.

spianaménto [da *spianare*; sec. XIV nel senso 2; 1660 nel senso 1] **sm. 1.** atto ed effetto dello spianare **2.** *arc.* esplicazione, commento testuale.

spianàre [lat. *explanāre*, propr. spiegare, dichiarare; 1310] **tr. 1.** rendere piana una superficie: *spianare un terreno*; *spianare le cuciture di un vestito,* ribatterle col ferro da stiro caldo || *fig. spianare le costole a uno,* bastonarlo || *fig. spianare la fronte,* fare sparire le rughe, rasserenarsi || *per estens.* radere al suolo, demolire completamente: *spianare una città, una fortezza* **2.** *fig.* appianare: *spianare le difficoltà*; *spianare il cammino, la strada, la via a qualcuno,* eliminare le difficoltà cui sarebbe andato incontro, allontanare da lui ogni contrarietà **3.** rif. ad arma da fuoco portatile, puntarla: *spianare il mitra contro qualcuno* **4.** *arc.* spiegare in modo facile || **intr.** (aus. *essere*) *arc.* **1.** posare in piano **2.** diventare piano: *qui la via spiana* **3.** spiegare, interpretare || **N. 1.** *Sin.* levigare, lisciare, pareggiare, stendere.

spianàta [da *spianare*; a. 1348] **sf. 1.** lo spianare una volta e alla buona: *dare una spianata alla pasta* **2.** *concr.* luogo spianato: *la spianata che stava in cima al monte* || *T.mil.* terreno libero da ogni impedimento || **N. 2.** *Sin.* PIANO.

spianàto (*pps.* di *spianare*) [a. 1348] **I agg.** che è stato livellato, privato da ogni asperità; anche *fig.*: *ha la strada spianata verso il successo* **II sm.** luogo spianato, spianata: *lo spianato.*

spianatóia [da *spianare*; 1873] **sf.** asse sul quale si spiana la pasta.

spianatóio (pl. *-ói*) [da *spianare*; a. 1729] **sm.** bastone rotondo, di grossezza, lunghezza e forma differenti a seconda delle regioni, col quale si spiana la pasta sulla spianatoia || **N.** *Sin.* matterello.

spianatóre [da *spianare*; a. 1348] **agg.** e **sm.** (f. *-trìce*) *non com.* che o chi spiana.

spianatrìce [da *spianare*; 1949] **sf.** macchina per spianare il terreno.

spianatùra [da *spianare*; 1556] **sf.** atto ed effetto dello spianare.

spiàno [da *spianare*; 1863 nel senso 2] **sm. 1.** *non com.* lo spianare **2.** nella *loc. avv. a tutto spiano,* senza interruzione, continuamente, in abbondanza.

spiantaménto [da *spiantare*; 1686] **sm.** *non com.* azione ed effetto dello spiantare; spianto.

spiantàre [lat. *explantāre*; a. 1535] **tr. 1.** *raro* svellere, sradicare: *spiantare un albero* || *per estens.* levare da terra qualche cosa che vi era stata confitta: *spiantare un palo* **2.** *fig.* mandare in rovina: *queste sono spese che spiantano* **3.** *ant.* distruggere || **rifl.** andare in rovina.

spiantàto (*pps.* di *spiantare*) [a. 1742] **I agg. 1.** divelto **2.** privo di denaro **II sm.** (f. *-a*) chi è privo di mezzi: *è un povero spiantato* || **N.** II all'asciutto, al verde, povero, rovinato.

spiànto [da *spiantare*; a. 1725] **sm.** *non com.* rovina, decadimento, spec. nelle loc. *andare, mandare a spianto.*

spiàre [dal got. **spaihōn*; 1319] **tr. 1.** investigare, osservare nascostamente le azioni, i comportamenti o gli atteggiamenti altrui per curiosità o per ricavarne informazioni da riferire a terzi o da sfruttare personalmente: *uno sconosciuto spiava i due dal buco della serratura, spiava le mosse dei partigiani per vendere informazioni al nemico* || *ass.* fare la spia: *qualcuno ha spiato* **2.** *meno com. spiare l'occasione,* seguire gli sviluppi di una situazione per cogliere l'attimo favorevole per intervenire || **N. 1.** *Sin.* ascoltare, curiosare.

spiàta [da *spiare*; 1922] **sf.** atto dello spiare; delazione: *fare una spiata.*

spiattellaménto [da *spiattellare*; 1872] **sm.** *raro* atto ed effetto dello spiattellare.

spiattellàre (pres. *-èllo*) [comp. parasint. di *piattello*; a. 1565] **tr.** dire per filo e per segno, rivelare apertamente e senza riguardo e riserbo cose che sarebbe stato opportuno non riferire: *spiattellare la verità* || **N.** *Sin.* dichiarare, dir pane al pane, parlare fuori dei denti, spifferare, strombazzare, vuotare il sacco.

spiazzaménto [da *spiazzare*; 1970] **sm. 1.**

T.sport. atto ed effetto dello spiazzare l'avversario **2.** *T.econ.* in condizioni di piena occupazione, riduzione degli investimenti privati in seguito a un aumento della spesa pubblica.

spiazzàre [comp. parasint. di *piazza*; 1960] ***tr.*** *T.sport.* far perdere a un giocatore avversario la posizione per lui più favorevole, in modo da trarre vantaggio per la propria azione: *spiazzare il portiere avversario* || *fig.* mettere in difficoltà un avversario, spec. durante una discussione: *spiazzò il suo interlocutore ponendogli domande su questioni imbarazzanti.*

spiazzàta [da *spiazzare*; 1865] ***sf.*** **1.** spiazzo, radura **2.** *per estens. scherz.* superficie del cuoio capelluto priva di capelli, piazza.

spiazzàto (*pps.* di *spiazzare*) [1962] ***agg.*** messo in posizione sfavorevole.

spiàzzo [prob. da *piazza*; sec. XIV *splaczi* pl.] ***sm.*** spazio libero e aperto, perlopiù pianeggiante e di una certa ampiezza || radura.

spìca [lat. *spīca*; a. 1638] ***sf.*** *raro lett.* o *poet.* spiga.

spicàstro [dal lat. *spica*, spiga; 1960] ***sm.*** *T.bot.* infiorescenza a forma di spiga.

spiccàce [da *spiccare*; 1865] ***agg.*** detto di frutto in cui la polpa si stacca facilmente dal nocciolo: *gioivi de' frutti spiccaci* (D'Annunzio); *pesca spiccace* || **N.** *Sin.* spiccagnolo, spiccatoio.

spiccàgnolo [da *spiccare*; 1960] ***agg.*** spiccace.

spiccaménto [da *spiccare*; a. 1673] ***sm.*** *raro* lo spiccare.

spiccànte (*ppr.* di *spiccare*) [1728] ***agg.*** che ha risalto, che fa spicco; vistoso, sgargiante: *vestito, colore spiccante.*

spiccàre (pres. *spìcco, spìcchi*) [da *appiccare*, con cambio di pref.; fine sec. XIII] ***tr.*** **1.** distaccare cosa appiccata o attaccata: *spiccare un quadro, un grappolo d'uva dall'albero* **2.** più com. in sensi estens. e fig. specifici: pronunziare chiaramente, staccando le sillabe: *spiccare le parole* || *spiccare il bollore*, cominciare a bollire || *spiccare il salto, il volo*, staccarsi da terra per saltare, per volare; *fig. spiccare il volo*, fuggire || *T.giur.* e *T.comm.* spedire, emettere: *spiccare un ordine, un mandato di cattura, un assegno* || ***intr.*** (aus. *avere*) fare spicco, avere risalto: *quel colore spicca molto* || di persona, distinguersi: *Luigi spicca per la sua intelligenza* || **N.** ***tr.*** **1.** *Sin.* disgiungere, separare, staccare **2.** *Sin.* slanciarsi | ***intr.*** *Sin.* colpire, essere evidente, risaltare.

spiccàto (*pps.* di *spiccare*) [a. 1571] ***agg.*** singolare, notevole: *una spiccata predisposizione per l'insegnamento, un'intelligenza spiccata* || marcato: *parla con uno spiccato accento emiliano* || **spiccataménte** ***avv.*** distintamente, accentuatamente, in modo tipico: *ha una pronuncia spiccatamente toscana.*

spiccatóio (pl. *-ói*) [da *spiccare*; a. 1602] ***agg.*** *ant. tosc.* spiccace.

spìcchio (pl. *-chi*) [lat. *spīculum*, punta; a. 1320] ***sm.*** **1.** ciascuna delle parti, avvolte da una sottile pellicola, in cui sono naturalmente divisi gli agrumi e l'aglio **2.** *per estens.* parte di una cosa tagliata o fatta a forma di uno spicchio: *uno spicchio di mela, di torta, di luna* || ciascuno dei tre beccucci del berretto da prete: *berretta a spicchi* || *T.geom.* parte della sfera limitata da due cerchi massimi || *T.arch. spicchio* o *unghia della crociera*, porzione di superficie sferica della volta a crociera || *tosc. T.mac. spicchio di petto*, il centro del petto dell'animale macellato || *a spicchi*, a forma di spicchi: *tagliare la mela a spicchi* || *arc. andare per spicchio, vedere per spicchio*, per fianco, storto, di sbieco.

spicciàre (pres. *spìccio*) [dal fr. ant. *despeechier*, sbarazzare; 1313 come intr.; a. 1400 come intr. pron.] ***tr.*** **1.** sbrigare sollecitamente: *spicciare una faccenda* **2.** rif. a una persona, accontentarla in ciò che si attende, in modo da non dover più averci a che fare: *spicciare gli avventori* **3.** *region.* riordinare, sgombrare, liberare: *spicciare il tavolo, l'ingresso* **4.** cambiare una moneta in spiccioli, spicciolare: *spicciamo questa carta da mille lire* || ***intr. pron.*** sbrigarsi, far presto: *spicciati!, non ti spicci mai* || ***intr.*** (aus. *essere*) *non com.* di liquido, sgorgare rapidamente, zampillare.

spicciatìvo [da *spicciare*; 1838] ***agg.*** rapido, deciso, sbrigativo, spiccio: *metodi spicciativi.*

spiccicàre (pres. *spìccico, spìccichi*) [da *appiccicare*, con cambio di pref.; a. 1600] ***tr.*** staccare cose tra loro appiccicate: *spiccicare un foglio di carta attaccato con la colla*; anche *fig.*: *se quei due si incontrano, non si riesce più a spiccicarli* || nelle loc. fig.: *spiccicare le parole*, pronunziarle distintamente; *non spiccicar parola*, non parlare, e non esserne capaci: *a sei mesi non spiccica ancora parola, in inglese non spiccica una parola* || ***intr. pron.*** *fam.* rif. a cosa appiccicata, staccarsi: *s'è spiccicato il francobollo* || ***rifl. indir.*** *quel ragazzo non riesco a spiccicarmelo di torno*, non riesco a liberarmi di lui || **N.** ***tr.*** *Sin.* STACCARE | *Contr.* appiccicare.

spiccicàto (*pps.* di *spiccicare*) [1967] ***agg.*** *fam.* uguale, perfettamente somigliante, identico: *è spiccicato suo fratello*; *è suo fratello spiccicato.*

spìccio (pl. m. *-ci*, pl. f. *-ce*) [da *spicciare*; 1842] **I** ***agg.*** **1.** sollecito, sbrigativo: *modi spicci* || *andare per le spicce*, per la via più breve, senza riguardi **2.** rif. al denaro, cambiato in spiccioli **3.** *raro* libero, disimpegnato, sgombro: *oggi sono spiccio* **II** ***sm.*** *pl.* moneta spicciola: *dammi degli spicci per il giornale.*

spiccioláme [da *spicciolo*; 1873] ***sm.*** quantità di monete piccole.

spicciolàre[1] (pres. *spìcciolo*) [comp. parasint. di *picciolo*; a. 1597] ***tr.*** staccare dal picciolo, rif. spec. agli acini d'uva || staccare i petali dal fiore.

spicciolàre[2] (pres. *spìcciolo*) [da *spicciolo*; 1842] ***tr.*** ridurre il denaro in spiccioli: *spicciolare diecimila lire.*

spicciolàto (*pps.* di *spicciolare*[1]) [a. 1597] **I** ***agg.*** *non com. fig.* isolato, separato dal suo solito ambiente **II** nella ***loc. avv.*** *alla spicciolata*, separatamente, a pochi per volta: *arrivarono alla spicciolata.*

spìcciolo [prob. da *spicciare*; 1805] **I** ***agg.*** **1.** rif. al denaro, in pezzi di piccolo taglio: *mille lire spicciole* **2.** *fig.* di non grande entità, minuto: *alcune osservazioni spicciole sul tema, problemi spiccioli* **3.** *fig. non com. tosc.* di persona, ordinaria, semplice, comune **II** ***sm.*** spec. *pl.* moneta spicciola.

spìcco (pl. *-chi*) [da *spiccare*; a. 1729] ***sm.*** risalto, rilievo di una cosa o persona rispetto ad altre, in conseguenza di un netto contrasto o, in part., di una evidente superiorità: *è un colore che fa spicco, per la sua intelligenza faceva spicco tra tutti gli allievi* || **N.** *Sin.* contrasto, mostra, stacco | campeggiare, campire, disegnarsi, rilevare, profilarsi, risaltare, spiccare, staccare.

spicconàre (pres. *-óno*) [comp. parasint. di *piccone*; 1942] ***tr.*** demolire a colpi di piccone: *spicconare un muro* || *ass.* lavorare col piccone.

spicifórme [comp. del lat. *spīca*, spiga e *-forme*; 1960] ***agg.*** *T.bot.* dalla forma simile a quella della spiga.

spicilègio (pl. *-gi*) [dal lat. *spicilegium*, spigolatura; a. 1595] ***sm.*** *lett.* titolo che si dà a un libro dove siano raccolti brevi scritti, pagine sparse ecc. || **N.** *Sin.* antologia, raccolta.

spicinàre (pres. *ino*) [comp. parasint. del lat. tardo *micīna*, briciolina, prob. con influsso di *piccino*; 1873] ***tr.*** *fam. tosc.* sbriciolare, ridurre in pezzettini, stritolare.

spicinìo (pl. *-ìi*) [da *spicinare*; 1891] ***sm.*** *fam. tosc.* lo spicinare continuato o frequente; stritolamento.

spìcola o **spìcula** [dal lat. *spica*, punta; 1913 *spicula*] ***sf.*** **1.** *T.zool.* formazione scheletrica, calcarea o silicea, tipica dei Poriferi **2.** *T.astr.* piccola propaggine luminosa rilevabile sulla cromosfera solare.

spider (ingl., pr. ['spaɪdə]; pr. it. ['spaider]) [letter. ragno, prob. attr. *spider-wheel*, ruota a ragnatela, n. delle ruote con raggi di metallo usate nelle prime auto sportive; 1915] ***sm.*** o ***sf.*** *inv.* automobile scoperta a due posti || *dim.* spiderìno. **TAV. *automobile* p. 659** 9.

spidocchiàre (pres. *-òcchio*) [comp. parasint. di *pidocchio*; a. 1492] ***tr.*** e ***rifl.*** levare o levarsi di dosso i pidocchi.

spiedàta [da *spiedo*; 1891] ***sf.*** quantità di alimenti infilati in uno spiedo: *una spiedata di uccelli.*

spiedìno (*dim.* di *spiedo*) [1873] ***sm.*** spiedo || *per meton.* spec. *pl.* quantità di alimenti infilata in uno spiedino.

spièdo [dal francone *speot*, attr. il fr. ant. *espiet*; a. 1348 nel senso 2; a. 1629 nel senso 1] ***sm.*** **1.** asta di ferro acuminata usata per infilzarvi carni intere o a pezzi di varia misura, verdure ecc. da far cuocere arrosto sul fuoco vivo o sulla brace, girandoli continuamente per ottenere una cottura uniforme: *pollo, carne allo spiedo* || *per meton.* la quantità di alimenti infilzati su uno spiedo; spiedata **2.** *T.stor.* arma costituita da un'asta lunga e appuntita, usata per la caccia grossa e in guerra || *dim.* spiedìno || **N.** **1.** *Sin.* girarrosto.

spiegàbile [da *spiegare*; a. 1704] ***agg.*** che si può spiegare || **N.** *Sin.* comprensibile, decifrabile | *Contr.* astruso, impenetrabile, imperscrutabile, inesplicabile, inestricabile, inspiegabile, misterioso.

spiegacciàre e der. V. SPIEGAZZARE e der.

spiegaménto [da *spiegare*; 1824] ***sm.*** **1.** mobilitazione di forze e unità armate pronte a entrare in azione: *un massiccio spiegamento di forze di polizia è previsto per evitare incidenti durante la manifestazione* **2.** *arc.* spiegazione.

spiegàre (pres. *spiègo, spièghi*) [lat. *explicāre*; 1312] ***tr.*** **1.** distendere una cosa piegata, allargare: *spiegare il lenzuolo, il fazzoletto*; *spiegare le vele* (*al vento*), stenderle in modo che il vento le gonfi; *spiegare le ali*, aprirle per volar via, spiccare il volo; *spiegare le truppe, le schiere* e sim., metterle in ordine di battaglia || *spiegare la voce*, emetterla in tutto il suo volume **2.** *fig.* rendere intelligibile, chiarire il significato di una cosa: *spiegare una poesia, un classico, un teorema, una sciarada*; anche *ass.*: *un docente che spiega male* || *per estens.* insegnare, indicare: *ti spiegherò come devi fare*; anche far capire, far conoscere: *spiegami come si sono svolti i fatti*; con la particella pron. in funzione di dativo, rendersi conto, comprendere il significato di qualcosa: *ora mi spiego perché l'hai fatto* || *in part.* ricondurre a cause secondo leggi: *spiegare la caduta dei gravi con la forza di gravità* **3.** *raro* impiegare, adoperare, mostrare, manifestare, dimostrare, dar prova, sfoggiare: *spiegare un grande ingegno, un gran coraggio* || ***rifl.*** farsi capire, esprimere chiaramente il proprio pensiero: *mi spiego con un esempio*; *spiegati meglio*, come invito a essere più chiaro; in loc. usate per accertarsi della comprensione e dell'accondiscendenza dell'ascoltatore: *mi spiego?, mi sono spiegato?*; *non so se mi spiego*, per sottolineare le implicazioni di quanto si è detto: *è in gioco la mia vita, non so se mi spiego...* || ***rifl. rec.*** intendersi, capirsi, giungere a un chiarimento: *dopo mesi di incomprensioni si sono spiegati e si sono riconciliati* || ***intr. pron.*** **1.** svolgersi: *le vele si spiegano al vento* **2.** aprirsi alla vista: *da Superga ci si spiegò davanti agli occhi la chiostra delle Alpi* || **N.** ***tr.*** **1.** *Sin.* dispiegare, distendere, districare, esporre, liberare, sbrogliare, sciorinare, stendere, svolgere **2.** *Sin.* chiarire, chiosare, commentare, concludere, decifrare, dedurre, definire, delucidare, descrivere, dichiarare, dimostrare, esemplificare, esplicare, esporre, esprimere, giustificare, glossare, illustrare, interpretare, manifestare, motivare, palesare, parafrasare, rischiarare, risolvere, spianare, svelare, svolgere, tradurre, volgarizzare | astrusità, avvertenza, chiave, chiosa, commento, critica, ermeneutica, esegesi, esplicativo, glossa, introduzione, note, prolegomeni, teoria.

spiegàto (*pps.* di *spiegare*) [a. 1530] **agg.** **1.** disteso: *vele spiegate* **2.** chiarito, reso intelligibile || **spiegataménte** **avv.** *non com.* in modo chiaro, per esteso.

spiegatùra [da *spiegare*; a. 1566] **sf.** *non com.* atto ed effetto dello spiegare nel senso di distendere.

spiegazióne [da *spiegare*; 1687] **sf.** **1.** atto dello spiegare nel senso di far intendere ad altri, d'interpretare, di ricondurre a leggi: *spiegazione del problema, del Vangelo, di un fenomeno chimico* **2.** motivazione sensata, ragione: *non c'è spiegazione per quello che hai fatto* || manifestazione del proprio pensiero, dei propri intendimenti; e anche chiarificazione di frasi, parole che possono essere apparse ad altri ingiuriose, oscure e sim.: *chiedere una spiegazione, ci voleva una spiegazione* || *dim.* spiegazioncèlla, spiegazioncìna || **N. 1.**, **2.** *Sin.* cenno, chiarificazione, chiarimento, chiave, chiosa, commento, dichiarazione, esposizione, esegesi, glossema, glossa, illustrazione, interpretazione, nota, parafrasi, schiarimento, specificazione, spianamento, traduzione, versione, DELUCIDAZIONE | esauriente, persuasiva, soddisfacente.

spiegazzaménto (raro *spiegacciaménto*) [da *spiegazzare*; 1960] **sm.** atto ed effetto dello spiegazzare.

spiegazzàre (raro *spiegacciàre*) [da *piegare*; 1842] **tr.** piegare in malo modo, sgualcendo: *spiegazzare un vestito, un foglio di carta* || **N.** *Sin.* aggrinzire, gualcire, sgualcire, stropicciare.

spiegazzatùra [da *spiegazzare*; 1960] **sf.** atto ed effetto dello spiegazzare.

spieggiàre (pres. *-éggio*) [da *spiare*; 1618] **tr.** e **intr.** (aus. *avere*) *ant. raro* spiare; stare, andare spiando.

spiemontizzàre [dal n. geogr. *Piemonte*; 1872] **tr.** *T.stor.* nello Stato italiano postunitario, abolire le modalità di gestione del potere tipiche del sistema politico sabaudo || **intr. pron.** perdere le caratteristiche piemontesi.

spietatézza [da *spietato*; 1712] **sf.** **1.** l'essere spietato: *ha agito con una spietatezza incredibile* **2.** azione spietata, crudele: *ha commesso spietatezze efferate.*

spietàto [comp. parasint. di *pietà*; a. 1250] **agg.** **1.** che non sente o non manifesta pietà: *sentenza spietata, un uomo spietato* **2.** *fig.* accerrimo, accanito: *concorrenza spietata, condurre una spietata campagna di denigrazione* || **spietataménte** **avv.** || **N. 1.** *Sin.* feroce, inesorabile, CRUDELE.

spietràre (pres. *-ètro*) [comp. parasint. di *pietra*; 1922 nel senso 1] **tr.** **1.** *T.agr.* togliere le pietre da un terreno per poterlo coltivare **2.** *meno com.* spetrare.

spifferaménto [da *spifferare*; 1960] **sm.** *raro* lo spifferare.

spifferàre (pres. *spìffero*) [comp. parasint. di *piffero*; a. 1574] **tr.** *fam.* rivelare, raccontare apertamente e senza riguardo cose riservate || **intr.** (aus. *avere*) di aria o vento, soffiare attraverso una stretta apertura || **N. tr.** *Sin.* spiattellare.

spifferàta [da *spifferare*; 1873 nel senso 2] **sf.** **1.** *fam.* rivelazione indiscreta **2.** *raro lett.* sonata di pifferi e, *per estens.*, di altri strumenti a fiato.

spiffero [da *spifferare*; 1870] **sm.** *fam.* soffio o corrente d'aria che entra da una fessura o da qualche altra stretta apertura: *lo spiffero nella schiena mi dà noia.*

spifferóne [da *spifferare*; 1891] **sm.** (f. *-a*) *fam.* chi spiffera con grande facilità.

spiga [lat. *spica*; a. 1320] **sf.** **1.** *T.bot.* infiorescenza con asse allungato sottile che porta fiori sessili: *le infiorescenze delle orchidee dei nostri boschi sono quasi tutte spighe* **2.** *per estens.* infruttescenza che ha origine dalla spiga: *spiga di grano, di saggina* || nella loc. *a spiga*, a forma di spiga: *disegno a spiga, ammattonato a spiga* || *punto spiga*, punto ricamato che richiama la forma della spiga || *dim.* spighétta; *accr.* spigóna || **N. 1.** cariosside, pannocchia | granita, magra, spogliata, vuota | cartoccio, collo, mannello, peduncolo, rachide, spigolare, torso. **TAV.** ***fiori...*** **p. 671** 2.1.

spiganàrdo V. SPIGONARDO.

spigàre (pres. *spìgo, spighi*) [lat. *spicāre*; a. 1250 *spicare*] **intr.** (aus. *essere* e *avere*) mettere la spiga: *il grano ha* (o *è*) *già spigato.*

spigàto (*pps.* di *spigare*) [1306] **I agg.** di panno o tessuto, lavorato o disegnato in modo da ricordare la forma della spiga, cioè con disegni a strisce sottili all'interno delle quali ci sono righette divergenti ad angolo acuto **II sm.** tessuto spigato: *con questo spigato farò un tailleur.*

spigatùra [da *spigare*; a. 1698] **sf.** lo spigare dei cereali || il tempo in cui si ha la spigatura.

spighétta (*dim.* di *spiga*) [1834 nel senso 2; 1906 nel senso 1] **sf.** **1.** *T.bot.* infiorescenza semplice delle Graminacee **2.** *T.magl.* cordoncino o nastro di seta o di cotone, usato per bordure e rifiniture, lavorato secondo un intreccio che ricorda la forma della spiga.

spigionaménto [da *spigionarsi*; 1851] **sm.** *raro* cessazione dell'affitto.

spigionàre (pres. *-óno*) [comp. parasint. di *pigione*; 1851] **tr.** non dare (più) in affitto, disdire il contratto di locazione || **intr. pron.** di appartamento, restare sfitto.

spigionàto (*pps.* di *spigionare*) [a. 1620] **agg.** sfitto || *fig. fam. tosc. avere il cervello spigionato, avere l'ultimo piano spigionato*, mancare di senno, essere pazzo, essere senza cervello.

spigliàre (pres. *spìglio*) [da *impigliare*, con cambio di pref.; sec. XIII] **tr.** *ant. raro* rendere più disinvolto || **intr. pron.** *ant. raro* diventare più disinvolto, togliersi d'impaccio.

spigliatézza [da *spigliato*; sec. XIV] **sf.** l'essere spigliato: *spigliatezza nei modi, nel parlare* || **N.** *Sin.* scioltezza, DISINVOLTURA.

spigliàto [da *impigliato*, con cambio di pref.; sec. XIV] **agg.** disinvolto, non impacciato: *passo, discorso spigliato, giovane spigliato* || **spigliataménte** **avv.** || **N.** *Sin.* agile, franco, sciolto, spedito, vivace, DISINVOLTO.

spignattàre [comp. parasint. di *pignatta*; 1942] **intr.** (aus. *avere*) *fam. scherz.* darsi da fare in cucina intorno ai fornelli || **N.** *Sin.* spadellare.

spignere V. SPINGERE.

spignoraménto [da *spignorare*; 1960] **sm.** atto ed effetto dello spignorare.

spignoràre (pres. *spìgnoro*) [da *pignorare*; 1940] **tr.** svincolare ciò che era stato sottoposto a pignoramento || *per estens.* spegnare.

spigo (pl. *-ghi*) [lat. *spicus*; sec. XIII] **sm.** pianticella odorosa, spontanea in Italia, con foglie piccole, verdi cenerognole, con infiorescenze di piccoli fiori viola-azzurri, a spighe; se ne estrae l'essenza di lavanda.

spigola [da *spiga*; 1560] **sf.** pesce di mare, pregiato per la carne, che ha sulla pelle del dorso un disegno fatto a spiga || **N.** *Sin.* branzino.

spigolàme [da *spiga*; 1891] **sm.** *raro* insieme di spighe || cose spigolate.

spigolàre¹ (pres. *spìgolo*) [da *spiga*; 1313] **tr.** **1.** raccogliere nei campi mietuti le spighe sfuggite durante la mietitura **2.** *fig.* raccogliere qua e là notizie, dati e sim.

spigolàre² (pres. *spigolo*) [da *spigolo*; 1983] **tr.** *T.sport.* nello sci, inclinare gli sci sulla neve, in modo da far presa sulle lamine, per aumentarne l'aderenza, spec. sul ghiaccio; anche *ass.*

spigolatóre [da *spigolare¹*; a. 1604 *spigolatrice*] **sm.** (f. *-trìce*) chi spigola, anche in senso *fig.*

spigolatùra [da *spigolare¹*; 1771] **sf.** **1.** atto dello spigolare **2.** raccolta di notizie, curiosità.

spigolìstro [da *spigolo*, nel senso disus. di arnese nel quale si mettono le candele; a. 1342] **sm.** (f. *-a*) *arc.* ipocrita, bacchettone, bigotto.

spìgolo [lat. *spīculum*; 1550] **sm.** **1.** linea comune a due facce consecutive di un solido: *uno spigolo del cubo, battere nello spigolo del tavolino*; *spigolo vivo, smussato, tondo*, acuto, meno acuto, tondeggiante || *smussare gli spigoli*, arrotondarli; *fig.* attenuare la ruvidezza di un carattere, di un atteggiamento ecc. **2.** *pl. fig.* asprezza, durezza: *un carattere, uno stile tutto spigoli* || *dim.* spigolino; *accr.* spigolóne || **N. 1.** *Sin.* angolo, canto, cantonata. **TAV.** *geometria* 15.2, 19.5, 21.4.

spigolóso [da *spigolo*; 1960] **agg.** **1.** pieno di spigoli, angoloso: *profilo, volto spigoloso* **2.** *fig.* difficile a trattarsi, poco conciliante, scabro: *uno stile, un carattere spigoloso.*

spigonàrdo o **spiganàrdo** [dal lat. *spīca nardi*, spiga del nardo; a. 1508 *spico nardo*] **sm.** spigo.

spigóne [da *spiga*; 1824] **sm.** *T.mar.* asta, fissata sul prolungamento di un albero o di un pennone, che serve a sostenere una vela.

spigrìre (pres. *-ìsco, -ìsci*) [da *impigrire*, con cambio di pref.; 1865] **tr.** e **intr. pron.** togliere o togliersi dallo stato di pigrizia || **N.** *Sin.* spoltrire, spoltronire | *Contr.* impigrire.

spilla [lat. tardo *spīnula*; a. 1342 nel senso 2] **sf.** **1.** oggetto di gioielleria o bigiotteria consistente in una placca riccamente lavorata o decorata cui è fissato un grosso spillo; si appunta alle vesti come ornamento e può talora anche avere funzione di fermaglio: *una spilla di marcassite, una spilla di brillanti e zaffiri, una spilla da cravatta* **2.** *region.* spillo || *spilla da balia* (o *di sicurezza*), a molla e dotata di una chiusura in cui la punta rimane coperta e non può pungere || *dim.* spillétta, spillìna || **N.** spadina, spillone.

spillaccheràre (pres. *-àcchero*) [comp. parasint. di *pillacchera*; sec. XVI] **tr.** *tosc.* togliere le pillacchere, smacchiare.

spillàio (pl. *-ài*) [da *spillo*; 1891] **sm.** (f. *-a*) fabbricante o venditore di spilli; merciaio.

spillàre¹ [da *spillo*; a. 1400] **tr.** **1.** far uscire il vino dalla botte attraverso un foro praticato con una punta metallica o attraverso la spina: *spillare un boccale di lambrusco* **2.** *fig.* carpire un po' alla volta con lusinghe o con l'astuzia: *spillare notizie, soldi* **3.** *T.gioc. spillare le carte da gioco*, scoprirle a poco a poco, per individuarne il seme e la specie || **intr.** **1.** (aus. *essere*) di liquidi che si versano, stillare, uscire a poco alla volta: *il sangue è spillato dalla ferita* **2.** (aus. *avere*) di contenitori versare, stillare: *la botte ha spillato.*

spillàre² [da *spillo*; 1960] **tr.** unire fogli di carta o sim. con uno spillo o un punto metallico: *spillare un fascicoletto.*

spillàtico (pl. *-ci*) [da *spillo*; 1823] **sm.** *T.giur.* antico istituto giuridico in base al quale il marito corrisponde una certa somma alla moglie per le piccole spese personali.

spillatrice [da *spillare²*; 1960] **sf.** macchina che unisce i fogli con spilli o punti metallici || **N.** *Sin.* cucitrice, pinzatrice.

spillatùra [da *spillare¹*; sec. XIV] **sf.** azione dello spillare botti, barili e sim., o anche il vino.

spillo [da *spilla*; a. 1320 nel senso 2] **sm.** **1.** asticella sottile d'acciaio o di altro metallo, appuntita a un'estremità, provvista all'altra di capocchia, usata per appuntare stoffe, carte o altro: *pungersi con uno spillo, puntare un orlo con gli spilli*; *spillo da balia* (o *di sicurezza*), v. SPILLA || *a spillo*, appuntito e sottile: *tacchi a spillo* || *fig.* piccolezza, quantità minima: *non dare neanche uno spillo*, nulla || *fig. colpo di spillo*, punzecchiatura, malignità; *uccidere a colpi di spillo*, tormentare con piccoli dispetti, con sottili malignità **2.** stiletto con cui si forano le botti per assaggiare il vino; anche il foro fatto nelle botti **3.** parte del percussore nelle armi a retrocarica || *dim.* spillétto, spillìno, spilloncìno; *accr.* spillóne; *pegg.* spillàccio || **N. 1.** capocchia, punta | appuntare, scapocchiare, spuntare | portaspilli, puntaspilli. **TAV.** *enologia* 5.2.

spillóne (*accr.* di *spillo*) [1841] **sm.** grande spillo || *in part.* lunghissimo spillo per appuntare i cappelli femminili ai capelli. **TAV.** ***maglia...* p. 1316** 6.

spillover (ingl., pr. [ˈspɪlˌoʊvə]; pr. it. [spilˈlɔver]) [letter. traboccamento; 1988] **sm.** *inv.* situazione in cui una spesa pubblica concepita per beneficiare i residenti di un certo ambito territoriale o amministrativo genera benefici anche oltre tale ambito.

spilluzzicaménto [da *spilluzzicare*; a. 1698] **sm.** *raro* atto ed effetto dello spilluzzicare.

spilluzzicàre o **spiluzzicàre** (raro *spelluzzicàre*) (pres. *-ùzzico, ùzzichi*) [prob. da *piluccare*, con influsso di *peluzzo*; a. 1648] **tr. 1.** prendere a piccoli pezzi o poco alla volta, rif. spec. a cibo: *spilluzzica un po' di tutto, ma poi mangia poco o niente* **2.** *fig.* impadronirsi di qualcosa poco alla volta || accumulare, raggranellare, metter da parte poco per volta || **N. 1.** *Sin.* mangiucchiare, piluccare, sbocconcellare, MANGIARE.

spilluzzichìno [da *spilluzzicare*; 1873] **sm.** *raro fam.* **1.** (f. *-a*) chi ama spilluzzicare per ghiottoneria **2.** cibo da spilluzzicare; stuzzichino.

spillùzzico [da *spilluzzicare*; a. 1565] **sm.** nella *loc. avv. a spilluzzico*, poco per volta.

spilorcerìa [da *spilorcio*; 1598 *spilorciaria*] **sf.** l'essere spilorcio || *concr.* atto da spilorcio || **N.** *Sin.* AVARIZIA.

spilórcia (pl. *-ce*) [etim. inc.; 1838] **sf.** *T.pesc.* fune lunga e sottile corredata di sugheri, che serve per tirare a terra la sciabica.

spilórcio (pl. m. *-ci*, pl. f. *-ce*) [etim. inc.; a. 1553] **agg.** e **sm.** (f. *-a*) avarissimo, tirchio, taccagno: *non essere così spilorcio* || **N.** *Sin.* AVARO.

spiluccàre **tr.** *pop.* v. PILUCCARE.

spilungóne [forse dal lat. *perlongus*, lunghissimo; 1619] **sm.** (f. *-a*) persona molto lunga, altissima e magra.

spiluzzicàre v. SPILLUZZICARE.

spin (ingl., pr. [spɪn]) [abbr. di *spinning moment*, momento di rotazione; 1950] **sm.** *inv.* **1.** *T.fis.* momento magnetico intrinseco di una particella **2.** *T.sport.* nel tennis, effetto rotatorio dato alla palla.

spina [lat. *spīna*; a. 1250] **sf. 1.** *T.bot.* organo di difesa delle piante, costituito da un'escrescenza dura, legnosa e acuminata || *fig.* pena, dolore acuto, assillante: *avere una spina nel cuore, ognuno ha le sue spine*; *corona di spine*, quella posta in capo a Gesù crocifisso e, *per metaf.*, serie di tribolazioni; *non c'è rosa senza spine*, ogni cosa gradita è accompagnata da qualche tribolazione **2.** *per estens.* aculeo che riveste il tegumento di alcuni animali: *le spine del riccio* || la lisca del pesce o anche ciascuno degli elementi acuminati che la costituiscono: *ho ingoiato una spina* || *a spina di pesce*, di motivo, che ripete l'andamento a linee oblique e parallele tra loro divaricantisi da un asse centrale longitudinale: *parcheggio a spina di pesce*; *passo a spina di pesce*, usato nello sci per risalire forti pendii || *punto (a) spina*, punto ricamato composto di due punti, l'uno rivolto a destra e l'altro a sinistra, riuniti entrambi in una nervatura verticale || *T.anat.* sporgenza ossea generalmente acuminata o comunque nettamente prominente: *spina iliaca, della scapola* ecc.; *spina (dorsale)*, nei Vertebrati, la colonna ossea composta dalla successione delle vertebre || *fig. essere senza spina dorsale*, senza coraggio, senza carattere || *T.arch. a spina acuta* (o *a spigolo*), rif. alla scanalatura dell'ordine dorico, a elementi acuminati (al contrario di quella degli altri ordini, detta *a pianuzzo*) **3.** nome di vari oggetti o elementi sottili da infilare in apposite cavità; *in part.* foro nella botte, in cui s'inserisce la cannella, e la cannella stessa; *birra alla spina*, spillata direttamente dalla botte || *T.metal.* foro delle fornaci da cui esce il metallo fuso per colare nelle forme || *T.elettr.* dispositivo, costituito essenzialmente da due reofori che s'innestano in una presa, per derivazione di corrente elettrica **4.** *T.archeol.* il lungo muraglione costruito nel mezzo del circo perché i cavalli vi corressero intorno; era ornato di are, edicole, tripodi e terminava con la meta o traguardo || *dim.* spinétta, spinettìna; *pegg.* spinàccia || **N. 1.** pruno, rovo | pungere | spinoso **2.** *Sin.* spuntone | spinapesce. **TAV.** *elettrotecnica* 5; *enologia* 5.3.

spinàcio (raro *spinàce*) (pl. *-ci*) [dal persiano *aspanāh*; a. 1320] **sm.** pianta erbacea delle Chenopodiacee, con foglie grandi triangolari, glabre, verdi scure, che si mangiano come verdura prima che la pianta getti il ramo fiorifero.

spinacristi o **spìna crìsti** [dal lat. *spīna Christi*, spina di Cristo; 1960] **sf.** arbusto spinoso delle Solanacee diffuso in località marine, con bacche allungate di colore giallo o rosso || **N.** *Sin.* agutoli, inchiodacristi, spino santo.

spinàio (pl. *-ài*) [da *spina*; 1685] **sm.** *raro* spineto, roveto.

spinàle [dal lat. tardo *spinālis*; sec. XIV] **agg.** *T.anat.* della spina dorsale || *midollo spinale*, cordone nervoso che occupa lo speco vertebrale.

spinapésce [comp. di *spina* e *pesce*; a. 1616] **sm.** *inv.* *raro* struttura i cui elementi sono disposti a spina di pesce || nella *loc. avv. a spinapesce*, a spina di pesce.

spinàre [da *spina*; 1922] **tr.** aprire un pesce per togliergli le spine o lische.

spinarèllo [da *spina*; 1875] **sm.** pesce d'acqua dolce, piccolo, agile, di colore variabile, con raggi spinosi isolati.

spinaròlo [da *spina*; 1875] **sm.** squalo le cui pinne dorsali sono armate di una robusta spina collegata a ghiandole velenifere.

spinàto [da *spina*; a. 1306] **agg. 1.** dotato di spine o punte simili a spine: *filo spinato*, filo di ferro robusto armato di spine o punte, per cintare orti, aiuole e sim., o per farne reticolati, cavalli di Frisia e sim. **2.** *non com.* rif. a tessuti o sim., spigato.

spinatrìce [da *spina*; 1949] **sf.** brocciatrice.

spincionàre (pres. *-óno*) [da *spincione*; a. 1566] **intr.** (aus. *avere*) *non com.* cantare del pincione o fringuello per richiamo || *per estens.* imitare il verso del fringuello: *già spincionava il fringuello* (Pascoli).

spincióne [da *pincione*; 1865] **sm.** *non com.* fringuello preso vivo con le reti e usato per richiamo.

spinellàre (pres. *-èllo*) [da *spinello*²; 1978 *spinellarsi*] **intr.** (aus. *avere*) e **intr. pron.** *gerg.* fumare uno spinello.

spinèllo[1] [da *spina*; 1582 nel senso 1; 1972 nel senso 2] **sm.** *T.min.* nome generico di vari minerali costituiti da un sale di alluminio e magnesio, dove il magnesio può essere sostituito da manganese o zinco, e l'alluminio da ferro o cromo; si presenta in cristalli talvolta geminati: *spinello nobile*, gemma di colore rosso rubino o roseo, di bella lucentezza.

spinèllo[2] [dall'ingl. *spinel*, pelo vegetale ruvido e resistente; 1977] **sm.** sigaretta a base di hashish o marijuana: *farsi uno spinello*, fumarlo.

spinescènte [dal lat. tardo *spinescens, -entis*; 1960] **agg.** *T.bot.* dalla forma spinosa || che termina con una punta spinosa: *foglia spinescente.*

spinéto [dal lat. *spinētum*; a. 1320] **sm.** luogo pieno di spini, spinaio, roveto, pruneto, prunaio.

spinétta [etim. inc.; forse dal n. proprio G. *Spinetto*, musicista ven.; 1618 *spinetto*] **sf.** strumento musicale a corde, di piccole dimensioni, simile al clavicembalo, le cui corde sono fatte vibrare da un becco di penna. **TAV.** ***musica* p. 1325** 12.

spingàrda [dal fr. ant. *espringale*, macchina per lanciare pietre; 1340 ca.] **sf. 1.** antica macchina militare per lanciare grosse pietre **2.** pezzo di artiglieria piccolo e corto; mortaio, bombarda **3.** grosso archibugio da posta, che viene usato per la caccia alle anitre selvatiche e sim.

spingàre (pres. *spìngo, spìnghi*) [dal long. *springan*, saltare; 1313] **intr.** (aus. *avere*) *ant.* e *lett.* spingere, scalciare: *forte spingava con ambo le piote* (Dante).

spìngere (ant. *spignere*) (pres. *spìngo, spìngi*; p.rem. *spìnsi, spingésti, spìnse, spìnsero*; pps. *spìnto*) [lat. volg. **expingere*; 1354] **tr. 1.** esercitare una forte pressione su qualcuno o qualcosa per provocarne un movimento, uno spostamento e sim.: *spingere il tavolo, l'uscio*; *il vento spingeva la barca a riva, spinse il disturbatore fuori dalla porta* || premere, esercitare una pressione (solitamente debole): *spingi il bottone dell'ascensore* || anche *ass.*: *non spingete!* **2.** *per estens. fig.* giungere, portare: *spingere il motore a 3000 giri, le proprie pretese oltre il limite dell'opportunità*; *spingere lo sguardo lontano*, mandarlo lontano, volgerlo lontano **3.** *fig.* indurre: *spingere qualcuno a fare una cosa* || **intr.** (aus. *avere*) fare pressione: *la massa d'acqua spinge troppo contro la diga* || **intr. pron.** inoltrarsi, avanzare: *si spinse tra la folla* || *fig. la sua arroganza si è spinta fino al punto di insultarmi* || **N. tr. 1.** *Sin.* dare spinte, sospingere, spintonare **3.** *Sin.* incitare, istigare.

spingidìsco (pl. *-schi*) [comp. di *sping(ere)* e *disco*; 1970] **sm.** *T.mecc.* ralla, generalmente di ghisa, appartenente al gruppo frizione; su un lato sono ricavati gli alloggiamenti per le molle mentre l'altro preme sul disco frizione addossandolo al volano.

spingiménto [da *spingere*; a. 1406 *spignimento*] **sm.** *raro* lo spingere.

spingistòffa [comp. di *sping(ere)* e *stoffa*; 1988] **agg.** *inv.* nella macchina da cucire, di dentatura posta sotto il piedino di pressione, che serve a trascinare la stoffa durante la cucitura.

spinificàre (pres. *-ìfico, -ìfichi*) [da *spina*; 1960] **intr.** (aus. *avere*) *T.bot.* trasformarsi in spina, detto di un organo vegetale.

spinifórme [comp. di *spina* e *-forme*; 1838] **agg.** *T.biol.* a forma di spina: *escrescenza spiniforme.*

spinite [comp. di *spina* e *-ite*[1]; 1860] **sf.** degenerazione dei cordoni posteriori del midollo spinale, che si manifesta con dolori folgoranti alla cintura e agli arti inferiori, accompagnati da atassia locomotrice e da disturbi di sensibilità, ottici, viscerali, trofici; malattia a decorso cronico e letale.

spinnaker (ingl., pr. [ˈspɪnəkə]) [forse da una pronuncia errata di *Sphinx*, n. della prima barca a vela che lo utilizzò; 1932] **sm.** *inv.* *T.mar.* vela addizionale triangolare che viene utilizzata nelle andature con il vento in poppa.

TAV. *vela* p. 1343 5.10b.

spino¹ [lat. *spīnus*; a. 1320] **I** *sm.* **1.** denominazione comune di alcuni arbusti spinosi; pruno **2.** *region.* spina: *mi ha punto uno spino* **II** *agg. T.bot.* e *T.zool.* spinoso: *uva spina*, frutice spinoso delle Sassifragacee che produce frutti molto simili all'uva ‖ *porco spino* (o *porcospino*), riccio ‖ *spino santo*, v. SPINACRISTI.

spino² [da *spin(ell)o*; 1978] *sm.* sigaretta di hashish o marijuana; spinello.

spìnola [da *spigola*, con influsso di *spina*; 1960] *sf. region.* spigola.

spinóne [da *spina*; 1905] *sm.* cane da caccia, grande quasi quanto il bracco, con pelo ispido, ruvido, di colore bianco a chiazze arancia-te o castane. **TAV. *cani* p. 663.**

spinosità [da *spinoso*; 1824] *sf.* qualità di ciò che è spinoso ‖ *fig.* l'essere scabroso, imbarazzante: *la spinosità dell'argomento.*

spinóso [dal lat. *spinōsus*; a. 1320] *agg.* **1.** pieno di spine: *pianta spinosa, ramo spinoso* ‖ *region. porco spinoso* (o *sm. spinoso*), porcospino **2.** *fig.* irto di difficoltà, scabroso: *affare spinoso, questione spinosa* ‖ scontroso: *ha un carattere spinoso* **3.** *T.anat.* e *T.med.* relativo a una spina ossea ‖ **N. 1.** *Sin.* irto, ispido, ruvido, scabroso **2.** *Sin.* complesso, delicato, difficile. **TAV. *fiori...* p. 671 5.3.**

spinòtto [da *spina*; 1930] *sm.* **1.** *T.mecc.* perno che serve ad articolare la biella **2.** *T.elettr.* elemento cilindrico d'innesto di una spina in una presa **3.** *T.enol.* nel tino, foro in cui si inserisce la cannella e la cannella stessa. **TAV. *audiovisivi* 7.3.**

spinozismo [dal n. proprio B. *Spinoza*, filosofo olandese; a. 1793] *sm. T.fil.* la filosofia di Baruch Spinoza (1632-1677) e il movimento di pensiero ispirato alla sua opera.

spinta [da *spingere*; sec. XIV] *sf.* **1.** atto ed effetto dello spingere; urto: *dare* o *ricevere una spinta*; *a spinte*, a forza di spinte ‖ *in part.* slancio: *darsi la spinta per saltare l'ostacolo* ‖ *T.fis.* pressione esercitata su un corpo: *calcolare la spinta dell'arco* ‖ *T.mar. spinta di galleggiamento*, la forza che mantiene a galla un galleggiante **2.** *fig.* incentivo, impulso, stimolo: *questa sarà per lui una spinta a bene operare*; *la spinta dell'ambizione* ‖ aiuto, favore, raccomandazione: *è andato avanti a furia di spinte*, *è passato grazie a una spinta*; *in part.* iniziativa atta a favorire qualcuno più o meno lecitamente: *potresti dare una spinta per sollecitare quest'affare?* ‖ *dim.* spintarèlla; *accr.* spintóne (*sm.*); *pegg.* spintàccia ‖ **N. 1.** *Sin.* impulso, propulsione.

spintarèlla (*dim.* di *spinta*) [1828] *sf.* piccola spinta ‖ *in part. fig.* raccomandazione, favore, aiuto più o meno illegittimo: *gli ci vorrebbe una spintarella.*

spinterògeno [comp. del gr. *spinthḗr*, *-ēros*, scintilla e *-geno*; 1931] *sm. T.mecc.* apparecchio che distribuisce la corrente elettrica alle candele delle automobili per provocare, mediante la scintilla, lo scoppio della miscela nei cilindri ‖ **N.** distributore, puntine, spazzolino. **TAV. *automobile* p. 658** 3.10.

spinteròmetro [comp. del gr. *spinthḗr*, *-ēros*, scintilla e *-metro*; 1875] *sm. T.elettr.* dispositivo costituito da due elettrodi tra i quali scocca una scintilla al raggiungimento di un certo potenziale (detto *potenziale esplosivo*).

spinto (*pps.* di *spingere*) [a. 1374] *agg.* **1.** sospinto, indotto ‖ *com.* eccessivo, estremistico: *idee spinte*; *in part.* scabroso, piccante, salace: *un costume da bagno molto spinto, uno spettacolo spinto* **2.** *T.tecn.* portato oltre i limiti normali: *vuoto, motore spinto.*

spintonàre (pres. *-óno*) [da *spintone*; 1965] *tr.* **1.** *T.sport.* nei giochi a squadra come il calcio, intervenire irregolarmente sull'avversario con una spinta **2.** *per estens.* urtare con spintoni.

spintóne (*accr.* di *spinta*) [1619] *sm.* forte spinta ‖ *in part. fig.* raccomandazione: *è arrivato a furia di spintoni.*

spiombàre¹ (pres. *spiómbo*) [da *piombare*; 1611] *tr.* togliere l'impiombatura, i sigilli di piombo: *spiombare un vagone ferroviario.*

spiombàre² (pres. *spiómbo*) [da *piombare*; a. 1367] *tr. raro* far uscire dalla linea dell'a piombo ‖ *per estens.* buttare giù di colpo, far cadere: *e lo spiomba dal cocchio* (Monti) ‖ *intr.* (aus. *essere* e *avere*) *raro* **1.** pesare moltissimo, quanto il piombo: *questo ragazzo pesa che spiomba* **2.** uscire dalla dirittura del filo a piombo: *quel muro spiomba.*

spiombinàre (pres. *-ino*) [comp. parasint. di *piombino*; 1873] *tr. non com. tosc.* calare un piombino in un condotto per stasarlo.

spionàggio (pl. *-gi*) [dal fr. *espionnage*; 1833] *sm.* attività clandestina intesa a venire in possesso di informazioni (spec. di carattere militare) su uno stato a favore di un altro; *concr.* la rete, l'organizzazione spionistica: *lo spionaggio e il controspionaggio in tempo di guerra* ‖ *per estens. spionaggio industriale*, attività volta a sottrarre brevetti, dati tecnici e informazioni utili per la concorrenza.

spionàre (pres. *-óno*) [da *spione*; 1891] *tr. raro* fare la spia.

spioncèllo [da *spione*; 1934] *sm.* uccello alpino dei Passeriformi con piumaggio bianco e bruno, dal caratteristico canto dolce e malinconico.

spioncino [da *spionare*; 1895] *sm.* apertura, perlopiù dissimulata, nella porta di casa, per poter attraverso di essa vedere le persone che vogliono entrare.

spióne [da *spia*; a. 1444 *spyune*] *sm.* (f. *-a*) *spreg.* e *scherz.* spia: *ci sono troppi spioni in giro*; *brutto spione!*

spionìstico (pl. *-ci*) [da *spione*; 1942] *agg.* che riguarda le spie o lo spionaggio: *attività spionistica*; *film, romanzo, genere spionistico.*

spiovènte (*ppr.* di *spiovere²*) [1891] **I** *agg.* inclinato **II** *sm.* **1.** *T.arch.* la superficie superiore nella cornice della trabeazione che è inclinata per facilitare lo sgocciolare delle acque; l'inclinazione delle falde di un tetto, e le falde stesse inclinate per favorire lo scorrere delle acque **2.** *T.geogr.* il versante in declivio, da cui scendono a valle le acque **3.** *T.sport.* caduta verticale del pallone dopo un tiro a parabola alta ‖ **N. II 1.** *Sin.* displuvio.

spiòvere¹ (pres. *spiòve*; p.rem. *spiòvve*) [da *piovere*; a. 1535] *intr.* (aus. *essere*) *impers.* cessare di piovere: *aspetta che spiova.*

spiòvere² (pres. *spiòvo*) [da *piovere*; 1550] *intr.* (aus. *essere*) **1.** di acqua, scorrere in giù, scolare: *le acque spiovono agevolmente dal monte* **2.** *per estens.* ricadere: *i capelli gli spiovono sul viso* ‖ essere inclinato: *il letto spiove di più da una parte.*

spippolàre (pres. *spìppolo*) [comp. parasint. di *pippolo*; a. 1729] *tr. tosc.* **1.** staccare gli acini dell'uva o anche i semi del granturco; piluccare **2.** *raro* dire con franchezza i propri sentimenti ‖ **N. 2.** *Sin.* spifferare, SPIATTELLARE.

spira [dal lat. *spīra*, gr. *spêira*; 1321] *sf.* voluta, giro di spirale: *le spire di una bobina* ‖ *in part.* anello che fa il corpo del serpente quando sta avvolto su se stesso: *serrare nelle spire* ‖ nella *loc. avv. a spira*, a forma di spirale.

spiràbile [da *spirare¹*; sec. XIV] *agg. poet.* e *lett.* respirabile: *in più spirabil aere* (Manzoni).

spiràcolo [dal lat. *spirāculum*; sec. XIV] *sm. arc.* spiraglio.

spiràglio (pl. *-gli*) [lat. *spirāculum*; 1306 *spieraglio*] *sm.* **1.** fessura che lascia trapelare luce o aria: *c'è uno spiraglio nella porta, tra l'anta della finestra e il telaio* **2.** *per estens.* l'aria e la luce che ne trapelano: *chiudere lo spiraglio, non c'è uno spiraglio di luce* o *d'aria* ‖ *fig.* barlume, possibilità positiva: *c'è ancora uno spiraglio di speranza* ‖ **N. 1.** *Sin.* apertura, fessura, spiffero.

spiralàre [da *spirale*; 1960] *intr.* (aus. *avere*) *T.aer.* di un aereo, discendere descrivendo una spirale più o meno larga.

spiralàto [da *spirale*; 1960] *agg.* disposto secondo la linea di una spirale: *foglie spiralate, rami spiralati.*

spiràle [da *spira*; a. 1574] **I** *agg. non com.* che ha forma di spirale, che ha spire: *linea, moto spirale*; *galassia, nebulosa spirale*, le linee dei cui bracci si dipartono dal nucleo secondo una traiettoria a spirale ‖ **spiralménte** *avv. non com.* secondo una traiettoria spirale: *muoversi spiralmente* **II** *sf.* **1.** *T.geom.* curva piana che, partendo da un punto fisso, si rivolge su se stessa infinite volte, allontanandosi con uniforme e regolata distanza da quel punto (detto *polo della spirale*): *tracciare una spirale* **2.** *per estens. com.* linea, oggetto o disposizione che abbia forma spirale; *in part.* molla d'acciaio molto elastico avvolta a spirale, spec. quella dell'orologio: *rompere la spirale* ‖ *T.sport.* figura del pattinaggio che consiste nel rotare continuamente su un piede intorno al proprio asse verticale, in modo da tracciare una spirale ‖ *T.aer.* figura descritta da un aereo che sale o scende seguendo una traiettoria a spirale ‖ *T.med.* dispositivo anticoncezionale intrauterino, di forma e materiale vario, che aveva inizialmente come componente una piccola spirale in rame ‖ nella *loc. avv. a spirale*, secondo una traiettoria spirale **3.** *fig.* successione di avvenimenti, tra loro collegati, che rendono via via più grave il fenomeno di cui costituiscono le varie manifestazioni: *il paese è coinvolto in una spirale di violenza, la spirale del vizio si diffonde in tutti gli strati sociali, la spirale inflazionistica.* **Q.T. *matematica...*** **TAV. *astronomia* p. 656** 4.2.

spiralifórme [comp. di *spirale* e *-forme*; 1965] *agg.* che ha forma di spirale: *movimento spiraliforme.*

spiraménto [da *spirare¹*; a. 1320] *sm.* **1.** *raro arc.* movimento o emissione d'aria **2.** *fig. poet.* ispirazione.

spirànte (*ppr.* di *spirare¹*) [1353] **I** *agg.* nei sensi del verbo ‖ *T.ling.* termine, oggi piuttosto in disuso, equivalente talvolta a *fricativo* e talvolta ad *approssimante*, a seconda degli autori **II** *sf.* consonante fricativa o approssimante.

spirantizzàre [da *spirante*; 1960] *tr. T.ling.* rendere fricativa o approssimante una consonante occlusiva ‖ *intr. pron. T.ling.* diventare fricativa o approssimante.

spirantizzazióne [da *spirantizzare*; 1960] *sf. T.ling.* passaggio fonetico di una consonante occlusiva che si trasforma nella fricativa o approssimante con lo stesso luogo di articolazione.

spiràre¹ [lat. *spirāre*; a. 1250 nel senso 2] *intr.* (aus. *avere*) **1.** di vento, soffiare: *il vento spira da tramontana, non spira un alito di vento* ‖ *fig.* per indicare la disposizione d'animo di una o più persone nei confronti di altre: *tra i due non spira* (o, più com., *tira*) *buon vento* **2.** *lett.* emanare, esalare: *un odore di rose spira dal giardino* ‖ *fig.* provenire: *dal suo volto spira dolcezza* **3.** *arc. poet.* respirare, alitare ‖ *per estens. arc. poet.* vivere ‖ *tr. lett.* **1.** emanare, esalare: *il campo spirava odore di fieno* ‖ *fig.* mostrare, esprimere, manifestare: *il suo volto spira dolcezza* **2.** *poet.* ispirare, dare ispirazione: *la viva giustizia che mi spira* (Dante).

spiràre² [lat. *exspirāre*; sec. XIV] *intr.* (aus. *essere*) **1.** morire, esalare l'ultimo respiro: *è spirato ieri* **2.** *per estens. fig. non com.* aver termine, scadere: *è spirata la proroga, spira oggi il termine del pagamento.*

spirazióne [dal lat. *spirātio*, *-ōnis*, soffio di vento; seconda metà sec. XIV nel senso 2] *sf.*

arc. **1.** ispirazione **2.** *T.teol.* nel cattolicesimo, la processione della terza persona, lo Spirito Santo, dalle altre due.

spirèa [dal lat. *spiraea*; 1821] ***sf.*** nome di più specie di piante delle Rosacee, con fiori piccoli ma vistosi, dalle quali si possono preparare decotti tonici.

spirèma [da *spira*; 1931] ***sm.*** *T.biol.* viluppo di filamenti cromosomici che si forma nella prima fase del processo di divisione cellulare.

spirifórme [comp. di *spira* e *-forme*; 1960] ***agg.*** a forma di spira.

Spirillàcee [da *spirillo*; 1930] ***sf. pl.*** *T.biol.* famiglia di batteri a forma di spirale, muniti di un flagello a uno dei due poli.

spirillo [da *spira*; 1892] ***sm.*** *T.biol.* batterio a forma di spira: *lo spirillo del colera.*

spiritàle (arc. *spirtàle*) [dal lat. tardo *spiritālis*; 1319] ***agg.*** *raro* o *poet.* spirituale, dello spirito: *vita spiritale*; *melodia spiritale di primavera* (Carducci).

spiritaménto [da *spiritare*; 1560] ***sm.*** *raro* lo spiritare.

spiritàre (pres. *spìrito*) [da *spirito*[1]; a. 1535 nel senso 2] ***intr.*** (aus. *essere*) **1.** *raro* essere preso, invaso dallo spirito maligno; indemoniarsi **2.** *fig. non com.* esser preso da grande paura, dare in smanie per la paura o per altra causa: *spiritare dalla paura, dalla fame, dal freddo* || **N. 2.** *Sin.* SPAVENTARSI.

spiritàto (*pps.* di *spiritare*) [a. 1492] **I *agg.*** da invasato, da folle: *occhi spiritati* **II *sm.*** (f. *-a*) invasato da uno spirito maligno, ossesso: *urlava come uno spiritato* || **N. I** *Sin.* agitato, spaventato **II** *Sin.* indemoniato, invasato.

spiritèllo (*dim.* di *spirito*[1]) [1308] ***sm.*** **1.** folletto **2.** *fig. fam. non com.* persona, ragazzo vivace.

spiritico (pl. *-ci*) [da *spirito*[1]; 1864] ***agg.*** di o dello spiritismo: *teneva sedute spiritiche.*

spiritismo [da *spirito*[1]; 1863] ***sm.*** dottrina affermante l'esistenza degli spiriti dei defunti e il loro intervento in fenomeni medianici e paranormali || *concr.* pratica di interazione con gli spiriti.

spiritista [da *spirito*[1]; 1873] ***s.*** chi crede nello spiritismo e chi lo pratica.

spiritistico (pl. *-ci*) [da *spirito*[1]; 1873] ***agg.*** dello spiritismo.

spirito[1] (arc. o poet. *spirto*) [dal lat. *spīritus*, propr. soffio, respiro; a. 1294] ***sm.*** **1.** anima, in quanto principio vitale immateriale immanente a ogni singolo uomo e soggetto della sfera religiosa, morale, intellettuale e affettiva; in tal senso si contrappone al corpo, alla carne, ed è ritenuto, in base a concezioni religiose e filosofiche diverse, immortale; si usa in relazione al singolo individuo: *nutre lo spirito con buone letture*; *eufem. disus. rendere lo spirito* (o, più com., *l'anima*) *a Dio*, morire || la parte spirituale degli uomini: *i valori dello spirito, lo spirito è forte ma la carne è debole* (Vangelo), *la creazione artistica è un'attività dello spirito* || *scienze dello spirito*, le scienze umane e la storia, in contrapposizione alle scienze naturali || nella loc. *in spirito* (talvolta eufonicamente *in ispirito*), con l'animo, idealmente anche se non materialmente: *ti siamo vicini in spirito*; *povero in* (o *di*) *spirito*, secondo il Vangelo, spiritualmente staccato dai beni materiali || *per estens.* condizione o disposizione soggettiva transitoria dell'animo; morale: *essere nelle migliori condizioni di spirito, risollevare lo spirito* || inclinazione, disposizione abituale o particolarmente accentuata del carattere, del temperamento: *la malignità di spirito che lo contraddistingue*; *spirito di sacrificio, di dedizione, di sopportazione* || *spirito di parte*, faziosità || *spirito di corpo*, solidarietà che si sviluppa tra gli appartenenti a un gruppo, a un corpo, a una classe sociale, a una comunità e sim. || *spirito di contraddizione*, tendenza abituale a contraddire || *spirito libero*, insofferente alle costrizioni || *spirito d'iniziativa*, intraprendenza || *pl.* impulso istintivo, stato di eccitazione, solo nella loc. *calmare i bollenti spiriti* **2.** vivacità intellettuale, acutezza e sim. implicanti una pronta e intelligente comprensione e valutazione della situazione: *una persona di spirito, avere molto spirito, essere dotato di spirito*; *mancare di spirito, essere povero di spirito* || *presenza di spirito*, prontezza e padronanza di sé che si rivela particolarmente nelle situazioni difficili || senso dell'umorismo, argutezza: *avere dello spirito*; *concr.* battuta, espressione spiritosa: *risposta, motto, battuta di spirito*; *fare dello spirito*, dire cose spiritose ma fuori luogo: *in una situazione così seria non è il caso di fare dello spirito*; nelle loc. *fam. spirito di rapa, di patata*, umorismo sciocco, insulso o inopportuno || *per meton.* la persona considerata rispetto alle caratteristiche del suo spirito: *è uno spirito nobile, gentile, libero, inquieto*; *un bello spirito*, persona brillante e piacevole **3.** *per metaf.* su scala cosmologica, realtà immateriale trascendente che, secondo concezioni mitologiche, religiose e filosofiche diverse, costituisce una manifestazione della divinità creatrice, ordinatrice e animatrice: *lo spirito universale che governa il mondo, l'eterna lotta tra lo spirito del bene e quello del male, Dio è puro spirito* || *lo Spirito Santo*, nella teologia cattolica, la terza Persona della Trinità || *in part.* potenza animatrice di singole realtà, spec. elementi naturali: *lo spirito della foresta, delle acque, della tribù* || *per estens.* essere immateriale, essenza personificata priva di corpo o distaccatasi da questo: *spiriti celesti, angelici*, gli angeli; *spiriti demoniaci, infernali, diabolici*, i demoni; *gli spiriti dei morti, dei trapassati, degli antenati*; *gli spiriti beati*, le anime beate; *gli spiriti dannati*, le anime dei condannati all'Inferno || *in gen.* spettro, fantasma: *ha paura degli spiriti, una casa piena di spiriti* **4.** insieme di caratteri intellettuali, morali e sentimentali che contraddistinguono un'epoca, un ambiente, una corrente culturale, un'istituzione e sim.: *adeguarsi allo spirito dei tempi*; *lo spirito di una nazione, rinascimentale, dei Romantici* || significato, contenuto sostanziale: *lo spirito delle leggi, dell'insegnamento evangelico* **5.** nello stilnovismo, personificazione poetica delle facoltà sensitive e dei moti sentimentali: *E par che de la sua labbia si mova / Uno spirito soave pien d'amore* (Dante) **6.** *ant. lett.* soffio, respiro vitale; *in part.* fluido mobile e tenuissimo cui era attribuita la funzione di presiedere alle varie funzioni vitali dell'organismo: *spirito vitale, sensitivo, visivo, auditivo* || *dim.* spiritèllo, spiritino; *pegg.* spiritàccio || **N. 1.** *Sin.* animo, ingegno, intelletto, intelligenza, istinto, sentimento, vitalità **2.** *Sin.* humour, vivacità **3.** coboldi, elfi, folletti, incubi, larve, lemuri, silfi, silvani, succubi.

spirito[2] [da *spirito*[1]; 1644] ***sm.*** sostanza alcolica, ad alta gradazione, ottenuta per distillazione da liquidi di varia natura fermentati: *spirito di legno*, alcol metilico || *com.* alcol etilico o metilico.

spirito[3] [dal lat. *spīritus*; 1821] ***sm.*** *T.gram.* segno posto sulle parole greche inizianti con vocale o con *r*: *spirito aspro* (o *rude*), *dolce* (o *lene*), indicanti, rispettivamente, l'attacco aspirato e non aspirato.

spiritosàggine [da *spiritoso*; 1785] ***sf.*** qualità di chi è spiritoso || *più com. concr.* gesto spiritoso o battuta di spirito, spec. *spreg.*, nel senso di atto, espressione o discorso di cattivo gusto, sciocco o sconveniente che vorrebbe essere spiritoso: *smettila con queste spiritosaggini!* || **N.** *Sin.* arguzia.

spiritosità [da *spiritoso*; 1745] ***sf.*** *non com.* spiritosaggine.

spiritóso [da *spirito*[1]; a. 1566] **I *agg.*** **1.** umoristico, arguto, vivace, brioso: *discorso spiritoso, un tipo davvero spiritoso* || *antifr. iron.* o *spreg.* che dimostra uno spirito di dubbio gusto, inopportuno e fastidioso: *ma quanto sei spiritoso!* **2.** *non com.* che contiene alcol in forte quantità: *liquore spiritoso, bevanda spiritosa* || **spiritosaménte** ***avv.*** **II *sm.*** (f. *-a*) persona spiritosa: *non fare troppo lo spiritoso!* || *dim.* spiritosétto; *accr.* spiritosóne || **N. I 1.** *Sin.* brillante, comico, divertente, faceto.

spiritrómba o **spirotrómba** [comp. di *spira* e *tromba*; 1933] ***sf.*** *T.zool.* nelle farfalle, apparato boccale succhiatore, che, in posizione di riposo, è avvolto a spirale.

spiritual (ingl., pr. [ˈspɪrɪtʃuəɫ]) [abbr. di *spiritual song*, canto spirituale; 1936] ***sm. inv.*** canto di origine popolare e d'ispirazione religiosa tipico delle comunità negre degli Stati Uniti.

spirituàle [dal lat. tardo *spirituālis*; a. 1292] ***agg.*** **1.** dello spirito, relativo allo spirito; *in part.* opposto a *corporale, materiale, fisico*: *beni, bisogni, necessità, esigenze, valori, problemi spirituali*; *potere spirituale*, quello della Chiesa cattolica sulle anime dei fedeli, contrapposto al potere temporale dello Stato; della sfera religiosa e ascetica, spec. nei suoi aspetti di devozione e interiorità: *letture, canti spirituali*; *esercizi spirituali*, V. ESERCIZIO; *ritiro spirituale*, periodo dedicato agli esercizi spirituali, trascorso in luoghi che consentono di appartarsi; *padre spirituale*, religioso che consiglia e si pone a guida della vita religiosa di un fedele o, *fig. scherz.*, consigliere o persona dotata di grande potere carismatico || *frati spirituali*, appartenenti a una delle correnti in cui si divise l'ordine francescano; anche *sm.*: *gli spirituali* **2.** costituito di spirito: *esseri spirituali, la natura spirituale dell'anima* || **spiritualménte** ***avv.*** || **N. 1.** *Sin.* ascetico, intellettuale, mistico | *Contr.* mondano, profano, terreno **2.** *Sin.* immateriale, incorporeo | *Contr.* corporeo, materiale.

spiritualismo [da *spirituale*; 1835] ***sm.*** *T.fil.* concezione o corrente di pensiero che, rispetto alla contrapposizione tra spirito e materia, considera l'elemento spirituale come predominante, tanto nell'uomo quanto in tutta la realtà, e vede nell'interiorità e nella coscienza le fonti principali di conoscenza.

spiritualista [da *spirituale*; 1879] ***s.*** *T.fil.* sostenitore di una forma di spiritualismo.

spiritualistico (pl. *-ci*) [da *spiritualismo*; 1937] ***agg.*** dello spiritualismo, relativo allo spiritualismo: *filosofia, corrente spiritualistica.*

spiritualità [dal lat. *spiritualitas, -ātis*; sec. XIV] ***sf.*** **1.** attenzione ai problemi dello spirito: *una persona di profonda spiritualità* || *concr.* gli atteggiamenti e i fenomeni in genere in cui si concretizza tale attenzione: *la spiritualità orientale* **2.** natura spirituale: *la spiritualità dell'anima.*

spiritualizzàre [da *spirituale*; 1673] ***tr.*** rendere spirituale, conferire carattere spirituale, idealizzare, vedere sotto un profilo soltanto spirituale: *spiritualizzare l'amore, la figura dell'amata.*

spiritualizzàto (*pps.* di *spiritualizzare*) [1673] ***agg.*** considerato sotto un profilo solo spirituale: *forma spiritualizzata.*

spiritualizzazióne [da *spiritualizzare*; 1749] ***sf.*** atto ed effetto dello spiritualizzare o dell'essere spiritualizzato.

spiro [da *spirare*[1]; 1321] ***sm.*** *arc. poet.* anima, soffio vitale, spirito: *stette la spoglia immemore, Orba di tanto spiro* (Manzoni).

spiro- [dal gr. *spêira*, spirale] ***primo elem.*** che, in parole composte della terminologia biologica, vale "a forma di spirale" (per es. *spirocheta*).

spirochèta [comp. di *spiro-* e gr. *cháite*, chioma, sul modello del fr. *spirochète*; 1911] ***sf.*** *T.biol.* genere di batteri delle Spirochetacee,

consistenti in grandi cellule filiformi con leggero avvolgimento a spirale; una spirocheta è l'agente della sifilide.
Spirochetàcee [da *spirocheta*; 1930] ***sf. pl.*** *T.biol.* famiglia di batteri le cui cellule filiformi avvolte a spirale sono capaci di movimenti attivi.
spirochetòṣi [comp. di *spirocheta* e *-osi*; 1932] ***sf.*** *T.med.* malattia infettiva dell'uomo e degli animali, provocata da spirochete: *spirochetosi broncopolmonare, spirochetosi itteroemorragica.*
spirogìra [comp. di *spiro-* e *-giro*; 1838] ***sf.*** *T.bot.* genere di alghe d'acqua dolce, che formano uno strato verdastro nelle acque ferme.
spiroidàle [da *spiroide*; 1922] ***agg.*** a forma di spirale.
spiròide [comp. di *spiro-* e *-oide*; 1838] ***agg.*** spiroidale.
spirometrìa [comp. di *spiro-* e *-metria*; 1936] ***sf.*** *T.med.* misurazione del volume d'aria che il polmone è in grado di inspirare ed espirare.
spiròmetro [comp. di *spir(are)*[1] e *-metro*; 1895] ***sm.*** apparecchio che serve a misurare la capacità respiratoria ed espiratoria del polmone.
spirotrómba V. SPIRITROMBA.
spirtàle V. SPIRITALE.
spirto V. SPIRITO.
spirù [dal vallone *spirou*, letter. scoiattolo; 1947 *spirou*] ***sm.*** danza, d'importazione belga, che imita i movimenti e gli atteggiamenti dello scoiattolo, in voga nella metà degli anni '40.
spìrula [dal lat. tardo *spìrula*; 1838] ***sf.*** *T.zool.* genere di molluschi cefalopodi, rappresentato da forme diffuse nei fondali marini in conchiglie spiraliformi.
spittinàre (pres. *spìttino*) [voce onom.; 1865] ***intr.*** (aus. *avere*) *tosc.* del pettirosso, cinguettare nel modo che gli è caratteristico.
spittinìo (pl. *-ìi*) [da *spittinare*; 1891] ***sm.*** *tosc.* il cantare continuo del pettirosso, o altro canto simile a quello.
spiumacciàre (pres. *-àccio*) [comp. parasint. di *piumaccio*; 1313 *spimacciare*] ***tr.*** *non com.* sprimacciare.
spiumacciàta [da *spiumacciare*; 1838] ***sf.*** *non com.* atto dello spiumacciare ‖ *dim.* spiumacciatìna.
spiumàre (pres. *spiùmo*) [comp. parasint. di *piuma*; sec. XIV] ***tr.*** *non com.* levare le piume: *spiumare un pollo* ‖ *fig.* togliere i quattrini a qualcuno: *ha giocato con lui e l'ha spiumato ben bene* ‖ ***intr. pron.*** **1.** perdere le piume: *l'uccello s'è spiumato* **2.** *ant.* di cuscini e sim., perdere le piume che li imbottiscono ‖ **N.** ***tr.*** *Sin.* spennare.
spizzicàre (pres. *ìzzico, -ìzzichi*) [comp. parasint. di *pizzico*; 1598] ***tr.*** spilluzzicare, mangiare poco per volta, a piccoli bocconi.
spizzicatùra [da *spizzicare*; 1891] ***sf.*** lo spizzicare.
spìzzico (pl. *-chi*) [da *spizzicare*; sec. XV] ***sm.*** nella *loc. avv. a spizzico* (o *a spizzichi*), a poco a poco, un pizzico alla volta: *pagare, lavorare a spizzico.*
splancnologìa [comp. del gr. *splánchnon*, viscere e *-logia*; 1821] ***sf.*** *T.scient.* parte dell'anatomia che studia in part. gli apparati digerente, respiratorio, urogenitale e il sistema endrocrino.
splash (ingl., pr. [splæʃ]) [voce onom.; 1950] voce onom. che riproduce il tonfo di qualcosa che cade in acqua o si spiaccica contro qualcosa di duro.
splashdown (ingl., pr. ['splæʃdaʊn]; pr. it. [spleʃ'daun]) [comp. di to *splash*, ammarare e *down*, giù; 1974] ***sm. inv.*** impatto con l'acqua di un veicolo spaziale di ritorno dallo spazio ‖ **N.** *Sin.* ammaraggio.
spleen (ingl., pr. [spli:n]) [letter. milza; 1770] ***sm. inv.*** malinconia, noia esistenziale; costituisce l'atteggiamento tipico della sensibilità decadente ‖ **N.** insoddisfazione, ipocondria, malessere, tedio.
splenalgìa (pl. *-gìe*) [comp. di *splene* e *-algia*; 1821] ***sf.*** *non com.* *T.med.* dolore alla milza; dolore splenico.
splenàlgico (pl. *-ci*) [da *splenalgia*; 1838] ***agg.*** *T.med.* affetto da dolore alla milza; di splenalgia.
splendènte (*ppr.* di *splendere*) [a. 1250] ***agg.*** che risplende, brillante ‖ **N.** *Sin.* fiammante, fiammeggiante, fosforescente, fulgente, fulgido, luccicante, lucente, lucido, luminoso, radioso, raggiante, rifulgente, rilucente, risplendente, rutilante, scintillante, sfavillante, sfolgorante, smagliante, stellante, vivido | *Contr.* opaco, oscuro.
splèndere (pres. *splèndo*; p.rem. *splendéi* o *splendètti*; raro il pps., *splendùto*, e le forme composte) [dal lat. *splendēre*, con cambio di coniugazione; 1308] ***intr.*** (aus. *essere* e *avere*) risplendere, emettere una vivida e intensa luce: *il sole splende*; anche *fig.*: *il suo viso splendeva dalla gioia*; *raro* rilucere per le proprie eccelse qualità: *splendere di virtù* ‖ **N.** *Sin.* brillare, luccicare, rifulgere, risplendere, rutilare, scintillare, sfavillare, sfolgorare, smagliare.
splendidézza [da *splendido*; 1550] ***sf.*** l'essere splendido ‖ **N.** *Sin.* SPLENDORE.
splèndido [dal lat. *splendidus*; 1308 nel senso 3] **I *agg.*** **1.** eccezionalmente bello, stupendo, meraviglioso: *un quadro, un romanzo splendido*; *una bambina con occhi splendidi, una splendida giornata primaverile* ‖ ottimo, eccezionale: *una splendida carriera*; *un matrimonio, un lavoro, un ricevimento splendido* **2.** *propr. non com.* splendente: *la luce splendida della luna* **3.** *fig. ant.* munifico, eccezionalmente generoso **II *sm.*** (f. *-a*) persona munifica, larga nel donare: *non è il caso di fare lo splendido* ‖ **N. I 1.** *Sin.* BELLO **2.** *Sin.* SPLENDENTE.
splendóre [dal lat. *splendor, -ōris*; a. 1250] ***sm.*** **1.** fulgore, luminosità intensa: *lo splendore del sole, delle stelle* ‖ *fig.* fulgore, rigoglio: *una ragazza nel pieno splendore della giovinezza* ‖ sfarzo, magnificenza: *lo splendore delle corti* **2.** *per estens. fig.* eccezionale bellezza: *che splendore di quadri!, di donna!* ‖ **N. 1.** *Sin.* chiarore, fulgidezza, fulgidità, lucchichio, lucentezza, luminosità, lustro, magnificenza, pompa, sfavillio, sfolgorio **2.** *Sin.* magnificenza.
splène [dal lat. tardo *splēn, splēnis*, gr. *splḗn, splēnós*; 1855] ***sm.*** *non com.* *T.med.* milza ‖ **N.** splenalgia.
splenectomìa [comp. di *splene* ed *-ectomia*; 1888] ***sf.*** *T.chir.* operazione di asportazione (totale o parziale) della milza.
splenètico (pl. *-ci*) [dal lat. tardo *splenēticus*; sec. XIV nel senso 2] **I *agg.*** **1.** splenico **2.** sofferente alla milza ‖ *fig.* che ha un temperamento malinconico **II *sm.*** (f. *-a*) **1.** chi è sofferente alla milza **2.** chi ha un temperamento malinconico: *gli splenetici* ‖ **N.** *Sin.* splenalgico.
splènico (pl. *-ci*) [dal lat. tardo *splēnicus*; a. 1673] **I *agg.*** della milza **II *sm.*** (f. *-a*) chi è sofferente alla milza.
splènio (pl. *-ni*) [dal gr. *splēníon*, benda; 1838] ***sm.*** *T.anat.* muscolo che occupa tutta l'altezza della nuca; serve a estendere e roteare il capo. **TAV. *anatomia* p. 642 7.5.**
splenite [comp. di *splene* e *-ite*[1]; a. 1750 *splenitide*] ***sf.*** *T.med.* infiammazione della milza.
splèno- [dal gr. *splḗn, splēnós*, milza] ***primo elem.*** che, in parole composte della terminologia medica, ha il valore di "milza": **splenocontrazióne**, **splenopatìa**, **splenotomìa**.
splenomegalìa [comp. di *splene* e *-megalia*; 1894] ***sf.*** *T.med.* ingrossamento patologico della milza.
splicing (ingl., pr. ['splaɪsɪŋ]) [da to *splice*, congiungere, unire intrecciando; 1988] ***sm. inv.*** *T.tess.* nelle calze di lana, rinforzo di filo sui talloni e sulle punte.
splitting (ingl., pr. ['splɪtɪŋ]) [da to *split*, dividere; 1982] ***sm. inv.*** **1.** *T.fin.* trattamento fiscale dei redditi familiari che consente di attribuire ad ognuno dei coniugi la metà del reddito complessivo, permettendo così di calcolare l'imposta progressiva secondo aliquote più basse di quelle che spetterebbero al reddito complessivo **2.** operazione di distillazione frazionata del petrolio, con cui vengono ottenuti due prodotti divisi con lo stesso processo.
spòcchia [etim. inc.; a. 1742] ***sf.*** atteggiamento di sdegnosa superiorità: *avere una grande spocchia, essere pieno di spocchia* ‖ **N.** *Sin.* alterigia, SUPERBIA.
spocchiàta [da *spocchia*; 1865] ***sf.*** *tosc. raro* atto o parole di vanità boriosa, da spocchioso.
spocchióne [da *spocchia*; 1873] ***sm.*** (f. *-a*) *tosc.* pieno di spocchia.
spocchióso [da *spocchia*; 1865] ***agg.*** che è pieno di spocchia.
spoderàre (pres. *-èro*) [comp. parasint. di *podere*; 1873] ***tr.*** mandar via il contadino dal podere ‖ ***intr.*** (aus. *avere*) del contadino, andar via dal podere.
spodestaménto [da *spodestare*; 1873] ***sm.*** *non com.* lo spodestare.
spodestàre (arc. *spotestàre*) (pres. *-èsto*) [comp. parasint. di *podestà*; a. 1388] ***tr.*** **1.** privare del potere: *spodestare un principe, un sovrano del suo regno* **2.** privare dei beni: *lo spodestò di ogni avere.*
spoetàre (pres. *spoèto*) [comp. parasint. di *poeta*; a. 1566] ***tr.*** *raro* privare qualcuno della qualità o della fama di poeta ‖ ***intr.*** (aus. *avere*) *scherz.* buttar giù versi su versi, declamare continuamente versi: *invece di badare alle sue faccende spoeta tutto il giorno* ‖ ***rifl.*** smettere di fare il poeta, abbandonare la poesia.
spoetiẓẓàre [comp. parasint. di *poeta*; 1745] ***tr.*** far perdere la poesia, l'aura poetica, le illusioni sentimentali: *le sue volgarità mi hanno molto spoetizzato* ‖ anche, *ass.*, deludere: *sono cose che spoetizzano.*
spòglia (pl. *-glie*) [lat. *spolia*, neutro pl. di *spolium*, spoglia; 1313] ***sf.*** **1.** rivestimento esterno del quale si può restare spogli; *in part.* la pelle che alcuni animali perdono durante la muta: *la spoglia del serpente* ‖ *poet.* vestito, abito ‖ *sotto mentite spoglie*, sotto falsa apparenza, con falsa identità: *si è presentato sotto mentite spoglie, ma l'hanno smascherato subito* ‖ *arc.* le foglie cadute dagli alberi: *il ramo rende alla terra tutte le sue spoglie* (Dante); gli scartocci del granoturco: *del granoturco... dorme su le spoglie* (Pascoli); la buccia di alcuni bulbi: *le spoglie delle cipolle* **2.** spec. *pl. fig. lett.* cadavere, salma, in base alla concezione del corpo come rivestimento dell'anima: *le spoglie mortali* **3.** *spoglie nemiche*, bottino, preda; *spoglie opime*, le armi tolte al capo che conduceva l'esercito vinto ‖ *per estens.* ricco bottino **4.** *non com. region.* pasta sfoglia ‖ **N. 1.** *Sin.* scorza.
spogliaménto [da *spogliare*; a. 1320] ***sm.*** *non com.* atto dello spogliare; spoliazione, spoglio.
spogliàre (pres. *spòglio*) [lat. *spoliāre*; sec. XIII] ***tr.*** **1.** levare l'abito, svestire: *spoglialo e mettilo a letto* ‖ *raro lett.* *spogliare un abito*, levarselo di dosso; *in part.* *spogliare l'abito di un ordine religioso*, abbandonare l'ordine **2.** *per estens.* togliere a qualcosa ciò che gli serve da rivestimento, ornamento, decorazione, arredo ecc.: *spogliare l'altare, una stanza dell'arredamento* ‖ *fig.* eliminare ciò che appare superfluo o nocivo: *spogliare la propria prosa di ogni retorica* **3.** privare il nemico delle spoglie di guerra, sfilargli l'armatura e sim. ‖ *per estens.*

privare di qualcosa con la violenza, anche *fig.*: *lo spogliarono di ogni avere, di ogni autorità, dei suoi diritti*; depredare, derubare, saccheggiare: *spogliò la casa, i due poveri orfani*; *gli invasori spogliarono la città* **4.** fare lo spoglio: *spogliare un libro, un autore, la corrispondenza* ‖ **rifl.** levarsi il vestito, svestirsi: *si spogliò da capo a piedi* ‖ **intr. pron.** privarsi del proprio: *si spogliò di ogni suo avere per darlo ai poveri* ‖ *fig.* abbandonare, rigettare da sé, liberarsi: *si spogliò di ogni prevenzione* ‖ **N. tr. 1.** *Sin.* denudare | *Contr.* vestire **3.** *Sin.* razziare, rubare, togliere.

spogliarellìsta [da *spogliarello*; 1959] **sf.** ballerina che si esibisce in spettacoli di spogliarello.

spogliarèllo [da *spogliare*; 1957] **sm.** numero di uno spettacolo di varietà in cui una ballerina si spoglia via via dei pezzi che compongono il suo abbigliamento: *fare lo spogliarello.*

spogliàto (*pps.* di *spogliare*) [1342] **agg.** brullo, disadorno; nudo, svestito; depredato.

spogliatóio (pl. *-ói*) [da *spogliare*; 1550] **sm.** stanza o luogo dove ci si spoglia, solitamente per cambiarsi d'abito.

spogliatóre [da *spogliare*; 1336] **agg.** e **sm.** (f. *-trìce*) che o chi spoglia, spec. nel senso *fig.* di depredare.

spogliatùra [da *spogliare*; 1306] **sf.** *raro* atto ed effetto dello spogliare.

spogliazióne V. SPOLIAZIONE.

spòglio[1] (*pps.* contratto di *spogliare*) (pl. *-gli*) [a. 1786] **agg.** privo di rivestimento, ornamento ecc.; spogliato: *albero spoglio* ‖ *fig.* privo: *spoglio di ogni vanità.*

spòglio[2] (pl. *-gli*) [da *spogliare*; a. 1574 nel senso 2] **sm. 1.** computo dei voti che si fa esaminando a una a una le schede di votazione: *procedere allo spoglio dei voti* **2.** raccolta di notizie e dati vari ricavati esaminando libri e documenti: *ha fatto lo spoglio di tutti i periodici*; *far lo spoglio della corrispondenza*, esaminare le lettere in arrivo, classificarle secondo la natura.

spòglio[3] [lat. *spolium*, preda; a. 1356] **sm. 1.** spec. *pl. raro* vestiario smesso: *lasciò tutti gli spogli al cameriere* **2.** *ant.* e *lett.* scorza.

spoiler (ingl., pr. ['spɔilə]; pr. it. ['spɔiler]) [letter. spogliatore, saccheggiatore; 1983] **sm. inv. 1.** *T.aut.* banda in plastica o in metallo applicata alla parte anteriore o posteriore della carrozzeria, che risucchia l'aria del veicolo in moto, aumentandone l'aderenza al suolo, e quindi la velocità e il risparmio di carburante **2.** *T.aer.* disruttore **3.** parte posteriore della tomaia degli scarponi da sci o delle scarpe sportive, articolata con la parte anteriore per favorire la mobilità della caviglia ‖ dispositivo in plastica applicato a pressione vicino alla punta degli sci, in modo da evitare che gli sci vibrino alle alte velocità o si incrocino. **TAV.** ***sci*** **p. 1333** 13.2.

spòla [dal long. *spōla*; 1313] **sf. 1.** tubetto in cartone o plastica sul quale si avvolge il filo da cucito prodotto dal filatoio ‖ spoletta per macchina da cucire **2.** navetta del telaio, strumento a forma di navicella con la quale si fanno passare i fili del ripieno tra quelli dell'ordito ‖ *fig.* nella loc. *far la spola*, di persona che va e viene più volte da un luogo a un altro **3.** *tosc.* forma allungata di pane ‖ *dim.* spolétta.

spolatrìce [da *spola*; 1933] **sf.** *T.tess.* macchina per avvolgere i filati sulle spole.

spolatùra [da *spola*; 1936] **sf.** *T.tess.* operazione consistente nel preparare le spole da mettere sul telaio.

spolétta (*dim.* di *spola*) [1567 nel senso 2; 1940 nel senso 1] **sf. 1.** piccola spola; *in part.* piccolo strumento che serve a contenere il secondo filo nelle cuciture a macchina **2.** *T.bal.* congegno che si applica ai proiettili delle artiglierie destinati ad esplodere e che serve a comunicare il fuoco alle cariche contenute nei proiettili stessi; *spoletta a percussione* (*istantanea* o *ritardata*), che funziona per effetto dell'urto del proiettile contro l'ostacolo; *spoletta a tempo*, che comunica il fuoco alla carica dopo un dato intervallo di tempo; *spoletta a doppio effetto*, che può funzionare sia a tempo sia a percussione **3.** *dial. tosc.* forma di pane simile alla spola. **Q.T.** *armi* **TAV.** ***armi*** **p. 649** 19.6, 19.8, 22.1; ***maglia...*** **p. 1316** 12.3.

spolettàre (pres. *-étto*) [da *spoletta*; 1960] **tr.** dotare di spoletta un ordigno esplosivo.

spolettièra [da *spoletta*; 1931] **sf.** spoliera.

spolettifìcio (pl. *-ci*) [comp. di *spoletta* e *-ficio*; 1950] **sm.** fabbrica di spolette da munizione.

spoliàrio (pl. *-ri*) [dal lat. *spoliārium*; 1838] **sm.** *T.archeol.* il luogo dove, dall'anfiteatro, si portavano e poi si spogliavano i cadaveri dei gladiatori uccisi.

spoliazióne (raro *spogliazióne*) [dal lat. *spoliātio*, *-ōnis*; sec. XIV *spogliagione*] **sf.** atto dello spogliare, del sottrarre sistematicamente i beni di qualcuno, ciò che è prezioso in qualche posto: *la spoliazione delle chiese incustodite* ‖ **N.** *Sin.* ruberia, saccheggio, FURTO.

spolièra [da *spola*; 1936] **sf.** nell'industria tessile, macchina che confeziona spole ‖ **N.** *Sin.* spolatrice, spolettiera.

spolinatùra [da *spolino*; 1988] **sf.** *T.tess.* tecnica con cui si ottiene una pesante seta lavorata.

spolìno [da *spola*; 1940] **sm.** navetta da telaio per broccati.

spoliticàre (pres. *-ìtico*, *-ìtichi*) [comp. parasint. di *politica*; 1865] **intr.** (aus. *avere*) *raro* trattare con incompetenza, chiacchierare con leggerezza di cose politiche.

spoliticizzàre [da *politicizzare*; 1950] **tr.** eliminare il carattere politico: *spoliticizzare i sindacati, la cultura*; privare di coscienza politica: *la dittatura spoliticizza le masse.*

spoliticizzazióne [da *spoliticizzare*; 1955] **sf.** atto ed effetto dello spoliticizzare.

spollaiàre (pres. *-àio*) [comp. parasint. di *pollaio*; 1865] **tr.** *raro scherz.* nelle loc. fam. *(far) spollaiare qualcuno*, farlo spostare da dove si trova; *fig.* distoglierlo dalle sue occupazioni ‖ **rifl.** *non com. fam.* scuotersi e ravviarsi le penne, proprio dei polli quando escono dal pollaio; spollinarsi.

spollinàrsi [comp. parasint. di *pollino*; a. 1735] **rifl.** *non com.* di volatili, spec. dei polli, scuotersi i pidocchi pollini di dosso.

spollonàre (pres. *-óno*) [comp. parasint. di *pollone*; 1838] **tr.** *T.agr.* togliere i polloni dannosi alle viti ‖ **intr.** (aus. *essere* e *avere*) *raro* mettere polloni: *quel susino che prima sembrava morto ora spollona.*

spollonatùra [da *spollonare*; 1838] **sf.** *T.agr.* azione ed effetto dello spollonare.

spolmonàrsi (pres. *-óno*) [comp. parasint. di *polmone*; a. 1858] **intr. pron.** affaticarsi i polmoni parlando molto forte o insistentemente: *si spolmona tutto il giorno e nessuno gli dà retta* ‖ **N.** *Sin.* sfiatarsi.

spolpaménto [da *spolpare*; 1686] **sm.** lo spolpare.

spolpàre (pres. *spólpo*) [comp. parasint. di *polpa*; a. 1300] **tr. 1.** levar via la polpa: *spolpare l'osso* **2.** *fig.* mungere qualcuno dei suoi averi: *gli usurai l'hanno spolpato* ‖ **intr. pron.** *raro* dimagrire ‖ *fig.* impoverirsi ‖ **N. tr.** *Sin.* scarnificare, smungere.

spolpàto (*pps.* di *spolpare*) [a. 1676] **agg.** che è stato privato della polpa ‖ *fig.* eccezionalmente magro, secco ‖ *tosc. tisico spolpato*, molto malato.

spólpo [da *spolpare*; 1618] **agg.** *tosc.* spolpato.

spoltiglia V. SPOLTIGLIO.

spoltigliàre (pres. *-ìglio*) [comp. parasint. di *poltiglia*; 1960] **tr.** *T.agr.* predisporre il terreno alla semina del riso, rendendolo poltiglia fangosa.

spoltìglio (o *sf.* *spoltìglia*) [da *poltiglia*; 1660 *spoltiglia*] **sm.** polvere di smeriglio usata per lavori di politura e di levigatura.

spoltrìre (pres. *-ìsco*, *-ìsci*, arc. *spóltro*) [da *poltrire*; 1313] **tr.** scuotere la poltroneria di dosso a qualcuno: *quel ragazzo bisogna spoltrirlo* ‖ **intr. pron.** scuotersi di dosso la poltroneria ‖ **N.** *Sin.* spigrire, spoltronire.

spoltroneggiàre (pres. *-éggio*) [da *poltroneggiare*; 1865] **intr.** (aus. *avere*) *raro* fare il poltrone.

spoltronìre (pres. *-ìsco*, *-ìsci*) [comp. parasint. di *poltrone*; a. 1406] **tr.** spoltrire: *bisogna spoltronire questo ragazzo* ‖ **intr. pron.** spoltrirsi ‖ **N. tr.** *Sin.* spigrire.

spolveràre (pres. *spólvero*) [comp. parasint. di *polvere*; sec. XVI] **tr. 1.** togliere la polvere: *spolverare i libri, la stanza*; anche *ass.*: *devo ancora spolverare in sala* ‖ *per estens. fig. scherz.* mangiare ingordamente: *spolverò il pranzo in un baleno*; portare via tutto: *i ladri spolverarono la casa* ‖ *scherz.* nelle loc. *spolverare le spalle, il groppone a qualcuno*, malmenarlo, bastonarlo **2.** aspergere con una sostanza ridotta in polvere: *spolverare di zucchero un dolce, le frittelle* ‖ *T.pitt.* *spolverare un disegno*, far passare una polvere colorata attraverso forellini fatti nel disegno, in modo che ne resti il segno sulla superficie sottoposta al disegno stesso ‖ **rifl.** ripulirsi dalla polvere, spazzolarsi ‖ **N. 1.** *Contr.* impolverare **2.** *Sin.* spolverizzare.

spolveràta [da *spolverare*; 1873] **sf. 1.** atto dello spolverare velocemente e sommariamente; si usa perlopiù col verbo *dare*: *dare una spolverata alla stanza, ai libri, al vestito* **2.** l'aspergere con sostanza ridotta in polvere: *dare una spolverata di zucchero a una torta, a un dolce* ‖ *concr.* la sostanza cosparsa: *una spolverata di neve è bastata a bloccare il traffico* ‖ *dim.* spolveratìna.

spolveratóre [da *spolverare*; 1879] **agg.** e **sm.** (f. *-trìce*) *non com.* che o chi spolvera.

spolveratrìce [da *spolverare*; 1957] **sf.** *raro* macchina per spolverare; aspiratore elettrico ‖ *in part.* tipo di agitatore a pale mobili usato nell'industria della carta per sbattere gli stracci, allo scopo di eliminare da essi polvere e altre impurità.

spolveratùra [da *spolverare*; 1805] **sf.** atto ed effetto dello spolverare ‖ *fig.* infarinatura: *una spolveratura di buone maniere, di storia naturale.*

spolverìna [da *polvere*; 1745] **sf.** sopravveste da viaggio per riparare gli abiti dalla polvere.

spolverìno[1] [da *spolverare*; 1891] **sm. 1.** contenitore bucherellato usato per spargere zucchero, cacao e sim. **2.** *tosc.* piumino usato per spolverare.

spolverìno[2] [da *polvere*; 1922] **sm.** *T.abb.* soprabito o impermeabile leggero, originariamente usato dagli automobilisti.

spolverìo (pl. *-ìi*) [da *spolverare*; 1873] **sm. 1.** sollevarsi di polvere **2.** *scherz.* abbuffata, mangiata.

spolverizzaménto [da *spolverizzare*; sec. XIV *spolverezzamento*] **sm.** atto ed effetto dello spolverizzare.

spolverizzàre [da *spolverare*; sec. XIV nel senso 2] **tr. 1.** cospargere di una sostanza ridotta in polvere: *spolverizzare di cannella, di zucchero la torta* ‖ *in part.* *T.pitt.* ricavare un disegno per mezzo dello spolvero **2.** *arc.* ridurre in polvere.

spolverizzatóre [da *spolverizzare*; 1940] **sm.** *raro* vaporizzatore, nebulizzatore.

spolverìzzo [da *spolverizzare*; a. 1571 *spolverezzo*] **sm.** *raro* **1.** lo spolverizzare **2.** piccolo sacchetto di tela di lino, rada, con dentro polvere di carbone, di gesso colorato o di altra materia, usato per spolverizzare un disegno.

spólvero [da *spolverare*; a. 1537] **sm. 1.** spargimento di sostanze ridotte in polvere: *per ultimo si procede allo spolvero del cacao* || *T.pitt.* tecnica di riproduzione di disegni consistente nel perforare fittamente i contorni del disegno da riprodurre e nell'appoggiare il foglio sulla superficie sulla quale deve essere riprodotto, passandovi poi sopra uno spolverizzo che, facendo passare la sostanza colorante attraverso i fori, formerà sulla superficie sottostante una puntinatura corrispondente al tracciato del disegno **2.** *concr.* sostanza ridotta in polvere: *uno spolvero di zucchero*; anche polvere minuta che si spande qua e là in un ambiente: *spolvero di carbone, di farina, di cemento* || *fig.* complesso di conoscenze molto sommarie, infarinatura: *uno spolvero di cultura, erudizione di spolvero* || *T.mus. aria di spolvero*, pezzo d'effetto che procura applausi sicuri al cantante **3.** *raro* il togliere la polvere.

spomiciàre (pres. *spómicio*) [da *pomiciare*; 1891] **tr.** pulire, lisciare con la pomice; pomiciare: *spomiciare il legno*.

spompàre (pres. *spómpo*) [da *pompare*; 1978] **tr.** *fam.* togliere le forze e la voglia di fare || sfinire, estenuare || **intr. pron.** *fam.* sfinirsi, sfiancarsi, perdere forza fisica o morale.

spónda [lat. *sponda*; fine sec. XIII nel senso 2; 1550 nel senso 1] **sf. 1.** margine, striscia di terra delimitante uno specchio d'acqua; riva: *le sponde del torrente, del canale* **2.** bordo, margine, orlo più o meno rilevato delimitante una superficie rispetto a quella sottostante; parapetto: *le sponde del carro, del ponte*; *in part.* ciascuno dei bordi laterali del letto: *stava seduto sulla sponda del letto* || nel biliardo, ciascuno dei quattro lati del tavolo da gioco: *tirare di sponda*; *giocare di sponda*, facendo carambolare la palla sulla sponda, anche *fig.* contare sugli effetti indiretti delle proprie azioni o, anche, sul comportamento di un'altra parte || *fig. region.* appoggio, protezione || nella loc. *fare da sponda*, da punto di riferimento, spalleggiare; nel calcio, ricevere un passaggio da un compagno e rinviargli la palla quando s'è smarcato || *dim.* spondina || **N. 1.** *Sin.* lido, spiaggia, RIVA.

spondàico (pl. *-ci*) [dal lat. tardo *spondaicus*; a. 1544] **I agg.** nella metrica classica, di spondeo o composto di spondei: *verso spondaico* **II sm.** verso spondàico.

spondèo [dal lat. *spondēus*, gr. *spondêios*, usato nelle sacre libagioni; a. 1565] **sm.** *T.metr.* piede della metrica greca e latina composto di due sillabe lunghe.

sponderuòla [da *sponda*; 1838] **sf.** pialla con lama stretta e col taglio ad angoli retti, per piallare contro le sponde. **TAV. *utensili* p. 1341** 30.9.

spondilìte [comp. di *spondilo* e *-ite*[1]; 1829] **sf.** *T.med.* infiammazione delle vertebre.

spòndilo [dal lat. *spondylus*, gr. *spóndylos*; sec. XIV *spondilli* pl.] **sm.** *ant. T.anat.* vertebra.

spónga [lat. *spongia*, gr. *spongía*; 1542] **sf.** *ant.* spugna.

spongàta [da *sponga*; 1960] **sf.** dolce tipico emiliano, consistente in pastafrolla ripiena, caratteristico delle feste natalizie.

spongilla [dim. dal lat. *spongia*; 1838] **sf.** nome comune delle spugne di acqua dolce.

spongina [comp. del lat. *spongia* e *-ina*; 1873] **sf.** sostanza proteica, affine al collagene, che forma il tessuto di sostegno delle spugne cornee.

spongiosità [da *spongioso*; 1599] **sf.** *raro* spugnosità.

spongióso [dal lat. *spongiōsus*; a. 1502] **agg.** *raro* spugnoso.

sponsàle [dal lat. *sponsālis*; a. 1294] **I agg.** *lett.* matrimoniale: *gli sponsali arnesi e doni* (Caro) **II sm.** (solo *pl.*) *lett.* nozze, sposalizio: *fu invitato agli sponsali del principe* || **N. I** *Sin.* coniugale, nuziale **II** *Sin.* NOZZE.

sponsalìzio (pl. *-zi*) [dal lat. tardo *sponsālicius*; 1321 *sponsalizie* f. pl.] **sm.** *arc.* sposalizio.

sponsor (ingl., pr. ['spɒnsə]; pr. it. ['spɔnsor]) [letter. padrino, garante; 1963] **sm.** *inv.* industria o altro operatore economico che, per ricavarne pubblicità, finanzia una gara sportiva, un atleta, uno spettacolo, una manifestazione pubblica e sim. **Q.T. *pubblicità*.**

sponsorizzàre [da *sponsor*; 1978] **tr.** finanziare un'attività sportiva, uno spettacolo o una manifestazione per ricavarne pubblicità || *per estens.* favorire, appoggiare: *la sua candidatura è sponsorizzata da un noto uomo politico.*

sponsorizzàto (*pps.* di *sponsorizzare*) [1978] **agg.** finanziato da un'industria a scopo pubblicitario: *una squadra sponsorizzata da una ditta alimentare.*

sponsorizzatóre [da *sponsorizzare*; 1979] **sm.** (f. *-trìce*) chi finanzia un'attività a scopo pubblicitario || **N.** *Sin. sponsor.*

sponsorizzazióne [da *sponsorizzare*; 1978] **sf.** atto ed effetto dello sponsorizzare. **Q.T. *pubblicità*.**

spontaneìsmo [da *spontaneo*; 1969] **sm.** in politica, atteggiamento di chi attua o appoggia azioni spontanee, perlopiù rivendicative o di protesta, effettuate da piccoli gruppi non organizzati o da aderenti ad organizzazioni politiche o sindacali che scavalcano le direttive degli organi decisionali della propria associazione.

spontaneìsta [da *spontaneismo*; 1971] **s.** chi si comporta secondo la prassi dello spontaneismo, o vi si ispira.

spontaneìstico (pl. *-ci*) [da *spontaneista*; 1970] **agg.** relativo allo spontaneismo, proprio dello spontaneismo.

spontaneità [da *spontaneo*; 1745] **sf.** qualità di chi o di ciò che è spontaneo: *la spontaneità dell'invito, di un attore*; *il mito romantico della spontaneità.*

spontàneo [dal lat. *spontāneus*; 1353] **agg. 1.** di atto, che viene compiuto per libera scelta, senza che si siano subite pressioni dall'esterno: *confessione, rinuncia spontanea*; nelle loc. *di mia, tua, sua, ... spontanea volontà* **2.** *per meton.* di persona, che si comporta in modo istintivo, non artefatto: *un artista spontaneo* **3.** *per estens.* di fenomeno, che si produce o determina naturalmente, senza l'intervento dell'uomo: *reazione chimica spontanea*; *combustione spontanea*, che avviene, ad es., per fermentazione || che si fa per istinto, senza consapevolezza né volontà: *impulso spontaneo* || con accezione negativa, indica nel marxismo ogni forma di protesta o di azione non organizzata, prepolitica || **spontaneaménte** **avv.** || **N. 1.** *Sin.* istintivo, naturale, sincero, volontario | *Contr.* artefatto, forzato, imposto **2.** *Sin.* autentico, genuino | *Contr.* artificioso **3.** *Sin.* endogeno.

sponte (lat., pr. it. ['spɔnte]) [letter. spontaneamente] **avv.** nelle loc. *scherz.*: *spinte o sponte, di spinte o di sponte*, per amore o per forza || nelle *loc. avv. di mia, tua, sua* ecc. *sponte*, spontaneamente.

spoon (ingl., pr. [spu:n]) [letter. cucchiaio; 1964] **sm.** *inv. T.sport.* bastone da golf con spatola di legno a cucchiaio.

spopolaménto [da *spopolare*; 1873] **sm.** lo spopolare e lo spopolarsi: *lo spopolamento della campagna, della montagna, delle aree depresse.*

spopolàre (pres. *spòpolo*) [da *popolare*[1]; 1686] **tr.** rendere privo o povero di popolazione: *l'epidemia ha spopolato la regione* || **intr.** (aus. *avere*) *scherz. enf.* ottenere uno strepitoso successo, attrarre una folla così grande che le zone circostanti sembrano disabitate: *quel gruppo rock spopola* || **intr. pron.** diventare privo o povero di popolazione: *le campagne si spopolano in conseguenza dell'urbanesimo* || **N. tr.** *Contr.* popolare, ripopolare; inurbare.

spopolàto (*pps.* di *spopolare*) [a. 1742] **agg.** privo o povero di popolazione || **N.** *Sin.* deserto, disabitato, solitario.

spoppaménto [da *spoppare*; a. 1698] **sm.** *non com.* lo spoppare; svezzamento, slattamento.

spoppàre (pres. *spóppo*) [comp. parasint. di *poppa*[2]; a. 1342] **tr.** svezzare, slattare.

spoppatùra [da *spoppare*; 1891] **sf.** *non com.* spoppamento, svezzamento.

spòra [dal gr. *sporá*, seminagione, seme; 1821] **sf. 1.** *T.bot.* cellula riproduttiva agamica delle piante crittogame **2.** *T.zool.* corpuscolo riproduttore di alcuni Protozoi.

spòradi [dal lat. *sporades*; 1821] **sf. pl.** *T.astr.* stelle disseminate fuori delle costellazioni.

sporadicità [da *sporadico*; 1960] **sf.** l'essere sporadico, saltuarietà.

sporàdico (pl. *-ci*) [dal lat. *sporadicus*, gr. *sporadikós*, che vive sparso; 1761] **agg.** non continuo, che avviene ogni tanto, che si verifica qua e là: *casi sporadici di vaiolo, incontri sporadici* || **sporadicaménte** **avv.** || **N.** *Sin.* discontinuo, isolato, saltuario | *Contr.* continuo, costante, diffuso, frequente, ricorrente.

sporàngio (pl. *-gi*) [comp. di *spora* e *-angio*; 1813] **sm.** *T.bot.* organo cavo pluricellulare nel quale si differenziano le spore || *in gen.* organo contenente spore || **N.** *Sin.* asco.

sporcacciàre (pres. *-àccio*) [da *sporcare*; 1891] **tr.** *pop.* sporcare, imbrattare, insudiciare.

sporcaccióne [da *sporcare*; 1891] **agg.** e **sm.** (f. *-a*) sudicione, che o chi sporca || *fig.* che o chi dice o fa cose moralmente spregevoli, turpi || **N.** *Sin.* porco, SPORCO.

sporcàre (pres. *spòrco, spòrchi*) [lat. *spurcāre*; a. 1600] **tr.** rendere sudicio, sporco: *sporcare il vestito, i libri* || *fig.* deturpare moralmente, compromettere: *sporcare la propria fama, il buon nome della famiglia*; *sporcare la fedina penale*, commettere un reato || **rifl.** e **rifl. indir.** insudiciarsi: *sporcarsi le mani, il viso* || *fig.* compiere qualcosa di disonorevole: *s'è sporcato in quella faccenda*; compromettersi, degradarsi moralmente: *non voglio sporcarmi a discutere con uno come te* || **N. tr.** *Sin.* contaminare, imbrattare, impataccare, impiastricciare, infamare, infangare, insozzare, insudiciare, inzaccherare, lordare, sbrodolare, svilire.

sporcatóre [da *sporcare*; a. 1704] **agg.** e **sm.** (f. *-trìce*) *raro* che o chi sporca, insudicia.

sporcherìa **sf.** *ant.* v. PORCHERIA.

sporchévole [da *sporcare*; 1965] **agg.** *region.* che si sporca facilmente.

sporchézza [da *sporco*; a. 1565] **sf.** *non com.* sporcizia.

sporcìzia [dal lat. *spurcitia*; a. 1472 *spurcizia*] **sf. 1.** l'essere sporco, anche *fig.*: *quanta sporcizia in questa casa!* **2.** *concr.* cosa sporca: *lava via quella sporcizia dal vetro* || *fig. meno com.* parola o atto disonesto, turpitudine: *quando parla non dice altro che sporcizie* || **N.** *Sin.* lerciume, maialata, oscenità, scurrilità, PORCHERIA.

spòrco (pl. *-chi*) [lat. *spurcus*; 1516] **I agg. 1.** non pulito, macchiato, imbrattato, spec. di materiale in sé spregevole o comunque eterogeneo: *scarpe, mani sporche*; *la tovaglia è sporca di caffè*; anche per indicare una condizione abituale: *è gente molto sporca* || *fam. lingua sporca*, patinata, segno di cattiva digestione **2.** *fig. avere la coscienza sporca*, detto di chi sa di aver commesso colpe o mancanze; *fedina penale sporca*, su cui sono annotati i reati compiuti || osceno, scurrile, sconcio: *parole, barzellette sporche* || disonesto, contrario alla morale, all'onore; illegale: *è una faccenda sporca, non voglio immischiarmici*; *fam. farla sporca*, compiere qualcosa di disonesto o sim., senza dimostrare alcun ritegno || **sporcaménte** *avv. non com.* slealmente, disonestamente **II** *sm.* (solo *sing.*) sporcizia: *vivere nello sporco* || *dim.* sporchétto, sporchìno; *accr.* sporcacciòne || **N. I 1.** *Sin.* imbrattato, immondo, insozzato, inquinato, insudiciato, laido, lercio, lordo, lurido, macchiato, sozzo, sudicio | sbrodolone, sporcaccione, sudicione **2.** *Sin.* disonesto, disonorevole, immorale, impudico, riprovevole | *Contr.* onesto **II** *Sin.* immondizia, lordura, luridume, macchia, porcheria, sudiciume | *Contr.* igiene, pulizia.

sporgènte (*ppr.* di *sporgere*) [a. 1729] **I** *agg.* prominente **II** *sm. T.mar.* piazzale attrezzato per l'attracco delle imbarcazioni, che sporge in un bacino portuale per aumentare la superficie disponibile.

sporgènza [da *sporgere*; a. 1502] *sf.* l'essere sporgente || *più com. concr.* parte che sporge: *battere contro una sporgenza del mobile* || **N.** *Sin.* prominenza, protuberanza | *Contr.* rientranza.

spòrgere (pres. *spòrgo, spòrgi*; p.rem. *spòrsi, sporgésti, spòrse, spòrsero*; pps. *spòrto*) [lat. *exporrigere*; 1313] *intr.* (aus. *essere*) venire in fuori, fare aggetto: *questa cornice sporge troppo* || *tr.* protendere, stendere in fuori o in avanti, oltre la linea delimitante una superficie: *sporgere la testa dal finestrino, il braccio lateralmente per segnalare che si svolta* || *fig. T.giur. sporgere querela*, presentarla all'autorità || *rifl.* protendersi verso l'esterno: *non si sporga troppo, è pericoloso sporgersi* || **N.** *intr. Sin.* aggettare | *Contr.* rientrare | *tr. Sin.* allungare | *Contr.* ritirare, ritrarre, tirare indietro.

spòrico (pl. *-ci*) [da *spora*; 1960] *agg. T.bot.* relativo alla spora, proprio della spora: *ciclo sporico*.

sporìdio (pl. *-di*) [dal lat. scient. *sporidium*, basato sul gr. *sporá*, seme; 1838] *sm. T.bot.* spora prodotta da alcuni ordini di funghi.

sporìfero [comp. di *sporo-* e *-fero*; 1960] *agg. T.bot.* che porta spore, che produce spore: *apparato sporifero*.

sporificàre (pres. *-ìfico, -ìfichi*) [comp. di *sporo-* e *-ficare*; 1960] *intr.* (aus. *avere*) *T.bot.* produrre spore.

sporificazióne [da *sporificare*; 1960] *sf. T.bot.* lo sporificare.

sporìfico (pl. *-ci*) [comp. di *sporo-* e *-fico*; 1960] *agg. T.bot.* che riguarda la produzione delle spore.

spòro- [dal gr. *sporá*, seme] *primo elem.* che, in parole composte della terminologia botanica, vale "spora": **sporogènesi**, **sporògeno**, **sporologìa**, **sporòlogo**.

sporocàrpo [comp. di *sporo-* e *-carpo*; 1960] *sm. T.bot.* piccolo involucro, costituito da un lobo fogliare ripiegato, contenente gli sporangi.

sporofillo [comp. di *sporo-* e *-fillo*; 1932] *sm. T.bot.* nelle piante Fanerogame e Pteridofite, foglia che produce le spore.

sporòfito [comp. di *sporo-* e *-fito*; 1960] *sm. T.bot.* individuo che produce le spore.

sporogonìa [comp. di *sporo-* e *-gonia*; 1906] *sf.* **1.** *T.bot.* produzione di un solo individuo da parte di una sola cellula riproduttrice o spora **2.** *T.zool.* in diversi Protozoi, divisione multipla che segue a un processo di riproduzione sessuale.

sporogònio (pl. *-ni*) [comp. di *sporo-* e *-gonio*, da *-gonia*; 1960] *sm. T.bot.* apparato in cui si sviluppano le spore dei Muschi.

Sporozòi [comp. di *sporo-* e *-zoo*; 1960] *sm. pl. T.zool.* sottotipo di Protozoi che si riproducono per spore.

spórre [aferesi di *esporre*; 1306] *tr. arc.* esporre.

spòrt [dall'ingl. *sport*, in origine divertimento; 1829] *sm. inv.* **1.** insieme coerente di attività fisiche, individuali o collettive, praticate come attività agonistica, per sviluppare l'abilità e la forza fisica o semplicemente come attività ricreativa: *praticare, fare dello sport; gli sport invernali*, su neve o ghiaccio **2.** *per estens.* divertimento, passatempo, diletto || *fare una cosa per sport*, senza impegnarvisi seriamente. **Q.T.** *atletica, calcio, canottaggio, ippica, pattinaggio, pugilato, scherma, sci, sport, tennis, vela.*

spòrta [lat. *sporta*, paniere; a. 1303] *sf.* **1.** ampia e capace borsa perlopiù di tela, vimini o paglia lavorata, con due manici, usata spec. per la spesa: *va tutte le mattine al mercato con la sporta* || *non com.* la spesa, nelle loc. *rubare, guadagnare sulla sporta* || *non com. cappello a sporta*, con tese larghissime e ripiegate verso il basso **2.** *per meton.* la quantità di roba che la sporta contiene || *fig. fam. un sacco e una sporta*, una grande quantità: *l'ingiuriò dicendogliene un sacco e una sporta* || *dim.* sportellìna, sporticìna, sporticèlla, sportellétta; *accr.* sportóna, sportóne (*sm.*); *pegg.* sportàccia.

sportàre (pres. *spòrto*) [da *sporto*; a. 1502] *tr.* e *intr.* (aus. *essere*) *arc.* sporgere.

sportellàto [da *sportello*; 1824] *agg.* **1.** fornito di sportelli **2.** a forma di sportello.

sportellista [da *sportello*; 1960] *s.* impiegato che lavora allo sportello, addetto al servizio col pubblico.

sportèllo [da *portello*; 1618 nel senso 1; 1922 nel senso 2] *sm.* **1.** piccola imposta fissata a cerniere, destinata a chiudere un vano: *lo sportello della gabbia, della credenza*; *in part.* portiera di carrozza ferroviaria o di automobile || scuro || *per estens.* ciascuna delle tavole laterali di un trittico, ripiegantesi su quella centrale **2.** apertura attraverso la quale, negli uffici, l'impiegato comunica col pubblico: *lo sportello della banca, dell'ufficio postale, delle raccomandate*; *far la coda, aspettare allo sportello* || *fig. chiudere gli sportelli*, di banca, sospendere i pagamenti || *per meton. T.banc.* filiale di una banca || *dim.* sportellétto, sportellìno; *accr.* sportellóne || **N. 1.** *Sin.* anta, antina, portello, IMPOSTA | PARTI: arpione, bandella, battente, cardine, fermo, frullino, maniglia, mastietto, nottolino, telaio. **Q.T.** *carri...* **TAV.** *elettrodomestici* 3.8, 8.2, 8.3; *carri...* **p. 664** 1.6.

sport-fisherman (ingl., pr. [ˌspɔːt ˈfɪʃəmən]) [comp. di *sport* e *fisherman*, pescatore; 1970] *sm. inv.* grosso motoscafo attrezzato per la pesca sportiva d'altura alla traina || **N.** *Sin. fisherman.*

sportività [da *sportivo*; 1960] *sf.* l'essere sportivo, spirito sportivo || **N.** *Sin.* correttezza, lealtà.

sportìvo [da *sport*, sul modello del fr. *sportif*; 1884] **I** *agg.* **1.** che riguarda lo sport: *gara sportiva; vestito, giornale, campo, incontro sportivo; auto sportiva*, adatta a competizioni automobilistiche o, *per estens.*, dalle prestazioni brillanti; *guida sportiva*, brillante, adatta a competizioni automobilistiche || *per estens.* detto di capo (o, anche, di stile) di abbigliamento disinvolto e pratico || *eufem.* disinvolto, superficiale: *atteggiamento sportivo* **2.** che pratica uno o più sport o che ne è appassionato: *un ragazzo molto sportivo* || *fig.* corretto, leale, che agisce secondo lo spirito proprio delle gare sportive: *è intelligente ma manca di spirito sportivo* || **sportivaménte** *avv.* con spirito sportivo: *l'ha presa sportivamente* **II** *sm.* (f.

SPORT

VARI SPORT: aeronautica (v.) o aviazione, aerobica, alpinismo (v.), arti marziali (*aikido*, boxe francese o *savate*, *judo*; *jujitsu*, *karate*, *kendo*, *kick boxing*, *kung fu*, *tai chi chuan*; v. tavola ARTI MARZIALI ORIENTALI), atletica leggera (v. ATLETICA), atletica pesante (lotta, sollevamento pesi; v. ATLETICA), automobilismo, *badminton* o volano, *baseball*, biliardo (italiano; *pool*; *snooker*), *bob*, *body building* o culturismo, *bowling*, calcio (v.), canoa (canadese, *kayak*; gare di velocità, di maratona, di slalom), canottaggio (v.), ciclismo, ciclocross, *cricket*, *croquet*, deltaplano, *football* (americano, australiano, canadese), ginnastica (anelli, asse d'equilibrio, cavallo con maniglie, corpo libero, parallele, parallele asimmetriche, sbarra orizzontale, volteggi al cavallo), *golf*, *hockey* (a rotelle, su ghiaccio, su prato), ippica (v.) o equitazione, *jogging*, motociclismo (*cross*, *trial*, *enduro*, velocità su pista), motonautica, nuoto (v.), pallacanestro o *basket-ball*, pallamano, pallanuoto, pallavolo, pallone elastico, paracadutismo, pattinaggio (v.), pelota o palla al muro, podismo (v. ATLETICA), polo, pugilato (v.), *rugby*, scherma (v.), sci (v.), sci alpinismo, sci nautico, slittino, *softball*, *stretching*, *squash*, tennis (v.), tennis da tavolo o *ping-pong* (v. TENNIS), tiro (con l'arco, con armi da fuoco), tuffi, vela, volo a vela.

PERSONE: allenatore o *trainer*, allibratore, allievo, atleta, avversario, campione, detentore (di una coppa, di un titolo, di un *record*), concorrente, cronometrista, dilettante, direttore (tecnico, sportivo), esordiente, finalista, fuoriclasse, giocatore, *manager* o impresario, massaggiatore, medico sportivo, mossiere o *starter*, olimpionico, *outsider*, *partner* o compagno, preparatore atletico, primatista o *recordman*, principiante, professionista, riserva, scommettitore, conteggiatore, sostituto, *sparring partner*, *speaker* o cronista, spettatore, sportivo, *supporter* o sostenitore, tifoso, ufficiale di gara.

LUOGHI: anfiteatro, arena, autodromo, campo, circuito, ippodromo, lizza, motovelodromo, palazzo dello sport, palestra, pedana, percorso, piscina, pista, *ring*, sala d'armi, sferisterio, stadio, velodromo.

AZIONI: battere un avversario, battere un *record* o conquistare un primato, disputare, emergere, essere in forma, primeggiare, segnare un tempo.

TERMINI VARI: abbandono o *forfait*, allenamento, amichevole, andatura, arrivo, area di gioco, batteria, campionato, categoria, classe, classifica, *club* o associazione, *combine* o intesa, concorso, competizione, cronometraggio, diporto, divertimento, *doping / anti-doping*, eliminatorie, eliminazione, esercizio fisico, fallo, finale (semifinale; quarti, ottavi, ... di finale), gara o *match*, gioco, girone, giuria, graduatoria, *gymkana* o gincana, incontro o *meeting*, ingaggio, massaggio, olimpiadi, omologazione, pareggio, penalità, *play-off*, *pool* o *poule*, podio, posizione, premiazione, prove olimpiche, punto, *raid*, *rally*, *randonnée*, *record* o primato, recupero, regole, riunione, riscaldamento, scatto, sconfitta, *score* o punteggio, scudetto, *seniores / iuniores*, serie, sfida, sorteggio, sospensione o *time out*, sostituzione, *souplesse*, spareggio, specialità, spettacolo, squalifica, squadra o *équipe*, superallenamento, svago, tappa, tattica, tecnica, tempo, tempo supplementare, tenuta di gara, testa di serie, trasferta, trionfo, virtuosismo, vittoria.

N.B. Vedere per i singoli sport i relativi quadri terminologici e le nomenclature alle singole voci.

-*a*) chi pratica uno o più sport o ne è appassionato, tifoso: *l'incontro ha entusiasmato il pubblico degli sportivi.* **Q.T.** *sport.*

spòrto (*pps.* di *sporgere*) [1319 come agg.; a. 1348 come sm.] **I** ***agg.*** che sporge verso l'esterno: *viaggiava con il capo sporto dal finestrino* **II** ***sm.*** *ant.* aggetto ‖ *in part.* imposta girevole su cardini laterali, usata come elemento di chiusura di botteghe, vetrine e sim. ‖ muricciolo accanto alla porta di una bottega che sporgeva in fuori rispetto al muro principale dell'edificio e serviva a esporvi la merce ‖ **N.** *Sin.* rilievo, prominenza, protuberanza, sporgenza.

sportsman (ingl., pr. [ˈspɔːtsmən]) [comp. di *sport* e *man,* uomo; 1863] ***sm.*** *inv.* uomo sportivo, anche *fig.*

sportswear (ingl., pr. [ˈspɔːtswɛə]) [letter. abbigliamento per lo sport; 1980] ***sm.*** *inv.* abbigliamento sportivo, comodo, ma elegante ‖ la produzione di tale abbigliamento.

spòrtula [dal lat. *sportula;* 1726] ***sf.*** *T.stor.* **1.** i doni che gli antichi nobili romani facevano ai loro clienti quando la mattina venivano a riverirli **2.** compenso cui aveva diritto un ufficiale giudiziario per determinate prestazioni professionali ‖ *per estens. iron.* ricompensa ‖ **N. 2.** *Sin.* competenza, spettanza.

spòrula [da *spora;* 1838] ***sf.*** spora.

sporulazióne [da *sporula;* 1906] ***sf.*** **1.** *T.bot.* produzione di spore **2.** *T.zool.* riproduzione asessuata dei Protozoi, per cui ogni individuo si moltiplica, in seguito a successive divisioni del nucleo cellulare, in numerosi individui ‖ **N.** *Sin.* schizogenesi.

spọ̀sa [lat. *sponsa,* promessa sposa; fine sec. XIII] ***sf.*** **1.** la donna nel giorno del matrimonio: *abito da sposa, accompagnare la sposa all'altare* ‖ *in gen.* la donna considerata rispetto al matrimonio, alle nozze: *promessa sposa,* fidanzata; *andare sposa a qualcuno* ‖ *pop.* donna sposata, spec. se da poco tempo; *è fresca come una sposa,* si dice di donna anziana che porta bene i suoi anni **2.** *fig.* in loc. alludenti a un vincolo inseparabile, spec. spirituale: *sposa di Cristo,* monaca; *sposa di Dio,* la Chiesa cattolica ‖ *la sposa del mare,* la repubblica marinara di Venezia ‖ *dim.* sposìna, sposétta, sposettìna; *accr.* sposóna ‖ **N. 1.** anello o vera, *bouquet,* corredo, fiori d'arancio, serto, spillatico, velo.

spọsalìzio (pl. *-zi*) [lat. tardo *sponsalicius;* 1598] ***sm.*** cerimonia nuziale: *celebrare lo sposalizio* ‖ *lo sposalizio del mare,* cerimonia simbolica con cui il doge sposava Venezia al mare ‖ **N.** *Sin.* NOZZE.

spọsaménto [da *sposare;* a. 1566] ***sm.*** *arc.* atto dello sposare.

spọsàre (pres. *spọ̀so*) [lat. *sponsāre,* fidanzarsi; a. 1250] ***tr.*** **1.** prendere in matrimonio: *sposare una ragazza povera, un vedovo* ‖ *fig.* prendersi a cuore, aderire profondamente: *sposare una moda, un costume, un'opinione, una causa, un partito;* nel modo di dire *non l'ho mica sposato!,* per indicare che non si è affatto legati a qualcuno **2.** del prete o del funzionario di Stato Civile, celebrare un matrimonio: *li sposò il parroco, il sindaco* ‖ dei genitori o parenti, dar marito o moglie ai figli: *quell'uomo ha sposato la figlia a un bravo giovane* ‖ *fig.* unire: *sposare le ricchezze alle virtù, l'utile al dilettevole* **3.** *arc.* promettere in matrimonio ‖ ***rifl.*** contrarre matrimonio: *si è sposato ieri, si è sposata per amore* ‖ ***rec.*** unirsi in matrimonio: *quei due si sposano* ‖ **N.** ***tr.*** **1.** *Sin.* accasare, accoppiare, ammogliare, congiungere in matrimonio, convolare a giuste nozze, maritare, prendere in marito, prendere in moglie | NOZZE.

spọsìna (*dim.* di *sposa*) [a. 1742] ***sf.*** **1.** giovane sposa ‖ donna appena sposata **2.** *ant.* novizia.

spọsìno (*dim.* di *sposo*) [a. 1587] ***sm.*** **1.** sposo giovane ‖ uomo che si è sposato da poco **2.** *pl.* coppia che si è sposata da poco tempo.

spọ̀so [lat. *sponsus,* promesso sposo; a. 1292] ***sm.*** **1.** l'uomo nel giorno del matrimonio ‖ *in gen.* l'uomo considerato rispetto al matrimonio: *promesso sposo,* fidanzato ‖ *pop.* marito, uomo sposato, spec. se da poco tempo: *lo sposo portò a casa la sposa* ‖ *pl.* l'uomo e la donna nel giorno delle nozze, oppure i coniugi sposati di fresco **2.** *fig.* in loc. alludenti a un vincolo inseparabile, spec. spirituale: *lo sposo mistico della Chiesa,* Cristo **3.** *arc.* promesso sposo ‖ *dim.* sposìno, sposétto ‖ **N. 1.** *Sin.* coniuge, consorte.

spossaménto [da *spossare;* 1842] ***sm.*** spossatezza: *è caduto in uno stato di totale spossamento.*

spossànte (*ppr.* di *spossare*) [1728] ***agg.*** estenuante, sfibrante, stancante.

spossàre (pres. *spòsso*) [comp. parasint. di *possa;* a. 1729] ***tr.*** togliere la forza, l'energia; stancare estremamente, estenuare: *lavoro che spossa fisicamente il braccio e intellettualmente il cervello, la malattia lo ha spossato* ‖ ***intr. pron.*** affaticarsi fino all'estenuazione ‖ **N.** ***tr.*** *Sin.* accasciare, debilitare, indebolire, infiacchire, logorare, sfibrare, sfinire, STANCARE.

spossatézza [da *spossato;* a. 1704] ***sf.*** grande stanchezza, senso di prostrazione fisica.

spossàto (*pps.* di *spossare*) [1353] ***agg.*** rimasto senza forze ‖ **N.** *Sin.* estenuato, fiaccato, fiacco, sfinito, STANCO.

spossessaménto [da *spossessare;* 1960] ***sm.*** atto ed effetto dello spossessare ‖ **N.** *Sin.* esproprio.

spossessàre (pres. *-èsso*) [comp. parasint. di *possesso;* a. 1617] ***tr.*** privare del possesso: *spossessare uno del poco che ha* ‖ ***rifl.*** privarsi di ciò che si possiede ‖ **N.** ***tr.*** *Sin.* privare, spodestare, spogliare.

spostàbile [da *spostare;* 1960] ***agg.*** che si può spostare.

spostaménto [da *spostare;* 1728] ***sm.*** atto ed effetto dello spostare: *fare uno spostamento; spostamento d'aria, di massi, di orario;* anche *fig.: spostamento di gusto, d'interesse* ‖ *T.mar.* dislocamento.

spostàre (pres. *spòsto*) [comp. parasint. di *posto;* 1584] ***tr.*** rimuovere qualcuno o qualcosa dalla posizione precedente o abituale: *spostare un tavolino; spostare un impiegato,* trasferirlo ‖ *T.mus.* trasportare: *spostare una romanza da una chiave a un'altra* ‖ *T.mar.* dislocare ‖ *T.chim.* sostituire: *un elemento sposta un altro elemento in un composto* ‖ *per estens.* differire nel tempo, anticipare o posticipare: *l'appuntamento è stato spostato* (*a più tardi, a più presto, alle nove* ecc.) ‖ *fig. disus.* dissestare, rovinare: *tutte queste spese mi hanno spostato* ‖ ***rifl.*** di persona, muoversi dalla posizione precedente o abituale, trasferirsi, traslocare e sim.: *si è spostato in città, spostati un po' più in là* ‖ ***intr. pron.*** di cosa, muoversi dal suo posto o dalla posizione abituale, anche *fig.: si è spostato il pendolo, il suo interesse si è spostato alla musica sinfonica* ‖ **N.** *Sin.* muovere, trasportare.

spostàto (*pps.* di *spostare*) [1805] **I** ***agg.*** che non è più al posto in cui si trovava prima o si trova abitualmente: *riordinare le cose spostate* **II** ***sm.*** (f. *-a*) persona che, per motivi sociali o psicologici, non riesce a inserirsi nella vita sociale: *il carcere crea degli spostati, è uno spostato.*

spostatùra [da *spostare;* a. 1712] ***sf.*** *raro* **1.** spostamento **2.** *tosc.* sgarbo.

spot [1] (ingl., pr. [spɒt]) [letter. macchia, punto; 1960 come sm. nel senso 2] ***sm.*** *inv.* **1.** *T.elettron.* punto luminoso che appare su uno schermo fluorescente per azione di un pennello elettronico **2.** proiettore da teatro, da studio fotografico o da studio televisivo, la cui luce può essere orientata e concentrata in un solo punto ‖ faretto **3.** spazio pubblicitario televisivo.

spot [2] (ingl., pr. [spɒt]) [da (*on the*) *spot,* su due piedi; 1979] ***agg.*** *inv.* (sempre posposto) *T.econ.* in contanti: *petrolio venduto sul mercato spot, prezzo spot.*

spotestàre V. SPODESTARE.

spràнga [dal long. *spanga;* 1313] ***sf.*** **1.** sbarra di legno o di ferro per sprangare: *mettere la spranga alla porta* **2.** *tosc. ant.* filo di ferro adoperato per aggiustare le stoviglie, unendo fortemente insieme le parti separate ‖ *dim.* spranghétta, spranghettìna.

sprangàio (pl. *-ài*) [da *spranga;* 1873] ***sm.*** *tosc.* ambulante che per mestiere aggiustava col fil di ferro terraglie rotte: *è passato lo sprangaio e gli ho dato il vaso.*

sprangàre (pres. *sprànɡo, spràngհi*) [da *spranga;* sec. XIV] ***tr.*** **1.** bloccare i battenti di porte, finestre, imposte con una o più spranghe: *sprangare l'entrata* **2.** *tosc. ant.* tenere insieme con spranghe i cocci di terraglie rotte **3.** colpire con una spranga ‖ **N. 1.** *Sin.* sbarrare, CHIUDERE.

sprangàta [da *spranga;* 1983] ***sf.*** colpo dato con una spranga: *la rissa è finita a sprangate.*

sprangàto (*pps.* di *sprangare*) [sec. XIV] ***agg.*** chiuso, sbarrato.

sprangatùra [da *sprangare;* 1550] ***sf.*** atto dello sprangare ‖ chiusura con spranghe.

spranghétta (*dim.* di *spranga*) [a. 1665 nel senso 2] ***sf.*** **1.** piccola spranga **2.** *pop. fig. non com.* dolore di capo che si sente spec. in corrispondenza della fronte, ed è conseguenza di solito del troppo bere o di cattiva digestione.

spràtto [dal francone *sprat;* 1936] ***sm.*** pesce dei Clupeidi, simile alla sardina, che viene mangiato fresco, salato o affumicato.

spray (ingl., pr. [spreɪ]; pr. it. [sprai]) [letter. spruzzo; 1927] **I** ***sm.*** *inv.* **1.** spruzzatore usato per nebulizzare o polverizzare profumi, insetticidi e sim. **2.** il prodotto spruzzato con tale sistema: *spruzzare lo spray sui capelli* **II** ***agg.*** *inv.* (sempre posposto) da applicarsi mediante nebulizzatore: *lacca spray* ‖ che ha il nebulizzatore: *bombola spray.*

spràzzo [da *sprazzare,* var. arc. di *spruzzare;* 1319 nel senso 2] ***sm.*** **1.** vivido fascio di luce, repentino e fuggevole: *uno sprazzo di luce filtrava tra le nuvole* ‖ *fig.* improvvisa manifestazione di un sentimento, di uno stato psichico: *mi ha riconosciuta in uno sprazzo di lucidità;* rif. spec. all'intelligenza, all'intuizione e sim.: *sprazzo di genialità,* lampo di genio **2.** *lett.* zampillo, getto violento di liquido ‖ **N.** *Sin.* SPRIZZO.

spreadsheet (ingl., pr. [ˈspredʃiːt]) [letter. foglio disteso; 1985] ***sm.*** *T.inform.* particolare tipo di programma per computer che consiste sostanzialmente in un insieme di celle diversamente etichettate e di procedure che consentono di eseguire rapidamente elaborazioni complesse e immediati aggiornamenti dei dati contenuti nelle celle ‖ **N.** *Sin.* foglio elettronico.

sprecàre (pres. *sprèco, sprèchi*) [etim. inc.; a. 1306] ***tr.*** usare male o non usare affatto, lasciando andare a male: *non sprecate il pane, quanto tempo hai sprecato!* ‖ *in part.* rif. a denaro, sperperare ‖ *sprecare il fiato,* parlare senza essere ascoltati ‖ *T.sport. sprecare la palla,* nel calcio, perdere una buona occasione di tiro ‖ ***intr. pron.*** dissipare le proprie energie in un'attività che non ne valga la pena: *si spreca in un lavoro che non gli rende niente* ‖ *iron.* sforzarsi, impegnarsi a far qualcosa: *non c'è pericolo che si sprechi, guarda di non sprecarti a forza di studiare* ‖ **N.** ***tr.*** *Sin.* dissipare, perdere, scialacquare, sperperare.

sprecàto (*pps.* di *sprecare*) [1838] ***agg.*** usato male, sciupato: *denaro sprecato, è fatica spreca-*

ta, fiato sprecato, una intelligenza sprecata.
sprèco (pl. *-chi*) [da *sprecare*; 1873] **sm.** atto ed effetto dello sprecare; cattivo uso, o uso eccessivo rispetto allo scopo: *porre un freno agli sprechi; spreco di tempo, di denaro* || **N.** *Sin.* dissipazione, perdita, scialacquamento, sciupio, sperpero.
sprecóne [da *sprecare*; 1873] **sm.** (f. *-a*) chi tende abitualmente a sprecare, a consumare in modo eccessivo e senza discernimento.
spregévole [da *spregiare*; 1612] **agg.** che merita disprezzo: *gente spregevole, un'azione spregevole* || **spregevolménte** **avv.** || **N.** *Sin.* abietto, biasimevole, disprezzabile, indegno.
spregiàre (pres. *sprègio*) [da *pregiare*; a. 1250] **tr.** *lett.* disprezzare.
spregiativo [da *spregiare*; 1400] **I agg. 1.** che esprime disprezzo, usato per disprezzare **2.** *T.gram.* di alterato che ha senso negativo: *-astro, -uzzo, -uccio sono fra i suffissi spregiativi dell'italiano* || **spregiativaménte** **avv.** **II sm.** *T.gram.* forma spregiativa di un agg. o di un nome.
spregiatóre [da *spregiare*; a. 1363] **agg.** e **sm.** (f. *-trìce*) *lett.* che o chi spregia || **N.** *Sin.* sprezzante.
sprègio (pl. *-gi*) [da *spregiare*; 1354] **sm.** *lett.* disprezzo: *avere in spregio* || *concr. ant.* atto che si fa per disprezzo: *il suo gesto è stato un vero spregio* || **N.** *Sin.* dispregio.
spregióso [da *spregiare*; 1891] **agg.** *raro* pieno di spregio.
spregiudicàre (pres. *-ùdico, -ùdichi*) [da *pregiudicare*; 1838] **tr.** *raro* togliere a qualcuno dei pregiudizi || **rifl.** *raro* vincere i pregiudizi: *bisogna spregiudicarsi.*
spregiudicatézza [da *spregiudicare*; 1818] **sf.** l'essere spregiudicato: *ha agito con la massima spregiudicatezza.*
spregiudicàto (*pps.* di *spregiudicare*) [a. 1729] **I agg. 1.** che non ha pregiudizi né preconcetti; imparziale: *bisogna essere più spregiudicati; un film moderno, coraggioso, spregiudicato; una ragazza spregiudicata* **2.** *spreg.* privo di scrupoli: *un comportamento, un uomo politico spregiudicato* || **spregiudicataménte** **avv.** **II sm.** (f. *-a*) persona spregiudicata || **N.** I **1.** *Sin.* imparziale **2.** *Sin.* amorale, cinico.
spregnàre (pres. *sprégno*) [da *impregnare*, con cambio di pref.; 1353] **intr.** (aus. *avere*) *arc.* sgravarsi, partorire.
sprèlla v. ASPERELLA.
sprèmere (pres. *sprèmo*; p.rem. *spreméi* e *sprèmètti*) [lat. volg. **expremere*, class. *exprimere*, premere fuori; a. 1320] **tr.** premere con forza una cosa per farne uscire il liquido o il fluido che contiene o del quale è imbevuto: *spremere un limone, un panno bagnato, il tubetto del dentifricio*; anche con la sostanza contenuta come ogg. diretto: *spremere l'olio dalle olive, il dentrificio dal tubetto* || *fig.* sfruttare, estenuare: *un padrone che spreme i suoi lavoranti* || *fig. spremere le lacrime*, costringere a piangere, commuovere || *fig. spremere denari a qualcuno*, ottenerli forzandolo a sborsarli || *fig. spremere il succo di un testo, di un discorso* e sim., estrarne il significato profondo || **rifl. indir.** *fig. spremersi le meningi*, cercare di risolvere un problema || **N.** mungere, strizzare, PREMERE.
spremiagrùmi [comp. di *spreme(re)* e *agrumi*; 1960] **sm.** *inv.* utensile da cucina per spremere il succo dagli agrumi: *spremiagrumi a mano, elettrico.*
spremifrùtta [comp. di *spreme(re)* e *frutta*; 1886] **sm.** *inv.* utensile da cucina per spremere il succo dalla frutta.
spremilimóni [comp. di *spreme(re)* e *limone*; 1886] **sm.** *inv.* utensile da cucina che serve a spremere limoni.
spremitóio (pl. *-ói*) [da *spremere*; 1891] **sm.** utensile da cucina che serve a spremere agrumi.
spremitóre [da *spremere*; 1931] **I agg.** che spreme **II sm. 1.** (f. *-trìce*) chi spreme **2.** nelle cartiere, macchina che pressa la carta.
spremitùra [da *spremere*; 1573] **sf.** atto ed effetto dello spremere || *concr.* la materia spremuta.
spremùta [da *spremere*; 1922] **sf.** atto dello spremere una volta o un poco: *dà una spremuta a questo limone* || *più com. concr.* il liquido (spec. succo di frutta) spremuto: *spremuta di limone, d'arancia* || *dim.* spremutìna.
spremùto (*pps.* di *spremere*) [1870] **agg.** *arancia spremuta, limone spremuto*, ai quali è stato tolto il succo con la spremitura || *fig. essere un limone spremuto*, non avere più risorse, non essere più utile a nulla.
spretàrsi (pres. *sprèto*) [comp. parasint. di *prete*; a. 1527] **intr. pron.** lasciare l'abito da prete, gettare la tonaca.
spretàto (*pps.* di *spretarsi*) [1691] **agg.** che ha lasciato l'abito da prete.
sprèto [dal lat. *sprētus*, pps. di *spernere*, disprezzare; 1940] **sm.** *raro* disprezzo, sprezzo: *in spreto ai regolamenti.*
sprezzàbile [da *sprezzare*; 1597] **agg.** *raro* spregevole.
sprezzànte (*ppr.* di *sprezzare*) [a. 1375] **agg.** che sprezza, che dimostra disprezzo: *sguardo sprezzante, modi sprezzanti; contegno sprezzante*, altezzoso || **sprezzanteménte** **avv.** || **N.** beffardo, canzonatorio, derisorio, disdegnoso, dispregiativo, ironico, noncurante, schifiltoso.
sprezzàre (pres. *sprèzzo*) [lat. volg. **expretiāre*; a. 1374] **tr.** *non com.* o *lett.* disprezzare.
sprezzatóre [da *sprezzare*; seconda metà sec. XIV] **agg.** e **sm.** (f. *-trìce*) *raro* che o chi sprezza; spregiatore.
sprezzatùra [da *sprezzare*; a. 1566] **sf.** *non com. lett.* l'essere sprezzante, atteggiamento sprezzante || *per estens.* maniera volutamente disinvolta di fare, di vestire, di scrivere; ricercata naturalezza || **N.** *Sin.* disinvoltura, trascuratezza.
sprèzzo [da *sprezzare*; a. 1597] **sm.** *lett.* disprezzo, spregio || *com. sprezzo del pericolo*, noncuranza: *agì con grande sprezzo del pericolo.*
sprigionaménto [da *sprigionare*; 1745] **sm.** atto ed effetto dello sprigionare e dello sprigionarsi.
sprigionàre (pres. *-óno*) [comp. parasint. di *prigione*; a. 1374] **tr. 1.** *fig.* emettere dal proprio interno gas, odori e sim.: *l'acqua, per idrolisi, sprigiona ossigeno, le fogne sprigionano un fetore nauseabondo* **2.** *propr. arc.* scarcerare, liberare dalla prigione || **rifl.** *arc.* svincolarsi, liberarsi || **intr. pron.** *fig.* esalare, uscir fuori: *dalla stufa si sprigionò un denso fumo nero.*
sprillàre [voce onom.; 1745] **intr.** (aus. *essere*) *raro* sgorgare in piccola quantità, ma con violenza: *il vino sprillò dalla cannella della botte, dal foro* || **N.** *Sin.* schizzare, sprizzare, zampillare.
sprillo [da *sprillare*; 1873] **sm.** *raro* getto vivace e sottile di un liquido: *il sangue uscì a sprilli; gli sprilli delle fontane* || **N.** *Sin.* sprizzo.
sprimacciàre (pres. *-àccio*) [var. di *spiumacciare*, forse con influsso di *premere*; a. 1528] **tr.** battere con le mani cuscini, materassi e sim. affinché l'imbottitura si disponga uniformemente: *sprimacciò il letto, i materassi.*
sprimacciàta [da *sprimacciare*; 1838] **sf.** sommaria azione dello sprimacciare: *dare una sprimacciata al cuscino.*
spring (ingl., pr. [sprɪŋ]; pr. it. [spriŋg]) [letter. scatto, molla, cavetto; 1960] **sm.** *inv.* *T.mar.* cavetto d'acciaio usato per ormeggio o tonneggio.
springàre (pres. *sprìngo, sprìnghi*) [dal germ. **springan*; 1838] **tr.** *arc.* tirar calci, calciare; guizzare coi piedi: *i cavalli springan salti* (Carducci).
sprint [dall'ingl. *to sprint*, correre a tutta velocità; 1914] **I sm.** *inv.* di atleti, animali da corsa o mezzi da corsa, scatto veloce, ripresa: *con uno sprint staccò tutti* || capacità di scatto: *manca di sprint, ha un ottimo sprint* **II agg.** *inv.* (sempre posposto) veloce: *un'auto sprint.*
sprintàre [da *sprint*; 1968] **intr.** (aus. *avere*) fare uno sprint.
sprinter (ingl., pr. ['sprɪntə]; pr. it. ['sprinter]) [da *to sprint*, correre a tutta velocità; 1911] **s.** *inv.* scattista, velocista.
sprizzàre [var. di *spruzzare*; 1353 come intr.; 1880 come tr.] **tr.** emettere, far scaturire, sprigionare con forza: *la ferita sprizzava sangue* || *più com. fig.* manifestare vivacemente: *i suoi occhi sprizzavano gioia; sprizza salute da tutti i pori*, è sanissimo || **intr.** (aus. *essere*) fuoriuscire con forza, spec. da aperture alquanto strette: *l'acqua sprizzò da un interstizio della roccia* || **N.** *Sin.* scaturire, zampillare.
sprìzzo [da *sprizzare*; 1922] **sm.** getto sottile ed energico di un liquido: *uno sprizzo di sangue* || *fig. più com.* breve e intensa manifestazione di sentimenti o stati psico-fisici: *uno sprizzo d'allegria, di energia.*
spròcco (pl. *-chi*) [dal long. *sproh*, germoglio; a. 1388] **sm.** *arc. region.* pollone, spec. quello gettato non dal tronco ma dal ramo || **N.** *Sin.* GERMOGLIO.
sprofondaménto [da *sprofondare*; sec. XIV] **sm.** atto ed effetto dello sprofondare.
sprofondàre (pres. *-óndo*) [comp. parasint. di *profondo*; sec. XIII come tr.] **intr.** (aus. *essere*) cadere nel profondo, crollare rovinosamente, spec. per il cedimento delle strutture di sostegno o il formarsi di voragini: *il tetto sprofondò sotto il peso della neve, col terremoto la casa sprofondò sottoterra, in molti punti il terreno è sprofondato* || affondare in qualcosa di cedevole: *sprofondavo nella neve fino al ginocchio* || *fig.* lasciarsi vincere, sopraffare da qualcosa: *sprofondare nella tristezza* || **rifl.** lasciarsi affondare in qualcosa di cedevole: *sprofondarsi nella poltrona* || *fig.* lasciarsi assorbire da un'attività e sim.: *sprofondarsi nella lettura, nello studio* e sim., leggere, studiare con attenzione, dimenticando ogni altra cosa || **tr.** *meno com.* far cadere giù rovinosamente: *il peso sprofondò il pavimento* || **N.** **intr.** *Sin.* precipitare, rovinare | *Contr.* emergere.
sprofondàto (*pps.* di *sprofondare*) [a. 1742] **agg.** affondato, crollato, immerso.
sprofóndo [da *sprofondare*; 1891] **sm. 1.** cavità molto profonda, voragine || *in part.* in speleologia, voragine provocata dal crollo delle volte delle caverne **2.** *T.geol.* cedimento di strati calcarei di terreni alluvionali, che si riscontra in una pianura ai piedi di montagne calcaree.
sproloquiàre (pres. *-òquio*) [da *sproloquio*; 1960] **intr.** (aus. *avere*) parlare a lungo in modo strampalato e senza arrivare a una conclusione; farneticare.
sprolòquio (pl. *-qui*) [dal lat. *proloquium*, enunciato; sec. XVIII] **sm.** discorso lungo e sconclusionato.
spromèttere (pres. *sprométto* ecc., come METTERE) [da *promettere*; sec. XIV] **tr.** *raro fam.* disdire la promessa fatta.
spronàre (arc. *speronàre*) (pres. *spróno*) [da *sprone*; fine sec. XIII] **tr. 1.** stimolare con gli sproni per incitare a correre, saltare e sim.: *spronare il cavallo* **2.** *fig.* incitare, stimolare: *l'orgoglio lo sprona* || **N.** *Sin.* sollecitare, INCITARE.
spronàta [da *spronare*; sec. XIV] **sf. 1.** colpo dato con lo sprone: *gli diede una speronata* **2.** *fig.* incitamento, sollecitazione || *dim.* spronatìna || **N. 2.** *Sin.* colpo di sprone.
spronatóre [da *spronare*; a. 1698] **agg.** e **sm.** (f. *-trìce*) che o chi sprona.
spróne [dal francone **sporo*; sec. XIII nel senso 2] **sm. 1.** sperone, rotella dentata o pun-

ta che si attacca agli stivali del cavaliere e serve per stimolare il cavallo nei fianchi: *dare di sprone*, spronare || *a spron battuto*, a tutta velocità; *fig.* immediatamente **2.** *fig.* incitamento, stimolo: *lo sprone dell'ambizione gli ha fatto sopportare tanti sacrifici; a tante cose è sprone amor chi ben l'estima* (Petrarca) **3.** *T.abb.* elemento di capi di vestiario che copre le spalle, scendendo di circa 10 cm sia sul davanti sia sul dietro || **N. 2.** *Sin.* esortazione, INCITAMENTO **3.** *Sin. carré.*

spronèlla v. SPERONELLA.

sproporzionàle [da *proporzionale*; 1674] ***agg.*** *raro* non proporzionale; che non ha proporzione || **N.** *Contr.* proporzionale.

sproporzionalità [da *proporzionalità*; a. 1565] ***sf.*** *raro* l'essere sproporzionale, senza proporzione.

sproporzionàre [da *proporzionare*; a. 1574] ***tr.*** *raro* togliere la proporzione, rendere sproporzionato || **N.** *Contr.* proporzionare.

sproporzionàto (*pps.* di *sproporzionare*) [a. 1565] ***agg.*** che non è in proporzione, che manca di proporzione rispetto a un termine di riferimento: *ha una testa sproporzionata al resto del corpo* || *in part.* non corrispondente, spec. per eccesso, al valore reale; esagerato, eccessivo, spropositato: *spesa sproporzionata* || **sproporzionataménte** ***avv.*** eccessivamente, esageratamente || **N.** *Sin.* eccessivo, enorme, disarmonico, spropositato.

sproporzióne [da *proporzione*; a. 1406] ***sf.*** mancanza di proporzione: *sproporzione tra le spese e i guadagni, tra cura ed effetto* || **N.** *Sin.* disarmonia, dissimmetria | *Contr.* proporzione.

spropositàre (pres. *-òsito*) [da *sproposito*; 1619] ***intr.*** (aus. *avere*) *non com.* **1.** dire, scrivere spropositi **2.** commettere uno sproposito.

spropositàto (*pps.* di *spropositare*) [1619] ***agg.*** **1.** *non com.* pieno di spropositi: *discorso spropositato* **2.** *più com. fig.* grandissimo, eccessivo, sproporzionato: *ha un naso spropositato* || **N. 1.** *Sin.* errato, sbagliato **2.** *Sin.* madornale, ECCESSIVO.

spropòsito [da *proposito*; a. 1600] ***sm.*** **1.** azione o affermazione in evidente contrasto con ciò che sarebbe opportuno, ragionevole, sensato fare o dire: *dire spropositi*, cose assurde; *fare, commettere uno sproposito*, un atto inconsulto, irrazionale, spec. alludendo a tentativi di suicidio od omicidio: *era così disperato che i suoi temevano commettesse uno sproposito* || nella *loc. avv. a sproposito*, in modo inopportuno o incongruente: *intervenire a sproposito* **2.** errore madornale, strafalcione: *un compito pieno di spropositi* **3.** *fam.* quantità straordinaria, eccessiva, rif. in part. al denaro: *mi costa uno sproposito* || **N. 1.** *Sin.* sciocchezza **2.** *Sin.* bestialità, sbaglio, scempiaggine, svarione, ERRORE | bestiale, imperdonabile, madornale, solenne.

spropriàre (pres. *spròprio*) [comp. parasint. di *proprio*; sec. XIV *spropiare*] ***tr.*** *ant.* o *pop.* espropriare.

spropriazióne [da *spropriare*; a. 1400 *spropiazione*] ***sf.*** *ant.* o *pop.* espropriazione.

spròprio (pl. *-ri*) [da *spropriare*; a. 1742] ***sm.*** *ant.* o *pop.* esproprio.

sprovincializzàre [comp. parasint. di *provinciale*; 1965] ***tr.*** togliere a qualcuno o a qualcosa le caratteristiche provinciali || ***intr. pron.*** perdere i caratteri o l'atteggiamento provinciali || *per estens.* uscire da una condizione di inferiorità culturale.

sprovincializzazióne [da *sprovincializzare*; 1983] ***sf.*** atto ed effetto dello sprovincializzare o dello sprovincializzarsi.

sprovvedére (pres. *sprovvédo* ecc., come VEDERE) [da *provvedere*; a. 1540] ***tr.*** *raro* sguarnire, lasciare sprovvisto || ***rifl.*** *raro* privarsi di qualcosa: *si è sprovveduto del necessario* || **N.** *Sin.* sfornire, sguarnire, spogliare.

sprovvedutézza [da *sprovveduto*; 1965] ***sf.*** l'essere sprovveduto, il non possedere capacità intellettuali o una preparazione adeguate ad affrontare determinate situazioni.

sprovvedùto (*pps.* di *sprovvedere*) [a. 1342] **I** ***agg.*** **1.** impreparato, sprovvisto delle capacità intellettuali o di una preparazione adeguate ad affrontare determinate situazioni: *i lettori più sprovveduti non si sono accorti dell'errore* **2.** *arc.* improvviso, inaspettato || nella loc. *non com. alla sprovveduta*, di sorpresa || **sprovvedutaménte** ***avv.*** **1.** senza aver preso provvedimenti, incautamente **2.** *arc.* inaspettatamente **II** ***sm.*** (f. *-a*) persona sprovveduta.

sprovvìsto (*pps.* di *sprovvedere*) [a. 1540] ***agg.*** che non dispone di qualcosa, sfornito: *sprovvisto del necessario* || nella loc. *alla sprovvista*, di sorpresa.

sprùe [dall'ingl. *sprue*; 1957] ***sf.*** *T.med.* malattia diffusa nei climi temperati e tropicali che provoca disturbi gastroenterici, anemia e deperimento.

spruzzabianchería [comp. di *spruzza(re)* e *biancheria*; 1970] ***sm. inv.*** piccolo recipiente col tappo bucherellato, da cui si spruzza acqua a gocce sui panni da stirare, per renderli meno rigidi.

spruzzàglia [da *spruzzare*; 1550] ***sf.*** *raro* **1.** piccola quantità di liquido spruzzato **2.** pioggia fine e di breve durata.

spruzzaménto [da *spruzzare*; 1592] ***sm.*** *non com.* atto ed effetto dello spruzzare || **N.** *Sin.* aspersione, effusione, spruzzata, spruzzo.

spruzzàre [dal long. **spruzz(j)an*; a. 1320] ***tr.*** **1.** spargere a spruzzi, schizzare acqua o altro liquido in gocce minute: *i bambini spruzzavano acqua sui passanti* **2.** inumidire, aspergere con spruzzi di liquido: *spruzzare d'acqua i panni da stirare* || *per estens.* cospargere: *spruzzare di cacao la torta* || **N. 1.** *Sin.* annaffiare, bagnare, innaffiare, irrorare.

spruzzàta [da *spruzzare*; 1738] ***sf.*** **1.** singolo atto dello spruzzare **2.** *fig.* pioggia breve e non violenta: *dopo quella spruzzata il cielo si rasserenò* || *dim.* spruzzatìna || **N. 1.** *Sin.* spruzzo **2.** *Sin.* PIOGGIA.

spruzzatóre [da *spruzzare*; 1934] ***sm.*** arnese o apparecchio usato per spruzzare; *in part.* flacone munito di un dispositivo a pompetta per spruzzare profumi e sim.; polverizzatore || *T.aut.* nei motori a scoppio, parte del carburatore che vaporizza il carburante per formare la miscela detonante. **TAV.** *agricoltura* 6.2.

spruzzatrìce [da *spruzzare*; 1976] ***sf.*** *T.edil. cement gun.*

spruzzatùra [da *spruzzare*; 1940] ***sf.*** *non com.* atto dello spruzzare || *concr.* la cosa spruzzata e la macchia lasciata da questa: *carta con spruzzature rosse, una spruzzatura d'inchiostro* || **N.** *Sin.* schizzo, SPRUZZO.

spruzzétta [da *spruzzare*; 1949] ***sf.*** dispositivo in uso nei laboratori chimici per produrre sottili getti di liquido.

sprùzzo [da *spruzzare*; sec. XIV] ***sm.*** sottile getto di liquido spruzzato: *ricevere uno spruzzo d'acqua in faccia; gli spruzzi delle onde arrivavano fin sopra la strada* || *fig. spruzzo di pioggia*, pioggerella di breve durata; *spruzzi di neve*, piccole zone ricoperte di neve || *verniciatura a spruzzo*, effettuata per mezzo di una pistola speciale che emette vernice in particelle minutissime || *dim.* spruzzettìno, spruzzétto || **N.** *Sin.* getto, schizzo.

spruzzolàre (pres. *sprùzzolo*) [da *spruzzare*; 1535 ca.] ***tr.*** *raro* spargere di gocce minute di liquido, spruzzare; cospargere leggermente || ***intr.*** (aus. *essere* e *avere*) *raro* piovigginare.

spruzzolàta [da *spruzzolare*; 1940] ***sf.*** *raro* **1.** atto dello spruzzolare **2.** pioggerella minuta e breve || *dim.* spruzzolatìna || **N. 2.** *Sin.* PIOGGIA.

spruzzolàto (*pps.* di *spruzzolare*) [a. 1698] ***agg.*** *raro* schizzettato, chiazzato, picchiettato: *tutto spruzzolato di peli neri.*

spruzzolìo (pl. *-ìi*) [da *spruzzolare*; 1891] ***sm.*** *raro* uno spruzzolare frequente o continuato e insistente.

sprùzzolo [da *spruzzolare*; a. 1470] ***sm.*** *raro* piccolo spruzzo.

spudoratézza [da *spudorato*; 1873] ***sf.*** l'essere spudorato || **N.** *Sin.* audacia, faccia tosta, improntitudine, impudenza, indecenza, inverecondia, petulanza, sfacciataggine, sfrontatezza, temerarietà.

spudoràto [lat. *expudorātus*; 1858] **I** ***agg.*** che non ha o non mostra pudore, spesso in senso *fig.*: *spudorato mentitore* || che dimostra la spudoratezza di chi lo fa o lo dice: *contegno, discorso spudorato* || **spudorataménte** ***avv.*** **II** ***sm.*** (f. *-a*) chi mostra spudoratezza: *è uno spudorato* || **N.** *Sin.* faccia di bronzo, impudente, irriverente, sfacciato, sfrontato, svergognato.

spùgna [lat. *spongia*; 1319 nel senso 2] ***sf.*** **1.** nome generico di tutti i Poriferi, animali marini di forme assai diverse, con scheletro di natura fibrosa calcareo-silicea, elastico, con numerosi canali e piccole cavità: *i pescatori di spugne* **2.** il tessuto fibroso elastico della spugna, privato, per mezzo della macerazione e di varie purghe, del corpo degli animali che l'hanno prodotto; viene messo in commercio e serve per vari usi, ma spec. per assorbire acqua o altri liquidi e riversarli poi sul corpo umano o su altri oggetti a scopo di detergerli o di lavarli, o anche invece per prosciugare || *spugna artificiale*, spugna di gomma o plastica che imita quella naturale e serve per gli stessi usi || *fig.* uomo che beve molto: *quell'uomo è una spugna* || *passare la spugna, dare un colpo di spugna sopra qualcosa*, pulirla, lavarla con la spugna; *fig.* cancellarla, dimenticarla || *T.sport. gettare la spugna*, nella boxe, atto con cui l'allenatore di un pugile esprime l'intenzione di far abbandonare l'incontro al proprio atleta; *fig.* arrendersi, rinunciare a perseverare nel tentativo di compiere qualcosa, avendo riconosciuto la propria incapacità **3.** tessuto, gen. in cotone, di cui almeno una faccia è fittamente ricoperta da anelli di filato attorcigliati; avendo un'alta capacità assorbente, è usato spec. per confezionare asciugamani, accappatoi e sim. **4.** *T.min. pietra spugna*, varietà di travertino dall'aspetto particolarmente spugnoso; spugnone || *dim.* spugnétta, spugnìna || **N. 1.** osculo, pori | spongina, spugnosità, spugnoso. **TAV.** ***zoologia*** **p. 1344.**

spugnàre [da *spugna*; 1561 *spungare*] ***tr.*** passare con la spugna su qualche cosa; asciugare o ripulire con una spugna.

spugnàta [da *spugnare*; 1891] ***sf.*** pulita data una volta o alla meglio con la spugna intrisa d'acqua: *dare una spugnata* || *dim.* spugnatìna.

spugnatùra [da *spugnare*; 1891] ***sf.*** applicazione di spugne inzuppate di liquido || *in part.* pratica idroterapica, a scopo tonificante, effettuata strizzando l'acqua dalla spugna sulla schiena, sul petto ecc.: *il medico le ordinò di fare le spugnature fredde sul petto.*

spugnétta (*dim.* di *spugna*) [1513] ***sf.*** piccola spugna; *in part.* piccola spugna impregnata d'acqua posta in un apposito recipiente, usata per bagnare il retro di francobolli, etichette o sim. o per umettarsi le dita prima di sfogliare carte, libri ecc.

spugnòla [da *spugna*; 1813 *spugnolo* sm.] ***sf.*** nome comune di alcuni funghi ascomiceti, commestibili, dal cappello caratteristicamente scavato da piccoli alveoli, che conferiscono loro l'aspetto delle spugne || **N.** *Sin.* morchella.

spugnóne [da *spugna*; 1745] ***sm.*** *T.min.* varietà di travertino di aspetto spugnoso.

spugnosità [da *spugnoso*; a. 1320] *sf.* l'essere spugnoso: *la spugnosità della pietra pomice.*

spugnóso [lat. *spongiōsus*; 1340 ca.] *agg.* che ha l'aspetto della spugna: *osso, tessuto spugnoso* || che assorbe l'acqua come una spugna: *stoffa spugnosa.* TAV. *anatomia* p. 642 11.12.

spulardàre [dal fr. *époularder*; 1960] *tr.* nella lavorazione del tabacco, selezionare le foglie buone da quelle Avariate.

spulàre [comp. parasint. di *pula*; 1723] *tr.* liberare il grano della pula.

spulatùra [da *spulare*; 1891] *sf. non com.* atto dello spulare.

spulciàre (pres. *spùlcio*) [comp. parasint. di *pulce*; 1619] *tr.* levare le pulci || *fig.* cercare con minuta diligenza notizie, errori e sim.: *spulciare un libro* || *rifl.* togliersi le pulci.

spulciatóre [da *spulciare*; 1960] *sm.* (f. *-trìce*) chi spulcia documenti, testi e sim.: *attento spulciatore di carte d'archivio.*

spulciatùra [da *spulciare*; 1940] *sf.* atto dello spulciare, spec. *fig.*

spulezzàre (pres. *-ézzo*) [comp. parasint. di *pula*; a. 1470] *intr.* (aus. *essere*) *arc.* fuggire a gambe levate, quasi volando via come fa la pula al vento || **N.** *Sin.* FUGGIRE.

spulézzo [da *spulezzare*; a. 1470] *sm. arc.* fuga precipitosa: *vedrai che spulezzo!*

spulizzìre (pres. *-isco, -isci*) [comp. parasint. di *pulizia*; 1873] *tr. raro pop. tosc.* far diventare pulito.

spùma [lat. *spūma*; 1532] *sf.* **1.** aggregato di piccole bollicine a pareti sottilissime, formatesi alla superficie dei liquidi in seguito a emulsione o per calore, le quali, per l'alta tensione superficiale, tengono racchiusa nell'interno aria o altro gas: *la spuma del mare, della birra* **2.** bevanda analcolica a base di acqua gassata **3.** *T.cuc. mousse* **4.** *T.min. spuma di mare,* schiuma di mare (v. SCHIUMA) **5.** *T.bot. spuma di primavera,* nostoc || **N. 1.** *Sin.* schiuma.

spumànte (*ppr.* di *spumare*) [1336 ca.] **I** *agg. non com.* che produce spuma **II** *sm. com.* vino spumante: *alla fine del pranzo bevemmo lo spumante* || **N. I** *Sin.* effervescente, gassoso, spumeggiante | anidride carbonica.

spumantizzazióne [da *spumante*; 1988] *sf. T.enol. spumantizzazione continua,* metodo russo basato sulla doppia fermentazione continua, in recipienti chiusi; la seconda fermentazione dura un mese e prepara il vino da mettere in bottiglia.

spumàre [dal lat. *spumāre*; a. 1581] *intr.* (aus. *avere*) produrre spuma: *vini che spumano* || **N.** *Sin.* schiumare, spumeggiare.

spumeggiànte (*ppr.* di *spumeggiare*) [1960] *agg.* **1.** che spumeggia: *le onde spumeggianti del mare* **2.** *fig.* leggero, soffice, vaporoso: *un tessuto spumeggiante* **3.** *fig.* molto vivace, brioso: *uno spettacolo spumeggiante.*

spumeggiàre (pres. *-éggio*) [da *spumare*; 1666] *intr.* (aus. *avere*) **1.** spumare, formare più volte la spuma: *il mare infuriato spumeggiava tra gli scogli* **2.** *fig.* parlare, comportarsi in modo brillante, effervescente.

spùmeo [dal lat. *spūmeus*; a. 1729] *agg. lett.* spumeggiante, schiumoso.

spumìglia (pl. *-glie*) [da *spuma*; 1838] *sf.* pasticcino simile alla meringa.

spumóne [da *spuma*; 1891] *sm. T.cuc.* dessert semifreddo dalla consistenza particolarmente morbida, ottenuta montando la panna || dolce particolarmente friabile e leggero, ottenuto montando le chiare d'uovo.

spumosità [da *spumoso*; 1865] *sf.* qualità di ciò che è spumoso: *la spumosità della birra.*

spumóso [dal lat. *spumōsus*; a. 1375] *agg.* che ha o fa molta spuma: *onde spumose* || che ha la leggerezza e la vaporosità della spuma: *merletti spumosi* || **N.** *Sin.* schiumoso, spumante, spumeggiante.

spùnta [da *spuntare*[2]; 1935] *sf. T.bur.* controllo minuzioso di una serie di operazioni o registrazioni || *concr.* segno convenzionale per indicare l'avvenuto controllo.

spuntàre[1] [comp. parasint. di *punta*; 1340] **I** *tr.* **1.** rompere o smussare la punta di un oggetto acuminato: *ho spuntato l'ago* || *per estens.* tagliare la punta: *spuntare il sigaro, i capelli, la cima di una pianta*; *fig. non com.* attenuare, mitigare: *spuntare la rabbia* **2.** *non com.* staccare qualcosa che era appuntato: *spuntare il modello in carta dalla stoffa già tagliata* **3.** *fig.* superare un ostacolo, una difficoltà, usato in espr. con il pron. *la* come ogg. indet.: *per questa volta l'ha spuntata, è riuscito a spuntarla* || *intr. pron.* **1.** perdere la punta: *la matita, cadendo, s'è spuntata* || *fig. non com.* attenuarsi: *la sua ira s'è spuntata di fronte alla mia calma* **2.** di ciò che era appuntato, staccarsi: *è solo fissato con gli spilli: non tirarlo, potrebbe spuntarsi* || *rifl. indir. spuntarsi i capelli, la barba,* accorciarseli || *intr.* (aus. *essere*) metter fuori la punta, il primo tratto: *spuntano i primi denti, comincia a spuntarti la barba, spunta il sole* || *fig.* cominciare a manifestarsi: *spunta una nuova era* || *per estens.* apparire all'improvviso, sbucare fuori: *da dove sei spuntato?*; *vedendo spuntare la polizia, fuggì precipitosamente* **II** *sm.* (solo *sing.*) apparizione, nascita: *lo spuntare del sole, dell'alba* || **N.** *tr.* **1.** *Sin.* accorciare, scorciare **2.** *Contr.* appuntare, fissare | *intr. Sin.* venir fuori.

spuntàre[2] [da *appuntare,* con cambio di pref.; 1865] *tr.* contrassegnare con una sigla, un segno e sim. le voci di un elenco, man mano che le si controlla: *ha spuntato la lista della merce* (o anche *la merce*) *man mano che arrivava, i suoi crediti man mano che erano pagati.*

spuntàta[1] [da *spuntare*[1]; 1960] *sf.* atto del tagliare o accorciare le punte: *dare una spuntata ai capelli, alla siepe* || *dim.* spuntatìna.

spuntàta[2] [da *spuntare*[2]; 1960] *sf.* operazione del contrassegnare le voci di un elenco con un segno.

spuntàto (*pps.* di *spuntare*[1]) [1342] *agg.* che non è più appuntito, che è senza punta: *matita spuntata.*

spuntatóre [da *spuntare*[2]; 1965] *sm.* (f. *-trìce*) impiegato che esegue la spunta di un elenco.

spuntatrìce [da *spuntare*[1]; 1931] *sf.* macchina che pulisce i chicchi di grano || **N.** *Sin.* scortecciatrice.

spuntatùra [da *spuntare*[1]; a. 1320] *sf.* **1.** atto del tagliare la punta di qualcosa || *concr.* estremità eliminata nello spuntare; *in part. spuntatura di sigaro* (o anche, semplicemente, *spuntatura*), trinciato per pipa fatto con le spuntature dei sigari **2.** *T.mac.* taglio di carne bovina ricavato all'estremità delle costole; *spuntature di maiale,* costole con un po' di carne attaccata; anche, in gen., ritaglio di carne.

spuntellàre (pres. *-èllo*) [comp. parasint. di *puntello*; 1673] *tr.* togliere i puntelli.

spuntèrbo [forse da *punta*; 1865] *sm. T.calz.* mascherina della scarpa, spesso in materiale diverso da quello usato per il resto della scarpa.

spuntigliàre (pres. *-ìglio*) [da *spuntiglio*; 1860] *tr.* levigare una superficie con lo spuntiglio.

spuntìglio (pl. *-gli*) [var. di *spoltiglio*; 1853] *sm.* abrasivo in grani minuti usato spec. per levigare l'acciaio.

spuntinatùra [comp. parasint. di *puntino*; 1963] *sf.* ritoccatura dei negativi e positivi fotografici per eliminare macchioline irregolari dall'immagine.

spuntìno [etim. inc.; 1863] *sm.* piccolo pasto che si fa tra un pasto e l'altro.

spùnto[1] [da *spuntare*[1]; 1838 nel senso 4] *sm.* **1.** *T.teatr.* accenno di una battuta che il suggeritore fa all'interprete per richiamargli alla memoria l'intero brano: *dare lo spunto* || *per estens.* inizio, punto di partenza, motivo che dà l'avvio a un discorso, un ragionamento, un progetto e sim.: *dammi uno spunto, e poi continuerò da solo* || *prendere lo spunto da qualcosa,* partire di lì per sviluppare una argomentazione **2.** *T.sport.* breve scatto effettuato perlopiù nel finale del percorso di una gara; anche volata, serrata, *rush* **3.** di motore, capacità di accelerazione istantanea a partire da un basso regime di giri o da fermo: *un motore che non ha spunto* **4.** *T.enol.* sapore alterato che acquista il vino quando comincia a inacidire.

spùnto[2] [dal lat. *expunctus*; 1353] *agg. ant.* squallido, smorto.

spuntonàta [da *spuntone*; 1865] *sf.* colpo di spuntone.

spuntóne [comp. parasint. dell'accr. di *punta*; a. 1320 nel senso 2; a. 1566 nel senso 1] *sm.* **1.** spina legnosa acuminata: *gli spuntoni dei carciofi* **2.** grossa punta, spec. metallica: *gli spuntoni dell'inferriata* **3.** sporgenza rocciosa acuminata, utilizzabile come appoggio nelle ascensioni alpinistiche **4.** *T.stor.* antica arma costituita da un ferro acuminato fissato a una lunga asta.

spunzecchiàre (pres. *-écchio*) [da *punzecchiare*; 1838] *tr. fam.* punzecchiare.

spunzonàre (pres. *-óno*) [da *spunzone*; 1582] *tr. raro tosc.* dare colpi di punta con uno spunzone || dar colpi col gomito || *fig.* spingere, incitare adoperando la forza, spronare.

spunzóne [var. di *spuntone*; 1839] *sm. tosc.* spuntone || urto violento dato col gomito: *si fece largo nella calca a spunzoni.*

spupazzàre [comp. parasint. di *pupo*; 1971] *tr.* coccolare, vezzeggiare || *intr. pron.* **1.** *com.* amoreggiare senza grande coinvolgimento affettivo **2.** *region.* occuparsi malvolentieri di qualcuno: *mi sono spupazzato gli amici stranieri del mio socio.*

spurgaménto [da *spurgare*; prima metà sec. XIV] *sm.* atto ed effetto dello spurgare; spurgo: *lo spurgamento delle fogne*; anche *fig.*

spurgàre (pres. *spùrgo, spùrghi*) [dal lat. *expurgāre*; 1353] *tr.* liberare, disintasare da ciò che ostruisce: *spurgare una conduttura* || *intr. pron.* espellere catarro dalla gola, dai bronchi; espettorare.

spurgatóre [da *spurgare*; 1745] *agg.* e *sm.* (f. *-trìce*) che, chi spurga (o serve a spurgare).

spurgatùra [da *spurgare*; 1960] *sf.* spurgo.

spurgazióne [da *spurgare*; prima metà sec. XIV] *sf. arc.* spurgo.

spùrgo (pl. *-ghi*) [da *spurgare*; a. 1527] *sm.* **1.** atto dello spurgare e dello spurgarsi **2.** *concr.* ciò che si espelle spurgando, in part. l'espettorato: *esaminare lo spurgo al microscopio, portar via lo spurgo delle fogne* || *pl. fig.* pubblicazioni di scarsa importanza, scarti di libreria || **N. 2.** *Sin.* catarro, muco.

spùrio (pl. *-ri*) [dal lat. *spurius,* bastardo; 1388 nel senso 2; a. 1758 nel senso 1] *agg.* **1.** falsificato, apocrifo: *documenti spuri* || *per estens.* falso, fittizio: *ali, organi spuri,* dal nome improprio, non corrispondente all'effettiva funzione **2.** *raro* adulterino, illegittimo, bastardo: *figli spuri.*

sputacchiàre (pres. *-àcchio*) [da *sputare*; a. 1342] *intr.* (aus. *avere*) sputare frequentemente in piccole quantità || espellere saliva, senza volere, nel parlare || *tr. non com.* colpire con sputi: *lo sputacchiò in faccia* || **N.** *intr. Sin.* scaracchiare, scatarrare, SPUTARE.

sputacchièra [da *sputacchio*; a. 1698] *sf.* recipiente usato per sputarci dentro.

sputacchìna [da *sputacchio*; 1916] *sf.* insetto emittero le cui larve producono sui vegetali masse spugnose entro le quali si nascondono || **N.** *Sin.* afrofara.

sputacchìno [da *sputacchio*; 1960] *sm.* sputacchina.

sputàcchio (pl. *-chi*) [da *sputacchiare*; sec. XIV] **sm.** *volg.* grosso sputo catarroso || **N.** *Sin.* scaracchio.

sputapépe [comp. di *sputa(re)* e *pepe*; 1698] **s.** *inv. pop.* persona arguta, pungente o petulante.

sputàre [lat. *sputāre*; fine sec. XIII] **intr.** (aus. *avere*) emettere sputi dalla bocca: *ha il brutto vizio di sputare per terra* || *fig. sputare su una cosa*, non farne alcun conto, disprezzarla; *sputare nel piatto in cui si mangia*, dir male di qualcuno o qualcosa che ci è utile || **tr.** espellere qualcosa dalla bocca: *sputare sangue, il cibo cattivo, il nocciolo delle ciliege* || *fig. sputare veleno*, prorompere in ingiurie velenose o in maldicenze contro qualcuno || *fig. sputare i polmoni*, avere una tosse insistente e profonda || *fig. sputar sentenze*, parlare con sussiego, sentenziare || *fig. sputar sangue*, affannarsi molto per qualcosa || *fig. sputare l'osso, il rospo*, rendere esplicito un motivo di preoccupazione, di risentimento e sim. || *per estens. fig.* lanciare, gettare, vomitare: *sputar fiamme, lava* || **N. intr.** *Sin.* espettorare, scaracchiare, scatarrare, sputacchiare.

sputasénno [comp. di *sputa(re)* e *senno*; a. 1584] **s.** *inv. spreg.* sputasentenze.

sputasentènze [comp. di *sputa(re)* e *sentenza*; 1598] **s.** *inv. spreg.* persona che sentenzia su tutto, che parla con saccenteria, spec. a sproposito.

sputàto (*pps.* di *sputare*) [sec. XIV; a. 1620 nel senso fig.] **agg.** espulso dalla bocca || *fig. essere qualcuno (nato e) sputato*, somigliargli in tutto, essere uguale: *questo ragazzo è suo padre (nato e) sputato* (o, anche, *è sputato suo padre*).

sputaveléno [comp. di *sputa(re)* e *veleno*; 1960] **s.** *inv.* persona maldicente e maligna || **sm.** cocomero asinino.

sputnik (russo, pr. ['sputnʲik]; pr. it. ['sputnik]) [propr. compagno di strada; 1957] **sm.** *inv.* ciascuno di una serie di satelliti artificiali sovietici.

spùto [lat. *spūtum*; a. 1306] **sm.** **1.** emissione di un getto di saliva dalla bocca **2.** *concr.* la saliva (spesso mista a escreato dell'apparato respiratorio) espulsa dalla bocca nello sputare: *pavimento tutto pieno di sputi* || *fig. appiccicato con lo sputo*, malamente, in modo non solido || *fig. mangiare pane e sputo*, mangiare pane solo || *fig. coprire di sputi qualcuno* o *qualcosa*, disprezzarlo, oltraggiarlo || *fig. (non) valere uno sputo*, nulla || **N.** **1.** *Sin.* escrezione, espettorazione **2.** *Sin.* espettorato, scaracchio, sputacchio | muco.

sputtanaménto [da *sputtanare*; 1960] **sm.** *volg.* atto ed effetto dello sputtanare o dello sputtanarsi.

sputtanàre [comp. parasint. di *puttana*; 1849] **tr.** *volg.* parlare o agire in modo da far perdere a qualcuno l'altrui considerazione || **rifl.** comportarsi in modo da perdere la stima goduta.

sputtanàta [da *sputtanare*; 1983] **sf.** *volg.* atto ed effetto dello sputtanare.

squaccheróne v. SQUACQUERONE.

squàcquera [da *squacquerare*; 1353] **sf.** *ant. pop.* diarrea: *aver la squacquera* || *dim.* squacquerèlla.

squacqueràre (pres. *squàcquero*) [comp. parasint. di *cacca*, con influsso di *acqua*; 1618] **intr.** (aus. *avere*) *ant. pop.* avere la diarrea || **tr.** *raro* spiattellare: *ha squacquerato tutto alla polizia* || *spreg.* fare una cosa alla svelta.

squacqueràto (*pps.* di *squacquerare*) [a. 1597] **agg.** *raro fig.* smodato, sguaiato: *risa, voci squacquerate* || **squacqueratamente** **avv.** spec. nella loc. *ridere squacqueratamente*, sguaiatamente.

squacqueróne o **squaccheróne** [da *squacquerare*; 1942] **sm.** formaggio dell'Emilia Romagna dalla consistenza molto tenera, simile allo stracchino.

squadernàre (pres. *-èrno*) [comp. parasint. di *quaderno*; 1321 nel senso 3] **tr.** **1.** spalancare un fascicolo e mostrarne con evidenza il contenuto: *gli squadernò davanti il registro dei conti* || *fig. non com.* mostrare con evidenza, mettere sotto gli occhi qualcosa, dire apertamente **2.** *raro* sfogliare più volte le pagine di un fascicolo **3.** *non com. lett.* disfare le cuciture dei quaderni di un fascicolo; squinternare || **intr. pron.** palesarsi, rivelarsi: *ciò che per l'universo si squaderna* (Dante).

squadernàto (*pps.* di *squadernare*) [1688] **agg.** **1.** *non com.* manifestato apertamente **2.** *raro* squinternato.

squàdra[1] [da *squadrare*; a. 1400] **sf.** strumento a forma di triangolo rettangolo usato per tracciare angoli retti o verificare l'ortogonalità di due segmenti o piani: *disegnare con la riga e con la squadra*; *squadra a 45°*, quella costituita da un triangolo rettangolo isoscele; *falsa squadra*, attrezzo usato spec. in carpenteria che permette di segnare angoli diversi da quelli delle squadre ad angolo retto || in varie loc.: *a squadra*, ad angolo retto; *essere fuori di squadra*, non ad angolo retto o, *fig.*, essere disordinato, fuori di ogni regola; *fig. uscire di squadra*, perdere la pazienza || *dim.* squadrétta. **TAV.** *disegno* 9; *edilizia* **p. 666** 12.15; *nuoto* **p. 1328** 5.7, 5.8.

squàdra[2] [da *squadrare*; 1478] **sf.** gruppo di mezzi o persone che svolgono, come complesso organico, una stessa funzione, uno stesso lavoro: *una squadra di pompieri, di operai specializzati*; *meno com.* combriccola, gruppo di amici: *insieme fanno proprio una bella squadra* || *T.sport.* formazione di atleti che pratica un'attività sportiva collettiva: *le due squadre di pallavolo si sono affrontate ieri*; atleti che gareggiano individualmente per una stessa società sportiva: *la squadra dei tuffatori azzurri* || *T.mil.* unità organica minima delle forze armate: *squadra artificieri*; nella Marina e nell'Aeronautica militari, formazione composta in gen. da due divisioni; *per estens.* formazione di milizie paramilitari o volontarie: *squadra mobile, volante*, pattuglie di polizia di pronto intervento; *squadre d'azione fasciste*, nuclei operativi dello squadrismo || *gioco di squadra*, azione concorde, corrispondente a una strategia prefissata, di una formazione di atleti; *fig.* azione coordinata di persone collaboranti in vista di un fine comune: *un efficace gioco di squadra imperniato su una tattica intelligente*; *a squadre*, in gran numero: *i nemici sopraggiungevano a squadre* || *dim.* squadrétta; *accr.* squadróne (*sm.*); *pegg.* squadràccia || **N.** *Sin.* gruppo, schiera | caposquadra. **Q.T.** *calcio, forze armate, sport.*

squadràra [da *squadro*[2]; 1937] **sf.** *T.pesc.* rete da pesca fissa, usata spec. per la pesca di pesci grossi.

squadràre [lat. volg. **exquadrāre*; a. 1388 nel senso 2] **tr.** **1.** elaborare in modo da ottenere una figura ad angoli retti: *squadrare un foglio da disegno*, tracciarvi uno o più riquadri in cui saranno inseriti i disegni; *squadrare un blocco di marmo*, ridurlo a sezione quadra **2.** *fig.* osservare attentamente da cima a fondo, misurare con lo sguardo: *lo squadrò da capo a piedi con occhi severi* **3.** *arc.* squartare || **N.** **1.** *Sin.* riquadrare **2.** *Sin.* GUARDARE.

squadràto (*pps.* di *squadrare*) [1566] **agg.** ridotto a forma o a sezione ad angoli retti: *un foglio squadrato, una pietra squadrata* || *fig.* di volto, dai lineamenti duri, spigolosi.

squadratóre [da *squadrare*; a. 1571] **agg.** e **sm.** (f. *-trìce*) *non com.* che o chi squadra.

squadratrìce [da *squadrare*; 1988] **sf.** *T.fal.* macchina ausiliaria del laminatoio, che provvede a disporre tra i cilindri il prodotto che subisce la laminazione.

squadratùra [da *squadrare*; 1838] **sf.** atto ed effetto dello squadrare.

squadrìglia (pl. *-glie*) [dallo sp. *escuadrilla*; 1555 nel senso 2] **sf.** **1.** *T.mil.* nella Marina militare, gruppo di due o tre sezioni di navi leggere (cacciatorpediniere e cacciasommergibili) o di sommergibili riunite sotto un unico comando; nell'Aeronautica militare, gruppo di aerei dello stesso tipo dipendente da uno stesso comandante **2.** *raro* piccola squadra.

squadrìsmo [da *squadra* (*d'azione fascista*); 1924] **sm.** fenomeno politico-sociale manifestantesi nell'azione intimidatoria e sopraffattrice di gruppi addestrati all'uso della violenza nei confronti degli avversari politici; *in part.* rif. all'azione delle squadre d'azione mussoliniane negli anni dell'ascesa del fascismo.

squadrìsta [da *squadra* (*d'azione fascista*); 1922] **s.** attivista di una squadra d'azione fascista o neofascista.

squàdro[1] [da *squadrare*; 1353] **sm.** **1.** operazione dello squadrare: *far lavori di squadro* **2.** *T.top.* strumento che permette di tracciare allineamenti sul terreno; il tipo più semplice è lo *squadro agrimensorio* **3.** *ant.* squadra da disegno || *com.* nella loc. *sotto squadro*, ad angolo acuto.

squàdro[2] [dal lat. *squatus*; 1664] **sm.** grosso pesce affine allo squalo, anche noto come *pesce angelo*.

squadróne (*accr.* di *squadra*[2]) [a. 1470] **sm.** **1.** *T.mil.* unità di cavalleria corrispondente alla compagnia **2.** *T.sport.* nel gergo sportivo, squadra molto forte **3.** *ant.* folta schiera, rif. spec. ad armati **4.** *T.stor.* sciabola da cavalleria pesante.

squagliaménto [da *squagliare*; a. 1574] **sm.** *non com.* atto dello squagliare e dello squagliarsi.

squagliàre (pres. *squàglio*) [da *quagliare*; sec. XIII] **tr.** fondere, liquefare: *il sole squaglia la neve* || **intr. pron.** **1.** liquefarsi, fondersi: *il burro messo sul fuoco si squaglia* **2.** *fam. scherz.* andarsene di nascosto, svignarsela || in espr. con il pron. *la* come ogg. indet.: *che noia, squagliamocela in fretta!, se l'è squagliata in tempo per non dover lavorare.*

squàglio (pl. *-gli*) [da *squagliare*; 1942] **sm.** **1.** lo squagliare o lo squagliarsi **2.** *rom. squaglio di cioccolata*, cioccolata in tazza.

squalìfica [da *squalificare*; 1911] **sf.** atto ed effetto dello squalificare: *squalifica per due giornate* o *due giornate di squalifica per un calciatore*; *squalifica del campo*, quella che impone un campo neutro per partite di calcio che si sarebbero dovute giocare in casa.

squalificàre (pres. *-ìfico, -ìfichi*) [da *qualificare*, sul modello del fr. *disqualifier* e dell'ingl. to *disqualify*; 1892 *disqualificare*] **tr.** **1.** giudicare non idoneo, non qualificato a partecipare a competizioni, selezioni e sim. || *in part. T.sport.* escludere da una competizione uno sportivo che abbia commesso un'infrazione ai regolamenti: *squalificare un ciclista, un calciatore* **2.** *fig.* screditare: *quel gesto l'ha squalificato agli occhi di tutti* || **intr. pron.** *fig.* screditarsi || **N.** **tr.** **1.** eliminare, espellere **2.** disonorare.

Squalifórmi (sing. *-e*) [comp. di *squalo* e *-forme*; 1960] **sm. pl.** *T.zool.* ordine di pesci Selaci dal corpo affusolato provvisto di due pinne dorsali, bocca ventrale e pinna codale asimmetrica. **TAV.** *pesci* **p. 1330**.

squallènte [dal lat. *squālens, -entis*, ppr. di *squalēre*, essere ruvido, essere squallido; a. 1788] **agg.** *raro lett.* squallido.

squallidézza [da *squallido*; prima metà sec. XIV] **sf.** *raro* squallore.

squàllido [dal lat. *squālidus*, rozzo, sudicio; a. 1320] **agg.** **1.** desolato, misero, triste: *vivere nella più squallida miseria*; *in part.* in condizioni d'abbandono o completamente disadorno: *squallide stanze d'ospedale, squallidi rioni suburbani; condurre un'esistenza squallida,* monotona e priva di soddisfazioni ‖ *non com.* di persona, dall'aspetto misero, emaciato, sofferente **2.** rif. a persone, comportamenti, azioni e sim., implica una grave condanna morale; basso, turpe, sordido: *un individuo squallido, una squallida storia di adulterio* ‖ **squallidaménte** *avv.*

squallóre [dal lat. *squālor, -ōris*; a. 1375] *sm.* l'essere squallido: *lo squallore della vita di caserma, che squallore tutte queste discariche abusive!* ‖ **N.** *Sin.* desolazione, sordidezza, tristezza.

squàlo [dal lat. *squalus*; 1598] *sm.* **1.** nome comune di varie specie di pesci Selaci, in gen. molto grossi, veloci e dal corpo fusiforme **2.** *fig.* persona senza scrupoli ‖ **N. 1.** *Sin.* pescecane. **TAV.** *pesci* **p. 1330** 2.

squàma (tosc. *squàmma*) [dal lat. *squāma*; 1319 nel senso 3] *sf.* **1.** *T.zool.* formazione cornea annessa all'epidermide dei Rettili e, limitatamente ad alcune parti del corpo, di molti Uccelli o Mammiferi ‖ nell'uso comune è erroneamente usato come sin. di *scaglia* (dei pesci) **2.** *T.bot.* rudimento di foglia **3.** *T.med.* parte che si solleva e si stacca dall'epidermide in alcune malattie della pelle **4.** scaglia, piccola lamella o piastra ‖ *dim.* squamétta. **TAV.** *rettili* 1.4; *pesci* **p. 1330** 1.2.

squamàre (tosc. *squammàre*) [da *squama*; a. 1574 *squammare*] *tr.* togliere le squame ‖ *intr. pron.* subire un processo di desquamazione.

Squamàti [da *squamato*; 1960] *sm. pl.* *T.zool.* ordine di Rettili dal corpo ricoperto di squame cornee cui appartengono lucertole e serpenti.

squamàto (tosc. *squammàto*) [dal lat. tardo *squamātus*; 1600] *agg.* fatto a squame ‖ ricoperto di squame.

squàmma e der. v. SQUAMA e der.

squamóso [dal lat. *squamōsus*; a. 1375] *agg.* squamato ‖ *in gen.* caratterizzato da squame: *dermatosi squamosa.*

squarciagóla [comp. di *squarcia(re)* e *gola*; 1873] solo nella *loc. avv. a squarciagola*, rif. al gridare, chiamare, cantare con foga, quasi che la gola per lo sforzo si squarci.

squarciaménto [da *squarciare*; a. 1292] *sm.* atto ed effetto dello squarciare; squarcio.

squarciàre (pres. *-àrcio*) [lat. volg. **exquartiāre*; fine sec. XIII] *tr.* aprire stracciando, fendendo, lacerando: *squarciare le vesti, il petto* ‖ *fig.* fendere: *il sole squarcia le nuvole* ‖ *fig. lett.* aprire con violenza, lacerare: *squarciare il velo delle illusioni; il mal sonno che del futuro mi squarciò il velame* (Dante) ‖ **N.** *Sin.* fendere, lacerare, squartare, stracciare, strappare.

squarciasàcco [comp. di *squarcia(re)* e *sacco*; sec. XIV] solo nella *loc. avv. arc. guardare a squarciasacco*, in cagnesco, di traverso.

squarciàto (*pps.* di *squarciare*) [a. 1311] *agg.* lacerato ‖ *raro fig. voce squarciata*, alta ma sgraziata ‖ **N.** *Sin.* stracciato, strappato.

squarciatóre [da *squarciare*; a. 1446] *agg.* e *sm.* (f. *-trìce*) *raro* che o chi squarcia; squartatore.

squarciatùra [da *squarciare*; 1824] *sf.* atto ed effetto dello squarciare ‖ **N.** *Sin.* squarcio.

squarcìna [da *squarciare*; a. 1620] *sf.* *T.stor.* coltellaccio a lama curva e larga in punta, usato un tempo come arma per squarciare le armature dei cavalieri caduti.

squàrcio (pl. *-ci*) [da *squarciare*; a. 1535] *sm.* **1.** lacerazione, larga fenditura prodotta da un urto o una recisione: *il coltello gli produsse uno squarcio nella gamba, mi sono fatto uno squarcio nel vestito, una roccia affiorante ha prodotto uno squarcio nello scafo* ‖ *fig.* schiarita: *nel cielo comparve uno squarcio di sole* **2.** *T.lett.* passo stralciato da un'opera, da uno scritto, da un libro o da un componimento musicale; brano: *riprodusse uno squarcio della sua prosa* ‖ **N. 1.** *Sin.* strappo **2.** *Sin.* brano, frammento, passo, stralcio.

square dance (ingl., pr. [ˈskweə dɑːns]) [letter. danza in quadrato; 1965] *loc. f. inv.* danza collettiva dei contadini nordamericani.

squarquòio (pl. *-òi*) [etim. inc.; a. 1535] *agg. tosc. non com.* decrepito, cascante, malsano, detto spec. di vecchio.

squartaménto [da *squartare*; a. 1535] *sm.* atto ed effetto dello squartare.

squartàre [lat. volg. **exquartāre*, dividere in quattro; a. 1348] *tr.* rif. a bestie macellate, dividere, tagliare in quarti o in grossi pezzi: *squartare un vitello* ‖ *iperb. fig.* uccidere in modo feroce; scannare, massacrare ‖ **N.** *Sin.* smembrare, spartirsi, DIVIDERE.

squartaròla o **squataròla** [forse der. dal lat. *quatere*, scuotere; 1965] *sf.* pivieressa, uccello dei Caradriformi con piumaggio bianco maculato di nero e zampe lunghe con quattro diti.

squartàta [da *squartare*; 1570] *sf.* *dare una squartata*, fare qualcosa in fretta e alla meno peggio, sistemare frettolosamente e provvisoriamente qualcosa.

squartatóio (pl. *-ói*) [da *squartare*; 1865] *sm.* grosso coltello da macello, per squartare.

squartatóre [da *squartare*; a. 1535] *agg.* e *sm.* (f. *-trìce*) *non com.* che o chi squarta.

squartatùra [da *squartare*; 1865] *sf.* il dividere in quarti bestie macellate ‖ *T.arald.* la divisione in quattro quarti e, *concr.*, ciascuno dei quarti risultanti.

squàrto [da *squartare*; 1637] *sm.* squartamento ‖ pezzatura di legna ottenuta sezionando longitudinalmente il tronco: *carbone di squarto* ‖ *T.stor.* supplizio, in vigore presso diversi popoli in diverse epoche.

squash (ingl., pr. [skwɒʃ]) [da to *squash*, schiacciare; 1964] *sm. inv. T.sport.* sport, praticato in una palestra appositamente attrezzata, tra due giocatori che fanno rimbalzare a turno la pallina contro un muro, servendosi di una racchetta.

squasimodèo [prob. alterazione pop. di *spasimo di Dio*; 1353] *sm. arc.* **1.** smanceria, moina **2.** babbeo, persona sciocca, uomo dappoco.

squassaménto [da *squassare*; a. 1714] *sm.* lo squassare.

squassàre [lat. *quassāre*, sbattere, fracassare; sec. XIV] *tr.* scuotere con grande violenza: *la bufera squassava gli alberi, la tosse gli squassava il petto* ‖ **N.** *Sin.* SCUOTERE.

squàsso [da *squassare*; sec. XIV] *sm.* *non com.* scossa violenta.

squataròla v. SQUARTAROLA.

squattrinàre [comp. parasint. di *quattrino*; 1940] *tr.* *non com.* lasciare senza quattrini ‖ *intr. pron.* *non com.* ridursi senza quattrini ‖ **N.** *tr.* *Sin.* mungere, pelare, scorticare, spennare, svaligiare.

squattrinàto (*pps.* di *squattrinare*) [1878] **I** *agg.* che non ha più il becco di un quattrino: *è un giovane squattrinato* **II** *sm.* (f. *-a*) spiantato: *quella donna sposa uno squattrinato.*

squaw (ingl., pr. [skwɔː]) [adattamento ingl. di una voce algonchina; 1942] *sf. inv.* donna pellerossa.

squeeze (ingl., pr. [skwiːz]) [letter. compressione; 1984] *sm. inv. T.gioc.* nel bridge, la situazione in cui, comunque si giochi, si è costretti a rinunciare a una carta il cui possesso avrebbe impedito all'avversario di realizzare una o più prese: *mettere in squeeze, essere, trovarsi in squeeze.*

squèro [dal gr. *exchárion*, cantiere, attr. il veneziano; 1500] *sm. T.mar. region.* **1.** *T.stor.* tettoia per tenere al riparo dalle intemperie i bastimenti disarmati **2.** piccolo cantiere per costruire o riparare barche.

squilibràre [da *equilibrare*, con sostituzione di *e-*, erroneamente considerata un pref.; 1847] *tr.* *non com.* perdere l'equilibrio ‖ *fig.* sbilanciare, disorientare, dissestare temporaneamente: *quella spesa ci ha alquanto squilibrati* ‖ *intr. pron.* *non com.* perdere l'equilibrio, anche *fig.*

squilibràto (*pps.* di *squilibrare*) [1891] **I** *agg.* che non è in equilibrio: *un carico squilibrato* ‖ che è privo o ha perduto l'equilibrio, in part. quello mentale: *giovani squilibrati* **II** *sm.* (f. *-a*) persona squilibrata: *commette atti da squilibrato.*

squilìbrio (pl. *-ri*) [da *equilibrio*, con sostituzione di *e-*, erroneamente considerata un pref.; 1804] *sm.* mancanza di equilibrio: *lo squilibrio dei pesi nel veicolo ha provocato lo sbandamento* ‖ *più com. fig.* notevole differenza tra due cose da equilibrare o da comparare: *lo squilibrio tra le entrate e le uscite* ‖ *squilibrio mentale* (o, *ass.*, *squilibrio*), alienazione mentale, pazzia: *dà segni di squilibrio (mentale)* ‖ **N.** *Sin.* sbilanciamento, sproporzione | *Contr.* equilibrio.

squìlla[1] [dal got. **skilla*; 1319] *sf.* campanella dal suono acuto che si attacca al collare degli animali domestici ‖ *per estens. lett.* o *poet.* qualunque campana, spec. la campana più piccola del campanile: *odi per lo sereno un suon di squilla* (Leopardi) ‖ *per meton.* suono di campana: *la squilla della sera* ‖ **N.** *Sin.* CAMPANA.

squìlla[2] [dal lat. *squilla*; 1550] *sf. region.* crostaceo noto anche come pannocchia, cicala di mare, canocchia.

squillànte (*ppr.* di *squillare*) [sec. XIV nel senso 1; a. 1950 nel senso 2] *agg.* **1.** dal suono acuto e chiaro: *voce squillante; trombe, campane squillanti* **2.** di colore, vivo, acceso: *rosso squillante* ‖ **N. 2.** *Sin.* sgargiante, vivace.

squillàre [da *squilla*; a. 1375] *intr.* (aus. *avere*) **1.** emettere un suono acuto, chiaro e intenso: *le trombe, le campane squillano; il suo riso argentino squillava* **2.** di colore, fare un forte stacco, essere sgargiante ‖ **N. 1.** *Sin.* SUONARE.

squìllo [da *squillare*; 1321; calco dall'ingl. *call-girl*, letter. ragazza che si può chiamare per telefono; 1954 come agg.; 1962 come sf.] **I** *sm.* suono acuto e vibrante: *venne svegliato da tre squilli di telefono* ‖ *sf. inv.* prostituta che prende appuntamenti per telefono: *una squillo di lusso* **II** *agg. inv.* (sempre posposto) *ragazza squillo*, prostituta che prende appuntamenti perlopiù per telefono; *casa squillo*, luogo di appuntamento con ragazze squillo.

squinànzia [dal gr. *kynánchē*, tosse canina; a. 1320] *sf. ant.* angina, laringite.

squìnci [da *quinci*; 1872] *avv. pop. scherz.* *non com.* solo nelle espr. *parlare* o *vestire in squinci e quindi*, con un'eleganza molto affettata; *senza tanti squinci, né squindi*, senza complimenti.

squìncio [variante tosc. di *sguincio*; 1891] *agg.* obliquo, nella loc. *di squincio*, di traverso: *lo guardava di squincio.*

squinternàre (pres. *-èrno*) [comp. parasint. di *quinterno*; 1745] *tr.* sconnettere i quinterni di un libro: *quel libro era squinternato* ‖ *fig.* disordinare; scombussolare.

squinternàto (*pps.* di *squinternare*) [1743] **I** *agg.* detto di volume che ha perso la legatura ‖ *più com. fig.* detto di persona poco equilibrata e dalla vita disordinata **II** *sm.* (f. *-a*) persona squinternata.

squinternatùra [da *squinternare*; 1960] *sf.* **1.** lo squinternare **2.** in legatoria, fase in cui il libro viene sfascicolato, prima di essere rilegato.

squiṣitézza [da *squisito*; a. 1600] *sf.* l'essere squisito: *la squisitezza dei suoi modi, di un'opera, dell'arrosto* ‖ *concr.* cosa squisita ‖ **N.** *Sin.* bontà, delicatezza, eccellenza, finezza, perfezione, raffinatezza.

squișito [dal lat. *exquisītus*, ricercato; 1541 nel senso 2; a. 1742 nel senso 1] **agg.** **1.** di cibi e bevande, dal gusto straordinariamente gradevole: *vino, dolce squisito* **2.** estremamente raffinato; nobile, delicatissimo: *per l'arredamento ha un gusto squisito, modi squisiti* || **squișitaménte** **avv.** || **N.** **1.** *Sin.* eccellente, gustosissimo, ottimo, prelibato, succulento **2.** *Sin.* amabile, delicato, fine, raro, ricercato, stupendo.

squit [voce onom.; 1970] voce onom. riproduce il verso del topo.

squittinàre (pres. *-ìno*) [lat. tardo *scrutināre*, investigare; a. 1444] **tr.** e **intr.** (aus. *avere*) *arc.* mettere ai voti, votare, scrutinare.

squittìnio (pl. *-ni*) [lat. tardo *scrutinium*, inchiesta; a. 1348 *squittino*] **sm.** *arc.* scrutinio.

squittinìo (pl. *-ìi*) [da *squittire*; 1960] **sm.** *raro* o *lett.* il verso di chi squittisce.

squittìo (pl. *-ìi*) [da *squittire*; 1832] **sm.** lo squittire continuo.

squittìre (pres. *-ìsco, -ìsci*) [voce onom.; sec. XIV] **intr.** (aus. *avere*) emettere gridi brevi e acuti, rif. in part. al topo e, *per estens.*, ad alcuni uccelli (civetta, pappagallo) e, *scherz.* o *spreg.*, a persone. **Q.T.** *animali.*

șradicaménto [da *sradicare*; 1671] **sm.** atto ed effetto dello sradicare.

șradicàre (pres. *șràdico, șràdichi*) [comp. parasint. di *radice*; 1592] **tr.** strappare la pianta con le radici: *sradicare le erbacce* || *fig.* estirpare, distruggere: *sradicare i pregiudizi, i vizi, l'odio* || *fig.* rif. a una persona, costringerla ad abbandonare il luogo in cui si trovava da lungo tempo || **N.** *Sin.* estirpare, strappare, svellere.

șradicàto (*pps.* di *sradicare*) [1592] **I agg.** estirpato; *in part.* di persona, che è priva o che non sente legami con l'ambiente o la civiltà in cui si trova a vivere **II sm.** (f. *-a*) persona sradicata.

șradicatóre [da *sradicare*; 1745] **I agg.** che sradica **II sm.** **1.** (f. *-trìce*) chi sradica **2.** macchina agricola usata per l'abbattimento di alberi e lo sradicamento di ceppi || attrezzo agricolo che toglie le radici e i tuberi dal terreno.

șragionàre (pres. *-óno*) [da *ragionare*; 1863] **intr.** (aus. *avere*) ragionare contro ogni logica, in modo sconclusionato || **N.** *Sin.* delirare, farneticare, vaneggiare.

șragionévole [da *sragionare*, sul modello di *ragionevole*; 1618] **agg.** *raro* irragionevole.

șralingàre (pres. *șralingo, șralinghi*) [comp. parasint. di *ralinga*; 1889] **tr.** *T.mar.* scucire o togliere le ralinghe dagli orli delle vele.

șregolàre (pres. *șrègolo*) [comp. parasint. di *regola*; a. 1459 come intr. pron.] **tr.** **1.** far deviare dalla regola **2.** far perdere la regolazione || **intr. pron.** deviare dalla regola.

șregolatézza [da *sregolato*; a. 1729] **sf.** l'essere sregolato || *concr.* atto, condotta di persona sregolata: *questa è una sregolatezza bell'e buona.*

șregolàto (*pps.* di *sregolare*) [1598] **agg.** che è senza regola, disordinato: *vita sregolata* || di persona, smodato, intemperante, scapestrato || **șregolataménte** **avv.**

șrotolàre (pres. *șròtolo*) [da *arrotolare*, con cambio di pref.; 1960] **tr.** svolgere ciò che era arrotolato: *srotolare un tappeto, un gomitolo di corda.*

șrugginìre (pres. *-ìsco, -ìsci*) [da *arrugginire*, con cambio di pref.; 1618] **tr.** *raro* pulire, liberare dalla ruggine.

st o **sh** o **sss** [voce onom.; 1891] voce onom. che riproduce il suono usato per zittire.

'sta [da *questa* per aferesi] **agg.** *dimostr. f. sing. fam.* questa: *'sta cretina non guarda dove va!*

sta- [da *questa* per aferesi; sec. XIV] **pref.** forma parole in cui ha il valore di "questa": *stasera, stamane, stanotte, stavolta*, questa sera, questa mane, questa notte, questa volta.

stabaccàre (pres. *-àcco, -àcchi*) [da *tabaccare*; 1865] **intr.** (aus. *avere*) *pop. non com.* fiutare spesso tabacco da naso.

Stabat Mater (lat., pr. it. ['stabat 'mater]) [letter. stava la madre] **loc. m. inv.** componimento sacro, così chiamato dalle parole con cui inizia || la musica che lo accompagna: *eseguirono lo Stabat Mater del Pergolesi.*

stabbiàre (pres. *stàbbio*) [lat. *stabulāre*, stare nella stalla; 1592] **intr.** (aus. *avere*) di bestiame, pernottare nei campi, che in tal modo vengono concimati || **tr.** concimare col letame.

stabbiàto (*pps.* di *stabbiare*) [a. 1597] **agg.** e **sm.** detto di terreno che il bestiame ha concimato stabbiando: *abbiate ogni anno lo stabbiato* (Pascoli).

stabbiatùra [da *stabbiare*; 1822] **sf.** azione o risultato dello stabbiare || **N.** *Sin.* mandratura.

stàbbio (pl. *-bi*) [lat. *stabulum*, stalla; a. 1597 nel senso 2] **sm.** **1.** il recinto per le bestie che stabbiano || stalla, porcile **2.** concime naturale, sterco animale.

stabbiòlo (*dim.* di *stabbio*) [a. 1604 *stabbiuolo*] **sm.** piccolo porcile o, anche, ogni singolo scomparto del porcile.

stàbile [dal lat. *stabilis*; 1297] **I agg.** **1.** ben equilibrato, ben fermo, su basi solide: *scala stabile, ponte stabile* **2.** destinato a durare: *impiego stabile*; *colore stabile*, che non smonta, non perde la sua intensità; *tempo stabile*, che dura || costante: *è un uomo stabile nei suoi propositi* || permanente, fisso: *dimora stabile*, non provvisoria; *compagnia, teatro stabile*, che ha sede, che agisce stabilmente in un determinato luogo || *beni stabili*, edifici e terreni, in opposiz. a *beni mobili* || nella loc. *in pianta stabile*, detto di impiegato che appartiene a tempo indeterminato all'organico di un'azienda o ente e, *per estens.*, di situazione permanente, spesso *scherz.*: *ospite in pianta stabile* || **stabilménte** **avv.** **II sm.** **1.** teatro stabile **2.** fabbricato: *possiede diversi stabili* || **N.** I **1.** *Sin.* forte, immobile, incrollabile, permanente, resistente, saldo, solido | *Contr.* cedevole, instabile, mobile, oscillante **2.** *Sin.* definitivo, duraturo, durevole, invariabile | *Contr.* mutevole, precario, provvisorio, variabile II **2.** fondo, podere, possedimento, predio, tenuta.

stabiliménto [dal lat. *stabilimentum*, appoggio, sostegno; a. 1540] **sm.** **1.** *non com.* atto ed effetto dello stabilire, consolidamento: *lo stabilimento della pace* **2.** *più com.* edificio o complesso di edifici in cui ha sede un'opera di pubblica utilità o complesso di edifici o dove ha sede un'industria: *stabilimento balneare, sanitario, penale*; *stabilimento siderurgico* || **N.** **2.** *Sin.* fabbrica, opificio.

stabilìre (pres. *-ìsco, -ìsci*) [dal lat. *stabilīre*; a. 1294] **tr.** **1.** fissare, determinare una cosa in modo stabile: *stabilire i termini di una questione, il prezzo di una merce, le norme da seguire, il significato di una parola* || istituire, organizzare in modo stabile: *stabilire l'ordine nel paese, la propria residenza in campagna* **2.** deliberare, fissare: *stabilì di recarsi a Roma, di non partire più* **3.** *ant.* fissare saldamente; *in part. T.mar. stabilire le vele*, spiegarle e disporle nel modo più utile al cammino della nave || **rifl.** prendere stabile dimora: *si stabilì a Roma* || **N.** **tr.** **1.** *Sin.* combinare, disporre, fondare, impiantare, istituire, predestinare, prefiggere, preordinare, prescrivere; prestabilire, ristabilire **2.** *Sin.* affermare, asserire, comandare, concludere, decretare, ordinare, pattuire, sanzionare, statuire | **rifl.** *Sin.* alloggiarsi, impiantarsi, prender domicilio; abitare, dimorare, risiedere.

stabilità [dal lat. *stabilitas, -ātis*; a. 1348] **sf.** l'essere stabile, anche *fig.* || *in part.* attitudine di un corpo galleggiante o immerso in un fluido (per es. imbarcazioni, aerei ecc.) a riportarsi nella posizione di equilibrio dalla quale un'azione esterna l'aveva allontanato || nella fisica nucleare, configurazione nucleare o plasmatica corrispondente a una condizione di equilibrio dinamico delle particelle componenti || **N.** *Sin.* costanza, fermezza, permanenza, persistenza, resistenza, saldezza, solidità.

stabilìto (*pps.* di *stabilire*) [a. 1306] **I agg.** fissato, deciso; decretato, istituito **II sm.** *T.giur.* documento recante tutti i dati di un contratto.

stabilitùra [da *stabilire*; 1934] **sf.** *T.edil.* applicazione finale dell'ultimo strato di intonaco alle pareti esterne degli edifici; anche lo strato stesso.

stabiliẓẓànte (*ppr.* di *stabilizzare*) [1965] **agg.** e **sm.** *T.chim.* detto di sostanza capace di preservare i composti cui viene aggiunta dall'azione deteriorante dell'ossigeno, della luce o del calore.

stabiliẓẓàre [da *stabile*, sul modello del fr. *stabiliser*; 1940] **tr.** rendere stabile: *stabilizzare una rendita, il valore di una moneta* || **intr. pron.** diventare stabile || **N.** **tr.** *Sin.* consolidare.

stabiliẓẓatóre [da *stabilizzare*; 1919] **I agg.** che stabilizza: *dispositivo stabilizzatore* **II sm.** *T.aer.* piano fisso che ha la funzione di rendere stabile un aereo nel senso longitudinale || *T.mar. stabilizzatore giroscopico*, apparecchio che ha lo scopo di diminuire il rollio di una nave || *T.elettr.* dispositivo che, eliminando le variazioni della tensione della rete di alimentazione, invia una tensione più costante ad apparecchi radio, televisori ecc. || *T.chim.* stabilizzante. **TAV. *astronautica* p. 654** 1.9.

stabiliẓẓazióne [da *stabilizzare*; 1927] **sf.** operazione con cui si conferisce stabilità e anche il risultato ottenuto || **N.** *Sin.* consolidamento.

stabulàre (pres. *stàbulo*) [dal lat. *stabulāre*, stare nella stalla; a. 1530] **intr.** (aus. *avere*) di animale domestico, essere tenuto nella stalla || **tr.** tenere, allevare animali domestici nelle stalle.

stabulàrio (pl. *-ri*) [dal lat. *stabulārius*, albergatore, oste; 1745 nel senso 2] **sm.** **1.** sorta di stalla pubblica per la custodia provvisoria degli animali sperduti e affidati in custodia || *in part.* canile municipale dove si raccolgono per qualche tempo i cani randagi o smarriti || nei laboratori, parte riservata agli animali da esperimenti **2.** *ant.* pastore.

stabulazióne [dal lat. *stabulātio, -ōnis*, stallaggio; 1857] **sf.** il permanere nella stalla del bestiame || allevamento del bestiame in stalla.

stacanovìsmo (meno com. *stachanovìsmo*) [dal n. proprio A.G. *Stachanov*, minatore che stabilì un eccezionale primato nell'estrazione del carbone; 1936] **sm.** movimento sorto in URSS tra le due guerre, che si proponeva di incrementare la produzione per mezzo dell'emulazione tra lavoratori || *iron.* zelo eccessivo nel lavoro.

stacanovista (meno com. *stachanovista*) [dal n. proprio A.G. *Stachanov*; 1935] **I agg.** relativo allo stacanovismo **II s.** chi pratica lo stacanovismo || *iron.* chi mostra eccessivo zelo nel lavoro.

staccàbile [da *staccare*; a. 1704] **agg.** che si può staccare.

staccaménto [da *staccare*; 1540] **sm.** *raro* distacco.

staccàre (pres. *stàcco, stàcchi*) [da *attaccare*, con cambio di pref.; a. 1566] **tr.** **1.** separare ciò che è attaccato o congiunto: *staccare un quadro dal muro, una pagina da un libro* || *staccare un assegno a favore di qualcuno*, pagarlo con un assegno || *staccare una ricevuta, un mandato di pagamento*, distaccare, dal libro dove tali documenti sono scritti a madre e figlia, la parte che va consegnata all'interessato || *stac-*

care le cedole di un titolo, renderle pagabili || *fig. non staccare lo sguardo da una cosa o persona*, continuare a guardarla con insistenza || rif. ad animali, sciogliersi dal veicolo a cui sono attaccati: *staccare i cavalli*; anche *ass.*: *gli ordinò di staccare* || *ant. staccare un vestito*, tagliare dalla pezza la stoffa necessaria per confezionarlo **2.** scostare, allontanare, rimuovere: *staccare una sedia dal muro* **3.** *T.sport.* aumentare la distanza dagli avversari in una gara; distanziare notevolmente: *il corridore ha staccato il gruppo* **4.** leggere, parlare, eseguire musica facendo spiccare le parole, le sillabe, le note; in musica è contr. di *legare*: *pronuncia staccando bene le sillabe* **5.** *raro* spiccare: *staccare un mandato di cattura*; *staccare il bollore*, cominciare a bollire || ***rifl.*** separarsi, allontanarsi: *non si poteva staccare da suo figlio, staccarsi dalla propria terra* || ***intr. pron.*** **1.** venir via, scollarsi e sim.: *lo sfornato non si stacca bene, si è staccato il francobollo* **2.** scostarsi, allontanarsi, sollevarsi: *l'aereo si è staccato ora dalla pista* || ***intr.*** (aus. *avere*) **1.** risaltare, spiccare: *questo colore stacca bene sul bianco* **2.** *fam.* terminare il turno lavorativo: *stacco sempre alle cinque* || **N.** ***tr.*** **1.** levare, schiodare, scindere, sciogliere, scollare, separare, slegare, sradicare, strappare, svellere, tagliare | *Contr.* attaccare, congiungere, commettere, connettere, unire.

staccàto (*pps.* di *staccare*) [1612 come agg.; 1826 come sm.] **I** ***agg.*** separato **II** ***sm.*** *T.mus.* esecuzione di un pezzo a note nettamente separate l'una dall'altra per mezzo di una brevissima pausa.

staccatùra [da *staccare*; 1891] ***sf.*** *raro* stacco, distacco.

staccheggiàre (pres. *-éggio*) [comp. parasint. di *tacco*; 1873] ***intr.*** (aus. *avere*) *raro* camminare battendo i tacchi.

stacciaburàtta [comp. di *staccia(re)* e *buratta(re)*; 1750 *stacciabburatta*] ***sm.*** grafia unita della loc. tosc. *staccia buratta*, indicante un gioco per bimbi che si fa tenendo per le mani il bimbo, seduto sulle ginocchia, e tirandolo avanti e indietro per le braccia come si fa con lo staccio nell'abburattare la farina: *fare a stacciaburatta*.

stacciàio (pl. *-ài*) [da *staccio*; sec. XVI] ***sm.*** (f. *-a*) venditore, fabbricante o riparatore di stacci.

stacciàre [var. di *setacciare*; a. 1320] ***tr.*** setacciare.

stacciatùra [da *stacciare*; a. 1566] ***sf.*** atto ed effetto dello stacciare.

stàccio (pl. *-ci*) [lat. mediev. *saetācium*; sec. XIV] ***sm.*** setaccio.

staccionàta [forse dal fr. ant. *estache*, palo, attr. un disus. *staccia*, travicello; 1846] ***sf.*** **1.** recinzione costituita da traverse di legno sostenute da elementi infissi nel terreno **2.** *T.ipp.* ostacolo costituito da una siepe morta di sterpi e frasche.

stàcco (pl. *-chi*) [da *staccare*; a. 1767] ***sm.*** **1.** *non com.* atto del separare e del separarsi; distacco || *concr.* parte staccata, solo nella loc. non com. *stacco d'abito*, taglio di stoffa per la confezione di un abito **2.** *fig.* intervallo, distanza: *pronunciare le parole con uno stacco tra sillaba e sillaba*; *in part. T.sport.* vantaggio: *l'atleta mantenne fino all'arrivo un forte stacco sul gruppo* || brusco passaggio, contrasto, salto: *c'è troppo stacco tra i due colori, tra i due stili* || *T.cin.* passaggio tra due inquadrature senza dissolvenze; *fare stacco*, risaltare nettamente, spiccare || *per estens.* annuncio pubblicitario o brano musicale che fa da elemento di interruzione tra le fasi di un programma televisivo o radiofonico o tra due programmi **3.** *T.sport.* nelle specialità di salto e nelle corse ad ostacoli, fase nella quale l'atleta abbandona il contatto con il terreno.

stachanovișmo e der. v. STACANOVISMO e der.

stack (ingl., pr. [stæk]) [letter. pila; 1985] ***sm. inv.*** *T.inform.* struttura usata nella programmazione di un computer, costituita da più blocchi di memoria contigui e caratterizzata dal fatto che le operazioni di scrittura e cancellazione sono possibili solo sull'ultimo blocco utilizzato, cioè relativamente all'ultimo dato inserito || **N.** *Sin.* pila.

stadèra [lat. *statēra*; 1321 *statera*] ***sf.*** bilancia a bracci di leva disuguali, con un solo piatto e un peso costante (*romano*) che scorre sul braccio più lungo, graduato || *prov. ogni stadera ha il suo romano*, ogni cosa ha il suo contrappeso.

staderàio (pl. *-ài*) [da *stadera*; 1386] ***sm.*** (f. *-a*) fabbricante, venditore o riparatore di stadere.

stàdia [dal lat. *stadium*, misura; 1930] ***sf.*** asta graduata che serve alla misura indiretta delle distanze e ad operazioni di livellazione; si usa abbinata a cannocchiali telemetrici.

stàdico v. STATICO².

stàdio (pl. *-di*) [dal lat. *stadium*, gr. *stádion*, palestra; a. 1367 nel senso 3; 1912 nel senso 1; 1769 nel senso 2; 1802 nel senso 4; 1958 nel senso 5] ***sm.*** **1.** impianto sportivo permanente costituito da una vasta area attrezzata con le strutture necessarie per lo svolgimento di un gran numero di attività sportive e circondata da una serie concentrica di gradinate sulle quali può prendere posto un vasto pubblico **2.** *T.stor.* nell'antichità greco-romana, impianto sportivo analogo a quello contemporaneo, in cui si svolgevano gare sportive e, *in part.*, gare di corsa sulla distanza di uno stadio; *per estens.* da: **3.** *T.stor.* unità di misura lineare in uso in Grecia, pari a circa 600 piedi (circa 180 m), corrispondente alla lunghezza dello stadio d'Olimpia **4.** *fig.* fase, momento di un processo, di un'evoluzione: *il lavoro è ormai a uno stadio avanzato* || *T.med.* fase del decorso di una malattia: *la malattia è allo stadio acuto, all'ultimo stadio* || *T.biol.* ciascuno dei vari gradi progressivi attraverso i quali passa un organismo in sviluppo **5.** *per meton.* parte o sezione di un meccanismo complesso, ciascuna delle quali svolge una singola fase di un'operazione, secondo una precisa successione cronologica || ciascuna delle parti di un razzo vettore dotata di propri motori e di riserve di carburante, che viene staccata quando queste si esauriscono: *è entrato in funzione il terzo stadio del missile* || **N.** **1.** curva, gradinata, spogliatoio, tribuna. **Q.T.** *calcio, sport* **TAV. *astronautica* p. 654** 2, 4.

staff (ingl., pr. [stɑ:f]; pr. amer. [stæf]) [letter. bastone, simbolo di autorità; 1955] ***sm. inv.*** in un'azienda, l'insieme dei collaboratori che dipendono direttamente dalla direzione: *quella ditta ha uno staff molto efficiente* || *per estens.* gruppo di collaboratori: *il deputato e il suo staff di esperti* || **N.** *Sin. équipe*.

stàffa [dal long. **staffa*; fine sec. XIII] ***sf.*** **1.** ciascuno dei due arnesi di ferro, appesi con corregge ai due lati della sella e nei quali si infila il piede cavalcando: *mettere il piede nella staffa* || *fig. tenere il piede in due staffe*, barcamenarsi tra due parti tra loro in contrasto cercando, per opportunismo, di mantenere buoni rapporti con entrambe || *fig. perdere le staffe*, perdere la pazienza, il controllo di sé, non riuscire più a contenere la collera **2.** *per estens.* ciascuno di vari elementi che servono d'appoggio per il piede, sui quali si agisce col piede o nei quali si infila il piede; *in part.* predellino delle carrozze || in pantaloni, ghette e sim., striscia di tessuto o sim. che, passando sotto al piede, serve a tenerli tesi; nella calza, la parte che fascia il tallone || nella vanga, staffale || *T.alp.* anello o scaletta di corda usati come appoggi artificiali per il piede nei punti in cui l'arrampicata risulta particolarmente difficoltosa **3.** *per estens.* ciascuna di varie strutture simili, per forma e funzione, alla staffa; *in part.* elemento utilizzato per il collegamento rigido di due elementi meccanici, costituito in gen. da una piastra metallica, a forma di staffa (o anche a L), che viene imbullonata agli elementi da collegare || *T.edil.* profilato che tiene unito il monaco alla catena della capriata || *T.anat.* ossicino situato nella cassa del timpano dell'orecchio **4.** *T.banc.* documento per il calcolo degli interessi relativi a un conto corrente || *dim.* staffettina. **TAV.** *finimenti* 1.8, 6.4; ***anatomia* p. 642** 18.6.

staffàle [da *staffa*; 1876] ***sm.*** sporgenza del manico della vanga presso l'occhio di questa, per appoggiarvi il piede e fare forza nel vangare || **N.** *Sin.* vangile.

staffàre [da *staffa*; sec. XIV] ***tr.*** fornire di staffe, fissare con staffe una struttura || ***intr.*** (aus. *avere*) *non com.* uscire col piede da una staffa; *più com. rimaner staffato*, rimanere con un piede impigliato in una staffa, cadendo da cavallo.

staffatùra [da *staffare*; 1967] ***sf.*** **1.** atto ed effetto dello staffare **2.** *T.tecn.* operazione con cui una struttura viene consolidata mediante l'applicazione di staffe di sostegno.

staffeggiàre (pres. *-éggio*) [da *staffa*; 1483] ***tr. arc.*** perdere la staffa.

staffétta [da *staffa*; 1515 nel senso 2; 1940 nei sensi 1 e 3] ***sf.*** **1.** veicolo che, in gen. per ragioni di sicurezza, precede cortei, manifestazioni, convogli su cui viaggiano autorità, per assicurarsi che la via sia sgombra e non vi siano pericoli; anche in posizione appositiva: *le moto staffetta della polizia precedevano i corridori* **2.** *T.stor.* corriere, messaggere a cavallo, un tempo incaricato di recapitare dispacci e sim. **3.** *T.sport.* nell'atletica, nel nuoto e nello sci, gara disputata tra squadre nelle quali ciascun membro deve percorrere una frazione del percorso totale e passare un testimone al compagno di squadra incaricato di percorrere la frazione successiva (nel nuoto è sufficiente che ogni concorrente, alla fine del percorso, tocchi la sponda dove si trova il compagno pronto a partire; nello sci, invece, deve toccare la spalla del compagno; vincerà quella squadra il cui ultimo corridore arriverà prima degli ultimi corridori delle altre squadre) || **N.** **1.** *Sin.* battistrada. **TAV. *atletica* p. 657** 1.2.

staffettìsta [da *staffetta*; 1950] ***s.*** atleta che partecipa a una staffetta.

staffière [da *staffa*; a. 1470] ***sm.*** il servo che teneva la staffa al padrone, palafreniere || *per estens.* servitore di casa signorile || **N.** lacchè, scudiere.

staffilaménto [da *staffilare*; 1838] ***sm.*** *raro* percuotimento con uno staffile.

staffilàre (pres. *stàffilo*) [da *staffile*; 1612] ***tr.*** percuotere con lo staffile; anche *fig.* || **N.** *Sin.* flagellare, frustare, scudisciare, sferzare.

staffilàta [da *staffile*; a. 1548] ***sf.*** percossa data con lo staffile || *fig.* critica, rimprovero severo e pungente || **N.** *Sin.* frustata, nerbata, percossa, scudisciata, sferzata.

staffilatóre [da *staffilare*; a. 1828] ***agg.*** e ***sm.*** (f. *-trìce*) *non com.* che o chi prende a staffilate; anche *fig.* || **N.** *Sin.* fustigatore.

staffilatùra [da *staffilare*; 1824] ***sf.*** *raro* atto ed effetto dello staffilare.

staffile [da *staffa*; 1530] ***sm.*** **1.** striscia perlopiù di cuoio per mezzo della quale la staffa sta appesa alla sella **2.** *per estens.* sferza composta di una o più strisce di cuoio || **N.** **2.** *Sin.* castigamatti, disciplina, ferula, flagello, frusta, frustino, *knut*, mazzacavallo, mazzafrusto, nerbo, scudiscio, scuriata, scutica, sferza, verga. **TAV.** *finimenti* 1.7.

Stafilìnidi (sing. *-e*) [da *stafilino*; 1931] ***sm. pl.*** *T.zool.* famiglia di coleotteri dal corpo allungato ed elitre molto corte sotto cui stanno ali di notevole lunghezza.

stafilìno [dal gr. *staphilînos*; 1940] ***sm.*** *T.zool.* genere di Insetti Coleotteri della fam. Stafilinidi con corpo allungato ed elitre estremamente ridotte.

stàfilo- [dal gr. *staphylḗ*, grappolo] ***primo elem.*** che, in parole composte della terminologia scientifica, vale "grappolo", "struttura a grappolo" (per es. *stafilococco*) || in parole composte della terminologia medica vale "ugola": **stafilofaringìte**.

stafilocòcco (pl. *-chi*) [comp. di *stafilo-* e *cocco*; 1899] ***sm.*** *T.biol.* genere di Batteri, comprendente microorganismi granulari che tipicamente si raccolgono in grappoli; provocano infezioni a carico delle vie respiratorie || **N.** cocco, diplococco, streptococco.

stafilodromìa [dal gr. *staphilodrómos*, che corre col grappolo d'uva; 1965] ***sf.*** rito autunnale dell'antica Sparta in cui veniva considerato di buon auspicio inseguire e raggiungere un corridore che portava dei tralci di vite.

stafilòma [dal lat. tardo *staphylōma*, gr. *staphýlōma*; sec. XIV] ***sm.*** *T.med.* sporgenza patologica, dovuta a cause diverse, nel globo oculare.

stage (fr., pr. [sta:ʒ], e ingl., pr. [steɪdʒ]) [letter. tirocinio; 1963] ***sm. inv.*** **1.** periodo di perfezionamento presso un istituto universitario specializzato o presso un'azienda per acquistare pratica in una determinata attività o professione **2.** breve corso tenuto da un artista o un maestro ad un gruppo di dilettanti appassionati di una determinata arte: *uno stage di mimo.*

stagflazióne [comp. di *stag(nazione)* e *(in)flazione*, sul modello dell'ingl. *stagflation*; 1973] ***sf.*** *T.econ.* fase economica caratterizzata dalla presenza simultanea di inflazione e ristagno produttivo.

stàggia (pl. *-ge*) [lat. *stadium*; 1561] ***sf.*** *arc.* staggio.

staggiàre (pres. *stàggio*) [da *staggio*; 1838] ***tr.*** *T.giard.* puntellare gli alberi troppo carichi di frutta.

staggiatùra [da *staggiare*; 1960] ***sf.*** atto ed effetto dello staggiare.

staggìna [da *staggire*; a. 1292] ***sf.*** *arc.* sequestro, pignoramento.

stàggio (pl. *-gi*) [lat. *stadium*; a. 1320] ***sm.*** elemento di sostegno in legno, usato, in coppia, per sostenere o collegare altri elementi di una struttura; *in part.* ciascuna delle due aste della scala a pioli, sulle quali si reggono gli scalini || ciascuna delle due gambe di dietro delle seggiole che, prolungandosi in alto, fanno parte della spalliera || ciascuno dei due regoli che, infilati ai colonnini del telaio da ricamo, servono ad allargarlo o restringerlo || ciascuno dei regoli in cui sono infilate le gretole nella gabbia da uccelli || *T.tess.* ciascuna delle due aste verticali calettate in alto col portacassa e in basso col guscio della cassa, in modo da muovere il coperchio tanto che basti a porre o togliere il pettine nel telaio. **TAV. *maglia...* p. 1317** 19.2.

staggìre (pres. *-ìsco, -ìsci*) [dal long. *stadjan*; a. 1348] ***tr.*** *arc. T.giur.* mettere giuridicamente una cosa sotto sequestro, sequestrare.

stagionàle [da *stagione*; 1935] **I *agg.*** che è proprio di una stagione: *sono frutti stagionali* || che ha la durata di una stagione: *lavoro stagionale*, non fisso || che ricorre a ogni stagione: *emigrazione stagionale* **II *s.*** chi lavora solo a periodi, a stagioni.

stagionalità [da *stagionale*; 1960] ***sf.*** *non com.* l'essere stagionale.

stagionaménto [da *stagionare*; a. 1704] ***sm.*** *non com.* stagionatura.

stagionàre (pres. *-óno*) [da *stagione*; 1288] ***tr.*** conservare un prodotto in particolari condizioni ambientali e per il tempo necessario affinché acquisti le caratteristiche ottimali per la sua utilizzazione: *stagionare il vino, un formaggio*; *in part.* rif. al legname, tenerlo a prosciugare prima di lavorarlo: *certi legni bisogna stagionarli bene* || ***intr.*** (aus. *essere*) e ***intr. pron.*** invecchiare in determinate condizioni ambientali, acquistando le qualità ottimali per l'utilizzo: *il legno (si) stagiona meglio se è tenuto all'aria.*

stagionàto (*pps.* di *stagionare*) [a. 1446] ***agg.*** **1.** che è stato sottoposto a stagionatura: *legno, formaggio stagionato* **2.** *fig. scherz.* che è innanzi con gli anni, vecchiotto: *uomo stagionato, una ragazza piuttosto stagionata.*

stagionatóre [da *stagionare*; 1838] ***agg.*** e ***sm.*** (f. *-trìce*) addetto ai lavori di stagionatura.

stagionatùra [da *stagionare*; 1699] ***sf.*** lo stagionare; il periodo o il processo necessari perché alcuni prodotti rispondano a determinati requisiti.

stagióne [lat. *statio, -ōnis*, lo stare fermo, luogo, dimora; a. 1250] ***sf.*** **1.** nome di ciascuno dei quattro periodi in cui gli equinozi e i solstizi dividono l'anno solare: *le quattro stagioni*; *la buona stagione*, la primavera, l'estate; *mezza stagione*, l'autunno e la primavera; *abito da mezza stagione*, né troppo pesante, né troppo leggero **2.** *per estens.* tempo, nel senso di condizioni atmosferiche: *abbiamo avuto una bella stagione* **3.** *per estens.* periodo dell'anno in cui si hanno certi raccolti: *la stagione dell'uva, non è stagione per i fichi*; *frutto fuori stagione*, primaticcio o che matura più tardi del suo tempo, e *fig. non com.* fatto che si verifica fuori del tempo opportuno **4.** periodo dell'anno in cui si svolgono determinate attività: *la stagione sciistica, si è aperta la (stagione della) caccia*; *in part.* nell'agricoltura: *la stagione della semina, della trebbiatura* || *alta, bassa stagione*, in cui l'attività, spec. turistica è intensa, ridotta; *stagione morta*, periodo dell'anno in cui non si fanno affari || *T.sport.* periodo dell'anno in cui si svolgono le principali manifestazioni di un particolare sport: *la stagione calcistica comincia in autunno* || *T.teatr.* periodo di tempo in cui si fanno rappresentazioni teatrali: *è cominciata la stagione alla Scala* || nel modo di dire *aver fatto la propria stagione*, il suo corso, il suo tempo, esser passato di moda || *pegg.* stagionàccia || **N. 2.** asciutta, aspra, clemente, cruda, dolce, ferma, fredda, inclemente, mite, secca, umida, piovosa **3.** *Sin.* epoca, tempo.

stagirìta [dal lat. *Stagirītes*, gr. *Stageirítēs*; a. 1729 come sm.] **I *agg.*** di Stagira **II *s.*** abitante di Stagira || *per anton. lo Stagirita*, il filosofo Aristotele.

stagliàre (pres. *stàglio*) [da *tagliare*; a. 1558] ***intr. pron.*** (o, raro, ***intr.*** (aus. *essere*)) spiccare su uno sfondo, risaltare: *i grattacieli illuminati si stagliavano sul* (o *contro il*) *cielo notturno* || ***tr.*** *arc.* frastagliare, tagliare irregolarmente e alla grossa || *fig.* regolare un conto e sim., facendo un calcolo all'ingrosso || **N. *intr. pron.*** *Sin.* profilarsi.

stagliàto (*pps.* di *stagliare*) [1313] ***agg.*** che spicca sullo sfondo || *roccia stagliata*, scoscesa, a picco.

stagliatùra [da *stagliare*; 1945] ***sf.*** atto ed effetto dello stagliare.

stàglio (pl. *-gli*) [da *stagliare*; sec. XIV] ***sm.*** *arc.* stralcio, computo sommario di un conto.

stàgna [da *stagno*[2]; 1974] ***sf.*** recipiente di latta ermeticamente chiuso, in cui si tengono olio, petrolio, benzina ecc. || *dim.* stagnìna || **N.** *Sin.* bidone, latta.

stagnàio (pl. *-ài*) (region. *stagnàro*) [da *stagno*[2]; 1544 *stagnaro*] ***sm.*** (f. *-a*) artigiano che fa oggetti di latta, che stagna le pentole di rame e sim. || **N.** *Sin.* lattoniere, stagnino.

stagnaménto [da *stagnare*[1]; a. 1698] ***sm.*** ristagno, stagnazione: *gli stagnamenti del Nilo.*

stagnànte (*ppr.* di *stagnare*[1]) [a. 1374] ***agg.*** ristagnante.

stagnàre[1] [dal lat. *stagnāre*; 1313] ***intr.*** (aus. *avere*) di un liquido, formare una distesa, uno stagno in una zona pianeggiante, essendosi interrotto il flusso: *l'acqua stagna a fondovalle* || *per estens.* (ma più com. *ristagnare*) non circolare, non defluire: *il fumo stagnava nella stanza* || *fig.*, di un'attività, spec. economica, subire un rallentamento, fino quasi a fermarsi: *mercato stagnante*, poco attivo || ***tr.*** *meno com.* interrompere il deflusso di un liquido: *stagnare il sangue.*

stagnàre[2] [da *stagno*[2]; 1402] ***tr.*** **1.** ricoprire di uno strato di stagno o di leghe a base di stagno la superficie di un altro metallo, per proteggerla o per ripararne delle falle **2.** *per estens.* assicurare la tenuta ermetica di contenitori o strutture: *stagnare un barile, lo scafo di un'imbarcazione* || **N. 1.** cromare, nichelare, saldare.

stagnàro V. STAGNAIO.

stagnàta[1] [da *stagnare*[2]; 1865] ***sf.*** operazione sommaria di saldatura, di ricopertura a stagno fatta in fretta e alla meglio || *dim.* stagnatèlla, stagnatina.

stagnàta[2] [da *stagnare*[2]; 1392] ***sf.*** *arc.* o *region.* recipiente in latta stagnato.

stagnàto (*pps.* di *stagnare*) [1967] ***agg.*** di oggetto metallico, coperto da uno strato di stagno.

stagnatùra [da *stagnare*[2]; 1795] ***sf.*** atto ed effetto del ricoprire con stagno o, *raro*, di assicurare la tenuta stagna: *la pentola ha perduto qua e là la stagnatura* || **N.** stagnata.

stagnazióne [da *stagnare*[1], sul modello dell'ingl. *stagnation*; 1960] ***sf.*** *T.econ.* periodo di arresto della crescita produttiva || *per estens.* stasi, fase di inerzia di un'attività o di un fenomeno: *stagnazione culturale* || **N.** *Sin.* ristagno.

stagnìcola [da *stagno*[1]; 1965] ***sf.*** *arc.* gallinella d'acqua.

stagnicoltùra [comp. di *stagno*[1] e *coltura*; 1937] ***sf.*** allevamento di pesci in stagni naturali o artificiali.

stagnìna [da *stagno*[2]; 1872] ***sf.*** recipiente di latta rivestita di stagno || *in part.* bricco di latta rivestita di stagno, in cui si teneva l'olio da cucina.

stagnìno [da *stagnare*[2]; 1873] ***sm.*** (f. *-a*) *region.* stagnaio.

stàgno[1] [lat. *stagnum*; sec. XIII *estagno*] ***sm.*** bacino d'acqua stagnante, generalmente poco profondo e di modesta estensione || **N.** *Sin.* acquitrino.

stàgno[2] [lat. *stagnum*; a. 1294] ***sm.*** *T.min.* metallo bianco argenteo, malleabile, duttile e facilmente fondibile; raro allo stato nativo, si trova soprattutto sotto forma di ossido, costituente il minerale cassiterite || **N.** peltro, stagnola | stagnare.

stàgno[3] (*pps.* contratto di *stagnare*[2]) [a. 1530] ***agg.*** ermeticamente chiuso, assolutamente impermeabile: *chiusura, paratia stagna*, a tenuta perfetta: *compartimenti stagni*, V. COMPARTIMENTO.

stagnòla [da *stagno*[2]; 1873] ***sf.*** **1.** sottilissima lamiera di stagno (o di leghe a base di stagno) usata spec. per avvolgervi sostanze alimentari deperibili || *carta stagnola*, foglio di carta cui è accoppiato un foglio di stagnola **2.** *dial. non com.* lattina, piccolo bidone in latta.

staiàta [da *staio*; 1872] ***sf.*** appezzamento di terra sufficiente per la semina di uno staio di grano.

stàio [lat. *sextārius*; 1221 nel senso 2] ***sm.*** **1.** (pl. f. *stàia*) unità di misura di volume appartenente al sistema non decimale sia inglese che americano; traduce l'ingl. *bushel* || *T.stor.* antica unità di misura di capacità per cereali o altri aridi, di valore diverso nelle varie regioni italiane: *due staia di grano*; nella loc. *a staia*, in gran quantità **2.** (pl. m. *stai*) *per estens.* contenitore cilindrico usato per misurare la quantità di aridi che corrisponde a uno staio; nella loc. *scherz. cappello a staio*, cappello maschile rigido, di forma alta, a cilindro **3.** (pl. f. *stàia*, ant. *stàiora*) *T.stor.* antica unità di misura agraria, che indicava l'estensione di terreno occorrente per seminarvi uno staio di grano ‖ PARTI: ago, cerchio, doghe, maniglia, randa o rasiere.

stalag (ted., pr. [ˈʃtalaːk]) [da *Sta(mm)lag(er)*, campo di base; 1960] ***sm. inv.*** nella seconda guerra mondiale, campo di prigionia tedesco per soldati e sottufficiali nemici.

stalagmìte [dal gr. *stálagma, stalágmatos*, goccia; 1726] ***sf.*** concrezione calcarea a forma conica o colonnare che si forma sul pavimento di grotte per stillicidio di acque ricche di carbonato di calcio, spec. in corrispondenza di una stalattite. **TAV. *geologia* p. 1313** 4.10.

stalagmìtico (pl. *-ci*) [da *stalagmite*; 1838] ***agg.*** relativo alle stalagmiti ‖ simile a stalagmite ‖ costituito da stalagmiti.

stalagmòmetro [comp. del gr. *stálagma*, goccia e *-metro*; 1934] ***sm.*** *T.fis.* strumento di misura per la determinazione della tensione superficiale dei liquidi.

stalammìte e der. v. STALAGMITE e der.

stalattìte [dal gr. *stalaktós*, che cola a goccia a goccia; a. 1730 *stalactite*] ***sf.*** **1.** concrezione calcarea, perlopiù di forma cilindrica o a cono rovesciato, che pende dalla volta di caverne ove c'è stillicidio di acque ricche di carbonato di calcio, di solito in corrispondenza di una stalagmite **2.** *T.arch.* motivo decorativo tipico dell'arte islamica: *decorazione a stalattite*, a fasce prismatiche concentriche, come nelle volte delle costruzioni arabe. **TAV. *geologia* p. 1313** 4.11.

stalattìtico (pl. *-ci*) [da *stalattite*; 1838] ***agg.*** relativo alle stalattiti ‖ simile a stalattite ‖ costituito da stalattiti.

stalinìsmo [dal n. proprio J.V. *Stalin*; 1950] ***sm.*** *T.stor.* e *T.pol.* interpretazione del marxismo-leninismo data da Josif V. Stalin e prassi politica in cui questa si è concretizzata nell'URSS ‖ *per estens.* atteggiamento di chi auspica e propugna l'adozione dei metodi politici di Stalin; autoritarismo.

stalinìsta [dal n. proprio J.V. *Stalin*; 1950] **I *agg.*** proprio dello stalinismo: *politica stalinista* **II *s.*** seguace e propugnatore dello stalinismo.

stalinizzàre [dal n. proprio J.V. *Stalin*; 1963] ***tr.*** applicare i metodi e le teorie staliniste nell'ambito della politica di un partito o di uno stato.

stalinizzazióne [da *stalinizzare*; 1962] ***sf.*** atto ed effetto dello stalinizzare o dell'essere stalinizzati.

stàlla [dal got. **stalla*; a. 1320] ***sf.*** fabbricato rurale, generalmente chiuso, attrezzato per il ricovero e l'allevamento di bovini e, *per estens.*, di ovini, equini e suini: *una moderna stalla sociale*; *garzone di stalla*, incaricato di accudire agli animali e di pulire la stalla ‖ nei modi di dire *fig. dalle stelle alle stalle*, brusco passaggio da una condizione elevata a una infima; *chiudere la stalla quando i buoi sono fuggiti*, prendere provvedimenti troppo tardi, quando ormai è diventato inutile ‖ *fig.* come termine di paragone *spreg.* per indicare un ambiente sudicio e trascurato: *la tua camera sembra una stalla* ‖ *per meton.* il bestiame di una stalla: *possiede una ricca stalla* ‖ *dim.* stallétta, stallìna, stallùccia, stallettìna; *accr.* stallóna; *pegg.* stallàccia ‖ **N.** addiaccio, caprile, ovile, pecorile, porcile, presepe, rimessa, scuderia, stabbio, stabulario; abbattifieno, abbeveratoio, battifianco, box, canale di scolo, corsia, greppia, mangiatoia, posta, rastrelliera, stabbiolo, stalluccio; letame, lettiera, lettime, liquame, stallatico, strame; profenda; stallaggio, stallatico; stalliere | spagliare, stallare; stabulare. **TAV.** *zootecnia* 18.

stallàggio (pl. *-gi*) [da *stalla*; sec. XIV] ***sm.*** *ant.* in passato, ricovero pubblico predisposto per il bestiame da stalla (spec. cavalli) in prossimità di alberghi e locande; anche il prezzo relativo ‖ **N.** stallatico.

stallàre¹ [da *stalla*; a. 1333] ***intr.*** (aus. *avere*) *ant.* **1.** del bestiame, stare nella stalla **2.** del bestiame, defecare: *la mula stallò nel fiume* (Boccaccio) ‖ ***tr.*** *ant.* tenere, alloggiare un animale nella stalla.

stallàre² [da *stallo²*; 1769] ***intr.*** **1.** (aus. *essere*) *T.aer.* andare in stallo **2.** (aus. *avere*) *T.mar.* contrastare la forza della corrente o del vento manovrando le vele e le ancore ‖ ***tr.*** *T.mar.* opporre resistenza con le vele: *stallare il vento, la corrente.*

stallàta [da *stalla*; 1865] ***sf.*** *pop. raro* la quantità di bestie che sono contenute o possono esser contenute in una stalla: *una stallata di pecore.*

stallàtico (pl. *-ci*) [da *stalla*; a. 1533 come sm. nel senso 2; 1960 come agg.] **I *agg.*** *non com.* di stalla, proprio della stalla e del bestiame da stalla: *letame stallatico* **II *sm.*** **1.** letame del bestiame da stalla **2.** stallaggio.

stallàzzo [da *stalla*; 1965] ***sm.*** *lomb.* stallaggio.

stalleréccio (pl. m. *-ci*, pl. f. *-ce*) [da *stalla*; 1873] ***agg.*** *non com.* proprio della stalla, degli animali da stalla.

stallìa [prob. da *stallo¹*; a. 1588] ***sf.*** *T.mar.* spec. *pl.* il tempo, determinato per contratto o per consuetudine, durante il quale la nave deve trattenersi in porto per le operazioni di carico o di scarico ‖ **N.** controstallia.

stallière [da *stalla*; 1611] ***sm.*** colui che governa i cavalli e ha cura della stalla ‖ **N.** *Sin.* famiglio, garzone di stalla, maestro di stalla.

stallìno [da *stalla*; 1873] **I *agg.*** di stalla; *in part.*, di animale, allevato nella stalla: *un cavallo stallino* **II *sm.*** stalliere.

stallìvo [da *stalla*; 1838] ***agg.*** *non com.* che è allevato nella stalla; che è rimasto a lungo nella stalla: *un puledro stallivo.*

stàllo¹ [dal francone **stall*, sosta, dimora; a. 1294 nel senso 3; a. 1580 nel senso 1; 1805 nel senso 2] ***sm.*** **1.** seggio, perlopiù a braccioli, destinato a importanti personalità e generalmente allineato, insieme ad altri uguali, in locali in cui si svolgono consessi, convegni e sim.: *gli stalli dei deputati* ‖ *stalli del coro*, in una chiesa, allineati lungo le pareti del presbiterio e destinati agli ecclesiastici per cantare in coro, sedere nelle funzioni solenni e tenere riunioni **2.** *T.gioc.* negli scacchi, posizione in cui il re non può muovere senza trovarsi sotto scacco e non può muovere nessun altro pezzo; comporta partita patta **3.** *arc.* luogo, stanza ‖ **N.** **1.** cattedra, scranna, sedile, seggio.

stàllo² [dall'ingl. *stall*, letter. stalla, poi luogo di sosta, di arresto; 1960] ***sm.*** *T.aer.* fenomeno aerodinamico della perdita di portanza subita da un'ala, che si verifica quando la sua incidenza rispetto al fluido supera un certo angolo critico.

stallòggi o **strallògi** [dal lat. *aristolochia*, aristolochia, per alterazione pop.; 1960] ***sm.*** pianta erbacea delle Aristolochiacee dalle foglie alterne e fiori di colore giallo-verdastro ‖ **N.** *Sin.* aristolochia.

stallóne [dal francone **stallo*, puledro; a. 1320] ***sm.*** **1.** cavallo maschio adibito alla riproduzione della razza ‖ *per estens.* maschio di altra specie animale adibito alla riproduzione: *asino stallone* **2.** *fig. iron.* o *spreg.* uomo che ostenta un'eccezionale vigoria sessuale.

stallùccio (pl. *-ci*) [da *stalla*; 1865] ***sm.*** piccola stalla per custodirvi maiali; stabbiolo.

stamaiòlo [da *stame*; 1353 *stamaiuolo*] ***sm.*** (f. *-a*) *arc.* chi lavorava o vendeva lo stame.

stamàni (lett. *stamàne*) [comp. di *sta-* e *mane*; 1305] ***avv.*** stamattina.

stamattìna [comp. di *sta-* e *mattina*; 1353] ***avv.*** questa mattina, nella mattinata di oggi: *l'ho visto stamattina* ‖ **N.** *Sin.* stamani.

stambécco (pl. *-chi*) [dal medio alto ted. *steinbock*, letter. capra delle rupi, prob. con influsso di *becco*; sec. XIV] ***sm.*** capra selvatica, della famiglia dei Bovidi, tipica delle Alpi, piuttosto rara, con pelo nerastro e ruvido, corna grandi, anellate, ricurve indietro, alquanto compresse ai lati.

stambèrga [etim. inc.; a. 1573] ***sf.*** casa o stanza sudicia, squallida: *vivere in un stamberga* ‖ *dim.* stamberghétta, stambergùccia; *pegg.* stambergàccia ‖ **N.** *Sin.* CASA, tugurio.

stambùgio (pl. *-gi*) [forse da *stamberga*, o da *stanza*, con influsso di *bugio*; a. 1839] ***sm.*** *tosc.* ambiente ristretto e squallido ‖ **N.** *Sin.* bugigattolo.

stamburaménto [da *stamburare*; a. 1742] ***sm.*** *non com.* azione dello stamburare; stamburata.

stamburàre (pres. *-ùro*) [comp. parasint. di *tamburo*; a. 1742] ***intr.*** (aus. *avere*) percuotere forte e a lungo il tamburo: *stamburano tutto il santo giorno* ‖ ***tr.*** *fig.* decantare una cosa o persona, strombazzarne in giro i meriti ‖ **N.** **2.** *Sin.* strombazzare.

stamburàta [da *stamburare*; 1865] ***sf.*** *non com.* atto dello stamburare; *fig.* strombazzata.

stàme [lat. *stāmen*; 1300 nel senso 1; 1694 nel senso 2] ***sm.*** **1.** parte più fine e consistente della lana: *fila lo stame* ‖ *fig. poet. lo stame della vita*, il corso della vita, con allusione al filare delle Parche **2.** *T.bot.* organo maschile del fiore, formato dal filamento e dall'antera ‖ **N.** **2.** androceo, polline.

stamenàle v. STAMINALE.

staménto [dallo sp. *estamento*, ramo del Parlamento, ciascuno degli Stati che formavano le Cortes; 1881] ***sm.*** *T.stor.* ciascuna delle parti in cui si divideva l'antico Parlamento sardo.

stamìgna o **stamìna** [lat. *stamineus*, filamentoso; 1182 *stamegna*] ***sf.*** tessuto di lana a fili radi e uguali, sia di trama e sia di ordito, usato per ricamarvi sopra, per farne bandiere e per altri usi; ce n'è una qualità più robusta, di canapa, usata per fare stacci, vagli, colini, setacci e sim.

staminàle o **stamenàle** [dal gr. *stamís, -ínos*, montante della nave; 1607 *stamenale*] ***sm.*** *T.mar.* spec. *pl.* pezzo dell'ossatura della nave che costituisce la parte delle coste in cui la curvatura è maggiore.

stamìneo [dal lat. *stamineus*, fatto di fili; 1838] ***agg.*** *T.bot.* proprio dello stame, relativo allo stame: *filamento stamineo*; che presenta stami: *fiore stamineo* ‖ **N.** *Sin.* staminale.

stàmno [dal gr. *stámnos*; 1957] ***sm.*** *T.archeol.* vaso greco a due anse che conteneva in genere vino od olio.

stàmpa [da *stampare*; 1319 nel senso 5; fine sec. XV *stanpa* nel senso 1; 1873 nel senso 2; a. 1574 nel senso 3] **I *sf.*** **1.** impressione e riproduzione di testi, disegni ecc. eseguita con tecniche diverse su vari tipi di materiale e a partire da diversi tipi di matrice: *l'invenzione della stampa*, rif. *per anton.* alla stampa tipografica a caratteri mobili; *macchina da stampa, errore di stampa*; *stampa in bianco e nero, in quadricromia, a colori*; spesso seguito da specificazioni relative ai procedimenti tecnici usati: *stampa a mano, a macchina, in rilievo, in offset, tipografica, calcografica*, al materiale stampato: *stampa su stoffa, su carta*, o al tipo di matrice dalla quale si ricava la stampa: *la stampa di un'incisione, di una serigrafia, di una litografia* ‖ *stampa fotografica* o *di fotografie* o *di pellicole fotografiche, cinematografiche*, procedimento per cui si ricava il positivo dal negativo di una pellicola fotografica o cinematografica || l'attività dello stampare, intesa come il complesso delle operazioni relative: *interrompere la stampa di un libro, la nuova edizione è in corso di stampa; un autore che cura personalmente la stampa della sua opera,* che collabora con tipografi, grafici ecc. alla sua preparazione; il pubblicare, il diffondere contenuti ideologici e cultuali attraverso pubblicazioni a stampa: *libertà di stampa,* diritto di manifestare le proprie idee attraverso la stampa; *le leggi sulla stampa; dare un testo alle stampe,* farlo pubblicare; *per estens.* in riferimento alla qualità tecnica del prodotto stampato ottenuto: *una buona, cattiva stampa; una stampa nitida, sbiadita* **2.** i prodotti dell'attività giornalistica e, in gen., a tutte le pubblicazioni che costituiscono una fonte di informazione per il pubblico: *stampa estera, locale, cittadina; stampa democratica, di destra, progressista, filogovernativa, d'opposizione || stampa di partito, ufficiale,* l'insieme delle pubblicazioni che emanano, rispettivamente, da un partito o dagli organi governativi; *stampa indipendente,* che non dipende da un partito o da organi governativi; *stampa clandestina,* diffusa in contrasto con le norme di legge, spec. in momenti in cui è particolarmente accesa la lotta politica || *per estens.* i giornalisti nel loro complesso: *le reazioni della stampa, tribuna riservata alla stampa* **3.** *concr.* riproduzione a stampa, spec. in rif. a un'opera grafica di valore artistico, tirata a stampa in un numero limitato di esemplari: *stampe numerate, una stampa dell'Ottocento* **4.** *pl.* qualsiasi stampato che venga spedito per posta: *le stampe viaggiano separate dalla corrispondenza epistolare, affrancatura ridotta per stampe* **5.** *raro* stampo **II** ***agg.*** *inv.* (sempre posposto) dei giornali, dei giornalisti, per i giornalisti: *conferenza stampa,* tenuta da personalità del mondo della politica, della cultura ecc. per dare notizie ai giornalisti || *sala stampa,* allestita, presso un ente, un'istituzione o la sede di particolari manifestazioni, per agevolare il lavoro dei giornalisti || *comunicato stampa,* comunicazione ufficiale diramata alle sedi dei giornali perché venga pubblicata || *ufficio stampa,* ufficio che, presso enti, grandi aziende, partiti od organizzazioni di vario genere, si occupa dei rapporti con i giornalisti, curando in part. la redazione di stampati da trasmettere ai giornali. **Q.T.** *cinematografia, filatelia, fotografia, giornale, posta, stampa..., tipografia* **TAV. *tipografia* p. 1336** sg.

stampàbile [da *stampare*; a. 1704] ***agg.*** *non com.* che si può stampare, meritevole di essere pubblicato.

stampàggio (pl. *-gi*) [da *stampare,* sul modello del fr. *stampage*; 1929] ***sm.*** **1.** foggiatura a pressione di materiali malleabili (o preventivamente resi tali) per mezzo di stampi: *lo stampaggio dei dischi fonografici* **2.** *non com.* stampa, limitatamente ad alcuni sensi tecnici: *stampaggio dei tessuti.*

stampanàre [forse da *stampare,* nel senso orig. di pestare; a. 1363] ***tr.*** *tosc. arc.* stracciare, rompere, lacerare.

stampànte (*ppr.* di *stampare*) [1855 come agg.; 1973 come sf.] **I** ***agg.*** che stampa **II** ***sf.*** *T.inform.* unità di uscita di un elaboratore che consente la stampa su carta dei dati che interessano all'operatore: *stampante a margherita, elettrostatica, laser; stampante termica,* che imprime i caratteri con puntine surriscaldate, su una particolare carta sensibile al calore; *stampante ad aghi,* in cui il carattere viene formato da numerosi punti impressi sulla carta dagli aghi di una matrice (gen. 7 × 9 o 5 × 7), che vanno a colpire il nastro; più sono densi i punti, migliore è la qualità del carattere; *stampante a getto d'inchiostro,* in cui i punti che formano il carattere sono prodotti da minuscoli getti di inchiostro a rapida essiccazione.

stampàre [dal francone *stampōn,* calcare, pestare; a. 1374 nel senso 2; 1513 nel senso 1] ***tr.*** **1.** riprodurre con varie tecniche testi scritti o disegni su materiali e a partire da matrici di vario tipo; *per anton.* pubblicare, dare alle stampe: *stampa un libro all'anno*; *concr.* riprodurre per mezzo della stampa tipografica: *stampare a rotocalco, in offset, in diecimila copie* || *stampare una fotografia,* derivare la positiva dalla negativa || *stampare un'acquaforte,* imprimere su carta l'acciaio inciso, spalmato con l'apposito inchiostro || *fig.* produrre in gran quantità: *stampare bugie,* tirarne fuori una dopo l'altra **2.** formare, foggiare mediante un procedimento di stampaggio: *stampare pezzi plastici, metallici; stampare monete,* coniarle || imprimere, lasciare un'impronta: *stampare larghe impronte sulla neve; stampare un bacio in fronte, le cinque dita in faccia,* imprimerle con forza, al punto da lasciare un segno || *fig.* fissare, imprimere nella memoria o nell'animo: *ho stampate nel cuore, nella mente le sue ultime parole* || ***intr. pron.*** imprimersi, fissarsi, anche *fig.*: *il suo volto si stampò nella mia memoria, stampati bene in mente questa savia massima* || **N. 1.** *Sin.* IMPRIMERE.

stampatèllo [da *stampare*; a. 1712] **I** ***agg.*** detto di un tipo di scrittura (a mano o a macchina) i cui caratteri imitano quelli della stampa; *com.* rif. solo allo stampatello maiuscolo **II** ***sm.*** carattere stampatello: *scrivere in stampatello.*

stampàto (*pps.* di *stampare*) [1513 come agg.; 1875 come sm.] **I** ***agg.*** **1.** pubblicato per mezzo della stampa || *fig. iron. parlare come un libro stampato,* in modo perfetto, sia quanto alla forma che quanto al contenuto; anche *spreg.* in modo affettato, non spontaneo **2.** *fig.* manifesto, chiaramente visibile: *sul suo viso è stampata la sofferenza* **II** ***sm.*** **1.** testo a stampa, rif. spec. a opuscoli, pieghevoli e sim. destinati alla divulgazione || nel gergo burocratico, modulo a stampa: *procura gli stampati per i mandati di pagamento* || *in gen.* testo a stampa (in contrapposizione a *manoscritto*) **2.** *meno com.* tessuto stampato.

stampatóre [da *stampare*; a. 1533] ***sm.*** (f. *-trice*) **1.** operaio addetto alla macchina da stampa **2.** operaio addetto allo stampaggio **3.** *ant.* tipografo.

stampatrice [da *stampare*; 1940] ***sf.*** *T.fot.* e *T.cin.* macchina per stampare le pellicole positive.

stampatùra [da *stampare*; 1745] ***sf.*** *raro* stampaggio.

stampèlla [etim. inc.; 1536] ***sf.*** **1.** apparecchio ortopedico consistente in un bastone alla cui sommità è fissato un elemento sagomato in modo da potervi appoggiare l'ascella, così da costituire un sostegno per chi, storpio o infermo, non è in grado di reggersi da solo: *camminare con le stampelle* **2.** *meno com.* appendiabiti, attaccapanni || **N. 1.** *Sin.* gruccia.

stamperìa [da *stampare*; 1534] ***sf.*** laboratorio in cui si effettuano lavori di stampa o di stampaggio || **N.** tipografia. **Q.T.** *tipografia.*

stampìglia (pl. *-glie*) [dallo sp. *estampilla*; 1698] ***sf.*** **1.** stampino, timbro **2.** *non com.* foglio volante, per annunci, avvisi e sim.; *in part.* quello dove sono segnati i numeri usciti nella settimana al gioco del lotto.

stampigliàre (pres. *-ìglio*) [da *stampiglia*; 1922] ***tr.*** imprimere con la stampiglia; sovraimprimere, sovrastampare.

stampigliatrice [da *stampigliare*; 1965] ***sf.*** macchina per effettuare stampigliature.

stampigliatùra [da *stampigliare*; 1922] ***sf.*** atto ed effetto dello stampigliare.

stampinàre (pres. *-ino*) [da *stampino*; 1891] ***tr.*** imprimere una dicitura, un marchio, un contrassegno e sim. per mezzo di uno stampino; stampigliare.

stampinatùra [da *stampinare*; 1891] ***sf.*** atto

STAMPA E RIPRODUZIONE

PERSONE: acquafortista, bulinista, calcografo, eliografista, fotografo, fotoincisore, fotolitografo, fototipista, litografo, silografo, tipografo, zincografo.

TECNICHE VARIE: calcografia (acquaforte, acquatinta, acquatinta allo zucchero, incisione a bulino, puntasecca, rotocalcografia, siderografia, zincografia, zincotipia), eliografia, eliotipia, fotocopiatura, fotoincisione, fotomeccanica, fotoriproduzione, fototipia, galvanoplastica (acciaiatura, argentatura, doratura, nichelatura, ramatura), litografia o planografia (calcolitografia, cromolitografia, fotolito o fotolitografia, stampa e duplicazione *offset*), rilievografia (acquaforte a rilievo, linoleografia, silografia, tipografia; bianco e nero, bicromia, tricromia, quadricromia), serigrafia.

UTENSILI, ATTREZZATURA E MATERIALI: brunitoio, bulino (piatto, ovale, a losanga, a triangolo, a punta fine, multiplo, rigato), cesello, coltellini, lancette, matita (da stampa, litografica), martello, mezzaluna, punta o stilo, racla, raschietto, reticolato, retino, schermo, rullo in gomma, rotella per ombreggiare e rigare, scalpellini, sgorbia (grande / piccola, a U, a V), spatola, tampone; *cliché* o matrice o lastra (in legno, linoleum, cartone, acciaio, alluminio, rame, zinco); fotometro; macchine per fotoriproduzione (*scanner*), fotocopiatrice, apparecchiatura per *Photo Mechanical Transfer* o PMT, per la stampa tipografica (a platina, rotativa a foglio, piano-cilindrica, calcografica, *offset*, rotocalcografica, serigrafica; tavolo con piano aspirante per serigrafia; torchio (piano, feltro, leva della pressione); bianco di Spagna, carta (assorbente, velina, da stampa, autografica), cera, colofonia, essiccante, fissativo, grasso, inchiostro (di china, da stampa, calcografico, litografico, coprente, trasparente), olio di lino, pece greca, pietra litografica, reagente chimico o mordente (acido nitrico, percloruro di ferro), solventi (alcol, ammoniaca, benzina, trementina), tessuti a trama variabile, vernice per copertura.

OPERAZIONI: graffiatura, granitura, incisione, intaglio, mascheratura (diretta / indiretta), rifinitura, riproduzione, ritocco, sgrassatura, trasporto; vedere inoltre le operazioni relative agli utensili citati.

TERMINI TECNICI VARI: copia, esemplare, grana, incavo, morsura, prova cianografica, prova di stampa, riproduzione (al naturale, ridotta), ritocco, smusso, stampa (a mano, al torchio; a secco, a rilievo, a incavo; a granito, a mezza macchia, a retino o a mezzatinta, a tratto, sfumata), supporti, *texture*, tonalità.

(V. i quadri terminologici CINEMATOGRAFIA E FOTOGRAFIA, PITTURA e TIPOGRAFIA; le tavole CINEMATOGRAFIA E FOTOGRAFIA, TIPOGRAFIA e DISEGNO).

ed effetto dello stampinare.

stampìno (*dim.* di *stampo*) [1863] ***sm.*** **1.** piccolo stampo **2.** ferro tondo tagliente, usato da calzolai e sim. per fare i buchi nel cuoio **3.** cartoncino o sottile laminetta, traforati, che riproducono fedelmente il disegno quando vengono applicati su una superficie e sopra vi si passa il colore col pennello o a spruzzo; sagoma.

stampìsta [da *stampo*; 1970] ***s.*** operaio addetto alla fabbricazione di stampi.

stampìta [dal provenz. *estampida*, canzone a ballo; 1353] ***sf.*** **1.** *T.mus.* sonata o canzone accompagnata col suono, in uso spec. nell'antica Provenza **2.** *raro tosc.* discorso lungo e noioso: *scrivendo o leggendo le vostre stampite* (Carducci).

stàmpo [da *stampare*; 1561] ***sm.*** **1.** attrezzo usato per imprimere su una superficie diciture, marchi, contrassegni e sim. intagliati, in rilievo o in cavo **2.** modello di forma varia usato per operazioni di stampaggio a pressione di materiali malleabili (plastica, metallo, sostanze alimentari ecc.), affinché questi, venendo compressi, ne assumano la forma; nel caso di materiali liquefatti si tratta di recipienti nei quali questi vengono versati e dei quali, solidificando, acquistano la forma: *versa il budino nello stampo* || *fig.* nell'espr. *fatti con lo stampo*, in serie, tutti uguali: *quei due fratelli sembrano fatti con lo stampo* || tempra, natura, carattere: *un gentiluomo di vecchio stampo*, spec. *spreg.*: *gli uomini sono tutti dello stesso stampo* **3.** *T.capp.* pezzo di tela nuovo inserito tra le falde dei cappelli perché non aderiscano tra loro || *dim.* stampìno || **N. 1.** bollo, sigillo, timbro **2.** *Sin.* conio, forma, punzone. **TAV. *utensili* p. 1341** 32.1.

stampóne [da *stampa*; 1865] ***sm.*** *T.tip.* prova di stampa di un cliché.

stanàre [comp. parasint. di *tana*; 1865] ***tr.*** far uscire dalla tana || *fig.* far uscire da un luogo chiuso: *stanare i banditi dal loro nascondiglio, sta sempre in casa ed è difficile stanarlo* || *fig.* far uscire allo scoperto, indurre ad esporsi || **N.** *Sin.* scovare.

stànca [da *stancare*; 1864] ***sf.*** fase di stasi del livello delle acque del mare (o, *per estens.*, di un corso d'acqua) in corrispondenza del limite massimo dell'alta marea (o della piena), subito prima del riflusso (o dell'abbassamento) || *fig.* periodo di scarsa attività, di rallentamento: *l'editoria è in fase di stanca.*

stancàbile [da *stancare*; a. 1729] ***agg.*** che si stanca facilmente || **N.** *Contr.* instancabile.

stancàre (pres. *stànco, stànchi*) [da *stanco*; 1308] ***tr.*** **1.** rif. a un organismo, a una sua parte o a una sua funzione, rendere stanco, sia fisicamente che psichicamente, in seguito all'eccessivo esercizio: *la gita lo ha stancato*; *scrivere a lungo stanca la mano, la vista*; *questa è una lettura che stanca la mente* || *per estens.* sottoporre a sforzo eccessivo: *stancare il motore mandandolo continuamente su di giri, ripetere sempre la stessa coltura stanca il terreno* **2.** fiaccare la capacità di resistenza: *cercare di stancare l'avversario con continue finte* || infastidire, far perdere la pazienza: *le sue continue richieste mi hanno stancato* || ***intr. pron.*** **1.** divenire stanco: *si è stancato nel camminare* **2.** annoiarsi: *non si stanca mai di ripetere le solite cose, il suo modo di fare m'ha stancato* || **N.** ***tr.*** **1.** *Sin.* affaticare, debilitare, esaurire, fiaccare, infiacchire, sfinire, spossare, svigorire **2.** *Sin.* annoiare, scocciare, spazientire.

stancheggiàre (pres. *-éggio*) [da *stanco*; 1542] ***tr.*** *raro* stancare a poco a poco: *stancheggiare i creditori.*

stanchévole [da *stanco*; fine sec. XIII] ***agg.*** *raro* stancante.

stanchézza [da *stanco*; a. 1348] ***sf.*** condizione di chi è stanco, conseguente a un affaticamento fisico o psichico: *dalla stanchezza non si regge più in piedi*; *dar segni di stanchezza*; *esser vinto dalla stanchezza*, quando non si è più in grado di reagirvi || calo dell'interesse e della partecipazione, noia: *il pubblico cominciava a dar segni di stanchezza* || **N.** *Sin.* abbattimento, debolezza, esaurimento, fastidio, fiacca, fiacchezza, rilassatezza, sfinimento, spossamento, spossatezza, stanchezza.

stànco (pl. *-chi*) [forse da *manco* con influsso di *stracco*; 1308] ***agg.*** **1.** di un organismo o di una sua parte o di una sua funzione, svigorito dalla fatica fisica o intellettuale, bisognoso di riposo: *mi sento molto stanco, ho la vista stanca, cammina con passo stanco* || *nato stanco*, persona indolente || *iperb. stanco morto, stanco da morire*, stanchissimo || *per estens. fig.* spento, esaurito, poco vitale: *mercato stanco*, con scarsa domanda e offerta; *spettacolo stanco*, non vivace; *artista stanco*, la cui creatività sembra esaurita; *terreno stanco*, eccessivamente sfruttato dall'ininterrotta coltivazione della medesima pianta **2.** annoiato, infastidito: *sono stanco di aspettare*; *è stanca di lui*, non può più sopportarlo; *essere stanco di vivere*, si dice di chi non ha più la forza di continuare a lottare per l'esistenza || *dim.* stanchétto, stancùccio; *superl.* stanchìssimo || **N. 1.** *Sin.* affaticato, esausto, fiaccato, prostrato dalla fatica, sfiancato, sfinito, spossato, stremato, svigorito.

stand (ingl., pr. [stænd]) [da to *stand*, stare; 1905 nel senso 2] ***sm. inv.*** (anche pl. *stands*, pr. [stændz]) **1.** in esposizioni, fiere, centri commerciali e sim., reparto riservato a un certo tipo di prodotti || anche ciascuno dei reparti occupati da un singolo espositore **2.** *T.sport.* tribuna per il pubblico **3.** *T.sport.* campo per il tiro a volo || **N.** padiglione.

stàndard [dall'ingl. *standard*, insegna; a. 1764] **I *sm. inv.*** **1.** modello, tipo a cui uniformarsi; termine di riferimento: *introdurre nuovi standard nelle organizzazioni delle aziende* || *T.comm.* insieme di campioni di una merce, corrispondenti a diversi tipi della produzione, cui si fa riferimento per la loro classificazione e per la relativa contrattazione || *T.tecn.* insieme di norme che definiscono le modalità da rispettare nella fabbricazione di un pezzo || *T.telecom. standard televisivo*, insieme dei dati tecnici caratterizzanti un sistema televisivo **2.** *fig.* tenore; misura, grado, livello qualitativo medi: *una nazione con un elevato standard di vita*; *lo standard di un atleta*, il suo rendimento abituale **II *agg. inv.*** (sempre posposto) **1.** tipico, conforme a una misura o a un insieme di norme prestabilite: *pezzi di ricambio, formato, modello standard*; *misura standard*, standardizzata **2.** *fig.* di livello corrispondente alla media generale: *produzione standard, lingua standard* **3.** *T.mar. dislocamento standard*, quello di una nave da guerra completamente attrezzata, ma priva del combustibile e dell'acqua di riserva per il motore || **N. I 1.** *Sin.* esemplare, norma **II 1.** *Sin.* normale, normalizzato, regolare, unificato, uniformato.

standardizzàre [dall'ingl. to *standardize*; 1927] ***tr.*** conformare a uno standard: *standardizzare la produzione di un pezzo, la lavorazione di un materiale, i prezzi di un prodotto* || *fig.* uniformare, livellare, spersonalizzare || **N.** *Sin.* normalizzare, unificare, uniformare.

standardizzazióne [dall'ingl. *standardization*; 1921] ***sf.*** atto ed effetto dello standardizzare, anche *fig.* || **N.** *Sin.* normalizzazione, uniformazione.

stand-by (ingl., pr. ['stændbaɪ]) [letter. appoggio, attesa; 1987] ***sm. inv.*** **1.** *T.econ.* apertura di credito di una banca centrale a un'altra, o di una banca a una grossa azienda o a uno stato **2.** modo economico di viaggiare in aereo, mettendosi in lista d'attesa senza aver prenotato il volo **3.** rif. a dispositivi, posizione di attesa.

standing (ingl., pr. ['stændɪŋ]) [letter. posizione, situazione; 1970] ***sm. inv.*** *T.banc.* reputazione, rispettabilità di una persona o di un'azienda, valutata in base alla sua posizione finanziaria.

standìsta [da *stand*; 1935] ***s.*** chi gestisce o allestisce uno stand.

stànga [dal germ. *stanga*; 1353] ***sf.*** **1.** lungo e robusto pezzo di legno squadrato, usato per sprangare porte e finestre o per altri vari usi; *in part.* ognuna delle pertiche sporgenti da aratri, carri e carrozze, cui si attaccano gli animali da tiro || nella loc. *alla stanga*, di animali da tiro, aggiogato e, *fig.*, di persona, al lavoro, con una connotazione di fatica ininterrotta || la sbarra che separa il posto di un cavallo da quello di un altro nelle scuderie; battifianco **2.** *fig. pop.* persona alta, magra e imponente: *a sedici anni è già una stanga* **3.** *fig. tosc.* miseria: *patire la stanga* || *dim.* stanghétta, stanghettìna; *accr.* stangóna, stangóne (*sm.*) || **N. 1.** *Sin.* barra, sbarra, spranga, traversa; bastone, palo. **TAV. *carri...* p. 664** 7.1, 10.11.

stangàre (pres. *stàngo, stànghi*) [da *stanga*; 1340 nel senso 2] ***tr.*** **1.** *non com.* picchiare con la stanga || *più com. fig.* danneggiare; far subire un danno economico: *in quella trattoria stangano bene i clienti*; *in part. stangare qualcuno agli esami*, bocciarlo **2.** *non com.* sprangare: *stangare l'uscio.*

stangàta [da *stanga*; a. 1673] ***sf.*** *non com.* colpo di stanga || *più com. fig. dare a uno una stangata*, trattarlo male, procurargli un grosso danno || *fam.* grossa spesa; aumento delle imposte: *che stangata quel conto!* || *gerg.* nel gioco del calcio, tiro molto forte.

stangàto (*pps.* di *stangare*) [1525] ***agg.*** **1.** sprangato **2.** *fig. tosc.* ridotto in grande miseria, malconcio: *persona stangata, vestito stangato.*

stanghétta (*dim.* di *stanga*) [a. 1320] ***sf.*** piccola stanga || ferretto quadrangolare che, nelle serrature, girando la chiave, entra nella bocchetta || ciascuna delle due asticciole ricurve che, girando dietro ai padiglioni delle orecchie, tengono fermi gli occhiali || segno grafico consistente in una lineetta verticale di divisione, in uno scritto; nella notazione musicale, sbarretta che divide una battuta dall'altra || **N.** *Sin.* chiavistello, saliscendi. **TAV. *ottica* p. 1329** 3.1.

stangóna [da *stanga*; 1960] ***sf.*** *fam.* donna molto alta.

stangonàre (pres. *-óno*) [da *stangone*; 1745] ***tr.*** *T.metal. ant.* rimescolare con lo stangone il ferro o altro metallo fuso mentre è nel forno || **N.** *Sin.* mandriano.

stangóne (*accr.* di *stanga*) [sec. XIV] ***sm.*** **1.** grossa stanga; *in part.* quella con cui i gettatori mescolano il bronzo o il ferro fuso nella fornace || *fig.* persona alta e robusta **2.** *T.teatr.* fila verticale di lampade posta dietro le quinte.

stànnico (pl. *-ci*) [comp. del lat. *stannum*, stagno e *-ico*; 1960] ***agg.*** *T.chim.* detto dei composti dello stagno tetravalente.

stannìfero [comp. del lat. *stannum*, stagno e *-fero*; 1960] ***agg.*** che contiene stagno: *sostanze stannifere.*

stannìte [comp. del lat. *stannum*, stagno e *-ite*[2]; 1940] ***sf.*** *T.min.* solfato di stagno, rame e ferro; si presenta sotto forma di incrostazioni, di masse granulari o di piccoli cristalli.

stannóso [dal lat. *stannum*, stagno; 1960] ***agg.*** *T.chim.* detto di composto dello stagno bivalente: *cloruro stannoso.*

stanòtte [comp. di *sta-*, questa e *notte*; fine sec. XIII] ***avv.*** questa notte, nella notte immediatamente trascorsa o in quella che deve ancora venire.

stànte (*ppr.* di *stare*) [fine sec. XIII] **I *agg.***

che sta, che è; *in part.* nel linguaggio della critica d'arte, che sta in piedi: *una figura stante* ‖ nelle loc. *a sé stante,* indipendente, distinto dagli altri: *una questione a sé stante*; *seduta stante,* durante la seduta e, *fig.*, subito; *ant. poco stante,* poco dopo **II** ***prep.*** tenuto conto di, a causa di: *stante il cattivo tempo la gita è rinviata* **III** ***cong.*** *raro* con valore causale, *stante che* (o *stanteché*), poiché, dal momento che: *stante che la nave non può partire, il viaggio è rinviato ad altro giorno* **IV** ***sm.*** ciascuna delle sbarre verticali che servono a trattenere la merce in un carro merci.

stanteché o **stànte che** V. STANTE.

stantìo (pl. *-ìi*) [forse da *stante*; a. 1449] **I** ***agg.*** detto spec. di sostanza alimentare che, per esser stata conservata troppo a lungo, ha perduto la freschezza: *uova stantie* ‖ *fig.* fuori moda, non più attuale, superato: *consuetudini, idee stantie* **II** ***sm.*** nella loc. *sapere di stantio,* avere l'odore (o il sapore) delle cose stantie ‖ **N.** *Sin.* raffermo, rancido, vecchio.

stantùffo [etim. inc.; a. 1537 *standuffo*] ***sm.*** *T.mecc.* elemento interno della coppia cilindro-stantuffo, che, scorrendo con moto alternativo all'interno del cilindro, riceve il moto prodotto dal fluido attivo (in motori a combustione interna, motrici alternative a vapore e sim.) o, viceversa, svolge su un fluido del lavoro (in compressori, pompe aspiranti e sim.) ‖ **N.** PARTI: fasce elastiche, mantello, testa; biella, pistone; corsa. **TAV.** ***ferrovie...*** **p. 669** 1.12.

stànza [lat. volg. **stantia*; 1319 nel senso 2] ***sf.*** **1.** ambiente interno in un edificio, limitato dalle pareti, dal soffitto e dall'impiantito: *appartamento di quattro stanze*; *stanza da letto, di soggiorno* ‖ *pl. ant.* sale: *le stanze vaticane* **2.** *ant.* e *lett.* luogo dove si dimora: *prendere, avere stanza in un luogo*; *in part. com.* luogo in cui ha sede un comando o un corpo militare: *il reggimento è di stanza a Milano* **3.** *T.banc. stanza di compensazione,* V. COMPENSAZIONE **4.** *T.lett.* nella metrica italiana, strofa della canzone: *canzone di cinque stanze*; anche *ass.* ottava, strofa di otto versi endecasillabi: *le stanze dell'ariosto, del Tasso* ‖ *dim.* stanzétta, stanzìna, stanzìno (*sm.*), stanzùccia; *accr.* stanzóna, stanzóne (*sm.*); *pegg.* e *spreg.* stanzàccia, stanzùcola ‖ **N.** **1.** *Sin.* ambiente, camera, locale, vano | ammobiliata, ariosa, buia / luminosa, disordinata / ordinata, indecente, libera / occupata, malsana, nuda, spaziosa / angusta, spoglia, vuota / ingombra | affittare, ammobiliare, arredare, fissare, liberare / occupare, ordinare, prenotare, preparare, sgombrare. **Q.T.** *abitazione, arredamento, metrica.*

stanziàbile [da *stanziare*; 1960] ***agg.*** *T.banc.* di titolo pubblico o privato, accettato dalla banca a garanzia di operazioni di anticipazione.

stanziàle [da *stanza*; a. 1292] ***agg.*** che dimora abitualmente in un luogo, stabile: *fauna stanziale,* che non migra; anche, nell'uso militare, di corpi e sim.: *milizie, eserciti stanziali* ‖ **stanzialménte** ***avv.*** stabilmente, con dimora fissa.

stanziaménto [da *stanziare*; a. 1565] ***sm.*** **1.** *T.econ.* atto ed effetto dello stanziare; *stanziamento di una somma,* assegnazione di denaro fatta con un determinato scopo: *stanziamento di due miliardi per la ricostruzione dello stadio* ‖ *concr.* la somma stanziata **2.** atto ed effetto dello stanziarsi, del prendere stabile dimora in un luogo. **Q.T.** *archeologia.*

stanziàre (pres. *stànzio*) [da *stanza*; a. 1348] ***tr.*** **1.** iscrivere in un bilancio preventivo una certa somma per una specifica utilizzazione: *il governo ha stanziato cinque miliardi per i lavori di riassetto* **2.** *ant.* statuire, deliberare, decretare ‖ ***intr. pron.*** fissare la propria dimora: *si stanziarono nella zona a sud delle montagne* ‖ ***intr.*** (aus. *avere*) *ant.* rif. spec. a truppe, corpi militari e sim., dimorare: *il reggimento stanzia in questa città* ‖ **N.** ***tr.*** **1.** *Sin.* assegnare, mettere in bilancio **2.** *Sin.* fissare, statuire, STABILIRE | ***intr. pron.*** *Sin.* stabilirsi.

stanziatóre [da *stanziare*; 1838] ***agg.*** e ***sm.*** (f. *-trice*) *non com.* che o chi stanzia.

stanzìno (*dim.* di *stanza*) [a. 1320] ***sm.*** piccola stanza ‖ ripostiglio, spogliatoio.

stapèdio (pl. *-di*) [dal lat. mediev. *stapedium,* staffa; 1690 *stapede*] ***agg.*** *T.anat.* di formazione avente attinenza con la staffa dell'orecchio: *muscolo stapedio.*

stappàre [da *tappare*; 1853] ***tr.*** togliere il tappo: *stappare una bottiglia di spumante* ‖ *per estens. meno com.* disotturare: *stappare il lavandino*; anche *fig.*: *stappare le orecchie a qualcuno,* fargli intendere qualcosa di spiacevole ‖ **N.** *Sin.* sturare | *Contr.* tappare; ostruire, otturare.

stappatùra [da *stappare*; 1960] ***sf.*** atto dello stappare, asportazione del tappo.

stàpula [dal fr. ant. *estaple*; a. 1527] ***sf.*** *arc.* mercato, fiera.

star (ingl., pr. [stɑ:]; pr. it. [star]) [letter. stella; 1929] ***sf. inv.*** **1.** diva o divo, stella del cinema e, in gen., dello spettacolo: *una star del varietà* ‖ *star system,* tendenza, prevalenza nel mondo dello spettacolo a valorizzare esclusivamente i personaggi di grande notorietà; anche l'insieme delle celebrità **2.** *T.mar.* imbarcazione monotipo a vela da regata, di classe internazionale, con scafo a spigolo e chiglia zavorrata a pinna ‖ **N.** *Sin.* stella.

staràre [da *tarare*; 1960] ***tr.*** *T.tecn.* alterare la messa a punto di un apparecchio e quindi la precisione del suo funzionamento ‖ ***intr. pron.*** detto di apparecchio, alterare la propria taratura.

staratùra [da *starare*; 1960] ***sf.*** atto ed effetto dello starare e dello ston stararsi.

stàre (pres. *sto,* pr. [stɔ], *stài, sta, stiàmo, stàte, stànno*; imp. *stàvo*; p.rem. *stètti, stésti, stètte, stémmo, stéste, stèttero*; fut. *starò, starài, starà, starémo, staréte, staranno*; cong. pres. *stìa, stiàmo, stiàte, stìano*; cong. imp. *stéssi, stésse, stéssimo, stéste, stéssero*; cond. pres. *starèi, starésti, starèbbe, starémmo, staréste, starèbbero*; pps. *stàto*; si noti che nei composti RESTARE e CONTRASTARE diventa regolare) [lat. *stāre*; 1211] ***intr.*** (aus. *essere*) (sin. in molti casi di *essere* — col quale condivide il pps. *stato* (v. STATO[1]) — e di *restare*) **1.** non proseguire nel movimento, fermarsi, rimanere per un certo tempo in una certa posizione o condizione; *per estens.* trattenersi, soffermarsi nel luogo in cui si è giunti ‖ in usi *ass. lett.*: *batte sul fondo e sta* (Manzoni); *com.* in espressioni del tipo: *cosa facciamo, andiamo o stiamo?,* o in alcuni giochi di carte per dichiarare che non si intende modificare la combinazione di carte che si ha in mano: *sto* ‖ seguito da agg. o da avv. o da determinazioni di luogo, anche *fig.*: *stai fermo, zitto*; *venne a trovarmi e stette qui due giorni, oggi starò fuori poco, starò due anni in Francia* ‖ *stare al proprio posto,* non allontanarsene; *fig.* osservare, nel comportamento i limiti imposti dalla propria condizione sociale, professionale e sim. ‖ *lasciare stare,* desistere dal proseguire un'azione, dal perseverare in un comportamento e sim.: *lascia stare quel lavoro, lo continuo io!, lascia stare, non insistere più!* ‖ *per estens. fig.* indugiare: *stette un po' prima di ribattere* **2.** di essere animato o, talora, solo di persona, essere, trovarsi in un dato luogo o in una data condizione: *stare in casa, al buio, da sola, in attesa di una sua telefonata*; *in part.* rif. alla posizione fisica: *stare disteso, supino, in equilibrio su un piede, accovacciato, sdraiato al sole*; *stare in piedi, su,* anche nel senso di rimanere alzato, non andare a dormire: *per finire quel lavoro è stato su tutta la notte*; rif. allo stato fisico: *stare comodo, sveglio*; *come si sta male su questa sedia!*; *sto bene così, al caldo*; *stare fresco,* anche *fig.* avere una delusione, subire un danno materiale o morale: *se devo aspettare che mi cerchi lui sto fresca!, se lo scopre qui sta fresco!*; rif. alla condizione economica: *sta da re*; *c'è chi sta meglio, peggio,* chi è più ricco, più povero; *stare bene, male a quattrini,* averne o meno a sufficienza; rif. alle condizioni di salute: *sto bene, grazie*; *sto peggio di stomaco,* il disturbo si è aggravato; rif. alle condizioni emotive e allo stato d'animo: *sta' tranquillo!, stare in ansia per qualcuno o qualcosa*; *stare in guardia, all'erta, sul chi vive*; *sta sulle sue,* tiene un atteggiamento sostenuto ‖ rif. allo stare in una certa posizione rispetto a qualcosa o a qualcuno: *stare di fianco, alla destra di qualcuno, stretti, a galla*; *stare addosso a qualcuno,* anche *fig.* incalzarlo, sollecitarlo insistentemente, assillarlo; *stare dietro a qualcuno,* anche *fig.* occuparsene, prendersene cura o, anche, cercare di ottenerne favori o, anche, corteggiarlo ‖ trovarsi in un luogo con precise mansioni: *stare al timone, alla cassa, allo sportello* ‖ abitare o risiedere anche temporaneamente in un luogo: *lui sta sopra di me, in un superattico*; *stare presso amici, a pensione* ‖ *per estens.* vivere; *in part.* rif. al luogo: *sta da tempo a Torino*; *stare in campagna, in città*; rif. alla persona o alle persone con cui si vive: *sta ancora insieme ai suoi*; rif. al modo di vivere: *stare sulle spese,* amministrare con parsimonia quello che si spende; nella loc. *stare con qualcuno,* conviverci: *ha lasciato la moglie e ora sta con me,* ma anche semplicemente avere un rapporto di coppia: *quei due stanno insieme,* o un rapporto sessuale: *quella notte siamo stati insieme*; essere in compagnia di qualcuno: *sono stata con lui tutta la mattina, con te sto volentieri a chiacchierare, con voi non si può stare, bisticciate sempre!*; *fig.* essere solidale con qualcuno: *non ho ancora capito se stai con me o contro di me, mi dispiace, ma io sto con lui* **3.** *per estens.* di cose, avere il proprio posto, la propria sede in un luogo: *i libri stanno nello scaffale, il banco del fruttivendolo sta al centro del mercatino* ‖ *fig. dice cose che non stanno né in cielo né in terra,* assurde, impossibili **4.** essere o poter essere contenuto in qualcosa: *in questa bottiglia ci stanno due litri*; anche *fig.*: *non stare in sé dalla gioia,* manifestarla apertamente, non trattenersi ‖ *T.mat.* poter essere contenuto: *il 2 nel 6 sta 3 volte* ‖ di indumenti, adattarsi alla persona: *questo modello non ti sta bene,* cade male addosso; *queste scarpe mi stanno strette, troppo corte* ecc. ‖ di cose in gen., armonizzare con altro: *col pesce sta bene il vino bianco* ‖ di comportamenti, atteggiamenti e sim., risultare opportuni, convenienti ecc.: *non sta bene parlare con la bocca piena*; *ass.*: *sta bene!,* sono d'accordo ‖ rif. a qualcosa di spiacevole che capita a qualcuno, quando si ritiene che se lo sia meritato: *ti sta bene, così impari a fare la furba!* **5.** essere, in senso gen., accentuando però la persistenza, la durevolezza di una situazione: *riportare i fatti così come stanno,* senza alterarli; *stando così le cose,* poiché la situazione è questa; *stanti le attuali condizioni,* date le attuali condizioni; nella loc. cong. (*bur.*) *stante che,* dato che, poiché; nelle loc. *fatto sta che, sta di fatto che,* per insistere sulla realtà di un certo fatto: *tu avrai ragione, ma sta il fatto che io ci perdo sempre* ‖ *dial. merid.* in contesti che in it. richiederebbero l'uso di *essere*: *qui non ci sta nessuno* ‖ *per estens.* consistere: *qui sta il difficile, il guaio sta nel fatto che...* **6.** nelle loc.: *stare a,* dipendere da, essere in facoltà di qualcuno: *sta a te decidere*; *T.gioc.* sta a lui scartare, muovere ecc., tocca a lui; attenersi a qualcosa: *stare ai fatti, alle apparenze*; *stare ai patti,* rispettarli; *stare allo scherzo,* accettarlo con spirito, senza offendersi; essere d'accordo, accettare, aderire a una proposta (pop. *starci*): *se andate in gita sabato, io ci sto*; *una ragazza che ci sta* *con tutti*, che accetta le profferte amorose di chicchessia; *T.mat.* essere in un certo rapporto proporzionale: *2 sta a 4 come 3 sta a 6* || *lasciare stare*, non toccare, non muovere: *lascia stare lì quel vaso*; *fig.* non importunare, non infastidire: *lascia stare il gatto, lasciami stare, non ho voglia di scherzare!*; non occuparsi di qualcosa: *lascia stare, pago io* || *T.comm. star del credere*, obbligazione che il commissario si assume nei confronti del committente, consistente nel garantire l'adempimento degli obblighi facenti carico al terzo contraente (ad es. il pagamento della merce in un contratto di vendita); *per estens.* il compenso speciale o la maggiore provvigione cui il commissario ha diritto per tale obbligazione **7.** usato come ausiliare in locuzioni nelle quali assume un valore aspettuale; seguito da un gerundio, segnala un'azione in corso: *mi sto proprio scocciando, ti stavo pensando* || seguito da *a* con l'inf., indica la continuità, il prolungarsi di un'azione: *non stare a pensarci su tanto, vieni via!*; spesso con valore raff.: *stammi bene a sentire!, non starmi a raccontar bugie!* || seguito da *per* con l'inf., indica l'imminenza di un fenomeno o il proposito di compiere un'azione: *sta per piovere, sto per dirti tutto quello che penso della faccenda* **8.** freq. nella forma *starsene*, dove l'aggiunta delle particelle *si* e *ne* indica l'isolamento nel permanere in una posizione o situazione: *starsene in un angolo, senza far niente* || **N. 1.** *Sin.* restare fermo, sostare, stazionare; tardare **2.** *Sin.* dimorare, soggiornare; mantenersi **7.** essere in procinto.

stark delicious (ingl., pr. [ˌstɑ:k dɪ'lɪʃəs]) [comp. di *stark*, forte, assoluto e *delicious*, delizioso, squisito; 1983] **I** ***loc. m. inv.*** varietà di melo che produce frutti rossi dal gusto dolce e delicato **II** ***loc. f. inv.*** frutto di tale pianta.

starlet (ingl., pr. ['stɑ:lɪt]) [letter. stellina; 1956] ***sf.*** *inv.* stellina del cinema, giovane attrice agli esordi, in cerca di successo.

stàrna [etim. inc.; 1306] ***sf.*** uccello della famiglia Fasianidi, con coda corta, testa piccola, piumaggio rosso-bruno dalle carni assai prelibate: *un arrosto di starne* || *dim.* starnòtto (*sm.*), starnottino (*sm.*).

starnàre [da *starna*; 1750] ***tr.*** *T.cacc.* togliere le interiora alle starne e, *per estens.*, anche ad altri uccelli, perché si conservino a lungo.

starnazzàre [da *starna*; 1586] ***intr.*** (aus. *avere*) gettarsi addosso la terra sbattendo le ali, come fanno le starne e i gallinacei in genere || *più com. fig. scherz.* fare chiasso || **N.** *Sin.* sparnazzare.

starnazzìo (pl. *-ìi*) [da *starnazzare*; 1960] ***sm.*** atto dello starnazzare: *lo starnazzare delle galline.*

starnòtto (*dim.* di *starna*) [a. 1584] ***sm.*** il piccolo della starna.

starnutaménto [da *starnutare*; a. 1698] ***sm.*** *non com.* atto dello starnutire e spec. lunga sequenza di starnuti.

starnutàre (raro *sternutàre*) [lat. *sternutāre*; a. 1320] ***intr.*** (aus. *avere*) starnutire.

starnutatòrio (pl. *-ri*) [da *starnutare*; a. 1577] **I** ***agg.*** che fa starnutire **II** ***sm.*** sostanza irritante che fa starnutire: *prodotto starnutatorio.*

starnutazióne [da *starnutare*; a. 1320] ***sf.*** *raro* atto dello starnutire.

starnutìre (pres. *-isco*) (meno com. *sternutire*) (pres. *-isco, -isci*) [lat. *sternutāre*; a. 1353] ***intr.*** (aus. *avere*) fare uno starnuto.

starnùto (meno com. *sternùto*, pop. *stranùto*) [lat. tardo *sternūtum*; a. 1320] ***sm.*** atto riflesso conseguente alla stimolazione delle fibre sensitive del trigemino nella mucosa nasale e consistente in una profonda inspirazione seguita dalla fuoriuscita esplosiva dell'aria dalle vie respiratorie: *fare, soffocare, reprimere uno starnuto*; *una rumorosa serie di starnuti.*

staroccàre (pres. *-òcco, -òcchi*) [comp. parasint. di *tarocco*; 1838] ***intr.*** (aus. *avere*) *T.gioc.* giocare una carta di tarocchi superiore a quella giocata dagli avversari.

starosta (russo, pr. ['starəstə]; pr. it. ['starosta]) [letter. anziano; 1838] ***sm.*** *T.stor.* nel mondo slavo antico, capo del villaggio; in seguito, capo di un'amministrazione locale.

start (ingl., pr. [stɑ:t]; pr. it. [start]) [letter. avvio, partenza; 1923] ***sm.*** *inv.* **1.** *T.sport.* segnale di partenza **2.** *T.cin.* fotogramma iniziale di un film.

starter (ingl., pr. ['stɑ:tə]; pr. it. ['starter]) [da to *start*, partire; 1891 nel senso 1; 1956 nel senso 2] ***sm.*** *inv.* **1.** *T.sport.* chi dà il segnale della partenza in competizioni di corsa; mossiere **2.** *T.aut.* nei motori endotermici, dispositivo (detto anche *arricchitore di miscela*) che ne facilita l'avviamento a freddo. **TAV. *automobile* p. 658** 1.14.

stasàre o **stașàre** [da *intasare*, con cambio di pref.; 1684] ***tr.*** liberare un condotto da ciò che lo intasa; sturare: *stasare il tubo del lavandino*; *stasare il naso*, soffiarselo.

staséra [comp. di *sta-*, questa e *sera*; 1353] ***avv.*** questa sera, durante la serata già in corso o che deve venire: *stasera ci stiamo divertendo, andrò al cinema.*

stàși [dal gr. *stásis*, immobilità; 1805 nel senso 2] ***sf.*** *inv.* **1.** condizione di immobilità, assenza di cambiamento o di sviluppo: *stasi nel commercio, negli affari*; *questo è un periodo di stasi* **2.** *T.med.* ristagno sanguigno o linfatico in qualche parte del corpo: *stasi di sangue.*

-stași [dal gr. *stásis*, lo star fermo] ***elem. term.*** che, in parole composte della terminologia medica, vale "arresto, interruzione" (per es. *emostasi*).

stàșimo [dal lat. tardo *stasimum*, gr. *stásimos*; 1931] ***sm.*** *T.lett.* ciascuna delle parti corali della tragedia greca cantata dal coro fermo in orchestra || **N.** parodo.

stassanizzàre [dal n. proprio E. *Stassano*, inventore del procedimento; 1965] ***tr.*** eseguire la stassanizzazione.

stassanizzazióne [dal n. proprio E. *Stassano*, inventore del procedimento; 1960] ***sf.*** *T.tecn.* procedimento per pastorizzare rapidamente il latte.

stat- [da (elettro)*stat*(ico)] ***primo elem.*** che, in parole composte indicanti unità di misura elettriche, vale "elettrostatico".

statàle [da *stato*; 1883] **I** ***agg.*** dello stato: *impiegati statali, strada statale* **II** ***s.*** chi è alle dipendenze dello stato: *sciopero degli statali* || ***sf.*** strada statale: *un tremendo incidente sulla statale n. 10* || **N. I** parastatale.

statalìșmo [da *statale*; 1958] ***sm.*** **1.** dottrina che considera lo stato come unica fonte di diritto **2.** tendenza ad attribuire allo stato sempre più vasti poteri di iniziativa e di controllo nel campo economico e sociale.

statalìsta [da *statalismo*; 1963] ***s.*** fautore dello statalismo.

statalìstico (pl. *-ci*) [da *statalismo*; 1963] ***agg.*** di statalismo, che concerne lo statalismo.

statalizzàre [da *statale*; 1960] ***tr.*** rendere di proprietà dello stato: *statalizzare un'industria, una banca* || **N.** municipalizzare, nazionalizzare.

statalizzazióne [da *statalizzare*; 1960] ***sf.*** atto ed effetto dello statalizzare, assunzione da parte dello stato della titolarità di un'impresa produttrice di servizi o di beni || **N.** *Sin.* nazionalizzazione.

statampère (pr. [statam'pɛr]) [comp. di *stat-* e *ampere*; 1988] ***sm.*** *inv.* *T.elettr.* unità di misura del sistema CGS elettrostatico, che corrisponde a un ampere nel Sistema Internazionale.

statamperespìra [comp. di *stat-* e *amperespira*; 1988] ***sf.*** *inv.* *T.elettr.* unità di misura del sistema CGS elettrostatico, che corrisponde a un amperespira nel Sistema Internazionale.

statàre [da (*e*)*state*; 1838] ***intr.*** (aus. *avere*) *raro tosc.* estatare.

statàrio (pl. *-ri*) [dal lat. *statārius*; 1614] ***agg.*** *ant. propr.* che sta o avviene continuamente nello stesso luogo: *battaglia stataria*, combattuta a lungo sul campo; *soldato statario*, che combatte da fermo || **N.** *Sin.* fisso, stabile, statico.

statcoulomb (pr. [statku'lɔ̃]) [comp. di *stat-* e *coulomb*; 1988] ***sm.*** *inv.* *T.elettr.* unità di misura del sistema CGS elettrostatico, che corrisponde a un coulomb nel Sistema Internazionale || **N.** *Sin.* franklin.

stàte [lat. *āestas, -ātis*; a. 1250] ***sf.*** aferesi di *estate*: *che muta parte della state al verno* (Dante).

statère [dal lat. tardo *stater, -ēris*, gr. *statḗr, statêros*; 1682] ***sm.*** *T.num.* nel mondo greco, unità ponderale, e anche la moneta, d'oro o d'argento, pari a un didramma, di peso variabile a seconda del sistema ponderale cui la serie monetale apparteneva.

statfàrad [comp. di *stat-* e *farad*; 1988] ***sm.*** *inv.* *T.elettr.* unità di misura del sistema CGS elettrostatico, che corrisponde a un farad nel Sistema Internazionale.

stathènry (pr. [stat'hɛnri]) [comp. di *stat-* e *henry*; 1988] ***sm.*** *inv.* *T.elettr.* unità di misura del sistema CGS elettrostatico, che corrisponde a un henry nel Sistema Internazionale.

stàtica [da *statico*, attr. il fr. *statique*; 1745] ***sf.*** **1.** *T.fis.* parte della meccanica che studia gli stati di equilibrio dei corpi || *per estens. com.* complesso delle condizioni di equilibrio, di stabilità di una costruzione: *edificio con un'ottima statica* **2.** *T.econ. statica economica*, analisi economica che prescinde dalla considerazione del fattore temporale || *T.fis. statica sociale*, nel positivismo, lo studio della società indipendentemente dal mutamento storico || **N. 1.** dinamica.

-stàtica [da *statica*] ***elem. term.*** che entra a far parte di denominazioni di discipline scientifiche (come *elettrostatica, idrostatica*) con il valore di "(disciplina che studia) l'equilibrio".

staticìșmo [da *statico*[1]; 1942] ***sm.*** *raro* tendenza a mantenere una posizione o un comportamento statici, immobili.

staticità [da *statico*; 1932] ***sf.*** la condizione di ciò che è statico || **N.** *Contr.* dinamismo.

stàtico[1] (pl. *-ci*) [dal gr. *statikós*; 1873 nel senso 2] ***agg.*** **1.** che sta fermo, in equilibrio, immobile || *fig.* che non si sviluppa, non si evolve, opposto a *dinamico*: *personalità statica* || che non ammette la realtà del cambiamento: *concezione statica della vita* || *composizione, figura statica*, che non esprime movimento **2.** *T.fis.* che si riferisce alla statica: *elettricità statica*, v. ELETTROSTATICA || *per estens. com.* relativo alle condizioni di stabilità, di equilibrio: *edifici in cattive condizioni statiche* || **N. 1.** *Contr.* dinamico.

stàtico[2] o **stàdico** (pl. *ci*) [var. ant. di *ostaggio*; a. 1400 *stadico*] ***sm.*** *ant.* ostaggio.

-stàtico [dal gr. *statikós*, atto a fermare, che riguarda l'equilibrio] ***elem. term.*** che, in parole composte scientifiche, vale "che ferma, che arresta" (per es. *emostatico*); vale anche "che fissa una condizione a un determinato valore" (per es. *termostatico*) e "relativo a condizioni di equilibrio" (per es. *elettrostatico*) || **N.** -stasi, -statica, -stato.

statìno[1] [da (*e*)*state*; 1873] ***agg.*** *dial.* **1.** di uccello che sosta o passa in una località d'estate **2.** di frutto, che matura in estate.

statìno[2] [da *stato*; 1950] ***sm.*** **1.** piccolo prospetto recante i dati che concernono una determinata rilevazione **2.** modulo che la segreteria in alcune università rilascia agli studenti prima di ogni esame, attestante la regolarità della loro posizione.

station wagon (ingl., pr. amer. ['steɪʃən ˌwægən]; pr. it. [ˌstɛʃon 'vɛgon]) [comp. di *station*, stazione, sosta e *wagon*, carro coperto; 1983] ***loc. agg.*** *inv.* e ***loc. f.*** *inv. T.aut.* modello di automobile, la cui carrozzeria presenta, rispetto alla berlina da cui deriva, modifiche nella parte posteriore (bagagliaio più ampio, portellone posteriore, sedili posteriori ribaltabili), per aumentarne la capacità di carico ‖ **N.** *Sin.* familiare, giardinetta.

statista [da *stato*; 1611] ***s.*** uomo di stato; chi conosce l'arte e la scienza di reggere, governare uno stato.

statistica [f. sostantivato di *statistico*; 1849] ***sf.*** **1.** scienza che studia, dal punto di vista quantitativo, fenomeni collettivi aventi attitudine a variare; mira a elaborare leggi o modelli relativi al loro manifestarsi, basandosi su misurazioni sui singoli elementi (individui) costituenti l'insieme (universo o popolazione) in esame **2.** *per estens.* indagine condotta con metodi statistici, e i dati organizzati che ne risultano: *la statistica della popolazione, delle nascite.* **Q.T.** *statistica...*

statistico (pl. *-ci*) [da *stato*; 1630 come agg. nel senso 2] **I** ***agg.*** **1.** della statistica; concernente la statistica, relativo a fenomeni riguardanti la collettività: *tavole statistiche, dati statistici; calcolo statistico,* effettuato in base a quanto si verifica nel maggior numero dei casi **2.** *ant.* concernente il governo, lo Stato **II** ***sm.*** (f. *-a*) studioso di statistica. **Q.T.** *statistica...*

stativo[1] [dal lat. *statīvus*; 1940] ***agg.*** *non com.* di uccello, che non si allontana dalla sua sede; stanziale ‖ **N.** *Contr.* passo.

stativo[2] [dal ted. *Stativ*; 1960] ***sm.*** dispositivo di sostegno di apparecchi di vario tipo (proiettori, cineprese ecc.), generalmente regolabile in altezza. **TAV.** *cinematografia...* 1.4.

statizzare [da *stato*; 1905] ***tr.*** statalizzare.

statizzazione [da *statizzare*; 1905] ***sf.*** statalizzazione.

stato [lat. *status*; fine sec. XIII nel senso 2] ***sm.*** **1.** lo stare; l'atto dello star fermo, in quiete ‖ *in part. T.gram. complemento di stato in luogo* (*reale, figurato*), indicante il luogo in cui si trova il soggetto o si compie l'azione; *verbi di stato,* che indicano una condizione di quiete, in contrapposizione a quelli di moto **2.** situazione, condizione, modo di essere: *lo stato attuale,* le condizioni sussistenti ‖ *allo stato attuale,* nella situazione attuale, in questo momento ‖ aspetto: *è in uno stato pietoso, la stanza era in uno stato caotico* ‖ condizioni di conservazione e grado di funzionalità: *un motore vecchio ma ancora in buono stato* ‖ *T.fis.* e *T.chim. equazione di stato,* relazione tra le funzioni di stato — pressione, volume, temperatura — di un sistema termodinamico; *stato di aggregazione,* modo di associazione delle particelle, atomi e molecole, costituenti la materia: *stato solido, liquido, aeriforme, ionizzato* (o "*quarto stato*"); *passaggio di stato,* passaggio a un diverso stato di aggregazione della materia; *stato nascente,* quello degli atomi prima che si uniscano in molecole; *stato di equilibrio,* quello di un sistema le cui proprietà sono relativamente stabili nel tempo; *diagrammi di stato,* rappresentazione schematica delle possibili condizioni di equilibrio termodinamico di un sistema costituito da più fasi, come per es. della soluzione di un solido in un liquido o, *T.metal.*, l'evoluzione della composizione di una lega in funzione della temperatura ‖ *T.fis.* in fisica quantistica, *stato quantico,* condizione di un sistema individuata dai valori delle sue grandezze osservabili; *stato fondamentale,* quello di minima energia del sistema (opposto a *stati eccitati*) ‖ condizioni fisiche, psichiche o psicofisiche di esseri viventi: *essere in cattivo stato* (*di salute*); *stato emotivo, d'animo, di coscienza; stato di allarme, di agitazione, ansioso, depressivo; stato di ubriachezza, interessante, febbrile, comatoso* ‖ nella teologia cattolica, condizione spirituale: *stato di innocenza, di colpa, di peccato, di grazia, di perfezione* ‖ modo di vita degli esseri viventi: *popoli primitivi che vivono allo stato di natura, selvaggio; animali allo stato libero* (opposto a *in cattività*), *brado* ‖ condizione dell'individuo nell'ambiente socio-culturale: *i doveri del proprio stato,* connessi alla propria posizione sociale, familiare, professionale ecc.; *cercare di migliorare il proprio stato* (*sociale, economico*), *versare in uno stato di grave indigenza; stato civile,* posizione dell'individuo agli effetti anagrafici e anche, *per estens.*, l'ufficio comunale che custodisce i registri dello stato civile e rilascia gli estratti e i certificati relativi: *stato di famiglia; stato di servizio,* situazione del dipendente pubblico civile o militare e, *per meton.*, i documenti in cui sono riportati i dati relativi alla sua assunzione, carriera, retribuzione; *stato religioso, sacerdotale, clericale, laicale,* le diverse posizioni della persona dal punto di vista del diritto canonico; *stato di fermo, di arresto, di accusa,* condizioni della persona soggetta a un determinato provvedimento delle autorità di polizia o giudiziarie ‖ situazione in cui si trova un gruppo, una categoria di persone, una collettività, un'azienda, un ente e sim.: *stato di sciopero, di assedio, di guerra, di emergenza, fallimentare* ‖ *stato della popolazione,* in statistica, insieme di dati concernenti la sua consistenza e la sua ripartizione in base a parametri quali sesso, grado di istruzione ecc. **3.** *T.stor.* ceto, classe, categoria sociale, rif. in part. alla Francia prerivoluzionaria; *il quarto stato,* espressione entrata in uso nell'Ottocento per designare il proletariato, accanto alle classi della nobiltà, del clero e della borghesia; *pl. stati generali,* l'assemblea dei rappresentanti dei tre stati della Francia prerivoluzionaria ‖ *per estens. T.mil. Stato Maggiore,* ciascuno degli organi che presiedono alla coordinazione delle forze armate di una nazione: *Stato Maggiore dell'Esercito, della Difesa, della Marina, dell'Aeronautica*; anche l'insieme degli ufficiali e dei servizi che ne fanno parte: *si è riunito l'intero Stato Maggiore dell'Esercito* **4.** *T.pol.* l'organizzazione giuridica coercitiva di una determinata comunità nazionale: *il diritto internazionale regolamenta il rapporto tra gli stati, incontri tra capi di stato, la Costituzione contiene i principi fondamentali dello Stato Italiano, i rapporti tra lo Stato Italiano e la Chiesa Cattolica*; con l'iniziale maiuscola quando compare nella denominazione ufficiale di organi statali: *Avvocatura di Stato, Consiglio di Stato* e, solitamente, quando è rif. a uno stato particolare: *nello Stato italiano la sovranità spetta al popolo* ‖ *delitti contro la personalità dello Stato,* che ne minacciano l'esistenza ‖ *affare di stato,* questione concernente gli interessi dello stato e, *fig. iron.*, questione cui si attribuisce un'eccessiva importanza: *non farne un affare di stato!* ‖ *ragion di stato,* l'interesse obiettivo dello stato alla propria sicurezza e potenza, prescindendo da ogni altra valutazione ‖ *colpo di stato,* trasformazione dell'ordinamento costituzionale di uno stato attraverso l'attività anticostituzionale di un suo organo ‖ *uomo di stato,* statista ‖ con rif. all'ordinamento politico, giuridico, economico, amministrativo: *stato unitario,* in cui un solo ente è titolare della sovranità; *stato federale,* costituito da più stati federati; *stato democratico, totalitario, assoluto* o *assolutistico, teocratico, confessionale, laico; stato assistenziale* (o *del benessere* o *welfare state*), in cui lo stato garantisce a tutti i cittadini un livello minimo di reddito e l'accesso ai servizi ritenuti socialmente indispensabili ‖ *concr.* unità territoriale entro i cui confini si esercita la sovranità di uno stato: *gli stati confinanti con l'Italia; invadere, occupare uno stato; emigrò in uno stato del Sud America* ‖ in funzione di *agg.* nell'espr. *città-stato, polis* ‖ *dim.* staterello ‖ **N.** **2.** *Sin.* assetto, CONDIZIONE **4.** *Sin.* nazione, paese | alleato, autonomo, coloniale, egemonico, federativo, indipendente, nemico | cantone, comune, dipartimento, ducato, principato, provincia, regione | accentramento, annessione, autonomismo, cittadino, confini, decentramento, diplomazia, dogana, erario, fisco, frontiera, naturalizzazione, politica, polizia, separatismo. **Q.T.** *diritto, fisica, politica.*

stato- [dal gr. *statós,* che sta ritto] ***primo elem.*** che, in parole composte scientifiche, vale "in relazione con la statica", "in condizioni di equilibrio" (per es. *statolite, statoscopio*).

-stato [dal gr. *-státēs,* che ferma] ***elem. term.*** che, in parole composte della terminologia tecnica, spec. in denominazioni di apparecchi o strumenti, vale "che stabilizza", "che rende

STATISTICA E PROBABILITÀ

PROBABILITÀ: assiomatica, condizionata, congiunta, oggettiva, simmetrica, soggettiva; evento indipendente.

VARIABILI: binomiali, casuali, dipendenti, discrete, doppie, generiche, indipendenti, normali, qualitative, quantitative, standardizzate.

MISURE DELL'INTENSITÀ E DELLA DISPERSIONE (O DELLO SCARTO): campo di variazione, deviazione standard, media (di conto, effettiva, ferma, lasca; analitica, aritmetica, armonica, geometrica, mobile, ponderata, potenziata, quadratica, semplice), mediana, moda, scarto (medio assoluto, quadratico medio), varianza.

CAMPIONAMENTO (a grappoli, a più stadi, casuale semplice, sistematico, stratificato): campione, deduzione, media campionaria, popolazione, somma campionaria, teorema centrale del limite.

STIMA: induzione, inferenza, intervallo di confidenza, stimatore (consistente, corretto, di massima verosimiglianza, efficiente).

TECNICHE DI ANALISI STATISTICA:

ANALISI DELLA VARIANZA: covarianza, varianza (non spiegata, spiegata).

ANALISI DELLA CORRELAZIONE (multipla, parziale, semplice): coefficiente di correlazione.

PROVA DELLE IPOTESI: ipotesi (alternativa, nulla), funzione di potenza, test bilaterale.

REGRESSIONE: errore (di misura, stocastico), intervallo di previsione, media mobile, minimi quadrati, multicollinearità, regressione (multipla, semplice, standard, stimata, vera), variabile *dummy* o di comodo.

o mantiene stazionario o costante" (per es. *reostato, termostato*), "che si sostiene in equilibrio" (per es. *aerostato*).

statocìste o **statocìsti** [comp. di *stato-* e gr. *kýstis*, vescica; 1940 *statocista* sm.] **sf.** *T.anat.* ciascuna delle piccole vescichette, rivestite internamente di epitelio, piene di liquido, e in cui sono una o più concrezioni calcaree dette *statoliti* od *otoliti*, collegate con l'apparato uditivo, assai diffuse nel mondo animale, con la funzione di organi di senso statico (ossia dell'equilibrio); pare inoltre che contribuiscano efficacemente anche al senso dell'orientamento.

statòhm [comp. di *stat-* e *ohm*; 1988] **sm.** *inv. T.elettr.* unità di misura del sistema CGS elettrostatico, che corrisponde a un ohm nel Sistema Internazionale.

statolàtra [comp. di *stato* e *-latra*; 1891] **s.** chi fa dello stato un oggetto di culto, manifestando un'assoluta fiducia nel potere regolatore.

statolatrìa [comp. di *stato* e *-latria*; 1873] **sf.** atteggiamento dello statolatra.

statòlder [dall'ol. *stadhouder*; 1838] **sm.** *inv. T.stor.* nei sec. XVI e XVII, titolo dato nei Paesi Bassi ai luogotenenti del principe governanti una provincia.

statolìte o **statolìto** [comp. di *stato-* e *-lite*, o *-lito*¹; 1931 *statolito*] **sm.** **1.** *T.zool.* ciascuna delle concrezioni minerali mobili situate negli organi preposti all'equilibrio (nei Vertebrati nell'orecchio medio) **2.** *T.biol.* ciascuna delle concrezioni d'amido mobili presenti in alcune cellule delle radici, funzionali alla determinazione del loro orientamento di crescita.

statolìtico (pl. *-ci*) [da *statolite*; 1960] **agg.** proprio dello statolite, relativo allo statolite.

statóre¹ [dal lat. *stator, -ōris*; 1838] **agg.** *T.stor.* nell'antica Roma, appellativo dato a Giove, in quanto fermava gli eserciti in fuga, dando loro la forza di continuare a combattere.

statóre² [dall'ingl. *stator*; 1930] **sm.** *T.mecc.* parte fissa di una macchina rotante ‖ **N.** rotore. **TAV.** *elettrotecnica* 2.1.

statoreattóre [comp. di *stato-* e *reattore*; 1960] **sm.** *T.aer.* tipo di motore a reazione in cui la compressione dell'aria comburente è ottenuta aerodinamicamente ‖ **N.** *Sin.* autoreattore.

statorecettóre [comp. di *stato-* e *recettore*; 1960] **agg.** *T.biol.* detto degli organi di senso che garantiscono il mantenimento dell'equilibrio.

statoscòpio (pl. *-pi*) [comp. di *stato-* e *-scopio*; 1940] **sm.** *T.aer.* altimetro di grande sensibilità che segnala i minimi cambiamenti di quota di un aereo.

stàtua [dal lat. *statua*; fine sec. XIII] **sf.** figura a tutto rilievo di persona o animale o anche di un'entità astratta personificata, scolpita nella pietra o fusa nel metallo: *la statua della Libertà a New York*; *statua equestre*, in cui il personaggio è raffigurato a cavallo ‖ *ass.* monumento: *nel mezzo della piazza c'è la statua di Cavour* ‖ *fig. fare la statua* o *sembrare una statua*, restare immobile o, anche, restare muto durante una conversazione ‖ *dim.* statuìna, statuétta; *accr.* statuóna; *pegg.* statuàccia ‖ **N.** bronzo, cariatide, figurina, marmo, scultura, simulacro; busto, erma, mezzobusto, torso; acroterio, piedistallo, base, plinto, zoccolo | abbattere, alzare, demolire, erigere, fare, fondere, inaugurare, sbozzare, scolpire, scoprire | crisoelefantina, isometra | edicola, nicchia; forma, fusione. **Q.T.** *scultura*.

statuàle [da *stato*; 1843] **I agg.** dello stato, inteso come entità politico-giuridica **II sm.** *arc.* membro del governo di uno stato.

statuària [dal lat. *statuaria* (*ars*); a. 1527] **sf.** *poco com.* l'arte dello scolpire statue o, più in gen., scultura.

statuàrio (pl. *-ri*) [dal lat. *statuarius*; 1568] **I agg.** da statua o che serve per una statua: *marmo statuario, posa statuaria* **II sm.** *raro* scultore di statue.

statuìre (pres. *-ìsco, -ìsci*) [dal lat. *statuere*, stabilire; 1297] **tr.** deliberare, fissare, disporre: *statuire l'abolizione della tortura* ‖ **N.** *Sin.* STABILIRE.

statuizióne [da *statuire*; 1950] **sf.** *T.giur.* introduzione di una norma in un ordinamento ‖ *concr.* la norma statuita.

statunitènse [dal n. geogr. *Stati Uniti*; 1941] **I agg.** degli Stati Uniti d'America **II s.** cittadino degli Stati Uniti d'America.

statu quo (lat., pr. it. ['statu 'kwɔ]) [letter. nello stato in cui] **loc. m.** *inv.* condizione, situazione sussistente di fatto in un certo momento storico dal punto di vista politico e giuridico: *rivoluzionare lo statu quo, lo statu quo europeo allo scoppio della seconda guerra mondiale*; situazione sussistente prima del verificarsi di particolari eventi: *ripristinare lo statu quo* ‖ *com.* si dice e scrive anche *status quo*, spec. quando *status* è soggetto: *fu mantenuto lo status quo.*

statùra [dal lat. *statūra*; 1312] **sf.** altezza del corpo umano eretto: *ragazzo di statura normale, basso di statura* ‖ *per estens.* rif. ad alcuni animali, l'altezza da terra misurata al garrese: *la statura del cavallo* ‖ *fig.* levatura, elevatezza morale o d'ingegno: *è un uomo di grande statura intellettuale* ‖ **N.** *Sin.* altezza; corporatura, mole, taglia | alta, bassa, elevata, media, normale | ciclope, colosso, gigante, spilungone, stanga, stangone; bassotto, nano, nanerottolo, pigmeo, lillipuziano, tombolotto | sovrastare, torreggiare.

status (lat., pr. it. ['status]) [letter. stato, condizione; 1828] **sm.** *inv.* condizione economico-sociale o stato giuridico di un individuo, di un gruppo, di un'istituzione: *ha lo status di diplomatico.* **Q.T.** *sociologia.*

status quo v. STATU QUO.

status symbol (ingl., pr. ['steɪtəs ˌsɪmbəl]; pr. it. ['status 'simbol]) [comp. di *status* e *symbol*, simbolo; 1971] **loc. m.** *inv.* ogni segno esteriore che connota la posizione economico-sociale di una persona: *per molti l'automobile di grossa cilindrata è, più che una necessità, uno status symbol.*

statutàrio (pl. *-ri*) [da *statuto*; 1546] **agg.** fissato dallo statuto: *libertà statutarie* ‖ che si riferisce a uno statuto: *disposizioni statutarie.*

statùto [dal lat. *statūtus*; 1309] **sm.** **1.** atto formale e solenne che stabilisce i princìpi organizzativi e i fondamenti istituzionali di uno stato o anche di un'associazione, ente o istituto: *lo statuto del Regno d'Italia, di una società* ‖ *T.stor.* insieme delle disposizioni scritte che regolavano il governo di un comune o l'esercizio di un'arte: *statuti comunali, statuto dell'arte della lana* **2.** stato giuridico: *lo statuto dei lavoratori, delle minoranze* ‖ **N.** **1.** carta costituzionale, costituzione | costituente. **Q.T.** *politica.*

statvòlt [comp. di *stat-* e *volt*; 1988] **sm.** *inv. T.elettr.* unità di misura del sistema CGS elettrostatico, che corrisponde a un volt nel Sistema Internazionale.

statwéber (pr. [stat'veber]) [comp. di *stat-* e *weber*; 1988] **sm.** *inv. T.elettr.* unità di misura del sistema CGS elettrostatico, che corrisponde a un weber nel Sistema Internazionale.

stàuro- [dal gr. *staurós*, croce] **primo elem.** che, in parole composte dotte o scientifiche, vale "croce" (per es. *stauroteca*) o "a forma di croce" (per es. *staurolite*).

staurolìte [comp. di *stauro-* e *-lite*; 1838 *staurolito*] **sf.** *T.min.* silicato di alluminio, magnesio e ferro, di colore bruno rossastro, in cristalli prismatici spesso geminati a croce.

staurotèca [comp. di *stauro-* e *-teca*; 1876] **sf.** reliquiario, perlopiù a forma di croce, contenente frammenti della croce di Cristo.

stavòlta [comp. di *sta-*, questa e *volta*; 1950] **avv.** *fam.* questa volta.

stayer (ingl., pr. ['steɪə]; pr. it. ['stɛjer]) [letter. fondista; 1891] **sm.** *inv.* (anche pl. *stayers*, pr. ['steɪəz]) *T.sport.* nell'ippica, cavallo dotato di particolare resistenza nelle gare sulle lunghe distanze ‖ nella corsa, fondista ‖ nel ciclismo, mezzofondista.

staziògrafo [comp. del lat. *statio, -ōnis*, posizione e *-grafo*; 1935] **sm.** *T.mar.* strumento per determinare sulla carta di navigazione il punto preciso in cui si trova una nave; viene usato spec. nella navigazione costiera.

stazionàle [da *stazione*; 1960] **agg.** *T.eccl.* che riguarda stazioni liturgiche: *processione stazionale*, quella che viene compiuta da una basilica all'altra in quaresima.

stazionaménto [da *stazionare*; 1812] **sm.** lo stazionare ‖ *freno di stazionamento*, freno a mano ‖ **N.** *Sin.* parcheggio, posteggio, sosta.

stazionàre (pres. *-óno*) [da *stazione*, attr. il fr. *stationner*; 1787] **intr.** (aus. *avere*) rif. spec. a veicoli, sostare, restare fermo in un luogo: *le vetture non possono stazionare in questa piazza* ‖ **N.** *Sin.* parcheggiare, posteggiare.

stazionarietà [da *stazionario*; 1851] **sf.** l'essere stazionario.

stazionàrio (pl. *-ri*) [dal lat. tardo *stationarius*; a. 1406] **agg.** **1.** che sta fermo in un luogo, che non se ne allontana: *uccelli stazionari*, che non migrano; *volo stazionario*, quello di un aeromobile che riesce a mantenersi fermo in aria ‖ *T.astr.* di corpo del sistema solare che apparentemente sosta nel suo moto prima di procedere in senso inverso ‖ *T.mar.* di nave da guerra, che è di stazione in porti stranieri o in colonie, per scopi politico-militari **2.** *più com. fig.* che non muta, non progredisce: *le condizioni del malato sono stazionarie* ‖ *T.fis. correnti stazionarie*, costanti.

stazióne [dal lat. *statio, -ōnis*; a. 1342] **sf.** **1.** sosta, fermata: *fare stazione in un luogo* ‖ *T.astr. stazione planetaria*, sosta del moto apparente di un pianeta in corrispondenza del punto in cui questo si inverte **2.** *per meton.* luogo in cui si sosta ‖ luogo predisposto per la sosta di veicoli da trasporto, attrezzato per il movimento dei passeggeri e delle merci e per il rifornimento e la manutenzione dei veicoli: *stazione di autobus, della metropolitana*; *per anton.* stazione ferroviaria: *ti vengo a prendere alla stazione*; *stazione centrale*, la principale, nelle città in cui ne esiste più di una; *stazione di testa* o *terminale, di passaggio* o *intermedia*; *stazione di smistamento*, per la scomposizione e ricomposizione dei treni merci; *stazione di regresso*, v. REGRESSO; *stazione di servizio*, lungo le strade, area attrezzata per il rifornimento, la riparazione e il lavaggio degli autoveicoli e, talora, per il ristoro dei viaggiatori; *stazione orbitale*, satellite artificiale attrezzato come base per le astronavi ‖ *ant. stazione di posta*, attrezzata per il cambio dei cavalli ‖ *T.eccl. stazione della Via Crucis*, ognuna delle immagini rappresentanti episodi salienti della passione di Cristo **3.** *per estens.* località di villeggiatura, cura e sim.: *stazione balneare, termale* **4.** *per estens.* località di stanziamento, luogo di dimora stabile di esseri viventi: *stazioni umane preistoriche* **5.** edificio o complesso di impianti funzionale allo svolgimento di servizi o funzioni particolari: *stazione di polizia*; *stazione di direzione di tiro*, sulle navi da guerra, il luogo convenientemente attrezzato da cui il direttore del tiro dirige il fuoco delle artiglierie ‖ *T.telecom. stazione radio, televisiva*, impianto attrezzato per la produzione e ricezione di segnali radio e TV; *per anton.* stazione trasmittente: *cercare una stazione*, regolare il comando di sintonia in modo da captarne il segnale radio o televisivo ‖ *T.inform.* *stazione di lavoro, workstation* ‖ impianto per l'osservazione e lo studio di particolari fenomeni: *stazione meteorologica, sismica, sperimentale* **6.** posizione di base del corpo di un animale: *stazione eretta*; *stazione libera*, assunta spontaneamente; *stazione forzata*, imposta ‖ *dim.* stazioncìna, stazioncèlla. **Q.T.** *archeologia, astronautica, ferrovia* **TAV.** ***automobile* p.** 658 4.14; ***ferrovie...* p.** 669 7.

stàzza [lat. *stadia*; sec. XV stanza] **sf.** **1.** *T.mar.* la capacità interna di una nave, misurata in *tonnellate di stazza*, pari a 100 piedi cubi inglesi (o 2,832 m^3) ciascuna; *stazza lorda di registro* (o *tonnellaggio lordo di registro*), risultante dalla misurazione di tutti gli spazi chiusi utilizzabili e non utilizzabili per il carico; *stazza netta*, misura del volume interno della nave mercantile utilizzabile per il carico delle merci ed espressa in tonnellate di stazza; *ponte di stazza*, quello che delimita superiormente gli spazi di cui si deve misurare il volume compessivo; *stazza di regata*, parametro di classificazione delle imbarcazioni da regata, calcolato in base alla superficie velica e alle dimensioni dello scafo **2.** *ant.* asta graduata usata per misurare il livello di un liquido e, in part., quella usata per misurare la capacità di stiva delle navi **3.** *iperb. scherz.* grosse dimensioni: *che stazza ha quella donna!* ‖ **N.** **1.** *Sin.* portata, tonnellaggio, stazzatura. **Q.T.** *nautica...*

stazzaménto [da *stazzare*; 1889] **sm.** *T.mar.* l'operazione dello stazzare; stazzatura.

stazzàre [da *stazza*; 1813 *staza*] **tr.** *T.mar.* **1.** misurare la stazza di una nave o di un'imbarcazione a vela **2.** detto di nave, aver capacità: *questa nave stazza mille tonnellate.*

stazzatóre [da *stazzare*; 1873 *stazatore*] **sm.** perito che misura la stazza di un'imbarcazione. **Q.T.** *vela.*

stazzatùra [da *stazzare*; 1813 *stazatura*] **sf.** *T.mar.* **1.** atto dello stazzare, cioè la misurazione e i calcoli necessari per ottenere la stazza di una nave **2.** *non com.* stazza, capacità di una nave espressa in cifre.

stàzzo [lat. *statio*; 1803] **sm.** **1.** spazio recintato all'aperto per riunire il bestiame, stabbio: *i pastori lasciano gli stazzi* **2.** *ant.* fermata, sosta ‖ *per meton.* luogo di sosta, dimora ‖ **N.** **1.** *Sin.* addiaccio.

stazzonaménto [da *stazzonare*; a. 1604] **sm.** atto ed effetto dello stazzonare ‖ **N.** *Sin.* stropicciamento.

stazzonàre (pres. *-óno*) [etim. inc.; 1536] **tr.** **1.** spiegazzare, gualcire: *ho la gonna (tutta) stazzonata* **2.** *raro* maneggiare, palpare.

stazzóne [lat. *statio, -ōnis*; prima metà sec. XIV nel senso 2] **sm.** *arc.* **1.** stazione, luogo di dimora, luogo di fermata o di riposo **2.** bottega.

'ste (pr. [ste]) [da *queste*, per aferesi] **agg.** *dimostr. f. pl. fam.* queste.

steamer (ingl., pr. ['sti:mə]) [da *steam*, vapore; 1865] **sm.** *inv.* *T.mar.* nome generico di imbarcazione a vapore.

steapsina [comp. di *stea(rina)* e *(pe)psina*; 1940] **sf.** *T.biol.* enzimi pancreatici che decompongono i grassi neutri in acidi grassi e glicerina.

steàrico (pl. *-ci*) [dal fr. *stéarique*; 1829] **agg.** **1.** fatto di stearina: *candele stearìche* **2.** *T.chim.* *acido stearico*, acido organico della serie grassa, usato per la preparazione di saponi, paste abrasive e sim.

stearina [dal fr. *stéarine*; 1821] **sf.** **1.** nome commerciale dell'acido stearico depurato **2.** *T.chim.* composto di glicerina e di acido stearico (gliceride) che costituisce in parte minore o maggiore tutti i grassi animali.

steatite [comp. di *steato-* e *-ite*²; 1771] **sf.** *T.min.* varietà compatta di talco; è una pietra tenera, usata dai sarti per segnare le stoffe, e perciò è detta anche *pietra da sarto.*

steato- [dal gr. *stéar, stéatos*, grasso] ***primo elem.*** che, in parole composte della terminologia scientifica (per es. *steatite, steatopigia, steatosi*) vale "grasso".

steatopigia [comp. di *steato-* e *-pigia*; 1960] **sf.** adiposità delle cosce e dei glutei.

steatòpigo (pl. m. *-gi*, pl. f. *-ghe*) o **steatopìgio** (pl. m. *-gi*, pl. f. *-gie*) [comp. di *steato-* e del gr. *-pygos*, der. di *pygḗ*, natica; 1838] **agg.** caratterizzato o affetto da steatopigia; *Venere steatopigia*, tipo di statuina preistorica che raffigura una donna steatopigia, gen. simbolo di fertilità, abbondanza.

steatòṣi [comp. di *steato-* e *-osi*; 1838] **sf.** *T.med.* aumento patologico di grasso all'interno delle cellule.

stécca [dal germ. *stikka*; 1353] **sf.** **1.** asta di legno o d'altro materiale, lunga e sottile, per vari usi: *le stecche delle persiane*; *stecche di balena*, ricavate dai fanoni di balena (oggi sostituite da stecche in plastica), usate per dare sostegno a busti, ventagli e sim. ‖ *T.mar.* listello che, inserito in apposite guaine delle rande, mantiene distesa la vela ‖ *stecche da ombrello*, ferri che tengono tesa la stoffa dell'ombrello quando è aperto ‖ *stecca da scultore*, spatolina, arnese di legno o d'osso per lavorare figure di cera o creta; tavoletta o asta usata in ortopedia per la contenzione provvisoria di un arto fratturato ‖ *stecca da biliardo*, bastone rotondo, più sottile in cima che in fondo, per spingere le palle; *per meton.* giocatore di biliardo: *è una buona stecca* ‖ *prendere, fare una stecca*, nel gioco del biliardo, colpire male la palla, in modo tale che questa va storta e la stecca emette un suono come se fosse stata scheggiata; *fig.* di un cantante o di un musicista, emettere una nota stonata: *il tenore ha fatto una stecca* ‖ *T.calz.* legnetto di cui si servono i calzolai per lisciare e perfezionare le scarpe; tavoletta dotata di una fessura, usata in passato per lucidare i bottoni delle uniformi senza sporcare la stoffa ‖ *passaggio della stecca*, nel gergo militare cerimonia simbolica con cui si passano le consegne; *lasciare la stecca*, congedarsi **2.** confezione di forma allungata e relativamente sottile: *stecca di cioccolato, di torrone, di sigarette* **3.** *gerg.* tangente, somma di denaro corrisposta a scopo di corruzione ‖ *dim.* stecchétta, stecchìna, steccolìna; *accr.* steccóna, steccóne (*sm.*); *pegg.* steccàccia ‖ **N.** **1.** asticella, bacchetta, verghetta. **TAV.** ***maglia...* p. 1316** 2.1; ***vela* p. 1342** 1.21.

steccadènti [comp. di *stecca* e *dente*; sec. XVI] **sm.** *inv.* *raro* stuzzicadenti.

steccàia [da *steccare*; 1558] **sf.** sbarramento costituito da paletti, posto obliquamente rispetto a un corso d'acqua per rallentarne o deviarne il flusso, proteggerne gli argini e sim.

steccàre (pres. *stécco, stécchi*) [da *stecca*; 1312] **tr.** munire di stecche; *in part.* chiudere con uno steccato: *steccare l'orto* ‖ *T.conc.* stendere con stecche le pelli per farle asciugare ‖ *T.cuc.* lardellare un pezzo di carne da cuocere ‖ in ortopedia, fasciare un arto fratturato applicandovi una stecca che lo tenga fermo e rigido ‖ **intr.** (aus. *avere*) fare una stecca giocando a biliardo, o *fig.*, cantando o suonando.

steccàta [da *stecca*; 1865] **sf.** colpo di stecca.

steccàto [da *stecca*; a. 1320] **sm.** recinzione costituita da una serie di tavole in legno o stecconi: *circondare con uno steccato* ‖ *T.ipp.* riparo che limita i bordi della pista di un ippodromo: *correre allo steccato*, lungo il margine interno della pista ‖ **N.** *Sin.* barricata, barriera, cannicciata, palizzata, riparo, staccionata, steccaia, stecconata.

steccatùra [da *steccare*; 1891] **sf.** atto ed effetto dello steccare.

steccherino [da *stecco*; 1838] **sm.** *pop.* fungo commestibile delle Idnacee ‖ *steccherino dorato*, fungo commestibile con gambo cilindrico di colore grigio e cappello rosso-giallastro.

stecchétto (*dim.* di *stecco*) [sec. XIV] **sm.** piccolo stecco; stecco ‖ nelle loc. *tenere, stare a stecchetto*, con pochi soldi da spendere, in condizioni di estrema economia.

stecchièra [da *stecca*; 1960] **sf.** mobile, dotato di scanalature verticali, in cui si ripongono le stecche da biliardo ‖ custodia in cui si ripongono le stecche da biliardo.

stecchino (*dim.* di *stecco*) [1863] **sm.** stuzzicadenti.

stecchire (pres. *-ìsco, -ìsci*) [da *stecco*; a. 1597] **tr.** *raro* rendere secco; *com. fig.* uccidere sul colpo: *con una pugnalata al cuore lo stecchì* ‖ **intr.** (aus. *essere*) e **intr. pron.** ridursi sottile e secco come uno stecco ‖ diventar rigido ‖ **N.** **tr.** *Sin.* freddare | **intr. pron.** *Sin.* dimagrire.

stecchito (*pps.* di *stecchire*) [1619] **agg.** **1.** sottile come uno stecco: *braccia, gambe stecchite* **2.** rigido come uno stecco; *com.* nei modi di dire *fig.* *rimanere stecchito*, morire sul colpo oppure restare stupefatto, di stucco; *morto stecchito* (o, *ass.*, *stecchito*), morto sul colpo: *cadde (morto) stecchito a terra.*

stécco (pl. *-chi*) [dal got. **stika*, pezzo di legno, bastone; a. 1311] **sm.** ramoscello secco, senza foglie: *fare un fuoco di stecchi* ‖ fuscello appuntito e sottile: *fermare con uno stecco l'involtino di carne* ‖ *fig.* persona molto magra e sottile: *il povero ragazzo era ridotto uno stecco* ‖ **N.** *Sin.* brocca, brocco, broncone, sprocco, sterpo.

stecconàre (pres. *-óno*) [da *steccone*; 1853] **tr.** *raro* recintare, riparare, chiudere un luogo con stecconi.

steccóne (*accr.* di *stecca*) [da *stecca*; a. 1470] **sm.** asse di legno piatta, appuntita ai due estremi, usata per fare stecconati.

steccùto [da *stecco*; 1865] **agg.** *raro* **1.** fatto con stecchi o a forma di stecco **2.** pieno di stecchi.

stechiometria [comp. del gr. *stoichêion*, elemento e *-metria*; 1821] **sf.** *T.chim.* parte della chimica che studia i rapporti quantitativi tra gli elementi che prendono parte a una reazione chimica.

stechiomètrico (pl. *-ci*) [da *stechiometria*; 1930] **agg.** *T.chim.* attinente alla stechiometria.

steeple-chase (ingl., pr. ['sti:pəltʃeɪs]) [letter. caccia del campanile; 1841] **sm.** *inv.* *T.ipp.* corsa con ostacoli naturali o artificiali, su un percorso di almeno quattro chilometri.

Steganòpodi (sing. *-e*) [dal gr. *steganópous, steganópodos*; 1838] **sm.** *pl.* *T.zool.* Pelecaniformi.

steganùra (o *steganùro*, sm.) [comp. del gr. *steganós*, folto e *-uro*; 1957 *steganuro*] **sf.** uccello, detto anche *vedova del paradiso*, il cui maschio ha lunghissime piume caudali e piumaggio prevalentemente nero.

Stegocèfali [comp. del gr. *stégos*, coperchio e *-cefalo*; 1957] **sm.** *pl.* *T.zool.* anfibi fossili risalenti al periodo dal Devoniano al Terziario.

stégola o **stévola** [dal dim. del lat. *stīva*; a. 1602] **sf.** il manico dell'aratro o di altre macchine agricole ‖ **N.** bure, manecchia, stiva.

stégolo [forse da *stegola*; 1838] **sm.** asse che trasmette alla macina il movimento delle ali dei mulini a vento.

stegomìa [comp. del gr. *stégos*, tetto e *mŷia*, mosca; 1967] **sf.** insetto tropicale dei Ditteri, simile alla zanzara, la cui puntura provoca alcune malattie infettive, tra cui la febbre gialla.

Stegosàuri [comp. del gr. *stégos*, tetto e *sâuros*, lucertola; 1935] **sm.** *pl.* *T.zool.* sottordine dei Rettili fossili terrestri appartenenti al gruppo dei Dinosauri, provvisti di una cresta ossea lungo la spina dorsale.

stelàre [da *stele*; 1960] **agg.** *T.bot.* relativo alla stele, proprio della stele: *fasci conduttori stelari.*

stèle (pl. *-e* o raro *-i*) [dal lat. *stēla*, gr. *stḗlē*, colonna; 1838] ***sf.*** **1.** lastra a sviluppo verticale, sepolcrale o votiva; cippo: *le stele funerarie* **2.** *T.bot.* la zona centrale dei fusti e delle radici.

stélla [lat. *stella*; fine sec. XIII] ***sf.*** **1.** *T.astr.* corpo celeste che splende di luce propria: *il Sole è una stella*; *stella doppia, tripla*, sistema di due o tre stelle singole rotanti intorno a un comune centro di massa; *stella variabile*, la cui luminosità varia periodicamente o irregolarmente; *Stella Polare*, stella della costellazione dell'Orsa Minore, che segna il Nord nell'emisfero boreale **2.** astro, inteso, nell'ambito dell'astrologia, come regolatore delle vicende umane; *per estens.* destino, sorte: *è la mia buona stella che ci ha fatti incontrare*; *essere nato sotto una buona, una cattiva stella*, essere generalmente fortunato, sfortunato || *per estens.* tutti gli oggetti celesti visibili nel cielo, ad eccezione della Luna e del Sole: *dormire sotto le stelle*, all'aperto; *una notte piena di stelle, senza stelle*, a seconda che il cielo sia sereno o nuvoloso || *stelle erranti*, i pianeti; *stelle fisse*, le stelle in senso stretto, che gli antichi astronomi credevano immobili || *la stella del mattino, della sera*, antica denominazione di quello che è in realtà il pianeta Venere || *stella cadente*, meteorite o sciame meteorico che, incontrando l'atmosfera terrestre, si arroventa per l'attrito con l'aria e lascia così dietro di sé una scia luminosa visibile || *iperb.* come simbolo di splendore, di luminosa bellezza: *i tuoi occhi sono due stelle*; anche come vezzeggiativo rivolto a una persona (spec. donna o bambino) molto bella o molto cara: *stella mia!, povera stella, non piangere più!, quella bimba è una stella* || *fig. iperb.* per indicare un'eccezionale moltitudine: *tanti quante sono le stelle in cielo* || *iperb.* per indicare un'eccezionale altezza, anche *fig.*: *salire, arrivare alle stelle*, di grida e sim., levarsi altissime, o, di prezzi, aumentare vertiginosamente; *portare qualcuno alle stelle*, esaltarlo || diva: *è diventata una stella del cinema* || *vedere le stelle*, provare un forte dolore fisico, con allusione al fatto che, quando si prende una botta, capita di vedere puntini luminosi davanti agli occhi **3.** *per estens.* raffigurazione, disposizione e sim. di forma simile a quella con cui solitamente si rappresenta una stella, ovvero consistente in un corpo centrale dal quale s'irradiano cinque, sei o più punte; *in part.* emblema, decorazione a stella: *la stella di David, la bandiera degli Stati Uniti d'America ha tante stelle quanti sono gli stati, fu insignito della stella al merito* || *T.tip.* asterisco || simbolo a forma di stella usato per indicare le varie categorie di alberghi e sim.: *una pensione a due stelle*, molto scadente; *un hotel a cinque stelle*, di lusso || nelle recensioni cinematografiche, rappresentazione grafica del giudizio espresso da critica e pubblico || *T.ipp.* rotella a punte dello sperone; anche macchia tondeggiante a contorni irregolari che il cavallo può avere in fronte; rosetta || goccia di grasso galleggiante in un liquido: *questo brodo ha le stelle* || *stella filante*, rotella formata da una strisciolina di carta colorata arrotolata che, spec. a Carnevale, viene srotolata e lanciata in aria || *stella alpina*, pianta erbacea delle Composite, le cui infiorescenze sono formate da petali lanuginosi disposti a stella; *stella di Natale*, pianta delle Euforbiacee, con grandi foglie verdi e brattee fogliformi rosse disposte a stella || *stella di mare*, asteria || nella loc. *a stella*, a forma di stella: *cacciavite, chiave a stella*; *T.elettr. collegamento a stella*, tipo di connessione di un sistema di avvolgimenti o carichi trifasi, che può fare capo a tre o quattro morsetti; *T.mecc. motore a stella, a doppia stella*, i cui cilindri sono disposti in modo da formare i raggi di una o due stelle || *T.mat. stella di piani*, insieme di tutti i piani che passano per un punto; *stella di rette*, insieme di tutte le rette che passano per un punto **4.** *T.mar. star* || *dim.* stellìna, stellétta; *accr.* stellóna, stellóne (*sm.*). **Q.T.** *astronomia.*

stellage (fr., pr. [ste'la:ʒ]) [dal ted. *stellen*, essere fermo (detto di un prezzo); 1905] ***sm. inv.*** contratto di borsa a premio con il quale il compratore del premio (ovvero il contraente che si impegna a pagarlo) si riserva la facoltà, alla scadenza pattuita, di scegliere tra la posizione di compratore e quella di venditore di una certa specie e quantità di titoli a un determinato prezzo.

stellàggio (pl. *-gi*) [dal fr. *stellage*; 1960] ***sm.*** *T.econ.* stellage.

stellànte (*ppr.* di *stellare*[1]) [a. 1374] ***agg.*** *poet.* **1.** stellato, cosparso di stelle: *notti stellanti*; *per adornare i suoi stellanti chiostri* (Petrarca) **2.** lucente come una stella: *gli occhi sereni e le stellanti ciglia* (Petrarca); *i neri occhi stellanti* (Pascoli).

stellàre[1] (pres. *stéllo*) [lat. *stellāre*; sec. XIV] ***tr.*** e, più com., ***intr. pron.*** *lett.* ornare di stelle: *il cielo comincia a stellarsi*; anche *fig.*: *le pratelline stellano la roccia* (Pascoli) || **N.** *Sin.* costellare.

stellàre[2] (pres. *stèllo*) [dal lat. tardo (*a*) *stella*, piccola trave, attr. il dial. *stella*, scheggia; 1889] ***tr.*** *T.mar.* nelle costruzioni navali, dare allo scafo un determinato grado di finitezza.

stellàre[3] [dal lat. tardo *stellāris*; a. 1565] ***agg.*** **1.** *T.astr.* relativo alle stelle: *catalogo stellare*; *ammasso stellare*, gruppo di stelle fisicamente collegate; *popolazione stellare*, ciascuno dei due gruppi in cui si classificano le stelle; *radiosorgente quasi stellare*, quasar **2.** di forma simile a quella con cui viene tradizionalmente raffigurata la stella: *motore stellare*, motore a stella (V. STELLA). **TAV.** *aeronautica* 5.3.

stellària [da *stella*; a. 1577] ***sf.*** *T.bot.* genere di piante erbacee della famiglia delle Cariofillacee, con fiori bianchi a forma di stella.

stellàto[1] (*pps. di stellare*[1]) [1294] ***agg.*** **1.** cosparso di stelle: *notte stellata*, serena, per cui sono visibili le stelle; *la volta stellata*, il cielo || *per estens.* cosparso o composto di elementi a forma di stella: *linea stellata*, formata da piccole stelle o asterischi **2.** a forma di stella; *in part. T.magl.* detto di un punto ricamato composto di due punti in croce che s'intersecano || *T.anat.* di ganglio del sistema neurovegetativo umano, a forma di stella.

stellàto[2] (*pps.* di *stellare*[2]) [1825] **I** ***agg.*** *T.mar.* rastremato, affinato: *forma stellata* **II** ***sm.*** *T.mar.* *stellato di prora* o *di poppa*, la parte dello scafo compresa tra l'estremità della prora o della poppa, e il punto dove lo scafo comincia a rastremarsi e affinarsi.

stelleggiàre (pres. *-éggio*) [da *stella*; a. 1638] ***tr.*** *raro* cospargere di elementi (disegni, ricami ecc.) a forma di stelle.

stellétta (*dim.* di *stella*) [1691 nel senso 2] ***sf.*** **1.** *T.mil.* distintivo militare, a forma di piccola stella metallica a cinque punte, che si attacca al bavero dell'uniforme militare italiana **2.** *T.tip.* segno grafico simile all'asterisco.

stellìna (*dim.* di *stella*) [a. 1597] ***sf.*** **1.** piccola stella **2.** *starlet* **3.** spec. *pl. T.alim.* tipo di pastina da brodo a forma di piccole stelle **4.** nome comune di una pianta erbacea della famiglia delle Rubiacee, con piccoli fiori bianchi in corimbi e foglie lanceolate in verticilli. **TAV.** *alimentazione* 1.12.

stellionàto [dal lat. tardo *stellionātus*; 1745] ***sm.*** *T.stor.* e *T.giur.* termine che pare indicasse ogni comportamento doloso non contemplato dalle leggi in modo specifico (quale, per es., la vendita di un libero come schiavo, la cessione in pegno di una cosa già pignorata ecc.) e anche i mezzi sussidiari al diritto penale romano previsti per punire tali comportamenti.

stellióne [dal lat. *stellio, -ōnis*; prima metà sec. XIII] ***sm.*** rettile sauro, col corpo allungato e di colore grigio a macchie gialle, dagli arti brevi e robusti.

stelloncìno [da *stella*; 1905] ***sm.*** *T.giorn.* breve articoletto di giornale, a volte contrassegnato da un asterisco || **N.** *Sin.* asterisco.

stellóne (*accr.* di *stella*) [1865 nel senso 2] ***sm.*** **1.** *scherz. pop.* *lo stellone d'Italia*, emblema stellare sormontante le personificazioni muliebri dell'Italia, rappresentante l'astro che la protegge; *com.* inteso come simbolo della fortuna nazionale **2.** *raro pop.* caldo solare intensissimo; canicola, solleone.

stèlo [dal lat. *stilus*; 1313] ***sm.*** **1.** *T.bot.* fusto molto sottile: *gli steli dell'erba* || peduncolo del fiore **2.** *per estens.* elemento di sostegno a forma di fusto: *lo stelo dello stantuffo*, *lampada a stelo*, costituita da un'asta con una o più lampadine e un paralume || **N. 1.** *Sin.* culmo, gambo, scapo. **TAV.** ***arredamento* p. 650** 2.8.

stèmm [dal norv. *stemmbogen*; 1988] ***sm. inv.*** nello sci, curva a spazzaneve || *stemm cristiania*, curva che inizia a spazzaneve e termina a sci uniti.

stèmma [dal lat. *stemma*, gr. *stémma*, corona; 1745] ***sm.*** **1.** *T.arald.* emblema assunto come distintivo gentilizio, di famiglie, enti, istituzioni e sim. **2.** *per estens. T.magl.* *punto stemma*, punto da ricamo che si compone di due punti d'impuntura per i quali l'ago passa due volte per la medesima via **3.** *non com.* albero genealogico || *T.filol.* *stemma dei codici*, albero che indica i rapporti intercorrenti fra i manoscritti di un'opera || **N. 1.** *Sin.* arme. **Q.T.** *filologia...*

stemmàrio (pl. *-ri*) [da *stemma*; 1960] ***sm.*** raccolta, collezione di stemmi.

stemmàto [da *stemma*; 1840] ***agg.*** ornato con uno stemma: *portale stemmato.*

stemperaménto [da *stemperare*; a. 1357] ***sm.*** *non com.* atto ed effetto dello stemperare e dello stemperarsi; stemperatura.

stemperànza [da *temperanza*; sec. XIV] ***sf.*** *arc.* **1.** intemperanza **2.** intemperie.

stemperàre (pres. *stèmpero*) [da *temperare*; a. 1294] ***tr.*** **1.** sciogliere una polvere o una sostanza solida in un liquido: *stemperare i colori, la calce* || *fig.* diluire: *stemperare un episodio in una narrazione prolissa* **2.** rif. a un metallo, far perdere la tempra || *raro fig.* svigorire **3.** *non com.* rif. a oggetti affilati o acuminati, far perdere il filo, la punta: *stemperare un rasoio, una matita* **4.** *ant. lett.* corrompere, alterare || ***intr. pron.*** **1.** sciogliersi: *il cacao si stempera bene nel latte* || *raro fig.* nella loc. *stemperarsi in lacrime*, sciogliersi in lacrime, struggersi **2.** rif. a un metallo, perdere la tempra || *raro fig.* svigorirsi **3.** *non com.* perdere il filo, la punta: *tengo la matita leggera perché non si stemperi* **4.** *ant. lett.* guastarsi, corrompersi || **N. 1.** *Sin.* dissolvere, squagliare, LIQUEFARE **2.** *Contr.* temperare, temprare **3.** *Sin.* spuntare | *Contr.* affilare, appuntire, temperare.

stemperàto (*pps.* di *stemperare*) [a. 1320] ***agg.*** **1.** diluito **2.** che ha perso la tempra **3.** *arc.* intemperante, smodato: *vita stemperata.*

stemperatùra [da *stemperare*; 1671] ***sf.*** *non com.* stemperamento.

stempiàrsi (pres. *stèmpio*) [comp. parasint. di *tempia*; 1940] ***intr. pron.*** perdere i capelli sulle tempie: *il babbo si stempia.*

stempiàto [da *stempiarsi*; 1865 nel senso 2] ***agg.*** **1.** con pochi capelli sulle tempie: *è così giovane ed è già stempiato* **2.** *arc.* enorme, spropositato: *bugie stempiate.*

stempiatùra [da *stempiare*; a. 1320] ***sf.*** l'essere stempiato || *concr.* la parte delle tempie e della fronte senza capelli.

stempràre e der. V. STEMPERARE e der.

sten (ingl., pr. [sten]) [dalle iniziali dei cognomi degli inventori *S(heppard)* e *T(urpin)* e del n. geogr. *En(field)*, città inglese dove veniva fabbricata; 1965] ***sm. inv.*** pistola mitragliatrice leggera a canna molto corta.

stencil (ingl., pr. ['stensəl]) [letter. stampino; 1987] ***sm. inv.*** matrice per ciclostile.

stendàle o **ostendàle** [dal fr. ant. *estandart*, insegna di guerra, forse con influsso di *ostendere*; 1319] ***sm.*** *arc.* stendardo, bandiera: *questi ostendali in dietro eran maggiori* (Dante).

stendardière [da *stendardo*; a. 1704] ***sm.*** *non com.* chi porta lo stendardo.

stendàrdo [dal fr. ant. *estandart*, insegna di guerra; 1340 ca.] ***sm.*** **1.** gonfalone ‖ *per estens. non com.* bandiera, insegna, spec. in senso *fig.* come simbolo della causa per cui si combatte: *sotto lo stendardo*, sotto le insegne **2.** *T.mar.* le bandiere distintive dei capi di stato, gen. di forma quadrata **3.** *T.bot.* grande petalo nel fiore delle Papilionacee ‖ **N. 1. 2.** BANDIERA **3.** *Sin.* vessillo. **TAV.** *bandiere* 2; ***araldica* p. 645 5.8.**

stèndere (pres. *stèndo*; p.rem. *stési, stendésti, stése, stésero*; pps. *stéso*) [lat. *extendere*; fine sec. XIII] ***tr.*** **1.** svolgere nella sua lunghezza o ampiezza una cosa ripiegata, ammassata, avvolta, contratta, chiusa su se stessa: *stendere le vele*, spiegarle; *stendere le reti al sole, i panni ad asciugare*; anche *ass.*: *tra lavare e stendere si perde un sacco di tempo* ‖ *fig. stendere la mano*, elemosinare, chiedere un favore: *non mi vedrai mai stendere la mano*; anche protenderla in avanti per stringere quella di chi sta di fronte ‖ *T.mar.* tendere, mandare da un punto all'altro una corda: *stendere una cima, un cavo, un ormeggio* ‖ rif. a una massa plastica, renderla più larga o più lunga: *stendere il colore sulla tela*, spanderlo; *stendere la pasta*, spianarla ‖ rif. a persona, mettere disteso, adagiare: *lo stesero sul divano*; *per estens.* fare cadere lungo disteso, spec. nella boxe: *con un gancio stese l'avversario (al tappeto)* ‖ *gerg. pop.*, uccidere, abbattere: *lo stese con una fucilata* ‖ *fig. non com. stendere le truppe sul campo*, schierarle **2.** mettere per iscritto, redigere: *stendere una lista, il verbale* ‖ ***rifl.*** mettersi lungo disteso, mettersi a giacere per rilassarsi o dormire: *mi stendo un attimo, stendersi a prendere il sole, per terra* ‖ ***intr. pron.*** estendersi: *la foresta si stende tutt'intorno* ‖ **N. *tr.*** **1.** *Sin.* allargare, allungare, aprire, dispiegare, distendere, estendere, porgere, sciorinare, spalmare, tendere | ***rifl.*** adagiarsi, allungarsi | ***intr. pron.*** allargarsi, protendersi, snodarsi.

stendibiancherìa [comp. di *stende(re)* e *biancheria*; 1970] ***sm. inv.*** attrezzo, formato da un telaio e da fili, gen. ripiegabile, su cui si stende, all'interno o all'esterno dell'abitazione, la biancheria da asciugare.

stendifili [comp. di *stende(re)* e *filo*; 1942] ***sm. inv.*** militare od operaio addetto alla stesura dei fili telegrafici o telefonici ‖ anche l'apparecchio usato specificamente per questo scopo.

stendiménto [da *stendere*; sec. XIV] ***sm.*** *raro* atto dello stendere.

stenditóio (pl. *-ói*) [da *stendere*; 1839] ***sm.*** **1.** attrezzo per stendere qualcosa; *in part.* quello su cui si stende il bucato **2.** locale in cui si stende il bucato ‖ **N. 1.** *Sin.* stendibiancheria.

stenditóre [da *stendere*; 1691] ***agg.*** e ***sm.*** (f. *-trice*) *non com.* che o chi stende; addetto alla stenditura.

stenditrice [da *stendere*; 1960] ***sf.*** macchina usata per l'operazione della stenditura nella lavorazione della canapa.

stenditùra [da *stendere*; 1960] ***sf.*** azione dello stendere.

stenebràre (pres. *stènebro*) [comp. parasint. di *tenebra*; 1319] ***tr.*** liberare dalle tenebre, spec. *fig.*: *stenebrare la mente* ‖ **N.** *Sin.* rischiarare | *Contr.* ottenebrare.

stenìa [da *astenia*; 1819] ***sf.*** *T.med.* stato psicofisico di benessere e vigore.

stènico (pl. *-ci*) [da *stenia*; 1819] ***agg.*** *T.med.* caratterizzato da stenia ‖ **N.** *Sin.* forte, vigoroso | *Contr.* astenico.

stèno- [dal gr. *stenós*, stretto] ***primo elem.*** che, in parole composte dotte, vale "più breve, abbreviato" (per es. *stenografia*); abbr. di stenografia: **stenoscrittùra**, **stenoresocónto** ‖ in parole composte scientifiche, spec. della terminologia medica, vale "stretto" o "che presenta restringimento": **stenocèfalo**, **stenocefalìa** ‖ in biologia indica capacità di sopportare limiti ristretti di variazione (di temperatura, di condizioni ambientali, di concentrazione di sostanze necessarie alla vita) (per es. *stenoalino, stenotermo*) ‖ **N.** *Sin.* dolico- | *Contr.* euri-.

stenoalinità [da *stenoalino*; 1940] ***sf.*** *T.scient.* la proprietà della maggioranza degli animali acquatici di avere la vita legata a una certa concentrazione di salsedine ‖ **N.** *Contr.* eurialinità.

stenoalino [comp. di *steno-* e *-alino*; 1929] ***agg.*** *T.biol.* di organismo animale o vegetale acquatico, che non sopravvive alle variazioni di salinità dell'ambiente ‖ **N.** *Contr.* eurialino.

stenoblòcco (pl. *-chi*) [comp. di *steno(grafia)* e *blocco*; 1963] ***sm.*** blocco di carta con una particolare rigatura, usato per stenografare.

stenocardìa [comp. di *steno-* e *-cardia*; 1908] ***sf.*** *T.med.* stato patologico di insufficienza coronarica acuta che si avverte con un senso di costrizione nel petto ‖ **N.** *Sin. angina pectoris.*

stenocàrdico (pl. *-ci*) [da *stenocardia*; 1975] ***agg.*** *T.med.* relativo alla stenocardia, tipico della stenocardia: *contrazioni stenocardiche.*

stenodattilografìa [comp. di *steno(grafia)* e *dattilografia*; 1960] ***sf.*** tecnica della stenografia abbinata a quella della dattilografia: *scuola di stenodattilografia.*

stenodattilògrafo [comp. di *steno(grafo)* e *dattilografo*; 1897] ***sm.*** (f. *-a*) chi conosce e pratica professionalmente la stenografia e la dattilografia.

stenografàre (pres. *-ògrafo*) [da *stenografo*; 1861] ***tr.*** scrivere con i segni convenzionali di un linguaggio stenografico.

stenografìa [comp. di *steno-* e *-grafia*, come il fr. *sténographie*; 1809] ***sf.*** scrittura manuale molto abbreviata per mezzo di segni convenzionali, diversi nei diversi sistemi, con la quale si può scrivere a una velocità molto superiore a quella raggiungibile con la grafia comune ‖ **N.** *Sin.* brachigrafia, tachigrafia.

stenogràfico (pl. *-ci*) [da *stenografia*; 1809] ***agg.*** relativo alla stenografia: *metodo stenografico, scrittura stenografica* ‖ fatto per mezzo della stenografia: *trascrizione stenografica.*

stenògrafo [comp. di *steno-* e *-grafo*; 1809] ***sm.*** (f. *-a*) chi conosce e pratica professionalmente la stenografia.

stenogràmma [comp. di *steno-* e *-gramma*; 1942] ***sm.*** **1.** testo scritto in stenografia **2.** ciascun segno della stenografia.

stenoscritto [comp. di *steno-* e *scritto*; 1942] ***sm.*** *non com.* stenogramma nel senso 1.

stenòsi [dal gr. *sténōsis*, strettezza; 1829] ***sf. inv.*** *T.med.* restringimento di un canale: *stenosi del piloro, dell'esofago.*

stenotermìa [comp. di *steno-* e *-termia*; 1940] ***sf.*** *T.scient.* la proprietà di alcuni animali di non sopportare se non minime variazioni della temperatura ambiente ‖ **N.** *Contr.* eurotermia.

stenotèrmo [comp. di *steno-* e *-termo*; 1929] ***agg.*** di organismo, che può sopportare solo piccole variazioni termiche ‖ **N.** *Contr.* euritermo.

stenotipìa [comp. di *steno(grafia)* e *-tipia*; 1960] ***sf.*** sistema di scrittura veloce che utilizza speciali macchine da scrivere.

stenotipista [da *stenotipia*; 1983] ***s.*** stenografo che si serve della macchina per stenotipia.

stentacchiàre o **stentucchiàre** (pres. *-àcchio* o *-ùcchio*) [da *stentare*; a. 1775] ***intr.*** (aus. *avere*) stentare continuamente.

stentàre (pres. *stènto*) [lat. *extentāre*, provare, sperimentare; 1353] ***intr.*** (aus. *avere*) fare fatica, trovare difficoltà a fare qualcosa: *stenta molto a imparare a contare, stentò a trovarlo*; *stento a crederlo*, mi riesce difficile crederlo ‖ anche, rif. a una cosa, non risolversi a farla o farla di malavoglia: *è una persona che stenta molto a pagare* ‖ *ass.* vivere tra gli stenti, costretti a continue privazioni: *sono anni che stentano* ‖ ***tr.*** *stentare la vita, il pane*, avere difficoltà a vivere, a guadagnarsi il pane ‖ **N. *intr.*** *Sin.* affannarsi, faticare, penare.

stentatézza [da *stentare*; 1873] ***sf.*** l'essere stentato.

stentàto (*pps.* di *stentare*) [a. 1320 nel senso 3] ***agg.*** **1.** conseguito con fatica, ottenuto con difficoltà, a stento: *promozione stentata* ‖ che rivela sforzo, mancanza di naturalezza; innaturale, forzato: *un sorriso stentato, un'interrogazione stentata* ‖ anche rif. a cosa fatta di malavoglia: *un lavoro stentato* **2.** pieno di stenti: *una vita stentata* **3.** rif. a un organismo vivente, cresciuto, sviluppatosi a stento: *pianta stentata* ‖ **stentataménte** ***avv.*** a stento, con stento, a fatica, a malapena ‖ *dim.* stentatino ‖ **N. 2.** *Sin.* misero, travagliato **3.** *Sin.* debole, gracile, malaticcio, misero, patito.

stenterellàta [da *stenterello*; 1872] ***sf.*** *raro* azione, frase, gesto da stenterello.

stenterellésco (pl. *-schi*) [da *stenterello*; 1891] ***agg.*** proprio di Stenterello, degno di Stenterello.

stenterèllo [da *stento*[1]; 1808] ***sm.*** **1.** *per estens.* persona mingherlina, gracile, dalle movenze goffe **2.** nome della maschera fiorentina Stenterello, personaggio dal fisico secco e allampanato e spiccata arguzia.

stènto[1] (forma sinc. di *stentato*, *pps.* di *stentare*) [1830] ***agg.*** *tosc. non com.* gracile: *pianta stenta, bambino stento.*

stènto[2] [da *stentare*; a. 1348] ***sm.*** **1.** *pl.* sofferenza, patimento e sim. dovuti spec. alla scarsità o alla mancanza del necessario: *vivere tra gli stenti*; *gente misera che vive di stenti* **2.** sforzo, fatica, grave difficoltà: *per leggere quei caratteri procedeva con grande stento* ‖ *a stento*, a malapena, con gran pena, con difficoltà: *cresce a stento*; *senza stento*, agevolmente, senza difficoltà ‖ **N. 1.** *Sin.* bisogno, difficoltà, miseria, pena, povertà, ristrettezze.

stèntor [dal n. proprio gr. *Sténtōr*, eroe epico; 1960] ***sm. inv.*** *T.zool.* genere di Protozoi che comprende numerose specie d'acqua dolce; quando nuotano hanno forma ovoidale, mentre quando si estendono assumono una tipica conformazione a trombetta o a cilindro.

stèntore [dal n. proprio *Stentore*, eroe greco ricordato dall'Iliade, che possedeva una voce potentissima; 1873] ***sm.*** *per anton.* uomo dalla voce potentissima.

stentòreo [da *stentore*; 1819] ***agg.*** di voce umana potentissima, fortissima.

stentucchiàre V. STENTACCHIARE.

stentùme [da *stento*[2]; 1707] ***sm.*** *tosc. non com.* insieme di cose (spec. piante) cresciute a stento ‖ lavoro e sim. in cui si avverte lo stento.

stepidire V. STIEPIDIRE.

stéppa [dal russo *step'*, attr. il fr. *steppe*; 1773] ***sf.*** vegetazione erbacea o, isolatamente, arbustacea, caratteristica di zone continentali scarsamente piovose ‖ regione caratterizzata da una simile vegetazione: *le steppe russe.*

steppàre (pres. *stéppo*) [dall'ingl. to *step*,

camminare; 1970] **intr.** (aus. *avere*) di cavalli, trottare in maniera difettosa, distendendo esageratamente le zampe anteriori.

stéppico (pl. *-ci*) [da *steppa*; 1960] **agg.** proprio della steppa.

steppificazióne [comp. di *steppa* e *-ficazione*; 1960] **sf.** *T.geogr.* trasformazione di un territorio in steppa per graduale disseccamento del clima.

steppóso [da *steppa*, sul modello del fr. *steppeux*; 1960] **agg.** che ha carattere o aspetto di steppa: *paesaggio stepposo.*

steradiànte [comp. di *ster(angolo)* e *radiante*; 1960] **sm.** unità di misura dell'angolo solido, pari ad un angolo solido che ha il vertice nel centro della sfera e che sottende una calotta di area uguale a quella del quadrato che ha per lato il raggio della sfera.

steràngolo [comp. di *stere(o)-* e *angolo*; 1960] **sm.** angolo solido.

stèrco (pl. *-chi*) [dal lat. *stercus*; 1306] **sm.** escrementi, feci, spec. di animali: *sterco di cammello* || **N.** calcinaccio, coprolito, guano, méta, pillacchera, zacchera.

stercoràceo [dal lat. *stercus, -oris*, sterco; sec. XVII] **agg.** attinente allo sterco || **N.** *Sin.* stercorario.

stercoràrio (pl. *-ri*) [dal lat. *stercorārius*; sec. XIV] **I agg. 1.** stercoraceo **2.** *scarabeo stercorario* (o, *sm.*, *stercorario*), nome comune di un coleottero della famiglia degli Scarabeidi del genere Geotrupe, dal corpo robusto e convesso dai riflessi metallici, frequente in campi e boschi, così detto perché depone le uova sotto lo sterco del bestiame **II sm.** *T.zool.* genere di uccelli marini con corpo robusto, piumaggio marrone, becco nero e uncinato; di temperamento aggressivo, tende a sottrarre il cibo agli altri uccelli marini assalendoli e costringendoli a rigettarlo || **N. I 2.** *Sin.* geotrupe.

Sterculiàcee [dal lat. scient. *Sterculiaceae*, basato sul lat. *stercus*, sterco, per l'odore fetido dei fiori; 1875] **sf. pl.** *T.bot.* famiglia di piante dicotiledoni, tra le quali il cacao e la cola.

stèreo [da *stereo(fonico)*; 1968] **I agg. inv.** abbr. di stereofonico: *impianto, programma stereo* **II sm. inv.** impianto stereofonico. **TAV.** *audiovisivi* 8.

stèreo- [dal gr. *stereós*, solido, rigido, saldo] **primo elem.** che, in parole composte dotte e scientifiche, vale "solido, rigido" o, più spesso, "spaziale", "tridimensionale" (per es. *stereochimica, stereofonia, stereoscopia*) || in medicina indica riferimento al tatto (per es. *stereoagnosia*).

stereoagnosìa [comp. di *stereo-* e *agnosia*; 1960] **sf.** *T.med.* incapacità di riconoscere un oggetto per mezzo del tatto.

stereòbate [dal gr. *stereobátēs*; 1821] **sm.** *T.arch.* basamento sopraelevato di edifici pubblici greci, spec. templi.

stereochìmica [comp. di *stereo-* e *chimica*; 1904] **sf.** parte della chimica che studia la disposizione spaziale degli atomi nelle molecole.

stereocinematografìa [comp. di *stereo-* e *cinematografia*; 1939] **sf.** tecnica cinematografica caratterizzata dalla proiezione di immagini tridimensionali, per dare la sensazione volumetrica degli oggetti || **N.** *Sin.* cinematografia stereoscopica.

stereocomparatóre [comp. di *stereo-* e *comparatore*; 1960] **sm.** in tipografia, apparecchio di restituzione fotogrammetrica.

stereofonìa [comp. di *stereo-* e *-fonia*; 1942] **sf.** sistema di registrazione e riproduzione sonora su due canali, che permette di percepire la spazialità dell'orizzonte sonoro originario.

stereofònico (pl. *-ci*) [da *stereofonia*; 1950] **agg.** relativo alla stereofonia: *riproduzione stereofonica; impianto stereofonico*, insieme di apparecchiature che consentono l'ascolto stereofonico della musica incisa su nastri o dischi. **TAV.** *audiovisivi* 8; *arredamento* p. 650 2.6.

stereofotografìa [comp. di *stereo-* e *fotografia*; 1912] **sf.** *T.fot.* tecnica di accoppiare le immagini fotografiche in modo da dare l'illusione ottica dello spazio tridimensionale.

stereofotogràmma [comp. di *stereo-* e *fotogramma*; 1960] **sm.** in topografia, stereogramma.

stereofotogrammetrìa [comp. di *stereo* e *fotogrammetria*; 1960] **sf.** la fotogrammetria che si esegue per mezzo di fotografie stereoscopiche.

stereognosìa [comp. di *stereo-* e *-gnosia*; 1988] **sf.** facoltà di percepire la forma e la natura degli oggetti mediante il tatto.

stereognòstico (pl. *-ci*) [comp. di *stereo-* e *-gnostico*, dal gr. *gnōstikós*, atto a conoscere; 1970] **agg.** relativo al riconoscimento degli oggetti: *percezione stereognostica.*

stereografìa [comp. di *stereo-* e *-grafia*; 1821] **sf.** tecnica grafica di rappresentazione di corpi solidi su un piano.

stereogràfico (pl. *-ci*) [da *stereografia*; 1873] **agg.** relativo alla stereografia: *proiezione stereografica.*

stereogràmma [comp. di *stereo-* e *-gramma*; 1880 nel senso 2] **sm. 1.** in topografia, rappresentazione tridimensionale della struttura geologica di una parte del terreno **2.** *T.mat.* rappresentazione grafica tridimensionale di una funzione a due variabili **3.** in statistica, rappresentazione tridimensionale di una serie di dati relativi a tre variabili.

stereogrammetrìa [comp. di *stereogram(ma)* e *-metria*; 1960] **sf.** stereofotogrammetria.

stereoisomerìa [comp. di *stereo-* e *isomeria*; 1930] **sf.** *T.fis.* e *T.chim.* isomeria spaziale.

stereoisòmero [comp. di *stereo-* e *isomero*; 1931] **I agg.** caratterizzato da stereoisomeria **II sm.** ciascuno dei due isomeri spaziali di una molecola.

stereòma [dal gr. *steréōma*, scheletro, sostegno; 1960] **sm.** *T.bot.* complesso di elementi di sostegno di una pianta o di un suo organo.

stereomeccànica [comp. di *stereo-* e *meccanica*; 1960] **sf.** meccanica dei sistemi rigidi.

stereometrìa [comp. di *stereo-* e *-metria*; 1578] **sf.** parte della geometria che ha per oggetto la misurazione delle figure solide.

stereomètrico (pl. *-ci*) [da *stereometria*; a. 1572] **agg.** che si riferisce alla stereometria.

stereoradiografìa [comp. di *stereo-* e *radiografia*; 1957] **sf.** *T.med.* tecnica che permette di ottenere immagini stereoscopiche con i raggi Roentgen.

stereoscopìa [comp. di *stereo-* e *-scopia*; 1857 nel senso 2] **sf. 1.** la percezione della tridimensionalità di un oggetto **2.** parte dell'ottica che si occupa delle immagini e degli effetti tridimensionali **3.** osservazione di una coppia di immagini piane con un stereoscopio, in modo che gli oggetti rappresentati appaiono in rilievo **4.** *T.fot.* fotografia stereoscopica: *mi diletto di stereoscopia.*

stereoscòpico (pl. *-ci*) [da *stereoscopia*; 1865] **agg.** relativo alla stereoscopia: *immagini stereoscopiche, effetto stereoscopico.*

stereoscòpio (pl. *-pi*) [comp. di *stereo-* e *-scopio*; 1865] **sm.** strumento ottico, attraverso il quale due immagini piane, opportunamente ritratte da due diversi punti di vista, si vedono come una sola immagine ingrandita e avente il rilievo della realtà. **TAV.** *cinematografia...* 12.

stereotipàre (pres. *-òtipo*) [da *stereotipo*; 1865] **tr.** stampare in stereotipia.

stereotipàto (*pps.* di *stereotipare*) [1875] **agg.** stampato in stereotipia: *pagina stereotipata* || *per estens. fig.* conforme a un modello molte volte riprodotto; privo di originalità: *sorriso stereotipato; formule, usanze stereotipate* || *T.psic.* di gesti, azioni o pensieri che costituiscono manifestazioni di stereotipia.

stereotipìa [comp. di *stereo-* e *-tipia*; 1829] **sf. 1.** *T.tip.* procedimento che permette di convertire in forme di un sol pezzo le pagine prima composte in tipografia con caratteri mobili, affinché possano resistere a più forte tiratura e possano essere pronte a ogni momento per una sollecita ristampa || *concr.* la forma o lastra, e anche la stampa, che è stata in tal modo ottenuta **2.** *T.psic.* disturbo psicotico manifestantesi nella ripetizione ossessiva di azioni o pensieri. **Q.T.** *tipografia.*

stereotìpico (pl. *-ci*) [da *stereotipo*; 1960] **agg. 1.** attinente alla stereotipia **2.** che costituisce uno stereotipo.

stereotipìsta [da *stereotipia*; 1891] **s.** tipografo addetto alla stereotipia.

stereòtipo [dal fr. *stéréotype*; 1821] **I agg.** stereotipato: *edizione stereotipa* **II sm. 1.** rappresentazione eccessivamente schematica e semplificata: *pensare per stereotipi* **2.** *T.fil.* l'immagine mentale comunemente associata a una parola || **N. II 2.** *Sin.* prototipo.

stereotomìa [comp. di *stereo-* e *-tomia*; 1821] **sf.** sistema di regole della geometria descrittiva che trova applicazione nel taglio dei solidi.

stereovisóre [comp. di *stereo-* e *visore*; 1970] **sm.** stereoscopio.

sterèsi [dal gr. *stérēsis*, privazione; 1838] **sf.** *T.fil.* nella filosofia aristotelica, forma di opposizione consistente nella mancanza, da parte di una sostanza, di un certo attributo o di una determinata perfezione.

stèrico (pl. *-ci*) [dal gr. *ster(eós)*, solido; 1960] **agg.** *T.chim.* relativo alla distribuzione spaziale di atomi nella molecola: *impedimento sterico.*

stèrile [dal lat. *sterilis*; a. 1320] **agg. 1.** di animale o essere umano, incapace di fecondare o di concepire in età normalmente feconda: *i muli sono sterili, donna sterile* || *per estens.* di terreno, nel quale cresce poco o nulla: *zone rese sterili dall'inquinamento* || *T.bot.* di pianta od organo vegetale, privo di germi riproduttivi || *fig.* che non dà frutti, risultati, sviluppi apprezzabili: *ingegno sterile*; vano, che non raggiunge lo scopo: *rimpianti sterili, discussioni sterili* **2.** sterilizzato: *una fasciatura sterile* || **sterilménte** **avv.** || **N. 1.** *Sin.* infecondo, infruttuoso | *Contr.* fecondo, fertile.

sterilìre **tr.** *non com.* V. STERILIRE.

sterilità [dal lat. *sterilitas, -ātis*; a. 1320] **sf.** qualità di ciò che è sterile: *l'uso prolungato di antifecondativi può portare alla sterilità; la sterilità di un terreno, dei suoi discorsi; in sala operatoria va mantenuta la più assoluta sterilità.*

sterilizzàre [da *sterile*; 1592] **tr. 1.** di animali o esseri umani, rendere sterile: *sterilizzare un gatto* **2.** disinfestare da ogni tipo di microorganismo: *sterilizzare le bende, i ferri chirurgici.*

sterilizzatóre [da *sterilizzare*; 1893] **I agg.** atto a sterilizzare: *apparecchio sterilizzatore, operazione sterilizzatrice* **II sm. 1.** (f. *-trìce*) persona addetta alla sterilizzazione **2.** apparecchio atto a effettuare la sterilizzazione di strumenti chirurgici, prodotti farmaceutici, stoviglie, ambienti, indumenti ecc. || **N. II 2.** autoclave.

sterilizzazióne [da *sterilizzare*; 1895 nel senso 2] **sf. 1.** *T.med.* intervento chirurgico o eseguito mediante radiazioni mirante a ottenere l'incapacità a procreare || anche l'effetto ottenuto **2.** disinfezione: *la sterilizzazione della biancheria negli ospedali, delle tettarelle dei neonati* || **N. 2.** antisepsi, asepsi, disinfestazione.

sterlétto (meno com. *sterlàtto*) [dal russo *stérljad*, attr. il ted. *Sterlett*; 1739 *sterlett*] **sm.** piccolo pesce affine allo storione; se ne ricava il migliore caviale.

sterlìna [dall'ingl. *sterling*; 1211 *sterlino*] **I** ***agg.*** *lira sterlina*, unità monetaria della Gran Bretagna, dell'Irlanda, dell'Irlanda del Nord e di alcuni paesi extraeuropei **II** ***sf.*** lira sterlina || **N.** *pence, penny*, scellino; corona, ghinea, sovrana.

sterlineàre [da *interlineare*[2], con cambio di pref., prob. sul modello del fr. *désinterligner*; 1940] ***tr.*** *T.tip.* togliere le interlinee già precedentemente messe tra riga e riga nella composizione tipografica || **N.** *Contr.* interlineare.

sterlineatùra [da *sterlineare*; 1940] ***sf.*** *T.tip.* l'operazione tipografica dello sterlineare.

sterling (ingl., pr. [ˈstəːlɪŋ]; pr. it. [ˈster-liŋg]) [propr. schietto, della migliore qualità; 1960] **I** ***sm.*** *inv.* tipo di vernice isolante impiegata per impregnare i materiali destinati a rivestire i cavi elettrici **II** ***agg.*** *inv.* di materiale trattato con tale vernice: *tela sterling*.

sterlingàto [da *sterling*; 1967] ***agg.*** detto di materiale trattato con vernice *sterling*.

sterminàbile [da *sterminare*; 1873] ***agg.*** *non com.* che può essere sterminato.

sterminàre (pres. *stèrmino*) [lat. *extermināre*, cacciare fuori; a. 1396] ***tr.*** distruggere, annientare, uccidere una moltitudine di animali o uomini, senza lasciare superstiti: *sterminare i nemici, gl'insetti*; *il terremoto sterminò gli abitanti di una regione* || **N.** *Sin.* DISTRUGGERE.

sterminatézza [da *sterminato*; 1686] ***sf.*** *raro* qualità di ciò che è sterminato; vastità, grandezza smisurata.

sterminàto [lat. *exterminātus*, senza confini; a. 1306 *stermenato*] ***agg.*** talmente vasto da sembrare senza limiti: *pianura sterminata*; anche *fig.*: *bontà sterminata* || **N.** *Sin.* amplissimo, illimitato, immenso, sconfinato, smisurato.

sterminatóre [dal lat. tardo *exterminātor*, *-ōris*; sec. XIV] ***agg.*** e ***sm.*** (f. *-trìce*) che o chi stermina: *uno spietato sterminatore di vite umane, guerra sterminatrice, un insetticida sterminatore di scarafaggi*.

stermìnio[1] (pl. *-ni*) [lat. *exterminium*; a. 1363] ***sm.*** atto ed effetto dello sterminare; uccisione in massa di uomini o animali, strage: *la battaglia finì in uno sterminio, guerra di sterminio*; *campi di sterminio*, campi di concentramento in cui i prigionieri venivano sterminati in massa || **N.** *Sin.* STRAGE, carneficina, scempio.

stermìnio[2] (pl. *-ni*) [da *sterminio*[1]; 1873] ***sm.*** *iperb.* quantità smisurata, sterminata di cose o persone: *c'era uno sterminio di gente, di cibo*.

stèrna [dall'ingl. ant. *stearn*, rondine di mare, attr. il fr. *sterne*; 1838] ***sf.*** nome generico di varie specie di uccelli della famiglia dei Laridi e, in part., di quelle appartenenti al genere Sterna, diffuse tanto lungo le coste marine quanto in prossimità di acque interne; tra queste vi è la sterna comune (detta anche *rondine di mare*).

sternàle [da *sterno*; 1838] ***agg.*** dello sterno, attinente allo sterno.

stèrnere (pres. *stèrno*) [dal lat. *sternere*; 1321] ***tr.*** e ***intr. pron.*** *arc.* **1.** stendere, abbattere **2.** *fig.* dichiarare, spiegare: *lo dicer mio, ch'al tuo sentir si sterna* (Dante).

stèrno [dal gr. *stérnon*, petto; a. 1698] ***sm.*** *T.anat.* osso piatto impari che si trova nella parte anteriore del torace e al quale sono articolate la clavicola e le prime sette costole. **TAV. *anatomia* p. 641** 2.5.

sternocleidomastoidèo [comp. di *sterno*, gr. *kleís, kleidós*, chiave e *mastoideo*; 1821] ***agg.*** e ***sm.*** *T.anat.* detto del muscolo che attraversa diagonalmente il collo, unendo la mastoide con lo sterno e l'estremità della clavicola; contraendosi, fa flettere, ruotare e inclinare la testa. **TAV. *anatomia* p. 641** 1.4.

sternutàre V. STARNUTARE.

sternutìre V. STARNUTIRE.

sternùto V. STARNUTO.

stèro [dal gr. *stereós*, solido, attr. il fr. *stère*; 1802] ***sm.*** unità di misura di volume per aridi, usata in part. per il legname da ardere; corrisponde al metro cubo.

steròide [comp. del gr. *stereós*, solido e *-oide*, attr. l'ingl. *steroid*; 1960] ***sm.*** *T.chim.* e *T.biol.* nome di diversi composti organici (steroli, ormoni cortico-surrenali, acidi biliari, ormoni sessuali e altri).

steròlo [comp. del gr. *stereós*, solido e *-olo*[2]; 1960] ***sm.*** *T.chim.* composto organico contenente un gruppo alcolico e una struttura di steroidi.

stèrpa [lat. volg. **sterpa*; 1957] ***sf.*** *region.* pecora sterilizzata destinata all'ingrasso.

sterpàglia (pl. *-glie*) [da *sterpo*; 1873] ***sf.*** insieme di sterpi.

sterpàia [da *sterpo*; 1940] ***sf.*** luogo pieno di sterpi.

sterpàio (pl. *-ài*) [da *sterpo*; 1873] ***sm.*** luogo pieno di sterpi.

sterpàme [da *sterpo*; sec. XIV *stirpame*] ***sm.*** *spreg.* insieme di sterpi.

sterpàre (pres. *stèrpo*) [lat. *extirpāre*, svellere; a. 1320] ***tr.*** *raro* o *lett.* estirpare, rif. in part. a sterpi ed erbe infestanti.

sterpàzzola o **sterparòla** [da *sterpo*; 1827] ***sf.*** uccello dei Passeriformi con corpo bruno e testa rossastra, che vive nei cespugli e nelle siepi.

sterpéto [da *sterpo*; a. 1698 *stirpeto*] ***sm.*** sterpaia, sterpaio.

sterpigno [da *sterpo*; 1619] ***agg.*** *non com.* sterposo.

stèrpo [lat. *stirps, stirpis*; 1313] ***sm.*** ramoscello legnoso, secco, spesso spinoso: *terreno pieno di sterpi* || *meno com.* broncone, ceppo secco di albero o arbusto tagliato || *dim.* sterponcèllo; *accr.* sterpóne; *pegg.* sterpàcchio || **N.** *Sin.* brocco, pruno, stecco, vepro.

sterpóso [da *sterpo*; sec. XVI] ***agg.*** pieno di sterpi.

sterquilìnio (pl. *-ni*) [dal lat. *sterquilīnium*; a. 1375] ***sm.*** *lett.* letamaio.

sterraménto [da *sterrare*; 1838] ***sm.*** scavo di terra.

sterràre (pres. *stèrro*) [comp. parasint. di *terra*; a. 1527] ***tr.*** asportare terra mentre si scava, spec. per preparare il terreno alla costruzione di fondazioni di edifici e di opere stradali; anche *ass.*: *nel cantiere si è già cominciato a sterrare*.

sterràto (*pps.* di *sterrare*) [1838] **I** ***agg.*** non asfaltato, né ammattonato, né selciato, né lastricato: *strada sterrata* **II** ***sm.*** luogo dove si è scavata la terra: *bada di non camminare sullo sterrato* || *più com.* di piano viabile, non rivestito di pavimentazione: *sbandando, l'auto è finita sullo sterrato, è più faticoso correre sullo sterrato che sull'asfalto* || **N.** I battuto.

sterratóre [da *sterrare*; 1865] ***sm.*** (f. *-trìce*) chi esegue lavori di sterro || **N.** *Sin.* badilante, terrazziere.

stèrro [da *sterrare*; 1548 *stero*] ***sm.*** atto dello sterrare || *concr. meno com.* il materiale asportato sterrando: *scaricare lo sterro nei campi*; la cavità o la superficie ottenuta sterrando: *al posto della collinetta, ora c'è un vasto sterro* || **N.** *Sin.* scavo, sterramento; spiazzo, sterrato. **Q.T.** *archeologia*.

stertóre [dal lat. *stertere*, russare; a. 1698] ***sm.*** *T.med.* rantolo tracheale, particolare modo di respirare russando tipico dello stato agonico e del sonno indotto con anestetici.

stertoróso [da *stertore*; 1838] ***agg.*** relativo allo stertore: *respirazione stertorosa*.

sterzàre[1] (pres. *stèrzo*) [da *sterzo*; 1743] ***tr.*** azionare il dispositivo di sterzo, cambiare la direzione di un veicolo per mezzo dello sterzo; usato prevalentemente *ass.*: *sterzare improvvisamente a destra* || *fig.* cambiare improvvisamente indirizzo o tendenza.

sterzàre[2] (pres. *stèrzo*) [comp. parasint. di *terzo*; 1803] ***tr.*** **1.** *arc.* dividere in tre parti **2.** *non com.* ridurre di un terzo || *fig.* *T.agr.* sfoltire, diradare: *sterzare un bosco*.

sterzàta [da *sterzare*[1]; 1922] ***sf.*** singolo atto del far cambiare direzione a un veicolo e anche il suo effetto; anche *fig.* || *dim.* sterzatìna.

sterzatùra[1] [da *sterzare*[1]; 1967] ***sf.*** rotazione della struttura sterzante di un veicolo: *angolo di sterzatura*.

sterzatùra[2] [da *sterzare*[2]; 1838] ***sf.*** atto ed effetto del diradare, del dividere per tre, del diminuire di un terzo.

stèrzo[1] [dal long. *sterz*, manico dell'aratro; 1805] ***sm.*** *T.aut.* insieme degli organi di un veicolo che, azionati, consentono la variazione dell'orientamento delle ruote motrici e, conseguentemente, della traiettoria del veicolo stesso || *in part.* il volante o comunque l'organo direttamente manovrato dal conducente || **N.** *Sin.* manubrio, volante; servosterzo. **Q.T.** *automobile*.

stèrzo[2] [da *sterzare*[2]; 1891] ***sm.*** *non com.* riduzione di un terzo || *fig.* *T.agr.* sfoltimento, diradamento: *lo sterzo dei polloni*.

stésa [da *stendere*; 1803] ***sf.*** *non com.* **1.** atto dello stendere; passata, mano: *una stesa di vernice* **2.** *concr.* serie di cose sciorinate: *una stesa di merci, di panni al sole* || **N.** **2.** *Sin.* distesa, estensione, serie.

stéso *pps.* di *stendere* (v.).

stèssere (pres. *stèsso*) [da *tessere*; 1505] ***tr.*** disfare un tessuto.

stésso [lat. *iste ipse*, letter. questo stesso; fine sec. XIII nel senso 2; a. 1566 nel senso 1] **I** ***agg.*** sin. di *medesimo*, ma d'uso più com.; nel sign. 1 è d'uso fam. il superl. *stessissimo*: *è la stessissima cosa* **1.** anteposto al s., indica identità, uguaglianza: *abbiamo puntato sullo stesso cavallo*; *persone della stessa età, pressappoco dello stesso peso* || nelle loc. *allo, nello stesso tempo* (o, anche, *al tempo stesso*), contemporaneamente, insieme: *mi fa rabbia e allo stesso tempo pena* || *non com.* anteposto a *medesimo*, lo rafforza: *la stessa medesima idea* || talvolta, benché anteposto, ha il valore rafforzativo, di messa in rilievo, che solitamente ha quando è posposto: *gli stessi avversari lo stimano* **2.** con valore rafforzativo, gen. posposto al s., a pron., ad avv.: *l'essenza stessa della morale*; *il presidente stesso è intervenuto*, lui in persona; *tu stesso lo dici, vieni oggi stesso*; *disus.* *qui stesso*, proprio qui; *gli avversari stessi si sono congratulati con lui*, addirittura, persino gli avversari; *quella donna è la gentilezza stessa*, personificata, fatta persona || *in part.* per sottolineare il rif. a qualcosa di cui si è parlato precedentemente: *si taglia la carne a fette, e sulle fette stesse si sparge il sugo* **II** ***pron.*** la stessa cosa, la stessa persona: *da un po' di tempo non è più lo stesso*, non sembra più lui; *anche a me è capitato lo stesso* || nella loc. *fa lo stesso*, è la stessa cosa, non fa differenza se si verifica l'una o l'altra alternativa: *che tu venga con me o rimanga qui per me fa lo stesso* **III** nella ***loc. avv.*** *lo stesso*, ugualmente, comunque: *anche se piove vengo lo stesso* || **N.** I **1.** *Sin.* identico, uguale.

stesùra [da *stendere*; a. 1722] ***sf.*** atto e modo dello stendere: *la stesura della prima mano di colore*; rif. a uno scritto, redazione: *la stesura del contratto, si tratta d'una prima stesura*.

stetoscopìa [comp. del gr. *stêthos*, petto e *-scopia*; 1940] ***sf.*** *T.med.* *non com.* esplorazione degli organi del torace, auscultandone i suoni per mezzo dello stetoscopio.

stetoscòpico (pl. *-ci*) [comp. del gr. *stêthos*, petto e *-scopico*; 1940] ***agg.*** *T.med.* relativo a stetoscopia: *esame stetoscopico*.

stetoscòpio (pl. *-pi*) [comp. del gr. *stêthos*,

petto e *-scopio*, sul modello del fr. *stéhoscope*; 1829] **sm.** *T.med.* strumento che serve al medico per auscultare gli organi del torace || **N.** *Sin.* fonendoscopio. **TAV. *medicina...* p. 1320** 5.

stévola v. STEGOLA.

steward (ingl., pr. [ˈstjuːəd]; pr. it. [ˈstjuard]) [letter. maggiordomo, amministratore; 1935] **sm.** *inv.* sulle navi, cameriere di bordo || sugli aerei, assistente di volo.

'sti [da *questi*, per aferesi] **agg.** *dimostr. pl. m. fam.* questi.

stìa [etim. inc.; a. 1306] **sf.** grossa gabbia per il trasporto o l'ingrasso dei polli e di altri gallinacei da allevamento || **N.** *Sin.* capponaia.

stiàccia **sf.** *pop. tosc.* v. SCHIACCIA.

stiacciàre e der. forme pop. tosc. di SCHIACCIARE e der. (v.).

stiacciàto [propr. pps. di *stiacciare*; 1960] **sm.** *T.art.* rilievo a sporgenza minima, tipico della scultura rinascimentale.

stiaccìno [etim. inc.; 1957] **sm.** uccello passeriforme dei Turdidi, dal piumaggio fulvo-bruno maculato di nero e dal caratteristico lungo sopracciglio bianco.

stiantàre e der. forme pop. tosc. di SCHIANTARE e der. (v.).

stiàvo **sm.** *pop. tosc.* v. SCHIAVO.

stibiàto [da *stibio*; 1745] **agg.** *T.chim. non com.* di composto chimico che contiene antimonio.

stìbico (pl. *-ci*) [da *stibio*; 1873] **agg.** *T.chim. non com.* relativo all'antimonio.

stibìna [da *stibio*; 1940] **sf.** **1.** *T.min.* trisolfuro di antimonio; è il minerale più importante da cui si ricava l'antimonio; cristallizza in lunghi aghi sottili **2.** *T.chim.* composto binario dell'antimonio con l'idrogeno.

stìbio [dal lat. *stĭbium*; 1560] **sm.** *T.chim.* antimonio.

stibìsmo [da *stibio*; 1960] **sm.** *T.med.* intossicazione da antimonio.

stick (ingl., pr. [stɪk]) [letter. bastone; 1927] **sm.** *inv.* **1.** piccolo cilindro, spec. rif. alla confezione di vari preparati farmaceutici, cosmetici, igienici e sim. venduti in forma di piccoli cilindri: *uno stick deodorante, lucidalabbra in stick* || contenitore cilindrico di tali preparati, dal quale il prodotto viene fatto sporgere mediante un dispositivo a vite o a scorrimento **2.** gelato (spec. ghiacciolo) confezionato con un bastoncino infisso in esso, per mezzo del quale si tiene in mano mentre lo si mangia.

stìco- [dal gr. *stíchos*, linea, verso] **primo elem.** che, in parole composte dotte, vale "rigo", "verso" (per es. *sticometria, sticomitia*).

-stico [dal gr. *stíchos*, verso] **elem. term.** che, in parole composte dotte indicanti strofe di un determinato numero di versi, vale "verso" (per es. *distico, tetrastico*).

sticometrìa [comp. del gr. *stíchos*, verso e *-metria*; 1940] **sf.** metodo usato anticamente per misurare la lunghezza delle opere letterarie, basato sull'unità di misura della riga di 16 sillabe.

sticòmetro [comp. del gr. *stíchos*, verso e *-metro*; 1934] **sf.** *T.tip.* regolo graduato usato per misurare lo spazio che occuperà una riga del manoscritto una volta composto tipograficamente || **N.** *Sin.* lineometro, tipometro.

sticomitìa [dal gr. *stichomythía*; 1940] **sf.** *T.lett.* dialogo concitato nella tragedia, spec. greca, durante il quale ciascun interlocutore pronuncia ogni volta un solo verso.

stidióne **sm.** *pop. tosc.* v. SCHIDIONE.

stiepidìre o **stepidìre** (pres. *-ìsco, -ìsci*) [da *intiepidire*, con cambio di pref.; 1873] **tr.** e **intr. pron.** *raro* intiepidire e intiepidirsi.

stiffèlius [prob. da *Stiffelio*, n. di un'opera di G. Verdi; 1890 *stiffelio*] **sm.** *inv.* *T.abb.* abito lungo maschile da cerimonia || **N.** *Sin.* finanziera, prefettizia, *redingote.*

stìgio (pl. m. *-gi*, pl. f. *-gie*) [dal lat. *Stygius*, gr. *Stýgios*; a. 1530] **agg.** *lett.* dello Stige, fiume infernale della mitologia greca-romana || *per estens.* dell'inferno: *temprato all'onda ed allo stigio foco* (Ariosto) || *per estens. fig.* nero: *colore stigio* || **N.** *Sin.* archeronteo, infernale.

stiglìàre (pres. *stìglio*) [comp. parasint. di *tiglio*; 1838] **tr.** separare il tiglio della canapa, della iuta o del lino dalla parte legnosa.

stigliatóre [da *stigliare*; 1960] **agg.** e **sm.** (f. *-trìce*) che o chi stiglia canapa, iuta o lino.

stigliatrìce [da *stigliare*; 1957] **sf.** strumento o macchina per stigliare canapa, iuta o lino.

stigliatùra [da *stigliare*; 1865] **sf.** operazione dello stigliare.

stìglio[1] (pl. *-gli*) [da *stigliare*; 1957] **sm.** strumento usato per stigliare.

stìglio[2] (pl. *-gli*) [lat. mediev. *usitilium*, class. *utensilia*, letter. cose necessarie; 1918] **sm.** *region.* arredamento di negozi, magazzini e sim.

stìgma[1] (pl. f. *stìgmate* e *stìmmate* nel senso 1, pl. m. *stìgmi* nel senso 2) [dal lat. *stigma*, gr. *stígma, stígmatos*, marchio, impronta, puntura; a. 1306 *stimate* nel senso 1; 1805 *stimma* nel senso 2] **sm.** **1.** *T.stor.* marchio infamante che nell'antica Grecia veniva impresso sulla fronte di schiavi e malfattori; *fig.* contrassegno infamante: *egli ha lo stigma del delinquente* || *per estens.* segno caratteristico || *per estens.* *T.med.* cicatrice, ecchimosi, impronta lasciata da qualche processo morboso: *le stigmate del vaiolo* || *per estens.* *T.eccl.* spec. *pl.*, ciascuna delle piaghe prodotte sul corpo di Cristo dalla crocefissione e dal ferimento con la lancia al costato; anche le piaghe, riproducenti quelle di Cristo, che si tramanda siano comparse sul corpo di alcuni santi **2.** *T.bot.* rigonfiamento terminale del pistillo, sul quale si deposita il polline || *T.zool.* aperture della trachea degli insetti destinate alla respirazione. **TAV. *botanica* p. 661** 2.1; ***fiori...* p. 671** 1.1.

stìgma[2] [da *s* e *t*, sul modello di *sigma*; 1960] **sm.** *inv.* *T.stor.* variante del digamma, usata dai Greci nel sistema di numerazione per indicare, con un apice in alto a destra, il 6, e, con un apice in basso a sinistra, il 6000 || segno grafico analogo, usato nel Medioevo per indicare il nesso consonantico st (sigma e tau).

stigmària [da *stigma*; 1933] **sf.** *T.bot.* nome generico di piante fossili del Carbonifero.

stìgmate o **stìmmate** **sf.** pl. di STIGMA[1].

stigmàtico (pl. *-ci*) [da *stigma*[1]; 1906] **agg.** **1.** *T.bot.* dello stigma **2.** *T.ott.* di sistema ottico per cui a ogni punto reale corrisponde nell'immagine un punto ben determinato || **N.** **2.** *Contr.* astigmatico.

stigmatìsmo [da *stigmatico*; 1960] **sm.** *T.ott.* la proprietà di essere stigmatico || **N.** *Contr.* astigmatismo.

stigmatizzàre [dal fr. *stigmatiser*, 1851 *stimatizzare*] **tr.** *propr.* imprimere il marchio d'infamia || *fig.* biasimare, criticare aspramente: *stigmatizzo il vostro operato* || **N.** *Sin.* condannare, disapprovare, mettere alla berlina.

stigmatizzazióne [da *stigmatizzare*; 1960] **sf.** severo biasimo, aperta disapprovazione.

stigmòmetro [comp. del lat. *stigma*, punto e *-metro*; 1969] **sm.** *T.fot.* su alcuni tipi di macchine fotografiche reflex, telemetro per la messa a fuoco dell'immagine.

stilàre [da *stilo*; a. 1770] **tr.** *T.bur.* redigere, rif. spec. a documento: *stilare il contratto.*

stilàta [dal gr. *stŷlos*, colonna; 1940] **sf.** *T.arch.* serie di pilastri o colonne, in ferro o in legno, impiegate come sostegno di ponti, viadotti e sim.

stilb [dal gr. *stílbein*, splendere; 1949] **sm.** *inv.* *T.fis.* unità di misura dell'intensità luminosa di una superficie irraggiante, riferita all'unità di superficie; equivale a una candela per cm^2.

stilbìte [comp. del gr. *stílbē*, splendore e *-ite*[2]; 1824] **sf.** *T.min.* silicato di calcio, sodio e alluminio in cristalli incolori o in masse fibrose raggiate, dalla lucentezza madreperlacea.

stìle (o *stilo*, solo nel senso 3) [lat. *stilus*, stilo, esercizio dello scrivere, modo di esprimersi; 1313] **sm.** **1.** *per meton.* da 3, modo di scrivere caratteristico di uno scrittore, di una scuola o tendenza letteraria: *lo stile ungarettiano, dei futuristi, barocco*; più in gen., modo di esprimersi risultante da precise scelte lessicali, sintattiche e morfologiche: *stile elevato, ampolloso, raffinato* || insieme di norme che regolano la produzione letteraria in un periodo o nell'ambito di un certo genere: *stile elegiaco, tragico, comico* || rif. alle altre arti, modo espressivo tipico: *lo stile di Mozart, degli Impressionisti* || rif. alle arti minori e alla cultura materiale, insieme di caratteri formali che riflettono il gusto di un'epoca: *un arredamento in stile Impero* || *in stile con*, che armonizza con, dal punto di vista dello stile: *quel tavolo non è in stile con il resto della stanza* || *in stile*, che imita lo stile di pezzi d'epoca, rif. spec. a mobili || nell'abbigliamento, foggia tipica (di un'epoca, una cultura, una sartoria ecc.): *impermeabili di stile inglese* **2.** *in gen.* modo caratteristico di agire, di muoversi, di comportarsi: *ha uno stile personalissimo*; anche *iron.*: *secondo il suo stile, è arrivato in ritardo* || *ass.* distinzione, signorilità, proprietà: *non ha stile nel vestire*; *è (tutta) questione di stile*, bisogna sapersi comportare || nella loc. *in grande stile*, con grande spiegamento di mezzi: *festeggiare in grande stile*; *una vittoria in grande stile*, trionfale || *T.sport.* modo di eseguire un esercizio o condurre un gioco: *una ginnasta dallo stile inconfondibile, un salto in stile perfetto*; particolare tecnica di esecuzione: *lo stile Fosbury nel salto in alto, nuoto a stile libero* **3.** *ant.* stilo || *dim.* stilétto || **N.** **1.** affettato, aggraziato, agile, ampolloso, arido, artificioso, asciutto, astruso, brillante, chiaro, colorito, conciso, concitato, convulso, dimesso, disadorno, disinvolto, efficace, elegante, elevato, espressivo, familiare, fiacco, fiorito, forbito, giocoso, gonfio, grave, grossolano, grottesco, immaginoso, languido, levigato, lezioso, lucido, manierato, mediocre, morbido, nervoso, nitido, pittoresco, prolisso, purgato, rapido, roboante, robusto, sbiadito, sconnesso, scorrevole, secco, smagliante, spontaneo, sublime, umile, vigoroso, vivace | stilema; stilistica **2.** *Sin.* carattere, caratteristica, indole, maniera, natura, peculiarità, tocco. **Q.T.** *architettura, letteratura..., moda..., retorica...* **TAV. *nuoto* p. 1328** 1.

stilèma [comp. di *stile* ed *-ema*; 1960] **sm.** tratto stilistico caratteristico di un autore, di una scuola, di un periodo storico || *in part.* costrutto o parola in quanto elementi dello stile di un autore.

stilettàre (pres. *-étto*) [da *stiletto*; 1838] **tr.** *raro* colpire con uno stiletto; ferire, uccidere a colpi di stiletto.

stilettàta [da *stilettare*; 1640] **sf.** **1.** colpo dato con uno stiletto o con uno stilo **2.** ferita prodotta con uno stiletto o con stilo || *fig.* sensazione dolorosa, fitta acuta; anche in senso morale: *ho sentito una stilettata al fianco, le tue accuse sono per me come altrettante stilettate.*

stilétto (*dim.* di *stilo*) [a. 1571] **sm.** pugnale con lama di forma triangolare molto sottile.

stilglòsso [comp. di *stilo*(*ioideo*) e un der. del gr. *glôssa*, lingua; 1988] **agg.** *T.anat.* *muscolo stilglosso* (o **sm.** *stilglosso*) muscolo lungo che si estende dall'apofisi stiloioidea alle parti laterali della lingua, della quale provoca l'elevazione e l'arretramento.

stilifórme [comp. di *stilo* e *-forme*; 1824] **agg.** di forma lunga e sottile.

stilìsmo [da *stile*; 1930] **sm.** *lett.* tendenza a dedicare eccessiva attenzione allo stile || *concr.*

preziosismo, ricercatezza stilistica.

stilista[1] [da *stile*, sul modello dell'ingl. *stylist*; 1965] **s.** chi disegna la linea di una serie di prodotti, spec. nel campo dell'abbigliamento e dell'arredamento. **Q.T.** *moda*...

stilista[2] [da *stile*, sul modello del fr. *styliste*; 1891] **s.** chi, nell'arte, nello sport o in una qualsiasi attività pratica, attribuisce importanza primaria allo stile, all'accuratezza formale.

stilistica [da *stile*, sul modello del ted. *Stilistik*; 1855] **sf.** in passato, l'arte dello scrivere e la scienza prescrivente le tecniche e le norme di scelta e disposizione dei mezzi linguistici relative a ciascun genere di componimento || oggi, studio degli aspetti espressivi del linguaggio, delle scelte compiute dall'autore fra le possibilità offerte dalla struttura linguistica. **Q.T.** *retorica*...

stilìstico (pl. *-ci*) [da *stile*; 1883] **agg. 1.** relativo allo stile: *la perfezione stilistica di un'opera* **2.** relativo alla stilistica: *critica stilistica*, che ricerca la peculiarità nelle scelte linguistiche e compositive di un autore.

stilita o **stilite** [dal gr. tardo *stylítēs*; a. 1484] **I sm.** *T.stor.* anacoreta cristiano della Chiesa orientale che, per penitenza, si adattava a vivere in cima a una colonna: *san Simone stilita* **II agg.** *raro lett.* che sta su una colonna: *il leone stilita* (D'Annunzio).

stiliẓẓàre [da *stile*; 1905] **tr.** rappresentare in base agli elementi essenziali, determinati da criteri stilistici; *in gen.* riprodurre semplificando, schizzare: *stilizzare un volto, un elemento decorativo, il carattere di un personaggio.*

stiliẓẓàto (*pps.* di *stilizzare*) [1940] **agg.** rappresentato in forma semplificata e schematica, nei suoi elementi essenziali.

stiliẓẓazióne [da *stilizzare*; 1960] **sf.** atto ed effetto dello stilizzare.

stilla [dal lat. *stilla*; 1321] **sf.** piccola goccia di un liquido: *stilla di sangue, di vino* || *per estens.* piccola quantità di una cosa || **N.** *Sin.* goccia, lacrima, scandella.

stillaménto [da *stillare*; a. 1606] **sm.** *raro* gocciolamento, stillicidio.

stillànte (*ppr.* di *stillare*) [a. 1374] **agg.** *lett.* gocciolante: *un sasso d'umor vano stillante* (Petrarca).

stillàre [dal lat. *stillāre*; 1321] **intr. 1.** (aus. *essere*) fuoriuscire, versarsi a goccia a goccia: *il miele stillava dal favo, l'acqua è stillata dalla volta della grotta* **2.** (aus. *avere*) *raro* arzigogolare: *ha stillato tanto e non ha concluso nulla* || **tr. 1.** *lett.* o *poco com.* mandar fuori a goccia a goccia: *stillar sangue, lacrime*; *il pino stilla resina* **2.** *raro* instillare, infondere: *stillare odio, amore* **3.** *raro* ottenere un liquido per distillazione || *fig.* parlare o scrivere faticosamente, quasi a goccia a goccia o, anche, condensatamente, quasi distillando il pensiero || **rifl.** e **rifl. indir.** *fig. non com. stillarsi, stillarsi il cervello*, affaticarsi nel tentativo di risolvere una difficoltà; scervellarsi, lambiccarsi il cervello, ingegnarsi || **N. intr. 1.** *Sin.* colare, defluire, gocciolare, grondare, sgocciolare | **tr. 1.** *Sin.* emettere, VERSARE.

stillàto (*pps.* di *stillare*) [a. 1348] **I agg.** di liquido, distillato o filtrato **II sm.** *non com.* brodo molto concentrato.

stillazióne [dal lat. tardo *stillātio, -ōnis*; sec. XIV] **sf.** *raro* **1.** atto dello stillare, del cadere a goccia a goccia **2.** atto del distillare; distillazione.

stilliberista [da *stile libero*; 1960] **s.** *raro T.sport.* nuotatore specializzato nelle gare a stile libero.

stillicìdio (pl. *-di*) [dal lat. *stillicidium*; a. 1342 nel senso 1; 1960 nel senso 2] **sm. 1.** caduta continua di gocce d'acqua o d'altro liquido || *T.giur. servitù di stillicidio*, diritto di far cadere nel fondo del vicino le acque piovane stillanti dal proprio edificio **2.** *fig.* il ripetersi continuo e monotono di qualcosa || **N. 1.** *Sin.* gocciolamento, sgocciolio.

stillo [da *stillare*; a. 1704] **sm.** *raro* **1.** recipiente per distillare; alambicco **2.** *fig.* sottile stratagemma, espediente.

stilnoviṣmo [da *stilnovo*; 1942] **sm. 1.** stilnovo **2.** la maniera di poetare degli stilnovisti.

stilnovista [da *stilnovo*; 1942] **I sm.** poeta appartenente allo stilnovo **II agg.** *non com.* stilnovistico.

stilnovìstico (pl. *-ci*) [da *stilnovo*; 1942] **agg.** attinente allo stilnovo o ai poeti appartenenti allo stilnovo.

stilnòvo (o *stil nòvo* ma anche *dolce stil nòvo*) [comp. di *stile* e *n(u)ovo*, da un verso del *Purgatorio* di Dante; 1896] **sm.** scuola poetica italiana dei secoli XIII e XIV che cantava l'amore come mezzo di elevazione morale e spirituale.

stilo (ant. *stile*, solo nel senso 1) [lat. *stilus*, corpo acuminato, stilo; 1319 *stile*] **sm. 1.** asticella appuntita che anticamente veniva usata per scrivere sulle tavolette d'argilla o, più tardi, su quelle cerate **2.** *per estens.* denominazione di arnesi o elementi vari a forma di asta; *in part.* pugnale a lama sottile || struttura verticale di sostegno della nave || braccio della stadera || puntina del giradischi || ago di meridiane, bilance e sim. || *T.bot.* parte allungata, perlopiù filiforme del pistillo, che unisce lo stigma all'ovario. **TAV.** *fiori*... **p. 671** 1.2.

stilo- [dal gr. *stýlos*, colonna] **primo elem.** che, in parole composte dotte e scientifiche, vale "colonna" o "simile a colonna" (per es. *stiloforo*).

stilòbate [dal lat. *stylobates*, gr. *stylobátēs*; a. 1452 *stilobata*] **sm.** *T.arch.* piattaforma a gradinate che formava la base degli edifici greci || base di colonna || **N.** crepidine, piedistallo, zoccolo. **TAV.** *architettura* **p. 646** 9.7.

stilòforo [comp. di *stilo-*, dal gr. *stŷlos*, colonna e *-foro*; 1940 nel senso 2] **sm. 1.** *T.arch.* elemento architettonico romanico e gotico a forma di animale (in gen. leone), costituente la base della colonna **2.** accessorio da scrivania consistente in una base di varia materia che regge una specie di sostegno cavo, in cui si introduce la penna.

stilogràfico (pl. *-ci*) [comp. di *stilo* e *-grafico* sul modello dell'ingl. *stylographic (pen)*; 1911] **I agg.** di penna, che ha nel corpo (stilo) un piccolo serbatoio per l'inchiostro || *per estens.* adatto per tale tipo di penna: *inchiostro stilografico* **II sf.** *stilografica*, penna stilografica: *una stilografica d'oro.*

stiloioidèo [comp. di (*apofisi*) *stilo*(*ide*) e *ioideo*; 1931] **agg.** e **sm.** *T.anat.* detto del muscolo e del legamento del collo che uniscono l'osso ioide con l'osso temporale.

stìma [da *stimare*; 1309] **sf. 1.** valutazione del prezzo, del valore di qualcosa: *fare la stima dei gioielli rubati* || anche il valore fissato con una stima: *la stima è di tre milioni, mi sembra giusta* || *meno com.* l'oggetto stimato; *in part. pl. T.agr. stime vive, morte*, rispettivamente scorte vive (bestiame) e non (macchinari, attrezzi, foraggi, sementi ecc.) di cui si fa la stima **2.** *per estens.* valutazione approssimativa di un valore non economico: *stima a occhio di una distanza*; *lettura a stima di uno strumento di misura*, a occhio || *T.mar.* calcolo basato su tutti i dati relativi al percorso di un'imbarcazione (velocità, direzione, spostamenti ecc.) per la determinazione della posizione dell'imbarcazione stessa, ossia del *punto di stima* **3.** *fig.* buona opinione che si ha di una persona: *persona che gode molta stima, che non merita alcuna stima*; *avere (poca, molta) stima di (o per) qualcuno* || nella loc. *successo di stima*, si dice del buon successo di un'opera, spec. teatrale, dovuto non tanto al merito intrinseco del lavoro, quanto alla stima di cui gode l'autore || **N. 3.** *Sin.* apprezzamento, considerazione, credito, deferenza, fama, favore, fiducia, reputazione, rinomanza, rispetto | acquistare, attestare, dimostrare, godere, manifestare, riscuotere; accreditare, apprezzare, denigrare, screditare | *Contr.* disistima.

stimàbile [da *stimare*; a. 1342 nel senso 2] **agg. 1.** che si può stimare, valutare: *un simile danno non è stimabile* **2.** *ant.* come epiteto di cortesia nelle lettere: *stimabile ingegnere*, ... || **N. 1.** *Contr.* inestimabile **2.** *Sin.* pregevole, ragguardevole, rispettabile, spettabile | *Contr.* disprezzabile.

stimabilità [da *stimabile*; a. 1704] **sf.** *raro* l'esser degno di stima.

stimàre [lat. *aestimāre*; 1313 nel senso 2] **tr. 1.** fare la stima di una cosa, dichiarandone il valore: *stimare il patrimonio di una famiglia, il danno ricevuto* **2.** *per estens.* considerare, giudicare, ritenere: *io per me lo stimo un imbroglione, stimo inutile questa lettera* **3.** *fig.* tenere in considerazione, valutare positivamente: *una persona amata e stimata da tutti, ho sempre stimato la sua lealtà* || **rifl. 1.** giudicarsi: *non si stima capace di riuscire* **2.** avere grande opinione di sé: *si stima molto* || **N. tr. 1.** *Sin.* estimare, misurare, valutare **2.** *Sin.* credere, reputare **3.** *Sin.* apprezzare.

stìmate **sf. pl.** *raro* v. STIGMATE.

stimativa [da *stimativo*; 1321] **sf.** *lett.* facoltà di giudicare.

stimativo [da *stimare*; a. 1406] **agg.** *arc.* atto a stimare.

stimatiẓẓàre **tr.** *raro* v. STIGMATIZZARE.

stimàto (*pps.* di *stimare*) [a. 1396] **agg. 1.** valutato per mezzo di una stima: *il valore stimato si aggira sui due milioni* **2.** che gode stima; *in part. ant.* come epiteto di cortesia nelle lettere: *stimato, stimatissimo dottore*, ... || **N. 2.** *Sin.* rinomato, rispettato | *Contr.* disistimato, screditato.

stimatóre [da *stimare*; 1293] **sm.** (f. *-trice*) **1.** chi esegue una stima: *perito stimatore* **2.** *raro* estimatore, ammiratore **3.** *T.stat.* variabile casuale descritta dai valori che può assumere una stima al variare del campione.

stimazióne **sf.** *raro* v. ESTIMAZIONE.

stìmma e der. v. STIGMA[1] e der.

stìmmate v. STIGMATE.

stimolànte (*ppr.* di *stimolare*) [1342 come agg.; 1865 come sm.] **I agg.** che stimola, spec. *fig.*: *una ricerca, un esempio stimolante* **II sm.** sostanza (spec. medicinale) stimolante: *l'uso di stimolanti, uno stimolante delle funzioni gastriche* || **N. I** *Sin.* analettico, eccitante | *Contr.* depressivo **II** anfetamina, benzedrina, caffeina, canfora, coramina, efedrina, picrotossina, simpamina, stricnina.

stimolàre (pres. *stìmolo*) [dal lat. *stimulāre*; fine sec. XIII *stimulare*] **tr.** *propr. ant.* o *lett.* incitare, pungere con lo stimolo: *stimolare i buoi*; *per estens.*, punzecchiare, tormentare: *zanzare che stimolano* || *più com. fig.* incitare: *l'ambizione lo stimola*; *in part. T.med.* eccitare, rendere più attiva una funzione: *medicinale che stimola il cuore, le funzioni gastriche* || **N.** *Sin.* aizzare, assillare, istigare, pungolare, sollecitare, spronare, stuzzicare.

stimolativo [da *stimolare*; a. 1698] **agg.** *raro* atto a stimolare; stimolante.

stimolatóre [dal lat. tardo *stimulātor, -ōris*; sec. XIV] **agg.** e **sm.** (f. *-trice*) **1.** che o chi stimola **2.** *T.med.* farmaco o apparecchio capace di stimolare una funzione organica: *stimolatore cardiaco* || **N. 1.** *Sin.* eccitatore, sollecitatore.

stimolazióne [dal lat. *stimulātio, -ōnis*; a. 1406] **sf.** atto ed effetto di stimolare, stimolo || **N.** *Sin.* eccitazione, sollecitazione.

stìmolo [dal lat. *stimulus*, pungolo, incitamento; a. 1302 nel senso 2; 1532 nel senso 1] **sm. 1.** *propr. ant.* o *lett.* lungo bastone con punta di ferro col quale si pungono buoi e bestie da soma per farli andare più svelti **2.** *più com. fig.* incitamento, movente che spinge all'azione: *ha bisogno di uno stimolo per studiare*; anche di bisogno fisiologico: *lo stimolo della fame* || **N.** *Sin.* incentivo, pungolo. **Q.T.** *psicologia.*

stincàta [da *stinco*; 1558] **sf.** *non com.* urto dello stinco contro un oggetto contundente: *battere una stincata.*

stincatùra [da *stinco*; a. 1837] **sf.** *non com.* il livido e la contusione causata da una stincata.

stìnco (pl. *-chi*) [dal long. **skinko*, tibia, femore; 1541] **sm. 1.** denominazione comune della tibia: *battere lo stinco contro uno spigolo* || *fig. non essere uno stinco di santo*, non essere certo un modello di moralità, di onestà e sim. || *non com. rompere gli stinchi a qualcuno*, scocciarlo, importunarlo **2.** nei quadrupedi, parte degli arti compresa tra la nocca e il ginocchio.

stìngere (pres. *stìngo, stìngi*; p.rem. *stìnsi, stingésti, stìnse, stìnsero*; pps. *stìnto*) [da *tingere*; 1313] **tr.** togliere la tinta, il colore || **intr.** (aus. *essere*) e **intr. pron.** perdere il colore, la tinta: *una stoffa che stinge, la camicetta si è stinta* || **N.** *Sin.* sbiadire, scolorirsi.

stìnguersi [lat. *stinguere*, spegnere; 1321] **intr. pron.** *raro* o *poet.* estinguersi, cancellarsi, affievolirsi.

stintignàre [prob. da *stentare*; 1865] **intr.** (aus. *avere*) *fam. tosc.* mostrare riluttanza a fare una cosa: *stintignare parecchio prima di risolversi.*

stìnto (*pps.* di *stingere*) [1367] **agg.** che ha perduto il colore, la tinta: *vestito stinto* || **N.** *Sin.* sbiadito, scolorito.

stiòppo **sm.** *pop. tosc.* V. SCHIOPPO.

stiòro [da *staiuolo, dim.* di *staio*; sec. XIII] **sm.** in Toscana, antica misura di superficie dal valore oscillante da luogo a luogo, tra i 500 ed i 600 m^2.

stìpa¹ [lat. *stīpa*; 1312] **sf. 1.** *ant. raro* nome collettivo di piccoli arbusti, fuscelli, sterpi o sim. da bruciare: *adoperare fastelli di stipa per scaldare il forno* **2.** nome generico di varie Graminacee, tra cui l'alfa || **N. 1.** *Sin.* sterpaglia.

stìpa² [prob. da *stipare²*; 1313] **sf.** *raro ant.* mucchio, ammasso disordinato di persone o roba.

stipàre¹ [da *stipa¹*; 1618] **tr.** togliere via la stipa dai boschi.

stipàre² [dal lat. *stipāre*; 1313] **tr.** ammassare, ammucchiare in uno spazio ristretto molte cose o persone: *li stiparono in carri merci, come bestie da macello* || **N.** *Sin.* accalcare, pigiare.

stipàto¹ (*pps.* di *stipare¹*) [1838] **agg.** *ant. raro* ripulito dalla stipa.

stipàto² (*pps.* di *stipare²*) [1873] **agg.** di luogo, affollato: *un tram stipato di gente* || di una collettività di cose o persone, accatastato, accalcato: *documenti stipati nei cassetti, la folla era stipata nella piazza.*

stipatùra [da *stipare*; 1891] **sf.** *non com.* operazione di ripulitura dei boschi dalla sterpaglia.

stipendiàre (pres. *-èndio*) [da *stipendio*; 1598] **tr.** prendere alle proprie dipendenze; retribuire con uno stipendio: *per quel lavoro stipendia tre uomini.*

stipendiàrio (pl. *-ri*) [dal lat. *stipendiārius*; a. 1400] **agg.** *T.stor.* mercenario al servizio di un principe || nell'antica Roma, tributario.

stipendiàto (*pps.* di *stipendiare*) [a. 1547] **I agg.** retribuito con uno stipendio **II sm.** (f. *-a*) chi riceve uno stipendio: *gli stipendiati dello stato.*

stipèndio (pl. *-di*) [dal lat. *stipendium*, tributo, paga dei soldati; 1306 nel senso 2; a. 1642 nel senso 1] **sm. 1.** retribuzione corrisposta periodicamente (perlopiù mensilmente) al lavoratore dipendente come compenso per il lavoro prestato (qualora questo rientri tra i lavori di concetto; altrimenti si parla di *salario*): *ottenne un aumento di stipendio* || *cessione del quinto dello stipendio*, prestito concesso a un lavoratore dipendente che lo restituirà tramite defalchi sugli stipendi successivi **2.** *T.stor.* soldo pagato a soldati e mercenari || nell'antica Roma, tributo pagato da privati che avevano in locazione fondi provinciali || **N. 1.** appannaggio, emolumento, mensile, onorario, paga, remunerazione, soldo; assegni familiari, gratifica, ritenuta d'acconto, trattamento; decurtazione, insequestrabilità.

stipéto [da *stipa¹*; 1891] **sm.** *raro* terreno cosparso di stipa.

stipettàio (pl. *-ài*) [da *stipetto*; 1772] **sm.** (f. *-a*) artigiano specializzato nella fabbricazione di stipi e, in gen., in lavori in legno di pregio (scrigni, scacchi ecc.) || **N.** *Sin.* ebanista, falegname.

stipetterìa [da *stipetto*; 1960] **sf.** settore dell'ebanisteria specializzato nella fabbricazione di stipi e stipetti.

stipétto (*dim.* di *stipo*) [1623] **sm.** piccolo stipo; *in part. T.mar.* armadietto personale di bordo.

stìpite [dal lat. *stīpes, -pitis*, tronco, palo; a. 1320 nel senso 2; 1525 nel senso 1] **sm. 1.** ciascuno dei due elementi strutturali che delimitano lateralmente vani aperti nei muri (porte, finestre e sim.) e sui quali posa l'architrave; se superiormente vi è un arco, lo stipite si chiama *piedritto* **2.** *T.bot.* fusto, e spec. quello non ramificato delle palme || *disus.* gambo dei funghi a cappello || base del tallo delle alghe, sostenente le espansioni laminari **3.** *fig. raro* capostipite, persona da cui discendono in linea diretta membri tra loro imparentati.

stìpo [da *stipare*; 1619] **sm.** piccolo armadio, generalmente di legno pregiato e finemente lavorato, in uso dal Medioevo all'Ottocento, usato per riporvi biancheria, oggetti di valore ecc.: *uno stipo di palissandro* || *dim.* stipétto, stipettino.

stìpola (ant. *stipula*) [dal lat. *stipula*, stelo, stoppia; 1809] **sf.** *T.bot.* ciascuna delle espansioni laminari poste alla base del picciolo nelle foglie di alcune piante. **TAV. *fiori...* p. 671** 4.14.

stipolàre V. STIPULARE.

stipolàto [da *stipola*; 1906] **agg.** *T.bot.* di foglia, fornita di stipola.

stìpsi [dal lat. tardo *stypsis*, gr. *stýpsis*, azione astringente; 1829] **sf.** *inv. T.med.* stitichezza.

stìpula¹ [dal lat. *stipula*; a. 1342] **sf. 1.** *ant.* stipola **2.** *ant.* o *lett.* stoppia.

stìpula² [da *stipulare*; 1942] **sf.** stipulazione.

stipulànte (*ppr.* di *stipulare*) [1313] **agg.** e **sm.** *T.giur.* che o chi stipula.

stipulàre (raro *stipolàre*) (pres. *stìpulo*) [dal lat. *stipulāri*; a. 1363] **tr.** concludere formalmente un contratto mediante la stesura, secondo le forme previste dalla legge, del documento relativo: *stipulare un contratto di matrimonio, di locazione, di vendita.*

stipulazióne [dal lat. *stipulātio, -ōnis*; a. 1363] **sf.** *T.giur.* atto ed effetto dello stipulare; obbligazione || **N.** CONTRATTO.

stìra [da *stirare*; 1936] **sf.** macchina impiegata per stirare il cuoio ed il pellame.

stiracalzóni [comp. di *stira(re)* e *calzone*; 1905] **sm.** *inv.* pressa in legno in cui si serrano i calzoni per ripristinarne la piega.

stiracchiàbile [da *stiracchiare*; a. 1712] **agg.** *raro* che si può stiracchiare; anche *fig. scherz.* detto d'interpretazione e sim., sofisticabile.

stiracchiaménto [da *stiracchiare*; a. 1642] **sm.** atto ed effetto dello stiracchiare.

stiracchiàre (pres. *-àcchio*) [da *stirare*; sec. XVI nel senso 2] **tr. 1.** tirare a più riprese distendendo: *stiracchiare le membra* **2.** *fig. fam.* forzare il senso, dare un'interpretazione scarsamente fondata, poco convincente: *stiracchiare il significato di alcune frasi, una clausola del contratto*; *meno com.* tirare sul prezzo, mercanteggiare: *stiracchiare il prezzo di una merce*; anche *ass.*: *non mi piace stare a stiracchiare* || **rifl.** stirare a più riprese le membra: *non la smetteva di stiracchiarsi* || **N. tr. 2.** *Sin.* sforzare, tirare per i capelli | **rifl.** *Sin.* distendersi, sgranchirsi, slungarsi, stirarsi.

stiracchiàto (*pps.* di *stiracchiare*) [1612] **agg.** *fig.* stentato, ottenuto a malapena, forzato, appena plausibile: *un sei stiracchiato, un ragionamento stiracchiato* || **stiracchiataménte** **avv.** stentatamente.

stiracchiatùra [da *stiracchiare*; a. 1673] **sf. 1.** *non com.* atto ed effetto dello stiracchiare **2.** *più com. fig.* forzatura di significato, interpretazione troppo forzata, lambiccata e arzigogolata || **N.** *Sin.* lambiccatura, sforzatura.

stiramàniche [comp. di *stira(re)* e *manica*; 1960] **sm.** *inv.* attrezzo in legno che permette di stirare le maniche senza comprimerle.

stiraménto [da *stirare*; a. 1557 nel senso 1; 1960 nel senso 2] **sm. 1.** atto ed effetto dello stirare (tranne riferendosi all'uso di ferri da stiro o stiratrici per biancheria, nel qual caso si usa *stiro* o *stiratura*) e dello stirarsi **2.** *T.med.* *stiramento muscolare*, brusca distensione di muscoli o di tendini, con o senza lacerazione.

stiràre [da *tirare*; a. 1543 nel senso 1; 1829 nel senso 2] **tr. 1.** distendere tirando con forza: *stirare le gambe dopo essere stato rannicchiato* **2.** spianare col ferro da stiro caldo: *stirare camicie su camicie*; anche *ass.*: *che noia stirare!* || **rifl.** allungare le braccia e le gambe mettendo i muscoli in contrazione, per distendere le membra, spec. se intorpidite || **intr. pron.** rimanere vittima di uno stiramento muscolare o tendineo || **N. tr. 1.** *Sin.* DISTENDERE **2.** *Sin.* lisciare | apprettare, inamidare, inumidire, ripassare | **rifl.** stiracchiarsi.

stiràta [da *stirare*; 1960] **sf.** stiratura veloce e sommaria: *il tempo di dare una stirata alla camicia, e arrivo.*

stiràto (*pps.* di *stirare*) [1891] **agg. 1.** spianato col ferro da stiro: *abito lavato e stirato* **2.** *T.tecn.* sottoposto a stiro.

stiratóio (pl. *-ói*) [da *stirare*; 1940 nel senso 2] **sm. 1.** *T.tess.* macchina per la stiratura dei nastri di cotone o di lana **2.** ripiano su cui i disegnatori tengono disteso il foglio da disegno.

stiratóre [da *stirare*; 1960] **sm.** (f. *-trìce*) operaio addetto alle operazioni di stiro.

stiratorìa [da *stirare*; 1939] **sf.** *raro* stireria.

stiratrìce [da *stirare*; 1839 nel senso 1; 1964 nel senso 2] **sf. 1.** donna che per mestiere stira la biancheria **2.** macchina per stirare a caldo biancheria, tessuti, indumenti e sim.; com. è costituita da due rulli tra i quali si infila il capo o da due elementi piani tra i quali lo si comprime || *T.tess.* stiratoio.

stiratùra [da *stirare*; 1865] **sf. 1.** atto ed effetto dello stirare la biancheria **2.** *T.tecn.* stiro.

stirène [comp. del gr. *stýrox, stýrakos*, storace e *-ene*; 1933] **sm.** *T.chim.* idrocarburo fenilico ricavato dall'etilene, utilizzato nella fabbricazione di resine e gomma sintetica || **N.** *Sin.* stirolo.

stirerìa [da *stirare*; 1891] **sf.** laboratorio attrezzato per la stiratura a pagamento di biancheria, indumenti ecc. || in comunità (alberghi, convitti, collegi, ospedali ecc.) o in case signorili, locale riservato alla stiratura del bucato.

stirizzìre (pres. *-ìsco, -ìsci*) [da *intirizzire*, con cambio di pref.; 1940] **tr.** *raro* togliere l'intirizzimento: *stirizzire i piedi sfregandoli con le* *mani* || **rifl.** togliersi l'intirizzimento di dosso, sgranchirsi || **N.** *Contr.* intirizzire.

stiro [da *stirare*; 1898] **sm.** **1.** operazione dello stirare biancheria, tessuti, indumenti ecc.; spec. nelle loc. *ferro, tavolo, pressa da stiro* **2.** *T.tecn.* in vari settori industriali, operazione di spianamento e assottigliamento di un materiale grezzo (metallo, pelle ecc.) o di un prodotto semilavorato (materia plastica, pasta di vetro, filato tessile ecc.); stiratura. **Q.T.** *elettrodomestici.*

stiròlo [comp. del gr. *stýrax, stýrakos*, storace e *-olo*[3]; 1875] **sm.** *T.chim.* stirene.

stirpàre e der. forme pop. di ESTIRPARE e der. (v.).

stìrpe [dal lat. *stirps, stirpis*; 1308] **sf.** origine, discendenza: *un personaggio di nobile stirpe* || *per estens.* la famiglia di una persona nel complesso degli ascendenti e dei discendenti || **N.** *Sin.* casato, ceppo, genia, lignaggio, nascita, prosapia, razza, sangue, schiatta | antenato, avo, capostipite, progenitore; discendenza, posteri, progenie, semenza; albero genealogico, diramazione, lato, linea, genealogia, ramo.

stiticherìa [da *stitico*; a. 1587] **sf.** *raro* stitichezza.

stitichézza [da *stitico*; 1598] **sf.** *T.med.* condizione patologica caratterizzata dalla difficoltà di ottenere un regolare svuotamento dell'intestino || **N.** *Sin.* coprostasi, costipazione.

stìtico (pl. *-ci*) [dal lat. *stýpticus*, gr. *styptikós*, astringente; 1340 ca.] **agg.** **1.** *T.med.* affetto da stitichezza **2.** *fig. non com.* restio nel concedere; ritroso, avaro: *nello spendere è un po' stitico* || **N.** **1.** *Sin.* costipato **2.** *Sin.* meschino.

stìva[1] [da *stivāre*; a. 1347] **sf.** parte inferiore della nave, dove si pone il carico; è lo spazio compreso tra il fondo e il primo ponte, partendo dal basso. **TAV.** ***astronautica*** **p. 655** 12.18.

stìva[2] [dal lat. *stīva*; 1542] **sf.** *lett.* stegola, manico dell'aratro.

stivàggio (pl. *-gi*) [da *stivāre*; 1805] **sm.** *T.mar.* operazione dello stivare.

stivalàio (pl. *-ài*) [da *stivale*; 1891] **sm.** (f. *-a*) *non com.* calzolaio specializzato nella produzione o nella vendita di stivali.

stivalàta [da *stivale*; a. 1676] **sf.** colpo di stivale.

stivàle [dal fr. ant. *estival*, di etim. inc.; 1262] **sm.** **1.** calzatura di cuoio o materiale analogo, alta, che copre la gamba sino al ginocchio per difenderla dall'acqua o dal fango: *stivali alla scudiera* || in alcune loc. fig.: *lustrare gli stivali a qualcuno*, adularlo; *rompere gli stivali a qualcuno*, seccarlo, annoiarlo; *dei miei stivali*, espressione di disprezzo che si aggiunge al titolo di una persona che si ritiene non valga nulla: *professore, avvocato dei miei stivali*, da strapazzo; da cui, *pop.*, usato anche per indicare una persona da nulla: *sei proprio uno stivale!* **2.** *per estens. pop.* di cosa di forma analoga a quella dello stivale; *in part.* boccale da birra a forma di stivale || *per anton.* il territorio italiano, l'Italia dal punto di vista geografico || *dim.* stivalìno, stivalétto, stivalettìno; *accr.* stivalóne || **N.** **1.** borzacchino, coturno, scarferone | alla dragona, alla scudiera, a pompa, coi risvolti, da caccia, da palude | PARTI: fiosso, gambale, laccetti, peduccio, polpa, stecca, tiranti, tromba a crespe, tromba tesa | calzare, infilare, mettere, sfilare, togliere | calzatoia, cavastivali. **Q.T.** *calzolaio.*

stivalerìa [da *stivale*; 1940] **sf.** fabbrica di stivali.

stivalétto (*dim.* di *stivale*) [1865] **sm.** stivale più basso del normale (giungendo appena sotto il polpaccio), dotato in alcuni modelli di allacciatura sul davanti || *T.ipp.* calzatura di cuoio che si mette intorno al tarso di quei cavalli che, camminando e urtandosi coi propri ferri, si producono ferite || *stivaletto malese*, strumento di tortura consistente in due ganasce unite da viti che, stringendosi, comprimono il piede fino a stritolare le ossa.

stivaménto [da *stivare*; a. 1406] **sm.** *raro* lo stivare.

stivàre [lat. *stipāre*; 1314 nel senso 2; 1566 nel senso 1] **tr.** **1.** mettere le merci nella stiva di una nave **2.** (oggi *non com.* e percepito come *fig.*) ammassare insieme molte cose o persone in poco spazio; stipare || **N.** **2.** *Sin.* PIGIARE. **Q.T.** *nautica...*

stivatóre [da *stivare*; 1396] **sm.** addetto allo stivaggio del carico su una nave.

stìzza [prob. da *stizzo*; 1353] **sf.** **1.** collera improvvisa, forte irritazione unita a risentimento: *un moto di stizza* **2.** *tosc.* ghiandola del grasso che i polli hanno sul codrione e che si toglie nel farli cuocere || *dim.* stizzìna, stizzétta, stizzerèlla; *accr.* stizzóna; *pegg.* stizzàccia || **N.** **1.** *Sin.* dispetto, rabbia, sdegno | indispettirsi, irritarsi, sdegnarsi, stizzirsi.

stizzàre [da *stizza*; prima metà sec. XIII] **tr.**, **intr.** e **intr. pron.** *arc. pop.* stizzire.

stizzìre (pres. *-ìsco, -ìsci*) [da *stizza*; 1623 come intr.] **tr.** far venire la stizza: *questi discorsi lo fanno stizzire* || **intr.** (aus. *essere*) e **intr. pron.** esser preso dalla stizza: *lascialo stizzire, appena lo contraddici si stizzisce* || **N.** *Sin.* arrabbiarsi, incollerirsi, indispettirsi, montare su tutte le furie, seccarsi.

stizzìto (*pps.* di *stizzire*) [a. 1363] **agg.** adirato, irritato: *rispose stizzito* || **N.** *Sin.* arrabbiato, seccato.

stìzzo [var. di *tizzo*; 1313] **sm.** *arc.* o *poet.* tizzo.

stizzóso [da *stizza*; a. 1348] **agg.** facile a stizzirsi: *bimbo stizzoso* || che esprime stizza: *reazione stizzosa* || che sembra esprimere stizza: *tosse stizzosa* || *dim.* stizzosétto, stizzosìno; *pegg.* stizzosàccio || **stizzosaménte** **avv.** || **N.** *Sin.* capriccioso, collerico, irritabile, permaloso.

'sto (pr. [sto]) [da *questo*, per aferesi; a. 1306] **agg.** *dimostr. fam.* questo: *guarda 'sto scemo!*

stòa o **stoà** [dal gr. *stoá*, portico; a. 1667] **sf.** nell'antica Grecia, portico; *per anton.* il portico di Atene sotto il quale Zenone insegnava la sua filosofia che perciò fu detta stoica.

stocàstico (pl. *-ci*) [dal gr. *stochastikós*, congetturale; 1955] **agg.** casuale, aleatorio || *in part. T.mat. processo stocastico*, successione di variabili casuali con la quale si intende rappresentare un sistema che si sviluppa secondo leggi probabilistiche.

stoccafìsso [dall'ant. ol. *stokvisch*, letter. pesce bastone o pesce seccato sui bastoni; 1432 *stocfiso*] **sm.** **1.** merluzzo decapitato, sventrato e seccato al sole, venduto in pezzi che vanno ammollati prima di essere cucinati **2.** *fig.* persona magra e rigida: *pare uno stoccafisso* || **N.** baccalà.

stoccàggio (pl. *-gi*) [da *stock*; 1960] **sm.** *T.comm.* immagazzinamento, conservazione di merci in un deposito.

stoccàre[1] (pres. *stòcco, stòcchi*) [da *stocco*[1]; 1959] **intr.** (aus. *avere*) maneggiare lo stocco || **tr.** colpire con lo stocco.

stoccàre[2] (pres. *stòcco, stòcchi*) [dall'ingl. *stock*, rifornimento; 1983] **tr.** fare provviste, immagazzinare: *stoccare la merce.*

stoccàta [da *stocco*[1]; a. 1535] **sf.** **1.** *letter.* colpo di stocco || *per estens. T.sport.* nella scherma, colpo di spada, dato di punta **2.** *per estens. T.sport.* nel calcio, tiro in porta forte e preciso **3.** *fig.* battuta, osservazione pungente: *quando parla dà certe stoccate!* **4.** *fig. fam.* richiesta importuna di denaro || *dim.* stoccatina || **N.** **3.** *Sin.* stilettata. **Q.T.** *scherma.*

stoccatóre [da *stoccata*; 1922] **sm.** (f. *-trice*) chi è solito dar stoccate, gen. in senso *fig.*

stoccheggiàre (pres. *-éggio*) [da *stocco*[1]; 1325 ca.] **intr.** (aus. *avere*) *raro* tirare di stocco: *stoccheggiando con ferro bene occhiuto* (D'Annunzio) || **tr.** *raro* ferire di stocco.

stòcco[1] (pl. *-chi*) [dal fr. ant. e provenz. *estoc*; a. 1348] **sm.** **1.** *T.arm.* arma bianca, più corta e più sottile della spada, a sezione triangolare, adatta a colpire di punta **2.** bastone cavo che contiene lo stocco; bastone animato.

stòcco[2] (pl. *-chi*) [dal longob. *stok*, ceppo; a. 1400 nel senso 2] **sm.** **1.** fusto del granoturco privato della pannocchia **2.** *raro* palo del pagliaio; stollo.

stock (ingl., pr. [stɒk]) [letter. tronco, ceppo, poi rifornimento, provvista; a. 1769] **sm.** *inv. T.comm.* quantità di merci disponibili per la vendita o, in gen., scorta, riserva, provvista.

stòffa [dal fr. ant. *estophe*, materia, *estoffe*, tessuto; 1668 nel senso 1; 1873 nel senso 2] **sf.** **1.** tessuto per abbigliamento o arredamento in lana, cotone, lino, canapa, seta, fibre sintetiche o misto: *una stoffa damascata, pesante, da tenda* **2.** rif. a persona, natura, tempra; speciale attitudine a qualcosa: *in quel ragazzo c'è la stoffa del musicista*; *ha della stoffa*, è dotato d'ingegno || *dim.* stofféttа, stoffettìna || **N.** **1.** avanzo, cimosa, disegno, dritto, ordito, pezza, ritaglio, rovescio, scampolo, taglio, vivagno. **Q.T.** *abbigliamento, moda...*

stògliere (pres. *stòlgo* ecc., come TOGLIERE) [da *togliere*; 1353] **tr.** *ant.* distogliere.

stòia **sf.** *pop.* v. STUOIA.

stoiàio (pl. *-ài*) [da *st(u)oia*; 1960] **sm.** (f. *-a*) artigiano che intreccia il giunco per fare stuoie.

stoiàre (pres. *stuòio*; in tutta la coniugazione la *o* dittonga in *uo* se tonica) [da *st(u)oia*; 1891] **tr.** *non com.* coprire di stuoie.

stoiàta [da *st(u)oia*; 1940] **sf.** *non com.* stoiato.

stoiàto [da *st(u)oia*; 1891 come agg.] **I** **sm.** **1.** insieme di graticci uniti su cui si secca la frutta **2.** soffitto di graticci intonacato **II** **agg.** *raro* coperto di stuoie e graticci || **N.** **I** **1.** *Sin.* cannicciata, graticciato.

stoicìsmo [da *stoico*; a. 1698 nel senso 2] **sm.** **1.** scuola filosofica fondata da Zenone di Cizio intorno al 300 a.C. ad Atene e diffusasi poi nel mondo Romano **2.** *per estens.* dai principi fondamentali dell'etica stoica, fermezza d'animo, impassibilità di fronte al dolore e alle vicende avverse: *sopportò ogni malanno e disgrazia con freddo stoicismo.*

stòico (pl. *-ci*) [dal lat. *stōicus*, gr. *stoikós*; sec. XIV come sm.] **I** **agg.** **1.** relativo ai filosofi stoici e allo stoicismo: *filosofia stoica* **2.** *per estens.* che affronta con stoicismo le vicende della vita: *animo stoico* || **stoicaménte** **avv.** in modo stoico, con grande fermezza d'animo; impassibilmente, coraggiosamente **II** **sm.** (f. *-a*) **1.** seguace dello stoicismo **2.** *per estens.* dall'ideale etico dello stoicismo, chiunque non si lasci abbattere dal dolore e dimostri impassibilità di fronte alle avverse vicende della vita.

stoìno v. STUOINO.

stokes (ingl., pr. [stouks]) [dal n. proprio G.G. *Stokes*, fisico irlandese; 1988] **sm.** *inv.* unità di misura della viscosità cinematica nel sistema CGS.

stòla [dal lat. *stola*; a. 1306 nel senso 1; a. 1375 nel senso 2] **sf.** **1.** *T.stor.* lunga e ampia veste femminile, stretta alla vita con una cintura, in uso nell'antica Roma **2.** *T.eccl.* paramento liturgico consistente in una larga e lunga striscia di seta o di lana, ricamata con vari simboli religiosi, che il sacerdote mette al collo sopra la cotta, nelle sacre funzioni || *incerti di stola*, secondo il diritto canonico, emolumenti che il parroco riceve nell'esercizio del suo ministero **3.** indumento femminile di pelliccia, a forma di stola (nel senso 2): *una stola di ermellino.* **TAV.** *chiesa* 2.24.

stolidàggine [da *stolido*; 1873] **sf.** *raro* stolidità.

stolidézza [da *stolido*; a. 1566] **sf.** stolidità.

stolidità [dal lat. tardo *stoliditas, -ātis*; a. 1604] **sf.** **1.** l'essere stolido **2.** *non com. concr.* atto o detto da persona stolida || **N.** *Sin.* stolidezza, stoltezza, stupidità.

stòlido [dal lat. *stolidus*; a. 1600] **I agg.** *lett.* **1.** sciocco, ottuso: *è un ragazzo stolido* **2.** che dimostra stolidità: *risata stolida* || **stolidaménte avv.** **II sm.** (f. *-a*) *lett.* persona stolida: *è uno stolido, non dare retta ai suoi discorsi* || **N.** *Sin.* stupido, tonto, SCIOCCO.

stóllo [dal long. *stollo*, puntello; a. 1587] **sm.** palo attorno a cui si ammassa la paglia per fare il pagliaio || **N.** *Sin.* stocco.

stolóne¹ (*accr.* di *stola*) [1805] **sm.** *T.eccl.* fregio ricamato che scende dalle due parti del piviale.

stolóne² [dal lat. *stolo, -ōnis*, pallone; 1542] **sm.** **1.** *T.bot.* ramo strisciante che emette radici avventizie, ed è capace di dare origine a nuove piante: *gli stoloni delle fragole* **2.** *T.zool.* prolungamento del corpo di alcuni invertebrati e di cordati, da cui si formano per gemmazione nuovi individui.

stolonifero [comp. di *stolone* e *-fero*; 1838] **agg.** *T.bot.* e *T.zool.* di pianta o animale, fornito di stolone.

stoltézza [lat. *stultitia*; 1321] **sf.** **1.** qualità di chi è stolto **2.** *concr.* atto o parola da stolto: *non dire tante stoltezze* || **N.** *Sin.* stolidità; STUPIDITÀ.

stoltilòquio (pl. *-qui*) [dal lat. *stultiloquium*; a. 1642] **sm.** *raro lett.* discorso stolto.

stoltìzia [dal lat. *stultitia*; a. 1311] **sf.** *ant.* o *lett.* stoltezza.

stólto [lat. *stultus*; fine sec. XIII] **I agg.** **1.** ottuso di mente, che dimostra scarsa intelligenza, capacità critica e avvedutezza **2.** che denota stoltezza: *idea stolta* || **stoltaménte avv.** insensatamente, stupidamente **II sm.** (f. *-a*) persona stolta: *guardati da quegli stolti* || **N.** *Sin.* insensato, sciocco, stupido, sventato.

stòma [dal gr. *stóma*, bocca; 1821] **sm.** *T.bot.* ciascuna delle piccole aperture sulla epidermide delle foglie o di organi analoghi, che regolano gli scambi idrici e gassosi con l'esterno.

stomacàle [da *stomaco*; a. 1577] **agg.** *non com.* dello stomaco.

stomacànte (*ppr.* di *stomacare*) [a. 1637] **agg.** *non com.* stomachevole, anche *fig.*: *cibi stomacanti, discorsi stomacanti.*

stomacàre (pres. *stòmaco, stòmachi*) [dal lat. *stomachāri*, essere di malumore; a. 1600] **tr.** far venire la nausea, far rivoltare lo stomaco: *questo odore mi ha stomacato*; anche *ass.*: *questo cibo stomaca* || *fig.* disgustare, nauseare: *tante svenevolezze (mi) stomacano* || **N.** voltastomaco, NAUSEA.

stomachévole [da *stomaco*; a. 1375] **agg.** che stomaca: *odore stomachevole, discorsi stomachevoli* || **stomachevolménte avv.** in modo stomachevole, da nauseare || **N.** *Sin.* disgustoso, nauseante, rivoltante.

stomàchico (pl. *-ci*) [dal lat. *stomachicus*, che soffre di stomaco; a. 1698] **agg.** *T.med.* di farmaco, che ha un'azione tonica stimolante sulla mucosa gastrica.

stomachìno (*dim.* di *stomaco*) [1873] **sm.** **1.** stomaco debole **2.** (f. *-a*) persona difficile e molto schizzinosa nel mangiare.

stòmaco (pl. *-chi* e *-ci*) [lat. *stomachus*, letter. esofago; a. 1294] **sm.** **1.** *T.anat.* organo dell'apparato digerente a forma di sacco, posto nella cavità addominale, dopo il diaframma, chiuso da due valvole, *cardias* e *piloro*, e destinato a ricevere i cibi e ad elaborarli trasformandoli, mediante i succhi gastrici, in *chimo* || *per estens.* potenza digestiva dello stomaco: *avere uno stomaco debole*; *stomaco di struzzo, di ferro* || nelle loc. fam. *dar di stomaco*, vomitare; *far rivoltare lo stomaco*, nauseare, anche *fig.*; *riempirsi lo stomaco*, mangiare; *a stomaco vuoto*, a digiuno; *avere, rimanere sullo stomaco*, del cibo che non si è digerito o che si digerisce con difficoltà o, *fig.*, di ciò che non si riesce a tollerare: *quel tuo menefreghismo m'è rimasto sullo stomaco* **2.** *fig. fam.* capacità di tollerare persone o situazioni particolarmente spiacevoli: *ci vuole un bello stomaco per sopportarti!*; spudoratezza; audacia: *hai lo stomaco di dire questo?* || *dim.* stomachìno, stomacùccio; *accr.* stomacóne; *pegg.* stomacàccio || **N.** **1.** appesantito, buono, debole, dilatato | cardias, diaframma, epigastrio, mucosa, pepsina, peritoneo, piloro, succhi gastrici | acidità, acloridria, atonia, bruciore, crampi, eruttazione, flatulenza, gastralgia, gastrite, gastroenterite, ipercloridria, languore, pirosi, voltastomaco, vomito | digestione. **Q.T.** *anatomia* **TAV.** ***anatomia*** **p. 642** 13.5.

stomacóso [lat. *stomachosus*, bilioso; 1364] **agg.** *raro* stomachevole, disgustoso: *discorsi, odori stomacosi.*

stomàtico (pl. *-ci*) [dal gr. *stomatikós*, della bocca; 1821 nel senso 2] **agg.** **1.** *T.bot.* di o dello stoma **2.** *T.farm.* di rimedio, atto a guarire le malattie della bocca.

stomatìte [comp. del gr. *stóma, stómatos*, bocca e *-ite*¹; 1829] **sf.** infiammazione della mucosa orale.

stòmato- [dal gr. *stóma, -atos*, bocca] **primo elem.** che, in parole scientifiche composte, spec. della terminologia medica, vale "bocca": (per es. *stomatologia*).

stomatologìa [comp. di *stomato-* e *-logia*; 1911] **sf.** *T.med.* studio della patologia del cavo orale e dei suoi annessi.

stomatològico (pl. *-ci*) [comp. di *stomato-* e *-logico*; 1957] **sm.** attinente alla stomatologia: *reparto stomatologico.*

stomatòlogo (pl. *-gi*) [comp. di *stomato-* e *-logo*; 1911] **sm.** (f. *-a*) medico specializzato in stomatologia.

stomatoplàstica [comp. di *stomato-*, nel senso più gen. di apertura, e *plastica*; 1960] **sf.** *T.med.* intervento chirurgico praticato per correggere il restringimento del collo dell'utero.

Stomatòpodi (sing. *-e*) [comp. di *stomato-* e *-pode*; 1936] **sm.** *pl.* *T.zool.* ordine di crostacei, diffusi nei mari temperati e caldi, al quale appartengono anche le cicale di mare o squille.

stomìa [dal gr. *stóma*, bocca; 1939] **sf.** *T.chir.* operazione chirurgica che consiste nello stabilire una comunicazione artificiale tra due visceri cavi || **N.** *Sin.* NEOSTOMIA.

-stomìa [dal gr. *stóma*, bocca] **elem. term.** che, in parole composte della terminologia medica, vale "nuova apertura" (ottenuta mediante intervento chirurgico) (per es. *broncostomìa, gastrostomìa*).

stonacàre (pres. *stònaco, stònachi*) [da *intonacare*, con cambio di pref.; 1873] **tr.** *non com.* levare l'intonaco da un muro e sim.

stonaménto [da *stonare*¹; 1873] **sm.** *raro* stonatura.

stonàre¹ (pres. *stòno*) [comp. parasint. di *tono*; 1686] **tr.** *T.mus.* uscire dal tono, non essere in tono: *stonare un do*; anche *ass.*: *ho paura di stonare, quel cantante stona* || **intr.** (aus. *avere*) *fig.* non armonizzare: *quel colore stona, questi discorsi stonano in bocca tua* || **N.** **tr.** e **intr.** discordare, fare stecche, prendere stecche, steccare, straziare.

stonàre² (pres. *stòno*) [lat. volg. **extonāre*; 1873] **tr.** *fig. fam.* confondere, sconcertare, mettere a disagio: *la notizia lo ha stonato.*

stonàta [da *stonare*¹; 1865] **sf.** atto ed effetto dello stonare || *dim.* stonatìna.

stonàto¹ (*pps.* di *stonare*¹) [1855] **agg.** **1.** che è fuori tono: *voce stonata, pianoforte stonato* **2.** *fig.* che non armonizza: *un vestito stonato.*

stonàto² (*pps.* di *stonare*²) [1865] **agg.** *fig. fam.* turbato, confuso: *sono ancora tutto stonato dalla brutta notizia.*

stonatùra [da *stonare*; 1778] **sf.** **1.** *T.mus.* atto dello stonare || *concr.* nota stonata **2.** *fig.* elemento o comportamento che non s'accorda con altri: *quel tappeto in questo salotto è una stonatura* || **N.** **1.** *Sin.* disarmonia, discordanza, dissonanza, stecca.

stonìo (pl. *-ìi*) [da *stonare*; 1873] **sm.** *non com.* lo stonare ripetuto, continuato o di molte persone insieme.

stòp [dall'ingl. *stop*, fermata; 1875 nel senso 4; 1960 nel senso 1] **sm.** *inv.* **1.** nella circolazione stradale, arresto momentaneo; *concr.* intimazione di arresto e anche l'apposito segnale (orizzontale o verticale): *non ha rispettato lo stop a un incrocio* **2.** nel linguaggio telegrafico internazionale, punto fermo **3.** *T.sport.* nella boxe, arresto dell'azione offensiva dell'avversario || nella lotta, ordine di arresto del combattimento || nel calcio, il fermare la palla controllandola **4.** usato con valore verbale (come imperativo), ferma! **TAV.** ***automobile*** **p. 658** 3.39.

stóppa [lat. *stuppa*; 1303] **sf.** **1.** la parte più grossa che si trae dalla pettinatura del lino o della canapa; può esser filata e serve anche per imbottire, turare buchi e sim. **2.** *fig.* come termine di paragone, spec. *spreg.*, per indicare una consistenza dura e filacciosa: *questa bistecca sembra stoppa*; capelli giallicci e secchi: *capelli di stoppa*; estrema fiacchezza: *avere le gambe di stoppa*; o, rif. al carattere, *uomo di stoppa*, che non sa farsi valere || nelle loc. *essere un pulcino nella stoppa*, un novellino; *disus. far barba di stoppa a qualcuno*, farsi beffe di qualcuno || *dim.* stoppettìna; *pegg.* stoppàccia.

stoppàccio (pl. *-ci*) [da *stoppa*; 1671] **sm.** batuffolo di stoppa, e in part. quello usato nel caricamento delle armi ad avancarica allo scopo di mantenere in sede gli elementi di carica.

stoppaccióso [da *stoppaccio*; 1664] **agg.** stopposo.

stoppàre¹ (pres. *stóppo*) [da *stoppa*; a. 1348] **tr.** *non com.* turare con stoppa: *stoppare una botte.*

stoppàre² (pres. *stòppo*) [da *stop*; 1935] **tr.** *T.sport.* nel calcio, fermare il pallone al volo || nella pallacanestro, arrestare la palla con la mano nel momento in cui l'avversario sta per tirarla a canestro.

stoppàta [da *stoppare*²; 1965] **sf.** *T.sport.* nel calcio e nella pallacanestro, azione dello stoppare.

stoppatóre¹ [da *stoppare*¹; 1940] **sm.** (f. *-trìce*) *non com.* operaio addetto alla calafatura.

stoppatóre² [da *stoppare*²; 1983] **sm.** (f. *-trìce*) chi effettua stoppate.

stopper (ingl., pr. ['stɒpə]; pr. it. ['stɔpper]) [da to *stop*, fermare; 1955] **sm.** *inv.* *T.sport.* nel calcio, difensore centrale addetto al marcamento del centravanti avversario.

stóppia [lat. *stupula*, class. *stipula*; a. 1320] **sf.** gen. *pl.* steli del grano o di altre graminacee che rimangono nel campo dopo la mietitura.

stoppinàre (pres. *-ìno*) [da *stoppino*; 1585] **tr.** *non com.* **1.** accendere con lo stoppino **2.** *tosc. fam.* stoppare, chiudere bene ogni tipo di fessura.

stoppìno [da *stoppa*; sec. XIV] **sm.** **1.** lucignolo per candele o lumi a olio o petrolio, consistente in una fibra sovente ritorta e incerata **2.** *lucidatura a stoppino*, lucidatura del legno effettuata con un tampone o sim. imbevuto di alcol e gommalacca **3.** *T.tess.* fascio di fibre di lana, cotone e sim. pronto per esser trasformato in filato.

stoppóso [da *stoppa*; a. 1537 *stupposo*] **agg.** simile a stoppa: *carne stopposa*, filacciosa, fibrosa; *arancia stopposa*, senza succo, fibrosa; *capel-*

li stopposi, giallastri, privi di lucentezza e di morbidezza.

storàce [dal lat. tardo *storax, -ăcis*, gr. *stýrax, stýrakos*, albero resinoso; sec. XIV] **sm.** **1.** resina usata per preparare balsami e profumi, ricavata dall'arbusto omonimo (*Styrax officinalis*), che cresce spontaneo nell'area mediterranea **2.** sostanza vischiosa, opaca, verdastra ricavata dalla corteccia di un albero che cresce spontaneo in Asia Minore (*Liquidambar orientalis*), usata in passato come antiparassitario, eccitante o nelle malattie polmonari.

stòrcere (pres. *stòrco, stòrci*; p.rem. *stòrsi, storcésti, stòrse, stòrsero*; pps. *stòrto*) [lat. *extorquēre*; 1313] **tr.** **1.** torcere con forza, malamente, facendo deviare dalla linea naturale: *storcere un braccio, cercando di forzare la serratura ha storto la chiave*; *storcere la bocca*, piegare le labbra da un lato, in atto di disapprovazione o sim.; *storcere gli occhi*, stralunarli **2.** *fig. non com.* distorcere, alterare, stravolgere: *storcere il senso delle parole*, dar loro un significato diverso da quello comune **3.** rif. a cose arrotolate, ritorte su se stesse, disfare la torsione: *storcere uno spago* ‖ **rifl.** divincolarsi, piegarsi malamente ‖ **rifl. indir.** lussarsi, slogarsi: *storcersi un polso, un piede* ‖ **intr. pron.** piegarsi, torcersi malamente da un lato: *cadendo mi si è storto un bastoncino degli sci* ‖ **N.** **tr.** **1.** *Sin.* TORCERE.

storcicòllo [comp. di *storce(re)* e *collo*; 1873] **sm.** *pop. non com.* torcicollo.

storciménto [da *storcere*; a. 1543] **sm.** *non com.* distorsione, contorcimento.

stordiménto [da *stordire*; 1308] **sm.** condizione di chi è stordito; temporaneo ottundimento delle facoltà percettive: *lo stordimento provocato dalla caduta, dall'alcol* ‖ **N.** *Sin.* intontimento, smarrimento.

stordìre (pres. *-ìsco, -ìsci*) [prob. comp. parasint. di *tordo*, balordo; sec. XIV] **tr.** **1.** provocare un senso di stordimento: *quelle continue urla mi hanno stordito*; anche *ass.*: *è un rumore che stordisce* ‖ far perdere i sensi, far svenire: *lo stordì con un colpo alla testa* **2.** *fig.* sbalordire, meravigliare: *quella notizia mi ha stordito, è di una bellezza che stordisce* ‖ **rifl.** *fig.* ricorrere a forti emozioni per distrarsi dalle proprie preoccupazioni: *si stordisce ubriacandosi, ascoltando musica a tutto volume* ‖ **N.** **tr.** **1.** *Sin.* confondere, frastornare, intontire, intronare, istupidire, rintronare, sconcertare, stonare, tramortire.

storditàggine [da *stordito*; 1808] **sf.** *non com.* **1.** l'abitudine d'essere stordito, sbadato **2.** *concr.* azione o comportamento da sbadato, da stordito: *la tua è stata una storditaggine bell'e buona* ‖ **N.** **1.** *Sin.* distrazione, sbadataggine, sventatezza.

storditézza [da *stordito*; 1745] **sf.** *raro* storditaggine.

stordìto (*pps.* di *stordire*) [a. 1306] **I agg.** **1.** frastornato, intronato, intontito ‖ svenuto **2.** sventato, sbadato, con la testa fra le nuvole: *un ragazzo stordito* ‖ **storditaménte** **avv.** **II sm.** (f. *-a*) persona stordita, sventata: *è uno stordito* ‖ **N.** I **2.** *Sin.* balordo, distratto.

stòria [dal lat. *historia*; a. 1250 *istoria* nel senso 4] **sf.** **1.** corso degli eventi, svolgimento nel tempo: *la storia della Terra*; *per anton.* il corso delle vicende umane: *la storia è storia di lotte di classe, questo evento non ha precedenti nella storia, la storia gronda lacrime e sangue*; *passare alla storia*, diventare celebre tanto da essere ricordato dai posteri; *fare (la) storia*, compiere imprese di grande rilievo ‖ in relazione a singoli paesi, periodi limitati, istituzioni, fenomeni culturali, discipline ecc.: *la storia dell'Inghilterra, del Medioevo, del colonialismo, del rock, della filosofia* **2.** narrazione di eventi nella loro successione; storiografia: *Erodoto è il padre della storia, il contributo delle scienze sociali alla storia*; *storia narrativa, politico-diplomatica, orale, di lungo periodo* ‖ singola opera storiografica: *una storia del Regno delle Due Sicilie*; *ass.*, freq. *pl.*: *le Storie di Guicciardini* ‖ come disciplina accademica e campo di studi: *il professore di storia contemporanea, un esame di storia* **3.** *storia naturale*, insieme delle scienze naturali, intese nel loro aspetto descrittivo dei tre regni naturali (minerale, vegetale, animale) **4.** *per estens.* svolgimento, successione, seguito di vicende, spec. personali: *mi sono fatto raccontare la storia della sua vita*; nelle loc. *è senza storia, non ha storia*, non è importante: *il resto della partita non ha storia* ‖ *in part. fam.* vicenda, relazione amorosa: *ha avuto una storia con una vicina di casa* ‖ avvenimento, circostanza, faccenda, questione, spec. spiacevole: *è sempre la stessa storia, ogni volta che esci ti ubriachi*; *questa storia deve* (o *ha da*) *finire, esser chiarita una volta per tutte*; *non intendo più occuparmi di questa storia, arrangiati!* ‖ *per meton.* la narrazione relativa, spec. in quanto oggetto di opere narrative, cinematografiche, figurative e sim.: *è una lunga storia, che qui non è il caso di ricordare, la Divina Commedia è la storia del viaggio ideale di Dante nell'oltretomba*; *una storia d'amore, di guerra, dal finale tragico, avvincente*; *una serie di affreschi raffiguranti la storia di San Francesco*; *in part.* favola, novella; fandonia, affermazione o racconto non veri: *non raccontare storie, di' la verità*; *pl.* pretesto, tergiversazione: *su, alzati, non fare storie!* ‖ *dim.* storiélla; *pegg.* storiàccia ‖ **N.** **4.** *Sin.* aneddoto, racconto; giustificazione, scusa, FAVOLA. **Q.T.** *storiografia.*

storiàre [da *storia*; 1319] **tr.** *arc.* istoriare.

storicìsmo [da *storico*; 1887] **sm.** *T.fil.* movimento sviluppatosi in Germania nel sec. XIX tendente a garantire l'autonomia delle scienze storiche rispetto alla metafisica e alle scienze naturali ‖ *per estens.* tendenza a ricondurre ogni fenomeno culturale (teoria scientifica o filosofica, fatto artistico ecc.) al suo contesto storico.

storicìsta [da *storico*; 1950] **s.** esponente dello storicismo.

storicìstico (pl. *-ci*) [da *storicismo*; 1950] **agg.** attinente allo storicismo, conforme allo storicismo.

storicità [da *storico*; 1922] **sf.** carattere, valore storico: *la storicità del pensiero filosofico, delle teorie sulla società* ‖ l'essere storicamente accertato, verificato: *metto in dubbio la storicità del personaggio, del fatto.*

storicizzàre [da *storico*; 1960] **tr.** interpretare come processo storico: *storicizzare la scienza* ‖ considerare nel suo contesto storico: *storicizzare una opera letteraria.*

storicizzazióne [da *storicizzare*; 1960] **sf.** atto ed effetto dello storicizzare.

stòrico (pl. *-ci*) [dal lat. *historicus*; 1550 *istorico*] **I agg.** **1.** della storia; *in part.* appartenente o relativo al corso delle vicende umane: *lo svolgimento storico degli eventi, età storiche*; relativo agli studi, alle teorie e alle metodologie storiche: *critica, scuola storica* **2.** *per estens.* realmente esistito o accaduto: *personaggio, fatto storico*; *romanzo storico*, che si svolge in un'epoca storica determinata e in cui ricorrono fatti e personaggi storici ‖ *in part.* degno, per la sua importanza, di essere tramandato dalla storia: *evento storico* ‖ **storicaménte** **avv.** dal punto di vista della storia: *il progresso della tecnica, considerato storicamente* ‖ *per estens.* realmente: *un personaggio storicamente esistito, un evento storicamente accaduto* **II sm.** (f. *-a*) scrittore di storia, storiografo: *è un celebre storico* ‖ **N.** II *Sin.* annalista, biografo, cronachista, cronista, narratore. **Q.T.** *storiografia.*

storièlla (*dim.* di *storia* nel senso 4) [a. 1729] **sf.** **1.** breve narrazione: *ti racconto una storiella per farti addormentare* **2.** storia non vera, inventata per ingannare (spec. come scusa): *sono stufa delle tue solite storielle* **3.** barzelletta, raccontino umoristico: *era solito raccontare un sacco di storielle sui Carabinieri* ‖ **N.** **2.** *Sin.* bugia, fandonia, pretesto.

storìno V. STUOINO.

storiografìa [dal gr. *historiographía*; 1895] **sf.** lo scrivere opere di storia ‖ *concr.* l'insieme dei metodi e delle opere degli storici di un determinato periodo: *la storiografia illuministica.* **Q.T.** *storiografia.*

storiogràfico (pl. *-ci*) [dal gr. *historiographikós*; 1869] **agg.** attinente alla storiografia, agli storiografi.

storiògrafo [dal lat. tardo *historiographus*, gr. *historiográphos*; a. 1342 *istoriografo*] **sm.** (f. *-a*) scrittore di storia; cultore di storiografia. **Q.T.** *storiografia.*

storióne [dall'ant. alto ted. *sturjo*; fine sec. XIII] **sm.** pesce marino, con piastre ossee sulla pelle poste lungo linee longitudinali sul dorso, sui fianchi e sul ventre; ha carni delicate e gustose; risale i fiumi per deporvi le uova che, trattate in modo particolare, costituiscono il cosiddetto caviale.

stormìre (pres. *-ìsco, -ìsci*) [dal francone *sturmjan*, tempestare; 1313] **intr.** (aus. *avere*) di foglie, fronde e sim., produrre un leggero rumore quando sono agitate dal vento.

stórmo [dal long. *sturm*; 1313 nel senso 3; 1623 nel senso 1] **sm.** **1.** gruppo compatto di uccelli in volo: *uno stormo di cicogne, di rondini* ‖ *T.aer.* unità dell'aeronautica militare composta da più squadriglie **2.** *ant.* moltitudine di uomini adunatisi per combattere, da cui la loc. *suonare a stormo*, suonare a martello le campane per adunare gente in occasione di qualche pericolo pubblico; *com. per estens.* moltitudine di gente, frotta: *passò con uno stormo di ragazzi attorno* **3.** *arc.* combattimento: *vidi già cavalier muover campo e cominciare stormo* (Dante); nella loc. *durare lo stormo*, resistere in battaglia ‖ **N.** **2.** *Sin.* drappello, manipolo, torma, turba.

stornàre (pres. *stórno*) [da *tornare*, sul modello del fr. *détourner*; a. 1300 nel senso 2; 1494 nel senso 1] **tr.** **1.** in contabilità, annullare una registrazione mediante una di segno opposto; in un bilancio di previsione, modificare gli stanziamenti attraverso spostamenti da una voce all'altra ‖ in borsa, concludere un'operazione opposta a quella prevista ‖ *per estens.* sottrarre indebitamente una somma **2.** *fig.* allontanare da sé, deviare: *stornare un pericolo* ‖ rif. a persona, distoglierla, farla desistere dal fare qualcosa: *stornare qualcuno dall'accettare una proposta* ‖ **intr.** (aus. *essere*) *ant.* volgersi, tornare indietro ‖ **N.** **2.** *Sin.* dissuadere, distogliere.

stornellàre (pres. *-èllo*) [da *stornello*; 1858] **intr.** (aus. *avere*) *non com.* comporre o cantare stornelli.

stornellàta [da *stornellare*; 1960] **sf.** esecuzione, spec. collettiva, di stornelli ‖ *concr.* insieme di stornelli.

stornellatóre [da *stornellare*; 1957] **sm.** (f. *-trice*) chi compone o canta stornelli.

stornèllo[1] [prob. dal provenz. *estorn*, tenzone poetica; 1848] **sm.** *T.lett.* componimento poetico di carattere popolare, di contenuto amoroso o mordace; deriva dallo strambotto, ed è di solito composto di un quinario, che generalmente invoca il nome di un fiore, e di due endecasillabi; il quinario rima con il secondo endecasillabo, mentre il primo endecasillabo fa assonanza mutando l'ultima vocale accentata (ad es.: *Fior di ginestra, tutta s'infiora la campagna nostra, quando s'affaccia Nina alla finestra*).

stornèllo[2] [dal lat. tardo *sturnellum*; a. 1321] **sm.** storno[1].

stórno[1] [lat. *sturnus*; a. 1367] **sm.** uccello dei Passeracei, con becco gialliccio e piumaggio scuro macchiettato di bianco ‖ **N.** *Sin.* stornello[2].

stórno² [da *storno¹*; 1853] ***agg.*** di mantello del cavallo, grigio macchiettato di bianco: *cavallina storna.*

stórno³ [da *stornare*; 1865] ***sm.*** **1.** in contabilità e in borsa, l'atto dello stornare **2.** *tosc.* polizza del lotto che il tenitore del banco, avendo errato nel trascrivere i numeri, trattiene per sé per poi rivenderla; e anche quella che il tenitore ha riempito con numeri scelti da lui; così detta perché qualora nessuno la compri, si storna, cioè si annulla.

storpiaménto [da *storpiare*; 1658] ***sm.*** atto ed effetto dello storpiare, storpiatura.

storpiàre (pres. *stòrpio*) [etim. inc.; 1618] ***tr.*** **1.** rendere storpio: *storpiare un cavallo* **2.** *più com. fig. storpiare le parole,* scriverle e spec. pronunciarle erratamente ‖ *prov. il troppo storpia* (ma, più com., *stroppia*), ogni eccesso nuoce ‖ **N. 1.** *Sin.* sciancare.

storpiàto (*pps.* di *storpiare*) [1313] **I *agg.*** storpio, sciancato ‖ **storpiataménte** ***avv.*** in modo storpiato, malamente, erroneamente: *pronunciare storpiatamente le parole* **II *sm.*** (f. *-a*) persona storpia.

storpiatùra [da *storpiare*; 1598] ***sf.*** atto ed effetto dello storpiare, spec. in senso *fig.* ‖ *concr.* la cosa storpiata: *correggere una storpiatura.*

stòrpio (pl. *-pi*) [da *storpiare*; 1677] **I *agg.*** dagli arti deformi, naturalmente o in seguito a una malattia o a un trama (rif. spec. agli arti inferiori); sciancato **II *sm.*** (f. *-a*) persona storpia: *non strascicare le gambe come uno storpio!* ‖ **N.** grucce, stampelle | arrancare.

stòrta¹ [da *storto*; a. 1311] ***sf. fam.*** atto dello storcere, torsione; *in part.* distorsione, stiramento violento e traumatico dei legamenti di un'articolazione: *mi sono preso una storta alla caviglia.*

stòrta² [da *storto*; 1573] ***sf.*** *T.chim.* recipiente in vetro o altro materiale, di forma approssimativamente sferica e dotato di collo lungo e ricurvo, usato per la distillazione.

stortézza [da *storto*; a. 1617] ***sf.*** *raro* stortura.

stortignàccolo [da *storto*; 1891] ***agg.*** *fam.* storto, sbilenco, spec. di persona; anche *sm.* (f. *-a*) storpio.

stòrto (*pps.* di *storcere*) [1300 ca. nel senso 3] **I *agg.*** **1.** che non è diritto: *bastone storto, gambe storte; occhi storti,* strabici ‖ che non è in linea rispetto a un elemento di riferimento; obliquo, sghembo: *il quadro è appeso storto* **2.** *raro per estens.* rif. a essere animato, storpio **3.** *raro fig.* errato, sbagliato, distorto: *idee storte* **4.** avverso, sfavorevole: *una giornata, una faccenda andata storta,* male ‖ *guardare (di) storto,* di traverso, in modo ostile **II *sm.*** (f. *-a*) *raro* storpio ‖ *dim.* stortino, stortùccio ‖ **N.** I **1.** *Sin.* fuori di sesto, sbilenco, tortuoso II *Sin.* sciancato.

stortùra [da *storto*; a. 1832] ***sf.*** l'essere storto, spec. in senso *fig.*, rif. a comportamenti o modi di pensare sbagliati, ingiusti o innaturali; anche *concr.*: *una stortura morale.*

stovaìna [dal fr. *stovaine*; 1923] ***sf.*** *T.farm.* nome commerciale del cloridrato di acido benzoico, usato come anestetico locale invece della cocaina.

stoviglia (pl. *-glie*) [etim. inc.; 1243 *stovelie*] ***sf.*** usato perlopiù al *pl.*, nome collettivo indicante l'insieme dei piatti e del vasellame usati per la tavola e per la cucina ‖ **N.** *Sin.* terraglie, vasellame | bicchieri, bricche, ciotole, piatti, scodelle, tazze, vassoi, zuppiera | lavastoviglie.

stovigliàio (pl. *-ài*) [da *stoviglia*; 1553] ***sm.*** (f. *-a*) *raro* chi fabbrica o vende stoviglie.

stoviglierìa [da *stoviglia*; a. 1704 nel senso 1; 1960 nel senso 2] ***sf.*** *raro* **1.** insieme di stoviglie **2.** negozio o fabbrica di stoviglie.

stozzaménto [da *stozzare*; 1940] ***sm.*** *T.metal. non com.* atto ed effetto dello stozzare, stozzatura.

stozzàre (pres. *stòzzo*) [da *stozzo*; 1805] ***tr.*** lavorare con la stozzatrice o con lo stozzo.

stozzatóre [da *stozzare*; 1960] ***sm.*** (f. *-trìce*) chi lavora il metallo servendosi dello stozzo o della stozzatrice.

stozzatrice [da *stozzare*; 1922] ***sf.*** macchina utensile che serve a dare una forma più o meno concava a un pezzo metallico o ad eseguire scanalture su lastre metalliche.

stozzatùra [da *stozzare*; 1940] ***sf.*** *T.metal.* atto ed effetto dello stozzare.

stòzzo [dal long. *stozza,* maglio; 1561] ***sm.*** *T.metal.* arnese simile allo scalpello per lavorare a sbalzo lastre metalliche o dar loro forma concava.

stra- [lat. *extra,* fuori] ***pref.*** col valore locativo di "fuori" (*straripare*) o più com. esprimente eccesso (*strapagare, strafare, stravizio*) o conferente valore superlativo (*straricco*).

strabalzàre [da *trabalzare*; 1600] ***intr.*** (aus. *essere* e, raro, *avere*) trabalzare.

strabàlzo [da *strabalzare*; 1940] ***sm.*** *raro* trabalzo.

strabalzóne [da *strabalzare*; a. 1708] ***sm.*** *raro* trabalzone.

strabenedire (pres. *strabenedico* ecc., come DIRE) [da *benedire*; 1891] ***tr.*** *pop.* benedire più volte, di tutto cuore, spec. *antifr. scherz.*: *che Dio ti strabenedica!,* ti stramaledica! ‖ **N.** stramaledire.

strabére (pres. *-évo* ecc., come BERE) [da *bere*; a. 1729] ***intr.*** (aus. *avere*) *non com.* bere smodatamente: *non strabevete.*

stràbico (pl. *-ci*) [da *strabismo,* prob. attr. il fr. *strabique*; 1895] ***agg.*** e ***sm.*** (f. *-a*) che o chi è affetto da strabismo ‖ *fig.* asimmetrico, divergente.

strabiliànte (*ppr.* di *strabiliare*) [1940] ***agg.*** che fa strabiliare, meraviglioso: *il duomo è di una bellezza strabiliante.*

strabiliàre (pres. *-ìlio*) [etim. inc.; 1473] ***tr.*** sbalordire, far meravigliare, stupefare: *il suo coraggio mi ha strabiliato* ‖ ***intr.*** (aus. *avere*) restare sbalordito, meravigliato, stupefatto: *c'è da strabiliare* ‖ **N.** *Sin.* MERAVIGLIARE.

strabìsmo [dal gr. *strabismós,* prob. attr. il fr. *strabisme*; 1745] ***sm.*** difetto dell'occhio per cui gli assi antero-posteriori dei globi oculari non sono fra loro paralleli, cosicché gli occhi non dirigono contemporaneamente lo sguardo allo stesso punto dello spazio; può dipendere da cause diverse, la più comune delle quali è una anomala conformazione dei muscoli oculomotori ‖ **N.** eteroforia.

straboccaménto [da *straboccare*; 1342] ***sm.*** *non com.* traboccamento.

straboccàre (pres. *-ócco, -ócchi*) [da *traboccare*; a. 1363] ***intr.*** (aus. *essere* e *avere*) traboccare.

strabocchévole [da *straboccare*; 1300 ca.] ***agg.*** eccessivo, smisurato: *ricchezze strabocchevoli* ‖ **strabocchevolménte** ***avv.***

strabócco (pl. *-chi*) [da *straboccare*; 1838] ***sm.*** *raro* trabocco.

strabometrìa [da *strab(ismo)* e *-metria*; 1960] ***sf.*** *T.med.* misurazione dell'entità dello strabismo.

strabòmetro [comp. di *strab(ismo)* e *-metro*; 1960] ***sm.*** *T.med.* strumento con cui si misura il valore dell'angolo di strabismo.

strabuzzaménto [da *strabuzzare*; 1960] ***sm.*** lo strabuzzare gli occhi.

strabuzzàre [etim. inc.; sec. XIV] ***tr.*** rif. solo agli occhi, spalancarli e ruotarli per la meraviglia o per il dolore lancinante ‖ **N.** *Sin.* stralunare.

stracanàrsi (pres. *-àno*) [comp. parasint. di *cane*; 1865] ***intr. pron.*** *pop. tosc.* affaticarsi al disopra delle proprie forze: *si stracana tutto il giorno per guadagnare il necessario* ‖ **N.** *Sin.* strapazzarsi, AFFATICARSI.

stracannàre [comp. parasint. di *canna*; 1838] ***tr.*** *T.tess.* trasportare il filato da una canna o rocchetto a un altro.

stracannatùra [da *stracannare*; 1805] ***sf.***

STORIOGRAFIA

TERMINI VARI: analisi storica, comprensione storica, confronto dei dati storici, critiche delle fonti storiche, cronaca, datazione (degli avvenimenti storici, dei reperti storici), indagine storica, narrazione, periodizzazione, resoconto, ricerca storica, sintesi storica, studio storico; modello storiografico (cliometrico o quantitativo, ecologico-demografico), narrativismo, storia (antiquaria, di luogo periodo, narrativa, orale, politico-diplomatica; costituzionale, delle classi subalterne, economica, giuridica, istituzionale, militare, politica, sociale; universale, nazionale, regionale, comunale; comparata), storiografia (dominante, tradizionale; classica, contemporanea, illuministica, rinascimentale, romantica; cattolica, di lungo periodo, idealista, marxista, positivistica); cronistoria, macrostoria / microstoria, metastoria, mito / storia; citazionismo, dogmatismo, euristica storica, metodo (idiografico / nomotetico), obiettività storica, scientificizzazione della storia, storia europocentrica, storia italocentrica, storiografia apologetica o di parte / neutrale; causalità storica, ciclo storico, evoluzione storica, periodo storico, ricorsi storici; memoria collettiva, tradizione; preistoria, protostoria, storia.

VOCI ATTINENTI: avvenimento, dato, documento, episodio, evento, fatto, fonte, imprevedibile storico, reperto, testimonianza, vicenda; incunabolo, manoscritto (antigrafo, autografo), palinsesto, testo (adespoto, anepigrafo, pseudoepigrafo); annali, autobiografia, biografia, bollario, carta, cartario o cartulario, codice, commentario, crisobolla, cronaca, defetario, epitome, formulario, glossa, memoriale, passionario, perioca, prosopografia, regesto, registro, scritto agiografico; archivio storico, bibliografia storica (critica, manualistica), bollettino storico, istituto storico, museo, rivista storica.

PERSONE: annalista, attidografo, cronachista, cronista, compilatore, glossatore, storico, storiografo, traduttore, trascrittore.

CRONOLOGIA: *ab Urbe condita,* avanti Cristo (a.C.), dopo Cristo (d.C.); calendari: cinese, greco antico, ebraico, greco-russo, gregoriano, musulmano, repubblicano, romano.

DATAZIONE: v. "Metodi e tecniche varie di datazione" nel quadro terminologico ARCHEOLOGIA.

DISCIPLINE AUSILIARIE: archeologia, archivistica, codicologia, demografia, diplomatica, economia, filosofia, geografia, giurisprudenza, iconologia, letteratura, museografia, politica, sociologia, statistica, teologia. V. inoltre "Discipline e scienze ausiliarie" nel quadro terminologico ARCHEOLOGIA.

(V. quadro terminologico ARCHEOLOGIA).

T.tess. operazione dello stracannare un filato.

stracàrico (pl. *-chi*) [comp. di *stra-* e *carico*; 1717 *stracarco*] ***agg.*** eccessivamente carico: *carro stracarico* || **N.** sovraccarico.

stràcca [da *straccare*; a. 1348] ***sf.*** *pop.* grande stanchezza || inerzia, accidia: *farsi prendere alla stracca*; nella *loc. avv. alla stracca*, fiaccamente, in modo lento e svogliato || **N.** *Sin.* pigrizia, STANCHEZZA.

straccabràccia [comp. di *stracca(re)* e *braccia*; 1865] ***sf.*** *raro pop.* nella *loc. avv. a straccabraccia*, fiaccamente, svogliatamente.

straccadènti [comp. di *stracca(re)* e *dente*; 1942] ***sm.*** *inv. region.* biscotto molto duro, difficile da masticare.

straccaganàsce [comp. di *stracca(re)* e *ganascia*; 1931] ***sm.*** *inv. pop.* **1.** *rom.* biscotto molto duro, faticoso da masticare **2.** *ven.* castagne secche.

straccàggine [da *straccare*; a. 1729] ***sf.*** *raro pop.* stracchezza.

straccàle [etim. inc.; sec. XV] ***sm.*** **1.** finimento consistente in una fascia di cuoio che, attaccata alla sella o al basto, fascia i fianchi della bestia da soma **2.** *pl. ant.* bretelle.

straccaménto [da *straccare*; sec. XIII] ***sm.*** *non com. pop.* affaticamento.

straccàre (pres. *stràcco, stràcchi*) [da *stracco*; a. 1320] ***tr.*** *pop.* sfinire, rendere molto stanco: *straccare i buoi* || ***intr. pron.*** stancarsi molto, con un'idea di noia ed esaurimento: *non si è straccato affatto di guidare* || **N.** *Sin.* STANCARE.

straccatóio (pl. *-ói*) [da *straccare*; 1780] ***agg.*** *raro pop.* che stracca: *strada straccatoia, lavoro straccatoio.*

stracceria [da *straccio*; 1922] ***sf.*** **1.** *non com.* insieme di molti stracci, rif., con tono spreg., anche ad abiti: *crede forse di essere elegante con tutta quella stracceria addosso?* **2.** *ant.* vendita di ritagli.

stracchézza [da *stracco*; a. 1320] ***sf.*** *non com. pop.* fiacchezza, stanchezza.

stracchìno [dal milan. *stracchin*, prob. collegato con *stracco*; 1803] ***sm.*** *T.alim.* **1.** formaggio non fermentato, burroso, della Lombardia, venduto in forme rettangolari **2.** nel meridione, gelato duro confezionato in forme simili a quelle del formaggio omonimo.

stracciàbile [da *stracciare*; a. 1704] ***agg.*** che si può stracciare.

stracciafòglio (pl. *-gli*) [comp. di *straccia(re)* e *foglio*; sec. XIV-XVI] ***sm.*** *ant.* scartafaccio, brogliaccio.

stracciaiòlo¹ [da *straccio*; sec. XIV] ***sm.*** (f. *-a*) *non com.* operaio che carda i bozzoli sfarfallati e altre rigaglie, per fare il filaticcio.

stracciaiòlo² (lett. *stracciaiuòlo*, region. *stracciaròlo*) [da *straccio*; sec. XIV *stracciaiuolo*] ***sm.*** (f. *-a*) chi compra e vende stracci e abiti vecchi || rigattiere || **N.** *Sin.* cenciaiolo, straccivendolo.

stracciaménto [da *stracciare*; a. 1348] ***sm.*** *raro* lo stracciare.

stracciàre (pres. *stràccio*) [lat. volg. **extracitāre*; 1312] ***tr.*** **1.** ridurre in brandelli, strappare, lacerare: *stracciare una lettera, il vestito* **2.** *T.tess.* sfilacciare la seta dai bozzoli con apposito arnese **3.** *fig. fam.* in competizioni sportive o anche giocando a carte e sim., battere l'avversario dimostrando la propria schiacciante superiorità: *a tennis, a poker ho stracciato tutti* || ***rifl. indir.*** *iperb. stracciarsi gli abiti*, strapparseli di dosso, per la disperazione || **N. 1.** *Sin.* dilaniare, sbrindellare, STRAPPARE **3.** *Sin.* sconfiggere.

stracciaròlo v. STRACCIAIOLO².

stracciasàcco [comp. di *straccia(re)* e *sacco*; a. 1400] ***sm.*** *raro* solo nella *loc. avv. guardare a stracciasacco*, guardare in cagnesco, di traverso.

stracciatèlla [da *stracciato*; 1931] ***sf.*** **1.** minestra leggera fatta di uova sbattute insieme al parmigiano nel brodo bollente **2.** gelato fatto con panna mescolata a pezzetti di cioccolato amaro.

stracciàto (*pps.* di *stracciare*) [1353] ***agg.*** **1.** strappato, lacerato, sbrindellato e sim.: *vestito stracciato* || *per estens.* dalle vesti stracciate, sbrindellate: *si presentò tutto stracciato*; anche *iperb.*, mal vestito **2.** di un prezzo, estremamente basso: *vendere avanzi di magazzino a prezzi stracciati.*

stracciatùra [da *stracciare*; prima metà sec. XIV] ***sf.*** lo stracciare; *in part. T.tess.* sfilacciatura della seta dai bozzoli.

stràccio¹ (pl. *-ci*) [da *stracciare*; fine sec. XIII] ***sm.*** **1.** ritaglio, brandello di tessuto, vecchio cencio recuperato per vari usi: *straccio per la polvere* (o *per spolverare*), *per i vetri, per pavimenti*; *pulisciti le mani in questo straccio, gli stracci si usano per far la carta* || *per estens.* vestito brutto e consumato: *porta sempre degli stracci addosso* || *per estens. fig. fam.* rif. a persona deperita, fisicamente o psichicamente ridotta male: *la malattia, quella batosta l'ha ridotta (che sembra) uno straccio* || nella loc. fig. fam. *uno straccio di...*, rif. a cosa o persona anche di poco conto ma che si consideri il minimo cui si possa aspirare: *non è riuscita nemmeno a trovarsi uno straccio di marito, di lavoro* || nella loc. fam. *prendere per gli stracci*, per il bavero o, *fig.*, affrontare aggressivamente || *prov. gli stracci vanno sempre all'aria*, i più deboli hanno sempre la peggio **2.** *raro* lo strappo, la rottura che resta nella cosa stracciata **3.** *T.tess.* la seta del bozzolo stracciata col pettine di ferro **4.** *arc.* nulla, niente: *non sapere (uno) straccio di qualcosa*, non saperne nulla || *dim.* straccétto, straccettìno.

stràccio² (pl. *-ci*) [da *stracciare*; a. 1646] ***agg.*** detto di tessuti od oggetti logori o comunque inservibili se non per farne stracci; *com.* solo nelle loc.: *roba straccia*, abiti consunti; *carta straccia*, da macero.

stracciόne [da *straccio*¹; 1611] **I** ***sm.*** (f. *-a*) persona che indossa vesti stracciate, logore e sporche; *per estens.* poveraccio **II** ***agg.*** povero, da miserabili, dei miserabili: *imperialismo straccione, l'Italia stracciona.*

straccivéndolo [comp. di *straccio* e *-vendolo*; 1960] ***sm.*** (f. *-a*) chi fa commercio di stracci || **N.** *Sin.* cenciaiolo.

stràcco (pl. *chi*) [dal long. *strak*; a. 1374] ***agg.*** *pop.* **1.** molto stanco, spec. fisicamente **2.** *per estens. raro* detto di cosa logorata, svigorita dall'uso: *terreno stracco*, troppo sfruttato || **straccaménte** ***avv.*** stancamente, svogliatamente || **N.** *Sin.* STANCO.

stracittà [comp. di *stra-* e *città*; 1931] ***sf.*** corrente letteraria attiva in Italia negli anni Venti, che proponeva un'apertura verso i movimenti culturali europei, in opposizione polemica alle correnti culturali nazionali che puntavano sull'esaltazione del regionalismo || **N.** *Contr.* strapaese.

stracollàrsi (pres. *-òllo*) [comp. parasint. di *collo* (del piede); 1865] ***rifl. indir.*** *raro fam.* rif. al piede, slogarselo: *si era stracollato un piede.*

stracólmo [comp. di *stra-* e *colmo*; 1974] ***agg.*** colmo da traboccare, strapieno.

stracontènto [comp. di *stra-* e *contento*; a. 1565] ***agg.*** *fam.* contentissimo.

stracòtto (*pps.* di *stracuocere*) [1692] **I** ***agg.*** **1.** cotto troppo: *questo riso è stracotto* **2.** *fig. fam.* innamoratissimo: *è cotto e stracotto di lei* **II** ***sm.*** carne molto cotta, in umido; stufato.

stracuòcere (pres. *stracuòcio* ecc., come CUOCERE) [comp. di *stra-* e *cuocere*; 1745 *straccocere*] ***tr.*** cuocere troppo.

stràda [lat. tardo *strāta (via)*, via lastricata; 1211] ***sf.*** **1.** *T.edil.* striscia di terreno, opportunamente preparata per consentire il transito confortevole dei veicoli su ruote e dei pedoni: *strada sterrata*, priva di pavimentazione; *strada asfaltata, selciata, lastricata*; *strada urbana, extraurbana, panoramica, costiera, a mezza costa, di montagna* || *strada maestra*, quella principale collegante due centri abitati || *strada vicinale*, di campagna, collegante gruppi di case isolati || *strada molto, poco battuta*, lungo la quale il traffico è molto, poco intenso || *strada a senso unico, a doppio senso di marcia*, con rif. al modo in cui è regolamentata la circolazione dei veicoli || *codice della strada*, contenente le disposizioni per il traffico stradale || *attraversare la strada*, percorrerla trasversalmente || *uscire, andare fuori (di) strada*, di un veicolo, finire (in seguito a urto, sbandamento ecc.) oltre i bordi della sede stradale || *fig. tagliare la strada a qualcuno*, attraversare il percorso di qualcuno, spec. superandolo || *corse su strada*, rif. a gare di corsa, in contrapposizione a *su pista*; *gare fuori strada*, gare automobilistiche o motociclistiche che si svolgono lungo tracciati non stradali accidentati (viottoli campestri, piste desertiche ecc.) o anche sul terreno naturale || in loc. fig., con allusione all'impersonalità della strada in quanto luogo pubblico per antonomasia: *l'uomo della strada*, l'uomo comune, medio; rif. alla miseria: *mettere, lasciare qualcuno in mezzo alla* (o *a una*) *strada*, in condizioni di estrema indigenza, sul lastrico; rif. alla degradazione dovuta all'ambiente malfamato: *donna di strada*, prostituta; *linguaggio da strada*, triviale || *strada ferrata*, v. FERROVIA **2.** *per estens.* percorso, tragitto, cammino, via, anche *fig.*: *indicare, conoscere la strada che porta in un luogo* || *smarrire, perdere la strada*, non orientarsi più || *mettere sulla buona strada*, dare le giuste indicazioni per recarsi in un luogo e, *fig.*, per raggiungere un certo fine, o, anche, educare a una vita onesta || *essere fuori strada*, non procedere nella giusta direzione, anche *fig.* || *fermarsi a metà strada*, non raggiungere la propria meta, anche *fig.* || *strada facendo*, mentre si procede: *ne parleremo strada facendo* || *un'ora, dieci minuti di strada*, la distanza che normalmente si percorre in un'ora ecc. || *andare per la propria strada*, anche *fig.*, non occuparsi dei fatti altrui || *fare strada a qualcuno*, precederlo per guidarlo in un luogo || *fare (molta, poca) strada*, percorrere lunghe, brevi distanze: *questo motore ne ha già fatta di strada!*; *fig.* fare o meno carriera: *è un ragazzo che farà (molta) strada* || *in part.* varco, passaggio: *farsi strada*, aprirsi un varco: *si fece strada a spintoni tra la folla*; anche *fig.*: *si è fatto strada in mezzo alle difficoltà della vita* || *in part. fig.* mezzo che si segue per giungere a uno scopo: *per ottenere quell'impiego bisogna trovare la strada giusta* || *prov. tutte le strade portano a Roma*, ogni fine si può raggiungere in più modi, con sistemi diversi || *dim.* stradétta, stradettìna, stradicciòla, stradìna, stradùcola; *accr.* stradóne (*sm.*); *pegg.* stradàccia || **N. 1.** autostrada, carrareccia, mulattiera, sentiero, superstrada, tratturo, viale, viottolo; circonvallazione, radiale, scorciatoia, tangenziale, traversa | accidentata, a curve, agevole/scomoda, a tornanti, camionabile, carrozzabile, chiusa, dritta/tortuosa, fangosa, impraticabile, interrotta, larga/stretta, ombreggiata/soleggiata, pericolosa/sicura, pianeggiante/scoscesa, principale/secondaria, serpeggiante, sopraelevata, sotterranea, tortuosa; comunale, intercomunale, interpoderale, militare, privata/pubblica, provinciale, statale | fondazione o fondo, manto, massicciata, pavimentazione, scarpata; bivio, cunetta, curva, diramazione, dosso, galleria, incrocio, ponte, quadrivio, sottopassaggio, sovrappassaggio, svincolo, tornante, trivio, viadotto; banchina, carreggiata, ciglio, corsia, marciapiede, piattaforma stradale, pista ciclabile, salvagente, sede; *guardrail*, paracarro, parapetto, pietra chilometrica, pietra miliare, segnaletica; circolazione, rete stradale, traffico, viabilità | battere, imboccare, percorrere, prendere, ritrovare, smarrire | asfaltare, disselciare, lastricare, macadamizzare, massicciare, rullare, selciare. **Q.T.** *città*.

stradaiòlo [da *strada*; 1965] **sm.** (f. *-a*) *non com.* stradista.

stradàle [da *strada*; 1838] **I agg.** concernente la strada: *sede, manutenzione stradale*; *circolazione stradale*; *polizia stradale*, corpo di polizia preposto alla sorveglianza del traffico extraurbano **II sm.** *raro* larga strada di campagna || **sf.** polizia stradale: *una pattuglia della stradale*.

stradàre [da *strada*; 1609] **tr.**, **intr.** (aus. *avere*) e **intr. pron.** *ant.* o *lett.* instradare o instradarsi.

stradàrio (pl. *-ri*) [da *strada*; 1913] **sm.** fascicolo o volumetto, generalmente corredato di piantine, contenente l'elenco di tutte le vie di una città e dell'indicazione della loro ubicazione.

stradicò V. STRATICÒ.

stradière [da *strada*; a. 1533] **sm.** *ant.* daziere.

stradìno [da *strada*; 1551] **sm.** (f. *-a*) **1.** operaio preposto alla manutenzione delle strade; cantoniere **2.** *tosc. pop.* mascalzone.

stradiottésco (pl. *-schi*) [da *stradiotto*; 1934 *stradiotesco*] **agg.** relativo agli stradiotti: *letteratura stradiottesca*, genere letterario diffuso a Venezia nel XVI sec., costituito da poemetti eroicomici sulle battaglie degli stradiotti contro i Turchi.

stradiòtto [dal gr. *stratiṓtēs*; 1540] **sm.** *T.stor.* soldato a cavallo, albanese o greco, che era al servizio della Repubblica di Venezia nel XV sec.

stradista [da *strada*; 1939] **s.** corridore ciclista specializzato nelle corse su strada (in opposizione a quello specializzato in corse su pista).

stradivàrio (pl. *-ri*) [dal n. proprio A. *Stradivari*, liutaio cremonese; 1891] **sm.** violino o violoncello costruito da Antonio Stradivari.

stradóne (*accr.* di *strada*) [1587] **sm.** grande strada; *in part.* ampia strada periferica, perlopiù alberata || **N.** viale.

stradóppio (pl. *-pi*) [comp. di *stra-* e *doppio*; a. 1712] **agg.** *T.bot.* di fiore i cui stami e pistilli sono sostituiti da petali.

stradotàle [comp. di *stra-* e *dotale*; 1873] **agg.** *non com.* extradotale.

strafalciàre (pres. *-àlcio*) [comp. di *stra-* e *falciare*; a. 1565] **intr.** (aus. *avere*) *raro* lavorare malamente, senza attenzione || commettere grossi sbagli.

strafalcióne [da *strafalciare*; a. 1565] **sm.** **1.** errore madornale fatto parlando o scrivendo **2.** (f. *-a*) *raro* persona che lavora senza cura e sregolatamente: *è una grande strafalciona e non sarà mai capace di fare nessuna cosa bene*.

strafàre (pres. *-fàccio* o raro *strafò*, *strafà* ecc., come FARE) [comp. di *stra-* e *fare*; a. 1535] **intr.** (aus. *avere*) fare più di quello che si deve, detto spec. con tono di biasimo: *quando gli uomini vogliono strafare fanno peggio*.

strafàtto [comp. di *stra-* e *fatto*; a. 1729] **agg.** *pop.* di frutto, troppo maturo: *pera, banana strafatta*.

strafelàrsi (pres. *-èlo*) [da *trafelare*, con sovrapposizione di *stra-*; a. 1712] **intr. pron.** *pop. tosc.* affannarsi, muoversi con gran dispendio di energie, spec. lavorando.

strafelàto (*pps.* di *strafelarsi*) [a. 1712] **agg.** *pop. tosc.* affannato, trafelato.

strafilàggio (pl. *-gi*) [da *strafilare*; 1937] **sm.** *T.mar.* **1.** la cordicella con cui i marinai legano la loro branda dopo averla arrotolata **2.** operazione dello strafilare.

strafilàre [comp. parasint. di *filo*; 1937] **tr.** *T.mar.* unire i lembi di due tele facendo passare una cordicella attraverso gli occhielli di cui sono muniti gli orli dei lembi stessi.

straforàre (pres. *-óro*) [da *traforare*, con immissione di *stra-*; a. 1574] **tr.** *ant.* *raro* traforare.

strafóro [da *straforare*; a. 1535] **sm.** *raro* apertura praticata traforando || *più com. fig.* nella *loc. avv. di straforo*, furtivamente, nascostamente.

strafottènte (*ppr.* di *strafottersi*) [1863] **I agg.** di persona ostentatamente arrogante, che assume atteggiamenti provocatori e irritanti implicanti disprezzo e noncuranza per gli altri **II s.** persona strafottente: *è una strafottente*.

strafottènza [da *strafottersi*; 1891] **sf.** l'essere strafottente.

strafóttersi (pres. *-ótto*) [comp. di *stra-* e *fottere*; 1891] **intr. pron.** *volg.* (*com.* con *ne* enclitico) *strafottersene*, infischiarsi, disinteressarsi completamente e con disprezzo di qualcosa o qualcuno: *me ne strafotto di ciò che dice la gente*.

stràge [dal lat. *strāges*, abbattimento, massacro; 1525 nel senso 1; 1863 nel senso 4] **sf.** **1.** eccidio, uccisione violenta di molte persone o animali: *la strage degli innocenti*, *la colerina fece una strage di polli* **2.** *per estens.* distruzione di cose: *i gitanti fecero una strage di uva* || *più com. fig.* nella loc. fam. *far strage di cuori*, far innamorare di sé tante persone **3.** *per estens. fig. fam.* bocciatura generale, esito rovinoso per un gran numero di persone: *alle prove attitudinali hanno fatto una strage* **4.** *pop.* quantità enorme: *di pesce, quest'anno, ce n'è una strage* || **N. 1.** *Sin.* carnaio, carneficina, ecatombe, eccidio, macello, massacro, sterminio | abbattere, ammazzare, macellare, massacrare, sterminare, trucidare **4.** *Sin.* sterminio.

stragìsmo [da *strage*; 1984] **sm.** l'insieme delle posizioni teoriche e delle organizzazioni che sostengono e praticano il ricorso ad attentati terroristici (in luoghi affollati, su treni ecc.), che causano la morte di un gran numero di cittadini inermi, quale strumento di lotta eversiva.

stragista [da *strage*; 1983] **agg.** e **s.** che o chi teorizza e pratica lo stragismo.

stragiudiziàle **agg.** *non com.* V. EXTRAGIUDIZIALE.

stràglio V. STRALLO.

stragodére (pres. *stragòdo* ecc., come GODERE) [comp. di *stra-* e *godere*; 1726] **intr.** (aus. *avere*) *fam.* godere moltissimo: *ti ho battuto e ne stragodo!*

stragónfio (pl. *-fi*) [comp. di *stra-* e *gonfio*; 1873] **agg.** *fam.* straordinariamente, eccessivamente gonfio.

stragrànde [comp. di *stra-* e *grande*; 1745] **agg.** grandissimo: *la stragrande maggioranza ha votato sì*.

stralciàre (pres. *stràlcio*) [comp. parasint. di *tralcio*; 1666 nel senso 1; 1922 nel senso 2] **tr.** **1.** *T.agr. non com.* togliere i tralci alle viti **2.** *più com. fig.* togliere, levar via da un contesto: *stralciare una partita da un conto, un passo dubbio da un libro* || **N. 2.** *Sin.* cernere, eliminare, scorporare, selezionare, separare.

stralciatùra [da *stralciare*; 1891] **sf.** *T.agr.* atto ed effetto dello stralciare.

stràlcio (pl. *-ci*) [da *stralciare*; 1568] **sm.** lo stralciare, nei sensi *fig.*; *in part.* nella loc. *vendere a stralcio*, per liquidare la merce rimasta invenduta in negozio || *legge stralcio*, legge costituita da un ristretto numero di norme, stralciate da un progetto di legge più ampio, intesa a regolare gli aspetti più urgenti in una data materia.

stràle [dal long. *strāl*; 1313] **sm.** *lett.* o *poet.* freccia; anche *fig.*: *lanciare i propri strali contro qualcuno*, cercare di ferirlo con parole pungenti.

straliciàre (pres. *-ìcio*) [comp. parasint. di *tralice*; 1891] **tr.** *pop. tosc.* tagliare in tralice.

straliciatùra [da *straliciare*; 1891] **sf.** *pop. tosc.* lo straliciare.

strallàre [da *strallo*; 1960] **tr.** *T.edil.* applicare una struttura rigida di sostegno ad un palo molto alto, per assicurargli stabilità: *strallare un'antenna*.

stràllo o **stràglio** (pl. *-gli*) [etim. inc.; 1849] **sm.** **1.** *T.mar.* ciascuna delle corde, generalmente metalliche, che, con direzione obliqua dall'alto verso il basso, sostengono gli alberi delle imbarcazioni dalla parte della prora: *strallo di trinchetto, di maestra*; *vele di strallo*, vele che, come i fiocchi, sono inferite su uno strallo **2.** *T.edil.* tirante che vincola al terreno una struttura snella a sviluppo verticale || *dim.* strallétto || **N. 1.** sartie, paterazzi, manovre dormienti | NAUTICA. **TAV.** *vela* **p. 1342** 1.3 **e p. 1343** 6.11.

strallògi V. STALLOGGI.

stralodàre (pres. *-òdo*) [comp. di *stra-* e *lodare*; 1891] **tr.** *fam.* lodare entusiasticamente.

stralucènte [comp. di *stra-* e *lucente*; 1473] **agg.** *fam.* straordinariamente lucente.

stralunaménto [da *stralunare*; a. 1698] **sm.** *non com.* lo stralunare gli occhi.

stralunàre (pres. *-ùno*) [comp. parasint. di *luna*, forse in rif. al bianco degli occhi stralunati; 1313] **tr.** spalancare e storcere gli occhi per ira, per malore, per moti convulsivi, per paura || **N.** *Sin.* strabuzzare.

stralunàto (*pps.* di *stralunare*) [a. 1535] **agg.** stravolto, sconvolto: *occhi stralunati, faccia stralunata*.

stramaledire (pres. *stramaledico* ecc., come MALEDIRE) [comp. di *stra-* e *maledire*; 1891] **tr.** *pop.* maledire di tutto cuore, con veemenza || **N.** strabenedire.

stramangiàre (pres. *-àngio*) [comp. di *stra-* e *mangiare*; 1873] **intr.** (aus. *avere*) *raro fam.* mangiare smoderatamente, eccessivamente.

stramatùro [comp. di *stra-* e *maturo*; 1551] **agg.** *fam.* di frutto, maturato troppo || **N.** *Sin.* strafatto.

stramazzàre [comp. parasint. di *mazza*; sec. XIV] **intr.** (aus. *essere*) cadere per terra pesantemente e all'improvviso, in seguito a un malore, a un colpo ricevuto ecc.: *stramazzare da cavallo* || **tr.** *raro* rif. a essere animato, abbattere, far cadere a terra con violenza || **N. intr.** *Sin.* CADERE.

stramazzàta [da *stramazzare*; 1600] **sf.** *raro* lo stramazzare.

stramàzzo[1] [da *stramazzare*; 1873] **sm.** **1.** *T.gioc.* in alcuni giochi di carte, il vincere una partita a carte facendo tutte le prese meno una; ed è quindi una vittoria minore, di un punto, del cappotto **2.** *T.idr.* e *T.edil.* luce, nell'argine di un fiume o canale, attraverso la quale defluisce una corrente a pelo libero || anche il deflusso stesso dell'acqua.

stramàzzo[2] [da *strame*; a. 1503] **sm.** *region. non com.* rozzo pagliericcio, saccone usato come materasso.

stramazzóne [da *stramazzare*; 1525] **sm.** atto dello stramazzare.

stràmba [da *corda stramba*, corda intrecciata; 1313] **sf.** *ant.* fune di sparto, intrecciata, ma non ritorta: *che spezzate averian ritorte e strambe* (Dante).

strambasciàre **intr.** (aus. *essere*) V. TRAMBASCIARE.

strambellàre (pres. *-èllo*) [da *strambello*; 1525] **tr.** *ant.* ridurre a strambelli || **N.** *Sin.* sbrindellare.

strambèllo [forse da *brandello*, con influsso di *straccio*; a. 1665] **sm.** *ant.* brandello.

stramberìa [da *strambo*; a. 1802] **sf.** qualità di chi è strambo || *più com. concr.* comportamento, espressione, discorso o idea da persona stramba.

stràmbo [lat. tardo *strambus*, class. *strabus*,

strabico, losco; 1483 nel senso 2; a. 1689 nel senso 1] **agg.** **1.** che devia dalla normalità per aspetti del tutto singolari, incoerenti e imprevedibili; stravagante: *idee strambe, persona stramba* **2.** *propr. raro* sbilenco, storto: *occhi strambi, gamba stramba* **3.** *ant.* intrecciato ma non ritorto: *corda stramba* (V. STRAMBA) ‖ **N.** **1.** *Sin.* bizzarro, strampalato, STRANO.

strambòtto (pop. *strambòttolo*) [prob. dal provenz. *estribot*, componimento satirico; sec. XIII] **sm.** *T.lett.* breve componimento poetico d'argomento amoroso, di origine popolare, talora accompagnato dalla musica; diffuso nel Quattro-Cinquecento, era composto da otto o sei endecasillabi a rima alternata, e talvolta aveva gli ultimi due a rima baciata ‖ **N.** rispetto, stornello.

stràme [lat. *strāmen*; 1313] **sm.** composto di paglia, erba e foglie secche usato come foraggio o come lettiera per il bestiame ‖ *fig. far strame di qualcuno*, annichilirlo, spec. con critiche dure e convincenti ‖ **N.** stramare.

strameggiàre (pres. *-éggio*) [da *strame*; 1525] **intr.** (aus. *avere*) *ant. raro* di bestiame, mangiare lo strame.

stramònio (pl. *-ni*) [prob. dal lat. *strūmus*, solano con influsso del lat. *strāmen*, strame; 1726 ca.] **sm.** pianta delle Solanacee con foglia larga, grande fiore bianco profumato, frutto con aculei; il seme e le foglie, velenosi, contengono diversi alcaloidi e sono usati nella preparazione di prodotti farmaceutici antiasmatici.

stramortìre **tr.** e **intr.** (aus. *essere*) *ant.* V. TRAMORTIRE.

strampalàto [etim. inc.; a. 1729] **I** **agg.** stravagante, strambo: *metafore strampalate* **II** **sm.** (f. *-a*) persona strampalata ‖ **N.** *Sin.* balzano, bislacco, sconclusionato, STRANO.

strampalerìa [da *strampalato*; 1845] **sf.** *non com.* stramberia, sconclusionatezza, stranezza.

stranàre [da *strano*; sec. XIII] **tr.** *ant.* allontanare.

stranézza [da *strano*; 1821] **sf.** l'essere strano ‖ *concr.* comportamento, discorso o idea strana ‖ **N.** *Sin.* stravaganza.

strangolaménto [da *strangolare*; a. 1730] **sm.** atto ed effetto dello strangolare.

strangolaprèti [comp. di *strangola(re)* e *prete*; 1960] **sm.** *pl.* *T.cuc.* **1.** gnocchetti compatti di farina o di patate, lessati e conditi con sugo di pomodoro **2.** nel Trentino, gnocchi a base di pane e spinaci, bolliti e conditi con burro fuso ‖ **N.** *Sin.* strozzapreti.

strangolàre (pres. *stràngolo*) [lat. *strangulāre*; a. 1306 *strangulare*] **tr.** **1.** stringere con forza il collo con le mani o con un laccio, fino a provocare la morte per asfissia: *la vittima fu strangolata* ‖ *iperb.* dare impedimento nel respirare: *questo colletto mi strangola* **2.** *T.mar. strangolare una vela*, cingerle intorno una corda per sottrarla rapidamente all'azione del vento ‖ **N.** **1.** *Sin.* soffocare, strozzare.

strangolatóre [lat. tardo *strangulātor, -ōris*; a. 1530] **sm.** (f. *-trice*) chi uccide le proprie vittime strangolandole.

strangolatòrio [da *strangolare*; a. 1758] (pl. *-ri*) **agg.** *raro* che strangola, spec. *fig.*: *un contratto strangolatorio.*

strangolazióne [dal lat. *strangulātio, -ōnis*; a. 1597] **sf.** *raro* strangolamento.

stranguglióne [etim. inc.; a. 1320 nel senso 2] **sm.** **1.** *pop.* adenite equina **2.** *fam. raro* spec. *pl.* singhiozzo, senso di soffocamento e di pesantezza che si ha quando si è mangiato troppo avidamente: *avere, farsi venire gli stranguglioni.*

strangurìa o **strangùria** [dal lat. *stranguria*, gr. *strangouría*; a. 1320] **sf.** *T.med.* estrema difficoltà di orinare; emissione di orina a goccia a goccia.

straniaménto [da *straniare*; 1987] **sm.** *T.lett.* nel teatro del '900, distacco dello spettatore dalle vicende rappresentate, ottenuto dal drammaturgo con vari mezzi, teatrali e scenici ‖ nella teoria della letteratura, procedura formale per mezzo della quale lo scrittore crea immagini che si discostano dal livello percettivo concreto ‖ **N.** *Contr.* immedesimazione.

straniàre (pres. *strànio*) [lat. tardo *extraneāre*; a. 1292] **tr.** *lett.* rendere estraneo, alienare, allontanare: *l'incomprensione della moglie lo ha straniato dalla famiglia* ‖ **rifl.** rendersi estraneo, estraniarsi ‖ **N.** *Sin.* estraniare.

stranièro [dal fr. ant. *extrangier*; a. 1320] **I** **agg.** **1.** di altra nazione o paese: *lingua straniera* **2.** *lett.* estraneo: *sentirsi straniero in casa propria* **3.** *arc.* strano, insolito **II** **sm.** (f. *-a*) persona straniera: *invasione di stranieri* ‖ *per anton. lo straniero*, il nemico, l'invasore: *cacciare lo straniero* ‖ **N.** **1.** *Sin.* forestiero | cittadino, naturalizzazione, xenofobia.

strànio (pl. *-ni*) [lat. *extrāneus*; 1741] **agg.** *arc.* o *poet.* **1.** straniero, forestiero: *strania gente* **2.** estraneo.

stranìto [dal rom. *stranito*, mal ridotto, letter. diventato strano; 1963] **agg.** intontito, stupefatto, smarrito: *con aria stranita.*

stràno [lat. *extrāneus*, esterno, estraneo; fine sec. XIII] **I** **agg.** **1.** diverso dal solito, inusitato: *ha delle strane abitudini*; *in part.* che, per la sua difformità dalla norma, desta curiosità, stupore o anche sospetto, timore, turbamento: *uno strano tipo di terapia, è strano che si comporti così, strano, non è mai in ritardo! che gli sia capitato qualcosa?*; *mi ha fatto delle strane proposte* ‖ di persona, che si comporta in modo strano: *è uno strano tipo* **2.** *arc.* estraneo ‖ **stranaménte** **avv.** **II** **sm.** (solo *sing.*) cosa strana: *lo strano è che non si è più fatto vivo* ‖ **N.** *Sin.* anomalo, balzano, bizzarro, curioso, insolito, singolare, strambo, straordinario, stravagante; balordo, mattoide, originale.

stranùto V. STARNUTO.

straordinariàto [da *straordinario*; 1940] **sm.** la posizione di professore straordinario, e la sua durata.

straordinarietà [da *straordinario*; a. 1704] **sf.** qualità di ciò che è straordinario.

straordinàrio (pl. *-ri*) [dal lat. *extraordinārius*; a. 1444] **I** **agg.** **1.** che è fuori dell'ordinario: *un fenomeno straordinario*; *spesa straordinaria*, non prevista; *avvenimento straordinario*, che avviene di rado ‖ *lavoro straordinario*, prestato dal lavoratore dipendente al di fuori dell'orario di lavoro; *professore straordinario*, che, essendo stato nominato da poco, non è ancora compreso nel ruolo ordinario **2.** *per estens.* grandissimo, enorme, eccezionale, notevole, sempre con valenza positiva: *assisteva al concerto un numero straordinario di persone, ha una forza straordinaria* ‖ *in part.* molto migliore del normale: *uno spettacolo straordinario, quell'uomo è qualcosa di straordinario* ‖ **straordinariaménte** **avv.** in modo straordinario; eccezionalmente, insolitamente, oltremodo: *un materiale straordinariamente leggero* **II** **sm.** **1.** (solo *sing.*) fatto, evento fuori dall'ordinario: *lo straordinario sta nel fatto che non ha voluto esser pagato* **2.** lavoro straordinario ‖ anche la paga corrisposta per le ore di lavoro straordinario **3.** professore straordinario ‖ **N.** **1.** *Sin.* anomalo, impensabile, imprevisto, inatteso, inaudito, insolito, insospettato, singolare, strano | *Contr.* consueto, ordinario **2.** *Sin.* fenomenale, meraviglioso, mirabolante, miracoloso, prodigioso, spropositato, strepitoso, stupendo.

straorzàre (pres. *-òrzo*) [comp. di *stra-* e *orzare*; 1838] **intr.** (aus. *avere*) *T.mar.* rivolgere bruscamente la prora all'orza per effetto di una manovra errata, del mare grosso, di un colpo di vento o sim. ‖ **tr.** *T.mar.* pilotare un'imbarcazione in modo che straorzi ‖ **N.** *Contr.* strapoggiare.

straorzàta [da *straorzare*; 1838] **sf.** *T.mar.* lo straorzare.

strapaeșàno [da *strapaese*; 1960] **agg.** **1.** *non com.* detto di chi ammira esclusivamente ciò che appartiene al proprio paese **2.** *T.lett.* seguace della tendenza letteraria dello strapaese; anche *sm.* ‖ **N.** **1.** *Sin.* esterofobo.

strapaéșe [comp. di *stra-* e *paese*; 1931] **sm.** *T.lett.* tendenza letteraria italiana dell'inizio del Novecento, propugnante una letteratura ispirata alle tradizioni rurali.

strapagàre (pres. *-àgo, -àghi*) [comp. di *stra-* e *pagare*; 1536] **tr.** pagare più del dovuto; pagare bene, profumatamente.

straparlàre [comp. di *stra-* e *parlare*; 1556 ca.] **intr.** (aus. *avere*) parlare molto e spec. a sproposito; farneticare, vaneggiare.

strapazzaménto [da *strapazzare*; 1745] **sm.** *raro* atto ed effetto dello strapazzare.

strapazzàre [etim. inc.; a. 1556] **tr.** **1.** maltrattare una persona con parole o atti: *lo strapazza tutto il giorno* **2.** *per estens.* rif. a cosa, trattarla senza alcun riguardo, sciuparla: *strapazzare un abito*; *strapazzare un autore*, interpretarlo male; *strapazzare una sonata*, eseguirla male, straziarla ‖ **rifl.** affaticarsi troppo, non avere cura delle propria salute: *ti strapazzi troppo* ‖ **N.** *Sin.* MALTRATTARE.

strapazzàta [da *strapazzare*; 1863] **sf.** atto dello strapazzare; *in part.* sgridata, violento rimprovero: *si è ricevuto una bella strapazzata*; anche faticata che nuoce alla salute: *quel viaggio è stato una strapazzata per te* ‖ *dim.* strapazzatina.

strapazzàto (*pps.* di *strapazzare*) [1686] **agg.** **1.** malconcio, maltrattato ‖ *T.cuc. uova strapazzate*, uova sbattute e cotte mescolandole nel tegame **2.** *meno com.* pieno di fatiche e disagi: *fare una vita strapazzata.*

strapazzatóre [da *strapazzare*; a. 1676] **sm.** (f. *-trice*) *non com.* chi è solito trattare senza il minimo riguardo cose o persone.

strapàzzo [da *strapazzare*; 1618] **sm.** atto ed effetto dello strapazzarsi, l'aver poca cura della propria salute: *una vita di strapazzi* ‖ nella *loc. agg. da strapazzo*, di cosa, della quale ci si può servire senza particolari riguardi, essendo resistente ma di poco valore: *vestito da strapazzo*; *scrittore da strapazzo*, di scarso valore ‖ **N.** *Sin.* FATICA.

strapazzóne [da *strapazzare*; 1865] **agg.** e **sm.** (f. *-a*) *non com. fam.* che o chi è abituato a strapazzare, a trattare senza riguardo cose e persone.

strapazzóso [da *strapazzo*; 1873] **agg.** *raro* che causa strapazzo, che è molto faticoso, disagevole: *ha fatto un viaggio strapazzoso.*

straperdere (pres. *strapèrdo* ecc., come PERDERE) [comp. di *stra-* e *perdere*; 1566] **intr.** (aus. *avere*) *fam.* perdere molto.

strapiantàre **tr.** *raro pop.* V. TRAPIANTARE.

strapièno [comp. di *stra-* e *pieno*; 1873] **agg.** troppo pieno, pieno zeppo.

strapiombànte (*ppr.* di *strapiombare*) [1970] **agg.** *T.alp. parete strapiombante*, parete rocciosa che cade a strapiombo.

strapiombàre (pres. *-ómbo*) [comp. di *stra-* e *piombare*; 1863] **intr.** (aus. *essere* e *avere*, ma è raro nei tempi composti) essere non perfettamente a piombo, bensì rientrante verso il basso: *questo muro mi sembra strapiombi* ‖ *per estens.* avere un pendio scosceso, scendere a picco, in perpendicolo: *le balze strapiombavano dal cielo* (D'Annunzio).

strapiómbo [da *strapiombare*; 1934] **sm.** conformazione verticale la cui parte superiore sia più sporgente di quella inferiore: *parete rocciosa a strapiombo* ‖ la misura massima raggiunta dalla sporgenza di un muro che strapiombi: *uno strapiombo di 65 cm.*

strapoggiàre (pres. *-òggio*) [comp. di *stra-* e

poggiare; 1873] **intr.** (aus. *avere*) *T.mar.* di imbarcazione a vela, venire violentemente alla poggia, cioè voltare improvvisamente la prora nella direzione del vento ‖ **tr.** pilotare un'imbarcazione in modo che strapoggi ‖ **N.** *Contr.* straorzare.

straportàre e der. forme pop. di TRASPORTARE e der. (v.).

strapotènte [comp. di *stra-* e *potente*; a. 1600] **agg.** potentissimo, eccessivamente potente.

strapotènza [comp. di *stra-* e *potenza*; 1873] **sf.** l'essere strapotente.

strapotére [comp. di *stra-* e *potere*; 1960] **sm.** potere eccessivo, soverchiante: *lo strapotere dei preti nella società spagnola.*

stràppa [da *strappare*; 1873] **sf.** *raro* solo nella *loc. avv. pop. tosc. a strappa a strappa*, in fretta in fretta.

strappàbile [da *strappare*; a. 1704] **agg.** *non com.* che si può strappare, che si lacera facilmente.

strappacuòre [comp. di *strappa(re)* e *cuore*; 1970] **agg.** *inv.* strappalacrime.

strappalàcrime [comp. di *strappa(re)* e *lacrima*; 1978] **agg.** *inv. spreg.* che suscita commozione con espedienti banali ed elementari: *un film, un romanzo strappalacrime.*

strappalàna [comp. di *strappa(re)* e *lana*; 1838] **sf.** pianta delle Composite che cresce su terreni aridi, caratterizzata da un capolino con aculeo uncinato.

strappaménto [da *strappare*; 1638] **sm.** **1.** *T.med.* stiramento doloroso di uno o più muscoli o tendini, dovuto a movimenti incongrui e violenti **2.** *propr. meno com.* atto ed effetto dello strappare, e il colpo che si dà strappando ‖ **N.** *Sin.* strappo.

strappàre [dal got. **strappōn*, tendere fortemente; 1353 nel senso 1; a. 1600 nel senso 2] **tr.** **1.** lacerare, fare a brandelli: *strappare un foglio di carta in mille pezzi* ‖ produrre uno strappo, una lacerazione: *strappare il grembiule* **2.** togliere, portar via tirando con forza e rapidità: *gli strappò la pistola di mano, strappo un foglio dal tuo blocco* ‖ *fig.* rapire: *strapparono i figli alle madri*; *strappare il cuore* (s'intende dal petto), muovere a profonda commozione: *una scena che strappa il cuore*; *strappare le lacrime*, muovere al pianto; *strappare gli applausi*, suscitare l'entusiasmo del pubblico; *strappare alla morte*, riuscire a salvare all'ultimo momento ‖ *in part.* svellere, sradicare: *strappare un fiore dalla pianta, una pianta dal terreno* ‖ *fig.* estorcere, carpire: *strappare a qualcuno un segreto, la verità* ‖ **rifl. indir.** *strapparsi i capelli*, per la disperazione ‖ **intr. pron.** lacerarsi: *i pantaloni si sono strappati all'altezza del ginocchio* ‖ **intr.** (aus. *avere*) *T.aut.* rif. alla frizione, quando il suo disco, non aderendo perfettamente al volano, provoca strappi nel moto del veicolo ‖ **N.** **tr.** **1.** *Sin.* rompere, sbrindellare, sminuzzare, squarciare, stracciare **2.** *Sin.* asportare, levare, separare, staccare.

strappàta [da *strappare*; 1607] **sf.** atto dello strappare, nel senso di tirare, togliere con violenza ‖ *dim.* strappatìna, strappatèlla ‖ **N.** *Sin.* tirata, STRAPPO.

strappàto (*pps.* di *strappare*) [1865] **agg.** lacero, sbrindellato: *vestito strappato.*

strappatóre [da *strappare*; 1960] **sm.** (f. *-trìce*) *T.tess.* operaio addetto alla strappatrice.

strappatrice [da *strappare*; 1930] **sf.** macchina tessile che rompe, mediante strappo, le filacce della canapa, del lino, della iuta.

strappatùra [da *strappare*; a. 1597] **sf.** **1.** atto ed effetto dello strappare nel senso di lacerare, e il punto dove è avvenuta la strappatura **2.** *T.tess.* scarto della lavorazione della canapa ‖ **N.** *Sin.* strappamento, strappo.

strappìsta [da *strappo*; 1964] **s.** *T.sport.* atleta particolarmente abile nel sollevare i pesi a strappo.

stràppo [da *strappare*; a. 1722 nel senso 2; 1837 nel senso 1] **sm.** **1.** atto del portar via con forza e rapidità; rapida e violenta trazione, brusca tirata, strattone: *diede uno strappo e il fiore gli rimase in mano, il pesce abboccato dava forti strappi alla lenza* ‖ *T.med. strappo muscolare*, stiramento eccessivo, molto doloroso, causato da movimenti incongrui e violenti ‖ *fig. T.sport.* in vari tipi di corsa, rapida accelerazione per staccare gli avversari; nel sollevamento pesi, il sollevare un bilanciere da terra fin sopra la testa, a braccia tese, in un solo colpo ‖ in alcune *loc. avv.*: *a strappi*, non di seguito, a sbalzi: *avanzare a strappi*; *a strappo*, rif. a una tecnica di restauro per l'asportazione di affreschi dal muro e il trasferimento su un altro supporto ‖ *fam. dare uno strappo*, un passaggio a bordo del proprio veicolo, spec. a un autostoppista **2.** lacerazione, squarcio: *uno strappo nei calzoni*; anche *fig.* netta divergenza, sconnessione: *uno strappo nel ragionamento*; nella loc. *fare uno strappo alla regola*, ignorarla in via eccezionale ‖ *dim.* strappétto, strappìno, strappùccio; *accr.* strappóne ‖ **N.** **2.** *Sin.* rottura, spacco.

strapuntìno (*dim.* di *strapunto*) [a. 1712 nel senso 2; 1940 nel senso 1] **sm.** **1.** seggiolino reclinabile utilizzato sui mezzi pubblici, nei teatri ecc. per aumentare il numero dei posti **2.** *T.mar.* materasso in dotazione per la branda.

strapùnto [da *trapunto*; 1619 nel senso 1; 1940 nel senso 2] **sm.** *non com.* **1.** sottile materasso imbottito di bambagia, di capecchio, di lana e fittamente impunturato **2.** trapunta, coperta imbottita ‖ *dim.* strapuntìno.

straricco (pl. *-chi*) [comp. di *stra-* e *ricco*; 1664] **agg.** ricchissimo.

straripaménto [da *straripare*; 1811] **sm.** lo straripare.

straripàre (pres. *-ìpo*) [comp. parasint. di *ripa*; 1598] **intr.** (aus. *essere* e *avere*) traboccare dell'acqua di un fiume al di sopra degli argini: *il Po è* (o *ha*) *straripato.*

straripévole [comp. di *stra-* e un der. di *ripa*; 1336 ca.] **agg.** *ant.* scosceso.

strascicaménto [da *strascicare*; a. 1704] **sm.** lo strascicare.

strascicàre (pres. *stràscico, stràscichi*) [prob. da *strascinare*; a. 1400] **tr.** tirarsi dietro qualcosa facendola strascicare a terra; trascinare: *strascicare un sacco pesante*; *strascicare i piedi, le gambe*, non alzarli completamente facendo il passo, generalmente per debolezza ‖ *fig.* strascicare le parole, pronunciarle indugiando sulle sillabe; *strascicare un lavoro*, portarlo avanti per le lunghe e farlo di malavoglia; *non com. strascicare una malattia*, portarsela addosso a lungo, non decidendosi mai a curarla ‖ *T.cuc. penne strascicate*, passate ripetutamente nel sugo caldo in modo da venirne ben impregnate ‖ **intr.** (aus. *avere*) toccare per terra continuamente durante uno spostamento: *non vedi che il lenzuolo sta strascicando per terra?* ‖ **rifl.** trascinarsi, camminare a stento: *non strascicarti!* ‖ **N.** *Sin.* TRASCINARE.

strascichìo (pl. *-ìi*) [da *strascicare*; 1873] **sm.** lo strascicare continuo o ripetuto ‖ rumore di cosa strascicata.

stràscico (pl. *-chi*) [da *strascicare*; 1566 nel senso 2] **sm.** **1.** atto dello strascicare, usato soltanto in contesti particolari: *rete a strascico*, per la cattura di pesci o uccelli; *caccia a strascico*, in cui, come sistema di richiamo per i carnivori, si trascina sul terreno un pezzo di carne sanguinolenta fino al luogo dell'agguato ‖ *fig. parlare con lo strascico*, strascicando la pronuncia delle parole **2.** *concr.* ciò che viene strascicato ‖ *T.abb.* parte posteriore di una veste o di un mantello formante una sorta di coda che striscia per terra: *il vestito della sposa aveva uno strascico di tre metri* ‖ *per estens.* ciò che resta dopo il passaggio di una cosa o la segue: *lo strascico della lumaca*, la traccia della bava che lascia a terra; *iron.* rif. a persone, seguito, codazzo: *uno strascico di ammiratori* ‖ *fig.* postumo, conseguenza: *gli strascichi del tifo, della guerra, dello shock subito.* **TAV.** *pesca* 3.

strascicóne [da *strascicare*; 1688] **sm.** (f. *-a*) *non com.* chi per la vecchiaia o per particolari menomazioni fisiche è solito camminare strascicandosi ‖ nella *loc. avv. non com.* strascicando, trascinando: *portare un vestito a strasciconi.*

strascinaménto [da *strascinare*; a. 1406] **sm.** atto ed effetto dello strascinare.

strascinàre (pres. *-ìno*) [da *trascinare*; a. 1313] **tr.** trascinare.

strascinìo (pl. *-ìi*) [da *strascinare*; fine sec. XIV] **sm.** lo strascinare continuo o ripetuto ‖ rumore di cosa strascinata.

stràscino o **strascino**[1] [da *strascinare*; 1541] **sm.** **1.** *T.pesc.* tipo di rete aperta adatta per la pesca a strascico; giacchio **2.** *T.cacc.* rete per la cattura a strascico di uccelli, spec. delle quaglie **3.** *T.agr. ant.* erpice rustico, fatto con fascine che si trascinano sul terreno.

strascìno[2] [da *strascinare*; 1688] **I sm.** *ant.* macellaio ambulante che vende carni generalmente di qualità scadente **II agg.** di persona, male in arnese.

strasecolàre (pres. *-ècolo*) [da *trasecolare*; a. 1698] **intr.** (aus. *essere* e *avere*) *pop. non com.* trasecolare.

straservito [comp. di *stra-* e *servito*; 1872] **agg.** servito con ogni cura.

strass [dal n. proprio G. *Strasser*, che l'inventò; 1875] **sm.** *inv.* imitazione di brillante; brillante chimico, artificiale.

stratagèmma [dal lat. *strategēma*, gr. *stratḗgēma*, astuzia militare; a. 1587] **sm.** mossa, accorgimento e sim. messi in atto per sorprendere o ingannare qualcuno ‖ **N.** *Sin.* astuzia, espediente, malizia, sotterfugio, trabocchetto, trovata.

stratàtico (pl. *-ci*) [dal lat. mediev. *stratatĭcum*, dal lat. tardo *strāta*, strada; 1960] **sm.** *T.stor.* nell'età dei comuni e delle signorie, pedaggio che si doveva pagare per transitare sulle strade.

stratèga (pl. *-ghi*) [da *stratego*; 1940] **s.** esperto in strategia militare ‖ *per estens.* chi è particolarmente abile nel trovare i modi più efficaci per conseguire i propri fini: *è un'ottima stratega, fidati di lei.*

strategìa (pl. *-gìe*) [lat. *stratēgĭa*, gr. *stratēgía*, prefettura, governo militare; 1829] **sf.** **1.** *T.mil.* parte dell'arte militare che si occupa della pianificazione generale dell'azione delle forze militari e della coordinazione delle singole operazioni belliche: *strategia aerea, terrestre, navale* **2.** *per estens.* capacità di adottare mezzi efficaci per raggiungere il proprio scopo: *qui ci vuole tutta la sua strategia* ‖ **N.** **1.** logistica, tattica.

stratègico (pl. *-ci*) [dal lat. tardo *stratēgĭcus*, gr. *stratēgikós*; 1833] **agg.** di strategia, che concerne la strategia: *piano strategico*; *punto strategico*, punto del teatro delle operazioni che riveste importanza strategica; *linea strategica*, quella che congiunge due o più punti strategici; *fronte strategico*, la linea strategica che serve di fronte a un esercito operante; *schieramento strategico*, l'insieme delle diverse posizioni che le grandi unità di guerra occupano per iniziare le operazioni; *obiettivo strategico*, il punto del teatro di operazione il cui possesso dimostra la prevalenza assoluta su chi lo perde, cioè dà la vittoria strategica; *ritirata strategica*, che è elemento di una strategia; anche *fig. scherz.* ripiego imposto dalle circostanze, che si vuol presentare come frutto di una scelta ‖ **strategicaménte** **avv.** in modo strategico, secondo la strategia ‖ *per estens.* abilmente.

stratègo (pl. *-ghi*) [dal lat. *stratēgus*, gr. *stratēgós*; 1750 nel senso 2] **sm.** *T.stor.* **1.** nell'antica Atene, ciascuno dei dieci capi militari dell'esercito e della flotta **2.** governatore civile e militare di un tema bizantino **3.** stratega.

stratèmpo [comp. di *stra-* per *tras-* e *tempo*; 1873] **sm.** *lett. raro* tempo strano, instabile.

straticò o **stradicò** [dal gr. biz. *stratēgós*, comandante; 1838] **sm.** *T.stor.* nel Medioevo, magistrato bizantino e normanno, stratego.

stratificàre (pres. *-ìfico, -ìfichi*) [comp. di *strato* e *-ficare*; 1612] **tr.** disporre a strati ‖ **intr. pron.** *più com.* disporsi a strati: *una zona in cui si sono stratificati diversi sedimenti rocciosi.*

stratificàto (*pps.* di *stratificare*) [a. 1799] **agg.** costituito da più strati: *rocce stratificate.*

stratificazióne [da *stratificare*; 1777] **sf.** l'atto e spec. l'effetto dello stratificare e dello stratificarsi ‖ *T.geol.* struttura delle rocce sedimentarie, consistente in una successione verticale di strati ‖ *T.sociol.* suddivisione del corpo sociale in diversi strati (in base all'educazione, al reddito ecc.) ‖ *fig.* accumulazione successiva nel tempo: *stratificazioni storiche* ‖ **N.** STRATO.

stratifórme [comp. di *strato* e *-forme*; 1805] **agg.** *T.scient.* che ha forma di strato: *una massa stratiforme.*

stratigrafìa [comp. di *strato* e *-grafia*; 1873 nel senso 1; 1930 nel senso 2] **sf.** **1.** *T.geol.* parte della geologia che studia gli strati sovrapposti della crosta terrestre ‖ *per estens.* tecnica di indagine che, basandosi sull'osservazione della successione dei vari strati di terreno scavati, consente, in agraria, di individuare i terreni adatti alle diverse colture e, in archeologia, di stabilire una cronologia relativa dei reperti rinvenuti **2.** *T.med.* tecnica radiografica che permette di ottenere immagini di singoli strati successivi degli organi interni. **Q.T.** *geologia.*

stratigràfico (pl. *-ci*) [da *stratigrafia*; 1873] **agg.** attinente alla stratigrafia.

stratìgrafo [comp. di *strato-* e *grafo*; 1960] **sm.** *T.med.* apparecchio radiografico per le stratigrafie ‖ **N.** *Sin.* tomografo.

stratigràmma [comp. di *strato-* e *-gramma*; 1960] **sm.** *T.med.* radiogramma ottenuto con lo stratigrafo ‖ **N.** *Sin.* planigramma, tomogramma.

stratimetrìa [comp. di *strato* e *-metria*; 1936] **sf.** *T.geol.* determinazione dello spessore e della posizione dei vari strati della crosta terrestre.

stratiòta o **stratiòte** o **stratiòto** [dal gr. *stratiṓtēs*, soldato; a. 1536] **sm.** *T.stor.* soldato dell'esercito bizantino.

stràto [dal lat. *strātum*, neutro sostantivato del pps. *stratus*, disteso; a. 1537] **sm.** **1.** massa omogenea di materiale, di spessore relativamente costante, sparsa su una superficie: *uno strato di polvere, uno strato di crema sopra uno di cioccolato* **2.** *gen.* massa omogenea di materiale a sviluppo orizzontale, costituente un elemento distinto in una struttura a elementi sovrapposti ‖ *in part. T.geol.* elemento fondamentale delle rocce sedimentarie, corrispondente a un episodio di sedimentazione avvenuto in condizioni ambientali costanti; *T.meteor.* massa nuvolosa bassa, formata da banchi orizzontali grigiastri e uniformi; *T.anat.* parte laminare di tessuti o formazioni varie: *strato spinoso dell'epidermide, strato corneo* **3.** *fig. T.sociol.* ceto, classe sociale: *strati privilegiati della popolazione* ‖ *T.stat.* ciascun gruppo in cui gli individui campionati sono divisi sulla base di caratteristiche comuni **4.** *arc.* tappeto o drappo disteso lungo il percorso di una persona illustre ‖ **N.** **2.** crosta, falda, piano, sfoglia, superficie | sostrato. **Q.T.** *archeologia* **TAV.** *anatomia* **p. 642** 19.4; *meteorologia* **p. 1321** 2.4.

stratocrazìa [comp. del gr. *stratós*, esercito e *-crazia*; 1838] **sf.** *non com.* governo esercitato dai militari.

stratocùmulo [comp. di *strato* e *cumulo*; 1934 *strato-cumulo*] **sm.** *T.meteor.* nuvola bassa costituita da ammassi densi e scuri. **TAV.** *meteorologia* **p. 1321** 2.6.

stratonàutica [comp. di *strato(sfera)* e *nautica*; 1960] **sf.** *non com.* aeronavigazione nella stratosfera.

stratonémbo [comp. di *strato* e *nembo*; 1965] **sm.** *T.meteor.* nembostrato.

stratopàuṣa [comp. di *strato(sfera)* e *-pausa*; 1960] **sf.** strato intermedio tra l'alta atmosfera e la stratosfera.

stratoreattóre [comp. di *strato(sfera)* e *reattore*; 1970] **sm.** reattore che può volare nella stratosfera.

stratosfèra [comp. di *strato* e *sfera*, sul modello del fr. *stratosphère*; 1923] **sf.** strato atmosferico estendentesi dalla troposfera fino a una quota di circa 40 km. **Q.T.** *geologia* **TAV.** *meteorologia* **p. 1321** 1.7.

stratosfèrico (pl. *-ci*) [comp. di *strato* e *sferico*, sul modello del fr. *stratosphérique*; 1935] **agg.** **1.** della stratosfera, che si riferisce alla stratosfera: *ascensioni stratosferiche* **2.** *fig. iperb.* esorbitante.

stràtta [da *trarre*; a. 1584] **sf.** *non com.* tirata improvvisa, strappata ‖ *raro* nella *loc. avv. a stratte*, a strappi ‖ *accr.* strattóne.

strattagèmma **sm.** *pop.* V. STRATAGEMMA.

strattonàre (pres. *-óno*) [da *strattone*; 1974] **tr.** dare strattoni ‖ *T.sport.* nel calcio, nel ciclismo e in altri sport, trattenere l'avversario per la maglia, impedendogli di avanzare.

strattóne (*accr.* di *stratta*) [1865] **sm.** violento e brusco movimento con cui si cerca di liberarsi da qualcosa che trattiene o di tirare a sé qualcosa che resiste: *con uno strattone si liberò dalla stretta; con uno strattone mi strappò la borsa.*

stravacàto [dal lat. tardo *transvaricāre*, allargare le gambe; 1838] **agg.** *T.tip. non com.* di pagina di stampa, che non è venuta dritta.

stravaccàrsi (pres. *-àcco, -àcchi*) [comp. parasint. del pref. *stra-* con valore superl. e *vacca*; 1878] **intr. pron.** sdraiarsi con la massima libertà assumendo una posa scomposta.

stravagànte [lat. mediev. *extravagans, -antis*; 1478 come agg. nel senso 2] **I agg.** **1.** fuori dal comune; strano, eccentrico (spec. intenzionalmente): *un'abitudine, un tipo, un artista stravagante* **2.** *propr. lett. disus.* che è fuori dai limiti normali o previsti: *rime stravaganti*, escluse dalla raccolta curata dall'autore ‖ **stravaganteménte** **avv.** **II** **s.** persona stravagante: *è una stravagante* ‖ **N.** **1.** *Sin.* bislacco, bizzarro, curioso, originale, strambo, strampalato **2.** *Sin.* estravagante.

stravagànza [da *stravagante*; 1598] **sf.** qualità di chi è stravagante ‖ *concr.* atto, discorso, idea o sim. da persona stravagante; stranezza, bizzarria intenzionale: *queste sono stravaganze riprovevoli.*

stravaṣàre (pres. *-àṣo*) [da *travasare*, con influsso di *stra-*; 1745] **intr.** (aus. *essere*) *raro* travasare ‖ **intr. pron.** *raro* travasarsi.

stravàṣo [da *stravasare*; 1873] **sm.** *raro* travaso.

stravècchio (pl. *-chi*) [comp. di *stra-* e *vecchio*; 1843] **agg.** vecchissimo: *queste sono cose vecchie e stravecchie* ‖ di alimenti o tabacco molto stagionati, fatti invecchiare a lungo: *formaggio, brandy stravecchio.*

stravedére (pres. *stravédo* ecc., come VEDERE) [da *travedere*, con influsso di *stra-*; sec. XVI] **intr.** (aus. *avere*) veder male, diversamente da come stanno le cose ‖ *più com. fig.* nella loc. fam. *stravedere per qualcuno*, ammirarlo, amarlo esageratamente, al punto da non riuscire a valutarlo obiettivamente.

stravéro [comp. di *stra-* e *vero*; a. 1589] **agg.** *raro* verissimo.

stravìncere (pres. *stravinco* ecc., come VINCERE) [comp. di *stra-* e *vincere*; a. 1580] **intr.** (aus. *avere*) vincere in maniera netta; talora implica anche l'umiliazione dell'avversario: *non volere anche stravincere.*

straviṣàre (pres. *-ìṣo*) [da *travisare*, con influsso di *stra-*; 1838] **tr.** *raro* travisare.

straviziàre (pres. *-ìzio*) [da *stravizio*; 1619] **intr.** (aus. *avere*) commettere stravizi, specialmente nel mangiare e nel bere ‖ **N.** *Sin.* ABUSARE.

stravìzio (pl. *-zi*) [dal serbocroato *zdravica*, brindisi, con influsso di *stra-* e *vizio*; 1525 *strivizzo*] **sm.** eccesso, disordine, spec. nel mangiare, nel bere e nel piacere dei sensi: *darsi agli stravizi* ‖ **N.** *Sin.* bagordo, GOZZOVIGLIA; ORGIA.

stravìzzo [dal serbocroato *zdravica*, brindisi; 1612] **sm.** *T.stor.* convito annuo degli accademici della Crusca.

stravolére (pres. *stravòglio* ecc., come VOLERE) [comp. di *stra-* e *volere*; 1600] **intr.** (aus. *avere*) *raro* volere troppo, oltre il giusto e il conveniente.

stravòlgere (pres. *stravòlgo* ecc., come VOLGERE) [da *travolgere*, con influsso di *stra-*; a. 1356] **tr.** **1.** alterare, sconvolgere: *la rabbia gli stravolse i lineamenti* ‖ *più com. fig. la disgrazia lo ha stravolto*, lo ha turbato profondamente; *in part.* rif. a frasi, pensieri, fatti ecc., alterare il significato, interpretare arbitrariamente: *stravolgere la verità, i fatti* **2.** *propr.* volgere bruscamente, torcere: *stravolgere gli occhi* ‖ **N.** **2.** *Sin.* TORCERE.

stravolgiménto [da *stravolgere*; a. 1348] **sm.** l'atto e l'effetto dello stravolgere.

stravòlto (*pps.* di *stravolgere*) [a. 1342] **agg.** sconvolto, turbato profondamente: *un viso stravolto, una mente stravolta.*

straziànte (*ppr.* di *straziare*) [1873] **agg.** che strazia: *dolore angoscioso e straziante, grido straziante* ‖ *iperb. un quadro, una canzone, un film straziante*, talmente brutto da provocare grave fastidio.

straziàre (pres. *stràzio*) [da *strazio*; 1353] **tr.** **1.** fare strazio; fare a brani, lacerare o mutilare gravemente: *le belve straziarono il corpo del domatore, un maniaco che straziava i corpi delle sue vittime prima di ucciderle* ‖ *per estens.* provocare un grande dolore morale: *strazia il cuore veder soffrire i bambini* ‖ *fig. iperb. fam.* provocare una sensazione acustica o visiva molto sgradevole: *un quadro tanto brutto da straziare la vista; straziare le orecchie*, tormentare con continue stonature **2.** *fig.* sciupare, trattar male: *straziare un'opera, un brano musicale*, interpretarli o eseguirli male ‖ *raro* sperperare: *straziare un patrimonio* **3.** *ant.* beffeggiare ‖ **N.** **1.** *Sin.* dilaniare, ferire, scempiare.

straziàto (*pps.* di *straziare*) [a. 1374] **agg.** orrendamente perito o mutilato: *i corpi straziati delle vittime della ferocia nazista*; *fig.* tormentato, lacerato: *ha la coscienza straziata dai rimorsi.*

straziatóre [da *straziare*; sec. XIV] **agg.** e **sm.** (f. *-trìce*) *raro* che o chi strazia.

stràzio (pl. *-zi*) [prob. lat. *distractio*; 1306] **sm.** **1.** grave lacerazione o mutilazione di un corpo; usato nella loc. *far strazio*, far scempio: *fecero strazio del cadavere* **2.** *più com.* l'atroce sofferenza fisica che è effetto dello straziare: *non resse allo strazio delle torture inflittegli* ‖ *per estens.* atroce sofferenza morale: *è uno strazio indicibile veder morire il proprio figlio* ‖ *iperb. fam.* grande fastidio, sensazione sgradevole: *durerà ancor molto questo strazio?, che strazio questi discorsi!, questo film!, quell'uomo!* **3.** *fig.* nella loc. *far strazio*, sciupare, rovinare: *far strazio di un autore*, interpretarne malamente le opere; anche, *raro*, sperperare: *far strazio di un favoloso patrimonio* **4.** *ant.* scherno, dileggio || **N. 2.** *Sin.* patimento, sofferenza; noia, seccatura, DOLORE, TORMENTO **3.** *Sin.* sciupio; spreco.

stràzza [dal ven. *strazza*, straccio; 1960] **sf.** i cascami della filatura della seta.

streaking (ingl., pr. ['stri:kɪŋ]) [da to *streak*, correre rapidamente; 1981] ***sm. inv.*** corsa veloce compiuta in pubblico da una persona completamente nuda, in segno di protesta o per puro esibizionismo.

strebbiàccio (pl. *-ci*) [da *strebbiare*; 1891] **sm.** *raro* terreno sodo, incolto; sodaglia.

strebbiàre (pres. *strébbio*) [da *trebbiare*; 1873] ***tr.*** *pop. tosc.* sciupare qualcosa usandolo senza riguardo.

strecciàre (pres. *-éccio*) [da *intrecciare*, con cambio di pref.; 1612] ***tr.*** disfare una treccia o qualcosa che sia intrecciato || **N.** *Contr.* intrecciare.

stréga [lat. *striga*; 1319] ***sf.*** **1.** donna creduta in possesso di poteri magici grazie al suo commercio sessuale con il diavolo: *le streghe venivano mandate al rogo*; *caccia alle streghe*, persecuzione attuata in passato contro donne sospettate di essere streghe e, *fig.*, persecuzione pretestuosa basata su false accuse o su credenze superstiziose: *la caccia alle streghe scatenata contro i comunisti durante il maccartismo* **2.** *fig.* donna vecchia e brutta o, anche, cattiva, maligna: *così spettinata sembro una strega, mia suocera è proprio una strega* **3.** *T.magl.* *punto a strega*, punto ricamato costituito da una serie di punti obliqui, di inclinazione alterna, parzialmente sovrapposti || *dim.* streghétta, streghìna, stregùccia; *accr.* stregóna; *pegg.* stregàccia || **N. 1.** *Sin.* fattucchiera, lamia, maga, maliarda, versiera | incanto, magia, malia, malocchio, sortilegio.

stregaménto [da *stregare*; 1565] **sm.** *raro* l'atto e l'effetto dello stregare; stregoneria.

stregàre (pres. *strégo, stréghi*) [da *strega*; 1548] ***tr.*** esercitare un influsso malefico per mezzo di fatture, incantesimi e sim.: *dicono che questa casa sia stata stregata* || *fig.* ammaliare, affascinare, sedurre: *quella donna lo ha stregato* || **N.** *Sin.* incantare.

stregàto (*pps.* di *stregare*) [1600] ***agg.*** che è sotto l'influsso malefico di un incantesimo: *un castello stregato* || **N.** *Sin.* fatato, incantato.

strégghia [dal lat. volg. **strigila*; 1313] ***sf.*** *ant.* striglia.

stregghiatóre ***sm.*** *ant.* v. STRIGLIATORE.

stregherìa [da *strega*; a. 1566] ***sf.*** *raro* stregoneria.

stregóne [da *strega*; a. 1406] ***sm.*** uomo creduto in possesso di poteri magici grazie ai suoi rapporti con le forze del male: *sortilegi compiuti da stregoni* || *T.etn.* presso popoli primitivi, personaggio cui sono attribuite funzioni sacrali, religiose, divinatorie e anche l'attività di guaritore: *lo stregone del villaggio eseguiva la danza della pioggia* || **N.** *Sin.* mago, negromante; sciamano, uomo della medicina.

stregonerìa [da *stregone*; a. 1735] ***sf.*** **1.** spec. nel passato, pratica magica basata su presunti rapporti con le potenze infernali: *nel Medioevo la stregoneria era perseguita con leggi severissime* || *T.etn.* presso popoli o tribù primitivi, l'insieme delle pratiche sacrali, divinatorie e sim. degli stregoni **2.** *concr.* singolo atto di stregoneria; magia, incantesimo, maleficio; anche *fig. scherz.* evento inaspettato, imprevedibile: *ma che stregoneria è questa? solo ieri sembravi moribondo e oggi corri!* || **N. 1.** *Sin.* magia nera **2.** *Sin.* sortilegio.

stregonésco (pl. *-schi*) [da *stregone*; 1963] ***agg.*** da stregone o da strega.

stregònico (pl. *-ci*) [da *stregone*; 1960] ***agg.*** *raro* di stregone o strega.

strégua o **strègua** [da *tregua*; a. 1565] ***sf.*** misura, criterio: *giudicare una cosa alla stregua dell'utile che se ne può ricavare*; *alla stessa stregua*, nella stessa misura, allo stesso modo.

strelìtzia (disus. *sterlìzia*) [dal n. della principessa di Mecklenburg-*Strelitz*; 1875] ***sf.*** *T.bot.* genere di piante della famiglia delle Musacee, con grandi foglie e fiori ornamentali, dai colori arancio e blu portati da un lungo scapo rigido, che hanno la forma di un uccello in volo.

strelìzzi [dal russo *stieljéz*, tiratore; 1838] ***sm. pl.*** *T.stor.* casta di soldati appartenenti a una milizia russa che formava la guardia del corpo degli zar.

stremàre (pres. *strèmo*) [da *stremo*; a. 1311] ***tr.*** ridurre agli estremi della miseria, delle forze ecc.: *questa marcia mi ha stremato, le spese belliche stremarono la nazione* || **N.** *Sin.* depauperare, esaurire, sfiancare, sfinire, INDEBOLIRE.

stremàto (*pps.* di *stremare*) [1873] ***agg.*** allo stremo delle forze: *il concorrente giunse al traguardo stremato* || **N.** *Sin.* esausto, sfiancato, sfinito.

stremenzìre ***tr.*** e ***intr. pron.*** *arc.* v. STRIMINZIRE.

stremézza [da *stremo*; a. 1294] ***sf.*** *raro lett.* l'essere stremato.

stremìre (pres. *-ìsco, -ìsci*) [lat. volg. **extremīre*; sec. XIV] ***tr.*** *ant.* o *dial.* atterrire, spaventare.

strèmo [da *estremo*, con aferesi; 1313 come sm. nel senso 2 e come agg.] **I *sm.*** **1.** l'estremo limite delle forze fisiche o morali: *l'ascensione lo ridusse allo stremo, sono allo stremo della sopportazione* **2.** *lett.* estremità, punto estremo: *in su lo stremo / della mia vita* (Dante) **II *agg.*** *ant.* estremo.

strènna [lat. *strēna*, dono di buon augurio; 1319] ***sf.*** regalo che si fa spec. per Natale o Capodanno, perlopiù da parte di aziende a dipendenti e collaboratori.

strenuità [da *strenuo*; prima metà sec. XIV] ***sf.*** *raro lett.* l'esser strenuo || **N.** *Sin.* ardire, coraggio, VALORE.

strènuo [dal lat. *strēnuus*; 1342] ***agg.*** **1.** *lett.* valoroso, prode: *strenuo difensore degli oppressi* **2.** tenace, instancabile: *uno strenuo sostenitore della causa* || **strenuaménte** ***avv.*** || **N. 1.** *Sin.* ardito, VALOROSO.

strèpere (dif. del pps. e dei tempi composti; pres. *strèpo*) [dal lat. *strepere*; 1882] ***intr.*** *poet.* strepitare.

strepitàre (pres. *strèpito*) [dal lat. *strepitāre*; 1598] ***intr.*** (aus. *avere*) fare strepito; *in part.* parlare ad alta voce, concitatamente e con ira: *lo lasciarono strepitare e seguitarono a fare il loro comodo* || **N.** *Sin.* RUMOREGGIARE.

strepitìo (pl. *-ii*) [da *strepitare*; 1916] ***sm.*** uno strepito prolungato, continuato o frequente.

strèpito [dal lat. *strepitus*; a. 1320] ***sm.*** rumore forte e confuso, spec. stridente: *strepito d'armi, lo strepito del treno*; *strepito di voci*, suono di voci concitate || *fig. non com.* nella loc. *fare strepito*, far scalpore, far parlare di sé: *è un libro che fa strepito* || **N.** *Sin.* chiasso, clamore, fracasso, fragore, RUMORE.

strepitóso [da *strepito*; 1561] ***agg.*** che fa strepito: *applausi strepitosi* || *fig.* grandissimo, straordinario: *successo strepitoso* || **strepitosaménte** ***avv.***

Strepsìtteri [comp. del gr. *strépsis*, volgimento e *-ttero*; 1838] ***sm. pl.*** *T.zool.* ordine di piccolissimi insetti vivipari, affini ai coleotteri, parassiti di altri insetti.

strèpto- [dal gr. *streptós*, ritorto, attorcigliato] ***primo elem.*** che, in parole composte della terminologia biologica, vale "contorto", "ritorto", "ripiegato" (per es. *streptococco*) || può essere anche abbreviazione di *streptococco* (per es. *streptolisina*).

streptocòcco (pl. *-chi*) [comp. di *strepto-* e *cocco*; 1888] ***sm.*** *T.biol.* microrganismo granulare, perlopiù pirogeno, che si dispone, con gli altri, a catena; è saprofita o parassita dell'uomo e di animali || **N.** cocco, diplococco, stafilococco.

streptolisìna [comp. di *strepto-* e *lisina*, sul modello del fr. *streptolysine*; 1960] ***sf.*** *T.biol.* emolisina prodotta dagli streptococchi e caratterizzata da proprietà antigeniche.

streptomicète [comp. di *strepto-* e *micete*; 1960] ***sm.*** *T.biol.* batterio degli Actinomiceti, con cui vengono prodotti molti farmaci antibiotici.

streptomicìna [comp. di *strepto-* e *-micina*; 1950] ***sf.*** *T.farm.* sostanza antibiotica ricavata da un fungo detto *Streptomyces griseus*, che ha efficacia contro batteri gram-negativi.

stress (ingl., pr. [stres]) [letter. sforzo, spinta; 1955] ***sm. inv.*** *T.med.* ogni stimolo intenso e dannoso sull'organismo, che possa provocarne reazioni a carattere morboso || *per estens. com.* logorio, tensione nervosa accumulata in conseguenza di un'attività quotidiana frenetica: *lo stress della vita in città.*

stressànte (*ppr.* di *stressare*) [1963] ***agg.*** che provoca stress: *un'attività stressante.*

stressàre (pres. *strèsso*) [da *stress*; 1955] ***tr.*** causare uno stress, logorare sia fisicamente che mentalmente: *il lavoro lo ha stressato* || ***rifl.*** sottoporsi a stress: *studiando così, si stressa.*

stressàto (*pps.* di *stressare*) [1960] ***agg.*** sottoposto a stress, logorato dallo stress.

stretching (ingl., pr. ['stretʃɪŋ]) [da to *stretch*, tendere, tirare; 1987] ***sm. inv.*** **1.** *T.sport.* ginnastica di allungamento muscolare **2.** *T.chim.* vibrazione di un legame lungo il suo asse per effetto dell'interazione con una radiazione infrarossa.

strétta [da *stretto*[1]; 1313] ***sf.*** **1.** l'atto e l'effetto dello stringere: *dare una stretta alla cinghia, salutare con una calorosa stretta di mano*; anche forte abbraccio: *liberarsi dalla stretta dello zio* || *in part.* lo stringersi, l'accalcarsi di più persone; affollamento, calca: *fu preso nella stretta della folla* || *fig.* senso di chiusura, di oppressione improvviso e acuto: *alla sua vista provai una stretta al cuore, alla gola, allo stomaco* **2.** valico montuoso stretto, varco angusto: *la stretta delle Termopoli* **3.** *più com. fig.* punto critico, situazione di costrizione: *trovarsi in una stretta finanziaria*; anche *pl.*: *essere, trovarsi alle strette*, in una situazione di estremo bisogno, spec. quando ci si deve assolutamente affrettare per il tempo che stringe; *mettere alle strette*, con le spalle al muro: *lo mettemmo alle strette e finì col parlare* || *T.mus.* parte finale dell'opera ottocentesca in cui il ritmo viene accelerato, producendo un effetto incalzante; *fig.* *stretta finale*, la situazione in cui si deve concludere sotto l'incalzare dei tempi e delle circostanze || **N. 1.** *Sin.* pressione, restringimento; pigia pigia; morsa **3.** affanno, ansia, miseria, oppressione, povertà, ristrettezze, strettezze.

strettézza [da *stretto*[1]; 1353] ***sf.*** **1.** l'essere stretto **2.** *più com. fig. pl.* scarsità di mezzi economici, povertà: *vive in strettezze.*

strettìre (pres. *-ìsco, -ìsci*) [da *stretto*[1]; 1838] ***tr.*** *tosc. pop.* restringere, far diventare stretto o più stretto: *strettire una veste.*

strétto[1] (*pps.* di *stringere*) [a. 1290 nel senso 2] **I *agg.*** **1.** molto limitato nel senso della larghezza, dell'ampiezza: *spalle strette*; *curva stretta*, dal raggio poco ampio; *in part.* angusto: *valle stretta*; *spazio, passaggio stretto* || detto di indumenti, molto aderente, attillato: *pantaloni stretti in fondo, ai fianchi, in vita*; *una camicia stretta di spalle, queste scarpe mi sono strette*; nella loc. *essere di manica stretta*, severo, rigoroso: *un giudice, un professore di manica stretta*, che non fa concessioni di sorta nel giudicare l'operato altrui || *fig.* limitato, rigorosamente circoscritto: *interpretare una frase in senso stretto* **2.** serrato: *stretta contro la macchina, non potevo scappare*; *un nodo stretto*, difficile da sciogliere; *tenere i pugni stretti*; *a denti stretti*, anche *fig.*: *ridere a denti stretti*, forzatamente; *sopportare a denti stretti*, tener duro, resistere ostinatamente nonostante la rabbia o la fatica ‖ *per estens. fig.* legato da vincoli di parentela o affettivi molto forti: *al matrimonio assisterono solo i parenti stretti*; *una stretta amicizia li legava*, profonda, intima **3.** assoluto, completo: *oggetti di stretta necessità, a stretto rigore, disciplina stretta, stretta osservanza del digiuno* ‖ di dialetto, parlata locale, parlati accentuandone tutti i caratteri propri: *milanese stretto* **4.** *T.ling.* di vocale, dal suono chiuso ‖ **strettaménte** *avv.* in modo stretto: *restarono a lungo strettamente abbracciati*, abbracciati stringendosi forte; *legò strettamente la fune*; anche *fig.*: *un'interpretazione strettamente letterale*, rigorosamente letterale **II** in funzione di *avv.* strettamente: *tienilo stretto, non lasciarlo scappare*; anche *fig.*: *portate con voi solo lo stretto necessario*, ciò che è assolutamente necessario ‖ *dim.* strettino, strettùccio ‖ **N. 1.** *Sin.* piccolo, raccolto, ristretto, scarso, striminzito | *Contr.* ampio, esteso, largo, lato **2.** *Sin.* premuto, schiacciato, trattenuto | *Contr.* largo **4.** *Sin.* chiuso | *Contr.* aperto, largo.

strétto² [lat. *strictus*; a. 1348; 1772 nel senso 2] **sm. 1.** *T.geogr.* braccio di mare tra due terre che mette in comunicazione due zone di mare: *lo stretto di Messina* **2.** *T.mus.* parte finale della fuga, in cui soggetto e risposta si presentano a distanze ravvicinate **3.** *T.magl.* *stretto diritto, rovescio*, maglia, a diritto o a rovescio, che si lavora prendendo insieme due o più maglie del ferro precedente. **TAV.** *geografia* 1.11.

strettóia [da *stretto*¹; 1922] **sf. 1.** tratto di una strada in cui essa si restringe ‖ *fig.* condizione, circostanza in cui è arduo trovare una via d'uscita: *ci troviamo in una strettoia* **2.** *ant.* fascia o altro strumento per stringere.

strettóio (pl. *-ói*) [da *stretto*¹; a. 1320] **sm. 1.** nome generico di vari tipi di pressa a vite **2.** *ant.* luogo angusto in cui si affolla molta gente ‖ **N. 1.** frantoio, pressatrice, soppressa, TORCHIO.

strettùra [lat. *strictūra*, restringimento; a. 1320] **sf.** *raro* **1.** strettezza **2.** luogo angusto **3.** *fig.* oppressione.

strìa [dal lat. *stria*, riga; a. 1452] **sf. 1.** riga sottile che spicca su un fondo di altro tono o di altro colore ‖ *T.arch.* scanalatura di una colonna **2.** *T.anat.* formazione nastriforme **3.** *T.fis.* riga di assorbimento nello spettro solare. **TAV.** ***architettura*** **p. 646** 3.10.

striàre (pres. *strìo*) [da *stria*; 1521] **tr.** fare una o più strie.

striàto (*pps.* di *striare*) [a. 1555] **agg. 1.** che presenta strie: *striato di sangue*; di stoffa, tessuta o decorata a righe molto sottili, rigata **2.** *T.anat.* *fibre striate*, fibre dei muscoli volontari, che presentano una delicata striatura trasversale ‖ *T.anat.* *corpo striato*, nucleo di cellule nervose in ciascun emisfero del cervello.

striatùra [da *striare*; 1598] **sf.** atto dello striare ‖ *concr.* serie di strie sopra una superficie.

stricco (pl. *-chi*) [dal long. *strihha*, corda; 1889] **sm.** *T.mar.* paranco usato per caricare e scaricare merci su piccole imbarcazioni.

stricnìna [dal fr. *strychnine*; 1821] **sf.** *T.chim.* alcaloide velenosissimo contenuto nella noce vomica e in altri vegetali; viene usato in medicina come eccitante.

stridènte (*ppr.* di *stridere*) [a. 1320] **agg.** che stride: *ruote stridenti*; *fig.* *contrasto stridente*, che risalta subito agli occhi.

strìdere (p.rem. *stridéi* o *stridètti, stridésti, stridètte*; dif. del pps. e dei tempi composti) [dal lat. *stridēre*; a. 1320] **intr. 1.** emettere grida, suoni acuti e aspri: *stride la cicala, la fiamma, il vento* **2.** *fig.* produrre contrasto, risultare disarmonico: *le tue affermazioni stridono con il tuo comportamento*; di colore che non s'accorda con un altro: *il viola sul rosso stride* ‖ **N. 1.** *Sin.* cigolare, gridare, scricchiolare **2.** *Sin.* contrastare, discordare. **Q.T.** *animali.*

stridìo (pl. *-ìi*) [da *stridere*; 1715] **sm.** lo stridere continuato.

stridìre (pres. *-ìsco, -ìsci*; dif. del pps. e dei tempi composti) [da *stridere*, con cambio di coniug.; a. 1320] **intr.** *arc.* o *poet.* stridere: *udivo stridire gli acridi* (Pascoli).

strìdo (pl. m. *strìdi* e f., ma solo della voce umana, *strìda*) [da *stridere*; a. 1303] **sm.** voce stridente, umana o animale: *le strida dei dannati* ‖ *per estens.* anche di cose inanimate: *sibila il mar percosso in rauchi stridi* (Tasso) ‖ **N.** *Sin.* strillo, GRIDO.

stridóre [dal lat. *strīdor, -ōris*; sec. XIV] **sm. 1.** rumore acuto e aspro prodotto da persona, animale o cosa che stride: *lo stridore delle ruote, dei denti* **2.** *raro region.* spec. *pl.* freddo intenso: *a questi stridori si ha poca voglia d'uscire di casa* ‖ **N. 1.** *Sin.* cigolio, strepito, RUMORE.

stridulànte (*ppr.* di *stridulare*) [1960] **agg.** che stridula ‖ *T.zool.* *apparato, organo stridulante*, quello che consente ad alcuni insetti, come i grilli e le cicale, di sfregare le elitre e produrre un canto stridulo ‖ *insetti stridulanti*, insetti che emettono suoni striduli grazie a tale apparato.

stridulàre (pres. *strìdulo*) [da *stridulo*; 1960] **intr.** (aus. *avere*) di alcuni insetti, produrre stridulazione.

stridulazióne [da *stridulare*; 1960] **sf.** *T.zool.* proprietà di alcuni insetti (per es. la cicala, il grillo) di produrre rumori striduli, chiamati impropriamente canti, soffregando tra loro parti scabre (elitre, timpani e sim.) del loro corpo.

strìdulo [dal lat. *strīdulus*; 1516] **agg.** che ha suono acuto, aspro e sgradevole: *rumore stridulo, voce stridula* ‖ *per estens. non com.* che emette un suono stridulo: *cicala stridula* ‖ **N.** *Sin.* stridente.

strigàre (pres. *strìgo, strìghi*) [lat. *extrĭcāre*; a. 1311] **tr.** districare; anche *fig.*

strìge [dal lat. *strix, -igis*; 1458 ca.] **sf.** *lett.* uccello notturno rapace (come il gufo, la civetta e sim.).

Strìgidi (sing. *-e*) [comp. di *strige* e *-idi*; 1891] **sm. pl.** *T.zool.* famiglia di uccelli rapaci notturni dell'ordine degli Strigiformi, comprendente allocchi, gufi, civette, assioli, elfi e ulule.

Strigifórmi (sing. *-e*) [comp. di *strige* e *-forme*; 1960] **sm. pl.** *T.zool.* ordine di uccelli rapaci notturni dal becco uncinato e dai grandi occhi frontali. **Q.T.** *zoologia* **TAV. *uccelli* p. 1338.**

strigilàto [da *strigile*; 1960] **agg.** *T.archeol.* decorato con strigilature.

strigilatùra [da *strigile*; 1930] **sf.** *T.archeol.* decorazione a scanalature ondulate, caratteristica spec. di urne e sarcofagi dell'epoca classica.

strìgile [dal lat. *strigilis*; 1873] **sm.** *T.archeol.* raschiatoio di ferro o di bronzo, con lama curva e scanalata, usato nelle terme e nelle palestre per detergere la pelle dal sudore o anche dall'olio, dalla polvere e sim.

strìglia (pl. *-glie*) [dal fr. ant. *estrille*; sec. XIV] **sf.** arnese formato da un rettangolo di ferro con più lame dentate, col quale si strofina il mantello dei cavalli per pulirlo: *dare la brusca e la striglia.*

strigliàre (pres. *strìglio*) [dal fr. ant. *estriller*; a. 1495] **tr. 1.** pulire i cavalli con la striglia **2.** *fig. fam.* riprendere aspramente ‖ **rifl.** *scherz.* di persona, pettinarsi o lavarsi strofinandosi con cura ed energia.

strigliàta [da *strigliare*; 1873] **sf. 1.** pulizia fatta con la striglia **2.** *fig. fam.* sgridata, aspro rimprovero ‖ *dim.* strigliatina; *accr.* strigliatóna.

strigliatóre [da *strigliare*; a. 1604] **agg.** e **sm.** (f. *-trìce*) *non com.* che o chi striglia.

strigliatùra [da *strigliare*; 1873] **sf.** l'atto e l'effetto dello strigliare ‖ *concr. non com.* la polvere dell'animale strigliato: *spazzare via la strigliatura.*

strigóne [da *strigare*; 1872] **sm.** *T.tess.* grosso pettine usato per sbrogliare il capecchio della lana.

strike (ingl., pr. [straɪk]) [letter. colpo; 1970] **sm.** *inv.* **1.** nel gioco del bowling, lancio della prima boccia con cui si abbattono tutti i birilli **2.** nel baseball, lancio della palla messo a segno contro il battitore.

strillàre [forse voce onom.; 1532] **intr.** (aus. *avere*) emettere urla, grida acute: *i neonati strillano tutta la notte*; anche, parlare a voce fastidiosamente alta: *non strillare, ti sento benissimo!* ‖ **tr.** dire qualcosa a voce altissima, urlando: *mi strillò un insulto, mi strillò di muovermi se non volevo perdere il treno*; *in part. fam. non com.* (con l'interlocutore come ogg. diretto) gridare rimproveri a qualcuno, sgridarlo: *devo andare, altrimenti la mamma mi strilla* ‖ **N.** *Sin.* sbraitare, urlare, GRIDARE.

strillàta [da *strillare*; 1960] **sf.** *fam.* serie di strilli e, in part., sgridata ad alta voce.

strìllo [da *strillare*; a. 1565] **sm.** lo strillare e anche, *concr.*, il suono emesso da chi strilla ‖ *pl.* grida di protesta: *dovevi sentire che strilli, quando proposi di andarcene a casa* ‖ **N.** *Sin.* urlo, GRIDO.

strillonàggio (pl. *-gi*) [da *strillone*; 1945] **sm.** vendita di giornali, spec. in edizione speciale, da parte degli strilloni.

strillóne [da *strillare*; 1873 nel senso 2] **sm.** (f. *-a*) **1.** venditore di giornali che grida nelle vie il titolo dei giornali e le notizie principali **2.** *fam. scherz.* chi è solito strillare.

strillòzzo [da *strillare*; 1640] **sm.** uccello dei Passeriformi dal canto non molto armonioso, con becco coniforme e piumaggio di colore simile al tordo.

striminzìre (pres. *-ìsco, -ìsci*) [etim. inc.; 1715 *stremenzire*] **tr.** *non com.* rendere molto stretto, assottigliare: *questo busto mi striminzisce troppo* ‖ **rifl.** *non com.* stringersi in busti o indumenti fascianti per rendersi o apparire più snello ‖ **intr. pron.** *non com.* dimagrire, snellirsi.

striminzìto (*pps.* di *striminzire*) [1715 *stremenzito*] **agg.** misero, stentato, anche *fig.*: *un vecchio cappottino striminzito*, diventato troppo stretto; *un componimento striminzito*, povero di contenuto ‖ anche secco, rinsecchito: *rami striminziti*; *un vecchietto striminzito*, magro e gracile.

strimpellaménto [da *strimpellare*; a. 1742] **sm.** l'atto e l'effetto dello strimpellare.

strimpellàre (pres. *-èllo*) [voce onom.; 1612] **tr.** suonare male uno strumento musicale, spec. a tasti o a corde: *strimpellare il pianoforte*; anche *ass.*: *sai suonare? no, strimpello* ‖ anche con il brano come oggetto: *strimpellare un famoso motivetto.*

strimpellàta [da *strimpellare*; 1619] **sf.** l'atto dello strimpellare, suonata fatta strimpellando ‖ *dim.* strimpellatina.

strimpellatóre [da *strimpellare*; 1873] **sm.** (f. *-trìce*) *non com.* chi non sa far altro che strimpellare, chi suona male uno strumento musicale; strimpellone.

strimpellatùra [da *strimpellare*; 1873] **sf.** *non com.* lo strimpellare.

strimpellìo (pl. *-ìi*) [da *strimpellare*; 1891] **sm.** *non com.* lo strimpellare continuato o frequente e insistente.

strimpèllo [da *strimpellare*; 1760] **sm.** *raro* suono di strumento strimpellato ‖ *per meton.* lo strumento con cui si strimpella.

strimpellóne [da *strimpellare*; 1891] **sm.** (f. *-a*) *scherz.* chi strimpella continuamente.

strinàre [etim. inc.; 1300 ca.] **tr.** **1.** bruciare le penne e i peli degli animali alla fiamma viva, per togliere la peluria **2.** bruciacchiare qualcosa, esponendolo a un calore eccessivo: *ho strinato i pantaloni mentre li stiravo* || **rifl.** e **rifl. indir.** bruciacchiarsi.

strinàto (*pps.* di *strinare*) [a. 1652] **I agg.** *in part. scherz.* di persona, rinsecchito, magrissimo: *è secco strinato* **II sm.** odore di peli, unghie, lana bruciacchiati o anche sapore di carne di volatile esposta alla fiamma troppo alta: *sa di strinato.*

strinatùra [da *strinare*; 1960] **sf.** atto o effetto dello strinare || **N.** *Sin.* bruciacchiatura.

strìnga [etim. inc.; 1437] **sf.** **1.** sottile striscia di cuoio o fettuccia tessuta, dotata di puntali rigidi alle estremità, per allacciare scarpe, corsetti ecc.: *le stringhe del busto* **2.** successione lineare di elementi simbolici omogenei: *una stringa finita di parole, di caratteri* || *dim.* stringhétta, stringhettìna || **N. 1.** aghetto, guiggia, laccio.

stringàio (pl. *-ài*) [da *stringa*; a. 1547] **sm.** (f. *-a*) *raro* chi vende o fabbrica stringhe.

stringàre (pres. *stringo, strìnghi*) [da *stringa*; a. 1600 nel senso 2] **tr.** **1.** *fig.* ridurre all'essenziale, rendere conciso uno scritto o un discorso **2.** *propr. raro* allacciare o stringere qualcosa con lacci o stringhe.

stringatézza [da *stringato*; 1873] **sf.** l'essere stringato (nel senso 1) || **N.** *Sin.* brevità, concisione.

stringàto (*pps.* di *stringare*) [a. 1606] **agg.** **1.** *fig.* di testo o discorso, conciso, ridotto all'essenziale: *uno stringatissimo resoconto*; di persona, tendente alla concisione: *è molto stringato nel parlare e nello scrivere* **2.** *propr. raro* allacciato o stretto con lacci o stringhe || **stringataménte avv.** concisamente, sinteticamente: *raccontare stringatamente l'accaduto.*

stringèndo (*ger.* di *stringere*) [1826] **sm.** *T.mus.* indicazione musicale che prescrive di affrettare il ritmo.

stringènte (*ppr.* di *stringere*) [a. 1667] **I agg.** assolutamente convincente, che impone l'assenso: *argomento stringente* || urgente, incalzante: *necessità stringenti* **II sm.** *raro* astringente: *prese uno stringente.*

strìngere (pres. *stringo, stringi*; p.rem. *strinsi, stringésti, strinse, strìnsero*; pps. *strétto*) [lat. *stringere*; fine sec. XIII] **tr.** **1.** unire tra loro, accostare con più o meno forza più cose o le parti di qualcosa: *stringere il pugno*, premere le dita contro il palmo della mano; *stringere i denti*, spec. per il dolore o un intenso sforzo fisico; anche *fig.*, come manifestazione di sforzo psichico: *ho stretto i denti e ho finto di ignorare la sua offesa*; *stringere la cinghia*, sovrapporne maggiormente le estremità, assicurando così una legatura più stretta; anche *fig.*, essere costretti a rinunce di carattere alimentare: *in tempo di guerra la gente stringeva la cinghia*; *stringere i freni*, rif. ai freni a ceppo, azionati a mano; anche *fig.*, prendere severe misure disciplinari o di controllo: *siamo stati troppo permissivi: bisogna stringere i freni* || *fig.* creare un legame: *stringere amicizia con qualcuno*, diventare amici; *stringere un patto, un'alleanza*, stipularli, concluderli || tener premuto contro qualcos'altro o qualcun altro: *stringere l'avversario alle corde*, nella boxe; *la madre stringeva il bambino a sé*; *stringere (un veicolo) in curva*, costringerlo a spostarsi verso il bordo della carreggiata; *fig. T.mar. stringere il vento*, navigare con un'imbarcazione a vela tenendo la prora in una direzione che formi con quella da cui spira il vento il minor angolo possibile che consenta ancora di gonfiare le vele e di procedere || sottoporre a una pressione combinata in corrispondenza di due o più punti; afferrare, impugnare con forza: *stringere un pezzo di ferro nella morsa, stringere con le pinze*; *stringere la preda tra i denti, nella (mano) sinistra stringeva un coltello*; *stringere la mano a qualcuno*, in segno di saluto, d'intesa e sim.; *in part.* premere, serrare tutt'intorno, circondare esercitando una pressione più o meno forte: *strinse il braccio con un laccio per bloccare l'emorragia; stringere il collo fino a soffocare*, strangolare; *stringere d'assedio*, assediare; *fig. iperb. stringere il cuore, la gola*, suscitare gran pena e compassione o turbare al punto da mozzare il fiato: *il terrore mi strinse la gola* || *prov. chi troppo vuole, nulla stringe*, chi pretende troppe cose finisce col non ottenerne nessuna **2.** *per estens.* di indumenti o accessori di vestiario, essere (troppo) stretto e, quindi, costringere, comprimere: *queste scarpe mi stringono in punta, una gonna che stringe troppo i fianchi*; anche *ass.*: *questo colletto stringe troppo, un pantalone che stringe in vita* || *fig.* rif. al tempo, incalzare: *il tempo stringe*, non c'è tempo da perdere, c'è poco tempo a disposizione **3.** restringere, diminuire in larghezza o in ampiezza: *stringere gli abiti premaman* || *fig.* ridurre: *stringere i tempi, T.mus.*, eseguire a ritmo più veloce e, *fig.*, accelerare la propria azione; rif. a discorsi, argomentazioni, resoconti e sim., sintetizzarli; anche *ass.*: *stringi!*, concludi in fretta; *stringi stringi*, in ultima analisi: *stringi stringi non ha concesso nulla di quel che gli chiedevano* || **rifl.** **1.** accostarsi, addossarsi: *stringersi (contro) al muro, alla mamma*; *stringersi intorno a qualcuno*, anche *fig.*, stargli vicino per consolarlo, per dargli sostegno morale e sim. **2.** avvolgersi strettamente, raccogliersi in qualcosa: *stringersi nel mantello* || **rifl. intens.** tenere ben stretto con le braccia, spec. in segno di affetto o protezione: *la mamma si stringeva al seno il bambino* || **rifl. rec.** accostarsi fino a essere strettamente addossati l'uno all'altro: *se vi stringete un po', posso sedermi anch'io* || **intr. pron.** restringersi: *lavandola in acqua calda, la lana si stringe, mano mano che sale, la strada si stringe* || **N. tr. 1.** *Sin.* avvicinare, avvitare; addossare, pressare, spingere; strozzare | *Contr.* allargare, allentare, aprire **3.** *Sin.* abbreviare, condensare, riassumere | *Contr.* allargare, ampliare | **rifl. 1.** *Sin.* abbarbicarsi, avvinghiarsi.

stringiménto [da *stringere*; a. 1320 *strignimento*] **sm.** *non com.* l'atto e l'effetto dello stringere; restringimento || *fig.* stretta, senso di angoscia: *uno stringimento al cuore* || **N.** *Sin.* compressione, pressione, restrizione, stenosi.

stringinàso [comp. di *stringe(re)* e *naso*; 1960] **sm. inv.** **1.** attrezzo a molla usato da subacquei e tuffatori per tappare le narici **2.** *occhiali a stringinaso*, occhiali con montatura senza stanghette, applicato sul naso con un congegno a molla **3.** torcinaso per cavalli || **N. 2.** *Sin. pince-nez.*

stringitóio (pl. *-ói*) [da *stringere*; 1960] **sm.** rete da pesca con cui i tonni vengono fatti entrare nelle camere della morte.

stringitóre [da *stringere*; a. 1704] **agg.** e **sm.** (f. *-trice*) *raro* che o chi stringe.

stringitùra [da *stringere*; 1873] **sf.** *non com.* l'azione dello stringere allo strettoio.

strioscopìa [comp. di *stria* e *-scopia*; 1940] **sf.** *T.fis.* metodo per rendere visibili sotto forma di strie le variazioni locali di densità di un fluido.

strip [1] (ingl., pr. [strɪp]) [da *strip tease*; 1965] **sm. inv.** spogliarello.

strip [2] (ingl., pr. [strɪp]) [letter. striscia; 1965] **sf. inv.** storiella a fumetti costituita da una sola striscia di vignette.

strippapèlle [comp. di *strippa(re)* e *pelle*; 1873] solo nella **loc. avv.** *pop. a strippapelle*, moltissimo, a crepapelle: *mangiare a strippapelle.*

strippàre [comp. parasint. di *trippa*; 1618] **intr.** (aus. *avere*) *non com.* mangiare ingordamente e molto, a crepapelle.

strippàta [da *strippare*; 1869] **sf.** gran mangiata: *ho fatto una strippata di pesce fritto.*

strippóne [da *strippare*; 1873] **sm.** (f. *-a*) *non com.* chi mangia molto e ingordamente || *pegg.* stripponàccio.

strip-tease (ingl., pr. [ˌstrɪp 'tiːz]) [comp. di to *strip*, svestirsi e *tease*, stuzzicamento; 1953] **sm.** *inv.* spogliarello.

strìscia (pl. *-sce*) [voce onom.; a. 1321] **sf.** **1.** pezzo stretto e lungo di materiale vario: *una striscia di panno, di tela*; *in part.* la striscia di cuoio che si usa per affilare il rasoio **2.** *per estens.* tutto ciò che è simile a una striscia, che si stende molto più in lungo che in largo: *una striscia di sangue, di asfalto*; *un maglione a strisce rosse, l'aereo lasciava dietro di sé una striscia bianca*; *pl. strisce (pedonali)*, elemento della segnaletica stradale orizzontale costituito da una serie di strisce tra loro parallele disegnate sull'asfalto e delimitanti tratti di strada riservati ai pedoni per l'attraversamento || breve racconto formato da una serie di vignette disposte l'una accanto all'altra; fumetto || traccia lasciata da qualcosa che ha strisciato su una superficie: *le lumache lasciano una striscia argentea* || *dim.* striscétta, striscettìna, strisciolina; *accr.* striscióne, striscióna; *pegg.* strisciàccia || **N. 1.** *Sin.* banda **2.** *Sin.* linguetta, nastro; scia.

strisciaménto [da *strisciare*; a. 1704] **sm.** atto dello strisciare; anche *fig.*

strisciàndo (*ger.* di *strisciare*) [1960] **sm.** *T.mus.* didascalia musicale con cui si impone all'esecutore di far scorrere velocemente un dito sullo strumento a corde o l'unghia del pollice sulla tastiera del pianoforte, per ottenere una successione di suoni rapidissima || **N.** *Sin.* glissando.

strisciànte (*ppr.* di *strisciare*) [1728] **I agg.** che striscia: *rettile strisciante* || *fig. inflazione strisciante*, che si diffonde gradualmente; *atteggiamento strisciante*, servile, adulatorio **II sm.** *T.ferr.* organo mobile di presa di corrente a contatto con la linea d'alimentazione. **TAV. ferrovie... p. 669** 3.2.

strisciàre (pres. *strìscio*) [da *striscia*; 1483 come intr. nel senso 2] **intr.** (aus. *avere*) **1.** spostarsi su di una superficie passandovi aderente o sfiorandola con la parte inferiore del corpo: *i rettili strisciano, per un guasto ai carrelli, l'aereo strisciò lungo tutta la pista di atterraggio*; rif. a piante, crescere rasoterra: *la zucca striscia sul terreno* || *fig.* progredire, diffondersi gradualmente in modo subdolo (com. solo nella forma *strisciante*, v.) || *fig. spreg.* abbassarsi, degradarsi a scopo di adulazione: *davanti ai superiori striscia come un verme, mi dà fastidio vederti strisciare davanti a lui* **2.** *per estens.* passare rasente, sfiorare: *strisciò contro il muro* || **tr.** **1.** trascinare, muovere qualcosa senza sollevarla, facendola strisciare: *non strisciare i piedi, strisciarono il baule fino alla porta* || *T.gioc. strisciare una carta*, nel gioco del tressette, strisciarla sul tavolino da gioco per segnalare al compagno che si hanno altre carte dello stesso seme **2.** produrre delle strisciatùre su qualcosa: *strisciare il paraurti dell'auto*, rigarlo; *con i pattini a rotelle ha strisciato tutto il pavimento del corridoio* || **rifl.** *non com.* **1.** sfregarsi, strofinarsi **2.** *fig. strisciarsi a qualcuno*, comportarsi con lui in modo strisciante || **N. intr. 1.** scivolare, serpeggiare; adulare, umiliarsi **2.** *Sin.* rasentare | **tr. 1.** *Sin.* strascicare.

strisciàta [da *strisciare*; a. 1642] **sf.** atto ed effetto dello strisciare e dello strisciarsi || *dim.* strisciatina.

strisciatùra [da *strisciare*; 1777] **sf.** atto dello strisciare || *concr.* il segno lasciato da una cosa che passa strisciando.

strìscio (pl. *-sci*) [da *strisciare*; a. 1585] **sm.**

1. atto dello strisciare; *in part. T.gioc.* a tressette, l'atto dello strisciare una carta ‖ nella *loc. avv. di striscio,* non in pieno, lungo una traiettoria tangente: *il proiettile lo colpì appena di striscio; prendere la palla di striscio,* nel biliardo, sfiorarla **2.** *T.med.* preparato di materiale organico da sottoporre a esame microscopico, ottenuto strisciando su un vetrino il materiale da esaminare: *uno striscio di sangue* ‖ anche la tecnica usata per ottenere tale preparato: *sottoporsi a uno striscio vaginale.*

striscióne[1] (*accr.* di *striscia*) [1940] **sm.** grossa striscia ‖ *in part.* striscia di grandi dimensioni in carta, stoffa e sim. recante comunicati di vario genere, esposta in luoghi pubblici: *lo striscione del traguardo, il comizio era annunciato da uno striscione.*

striscióne[2] o **striscióni** [da *strisciare*; 1728] **avv.** *non com.* strisciando; anche nella *loc. avv. a striscioni*: *camminava striscione* o *striscioni* o *a striscioni.*

stritolàbile [da *stritolare*; sec. XVI-XVII] **agg.** che si può stritolare.

stritolaménto [da *stritolare*; 1677] **sm.** lo stritolare.

stritolàre (pres. *strìtolo*) [da *tritare*; a. 1585] **tr.** ridurre in minutissimi pezzi: *fu stritolato dal treno* ‖ *fig.* annientare: *con tutti quegli argomenti lo stritolò* ‖ **intr. pron.** *meno com.* rompersi in minutissimi pezzi: *il bicchiere cadde e si stritolò* ‖ **N.** *Sin.* maciullare, sfracellare, triturare.

stritolatóre [da *stritolare*; 1873] **agg.** e **sm.** (f. *-trice*) *non com.* che o chi stritola.

stritolatùra [da *stritolare*; a. 1698] **sf.** stritolamento.

stritolìo (pl. *-ii*) [da *stritolare*; 1960] **sm.** uno stritolare continuo e prolungato ‖ rumore prodotto da una cosa che viene stritolata.

strizióne [dal lat. tardo *strictio, -ōnis,* costrizione, pressione; 1960] **sf.** *T.mecc.* riduzione della sezione trasversale di un metallo messo in trazione, che si verifica poco prima della frattura.

strìzza [da *strizzare*; 1967] **sf.** *fam.* paura, fifa.

strizzàggio (pl. *-gi*) [da *strizzare,* sul modello di *lavaggio*; 1986] **sm.** lo strizzare, detto spec. di macchine automatiche: *la lavatrice esegue lo strizzaggio.*

strizzàre [lat. volg. **strictiāre*, a. 1597] **tr.** spremere con forza: *strizzare il tubetto del dentifricio, strizzar fuori il succo dal limone*; *in part.* torcere per far uscire il liquido di cui qualcosa è impregnato: *strizzare i panni bagnati* ‖ *strizzare l'occhio,* ammiccare, in segno d'intesa ‖ **N.** *Sin.* SPREMERE.

strizzàta [da *strizzare*; 1841] **sf.** atto dello strizzare: *una strizzata d'occhio* ‖ *dim.* strizzatìna.

strizzatóio (pl. *-ói*) [da *strizzare*; 1960] **sm.** nelle macchine lavatrici, congegno a rulli che strizza i panni già lavati.

strizzatùra [da *strizzare*; 1873] **sf.** *raro* atto dello strizzare.

strizzóne [da *strizzare*; 1873] **sm.** *non com.* **1.** forte strizzata **2.** dolore acuto, spec. al ventre **3.** *tosc.* freddo acutissimo, eccessivo: *questi freddi sono gli ultimi strizzoni dell'inverno.*

strobilazióne [da *strobilo*; 1960] **sf.** *T.zool.* forma di riproduzione per gemmazione, propria dei celenterati appartenenti alla classe degli Scifozoi, mediante la quale un polipo si divide trasversalmente in più parti per dare origine ad altrettante meduse.

stròbilo [dal lat. tardo *strobilus,* pigna; 1821] **sm.** **1.** *T.bot.* il frutto conico delle conifere, detto com. *pigna* **2.** *T.zool.* catena formata dall'unione dei segmenti (*proglottidi*), costituente una porzione del corpo dei Cestodi. **TAV.** *erboristeria* 9.1, 9.3, 9.4.

stròbo- [dal gr. *stróbos,* corpo che gira] **primo elem.** che, in parole composte della terminologia scientifica e tecnica, vale "che gira", "che vibra" (per es. *stroboscopia*).

stroboscopìa [comp. del gr. *stróbos,* corpo che gira e *-scopia*; 1936] **sf.** tecnica che permette di osservare, mediante lo stroboscopio, i movimenti periodici, anche rapidissimi, di un corpo.

stroboscòpico (pl. *-ci*) [da *stroboscopio*; 1892] **agg.** che si riferisce alla stroboscopia: *osservazione stroboscopica; effetto stroboscopico,* fenomeno ottico per il quale l'osservazione intermittente di un corpo in movimento periodico rapido produce l'impressione del rallentamento, fino alla quiete e al cambiamento di verso, del moto stesso.

stroboscòpio (pl. *-pi*) [comp. del gr. *stróbos,* corpo che gira e *-scopio*; 1927] **sm.** strumento che permette di analizzare i movimenti periodici rapidi (per es. la rotazione di un'elica); è solitamente costituito da un disco girevole dotato di fori attraverso i quali l'oggetto in movimento risulta visibile a intervalli di tempo T determinati; nel caso in cui il periodo del moto dell'oggetto sia uguale a T, l'oggetto, in virtù dell'effetto stroboscopico, appare fermo, altrimenti dà l'impressione di muoversi, ma a una velocità molto inferiore a quella del suo moto reale.

stròfa o **stròfe** (pl. sempre *stròfe*) [dal lat. tardo *strophe,* gr. *strophḗ*; a. 1638] **sf.** **1.** *T.metr.* raggruppamento di un numero variabile di versi disposti in un certo ordine, formanti un periodo ritmico: *strofe a schema fisso* (che, a seconda del numero dei versi, assume il nome di *ottava, sestina, quartina, terzina* o *distico*), *libera* (non riducibile ad alcuno schema) **2.** prima parte di un periodo lirico, presso i Greci; le altre due parti si chiamano *antistrofe* ed *epodo*; la *strofe* era cantata dal coro mentre girava verso destra, l'antistrofe verso sinistra, e l'epodo a piè fermo ‖ *dim.* strofétta ‖ **N.** **1.** alcaica, anacreontica, asclepiadea, saffica. **Q.T.** *metrica.*

strofantìna [comp. di *strofanto* e *-ina*; 1905] **sf.** *T.chim.* glucoside ricavato dallo strofanto, usato in farmacia per le sue proprietà cardiotoniche.

strofànto [comp. del gr. *stróphos,* corda ritorta e *anthos,* fiore; 1829] **sm.** *T.bot.* genere di piante sarmentose delle Apocinacee, originarie delle coste della Guinea, dai cui semi si ricava la strofantina.

stròfe V. STROFA.

stròfico (pl. *-ci*) [da *strofa*; 1891] **agg.** della strofa; formato di strofe.

strofinàccio (pl. *-ci*) [da *strofinare*; a. 1342 *strofinacciolo*] **sm.** straccio per strofinare: *strofinaccio per la cucina* ‖ **N.** *Sin.* canovaccio, cencio.

strofinaménto [da *strofinare*; sec. XIV] **sm.** l'atto e l'effetto dello strofinare ‖ **N.** *Sin.* attrito, sfregamento.

strofinàre (pres. *-ìno*) [etim. inc.; a. 1342] **tr.** passare e ripassare fregando sopra una cosa, perlopiù per pulire, lucidare e sim.: *strofinare il piatto con un cencio per asciugarlo, un pezzo di ambra per elettrizzarla* ‖ **rifl.** strisciarsi contro una cosa o persona ‖ *fig. strofinarsi a qualcuno,* stargli attorno per ottenerne vantaggi, lusingandolo ‖ **N.** **tr.** *Sin.* fregare, sfregare, strusciare.

strofinàta [da *strofinare*; 1745] **sf.** atto dello strofinare una volta sola o alla meglio: *dare una strofinata al pavimento, al tavolino* ‖ *dim.* strofinatina.

strofinìo (pl. *-ii*) [da *strofinare*; a. 1320] **sm.** lo strofinare continuato o frequente e insistente.

strofinóni [da *strofinare*; 1891] **avv.** *raro* strofinandosi.

stròfio (pl. *-fi*) [dal lat. *strophium,* gr. *stróphion*; 1745] **sm.** *T.stor.* nell'antichità classica, fascia usata dalle donne per sostenere il petto ‖ nastro con cui si legavano i capelli ‖ la cinghia di cuoio che passava attorno alle dita, nel cesto dei pugili.

strogolàre (pres. *strògolo*) [comp. parasint. di *tr*(*u*)*ogolo*; 1891] **intr.** (aus. *avere*) *raro* di porco, grufolare nel truogolo ‖ *fig. spreg.* di chi mangia da porco, quasi mettendo la faccia nel piatto e masticando rumorosamente.

stròlaga [dal pisano *stròlago,* letter. astrologo; 1827] **sf.** nome comune di uccelli acquatici abilissimi tuffatori e nuotatori subacquei ‖ **N.** *Sin.* colimbo.

strolagàre (pres. *stròlago, stròlaghi*) [var. di *strologare*; 1600] **tr.** *dial. raro* strologare.

strologàre (pres. *stròlogo, stròloghi*) [da *astrologare*; a. 1566] **tr.** e **intr.** (aus. *avere*) *raro* tentare spiegazioni fantastiche; almanaccare, arzigogolare: *strologare il tempo,* cercar d'indovinare dagli indizi come sarà ‖ *arc.* predire il futuro osservando gli astri; astrologare.

strologìa **sf.** *ant.* V. ASTROLOGIA.

stròlogo **sm.** *ant.* V. ASTROLOGO.

stròma [dal gr. *strôma,* coperta, tappeto; 1875] **sm.** *T.biol.* in istologia e in citologia, la trama di sostegno di un organo, di una cellula o di un tessuto.

strombàre (pres. *strómbo*) [comp. parasint. di *tromba*; 1838] **tr.** dare la strombatura.

strombatùra [da *strombare*; 1771] **sf.** sagomatura svasata di un'apertura (porta, finestra e sim.), praticata nello spessore del muro ‖ **N.** *Sin.* sguancio, spalletta, strombo.

strombazzaménto [da *strombazzare*; 1960] **sm.** lo strombazzare.

strombazzàre [comp. parasint. di *tromba*; 1585] **intr.** (aus. *avere*) suonare rumorosamente e insistentemente il clacson ‖ *propr. raro* suonare forte la tromba ‖ **tr.** *fig. spreg.* render noto a tutti, divulgare in modo esagerato e chiassoso: *strombazzava in giro fatti che non lo riguardavano* ‖ **N.** *Sin.* raccontare.

strombazzàta [da *strombazzare*; 1600] **sf.** l'atto e l'effetto dello strombazzare, anche *fig.* ‖ *dim.* strombazzatìna.

strombazzatóre [da *strombazzare*; 1851] **sm.** (f. *-trice*) *non com.* chi strombazza.

strombazzatùra [da *strombazzare*; 1960] **sf.** l'atto e l'effetto dello strombazzare.

strombettàre (pres. *-étto*) [comp. parasint. di *trombetta*; 1611] **intr.** (aus. *avere*) suonare a intermittenza il clacson ‖ *propr. disus.* suonare spesso o male la tromba o la trombetta ‖ **tr.** *raro* strombazzare.

strombettàta [da *strombettare*; a. 1565] **sf.** atto ed effetto dello strombettare.

strombettatóre [da *strombettare*; 1873] **sm.** (f. *-trice*) *raro* chi strombetta.

strombettìo (pl. *-ii*) [da *strombettare*; 1691] **sm.** lo strombettare continuato o frequente e insistente.

strómbo[1] [da *strombare*; 1774] **sm.** strombatura.

strómbo[2] [dal lat. *strombus,* gr. *strómbos,* conchiglia; 1561] **sm.** mollusco gasteropodo marino.

strombolïàno [dal n. del vulcano *Stromboli*; 1937] **agg.** **1.** relativo al vulcano Stromboli, proprio del vulcano Stromboli **2.** *T.geol. eruzione stromboliana,* eruzione vulcanica poco violenta caratterizzata da emissione di lava basica.

stroménto **sm.** *arc.* V. STRUMENTO.

stroncaménto [da *stroncare*; 1838] **sm.** atto ed effetto dello stroncare.

stroncàre (pres. *strónco, strónchi*) [da *troncare*; sec. XIV] **tr.** **1.** troncare, spezzare violentemente: *il vento ha stroncato parecchi rami* **2.** *com.* in vari sensi *fig.*; *in part. iperb. stroncare le gambe, le braccia,* stancarle talmente da dar l'impressione che stiano per staccarsi dal busto ‖ uccidere, spec. prematuramente o in modo fulmineo: *un male che ha stroncato già pa-*

recchie vite umane, fu stroncato da un infarto || interrompere in modo brusco e risolutivo: *stroncare una rivolta*, reprimerla duramente || demolire con critiche aspre e spietate: *una scrittrice, un'opera stroncata dalla critica.*

stroncatóre [da *stroncare*; 1745] ***agg.*** e ***sm.*** (f. *-trice*) che o chi stronca, criticando.

stroncatòrio (pl. *-ri*) [da *stroncare*; 1960] ***agg.*** *non com.* atto a stroncare, detto spec. di una critica aspra, demolitrice.

stroncatùra [da *stroncare*; a. 1729] ***sf.*** l'atto e l'effetto dello stroncare, spec. in senso *fig.* || *T.lett.* critica mordace, spietata, demolitrice.

strónco (pl. *-chi*) [da *stroncare*; 1873] **I** ***agg.*** *tosc.* stroncato **II** ***sm.*** *tosc.* storpio, deforme, mutilato: *vidi un povero stronco.*

stronfiàre (pres. *strónfio*) [da *tronfiare*; 1841] ***intr.*** (aus. *avere*) *tosc. fam.* sbuffare, soffiare rumorosamente; russare.

stronfióne [da *stronfiare*; 1873] ***sm.*** (f. *-a*) chi è solito stronfiare || *fig.* persona altezzosa, superba.

stròngilo [dal gr. *strongýlos*, rotondo; 1824] ***sm.*** verme dei Nematodi che allo stadio adulto vive parassita di alcuni Vertebrati e, raramente, dell'uomo.

stronzàggine [da *stronzo*; 1978] ***sf.*** *volg.* qualità di persona stupida o malvagia, o comunque odiosa: *la sua stronzaggine è infinita.*

stronzàta [da *stronzo*; 1978] ***sf.*** *volg.* azione o discorso tipici di una persona stupida o odiosa: *ma che stronzata è questa?*

stròntio o **stróntio** [dall'ingl. *strontium*; 1829] ***sm.*** *T.chim.* elemento della famiglia dei metalli alcalino-terrosi, che allo stato nativo si presenta come un metallo bianco brillante, leggero.

strónzo [dal long. *strunz*, sterco; a. 1400 nel senso 1; 1950 nel senso 2] ***sm.*** *volg.* **1.** pezzo di sterco sodo e cilindrico **2.** *spreg.* (f. *-a*) usato come epiteto rivolto a persona stupida, malvagia o, in gen., che si disprezza: *ti sei fatta prendere in giro come una stronza*; *sei stato un vero stronzo ad abbandonarla*; *non voglio più avere a che fare con quello stronzo* || *dim.* stronzétto, stronzìno.

stropicciaménto [da *stropicciare*; inizio sec. XIV] ***sm.*** l'atto e, meno com., l'effetto dello stropicciare.

stropicciàre (pres. *-iccio*) [etim. inc.; 1353] ***tr.*** **1.** sfregare energicamente una cosa contro un'altra: *stropicciare le mani per riscaldarle, stropicciare i piedi per terra* **2.** *region.* spiegazzare, gualcire: *stropicciare un foglio a forza di tenerlo in tasca* || ***intr. pron.*** *dial.* gualcirsi: *stando seduti le gonne si stropicciano* || ***rifl. indir.*** sfregarsi, passarsi ripetutamente la mano sopra una parte del corpo: *stropicciarsi gli occhi* || **N.** ***tr.*** **1.** *Sin.* fregare, strofinare, strusciare.

stropicciàta [da *stropicciare*; 1572 *stropicciatella*] ***sf.*** l'atto dello stropicciare una volta: *dare una bella stropicciata* || *dim.* stropicciatìna.

stropicciatùra [da *stropicciare*; a. 1606] ***sf.*** **1.** atto dello stropicciare **2.** *concr. region.* punto in cui qualcosa è stropicciato, gualcito.

stropiccìo (pl. *-ìi*) [da *stropicciare*; 1353] ***sm.*** lo stropicciare continuato o frequente e insistente.

stroppàre (pres. *stròppo*) [da *stroppo*; 1814] ***tr.*** *T.mar.* legare con uno stroppo: *stroppare il remo.*

stroppiàre (pres. *stròppio*) [etim. inc.; 1400 ca.] ***tr.*** *pop.* storpiare || *com.* nel prov. *il troppo stroppia*, ogni eccesso è sempre dannoso.

stròppio (pl. *-pi*) [da *stroppiare*; 1873] ***agg.*** *pop.* storpio.

stròppo [lat. tardo *stroppus*, corda; 1602] ***sm.*** breve pezzo di corda piegato e legato ad anello che serve a tenere aderente un oggetto mobile a uno fisso, senza impacciare i movimenti che sono necessari al primo; si dice specialmente della ritorta che lega il remo al suo scalmo.

stròscia (pl. *-sce*) [da *strosciare*; sec. XIV] ***sf.*** *pop. tosc.* scroscio; anche la riga o la pozza che fa un liquido scorrendo in terra.

strosciàre (pres. *stròscio*) [dal long. *trausjan*; a. 1584] ***intr.*** (aus. *avere*) *pop. tosc.* scrosciare.

stròscio (pl. *-sci*) [da *strosciare*; 1313] ***sm.*** *pop. tosc.* scroscio.

stròzza [dal long. *strozza*, gola; 1313] ***sf.*** **1.** *fam.* o *scherz.* la laringe e la prima parte della trachea: *urlava con tutto il fiato che aveva nella strozza*; *per estens.* gola: *prendere uno alla strozza* **2.** *T.metal.* specie di scalpello per pulire i metalli.

strozzaménto [da *strozzare*; a. 1356] ***sm.*** **1.** *non com.* l'atto dello strozzare e dello strozzarsi: *strozzamento erniario*, costrizione di un viscere erniario **2.** *com. concr.* punto in cui un canale, un tubo e sim. presenta un restringimento: *lo strozzamento della conduttura, dell'ernia* || **N.** *Sin.* strozzatura.

strozzaprèti [comp. di *strozza(re)* e *prete*; 1873] ***sm. pl. inv.*** *T.cuc.* gnocchi a base di farina, di notevole consistenza.

strozzàre (pres. *stròzzo*) [da *strozza*; a. 1342] ***tr.*** **1.** uccidere stringendo alla gola (spec. con le mani o con un laccio) in modo da provocare l'asfissia || *per estens.* restringere in un punto un oggetto cavo, provocando una strozzatura: *strozzare un tubo per limitare il passaggio di un fluido* || *fig.* prestare denaro a fortissima usura o far pagare qualcosa molto più caro rispetto al suo valore; *fig.* impiccare, prendere per il collo: *con quegli interessi così alti lo strozzano* **2.** soffocare, impedire il respiro determinando un'occlusione delle vie respiratorie; rif. a oggetti difficilmente deglutibili (*quel nocciolo di pesca per poco non lo strozzava*) o anche ai singhiozzi che accompagnano un pianto convulso (*il pianto lo strozzava*) || *per estens.* stringere fin quasi a chiudere, determinare l'occlusione di un canale, un passaggio e sim.: *l'ernia strozza l'intestino, uno scoglio strozzava il passaggio* **3.** *T.mar.* bloccare lo scorrimento di un cavo, una catena e sim. || ***intr. pron.*** morire soffocato o avere il respiro bloccato a causa di qualcosa che ha ostruito le vie respiratorie: *mangia così svelto che sovente si strozza* || *per estens.* subire un restringimento, una strozzatura: *la strada, arrivando nel centro storico, si strozza* || ***rifl.*** strangolarsi: *il cane si è strozzato rimanendo impigliato nella catena cui era legato* || **N.** ***tr.*** **1.** *Sin.* strangolare **3.** strozzatoio.

strozzascòtta o **strozzascòtte** [comp. di *strozza(re)* e *scotta*; 1983 *strozzascotte*] ***sm.*** *T.mar.* congegno usato sulle imbarcazioni a vela per bloccare la scotta del fiocco o della randa.

strozzàto (*pps.* di *strozzare*) [a. 1786] ***agg.*** che presenta strozzature: *condotto strozzato* || *ernia strozzata*, che ha subito una strozzatura || *voce strozzata*, che pare esca a fatica dalla gola.

strozzatóio (pl. *-ói*) [da *strozzare*; 1648] **I** ***sm.*** *T.mar.* congegno che, quando si affonda un'ancora, serve a rallentare o ad arrestare quasi istantaneamente la corsa della catena **II** ***agg.*** *raro* che strozza.

strozzatóre [da *strozzare*; a. 1786] ***agg.*** e ***sm.*** (f. *-trice*) che o chi strozza; strangolatore.

strozzatùra [da *strozzare*; 1641 nel senso 2] ***sf.*** **1.** *non com.* atto dello strozzare **2.** *com. concr.* punto in cui un condotto, un passaggio e sim. presenta un restringimento: *la strozzatura di una bottiglia, di una strada* || **N.** *Sin.* strozzamento.

strozzière [dal fr. ant. *ostorier*; a. 1449] ***sm.*** *T.stor.* custode di uccelli rapaci usati per la caccia || **N.** *Sin.* sparvieratore.

strozzinàggio (pl. *-gi*) [da *strozzino*; 1905] ***sm.*** attività dello strozzino || sistema di sfruttamento fondato sull'usura, ovvero sulla richiesta di interessi esorbitanti sui prestiti concessi || **N.** *Sin.* usura.

strozzinésco (pl. *-schi*) [da *strozzino*; 1891] ***agg.*** da strozzino.

strozzìno [da *strozzare*; 1863] ***sm.*** (f. *-a*) chi pratica lo strozzinaggio || *per estens. spreg.* chi vende a prezzi altissimi || **N.** *Sin.* usuraio.

stròzzo [da *strozzare*; 1960] ***sm.*** *pop.* strozzinaggio.

strubbiàre (pres. *strùbbio*) [da *strebbiare*, con influsso di *strusciare*; 1873] ***tr.*** *pop. tosc. raro* logorare rapidamente senza riguardo, detto spec. di panni: *a far così strubbierai in pochi giorni il vestito nuovo.*

struccàre (pres. *strùcco, strùcchi*) [da *truccare*; 1942] ***tr.*** togliere il trucco dal viso di qualcuno || ***rifl.*** e ***rifl. indir.*** togliersi il trucco dal viso: *struccarsi gli occhi, il viso* || **N.** *Contr.* truccare.

struccatùra [da *struccare*; 1983] ***sf.*** strucco.

strùcco [da *struccare*; 1983] ***sm.*** il togliere o togliersi il trucco dal viso.

strucinàre (pres. *-ùcino*) [etim. inc.; 1873] ***tr.*** *pop. tosc. raro* logorare, sciupare qualcosa adoperandolo senza riguardi: *strucinare in cucina il vestito nuovo.*

strùdel [letter. vortice; 1905] ***sm. inv.*** *T.cuc.* specialità austriaca consistente in un dolce di pasta sfoglia arrotolata su se stessa e contenente un ricco ripieno a base di frutta a pezzetti (mele, uva passa, pinoli).

strùffolo [etim. inc.; 1598] ***sm.*** **1.** *T.cuc. merid. pl.* dolcetti sferici a base di miele **2.** *ant.* mazzo di paglia usato dagli scultori per strofinare e lustrare il marmo.

struggènte (*ppr.* di *struggere*) [1873] ***agg.*** che fa struggere, tormentoso: *desiderio struggente.*

strùggere (pres. *strùggo, strùggi*; p.rem. *strùssi, struggésti, strùsse, strùssero*; pps. *strùtto*) [da *distruggere*; 1300] ***tr.*** e ***intr. pron.*** **1.** *fig. scherz.* o *lett.* consumare (o consumarsi) lentamente, tormentare (o tormentarsi): *la nostalgia lo struggeva, si struggeva dal desiderio di rivederlo* **2.** *propr. meno com.* consumare (o consumarsi), fondere (o fondersi) per effetto del calore: *struggere la cera, il burro si strugge* || **N.** **1.** *Sin.* disperarsi, languire, macerarsi, rodersi **2.** *Sin.* disfare, macerare, sciogliere, sfare, squagliare, stemperare, LIQUEFARE, SCIOGLIERE.

struggicuòre [comp. di *strugg(ere)* e *cuore*; a. 1566] ***sm. inv.*** *raro* commozione intensa, struggimento di cuore.

struggigràno [comp. di *strugg(ere)* e *grano*; 1965] ***sm.*** nome comune di un coleottero della famiglia degli Osteomatidi; depone le uova negli ammassi di grano, che viene gravemente danneggiato dalle sue larve.

struggiménto [da *struggere*; 1306] ***sm.*** l'atto dello struggere e dello struggersi, spec. *fig.*, tormento, stato ansioso, desiderio angoscioso: *che struggimento non poter fare nulla per aiutarlo!*

struggitóre [da *struggere*; a. 1294] ***agg.*** e ***sm.*** (f. *-trice*) *raro* che o chi strugge.

strùllo [da (*ci*) *trullo*; 1873] ***agg.*** e ***sm.*** (f. *-a*) *tosc.* grullo, sciocco.

strùma [dal lat. *strūma*, scrofola; a. 1698] ***sm.*** *T.med.* ingrossamento della ghiandola tiroide; gozzo.

strumentàle [da *strumento*; 1308] ***agg.*** **1.** relativo a uno strumento: *dati, errori strumentali*; eseguito per mezzo di strumenti: *navigazione strumentale*, quella, sia aerea che marittima che, in caso di insufficiente visibilità, si effettua con il solo ausilio degli strumenti di bordo || *in part.* relativo a strumenti musicali: *musica strumentale*, in opposizione a *musica vocale*, quella eseguita da soli strumenti; *concerto strumentale*, privo di parti cantate **2.** che serve da strumento: *lingua strumentale*, quella usata per l'insegnamento nei paesi mistilingui

|| *T.econ. bene strumentale,* non destinato direttamente al consumo, bensì alla produzione di beni o servizi || che fa da strumento per uno scopo diverso da quello apparente: *un discorso, una manovra strumentale* **3.** *T.ling. caso strumentale,* caso della flessione nominale indoeuropea indicante lo strumento dell'azione || **strumentalménte** ***avv.***

strumentalismo [da *strumentale,* sul modello dell'ingl. *instrumentalism;* 1960] ***sm.*** *T.fil.* la teoria di Dewey in base alla quale il pensiero è uno strumento attivo e potente per migliorare la realtà e non è limitato alla registrazione o descrizione dell'esperienza passata.

strumentalità [da *strumentale;* 1960] ***sf.*** l'essere strumentale.

strumentalizzàre [da *strumentale;* 1964] ***tr.*** **1.** servirsi di qualcosa o di qualcuno come di uno strumento, senza riconoscerne la dignità: *strumentalizzare a fini politici le rivendicazioni delle donne* **2.** *non com. T.mus.* assegnare all'esecuzione strumentale parti concepite per la voce umana.

strumentalizzazióne [da *strumentalizzare;* 1966] ***sf.*** atto o effetto dello strumentalizzare.

strumentàre (pres. *-énto*) [da *strumento;* 1873] ***tr.*** *T.mus.* scrivere le parti dei diversi strumenti || **N.** *Sin.* orchestrare.

strumentàrio (pl. *-ri*) [da *strumento;* 1960] ***sm.*** il complesso di strumenti necessari all'esercizio di una professione: *strumentario chirurgico.*

strumentatóre [da *strumentare;* 1875] ***sm.*** (f. *-trìce*) *T.mus.* chi esegue la strumentazione di un pezzo musicale.

strumentatùra [da *strumentare;* 1873] ***sf.*** *non com. T.mus.* l'atto dello strumentare e il modo in cui è eseguita la strumentazione di un pezzo musicale.

strumentazióne [da *strumentare;* 1813 *istromentazione* nel senso 1; 1960 nel senso 2] ***sf.*** **1.** *T.mus.* distribuzione ai vari strumenti delle parti di una composizione polistrumentale **2.** insieme degli strumenti di cui è dotato un macchinario, un impianto, un laboratorio ecc., e spec. un mezzo di trasporto: *la strumentazione di una torre di controllo aeroportuale, di un'astronave* || *fig.* dotazione di mezzi: *una buona strumentazione linguistica* || **N. 1.** *Sin.* orchestrazione.

strumentista [da *strumento;* 1883] ***s.*** chi per professione suona uno strumento musicale. **Q.T.** *musica.*

struménto [lat. *instrumentum,* corredo, apparato; a. 1292 *stormento*] ***sm.*** **1.** arnese, dispositivo e sim., manuale o automatico, per mezzo del quale si esegue una determinata operazione: *strumento di precisione,* di grande affidabilità, funzionante in modo più preciso rispetto a quelli d'uso comune; *gli strumenti del mestiere,* relativi a una particolare arte, tecnica o professione; *strumenti da scultore, chirurgici, di misura, del fabbro; strumenti di bordo,* quelli necessari per la guida di un veicolo || *strumento musicale* (o *ass. strumento*), dispositivo atto a produrre musica: *strumenti a fiato, a corda, a percussione* **2.** *fig.* cosa o persona usata come mezzo per ottenere qualcosa: *usò la sua posizione come strumento per arricchirsi, i mass media dovrebbero essere strumenti di cultura; essere inconsapevolmente strumento di qualcuno, di qualcosa,* essere strumentalizzato in vista di fini che non ci si era proposti **3.** *T.giur.* atto pubblico fatto per mezzo di un notaio **4.** *T.gram. complemento di mezzo o strumento,* v. MEZZO || *dim.* strumentino, strumentùccio; *pegg.* strumentàccio || **N. 1.** *Sin.* attrezzo, utensile | apparecchio, congegno, macchina, meccanismo **2.** *Sin.* mezzo. **Q.T.** *chirurgia, energia, medicina, musica* **TAV. *musica* p. 1324** 2.

strùpo ***sm.*** *ant.* v. STUPRO.

strusciaménto [da *strusciare;* a. 1472] ***sm.*** l'atto dello strusciare e dello strusciarsi || *concr.* rumore prodotto strusciando o strusciandosi.

strusciàre (pres. *strùscio*) [forse lat. volg. **extrusāre;* a. 1533] ***tr.*** strofinare contro qualcosa, spec. inavvertitamente: *ho strusciato il gomito contro il muro, strusciando contro il palo ho rigato la portiera;* anche *ass.*: *ho strusciato col paraurti* || ***rifl.*** strofinare il proprio corpo: *non strusciarti a terra, alzati!* || *fig. strusciarsi a qualcuno,* stargli attorno, spec. per servilismo || ***rec.*** stare molto vicini, spec. nel farsi effusioni || **N.** ***tr.*** *Sin.* sfregare.

strusciàta [da *strusciare;* 1879] ***sf.*** l'atto dello strusciare una volta || *dim.* strusciatìna.

struscìo (pl. *-ìi*) [da *strusciare;* 1960] ***sm.*** atto dello strusciare frequente o continuo || *concr.* rumore prodotto strusciando.

strùscio (pl. *-sci*) [da *strusciare;* 1960] ***sm.*** **1.** a Napoli, l'affollato passeggio durante la settimana santa, per la visita ai sepolcri **2.** *per estens.* il passeggio serale o domenicale nelle cittadine di provincia.

strusciόne [da *strusciare;* 1873] ***sm.*** (f. *-a*) *fam. spreg.* chi sciupa molto gli abiti, strusciandoli per disattenzione contro le cose || chi ha l'abitudine di strusciarsi alle persone, spec. per servilismo.

struttìvo [dal lat. *structus,* pps. di *struere,* costruire; 1960] ***agg.*** *raro* attinente alla struttura, strutturale.

strùtto (*pps.* di *struggere*) [sec. XIV] **I** ***agg.*** disciolto, fuso **II** ***sm.*** grasso di maiale fatto struggere al fuoco per separarlo dai carnicci, e poi conservato per uso di cucina || **N. II** lardo, sugna, unto | ciccioli.

struttùra [dal lat. *structūra;* 1436 nel senso 2] ***sf.*** **1.** l'insieme delle relazioni che caratterizzano un sistema complesso: *la struttura di un edificio, di un discorso, della lingua inglese; struttura semplice, complessa, articolata, compatta; insiemi privi di struttura; la struttura gerarchica delle Forze Armate* **2.** *per estens.* l'insieme degli elementi che costituiscono l'ossatura di qualcosa, considerati nelle loro interrelazioni: *la struttura di un aereo,* la sua intelaiatura; *struttura economica, politica, sociale,* l'insieme delle istituzioni e delle relazioni che caratterizza un sistema economico, politico, sociale; *in part. T.edil.* l'insieme degli elementi portanti, che determinano la stabilità di una costruzione **3.** *per meton.* sistema, formazione strutturata: *un'ardita struttura architettonica, la società è una struttura molto complessa* || *T.inform. struttura di controllo,* v. CONTROLLO || **N. 1.** *Sin.* configurazione, disposizione, ordine, organizzazione **2.** *Sin.* armatura, scheletro, trama. **Q.T.** *chimica, genetica..., linguistica.*

strutturàbile [da *strutturare;* 1983] ***agg.*** che può essere strutturato: *tutto il discorso è strutturabile in maniera diversa.*

strutturàle [da *struttura;* 1950] ***agg.*** **1.** della struttura; che è attinente alla struttura: *elementi strutturali in cemento armato, la debolezza strutturale di un sistema politico* **2.** ispirato ai principi dello strutturalismo: *analisi strutturale di un testo; antropologia, linguistica, psicologia strutturale* || **strutturalménte** ***avv.*** per quanto concerne la struttura.

strutturalismo [da *strutturale,* sul mod. dell'ingl. *structuralism;* 1950] ***sm.*** *T.fil.* corrente di pensiero sviluppatasi in Francia negli anni '60, che estende all'insieme delle scienze umane (antropologia, psicanalisi, critica letteraria ecc.) concetti e metodi originati nell'ambito della linguistica; l'idea centrale è che il significato di un elemento (istituzione, comportamento, azione, espressione linguistica) si identifica con la sua posizione nel sistema a cui appartiene. **Q.T.** *linguistica.*

strutturalista [da *strutturalismo;* 1960] ***s.*** promotore o seguace dello strutturalismo nell'ambito di una particolare disciplina.

strutturalìstico (pl. *-ci*) [da *strutturalismo;* 1965] ***agg.*** attinente allo strutturalismo e agli strutturalisti: *psicologia, linguistica strutturalistica; metodi, movimenti strutturalistici.*

strutturàre (pres. *-ùro*) [da *struttura;* 1940] ***tr.*** organizzare qualcosa secondo una struttura: *strutturare un romanzo, un ufficio.*

strutturàto (*pps.* di *strutturare*) [1745] ***agg.*** organizzato: *un progetto ben strutturato, un edificio mal strutturato.*

strutturazióne [da *strutturare;* 1963] ***sf.*** **1.** atto dello strutturare **2.** *concr.* assetto, struttura: *una strutturazione difettosa.*

strutturìstica [da *struttura;* 1950] ***sf.*** *T.chim.* e *T.fis.* scienza che studia l'organizzazione degli elementi fondamentali dei corpi.

Struzionifórmi (sing. *-e*) [comp. del lat. *struthio, -ōnis,* struzzo e *-forme;* 1960] ***sm. pl.*** *T.zool.* ordine di Uccelli di grandi dimensioni, inetti al volo, dalla corsa velocissima; hanno gambe lunghe, sterno piatto, testa piccola e becco largo || **N.** kiwi, nandù, struzzo. **Q.T.** *zoologia.*

strùzza [da (*a*)*stuzza,* piccola asta, con immissione di *r;* 1960] ***sf.*** balestrone.

strùzzo [dal lat. tardo *struthio,* gr. *strouthíon,* dim. di *stroûthos,* struzzo; a. 1292 *struzzolo*] ***sm.*** specie di uccello i cui esemplari sono oggi i più grandi uccelli viventi, potendo raggiungere i due metri e mezzo di altezza; inetto al volo, corridore, con testa piccola, collo lungo e nudo, ciuffi di piume morbide e lunghe alle ali e alla coda, è coperto di penne, bianche e nere nel maschio, grigiastre nella femmina, che furono molto ricercate, spec. alla fine dell'Ottocento, come ornamento nella moda femminile || in loc. fig.: *fare come lo struzzo,* ignorare volutamente i problemi e le situazioni difficili (con allusione alla credenza che lo struzzo, di fronte al pericolo, nasconda il capo nella sabbia); *stomaco di struzzo,* capace di digerire qualsiasi cibo o, anche, di sopportare qualunque cosa pur di raggiungere un suo fine. **TAV. *uccelli* p. 1339** 3.

stuàrdo [dal n. della famiglia scozzese *Stuart,* da cui vennero sovrani di Scozia e d'Inghilterra; 1960] ***agg.*** proprio degli Stuart: *restaurazione stuarda* || *colletto alla stuarda,* colletto alto fino alla nuca e leggermente svasato, di moda alla fine del sec. XVI.

stuccaménto [da *stuccare*[1]; a. 1539] ***sm.*** *raro* atto dello stuccare; stuccatura.

stuccàre[1] (pres. *stùcco, stùcchi*) [da *stucco*[1]; a. 1320] ***tr.*** **1.** otturare, chiudere fori, fessure e sim. con lo stucco: *stuccare il mobile tarlato* || ricoprire di un sottile strato di stucco per poi dorare, dipingere e sim.: *stuccare la cornice* **2.** ornare con stucchi: *stuccare un salone.*

stuccàre[2] (pres. *stùcco*) [da *stucco*[2]; a. 1492] ***tr.*** di un cibo, generare rapidamente sazietà, nauseare: *uva troppo dolce che stucca* || *fig. non com.* causare noia, fastidio: *complimenti che stuccano* || **N.** *Sin.* saziare; annoiare, stufare, tediare.

stuccatóre [da *stuccare*[1]; sec. XIV-XV] ***sm.*** (f. *-trìce*) **1.** decoratore specializzato nell'esecuzione di stucchi **2.** *meno com.* addetto alla stuccatura del legno prima della verniciatura.

stuccatùra [da *stuccare*[1]; 1806] ***sf.*** **1.** atto dello stuccare **2.** *concr.* massa o strato di stucco messi in opera: *la stuccatura si è crepata, è saltata via in più punti.*

stucchévole [da *stuccare*[2]; a. 1600] ***agg.*** che stucca, che sazia fino alla nausea: *sapore stucchevole* || *fig.* noioso, fastidioso: *persona stucchevole* || **stucchevolménte** ***avv.***

stucchevolézza [da *stucchevole;* 1838] ***sf.*** l'essere stucchevole.

stucchìno [da *stucco*[1]; 1873] ***sm.*** *tosc.* statuetta, figurina di gesso || *fig. tosc.* donna giovane, bella ma senza sentimento o espressione; bambola.

stùcco[1] (pl. *-chi*) [dal long. *stuhhi*, crosta, intonaco; a. 1355 nel senso 2; a. 1537 nel senso 1] **sm.** **1.** nome generico di vari tipi di miscele plastiche, indurenti all'aria, impiegate per otturare buchi, livellare superfici irregolari o realizzare elementi decorativi in rilievo o a tutto tondo (statuette e sim.): *stucco da legno, da muro* || nelle loc. fig.: *restare, rimanere di stucco*, restare sbalordito; *non com. essere di stucco*, di persona, tutt'altro che vivace **2.** ornamento, decorazione di stucco: *gli stucchi del soffitto.*

stùcco[2] (pl. *-chi*) [da *stuccare*[2]; 1313] **agg.** *raro* sazio alla nausea: *sono stucco di miele* || anche infastidito, annoiato: *sono stucco di sentire questi discorsi*; anche nel modo di dire *essere stucco e ristucco.*

stuccóso [da *stucco*[2]; 1873] **agg.** *raro* stucchevole, nauseante, fastidioso.

studentàto [da *studente*; 1942] **sm.** **1.** periodo di tempo dedicato agli studi, spec. universitari: *ha fatto un lungo studentato* **2.** alloggio per studenti, spec. universitari; collegio universitario **3.** collegio in cui i chierici di alcuni ordini religiosi compiono i loro studi.

studènte [dal lat. *studens, -entis*, ppr. di *studēre*, occuparsi, applicarsi agli studi; a. 1400] **sm.** (f. *studentéssa*) chi frequenta un corso di studi, spec. medi superiori o universitari: *studente di legge, di medicina, di ginnasio* || *dim.* studentèllo, studentino, studentùccio; *pegg.* studentàccio || **N.** *Sin.* allievo; laureando, matricola; alunno, scolaro.

studentésca [da *studente*; 1940] **sf.** *raro* il complesso degli studenti; scolaresca.

studentésco (pl. *-schi*) [da *studente*; 1922] **agg.** di studente, relativo agli studenti: *lotte studentesche.*

studiàbile [da *studiare*; a. 1729] **agg.** *non com.* che si può studiare.

studiacchiàre o **studicchiàre** (pres. *-àcchio* o *-ìcchio*) [da *studiare*; 1853] **tr.** anche *ass.*, studiare saltuariamente e svogliatamente.

studiàre (pres. *stùdio*) [da *studio*; fine sec. XIII] **tr.** **1.** applicarsi con metodo all'apprendimento di qualcosa (disciplina, tecnica, nozione ecc.), generalmente con l'ausilio di testi e di insegnanti: *studiare una lingua, la storia, il violino, le tabelline, una poesia a memoria* || *ass.* seguire un corso di studi: *studiare all'Accademia di Belle Arti, preferisco trovarmi un lavoro anziché continuare a studiare, non hanno potuto farlo studiare, si vede che ha studiato, studia sotto la guida di un bravo professore*; anche in rif. al modo in cui ci si applica allo studio: *studiare con impegno, svogliatamente, molto, poco*; anche in rif. al fine per il quale si studia: *studio per l'esame di domani, per diventare geometra* (o *da geometra*) **2.** esaminare attentamente, analizzare approfonditamente: *studiare le possibilità di successo dell'impresa, le mosse dell'avversario, la situazione attuale, un problema* || *per estens.* ricercare, escogitare: *studiare il modo di ripararare il guasto, di farsi perdonare*; *fam.* nel modo di dire *studiarle tutte* (sott. *le maniere per far qualcosa*): *quando non ha voglia di lavorare, le studia tutte* (sott. *le scuse*) **3.** controllare, calibrare: *studiare i gesti, le frasi* e sim., badare attentamente ai propri gesti, alle proprie parole per non trovarsi in fallo, per non offendere l'altrui suscettibilità **4.** *ant.* affrettare: *studiare il passo* || **intr.** (aus. *avere*) e, *più com.*, **intr. pron.** ingegnarsi, industriarsi: *mi studio di accontentarlo* || **rifl.** osservarsi con attenzione: *studiarsi allo specchio* || **N.** **1.** dedicarsi allo studio, erudirsi, frequentare una scuola, imprimere nella mente, indottrinarsi, istruirsi, passare le ore sui libri, sprofondarsi nei libri | dare una scorsa, leggere, ripassare | accanimento, costanza, svogliatezza, zelo **2.** *Sin.* approfondire, indagare, sviscerare.

studiàto (*pps.* di *studiare*) [a. 1574] **agg.** fatto con cura, con molto studio: *discorso studiato*; *in part.* affettato, che non è spontaneo: *un sorriso studiato* || **studiataménte** **avv.** in modo calcolato || **N.** *Sin.* artificioso, controllato, ricercato | *Contr.* immediato.

studiatóre [da *studiare*; a. 1347] **agg.** e **sm.** (f. *-trìce*) *non com.* che o chi studia, spec. i gesti, le frasi e sim.

studicchiàre V. STUDIACCHIARE.

stùdio (pl. *-di*) [dal lat. *studium*; a. 1292 nel senso 1; a. 1742 nel senso 3; 1931 nel senso 4] **sm.** **1.** attività dello studiare: *dedicare molte ore allo studio*; *lo studio del greco, della filosofia, del pianoforte, di un problema complesso, di nuove soluzioni energetiche*; *uno studio impegnativo*; *borsa di studio*, sovvenzione elargita a studenti meritevoli || *pl.* il corso delle attività di studio di una persona: *terminare, interrompere gli studi*; le attività scolastiche di una regione, provincia ecc.: *provveditore agli studi*, autorità preposta all'organizzazione scolastica di una provincia **2.** *concr.* opera risultante dall'approfondito studio di un argomento, di un fenomeno, di una tecnica ecc.: *uno studio su Leopardi, sull'inquinamento atmosferico in Piemonte* || lavoro grafico preparatorio effettuato durante la fase di progettazione di un'opera: *una serie di studi dello scalone centrale, gli studi dal vero di Leonardo* || *T.mus.* composizione musicale scritta per scopi didattici: *ha eseguito uno studio di Chopin* **3.** luogo in cui si studia; *in part.* in un'abitazione privata, stanza da studio: *passa la giornata nello studio*; *per estens.* l'arredamento di tale stanza: *uno studio in radica* || le stanze in cui un libero professionista o un artista attende alla sua professione o alla sua arte: *studio di avvocato, di pittore*; anche l'attività professionale stessa: *aprire uno studio medico* **4.** complesso di ambienti attrezzati per riprese cinematografiche, televisive o fotografiche, registrazioni radiofoniche ecc. **5.** *T.stor.* nel Medioevo, università, scuola superiore: *lo studio di Pisa* **6.** *lett.* cura, diligenza, sollecitudine: *metteva studio in ogni cosa che faceva* || nella loc. disus. *a bello studio*, a bella posta, intenzionalmente || *dim.* studiétto, studiolìno, studiòlo || **N.** **1.** *Sin.* applicazione | osservazione, speculazione **3.** *Sin.* gabinetto, laboratorio, ufficio **4.** sala di incisione, teatro di posa. **Q.T.** *cinematografia, pittura.*

studiòlo (*dim.* di *studio*) [a. 1503] **sm.** piccolo locale adibito a studio.

studióso [da *studio*; a. 1303 come agg. senso 2; 1558 come agg. nel senso 1] **I agg.** **1.** che attende con diligenza allo studio: *ragazzo studioso* **2.** *non com. lett.* premuroso: *studioso del bene altrui* || **studiosaménte** **avv.** *raro* **1.** diligentemente **2.** *lett.* apposta: *offende studiosamente* **II sm.** (f. *-a*) chi si dedica a un particolare tipo di studi: *uno studioso di filosofia.*

stuellàre (pres. *-èllo*) [da *stuello*; 1930] **tr.** *T.med.* tamponare con uno stuello: *stuellare una ferita, il naso.*

stuèllo [dal lat. *stuppa*, stoppa, attr. i dialetti sett.; 1685] **sm.** batuffolo o tampone di cotone o garza che si usa, anche fissato all'estremità di un bastoncino, per tamponare ferite o piaghe.

stùfa [da *stufare*; inizio sec. XIV nel senso 3; a. 1537 nel senso 1] **sf.** **1.** apparecchio usato per riscaldare ambienti; diffonde il calore prodotto per mezzo di combustibili vari ed è costituito sostanzialmente da un focolaio delimitato da pareti in materiale refrattario e collegato a un tubo di sfogo dei gas della combustione: *stufa a gas, a carbone, a legna*; *stufa elettrica*, elettrodomestico irradiatore di calore **2.** locale in cui la temperatura viene mantenuta artificialmente alta, spec. per particolari lavorazioni tecniche (in fonderia, ambienti di essiccazione ecc.); anche serra calda (v. SERRA) **3.** *ant.* locale termale || *dim.* stufétta, stufettina || **N.** **1.** calorifero, parigina, termosifone.

stufaiòla [da *stufare*; 1873 *stufaiuola*] **sf.** specie di tegame più fondo dei soliti, col coperchio, che serve per cuocere lo stufato.

stufàre [lat. volg. **extufāre*, riscaldare; fine sec. XV nel senso 2; 1803 nel senso 1; a. 1595 nel senso 3] **tr.** **1.** cuocere in stufato **2.** *non com. propr.* riscaldare nella stufa; *in part.* *stufare i bozzoli*, farli riscaldare perché non sfarfallino **3.** *fig. fam.* annoiare, infastidire, seccare || **intr. pron.** annoiarsi, seccarsi: *mi sono stufato di ascoltarti.*

stufàto (*pps.* di *stufare*) [sec. XIV come agg.; a. 1742 come sm.] **I agg.** *T.cuc.* cotto a fuoco lento con pochissima acqua o con il vapore trattenuto sotto il coperchio: *verdure stufate* **II sm.** *T.cuc.* vivanda a base di carne a pezzi fatta cuocere coperta a fuoco lento con condimenti, aromi e verdure || *dim.* stufatino || **N.** stufaiola.

stufatùra [da *stufare*; a. 1712] **sf.** l'operazione dello stufare, rif. spec. ai bozzoli.

stùfo [da *stufare*; 1598 *stuffo*] **agg.** *fam.* infastidito, annoiato: *essere stufo di una cosa, di una persona* || *superl.* arcistùfo.

stultilòquio **sm.** *ant.* V. STOLTILOQUIO.

stuntman (ingl., pr. ['stʌntmən]) [letter. uomo di acrobazia; 1962] **sm.** *inv.* *T.cin.* acrobata esperto nel compiere azioni spettacolari come cadute, tuffi, salti mortali e sim., che fa da comparsa o da controfigura all'attore protagonista.

stuòia [lat. *storia* o *storea*; 1263 *storia*] **sf.** manufatto ottenuto intrecciando fibre vegetali o tenendole accostate con fili annodati, usato per tappeti, tende, rivestimenti murari interni e sim. || *dim.* stuoino (*sm.*).

stuoìno (meno com. *stoino*) (*dim.* di *stuoia*) [1855 *stoino*] **sm.** **1.** tappetino, spec. di fibra vegetale, che si poggia per terra davanti alle porte comunicanti con l'esterno di un'abitazione per pulircisi le suole delle scarpe prima di entrare in casa **2.** tenda di canniciato o sim. che si usa alle finestre o, anche, spesso, per chiudere armadi a muro, ripostigli ecc.; si apre arrotolandola su se stessa per mezzo di una funicella || **N.** **1.** *Sin.* zerbino.

stuòlo [lat. tardo *stolus*, tragitto per mare, flotta; a. 1292] **sm.** schiera, moltitudine ordinata: *stuolo di soldati*; *per estens.* grande numero: *stuolo di vagabondi, di mosche* || *arc.* esercito, schiera armata || **N.** *Sin.* stormo, FOLLA, MOLTITUDINE.

stùpa [dal sanscrito *stúpah*, ciuffo di capelli, colmo del tetto; 1929] **sm.** *inv.* (o pl. *stupi*) edificio religioso indiano con copertura a cupola, destinato a contenere reliquie o immagini del Buddha.

stupefacènte (*ppr.* di *stupefare*) [a. 1519 nel senso 1; 1644 nel senso 2] **I agg.** **1.** che provoca stupore: *risultati stupefacenti* **2.** *T.farm.* di sostanza la cui somministrazione produce un effetto stuporoso e di artificioso benessere; rif. in part. ad anestetici narcotici derivati dall'oppio e, in gen., a qualsiasi sostanza inducente uno stato di tossicomania **II sm.** sostanza stupefacente || **N.** **II** canapa indiana, cocaina, eroina, morfina.

stupefàre (pres. *stupefàccio* ecc., come FARE) [dal lat. *stupefacere*; a. 1306] **tr.** e **intr. pron.** riempire o riempirsi di stupore: *stupefece tutti con la sua abilità* || **N.** *Sin.* sbalordire, sbigottire, strabiliare, stupire, MERAVIGLIARE.

stupefàtto (*pps.* di *stupefare*) [1321] **agg.** pieno di stupore: *viso stupefatto.*

stupefazióne [dal lat. tardo *stupefactio, -ōnis*; 1353] **sf.** **1.** *non com.* stupore; l'atto e l'effetto dello stupefare: *esser preso da grande stupefazione* **2.** *T.med.* stato d'intorpidimento causato da stupefacenti || **N.** *Sin.* STUPORE.

stupèndo [lat. *stupendus*; sec. XIV] ***agg.*** che provoca stupefazione, ammirazione e sim. per l'eccellenza, la bellezza: *quadro stupendo, spettacolo stupendo* || **stupendaménte** ***avv.*** meravigliosamente, eccezionalmente: *una ragazza stupendamente bella* || **N.** *Sin.* ammirevole, bellissimo, eccezionale, magnifico, meraviglioso, mirabile, sbalorditivo, sorprendente.

stupidàggine [da *stupido*; 1873] ***sf.*** **1.** *non com.* l'essere stupido; stupidità **2.** *com. concr.* atto o detto da stupido: *questa è una grossa stupidaggine degna di lui* || **N. 2.** balordaggine, castroneria, SCIOCCHEZZA.

stupidàta [da *stupido*; 1960] ***sf.*** *sett.* atto, discorso, cosa stupida.

stupidézza [da *stupido*; 1547] ***sf.*** *raro* l'essere stupido; stupidità.

stupidiménto [da *stupidire*; 1940] ***sm.*** *raro* istupidimento.

stupidìre (pres. *-ìsco, -ìsci*) [da *stupido*; sec. XIV] ***tr.*** *raro* istupidire.

stupidità [da *stupido*; a. 1758] ***sf.*** l'essere stupido, qualità di chi o di ciò che è stupido: *la sua stupidità non ha limiti, la stupidità di un simile gesto.*

stùpido [lat. *stupidus*; 1319] **I** ***agg.*** **1.** dotato di poca intelligenza, ottuso di mente, che apprende con fatica e lentezza: *è stupido, non capisce niente!*; anche sciocco, puerile: *smettila di comportarti in modo stupido*; *iperb.* ingenuo, credulone: *sono stata stupida a farmi convincere* || *per estens.* di cosa, che esprime stupidità: *una risposta, una vita stupida* **2.** *non com. lett.* in preda a stupore, attonito || **stupidaménte** ***avv.*** da stupido: *si è stupidamente fatto imbrogliare* **II** ***sm.*** (f. *-a*) persona stupida (nel senso 1) || *dim.* stupidìno, stupidòtto; *accr.* stupidóne; *pegg.* stupidàccio || **N. 1.** *Sin.* babbeo, cretino, ebete, grullo, idiota, imbecille, incapace, inetto, ottuso, scemo, scimunito, sciocco, stolido, tonto.

stupìre (pres. *-ìsco, -ìsci*) [lat. *stupēre*; sec. XIV] ***tr.*** provocare stupore: *vedemmo cose che stupirono tutti*; anche con litote: *non stupire*, essere prevedibile: *il suo rifiuto non mi stupisce* || ***intr.*** (aus. *essere*) e, più com., ***intr. pron.*** rimanere stupito: *mi stupisco di una simile affermazione* || **N.** *Sin.* sbalordire, sorprendere, stupefare, MERAVIGLIARE.

stupìto (*pps.* di *stupire*) [a. 1571] ***agg.*** meravigliato, sorpreso.

stupóre [lat. *stupor, -ōris*; 1308] ***sm.*** **1.** sensazione di grande meraviglia o di sorpresa provata nel vedere o udire cose o frasi inaspettate o particolarmente strane: *una reazione di stupore* **2.** *T.med.* stato di immobilità e non recettività agli stimoli esterni || **N. 1.** *Sin.* disorientamento, incredulità, sbalordimento, sorpresa, MERAVIGLIA **2.** intontimento, intorpidimento, torpore.

stuporóso [da *stupore*; 1942] ***agg.*** *non com.* che produce intontimento.

stupràre [dal lat. *stuprāre*; 1478] ***tr.*** commettere uno stupro; usare violenza carnale nei confronti di una persona, costringendola contro la sua volontà al congiungimento sessuale || **N.** *Sin.* violentare.

stupratóre [dal lat. *stuprātor, -ōris*; a. 1375 *strupatore*] ***sm.*** chi commette uno stupro.

stùpro [dal lat. *stuprum*; a. 1292 *strupo*] ***sm.*** violenza carnale.

stùra [da *sturare*; a. 1704] ***sf.*** *raro* l'atto dello sturare: *dare la stura a una botte*; spec. nella loc. fig. *dare la stura*, dar libero sfogo, spec. alle parole: *dare la stura alle maldicenze, ai propri sentimenti*; *ma non so a quanti versi do la stura e vedrò dove arrivo* (Carducci).

sturabottìglie [comp. di *stura(re)* e *bottiglia*; 1873] ***sm. inv.*** cavatappi.

sturalavandini [comp. di *stura(re)* e *lavandino*; 1940] ***sm. inv.*** attrezzo, perlopiù consistente in una ventosa in gomma dotata di manico, che serve a sturare i lavandini.

sturaménto [da *sturare*; 1873] ***sm.*** *non com.* atto dello sturare.

sturàre [da *turare*; a. 1342] ***tr.*** stappare, rimuovere il turacciolo dalla bocca di un recipiente, spec. bottiglie: *sturare il vino* || *per estens.* rimuovere ciò che ottura un condotto: *sturare un lavandino*, liberarne la conduttura da ciò che la ostruisce; *sturare le orecchie*, liberarle dal cerume e, *fig. fam.*, dire a qualcuno le cose come stanno, fargli intendere qualcosa che non era chiaro || **N.** *Sin.* disgorgare, disotturare.

sturbaménto [da *sturbare*; a. 1547] ***sm.*** *raro* atto ed effetto dello sturbare; sconvolgimento, disturbo.

sturbàre [dal lat. *exturbāre*, scacciare, sconvolgere; a. 1348] ***tr.*** *raro pop.* disturbare, turbare, scompigliare.

stùrbo [da *sturbare*; a. 1348] ***sm.*** *raro pop.* disturbo.

Stùrnidi (sing. *-e*) [comp. del lat. *sturnus*, storno e *-idi*; 1936] ***sm. pl.*** *T.zool.* famiglia di Passeriformi dal piumaggio bruno, becco conico e zampe allungate; si cibano prevalentemente di insetti.

stutàre [lat. volg. **extutāre*; 1336 ca.] ***tr.*** *ant.* o *dial.* spegnere, smorzare.

stuzzicadènti [comp. di *stuzzica(re)* e *dente*, prob. sul modello dello sp. *escarbadientes*; a. 1556] ***sm. inv.*** **1.** stecchino appuntito in legno, plastica e sim., usato per togliere il cibo che è rimasto tra i denti **2.** *fig.* persona magrissima.

stuzzicaménto [da *stuzzicare*; a. 1712] ***sm.*** l'atto e l'effetto dello stuzzicare.

stuzzicànte (*ppr.* di *stuzzicare*) [1838] ***agg.*** eccitante, stimolante, allettante: *una proposta stuzzicante*; *in part.* di cibo, appetitoso: *un piatto stuzzicante.*

stuzzicàre (pres. *stùzzico, stùzzichi*) [etim. inc.; a. 1444 nel senso 2] ***tr.*** **1.** toccare leggermente e ripetutamente, perlopiù con una cosa sottile e appuntita, frugacchiando qua e là: *stuzzicare i denti, le orecchie* **2.** *fig.* provocare, cercar di irritare: *lo stuzzica con motteggi*; *prov. non stuzzicare il can che dorme*, non provocare chi momentaneamente non sembra aver l'intenzione di creare guai, polemiche ecc. || anche eccitare: *stuzzicare l'appetito, la curiosità* || **N. 1.** *Sin.* sollecitare, stimolare, FRUGARE **2.** *Sin.* infastidire, punzecchiare, solleticare, tormentare.

stuzzichìno [da *stuzzicare*; 1873] ***sm.*** **1.** spec. *pl.* salatino, tartina e sim. consumati insieme agli aperitivi, per stimolare l'appetito **2.** *dial.* spuntino.

stylé (fr., pr. [sti'le]) [in orig. che esegue il servizio domestico secondo le regole; 1908] ***agg. inv.*** elegante, ricercato nel vestire o nei modi.

su [lat. *sūsum*, var. di *sūrsum*; fine sec. XIII] **I** ***prep.*** con gli art. det. forma le prep. art. *sul, sullo, sulla, sui, sugli, sulle* || quando è adoperata come prefisso in composizione con altre parole, richiede il raddoppiamento della consonante iniziale della parola cui si unisce, a meno che non si tratti di *s* seguita da consonante, *x, y* o *gn*: *susseguire, summenzionato*; con *di* pleonastico, davanti a pron. pers. o, non obbligatoriamente, davanti a parola iniziante per *u*, per eufonia: *conto su di te, si sfracellò su (di) una roccia* || introduce diversi complementi: — di stato in luogo, anche *fig.*; indica posizione soprastante rispetto ad altro, a contatto o meno con esso: *sedevo sulle sue ginocchia, un ponte sullo stretto, i miei dubbi poggiano sul tuo strano comportamento, la sua autorità si estende su (di) un immenso territorio*; *in part.* indica il supporto di una lavorazione (dipinto, ricamo ecc.): *un olio su tela, un'incisione su bronzo*; quando è preceduta e seguita dallo stesso sostantivo, indica reiterazione: *fare sbagli su sbagli*, sbagliare continuamente | — di moto a luogo, anche *fig.*; indica il movimento di qualcosa o qualcuno che si appoggia, cade o sim. sopra qualcos'altro: *sali sulla scala, la neve scende sul paese, tutte le colpe ricadono su chi le compie*; nei modi di dire: *cadere come il cacio sui maccheroni*, capitare a proposito, al momento opportuno; *mettere una pietra sul passato*, non tenerne più conto; *per estens.* verso, contro: *la marcia su Roma, i poliziotti spararano sulla folla* | — d'argomento: *un saggio su Dante, discutere sulla politica dell'attuale governo* | — di tempo determinato, con valore approssimativo; verso, intorno a, circa a: *morì sul finire del secolo*; *arriverò sul far dell'alba, sul presto, sul mezzogiorno*; nelle loc.: *essere sul punto di*, essere in procinto di, stare per: *era sul punto di dir di sì*; *sul momento, sui due piedi*, immediatamente, senza avere il tempo di riflettere: *sul momento non aveva capito, così sui due piedi non se la sentì di decidere* | — di tempo continuato, di età, di prezzo, di peso e di misura, sempre per indicare un valore quantitativo approssimativo; (di) circa, all'incirca (di), pressappoco: *ci ho impiegato sulle tre ore, ha (o è) sui trent'anni, è sui tre chili, un testo sulle mille pagine, un tragitto sui cento chilometri* | — di modo o maniera: *abiti (confezionati, fatti, tagliati) su misura*; *prendere sul serio qualcuno* o *qualcosa*, dargli credito, attribuirgli importanza; *rilasciare un certificato su richiesta dell'interessato, scrivere sull'esempio dell'insegnante* | — con valore distributivo: *le probabilità favorevoli sono di una su (di) un milione* || *ant.* o *lett. in su*, pleonastico: *in sul calar del sole* (Leopardi) **II** ***avv.*** di luogo: usato, anche in senso *fig.*, con verbi sia di quiete sia di moto, in (o verso) l'alto, in (o verso) un luogo più elevato rispetto a un altro: *guarda su; andare su*, spec. quando si tratta di un piano superiore di un edificio (*fai un salto su da me, la mamma è su*) o detto di costi, valori ecc. (*la borsa è andata molto su*); anche ulteriormente specificato da un compl. di luogo: *vai su nel solaio; andare su e giù*, salire e scendere più volte (*il montacarichi andava su e giù*) o anche andare avanti e indietro più volte (*camminava nervosamente su e giù per la corsia dell'ospedale*); *saltar su*, fare un balzo, scattare in piedi o, *fig.*, reagire all'improvviso con parole violente e irate; *venir su*, anche *fig.*: *il bambino, la pianta viene su bene*, cresce, si forma bene; *mi viene su il cibo, la colazione*, quando torna in gola per difficoltà digestive; *tirar su*, sollevare e, *fig.*, *tirar su un figlio*, allevarlo; *tirarsi su*, rimettersi in buone condizioni economiche o di salute; *metter su*: *metter su l'acqua per il tè*, farla scaldare sulla fiamma; *fig. metter su casa*, predisporla per viverci; *metter su famiglia*, sposarsi; *metter su pancia*, ingrassare nell'addome; *metter su un negozio, un'attività*, avviarli, impiantarli; *metter su qualcuno contro qualcun'altro*, sobillarlo, istigarlo contro l'altro || con valore rafforzativo, reiterato: *andammo su su, quasi fino in cima, su su, non piangere!* || preceduto da un altro avv. di luogo, ne determina meglio il valore: *il libro l'ho messo lì su* (o, più com., *lì sopra*); freq. la grafia unita, *lassù* (v.) e *quassù* (v.) || in alcune *loc. avv.*: *in su* (preceduta da prep. si scrive unita: *all'insù* (v.)), verso l'alto: *un naso rivolto in su; guardare di sotto in su*, di sottecchi; *nella boxe si può colpire solo dalla cintola in su*; *in part.* detto di valori numerici, in avanti, in poi: *dalle mille lire in su*; di posizione geografica, verso il Nord: *da Roma in su*; con *in* pleonastico, nella loc. *in su e in giù*, v. *su e giù*; *da su*, da sopra, dall'alto: *le grida vengono da su; di su*, di sopra: *ti ho cercato di qui, di là, di su e di giù*, da ogni parte; *su per*, per indicare un movimento progressivo verso un luogo alto: *sale su per la montagna*; *su per giù*, v. SUPPERGIÙ || **III** ***escl.*** esortativa, orsù, suvvia: *su,* *andiamo!, su, svelto!; su con la vita!, su con il morale!*, come esortazione a non abbattersi, a non scoraggiarsi ‖ **N.** I *Contr.* sotto II *Contr.* giù, sotto.

suaccennàto [comp. di *su* e *accennato*, pps. di *accennare*; 1841] ***agg.*** sopraccennato, suddetto.

suàcia (pl. *-cie*) [lat. volg. **suax, -ācis*, porco, pesce porco; 1940] ***sf.*** pesce della famiglia dei Botidi che vive sui fondi costieri; ha il corpo circondato da pinne continue ed entrambi gli occhi sul lato sinistro.

suadènte (*ppr.* di *suadere*) [sec. XIV] ***agg.*** *non com.* convincente, persuasivo ‖ *com.* che tenta di persuadere con le lusinghe.

suadére (pres. *suàdo* ecc., come DISSUADERE) [dal lat. *suadēre*; a. 1472] ***tr.*** *raro* o *poet.* persuadere.

suaditóre [da *suadere*; 1873 *suaditrice*] ***agg.*** e ***sm.*** (f. *-trìce*) *raro* o *poet.* che o chi persuade: *alba... di placidi sogni suaditrice* (D'Annunzio).

suaṣióne [dal lat. *suasio, -ōnis*; a. 1363] ***sf.*** *raro* o *poet.* persuasione.

suaṣìvo [da *suaso*, pps. di *suadere*; sec. XIV] ***agg.*** *raro* o *poet.* persuasivo ‖ che ha il fine di persuadere.

suaṣòria [dal lat. *suasōria*, da *suasōria orātio*, orazione persuasiva; a. 1685] ***sf.*** *T.lett.* nella letteratura latina, orazione di carattere persuasivo, svolta perlopiù come esercitazione retorica.

suaṣòrio (pl. *-ri*) [dal lat. *suasōrius*; 1745] ***agg.*** *raro* o *poet.* suasivo.

suàsso o **suàzzo** v. SVASSO.

sub [da *sub(acqueo)*; 1954] ***s.*** *inv.* *T.sport.* forma accorciata di uso comune per (*pescatore, nuotatore*) *sub(acqueo)*: *attrezzatura da sub.*

sub- [dal lat. *sub*, sotto] ***pref.*** equivale a "sotto", "che sta sotto" (*subacqueo, subconscio, subalpino*), "che è inferiore" rispetto a un dato valore, norma o gerarchia (*subacuto, subsferico, subnormale, subordinato*). **Q.T.** *pesca.*

subaccollàre (pres. *-òllo*) [comp. di *sub-* e *accollare*; 1873] ***tr.*** *raro* cedere ad altri un incarico, un lavoro e sim. che si era già avuto in accollo ‖ **N.** subappaltare.

subaccollatàrio (pl. *-ri*) [comp. di *sub-* e *accollatario*; 1873] ***sm.*** (f. *-a*) *raro* chi riceve un lavoro e sim. in subaccollo.

subaccòllo [comp. di *sub-* e *accollo*; 1873] ***sm.*** *raro* il subaccollare.

subàcido [comp. di *sub-* e *acido*; 1761] ***agg.*** *T.chim.* *non com.* che ha un leggero grado di acidità.

subàcqueo [comp. di *sub-* e *acqueo*; 1873] I ***agg.*** che sta, vive, opera o si effettua sotto la superficie delle acque: *battello, cavo subacqueo, mine, piante subacquee; nuotatore subacqueo*, che s'immerge provvisto di pinne, occhiali (o maschera) ed eventualmente respiratore; *pesca, caccia subacquea*, pesca con fucile o arpione praticata sott'acqua II ***sm.*** (f. *-a*) nuotatore subacqueo ‖ **N.** I *Contr.* sopracqueo II *Sin.* sub. **Q.T.** *nuoto, pesca.*

subacùto [comp. di *sub-* e *acuto*; 1960] ***agg.*** *T.med.* detto di malattia con decorso più lungo, ma con sintomi meno violenti delle corrispondenti forme acute.

subaffittàre [comp. di *sub-* e *affittare*, prob. sul modello del fr. *sous-louer*; 1669] ***tr.*** dare o prendere in subaffitto.

subaffitto [comp. di *sub-* e *affitto*; 1798] ***sm.*** affitto a terzi di un fondo o un edificio che si ha in affitto.

subaffittuàrio (pl. *-ri*) [comp. di *sub-* e *affittuario*, prob. sul modello del fr. *sous-locataire*; 1751] ***sm.*** (f. *-a*) chi ha preso un fondo o un edificio in subaffitto.

subaffluènte [comp. di *sub-* e *affluente*; 1960] ***sm.*** fiume che si getta in un affluente di un altro fiume.

subagènte [comp. di *sub-* e *agente*; 1960] ***s.*** chi conclude contratti per conto di un agente.

subalpìno [dal lat. *subalpīnus*; 1811] ***agg.*** che è ai piedi delle Alpi, detto spec. del Piemonte: *parlamento subalpino* ‖ *per estens.* di ciò che concerne la zona inferiore del piano alpino: *fauna, flora subalpina.*

subalternànte (*ppr.* di *subalternare*) [1960] ***agg.*** *T.fil.* nella logica scolastica, si dice della proposizione universale in rapporto di subalternazione con una corrispondente proposizione particolare.

subalternàre (pres. *-èrno*) [da *subalterno*; a. 1616] ***tr.*** *raro* rendere subalterno.

subalternàto (*pps.* di *subalternare*) [1960] ***agg.*** *T.fil.* nella logica scolastica, detto della proposizione particolare in rapporto di subalternazione con una corrispondente proposizione universale.

subalternazióne [da *subalternare*; 1960] ***sf.*** *T.fil.* nella logica scolastica, il rapporto tra una proposizione universale e una proposizione particolare che abbiano la medesima qualità, ma siano differenti per la quantità; per es. *tutti gli uomini sono mortali, qualche uomo è mortale.*

subalternità [da *subalterno*; 1983] ***sf.*** condizione, stato di chi è subalterno.

subaltèrno [dal lat. tardo *subalternus*; fine sec. XV] I ***agg.*** **1.** subordinato, che dipende da un altro in un rapporto gerarchico: *impiegato subalterno; ufficiali subalterni*, il tenente e i sottotenenti **2.** *T.fil.* nella logica scolastica, di proposizione in rapporto di subalternazione rispetto a un'altra II ***sm.*** (f. *-a*) chi dipende da un altro in un rapporto gerarchico: *un direttore gentile coi subalterni* ‖ **N.** *Sin.* dipendente, sottoposto.

subàlveo [comp. di *sub-* e *alveo*; 1960] ***agg.*** in geografia fisica, che si trova al di sotto dell'alveo: *zona rocciosa subalvea.*

subantàrtico (pl. *-ci*) [comp. di *sub-* e *antartico*; 1960] ***agg.*** vicino alle regioni antartiche ‖ *per estens.* proprio delle regioni prossime all'Antartico: *fauna subantartica.*

subappaltàre [comp. di *sub-* e *appaltare*; 1696] ***tr.*** dare o, meno com., prendere in subappalto.

subappaltatóre [comp. di *sub-* e *appaltatore*; 1696] ***agg.*** e ***sm.*** (f. *-trice*) *non com.* che o chi subappalta.

subappàlto [comp. di *sub-* e *appalto*; 1696] ***sm.*** appalto a terzi di ciò che si è a propria volta ricevuto in appalto.

subappenninico (pl. *-ci*) [comp. di *sub-* e *appenninico*; 1960] ***agg.*** vicino agli Appennini ‖ *per estens.* proprio delle regioni prossime all'Appennino; *in part.* relativo al Subappennino.

subàrtico (pl. *-ci*) [comp. di *sub-* e *artico*; 1957] ***agg.*** vicino, adiacente alle regioni artiche.

subàsta [da *subastare*; 1775] ***sf.*** vendita all'incanto, ordinata da un giudice in seguito alla richiesta di un creditore, di beni appartenenti a un debitore insolvente: *indire una subasta* ‖ **N.** asta, incanto.

subastàre [dal lat. tardo *subhastāre*; 1342] ***tr.*** vendere all'asta, all'incanto.

subatòmico (pl. *-ci*) [da *sub-* e *atomico*; 1950] ***agg.*** che è costituente di un atomo, che ne caratterizza la struttura: *particelle subatomiche.*

sùbbia [lat. *sūbula*, lesina; fine sec. XV] ***sf.*** scalpello a punta a piramide quadrangolare usato spec. per lavorare la pietra ‖ *dim.* subbiétta, subbiòlo ‖ **N.** *Sin.* SCALPELLO.

subbiàre (pres. *sùbbio*) [da *subbia*; a. 1574] ***tr.*** lavorare con la subbia: *subbiare una pietra.*

subbièllo (*dim.* di *subbio*) [1983] ***sm.*** *T.tess.* subbio di dimensioni ridotte.

subbiètto e der. forme arc. di SOGGETTO e der. (v.).

subbillàre ***tr.*** *raro* v. SOBILLARE.

sùbbio (pl. *-bi*) [lat. tardo *insubulum*; 1309] ***sm.*** **1.** cilindro girevole del telaio, sul quale si avvolge il filo dell'ordito o la stoffa tessuta **2.** *per estens.* in vari macchinari, organo cilindrico avente funzioni diverse ‖ *dim.* subbièllo. **TAV.** *tessitura* 1.4, 2.2, 2.10.

subbissàre e der. forme arc. di SUBISSARE e der. (v.).

subbollire ***intr.*** *raro* v. SOBBOLLIRE.

subbùglio (pl. *-gli*) [forse dal lat. tardo *subbullīre*, bollire un poco; a. 1348 *sobuglio, sombuglio, subuglio*] ***sm.*** confusione, scompiglio: *essere in gran subbuglio* ‖ **N.** *Sin.* trambusto, CONFUSIONE.

subbùteo [dal lat. scient. *Falco subbuteo*, falco lodolaio, n. dato al gioco dall'ornitologo ingl. P. Adolph; 1979] ***sm.*** nome commerciale di un gioco costituito da un panno che riproduce un campo di calcio e da pedine che rappresentano i giocatori delle due squadre; le pedine vengono spostate a colpi di dito da due avversari per disputare una specie di partita di calcio.

subcellulàre [comp. di *sub-* e *cellulare*; 1963] ***agg.*** *T.biol.* detto di particella costitutiva della cellula o di dimensioni più piccole di quelle della cellula.

subclimax (ingl., pr. [sʌb'klaɪmæks]; pr. it. [sub'klimaks]) [comp. di *sub-* e *climax*; 1988] ***sm.*** *inv.* stadio di un sistema ecologico che precede il climax ‖ **N.** disclimax.

subcònscio (pl. *-sci*) [comp. di *sub-* e *conscio*; 1960] I ***agg.*** *T.psic.* di fenomeno psichico che non è percepito chiaramente dalla coscienza II ***sm.*** *T.psic.* subcosciente ‖ **N.** I *Sin.* subcosciente. **Q.T.** *psicanalisi.*

subcontinènte [comp. di *sub-* e *continente*; 1983] ***sm.*** *T.geogr.* in un continente, ampia regione dalle caratteristiche geografiche omogenee: *il subcontinente indiano.*

subcontrarietà [da *subcontrario*; 1960] ***sf.*** *T.fil.* in logica, il rapporto di opposizione tra una proposizione particolare affermativa e una proposizione particolare negativa che abbiano il medesimo soggetto e il medesimo predicato.

subcontràrio (pl. *-ri*) [comp. di *sub-* e *contrario*; 1873] ***agg.*** *T.fil.* detto delle proposizioni particolari, affermativa e negativa, nel loro rapporto; per es., *alcuni uomini corrono* è la proposizione subcontraria di *alcuni uomini non corrono.*

subcorticàle [comp. di *sub-* e *corticale*; 1970] ***agg.*** **1.** *T.bot.* collocato sotto la corteccia **2.** *T.med.* che è sotto la corteccia (cerebrale o surrenale).

subcosciènte [comp. di *sub-* e *cosciente*; 1912 come sm.] I ***agg.*** *T.psic.* subconscio II ***sm.*** *T.psic.* complesso dei processi e, *concr.*, dei contenuti psichici non presenti alla consapevolezza ma suscettibili di diventarlo ‖ nell'uso non scient., livello psichico i cui contenuti non sono avvertiti chiaramente: *nel subcosciente già lo odiava.*

subcosciènza [comp. di *sub-* e *coscienza*; 1925] ***sf.*** *non com.* subcosciente.

subcultùra [comp. di *sub-* e *cultura*; 1979] ***sm.*** cultura scadente, inferiore; sottocultura.

subdelegàre (pres. *-èlego, -èleghi*) [comp. di *sub-* e *delegare*; a. 1626] ***tr.*** trasferire ad altri una delega ricevuta ‖ **N.** *Sin.* suddelegare.

subdeṣèrtico (pl. *-ci*) [comp. di *sub-* e *desertico*; 1960] ***agg.*** *T.geogr.* relativo alle regioni situate nei pressi del deserto, proprio di tali regioni: *clima subdesertico, flora subdesertica.*

subdirectory (ingl., pr. [ˌsʌbdɪ'rektərɪ]; pr. it. [sabdai'rɛktori]) [letter. sotto-elenco] ***sf.*** *inv.* *T.inform.* in una struttura ramificata a *directory, directory* contenuta in un'altra.

sùbdolo [dal lat. *sūbdolus*; a. 1472] ***agg.*** teso a dissimulare un inganno o comunque intenzioni biasimevoli: *modi subdoli, proposta subdola, persona subdola* || **subdolaménte** ***avv.*** || **N.** *Sin.* ingannevole, ipocrita, FALSO | *Contr.* aperto, leale, sincero.

subduzióne [dal fr. *subduction*; 1983] ***sf.*** *T.geol.* sprofondamento di una zolla della litosfera sotto un'altra, fino al suo dissolvimento nel mantello.

subeconomàto [da *subeconomo*; 1891] ***sm.*** il grado, l'ufficio, la giurisdizione e la sede del subeconomo.

subecònomo [comp. di *sub-* ed *economo*; 1891] ***sm.*** (f. *-a*) chi è di grado immediatamente inferiore all'economo; direttore di un subeconomato.

subecumène [comp. di *sub-* ed *ecumene*; 1960] ***sf.*** *T.geogr.* area della superficie terrestre che, offrendo condizioni sfavorevoli all'insediamento dell'uomo, è popolata solo saltuariamente da popolazioni nomadi.

subecumènico (pl. *-ci*) [da *subecumene*; 1932] ***agg.*** *T.geogr.* proprio della subecumene, relativo alla subecumene: *zone subecumeniche.*

subenfitèuṣi [comp. di *sub-* e *enfiteusi*; 1891] ***sf.*** *inv. T.giur.* enfiteusi concessa su un fondo da chi ha già il fondo stesso in enfiteusi, vietata dalla legge.

subentrànte (*ppr.* di *subentrare*) [1873] **I** ***agg.*** che subentra: *inquilino subentrante* || *T.med. febbre, colica subentrante,* che sopravviene prima che sia finito il parossismo di un'altra **II** ***s.*** chi subentra.

subentràre (pres. *-éntro*) [dal lat. tardo *subintrāre*; a. 1519] ***intr.*** (aus. *essere*) entrare al posto di un altro, assumerne i compiti, la posizione e sim.: *era subentrato nell'incarico al vecchio direttore* || **N.** *Sin.* SUCCEDERE.

subéntro [da *subentrare*; 1950] ***sm.*** *T.bur.* atto ed effetto del subentrare.

subequatoriàle [comp. di *sub-* e *equatoriale*; 1960] ***agg.*** che si trova tra l'Equatore e i Tropici || *per estens.* relativo alle zone comprese tra l'Equatore e i Tropici: *clima subequatoriale.*

suberàto [dal lat. *subaerātus*, internamente di rame; 1934] ***agg.*** *T.num. moneta suberata,* moneta molto diffusa nell'antichità classica, composta di un'anima di metallo di poco valore e ricoperta da una leggera lamina d'argento o più raramente d'oro.

subèrico (pl. *-ci*) [dal lat. *sūber, sūberis*, sughero; 1873] ***agg.*** *T.chim.* di acido che si ottiene dall'ossidazione nitrica del sughero.

subericolo v. SUGHERICOLO.

subericoltóre v. SUGHERICOLTORE.

subericoltùra v. SUGHERICOLTURA.

suberificàre (pres. *-ìfico, -ìfichi*) [comp. del lat. *sūber, sūberis*, sughero e it. *-ficare*; 1960] ***intr.*** (aus. *essere*) e, più com., ***intr. pron.*** *T.bot.* subire un processo di suberificazione.

suberificazióne [comp. del lat. *sūber, sūberis*, sughero e it. *-ficazione*; 1922] ***sf.*** *T.bot.* trasformazione in sughero delle cellule epidermiche delle piante, quale protezione dagli agenti esterni.

suberina [comp. del lat. *sūber, sūberis*, sughero e it. *-ina*; 1838] ***sf.*** *T.chim.* sostanza secreta da alcune cellule vegetali, caratteristica del tessuto cellulare del sughero.

suberiẓẓàre [da *subero*; 1960] ***intr.*** (aus. *essere*) e ***intr. pron.*** suberificare.

suberiẓẓazióne [da *suberizzare*; 1983] ***sf.*** suberificazione.

subiètto e der. forme arc. di SOGGETTO e der. (v.).

subingrèsso [comp. di *sub-* e *ingresso*; 1806] ***sm.*** *T.giur.* il subentrare nei diritti di un altro: *subingresso ipotecario, in un affitto.*

subinquilino [comp. di *sub-* e *inquilino*; 1963] ***sm.*** (f. *-a*) persona che ha preso in affitto una abitazione da un affittuario.

subire (pres. *-ìsco, -ìsci*) [dal lat. *subīre*, andare sotto, andare incontro, attr. il fr. *subir*; 1838] ***tr.*** essere sottoposto, essere costretto a sopportare, rif. a qualcosa che costituisce un'imposizione, un sopruso o comporta un danno, un sacrificio e sim.: *subì con rassegnazione la pena; subire le angherie del marito, un affronto, le pesanti conseguenze della sua scelta*; anche *ass.*: *per tutta la vita ha subito senza reagire* || detto di cose, esser sottoposto a, esser oggetto di: *le vendite hanno subito un calo, il quadro ha subito molte modifiche nel corso della lavorazione* || **N.** *Sin.* patire, soggiacere, tollerare.

subirrigazióne [comp. di *sub-* e *irrigazione*; 1960] ***sf.*** irrigazione che si effettua per mezzo di condutture sotterranee, appositamente forate o costruite con materiali porosi.

subissàre [comp. di *sub-* e un ant. *abissare*; 1306 nel senso 2; 1940 nel senso 1] ***tr.*** **1.** *fig.* colmare, ricoprire: *subissare qualcuno di domande* **2.** *non com.* sprofondare, far inabissare || *fig.* mandare in rovina, sprofondare nella miseria || ***intr.*** (aus. *essere*) *raro* cadere in rovina, anche *fig.*: *quel bel palazzo è subissato.*

subissatóre [da *subissare*; 1838 *subbissatore*] ***agg.*** e ***sm.*** (f. *-trice*) *raro* che, chi subissa.

subisso [da *subissare*; a. 1565 nel senso 2] ***sm.*** **1.** *disus.* grande rovina, sfacelo: *mandare in subisso,* sterminare, consumare, sperperare **2.** *fig. fam.* quantità grandissima: *la sposa ebbe un subisso di regali.*

subitaneità [da *subitaneo*; a. 1704] ***sf.*** l'essere subitaneo: *la subitaneità di questo avvenimento.*

subitàneo [da *subitāneus*; 1354] ***agg.*** che avviene tutt'a un tratto, repentino, improvviso: *arrivo subitaneo, decisione subitanea*; *in part.* di gesto, reazioni e sim., improvviso in quanto impulsivo, istintivo: *uno scatto subitaneo e scomposto* || **subitaneaménte** ***avv.*** *non com.*

subitàno [da *subitāneus*; 1308] ***agg.*** *ant.* subitaneo.

sùbito[1] [dal lat. *subito*; fine sec. XIII *di subito*] ***avv.*** immediatamente, all'istante; si noti che non significa "in questo momento" (come *ora, adesso*), ma "entro pochissimo tempo": *venga subito, una sostanza che si rapprende subito* || **N.** *Sin.* all'istante, di botto, d'un tratto, in fretta, in quattro e quattr'otto, in un attimo, in un batter d'occhio, istantaneamente; lì per lì, presto, repentinamente, senza indugio, senza perder tempo, sui due piedi, tosto.

sùbito[2] [dal lat. *subitus*; 1313] ***agg.*** *lett. non com.* improvviso, immediato, subitaneo: *esser preso da subito terrore*; pronto, rapido: *subiti guadagni* || **subitaménte** ***avv.*** *non com.* || **N.** *Sin.* istantaneo, repentino.

sub jove (lat., pr. [sub 'jɔve]) [letter. sotto Giove] ***loc. avv.*** a ciel sereno, sotto il cielo aperto.

sub judice (lat., pr. [sub 'juditʃe]) [letter. sotto il giudice] ***loc. agg. inv.*** di questione, ancora non decisa.

sublimàre (pres. *-ìmo*) [dal lat. tardo *sublimāre*, innalzare, glorificare; a. 1306 nel senso 2; 1612 nel senso 1; 1950 nel senso 3] ***tr.*** **1.** *T.chim.* far passare una sostanza direttamente dallo stato solido a quello gassoso senza passare attraverso quello liquido; è un sistema usato in part. per ottenere la purificazione di un corpo **2.** *fig. lett.* innalzare alle maggiori altezze: *la verità che tanto ci sublima* (Dante) || celebrare con alte lodi **3.** *T.psican.* innescare il meccanismo della sublimazione || ***intr.*** (aus. *essere*) *T.chim.* passare dallo stato solido a quello gassoso senza passare attraverso quello liquido || ***intr. pron.*** *T.psican.* subire un processo di sublimazione || **N. 2.** *Sin.* elevare, esaltare, magnificare, portare alle stelle.

sublimàto (*pps.* di *sublimare*) [1769] ***sm.*** *T.chim.* il prodotto della sublimazione; *in part. sublimato corrosivo,* bicloruro di mercurio solubilissimo nell'acqua, molto velenoso, usato nelle disinfezioni.

sublimazióne [dal lat. tardo *sublimātio, -ōnis*; a. 1320] ***sf.*** azione del sublimare || *in part. T.psican.* meccanismo di difesa in base al quale impulsi tendenzialmente antisociali (aggressività, tendenze sadiche della sessualità ecc.) sono indirizzati verso attività socialmente apprezzate. **Q.T.** *psicanalisi.*

sublìme [dal lat. *sublīmis*; 1321] **I** ***agg.*** (non ammette gradi, né il comparativo né il superlativo) **1.** *fig.* elevatissimo, eccelso: *ingegno, bellezza sublime*; *T.ret. stile sublime,* quello che si addice agli argomenti più elevati **2.** *propr., non com.* o *lett.*, altissimo: *altezza sublime* || **sublimeménte** ***avv.*** *raro* **II** ***sm.*** *T.fil.* nell'estetica tardoantica, il bello artistico in quanto espressione di magnanimità; nell'estetica moderna, l'oggetto di un'esperienza estetica diversa da quella del bello, legata al sentimento dell'infinità, di ciò che trascende ogni misura || **N. I 1.** *Sin.* altissimo, eminente, grandissimo, sommo, splendido.

subliminàle [dall'ingl. *subliminal*; 1918] ***agg.*** *T.psic.* di stimolo la cui intensità è inferiore al valore necessario per essere avvertibile dalla coscienza; *proiezioni subliminali,* inserite nelle normali proiezioni cinematografiche, agiscono al limite della soglia della coscienza e sono adoperate a scopo di pubblicità e di propaganda || **N.** *Contr.* supraliminale.

sublimità [dal lat. *sublīmitas, -ātis*; sec. XIV] ***sf.*** l'essere sublime, spec. *fig.*

sublinguàle [comp. di *sub-* e *linguale*; a. 1758] ***agg.*** *T.anat.* posto sotto la lingua: *ghiandole sublinguali.*

sublitoràle [comp. di *sub-* e *litorale*; 1960] ***agg.*** vicino al litorale.

sublitoràneo [comp. di *sub-* e *litoraneo*; 1960] ***agg.*** collocato in una zona più arretrata rispetto a quella litoranea.

sublocàre (pres. *-òco, -òchi*) [comp. di *sub-* e *locare*, sul modello del fr. *souslouer*; 1776] ***tr.*** *non com.* dare in sublocazione || **N.** *Sin.* subaffittare.

sublocatàrio (pl. *-ri*) [comp. di *sub-* e *locatario*, sul modello del fr. *souslocataire*; 1802] ***sm.*** (f. *-a*) *non com.* chi prende in sublocazione || **N.** *Sin.* subaffittuario.

sublocatóre [comp. di *sub-* e *locatore*; 1970] ***sm.*** (f. *-trice*) chi dà un bene in sublocazione.

sublocazióne [comp. di *sub-* e *locazione*, sul modello del fr. *souslocation*; 1775] ***sf.*** *T.giur.* la locazione che il conduttore fa a terzi di una cosa che egli ha a sua volta preso in affitto.

sublunàre [dal lat. tardo *sublunāris*; 1551] ***agg.*** che è posto sotto la Luna: *corpi sublunari* || *mondo sublunare,* la Terra.

subminiatùra [comp. di *sub-* e *miniatura*; 1960] ***sf.*** *T.elettr.* tipo di tubo termoelettrico di dimensioni molto ridotte || **N.** miniatura.

submontàno [comp. di *sub-* e *montano*; 1960] ***agg.*** *T.geogr.* posto alla base o nei pressi di un monte o di una catena di monti: *lago submontano* || proprio di tale zona: *flora submontana.*

subnormàle [comp. di *sub-* e *normale*; a. 1764] ***agg.*** e ***s.*** che o chi è al di sotto della norma; detto spec. di persona dotata di caratteristiche fisiche o psichiche inferiori alla norma: *bambino subnormale, un subnormale.*

subnucleàre [comp. di *sub-* e *nucleare*; 1974] ***agg.*** *T.chim.* e *T.fis.* detto di particella di dimensioni inferiori a quelle di un nucleo atomico.

suboceànico (pl. *-ci*) [comp. di *sub-* e *oceanico*; 1872] ***agg.*** situato sotto la superficie di un oceano: *vegetazione suboceanica, cavi suboceanici.*

subodoràre (pres. *-òro*) [dal lat. *subodorāri*; a. 1704] ***tr.*** aver sentore di qualcosa di minaccioso, spiacevole e sim. che sta per accadere o che si sta preparando occultamente: *subodorare un imbroglio* || **N.** *Sin.* fiutare, intuire, presentire, sospettare.

suborbitàle [comp. di *sub-* e *orbitale*; 1963] **agg.** di traiettoria inferiore a quella adatta a far entrare in orbita l'oggetto lanciato. **TAV.** ***astronautica* p. 654** 3.

subordinaménto [da *subordinare*; a. 1729] **sm.** *non com.* subordinazione.

subordinànte (*ppr.* di *subordinare*) [1690] **agg.** e **s.** che, chi subordina || *T.ling.* *congiunzione subordinante*, quella che introduce una proposizione subordinata (per es. *sebbene, poiché, affinché*) || **N.** *Sin.* subordinativo.

subordinàre (pres. *-órdino*) [dal lat. mediev. *subordinăre*; a. 1613] **tr.** far dipendere una cosa da un'altra; mettere in secondo ordine: *subordinare ogni cosa al proprio interesse* || **N.** *Sin.* assoggettare, sottomettere, sottoporre.

subordinatìvo [da *subordinare*; 1960] **agg.** che subordina || *T.gram.* che crea un rapporto di dipendenza tra la proposizione principale e una dipendente.

subordinàto (*pps.* di *subordinare*) [a. 1406] **I agg.** che è in rapporto di inferiorità e dipendenza rispetto ad altro o ad altri: *lavoro subordinato*; *T.gram.* *proposizione subordinata* o *sf.* *subordinata*, dipendente (di I grado, II grado ecc.) da una reggente, indipendentemente dalla quale non possiede senso compiuto (per es. *ti scrivo* (reggente) *per sapere* (subordinata di I grado) *se puoi venire alla festa* (subordinata di II grado) *che stiamo organizzando* (subordinata di III grado)) || *per estens.* di minore importanza, secondario, *com.* solo nella *loc. avv.* *in via subordinata*, in seconda istanza, come seconda possibilità || *per estens.* *non com.* osservante della legge, della disciplina e sim.: *soldato subordinato* || **subordinataménte** **avv.**; anche nella *loc. prep.* *subordinatamente a*, per quanto è consentito da: *verremo subordinatamente ai nostri impegni* **II sm.** (f. *-a*) persona sottoposta a un'altra: *sa trattare con i subordinati* || **N.** *Sin.* accessorio, dipendente, inferiore, secondario, subalterno; disciplinato, obbediente, ossequiente | *Contr.* insubordinato.

subordinazióne [dal lat. *subordinātio, -ōnis*; 1673] **sf.** atto ed effetto del subordinare e dell'essere subordinato: *la subordinazione dei soldati agli ufficiali, di una scelta al verificarsi di un certo fatto*; *T.gram.* l'unione di una proposizione subordinata a quella da cui dipende || *per estens.* attribuzione di importanza o valore minori a una cosa rispetto a un'altra: *la subordinazione dei sentimenti all'interesse* || **N.** *Sin.* assoggettamento, dipendenza, sottomissione.

subórdine [comp. di *sub* e *ordine*; 1960] **sm.** solo in espr. del tipo *essere in subordine*, essere dipendenti; o nella *loc. avv.* *in subordine*, subordinatamente.

subornàre (pres. *-órno*) [dal lat. *subornāre*, provvedere, corrompere; 1478] **tr.** *T.giur.* istigare nascostamente qualcuno a mancare al proprio dovere, rif. spec. a periti o testimoni istigati a deporre il falso in giudizio: *subornò un teste* || **N.** corrompere, ISTIGARE.

subornatóre [da *subornare*; 1745] **agg.** e **sm.** (f. *-trice*) *non com.* che o chi suborna.

subornazióne [da *subornare*; 1611 *suburnazione*] **sf.** *T.giur.* atto ed effetto del subornare.

subpolàre [comp. di *sub-* e *polare*; 1950] **agg.** *T.geogr.* di zona che si trova vicino ai circoli polari || *per estens.* relativo a tali zone: *flora subpolare.*

subregióne [comp. di *sub-* e *regione*; 1960] **sf.** *T.geogr.* area geografica che, pur facendo parte di una più vasta regione, presenta caratteristiche fisiche e antropologiche specifiche e omogenee.

subrétta [dal fr. *soubrette*; 1963] **sf.** *soubrette.*

subrettìna (*dim.* di *subretta*) [1962] **sf.** *soubrette* giovane o non ancora affermata, che nel teatro di rivista fa da spalla al primo attore.

subroutine (ingl., pr. ['sʌbru:ˌti:n]) [letter. sottoprogramma; 1987] **sf. inv.** *T.inform.* sottoprogramma.

subsannàre [dal lat. *subsannāre*; 1897] **intr.** (aus. *avere*) *lett.* *non com.* schernire con smorfie e sghignazzi; beffeggiare: *un fulvo picciol cornuto diavolo guardava e subsannava* (Carducci) || **N.** *Sin.* SCHERNIRE.

subsidènte [dal lat. *subsidens, -entis*, ppr. di *subsidere*, abbassarsi; 1970] **agg.** *T.geol.* che presenta il fenomeno della subsidenza: *fascia subsidente.*

subsidènza [dal lat. *subsidentia*, sedimento; 1960] **sf.** *T.geol.* abbassamento di una parte della crosta terrestre.

subsònico (pl. *-ci*) [comp. di *sub-* e *sonico*, sul modello dell'ingl. *subsonic*; 1960] **agg.** di velocità, inferiore a quella del suono; di mezzo, che si sposta a tale velocità (detto spec. di aerei) || **N.** *Contr.* supersonico.

sub specie aeternitatis (lat., pr. [sub 'spɛtʃe eterni'tatis]) [letter. sotto l'aspetto dell'eternità] **loc. avv.** considerando le cose da un punto di vista eterno, in rapporto all'eternità.

substràto [dal lat. *substrātus*, letter. pps. di *substernere*, stendere sotto; 1873] **sm.** **1.** *non com.* sostrato **2.** *T.biol.* sostanza su cui agisce un enzima || *in gen.* terreno di coltura di un batterio, di un tessuto e sim. **Q.T.** *genetica...*

subtropicàle [comp. di *sub-* e *tropicale*; 1879] **agg.** di zona che si trova vicino ai Tropici || *per estens.* relativo a tali zone: *fauna subtropicale.*

subumàno [comp. di *sub-* e *umano*; 1960] **agg.** detto di condizioni inferiori a quelle ritenute normali per la specie umana; spec. *iperb.*: *vivere in condizioni subumane.*

suburbàno [dal lat. *suburbānus*; 1597] **agg.** del suburbio, delle zone periferiche di una città: *quartieri suburbani.*

suburbicàrio (pl. *-ri*) [dal lat. tardo *suburbicārius*; 1682] **agg.** *T.eccl.* delle sedi vescovili poste nei dintorni di Roma: *diocesi, sede suburbicaria.*

subùrbio (pl. *-bi*) [dal lat. *suburbium*; 1873] **sm.** quartiere periferico di una città; anche, centro abitato, più o meno piccolo, molto prossimo a una città e dipendente da essa in vari modi || **N.** sobborgo.

subùrra [dal lat. *Subūr(r)a*, n. di un quartiere malfamato dell'antica Roma; 1905] **sf.** il quartiere più malfamato di una città.

subvedènte [comp. di *sub-* e *vedente*; 1983] **agg.** e **s.** *T.med.* che, chi ha una capacità visiva inferiore al normale.

succedaneità [da *succedaneo*; 1960] **sf.** l'essere succedaneo.

succedàneo [dal lat. tardo *succedāneus*; 1573] **I agg.** di sostanza che può sostituirne un'altra per determinati usi: *l'orzo è un alimento succedaneo del caffè* **II sm.** sostanza succedanea: *la saccarina è un succedaneo dello zucchero* || **N.** *Sin.* surrogato.

succèdere (pres. *-èdo*; p.rem. *succèssi, succedésti, succèsse, succèssero* o anche, tranne nel senso 1, *succedéi* o *succedètti, succedètte, succedèttero*; pps. *succèsso* o anche, tranne nel senso 1, *succedùto*) [dal lat. *succēdere*, letter. andare sotto, subentrare; 1313 nel senso 2; a. 1540 nel senso 1] **intr.** (aus. *essere*) **1.** accadere, avvenire (ma mentre *accadere* indica ciò che avviene casualmente, e *avvenire* indica ciò che si avvera come cosa ordinaria, preveduta o prevedibile, *succedere* indica un avvenimento che è conseguenza o almeno seguito di un fatto antecedente): *la discussione degenerò e successe un tafferuglio*; *sono cose che succedono a chi si impiccia negli affari altrui* **2.** subentrare a qualcuno, assumerne la carica, il grado, il titolo e sim.: *Vittorio Emanuele II successe a Carlo Alberto sul trono, il figlio succede al padre nell'eredità* || di fatti, venir immediatamente dopo nel tempo: *al giorno succede la notte* || **intr. pron.** susseguirsi, presentarsi uno dopo l'altro: *le visite si succedevano sempre più numerose* || **N. intr. 1.** *Sin.* capitare, seguire, sopravvenire, verificarsi, ACCADERE **2.** *Sin.* sottentrare; seguire | **intr. pron.** *Sin.* avvicendarsi.

succeditóre [da *succedere*; 1600] **sm.** (f. *-trice*) *raro* successore.

successìbile [da *succedere*; 1745] **agg.** *T.giur.* che può succedere nell'eredità; anche *s.*: *l'ordine dei successibili.*

successibilità [da *successibile*; 1745] **sf.** *T.giur.* il diritto di chi è un successibile: *non potranno di certo impugnare la sua successibilità.*

successióne [dal lat. *successio, -ōnis*; a. 1320 nel senso 2] **sf.** **1.** il succedere a qualcuno in una carica, un ufficio, un diritto ecc.: *la successione al trono*; *in part.* il succedere nell'eredità: *successione testamentaria, legittima*, a seconda che sia regolata dal testamento o dalla legge **2.** sequela, susseguirsi di fatti nel tempo: *la successione degli avvenimenti* || di cose, serie ordinata: *una rapidissima successione di immagini, la linea è una successione di punti*; *in part.* *T.mat.* insieme di elementi posti in corrispondenza biunivoca con quello dei numeri naturali o con un suo sottinsieme: *successione convergente, divergente*; *successione di Cauchy*, tale che il modulo della differenza tra due suoi termini va riducendosi al crescere del loro numero d'ordine, e può essere reso piccolo a piacere pur di scegliere termini con numero d'ordine sufficientemente elevato || **N. 1.** *Sin.* avvicendamento **2.** *Sin.* sequenza, serie. **Q.T.** *diritto, ecologia, matematica...*

successìvo [dal lat. tardo *successīvus*; a. 1400] **agg.** che viene subito dopo nel tempo o nello spazio: *il giorno successivo, scendo alla fermata successiva* || **successivaménte** **avv.** in un secondo tempo, in seguito, poi: *ora partiamo, successivamente vedremo qual è la strada migliore*; nella *loc. prep.* *successivamente a*, dopo || **N.** *Sin.* seguente, susseguente.

succèsso[1] [dal lat. *successus*; a. 1342 nel senso 3; 1504 nel senso 2] **sm.** **1.** esito favorevole, riuscita: *il successo dell'impresa di salvataggio* || affermazione, consenso ottenuto per il proprio operato: *aspirare al successo, antepose a ogni altra cosa il raggiungimento del successo personale, un artista di successo* **2.** *disus.* esito, risultato: *il cattivo successo di una rappresentazione teatrale* **3.** *ant.* avvenimento, accaduto: *inteso il successo, si ritirò* || *accr.* successóne || **N. 1.** *Contr.* insuccesso | accoglienza, favore, gradimento | clamoroso, di stima, entusiastico, grande, strepitoso | fare epoca, fare fortuna, far furore, far scalpore, furoreggiare, spopolare.

succèsso[2] *pps.* di *succedere* (v.).

successóre [dal lat. *successor, -ōris*; fine sec. XIII] **sm.** e **agg.** **1.** (f., raro, *succeditrice*) chi, che succede ad altri in una carica, un titolo, un diritto ecc.: *il successore di san Pietro*, il papa; *in part.* erede **2.** *T.mat.* *il successore di un numero naturale x*, il numero $x + 1$.

successòrio (pl. *-ri*) [dal lat. tardo *successōrius*; 1745] **agg.** *T.giur.* che riguarda la successione nell'eredità: *le leggi successorie.*

succhiaménto [da *succhiare*; a. 1406] **sm.** il succhiare.

succhiàre (pres. *sùcchio*) [lat. volg. **suculāre*; a. 1348] **tr.** **1.** rif. a liquidi, umori e sim., aspirare con la bocca, unendo le labbra: *succhiare il latte dal seno materno, dal biberon*; anche rif. a ciò da cui il liquido viene aspirato: *succhiare un limone*; *fig.* *succhiare il sangue a qualcuno*, ridurlo allo stremo a forza di richieste di denaro o di prestazioni: *agli operai hanno sempre succhiato il sangue* || *per estens.* *suc-*

chiare il dito, il succhiotto, tenerlo in bocca aspirando come dal seno materno, come fanno i lattanti e i bambini da poco svezzati **2.** *per estens.* assorbire liquidi e sim.: *la spugna succhia l'acqua, le radici delle piante succhiano gli umori della terra* || ***rifl. intens.*** *fig. antifr. pop.* sopportare rassegnatamente cosa o persona noiosa: *toccherà poi a me succhiarmelo tutto il giorno* || ***rifl. indir.*** *succhiarsi il dito, il pollice,* tipico dei lattanti e dei bambini da poco svezzati || **N.** ***tr.*** **1.** *Sin.* assorbire, poppare, sorbire; succiare **2.** *Sin.* imbeversi.

succhiaruòte [comp. di *succhia(re)* e *ruota*; 1964] ***s. inv.*** *T.sport.* nel ciclismo, chi si mantiene immediatamente dietro la ruota posteriore di un avversario, per approfittare della minore resistenza dell'aria.

succhiàta [da *succhiare*; 1940] ***sf.*** singolo atto del succhiare o, anche, il succhiare un poco || *dim.* succhiatìna.

succhiatóio (pl. *-ói*) [da *succhiare*; 1891] ***sm.*** *T.zool.* organo a tromba con cui alcuni animali, spec. insetti, succhiano l'umore da piante o animali || **N.** spiritromba.

succhiatóre [da *succhiare*; 1598] ***agg.*** e ***sm.*** (f. *-trìce*) che o chi succhia.

succhiellaménto [da *succhiellare*; 1618] ***sm.*** *non com.* l'atto e l'effetto del succhiellare.

succhiellàre (pres. *-èllo*) [da *succhiello*; 1315 ca.] ***tr.*** *non com.* **1.** forare con un succhiello: *succhiellare la botte* **2.** *tosc.* di carte da gioco, spillarle adagio.

succhièllo [da *succhio*²; a. 1320] ***sm.*** arnese con manico di legno e fusto sottile di ferro che ha la punta ritorta a spirale, e serve per forare il legno || *dim.* succhiellétto, succhiellìno; *accr.* succhiellóne || **N.** trivella. **TAV. *utensili* p. 1341** 30.6.

succhiétto v. SUCCHIOTTO.

sùcchio¹ (pl. *-chi*) [da *succhiare*; a. 1406] ***sm.*** *non com.* **1.** atto del succhiare **2.** risucchio **3.** umore, spec. quello delle piante; linfa || nella loc. *essere in succhio,* detto delle piante quando in esse ricomincia, dopo l'inverno, a circolare la linfa.

sùcchio² (pl. *-chi*) [dal lat. tardo *sūculum,* porcellino, per la forma attorcigliata; a. 1321] ***sm.*** *tosc.* succhiello.

succhióne [da *succhiare*; 1838] ***sm.*** *T.bot.* pollone, ramo giovane, che non può portare ancora frutto e consuma troppa linfa, a danno del resto della pianta || *fig.* parassita, persona che vive a spese altrui.

succhiòtto o **succhiétto** [da *succhio*¹; 1963] ***sm.*** **1.** tettarella di gomma che si dà ai neonati perché, succhiandola, abbiano la sensazione di poppare e stiano calmi **2.** segno rosso sulla pelle risucchiata da baci intensi, provocato da presenza di sangue nei capillari sottocutanei: *un vistoso succhiotto sul collo.*

succiacàpre [comp. di *succia(re)* e *capra*; 1838] ***sm.*** *inv.* uccello della famiglia Caprimulgidi che solo al tramonto si mette a caccia di farfalle notturne e altri insetti; deve il nome all'antica credenza che succhi il latte del bestiame || **N.** *Sin.* caprimulgo, nottolone.

succiamèle [comp. di *succia(re)* e *m(i)ele*; a. 1492] ***sm.*** nome comune dell'orobanche.

succiaménto [da *succiare*; a. 1406] ***sm.*** l'atto e l'effetto del succiare; succhiamento.

succianèspole [comp. di *succia(re)* e *nespola*; 1873] ***s. inv.*** *tosc. pop.* inetto, balordo, scimunito.

succiàre (pres. *sùccio*) [lat. volg. **suctiare*; 1313] ***tr.*** *tosc. pop.* succhiare || ***rifl. intens.*** *tosc. pop.* sopportare persona o cosa noiosa: *ho dovuto succiarmi tutto quel discorso.*

succiasàngue [comp. di *succia(re)* e *sangue*; 1873] ***s. inv.*** *pop. non com.* sfruttatore, usuraio, strozzino.

succìdere (p.rem. *succìṣi, succìṣe, succìṣero*; pps. *succìṣo*) [dal lat. *succīdere*; 1300 ca.] ***tr.*** *lett. raro* tagliare sotto, alla base; *in part.* detto di pianta, ramo e sim., potare.

succìngere (pres. *succingo* ecc., come CINGERE) [dal lat. *succingere*; sec. XIV] ***tr.*** *lett. raro* alzare un poco le vesti lunghe e legarle alla cintura perché stiano alte da terra: *la grazia onde succinge il giallo bisso* (D'Annunzio).

succìnico (pl. *-ci*) [comp. di *succino* e *-ico*; 1795] ***agg.*** *T.chim.* di acido organico che si trova nella succinite e anche in cellule vegetali e animali.

succinìte [comp. di *succino* e *-ite*²; 1838] ***sf.*** *T.min.* ambra, miscuglio di resine fossili.

sùccino [dal lat. *sūcinum*; 1550] ***sm.*** *T.min.* ambra gialla.

succìnto (*pps.* di *succingere*) [sec. XIV nel senso 3; 1960 nel senso 1; 1516 nel senso 2] ***agg.*** **1.** di capo d'abbigliamento, che lascia ampiamente scoperte alcune parti del corpo: *abiti succinti,* in quanto molto corti, scollati, sbracciati, sgambati **2.** *ant.* di veste, trattenuta in vita con una cintura, perché non strisci a terra **3.** *fig.* di scritto, discorso e sim., conciso, sintetico, breve: *una descrizione succinta* || **succintaménte** ***avv.*** || **N.** **3.** *Contr.* prolisso.

succintòrio (pl. *-ri*) [dal lat. tardo *succintōrium,* grembiule; 1940] ***sm.*** *T.eccl.* ornamento usato dal pontefice; è un manipolo che porta a sinistra sul camice.

sùccio (pl. *-ci*) [da *succiare*; sec. XVI] ***sm.*** *raro ant.* o *pop. dial.* l'atto del succhiare || *concr. pop. dial.* macchia rosea che compare sulla pelle per una eccessiva affluenza di sangue dovuta a un succhiamento della parte interessata.

sùcciola [da *succiare*; a. 1470] ***sf.*** *ant.* o *pop. tosc.* castagna bollita con la scorza; ballotta || *fig. andare in brodo di succiole* (diventata per i non toscani *di giuggiole*), non star in sé per la contentezza.

succióne [da *succiare*; 1872] ***sm.*** succhione.

succiṣióne [dal lat. tardo *succisio, -ōnis*; 1940] ***sf.*** *non com. T.agr.* potatura alla base della pianta, effettuata per avere nuovi rampolli più vigorosi.

succìṣo (*pps.* di *succidere*) [a. 1321] ***agg.*** *lett. non com.* reciso, còlto, tagliato.

succitàto [comp. di *su-* e *citato*; 1841] ***agg.*** citato prima, sopra.

succlàvio (pl. *-vi*) [dal lat. scient. *subclāvius*; 1690 *succlavia*] ***agg.*** *T.anat.* di formazioni poste sotto la clavicola: *nervo, muscolo succlavio; arterie, vene succlavie.* **TAV. *anatomia* p. 642** 8.3, 8.4.

sùcco (pl. *-chi*) [lat. tardo *sūccus,* classico *sūcus*; 1735] ***sm.*** **1.** liquido, umore contenuto in varie parti delle piante (spec. nei frutti), ricavabile da quelle per spremitura: *succo d'uva, di limone* || *fig.* sostanza, contenuto essenziale: *il succo del discorso, di un libro* **2.** *T.biol.* denominazione di varie secrezioni liquide di tessuti animali o, anche, di liquidi contenuti in organi cavi: *succhi gastrici* || **N.** **1.** sugo; essenza.

succosità [dal lat. tardo *sucōsitas, -ātis*; 1873] ***sf.*** l'essere succoso, anche *fig.*

succóso [dal lat. *sucosus*; 1673] ***agg.*** che è pieno di succo: *arancia succosa* || *fig.* ricco di contenuto: *discorso succoso* || **succosaménte** ***avv.*** *fig.* || **N.** *Sin.* succulento, sugoso | *Contr.* asciutto, stopposo.

sùccube (meno com. *sùccubo*) [lat. tardo *succuba,* concubina, letter. che sta sotto; 1563 *succubo* nel senso 2] ***sm.*** **1.** (f. *-e* e *-a*) persona che soggiace totalmente al volere di un altro: *quella donna è una succube del marito*; anche *agg.* **2.** *T.stor.* presso i Romani, chi si riteneva posseduto dal dio Incubo durante il sonno || specie di spirito maligno femminile che, secondo la superstizione popolare, appare in sogno; opposto a *incubo,* che sarebbe uno spirito maligno maschile.

succulènto [dal lat. tardo *suculentus*; 1814] ***agg.*** che ha molto succo, succoso: *frutta succulenta, cibo succulento* || *più com. per estens.* squisito, saporitissimo: *pranzo succulento,* con abbondanza di cibi squisiti.

succulènza [da *succulento*; 1960] ***sf.*** abbondanza di succo.

succursàle [dal fr. *succursale*; 1772 nel senso 2] ***sf.*** e ***agg.*** **1.** detto di sede secondaria di una società, una banca, un'azienda e sim., dipendente da una sede principale: *una succursale della Banca d'Italia* **2.** *T.eccl.* detto di chiesa che serve da parrocchia quando questa è troppo lontana || **N.** **1.** *Sin.* filiale.

sùcido [dal lat. *sūcidus,* umido, unto; 1313] ***agg.*** *ant.* o *lett.* sudicio.

sucidùme [comp. di *sucid(o)* e *-ume*; 1319] ***sm.*** **1.** *ant. lett.* sudiciume, sporcizia **2.** sostanze grasse emesse dalle ghiandole sebacee della pecora, che si trovano nella lana grezza appena tosata.

sucre (sp., pr. ['sukre]) [dal n. del generale A.J. de *Sucre*; 1932] ***sm.*** *inv.* unità monetaria ecuadoriana.

sud [dal fr. *sud*; 1561] **I** ***sm.*** *inv.* *T.geogr.* **1.** il punto cardinale direttamente opposto al nord, individuato dalla posizione del Sole quando si trova al massimo di altezza sull'orizzonte: *un balcone esposto a sud, uccelli migratori provenienti da sud* **2.** *per estens.* (con l'iniziale maiuscola) regione posta a sud: *paesi del sud, Polo Sud, America del Sud* **II** ***agg.*** *inv.* (sempre posposto) che sta a sud: *settore sud* || **N.** *Contr.* nord.

sud- [da *sud*] ***primo elem.*** che, anteposto ad agg. e sostantivi etnici, vale "meridionale" (per es. *sudafricano, sudamericano*).

sudacchiàre (pres. *-àcchio*) [da *sudare*; 1838] ***intr.*** (aus. *avere*) sudare un poco.

sudacchiàta [da *sudacchiare*; 1873] ***sf.*** *raro* atto del sudacchiare.

sudafricàno [comp. di *sud* e *africano*; 1892] **I** ***agg.*** dell'Africa del Sud e spec. della Repubblica sudafricana **II** ***sm.*** (f. *-a*) abitante della Repubblica sudafricana.

sudamericàno [comp. di *sud* e *americano*; 1965] **I** ***agg.*** dell'America meridionale **II** ***sm.*** **1.** (f. *-a*) abitante dell'America meridionale **2.** (solo *sing.*) gruppo di lingue del Sud America. **Q.T. *lingue...***

sudàmina [da *sudare*; 1873] ***sf.*** *T.med.* eruzione cutanea di piccole vesciche contenenti siero, provocata da eccessiva traspirazione, spec. in caso di malattie febbrili; miliare.

sudanése [dal n. geogr. *Sudan,* stato dell'Africa; 1936] **I** ***agg.*** del Sudan: *territorio sudanese* **II** ***s.*** abitante del Sudan.

sudàre [lat. *sudāre*; a. 1292] ***intr.*** (aus. *avere*) **1.** emettere sudore: *io sudo poco*; *sudare per il caldo, per la fatica*; *sudare freddo,* sudare e, contemporaneamente, essere colto da brividi di freddo, in seguito a una forte emozione o a stati morbosi; *fig.* essere in grande tensione: *mentre aspettavo il responso sudavo freddo* **2.** *fig.* affaticarsi molto: *sudare sui libri* || ***tr.*** **1.** trasudare: *la pianta sudava un liquido acquoso* **2.** *fig.* nel modo di dire *sudare sangue* o *sette camicie,* faticare moltissimo || ***rifl. intens.*** nel modo di dire *sudarsi una cosa,* guadagnarsela a prezzo di gravi fatiche || **N.** ***intr.*** **1.** *Sin.* traspirare.

sudàrio (pl. *-ri*) [dal lat. *sudārium,* fazzoletto; a. 1348 nel senso 2] ***sm.*** **1.** nell'antica Roma, pezzuola usata per asciugare il sudore || fascia portata dai soldati avvolta al collo **2.** presso gli Ebrei, pezzuola con cui si velava il viso dei morti; *in part.* secondo quanto si tramanda, quella con cui Veronica asciugò Gesù e nella quale rimase l'effigie del Santo Volto; *in gen.* lenzuolo funebre.

sudàta [da *sudare*; 1865] ***sf.*** il sudare: *fare una sudata per arrivare fino in cima* || *fig.* grande fatica || *dim.* sudatìna; *accr.* sudatóna; *pegg.* sudatàccia.

sudaticcio (pl. m. *-ci*, pl. f. *-ce*) [da *sudato*; sec. XVI] **I** *agg.* un po' sudato: *mani sudaticce* **II** *sm.* umidità e cattivo odore provocati dalla sudorazione: *puzzare di sudaticcio.*

sudàto (*pps.* di *sudare*) [a; 1320] *agg.* **1.** bagnato di sudore: *è tutto sudato* **2.** *fig.* che è costato dura fatica: *pane, denaro sudato* || **sudataménte** *avv.* con sudore, con fatica || **N. 1.** *Sin.* fradicio di sudore, madido di sudore, sudaticcio.

sudatòrio (pl. *-ri*) [dal lat. *sudatōrius*, sudorifico, attr. il fr. *sudatoire*; a. 1698] **I** *agg. raro* atto a far sudare **II** *sm. T.stor.* stanza con stufa nelle antiche terme per far sudare i bagnanti || **N.** I *Sin.* sudorifero.

suddelegàre (pres. *-èlego, -èleghi*) [comp. di *su* e *delegare*; a. 1667] *tr.* delegare ad altri il mandato conferito || **N.** subdelegare.

suddétto [comp. di *su* e *detto*; a. 1348] *agg.* detto poco prima: *la suddetta questione, la persona suddetta* || **N.** *Sin.* anzidetto, predetto, sopraccitato, sopraddetto, suaccennato, succitato, sullodato, sunnominato.

suddiaconàto [dal lat. tardo *subdiaconātus*; a. 1342] *sm. T.eccl.* dignità e ufficio di suddiacono.

suddiàcono [dal lat. tardo *subdiăconus*; a. 1348 *soddiacono*] *sm. T.eccl.* e *T.stor.* chierico che ha ricevuto il primo ordine sacro maggiore, abolito nel 1972 || **N.** amitto, camice, cingolo, manipolo, tunicella.

suddistìnguere (pres. *suddistinguo* ecc., come DISTINGUERE) [dal lat. tardo *subdistinguere*, letter. separare con la punteggiatura; 1745] *tr. non com.* distinguere ulteriormente una parte risultata da precedente distinzione.

suddistinzióne [dal lat. tardo *subdistinctio, -ōnis*; 1745] *sf.* **1.** l'atto del suddistinguere **2.** *concr.* ciascuna delle parti in cui una cosa è suddistinta.

sudditànza [da *suddito*; a. 1786] *sf.* qualità e condizione di chi è suddito.

sùddito [dal lat. *subditus*, pps. di *subdere*, sottomettere; fine sec. XIII] **I** *sm.* (f. *-a*) **1.** in contrapposizione a *cittadino*, chi è sottoposto a un'autorità sovrana senza godere dei diritti politici: *il monarca e i suoi sudditi* **2.** *per estens.* chi è sottoposto a un'autorità politica: *fedele suddito dello Stato* **II** *agg. ant.* sottoposto.

suddivìdere (pres. *suddivido* ecc., come DIVIDERE) [dal lat. tardo *subdividere*; a. 1320] *tr.* dividere ancora ciò che era stato già prima diviso || *per estens.* dividere in più parti: *suddividere il capitale in molte quote.*

suddivisìbile [da *suddividere*; a. 1642] *agg.* che può essere suddiviso.

suddivisióne [dal lat. tardo *subdivīsio, -ōnis*; a. 1642] *sf.* **1.** l'azione del suddividere **2.** *concr.* ciascuna parte in cui si è suddiviso.

sudequatoriàle [comp. di *sud-* e *equatoriale*; 1933] *agg.* posto a sud dell'Equatore, nell'emisfero australe: *corrente atlantica sudequatoriale.*

sud-èst [comp. di *sud* ed *est*; 1739] *sm. T.geogr.* punto dell'orizzonte e della rosa dei venti equidistante dal sud e dall'est.

sudicerìa [da *sudicio*; sec. XVIII] *sf.* **1.** qualità di ciò che è sudicio: *la sudiceria di quell'antro* **2.** *concr.* atto o parola sudicia || **N.** *Sin.* sozzura, SPORCIZIA.

sùdicio (pl. m. *-ci*, pl. f. *-cie* o *-ce*) [da *sucido*, per metatesi; a. 1602] **I** *agg.* sporco: *viso sudicio, vesti sudicie* || *fig.* che contravviene alla decenza, alla moralità ecc.: *discorsi sudici, un sudicio avaro* **II** *sm. meno com.* (solo *sing.*) sudiciume: *togliere il sudicio* || *fig.* indecenza, immoralità: *sotto questa proposta c'è del sudicio* || *accr.* sudicióne || **N.** *Sin.* SPORCO.

sudicióne (*accr.* di *sudicio*) [a. 1704] *sm.* (f. *-a*) persona poco pulita || *fig.* chi compie atti osceni.

sudiciùme [da *sudicio*; 1598] *sm.* sporcizia; sozzura: *spazzare tutto il sudiciume* || quantità di cose sudicie || *fig.* immoralità, corruzione: *il sudiciume della vita nei bassifondi* || **N.** *Sin.* lordura, luridume, porcheria.

sudìsta [da *sud*; 1945 nel senso 2] *s.* e *agg.* **1.** *T.stor.* nella guerra di secessione americana, chi o che apparteneva agli Stati confederati del Sud o simpatizzava per essi **2.** chi o che appartiene alla parte meridionale di un Paese diviso politicamente in due parti.

sudoràle [da *sudore*; 1960] *agg. T.med.* che provoca o è accompagnato da una sudorazione abbondante: *febbre sudorale.*

sudorazióne [da *sudore*; 1913] *sf.* secrezione del sudore.

sudóre [lat. *sūdor, -ōris*; 1313] *sm.* liquido fortemente salino secreto dalle ghiandole sudoripare, col quale si espellono molte sostanze di rifiuto e specialmente l'urea: *gocce di sudore gli imperlavano la fronte*; *essere madido di sudore*, *sciogliersi dal sudore*; *grondare sudore*, sudare moltissimo; *sudore della morte*, quello che in certi casi precede la morte; *sudore freddo*, accompagnato da brividi di freddo; si verifica spec. in caso di malore o in stato di grande agitazione o timore, per cui indica, in senso *fig.*, ansia, paura, trepidazione: *mi vengono i sudori freddi al solo pensarci* || *fig.* fatica: *denaro guadagnato col proprio sudore, col sudore della fronte* || *dim.* sudorìno || **N.** traspirazione | colare, scorrere; asciugare, tergere | stilla; anidrosi, iperidrosi; diaforetico, sudorifero; ghiandola sudoripara, poro.

sudorìfero [dal lat. tardo *sudoriferus*; 1681] **I** *agg.* che provoca il sudore: *bevanda sudorifera* **II** *sm.* sostanza sudorifera: *prendere un sudorifero* || **N.** *Sin.* diaforetico. **TAV. *anatomia* p. 642** 19.10.

sudorìfico (pl. *-ci*) [comp. di *sudore* e *-fico*; a. 1698] *agg.* sudorifero.

sudorìparo [comp. di *sudore* e *-paro*, prob. sul modello dell'ingl. *sudoriparous*; 1891] *agg. T.anat.* di formazione connessa con la sudorazione: *dotto sudoriparo*; *ghiandole sudoripare*, quelle che secernono il sudore.

sud-òvest [comp. di *sud* e *ovest*; 1739] *sm. T.geogr.* punto dell'orizzonte e della rosa dei venti equidistante dal sud e dall'ovest.

sudtirolése o **sud-tirolése** [dal ted. *Südtirol*, Tirolo meridionale; 1983] **I** *agg.* del Sud Tirolo o Alto Adige: *partito popolare sudtirolese* **II** *s.* abitante, nativo dell'Alto Adige: *i costumi dei sudtirolesi* || **N.** *Sin.* altoatesino.

sùe [da *su*, con epitesi; 1319] *avv. arc.* e *pop. tosc.* forma rafforzata di *su*: *additandomi un balzo poco in sue / che da quel lato il poggio tutto gira* (Dante).

suespósto [comp. di *su* e *esposto*; 1891] *agg. T.bur.* esposto precedentemente.

sufèta o **suffèta** [dal lat. *sufes, sufētis*, giudice; 1824 *suffete*] *sm. T.stor.* a Cartagine, ciascuno dei due sommi magistrati eletti annualmente e detentori del massimo potere politico, giudiziario e militare.

suffètto [dal lat. *suffectus*, sostituto; a. 1570] *agg. T.stor. console suffetto*, nell'antica Roma, console che sostituiva un collega morto prima dello scadere del suo mandato.

sufficiènte [dal lat. *sufficiens, -entis*; fine sec. XIII] **I** *agg.* **1.** che basta, sia pur di misura, a un bisogno, un fine e sim.: *quantità di cibo sufficiente a sfamare, denaro sufficiente per pagare il conto* || *ass.* in ambito scolastico, giudizio positivo minimo: *è stato promosso con sufficiente* || *T.fil. principio di ragion sufficiente*, in base al quale niente può esistere o accadere senza una ragione sufficiente perché sia così e non altrimenti || *condizione sufficiente*, di qualcosa, ogni condizione data la quale è dato anche quel qualcosa **2.** ostentante superiorità; borioso, altezzoso: *tono sufficiente* || **sufficienteménte** *avv.* **1.** a sufficienza, abbastanza: *ne ho sufficientemente* **2.** *non com.* con tono di sufficienza **II** *sm.* **1.** (solo *sing.*) quanto basta, il minimo indispensabile: *non avere neppure il sufficiente per vivere* **2.** (anche *sf.*) persona ostentante superiorità: *fare la sufficiente* || **N.** I **1.** *Sin.* bastante; necessario, occorrente | *Contr.* insufficiente **2.** *Sin.* sussiegoso.

sufficiènza [dal lat. tardo *sufficientia*; a. 1306] *sf.* **1.** l'esser sufficiente; *in part.* in ambito scolastico, giudizio o voto positivo minimo: *ha ottenuto la sufficienza* || nella *loc. avv. a sufficienza*, abbastanza: *ho mangiato a sufficienza* **2.** ostentazione di superiorità, boria: *con quella sufficienza, con quel sussiego* (Carducci) || **N. 1.** idoneità.

sufficit (lat., pr. it. ['suffitʃit]) [letter. è sufficiente] voce verbale *non com. scherz.* basta, è sufficiente.

suffìggere (pres. *suffiggo* ecc., come FIGGERE) [dal lat. *suffigere*; 1960] *tr. T.ling.* modificare il valore o la funzione di una parola, aggiungendo un affisso alla parola stessa o al suo elemento radicale.

suffissàle [da *suffisso*; 1978] *agg. T.ling.* relativo al suffisso, proprio del suffisso || costituito da un suffisso: *elemento suffissale*; anche *sm.*: *un suffissale* || ottenuto per mezzo di suffissi: *derivazione suffissale.*

suffissàre [da *suffisso*; 1983] *tr. T.ling.* aggiungere un suffisso ad una parola, in modo da derivarne un'altra.

suffissàto (*pps.* di *suffissare*) [1986] *agg.* e *sm. T.ling.* di parola, derivata da un'altra mediante l'aggiunta di un suffisso.

suffissazióne [da *suffissare*; 1974] *sf. T.ling.* aggiunta di un suffisso a una parola o alla radice di una parola.

suffìsso [dal lat. *suffixus*, pps. di *suffigere*, appendere sotto; 1855] *sm. T.ling.* elemento formato da un gruppo di lettere, o anche da una sola lettera, che, aggiunto dopo una parola o la radice di una parola, ne modifica il senso; per es., il suffisso *-ame* serve a dare alla parola radicale un senso collettivo: *bestia, bestiame*; *legno, legname*; il suffisso *-ìo* indica azione ripetuta o molto intensa: *sciupo, sciupìo*; *chiacchiere, chiacchierìo* || **N.** prefisso.

suffissòide [comp. di *suffisso* e *-oide*; 1950] *sm. T.ling.* elemento terminale di parole composte, consistente in una parola originariamente di significato compiuto (per es. *-grafia* in *ortografia*).

sufflè [dal fr. *soufflé*; 1942] *sm.* adattamento italiano del termine fr. *soufflé* (v.).

suffólcere v. SOFFOLCERE.

suffraganeità [da *suffraganeo*; 1891] *sf. T.eccl.* l'essere suffraganeo.

suffragàneo [dal lat. tardo *suffragāneus*; a. 1396] *agg.* e *sm. T.eccl.* di vescovo o di chiesa che dipende da un vescovo metropolitano.

suffragànte (*ppr.* di *suffragare*) [1838] *sm.* chi dà il voto favorevole in una causa di canonizzazione.

suffragàre (pres. *-àgo, -àghi*) [dal lat. tardo *suffragāre*, classico *suffragāri*, favorire, votare; 1644 nel senso 2] *tr.* **1.** confermare, favorire col proprio suffragio: *le ragioni che suffragano la mia tesi* **2.** *T.eccl.* raccomandare a Dio con preghiere o con opere di bene le anime purganti: *suffragare i defunti.*

suffragatóre [dal lat. *suffragātor, -ōris*; 1745] *agg.* e *sm.* (f. *-trice*) *non com.* che o chi suffraga.

suffragazióne [dal lat. *suffragātio, -ōnis*; 1745] *sf. non com.* atto del suffragare, spec. nel senso 2.

suffragétta [dall'ingl. *suffragette*; 1918] *sf. T.stor.* nome con cui agli inizi del Novecento si indicavano, in tono iron. e quasi spreg., le donne reclamanti il diritto di voto || *per estens. scherz.* femminista militante || **N.** *Sin.* suffragista.

suffràgio (pl. *-gi*) [dal lat. *suffrāgium*; sec. XIV] **sm.** **1.** sin. più elevato di *voto*, usato spec. come *T.pol.*: *diritto di suffragio*, diritto elettorale; *suffragio universale*, diritto di voto concesso a tutti i cittadini || *per estens.* parere favorevole, approvazione: *il libro ottenne il suffragio dei benpensanti* **2.** *T.stor.* contrassegno materiale (anticamente un pezzo di coccio o sim., da cui il nome) che si dava ai partecipanti a un'assemblea per dare la propria approvazione **3.** *T.rel.* rif. alle anime dei defunti, sostegno, favore: *una messa in suffragio dei caduti* || **N.** **3.** PREGHIERA. **Q.T.** *politica.*

suffragìsta [da *suffragio*, sul modello dell'ingl. *suffragette*; 1908] **sf.** suffragetta.

suffrùtice [comp. di *sub-* e *frutice*; 1770] **sm.** *T.bot.* pianta il cui fusto è legnoso soltanto alla base.

suffruticóso [da *suffrutice*; 1809] **agg.** *T.bot.* costituito da, a forma di suffrutice.

suffumicaménto [da *suffumicare*; prima metà sec. XIII] **sm.** *raro* suffumicazione.

suffumicàre (pres. *-ùmico, -ùmichi*) [dal lat. *suffumigāre*; a. 1320] **tr.** **1.** riempire di fumo e, *per estens.*, di vapore o gas **2.** sottoporre a suffumigi.

suffumicazióne [dal lat. tardo *suffumigātio, -ōnis*; sec. XIV] **sf.** atto ed effetto del suffumicare.

suffumigàre **tr.** *non com.* V. SUFFUMICARE.

suffumìgio (pl. *-gi*) [dal lat. tardo *fumigium*, con influsso di *suffumigare*; a. 1320] **sm.** **1.** pratica terapeutica e di disinfezione consistente nel far evaporare sostanze medicamentose o disinfettanti da far inalare al paziente o da diffondere nell'ambiente **2.** in vari rituali religiosi o magici, l'atto di bruciare sostanze aromatiche a scopo purificatorio o esorcistico: *i demoni industri da suffumigi tratti e sacri carmi* (Ariosto) || **N.** **1.** *Sin.* fumicazione.

suffuṣióne [dal lat. *suffusio, -ōnis*, spargimento, diffusione; a. 1698] **sf.** *T.med.* emorragia superficiale.

sùfi [dall'ar. *sufi*, attr. l'ingl.; 1936] **s.** *inv.* seguace del sufismo || **N.** *Sin.* sufita.

sùfico (pl. *-ci*) [da *sufi*; 1960] **agg.** relativo ai sufi e al sufismo.

sufìṣmo [dall'ingl. *sufism*, basato sull'ar. *ṣūfī*, coperto di lana, perché i seguaci di questa tendenza vestono un saio di lana di cammello; 1895] **sm.** tendenza ascetica e mistica nell'ambito dell'Islam, sviluppatasi fin dai primi secoli e tuttora viva.

sufìta [da *sufi*; 1965] **I agg.** relativo al sufismo: *monastero sufita* || che professa il sufismo **II s.** seguace del sufismo.

sufolàre **intr.** *ant.* V. ZUFOLARE.

sùga [da *sugare*; 1768] **agg.** *f.* solo nella loc. *carta suga*, carta assorbente.

sugàia [da *sugare*; 1873] **sf.** *dial. pop.* concimaia.

sugànte (*ppr.* di *sugare*) [a. 1582] **agg.** che asciuga, solo nella loc. *carta sugante*, carta assorbente.

sugàre (pres. *sùgo, sùghi*) [lat. tardo *exsucāre*, togliere il sugo; a. 1320] **tr.** *ant.* o *dial.* **1.** assorbire il liquido, come fa la carta assorbente **2.** succhiare, succiare || **N.** **1.** *Sin.* asciugare.

sugàtto V. SOGATTO.

suggellaménto [da *suggellare*; prima metà sec. XIV] **sm.** l'atto e l'effetto del suggellare; anche *fig.*

suggellàre (pres. *-èllo*) [lat. *sigillāre*, sigillare; 1313] **tr.** **1.** convalidare, sancire: *suggellar l'amicizia, un patto, con una stretta di mano* **2.** *propr. lett.* sigillare.

suggellatóre [da *suggellare*; 1313] **agg.** e **sm.** (f. *-trìce*) che, chi suggella.

suggellazióne [da *suggellare*; prima metà sec. XIV] **sf.** *non com.* l'atto e l'effetto del suggellare.

suggèllo [lat. *sigillum*, sigillo; 1283 *sugiello* nel senso 2] **sm.** **1.** gesto, parola, segno che conferma: *e questo fia suggel che ogni uom sganni* (Dante) **2.** *lett.* sigillo.

sùggere (pres. *sùggo, sùggi*; p.rem. *suggéi, suggésti, suggètte, suggérono*) [lat. *sūgere*; a. 1374] **tr.** *lett.* succhiare.

suggeriménto [da *suggerire*; 1745] **sm.** l'atto del suggerire || *concr.* la cosa suggerita: *dare un suggerimento* || **N.** *Sin.* consiglio, esortazione, imbeccata, indicazione, ispirazione.

suggerìre (pres. *-ìsco, -ìsci*) [dal lat. *suggerere*; a. 1540] **tr.** **1.** proporre a qualcuno ciò che si pensa debba dire o fare; consigliare: *gli suggerì il modo di trarsi d'impaccio* **2.** far venire in mente per associazione: *il volo suggerisce l'idea della libertà* **3.** trasmettere di nascosto a qualcuno un'informazione che egli dovrebbe avere: *questa risposta ti è stata suggerita* || **N.** **1.** *Sin.* indicare **2.** *Sin.* ispirare, rammentare **3.** *Sin.* dar l'imbeccata, imbeccare.

suggeritóre [da *suggerire*; a. 1673] **agg.** e **sm.** (f. *-trìce*) che o chi suggerisce; *in part. T.teatr.* chi suggerisce le parti agli attori in teatro || *T.sport.* nella squadra di baseball, chi posto presso la prima o la terza base guida le azioni dei battitori o dei corridori || **N.** battuta, copione.

suggestionàbile [da *suggestionare*; 1905] **agg.** facile a suggestionarsi.

suggestionabilità [da *suggestionabile*; 1905] **sf.** l'attitudine a essere suggestionato || **N.** *Sin.* impressionabilità.

suggestionàre (pres. *-óno*) [da *suggestione*; 1900 ca.] **tr.** influire sulla condotta o sui pensieri di qualcuno per mezzo della suggestione || **intr. pron.** impressionarsi, restare colpiti: *si suggestiona facilmente* || **N.** **tr.** *Sin.* impressionare, influenzare, magnetizzare.

suggestionàto (*pps.* di *suggestionare*) [1905] **agg.** *in part.* vivamente colpito, affascinato, fortemente impressionato: *restare suggestionato dalle sue parole, dalla sua voce.*

suggestióne [dal lat. tardo *suggestio, -ōnis*, aggiunta, ammonimento; 1838] **sf.** **1.** *T.psic.* processo mediante il quale i pensieri e i comportamenti di una persona subiscono un condizionamento da parte di un'altra persona o di fatti, situazioni ecc. **2.** *per estens.* influenza profonda e più o meno consapevole di cose o persone: *subì la suggestione del suo rimprovero, della réclame del prodotto* || *fig.* impressione, fascino: *la suggestione della musica, di un paesaggio* || **N.** **1.** condizionamento, influenza, istigazione, sobillazione | autosuggestione.

suggestività [da *suggestivo*; 1960] **sf.** l'essere suggestivo: *la suggestività di un paesaggio.*

suggestìvo [dall'ingl. *suggestive*; 1900 ca.] **agg.** **1.** *fig.* ricco di fascino, che stimola l'immaginazione: *un luogo suggestivo* **2.** *propr. non com.* che insinua per suggestione || *T.giur. domande suggestive*, che insinuano la risposta da dare || **suggestivaménte** **avv.** || **N.** **1.** *Sin.* affascinante.

suggèsto [dal lat. *suggestus*; 1838] **sm.** *T.stor.* presso gli antichi Romani, palco o tribuna da cui i magistrati o autorità politiche o militari parlavano al popolo; pulpito.

sùghera [da *sughero*; a. 1597] **sf.** pianta sempreverde caratterizzata da una spessa corteccia suberosa; quercia da sughero.

sugheràio (pl. *-ai*) [da *sughero*; 1960] **sm.** (f. *-a*) chi lavora il sughero.

sugheràto [da *sughero*; 1824] **I agg.** **1.** *raro* guarnito con sughero **2.** di straccio, dal colore del sughero **II sm.** in alcuni modelli di scarpe ortopediche, strato di sughero posto tra il sottopiede e la suola.

sugheréta [da *sughero*; 1873] **sf.** *non com.* sughereto.

sugheréto [da *sughero*; a. 1735] **sm.** bosco di sughere.

sughericolo o **subericolo** [comp. di *sughero* e *-colo*; 1960] **agg.** attinente alla coltivazione e all'industria del sughero.

sughericoltóre o **subericoltóre** [comp. di *sughero* e *-coltore*; 1960] **sm.** (f. *-trìce*) chi si dedica alla coltivazione della sughera.

sughericoltùra o **subericoltùra** [comp. di *sughero* e *-coltura*; 1960] **sf.** coltivazione delle sughere.

sugherificio (pl. *-ci*) [comp. di *sughero* e *-fìcio*; 1950] **sm.** stabilimento in cui si lavora il sughero.

sùghero [lat. *sūber, -eris*; 1303 *suvaro*] **sm.** **1.** *T.bot.* tessuto protettivo del fusto delle sughere; ha consistenza spugnosa ed elastica ed impermeabile a liquidi e gas: *suole di sughero* **2.** *per meton.* galleggiante per reti, turacciolo di sughero e, in gen., pezzo di sughero impiegato per un qualsiasi uso **3.** sughera || **N.** sovero, suberificazione.

sugherosità [da *sugheroso*; 1960] **sf.** qualità di ciò che è sugheroso.

sugheróso [da *sughero*; 1875] **agg.** dell'aspetto o della consistenza del sughero; simile a sughero: *corteccia sugherosa*; *tessuto sugheroso*, tessuto vegetale in cui è avvenuta la suberificazione.

sùgli (raro *su gli*) **prep. art.** comp. da *su* e *gli.*

sugliàrdo [dal fr. souillard; 1353] **agg.** *arc.* sudicio, schifoso.

sùgna [lat. *axungia*, grasso da ruote; a. 1320] **sf.** grasso di maiale da cui si ricavano lo strutto da cucina o altri grassi per pomate, saponi e sim. || sottoprodotto del grasso di maiale, non commestibile, usato per ungere mozzi di ruote, scarpe e sim. || *pegg.* sugnàccia, sugnàccio || **N.** STRUTTO.

sugnóso [da *sugna*; sec. XVI] **agg.** che è grasso, untuoso, come la sugna.

sùgo (pl. *-ghi*) [lat. *sūcus*; a. 1320 nel senso 2; 1827 nel senso 1] **sm.** **1.** *T.cuc.* liquido più o meno denso che si forma durante la cottura di molti cibi ed è usato per condire quegli stessi o altri piatti || salsa: *sugo di pomodoro, alle vongole* **2.** succo dei frutti o delle verdure **3.** *fig.* la sostanza di un discorso, libro e sim.: *discorso senza sugo*; *non c'è sugo*, non c'è gusto: *non c'è sugo a parlare con uno come lui!* || *dim.* sughétto, sughìno || **N.** **1.** intingolo; ragù.

sugosità [da *sugoso*; a. 1320] **sf.** qualità di ciò che è sugoso.

sugóso [da *sugo*; a. 1320] **agg.** **1.** che ha molto sugo: *arrosto sugoso* **2.** succoso || **sugosaménte** **avv.** *non com.* || **N.** *Sin.* succoso.

sùi (poet. *su'*) **prep. art.** comp. da *su* e *i.*

suicìda [dal fr. *suicide*; 1805] **I s.** chi uccide se stesso **II agg.** spesso *iperb.* tendente al suicidio: *propositi suicidi, mania suicida.*

suicidàrsi [dal fr. *suicider*; 1855] **rifl.** togliersi volontariamente la vita || *iperb.* provocarsi un grave danno: *lasciare che ti tratti così significa proprio volersi suicidare* || **N.** *Sin.* ammazzarsi, uccidersi.

suicìdio (pl. *-di*) [dal fr. *suicide*; 1734] **sm.** volontaria uccisione di se stesso: *tentare il suicidio, spingere qualcuno al suicidio* || *iperb.* grave danno che volontariamente ci si provoca: *immergersi a quelle profondità è un vero suicidio.*

Sùidi (sing. *-e*) [comp. del lat. *sūs, suis*, maiale e *-idi*; 1960] **sm. pl.** *T.zool.* famiglia di mammiferi dell'ordine degli Artiodattili, dal corpo tozzo coperto di setole; vi appartengono il maiale e il cinghiale.

sui generis (lat., pr. it. ['sui 'dʒeneris]) [letter. di suo proprio genere] **loc. agg.** *inv.* **1.** suo peculiare, suo proprio: *odore sui generis* **2.** strano, singolare, non facilmente definibile: *una proposta sui generis.*

suindicàto [comp. di *su* e *indicato*; 1873]

agg. sopraindicato.

suinìcolo [comp. di *suino* e *-colo*; 1950] *agg.* attinente all'allevamento dei suini.

suinicoltóre [comp. di *suino* e *-coltore*; 1963] *sm.* (f. *-trìce*) chi alleva suini.

suinicoltùra [comp. di *suino* e *coltura*; 1950] *sf.* allevamento di suini.

suìno [dal lat. *suīnus*; 1810] **I** *agg.* di maiale: *carni suine* **II** *sm.* **1.** *T.zool.* sottofamiglia dei Suidi comprendente il maiale e il cinghiale **2.** maiale || *dim.* suinétto || **N.** II **2.** *Sin.* porco.

suite (fr., pr. [sɥit]) [letter. seguito; 1826] *sf.* (pl. *suites*, pr. [sɥit]) seguito, serie; *in part.* in alberghi di lusso, appartamento riservato a clienti di riguardo: *la suite presidenziale* || il seguito di un personaggio importante || *T.mus.* forma strumentale costituita da una successione di musiche da danza di diverso genere ma della stessa tonalità.

suiveur (fr., pr. [sɥi'vœ:r]) [letter. colui che segue; 1960] *sm. inv.* (anche pl. *suiveurs*, pr. [sɥi'vœ:r]) *T.sport.* spec. nel ciclismo, persona al seguito di un atleta per motivi tecnici e professionali o anche per passione.

suk o ***suq*** (ar., pr. [su:q]) [letter. mercato; 1960] *sm. inv.* nelle città arabe, quartiere del mercato, costituito da un labirinto di vie strette e tortuose.

sul *prep. art.* comp. da *su* e *il*.

sùla [dal nordico ant. *sūla*; 1891] *sf. T.zool.* genere di grossi uccelli marini dell'ordine dei Pelecaniformi, che catturano la preda in mare tuffandosi da molto in alto; hanno coda, ali e becco lunghi.

su la V. SULLA².

su le V. SULLE.

sulfamìdico o **solfamìdico** (pl. *-ci*) [da *sulf(anil) amidico*, comp. di (*acido*) *sulfanilico*, *a(m) mide* e *-ico*; 1942] *agg.* e *sm.* di una vasta categoria di farmaci chemioterapici particolarmente efficaci per combattere germi patogeni resistenti agli antibiotici.

sulfanìlico o **solfanìlico** (pl. *-ci*) [comp. di *sulfo-*, *anil(ina)* e *-ico*; 1970] *agg.* di acido cristallino ottenuto per reazione dell'acido solforico con anilina, usato soprattutto come intermedio per coloranti.

sulfoemoglobìna [comp. di *sulfo-*, dal lat. *sulphur*, zolfo e *emoglobina*; 1965] *sf. T.chim.* sostanza tossica che si forma nel sangue per combinazione di emoglobina e idrogeno solforato.

sulfóne V. SOLFONE.

sulfùreo [dal lat. *sulphureus*; a. 1320] *agg.* dello zolfo; contenente zolfo o suoi composti: *acque sulfuree, vapori sulfurei*, ricchi di acido solfidrico || *per meton.* diabolico, infernale; *per estens.* blasfemo, irriverente, scandaloso.

sulky (ingl., pr. ['sʌlkɪ]) [letter. scontroso, perché può portare una sola persona; 1895] *sm. inv.* **1.** carrozzino leggero a un solo posto per corse al trotto **2.** autoveicolo a tre ruote di dimensioni molto piccole, in grado di trasportare una sola persona || **N. 1.** *Sin.* sediolo.

sùlla¹ [voce forse d'orig. mediterranea; 1804] *sf.* pianta delle Leguminose, usata come foraggio o per sovescio; anche in posizione attributiva: *erba sulla.*

sùlla² (raro *su la*) *prep. art.* comp. da *su* e *la*.

sùlle (*raro su le*) *prep. art.* comp. da *su* e *le*.

sùllo (raro *su lo*) *prep. art.* comp. da *su* e *lo*.

sullodàto [comp. di *su* e *lodato*; 1812] *agg. non com.* spec. *scherz.* di persona o cosa precedentemente ricordata con lode || **N.** *Sin.* sopraindicato, SUDDETTO.

su lo V. SULLO.

sultàna [da *sultano*; 1726] *sf.* **1.** la madre del sultano **2.** la moglie preferita del sultano **3.** tipo di divano alla turca.

sultanàle o **sultaniàle** [da *sultano*; 1950] *agg.* del sultano o del sultanato.

sultanàto [da *sultano*; 1891] *sm.* **1.** grado e dignità di sultano **2.** territorio soggetto al sultano.

sultaniàle V. SULTANALE.

sultanìna [da *sultano*; 1895] *sf.* e *agg.* di qualità di uva con acini piccoli, privi di semi e dolcissimi; essiccata al sole (*uva passa*), viene utilizzata nella preparazione di dolci.

sultàno [dall'ar. *sulṭān*, padrone assoluto; 1542] *sm.* titolo attribuito all'imperatore ottomano e ad altre autorità islamiche || *fig. fare una vita da sultano*, nel lusso, nelle mollezze.

sumèrico (pl. *-ci*) [da *sumero*; 1960] *agg.* dei Sumeri: *civiltà sumerica.*

sumèro [dal n. geogr. babilonese *Shumer*; 1936] **I** *agg. T.stor.* appartenente ai Sumeri, popolazione della Mesopotamia meridionale del IV millennio a.C. **II** *sm.* **1.** (f. *-a*) appartenente alla popolazione dei Sumeri **2.** (solo *sing.*) la lingua parlata dai Sumeri.

sùmma [dal lat. mediev. *summa*, compendio; 1960] *sf.* nel Medioevo, compilazione enciclopedica inerente a un dato campo del sapere || *per estens.* compendio, trattazione sistematica, ma anche punto d'arrivo, culmine: *quest'opera è la summa della moderna storiografia.*

summìsta V. SOMMISTA.

summit (ingl., pr. ['sʌmɪt]) [letter. sommità, cima; 1967] *sm. inv.* in politica e in diplomazia, incontro al più alto livello: *summit dei capi di stato dei Paesi più industrializzati.*

summùltiplo *sm. ant.* V. SOTTOMULTIPLO.

sumo (giap., pr. [si'mɔ]; pr. it. ['sumo]) [voce giap.; 1934] *sm. T.sport.* tipo di lotta giapponese in cui ciascuno dei contendenti (entrambi di mole ragguardevole) deve riuscire ad atterrare l'avversario o a spingerlo fuori del tappeto su cui disputa l'incontro.

sùnna [dall'ar. *sunnah*, regola, norma; 1940] *sf. T.stor.* tradizione normativa islamica facente capo ai detti di Maometto, attraverso una catena di garanti che si dice risalga fino ai testimoni della vita del profeta.

sunnismo [comp. di *sunna* e *-ismo*; 1970] *sm.* corrente ortodossa islamica fondata sull'interpretazione della sunna.

sunnita [da *sunna*, come l'ingl. *sunnite*; 1936] *s.* seguace dell'ortodossia islamica, appartenente alla maggioranza musulmana che accetta la sunna (in contrapposizione a correnti eterodosse quale quella degli sciiti).

sunnominàto [comp. di *su* e *nominato*; 1812] *agg.* che è stato nominato prima || **N.** *Sin.* SUDDETTO.

sunnotàto [comp. di *su-* e *notato*; 1872] *agg.* spec. nella lingua burocratica, notato in precedenza.

sunteggiàre (pres. *-éggio*) [da *sunto*; 1922] *tr.* riassumere.

sùnto [dal lat. *sūmptus*, pps. di *sūmere*, prendere; a. 1470] *sm. ant.* riassunto, compendio: *fare il sunto del capitolo, del libro* || **N.** *Sin.* sinossi, COMPENDIO.

suntuàrio (pl. *-ri*) [lat. *sumptuārius*; a. 1527] *agg. T.stor.* concernente le spese; *in part.* detto di legge che presso i Romani poneva un freno al lusso stabilendo le somme che non dovevano essere oltrepassate nei banchetti, nelle feste, nelle vesti ecc.

suntuóso e der. V. SONTUOSO e der.

sùo (pl. *suòi*; f. sing. *sùa* e pl. *sùe*) [lat. *suus*; 1080 ca.] *agg.* e *pron. poss.* (normalmente preposto al nome; posposto è più enfatico) di lui, di lei; esprime in genere una relazione fisica o spirituale: *la scatola con il suo coperchio, l'ha scritto di suo pugno, è compito suo sorvegliarlo*; si rafforza con *proprio*, che può talora anche sostituirlo: *l'ha visto coi suoi propri occhi, vuol fare il suo proprio comodo* (o *il proprio comodo*); questa sostituzione è obbligatoria quando manca un soggetto determinato, come nelle loc. impersonali: *quando ne va del proprio* (e non *del suo*) *utile, non si esita a farsi avanti* || *in part.* che gli (o le) appartiene: *il suo vestito, la sua casa, i suoi rami*; quando si deve riferire a un'altra persona esplicitamente nominata e diversa dal soggetto, se può esservi equivoco si devono usare in sua vece le forme *di lei, di lui, di loro, di esso, di essa*; è usato a volte pleonasticamente, anche quando è chiara la relazione di proprietà o appartenenza: *ormai ha i suoi sessant'anni suonati* || che ha con lui (o con lei) un rapporto di amicizia, affettivo, di clientela, di dipendenza e sim.: *è suo amico, suo collega da tanto tempo*; *il suo dentista, il suo capufficio* || che gli (o le) è abituale, che gli (o le) è proprio: *ha un modo tutto suo di esprimersi*, un modo caratteristico, particolare; *la sua passeggiata pomeridiana*; opportuno, adatto: *ogni cosa va fatta a suo tempo*; coi nomi di parentela al singolare si omette di solito l'articolo che deve sempre essere messo nel plurale o se accompagnati da un altro aggettivo o alterati, e anche coi nomi *babbo* e *mamma*: *suo fratello, suo zio, suo padre, sua madre*, ma: *i suoi fratelli, la sua cara sorellina, i suoi zii, il suo babbo, la sua mamma* || in espr. ellittiche: *ha detto la sua*, la sua opinione; *ne ha combinata una delle sue*, delle sue solite bricconate, prodezze ecc.; *ha un santo dalla sua*, dalla sua parte che lo protegge; *il suo*, il suo denaro: *spende del suo*; *pl. i suoi*, i suoi genitori o, *per estens.*, i suoi familiari: *è a cena dai suoi* || usato come pron. vuole sempre l'articolo: *i miei sentimenti e i suoi.*

suòcera [lat. tardo *socera*; a. 1347] *sf.* la madre del marito o quella della moglie, rispetto all'altro coniuge || *fig. scherz.* persona che sindaca e critica i fatti altrui: *non fare la suocera!* || nel modo di dire *parlare* (o *dire*) *a nuora perché suocera intenda*, biasimare una persona per colpire invece indirettamente un'altra persona presente || **N.** genero, nuora.

suòcero [lat. *socerus*; 1313] *sm.* il padre della moglie o quello del marito, rispetto all'altro coniuge: *il suocero di Carla, mio suocero* || *pl. i suoceri*, il suocero e la suocera.

suòla [prob. lat. *sola*, pl. di *solum*, suolo; 1598] *sf.* **1.** la parte della scarpa che posa in terra, solitamente in cuoio spesso e rigido, ma anche in para, gomma e sim.: *si è fatto un buco nella suola, ho le suole consumate* **2.** *per estens.* nome generico di vari arnesi o parti di arnesi a contatto col terreno o che servono di base a qualcosa; *in part.* nello sci, la parte inferiore a contatto con la neve; *T.mar.* negli scali di costruzione, il tavolato che li ricopre durante il varo || **N. 1.** mezze suole; risolatura | risolare.

suolàre V. SOLARE³.

suolatùra V. SOLATURA.

suòlo [lat. *solum*; 1319] *sm.* **1.** la parte più superficiale del terreno, sulla quale si sta o ci si muove: *stramazzare, cadere al suolo; suolo pubblico*, di proprietà dello Stato **2.** *per estens. T.geogr.* terreno: *suolo fertile, desertico* **3.** *poet.* o *lett.* paese, territorio: *il suolo natio* || **N. 1.** terra, terreno; sottosuolo **2.** humus, terriccio. **Q.T.** *agricoltura.*

suonàbile V. SONABILE.

suonàre o **sonàre** (pres. *suòno*; col dittongo *uo* invece della semplice vocale *o* in tutte le voci in cui l'accento cade sulla prima sillaba; negli altri casi *sonàvo, sonàre* ecc., accanto alle forme, ormai più com., *suonàvo, suonàre* ecc.) [lat. *sonāre*; fine sec. XIII *sonare* come intr.] *tr.* **1.** fare in modo che un'apparecchiatura acustica — e, in part., uno strumento musicale — produca suoni: *suonare il clacson, (il campanello) alla porta, il pianoforte* || rif. a uno strumento musicale, indica anche la capacità di eseguire con esso brani musicali: *suona (benissimo) il flauto*; anche il suonarlo abitualmente in un luogo: *suona il piffero in una banda* **2.** con il suono stesso, come oggetto diretto: *suonare l'allarme; il trombettiere, la tromba suonava il silenzio; l'orologio* (*per meton. il campanile*) *suona il mezzogiorno; suonò* (*un brano di*) *Chopin, una sinfonia di Beethoven* || *fig.* di parole, frasi ecc., significare, esprimere un certo contenuto: *le sue parole suonavano riprovazione* **3.** *fig. fam.* nel modo di dire *suonarle a qualcuno*, prenderlo a botte || **intr.** **1.** (aus. *avere*) di apparecchiatura acustica e, in part., di strumento musicale, emettere suoni: *uno strumento scordato suona male, il telefono non ha smesso un minuto di suonare; le campane suonavano a morto, a distesa, a festa, a martello* (a rintocchi rapidi, per richiamare gente in caso di pericolo pubblico); *la sveglia non ha suonato* || *per estens.* anche di altri oggetti: *questi bicchieri suonano male: non sono di cristallo*; anche *fig.*: *le sue parole suonano false* || *lett.* risuonare: *la casa suonava di risa* **2.** (aus. *essere*) di cosa che si manifesta mediante un suono, prodursi, farsi sentire: *l'Avemaria suona alla sera, è già suonato l'allarme, non è ancora suonata* (*la sirena che annuncia*) *la fine del turno* || *fig. è suonata la sua ora*, è giunta l'ora della sua morte **3.** (aus. *essere* e *avere*) *suonar bene, male*, esser armonioso o invece fastidioso all'orecchio: *questa frase suona male, "tra tre" non suona bene*; *fig.* risultare ben accetto o invece mal accetto: *questa proposta non mi suona bene* || **N.** **tr.** **1.** arpeggiare, dar fiato a, percuotere i tasti, pizzicare le corde; strimpellare, strombettare; stonare, straziare le orecchie | SUONO.

suonàta V. SONATA.

suonatìna V. SONATINA.

suonàto (*pps.* di *suonare*) [1353 *sonato*] **agg.** *fam.* rif. agli anni di una persona, scoccati, compiuti: *ha trent'anni suonati* || *fam. pop.* svitato: *tua figlia non è mica normale, è un po' suonata!*; *pugile suonato*, intontito e privo di combattività per i troppi colpi ricevuti; *restare suonato*, gabbato, buggerato e, anche, picchiato sodo, sconfitto sonoramente.

suonatóre o **sonatóre** [da *suonare*; 1353 *sonatore*] **sm.** (f. *-trice*) chi suona uno strumento musicale: *suonatore di violino* || *fam.* nel modo di dire *e buonanotte ai suonatori*, usato quando non c'è più nulla da dire o da fare in una faccenda || **N.** arpista, batterista, chitarrista, flautista, mandolinista, percussionista, pianista, sassofonista, trombettista, violinista, violoncellista; esecutore, filarmonico, musicista, musico, musicante, orchestrale, orecchiante, professore d'orchestra, solista, strimpellatore, strumentista, tempista, virtuoso | accennare, accompagnare, accordare, battere il tempo | banda, fanfara, orchestra; trio, quartetto, quintetto, sestetto, settimino, ottetto; prova, stecca, stonatura. **Q.T.** *musica*.

suonerìa o **sonerìa** [da *suonare*, sul modello del fr. *sonnerie*; 1838 *soneria*] **sf.** dispositivo acustico di segnalazione, a funzionamento elettrico o meccanico: *ricaricare la suoneria della sveglia; alla cassaforte hanno messo una suoneria*, come sistema di allarme. **Q.T.** *orologeria*.

suòno [lat. *sonus*; fine sec. XIII] **sm.** **1.** *T.fis.* fenomeno consistente nella propagazione, attraverso un mezzo elastico (aeriforme, liquido o solido), delle vibrazioni emesse da una sorgente sonora, sotto forma di oscillazioni; queste, se di frequenza compresa tra i 16 e i 20.000 hertz, risultano percepibili dall'orecchio umano e generano la corrispondente sensazione acustica: *l'altezza, l'intensità, il timbro di un suono; suono grave, acuto; velocità del suono*, quella con cui si propagano le sue onde, diversa a seconda del mezzo; *barriera* (o *muro*) *del suono*, forte e brusco aumento di resistenza al moto che si verifica all'approssimarsi di un aeromobile alla velocità del suono **2.** *com.* complesso di suoni modulati: *il suono del clacson, della sua voce* || *in part.* il complesso delle vibrazioni sonore prodotte da uno strumento musicale: *il suono del sax tenore* || nella loc. *al suono di*, con l'accompagnamento musicale di: *le majorettes sfilavano al suono della banda*; *fig. fam. lo fecero uscir di scena a suon di fischi, addestrò il povero animale a suon di botte* **3.** *T.ling.* ciascun elemento acustico del linguaggio: *suono consonantico, vocalico* **4.** *poet.* fama || **N.** **2.** botto, brusio, fischio, fruscio, gemito, mormorio, rimbombo, rombo, rullio, scampanio, scricchiolio, squillo, tintinnio, voce, RUMORE | armonioso, articolato/inarticolato, aspro/dolce, chiaro/confuso, cupo, debole/forte, duro, fievole, fioco, flebile, gradevole/sgradevole, limpido, lugubre, melodioso, metallico, profondo, rauco, roco, smorzato, soave, sommesso, sordo, stonato/intonato, straziante, stridulo, tenue, vibrante | estensione, intensità, pienezza, tono. **Q.T.** *musica* **TAV.** *fonetica*... 2.

suòra [lat. *soror*, sorella; 1345] **sf.** **1.** monaca o altra religiosa che ha preso i voti: *farsi suora, suore carmelitane*; davanti a nome proprio si tronca: *suor Maria, suor Ines* **2.** *arc.* o *poet.* sorella || **N.** **1.** madre, sorella, MONACA.

suovetaurilia [dal lat. *suovetaurīlia*; 1936] **sm. pl.** nella religione romana, solenne sacrificio in cui venivano immolati un porco, una pecora e un toro.

super- [dal lat. *super*, sopra] **pref.** equivale a "che sta sopra" (*superattico*), "che va oltre, che supera" (*supersonico*), "che eccede la misura normale" (*superconduttore, superalimentazione*) o, in gen., "di grado superlativo, di qualità superiore, eccezionale" (*superuomo*); in quest'ultimo senso è usato nel linguaggio pubblicitario: **superscónti**, **superbiànco**, **superdissetànte**, **superdetergènte** || **N.** sovra-, sur-.

superàbile [dal lat. *superābilis*; a. 1642] **agg.** che si può superare || **N.** oltrepassabile, sormontabile | *Contr.* insormontabile, insuperabile.

superabilità [da *superabile*; a. 1704] **sf.** *non com.* qualità di ciò che è superabile || **N.** *Contr.* insuperabilità.

superacùstico (pl. *-ci*) [comp. di *super-* e *acustico*; 1960] **agg.** *T.fis.* ultrasonoro.

superaerodinàmica [comp. di *super-* e *aerodinamica*; 1960] **sf.** *T.fis.* settore dell'aerodinamica che studia i gas molto rarefatti.

superaffollaménto [comp. di *super-* e *affollamento*; 1960] **sm.** sovraffollamento.

superaffollàto [comp. di *super-* e *affollato*; 1955] **agg.** sovraffollato.

superalcòlico (pl. *-ci*) [comp. di *super-* e *alcolico*; 1960] **agg.** e **sm.** di liquore contenente alcol in percentuale elevata.

superalimentazióne [comp. di *super-* e *alimentazione*; 1957] **sf.** alimentazione più abbondante e nutriente del normale || **N.** *Sin.* supernutrizione.

superallenaménto [comp. di *super-* e *allenamento*; 1939] **sm.** *T.sport.* allenamento troppo faticoso e intenso; *andare in superallenamento*, ridursi in cattive condizioni fisiche per effetto di un allenamento eccessivo.

superaménto [da *superare*; 1691] **sm.** atto ed effetto del superare || *T.fil.* nella filosofia di Hegel, il processo mediante il quale una fase anteriore e inferiore (dello spirito, del concetto ecc.) viene insieme conservata e negata in una fase posteriore e superiore.

superàre (pres. *sùpero*) [dal lat. *superāre*; a. 1348] **tr.** **1.** essere maggiore di, essere superiore per quantità o dimensioni: *la produzione di quest'anno ha superato quella dell'anno scorso; l'acqua* (s'intende, il livello dell'acqua) *ha superato i due metri; superare per* (o *in* o *nell'*) *estensione, larghezza, peso* **2.** essere migliore, superiore per prestazioni: *questo motore supera tutti gli altri della stessa cilindrata*; nel modo di dire *superare se stesso*, ottenere risultati ancora migliori di quelli, già buoni, ottenuti in passato **3.** oltrepassare: *superare un fossato con un salto, l'avversario sul rettilineo finale*; sorpassare: *superare in curva* || *fig.* affrontare con successo: *superare un problema, una difficoltà; superare una malattia*, guarirne; *superare un esame*, essere promossi || **N.** **1.** *Sin.* eccedere, sopravanzare, trascendere **2.** *Sin.* distinguersi, soverchiare, sovrastare, trascendere **3.** *Sin.* valicare, varcare; passare, vincere.

superàto (*pps.* di *superare*) [1940] **agg.** *in part.* lasciato indietro dalla storia (o dalla moda); sorpassato: *idee superate* || **N.** desueto, fuori moda, obsoleto.

superàttico (pl. *-ci*) [comp. di *super-* e *attico*; 1966] **sm.** appartamento che si trova al piano superiore di un attico.

superazióne [da *superare*; 1694] **sf.** *arc.* superamento.

supèrbia [dal lat. *superbia*; fine sec. XIII] **sf.** eccessiva stima di sé accompagnata da un altezzoso distacco o anche da aperto disprezzo nei confronti degli altri: *tratta tutti con superbia; montare in superbia, metter su superbia, gonfiarsi di superbia*, diventare superbo || **N.** *Sin.* albagia, alterigia, altezzosità, boria, burbanza, grandigia, iattanza, presunzione, spocchia, tronfiezza | *Contr.* umiltà.

superbióso [da un ant. *superbio*, superbo; prima metà sec. XIV] **agg.** *non com.* che rivela superbia || **superbiosaménte** **avv.** *raro* || *dim.* superbiosétto.

superbìre (pres. *-isco, -isci*) [dal lat. *superbīre*; 1319] **intr.** (aus. *essere*) *lett. poet.* insuperbire.

supèrbo [dal lat. *superbus*; a. 1306] **I agg.** **1.** che ha superbia: *ragazzo superbo* || che mostra superbia: *risposta superba* **2.** *meno com.* fiero, orgoglioso di qualcosa o qualcuno: *è giustamente superbo di suo figlio* **3.** *com. fig.* che ha doti tali da suscitare ammirazione; grandioso, magnifico, bellissimo: *palazzo, animale, dono superbo* || **superbaménte** **avv.** **1.** con superbia **2.** *fig.* magnificamente, in modo eccellente: *una ricamatrice che lavora superbamente* **II sm.** (f. *-a*) persona superba || *dim.* superbétto; *accr.* superbóne; *pegg.* superbàccio || **N.** **1.** *Sin.* altero, altezzoso, borioso, disdegnoso, gonfio, immodesto, orgoglioso, presuntuoso, sdegnoso, spocchioso, tronfio | *Contr.* modesto, umile | darsi delle arie, inorgoglire, insuperbire, rizzare la cresta.

superbóllo [comp. di *super* e *bollo*; 1987] **sm.** tassa cui sono assoggettate, in Italia, le autovetture con motore diesel, più elevata di quella delle autovetture a benzina di corrispondente cilindrata.

superbómba [comp. di *super-* e *bomba*; 1942] **sf.** bomba ad alto potenziale.

superburòcrate [comp. di *super-* e *burocrate*; 1970] **sm.** spec. nel linguaggio giornalistico, funzionario che occupa uno dei gradi più alti nella pubblica amministrazione.

supercarburànte [comp. di *super-* e *carburante*; 1955] **sm.** benzina antidetonante ad alto numero di ottani, usata per motori a scoppio a elevato rapporto di compressione.

supercàrcere [comp. di *super-* e *carcere*; 1980] **sm.** nel linguaggio giornalistico, carcere di massima sicurezza per la custodia di detenuti condannati per gravi reati e ritenuti pericolosi.

supercemènto [comp. di *super-* e *cemento*; 1960] **sm.** cemento a presa rapida, caratterizzato da notevole resistenza.

supercìlio (pl. *-li*) [dal lat. *supercilium*; a. 1543] **sm.** **1.** *ant.* sopracciglio **2.** *fig.* cipiglio, corruccio.

supercilióso [dal lat. *superciliosus*; 1561] **agg.** *raro* che dimostra sprezzante superiorità;

accigliato, severo.

supercla̍sse [comp. di *super-* e *classe*; 1983] **sf.** *T.bot.* e *T.zool.* categoria che raggruppa più classi.

supercolòsso [comp. di *super-* e *colosso*; 1942] **sm.** film di grande effetto spettacolare, la cui realizzazione ha richiesto spese ingenti.

superconduttività [comp. di *super-* e *conduttività*; 1960] **sf.** *T.fis.* proprietà di alcuni metalli e leghe di avere una resistenza elettrica praticamente nulla quando siano portati a temperature molto basse.

superconduttìvo [comp. di *super-* e *conduttivo*; 1965] **agg.** *T.fis.* che presenta superconduttività.

superconduttóre [comp. di *super-* e *conduttore*; 1960] **sm.** *T.fis.* corpo superconduttivo.

superconduzióne [comp. di *super-* e *conduzione*; 1960] **sf.** *T.fis.* conduzione elettrica che si verifica in metalli superconduttivi.

supercongelàto [comp. di *super-* e *congelato*; 1963] **agg.** *non com.* surgelato.

superdecoràto [comp. di *super-* e *decorato*; 1929] **agg.** e **sm.** che o chi ha ricevuto molte decorazioni.

superdònna [comp. di *super-* e *donna*; 1851] **sf.** *iron.* donna che si crede superiore a tutte le altre || **N.** superuomo.

superdòṣe [comp. di *super-* e *dose*, sul modello dell'ingl. *overdose*; 1983] **sf.** dose eccessiva, spesso mortale, di sostanze stupefacenti || **N.** *Sin.* *overdose.*

superdotàto [comp. di *super-* e *dotato*; 1960] **agg.** e **sm.** (f. *-a*) che, chi possiede doti fisiche o intellettuali in misura molto superiore alla media; spesso *iron.* o *scherz.*

Sùper-Ègo [comp. di *super-* e lat. *ego*, io; 1965] **sm.** *inv.* *T.psican.* Super-Io.

supererogatòrio (pl. *-ri*) [dal lat. tardo *supererogāre*, dispensare; 1873] **agg.** *T.rel.* di azione buona che non è richiesta dallo stretto obbligo giuridico o dovere morale.

supererogazióne [dal lat. tardo *supererogātio, -ōnis*; 1673] **sf.** *raro* azione che va al di là dello stretto dovere, opera meritoria non richiesta.

supereterodìna [dall'ingl. *superheterodyne*; 1930] **sf.** *T.rad.* apparecchio radioricevente costruito in modo che le onde in arrivo vengano convertite in una sola frequenza, detta *frequenza media* || **N.** eterodina.

superfamiglia (pl. *-glie*) [comp. di *super-* e *famiglia*; 1931] **sf.** *T.bot.* e *T.zool.* categoria che raggruppa più famiglie.

superfetazióne [dal lat. *superfetāre*, concepire di nuovo; 1680] **sf.** **1.** *T.biol.* nuova fecondazione che avviene quando è già in corso una gravidanza **2.** *fig.* pleonasmo, superfluità, cosa inutile: *questo capitolo nel libro è una superfetazione.*

superfice **sf.** *raro* v. SUPERFICIE.

superficiàle [dal lat. tardo *superficiālis*; a. 1375] **I agg.** **1.** della superficie; che costituisce la superficie o che è alla superficie: *acque superficiali*, con rif. alla superficie terrestre, non sotterranee; *strato superficiale*; *ferita, aratura superficiale*, che non va in profondo **2.** *fig.* che si limita agli aspetti più evidenti e semplici; generico, non approfondito: *una cultura superficiale*; *persona superficiale*, che non ha sentimenti profondi o, anche, che non esamina a fondo le cose; *osservazione superficiale*, non profonda, non esauriente || **superficialménte** **avv.** **1.** alla superficie: *scalfire solo superficialmente* **2.** *fig.* in modo approssimativo, non approfondito: *trattare superficialmente un problema* **II s.** persona superficiale || *accr.* superficialóne || **N.** **1.** *Sin.* esterno **2.** *Sin.* apparente, approssimativo, epidermico, leggero, sbrigativo.

superficialità [da *superficiale*, prob. sul modello del fr. *superficialité*; 1673] **sf.** **1.** qualità di ciò che è superficiale: *la superficialità di una ferita* **2.** *più com.* *fig.* carattere di chi o di ciò che è approssimativo, non approfondito: *la superficialità di una trattazione, dei suoi sentimenti* || **N.** **2.** *Sin.* genericità, leggerezza | *Contr.* interiorità, profondità.

superficialóne (*accr.* di *superficiale*) [1960] **sm.** (f. *-a*) persona che non ha la volontà di affrontare con impegno e in modo approfondito le cose, che si limita al loro aspetto leggero, non impegnativo: *in campo affettivo è un superficialone.*

superficiàrio (pl. *-ri*) [dal lat. tardo *superficiārius*; 1937] **I agg.** *T.giur.* relativo al diritto di superficie || *proprietà superficiaria*, proprietà della costruzione, separata da quella del terreno **II sm.** (f. *-a*) *T.giur.* titolare del diritto di superficie.

superfìcie (pl. *-ci* e, raro, *-cie*) [dal lat. *superficies*; a. 1375] **sf.** **1.** *T.geom.* estensione in lunghezza e in larghezza || *per estens.* area: *calcolare la superficie di un rettangolo* || *in part.* *T.aer.* *superficie alare*, area della pianta di un'ala; *T.mar.* *superficie velica*, la somma totale delle aree di tutte le vele **2.** lo strato di un corpo delimitante il corpo stesso rispetto allo spazio in cui è posto: *la superficie interna di un corpo cavo, ferita che non va oltre la superficie, marmo con la superficie levigata*; *per anton.* la superficie terrestre: *trasporti di superficie*, non sottomarini né aerei || *fig.* esteriorità, apparenza: *un uomo che in fatto di cultura è rimasto alla superficie* || *dim.* superficiétta || **N.** **2.** buccia, corteccia, crosta, epidermide, pelle, scorza, suolo | concava, convessa, curva, piana, poliedrica, sferica; esterna, interna; levigata, liscia, ruvida, scabra | angolo, area, compartimento, dimensione, estensione, lato, margine, spigolo; ara, ettaro, iugero, metro quadrato, pertica; agrimensore, agrimensura. **Q.T.** *matematica...*

superfluità [dal lat. tardo *superfluitas, -ātis*; a. 1320] **sf.** **1.** qualità di ciò che è superfluo **2.** spec. *pl.* *concr.* *non com.* cosa superflua: *sono superfluità delle quali non possiamo più fare a meno* || **N.** **1.** *Sin.* eccedenza, eccesso, ridondanza, sovrabbondanza, INUTILITÀ.

supèrfluo [dal lat. *superfluus*; a. 1375] **I agg.** che è in più rispetto al necessario: *spese superflue, discorsi superflui* **II sm.** (solo *sing.*) insieme delle cose superflue: *dare il superfluo ai poveri* || **N.** *Sin.* sovrabbondante, INUTILE.

superfortézza [comp. di *super-* e *fortezza*; 1948] **sf.** *T.aer.* *superfortezza volante*, quadrimotore da bombardamento statunitense impiegato nella II guerra mondiale, dalle caratteristiche potenziate rispetto alla fortezza volante || *per estens.* ogni quadrimotore da bombardamento con caratteristiche simili al quadrimotore statunitense.

superfosfàto [comp. di *super-* e *fosfato*; 1931] **sm.** *T.chim.* perfosfato.

supergalàssia [comp. di *super-* e *galassia*; 1960] **sf.** *T.astr.* sistema di galassie.

supergigànte [comp. di *super-* e *gigante*; 1960] **agg.** **1.** *T.astr.* detto di stella dalle dimensioni molto superiori a quelle delle stelle giganti; anche *sf.*: *una supergigante* **2.** *T.sport.* detto di un tipo di slalom ad una sola *manche* effettuata su un tracciato più lungo del normale, in cui le porte sono più distanziate le une dalle altre rispetto a quelle dello slalom gigante; anche *sm.*: *vincere il supergigante.*

su per giù v. SUPPERGIÙ.

superindividuàle [comp. di *super-* e *individuale*; 1974] **agg.** *raro* che sta al di sopra, che va al di là dei singoli individui.

superinfezióne [comp. di *super-* e *infezione*; 1960] **sf.** *T.med.* infezione che si sviluppa mentre un'altra è ancora in atto.

Sùper-ìo [comp. di *super-* e *io*, sul modello del ted. *Über-ich*; 1926] **sm.** *inv.* *T.psican.* sistema delle norme etiche interiorizzate sotto l'influsso dei genitori e dell'ambiente sociale, avente la funzione di controllare e limitare le attività istintive. **Q.T.** *psicanalisi.*

superióra [da *superiore*; 1823] **sf.** *T.eccl.* monaca preposta alle altre in collettività religiose || anche in funzione di *agg.*: *madre superiora.*

superioràto [da *superiore*; a. 1685] **sm.** *T.eccl.* *non com.* grado, ufficio e dignità di superiore o superiora in collettività religiose.

superióre [dal lat. *superior, -ōris*; 1353 come sm.] **I agg.** **1.** con valore locativo, che è più in alto, che è sopra: *il piano superiore, la mascella superiore*; *il corso superiore di un fiume*, la parte del corso più vicina alla sorgente **2.** maggiore rispetto a un termine di confronto: *i bambini di altezza superiore al metro, avere un'intelligenza superiore alla media*; *in part.* che oltrepassa, va oltre: *uno sforzo superiore alle mie capacità, un risultato superiore alle aspettative di tutti, il nemico era numericamente superiore* || *per estens.* che possiede determinate qualità in misura maggiore rispetto ad altri (*quanto a resistenza, è superiore a qualsiasi altro motore, si sente superiore a tutti*) o, *ass.*, che le possiede in massimo grado: *una mente superiore*; *una persona superiore*, di alte qualità morali || *fig.* che è al di sopra: *essere, sentirsi superiore a queste meschinità*, non curarsene, considerarle con sdegno **3.** in un ordinamento, una gerarchia, una scala di valori e sim., che occupa un grado più alto: *ufficiali superiori, esser promosso alla classe superiore*; *scuole medie superiori*, licei, istituti tecnici ecc. (anche *sf. pl.*: *le superiori*); *per estens.* *ordini superiori*, dati da un superiore || **superiorménte** **avv.** nella parte superiore **II sm.** in una gerarchia, persona che occupa un grado più elevato e da cui si dipende: *i miei superiori*; *il mio diretto superiore*, chi occupa il grado immediatamente superiore al mio || *T.eccl.* religioso posto a capo di una comunità: *il superiore* (o, anche, *il padre superiore*) *del convento* || **N.** **I** **1.** *Sin.* soprastante | *Contr.* inferiore **2.** *Sin.* preminente, preponderante | *Contr.* inferiore | dominare, eccellere, elevarsi, emergere, predominare, prevalere, sopravanzare, sovrastare, spiccare, superare **II** *Sin.* capo, comandante, principale | *Contr.* dipendente, sottoposto, subordinato.

superiorità [da *superiore*; a. 1472] **sf.** qualità di chi o di ciò che è superiore: *la superiorità della sua mente, della nostra flotta*; *darsi arie di superiorità*, credersi e ostentarsi superiore agli altri; *senso di superiorità*, convinzione di essere superiore ai più || **N.** *Sin.* preminenza, prevalenza, supremazia, vantaggio | *Contr.* inferiorità.

superlatìvo [dal lat. tardo *superlatīvus*; sec. XIV] **I agg.** **1.** che si eleva al di sopra di tutti, sommo, eccellente: *bellezza, bontà superlativa* **2.** *T.gram.* *aggettivo superlativo, grado superlativo*, che indica il massimo grado di una qualità || **superlativaménte** **avv.** *lett.* straordinariamente: *un testo superlativamente bello* **II sm.** *T.gram.* grado superlativo dell'aggettivo; può essere *assoluto*, quando indica il massimo grado di una qualità rispetto a tutti (normalmente si forma aggiungendo il suffisso *-issimo* alla radice dell'aggettivo); gli aggettivi che terminano in *io* con l'*i* accentata conservano questa *i* davanti al suffisso: *pio, piissimo*; quelli che terminano in *io* non accentato perdono la *i*; es. *savio, savissimo* (perché la *i* non accentata forma dittongo con la vocale seguente e fa parte perciò della desinenza); alcuni aggettivi hanno invece mantenuto l'originaria forma del superlativo latino: *celebre, celeberrimo*; altri lo formano anche con i prefissi *arci-, ultra-, stra-* (*arcicontento, ultracomodo, stracaro*), con la ripetizione dell'aggettivo (*piccolo piccolo*), premettendo avverbi come *molto, assai, sommamente* (*molto ricco, assai loquace*) o con la forma direttamente derivata dal latino (*buono, ottimo*); può essere *relativo*, quando indica il massimo grado di una qualità rispetto ad altri, ma non a tutti (si forma aggiungendo al comparativo l'articolo: *più caro, il più caro*); quando il nome a cui l'aggettivo si riferisce precede l'aggettivo e ha già l'articolo è errore ripeterlo: *la nazione più gloriosa* (e non *la nazione la più gloriosa*); tuttavia l'articolo si deve ripetere quando davanti al nome c'è l'articolo indeterminativo (*una lingua la più soave del mondo*) oppure quando l'aggettivo, anziché essere unito al nome come attributo, è in funzione predicativa (*il tuo libro è il più bello che ci sia*) ‖ il suffisso del superlativo assoluto può essere usato, applicato a un sostantivo, come rafforzativo: *campionissimo, padronissimo.*

superlavóro [comp. di *super-* e *lavoro*; 1953] ***sm.*** lavoro eccessivo: *ho la salute rovinata dal superlavoro.*

superléga [comp. di *super-* e *lega*; 1974] ***sf.*** tipo di lega metallica che resiste alla corrosione anche a temperature prossime a quella di fusione.

supermaggioràta [comp. di *super-* e *maggiorata*; 1986] ***sf.*** *scherz.* donna molto formosa, detto spec. delle dive del cinema degli anni Quaranta e Cinquanta.

superman (ingl., pr. [ˈsuːpəmæn]; pr. it. [superˈmɛn]) [letter. superuomo, con rif. a un personaggio dei fumetti dai poteri straordinari; 1978] ***sm.*** *inv.* (anche pl. *supermen*, pr. [ˈsuːpəmen]) uomo dalle qualità fisiche straordinarie, spesso in senso *iron.* e *scherz.*: *si crede proprio un superman!*

supermarket (ingl., pr. [ˈsuːpəˌmɑːkɪt]; pr. it. [superˈmarket]) [comp. di *super-*, super- e *market*, mercato; 1961] ***sm.*** *inv.* supermercato.

supermàssimi [comp. di *super-* e *massimo*; 1988] ***sm. pl.*** nel pugilato, categoria di atleti di peso superiore a 91 kg. **Q.T.** *pugilato.*

supermercàto [comp. di *super-* e *mercato*, sul modello dell'ingl. *supermarket*; 1956] ***sm.*** vasto locale di vendita al dettaglio di beni di largo consumo, presso il quale si acquista con il sistema del *self-service* ‖ *dim.* supermercatino ‖ **N.** *Sin. supermarket.*

supermìnimo [comp. di *super-* e *minimo*; 1983] ***sm.*** integrazione del salario minimo che alcune aziende corrispondono a gruppi di dipendenti o a singoli, per meriti di lavoro o in caso di alta produttività.

supernàle [da *superno*; sec. XIV] ***agg.*** *raro* superno.

supernazionàle e der. forme meno com. di SOPRANNAZIONALE e der. (v.).

supèrno [dal lat. *supernus*; a. 1306] ***agg.*** *lett.* supremo, superiore a tutti ‖ *per estens.* di Dio, del Cielo: *la volontà superna*, la volontà divina ‖ **supernaménte** ***avv.*** *raro.*

supernòva [comp. di *super-* e lat. *nova*, nuova; 1960] ***sf.*** *T.astr.* stella la cui luminosità, al momento dell'esplosione, aumenta improvvisamente di milioni di volte.

supernutrizióne [comp. di *super-* e *nutrizione*; 1955] ***sf.*** superalimentazione.

sùpero¹ [dal lat. *superus*, supeiore; a. 1547] **I** ***agg.*** **1.** *lett.* che sta in alto; *in part.* degli dei pagani celesti, contrapposti a quelli infernali **2.** *T.bot.* di ovario posto superiormente rispetto a tutti gli altri organi del fiore **II** ***sm. pl.*** *lett.* gli dei superi: *protende alte le braccia a i superi* (Carducci) ‖ **N. I** *Contr.* infero **II** *Contr.* inferi.

sùpero² [da *superare*; 1853] ***sm.*** *T.fin.* soprappiù, sopravanzo.

superomìsmo [da *super(u)omo*; 1960] ***sm.*** **1.** dottrina del superuomo **2.** comportamento da superuomo.

superórdine [comp. di *super-* e *ordine*; 1960] ***sm.*** *T.bot.* e *T.zool.* categoria che raggruppa più ordini.

superòtto (scritto anche *super8*) [comp. di *super-* e *otto*; 1978] ***sm.*** *inv.* e ***agg.*** *inv.* detto di pellicola cinematografica da otto mm che garantisce una migliore qualità dell'immagine grazie alla superficie del fotogramma più ampia rispetto alla tradizionale pellicola da otto mm ‖ ***sf.*** o ***sm.*** cinepresa o proiettore che utilizza pellicole di formato superotto.

superperito [comp. di *super-* e *perito*; 1955] ***sm.*** durante un'istruttoria penale o un processo, perito che ha il compito di controllare ed eventualmente revisionare tutte le perizie chimiche, tecniche e balistiche effettuate dai singoli specialisti.

superperizia [comp. di *super-* e *perizia*; 1953] ***sf.*** perizia eseguita da un superperito.

superpetrolièra [comp. di *super-* e *petroliera*; 1960] ***sf.*** petroliera la cui stazza supera le settantamila tonnellate.

superpotènza [comp. di *super-* e *potenza*; 1954] ***sf.*** stato che possiede un enorme apparato industriale e bellico ‖ *per anton. le due superpotenze*, gli Stati Uniti d'America e l'Unione Sovietica.

superproduzióne [comp. di *super-* e *produzione*; 1929] ***sf.*** *non com.* sovrapproduzione.

supersònico (pl. *-ci*) [dall'ingl. *supersonic*; 1947] ***agg.*** di velocità, che è superiore a quella del suono (1192 km/ora) ‖ di aereo, capace di sviluppare una velocità supersonica ‖ **N.** *Contr.* subsonico | ultrasonico.

supèrstite [dal lat. *superstes, -itis*; a. 1540] ***agg.*** e ***s.*** che o chi sopravvive ad altri già morti: *il figlio superstite, i soldati superstiti, soccorrere i superstiti* ‖ *fig.* che rimane ‖ **N.** *Sin.* sopravvissuto; rimanente.

superstizióne [dal lat. *superstitio, -ōnis*; 1354] ***sf.*** **1.** atteggiamento di cieco terrore nei confronti delle forze naturali, da cui si presume di difendersi con pratiche irrazionali: *per gli Illuministi la superstizione è alla radice delle religioni* **2.** credenza irrazionale nell'efficacia, positiva o negativa, di cose, persone, animali, avvenimenti o pratiche: *è una superstizione che i gatti neri portino sfortuna* ‖ *per estens.* credenza o pratica connessa a una religione istituzionalizzata, ma estranea al suo corpo dottrinale e giudicata superflua, vana e tendenzialmente eterodossa: *le superstizioni legate al culto dei Santi* ‖ **N.** *Sin.* pregiudizio | iettatura, malocchio; amuleto, portafortuna, talismano.

superstiziosità [da *superstizioso*; a. 1595] ***sf.*** qualità di chi o di ciò che è superstizioso: *la superstiziosità di un popolo, di una credenza.*

superstizióso [dal lat. *superstitiōsus*; a. 1342 nel senso 2] ***agg.*** **1.** che crede in ciò che è considerato superstizione: *donna superstiziosa* **2.** che è derivato di o che costituisce superstizione: *paure, pratiche superstiziose* ‖ **superstiziosaménte** ***avv.***

superstràda [comp. di *super-* e *strada*; 1960] ***sf.*** strada con almeno quattro corsie destinata al traffico veloce, senza attraversamenti, per percorrere la quale non si deve pagare un pedaggio.

superstràto [comp. di *super-* e *strato*; 1960] ***sm.*** *T.ling.* complesso delle influenze fonetiche, lessicali e morfosintattiche esercitate da una lingua che si sovrappone alla lingua che è già in uso in un determinato ambito territoriale (come per es. le parole *fiasco, guardare* e *stinco*, derivate, in italiano, dalla presenza in Italia di popoli germanici).

supertèste [comp. di *super-* e *teste*; 1973] ***s.*** supertestimone.

supertestimòne [comp. di *super-* e *testimone*; 1970] ***s.*** testimone che nel corso di un processo adduce prove decisive a favore o a sfavore dell'imputato ‖ **N.** testimone chiave.

supertransatlàntico (pl. *-ci*) [comp. di *super-* e *transatlantico*; 1960] ***sm.*** *T.mar.* transatlantico di grandi dimensioni costruito tra le due guerre mondiali.

superumeràle [dal lat. tardo *superhumerāle*; a. 1600] ***sm.*** **1.** presso gli antichi Ebrei, veste del sommo sacerdote; efod **2.** *T.eccl.* lo scapolare dei frati.

superuòmo (pl. *superuòmini*) [comp. di *super-* e *uomo*, sul modello del Ted. *Übermensch*; 1894] ***sm.*** **1.** *T.fil.* nel pensiero di F. Nietzsche, l'individuo che, attraverso la volontà di potenza, si svincola dalle norme livellatrici della morale comune e si afferma come superamento dell'uomo stesso, al di là del bene e del male **2.** *per estens., scherz.* e *iron.*, di persona che guarda gli altri dall'alto in basso, credendosi un genio o chi sa chi: *si dà arie da superuomo* ‖ **N. 2.** superdonna.

supervacàneo [dal lat. *supervacāneus*; sec. XIV] ***agg.*** *lett.* superfluo.

supervalutàre (pres. *-àluto*) [comp. di *super-* e *valutare*; 1942] ***tr.*** *non com.* sopravvalutare ‖ valutare più del consueto: *supervalutiamo la vostra auto usata.*

supervalutazióne [comp. di *super-* e *valutazione*; 1987] ***sf.*** valutazione superiore a quella media di mercato; *supervalutazione dell'usato*, in rif. spec. a beni di consumo durevoli (automobili, elettrodomestici e sim.), alta valutazione del bene usato di un cliente, per indurlo ad acquistare un modello nuovo dello stesso articolo.

supervisionàre (pres. *-óno*) [comp. di *super-* e *visionare*; 1986] ***tr.*** eseguire una supervisione.

supervisióne [comp. di *super-* e *visione*, sul modello dell'ingl. *supervision*; 1932] ***sf.*** controllo dell'esecuzione di un lavoro, esercitato da un'autorità che non partecipa al lavoro stesso: *sotto* (o *con*) *la supervisione di un illustre critico.*

supervisóre [dall'ingl. *supervisor*; 1942] ***sm.*** chi sovrintende alla realizzazione di un'opera ‖ *in part. T.cin.* chi è preposto al coordinamento dei vari aspetti (economico, tecnico, artistico) della realizzazione di un film.

superwèlter [comp. di *super-* e *welter*; 1981] ***agg.*** e ***sm.*** *inv.* nel pugilato, categoria di atleti professionisti il cui peso è intorno ai 69,850 kg. **Q.T.** *pugilato.*

supinatóre [da *supino*; a. 1673] ***agg.*** e ***sm.*** *T.anat.* si dice del muscolo del braccio che ne consente il movimento di supinazione.

supinazióne [da *supino¹*; 1771] ***sf.*** movimento dell'avambraccio che si verifica con la rotazione in avanti del palmo della mano mentre il braccio è tenuto disteso lungo il tronco; è consentito dai muscoli supinatori.

supìno¹ [dal lat. *supīnus*; 1313] ***agg.*** **1.** sdraiato sul dorso: *cadde supino* **2.** *fig.* servile: *obbedienza supina* ‖ **supinaménte** ***avv.*** servilmente, passivamente ‖ **N. 1.** *Contr.* bocconi **2.** *Sin.* accondiscendente, passivo.

supìno² [dal lat. *supinum*; a. 1565] ***sm.*** *T.ling.* in latino e in altre lingue, forma nominale del verbo.

suppedàneo o **soppedàneo** [dal lat. tardo *suppedaneum*; 1714 nel senso 2] ***sm.*** **1.** predella dell'altare **2.** *non com.* panchetto in legno per appoggiarvi i piedi.

suppellèttile [dal lat. *supellex, -lectilis*; a. 1472] ***sf.*** **1.** l'insieme degli oggetti che servono all'arredamento di un locale, di un appartamento e sim.; anche *pl.*: *le suppellettili di una scuola, di casa* ‖ *T.archeol.* oggetti preziosi, vasi, armi e sim., trovati negli scavi archeologici **2.** *fig. non com.* capitale di cognizioni acquisite. **Q.T.** *abitazione, arredamento.*

suppergiù o **su per giù** [comp. di *su, per* e *giù*; 1863] ***avv.*** e ***loc. avv.*** *fam.* pressappoco, più o meno, circa: *credo che voi abbiate suppergiù la mia età.*

supplantàre [dal lat. *supplantāre*; sec. XIV] **tr.** *arc.* soppiantare.

supplementàre [da *supplemento*; 1829] **agg.** **1.** che serve da supplemento, che integra: *treni supplementari*, istituiti in occasione di traffico ferroviario particolarmente intenso; *T.sport.* *tempi supplementari*, supplemento di partita deciso dall'arbitro o prescritto dal regolamento **2.** *T.geom.* *angolo supplementare di un angolo dato*, che, sommato a esso, forma un angolo di 180°.

suppleménto [dal lat. *supplēmentum*; a. 1597] **sm.** **1.** ciò che viene fatto in aggiunta al già fatto o al normale, al fine di completarlo o di rispondere a necessità straordinarie: *era così affamato che chiese un supplemento di dolce, ottenni un supplemento di ferie, disporre un supplemento di istruttoria* || *in part.* sovrapprezzo dovuto per viaggiare in treno usufruendo di particolari comodità: *supplemento rapido*; pubblicazione che aggiorna o integra un'opera a stampa: *il supplemento illustrato di un quotidiano* **2.** *T.geom.* *supplemento di un angolo*, angolo che, aggiunto a un altro, forma un angolo di 180° || **N.** **1.** *Sin.* aggiunta, appendice, paralipomeni.

supplentàto [da *supplente*; 1942] **sm.** condizione, incarico di supplente; anche la durata di tale incarico.

supplènte (*ppr.* di *supplire*) [a. 1575] **I** **agg.** che sostituisce temporaneamente un impiegato o un insegnante assente: *professore supplente* **II** **s.** chi supplisce: *il nuovo supplente di matematica* || **N.** *Sin.* facente funzione, luogotenente, rappresentante, reggente, sostituto, surrogante, sussidiario, vicario (cfr. anche VICE).

supplènza [da *supplire*; 1865] **sf.** **1.** incarico di supplente e anche la sua durata: *ottenne una supplenza nella nostra scuola media, una supplenza di due mesi* **2.** surrogazione: *svolgere compiti di supplenza in assenza di un intervento pubblico.*

suppletivìsmo [da *suppletivo*; 1960] **sm.** *T.ling.* fenomeno in seguito al quale in un paradigma verbale o nominale alcune forme mancanti vengono sostituite con altre di radice diversa (per es. in italiano le forme *vado, vai* ecc. nel paradigma di *andare*).

suppletìvo [dal lat. tardo *suppletīvus*; 1745] **agg.** che serve a completare; supplementare: *elezioni suppletive, corsi suppletivi*; *sessione suppletiva di esami*, tenuta per i candidati che non hanno potuto usufruire delle sessioni regolari || *T.giur.* *norma, articolo suppletivo*, che ne sostituisce uno già abrogato.

suppletòrio (pl. *-ri*) [dal lat. tardo *suppletorius*; a. 1764] **agg.** suppletivo.

supplì [voce rom., dal fr. *surprise*; 1846] **sm.** *T.cuc.* specialità romana consistente in una grossa crocchetta di riso con ripieno di carne o formaggio.

sùpplica [da *supplicare*; a. 1595] **sf.** atto del supplicare || *concr.* preghiera verbale o scritta, rivolta con umiltà e fervore a qualcuno per ottenere un aiuto, un favore, il perdono e sim. || **N.** *Sin.* implorazione, invocazione, scongiuro, PREGHIERA.

supplicàre (pres. *sùpplico, sùpplichi*) [dal lat. *supplicāre*; a. 1303] **tr.** rivolgere una supplica: *lo supplicò di salvarlo, di concedergli la grazia*; *iperb. fam.*: *ti supplico, smettila di far rumore!* || **N.** *Sin.* implorare, scongiurare, PREGARE | a mani giunte, fervidamente, in ginocchio, prostrato ai piedi.

supplicatóre [dal lat. tardo *supplicātor, -ōris*; a. 1527] **agg.** e **sm.** (f. *-trice*) *non com.* che o chi supplica; supplicante, implorante.

supplicatòrio (pl. *-ri*) [da *supplicare*; a. 1348] **agg.** di supplica: *lettera supplicatoria.*

supplicazióne [dal lat. *supplicātio, -ōnis*; 1353] **sf.** *non com.* supplica.

sùpplice [dal lat. *supplex, -icis*; seconda metà sec. XIV] **agg.** e **s.** *lett.* che o chi supplica || **N.** *Sin.* supplichevole.

supplichévole [da *supplicare*; a. 1540] **agg.** che supplica, che scongiura || che esprime una supplica: *sguardo, tono supplichevole.*

suppliménto [dal lat. *supplementum*; a. 1375] **sm.** *raro* atto del supplire.

supplìre (pres. *-ìsco, -ìsci*) [dal lat. *supplēre*, completare; 1353] **tr.** sostituire in via provvisoria una persona nell'esercizio di una sua funzione: *supplisce il professore assente* || **intr.** (aus. *avere*) compensare con un elemento o un fattore sostitutivo: *supplisce con la diligenza alla scarsezza d'ingegno* || rimediare, compensare: *supplire alle carenze dell'intervento statale* || **N.** **tr.** *Sin.* fare le veci | **intr.** *Sin.* sopperire.

suppliziàre (pres. *-izio*) [da *supplizio*; sec. XIV] **tr.** punire con supplizio || *raro* tormentare con supplizi.

supplìzio (pl. *-zi*) [dal lat. *supplicium*; a. 1306 *supplicio*] **sm.** **1.** grave pena corporale: *il supplizio della flagellazione*; *il supplizio estremo*, la pena di morte: *condurre il condannato al supplizio estremo* **2.** *fig.* atroce patimento fisico o morale: *il supplizio della fame*; *il supplizio di Tantalo*, vedere un bene e non poterlo godere || anche *iperb.* grave fastidio: *starlo ad ascoltare è un vero supplizio* || **N.** **1.** *Sin.* tortura, tormento | autodafè, crocifissione, decapitazione, decimazione, decollazione, flagellazione, fucilazione, fustigazione, gogna, impiccagione, lapidazione, linciaggio, propagginazione, rogo, ruota; capestro, ceppo ruota, forca, ghigliottina, mannaia, patibolo, scure, sedia elettrica; boia, carnefice | abbacinare, decapitare, decollare, flagellare, fustigare, impalare, impiccare, squartare **2.** *Sin.* dolore, sofferenza, strazio.

supponènte (*ppr.* di *supporre*) [1973] **agg.** e **s.** che, chi ostenta supponenza; arrogante.

supponènza [da *supponente*; 1980] **sf.** atteggiamento di arrogante superiorità.

supponìbile [da *supporre*; seconda metà sec. XVII] **agg.** che si può supporre; opinabile, presumibile.

suppórre (pres. *suppóngo* ecc., come PORRE) [dal lat. *suppōnere*; sec. XIV] **tr.** **1.** proporre come ipotesi, presumere senza certezza: *suppongo che non parta senza salutarci, supponiamo di aver risolto questo problema* **2.** *arc.* porre sotto o, anche, sostituire: *supporre un sostegno alla colonna* || **N.** **1.** *Sin.* ammettere, concedere, congetturare, figurarsi, immaginare, ipotizzare, pensare, porre il caso, presumere, presupporre, procedere per ipotesi.

supporter (ingl., pr. [sə'pɔ:tə]; pr. it. [sup'pɔrter]) [da to *support*, sostenere; 1915] **s.** *inv.* (anche pl. *supporters*, pr. [sə'pɔ:təz]) sostenitore, tifoso, simpatizzante di un atleta o di una squadra sportiva.

suppòrto [dal fr. *support*; 1853] **sm.** elemento di sostegno, di appoggio || *per estens.* parte di un oggetto che ha funzione di sostegno; *in part.* tela, tavola in legno o sim. su cui viene effettuato un dipinto; *supporto grafico*, utilizzato per scriverci su, diverso a seconda delle tecniche di scrittura (carta, cera, argilla ecc.) || *T.fot.* materiale (vetro, celluloide o carta) su cui si stende l'emulsione sensibile || *T.inform.* mezzo fisico (nastro o disco magnetico, scheda o banda perforata) su cui vengono registrati i dati da introdurre nell'elaboratore; *sistema di supporto alle decisioni*, tipo di sistema esperto che ha lo scopo di assistere un utente fornendogli informazioni ed elaborazioni complesse in vista di certe decisioni (tipicamente in campo diagnostico).

suppositìvo [dal lat. tardo *suppositīvus*; a. 1565] **agg.** *non com.* affermato per supposizione, ipotetico: *queste sono tutte affermazioni suppositive* || **N.** *Sin.* congetturale, presuntivo, putativo.

suppositìzio (pl. *-zi*) [dal lat. *supposititius*; 1690] **agg.** *raro* che è supposto vero senza esserlo; *in part.* di ciò che si ritiene opera di un autore, mentre è opera di un altro || **N.** *Sin.* putativo.

suppòsito (*pps.* ant. di *supporre*) [sec. XV] **I** **agg.** *ant.* supposto **II** **sm.** *ant.* persona sostituita a un'altra; e in questo senso appunto l'usò l'Ariosto come titolo di un sua commedia: *I Suppositi.*

suppositòrio (pl. *-ri*) [dal lat. tardo *suppositorium*; a. 1320] **sm.** *T.farm.* preparato farmaceutico solido (supposta, ovulo o candeletta) che libera il medicamento sciogliendosi nella cavità del corpo umano (retto, vagina o uretra) in cui è introdotto.

supposizióne [dal lat. *suppositio, -ōnis*; a. 1406] **sf.** **1.** atto del supporre || *concr.* la cosa supposta: *la tua supposizione era giusta* **2.** *arc.* sostituzione, scambio di persona: *supposizione d'infante* || **N.** **1.** *Sin.* concessione, congettura, ipotesi, opinione, presunzione.

suppósta [da *supposto*; a. 1320] **sf.** *T.farm.* suppositorio per uso rettale.

suppósto (*pps.* di *supporre*) [1631] **I** **agg.** creduto, immaginato **II** **sm.** *raro* ciò che si suppone, supposizione: *nego il supposto* || **N.** **I** *Sin.* congetturale, ipotetico, ipotizzato, presupposto, putativo; sostituito.

suppuràbile [da *suppurare*; a. 1735] **agg.** *raro* che può suppurare.

suppuraménto [da *suppurare*; a. 1698] **sm.** *raro* suppurazione.

suppuràre (pres. *-ùro*) [dal lat. *suppurāre*; 1571] **intr.** (aus. *essere* e *avere*) giungere a suppurazione.

suppuratìvo [da *suppurare*; 1585] **agg.** di suppurazione: *processo suppurativo.*

suppurazióne [dal lat. *suppurātio, -ōnis*; 1574] **sf.** *T.med.* processo infiammatorio caratterizzato da abbondante formazione di pus: *la suppurazione dell'ascesso, della ferita infetta* || **N.** *Sin.* purulenza | cauterio, stuello.

supputàre (pres. *sùpputo*) [dal lat. *supputāre*, calcolare; 1552] **tr.** *arc.* computare.

supputazióne [dal lat. tardo *supputātio, -ōnis*; 1552] **sf.** *arc.* atto del supputare; computo, somma, calcolo.

supraliminàle [comp. del lat. *supra*, sopra e *liminale*; 1960] **agg.** *T.psic.* di attività psichica, che raggiunge il livello di coscienza, ed è perciò percepita chiaramente dal soggetto || **N.** *Contr.* subliminale.

suprematìsmo [dal russo *suprematizm*; 1932] **sm.** *T.art.* movimento artistico sviluppatosi in Russia durante e dopo la prima guerra mondiale, che proponeva, ritenendola l'essenza suprema dell'arte, una rappresentazione estremamente semplificata degli elementi figurativi, al punto da ridurli a forme geometriche.

suprematìsta [da *suprematismo*; 1983] **I** **agg.** *T.art.* relativo al suprematismo, proprio del suprematismo: *produzione suprematista* **II** **s.** *T.art.* seguace del suprematismo.

supremazìa [dal fr. *suprématie*; a. 1764] **sf.** preminenza assoluta in fatto di autorità; potere, forza: *supremazia dello Stato, la supremazia di Atene sulla Grecia* || *T.stor.* il diritto del re d'Inghilterra di essere a capo della religione anglicana || **N.** *Sin.* predominio, preminenza, prevalenza, sovranità, superiorità.

suprême (fr., pr. [sy'prɛ:m]) [letter. supremo; 1905] **sf.** *inv.* *T.cuc.* preparazione a base di carne disossata di volatile, coperta di salsa bianca: *suprême di pollo*; anche la salsa stessa || in funzione di *agg. inv.*: *salsa suprême.*

suprèmo [dal lat. *suprēmus*; 1319 *suppremo*] **agg.** **1.** che è al di sopra di ogni altro; sommo, massimo; *com.* solo in senso *fig.*: *autorità suprema, tribunale supremo*; *l'Ente supremo*, Dio **2.** *propr. lett.* o *enf.* estremo, nel senso di "finale": *il giudizio supremo; l'ora suprema, il giorno supremo,* quelli della morte; e nel senso di "sommo": *agì con supremo coraggio* ‖ **supremaménte** *avv. lett.* in misura, in grado supremo: *era supremamente felice* ‖ **N. 1.** *Sin.* eccelso, principale, sovrano.

suq V. SUK.

sur [dal lat. *super,* sopra; a. 1320] *prep. arc.* si usava per eufonia invece di *su* davanti a voce iniziante con *u*: *sur un leggio* (Manzoni).

sur- [dal lat. *super,* sopra, attr. il fr.] *pref.* che ha il valore di "sopra" e indica superamento di un determinato limite o valore (*surgelare, survoltare*), o eccesso (*suralimentazione*).

sùra[1] [dall'ar. *sūrah* sequenza; 1940] *sf.* ciascuno dei centoquattrodici capitoli in cui si divide il Corano: *la sura delle api, la sura di Maria, la sura della sincerità.*

sùra[2] [dal lat. *sura*; a. 1673] *sf. T.anat.* polpaccio della gamba.

-sùra o **-ṣùra** V. -URA.

surah (ingl., pr. ['sjʊərə]) [da *Surat,* città dell'India in cui veniva prodotto; 1879] *sm. inv.* tessuto molto morbido in seta o cotone.

suràle [da *sura*[2]; a. 1673] *agg. T.anat.* relativo alla sura.

suralimentazióne [comp. di *sur-* e *alimentazione*; 1960] *sf. non com.* superalimentazione.

surclassàre [dal fr. *surclasser*; 1931] *tr.* essere nettamente superiore a qualcuno in qualche attività; superare di gran lunga ‖ *in part. T.sport.* superare gli avversari con grande facilità.

surcompressióne [comp. di *sur-* e *compressione*; 1960] *sf.* in un motore a carburazione, aumento del rapporto volumetrico di compressione, effettuato per aumentare la potenza specifica del motore stesso ‖ **N.** *Sin.* sovracompressione.

surcomprèsso [comp. di *sur-* e *compresso*; 1960] *agg.* detto di motore a carburazione che funziona a regime di sovracompressione ‖ **N.** *Sin.* sovracompresso.

surcontràre (pres. *-óntro*) [da *surcontre*; 1983] *tr.* nel bridge, dichiarare il *surcontre.*

surcontre (fr., pr. [syr'kɔ̃:tr]) [comp. di *sur-,* sopra e *contre*; 1940] *sm. inv. T.gioc.* nel bridge, l'accettazione della sfida da parte di chi ha dichiarato di fare un certo numero di prese contro colui che gli ha dato il *contre*; se vince quadruplica i punti.

surf (ingl., pr. [sə:f]) [letter. cresta dell'onda; 1964] *sm. inv.* **1.** *T.sport.* sport praticato stando in piedi in equilibrio su una tavola lunga e stretta, di legno o materia plastica, e facendosi trascinare dalle onde del mare ‖ *surf a vela,* V. WINDSURF; *surf da neve,* sport affine allo sci, in cui la discesa innevata viene percorsa avendo ai piedi un'unica tavola, molto più larga di uno sci normale ‖ *per meton.* tavola da *surf* **2.** ballo moderno a ritmo veloce e con movimenti che imitano quelli di chi si tiene in equilibrio su una tavola da *surf* ‖ **N. 1.** *Sin. surfing.* **TAV. *sci* p. 1332** 3, 11, 12 e **p. 1333** 15, 16.

surf-boat (ingl., pr. ['sə:fboʊt]) [comp. di *surf* e *boat,* barca; 1985] *sm. inv.* tipo di imbarcazione a fondo piatto con poppa e prua rialzate, in grado di navigare e prendere terra sulle coste oceaniche battute da frangenti.

surf-casting (ingl., pr. ['sə:f,kɑstɪŋ]) [letter. lancio nella risacca; 1964] *sm. inv. T.pesc.* pesca a fondo, in mare, praticata dalla riva, spec. da litorali sabbiosi o ghiaiosi.

surfer (ingl., pr. ['sə:fə]) [da *surf*; 1967] *s. T.sport.* chi pratica lo sport del surf; surfista.

surfing (ingl., pr. ['sə:fɪŋ]) [da *surf*; 1965] *sm. inv. T.sport.* sport del surf.

surfista [da *surf*; 1964] *s. T.sport.* chi pratica lo sport del surf.

surgelaménto [da *surgelare*; 1970] *sm.* surgelazione.

surgelàre (pres. *-èlo*) [comp. di *sur-* e *gelare*; 1964] *tr.* sottoporre a temperatura bassissima (circa –50 °C) spec. per la conservazione prolungata di alimenti.

surgelàto (*pps.* di *surgelare*) [1960] **I** *agg.* di alimento portato a temperatura bassissima, che è stato conservato con tale sistema: *il pesce surgelato è meno buono di quello fresco* **II** *sm.* prodotto alimentare surgelato: *la vendita dei surgelati.*

surgelazióne [da *surgelare*; 1974] *sf.* il surgelare.

surges (ingl., pr. ['sə:dʒɪz]) [letter. getti; 1988] *sm. pl.* getti luminosissimi visibili sulla corona solare, che costituiscono la cosiddetta *corona esterna* ‖ **N.** pennacchi.

suriettivo [dal fr. *surjectif*; 1974] *agg. T.mat. applicazione* o *corrispondenza suriettiva,* applicazione iniettiva in cui a ciascun elemento del codominio corrisponde almeno un elemento del dominio.

surlevée (fr., pr. [syrlə've]) [comp. di *sur-,* sopra e *levée,* levata; 1988] *sf.* (pl. *surlevées,* pr. [syrlə've]) *T.gioc.* nel bridge, ogni presa realizzata dal dichiarante in più rispetto a quelle dichiarate: *fare una surlevée.*

surmenage (fr., pr. [syrmə'na:ʒ]) [letter. strapazzo; 1905] *sm. inv.* eccessiva fatica, strapazzo, eccesso di lavoro, di allenamento ecc. ‖ **N.** *Sin.* sovraffaticamento.

surmolòtto o **surmulòtto** [dal fr. *surmulot*; 1935] *sm.* specie di topo molto robusto e aggressivo ‖ **N.** *Sin.* ratto delle chiaviche, topo di chiavica.

surplace (fr., pr. [syr'plas]) [letter. sul posto; 1931] *sm. inv.* posizione del ciclista consistente nello stare in equilibrio senza avanzare ‖ *fig.* situazione di stallo.

surplus (fr., pr. [syr'ply]) [1950] *sm. inv.* sovrappiù, eccedenza ‖ *in part. T.econ.* profitto (spec. d'impresa), plusvalore.

sùrra [dal maratto *sura,* soffio asmatico, attr. l'ingl. *surra*; 1960] *sf. T.vet.* malattia tropicale degli animali, trasmessa dalle mosche e causata da tripanosomi.

surreàle [comp. di *sur-* e *reale*; 1965] *agg.* irreale, in quanto esprime o rappresenta istanze psichiche profonde ed extrarazionali: *atmosfera surreale, un paesaggio surreale.*

surrealiṣmo [dal fr. *surréalisme*; 1925] *sm. T.lett.* e *T.art.* movimento letterario e artistico, sorto in Francia nel primo dopoguerra, che si propose di uscire dai rigidi schemi della ragione e dell'osservazione realistica per dare espressione al mondo del sogno e dell'inconscio.

surrealista [dal fr. *surréaliste*; 1942] **I** *s.* esponente del surrealismo **II** *agg.* surrealistico: *movimento surrealista.*

surrealìstico (pl. *-ci*) [da *surrealista*; 1960] *agg.* del surrealismo e dei surrealisti.

surrenàle [dal fr. *surrénal*; 1908] *agg. T.anat.* di formazione posta al di sopra di ciascun rene: *arterie, vene surrenali*; *ghiandola surrenale,* surrene; *ormoni surrenali,* prodotti dai surreni. **TAV. *anatomia* p. 641** 5.6.

surrène [comp. di *sur-* e *rene*; 1942] *sm. T.anat.* ghiandola endocrina situata sopra il polo superiore di ciascun rene. **TAV. *anatomia* p. 641** 5.6 e **p. 642** 14.2.

surrettìzio (pl. *-zi*) [dal lat. *subrepticius*; 1589] *agg.* **1.** *T.giur.* giuridicamente viziato perché ottenuto tacendo intenzionalmente qualcosa di rilevante: *un contratto surrettizio* **2.** *T.fil.* che viene introdotto in modo tacito e senza alcuna giustificazione teorica: *argomento surrettizio.*

surricordàto [comp. di *su* e *ricordato*; 1848] *agg. raro* che è stato ricordato sopra ‖ **N.** succitato.

surriferito [comp. di *su* e *riferito*; 1848] *agg. non com.* che è stato riferito sopra ‖ **N.** *Sin.* SUDDETTO.

surriscaldaménto [da *surriscaldare*; 1895] *sm.* **1.** *T.fis.* processo di riscaldamento di un vapore saturo per elevarne la temperatura oltre quella di ebollizione della fase liquida **2.** rif. spec. a motori, riscaldamento eccessivo.

surriscaldàre [comp. di *sur-* e *riscaldare*; 1905] *tr.* **1.** *T.fis.* riscaldare un vapore oltre la sua temperatura di saturazione **2.** rif. spec. a motori, provocarne il surriscaldamento ‖ *intr. pron.* riscaldarsi eccessivamente: *il televisore, rimasto acceso tutta la notte, si è surriscaldato* ‖ *fig.* sovraccaricarsi di emotività: *l'ambiente, a metà della discussione, si stava surriscaldando.*

surriscaldàto (*pps.* di *surriscaldare*) [1905] *agg.* scaldato eccessivamente ‖ *fig.* caratterizzato da eccessiva tensione, esasperatamente conflittuale: *un clima politico surriscaldato.*

surriscaldatóre [da *surriscaldare*; 1915] *sm. T.tecn.* dispositivo per il surriscaldamento di un vapore oltre la sua temperatura di saturazione. **TAV. *ferrovie...* p. 669** 1.9.

sùrroga [da *surrogare*; 1658] *sf.* **1.** *T.giur.* atto per cui qualcuno subentra nei diritti di un creditore ipotecario **2.** *T.bur.* sostituzione o subingresso di una persona al posto di un'altra.

surrogàbile [da *surrogare*; 1873] *agg.* che si può surrogare; atto a essere surrogato.

surrogabilità [da *surrogabile*; 1957] *sf.* qualità di chi o di ciò che è surrogabile; sostituibilità.

surrogaménto [da *surrogare*; 1671] *sm.* surrogazione.

surrogàre (pres. *surrògo, surròghi*; anche *sùrrogo, sùrroghi*) [dal lat. *subrogāre*; a. 1540 nel senso 2] *tr.* **1.** subentrare al posto di un altro: *surrogare l'impiegato licenziato* ‖ *fig.* sostituire, spec. senza giustificazione: *la sociologia cerca di surrogare la filosofia* **2.** mettere al posto di un altro: *surrogò la cameriera con una donna a mezzo servizio* ‖ **N.** *Sin.* rimpiazzare, sostituire.

surrogàto (*pps.* di *surrogare*) [a. 1540 come agg.; 1810 come sm.] **I** *agg.* sostituito **II** *sm.* sostanza, spec. alimentare, che può sostituirne un'altra, pur essendo generalmente di qualità peggiore: *la margarina è un surrogato del burro* ‖ *fig.* contraffazione, analogo di qualità peggiore: *un surrogato di poeta* ‖ **N.** *Sin.* succedaneo.

surrogatòrio (pl. *-ri*) [da *surrogare*; 1960] *agg.* che vale a surrogare ‖ *T.fin. imposta surrogatoria,* mirante a colpire ricchezze che sfuggono all'applicazione delle imposte dirette sui trasferimenti ‖ *T.giur. azione surrogatoria,* spettante a ogni creditore per far valere verso terzi le ragioni del debitore che ne trascuri la tutela.

surrogazióne [dal lat. tardo *subrogātio, -ōnis*; 1673] *sf.* atto ed effetto del surrogare o dell'essere surrogato; sostituzione.

sursum corda (lat., pr. it. ['sursum 'kɔrda]) [letter. in alto i cuori] *loc. s. inv.* solleviamo i cuori alle cose alte, alle cose divine e, *fam.,* come incitamento a chi è avvilito.

surtagliàre (pres. *-àglio*) [comp. del fr. *sur-,* sopra e *tagliare*; 1988] *tr. T.gioc.* nel bridge e in altri giochi di carte, tagliare una carta, che è già stata tagliata da un precedente giocatore, con una carta di atout di valore più alto; anche *ass.*: *credevo di aver già fatto la presa, ma Ovest ha surtagliato.*

surtout (fr., pr. [syr'tu]) [letter. sopra tutto; 1843] *sm. inv. T.abb.* soprabito.

survoltàre (pres. *-òlto*) [comp. di *sur-* e *voltare*; 1963] *tr. T.elettr.* alimentare con una corrente di tensione più elevata di quella normale.

survoltàto (*pps.* di *survoltare*) [1960] *agg. lampada survoltata,* lampada a incandescenza

usata in campo fotocinematografico, che produce una luminosità più alta del normale.
survoltóre [comp. di *sur-* e un deriv. di *volt*, sul modello del fr. *survolteur*; 1960] **sm.** *T.elettr.* apparecchio elettrico che serve ad aumentare o abbassare il valore della tensione fornita da un'altra sorgente.
suscettànza [dal lat. *susceptus*, preso su di sé, ricevuto; 1960] **sf.** *T.fis.* componente immaginaria dell'ammettenza.
suscettìbile [dal lat. tardo *susceptibilis*; 1811] **agg. 1.** atto a ricevere un'azione o una modificazione: *essere suscettibile di miglioramento* **2.** che si offende facilmente: *un uomo molto suscettibile* || **N. 2.** *Sin.* ombroso, permaloso.
suscettibilità [da *suscettibile*; 1831] **sf.** qualità di chi è suscettibile: *urtare la suscettibilità di qualcuno*, farlo offendere || **N.** *Sin.* permalosità.
suscettività [da *suscettivo*; 1873] **sf.** qualità e stato di ciò che è suscettivo || *T.fis. suscettività magnetica*, attitudine di un corpo a magnetizzarsi.
suscettìvo [dal lat. tardo *susceptīvus*; 1805] **agg.** atto a ricevere || *T.fil. ant.* atto a ricevere effetti, determinazioni: *l'anima è suscettiva di grazia.*
suscettóre [dal lat. tardo *susceptor, -ōris*; a. 1342] **sm.** (f. *-trìce*) *ant.* suscitatore.
suscitaménto [da *suscitare*; a. 1363] **sm.** *raro* atto del suscitare.
suscitàre (pres. *sùscito*) [dal lat. *suscitāre*, spingere in alto; a. 1292 nel senso 2] **tr. 1.** *fig.* far sorgere, provocare come reazione: *suscitare l'indignazione, l'ilarità tra il pubblico* **2.** *propr. non com.* far sorgere, far risorgere, sollevare: *il Dio che atterra e suscita* (Manzoni) || *arc.* resuscitare || **N. 1.** *Sin.* cagionare, destare, eccitare, produrre, risvegliare, stimolare.
suscitatóre [dal lat. tardo *suscitātor, -ōris*; 1336 ca.] **agg.** e **sm.** (f. *-trice*) *non com.* che o chi suscita.
susìna [dal n. geogr. *Susa*, città della Persia; 1321 *sosina*] **sf.** il frutto del susino || **N.** prugna | catalana, claudia, damaschina, imperiale, mirabella, perticona.
susìno [dal n. geogr. *Susa*, città della Persia da cui proviene; a. 1320] **sm.** albero delle Rosacee con foglie piccole ovali, fiori bianchi precoci; il frutto è una drupa di colore, forma e grandezza variabili nelle diverse varietà domestiche, di sapore dolce, ma un po' agro || *susino di macchia o selvatico*, prugnolo, spino nero.
sùso o **sóso** [lat. *sūsum*; sec. XIV] **prep.** e **avv.** *arc.* su.
suspense (ingl., pr. [sə'spens]) [dal fr. (*en*) *suspens*, in sospeso; 1956] **sf.** *inv.* stato d'animo di ansiosa aspettativa per la soluzione di una situazione drammatica o terrificante || *per estens.* la situazione che ha la capacità di creare questo stato d'animo: *è un film pieno di suspense.*
suspezióne v. SUSPICIONE.
suspicióne o **suspizióne** o **suspezióne** [dal lat. *suspicio, -ōnis*; a. 1306 *suspezione*] **sf.** *arc.* sospetto || *com.* come *T.giur.* nella loc. *legittima suspicione*, sospetto che le persone che devono giudicare di un reato o i testimoni che devono deporre in un processo possano subire l'influenza dell'ambiente: *il processo d'omicidio fu rinviato da questa città ad altra Corte d'Assise per legittima suspicione.*
sussecutìvo [dal lat. *subsecūtus*; a. 1698] **agg.** *raro lett.* susseguente.
susseguènte (*ppr.* di *susseguire*) [1353] **agg.** successivo || **susseguenteménte** **avv.** *lett.* successivamente; *in part.* di conseguenza; anche nella *loc. prep. susseguentemente*, in seguito a, dopo || **N.** *Sin.* consecutivo, seguente.
susseguìre (pres. *-éguo*) [dal lat. *subsequi*; a. 1472] **intr.** (aus. *essere*) succedere immediatamente dopo, anche come conseguenza: *al lampo sussegue il tuono* || **intr. pron.** venire l'uno dopo l'altro: *le automobili si susseguivano l'una a breve distanza dall'altra* || **N.** *Sin.* conseguire, seguire, succedere.
sùssi [dal fr. ant. (*jeu a*) *sous*, gioco di soldi; 1838] **sm.** *inv.* *T.gioc.* gioco da ragazzi consistente nel cercare di colpire da una certa distanza un bersaglio (pietra o sim.) su cui è collocata la posta in palio || il bersaglio cui si mira.
sussidiàre (pres. *-ìdio*) [dal lat. *subsidiāri*; a. 1571] **tr.** dare un aiuto, un sussidio, spec. in denaro || **N.** *Sin.* soccorrere, sovvenzionare.
sussidiàrio (pl. *-ri*) [dal lat. *subsidiārius*; 1564] **I agg.** che è di sussidio: *esercito sussidiario, argomenti sussidiari*; *fermata sussidiaria*, fermata di un mezzo pubblico di linea che si aggiunge a quelle normali in caso di affollamento o su richiesta degli utenti || **sussidiariaménte** **avv.** *raro* **II sm.** *T.scol.* il libro che tratta tutte le materie di studio di una certa classe e serve così di complemento al testo di lettura nelle scuole elementari: *oggi porterete il sussidiario* || **N. I** *Sin.* accessorio, ausiliario.
sussidiatóre [da *sussidiare*; a. 1648] **agg.** e **sm.** (f. *-trìce*) *raro* che, chi finanzia con un sussidio: *un ente sussidiatore.*
sussìdio (pl. *-di*) [dal lat. *subsīdium*; a. 1348] **sm.** aiuto, soccorso: *mandare soldati in sussidio*; *sussidi didattici, audiovisi*, materiali integrativi dell'attività didattica || *in part.* sovvenzione in denaro: *ottenne il sussidio di disoccupazione* || *dim.* sussidiétto, sussidiùccio || **N.** *Sin.* aiuto.
sussiègo (pl. *-ghi*) [dallo sp. *sosiego*; 1557] **sm.** contegno di affettata compostezza e gravità: *parlare con sussiego* || **N.** *Sin.* altezzosità.
sussiegóso [da *sussiego*; 1960] **agg.** dall'atteggiamento molto altezzoso e superbo; pieno di sussiego.
sussistènte (*ppr.* di *sussistere*) [1611] **agg.** che sussiste, vige, ha forza.
sussistènza [dal lat. tardo *subsistentia*; 1321] **sf. 1.** il fatto di sussistere: *il giudice ha escluso la sussistenza di estremi di reato, discussioni filosofiche sulla sussistenza degli enti logici e matematici* **2.** sostentamento: *mancano i mezzi di sussistenza* || *T.mil.* nella denominazione di uffici, servizi e sim. attinenti al vettovagliamento delle truppe: *magazzini di sussistenza*; *per meton.* l'ufficio stesso: *un soldato della sussistenza.*
sussìstere (pres. *sussìsto* ecc., come ASSISTERE) [dal lat. *subsistere*; a. 1375] **intr.** (aus. *essere* e, raro, *avere*) esserci concretamente, avere reale e attuale esistenza: *il reato non sussiste* || di argomenti e sim., essere valido, reggere, aver fondamento: *ragioni che non sussistono* || **N.** *Sin.* esistere; essere fondato, stare in piedi, valere.
sussultàre [dal lat. *subsultāre*; 1810] **intr.** (aus. *avere*) avere un moto improvviso e brusco dal basso in alto: *sussultare per il singhiozzo, l'auto sussultava procedendo lungo la strada accidentata* || *in part.* trasalire: *sussultò per lo spavento, per la sorpresa* || **N.** *Sin.* balzare, sobbalzare.
sussùlto [da *sussultare*; 1810] **sm.** atto ed effetto del sussultare: *i sussulti del terremoto, del treno* || *in part.* rif. a esseri animati, contrazione improvvisa e involontaria dei muscoli per cui si compie un movimento brusco, dal basso verso l'alto, di tutta la persona o di parte di essa: *per il dolore, per lo stupore ebbe un sussulto* || **N.** balzo, scatto, scossa, sobbalzo.
sussultòrio (pl. *-ri*) [da *sussultare*; 1858] **agg.** di movimento, scossa e sim., che si verifica in modo repentino dal basso in alto: *scosse, movimenti tellurici sussultori*, provocati da onde sismiche perpendicolari al terreno || **N.** *Contr.* ondulatorio.
sussùmere (pres. *-ùmo*) [comp. di *sub-* e lat. *sumere*, prendere; 1960] **tr. 1.** *T.fil.* fare una sussunzione **2.** *T.giur.* riferire un fatto specifico alla norma di legge che lo contempla.
sussuntìvo [da *sussunzione*; 1960] **agg.** *T.fil.* che costituisce una sussunzione.
sussunzióne [da *sussumere*, sul modello del ted. *Subsumption*; 1937] **sf.** *T.fil.* operazione logica con cui un argomento o un concetto viene ricondotto nell'ambito di un concetto più ampio in cui esso è compreso: *sillogismo di sussunzione*, sillogismo in cui il termine medio è soggetto della premessa maggiore e predicato della premessa minore (per es.: *tutti gli uomini sono mortali, tutti gli italiani sono uomini, dunque tutti gli italiani sono mortali*).
sussurràre [dal lat. *susurrāre*; 1485 *susurrare*] **tr. 1.** pronunciare a bassa voce, sommessamente: *le sussurrò di stare zitta, sussurrare un segreto nell'orecchio* **2.** *fig.* riferire in segreto malignità o accuse: *di lui si sussurrano certe cose...!* || **intr.** (aus. *avere*) **1.** produrre un rumore lieve e confuso: *sussurrano le foglie al vento* **2.** *fig.* criticare, accusare a bassa voce: *va sussurrando contro di noi* || **rec.** parlarsi sottovoce, dirsi qualcosa in modo che altri non possano sentire: *cosa vi stavate sussurrando?, si sussurrano parole dolci* || **N. tr.** *Sin.* bisbigliare, bofonchiare, borbottare, mormorare | **intr. 1.** stormire.
sussurratóre [da *sussurrare*; a. 1342 *susurratore*] **agg.** e **sm.** (f. *-trìce*) che o chi sussurra, spec. nel senso di mormorare, criticare.
sussurrìo (pl. *-ìi*) [da *sussurrare*; a. 1673 *susurrio*] **sm.** il sussurrare prolungato o frequente e insistente.
sussùrro [dal lat. *susurrus*; sec. XIV *susurro*] **sm.** l'atto e l'effetto del sussurrare: *il sussurro del vento.*
sussurróne [da *sussurrare*; a. 1342 *susurrone*] **sm.** (f. *-a*) *non com.* chi per abitudine critica e riferisce maldicenze sul conto di altri; sussurratore.
sùsta [dal lat. *suscitāre*; 1670] **sf.** *region. raro* molla, spec. a spirale || *pl.* stanghette degli occhiali. **TAV. ottica p. 1329** 3.1.
sustànzia **sf.** *arc.* v. SOSTANZA.
sustentàre **tr.** *arc.* v. SOSTENTARE.
susùrro e der. forme lett. di SUSSURRO e der. (v.).
sùto *pps. arc.* di *essere* (v.).
sutùra [dal lat. *sutūra*, cucitura; 1595 nel senso 2] **sf. 1.** *T.chir.* operazione chirurgica per mezzo della quale si uniscono i margini di una ferita con punti o graffette **2.** *T.anat.* articolazione fissa, in cui due ossa (spec. quelle del cranio) sono a diretto contatto o separate solo da un sottile strato di tessuto fibroso: *sutura lambdoidea*, formata dall'incontro dell'osso occipitale e dei due parietali **3.** *fig.* nesso, legame logico.
suturàle [da *sutura*; 1960] **agg.** *T.anat.* relativo a una sutura: *legamento suturale.*
suturàre (pres. *-ùro*) [da *sutura*; 1916] **tr.** *T.chir.* ravvicinare e unire, fissandoli con filo o graffette, i margini di una ferita.
suvvìa (meno com. *su via*) [comp. di *su* e *via*; 1960] **escl.** che esprime incoraggiamento, esortazione, impazienza: *suvvia, non perder tempo!*
suzióne [dal lat. *suctus*, succhiato, attr. il lat. scient. *suctio, -ōnis*; 1950] **sf.** rif. spec. a neonati, l'atto del succhiare: *l'istinto di suzione.*
suzzàcchera [dal gr. tardo *oxysákcharon*; a. 1400] **sf. 1.** *arc.* bevanda medicamentosa a base di zucchero e aceto **2.** *raro fig. spreg.* cosa lunga e noiosa.
ṣvagaménto [da *svagare*; a. 1673] **sm.** *raro* svago.
ṣvagàre (pres. *ṣvàgo, ṣvàghi*) [lat. volg. **exvagāre*; a. 1321] **rifl.** distrarsi piacevolmente, divertirsi: *dopo tanto lavoro ha bisogno di svagarsi un po'* || **tr.** *non com.* distrarre, impedire che si

ponga attenzione a una cosa: *il chiasso lo svaga e non può studiare* || *più com.* distrarre piacevolmente, ricreare: *bisogna escogitare qualcosa che lo svaghi* || **N.** *Sin.* distogliere, distrarre, divertire, ricreare, spassare.

ṣvagatàggine [da *svagato*; 1873] **sf.** *raro* tendenza agli svaghi e ai passatempi; svagatezza.

ṣvagatézza [da *svagato*; 1873] **sf.** *non com.* l'essere svagato.

ṣvagatìvo [da *svagato*; a. 1704] **agg.** *raro* atto a svagare.

ṣvagàto (*pps.* di *svagare*) [sec. XIV] **agg.** distratto, disattento: *ma è mai possibile che tu sia sempre così svagato?* || **ṣvagataménte** **avv.** || *dim.* svagatèllo; *pegg.* svagatàccio || **N.** *Sin.* distratto, sbadato.

ṣvàgo (pl. *-ghi*) [da *svagare*; a. 1673] **sm.** **1.** ricreazione, temporaneo riposo: *prendersi un po' di svago* **2.** *concr.* ciò che svaga: *in questa città ci sono pochi svaghi* || **N.** *Sin.* divertimento.

ṣvagolàre (pres. *ṣvàgolo*) [da *svagare*; a. 1380] **tr.** e **rifl.** *raro* svagare e svagarsi un po'.

ṣvaligiaménto [da *svaligiare*; a. 1527] **sm.** l'atto e l'effetto dello svaligiare.

ṣvaligiàre (pres. *-ìgio*) [comp. parasint. di *valigia*; a. 1532] **tr.** rubare gli oggetti contenuti in un luogo o in un recipiente: *svaligiare la cassaforte, i ladri svaligiarono l'appartamento* || **N.** *Sin.* rubare, svuotare.

ṣvaligiatóre [da *svaligiare*; 1556] **sm.** (f. *-trìce*) chi svaligia || **N.** *Sin.* ladro.

ṣvalorizzàre [da *valorizzare*; 1986] **tr.** diminuire il pregio, il valore di qualcosa || **intr. pron.** perdere valore.

ṣvalutàre (pres. *ṣvalùto*, meno corretto *ṣvàluto*) [comp. parasint. di *valuta*; 1918] **tr.** **1.** rif. a merce, far perdere di valore; rif. a moneta, decretare la diminuzione del suo valore nominale: *svalutare la lira* **2.** *fig.* sminuire, sottovalutare: *tende a svalutare i suoi meriti* || **intr. pron.** perdere di valore || **N.** *Sin.* deprezzare.

ṣvalutazióne [da *svalutare*; 1908] **sf.** atto ed effetto dello svalutare: *provocare la svalutazione della merce*; *svalutazione della moneta*, diminuzione del suo potere d'acquisto; anche l'atto ufficiale con cui l'autorità monetaria decreta la diminuzione del suo valore nominale.

ṣvampàre [comp. parasint. di *vampa*; 1367] **intr.** (aus. *essere* e *avere*) *non com.* **1.** prorompere in vampe, detto di fuoco, calore, vapore e sim., divampare: *le fiamme svamparono, il calore svampò* **2.** cessare di avvampare || *fig.* (aus. *essere*) di ira e sim., esaurirsi, calmarsi: *quando fu svampata l'ira si pentì di quelle parole* || **N.** **2.** *Sin.* quietarsi, scemare, svaporare, svigorirsi.

ṣvampìre (pres. *-ìsco, -ìsci*) [comp. parasint. di *vampa*; a. 1529] **intr.** (aus. *essere*) *region. non com.* svanire, evaporare.

ṣvampìto (*pps.* di *svampire*) [1960] **I agg.** *fam.* svanito, spec. di donna ostentatamente leggera, frivola **II sm.** (f. *-a*) persona, spec. donna, svanita; oca.

ṣvaniménto [da *svanire*; a. 1342] **sm.** *lett. non com.* atto ed effetto dello svanire: *ha sofferto di uno svanimento di memoria.*

ṣvanìre (pres. *-ìsco, -ìsci*) [comp. parasint. di *vano*; sec. XIV] **intr.** (aus. *essere*) **1.** sparire, dileguarsi, venir meno: *con gli anni la memoria svanisce, l'automobile svanì nella nebbia, le illusioni svanirono* **2.** *meno com.* di profumi, bevande, cibi ecc., perdere l'aroma, il gusto ecc.: *un liquore mal conservato svanisce* || **N.** **1.** *Sin.* dissiparsi, dissolversi, estinguersi, scomparire, sfumare, spegnersi.

ṣvanitìccio (pl. m. *-ci*, pl. f. *-ce*) [da *svanito*; 1677] **agg.** *raro* che svanisce, si spegne, sfuma con una certa facilità.

ṣvanìto (*pps.* di *svanire*) [1619] **agg.** e **sm.** (f. *-a*) mentalmente assente || rif. spec. a donna, svampita.

ṣvantaggiàre (pres. *-àggio*) [da *avvantaggiare*, con cambio di pref.; 1986] **tr.** costituire, rappresentare uno svantaggio, danneggiare, nuocere.

ṣvantaggiàto [da *svantaggio*; 1960] **agg.** che è in svantaggio rispetto agli altri.

ṣvantàggio (pl. *-gi*) [da *vantaggio*; a. 1694] **sm.** condizione sfavorevole o di inferiorità: *essere in svantaggio rispetto ai raccomandati, partire in svantaggio* || *in part. T.sport.* distacco: *a metà della corsa era in svantaggio (di tre minuti) rispetto al gruppo di testa, la nostra squadra ha tre punti di svantaggio* (o *è in svantaggio di tre punti*) *rispetto alla capolista* || *più in gen.* danno, circostanza o effetto nocivi: *una simile decisione torna tutta a mio svantaggio, calcolare gli svantaggi del vivere da soli* || **N.** *Sin.* danno, incomodo, inconveniente, pregiudizio, scapito | *Contr.* vantaggio.

ṣvantaggióso [da *svantaggio*; a. 1600] **agg.** che è causa di svantaggio: *patto svantaggioso* || **ṣvantaggiosaménte** **avv.** || **N.** *Sin.* sconveniente.

ṣvànzica [dal ted. *zwanzig* (*Kreuzer*), venti (soldi); 1822] **sf.** *T.stor.* denominazione popolare della lira austriaca d'argento, diffusa nel Lombardo-Veneto, del valore di venti soldi || *pl. scherz.* denaro.

ṣvaporaménto [da *svaporare*; a. 1320] **sm.** atto ed effetto dello svaporare.

ṣvaporàre (pres. *-óro*) [lat. tardo *exvaporāre*; a. 1320] **intr.** (aus. *essere*) di liquidi volatili, perdere l'aroma, il sapore e il volume; evaporare: *lo spirito svapora rapidamente* || *fig.* svanire, sparire, spegnersi, esaurirsi: *la passione è già svaporata da un pezzo.*

ṣvaporàto (*pps.* di *svaporare*) [1965] **agg.** evaporato || *fig. fam.* svanito: *la nonna è ormai un po' svaporata.*

ṣvaporazióne [da *svaporare*; a. 1698] **sf.** *non com.* svaporamento.

ṣvariaménto [da *svariare*; 1300 ca.] **sm.** *non com.* atto dello svariare.

ṣvariàre (pres. *ṣvàrio*) [da *variare*; a. 1642] **tr.** *raro* **1.** rendere vario e conseguentemente più piacevole **2.** *fig.* svagare, distrarre: *gli occhi svaria dietro gli angeli e i rondoni* (Carducci) || **intr.** (aus. di persona *avere*, di cosa *essere*) *lett. non com.* variare, essere diverso, screziare di vari colori e sim.: *ne l'april svarian gli ulivi* (Carducci) || **N.** *Sin.* VARIARE.

ṣvariatézza [da *svariato*; 1879] **sf.** l'essere svariato: *la svariatezza dei colori, delle vivande.*

ṣvariàto (*pps.* di *svariare*) [a. 1374] **agg.** che ha molte varietà: *stile svariato* || *più com. pl.* molti e diversi: *ho letto svariati libri* || **ṣvariataménte** **avv.** *non com.* in diversi modi, variamente: *stoffe svariatamente colorate* || **N.** *Sin.* multiforme, variegato, vario.

ṣvàrio (pl. *-ri*) [da *svariare*; 1631] **sm.** *ant.* divario, differenza.

ṣvarióne [da *svariare*; fine sec. XV] **sm.** errore grave fatto parlando o scrivendo; sproposito || **N.** *Sin.* abbaglio.

ṣvaṣaménto [da *svasare*; 1940] **sm.** atto ed effetto dello svasare.

ṣvaṣàre [comp. parasint. di *vaso*; 1892] **tr.** **1.** modellare a forma di vaso, a tronco di cono: *svasare una gonna*, renderla più allargata verso il basso **2.** rif. a pianta, toglierla dal vaso in cui era contenuta.

ṣvaṣàto (*pps.* di *svasare*) [1940] **agg.** fatto a forma di tronco di cono: *gonna svasata*, allargata in fondo a forma di campana, scampanata.

ṣvaṣatùra [da *svasare*; 1922] **sf.** **1.** l'operazione dello svasare, in entrambi i sensi; svasamento **2.** *concr.* forma a tronco di cono ottenuta svasando.

ṣvàṣo [da *svasare*; 1940] **sm.** *non com.* svasatura.

ṣvàsso (meno com. *suàsso* o *suàzzo*) [voce sett., dal lat. volg. **suax, suăcis*; 1797] **sm.** grosso uccello di palude dell'ordine dei Columbiformi, abile cacciatore sott'acqua.

ṣvàstica [dal sanscrito *svastika*; 1897] **sf.** presso molte popolazioni antiche, simbolo magico-religioso costituito da una croce formata da quattro bracci a forma di gamma maiuscolo || simbolo analogo, dai bracci rivolti in senso destrorso, adottato dal movimento nazista, in quanto ritenuto proprio della razza ariana || *per meton.* il nazismo: *il flagello della svastica* || **N.** *Sin.* croce gammata; croce uncinata.

ṣvecchiaménto [da *svecchiare*; 1922] **sm.** atto ed effetto dello svecchiare.

ṣvecchiàre (pres. *-ècchio*) [comp. parasint. di *vecchio*; a. 1597] **tr.** toglier via il vecchiume, rimodernare: *svecchiare una città, un appartamento, un vocabolario* || **N.** *Sin.* ringiovanire, rinnovare.

ṣvecchiatùra [da *svecchiare*; 1891] **sf.** *raro* svecchiamento.

ṣvecciàre (pres. *ṣvéccio*) [comp. parasint. di *veccia*; 1960] **tr.** pulire il grano, l'orzo e sim. dalla veccia.

ṣvecciatóio (pl. *-ói*) [da *svecciare*; 1940] **sm.** macchina per la selezione dei semi di diverse dimensioni.

ṣvecciatóre [da *svecciare*; 1940] **sm.** svecciatoio.

ṣvecciatrìce [da *svecciare*; 1988] **sf.** svecciatoio.

ṣvedése [dal fr. *suédois*; 1657] **I agg.** della Svezia || *fiammiferi svedesi*, fiammiferi di legno che non si possono accendere se non strofinandoli sopra uno speciale impasto di cui è spalmata una faccia della scatola che li contiene **II s.** **1.** abitante della Svezia **2. sm.** (solo *sing.*) lingua della Svezia.

ṣvéglia (pl. *-glie*) [da *svegliare*, sec. XIV nel senso 2] **I sf.** **1.** atto dello svegliare o dello svegliarsi a una certa ora: *la sveglia è alle cinque* **2.** segnale, avvertimento o sim. che serve a svegliare: *dare la sveglia*; *in part.* suono di tromba, di tamburo o di campana col quale si svegliano i soldati, i collegiali e sim. **3.** dispositivo a orologeria dotato di una soneria che può essere regolata in modo da entrare in funzione all'ora desiderata: *mettere la sveglia alle sei, caricare la sveglia* || *radio-sveglia*, apparecchio radio munito di un dispositivo di sveglia **II escl.** esortazione a svegliarsi o *fig.* incitamento a smuoversi dall'apatia, dal torpore: *non hai ancora capito come si fa! sveglia!* || *dim.* svegliétta.

ṣvegliaménto [da *svegliare*; seconda metà sec. XIV] **sm.** *raro* risveglio.

ṣvegliàre (pres. *ṣvéglio*) [lat. volg. **exvigilāre*, attr. il fr. ant. *esveillier*, fine sec. XIII come intr. pron.] **tr.** **1.** scuotere dal sonno chi è addormentato: *è ora di svegliarlo*; *un po' di luce lo sveglia* || *prov. non svegliare il can che dorme*, non stuzzicare chi potrebbe danneggiarti **2.** *fig.* scuotere dall'apatia, dall'inerzia: *quel ragazzo va svegliato con una buona ramanzina* || rendere avveduto, scaltro: *questa esperienza forse lo sveglierà un po'* **3.** *fig.* suscitare, stimolare: *svegliar l'appetito, l'ingegno* || **intr. pron.** **1.** cessare di dormire: *si svegliò di soprassalto, di colpo, nel mezzo della notte*; *non si sveglia mai prima delle otto* **2.** *fig.* scaltrirsi **3.** *fig.* sorgere, manifestarsi: *gli si è svegliato l'appetito* || **N.** **tr.** **1.** *Sin.* destare, risvegliare | *Contr.* addormentare, fare addormentare.

ṣvegliarìno [da *svegliare*; a. 1850] **sm.** *fam. disus.* mezzo atto a svegliare || *fig.* sollecitazione.

ṣvegliàta [da *svegliare*; 1891] **sf.** *raro fam.* lo svegliare o lo svegliarsi: *datti una svegliata!*

ṣvegliatézza [da *svegliato*; a. 1729] **sf.** *raro*

qualità di chi è sveglio, nel senso di pronto, vivace: *avere una eccezionale svegliatezza d'ingegno.*

ṣvegliàto (*pps.* di *svegliare*) [1319] ***agg.*** *arc.* sveglio (nel senso 2).

ṣvéglio (pl. m. *-gli*, pl. f. *-glie*) [da *svegliare*; 1836] ***agg.*** **1.** che è in stato di veglia: *restò sveglio* **2.** *fig.* che ha ingegno vivace: *è un ragazzo molto sveglio.*

ṣvelaménto [da *svelare*; 1838] ***sm.*** *raro* lo svelare.

ṣvelàre (pres. *ṣvélo*) [comp. parasint. di *velo*; 1319] ***tr.*** **1.** *fig.* render noto, rivelare: *svelare la trama di una congiura, un segreto* **2.** *propr. lett. non com.* togliere il velo, scoprire || ***intr. pron.*** *fig.* rivelarsi, palesarsi, manifestarsi nella propria natura: *finalmente si è svelato per quel che è, in tutta la sua doppiezza* || **N.** ***tr.*** **1.** *Sin.* disvelare, spiattellare, spifferare.

ṣvelatóre [da *svelare*; 1873] ***agg.*** e ***sm.*** (f. *-trice*) *lett. non com.* che o chi svela; rivelatore.

ṣvelatùra [da *velatura*; 1960] ***sf.*** tecnica di rimozione delle velature dai dipinti.

ṣvelenàre (pres. *-éno*) [comp. parasint. di *veleno*; a. 1573] ***tr.*** *raro* svelenire.

ṣvelenìre (pres. *-ìsco, -ìsci*) [comp. parasint. di *veleno*; a. 1629 nel senso 2] ***tr.*** *non com.* **1.** togliere il veleno **2.** *fig.* rendere meno astioso: *svelenire una satira* || ***intr. pron.*** *non com.* sfogare il rancore, la rabbia, l'odio: *si è svelenito ed ora mi pare un po' più calmo.*

ṣvèllere (pres. *ṣvèllo*; p.rem. *ṣvèlsi, ṣvellésti, ṣvèlse, ṣvèlsero*; pps. *ṣvèlto*) [lat. volg. **exvellere*; 1313] ***tr.*** **1.** sradicare: *svellere le male erbe* **2.** *fig. lett.* estirpare: *svellere una passione, un vizio* || **N.** *Sin.* cavare, strappare.

ṣveltézza [da *svelto*[1]; a. 1673] ***sf.*** qualità di chi è svelto.

ṣveltiménto [da *sveltire*; 1960] ***sm.*** atto dello sveltire.

ṣveltìna [da *svelto*[1]; 1976] ***sf.*** *volg.* rapporto sessuale compiuto con rapidità e senza preliminari amorosi.

ṣveltìre (pres. *-ìsco, -ìsci*) [da *svelto*[1]; 1681 nel senso 3] ***tr.*** **1.** rendere più svelto, scorrevole, rapido, eliminando impedimenti, intralci e sim.: *sveltire il traffico, una pratica* **2.** rendere meno impacciato, più disinvolto: *bisogna sveltire questo ragazzo che è troppo timido* **3.** *fig.* conferire una figura slanciata: *sveltire le linee di un disegno* || ***intr. pron.*** diventare più pronto, disinvolto, spigliato.

ṣvèlto[1] [etim. inc.; a. 1420 nel senso 2] ***agg.*** **1.** chi si muove, ragiona od opera speditamente, senza esitare: *svelto nel capire, nel mangiare, nel camminare, a scrivere* || nelle loc. *svelto di mano*, abituato a rubare; *svelto di lingua*, linguacciuto **2.** *fig. meno com.* di forme agili, snelle: *ha una figura svelta* || **N.** **1.** *Sin.* alacre, disinvolto, fulmineo, lesto, pronto, rapido, sbrigativo, sollecito, sveglio | *Contr.* impacciato, lento, tardo **2.** *Sin.* slanciato | *Contr.* pesante, tarchiato, tozzo.

svèlto[2] (*pps.* di *svellere*) [1340 ca.] ***agg.*** *raro* divelto.

ṣvenaménto [da *svenare*; 1745] ***sm.*** *non com.* atto dello svenare.

ṣvenàre (pres. *ṣvéno*) [comp. parasint. di *vena*; a. 1348] ***tr.*** **1.** uccidere tagliando le vene **2.** *fig.* togliere tutto il denaro che uno possiede || ***rifl.*** **1.** uccidersi tagliandosi le vene **2.** *fig.* dare ad altri tutti i propri averi: *per mantenerlo si è svenata* || ***intr. pron.*** *iperb.* perder sangue, dissanguarsi.

ṣvenatùra [da *svenare*; 1873] ***sf.*** *raro* svenamento.

ṣvéndere (pres. *ṣvéndo* ecc., come VENDERE) [da *vendere*; 1922] ***tr.*** vendere una merce sottocosto: *svende la casa* || *fig.* rif. a ideali e sim., abbandonare per un vantaggio insignificante: *svendere i valori della gioventù.*

ṣvéndita [da *svendere*; 1950] ***sf.*** atto dello svendere || **N.** *Sin.* liquidazione, saldo.

ṣvenevolàggine [da *svenevole*; a. 1698] ***sf.*** *raro* svenevolezza.

ṣvenévole [da *svenire*; a. 1449] ***agg.*** **1.** che esibisce in modo affettato grazia, sentimentalismo, debolezza e altre presunte qualità femminili; lezioso: *ragazza svenevole* **2.** di atteggiamento e sim., che dimostra svenevolezza: *modi svenevoli* || **N.** *Sin.* languido, sdolcinato, smorfioso.

ṣvenevolézza [da *svenevole*; a. 1375] ***sf.*** **1.** qualità di chi o di ciò che è svenevole **2.** *concr.* atteggiamento e sim. che dimostra svenevolezza: *queste svenevolezze sono intollerabili* || **N.** **2.** *Sin.* leziosità | moine, smancerie, smorfie.

ṣvènia [forse da *venia*, con influsso di *svenire*; 1861] ***sf.*** *fam. tosc.* svenevolezza; spec. *pl.*: *quante svenie!*

ṣveniménto [da *svenire*; 1573] ***sm.*** perdita momentanea dei sensi dovuta a forte emozione, malore e sim.: *va soggetto a svenimenti* || **N.** *Sin.* deliquio, mancamento.

ṣvenìre (pres. *ṣvèngo* ecc., come VENIRE) [da *venire*; 1353] ***intr.*** (aus. *essere*) cadere privo di sensi: *dalla paura svenne* || **N.** *Sin.* avere un mancamento, perdere conoscenza, perdere coscienza, perdere i sensi | *Contr.* far riavere, riscuotere, rinvenire, tornare in sé.

ṣventagliàre (pres. *-àglio*) [comp. parasint. di *ventaglio*; 1873] ***tr.*** e ***rifl.*** fare e farsi vento agitando forte il ventaglio.

ṣventagliàta [da *sventagliare*; 1940] ***sf.*** **1.** *non com.* singolo atto dello sventagliare o dello sventagliarsi **2.** *più com. per meton.* raffica di mitraglia a ventaglio.

ṣventàre (pres. *ṣvènto*) [comp. parasint. di *vento*; a. 1742] ***tr.*** **1.** *fig.* far andare a vuoto, rendere vano, quasi solo rif. a progetto ritenuto dannoso o criminoso: *sventare una macchinazione, una rapina* **2.** *propr. arc.* svuotare dell'aria racchiusa || *T.mil.* *sventare una mina*, renderne vano l'effetto con l'apertura del fornello del gas o con una contromina || *T.mar.* sottrarre le vele all'azione del vento inclinandole in modo che si affloscino, per imbrigliarle con minor fatica || ***intr. pron.*** vuotarsi del vento: *ecco, si sventò la vela* (Pascoli) || **N.** ***tr.*** **1.** *Sin.* eludere, evitare, impedire, mandare a monte, ostacolare.

ṣventatàggine [da *sventato*; 1873] ***sf.*** sventatezza.

ṣventatézza [da *sventato*; 1839] ***sf.*** qualità di chi è sventato || *concr.* comportamento o azione da persona sventata: *questa mia è stata una semplice sventatezza* || **N.** *Sin.* SBADATAGGINE.

ṣventàto (*pps.* di *sventare*) [a. 1571] **I** ***agg.*** che fa le cose senza riflettere, incautamente: *giovane sventato* || **ṣventataménte** ***avv.*** **II** ***sm.*** (f. *-a*) persona sventata: *è uno sventato* || *dim.* sventatèllo, sventatìno; *pegg.* sventatàccio || **N.** *Sin.* sbadato, sconsiderato.

ṣvèntola [da *ventola*; 1873 nel senso 2] ***sf.*** **1.** *fam. scherz.* scapaccione, schiaffo, ceffone || nella boxe, colpo dato con il braccio quasi teso e lungo una traiettoria semi-circolare **2.** *non com.* attrezzo simile a un ventaglio, usato per ravvivare il fuoco || nella loc. fam. *orecchie a sventola*, con il padiglione molto sporgente lateralmente.

ṣventolaménto [da *sventolare*; sec. XVI] ***sm.*** atto dello sventolare.

ṣventolàre (pres. *svèntolo*) [da un ant. *ventolare*; sec. XIV] ***tr.*** agitare qualcosa al vento: *sventolare il fazzoletto* || ***intr.*** (aus. *avere*) agitarsi al vento: *la bandiera sventola sulla torre, sulle navi* || ***rifl.*** farsi vento col ventaglio o con altro; sventagliarsi.

ṣventolàta [da *sventolare*; 1873] ***sf.*** atto dello sventolare o dello sventolarsi un poco; sventagliata || *dim.* sventolatìna.

ṣventolìo (pl. *-ìi*) [da *sventolare*; 1863] ***sm.*** lo sventolare continuato o frequente: *lo sventolio delle bandiere, dei fazzoletti, dei cappelli.*

ṣventraménto [da *sventrare*; 1891] ***sm.*** atto dello sventrare || *T.chir.* protrusione di visceri dalla cavità addominale || *fig.* rif. a edifici o quartieri vecchi e malsani, demolizione.

ṣventràre (pres. *ṣvèntro*) [comp. parasint. di *ventre*; a. 1348] ***tr.*** **1.** aprire l'addome a bestie macellate per toglierne gli intestini: *sventrarono il capretto* || *per estens. meno com.* colpire al ventre con arma tagliente: *lo sventrò con una pugnalata* **2.** *fig.* rif. a edifici o a quartieri vecchi e malsani, demolire || ***intr.*** (aus. *essere*) *ant.* fare una scorpacciata || ***intr. pron.*** essere vittima di uno sventramento (nel senso medico).

ṣventràta [da *sventrare*; 1734 nel senso 2] ***sf.*** **1.** atto dello sventrare un animale **2.** *fig. ant.* scorpacciata.

ṣventràto (*pps.* di *sventrare*) [da *sventrare*; a. 1698] ***agg.*** **1.** che è stato sventrato **2.** *dial. tosc.* sfondato, che mangia molto, che non sembra mai sazio.

ṣventùra [da *ventura*; 1319] ***sf.*** **1.** fortuna avversa, cattiva sorte: *la sventura mi perseguita*; nei modi di dire *per colmo di sventura, per mia* (*tua* ecc.) *sventura* **2.** *concr.* circostanza che porta danno e dolore: *ti narrerò le mie sventure, fu per lei una sventura incontrarlo* || **N.** **1.** *Sin.* malasorte, sfortuna **2.** *Sin.* avversità, calamità, catastrofe, disastro, disgrazia, infortunio, sciagura.

ṣventuràto [da *sventura*; a. 1303] **I** ***agg.*** **1.** perseguitato dalla sventura: *uomo sventurato* **2.** di cosa, che costituisce una sventura: *incontro sventurato* || **ṣventurataménte** ***avv.*** per sventura, per disgrazia; spec. frasale: *sventuratamente non fecero in tempo a salvarlo* **II** ***sm.*** (f. *-a*) persona sfortunata || **N.** *Sin.* disgraziato.

ṣverdìre (pres. *-ìsco, -ìsci*) [comp. parasint. di *verde*; 1838] ***intr.*** (aus. *essere*) *raro* di piante e sim., perdere il verde || **N.** *Contr.* rinverdire.

ṣvergàre (pres. *ṣvérgo, ṣvérghi*) [comp. parasint. di *verga*; 1540] ***tr.*** **1.** ridurre in verghe, spec. l'acciaio o altro metallo **2.** *T.mar.* sciogliere una vela dal suo sostegno.

ṣverginaménto [da *sverginare*; sec. XIV] ***sm.*** atto dello sverginare.

ṣverginàre (pres. *ṣvèrgino*) [comp. parasint. di *vergine*; fine sec. XV] ***tr.*** **1.** far perdere la verginità; deflorare **2.** *fig. volg.* adoperare qualcosa per la prima volta.

ṣvergognaménto [da *svergognare*; 1664] ***sm.*** *raro* atto ed effetto dello svergognare.

ṣvergognàre (pres. *-ógno*) [comp. parasint. di *vergogna*; 1353] ***tr.*** far vergognare qualcuno pubblicamente, spec. rivelandone apertamente le colpe, la falsità e sim.: *lo svergognai di fronte a tutti rivelando il suo passato di truffatore* || **N.** sbugiardare, smascherare, smentire.

ṣvergognatézza [da *svergognare*; prima metà sec. XIV] ***sf.*** *non com.* qualità di chi è svergognato, sfrontato, impudente.

ṣvergognàto (*pps.* di *svergognare*) [1802] **I** ***agg.*** che, a torto, non prova vergogna per ciò che fa o dice || **ṣvergognataménte** ***avv.*** *non com.* spudoratamente **II** ***sm.*** (f. *-a*) persona svergognata: *non parlarmi di quella svergognata!* || **N.** *Sin.* impudente, sfacciato, sfrontato, spudorato.

ṣvergolaménto [da *svergolare*; 1919] ***sm.*** atto ed effetto dello svergolare e dello svergolarsi.

ṣvergolàre (pres. *ṣvérgolo*) [prob. da un dial. *svergolo*, storto; 1940] ***tr.*** produrre la deformazione di un elemento meccanico solido || *T.aer.* causare una variazione d'incidenza dei profili alari || ***intr. pron.*** deformarsi.

ṣverlàre (pres. *ṣvèrlo*) [comp. parasint. di (*a*) *verla*; a. 1912] ***intr.*** (aus. *avere*) della verla, emettere il proprio verso || *per estens. non* *com.* degli uccelli, cantare: *un uccellino vero, uno che sverli* (Pascoli).

ṣvernaménto [da *svernare*; 1735] **sm.** atto dello svernare.

ṣvernàre[1] (pres. *ṣvèrno*) [comp. parasint. di *verno*, inverno; sec. XIV] **intr.** (aus. *avere*) **1.** trascorrere l'inverno: *svernare in Riviera, gli uccelli migratori svernano in zone calde* **2.** *per estens. ant.* superare la stagione fredda, uscire dall'inverno.

ṣvernàre[2] o **ṣbernàre** (pres. *ṣvèrno* o *ṣbèrno*) [da *vernare*; 1321] **intr.** (aus. *avere*) *ant.* degli uccelli, cantare al sopraggiungere della primavera.

ṣverniciànte (*ppr.* di *sverniciare*) [1983] **agg.** e **sm.** detto di solvente che scioglie la vernice.

ṣverniciàre (pres. *-ìcio*) [da *verniciare*; 1983] **tr.** togliere la vernice.

ṣverniciatóre [da *sverniciare*; 1986] **sm.** solvente usato per la sverniciatura.

ṣverniciatùra [da *sverniciare*; 1983] **sf.** operazione dello sverniciare.

ṣvèrre **tr.** *poet.* v. SVELLERE.

ṣversatàggine [da *sversato*; 1891] **sf.** *tosc. raro* **1.** qualità di chi è sversato **2.** *concr.* atto o detto da sversato.

ṣversàto [comp. parasint. di *verso*; 1873] **agg.** *tosc. raro* senza né garbo né grazia: *è un ragazzo sversato.*

ṣvèrẓa o **ṣvèrza** [etim. inc.; a. 1600] **sf.** lunga scheggia di legno: *adoperare le sverze per accendere il fuoco* || *per estens.* scheggia di un'altra materia, come vetro, ferro ecc. || *dim.* sverzétta, sverzìna, sverzolìna.

ṣverẓàre (pres. *ṣvèrẓo* o *ṣvèrẓo*) [da *sverza*; a. 1571] **tr.** *non com.* **1.** scheggiare **2.** chiudere fenditure con sverze, schegge e sim.

ṣverẓìno [var. di *sferzino*; 1873] **sm.** spago ritorto con cui si fa il cordone della frusta; *più com.* pezzo di spago che si aggiunge al cordone per far gli schiocchi.

ṣvesciàre (pres. *ṣvéscio*) [comp. parasint. di *vescia*; a. 1742] **tr.** *tosc. fam.* rivelare tutto, spiattellare || **N.** *Sin.* spifferare, svelare, vuotare il sacco.

ṣvescicàre (pres. *-ìco, -ìchi*) [comp. parasint. di *vescica*; 1873] **tr.** e **intr.** (aus. *essere*) *raro fam.* produrre o prodursi una o più vesciche.

ṣvescicatùra [da *svescicare*; 1873] **sf.** *raro fam.* atto ed effetto dello svescicare.

ṣvescióne [da *svesciare*; 1873] **sm.** (f. *-a*) *tosc. fam.* chi non esita a spiattellare tutto ciò di cui viene a conoscenza || **N.** *Sin.* chiacchierone, pettegolo.

ṣvestìre (pres. *ṣvèsto*) [da *vestire*; 1321] **tr.** togliere, del tutto o in parte, le vesti: *si diverte a svestire e rivestire la bambola* || **rifl.** **1.** togliersi, del tutto o in parte, le vesti: *mi svesto e vado a letto* || *per estens. non com.* deporre il simbolo di una carica: *svestirsi dello scettro, della corona imperiale* **2.** *per metaf.* abbandonare un atteggiamento: *svestirsi della superbia* || **N.** *Sin.* spogliare | *Contr.* vestire.

ṣvestìto (*pps.* di *svestire*) [1838] **agg.** senza vestiti || senza rivestimento: *riso svestito*, privato della pula.

ṣvettaménto [da *svettare*; a. 1704] **sm.** *non com.* atto ed effetto dello svettare.

ṣvettàre (pres. *ṣvétto*) [comp. parasint. di *vetta*; a. 1566 come tr.] **intr.** (aus. *avere*) slanciarsi con la vetta verso l'alto: *i cipressi svettavano contro il cielo grigio* || **tr.** *non com.* rif. a piante, tagliare la cima: *svettare la siepe* || **N.** **tr.** *Sin.* cimare, potare, scamozzare, scapezzare, scapitozzare.

ṣvettatóio (pl. *-ói*) [da *svettare*; a. 1892] **sm.** attrezzo usato per svettare le piante. **TAV.** ***giardinaggio* p. 1315** 27.

ṣvettatùra [da *svettare*; fine sec. XVIII] **sf.** l'atto e l'effetto dello svettare i rami; svettamento || *concr.* la parte svettata.

ṣvèvo [dal lat. *suēvus* o *suēbus*; 1838] **agg.** e **sm.** (f. *-a*) **1.** attinente alla Svevia o al popolo degli Svevi, antichi germani **2.** attinente alla casa di Svevia, cioè la dinastia degli Hohenstaufen.

ṣvezzaménto [da *svezzare*; 1940] **sm.** l'atto e l'effetto dello svezzare || **N.** *Sin.* slattamento.

ṣvezzàre (pres. *ṣvézzo*) [da *avvezzare*, con cambio di pref.; a. 1320] **tr.** **1.** sostituire l'allattamento con una alimentazione più varia: *svezzare un bambino* **2.** *meno com.* divezzare, disabituare: *svezzare dal fumo.*

ṣviaménto [da *sviare*; 1354] **sm.** l'atto e l'effetto dello sviare e dello sviarsi.

ṣviàre [comp. parasint. di *via*; a. 1320 come intr. pron.] **tr.** **1.** far uscire dalla strada giusta, deviare, stornare, anche *fig.*: *un'indicazione sbagliata mi ha sviato; sviare un colpo, il discorso, l'attenzione* || *in part.* far uscire dalla retta via, traviare, corrompere: *l'hanno sviato le cattive compagnie* **2.** distrarre, distogliere da un'occupazione: *gravi problemi l'hanno sviato dallo studio* || **intr. pron.** e, meno com., **intr.** (aus. *avere*) uscire dalla giusta via, traiettoria e sim., anche *fig.*: *il treno si è* (o *ha*) *sviato ed è precipitato dal viadotto, finendo in riformatorio si è* (o *ha*) *sviato del tutto* || **N.** *Sin.* fuorviare.

ṣvicolàre (pres. *ṣvìcolo*) [comp. parasint. di *vicolo*; 1734] **intr.** (aus. *essere* e *avere*, come i verbi di moto; v. CORRERE) entrare in un vicolo con rapidità, come per evitare qualcuno || *più com.* svignarsela, sgattaiolare via: *in un momento di disattenzione generale ha trovato il modo di svicolare* || *fig.* eludere una questione, difficoltà ecc.: *tutte le volte che gli ricordo i suoi doveri, svicola* || **N.** defilarsi.

ṣvignàre [comp. parasint. di *vigna*; 1585] **intr.** (aus. *essere*) e **intr. pron.** allontanarsi rapidamente, cercando di non farsi scorgere: *aspettò il momento buono per svignare* (o *svignarsi*); freq. in espressioni con il pron. *la* come ogg. indet.: *appena mi vide arrivare se la svignò* || **N.** *Sin.* fuggire, sgattaiolare, sgusciare, svicolare.

ṣvigoriménto [da *svigorire*; a. 1685] **sm.** atto ed effetto dello svigorire e dello svigorirsi.

ṣvigorìre (pres. *-ìsco, -ìsci*) [comp. parasint. di *vigore*; a. 1604] **tr.** far perdere il vigore: *svigorire la mente, l'autorità* || **intr.** (aus. *essere*) e **intr. pron.** perdere il vigore || **N.** *Sin.* INDEBOLIRE.

ṣviliménto [da *svilire*; a. 1704] **sm.** atto ed effetto dello svilire.

ṣvilìre (pres. *-ìsco, -ìsci*) [comp. parasint. di *vile*; a. 1446] **tr.** diminuire il valore, il pregio di qualcosa: *svilire la propria arte facendone una fonte di lucro* || **N.** *Sin.* avvilire, svalutare.

ṣvillaneggiaménto [da *svillaneggiare*; 1618] **sm.** *raro* atto dello svillaneggiare e dello svillaneggiarsi.

ṣvillaneggiàre (pres. *-éggio*) [comp. parasint. di *villano*; a. 1342] **tr.** dir villanie, offendere volgarmente: *lo svillaneggia per ogni nonnulla* || **rec.** scambiarsi villanie || **N.** *Sin.* INGIURIARE.

ṣviluppàbile [da *sviluppare*; 1922] **agg.** **1.** che si può sviluppare **2.** *T.geom.* di superficie, che può essere stesa completamente su un piano, senza tagli o dilatazioni: *la superficie del cubo è sviluppabile, quella della sfera no.*

sviluppaménto [da *sviluppare*; a. 1764] **sm.** *raro* sviluppo.

ṣviluppàre [comp. parasint. di *viluppo*; 1483 come tr. nel senso 3] **tr.** **1.** far crescere, progredire; incrementare, potenziare: *sviluppare nuovi settori economici, la rete dei trasporti urbani; la ginnastica sviluppa i muscoli, lo studio la memoria* **2.** *per estens.* provocare, suscitare: *l'iniziativa sviluppò una vasta eco* || *T.chim.* liberare, sprigionare: *una reazione che sviluppa calore, idrogeno* **3.** svolgere ampiamente, nei dettagli: *sviluppare un argomento, un discorso; T.mat.* rif. a un'espressione algebrica, eseguire le operazioni in essa indicate; *T.geom.* rif. a un solido, rappresentarne la superficie su di un piano || *lett. ant.* disfare il viluppo, svolgere una cosa avviluppata: *sviluppare un nodo; svilupparе uno da una stretta* **4.** *T.fot.* *sviluppare una fotografia, una lastra, una pellicola*, per mezzo di opportuni reagenti, rendere visibile l'immagine latente della lastra o della pellicola impressionata || **intr. pron.** **1.** crescere, progredire, incrementarsi, potenziarsi **2.** sorgere, manifestarsi, prodursi || *T.chim.* sprigionarsi, liberarsi **3.** (anche, raro, *intr.* (aus. *avere*)) rif. a un organismo vivente, acquistare la forma definitiva o tendere verso di essa: *una pianta che si sviluppa in fretta*; *in part.* raggiungere l'età puberale || **N.** **tr.** **1.** *Sin.* accrescere, allargare, ampliare, aumentare, dilatare, ingigantire, ingrandire, ingrossare, moltiplicare, rafforzare **2.** *Sin.* causare, produrre.

ṣviluppàto (*pps.* di *sviluppare*) [1353] **agg.** **1.** cresciuto, aumentato, progredito **2.** che ha raggiunto la forma definitiva o è prossimo a essa || *in part.* che è giunto alla pubertà.

ṣviluppatóre [da *sviluppare*; 1745] **agg.** e **sm.** (f. *-trìce*) *non com.* che o chi sviluppa.

ṣviluppatrìce [da *sviluppare*; 1931] **sf.** *T.cin.* macchina, manuale o automatica, per lo sviluppo di pellicole cinematografiche || **N.** *tank.*

ṣvilùppo [da *sviluppare*; 1598] **sm.** **1.** atto ed effetto dello sviluppare e dello svilupparsi || *in part.* crescita, incremento, potenziamento: *lo sviluppo dell'industria automobilistica, delle vendite all'estero, dell'ufficio pubblicità di un'azienda* || di un organismo vivente, insieme delle fasi e dei processi attraverso cui passa nel tendere verso la forma definitiva: *lo sviluppo dell'embrione umano; età dello sviluppo*, pubertà || *T.fot.* serie di trattamenti cui è sottoposto il materiale sensibile esposto, per raggiungere l'immagine finale; anche il bagno rivelatore **2.** *per estens.* andamento, decorso: *osservare lo sviluppo di una malattia, gli sviluppi della vicenda* **3.** *per estens.* l'insorgere, il prodursi di qualcosa: *lo sviluppo di incendi nei boschi durante l'estate* || *T.chim.* emissione, sprigionamento: *sviluppo di calore, gas, energia* **4.** svolgimento, trattazione dettagliata: *lo sviluppo di un tema (musicale)* || *T.geom.* di un solido, rappresentazione della sua superficie su di un piano || *T.inform.* *sviluppo di un sistema di elaborazione*, realizzazione dell'appropriato *software* che realizzi quel sistema su una macchina || **N.** **1.** *Sin.* accrescimento, ampliamento, aumento, rafforzamento. **Q.T.** *cinematografia, economia..., fotografia, sociologia.*

ṣvinàre [comp. parasint. di *vino*; 1483] **tr.** separare il vino dalle vinacce dopo la fermentazione del mosto.

ṣvinatóre [da *svinare*; 1824] **sm.** (f. *-trìce*) chi esegue la svinatura.

ṣvinatùra [da *svinare*; a. 1725] **sf.** l'azione dello svinare || il tempo dello svinare.

ṣvincolaménto [da *svincolare*; 1745] **sm.** atto ed effetto dello svincolare e dello svincolarsi.

ṣvincolàre (pres. *ṣvìncolo*) [da *vincolare*; a. 1673] **tr.** liberare da un vincolo: *svincolare un podere da una servitù, da un'ipoteca*; rif. a merci o bagagli, ritirarli alla stazione, alla dogana e sim., pagandone il trasporto o il dazio || **N.** *Sin.* affrancare, riscattare.

ṣvìncolo [da *svincolare*; 1893] **sm.** atto ed effetto dello svincolare: *lo svincolo delle merci* || *più com. concr.* complesso di opere stradali di raccordo tra due o più autostrade o superstrade o, anche, di allacciamento di un'autostrada al sistema di strade ordinarie. **TAV.** ***automobile* p. 658** 4.5.

ṣvìo (pl. *ṣvìi*) [da *sviare*; 1960] **sm.** sviamento.

ṣviolinàre (pres. *-ìno*) [comp. parasint. di *violino*; 1935] ***tr.*** *fam. scherz.* adulare.

ṣviolinàta [da *sviolinare*; 1942] ***sf.*** *fam. scherz.* atto dello sviolinare || *concr.* frase, comportamento e sim. smaccatamente adulatori.

ṣviolinatùra [da *sviolinare*; 1929] ***sf.*** *fam. scherz.* sviolinata.

ṣvìrgola [voce gerg. prob. da *virgola*, perché indica in genere un colpo dato di striscio; 1917] ***sf.*** *region.* percossa, colpo dato con le mani o coi piedi.

ṣvirgolàre (pres. *ṣvìrgolo*) [da *svirgola*; 1960] ***tr.*** *region.* percuotere, colpire, spec. di striscio: *svirgolare il pallone* (nel gioco del calcio).

ṣvirilizzàre [comp. parasint. di *virile*; 1960] ***tr.*** togliere la forza virile, la virilità; spec. *fig.*: *arte svirilizzata.*

ṣviṣaménto [da *svisare*; 1873] ***sm.*** l'atto e l'effetto dello svisare || **N.** *Sin.* travisamento.

ṣviṣàre [comp. parasint. di *viso*; 1666] ***tr.*** **1.** *fig.* travisare: *svisare i concetti, i fatti, le parole altrui* **2.** *propr. arc.* sfregiare il viso.

ṣvisceraménto [da *sviscerare*; 1639] ***sm.*** l'atto e l'effetto dello sviscerare e dello svisce-rarsi.

ṣvisceràre (pres. *ṣvìscero*) [comp. parasint. di *viscere*; sec. XIV nel senso 2] ***tr.*** **1.** *fig.* approfondire in tutti gli aspetti, esaminare, studiare a fondo: *sviscerare un argomento, un autore* **2.** *propr. non com.* togliere i visceri: *sviscerare un pollo* || ***rifl.*** *fig. iperb.* profondersi in appassionate manifestazioni d'affetto, stima ecc.: *sviscerarsi per qualcuno*, amarlo molto || **N.** ***tr.*** **1.** enucleare, scandagliare.

ṣvisceratézza [da *sviscerare*; a. 1694] ***sf.*** *raro* qualità di ciò che è sviscerato || *concr.* manifestazione d'affetto, stima e sim. sviscerata.

ṣvisceràto (*pps.* di *sviscerare*) [a. 1543] ***agg.*** che viene dal profondo del cuore ed è perciò sincero e intenso: *affetto sviscerato* || *spreg.* esagerato, eccessivo || **ṣviscerataménte** ***avv.*** || **N.** *Sin.* appassionato, profondo.

ṣvìsta [da *vista*; 1735] ***sf.*** lieve errore compiuto per inavvertenza: *ho commesso una semplice svista* || **N.** *Sin.* disattenzione, distrazione, sbaglio.

ṣvitaménto [da *svitare*; 1940] ***sm.*** atto ed effetto dello svitare.

ṣvitàre [comp. parasint. di *vite*; a. 1712] ***tr.*** allentare o togliere una vite || *per estens.* allentare un qualsiasi elemento avvitato: *svitare un dado, un tappo a vite* || *per estens.* sconnettere cose strette con una vite girando la vite stessa: *ha svitato il piano di un mobile* || ***intr. pron.*** allentarsi.

ṣvitàto (*pps.* di *svitare*) [1735] **I** ***agg.*** **1.** allentato **2.** *fig. fam. scherz.* stravagante e bizzarro: *è un tipo un po' svitato ma simpatico* **II** ***sm.*** (f. *-a*) persona svitata.

ṣvitatùra [da *svitare*; 1873] ***sf.*** *non com.* svitamento.

ṣviticchiàre (pres. *-ìcchio*) [comp. parasint. di *viticchio*; sec. XIV] ***tr.*** sciogliere dai viticchi; sciogliere, liberare una cosa avviticchiata || ***rifl.*** *fig.* districarsi, liberarsi da chi o da ciò che secca, importuna e sim.: *se ti riesce di sviticchiarti da lui, sei bravo.*

ṣviziàre (pres. *ṣvìzio*) [da *viziare*; a. 1348] ***tr.*** *raro* togliere il vizio: *ti ha sviziato* || ***intr. pron.*** *raro* perdere il vizio.

ṣvìzzera [da *svizzero*; 1970] ***sf.*** *T.cuc.* polpetta schiacciata di carne bovina che si cucina ai ferri o in padella || *dim.* svizzerìna || **N.** *Sin.* hamburger.

ṣvìzzero [dal n. geogr. *Svizzera*; 1447] **I** ***agg.*** della Svizzera || *guardia svizzera*, corpo militare pontificio e, anche, ciascuno dei suoi membri **II** ***sm.*** **1.** (f. *-a*) abitante della Svizzera **2.** guardia svizzera: *lo svizzero di guardia.*

ṣvociàto [comp. parasint. di *voce*; 1960] ***agg.*** *dial.* che ha voce scarsa o fioca.

ṣvogliaménto [da *svogliare*; a. 1667] ***sm.*** *raro* svogliatezza.

ṣvogliàre (pres. *ṣvòglio*) [comp. parasint. di *voglia*; a. 1294] ***tr.*** *raro* levare la voglia: *gli spassi svogliano i giovani dallo studio* || ***intr. pron.*** perdere la voglia: *si è svogliato dal lavoro* || **N.** *Sin.* disamorare | *Contr.* invogliare.

ṣvogliatàggine [da *svogliare*; 1673] ***sf.*** *spreg.* svogliatezza.

ṣvogliatézza [da *svogliare*; 1673] ***sf.*** condizione di chi è svogliato.

ṣvogliàto (*pps.* di *svogliare*) [1353] **I** ***agg.*** che non ha voglia di impegnarsi, spec. nello studio o nel lavoro; pigro, apatico: *un ragazzo svogliato, è svogliato nello studio* || **ṣvogliataménte** ***avv.*** **II** ***sm.*** (f. *-a*) persona svogliata || *dim.* svogliatèllo, svogliatùccio; *pegg.* svogliatàccio.

ṣvolacchiàre (pres. *-àcchio*) [da *svolare*; 1745] ***intr.*** (aus. *avere*) *raro* svolazzare.

ṣvolàre (pres. *ṣvólo*) [lat. volg. **exvolāre*; 1340 ca.] ***intr.*** (aus. *avere*) *lett. non com.* volar via; volare, svolazzare: *una prima rondine che svola* (Pascoli).

ṣvolazzaménto [da *svolazzare*; a. 1667] ***sm.*** *raro* atto dello svolazzare.

ṣvolazzànte (*ppr.* di *svolazzare*) [a. 1357] ***agg.*** agitato dall'aria: *una donna con i capelli disciolti e svolazzanti al vento.*

ṣvolazzàre [da *volare*; 1313] ***intr.*** (aus. *avere*) **1.** volar qua e là sbattendo le ali, senza una direzione precisa || *fig. non com.* vagare idealmente, in modo incoerente e volubile: *svolazzare tra un'ipotesi e l'altra* **2.** *per estens.* essere agitato dal vento e sim.: *i suoi capelli svolazzano al vento* || **N.** **1.** *Sin.* volare **2.** *Sin.* sventolare.

ṣvolazzìo (pl. *-ìi*) [da *svolazzare*; 1589] ***sm.*** *non com.* uno svolazzare continuo o frequente: *si sentiva un grande svolazzio nella gabbia dei tordi.*

ṣvolàzzo [da *svolazzare*; 1539] ***sm.*** **1.** atto dello svolazzare **2.** *più com. concr.* cosa che svolazza: *vesti piene di svolazzi* || *in part.* abbellimento calligrafico consistente nel prolungamento ampio ed elegante del tratto iniziale o finale di una lettera, spec. nella propria firma || *fig. spreg.* fronzolo, ornamento, vistoso e superfluo: *uno stile pieno di svolazzi* || **N.** **2.** *Sin.* ghirigoro.

ṣvolére (pres. *ṣvòglio* ecc., come VOLERE) [da *volere*; sec. XIII] ***tr.*** *raro* non volere più: *e vuol destarla e svuole* (Pascoli) || **N.** *Sin.* disvolere | *Contr.* volere.

ṣvòlgere (pres. *ṣvòlgo* ecc., come VOLGERE) [da *volgere*; 1556] ***tr.*** **1.** distendere una cosa avvolta: *svolgere la fune, un gomitolo, la pellicola cinematografica* **2.** esporre per esteso, discutere ordinatamente: *svolgere un tema, una tesi* || *per estens.* effettuare, eseguire: *svolgere un programma, un'attività, che lavoro svolgi?* || ***intr. pron.*** di un fatto considerato nella serie delle sue circostanze, accadere, compiersi: *l'azione del film si svolge a Milano* || **N.** ***tr.*** **1.** *Sin.* dipanare, disfare, spiegare, srotolare, stendere, sviluppare, svoltolare | *Contr.* avvolgere **2.** *Sin.* professare.

ṣvolgiménto [da *svolgere*; 1611] ***sm.*** atto ed effetto dello svolgere e dello svolgersi: *lo svolgimento del tema, dei fatti.*

ṣvolgitóre [da *svolgere*; 1838] ***agg.*** e ***sm.*** (f. *-trice*) *raro* che o chi svolge: *lo svolgitore di quel tema.*

ṣvolìo (pl. *-ìi*) [da *svolare*; 1940] ***sm.*** *lett. non com.* atto dello svolare o dello svolazzare.

ṣvólo [da *svolare*; 1940] ***sm.*** *lett. raro* svolio, anche *fig.*: *lo svolo di piccole grida* (Pascoli).

ṣvòlta [da *svoltare*[1]; 1550] ***sf.*** **1.** atto dello svoltare: *qui è vietata la svolta a sinistra*; *svolta a U*, inversione di marcia **2.** curva: *una svolta pericolosa* || *fig.* brusco e deciso cambiamento: *il matrimonio rappresentò una svolta nella sua vita*; *per estens.* momento in cui si effettua una svolta, momento critico, cruciale: *il processo giunse a una svolta decisiva.*

ṣvoltaménto [da *svoltare*[1]; 1838] ***sm.*** *raro* l'atto di svoltare.

ṣvoltàre¹ (pres. *ṣvòlto*) [da *voltare*; a. 1503] ***intr.*** (aus. *avere*) curvare, mutar direzione: *la strada svolta a destra, svoltò per non incontrarlo.*

ṣvoltàre² (pres. *ṣvòlto*) [da *voltare*; 1838] ***tr.*** *raro* svolgere ciò che è avvolto.

ṣvoltàta [da *svoltare*[1]; 1865] ***sf.*** **1.** atto dello svoltare: *attenti alla svoltata* **2.** svolta, curva: *alla svoltata della via subito l'incontrai.*

ṣvoltatóre [da *svoltare*[1]; 1838] ***agg.*** e ***sm.*** (f. *-trice*) *raro* che o chi svolta, muta direzione.

ṣvoltatùra [da *svoltare*[2]; 1688] ***sf.*** *raro* atto ed effetto dello svoltare una cosa avvolta: *la svoltatura del rotolo.*

ṣvoltolaménto [da *svoltolare*[2]; 1760] ***sm.*** *raro* atto ed effetto dello svoltolare.

ṣvoltolàre¹ (pres. *ṣvòltolo*) [da *voltolare*; 1965] ***tr.*** svolgere ciò che è involto: *svoltolare un pacco.*

ṣvoltolàre² (pres. *ṣvòltolo*) [da *voltolare*; 1745] ***tr.*** *raro* voltolare (con valore *intens.*).

ṣvoltolóne [da *svoltolare*; 1873] ***sm.*** *raro pop.* rotolone, ruzzolone.

ṣvòlvere ***tr.*** *poet.* v. SVOLGERE.

ṣvuotaménto [da *svuotare*; 1960] ***sm.*** atto ed effetto dello svuotare.

ṣvuotàre (pres. *ṣvuòto*) [da *vuotare*; 1745 *svotare*] ***tr.*** vuotare dell'intero contenuto, anche *fig.*: *svuotare il bicchiere in un solo sorso, svuotare una frase del suo vero senso.*

swahili (pr. [swa'(h)ili]) [dall'ar. *sawāḥila*, pl. di *sāḥilī*, costiero; 1936] **I** ***agg.*** *inv.* relativo agli swahili e allo swahili **II** ***s.*** **1.** appartenente a una popolazione della costa orientale africana mista di gruppi bantu costieri e di tribù dell'interno **2.** ***sm.*** (solo *sing.*) lingua bantu parlata in origine a Zanzibar e ora usata come lingua franca nell'Africa centrale e meridionale.

swap (ingl., pr. [swɒp]) [letter. scambio, baratto; 1979] ***sm.*** *inv.* *T.banc.* credito reciproco a breve scadenza tra le banche centrali dei paesi aderenti al Fondo monetario internazionale.

ṣwattàre (pr. [zvat'tare]) [comp. parasint. di *watt*; 1960] ***tr.*** *T.elettr.* fare in modo che la differenza di fase tra tensione e corrente, in un circuito a corrente alternata, sia di novanta gradi, condizione in cui la potenza media assorbita è nulla.

sweater (ingl., pr. ['swetə]) [letter. che fa sudare; 1924] ***sm.*** *inv.* *T.abb.* maglione, pullover pesante.

swing (ingl., pr. [swɪŋ]; pr. it. [swiŋg]) [letter. vibrare ruotando; 1922] ***sm.*** *inv.* **1.** *T.mus.* insieme dei fattori caratteristici dei ritmi jazzistici (attacco deciso delle note, scansione ritmica evidenziata, sincopi, sovrapposizioni di piani ritmici ecc.) || *per restr.* il jazz degli anni Trenta e Quaranta, in cui risaltavano particolarmente i fattori ritmici suddetti **2.** *T.sport.* nella boxe, colpo dato col braccio quasi teso e descrivente un semicerchio.

symposium (lat., pr. it. [sim'pɔzjum]) [voce lat. giunta attr. l'ingl.; 1942] ***sm.*** *inv.* simposio.

T

t lettera dell'alfabeto italiano. Nome per esteso *ti*, di genere maschile o, più spesso, femminile: *una t maiuscola*, ma anche *un t maiuscolo*; *t come Taranto*, nella compitazione delle parole || *a T*, si dice di qualunque oggetto a forma di t maiuscola: *incrocio a T*; *cellule a T*, cellule nervose del midollo spinale; *ferro a doppia T*, putrella || rappresenta in tutti i contesti il suono della consonante occlusiva dentale sorda [t]; in posizione intervocalica, o compresa tra vocale e semiconsonante o [r], può essere semplice (*rito, fatuo, vetro*) o geminata (*ritto, adottiamo, fattuale, spettro*) || per le sigle e le abbreviazioni in cui compare, v. la lista relativa.

-tà [variante di *-ità*] ***suff.*** variante di *-ità* (v.) applicata ad aggettivi la cui radice termina in *n*, *r* o *l*: *bontà, libertà, umiltà*.

tabaccàio (pl. *-ài*) [da *tabacco*; 1698] ***sm.*** (f. *-a*) gestore di una tabaccheria.

tabaccàre (pres. *-àcco, -àcchi*) [da *tabacco*; 1640] ***intr.*** (aus. *avere*) fiutare tabacco da naso.

tabaccàto [da *tabacco*; 1840] ***agg.*** *raro* di colore, che s'accosta a quello del tabacco.

tabaccherìa [da *tabacco*; a. 1908] ***sf.*** rivendita di tabacchi e altri generi di monopolio statale || **N.** biglietti postali, carta bollata, cartoline postali, chinino di Stato, francobolli, marche da bollo, sale, sigarette, sigari.

tabacchicoltóre (meno com. *tabacchicultóre*) [comp. di *tabacco* e *-coltore*; 1960] ***sm.*** (f. *-trice*) chi o che coltiva tabacco.

tabacchicoltùra (meno com. *tabacchicultùra*) [comp. di *tabacco* e *coltura*; 1960] ***sf.*** coltivazione del tabacco.

tabacchièra [da *tabacco*; a. 1712] ***sf.*** scatoletta di varia forma in cui si tiene il tabacco da fiuto: *una bella tabacchiera d'oro*.

tabacchifìcio (pl. *-ci*) [comp. di *tabacco* e *-ficio*; 1960] ***sm.*** stabilimento per la lavorazione del tabacco.

tabacchìno [da *tabacco*; 1805 nel senso 2] ***sm.*** (f. *-a*) **1.** operaio nelle manifatture di tabacco **2.** *region.* tabaccaio.

tabàcco (pl. *-chi*) [dallo sp. *tabaco*; 1558] **I *sm.*** **1.** nome comune di una pianta erbacea originaria dell'America, con foglie grandi di colore verde chiaro, lucide, ricche di nicotina **2.** *per estens.* il prodotto ottenuto dall'essiccazione e frantumazione delle foglie del tabacco: *tabacco da fiuto*, foglia di tabacco disseccata e ridotta in polvere finissima, che si aspira attraverso le narici; *tabacco da fumo*, foglia di tabacco disseccata e conciata, che, intera o trinciata, si usa per fare sigari e sigarette, o per essere fumata nelle pipe **II *agg. inv.*** (sempre posposto) di colore simile a quello delle foglie di tabacco secche: *color tabacco, una gonna tabacco* || **N.** **I** **2.** conciato, dolce, forte, in corda, manipolato, trinciato, turco | barba di sultano, macubino, *maryland*, mescolanza, moro, rapè, scaglietta | cicca, fumo, nicotina, pacchetto, pipa, pizzico, presa, sigaretta, sigaro | ciccare, fumare.

tabaccóne [da *tabaccare*; a. 1827] ***sm.*** (f. *-a*) *scherz.* chi ha il vizio di fiutare continuamente tabacco.

tabaccóso [da *tabacco*; 1830] ***agg.*** sporco di tabacco.

tabacòsi [comp. di *tabac(c)o* e *-osi*; 1940] ***sf. inv.*** *T.med.* malattia dei polmoni determinata da aspirazione di polvere di tabacco.

tabàgico (pl. *-ci*) [dal fr. *tabagique*; 1960] ***agg.*** relativo, dovuto al tabacco.

tabagìsmo [dal fr. *tabagisme*; 1899] ***sm.*** *T.med.* intossicazione cronica causata dall'eccessivo uso di tabacco.

tabagista [da *tabagismo*; 1983] ***s.*** *T.med.* persona affetta da tabagismo || *per estens.* fumatore accanito di tabacco.

tabarin (fr., pr. [taba'rɛ̃]) [riduzione it. di *Bal Tabarin*, n. di un locale da ballo parigino; 1933] ***sm. inv.*** locale notturno in cui si può ballare e assistere a numeri di varietà || **N.** *night-club*.

tabàrro [prob. dal fr. ant. *tabard*; 1293] ***sm.*** *T.abb.* pesante mantello da uomo; ferraiolo || *scherz.* pastrano, cappotto molto pesante || **N.** intabarrarsi.

tabàsco [dal n. geogr. *Tabasco*, stato sudorientale del Messico; 1934] ***sm. inv.*** nome commerciale di una salsa a base di aceto e pepe rosso tritato.

tàbe [dal lat. *tābes*, decomposizione, consunzione; 1525] ***sf.*** **1.** nome generico un tempo attribuito a diverse affezioni, perlopiù croniche, caratterizzate da distruzione dei tessuti dell'organo colpito: *tabe polmonare, epatica*; *tabe dorsale*, degenerazione del tessuto nervoso del midollo spinale **2.** *lett. non com.* pus, marciume: *rece fuor dal petto affranto vino, tabe, elegia* (Carducci) **3.** *fig.* degradazione, corruzione.

tabèlla [dal lat. *tabella*; 1626] ***sf.*** **1.** quadro prospettico, specchietto contenente dati disposti ordinatamente in colonne e righe: *la tabella degli orari dei pullman, dei logaritmi*; *tabella di marcia*, prospetto su cui sono indicati i tempi che i partecipanti a una competizione sportiva dovrebbero in linea di massima impiegare per raggiungere punti prestabiliti del percorso; *per estens.* piano di lavoro: *essere in ritardo, in anticipo sulla tabella di marcia* **2.** *T.inform.* *array* **3.** *ant.* o *lett.* tavoletta usata per iscrizioni o disegni; targa, insegna **4.** *tosc.* battola: *suonar le tabelle dietro a qualcuno*, schernirlo e, *fig.*, dirne male in sua assenza || *dim.* tabellina; *accr.* tabellóne (*sm.*) || **N.** **1.** *Sin.* matrice, prospetto.

tabellàre [da *tabella*; 1960] ***agg.*** **1.** a forma di tabella o di tavoletta || relativo a una tabella **2.** realizzato con una tavoletta: *stampa tabellare*, stampa xilografica **3.** che fa riferimento a una tabella: *aumenti tabellari*, aumenti di stipendio stabiliti dalle tabelle del contratto di lavoro.

tabellàrio (pl. *-ri*) [dal lat. *tabellārius*; 1745] ***sm.*** *T.stor.* corriere, schiavo che, nell'antica Roma, recapitava le lettere del padrone.

tabellìna (*dim.* di *tabella*) [1960] ***sf.*** **1.** piccola tabella **2.** *in part.* nel linguaggio scolastico, ciascuna riga della tavola pitagorica.

tabellionàto [da *tabellione*; 1840] ***sm.*** *T.giur.* ufficio, professione e cifra di tabellione e, *per estens.*, di notaio.

tabellióne [dal lat. *tabellio, -ōnis*; 1640] ***sm.*** *T.stor.* nell'antica Roma, scriba esperto in materie giuridiche || *per estens.* notaio.

tabellóne (*accr.* di *tabella*) [1940] ***sm.*** **1.** grossa tabella per affissioni e sim.: *il tabellone degli arrivi e delle partenze alla stazione*; *i tabelloni luminosi negli stadi*, su cui appaiono i punti totalizzati dai partecipanti alle competizioni in atto **2.** nella pallacanestro, riquadro cui è fissato il canestro.

tabernàcolo [dal lat. *tabernāculum*, padiglione, tenda dell'augure; sec. XIII] ***sm.*** **1.** ciborio; piccola edicola chiusa in cui sono conservati il pane e il vino e per la comunione dei fedeli || *per estens.* edicola o nicchia contenente reliquie o immagini sacre, posta nelle chiese o lungo le strade **2.** *T.stor.* la tenda sotto la quale gli Ebrei custodivano l'Arca Santa durante la permanenza nel deserto; successivamente, la parte del Tempio in cui era riposta l'Arca || presso i Romani, tenda, tempietto, padiglione || *dim.* tabernacolétto. **TAV.** *chiesa* 2.14.

tabernària [dal lat. *tabernaria* (*fabula*), letter. (commedia) di taverna; 1780 *favola tabernaria*] ***sf.*** *T.lett.* nel teatro latino, la commedia ambientata in una casa privata.

tabètico (pl. *-ci*) [da *tabe*, sul modello del fr. *tabetique*; 1887] ***agg.*** *T.med.* **1.** di tabe **2.** affetto da tabe; anche *sm.*

tabì [dall'ar. *'attābī*, dal n. del quartiere di Bagdad dove originariamente lo si lavorava; 1561] ***sm. inv.*** *T.tess.* tessuto in seta marezzata, usato in passato per la confezione di abiti femminili || *dim.* tabinétto.

tàbico (pl. *-ci*) [da *tabe*; 1960] ***agg.*** tabetico.

tàbido [dal lat. *tābidus*; a. 1714] ***agg.*** *raro* in via di putrefazione; putrido, marcio.

tableau (fr., pr. [ta'blo]) [dim. di *table*, tavola; 1846 *tablò*] **I *sm. inv.*** **1.** quadro ‖ *in part.* scena teatrale, spec. quella finale **2.** *T.gioc.* tappeto della roulette ‖ ciascuna zona in cui è diviso il tavolo del baccarà **II *escl.*** *disus.* *tableau!*, usata per sottolineare la meraviglia per una situazione imprevista.

table d'hôte (fr., pr. [tablə d'o:t]) [letter. tavola d'ospite; 1905] ***loc. f. inv.*** la mensa negli alberghi servita a ore fisse e a prezzo fisso a una tavola comune; mensa comune.

tablier (fr., pr. [tabli'e]) [da *table*, tavola; 1905] ***sm. inv.*** *T.abb.* grembiule decorativo, ricamato e in stoffa pregiata, usato dalle dame del Settecento.

tablìno [dal lat. *tablīnum*; 1570] ***sm.*** *T.stor.* nella casa signorile romana, soggiorno.

tabloid (ingl., pr. ['tæblɔid]; pr. it. [ta'blɔid]) [da *table*, tavola; 1950] ***sm. inv.*** (anche pl. *tabloids*) formato di giornale quotidiano di dimensioni ridotte; il giornale di tale formato; anche *agg. inv.* (sempre posposto): *giornale tabloid, formato tabloid.*

tablòide [dall'ingl. *tabloid*, in orig. marchio depositato; 1905] ***sm.*** pasticca, compressa (spec. di preparato farmaceutico).

tabòga V. TOBOGA.

tabouret (fr., pr. [tabu'rɛ]) [propr. dim. dell'ant. *tabour*, tamburo; 1877 *taburè*] ***sm. inv.*** sgabello imbottito usato come sedile o poggiapiedi.

tabù [da una voce polinesiana, attr. l'ingl. *taboo* e il fr. *tabou*; 1895 *tabu*] **I *sm. inv.*** **1.** in alcune religioni primitive, obbligo o divieto relativo a determinate persone, animali o cose: *violare un tabù*; *tabù alimentare*, obbligo o, più spesso, divieto di cibarsi di determinate vivande **2.** *per estens.* divieto profondamente interiorizzato: *stanno cadendo molti tabù sessuali*; *tabù linguistico*, obbligo di non pronunciare certe parole (spec. attinenti alla sfera sessuale, escretoria ecc.) e di sostituirle con eufemismi **II *agg. inv.*** (sempre posposto) **1.** che è oggetto di tabù: *animali, cibo tabù* **2.** che non è opportuno usare: *parole tabù* ‖ *scherz.* proibito, vietato: *parlare della sua tesi, del suo amante è tabù* ‖ **N.** I **1.** *Contr.* noa.

tabuàto [dal fr. *taboué*; 1960] ***agg.*** *T.ling.* detto di parola o espressione che non può essere usata in quanto coperta da tabù linguistico.

tabuizzàre [dal fr. *tabouiser*; 1970] ***tr.*** trasformare in un tabù o imporre come tabù un oggetto, un luogo, un tempo, una situazione o sim. ‖ *per estens.* vietare, interdire.

tàbula [dal lat. *tabula*, tavola; 1988] ***sf.*** antico gioco con tavoliere e dadi, antenato del Backgammon; si gioca in due con tre dadi e quindici pedine bianche e nere.

tabula rasa (lat., pr. it. ['tabula 'raza]) [loc. lat. mediev., letter. tavoletta rasata] ***loc. f. inv.*** *propr.* tavoletta per scrivere, in uso nell'antichità, che, essendo stata rasata, non reca alcuna traccia ed è pronta per essere utilizzata ‖ in Aristotele e altri filosofi successivi, simbolo della mente ancora priva di qualunque cognizione ‖ *fam. far tabula rasa*, portare via, eliminare tutto, anche *fig.*: *fece tabula rasa dei pasticcini che erano sul vassoio, far tabula rasa dei pregiudizi.*

tabulàre¹ [dal lat. *tabulāris*; 1960] ***agg.*** **1.** che ha forma appiattita, come una tavola: *struttura tabulare* **2.** *T.mat. differenza tabulare*, l'incremento subito dal risultato di una funzione in corrispondenza dell'incremento della variabile indipendente.

tabulàre² (pres. *tàbulo*) [dal lat. *tabula*, tavola, tavoletta per scrivere; 1960] ***tr.*** **1.** disporre in tabelle: *tabulare una funzione a due variabili* **2.** stampare dati per mezzo di una tabulatrice.

tabulàrio (pl. *-ri*) [dal lat. *tabularium*; 1865] ***sm.*** *T.stor.* **1.** nell'antica Roma, archivio di stato, destinato alla conservazione di leggi, trattati e documenti ufficiali in genere **2.** nell'antica Roma, funzionario con compiti di contabile e di archivista di atti pubblici o privati.

tabulàto [da *tabulare²*; 1960] ***sm.*** tabella ottenuta con mezzi meccanografici.

tabulatóre [dal lat. *tabula*, tavoletta per scrivere, lista; 1931] ***sm.*** nelle macchine per scrivere, dispositivo per l'incolonnamento rapido, utile nella compilazione di tabelle e prospetti.

tabulatrìce [da *tabulare²*; 1960] ***sf.*** nei centri meccanografici, la macchina che legge e stampa dati sui tabulati.

tabulazióne [da *tabulare²*; 1963] ***sf.*** l'operazione del tabulare.

tac¹ [voce onom.; 1891] voce onom. usata per riprodurre il colpo secco di una molla che scatta o di qualcosa che si spezza ‖ **N.** tictac.

tac² [da t(*omografia*) a(*ssiale*) c(*omputerizzata*); 1981 *Tac*] ***sf. inv.*** tomografia assiale in cui alla tecnica radiologica si associa l'uso del computer ‖ le apparecchiature per eseguire questo esame: *oggi la tac non funziona.*

tàcca [dal got. **taikka*, segno; a. 1294 nel senso 2; sec. XIV nel senso 1] ***sf.*** **1.** piccola incisione perlopiù a V: *fare una tacca col temperino sul banco*; *tacca della freccia*, cocca; *tacche della stadera*, lineette incavate nel braccio della stadera, sulle quali si fa scorrere il romano sino alla posizione di equilibrio; ognuna corrisponde a un peso determinato; *tacche di contrassegno*, tacche che si fanno su un'assicella di legno divisa in due parti, una delle quali è tenuta dal fornitore della merce e l'altra da chi la riceve; a ogni nuova fornitura le due parti vengono riunite e viene fatta una tacca su tutta la loro lunghezza; questo sistema era usato in passato come primitiva forma di contabilità riconosciuta come prova dalla legge ‖ *in part.* intaccatura sul taglio di una lama, prodotta dal suo uso improprio: *su questo rasoio c'è una tacca* **2.** *per estens. meno com.* macchia sulla pelle o sulla pelliccia di animali ‖ *fig.* difetto, neo, magagna **3.** *propr.* cartellino apposto in passato dai mercanti fiorentini sulle stoffe d'importazione, recante l'indicazione del prezzo originario e di quello di trasporto ‖ *per estens. fig. di mezza tacca*, di scarsa qualità, valore: *un uomo di mezza tacca* **4.** *tosc. pop.* nella *loc. avv. tacca tacca*, un po' alla volta, un passo dietro l'altro ‖ *dim.* tacchétta, tacchettìna.

taccagnerìa [da *taccagno*; 1514 ca. *tachagneria*] ***sf.*** caratteristica di chi è taccagno ‖ **N.** *Sin.* avarizia, spilorceria, tirchieria.

taccàgno [forse dallo sp. *tacaño*, degno di taccia; 1503 ca. *tachagno*] ***agg.*** e ***sm.*** (f. *-a*) che sta grettamente attaccato ai quattrini, molto restio a spendere: *è un taccagno* ‖ **N.** *Sin.* avaro, micragnoso, spilorcio, tirchio.

taccamàcca [prob. dall'azteco *tecomahiyac*, attr. lo sp. *tacamaca*; 1582] ***sf.*** tipo di oleoresina contenuta in diverse piante.

taccàre [da *tacca*; sec. XIV] ***tr.*** *ant.* **1.** apporre la tacca sui panni importati **2.** contrassegnare con tacche.

taccàta [da *tacco*; 1805] ***sf.*** *T.mar.* ciascuno dei sostegni che reggono la chiglia di una imbarcazione in costruzione o nei bacini di carenaggio.

taccheggiàre¹ o **teccheggiàre** (pres. *-éggio*) [prob. dal dial. sett. *tacàr*, attaccare; 1797] ***tr.*** *T.tip.* eseguire il taccheggio.

taccheggiàre² (pres. *-éggio*) [prob. da *taccola¹*, attr. il gergo; 1942] ***tr.*** e ***intr.*** (aus. *avere*) *non com.* rubare col sistema del taccheggio.

taccheggiatóre [da *taccheggiare²*; 1938] ***sm.*** (f. *-trice*) chi ruba merci esposte in vendita.

tacchéggio¹ (pl. *-gi*) [da *taccheggiare¹*; 1940] ***sm.*** *T.tip.* l'operazione del mettere dei tacchi, ossia degli spessori in carta sotto la forma stampante di una macchina tipografica (nel caso in cui questa presenti differenze in altezza o vi siano ineguaglianze nella superficie di pressione), affinché l'impressione risulti uniforme.

tacchéggio² (pl. *-gi*) [da *taccheggiare²*; 1931] ***sm.*** sistema di furto che consiste nel fingere di fare acquisti in un negozio per poi fare sparire la merce esposta, durante un momento di distrazione del negoziante.

tàcchete [voce onom.; 1960] voce onom. usata per imitare il rumore di un piccolo scatto o colpo o come *escl.*, per esprimere l'improvviso accadere di un fatto: *ci stavo pensando e, tacchete!, mi è capitato di vederlo.*

tacchettàre (pres. *-étto*) [da *tacco*; 1870] ***intr.*** (aus. *avere*) produrre un tacchettio.

tacchettìo (pl. *-ii*) [da *tacchettare*; 1942] ***sm.*** rumore prodotto camminando con calzature dai tacchi a spillo.

tacchétto (*dim.* di *tacco*) [1960] ***sm.*** **1.** tacco a spillo, nelle calzature da donna ‖ *T.sport.* ciascuno dei piccoli cilindretti di cuoio o altro materiale che sono attaccati sotto la suola della scarpa da calcio, per migliorare l'aderenza sul campo da gioco **2.** *T.tess.* dispositivo del telaio meccanico che trasmette il movimento alla spola.

tacchìno [prob. da *tòk-tòk*, richiamo imitante quello del tacchino; a. 1676] ***sm.*** (f. *-a*) uccello della famiglia dei Meleagridi originario dell'America Settentrionale; cacciato fin da epoca remota per la bontà delle sue carni, è divenuto anche in Europa oggetto di intenso allevamento; di grosse dimensioni (può arrivare ai 20 kg), forma snella, testa piccola, ha la cute del capo e del collo nuda e ricoperta di verruche, una delle quali, lunga ed erettile, pende alla base del becco ‖ nelle espr. fig.: *diventar rosso come un tacchino*, arrossire violentemente (con allusione ai barbigli dell'animale, che durante il corteggiamento diventano rosso vivo); *far la ruota come un tacchino*, pavoneggiarsi ‖ *dim.* tacchinòtto ‖ **N.** dindo, gallinaccio, pollo d'India | bargiglioni.

tàccia (pl. *-ce*) [dal fr. ant. *tache*, letter. macchia; fine sec. XIII] ***sf.*** imputazione, accusa da parte dell'opinione pubblica; cattiva fama: *s'è meritato la taccia di bugiardo.*

tacciàbile [da *tacciare*; 1659] ***agg.*** che merita di essere tacciato di una certa imputazione.

tacciàre (pres. *tàccio*) [da *taccia*; a. 1311] ***tr.*** dare la taccia, imputare: *tacciare uno di bugiardo.*

tàcco (pl. *-chi*) [da *taccone*; a. 1722] ***sm.*** **1.** *T.calz.* rialzo che si mette all'estremità posteriore delle suole delle scarpe e su cui posa il calcagno: *scarpe col tacco alto*; *tacchi a spillo*, affusolati ‖ *fig. alzare i tacchi*, andarsene; *battere il tacco*, fuggire ‖ *colpo di tacco*, nel gioco del calcio, il toccare la palla col tacco della scarpa **2.** rialzo, spessore; *in part. T.tip.* rialzo in carta usato per taccheggiare ‖ *accr.* taccóne ‖ **N.** scarpa.

tàccola¹ [da *tacca*; 1879] ***sf.*** *non com.* piccolo difetto morale, vizietto, magagna.

tàccola² [dall'ant. alto ted. *taha*, in una forma dim. **tahla*; a. 1406] ***sf.*** **1.** uccello dei Corvidi, col capo e il collo di colore grigio, che nidifica di preferenza sui campanili **2.** *fig. ant.* bazzecola, cosa di poco conto, da nulla.

tàccola³ [etim. inc.; 1905] ***sf.*** *region.* qualità di pisello dal baccello molto tenero e commestibile.

tacconàre (pres. *-óno*) [da *taccone*; 1879] ***tr.*** **1.** *sett.* riparare con tacconi; rattoppare: *tacconare una fessura* ‖ *fig.* rimediare alla meno peggio a una scorrettezza, un errore e sim. **2.** impunturare con spago incerato le doppie suole delle scarpe.

taccóne [etim. inc.; sec. XV] **sm. 1.** pezza o toppa di materiale vario (cuoio, legno ecc.) usata per rattoppare, per tacconare || *fig.* rimedio usato per tacconare **2.** *ant.* tacco di scarpa, spec. nel modo di dire *battere il taccone,* fuggire.

taccuìno [dall'ar. *taqwīm,* corretta disposizione; a. 1348 nel senso 2; 1865 nel senso 1] **sm. 1.** libretto per appunti **2.** *ant.* almanacco, lunario.

tacére (pres. *tàccio, tàci, tàce, taciàmo* o *tacciàmo, tacéte, tàcciono*; p.rem. *tàcqui, tacésti, tàcque, tàcquero*; cong. pres. *tàccia, tàcciano*; pps. *taciùto*) [lat. *tacēre*; 1313 nel senso 2] **intr.** (aus. *avere*) **1.** stare zitto, non parlare: *puoi tacere un attimo, per favore!, è molto timido e tace sempre*; *iron. perdere una buona occasione per tacere,* quando qualcuno dice cose inopportune, sciocche e sim. || in accezioni particolari: astenersi dal rivelare, dal riferire qualcosa: *finora ho taciuto, ma se mi provochi spiffero tutto*; non replicare, non ribattere: *taceva e sopportava*; *chi tace acconsente,* il non replicare si suppone equivalga al consenso **2.** cessare di parlare, interrompersi: *appena lo vide tacque, taci!, fai tacere i bambini* || *per estens.* di animali o cose, cessare di produrre il loro rumore o suono caratteristico: *il vento, il gattino tacque* **3.** *fig.* di testo scritto, passar sotto silenzio, non far parola su un particolare argomento: *sulla questione la stampa ha taciuto* || **tr.** passar sotto silenzio, non menzionare: *tacere il fatto, i particolari della vicenda* || *in part.* sottintendere: *quando è comunque chiaro il senso della frase, il soggetto può essere taciuto* || all'infinito, in funzione di *sm.*, silenzio: *(il) tacere talvolta è dannoso* || **N. intr. 1.** *Sin.* non aprir bocca, non fiatare, stare in silenzio | zittire **3.** *Sin.* sottacere.

tàcheo- [dal gr. *táchos, -eos,* velocità] ***primo elem.*** che, in parole composte della terminologia tecnica, vale "veloce, rapido" (per es. *tacheometro*).

tacheometrìa [comp. del gr. *tachéōs,* velocemente e *-metria*; 1875] **sf.** metodo per misurare con rapidità e precisione i dislivelli, i rilievi, le depressioni, gli angoli e le distanze, per procedere a lavori topografici.

tacheomètrico (pl. *-ci*) [da *tacheometria*; 1960] **agg.** proprio della tacheometria e del tacheometro; ad essi relativo: *rilievi tacheometrici.*

tacheòmetro [comp. del gr. *tachéōs,* velocemente e *-metro*; 1875] **sm.** goniometro munito di cannocchiale, per misurare rapidamente dislivelli, rilievi, angoli e distanze.

tàchi- [dal gr. *tachýs,* veloce] ***primo elem.*** che, in parole composte della terminologia scientifica e tecnica, vale "velocità" (per es. *tachigrafo, tachimetro*) || in medicina indica disturbi consistenti nell'accelerazione del ritmo di un organo o un aumento della velocità con la quale viene svolta una funzione (per es. *tachicardia, tachifagia, tachilalia*) || **N.** *T.med. Contr.* bradi-.

tachiaritmìa [comp. di *tachi-* e *aritmia*; 1960] **sf.** *T.med.* aumento irregolare del ritmo cardiaco.

tachicardìa [comp. di *tachi-* e *-cardia*; 1891] **sf.** *T.med.* accelerazione patologica del ritmo cardiaco || **N.** *Contr.* bradicardia.

tachifagìa [comp. di *tachi-* e *-fagia*; 1960] **sf.** *T.med.* ingestione precipitosa del cibo.

tachìfono [comp. di *tachi-* e *-fono*; 1940] **sm.** *T.tel.* dispositivo che, applicato a un telefono a commutazione automatica, permette di effettuare rapidamente la chiamata di un numero notevole di comunicazioni telefoniche, evitando l'uso del disco combinatore.

tachigrafìa [comp. di *tachi-* e *-grafia*; 1821] **sf.** ogni metodo per scrivere rapidamente usando segni convenzionali e abbreviazioni, spec. metodo antico o medievale || **N.** stenografia.

tachìgrafo [comp. di *tachi-* e *-grafo*; 1960] **sm.** tachimetro registratore.

tachilalìa [comp. di *tachi-* e *-lalia*; 1960] **sf.** *T.med.* il parlare precipitoso.

tachimetrìa [comp. di *tachi-* e *-metria*; 1965] **sf.** *T.fis.* l'insieme delle tecniche e dei procedimenti per la misurazione della velocità.

tachimètrico (pl. *-ci*) [comp. di *tachi-* e *-metrico*; 1960] **agg.** relativo alla tachimetria; del tachimetro.

tachìmetro [comp. di *tachi-* e *-metro*; 1913] **sm.** strumento che misura la velocità istantanea di rotazione di un albero o di un organo meccanico, com. usato negli autoveicoli per indicare la velocità in chilometri orari || **N.** contachilometri, contagiri. **TAV. *automobile* p. 658** 1.2.

tachipessìa [comp. di *tachi-* e di un derivato del gr. *pêxis,* unione, fissazione; 1942] **sf.** nell'industria conserviera, metodo di congelamento ultrarapido di prodotti alimentari.

tachipnèa [comp. di *tachi-* e *-pnea*; 1960] **sf.** *T.med.* aumento di frequenza degli atti respiratori.

tachipsìchico (pl. *-ci*) [comp. di *tachi-* e *psichico*; 1960] **agg.** *T.med.* di individuo che, trovandosi in particolari stati psicopatologici, esegue con velocità abnorme particolari processi psichici (spec. le associazioni mentali).

tachipsichìsmo [comp. di *tachi-* e un der. del gr. *psychḗ,* anima; 1932] **sm.** particolare velocità e agilità nell'apprendimento e nell'attività psichica.

tachisintògrafo [comp. di *tachi-*, *sinto(nia)* e *-grafo*; 1965] **sm.** negli apparecchi radioricevitori, dispositivo che consente la sintonizzazione automatica.

tachisìsmo [comp. di *tachi-* e *sismo*; 1960] **sm.** terremoto che presenta scosse di breve durata.

tachisme (fr., pr. [ta'ʃism]) [da *tache,* macchia; 1965] **sm.** *inv.* movimento pittorico contemporaneo basato sull'uso delle macchie di colore secondo la tecnica informale.

tacìbile [da *tacere*; 1340] **agg.** *raro* che si può o si deve tacere || **N.** *Sin.* omissibile.

tacitaménto [da *tacitare*; 1940] **sm.** *non com.* atto ed effetto del tacitare.

tacitàre (pres. *tàcito*) [da *tacito*; 1812] **tr.** mettere a tacere, far tacere || *in part. com.* soddisfare un creditore saldandolo per l'intero ammontare del credito o, più spesso, con una somma inferiore a quella dovuta || **N.** *Sin.* compensare, pagare, saldare.

tacitazióne [da *tacitare*; 1831] **sf.** *raro* tacitamento.

taciteggiàre (pres. *-éggio*) [dal n. proprio Cornelio *Tacito,* storico lat.; 1879] **intr.** (aus. *avere*) *non com.* scrivere in modo conciso, stringato, imitando lo stile di Tacito.

tacitiàno [dal n. proprio Cornelio *Tacito,* storico lat.; 1891] **agg.** di Tacito || *in part.* di stile, conciso, stringato, alla maniera di Tacito.

tacitìsmo [dal n. proprio Cornelio *Tacito,* storico lat.; 1942] **sm.** *non com.* studio ed imitazione dello stile di Tacito || nel Cinquecento, movimento culturale, storico e politico tendente a conformare alle concezioni di Tacito gli ordinamenti statuali e politici del tempo.

tàcito [dal lat. *tacitus*; 1313] **agg. 1.** che tace: *se ne stava tacito in disparte* || *per estens. meno com.* che non fa rumore: *taciti passi,* o anche, quieto, immerso nel silenzio: *tacita notte* **2.** *fig.* non espresso, sottinteso: *un tacito rimprovero, una convenzione tacita* || **tacitaménte avv.** || **N. 1.** *Sin.* silenzioso, taciturno, zitto.

taciturnità [da *taciturno*; 1336 ca.] **sf.** *raro* qualità di chi è taciturno.

tacitùrno [dal lat. *taciturnus*; sec. XIII] **agg.** che abitualmente tace o parla poco; anche *sm.* || **N.** *Sin.* di poche parole | cupo, imbronciato, malinconico, misantropo, musone, tacito, silenzioso.

tackle (ingl., pr. ['tækəł]) [letter. attacco; 1953] **sm.** *inv. T.sport.* nel calcio, contrasto violento tra due giocatori per la conquista del pallone.

tactìsmo V. TATTISMO.

tadórna [dal fr. *tadorne*; 1826] **sf.** uccello degli Anatidi con piumaggio nero a riflessi verdastri, che vive sulle spiagge marine || **N.** *Sin.* volpoca.

tae-kwon-do (coreano, pr. it. [tɛ kwan'do]) [letter. con mani e piedi; 1988] **sm.** *inv.* arte marziale di origine coreana, simile al karate, ma con una maggior mobilità e un maggior uso dei piedi e di calci saltati circolari.

tàel [dal malese *tahil,* misura di peso; a. 1557] **sm.** *inv.* unità monetaria cinese, non più in uso, contenente gr. 23,493 di argento fino.

tafanàre (pres. *-àno*) [da *tafano*; 1824] **tr.** *raro* punzecchiare, come fanno il tafano e altri insetti molesti || **intr.** (aus. *avere*) *raro* rovistare, frugare dappertutto.

tafanàrio (pl. *-ri*) [forse da *tafano*; 1726] **sm.** *non com. pop. scherz.* sedere.

tafàno [dal lat. volg. **tafānus,* class. *tabānus*; 1313] **sm.** insetto dei Ditteri, simile a una grossa mosca, che succhia il sangue dei mammiferi e spec. dei bovini e degli equini || **N.** assillo, estro bovino.

tafarìsmo [dall'ingl. *(ras) tafarism,* movimento religioso dei rasta; 1980] **sm.** movimento religioso e politico dei negri rasta giamaicani.

tàffe [voce onom.; a. 1742] voce onom. disus. per *taffete.*

tafferìa [dall'ar. *taifūrīya*; 1340 ca.] **sf.** *non com.* piatto di legno largo e poco fondo: *rovesciò la polenta sulla tafferia.*

tafferùglio (pl. *-gli*) [dal turco *teferrüğ,* ar. persiano *tafarruğ,* divertimento, viaggio di piacere, attr. l'arc. *tafaragio,* festa, baldoria; 1585] **sm.** confusione provocata da più persone che s'azzuffano: *nacque un tafferuglio indescrivibile* || **N.** *Sin.* baruffa, parapiglia, rissa.

taffetà V. TAFFETTÀ.

tàffete [voce onom.; 1842] voce onom. che imita il suono di cosa che cade o indica, come *escl.*, un fatto che giunga improvviso: *taffete, buttano dentro nel discorso qualche parola* (Manzoni) || **N.** *Sin.* paffete.

taffettà o **taffetà** [dal pers. *taftè,* tessuto, attr. il turco e il fr. *taffetas*; 1437] **sf. 1.** tessuto di seta (o fibre artificiali) leggero e frusciante **2.** *T.farm. non com.* tessuto di seta leggero ricoperto di sostanza adesiva per medicare piccole ferite || **N. 2.** cerotto.

tafofobìa [comp. del gr. *táphos,* tomba e *-fobia*; 1905] **sf.** *T.psic.* terrore morboso di essere sepolto vivo.

tafóne [etim. inc.; 1960] **sm.** blocco roccioso eroso internamente.

tafonomìa [comp. del gr. *táphos,* seppellimento e *-nomia*; 1960] **sf.** *T.biol.* studio della collocazione e della trasformazione degli organismi animali o vegetali penetrati nella crosta terrestre ancora vivi o dopo la morte.

tafònomo [da *tafonomia*; 1983] **sm.** (f. *-a*) esperto, studioso di tafonomia.

Tafrinàcee [comp. del gr. *táphros,* fossa e *-acee*; 1960] **sf. pl.** *T.bot.* famiglia di funghi parassiti Ascomiceti, che si sviluppano dentro le foglie di molte piante.

tagàl o **tagàlog** [dal n. di un gruppo etnico delle Filippine; 1934] **sm.** (solo *sing.*) lingua ufficiale della Repubblica delle Filippine.

tagète [forse da *tagetes,* var. di lettura del lat. tardo *tragauthes,* n. di una pianta; 1983] **sm.** *T.bot.* pianta diffusa nelle zone tropicali e subtropicali dell'America; è aromatica, con foglie opposte alterne, dentate e fiori gialli o arancioni.

tàglia[1] (pl. *-glie*) [da *tagliare*; a. 1294 nel senso 2; 1955 nel senso 1; 1865 nel senso 3] ***sf.*** **1.** in sartoria, misura di capi d'abbigliamento, espressa da un numero convenzionale: *questo vestito è di taglia 48*; *taglie forti*, per persone di corporatura robusta; *taglia unica*, che può adattarsi a persone che, pur non portando la stessa taglia, hanno una corporatura media **2.** dimensioni del corpo di una persona: *un uomo di taglia media* || *per estens.* altezza di un animale misurata al garrese **3.** ricompensa in denaro promessa a chi faccia cadere nelle mani della giustizia persone ricercate: *hanno messo una grossa taglia per la sua cattura, c'è una taglia sulla testa di quell'assassino* **4.** *T.stor.* denominazione di vari tipi di imposta || somma di denaro pretesa come riscatto o tributo da parte di un esercito vincitore || *ant.* riscatto, somma di denaro richiesta per la liberazione di cose o persone sequestrate **5.** *ant.* tacca di contrassegno || **N. 2.** *Sin.* complessione, corporatura. **Q.T.** *moda...*

tàglia[2] (pl. *-glie*) [da *tagliare*; 1306] ***sf.*** paranco a mano usato per sollevare con poco sforzo grossi pesi.

tagliàbile [da *tagliare*; a. 1704] ***agg.*** *raro* che può essere tagliato.

tagliabórdi o **tagliabórdo** [comp. di *taglia(re)* e *bordo*; 1983] ***sm. inv.*** piccolo attrezzo manuale da giardino, munito di una lama a forma di disco girevole per rasare l'erba ai bordi dei prati e delle aiuole. **TAV. *giardinaggio* p. 1314** 2.

tagliabórse [comp. di *taglia(re)* e *borsa*; 1353] ***s. inv.*** borsaiolo, borseggiatore.

tagliabòschi [comp. di *taglia(re)* e *bosco*; 1879] ***s. inv.*** boscaiolo.

tagliacàlli [comp. di *taglia(re)* e *callo*; 1960] ***sm. inv.*** piccolo rasoio a lame intercambiabili, per asportare i calli.

tagliacantóni [comp. di *taglia(re)* e *cantone*; 1585] ***s. inv.*** *ant.* spaccone.

tagliacàrte [comp. di *taglia(re)* e *carta*; 1862] ***sm. inv.*** arnese a forma di coltello, in metallo, legno, avorio o altro, per tagliare carta e i fogli dei libri intonsi.

tagliacèdole [comp. di *taglia(re)* e *cedola*; 1970] ***sm. inv.*** piccola squadra usata per staccare le cedole.

tagliàcque [comp. di *taglia(re)* e *acqua*; 1965] ***sm. inv.*** opera in muratura a forma di rostro, che serve ad attenuare la pressione delle acque correnti contro i piloni dei ponti.

tagliacùce [comp. di *taglia(re)* e *cuci(re)*; 1983] ***sf. inv.*** nell'industria delle confezioni, macchina che taglia il tessuto secondo uno stampo prestabilito e contemporaneamente ne cuce l'orlo.

tagliafèrro [comp. di *taglia(re)* e *ferro*; 1614] ***sm. inv.*** scalpello di acciaio durissimo, per tagliare il ferro.

tagliafièno [comp. di *taglia(re)* e *fieno*; 1960] ***sm. inv.*** attrezzo costituito da un lungo manico e da una piastra metallica ricurva, con il bordo concavo e tagliente usato per tagliare piccole quantità di fieno o di paglia dalle balle ammassate nei fienili. **TAV.** *agricoltura* 10.8.

tagliafili [comp. di *taglia(re)* e *filo*; 1974] ***agg.*** e ***sm. inv.*** pinza adatta a tagliare fili elettrici. **TAV. *utensili* p. 1341** 21.1.

tagliafuòco [comp. di *taglia(re)* e *fuoco*; 1960 come agg.] **I** ***sm. inv.*** **1.** struttura che isola le diverse parti di un edificio, o un edificio dall'altro, per evitare il propagarsi delle fiamme di un eventuale incendio **2.** fascia di terreno disboscato per evitare il propagarsi di un incendio **II** ***agg. inv.*** (sempre posposto) di struttura, porta, parapetto che serve a isolare le diverse parti di un edificio, impedendo il propagarsi delle fiamme in caso di incendio.

taglialégna [comp. di *taglia(re)* e *legna*; 1598 *taglialegne*] ***s. inv.*** manovale addetto all'abbattimento degli alberi (o al taglio dei rami) nonché alla loro riduzione in formati commerciabili || **N.** *Sin.* spaccalegna | boscaiolo, tagliaboschi.

tagliamàre [comp. di *taglia(re)* e *mare*; 1602] ***sm. inv.*** *T.mar.* l'estremità della prora, con cui la nave fende le acque || **N.** gasco, polena.

tagliaménto [da *tagliare*; 1313] ***sm.*** *raro* atto del tagliare.

tagliàndo [da *tagliare*; 1877] ***sm.*** parte staccabile dei fogli di un bollettario, di un blocchetto di biglietti o tesserini e sim. || **N.** *Sin.* cedola, figlia.

tagliapàsta [comp. di *taglia(re)* e *pasta*; 1831] ***sm. inv.*** utensile da cucina fornito di una rotella girevole dentata, con cui si taglia la pasta sfoglia fresca.

tagliapiètre [comp. di *taglia(re)* e *pietra*; 1598 *tagliapietra*] ***s. inv.*** scalpellino.

tagliàre (pres. *tàglio*) [dal lat. tardo *taliāre*, letter. recidere un ramo; 1250 nel senso 2] ***tr.*** **1.** dividere in due o più parti per mezzo di uno strumento affilato: *tagliare con un coltello, con l'accetta, con una sega, con le forbici, tagliare in due, a metà, in otto, tagliare le pagine di un libro intonso, tagliare a fette una torta, con i denti tagliò la corda che lo teneva legato; tagliare a fette un salame*, affettarlo || *per estens.* produrre un taglio, un'incisione o sim. su di una superficie; *in part.* ferire con uno strumento affilato: *tagliare la gola*, sgozzare; anche *fig.*: *un freddo che taglia la faccia*, tanto intenso al punto da dar l'impressione che produca tagli in volto; *tagliare la superficie delle acque*, solcarla || *fig. tagliare il vino, la droga*, mescolarvi altre sostanze (o, anche, una qualità diversa della stessa sostanza) || *tagliare il mazzo*, dividere il mazzo delle carte da gioco in due o più parti || *tagliare il traguardo*, raggiungerlo e superarlo (propr. spezzare, nell'arrivare per primo, il filo che si tende in corrispondenza della linea del traguardo) || *in part.* attraversare, incrociare: *una strada che taglia la statale al centro del paese, la retta taglia la circonferenza in due punti* || *tagliare una curva*, percorrerla non lungo il suo arco ma seguendo una sua corda o comunque un tracciato tendente a quello rettilineo || interrompere, precludere o impedire la continuità di qualcosa frapponendovi un ostacolo, un impedimento e sim.: *tagliare la ritirata all'esercito nemico; tagliare i rifornimenti, i viveri*, impedire che arrivino in un dato luogo e, *fig.*, non dare denaro a una persona che non può provvedere da sola a se stessa || *tagliare la strada a qualcuno, a un veicolo* e sim., ostacolarne il procedere attraversandone all'improvviso e da presso il percorso: *un camion mi ha tagliato la strada* || in modi di dire e loc. fig. particolari: *tagliare la corda*, svignarsela; *tagliare i ponti*, interrompere i contatti con qualcuno o qualcosa: *hanno tagliato i ponti e non si salutano nemmeno più; tagliare i ponti con il passato*, cambiar vita; *tagliare i panni addosso a qualcuno*, sparlarne; *disus. avere una lingua che taglia e cuce*, essere maldicenti; *una nebbia, un fumo che si taglia con il coltello*, molto fitti; *T.sport. tagliare la palla*, colpirla dandole un effetto (v. EFFETTO) **2.** separare, distaccare una o più parti da un intero per mezzo di uno strumento affilato: *con un sol colpo gli tagliò la testa, ti taglio una fetta di dolce, mi tagli due metri di quella stoffa; tagliare una pezza per fare una gonna* (o, *per meton., tagliare una gonna*), tagliarne le parti che poi saranno cucite assieme; *in part.* amputare: *gli hanno dovuto tagliare un braccio*; recidere: *tagliare i rami più lunghi* || *fig.* sopprimere una parte di qualcosa: *tagliare una scena dal terzo atto* || nelle loc. fig.: *tagliare la testa al toro*, trovare una soluzione che elimina ogni motivo di dubbio; *tagliare le gambe a qualcuno*, stroncarlo, privarlo della possibilità di procedere nella sua attività: *una salita che taglia le gambe, non ha fatto carriera perché una denuncia gli ha tagliato le gambe; tagliar fuori*, isolare: *la parte nord della regione è rimasta tagliata fuori dalla rete ferroviaria, i suoi vecchi amici l'hanno tagliato fuori dal gruppo* **3.** accorciare, decurtare, ridurre con uno strumento tagliente: *tagliare i capelli, l'erba del prato* || *fig. tagliare uno scritto, un racconto*, abbreviarlo sopprimendone una parte; anche *ass.*, in loc. fam.: *taglia!, taglia corto*, rif. a un discorso, un colloquio, uno scritto e sim., abbrevialo, sintetizzalo in modo da concludere in fretta || *in part.* sfaccettare, asportando parte del materiale: *tagliare un grosso diamante* **4.** *ass.* di lama, strumento e sim., *tagliare (bene), male, non tagliare (bene)*, essere o non essere affilato: *queste forbici non tagliano per niente* **5.** *T.gioc.* battere la carta dominante di una mano con una carta di briscola (o *atout*): *tagliare l'asso con il due di briscola*; anche *ass.*, giocare una carta di briscola (o *atout*) in una mano comandata da un altro seme || ***rifl.*** prodursi uno o più tagli, ferirsi con qualcosa di affilato: *è facile tagliarsi mentre ci si fa la barba con il rasoio, si è tagliato con il coltello* || ***rifl. indir.*** **1.** troncarsi, mozzarsi una parte del corpo: *si tagliò la mano che aveva peccato* || *in part.* accorciarsi: *tagliarsi le unghie, la barba* **2.** prodursi un taglio in una parte del corpo: *mi sono tagliato un dito con le forbici* || **N. 1.** ***tr.*** *Sin.* fendere, dimezzare, incidere, intagliare, resecare, secare, segare, tagliuzzare, tranciare; solcare | a filo, di netto, di sbieco, di sghembo, di sguincio, di traverso **2.** *Sin.* amputare, decapitare; dividere, potare, stralciare **3.** *Sin.* spuntare **5.** surtagliare. **Q.T.** *giochi.*

tagliarèllo [da *tagliare*; 1960] ***sm.*** spec. *pl. T.alim. region.* tipo di pasta alimentare a forma di sottili strisce.

tagliaréte o **tagliaréti** [comp. di *taglia(re)* e *rete*; 1937] ***sm.*** e ***agg. inv.*** *T.mar.* robusta barra dentata di acciaio fissata alla prora dei sommergibili per poter aprire varchi nelle reti metalliche di ostruzione.

tagliasfòglia [comp. di *taglia(re)* e *sfoglia*; 1965] ***sm. inv.*** tagliapasta.

tagliasìgari [comp. di *taglia(re)* e *sigaro*; 1960] ***sm. inv.*** arnese per tagliare o spuntare i sigari, fornito di taglienti lame.

tagliastràcci [comp. di *taglia(re)* e *straccio*; 1960] ***sf. inv.*** nell'industria della carta, macchina che riduce gli stracci in pezzetti sottili e uniformi.

tagliàta [da *tagliare*; sec. XIV] ***sf.*** **1.** atto del tagliare una volta o un poco: *una tagliata ai capelli* **2.** *T.sport.* nella scherma, colpo tirato dall'alto in basso dopo aver effettuato una specie di parabola con la propria arma **3.** *T.sport.* nel tennis, colpo dato alla palla in modo da imprimerle un movimento di rotazione **4.** *ant.* area di un bosco nella quale si sono abbattuti gli alberi **5.** *T.mil.* interruzione di un passaggio obbligato ottenuta scavando un profondo fossato il cui parapetto è formato da alberi abbattuti || *dim.* tagliatina.

tagliatèlla [da *tagliare*; a. 1549] ***sf.*** spec. *pl. T.alim.* pasta all'uovo tagliata in strisce di media larghezza, generalmente da fare asciutta || **N.** *Sin.* fettuccine. **TAV.** *alimentazione* 1.4.

tagliatìno [da *tagliare*; 1865] ***sm.*** *tosc.* taglierino.

tagliàto (*pps.* di *tagliare*) [1353] ***agg.*** nei significati del verbo || di persona, fatto, formato, sia rispetto alla forma e proporzione del corpo: *è ben tagliato, è tagliato male*, sia, più com., rispetto ai modi: *è un uomo tagliato all'antica* || *fig. essere tagliato per qualcosa*, avere disposizione, inclinazione: *è tagliato per il disegno* || *T.arald. scudo tagliato*, scudo diviso da una diagonale, da sinistra a destra; anche *sm.* ‖ **N.** *fig. Sin.* portato, predisposto | *Contr.* negato. **TAV.** ***araldica*** **p. 645** 3.4.

tagliatóre [da *tagliare*; 1318] ***sm.*** **1.** (f. *-trice*) addetto al taglio, spec. nelle sartorie o nei macelli, nei lavori di gioielleria e nell'industria mineraria **2.** tagliatrice.

tagliatrìce [da *tagliare*; 1879] ***sf.*** macchina per tagliare; *in part.* nell'industria mineraria, macchina che, praticando intagli in strati di minerali di media durezza (carbone, sali e sim.), ne facilita il disgregamento.

tagliatùra [da *tagliare*; 1305] ***sf.*** **1.** l'atto e il modo del tagliare; taglio **2.** *concr.* la parte asportata con il taglio ‖ **N. 2.** *Sin.* ritaglio, scampolo, sciavero.

tagliauòva [comp. di *taglia(re)* e *uova*; 1970] ***sm. inv.*** utensile da cucina formato da un telaio cui sono fissati fili d'acciaio o lame, per tagliare le uova sode a fettine sottili e regolari.

tagliavènto [comp. di *taglia(re)* e *vento*; 1659] ***sm. inv.*** **1.** *T.bal.* struttura di forma conica od ogivale che si sovrappone alla parte anteriore dei proiettili per allungarli e così conferir loro una maggiore capacità di penetrazione nell'aria **2.** *T.mar.* negli antichi velieri, vela di taglio usata come vela di fortuna.

tagliazòlle o **tagliazólle** [comp. di *taglia(re)* e *zolla*; 1970] ***sm. inv.*** strumento da giardinaggio usato per tagliare uniformemente l'erba o per smuovere le zolle.

taglieggiàre (pres. *-éggio*) [da *taglia*; a. 1527] ***tr.*** **1.** imporre tributi a un popolo vinto ‖ *per estens.* imporre con la forza il pagamento di somme di denaro non dovute: *il racket taglieggia i negozianti della zona* ‖ *scherz.* stabilire prezzi esosi: *le banche taglieggiano chi chiede loro un prestito* **2.** *arc.* esigere una taglia per il riscatto di cose o persone.

taglieggiatóre [da *taglieggiare*; a. 1540] ***agg.*** e ***sm.*** (f. *-trice*) che o chi taglieggia.

tagliènte [da *tagliare*; 1342] ***agg.*** **1.** di attrezzo, atto a tagliare, che taglia bene, ben affilato: *un coltello dalla lama tagliente* ‖ *per estens.* dal bordo affilato, che provoca tagli: *attento a non ferirti su una roccia tagliente* ‖ *fig. lingua tagliente*, quella di persona maldicente **2.** di linea, che è senza sfumature e morbidezza di toni: *un viso dal profilo tagliente.*

taglière [dal fr. ant. *tailloir*; 1305] ***sm.*** utensile da cucina consistente in una tavoletta di legno duro, sul quale si poggiano gli alimenti da tagliare, battere, triturare ecc. ‖ *dim.* taglierìno.

taglierìa [da *tagliare*; 1960] ***sf.*** laboratorio per il taglio dei diamanti.

taglierìna [da *tagliare*; 1931] ***sf.*** macchina, manuale o comandata elettricamente, usata per tranciare o rifilare materiali diversi (carta, cartone, cuoio, laminati metallici o plastici e sim.).

taglierìno [da *tagliare*; 1640 *tagliarini*] ***sm.*** spec. *pl. T.alim.* tipo di tagliatella molto sottile.

tagliétto (*dim.* di *taglio*) [1891] ***sm.*** **1.** piccolo taglio: *mi sono fatto un taglietto sul labbro* **2.** attrezzo a forma di scalpello, tagliente, usato per troncare fili metallici **3.** *T.tip.* attrezzo usato per tagliare filetti e interlinee ‖ taglierina a mano per rifilare i fogli.

tàglio (pl. *-gli*) [da *tagliare*; 1305 nel senso 6; a. 1803 nel senso 1] ***sm.*** **1.** atto del tagliare, in tutti i sensi: *il taglio del fieno*; *strumenti da taglio*, che servono a tagliare (forbici, coltelli, seghe ecc.); *bosco da taglio*, ceduo, che viene tagliato periodicamente; *taglio cesareo*, v. CESAREO; *in part.* troncamento, brusca rottura: *dare un taglio netto con un'accetta*; anche *fig.*: *dare un taglio a una discussione*, troncarla ‖ affettatura: *il taglio dei salumi* ‖ squartamento: *il taglio delle bestie macellate* ‖ recisione: *il taglio dei rami secchi* ‖ accorciamento: *dalla mia pettinatrice il taglio e la messa in piega costano poco* ‖ soppressione, eliminazione di una parte: *la censura intervenne con pesanti tagli* ‖ blocco: *taglio dei viveri* ‖ miscelatura: *il taglio degli stupefacenti, vini da taglio* ‖ *taglio al caffè, al whisky*, gelato a cui è stato aggiunto del caffè, del whisky ‖ *T.sport.* atto del colpire la palla di taglio: *un corner battuto con un taglio d'interno a rientrare* **2.** modo di tagliare, tecnica di esecuzione di operazioni di taglio: *taglio a mano, a macchina, con le forbici, un sarto con un bel taglio, dal taglio sicuro, scuola di taglio e cucito* **3.** *concr.* effetto risultante dal tagliare e dal tagliarsi: *fare un taglio nella stoffa* ‖ anche incisione prodotta da un corpo tagliente: *il banco è pieno di tagli fatti col temperino*; *in part.* ferita, lesione prodotta da un corpo tagliente: *mi sono fatto un taglio a un dito, un taglio superficiale, profondo* ‖ *per estens.* lineetta che taglia un simbolo grafico: *il taglio della t*; *T.mus. taglio addizionale*, nella notazione musicale, lineetta posta trasversalmente sul corpo della nota (*taglio di testa*), oppure sopra o sotto di essa (*taglio in collo*), per indicarne l'altezza fuori dal pentagramma; *T.giorn.* titolo che taglia la continuità di una pagina **4.** *concr.* la parte tagliata da un intero; *in part.* rif. a una stoffa, pezzo tagliato dalla pezza: *un taglio di due metri*; *un taglio per una gonna*, un pezzo di dimensione tale da poterci confezionare una gonna; *T.mac.* parte della bestia macellata: *un taglio per il lesso, il filetto è un taglio tenero* ‖ *vendere a taglio*, tagliando da un intero il pezzo richiesto dal cliente: *pizza a taglio* **5.** forma di un pezzo tagliato: *taglio a rosa, a navetta*, forme date alle pietre preziose ‖ rif. spec. a banconote, pezzatura, valore: *biglietti di piccolo, grosso taglio* ‖ anche foggia, linea: *un tavolo di taglio rinascimentale* ‖ *fig.* stile: *uno scritto di taglio giornalistico*; e, *per estens.*, impostazione, impronta: *ha dato al giornale, alla politica del governo un taglio reazionario* **6.** parte con cui si taglia, la parte sottile e tagliente di una lama: *affilare il taglio di un coltello*; *colpire di taglio*, con il taglio della lama, spec. opposto a *di punta*: *arma da taglio*, con la quale si colpisce di taglio: *la sciabola è un'arma da taglio, il fioretto di punta*; *arma a doppio taglio*, con entrambi i lati della lama affilati e, *fig.*, azione o argomento che può rivoltarsi a danno di chi se ne serve ‖ *per estens.* il lato più sottile di un oggetto: *il taglio di una mattonella*; nella loc. *di taglio*: *mettere, disporre qualcosa di* (o, meno com., *per*) *taglio*, in modo che poggi su uno dei suoi lati più stretti o si veda uno di questi: *i dischi, i libri è meglio sistemarli di taglio anziché di piatto* ‖ *T.mar. vele di taglio*, quelle che possono essere disposte in senso longitudinale rispetto all'imbarcazione ‖ *T.sport. colpire di taglio*, nei giochi di palla, colpire imprimendo l'effetto (v. EFFETTO) ‖ *T.mecc. sforzo di taglio*, sollecitazione di un elemento strutturale che si verifica quando il sistema delle forze agenti è riducibile a un'unica forza contenuta nel piano della sezione ‖ *dim.* tagliétto, tagliettìno ‖ **N. 3.** dritto / storto, netto / sfrangiato **6.** *Sin.* filo | *Contr.* dorso | affilare. **Q.T.** ***armi, barbiere..., moda...*** **TAV.** *alimentazione* 3, 4; *gemme*; ***musica*** **p. 1324** 1.1c; ***tipografia*** **p. 1337** 12.9.

tagliòla [prob. lat. *taleola*, piccola talea; a. 1320 *tagliuola*] ***sf.*** trappola costituita perlopiù da una morsa a scatto, usata per catturare selvaggina ‖ *fig.* inganno ‖ **N.** *Sin.* TRAPPOLA.

tagliolìno [da *tagliolo*; 1630] ***sm.*** spec. *pl.* taglierino: *tagliolini in brodo.*

tagliòlo [da *tagliare*; a. 1537] ***sm.*** **1.** attrezzo del fucinatore usato per praticare tagli **2.** *tosc.* piccola porzione di materia tagliabile; bocconcino: *un tagliolo di carne.*

taglióne[1] [dal lat. *tālio, -ōnis*; sec. XIV] ***sm.*** pena, vigente in ordinamenti antichi, consistente nell'infliggere al reo il danno stesso da lui arrecato alla sua vittima: *la legge del taglione* ‖ **N.** contrappasso | occhio per occhio, dente per dente.

taglióne[2] [da *tagliare*; 1960] ***sm.*** *T.edil.* struttura in muratura che, nelle costruzioni idrauliche, costituisce la base per strutture sovrastanti.

tagliuòla ***sf.*** *non com.* v. TAGLIOLA.

tagliuòlo ***sm.*** *non com.* v. TAGLIOLO.

tagliuzzaménto [da *tagliuzzare*; 1738] ***sm.*** atto del tagliuzzare.

tagliuzzàre [da *tagliare*; a. 1597] ***tr.*** tagliare qualcosa minutamente, in piccolissime parti ‖ sfrangiare tagliando.

tagmèma [dall'ingl. *tagmeme*, dal gr. *tágma*, ciò che è messo in ordine; 1979] ***sm.*** *T.ling.* la più piccola unità grammaticale dotata di significato.

tagmèmico (pl. *-ci*) [da *tagmema*; 1979] ***agg.*** *T.ling.* relativo al tagmema, proprio del tagmema: *analisi tagmemica.*

tài v. THAI.

tai chi (cin., pr. [tʰai'tʃi]) v. TAI-CHI-CHUAN.

tai-chi-chuan (cin., pr. [tʰai tʃi'tʃɥæn]) [voce cinese; 1988] ***sm. inv.*** arte marziale cinese oggi molto simile a una danza o allo yoga; comprende 128 movimenti basilari, lenti e precisi, così da favorire le funzioni dell'intero organismo e in particolare quelle del cuore; si può praticare da soli o con un avversario col quale si svolge un combattimento simbolico.

tàiga [dal russo *tajgá*, forse attr. il fr. *taïga*; 1963] ***sf.*** *T.geogr.* foresta boreale formata spec. da conifere, caratteristica della Siberia.

tailleur (fr., pr. [ta'jœ:r]) [letter. chi taglia gli abiti, sarto; 1905] ***sm. inv.*** completo femminile formato da giacca e gonna.

tàit ***sm.*** *non com.* adattamento grafico di *tight* (v.).

take off (ingl., pr. ['teɪkɒf]; pr. it. [teik'ɔf]) [comp. di to *take*, prendere e *off*, via, lontano; 1971] ***sm. inv.*** *T.econ.* decollo, avvio della fase di industrializzazione di un paese arretrato.

tal ***agg.*** troncamento di *tale*; non si apostrofa mai (cfr. anche QUAL).

talabalàcco (pl. *-chi*) [dal turco *dümbelek*; 1541] ***sm.*** *ant.* strumento musicale moresco, simile al timpano.

talacimànno [dal persiano *dānišmand*, saggio; a. 1470] ***sm.*** *arc.* colui che dal minareto della moschea chiama i fedeli alla preghiera; *muezzin.*

talalgìa (pl. *-gie*) [comp. del lat. *tālus*, tallone e *-algia*; 1940] ***sf.*** *T.med.* dolore acuto in corrispondenza del tallone.

talàltro o **tal àltro** [comp. di *tale* e *altro*; 1960] ***pron. indef.*** qualche altro, usato in correlazione con *taluno*: *taluno sostiene questo, talaltro quello*; al *f.*, *talaltra*, qualche altra volta, in correlazione con *talvolta*: *talvolta vado al cinema con gli amici, talaltra da solo.*

tàlamo [dal lat. *thalamus*, gr. *thálamos*, stanza nuziale; a. 1306] ***sm.*** **1.** nell'antica Grecia, orginariamente, parte riservata della casa e, in seguito, camera nuziale e anche letto matrimoniale ‖ *lett.* camera nuziale e anche letto matrimoniale: *condurre una donna al talamo*, sposarla; *abbandonare il talamo nuziale*, andarsene di casa **2.** *T.bot.* porzione espansa del peduncolo del fiore, su cui sono impiantati i verticilli floreali **3.** *T.anat. talamo ottico*, parte superiore del diencefalo, sede di connessioni nervose tra la corteccia cerebrale e altre parti dell'encefalo e del midollo spinale.

talàre [dal lat. *talāris*, pertinente ai malleoli; sec. XIV] ***agg.*** di veste lunga fino ai talloni ‖ *in part. com.* quella dei membri del clero cattolico; anche in espr. *fig.*: *indossare, vestire l'abito talare*, farsi prete ‖ **N.** zimarra.

talàri [dal lat. *talāria*, (calzari) fino alle caviglie; a. 1566] **sm.** *pl.* *T.mit.* i calzari alati che portava il dio Mercurio.

talassemìa [comp. di *talasso-* e *-emia*; 1979] **sf.** *T.med.* malattia ereditaria del sangue, caratterizzata da un'alterazione di forma dei globuli rossi, ed evidenziata da particolari caratteri somatici nello scheletro e nel volto; colpisce specialmente le popolazioni rivierasche del bacino mediterraneo ‖ **N.** *Sin.* anemia mediterranea, microcitemia, morbo di Cooley.

talassèmico (pl. *-ci*) [da *talassemia*; 1981] **agg.** e **sm.** (f. *-a*) *T.med.* che, chi è colpito da talassemia.

talàsso- [dal gr. *thálassa*, mare] **primo elem.** che, in parole composte dotte o della terminologia scientifica, vale "mare", "relativo al mare (o agli organismi che vivono in esso)": **talassobiologìa**, **talassofobìa**.

talassòcrate [comp. di *talasso-* e *-crate*; 1918] **sm.** *lett.* signore del mare: *avrà da talassocrati ateniesi gli onori divini* (D'Annunzio).

talassocrazìa [dal gr. *thalassokratía*; 1842] **sf.** *lett.* il dominio, la signoria assoluta dei mari.

talassofilìa [comp. di *talasso-* e *-filia*; 1960] **sf.** tendenza di alcuni organismi animali o vegetali a vivere in climi mitigati per influsso del mare.

talassografìa [comp. di *talasso-* e *-grafia*; 1895] **sf.** *T.scient.* parte dell'oceanografia che studia il mare nei suoi fenomeni fisici (profondità, forma, natura del suolo sottomarino, contorni delle coste ecc.) e nella sua composizione chimica.

talassogràfico (pl. *-ci*) [da *talassografia*; 1931] **agg.** relativo alla talassografia.

talassògrafo [comp. di *talasso-* e *-grafo*; 1940] **sm.** (f. *-a*) studioso di talassografia.

talassologìa [comp. di *talasso-* e *-logia*; 1910] **sf.** oceanografia.

talassòlogo (pl. *-gi*) [comp. di *talasso-* e *-logo*; 1983] **sm.** (f. *-a*) studioso o esperto in talassologia.

talassoterapìa [comp. di *talasso-* e *terapia*; 1899] **sf.** *T.med.* terapia che sfrutta l'azione del clima marino e dell'acqua di mare.

talassoteràpico (pl. *-ci*) [da *talassoterapia*; 1960] **agg.** relativo alla talassoterapia: *istituto talassoterapico.*

talbotipìa [dal n. proprio W.H.F. *Talbot*, fisico ingl. che ideò nel 1841 tale procedimento; 1960] **sf.** *T.fot.* procedimento di stampa fotografica ai sali d'argento ‖ **N.** *Sin.* callotipia.

talché [comp. di *tal(e)* e *che*; a. 1527] **cong.** *lett.* (introduce una prop. con valore conclusivo col verbo al cong. o all'ind.) cosicché, tanto che.

tàlco (pl. *-chi*) [dall'ar. *ṭalq*, amianto, mica e sim.; 1550] **sm.** **1.** *T.min.* silicato di magnesio, inattaccabile dagli acidi, untuoso al tatto, di lucentezza madreperlacea, bianco con riflessi verdognoli o giallognoli; è variamente impiegato industrialmente (come lubrificante secco, nella fabbricazione di ciprie ecc.) **2.** *com.* borotalco.

talcoscìsto [comp. di *talco* e *scisto*; 1960] **sm.** *T.min.* varietà di scisto a struttura cristallina di colore biancastro o verdastro, composta prevalentemente di talco.

talcòṣi [comp. di *talco* e *-osi*; 1960] **sf.** *T.med.* pneumoconiosi provocata dall'inalazione prolungata di polvere di talco.

talcóso [da *talco*; 1840] **agg.** che contiene talco ‖ che ha l'aspetto o la natura del talco.

tàle (pl. *tàli*, poet. *tài*) (si tronca freq. davanti a consonante, meno com. davanti a vocale) [lat. *tālis*; fine sec. XII] **I agg.** *dimostr.* **1.** che ha le stesse caratteristiche di ciò di cui si è parlato precedentemente o è più o meno implicito nel discorso; simile, siffatto: *con tali persone non voglio avere a che fare, non mi aspettavo tale gesto da parte sua, tale era il suo modo di pensare* ‖ (in particolari contesti, per esprimere un grado molto alto o eccessivo) tanto grande, così grande: *non ci si aspettava una tale insensibilità da parte sua* **2.** con valore attenuato, questo, quello: *tali prove furono giudicate schiaccianti, dati tali ordini se ne andò* **3.** negli stessi sensi di 1, nell'antecedente di una consecutiva (in correlazione con *che*, *da* o *quale*): *è in uno stato tale da far pietà, le cose sono a un punto tale che si deve intervenire, disse cose tali quali nemmeno te le immagini* ‖ in correlazione con se stesso o con *quale*, sottolinea l'identità, la somiglianza: *tale (è) il padre, tale (è) il figlio, è tale (e) quale il padre* ‖ **talménte** **avv.** così, a tal punto, usato sempre in correlazione con *che* o *da*, per introdurre una consecutiva (che può però anche essere sottintesa): *sono talmente triste (che mi metterei a piangere)* ‖ **agg.** *indef.* un certo, una certa, usato sia con l'art. indet. anteposto (*quando ha deciso una tal cosa, quella dev'essere, un tal architetto di Torino*), sia con l'art. det. anteposto (per indicare una cosa o persona indeterminata): *è molto curioso e fa continuamente domande: vuol sapere la tal cosa, e la tal altra...*; *quando le dirò che voglio vedere la* (o, rafforzato, *quella*) *tal persona* (o *la persona tale*), *lei si incaricherà di mandarmela* **II pron.** *dimostr.* preceduto dall'art. det., indica una persona già nominata o sottintesa in sostituzione del suo nome o di altri titoli che la identifichino: *digli che ti manda la tale* (o, più com., *la tal dei tali*) *e ti faranno un prezzo di favore, io sono il tale che ha telefonato poco fa* ‖ **pron.** *indef.* sempre preceduto dall'art. indet., indica una persona immaginaria, o una realmente esistente che non si vuole identificare con maggior precisione: *supponi che un tale ti insulti, ho visto una tale con i capelli rosso carota*; anche rafforzato anteponendogli *questo* o *quello*: *è tornato quel tale che ti cercava ieri.*

talèa [dal lat. *tālea*; a. 1320] **sf.** *T.bot.* parte di una pianta (perlopiù un ramo), provvista di almeno una gemma, usata per la riproduzione agamica di piante che emettono facilmente radici avventizie.

taleàggio (pl. *-gi*) [da *talea*; 1960] **sm.** tecnica di riproduzione delle piante per talea.

tàle che v. TALCHÉ.

talèd o **tallèd** [dall'ebr. *ṭallīth*; 1840] **sm.** *inv.* scialle di lana bianca a righe blu o nere, con fiocchi ai quattro angoli, nel quale gli ebrei si avvolgono il capo e le spalle durante la preghiera.

talèggio [dal n. geogr. *Taleggio*, località in provincia di Bergamo; 1918] **sm.** formaggio grasso e tenero, dalla tipica crosta bruno-rossiccia.

talentàccio (pl. *-ci*) (*pegg.* di *talento* nel senso 2) [a. 1742] **sm.** *fam.* *scherz.* persona che ha talento, ma non ancora dirozzato.

talentàre (pres. *-ènto*) [da *talento*; sec. XIV] **intr.** (aus. *essere*) *lett.* *non com.* andare a genio, piacere: *fai quel che ti talenta*, quel che ti piace.

talènto [dal lat. *talentum*, gr. *tálanton*, piatto della bilancia, peso, somma di denaro; a. 1294] **sm.** **1.** *T.stor.* la maggior misura di peso (circa 26.196 grammi) e poi la maggior moneta presso i Greci e gli Ebrei **2.** *per estens.* *fig.* valore, capacità, attitudine, predisposizione naturale: *è un uomo di gran talento, ha uno spiccato talento artistico* ‖ *per meton.* persona di talento: *i giovani talenti della lirica* ‖ *ant.* o *lett.* voglia, desiderio: *mi guardò come talento avesse di veder s'altri era meco* (Dante); anche nella loc. *a talento*, a piacere ‖ *dim.* talentìno; *accr.* talentóne; *pegg.* talentàccio ‖ **N.** **2.** *Sin.* abilità, inclinazione, propensione; desiderio. **Q.T.** *numismatica.*

talentóso [da *talento*; a. 1294] **agg.** **1.** *ant.* desideroso, voglioso, bramoso **2.** *raro* pieno di talento.

talent scout (ingl., pr. [ˈtæləntˌskaʊt]) [letter. scopritore di talenti; 1954] **s.** *inv.* chi, spec. nel mondo dello spettacolo, si occupa della ricerca di artisti di talento da lanciare.

Taliàcei [dal lat. *Thalīa*, n. di una ninfa marina; 1937] **sm.** *pl.* *T.zool.* classe di Tunicati marini viventi in colonie, dal corpo a barilotto trasparente o fosforescente, che si riproducono alternativamente in forma sessuale e in forma agamica.

taliṣmànico (pl. *-ci*) [da *talismano*; 1960] **agg.** *non com.* di talismano; dotato di proprietà magiche.

taliṣmàno [dal persiano *ṭilism*, *ṭilismât*; 1677] **sm.** amuleto cui si attribuiscono virtù positive (di allontanare i mali, di assicurare la salute e la fortuna ecc.) ‖ *per estens.* portafortuna.

taliṣmo [dal lat. *tālus*, tallone; 1960] **sm.** *T.med.* malformazione del piede che, in seguito a una eccessiva flessione del dorso, viene a poggiare sul calcagno anziché sulla pianta.

talk show (ingl., pr. [ˈtɔːkʃoʊ]) [letter. spettacolo in cui si conversa; 1980] **sm.** *inv.* programma radiofonico o televisivo in cui il conduttore intervista noti personaggi del mondo dello spettacolo, dello sport, della cultura o sim.

tàlla [da *tallo*; 1865] **sf.** *raro* tallo, ramo che cresce sul ceppo degli alberi potati: *era una talla del ceppo vecchio* (Pascoli).

tallèd v. TALED.

tàllero [dal ted. *T(h)aler*; 1565 *talero*] **sm.** *T.stor.* e *T.num.* antica moneta tedesca d'argento; *tallero di Maria Teresa*, moneta in uso in Etiopia fino al 1945.

tàllico (pl. *-ci*) [da *tallio*; 1879] **agg.** *T.chim.* dei composti trivalenti del tallio.

tàllio [da *tallo*, germoglio, per il colore di una linea del suo spettro, sul modello dell'ingl. *thallium*; 1863] **sm.** *T.chim.* nome di un elemento molto simile al piombo che, allo stato libero, si presenta come un metallo grigio-bluastro.

tallìre (pres. *-ìsco*, *-ìsci*) [da *tallo*; 1574] **intr.** (aus. *essere* e *avere*) fare il tallo, germogliare: *far tallire l'orzo, gli spinaci.*

tallìto (*pps.* di *tallire*) [1525] **agg.** di pianta che ha buttato più foglie o steli da un solo ceppo.

tallitùra [da *tallire*; 1960] **sf.** *T.bot.* fase vegetativa di una pianta; accestimento.

tàllo [dal lat. *thallus*, gr. *thallós*, germoglio, ramo giovane; a. 1320] **sm.** **1.** *T.bot.* corpo dei vegetali inferiori (funghi, alghe, licheni), nei quali non si distinguono la radice, il fusto e le foglie **2.** *com.* germoglio, pollone ‖ **N.** **1.** cormo.

Tallòfite [comp. di *tallo* e *-fita*; 1892] **sf.** *pl.* *T.bot.* categoria sistematica comprendente tutte le forme il cui corpo è costituito da un tallo: *i funghi sono Tallofite.*

tallòlio [dallo sved. *tallöl*, olio di pino, attr. l'ingl. *tall oil*; 1960] **sm.** olio resinoso ottenuto dalle acque di lavorazione della polpa del legno, impiegato in vari processi industriali.

tallonàggio (pl. *-gi*) [da *tallonare*; 1964] **sm.** *T.sport.* nel gioco del rugby, colpo dato al pallone durante una mischia, con il tallone, per mandarlo all'indietro.

tallonaménto [da *tallonare*; 1953; 1983 nel senso 2] **sm.** **1.** atto ed effetto del tallonare **2.** *T.metal.* impuntamento, lo strisciare della macchina utensile sulla superficie del metallo lavorato.

tallonàre (pres. *-óno*) [da *tallone*, sul modello del fr. *talonner*, 1935] **tr.** spec. nel linguaggio sportivo, seguire molto da vicino qualcuno, stargli alle calcagna ‖ **intr.** (aus. *avere*) *T.mar.* di nave, urtare ripetutamente il fondo del mare per effetto del beccheggio, quando il mare è agitato e il fondale basso || **N.** *tr. Sin.* incalzare.

tallonàta [da *tallone*; 1960] ***sf.*** colpo dato col tallone.

tallonatóre [da *tallonare*, sul modello del fr. *talonneur*; 1960] ***sm.*** *T.sport.* nel gioco del rugby, giocatore della prima linea che ha il compito di impadronirsi della palla e di passarla all'indietro.

talloncino (*dim.* di *tallone*) [1809] ***sm.*** piccola cedola staccata da un tagliando quale riscontro, ricevuta e sim.

tallóne [dal lat. tardo *tālo, -ōnis*; sec. XIII *talone*] ***sm.*** **1.** *T.anat.* nel piede, parte inferiore posteriore del calcagno; *tallone d'Achille*, l'unico punto dove l'eroe greco era vulnerabile e perciò, *fig.*, l'unico punto vulnerabile di una persona, di un ragionamento ecc. **2.** *per estens.* parte della calza rinforzata in corrispondenza del tallone **3.** *per estens. fig.* parte, perlopiù sporgente, con funzione di appoggio o sostegno; *in part.* nell'aratro, la parte posteriore || *T.tip.* pezzo di metallo scorrevole entro il vano del compositoio, che segna la giustezza della riga che il tipografo deve comporre || nella lama di un coltello, l'estremità infissa nel manico || *T.mar.* nel remo, rivestimento nel punto in cui poggia sullo scalmo; anche la parte del remo corrispondente **4.** *T.gioc.* le carte che restano di un mazzo dopo la distribuzione e che vengono utilizzate per i prelievi successivi || nella scopa, *tenersi il tallone*, tenersi in mano una carta alta parigliata (spec. un re) per essere in grado di prendere all'ultima mano, e raccogliere così anche le altre carte, sparigliate, rimaste sul tavolo **5.** *T.econ.* base di un sistema monetario; *in part. tallone metallico*, quando il sistema è basato su monete metalliche: *tallone aureo*, d'oro; *tallone argenteo*, d'argento **6.** *non com.* talloncino. **Q.T.** *giochi.*

tallónzolo o **tallòzzolo** [da *tallo*; 1865] ***sm.*** il germoglio che buttano i cavoli.

tallóso [da *tallo*; 1891] ***agg.*** *T.bot.* che presenta le caratteristiche del tallo: *piante tallose.*

talmud (ebr., pr. [tal'mu:d]) [letter. studio, dottrina; 1644] ***sm.*** *inv.* raccolta di leggi, tradizioni rabbiniche e precetti rituali o morali ebraici.

talmùdica [da *talmud*; 1960] ***sf.*** la scienza speciale che riguarda gli studi talmudici.

talmùdico (pl. *-ci*) [da *talmud*; 1865] ***agg.*** del *talmud*, che si riferisce al *talmud.*

talmudìsta [da *talmud*; 1549] ***s.*** studioso, commentatore del *talmud* || *fig.* chi pensa e discute con atteggiamento pedante e dottrinario, attribuendo autorità assoluta a un qualche testo.

talóra [comp. di *tal*(*e*) e *ora*; 1313] ***avv.*** alle volte, talvolta, qualche volta.

talòtta [comp. di *tal*(*e*) e *otta*; 1400 ca.] ***avv.*** *arc.* talora.

tàlpa [lat. *talpa*; 1319] **I *sf.*** **1.** *T.zool.* genere di animali degli Insettivori, con muso allungato, occhi piccoli, pelliccia morbida e fitta, piedi anteriori robusti e allargati a forma di pala, atti a scavare il terreno || *cieco come una talpa*, di persona molto miope o, *fig.*, meno com., dalle idee molto ristrette; e in quest'ultimo senso anche *ass.*: *è una talpa* || *fig.* con allusione all'abitudine dell'animale di passare la maggior parte del tempo sottoterra scavando cunicoli, persona che, coperta dalla propria professione, riesce a carpire informazioni riservate relative al proprio ambiente di lavoro; infiltrato **2.** *per meton.* pelliccia della talpa: *una stola in talpa* **II** nella ***loc. agg.*** *grigio talpa*, del colore grigio-bruno piuttosto scuro tipico della pelliccia della talpa || nella *loc. m.* usata come *loc. agg. color talpa*, del colore della pelliccia della talpa || *accr.* talpóna, talpóne (*sm.*).

talpóne (*accr.* di *talpa*) [1879] ***sm.*** grossa talpa || *fig.* persona che vive rintanata in casa, priva di interessi.

talùno [comp. di *tal*(*e*) e *uno*; a. 1665 come pron. indef.] **I *agg.*** *indef.* solo *pl.* alcuni, certi: *taluni studiosi non condividono quest'ipotesi* **II *pron.*** *indef.* qualcuno, qualche persona: *taluni sperano che nevichi*; spesso in correlazione con *talaltro*: *taluno diceva di sì, talaltro negava.*

talus (fr., pr. [ta'ly]) [letter. terrapieno, scarpata; 1905] ***sm.*** *inv.* **1.** *T.geol.* scarpata naturale scoscesa, in part. quella che raccorda la piattaforma continentale alle piane abissali, più com. nota come "scarpata continentale" || falda di detrito **2.** *T.ipp.* nelle corse a ostacoli, ostacolo costituito da un rialzo in terra.

talvòlta [comp. di *tal*(*e*) e *volta*; 1294] ***avv.*** qualche volta, alle volte, alcune volte, talora; anche in correlazione con se stesso o con *talaltra*: *talvolta vado al mare, talvolta in montagna, talvolta il paziente muore, talaltra riporta gravi menomazioni.*

tamandùa [da una voce tupi; 1932] ***sf.*** *T.zool.* genere di mammiferi Sdentati, comprendente i formichieri di mole media; arboricoli, hanno pelo corto e ruvido e muso allungato; sono diffusi soprattutto nell'America meridionale.

tamànto [dal lat. *tam magnus*, così grande, con influsso di *tanto*; 1367] ***agg.*** *arc.* così grande, tanto grande.

Tamaricàcee [comp. del lat. *tamarix, -icis*, tamerice e *-acee*; 1937] ***sf. pl.*** *T.bot.* famiglia di piante dicotiledoni delle regioni tropicali o subtropicali, adattatesi poi all'ambiente desertico o steppico; tra di esse la tamerice.

tamarìce V. TAMERICE.

tamarìndo [dall'ar. e persiano *tamr hindī*, dattero dell'India; sec. XIV *tamerindo*] ***sm.*** **1.** albero delle Leguminose il cui baccello contiene intorno ai semi una polpa acidula, zuccherina, usata per preparare uno sciroppo da diluire in acqua (ottenendo una bibita dissetante e rinfrescante) o, in farmacia, lassativi **2.** il frutto del tamarindo **3.** la bevanda o l'infuso lassativo ottenuti dalla polpa di tamarindo.

tamarìsco o **tamerìsco** (pl. *-schi*) [dal lat. tardo *tamarĭscus*; sec. XIV] ***sm.*** tamerice.

tàmaro [etim. inc.; a. 1577] ***sm.*** pianta erbacea, monocotiledone, diffusa nei boschi mediterranei, che presenta frutti a bacca rossa e tuberi con proprietà diuretico-lassative e vulnerarie.

tamàrro [dall'ar. *tammār*, venditore di datteri, attr. dial. merid.; 1980] ***sm.*** *region. spreg.* **1.** a Roma, giovane meridionale **2.** zerbinotto di periferia.

tambarèllo o **tombarèllo**[2] [etim. inc.; 1936] ***sm.*** pesce dei Tonnidi di colore azzurro sul dorso e argenteo sul ventre caratterizzato da due pinne dorsali molto distanti tra loro.

tambascià [da una voce araba; 1865] ***sm.*** *arc.* sollazzo, gozzoviglia.

tambellóne [dal lat. *tabella*, tavoletta; a. 1587] ***sm.*** *tosc. non com.* mattone largo e sottile usato per i piani di forni e focolai o per i solai.

tambène [dallo sp. *tambien*; a. 1588] ***avv.*** *arc.* come, tanto ... quanto || cioè.

tambùcio (pl. *-ci*) o **tambùgio** (pl. *-gi*) [var. di *stambugio*; 1937] ***sm.*** *T.mar.* sulle navi, casotto costruito come riparo dal mare e dalla pioggia vicino ai boccaporti.

tamburagióne [da *tamburare*; a. 1565] ***sf.*** *arc.* atto del tamburare, dell'accusare qualcuno per mezzo di una denuncia anonima; anche *concr.* denuncia.

tamburàio (pl. *-ài*) [da *tamburo*; 1865] ***sm.*** *arc.* chi fabbrica o ripara tamburi.

tamburàre [da *tamburo*; a. 1449 nel senso 2; 1970 nel senso 1] ***tr.*** **1.** *T.fal.* racchiudere un telaio di legno tra due fogli di compensato o di laminato plastico **2.** *raro fig. scherz.* bastonare || ***intr.*** (aus. *avere*) **1.** *raro* suonare, battere il tamburo **2.** *arc.* accusare segretamente qualcuno infilando la denuncia in un tamburo (V. TAMBURO nel senso 4).

tamburàta [da *tamburare*; a. 1386] ***sf.*** *raro* suonata di tamburo; *fig.* bastonatura.

tamburàto (*pps.* di *tamburare*) [1879 come agg.] **I *agg.*** detto di struttura costituita da due fogli di compensato o di materiale plastico applicati su uno strato isolante: *pannello tamburato, porta tamburata* **II *sm.*** **1.** *T.fal.* pannello tamburato; *per estens. non com.* mobile costituito da pannelli tamburati **2.** *arc.* accusa messa nel tamburo (nel senso 4).

tamburazióne V. TAMBURAGIONE.

tambureggiaménto [da *tambureggiare*; 1953] ***sm.*** atto ed effetto del tambureggiare, rapido succedersi di colpi battuti su un tamburo; *per estens.* sequenza ravvicinata di colpi simili a un rullo di tamburo; *in part.* sequenza di colpi di arma da fuoco || *T.sport.* nel pugilato, serie di colpi portati all'avversario, che si susseguono a ritmo incalzante; nel calcio, serie continua di attacchi alla porta avversaria.

tambureggiàre (pres. *-éggio*) [da *tamburo*; 1598] ***intr.*** (aus. *avere*) *non com.* suonare il tamburo lungamente, a rullo continuo || *fig.* produrre una fitta serie di colpi, in part. di arma da fuoco || ***tr.*** *non com.* colpire ripetutamente qualcosa: *la grandine tambureggiava il vetro.*

tamburellàre (pres. *-èllo*) [da *tamburello*; 1960] ***intr.*** (aus. *avere*) dare con le dita colpetti leggeri e continui su una superficie (spec. come segno di nervosismo o impazienza): *tamburellava sul tavolo* || *non com.* battere leggermente e continuamente su un tamburo || ***tr.*** *non com.* battere su una superficie producendo colpetti leggeri e continui: *tamburellava le dita sul banco.*

tamburellìsta [da *tamburello*; 1960] ***s.*** giocatore di tamburello.

tamburèllo (*dim.* di *tamburo*) [1863 nel senso 2] ***sm.*** **1.** strumento musicale formato da un cerchio di legno sottile con sonagli, sul quale è teso un foglio di cartapecora; si suona battendolo ritmicamente con la mano o scuotendolo **2.** attrezzo di forma simile allo strumento musicale (ma più robusto e senza sonagli), usato nel gioco omonimo || gioco disputato tra due squadre di tre o quattro giocatori, consistente nel rilanciare nella metà campo avversaria una piccola palla di gomma: *una partita di tamburello* || **N.** **2.** battitore, spalla, terzino | sferisterio.

tamburière [da *tamburo*; 1585] ***sm.*** *arc.* tamburaio.

tamburinàre (pres. *-ìno*) [da *tamburino*; a. 1907] ***tr.*** e ***intr.*** (aus. *avere*) *raro* tamburellare.

tamburìno (*dim.* di *tamburo*) [a. 1535 nel senso 2] ***sm.*** **1.** piccolo tamburo **2.** (f. *-a*) *più com.* suonatore (specialmente soldato) di tamburo **3.** *T.giorn.* elenco degli spettacoli cinematografici e teatrali del giorno, pubblicato sui quotidiani || elenco dei redattori e collaboratori pubblicato su ciascun numero del giornale.

tamburlàno [da *tamburlo*, var. sett. di *tamburo*; 1693] ***sm.*** **1.** arnese in metallo a forma di alambicco, usato per la distillazione **2.** arnese di legno o metallo, a forma di tamburo, che veniva collocato sopra un braciere e al di sopra del quale si usava stendere la biancheria da asciugare o scaldare.

tambùro [dall'ar. *ṭanbūr*, strumento a corda; 1305 nel senso 4] ***sm.*** **1.** nome generico di strumenti musicali a percussione formati da una cassa di risonanza generalmente cilindrica e da una pelle che, tesa su una delle basi, costituisce il corpo vibrante; di norma viene suonato percuotendolo con le mani o con bacchette in legno (talora con la testa rivestita in materiali diversi): *il rullo del tamburo* || *fig. a tambur battente*, senza il minimo indugio **2.** *per estens.* suonatore di tamburo; tamburino: *il tamburo maggiore* **3.** *per estens.* denominazione di vari elementi di forma simile a quella dello strumento musicale; *in part.* elemento cilindrico di auto o motoveicoli entro il quale si espandono le ganasce dei freni detti appunto "a tamburo" || *T.arm.* elemento cilindrico nel quale sono ricavati gli scomparti destinati ai proiettili e che viene fatto ruotare dal percussore: *pistola a tamburo* || *T.arch.* parte cilindrica della cupola, compresa tra la cornice e il principio della volta || *T.orol.* parte cilindrica degli orologi, in cui è chiusa la molla e su cui si svolge la catena || *T.mil.* barbacane || *T.inform. tamburo magnetico*, supporto di memorizzazione costituito da un cilindro ricoperto da una patina di sostanza magnetizzabile: *memoria a tamburo* || *T.mar.* struttura a forma di mezzo cilindro, che nelle imbarcazioni a ruota copriva la metà superiore di ciascuna ruota; anche il cilindro attorno al quale viene avvolta la catena dell'ancora **4.** *T.stor.* cassetta appesa in passato in luoghi pubblici, nella quale si usavano infilare segretamente denunce contro qualche cittadino || *dim.* tamburèllo, tamburìno; *accr.* tamburóne; *pegg.* tamburàccio || **N. 1.** grancassa, talabalacco, tamtam, timpano | PARTI: bordoni, cassa, cerchi, farsetto, fascia, tiranti, tracolla; bacchette. **TAV. *architettura* p. 646** 7.4c; ***musica* p. 1324** 2.23 e **p. 1325** 16.5.

tambussàre (pres. *-ùsso*) [dal fr. *tabaser*; a. 1665] ***tr. ant.*** dare busse.

tambùsso [dal fr. *tabaser*; 1965] ***sm.*** in apicultura, l'azione di battere insistentemente sulle pareti delle arnie per farne uscire le api.

tamerìce o **tamarìce** (pl. *-ci*) [dal lat. *tamarix, -ĭcis*; a. 1320 *tamerigie*] ***sf.*** ciascuna di varie specie di piante della famiglia delle Tamaricacee, arbusti o alberelli con foglie piccole, lanceolate, squamiformi e lunghi grappoli di piccoli fiori || **N.** *Sin.* mirice, tamarisco.

tamerìsco V. TAMARISCO.

tàmia [dal gr. *tamías*, economo, dispensiere; 1840] ***sm. inv.*** specie di mammiferi roditori, simili a scoiattoli, con mantello rosso-bruno percorso, nella parte dorsale, da tre strisce nere longitudinali.

tàmil [etim. inc.; 1930 come sm.] ***s.*** **1.** *inv.* ciascun appartenente a una popolazione di stirpe dravidica abitante nell'India meridionale e nel Nord dell'isola di Ceylon **2.** *sm.* (solo *sing.*) lingua della famiglia dravidica parlata da oltre venti milioni di tamil.

tamìlico (pl. *-ci*) [da *tamil*; 1960] ***agg.*** relativo ai tamil, proprio dei tamil: *popolo tamilico, lingua tamilica.*

tampinàre (pres. *-ìno*) [dal milan. *tampinà*, importunare; 1965] ***tr.*** seguire con insistenza || *per estens.* importunare, molestare, seccare, non dar pace.

tampòco [dallo sp. *tampoco*, letter. tanto poco; a. 1588] ***avv.*** *ant.* o *scherz.* (preceduto sempre da *né*) neppure, nemmeno.

tamponaménto [da *tamponare*, come il fr. *tamponnement*; 1889 nel senso 1; 1950 nel senso 2] ***sm.*** **1.** atto ed effetto del tamponare; *in part.* occlusione di un'apertura con un tampone: *il tamponamento di una falla* || *T.med.* rif. a canali, a cavità naturali o patologiche, occlusione con materiale assorbente generalmente a scopo emostatico || *T.edil.* riempimento dei vani di una struttura a telaio con pannelli o muri non portanti: *parete di tamponamento* **2.** urto di un veicolo contro la parte posteriore di un altro che è orientato nello stesso senso di marcia: *a causa della nebbia, sull'autostrada si sono verificati molti tamponamenti*; *propr.*, *meno com.*, nei treni, urto con i tamponi.

tamponàre (pres. *-óno*) [da *tampone*, come il fr. *tamponner*; 1886 nel senso 1; 1950 nel senso 2] ***tr.*** **1.** otturare con tamponi, bloccare con tamponi la fuoriuscita di liquidi: *tamponare una falla, il sangue che sgorgava dalla ferita* || *fig.* porre provvisoriamente rimedio a una situazione pericolosa o difficile: *ha tamponato la situazione con una scusa* **2.** di veicolo, investirne un altro orientato nello stesso senso di marcia: *l'autobus tamponò un taxi che aveva inchiodato*; anche del guidatore del veicolo: *ha sfasciato l'auto tamponando un autotreno* **3.** *T.chim.* agire con soluzioni o sostanze tampone || **N. 1.** *Sin.* chiudere, occludere **2.** urtare.

tamponatùra [da *tamponare*; 1940] ***sf.*** l'atto, l'effetto e il modo del tamponare nel senso 1: *la tamponatura della ferita.*

tampóne [dal fr. *tampon*; 1886] **I *sm.*** **1.** qualsiasi oggetto (straccio, massa plastica ecc.) usato per otturare provvisoriamente una falla, una fessura e sim.; *in part. T.med.* batuffolo di ovatta o di garza che si pone in una cavità naturale (fosse nasali ecc.) o patologica (ferita, ascesso ecc.), generalmente a scopo di asepsi o emostatico **2.** oggetto con funzione assorbente || accessorio da cancelleria costituito da una serie di fogli di carta assorbente fissati a un supporto, per assorbire l'inchiostro eccedente sul foglio scritto || assorbente igienico interno **3.** oggetto destinato a venir impregnato; *in part.* cuscinetto imbevuto di inchiostro grasso usato per inchiostrare timbri || massa di stracci, ovatta o sim., impregnata di sostanze varie, usata per lucidare mobili **4.** *T.ferr.* respingente **II *agg. inv.*** (sempre posposto) **1.** *fig.* che è un espediente messo in atto per porre provvisoriamente rimedio a una situazione pericolosa o difficile: *provvedimenti tampone* **2.** *T.chim. soluzione tampone*, a cui possono venire aggiunti moderati quantitativi di acidi o basi senza che si causino forti variazioni del pH della soluzione **3.** *T.inform. memoria tampone, buffer.*

tamtàm o **tam-tam** (pr. [tam'tam]) [da una voce onom. indiana, attr. il fr.; 1819 nel senso 1; 1930 nel senso 2] ***sm. inv.*** **1.** strumento a percussione, costituito da un disco metallico sospeso che viene suonato battendo con piccole mazze **2.** grosso tamburo (molto diffuso presso tribù africane, ma anche sudamericane, indonesiane e australiane), usato per trasmettere segnali in codice a grande distanza, costituito da un tronco cavo tenuto sospeso da terra || *fig.* comunicazione informale che si diffonde di bocca in bocca: *il tamtam aziendale* || **N. 1.** cembalo, gong.

tamurè [voce polinesiana; 1963] ***sm. inv.*** tipico ballo tahitiano.

tàna [prob. lat. **subtāna*, che sta sotto; 1313] ***sf.*** **1.** buca, cavità naturale o scavata appositamente che fa da dimora o nascondiglio ad animali selvatici: *la tana della volpe* || *fig.* nascondiglio: *la tana dei ladri* || *fig. spreg.* casa brutta e maltenuta; stamberga: *vivono in dieci in quella tana* **2.** *T.gioc.* in alcuni giochi da ragazzi, luogo che gli inseguiti devono raggiungere per salvarsi: *toccar tana* || **N. 1.** *Sin.* covo; rifugio; antro, spelonca | rintanarsi, stanare.

tanacetìna [comp. di *tanaceto* e *-ina*; 1960] ***sf.*** essenza amara estratta dalle foglie del tanaceto, usata nella preparazione di alcuni liquori.

tanacèto [dal lat. *tanacētum*; a. 1577] ***sm.*** erba perenne delle Composite dai cui fiori gialli profumati si ricava la tanacetina.

tanàglia V. TENAGLIA.

tanagliàre (pres. *-àglio*) [da *tanaglia*; 1640] ***tr. raro lett.*** attanagliare.

tanàgra[1] o **tanagrìna** [dal n. geogr. *Tanagra*, antica città greca; 1918] ***sf.*** nome di statuette di terracotta dell'età ellenistica ritrovate nella città di Tanagra, raffiguranti danzatrici e donne elegantemente panneggiate.

tanàgra[2] [dal port. *tangara*; 1965] ***sf.*** *non com.* nome di vari uccelli della famiglia dei Traupidi, dallo splendido piumaggio colorato, diffusi nel continente americano.

tànato- [dal gr. *thánatos*, morte] ***primo elem.*** che, in parole composte dotte o della terminologia scientifica, vale "morte" (per es. *tanatofobia, tanatologia*).

tanatofobìa [comp. di *tanato-* e *-fobia*; 1899] ***sf.*** *T.med.* paura ossessiva della morte.

tanatofòbico (pl. *-ci*) [da *tanatofobia*; 1960] **I *agg.*** **1.** proprio della tanatofobia, relativo alla tanatofobia **2.** che ha una paura ossessiva della morte **II *sm.*** (f. *-a*) chi ha una paura ossessiva della morte.

tanatologìa [comp. di *tanato-* e *-logia*; 1840] ***sf.*** *T.med.* branca della medicina legale che studia le cause di morte e le modificazioni chimiche e morfologiche dell'organismo che ne conseguono.

tanatològico (pl. *-ci*) [da *tanatologia*; 1960] ***sf.*** che riguarda la tanatologia: *studio tanatologico*; *prove tanatologiche*, prove per l'accertamento della morte.

tànca[1] [dal catalano *tanca*; 1918] ***sf.*** *dial.* in Sardegna, appezzamento di terreno, delimitato da muretti a secco, riservato al pascolo del gregge.

tànca[2] [dall'ingl. *tank*, serbatoio; 1889] ***sf.*** *T.mar.* nome generico di cisterne, vani stagni ecc. che, sulle imbarcazioni, contengono liquidi (acqua potabile, acqua di mare per zavorra, combustibili liquidi e sim.).

tàndem [dall'ingl. *tandem*, letter. cabriolé a due cavalli, uno davanti all'altro, alterazione semantica del lat. *tandem*, finalmente; 1905] ***sm. inv.*** bicicletta a due posti, per due ciclisti, posti l'uno dietro l'altro || nella *loc. avv. in tandem*, in coppia o, anche, in stretta collaborazione: *lavorare in tandem*; *funzionamento in tandem*, quello di due macchine collegate tra loro in modo che le loro azioni si cumulino. **TAV. *motocicletta...* p. 1322** 4.

tanè [dal fr. *tanné*, letter. conciato; 1541] **I *sm. inv.*** *non com.* colore tra il rosso e il bruno, quale è quello del guscio delle castagne **II *agg. inv.*** di tale colore: *una camicetta di seta tanè, color tanè* || **N.** castano.

tanécca [etim. inc.; 1832] ***sf.*** *T.mar. lett. raro* sorta di barca da trasporto: *la tanecca doveva tornare carica* (D'Annunzio).

tanfanàre (pres. *tànfano*) [prob. var. di *tonfanare*, da *tanfo*; 1600] ***tr.*** *arc.* maltrattare, tartassare.

tanfàta [da *tanfo*; 1863] ***sf.*** zaffata, ondata di tanfo, di puzzo.

tànfo [dal long. *thampf*, vapore; 1525] ***sm.*** cattivo odore, spec. quello di chiuso, di muffa e di sostanza in decomposizione: *che tanfo!, apri la finestra, qui c'è tanfo di marcio* || **N.** *Sin.* puzza, puzzo.

tànga [voce di orig. tupì, pervenuta attr. il port.; 1960] ***sm. inv.*** **1.** *T.archeol.* piccolo coprisesso femminile in terracotta, usato anticamente in alcune zone dell'America del Sud **2.** costume da bagno femminile costituito dal solo slip di dimensioni molto ridotte, molto sgambato sul davanti e costituito nella parte posteriore solamente da una strisciolina di stoffa che sale fra le natiche e si unisce alla fascia in vita.

tàngelo [comp. dell'ingl. *tang*(*erine*), (arancia) di Tangeri e (*pom*)*elo*, varietà di pompelmo; 1960] ***sm.*** pianta ottenuta dall'incrocio di un mandarino algerino e di una varietà di pompelmo, che dà frutti sugosi, grossi quanto un pompelmo.

tangènte (*ppr.* di *tangere*) [a. 1642 come sf. nel senso 1; 1777 come sf. nel senso 2] **I *agg.*** *T.geom.* di ente geometrico che è in contatto con un altro solo in un punto: *un segmento tangente rispetto a una sfera* **II sf. 1.** *T.geom.* retta tangente: *tracciare una tangente a una curva* || funzione trigonometrica che esprime il rapporto tra la funzione seno e la funzione coseno di un angolo || in alcuni modi di dire fig.: *partire per la tangente,* cominciare a divagare, a dire o a fare cose incongruenti; meno com. *filare, fuggire per la tangente,* andarsene in fretta senza dare nell'occhio **2.** quota in denaro che tocca, che spetta per diritto o per patto: *datemi la mia tangente* || *più com. in part.* compenso corrisposto in cambio di favori illeciti: *al ministro fu versata una forte tangente* || **N.** II **2.** *Sin.* percentuale; stecca. **Q.T.** *matematica...* **TAV.** *geometria* 4.2, 26.1.

tangentìsta [da *tangente*; 1983] **s.** chi pretende una tangente in cambio di un favore illecito.

tangentòide [comp. di *tangente* e *-oide*; 1960] **sf.** curva costituente il diagramma della funzione trigonometrica chiamata *tangente.*

tangènza [da *tangente*; 1960] **sf. 1.** l'essere tangente **2.** *concr.* punto di contatto, il punto dove due cose si toccano **3.** *T.aer. tangenza* o *quota di tangenza,* la quota massima che l'aereo può raggiungere in relazione alle sue caratteristiche di costruzione.

tangenziàle [da *tangenza*; a. 1764 come agg.; 1953 come sf. nel senso 1] **I agg.** *T.geom.* che è tangente; della tangente, che si riferisce alla tangente || **tangenzialménte avv.**; anche nella *loc. prep. tangenzialmente a,* lungo una tangente **II sf. 1.** strada a scorrimento veloce tracciata lungo una tangente di un'area urbana **2.** *T.geom. non com.* retta tangente.

tàngere (pres. *tàngo, tàngi*; dif. del p.rem., del pps. e dei tempi composti) [dal lat. *tangere,* toccare; 1313] **tr.** *lett.* toccare (anche in senso fig.): *la vostra miseria non mi tange* (Dante); oggi solo *scherz.* (e gen. alla terza persona): *le vostre critiche non mi tangono.*

tànghero [etim. inc.; 1685] **sm.** persona grossolana e villana || *pegg.* tangheràccio || **N.** *Sin.* cafone, villano.

tangìbile [da *tangere*; 1308 nel senso 1; 1926 nel senso 2] **agg. 1.** che può essere percepito con il tatto **2.** *più com. fig.* concreto: *una tangibile manifestazione di amicizia,* per intendere un regalo e sim. || **N. 1.** *Sin.* palpabile | *Contr.* intangibile.

tangibilità [da *tangibile*; 1879] **sf.** qualità di ciò che è tangibile, spec. *fig.*; concretezza, realtà.

tàngo (pl. *-ghi*) [dallo sp. d'Argentina *tango*; 1910] **sm.** danza da sala di origine argentina, lenta e appassionata, ballata in coppia con passi lunghi e ricca di figure con richiami erotici.

tangóne [dal fr. *tangon*; 1879] **sm.** *T.mar.* asta di legno che sporge dal bordo di un'imbarcazione per mantenere fissa l'estremità di una vela o sim.

tanìa [da *litania*; a. 1342] **sf.** *ant.* afer. di *litania.*

tànica (raro *tanca*[2]) [dall'ingl. *tank*; 1942] **sf. 1.** contenitore leggero e maneggevole gen. di plastica, a forma di parallelepipedo, con manico nella parte superiore, destinato al trasporto di liquidi, spec. combustibili **2.** negli aerei, serbatoio rigido sganciabile.

tank (ingl., pr. [tæŋk]) [letter. serbatoio; 1916] **sm. inv. 1.** carro armato **2.** *meno com.* tanica, cisterna, serbatoio per liquidi || *T.fot.* vaschetta o altro contenitore a tenuta di luce in cui si sviluppano pellicole e lastre fotografiche.

tanka (giap., pr. ['taŋqa]; pr. it. ['taŋka]) [voce giap.; 1940] **sf.** componimento lirico caratteristico della poesia giapponese, composto di trentun sillabe in cinque versi.

tannànte (*ppr.* di *tannare*) [1960] **I agg.** *T.conc.* di sostanza naturale o sintetica ricca di tannino, impiegata nella concia delle pelli: *le galle delle querce sono agenti tannanti* **II sm.** *T.conc.* agente, sostanza tannante.

tannàre [dal fr. *tanner*; 1840] **tr.** *T.conc.* conciare le pelli con il tanno.

tannàto [comp. di *tann(ico)* e *-ato*; 1940] **sm.** *T.chim.* nome dei composti dell'acido tannico con metalli o basi organiche, di largo impiego in farmacia.

tannatùra [da *tannare*; 1960] **sf.** *T.conc.* operazione del tannare.

tànnico (pl. *-ci*) [da *tannino,* sul modello del fr. *tannique*; 1879] **agg. 1.** *T.chim.* del tannino **2.** ricco di vari acidi organici diffusi nei vegetali e contenuti spec. nella corteccia di alcuni alberi e nelle galle della quercia.

tannìnico (pl. *-ci*) [da *tannino*; 1988] **agg.** *T.chim. acido tanninico,* altra denominazione del tannino.

tannìno [dal fr. *tanin*; 1829] **sm.** *T.chim.* denominazione generica di un vasto gruppo di composti di origine vegetale, utilizzati industrialmente nella concia delle pelli e come mordenti per la tintura di fibre tessili; tra i più diffusi, l'acido tannico (o *tannino all'etere*), ottenuto dalle noci di galla e usato in farmacia.

tannizzazióne [da *tann(ino)*; 1988] **sf.** *T.enol.* aggiunta di tannino al mosto o al vino per favorirne la conservazione, chiarificarlo e renderlo limpido; ha anche un ruolo antisettico.

tànno [dal fr. *tan*; 1940] **sm.** *arc.* scorza di sostanza tannica.

tannofòrmio [n. commerciale; 1940] **sm.** *T.farm.* nome commerciale di una combinazione del tannino con l'aldeide formica, usata come astringente e disinfettante.

tantafèra o **tantaferàta** [forse da *cantafera,* con influsso di *tanto*; a. 1535] **sf.** *tosc.* discorso, ragionamento lungo, noioso e sconclusionato || **N.** *Sin.* sproloquio.

tantalàto [comp. di *tantal(ico)* e *-ato*; 1840] **sm.** *T.chim.* minerale che è un sale dell'acido tantalico.

tantàlico (pl. *-ci*) [da *tantalio*; 1840] **agg.** di o del tantalio; di acido del tantalio.

tantàlio [dal n. proprio *Tantalo,* personaggio mitologico; 1829 *tantalo*] **sm.** *T.chim.* metallo grigio, duro ma duttile e malleabile, molto pesante e dall'elevato punto di fusione, usato nella fabbricazione di apparecchiature scientifiche.

tàntalo [dal n. proprio *Tantalo,* personaggio mitologico; 1840] **sm.** uccello che vive nelle zone paludose del Madagascar e dell'Africa a sud del Sahara.

tantàn o **tan-tan** (pr. [tan'tan]) v. TAMTAM.

tantìno (*dim.* di *tanto*) [1598] **pron.** *indef.* (usato solo al m. sing. e preceduto dall'art. indet. *un*) **1.** un po', una piccola quantità: *ho bisogno di un tantino di pazienza da parte vostra* **2.** nella *loc. avv. un tantino,* per un po' di tempo: *mi riposo un tantino* || davanti a un agg., un po', alquanto: *lo trovo un tantino caro, ho un tantino fame*; spesso, *iron.*, un po' troppo: *non ti pare di essere un tantino egoista?* || *dim.* tantinèllo, tantinìno.

tànto (si elide raramente davanti a parole inizianti per vocale; l'elisione è com. solo nella loc. *tant'è*) [lat. *tantus,* letter. così grande; 1294] **I agg.** *indef.* **1.** molto, in gran quantità, una gran quantità di: *tanta gente non sa per chi votare, ho fatto tanta fatica per venire fin quassù; ho tanto sonno, tanti soldi; ti faccio tanti auguri; tante grazie!* (o *grazie tante!*); al *pl.*, con nomi numerabili, un gran numero di: *c'erano tante persone al suo funerale, ho tante domande da farti* || ripetuto, *enf.*: *ho speso tanti (ma) tanti soldi!, dopo tante e tante spiegazioni l'ha capita* || col senso di "eccessivo", "troppo": *dieci milioni per quel quadro mi sembrano tanti,* spec. se preceduto da *senza*: *mi accolsero senza tante cerimonie ma con estrema gentilezza*; *iron. senza tanti complimenti,* in modo brusco e irriverente: *glielo strappò di mano senza tanti complimenti* **2.** (solo *sing.*) grande, forte, intenso e sim.: *una persona di tanto ingegno è sprecata per un simile lavoro, dopo tanto tempo non mi ricordo più nulla, dopo tanto cercare l'ho finalmente trovato*; *lett.* o *scherz. non com.* così importante, illustre: *All'udir parole d'un tanto signore* (Manzoni); anche in correlazione con *che* o *da* consecutivi: *c'era tanto disordine da non raccapezzarcisi* (o *che non ci si raccapezzava*) || *in part. pl.* con nomi numerabili, un così grande numero di: *cosa ne farai di tanti soldi?, perché dici tante bugie?*; anche in correlazione con *che* o *da* consecutivi: *c'erano tante persone che non ci si poteva* (o *da non poter*) *entrare* **3.** in comparazioni di uguaglianza (numerica o quantitativa), in correlazione con se stesso: *tante teste, tante opinioni diverse*; in correlazione con *quanto*: *vale tanto oro quanto pesa* **4.** al *pl.* in paragoni espliciti o impliciti, con valore distributivo: *sembravano tanti soldatini di piombo*; *si muovevano come tanti automi,* ciascuno di loro si muoveva come un automa **5.** per indicare una quantità indeterminata: *calcola tanti milioni per l'acquisto dell'edificio e tanti per la sua ristrutturazione*; preceduto da *ogni,* in loc. distributive: *eventi che si verificano ogni tanti anni* **II pron.** *indef.* **1.** molto, parecchio: *non ho tanto da dire, dieci milioni? è tanto!* || al *pl.* rif. a persone, molti, parecchi: *tanti non sarebbero disposti ad accettare un simile lavoro* **2.** per esprimere una comparazione d'uguaglianza numerica o quantitativa, in correlazione con *quanto*; altrettanto: *aggiungi acqua, tanta quanta ne occorre per riempire il vaso* **3.** per indicare una quantità o misura determinata che non si vuole o non si può specificare: *dei soldi che mi hai prestato, tanti ne ho spesi per il viaggio, tanti per l'albergo*; *nel milleduecento e tanti,* e rotti; o che si specifica solo in modo approssimativo, spec. ricorrendo a gesti: *è alto tanto, dammene tanto così* **4.** (con valore neutro) per indicare una quantità o misura indeterminata che non si può o non si vuole specificare; spec. in alcune loc. fig. fam., seguito dal partitivo *di*: *vestito di tutto punto con tanto di cappello*; *lo guardava con tanto d'occhi,* spalancando gli occhi per lo stupore, l'ammirazione ecc. **5.** in espr. ellittiche nelle quali il s. cui si riferisce è chiaramente deducibile dal contesto: *è tanto* (tempo) *che l'aspetto, ogni tanto* (tempo) *ci vediamo, tanti ne guadagna e tanti ne spende* (soldi); *gliene dà a intendere tante* (bugie); *ne ha fatte tante* (birichinate); *ne ha prese tante* (botte) **III pron.** *dimostr.*, questo, ciò: *ho terminato le cose più urgenti e per ora tanto basta* || in molte loc. e modi di dire: *se tanto mi dà tanto,* se ciò ha simili conseguenze; *non più di* (o *che*) *tanto,* non molto, poco: *la cosa mi interessa, ma non più di tanto*; *tant'è,* è la stessa cosa: *se devi fare le cose a metà, tant'è non farle affatto*; *tanto vale, tanto varrebbe,* è bene, è meglio: *se fai in fretta, tanto vale che ti aspetti, a questo punto tanto varrebbe rinunciare* **IV sm. 1.** per indicare una quantità o misura indeterminata che non si può o non si vuole specificare: *gli passa un tanto al mese, costa un tanto all'etto* **2.** grande quantità: *bisogna considerare sia il tanto che il poco* || *dim.* tantino **V avv. 1.** molto, assai; grandemente, intensamente ecc.: *scusatemi tanto, devo andare, ti desidero tanto, ho sofferto tanto, mi è piaciuto tanto*; *in part.* anteposto a un agg. o a un avv., ne intensifica il valore (con agg. qualificativi e avv. di maniera equivale al superlativo): *tanto ingenuo, tanto velocemente, tanto giù di tono* || nei modi di dire: *non tanto,* poco: *ti piace? non tanto*; *né poco né tanto,* per niente, assolutamente niente: *i suoi problemi non mi interessano né poco né tanto* **2.** a tal punto, in tale misura, così: *perché ti arrabbi tanto?*, *non sforzarti tanto*; spesso in correlazione con *da* o *che* consecutivi: *sono tanto delusa che non voglio più avere a che fare con te* **3.** in proposizioni comparative, in correlazione con se stesso o con *quanto*, così, altrettanto: *è tanto bello quanto interessante, tanto più lo si studia, tanto più ci si accorge di non saperne abbastanza*; nelle *loc. avv.* *tanto più, tanto meno*: *tanto più lo sgridi, tanto più lui si ribella, tanto più lo conosco, tanto meno mi mette in imbarazzo* || sia: *mi fa pena tanto lei quanto la figlia* **4.** solo, soltanto, solamente: *esco un po', tanto per far due passi, una volta tanto potresti anche essere meno egoista*; *iron.*: *è in ritardo, tanto per cambiare!* **VI** ***cong.*** con valore conclusivo, per esprimere rassegnazione, sfiducia, noncuranza e sim.: *inutile parlargli, tanto non ti ascolta, prendilo pure, tanto non mi serve* || *superl.* tantissimo || **N.** I **1.** *Sin.* molteplici | *Contr.* poco, scarso **2.** *Sin.* un tale | *Contr.* così poco **II** **1.** *Contr.* poco; pochi **4.** *Sin.* un tot **V** **1.** *Sin.* parecchio | *Contr.* poco.

tantoché o **tànto che** [comp. di *tanto* e *che*; 1353] ***cong.*** cosicché, di modo che (introduce una prop. consecutiva): *se la prese con molta calma, tanto che arrivò in ritardo.*

tantòsto [comp. di *tanto* e *tosto*; a. 1294] ***avv.*** *raro* sùbito.

tàntra [dal sanscrito *tántram*, dottrina (essenziale); 1940] ***sm. inv.*** l'insieme dei testi iniziatici del tantrismo.

tàntrico (pl. *-ci*) [da *tantra*; 1983] ***agg.*** relativo al tantrismo, proprio del tantrismo.

tantrịsmo [da *tantra*; 1940] ***sm.*** indirizzo religioso dell'induismo e del buddismo || **N.** tantra.

tao o **dào** (cin., pr. [tɑʊ]; pr. it. ['tao]) [letter. via, retto cammino; 1931] ***sm. inv.*** principio cosmico assunto, nella tradizione cinese, dal taoismo; di per sé non rappresentabile, può essere inteso sulla base dei due principi elementari opposti (*yin* e *yang*), sue funzioni, che polarizzano la realtà in funzione del tao.

taoịsmo [da *tao*; 1917] ***sm.*** *T.fil.* e *T.rel.* forma assunta, a partire dal v sec. a.C., dalla religione nazionale cinese; in contrapposizione con il confucianesimo, predica la rigenerazione dell'individuo tramite la sua adeguazione all'ordine cosmico del tao e la sua contemplazione. **Q.T.** *religione.*

taoista [da *tao*; 1960] **I** ***s.*** seguace del taoismo **II** ***agg.*** del taoismo.

taoìstico (pl. *-ci*) [da *tao*; 1965] ***agg.*** relativo al taoismo e ai taoisti.

tapinàre (pres. *-ìno*) [da *tapino*; 1313] ***intr.*** (aus. *avere*) *non com.* vivere da tapino, miseramente; tribolare || ***intr. pron.*** *raro* affliggersi, tribolarsi.

tapino [forse dal fr. ant. o provenz. *tapin*, nascosto e silenzioso; 1250] ***sm.*** (f. *-a*) misero, infelice: *un povero tapino che si è ridotto all'elemosina*; anche, *non com.*, *agg.*: *vita tapina* || *dim.* tapinèllo.

tapiòca [dal port. *tapioca*; 1840] ***sf.*** sostanza alimentare preparata facendo passare la farina di manioca umida attraverso un setaccio e facendone seccare i granuli così ottenuti su piastre surriscaldate.

Tapìridi (sing. *-e*) [comp. di *tapiro* e *-idi*; 1960] ***sm. pl.*** *T.zool.* famiglia di mammiferi Perissodattili di forma simile ai suini, con collo corto e testa allungata terminante in una corta proboscide. **TAV. *mammiferi* p. 1319**.

tapìro [dal port. *tapir*, 1879 *tapirio*] ***sm.*** *T.zool.* genere di Perissodattili della famiglia dei Tapiridi le cui specie hanno corpo massiccio e muso lungo, con naso e labbro superiore formanti una sorta di piccola proboscide mobile; vive nelle foreste tropicali dell'Asia e dell'America Meridionale.

tapis roulant (fr., pr. [tapi ru'lã]) [letter. tappeto che rotola; 1905] ***loc. m. inv.*** apparecchio meccanico consistente in un piano mobile a nastro, azionato da ruote dentate, che trasporta persone o cose da un luogo all'altro; nastro trasportatore.

tàppa [dal fr. *étape*; 1652; 1877 nel senso 2] ***sf.*** **1.** sosta per il riposo di truppe in movimento || *per estens. com.* fermata intermedia, sosta durante una marcia, un'escursione, un viaggio e sim.: *facemmo tappa sulla vetta per orientarci* || *per meton.* punto, luogo, posto in cui si sosta (spec. nell'uso militare): *comandante di tappa*, ufficiale preposto all'organizzazione dei servizi di ristoro e di sussistenza nei punti di sosta **2.** tratto di percorso tra due punti di sosta: *in tre tappe giunse a destinazione*; *in part.* *T.sport.* nel ciclismo, frazione || nella loc. fig. *bruciare le tappe*, procedere in qualcosa più velocemente del normale: *bruciando le tappe, a venticinque anni aveva già raggiunto una posizione prestigiosa* || *fig.* fase, momento di uno sviluppo: *la lettura dei classici costituì una tappa importante della sua formazione.*

tappabùchi [comp. di *tappa(re)* e *buco*; 1960] ***s. inv.*** *scherz.* chi viene spesso incaricato di sostituire un'altra persona.

tappàre [da *tappo*; a. 1574] ***tr.*** *propr.* chiudere con un tappo: *tappare una botte* || anche con il contenuto come ogg.: *tappare il vino*, mettere il tappo al recipiente che lo contiene || *per estens.* *tappare una fessura*; *tappare una finestra*, chiuderne tutti gli spiragli; *tappare la bocca a qualcuno*, anche *fig.* impedirgli di parlare || ***rifl. indir.*** *tapparsi il naso, gli orecchi*, per non sentire odori o rumori sgradevoli || ***rifl.*** chiudersi, stare a lungo rinchiuso in un luogo, spec. per non essere disturbato: *si è tappato nella sua stanza a studiare, in casa* || **N.** ***tr.*** *Sin.* chiudere, otturare, turare.

tapparèlla [da *tappo*; 1935 *taparella*] ***sf.*** *region.* persiana avvolgibile fatta di legno, di materiale plastico o metallico || **N.** *Sin.* avvolgibile. **TAV.** *abitazione* 2.9.

tappatrice [da *tappare*; 1970] ***sf.*** macchina con cui si applicano i tappi alle bottiglie. **TAV.** *enologia* 12, 13.

tappetàre (pres. *-éto*) [da *tappeto*; 1879] ***tr.*** *raro* ornare con tappeti: *ha tappetato tutta la casa.*

tàppete [voce onom.; 1840] voce onom. che riproduce il suono di un colpo secco (ad es. una pallina da ping-pong che rimbalza sul tavolo da gioco) o indica, come *escl.*, il realizzarsi inaspettato e improvviso di qualcosa.

tappetino (*dim.* di *tappeto*) [1865] ***sm.*** piccolo tappeto || *tappetini da bagno*, insieme di piccoli tappeti gen. in spugna che coprono il pavimento del bagno in modo da ripararlo dagli schizzi d'acqua || *tappetini per la macchina*, tappetini in gomma o in moquette che rivestono il fondo di un'autovettura.

tappéto [lat. *tapētum*, class. *tapēte*; fine sec. XIII] ***sm.*** **1.** tessuto piuttosto consistente in lana, cotone o altra fibra, annodato a mano o a macchina perlopiù a disegni ornamentali, usato (spec. a scopo decorativo) per coprire pavimenti o tavole: *un tappeto persiano, cinese*; *per anton.* *tappeto verde*, quello dei tavoli da gioco, da cui *per meton.* gioco d'azzardo || nelle loc. fig. *porre, mettere una questione sul tappeto*, introdurne la trattazione, intavolarne la discussione **2.** rivestimento particolarmente elastico e imbottito che ricopre la piattaforma dove si svolgono gli incontri di pugilato, lotta e sim. o il pavimento delle palestre; *mandare, mettere qualcuno al tappeto*, atterrare l'avversario e, *fig.*, costringere qualcuno a desistere dal lottare, dal competere e sim. **3.** *per estens.* strato di ricopertura di una superficie: *tappeto a fiori, erboso* || *T.mil.* *bombardamento a tappeto*, il bombardare con aerei una zona del territorio nemico così fittamente da non lasciare alcun punto intatto || *dim.* tappetino, tappetùccio || **N.** **1.** arazzo, guida o passatoia, pedana, scendiletto; stuoia, *tapis roulant* | allungo, bordo, frangia | stromatica. **Q.T.** *arredamento* **TAV. *arredamento* p. 650** 2.14, 3.10.

tappezzàre (pres. *-ézzo*) [lat. tardo **tapitiāre*, attr. il fr. *tapisser*; 1598] ***tr.*** ricoprire con tappezzeria; parare, rivestire con tappezzeria gli interni di un'automobile, di un mobile ecc. || *per estens.* ricoprire, rivestire completamente un'area (spec. muri e sim.): *tappezzarono il muro di manifesti, la città di bandiere.*

tappezzerìa [dal fr. *tapisserie*; 1525] ***sf.*** **1.** carta o stoffa da parati con cui si rivestono per ornamento le pareti interne di stanze, mobili o automobili: *una tappezzeria a fiori* || nel modo di dire fig. fam. *fare tappezzeria*, di chi in una festa da ballo non è mai invitato e se ne sta a sedere lungo la parete della sala **2.** l'arte, il mestiere del tappezziere: *lavori di tappezzeria* || **N.** **1.** parato.

tappezzière [da *tappezzare*; 1805] ***sm.*** (f. *-a*) chi per mestiere esegue lavori di rivestimento con tappezzeria e parati in genere, prepara e monta tendaggi, imbottisce e riveste poltrone e sim. || **N.** aghi, bullette, chiodi, punteruolo, quadrello | addobbare, appuntare, bullettare, imbottire, intelucciare, panneggiare, ricoprire, rivestire | broccatello, felpa, marocchino, velluto | borchia, borra, campanella, frangia, fusto, gallone, guarnizione, imbottitura, molla, spago, sverzino, trapunto.

tàppo [dal francone *tappo*; 1760] ***sm.*** **1.** elemento in sughero, metallo, plastica e sim., di forma più o meno cilindrica, usato per chiudere botti, bottiglie e sim.: *tappo di vetro* || *fig.* persona bassa e tarchiata: *è un tappo* **2.** *per estens.* qualunque sostanza, elemento od oggetto che occluda un condotto: *tappo di cerume*, accumulo di secrezione ceruminosa nel condotto uditivo || *dim.* tappìno, tappettìno; *pegg.* tappàccio || **N.** **1.** turacciolo | a corona, a molla, a vite, smerigliato.

tappóne (*accr.* di *tappa*) [1965] ***sm.*** *T.sport.* tappa lunga e impegnativa di un giro ciclistico: *oggi si corre il tappone dolomitico.*

tàpsia [dal gr. *thapsía*, proveniente dall'isola di Tapso; a. 1577] ***sf.*** *T.bot.* pianta mediterranea delle Ombrellifere dai fiori bianchi o gialli e radice impiegata come revulsivo || **N.** *Sin.* turbitto.

tapùm [voce onom.; 1942 *ta-pum*] **I** voce onom. che riproduce il suono di uno sparo di fucile; nella prima guerra mondiale era riferita ai colpi isolati dei cecchini **II** ***sm. inv.*** **1.** il risuonare di uno sparo isolato **2.** *per estens.* fucile.

tàra[1] [dal ar. *ṭarḥ*, volg. *ṭaraḥ*, detrazione; 1442] ***sf.*** **1.** ciò che si deve detrarre da un peso lordo per avere il peso netto; generalmente si tratta del peso dell'imballaggio della merce: *pesato il carro di grano, bisogna far la tara del carro, dei sacchi, delle corde* **2.** *arc.* defalco, riduzione di un conto; sconto **3.** *non com.* nella loc. fig. *far la tara*, fare qualche riserva su racconti, notizie e sim. dei quali si ha motivo di credere che siano esagerati.

tàra[2] [dal fr. *tare*; 1863] ***sf.*** malattia, anomalia o vizio organico, spec. ereditari.

tarabușino (*dim.* di *tarabuso*) [1891] ***sm.*** uccello notturno dei Ciconiformi diffuso in zone paludose, dal becco dritto e appuntito, coda molto corta e mantello scuro || **N.** *Sin.* airone piccolo, guacco, nonnotto.

tarabùșo [etim. inc.; a. 1484] ***sm.*** grosso uccello di palude degli Ardeidi, simile all'airone (ma molto più piccolo), comune anche in Italia.

taràllo [etim. inc.; 1918] ***sm.*** *T.cuc.* ciambellina o biscotto di pasta dura, aromatizzato con finocchio o con anice, tradizionale dell'Italia meridionale || *dim.* tarallùccio.

tarallùccio (pl. *-ci*) (*dim.* di *tarallo*) [1960] **sm.** piccolo tarallo ‖ *fig. pop. finire a taralluci e vino*, concludere un grosso contrasto con una riconciliazione fin troppo amichevole che passa sopra questioni di principio.
tarantàto [dal merid. *taranta*, tarantola; a. 1653] **agg.** tarantolato.
tarantèlla [forse da *tarantola*; 1697] **sf.** danza popolare dal ritmo assai vivace, molto diffusa nell'Italia meridionale.
tarantèllo [dal n. geogr. *Taranto*; 1598] **sm.** **1.** la parte laterale, poco pregiata, del tonno sott'olio **2.** *ant.* pezzo di qualità inferiore di un commestibile, che il venditore dà per giunta; giunta, brincello.
tarantìsmo [dal merid. *taranta*, tarantola; 1829] **sm.** complesso di manifestazioni d'isteria convulsiva tradizionalmente attribuito, spec. in Puglia, al morso della tarantola (ragno) ‖ **N.** *Sin.* tarantolismo.
taràntola [prob. dal n. geogr. *Taranto*; 1568 nel senso 1; a. 1837 nel senso 2] **sf.** **1.** grosso aracnide le cui specie sono diffuse in Italia, Francia, Brasile e nell'Africa settentrionale **2.** piccolo sauro della famiglia dei Geconidi, comune nell'area mediterranea, del tutto innocuo, che vive spec. negli anfratti di muri a secco sconnessi e si nutre di insetti ‖ **N.** **1.** tarantismo.
tarantolàto [da *tarantola*; a. 1535] **agg.** che è stato morso dalla tarantola; che presenta fenomeni di tarantismo.
tarantolìno [propr. dim. di *tarantola*, perché ritenuto velenoso come la tarantola; 1932] **sm.** rettile notturno dei sauri ‖ **N.** *Sin.* geco.
tarantolìsmo [da *tarantola*; a. 1698] **sm.** tarantismo.
tararà [dal fr. *tarare*, voce onom. che riproduce il rumore della macchina; 1970] **sf.** *T.agr.* macchina che compie la selezione delle sementi e ne elimina le impurità.
taràre [da *tara*¹; a. 1565 nel senso 2; 1942 nel senso 1] **tr.** **1.** assegnare a ogni graduazione della scala di lettura di uno strumento di misura il corrispondente valore della grandezza che si intende misurare: *tarare una bilancia* **2.** sottrarre la tara da un peso, per ottenere il peso netto.
taràssaco (pl. *-chi*) [dall'ar. *tarahšaqūn*, cicoria selvatica; 1840] **sm.** *T.bot.* dente di leone.
taratàntara [voce onom.; a. 1712] **sm.** *inv.* *lett.* fragore, strepito di trombe; anche in senso fig.: *il taratantara classico*.
taràto¹ [da *tara*²; 1931] **agg.** e, *non com.*, **sm.** (f. *-a*) che o chi è portatore di qualche tara (nel senso di *tara*²): *persona tarata* ‖ *per estens.* moralmente corrotto.
taràto² (*pps.* di *tarare*) [da *tara*¹; 1891 nel senso 2; 1970 nel senso 1] **agg.** **1.** di strumento di misura, sottoposto a taratura **2.** di peso, da cui è stata detratta la tara **3.** di conto, a cui è stata fatta la tara.
taratóre [da *tarare*; 1340] **agg.** e **sm.** (f. *-trìce*) *raro* che o chi tara.
taratùra [da *tarare*; 1942] **sf.** l'atto e il risultato del tarare.
tarcagnòtto **sm.** *non com.* v. TRACAGNOTTO.
tàrchia [etim. inc.; 1798] **sf.** *T.mar.* *vela a tarchia*, vela trapezoidale allacciata da un lato all'albero e tenuta tesa da una verga (struzza o balestrone), fissata a piè d'albero e disposta diagonalmente alla vela, per tenere tesato il punto di penna.
tarchiàno [da *tarchiato*, con cambio di suff.; 1879] **agg.** *raro* tarchiato.
tarchiàto [etim. inc.; 1353] **agg.** di persona dalla corporatura forte e robusta: *è piccolo e tarchiato* ‖ **N.** *Sin.* massiccio, tozzo | tracagnotto.
tardànza [da *tardare*; 1300 ca.] **sf.** *arc.* atto e modo del tardare ‖ lentezza, indugio, ritardo.
tardàre [lat. *tardāre*; 1313 come tr.] **intr.** **1.** (aus. *avere*) fare una cosa oltre il tempo debito o conveniente: *ha tardato due giorni a rispondermi, tardare a venire* ‖ *ass.* arrivare in ritardo: *non tardare, vieni subito* **2.** (aus. *essere*) *lett.* parer tardi, rif. a cosa aspettata con intenso desiderio: *oh quanto tarda a me ch'altri qui giunga!* (Dante) ‖ **tr.** *meno com.* ritardare: *tardò la consegna del lavoro* ‖ **N.** **intr.** **1.** *Sin.* essere in ritardo, ritardare | **tr.** *Sin.* aggiornare, differire, procrastinare.
tardenoişiàno (pr. [tardenwa'zjano]) [dal n. geogr. Fère-en-*Tardenois*, regione fr.; 1931] **agg.** e **sm.** detto di cultura preistorica del Mesolitico, caratterizzata dalla produzione di microliti.
tardézza [da *tardo*; a. 1294] **sf.** *raro lett.* qualità di chi o di ciò che è tardo.
tàrdi [lat. *tarde*; 1308 nel senso 2] **avv.** **1.** in ritardo, dopo il tempo debito o conveniente: *è arrivato tardi all'appuntamento*; *far tardi*, arrivare con ritardo: *hai fatto tardi per la cena*; nel modo di dire *meglio tardi che mai*, rivolto a chi ha finalmente fatto qualcosa che avrebbe dovuto fare già da tempo ‖ *prov. chi tarda arriva male alloggia* **2.** oltre l'ora o il periodo consueti od opportuni (rispetto a un arco di tempo determinato che può anche non essere esplicitato): *ci siamo visti nel pomeriggio verso il tardi, sul tardi*; *va a dormire tardi* (sott. *alla sera*) *e si alza tardi* (sott. *al mattino*), *ha avuto tardi il quarto figlio* ‖ in molte loc.: *più tardi*, poi, dopo, in seguito (rispetto a un momento passato o anche al momento attuale): *io alle otto ero già lì, ma lui è arrivato molto più tardi, adesso sono impegnato, ci vediamo più tardi*; *a più tardi!*, formula di saluto usata quando si prevede di incontrarsi nuovamente entro breve (al massimo poche ore); *al più tardi*, non oltre un certo limite di tempo, al massimo: *ci andrò al più tardi dopodomani*; *far tardi, tirar tardi* (sott. *la sera*), restare svegli e attivi fino a tarda sera; *farsi tardi, esser (diventato) tardi*, esser giunti a un'ora relativamente tarda della giornata (*s'è fatto tardi, devo rientrare*) o, anche, a un'ora tale per cui non c'è più il tempo per fare una certa cosa (*ormai è tardi per andare al cinema*); *presto o tardi*, prima o poi: *presto o tardi ci rivedremo* ‖ *dim.* tardìno, tardùccio; *superl.* tardìssimo ‖ **N.** **1.** *Contr.* in anticipo, in tempo, puntuale, puntualmente **2.** *Sin.* alle ore piccole, a notte alta, a tarda ora | *Contr.* presto.
tardìgrado [dal lat. *tardigradus*; 1745 come agg.] **I** **sm.** *pl.* *Tardigradi*, *T.zool.*, classe di Protoartropodi, di dimensioni microscopiche, che, in caso di disseccamento dell'ambiente, sono in grado di restare anche per lunghi periodi in uno stato di vita latente ‖ *disus.* la famiglia dei Maldentati a cui appartiene il bradipo **II** **agg.** *scherz.* *raro* rif. a persona, che cammina, si muove lentamente ‖ **N.** I anabiosi.
tarditàa [lat. *tarditas*, *-ātis*; a. 1294 *tarditate*] **sf.** *raro* qualità di chi o di ciò che è tardo (anche *fig.*).
tardività [da *tardivo*; 1960] **sf.** *raro* qualità di chi o di ciò che è tardivo (anche *fig.*).
tardìvo [lat. volg. *tardīvus; a. 1597 *tardio*] **agg.** **1.** che nasce o si sviluppa tardi; *in part.* di pianta, che giunge tardi alla fioritura o alla maturazione ‖ *fig. ragazzo tardivo*, ritardato, che è tardo nello sviluppo psichico e intellettuale **2.** che avviene troppo tardi: *scuse tardive* ‖ **tardivaménte** **avv.** ‖ **N.** **2.** *Sin.* intempestivo | *Contr.* sollecito, tempestivo.
tardìzia [da *tardo*, sul modello di *primizia*; 1942] **sf.** spec. *pl.* *non com.* prodotto ortofrutticolo che matura, anche artificialmente, oltre la sua stagione naturale ‖ **N.** *Contr.* primizia.
tàrdo [lat. *tardus*; 1313 nel senso 1; 1879 nel senso 2] **agg.** **1.** lento nel muoversi e nell'agire: *è tardo nei movimenti, nel prendere decisioni* ‖ *per estens.* lento nel comprendere; ottuso di mente **2.** che viene tardi, che appartiene all'ultima fase di un periodo di tempo a cui si fa implicitamente riferimento: *ora tarda*, una delle ultime della giornata; *tarda età*, vecchiaia ‖ *in part.* la fase più avanzata di un periodo storico, un movimento artistico, letterario ecc.: *il tardo Medioevo*; in questo senso, spesso come primo elem. di agg. composti: *la letteratura tardolatina*; *il tardoantico*, periodo dell'arte romana che inizia nel III sec. d.C. **3.** *non com.* tardivo: *confessione tarda* ‖ *accr.* tardóne.
tardóna [da *tarda* (di età); 1942] **sf.** *pop.* *scherz.* donna non più giovane che ostenta atteggiamenti e abbigliamento giovanili.
tàrga [dal provenz. *targa*, scudo di legno o di cuoio; sec. XIV nel senso 3; 1922 nel senso 1] **sf.** **1.** piastra o placca sottile, generalmente in metallo, plastica e sim., recante iscrizioni varie; *in part.* quella applicata sul muro di un edificio, vicino all'ingresso, recante il nome di studi professionali, gli orari di ricevimento del pubblico ecc. ‖ *per anton.* quella su cui è riportato il numero di immatricolazione di veicoli stradali (anche *targa di circolazione*): *sono riuscito a vedere il numero di targa dell'auto dell'investitore* ‖ piastra di metallo, perlopiù prezioso, che viene data come premio al vincitore di una gara sportiva o di un concorso: *ha vinto la targa Volpi* **2.** *T.arch.* elemento decorativo, perlopiù a forma di scudo, recante lo stemma di una casata, fregi, iscrizioni e sim. **3.** *T.arm.* scudo leggero e piccolo, in uso nel tardo Medioevo ‖ *dim.* targhétta, targhettìna; *accr.* targóne (*sm.*) ‖ **N.** **1.** cartello. **TAV.** ***motocicletta...* p. 1323** 6.21.
targàre (pres. *tàrgo*, *tàrghi*) [da *targa*; 1935] **tr.** apporre le targhe prescritte a un veicolo: *un'auto targata TO R17823*.
targatùra [da *targare*; 1935] **sf.** l'operazione del targare un veicolo.
target (ingl., pr. ['tɑ:gɪt]; pr. it. ['target]) [letter. bersaglio; 1974] **sm.** *inv.* nel linguaggio commerciale, fascia dei potenziali acquirenti di un prodotto, cui viene rivolto il messaggio pubblicitario.
targhétta (*dim.* di *targa*) [1865] **sf.** **1.** piccola targa; *in part.* quella applicata vicino alla porta d'ingresso di uffici o abitazioni, recante il nome dell'occupante **2.** piccola matrice metallica usata per imprimere su buste, fascette postali e sim. nome e indirizzo del destinatario.
targhettatrìce [da *targhetta*; 1983] **sf.** macchina che scrive indirizzi o altri dati su buste e sim. usando come stampi targhette metalliche.
targóne [dall'ar. *tarhūn*; 1546] **sm.** dragoncello.
tarì [dall'ar. *ṭarīy*, fresco, di conio recente; 1338 ca.] **sm.** *inv.* *T.num.* antica moneta coniata dagli Arabi in Sicilia e poi imitata da Svevi e Normanni; anche moneta dell'ordine dei Cavalieri di Malta.
tarìda [dall'ar. *tarīda*, nave da trasporto; 1937] **sf.** nave usata nel XIII e XIV sec. per trasportare materiale bellico, soldati e viveri.
tarìffa [dall'ar. *ta'rīfa*, notificazione; 1338 ca. *tarifa*] **sf.** **1.** prezzo di un bene o di un servizio fornito da un ente pubblico (normalmente in situazione di monopolio) o da un'impresa privata assoggettata a regolamentazione pubblica: *le tariffe doganali, ferroviarie, postali*; *aumentare, ridurre le tariffe*; *tariffa unica, discriminante*; *tariffa ordinaria, ridotta*; *tariffa differenziale*, quando il prezzo diminuisce con l'aumentare del consumo o *tariffa proporzionale*, quando il prezzo rimane costante in relazione a qualsiasi quantità ‖ *per estens.* nel settore privato, prezzo di una prestazione professionale, fissato da un contratto collettivo o

dalle associazioni di categoria **2.** *per estens.* meno com., tariffario.

tariffàle [da *tariffa*; 1848] ***agg.*** di tariffa, concernente le tariffe: *norme tariffali.*

tariffàre [da *tariffa*; 1767] ***tr.*** *T.bur.* mettere a tariffa.

tariffàrio (pl. *-ri*) [da *tariffa*; 1950 come sm.] **I** ***agg.*** della tariffa, concernente le tariffe **II** ***sm.*** prospetto in cui sono elencate le tariffe praticate da un'azienda, una categoria professionale ecc.

tarlàre [da *tarlo*; 1598] ***tr.*** di tarli o sim., rovinare, guastare: *mi hanno tarlato tutto un mobile* ‖ ***intr. pron.*** e *meno com.* ***intr.*** (aus. *essere*) esser roso dai tarli: *un legno che (si) tarla facilmente.*

tarlatàna [dal fr. *tarlatane*; 1891] ***sf.*** qualità di mussolina leggerissima, molto rigida: *aveva una veste di tarlatana bianca* (D'Annunzio).

tarlàto (*pps.* di *tarlare*) [1561] ***agg.*** che è roso dai tarli: *legno tarlato.*

tarlatùra [da *tarlare*; 1568 nel senso 2] ***sf.*** **1.** l'effetto del tarlarsi; le gallerie prodotte dai tarli nel legno e sim. **2.** la polvere fatta dal tarlo ‖ **N. 1.** *Sin.* intarlatura.

tàrlo [lat. tardo *tarmus*, class. *tarmes*, tarma, con influsso del lat. volg. **cariōlus*, tarlo; fine sec. XIII] ***sm.*** **1.** nome generico delle forme larvali di più specie di Coleotteri che vivono nel legno secco, scavandovi gallerie **2.** *fig.* ansia, dubbio e sim. che rode incessantemente nell'intimo dell'animo: *il tarlo dell'invidia, della gelosia, del dubbio; il tarlo del pensiero* ‖ **N. 2.** *Sin.* assillo, tormento.

tàrma [lat. *tarmes*; 1598] ***sf.*** nome comune di alcune tignole.

tarmàre [da *tarma*; a. 1580] ***tr.*** di tarme o insetti simili, guastare, rovinare: *questi insetti hanno tarmato la biancheria* ‖ ***intr. pron.*** e, *meno com.*, ***intr.*** (aus. *essere*) essere roso dalle tarme: *metti della canfora nel guardaroba per evitare che la biancheria (si) tarmi.*

tàrmica o **ptàrmica** [dal gr. *ptarmikḗ*, agg. f., che fa starnutire; 1840] ***sf.*** pianta erbacea perenne delle Composite le cui radici e foglie, polverizzate, hanno la proprietà di provocare starnuti e aumentare la secrezione di saliva.

tarmicìda [comp. di *tarma* e *-cida*; 1950] ***agg.*** e ***sm.*** di sostanza che ha il potere di uccidere le tarme.

taroccàre (pres. *-òcco, -òcchi*) [da *tarocco*[1]; 1735] ***intr.*** (aus. *avere*) **1.** *T.gioc.* rispondere con una carta di tarocchi **2.** *fam.* borbottare; litigare.

tarocchìno [da *tarocco*; a. 1735] ***sm.*** *T.gioc. tarocchino di Bologna*, mazzo di 62 carte da gioco, con 22 figure o trionfi e 4 semi (spade, bastoni, coppe, denari) di 10 carte l'uno.

taròcco[1] (pl. *-chi*) [etim. inc.; 1585] ***sm.*** *T.gioc.* ciascuna delle ventidue carte da gioco figurate che si aggiungono alle quattro serie numerali (di cuori, quadri, fiori e picche), di quattordici carte ciascuna, che compongono il mazzo ordinario; usati in passato come carte da gioco, sono oggi usati quasi esclusivamente per la chiromanzia e i giochi di prestigio: *giocare ai tarocchi, tarocchi divinatori* ‖ **N.** *Sin.* arcani, trionfi | gli Amanti, l'Amore, l'Angelo, il Bagatello, il Carro, il Diavolo, l'Eremita, la Fortezza, il Fuoco, la Giustizia, l'Imperatore, l'Imperatrice, l'Impiccato, la Luna, il Matto, il Mondo, la Morte, il Papa, la Papessa, la Ruota della fortuna, il Sole, le Stelle, la Temperanza | tarocchino di Bologna, tarocco fiorentino o minchiate o germini, tarocco piemontese, tarocco siciliano | staroccare, taroccare.

taròcco[2] (pl. *-chi*) [etim. inc.; 1963] ***sm.*** varietà pregiata di arance della Sicilia.

taròzzo [etim. inc.; 1814] ***sm.*** *T.mar.* ciascuno dei bastoni legati in croce all'estremità delle sartie per mantenerle alla distanza stabilita; nella scala formata dalle sartie i tarozzi sono il primo gradino, poi seguono le *griselle* ‖ **N.** biscaglina.

tarpàn [dal russo *tarpan*; 1879] ***sm. inv.*** cavallo selvatico della Russia meridionale, oggi estinto, probabile progenitore delle razze domestiche.

tarpàno[1] [etim. inc.; 1840] ***agg.*** e ***sm.*** (f. *-a*) *disus.* grossolano, zotico.

tarpàno[2] [dal russo *tarpan*; 1879] ***sm.*** cavallo selvatico della Persia, oggi scomparso.

tarpàre [forse dal lat. *exstirpāre*, attr. il fr. *étraper*, tagliare le stoppie; sec. XIII-XIV] ***tr.*** tagliare la punta delle remiganti nell'ala degli uccelli per impedire loro di volare ‖ *fig. tarpare le ali a qualcuno*, bloccarne le iniziative o, anche, impedirgli di svilupparsi secondo le sue naturali predisposizioni e capacità ‖ *fig. ant.* di scritto o stampato, mutilarlo.

tarpatùra [da *tarpare*; 1879] ***sf.*** *raro* atto ed effetto del tarpare.

tarpèo [dal lat. *tarpēius mons*, monte di Tarpea; 1945] ***agg.*** del Campidoglio, capitolino.

tarsàle [da *tarso*; 1940] ***agg.*** *T.anat.* del tarso: *ossa tarsali.*

tarsalgìa (pl. *-gìe*) [comp. di *tarso* e *-algia*; 1960] ***sf.*** *T.med.* dolore acuto in corrispondenza del tarso.

tarsìa (raro *tàrsia*) [dall'ar. *tarṣī*, commettitura; 1550] ***sf.*** *T.art.* superficie figurata ottenuta con la tecnica dell'intarsio, ma combinando tra loro solo pezzetti di materiale dello stesso tipo (generalmente legno o pietra) ‖ *ant.* la tecnica relativa ‖ **N.** incastri, incrostature, lamine, tassello | bulino, graffietto, mastice, raschiatoio, torchio | intarsiare.

tarsiàre (pres. *tàrsio*) [da *tarsia*; 1723] ***tr.*** *arc.* intarsiare.

tàrsio (pl. *-si*) [dal gr. *társos*, tarso, per la pianta del piede molto sviluppata; 1821] ***sm.*** protoscimmia notturna asiatica di dimensioni molto piccole, dal folto pelo rossastro, lunga coda con ciuffo terminale e occhi fosforescenti.

tàrso [dal gr. *tarsós*, letter. graticcio, poi pianta del piede; 1561] ***sm.*** **1.** *T.anat.* l'ossatura di quella parte del piede che va dal calcagno al metatarso, parzialmente articolata con le ossa della gamba, e costituita nell'uomo da sette ossa brevi **2.** *T.anat. tarso palpebrale*, strato fibroso costituente lo spessore del margine libero della palpebra dell'occhio **3.** *T.zool.* penultimo segmento degli arti toracici degli Insetti ‖ **N. 1.** astragalo, calcagno; ossa cuneiformi; cuboide, scafoide. **Q.T.** *anatomia* **TAV.** *zootecnia* 5.7.

tartagliaménto [da *tartagliare*; 1908] ***sm.*** atto ed effetto del tartagliare; balbettamento.

tartagliàre (pres. *-àglio*) [voce onom.; a. 1565] ***intr.*** (aus. *avere*) pronunciare difettosamente le parole, perlopiù ripetendone più volte la sillaba iniziale prima di riuscire a dirle per intero: *quando è emozionata, tartaglia* ‖ **N.** *Sin.* balbettare, barbugliare, barbutire, impuntare, incespicare, intopparsi, scilinguare.

tartaglióne [da *tartagliare*; a. 1449] ***sm.*** (f. *-a*) chi è gravemente balbuziente ‖ **N.** *Sin.* balbo, balbuziente, bleso.

tàrtan [dall'ingl. *tartan*; 1788 nel senso 2; 1970 nel senso 1] ***sm. inv.*** **1.** nome commerciale di una resina sintetica molto elastica impiegata per piste e campi sportivi **2.** tessuto scozzese di lana, quadrettato a colori diversi, tipicamente usato per confezionare i kilt.

tartàna [dal provenz. ant. *tartana*, falcone; 1519] ***sf.*** **1.** *T.mar.* grossa barca a vela da carico e da pesca, con un solo albero a calcese e a vela latina **2.** *T.pesc.* nel Mare Adriatico, la rete a strascico usata dalle paranze ‖ *dim.* tartanèlla; *accr.* tartanóne (*sm.*). **Q.T.** *pesca.*

tartanóne (*accr.* di *tartana*) [1840] ***sm.*** **1.** *T.mar.* grossa tartana (nel senso 1) **2.** *T.pesc.* rete simile alla sciabica, ma più piccola e più fitta.

tartaràto V. TARTRATO.

tartàreo [dal lat. *tartareus*; 1374] ***agg.*** *lett.* del Tartaro, dell'inferno: *il rauco suon della tartarea tromba* (Tasso).

tartarésco (pl. *-schi*) [da *tartaro*[1]; a. 1324] ***agg.*** dei Tartari e della Tartaria.

tartàrico (pl. *-ci*) [da *tartaro*[2]; 1829] ***agg.*** *T.chim. acido tartarico*, composto chimico contenuto in quasi tutti i frutti, in part. nell'uva, usato spec. per la preparazione di polveri effervescenti, come acidulante per gelatine e come mordente in tintoria.

tàrtaro[1] [dal turco *tatār*, n. di una tribù mongolica, con influsso del lat. *Tartarus*, inferno; 1313] **I** ***sm.*** (f. *-a*) variante (prevalente nell'occidente cristiano) di *tataro* (v.) **II** ***agg.*** variante di *tataro* (v.) ‖ in espr. part., denominanti specialità culinarie: *salsa tartara*, a base di maionese insaporita con capperi, prezzemolo, spezie e cetriolini sminuzzati; *carne (alla) tartara*, cruda, tritata e mescolata con vari ingredienti (uova, cipolla, limone, senape ecc.). **Q.T.** *cavallo.*

tàrtaro[2] [prob. dal lat. *Tartarus*, inferno; a. 1320 nel senso 4; a. 1597 nel senso 2; 1805 nel senso 1] ***sm.*** **1.** incrostazione che si forma sui denti, provocata dal deposito di sali calcarei e sostanze organiche (cellule epiteliali della mucosa orale) **2.** *per estens.* incrostazione calcarea deposta da acque ricche di sali di calcio **3.** *T.chim. cremor(e) di tartaro*, V. CREMORE; *tartaro emetico*, tartarato doppio di potassio e antimonio, usato in passato in medicina e oggi solo come mordente in tintoria **4.** incrostazione lasciata dal vino sulle pareti dei tini, durante la fermentazione ‖ **N. 1.** *Sin.* odontolito **4.** *Sin.* gromma, gruma, taso.

tàrtaro[3] [dal lat. *Tartarus*, gr. *Tártaros*; 1922] ***sm.*** nella cosmologia mitologica greca, abisso sottostante all'Averno, in cui Giove precipitò i Titani ‖ *per estens. lett.* inferno.

tartarùga [lat. tardo *tartarūca*, gr. tardo *tartarôuchos*, n. di uno spirito infernale; 1534] ***sf.*** **1.** nome generico dei rettili dell'ordine dei Cheloni, rif. spec. alle specie acquatiche (quelle terrestri sono dette *testuggini*) ‖ *fig.* in riferimento alla proverbiale lentezza della tartaruga, persona lenta nel muoversi: *sei proprio una tartaruga! cammina più svelto!* **2.** *per meton.* materiale ricavato dalle scaglie dello scudo delle tartarughe, utilizzato per montature di occhiali, pettini, scatole ecc.: *forcine in (o di) tartaruga* ‖ carne di tartaruga: *brodo di tartaruga.* **TAV.** *rettili* 4.

tartassàre [voce onom.; a. 1600] ***tr.*** maltrattare, rendere malconcio ‖ *fig.* strapazzare, mettere in difficoltà, tormentare: *nell'interrogazione di fine trimestre il professore mi ha tartassato di domande, tartassare uno strumento, un pezzo di musica* ‖ **N.** *Sin.* malmenare, maltrattare.

tartìna [dal fr. *tartine*, fetta di pane imburrata; 1819] ***sf.*** crostino (o fettina di pane; viene usato spec. il *pan carré*), generalmente spalmato di burro, con sopra conserve, prosciutto, caviale, acciughe o sim. e servito con gli antipasti.

tartràto [dal fr. *tartrate*; 1829] ***sm.*** *T.chim.* ogni sale neutro o acido dell'acido tartarico.

tartufàia [da *tartufo*[1]; 1759] ***sf.*** terreno boschivo appositamente preparato per la coltivazione artificiale del tartufo.

tartufàio (pl. *-ài*) [da *tartufo*[1]; 1879] ***sm.*** (f. *-a*) chi vende o va alla ricerca di tartufi.

tartufàre (pres. *-ùfo*) [da *tartufo*[1]; 1865] ***tr.*** condire con tartufi.

tartuferìa [da *tartufo*[2], sul modello del fr. *tartuferie*; 1903] ***sf.*** *raro* azione da ipocrita.

tartufìcolo [comp. di *tartufo*[1] e *-colo*; 1960] ***agg.*** relativo alla tartuficoltura.

tartuficoltóre [comp. di *tartufo*[1] e *-coltore*; 1960] ***sm.*** (f. *-trice*) coltivatore di tartufi.

tartuficoltùra [comp. di *tartufo* e *coltura*; 1940 *tartuficultura*] ***sf.*** coltivazione artificiale dei tartufi || **N.** tartufaia.

tartufìgeno [comp. di *tartufo*[1] e *-geno*; 1970] ***agg.*** di terreno adatto alla crescita dei tartufi: *bosco tartufigeno*, bosco di quercia, pioppo o nocciolo || *pianta tartufigena*, pianta che crea l'ambiente adatto allo sviluppo del tartufo.

tartùfo[1] [prob. lat. volg. *terrae*tufer*, class. *terrae tuber*, tubero di terra; sec. XV] ***sm.*** **1.** nome generico di funghi Ascomiceti del genere *Tuber* che vivono in simbiosi con radici di varie piante (salici, noccioli, querce, eriche ecc.); ve ne sono specie nere e specie biancastre marmorate, queste ultime spec. molto profumate e pregiatissime per insaporire varie pietanze (risotti, fonduta ecc.); *cane da tartufo*, addestrato per la ricerca dei tartufi **2.** *tartufo di mare*, specie di mollusco bivalve **3.** punta del naso del cane.

tartùfo[2] [dal fr. *tartufe*, dal n. del protagonista di una commedia di Molière; 1879] ***sm.*** *fig.* ipocrita, spec. bigotto ipocrita.

tarùllo [etim. inc.; 1634] ***agg.*** *arc. dial.* sciocco, melenso.

tàsca [prob. dal francone *taska*; 1640] ***sm.*** **1.** sorta di piccola sacca cucita all'interno o all'esterno di un capo d'abbigliamento, destinata a contenere piccoli oggetti da avere a portata di mano: *le tasche dei calzoni, della giacca*; *tasche laterali, posteriori* ecc.; *tasche applicate, tagliate*; *camminare con le mani in tasca, frugare nella tasca*; *orologio da tasca*, da portare in tasca || in varie loc. fig.: *starsene con le mani in tasca*, senza far nulla; *metter mano alla tasca*, tirarne fuori dei soldi, pagare; *a me non viene nulla in tasca*, non ci guadagno nulla; *rompere le tasche*, annoiare, infastidire; *averne piene le tasche di qualcuno, di qualcosa*, non poterne più: *ne ho piene le tasche di te, delle tue bugie*; *conoscere qualcosa come le proprie tasche*, benissimo **2.** *per estens.* scomparto interno di portafogli, borse e sim. **3.** *per estens.* denominazione di vari oggetti o formazioni a forma di tasca; *in part.* *T.anat.* piccola cavità, diverticolo o estroflessione: *tasca faringea, del colon* ecc. || *T.zool.* formazione sacciforme: *tasca boccale*, in cui alcuni animali trattengono temporaneamente il cibo raccolto; *tasca mammaria*, quella dei marsupiali || *dim.* taschétta, taschìna, taschettìna, taschìno (*sm.*); *accr.* tascóna, tascóne (*sm.*); *pegg.* tascàccia || **N. 1.** *Sin.* saccoccia, scarsella | PARTI: fondo, pattina, paratasche | finta | frugare, intascare, rovesciare.

tascàbile [da *tasca*; 1763] ***agg.*** di dimensioni tali da poter essere contenuto in una tasca: *libri in edizione tascabile, dizionario tascabile*; anche *sm.* part. riferito a libri: *i tascabili* || *fig. iperb. disus.* di cosa o persona più piccola di altre della stessa specie: *corazzata tascabile, un donnino tascabile.*

tascapàne [comp. di *tasca* e *pane*; 1918] ***sm.*** *inv.* sacca in tela, da portare a tracolla, usata dai militari per contenervi cibo e munizioni.

tascàta [da *tasca*; 1738] ***sf.*** quantità di roba che sta in una tasca; saccocciata.

taschìna (*dim.* di *tasca*) [1879] ***sf.*** **1.** piccola tasca **2.** in filatelia, piccola busta in plastica trasparente in cui viene riposto il francobollo per proteggerlo dal deterioramento. **TAV.** *filatelia* 8.3.

taschìno (*dim.* di *tasca*) [a. 1748] ***sm.*** **1.** piccola tasca **2.** *in part.* piccola tasca del panciotto, della giacca o dei pantaloni maschili: *una volta l'orologio si teneva nel taschino, porta un fazzoletto di seta nel taschino.*

task-force (ingl., pr. ['tɑ:skfɔ:s]) [letter. forza (per un determinato) compito; 1974] ***sf.*** *inv.* **1.** formazione navale in grado di compiere autonomamente operazioni belliche || *per estens.* unità militare in grado di svolgere missioni speciali, unità operativa in grado di far fronte a situazioni di emergenza **2.** *fig.* gruppo di esperti e tecnici chiamati a studiare e formulare strategie operative in campo economico, politico ecc.

tàso [forse dal francone **tas*, attr. il fr. ant. *tas*, mucchio; sec. XIV] ***sm.*** *non com.* deposito di feccia; *in part.* tartaro o gruma che si forma nelle botti || **N.** intasare, stasare.

tàssa [dal lat. *taxāre*, letter. rimproverare, valutare; a. 1363] ***sf.*** nell'ordinamento italiano, tributo pagato allo stato o a un ente pubblico come corrispettivo delle prestazioni di questo a favore della collettività (servizi amministrativi, giudiziari ecc.); differisce perciò dall'imposta (che è collegata al potere contributivo del soggetto) e dalla tariffa pubblica (che è il corrispettivo pagato per la vendita di servizi pubblici non istituzionali): *tasse scolastiche, automobilistiche* || *com.*, ma *impropr.*, imposta: *sono andato a pagare le tasse* || *T.stor.* ciascuno di vari tipi di tributi, anche a carattere di imposta || **N.** IMPOSTA. **Q.T.** *economia...*

tassàbile [da *tassare*; 1767] ***agg.*** soggetto a tassa, che si può tassare || **N.** *Sin.* imponibile.

tassabilità [da *tassabile*; 1877] ***sf.*** condizione di ciò che è suscettibile di tassazione.

tassàmetro [comp. di *tassa* e *-metro*, sul modello del ted. *Taxameter*; 1908] ***sm.*** nei taxi, apparecchio contatore che calcola l'importo che si deve pagare in proporzione al tragitto percorso e al tempo impiegato.

tassàre [lat. *taxāre*, letter. rimproverare, valutare; a. 1363] ***tr.*** **1.** con il contribuente come oggetto, imporre una tassa: *tassare i cittadini* || con la prestazione o il bene tassato come oggetto, gravare di una tassa: *tassare i beni immobili* **2.** *arc.* fissare il prezzo di una merce || ***rifl.*** concorrere a una spesa versando una certa cifra: *per fargli il regalo di compleanno ci siamo tassati di diecimila lire ciascuno.*

tassatività [da *tassativo*; 1983] ***sf.*** l'essere tassativo: *la tassatività di un provvedimento.*

tassatìvo [da *tassa*; 1805] ***agg.*** perentorio, che non ammette eccezioni, deroghe o dilazioni: *ordini tassativi*; *termine tassativo*, improrogabile: *la merce va consegnata entro il termine tassativo di trenta giorni* || **tassativaménte** ***avv.*** perentoriamente e in modo assoluto e rigoroso: *è tassativamente vietato fumare nelle biblioteche.*

tassàto (*pps.* di *tassare*) [sec. XIII] ***agg.*** sottoposto a tassazione; *in part.* di corrispondenza postale, sottoposta a una tassa per affrancatura insufficiente.

tassatóre [da *tassare*; 1831] ***sm.*** (f. *-trice*) *non com.* chi tassa.

tassazióne [da *tassare*; a. 1363] ***sf.*** l'atto di tassare. **Q.T.** *economia...*

tassellàre (pres. *-èllo*) [dal lat. *tessellāre*; a. 1449] ***tr.*** **1.** mettere, fissare qualcosa mediante un tassello: *tassellare un mobile* **2.** praticare un intaglio in qualcosa ricavandone un tassello: *tassellare un cocomero, una forma di cacio.*

tassellàto (*pps.* di *tassellare*) [1550] ***agg.*** e ***sm.*** di pavimenti che i Romani facevano con frammenti misti di porfido e di altri marmi di vari colori.

tassellatùra [da *tassellare*; 1865] ***sf.*** atto ed effetto del tassellare, spec. nel senso 1.

tassèllo [dal lat. *tessella*, dim. di *tessera*, dado, piastrella; 1612] ***sm.*** **1.** pezzo di legno, pietra, metallo e sim. usato nel restauro per sostituire parti difettose o danneggiate o per colmare interstizi e cavità, o messo per ornamento in intarsio, o inserito in aperture appositamente praticate in una parete per fissare ganci, viti e sim. che non farebbero presa direttamente; con questa funzione ne esistono anche vari tipi prefabbricati, utilizzanti sistemi diversi di fissaggio alla parete: *tassello a espansione, ad ancora, a rigonfiamento* || pezzo di stoffa inserito in un capo di abbigliamento per coprire un rammendo, come rinforzo o per favorire i movimenti (spec. in corrispondenza dell'attaccatura delle maniche, o delle dita nei guanti, o del cavallo nei pantaloni) **2.** *per estens.* piccolo pezzo di forma piramidale che si estrae da un cocomero o da una forma di formaggio per assaggiarne la parte interna || *dim.* tassellétto, tassellìno, tassellùccio.

tassì V. TAXI.

tàssi- [dal gr. *táxis*, ordinamento, collezione] ***primo elem.*** che, in parole dotte composte, vale "disposizione, ordinamento" (per es. *tassidermia*).

-tàssi [dal gr. *táxis*, ordinamento, collezione] ***elem. term.*** che, in parole dotte e della terminologia scientifica, vale "disposizione, ordinamento" (per es. *cronotassi, paratassi*) || in biologia vale "tattismo" (per es. *chemiotassi*).

tassìa [dal gr. *táxis*, ordinamento; 1906] ***sf.*** **1.** *T.bot.* disposizione, caratteristica per ogni pianta, delle varie parti di un vegetale: *la tassia fogliare* **2.** *T.biol.* tattismo.

tassidermìa [comp. di *tassi-* e *-dermia*; 1821] ***sf.*** l'arte di preparare e conservare le pelli degli animali e di imbottirle in modo da riprodurre gli atteggiamenti degli animali vivi || **N.** *Sin.* imbalsamazione.

tassidermìsta [da *tassidermia*; 1960] ***s.*** specialista nell'impagliare animali.

tassinàggio (pl. *-gi*) [da *tassì*; 1983] ***sm.*** servizio di trasporto pubblico mediante tassì.

tassinàro [da *tassì*; 1960] ***sm.*** *rom.* tassista.

tassìsta (meno com. *taxìsta*) [da *tassì*; 1955] ***s.*** conducente di taxi.

tàsso[1] [lat. *taxus*; a. 1320] ***sm.*** **1.** albero delle Conifere, con foglie piane, privo di resina, coltivato a scopo ornamentale; dalle sue bacche rosse si ricava una sostanza venefica **2.** *tasso barbasso*, V. TASSOBARBASSO. **TAV.** *erboristeria* 6.

tàsso[2] [lat. tardo *taxo*; sec. XIV] ***sm.*** nome comune di molte specie di carnivori Mustelidi, di media grossezza, con pelo ruvido nerastro brizzolato e percorso da bande bianche laterali, onnivori, notturni, che scavano nella terra tane profonde || nel modo di dire *dormire come un tasso*, dormire come un ghiro, dormire profondamente.

tàsso[3] [prob. da *tassello*; a. 1537] ***sm.*** incudine quadrangolare o anche cilindrica, senza corna || *dim.* tassétto.

tàsso[4] [da *tassare*, con influsso del fr. *taux*; 1848] ***sm.*** espressione (solitamente in termini percentuali) della variazione di una grandezza nel tempo: *tasso di crescita del prodotto nazionale lordo*; o della relazione tra due grandezze a una data epoca: *tasso di interesse*, dato dal rapporto tra interesse e capitale iniziale || **N.** *Sin.* saggio. **Q.T.** *banca, economia..., geografia.*

tassobarbàsso o **tàsso barbàsso** [comp. di *tasso*[1] e di una var. di *verbasco*; a. 1320] ***sm.*** erba delle Scrofulariacee dai fiori gialli o violacei a grappoli e foglie coperte da una lanugine biancastra || **N.** *Sin.* verbasco. **TAV.** *erboristeria* 6.

Tassodiàcee o **Taxodiàcee** [comp. di *tassodio* e *-acee*; 1960] ***sf. pl.*** *T.bot.* famiglia di grandi piante erbacee delle Conifere con strobili eretti di forma arrotondata.

tassòdio (pl. *-di*) o **taxòdio** [da *tasso*[1]; 1960] ***sm.*** *T.bot.* genere di piante arboree delle Cupressacee viventi in terreni umidi, il cui legno pregiato è impiegato in carpenteria e falegnameria.

tassonomìa [comp. del gr. *táxis*, *-eōs*, ordine e *-nomia*; 1829 *tassionomia*] ***sf.*** classificazione, ordinamento sistematico (solitamente governato dalla relazione di inclusione).

tassonòmico (pl. *-ci*) [da *tassonomia*; 1829 *tassionomico*] ***agg.*** che si riferisce a tassonomia, che esprime o istituisce una tassonomia: *criterio tassonomico*.

tassonomista [da *tassonomia*; 1960] **s.** studioso o esperto di tassonomia.

tàsta [da *tastare*; prima metà sec. XIV] **sf.** **1.** asta metallica dotata di capocchia, con la quale si verifica la consistenza di un terreno su cui si intende costruire **2.** *non com.* tampone, stuello usato spec. in veterinaria.

tastàme [da *tastare*; a. 1573] **sm.** *arc.* tastiera.

tastaménto [da *tastare*; a. 1292] **sm.** atto del tastare.

tastàre [forse dal lat. volg. **tastāre*, incrocio di *tangere*, toccare e *gustāre*, assaggiare; 1319] **tr.** toccare con leggerezza, ripetutamente e con attenzione, per cercare una cosa, per riconoscerla al tatto o per accertarsi di qualche sua caratteristica: *tastare il sacco per capire che cosa c'è dentro, tastare il muro col martello per trovare un vuoto*; *tastare il polso a qualcuno*, stringerne il polso tra le dita per misurare la frequenza del battito cardiaco e, *fig.*, cercare di conoscerne le intenzioni; *tastare il terreno*, saggiarne la consistenza e, *fig.*, indagare al fine di rendersi conto di una situazione ‖ **N.** *Sin.* palpare; saggiare, scandagliare, sondare, verificare.

tastàta [da *tastare*; 1643] **sf.** atto del tastare una volta sola o solo un poco (anche *fig.*) ‖ *dim.* tastatìna.

tastatóre [da *tastare*; 1840] **I sm.** **1.** *T.mecc.* organo di apparecchi tecnici di misura e verifica che viene posto a contatto con le superfici da misurare e controllare **2.** (f. *-trìce*) *raro* chi tasta **II agg.** *raro* che tasta.

tastatùra [da *tastare*; a. 1729] **sf.** **1.** atto ed effetto del tastare **2.** *T.mus.* negli strumenti a corda, sistema di suddivisione della lunghezza delle corde, in modo da ottenere la successione ordinata dei toni e dei semitoni.

tastavino [dal fr. *tastevin*; 1965] **s.** **1.** intenditore che assaggia i vini per controllarne la qualità e il grado di maturazione e conservazione **2.** *tastevin* ‖ **N.** **1.** *Sin. sommelier.*

tasteggiaménto [da *tasteggiare*; 1745] **sm.** atto del tasteggiare.

tasteggiàre (pres. *-éggio*) [da *tastare*; 1623] **tr.** **1.** far scorrere le dita sui tasti di uno strumento musicale **2.** *raro* tastare un po'.

tastéggio (pl. *-gi*) [da *tasteggiare*; 1989] **sm.** *T.sport.* nella scherma, il delicato gioco di dita che lo schermidore effettua per rafforzare o allentare l'impugnatura dell'arma o per farla ruotare nella posizione voluta.

tastevin (fr., pr. [tastə'vɛ̃]) [comp. di *tâter*, tastare e *vin*, vino; 1963] **sm. inv.** **1.** piccola tazza d'argento o di metallo argentato usata dal sommelier per tastare il vino **2.** assaggiatore di vini ‖ **N.** **2.** *Sin. sommelier.*

tastièra [da *tasto*; 1607] **sf.** **1.** l'insieme dei tasti di vari apparecchi o strumenti (macchine da scrivere, telescriventi, macchine compositrici, apparecchi telefonici ecc.) **2.** *T.mus.* negli strumenti musicali a tasti (pianoforte, organo, sintetizzatore ecc.), l'insieme dei tasti; *per estens., pl.*, l'insieme degli strumenti a tastiera che fanno parte di un complesso musicale rock o jazz: *alle tastiere, Mike Ratledge!*; negli strumenti a corda forniti di manico (chitarra, violino ecc.), la parte superiore del manico sulla quale le dita della mano premono le corde ‖ **N.** **2.** traversina. **Q.T.** *musica* **TAV.** ***musica* p. 1325** 4.3, 10.2, 12.1, 14.12, 15.1, 17; ***telefono* p. 1334** 1.2.

tastierino (*dim.* di *tastiera*) **sm.** *T.inform.* parte della tastiera di un computer, in cui sono raggruppati tasti numerici e simboli di operazioni.

tastierista [da *tastiera*; 1960] **s.** **1.** *T.tip.* addetto alla tastiera delle macchine di composizione tipografica ‖ *T.inform.* addetto alla tastiera di un terminale o di un *personal computer* **2.** *T.mus.* in un complesso musicale, chi suona le tastiere.

tàsto [da *tastare*; a. 1535 nel senso 2] **sm.** **1.** in vari apparecchi o strumenti, levetta o bottone da premere con la punta delle dita, collegati a un meccanismo che produce un particolare movimento: *i tasti della macchina da scrivere, della calcolatrice, del registratore*; *telefono a tasti* ‖ *T.mus.* in strumenti musicali come il pianoforte, l'organo, il sintetizzatore ecc., ciascuna levetta che, premuta con le dita dall'esecutore, mette in funzione il dispositivo che consente di produrre una certa nota; negli strumenti a corda dotati di tastiera (chitarra, violino ecc.), ciascun tassello, inserito nel manico dello strumento, contro il quale, mediante la pressione delle dita, si fa poggiare la corda per ottenere una nota ‖ *fig.* punto, argomento, discorso: *battere sempre sullo stesso tasto*, tornare sempre sullo stesso argomento; *toccare un tasto*, introdurre un discorso; *non tocchiamo certi tasti!*, non parliamo di certe cose! **2.** atto del tastare, solo nella loc. poco com. *al tasto*, a tastoni (V. TASTONI) **3.** saggio, campione di materiale prelevato per esaminare le condizioni di qualcosa: *un tasto di terreno*. **TAV.** ***musica* p. 1325** 10.3, 15.2.

tastóni (meno com. *tastóne*) [da *tastare*; a. 1729] **avv.** procedendo con cautela, tastando il terreno, le pareti e gli oggetti che si incontrano lungo il cammino: *camminare tastoni* (o, più com., *a tastoni*) ‖ *fig.* alla cieca, a tentoni, senza elementi sicuri: *su questo argomento così intricato si va avanti* (*a*) *tastoni* ‖ **N.** *Sin.* tentoni.

tàta [voce infantile; 1619] **sf.** **1.** bambinaia, balia o donna che si prende cura di un bambino **2.** sorella maggiore.

tatami (giap., pr. [ta'tami]) [letter. stuoia; 1933] **sm. inv.** *T.sport.* nel judo, materassino imbottito su cui si allenano e gareggiano gli atleti.

tàtaro [dal turco *Tatār*; 1840] **I agg.** appartenente, relativo alla Tartaria o alla popolazione dei Tatari: *tradizioni, stirpi tatare* **II sm.** **1.** (f. *-a*) appartenente a una delle popolazioni tatare, ovvero alle popolazioni turche stanziate nella Russia meridionale, nel Caucaso, in Crimea e in Persia **2.** (solo *sing.*) gruppo di lingue parlate dalle popolazioni tatare ‖ **N.** *Sin.* tartaro.

tàto [voce infantile; a. 1665] **sm.** **1.** chi ha cura di un bambino **2.** fratello maggiore ‖ papà.

tàttica [dal gr. *taktikḗ* (*téchnē*), arte dell'ordinare un esercito; a. 1742] **sf.** *T.mil.* la parte dell'arte militare che studia la disposizione e l'impiego delle forze sul campo di battaglia in vista del raggiungimento di fini parziali (e, sulla base di ciò, si contrappone a *strategia*, con il quale si indica invece la tecnica e il modo d'impiego di grandi unità su tutto il fronte o su un ampio settore operativo, in operazioni cioè di ampio raggio che consentano il conseguimento della vittoria finale): *obiettivo tattico*, parziale, provvisorio, che in sé non costituisce un fine ‖ *per estens.* piano d'azione, linea di condotta volta a conseguire un fine, spec. in una situazione di conflitto o competizione: *tattica politica* ‖ *T.sport.* *tattica di gioco*, piano di disposizione dei giocatori in base alle caratteristiche tecniche della squadra avversaria e del risultato che si vuol conseguire ‖ *fig.* il procedere accorto per conseguire un fine: *ci vuole un po' di tattica per convincerlo* ‖ **N.** logistica, strategia.

tatticismo [da *tattico*; 1954] **sm.** tendenza a ricorrere spesso a espedienti tattici.

tàttico¹ (pl. *ci*) [dal gr. *taktikós*, ordinativo; a. 1292 come sm.; 1865 come agg.] **I agg.** *T.mil.* relativo alla tattica: *manovra, abilità tattica*; *posizione tattica*, posizione la cui occupazione ha per scopo un vantaggio solo momentaneo, per poter disporre meglio le forze in campo; si contrappone perciò a *posizione strategica*, essendo quest'ultima definita relativamente allo scopo ultimo della guerra ‖ *fig.* modo accorto di procedere: *questa situazione richiede uno studio tattico* ‖ **tatticaménte avv.** dal punto di vista tattico e, *fig.*, strumentalmente: *tatticamente, ho sostenuto le sue tesi, ma non ci credo affatto*; accortamente, abilmente **II sm.** (f. *-a*) chi è esperto nella tattica ‖ chi dispone una particolare tattica di azione in imprese di vario tipo (ad es. agonistiche, commerciali ecc.).

tàttico² (pl. *-ci*) [da *tattismo*; 1960] **agg.** *T.biol.* relativo a tattismo.

tatticóne [da *tattico*; 1865] **sm.** (f. *-a*) *fam.* chi è solito agire in modo molto studiato per conseguire i suoi fini.

tàttile [da *tatto*; 1879] **agg.** del tatto: *papille tattili*.

tattilità [da *tattile*; 1879] **sf.** **1.** capacità di percepire per mezzo del tatto: *la tattilità dei polpastrelli delle mani* **2.** possibilità di essere percepito col tatto: *la tattilità di una sensazione*.

tattismo o **tactismo** [dal fr. *tactisme*; 1934 *tactismo*] **sm.** *T.biol.* movimento di traslazione o di locomozione, realizzato per mezzo di ciglia, flagelli o pseudopodi, dovuto a uno stimolo esterno.

tattìvo [da *tatto*; 1865] **agg.** *raro* proprio del tatto.

tàtto [dal lat. *tactus*; sec. XIV; 1879 nel senso 2] **sm.** **1.** uno dei cinque sensi, e cioè quello della sensibilità cutanea al contatto, alla pressione e a particolari sollecitazioni (calore, dolore, solletico ecc.): *il senso del tatto* (o *il tatto*) *è particolarmente sviluppato nei ciechi* ‖ l'atto del toccare in quanto fonte di sensazioni tattili: *un oggetto ruvido, liscio, caldo al tatto* **2.** *fig.* senso dell'opportunità nel comportarsi e nel parlare; discrezione, garbo: *è un uomo che ha tatto, a trattare questa faccenda ci vuol tatto* ‖ **N.** **2.** *Sin.* sensibilità. **Q.T.** *anatomia*.

tatù [dal fr. *tatou*, di orig. tupi; 1929] **sm.** armadillo.

tatuàggio (pl. *-gi*) [dal fr. *tatouage*; 1936] **sm.** pratica consistente nell'eseguire raffigurazioni indelebili sulla pelle iniettando, mediante molteplici punture, sostanze coloranti sotto la cute o, anche, scalfendone la superficie provocando rilievi cicatriziali ‖ *concr.* la raffigurazione ottenuta con tali tecniche: *aveva un tatuaggio sulla mano* ‖ **N.** pictografia.

tatuàre (pres. *tàtuo*) [dal polinesiano *tatau*, attr. l'ingl. *tattoo* e il fr. *tatouer*; 1874] **tr.** praticare un tatuaggio: *gli ha tatuato un'ancora sull'avambraccio, un marinaio tutto tatuato*.

ta-tzu-pao V. DAZEBAO.

tàu [lettura della lettera τ; 1865] **sm.** o **sf.** *inv.* nome della diciannovesima lettera dell'alfabeto greco che corrisponde alla nostra *t*.

taumaturgìa (pl. *-gìe*) [dal gr. *thaumatourgía*; 1922] **sf.** la capacità di operare miracoli.

taumatùrgico (pl. *-ci*) [dal gr. *thaumatourgikós*; 1829] **agg.** proprio del taumaturgo; miracoloso: *poteri taumaturgici*.

taumatùrgo (pl. *-ghi*) [dal gr. *thaumatourgós*; 1684] **sm.** operatore di miracoli ‖ *per estens.* chi fa cose che paiono miracoli.

taurifórme [dal lat. *tauriformis*, a forma di toro; 1723] **agg.** *lett.* che ha forma di toro: *un idolo tauriforme*.

taurina [dall'ingl. *taurine*, basato sul lat. *tāurus*, toro, perché originariamente ricavata dalla bile di tale animale; 1879] **sf.** *T.chim.* composto contenuto nei tessuti di molti invertebrati e, in dosi inferiori, nei mammiferi (nella bile), il cui ruolo fisiologico non è ancora stato chiarito; si forma per idrolisi dell'acido colico della bile ed è usato nella preparazione di coloranti e di farmaci tensioattivi.

taurìno [dal lat. *taurīnus*; sec. XV] ***agg.*** che è proprio del toro || che è simile a quello del toro (spec. *iperb.*): *collo taurino, forza taurina.*

tàuro ***sm.*** *arc.* V. TORO[1].

tàuro- [dal gr. *tâuros*, toro] ***primo elem.*** che, in parole composte dotte e della terminologia zoologica, vale "toro" (per es. *tauromachia, taurotrago*).

taurobòlio (pl. *-li*) [dal lat. *taurobolium*, gr. *taurobólion*; 1821] ***sm.*** *T.stor.* rito di rinvigorimento celebrato nell'ambito dei misteri frigi e diffusosi nel mondo romano dal II al IV sec.; consisteva nell'uccisione di un toro su un graticcio sovrastante una fossa nella quale giaceva il beneficiario, che veniva inondato del sangue del toro.

tauromachìa [dal gr. *tauromachía*, letter. battaglia del toro, prob. attr. lo sp. *tauromaquia*; 1891] ***sf.*** *T.stor.* combattimento rituale contro tori, diffuso anticamente nell'area mediterranea (spec. a Creta) || oggi, la corrida spagnola.

tauròtrago (pl. *-ghi*) [comp. del gr. *tâuros*, toro e *-trago*; 1930] ***sm.*** grossa antilope africana a pelo corto i cui maschi hanno lunghe corna dritte e spiralate.

tàuto- [dal gr. *tautó*, lo stesso] ***primo elem.*** che, in parole composte dotte e della terminologia scientifica, vale "uguale", "lo stesso" (per es. *tautologia, tautomeria*) || **N.** *Sin.* iso-.

tautogràmma [comp. di *tauto-* e gr. *grámma*, lettera; 1805] ***sm.*** componimento letterario formato da parole inizianti tutte con la stessa lettera, in uso nel Medioevo.

tautologìa (pl. *-gìe*) [dal lat. tardo *tautologia*, gr. *tautología*; 1598] ***sf.*** nella logica classica, proposizione nella quale il soggetto e il predicato esprimono, sia pur in termini diversi, lo stesso concetto (per es.: "i quadrupedi hanno quattro zampe") || nella logica enunciativa contemporanea, espressione che, assumendo sempre il valore Vero per ogni possibile attribuzione di valori di verità ai suoi componenti, risulta universalmente valida || **N.** verità analitica.

tautològico (pl. *-ci*) [da *tautologia*; 1805] ***agg.*** di tautologia, che si riferisce a tautologia.

tautomerìa [da *tautomero*; 1931] ***sf.*** *T.chim.* coesistenza equilibrata di due isomeri che possono essere trasformati uno nell'altro.

tautòmero [comp. di *tauto-* e *-mero*; 1931] ***agg.*** *T.chim.* di un composto che presenti tautomeria.

tautosillàbico (pl. *-ci*) [comp. di *tauto-*, *sillaba* e suff. agg.; 1961] ***agg.*** *T.ling.* in fonetica, di foni che fanno parte della stessa sillaba || **N.** *Contr.* eterosillabico.

tavèlla [lat. *tabella*, tavoletta; sec. XIV] ***sf.*** *T.edil.* laterizio forato, rettangolare, di spessore molto ridotto rispetto alle altre due dimensioni, usato spec. nella costruzione di solai e di muri divisori || *accr.* tavellóne (*sm.*).

tavellàto [da *tavella*; a. 1570] ***agg.*** costruito con tavelle: *pavimento tavellato.*

tavèrna [lat. *taberna*, bottega; a. 1294] ***sf.*** **1.** osteria di infimo ordine e frequentata da una clientela volgare; bettola || nell'espr. *linguaggio da taverna*, scurrile, basso **2.** locale pubblico di una certa pretesa (ristorante, trattoria e sim.) arredato in stile rustico || *dim.* tavernétta.

tavernàio (pl. *-ài*) [lat. *tabernārius*; a. 1342] ***sm.*** *raro ant.* gestore di una taverna; oste, taverniere.

tavernétta (*dim.* di *taverna*) [1970] ***sf.*** **1.** piccola taverna **2.** piccolo locale, pubblico o privato, arredato in stile rustico, usato per feste, cene, riunioni e sim e posto gen. nel seminterrato.

tavernière [dal lat. *tabernārius*, attr. il fr. *tavernier*; a. 1342] ***sm.*** (f. *-a*) **1.** gestore di una taverna **2.** *non com.* frequentatore di taverne.

tàvola [lat. *tabula*, letter. asse di legno; 1306 nel senso 2] ***sf.*** **1.** asse rettangolare di legno, lunga, stretta e poco spessa (dai 2 ai 5 cm), ottenuta riducendo in strati i tronchi d'albero, utilizzata (a seconda delle sue dimensioni e della qualità del legno) per impalcature, come superficie di appoggio o come materiale da costruzione: *una tavola d'abete, in noce, con delle tavole piallate e verniciate ha fatto i ripiani per i libri, le tavole di un pavimento, del palcoscenico* || *fig.* superficie particolarmente liscia: *il mare oggi è una tavola* **2.** *per estens.* lastra, pezzo di forma rettangolare, anche di altri materiali: *una tavola di cioccolata* (ma, più com., *tavoletta*), *di polistirolo*; *la tavola per spianare la pasta*, spianatoia || *T.gioc.* *tavola reale*, tavoliere in legno o sim. usato per il gioco omonimo (detto anche *backgammon, tric-trac* o *sbaraglino*) || *T.mar.* *tavola a vela, windsurf* o, anche, piccola deriva a vela, di forma approssimativamente rettangolare, a sezione lenticolare, dotata di una randa molto semplificata; *tavola da salto, surf* || *in part.* lastra in legno, metallo, marmo e sim. usata come superficie scrittoria o supporto per dipinti, incisioni e sim.: *tavola* (ma, più com., *tavoletta*) *di cera*, V. TAVOLETTA; *le tavole della Legge*, quelle, di pietra, sulle quali, secondo la Bibbia, Mosè avrebbe scolpito i dieci comandamenti; *le Dodici Tavole*, le lastre su cui i Romani incisero le leggi costituzionali dei Decemviri; *per meton.* il dipinto o lo scritto eseguito sull'elemento di supporto: *una tavola a olio, del Trecento* || foglio stampato da un solo lato con illustrazioni, grafici ecc., che viene inserito tra le pagine di un libro (spec. quando si tratta di libri d'arte, atlanti ecc.): *un testo arricchito di numerose tavole in bianco e nero, a colori*; *tavole fuori testo*, che non seguono la numerazione delle pagine e sono solitamente stampate su carta più pregiata; *per meton.* tabella, prospetto: *tavole sinottiche, dei logaritmi, tavola astronomica delle effemeridi, pitagorica*; *T.econ.* *tavola input-output* (o *delle interdipendenze strutturali*), tavola delle relazioni determinate dalla produzione e dalla circolazione dei beni tra i diversi settori in cui si articola un sistema economico **3.** mobile costituito essenzialmente da un piano rettangolare (ma anche rotondo, ovale o di altre forme) sostenuto perlopiù da quattro gambe (ma anche da tre o addirittura solo da una o due, massicce) e adibito a vari usi; *per anton.* il mobile intorno al quale ci si siede per mangiare: *sedete pure a tavola, servo subito la cena, apparecchiare, sparecchiare la tavola, alzarsi da tavola, portare le vivande in tavola*; *per estens.* il pasto, i cibi che si consumano: *c'era una tavola ricca, piuttosto magra*; *gli piace la buona tavola*, è un buongustaio; *tavola fredda, calda*, locale di ristorante, bar e sim. in cui si possono consumare piatti già pronti (solo freddi o anche caldi), serviti perlopiù al banco; per tutti gli altri usi cui può essere adibita una tavola è invece più com. la voce *tavolo* (v.) || *mettere le carte in tavola*, scoprire le carte sul tavolo da gioco o, *fig.*, giocare a carte scoperte, rendere esplicite le proprie intenzioni || *tavola rotonda*, nei romanzi del Ciclo Bretone, quella intorno alla quale si riunivano i cavalieri di re Artù, dove la scelta di un tavolo rotondo sottolinea la parità assoluta del rango di tutti i partecipanti; *per estens.* conferenza, dibattito cui partecipano persone di pari autorevolezza e competenza: *organizzare una tavola rotonda su di un tema d'attualità* || *prov.* *a tavola non s'invecchia*, il buon cibo dà buona salute **4.** *per estens.* parte piatta di alcuni elementi; *in part.* faccia superiore e inferiore di una pietra preziosa sfaccettata || *T.mus.* *tavola armonica*, la superficie piana che, in alcuni strumenti musicali, serve ad aumentare la risonanza || *T.vet.* *tavola dentaria*, la superficie superiore dei denti dei Ruminanti e degli Equini, il cui stato consente di stabilire l'età dell'animale **5.** *T.stor.* antica unità di misura di superficie, di valore variabile a seconda dei luoghi || *dim.* tavolétta, tavolìna, tavolettìna, tavolùccia; *accr.* tavolóna, tavolóne (*sm.*); *pegg.* tavolàccia || **N.** **1.** tavolato **2.** tabula **3.** *Sin.* tavolo | mensa. **Q.T.** *arredamento, pittura* **TAV.** *gemme* 1.1, 1.4.

tavolàccio (pl. *-ci*) (*pegg.* di *tavolo*) [1640] ***sm.*** **1.** tavolo vecchio e malconcio **2.** tavolato inclinato dove dormivano i soldati di guardia, i detenuti ecc.; pancaccio.

tavolàme [da *tavola*; 1961] ***sm.*** insieme di tavole in legno da costruzione.

tavolàre[1] (pres. *tàvolo*) [da *tavola*; a. 1698 nel senso 2] ***tr.*** **1.** coprire di tavole, fare un tavolato **2.** *ant.* misurare i terreni con la misura di superficie agraria detta *tavola.*

tavolàre[2] [da *tavola*; 1873] ***agg.*** di sistema di registrazione in virtù del quale si possono seguire le vicende dei beni immobili || *T.giur.* *giudice tavolare*, giudice preposto al controllo dei documenti attestanti i diritti sui beni immobili, quando ne viene chiesta l'iscrizione nei libri fondiari.

tavolàta [da *tavola*; 1598] ***sf.*** l'insieme delle persone sedute alla stessa tavola per mangiare: *facciamo una tavolata unica.*

tavolàto [lat. *tabulātum*; 1353; 1726 nel senso 2] ***sm.*** **1.** parete o pavimento di tavole; assito **2.** *T.geogr.* altipiano ben livellato, delimitato ai bordi da ripide scarpate.

tavoleggiànte (*ppr.* di *tavoleggiare*) [1865] ***s.*** *raro* garzone che nei caffè porta le bibite agli avventori seduti ai tavolini; cameriere.

tavolétta (*dim.* di *tavola*) [1294 nel senso 2] ***sf.*** **1.** piccola tavola, piccola lastra; assicella in legno: *le tavolette del parquet* **2.** *per estens.* piccolo pezzo di altro materiale a forma di piccola lastra rettangolare: *tavolette di cioccolata*; *in part.* formato per preparati farmaceutici **3.** *per estens.* oggetto o strumento costituito essenzialmente da una piccola tavola; *in part.* *tavoletta di cera*, supporto in legno o altro materiale con una delle due facce ricoperte di uno strato di cera, usata anticamente per scrivervi mediante uno stilo appuntito || *T.inform.* *tavoletta grafica*, dispositivo provvisto di una superficie rettangolare a sensibilità elettromagnetica collegato con uno schermo sul quale vengono visualizzate le linee tracciate sulla superficie con una penna luminosa || con rif. alla tavoletta che è parte del pedale dell'acceleratore, nella loc. *andare a tavoletta*, spingerlo fino in fondo, raggiungendo la velocità massima || *tavoletta pretoriana*, strumento topografico costituito da una tavoletta di legno fissata a un treppiede e sulla cui superficie sono applicati vari dispositivi che, nel loro complesso, consentono di ottenere contemporaneamente il disegno e il rilievo del terreno; *per estens.* in cartografia, ciascun foglio della carta geografica dell'Istituto Geografico Militare, con scala 1:25.000, così detti in quanto i primi furono rilevati con la tavoletta pretoriana.

tavolière[1] [da *tavola*; sec. XIV nel senso 1; 1961 nel senso 2] ***sm.*** **1.** *non com.* tavolino da gioco con intarsiata la scacchiera per giocare a dama, agli scacchi, a tavola reale ecc. **2.** *T.gioc.* piano, ricoperto di panno, del biliardo. **Q.T.** *giochi.*

tavolière[2] [da *tavola*; a. 1831] ***sm.*** *T.geogr.* bassopiano o altopiano piatto e uguale: *il tavoliere delle Puglie.*

tavolière[3] [dal fr. *tablier*; sec. XIV] ***sm.*** *arc.* banchiere; chi cambiava monete.

tavolìno (*dim.* di *tavolo*) [1640] ***sm.*** **1.** piccolo tavolo: *tavolino da bar, da picnic, da gioco*; *tavolino per le sedute spiritiche*, a tre gambe ||

tavolino da notte, comodino || piccolo tavolo usato come scrittoio o per studiare: *passare le ore al tavolino*, a leggere, studiare ecc.; nelle loc. *a(l) tavolino, da tavolino*, rif., perlopiù con tono critico, a decisioni, teorie e sim. elaborate solo in astratto: *decidere a tavolino, fare la guerra al tavolino, stratega da tavolino* **2.** supporto del microscopio ottico || *dim.* tavolinétto, tavolinùccio; *pegg.* tavolinàccio || **N. 1.** tiptologia. **Q.T.** *arredamento* **TAV.** ***arredamento* p. 650** 2.10, 3.8.

tàvolo [da *tavola*; 1812] ***sm.*** tavola (nel senso 3) adibita a usi specifici (solitamente a eccezione di quella su cui si mangia): *tavolo di cucina, per riunioni, da ping pong, da biliardo, tavolo operatorio*, su cui viene posto il paziente da operare || *dim.* tavolìno; *accr.* tavolóne; *pegg.* tavolàccio || **N.** scrittoio, scrivania. **TAV.** ***arredamento* p. 650** 1.15, 2.13; ***medicina...* p. 1320** 11.

tavolóne (*accr.* di *tavola*) [1587 nel senso 2] ***sm.*** **1.** grossa tavola (nel senso 3) **2.** grossa asse di maggiore spessore delle solite.

tavolòzza [da *tavola*; a. 1642] ***sf.*** **1.** assicella ovale o rettangolare con un foro per passarvi il dito pollice, sulla quale i pittori stemperano i colori **2.** *per estens.* la gamma, l'insieme dei colori preferiti da un pittore: *ha una ricca tavolozza, la tavolozza di Miró.* **Q.T.** *pittura.*

tàxi (pr. ['taksi]) (meno com. *tassì*) [dal fr. *taxi*; 1918] ***sm.*** *inv.* auto pubblica dotata di tassametro.

taxi-girl (ingl., pr. ['tæksı gə:ł]) [comp. di *girl*, ragazza e *taxi(meter)*, tassametro, perché il pagamento avviene in base ai giri di ballo; 1935] ***sf.*** *inv.* ragazza pagata per far ballare i clienti in una sala da ballo.

taxista (pr. [tak'sista]) V. TASSISTA.

Taxodiàcee V. TASSODIACEE.

taxòdio V. TASSODIO.

taylorismo (pr. [teilo'rizmo]) [dal n. proprio F.W. *Taylor*, ingegnere statunitense; 1921] ***sm.*** *T.econ.* teoria economica fondata sulla concezione che per ottenere il massimo rendimento industriale è necessario frazionare in minute operazioni il processo produttivo, in modo da far compiere, ad ogni lavoratore, una sola operazione || l'applicazione di questa teoria.

tayloristico (pl. *-ci*) [da *taylorismo*; 1955] ***agg.*** *T.econ.* relativo al taylorismo, proprio del taylorismo.

tazebào V. DAZEBAO.

tàzza [dall'ar. *ṭāsa*; a. 1400 nel senso 1; 1942 nel senso 3] ***sf.*** **1.** piccolo recipiente, perlopiù di ceramica o di maiolica, tondo, con la bocca più larga del fondo, gen. con uno o due manici laterali ad ansa, per bervi caffè, tè, latte, brodo ecc. || *per meton.* contenuto di una tazza: *ho bevuto una tazza di caffè* **2.** vasca in cui ricade lo zampillo di una fontana; pila **3.** il vaso del *water-closet* || *dim.* tazzétta, tazzìna; *accr.* tazzóna, tazzóne (*sm.*) || **N. 1.** ciotola, scodella.

tazzétta (*dim.* di *tazza*) [a. 1712] ***sf.*** *region.* nome com. di una specie di narciso a fiori bianchi o gialli a forma di piccola tazza.

te (pr. [te]) [lat. *tē*, accusativo di *tu*; 1306; 1308 nella forma atona] ***pron. pers.*** sing. **1.** forma tonica, che si usa invece di *tu* nei complementi introdotti da prep.: *è più brava di te, lo dirò a te, da te non mi aspetto più nulla, non credo più in te* **2.** in alcune loc., con senso part.: *da te*, da solo, per conto tuo (da cui *fai-da-te*, espressione considerata lo slogan del bricolage; anche in funzione di *sm.*: *manuale del fai-da-te*); *secondo te*, secondo il tuo parere || può indicare il compl. ogg. (in luogo di *ti* anteposto) quando si voglia dare a questo uno speciale rilievo: *Paolo loda proprio te* || nelle esclamazioni: *beato te!* || dopo *come* e *quanto* nelle comparazioni: *è ricco come te, quanto te* || come nome del predicato dopo i verbi *essere, parere, sembrare* e sim.: *egli non è te*; *pareva proprio te* (quando tuttavia anche il soggetto sia di seconda persona, si deve usare *tu*: *tu non sei più tu*) || nelle proposizioni col verbo in un modo infinito, espresso o sottinteso, si può usare tanto la forma soggettiva quanto quella oggettiva: *partito tu* (o *partito te*) *tutto s'accomodò*; *contento tu* (o *contento te*), *noi siamo contentissimi* **3.** di forma atona con funzione di compl. ogg. o di termine, variante della particella pronominale *ti*, che si cambia in *te* nei raggruppamenti di particelle pronominali (insieme a *la, le, li, lo, ne*), sia quando si trovi in posizione proclitica: *te lo dicevo, te ne pentirai, te la vedrai da solo*, sia in posizione enclitica, e in tal caso si unisce al verbo: *portatelo, scordatene.*

tè (meno com. *the*) [dal cinese dial. *t'e*; a. 1606] ***sm.*** **1.** pianta arbustiva sempreverde delle Teacee, con foglie alterne ovate e fiori bianchi a stami gialli, originaria della Cina **2.** le foglie della pianta omonima, che, essiccate e variamente trattate, vengono usate per ricavarne un infuso; sono vendute sminuzzate in pacchetti o sacchetti-filtro **3.** *per estens.* infuso aromatico e lievemente eccitante preparato con le foglie del tè: *preparare, prendere un tè, un servizio da tè in porcellana*; *casa da tè*, spec. in passato, in Giappone, locale aperto al pubblico in cui all'ospite veniva offerto il tè e la compagnia delle *geishe* || *per estens.* bevanda analoga ottenuta per infusione di foglie o fiori di altre piante: *tè di rose*, preparato con petali di rosa; *tè svizzero*, preparato con foglie di veronica || *per estens.* riunione, ricevimento pomeridiano durante i quali viene servito il tè: *ti aspetto domani per il tè*; *tè danzante*, festa da ballo pomeridiana durante la quale viene anche servito il tè || **N. 2.** teina.

te' (pr. [tɛ]) [lat. *tene*, imper. di *tenēre*, tenere; 1353] ***escl. pop.*** tieni!, prendi!, usata porgendo qualcosa; to'.

tèa [da *tè*; 1891] ***sf.*** specie di rosa, di color giallo pallido || anche usato in posizione attributiva: *rosa tea.*

Teàcee [comp. di *tè* e *-acee*; 1937] ***sf. pl.*** *T.bot.* famiglia di piante sempreverdi dell'ordine Guttiferali, tropicali e subtropicali.

teak (ingl., pr. [ti:k]; pr. it. [tɛk]) [dal malese *tekka*; 1813] ***sm.*** *inv.* **1.** pianta delle Verbenacee originaria della Birmania e della penisola di Malacca, dall'ottimo legname, eccezionalmente resistente e facilmente lavorabile **2.** legno ricavato da tale albero.

team (ingl., pr. [ti:m]) [letter. gruppo; 1909] ***sm.*** *inv.* gruppo di persone che collaborano a un fine comune, spec. di studio di particolari problemi, di ricerca scientifica ecc. o, anche, sportivo || **N.** *Sin. équipe*, squadra.

teandria [comp. del gr. *theós*, dio e *anḗr, andrós*, uomo; 1970] ***sf.*** compresenza in Cristo della natura umana e di quella divina.

teàndrico (pl. *-ci*) [dal gr. eccl. *theandrikós*; 1840] ***agg.*** relativo alla teandria e al teandrismo.

teandrismo [da *teandr(ico)*; 1961] ***sm.*** dottrina teologica relativa alla natura umana e divina del Cristo.

tea-room (ingl., pr. ['ti:ru:m]) [letter. stanza per il tè; 1897] ***sm.*** *inv.* locale pubblico in cui si bevono il tè e altre bevande calde; sala da tè.

teatino [lat. *Teatīnus*, abitante di *Teāte*, n. lat. della città di Chieti; a. 1535 nel senso 1; 1704 nel senso 2] **I** ***agg.*** **1.** di ordine di chierici regolari fondato nel 1524 da Gaetano di Thiene e Pietro Carafa (poi Paolo IV), vescovo di Chieti, inteso a restaurare nella Chiesa la regola primitiva della vita apostolica, e i cui appartenenti si sono dedicati all'assistenza a malati e feriti **2.** *lett.* di Chieti **II** ***sm.*** **1.** chierico teatino **2.** (f. *-a*) abitante di Chieti.

teatràbile [da *teatro*; 1891] ***agg.*** di argomento, copione e sim., che si presta a essere trattato in forma drammatica || **N.** tragediabile.

teatràle [dal lat. *theatrālis*; a. 1729] ***agg.*** di o da teatro: *arte, testo, spettacolo teatrale* || *fig.* esagerato, esibizionistico: *portamento, posa teatrale* || **teatralménte** ***avv.*** **1.** platealmente **2.** in modo teatrale || dal punto di vista teatrale.

teatralità [da *teatrale*; 1886] ***sf.*** qualità di ciò che è teatrale (spec. *fig.*): *la teatralità del suo modo di parlare.*

teatrànte [da *teatro*; 1922] ***s.*** *spreg.* chi recita in teatro || *fig. spreg.* o *scherz.* chi parla declamando e con gesti e maniere teatrali || **N.** *Sin.* attore.

teatrino (*dim.* di *teatro*) [a. 1764] ***sm.*** **1.** piccolo teatro **2.** giocattolo per bambini costituito da un teatro in miniatura **3.** teatro di marionette.

teàtro [dal lat. *theātrum*, gr. *théatron*; 1353] ***sm.*** **1.** edificio appositamente costruito e attrezzato per la rappresentazione di opere drammatiche o musicali e di altri tipi di spettacoli (danza, mimo ecc.): *un antico teatro greco* || *per meton.* il pubblico presente in un teatro: *fu un delirio di tutto il teatro* || *teatro di posa*, in uno studio cinematografico, ambiente in cui vengono effettuate le riprese in interni || *teatro anatomico*, aula semicircolare dove si tengono le lezioni di anatomia **2.** il genere letterario teatrale, il complesso dei testi scritti per essere rappresentati in teatro: *uno scrittore di teatro*; *teatro lirico, di prosa*, sottogeneri del genere teatrale || *in part.* il complesso delle opere teatrali di una letteratura o di un autore: *il teatro classico, moderno, di Shakespeare* || *per estens.* complesso di attività e di persone che sono legate al teatro: *una ripresa di interesse per il teatro, la crisi del teatro italiano*; *gente di teatro*, che lavora in tale ambiente **3.** *fig.* scenario, luogo in cui si verificano particolari avvenimenti, che fa loro da sfondo: *il teatro delle ostilità, la piazza fu teatro di una delle più grandi manifestazioni popolari* || *armi di teatro*, strategiche (rif. spec. ad armi nucleari) || *dim.* teatrìno, teatrùccio, teatrùcolo; *accr.* teatróne; *pegg.* teatràccio || **N. 2.** *Sin.* arte drammatica. **Q.T.** *letteratura..., musica, teatro.*

teatróne (*accr.* di *teatro*) [1879] ***sm.*** **1.** grosso teatro **2.** *fam. non com.* gran piena di spettatori a teatro.

tebàide [dal lat. *Thebāis, -aidis*, gr. *Thēbaís*, (regione) di Tebe; 1879] ***sf.*** luogo in cui regna la quiete, adatto per vivere in solitudine e in raccoglimento: *si è rinchiuso nella sua tebaide.*

tebaina [dall'ingl. *thebaine*, basato sul n. geogr. *Tebe*, città egiziana; 1891] ***sf.*** *T.chim.* composto, altamente tossico, costituente uno degli alcaloidi minori dell'oppio.

tebàno [dal lat. *thebānus*, di Tebe; 1313] **I** ***agg.*** di Tebe, città della Beozia **II** ***sm.*** (f. *-a*) abitante di Tebe.

tèca [dal lat. *thēca*, astuccio; 1583] ***sf.*** **1.** astuccio, custodia e sim. usati spec. per conservarvi reliquie o per riporvi oggetti preziosi o rari **2.** in anatomia, zoologia e botanica, nome generico di vari tipi di rivestimenti, membrane, gusci ecc. annessi a organismi o a parti di essi: *teca pollinica, teca cranica*, scatola cranica.

-tèca [dal gr. *thḗkē*, scatola ove porre qualcosa] ***elem. term.*** che, in parole composte dotte, vale "raccolta (degli oggetti indicati dal primo elem.)" (per es. *biblioteca, cineteca, videoteca*) || vale anche "luogo adibito alla raccolta o al deposito" degli oggetti indicati dal primo elem. (per es. *pinacoteca, biblioteca, emeroteca*) || *per estens.* nell'italiano contemporaneo vale "negozio o locale pubblico che offre la degustazione o comunque la fruizione" di quanto è indicato dal primo elemento (per es. *enoteca, paninoteca, discoteca*).

técca o **téccola** [dal got. *taikn*, segno; a. 1294] ***sf.*** *dial. tosc.* piccola macchia ‖ *fig.* difetto.

teccheggiàre v. TACCHEGGIARE[1].

técchio (pl. *-chi*) [lat. *titulus*; 1865] ***agg.*** *raro* grosso, badiale: *tu, questa volta, l'hai detta tecchia.*

téccola v. TECCA.

technicolor (ingl., pr. ['teknɪkʌlə]; pr. it. [tekni'kɔlor]) [letter. colore tecnico; 1942] ***sm.*** *inv.* nome commerciale di un sistema di cinematografia a colori tricromica ‖ *per estens.* nella loc. *in technicolor*, a colori sgargianti: *sognare in technicolor.*

tèck v. TEAK.

tecnèzio (meno com. *tecnèto*) [dal gr. *technētós*, artificiale; 1950 *tecneto*] ***sm.*** *T.chim.* elemento artificiale, ottenuto mediante reazioni nucleari; non esiste in natura; tutti i suoi isotopi sono radioattivi.

tècnica [da *tecnico*; 1891 nel senso 2; 1961 nel senso 1] ***sf.*** **1.** (solo *sing.*) l'insieme delle applicazioni delle conoscenze scientifiche alla realizzazione di fini, e in part. alla costruzione di strumenti atti a realizzarli: *i progressi della scienza e della tecnica* **2.** modo di operare conforme a regole, caratteristico di un'attività manuale o intellettuale: *una complessa tecnica pittorica, le varie tecniche costruttive, una nuova tecnica educativa* ‖ con tono leggermente *spreg.*, in contrapposizione ad *arte, talento, ispirazione* e sim., capacità, abilità: *non basta la tecnica per fare un vero artista* **3.** *per estens.* procedimento, metodo, modo: *ha una tecnica di seduzione tutta sua* ‖ **N. 1.** scienza, tecnologia.

tecnicìsmo [da *tecnico*; 1819 nel senso 2] ***sm.*** **1.** esasperazione degli elementi tecnici in un'attività (spec. artistica) a scapito della creatività, della fantasia e sim.: *la freddezza del mero tecnicismo* **2.** uso frequente, talora eccessivo, di termini tecnici, spec. nella trattazione di argomenti specifici: *il tecnicismo dei giornali finanziari* ‖ *concr.* voce o locuzione propria di un linguaggio tecnico: *scrivendo, usi troppi tecnicismi.*

tecnicista [da *tecnico*; 1961] ***s.*** *non com.* chi si occupa di problemi di tecnica industriale, commerciale ecc.

TEATRO

LUOGHI: anfiteatro, arena, auditorium, cineteatro, circo, odeon, *patio*, politeama, teatro (all'italiana).

PARTI: antipalchetto, arcoscenico, atrio, ballatoio, bar, barcaccia, biglietteria, boccadopera, boccascena, botteghino, buca del suggeritore, cabina elettronica, camerino, cavea, cupolino, declivio, emiciclo, *foyer*, galleria, golfo mistico, graticcia, guardaroba, ingresso artisti, loggione o piccionaia, orchestra, palco o palchetto (di prima, seconda, terza fila od ordine; di platea, di proscenio, reale), palchettone, palcoscenico, piano scenico, platea, podio, poltroncine, poltrone, posto, proscenio, prospetto scenico, quinte, retropalco o retroscena, ribalta, ridotto, sipario, soffitta, sottopalco, strapuntino.

SCENOGRAFIA E SCENOTECNICA: americana, apoteosi, apparizione e sparizione, argano, aria o cielo, attrezzeria, botola, bozzetto, cantinella, carrello, celetto, contrappeso, cordame, fianco, fondale, girevole, gobbo, guida, ingegno, macchina, mantello d'Arlecchino, mantovana, murale, panorama, parapettata, periatto, plafone, praticabile, principale, quinta, rocchetto, scena, scivolo, spezzato, stanga, stangone, strada, telaio, torretta, trasparente; armare e disarmare, mandare (in coperta, in prima, in seconda, in terza), montaggio e smontaggio, mutazione, plantazione.

ILLUMINOTECNICA: bilancia (da superficie), bilancione da panorama, coppetta, gelatina, lanterna d'orizzonte, occhio di bue, padellone, parabola, piazzato, pinza, proiettore, puntamento, riflettore, sagomatore, seguipersona, *spot*.

SPETTACOLI: allestimento, anteprima, azione scenica, beneficiata, debutto, esordio, *matinée*, messa in scena, prima (assoluta), prova (filata, generale), rappresentazione, recita, replica, serata (benefica, d'addio, di gala, d'onore), stagione, *tournée*; atellana, *auto sacramental, bunraku*, burattini, *burlesque*, cabaret, *café chantant*, caffè-concerto, *clownerie*, commedia, diorama, dramma (liturgico, satiresco), farsa, *féerie*, fescennino, *grand-guignol*, grottesco, *happening*, intermezzo, *kabuki*, lanterna magica, lauda, lirica, marionette, melodramma, melologo, mimo, mistero, monologo, *musical, music-hall, nô*, opera (buffa), operetta, oratorio, pantomima, parodia, *performance, pochade*, proverbio, prosa, pupi, radiodramma, *recital*, rivista, sacra rappresentazione, sceneggiata, *show*, spogliarello o *strip-tease*, tragedia, tragicommedia, varietà, *vaudeville*, zarzuela; atto (unico), battuta, catastrofe, copione, coro, didascalia, distribuzione, epilogo, finale, intervallo, parte, personaggio, preludio, prologo, quadro, scena.

PERSONE: artista, attore, ballerino, cantante (baritono, basso, contralto, mezzosoprano, soprano, tenore), canzonettista, capocomico, ciarlatano, comico, commediante, comodino, comparsa, comprimario, corista, dicitore, dilettante, direttore del coro, direttore d'orchestra, *entertainer*, figlio d'arte, figurante, filodrammatico, gigione, giocoliere, giullare, guitto, illusionista, maschera, mattatore, mimo, *partner*, prestigiatore, protagonista, saltimbanco, seratante, spalla, trasformista, *vedette*, zanni.

TEATRO ITALIANO DELL'OTTOCENTO: amorosa, amoroso, attor giovane, attrice giovane, brillante, caratterista, caratteristica, generico, ingenua, madre (nobile), mamo, padre (nobile), primattore, primattrice, promiscuo, seconda donna, servetta, tiranno.

ALTRI: autore, commediografo, costumista, critico, drammaturgo, librettista, regista, scenografo, tragediografo; agente, amministratore, attrezzista, bagarino, buttafuori, costumista, datore luci, direttore di scena, elettricista, fonico, impresario, macchinista, maschera, portaceste, sarta, segretario di compagnia, suggeritore, trovarobe.

VOCI ATTINENTI: applauso, biglietto (di favore, omaggio), birignao, bis, bigoncio, borderò, *cachet*, calendario, carrettella, cartellone, catarsi, censura, cesta, *claque*, contromarca, controscena, coturno, fischi, foglio di paga, forno, locandina, manifesto, novità, numero, ordine del giorno, ovazione, papera, prenotazione, programma, programmazione, repertorio, scrittura, tamburino; compagnia (di giro), cooperativa, filodrammatica, teatro stabile.

tecnicìstico (pl. *-ci*) [da *tecnicismo*; 1986] ***agg.*** che attribuisce importanza eccessiva alla tecnica (o a una particolare tecnica).

tecnicità [da *tecnico*; 1961] ***sf.*** il carattere tecnico, l'aspetto tecnico.

tecnicizzàre [da *tecnico*; 1961] ***tr.*** conferire un carattere tecnico; dare una organizzazione tecnica a ciò che prima era solamente improvvisato o affidato all'estro personale: *tecnicizzare il metodo della ricerca storica, la pianificazione aziendale.*

tecnicizzazióne [da *tecnicizzare*; 1974] ***sf.*** il sottoporre e trasformare un processo, un linguaggio, portandolo da un carattere di genericità a un carattere strettamente tecnico ‖ tendenza a operare questa trasformazione: *gli è stata rimproverata una eccessiva tecnicizzazione del linguaggio.*

tècnico (pl. *-ci*) [dal lat. *technicus*, gr. *technikós*, esperto in un'arte; 1754 come agg. nel senso 2; 1895 come s.] **I *agg.*** **1.** della tecnica, del settore applicativo: *il progresso tecnico* **2.** che concerne specificamente una particolare disciplina, arte, attività, scienza e sim.: *cognizioni tecniche, voci tecniche* ‖ *in part.* che concerne gli aspetti pratici, esecutivi, applicativi di particolari lavori, arti, scienze, discipline ecc.: *dettagli tecnici, ha spiccate capacità tecniche*; *formazione, istruzione tecnica*; *studi, istituti tecnici*, scuole medie superiori che avviano all'esercizio di professioni pratiche ‖ **tecnicaménte** ***avv.*** dal punto di vista tecnico: *un'esecuzione tecnicamente perfetta* **II *sm.*** (f. *-a*) persona particolarmente competente in un settore professionale, spec. per quanto concerne le applicazioni tecniche, l'uso della strumentazione ecc.: *per le questioni legali è sempre bene sentire il parere di un tecnico, un tecnico di laboratorio, chiamiamo il tecnico per riparare il televisore*; *tecnico delle luci, del suono*, addetto, rispettivamente, all'acustica e all'illuminazione degli ambienti in cui si effettuano riprese cinematografiche, televisive ecc. ‖ spesso in contrapposizione con *professionista* o con *teorico*, talora con valore limitativo: *oggi trovano più facilmente lavoro i tecnici che i laureati, è solo un tecnico e non spetta a lui dare le direttive.*

tecnicòlor v. TECHNICOLOR.

tecnificàre (pres. *-ìfico, -ìfichi*) [da *tecn*(*ico*); 1967] ***tr.*** tecnicizzare.

tecnìgrafo [comp. di *tecni*(*co*) e *-grafo*; 1949] ***sm.*** strumento per il disegno tecnico, applicato al tavolo da disegno, costituito da due righe millimetrate disposte ortogonalmente tra loro, collegate a un goniometro e in grado di essere mosse lungo guide; consente di tracciare segmenti tra loro paralleli o perpendicolari. **TAV.** *disegno* 10.

tècno- [dal gr. *téchnē*, arte, tecnica] ***primo elem.*** che, in parole dotte composte, vale "tecnica" o "attività lavorativa specializzata" (per es. *tecnocrazia, tecnologia, tecnopatia*).

tecnòcrate [comp. di *tecno-* e *-crate*, sul modello dell'ingl. *technocrat*; 1961] ***s.*** **1.** dirigente politico o funzionario la cui autorità si fonda essenzialmente sulle sue competenze tecniche; talora *spreg.*: *un mondo governato da tecnocrati* **2.** sostenitore della tecnocrazia.

tecnocràtico (pl. *-ci*) [comp. di *tecno-* e *-cratico*, sul modello dell'ingl. *technocratic*; 1961] ***agg.*** di tecnocrate, della tecnocrazia.

tecnocrazìa [comp. di *tecno-* e *-crazia*, sul modello dell'ingl. *technocracy*; 1935] ***sf.*** sistema politico in cui il potere è detenuto dai tecnici.

tecnofibra [comp. di *tecno-* e *fibra*; 1973] ***sf.*** *T.chim.* ogni fibra artificiale sintetica impiegata nell'industria tessile.

tecnolètto [comp. di *tecno-* e (*dia*)*letto*; 1974] ***sm.*** *T.ling.* particolare sottocodice che si riferisce a un uso specifico del lessico, ad es. il linguaggio della scienza, dell'economia, del diritto ‖ **N.** *Sin.* linguaggio settoriale.

tecnologìa (pl. *-gìe*) [dal gr. *technología*, trattazione sistematica; 1821] **sf.** studio dei procedimenti tecnici e dei macchinari attraverso cui le materie prime si trasformano in prodotti lavorati || *impropr.* sistema di realizzazione: *questo prodotto è frutto di tecnologie avanzate.*

tecnològico (pl. *-ci*) [da *tecnologia*; 1857] **agg.** di o della tecnologia: *dizionario, sviluppo tecnologico.*

tecnologizzàre [da *tecnologia*; 1967] **tr.** **1.** rendere tecnologica un'attività **2.** sottoporre a procedimenti tecnologici industriali.

tecnopatìa [comp. di *tecno-* e *-patia*; 1940] **sf.** *T.med.* malattia professionale.

tecnopègnio (pr. [tekno'pɛɲɲo]) (pl. *-ia*) [dal gr. *technopáignion*, gioco d'arte; 1961] **sm.** *T.lett.* tecnica alessandrina di composizione poetica, nella quale l'ordine e la lunghezza dei versi erano fatti in modo da ottenere la forma di oggetti particolari || **N.** calligramma.

téco [lat. *tēcum*; 1319] **pron. pers.** *lett. arc.* con te: *il Signore è teco.*

tecodónte [comp. del gr. *thḗkē*, scatola dove porre qualcosa, e *-odonte*; 1931] **agg.** che presenta denti confitti in alveoli: *animale tecodonte, dentatura tecodonte.*

tectònica V. TETTONICA.

tèda [dal lat. *taeda*, letter. albero resinoso; 1342] **sf.** *lett.* nell'antichità classica, fiaccola usata durante la celebrazione di alcuni riti (spec. nuziali).

teddèum V. TEDEUM.

teddy boy (ingl., pr. ['tedɪ bɔɪ]; pr. it. [ˌtɛddi'boi]) [letter. ragazzo (vestito alla moda di) Edoardo (VII); 1957] **loc. m.** *inv.* (anche pl. *teddy boys*, pr. ['tedɪ bɔɪz], pr. it. [ˌtɛddi'bois]) *spreg.* giovane teppista che perlopiù agisce all'interno di una banda e si abbandona ad azioni violente.

tedescànte [da *tedesco*; 1879] **agg.** e **s.** *non com. spreg.* tedescofilo.

tedescheggiàre (pres. *-éggio*) [da *tedesco*; 1879] **intr.** (aus. *avere*) *spreg.* imitare i Tedeschi.

tedescherìa [da *tedesco*; 1617] **sf.** *spreg.* o *scherz.* i paesi germanici || anche i popoli germanici || anche gli usi e i caratteri tipici dei popoli germanici.

tedeschìsmo [da *tedesco*; 1932] **sm.** parola o locuzione tedesca passata in un'altra lingua || **N.** germanismo.

tedeschizzàre [da *tedesco*; 1970] **tr.** *raro* rendere tedesco; uniformare agli usi e costumi tedeschi || **intr. pron.** assumere usi da tedesco.

tedésco (pl. *-schi*) [dal germ. *thiudiska-*, volgare, in rif. alla lingua del popolo; sec. XII] **I** **agg.** della Germania moderna: *lingua tedesca, usi tedeschi* || **tedescaménte** **avv.** *raro* alla maniera dei Tedeschi **II** **sm.** **1.** (f. *-a*) abitante della Germania **2.** (solo *sing.*) lingua tedesca: *studia il tedesco* || *accr.* tedescóne || **N.** alemanno, teutonico; germanismo, pangermanismo.

tedescòfilo [comp. da *tedesco* e *-filo*; 1915] **agg.** e **sm.** (f. *-a*) che o chi parteggia per i Tedeschi, simpatizzante dei Tedeschi || **N.** *Sin.* tedescante.

tedescòfobo [comp. di *tedesco* e *-fobo*; 1957] **agg.** e **sm.** (f. *-a*) che o chi odia i tedeschi e tutto ciò che è tedesco.

tedescùme [da *tedesco*; 1879] **sm.** *spreg.* insieme di cose o di persone tedesche riunite insieme || **N.** *Sin.* tedescheria.

Te Deum (lat., pr. it. [te 'dɛum]) [dalle parole iniziali dell'inno: *Te Deum laudamus*, lodiamo te, Signore] **loc. m.** nella liturgia cattolica, inno di ringraziamento e di lode || **escl.** *fam. disus.* finalmente!.

tediàre (pres. *tèdio*) [dal lat. *taediāre*, provare tedio; a. 1363] **tr.** recare tedio: *ho paura di tediarlo* || **N.** *Sin.* annoiare, infastidire.

tèdio [dal lat. *tāedium*; sec. XIV] **sm.** noia profonda e opprimente: *il tedio di un'interminabile attesa*; *venire a tedio*, annoiare; *tedio della vita*, atteggiamento esistenziale di insofferenza o indifferenza nei confronti della vita e dei suoi valori || **N.** *Sin.* uggia.

tediosità [da *tedioso*; a. 1642] **sf.** qualità di chi o di ciò che è tedioso.

tedióso [dal lat. tardo *taediōsus*; 1342] **agg.** che dà tedio || **tediosaménte** **avv.** || **N.** *Sin.* noioso, uggioso.

tedòforo [comp. di *teda* e *-foro*; 1829 *tedifero*] **sm.** *lett.* portatore di fiaccola || nelle olimpiadi odierne, atleta a cui è affidato il compito di portare la fiaccola olimpica.

teen-ager (ingl., pr. ['ti:neɪdʒə]; pr. it. [ti'nɛdʒer]) [comp. di *-teen*, suff. dei numeri cardinali dal 13 al 19 e *ager*, da *age*, età; 1951] **s.** *inv.* ragazzo o ragazza di età compresa tra i tredici e i diciannove anni; adolescente.

tee-shirt o ***T-shirt*** (ingl., pr. ['ti:ʃɔ:t]; pr. it. [ti'ʃœrt]) [letter. camicia a forma di *t*; 1971] **sf.** *inv.* maglietta di cotone girocollo a maniche corte e di taglio diritto.

tèflon o **teflòn** [comp. di *te*(*tra*), *fl*(*uor*) e *-on*, suffisso di molti n. di prodotti simili; 1961] **sm.** *inv.* nome commerciale di una materia plastica, il politetrafluoroetilene.

tefrite [dal lat. e gr. *tephrítis*, pietra color cenere; 1840] **sf.** *T.min.* roccia eruttiva effusiva a struttura cristallina di colore grigio, diffusa nelle Azzorre, nelle Canarie e in Germania.

téga [dal lat. *thēca*; a. 1580] **sf.** *dial.* **1.** baccello di fava, fagiolo, pisello e sim. **2.** resta del grano.

tegamàta [da *tegame*; 1840] **sf.** *non com.* quantità di roba che può essere contenuta in un tegame: *una tegamata di fagioli.*

tegàme [dal gr. *tḗganon*, attr. il dim. *tegánion*, con cambio della parte finale; a. 1400] **sm.** recipiente di terracotta, metallo o altro materiale, tondo, largo, non molto fondo e con sponde basse e dotato di uno o due manici, usato spec. per la cottura rapida di alcune vivande: *farsi due uova al tegame* || *per meton.* la quantità di cibo contenuta nel tegame: *s'è mangiato un tegame di fagioli* || *dim.* tegamìno; *accr.* tegamóne; *pegg.* tegamàccio || **N.** padella, teglia, terrina, testo.

tegenària [dal lat. tardo *tegenārius*, che fabbrica stuoie; 1940] **sf.** genere di ragni comprendente specie molto comuni, con corpo peloso e zampe lunghe.

tégghia [lat. *tēgula*, tegola; 1313] **sf.** *arc.* teglia.

téglia (pl. *-glie*) [lat. *tēgula*, tegola; sec. XIV] **sf.** recipiente da cucina, generalmente rettangolare, ovale o rotondo, spec. in metallo smaltato, alluminio o materiale pirofilo, con fondo piatto e sponde relativamente basse, talvolta dotato di prese laterali, adatto a cuocere le vivande in forno: *togliere la torta dalla teglia* || *dim.* tegliétta, teglìna, tegliettìna, tegliùccia; *accr.* teglióna, teglióne (*sm.*).

tegliàta [da *teglia*; 1840] **sf.** *non com.* quantità di roba che può essere contenuta in una teglia: *una tegliata di biscotti.*

tégola [lat. *tēgula*; a. 1320] **sf.** *T.edil.* elemento di copertura, spec. in laterizio, usato per tetti || *fig.* disgrazia improvvisa e inaspettata: *gli è cascata una tegola sul capo* || *dim.* tegolìna, tegolétta || **N.** TIPI: canale, coppo, embrice, marsigliese. **TAV. *astronautica* p. 655** 12.20.

tegolàta [da *tegola*; a. 1742] **sf.** colpo di tegola.

tégolo [lat. *tēgula*; a. 1320] **sm.** *tosc.* tegola.

tegumentàle [da *tegumento*; 1940] **agg.** di tegumento.

tegumentàrio (pl. *-ri*) [da *tegumento*; 1940] **agg.** tegumentale. **Q.T.** *anatomia.*

teguménto [dal lat. *tegumentum*, rivestimento; 1840] **sm.** *T.biol.* termine generico indicante qualunque rivestimento esterno del corpo di una pianta o di un animale o di un loro organo || **N.** corteccia, cute, epidermide.

teicoltóre [comp. di *tè* e *-coltore*; 1961] **sm.** coltivatore di tè.

teicoltùra [comp. di *tè* e *coltura*; 1937] **sf.** coltivazione del tè.

teièra [da *tè*, forse sul modello del fr. *theière*; 1711] **sf.** bricco panciuto, dotato di manico, di beccuccio e di coperchio, in cui si prepara il tè per infusione || **N.** *samovar.*

teìna [comp. di *tè* e *-ina*, come il fr. *théine*; 1888 *theina*] **sf.** *T.chim.* alcaloide contenuto nelle foglie del tè, che ha effetti e struttura chimica analoghi a quelli della caffeina.

teìsmo [dal gr. *theós*, dio; 1805] **sm.** *T.fil.* dottrina filosofica o religiosa che afferma l'esistenza di Dio || *più com. per restr.* dottrina che ammette l'esistenza di una divinità personale, libera e intelligente alla quale si deve la creazione e la conservazione del mondo || **N.** *Contr.* ateismo. **Q.T.** *religione.*

teìsta [da *teismo*; a. 1667] **s.** seguace del teismo.

teìstico (pl. *-ci*) [da *teismo*; 1940] **agg.** del teismo, relativo al teismo: *concezione teistica.*

tèk V. TEAK.

téla [lat. *tēla*; 1313] **sf.** **1.** *T.tess.* il tipo più semplice di tessuto, uguale al diritto e al rovescio, nel quale i fili della trama passano, alternativamente, una volta sotto i fili dispari dell'ordito e sopra quelli pari, una volta sopra quelli dispari e sotto quelli pari, e così via: *una tela di lino per asciugamani, una pezza di tela*; *tela d'Olanda*, tela molto fine; *tela cerata*, con sopra un rivestimento che la renda impermeabile; *tela abrasiva* o *tela smeriglio*, cui è incollata polvere abrasiva, per la politura o la finitura di metalli, pietre ecc.; *tela di Penelope*, quella che, secondo la leggenda, la moglie di Ulisse tesseva di giorno e stesseva di notte e, *fig.*, lavoro interminabile **2.** *per estens.* tela impiegata per fini specifici; *in part.* tela usata come supporto per un dipinto, da cui, *per meton.*, il dipinto stesso: *una tela di Tiziano* || tela usata per le vele delle imbarcazioni, da cui, *per meton.*, l'insieme delle vele di un'imbarcazione || tela usata per i sipari, da cui il sipario stesso: *calare, aprire la tela* (ma, più com., *il telone*) **3.** *per estens.* intreccio di fili di vari materiali: *tela di ragno*, ragnatela; *tela metallica*, fitta rete metallica **4.** *fig. lett. non com.* trama, intreccio di una narrazione: *la tela di un romanzo*; anche complesso di azioni, spec. preparate per raggirare, ingannare qualcuno: *ordire una tela di insidie* **5.** nella loc. pop. *far tela*, svignarsela, fuggire, usata anche con ellissi del verbo: *appena mi vide, tela!, e sparì dietro l'angolo* || *dim.* telétta, telettìna; *accr.* telóna, telóne || **N.** **1.** anchino o nanchino, bambagia, batista, bisso, canovaccio, cambrì, dobletto, filondente, madapolam, mussola, percalle, stamigna, tela indiana, tarlatana, traliccio, vergatino, zefir | cruda, da sacco, fine, grezza, grossa, lisa, operata, rada, ruvida | appretto, candeggio, curatura | pezza, rotolo, vivagno. **Q.T.** *pittura* **TAV. *maglia...* p. 1317** 19.6.

telàggio (pl. *-gi*) [da *tela*; 1865] **sm.** qualità della tela, con riferimento al modo con cui è tessuta.

telàio (pl. *-ài*) [lat. volg. **telārium*; a. 1342; 1587 nel senso 2] **sm.** **1.** *T.tess.* macchina per tessere: *telaio a mano, meccanico* **2.** struttura portante costituita da elementi rigidamente congiunti tra loro in modo da formare un'armatura stabile e solida: *telaio di un mobile*, la struttura fissa cui si applicano o in cui si incastrano gli elementi mobili (ante, cassetti ecc.); *in part.* supporto quadrilatero su cui viene tenuta tesa la tela da dipingere || scheletro metallico dei veicoli, dall'aereo al triciclo: *le auto rubate spesso si riconoscono dal numero di telaio* || *telaio da ricamo*, generalmente rotondo o quadrilatero su cui si fissa il pezzo di tela da ricamare || supporto quadrilatero di pellicole, lastre fotografiche, diapositive || *telaio di una porta, di una finestra,* la cornice rettangolare nella quale viene fissato un pannello o uno o più vetri || in legatoria, supporto quadrangolare attraversato da cordicelle, cui si fissano i fascicoli da cucire || *T.mar. telaio di poppa,* il dritto di poppa || *dim.* telaiétto, telaìno. **Q.T.** *motocicletta, tessitura* **TAV.** *tennis* 6.1; *tessitura* 1, 2; *zootecnia* 8.4, 8.7; ***armi* p. 648** 15.4; ***maglia...* p. 1317** 18, 19; ***motocicletta...* p. 1322** 1.7 e **p. 1323** 6.16.

telamóne [dal lat. *telamōnes* pl., gr. *telamṓn,* letter. colui che porta, che sostiene; 1598] ***sm.*** gigantesca statua d'uomo che funge da colonna o sostegno architettonico || **N.** *Sin.* atlante.

telàre (pres. *télo*) [dalla loc. gerg. *far tela,* scappare; 1891] ***intr.*** (aus. *essere*) *pop.* far tela; svignarsela.

telàto [da *tela*; 1961] ***agg.*** che ha l'aspetto della tela: *carte telate.*

telatùra [da *tela*; 1931] ***sf.*** *T.cart.* processo di lavorazione della carta con il quale le si conferisce l'aspetto di un tessuto di tela.

tèle [da *tele(visione)*; 1966 come sf.] ***sf.*** *inv.* abbr. *fam.* di televisione o di televisore || ***sm.*** *inv.* abbr. di teleobiettivo || **N.** ***sf.*** *Sin.* tivù.

tèle-[1] o **téle-**[1] [dal gr. *têle,* lontano, a distanza] ***primo elem.*** che, in parole composte della terminologia tecnica e scientifica, vale "da lontano", "a distanza" (in part. "trasmissione a distanza") (per es. *telecomunicazioni, telegrafo, telefono, televisione*). **Q.T.** *telefono...*

tèle-[2] o **téle-**[2] [da *tele(visione)*] ***primo elem.*** che, in parole composte, vale "relativo alla televisione" o "(diffuso) attraverso la televisione": **telediffóndere**, **teledràmma**, **telemessàggio**, **teleprogràmma**, **telescuòla**. **Q.T.** *audiovisivi.*

teleabbonàto [comp. di *tele-*[2] e *abbonato*; 1955] ***sm.*** (f. *-a*) abbonato alla televisione.

teleangectasìa [comp. di *tele-*[1], *angio* ed *ectasia*; 1961] ***sf.*** *T.med.* dilatazione dei piccoli vasi sanguigni.

teleàrma (pl. *-i*) [comp. di *tele-*[1] e *arma*; 1944] ***sf.*** denominazione generica di qualsiasi tipo di ordigno che è possibile dirigere a distanza (via filo o via radio).

teleaudioconferènza [comp. di *tele-*[1], *audio-* e *conferenza*; 1982] ***sf.*** conferenza o dibattito tra due o più gruppi di persone che si trovano in luoghi diversi, messi in comunicazione tra loro per mezzo del telefono, ed eventualmente di altri sistemi di trasmissione di dati, quali telescrivente, telefax e sim.

teleaudiovisìvo [comp. di *tele-*[1] e *audiovisivo*; 1983] **I** ***agg.*** che utilizza un sistema audiovisivo a distanza **II** ***sm.*** sistema, strumento teleaudiovisivo.

teleautografìa [comp. di *tele-*[1] e *autografia*; 1937] ***sf.*** trasmissione a distanza di scritti, disegni, fotografie, per mezzo di circuiti telegrafici.

teleautogràfico (pl. *-ci*) [da *teleautografia*; 1961] ***agg.*** relativo a teleautografia, proprio di teleautografia.

teleautògrafo [da *teleautografia*; 1890] ***sm.*** apparecchio che consente di trasmettere a distanza scritti e immagini fisse.

telebànda [comp. di *tele-*[1] e *banda*; 1983] ***sf.*** *T.inform.* nastro di carta perforabile usato come supporto per l'elaborazione elettronica di dati.

telebómba [comp. di *tele-*[1] e *bomba*; 1961] ***sf.*** bomba telecomandata lanciata dagli aerei.

telebórsa [comp. di *tele(scrivente)* e *borsa*; 1970] ***sf.*** in una sala di contrattazione di merci o titoli, servizio di telescriventi per la trasmissione dei dati.

telecabìna [dal fr. *télécabine*; 1963] ***sf.*** cabina di una teleferica.

telecàmera [comp. di *tele-*[2] e ingl. *camera,* macchina fotografica; 1959] ***sf.*** apparecchio per le riprese televisive in cui l'immagine da riprendere viene trasformata in correnti elettriche a videofrequenza. **Q.T.** *audiovisivi* **TAV.** *cinematografia...* 2; ***astronautica* p. 655** 6.1.

telecettóre [comp. di *tele-*[1] e *(re)cettore*; 1974] ***sm.*** *T.fisiol.* organi di senso stimolati mediante emanazione di energia da oggetti lontani (occhio, orecchio, olfatto).

telecinecàmera [comp. di *tele-*[2] e *cinecamera*; 1959] ***sf.*** macchina da presa montata su un carrello con una telecamera che funge da mirino.

telecinèṣi [comp. di *tele-*[1] e *-cinesi*; 1961] ***sf.*** in parapsicologia, movimento di oggetti determinato da presunte energie psichiche || **N.** *Sin.* psicocinesi.

telecinètico (pl. *-ci*) [da *telecinesi*; 1954] ***agg.*** relativo alla telecinesi.

telecomandàre (pres. *-àndo*) [comp. di *tele-*[1] e *comandare*; 1955] ***tr.*** comandare a distanza.

telecomàndo [comp. di *tele-*[1] e *comando*; 1918] ***sm.*** **1.** comando a distanza: *un rivoluzionario sistema di telecomando* **2.** *concr.* dispositivo che, sfruttando generalmente la corrente elettrica o impulsi radio, consente di azionare un altro dispositivo posto anche a notevole distanza: *il telecomando del televisore.* **TAV.** *audiovisivi* 1.1, 2.1.

telecomunicàre (pres. *telecomùnico, telecomùnichi*) [comp. di *tele-*[1] e *comunicare*; 1955] ***tr.*** e ***intr.*** (aus. *avere*) comunicare a distanza mediante mezzi di telecomunicazione.

telecomunicazióne [comp. di *tele-*[1] e *comunicazione*; 1911] ***sf.*** trasmissione a distanza di informazioni di qualunque forma (sonore, scritte, grafiche, fotografiche ecc.) utilizzando qualunque tipo di mezzo (telegrafico, radiotelegrafico, telefonico, televisivo ecc.): *telecomunicazioni via satellite* || *Ministero delle Poste e delle Telecomunicazioni,* in Italia, quello che presiede ai servizi postali, telegrafici, telefonici e radiotelevisivi. **Q.T.** *audiovisivi, posta, telefono...* **TAV.** ***astronautica* p. 655** 8.

telecontròllo [comp. di *tele-*[1] e *controllo*; 1961] ***sm.*** controllo a distanza di dispositivi (spec. impianti di produzione) non sorvegliati direttamente dal personale addetto.

telecòpia [comp. di *tele-*[1] e *copia*; 1983] ***sf.*** **1.** copia ottenuta con una telecopiatrice **2.** telecopiatura.

telecopiatóre [comp. di *tele-*[1] e *copiatore,* sul modello dell'ingl. *telecopier,* 1983] ***sm.*** telecopiatrice.

telecopiatrìce [comp. di *tele-*[1] e *copiatrice,* sul modello dell'ingl. *telecopier,* 1982] ***sf.*** apparecchio elettronico ricetrasmittente in grado di leggere, decifrare e riprodurre ogni tipo di testo.

telecopiatùra [comp. di *tele-*[1] e *copiatura*; 1983] ***sf.*** lettura e trasmissione a distanza di documenti con la telecopiatrice.

telecrònaca [comp. di *tele-*[2] e *cronaca*; 1961] ***sf.*** ripresa e trasmissione televisiva commentata: *telecronaca diretta,* trasmessa contemporaneamente all'avvenimento in corso.

telecronìsta [comp. di *tele-*[2] e *cronista*; 1955] ***s.*** chi commenta le immagini di una telecronaca.

telediffuṣióne [comp. di *tele-*[1] e *diffusione*; 1965] ***sf.*** *T.telecom.* diffusione, trasmissione per televisione.

teledipendènte [comp. di *tele-*[2] e *(-dipendente*; 1981] ***agg.*** e ***s.*** videodipendente.

teledipendènza [da *teledipendente*; 1983] ***sf.*** videodipendenza.

teleelaborazióne [comp. di *tele-*[1] ed *elaborazione*; 1974] ***sf.*** elaborazione elettronica di dati a distanza.

telefàx [comp. di *tele-*[1] e *facs(imile)*; 1982] ***sm.*** *inv.* **1.** apparecchio per la ricetrasmissione di documenti via telefono **2.** documento inviato o ricevuto tramite tale apparecchio: *mi invii un telefax* (o abbr. *fax*) *con la conferma delle prenotazioni.*

telefèrica [dal fr. (*ligne*) *téléphérique,* (linea) teleferica; 1917] ***sf.*** **1.** impianto per il trasporto di materiali costituito da una grossa fune metallica (*portante*) sulla quale si fanno scorrere carrelli sospesi con una carrucola e trainati da un'altra fune metallica (*traente*); può essere a movimento continuo o a va e vieni **2.** *impropr.* funivia, telecabina per il trasporto di passeggeri || **N.** PARTI: carrello, carrucola, fune portante, fune traente, pilone, stazione, vagoncino | funivia.

telefèrico (pl. *-ci*) [dal fr. *téléphérique*; 1922] ***agg.*** che riguarda gli impianti teleferici.

teleferìsta [da *teleferica*; 1926] ***s.*** operaio addetto alla manovra e al controllo di una teleferica.

telefilm [comp. di *tele-*[2] e *film*; 1955] ***sm.*** *inv.* film di breve durata realizzato appositamente per la televisione.

telefonàre (pres. *-èfono*) [da *telefono*; 1886] ***tr.*** comunicare qualcosa per mezzo del telefono: *hanno appena telefonato che non verranno* || ***intr.*** (aus. *avere*) parlare per mezzo del telefono: *gli hanno telefonato un quarto d'ora fa* || ***rec.*** dialogare per telefono: *si telefonano ogni giorno.* **Q.T.** *telefono...*

telefonàta [da *telefonare*; 1918] ***sf.*** chiamata telefonica, comunicazione fatta col telefono || **N.** *Sin.* fonogramma | urbana, interurbana, internazionale, fonogramma.

telefonìa [comp. di *tele-*[1] e *-fonia*; 1881] ***sf.*** *T.telecom.* sistema di trasmissione fonica a distanza che avviene tra due telefoni posti a due terminali della rete telefonica e che sfrutta la trasformazione del suono in impulsi elettrici: *l'inventore della telefonia è l'italiano Meucci* || **N.** radiotelefonia. **Q.T.** *telefono...*

telefònico (pl. *-ci*) [da *telefono*; 1882] ***agg.*** **1.** riguardante il telefono e la telefonia: *cabina telefonica, apparecchio telefonico, servizio telefonico, rete telefonica, elenco telefonico,* pubblicazione annuale in cui sono ordinati alfabeticamente i nomi (accompagnati dall'indirizzo e dal numero telefonico) di tutti gli utenti di una o più province; *segreteria telefonica,* impianto che registra i messaggi telefonici in arrivo quando non vi sia nessuno a riceverli; alcuni modelli possono anche trasmettere un messaggio precedentemente registrato dall'abbonato || **telefonicaménte** ***avv.*** per mezzo del telefono. **Q.T.** *telefono...* **TAV.** ***telefono* p. 1334** 4.

telefonìsta [da *telefono*; 1882] ***s.*** chi è addetto alle comunicazioni telefoniche. **Q.T.** *telefono...*

telèfono [comp. di *tele-*[1] e *-fono,* sul modello dell'ingl. *telephone*; 1878] ***sm.*** *T.telecom.* **1.** apparecchio per mezzo del quale si può parlare con una persona lontana; sono suoi organi essenziali un *microfono,* che trasforma le vibrazioni di una membrana colpita da onde sonore in vibrazioni elettriche di un circuito a corrente continua; e un *ricevitore,* che trasforma le variazioni elettriche del circuito in vibrazioni di una membrana e perciò in suoni: *telefono a disco combinatore, a tastiera, a gettoni, a monete, a scheda magnetica*; *telefono senza fili,* o *radiotelefono,* apparecchio che consente di ricevere e trasmettere informazioni mediante radiocollegamento con una centralina a sua volta collegata mediante cavo a una presa telefonica ordinaria; *telefono portatile,* radiotelefono; *numero di telefono,* quello che contraddistingue l'apparecchio di ciascun utente || *telefono veicolare,* radiotelefono installato su veicoli || *telefono palmare,* radiotelefono che raggruppa ricevitore, tastiera e microfono in un unico pezzo che si tiene nel palmo della mano || *il telefono è libero, occupato*, segnala, mediante un suono caratteristico, che la linea è libera o meno per effettuare una chiamata; *lo squillo del telefono, vai al telefono, è* (o *c'è una chiamata*) *per te, parlare, rispondere, chiamare al telefono, sta delle ore al telefono* || *fam. colpo di telefono*, breve comunicazione telefonica: *dammi un colpo di telefono appena sei pronto* **2.** *per estens.* impianto telefonico: *devono ancora mettermi il telefono nel mio nuovo alloggio*; *telefono interno*, collegato non direttamente alla rete telefonica generale, bensì a un centralino, e usato spec. in uffici con più locali; *telefono pubblico*, apparecchio a disposizione del pubblico; ufficio in cui si trovano gli apparecchi telefonici pubblici **3.** *per estens.* servizio telefonico: *la bolletta del telefono, i telefoni in Italia funzionano male* **4.** *per estens.* la telefonia, il sistema di telecomunicazioni utilizzante apparecchi telefonici: *l'invenzione, l'importanza del telefono* || *telefono cellulare* o *sistema telefonico cellulare*, servizio con utenti mobili che si avvale di un insieme di stazioni fisse di ricetrasmissione dei segnali elettromagnetici, la cui dislocazione implica una ottimale suddivisione in celle del territorio sul quale si vuole garantire il servizio. **Q.T.** *telefono...* **TAV.** ***telefono*** **p. 1334** 1, 2, 3, 8.

Teleforàcee [comp. del lat. scient. *thelephora*, n. del genere, letter. che porta una mammella (per la forma a coppa) e *-acee*; 1930] ***sf. pl.*** *T.bot.* famiglia di funghi degli Imenomiceti dalla forma a coppa o imbuto e aspetto coriaceo.

telefòto [comp. di *tele-*[1] e *foto*; 1922] ***sf. inv.*** telefotografia nel senso 1.

telefotografìa [comp. di *tele-*[1] e *fotografia*; 1893] ***sf.*** **1.** *T.telecom.* sistema di trasmissione a distanza, via filo o via radio, di fotografie || *concr.* la fotografia così trasmessa: *al telegiornale hanno mostrato delle telefotografie* (ma, più com., *telefoto*) *dell'avvenimento* **2.** *T.fot.* fotografia fatta a distanza per mezzo di teleobbiettivi.

telefotogràfico (pl. *-ci*) [da *telefotografia*; 1932] ***agg.*** relativo a telefotografia, proprio di telefotografia.

telèga [dal russo *teljêga*; 1988] ***sf.*** carro russo a quattro ruote, trainato da un cavallo, usato per il trasporto di merci.

telegènico (pl. *-ci*) [comp. di *tele-*[2] e (*foto*)*-genico*; 1940] ***agg.*** che si presta a essere ripreso per televisione.

telegiornàle [comp. di *tele-*[2] e *giornale*; 1955] ***sm.*** notiziario trasmesso per televisione a orari fissi, in cui brevi inserti filmati documentano le più importanti notizie del giorno.

telegrafàre (pres. *-ègrafo*) [da *telegrafo*; 1877] ***tr.*** e ***intr.*** (aus. *avere*) comunicare per mezzo del telegrafo, della telegrafia: *hanno telegrafato che partiranno domani.* **Q.T.** *telefono...*

telegrafìa [comp. di *tele-*[1] e *grafia*; 1805] ***sf.*** *T.telecom.* sistema di trasmissione di segnali convenzionali a distanza per mezzo del telegrafo: *telegrafia elettrica, ottica, senza fili* (o *radiotelegrafia*), a seconda del mezzo impiegato per la trasmissione. **Q.T.** *telefono...*

telegràfico (pl. *-ci*) [da *telegrafo*; 1821] ***agg.*** **1.** di telegrafo, che si riferisce a telegrafo **2.** che è trasmesso per mezzo del telegrafo: *vaglia, dispaccio telegrafico* **3.** *fig.* estremamente conciso: *stile telegrafico* || **telegraficaménte** ***avv.*** **1.** per mezzo del telegrafo **2.** *fig.* concisamente: *rispose telegraficamente.* **Q.T.** *telefono...*

telegrafìsta [da *telegrafo*; 1879] ***s.*** addetto alla trasmissione e alla ricezione di messaggi telegrafici. **Q.T.** *telefono...*

telègrafo [comp. di *tele-*[1] e *-grafo*, sul modello del fr. *télégraphe*; 1805] ***sm.*** **1.** *T.telecom.* apparecchio per la trasmissione a distanza di segnali convenzionali che corrispondono ai caratteri alfabetici, alle cifre e ai segni di interpunzione: *telegrafo ottico, elettrico*; *telegrafo senza fili*, radiotelegrafo; *telegrafo di macchina*, dispositivo usato sulle navi per trasmettere tra plancia e locali macchine gli ordini relativi all'andatura da tenere **2.** *per estens.* impianto telegrafico e, più com., *per meton.*, locale, ufficio in cui è installato un terminale per le trasmissioni telegrafiche **3.** *per estens.* la telegrafia: *l'invenzione del telegrafo.* **Q.T.** *telefono...* **TAV.** ***telefono*** **p. 1334** 9.

telegrafònico (pl. *-ci*) [comp. di *telegraf*(*ico*) e (*tele*)*fonico*; 1961] ***agg.*** relativo ai servizi telegrafici e telefonici: *rete telegrafonica.*

telegràmma [comp. di *tele-*[1] e *-gramma*, sul modello dell'ingl. *telegram*; 1857] ***sm.*** comunicazione fatta col telegrafo: *un telegramma ordinario, urgente* || il modulo su cui è scritto il testo del telegramma: *il fattorino ha portato un telegramma.* **Q.T.** *telefono...*

teleguìda [da *teleguidare*; 1961] ***sf.*** **1.** atto ed effetto del teleguidare **2.** dispositivo elettrico o elettronico che permette la guida a distanza di un mezzo.

teleguidàre (pres. *-ìdo*) [comp. di *tele-*[1] e *guidare*; 1961] ***tr.*** guidare a distanza per mezzo di speciali dispositivi: *missili teleguidati* || *fig.* dirigere in tutto e per tutto, spec. di nascosto e a distanza: *le sue azioni erano teleguidate da una potenza straniera.*

teleinformàtica [comp. di *tele-*[1] e *informatica*; 1983] ***sf.*** tecnica per la gestione a distanza dei sistemi informatici per mezzo delle telecomunicazioni || **N.** telematica.

telemark (norv., pr. ['teləmark]) [dal nome geogr. *Telemark*, provincia norv.; 1942] ***sm. inv.*** *T.sport.* antica tecnica sciistica di discesa praticata con sci nordici muniti di lamine, oggi particolarmente diffusa spec. negli Stati Uniti; la curva nel *telemark* è eseguita mediante l'azione sterzante dello sci esterno, che viene portato molto in avanti e spostato di traverso in modo da formare un angolo con lo sci che resta arretrato. **TAV.** ***sci*** **p. 1333** 17, 21.

telemàtica [comp. di *tele-*[1] e (*infor*)*matica*; 1979] ***sf.*** **1.** settore dell'informatica che studia l'integrazione tra mezzi di comunicazione (come il telefono e la televisione) ed elaborazione elettronica **2.** gestione a distanza di sistemi informatici attraverso i mezzi di telecomunicazione.

telemàtico (pl. *-ci*) [da *telematica*; 1982] **I** ***agg.*** relativo alla telematica **II** ***sm.*** (f. *-a*) studioso, esperto di telematica.

telemeccànica [comp. di *tele-*[1] e *meccanica*; 1961] ***sf.*** tecnologia dei sistemi e dei metodi di telecomando.

telemeccànico (pl. *-ci*) [comp. di *tele-*[1] e *meccanico*; 1961] ***agg.*** relativo alla telemeccanica: *metodo telemeccanico.*

telemedicìna [comp. di *tele-*[1] e *medicina*; 1982] ***sf.*** uso di sistemi telematici per effettuare analisi ed esami clinici a distanza.

telemetràggio (pl. *-gi*) [da *telemetrare*; 1961] ***sm.*** atto ed effetto del telemetrare.

telemetràre (pres. *telèmetro*) [da *telemetro*; 1961] ***tr.*** misurare la distanza tra un oggetto e l'osservatore per mezzo del telemetro.

telemetrìa [comp. di *tele-*[1] e *-metria*; 1893] ***sf.*** misurazione della distanza di un punto visibile da quello di osservazione per mezzo del telemetro.

telemètrico (pl. *-ci*) [da *telemetro*; 1940] ***agg.*** **1.** della telemetria o del telemetro: *applicazioni telemetriche* **2.** eseguito con la telemetria o con un telemetro: *misurazioni telemetriche.*

TELEFONO E TELEGRAFO

TELEFONO: a muro, da tavolo, portatile, senza fili, radiomobile; singolo, duplex, impianto telefonico interno, impianto a spina, impianto a centralino; apparecchio principale, con derivazione semplice, con derivazione.

PARTI: disco combinatore, tastiera, suoneria regolabile, gancio o commutatore, circuito stampato, microtelefono, capsula ricevente, capsula trasmittente, cordone, spia.

RETE TELEFONICA: centrale telefonica, cavi, armadi ripartilinee, cassette di distribuzione, cassetta di protezione, cavetto, fili, pali (in legno, in resina), isolatori, terre di protezione, ponte radio.

VOCI ATTINENTI: centrale telefonica (meccanica o elettronica) o autocommutatore, centralino, segreteria telefonica, servizio telefonico, fonogramma, centralinista, telefonista, posto telefonico pubblico, chiamata telefonica (normale, urgente, urgentissima, con preavviso), appuntamento telefonico, gettone, scheda magnetica, comunicazione (urbana, interurbana), quadro telefonico, rete telefonica, telecomunicazione, teleselezione, tavolo di commutazione, elenco telefonico, pagine gialle, tariffa (a unità telefonica, a *forfait*), numero, prefisso; abbonato, utente, coutente, segnale acustico; comporre il numero, essere in linea.

TELEGRAFO: semaforo, telegrafo ottico, telegrafo pneumatico, telescrivente; telegramma, dispaccio, radiotelegramma, marconigramma, cablogramma; di servizio, privato, urgente, lampo.

SISTEMA MORSE: pila, tasto o trasmettitore o manipolatore, galvanometro, commutatore, scaricatore, ricevitore (elettrocalamita, ancoretta, congegno a orologeria, striscia di carta, rotellina o penna, ruota avvolgicarta).

SISTEMA HUGHES: tastiera (bianco lettera, bianco cifra), ruota dei tipi, salterelli, labbro mobile, elettromagnete, regolatore, asse degli eccentrici, leva di scatto, leva di trasporto, leva di arresto, leva d'impressione.

RETE TELEGRAFICA: filo (diretto, omnibus); pali (semplici, accoppiati), braccio portaisolatori, isolatore, scaricatore parafulmini; tesata, catenaria, cavo sottomarino (rivestimento protettore, palloni).

STAZIONE TRASMITTENTE: oscillatore (rocchetto di Ruhmkorff), pila, primario, tasto, interruttore elettrolitico, accumulatori, secondario, eccitatore di Hertz, antenna.

STAZIONE RICEVENTE: antenna, *coherer* o detettore, pila, soccorritore, ricevitore Morse, elettrocalamita, martellino.

PERSONE: telegrafista, radiotelegrafista o marconista, fattorino telegrafico, guardafili.

VOCI ATTINENTI: telegrafia, criptotelegrafia, radiotelegrafia, telegrafare, corrente di lavoro, corrente di riposo, corrispondenza semplice, duplice, quadruplice; telegramma ritardato, telegramma lettera; modulo telegrafico; tassa, telegramma cifrato, convenzionale, italcable.

telemetrista [da *telemetro*; 1940] **s.** addetto alla misurazione delle distanze col telemetro.

telèmetro [comp. di *tele-*[1] e *-metro*, sul modello del fr. *télémètre*; 1882] **sm.** strumento che serve a misurare indirettamente la distanza di un punto rispetto a quello in cui è posto l'osservatore, basandosi sui principi della trigonometria; trova applicazione in campo militare (nel tiro contro bersagli visibili) e in fotografia e cinematografia, nella messa a fuoco.

telencèfalo [comp. del gr. *télos*, fine ed *encefalo*; 1905] **sm.** *T.anat.* il segmento anteriore dell'encefalo dei vertebrati, costituito dai due emisferi cerebrali. **TAV. *anatomia* p. 642** 7.1.

telenovela (port., pr. bras. [telenu'vɛlɐ]; pr. it. [teleno'vɛla]) [comp. di *tele-*[2], e *novela*, racconto; 1983] **sf.** (pl. *telenovelas*, pr. bras. [telenu'vɛlas]) telefilm a puntate di origine latino-americana ‖ *per estens.* ogni telefilm costituito da un gran numero di puntate e avente come soggetto le vicende, soprattutto sentimentali, di un certo numero di personaggi ‖ **N.** *soap opera.*

teleobiettivo [comp. di *tele-*[1] e *obiettivo*; 1901] **sm.** *T.fot.* obiettivo fotografico usato per riprendere soggetti posti a notevole distanza.

teleologia [comp. del gr. *télos, téleos*, fine e *-logia*; 1821] **sf.** *T.fil.* finalismo.

teleològico (pl. *-ci*) [da *teleologia*; 1840] **agg.** della teleologia; finalistico ‖ **N.** *Contr.* disteleologico.

Teleòstei [comp. del gr. *téleios*, completo e *ostéon*, osso; 1891] **sm.** *pl. T.zool.* superordine di pesci Attinotterigi che comprende tutti quelli a scheletro osseo. **TAV. *pesci* p. 1330**.

telepatia [comp. di *tele-*[1] e *-patia*, sul modello dell'ingl. *telepaty*; 1895] **sf.** in parapsicologia, trasmissione del pensiero.

telepàtico (pl. *-ci*) [comp. di *tele-*[1] e *-patico*; 1897] **agg.** di o della telepatia: *fenomeni telepatici, soggetto telepatico.*

teleprocessing (ingl., pr. ['telɪ,prousesɪŋ]) [comp. di *tele-*, tele-[1] e *processing*, elaborazione; 1974] **sm.** *inv.* teleelaborazione.

teleproiètto [comp. di *tele-*[1] e *proietto*; 1945] **sm.** arma teleguidata e a propulsione autonoma, generalmente a grande raggio d'azione; telearma.

telequiz [comp. di *tele-*[2] e *quiz*; 1957] **sm.** *inv.* gioco televisivo in cui i concorrenti si cimentano nel rispondere a domande.

teleradiotraṣméttere (pres. *teleradiotraṣmétto* ecc., come METTERE) [comp. di *tele-*[2], *radio-* e *trasmettere*; 1961] **tr.** trasmettere contemporaneamente per radio e televisione.

teleria [da *tela*; 1585] **sf.** spec. *pl.* assortimento di tele, di oggetti di tela: *negozio di telerie.*

telericevènte [comp. di *tele-*[1] e *ricevente*; 1965] **I agg.** che serve a ricevere immagini e suoni teletrasmessi: *antenna telericevente* **II sf.** stazione telericevente.

telericévere (pres. *telericévo* ecc., come RICEVERE) [comp. di *tele-*[1] e *ricevere*; 1983] **tr.** ricevere segnali, suoni o immagini a distanza ‖ ricevere immagini emesse da una stazione televisiva.

telericezióne [comp. di *tele-*[1] e *ricezione*; 1983] **sf.** atto ed effetto del telericevere.

teleripetitóre [comp. di *tele-*[2] e *ripetitore*; 1986] **sm.** ripetitore televisivo.

teleriprésa [comp. di *tele-*[2] e *ripresa*; 1961] **sf.** **1.** ripresa televisiva **2.** ripresa per mezzo di teleobiettivi.

teleriscaldaménto [comp. di *tele-*[1] e *riscaldamento*; 1979] **sm.** sistema di riscaldamento di abitazioni, quartieri o interi centri abitati, realizzato sfruttando il vapore emesso nel raffreddamento di impianti industriali, centrali termoelettriche e sim.

teleriscaldàre (pres. *-àldo*) [comp. di *tele-*[1] e *riscaldare*; 1983] **tr.** riscaldare ambienti, abitazioni o intere città con la tecnica del teleriscaldamento.

telèro [dal venez. *telèr*, letter. telaio; 1960] **sm.** *T.pitt.* a Venezia, grande dipinto su tela, gen. riunito con altri a formare un ciclo narrativo, diffuso nei sec. XV-XVI come decorazione murale.

teleromànzo [comp. di *tele-*[2] e *romanzo*; 1960] **sm.** film per la televisione (solitamente trasmesso a puntate) la cui sceneggiatura è ricavata da un romanzo ‖ **N.** *Sin.* romanzo sceneggiato.

teleruttóre [comp. di *tele-*[1] e (*inter*)*ruttore*; 1960] **sm.** *T.elettr.* interruttore a comando elettromagnetico a distanza ‖ **N.** *Sin.* contattore.

teleschérmo [comp. di *tele-*[2] e *schermo*, sul modello dell'ingl. *telescreen*; 1963] **sm.** schermo dell'apparecchio televisivo ‖ **N.** *Sin.* video.

telescopia [comp. di *tele-*[1] e *-scopia*; 1970] **sf.** osservazione a grande distanza, mediante telescopi.

telescòpico (pl. *-ci*) [comp. di *tele-*[1] e *-scopico*; 1739 nel senso 1; 1961 nel senso 2] **agg.** **1.** relativo a telescopio ‖ *per estens.* eseguito col telescopio: *osservazioni telescopiche* ‖ *per estens.* visibile al telescopio (in contrapposizione a *lucido*, visibile a occhio nudo): *stelle telescopiche* **2.** di elemento meccanico, costituito da due o più segmenti di tubo, di diametro diverso, ciascuno dei quali scorre entro quello di diametro immediatamente superiore: *sospensioni telescopiche.* **TAV. *astronautica* p. 654** 4.1.

telescòpio (pl. *-pi*) [comp. di *tele-*[1] e *-scopio*; 1619] **sm.** *T.astr.* strumento ottico usato per osservare i corpi celesti; usato talora come sin. di *cannocchiale* ‖ *telescopio elettronico*, apparecchiatura elettronica dotata di un amplificatore della brillanza; fornisce migliori fotografie dei corpi celesti e del loro spettro. **Q.T. *astronomia* TAV. *astronomia* p. 656** 7.2; ***ottica* p. 1329** 4.

telescritto [comp. di *tele-*[1] e *scritto*; 1950] **I agg.** scritto da una telescrivente **II sm.** messaggio trasmesso da una telescrivente.

telescrivènte [comp. di *tele-*[1] e *scrivente*; 1937] **agg.** e **sf.** di macchina per la ricezione e la trasmissione di messaggi telegrafici stampati, dall'aspetto di una comune macchina da scrivere elettrica; la sua tastiera alfanumerica invia e riceve messaggi tramite impulsi elettrici codificati. **Q.T. *telefono...***

telescriventista [da *telescrivente*; 1950] **s.** addetto alle operazioni di ricezione e trasmissione mediante telescriventi.

telesegnalazióne [comp. di *tele-*[1] e *segnalazione*; 1965] **sf.** *T.elettr.* invio, per mezzo di corrente elettrica, di segnali a distanza.

teleselettivo [comp. di *tele-*[1] e *selettivo*; 1954] **agg.** relativo alla teleselezione ‖ che avviene per teleselezione.

teleselezióne [comp. di *tele-*[1] e *selezione*; 1955] **sf.** *T.telecom.* sistema di instradamento dei collegamenti telefonici che permette il collegamento diretto tra due apparecchi di diverse reti urbane, senza l'intervento del centralino, con la semplice composizione di un numero di distretto (*prefisso telefonico* o *teleselettivo*) prima del numero dell'abbonato desiderato. **Q.T. *telefono...***

teleṣia [dal gr. *telésios*, perfetto; 1840] **sf.** *T.min.* zaffiro.

teleṣina o **tereṣina** [etim. inc.] **sf.** *T.gioc.* antico gioco di carte simile al poker all'italiana, in cui si usa un mazzo da 52 carte e si gioca in parte a carte scoperte.

telesiṣmo o **telesiṣma** [comp. di *tele-*[1] e *sismo*; 1961] **sm.** *T.scient.* scossa di terremoto avvenuta a grande distanza dall'osservatorio che lo avverte.

telespettatóre [comp. di *tele-*[2] e *spettatore*; 1954] **sm.** (f. *-trice*) chi assiste a una trasmissione televisiva.

telestàmpa [comp. di *tele*(*scrivente*) e *stampa*; 1970] **sf.** servizio che trasmette per telescrivente le notizie di agenzia e gli articoli dei principali giornali.

telestampànte [comp. di *tele-*[1] e di (*macchina*) *stampante*; 1937] **sf.** e **agg.** telescrivente.

telestesia [comp. di *tele-*[1] ed *-estesia*; 1920] **sf.** fenomeno paranormale consistente nella percezione a distanza di oggetti o eventi.

teletàx (pr. [tele'taks]) adattamento di *teletaxe* (v.).

teletàxe (pr. [tele'taks]) [comp. di *tele-* e del fr. *tax*(*amétr*)*e*, tassametro; 1983] **sm.** *inv.* nome commerciale di un tipo di contascatti telefonico.

teletèxt (pr. [tele'tɛkst]) [comp. di *tele-* e dell'ingl. *text*, testo; 1981] **sm.** *inv.* sistema di telematica unidirezionale, che consente di trasmettere, mediante segnali codificati, informazioni di varia natura (notiziari giornalistici, bollettini meteorologici, quotazioni di Borsa, orari dei mezzi di trasporto ecc.) e di riprodurle sul cinescopio di un televisore provvisto di decodificatore.

teletraṣméttere (pres. *teletraṣmétto* ecc., come METTERE) [comp. di *tele-*[1] e *trasmettere*; 1940] **tr.** **1.** trasmettere a distanza **2.** trasmettere per mezzo della televisione.

teletraṣmissióne [comp. di *tele-*[1] e *trasmissione*; 1955] **sf.** trasmissione a distanza ‖ più *com.* trasmissione televisiva.

teletraṣmittènte [comp. di *tele-*[2] e *trasmittente*; 1961] **I agg.** atto a trasmettere, mediante la televisione, suoni e immagini a distanza **II sf.** stazione televisiva trasmittente.

telétta[1] (*dim.* di *tela*) [1598] **sf.** **1.** tela rigida, a trama molto larga, usata come rinforzo nella confezione di colletti, polsini ecc. **2.** *ant.* stoffa intessuta di fili d'oro e d'argento.

telétta[2] [dal fr. *toilette*; a. 1767] **sf.** *raro* adattamento di *toilette.*

teleutènte [comp. di *tele-*[2] e *utente*; 1964] **s.** utente di un servizio televisivo; teleabbonato.

televideo [comp. di *tele*(*text*) e *video*; 1983] **sm.** in Italia, il sistema di telematica che consente di trasmettere informazioni dalle agenzie di stampa, orari dei mezzi di trasporto, previsioni meteorologiche, quotazioni di borsa, sottotitoli di trasmissioni televisive ecc.; viene ricevuto attraverso i televisori a colori muniti di apposito decodificatore.

televiṣióne [comp. di *tele-*[1] e *visione*; 1931] **sf.** **1.** *T.telecom.* sistema per la trasmissione a distanza di immagini in movimento, realizzato per mezzo di una telecamera che scompone le immagini in punti e ciascuno di questi in segnali elettrici trasmessi tramite onde radio (o via cavo, nella *televisione a circuito chiuso*) e ricevuti dal televisore, che li trasforma nuovamente in punti luminosi e ricompone le immagini sul suo schermo: *televisione in bianco e nero, a colori; cosa trasmettono* (o, *fam.*, *danno*) *stasera per* (o *alla*) *televisione?* **2.** *per estens. fam.* ente che gestisce il servizio televisivo: *l'accordo fra la televisione di stato e le emittenti private* **3.** *per estens. fam.* i programmi televisivi nel loro complesso: *guarda la televisione tutte le sere* **4.** *fam. impropr.* televisore. **TAV. *astronautica* p. 654** 4.8.

televiṣivo [da *televisione*; 1939] **agg.** della televisione, che concerne la televisione: *trasmissioni televisive, programmi televisivi.*

televiṣóre [comp. di *tele-*[1] e *visore*, sul modello dell'ingl. *televisor*; 1935] **sm.** apparecchio per la ricezione dei programmi televisivi: *televisore a colori, in bianco e nero; televisore a 25 pollici*, con uno schermo dalla diagonale lunga 25 pollici; *accendere, spegnere il televisore* ‖ **N.** *Sin.* tele, tivù. **Q.T. *audiovisivi* TAV. *audiovisivi* 1; *arredamento* p. 650** 2.4.

tèlex [comp. dell'ingl. *tel*(*eprinter*) e *ex*(*chan-*

ge), scambio con telescrivente; 1961] **I** ***sm.*** *inv.* **1.** servizio di comunicazione diretta per telescrivente fra utenti privati **2.** *per estens.* testo trasmesso con tale sistema **II** ***agg.*** *inv.* (sempre posposto) di tale sistema di comunicazione: *servizio telex, posto telex.*

tell (ar., pr. [tæll]) [letter. collina; 1961] ***sm.*** *inv. T.archeol.* collina o tumulo costituito dall'accumulo stratificato di detriti di antichi insediamenti.

tellìna [dal gr. *tellínē*; 1525 *telina*] ***sm.*** *T.zool.* genere di piccoli Molluschi Bivalvi, molto diffusi nei nostri mari, che vivono nei fondali sabbiosi e sono ricercati per la bontà delle loro carni.

tellùrico (pl. *-ci*) [dal lat. *tellus, -ūris,* terra; 1843] ***agg.*** *T.scient.* dei fenomeni che si originano o avvengono sotto la superficie terrestre: *movimenti tellurici,* terremoti, bradisismi, telesismi.

tellùrio [dal lat. *tellus, -ūris,* terra, attraverso il ted. *Tellur*; 1817] ***sm.*** *T.chim.* elemento chimico con proprietà simili a quelle dello zolfo e del selenio, ma caratteristiche più simili a quelle dei metalli; raro allo stato nativo, è tossico per l'uomo e ha impieghi limitati (colorazione del vetro, vulcanizzazione della gomma e pochi altri).

télo [da *tela*; 1353] ***sm.*** pezzo di tela senza cuciture; può essere, cucito insieme ad altri, parte di un indumento, una tenda, un lenzuolo ecc.: *gonna a ruota a quattro teli* || *in part. telo di salvataggio,* quello usato dai pompieri per attutire la caduta di chi si getta dall'alto; *telo da tenda,* ciascuna delle parti di cui è composta una tenda da campo, spec. militare || *accr.* telóne.

tèlo [dal lat. *tēlum*; a. 1294] ***sm.*** *lett.* arma da lancio, freccia.

telofàṣe [comp. del gr. *télos,* fine e *fase*; 1948] ***sf.*** *T.biol.* l'ultima fase della mitosi.

telóne (*accr.* di *telo*) [1863 nel senso 3] ***sm.*** **1.** grosso telo **2.** grosso telo impermeabile usato per la copertura del carico di veicoli automobilistici o ferroviari **3.** *T.teatr. non com.* sipario teatrale.

telonèo [dal lat. tardo *teloneum,* gr. *telônion,* banco per l'esazione di imposte; 1961] ***sm.*** *T.stor.* nel diritto dell'antica Grecia, tassa, imposta || nel diritto romano, imposta indiretta su merci o prodotti di consumo.

telònio (pl. *-ni*) [dal lat. tardo *telonium,* gr. *telṓnion,* dogana; a. 1672] ***sm.*** *arc.* il banco del gabelliere, del banchiere e sim.

teloṣlitta [comp. di *télo* e *slitta*; 1961] ***sf.*** striscia di telo molto resistente su cui i vigili del fuoco fanno scivolare fino a terra le persone rimaste bloccate a una certa altezza dal suolo || **N.** scivolo.

tèlson [dal gr. *télson,* estremità; 1929] ***sm.*** *inv. T.zool.* sezione terminale dell'addome degli artropodi.

telùgu [etim. inc.; 1933] ***sm.*** (solo *sing.*) lingua dravidica della popolazione Telinga o Telugu documentata dall'XI sec. e parlata ancora oggi.

tèma[1] [lat. e gr. *théma,* argomento; 1313 nel senso 1; 1891 nel senso 2; 1729 nel senso 3] ***sm.*** **1.** argomento da trattare o motivo ricorrente o centrale in un'opera: *il tema di un convegno di studi, il tema della morte in Foscolo, andar fuori tema, il tema del mio discorso* || *T.mus.* parte melodica che contiene il motivo principale del componimento musicale: *i temi delle opere wagneriane* **2.** *T.scol.* argomento da trattare assegnato come esercizio scolastico o come prova d'esame || *per estens.* il testo stesso dell'esercitazione: *consegnare il tema* **3.** *T.ling.* la radice di una parola, e propr. quella parte della parola che rimane dopo averne tolto i suffissi, i prefissi e le desinenze || ciò che è noto, conosciuto in una frase (in contrapposizione al predicato o *rema*) **4.** *T.astrol. tema natale,* complesso delle configurazioni astrali in atto al momento della nascita di una persona || *dim.* temìno; *pegg.* temàccio || **N. 1.** tesi.

tèma[2] [dal gr. tardo e biz. *théma,* luogo; 1961] ***sm.*** *T.stor.* guarnigione dell'esercito bizantino stanziata in una provincia e comandata da uno stratega.

téma o **tèma**[3] [da *temere*; a. 1294] ***sf.*** *lett.* solo *sing.*, timore || **N.** *Sin.* paura.

temàtica [da *tema*[1]; 1950] ***sf.*** l'insieme dei temi e dei motivi propri di un autore o di una corrente artistica o culturale: *la tematica del Romanticismo, di Boccaccio.*

temàtico (pl. *-ci*) [da *tema*[1]; 1891] ***agg.*** **1.** relativo a un tema (letterario, musicale ecc.): *variazioni tematiche,* sul tema, del tema; *collezione tematica,* collezione (spec. filatelica, numismatica ecc.) limitata ai pezzi attinenti a un certo argomento (zoologico, sportivo, bellico ecc.) **2.** *T.ling. vocale tematica,* che si aggiunge alla radice formando il tema.

tematiṣmo [da *tematico*; 1934] ***sm.*** *T.mus.* caratteristica di un brano musicale incentrato su un tema di fondo.

tematiẓẓàre [da *tematico*; 1984] ***tr.*** **1.** individuare come tema di cui occuparsi in modo particolare in un discorso, uno scritto e sim. **2.** *T.ling.* mettere in rilievo, mediante opportuni mezzi grammaticali, un particolare elemento dell'enunciato.

tematiẓẓazióne [da *tematizzare*; 1988] ***sf.*** **1.** atto ed effetto del tematizzare **2.** *in part. T.ling.* messa in rilievo di un elemento dell'enunciato mediante opportuni mezzi linguistici, quali l'ordine delle parole, l'intonazione, l'uso di particelle (per es. in "È Claudio che le ha fatto perdere la testa" si ha la tematizzazione di *Claudio* grazie alla particolare costruzione sintattica dell'enunciato).

temènza [da *temente,* ppr. di *temere*; metà sec. XIII] ***sf.*** *arc. lett.* timore || *tosc.* rispetto associato a soggezione.

temerarietà [da *temerario*; sec. XV] ***sf.*** **1.** qualità di chi o di ciò che è temerario **2.** *concr.* espressione, comportamento e sim. da temerario || **N.** *Sin.* ardimento, ardire, arditezza, audacia, imprudenza, impudenza, insolenza, protervia, sfrontatezza, tracotanza.

temeràrio (pl. *-ri*) [dal lat. *temerārius*; 1374] **I** ***agg.*** **1.** rif. a persona, che si espone ai pericoli senza badare ai rischi che corre || *meno com.* che si comporta in modo impudente e sfrontato, senza valutarne le possibili conseguenze: *temerario, osi insultarmi!* **2.** rif. a cosa, che comporta notevoli rischi: *impresa temeraria,* da temerari; *giudizio temerario,* audace, privo di solido fondamento || **temerariaménte** ***avv.*** **II** ***sm.*** (f. *-a*) persona temeraria || **N. 1.** *Sin.* ardimentoso, ardito, audace, coraggioso, imprudente; impudente, insolente, presuntuoso, protervio, sfacciato, sfrontato, spudorato, tracotante **2.** *Sin.* audace, avventato, rischioso.

temére (pres. *témo* o *tèmo*; p.rem. *teméi* o *temètti*; pps. *temùto*) [lat. *timēre*; sec. XIII nel senso 2] ***tr.*** **1.** avere timore di qualcuno o qualcosa o che accada (o sia accaduto) qualcosa di dannoso per qualcuno: *non ti temo*; *non aver nulla da temere,* avere la coscienza a posto; *temere il castigo di Dio, ritorsioni da parte del nemico, la morte*; *temo di non arrivare in tempo, temo che si arrabbi se glielo dici* || in senso più specifico, avere il dubbio, il sospetto (sempre rif. a un pericolo, un danno e sim.): *i servizi segreti temono si tratti di un complotto internazionale, temo che non abbia capito nulla* **2.** *per estens.* nutrire nei confronti di qualcuno o qualcosa un senso di timoroso rispetto: *temi Dio, la legge* **3.** *fig.* non essere in grado di sopportare senza danno determinate condizioni: *il sale teme l'umidità, una pianta che teme il freddo* || ***intr.*** (aus. *avere*) essere in apprensione, preoccupato per qualcosa: *temo per la sua vita, per le sorti della Terra* || *ass.* aver paura: *non temere, ci sono qua io* || **N.** ***tr.*** **1.** *Sin.* aver paura, aver timore, paventare.

temerità [dal lat. *temeritas, -tātis*; sec. XIV] ***sf.*** *ant.* temerarietà.

Tèmi o **Tèmide** [dal lat. *Themis, -idis,* gr. *Thémis,* n. della dea della giustizia; a. 1799] ***sf.*** *lett.* giustizia || *aule di Temi,* tribunali.

temìbile [da *temere*; 1865] ***agg.*** che si può o si deve temere: *è un temibile avversario.*

Tèmide V. TEMI.

tèmo [dal lat. *tēmo*; a. 1306] ***sm.*** *arc.* timone.

tèmolo [dal lat. tardo *thymallus,* gr. *thýmallos*; a. 1464] ***sm.*** pesce teleosteo d'acqua dolce diffuso in tutta Europa e ricercato per la bontà delle sue carni.

témpa [dalla voce prelatina **timpa*; 1961] ***sf.*** *region.* cima tondeggiante con pareti a picco, tipica dell'Appennino meridionale.

tempàccio (*pegg.* di *tempo*[2]) [a. 1444] ***sm.*** cattivo tempo: *che tempaccio!.*

tempaiòlo [da *tempo*[1]; 1625 *tempajuolo*] ***agg.*** e ***sm.*** *pop. tosc.* porcellino da latte, di porcellino da latte.

tempàrio (pl. *-ri*) [da *tempo*[1]; 1974] ***sm.*** *non com.* quadro dei tempi medi necessari per l'esecuzione di un certo lavoro: *tempario per le riparazioni dell'auto.*

tempellàre (pres. *-èllo*) [di orig. onom.; a. 1363 come intr. nel senso 2] ***tr.*** *arc.* **1.** battere, dimenare: *tutto il dì tempellaron le campane* (Pulci) **2.** *fig.* far vacillare || anche tenere qualcuno nel dubbio || ***intr.*** (aus. *avere*) **1.** di strumento od oggetto percosso, risuonare **2.** *fig.* vacillare, essere in dubbio.

tempèllo [da *tempellare*; a. 1606] ***sm.*** *arc.* **1.** suono di strumento od oggetto percosso **2.** *fig.* esitazione, indecisione.

tempellóne [da *tempellare*; 1840] ***sm.*** (f. *-a*) *arc.* persona indecisa, irresoluta, che tentenna.

tèmpera [da *temperare*; 1400 ca.] ***sf.*** **1.** *T.pitt.* tecnica pittorica che utilizza colore in polvere stemperato in sostanze agglutinanti di vario tipo (latte, tuorlo, caseina, colle animali ecc.) e mescolato a biacca; la miscela così preparata, dopo esser stata diluita, viene stesa col pennello: *dipingere a tempera, colori a tempera* (o, *per meton., tempere*) || *per meton.* il dipinto a tempera: *sono esposte delle bellissime tempere* **2.** tempra **3.** *T.agr.* condizione del terreno idonea alla lavorazione, in rif. al suo contenuto idrico: *terreno in tempera.* **Q.T.** *pittura.*

temperalàpis [comp. di *tempera(re)* e *lapis*; 1891] ***sm.*** *inv.* temperamatite.

temperamatite [comp. di *tempera(re)* e *matita*; 1957] ***sm.*** *inv.* arnese, perlopiù a forma di cono vuoto, con una parte tagliente nell'interno, che serve a temperare la matita girandovela dentro nel giusto verso; temperalapis.

temperaménto [dal lat. *temperamĕntum,* letter. giusta mescolanza; sec. XIV nel senso 2; a. 1698 nel senso 1] ***sm.*** **1.** complesso dei caratteri psicologici dell'individuo che sono determinati dalle sue caratteristiche fisiologiche: *temperamento nervoso, sanguigno* || *per estens.* personalità, carattere, indole: *ha un temperamento romantico, dolce*; *ass.* carattere deciso, personalità spiccata: *quel ragazzo ha del temperamento, è privo di temperamento* || propensione: *un temperamento speculativo, ha il temperamento dell'uomo d'affari, del poeta* **2.** *disus.* atto e modo del temperare, del moderare, del mitigare: *i suoi modi gentili erano di temperamento alla severità del discorso* || *com. T.mus.* procedimento consistente nell'accordare gli strumenti a suono fisso (pianoforte, clavicembalo ecc.) secondo la scala temperata (V. TEMPERATO) **3.** *arc.* mescolanza, miscelazione ||

N. 1. *Sin.* complessione, natura, tempra.

temperànte (*ppr.* di *temperare*) [1598] **I** *agg.* **1.** di persona, che agisce con temperanza **2.** *disus.* atto a temperare: *un provvedimento temperante la durezza della legge* || **temperanteménte** *avv.* **II** *s.* persona temperante || **N.** I **1.** *Sin.* controllato, misurato, moderato, sobrio | *Contr.* incontinente, intemperante, smodato.

temperànza [dal lat. *temperantia*; a. 1294] *sf.* **1.** capacità di controllare e contenere entro giusti limiti l'appagamento degli impulsi e degli appetiti sensibili || nella dottrina cattolica, una delle quattro virtù cardinali **2.** *ant.* temperamento, indole || **N. 1.** astinenza, castità, continenza, frugalità, misura, moderazione, sobrietà | *Contr.* intemperanza.

temperàre (pres. *tèmpero*) [dal lat. *temperāre*, mescolare in giuste proporzioni; 1313] *tr.* **1.** moderare, mitigare: *temperare il rigore, il freddo, l'ardore delle passioni* **2.** rif. a matite, lapis ecc., fare la punta, rendere appuntito **3.** rif. a vetro, metallo ecc., sottoporre a tempra **4.** *T.mus.* intonare uno strumento a suono fisso secondo la scala temperata || **N. 1.** *Sin.* attutire, contenere, frenare, misurare, placare, raffrenare.

temperatìvo [dal lat. tardo *temperatīvus*; sec. XIV] *agg. raro* che è atto, che è capace a temperare.

temperàto (*pps.* di *temperare*) [a. 1348] *agg.* **1.** di calore, di clima, non eccessivo, dolce: *zona temperata, calore temperato* **2.** caratterizzato da temperanza: *è temperato nel mangiare, nel bere* **3.** di vetro, metallo ecc., temprato **4.** *T.mus. scala temperata*, scala che si ottiene dividendo un'ottava in dodici semitoni uguali in modo da far coincidere enarmonicamente certe note (es. si e do naturale) || **temperataménte** *avv.* || **N. 1.** *Sin.* mite, moderato **2.** *Sin.* discreto, giusto, misurato, moderato, sobrio. **TAV.** *geografia* 1.8b.

temperatóia [da *temperare*; 1940] *sf.* arnese per innalzare o abbassare il coperchio della macina, nel mulino, secondo che si voglia macinare alto o basso.

temperatóre [dal lat. *temperātor, -ōris*; a. 1333] *agg.* e *sm.* (f. *-trice*) *raro* che o chi tempera.

temperatùra [dal lat. *temperatūra*, giusta mescolanza; a. 1595] *sf. T.fis.* stato termico di un corpo e, anche, la grandezza fisica che lo esprime: *corpi con temperatura diversa provocano sensazioni termiche diverse, misurare la temperatura dell'acqua che bolle; temperatura critica*, quella alla quale si verifica, in un corpo, un cambiamento di stato || *per anton.*, *com.*, la temperatura dell'aria: *correnti fredde dal Nord hanno provocato un brusco abbassamento della temperatura* || *in part.* la temperatura corporea: *la temperatura media dell'uomo è sui 37°*; anche *fam.* febbre: *ha qualche linea di temperatura* || **N.** alta / bassa, massima, media, mite, normale, tiepida, torrida, variabile | calore, frescura, tepore; caldo, freddo, fresco, tiepido; raffreddamento, riscaldamento, surriscaldamento; termodinamica; termometro. **Q.T.** *meteorologia.*

tempèrie [dal lat. *temperies*, giusta mescolanza; a. 1400 nel senso 1; a. 1907 nel senso 2] *sf. inv.* **1.** *non com.* condizioni climatiche di un luogo || *per anton.* condizioni climatiche buone **2.** *fig.* clima, caratteristiche proprie di un certo ambiente in un dato periodo: *in quella temperie culturale* || **N. 1.** *Contr.* intemperie.

temperinàta [da *temperino*; 1840] *sf. raro* colpo di temperino, dato col temperino.

temperìno [da *temperare*; 1640] *sm.* **1.** piccolo coltello a serramanico **2.** temperamatite || *dim.* temperinétto, temperinùccio; *pegg.* temperinàccio || **N. 1.** *Sin.* coltellino | PARTI: costola, filo, lama, punta, tallone, ugnata; collarino, manico, molla, perno.

tempèsta [lat. *tempestas*, letter. tempo; sec. XIII *tempestate*] *sf.* **1.** *T.meteor.* violenta perturbazione atmosferica che si manifesta con vento a forti raffiche, sovente accompagnato da piogge torrenziali o turbini di neve: *la tempesta ci colse mentre eravamo al largo, il cielo minaccia tempesta* || *tempesta di polvere, di sabbia*, provocata da vento turbinoso che, in zone aride o desertiche, solleva la polvere (o la sabbia) a grandi altezze || *region.* grandine || *prov. chi semina vento, raccoglie tempesta*, chi suscita odi o conflitti se ne ritrova poi addosso le conseguenze moltiplicate; *s'intende acqua e non tempesta*, gli eccessi sono sempre dannosi **2.** *fig.* violento contrasto di passioni, sentimenti e sim.: *avere il cuore in tempesta* || violenta manifestazione di rimprovero, sfuriata: *il bambino sentiva che la tempesta era in arrivo* || *fig. una tempesta in un bicchier d'acqua*, un grande agitarsi per nulla **3.** in geofisica, *tempesta magnetica*, perturbazione del campo magnetico terrestre che si manifesta con brusche variazioni, strettamente connesse con l'andamento delle macchie e dei brillamenti solari **4.** *T.alim.* pastina da brodo a forma di piccolissimi cilindri || **N. 1.** infuriare, scatenarsi.

tempestàre (pres. *-ésto*) [da *tempesta*; 1305] *intr.* (aus. *avere* o *essere*) *impers.* far tempesta: *ieri ha* (o, anche, *è*) *tempestato tutto il pomeriggio* || *intr.* (aus. *avere*) *fig.* infuriarsi, agitarsi, gridare con ira || *tr.* **1.** colpire ripetutamente con colpi violenti: *cominciò a tempestare la porta di pugni* || *fig. iperb.* assillare con ripetuti atti di insistenza: *lo tempestò di domande, di telefonate* **2.** ornare con pietre preziose fittamente incastonate: *una corona tempestata di diamanti.*

tempestàrio (pl. *-ri*) [da *tempesta*; 1970] *sm.* (f. *-a*) nelle credenze magiche del Medioevo e del Rinascimento, persona in possesso del potere di scatenare tempeste o grandinate.

tempestàto (*pps.* di *tempestare*) [a. 1348] *agg.* **1.** ripetutamente colpito con colpi violenti **2.** fittamente adornato (di pietre preziose o anche, *fig.*, di stelle): *cielo tempestato di stelle, un gioiello tempestato di diamanti.*

tempestìo (pl. *-ìi*) [da *tempestare*; 1879] *sm. non com.* continuo o frequente tempestare (nel senso 1, anche *fig.*).

tempestività [dal lat. *tempestivitas, -ātis*; 1640] *sf.* qualità di chi o di ciò che è tempestivo.

tempestìvo [dal lat. *tempestīvus*; sec. XIV] *agg.* **1.** che si verifica, che è fatto a tempo debito: *il tempestivo intervento degli artificieri ha evitato una strage* **2.** di persona, che interviene sempre al momento giusto: *è tempestivo nelle sue richieste* || **tempestivaménte** *avv.* || **N.** *Contr.* inopportuno, intempestivo.

tempestóso [da *tempesta*; 1309] *agg.* **1.** che è in tempesta: *mare, cielo tempestoso* **2.** *fig.* agitato, pieno di contrasti; tumultuoso, turbinoso: *discussione, passione tempestosa* || **tempestosaménte** *avv.* || **N.** *Sin.* burrascoso.

tèmpia [lat. *tempora*, pl. di *tempus*, attr. il lat. volg. **tempula*; 1313] *sf.* ciascuna delle due parti depresse ai lati del capo, tra l'occhio e l'orecchio: *capelli neri brizzolati sulle tempie, gli hanno puntato una pistola alla tempia* || **N.** *Sin.* regione temporale | stempiare.

tempiàle [dal lat. *templa*, travi del tetto; a. 1672] *sm. T.tess.* organo del telaio con cui si mantiene ben disteso nel verso della larghezza il panno che si sta tessendo, affinché non si raggrinzi.

tèmpio (pl. *tèmpli*) [dal lat. *templum*; 1313] *sm.* **1.** spazio o edificio il cui perimetro delimita un luogo consacrato alla divinità e adibito al suo culto: *il tempio di Vesta, i templi maya* || *per anton.* il tempio ebraico, e anche, *per meton.*, l'Ebraismo || *per estens. lett.* chiesa (spec. di grandi dimensioni) della religione cristiana **2.** *fig. lett.* luogo dedicato a un'attività cui si attribuisce valore quasi sacrale: *il museo è il tempio dell'arte, il tribunale quello della giustizia*; anche, *meno com.*, di persona: *quell'uomo è un tempio di saggezza* || *per estens.*, *iperb.* o *iron.*, sede principale di una particolare attività e sim.: *i templi dell'alta finanza* **3.** *raro* l'ordine dei Templari || *dim.* tempiétto. **Q.T.** *architettura, religione* **TAV.** *architettura* p. 646 9; *tempio* p. 1335.

tempiṣmo [da *tempista*; 1965] *sm.* qualità di chi sa intervenire in una situazione al momento opportuno.

tempista [da *tempo*¹; 1791] *s.* **1.** *T.mus.* musicista che osserva perfettamente la misura del tempo **2.** *fig.* chi agisce a tempo opportuno, intervenendo sempre nel momento giusto || *T.sport.* atleta che possiede la capacità di cogliere il momento esatto per portare a fondo l'attacco all'avversario e volgere le sorti dell'incontro a suo favore.

tempìstico (pl. *-ci*) [da *tempista*; 1970] *agg.* proprio del tempista, relativo al tempista || mosso dal tempismo, fondato sul tempismo.

templàre (raro *templàrio*) [dall'ant. *templo*, tempio; 1865] *agg.* e *sm. T.stor.* cavaliere di un ordine militare-religioso fondato a Gerusalemme nel 1118, costituente una sorta di stato sovrano senza territorio e destinato a raccogliere e incanalare uomini e denaro verso la Terrasanta.

temple-block (ingl., pr. ['tempəl blɒk]) [comp. di *temple*, tempio e *block*, blocco, forse per la forma simile alla cupola di un tempio; 1961] *sm. inv. T.mus.* strumento a percussione formato da una noce di cocco cava che presenta una fenditura nella parte superiore: è usato nella musica jazz.

tèmplo V. TEMPIO.

tèmpo¹ [lat. *tempus*; 1308] *sm.* **1.** successione illimitata di istanti in cui si svolge il corso degli eventi; dato che l'uomo non può immaginare nulla se non collocandolo nel tempo e nello spazio (v.), Kant parla di questi come di "forme pure dell'intuizione": *il tempo passa; il tempo sembrava non passare mai*, pareva essersi arrestato; *la dimensione del tempo, l'inarrestabile fluire del tempo, nel corso del tempo*; in molte loc. e in modi di dire: *il tempo allevia tutti i mali*, giacché, man mano che trascorre, ce ne fa perdere il doloroso ricordo; *perdere la nozione del tempo*, non avere più la percezione del suo trascorrere (e, di conseguenza, non sapere più in quale momento, giorno, anno ecc. ci si trova); *i danni, le ingiurie del tempo*, gli effetti deterioranti che il trascorrere del tempo ha sulle cose e sugli esseri viventi; *col tempo, col passar del tempo, con l'andar del tempo*, col trascorrere del tempo || *lett.* in contrapposizione a *eternità*: *all'eterno dal tempo era venuto* (Dante) || considerato come grandezza misurabile, suddivisibile in frazioni di varia durata: *il tempo si divide in millenni, secoli, anni, giorni, mesi, ore* ecc.; *l'orologio segna il tempo, l'unità fondamentale di misura del tempo è il secondo*; *in part. T.astr. tempo solare, siderale*, scale convenzionali per la misurazione del tempo aventi la prima, quale unità fondamentale, il *giorno solare* e la seconda il *giorno siderale*, definiti dal valore dell'angolo orario rispettivamente del Sole e di una stella opportunamente scelta; *tempo universale* (com. *T.U.* o *U.T.*), tempo locale solare del meridiano passante per Greenwich **2.** quantità di tempo: *è passato tanto tempo dall'ultima volta che l'ho visto, se hai un po' di tempo da dedicarmi dovrei chiederti una cosa; tempo un mese (e) ci mandano via dall'alloggio*, entro un mese di tempo; *abbiamo un mese* (*un giorno, un'ora* ecc.) *di tempo* || *tempo utile*, quello disponibile per svolgere una certa attività: *il tempo utile per il pagamento scade sabato prossimo* || *avere tempo* (a disposizione per fare qualcosa), *non avere tempo,* non avere la possibilità di fare qualcosa perché occupati in altro: *oggi non ho tempo di ascoltarti; non avere tempo da perdere,* avere fretta, o anche essere molto impegnati || *prendere tempo,* rinviare il compimento di qualcosa che si preferisce non fare subito: *cerca di prender tempo perché non è in grado di pagare; guadagnar tempo,* fare più in fretta, abbreviare il tempo di esecuzione: *per guadagnar tempo, prendiamo una scorciatoia;* o anche nel senso di "prender tempo": *quando non sa cosa rispondere, per guadagnar tempo pone a sua volta una domanda* || *nello stesso tempo, al tempo stesso, a un tempo,* contemporaneamente || *dare tempo,* consentire una dilazione: *dammi tempo e risolverò anche il tuo problema* || *c'è tempo,* si può fare dopo, come nel *prov. a pagare e a morire c'è sempre tempo* || nel modo di dire *dar tempo al tempo,* lasciar passare il tempo necessario (affinché si realizzino certe condizioni) || *ass.* una considerevole quantità di tempo: *ci vuol tempo per fare questo lavoro* || *prov. il tempo è denaro,* ha un valore economico || *in part.* la quantità di tempo richiesta da un'azione, un processo, un'attività: *tempi di lavorazione,* quelli richiesti da ciascuna fase di un processo produttivo o di una sua parte; da cui *accelerare i tempi,* ridurli; *prendere i tempi,* determinarli; *tagliare i tempi,* imporre che ciascuna fase di lavorazione si svolga in un tempo minore || *T.psic. tempo di reazione,* intercorrente tra lo stimolo e la reazione || *T.fot. tempo di posa, di esposizione,* il lasso di tempo durante il quale l'emulsione sensibile viene esposta alla luce || *T.sport.* il tempo impiegato da un atleta a compiere il percorso di gara: *ha ottenuto il miglior tempo; andar fuori tempo massimo,* impiegare più tempo del massimo consentito dal regolamento || *in part.* età, rif. a bambini molto piccoli: *quanto tempo ha Elena? sette settimane* || in varie loc.: *a tempo perso,* nei ritagli di tempo, nei momenti in cui non si concluderebbe comunque nulla d'importante; *a tempo pieno,* per tutto l'arco della giornata lavorativa (contrapposto a *a metà tempo* o *a tempo parziale* o *definito*): *impegno a tempo pieno; a tempo determinato* o *a tempo* (contrapposto a *a tempo indeterminato*), con un termine di scadenza prefissato, rif. a contratti, impegni e sim. **3.** periodo, epoca, momento: *il tempo delle mele, in tempo di guerra;* spec. rif. ad avvenimenti ricorrenti: *il tempo della semina, della vendemmia;* freq. *pl.*: *ai tempi di mia nonna, degli antichi Romani; ai miei tempi,* quand'ero giovane; *un tempo,* in un'epoca non meglio precisata del passato; *un uomo del nostro tempo,* il cui stile di vita è consono alle condizioni attuali; *ha fatto il suo tempo,* di cosa non più attuale; nel modo di dire *al tempo che Berta filava,* nel più remoto passato || momento o periodo opportuno per qualcosa: *c'è un tempo per il riso e un tempo per il pianto, raccogliere la frutta prima del tempo* (o *anzi tempo*); *ogni cosa a suo tempo,* detto con l'intenzione di imporre un ordine a un insieme di azioni; *è tempo di* (o *che*), è ora, è il momento in cui è giusto o doveroso far qualcosa: *è tempo che il ragazzo si trovi un lavoro* || *essere in tempo,* arrivare entro il momento stabilito: *sono in tempo a* (o *per*) *consegnare la domanda?; fare in tempo,* completare ciò che si deve entro il tempo assegnato: *non ho fatto in tempo a terminare quel lavoro* || *prov. il tempo* (sott. *opportuno*) *viene per chi sa aspettare* **4.** *T.gram.* e *T.ling.* momento o periodo in cui si colloca l'azione indicata dal verbo o cui si riferisce un complemento o un avverbio di tempo; *complemento di tempo determinato, indeterminato* (o *continuato*), indicante, rispettivamente, il momento in cui si verifica l'azione o la circostanza espressa dal verbo (es.: *oggi pomeriggio, l'altr'anno*) oppure per quanto tempo queste durano (es.: *per due anni, fino a ieri*) || anche, al *pl.*, il sistema delle forme verbali che precisano la relazione cronologica (di anteriorità, contemporaneità o posteriorità) tra il momento in cui si parla e quello in cui si verifica il fatto del quale si parla; dal punto di vista formale in italiano si distinguono *tempi semplici* e *tempi composti,* rispettivamente costituiti da un solo elemento oppure formati dall'unione di un ausiliare con il participio passato del verbo **5.** ciascuna delle fasi in cui si divide un processo: *compiere, frazionare un'azione in più tempi; un passo di danza in quattro tempi; in part.* ciascuna suddivisione di un'opera cinematografica, televisiva, teatrale e sim.: *siamo entrati nel cinema che stava iniziando il secondo tempo* || *T.sport.* fase di gioco: *alla fine del primo tempo era in vantaggio* || *T.mecc.* ciascuna delle fasi costituenti il ciclo di funzionamento di un motore a scoppio: *motore a due, a quattro tempi* || nella ginnastica, ciascuna delle due fasi di cui si compone un esercizio o un singolo movimento: *tempo di andata, di ritorno*; nell'espr. *al tempo!,* usata come ordine di sospendere l'esercizio e di ripeterne l'ultima parte e anche, *per estens.*, nel gergo militare, per annullare o correggere l'ultimo ordine dato || *per estens.* scadenza: *rispettare i tempi della programmazione, siamo in ritardo sui tempi previsti* **6.** *T.mus.* movimento più o meno rapido cui ci si deve attenere nell'esecuzione di un brano musicale, indicato dalle didascalie dell'autore nel corso del brano (rallentare, accelerare, stringere ecc.) o al suo inizio (adagio, presto, allegro ecc.) || *concr.* ciascuna partizione in cui viene com. suddivisa una composizione musicale (in quanto, normalmente, va eseguita con movimenti diversi); movimento: *il secondo tempo di una sinfonia, di una sonata; i quattro tempi della sinfonia classica sono: allegro, adagio, minuetto o scherzo e finale* **7.** *T.mus.* configurazione metrico-ritmica di un sistema di battute, ognuna delle quali è organizzata secondo un'alternanza di accenti forti, mezzoforti e deboli: *un tempo in 3/8, in 4/4;* più in gen., ritmo, cadenza: *un ballabile in tempo di valzer, di minuetto; andare a tempo, fuori tempo,* rispettare o meno il ritmo di un brano; *suonare, cantare, ballare, marciare a tempo;* anche ciascuna unità della battuta, materialmente segnata da un movimento della mano o della bacchetta di chi dirige l'esecuzione: *tempo forte* (o *in battere*), l'unità che nella battuta o misura ha l'accento più forte; *tempo debole* (o *in levare*), quella con l'accento più debole; *battere il tempo,* suddividere le battute con il movimento della mano o della bacchetta || *T.metr.* misura corrispondente al valore di una vocale breve (per cui la sillaba lunga è considerata di due tempi) || **N. 1.** millennio, secolo, cinquantennio, ventennio, decennio, lustro, quinquennio; quadriennio, triennio, biennio, anno, stagione, quadrimestre, trimestre, bimestre, mese, quindicina, decade, settimana, giorno, ora, minuto secondo | fuggire, passare, trascorrere; computare | clessidra, gnomone, meridiana, orologio; almanacco, calendario, datario **2.** *Sin.* intervallo, istante, lasso, spazio | breve, fugace, limitato, lungo, perduto, sfumato, smisurato | avanzare / mancare, cominciare, decorrere, maturare, passare, scadere, trascorrere, volare, volgere al termine; anticipare / posticipare, consacrare, dedicare, frapporre, interporre, occupare, prorogare, sciupare, sprecare | decorrenza, decorso, scadenza, termine **3.** *Sin.* era, età | antecedente, anteriore / posteriore, coincidente, contemporaneo, simultaneo, susseguente; antico / moderno, antidiluviano, attuale, imminente, lontano, preadamitico, preistorico, presente, primitivo, prossimo, remoto **4.** adesso, continuamente, domani, finora, frequentemente / raramente, ieri, mai / sempre, ora, poi, presto / tardi, prima / dopo, sovente, spesso, subito, talora, talvolta | di buon'ora, di quando in quando, per tempo, presto o tardi, prima o poi. **Q.T.** *astronomia, linguistica, orologeria, sport* **TAV.** *motori* 1, 2.

tèmpo² [lat. *tempus,* tempo¹; a. 1320] ***sm.*** *T.meteor.* insieme delle condizioni atmosferiche in un dato momento o per un certo periodo in una data regione: *previsioni del tempo,* descrizione, basata sulla meteorologia, delle condizioni atmosferiche nell'arco della giornata o di uno spazio di tempo maggiore; *tempo sereno; tempo instabile, variabile,* quando si prevedono alternanze di rannuvolamenti, precipitazioni e schiarite; *tempo bello, buono, brutto, orribile; tempo da lupi,* con pioggia e vento; *speriamo che il tempo regga, tenga,* si mantenga sul bello; *esce con qualunque tempo,* sia che faccia brutto, sia che faccia bello || nei modi di dire *fare il bello e il cattivo tempo,* avere un grande potere di decisione; *lascia il tempo che trova,* non ha alcun effetto sostanziale: *il suo intervento lascia il tempo che trova* || *prov. rosso di sera, bel tempo si spera; rosso di mattina, mal tempo si avvicina* || *pegg.* tempàccio || **N.** barometro, igrometro, satellite meteorologico, termometro. **Q.T.** *meteorologia, musica, unità di misura.*

tempora (lat., pr. it. ['tɛmpora]) [neutro pl. di *tempus,* periodo (dell'anno); a. 1584] ***sf. pl.*** stagioni, nella loc. *le quattro tempora* che, nella liturgia cattolica precedente al 1969, indicava i tre giorni (mercoledì, venerdì e sabato), al principio di ciascuna delle quattro suddivisioni dell'anno liturgico, nei quali erano prescritti il digiuno e la penitenza.

temporàle¹ [dal lat. *temporālis,* della tempia; 1583] ***agg.*** *T.anat.* di tempia, che corrisponde alle tempie: *regione temporale, ossa temporali.* **TAV. *anatomia* p. 641** 1.1 **e p. 642** 6.5.

temporàle² [lat. *temporālis;* 1319] ***agg.*** **1.** di, del tempo: *limiti temporali, dimensione temporale* || *T.gram. avverbio, proposizione temporale,* di tempo; *congiunzione temporale,* che introduce una proposizione di tempo **2.** che ha una durata limitata nel tempo (in opposizione a *eterno*), spec. nel linguaggio ecclesiastico: *beni temporali; pene temporali,* quelle del Purgatorio, che non sono destinate a durare in eterno; *potere temporale,* quello politico esercitato dai papi sui possedimenti territoriali della chiesa || **temporalménte** ***avv.*** *non com.* per quanto riguarda l'aspetto temporale || **N. 2.** *Contr.* eterno, spirituale.

temporàle³ [lat. *temporālis,* del tempo; a. 1600] ***sm.*** **1.** *T.meteor.* fenomeno atmosferico consistente in un violento rovescio di pioggia (eventualmente con grandine) accompagnato da forti scariche elettriche: *un temporale estivo,* generalmente di breve durata; *è scoppiato un violento temporale* **2.** *fig. scherz.* violento litigio o rimprovero: *in questi giorni in casa c'è aria di temporale.* **TAV. *meteorologia* p. 1321** 10.6.

temporalésco (pl. *-schi*) [da *temporale³*; 1891] ***agg.*** di o da temporale: *nuvole temporalesche.*

temporalìsmo [da *temporale²*; 1945] ***sm.*** *T.stor.* nella politica della chiesa cattolica, tendenza a rivendicare il potere temporale.

temporalìsta [da *temporale²*; 1891] ***s.*** *T.stor. non com.* fautore del potere temporale dei papi.

temporalìstico (pl. *-ci*) [da *temporalismo;* 1986] ***agg.*** *T.stor.* proprio del temporalismo o dei temporalisti; relativo al temporalismo o ai temporalisti.

temporalità [dal lat. tardo *temporalitas, -ātis;* sec. XIV] ***sf.*** **1.** qualità di ciò che è temporale, detto di valori, beni e sim. e in particolare di ciò che è laico in contrapposizione a *ecclesiastico*; caducità **2.** *pl.* dotazione di beni economici o materiali propria della chiesa o di un ente canonico, un convento e sim., le rendite di un beneficio ecclesiastico e sim. **3.** *arc.* attaccamento alle cose mondane.

temporaneità [da *temporaneo*; 1876] **sf.** qualità di ciò che è temporaneo.

temporàneo [dal lat. tardo *temporāneus*; a. 1492] **agg.** che dura soltanto per un certo tempo; non definitivo, provvisorio: *un beneficio temporaneo* || **temporaneaménte** **avv.** per un certo tempo, non definitivamente || **N.** *Sin.* interinale, momentaneo, passeggero, precario, provvisorio, transitorio.

temporàrio (pl. *-ri*) [dal lat. *temporārius*; 1779] **agg.** *ant.* temporaneo.

tempore V. EX TEMPORE e PRO TEMPORE.

temporeggiaménto [da *temporeggiare*; a. 1698] **sm.** atto del temporeggiare.

temporeggiàre (pres. *-éggio*) [lat. medievale *temporizāre*, passare il tempo; a. 1313] **intr.** (aus. *avere*) indugiare, aspettando il momento favorevole; tirare le cose in lungo per guadagnare tempo.

temporeggiatóre [da *temporeggiare*; 1598] **agg.** e **sm.** (f. *-trice*) che, chi è solito temporeggiare.

temporibus illis (lat., pr. it. [tem'pɔribus 'illis]) [letter. in quei tempi] **loc. avv.** in tempi lontani, nei tempi antichi, spec. *scherz.*: *quand'ero giovane, temporibus illis, mi sono divertito anch'io.*

temporizzàre [da *tempo*[1]; 1965] **tr.** *T.tecn.* assegnare a un dispositivo un determinato tempo di intervento: *temporizzare il dispositivo di un semaforo.*

temporizzatóre [da *temporizzare*; 1970] **sm.** *T.elettr.* interruttore o commutatore elettrico a tempo.

temporizzazióne [da *temporizzare*; 1965] **sf.** atto ed effetto del temporizzare.

tèmpra [da *temprare*; 1319 nel senso 3; a. 1638 nel senso 1] **sf.** **1.** *T.tecn.* procedimento tecnico cui vengono sottoposti vetri e metalli al fine di migliorarne le proprietà meccaniche (elasticità, resistenza ecc.) || *per estens.* l'insieme delle proprietà ottenute mediante tale procedimento: *un acciaio di buona tempra* **2.** *fig.* l'insieme delle doti psicofisiche di una persona, spec. con rif. alla sua forza di carattere, alla sua resistenza e sim.: *che tempra quella donna!* **3.** qualità particolare del suono di uno strumento o della voce umana || **N.** **2.** *Sin.* carattere, indole **3.** *Sin.* timbro. **Q.T.** ***metallurgia.***

tempràre (pres. *tèmpro*) [dal lat. *temperāre*; 1340 ca.] **tr.** **1.** *T.tecn.* dare la tempra a un vetro o a un metallo **2.** *fig.* rendere più resistente, più forte: *le sventure temprano gli animi* || **rifl.** e **intr. pron.** fortificarsi: *nel collegio si è temprato, con quelle regole gli animi si tempravano per tutta la vita.*

tempràto (*pps.* di *temprare*) [1374] **agg.** **1.** che ha avuto la tempra: *acciaio temprato* **2.** *fig.* che è reso più forte: *animo, carattere temprato dalle sciagure.*

tempùscolo [da *tempo*; 1918] **sm.** quantità piccola, infinitesima, di tempo.

tenàce [lat. *tenax*, *-nācis*; 1313] **agg.** **1.** che tiene fermo, che fa saldamente presa: *colla tenace* || *per estens.* che resiste alla trazione: *filo tenace* **2.** *fig.* di persona, ferma nel perseguire i propri scopi || di sentimento, atteggiamento ecc., fermo e costante, che non viene meno: *odio tenace* || *memoria tenace*, che conserva a lungo il ricordo delle cose || **tenaceménte** **avv.** || **N.** **1.** *Sin.* resistente | *Contr.* fragile **2.** *Sin.* caparbio, perseverante, pervicace, protervo; ostinato, persistente, saldo.

tenàcia [dal lat. *tenācia*, ostinazione; 1831] **sf.** qualità di chi o di ciò che è tenace, spec. *fig.*: *la tenacia con cui ha sostenuto le sue tesi.*

tenacità [lat. *tenācitas*, *-ātis*; a. 1320] **sf.** qualità di ciò che è tenace (raramente in senso *fig.*); resistenza; *in part.* proprietà di un materiale che possiede una buona resistenza meccanica a urti, carichi dinamici, sollecitazioni istantanee e sim. || *T.agr.* proprietà di un terreno le cui particelle sono tra loro saldamente unite, per cui si presenta particolarmente compatto || **N.** *Contr.* fragilità.

tenàglia (meno com. *tanàglia*) (pl. *-glie*) [lat. tardo *tenācula*, neutro pl. di *tenāculum*, strumento per tener fermo; 1313 *tanaglia*] **sf.** **1.** spec. *pl.* utensile in metallo formato da due leve incrociate e tenute insieme da un perno posto nel punto d'incrocio, le cui parti più lunghe costituiscono l'impugnatura, mentre quelle più corte sono variamente sagomate alle estremità (in gen. a becco ricurvo), in modo da consentire la presa di oggetti di vario tipo: *un paio di tenaglie*; *tenaglie da falegname*, usate spec. per sconficcare chiodi; *tenaglie da fabbro*, con impugnatura particolarmente lunga || *T.med.* attrezzo analogo usato per l'estrazione dei denti || *fig. fam.* nel modo di dire: *tirare fuori qualcosa a qualcuno con le tenaglie*, a fatica, vincendone la resistenza || nella loc. *a tenaglia*, con rif. a qualcosa di forma o funzione simile a quella delle tenaglie: *draga a tenaglia*, il cui organo di presa è simile a una tenaglia; *manovra a tenaglia*, manovra, spec. militare, mirante a stringere il proprio obiettivo contemporaneamente sui due fianchi, come nella morsa di una tenaglia **2.** *pop.* chela di scorpione o di crostaceo **3.** opera fortificata a forma di ganascia aperta di tenaglia, così da poter effettuare il tiro incrociato sul bersaglio nemico || *dim.* tenagliétta, tenagliétte, tenaglìna, tenaglìne; *accr.* tenaglióna, tenaglióne (*sm.*); *pegg.* tenagliàccia, tenagliàcce || **N.** **2.** *Sin.* pinze. **TAV.** ***utensili*** **p. 1340** 6 e **p. 1341** 32.10.

tenalgia (pl. *-gìe*) [comp. del gr. *ténōn*, tendine e *-algia*; 1961] **sf.** *T.med.* dolore al tendine.

tènare o **tènar** [dal gr. *thénar*, palma della mano; 1797] **sm.** *T.anat.* prominenza a cuscinetto sul palmo della mano, alla base del pollice.

tenàrio (pl. *-ri*) [dal lat. *taenārius*; 1840] **agg.** **1.** di Tenaro, antico nome del promontorio greco oggi chiamato Capo Matapan; *in part.* *marmo tenario*, qualità di marmo nero molto usata nell'antichità **2.** *per estens. poet.* con rif. alla grotta in prossimità di Tenaro che si credeva l'ingresso degli inferi, sotterraneo, infernale: *le tenarie fauci* (D'Annunzio).

tènda [lat. tardo *tenda*; a. 1294] **sf.** **1.** drappo di tela o altro tessuto che si stende sopra o davanti a qualcosa per proteggerlo dal sole, dalle intemperie o anche solo per celarlo alla vista: *il quadro era coperto da una tenda*; *in part.* elemento dell'arredamento che si appende all'interno o anche all'esterno di finestre o porte per attenuare la luce solare, impedire di essere visti o anche separare due ambienti: *aprire, chiudere le tende*; *tirare la tenda*, farla scorrere sull'asta cui è attaccata per mezzo di una serie di anelli; *tende alla veneziana* (o *veneziane*), *a pacchetto*, *a rullo*, utilizzanti sistemi diversi di apertura e chiusura **2.** riparo campale costituito da uno o più teloni impermeabili sostenuti da un'armatura di paletti facilmente smontabile e trasportabile, usato da popolazioni nomadi, da militari o da campeggiatori: *tenda da campo*; *tenda da due, tre, sei*, a due, tre, sei posti; *tenda canadese, a casetta, da bivacco, d'alta quota*; *piantare le tende*, accamparsi e, *fig.*, soggiornare in un luogo più a lungo di quanto sarebbe opportuno, spec. abusando dell'ospitalità di qualcuno; *togliere, levare le tende*, smontare l'accampamento e, *fig.*, andarsene via || *teatro tenda*, allestito sotto un telone simile a quelli da circo **3.** *T.med.* *tenda a ossigeno*, in materiale impermeabile ai gas, si dispone intorno al letto del malato per garantirgli una miscela molto ricca di ossigeno || *dim.* tendìna; *accr.* tendóne (*sm.*) || **N.** **1.** baldacchino, bandinella, cortina, cortinaggio, padiglione, portiera, *rideau*, tabernacolo, tendale | PARTI: anelli o campanelle, cappi, cordone, fiocco, frangia, mantovana, nappa, pendone, penero, riloga **2.** baldacchino, padiglione, tabernacolo | PARTI: asta, palo, picchetto, telone, tirante | attendamento, tendopoli | attendarsi. **TAV.** ***arredamento*** **p. 650** 2.9, 3.1.

tendàggio (pl. *-gi*) [da *tenda*; 1961] **sm.** spec. *pl.* insieme delle tende che arredano un ambiente, un appartamento e sim.: *i tendaggi del salone, di Palazzo Reale.*

tendaggista [da *tendaggio*; 1983] **s.** chi fabbrica o vende tendaggi.

tendàle [dallo sp. *tendal*; 1614 nel senso 2] **sm.** **1.** *non com.* grande tenda distesa per riparo dal sole o dalla pioggia **2.** *T.mar.* tenda tesa sulla poppa delle antiche galee || *dim.* tendalétto, tendalìno.

tendalétto (*dim.* di *tendale*) [1600] **sm.** **1.** piccolo tendale **2.** *T.mar.* piccola tenda usata sulle navi per coprire ali di plancia, boccaporti, osteriggi, barcarizzi ecc.

tendalìno (*dim.* di *tendale*) [1983] **sm.** **1.** piccolo tendale **2.** *T.mar.* nelle imbarcazioni a vela, telo impermeabile montato sulla poppa per proteggere dal vento e dall'acqua chi governa il timone.

tendàme [da *tenda*; 1891] **sm.** spec. *pl.* quantità di tende e accessori per montarle: *fabbrica di tendami.*

tendènza [da *tendere*; a. 1729] **sf.** **1.** rif. a persone, spontanea inclinazione a comportarsi o a pensare in un certo modo: *ha tendenza a semplificare le cose, una spiccata tendenza conservatrice, ad aiutare gli altri, per la poesia* || rif. a cose, naturale disposizione a modificarsi in un certo modo: *la lana ha tendenza a restringersi* **2.** orientamento, corrente culturale o ideologica: *le nuove tendenze dell'architettura* || insieme di fattori che orientano in una direzione: *tendenza di mercato* || **N.** **1.** *Sin.* attitudine, propensione; vocazione.

tendenziàle [da *tendenza*; 1970] **agg.** che si manifesta come tendenza: *ostilità tendenziale, caduta tendenziale del saggio di profitto* || **tendenzialménte** **avv.** in linea di massima, come tendenza: *è tendenzialmente d'accordo con noi.*

tendenziosità [da *tendenzioso*; 1940] **sf.** qualità di ciò che è tendenzioso.

tendenzióso [da *tendenza*; 1890] **agg.** parziale, che è improntato a una particolare tendenza ideologica o ispirato da un interesse particolare, così da alterare la verità dei fatti; non obiettivo: *una notizia tendenziosa* || **tendenziosaménte** **avv.**

tender (ingl., pr. ['tendə]; pr. it. ['tender]) [letter. aiutante; 1840] **sm.** *inv.* *T.ferr.* carro ferroviario agganciato a una locomotiva a vapore (o facente corpo unico con essa), dove è collocata la provvista di carbone e di acqua || **N.** *Sin.* carro scorta.

tèndere (pres. *tèndo*; p.rem. *tési, tendésti, tése, tésero*; pps. *téso*) [lat. *tendere*; fine sec. XIII come tr. nel senso 1; 1885 come intr. nel senso 2] **tr.** **1.** distendere, svolgere qualcosa di allentato, avvolto o sim. allontanandone gli estremi (secondo una delle tre dimensioni), tirando quanto più è possibile: *tendere un cavo d'acciaio tra i due piloni*; *tendere l'arco, i muscoli*, metterli in tensione; *tendere le corde del violino, della chitarra*, regolarne la tensione in modo che ciascuna produca, pizzicata, una particolare nota || *per estens.* meno com., distendere, spiegare nel senso della lunghezza e della larghezza: *tendere le reti, le vele*; *com. fig. tendere una trappola, un'insidia, un tranello a qualcuno*, apprestarli, prepararli: *gli ha teso un tranello ma lui non c'è cascato* **2.** protendere, stendere, allungare portando in avanti: *tendere la mano a qualcuno*, porgergliela per scambiarsi una stretta di mano; *tendere* (ma più com. *stendere*) *la mano*, per chiedere l'elemosina ‖ *fig. tendere le orecchie*, prestare attenzione a ciò che qualcuno sta dicendo o cercare di udire rumori confusi o deboli ‖ ***intr.*** (aus. *avere*) **1.** dirigersi: *il calore tende verso l'alto* **2.** *più com. fig.* di persona, essere incline, propendere (sia per disposizione naturale, sia per scelta) verso qualcosa: *politicamente tende a sinistra, tendere a evitare di farsi coinvolgere, tendo a ingrassare* ‖ di situazioni, fatti o cose, avere la tendenza a evolversi in un certo modo: *il moto rivoluzionario tende a rifluire, il tempo tende al bello, un tessuto che tende a stringersi*; *in part.* di colore, sapore ecc., accostarsi, essere molto simile a un altro: *un blu che tende al verde, un sapore che tende all'acido* ‖ **N.** ***tr.*** **1.** *Sin.* tesare, tirare | *Contr.* allentare | tensione, tensore, teso.

tenderòmetro [dall'ingl. *tenderometer*, comp. di *tender*, tenero e *-meter*, -metro; 1965] ***sm.*** strumento con cui si misura la durezza dei piselli per stabilire il loro grado di maturazione.

tendicaténa [comp. di *tend(ere)* e *catena*; 1949] ***sm. inv.*** dispositivo che, in biciclette e in tutti gli ingranaggi con trasmissione a catena, serve a tenerla tesa.

tendicàvo [comp. di *tend(ere)* e *cavo*] ***sm.*** *T.mar.* arridatoio, tornichetto.

tendicìnghia [comp. di *tende(re)* e *cinghia*; 1961] ***sm. inv.*** dispositivo con cui si tiene tesa una cinghia di trasmissione.

tendicòllo [comp. di *tend(ere)* e *collo*; 1963] ***sm. inv.*** rinforzo perlopiù in plastica o in celluloide che si applica alla parte interna del colletto delle camicie da uomo per tenerlo teso.

tendifilo [comp. di *tend(ere)* e *filo*; 1965] ***sm. inv.*** macchina o apparecchio per tendere il filo ‖ nella macchina da cucire, congegno che mantiene teso il filo che si svolge dal rocchetto.

tendina (*dim.* di *tenda*) [1805] ***sf.*** **1.** piccola tenda **2.** piccola tenda che si applica direttamente al telaio di finestre e sim.

tèndine [dal lat. tardo *tendo, -inis*; a. 1698] ***sm.*** *T.anat.* estremità connettivale fibrosa di un muscolo, che va a inserirsi su un osso o sul derma; di colore biancastro, si presenta come una fascia o un cordone praticamente inestensibile e molto resistente; *tendine d'Achille*, quello che connette il muscolo del polpaccio a quello posteriore del calcagno ‖ **N.** tendineo, tendinoso, tenodesi, tenotomia, tiglioso. **TAV. *anatomia* p. 641** 3.8.

tendineo [da *tendine*; 1775] ***agg.*** *T.anat.* del tendine, relativo a un tendine.

tendinite [comp. di *tendine* e *-ite*[1]; 1961] ***sf.*** *T.med.* infiammazione dei tendini.

tendinóso [da *tendine*; 1684] ***agg.*** *raro* pieno di tendini.

tendiscàrpe [comp. di *tende(re)* e *scarpa*; 1970] ***sm. inv.*** strumento in legno o plastica munito di una molla, che viene inserito nelle scarpe per mantenerle in forma quando non vengono usate.

tenditóio (pl. *-ói*) [da *tendere*; 1879] ***sm.*** **1.** *raro* strumento che serve a tendere; tenditore **2.** *raro* luogo dove si tende o stende qualcosa ad asciugare ecc.; stenditoio.

tenditóre [da *tendere*; 1940] **I *agg.*** che tende **II *sm.*** **1.** (f. *-trice*) chi tende **2.** *T.mecc.* qualsiasi elemento che, collegando per mezzo di tiranti due punti di una struttura, tende a ridurne la distanza esercitando una trazione su di essi. **TAV. *ferrovie...* p. 669** 7.3, 7.11; ***meteorologia* p. 1321** 6.1.

tendóne (*accr.* di *tenda*) [1640] ***sm.*** **1.** grossa tenda **2.** grossa tenda sotto la quale si svolge uno spettacolo (spec. quella del circo) **3.** *T.agr.* tipo di coltivazione della vite in cui i tralci si espandono in orizzontale a circa due metri da terra.

tendòpoli [comp. di *tenda* e *-poli*; 1923] ***sf. inv.*** grande raggruppamento di tende, accampamento, in gen. di zingari o sinistrati ‖ **N.** *camping*.

tènebra [dal lat. *tenebrae*; 1305] ***sf.*** usato quasi solo al *pl.* **1.** assenza di ogni luce, oscurità profonda: *le tenebre della notte, i ciechi vivono nelle tenebre* ‖ *T.eccl. l'uffizio delle tenebre*, il mattutino del mercoledì, giovedì e venerdì santo, che si canta la sera del giorno innanzi, a lumi spenti ‖ *ass.* la notte: *al calar delle tenebre*; anche, *lett.*, la morte o l'inferno: *l'angelo delle tenebre*, il demonio **2.** *fig.* oscurità: *un mistero tuttora avvolto nelle tenebre* ‖ ignoranza, assenza di valori intellettuali o spirituali: *la tenebra dell'analfabetismo, del peccato* ‖ **N.** **1.** *Sin.* buio, oscurità | *Contr.* chiarore, luce.

tenebràre (pres. *tènebro*) [dal lat. tardo *tenebrāre*; a. 1638] ***tr.*** *lett. raro* ottenebrare.

tenebrìa [da *tenebra*; prima metà sec. XIII] ***sf.*** *lett. raro* vaste tenebre.

tenebrióne [dal lat. *tenebrio, -ōnis*, che fugge la luce; 1965] ***sm.*** *T.zool.* piccolo coleottero notturno di colore bruno lucido, le cui larve si nutrono di cereali e farina ‖ **N.** *Sin.* verme della farina.

Tenebriònidi (sing. *-e*) [comp. di *tenebrione* e *-idi*; 1931] ***sm. pl.*** *T.zool.* famiglia di coleotteri notturni di colore scuro che si nutrono perlopiù di cereali, crusca e farina.

tenebróre [da *tenebra*; a. 1306] ***sm.*** *poet. raro* tenebre.

tenebrosità [da *tenebroso*; a. 1320] ***sf.*** *raro* qualità di ciò che è tenebroso.

tenebróso [lat. *tenebrōsus*; fine sec. XIII] ***agg.*** **1.** immerso nelle tenebre: *luoghi tenebrosi, notte tenebrosa* **2.** *fig.* occulto, misterioso: *maneggi, intrighi tenebrosi* ‖ **tenebrosaménte** ***avv.*** *non com.* occultamente, misteriosamente ‖ **N.** **1.** *Sin.* buio, scuro | *Contr.* chiaro, illuminato, luminoso.

tenènte [da (*luogo*) *tenente*; 1611] ***sm.*** *T.mil.* ufficiale dell'esercito, di grado immediatamente inferiore al capitano ‖ *tenente colonnello*, ufficiale superiore dell'esercito, di grado immediatamente superiore al maggiore ‖ *T.mar. tenente di vascello*, grado della marina che corrisponde al capitano nell'esercito ‖ *dim.* tenentino, tenentùccio.

tenènza [da *tenente*; 1676] ***sf.*** ufficio del tenente ‖ anche la giurisdizione territoriale (spec. dei Carabinieri e delle Guardie di Finanza) comandata da un tenente.

tenére (pres. *tèngo, tièni, tiène, teniàmo, tenéte, tèngono*; p.rem. *ténni, tenésti, ténne, ténnero*; fut. *terrò, terrài*; cong. pres. *tènga, teniàte, tèngano*; cond. pres. *terrèi*) [lat. *tenēre*; fine sec. XIII nel senso 2] ***tr.*** **1.** avere in mano, stringere a sé tra le proprie mani qualcuno o qualcosa in modo da non lasciarlo cadere; reggere, sostenere: *teneva in mano un mazzo di rose, un baule sulle spalle*; *lo teneva in piedi perché non cadesse*; trattenere, stringere qualcosa in modo da non lasciarlo sfuggire, scappare o sim.: *tienilo stretto, altrimenti ti vola via, tenetelo, mi ha appena rubato la borsa!*; *tenere qualcosa* (spec. una situazione), *qualcuno in pugno*, anche *fig.* dominare, averlo in proprio potere ‖ seguito dalla prep. *per*, quando è indicata la parte della cosa o della persona che si tiene: *tienilo per mano, il martello si tiene per il manico*; seguito dalle prep. *tra* o *con*: *tenevo la farfalla tra due dita, lo teneva sollevato con un solo dito* **2.** più in gen., fare in modo che qualcuno o qualcosa permanga in una certa posizione, in una data condizione, in un dato posto e sim. anche *fig.*: *la malattia l'ha tenuta a letto per tre mesi*, l'ha costretta a letto per tre mesi; *abita solitamente in città, ma tiene un alloggio in montagna per l'estate*; *tenere le mani in tasca, il cappello in testa, la stanza in ordine, le vivande in caldo*; *tenere le mani, la lingua a posto*, anche *fig.* non toccare, non parlare quando ciò risulti inopportuno ‖ *fig. tenere un piede in due staffe*, barcamenarsi tra due situazioni tra loro incompatibili cercando di trarre vantaggio da entrambe contemporaneamente ‖ *tenere qualcosa a mente*, ricordarsela ‖ *tenere qualcuno informato, al corrente*, aggiornarlo periodicamente circa l'evolversi di una situazione ‖ *tenere qualcosa in sospeso*, non occuparsene, rinviarla: *tenere una pratica sospesa* (o *in sospeso*), non evaderla ‖ *tenere d'occhio qualcuno, qualcosa*, mantenerlo sotto sorveglianza ‖ *tenere conto di*, considerare, aver presente, spec. nel trarre conclusioni o elaborare decisioni ‖ *tenere le distanze*, assicurarsi che permanga sempre, tra se stessi e altri (o altro) una certa distanza e, *fig.*, non dar confidenza, spec. a chi è considerato di livello inferiore ‖ *in part.* conservare: *ha tenuto tutte le lettere del suo ex, tenere i libri sugli scaffali, tengo le chiavi di casa nella mia borsa*; anche specificando il modo: *tenere bene, male la roba*; *tenere qualcosa da conto*, conservarla con cura ‖ *in part.* trattenere presso di sé, fare restare con sé o, anche, trattenere per sé, come proprio possesso: *ho trovato un gattino abbandonato e ho deciso di tenerlo, lo tennero in ostaggio dieci mesi, mi hanno tenuto a pranzo (da loro), si tenne in casa per vent'anni la madre malata*; *ho comprato due libri: uno l'ho tenuto e l'altro l'ho regalato* ‖ *in part.* mantenere, conservare qualcosa nelle condizioni in cui si trova: *tenere segreto ciò che si è venuti a sapere*; *tenere una certa (linea di) condotta*, comportarsi coerentemente rispetto a essa; *tenere una nota*, prolungarne il suono (cantando o suonando); *capelli che tengono la piega, un tessuto che tiene la stiratura, uno strumento che non tiene più l'accordatura, il gruppo di testa ha tenuto una buona (velocità) media, studiando questo testo riesco a tenere la media delle sei pagine al giorno* ‖ rif. alla posizione, alla direzione o al lato del percorso che si mantiene mentre si procede: *tieniti dietro di lui*, nella sua scia; *teniamo questa rotta finché non avvistiamo la costa*; *tenere la destra, la sinistra*, stare sul lato destro, sinistro di qualcosa (generalmente della strada che si sta percorrendo); *tenere la strada*, di veicoli su strada, non sbandare, mantenersi stabilmente lungo la traiettoria che gli è stata impressa: *una moto che tiene benissimo la strada anche sul bagnato*; rif. alla parola data, a una promessa e sim., mantenerla, restare fedeli ad essa: *ha tenuto* (ma, più com., *mantenuto*) *la parola data*; *tenere il segreto*, non rivelarlo **3.** contenere, avere una certa capienza: *una bottiglia che tiene due litri, uno stadio che tiene trentamila persone* **4.** *colloq.* occupare, riempire (rif. a uno spazio, anche *fig.*): *un arazzo che tiene un'intera parete, il tuo numero tiene troppo spazio nello spettacolo* ‖ occupare un luogo, uno spazio in modo permanente o comunque duraturo; *in part.*: presidiare militarmente: *tenere una roccaforte, una posizione strategica*; occupare per riservare: *se arrivi prima, tieni un posto anche per me* ‖ *fig. tenere le parti di qualcuno*, schierarsi dalla sua parte, parteggiare per lui ‖ *per estens. fig.* controllare, gestire: *tiene una bisca, l'amministrazione della ditta, i libri contabili*; nella loc. *tenere (il) banco*, nei giochi d'azzardo, guidare il gioco assumendosi l'incarico di distribuire le carte, accettare le puntate e pagare le poste ai giocatori; anche *fig.*, porsi al centro dell'attenzione nel corso di una conversazione, una riunione e sim.: *ha tenuto banco tutta la serata* **5.** con senso vicino a quello del generico *fare*, organizzare, svolgere, sviluppare: *tenere una conferenza stampa, un discorso davanti a una* *folla immensa, una serie di lezioni; la prossima settimana si terrà un ciclo di conferenze sull'argomento, l'assemblea degli azionisti; la scorsa stagione si è tenuto uno stage di danza* **6.** *ant.* con il compl. predicativo dell'oggetto, reputare, considerare: *tenere qualcuno per amico, per una persona corretta*; *com.* solo nelle espr. *tener fermo, per certo*, considerare come un fatto certo, assodato: *tenendo fermo che dobbiamo partire domani, vediamo cosa riusciamo a fare entro oggi*; *tenere in considerazione*, considerare: *terrò in considerazione i tuoi preziosi consigli*; *tenere qualcuno o qualcosa in un qualche, in un gran* o *in nessun conto*, tenerlo in considerazione (in una certa misura) o non considerarlo affatto (conseguentemente alla stima che se ne ha) **7.** *dial. merid.* avere, possedere: *tengo moglie e otto figli, tiene una macchina nuova* || **rifl. 1.** reggersi, aggrapparsi, sostenersi: *tenetevi forte, al mancorrente*; *tenersi in piedi, sulle gambe, dritto* **2.** più in gen., mantenersi, restare in un luogo, in una posizione o in una condizione: *tenersi al centro della stanza, isolato, in disparte*; *tenersi a galla*, galleggiare; *tenersi distante da qualcuno*; *tenersi aggiornato, informato, al corrente*; *tenersi sulla difensiva*, in atteggiamento di difesa || *in part.* procedere mantenendosi in una determinata direzione: *tenersi sulla destra, sulla rotta per la Spagna* **3.** *fig.* trattenersi: *non tenersi più dal ridere* **4.** *fig.* attenersi: *tenersi ai patti, alla parola data, alle istruzioni sul foglietto illustrativo*; *tenersi ai fatti*, esporli nella loro obiettività, senza aggiunte o commenti || **rec.** reggersi: *si tenevano per mano, si tenevano fermi (l'un l'altro), si tenevano in piedi (a vicenda)* || **rifl. indir.** mettere: *tenersi la testa tra le mani, il cappello in testa*; nella loc. *tenersi la pancia in mano*, usata spec. in senso *fig.*, sbellicarsi dalle risa || **rifl. intens.** trattenere per sé: *quando sono morti i miei genitori io mi sono tenuto l'alloggio e mio fratello il negozio, tieniti* (o, più fam., *tienti*) *questo libro che a me non serve* || **intr.** (aus. *avere*) **1.** reggere lo sforzo, resistere: *questo muro di sostegno non terrà a lungo*; nella loc. fam. *tenere duro*, non cedere, non desistere; *in part.* di sistema di chiusura, di bloccaggio e sim., non cedere, resistere alle trazioni e sim.: *la colla, l'ancora tiene bene*, ha fatto presa; *questa cerniera non tiene più* || di contenitore e sim., non lasciar fuoriuscire il contenuto: *la camera d'aria, più volte rattoppata, non tiene più bene* || di colore, essere resistente, non sbiadire: *una tinta che tiene anche in acqua calda* || di argomento e sim., essere solido, valido: *il tuo ragionamento non tiene* || *fig.* riuscire a fronteggiare situazioni difficili: *nonostante lo stress, ha tenuto grazie alla sua forza di carattere*; *il mercato, nonostante l'inflazione, ha tenuto bene*, la domanda si è mantenuta su livelli soddisfacenti **2.** nella loc. *tenere dietro*, riuscire a seguire, anche *fig.*: *aveva un passo molto spedito per cui non riuscivo a tenergli dietro, spiega in modo così chiaro che tutti riescono a tenergli dietro* || *ant.* mantenere la direzione, persistere **3.** nella loc. *tenere per*, parteggiare per: *tiene per la squadra locale*, tifa per lei **4.** nella loc. *tenere* (o, più com., *tenerci*) *a qualcuno, a qualcosa*, attribuirgli molta importanza, averlo molto a cuore: (*ci*) *teneva molto a partecipare, tiene molto a sua figlia* || **N. tr. 2.** *Sin.* custodire, serbare | **rifl. 4.** *Sin.* adeguarsi, conformarsi, stare.

tenerézza [lat. volg. **teneritia*, classico *teneritas* e *teneritūdo*; 1340] **sf. 1.** qualità di ciò che è tenero: *la tenerezza di un legno* **2.** *più com. fig.* sentimento di dolce commozione ispirato dall'affetto o dalla compassione: *la tenerezza che trapela dal modo in cui protegge i propri figli, vederlo cercare la mamma faceva tenerezza* **3.** spec. *pl. concr.* atto, gesto o espressione affettuosi e gentili: *scambiarsi tenerezze* || **N. 1.** *Sin.* cedevolezza, penetrabilità | *Contr.* durezza **2.** dolcezza | intenerire **3.** *Sin.* affettuosità, sdolcinatezza.

tènero [lat. *tener*; a. 1320 come agg. nel senso 1; 1940 come sm. nel senso 2] **I agg. 1.** che non è duro, che cede al taglio, alla pressione e sim.: *legno tenero*; *insalatina, carne tenera* **2.** *fig.* non severo, incline al perdono: *suo padre è troppo tenero con lui*; anche, in gen., d'animo sensibile, gentile e affettuoso: *un bambino tenero* || *per estens.* di gesti, espressioni ecc., che esprimono o suscitano tenerezza: *sguardi teneri, parole tenere* **3.** spec. di colore, attenuato: *verde tenero*, tenue, sfumato, non violento **4.** nato da poco: *tenere pianticelle* || *fig. tenera età*, l'infanzia || **teneraménte** **avv.** dolcemente, affettuosamente **II sm. 1.** parte tenera di qualcosa: *mangia il tenero* **2.** *più com. fig.* affetto, amore: *c'è del tenero tra quei due* || *dim.* tenerèllo, tenerìno, tenerùccio; *accr.* teneróne || **N. I 1.** *Sin.* cedevole, molle, morbido, soffice | *Contr.* consistente, duro **2.** *Sin.* amorevole, dolce, premuroso | *Contr.* duro, severo.

teneróne (*accr.* di *tenero*) [a. 1742] **agg.** e **sm.** (f. *-a*) *scherz.* che, chi si commuove facilmente.

tenerùme [da *tenero*; a. 1320 nel senso 1; 1879 nel senso 2] **sm. 1.** l'insieme delle parti tenere di qualcosa || *T.cuc.* le cartilagini attaccate all'osso di un taglio di bollito: *tenerume di vitello* **2.** *fig. iron.* o *spreg.* tenerezze sdolcinate, smancerie.

tenèșmo [dal lat. *tenesmus*, gr. *teinesmós*; a. 1698] **sm.** *T.med.* spasmo doloroso dello sfintere anale o vescicale, con continuo e vano stimolo a defecare o a orinare.

tènia [dal lat. *taenia*, letter. nastro; 1598] **sf. 1.** nome comune dei Platelminti della classe Cestodi, due specie dei quali, parassite dell'uomo, sono dette *verme solitario*: la *Taenia solium* (verme lunghissimo, a nastro, formato da molti segmenti detti *proglottidi* e munito di uno scolice con due corone di uncini e quattro ventose) e la *Taenia saginata* (priva delle corone di uncini) **2.** *T.arch.* nell'ordine dorico, listello orizzontale che separa l'architrave dal fregio || **N. 1.** articoli, cisticerco, strobilo, testa. **TAV. *architettura* p. 646 1.16.**

teniași [comp. di *tenia* e *-iasi*; 1961] **sf.** *T.med.* infestazione da tenie.

tenìbile [da *tenere*; 1940] **agg.** *raro* che si può tenere: *la posizione militare non era più tenibile.*

tenière [dal provenz. *teneire*, manico; 1561] **sm. 1.** *T.arm.* l'impugnatura o anche tutto il fusto della balestra **2.** *T.arm.* cassa degli schioppetti e archibugi. **TAV. *armi* p. 648 14.5.**

tenifùgo (pl. *-gi*) [comp. di *teni(a)* e *-fugo*; 1961] **agg.** e **sm.** *T.farm.* di sostanza che combatte l'infestazione da tenia.

teniménto [da *tenere*; a. 1311] **sm.** *arc.* possesso || *concr.* tenuta, possedimento.

tenitóre [da *tenere*; prima metà sec. XIV] **agg.** e **sm.** (f. *-trìce*) *raro* che o chi tiene, ha in gestione un locale e sim.: *tenitore di una bisca* || **N.** *Sin.* tenutario.

tenitòrio o **tenitòro** (pl. *-ri*) [da *tenere*; a. 1348] **sm.** *arc.* dominio, giurisdizione, territorio.

tènnis [dall'ingl. *tennis*; 1828] **sm. inv. 1.** gioco praticato in due o in due coppie di giocatori su un campo rettangolare, generalmente in terra battuta rossa o anche in erba o cemento o altra superficie sintetica, diviso a metà da una rete alta circa 90 cm, e consistente nel rilanciare, secondo certe regole, una pallina di gomma con l'esterno in panno nella metà campo avversaria, servendosi di apposite racchette; *scarpe da tennis*, in tela, allacciate e con suola in gomma || *per meton.* il luogo dove si pratica il tennis: *sta tutto il pomeriggio al tennis* **2.** *tennis da tavolo*, ping pong. **Q.T.** *tennis* **TAV.** *tennis.*

tennìsta [da *tennis*; 1905] **s.** giocatore o giocatrice di tennis. **Q.T.** *tennis.*

tennìstico (pl. *-ci*) [da *tennis*; 1935] **agg.** di tennis, che si riferisce al tennis. **Q.T.** *tennis.*

tennō (giap., pr. [tɛnˈnɔːː]) [letter. sovrano celeste; 1933] **sm.** *inv.* titolo riservato all'imperatore giapponese.

tenodèși [comp. del gr. *ténōn*, tendine e gr. *désis*, legatura; 1961] **sf.** *T.chir.* operazione consistente nell'utilizzare il tendine di un muscolo paralizzato in un legamento di appoggio extra-articolare.

tenonatrice [da *tenone*; 1961] **sf.** nell'industria del legno, macchina che esegue i tenoni.

tenóne [dal fr. *tenon*; 1853] **sm.** in falegnameria, di due legni a incastro, quello che è fatto in modo da penetrare nell'altro || **N.** mortasa.

tenóre [lat. *tenor*, *-ōris*, letter. corso ininterrotto; 1330 nel senso 1; sec. XV nel senso 2] **I sm. 1.** modo di procedere, stile: *tenore di vita*, livello di vita in quanto espresso dai consu-

TENNIS

Tennis, *ping-pong* o tennis da tavolo.

AREA DI GIOCO E ATTREZZATURA.

TENNIS: arredi permanenti, corridoio, campo (erboso, di terra rossa, di cemento, d'asfalto, di legno, di composti sintetici), linee (di fondo, di fondo laterali del doppio e del singolare, di battuta, centrale di battuta), *net* o *filet* o rete, racchetta e racchettone da tennis (manico, telaio — in legno, acciaio, tubolare, fibra sintetica —, corde), palla.

TENNIS DA TAVOLO: linea (di delimitazione della superficie di gioco, centrale), pallina, racchetta (anima in legno, rivestimento in gomma puntinata oppure "a sandwich" — gommapiuma e gomma puntinata), rete.

GIOCATORI E UFFICIALI DI GARA: testa di serie, battitore o servente, ribattitore; giudice-arbitro, giudice di linea laterale, giudice per il servizio, ispettore.

AZIONI E TERMINI TECNICI VARI: *ace*, *ace* sporco, battuta o servizio (semplice o di piatto, di *lift*, tagliata diretta, tagliata inversa), battuta nulla, cambio (di campo, di palla), colpo, *cross*, *deuce* o pareggio, doppio (maschile, femminile, misto), diritto, colpo smorzato, esibizione, fallo (di battuta o doppio fallo, di piede, di racchetta), finire il punto, fuori gioco, *game* o gioco, impugnatura (continentale, *eastern*, *western*), *indoor*, *let* o colpo nullo o battuta da ripetere, *lob* o pallonetto, *long-line* o lungo linea, *love* o zero, *match* o incontro, *match point*, muro, *out* o fuori campo, ordine del servizio, palla (in gioco; morta; piena), palleggio, pallettaro, *play* o inizio, prendere rischi, rimessa, ribattuta, *right* o colpo giusto, rimbalzo, rinvio, rovescio, scambio, scelta (del campo, del servizio), *scratch* o eliminazione, *set* o partita (singolare, doppia, a tre), *set-point*, singolare (maschile, femminile), *slice* o tagliata, *smash* o schiacciata, *spin* o effetto (di taglio, di *lift*), *tie-break* o spareggio, *volée* o *volley* o colpo al volo.

mi || *T.bur. non com.* nella loc. *a tenore di*, ai sensi di, secondo quanto è detto, prescritto da: *a tenore dell'art. tot*, secondo quel che prescrive il tale articolo **2.** percentuale in una soluzione, tasso: *liquore a elevato tenore alcolico* **3.** *T.mus.* il cantante che ha voce maschile del registro più acuto: *tenore drammatico*, v. DRAMMATICO; *tenore lirico*, v. LIRICO; *tenore di grazia*, con voce leggera e agile || *per meton.* la voce di tale cantante **II** ***agg.*** *inv.* (sempre posposto) *T.mus.* di strumento, che ha un'estensione simile a quella della voce del tenore: *sax tenore* || *dim.* tenorìno, tenorùccio, tenorétto; *spreg.* tenorùcolo; *pegg.* tenoràccio || **N. 1.** *Sin.* andamento, atteggiamento, comportamento **3.** chiave di do. **Q.T.** *musica.*

tenoreggiàre (pres. *-éggio*) [da *tenore*; 1617] ***intr.*** (aus. *avere*) *non com.* cantare con voce da tenore || *scherz.* imitare caricaturalmente il modo di cantare dei tenori.

tenorile [da *tenore*; 1940] ***agg.*** di, da tenore: *una voce tenorile.*

tènoron [da *tenore*; 1987] ***sm.*** *inv. T.mus.* piccolo fagotto con bocchino da clarinetto e padiglione metallico svasato.

tenorrafia [comp. del gr. *ténōn*, tendine e un der. di *raphḗ*, cucitura; 1937] ***sf.*** *T.chir.* sutura del tendine.

tenotomia [comp. del gr. *ténōn*, tendine e *-tomia*; 1891] ***sf.*** *T.chir.* recisione di un tendine allo scopo di correggere l'atteggiamento anomalo di un arto o di un suo segmento (piede torto) o di un organo (occhio affetto da strabismo).

tènsa [dal lat. *tensa*, pps. f. di *tendere*, tendere; 1554] ***sf.*** *T.stor.* nell'antichità classica, carro trainato da animali sul quale venivano portati in processione i simulacri degli dei.

tensioattività [da *tensioattivo*; 1965] ***sf.*** *T.chim.* e *T.fis.* proprietà delle sostanze tensioattive.

tensioattìvo [comp. di *tensio(ne)* e *attivo*; 1932] ***agg.*** e ***sm.*** *T.chim.* e *T.fis.* di sostanza capace di modificare la tensione superficiale del liquido in cui è disciolta.

tensiògrafo [comp. di *tensio(ne)* e *-grafo*; 1970] ***sm.*** *T.fis.* tensiometro che registra graficamente i dati.

tensiòmetro [comp. di *tensio(ne)* e *-metro*; 1961] ***sm.*** *T.fis.* apparecchio per la misurazione delle tensioni meccaniche.

tensióne [dal lat. *tēnsio, -ōnis*; a. 1320 nel senso 1; 1891 nel senso 2] ***sf.*** **1.** atto e, più com., *concr.*, effetto del tendere, lo stato della cosa tesa: *la tensione delle corde è al massimo, allentare la tensione del muscolo* || *in part. T.mecc.* forza indotta in un solido sollecitato da carichi esterni; con segno opposto, la reazione interna con cui il materiale si oppone alle forze esterne || *T.elettr.* differenza di potenziale: *alta, bassa tensione* || *T.fis. tensione superficiale*, proprietà dei liquidi per cui, lungo le superfici di separazione, essi si comportano come se fossero racchiusi in una membrana elastica **2.** stato di estrema sollecitazione nervosa, dovuto ad ansia o a intensa concentrazione: *tensione nervosa, essere costantemente in tensione, stremato dalla tensione; tensione drammatica*, stato di sospesa partecipazione suscitato da un'opera letteraria, teatrale, cinematografica e sim. nel lettore o nello spettatore || *per estens.* situazione di forte antagonismo che minaccia di evolvere in aperta rottura: *atmosfera piena di tensione*, non serena; *un momento di grave tensione all'interno di un paese, di una famiglia, tensione internazionale* || **N. 2.** ansia, eccitazione, irrequietezza, stress; contrasto, irrigidimento. **TAV.** *elettrotecnica* 8.1, 8.3.

tensóre [dall'ingl. *tensor*; 1865 come agg.] **I** ***agg.*** che tende, che ha funzione di tendere || *in part. T.anat. muscolo tensore* (anche *sm.*), che ha la funzione di tendere un organo o una formazione anatomica **II** ***sm.*** *T.mat.* forma di rappresentazione di grandezze fisiche e geometriche in spazi pluridimensionali; costituisce un'estensione del concetto di vettore.

tentàbile [da *tentare*; a. 1712] ***agg.*** *non com.* che si può tentare.

tentacolàre [da *tentacolo*, sul modello del fr. *tentaculaire*; 1909] ***agg.*** di tentacolo, che ha forma di tentacolo: *appendice tentacolare* || *fig. città tentacolare*, capace, con la sua forza di attrazione, di invischiare, coinvolgere e corrompere.

Tentacolàti [da *tentacolo*; 1961] ***sm.*** *pl. T.zool.* classe comprendente varie forme di invertebrati marini, tutti provvisti di tentacoli.

tentàcolo [dal fr. *tentacule*; 1840] ***sm.*** **1.** appendice mobile e flessibile di alcuni invertebrati, di cui essi si servono per la locomozione, per afferrare la preda e per altre funzioni || *impropr.* ciascun braccio tentacolare dei Molluschi Cefalopodi **2.** *meno com.* cosa che afferra, che avvinghia: *i tentacoli del vizio.*

tentaménto [dal lat. *tentamentum*; 1300 ca.] ***sm.*** *arc.* **1.** tentazione **2.** tentativo.

tentàre (pres. *tènto*) [lat. volg. *tentāre*, classico *temptāre*, letter. tastare; a. 1306 nel senso 2] ***tr.*** **1.** provare a fare qualcosa essendo consci della possibilità dell'insuccesso; usato con l'oggetto del mezzo (*tentare ogni sistema per convincerlo, hanno ormai tentato ogni cura*) o del fine (*tentare la fuga, di fuggire*); al passato, spesso sottintende che il tentativo sia fallito: *tentarono ogni strada per salvarlo (ma non vi riuscirono), ha tentato più volte il suicidio*; anche *ass.*: *val sempre la pena di tentare* || *prov. tentar non nuoce*, vale sempre la pena di provare **2.** rif. a persona, metterne alla prova l'onestà e sim., cercando d'indurla a compiere azioni rischiose o riprovevoli: *fui tentato dalla fame a rubare, fu tentato dal demonio* || nelle loc. *tentare la fortuna, la sorte*, arrischiarsi || per estens. allettare: *questo invito al mare mi tenta* **3.** *propr. lett. ant.* toccare, tastare ripetutamente e lievemente: *il mio duca mi tentò di costa* (Dante); *tentar le corde dell'arpa*; *in part.* tastare qualcosa per saggiarne la consistenza e sim.: *tentò, prima di salire, la robustezza della scala* || **N. 1.** *Sin.* arrischiare, sperimentare **2.** *Sin.* indurre in tentazione, istigare; invogliare, sedurre, stuzzicare **3.** *Sin.* saggiare.

tentatìvo [dal lat. tardo *tentatīvus*, letter. che procede per tentativi; 1640] ***sm.*** atto del tentare; anche, ciò che viene fatto con la speranza di conseguire uno scopo incerto: *l'ultimo tentativo risultò inutile* || **N.** *Sin.* esperimento; prova, sforzo | a vuoto, folle, inopportuno, intempestivo, inutile, ridicolo, sbagliato, vano | dagli e dagli, fare fiasco, fare un buco nell'acqua, giocare l'ultima carta.

tentàto (*pps.* di *tentare*) [1308] ***agg.*** **1.** provato: *esperimento tentato, ma non riuscito*, **2.** istigato al male || *per estens.* allettato: *ora mi sento tentato di fare due passi* || **N. 1.** *Contr.* intentato.

tentatóre [lat. *temptātor, -ōris*; 1354] ***agg.*** e ***sm.*** (f. *-trice*) che o chi tenta, istiga, alletta e sim.; *fig. diavolo tentatore*, persona che tenta, alletta, lusinga.

tentazióne [lat. *temptātio, -ōnis*; a. 1306] ***sf.*** **1.** l'atto del tentare nel senso di indurre al male: *vincere una tentazione*; *in part.* nella teologia cattolica, istigazione al peccato: *le tentazioni del demonio* **2.** condizione di chi è tentato || *per estens.* voglia, desiderio: *ho la tentazione di mollargli un ceffone* **3.** *concr.* ciò che tenta, che alletta: *quei dolci sono una vera tentazione* || **N. 1.** istigazione, lusinga, seduzione, suggestione | cedere, indurre, resistere, soccombere.

tenténna [da *tentennare*; 1865] ***s.*** *inv. scherz. disus.* persona che tentenna, esitante || anche in posizione attributiva: *re Tentenna*, soprannome di Carlo Alberto di Savoia || *dim.* tentennìno; *accr.* tentennóne || **N.** *Sin.* irresoluto.

tentennaménto [da *tentennare*; 1612] ***sm.*** atto e modo del tentennare (spec. *fig.*).

tentennàre (pres. *-énno*) [lat. *tintinnāre*, suonare il campanello; sec. XIII-XIV] ***intr.*** (aus. *avere*) **1.** *propr.* oscillare a causa dell'instabilità dell'appoggio: *un vecchio che camminava tentennando; avendo solo tre gambe, quel tavolino tentenna* **2.** *più com. fig.* oscillare tra scelte contrastanti, essere irresoluto, esitante: *non è ancora convinto di doverci andare e tentenna* || ***tr.*** muovere, far oscillare leggermente: *tentennare il capo*, muoverlo leggermente da destra a sinistra e viceversa per esprimere perplessità || **N.** ***intr.*** **1.** *Sin.* barcollare, dondolare, ondeggiare, traballare, vacillare **2.** *Sin.* titubare.

tentennàta [da *tentennare*; 1483] ***sf.*** *raro* scossone che fa tentennare.

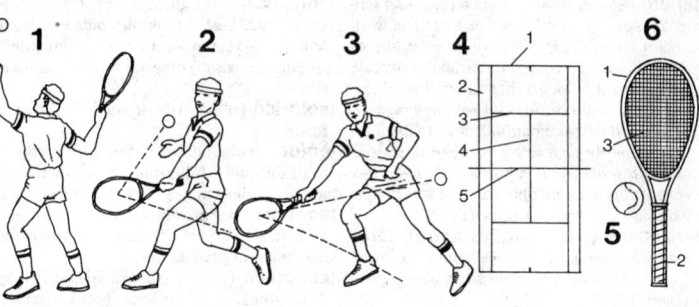

TENNIS

1. servizio

2. rovescio

3. diritto

4. campo da tennis
4.1. linea di fondo - 4.2. corridoio - 4.3. linea di battuta - 4.4. linea centrale di battuta - 4.5. rete

5. palla

6. racchetta
6.1. telaio - 6.2. manico - 6.3. corde

tentennino (*dim.* di *tentenna*) [sec. XIV] **I** ***sm.*** (f. *-a*) persona che talora tentenna, irresoluta **II** ***agg.*** *ant. tosc.* tentatore: *il diavolo tentennino.*

tentennìo (pl. *-ìi*) [da *tentennare*; 1535 ca.] ***sm.*** un tentennare continuo o almeno piuttosto frequente.

tentennóne (*accr.* di *tentenna*) [1618] ***sm.*** (f. *-a*) persona molto esitante.

tentennóni [da *tentennare*; a. 1646] ***avv.*** *raro* traballando, tentennando molto.

tentóni (meno com. *tentóne*) [da *tentare*; 1353 *a tentone*] ***avv.*** usato spec. nella loc. *a tentoni*, a tastoni, saggiando il terreno col piede e lo spazio con le braccia, prima di procedere || *fig.* per tentativi casuali, senza avere idee chiare.

tentrèdine [dal gr. *tenthrēdṓn*, sorta di vespa; 1840] ***sf.*** *T.zool.* piccolo insetto degli Imenotteri le cui larve si cibano di frutta non ancora matura (spec. mele, pere, susine ecc.).

tènue [dal lat. *tenuis*, letter. magro; 1640] ***agg.*** **1.** esile, sottile: *un tenue stelo, una tenue nuvoletta* || *per estens.* poco intenso, appena percettibile: *un tenue venticello*; *una tenue nebbiolina*, non fitta; *colori tenui*, pallidi, non carichi || *fig.* debole, poco consistente: *una tenue speranza* **2.** *T.anat.* *intestino tenue*, la prima parte dell'intestino, che va dal piloro all'intestino crasso, e si divide in *duodeno*, *digiuno* e *ileo* || **tenueménte** ***avv.*** || **N.** **1.** *Sin.* fine; debole, delicato, impalpabile, leggero, lieve, mite; effimero. **TAV. *anatomia* p. 642** 13.9.

tenuità [dal lat. *tenuitas*, *-ātis*; a. 1320] ***sf.*** qualità di ciò che è tenue: *la tenuità della pena, della luce.*

tenùta [da *tenere*; a. 1348 nel senso 2; 1824 nel senso 3] ***sf.*** **1.** il fatto, il modo e la capacità di tenere, nei vari sensi connessi all'idea del mantenere qualcosa in una determinata posizione o condizione; *in part.* *tenuta di strada*, capacità di un veicolo di mantenere la direzione voluta senza sbandare || *T.mus.* il tenere una nota, prolungandone il suono || *tenuta dei libri contabili, dei registri, del diario di bordo*, il modo di redigerli e mantenerli aggiornati || *T.sport.* capacità di resistenza di un atleta a un determinato sforzo || di contenitori, chiusure e sim., capacità di trattenere, di impedire la fuoriuscita di liquidi, vapori, gas: *uno stantuffo a tenuta d'aria*; *muro a tenuta*, costruito in modo da impedire qualunque infiltrazione di acqua || *fig.* capacità di reggere conflitti, tensioni e sim. **2.** *concr.* ampio possedimento terriero: *una tenuta in campagna* || *T.stor.* nel Medioevo, possesso di un territorio: *si ritornò a casa e riebbe la tenuta delle sue castella* (Sacchetti) **3.** abbigliamento adatto a particolari occasioni: *una tenuta elegante, sportiva, da casa, da ginnastica*; rif. in part. all'abbigliamento militare: *tenuta di parata, di fatica* || **N.** **2.** *Sin.* fondo, proprietà **3.** abito, completo, divisa, *mise*, uniforme. **Q.T.** *agricoltura.*

tenutàrio (pl. *-ri*) [da *tenuta*; 1805] ***sm.*** (f. *-a*) possessore o gestore di una proprietà || *com. spreg.* proprietario o gestore di un locale in cui si svolgono attività illecite o equivoche: *la tenutaria della bisca, di un bordello.*

tenùto (*pps.* di *tenere*) [metà sec. XIII nel senso 2] ***agg.*** **1.** trattenuto; *in part.* *T.mus.* di nota o accordo, eseguiti per l'intero valore di durata; anche come didascalia musicale (abbr. in *ten.*); spesso rif. a valori che abbracciano una o più battute: *un recitativo sugli accordi tenuti del basso continuo, il soprano ha terminato con un do tenuto* || mantenuto, conservato: *un prato tenuto a pascolo* **2.** nella loc. *essere tenuto a*, essere obbligato a: *è tenuto a pagare, non sono tenuto a riceverlo.*

tenzonàre (pres. *-óno*) [da *tenzone*; 1313] ***intr.*** (aus. *avere*) *lett. non com.* venire a tenzone || *fig.* contrastare: *il sì e il no nel capo mi tenzona* (Dante).

tenzóne [dal provenz. ant. *tenson*, poesia dialogata; sec. XIII] ***sf.*** **1.** *T.lett.* componimento poetico di origine provenzale, consistente in un dialogo a strofe alterne tra due personaggi che sostengono tesi opposte || *per estens.* aspro contrasto verbale **2.** *poet.* combattimento; *singolar tenzone*, il duello: *si sfidarono a singolar tenzone.*

tèo- [dal gr. *theós*, dio] ***primo elem.*** che, in parole dotte composte, vale "dio", "divinità" (per es. *teocentrismo, teocrazia, teologia*). **Q.T.** *religione.*

teobròma [dal gr. *theôn brôma*, cibo degli dei; 1829] ***sm.*** *T.bot.* pianta del cacao.

teobromìna [comp. di *teobrom(a)* e *-ina*; 1865] ***sf.*** *T.chim.* alcaloide contenuto nei semi di cacao; in medicina è usato come stimolante del sistema nervoso centrale o del miocardio o come diuretico.

teocèntrico (pl. *-ci*) [comp. di *teo-* e *-centrico*; 1965] ***agg.*** incentrato sulla divinità, che assegna alla divinità un ruolo fondamentale: *concezione teocentrica dell'uomo.*

teocentrìsmo [comp. di *teo-* e *-centrismo*; 1970] ***sm.*** ogni dottrina filosofica che vede l'ente divino come origine, centro e fine di ogni attività umana || **N.** *Contr.* antropocentrismo.

teocrasìa [dal gr. *theokrasía*, fusione di divinità; 1961] ***sf.*** **1.** *T.rel.* nelle religioni politeiste, assimilazione di più divinità che hanno origine e provenienza diverse **2.** *T.fil.* nelle correnti del tardo neoplatonismo, unione intima dell'anima con Dio.

teocràtico (pl. *-ci*) [comp. di *teo-* e *-cratico*, sul modello del fr. *théocratique*; 1771] ***agg.*** di teocrazia: *potere, governo teocratico.*

teocrazìa [comp. di *teo-* e *-crazia*, sul modello del fr. *théocratie*; 1771] ***sf.*** *T.pol.* **1.** sistema politico in cui il potere è detenuto da una casta sacerdotale **2.** dottrina politica che attribuisce a Dio l'istituzione e il fondamento del potere politico. **Q.T.** *politica, religione.*

teodìa [comp. di *teo-* e un der. del gr. *ōidḗ*, canto, inno; 1321] ***sf.*** *lett.* canto di lode a Dio.

teodicèa [comp. di *teo-* e un der. del gr. *díkē*, giustizia, sul modello del fr. *théodicée*; 1879] ***sf.*** *T.fil.* dottrina della giustificazione di Dio rispetto alla presenza del male nel mondo || in V. Cousin, indagine filosofica su Dio.

teodolite (meno com. *teodolito*) [dall'ingl. *theodolite*; 1794] ***sm.*** goniometro a cannocchiale usato in geodesia, topografia, aerologia e meteorologia per rilevamenti di vario tipo || **N.** PARTI: alidada, cannocchiale distanziometrico, cerchio azimutale, cerchio zenitale, livello, microscopio micrometrico. **TAV.** ***geografia*** 3.

teodulìa [comp. di *teo-* e *dulia*; 1940] ***sf.*** il culto dovuto a Dio || **N.** dulia, latria.

teofagìa [comp. di *teo-* e *-fagia*; 1937] ***sf.*** *T.rel.* il cibarsi della carne di una vittima sacrificale che viene offerta alla divinità e identificata con essa.

teofanìa [dal lat. mediev. *theophanīa*, gr. *theophā́neia*; 1611] ***sf.*** *T.eccl.* manifestazione della divinità sotto forme sensibili.

teofillìna [comp. di *tè*, del gr. *phýllon*, foglia e *-ina*; 1929] ***sf.*** *T.farm.* alcaloide estratto dalle foglie di tè, impiegato come stimolante del sistema nervoso, come diuretico e antiasmatico.

teofòrico (pl. *-ci*) [da *teoforo*; 1931] ***agg.*** teoforo.

teòforo [comp. di *teo-* e *-foro*; 1961] ***agg.*** detto di un nome di persona che contiene il nome di un dio (per es. *Isidoro*, dono di Iside).

teogonìa [dal gr. *theogonía*, generazione degli dei; a. 1642] ***sf.*** origine e genealogia degli dei: *teogonia indiana, greca.*

teogònico (pl. *-ci*) [da *teogonia*; 1879] ***agg.*** di teogonia, della teogonia: *poemi teogonici.*

teologàle [da *teologia*; a. 1300] ***agg.*** di teologia: *sapienza teologale* || *virtù teologali*, la fede, la speranza, la carità, in quanto hanno per oggetto principale Dio.

teologàre (pres. *teòlogo, teòloghi*) [da *teologo*; a. 1604] ***intr.*** (aus. *avere*) *arc.* teologizzare.

teologìa [dal lat. *theologia*, gr. *theología*; a. 1375] ***sf.*** scienza di Dio e delle cose divine: *teologia naturale*, fondata sulla ragione; *teologia rivelata*, fondata sulla rivelazione || **N.** apologetica, ascetica, biblica, dialettica, dogmatica, liberale, morale, positiva / negativa, simbolica. **Q.T.** *filosofia, religione.*

teològico (pl. *-ci*) [dal lat. tardo *theologicus*, gr. *theologikós*; 1308] ***agg.*** di o della teologia: *dottrine, dispute teologiche* || **teologicaménte** ***avv.*** dal punto di vista della teologia.

teologizzàre [da *teologia*; a. 1729] ***intr.*** (aus. *avere*) trattare di teologia o anche secondo la teologia || **N.** TEOLOGIA.

teòlogo (pl. *-gi*) [dal lat. *theologus*, gr. *theológos*, 1308] ***sm.*** (f. *-a*) studioso di teologia || anche in posizione attributiva: *canonico teologo*, canonico che ha l'incarico di interpretare e illustrare ai fedeli la Sacra Scrittura || *spreg.* teologàstro, *scherz. spreg.* teologhéssa || **N.** casista, controversista, tomista. **Q.T.** *religione.*

teorèma [dal lat. tardo *theorēma*, gr. *theṓrēma*, letter. spettacolo, poi meditazione; a. 1565] ***sm.*** proposizione dimostrabile per deduzione logica a partire dagli assiomi di una teoria.

teoremàtico (pl. *-ci*) [dal gr. *theōrēmatikós*; 1740] ***agg.*** di teorema: *proposizioni teorematiche.*

teorèsi [dal gr. *theṓrēsis*; 1950] ***sf.*** *T.fil.* l'attività teoretica.

teorèta [dal gr. *theōrētḗs*; 1961] ***s.*** studioso di filosofia teoretica || *in gen.* teorico: *un teoreta della fisica nucleare.*

teorètica [da *teoretico*; 1940] ***sf.*** filosofia teoretica.

teorètico (pl. *-ci*) [dal lat. tardo *theorēticus*, gr. *theōrētikós*, speculativo; a. 1729] ***agg.*** *T.fil.* della teoresi, relativo all'attività speculativa pura; *filosofia teoretica*, studio filosofico dei problemi fondamentali del pensiero e della conoscenza (in contrapposizione a *filosofia pratica*, lo studio filosofico dell'azione).

teorìa[1] [dal lat. tardo *theōria*, gr. *theōría*, speculazione; a. 1642 nel senso 2] ***sf.*** **1.** l'attività speculativa, l'elaborazione teorica (in contrapposizione all'attività pratica): *nel pensiero moderno si nega la superiorità della teoria sulla prassi*; *perdersi nella teoria*, perdere, nel corso dell'elaborazione teorica, ogni contatto con la realtà **2.** *concr.* complesso di norme e criteri su cui si fonda una data attività pratica: *la prova di teoria dell'esame di guida, la teoria delle mescolanze cromatiche*; spesso con tono polemico, per sottolineare l'inadeguatezza dei principi teorici, nella loro astrattezza e schematicità, alla realtà concreta, nella sua variabilità e mutevolezza: *nella pratica la sua teoria non funzionerebbe* || nella *loc. avv. in teoria*, teoricamente: *in teoria non si potrebbe dire, ma è ormai entrato nell'uso comune, in teoria tutto si può fare, ma in pratica* (o *nella pratica*) *ci sono sempre delle difficoltà* **3.** *concr. per estens.* *T.scient.* e *T.fil.* insieme dei principi fondamentali concernenti un dato campo, nonché delle nozioni derivate da quei principi: *formulare, sostenere, difendere, combattere una teoria*; *le teorie astronomiche pre-copernicane, la teoria politica marxiana* || anche, più in part., insieme di tesi costituente un'interpretazione esaustiva di un particolare fenomeno od oggetto: *il lavoro dei matematici teso alla formulazione di una compiuta teoria dei numeri naturali*; insieme di ipotesi costituente una spiegazione provvisoria di un particolare fenomeno od oggetto: *le più recenti teorie sull'eziologia dei tumori* || nell'uso non scientifico o filosofico, complesso di opinioni, di idee costituente un punto di vista, una valutazione di ordine generale, un modo di pensare su un certo argomento: *non condivido la tua teoria sull'educazione dei figli, ha delle strane teorie sul senso della vita, in fatto di politica* || **N.** **1.** *Sin.* teoresi | *Contr.* prassi, pratica **2.** *Contr.* pratica **3.** approccio, concezione, modo di vedere, posizione | abbandono, applicazione, confutazione, controllo, difesa, dimostrazione, formulazione, revisione, riformulazione, scardinamento, smentita. **Q.T.** *filosofia.*

teorìa[2] [dal gr. *theōría*; 1829] **sf.** **1.** *T.stor.* delegazione che ogni città-stato dell'antica Grecia inviava in occasione delle più importanti manifestazioni religiose e ginniche **2.** *per estens. lett.* corteo, sfilata, processione: *una lunga teoria di sacerdoti osannanti*; rif. a cose, serie, fila.

teòrica [da *teorico*; 1631] **sf.** *non com.* teoria, la parte teorica di una scienza o di un'arte.

teoricità [da *teorico*; 1961] **sf.** qualità di ciò che è teorico.

teòrico (pl. *-ci*) [dal lat. tardo *theōricus*, gr. *theōrikós*; a. 1404] **I agg.** che concerne la teoria, che ha carattere di teoria: *ha una conoscenza solo teorica dell'argomento, una trattazione teorica* || **teoricaménte avv.** dal punto di vista teorico, sul piano teorico: *teoricamente è possibile, ma è difficile metterlo in pratica* || *per estens.* in via del tutto ipotetica: *teoricamente potrei anche venire, ma non credo che lo farò* **II sm.** (f. *-a*) chi, spec. in ambito politico, elabora una dottrina, un'ideologia: *un teorico della rivoluzione proletaria* || con valore limitativo, chi procede per via esclusivamente teorica e non considera gli aspetti pratici: *è un inguaribile teorico.*

teorizzàre [da *teoria*[1]; 1862] **tr.** sostenere mediante una teoria: *teorizzare l'irrealtà del male* || *ass.* svolgere attività teorica, costruire teorie: *teorizzi su ogni inezia.*

teorizzatóre [da *teorizzare*; 1950] **sm.** (f. *-trìce*) chi teorizza.

teorizzazióne [da *teorizzare*; 1950] **sf.** l'atto e spec. l'effetto del teorizzare.

teòro [dal gr. *thōrós*; 1891] **sm.** *T.stor.* nell'antica Grecia, membro di una teoria.

teosofìa [dal gr. *theosophía*, sapienza riguardo alle cose divine, attr. l'ingl. *theosophy*; 1821] **sf.** **1.** *T.rel. propr.* conoscenza sapienziale del divino **2.** *T.fil.* sistema o movimento a sfondo mistico-sapienziale (come la gnosi o certe forme di neoplatonismo).

teosòfico (pl. *-ci*) [da *teosofia*; 1970] **agg.** relativo alla teosofia e ai teosofi, proprio della teosofia e dei teosofi: *dottrina teosofica.*

teòsofo [da *teosofia*; 1821] **sm.** (f. *-a*) seguace di un movimento teosofico.

tèpalo [dal fr. *tépale*; 1906] **sm.** *T.bot.* ciascuna delle parti in cui è diviso il perigonio di un fiore.

tepee (ingl., pr. ['ti:pi:]) [da una voce sioux comp. delle radici di *ti*, abitare e *pi*, usare per; 1970] **sm.** *inv.* tipica tenda di forma conica, fatta di pelli stese su pali, usata dai pellirosse.

tepènte (*ppr.* di *tepere*) [a. 1738] **agg.** *poet.* tiepido: *il tepente raggio.*

tèpere (*dif.*, usato solo alla 3ª pers. sing. del pres. ind., *tèpe* e al ppr., *tepènte*) [dal lat. *tepēre*, essere caldo; 1321] **intr.** *poet.* essere tiepido.

tepidàrio (pl. *-ri*) [dal lat. *tepidārium*; 1745] **sm.** **1.** *T.archeol.* nelle terme romane, ambiente, moderatamente riscaldato, di passaggio tra il calidario e il frigidario **2.** *T.giard.* serra non riscaldata artificialmente.

tepidézza v. TIEPIDEZZA.

tèpido v. TIEPIDO.

tepóre [dal lat. *tepor, -ōris*; a. 1565] **sm.** temperatura gradevolmente tiepida: *godere i primi tepori della primavera incipiente.*

téppa [dal lomb. *Compagnia della teppa*, letter. compagnia del muschio, associazione di giovani gaudenti e rissosi; 1905] **sf.** con valore collettivo, malavita metropolitana e, più in gen., complesso degli individui che vivono ai margini della legalità e sono abitualmente dediti ad atti di violenza, vandalismo e sim.: *siamo capitati tra la peggior teppa dei bassifondi* || *pegg.* teppàglia.

teppàglia (pl. *-glie*) [da *teppa*; 1963] **sf.** *spreg.* la peggior teppa.

teppìsmo [da *teppa*; 1905] **sm.** il modo di operare proprio della teppa: *la diffusione del teppismo, atti di teppismo* || *per estens.* delinquenza, malavita || **N.** *Sin.* vandalismo.

teppìsta [da *teppa*; 1895] **s.** chi appartiene alla teppa: *atti da teppista* || **N.** malvivente.

teppìstico (pl. *-ci*) [da *teppista*; 1909] **agg.** da teppista: *atto teppistico.*

tequila (sp., pr. [te'kila]) [dal n. di una città messicana dove il liquore viene prodotto; 1963] **sf.** *inv.* **1.** liquore messicano, ad alta percentuale alcolica, ottenuto dalla fermentazione del liquido zuccherino emesso dalla pianta omonima in seguito alla recisione della sua gemma apicale **2.** varietà di agave coltivata in regioni tropicali per la produzione del liquore omonimo.

tèra- [dal gr. *téras*, portento] **primo elem.** che, anteposto a un'unità di misura, ne moltiplica il valore per mille miliardi || **N.** pico-.

terapèuta [da *terapeutica*; 1940] **s.** **1.** medico, in quanto cura attivamente le malattie: *è un ricercatore, ma non un terapeuta* **2.** studioso di terapeutica || **N.** **1.** *Sin.* clinico.

terapèutica [dal gr. *therapeutikós*, incline a curare; a. 1577] **sf.** studio della cura delle malattie.

terapèutico (pl. *-ci*) [dal gr. *therapeutikós*, incline a servire, curare; 1805] **agg.** che appartiene, si riferisce alla terapia || *accanimento terapeutico*, polemica denominazione delle cure mediche somministrate a malati terminali al solo scopo di prolungarne la permanenza in vita.

terapìa [dal gr. *therapéia*, servizio, cura; 1828 nel senso 2] **sf.** **1.** parte della medicina che si occupa della cura delle malattie **2.** *concr. com.* l'insieme delle misure adottate per combattere una malattia: *terapia eziologica* (o *causale*), *sintomatica, profilattica*; *seguire, prescrivere una terapia*; *terapia d'urto, d'attacco*, che prevede la somministrazione di dosi massicce di farmaci o di altri mezzi di cura. **Q.T.** *farmacia, medicina, psicanalisi.*

teràpico (pl. *-ci*) [da *terapia*; 1931] **agg.** terapeutico.

terapìsta [da *terapia*; 1961] **s.** terapeuta.

teratògeno [comp. del gr. *téras, -atos*, mostro e *-geno*; 1980] **agg.** *T.biol.* che può alterare il normale sviluppo dell'embrione e causare malformazioni o mostruosità nel nascituro: *malattie virali teratogene* || *agente teratogeno*, agente chimico, fisico o biologico che può produrre anomalie nel feto.

teratologìa [dal gr. *teratología*, discorso su cose prodigiose; 1853] **sf.** branca della medicina che studia le malformazioni e le mostruosità congenite.

teratològico (pl. *-ci*) [da *teratologia*; 1891] **agg.** *T.med.* relativo alla teratologia, proprio della teratologia.

teratòma [comp. del gr. *téras, -atos*, mostro e *-oma*; 1931] **sm.** *T.med.* tumore perlopiù benigno, gen. voluminoso, tale da produrre vistose deformazioni di un organo.

tèrbio [dal n. geogr. *Ytterby*, città sved., attr. l'ingl. *terbium*; 1879] **sm.** *T.chim.* elemento chimico del gruppo dei lantanidi.

terebìnto [dal lat. *terebinthus*, gr. *terébinthos*; a. 1320] **sm.** arbusto delle Anacardiacee, alto alcuni metri, da cui si ricava, per incisione del fusto, un'oleoresina del genere della trementina.

tèrebra [dal lat. *terebra*, succhiello; 1840] **sf.** **1.** *T.mil.* antica macchina da guerra terminante con una punta a succhiello capace di praticare brecce nelle mura nemiche **2.** *T.zool.* organo ovopositore, di forma allungata e perforante, di cui è provvisto l'addome delle femmine di alcuni Insetti Imenotteri.

terebrànte [dal lat. *terebrans, -antis*, attr. il fr. *térébrant*; 1905] **agg.** *T.med.* di dolore, perforante || **agg.** e **sm.** *T.zool.* insetto degli Imenotteri fornito di terebra.

terebrazióne [dal lat. tardo *terebrātio, -ōnis*; 1942] **sf.** nella tecnica mineraria o delle costruzioni, perforazione, trivellazione.

terèdine [dal lat. *terēdo, -inis*; tarlo; 1598] **sf.** *T.zool.* genere di Molluschi Bivalvi Lamellibranchi xilofagi, dal corpo vermiforme || **N.** *Sin.* bruma.

terešina v. TELESINA.

tergàle [da *tergo*; 1891] **sm.** schienale di sedia, poltrona e sim., spec. se artisticamente decorato.

tergèmino [dal lat. *tergeminus*; 1485 ca.] **agg.** *lett. raro* triplice.

tèrgere (pres. *tèrgo, tèrgi*; p.rem. *tèrsi, tergésti, tèrse, tèrsero*; pps. *tèrso*) [dal lat. *tergere*; 1374] **tr.** *lett.* pulire asciugando: *tergere il sudore, il pianto.*

tergicristàllo [comp. di *terg(ere)* e *cristallo*; 1942] **sm.** *T.aut.* dispositivo consistente in una o più spazzole dal bordo gommato che un motorino elettrico fa strisciare, con moto alternativo, sulla superficie esterna del parabrezza e, spesso, del lunotto posteriore, in modo da mantenerli puliti in caso di pioggia o neve || **N.** tergilunotto. **Q.T.** *automobile* **TAV.** ***automobile* p. 658** 3.16.

tergilavacristàllo [comp. di *tergi(cristallo)* e *lavacristallo*; 1942] **sm.** tergicristallo che esegue anche il lavaggio del parabrezza.

tergilunòtto [comp. di *terg(ere)* e *lunotto*; 1987] **sm.** tergicristallo posteriore di un autoveicolo.

tergiversàre (pres. *-èrso*) [dal lat. *tergiversāri*, letter. voltare le spalle; 1585] **intr.** (aus. *avere*) prender tempo per cercare di sottrarsi, perlomeno momentaneamente, a responsabilità e incombenze spiacevoli o per rimandare una risposta, una decisione e sim.: *non sapendo come affrontare la situazione, tergiversava* || **N.** *Sin.* differire, procrastinare, rinviare, ritardare, traccheggiare.

tergiversatóre [da *tergiversare*; 1598] **agg.** e **sm.** (f. *-trìce*) *non com.* che, chi spesso tergiversa || **N.** renitente.

tergiversazióne [da *tergiversare*; a. 1617] **sf.** l'atto del tergiversare || meno com. *concr.* scusa, pretesto.

tèrgo (pl. *-ghi*, anche pl. f. *le tèrga* nel senso 2) [dal lat. *tergum*, dorso; 1319 nel senso 2] **sm.** **1.** retro, parte posteriore di fogli, monete, medaglie e sim.: *vedere le istruzioni sul tergo* **2.** *lett.* parte posteriore del busto umano; dorso, schiena, spalle || nella loc. *a tergo, da tergo*, di, da dietro: *stare a tergo, osservare da tergo* || **N.** **1.** attergare, postergare.

terìaca v. TRIACA.

Terìdidi (sing. *-e*) [comp. del gr. *thēridion*, animaletto e *-idi*; 1988] **sm.** *pl.* *T.zool.* famiglia di ragni caratterizzati dalla forma rotondeggiante del corpo e dalle zampe prive di peli.

terìdio (pl. *-di*) [dal gr. *thērídion*, dim. di *thē-ríon*, animale; 1840] **sm.** *T.zool.* ragno di piccole dimensioni con zampe molto sottili, che vive tra gli arbusti.

terilène ® [comp. di (*acido*) *ter(eftalico)* e (*glicole et*)*ilen*(*ico*), sul modello dell'ingl. *terylene*; 1949] **sm.** *T.chim.* nome commerciale di una fibra tessile sintetica.

tèrio- [dal gr. *thērion*, dim. di *thēr, thērós*, bestia, fiera] **primo elem.** che, in parole composte dotte e della terminologia zoologica, vale "animale" (per es. *Teriodonti*, *teriomorfo*).

-tèrio [dal gr. *thēríon*, dim. di *thḗr*, *thērós*, bestia, fiera] **elem. term.** che, in parole composte della terminologia zoologica, vale "animale" (per es. *megaterio*).

Teriodónti (sing. *-e*) [comp. di *terio-* e *-odonte*; 1937] **sm. pl.** *T.zool.* ordine di rettili fossili, comprendente varie forme a regime carnivoro, che possono essere considerate come progenitori dei carnivori.

teriomorfiṣmo [da *teriomorfo*, sul modello di *antropomorfismo*; 1929] **sm.** raffigurazione dell'immagine divina con forma o natura animale.

teriomòrfo [dal gr. *thēriómorphos*, a forma di piccola belva; 1961] **agg.** detto di divinità con forma o natura animale.

tèrital ® [comp. di *ter*(*ilene*) e *ital*(*iano*); 1963] **sm.** altro nome commerciale del terilene.

terlàno [dal n. geogr. *Terlano*, in provincia di Bolzano; 1961] **sm.** vino bianco secco prodotto nel comune omonimo.

termàle [da *terme*, come il fr. *thermal*; a. 1698] **agg.** relativo alle terme e alle sorgenti di acqua calda: *architettura termale, impianti termali, cure termali, bagni termali*; *acque termali*, che sgorgano a temperature superiori ai 20°.

termaliṣmo [da *termale*; 1963] **sm.** l'insieme delle cure termali ‖ l'insieme delle attrezzature necessarie per tali cure.

termalista [da *termale*; 1983] **s.** medico o altra persona addetta ai servizi termali.

tèrme [dal lat. *thermae*; a. 1580 nel senso 2; 1750 nel senso 1] **sf. pl.** **1.** complesso di edifici e impianti destinati allo sfruttamento delle sorgenti termali per uso terapeutico: *le terme di Montecatini* ‖ in toponimi di località termali: *Abano Terme* **2.** *T.archeol.* in età romana, complesso per bagni, solitamente costituito da un corpo centrale (con frigidario, tepidario, calidario e laconico) circondato da palestre, biblioteche, sale per conferenze, peristili ecc.; riccamente adornate, costituivano un importante luogo di intrattenimento e di attività sportiva e culturale ‖ **N. 1.** fanghi, idroterapia.

termesteṣiòmetro [comp. di *termo-*, *estesio-* e *-metro*; 1940] **sm.** *disus.* strumento usato nelle ricerche psicologiche per misurare la sensibilità cutanea di un individuo sotto l'azione del calore.

-termìa [da *-termo*] **elem. term.** che, in parole composte della terminologia scientifica e di quella medica, vale "calore", "temperatura" (per es. *elettrotermia*, *ipotermia*).

tèrmico (pl. *-ci*) [dal gr. *thermós*, caldo, sul modello del fr. *thermique*; 1879] **agg.** **1.** del calore; che riguarda il calore: *energia termica, sensibilità termica* **2.** *per estens.* che produce calore: *impianto termico*, di riscaldamento **3.** che conserva il calore o il freddo: *borsa termica.* **TAV. astronautica p. 654** 4.2.

-tèrmico [da *-termo*] **elem. term.** che, in parole composte della terminologia scientifica e di quella medica, vale "relativo alla condizione designata dal corrispondente astratto in *-termia*" (per es. *elettrotermico*, *ipotermico*).

termidoriàno [da *termidoro*; 1891] **agg.** *T.stor.* di termidoro ‖ anche **sm.** ciascuno degli appartenenti al partito che rovesciò Robespierre e pose fine al Terrore, il 9 termidoro dell'anno II (27 luglio 1794).

termidòro [dal fr. *thermidor*, basato sul gr. *thermós*, caldo e *dôron*, dono; 1797] **sm.** *T.stor.* nel calendario rivoluzionario francese, l'undicesimo mese dell'anno, che andava dal 19 luglio al 17 agosto.

terminàbile [da *terminare*; a. 1332] **agg.** che si può terminare: *un lavoro terminabile in sei giorni* ‖ **N.** *Contr.* interminabile.

terminabilità [da *terminabile*; a. 1704] **sf.** *raro* qualità di ciò che è terminabile.

terminal (ingl., pr. [ˈtəːmɪnəl]; pr. it. [ˈterminal]) [letter. (stazione) terminale; 1963] **sm.** *inv.* stazione in cui sono raggruppati tutti i servizi relativi al trasporto aereo, marittimo o su strada, di merci e passeggeri: *un pullman collega il terminal urbano all'aeroporto, il terminal dei pullman è attiguo al piazzale da cui partono, nel porto hanno costruito un nuovo terminal per container, per cisterne* ‖ **N.** *air terminal.*

terminàle [dal lat. *terminālis*; 1292 come agg. nel senso 2; 1963 come sm.] **I agg.** **1.** che costituisce il termine temporale o spaziale di qualcosa: *la fase terminale di un progetto, il tratto terminale dell'autostrada, una stazione terminale della metropolitana*; *infiorescenza terminale*, che cresce all'apice di un ramo ‖ *malato terminale*, malato che si trova nell'ultimo stadio di un male incurabile **2.** meno com., che segna il termine, il confine: *pietre terminali* **II sm.** **1.** elemento, parte e sim. costituente l'estremità, la porzione o l'elemento finale di qualcosa: *terminale di lenza*, la parte finale e più sottile della lenza, armata di uno o più ami ‖ *T.elettr.* estremità di un cavo elettrico **2.** *T.telecom.* ogni apparecchiatura collocata a un'estremità di un canale di trasmissione, che permette la ricezione e l'emissione del messaggio ‖ *T.inform.* ogni apparecchiatura usata per l'ingresso e l'uscita dei dati, collegata all'unità centrale di calcolo; *in part. com.* il posto di lavoro costituito di video e tastiera, da cui ciascun utente accede al calcolatore ‖ **N. I 1.** *Sin.* conclusivo, finale, ultimo **II 2.** *Sin.* unità periferica. **Q.T.** *informatica* **TAV.** *ferrovie...* **p. 669** 5.19.

terminalista [da *terminale*; 1983] **s.** in un centro di elaborazione elettronica, addetto al terminale.

terminàre (pres. *tèrmino*) [da *termine*; 1295] **tr.** **1.** porre termine, finire: *terminare un lavoro, un discorso* **2.** *non com.* segnare il confine, il limite: *i monti che terminano l'Italia settentrionale* ‖ **intr.** (aus. *essere*) giungere al termine, concludersi: *lo spettacolo è terminato a ora tarda* ‖ **N. tr.** *Sin.* compiere, concludere, finire, ultimare.

terminatìvo [da *terminare*; a. 1406] **agg.** *non com.* che dà termine, che ha la funzione di terminare.

terminazióne [dal lat. *terminātio*, *-ōnis*; 1586] **sf.** **1.** parte terminale, estremità: *la terminazione di una conduttura* ‖ *T.anat. terminazione nervosa*, estremità delle fibre nervose ‖ *T.ling.* desinenza e, anche, più propr., la parte finale di una parola, comprendente la vocale tematica, la desinenza ed eventuali infissi o suffissi **2.** *raro* atto del terminare ‖ **N. 1.** *Sin.* conclusione, fine, termine; uscita.

tèrmine [dal lat. *terminus*, confine; 1295 nel senso 4] **sm.** **1.** parte o punto finale, limite spaziale o temporale in cui qualcosa cessa di essere: *siamo arrivati al termine dell'autostrada, è giunto al termine della sua sfortunata esistenza*; *in part.* il limite ultimo di tempo entro il quale può o deve avvenire qualcosa: *il termine ultimo per l'iscrizione è stato fissato al 15 marzo* ‖ nelle loc.: *aver termine*, concludersi, finire; *portare, condurre a termine qualcosa*, finirla, completarla; *por(re) termine a qualcosa*, farla finire; *volgere al termine*, essere sul punto di finire **2.** *per estens. non com.* meta, punto cui si tende (spec. *fig.*): *il compimento dell'opera costituisce il termine dei nostri sforzi* ‖ *T.gram. complemento di termine*, indicante la cosa o persona nei confronti della quale è indirizzata l'azione espressa dal verbo **3.** *per estens.* ciascun estremo di un'estensione temporale: *nel contratto sono fissati il termine iniziale e quello finale del rapporto di lavoro con la ditta* ‖ nella loc. *a termine*, a scadenza: *parto a termine*, che si verifica allo scadere della normale durata di gestazione; *contratto a termine*, contratto di lavoro valevole per un periodo di tempo fissato al momento della stipulazione: *ho un contratto a termine di due anni con una casa editrice*; *a lungo, a medio, a breve termine*, entro un arco di tempo lungo, medio, breve: *non si prevedono ulteriori rincari, perlomeno a breve termine* **4.** *per estens. meno com.* ciascun estremo di un'estensione spaziale; confine: *quel muro segna il termine del nostro podere* ‖ *per estens.* ciascun elemento (cippo, steccato o altro) che segna il confine ‖ *com. fig.*, spec. *pl.*, l'insieme degli elementi e dei fatti che delimitano l'ambito entro cui è lecito od opportuno agire: *rimanere entro i termini prescritti dalla legge, non oltrepassare i termini della convenienza, di una cordiale amicizia* **5.** *fig.* ciascuno degli elementi tra cui sussiste una relazione: *relazione a due, a tre termini*; *termine di paragone*, con cui è istituito un confronto **6.** *T.fil.* nella logica tradizionale, ogni espressione che significa un concetto; nella teoria del sillogismo, *termine maggiore e minore*, quelli che fungono rispettivamente da predicato e da soggetto nella conclusione del sillogismo (sono detti entrambi *termini estremi*); *termine medio*, quello che figura in entrambe le premesse, ma non nella conclusione ‖ in logica matematica, ogni espressione del linguaggio (semplice o complessa), intesa a designare un individuo ‖ *T.gram. termini di una proposizione*, i suoi elementi, ciascuno dei quali costituisce un'unità funzionale elementare (soggetto, predicato, complemento); ciascuno degli elementi costitutivi di una lingua; *in part. termini primitivi*, le costanti e le variabili; *termini composti*, quelli formati da più primitivi secondo le regole di formazione previste da quella lingua ‖ *per estens.* vocabolo proprio di un linguaggio speciale: *un termine tecnico, astronomico, della gastronomia* ‖ *com.* parola: *i termini sinonimi di "mamma"*; in loc. e modi di dire: *misurare, moderare i termini*, esprimersi in modo non offensivo (usato spec. come rimprovero: *modera i termini!*); *in altri termini*, detto con altre parole: *... detto in altri termini, mi lasci!*; *in questi termini*, a questo modo: *le cose stanno in questi termini*, così; *a rigor di termini*, a volersi esprimere in modo preciso; *mezzi termini*, espediente linguistico per dire e non dire, da cui l'espr. *senza (usare) mezzi termini*, con totale franchezza, senza reticenze: *dire le cose come stanno, senza mezzi termini* ‖ *T.mat.* ciascun argomento di un'operazione (addendo, moltiplicando ecc.): *ridurre ai minimi termini*, rif. a una frazione, semplificarla in modo che il numeratore e il denominatore risultino primi tra loro e, *fig.*, semplificare all'estremo o, anche, ridurre in pessime condizioni; *termini simili*, monomi di un polinomio che abbiano la stessa parte letterale ‖ **N. 1.** *Sin.* conclusione, fine, scadenza | improrogabile / prorogabile, perentorio **4.** *Sin.* limite.

terminiṣmo [da *termine*; 1961] **sm.** *T.fil.* metodologia filosofica adottata nei sec. XIV e XV nell'ambito dell'ultima Scolastica, consistente nell'usare i termini nella loro accezione più rigorosa, badando tanto al valore semantico quanto alla loro collocazione sintattica.

terminista [da *terminismo*; 1865] **s.** seguace del terminismo.

terministico (pl. *-ci*) [da *terminismo*; 1961] **agg.** del terminismo e dei terministi.

terminologìa (pl. *-gìe*) [comp. di *termin*(*e*) e *-logia*; 1879] **sf.** **1.** il complesso dei termini, delle locuzioni, il frasario proprio di una scienza, di un'arte o di un particolare settore tecnico o ambito sociale: *la terminologia artistica, scientifica, giornalistica, sportiva* **2.** *raro* studio lessicologico, trattato sui vocaboli ‖ **N. 1.** *Sin.* sottocodice | vocabolario.

terminològico (pl. *-ci*) [da *terminologia*; 1957] **agg.** riguardante la scelta dei vocaboli:

problema, dissidio terminologico || relativo a una terminologia: *prontuario terminologico.*

terminus (lat., pr. it. [ˈtɛrminus]) [letter. termine, confine] **sm.** *inv.* termine, limite cronologico, spec. nelle loc. (usate in ambito giuridico, burocratico e sim.) *terminus ante quem* (o *ad quem*) e *terminus post quem* (o *a quo*), con cui si indicano, rispettivamente, il momento prima o dopo il quale qualcosa accade, vige ecc.

termistóre [comp. di *term(o)-* e (*res*)*istore*, sul modello dell'ingl. *thermistor*; 1940] **sm.** *T.elettron.* componente che, al contrario di quanto accade nei comuni conduttori, presenta una resistenza decrescente al crescere della temperatura.

termitàio (pl. *-ài*) [da *tèrmite*; 1942] **sm.** nido di termiti.

tèrmite [dal lat. *termes, -itis*, classico *tarmes*, tarlo; 1875] **sf.** nome comune degli insetti Isotteri, simili nell'aspetto alle formiche, diffusi nei climi tropicali e subtropicali ma presenti anche in quelli temperati; possono danneggiare strutture in legno poiché vivono in comunità molto numerose e si cibano di sostanze vegetali; presentano uno spiccato polimorfismo e sono divisi in caste (re e regine sono alati, soldati e operai sono atteri) || **N.** termitaio, termitofilo.

termìte [comp. di *term(o)-* e *-ite*[2], sul modello del ted. *Thermit*; 1906] **sf.** *T.chim.* miscela di ossido di ferro e polvere d'alluminio che, opportunamente innescata, sviluppa tanto calore da fondere il ferro; è usata per saldare metalli e anche per fabbricare bombe incendiarie.

termitòfilo [comp. di *tèrmite* e *-filo*; 1940] **agg.** di animali (perlopiù insetti dei Ditteri e dei Coleotteri) che vivono con le termiti, sia come parassiti, sia come ospiti.

tèrmo- [dal gr. *thermós*, calore] **primo elem.** che, in parole composte della terminologia scientifica e tecnica, vale "relativo al calore o alla temperatura", "che utilizza il calore" (per es. *termocinetica, termometro*).

-tèrmo [dal gr. *thermós*, calore] **elem. term.** che, in parole composte della terminologia scientifica, vale "calore", "temperatura" (per es. *isotermo, omeotermo*).

termoanestesìa [comp. di *termo-* e *anestesia*; 1961] **sf.** *T.med.* abolizione della sensibilità termica.

termobaròmetro [comp. di *termo-* e *barometro*; 1891] **sm.** *non com.* ipsometro, strumento che dà indicazioni termometriche e insieme anche barometriche.

termobattèrio (pl. *-ri*) [comp. di *termo-* e *batterio*; 1938] **sm.** *T.biol.* batterio termogeno.

termocautèrio (pl. *-ri*) [comp. di *termo-* e *cauterio*; 1880] **sm.** apparecchio dotato di una punta di platino che viene resa incandescente per mezzo dell'elettricità; serve in chirurgia per cauterizzare piaghe e sim.

termocettóre [comp. di *termo-* e *ri(cettore)*; 1983] **sm.** *T.fisiol.* ricettore sensibile alle variazioni di temperatura.

termochìmica [comp. di *termo-* e *chimica*; 1894] **sf.** la parte della chimica che studia gli sviluppi di calore determinati dalle reazioni chimiche.

termochìmico (pl. *-ci*) [da *termochimica*; 1940] **agg.** che si riferisce alla termochimica.

termocinètica [comp. di *termo-* e *cinetica*; 1961] **sf.** *T.fis.* la parte della termologia che studia le forme di propagazione del calore || **N.** conduzione, convezione, irraggiamento.

termocinètico (pl. *-ci*) [da *termocinetica*; 1965] **agg.** che si riferisce a termocinetica.

termocòppia o **termocóppia** [comp. di *termo-* e *coppia*; 1948] **sf.** *T.elettr.* insieme di due conduttori di diverso materiale, filiformi o a nastro, saldati tra loro.

termodiffusióne [comp. di *termo-* e *diffusione*; 1961] **sf.** *T.fis.* in una miscela di gas, fenomeno per cui alcune molecole si spostano nel senso della propagazione del calore, mentre altre nel senso opposto.

termodinàmica [comp. di *termo-* e *dinamica*; 1865] **sf.** *T.fis.* parte della termologia che studia le leggi relative agli scambi di energia (sia sotto forma di calore che sotto forma di lavoro) tra corpi o tra sistemi. **Q.T.** *fisica, unità di misura.*

termodinàmico (pl. *-ci*) [da *termodinamica*; 1891] **agg.** che si riferisce alla termodinamica: *sistema termodinamico*, porzione di materia idealmente isolata dal resto dell'universo, il cui stato, per quanto concerne la termodinamica, è identificato dai valori della pressione e della temperatura.

termoeleménto [comp. di *termo-* e *elemento*; 1961] **sm.** elemento, come una termocoppia o un termistore, caratterizzato da sensibilità al calore, con cui si misura o si controlla la temperatura.

termoelettricità [comp. di *termo-* ed *elettricità*; 1879] **sf.** *T.fis.* e *T.elettr.* l'insieme dei fenomeni di conversione del calore in elettricità e viceversa.

termoelèttrico (pl. *-ci*) [comp. di *termo-* ed *elettrico*; 1841 *termelettrico*] **agg.** **1.** che concerne la termoelettricità: *pila termoelettrica*; *fenomeno termoelettrico*, dovuto all'interazione di energia termica ed elettrica in conduttori e semiconduttori di diversa natura posti a contatto tra loro **2.** di generatore elettrico, azionato da una macchina termica || *centrale termoelettrica*, impianto destinato a generare energia elettrica utilizzando l'energia termica.

termoelettróne [comp. di *termo-* ed *elettrone*; 1961] **sm.** *T.fis.* elettrone emesso da un corpo incandescente per effetto termoelettrico.

termoelettrònica [comp. di *termo-* ed *elettronica*; 1961] **sf.** *T.fis.* settore dell'elettronica che si occupa dei fenomeni e delle leggi relative all'effetto termoelettrico.

termoelettrònico (pl. *-ci*) [comp. di *termo-* ed *elettronico*; 1935] **agg.** *T.fis.* termoionico.

termoestesìa [comp. di *termo-* ed *-estesia*; 1961] **sf.** *T.med.* sensibilità al calore.

termoestesiòmetro [comp. di *termo-*, *-estesia* e *-metro*; 1932] **sm.** *T.med.* strumento con cui si misura la sensibilità termica della pelle.

termofilìa [comp. di *termo-* e *-filia*; 1961] **sf.** l'essere termofilo.

termòfilo [comp. di *termo-* e *-filo*; 1961] **agg.** *T.biol.* di organismo (spec. batteri e muffe) che si sviluppa a temperature molto superiori a quelle sopportate dagli altri organismi (40-70° C).

termofobìa [comp. di *termo-* e *-fobia*; 1967] **sf.** *T.med.* paura patologica del calore || ipersensibilità al calore tipica di alcune malattie.

termòforo [comp. di *termo-* e *-foro*; 1894] **sm.** cuscinetto scaldato elettricamente, costituito da una resistenza elettrica avvolta in tessuto d'amianto, usato a scopi terapeutici.

termogalvanòmetro [comp. di *termo-* e *galvanometro*; 1961] **sm.** *T.elettr.* strumento per la misurazione della corrente elettrica in base al calore da essa prodotto.

termogènesi [comp. di *termo-* e *genesi*; 1896] **sm.** *inv.* *T.biol.* produzione del calore nel corpo animale, soprattutto in relazione al metabolismo.

termogenètico (pl. *-ci*) [comp. di *termo-* e *genetico*; 1970] **agg.** *T.biol.* relativo alla termogenesi, proprio della termogenesi.

termògeno [comp. di *termo-* e *-geno*; 1901] **agg.** capace di produrre calore || **N.** pirogeno.

termografìa [comp. di *termo-* e *-grafia*; 1970 nel senso 2] **sf.** **1.** tecnica di rilevamento della differenza di temperatura superficiale || *in part.* in medicina, tecnica diagnostica per il rilevamento di alterazioni, spec. neoplastiche (per es. il tumore alla mammella) || *concr.* il referto di tale esame **2.** sistema di riproduzione diretta di un documento, un manoscritto o uno stampato mediante raggi infrarossi.

termogràfico (pl. *-ci*) [comp. di *termo-* e *-grafico*; 1937] **agg.** **1.** relativo al termografo, proprio del termografo; rilevato col termografo: *diagramma termografico*, termografia **2.** relativo a termografia, proprio della termografia: *esame termografico.*

termògrafo [comp. di *termo-* e *-grafo*; 1901] **sm.** termometro cui è collegato un apparecchio per la registrazione delle temperature.

termogràmma [comp. di *termo-* e *-gramma*; 1961] **sm.** **1.** registrazione ottenuta con un termografo **2.** fotografia ottenuta con procedimento termografico.

termoigrogràfico (pl. *-ci*) [comp. di *termo-* e *igrografico*; 1961] **agg.** relativo al termoigrografo, proprio del termoigrografo; registrato mediante termoigrografo.

termoigrògrafo [comp. di *termo-* e *igrografo*; 1961] **sm.** strumento con cui si misurano contemporaneamente la temperatura e l'umidità dell'aria.

termoindurènte [comp. di *termo-* e il ppr. di *indurire*; 1961] **agg.** e **sm.** di sostanza che, per effetto del calore, indurisce.

termoióne [comp. di *termo-* e *ione*; 1961] **sm.** *T.fis.* ione emesso da un corpo in seguito a eccitazione termica.

termoiònica [da *termoionico*; 1961] **sf.** *T.fis.* la parte dell'elettrologia che si occupa dei fenomeni connessi all'effetto termoionico.

termoiònico (pl. *-ci*) [comp. di *termo-* e *ionico*; 1929] **agg.** *T.fis.* *effetto termoionico* (o *termoelettronico*), quello consistente nell'emissione di elettroni liberi da parte di un conduttore, in misura diversa a seconda della sua temperatura; *valvola termoionica*, V. VALVOLA.

termoiṣolànte [comp. di *termo-* e *isolante*; 1961] **I sm.** sostanza che conduce male il calore ed è usata perciò come isolante termico **II agg.** (sempre posposto) che è usato come isolante termico: *rivestimento, sostanza termoisolante.*

termolàbile [comp. di *termo-* e *labile*; 1961] **agg.** che si altera per effetto del calore || **N.** *Contr.* termostabile.

termòliṣi [comp. di *termo-* e *-lisi*; 1961] **sf.** **1.** *T.biol.* negli organismi viventi, dispersione del calore organico **2.** *T.chim.* dissociazione o decomposizione di una sostanza, provocata dal calore.

termologìa [comp. di *termo-* e *-logia*; 1754] **sf.** la parte della fisica che studia i fenomeni termici || **N.** PARTI: calorimetria, termocinetica, termodinamica, termometria.

termològico (pl. *-ci*) [da *termologia*; 1940] **agg.** *T.scient.* che si riferisce alla termologia.

termòlogo (pl. *-gi*) [comp. di *termo-* e *-logo*; 1940] **sm.** (f. *-a*) studioso di termologia.

termoluminescènza [comp. di *termo-* e *luminescenza*; 1934] **sf.** *T.fis.* fenomeno per cui l'energia termica immagazzinata da un corpo viene emessa sotto forma di debole luce.

termomagnètico (pl. *-ci*) [comp. di *termo-* e *magnetico*; 1934] **agg.** *T.fis.* proprio del termomagnetismo, relativo al termomagnetismo: *effetto termomagnetico*, variazione della conducibilità di un materiale dovuta al campo magnetico in cui è immerso.

termomagnetìṣmo [comp. di *termo-* e *magnetismo*; 1970] **sm.** *T.fis.* magnetismo provocato dal calore.

termomanòmetro [comp. di *termo-* e *manometro*; 1891] **sm.** nelle caldaie a vapore e negli impianti di refrigerazione, strumento che misura la temperatura e la pressione di un gas saturo.

termometrìa [comp. di *termo-* e *-metria*; 1891] **sf.** parte della termologia che si occupa della misurazione della temperatura e dei relativi strumenti. Q.T. *meteorologia.*

termomètrico (pl. *-ci*) [da *termometro*; 1879] **agg.** che si riferisce alla termometria: *scala termometrica, osservazioni termometriche.*

termòmetro [comp. di *termo-* e *-metro*; 1660] **sm.** **1.** strumento di misura della temperatura di corpi o ambienti, e delle sue variazioni: *termometro a dilatazione,* che si basa sulla pressione e sul volume di ciò di cui si misura la temperatura; *termometro elettrico,* che si basa sul valore della sua resistenza elettrica; *termometro clinico,* quello, a mercurio, usato per misurare la temperatura del corpo umano: *dammi il termometro, devo avere un po' di febbre* **2.** *fig.* indicatore: *il consumo di carne è il termometro del benessere di un popolo* || **N. 1.** pirometro, termobarometro, termografo | ad alcol etilico, a gas, a lamina bimetallica, a mercurio, a pentano, a toluolo, differenziale, di massima e di minima | oscillare, salire, scendere. **TAV.** ***medicina...*** **p. 1320** 1.2; ***meteorologia*** **p. 1321** 8, 9.2, 9.3.

termominerale [comp. di *termo-* e *minerale*; 1879] **agg.** *acqua termominerale,* acqua sorgiva che sgorga con una temperatura superiore a 20°.

termonucleàre [comp. di *termo-* e *nucleare*; 1955] **agg.** *T.fis. reazione termonucleare,* processo di sintesi di nucleoni o di nuclei in nuclei atomici complessi, accompagnato da emissione di energia; *impianto termonucleare,* centrale di produzione di energia elettrica che sfrutta, per produrre calore, un processo di fissione che avviene all'interno del nocciolo di un reattore nucleare.

termoplàstico (pl. *-ci*) [comp. di *termo-* e *plastico*; 1949] **agg.** *T.fis.* di materiale che, solido a temperature normali, all'aumentare del calore si rammollisce fino a liquefarsi, per poi riacquistare gradualmente la rigidità man mano che il calore decresce.

termoreattóre [comp. di *termo-* e *reattore*; 1961] **sm.** *T.aer.* reattore in cui, all'accelerazione dei gas uscenti, contribuisce in misura notevole il calore di un combustibile che brucia in apposite camere.

termoregolatóre [comp. di *termo-* e *regolatore*; 1901] **sm.** e **agg.** dispositivo che consente di regolare la temperatura di un sistema: *il termostato è un termoregolatore.*

termoregolazióne [comp. di *termo-* e *regolazione*; 1955] **sf.** **1.** *T.fisiol.* meccanismo, proprio di animali omeotermi (mammiferi, uccelli), atto a mantenere pressoché costante la temperatura interna del corpo, nonostante notevoli variazioni di quella ambientale **2.** *T.tecn.* regolazione automatica della temperatura effettuata da un termoregolatore.

tèrmos o **thèrmos** [dal gr. *thermós,* calore, attr. l'ingl. *thermos* (*bottle*) o *thermos* (*flask*), (bottiglia) calda; 1918] **sm.** *inv.* recipiente a doppia parete con intercapedine sotto vuoto spinto e superficie interna ed esterna argentate, usato per mantenere pressoché costante (per alcune ore) la temperatura di ciò che vi è contenuto (nell'uso domestico, cibi e bevande).

termosaldàre [comp. di *termo-* e *saldare*; 1970] **tr.** saldare a caldo con strumenti funzionanti a energia elettrica.

termoscòpio (pl. *-pi*) [comp. di *termo-* e *-scopio*; 1670] **sm.** strumento che indica qualsiasi variazione di temperatura, senza però misurarne il valore.

termosifóne [comp. di *termo-* e *sifone*; 1839] **sm.** impianto di riscaldamento per ambienti basato sulla circolazione di acqua (scaldata da una caldaia) in un sistema di tubazioni che collegano la caldaia con gli elementi scambiatori di calore (radiatori), posti all'interno degli ambienti da riscaldare || anche *impropr.* radiatore di un impianto di riscaldamento a termosifone || **N.** riscaldamento centralizzato; calorifero, pannello radiante; elementi.

termostàbile [comp. di *termo-* e *stabile*; 1950] **agg.** di corpo che non subisce alterazioni per effetto del calore || **N.** *Contr.* termolabile.

termostàtico (pl. *-ci*) [comp. di *termo-* e *statico*; 1961] **agg.** proprio del termostato, relativo al termostato.

termòstato [comp. di *termo-* e *-stato*; 1918] **sm.** dispositivo che consente di mantenere pressoché costante la temperatura di un sistema: *si è guastato il termostato del congelatore* || *fam. alzare il termostato dell'impianto di riscaldamento,* regolarlo in modo da ottenere una temperatura costante superiore a quella attuale. **TAV.** *elettrodomestici* 1.2, 3.3, 4.4; ***automobile*** **p. 658** 5.20.

termotècnica [comp. di *termo-* e *tecnica*; 1920] **sf.** la parte della tecnica che studia le applicazioni, sia industriali, sia domestiche, dell'energia termica.

termoterapìa [comp. di *termo-* e *terapia*; 1908] **sf.** *T.med.* terapia che sfrutta l'effetto del calore per la risoluzione di alcune malattie.

termotropìsmo [comp. di *termo-* e *tropismo*; 1940] **sm.** *T.bot.* accrescimento ineguale di una pianta o di una sua parte, per cui questa si incurva nella direzione da cui provengono gli stimoli termici.

termoventilazióne [comp. di *termo-* e *ventilazione*; 1961] **sf.** sistema di riscaldamento di ambienti mediante aria calda circolante in impianti appositi.

tèrna [da *terno,* prob. sul modello dello sp. *terna*; 1824] **sf.** insieme di tre elementi; *in part.* gruppo di tre persone, tra le quali, in un concorso, deve essere scelta quella a cui conferire un ufficio o un grado: *entrare in terna* || *T.geom. terna cartesiana,* insieme di tre rette ortogonali non complanari passanti per un punto, atte a formare un sistema di riferimento cartesiano.

ternàre (pres. *tèrno*) [da *terna*; 1961] **tr.** inserire, includere in una terna.

ternàrio (pl. *-ri*) [dal lat. *ternarius*; a. 1492] **agg.** che si compone di tre elementi: *composto chimico ternario* || in cristallografia, *asse ternario,* asse di simmetria di ordine tre || *T.metr. strofa, metro ternario,* la terzina (anche *sm.*: *un ternario,* una terzina); *versi ternari,* versi di tre sillabe || *T.mat.* dicesi di sistema numerico che impiega tre cifre 0, 1 e 2 || *T.mus.* di ritmo, articolato in battute di tre unità di tempo; della forma musicale composta di tre sezioni (A - B - A).

ternàto [dal lat. *terni,* a tre a tre; 1826] **I** **agg.** *T.bot.* detto di organo costituito da tre elementi: *foglia ternata* **II** **sm.** **1.** *non com.* terna **2.** (f. *-a*) *raro* incluso in una terna.

tèrno [dal lat. *ternus,* composto di tre elementi; a. 1404 nel senso 1; 1935 nel senso 2] **sm.** **1.** *T.gioc.* nella tombola, combinazione di tre numeri estratti appartenenti alla stessa fila di una cartella || nel lotto, combinazione di tre numeri estratti sulla stessa ruota; *terno secco,* quando si è giocato solo il terno, con esclusione dell'ambo e dell'estratto; *fig.* nell'espr. *un terno al lotto,* fortuna rarissima e insperata: *trovare quel posto è stato un terno al lotto* || ai dadi, il colpo in cui ciascuno dei due dadi scopre un tre **2.** fascicolo formato da tre fogli piegati a metà e inseriti l'uno nell'altro, in modo da formare dodici pagine.

teròldego [voce trentina di etim. inc.; 1934] **sm.** nome di un vitigno coltivato in Trentino da cui si ottiene un vino rosso da pasto con gradazione da 11° a 12°.

terotecnologìa [comp. di *tero-,* di etim. inc. e *tecnologia*; 1983] **sf.** nell'organizzazione aziendale, utilizzazione contemporanea di diverse competenze (ad es. finanziarie, ingegneristiche ecc.) per la manutenzione di un impianto o di un macchinario, al fine di ottimizzare i costi d'esercizio.

terotecnològico (pl. *-ci*) [da *terotecnologia*; 1985] **agg.** relativo alla terotecnologia, proprio della terotecnologia.

terotecnòlogo (pl. *-gi,* pop. *-ghi*) [da *terotecnologia*; 1983] **sm.** (f. *-a*) specialista, esperto in terotecnologia.

terpèni (sing. *-e*) [dal ted. *Terpen*(*tinöl*), olio di trementina; 1895] **sm.** *pl.* *T.chim.* vasta famiglia di composti chimici naturali della serie degli idrocarburi, presenti spec. in oli essenziali e resine vegetali, ma anche in grassi od oli animali; costituiscono importanti materie prime in profumeria.

terpènico (pl. *-ci*) [da *terpene*; 1933] **agg.** *T.chim.* relativo ai terpeni, proprio dei terpeni; che ha la struttura dei terpeni: *idrocarburo terpenico,* terpene.

terpina [comp. di *terp*(*eni*) e *-ina*; 1879] **sf.** *T.chim.* e *T.farm.* prodotto ottenuto in forma idrata per azione degli acidi diluiti sull'essenza di trementina, usata in medicina come rimedio contro la tosse e le affezioni bronchiali.

terpineòlo o **terpinòlo** [comp. di *terpina* e *-olo*[2]; 1891 *terpinola* sf.] **sm.** *T.chim.* alcol ottenuto per disidratazione della terpina.

tèrra [lat. *terra*; 960 nel senso 4] **I** **sf.** **1.** *T.astr.* nome proprio (e, in quanto tale, scritto con l'iniziale maiuscola) del terzo pianeta del sistema solare: *la Terra ruota sul proprio asse*; *le forme di vita sulla Terra,* vegetale, animale, umana || *per estens.* il globo terracqueo inteso come ambiente in cui vive l'uomo; spesso contrapposto, esplicitamente o implicitamente, a *cielo,* sia dal punto di vista religioso (per cui la terra è intesa come sede della vita terrena dell'uomo), sia da un punto di vista più generale (per cui *cielo* starebbe a indicare l'intero universo): *l'uomo è pellegrino sulla terra,* vi si trova solo di passaggio, la sua destinazione ultima essendo quella ultraterrena; *eufem. lasciare, abbandonare questa terra,* morire || in modi di dire *fam. enf.*: *né in cielo né in terra,* in nessun luogo: *dice cose che non stanno né in cielo né in terra,* inaudite, inammissibili; *ci corre quanto tra* (*il*) *cielo e* (*la*) *terra,* c'è un'enorme differenza **2.** parte emersa della superficie terrestre (in contrapposizione a *mare* o a *cielo*): *una lingua di terra,* una penisola; *terre emerse,* i continenti e le isole; *terra ferma,* v. TERRAFERMA; *brezza di terra, di mare,* che spira dall'interno della costa verso il mare o viceversa; *terra!,* esclamazione usata per annunciare l'avvistamento della costa da un'imbarcazione; *toccar terra,* di un'imbarcazione, approdare e di un velivolo, atterrare; *missili terra-terra, terra-aria* v. TERRA-TERRA e TERRA-ARIA; nel modo di dire iperb. *cercare per mare e per terra,* ovunque || *per restr.* porzione di territorio più o meno rigorosamente delimitata: *terra natale,* la propria patria; *terra straniera,* al di là dei confini che circoscrivono la propria patria; *terre desertiche, inospitali*; *terra di nessuno,* zona neutrale compresa tra il fronte di due eserciti nemici; *terra bruciata,* territorio che, nel corso di una guerra, un esercito abbandona al nemico dopo aver distrutto ogni cosa; *fig. fare terra bruciata,* agire in modo distruttivo, in modo da rendere impossibile l'iniziativa di altri || *ant.* borgo, città **3.** strato superficiale, naturale o artificiale (pavimento, piano stradale ecc.) della crosta terrestre; suolo, terreno: *l'attimo in cui il piede dell'atleta si stacca da terra, volare raso terra, buttare, lasciar cadere qualcosa a* (o *in* o *per*) *terra, prendere, raccogliere qualcosa da terra, sdraiarsi, stare seduto per terra, rotolarsi a terra* || *per restr. T.elettr.* il suolo considerato come corpo conduttore a potenziale zero: *collegamento, messa a terra,* v. MESSA[2]; anche *per meton.* il cavo di collegamento a terra || in alcuni modi di dire, anche *fig.*: *avere uno pneumatico a terra*, sgonfio; *essere, sentirsi a terra*, essere ridotto in pessime condizioni (spec. psicologiche o economiche); *avere il morale a terra*, molto basso; *sentirsi mancare la terra sotto i piedi*, sentir venir meno una sicurezza; *terra terra*, concreto, realistico fino alla grettezza: *un ragionamento terra terra* **4.** materiale friabile e incoerente nello strato superficiale della crosta terrestre; terriccio: *un mucchio, una manciata di terra, rimuovere la terra con un escavatore*; *in part.* in espr. che hanno a che fare con il lavoro agricolo: *zappare, arare, dissodare la terra prima di seminare*; *terra argillosa, grassa, magra*, a seconda della sua composizione; anche con il senso di *terreno*, inteso come possedimento fondiario spec. a uso agricolo: *terra fertile, sterile, possedere un po' di terra*; *il duro lavoro della terra*, l'agricoltura || *terra fusca*, terreno caratterizzato da mediocre tenore di humus, frequente nelle zone dell'Europa centrale **5.** *per estens.* denominazione generica di varie sostanze incoerenti e polverulente: *terra di Siena*, pigmento (di colore che può variare tra il giallo, il rosso e il marrone) ricavato da terre estratte da cave vicine a Siena || *terra (d')ombra*, pigmento marrone || *T.chim. terre rare*, lantanidi **6.** *T.astrol. segni di terra*, Toro, Vergine e Capricorno **II** ***agg.*** *inv.* (sempre posposto) **1.** al livello del suolo: *piano terra*, pianterreno **2.** di colore simile a quello del terra, tra grigio e marrone chiaro || *pegg.* terràccia || **N. 1.** *Sin.* mondo. **Q.T.** *astronomia* **TAV.** *elettrotecnica* 5.1; ***astronomia*** **p. 656** 1.3, 6.1; ***geologia*** **p. 1313** 1.

tèrra-ària [comp. di *terra* e *aria*; 1983] ***agg.*** *inv. T.mil. missile terra-aria*, missile a corta gittata lanciato da una postazione a terra contro bersagli in volo (missili, aerei o sim.).

terracòtta (pl. *terrecòtte*) [comp. di *terra* e *cotto*; 1342 *terra cotta*] ***sf.*** **1.** materiale ceramico a pasta porosa, fabbricato con argilla naturale cotta lentamente a 900-1000 °C, utilizzato per suppellettili domestiche, vasellame, laterizi ecc.; dopo la cottura presenta una colorazione rossastra **2.** manufatto, spec. artistico, in tale materiale: *una terracotta romana* || **N.** ceramica; coroplastica.

terràcqueo (raro *terràqueo*) [comp. di *terra* e *acqueo*, sul modello dell'ingl. *terraqueous*; 1687] ***agg.*** formato da terra e acqua: *il globo terracqueo*, la sfera terrestre.

terrafèrma [comp. di *terra* e *fermo*, sul modello del gr. *stereà gê*; sec. XIII] ***sf.*** solo *sing.* la terra emergente dalle acque e, in part., quella dei continenti in contrapposizione alle isole.

terràglia [da *terra*; 1865 nel senso 2] ***sf.*** **1.** nome generico di materiali ceramici a pasta porosa e di basso pregio, il cui impasto, a base di argilla, può essere di vari tipi; si cuociono a temperature elevate (1100-1200 °C) e risultano di colore giallastro **2.** *pl.*, vasellame in tali materiali || **N.** terracotta.

terràglio (pl. *-gli*) [lat. volg. *terrăculum*; a. 1642] ***sm.*** *ant.* terrazzo.

terràgno [lat. tardo *terrāneus*; 1313] ***agg.*** *ant.* **1.** che è sulla terra, collocato sulla terra (spec. contrapposto a ciò che galleggia) **2.** che è scavato nella terra, e quindi non supera (o supera di poco) il livello del suolo.

terràgnolo [da *terragno*; a. 1311] ***agg.*** *ant.* variante di *terragno*, spec. di pianta strisciante sul terreno o di animale terricolo.

terraiòlo [da *terra*; a. 1571 *terraiuolo*] ***agg.*** e ***sm.*** terricolo, detto spec. di volatili.

terramàra (pl. *terremàre* o *terramàre*) [da *terra mala*, in quanto vi sono resti di scheletri; 1862] ***sf.*** *T.archeol.* tipo di insediamento diffuso nell'Età del Bronzo spec. nella bassa Lombardia e in Emilia, e in part. in zone soggette a inondazioni; era caratterizzato dalla costruzione di argini, terrapieni e da unità abitative su palafitte.

terramarìcolo [da *terramara*; 1905] **I** ***agg.*** *T.archeol.* relativo alle terremare **II** ***sm.*** (f. *-a*) *T.archeol.* abitatore di una terramara.

terramicìna ® [comp. di *terra* e *-micina*, sul modello dell'ingl. *terramycin*; 1956] ***sf.*** *T.farm.* nome commerciale di un antibiotico.

terranòva [dal n. geogr. *Terranova*, isola dell'America del Nord da cui la razza proviene; 1905] ***sm.*** *inv.* cane dal pelo lungo e folto, tutto nero o bianco maculato di nero, alto al garrese circa 70 cm, tra i migliori cani da salvataggio per le sue qualità di nuotatore. **TAV.** ***cani*** **p. 663.**

terrapienàre (pres. *-ièno*) [da *terrapieno*; 1554] ***tr.*** *raro* munire di terrapieno || *ass.* erigere terrapieni.

terrapièno [comp. di *terra* e *pieno*, sul modello del fr. *terrapin*; a. 1540] ***sm.*** opera in terra ammassata in modo da sostenersi da sola o rinforzata da muri di sostegno, destinata a sostenere strade o ferrovie, come argine, sbarramento ecc.

terràqueo V. TERRACQUEO.

terràrio (pl. *-ri*) [da *terra*, sul modello di *acquario*; 1940] ***sm.*** recipiente, vasca e sim. in cui sono collocate terra, piante, sabbia, pietre, acqua ecc. allo scopo di ricreare le condizioni ambientali degli animali che vi si rinchiudono (spec. rettili e anfibi).

tèrra-tèrra [comp. di *terra* e *terra*; 1983] ***agg.*** *inv. T.mil. missile terra-terra*, missile lanciato da una postazione terrestre o da una nave contro un bersaglio terrestre.

terraticànte [da *terratico*; 1891] ***sm.*** *ant.* il contadino a cui è data una terra a terratico.

terràtico (pl. *-ci*) [dal lat. mediev. *terrāticum*; a. 1406] ***sm.*** *ant.* canone per l'affitto di un terreno.

terràzza [dal lat. volg. **terracea*, attr. il fr. *terrasse*; 1581] ***sf.*** **1.** *T.edil.* superficie piana pavimentata praticabile, all'aperto, munita di parapetto; spesso è ricavata sulla copertura di un edificio **2.** *T.edil.* grosso terrazzo **3.** ciascun ripiano di un'opera di terrazzamento. **TAV.** *abitazione* 2.15.

terrazzaménto [da *terrazza*; 1937] ***sm.*** **1.** *T.geogr.* in valli fluviali o glaciali, in pendii o coste, formazione di terrazzi dovuti all'erosione di agenti naturali **2.** sistemazione a gradoni o terrazze di terreni in declivio per poterli coltivare || **N. 2.** *Sin.* banchinamento, gradonamento.

terrazzàno [da *terra*; prima metà sec. XIV] ***sm.*** (f. *-a*) *raro lett.* **1.** abitante o nativo di una fortezza, un castello, un borgo fortificato e sim. **2.** abitante di un borgo o villaggio; paesano.

terrazzàre [da *terrazzo*; a. 1597] ***tr.*** sistemare un terreno in pendio a terrazze.

terrazzière [da *terrazzo*; 1926 nel senso 1; 1965 nel senso 2] ***sm.*** **1.** sterratore **2.** operaio specializzato in un tipo di pavimentazione detta *a terrazzo*.

terrazzìno (*dim.* di *terrazzo*) [1550] ***sm.*** **1.** piccolo terrazzo, balconcino **2.** *T.alp.* piccolo ripiano roccioso in parete, su cui si può fare una sosta durante la salita. **TAV.** ***edilizia*** **p. 666** 1.5.

terràzzo [da *terra*; a. 1320 nel senso 1; 1912 nel senso 2] ***sm.*** **1.** *T.edil.* superficie piana pavimentata praticabile, che sporge oltre il muro esterno, circondata da una ringhiera o balaustra, cui si accede da una o più porte-finestre **2.** *T.geol.* piattaforma che si sviluppa lungo i fianchi di una valle o lungo le coste, prodotta dall'erosione di fiumi o mari in epoche in cui il livello di questi era superiore a quello attuale **3.** terrazza (nel senso 3) **4.** nella loc. *pavimentazione a terrazzo*, pavimento eseguito con pezzetti di marmo disposti a mosaico. **Q.T.** *abitazione*.

terremotàre (pres. *-òto*) [da *terremoto*; 1915] ***tr.*** *raro* devastare, distruggere come fa il terremoto || *fig.* sconvolgere, metter sottosopra: *questa sconfitta ha terremotato tutta la classifica.*

terremotàto (*pps.* di *terremotare*) [1918 come sm.] **I** ***agg.*** devastato dal terremoto **II** ***sm.*** (f. *-a*) abitante di una zona colpita da un terremoto.

terremòto [dal lat. *terrae motus*, letter. movimento della terra; 1294] ***sm.*** **1.** *T.geol.* movimento del terreno costituito da una serie di brevi scosse, di intensità variabile; può essere *ondulatorio*, con movimento orizzontale, o *sussultorio*, con movimento dal basso all'alto **2.** *fig.* rivolgimento, evento sconvolgente || *concr. fam.* persona o animale troppo vivace: *quel ragazzo è un terremoto* || **N. 1.** sisma, sismo | cataclisma, maremoto; epicentro, ipocentro; intensità, magnitudo, onda sismica; sismografo, sismologia.

terrenità [da *terreno*[1]; 1950] ***sf.*** *raro* l'essere terreno.

terréno[1] [lat. *terrēnus*; 1308] ***agg.*** **1.** di questa terra, spec. contrapposto a *celeste, eterno*: *vita terrena, beni terreni* **2.** che è a livello del suolo: *piano terreno.*

terréno[2] [lat. *terrēnum*; 1319] ***sm.*** **1.** estensione più o meno ampia di superficie terrestre: *terreno soleggiato, paludoso, boschivo, desertico, pianeggiante* || determinato rispetto alla sua destinazione (abituale od occasionale): *terreno agricolo*, area coltivabile: *arare, dissodare il terreno*; *T.edil.* area destinata a costruzioni edilizie, opere d'ingegneria e sim.: *lottizzare un terreno*; *T.mil.* zona di operazioni militari: *perdere, cedere* (o *guadagnare*) *terreno*, retrocedere (o avanzare) abbandonando al nemico (od occupando) una parte di territorio; anche *fig.*: *il campione sta perdendo terreno rispetto al gruppo di testa*; *T.sport. terreno di gioco*, campo in cui si svolge un incontro || *fig.* argomento, campo: *su questo terreno sei tu l'esperto, portare una questione sul terreno legale*; *terreno neutro*, in cui nessuno dei partecipanti a una competizione, a una discussione ecc. risulta favorito in partenza **2.** suolo: *tastare il terreno*, saggiarne la consistenza e, *fig.*, cercare di scoprire le intenzioni di qualcuno; nel modo di dire fig. *sentirsi mancare il terreno sotto i piedi*, provare un senso di smarrimento improvviso e angoscioso **3.** terra (nel senso 4): *le piante affondano le radici nel terreno*; spesso accompagnato dalla specificazione della sua natura (composizione, consistenza, proprietà chimiche ecc.): *terreno argilloso, friabile* **4.** *T.biol. terreno di coltura*, ambiente naturale o artificiale in cui, in laboratorio, viene fatto sviluppare un organismo || **N. 1.** acquitrinoso, alido, alloidale, alluvionale, alto, ameno, aprico, arativo, arborato, arido, asciutto, basso, boscoso, brullo, dissodato, fecondo, fertile, franoso, grasso, incolto, magro, nudo, piano, sabbioso, sodo, solatio, ubere, ubertoso. **Q.T.** *agricoltura.*

tèrreo [dal lat. *terreus*, di terra; sec. XIV] ***agg.*** di colore simile a quello della terra, giallognolo livido (spec. della carnagione): *il suo volto si fece terreo* || *non com.* simile alla terra; anche contenente terra, terroso.

terrèstre [dal lat. *terrestris*; 1306 *terrestro*] **I** ***agg.*** **1.** *T.astr.* della Terra: *orbita terrestre* || *per estens., non com.* o *lett.*, terreno (nel senso 1), proprio della terra intesa, in contesti religiosi, come ambiente in cui si svolge la vita umana (in contrapposizione a *celeste, ultraterreno*); *paradiso terrestre*, V. PARADISO **2.** che si svolge o vive sulla terra, proprio della terra (in quanto contrapposta a *cielo, aria, mare* ecc.): *forze armate terrestri, animali terrestri* **II** ***s.*** abitante della Terra: *nella letteratura fantascientifica si narra spesso l'incontro dei terrestri con abitanti di altri mondi.*

terrestrità (più raro *terrestreità*) [da *terrestre*; a. 1320] **sf.** *ant. raro* qualità di ciò che è terrestre.

terribile [dal lat. *terribilis*; 1295] **agg.** **1.** che incute terrore: *minaccia terribile, mostro terribile* || di persona, spietata, severa **2.** *iperb.* straordinario: *freddo terribile, febbri terribili* ecc. || **terribilménte** **avv.** || **N.** **1.** *Sin.* mostruoso, orribile, pauroso, spaventoso.

terribilità [da *terribile*; sec. XIV] **sf.** *raro* qualità di chi o di ciò che è terribile.

terricciaménto [da *terriccio*; 1988] **sm.** concimazione.

terricciàto [da *terriccio*; 1891] **sm.** prodotto fertilizzante composto da letame, residui organici, terra ed eventualmente concimi chimici, che si sparge sui campi in autunno.

terrìccio (pl. *-ci*) [da *terra*; 1600] **sm.** terra dello strato superficiale, più sciolta e sottile di quella degli strati inferiori; humus || terra concimata per colture in vaso.

terrìcolo [dal lat. *terricola*; 1922] **agg.** di animale o di pianta che vive sul terreno || **N.** *Sin.* terragno.

terrier (fr., pr. [tɛ'rje] e ingl., pr. ['terɪə]; pr. it. ['terrjer]) [da *chien terrier*, letter. cane terriero, cioè adatto a cacciare gli animali nascosti sotto il terreno; 1905] **sm.** *inv.* nome comune di varie razze di cani particolarmente abili nella caccia agli animali da tana; quelli di razza più piccola sono anche ottimi cani da compagnia || **N.** *airedale terrier, fox terrier, irish terrier, terrier* giapponese, *terrier* scimmia. **TAV. *cani* p. 663.**

terrière [da *terra*, sul modello del fr. *terrier*; a. 1363] **agg.** *arc.* terrazzano.

terrièro [da *terra*; 1879] **agg.** di terra, di terre: *proprietario terriero.*

terrificànte (*ppr.* di *terrificare*) [1905] **agg.** che incute spavento, spesso *iperb.*: *uno spettacolo terrificante, prezzi terrificanti.*

terrificàre (pres. *-ifico, -ifichi*) [dal lat. *terrificāre*; 1640] **tr.** *non com.* incutere terrore.

terrìfico (pl. *-ci*) [dal lat. *terrificus*; 1640] **agg.** *lett.* che atterrisce, terrificante: *qualche cosa di terrifico* (D'Annunzio).

terrìgeno [dal lat. *terrigena*; 1582 nel senso 2; 1937 nel senso 1] **agg.** **1.** *T.geol.* di deposito o sedimento clastico i cui costituenti provengono da una terra emersa **2.** *lett. raro* nato dalla terra.

terrìgno [da *terra*; 1728 nel senso 2] **agg.** **1.** dall'aspetto o del colore della terra; terreo, livido **2.** *ant.* terragno.

terrìna [dal fr. *terrine*, letter. (recipiente) di terra; 1863] **sf.** *region.* recipiente da cucina rotondo e profondo, generalmente in terracotta, usato per contenervi cibi (insalate, pastasciutte ecc.) che si portano in tavola.

territoriàle [dal lat. tardo *territoriālis*; 1780] **agg.** di territorio: *espansione territoriale; acque territoriali*, la zona di mare vicina alla costa, che si considera come appartenente allo Stato a cui appartiene la costa stessa || *T.mil. milizia territoriale*, fino alla Prima Guerra Mondiale, milizia composta dei soldati delle classi più anziane, impiegata a presidiare le città e in altri servizi, perlopiù nelle retrovie (anche come *sf.*).

territorialità [da *territoriale*; 1859] **sf.** carattere di ciò che è territoriale || *T.giur. territorialità della legge*, il principio per cui una legge ha efficacia in tutto il territorio dello Stato, mentre nello Stato non possono aver efficacia le leggi e le sentenze straniere, se non dopo speciali formalità || **N.** *Contr.* extraterritorialità.

territòrio (pl. *-ri*) [dal lat. *territōrium*; sec. XIV] **sm.** estensione circoscritta di terreno; zona, regione: *un territorio desertico, inospitale, inoltrarsi in territorio nemico* || *in part.* regione compresa entro i confini di un'amministrazione: *il territorio dello Stato, del Comune, della Diocesi.*

terrizióne [dal lat. *territio, -ōnis*; 1961] **sf.** *T.stor.* procedimento inquisitorio, previsto in antichi sistemi giudiziari, consistente nella minaccia formale di tortura, allo scopo di indurre l'inquisito a confessare.

terróne [da *terra*; 1950] **sm.** (f. *-a*) e **agg.** *spreg.* abitante o nativo del Meridione d'Italia.

terróre [dal lat. *terror, -ōris*; sec. XIV] **sm.** **1.** paura intensa e paralizzante: *sul suo viso si leggeva il terrore che provava a quella vista, essere in preda al terrore* **2.** *concr.* cosa o persona che terrorizza: *la solitudine è il terrore degli anziani, il maniaco era il terrore degli abitanti della zona* || *per anton. T.stor.* il periodo della Rivoluzione Francese che seguì alla caduta dei Girondini e durò tutto il 1793, sino al 9 termidoro (27 luglio 1794, quando fu condannato a morte Robespierre), caratterizzato dalla spietata repressione degli elementi sospettati di attività antirivoluzionaria; *per estens.* denominazione di altre fasi di movimenti politici in cui si è ricorsi alla soppressione fisica degli avversari: *terrore staliniano, bianco* || **N.** **1.** *Sin.* panico, paura, spavento | atterrire, terrorizzare **2.** *Sin.* spauracchio.

terrorìsmo [da *terrore*, sul modello del fr. *terrorisme*; 1794] **sm.** **1.** metodo di lotta politica che fa uso di mezzi violenti (sabotaggi, attentati, rapimenti ecc.) messi in atto da individui o piccoli gruppi che agiscono clandestinamente a scopo di eversione **2.** *T.stor.* il governo del Terrore nella Francia rivoluzionaria || *per estens.* regime politico fondato sulla repressione violenta dell'opposizione.

terrorìsta [da *terrore*, sul modello del fr. *terroriste*; 1796] **s.** **1.** chi ricorre, nella lotta politica, al terrorismo **2.** *T.stor.* nella Francia rivoluzionaria, membro del governo durante il periodo del Terrore.

terrorìstico (pl. *-ci*) [da *terrorismo*; 1799] **agg.** **1.** di terrorismo e di terrorista **2.** fondato sul terrore: *regime terroristico, metodo terroristico di intimidazione.*

terrorizzàre [da *terrore*, sul modello del fr. *terroriser*; 1877] **tr.** incutere timore || **N.** *Sin.* atterrire.

terróso [dal lat. *terrōsus*; a. 1571] **agg.** **1.** che contiene terra, che è misto a terra **2.** che è simile a terra, ne ha il colore o la consistenza: *materiale terroso* **3.** *raro T.chim.* di metallo, detto anche leggero, che forma ossidi denominati *terre*, come il magnesio e l'alluminio.

tersézza [da *terso*; 1662] **sf.** *raro* qualità di ciò che è terso.

tèrso (*pps.* di *tergere*) [1319] **agg.** pulito, nitido e lucente: *vetri tersi, acqua tersa* || *fig.* limpido, chiaro: *scrittore, stile terso* || **tersaménte** **avv.**

tèrza [da *terzo*; a. 1342 nel senso 1; a. 1590 nel senso 2] **sf.** **1.** per ellissi di un sf., designa qualcosa che occupa il terzo posto in una serie, una gerarchia e sim.; *in part.*: la terza classe di un corso di studi: *esser promosso in terza*; la terza classe, ormai abolita, su vetture ferroviarie o piroscafi: *un biglietto di terza* || *T.aut.* la terza marcia nel cambio degli autoveicoli: *innestare, ingranare, togliere la terza, partire in terza* || nella danza classica, delle sei posizioni fondamentali quella nella quale i piedi, girati con le punte in fuori, sono disposti in modo che il tallone del piede che è davanti si trova nell'incavo tra la parte anteriore e il calcagno di quello che si trova dietro || *T.sport.* nella scherma, movimento o posizione eseguiti portando il braccio leggermente piegato in alto e in fuori verso destra e tenendo il dorso della mano rivolto in alto: *legamento, parata di terza* || *T.mat.* la terza potenza, il cubo: *elevare un numero alla terza* (o *al cubo*), moltiplicarlo per se stesso e poi ancora per se stesso: *2 alla terza* (o *2 al cubo* o 2^3) || *T.eccl.* la terza delle ore canoniche, corrispondente alle nove del mattino **2.** *T.mus.* intervallo che abbraccia tre gradi; può essere *intervallo di terza maggiore*, che comprende due toni, e di *terza minore*, che comprende un tono e un semitono maggiore.

terzàna [dal lat. *tertiāna*; a. 1294] **I agg.** *T.med.* che compare al terzo giorno: *febbre terzana*, caratterizzata da accessi febbrili che si verificano a giorni alternati **II sf.** forma di febbre malarica che insorge ogni terzo giorno || **N.** quartana.

terzanèlla [da *terzana*; 1840] **sf.** qualità scadente di seta, ottenuta da bozzoli avariati o incompleti (a causa della morte del baco).

terzàre V. TERZIARE.

terzarìa V. TERZERIA.

terzarolàre (pres. *-ólo*) [da *terzarolo*; 1889] **tr.** *T.mar.* diminuire la superficie velica esposta al vento prendendo una o più mani di terzaroli.

terzaròlo [da *terzo*; 1313 *terzeruolo*] **sm.** **1.** *T.mar.* la parte della vela che si serra, diminuendone in tal modo la superficie esposta al vento; i terzaroli sono suddivisi nel senso dell'altezza in più parti, dette *mani di terzarolo*, le quali indicano le porzioni di vela che si possono successivamente serrare **2.** *T.mar.* anticamente, nelle galee, la più piccola delle tre vele latine; nelle navi a tre vele quadre, la più piccola e più alta, usata come vela di fortuna **3.** *T.arm.* e *T.stor.* arma da fuoco dalla canna lunga un terzo di quella dell'archibugio.

terzàvolo [comp. di *terzo* e *avolo*; a. 1311] **sm.** (f. *-a*) *raro* trisavolo.

terzèra [etim. inc.; 1961] **sf.** trave di sostegno dei connessi nelle ordinate del tetto.

terzerìa [da *terzo*; 1862 nel senso 2] **sf.** **1.** contratto agrario di colonia, in cui la divisione degli utili tra colono e concedente è in rapporto di 1 a 2 a favore del concedente **2.** *T.agr.* ciclo triennale di rotazione nelle colture, col primo anno a riposo o a maggese || **N.** **1.** colonia, mezzadria.

terzétta [da *terzo*; 1671] **sf.** *T.stor.* e *T.arm.* pistola con canna lunga circa un terzo di quella del moschetto; successivamente, pistola con canna di dimensioni ridotte rispetto alle normali.

terzétto [da *terzo*; 1774] **sm.** **1.** pezzo musicale per tre voci o anche per tre strumenti; trio **2.** insieme di tre cose o persone che hanno in comune una certa caratteristica: *ma che bel terzetto di ladri!* **3.** *lett.* terzina.

terziàre (arc. *terzàre*) (pres. *tèrzio* o *tèrzo*) [dal lat. *tertiāre*; 1891] **tr.** *T.agr.* arare per la terza volta, in senso perpendicolare a quello della volta precedente.

terziàrio (pl. *-ri*) [dal lat. *tertiārius*, che contiene una terza parte; 1879 come sm. nel senso 1] **I agg.** **1.** che occupa il terzo posto in un ordinamento, una serie e sim.; *in part. T.econ. settore terziario* (anche *sm.*), quello che fornisce i servizi; *terziario tradizionale*, la distribuzione e i mezzi pubblici di più antica tradizione; *terziario avanzato*, l'insieme dei servizi (di ricerca, consulenza, progettazione ecc.) indotti dallo sviluppo tecnologico, informatico, industriale e finanziario || *T.geol. era terziaria* (anche *sm.*, *terziario*), quella cenozoica || *T.med.* del terzo stadio di una malattia **2.** *T.chim.* di atomo di carbonio o azoto legato ad altri tre atomi di carbonio || anche di composto contenente un gruppo funzionale legato a un atomo di carbonio o azoto terziario: *alcol terziario* **II sm.** **1.** (f. *-a*) *T.eccl.* laico che appartiene al terzo ordine di una regola monastica: *un terziario francescano* **2.** (f. *-a*) colono che coltiva un terreno a terzeria. **Q.T. *geologia*.**

terziarizzazióne [da *terziario*; 1975] **sf.** *T.econ.* processo di trasformazione socioeconomica che porta a un aumento dell'importanza del settore dei servizi rispetto a quelli della produzione agricola e industriale || *per estens.* prevalenza del settore terziario e delle attività ad esso connesse: *la terziarizzazione dei centri storici.*

terziatùra [da *terziare*; 1595] **sf.** *T.agr.* terza aratura.

terzière [comp. di *terzo* e (*quart*)*iere*; 1865] **sm.** ognuna delle tre parti in cui veniva divisa una piccola città medievale.

terzìglia (pl. *-glie*) [comp. di *terzo* e (*quadr*)*iglia*; 1961] **sf.** **1.** schieramento ginnico o militare di tre persone che si affiancano l'una all'altra sulla stessa linea **2.** nel gioco del tamburello e del pallone a bracciale, squadra di tre persone.

terzìglio (pl. *-gli*) [dallo sp. *tresillo*, dim. di *tres*, tre; 1865] **sm.** *T.gioc.* gioco di carte, simile al tressette, che però si gioca in tre || **N.** *Sin.* calabresella.

terzìna [da *terzo*; a. 1585] **sf.** **1.** *T.lett.* strofa di tre versi, generalmente endecasillabi, detta anche *terza rima* o *terzina dantesca* (per l'uso che ne fece Dante nella *Commedia*); perlopiù i versi rimano come segue: il primo e il terzo tra loro, e il secondo col primo e terzo della terzina successiva, e così di seguito (terzina incatenata); nel canto dantesco, il secondo verso dell'ultima terzina rima con un verso isolato che chiude il componimento **2.** *T.mus.* figura ritmica basata sulla suddivisione in tre parti uguali di un valore di durata **3.** *ant.* terno nel gioco del lotto || **N.** ternario. **Q.T.** *metrica.*

terzinàre [da *terzina*; 1965] **tr.** *T.mus.* arrangiare o eseguire un brano secondo un ritmo a terzine.

terzìno [da *terzo*; 1865 nel senso 2; 1909 nel senso 1] **sm.** **1.** *T.sport.* in una squadra di calcio, ciascuno dei due giocatori di terza fila con compiti prevalentemente difensivi **2.** misura che tiene la terza parte di un fiasco.

tèrzo [lat. *tertius*; sec. XIII come sm. nel senso 2] **I agg.** *num. ord.* di 3 che, in una successione, viene subito dopo il secondo: *è arrivato terzo, la terza classe, Enrico III* || *terza rima*, terzina || *terz'ordine*, congregazione di secolari che, pur rimanendo laici, seguono la regola di un ordine religioso || *il terzo stato*, la borghesia nel periodo della Rivoluzione francese || *la terza Italia*, l'Italia del Risorgimento rispetto a quella romana e a quella comunale-rinascimentale || *T.pol. Terzo Mondo*, denominazione collettiva di nazioni e regioni (dell'Africa, Asia e America Latina) caratterizzate da sottosviluppo economico || *Terzo Reich*, il regime nazista rispetto al Sacro Romano Impero e all'Impero guglielmino || *terza forza*, forza politica che si propone di inserirsi in posizione intermedia tra due schieramenti antagonistici; in Italia, in questo dopoguerra, insieme dei partiti di democrazia laica || *T.giorn. terza pagina*, la terza pagina del giornale, che è di solito dedicata alla cultura || *T.aut. terza velocità*, una delle posizioni del cambio dell'automobile || *terzo grado*, nell'alpinismo e nel canoismo, il terzo livello di difficoltà: *passaggi di terzo grado* || *interrogatorio di terzo grado* o, *per meton. terzo grado*, interrogatorio estremamente pressante cui un sospetto è sottoposto dalla polizia o, *iperb.*, ogni interrogatorio insistente || *fig.* nella loc. *di terz'ordine*, di qualità, di tipo molto scadente: *un locale di terz'ordine* || *la terza parte di qualcosa*, una delle tre parti uguali in cui si può dividere qualcosa: *mi spetta la terza parte dell'eredità, della cifra* **II sm.** **1.** *num. fraz.* la terza parte: *un terzo di 6 è 2* **2.** persona o cosa che occupa il terzo posto in una serie: *il terzo arrivato, voglio il terzo da sinistra* || *in part.* persona distinta rispetto ad altre due già considerate: *domanderemo il giudizio di un terzo* || *T.giur.* chi, pur essendo estraneo a un rapporto giuridico, può tuttavia risentirne gli effetti: *la legge tutela i terzi* || *il terzo incomodo*, persona che interviene inopportuna e non desiderata in mezzo ad altre due || *prov. tra due litiganti il terzo gode*, spesso due che litigano fanno, senza volerlo, il vantaggio di altri || **N.** I TRE.

terzodècimo [dal lat. *tertius decimus*; 1294] **agg.** *num. ord. lett.* tredicesimo, spec. per indicare papi o sovrani.

terzogènito [comp. di *terzo* e *genito*; a. 1667] **agg.** e **sm.** (f. *-a*) che o chi è nato per terzo.

terzòlo V. TERZUÒLO[1] e TERZUÒLO[2].

terzomondìsmo [da *terzo mondo*; 1973] **sm.** *T.pol.* atteggiamento di simpatia e di sostegno verso i paesi del Terzo Mondo.

terzomondìsta [da *terzo mondo*; 1970] **agg.** e **s.** che, chi sostiene i paesi del Terzo Mondo e simpatizza con le loro esigenze.

terzóne [da *terzo*; 1840] **sm.** **1.** tela da sacco **2.** *T.mar.* sugli antichi velieri, barile per la provvista dell'acqua potabile.

terzùltimo [comp. di *terz*(*o*) e *ultimo*; 1879] **agg.** e **sm.** (f. *-a*) che o chi, in una serie, viene un posto prima del penultimo; il terzo contando dal fondo.

terzuòlo[1] [dal lat. volg. **tertiolus*, che è il terzo di una serie, attr. il fr. ant. *tersol*; a. 1294] **sm.** il maschio degli uccelli da rapina (falchi, astori ecc.).

terzuòlo[2] [da *terzo*; 1869] **agg.** e **sm.** terzo taglio di fieno || *concr.* fieno di terzo taglio || **N.** agostano, maggengo.

tésa [da *teso*; a. 1597 nel senso 1; 1623 nel senso 2] **sf.** **1.** atto ed effetto del tendere, com. solo come *T.cacc.*, rif. al tendere le reti: *far la tesa* || *per estens.* lo spazio di terreno su cui si tendono le reti da caccia **2.** parte del cappello, intera o in più parti, che si protende intorno alla cupola: *cappello a larghe tese* **3.** antica unità di misura di lunghezza, oscillante tra 1 m e 70 cm e i 2 m, pari all'apertura delle braccia tese || **N.** **2.** *Sin.* ala, falda | morbida, rigida.

tesafili [comp. di *tesa*(*re*) e *fil*(*o*); 1961] **sm.** *inv.* utensile a ganasce che, posto in cima a una lunga pertica, serve a far superare ai fili conduttori delle linee elettriche o telefoniche aeree eventuali ostacoli, o per collocarli sugli appositi sostegni.

tesàggio (pl. *-gi*) [da *tesare*; 1853] **sm.** l'operazione del tendere cavi metallici.

tesàre (pres. *téso*) [lat. volg. **tensāre*; 1614] **tr.** rif. a funi, cavi e sim., tenderli fino a far loro raggiungere la tensione voluta; *tesare a ferro*, tirare una corda fino a darle quasi una rigidità metallica || *T.mar.* tirare una corda fino a darle la tensione voluta, detto in part. delle manovre correnti (per le manovre dormienti si dice *arridare*); anche, di vela, stenderla in modo tale da diminuire per quanto è possibile la curvatura che le dà il vento || **N.** *Sin.* stendere, TENDERE.

tesàta [da *tesare*; 1940] **sf.** tratto di cavo e sim. teso tra due elementi di sostegno consecutivi || **N.** catenaria.

tesatùra [da *tesare*; 1963] **sf.** atto ed effetto del tesare.

teṣaurizzàre [dal lat. tardo *thesaurizāre*, gr. *thēsaurízein*; a. 1306] **intr.** (aus. *avere*) accumulare denaro, metalli preziosi e sim. rinunciando a impiegarli in investimenti produttivi || **tr.** *fig.* custodire per il momento opportuno: *tesaurizzare i* (ma, più com., *far tesoro dei*) *preziosi consigli degli amici.*

teṣaurizzazióne [da *tesaurizzare*; a. 1712] **sf.** atto ed effetto del tesaurizzare (anche, ma meno com., *fig.*).

teṣàuro [dal lat. *thesaurus*, gr. *thēsaurós*; a. 1348] **sm.** **1.** *arc.* tesoro **2.** vocabolario o lessico storico di una lingua.

tèschio (pl. *-schi*) [lat. volg. **testulum*, dim. di *testu*, coperchio, vaso di terracotta; 1313] **sm.** l'insieme delle ossa del capo; cranio || *dim.* teschiétto; *accr.* teschióne.

tèṣi [dal lat. *thesis*, gr. *thésis*, letter. azione di porre; 1598 *tese*] **sf.** *inv.* **1.** proposizione di cui si sostiene la validità rispetto a eventuali posizioni contrastanti: *è una mia tesi, una tesi tutta da dimostrare* || *T.fil.* primo momento, affermativo, del procedimento dialettico || *T.mat.* proposizione la cui validità è dimostrata logicamente a partire da un insieme di ipotesi o assiomi || *per estens.* il testo che costituisce l'argomentazione di una tesi || *in part. tesi di laurea*, dissertazione scritta su un dato argomento che il laureando presenta alla fine dei corsi universitari **2.** *T.metr.* nella metrica greca indica quella metà del piede che si pronunziava con maggiore forza; e *arsi* era la metà più debole; nella metrica latina era invece l'opposto, arsi la parte forte e tesi la debole **3.** *T.mus.* tempo forte di una battuta, in contrapposizione ad *arsi*, il tempo in levare; tempo in battere || *dim.* tesina || **N.** **1.** asserzione, proposizione | confutare, convalidare, demolire, dimostrare, enunciare, formulare, invalidare, provare, sostenere, sviluppare, svolgere | antitesi, sintesi.

teṣìna (*dim.* di *tesi*) [1961] **sf.** nome che si dà alle brevi dissertazioni che in certe facoltà universitarie precedono la tesi di laurea e che, di solito, sono svolte soltanto oralmente.

tèsla [dal n. proprio N. *Tesla*, fisico croato; 1974] **sm.** unità di misura dell'induzione magnetica, coincidente con l'unità weber al metro quadro.

teṣmofòrie [dal lat. *thesmophoria*, neutro pl., gr. *thesmophória*; 1821] **sf.** *pl.* *T.stor.* feste dedicate alla dea Demetra (detta "Tesmofora", ossia "apportatrice delle norme sociali") celebrate dalle donne dell'antica Atene.

teṣmotèta [dal gr. *thesmothétēs*; a. 1604] **sm.** *T.stor.* custode delle leggi; titolo che si dava in Atene a ciascuno dei sei arconti che erano custodi delle leggi e presiedevano alla loro revisione.

téso (*pps.* di *tendere*) [1309] **agg.** **1.** che è in tensione; tirato: *corda tesa, arco teso* || *fig.* soggetto a tensione nervosa: *è sempre molto teso; avere i nervi tesi*, per ira, per impazienza, per ansia; *rapporti tesi*, rapporti che sono quasi ostili **2.** *per estens.* non piegato, non flesso: *gambe tese* **3.** *per estens.* proteso, allungato in una direzione: *mano tesa*, per stringere quella di qualcuno (in segno di saluto), per chiedere l'elemosina e sim.; *orecchie tese*, pronte e attente a captare ogni minimo rumore || *fig.* interamente rivolto a un fine: *gareggiare con lo spirito teso alla meta* || **N.** **1.** *Contr.* allentato, disteso, rilassato.

teṣoreggiaménto [da *tesoreggiare*; 1961] **sm.** atto ed effetto del tesoreggiare || *T.econ.* accumulo improduttivo di beni da parte dei privati; tesaurizzazione.

teṣoreggiàre (pres. *-éggio*) [da *tesoro*; a. 1667] **intr.** (aus. *avere*) tesaurizzare, accumulare beni di riserva || *fig.* far tesoro di qualcosa.

teṣorerìa [da *tesoro*, sul modello del fr. *trésorerie*; a. 1604] **sf.** ufficio di un'amministrazione pubblica o privata preposto ai movimenti di denaro (incassi, pagamenti ecc.): *tesoreria centrale, provinciale*, nell'amministrazione statale || **N.** cassa, erario.

teṣorière [da *tesoro*, sul modello del fr. *trésorier*; 1865] **sm.** (f. *-a*) amministratore dei fondi nelle casse di enti, società e sim., pubblici e privati || **N.** amministratore, cassiere.

teṣorizzàre **intr.** (aus. *avere*) *non com.* V. TESAURIZZARE.

tesorizzazióne **sf.** *non com.* V. TESAURIZZAZIONE.

teṣòro [lat. *thesāurus*; 1295 nel senso 2] **sm.** **1.** grande quantità di oggetti preziosi accumulati e conservati con cura: *il vecchio baule conteneva il tesoro dei pirati* || nella loc. fig. *far tesoro* *di qualcosa*, spec. rif. a cosa astratta, serbarla come se si trattasse di un tesoro: *farò tesoro dei tuoi consigli* || *per estens. iperb.* grossa somma di denaro: *vale, costa un tesoro*; anche, grandi ricchezze: *ha accumulato un tesoro, possiede immensi tesori* **2.** *fig.* ricchezza naturale o artistica: *i tesori del sottosuolo, dell'arte romanica* || persona carissima, cui si tiene molto: *tu sei il mio tesoro*; anche per indicare persone di gran valore (spec. riferendosi al loro carattere, alla loro disponibilità, alla loro efficienza e sim.): *è un tesoro di figlia, ha una segretaria che è un tesoro* **3.** erario pubblico, ricchezza appartenente alla comunità e custodita dallo stato: *Ministero del Tesoro, buoni del Tesoro* **4.** gli oggetti di valore custoditi in chiese e sim. (arredi sacri, reliquie, opere d'arte ecc.) || *per meton.* il luogo in cui vengono custoditi: *visitare il tesoro del duomo* **5.** *T.stor.* e *T.lett.* spec. nel Medioevo, titolo di opere di carattere enciclopedico (in quanto deposito di sapienza): *il Tesoro di Brunetto Latini* || *dim.* tesorétto, tesorùccio, tesorìno; *accr.* tesoróne || **N. 1.** gemme, gioielli, monete, pietre preziose.

tessàlico (pl. *-ci*) [dal lat. *Thessalicus*, gr. *Thessalikós*; 1840] **I** ***agg.*** della Tessaglia, regione dell'antica Grecia **II** ***sm.*** (solo *sing.*) il dialetto della Tessaglia.

tèssalo [dal lat. *Thessalus*, gr. *Thessalós*; 1840] **I** ***agg.*** della Tessaglia **II** ***sm.*** (f. *-a*) abitante della Tessaglia.

tessàno ***agg.*** e ***sm.*** *raro* texano.

tessellàto [dal lat. *tessellātum* (*pavimentum*), (pavimento) fatto a mosaico; 1840] ***agg.*** a mosaico, composto di piccole tessere perlopiù quadrangolari.

tèssera [dal lat. *tessera*, letter. un pezzo quadrato di legno o pietra; 1614 nel senso 1; 1940 nel senso 2] ***sf.*** **1.** cartoncino recante nome, generalità e, spesso, la fotografia di una persona; ha funzione di documento di riconoscimento e attesta, a seconda dei casi, l'appartenenza del possessore a gruppi, partiti, associazioni ecc., il suo diritto a fruire di un particolare servizio, a godere di particolari diritti ecc.: *tessera tranviaria, dell'ordine dei giornalisti*; *smarrire la tessera*; *tessera annonaria*, spec. in periodo bellico, scheda con appositi tagliandi per il prelievo dei generi alimentari a ciascuno assegnati || *T.stor.* oggetto a forma di moneta o placchetta quadrangolare usata, fin dall'antica Roma, per usi analoghi a quelli attuali **2.** elemento perlopiù cubico, in pietra o pasta vitrea, per la composizione di mosaici **3.** *T.gioc.* ciascun elemento del domino || *T.stor. tessera lusoria*, dado da gioco || *dim.* tesserìno || **N. 1.** esibire, mostrare, richiedere, rinnovare.

tesseraménto [da *tesserare*; 1918 nel senso 2; 1955 nel senso 1] ***sm.*** **1.** atto del tesserare **2.** razionamento.

tesseràndolo [dal fr. *tisserand*; a. 1348] ***sm.*** (f. *-a*) *ant.* tessitore.

tesseràre (pres. *tèssero*) [da *tessera*; 1940] ***tr.*** **1.** munire di tessera; *in part.* iscrivere una persona a un partito politico, a un sindacato e sim., consegnandole la tessera che prova tale iscrizione **2.** razionare viveri o altri generi di consumo, mediante la distribuzione di tessere che ne consentono l'acquisto in dosi limitate: *tesserare la benzina, il pane.*

tesseràto (*pps.* di *tesserare*) [1918] **I** ***agg.*** **1.** di persona, munito di tessera **2.** di cosa, sottoposta a tesseramento: *burro tesserato* **II** ***sm.*** (f. *-a*) chi ha la tessera di un partito, un sindacato, un'associazione ecc., essendovi iscritto. **Q.T.** *politica.*

tèssere (pres. *tèsso*; p.rem. *tesséi, tessésti, tessé*; pps. *tessùto*) [lat. *texere*; 1308] ***tr.*** **1.** intrecciare nel telaio per mezzo della spola i fili della trama con quelli dell'ordito per formare un tessuto: *tessere il panno, una tela* **2.** *per estens.* intrecciare tra loro vari elementi: *il ragno tesse la sua ragnatela* **3.** *fig.* elaborare, organizzare secondo una struttura ordinata, regolare: *tessere un discorso*; *in part.* ordire, macchinare: *tessere congiure, frodi.* **Q.T.** *tessitura.*

tesserìno (*dim.* di *tessera*) [1977] ***sm.*** piccola tessera; *in part.* documento di riconoscimento che permette di usufruire di determinati servizi: *tesserino ferroviario, tesserino mensa.*

tèssile [da *tessere*, con influsso di *testile*; 1858] **I** ***agg.*** **1.** che riguarda la tessitura: *industrie, piante tessili* **2.** che serve per tessere, che si può adoperare per tessere: *fibre tessili* **II** ***s.*** **1.** chi lavora nelle industrie tessili: *i tessili scioperarono* **2.** (solo *m.*) il settore merceologico della produzione dei tessuti: *la crisi del tessile.* **Q.T.** *tessitura.*

tessitóre [da *tessere*; 1298] ***sm.*** (f. *-trìce*) chi, per mestiere, tesse || *fig.* meno com., orditore: *un abile tessitore di menzogne* || *per anton.* il Conte di Cavour. **Q.T.** *tessitura.*

tessitorìa [da *tessitore*; 1940] ***sf.*** *non com.* opificio per la tessitura; bottega di tessitore.

tessitùra [da *tessere*; 1640] ***sf.*** **1.** operazione del tessere: *la tessitura del lino* || anche l'effetto e il modo del tessere: *la tessitura è mal fatta*; *tessitura a mano, a macchina, fitta, rada* || anche lo stabilimento in cui si tesse **2.** *per estens.* lavoro di intreccio di vari elementi: *la tessitura di una stuoia* **3.** *per estens.*, anche *fig.*, struttura, composizione degli elementi costituenti un oggetto: *tessitura di una roccia*, disposizione dei minerali componenti || *la tessitura di un discorso*, il modo in cui esso è composto || *T.mus.* l'estensione delle note, dalla più acuta alla più grave di una voce o di uno strumento || **N. 2.** *Sin.* intreccio, trama. **Q.T.** *tessitura* **TAV.** *tessitura.*

tessutàle [da *tessuto*; 1942] ***agg.*** *T.anat.* del tessuto || *terapia tessutale*, terapia che prevede l'innesto di tessuti sani per stimolare i processi vitali di un organo malato.

tessùto (*pps.* di *tessere*) [a. 1612 nel senso 1; 1861 nel senso 3] ***sm.*** **1.** prodotto della tessitura, stoffa, manufatto tessile: *sfilacciare un tessuto, tessuti di lana* **2.** *per estens.* anche *fig.*, prodotto non tessile risultante dall'intreccio di vari elementi: *il tessuto politico-sociale di una nazione, un tessuto di menzogne* **3.** *T.biol.* complesso di cellule della stessa specie che formano i vari organi del corpo animale o vegetale: *tessuto muscolare*; *tessuto epiteliale*, i cui elementi costituiscono l'epitelio; *tessuto connettivo*, i cui elementi sono uniti da una sostanza amorfa detta intercellulare; *tessuto insulare del pancreas*, l'insieme delle isole del Langerhans || **N. 1.** panno, stoffa, tela. **Q.T.** *tessitura* **TAV.** *tessitura* 2.9; ***anatomia* p. 642** 11.

tèst [dall'ingl. *test*, letter. recipiente di terracotta usato dagli alchimisti per saggiare la purezza dell'oro, poi quesito; 1940] ***sm.*** *inv.* prova, saggio, esperimento: *test atti a rilevare il grado di inquinamento delle acque* || *T.psic.* esperimento atto a rilevare (quantitativamente o qualitativamente) il possesso di particolari capacità o attitudini dei soggetti che vi sono sottoposti; reattivo mentale: *test d'intelligenza, attitudinali, comportamentali* || *T.med.* esperimento atto a rilevare particolari condizioni fisiologiche: *test di gravidanza*; *test di Papanicolau* (o *pap test*), volto ad accertare l'eventuale presenza di tumori all'apparato genitale femminile ed eseguito mediante esame dello striscio vaginale || *fig.* prova: *quell'incarico costituì per lui un importante test.*

tèsta [lat. *testa*, letter. conchiglia, poi vaso di terra, cranio; 1295] ***sf.*** **1.** *T.anat.* parte del corpo animale, unita al tronco per mezzo del collo, contenente l'encefalo e il tratto iniziale dell'apparato digerente e respiratorio, sede dei principali organi periferici di senso: *girare la testa*; *dalla testa ai piedi*, completamente; *tagliare la testa*, decapitare; nel modo di dire *fig. tagliare la testa al toro*, troncare con decisione una questione **2.** *per restr.* il capo umano: *mal di testa*, cefalea, emicrania; *testa grossa, piccola*, rispetto al resto del corpo (v. MACROCEFALO, MICROCEFALO); *testa rotonda, a pera* || *T.mus. voce di testa*, nella tecnica vocale, voce che sfrutta le cavità di risonanza più alte della maschera facciale; *scuotere la testa*, in segno di disappunto; *coprirsi la testa, portare il cappello in testa*; *segnare un gol di testa, colpire il pallone di testa*; *fig. chiedere la testa di qualcuno*, esigere le sue dimissioni, che sia allontanato dalla posizione che occupa; *fig. rimetterci la testa*, la vita; *tener testa a qualcuno*, affrontarlo e resistergli, freq. *fig.*: *in una discussione tiene testa a chiunque* || in molte espr. e loc. fig. in cui la testa è considerata sede delle facoltà mentali: *avere in testa*, avere in mente; *far entrare in testa*, far apprendere, far capire; *mettersi qualcosa in testa*, convincersi di qualcosa: *quando si è messo in testa qualcosa, nessuno glielo leva*; *mettere in testa*, suggerire e sim.: *ma chi ti ha messo in testa una simile assurdità?*; *rompersi la testa su qualcosa*, scervellarsi; *togliersi qualcosa dalla testa*, rinunciare a fare qualcosa o, anche, convincersi che qualcosa non è vero; *fig. colpo di testa*, atto, azione poco meditata, impulsiva; *di testa propria* (*mia, sua* ecc.), in base alle proprie opinioni (e non a quelle di altri); *alzare, abbassare la testa*, anche, *fig.*, reagire, ribellarsi o, al contrario, cedere, rassegnarsi; *a testa alta, bassa*, anche, *fig.*, ostentando orgoglio, fierezza o, al contrario, con un atteggiamento di rassegnazione, umiltà, vergogna e sim.; *montarsi la testa*, illudersi di poter raggiungere una meta molto al di sopra delle proprie capacità; *avere testa per qualcosa*, esservi portato: *non ha testa per la matematica*; *avere la testa a posto, sulle spalle*, essere una persona assennata, ragionevole; *perdere la testa*, perdere il controllo; *perdere la testa per qualcuno*, innamorarsene; *avere la testa nelle nuvole*, essere distratto, fantasticare; *fare le cose senza* (*metterci la*) *testa*, senza rifletterci sopra; nel prov. *chi non ha testa metta gambe*, chi è sbadato, irriflessivo e sim. è obbligato a essere molto veloce (sott. per avere il tempo di rifare le cose fatte malamente) || *per meton.* per riferirsi alla capigliatura di una persona: *una testolina bionda e ricciuta* || *per meton.* per riferirsi all'intera persona, al singolo individuo, spec. nella loc. *a testa*, ciascuno: *pagammo mille lire a testa*; spesso in espr. fam. riferite al carattere o alle attitudini dell'individuo: *è veramente una testa*, alludendo a una persona molto intelligente o anche a una molto testarda; *testa calda*, persona irrequieta, esagitata, portata dalle proprie idee, convinzioni politiche o sim. a cadere in eccessi; *testa dura*, persona cocciuta o anche incapace di apprendere; *testa di legno*, persona dura di comprendonio; *testa di cavolo, di rapa*, stupido; riferito alla sua funzione direttiva, di guida *è lui la testa del gruppo*, o alla sua carica (in quanto simboleggiata da copricapi od ornamenti per il capo particolari): *testa coronata*, re, sovrano || *teste di cuoio*, membri di un nucleo operativo militare o di polizia appositamente addestrato per azioni di controguerriglia (così chiamati per estens. dalla denominazione dei membri del nucleo operativo della Repubblica Federale Tedesca, dotati di un particolare copricapo con rifiniture in cuoio) **3.** *per estens.* raffigurazione di una testa: *una testa di Medusa scolpita*; *testa di turco*, capro espiatorio (dall'antico gioco in cui si usava come bersaglio un pupazzo raffigurante un saraceno) || *in part. T.num.* rappresentazione di una testa (spec. umana) sul dritto di monete, medaglie e sim.; *per estens.* il lato dritto stesso; *testa o croce*, gioco d'azzardo, usato spec. come procedura di sorteggio, consistente nel lanciare in alto una moneta e indovinare quale faccia, una volta ricaduta a terra, sarà rivolta verso l'alto **4.** *per estens.* (anche *fig.*) denominazioni di vari dispositivi, elementi di strutture ecc. simili (per forma, posizione, funzione ecc.) alla testa (nel senso 1) ‖ *in part.* estremità tondeggiante di un elemento a struttura lineare: *testa d'aglio, la testa di una cometa; la testa di uno spillo, di un chiodo, di un fiammifero,* la capocchia; *la testa di un fungo,* il cappello; *testa di una nota,* nella notazione musicale, la sua parte tondeggiante; *taglio in testa,* lineetta che attraversa la testa della nota quando questa è sopra o sotto il rigo; *T.anat. testa dell'omero, del femore* ‖ *in part.* estremità superiore di un elemento, di una pagina e sim., in opposizione a *calce*: *la data va scritta in testa, la firma in calce* ‖ *in part.* elemento anteriore, iniziale: *la testa del corteo; la testa di una graduatoria, di una classifica* e sim., le prime posizioni; *testa di serie,* in un torneo di tennis a eliminazione, ciascuno dei giocatori che vengono esclusi dal sorteggio, in modo da non incontrarsi tra loro nei primi turni ‖ nella loc. *in testa,* davanti, all'inizio, anche *fig.*: *con uno scatto il campione è passato in testa* (*a tutti gli altri concorrenti*), *quel disco è stato per sei mesi in testa alla classifica* ‖ *T.aut. testa-coda* (v.) ‖ *T.chim.* il prodotto iniziale di un distillato ‖ *T.cin. titoli di testa* (in opposizione a *titoli di coda*), quelli impressi nella parte iniziale di una pellicola cinematografica ‖ *T.mil. testa di ponte,* zona occupata da un'avanguardia immediatamente al di là di un corso d'acqua sul quale si sta costruendo un ponte o che le truppe stanno attraversando (anche *fig.*) ‖ *in part.* elemento di contenimento, di rivestimento e sim.: *testa di un siluro,* la parte contenente l'esplosivo e i dispositivi per la teleguida ‖ *T.aut.* nei motori a combustione interna, testata; *battere* (o *picchiare*) *in testa,* rif. ai colpi secchi che, in un motore a scoppio, si avvertono quando, essendo innestata una marcia troppo alta, il motore perde giri ‖ *T.bot.* rivestimento, spesso lignificato, del seme ‖ *legno di testa,* tagliato trasversalmente rispetto alla venatura ‖ *dim.* testìna, testolìna; *accr.* testóna, testóne; *pegg.* testàccia ‖ **N. 1.** *Sin.* capo, cocuzza, zucca | cranio, cuoio capelluto, faccia, fronte, muso, nuca, scalpo, tempie, teschio, viso, volto | abbassare, alzare, chinare, girare, inclinare, piegare, reclinare, scuotere, sollevare; accennare, annuire, tentennare | bernoccolo, capogiro, cefalea, emicrania, encefalite, forfora, natta, tigna. **Q.T.** *anatomia* **TAV.** *motori* 3.6; ***mammiferi*** **p. 1318** 1.8; ***utensili*** **p. 1340** 7.7a, 10.1, 10.2, 12, 14.1.

testàbile [da *testare*[1]; 1745] ***agg.*** *non com.* che può essere materia di testamento.

testàceo [dal lat. *testāceus,* fatto di mattoni, crostaceo; 1598] ***agg.*** di mollusco, fornito di conchiglia ‖ *per estens.* di alcuni insetti che ricordano, per forma e colore, le conchiglie dei Bivalvi ‖ *membrana testacea,* quella di colore

TESSITURA

1

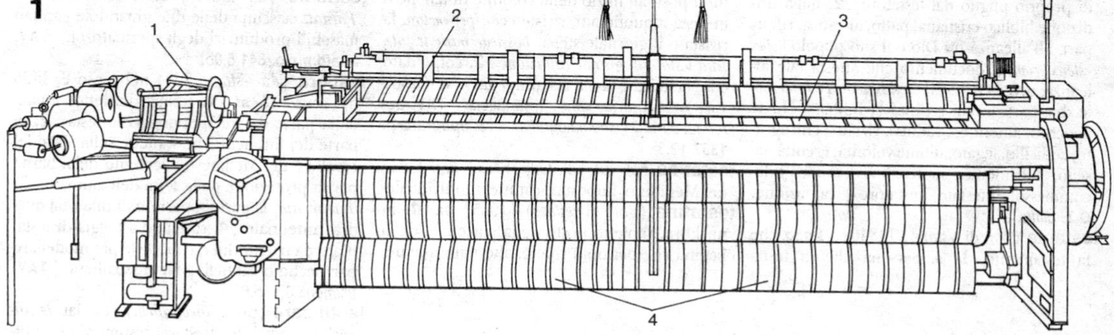

2

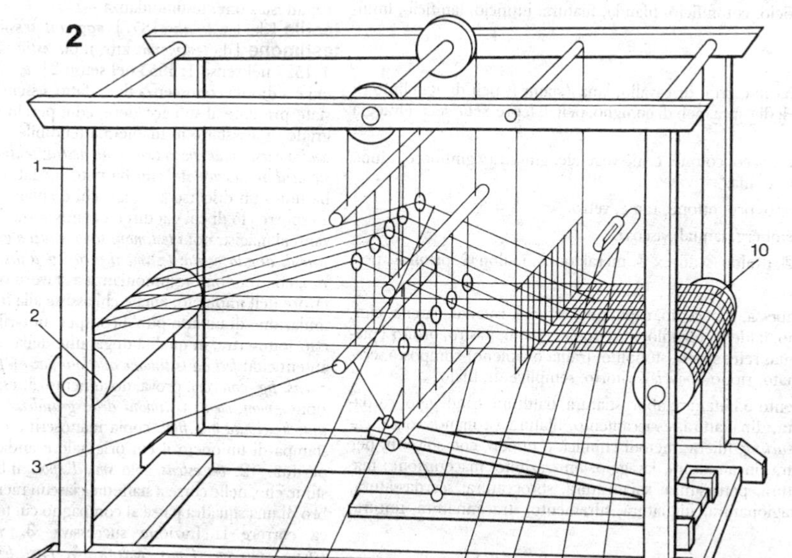

3

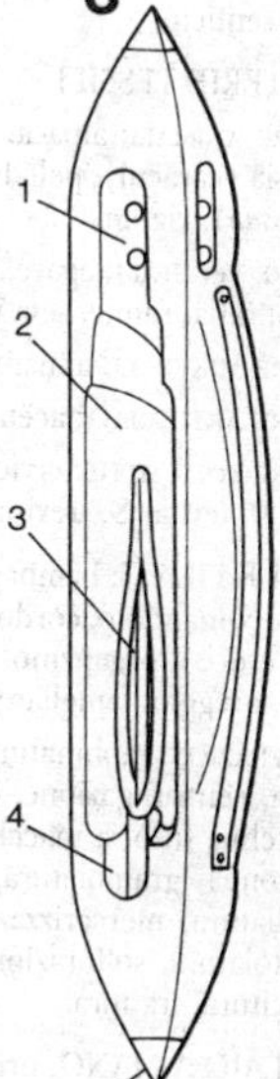

1. telaio meccanico a proiettili
1.1. porgitrama - 1.2. licci - 1.3. pettine - 1.4. doppio subbio

2. telaio a mano
2.1. castello - 2.2. subbio - 2.3. licciolo - 2.4. filo ordito - 2.5. maglie del liccio - 2.6. pettine - 2.7. navetta - 2.8. filo della trama - 2.9. tessuto - 2.10. subbio del tessuto

3. navetta
3.1. maglia - 3.2. fusello - 3.3. bobina - 3.4. occhio della navetta - 3.5. punta metallica

madreperlaceo che riveste la parete interna delle uova degli Uccelli || **N.** *Sin.* ostreaceo.

tèsta-códa o **testacóda** [comp. di *testa* e *coda*; 1965] **sm.** *inv.* sbandamento in seguito al quale un autoveicolo finisce col trovarsi rivolto in senso opposto a quello in cui procedeva: *fare un testa-coda.*

testàgnolo [da *testa*; 1961] **sm.** ciascuno dei due cerchi che reggono il fondo di un barile; in opp. a quelli che reggono il corpo e si chiamano *corpaccioli.*

testamentàre (pres. *-énto*) [da *testamento*; a. 1698] **intr.** (aus. *avere*) *arc.* testare.

testamentàrio (pl. *-ri*) [dal lat. *testamentārius*; a. 1404] **agg.** **1.** di testamento; fissato, disposto per testamento: *successione testamentaria, esecutore testamentario* **2.** che si riferisce al Vecchio o al Nuovo Testamento.

testaménto [dal lat. *testamentum*; 1308] **sm.** **1.** atto revocabile con cui un individuo dispone, per quando avrà cessato di vivere, di tutte le proprie sostanze o di parte di esse in favore di una o più persone: *testamento nullo, valido, pubblico, fare testamento, impugnare un testamento; testamento olografo,* scritto e sottoscritto di proprio pugno dal testatore **2.** nella tradizione biblico-cristiana, patto, alleanza, rif. in part. all'alleanza tra Dio e il suo popolo || *per estens. com.* il documento che attesta tale alleanza, ovvero *il Vecchio e il Nuovo Testamento,* le due parti in cui è divisa la Bibbia || **N.** **1.** apocrifo, autentico, caduco, viziato | chirografo, codicillo, legato, ultime volontà; eredità, lascito, patrimonio, successione | erede, fidecommesso, intestato, testatore | captazione. **Q.T.** *diritto.*

testànte (*ppr.* di *testare*¹) [1840] **I agg.** che fa testamento **II s.** persona che fa testamento.

testardàggine [da *testardo*; 1879] **sf.** qualità di chi è testardo.

testàrdo [da *testa*; 1640] **agg.** che fa di testa sua, senza voler ascoltare i consigli altrui || **testardaménte** **avv.** con testardaggine || **N.** *Sin.* caparbio, cocciuto, inflessibile, ostinato, pervicace.

testàre¹ (pres. *tèsto*) [dal lat. *testāri*, testimoniare; 1313] **intr.** (aus. *avere*) far testamento.

testàre² (pres. *tèsto*) [dal fr. *tester*; 1983] **tr.** **1.** sottoporre a test psicologico **2.** mettere alla prova, esaminare, sperimentare: *testare il nuovo modello di fuoristrada.*

testàta [da *testa*; 1640] **sf.** **1.** estremità, spec. anteriore o superiore: *la testata del letto,* la spalliera; *la testata di un ponte, di una valle,* la parte alta; anche in particolari accezioni tecniche: in un missile, la parte anteriore, munita di una carica di esplosivo o destinata ad essere messa in orbita quando contiene un satellite artificiale: *missile a testata nucleare* || *T.mecc.* nei motori a combustione interna alternativi, parete di chiusura di una o di entrambe le estremità dei cilindri || *T.tip.* e *T.giorn.* insieme dei titoli posti all'inizio delle colonne di tabelle o in testa a quotidiani, riviste ecc.; *per meton.* la rivista o il giornale stessi: *possiede varie testate, una testata di grande tradizione* **2.** colpo dato con la testa || *dim.* testatìna; *accr.* testatóne (*sm.*), testatóna; *spreg.* testatàccia. **TAV.** *aeronautica* 11.2; *cinematografia...* 1.3; *tipografia* **p. 1337** 12.3.

testàtico (pl. *-ci*) [da *testa*; 1775] **sm.** *T.stor.* nel Medioevo, imposta a carattere individuale.

testatìna (*dim.* di *testata*) [1965] **sf.** **1.** in un libro, titoletto posto nella parte alta della pagina che perlopiù ripete, alternativamente, il nome dell'autore e il titolo del libro **2.** intestazione posta in alto al centro di una pagina interna di giornale, per indicare l'argomento della pagina stessa || titolo di una rubrica giornalistica **3.** nei libri antichi, fregio a stampa posto all'inizio del libro in alto nella pagina || **N.** **1.** titolo corrente.

testatóre [dal lat. tardo *testātor, -ōris*; fine sec. XIII] **sm.** (f. *-trìce*) chi fa testamento; testante.

tèste [dal lat. *testis*; 1877] **s.** *T.giur.* testimone: *sentire i testi d'accusa.*

testé [prob. da *teso teso*; 1294] **avv.** *ant. lett.* poco fa, or ora.

tester (ingl., pr. ['testə]; pr. it. ['tester]) [letter. verificatore; 1940] **sm.** *inv.* *T.elettr.* strumento di misura della tensione, della corrente (sia continua, sia alternata) e della resistenza elettrica.

testeréccio (pl. *-ci*) [da *testa*; prima metà sec. XIV] **agg.** *arc.* ostinato, testardo.

testicciòla [da *testa*; a. 1400 *testicciuola*] **sf.** spec. nell'Italia centro-meridionale, testina d'agnello o di capretto macellata.

testicolàre [da *testicolo*; 1750] **agg.** *T.anat.* relativo al testicolo.

testìcolo [dal lat. *testiculus*; 1336 ca.] **sm.** *T.anat.* ciascuna delle due ghiandole genitali maschili produttrici degli spermatozoi. **TAV.** *anatomia* **p. 641** 5.8b.

testièra [da *testa*; a. 1484 nel senso 2; 1598 nel senso 1] **sf.** **1.** testata del letto, situata dalla parte da cui si appoggia la testa **2.** la parte dei finimenti che si mette sulla testa del cavallo || nel Medioevo, elemento della barda per la protezione della testa dell'animale **3.** *T.mar. ant.* la parte superiore di una vela quadra; antennale **4.** sostegno a foggia di testa, usato da parrucchieri e modiste per modellare parrucche o cappelli || **N.** **1.** spalliera. **TAV.** *finimenti* 3.1, 5.6.

testificàre (pres. *-ìfico, -ìfichi*) [dal lat. *testificāri*; sec. XIV] **tr.** attestare, testimoniare: *antichi documenti ne testificano l'autenticità.*

testificaziòne [dal lat. *testificātio, -ōnis*; a. 1396] **sf.** *non com.* atto ed effetto del testificare; attestazione, testimonianza.

tèstile [dal lat. *textilis*; 1857] **agg.** *ant.* tessile.

testimóne [da *testimonio*, attr. il pl. *testimoni*; a. 1527 nel senso 1; 1955 nel senso 2] **s.** **1.** chi è a diretta conoscenza di un fatto, essendo stato presente al suo accadere, ed è perciò in grado di attestarlo in maniera attendibile: *un amico è testimone che io venivo da destra; testimone oculare, auricolare,* che ha visto un fatto o ha udito un discorso || *T.giur.* chi è chiamato a esporre ciò di cui è a diretta conoscenza davanti al magistrato: *i testimoni sono tenuti a giurare di dire la verità; testimoni a carico, a discarico,* che rendono testimonianza a sfavore o a favore dell'imputato; anche chi assiste alla formulazione di un atto pubblico, spec. notarile, e lo sottoscrive, in qualità di garante della sua autenticità: *feci da testimone alle loro nozze* || *per estens. fig. non com.* prova, documento, attestazione: *monumenti testimoni della grandezza di antiche civiltà* || *T.filol.* copia manoscritta o a stampa di un'opera il cui originale è andato perduto **2.** *per estens.* solo *sm.*, *T.sport.* il bastone che, nelle corse a staffetta, ciascun membro di una squadra passa al compagno cui tocca correre la frazione successiva **3.** *per estens.*, solo *sm.*, *T.min.* carota **4.** *T.rel. testimoni di Geova,* setta cristiana fondata nella seconda metà dell'800, che rifiuta la Trinità, predica un'osservanza rigida della Bibbia e attende la restaurazione del regno di Dio (Geova); i suoi membri sono contrari al servizio militare e alle trasfusioni di sangue || **N.** **4.** geovista. **Q.T.** *diritto, filologia...*

testimonial (ingl., pr. [ˌtestɪˈmounɪəl]) [letter. testimoniale; 1979] **sm.** *inv.* messaggio pubblicitario in cui un personaggio famo-

TESSITURA

SINONIMI E VARIE SPECIE: arte del tessere, arte del tessuto, arte tessile; industria tessile, manifattura tessile, tessitoria; canapificio, cotonificio, filanda, filatura, iutificio, lanificio, linificio, setificio.

MATERIE TESSILI.

FIBRE ANIMALI: alpaca, bisso o seta marina, crini di cavallo, lana (stame), peli di agnellino di Persia (caracul), peli di cammello, peli di capra, peli di coniglio, peli di lepre, seta, seta selvaggia (*tussah*), vigogna.

FIBRE VEGETALI: agave, canapa, capoc, cocco, cotone, crine vegetale, ginestra (ginfiocco), iuta, lino, rafia, ramie, seta vegetale, sparto o alfa.

FIBRE MINERALI: amianto, argento, ferro, oro, ottone, rame, vetro.

FIBRE ARTIFICIALI: acetato o raion, bemberg, lanital, viscosa.

FIBRE SINTETICHE: crylon ®, dacron ®, dralon ®, lurex ®, meraklon ®, nailon ®, orlon ®, perlon ®, terital ®, trevira ®.

FILI E FILATI: bambagia, bavella, cabessa, capecchio, capitone, cascame, catarzo, catena, ciniglia, comandolo, cordoncino, cucirino, faldella, filzuolo, fioretto, lucignolo, nastro, ordito (piede, croce), organzino, ovatta, penerata, refe, spago, stoppino, trama o ripieno; composto, crespo, greggio, lamellare, misto, pettinato, riccio (*bouclé*), ritorto, semplice, trafilato.

OPERAZIONI: abbinatura, accoppiamento o binatura, abbrustiatura, battitura, candeggio, cardatura, centrifugazione, cernita, cottura, dipanatura, essiccamento, filatura (a mano: rocca, canocchia, fuso; a macchina: *ring, self-acting,* filiera; metodi chimici: a umido, con solventi, per fusione), gramolatura, imbozzimatura, incannatura, lavaggio, linizzazione, macerazione, maciullatura, mercerizzazione, mondatura, pettinatura, sbiancatura, sbroccatura, scardassatura, scotolatura, solforazione, *splicing,* stagionatura, stigliatura, stiramento, stracannatura, tintura, torcitura, trattura.

TELAIO A MANO: orizzontale, verticale, al tiro; assicina, bacchetta, battenti, brancali o pancone, calcole, canale, cane, cassa, davanzale, girella, involgitoio, licci, licciolo, maestrella, maglie, maglioni, manichetto, navetta (spola, tubetto, fusello), occhielli, panchetta, pettine (denti, crestella), portacassa, ramo, sbarra o pettorale, staggi, subbiello, subbio, tempiale.

TELAIO MECCANICO: con navetta / senza navetta (ad acqua, a getto d'aria, a laser, a pinza, a proiettili); aghi, alimentatore di trama, balestruccio, bilancieri, bobine, cantra, cartone, cercatrama, cilindri, colletti, compensatore, contacolpi, contatore, denti di guida, elastici, freno, fusi, griffa, guardacatena, guardatrama, guidafili, lamelle, leviere, mescolatore di trama, portafili, presentatore di trama, ratiera, regolatore, rocchetti, spoliera, tacchetti, tiralicci.

segue

so garantisce al pubblico la bontà del prodotto ‖ il personaggio famoso stesso.

testimoniàle [da *testimonio*; a. 1604] **I** *agg.* di testimonio: *esame testimoniale* **II** *sm.* *T.giur.* l'insieme dei testimoni addotti da una parte e anche l'insieme delle testimonianze raccolte: *ecco il testimoniale d'accusa.*

testimoniànza [da *testimonio*; 1293 nel senso 2] *sf.* **1.** l'atto del testimoniare e, *concr.*, anche l'effetto, ciò che viene testimoniato: *una testimonianza autorevole, ho reso la mia testimonianza a difesa dell'imputato* **2.** *per estens.* dimostrazione, attestato, prova: *testimonianza di affetto, di stima* ‖ azione o discorso che, pur non avendo efficacia pratica, attesta la presa di posizione di chi lo compie: *un voto di testimonianza, una dichiarazione che ha valore di testimonianza* ‖ **N. 1.** attestato, attestazione, atto di notorietà, deposizione, deposto, dichiarazione, prova | audizione, citazione, confronto, contraddittorio, esame, giuramento, immediato conquesto, interrogatorio. **Q.T.** *archeologia.*

testimoniàre (pres. *-ònio*) [da *testimonio*; 1295] *tr.* e *intr.* (aus. *avere*) **1.** di persone, dichiarare in qualità di testimone, portare la propria testimonianza: *testimoniare il falso, sullo svolgimento dei fatti* ‖ prendere posizione pubblicamente: *testimoniare con l'astensione dal voto il proprio dissenso* **2.** *per estens.* di cose, costituire una prova: *questi documenti testimoniano la sua innocenza* ‖ **N. 1.** *Sin.* affermare, attestare, deporre, portare testimonianza, testificare **2.** *Sin.* attestare, documentare, provare.

testimònio (pl. *-ni*) [dal lat. *testimōnium*, letter. testimonianza; 1295 nel senso 2] *sm.* *ant.* **1.** testimonianza **2.** testimone (nel senso 1), spec. quando non si tratta di un teste in un processo: *testimonio dello sposo.*

testina (*dim.* di *testa*) [1961] *sf.* **1.** *T.mac.* testa di vitello, da mangiare bollita **2.** *per estens.* in particolari accezioni tecniche: parte terminale e sensibile di uno strumento: *testina del rasoio*, parte del rasoio a contatto con l'epidermide, provvista di fori o fessure da cui passano i peli da radere; *testina fonografica* o *fonorivelatore*, l'organo che trasforma in suoni le vibrazioni della puntina a contatto con le ondulazioni del disco; *testina del magnetofono*, dispositivo elettromagnetico per la registrazione, la riproduzione e la cancellazione dei suoni; *testina del proiettore*, organo di lettura della colonna sonora del film.

testista [da *test*; 1980] *agg.* e *s.* di psicologo che si occupa della preparazione, scelta e interpretazione di test psicologici.

tèsto¹ [dal lat. *textus*, letter. intessuto, intrecciato; 1308] *sm.* **1.** il contenuto di uno scritto, l'insieme delle parole che lo compongono: *il testo della lettera*; *testo integrale*, non sottoposto a tagli o modifiche; *tavole fuori testo*, v. TAVOLA; *note, appendici al testo* ‖ l'originale di un'opera tradotta: *edizione con testo a fronte* **2.** *per estens.* opera scritta e, in part., opera cui si riconosce autorità in un determinato campo del sapere: *testi classici*; *testi sacri*, le sacre scritture; *libri di testo*, adottati nell'insegnamento delle varie materie scolastiche ‖ nella loc. *far testo*, essere modello d'indiscutibile autorità ‖ *T.filol.* risultato della trasmissione manoscritta di un'opera: *testo critico*, quello ottenuto gen. dal confronto di più manoscritti allo scopo di ricostruire l'originale **3.** *T.ling.* enunciato linguistico sottoposto ad analisi: *elementi coesivi del testo* ‖ **N. 1.** aggiunta, chiosa, commento, glossa, luogo, nota, passo, postilla. **Q.T.** *filologia...*

tèsto² [lat. *testum*, coperchio di terracotta; a. 1292] *sm.* **1.** piatto rustico o teglia di terracotta o di metallo, senza orlo rilevato, su cui si cuociono focacce, torte e sim. **2.** *arc.* vaso di terracotta per piante ornamentali.

tèsto³ [dal lat. *textus*; 1374] *agg.* *poet. ant.* intessuto, intrecciato.

testolina (*dim.* di *testa*) [a. 1571] *sf.* **1.** piccola testa (nei sensi 1 e 2) **2.** *fig.* *non com.* persona sventata, leggera, capricciosa e sim.

testologia [comp. di *testo* e *-logia*; 1983] *sf.* *T.filol.* nella filologia moderna, il complesso degli studi che consentono di restaurare un testo, trasmesso attraverso una tradizione manoscritta o a stampa.

testóne (*accr.* di *testa*) [1542 nel senso 3] *sm.* **1.** grossa testa (nei sensi 1 e 2) **2.** (f. *-a*) *fig.* ottuso, caparbio, testardo: *non si riesce a far cambiare idea a quel testone* ‖ anche zuccone, testa dura: *non capisce nulla, è proprio un testone* **3.** *T.num.* moneta d'argento coniata nel 1474 a Milano dagli Sforza e poi da molti altri signori italiani, nonché dal papa **4.** *gerg.* un milione di lire.

testosteróne [comp. del lat. *testis*, testicolo, *ster(oide)* e *-one*, sul modello del ted. *Testosteron*; 1942] *sm.* *T.med.* ormone maschile, indispensabile per lo sviluppo dei caratteri sessuali primari e secondari.

testuàle [dal lat. mediev. *textuālis*; sec. XIV nel senso 1; 1865 nel senso 2] *agg.* **1.** relativo al testo, spec. dal punto di vista filologico: *critica, ricostruzione testuale* ‖ *T.ling.* *linguistica testuale*, che studia le unità linguistiche più complesse della frase, cioè i testi **2.** che riproduce esattamente le parole del testo; letterale: *citazione testuale* ‖ *per estens.* che riproduce esattamente le parole dette da qualcuno: *queste sono le sue parole testuali*, cioè riferite tali e quali ‖ **testualménte** *avv.* in maniera testuale, come è scritto nel testo.

testùggine [lat. volg. **testūgo, -inis*, classico *testūdo, -inis*; a. 1292 nel senso 2] *sf.* **1.** nome comune dei Rettili dell'ordine dei Cheloni, rif. spec. alle specie terrestri (quelle acquatiche sono dette *tartarughe*) **2.** *T.stor. mil.* macchina bellica consistente in un ariete protetto da una robusta copertura, sotto la quale i soldati si riparavano durante un assalto alle mura nemiche ‖ copertura di protezione che i soldati antichi formavano con gli scudi per proteggersi dai colpi nemici durante un'avanzata ‖ **N. 1.** tartaruga.

testùra [dal lat. *textūra*; 1532] *sf.* **1.** *non com.* tessitura **2.** *fig.* struttura, intreccio di un'opera artistica: *la testura del componimento.*

testurizzàre o **texturizzàre** [dall'ingl. *texture*, trama, struttura delle fibre; 1969] *tr.* *T.tess.* sottoporre a testurizzazione.

testurizzazióne o **texturizzazióne** [da *testurizzare*; 1969] *sf.* *T.tess.* procedimento termomeccanico effettuato sui fili continui di nylon o di poliestere quando si desideri aumentarne il volume o la morbidezza; i tessuti testurizzati trovano largo impiego nell'abbigliamento e nell'arredamento.

tèta o **thèta** [dal gr. *thêta*, lettura della lettera ϑ; 1840] *sm.* o *sf.* *inv.* nome dell'ottava lettera dell'alfabeto greco.

tetania [da *tetano*; 1929] *sf.* *T.med.* condizione patologica di eccessiva eccitabilità neuromuscolare che scatena reazioni muscolari spastiche.

tetànico (pl. *-ci*) [dal lat. *tetanicus*, gr. *tetanikós*, malato di tetano; 1879] *agg.* di o del tetano: *contrazioni, infezioni tetaniche.*

tètano [dal lat. *tetanus*, gr. *tétanos*, letter. contrazione convulsiva; 1359] *sm.* *T.med.* malattia infettiva determinata da un bacillo che penetra nell'organismo attraverso ferite anche

segue TESSITURA

OPERAZIONI: accavallatura, allicciatura, alzata o passo, apparecchiatura, apprestamento, armatura di un telaio, arresto, battuta, broccatura, cilindratura, colpeggiare, disegno, imporre, intelaiare, invergatura, lancio, legatura, messa in carta, operare, orditura, passata o gittata o mandata, rimessa, sollevare i licci, tessere; accomandolare, apprettatura, asciugamento, calandratura, carminare, cimatura, caratura, damascatura, decatissaggio, finitura, follatura, garzatura, gualcare, incannatura, lavatura, ligiare, lisciatura, manganare, marabuttaggio, marezzare, mordenzatura, pulitura, revisione, sgommatura, spolinatura, stampa, testurizzazione, tintura.

MACCHINE E UTENSILI: accoppiatrici, addoppiatoio, annodatrici, arcolaio o guindolo, asciugatrice, aspo, bobinatrice, calandra, carda, caricatrice, cimatrice, filatoio, garnettatrice, gualchiera, imbozzimatrice, incannatoio, insubbiatrice, lucidatrice, mangano, mercerizzatrice, orditoio, perforatrice, pettinatrice, piegatrice, roccatrice, scardasso, scatolatrice, sfilacciatrice, spazzolatrice, spruzzatrice, stella, stiratoio, torcitrice, tosatrice, vellutatrice.

ADDETTI: abbindolatore, apparecchiatore, attaccafili, avviatore, battilano, cannellaia, cardatore, ciompo, cotoniere, disegnatore, filatore, follatore, follone, gualcheraio, incannatrice, lanaiolo, lanino, licciaio, lisciaiolo, linaiolo, maglierista, orditrice, rammendatrice, rimettitore, ripassatrice, scardassatore, setaiolo, tessili, tessitore, tintore, tiratore, trattore, vellutiere.

SPECIE E VARIETÀ DI TESSUTI: alpaca, *moire*, arazzo, *batik*, batista, bigello, broccatello, broccato, cambrì, canovaccio, *cachemire* o cashmere, casentino, *cheviot*, *chiné*, cotonina, *crépon*, crespo, *cretonne*, damasco, *denim*, diagonale, *faille*, felpa, feltro, flanella, *foulard*, fustagno, *gabardine*, garza, giorgina, *gros*, indiana, *jersey*, laminato, linone, lustrino, merino, mezzalana, mollettone, mussola, mussolina, orbace, organza, organzino, *orléans*, ottomano, panno, pelle d'uovo, *peluche*, percalle, percallina, picché, pizzo, *popeline*, rasatello, raso, rigatino, *reps*, sangallo, sargia, *shantung*, *shetland*, spugna, tabì, taffetà, tela, traliccio, tulle, *tussor*, *tweed*, vigogna, velo, *velours*, velluto, vergatino, *zéphir*.

CARATTERISTICHE E QUALITÀ DEI TESSUTI: accordellato, a coste, a doppia faccia (*double face*), a due diritti, a nido d'ape, affiorato, allucciolato, allumacato, baiadera, *bouclé*, cannellato, cannettato, cangiante, cerato, cesellato, compatto, controtagliato, damascato, doppio, elastico, fantasia, felpato, fine, fitto, *gaufré*, greggio, gualcito, impermeabilizzato, infeltrito, ingualcibile, leggero, liscio, liso, marezzato, *moiré*, morbido, operato, pesante, pettinato, quadrettato, rado, ragnato, rasato, riccio, rigato, ruvido, screziato, spigato, spinato, stampato, trapunto, trasparente, unito.

VOCI ATTINENTI: armatura, bandolo, bordiglione, campo del disegno, chiarella o radore, cimosa o vivagno, diffalcamento, diritto del tessuto, faccia (di ordito, di trama), gomitolo, gugliata, interruzione, mannella, matassa, pezza, rapporto (di armatura, di disegno), riduzione, rovescio del tessuto, scampolo, scoccamento, stoffa, trama lanciata, taglio, titolo.

leggere e superficiali, e si manifesta con spasmodiche contrazioni muscolari estese a tutto il corpo || **N.** siero antitetanico. **TAV. *botanica* p. 661** 1.6.

tête-à-tête (fr., pr. [tɛt a 'tɛt]) [letter. testa a testa; 1863] **sm.** *inv.* colloquio o incontro di due persone da sole.

tête bêche (fr., pr. [tɛt 'bɛ:ʃ]) [comp. di *tête*, testa e *bêche*, ant. *béchevet*, testa a rovescio; 1960] **loc. avv.** e **sm.** *T.filat.* coppia di francobolli non separati tra loro, l'uno capovolto rispetto all'altro, caratteristica delle prime emissioni francesi || **N.** *Sin.* coppia invertita. **TAV.** *filatelia* 3.3.

tetèrrimo [dal lat. *taeterrimus*; 1905] **agg.** *lett. raro* molto tetro, orrido.

tèti[1] (sing. *tèta*) [dal gr. *thêtes*; 1935] **sm. pl.** *T.stor.* nell'antica Grecia, classe sociale formata da cittadini liberi, ma destinati a rimanere privi di proprietà.

tèti[2] (raro lett. *Tètide*[2]) [dal lat. *Thetis, -idis*, gr. *Thétis, Thétidos*, n. della dea del mare; 1707] **sf.** *poet.* (spesso maiuscolo) mare: *e primo corse a fendere / co' remi il seno a Teti* (Monti).

tètico (pl. *-ci*) [dal lat. tardo *theticus*, gr. *thetikós*; 1961] **agg.** **1.** *T.mus.* detto di un tempo in battere o di un disegno melodico che inizia sul tempo forte della misura **2.** *T.fil. disus.* relativo alla tesi, ponendosi prima dell'antitesi e della sintesi.

tètide[1] [dal lat. *Thetis, -idis*, gr. *Thétis, Thétidos*, n. della dea del mare; 1961] **sm.** *T.zool.* tunicato pelagico presente nel plancton mediterraneo.

tètide[2] V. TÈTI.

tètra- [dal gr. *tetra-*] **primo elem.** che, in parole composte dotte e della terminologia scientifica, vale "quattro", "composto di quattro" (per es. *tetracromia, tetraedro*) || in chimica è utilizzato nelle denominazioni di composti caratterizzati dalla presenza di quattro atomi o di quattro radicali uguali (per es. *tetraborato, tetracloruro*).

tetraboràto [da *tetraborico*, con cambio di suff.; 1961] **sm.** *T.chim.* sale o estere dell'acido tetraborico || *tetraborato sodico*, borace.

tetrabòrico (pl. *-ci*) [comp. di *tetra-* e *borico*; 1930] **agg.** *T.chim.* detto di ossiacido del boro, esistente in natura solo sotto forma di sale.

tetrabromùro [comp. di *tetra-* e *bromuro*; 1970] **sm.** *T.chim.* ogni composto chimico costituito da un elemento o gruppo atomico combinato con quattro atomi di bromo.

tetraciclìna [comp. di *tetra-*, *-cicl(o)* e *-ina*, sul modello dell'ingl. *tetracycline*; 1963] **sf.** *T.med.* antibiotico a largo spettro d'azione ma con numerosi effetti secondari.

tetracisesaèdro [comp. di *tetra-*, *cis-* ed *esaedro*; 1931] **sm.** in cristallografia, una delle forme semplici del sistema cubico, consistente in un solido geometrico a 24 facce aventi forma di triangolo isoscele; data la sua forma, è anche detto cubo piramidato.

tetraclorùro [comp. di *tetra-* e *cloruro*; 1908] **sm.** *T.chim.* composto chimico contenente quattro atomi di cloro || *tetracloruro di carbonio*, composto ininfiammabile usato come solvente per estintori d'incendio e in medicina come antielmintico.

tetracoràllo [comp. di *tetra-* e *corallo*; 1957] **sm.** tipo di coralli fossili caratteristici del Paleozoico.

tetracòrdo [dal lat. *tetrachordos*, gr. *tetráchordos*, con quattro corde; 1556 nel senso 2] **sm.** *T.mus.* **1.** antico strumento musicale con quattro corde **2.** successione di quattro suoni congiunti, di cui gli estremi sono a distanza di una quarta giusta (due toni più un semitono); costituì l'unità fondamentale della musica greca.

tetracromìa [comp. di *tetra-* e *-cromia*; 1961] **sf.** tecnica di riproduzione fotomeccanica ottenuta per sovrapposizione dei soli quattro colori fondamentali || **N.** *Sin.* quadricromia.

tètrade [dal lat. *tetra, -adis*, gr. *tetrás, -ádos*; 1961] **sf.** **1.** gruppo di quattro elementi **2.** *T.biol.* gruppo di quattro cellule aploidi derivanti dalla divisione della cellula diploide originaria.

tetradimensionàle [comp. di *tetra-* e *dimensionale*; 1965] **agg.** quadridimensionale.

tetradràmma [dal lat. tardo *tetradrăchmum*, gr. *tetrádrachmon*, di quattro dramme; 1821] **sm.** *T.num.* antica moneta greca di quattro dramme.

tetraèdrico (pl. *-ci*) [da *tetraedro*; 1879] **agg.** di tetraedro, a forma di tetraedro: *una piramide tetraedrica.*

tetraedrìte [comp. di *tetraedro* e *-ite*[2]; 1940] **sf.** *T.min.* solfuro di rame e antimonio; è un minerale che si presenta in cristalli nerastri o rosso porpora ed è importante perché se ne estrae il rame.

tetraèdro [dal gr. *tetraédron*, con quattro facce; a. 1616] **sm.** *T.geom.* poliedro a quattro facce; piramide triangolare.

tetraetìle [comp. di *tetra-* ed *etile*; 1949] **agg.** *T.chim.* di composto contenente quattro gruppi etilici: *piombo tetraetile*, sostanza chimica usata nella raffinazione del petrolio e come antidetonante nella benzina.

tetrafluorùro [comp. di *tetra-* e *fluoruro*; 1911] **sm.** *T.chim.* ogni composto chimico costituito da un elemento o gruppo atomico combinato con 4 atomi di fluoro || *tetrafluoruro di silicio*, gas incolore soffocante ottenuto dalla combinazione dell'acido fluoridrico con la silice.

tetràggine [da *tetro*; 1857] **sf.** qualità di ciò che è tetro.

tetraginìa [comp. di *tetra-* e un der. del gr. *gynḗ*, donna; 1970] **sf.** *T.bot.* presenza di quattro pistilli in un fiore ermafrodito.

tetragonàle [dal lat. *tetragonālis*; 1640] **agg.** che si riferisce a tetragono: *sistema tetragonale*, in cristallografia, il sistema di simmetria caratterizzato dalla presenza di un asse quaternario verticale. **Q.T.** *mineralogia.*

tetragònia [dal gr. *tetragōniá*; 1821] **sf.** pianta erbacea commestibile delle regioni australi, simile allo spinacio.

tetràgono [dal lat. *tetragōnum*, gr. *tetrágōnos*, con quattro angoli; 1321 nel senso 2; 1738 nel senso 1] **agg.** **1.** che ha quattro angoli **2.** *fig.* che è ben saldo, che non cede: *ben tetragono ai colpi di ventura* (Dante).

tetragràmma[1] (pl. *-i*) [dal gr. e lat. *tetragrámmatos*, di quattro lettere; 1961] **sm.** parola formata da quattro lettere || presso gli Ebrei, le quattro lettere dell'alfabeto ebraico che formano il nome di Dio.

tetragràmma[2] [comp. di *tetra-* e *-gramma*, sul modello di *pentagramma*; 1961] **sm.** *T.mus.* rigo musicale formato da quattro linee.

tetralìna [comp. di *tetra-* e (*nafta*)*lina*; 1931] **sf.** *T.chim.* idrocarburo costituito da naftalina idrogenata, usato spec. come solvente.

tetralogìa (pl. *-gìe*) [dal gr. *tetralogía*; a. 1729] **sf.** **1.** *T.teatr.* nel teatro classico greco, complesso di tre tragedie e di un dramma satiresco, con cui i poeti greci si presentavano alla gara teatrale **2.** *per estens.* complesso di quattro opere drammatiche o musicali: *la tetralogia di Wagner.*

tetràmero [comp. di *tetra-* e *-mero*; 1961] **agg.** formato da quattro parti || *T.chim.* di composto la cui molecola è formata da quattro molecole uguali unite fra di loro.

tetràmetro [dal lat. *tetrametrus*, gr. *tetrámetros*, formato di quattro misure; a. 1566] **agg.** e **sm.** *T.metr.* nella metrica classica, verso composto di quattro metri, ciascuno dei quali può essere costituito da uno o due piedi. **Q.T.** *metrica.*

tetrandrìa [comp. di *tetra-* e un der. del gr. *anḗr, andrós*, uomo; 1970] **sf.** *T.bot.* presenza di quattro stami liberi in un fiore.

tetraodónte [comp. di *tetra-* e *-odonte*; 1957] **sm.** *T.zool.* pesce dell'ordine Tetraodontiformi, detto anche *pesce palla*; lungo fino a 70 cm, ha la capacità di immagazzinare aria o acqua nello stomaco e gonfiarsi a dismisura fino ad assumere aspetto tondeggiante.

Tetraodontifórmi (sing. *-e*) [comp. di *tetraodonte* e *-forme*; 1967] **sm. pl.** *T.zool.* ordine di pesci Attinotterigi diffusi in tutti i mari caldi e temperati, caratterizzati da due grossi denti mandibolari e due mascellari: ne fanno parte varie famiglie, fra cui i Tetraodontidi cui appartiene il pesce palla. **TAV. *pesci* p. 1331.**

tetraóne [dal lat. *tetrao, -ōnis*, gr. *tetráōn*, gallo di montagna; 1961] **sm.** *T.zool.* specie di gallinaceo americano della famiglia dei Tetraonidi, con livrea scura, piedi e collo arancione e sacchi membranacei ai lati del collo, detto comunemente *gallo delle praterie.*

Tetraònidi (sing. *-e*) [comp. di *tetraone* e *-idi*; 1961] **sm. pl.** *T.zool.* famiglia di uccelli Galliformi, con maschi più grandi delle femmine, con zone nude ed escrescenze carnose sul collo e sulla testa. **TAV. *uccelli* p. 1339.**

tetrapàk ® [comp. di *tetra-* e ted. *Pak(et)*, pacco; 1970] **sm.** *inv.* tetraedro di carta paraffinata per il trasporto e la conservazione di latte o bibite.

tetrapodìa [dal gr. *tetrapodía*; comp. di *tetra*, tetra e *póus*, piede; 1931] **sf.** *T.metr.* nella metrica greca, successione di quattro piedi, perlopiù uguali: *tetrapodia giambica.*

tetràpoli [dal gr. *tetrápolis*; 1940] **sf.** *inv.* unione politica formata da quattro città.

tetràrca (pl. *-chi*) [dal lat. *tetrarcha*, gr. *tetrárchēs*, che governa quattro distretti; sec. XIV] **sm.** *T.stor.* nell'antichità classica, capo o governatore della tetrarchia, cioè della quarta parte di uno stato || *per estens.* sovrano di uno dei piccoli regni in cui anticamente era divisa la Giudea.

tetrarcàto [da *tetrarca*; 1694] **sm.** *T.stor.* ufficio, dignità e dominio di un tetrarca.

tetrarchìa [dal lat. *tetrarchia*, gr. *tetrarchía*; 1640] **sf.** governo della quarta parte di uno stato o di un dominio suddiviso tra quattro re o governanti: *la tetrarchia voluta da Diocleziano* || *per estens.* governo di un distretto in uno stato diviso in quattro parti; tetrarcato.

tetràrchico (pl. *-ci*) [dal gr. *tetrarchikós*; 1970] **agg.** proprio della tetrarchia, relativo alla tetrarchia: *governo tetrarchico.*

tetràstico (pl. *-ci*) [dal lat. *tetrăstichos*, gr. *tetrástichos*, di quattro file o ordini; a. 1712] **agg.** *T.metr.* che si compone di quattro versi: *strofa tetrastica* || **N.** quaternario, quartina.

tetràstilo [dal lat. tardo *tetrăstylos*, gr. *tetrástylos*, a quattro colonne; 1821] **agg.** *T.arch.* che ha quattro colonne || *in part.* di edificio la cui facciata è ornata di quattro colonne.

tetratòmico (pl. *-ci*) [comp. di *tetra-* e *atomo*; 1961] **agg.** *T.chim.* detto di molecola, gruppo atomico o radicale formato da quattro atomi uguali o diversi || detto di composto ciclico formato da una catena chiusa di quattro atomi.

tetravalènte [comp. di *tetra-* e *-valente*; 1875] **agg.** *T.chim.* di elemento chimico, di cui un atomo ha la capacità di combinarsi con quattro atomi d'idrogeno.

tetravalènza [comp. di *tetra-* e *valenza*; 1940] **sf.** *T.chim.* proprietà di ciò che è tetravalente || **N.** VALENZA.

tètro [dal lat. *tăeter*, 1313] **agg.** **1.** scuro per mancanza di sole e di luce: *cielo tetro, casa tetra* **2.** *per estens.* dall'aspetto fosco, pauroso: *i tetri sotterranei del castello* **3.** *fig.* di persona, cupamente triste: *persona tetra, umore tetro* || *superl.* tetèrrimo.

tètrodo [comp. di *tetra-* e (*elettr*)*odo*; 1950] ***sm.*** *T.elettron.* tubo termoelettronico a quattro elettrodi (catodo, anodo e due griglie) || **N.** VALVOLA.

tetròssido [comp. di *tetra-* e *ossido*; 1961] ***sm.*** *T.chim.* composto binario che contiene quattro atomi di ossigeno || *tetrossido d'azoto,* ipoazotide.

tétta [lat. *titta*; 1308] ***sf.*** *fam.* mammella.

tettaiòlo [da *tetto*; 1865 *tettaiuolo*] ***agg.*** *raro* di topo, che abita sotto i tetti.

tettàre (pres. *tétto*) [da *tetta*; sec. XIV] ***tr.*** e ***intr.*** (aus. *avere*) poppare.

tettarèlla [da *tetta*; 1942] ***sf.*** **1.** coperchietto di gomma forato, che si applica al poppatoio perché il lattante possa succhiare il latte **2.** oggetto simile che si dà al bambino perché possa succhiarlo **3.** nella mungitrice, cilindro metallico, rivestito internamente di gomma, che si applica al capezzolo della mucca da mungere || **N. 2.** *Sin.* ciuccio, ciucciotto, succhiotto. **TAV.** *zootecnia* 17.3.

tétto [lat. *tēctum*; 1319] ***sm.*** **1.** *T.edil.* tipo di copertura per edifici ottenuta perlopiù componendo elementi piani impermeabili inclinati (falde o spioventi): *tetto a padiglione,* formato da quattro spioventi triangolari o da due triangolari e due trapezoidali; *tetto a capanna,* a due falde; *tetto a punta,* se ha fortissima pendenza, come nei paesi nordici; *tetto piano,* orizzontale; *tetto a terrazza,* che serve da belvedere, come nei paesi meridionali; se invece si ha una sola falda inclinata si parla di *tettoia* || nella loc. *a tetto,* proprio sotto il tetto: *finestra, stanza a tetto* || *per meton.* casa: *senza né pane né tetto, il tetto natìo, i senza tetto* **2.** *per estens.* copertura: *il tetto di un'automobile* || *T.alp.* tratto esteso di roccia sporgente su una parete a picco **3.** *per estens.* punto o elemento più elevato; *in part. T.geol.* superficie superiore di un corpo roccioso || *fig.* limite superiore: *se il reddito supera il tetto dei diciotto milioni è previsto un maggior onere fiscale*; *fig. sfondare il tetto,* superare il limite || *dim.* tettino, tettùccio || **N. 1.** copertura, tettoia | a capanna, a cupola, a leggio, a padiglione, a volta; a due, tre, quattro acque | PARTI: arcareccio, capriata, colmo, corrente, correntino, falda, linea di colmo, linea di displuvio, linea di gronda, spina, tavolato, travatura; coppo, embrice, lamiera, tegola | abbaino, comignolo, cornicione, doccia, gronda, grondaia, lanterna, lucernario; mansarda, soffitta, solaio, sottotetto. **Q.T.** *architettura, edilizia* **TAV.** ***automobile* p. 658** 3.45.

tettogènesi [comp. di *tetto*(*nico*) e *genesi*; 1961] ***sf.*** *T.geol.* origine delle strutture tettoniche terrestri.

tettóia [lat. *tectōria,* neutro pl. di *tectōrium,* copertura; sec. XIV-XV] ***sf.*** *T.edil.* copertura a forma di tetto, sostenuta da pilastri, per riparare dalle intemperie e dal sole un luogo aperto: *la tettoia della stazione, del mercato* || **N.** pensilina.

téttola [da *tetta*; a. 1320] ***sf.*** ciascuna delle escrescenze carnose poste ai lati del collo di alcune specie caprine e suine; lacinie: *di tettole dure ornato il gozzo* (D'Annunzio).

tettònica [da *tettonico,* sul modello del gr. *tektonikḗ* (*téchnē*), arte del costruire; 1892] ***sf.*** **1.** *T.geol.* studio della disposizione delle rocce nella formazione della crosta terrestre || *tettonica a zolle,* teoria dei fenomeni di spostamento e deformazione della crosta terrestre secondo cui la litosfera è composta da placche galleggianti sulla parte superiore del mantello, in movimento relativo tra loro e rispetto alle superfici sottostanti **2.** *T.biol.* in istologia, ordinamento a strati dei costituenti di un tessuto. **Q.T.** *geologia.*

tettònico (pl. *-ci*) [dal lat. tardo *tectonicus,* gr. *tektonikós,* che riguarda l'arte di costruire; 1902 *tectonico*] ***agg.*** relativo alla tettonica e ai fenomeni che ne sono oggetto.

tettòsago (pl. *-gi*) [dal lat. *Tectosages*; 1840] ***agg.*** *T.stor.* di un ramo del popolo celtico stanziatosi nella Gallia Narbonese.

tettùccio (pl. *-ci*) (*dim.* di *tetto*) [sec. XIV nel senso 1; 1961 nel senso 2] ***sm.*** **1.** piccolo tetto **2.** struttura di copertura di automobili o altri veicoli: *un modello con tettuccio apribile* || *in part.* la parte superiore della carlinga di un aeromobile che si apre per consentire l'ingresso e l'uscita del pilota. **TAV.** ***automobile* p. 659** 9.1.

tèucrio (pl. *-ri*) [dal lat. *teucrion,* gr. *téukrion,* da *Têukros,* n. del mitico progenitore dei Troiani; 1840] ***sm.*** *T.bot.* pianta erbacea o arbustiva delle Labiate con fiori rosa e frutto composto da quattro acheni, diffusa nelle zone aride e rocciose del bacino del Mediterraneo.

tèucro [dal lat. *Teucrus,* gr. *Têukros,* n. del mitico primo re di Troia; 1840] ***agg.*** e ***sm.*** (f. *-a*) *lett.* troiano, abitante di Troia.

teurgìa [dal lat. *theurgia,* gr. *theourgía*; 1743] ***sf.*** *T.fil.* e *T.rel.* sorta di magia sacra, nata in ambito neoplatonico e poi ripresa nel Rinascimento, con la quale si riteneva di poter costringere la divinità a incarnarsi temporaneamente in un dato oggetto (solitamente una statua).

teùrgica [da *teurgico*; prima metà sec. XIV] ***sf.*** teurgia; magia.

teùrgico (pl. *-ci*) [dal lat. *theurgicus,* gr. *theourgikós*; prima metà sec. XIV] ***agg.*** che si riferisce alla teurgia, di teurgia.

teùrgo (pl. *-gi* o *-ghi*) [dal lat. *theurgus,* gr. *theourgós*; prima metà sec. XIV] ***sm.*** chi pratica la teurgia || *per estens. lett. raro* mago, taumaturgo: *un mondo ideato da un teurgo* (D'Annunzio).

tèutone [dal lat. *Teutones*; 1840] ***s.*** *T.stor.* appartenente a un'antica popolazione germanica che, verso il 120 a.C., invase la Gallia e venne poi annientata dall'esercito di Caio Mario.

teutònico (pl. *-ci*) [dal lat. *Teutonicus*; a. 1667] ***agg.*** **1.** dei Teutoni **2.** *per estens.* germanico: *Ordine Teutonico,* ordine monastico-militare tedesco che, godendo di ampi privilegi papali e imperiali, condusse una feroce lotta contro gli Slavi di Prussia, Lituania, Livonia ed Estonia, ancora pagani, e giunse a crearsi un vero e proprio stato in Prussia e nei Paesi Baltici; declinata la sua potenza, sopravvive oggi con le funzioni originarie di assistenza e di culto **3.** *iron.* o *scherz.* rivolto ai Tedeschi odierni, ne sottolinea attributi considerati tipici, quali la disciplina e la ferrea volontà: *arrivò con teutonica puntualità.*

tèv [sigla ingl. di *tera electron volt,* mille miliardi di volt-elettroni; 1965] ***sm. inv.*** *T.fis.* unità di energia in fisica nucleare pari a un trilione di volt-elettroni.

texàno [dal n. geogr. *Texas*; 1950] **I *agg.*** del Texas **II *sm.*** (f. *-a*) abitante del Texas.

texture (ingl., pr. ['tekstʃə]) [letter. trama, struttura delle fibre; 1985] ***sf. inv.*** *T.art.* irruvidimento della superficie liscia di un materiale, ottenuto mediante riporto di materiale o incisione.

texturizzàre e der. V. TESTURIZZARE e der.

thai o **tài** (pr. it. [tai]) [voce siamese, pervenuta prob. attr. il fr.; 1930] ***sm. inv.*** gruppo di lingue parlate nell'Indocina.

the (pr. [tɛ]) V. TE.

thèrmos V. TÈRMOS.

thesaurus (lat., pr. it. [te'zaurus]; pl. *thesauri,* pr. it. [te'zauri]) [letter. tesoro; 1930] ***sm. inv.*** **1.** vocabolario o lessico storico di una lingua **2.** vocabolario onomasiologico (in cui le parole sono ordinate in base al significato) privo di definizioni || *T.inform.* l'insieme strutturato delle parole-chiave che danno accesso a una banca dati.

thèta V. TETA.

tholos (gr., pr. it. ['tɔlos]) [letter. cupola; 1938] ***sf. inv.*** tipo di costruzione circolare a cupola conica, caratteristica delle primitive civiltà mediterranee (micenea, etrusca, greca ecc.): *tomba a tholos* || *per estens.* qualsiasi costruzione rotonda greca o romana.

thriller (ingl., pr. ['θrɪlə]; pr. it. ['triller]) [da *thrill,* fremito, brivido; 1961] ***sm.*** *inv.* narrazione, spettacolo teatrale, televisivo o cinematografico particolarmente emozionante e in grado di suscitare paura, tensione o spavento.

thrilling (ingl., pr. ['θrɪlɪŋ]; pr. it. ['trilliŋ(g)]) [letter. che fa fremere, che fa rabbrividire; 1933] **I *agg.*** *inv.* di libro o spettacolo cinematografico, televisivo o teatrale che ha carattere di *thriller* **II *sm.*** *inv. thriller.*

ti[1] [lat. *tē,* accusativo di *tu,* che in posizione atona ha riunito le funzioni del dativo e dell'accusativo; 1313] ***pron.*** atono di seconda persona singolare che si usa, invece della forma *te,* come complemento oggetto o di termine senza preposizione, quando non si debba dare a questi complementi uno speciale rilievo: *Paolo ti loda, ti dice* || si pospone e si unisce all'interiezione *ecco* e al verbo di modo imperativo, infinito o gerundio: *eccoti, pòrtati, dirti, dicendoti*; nell'imperativo negativo può essere anche preposto: *non ti disperare!*; nelle altre forme normalmente precede il verbo; quando si unisce a una voce tronca del verbo, raddoppia la *t* iniziale: *fatti dire* || nei raggruppamenti di particelle pronominali si prepone a esse e si cambia nella particella *te*: *te lo dico, te li faccio vedere, te ne pentirai amaramente.*

ti[2] [lettura della lettera *t*] ***sf.*** (meno com. *sm.*) nome per esteso della lettera *t* (v.).

tìade [dal lat. *Thyas, -ados,* gr. *Thy*(*i*)*ás, -ádos*; 1840] ***sf.*** baccante.

tiamìna [comp. del gr. *thêi*(*on*), zolfo e *amina*; 1949] ***sf.*** *T.chim.* vitamina B.

tiàra [dal lat. *tiāra,* gr. *tiára*; a. 1566] ***sf.*** antico copricapo in pelle o stoffa, alto e di forma conica, usato spec. nel mondo assiro e persiano, segno di elevato grado sociale || adottata come emblema del potere papale, consisteva originariamente in un semplice elmo in tessuto bianco con un fregio aureo alla base; attualmente è composta di tre diademi sovrapposti e reca, sulla cuspide, una croce; è detta anche *triregno* || **N.** mitra. **TAV.** *chiesa* 2.18.

tìaso [dal lat. *thiasus,* gr. *thíasos*; 1728] ***sm.*** *T.stor.* nell'antica Grecia, associazione a carattere religioso dedita al culto di Dioniso || anche cerimonia e danza eseguita in onore di Dioniso.

tiazòlo [comp. del gr. *thêi*(*on*), zolfo e *azolo*; 1932] ***sm.*** *T.chim.* composto eterociclico contenente zolfo e azoto, poco solubile in acqua, che viene impiegato in molte sintesi organiche.

tiberìno [dal lat. *Tiberīnus*; a. 1828] ***agg.*** del Tevere, che si riferisce al Tevere.

tìbet [dal n. geogr. *Tibet,* paese dell'Asia centrale; 1835] ***sm. inv.*** stoffa di lana o seta particolarmente morbida, costituita da fibre ottenute dalla lavorazione di stoffe usate.

tibetàno [dal n. geogr. *Tibet*; 1860] **I *agg.*** che si riferisce al Tibet **II *sm.*** **1.** (f. *-a*) abitante del Tibet **2.** (solo *sing.*) lingua del Tibet.

tìbia [dal lat. *tībia,* letter. flauto, poi osso della gamba; 1485 ca. nel senso 2; 1584 nel senso 1] ***sf.*** **1.** *T.anat.* osso della gamba che si articola superiormente con il femore e inferiormente con il tarso; è situato anteriormente al perone **2.** *T.mus.* denominazione latina di una sorta di flauto. **TAV.** *zootecnia* 5.4; ***anatomia* p. 641** 2.18.

tibiàle [dal lat. *tibiālis*; 1805] **I *agg.*** *T.anat.* della tibia: *muscoli, arterie tibiali* **II *sm.*** *lett.* schiniere. **TAV.** ***anatomia* p. 641** 1.15, 4.10.

tibìcine [dal lat. *tibīcen, -inis*; 1614] **sm.** (f. *-a*) nell'antica Roma, suonatore di flauto o tibia.
tibioastragàlico (pl. *-ci*) [comp. di *tibia* e un der. di *astragalo*; 1935] **agg.** *T.anat.* che riguarda contemporaneamente la tibia e l'astragalo: *articolazione tibioastragalica.*
tibiotàrsico (pl. *-ci*) [comp. di *tibia* e un der. di *tarso*; 1840] **agg.** *T.anat.* che riguarda contemporaneamente la tibia e il tarso: *articolazione tibiotarsica,* articolazione del piede con la gamba.
tibiotàrso [comp. di *tibia* e *tarso*; 1961] **sm.** *T.zool.* negli uccelli, fusione di alcune ossa del tarso con la parte finale di un segmento dell'arto.
tibùrio (pl. *-ri*) [prob. dal lat. *tigūrium*, tugurio, con influsso del lat. *cibōrium*, ciborio; 1930] **sm.** *T.arch.* struttura muraria a base circolare o, più com., poligonale, che ricopre esternamente una cupola, talora sormontata da una lanterna. **TAV.** *chiesa* 3.7.
tiburtino [dal lat. *Tiburtīnus*; a. 1320] **I agg.** *lett.* che si riferisce a Tivoli: *pietra tiburtina* (o com. *sm. tiburtino*), travertino **II sm.** (f. *-a*) abitante di Tivoli.
tic o **ticche** o **ticchete** [voce onom., come il fr. *tic*; 1858] **I** onom. usata per imitare un rumore lieve e secco: *si sentono le gocce di pioggia che fanno tic sui vetri* **II sm.** *inv.* **1.** movimento convulso, abituale, involontario, derivante dalla contrazione di uno o più muscoli: *tic nervosi* ‖ *fig.* abitudine strana, sovente con carattere patologico: *tic verbale* **2.** voce onom. che riproduce un rumore lieve e secco (battito, scatto, colpetto ecc.); spesso unito a *tac* o a *toc*: *il tic tac della sveglia* ‖ **N. 1.** *Sin.* ticchio **2.** tictac.
ticàl [dalla voce malese *tikal*; 1936] **sm.** *inv.* unità monetaria della Thailandia.
tìcche o **tìcchete** v. TIC.
tìcche tàcche o **tìcchete tàcchete** v. TIC TAC.
tìcche tòcche o **tìcchete tòcchete** v. TIC TOC.
ticchettàre (pres. *-ètto*) [da *tic*; 1865] **intr.** (aus. *avere*) produrre un ticchettio; continuare a battere con colpi secchi.
ticchettìo (pl. *-ii*) [da *tic*; 1892] **sm.** rumore lieve e a colpi secchi, continuo o frequente: *il ticchettio della macchina per scrivere* ‖ **N.** tic, tictac.
tìcchio¹ (pl. *-chi*) [da *tic*; a. 1735] **sm.** *T.med.* tic ‖ *fig.* capriccio, ghiribizzo: *gli saltò il ticchio di uscire.*
tìcchio² (pl. *-chi*) [etim. inc.; 1779] **sm.** piccola macchia presente sulla superficie di alcuni marmi o sulla buccia di certa frutta.
ticchiolàto [da *ticchio²*; 1865] **agg.** macchiettato, picchiettato ‖ detto di frutta che presenta ticchiolatura.
ticchiolatùra [da *ticchiolato*; 1909 nel senso 2] **sf.** **1.** il presentare una superficie cosparsa di piccole macchie **2.** *T.bot.* micosi di alcune piante (spec. il melo e il pero) che attacca rami, foglie, fiori e frutti ricoprendoli di macchie scure.
ticcóso [da *tic*; 1937 *ticchioso*] **agg.** **1.** *raro* proprio del tic, relativo al tic **2.** *raro* detto di persona affetta da un tic nervoso.
ticinése [dal n. geogr. *Ticino*; 1835] **I agg.** **1.** del fiume Ticino **2.** del Canton Ticino **II s.** **1.** abitante del Canton Ticino **2.** *sm.* (solo *sing.*) variante regionale di italiano parlato nel Canton Ticino.
ticket (ingl., pr. ['tɪkɪt]; pr. it. ['tiket]) [letter. biglietto, tagliando; 1978] **sm.** *inv.* **1.** nell'ambito del Servizio Sanitario Nazionale, quota parziale che deve essere versata dall'assistito per l'acquisto di alcuni prodotti farmaceutici o per la fruizione di prestazioni mediche specialistiche o di esami di laboratorio **2.** *T.sport.* nell'ippica, ricevuta con gli estremi della scommessa effettuata, che viene rilasciata dal totalizzatore **3.** *raro* scontrino di abbonamento per il consumo di pasti convenzionati presso mense, tavole calde e sim.
tictàc o **tic tac** (meno com. *tìcche tàcche* e *tìcchete tàcchete*) [voce onom.; 1618 *ticche tacche*] **I** onom. usata per imitare il rumore prodotto dal susseguirsi regolare di colpi secchi: *l'orologio fa tictac* **II sm.** il rumore stesso: *il tictac* (o *tic tac*, v. TIC) *dell'orologio* ‖ **N.** tictoc.
tictòc o **tic tòc** (meno com. *tìcche tòcche* e *tìcchete tòcchete*) [voce onom.; 1881 *ticche tocche*] **I** onom. che riproduce il rumore provocato dal susseguirsi regolare di colpi secchi **II sm.** il rumore stesso.
tie-break (ingl., pr. ['taɪ,breɪk]; pr. it. [tai'brɛk]) [comp. di *tie*, laccio, vincolo, poi pareggio e *break*; 1983] **sm.** *inv.* *T.sport.* nel tennis, sistema di conteggio dei punti adottato dopo sei giochi pari, con cui viene conferita la vittoria al giocatore che per primo raggiunge sette punti, avendo due punti di vantaggio.
tièlla [voce nap., letter. padella, poi cibo contenuto in una padella; 1961] **sf.** **1.** *ant.* teglia **2.** *T.cuc.* specialità culinaria del basso Lazio e della Campania, consistente in una torta salata fatta con pasta di pane ripiena di verdure o frutti di mare, cotta al forno.
tientibène [comp. di *tien(i) ti bene*; 1897] **sm.** *inv.* *T.mar.* sulle navi, cordone o cavo metallico posto ai lati delle scalette, per reggersi durante la salita o la discesa ‖ **N.** *Sin.* guardamano, passamano.
tiepidézza [da *tiepido*; 1319] **sf.** tiepidità.
tiepidità [da *tiepido*; a. 1292] **sf.** *raro* qualità di ciò che è tiepido (anche *fig.*).
tièpido [lat. *tepidus*; a. 1320] **agg.** **1.** di calore moderato: *latte tiepido, clima tiepido* **2.** *fig. non com.* poco intenso: *tiepide convinzioni politiche*; di persona, che mostra poco zelo, poco affetto: *è tiepido con gli amici, tiepido nel fare il bene* ‖ *dim.* tepidìno, tepidùccio ‖ **N. 1.** calduccio, dolce, mite, temperato | intiepidire, tepore.
tifa [dal fr. *týphē*, n. di una pianta acquatica; 1829] **sf.** *T.bot.* pianta delle Tifacee con rizoma strisciante e articolato e lunghe foglie, che vengono utilizzate per lavori di intreccio ‖ **N.** *Sin.* stiancia.
Tifàcee [comp. di *tifa* e *-acee*; 1841] **sf.** *pl.* *T.bot.* famiglia di piante monocotiledoni dai fiori in spighe compatte, che vivono in terreni paludosi e vengono utilizzate per ottenere una fibra tessile simile alla iuta.
tifàre [da *tifo*; 1935] **intr.** (aus. *avere*) *fam.* fare il tifo per una squadra o per un atleta ‖ *per estens.* parteggiare per qualcuno o qualcosa.
tifernàte [dal lat. *tifernas, -ātis*; 1860] **agg.** e **s.** **1.** abitante o nativo di una delle antiche città romane di nome Tiferno **2.** *lett.* abitante o nativo di Città di Castello, città dell'Umbria.
tìfico (pl. *ci*) [da *tifo*; 1840] **agg.** *T.med.* del tifo: *febbre, infezione tifica.*
tiflìte [comp. del gr. *typhlós*, cieco e *-ite¹*; 1905] **sf.** *T.med.* infiammazione dell'intestino cieco e del colon ascendente.
tiflo- [dal gr. *typhlós*, cieco] **primo elem.** che, in parole composte dotte, vale "cieco" (per es. *tiflografia, tiflologia*).
tiflografìa [comp. di *tiflo-* e *-grafia*; 1961] **sf.** scrittura in rilievo per ciechi ‖ **N.** *braille.*
tiflògrafo [comp. di *tiflo-* e *-grafo*; 1891] **sm.** strumento che permette ai ciechi di scrivere.
tiflologìa [comp. di *tiflo-* e *-logia*; 1957] **sf.** studio delle condizioni di vita e dei problemi dei ciechi: *tiflologia professionale*, specificamente rivolta allo studio delle possibilità di inserimento professionale dei ciechi.
tiflològico (pl. *-ci*) [da *tiflologia*; 1983] **agg.** relativo alla tiflologia, proprio della tiflologia.
tiflòpe [dal gr. *typhlṓps*, dalla vista cieca; 1840] **sm.** *T.zool.* piccolo rettile lungo circa mezzo metro con gli occhi coperti di squame e coda a punta, che vive sottoterra.
tifo [dal gr. *tŷphos*, letter. fumo, poi intorpidimento, febbre; 1819 nel senso 1; 1935 nel senso 2] **sm.** **1.** *T.med.* nome di due diverse forme morbose: *tifo addominale* (o *ileotifo* o *febbre tifoide*), grave malattia infettiva e contagiosa dell'intestino, che produce, nel suo lungo decorso, astenia, sopore e uno stato di profonda prostrazione; *tifo esantematico* (o *tifo petecchiale*), malattia infettiva acuta trasmessa dal pidocchio; contagiosa, epidemica, è caratterizzata da un esordio improvviso con cefalea, dolori articolari, febbre alta e dalla successiva comparsa di esantema emorragico a piccole chiazze; è accompagnata da complicanze cardiache e polmonari spesso mortali **2.** *fig.* accesa passione per una squadra sportiva o un atleta: *il tifo, portato all'estremo, è alla base della violenza negli stadi*; *fare il tifo per qualcuno*, parteggiare accesamente per lui. **TAV.** ***botanica*** **p. 661** 1.1.
tifòide o **tifoidèo** [comp. di *tifo* e *-oide*; 1813] **agg.** di febbre che per molte caratteristiche somiglia a quella del tifo: *febbre tifoide, tifoidea.*
tifoidèa [da *tifoideo*; 1879] **sf.** febbre tifoide; malattia che rassomiglia al tifo, ma è tuttavia molto meno grave.
tifoidèo v. TIFOIDE.
tifóne [dal gr. *typhṓn*, tormenta, tempesta; 1583] **sm.** ciclone tropicale che si scatena nell'Oceano Pacifico e nell'Oceano Indiano ‖ *per estens.* vento turbinoso, devastatore.
tifoserìa [da *tifoso*; 1972] **sf.** l'insieme dei tifosi di un atleta o di una squadra ‖ l'insieme delle manifestazioni di entusiasmo o di violenza effettuate dai tifosi di una squadra in concomitanza con una partita: *ancora una volta esempi di tifoseria violenta e aggressiva.*
tifòṣi [comp. di *tifo* e *-osi*; 1935 nel senso 2] **sf.** **1.** *T.med.* *tifosi tubercolare*, tubercolosi miliare a forma tifoide **2.** *T.vet.* *tifosi aviaria*, malattia causata da una specie di salmonella, che colpisce i polli e, meno frequentemente, i tacchini.
tifóso [da *tifo*; 1914 nel senso 1; 1929 nel senso 2] **agg.** e **sm.** (f. *-a*) **1.** che, chi è malato di tifo **2.** che, chi è acceso sostenitore di una squadra sportiva o di un atleta: *l'entusiasmo dei tifosi è salito alle stelle.* **Q.T.** *sport.*
tight (ingl., pr. [taɪt]) [pseudoingl., dall'ingl. *tight*, attillato; 1870 *tait*] **sm.** *inv.* *T.abb.* abito maschile da cerimonia composto da giacca a lunghe falde arrotondate e collo sciallato e da pantaloni a righe grigie e nere ‖ **N.** *dorsay*, finanziera, prefettizia, velada.
Tigliàcee [comp. di *tiglio* e *-acee*; 1840] **sf.** *pl.* *T.bot.* famiglia di piante legnose o erbacee con frutti a noce o a capsula e numerosi stami ‖ **N.** tiglio.
tìglio (pl. *-gli*) [lat. volg. **tilius*, class. *tilia*; a. 1320] **sm.** **1.** *T.bot.* genere di piante arboree delle Tigliacee comprendente specie tipiche della flora spontanea europea, con tronco alto, robusto e ramificato, foglie grandi, frutti a noce e fiori giallastri; comunemente sono collocati lungo i viali urbani; con i fiori, molto odorosi, attaccati a una brattea, si fanno infusi e decotti farmaceutici **2.** fibra resistente della pianta stessa, con cui si fanno stuoie e cordami; *per estens.* fibra resistente anche di altre piante: *il tiglio della canapa, del legno* ‖ *per estens.* fibra dura di alcuni frutti o della carne.
tiglióso [da *tiglio*; a. 1320] **agg.** fibroso, ricco di fibre molto resistenti: *carne tigliosa*, difficile da masticare ‖ **N.** duro, filaccioso, stopposo.
tigna [lat. *tinea*, letter. verme roditore; 1313] **sf.** **1.** *T.med.* denominazione di varie forme di micosi contagiosa con sede elettiva nel cuoio capelluto e tra la barba, che si sviluppa-

no eccezionalmente anche nelle parti glabre del corpo; producono forte prurito e sono caratterizzate dalla formazione di croste giallastre, tondeggianti, incavate a scodella, dette *scùtuli* **2.** *dial. pop.* persona avara, spilorcia, gretta **3.** *rom. pop.* cocciutaggine, puntiglio || **N. 1.** alopecia, eczema, erpete, pitiriasi.

tignàre [lat. tardo *tineāre*; a. 1577] ***intr.*** (aus. *avere*) e ***intr. pron.*** *raro region.* intignare e intignarsi: *i vestiti tignano.*

tignòla (ant. *tignuòla*) [dal lat. *tinĕola*; fine sec. XIII *tignuola*] ***sf.*** nome comune di parecchi insetti Lepidotteri, le cui larve vivono nei panni di lana, nelle pellicce, nel grano, nella frutta, corrodendoli e causando notevoli danni || **N.** tarma, tarlo | intignare, tarmare, tignare.

tignósa [da *tigna*; 1865] ***sf.*** nome comune di alcuni funghi delle Amanite, provviste di anelli e volva: *tignosa bigia, tignosa paglierina, tignosa primaverile, tignosa verde.*

tignóso [lat. tardo *tineosus*, verminoso; fine sec. XIII] ***agg.*** **1.** affetto da una forma di tigna; anche *sm.*: *un tignoso* **2.** *dial. pop.* avaro, spilorcio **3.** *rom. pop.* cocciuto, ostinato.

tigóne [comp. di *tig(re)* e *(le)one*; 1974] ***sm.*** felino ibrido nato dall'incrocio di una tigre maschio con una leonessa.

tigràrsi [da *tigre*; 1961] ***intr. pron.*** coprirsi di striature e macchie in maniera da assumere l'aspetto del manto di una tigre.

tigràto [da *tigre*; 1805] ***agg.*** che è macchiato a strisce, come la pelle della tigre: *gatto con la coda tigrata, tessuto tigrato.* **TAV. gatti p. 672.**

tigratùra [da *tigrato*; 1961] ***sf.*** l'insieme delle macchie e delle strisce longitudinali che caratterizza il manto di un animale tigrato o una superficie tigrata: *la tigratura di un marmo.*

tìgre [lat. e gr. *tígris*; sec. XIII *tigro*] ***sf.*** **1.** carnivoro feroce dei Felini, che ha pelame fulvo rossiccio con strisce nere; vive nell'Asia || nella loc. fig. *cavalcare la tigre*, accettare di guidare un'impresa che può facilmente volgersi a danno di chi la conduce **2.** *fig.* persona feroce e crudele o, anche, persona coraggiosa e aggressiva || *dim.* tigròtto (*sm.*), tigrìno (*sm.*), tigrétta; *accr.* tigróna || **N. 1.** bramire, gagnolare, mugolare.

tigrésco (pl. *-schi*) [da *tigre*; 1879] ***agg.*** di o da tigre: *istinti, movimenti tigreschi.*

tigròtto (*dim.* di *tigre*) [1728] ***sm.*** **1.** il piccolo della tigre **2.** *fig.* appellativo attribuito a bambini o adulti agili e aggressivi come i pirati malesi dei libri di Salgari.

tilacìno [dal gr. *thýlakos*, borsa, sacco; 1846] ***sm.*** *T.zool.* mammifero australiano notturno dei Marsupiali simile a un cane lupo, con mantello grigio a strisce scure trasversali.

tilbury (ingl., pr. ['tɪlbərɪ]) [dal n. del suo costruttore; 1931] ***sm.*** *inv.* calesse leggero a due ruote e due posti.

tilde [dal lat. *titulus*, attr. lo sp. *tilde*; a. 1789 *tilda*] ***sm.*** o ***sf.*** segno grafico, consistente in un trattino orizzontale ondulato, che in spagnolo si sovrappone alla consonante *n* per darle la pronunzia del nostro digramma *gn* e che in portoghese si sovrappone alle vocali per indicare la pronuncia nasale || in logica matematica, segno di negazione.

tilla [dal gr. *thylás*, borsa, sacco; 1961] ***sf.*** *T.bot.* in molte piante, estroflessione costituita da cellule vive del parenchima legnoso che ostruiscono le cavità dei vasi nel durame.

Tilletiàcee [comp. del n. proprio M. *Tillet*, agronomo fr. e *-acee*; 1930] ***sf. pl.*** *T.bot.* famiglia di funghi parassiti di varie piante, spec. delle Graminacee.

tillo [dal gr. *thýlos*, borsa, sacco; 1931] ***sm.*** *T.bot.* tilla.

tilòma [comp. del gr. *týlos*, callo e *-oma*; 1840] ***sm.*** **1.** *T.med.* callo che si forma sul palmo della mano e sulla pianta o sulle dita dei piedi **2.** indurimento del margine della palpebra dovuto a processi infiammatori.

tilt (ingl., pr. [tɪlt]) [letter. colpo, inclinazione; 1959] ***sm.*** *inv.* nel flipper, scatto accompagnato da un segnale luminoso e da uno acustico, che indica l'interruzione della partita perché il giocatore ha scosso eccessivamente il piano di gioco || *per estens. andare in tilt, essere in tilt, fare tilt*, subire un guasto o un'interruzione, detto di circuiti elettrici o elettronici; *fig.* essere momentaneamente incapace di agire, o di agire in modo efficace, per un trauma, un eccesso di fatica e sim.; perlopiù *scherz.*

timbàllo [dal fr. *timbale*; 1666] ***sm.*** **1.** *T.mus.* antico strumento a percussione; timpano **2.** *T.cuc.* stampo di metallo a forma di timpano, usato per contenere diversi tipi di pasticci da cuocere in forno || anche il pasticcio cotto in tale stampo: *timballo di riso.*

timbràre [da *timbro*^{1}; 1877] ***tr.*** apporre un timbro su un documento, una lettera e sim.; bollare.

timbratrice [da *timbrare*; 1973] ***sf.*** e ***agg.*** macchina che annulla automaticamente francobolli, biglietti e sim. || **N.** *Sin.* obliteratrice.

timbratùra [da *timbrare*; 1970] ***sf.*** atto ed effetto del timbrare || timbro, spec. del francobollo.

tìmbrico (pl. *-ci*) [da *timbro*^{2}; 1942] ***agg.*** relativo al timbro di un suono o, *fig.*, di una composizione letteraria o sim.

timbrificio (pl. *-ci*) [comp. di *timbro*^{1} e *-ficio*; 1961] ***sm.*** fabbrica in cui si producono timbri.

tìmbro^1 [dal fr. *timbre*, letter. marca su documento ufficiale; 1812] ***sm.*** strumento usato per stampigliare, a inchiostro o a secco, disegni o diciture, costituito da un supporto, con impugnatura in legno o plastica, sul quale è applicato un cuscinetto in gomma che porta intagliati il disegno o la dicitura da imprimere || anche la stampigliatura impressa con il timbro; bollo: *la data del timbro postale è illeggibile.*

tìmbro^2 [dal gr. *timbre*, letter. campana fissa; 1877] ***sm.*** in acustica, qualità di un suono, dipendente dal numero e dalla combinazione dei suoni armonici che lo compongono: *il timbro di uno strumento musicale, di una voce, timbro metallico, nasale, gutturale* || *per estens. fig.* tono, musicalità, espressività di una composizione letteraria e sim. **Q.T.** ***musica.***

time keeper (ingl., pr. ['taɪm,ki:pə]) [letter. chi tiene il tempo; 1964] ***loc. s.*** *inv.* *T.sport.* durante una competizione sportiva, persona addetta a segnare o annunciare il tempo ottenuto dai concorrenti o il tempo scaduto; cronometrista.

timèle o **tìmele** [dal gr. *thymélē*, connesso con *thýein*, far fumare (in un'offerta sacrificale); 1821] ***sf.*** *T.archeol.* nei teatri dell'antica Grecia, ara sacrificale di Dioniso, posta al centro dell'orchestra.

timelèa [dal lat. *thymelǣa*, gr. *thymelaía*, olivo di timo; 1499] ***sf.*** *T.bot.* pianta delle Timelacee con foglie lanceolate e fiori rosa disposti a spiga sullo stelo prima ancora che le foglie siano spuntate || **N.** *Sin.* fior di stecco.

Timeleàcee [comp. di *timelea* e *-acee*; 1891] ***sf.*** *T.bot.* famiglia di piante dicotiledoni gen. legnose, con fiori dal calice colorato ma privi di corolla, viventi in zone calde e temperate.

time out (ingl., pr. ['taɪm aʊt]; pr. it. [tai'maut]) [letter. tempo fuori (dal gioco); 1964] ***loc. m.*** *inv.* *T.sport.* sospensione del tempo regolamentare; *in part.* nella pallavolo e nella pallacanestro, quella richiesta dall'allenatore di una squadra per dare consigli tattici ai giocatori o per interrompere il ritmo della squadra avversaria in fase di rimonta.

timer (ingl., pr. ['taɪmə]; pr. it. ['taimer]) [da *time*, tempo; 1964] ***sm.*** *inv.* *T.elettr.* temporizzatore munito di un contatore a orologeria, usato spec. nella confezione di bombe o di altri ordigni esplosivi a tempo. **TAV.** ***audiovisivi*** 2.4.

time-sharing (ingl., pr. ['taɪm 'ʃeərɪŋ]) [letter. divisione di tempo; 1966] ***sm.*** *inv.* *T.inform.* sistema di utilizzazione simultanea di un calcolatore da parte di più operatori.

tìmico (pl. *-ci*) [da *timo*^{2}; 1681] ***agg.*** *T.anat.* proprio del timo, relativo al timo: *secrezione timica, vene timiche* || *T.med.* detto di malattia dovuta all'alterazione del timo: *sindrome timica*; *morte timica*, collasso mortale che si può verificare nell'infanzia per iperattività del timo.

timidézza [da *timido*; a. 1404] ***sf.*** qualità di chi o di ciò che è timido: *la timidezza del suo gesto.*

timidità [dal lat. *timiditas, -ātis*; 1308 *timiditate*] ***sf.*** *raro* timidezza.

tìmido [dal lat. *timidus*; 1319] **I** ***agg.*** **1.** di persona, che è esitante e impacciata per soggezione o perché poco sicura di sé: *un ragazzo molto timido, che arrossisce appena gli parli* || *meno com.*, di animale, timoroso, che si impaurisce facilmente: *le timide gazzelle* **2.** di gesto, sguardo, espressione ecc., che rivela timidezza; esitante, non sicuro: *accennò un timido sorriso, i primi timidi approcci* || **timidaménte** ***avv.*** **II** ***sm.*** (f. *-a*) persona timida || *dim.* timidétto, timidìno, timidùccio; *accr.* timidóne || **N. 1.** *Sin.* pauroso, pavido, timoroso | *Contr.* spavaldo.

timìna [da *timo*^{1}; 1929] ***sf.*** *T.chim.* composto chimico costituente la base azotata del mononucleotide timosinico.

tìmo^1 [dal lat. *thymum*, gr. *thýmon*; a. 1320] ***sm.*** piccolo arbusto perenne delle Labiate, da cui si estrae un olio essenziale odorosissimo usato come aromatizzante in gastronomia e come antisettico e balsamico in farmacia.

tìmo^2 [dal gr. *thýmon*, (pianta del) timo; a. 1673] ***sm.*** *T.anat.* ghiandola endrocrina, situata nella parte anteriore del mediastino, davanti al cuore dietro lo sterno; sembra che la sua secrezione abbia influenza sullo sviluppo generale dell'individuo, e infatti dopo la pubertà la ghiandola si atrofizza. **TAV.** ***anatomia*** **p. 641** 5.5.

timocràtico (pl. *-ci*) [dal gr. *timokratikós*; 1942] ***agg.*** relativo alla timocrazia; regolato secondo i principi della timocrazia: *ordinamento timocratico.*

timocrazìa [dal gr. *timokratía*; 1840] ***sf.*** forma di governo in cui le cariche politiche sono distribuite in base al censo: *la timocrazia proposta ad Atene da Solone.* **Q.T.** ***politica.***

timòlo [da *timo*^{1}; 1879] ***sm.*** *T.chim.* composto della serie dei fenoli, abbondantemente presente nella pianta di timo; è usato in farmacia come antisettico.

timologìa [comp. del gr. *timḗ*, valore, e *-logia*; 1965] ***sf.*** *T.fil.* scienza o teoria dei valori || **N.** *Sin.* axiologia.

timòma [comp. di *timo*^{2} e *-oma*; 1937] ***sm.*** *T.med.* tumore del timo.

timóne [lat. *tīmo, -ōnis*, class. *tēmo, -ōnis*, timone del carro; a. 1130] ***sm.*** **1.** *T.mar.* organo costituito da una lastra piana, in legno o in metallo, girevole su cardini imperniati verticalmente al dritto di poppa, che, spostandosi da una parte o dall'altra, modifica la direzione di un'imbarcazione; *timone compensato*, diviso dal suo asse di rotazione in due parti rigidamente unite in un solo piano, ma disuguali di superficie (più ampia la superficie poppiera); *timone orizzontale, di profondità*, nei sommergibili, il timone disposto orizzontalmente, che serve a dare allo scafo l'inclinazione necessaria alla salita o alla discesa || per analogia, *T.aer.* piano aerodinamico, imperniato in modo che facendolo ruotare sul proprio asse agisce sulla corrente d'aria, modificando la rotta di un apparecchio aereo; può essere disposto verticalmente, per la direzione in senso orizzontale (*timone di direzione*) od orizzontalmente per la direzione in senso verticale (*timone di profondità*) || *fig. essere al timone*, governare, dirigere: *essere al timone dello stato* **2.** la stanga del carro, della carrozza, dell'aratro, a cui si attaccano, uno per parte, i due animali che debbono tirarli || **N. 1.** governo | PARTI: agugliotti, anima, assiometro, bandelle, barra o ruota di maneggio, frenello, pala, scotone o spalla | governare, manovrare, reggere. **TAV.** *aeronautica* 1.3, 1.5; *agricoltura* 1.4, 3.2; *canottaggio* 2; ***armi* p. 649** 25.8; ***astronautica* p. 655** 12.11; ***carri...* p. 664** 2.1; ***nave* p. 1326** 1.2 e **p. 1327** 4.3, 4.4, 5.7; ***vela* p. 1342** 1.13.

timoneggiàre (pres. *-éggio*) [da *timone*; 1519] ***tr.*** *raro* dirigere per mezzo del timone; governare.

timonèlla [da *timone*, sul modello del ven. *timonèla*, letter. l'arnese che sostituisce il timone in questo tipo di veicolo; a. 1828] ***sf.*** *region.* carrozzella a quattro ruote e a due posti, con mantice, tirata da un solo cavallo; cesta.

timonerìa [da *timone*; 1889] ***sf.*** **1.** in un autoveicolo, l'insieme degli organi dello sterzo **2.** *T.mar.* l'insieme delle apparecchiature di governo del timone || in passato, il personale addetto al servizio della rotta e i mezzi relativi **3.** *T.aer.* in un aeromobile, l'insieme delle trasmissioni che azionano il motore **4.** *T.ferr.* sui veicoli ferroviari, l'insieme delle leve e dei congegni che azionano i freni.

timonièra [da *timone*; 1602] ***sf.*** *T.mar.* locale, sul ponte di comando, nel quale sono installati la ruota di maneggio del timone, la bussola di governo, gli attrezzi nautici di uso frequente (scandagli, solcometri, assiometro ecc.) e le bandiere da segnalazione. **TAV. *uccelli* p. 1339** 1.1.

timonière [da *timone*; 1598] ***sm.*** (f. *-a*) chi è addetto alla manovra, al governo del timone || *fig.* chi è alla guida di un'istituzione, una nazione ecc. **Q.T.** *nautica...*, *vela* **TAV.** *canottaggio* 1.4.

timonièro [da *timone*; 1805] ***agg.*** di timone, del timone || *penne timoniere*, penne della coda nell'uccello, che gli servono da timone, per dirigere il volo.

timoràto [dal lat. tardo *timorātus*, che teme Dio; a. 1306] ***agg.*** *non com.* scrupoloso nel compiere il proprio dovere, timoroso di far male || nell'espr. *timorato di Dio*, rispettoso di Dio e, quindi, preoccupato di non offenderlo.

timóre [dal lat. *timor, -ōris*; sec. XIII *temore*] ***sm.*** **1.** stato d'inquietudine e di turbamento determinato dall'imminenza, vera o supposta, di un male, di un pericolo: *uno spettacolo che incute timore, timore degli esami*; *timor panico*, quello che assale una folla di fronte a un pericolo || *iperb.* preoccupazione di dispiacere in qualche modo, di far cosa sgradita o importuna: *avevo timore di disturbarvi* **2.** sentimento di rispetto, di grande riguardo, di soggezione nei confronti di qualcuno ritenuto superiore: *nutre una sorta di timore reverenziale nei confronti del suo maestro*; *timor di Dio*, sentimento devoto di rispetto della divinità e delle sue leggi; *gente senza timor di Dio*, irrispettosa, senza freni morali || *dim.* timorìno, timorétto; *pegg.* timoràccio || **N. 1.** allarme, ansia, apprensione, dubbio, incertezza, paura, sospetto, trepidazione.

timoróso [dal lat. *timorōsus*; 1300 ca.] ***agg.*** che è pieno di timore || **timorosaménte** ***avv.*** || **N.** *Sin.* pauroso, pavido, pusillanime.

timoṣìnico (pl. *-ci*) [da *timo*²; 1961] ***agg.*** *T.chim. acido timosinico*, uno dei mononucleotidi isolati degli acidi desossiribonucleici.

timpa V. TEMPA.

timpanàto [da *timpano*; 1961] ***agg.*** *T.arch.* fornito di un timpano: *parete timpanata*.

timpaneggiàre (pres. *-éggio*) [da *timpano*; 1879] ***intr.*** (aus. *avere*) *raro ant.* suonare il timpano.

timpànico (pl. *-ci*) [da *timpano*; 1829] ***agg.*** *T.anat.* che si riferisce al timpano dell'orecchio: *membrana timpanica*.

timpaniṣmo [da *timpano*; 1905] ***sm.*** *T.med.* turgore dell'addome, che alla percussione produce un suono come di timpano, causato da abnorme raccolta di gas nello stomaco o nell'intestino || **N.** meteorismo.

timpanista [da *timpano*; sec. XVII] ***s.*** chi suona i timpani.

timpanite [comp. di *timpano* e *-ite*¹; 1865 nel senso 1; 1940 nel senso 2] ***sf.*** **1.** gonfiore del ventre, timpanismo **2.** *T.med.* infiammazione della membrana del timpano dell'orecchio.

tìmpano [dal lat. *tympanum*, gr. *týmpanon*; 1521 *tympano*] ***sm.*** **1.** *T.mus.* strumento musicale a percussione, formato da un bacino semisferico in metallo, sulla cui bocca è tenuta tesa (per mezzo di un cerchio e di viti) una pelle; la tensione di quest'ultima può essere regolata in modo da ottenere suoni di altezza diversa **2.** *T.anat.* cavità che costituisce l'orecchio medio, separato dall'orecchio esterno mediante una membrana detta *timpanica* (o, *impropr.*, *timpano* essa stessa); serve a ricevere le vibrazioni dei suoni perché siano trasmesse ai centri nervosi || nell'espr. *fam. rompere i timpani*, assordare **3.** *T.arch.* nell'architettura classica, superficie semicircolare o triangolare compresa entro la cornice del frontone || *per estens.* superficie posta tra l'architrave e l'archivolto nei portali **4.** antica macchina idraulica per sollevare l'acqua consistente in una grande ruota a tamburo, tenuta sollevata da terra per il mozzo, intorno alla quale si avvolgeva una corda da carrucola, e che veniva fatta ruotare da uomini o da animali che camminavano al suo interno. **TAV. *anatomia* p. 642** 18.3; ***musica* p. 1324** 2.24.

tina [lat. *tīna*; 1303] ***sf.*** *ant.* piccolo tino.

tinàia [da *tino*; a. 1574] ***sf.*** negli stabilimenti enologici, locale in cui sono collocati i tini durante la fermentazione del mosto || **N.** cantina.

Tinamifórmi (sing. *-e*) [comp. del n. caribico dell'uccello *tina* e *-forme*; 1961] ***sm. pl.*** *T.zool.* ordine di Uccelli di medie dimensioni, dallo sterno carenato, buoni corridori.

tinca [lat. tardo *tinca*; a. 1320] ***sf.*** **1.** pesce d'acqua dolce dei Ciprinidi, dal corpo massiccio ma allungato, dotato di barbigli ai lati della bocca; vive in acque calme con fondi melmosi e ha carni commestibili **2.** *T.anat. muso di tinca*, porzione del collo dell'utero che sporge in vagina.

tincóne [da *tinca*, con trapasso semantico non chiaro; a. 1535] ***sm.*** **1.** *ant.* ascesso all'inguine **2.** (f. *-a*) *pop. ant. tosc. fig.* persona noiosa; minchione.

tindalizzàre [da *tindalizzazione*; 1942] ***tr.*** sottoporre a tindalizzazione.

tindalizzazióne [dal n. proprio John *Tyndall*, fisico ingl.; 1929] ***sf.*** *T.scient.* sistema di sterilizzazione di sostanze che non sopportano temperature molto alte, consistente nel portarle più volte a 60-70 °C.

tinèllo (*dim.* di *tino*) [1374 nel senso 2] ***sm.*** **1.** piccolo tino per il trasporto dell'uva **2.** in passato, in case signorili, sala da pranzo riservata ai servitori || oggi, stanza, perlopiù attigua alla cucina, adibita a piccola sala da pranzo e da soggiorno || *per meton.* i mobili che ne costituiscono l'arredamento.

tingere (pres. *tingo, tingi*; p.rem. *tinsi, tingésti, tinse, tìnsero*; pps. *tinto*) [lat. *tingere*, letter. immergere in un liquido; 1313 *tignere*] ***tr.*** **1.** dare a una cosa un colore diverso da quello che ha, impregnandola o coprendola di sostanza colorante: *tingere la stoffa, un vestito, i capelli, la barba, le labbra col rossetto* **2.** *fig. lett.* far assumere un colore diverso da quello reale: *il sole tinge d'oro le cime dei monti* **3.** *meno com.*, macchiare, imbrattare, insudiciare: *l'inchiostro gli ha tinto le dita* || ***intr. pron.*** **1.** assumere naturalmente un certo colore: *le guance gli si sono tinte di rosso*; anche *fig.*: *il ricordo si è tinto di malinconia* **2.** *meno com.*, macchiarsi di un certo colore: *stando a mollo con i jeans, il bucato si è tinto di blu* || ***rifl. indir.*** **1.** colorarsi: *tingersi i capelli di nero, le guance col fard* **2.** *non com.*, macchiarsi qualcosa con una sostanza colorante: *mi sono tinto l'abito di vernice nera* || **N. *tr.* 1.** *Sin.* colorare, dipingere, verniciare | *Contr.* stingere **3.** *Sin.* chiazzare, sporcare | tinta, tintore, tintoria.

tìngide [prob. da *Tingi*, antico n. di Tangeri; 1942] ***sf.*** *T.zool.* genere di insetti della famiglia Tingidi.

Tìngidi o **Tingìtidi** (sing. *-e*) [prob. da *Tingi*, antico n. di Tangeri; 1932 *Tingidi*] ***sm. pl.*** *T.zool.* famiglia di insetti Emitteri le cui specie hanno corpo appiattito e protorace ed emielitre provvisti di espansioni più o meno vistose; tali insetti sono fitofagi e si trattengono generalmente sulla pagina inferiore delle foglie, in folti gruppi; sono diffusi nelle zone calde e temperate.

tingitùra [da *tingere*; 1879] ***sf.*** *raro* atto ed effetto del tingere; tintura.

tinnire (pres. *-isco, -isci*) [dal lat. *tinnīre*; 1887] ***intr.*** (aus. *avere* e *essere*) *lett. raro* emettere suoni lievi e squillanti, come di campanelle: *con un tinnir di cetra* (Carducci) || **N.** *Sin.* tintinnare.

tìnnulo [dal lat. *tinnulus*; a. 1729] ***agg.*** *lett. raro* squillante, tintinnante.

tìno [lat. tardo *tīnum*; 1284] ***sm.*** **1.** grande recipiente di legno o di cemento, a forma di cono tronco, più largo alla base che alla bocca dove si mettono le uve pigiate a fermentare; *tino a muro*, che, invece di essere di legno, è in muratura intonacata **2.** *per estens.* recipiente simile al tino, per usi industriali || *dim.* tinèllo, tinèlla, tinùccio; *accr.* tinóne || **N. 1.** PARTI: cannella, cerchi, doghe, spina, zipolo, fondo, bocca, peducci | tinaia, tinello. **TAV.** *enologia* 4.

tinòzza [da *tino*; a. 1597] ***sf.*** **1.** recipiente simile a un tino capovolto, ma più basso e con bocca più larga, per vari usi **2.** recipiente analogo, ma in metallo smaltato, usato un tempo per farvi il bagno e il bucato. **TAV.** *enologia* 3.3.

tìnta [lat. tardo *tincta*, tratto di penna; a. 1237] ***sf.*** **1.** il colore che una cosa prende quando è tinta: *bisogna dargli una tinta scura* || *per estens.* colore in genere: *un quadro a tinte calde, non c'è fusione nelle tinte*; *la tinta del cielo, del mare*; *mezze tinte*, colori che stanno tra il chiaro e lo scuro; *in tinta unita*, tutto dello stesso colore: *una gonna in tinta unita* **2.** *fig.* spec. *pl.* insieme dei fattori che determinano il tono complessivo di una narrazione, una rappresentazione ecc.: *un dramma a forti tinte*, con notevoli effetti drammatici; *ci descrisse ogni cosa a tinte fosche* **3.** *fam.* la materia colorante: *una tinta facile da stendere e lavabile, sciogliere la tinta* || **N.** tintura | tinteggiare.

tintarèlla [da *tinta*; 1942] ***sf.*** *fam.* abbronzatura.

tinteggiàre (pres. *-éggio*) [da *tinta*; 1831] ***tr.*** **1.** verniciare, rif. spec. a pareti **2.** tingere qua e là, distribuendo il colore non uniformemente.

tinteggiatóre [da *tinteggiare*; 1961] ***sm.*** (f. *-trice*) operaio addetto alla tinteggiatura di pareti; imbianchino.

tinteggiatùra [da *tinteggiare*; 1937] ***sf.*** atto, effetto e modo del tinteggiare pareti.

tintin o **tin tin** [voce onom. reduplicata; 1321] voce onom. che riproduce il suono

squillante di un oggetto in vetro o metallo percosso; anche *sm.*: *il tintin della campanella, dei bicchieri al momento del brindisi; tintin sonando con sì dolce nota* (Dante) || **N.** tintinnio.
tintinnàbolo [dal lat. *tintinnābulum*; a. 1484] **sm.** *lett.* sonaglio, campanello.
tintinnaménto [da *tintinnare*; 1745] **sm.** il tintinnare.
tintinnàre [dal lat. *tintinnāre*; 1561] **intr.** (aus. *essere* e *avere*) produrre brevi suoni squillanti || **N.** risonare, scampanellare, squillare, trillare.
tintinnìo (pl. *-ii*) [da *tintinnare*; a. 1729] **sm.** il tintinnare continuo o almeno frequente e insistente: *il tintinnio della slitta di Babbo Natale.*
tintinnìre (pres. *-isco, -isci*) [da *tintinno*; 1532] **intr.** (aus. *essere* e *avere*) *lett.* tintinnare.
tintinno [dal lat. tardo *tintinnum*; 1321] **sm.** *non com.* tintinnio.
tìnto (*pps.* di *tingere*) [1337] **agg.** **1.** che è stato colorato con una tinta diversa da quella originale: *capelli tinti e ritinti* **2.** che ha assunto naturalmente un certo colore: *un tramonto tinto di rosso* **3.** *arc.* sporco, sudicio: *acqua tinta e neve* (Dante).
tintóre [lat. *tinctor, -ōris*; 1319] **sm.** (f. *-a* o *tingitrice*) chi per mestiere tinge materie tessili, pelli e sim. || il gestore di una tintoria || *dim.* tintorétto.
tintorìa [da *tintore*; 1561] **sf.** **1.** tecnica del tingere stoffe, materie tessili, pelli e sim. **2.** laboratorio in cui si tingono stoffe, materie tessili, pelli e sim. || anche lavanderia a secco (che può effettuare operazioni di tintura) || **N. 2.** apprettatura, lavaggio a secco, smacchiatura, stiratura, tintura. **Q.T.** *tessitura.*
tintoriàle [dal fr. *tinctorial*; 1961] **agg.** *T.chim.* relativo ai coloranti, alla tintura.
tintòrio (pl. *-ri*) [dal lat. *tinctōrius*, che serve a tingere; 1865] **agg.** che concerne la tintura: *materia, arte, chimica tintoria.*
tintùra [lat. *tinctūra*; 1318] **sf.** **1.** atto, effetto e modo del tingere **2.** *concr.* la tinta già sciolta e stemperata: *una tintura per i capelli* **3.** *T.farm.* infusione di sostanze vegetali o minerali nell'alcol o nell'etere: *tintura di iodio* || **N. 2.** fissativo, mordente.
tìo- o **tìon-** [dal gr. *thêion*, zolfo] **primo elem.** che, in parole composte della terminologia chimica, vale "zolfo" (per es. *tioacido, tiofene, tionato*).
tioàcido [comp. di *tio-* e *acido*; 1961] **sm.** *T.chim.* acido formato per sostituzione di uno o più atomi di ossigeno con altrettanti atomi di zolfo.
tioàlcol [comp. di *tio-* e *alcol*; 1961 *tioalcole*] **sm.** *T.chim.* composto organico dall'odore sgradevole, che si può considerare derivato da un alcol per sostituzione di un atomo di ossigeno con uno di zolfo || **N.** *Sin.* mercaptano.
tiofène [comp. di *tio-*, *f(enile)* e *-ene*; 1957] **sm.** *T.chim.* composto organico eterociclico derivato dal catrame; è un liquido incolore, immiscibile all'acqua e infiammabile.
tiògeno [comp. di *tio-* e *-geno*; 1961] **agg.** *T.chim.* di alcuni coloranti, a base di zolfo: *porpora tiogena* || di organismo, che produce zolfo.
tion- v. TIO-.
tionàto [comp. di *tion-* e *-ato*; 1961] **sm.** *T.chim.* sale di un acido tionico.
tiònico (pl. *-ci*) [comp. di *tio-* e *(io)nico*[3]; 1961] **agg.** *T.chim.* *acidi tionici*, acidi dello zolfo con un numero variabile di atomi di zolfo.
tiòrba [etim. inc.; 1585] **sf.** *T.mus.* antico strumento musicale della famiglia del liuto.
tiorbista [da *tiorba*; 1745] **s.** suonatore di tiorba.
tiosolfàto [comp. di *tio-* e *solfato*; 1961] **sm.** *T.chim.* sale o estere dell'acido tiosolforico || *tiosolfato di sodio*, sostanza usata nella produzione di coloranti, come mordente, come sbiancante e in fotografia come fissatore.
tiosolfòrico (pl. *-ci*) [comp. di *tio-* e *solforico*; 1961] **agg.** *T.chim.* *acido tiosolforico*, acido ricavato dall'acido solforico per sostituzione di un atomo di ossigeno con uno di zolfo.
tipàccio (pl. *-ci*) (*pegg.* di *tipo*) [1974] **sm.** figuro, cattivo soggetto.
tìpi [da una voce indigena degli indiani d'America; 1929] **sm.** tepee.
-tipìa [dal gr. *typía*, der. da *týpos*, tipo] **elem. term.** che in parole della terminologia tipografica indica procedimento di stampa (per es. *cianotipia, zincotipia*).
tipicità [da *tipico*; 1961] **sf.** qualità di ciò che è tipico.
tipicizzàre [da *tipico*; 1950] **tr.** tipizzare.
tìpico (pl. *-ci*) [dal lat. *typicus*, gr. *typikós*, letter. simbolico; 1829] **agg.** **1.** che contraddistingue una classe di individui o cose: *tratti somatici tipici della razza nera, questa è la domanda tipica di chi non ha capito niente* **2.** caratteristico di un luogo, una civiltà ecc.: *cucina tipica lombarda, costumi tipici degli aborigeni australiani* **3.** che rappresenta in modo esemplare un insieme di fenomeni o individui: *ci sono tigri albine, ma la tipica tigre è a strisce gialle e nere* || **tipicaménte** **avv.** in un caso tipico, caratteristicamente || **N.** *Contr.* atipico.
tipificàre (pres. *-ìfico, -ìfichi*) [comp. di *tipo* e *-ficare*; 1957] **tr.** *raro* tipizzare.
tipizzàre [da *tipo*, sul modello del fr. *typiser*; 1942] **tr.** **1.** conferire una caratteristica costante: *bisogna tipizzare i nostri prodotti rispetto a quelli della concorrenza* **2.** standardizzare, rendere conforme, ridurre a un tipo uniforme **3.** esemplificare con un caso tipico.
tipizzazióne [da *tipizzare*, sul modello del fr. *typisation*; 1942] **sf.** atto ed effetto del tipizzare.
tìpo [dal lat. *typus*, gr. *týpos*, letter. impronta; 1742 nel senso 3] **I sm.** **1.** genere, varietà, qualità: *un'auto di tipo economico, gente del suo tipo è meglio perderla che trovarla, prodotti di tutti i tipi* **2.** complesso di caratteristiche che identificano una classe di individui: *il tipo del perfetto gentiluomo* || nelle loc. *sul, del tipo di*, conforme allo stesso tipo di, e quindi simile: *un lavoro sul tipo di quello che facevo l'anno scorso*; anche *fam. ellitt.*: *una chiesa tipo Duomo di Milano, finta pelle tipo coccodrillo* || in antropologia, termine che ha sostituito *razza* per indicare un insieme di caratteristiche morfologiche e culturali che identificano un gruppo umano: *tipo principale, metamorfico, tipo negroide, mongolo* || *T.fil.* *tipo ideale* (o *idealtipo*), nel pensiero di M. Weber, costruzione teorica che rappresenta un'idealizzazione di un'epoca, un processo storico e sim. || *T.med.* complesso di criteri psicologici e morfologici che definiscono un gruppo di individui; biotipo: *tipo linfatico, sanguigno, melanconico* ecc. || *T.zool.* e *T.bot.* raggruppamento di classi a base filogenetica || rappresentazione artistica di un personaggio che ne evidenzia, in forma stilizzata, una caratteristica in particolare: *i tipi della commedia latina* (lo schiavo astuto, il vecchio sciocco ecc.), *della commedia dell'arte* **3.** *concr.* esemplare tipico: *un tipo schizoide, sanguigno, un tipo normale, tradizionale, strano, lui è il mio tipo* (sott. *preferito*) di uomo; *un bel tipo, un tipo a sé*, una persona originale || persona non meglio specificata: *c'è un tipo che ti cerca* **4.** *propr.* figura che si ripete uguale in molti esemplari; impronta, marchio, sigillo; oggi *com.* solo come *T.num.* figurazione impressa sul conio di una moneta || *T.tip.*, spec. *pl.*, carattere mobile da stampa: *un libro stampato in tipi bodoniani* **II agg. inv.** (sempre posposto) tipico, medio, esemplare: *l'appartamento tipo per le vacanze comprende..., il lettore tipo* || **N. I 1.** *Sin.* qualità, sorta **2.** archetipo, normotipo, stereotipo **3.** *Sin.* esempio, esponente, personificazione, prototipo. **Q.T.** *antropologia, architettura, tipografia.*
tipografìa [comp. di *tipo-* e *-grafia*, sul modello del fr. *typographie*; 1598] **sf.** **1.** tecnica di riprodurre un testo usando caratteri mobili (o *tipi*), opportunamente disposti in una composizione nella quale possono esserci delle illustrazioni **2.** laboratorio, stabilimento grafico attrezzato per la stampa tipografica. **Q.T.** *stampa..., tipografia* **TAV.** ***tipografia*** **p. 1336** sg.
tipogràfico (pl. *-ci*) [da *tipografia*, sul modello del fr. *typographique*; 1745] **agg.** di tipografia: *caratteri tipografici* || **tipograficaménte** **avv.** dal punto di vista della tecnica tipografica: *un testo tipograficamente perfetto.* **Q.T.** *tipografia.*
tipògrafo [comp. di *tipo-* e *-grafo*, sul modello del fr. *typographe*; 1598] **sm.** (f. *-a*) **1.** chi stampa con la tecnica tipografica; stampatore **2.** chi lavora in una tipografia. **Q.T.** *tipografia.*
tipolitografìa [comp. di *tipo-* e *litografia*, sul modello del fr. *typolithographie*; 1940] **sf.** tipografia attrezzata anche per la stampa litografica. **Q.T.** *tipografia.*
tipolitogràfico (pl. *-ci*) [da *tipolitografia*; 1986] **agg.** relativo alla tipolitografia, proprio della tipolitografia: *centro tipolitografico.*
tipologìa (pl. *-gie*) [comp. di *tipo* e *-logia*, sul modello dell'ingl. *typology*; 1942] **sf.** classificazione per tipi, e l'insieme stesso dei tipi su cui si basa. **Q.T.** *lingue...*
tipològico (pl. *-ci*) [da *tipologia*, sul modello dell'ingl. *typology*; 1961] **agg.** di tipi, di tipologia: *studio tipologico.*
tipometrìa [comp. di *tipo-* e *-metria*; 1961] **sf.** insieme delle misure tipografiche.
tipòmetro [comp. di *tipo-* e *-metro*, sul modello del fr. *typomètre*; 1934] **sm.** regolo diviso in punti tipografici; serve a misurare la forza e l'altezza dei caratteri e le varie giustezze tipografiche.
tip tap (meno com. *tippe tàppe* o *tippete tàppete*) [voce onom.; 1963] **I** onom. che riproduce il suono ritmico prodotto dal tamburellare ripetuto delle dita su una superficie o dei piedi sul pavimento **II sm.** **1.** rumore prodotto dalle dita che tamburellano sul tavolo o dai piedi che battono ritmicamente **2.** danza moderna di origine irlandese caratterizzata dal ritmico battere sul pavimento della punta e del tacco delle scarpe, appositamente dotate di placchette metalliche.
tiptologìa [comp. del gr. *týptein*, battere e *-logia*; 1905 nel senso 2] **sf.** **1.** forma di comunicazione convenzionale basata su piccoli colpi battuti alle pareti **2.** presunta comunicazione di tipo medianico, che si verifica durante le sedute spiritiche, basata su colpi battuti sul tavolino.
tìpula [dal lat. *tip(p)ul(l)a*, nome di un insetto; 1932] **sf.** *T.zool.* insetto dittero dei Nematoceri dal corpo esile con zampe lunghe, le cui larve vivono in zone umide e si cibano di radici e di piante varie || **N.** *Sin.* zanzarone.
tir o **TIR** [dal fr. *T(ransports) I(internationaux) R(outiers)*, trasporti internazionali stradali; 1982 nel senso 2] **sm. inv.** **1.** convenzione che agevola le operazioni doganali dei mezzi che trasportano merci su strada in Europa **2.** autotreno o autoarticolato adibito al trasporto internazionale di merci || *per estens.* autotreno o autoarticolato: *revocato il blocco dei tir nelle nostre autostrade.*
tirabàci [comp. di *tira(re)* e *bacio*; 1918] **sm. inv.** *scherz.* ciocca di capelli femminili a mo' di ricciolo rivoltato a mezzo cerchio sulle gote o sulla fronte.
tirabòzze [comp. di *tira(re)* e *bozza*; 1961] **sm. inv.** *T.tip.* piccola macchina tipografica con torchio a mano, adoperata per tirare bozze di composizioni tipografiche.

tirabràce [comp. di *tira(re)* e *brace*; 1831 *tirabrage*] **sm.** *inv.* ferro ricurvo per tirar via la brace dal forno.

tirabusciò (raro *tirabuscióne*) [dal fr. *tire-bouchon*; 1879] **sm.** *inv. pop.* cavatappi, sturabottiglie.

tiracampanèllo [comp. di *tira(re)* e *campanello*; 1970] **sm.** *inv.* negli antichi salotti eleganti, striscia di stoffa con cui si tirava la corda del campanello per chiamare la servitù.

tiracaténa [comp. di *tira(re)* e *catena*; 1940] **sm.** *inv.* sistema di due viti a occhiello poste nel perno della ruota posteriore della bicicletta, per tendere la catena affinché non sfugga; tendicatena.

tìra e mòlla v. TIRAMOLLA.

tirafóndo [comp. di *tira(re)* e *fondo*; 1840] **sm.** vite che serve per fissare oggetti (ad es. una morsa) a una base di legno.

tirafórme [comp. di *tira(re)* e *forma*; 1940] **sm.** *inv.* ferro a uncino, di cui il calzolaio si serve per tirar fuori la forma dalle calzature.

tiràggio (pl. *-gi*) [da *tirare*, sul modello del fr. *tirage*; 1853] **sm.** **1.** effetto di richiamo, naturale o forzato (per mezzo di ventilatori), esercitato sui fumi da un camino: *questa stufa ha poco tiraggio* **2.** *T.mar.* compenso corrisposto dal capitano della nave al ricevitore che provvede alle operazioni di scarico **3.** *T.fot.* distanza tra obiettivo e piano focale di un sistema ottico (cannocchiale, microscopio, macchina fotografica ecc.).

tiralàtte [comp. di *tira(re)* e *latte*; 1961] **agg.** e **sm.** *inv.* di apparecchio, dotato di pompetta aspirante, che si applica alla mammella e che estrae il latte nel caso che il neonato sia incapace di succhiare o nel caso di una eccessiva quantità di latte, o di malformazioni dei capezzoli della nutrice.

tiralicci [comp. di *tira(re)* e *liccio*; 1961] **sm.** *inv. T.tess.* dispositivo a molla che comanda il movimento dei licci, facendo sì che questi alzino e abbassino alternativamente i fili della catena (ordito).

tiralìnee [comp. di *tira(re)* e *linea*; 1805] **sm.** *inv.* strumento da disegnatori costituito da un'impugnatura cui sono fissate due lamine metalliche appuntite, sottilissime, accostate tra loro, che si allargano e stringono mediante una vite e tra le quali si fa passare l'inchiostro; serve per tracciare linee di spessore costante. **TAV.** *disegno* 5.

tiralòro [comp. di *tira(re)* e *l'oro*; prima metà sec. XVI] **s.** *inv.* filatore d'oro.

tiraménto [da *tirare*; prima metà sec. XIV] **sm.** *non com.* atto del tirare.

tiramisù o **tìrami su** [comp. dell'imper. di *tirare, mi* e *su*; 1980] **sm.** *inv.* dolce freddo a base di pan di Spagna imbevuto di caffè o di liquore, farcito con una crema a base di mascarpone, uova e zucchero, e ricoperto da un velo di cioccolato in polvere.

tiramòlla o **tìra mòlla** o **tiremmòlla** o **tìra e mòlla** [comp. di *tira(re)* e *molla(re)*; 1905] **sm.** *inv.* **1.** *fam.* tergiversazione, incertezza tra il sì e il no, tra il negare e il concedere: *con tutti questi tiramolla non si è ancora deciso* **2.** *fig.* persona indecisa.

tiranneggiaménto [da *tiranneggiare*; 1716] **sm.** *raro* atto ed effetto del tiranneggiare.

tiranneggiàre (pres. *-éggio*) [da *tiranno*; 1548] **tr.** governare da tiranno || *per estens.* comportarsi da tiranno, imponendosi sugli altri in modo da limitarne fortemente la libertà: *tiranneggiare la famiglia*; anche *ass.*: *ha tiranneggiato nell'azienda* || **N.** *Sin.* angariare, comandare, dominare, opprimere, spadroneggiare.

tirannésco (pl. *-schi*) [da *tiranno*; a. 1348] **agg.** da tiranno: *metodi, ordini tiranneschi* || **tirannescaménte** **avv.** *raro.*

tirannìa [da *tiranno*; 1313] **sf.** **1.** *T.pol.* governo di uno solo esercitato in modo arbitrario e dispotico || *per estens.* autorità dispotica esercitata da un individuo nell'ambito di un gruppo: *la tirannia del padre sui membri della famiglia* **2.** *concr.* atto tirannico: *questa è una tirannia bell'e buona* || *fig.* necessità inevitabile: *la tirannia del lavoro, del tempo* || **N.** **1.** dispotismo, potere assoluto **2.** *Sin.* angheria, coercizione, costrizione, imposizione, prepotenza, sopruso. **Q.T.** *politica.*

tirannicìda [dal lat. *tyrannicīda*; 1521] **s.** uccisore del tiranno; anche *agg.*: *mano tirannicida.*

tirannicìdio (pl. *-di*) [dal lat. *tyrannicīdium*; 1598] **sm.** uccisione di un tiranno.

tirànnico (pl. *-ci*) [dal lat. *tyrannicus*, gr. *tyrannikós*; sec. XIV] **agg.** **1.** di o da tiranno: *istituì un governo tirannico* **2.** *per estens.* che impone con violenza la propria volontà; autoritario, prepotente, dispotico: *è una professoressa tirannica con gli alunni* || **tirannicaménte** **avv.**

tirànnide [dal lat. *tyrannis, -nides*, gr. *tyrannís, -nídos*, governo assoluto; 1521] **sf.** *T.pol.* governo di un tiranno || *per estens.* dominio, governo autoritario, dispotico. **Q.T.** *politica.*

tirànno [dal lat. *tyrannus*, gr. *týrannos*, signore assoluto; 1308] **I sm.** **1.** *T.pol. com.* chi si è impadronito del potere assoluto e lo esercita con metodi violenti e dispotici, opprimendo le libertà e i diritti dei cittadini || *T.stor.* presso i Greci, chi, sia come monarca, sia come membro di un'oligarchia dominante, era giunto con metodi illegali al potere sovrano: *Pisistrato, tiranno di Atene, governava con saggezza e benevolenza, i trenta tiranni di Atene* **2.** (f. *-a*) *per estens.* chi esercita la propria autorità con metodi dispotici: *in famiglia, con i suoi sottoposti è un vero tiranno* || *fig.* detto anche di sentimenti: *la passione è una irragionevole tiranna* **3.** uccello passeriforme americano, provvisto di cresta erettile **4.** *T.teatr.* ruolo tradizionale del teatro di prosa che designa le parti tragiche di un certo rilievo ricoperte da attori maturi **II agg.** **1.** prepotente, dispotico: *un marito tiranno* **2.** *fig.* di sentimento o cosa, che condiziona: *questa paura tiranna mi impedisce di agire* || *dim. spreg.* tirannèllo, tirannùccio; *pegg.* tirannàccio || **N.** I **2.** autocrate, despota, oppressore.

tirannosàuro [comp. di *tiranno* e *sauro*; 1961] **sm.** *T.zool.* genere di grossi e feroci Rettili carnivori preistorici vissuti nell'America settentrionale durante il Cretaceo superiore; robuste zampe posteriori sorreggevano, insieme alla coda, il corpo tozzo dotato di testa sproporzionatamente grande.

tirànte (*ppr.* di *tirare*) [1743] **sm.** denominazione di vari attrezzi o dispositivi che agiscono per trazione o servono a tirare qualcosa; *in part. T.edil.* qualsiasi elemento sollecitato a trazione assiale e, in part., elemento di collegamento tra due tendenti a divergere; anche, spec. come *T.mar.*, cavo con il quale si ancora al suolo una struttura (spec. palo, impennaggio ecc.) per impedirne la flessione laterale || in passato, piccolo nastro a cappio nel didietro della scarpa, in cui si infilavano le dita per far forza e far entrare più agevolmente il piede nella scarpa.

tiraòlio [comp. di *tira(re)* e *olio*; 1961] **sm.** *inv.* ampolla a sifone con cui si aspira lo strato di olio che ricopre il vino nei fiaschi.

tirapièdi [comp. di *tira(re)* e *piede*; 1891] **s.** *inv.* **1.** *propr. T.stor.* aiutante del boia nelle impiccagioni, incaricato di tirare per i piedi l'impiccato in modo da affrettarne la morte **2.** *per estens. fig. spreg.* chi si pone servilmente alle dipendenze di qualcuno, spec. se potente, e ne asseconda per interesse ogni volere || anche, *fam. scherz.*, segretario, assistente, aiutante e sim.

tirapùgni [comp. di *tira(re)* e *pugno*; 1908] **sm.** *inv.* arma costituita da quattro anelli me-

TIPOGRAFIA

Arti grafiche, cartotecnica, editoria, industria tipografica; galvanotipia, linotipia, litografia, monotipia, stereotipia, zincografia.

STRUMENTI E MACCHINE: asse, balestra, banco, battitoio, calibro, cassa, cavalletto, cesoie, compositoio (tallone), flano, pinzette, piombi, taglierina, taglietto, tipometro, tirabozze, trancia, vantaggio.

MACCHINE COMPOSITRICI: *linotype* (compositoio, coltelli, crogiolo, forma, magazzino delle matrici, spazi variabili, sbarra di distribuzione, tastiera, vantaggio, viste senza fine); monotype (fonditrice, lettore pneumatico, nastro di carta perforata, tastiera); fotocompositrice (a ripresa diretta, con tubo catodico, a matrice elettronica, laser; disco dei caratteri, lente di collimazione, obiettivo di scansione, pellicola o carta fotografica, specchio rotante).

MACCHINE DA STAMPA: a pressione, piana, rotativa, pianocilindrica (ad arresto, a doppio giro, a giro continuo), bicolore; pedalina, platina, torchio (a nervo, a leva, a rulli, a mano, meccanico); biella, bobina per la carta, calamaio, carrello, carro portaforma, cilindro impressore, compositoio, compressore, guida, lastra *offset*, lastra stereotipica, matrice, mettifogli, nastri, piegatrice, pinza, rullo inchiostratore; *offset*, rotativa offset o roto-offset.

PERSONE E LUOGHI: battitore, compositore, correttore, fonditore, impaginatore, impressore, linotipista, monotipista, piegatore, proto, revisore, rullatore, stampatore, stereotipista, tipografo, torcoliere; legatoria, stabilimento tipografico, stamperia, tipografia, tipolitografia.

COMPOSIZIONE: a mano, a macchina, fotocomposizione; bozza di stampa (in colonna, in pagina), collazione, correzione in piombo, impaginazione, incorniciatura, montaggio.

STAMPA: anastatica, a incavo, a rilievo, a rotocalco, comune, in *offset*; imposizione in macchina, forma, bianca e volta, marginatura (di testa, di cucitura, di taglio, di piede), serratura, chiusura delle forme, battitura, squadratura, avviamento, intaglio, taccheggio, bagnatura della carta, tiratura; carticino, menabò o maestra o bozzetto, stampone; *imprimatur*, visto si stampi.

CARATTERI: bastone, egiziano; bodoniano, elzeviro, garamond, gotico, inglese, italico, normanno, romano; capitale, corsivo, cubitale, grassetto, maiuscolo, minuscolo, maiuscoletto, neretto, tondo; allineamento, altezza, assortimento, asta, cassa, corpo, forza, fusto, giustezza, grazia, incavo, matrice, occhio, piede, punto, punzone, spalla, spessore, tacca.

ELEMENTI TIPOGRAFICI: accento (acuto, grave, circonflesso), apice, arabesco, asta, asterisco, barra (obliqua, orizzontale), bianco tipografico, capopagina, contorno, divisione, filetto (punteggiato, chiaro, scuro, chiaroscuro, doppio, ondeggiato, finale), fregio, fusello, interlinea, linea,

segue

tallici congiunti cuspidati che si infilano tra le dita e armano il pugno.

tiràre [lat. volg. **tirare*; 1295 nel senso 2] ***tr.*** **1.** esercitare una forza a una o più estremità di qualcosa in modo da metterlo in tensione, distenderlo o allungarlo: *tirare la fune, le corde della chitarra, una molla*; *tirare la cinghia*, tenderla per farla stringere maggiormente in vita e, *fig. fam.*, fare economia, vivere in ristrettezze economiche; *tirare la pasta*, distenderla col mattarello in modo da farne una sfoglia più o meno sottile; *tirare le orecchie a qualcuno*, spec. *fig.* rimproverarlo; nelle loc. *tirare in lungo, in largo*, tirare, stiracchiare nel senso della lunghezza, della larghezza e, *fig.*, ampliare eccessivamente: *come la tirano in lungo la discussione!* **2.** esercitare una forza a un'estremità di qualcosa in modo da spostarlo: *tirare il mobile più in là, la barca in secco*; *tirare le tende*, chiuderle, distenderle; *tirare i remi in barca*, anche *fig.* desistere da un'impresa rischiosa o mettersi in una posizione meno esposta, di maggiore sicurezza || in molte *loc. verb.*: *tirare giù*, portare in basso: *tirami giù quel libro dallo scaffale*; *tirare su*, sollevare da terra o, *fig.*, sollevare il morale o dare energia, ritemprare: *bevi questo, che ti tira un po' su*; *tirare via*, togliere: *tira via i vestiti dalla sedia*; *tirare fuori*, estrarre, far uscire, anche *fig.*: *l'ha tirato fuori da un bel pasticcio* || *in part.* muovere verso di sé restando fermi e agendo su ciò che si vuole spostare, attrarre a sé, anche *fig.*: *tirare il freno a mano, lo tirò a sé prendendolo per il bavero*; *tirare l'acqua al proprio mulino*, anche *fig.* intervenire (in una discussione, un'impresa ecc.) in funzione dei propri interessi; *tirare qualcuno dalla propria parte*, riuscire ad accattivarsene la simpatia; *tirare in ballo*, far entrare in gioco, anche menzionando (spec. fuori contesto): *non è il caso di tirare in ballo Aristotele*; nel modo di dire fig. *una parola tira l'altra*, usato per commentare il fatto che una discussione si è protratta molto a lungo o che, nel corso di essa, in caso di dissidio, ci si è rivolti insulti; *tirarsi addosso l'odio di qualcuno, i guai*, attirare || *in part.* trainare, anche *fig.*: *il cavallo tirava faticosamente il carro*; *è lui che tira gli altri*, che fa da elemento trainante, convincendo gli altri a seguirlo; *T.sport.* *tirare la volata, il gruppo*, nel ciclismo o nella corsa, portarsi in testa || nei modi di dire fig. *tirare la carretta*, tirare avanti faticosamente; *tirare qualcuno per i capelli*, spec. *fig.* indurlo con la forza o con pressanti insistenze a fare qualcosa; *tirarsi dietro qualcuno*, portarlo con sé; *tirarsi dietro la porta*, chiuderla mentre si sta uscendo **3.** *per estens.* tracciare, disegnare: *tirare una linea, una perpendicolare* **4.** *per estens.*, anche *fig.* trarre, ricavare, dedurre: *tirare le somme, le conclusioni del discorso* || *tirare a sorte*, estrarre a sorte e, *ass.*, fare un sorteggio: *per decidere chi deve andare, tiriamo a sorte* || *T.tip.* e *T.fot.* ricavare, per mezzo di una certa tecnica di stampa, copie da una matrice: *di quel quotidiano tirano ventimila copie al giorno, tirare un positivo dal negativo fotografico* **5.** fare arrivare lontano da sé; scagliare, lanciare, gettare: *tirare un sasso contro la vetrina*; *tirare una pallonata*, calciare forte il pallone || *in part.* usando uno strumento adatto: *tirare frecce con l'arco, freccette con la cerbottana, pietre con la catapulta*; *ass.* rif. ad armi, spec. da fuoco, far partire un colpo, sparare: *tirare al bersaglio* || *per estens.*, anche *fig.*: *tirare ceffoni, pugni, calci, una coltellata*, sferrarli; *tirare bestemmie, imprecazioni*, dirne a profusione || *ass.* esercitarsi nella boxe o in una pratica sportiva che richieda l'uso di armi: *tirare di scherma, di boxe* || ***intr.*** (aus. *avere*) **1.** essere eccessivamente tirato, teso: *questi pantaloni tirano sulle cosce*, sono troppo attillati, stringono; *col freddo sento tirare la pelle del viso* **2.** essere in grado di esercitare una forza che produca spostamento; *in part.* essere in grado di esercitare una trazione, di trascinare, anche *fig.*: *questo motore in salita non tira*; *nell'economia italiana è l'industria automobilistica ciò che tira di più, nel gruppo è lui che tira*, che fa da elemento trainante || favorire o consentire il passaggio dell'aria: *questo camino, questa pipa non tira*, non favorisce il passaggio dei fumi, non ha tiraggio **3.** *in part.* di un vento, di una corrente d'aria, soffiare forte: *oggi tira un ventaccio di tramontana*; nella loc. fig. *fam.* *con l'aria che tira...!*, coi tempi che corrono, data la situazione: *con l'aria che tira non è il caso di andare a importunarlo* **4.** muoversi in una direzione, avanzare verso qualcuno o qualcosa: *tirare innanzi, avanti*, procedere e, *fig.*, continuare a vivere nonostante le difficoltà; *tirare dritto*, procedere dritto e, *fig.*, andare dritti allo scopo **5.** *per estens. fam.* tendere, essere incline: *lo sterzo tira a destra*, tende a deviare a destra; *in part.* di colore, avvicinarsi, richiamare: *un verde che tira al giallo* || *com.* anche *fig.*, tendere al conseguimento di uno scopo, mirare: *attento, quel negoziante tira a imbrogliare*; *tirare a indovinare*, cercare di risolvere un quesito azzardando una risposta qualsiasi; *tirare a campare*, vivere senza porsi troppi problemi, e senza particolari ambizioni **6.** *fig.* ridurre le spese, risparmiare: *tirare sulle spese* || *tirare sul prezzo*, mercanteggiare || ***rifl.*** spostarsi cambiando di posto o di condizione: *tirarsi da parte, di lato* ecc., scostarsi, mettersi di lato, spec. per lasciar spazio ad altri: *tirati più in là, così mi siedo anch'io*; *tirarsi su*, alzarsi o, *fig.*, riprendersi, sollevarsi moralmente, psicologicamente: *non stare in ginocchio, tirati su, si è tirata un po' su quando ha saputo che tornavi*; *tirarsi indietro*, indietreggiare o, *fig.*, sottrarsi a un impegno precedentemente assunto: *all'ultimo momento si è tirato indietro*; *tirarsi fuori*, uscire o, *fig.*, liberarsi, svincolarsi da una situazione difficile: *per anni si è drogato, ma poi si è tirato fuori* || ***rifl. indir.*** *tirarsi su le calze, tirarsi giù la gonna*, perché non si vedano le ginocchia; *tirarsi su i capelli*, portarli annodati || **N.** ***tr.*** **1.** *Sin.* allungare, distendere, tendere **2.** *Sin.* allontanare, spostare; trarre **4.** tiratura **5.** *Sin.* scaraventare, vibrare | ***intr.*** **4.** *Sin.* continuare, proseguire **5.** *Sin.* propendere.

tirasségno [comp. di *tiro*, *a*² e *segno*; 1961] ***sm. inv.*** tiro a segno (v. TIRO).

tirastivàli [comp. di *tira(re)* e *stivale*; 1840] ***sm. inv.*** cavastivali.

tiràta [da *tirare*; a. 1574] ***sf.*** **1.** l'atto del tirare una volta: *una tirata di orecchi, di briglia* || *fam.* singola inspirazione, boccata di fumo: *fammi fare un'ultima tirata alla sigaretta* **2.** *fig.* di qualcosa che si compie in una volta sola, senza interruzioni: *finirò i lavori di oggi in una sola tirata*; *in part.* rif. a un percorso: *ha fatto una sola tirata di qui fino a Roma*; anche lungo discorso, monologo e spec. lunga invettiva: *ha fatto una tirata contro i politicanti* || *dim.* tiratìna, tiratèlla || **N.** **1.** *Sin.* strappo, strattone.

tiratàrdi [comp. di *tira(re)* e *tardi*; 1987] ***s. inv.*** **1.** chi va tardi a dormire **2.** persona lenta, non puntuale.

tiratìra o **tìra tìra** [reduplicazione di *tira(re)*; 1940] ***sm. inv.*** *fam. disus.* **1.** inclinazione amorosa, e la persona per cui si ha tale inclinazione: *passa di qui spesso, deve esserci un tiratira* **2.** il contendersi qualcosa cercando reciprocamente di strapparselo di mano: *fare a tiratira.*

tiràto (*pps.* di *tirare*) [1353] ***agg.*** **1.** teso: *corda tirata, nervi tirati* **2.** *fig.* sforzato, stentato: *un consenso, un sorriso tirato* **3.** avaro nello spendere: *è molto tirato, un uomo alquanto tirato* || *dim.* tiratèllo, tiratino.

tiratóio (pl. *-ói*) [da *tirare*; 1305] ***sm.*** *T.tess.* locale di uno stabilimento tessile in cui i tessuti sono stesi tirati in modo da assumere la forma voluta.

tiratóre [da *tirare*; 1641] ***sm.*** (f. *-trìce*) chi o

segue TIPOGRAFIA

lingotto, margine, parentesi (tonda, quadra, graffa), punto e virgola, punto (esclamativo, interrogativo), quadratino, quadrato, quadratone, spazio, trattino, virgola, virgolette.

OPERAZIONI: comporre (in corsivo, in maiuscoletto, in tondo), correggere, dare alle stampe, far gemere i torchi, impaginare, imprimere, interfogliare, interlineare, licenziare per le stampe, mettere in macchina, pubblicare, registrare, rilegare, ristampare, ritirare un righino, ritirare un mozzo, scomporre, spaginare, spazieggiare, stampare, sterlineare, taccheggiare, tirare, tirare le bozze.

ERRORI E CORREZIONI: controstampa, doppieggiatura, doppione, *errata-corrige*, frate, lettera capovolta, lettera d'altro carattere, pentimento di correzione (vive), pesce o salto o *bourdon*, posposizione (di parola, di riga), refuso, revisione, riscontro, sbavaggio, smangio, verme o sentiero.

LIBRO: albo, almanacco, atlante, *best-seller*, codice, dispensa, edizione critica, estratto, fascicolo, manuale, miscellanea, opera, opuscolo, prontuario, ristampa, saggio, trattato, volume; all'indice, adespoto o anonimo, a una colonna, a due colonne, autografo, cartonato, controstampato, in brossura, in folio, in quarto, in ottavo, in sedicesimo, in trentaduesimo, in sessantaquattresimo, illustrato, interfogliato, intonso, raffilato, rilegato, sciolto, slegato, smarginato, tagliato.

PARTI: aletta (o risvolto), antiporta, appendice, brachetta, capitolo, capoverso, copertina (prima, seconda, terza, quarta di copertina o controcopertina), *copyright*, colofone, controcopertina, costa, dedica, *ex libris* (araldici, parlanti), finale, fodera, foglio, frontespizio, illustrazione, indice, iniziale, marchio tipografico, margine, occhiello, occhietto, pagina, paragrafo, postilla, prefazione, retto, risguardo, risvolto, riga (piena, rotta), sedicesimo, segnatura, sommario, soscrizione, sopraccoperta, testata, titolo corrente, variante, verso, vignetta; barba, busta o custodia, dorso o costola, capitello, cerniera, fermaglio o borchia, morso, sguardia o foglio di risguardo, unghiatura.

EDIZIONE: aldina, anastatica, clandestina, compatta, diamante, di lusso, economica, elzeviriana, nitida, in brossura o *paperback*, principe, rara, spuria, stereotipa, tascabile; esaurito, fuori commercio, in ristampa (v. anche quadro terminologico CARTA).

LEGATURA E RILEGATURA.

LEGATURA O BROSSURA: piegatura dei fogli, distesa delle segnature, verifica, cucitura (a mano, a macchina), soppressatura, copertura o applicazione della coperta, rifilatura.

RILEGATURA: in tela (levigata, granita, cruda), in pelle (bazzana, zigrino, marocchino, vitello, bulgaro, pergamena), in mezza pelle, in mezza tela, in dermoide, in tartaruga.
(V. anche quadri terminologici STAMPA E RIPRODUZIONE, GIORNALE).

che tira; *in part.* chi tira con un'arma (anche non da fuoco): *è un ottimo tiratore d'arco; tiratore scelto,* qualifica di soldato particolarmente abile nel tiro || *franchi tiratori,* guerriglieri, partigiani che operano con azioni di disturbo e di sabotaggio nel territorio occupato dal nemico o che il nemico sta evacuando; *per estens.* nel gergo giornalistico, i parlamentari che nelle votazioni a scrutinio segreto votano contro le decisioni del proprio partito.

tiratróne [dall'ingl. *thyratron,* letter. tubo a gas a catodo, comp. dal gr. *thýra,* porta, e dall'ingl. *electron,* elettrone; 1951] ***sm.*** *T.elettr.* tubo termoelettrico a riempimento gassoso.

tiratùra [da *tirare*; 1857] ***sf.*** **1.** *T.tip.* il tirar copie stampando: *il libro ha avuto una forte tiratura* || *concr.* il numero delle copie stampate: *quel libro ha avuto una tiratura di cinquemila copie* **2.** *raro* operazione del tirare: *la tiratura dei tessuti.* **Q.T.** *giornale.*

tiratùtti [comp. di *tira(re)* e *tutto*; 1808] ***sm.*** *T.mus.* comando che, nell'organo, serve a inserire contemporaneamente tutti i registri.

tirchierìa [da *tirchio*; 1734] ***sf.*** qualità di chi è tirchio || *concr.* atto da persona tirchia: *queste sono tirchierie bell'e buone* || **N.** *Sin.* AVARIZIA.

tìrchio (pl. *-chi*) [forse da *pirchio,* con influsso di *tirato,* avaro; a. 1584] **I *agg.*** restio nello spendere, sordidamente attaccato al denaro **II *sm.*** (f. *-a*) persona tirchia || *pegg.* tirchiàccio || **N.** I *Sin.* spilorcio, taccagno, tirato, AVARO.

tirèlla [da *tirare*; 1723] ***sf.*** ciascuna delle due strisce di cuoio, attaccate da un lato a una traversa della carrozza o del carro e dall'altro al pettorale del cavallo, perché questo possa tirare per mezzo di esse.

tiremmòlla V. TIRAMOLLA.

tìreo- [dal gr. *thyreo(eidḗs),* a forma di scudo] ***primo elem.*** che, in parole composte della terminologia medica, vale "relativo alla tiroide" (per es. *tireosi, tireotossicosi*).

tireòṣi [comp. di *tireo-* e *-osi,* come il fr. *thyréose*; 1961] ***sf.*** *T.med.* disfunzione della tiroide.

tireostàtico (pl. *-ci*) [comp. di *tireo-* e *-statico*; 1965] ***agg.*** *T.med.* di farmaco, che blocca l'attività della tiroide.

tireotòssico (pl. *-ci*) [comp. di *tireo-* e *tossico*; 1970] ***agg.*** *T.med.* relativo alla tireotossicosi, proprio della tireotossicosi: *disturbi tireotossici.*

tireotossicòṣi [comp. di *tireo-* e *tossicosi*; 1949] ***sf.*** *T.med.* malattia dovuta a un'eccessiva attività dell'ormone tiroideo, che si manifesta con un ingrossamento della ghiandola tiroide, aumento del metabolismo basale e iperemotività.

tireotropìna o **tirotropìna** [comp. di *tireo-* e un der. di *-tropo*; 1961] ***sf.*** *T.biol.* ormone elaborato dall'ipofisi, che regola la funzione della tiroide.

tireòtropo o **tiròtropo** [comp. di *tireo-* e *-tropo*; 1961] ***agg.*** *T.biol.* ormone tireotropo, tireotropina.

tirétto [da *tirare*; 1877] ***sm.*** *dial. sett.* cassetto.

tiristóre [dall'ingl. *thyristor,* comp. di *thyr(atron),* tiratrone, e *(trans)istor*; 1969] ***sm.*** *T.elettr.* dispositivo elettronico a semiconduttori, con struttura a quattro strati, con caratteristiche simili a quelle del tiratrone.

tiritèra [voce onom. basata su *tirare*; a. 1565] ***sf.*** *fam.* filastrocca, cantilena || *per estens.* discorso lungo e noioso.

tirlindàna V. DIRLINDANA.

tìro [da *tirare*; a. 1540 nel senso 2] ***sm.*** **1.** atto, modo ed effetto del tirare: *tiro alla fune* || *in part.* traino di un veicolo (spec. da parte di animali): *bestie da tiro*; *per estens.* gli animali che lo trainano: *un tiro a quattro,* quattro animali, spec. cavalli, legati assieme; e anche il veicolo stesso trainato: *va a spasso con un tiro a quattro* **2.** atto del gettare, dello scagliare, del lanciare qualcosa: *un tiro di dadi, il tiro del giavellotto, con l'arco, un tiro impreciso*; *tiro a segno,* istruzione ed esercizi di tiro al bersaglio e, anche, il luogo in cui si fanno tali esercizi; *tiro diretto, indiretto,* a seconda che il bersaglio sia visibile o meno || *in part.* lancio della palla, spec. nel calcio, nella pallacanestro ecc.: *un tiro a rete, in porta, a canestro, tiro angolato, a effetto, imparabile, tiro di testa, di piedi*; *tiro libero,* nella pallacanestro, tiro effettuato da fermo, nell'apposita lunetta, che non può essere ostacolato dagli avversari e viene assegnato a un giocatore che abbia subito un fallo || *in part.* colpo sparato con un'arma da fuoco: *poligono di tiro, scuola di tiro, il reggimento è ai tiri, cannone a tiro rapido, aprire il tiro*; *tiro in bianco,* a salve; *tiro illuminante,* lancio di razzi illuminanti; *T.cacc. tiro a volo, a fermo,* a seconda che la selvaggina sia in volo o ferma || in loc. anche *fig.*: *essere, venire, capitare a tiro, fuori tiro,* essere (venire ecc.) o meno a portata dell'arma e, *fig.*, a portata di mano: *se mi viene a tiro quel ragazzo, gliene dico quattro*; *fig. essere a un tiro di schioppo,* relativamente vicino **3.** colpo, tentativo o anche brutto scherzo o azione dannosa che giunge inaspettata a chi ne subisce le conseguenze: *ci ha giocato un bel tiro, un tiro mancino, il tiro gli è riuscito* **4.** *fam.* boccata di fumo tirata da una sigaretta o sim.; tirata: *fammi fare un tiro* || anche annusata: *un tiro di coca* **5.** *T.alp. tiro di corda,* tratto di parete che, quando si è in cordata, si percorre tra due punti di sosta successivi || **N.** 2. *Sin.* lancio | botta, botto, colpo, sparo | alto, a salve, basso, corto, curvilineo, curvo, di contro-preparazione, d'interdizione, di preparazione, diretto, di rimbalzo, di sbarramento, di striscio, giunto, inarcato, indiretto, lungo, radente, teso | angolo di mira, bersaglio, cerchio di puntamento, mirino, parabola, puntamento, traiettoria | balistica. **Q.T.** *calcio, forze armate.*

tiro- [da *tiroide*] ***primo elem.*** che, in parole composte della terminologia medica, vale "relativo alla tiroide" (per es. *tiroxina*).

tirocinànte [da *tirocinio*; 1877] ***agg.*** che fa il tirocinio; anche *s.* || **N.** *Sin.* apprendista, garzone, praticante, principiante.

tirocìnio (pl. *-ni*) [dal lat. *tirocinium,* prima esperienza militare; 1504 *tyrocinio*] ***sm.*** **1.** periodo di addestramento in un mestiere o in una professione sotto la guida di un esperto **2.** *meno com.*, noviziato, volontariato || **N.** 1. *Sin.* apprendistato, pratica.

tiròide [dal gr. *thyreoeidḗs,* a forma di lungo scudo; 1805] ***sf.*** *T.anat.* grande ghiandola a secrezione interna, posta nel collo, proprio dinanzi alla laringe e alla trachea || **N.** gozzo. **TAV.** ***anatomia*** **p. 641** 5.3.

tiroidectomìa [comp. di *tiroide* ed *-ectomia*; 1931] ***sf.*** *T.chir.* asportazione della tiroide.

tiroidèo [da *tiroide*; a. 1758] ***agg.*** che si riferisce alla tiroide: *ghiandola, arteria tiroidea.*

tiroidìna [comp. di *tiroide* e *-ina*; 1908] ***sf.*** principio attivo della tiroide, il cui estratto viene usato nella cura del gozzo, dell'obesità e del rachitismo.

tiroidìṣmo [da *tiroide*; 1967] ***sm.*** *T.med.* stato patologico dovuto ad alterazione delle funzioni della tiroide || **N.** ipertiroidismo, ipotiroidismo.

tiroidìte [comp. di *tiroide* e *-ite*[1]; 1940] ***sf.*** *T.med.* infiammazione della tiroide.

tirolése [dal n. geogr. *Tirolo*; 1755] **I *agg.*** del Tirolo: *canti tirolesi*; *cappello alla tirolese,* cappello di feltro, a pan di zucchero, perlopiù di color verde, con una piccola penna sulla parte posteriore **II *s.*** **1.** abitante del Tirolo **2.** *sf.* nome di una danza in uso nel Tirolo; e anche la musica che l'accompagna || **N.** altoatesino, sudtirolese.

tirolìno [dal *Tirolo,* dove fu coniata; 1929] ***sm.*** moneta d'argento in uso nel Tirolo dalla seconda metà del sec. XIII, recante sul dorso due croci incrociate.

tiróne [dal lat. *tiro, -ōnis*; seconda metà sec. XIV] ***sm.*** *T.stor.* nell'esercito romano, in età repubblicana, recluta che doveva essere addestrata per un anno prima di diventare soldato.

tironiàno [dal lat. *Tironiānus*; 1840] ***agg.*** *lett.* di Tirone, liberto di Cicerone || *note tironiane,* abbreviature di scrittura, una specie di stenografia rudimentale, la cui invenzione è attribuita a Tirone.

tiroṣìna [comp. di *tiro-*, *-os(io)* e *-ina*] ***sf.*** *T.biol.* amminoacido aromatico a nove atomi di carbonio presente nella maggior parte delle proteine.

tirossìna V. TIROXINA.

tirotropìna V. TIREOTROPINA.

tiròtropo V. TIREOTROPO.

tiroxìna o **tirossìna** [comp. di *tiro-*, *ossi-* e *-ina,* sul modello dell'ingl. *thyroxine*; 1932] ***sf.*** *T.biol.* ormone secreto dalla tiroide che agisce sul metabolismo dell'organismo ed è impiegato nella terapia dell'ipotiroidismo.

tirrènico (pl. *-ci*) [dal lat. *Tyrrhēnicus*; 1961] ***agg.*** del mar Tirreno: *costa tirrenica.*

tirrèno [dal lat. *Tyrrhēnus,* gr. *Tyrrēnós,* letter. etrusco; sec. XIV nel senso 2] **I *agg.*** **1.** dei Tirreni, antiche popolazioni dell'Italia centro-meridionale, talora identificate con gli Etruschi **2.** del mar Tirreno, tirrenico **II *sm.*** (f. *-a*) appartenente alla popolazione preindeuropea stanziata nell'Etruria.

tìrso [dal lat. *tyrsus,* gr. *thýrsos*; 1478] ***sm.*** **1.** *T.stor.* verga attorcigliata d'edera e tralci di vite, che era usata nell'antica Grecia durante i riti in onore di Dioniso **2.** *T.bot.* infiorescenza a grappoli eretti; pannocchia.

tirtàico (pl. *-ci*) [dal n. proprio *Tirteo,* poeta gr.; 1961] ***agg.*** dell'antico poeta greco Tirteo e della sua produzione poetica || *per estens. poesia tirtaica,* poesia che esorta al valore e all'eroismo spec. patriottico.

tirucchiàre (pres. *-ùcchio*) [da *tirare*; 1879] ***tr.*** *spreg. non com.* tirare poco, debolmente, a stento.

tiṣàna [dal lat. *ptisana,* gr. *ptisánē,* decotto d'orzo; 1300 ca.] ***sf.*** pozione a blanda azione medicamentosa, preparata per infusione, macerazione o decozione di parti di piante (camomilla, tiglio, verbena ecc.). **Q.T.** *alimentazione, erboristeria.*

Tiṣanòtteri (sing. *-o*) [comp. del gr. *thýs(s)anos,* frangia e *-ttero*; 1932] ***sm. pl.*** *T.zool.* ordine di piccoli insetti terrestri dal corpo stretto con quattro ali trasparenti e frangiate, che si cibano della linfa delle piante, arrecando gravi danni alle colture.

Tiṣanùri (sing. *-o*) [comp. del gr. *thýs(s)anos,* frangia e *-uro*[2]; 1840] ***sm. pl.*** *T.zool.* ordine di piccoli insetti privi di ali, con coda frangiata in più appendici, lunghe antenne e apparato boccale masticatore, viventi in ambienti umidi e bui || **N.** lepisma.

tìṣi [dal lat. *phtisis*; 1623 *ptisi*] ***sf.*** *inv.* *T.med.* forma di tubercolosi polmonare a decorso rapido e distruttivo || **N.** consunzione, etisia, mal sottile, tabe polmonare.

tiṣiàtra [comp. di *tisi* e *-iatra*; 1981] ***s.*** tisiologo.

tiṣiatrìa [comp. di *tisi* e *-iatria*; 1983] ***sf.*** tisiologia.

tiṣichézza [da *tisico*; sec. XIII] ***sf.*** **1.** l'essere ammalato di tisi **2.** *per estens.* estrema gracilità e debolezza.

tìṣico (pl. *ci*) [dal lat. *phtisicus*; a. 1320 come sm.] **I *agg.*** **1.** malato di tisi **2.** *per estens.* di organismo vivente (spec. vegetale), stentato, gracile: *alberelli tisici* **II *sm.*** (f. *-a*) malato di tisi || *dim.* tisichèllo, tisichìno, tisicùccio; *pegg.* tisicàccio || **N.** 1. *Sin.* tubercolotico 2. *Sin.* consunto.

tiṣicùme [da *tisico*; 1600] ***sm.*** *spreg.* insieme di più persone o, *per estens.*, di più piante tisiche.

tisiología [comp. di *tisi* e *-logia*; 1882 *ftisiologia*] **sf.** *T.med.* branca della medicina che studia le malattie tubercolari.

tisiòlogo (pl. *-gi*) [comp. di *tisi* e *-logo*; 1935] **sm.** (f. *-a*) medico specialista delle malattie tubercolari.

tissotropìa e der. v. TIXOTROPIA e der.

tissulàre [dal fr. *tissulaire*; 1942] **agg.** *T.biol.* relativo ai tessuti.

titanàto [da *titan(ico)*, con cambio di suff.; 1879] **sm.** *T.chim.* ogni sale che sia prodotto dall'acido titanico.

titànico[1] (pl. *-ci*) [dal gr. *titanikós*; 1829] **agg.** dei Titani || *per estens. com.* gigantesco, da giganti: *mura titaniche*; *in part.* di sforzo o impresa condotti con grande forza ma destinati a fallire (come la scalata dei Titani al cielo): *sforzi titanici*.

titànico[2] (pl. *-ci*) [da *titanio*[1]; 1879] **agg.** *T.chim.* *acido titanico*, composto acido del titanio.

titànio[1] [da *titano*, sul modello del ted. *Titanium*; 1829] **sm.** *T.chim.* elemento chimico che allo stato puro si presenta come un metallo argenteo malleabile, ottimamente resistente agli agenti atmosferici e abbastanza resistente agli acidi.

titànio[2] (pl. *-ni* o *-nii*) [dal lat. *titānius*; 1891] **agg.** *lett.* titanico.

titanìsmo [da *titano*, sul modello del gr. *titanismós*; 1940] **sm.** spirito di rivolta contro forze superiori (il destino, la natura, la divinità): *il titanismo romantico*.

titàno [dal lat. *Titānus*, gr. *Títan*, pl. *Titânes*, n. dei giganti mitologici che, figli del Cielo e della Terra, mossero guerra a Giove e furono sconfitti; 1821] **sm.** **1.** *T.mit.* ciascuno dei Titani **2.** *per estens. fig.* persona che giganteggia, che eccelle: *un titano dell'arte* || **N. 2.** *Sin.* colosso, gigante.

titanomachìa [dal gr. *titanomachía*; 1961] **sf.** *T.mit.* nella mitologia greca, la lotta di Giove contro i Titani, per il dominio sulla terra e il cielo.

titillaménto [dal lat. tardo *titillamentum*; 1673] **sm.** atto e modo del titillare.

titillàre [dal lat. *titillāre*; 1598] **tr.** solleticare lievemente e piacevolmente; anche *fig.*: *dolci suoni gli titillavano gli orecchi* || *fig.* lusingare: *titilla la sua vanità* || **N.** *Sin.* vellicare; stimolare.

titillazióne [dal lat. *titillātio*, *-ōnis*; 1595] **sf.** *raro* l'atto del titillare.

titoìsmo [dal n. proprio J. Broz, detto *Tito*, presidente della Jugoslavia; 1950] **sm.** *T.pol.* rif. spec. a nazioni e movimenti politici, unione di autonomismo nazionalista in politica estera e socialismo di stato in politica interna.

titoìsta [da *titoismo*; 1966] **s.** e **agg.** fautore del titoismo, chi o che si ispira al titoismo.

titolàre[1] [da *titolo*; 1550 nel senso 2; 1961 nel senso 3] **I agg.** **1.** che ricopre a pieno titolo una certa funzione o carica professionale: *professore titolare di una cattedra* **2.** che ha solo il titolo (e non l'ufficio, la carica effettiva); nominale: *sovrano, presidente titolare*; *vescovo titolare* (in opposizione a *vescovo residenziale*), prelato, generalmente investito di un'altra funzione, che ha il titolo onorifico di vescovo di una diocesi in territori già cristiani e successivamente passati sotto giurisdizioni non cristiane **3.** anche di santo o persona divina cui è intitolata una chiesa **II s.** **1.** nel linguaggio comune, proprietario di un negozio, una ditta ecc.: *rivolgetevi al titolare* **2.** chi ricopre una funzione o una carica professionale: *il titolare della cattedra* || *T.sport.* atleta che occupa un posto nella prima squadra di una società || **N.** II **2.** *Contr.* supplente; riserva.

titolàre[2] (pres. *tìtolo*) [dal lat. tardo *titulāre*, dare il titolo di; 1879 nel senso 2; 1944 nel senso 3] **tr.** **1.** attribuire un titolo nobiliare || *per estens. scherz.* ingiuriare: *lo titolarono di sciocco* **2.** *T.chim.* determinare il titolo di un metallo, di una soluzione chimica ecc. **3.** mettere i titoli (a un insieme di articoli e sim.); intitolare.

titolàrio (pl. *-ri*) [da *titolo*; 1865 nel senso 1; 1970 nel senso 2] **sm.** **1.** raccolta di titoli **2.** griglia di classificazione archivistica, costituita da un determinato numero di categorie (o titoli o classi), articolate in sottopartizioni e contrassegnate da simboli numerici o alfabetici o misti.

titolarità [da *titolare*[1]; 1961] **sf.** *T.giur.* e *T.bur.* l'essere titolare di un diritto, di un ufficio.

titolàto (*pps.* di *titolare*[2]) [a. 1363] **agg.** che ha un titolo nobiliare; anche *sm.* (f. *-a*): *è un titolato*, un nobile.

titolatrìce [da *titolare*[2]; 1961] **sf.** **1.** *T.tip.* macchina compositrice adatta per i titoli **2.** *T.cin.* apparecchiatura cinematografica per la ripresa dei titoli di testa di un film.

titolatùra [da *titolare*[2]; 1961] **sf.** **1.** apposizione di un titolo a un libro, a un film, a un articolo di giornale e sim. **2.** il modo con cui è realizzato un titolo: *titolatura cubitale, lineare* ecc.

titolazióne [da *titolare*[2]; 1940] **sf.** **1.** *T.chim.* operazione che si compie per determinare il titolo, cioè la percentuale di una determinata sostanza in un tutto **2.** *T.tess.* valutazione di un filato, attraverso il rapporto che c'è tra il peso, il diametro e la lunghezza **3.** *T.giorn.* attività redazionale consistente nella formulazione dei titoli e nel precisarne la giustezza e i caratteri. **Q.T.** *chimica*.

titolìsta [da *titolo*; 1950] **s.** chi, in un giornale, si occupa di formulare i titoli dei vari articoli || tipografo che si occupa della composizione dei titoli.

tìtolo [dal lat. *titulus*, letter. scritta; 1308 nel senso 2] **sm.** **1.** il nome che si dà a un'opera letteraria o figurativa per renderla individuabile e indicarne, più o meno approssimativamente, l'argomento: *il titolo di una commedia, di un romanzo, di un quadro, il titolo di un capitolo* || *titolo corrente*, quello che si ripete a capo di ogni pagina di un volume || *T.cin.* *titoli di testa, di coda*, con cui inizia o termina un film o, anche, un programma televisivo, contenenti i nomi dei realizzatori, degli attori, dei tecnici ecc. || *T.eccl.* *titolo di una chiesa*, nome del santo o della persona divina cui è dedicata; *per anton.* nome delle chiese di Roma cui è preposto un prelato titolare: *cardinale del titolo di Santa Prassede* **2.** di persona, ogni appellativo che le spetta per qualità, per grado, per gli studi fatti ecc.: *merita il titolo di eroe, ha conquistato il titolo di campione del mondo, titolo di avvocato, di cavaliere, di conte*; *titolo di studio*, che si consegue alla fine di un corso di studi; *titoli accademici*, che competono per laurea, diploma e sim.; *titoli cavallereschi*, che competono per onoreficenze di cui si è stati insigniti; *titoli nobiliari*, che competono per diritto di nascita o di nobiltà acquisita || *per estens. fam.* qualifica ingiuriosa, epiteto: *mi ha caricato di titoli* **3.** *per meton.* documento che comprova il possesso di determinate qualifiche o requisiti: *presentare i titoli per l'ammissione al concorso*; *concorso per titoli*, nel quale le graduatorie vengono formate valutando esclusivamente i titoli professionali e accademici dei candidati **4.** *T.giur.* e *T.econ.* fatto giuridico (e anche, *per meton.*, il documento che lo comprova) su cui si basa il possesso di un diritto: *titolo d'acquisto*; *titolo di credito*, che dà diritto al possessore di eseguire una determinata prestazione precedentemente concordata e indicata nel titolo stesso; *titolo azionario* (o, *ass.*, *titolo*), titolo di credito costituente una quota del capitale di una società per azioni || *per estens. com.* *a titolo di*, in qualità di, come: *a titolo di prestito, di rimborso, ti dico questo a titolo d'informazione, a qual titolo vorresti impedirmelo?*; *a pieno titolo*, con pieno diritto **5.** *T.tess.* la grossezza del filo adoperato per i tessuti: *il titolo della seta* **6.** *T.oref.* il rapporto del metallo puro rispetto alla lega: *il titolo dell'oro, dell'argento* **7.** *T.chim.* la percentuale di una determinata sostanza in una soluzione || *dim.* titolìno, titolétto, titolùccio; *accr.* titolóne; *pegg.* titolàccio || **N.** **1.** *Sin.* denominazione, nome | intitolare, sottotitolare **2.** *Sin.* appellativo, qualifica, requisito, soprannome. **Q.T.** *banca, numismatica* **TAV.** ***tipografia*** **p. 1337** 12.2.

titolóne (*accr.* di *titolo*) [a. 1620] **sm.** **1.** grosso titolo **2.** titolo, spec. di giornale, scritto a caratteri molto grossi in modo da attirare l'attenzione del lettore.

titubànte (*ppr.* di *titubare*) [1341] **agg.** esitante: *si mostrò titubante ad accettare l'impiego* || **N.** *Sin.* dubbioso, indeciso, irresoluto, pencolante, perplesso.

titubànza [dal lat. *titubantia*; 1879] **sf.** *non com.* qualità di chi è titubante || *com. concr.*, indecisione, atteggiamento di chi è titubante || **N.** *Sin.* esitazione, incertezza, perplessità.

titubàre (pres. *titubo*) [dal lat. *titubāre*; sec. XIV] **intr.** (aus. *avere*) esitare, essere dubbioso, incerto nel prendere una decisione: *rispose senza titubare* || **N.** *Sin.* dubitare, tentennare.

titubazióne [da *titubare*; 1598] **sf.** *raro* titubanza.

tivù [dalla pr. delle lettere *t* e *v* di *t(ele)v(isione)*; 1956] **sf.** *inv.* *fam.* televisione: *cosa c'è alla tivù stasera?*.

tixotropìa o **tissotropìa** [comp. del gr. *thíxis*, atto di toccare e *-tropia*; 1949] **sf.** *T.chim.* e *T.fis.* fenomeno per cui certi colloidi si liquefanno se sottoposti a un'azione meccanica, e tornano a coagularsi se tale azione viene sospesa.

tixotròpico o **tissotròpico** (pl. *-ci*) [da *tixotropia*; 1961] **agg.** *T.chim.* e *T.fis.* relativo alla tixotropia, proprio della tixotropia.

tizianésco (pl. *-schi*) [dal n. proprio *Tiziano*; 1809] **agg.** di Tiziano Vecellio; alla maniera di Tiziano || *in part.* di colore biondo fulvo di capelli, come quelli delle donne dipinte da Tiziano.

tiziàno [dal n. proprio *Tiziano* Vecellio, pittore it.; 1961] **agg.** *inv.* nella loc. *rosso tiziano*: *capelli rosso tiziano*, tizianeschi.

tìzio (pl. *-zi*) [dal n. proprio lat. *Titius*; 1879] **sm.** nome proprio romano che, scritto con l'iniziale maiuscola e insieme a Caio e Sempronio, serve a indicare una persona in genere: *se ti fermi a parlare con Tizio, Caio e Sempronio allora sì che fai tardi!* || *per estens. com.* scritto con l'iniziale minuscola, persona qualunque, cui non si attribuisce alcuna importanza: *convive con un tizio che ha conosciuto al mare, c'è un tizio che ti cerca* || **N.** *Sin.* tale.

tìzzo [lat. *tītio*; sec. XIV] **sm.** *non com.* tizzone.

tizzonàto [da *tizzone*, per il colore scuro delle macchie; 1970] **agg.** detto di manto, spec. equino, che si presenta chiazzato di macchie scure irregolari.

tizzonatùra [da *tizzone*; 1961] **sf.** serie di macchie nere sul mantello del cavallo.

tizzóne [lat. *tītio*, *-ōnis*; sec. XIV] **sm.** pezzo di legna o carbone che sta bruciando: *prendere un tizzone dal camino* || *fig.* *tizzone d'inferno*, persona scellerata || *nero come un tizzone*, nerissimo, anche *fig.* di pessimo umore.

tlàspi [dal lat. *thlaspi*, gr. *tláspis*, sec. XVI-XVII] **sm.** *T.bot.* pianta erbacea delle Crocifere dal sapore agliaceo con foglie che abbracciano il fusto e frutti piatti e tondeggianti.

tmèsi [dal lat. tardo *tmēsis*; 1745] **sf.** *inv.* **1.** *T.ling.* in greco e in latino, distacco della preposizione dal verbo cui è solitamente unita ||

separazione delle parti etimologicamente distinte che compongono una parola, talora anche con l'inserzione di un'altra parola in mezzo ad esse **2.** *T.metr.* separazione di una parola in due parti, in modo che la prima venga a trovarsi alla fine di un verso e la seconda all'inizio del verbo successivo: *così quelle carole differente- / mente danzando* (Dante).

to' e **toh** (pr. [tɔ]) [da *to(gli)*, prendi; 1598] ***escl.*** **1.** (solo nella grafia *to'*) eccoti, tieni, spec. accompagnando il gesto di porgere qualcosa a qualcuno: *to', prenditi anche questo!* **2.** come escl. di constatazione con sorpresa: *toh, guarda chi si vede!*

toast (ingl., pr. [toust]; pr. it. [tɔst]) [letter. *tostato*; 1961] ***sm. inv.*** coppia di fette di pane a cassetta, farcite con sottilette di formaggio, con prosciutto, acciughe o altri ingredienti a piacere, leggermente tostate || **N.** tostapane.

tobòga o **tabòga** [dall'ingl. *toboggan*; 1908] ***sm. inv.*** **1.** slitta costituita da assicelle con l'estremità anteriore ricurva verso l'alto, legate tra di loro di piatto, usata dagli Algonchini per il trasporto di carichi || *per estens.* qualsiasi slitta di forma simile **2.** *per estens.* carrello che slitta su guide opportunamente inclinate, nei luna park **3.** scivolo installato sulle spiagge o nelle piscine per divertirsi entrando in acqua con una certa velocità.

tocài [dal n. geogr. *Tokaj*, zona collinare ungh.; 1896 *tokay*] ***sm. inv.*** *T.enol.* **1.** vino bianco ungherese prodotto a partire da uve appassite attaccate da una particolare muffa **2.** vitigno coltivato spec. in Friuli, usato per produrre un vino di color giallognolo, secco, con alcolicità tra gli 11 e i 13 gradi.

tocàrio o **tocàrico** [dal gr. *Tócharoi*, n. di un popolo ant., sul modello del ted. *tocharisch*; 1933] ***agg.*** e ***sm.*** (solo *sing.*) antica lingua indoeuropea parlata nel Turkestan orientale.

tòcca [voce di non chiara orig. germ.; 1340] ***sf.*** tessuto finissimo di seta, intessuto di fili d'oro e d'argento, usato spec. per paramenti e passamanerie.

tócca [da *toccare*; 1335] ***sf.*** **1.** pezzo d'oro di cui si conosce già la caratura, che l'orefice frega sulla pietra di paragone e poi prova con l'acido nitrico, per confrontarne la traccia con quella lasciata dall'oro che si vuol provare **2.** *T.chim. analisi alla tocca*, metodo di analisi chimica qualitativa, o anche quantitativa, eseguito lasciando cadere una o due gocce della soluzione in esame e del reattivo di identificazione su una piastra di porcellana o su di un pezzo di carta da filtro.

toccàbile [da *toccare*; a. 1604] ***agg.*** che è percepibile al tatto || *fig.*, meno com., di cosa, tangibile, concreta, vera || **N.** *Sin.* palpabile | *Contr.* impalpabile, intangibile, intoccabile.

toccafèrro [comp. di *tocca(re)* e *ferro*; 1879] ***sm.*** (solo *sing.*) *T.gioc.* gioco da ragazzi nel quale i partecipanti possono evitare di essere presi da chi in quel momento li rincorre toccando un qualsiasi pezzo in ferro || anche il toccare un pezzo in ferro per scaramanzia: *toccaferro!*, invito a toccar ferro in segno di scongiuro.

toccài ***sm.*** *non com.* V. TOCAI.

toccalàpis [comp. di *tocca(re)* e *lapis*; 1708] ***sm. inv.*** *non com.* portalapis.

toccamàno (pl. *-ni*) [comp. di *tocca(re)* e *mano*; a. 1642] ***sm.*** **1.** stretta di mano **2.** *fig.* mancia data di nascosto, fingendo di stringere la mano.

toccaménto [da *toccare*; 1300 ca.] ***sm.*** *raro* atto ed effetto del toccare.

toccànte [dal fr. *touchant*; 1685] ***agg.*** *fig.* commovente: *un toccante episodio di altruismo.*

toccàre (pres. *tócco, tócchi*) [di orig. onom.; a. 1250] ***tr.*** **1.** di persona, venire a contatto con qualcosa o qualcuno accostandovi direttamente, per un tempo più o meno lungo, una mano o altra parte del corpo o anche, indirettamente, un qualche oggetto: *lo toccò* (sott. *con la mano*) *e sentì che scottava, toccò l'amico con il gomito, toccò l'oggetto misterioso con un bastoncino*; *toccato!*, escl. usata nella scherma dallo schermidore che è riuscito a toccare con l'arma l'avversario in un punto valido e, *fig.*, quando si è appena detto o fatto qualcosa che ha punto sul vivo qualcuno || in loc. e modi di dire anche fig.: *toccare con mano*, accertarsi di persona: *ti farò toccare con mano come stanno le cose*; *toccare il cielo con un dito*, essere al colmo della felicità; *toccare un argomento, una questione* e sim., sfiorarlo, accennarvi; *toccare qualcuno nel* (o *sul*) *vivo*, urtarne la suscettibilità dicendo o facendo cose per lui spiacevoli **2.** *per estens.*, anche *fig.* rif. agli effetti, materiali o psicologici, prodotti dal contatto: *toccare un tasto*, premerlo e, *fig.*, affrontare un argomento, spec. spiacevole || *toccare le corde di uno strumento musicale*, sfiorarle o pizzicarle || *in part.* spostare, mettere fuori posto o usare: *è gelosissimo delle sue cose, non toccargliele!* || *fam. non toccar cibo*, non mangiare: *non ha toccato cibo per una settimana* || *in part.* mettere le mani addosso, picchiare e sim.: *non azzardarti a toccarmi!*; anche, più in gen., fare o dire qualcosa che possa nuocere o spiacere: *guai a toccarle il figlio!*; offendere: *sono cose che toccano l'onore*; commuovere: *toccava il cuore vederla piangere in quel modo* **3.** *per estens.* anche di cose, arrivare a toccare o essere in contatto con qualcosa: *il mobile tocca la parete, con la testa tocca il soffitto dell'auto*; *toccar terra*, arrivare a sfiorare il terreno: *la gonna tocca terra*; anche atterrare o approdare: *l'aereo toccò terra dopo tre ore di volo, il naufrago toccò terra stremato*; anche *ass.*: *qui il fondale è basso, si tocca*, si arriva a poggiare i piedi sul fondo o, di imbarcazione, si striscia sul fondo **4.** *fig.* riguardare, interessare: *una questione che ti tocca da vicino* || ***rec.*** venire a contatto: *gli estremi si toccano* || ***rifl.*** masturbarsi || ***intr.*** (aus. *essere*) **1.** spettare: *ora tocca a te giocare, il primo premio tocca a lui* **2.** essere costretti a fare: *mi toccò tacere, cedere* **3.** rif. a cose che accadono in modo apparentemente casuale, senza una ragione evidente, capitare: *la disgrazia è toccata a lui*; *è toccata a lui* (*a me, a te* ecc.), sott. *questa fortuna* e, più spesso, *questa disgrazia* || **N.** ***tr.*** **1.** *Sin.* accarezzare, lambire, palpare, sfiorare, tastare **3.** *Sin.* raggiungere, sfiorare **4.** *Sin.* tangere.

toccasàna [comp. di *tocca(re)* e *sana(re)*; 1858] ***sm. inv.*** rimedio infallibile, miracoloso (anche *fig.*).

toccàta [da *toccare*; 1598 nel senso 1; 1619 nel senso 2] ***sf.*** **1.** atto del toccare una volta || *T.sport.* nel nuoto, il toccare il bordo della vasca al momento della virata **2.** *T.mus.* breve componimento, perlopiù per strumento a tastiera: *una toccata e fuga di Bach* || *dim.* toccatìna || **N.** palpata, stretta di mano, tastatina, tocco, TATTO.

toccatóre [da *toccare*; prima metà sec. XIV] ***agg.*** e ***sm.*** (f. *-trice*) *raro* che o chi tocca.

toccatùra [da *toccare*; 1983] ***sf.*** *T.med.* medicazione consistente nel tamponare la parte da curare con un batuffolo o sim. imbevuto di sostanza medicamentosa.

toccatùtto [comp. di *tocca(re)* e *tutto*; 1940] ***s. inv.*** *fam.* persona che ha l'abitudine di toccare ogni cosa.

toccheggiàre (pres. *-éggio*) [da *tocco*[2]; 1745] ***intr.*** (aus. *avere*) *raro* di campana, suonare a rintocchi.

tòccio [etim. inc.; 1942 *tocio*] ***sm.*** *sett. pop.* intingolo, sugo.

tócco[1] (pl. *-chi*) (*pps.* sincopato di *toccare*) [1961] ***agg.*** **1.** di persona, stravagante, un po' matta **2.** *raro* di frutto, ammaccato.

tócco[2] (pl. *-chi*) [da *toccare*; 1340 ca.] ***sm.*** **1.** atto del toccare: *basta il minimo tocco per mandarlo in frantumi* **2.** il modo di toccare, spec. di musicista che suona il suo strumento, di pittore che tocca col pennello, di calciatore che è abile nel palleggio e sim.: *in questo quadro si riconosce il tocco del grande maestro, un tocco pesante, leggero* **3.** colpo, rintocco: *si sentirono due tocchi all'uscio, un tocco di campana* || *il tocco*, l'una dopo mezzogiorno (per indicare l'una dopo mezzanotte occorre specificare: *il tocco di mezzanotte*); *mezzo tocco*, mezz'ora dopo mezzogiorno; *tocco e mezzo*, mezz'ora dopo l'una **4.** *non com. far il* (o *al*) *tocco*, designare a sorte uno dei presenti, gettando ciascuno la mano aperta con quante dita vuole, e poi sommando il numero delle dita e contando i presenti, rispettando l'ordine in cui stanno, sino ad arrivare a tale numero **5.** *T.gioc.* nel gioco del nascondino e in altri giochi da ragazzi, il luogo (muro, dirittura ecc.) toccato il quale un giocatore non può più essere catturato || **N.** **1.** toccata.

tòcco[1] (pl. *-chi*) [etim. inc.; a. 1698] ***sm.*** **1.** grosso pezzo di qualcosa (spec. di un genere alimentare): *un bel tocco di carne* **2.** *fig.* persona alta e ben piantata: *un bel tocco di ragazza, d'uomo* || *dim.* tocchétto, tocchettìno.

tòcco[2] (pl. *-chi*) [dal long. **tōh*, attr. l'ant. *tocca*, drappo di seta; 1525] ***sm.*** copricapo senza tesa e con cupola rotonda, attualmente usato dai magistrati e dai professori universitari in tenuta solenne.

tochàrio ***agg.*** e ***sm.*** *raro* V. TOCARIO.

tòco (pl. *-chi*) [voce tupì; 1937] ***sm.*** uccello americano dei Tucani dal corpo molto grande con piumaggio rosso, giallo e nero e becco rosso aranciato.

tocoferòlo [comp. del gr. *tókos*, parto, *-fero* e *-olo*[3]; 1949] ***sm.*** *T.chim.* sostanza organica presente nel mondo vegetale, usata nella cura della sterilità || **N.** vitamina E.

tòdaro V. TOTANO.

toelètta (meno com. *tolètta*) [dal fr. *toilette*; 1717] ***sf.*** adattamento it. di *toilette.*

tofàna [dal n. proprio G. *Tofana*, celebre avvelenatrice; 1865] ***agg.*** *disus.* nella loc. *acqua tofana*, detta anche *acquetta*, veleno composto con arsenico e altre sostanze tossiche.

tòfo [dal lat. *tōfus*, tufo; 1961] ***sm.*** *T.med.* nodulo costituito dal deposito di urati nei tessuti para-articolari, caratteristico della gotta.

tòga [dal lat. *toga*, letter. copertura; a. 1367] ***sf.*** *T.abb.* nell'antica Roma, sopravveste, indossata sopra la tunica, riservata ai liberi cittadini; di forma presumibilmente semicircolare, si portava drappeggiata attorno al corpo || a partire dal sec. XIV, ampia sopravveste, aperta sul davanti, dotata di maniche molto larghe, riservata a nobili, medici, magistrati e avvocati; era molto simile a quella indossata attualmente da avvocati, magistrati e, talora, professori universitari.

togàta [dal lat. (*fabula*) *togāta*, commedia con attori vestiti di toga; 1929] ***sf.*** commedia latina di argomento romano o italico.

togàto [dal lat. *togātus*; a. 1348] ***agg.*** **1.** che indossa la toga: *statua togata* **2.** *T.teatr. commedia togata*, commedia latina di soggetto e ambiente italici, recitata da attori che portavano la toga || **N.** **2.** palliata.

tògliere (pres. *tòlgo, tògli, tòglie, togliàmo, togliéte, tòlgono*; p.rem. *tòlsi, togliésti, tòlse, tòlsero*; fut. *toglierò* o *pop.* o *poet. torrò, toglierài* o *torrài*; cong. pres. *tòlga, tòlgano*; cond. pres. *toglierèi*, o *torrèi*; pps. *tòlto*) [lat. *tollere*, letter. sollevare; fine sec. XIII] ***tr.*** **1.** levare via, rimuovere, eliminare, anche *fig.*: *togli i gomiti dalla tavola!, togliti di lì!, togliere il piede dall'acceleratore, togli diecimila lire da quello che mi devi, togliere una macchia*; *togliere la fame, la sete*, sfamare, dissetare; *togliere il sonno*, non far dormire, e *fig.* preoccupare, angosciare; *togliersi una voglia*, soddisfarla; *togliere qualcuno da un impiccio, dai guai*, aiutarlo a liberarsene; *fig. togliere le castagne dal fuoco a qualcuno*, risolvere per lui un grave problema || *in part.* portar via con la forza: *le hanno tolto i figli dicendo che non era una buona madre*; *togliere un dente*, cavarlo **2.** privare (con la cosa di cui si priva come oggetto diretto): *così dicendo ci tolse ogni speranza*; *togliere la vita a qualcuno*, ucciderlo; *togliere il pane di bocca*, affamare, e *fig.* costringere a gravi sacrifici; *togliere il saluto a qualcuno*, non salutarlo più (per esprimere che non si vogliono più avere rapporti con lui) **3.** impedire, solo nella loc. *non toglie*: *che sia un mascalzone non toglie che mi sia simpatico, anche se mi hai offeso, ciò non toglie che (non) ti voglia bene lo stesso* **4.** *lett.* ricavare, trarre: *l'espressione è tolta da un testo autorevole* **5.** *arc.* prendere: *toglier moglie*, sposarsi || ***rifl.*** *togliersi dai piedi, togliersi di mezzo*, levare l'incomodo; *togliersi dai pasticci*, cavarsela || ***rifl. indir.*** rif. a cose che si indossano, svestire: *togliersi i pantaloni, gli occhiali* || *togliersi la vita*, suicidarsi; *togliersi il pane di bocca*, sacrificarsi per nutrire qualcuno; *togliersi qualcosa dalla testa, togliersi un pensiero*, non pensarci più: *togliti dalla testa di riuscire a vincere*, non farti illusioni || **N.** ***tr.*** **1.** *Sin.* levare; asportare, cancellare, detrarre; estirpare, sottrarre, spogliare, strappare.

tògo[1] (pl. *-ghi*) [etim. inc.; 1891] ***agg.*** *dial. scherz.* magnifico, elegante, di lusso.

tògo[2] (pl. *-ghi*) [da *toga*; 1891] ***sm.*** *raro* toga.

toh V. TO'.

-tóia [forma f. di *-toio*] ***suff.*** forma pochi sostantivi f. deverbali di valore identico a quelli m. in *-toio*: *mangiatoia, scappatoia*.

toiletries (ingl., pr. ['tɔɪlɪtrɪz]) [da *toilet*, toilette; 1983] ***sm.*** o ***sf. pl.*** la gamma dei prodotti da toilette e da cosmesi.

toilette (fr., pr. [twa'lɛt]) [letter. piccola tela (stesa sul tavolino da acconciatura); 1695] ***sf.*** *inv.* **1.** il complesso delle operazioni relative all'igiene del corpo, al trucco, all'acconciatura e all'abbigliamento della persona (in part. della donna): *far toilette*; *per estens.* da: **2.** mobile, tipicamente dotato di piano d'appoggio, cassetti e uno o più specchi, nel quale si ripone l'occorrente per la *toilette* della persona: *sta delle ore seduta davanti alla toilette* **3.** *per meton.* stanzino adibito, spec. in passato, a spogliatoio riservato alla *toilette* della persona e nel quale veniva collocato il mobile omonimo || *per estens. com.* stanzino in cui sono collocati i servizi igienici; bagno: *vado alla toilette* **4.** abito particolarmente elegante: *le signore, al galà, sfoggiavano sfarzose toilette* || **N.** **1.** cipria, crema, *fard*, latte detergente, matita da trucco, ombretto, pettine, piumino, profumo, *rimmel*, spazzola, tonico | cosmetici **3.** *Sin.* abbigliatoio; gabinetto. **TAV.** ***arredamento*** **p. 650** 3.2.

-tóio [forma pop. derivante dal lat. *-ōrium*, nella forma *-tōrium* propria di sostantivi tratti da pps.] ***suff.*** **1.** forma sostantivi m. deverbali che indicano il luogo in cui si svolge una certa azione: *galoppatoio, lavatoio* **2.** forma sostantivi m. deverbali che indicano lo strumento utilizzato per compiere una certa azione: *innaffiatoio, laminatoio*.

tokaj (ung., pr. ['tokɒj]; pr. it. [to'kai]) [dal n. geogr. *Tokaj*, zona collinare ung.; 1709] ***sm.*** *inv.* tocai.

tòlda [dallo sp. *tolda*, cassero o castello di poppa; 1525] ***sf.*** *T.mar. ant.* ponte di coperta.

tolemàico (pl. *-ci*) [dal lat. tardo *Ptolemaicus*, gr. *Ptolemaikós*; 1718] ***agg.*** **1.** dell'astronomo, matematico e geografo alessandrino Tolomeo e del suo sistema del mondo geocentrico: *sistema tolemaico* **2.** della dinastia egiziana dei Tolomei.

tolètta V. TOELETTA.

tolleràbile [dal lat. *tolerābilis*; 1355] ***agg.*** che si può tollerare || **tollerabilménte** ***avv.*** *raro* || **N.** *Sin.* permissibile, sopportabile | *Contr.* insopportabile, intollerabile.

tollerabilità [da *tollerabile*; 1961] ***sf.*** qualità di ciò che è tollerabile || *in part. tollerabilità di un farmaco*, qualità di un medicinale per cui può o non può essere assunto a lungo senza dar luogo a controindicazioni || **N.** *Contr.* intollerabilità.

tolleránte (*ppr.* di *tollerare*) [1581] ***agg.*** che tollera, che ha tolleranza per le opinioni altrui: *un uomo tollerante* || **N.** comprensivo, di manica larga, liberale, transigente.

tolleránza [dal lat. *tolerantia*; sec. XIV nel senso 3; 1956 nel senso 4] ***sf.*** **1.** politica di non repressione di opinioni religiose o politiche difformi da quelle della maggioranza, fatte proprie dallo stato: *la tolleranza religiosa nell'Olanda del '600* || libertà religiosa, e anche libertà di opinioni politiche **2.** qualità di chi mostra rispetto per le opinioni diverse dalle sue e accetta che siano professate e praticate || *per estens.* indulgenza per le mancanze altrui || *case di tolleranza*, case in cui, in passato, era ammesso l'esercizio organizzato e controllato della prostituzione **3.** capacità di un organismo di sopportare sostanze (spec. farmaci) talora nocive: *ha dimostrato buona tolleranza agli* (o *per gli*) *antibiotici* **4.** *concr.* scarto ammesso tra un valore medio o previsto e quello reale; *in part.* scarto di tempo entro il quale qualcosa si deve compiere: *l'appuntamento qui è alle 14, con una tolleranza di un quarto d'ora* (o *con un quarto d'ora di tolleranza*); scarto ammesso tra un progetto e la sua esecuzione: *il pezzo deve essere lungo un metro, con una tolleranza di un millimetro*; *tolleranza monetaria*, variazione ammessa nel titolo o nel peso di una moneta || **N.** **2.** *Sin.* liberalità, magnanimità, manica larga, sopportazione.

tolleràre (pres. *tòllero*) [dal lat. *tolerāre*; a. 1321 nel senso 3; 1865 nel senso 1] ***tr.*** **1.** rispettare le opinioni diverse dalle proprie, astenendosi da qualsiasi forma di persecuzione nei confronti di chi le professa: *una religione che tollera la pratica di culti diversi, i regimi dittatoriali non tollerano il dissenso politico* **2.** accettare, ammettere: *non tollero che gli si manchi di rispetto, troppo a lungo abbiamo tollerato i suoi soprusi* || avere indulgenza, essere comprensivi: *bisogna tollerare le persone moleste, i difetti altrui* **3.** sopportare, reggere: *il suo organismo non tollera il calore, alcuni cibi* **4.** permettere uno scarto rispetto a ciò che era stato precedentemente previsto; *in part.* rispetto a una data prefissata, concedere una dilazione: *è tollerato un ritardo massimo di un giorno nella consegna del lavoro* || **N.** **2.** *Sin.* sopportare; chiudere un occhio, lasciar correre **3.** resistere | *Contr.* patire, soffrire.

tolleràto (*pps.* di *tollerare*) [a. 1685] ***agg.*** che è sopportato con rassegnazione, ma non è affatto gradito: *non voglio essere tollerato*; *usanza tollerata*.

tolleratóre [dal lat. tardo *tolerātor, -ōris*; 1618] ***agg.*** e ***sm.*** (f. *-trice*) *raro* che o chi tollera; tollerante.

tollerazióne [dal lat. *tolerātio, -ōnis*; a. 1595] ***sf.*** *raro* il tollerare, tolleranza.

tòllere [dal lat. *tollere*; metà sec. XIII] ***tr.*** *arc.* togliere.

tollètta e **tollètto** [lat. volg. **tollēctum*; a. 1306 *tolletto*] ***sf.*** e ***sm.*** *lett. arc.* rapina, refurtiva: *ruine, incendi e tollette dannose* (Dante) || al *m.*, nella loc. *il mal tolletto*, il maltolto.

tòlo [dal gr. *thólos*; 1723] ***sm.*** *lett. non com.* variante di *tholos*: *tombe a tolo*; *quelle* (colonnette) *che sorreggono il tolo* (Pascoli).

tòlto (*pps.* di *togliere*) [a. 1348] **I *agg.*** levato via: *libro tolto dallo scaffale* **II *prep.*** all'infuori di, ad eccezione di: *tolto lui, tutti gli altri recitavano malissimo* **III *sm.*** nella loc. *il mal tolto*, ciò che è stato rubato, sottratto e sim.; la refurtiva.

tolù [dallo sp. (*balsamo de*) *tolù*, dal n. della città colombiana Santiago de *Tolù*; 1826] ***sm.*** pianta arborea delle Papilionacee diffusa in Venezuela e in Colombia, da cui si ricava una sostanza aromatica impiegata in farmacia come balsamo.

toluène [comp. di *tolù* ed *-ene*, sul modello del fr. *toluène*; 1875] ***sm.*** *T.chim.* composto della serie degli idrocarburi aromatici contenuto principalmente nel carbon fossile; è un liquido incolore infiammabile e insolubile in acqua ed è usato come solvente e per preparare colori artificiali, esplosivi, prodotti farmaceutici e altro.

toluòlo [comp. di *tolù* e *-olo*[3], sul modello del fr. *toluol*; 1920] ***sm.*** *T.chim.* toluene.

tòma[1] o **tóma** [etim. inc.; a. 1543] ***sf.*** voce usata esclusivamente nelle loc.: *prendere Roma per toma*, prendere una cosa per un'altra; *promettere Roma e toma*, promettere mari e monti, cose strabilianti.

tòma[2] [etim. inc.; 1983] ***sf.*** *T.alim.* nome generico di vari formaggi piemontesi e valdostani di forma cilindrica schiacciata: *toma di Lanzo*.

tomahawk (ingl., pr. ['tɒməhɔːk]) [dall'algonchino *tamahacan*; 1818 *tomohawk*] ***sm.*** *inv.* ascia di guerra dei pellirosse.

tomàia [dal gr. mediev. *tomária*, pl. di *tomári*, cuoio, pelle; 1598] ***sf.*** *T.calz.* parte superiore della calzatura.

tomaifìcio (pl. *-ci*) [comp. di *tomaia* e *-ficio*; 1961] ***sm.*** fabbrica in cui si tagliano e cuciono le tomaie.

tomàio (pl. *-ài*) [dal gr. mediev. *tomári*, cuoio, pelle; a. 1602] ***sm.*** *non com.* tomaia.

tomàre (pres. *tómo*) [voce di orig. onom.; 1313] ***intr.*** (aus. *essere*) *arc.* cadere col capo all'ingiù; tombolare.

tómba [dal lat. tardo *tumba*, gr. *týmbos*; 1313] ***sf.*** **1.** costruzione di forma varia (a urna, ad arca, a loculo, a mausoleo, a sepolcro, a pozzo, a tumulo ecc.) destinata a contenere i resti mortali di una o più persone: *deporre la bara nella tomba, tomba di famiglia* || *fig.* morte: *dalla culla alla tomba*, dalla nascita alla morte; *portare alla tomba*, far morire: *in un mese la malattia l'ha portato alla tomba* || *fig.* occasione, situazione di morte: *il matrimonio è la tomba dell'amore* || *per estens. fig.* luogo, spec. sotterraneo e angusto, buio, tetro e silenzioso: *questa cella è una tomba* || *fig. essere (muto come) una tomba*, essere in grado di mantenere un segreto, di non farne parola: *puoi confidarti con me, sarò una tomba* **2.** canale sotterraneo con volte || *dim.* tombìno || **N.** **1.** bara, sarcofago, urna cineraria | incinerazione, inumazione / esumazione, sepoltura.

tombàcco (pl. *-chi*) [dal malese *tambaga*, attr. il fr. *tombac*; 1840] ***sm.*** lega di rame e zinco, che dà un tipo di ottone dal colore giallo rossiccio, impiegato in oreficeria per fabbricare imitazioni dell'oro.

tombàle [da *tomba*, sul modello del fr. *tombale*; 1900] ***agg.*** di tomba: *pietra tombale, silenzio tombale*.

tombaménto [da *tomba*; 1961] ***sm.*** *T.edil.* riempimento dei vuoti di uno scavo, del letto di un fiume o di una fossa di altro tipo.

tombarèllo [dal fr. ant. *tomberel*; 1961] ***sm.*** carro a trazione animale o meccanica munito di cassone ribaltabile.

tombaròlo [da *tomba*, con suff. dial. *-arolo*; 1963] ***sm.*** (f. *-a*) *region.* chi scava abusivamente tombe antiche per rubare oggetti di interesse archeologico da vendere ai collezionisti.

tombatùra [da *tomba*; 1933] ***sf.*** *T.edil.* fondazione di un argine.

tombìno (*dim.* di *tomba*) [1905] ***sm.*** chiusino.

tómbola [da *tombolare*; 1798] ***sf.*** *T.gioc.* gioco che si fa tra parecchi giocatori, di cui ciascuno ha una o più *cartelle*, nelle quali sono riportati, su tre righe, quindici numeri dall'uno al novanta; gli stessi numeri dall'uno al novanta sono ripetuti su novanta palline le quali vengono imbussolate in un sacchettino o in un'urna, e poi vengono estratte una alla volta, annunciando ad alta voce il numero che esse portano; i giocatori segnano, a mano a mano che escono, i numeri estratti contenuti nelle proprie cartelle; e colui che per primo ne segna cinque in fila vince la cinquina, mentre colui che per primo segna tutti quelli di una sua cartella vince il primo premio, che si chiama a sua volta *tombola* || *per estens.* il corredo del gioco della tombola || *fig.* nell'escl. *tombola!*, usata nel senso di "ci siamo riusciti" o anche, al contrario, in quello di "disastro!" || **N.** *bingo.*

tombolàre (pres. *tómbolo*) [da un ant. *tombare*, cadere, di orig. onom.; sec. XV] ***intr.*** (aus. *essere*) *fam.* cadere, spec. col capo all'ingiù || **N.** *Sin.* capitombolare, ruzzolare.

tombolàta[1] [da *tombola*; 1891] ***sf.*** partita a tombola: *tombolata di beneficenza.*

tombolàta[2] [da *tombolare*; 1840] ***sf.*** *raro* atto ed effetto del tombolare; caduta: *fece una bella tombolata.*

tómbolo[1] [da *tombolare*; a. 1555] ***sm.*** *fam. non com.* capitombolo, caduta, ruzzolone || *fig.* perdita di una carica, rovina economica e sim.

tómbolo[2] [da *tombolare*; 1738 nel senso 2] ***sm.*** **1.** cuscino cilindrico che si mette a ciascuno dei lati di un canapè **2.** cuscino simile che serve per far merletti e trine con fuselli, che si chiamano appunto *merletti a tombolo* || anche pizzo eseguito a tombolo: *un tombolo di pregio ornava il colletto* **3.** *fam.* persona piccola e grassoccia || *dim.* tombolìno, tombolétto, tombolòtto; *accr.* tombolóne. **TAV. *maglia...* p. 1317** 20.

tómbolo[3] [lat. *tumulus*, con influsso di *tomba*; 1763] ***sm.*** *T.geogr.* cordone di sedimenti sabbiosi che collega un'isola alla terraferma.

tombolóne [da *tombolo*[1]; 1879] ***sm.*** grossa caduta, ruzzolone (anche *fig.*).

tombolòtto (*dim.* di *tombolo*[2]) [1865] ***agg.*** e ***sm.*** (f. *-a*) persona non molto alta e robusta.

toménto [dal lat. *tomentum*, peluria; 1961] ***sm.*** *T.bot.* insieme dei peli fitti, più o meno lunghi e in parte intrecciati, che ricopre la superficie di un organo vegetale.

tomentóso [dal fr. *tomenteux*; 1826] ***agg.*** *T.bot.* di organo vegetale, coperto di peluria lanuginosa || **N.** *Sin.* pubescente.

tomìno (*dim.* di *toma*[2]) [1879] ***sm.*** *T.alim.* formaggio romagnolo fatto con latte di capra e aromatizzato con molto pepe || formaggio vaccino fresco, piemontese, di forma cilindrica, spesso servito aromatizzato con varie salse.

Tomìșidi (sing. *-e*) [dal lat. *thōmix, -icis*, corda; 1961] ***sm. pl.*** *T.zool.* famiglia di ragni dal corpo piatto e zampe anteriori molto lunghe, che si muovono in direzione sghemba quasi come i granchi.

tomìșmo [dal n. proprio San *Tommaso*; 1749] ***sm.*** *T.fil.* il sistema filosofico-teologico di Tommaso d'Aquino e dei suoi seguaci. **Q.T.** *religione.*

tomista [da *tomismo*; 1749] **I *s.*** seguace del tomismo **II *agg.*** di Tommaso d'Aquino.

tomistico (pl. *-ci*) [da *tomismo*; 1879] ***agg.*** del tomismo o dei tomisti.

tómo [da *tomare*; 1353] ***sm.*** *lett. ant.* caduta, il tomare: *per veder fare il tomo a quei maccheroni* (Boccaccio).

tòmo [dal lat. tardo *tomus*; sec. XIV] ***sm.*** **1.** ciascuna delle parti in cui è materialmente divisa un'opera a stampa: *il secondo volume dell'enciclopedia è uscito in due tomi* || *ant.* volume: *un'opera in sei tomi* **2.** *per estens.* libro, com. solo per sottolineare, in tono scherz., la ponderosità dell'opera: *si è dovuto studiare tomi e tomi di filosofia* **3.** *fig. fam. un bel tomo*, una persona singolare || *dim.* tométto, tomìno; *accr.* tomóne.

tomografìa [comp. del gr. *tómos*, sezione e *-grafia*; 1963] ***sf.*** *T.med.* in radiografia, tecnica diagnostica per lo studio di singoli piani di spessore di un organo, effettuata mediante l'utilizzazione dei raggi X: *tomografia assiale trasversa*, tomografia eseguita in direzione trasversale all'asse corporeo per evidenziare gli organi addominali e il mediastino; *tomografia assiale computerizzata*, o *tac*, tomografia assiale che prevede l'uso del computer per raccogliere e visualizzare i dati automaticamente || **N.** *Sin.* planigrafia, stratigrafia.

tomògrafo [comp. del gr. *tómos*, sezione e *-grafo*; 1949] ***sm.*** *T.med.* apparecchio con cui si eseguono le tomografie || **N.** *Sin.* stratigrafo.

tomogràmma [comp. del gr. *tómos*, parte e *-gramma*; 1973] ***sm.*** *T.med.* radiogramma realizzato col tomografo || **N.** *Sin.* planigramma, stratigramma.

tómolo [dall'ar. *ṭumn*, un ottavo; 1465 *thomolo*] ***sm.*** **1.** misura agraria di capacità, in uso un tempo nell'Italia meridionale, di valore pari a 40-50 litri **2.** unità di misura di superficie agraria, in uso, con valore vario, in varie località del meridione.

tòm tòm [voce onom.; 1987] ***loc. m. inv.*** *T.mus.* tamburo usato, gen. in coppia, nelle orchestre moderne. **TAV. *musica* p. 1325** 16.4.

ton (ingl., pr. [tʌn]) [letter. tonnellata; 1974] ***sm. inv.*** *T.fis.* unità di energia, corrispondente a quella liberata dall'esplosione di una tonnellata di tritolo, adottata per misurare la quantità di energia sviluppata da un esplosivo o da una bomba nucleare.

tòn [voce onom.; 1842] onom., gen. iterata, che riproduce i rintocchi di una campana che suona a martello.

tònaca [lat. *tunica*, tunica; 1306 *tonica*] ***sf.*** **1.** *T.abb.* veste di foggia estremamente semplice, ampia e lunga fino ai piedi, talora stretta in vita da un cordone, usata da frati e monache; è di colore vario secondo gli ordini: *vestir la tonaca*, farsi frate o monaca; *gettar la tonaca*, *gettar la tonaca alle ortiche*, sfratarsi, smonacarsi **2.** *T.anat.* membrana, tunica, guaina: *tonaca sierosa* **3.** strato di creta con cui si ricopre il modello per la costruzione di uno stampo || *dim.* tonachìna, tonachétta, tonacèlla; *accr.* tonacóne (*sm.*), tonacóna; *pegg.* tonacàccia || **N. 1.** sacco, saio.

tonacèlla (*dim.* di *tonaca*) [a. 1311] ***sf.*** *T.eccl.* dalmatica del suddiacono.

tonàle [da *tono*; 1826] ***agg.*** **1.** *T.mus.* riguardante la tonalità: *musica tonale*, conforme ai principi della tonalità, in contrapposizione a *atonale* o *dodecafonica* **2.** *T.pitt. pittura tonale*, quella basata prevalentemente sul chiaroscuro (spec. nel verismo ottocentesco).

tonalìșmo [da *tonale*; 1950] ***sm.*** **1.** *T.mus.* caratteristica di tutte le composizioni fondate sul sistema tradizionale della tonalità **2.** *T.pitt.* in pittura, tendenza a dar rilievo ai valori tonali.

tonalità [da *tono*; 1826] ***sf.*** **1.** *T.mus.* sudditanza di una serie determinata di suoni a una tonica **2.** gradazione di colore, sfumatura: *la moquette è di tonalità più scura rispetto alle pareti, diverse tonalità di verde.*

tonànte (*ppr.* di *tonare*) [a. 1527] ***agg.*** **1.** che tuona: *voce tonante*; *per estens.* da: **2.** *lett.* che produce il tuono: *Giove Tonante.*

tonàre (pres. *tuòno, tuòni*; cambia il dittongo *uo* in *o* ogni volta che non vi cade l'accento) ***intr.*** (aus. *avere*; nelle forme impers., *essere*) tuonare.

tonarium (lat., pr. it. [to'narjum]) [da *tonus*, tono; 1937] ***sm. inv.*** *T.mus.* raccolta di canti gregoriani classificati in base ai toni a cui appartengono.

tonchiàre (pres. *tónchio*) [da *tonchio*; 1840] ***intr.*** (aus. *essere*) esser roso dai tonchi: *le fave tonchiano.*

tónchio (pl. *-chi*) [dal n. proprio *Tonchio*, ant. dim. di *Antonio*; a. 1665] ***sm.*** nome comune di insetti Coleotteri, ormai cosmopoliti, che penetrano allo stato di larva nei semi delle leguminose || **N.** *Sin.* gorgoglione.

tonchióso [da *tonchio*; 1618] ***agg.*** di pianta leguminosa, rosa dal tonchio.

tondàre[1] (pres. *tóndo*) [da *tondo*; 1540] ***tr.*** *raro* arrotondare; *in part.* conferire forma tondeggiante a materiali lavorati artigianalmente: *tondare il corallo.*

tondàre[2] (pres. *tóndo*) [da *tondere*, con influsso di *tondare*[1]; 1303] ***tr.*** *ant.* rifilare; *in part.* in legatoria, rifilare le pagine sporgenti || *T.tess.* cimare || *T.zoot.* tosare.

tondatóre [da *tondare*[2]; 1309] ***sm.*** (f. *-trice*) chi tonda.

tondatùra [da *tondare*[2]; 1388] ***sf.*** *raro* atto ed effetto del tondare.

tondeggiaménto [da *tondeggiare*; 1667 nel senso 2] ***sm.*** *raro* **1.** arrotondamento **2.** l'essere tondeggiante.

tondeggiànte (*ppr.* di *tondeggiare*) [a. 1537] ***agg.*** dalla forma rotonda o arrotondata: *viso, fianco tondeggiante.*

tondeggiàre (pres. *-éggio*) [da *tondo*; a. 1537] ***intr.*** (aus. *essere*) tendere al tondo; rotondeggiare || ***tr.*** *raro* arrotondare.

tondèllo [da *tondo*; 1916] ***sm.*** oggetto tondo, spec. piccolo dischetto metallico || *carbone di tondello*, contrapposto a quello di spacco. **TAV.** *numismatica* 1.

tóndere (pres. *tóndo*) [dal lat. *tondēre*; a. 1320] ***tr.*** *ant.* **1.** tosare **2.** *per estens.* rif. a piante, potare.

tondézza [da *tondo*; a. 1348] ***sf.*** *raro* qualità di ciò che è tondo.

tondìno (*dim.* di *tondo*) [1570 nel senso 3; a. 1774 nel senso 2] ***sm.*** **1.** piccolo oggetto tondo **2.** *T.metal.* profilato in ferro a sezione circolare, di formato compreso tra i 4 e i 50 mm, impiegato come armatura nelle costruzioni in cemento armato **3.** *T.arch.* modanatura di profilo semicircolare, decorata con motivo a oliva, a fuso ecc. **TAV.** *numismatica* 1.

tonditùra [da *tondere*; 1314] ***sf.*** *ant.* atto ed effetto del tondere.

tóndo [da *rotondo*; 1308 come sm. nel senso 1; 1942 come sm. nel senso 2] **I *agg.*** **1.** che ha forma rotonda o quasi rotonda: *la Terra è tonda, viso tondo*; *parentesi tonda*, costituita da un arco di cerchio; *giro tondo*, v. GIROTONDO || in loc. e modi di dire fig.: *voce tonda*, piena, sonora; di numero, intero, senza frazioni o decimali, con le ultime cifre costituite da uno o più zeri: *far cifra tonda*, arrotondare; *il conto sarebbe di 10.325 £, ma facciamo cifra tonda* (10.000 o 10.300 £); *per estens.* esatto, preciso: *sono due mesi tondi che non lo vedo*; *essere tondo come l'O di Giotto*, essere zuccone || in funzione di *avv.* nel modo di dire *parlare chiaro e tondo*, senza reticenze, senza omettere nulla || nella loc. avv. *in tondo*, lungo una traiettoria circolare o approssimativamente circolare: *girare in tondo* **2.** *T.tip. carattere tondo*, quello nel quale l'asse di ogni lettera cade perpendicolarmente alla riga **II *sm.*** **1.** oggetto tondo; *in part.* *T.pitt.* supporto di dipinto (e, *per estens.*, dipinto) di forma tondeggiante, com. nel Rinascimento || *T.scult.* nella loc. avv. *a tutto tondo*, a tutto rilievo, rifinito da tutti i lati **2.** *T.tip.* carattere tondo: *usiamo il tondo o il corsivo?* || *dim.* tondèllo, tondétto, tondettino, tondìno || **N.** I **1.** *Sin.* circolare, rotondo, sferico, tondeggiante **2.** corsivo, maiuscoletto

II **1.** *Sin.* cerchio, globo, sfera.

tondóne (*accr.* di *tondo*) [1891 nel senso 2] ***sm.*** **1.** grosso oggetto di forma tonda || grossa frittella o focaccia **2.** grossa trave di legno non riquadrata, usata nella costruzione di impalcature provvisorie **3.** giro in tondo eseguito in alcune danze come la quadriglia.

tondùto (*pps. ant.* di *tondere*) [a. 1320] ***agg.*** *non com.* tonso || *fig.* spogliato dei beni.

tonèma [comp. di *tono* ed *-ema*, sul modello del fr. *tonème*; 1979] ***sm.*** *T.ling.* nelle lingue a toni, unità accentuale con funzione distintiva.

toner (ingl., pr. [ˈtoʊnə]; pr. it. [ˈtɔner]) [da *tone*, tono; 1984] ***sm.*** *inv.* polvere resinosa finissima, nera o colorata, che nelle fotocopie si deposita sulle zone di carta caricate elettrostaticamente, rendendo visibile l'immagine.

tónfano [dal long. **tumpfilo*, fossa d'acqua; 1612] ***sm.*** *tosc.* fossa profonda nel letto di un fiume o torrente.

tonfàre (pres. *tónfo*) [da *tonfo*; 1863] ***intr.*** (aus. *essere*) **1.** *raro* fare un tonfo **2.** *tosc.* percuotere, battere, picchiare.

tónfete o **tùnfete** [voce onom.; 1891] onom. che riproduce il suono sordo di un corpo pesante che cade, spec. in acqua, o che batte contro qualcosa.

tónfo [dal long. **tumpf*; a. 1606] ***sm.*** il rumore cupo o sordo che fa un corpo cadendo, spec. in acqua: *il tonfo misurato dei remi* (Manzoni); *fare un tonfo*, cadere rumorosamente.

tòni [dal sett. *toni*, letter. ipocoristico di *Antonio*, poi babbeo; 1905 *tony*] ***sm.*** *inv.* pagliaccio di circo equestre.

-tonìa [dal gr. *-tonía*] ***elem. term.*** che, in parole composte della terminologia scientifica, vale "tensione" (*atonia*) o *meno com.* "pressione" (*isotonia*).

tònica [da *tonico*; 1757] ***sf.*** *T.mus.* prima nota di una scala maggiore o minore nel sistema tonale; in un brano, costituisce il suono fondamentale, che ne determina la tonalità.

tonicèlla V. TONACELLA.

tonicità [da *tonico*; 1840] ***sf.*** qualità di ciò che è tonico.

tònico (pl. *-ci*) [dal gr. *tonikós*, letter. che (si) può tendere; 1821 nel senso 3; 1875 nel senso 2] **I *agg.*** **1.** *T.mus.* attinente al tono: *nota tonica* **2.** *T.fon.* che porta l'accento: *sillaba, vocale tonica* **3.** *T.farm.* di preparato che dà vigore all'organismo stimolandone la funzione di alcuni organi o sistemi (cuore, sistema nervoso, apparato digerente ecc.) || *acqua tonica*, bibita analcolica dal sapore amarognolo **II *sm.*** in cosmetica, preparato che dà tono ai tessuti cutanei || **N. 3.** corroborante, eupeptico, stimolante.

tonificàre (pres. *-ìfico, -ìfichi*) [comp. di *tono* e *-ficare*; 1942] ***tr.*** dare tono, vigore, energia.

tonitruànte [dal lat. tardo *tonitruans, -antis*; 1927] ***agg.*** *lett.* che produce il rumore del tuono: *Giove tonitruante* || *raro scherz.* di persona che parla con voce tonante.

tonnàra [da *tonno*; a. 1348] ***sf.*** *T.pesc.* specie di trappola per pescare i tonni, costituita da un insieme fisso di reti disposte in modo da formare una serie di camere subacquee (da due a nove); una lunga rete (*coda*), solidamente ormeggiata, avvia i branchi di tonni verso la *bocca* o *foratico* della tonnara; di camera in camera, i tonni giungono all'ultima camera detta *camera della morte*, che a un dato momento viene chiusa e circondata da barche; la rete viene sollevata e, con lunghe aste uncinate, i tonni, costretti a venire a galla, sono uccisi e buttati nelle barche (*mattanza*) || *dim.* tonnarèlla. **Q.T.** *pesca.*

tonnarèlla (*dim.* di *tonnara*) [1961] ***sf.*** *T.pesc.* tonnara di sole tre camere, dove generalmente non si fa la mattanza, ma si pescano i tonni vivi.

tonnarèlli [voce dial., letter. tondarelli, per la forma; 1961] ***sm. pl.*** *T.cuc.* specialità culinaria abruzzese, consistente in un tipo di pasta all'uovo simile agli spaghetti ma con sezione quadrata, preparata tagliando la sfoglia su un telaio chiamato *chitarra*.

tonnaròtto [da *tonnara*, sul modello del sic. *tunnarotu*; 1840] ***sm.*** persona addetta alla pesca del tonno nelle tonnare; non si dà tuttavia questo nome né al rais né al sottorais.

tonnàto [da *tonno*; 1923] ***agg.*** *T.cuc.* preparato con tonno: *salsa tonnata*; *vitello tonnato*, fette di vitello lessato ricoperte di salsa a base di tonno, maionese, acciughe e capperi.

tonneau (fr., pr. [tɔˈno]) [letter. botte; 1961] ***sm.*** *inv.* *T.aer.* acrobazia eseguita da un aereo che consiste nel procedere in senso orizzontale e nel compiere, nello stesso tempo, un movimento a vite.

tonneggiàre (pres. *-éggio*) [dal gr. *tónos*, legatura tesa, cavo; 1805] ***tr.*** *T.mar.* di imbarcazione, avanzare con una manovra di tonneggio.

tonnéggio (pl. *-gi*) [da *tonneggiare*; 1805] ***sm.*** *T.mar.* manovra mediante la quale un'imbarcazione viene mossa agendo su cavi che la collegano a punti fissi (bitte, boe ecc.): *cavo, boa di tonneggio.*

tonnellàggio (pl. *-gi*) [dallo sp. *tonelage*; 1879] ***sm.*** stazza lorda di una nave, misurata in tonnellate di stazza || **N.** stazzatura. **Q.T.** *nautica...*

tonnellàta [dallo sp. *tonelada*; 1561 *tonellato*] ***sf.*** **1.** unità di misura di massa, ammessa nel Sistema Internazionale, equivalente a mille chilogrammi **2.** *T.mar.* *tonnellata metrica*, unità di peso per la misura del dislocamento, della portata e del carico in merci di una nave **3.** *T.mar.* *tonnellata di stazza*, unità di volume per la misura della stazza o del tonnellaggio di una nave; è pari a cento piedi inglesi cubici, equivalenti a metri cubi 2,832.

tonnétto (*dim.* di *tonno*) [1961] ***sm.*** **1.** pesce osseo marino commestibile più piccolo del tonno **2.** le carni del tonnetto, meno pregiate di quelle del tonno, che vengono conservate in salamoia || **N.** *Sin.* palamita.

tonnìna [da *tonno*; a. 1348] ***sf.*** **1.** salume di poco pregio fatto con la schiena del tonno **2.** *ant. scherz.* nella loc. *far tonnina di qualcuno*, farlo a pezzi, malmenarlo violentemente.

tónno [lat. tardo *tunnus*, class. *thynnus*; a. 1348] ***sm.*** **1.** grosso pesce della famiglia degli Scombridi, dal corpo fusiforme, diffuso nell'Atlantico e nel Mediterraneo, oggetto di pesca per la bontà delle carni; *tonni da corsa*, espressione con cui si indicano i tonni nel periodo intorno ad aprile, quando, particolarmente attivi e voraci, si avvicinano alle coste per deporre le uova in acque relativamente calde **2.** la carne del tonno, commercializzata sia fresca che sott'olio: *una scatoletta di tonno.*

tòno [lat. *tonus*, gr. *tónos*, letter. tensione di una corda; a. 1698 nel senso 4; 1829 nel senso 2] ***sm.*** **1.** volume, grado di elevazione di un suono o una voce: *alzare, abbassare il tono di voce, cantare in tono sommesso* || anche intonazione, modulazione, coloritura della voce: *una bella voce dal tono basso, non parlare con quel tono da cantilena* || *per estens.* carattere stilistico, valore espressivo di un testo o discorso, che rivela l'atteggiamento dell'autore: *tono solenne, scherzoso, un discorso dal tono pomposo, una replica in tono canzonatorio*; *ass.* per indicare un tono aggressivo, sgarbato, risentito e sim.: *se la metti su questo tono, mi rifiuto di continuare a discutere*; *abbassare il tono*, usare un tono meno arrogante, sgarbato e sim. || *fig.* stile: *il rito aveva un tono solenne, un abbigliamento di tono esotico*; nella loc. *darsi un tono*, assumere un contegno, un atteggiamento di qualche tipo: *quando parla in pubblico cerca di darsi un tono serio*; anche *ass.* *darsi un tono*, assumere un contegno sostenuto || *T.ling.* altezza musicale o andamento melodico associati a una sillaba o a una parola; *lingua a toni*, in cui le variazioni di tono comportano cambiamento di significato: *il cinese è una lingua a toni* **2.** *T.mus.* intervallo di seconda maggiore || *per estens.* nel linguaggio comune, nota: *toni acuti, gravi* || *per estens.* nel linguaggio comune, tonalità, spec. in varie loc.: *essere fuori tono*, cantare, suonare con una tonalità diversa da quella degli altri esecutori e, *fig.*, essere in un rapporto disarmonico con gli altri, essere fuori posto; *calare, scadere di tono*, scendere erroneamente di tonalità durante un'esecuzione musicale o, *fig.*, peggiorare nella qualità, perdere in valore: *il film verso la fine cala di tono*; *rispondere a tono*, in modo adeguato al tono o alla logica dell'altro; rispondere per le rime **3.** gradazione di un colore: *toni chiari, scuri, delicati, intensi, pastello, sgargianti, caldi, freddi* || *T.fot.* intensità del grigio o della saturazione di un colore in un'immagine fotografica: *in tono alto*, di immagine comprendente solo bianchi e grigi chiari o sfumature di colore poco sature (in contrapposizione a *in tono basso*) **4.** stato di parziale tensione di una parte dell'organismo: *tono muscolare*, stato di parziale contrazione del muscolo in fase di riposo; *un cosmetico che dà tono all'epidermide*, che la rende elastica e sostenuta || *fig.* *esser giù di tono*, sentirsi giù di corda, in condizioni psico-fisiche non ottimali || *tono cardiaco*, battito prodotto dalle valvole cardiache || **N. 1.** accattivante, affettuoso, allegro, annoiato, baldanzoso, deciso, dimesso, di sfida, entusiastico, esultante, grave, implorante, indifferente, irato, irritato, melenso, rassegnato, riconoscente, risoluto, scherzoso, scocciato, serio, solenne, strafottente, stupito, triste, umile **2.** semitono | intonare, stonare | intonato, stonato **3.** sfumatura, tinta | brillante, luminoso, smorto, spento, vivace **4.** tonicità, tonico.

tonometrìa [comp. di *tono* e *-metria*; 1879] ***sf.*** *T.scient.* misura della tensione di qualcosa || *T.med.* misura della tensione muscolare, venosa, capillare, arteriosa, oculare ecc. || *T.chim.* misurazione delle variazioni di tensione del vapore delle soluzioni, spec. rispetto alle variazioni di concentrazione del soluto.

tonòmetro [comp. di *tono* e *-metro*; 1940] ***sm.*** strumento per la tonometria.

tonsìlla [dal lat. *tonsillae*, pl.; 1598] ***sf.*** **1.** *T.anat.* *tonsille palatine* (o, *ass.*, *tonsille*), le due ghiandole situate nel retrobocca, che hanno la funzione di produrre linfociti e difendere l'organismo da alcune infezioni batteriche **2.** *T.anat.* *in gen.* ammasso di tessuto linfatico a struttura follicolare, di forma, volume e sede vari: *tonsilla appendicolare* (o *intestinale*); *tonsilla faringea* (o *terza tonsilla*), situata nello spessore della volta faringea; tende naturalmente ad atrofizzarsi verso la pubertà e in caso di ipertrofia dà origine alle adenoidi || **N. 1.** amigdala | tonsillectomia, tonsillite. **TAV.** ***anatomia*** **p. 642 21.8.**

tonsillàre [da *tonsilla*; 1840] ***agg.*** relativo alle tonsille: *infiammazione tonsillare.*

tonsillectomìa [comp. di *tonsilla* ed *-ectomia*; 1937] ***sf.*** *T.chir.* asportazione chirurgica delle tonsille.

tonsillìte [comp. di *tonsilla* e *-ite*[1]; 1840] ***sf.*** *T.med.* infiammazione delle tonsille palatine || **N.** *Sin.* amigdalite.

tonsillòtomo [comp. di *tonsilla* e *-tomo*; 1891] ***sm.*** strumento chirurgico per l'asportazione delle tonsille.

tonsóre [dal lat. *tonsor, -ōris*; 1840] ***sm.*** *ant.* o *scherz.* barbiere; viene usato più che altro nella parola composta *barbitonsore.*

tonsùra [dal lat. *tonsūra*, tosatura, taglio dei

capelli; sec. XIV] **sf.** **1.** *T.eccl.* cerimonia, abolita nel 1972, del taglio dei capelli, simboleggiante la rinuncia al mondo e quindi il passaggio dallo stato laicale a quello clericale **2.** *per estens.* la chierica, che contraddistingueva gli ecclesiastici.

tonsuràndo [da *tonsurare*; 1961] **agg.** e **sm.** che, chi sta per ricevere la tonsura.

tonsuràre (pres. *-ùro*) [dal lat. tardo *tonsurāre*; a. 1698] **tr.** sottoporre a tonsura.

tonsuràto (*pps.* di *tonsurare*) [1671] **agg.** e **sm.** che o chi è stato sottoposto alla tonsura: *i tonsurati*, i chierici, gli ecclesiastici.

tontìna [dal n. proprio L. *Tonti*, banchiere nap.; 1840] **sf.** *T.stor.* e *T.fin.* forma di rendita vitalizia, ideata nel Rinascimento, reversibile ai sopravvissuti tra i sottoscrittori.

tónto [forse lat. **tontus*, tosato; a. 1565] **agg.** e **sm.** (f. *-a*) *fam.* stupido, balordo, lento e duro di comprendonio: *sei proprio tonta!*; *fare il finto tonto*, far finta di non capire || *accr.* tontolóne.

tontolóne [da *tonto*, sul modello di *brontolone*; 1970] **agg.** e **sm.** (f. *-a*) *fam.* che, chi si comporta con grande ingenuità e stupidità.

tòn tòn V. TON.

top (ingl., pr. [tɒp]) [letter. vetta, cima, poi corpetto; 1962 nel senso 2] **sm.** *inv.* **1.** culmine, cima, vertice: *questo disco è al top delle classifiche*; *raggiungere il top*, raggiungere la posizione più elevata in una classifica; *essere il top, rappresentare il top*, essere il primo in una classifica, o in un settore di attività, o in una categoria di prodotti commerciali **2.** camicetta senza maniche molto scollata davanti e dietro e sostenuta da spalline: *un top in pura seta.*

topàia [da *topo*; a. 1597] **sf.** **1.** tana di topi **2.** *più com. fig.* abitazione squallida, sporca e misera: *vivono in sei in quella topaia.*

topàto [da *topo*; 1891] **agg.** spec. di cavallo, di color grigio cenere, simile a quello del topo.

topàzio (pl. *-zi*) [dal lat. tardo *topazius*, gr. *topázion*, crisolito; 1321] **sm.** *T.min.* minerale di alluminio e fluoro, tipicamente giallo miele ma anche azzurro, violetto o rosso, molto usato in gioielleria; *topazio bruciato*, topazio giallo diventato di colore rosso in seguito a trattamento termico.

top class (ingl., pr. [ˈtɒp ˌklɑːs]) [letter. classe superiore; 1982] **loc. f.** *inv.* negli aerei viaggiatori, prima classe, o settore riservato di livello superiore alla prima classe.

top down (ingl., pr. [ˈtɒp daʊn]) [letter. dall'alto in basso; 1985] **loc. avv.** e **agg.** *inv.* (sempre posposto) *T.inform.* di qualsiasi processo la cui direzione sia dall'"alto" al "basso" (da strutture complesse, o loro indicatori, ai singoli dati); *in part.* di analisi che parte da un'ipotesi di struttura e la riscontra sui dati in ingresso || **N.** *Contr.* bottom up.

topésco (pl. *-schi*) [da *topo*; a. 1553] **agg.** *non com.* da topo.

topiària [dal lat. *topiārius*, relativo all'arte del giardiniere; 1940] **sf.** arte del giardiniere di conferire, mediante potatura, forme particolari ad alberi, arbusti o siepi ornamentali.

tòpica¹ [dal lat. *topica*, neutro pl., gr. *topiká*, argomento relativo ai *tópoi*; a. 1565] **sf.** *T.ret.* teoria dei luoghi dell'argomentazione || insieme dei temi e procedimenti argomentativi caratteristici di un autore o di una scuola: *la topica ermeneutica.*

tòpica² [voce lomb., dal lomb. (*in*) *topicà*, inciampare; 1890] **sf.** *fam. ant.* detto o atto inopportuno, *gaffe*: *fare una topica.*

topicalizzàre [da *topicalizzazione*; 1974] **tr.** *T.ling.* rif. a costituente che nell'ordine normale si trova in posizione non iniziale, spostare in posizione marcata iniziale.

topicalizzazióne [dall'ingl. *topicalization*; 1988] **tr.** *T.ling.* spostamento del costituente che rappresenta l'elemento nuovo in posizione marcata iniziale, spec. per negare o contrastare un'altra frase (come ad es. nella seconda delle seguenti frasi: "Mi presti dei soldi?" "*A chi ne ha* devi chiedere soldi!").

topicìda [comp. di *topo* e *-cida*; 1961] **agg.** e **sm.** detto di sostanza velenosa per uccidere i topi: *preparato, sostanza topicida*; *un topicida.*

tòpico (pl. *-ci*) [dal lat. *topicus*, gr. *topikós*, letter. locale; a. 1565 nel senso 1; 1671 nel senso 2] **agg.** **1.** *T.ret.* che concerne la topica **2.** che si riferisce a un particolare luogo || *T.farm.* di preparato (tintura, cerotto, cataplasma ecc.) che si applica direttamente sulla parte colpita: *uso topico*, locale **3.** *per estens. lett.* decisivo, fondamentale.

topinàia [dal dial. *topinara*, buca di talpe; 1879] **sf.** *raro* piccola topaia (anche *fig.*).

topinambùr [dal n. proprio *Tupinambás*, tribù indiana del Nord America, attr. il fr. *topinambour*; 1804] **sm.** *inv.* pianta delle Asteracee originaria dell'America, largamente coltivata per i tuberi commestibili.

topìno [da *topo*; a. 1320] **I agg.** *non com.* del colore del topo **II sm.** **1.** piccolo topo **2.** (f. *-a*) *fig.* usato come vezz. rivolgendosi a un bimbo: *il mio topino* **3.** uccello passeriforme, piccola rondine che scava il suo nido nelle sponde terrose dei corsi d'acqua o in cumuli di sabbia o ghiaia.

topless (ingl., pr. [ˈtɒplɪs]; pr. it. [ˈtɔples]) [letter. privo della parte superiore; 1964] **sm.** *inv.* costume da bagno femminile che lascia scoperto il petto.

top management (ingl., pr. [ˈtɒp ˌmænɪdʒmənt]) [letter. direzione più alta; 1987] **loc. m.** *inv.* l'insieme dei più alti dirigenti di un'azienda, dirigenza.

top manager (ingl., pr. [ˈtɒp ˌmænɪdʒə]) [letter. dirigente più alto; 1983] **loc. s.** dirigente al massimo livello.

top model (ingl., pr. [ˈtɒp ˌmɒdəl]; pr. it. [ˌtɔp ˈmɔdel]) [letter. modella della classe più alta; 1987] **loc. f.** *inv.* modella di alta classe.

tòpo [lat. *talpa*, talpa; fine sec. XIII] **sm.** **1.** nome comune di varie specie di piccoli Roditori della famiglia dei Muridi e, *impropr.*, di altre specie di Roditori o di Marsupiali di forma simile a quella del topo propr. detto: *topo domestico* (o *comune*), il più comune dei Muridi, cosmopolita per opera dell'uomo e onnivoro, ha musetto appuntito, grosse orecchie, zampe corte, coda lunghissima e manto grigio-bruno; per i gravi danni che causa distruggendo derrate alimentari, strutture in legno, oggetti in carta e per le malattie di cui è portatore, viene cacciato con trappole, veleni ecc.; *topo campagnolo*, del gen. *Apodemus*, vive nei boschi fino a 2500 m di quota; *topo di fogna*, che vive nella rete fognaria; *trappola per topi*, *il gatto caccia il topo* || in modi di dire *fig.*: *fare la fine del topo*, finire intrappolato; *quando il gatto non c'è, i topi ballano*, le persone approfittano dell'assenza di qualcuno che le controlli; *topo di biblioteca*, con allusione alla predilezione dei topi per i libri, persona perennemente chiusa in biblioteca a leggere e a rovistare tra i libri; *topo d'albergo*, con allusione al fare furtivo del topo, ladro che opera negli alberghi || in funzione di attrib. nella loc. *grigio topo*, grigio chiaro **2.** *coda di topo*, fettuccia intrecciata cava e sottile || *T.pesc.* lenza pesante usata per la pesca a mosca **3.** grisatoio || *dim.* topétto, topettìno, topìno, topolìno; *accr.* topóne; *pegg.* topàccio || **N.** **1.** *Sin.* ratto, sorcio; topo canguro, topo delle betulle, topo delle piramidi, topo del miele, topo muschiato o ondatra, topo opossum, topo quercino, topo spinoso | trappola | squittire, stridere.

tòpo- [dal gr. *tópos*, luogo] **primo elem.** che in parole composte di uso dotto o scientifico vale "luogo", "di luogo" (per es. *toponimo*).

topofilìa [comp. di *topo-* e *-filia*; 1983] **sf.** attaccamento profondo o morboso per un luogo.

topofobìa [comp. di *topo-* e *-fobia*; 1961] **sf.** paura ossessiva di alcuni luoghi o tipi di luoghi.

topografìa [dal lat. *topographia*, gr. *topographía*; 1829] **sf.** **1.** studio dei metodi e degli strumenti per la rappresentazione grafica della superficie terrestre **2.** *per estens.* configurazione di un luogo (spec. città) nei suoi dettagli: *è praticissimo della topografia di Milano* || **N.** carta, mappa, pianta | rilevamento | altimetria, planimetria, rilievo, tacheografia. **Q.T.** *geologia* **TAV.** ***astronautica*** **p. 655** 9.

topogràfico (pl. *-ci*) [dal gr. *topographikós*; 1696] **agg.** di o della topografia: *carta topografica* || **topograficaménte** **avv.** dal punto di vista della topografia.

topògrafo [dal gr. *topográphos*; 1598] **sm.** (f. *-a*) chi si occupa di topografia.

topolìno (*dim.* di *topo*) [1313] **sm.** (f. *-a*) **1.** piccolo topo **2.** *fig.* usato come vezz. rivolgendosi a un bimbo || **sf.** vettura utilitaria della FIAT costruita a partire dal 1936: *la topolino è stata la prima automobile di mio padre* || **N.** *Sin.* topino.

topologìa [comp. di *topo-* e *-logia*; 1942 nei sensi 2 e 3] **sf.** **1.** *T.geogr.* studio delle caratteristiche del terreno e del paesaggio **2.** *T.gram.* studio della collocazione delle parole nella proposizione **3.** *T.mat.* studio delle proprietà delle figure che si conservano attraverso deformazioni continue, senza strappi né sovrapposizioni. **Q.T.** *matematica...*

topològico (pl. *-ci*) [da *topologia*; 1950] **agg.** relativo alla topologia: *spazio topologico* || **topologicaménte** **avv.** dal punto di vista topologico.

toponimìa [comp. di *topo-* e *-onimia*; 1888] **sf.** toponomastica.

toponìmico (pl. *-ci*) [da *toponimo*; 1961] **I agg.** relativo ai toponimi **II sm.** nome di una persona formato dal nome personale e dal nome del luogo di nascita o di provenienza (per es. *S. Francesco d'Assisi*, *Leonardo da Vinci*).

topònimo [comp. di *topo-* e *-onimo*; 1916] **sm.** nome di luogo (città, nazione, fiume, monte ecc.).

toponomàstica [comp. di *topo-* e *onomastica*; 1884] **sf.** **1.** ramo dell'onomastica che studia l'origine e la storia dei nomi propri dei luoghi **2.** l'insieme dei nomi propri di luogo presso un popolo o in una regione: *la toponomastica del Friuli.*

toponomàstico (pl. *-ci*) [da *toponomastica*; 1913] **agg.** della toponomastica.

toporàgno [comp. di *topo* e *ragno*, sul modello del lat. mediev. *mus arānea*; 1561] **sm.** nome comune di varie specie di piccoli mammiferi Insettivori notturni, simili al topo, ma con musetto più prominente e aguzzo || **N.** musaragno.

topos (gr., pr. it. [ˈtɔpos]) [letter. luogo] **sm.** (pl. *topoi*, pr. it. [ˈtɔpoi]) **1.** *T.ret.* luogo, tema dell'argomentazione retorica utilizzabile nella trattazione di soggetti diversi **2.** *per estens.* tema, argomento ricorrente di un autore, di una tradizione e sim. || luogo comune. **Q.T.** *retorica...*

topotesìa [dal lat. tardo *topothesia*, gr. *topothesía*; 1558] **sf.** *T.lett.* descrizione di un luogo irreale, immaginario: *ecco un saggio sulla topotesia ariostesca.*

tòppa [etim. inc.; 1319 nel senso 2; a. 1665 nel senso 1] **sf.** **1.** pezzo di stoffa o di cuoio che si applica in corrispondenza di un punto consunto o strappato di un indumento, una calzatura ecc. || *fig.* rimedio precario: *mettere una toppa per evitare lo scandalo* **2.** buco della serratura: *girar la chiave nella toppa* **3.** *T.gioc.* gioco d'azzardo simile alla zecchinetta, giocato con tre carte || *dim.* toppétta, toppettìna; *pegg.* toppàccia || **N. 1.** rattoppare.

toppàre (pres. *tòppo*) [da *toppa*; 1879] ***tr.*** *arc.* rattoppare.

toppàto (*pps.* di *toppare*) [1879] ***agg.*** di mantello del cavallo, pezzato.

toppè [dal fr. *toupet*; a. 1744] ***sm.*** *raro* adattamento it. di *toupet.*

tòppete [voce onom.; 1734] onom. che riproduce il rumore sordo di qualcosa che cade o di uno sparo.

topping (ingl., pr. [ˈtɒpɪŋ]) [letter. prima distillazione; 1930] **I *sm.*** *inv.* nella distillazione del petrolio greggio, fase in cui si rimuovono le frazioni più volatili **II *agg.*** *inv.* (sempre posposto) relativo al *topping*: *fase topping, impianti topping.*

toppìno [dal fr. *toupet*; 1940] ***sm.*** mezza parrucca che copre solo la metà del capo.

tòppo [da **talpa*, ceppaia, tronco; a. 1400 nel senso 1; 1863 nel senso 2] ***sm.*** **1.** troncone del pedale di un albero tagliato che rimane nel terreno || *per estens.* pezzo di legno massiccio e informe; ceppo: *il toppo dell'incudine* **2.** ciascuna delle due mensole del tornio, di cui l'una è fissa e l'altra mobile, e che portano la punta e la contropunta.

toppóne (*accr.* di *toppa*) [a. 1742] ***sm.*** **1.** *T.calz.* rinforzo posteriore della scarpa **2.** rinforzo in stoffa o cuoio applicato al cavallo dei pantaloni da cavallerizzo **3.** piccola coperta formata da più strati di stoffa cuciti assieme, da mettere tra il lenzuolo e il materasso per evitare che quest'ultimo venga macchiato.

top rate (ingl., pr. [ˈtɒp ˌreɪt]) [letter. tasso massimo; 1982] ***loc. m.*** *inv. T.banc.* tasso massimo di interesse, che le banche applicano ai loro clienti || **N.** *prime rate.*

top secret (ingl., pr. [ˌtɒp ˈsiːkrɪt]) [letter. massimamente segreto; 1962] ***loc. agg.*** *inv.* di informazione, estremamente riservata: *la pratica è ancora top secret.*

top weight (ingl., pr. [ˈtɒp ˌweɪt]) [letter. massimo peso; 1905] ***loc. m.*** *inv. T.ipp.* il peso più gravoso assegnato a un cavallo in una corsa a *handicap* || *per meton.* il cavallo stesso.

toque (fr., pr. [tɔk]) [dallo sp. *toca*; 1905] ***sf.*** *inv.* cappello da donna, tondo e piatto, con una piccolissima tesa leggermente rivoltata; tocco.

tor V. TORR.

torà o **torah** [dall'ebr. *tōrāh*, istituzione, legge; 1930] ***sm.*** **1.** legge data da Dio agli uomini secondo la rivelazione biblica **2.** secondo la denominazione ebraica, l'insieme dei primi cinque libri della Rivelazione || **N. 2.** *Sin.* pentateuco.

-tóra variante dial. o arc. di -TRICE (V.).

toràce [dal lat. *thōrax, -ācis*, gr. *thṓrax, -akos*, letter. corpetto di maglia; 1598] ***sm.*** **1.** *T.anat.* parte alta del tronco degli animali superiori, delimitata superiormente dalle clavicole e inferiormente dal diaframma; è costituito da un'impalcatura scheletrica (*cassa* o *gabbia toracica*) entro la quale sono contenuti il cuore, i polmoni, i bronchi e parte dell'esofago e della trachea **2.** *T.zool.* negli Insetti, parte mediana del corpo, sulla quale si innestano zampe e ali || **N. 1.** costa, costato, mammella, petto, spina dorsale, sterno; cassa o gabbia toracica, cavità toracica. **TAV.** *zootecnia* 2.5.

toracèntesi o **toracentèsi** [comp. di *tora*(*co*-) e gr. *kéntēsis*, puntura; 1829] ***sf.*** *inv. T.med.* puntura della parete toracica per estrarne i liquidi morbosi che si siano formati nella pleura o nel pericardio || **N.** paracentesi, pleurite.

toràcico (pl. *-ci*) [dal gr. *thōrakikós*; a. 1673] ***agg.*** che si riferisce al torace: *cavità toracica.*

tóraco- [dal gr. *thṓrax, -akos*, torace] ***primo elem.*** che, in parole composte della terminologia medica, vale "torace" (per es. *toracocentesi, toracoplastica, toracotomia*).

toracocentèsi o **toracocènteṣi** V. TORACENTESI.

toracoplàstica [comp. di *toraco-* e *plastica*; 1961] ***sf.*** *T.chir.* complessa operazione chirurgica che, in caso di gravi alterazioni polmonari, mira a ridurre, mediante la sezione di tratti di coste, l'ampiezza della cavità toracica per migliorare la respirazione.

toracoscopìa [comp. di un der. del gr. *thṓrax, -akos*, torace e *-scopia*; 1829] ***sf.*** *T.med.* esame ottico della cavità toracica e degli organi posti nei pressi del cavo pleurico.

toracotomìa [comp. di *toraco-* e *-tomia*; 1905] ***sf.*** *T.chir.* apertura chirurgica della cavità toracica.

torah (ebr., pr. [tɔˈra]) V. TORÀ.

tórba [dal fr. *tourbe*; 1697 *turba*] ***sf.*** carbon fossile, bruno e spugnoso, povero di carbonio, prodotto in epoca relativamente recente (quaternario) dall'accumularsi di piante palustri || **N.** torbiera.

torbìcolo [comp. di *torba* e *-colo*; 1961] ***agg.*** *T.bot.* detto di pianta che cresce nelle torbiere.

tórbida [da *torbido*; a. 1519] ***sf.*** **1.** liquido che contiene materiale solido in sospensione **2.** minerale ridotto in frammenti e messo in acqua per essere trattato dai macchinari.

torbidàre (pres. *tórbido*) [lat. tardo *turbidāre*; a. 1332] ***tr.*** *arc.* intorbidare.

torbidàto (*pps. ant.* di *torbidare*) [prima metà sec. XIV] ***agg.*** annuvolato, torbido.

torbidézza [da *torbido*; sec. XV] ***sf.*** qualità di ciò che è torbido.

torbidìccio (pl. m. *-ci*, pl. f. *-ce*) [da *torbido*; a. 1527] ***agg.*** alquanto torbido.

torbidimetrìa e der. V. TURBIDIMETRIA e der.

torbidità [da *torbido*; a. 1667] ***sf.*** torbidezza.

tórbido [lat. *turbidus*, agitato, burrascoso; 1313] **I *agg.*** **1.** di liquido, che manca di limpidezza: *acqua torbida* **2.** *fig.* poco chiaro, confuso, offuscato da intenzioni poco oneste: *sguardo torbido, passioni torbide, pensieri torbidi*; *tempi torbidi*, difficili, pieni di discordie civili || **torbidaménte** ***avv.*** **II *sm.*** mancanza di chiarezza, di onestà: *in quella sua proposta dev'esserci del torbido*, qualcosa di poco onesto; *pescare nel torbido*, approfittare di una situazione difficile e confusa per ricavarne vantaggi personali || *pl. disus.* disordini politico-sociali, accenni di agitazioni, sommosse e sim. || **N. I 1.** *Contr.* chiaro, limpido, trasparente.

torbidùme [da *torbido*; 1667] ***sm.*** complesso di cose torbide.

torbièra [dal fr. *tourbière*; 1862] ***sf.*** giacimento di torba.

tórbo [lat. *turbus*; a. 1294] ***agg.*** *dial. tosc.* torbido.

torbóso [da *torba*; 1879] ***agg.*** di terreno, che abbonda di torba: *strati, terreni torbosi.*

torcèra V. TORCIERA.

tòrcere (pres. *tòrco, tòrci*; p.rem. *tòrsi, torcésti, tòrse, tòrsero*; pps. *tòrto*) [lat. volg. **torquere*, poi **torcere*, class. *torquēre*; 1313] ***tr.*** **1.** avvolgere qualcosa su se stesso, o più cose tra loro, con un movimento a spirale: *torcere il braccio al ladro, i panni bagnati, due fili per farne uno spago* || di filato, renderlo attorto facendo frullare il fuso: *filare e torcere* || nei modi di dire *fig. dare del filo da torcere*, impegnare, non farsi sopraffare facilmente: *forse mi batterai, ma ti darò del filo da torcere*; *non torcere un capello*, non fare il benché minimo male; *torcere il collo*, strozzare **2.** *per estens. meno com.* piegare, curvare: *torcere un ramo, un ferro*; *torcere* (ma, più com., *storcere*) *il naso, la bocca*, in segno di disgusto, fastidio e sim.: *appena vede che c'è la minestra torce il naso* || ***intr.*** (aus. *essere*) *raro* piegare, curvare: *il torrente torce a sinistra* || ***rifl.*** **1.** contorcersi: *torcersi dal dolore, dalle risa* **2.** *arc.* volgersi || ***rifl. indir.*** *torcersi le mani*, afferrarsele e stringerle convulsamente l'una con l'altra, spec. per la disperazione || ***intr. pron.*** deformarsi: *il cacciavite si è torto* || **N. *tr.* 1.** attorcigliare, ritorcere, storcere.

torcétto (*dim.* di *torcia*) [a. 1704] ***sm.*** **1.** cero composto da quattro lunghe candele attorcigliate assieme **2.** biscotto, a forma di bastoncino dalle estremità accostate, caramellato e ricoperto di zucchero in grani, comune nell'Italia settentrionale || **N. 1.** quadrone, torcia.

torchiàre (pres. *tòrchio*) [da *torchio*¹; 1813] ***tr.*** **1.** spremere col torchio **2.** sottoporre a un lungo ed estenuante interrogatorio: *lo stanno torchiando da un'ora.*

torchiatóre [da *torchiare*; 1961] ***sm.*** nell'industria vinicola, olearia, casearia e sim., operaio addetto alla torchiatura.

torchiatùra [da *torchiare*; 1862] ***sf.*** atto e modo del torchiare.

torchiétto (*dim.* di *torchio*¹) [1865] ***sm.*** piccolo torchio || *T.tip.* piccolo torchio nel quale il rilegatore schiaccia un volume per rifilarne le pagine || *T.fot.* attrezzo che serve per far prove fotografiche positive, con una o più molle che premono la carta sensibile contro la lastra o la pellicola del negativo.

tòrchio¹ (pl. *-chi*) [lat. *torculum*; 1550] ***sm.*** macchina antichissima, composta da due piastre parallele, una fissa e una mobile, il cui movimento è perlopiù comandato a mano (diversamente dalla *pressa*) attraverso un meccanismo di vite e madrevite, per esercitare una elevata pressione sui materiali interposti; *in part.*: nell'industria vinicola e olearia, quello usato per la spremitura dell'olio o del vino: *torchio oleario, vinario*; in tipografia, rudimentale macchina da stampa, oggi usata solo per lavori accessori (stampe artistiche, litografie, stampe di bozze ecc.) || *fig. essere sotto il torchio*, di persona, essere sottoposto a un lungo interrogatorio || *fig. mandare sotto i torchi, far gemere i torchi*, dare un'opera alle stampe || *dim.* torchiétto || **N.** frantoio, pressa, strettoio | a cilindro, a mano, a vite, idraulico, meccanico | torcoliere. **Q.T.** *stampa*... **TAV.** *enologia* 7.

tòrchio² (pl. *-chi*) [lat. volg. **torculum*, oggetto avvolto; 1353] ***sm.*** *arc.* grosso cero o torcetto.

tòrcia (pl. *-ce*) [dal fr. *torche*; a. 1348] ***sf.*** **1.** fiaccola costituita da più funi attorcigliate insieme a stoppa e impregnate di cera, sego, resina: *torcia a vento*, la cui fiamma non si spegne al vento || *per estens.* fiaccola formata da un ramo resinoso || *per estens. torcia elettrica*, lampada portatile a pile || *torcia umana*, persona che sta bruciando **2.** grossa candela o più candele unite insieme; torcetto || *dim.* torcétta, torcellìna; *accr.* torcióne (*sm.*) || **N. 1.** candelotto, cero, doppiere, face, facella, fiaccola, quadrone.

torciàre (pres. *tòrcio*) [lat. volg. **tortiāre*; a. 1348] ***tr.*** *ant.* attorcere, legare stretto.

torcicòllo [comp. di *torc*(*ere*) e *collo*; 1828 nel senso 2] ***sm.*** **1.** *T.med.* atteggiamento viziato del capo che si manifesta, per molteplici cause ereditarie o acquisite, con la rotazione del capo e l'inclinazione dell'occipite all'indietro a causa della contrattura dei muscoli || *fam.* dolore del collo, che impedisce la rotazione del capo **2.** uccello dei Piciformi che, se disturbato, allunga il collo e lo torce all'indietro.

torcièra [da *torcia*, sul modello del fr. *torchière*; 1598] ***sf.*** **1.** torciere **2.** lampada elettrica con un lungo stelo che sorge da una larga base e con un ampio ed elegante paralume.

torcière [da *torcia*, sul modello del fr. *torchier*, a. 1647] ***sm.*** grosso candeliere per reggere una torcia o un torcetto.

torcigliàre (pres. *-iglio*) [lat. volg. **tortiliāre*, torcere più volte, con influsso di *torcere*; sec.

XIV] *tr. raro* attorcigliare.

torciglióne [da *torcigliare*; 1865 nel senso 2] **sm.** **1.** cercine **2.** antico ornamento femminile costituito da una fascia attorcigliata che si portava sul capo **3.** torcinaso.

torciménto [da *torcere*; a. 1363] **sm.** *ant.* atto e modo del torcere.

torcìmetro [comp. di *torc(ere)* e *-metro*; 1940] **sm.** *T.tess.* apparecchio per misurare la torcitura dei filati.

torcinàso [comp. di *torc(ere)* e *naso*; 1879] **sm.** *inv.* (anche pl. *-si*) *T.vet.* strumento che si applica al naso del cavallo per immobilizzarlo.

torcióne [dal fr. *torchon*; 1879] **sm.** grosso canovaccio da cucina; asciugamano grossolano.

torcitóio (pl. *-ói*) [da *torcere*; sec. XIV] **sm.** **1.** *T.tess.* dispositivo che serve per imprimere la torsione ai filati che si stanno formando **2.** *arc.* piccolo torchio.

torcitóre [da *torcere*; 1437] **agg.** e **sm.** (f. *-trice*) *T.tess.* addetto alla torcitura dei filati.

torcitrìce [da *torcere*; 1961] **sf.** *T.tess.* macchina tessile con cui si esegue la torcitura dei filati.

torcitùra [da *torcere*; 1598] **sf.** *raro* atto e modo del torcere ‖ *com. T.tess.* operazione dell'imprimere alle fibre di un filato una certa torsione, che ne aumenta la resistenza e l'elasticità ‖ **N.** torcitoio.

torcolière [da *torcolo*; a. 1698] **sm.** *T.tip.* operaio che lavorava al torchio nelle antiche tipografie.

tòrcolo [dal lat. *torculum*; 1528] **sm.** *arc.* torchio.

tordàio (pl. *-ài*) [lat. *turdārium*; a. 1320] **sm.** **1.** luogo dove si allevano i tordi **2.** cacciatore di tordi.

tordèla o **tordèlla** [lat. tardo *turdēla*; a. 1484] **sf.** uccello dei Turdidi, simile a un tordo, più grosso e meno pregiato.

tordièra [da *tordo*; 1970] **sf.** *T.cacc.* insieme delle reti, delle panie e dei richiami impiegati per la cattura dei tordi.

tórdo [lat. *turdus*; 1355] **sm.** **1.** nome comune di vari Passeracei dei Turdidi; si nutrono di bacche e di insetti e sono molto ricercati per le loro carni **2.** *scherz.* persona grassoccia: *grasso come un tordo* ‖ **N.** bottaccio, sassello; tordela | zirlo | zirlare.

-tóre [dal lat. *-tōre(m)*, suff. di *nomina agentis*] **suff.** **1.** (f. *-trice*) forma sostantivi m. (talora aventi anche funzione di aggettivo), deverbali, che indicano chi compie l'azione espressa dal verbo: *guidatore, tessitore, fornitore* **2.** forma sostantivi m. (talora aventi anche funzione di aggettivo) che designano apparecchi, strumenti, congegni, sostanze e sim. che svolgono una certa funzione: *amplificatore, bollitore, calcolatore, invertitore, trasformatore* ‖ **N.** -ore, -trice.

toreador (sp., pr. [torea'ðɔr]; pr. it. [torea'dɔr]) [letter. chi combatte col toro; 1905] **sm.** *inv.* (anche pl. *toreadores*, pr. [torea'ðores]) torero.

toreàre (pres. *torèo*) [dallo sp. *torear*; 1963] **intr.** (aus. *avere*) combattere contro i tori nell'arena durante la corrida.

torèllo (*dim.* di *toro*²) [1889] **sm.** *T.mar.* nelle costruzioni navali in legno, ciascuno dei due corsi di bordatura esterna del fasciame dello scafo, intestati nella chiglia. **TAV. *vela* p. 1342** 2.14.

torèro [dallo sp. *torero*; 1829] **sm.** nella corrida, il principale antagonista del toro, a cui spetta l'uccisione dell'animale.

torèutica [dal gr. *toreutikḗ (téchnē)*, arte di cesellare; 1821] **sf.** arte del lavorare artisticamente il metallo ‖ **N.** bulino, cesello, sbalzo.

tòrico (pl. *-ci*) [da *toro*²; 1935] **agg.** **1.** *T.mat.* relativo al toro, proprio del toro, solido geometrico di rotazione, a forma di ciambella: *anello torico* **2.** *T.ott. lente torica*, lente speciale usata per curare l'astigmatismo **3.** *T.edil. livella torica*, livella a bolla d'aria (V. LIVELLA).

tòrio [dal n. proprio *Thor*, dio del tuono nelle mitologie germaniche; 1879] **sm.** *T.chim.* il più diffuso degli elementi radioattivi naturali; allo stato libero si presenta come un metallo duttile e pesante, di colore argenteo, facilmente ossidabile.

-tòrio [forma dotta derivante dal lat. *-ōrium*, nella forma *-tōrium* propria di sostantivi tratti da pps.] **suff.** **1.** forma sostantivi m. deverbali che indicano il luogo in cui si svolge una certa azione: *dormitorio, parlatorio* **2.** forma aggettivi deverbali: *accusatorio, proibitorio, recriminatorio.*

torite [comp. di *torio* e *-ite*²; 1891] **sf.** *T.min.* silicato di torio, radioattivo.

tórlo V. TUORLO.

tórma [lat. *turma*, letter. squadrone di cavalleria; 1313] **sf.** **1.** folla, gruppo tumultuante di persone che procedono disordinatamente; *per estens.* da: **2.** *T.stor.* e *T.mil.* reparto di cavalleria dell'esercito romano **3.** *meno com.* branco di animali ‖ *fig.* grande quantità di cose, spec. astratte: *mi assalivano torme di pensieri confusi.*

tormalina [dal singalese *tōramalli*, attr. il fr. *tourmaline*; 1817] **sf.** *T.min.* nome di una serie di varietà, di diverso colore, di miscele di silicati (di ferro, alluminio, magnesio, litio, sodio ecc.), i cui cristalli sono talora impiegati come gemme o come lamine polarizzatrici ‖ **N.** rubellite, tormalina verde. **TAV. *ottica* p. 1329** 10.

torménta [dal fr. *tourmente*, letter. tempesta di mare; 1851] **sf.** tempesta turbinosa di neve. **Q.T. *alpinismo*.**

tormentàre (pres. *-énto*) [da *tormento*; 1308] **tr.** **1.** *fig.* affliggere, causare pena, preoccupazione e sim.: *il pensiero del figlio prigioniero la tormenta, un dubbio atroce mi tormenta* ‖ *iperb.* infastidire, molestare: *mi tormenta tutto il giorno con le sue domande* **2.** *propr.* straziare, torturare infliggendo patimenti fisici di vario tipo: *tormentarono i prigionieri per farli parlare* ‖ *com.* di malattie e sim., provocare dolori fisici intensi e assillanti: *il dolore ai piedi piagati lo tormentava* ‖ **N.** **1.** *Sin.* angosciare, attanagliare, crucciare, dilaniare, lacerare, rodere, straziare, travagliare, vessare; mettere in croce, perseguitare **2.** flagellare, malmenare, martoriare.

tormentàto (*pps.* di *tormentare*) [1313 come sm.] **I agg.** travagliato, afflitto, angosciato: *animo tormentato* **II sm.** *ant.* chi subisce torture fisiche: *nuovi tormenti e nuovi tormentati* (Dante).

tormentatóre [da *tormentare*; 1300] **agg.** e **sm.** (f. *-trice*, e *-tóra*) che o chi tormenta.

tormentìlla [dal lat. *tormentilla*, colica; sec. XIV] **sf.** *T.bot.* pianta erbacea delle Rosacee dai piccoli fiori gialli e foglie pelose, il cui grosso rizoma ha poteri astringenti ‖ **N.** *Sin.* potentilla.

tormentina [da *tormento*; 1937] **sf.** *T.mar.* trinchettina di fortuna (V. TRINCHETTINA).

torménto [lat. *tormentum*, letter. strumento di tortura; sec. XIII] **sm.** **1.** *fig.* grande sofferenza spirituale, afflizione: *il tormento del rimorso* ‖ *iperb.* fastidio, molestia: *che tormento stare ad ascoltare simili sciocchezze!* ‖ *concr.* persona o cosa che è causa di una grande sofferenza spirituale o, *iperb.*, di fastidio: *quel figlio malato è il suo tormento, quel televisore sempre acceso è un vero tormento* **2.** *propr.* intenso e assillante dolore fisico: *è morto dopo atroci tormenti, i tormenti della sete*; *per estens.* da: strazio del corpo fatto con strumenti di tortura: *gli inflissero indicibili tormenti* **3.** *T.stor.* e *T.mil.* antica macchina bellica di vari tipi, utilizzata per il lancio di proiettili ‖ **N.** **1.** *Sin.* angoscia, ansia, apprensione, assillo, croce, cruccio, preoccupazione **2.** *Sin.* strazio, supplizio, travaglio, tribolazione, vessazione.

tormentóne (*accr.* di *tormento*) [1983] **sm.** **1.** preoccupazione lancinante che tormenta **2.** persona o cosa noiosa, opprimente, di cui non ci si riesce a liberare **3.** in un giornale, serie di articoli polemici che hanno per bersaglio lo stesso oggetto, o la stessa persona, pubblicata in più numeri del giornale ‖ negli spettacoli di cabaret, battuta tipica di un attore o di un personaggio che viene ripetuta ossessivamente in ogni sketch.

tormentóso [da *tormento*; sec. XIV] **agg.** che è causa di tormento: *un dolore, un dubbio, un rumore tormentoso* ‖ **tormentosaménte** **avv.**

tornacónto [comp. di *torna(re)* e *conto*; 1853] **sm.** vantaggio, utile: *pensa sempre al proprio tornaconto* ‖ **N.** *Sin.* guadagno, interesse, profitto.

tornàdo [dallo sp. *tronada*, tormenta, poi uragano, attr. l'ingl. *tornado*; 1875] **sm.** *inv.* *T.meteor.* perturbazione frequente in regioni equatoriali e tropicali americane, estremamente violenta e distruttiva, nel cui epicentro il vento raggiunge i 300 km/h e forma un vortice.

tornagùsto [comp. di (che fa) *torna(re)* e *gusto*; 1551] **sm.** *raro* cibo o bevanda che stuzzica l'appetito.

tornàio (pl. *-ài*) [da *torno*²; 1548] **sm.** *arc.* tornitore.

tornalètto [comp. di *torna(re)*, girare e *letto*; a. 1588] **sm.** striscia di legno o di stoffa che gira intorno al letto, per ornamento o anche perché non si veda ciò che c'è sotto il letto.

tornànte [dal fr. *tournant*, letter. che ritorna; 1942 come sm.] **I agg.** che torna, solo nella loc. *ala tornante*, nel calcio, attaccante che ripiega anche indietro, a centro campo, in appoggio alla difesa **II sm.** curva a semicerchio quasi completo, freq. in presenza di forti pendenze, e quindi spec. lungo strade di montagna.

tornàre (pres. *tórno*) [lat. *tornāre*, lavorare al tornio, far girare; 1295] **intr.** (aus. *essere*) **1.** rientrare nel luogo dal quale ci si era allontanati, dal quale si era partiti; *in part.*: seguito dalla specificazione del luogo cui si fa ritorno: *fece una passeggiata e tornò a casa, è tornato al suo paese, tornare al proprio posto*; anche *ass.*, sottintendendo che il luogo cui si fa ritorno sia quello in cui si risiede, in cui abitualmente si lavora e sim.: *tornò per cena, a notte inoltrata* ‖ in loc. e in modi di dire anche fig.: *tornare in sé*, riaversi dopo uno svenimento, o, anche, rinsavire; *tornare su*, di cibo che non si è digerito e del quale si risente il sapore molto tempo dopo averlo mangiato ‖ seguito dalla specificazione del mezzo con cui si fa ritorno: *tornò a dorso di mulo, con mezzi di fortuna* ‖ seguito dalla specificazione del luogo dal quale si fa ritorno, talora riferendosi a quello solo indirettamente, indicando il motivo per il quale ci si era allontanati: *chissà se è già tornato dalla montagna, tornare dalla guerra, dal lavoro, dalle vacanze, da una riunione* **2.** andare, o venire, di nuovo in un luogo in cui si era già stati: *torna presto a trovarmi!, torno tra un mese in ospedale per un controllo*; *tornare indietro, sui propri passi*, ripercorrere, in senso inverso, il cammino già fatto ‖ *fig.* in loc. e modi di dire: *tornare con la mente* (o *col pensiero, col ricordo* e sim.) *al passato, ai tempi lontani, agli anni della guerra, al giorno in cui lo conobbi*; *tornare all'antico*, riprendere usi, costumi, tradizioni del passato; *tornare sull'argomento*, riparlarne: *non torniamoci più su*, consideriamo chiuso l'argomento; *tornare sulle proprie posizioni, decisioni* ecc., rivederle ‖ seguito da *a* e da un infinito, indica il ripetersi di un'azione: *torno* *a dirti che stai sbagliando; torna a fiorir la rosa / che pur dianzi languiva* (Monti) **3.** *per estens. fig.* ripresentarsi, manifestarsi nuovamente: *è tornato l'autunno, una cura che ti fa tornar l'appetito, un'occasione simile non tornerà mai più; tornare alla mente,* ripresentarsi nel ricordo; *tornare a galla,* riemergere alla superficie e, *fig.*, di una questione, ripresentarsi **4.** ridiventare come si era in precedenza, essere di nuovo: *la tua camicia è tornata pulita, come nuova, quando gioca coi figli torna bambino, tornare di moda, d'attualità* **5.** risultare: *ti tornerà utile aver studiato le lingue, se ti torna comodo vengo anch'io; tornar conto,* risultare utile, vantaggioso: *gli torna conto far finta di non capire* || *ass.* risultare esatto: *vedrai che il conto torna, è un ragionamento che non torna; ti torna?,* ti convince? || *tr.* **1.** *arc.* o *poet.* girare, volgere: *alla bella donna tornai il viso* (Dante) **2.** *ant.* o *dial.* rendere, restituire, ricondurre: *tornami il libro che t'ho prestato; poi finite le nozze anco tornollo miracolosamente onde levollo* (Ariosto) || **N.** *intr.* **1.** *Sin.* rincasare, ritornare | *Contr.* allontanarsi, andarsene, partire, uscire **2.** *Sin.* riandare, ritornare **3.** *Sin.* ricorrere, rinnovarsi.

tornasóle [comp. di *torna(re)*, girare e *sole*, orig. girasole; 1599] **sm. inv.** sostanza colorante che si ricava da alcuni licheni e dall'eliotropio, usata in chimica come rivelatore per la sua proprietà di colorarsi di rosso in ambiente acido, e di azzurro in ambiente alcalino: *cartina di tornasole,* sottile strisciolina di carta impregnata di tornasole; anche, *fig.*, fattore, elemento che serve a evidenziare una certa situazione: *il suo umore fa da cartina di tornasole dell'andamento dei suoi affari* || **N.** *Sin.* laccamuffa.

tornàta [da *tornare*; 1353 nel senso 3; a. 1527 nel senso 1] **sf. 1.** ciascuna ricorrenza di eventi periodici (spec. di carattere istituzionale): *tornata concorsuale*; in part., seduta, o serie di sedute, di un'assemblea amministrativa o legislativa, di un'associazione e sim.: *ultima tornata d'asta* || *tornata elettorale,* elezione o serie di elezioni: *in questa tornata elettorale è scesa la percentuale dei votanti* **2.** *T.metr.* il commiato, l'ultima stanza di una canzone **3.** *arc.* ritorno.

tornàto (*pps.* di *tornare*) [1353] **agg.** com. nella loc. *ben tornato!,* saluto che si rivolge a chi è tornato; anche in funzione di *sm.*: *dare il ben tornato.*

tornatùra [da *tornare*, voltare (i buoi all'estremità del campo); a. 1363] **sf.** antica misura agraria di superficie, di valore diverso secondo le varie regioni.

torneaménto [da *torneare*; fine sec. XIII] **sm.** *arc.* **1.** atto del torneare, del partecipare a un torneo || torneo **2.** circonferenza, cerchio.

torneàre (pres. *tornèo*) [dal fr. ant. *tornier*, letter. muoversi in tondo, poi prendere parte a un torneo; fine sec. XIII] **intr.** (aus. *avere*) *arc.* **1.** prendere parte a tornei: *gli uomini passavano il loro tempo a torneare e a cacciare* **2.** muovere o muoversi in circolo: *li santi cerchi mostrar nova gioia nel torneare e ne la mira nota* (Dante) || **tr.** circondare, attorniare: *mise l'assedio alla città e la torneò di bertesche.*

tornéggio (pl. *-gi*) [da *torno*²; 1961] **sm.** lavorazione al tornio da vasaio.

tornèlla [da *tornare*, girare attorno; 1965] **sf.** tornello.

tornèllo [prob. da *tornare*, girare (attorno); 1561] **sm.** *ant.* strumento che viene adoperato dai lanaioli e dai linaioli per fare l'ordito e la trama.

tornèo [da *torneare*; 1353 nel senso 1; 1891 nel senso 2] **sm. 1.** *T.stor.* spettacolo d'armi, comune nel Medioevo, in cui i cavalieri combattevano in campo chiuso, a squadre o individualmente con armi cortesi (ossia spuntate) o anche con armi vere; giostra || successivamente (fino al Seicento), spettacolo in cui squadre di cavalieri, in antichi costumi, si esibivano in evoluzioni equestri **2.** *T.sport.* complesso di gare a eliminazione tra squadre o singoli atleti: *torneo di tennis, di scacchi, di calcio.* **Q.T.** *scherma.*

tornerìa [da *torno*²; 1942] **sf.** *non com.* laboratorio di tornitura.

tornése [dal fr. ant. *torneis*, letter. coniato nella città di Tours; 1211] **sm.** *T.num.* denaro d'argento coniato a Tours da Carlo Magno || nell'Italia meridionale, moneta in rame coniata nel sec. XVI dagli Spagnoli e poi anche dai Borboni.

torniàio (pl. *-ài*) [da *tornio*; 1555] **sm.** *raro* tornitore.

torniàre¹ (pres. *tórnio*) [da *tornio*; a. 1565] **tr.** *arc.* tornire.

torniàre² (pres. *tórnio*) **intr.** (aus. *avere*) e **tr.** *non com.* V. TORNEARE.

torniàto (*pps.* di *torniare*¹) [1564] **agg.** *non com.* tornito.

tornichétto [dal fr. *tourniquet*, da *tourner*, girare, ruotare; 1828] **sm. 1.** *T.mar.* nell'attrezzatura navale, la maglia a mulinello (V. MAGLIA), il mulinello, il mulinello d'afforco, l'arridatoio e il tenditore **2.** *non com.* tornante, serpentina.

torniménto [da *tornire*; a. 1673] **sm.** *raro* tornitura.

tórnio (pl. *-ni*) [lat. *tornus*, gr. *tórnos*, attr. il pl. *torni* di *torno*²; sec. XIV] **sm.** *T.tecn.* macchina utensile per l'esecuzione a freddo (tramite asportazione di trucioli) di pezzi in metallo, legno o altro; al pezzo da modellare viene impresso un movimento rotatorio sul suo asse longitudinale, mentre all'utensile, dal profilo tagliente, viene impresso un moto traslatorio; si possono così ottenere pezzi cilindrici, conici, elicoidali, filettati, sferici o variamente sagomati || *tornio da vasaio,* macchina azionata generalmente con i piedi, sul cui disco rotante si poggia il materiale da modellare || nel modo di dire fig. *parer fatte al tornio,* di gambe e di braccia, spec. femminili, ben fatte e tondeggianti || **N.** a copiare, a disco, a torretta, parallelo | PARTI: banco, contropunta, mandrino, supporto mobile, testa motrice, utensile | alesare, filettare, incavare, levigare, scanalare, sgrossare, traforare | brunitoio, bulino, lima, scalpello, sgorbia, stucca, succhiello. **TAV.** *macchine utensili* 5.

tornìre (pres. *-ìsco, -ìsci*) [da *tornio*; 1612] **tr. 1.** lavorare per mezzo del tornio: *tornire l'avorio* **2.** *fig.* rifinire, perfezionare: *tornire i versi, il periodo.*

tornìto (*pps.* di *tornire*) [a. 1665] **agg.** lavorato al tornio || *fig. braccia tornite,* di tal perfetta rotondità, da parer lavorate al tornio; anche, *lett.*, accuratamente rifinito: *versi ben torniti.*

tornitóre [da *tornire*; 1667] **sm.** (f. *-trice*) operaio o artigiano che lavora al tornio.

tornitùra [da *tornire*; 1692] **sf. 1.** l'atto e l'effetto del tornire || il modo di tornire **2.** i rimasugli del legno o dei metalli che si staccano dai pezzi lavorati al tornio: *tornitura di ferro.*

tórno¹ [da *tornare*, sul modello del fr. *tour*; sec. XIV] **sm.** *propr.* giro || *com.* solo in alcune loc.: *in quel torno di tempo,* in quell'arco di tempo; nelle *loc. avv.*: *torno torno,* tutt'intorno; *di torno,* d'attorno: *non so come levarmelo di torno.*

tórno² V. TORNIO.

tòro¹ [lat. *tāurus*; 1313] **sm. 1.** maschio adulto dei Bovini, non castrato: *un bel toro da monta, l'uccisione del toro nella corrida* || nei modi di dire fig.: *tagliare la testa al toro,* prendere una decisione risolutiva, troncando ogni discussione: *tagliamo la testa al toro e vendiamo tutto; prendere il toro per le corna,* affrontare direttamente una questione || *per estens. fig.* persona robusta e tarchiata: *quel ragazzo è un toro* **2.** (perlopiù con iniz. maiuscola) *T.astr.* costellazione dello zodiaco, tra Ariete e Gemelli || in astrologia, il secondo segno dello zodiaco, dal 21 aprile al 21 maggio || *per meton.* persona nata in tale periodo || *dim.* torèllo, torétto || **N. 1.** taurino, tauromachia, torero. **TAV.** *astrologia* 1.2.

tòro² [dal lat. *torus*, letter. fune, poi rigonfiamento; 1567 nel senso 1; 1929 nel senso 2] **sm. 1.** *T.arch.* modanatura, a forma di grosso anello, alla base della colonna; tondino, astragalo **2.** *T.geom.* solido di rotazione a forma di ciambella, generato da un circolo che ruota attorno a un asse esterno alla circonferenza. **Q.T.** *matematica...* **TAV.** ***architettura* p. 646** 1.17, 3.13.

tòro³ [da *toro*², attr. il senso di funi intrecciate (attorno a materassi e cuscini); 1342] **sm.** *arc.* letto matrimoniale.

toroidàle [da *toroide*; 1961] **agg.** che ha forma di toro, nel senso geometrico.

toròide [da *toro*²; 1961] **sf.** *T.mat.* curva algebrica costituente il contorno apparente di un toro, quando il centro di vista sia all'infinito.

tòron [da *torio*, sul modello di *radon, attinon* ecc.; 1932] **sm. inv.** emanazione radioattiva prodotta dalla disgregazione del torio.

toróso [dal lat. tardo *torōsus*; 1547] **agg.** *lett.* *raro* muscoloso, taurino: *braccia torose e nerborute.*

torpèdine¹ [dal lat. *torpēdo, -inis*, letter. intorpidimento, poi torpedine; sec. XIV] **sf.** *T.zool.* genere di pesci della fam. Torpedinidi, dal corpo appiattito, affine a quello delle razze, dotato di organi che scaricano una scossa elettrica su chi lo tocca. **TAV.** ***pesci* p. 1331** 4.

torpèdine² [da *torpedine*¹; 1866] **sf.** arma subacquea contenente una carica esplosiva, priva di mezzo proprio di propulsione, destinata a scoppiare al minimo urto; si distinguevano la *torpedine da blocco* o *mina subacquea*, e la *torpedine da rimorchio,* destinata ad esser trascinata da una nave leggera e veloce per scoppiare all'urto contro un sommergibile immerso || **N.** mina.

Torpedìnidi (sing. *-e*) [comp. di *torpedine*¹ e *-idi*; 1974] **sm. pl.** *T.zool.* famiglia di pesci raiformi provvisti di due organi elettrici che possono comunicare forti scariche. **TAV.** ***pesci* p. 1330.**

torpedinièra [da *torpedine*²; 1883] **sf.** *T.mar.* nave da guerra piccola e veloce, adatta alla navigazione costiera, impiegata ancora nella II Guerra Mondiale come nave-scorta antisommergibile || **N.** cacciatorpediniere.

torpedinière [da *torpedine*²; 1889] **sm.** *T.mar.* soldato di marina, della categoria destinata all'uso e alla manutenzione di tutti i tipi di torpedini || **N.** minatore, silurista.

torpèdo [dall'ingl. *torpedo*, letter. siluro; 1918] **sf. inv.** *T.aut.* tipo di carrozzeria per automobili, diffuso negli anni Dieci e Venti, la cui forma ricordava un siluro.

torpedóne [da *torpedo*; 1930] **sm.** *T.aut.* negli anni Dieci e Venti, grossa automobile per una decina di persone || oggi sin. disus. di *pullman* e *autopullman.*

torpènte [dal lat. *torpens, -entis*, ppr. di *torpēre*, essere intorpidito; 1765] **agg.** *T.farm.* *raro* di farmaco, che intorpidisce, che ha la proprietà di ridurre la sensibilità e le azioni vitali di certi organi.

tòrpere e **torpére** (pres. *tòrpo*) [dal lat. *torpēre*; 1374] **intr.** (usato solo all'ind. e al cong. pres.) *arc.* essere intorpidito: *ancor mi agghiaccio e torpo* (Petrarca).

torpidézza [da *torpido*; 1671] **sf.** stato di torpore fisico o psichico.

torpidità [da *torpido*; a. 1758] **sf.** torpidezza.

tòrpido [dal lat. *torpidus*; 1598] **agg.** del corpo o di una sua parte, che è in preda a torpore: *membra torpide* || *per estens.* psichicamente fiacco, dai riflessi rallentati: *mente torpida* || **N.** *Sin.* intorpidito.

torpiglia (pl. *-glie*) [dal fr. *torpille*; 1671] **sf.** *arc.* pesce torpedine.

torpóre [dal lat. *torpor, -ōris*; a. 1406] **sm.** **1.** rallentamento, perlopiù temporaneo, delle attività dell'organismo, che si manifesta con diminuzione della sensibilità, ottundimento dei riflessi e limitazione delle funzioni psichiche: *una digestione lenta, questo caldo afoso provocano un senso di torpore* **2.** *fig.* indolenza, inerzia mentale: *aiutò il suo popolo a uscire dal secolare torpore* || **N.** **1.** *Sin.* apatia, intontimento, intorpidimento, sonnolenza, sopore.

tòrque [dal lat. *torquis*; 1865] **sf.** *lett.* collana, monile che si mette al collo.

torquemada (sp., pr. [tɔrke'maða]; pr. it. [torke'mada]) [dal n. proprio Tomás de *Torquemada*, il domenicano che organizzò l'inquisizione spagnola; 1935] **sm.** *inv.* chi compie un'azione repressiva, servendosi di metodi di inflessibile durezza.

torr o **tor** (pr. [tɔr]) [dal n. proprio E. *Torr(icelli)*, inventore del barometro; 1956] **sm.** *inv.* *T.fis.* unità di misura della pressione, pari a un mm di mercurio o a 1/750 bar.

torracchióne (*accr.* di *tórre*) [a. 1470] **sm.** *lett. non com.* antico torrione isolato e in abbandono.

torraiòlo [da *tórre*; 1684] **agg.** che abita le torri semidiroccate: *colombo torraiolo.*

torràzzo [da *tórre*; a. 1566] **sm.** edificio a torre, alto e massiccio.

tòrre [lat. *tollere*, attr. **tòlre*; 1306] **tr.** *poet. arc.* togliere. **TAV.** *aeronautica* 11.10; *chiesa* 10.

tórre [lat. *turris*; 1308] **sf.** **1.** costruzione a pianta perlopiù circolare o quadrilatera, sviluppata prevalentemente in altezza, isolata o, più com., contigua a complessi edilizi o facente parte di essi, con funzione di campanile, di posto di avvistamento ecc.: *le torri del castello*; *torre campanaria*, campanile; *torre merlata*, coronata da merli e con funzione essenzialmente difensiva || in loc. fig.: *chiudersi in una torre d'avorio*, appartarsi, mantenere un aristocratico distacco da ciò che avviene intorno a sé; *torre di Babele*, luogo in cui regna la confusione, il caos || *per estens.* raffigurazione di una torre; *in part.* *T.gioc.* pezzo degli scacchi e, anche, uno dei trionfi dei tarocchi **2.** *per estens.* qualsiasi costruzione sviluppata prevalentemente nel senso dell'altezza e in qualche modo simile a una torre; *T.stor.* e *T.mil.* *torre mobile*, struttura a torre, in legno, su ruote, usata come macchina da guerra contro le mura nemiche || *T.mar.* sulle navi da guerra, le strutture corazzate, generalmente di forma cilindrica, destinate a contenere, proteggendoli, gli essenziali e più delicati organismi di direzione della nave e dei suoi servizi, nonché i più importanti impianti di artiglieria || *T.aer.* *torre di controllo*, negli aeroporti, edificio sufficientemente alto da garantire la massima visibilità al personale addetto al controllo del traffico aeroportuale || *T.min.* *torre di perforazione*, incastellatura tronco-piramidale costruita in corrispondenza di pozzi petroliferi, opere di perforazione a scopo di sondaggio del sottosuolo ecc. || *T.aeron.* *torre di lancio*, robusta struttura a traliccio, appositamente attrezzata per costituire l'appoggio di un missile e per le attrezzature necessarie nella fase del lancio (accessori, montacarichi, condotte per il rifornimento ecc.) || *T.tecn.* *torre solare*, torre a traliccio sulla cui sommità è posta una cupola orientabile contenente un sistema di specchi che raccoglie l'immagine del Sole e la convoglia alla base della torre, dove viene fotografata e analizzata spettrograficamente **3.** *T.alp.* cima isolata e dalle pareti estremamente ripide || *dim.* torrétta, torricèlla, torricìno (*sm.*), torricciòla; *accr.* torracchióne (*sm.*), torrióne (*sm.*); *dispr.* torràccia || **N.** **1.** bertesca, campanile, minareto | massiccia, merlata, pendente | feritoia, merlo, piombatoia, spalto | turrito. **Q.T.** *astronautica, fortificazioni* **TAV.** ***araldica*** **p. 645** 4.1; ***astronautica*** **p. 654** 1.1, 3.3, 5; ***edilizia*** **p. 666** 2.6.

torrefàre (pres. *torrefàccio* ecc., come FARE) [dal lat. *torrefacere*, far diventare secco, sul modello del fr. *torréfier*; 1765] **tr.** *non com.* spec. del caffè, tostare, sottoporre al processo di torrefazione.

torrefattóre [da *torrefare*; 1961] **agg.** e **sm.** (f. *-trìce*) *non com.* addetto alla torrefazione.

torrefazióne [da *torrefare*, sul modello del fr. *torréfaction*; 1713] **sf.** **1.** processo di deumidificazione e leggero abbrustolimento cui si sottopone il caffè, l'orzo ecc. **2.** *per meton.* laboratorio in cui si effettua tale lavorazione e che spesso è attrezzato anche per la degustazione del caffè || **N.** **1.** *Sin.* tostatura.

torreggiàre (pres. *-éggio*) [da *tórre*; 1313] **intr.** (aus. *avere*) *fig.* elevarsi, sovrastare come una torre: *torreggiare sui propri avversari* || *propr. raro* di città, castelli ecc., innalzarsi con le proprie torri.

torrènte [lat. *torrens, -entis*, in orig. ppr. di *torrēre*, disseccare, poi torrente; 1321] **sm.** corso d'acqua a regime irregolare o periodico, ora gonfio d'acque, ora quasi asciutto || *fig.* di cose che scorrono abbondantemente: *un torrente di lava, di fuoco, di lacrime, di parole*; nella *loc. avv. a torrenti*, di pioggia e sim., abbondantemente, impetuosamente || *dim.* torrentèllo, torrentùccio; *pegg.* torrentàccio. **TAV.** ***geologia*** **p. 1313** 5.6.

torrentìzio (pl. *-zi*) [da *torrente*; 1879] **agg.** di o da torrente.

torrenziàle [da *torrente*; 1877] **agg.** che scende con l'impeto di un torrente, anche *fig.*: *pioggia torrenziale, oratoria torrenziale.*

torrétta (*dim.* di *torre*) [a. 1698] **sf.** **1.** piccola torre muraria **2.** *T.mar.* torre di comando sulle navi || nei sommergibili, quella struttura, solidamente collegata allo scafo resistente, che si trova al centro della coperta e nella quale generalmente sta il comandante o l'ufficiale che dirige la manovra e la navigazione **3.** *T.tecn.* parte girevole di macchinari vari, su cui sono montati vari accessori e che ne consente il cambio rapido; in part., sui torni, struttura di supporto di vari utensili; su una cinepresa o telecamera, supporto di vari obiettivi. **TAV.** ***armi*** **p. 649** 27.3; ***nave*** **p. 1327** 4.1.

torricelliano [dal n. proprio E. *Torricelli*, fisico it.; 1745] **agg.** di Torricelli || *tubo torricelliano*, primo tipo di barometro; *vuoto torricelliano*, il vuoto che si forma naturalmente, per la presenza di vapori di mercurio, nella parte superiore di un barometro.

tòrrido [dal lat. *torridus*, arso; 1684] **agg.** caldo fino a bruciare, rovente (spesso *iperb.*): *sole torrido, clima torrido* || *zona torrida*, la zona terrestre compresa tra i due tropici || **N.** *Sin.* caldo. **TAV.** *geografia* 1.8c.

torrière [dal fr. *tourier*; 1374] **sm.** *lett. arc.* abitatore o guardiano della torre; torrigiano.

torrigiàno [da *torre*, sul modello del sett. *toresan*; sec. XIV] **sm.** *non com.* guardia della torre.

torrióne [da *torre*; a. 1363] **sm.** **1.** massiccia torre muraria, a pianta circolare o poligonale, frequente nel Rinascimento sia isolata che come elemento avanzato di un sistema difensivo (mura, rocche, forti ecc.) **2.** nelle grandi unità navali da guerra, sovrastruttura corazzata per il comando e la direzione del tiro. **Q.T.** *fortificazioni.*

torrito v. TURRITO.

torróne [dallo sp. *turrón*; 1549] **sm.** dolce, confezionato in stecche, a base di nocciole, miele, zucchero, albume e spezie varie, perlopiù duro e compatto || *dim.* torroncìno.

torsèllo [dal fr. ant. *torsel*, fagotto, bagaglio; a. 1348] **sm.** *ant.* **1.** piccolo guanciale su cui si appuntano aghi e spilli **2.** punzone per coniare monete; conio **3.** balla di tela e sim.: *torselli di panno* || panno arrotolato e, in part., cercine: *quel torsello che è imposto al capo il qual debba sollevare un grande peso* (D'Annunzio).

torsiòmetro v. TORCIMETRO.

torsionàle [da *torsione*; 1949] **agg.** *T.mecc.* di torsione, relativo alla torsione.

torsióne [dal lat. tardo *torsio, -ōnis*; a. 1320] **sf.** atto del torcere e del torcersi; *in part.*: movimento di rotazione di una parte del corpo (spec. del busto) sull'asse longitudinale || *T.tess.* operazione cui vengono sottoposte le fibre di un filato || deformazione di una struttura tale per cui un tratto di una sezione risulta ruotato rispetto alla posizione originaria || *T.bot.* avvitamento su se stessi cui tendono naturalmente alcuni organi (foglie, peducoli, cauli) durante la crescita. **TAV.** ***arti marziali*** **p. 653** 3.2.

tórso [lat. tardo *tursus*, class. *thyrsus*, gambe della pianta; fine sec. XIII nel senso 2; a. 1484 nel senso 1] **sm.** **1.** *T.anat.* parte del corpo umano, dal collo alla cintura; tronco, busto || *per estens.* statua mancante di capo, braccia e gambe **2.** torsolo: *un torso di mela* || fusto di alcune piante erbacee (in part. del cavolo), a meno di foglie e fiori.

torsolàta [da *torsolo*; 1618] **sf.** colpo di torsolo lanciato: *l'oratore fu preso a torsolate.*

tórsolo [da *torso*; a. 1742] **sm.** parte interna di alcuni frutti, contenente i semi, generalmente non commestibile: *gettare la buccia e il torsolo.*

tórta [lat. tardo *tŏrta*, pane piatto, rotondo; fine sec. XIII] **sf.** *T.cuc.* preparazione culinaria generalmente di forma tonda e schiacciata, dolce o anche salata, cotta in forno in teglie apposite (tortiere); ha generalmente come base un impasto di farina, acqua, latte, lievito, uova, burro ed eventualmente zucchero, cui vengono aggiunti gli ingredienti più svariati: *torta di mele, di ricotta, di riso* || nei modi di dire: *prendere a torte in faccia*, *fig.*, trattare malissimo; *dividersi la torta*, il bottino o i profitti di un affare || *dim.* tortina, tortìno (*sm.*). **Q.T.** *alimentazione.*

tòrta [dal lat. *torta*, pps. di *torquēre*, torcere; 1865] **sf.** singola azione del torcere || il tornare indietro.

tortàio (pl. *-ài*) [da *tórta*; 1879] **sm.** (f. *-a*) *raro* chi fa o vende torte.

tortellinatrìce [da *tortellino*; 1983] **sf.** macchina industriale con cui si fanno i tortellini.

tortellìno [da *tortello*, sul modello del bol. *turtlén*; 1850] **sm.** *T.cuc.* piccolo tortello, specialità emiliana; si usa spec. al *pl.*: *tortellini in brodo.* **TAV.** *alimentazione* 1.16.

tortèllo [propr. dim. di *torta*; a. 1484] **sm.** *T.cuc.* involtino in pasta sfoglia ripieno di un composto che può essere a base di carne tritata, ricotta, verdure o altro; viene lessato e poi servito, come primo piatto, in brodo o asciutto, condito in vario modo; si usa spec. al *pl.*: *i tortelli agli spinaci* || anche specialità lombarda consistente in una specie di fritella dolce || *dim.* tortellìno; *accr.* tortellóne || **N.** cappelletti, panzerotti, ravioli.

tortellóne (*accr.* di *tortello*) [1961] **sm.** *T.cuc.* involto di pasta più grosso del tortellino, ripieno di un impasto a base di uova, formaggio, verdure tritate e ricotta, da mangiare asciutto.

torticcio (pl. m. *-ci*, pl. f. *-ce*) [da *torto*[1]; 1889] **I agg.** di fune molto grossa e resistente costituita da più canapi attorcigliati assieme: *cavo torticcio* **II sm.** fune costituita da più canapi.

tortièra [da *torta*; 1598] **sf.** *T.cuc.* teglia usata per cuocere torte al forno.

tortìglia (pl. *-glie*) [dal lat. *tortilis*, tortile; 1936] **sf.** *T.tess.* tipo di filato molto resistente costituito dall'intreccio di più fili ritorti.

tortiglióne [dal lat. volg. **tortiliāre*, attr. l'ant. *tortigliare*, torcere molte volte; 1846] **sm.** denominazione generica di oggetti attorcigliati a spirale; torciglione: *colonna a tortiglione*, tortile || *pl.*, *T.cuc.*, pasta alimentare a forma di maccherone leggermente attorto.

tortiglióso [da un ant. *tortigliare*, torcere molte volte; sec. XIV] **agg.** *arc.* torto, attorcigliato in più punti.

tòrtile [dal lat. *tortilis*; 1598] **agg.** attorcigliato a spirale: *colonna tortile*.

tortìno (*dim.* di *torta*) [a. 1566] **sm.** piccola torta || *in part.* piccola torta salata: *un tortino di spinaci*.

tòrto¹ (*ppr.* di *torcere*) [1313] **agg.** **1.** di cosa che abbia subìto un movimento di torsione **2.** storto: *gambe torte* || **N.** attorcigliato, contorto, curvato, distorto, piegato.

tòrto² [lat. *tortum*, letter. pps. di *torquēre*, torcere, nel senso di cosa storta, sbagliata; a. 1294] **sm.** **1.** condizione di chi fa o dice cosa non conforme al giusto, al ragionevole, o anche al vero: *aver torto, essere in* (o *nel*) *torto, mettersi, essere dalla parte del torto*; *hai torto a picchiarlo*; *la ragione e il torto non si dividono con un taglio netto*; *fam. torto marcio*, assoluto, completo; *dare torto a qualcuno*, contraddirlo; *non ha tutti i torti*, per litote, ha abbastanza ragione; *far torto a qualcuno*, agire ingiustamente nei suoi confronti; in part., attribuirgli opinioni o intenzioni che non ha: *se pensi questo mi fai torto* || nella *loc. avv.*: *a torto*, contro la ragione, la verità ecc.: *sostiene, a torto, di avermi battuto a ping-pong* **2.** *concr.* azione ingiusta fatta o subita: *gli è stato fatto, ha subito un grave torto* || **N.** **1.** *Contr.* ragione **2.** *Contr.* favore.

tórtora [lat. *turtur, -uris*; a. 1294] **I sf.** uccello dei Columbiformi, addomesticabile, di forma simile al colombo ma più allungata, con piumaggio grigiastro sul capo e penne grigio-rossastre sul dorso, bordate di bianco sulla coda **II agg.** *inv.* (sempre posposto) che ha il colore della tortora, ovvero grigio avana con sfumature rossicce || *dim.* tortorèlla.

tortoràta [da *tortóre*; 1940] **sf.** *region.* colpo di tortore; bastonata.

tórtore [lat. *turtur, -uris*; a. 1311] **sm.** *ant.* tortora.

tortóre [dal lat. *tortor, -ōris*; a. 1704 nel senso 2] **sm.** **1.** *region.* grosso bastone con cui i carrettieri stringono, torcendole, le funi che trattengono il carico || *per estens.* randello, bastone **2.** carnefice, boia: *perdonava al suo tortore* (Pascoli).

tortoreggiàre (pres. *-éggio*) [da *tortora*; 1909] **intr.** (aus. *avere*) *non com.* gemere come fa la tortora; tubare || *fig. scherz.* amoreggiare teneramente.

tortrìce [dal lat. tardo *tortrix, -icis*, letter. tormentatrice; 1875] **sf.** piccola farfalla notturna le cui larve si cibano dei fiori, delle foglie e dei frutti degli alberi coltivati: *tortrice della vite*.

tortuosità [dal lat. tardo *tortuōsitas, -ātis*, procedimento ipocrita; a. 1320 *tortuositade*] **sf.** qualità, condizione di ciò che è tortuoso || *concr.* curva: *le tortuosità del fiume*.

tortuóso [dal lat. *tortuōsus*; a. 1543] **agg.** **1.** che procede con molti gomiti e curve, serpeggiando: *fiume tortuoso, strada tortuosa* **2.** *fig.* non lineare, confuso: *con le sue maniere tortuose* || **tortuosaménte** **avv.** || **N.** **1.** *Sin.* serpeggiante, sinuoso | *Contr.* diritto, lineare **2.** *Sin.* ambiguo, oscuro.

tortùra [dal lat. tardo *tortūra*, letter. il torcere; 1319] **sf.** **1.** tormento fisico o psicologico inflitto intenzionalmente a chi si vuol costringere a rivelare qualcosa o anche per pura brutalità; sevizia: *tortura giudiziaria*, come mezzo giudiziario di indagine, ufficialmente abolita in quasi tutte le nazioni; *mettere alla tortura, la tortura del cavalletto* **2.** *fig. iperb.* patimento, fastidio, spec. morale: *aver le scarpe strette è una vera tortura, che tortura starti ad ascoltare!* || **N.** **1.** *Sin.* strazio, supplizio, vessazione.

torturàre (pres. *-ùro*) [da *tortura*; 1598] **tr.** **1.** mettere alla tortura **2.** *fig.* affliggere, tormentare: *la gelosia lo tortura* || **rifl.** *fig.* affliggersi, angustiarsi.

tòrvo [dal lat. *torvus*; 1342] **I agg.** cupamente minaccioso, bieco, burbero, detto soprattutto di sguardo che esprime astio, rancore ecc.: *occhio torvo* **II avv.** torvamente: *lo guardò torvo* || **torvaménte** **avv.** || **N.** *Sin.* accigliato.

tory (ingl., pr. ['tɔːri]) [in orig. bandito ribelle, in rif. ai fuorilegge irl., poi sostenitore del potere regio; 1718] **s.** e **agg.** *inv.* (anche pl. *tories*, pr. ['tɔːriz]) *T.pol.* membro o seguace del partito conservatore britannico || nell'Inghilterra del Seicento, sostenitore del partito monarchico contro quello parlamentare || negli Stati Uniti d'America, alla fine del Settecento, di tendenza politica filoinglese, nemico dell'indipendenza americana.

torzóne [dal merid. *torzo*, uomo buono a nulla; a. 1742] **sm.** *raro* frate laico converso *per estens.* frate rozzo e ignorante.

tọ́sa [lat. *tonsa*, tosata; 1353] **sf.** *dial. ven.* fanciulla, ragazza.

tọsacàni [comp. di *tosa(re)* e *cane*; 1961] **sm.** *inv.* chi per mestiere accorcia il pelo ai cani || *fam. spreg.* barbiere incapace.

tọsaèrba [comp. di *tosa(re)* e *erba*; 1973] **sm.** *inv.* piccola falciatrice a lame rotanti per pareggiare l'erba nei giardini || **N.** *Sin.* tosatrice. **TAV. *giardinaggio* p. 1314** 1.

tọsaménto [da *tosare*; 1745] **sm.** *raro* tosatura.

tọsàre (pres. *tóṣo*) [lat. volg. **tonsāre*, class. *tondēre*; a. 1294] **tr.** **1.** tagliare la lana alle pecore e il pelo a cani, cavalli e sim.: *tosar le greggi, il cane barbone* **2.** rif. a siepi, spalliere e sim., tagliare pareggiando, potare, cimare **3.** *per estens. scherz.* tagliare i capelli alle persone, spec. accorciandoli molto || *fig.* spogliare con tasse o prezzi eccessivi; pelare **4.** *T.num.* *tosare le monete*, in passato, asportare un po' di metallo tutt'intorno alle monete d'oro o d'argento al fine di utilizzare a scopo di lucro il metallo così ottenuto || **N.** **3.** *Sin.* radere, rapare.

tọsasièpi [comp. di *tosa(re)* e *siepe*; 1965 *tosasiepe*] **sm.** o **sf.** *inv.* *T.giard.* **1.** grosse cesoie con lame larghe a taglio orizzontale usate per tagliare e pareggiare le siepi **2.** piccola macchina a pettine falciante per eseguire lo stesso lavoro. **TAV. *giardinaggio* p. 1314** 3, 12.

tọsatóre [da *tosare*; 1598] **agg.** e **sm.** (f. *-trice*) chi o che tosa: *un abile tosatore di cani*.

tọsatrìce [da *tosare*; 1922] **sf.** **1.** macchinetta, manuale o elettrica, per tosare gli animali **2.** tosaerba.

tọsatùra [da *tosare*; 1598] **sf.** **1.** atto del tosare, in tutti i sensi **2.** *concr.* la materia portata via tosando.

toscaneggiànte (*ppr.* di *toscaneggiare*) [1840] **agg.** e **s.** che, chi toscaneggia.

toscaneggiàre (pres. *-éggio*) [da *toscano*; a. 1729] **intr.** (aus. *avere*) attenersi, nel parlare o nello scrivere, all'uso toscano, detto spec. di chi lo fa con una certa affettazione || **N.** fiorentineggiare.

toscanèllo [da *toscano*; 1965] **sm.** **1.** varietà di fagiolo piccolo e bianco **2.** nome commerciale del mezzo sigaro toscano.

toscanerìa [da *toscano*; 1550] **sf.** *non com.* *spreg.* uso eccessivo di toscanismi.

toscanéṣimo v. TOSCANISMO.

toscànico (pl. *-ci*) [dal lat. *tuscānicus*, proprio degli Etruschi; 1840] **agg.** *T.arch.* tuscanico.

toscanìsmo [da *toscano*; a. 1729] **sm.** maniera propria dei toscani, con riferimento all'uso linguistico; idiotismo del parlare, proprio del dialetto toscano.

toscanità [da *toscano*; a. 1565] **sf.** l'esser toscano, spec. rif. all'uso linguistico: *questa è una parola d'indubbia toscanità*.

toscanizzàre [da *toscano*; 1726] **tr.** ridurre alla toscanità || **intr.** (aus. *avere*) *raro* toscaneggiare || **intr. pron.** assumere abitudini e parlata da toscano.

toscàno [lat. *Tuscānus*; fine sec. XII] **I agg.** della Toscana: *vini toscani*; *sigaro toscano*, tipo di sigaro di tradizionale produzione italiana || **toscanaménte** **avv.** **II sm.** **1.** (f. *-a*) abitante della Toscana **2.** (solo *sing.*) il dialetto, la parlata toscana **3.** sigaro toscano: *dammi un mezzo toscano* || *dim.* toscanèllo.

tósco o **tòsco¹** (pl. *-schi*) [dal lat. *tuscus*, etrusco; a. 1294 *tosci* m. pl.] **agg.** *lett.* toscano || *com.* come *primo elem.* di aggettivi composti: *Appennino toscoemiliano*.

tòsco² (pl. *-schi*) **agg.** e **sm.** *non com.* v. TOSSICO.

tóṣo [lat. *tōnsus*, tosato; 1367] **I agg.** *raro* *sinc.* tosato **II sm.** (f. *-a*) *ven.* ragazzo.

tọsolàre (pres. *tóṣolo*) [lat. tardo *tonsurāre*; 1325 ca.] **tr.** *arc.* tosare (spec. le monete).

tọsóne [dal fr. ant. *toison*, vello di ovini; sec. XIII-XIV] **sm.** *arc.* vello di pecora || *Toson d'oro*, insegna di un altissimo ordine cavalleresco istituito nel 1430 in Borgogna, e passato poi alla casa di Austria e alla Spagna. **Q.T.** *pellicciaio*...

tósse [lat. *tussis*; a. 1321] **sf.** espirazione rumorosa e violenta, provocata da un senso d'irritazione causato dalla presenza di secrezioni bronchiali o corpi estranei nelle vie respiratorie, che appunto la colonna d'aria dell'espirazione tende a trascinare dai bronchi o dalla trachea nella bocca, per espellerli; *tosse secca*, quando non c'è espettorato; *tosse stizzosa*, a continui colpi ravvicinati; *tosse canina, asinina* o *convulsa*, nomi comuni della pertosse, malattia infettiva che colpisce spec. i bambini, ed è caratterizzata da accessi spasmodici e prolungati di tosse, accompagnati da un tipico rantolo stridulo || *dim.* tossétta, tosserèlla, tossettìna, tosserellìna, tossicìna; *pegg.* tossàccia || **N.** afona, catarrosa, cianotizzante, cronica, latrante, nervosa | espettorare, maturare, schiarirsi | accesso, colpo.

tossialimentàre [comp. di *tossi(co)* e *alimentare*; 1961] **agg.** detto di sostanza tossica prodotta da alimenti alterati || *fattore tossialimentare*, tossina di origine alimentare.

tossicària [da *tossico*, perché molto amara; 1840] **sf.** pianta erbacea delle Scrofulariacee dalle foglie lanceolate e dai fiori giallastri, diffusa in zone acquitrinose || **N.** *Sin.* graziola.

tossicchiàre (pres. *-icchio*) [da *tosse*; 1860] **intr.** (aus. *avere*) tossire spesso e leggermente anche soltanto per attirare l'attenzione.

tossicità [da *tossico*; 1894] **sf.** qualità di ciò che è tossico.

tòssico (pl. *-ci*) [dal lat. *toxicum*, gr. *toxikón*, letter. veleno di cui si intingono le frecce dell'arco; a. 1294 come sm.; 1879 come agg.] **I agg.** che può provocare un'intossicazione; velenoso: *sostanze tossiche* **II sm.** veleno.

tossicodipendènte [comp. di *tossico* e *-dipendente*; 1978] **s.** e **agg.** che, chi è assuefatto all'uso di sostanze stupefacenti e non può farne a meno || **N.** *Sin.* drogato, tossicomane.

tossicodipendènza [comp. di *tossico* e *dipendenza*; 1979] **sf.** condizione del tossicodipendente || **N.** *Sin.* tossicomania.

tossicologìa [comp. di *tossico* e *-logia*; 1789] **sf.** scienza che studia la natura delle sostanze velenose e i loro effetti.

tossicològico (pl. *-ci*) [da *tossicologia*;

1879] ***agg.*** che si riferisce alla tossicologia.

tossicòlogo (pl. *-gi*) [comp. di *tossico* e *-logo*; 1879] ***sm.*** (f. *-a*) studioso di tossicologia.

tossicolóso [dal lat. tardo *tussiculōsus*; 1918] ***agg.*** di persona che ha una tossetta continua.

tossicòmane [comp. di *tossico* e *-mane*; 1920] ***s.*** *T.med.* chi è affetto da tossicomania.

tossicomania [comp. di *tossico* e *-mania*; 1942] ***sf.*** *T.med.* condizione risultante dal ripetuto impiego di sostanze tossiche, perlopiù stupefacenti, che comporta l'assuefazione a esse, la tolleranza progressiva ai loro effetti e la tendenza all'auto-intossicazione cronica ‖ **N.** astinenza, disintossicazione, intossicazione.

tossicóne (*accr.* di *tosse*) [1865] ***sm.*** *tosc.* tosse forte con molto catarro.

tossicòsi [comp. di *tossico* e *-osi*; 1915] ***sf.*** *inv.* *T.med.* stato morboso dovuto alla presenza di sostanze tossiche in un organismo.

tossiemia o **toxiemia** [comp. di *tossi(co)* e *-emia*; 1937] ***sf.*** *T.med.* presenza di tossine nel sangue: *tossiemia renale*, causata da un cattivo stato dei reni.

tossìfugo (pl. *-ghi*) [comp. di *tosse* e *-fugo*; 1961] ***sm.*** e ***agg.*** *T.farm.* sostanza che ha la proprietà di calmare la tosse ‖ **N.** bechico.

tossina [comp. di *tossi(co)* e *-ina*; 1894] ***sf.*** *T.med.* veleno organico (animale, vegetale o batterico) ad azione specifica e di potere antigene ‖ **N.** antitossine.

tossinfettìvo [comp. di *tossi(co)* e *infettivo*; 1961] ***agg.*** *T.med.* relativo alla tossinfezione, proprio della tossinfezione; causato dalla tossinfezione: *processo tossinfettivo*.

tossinfezióne [comp. di *tossi(co)* e *infezione*; 1961] ***sf.*** *T.med.* malattia infettiva dell'organismo dovuta all'azione delle tossine: *la salmonellosi è una tossinfezione alimentare*.

tossire (pres. *tósso*, e *tossisco*) [lat. *tussīre*; a. 1300] ***intr.*** (aus. *avere*) aver la tosse: *tossisce tutto il giorno* ‖ produrre intenzionalmente lo stesso rumore: *tossì per avvertirlo*.

tostacaffè [comp. di *tosta(re)* e *caffè*; 1941] ***sm.*** *inv.* apparecchio per tostare il caffè.

tostàno [da *tosto*[1]; 1294] ***agg.*** *arc.* subitaneo.

tostapàne [comp. di *tosta(re)* e *pane*; 1955] ***sm.*** *inv.* apparecchio elettrico per tostare le fettine di pane.

tostàre (pres. *tòsto*) [dal lat. tardo *tostāre*; 1598] ***tr.*** abbrustolire caffè, orzo, mandorle, fette di pane ecc. ‖ ***intr. pron.*** abbrustolirsi: *il pane si sta tostando*.

tostatóre [da *tostare*; 1961] ***sm.*** (f. *-trice*) *non com.* chi tosta ‖ **N.** torrefattore.

tostatùra [da *tostare*; a. 1698] ***sf.*** atto, modo ed effetto del tostare ‖ **N.** torrefazione.

tostìno [da *tostare*; 1879] ***sm.*** *fam.* macchina per tostare.

tòsto[1] [lat. *tostus*, seccato rapidamente; 1295] **I** ***avv.*** *lett.* subito, senza indugio: *uscì tosto*; anche raff. da *ben*: *ben tosto lo vedremo* ‖ *ant. raro* nella *loc. cong. tosto che*, appena: *tosto che lo vide* **II** ***agg.*** *arc.* rapido, veloce: *quello ne insegnerà la via più tosta* (Dante) ‖ **tostaménte** ***avv.*** *lett. ant.* tosto, subito.

tòsto[2] [da *tosto*[1]; 1592] ***agg.*** **1.** *lett.* o *region.* compatto, duro: *pane tosto* ‖ *com. fig.* nella loc. *faccia tosta*, sfrontatezza: *dimostrò di possedere una grande faccia tosta* **2.** *fig.* cocciuto, testardo ‖ nel linguaggio dei giovani, deciso, sicuro di sé; riferito a spettacoli, molto buono, valido.

tòsto[3] [dall'ingl. *toast*; a. 1749] ***sm.*** adattamento it. di *toast* (v.).

tòt [dal lat. *tot*, tanti (indef.); 1918] **I** ***agg.*** *indef. inv.* tanti, tante, rif. a quantità che non importa determinare: *ho speso tot lire* **II** ***pron.*** *indef. inv.* un tanto, una certa quantità: *tot guadagna, tot spende*; *mettiamo di pagarlo un tot*.

totàle [dal lat. tardo *totālis*; a. 1543 come agg.; 1848 come sm.] **I** ***agg.*** che riguarda il tutto; completo: *riposo totale, eclissi totale, una totale mancanza di fantasia* ‖ **totalménte** ***avv.*** **II** ***sm.*** quantità complessiva: *il totale delle perdite*; *in part.* il risultato dell'addizione; somma: *il totale è questo* ‖ **N. I** compiuto, generale, intero | *Contr.* parziale **II** *Sin.* ammontare; intero, tutto.

totalità [da *totale*; a. 1589] ***sf.*** l'insieme, il complesso di tutte le cose o persone che si stanno prendendo in considerazione: *la totalità degli studenti* ‖ **N.** *Sin.* interezza.

totalitàrio (pl. *-ri*) [da *totalità*; 1931 nel senso 2] ***agg.*** **1.** *T.pol.* che si ispira ai principi del totalitarismo: *metodi, stati totalitari* **2.** *non com.* della totalità; generale: *adesione totalitaria*.

totalitarismo [da *totalitario*; 1950] ***sm.*** *T.pol.* sistema politico nel quale la direzione di ogni aspetto della vita politica, sociale ed economica è accentrata nello stato, che utilizza tutti gli strumenti repressivi di cui dispone per controllare la vita della gente. **Q.T.** *politica*.

totalitaristico (pl. *-ci*) [da *totalitarismo*; 1950] ***agg.*** *T.pol.* del totalitarismo: *governo totalitaristico*.

totalizzànte (*ppr.* di *totalizzare*) [1977] ***agg.*** che coinvolge, che investe tutto: *un impegno totalizzante*.

totalizzàre [da *totale*, sul modello del fr. *totaliser*; 1877] ***tr.*** raggiungere un determinato risultato totale: *nelle varie prove la squadra italiana ha totalizzato trenta punti* ‖ *non com.* calcolare la somma totale.

totalizzatóre [da *totalizzare*, sul modello del fr. *totalisateur*; 1891] ***sm.*** **1.** nelle gare ippiche, nelle corse dei cani ecc., sistema di raccolta delle scommesse nel quale il totale delle quote giocate viene ripartito in parti uguali tra tutti i vincitori ‖ *per estens.* l'organizzazione che gestisce le scommesse ‖ *per estens.* il banco dove si raccolgono le scommesse **2.** dispositivo delle calcolatrici predisposto al calcolo delle somme ‖ **N. 1.** allibratore.

totalizzazióne [da *totalizzare*, attr. il fr. *totalisation*; 1940] ***sf.*** atto ed effetto del totalizzare.

totalrifrattòmetro [comp. di *total(e)* e *rifrattometro*; 1961] ***sm.*** *T.ott.* dispositivo in grado di determinare l'indice di rifrazione.

totanàra [da *totano*; 1935] ***sf.*** strumento da pesca costituito da un fuso metallico munito di più armi, usato per la cattura di totani e calamari ‖ **N.** *Sin.* polpara.

tòtano [dal gr. *teuthís, teuthídos*; a. 1604] ***sm.*** **1.** nome comune di alcuni cefalopodi commestibili simili al calamaro **2.** uccello dei Caradriformi, dal piumaggio nerastro, che vive nelle zone acquitrinose.

tòtem [da un dial. algonchino; 1890] ***sm.*** *inv.* *T.etn.* presso varie popolazioni primitive antiche e attuali, oggetto o classe di oggetti o animali con cui gli individui di un gruppo umano si collocano in rapporto di parentela ‖ anche *per estens.*, l'idolo rappresentante l'oggetto totemico: *un totem indiano in legno colorato*.

totèmico (pl. *-ci*) [da *totem*; 1955] ***agg.*** relativo al totem o al totemismo.

totemismo [da *totem*; 1905] ***sm.*** *T.etn.* complesso di credenze e di riti fondati sui rapporti che gli individui di varie popolazioni primitive antiche e attuali ritengono di avere con il loro totem. **Q.T.** *religione*.

totip ® [sigla di *tot(alizzatore) ip(pico)*; 1950] ***sm.*** sistema di scommesse, a cadenza settimanale, abbinato ai risultati delle più importanti corse di cavalli.

totocàlcio ® [dal n. *Totocalcio*, società che gestisce il concorso; 1955] ***sm.*** sistema di scommesse, a cadenza settimanale, abbinato ai risultati delle più importanti partite di calcio.

toto corde (lat., pr. it. ['tɔto 'kɔrde]) [di tutto cuore] ***loc. avv.*** con tutto il cuore, di tutto cuore: *aderisco toto corde alla tua bellissima iniziativa*.

tottavilla [voce di orig. onom., dal verso dell'animale; 1937] ***sf.*** uccello dei Passeriformi simile all'allodola, con piumaggio bruno-rossastro a strisce, macchie nere e bianche; porta un ciuffetto sul capo e produce un canto molto melodioso.

touche (fr., pr. [tuʃ]) [letter. tocca, da *toucher*, toccare; 1955] ***sf.*** *inv.* *T.sport.* nel rugby, l'azione con cui si riprende il gioco dopo che il pallone è uscito dalla linea laterale del campo: *calciare in touche*, far uscire il pallone dalla linea laterale.

toupet (fr., pr. [tu'pɛ]) [letter. ciuffo; a. 1744] ***sm.*** *inv.* ciuffo di capelli posticci ‖ qualsiasi altro elemento posticcio usato nei secoli scorsi nelle acconciature femminili ‖ *fig. raro* nel modo di dire *avere il toupet*, aver la sfrontatezza, la facciatosta.

tour (fr., pr. [tu:r]) [letter. *giro*; 1948] ***sm.*** *inv.* (anche pl. *tours*, pr. [tu:r]) **1.** giro turistico: *un tour organizzato nei paesi nordici* **2.** *T.sport.* giro ciclistico e, *per anton.*, il giro ciclistico di Francia.

tourbillon (fr., pr. [turbi'jɔ̃]) [letter. *turbine*; 1955] ***sm.*** *inv.* *T.sport.* nel calcio, tattica consistente nel continuo spostamento dai loro ruoli dei giocatori della linea d'attacco.

tour conductor (ingl., pr. ['tʊə kən,dʌktə]) [comp. di *tour*, viaggio e *conductor*, guida; 1965] ***s.*** *inv.* accompagnatore turistico, tour leader.

tour de force (fr., pr. [tur də 'fɔrs]) [letter. giro di forza; 1895] ***loc. m.*** *inv.* sforzo intenso e prolungato, eccezionale prova di resistenza: *finire in tempo quella relazione è stato un vero tour de force*.

tour leader (ingl., pr. ['tʊə ,li:də]) [comp. di *tour*, viaggio e *leader*, guida; 1975] ***s.*** *inv.* accompagnatore turistico.

tournedos (fr., pr. [turnə'do]) [letter. giradorso; 1905] ***sm.*** *inv.* fetta di filetto di bue abbastanza spessa.

tournée (fr., pr. [tur'ne]) [letter. tornata; 1905] ***sf.*** *inv.* itinerario seguito da artisti, circhi, compagnie teatrali, di danza ecc. per presentare in varie località il proprio spettacolo: *andare in tournée, le tournée estive delle orchestrine da ballo*. **Q.T.** *teatro*.

tourniquet (fr., pr. [turni'kɛ]) [etim. inc.; 1905] ***sm.*** *inv.* **1.** tornella **2.** tornante, curva a gomito.

tour operator (ingl., pr. ['tʊə ,ɒpəreɪtə]; pr. it. [,tur ope'retor]) [comp. di *tour*, viaggio e *operator*, operatore; 1981] ***s.*** *inv.* operatore turistico, organizzatore di viaggi per turisti.

tout court (fr., pr. [tu'ku:r]) [letter. tutto corto; 1862] ***loc. avv.*** in breve, semplicemente: *io lo definirei tout court un ignorante*.

tout va (fr., pr. [tu'va]) [letter. tutto procede; 1958] ***sm.*** *inv.* *T.gioc.* variante del baccarà.

tovàglia (pl. *-glie*) [dal francone **thwahlja*; 1182 *tovaia*] ***sf.*** **1.** capo di biancheria per la casa consistente in un telo di stoffa, spesso ricamato, che si stende sulla tavola da pranzo **2.** drappo in stoffa analogo, perlopiù finemente lavorato, che si stende sull'altare; mantile ‖ *dim.* tovaglìna, tovagliétta; *accr.* tovaglióna, tovaglióne (*sm.*); *pegg.* tovagliàccia.

tovagliàto [da *tovaglia*; 1961] ***sm.*** **1.** assortimento di tovaglie e tovaglioli da tavola **2.** tessuto per tovaglie e tovaglioli.

tovagliòlo [da *tovaglia*; a. 1424 *tovagliuolo*] ***sm.*** piccolo telo in stoffa, perlopiù abbinato a una tovaglia, usato a tavola per pulirsi la bocca o per proteggere i vestiti dalle macchie ‖ *tovaglioli di carta*, da gettare dopo l'uso ‖ *dim.* tovagliolìno ‖ **N.** *Sin.* salvietta | piegare, spiegare.

toxiemìa V. TOSSIEMIA.

toxoplàṣma [comp. del gr. *toxón*, arco e gr. *plásma*, formazione; 1932] **sm.** protozoo parassita dei leucociti di molti mammiferi, uccelli e rettili.

toxoplasmòṣi [comp. di *toxoplasma* e *-osi*; 1949] **sf.** malattia parassitaria dovuta ai toxoplasmi, che, trasmessa da animali domestici, può colpire l'uomo.

tòzzo[1] [etim. sconosciuta; a. 1484] **sm.** pezzo di pane, di forma irregolare e indurito: *lanciò un tozzo di pane al cane* ‖ *fig. per un tozzo di pane*, per poco: *l'ha venduto per un tozzo di pane.*

tòzzo[2] [etim. inc.; 1758] **agg.** di persona o cosa troppo grossa e massiccia rispetto all'altezza: *edificio tozzo, ragazzo tozzo* ‖ *dim.* tozzétto ‖ **N.** *Sin.* tarchiato, tracagnotto | intozzire.

tozzóne V. TORZONE.

tra [lat. *intra*; 1313] **prep.** ha gli stessi impieghi e gli stessi valori di *fra*, con il quale si alterna per ragioni eufoniche, per evitare la vicinanza di suoni identici: *tra la Francia e il Belgio, tra febbraio e aprile* (ma: *fra Trieste e Gorizia*) ‖ davanti a un pron. pers. è spesso seguita dalla prep. *di*: *tra di loro non c'è nulla* ‖ introduce diversi complementi: — di stato in luogo, con il senso di *in mezzo a*: *Aldo è seduto tra Dario e Marco, hai rovistato tra le mie cose*; *fig. passa la vita tra la casa e il lavoro*; *mettere il bastone tra le ruote*, anche *fig.*, intralciare; *essere tra l'incudine e il martello*, anche *fig.*, essere preso tra due forze contrapposte, esser fatto oggetto di attacchi di segno opposto; — di compagnia: *ama stare tra la gente* | — di moto a luogo: *ritorna tra noi!* | — di moto attraverso luogo, con il senso di *in mezzo a*: *sciavamo tra i pini* | — per indicare la distanza che separa dal luogo in cui si trova il parlante: *tra venti metri c'è casa mia* | — di tempo, per indicare il lasso di tempo collocato tra due termini di riferimento (*partirò nella settimana compresa tra l'8 e il 17 agosto*) o il limite, considerato a partire dal momento dell'enunciazione, entro il quale si svolgerà un'azione (*tra un anno avrò finito la tesi*) | — di relazione: *impegnarsi per la pace tra i popoli, matrimonio tra consanguinei, si consultarono tra loro*; *detto tra noi*, in confidenza; *tra sé* (*e sé*), nel proprio intimo, dentro di sé: *pensare tra sé e sé* | — con valore di partitivo: *tra le due sorelle preferisco la più giovane, chi tra voi è d'accordo?* ‖ compare in alcune *loc. avv.*: *tra poco, tra breve, tra non molto* ecc., entro o alla fine del periodo di tempo specificato: *tra un po' dovrebbe arrivare*; *tra l'altro*, oltretutto, inoltre: *tra l'altro era persino ubriaco*; *tra tutto*, complessivamente: *tra tutto verremo a spendere oltre dieci milioni.*

tra- [lat. *intra-*] **pref.** in formazioni deverbali o raramente parasintetiche può indicare movimento, passaggio da un luogo o da uno stato a un altro (*tramandare*), attraversamento, passaggio da parte a parte (*trapassare, trafiggere*), passaggio al di là (*travalicare, trapelare, tramontare*); può anche avere valore attenuativo (*tramortire*); vuole dopo di sé la consonante semplice (*tramezzo, tramutare*; unica eccezione, *trattenere*) al contrario di *fra-* che vuole sempre la consonante doppia (*frapporre*).

trabàcca [etim. inc.; a. 1348] **sf.** *ant. raro* baracca o tenda per riparo.

trabàccolo [etim. inc.; 1805] **sm.** *T.mar.* bragozzo.

trabaldàre o **tribaldàre** [comp. parasint. di *baldo*; a. 1348] **tr.** *arc.* trafugare.

trabalderìa [da *trabaldare*; 1355] **sf.** *arc.* ruberia.

traballaménto [da *traballare*; 1940] **sm.** atto ed effetto del traballare; barcollamento.

traballàre [comp. di *tra-* e *ballare*; a. 1484] **intr.** (aus. *avere*) barcollare, vacillare; anche *fig.*: *il tavolino traballa un po', un'argomentazione traballante.*

traballìo (pl. *-ìi*) [da *traballare*; a. 1704] **sm.** *raro* un traballare continuato o almeno frequente.

traballóne [da *traballare*; 1879] **sm.** *raro* il traballare forte una volta: *l'ubriaco a ogni passo faceva un traballone* ‖ nella *loc. avv. a traballoni*, traballando.

trabaltàre [da *ribaltare*, con cambio di pref.; 1879] **intr.** (aus. *essere* e, *raro*, anche *avere*) *arc.* ribaltarsi.

trabalzàre [comp. di *tra-* e *balzare*; sec. XIV] **tr.** *raro* sbalzare ‖ **intr.** (aus. *essere* e *avere*) *raro* sobbalzare, balzare.

trabàlzo [da *trabalzare*; 1598] **sm. 1.** *raro* atto del trabalzare; balzo **2.** *arc.* scrocco, usura ‖ *accr.* trabalzone.

trabalzóne (*accr.* di *trabalzo*) [da *trabalzo*; 1891] **sm.** forte scossa di cosa o persona che trabalza; trabalzo ‖ *loc. avv. a trabalzoni*, trabalzando.

trabànte [dal ted. *Trabant*, combattente a piedi; 1840] **sm.** *T.stor.* **1.** soldato tedesco, del corpo addetto alla guardia imperiale **2.** *per estens.* sgherro, scherano.

tràbea [dal lat. *trabea*; a. 1342] **sf.** antica veste romana, specie di toga listata di porpora riservata a persone d'alto rango (consoli, imperatori ecc.).

trabeàto [dal lat. *trabeātus*; 1745] **agg.** *commedia trabeata*, commedia latina, introdotta ai tempi di Augusto a Roma, in cui agivano come personaggi dei cavalieri, dalla cui veste prese nome il tipo di commedia; anche *sf. trabeata* ‖ *raro* vestito con la trabea.

trabeazióne [dal lat. *trabs, trabis*, trave, sul modello del lat. *trabeātus*; a. 1502] **sf.** *T.arch.* nel sistema trilitico, insieme degli elementi orizzontali (architrave, fregio, cornicione ecc.) sostenuti dagli elementi verticali portanti: *trabeazione ricca, leggera, elegante.* **TAV. architettura p. 646** 1.5, 3.6, 9.3.

trabìccolo [lat. volg. **trabiculus*; a. 1673 nel senso 2] **sm. 1.** *ant.* arnese di legno costruito in modo che tenga sollevate le coperte del letto, nel cui mezzo si collocava un braciere, per riscaldare il letto; prete **2.** *per estens. com.*, mobile o veicolo mal congegnato, oppure vecchio, che si regge a stento ‖ *dim.* trabiccolétto, trabiccolìno; *accr.* trabiccolóne.

trabicollàio (pl. *-ài*) [da *trabiccolo*; 1891] **sm.** *raro* colui che fa o vende o accomoda trabiccoli.

traboccaménto [da *traboccare*; prima metà sec. XIV] **sm.** atto del traboccare.

traboccàre (pres. *-òcco, -òcchi*) [dal provenz. *trabucar*, far cadere; seconda metà sec. XIII *trabocare*] **intr.** (aus. *avere*) **1.** di liquidi e di aridi, riversarsi fuori dal recipiente, troppo pieno; detto anche del recipiente da cui qualcosa trabocca: *il grano traboccava dal sacco, la pentola trabocca*; nel modo di dire fig. *la goccia che fa traboccare il vaso*, il fatto che provoca una reazione a lungo repressa ‖ *fig. iperb.* essere stracolmo di qualcosa, averne in abbondanza: *il mio cuore trabocca di gioia, la piazza trabocca va di gente* **2.** *non com.* di fiume o lago, straripare: *l'acqua è traboccata oltre la diga* **3.** *T.fin.* di spesa pubblica concepita per beneficiare i residenti di un dato ambito territoriale o amministrativo, generare benefici anche oltre tale ambito **4.** *raro* di bilancia, inclinarsi bruscamente da un lato ‖ *fig. non com.* nel modo di dire *far traboccare la bilancia*, far sì che, col proprio intervento, una situazione si risolva in un certo senso **5.** *raro* cadere violentemente, precipitare ‖ **tr.** *raro* **1.** riversare, spandere **2.** gettare a terra con impeto ‖ **N. intr. 1.** *Sin.* straboccare, straripare, versare.

trabocchétto [dal fr. *trébuchet*; a. 1606 nel senso 2] **sm. 1.** botola aperta in un pavimento e dissimulata da una tavola, posta in bilico a filo del pavimento stesso, che cede o si apre a comando al passaggio di qualcuno: *cadere in un trabocchetto* **2.** *per estens. fig.* tranello, insidia, trappola: *tendere un trabocchetto*; anche *agg. inv.*: *domanda trabocchetto.*

trabocchévole [da *traboccare*; sec. XIV] **agg.** che trabocca, anche *fig.*; smisurato, grandissimo ‖ **trabocchevolménte** **avv.** *raro* smisuratamente.

trabócco[1] (pl. *-chi*) [da *traboccare*; 1525] **sm.** atto del traboccare: *trabocco* (ma, più com., *sbocco*) *di sangue*, per emottisi o per rottura di un vaso sanguigno.

trabócco[2] (pl. *-chi*) [dal provenz. *trabus*; a. 1363] **sm.** *T.stor.* e *T.mil.* macchina militare, simile al mangano, per scagliare pietre e fuochi, in uso fin verso la metà del sec. XV.

trabùcco (pl. *-chi*) [da *trabocco*[2]; 1932] **sm.** *T.pesc.* attrezzo da pesca costiera; grande rete di posta, sospesa ad un'antenna che si erge da un ponte sporgente nel mare da un punto della costa.

trac o **tràcchete** [voce onom.; 1970] **I** voce onom. che riproduce il rumore secco di qualcosa che si rompe **II sm.** *inv.* improvviso senso di paura che coglie chi deve parlare o recitare in pubblico.

tracagnòtto (meno com. *traccagnòtto*) [etim. sconosciuta; 1863] **agg.** e **sm.** (f. *-a*) basso e tarchiato ‖ **N.** *Sin.* tombolotto.

tracannàre [comp. parasint. di *canna*; a. 1484] **tr.** *propr.* mandare giù per la canna della gola ‖ *com., per estens.*, bere tutto d'un fiato o a grandi sorsi, avidamente: *prese un bicchiere di vino e lo tracannò* ‖ **N.** ingurgitare, ingollare.

tracannatóre [da *tracannare*; a. 1400 ca.] **sm.** (f. *-trice*) chi tracanna.

traccagnòtto V. TRACAGNOTTO.

traccheggiàre (pres. *-éggio*) [forse da *trac*, voce di orig. imitativa; 1738] **intr.** (aus. *avere*) *raro* temporeggiare, tirare in lungo ‖ **tr.** *raro* tenere in sospeso, indugiando: *traccheggia il consenso* ‖ **N. intr.** *Sin.* indugiare, menare il can per l'aia, temporeggiare.

tracchéggio (pl. *-gi*) [da *traccheggiare*; 1853] **sm.** *non com.* atto del traccheggiare ‖ *T.sport.* nella scherma, serie di movimenti effettuati per tenere a bada l'avversario prima di un'azione decisiva.

traccheggìo (pl. *-ìi*) [da *traccheggiare*; 1879] **sm.** *fam. tosc.* un traccheggiare continuo.

tràcchete V. TRAC.

tràccia (pl. *-ce*) [da *tracciare*; sec. XIV] **sf. 1.** segno visibile, perlopiù a sviluppo lineare, lasciato sul terreno da qualcosa che vi sia stato trascinato o che vi sia passato sopra: *le tracce delle lumache, degli sci, del camion* ‖ *per estens.* qualsiasi segno manifesto che indichi l'avvenuto passaggio di qualcuno o qualcosa: *la traccia luminosa del bengala*; *seguire le tracce del ladro*, le sue orme; *in part. T.cacc.* pista, complesso di orme e di odori che consentono al cacciatore e al cane di seguire la selvaggina; *essere sulle tracce di qualcuno* o *qualcosa*, seguirlo o, *fig.*, imitarlo, emularlo ‖ *fig.* indizio, pista: *la polizia ha una traccia da seguire nelle indagini, una traccia falsa* ‖ *T.psican. traccia mnestica*, modo con cui un evento viene trascritto nella memoria **2.** *per estens.* segno, indizio: *nella stanza c'erano tracce di colluttazione, sul suo viso restano tracce della malattia* ‖ *in part.* quantità residua, resto, vestigio: *tutt'intorno c'erano tracce di vernice, furono trovate tracce di veleno nei cibi, luoghi ricchi di tracce degli insediamenti primitivi* **3.** tracciato preparatorio di un disegno; schizzo ‖ *fig.* schema di un lavoro, primo e sommario abbozzo di un'opera: *buttò giù la traccia del discorso* **4.** *T.arch.* scanalatura praticata nella muratura per alloggiarvi cavi e tubature **5.** in elettroacustica e in informatica, pista **6.** *T.mat. traccia di una matrice quadrata*, somma dei suoi elementi diagonali ‖ **N. 1.**

impronta, orma, pedata, pesta, scia, solco.
tracciaménto [da *tracciare*; 1865] **sm.** *non com.* atto ed effetto del tracciare.
tracciànte (*ppr.* di *tracciare*) [1840] **I agg.** che lascia una traccia: *proiettili traccianti*, che lasciano dietro di sé, nell'aria, una scia luminosa **II sm.** *T.chim.* isotopo radioattivo usato per la marcatura delle molecole di una sostanza della quale si vuole seguire il percorso o la trasformazione.
tracciàre (pres. *tràccio*) [lat. volg. **tractiāre*; 1373 nel senso 2] **tr. 1.** lasciare tracce, gen. lineari, sul terreno: *i cingoli tracciarono profondi solchi nel campo* || *per estens.* segnare la traccia da seguire per compiere qualcosa: *tracciare il percorso di gara*, apponendovi particolari indicazioni o, anche, disegnandolo su una carta; *tracciare una pista nella foresta*, aprirvi un varco passandovi per la prima volta **2.** *per estens.* disegnare: *tracciare una retta, uno schizzo, una rotta sulla carta nautica*; *tracciare una strada*, definirne il tracciato; *in part.* eseguire i disegni relativi al progetto di una qualsiasi costruzione tecnica: *tracciare un ponte* || *fig.* schizzare, delineare, illustrare a grandi linee: *tracciare il canovaccio di una tragedia, il quadro della situazione* || **N. 1.** *Sin.* indicare, segnare **2.** *Sin.* abbozzare, progettare, rappresentare.
tracciàto [da *tracciare*; 1940 nel senso 2] **sm. 1.** disegno ad andamento lineare: *tracciato rettilineo*; *il tracciato di un grafico, di una rotta marittima, di un elettrocardiogramma* || *in part.* rappresentazione grafica del percorso di una strada, una ferrovia ecc.: *studiare il tracciato della nuova autostrada, del metanodotto* **2.** il percorso di una strada, una linea ferroviaria ecc., spec. nella fase della loro costruzione: *il tracciato della metropolitana corre lungo le antiche mura della città* || *tracciato di gara*, itinerario stabilito per lo svolgimento di una competizione.
tracciatóio (pl. *-ói*) [da *tracciare*; 1840] **sm.** strumento di vario tipo usato, nell'ambito di diverse tecniche, per tracciare segni e sim.
tracciatóre [da *tracciare*; 1865] **sm.** (f. *-trice*) **1.** addetto a operazioni di tracciatura || *in part. T.sport.* chi traccia il percorso di gare sciistiche **2.** *T.mar.* apparecchio automatico a bordo di una nave, che registra su di una carta la rotta da essa seguita: *tracciatore di rotta* **3.** *T.inform.* unità di uscita che fornisce sotto forma di grafici i risultati dell'elaborazione || **N. 3.** *Sin. plotter.*
tracciatrice [da *tracciare*; 1961] **sf.** nelle lavorazioni meccaniche, macchina che esegue la tracciatura dei pezzi.
tracciatùra [da *tracciare*; 1922] **sf.** operazione e risultato del tracciare, spec. in particolari accezioni tecniche: insieme delle operazioni atte a riportare sul terreno gli elementi di riferimento per l'esecuzione di un edificio o di una via di comunicazione (strada, ferroviaria ecc.) || *T.mecc.* operazione del riportare su di un pezzo semilavorato il disegno del pezzo finito || **N.** *Sin.* tracciamento.
tràcco (pl. *-chi*) [etim. inc.; 1961] **sm.** fuoco d'artificio che produce una serie di scoppi ritardati.
tràce [dal n. geogr. *Tracia*; a. 1566 come sm.] **I agg.** della Tracia **II sm. 1.** (anche *sf.*) abitante della Tracia **2.** *T.stor.* gladiatore che combatteva con le armi tracie, cioè con un coltello ricurvo e un piccolo scudo **3.** (solo *sing.*) lingua parlata in Tracia || **N.** tracio.
trachèa [dal gr. *trachéia* (*artería*), (arteria) aspra; 1474] **sf. 1.** *T.anat.* porzione dell'apparato respiratorio compresa tra la laringe e i bronchi, consistente in un canale formato da anelli cartilaginei **2.** *T.zool.* ciascuno dei canalicoli che negli Artropodi e in altri Insetti costituiscono l'apparato respiratorio. **TAV.** *fonetica...* 1.12; ***anatomia*** **p. 642** 12.4.
tracheàle [da *trachea*; 1829] **agg.** della trachea.
Tracheàti [comp. di *trachea* e *-ato*; 1940] **sm. pl.** *T.zool.* sottotipo degli Artropodi, comprendenti tutti quelli che respirano mediante la trachea; contrapposto a *Branchiati* || **N.** Chilopodi, Insetti, Miriapodi.
tracheidàle [da *tracheide*; 1961] **agg.** *T.bot.* relativo alla tracheide, proprio della tracheide.
trachèide [comp. di *trache*(*a*) e *-ide*; 1961] **sf.** *T.bot.* nelle Angiosperme, struttura a vaso chiuso alle estremità, atta al trasporto ascensionale della linfa grezza.
tracheìte [comp. di *trache*(*a*) e *-ite*; 1840] **sf.** *T.med.* infiammazione della trachea.
tracheobronchìte [comp. di *tracheo-* e *bronchite*; 1930] **sf.** *T.med.* tracheite acuta che interessa anche i bronchi.
tracheoscopìa [comp. di *tracheo-* e *-scopia*; 1961] **sf.** *T.med.* endoscopia tracheale.
tracheotomìa [comp. di *tracheo-* e *-tomia*; 1840] **sf.** *T.chir.* incisione della trachea.
trachìno [dal gr. *trachys*, aspro, rugoso; 1821] **sm.** piccolo pesce dei Perciformi, con pinna dorsale e opercolo muniti di aculei velenosi, che si nasconde nelle sabbie dei fondali vicino alla riva || **N.** *Sin.* pesce ragno, tracina.
trachìte [dal gr. *trachýtēs*, asperità; 1840] **sf.** *T.min.* roccia vulcanica, effusiva, feldspatica, ruvida al tatto; alcuni tipi di trachite sono usati come pietra da costruzione.
tràcico (pl. *-ci*) [dal lat. tardo *thrăcicus*; 1961] **agg.** della Tracia: *golfo tracico.*
tracimàre (pres. *-ìmo*) [comp. parasint. di *cima*; 1840] **intr.** (aus. *avere*) di fiumi o di bacini artificiali, straripare, traboccare.
tracimazióne [da *tracimare*; 1840] **sf.** atto ed effetto del tracimare.
tràcina [dal lat. mediev. *dracaena*, dal gr. *drákaina*, femmina del drago; 1957] **sf.** *dial.* trachino || **N.** *Sin.* pesce ragno.
tràcio (pl. m. *-ci*, pl. f. *-cie*) [dal lat. *thrăcius*; 1840] **agg.** e **sm.** della Tracia; trace.
tracking (ingl., pr. ['trækɪŋ]) [letter. inseguimento; 1968 nel senso 2] **sm.** *inv.* **1.** *T.aer.* e *T.astron.* insieme delle tecniche che permettono di ricavare informazioni sulla navigazione di un veicolo in volo utilizzando prevalentemente mezzi di terra **2.** *T.tecn.* dispositivo che elimina i difetti di riproduzione durante la lettura di registrazioni su nastro.
tracodónte [comp. del gr. *trachýs*, ruvido, aspro e *-odonte*; 1961] **sm.** dinosauro erbivoro diffuso nell'ultimo periodo dell'era Mesozoica nell'America settentrionale.
tracòlla [dal cat. e fr. *tiracol*, con influsso di *collo*; 1641] **sf.** fascia in cuoio, tessuto o sim., che viene poggiata su una spalla e fatta cadere sul fianco opposto (passando trasversalmente sul petto e sulla schiena) e che serve così a sostenere borse, armi, borracce ecc.: *borsetta a tracolla*, dotata di tracolla; *portare a tracolla*, sostenere per mezzo di una tracolla || **N.** *Sin.* armacollo, balteo, bandoliera, budriese, correggia, traversa.
tracollàre (pres. *-òllo*) [comp. parasint. di *collo*; 1503] **intr.** (aus. *essere*) spec. del piatto della bilancia su cui si metta un peso assai maggiore che sull'altro, perder l'equilibrio e piegarsi tutto da un lato: *far tracollare la bilancia* || **N.** *Sin.* pendere, squilibrarsi.
tracòllo [da *tracollare*; sec. XIV] **sm.** *com. fig.* rovina, crollo: *quell'investimento sbagliato fu causa del tracollo delle sue finanze, subì un grave tracollo* || *propr.* atto ed effetto del tracollare.
tracòma [dal gr. *tráchōma*; 1598] **sm.** *T.med.* congiuntivite granulare infettiva, a decorso cronico.
tracomatóso [da *tracoma*; 1899] **I agg. 1.** proprio del tracoma **2.** affetto da tracoma **II sm.** (f. *-a*) persona affetta da tracoma.
tracotànte [da un ant. *tracotare*; 1690] **agg.** e **s.** arrogante e prepotente || **N.** insolente.
tracotànza [da un ant. *tracotare*; 1313] **sf.** qualità di chi è tracotante.
tracùro [comp. del gr. *trachýs*, ruvido, aspro *-uro*²; 1728] **sm.** *T.zool.* pesce dei Perciformi munito di spine sul dorso e sui lati del corpo, vivente spesso, da giovane, presso le meduse.
tracutàggine [var. di *trascutaggine*; 1353] **sf.** *arc.* trascuratezza.
tracutàto [var. di *trascutato*; a. 1375] **agg.** *arc.* trascurato.
trade mark (ingl., pr. ['treɪd mɑːk]) [letter. segno di commercio; 1895] **loc. m.** *inv.* marchio di fabbrica.
tràdere [lat. *trādere*; a. 1348] **tr.** *lett. arc.* **1.** tradire: *qualunque trade in eterno è consunto* (Dante) **2.** tramandare, insegnare: *onde di lor ti trado.*
tradescànzia o **tradescàntia** (pr. [trades'kantsja]) [dal lat. scient. *Tradescantia*, nome dato da Linneo alla pianta in onore dei due naturalisti omonimi (padre e figlio) John *Tradiscant*; 1802] **sf.** nome scientifico della pianta com. detta *miseria.*
tradigióne [lat. *traditio*, *-ōnis*; fine sec. XIII] **sf.** *arc.* tradimento.
tradiménto [da *tradire*; 1308] **sm.** atto del tradire: *fu accusato di tradimento*; *alto tradimento*, quello contro lo Stato e chi lo rappresenta || nella *loc. avv.*: *a tradimento*, per mezzo di tradimento, proditoriamente e, *per estens.*, con mossa inaspettata: *lo colpì a tradimento*; *fam. mangiar pane a tradimento*, alle spalle altrui, senza guadagnarselo || **N.** apostasia, defezione, diserzione, fellonia, frode, infedeltà, inganno, perduellione, perfidia, slealtà, voltafaccia | colpire alla schiena, ingannare, spergiurare | proditorio.
tradire (pres. *-ìsco*, *-ìsci*) [lat. *trādere*; 1313] **tr. 1.** venir intenzionalmente meno ad un impegno a cui si è moralmente vincolati nei confronti di una persona o istituzione: *tradire un amico, la patria*; *tradire il coniuge*, commettere adulterio || spesso *ass.*: *è stato fucilato perché aveva tradito* || con un ogg. astratto: *tradire l'ospitalità*, venir meno ai doveri che si hanno verso un ospite; *ha tradito la fiducia, le aspettative di tutti noi* || *fig.* essere infedele: *la parola ha tradito il pensiero*, non l'ha espresso fedelmente || *tradire un segreto*, rivelarlo **2.** *per estens.* di cose, rivelarsi inadeguato malgrado le apparenze; venir meno, ingannare: *se la memoria non mi tradisce, il tempo ci ha tradito, quel ponticello ci ha tradito* **3.** manifestare involontariamente, spec. rif. a stati d'animo, intenzioni e sim.: *il pallore del volto tradiva la sua emozione* || **rifl.** lasciar trasparire involontariamente emozioni ecc.: *diceva di non conoscerlo, ma si è tradito quando se l'è trovato di fronte.*
tradito (*pps.* di *tradire*) [a. 1348] **agg.** ingannato: *padre, amico, patto tradito.*
traditóre [dal lat. *traditor*, *-ōris*; 1313] **agg.** e **sm.** (f. *-trice* o *-tóra*) che o chi tradisce o ha tradito: *hanno smascherato il traditore*; *vino traditore*, che, pur sembrando leggero, ubriaca.
traditorésco (pl. *-schi*) [da *traditore*; a. 1494] **agg.** *raro* di o da traditore || **N.** *Sin.* proditorio.
tradizionàle [dal fr. *traditionnel*; 1841] **agg.** conforme alla tradizione: *feste, usi tradizionali* || *per estens. scherz.* solito, abituale: *la sua tradizionale mancanza di puntualità.*
tradizionalismo [da *tradizionale*; 1905] **sm.** attaccamento agli usi alle istituzioni, alle idee tramandate dalla tradizione, associato all'opposizione sistematica a ogni tentativo di innovazione, spec. politica || *T.fil.* corrente sorta in Francia all'inizio dell'Ottocento, in polemica con l'Illuminismo (sul piano culturale) e col liberalismo (sul piano politico) || **N.** conservatorismo, reazione.

tradizionalista [da *tradizionale*; 1935] **s.** chi è attaccato alla tradizione, e non vuole staccarsene; conservatore.

tradizionalistico (pl. *-ci*) [da *tradizionalismo*; 1955] ***agg.*** del tradizionalismo o dei tradizionalisti.

tradizióne [dal lat. *traditio, -ōnis*; a. 1565] ***sf.*** **1.** trasmissione attraverso le generazioni di elementi culturali (idee, valori, costumi ecc.): *per una tradizione antichissima giunta fino a noi conosciamo gli usi di civiltà senza scrittura*; *tradizione orale, scritta*, trasmissione verbale o attraverso testi ‖ *T.teol.* per la chiesa cattolica, una delle due fonti della Rivelazione (insieme alla Scrittura), e cioè l'attività di interpretazione dei testi sacri svolta all'interno della chiesa ‖ *T.filol.* *tradizione di un testo* (*di un autore*), l'insieme dei manoscritti attraverso cui esso è giunto fino a noi: *tradizione diretta*, che riguarda un'opera in quanto tale; *tradizione indiretta*, costituita da traduzioni o citazioni all'interno di un'altra opera; *tradizione meccanica*, trasmissione verticale dell'opera, quando il copista trascrive da un unico esemplare **2.** *per meton.* il patrimonio culturale tramandato, spec. considerato nella sua antichità e venerabilità: *essere legati alla tradizione, rispettare la tradizione* **3.** (come numerabile) ciascun elemento culturale tramandato, spec. usi e costumi: *un'antica tradizione sarda, la corrida in Spagna è una tradizione* **4.** *per estens.* usanza, consuetudine: *è tradizione festeggiare* (o: *che si festeggi*) *il Natale in famiglia* **5.** *T.giur.* consegna: *la tradizione della merce, del podere* ‖ **N. 1.** memoria | allontanarsi, continuare, interrompere, rompere **4.** *Sin.* costumanza, costume. **Q.T.** *filologia...*

tradótta [da *tradurre*; 1918] ***sf.*** treno adibito al trasporto delle truppe in tempo di guerra.

tradótto (*pps.* di *tradurre*) [1483] ***agg.*** che è stato reso in un'altra lingua: *opera ben tradotta, mal tradotta.*

traducianìsmo o **traducianésimo** [dall'ingl. *traducianism*; 1961] ***sm.*** dottrina religiosa secondo la quale l'anima individuale viene trasmessa dai genitori ai figli attraverso l'atto della generazione.

traducìbile [da *tradurre*; 1729] ***agg.*** che si può tradurre ‖ **N.** *Contr.* intraducibile.

traducibilità [da *traducibile*; 1944] ***sf.*** l'essere traducibile.

tradunionìsmo [dall'ingl. *trade union*; 1942] ***sm.*** *non com.* il movimento sindacale delle *trade unions* ‖ la politica sindacale di pura rivendicazione economica, considerata caratteristica delle *trade unions* inglesi.

tradunionista [dall'ingl. *trade union*; 1942] **s.** chi appartiene a, o appoggia, il movimento sindacale delle *trade unions* ‖ fautore di una linea sindacale di pura rivendicazione economica.

tradunionistico (pl. *-ci*) [da *traduzionismo*; 1961] ***agg.*** relativo al tradunionismo, proprio del tradunionismo.

tradùrre (pres. *-ùco, -ùci*; p.rem. *-dùssi, -dùsse, -dùssero*; fut. *-durrò*; cond. *-durrèi*; pps. *-dótto*; tutte le forme regolari derivano da un supposto infinito *traducere*) [dal lat. *tradūcere*; 1354 nel senso 3] ***tr.*** **1.** rendere un testo, orale o scritto, in un'altra lingua, lasciandone, per quanto è possibile, immutato il senso: *tradurre una lettera, un libro in italiano*; *tradurre letteralmente, alla lettera*, parola per parola; *tradurre a senso*, liberamente ‖ *per estens. fig.* *tradurre in parole povere*, semplificando, in modo che il testo risulti comprensibile ai più **2.** *per estens.* esprimere in altro modo: *il progetto, tradotto in cifre, richiede un investimento di 26 miliardi*; *tradurre in atto, in pratica un'idea* e sim., metterla in atto **3.** *lett.* e *bur.* condurre, trasportare: *fu tradotto in carcere* ‖ **N. 1.** parafrasare, trasportare, volgarizzare | simultaneamente.

traduttóre [dal lat. *traductor, -ōris*; a. 1565] ***sm.*** (f. *-trice*) **1.** chi o che traduce, fa versioni: *insigne traduttore* ‖ *T.inform.* programma che converte le istruzioni scritte in un linguaggio in quelle corrispondenti di un altro **2.** *disus.* libro di piccolo formato, contenente la traduzione di testi classici, usato dagli studenti: *sono riuscito a copiare dal traduttore* ‖ **N. 1.** dragomanno, interprete, parafraste, traslatore, volgarizzatore.

traduzióne [dal lat. *tradŭctio, -ōnis*; a. 1557] ***sf.*** **1.** atto del tradurre, del trasporre in un'altra lingua: *la traduzione di certi libri è difficile* ‖ *traduzione simultanea*, fatta oralmente mentre il conferenziere o uno degli interlocutori parla; *traduzione consecutiva*, fatta non appena chi parla ha terminato di proferire il suo discorso o una parte di esso ‖ *concr.* il testo tradotto: *una traduzione da* (o *di*) *Orazio* **2.** *ant.* o *bur.* trasporto, trasferimento: *la traduzione dei detenuti* ‖ *dim.* traduzioncèlla; *pegg.* traduzionàccia ‖ **N. 1.** parafrasi, versione, volgarizzazione, volgata | a senso, fedele, infedele, letterale, libera, simultanea **2.** *Sin.* traslazione.

traènte (*ppr.* di *trarre*) [a. 1320] **s.** chi trae una cambiale ‖ ***sf.*** nella funicolare, la fune metallica che trascina o trattiene il carrello (v. PORTANTE).

trafelaménto [da *trafelare*; sec. XIV] ***sm.*** *raro* condizione di chi è trafelato.

trafelàre (pres. *-élo*) [etim. inc.; a. 1342] ***intr.*** (aus. *avere*) *raro* essere ansante, respirare affannosamente.

trafelàto (*pps.* di *trafelare*) [a. 1292] ***agg.*** ansante, spec. in seguito allo sforzo fatto per correre o per salire: *arrivò in cima tutto trafelato.*

trafèrro [comp. di *tra-* e *ferro*; 1961] ***sm.*** *T.elettr.* in un circuito magnetico di una macchina elettrica, lo spazio che è occupato da materiale non magnetico (spec. aria) ed è attraversato dal flusso magnetico.

trafficàbile [da *trafficare*; 1879] ***agg.*** *raro* commercializzabile: *articoli non trafficabili.*

trafficànte (*ppr.* di *trafficare*) [a. 1606] **s.** chi traffica: *è un trafficante di seta, di droga*; anche *ass.* ‖ *com. spreg.* per indicare uno speculatore senza scrupoli; maneggione: *i soliti trafficanti della politica.*

trafficàre (pres. *-àffico, -àffichi*) [etim. inc.; 1353] ***intr.*** (aus. *avere*) **1.** commerciare: *traffica in grano* **2.** *fig.* affaccendarsi: *quel ragazzo traffica tutto il giorno per casa* ‖ ***tr.*** *ant.* **1.** *spreg.* commerciare illegalmente: *traffica armi* **2.** maneggiare, manipolare.

trafficàto (*pps.* di *trafficare*) [1961] ***agg.*** di strada, zona, piazza o sim. percorsa da intenso traffico: *questa via è sempre molto trafficata.*

trafficatóre [da *trafficare*; a. 1698] ***sm.*** (f. *-trice*) *raro* chi o che traffica.

traffichìno [da *trafficare*; 1935] ***sm.*** (f. *-a*) chi si dà da fare, con manovre poco chiare, per ottenere favori, appoggi, incarichi e sim. ‖ **N.** *Sin.* maneggione.

tràffico (pl. *-ci*, ant. *-chi*) [da *trafficare*; a. 1348] ***sm.*** **1.** attività del commerciare, rif. spec. ai commerci illeciti; *traffico di schiavi, far traffico di stupefacenti* **2.** movimento di veicoli e pedoni in una data zona o strada: *il traffico metropolitano, l'incremento del traffico nelle ore di punta, una strada di gran traffico* ‖ *per estens.* movimento complessivo di veicoli, merci e passeggeri in un dato luogo o per quanto riguarda un particolare mezzo di comunicazione: *il traffico nel canale di Suez, traffico aereo*; anche l'insieme dei messaggi trasmessi per mezzo di un sistema di telecomunicazioni: *traffico postale* ‖ anche, *fam.*, gran movimento: *c'è sempre un traffico tale in questa casa!.*

trafficóne [da *trafficare*; 1865] ***sm.*** (f. *-a*) maneggione, traffichino.

trafière [dall'ant. *traferire*, da *ferire*; 1342] ***sm.*** *T.stor.* pugnale di cui andavano armati i cavalieri: *io ti darò col brando e col trafiere* (Pulci).

trafìggere (pres. *-figgo, -figgi*; p.rem. *-fissi, -fisse, -fissero*; pps. *-fitto*) [dal lat. *transfigere*; 1313] ***tr.*** passare da parte a parte con un'arma da punta o, in gen., con un arnese lungo, affilato e appuntito: *lo trafisse col pugnale* ‖ *fig.* ferire, affliggere profondamente: *le sue parole mi trafissero il cuore* ‖ **N.** *Sin.* trapassare | ferire, forare, infilzare, penetrare.

trafiggiménto [da *trafiggere*; 1677] ***sm.*** *raro* atto del trafiggere.

trafiggitóre [da *trafiggere*; 1745] ***agg.*** e ***sm.*** (f. *-trice*) *raro* che o chi trafigge.

trafìla [da *filare*; a. 1537 nel senso 2] ***sf.*** **1.** *fig.* serie di prove, di ostacoli, di esami e sim. attraverso i quali bisogna passare per raggiungere un fine: *il provvedimento prima di arrivare al ministro passò per tutta la trafila dei vari uffici* **2.** *propr.* *T.tecn.* nell'industria meccanica, piastra di acciaio con fori di vario diametro, disposti ordinatamente, attraverso i quali si fanno passare fili di metallo duttile per ridurli di diametro ‖ nell'industria alimentare, elemento analogo usato per trafilare la pasta.

trafilàre [da *trafila*; 1865] ***tr.*** sottoporre a trafilatura.

trafilàto (*pps.* di *trafilare*) [1961] ***sm.*** manufatto prodotto mediante trafilatura.

trafilatóre [da *trafilare*; 1961] ***sm.*** addetto alla trafila.

trafilatrìce [da *trafilare*; 1961] ***sf.*** macchina per trafilare materie plastiche, metalli ecc.

trafilatùra [da *trafilare*; 1929] ***sf.*** *T.tecn.* l'operazione del trafilare, cioè del produrre una deformazione plastica, a caldo o a freddo, di vari tipi di materiali (in gen. materie plastiche, metalli, pasta alimentare), allo scopo di ottenere la riduzione della sezione dell'elemento introdotto nella trafilatrice (verghe, barre, tubi, fili, laminati ecc.). **Q.T.** *metallurgia.*

trafilerìa [adattamento del fr. *tréfilerie*; 1961] ***sf.*** reparto o stabilimento in cui si effettua la trafilatura.

trafilétto [dal fr. *entrefilet*; 1895] ***sm.*** *T.giorn.* breve nota o articolo di giornale, inserito in evidenza tra due filetti tipografici ‖ *per estens.* brevissimo articolo di giornale.

trafìtta [da *trafiggere*; a. 1320] ***sf.*** *raro* trafittura.

trafittùra [da *trafiggere*; 1353] ***sf.*** **1.** la ferita di chi è trafitto **2.** acuto dolore, fitta: *ho delle tremende trafitture al capo*; anche *fig.*: *a quella notizia provai una trafittura al cuore.*

traforaménto [da *traforare*; prima metà sec. XVIII] ***sm.*** *raro* traforo.

traforàre (pres. *-óro*) [dal lat. *transforāre*; 1598] ***tr.*** **1.** forare da parte a parte: *traforare un monte, una tavola di legno* ‖ *per estens.* forare bene addentro, anche senza far passare dall'altra parte: *traforare il terreno* **2.** lavorare a trafori, detto di ricami, opere d'intaglio ecc. ‖ **N. 1.** forare, perforare.

traforàto (*pps.* di *traforare*) [a. 1555] ***agg.*** lavorato a forellini: *ricamo, guanto traforato*; *lavoro in legno traforato.*

traforatóre [da *traforare*; prima metà sec. XVIII] ***agg.*** e ***sm.*** (f. *-trice*) *raro* chi o che trafora; perforatore.

traforatrìce [da *traforare*; 1940] ***sf.*** macchina per traforare.

traforazióne [da *traforare*; 1692] ***sf.*** *non com.* atto del traforare.

traforèllo v. TRAFURELLO.

trafóro [da *traforare*; a. 1543] ***sm.*** operazione e risultato del traforare; opera di scavo: *è iniziato il traforo del monte*; *concr.* il tunnel, la galleria che si ottiene: *il traforo del Sempione* ‖ lavoro di ricamo, consistente nell'eseguire un motivo ornamentale a giorno, a piccoli fori e, *concr.* il ricamo stesso: *(ricamo a) traforo* ‖ lavoro d'intaglio di tavolette di legno e sim., effettuato seguendo un disegno tracciatovi sopra: *seghetto da traforo*; *per estens.*, l'insieme degli utensili necessari a eseguire tale lavoro, part. quando si tratta di utensili-giocattolo per ragazzi: *mi hanno regalato il traforo.*

trafugaménto [da *trafugare*; a. 1642] **sm.** atto ed effetto del trafugare ‖ **N.** *Sin.* furto, sottrazione.

trafugàre (pres. *-ùgo, -ùghi*) [da *fugare*; 1319] **tr.** sottrarre, portar via di nascosto: *trafugare i gioielli della Corona* ‖ **intr. pron.** *arc. raro* fuggire, sottrarsi nascostamente: *si trafugò in casa di amici* ‖ **N. tr.** *Sin.* nascondere, rubare.

trafùgo [da *trafugare*; 1879] **sm.** *arc. raro* solo nella *loc. avv.*: *di trafugo*, di nascosto, di soppiatto.

trafuràre (pres. *-ùro*) [da *furare*; a. 1673] **tr.** *arc. raro* trafugare.

trafurellerìa [da *trafurello*; a. 1543] **sf.** *arc. raro* inganno, tranello.

trafurèllo [dal fr. ant. *truferel*; a. 1543] **sm.** *arc. raro* imbroglione.

tragèda V. TRAGEDO.

tragèdia [dal lat. *tragoedia*, gr. *tragōidía*; a. 1535 nel senso 2] **sf.** **1.** *T.teatr.* uno dei generi fondamentali del teatro drammatico, sorto nel mondo greco antico; è caratterizzato dal tono elevato e dalla narrazione di vicende, moralmente ed esistenzialmente emblematiche, dall'esito funesto ‖ *concr.* componimento letterario appartenente al genere della tragedia **2.** *per estens. fig.* evento funesto, luttuoso, catastrofico e sim.: *fu una vera tragedia!* ‖ *iron. far tragedie*, di chi ha reazioni sproporzionate rispetto alla effettiva gravità di un evento: *se non trova pronto il pranzo, fa una tragedia* ‖ *dim.* tragediùccia; *pegg.* tragediàccia ‖ **N.** **1.** dramma, melodramma, tragicommedia; coro, epilogo, esodo, prologo; tetralogia, trilogia; coturno | comporre, rappresentare, scrivere **2.** *Sin.* catastrofe, disastro; scenata. **Q.T.** *teatro.*

tragediàbile [da *tragedia*; 1865] **agg.** *raro lett.* di fatto o argomento che si presta a essere argomento di tragedia ‖ **N.** teatrabile.

tragediànte [da *tragedia*; 1600] **s.** *raro*, spec. *spreg.* **1.** chi scrive tragedie; anche l'attore che le rappresenta **2.** *fig.* chi fa tragedie, dando in smanie per un nonnulla.

tragediògrafo [dal lat. tardo *tragoediographus*, gr. *tragōidiógraphos*; a. 1642] **sm.** (f. *-a*) scrittore di tragedie. **Q.T.** *teatro.*

tragèdo [dal lat. *tragoedus*, gr. *tragōidós*; 1321] **I sm.** **1.** *lett.* tragediografo **2.** *raro* attore tragico **II agg.** *arc. raro* tragico ‖ **N.** **I 1.** *Sin.* trageda.

tragétto [da *tragittare*; 1313] **sm.** *arc. lett.* tragitto, sia per mare che per terra: *dal quarto al quinto argine è tragetto* (Dante).

traghettaménto [da *traghettare*; 1970] **sm.** atto o effetto del traghettare.

traghettàre (pres. *-étto*) [lat. *trajectāre*; 1561 nel senso 2] **tr.** **1.** trasportare persone o cose da una sponda all'altra di uno specchio d'acqua mediante apposite imbarcazioni **2.** *raro* con lo specchio d'acqua come oggetto, attraversare con un'imbarcazione: *traghettare il fiume* ‖ **N.** **1.** traghetto.

traghettatóre [da *traghettare*; 1717] **sm.** (f. *-trìce*) chi o che traghetta.

traghétto [da *traghettare*; 1598 nel senso 2] **sm.** **1.** imbarcazione attrezzata per traghettare cose o persone; *il traghetto per la Corsica* ‖ anche in funzione di *agg. inv.* (posposto al s.), solo nella loc. *nave traghetto* **2.** meno com., atto del traghettare **3.** *arc.* scorciatoia, via traversa ‖ **N.** **1.** *ferry-boat.*

tragicità [da *tragico*; 1955] **sf.** qualità di ciò che è tragico: *la tragicità di un avvenimento.*

tràgico (pl. *-ci*) [dal lat. *tragicus*; gr. *tragikós*; 1516 nel senso 2] **I agg.** *T.teatr.* di tragedia: *attore, stile tragico* ‖ *per estens. fig.* infausto, luttuoso, triste: *avvenimento tragico* ‖ **tragicaménte** **avv.** **II sm.** **1.** (f. *-a*) scrittore di tragedie ‖ *meno com.* attore di tragedie ‖ *com. fam.* nel modo di dire *fare il tragico*, reagire a qualcosa in modo sproporzionato rispetto alla sua effettiva gravità: *non fare il tragico, è solo un graffio!* **2.** l'essenza della tragedia, tragicità: *le considerazioni di Nietzsche sul tragico* ‖ *per estens. fig.* ciò che è tragico: *il tragico quotidiano.*

tragicòmico (pl. *-ci*) [comp. di *tragi*(*co*) e *comico*; 1865] **I agg.** di tragicommedia: *è un autore tragicomico* ‖ *per estens. fig.* con valore *iron.* o *spreg.*, che contiene in sé elementi tragici e comici fusi insieme: *una situazione tragicomica* **II sm.** (f. *-a*) *raro* scrittore di tragicommedie.

tragicommèdia [comp. di *tragi*(*co*) e *commedia*; 1584 *tragicomedia*] **sf.** **1.** *T.teatr.* genere drammatico in cui una vicenda che presenta aspetti seri e anche tragici ha però un lieto fine (come nella commedia) ‖ *concr.* componimento tragicomico **2.** *per estens. fig.* situazione che unisce aspetti seri e aspetti comici, o che si presenta come seria, mentre è in realtà risibile.

tragittàre [lat. *trajectāre*; 1588 *tragettar*] **tr.** *ant.* traghettare.

tragittatóre [da *tragittare*; a. 1729] **sm.** (f. *-trìce*) *raro* traghettatore.

tragìtto [da *tragittare*; 1313] **sm.** **1.** percorso, cammino tra due luoghi determinati: *da qui a casa il tragitto è breve, durante il tragitto persi la strada* **2.** *ant. raro* luogo in cui si tragitta.

tràglia (pl. *-glie*) [var. di *draglia*; a. 1539] **sf.** *T.mar.* draglia.

tràgo (pl. *-ghi*) [dal lat. *tragus*, gr. *trágos*; 1821] **sm.** *T.anat.* sporgenza lamellare a forma triangolare nel padiglione dell'orecchio, che protegge il meato uditivo ‖ **N.** antitrago. **TAV. *mammiferi* p. 1318** 4.2.

tràgolo o **tràgulo** [dim. del gr. *trágos*, caprone; 1936 *tragulo*] **sm.** *T.zool.* piccolo ruminante asiatico dalle carni commestibili, caratterizzato dai canini sporgenti.

traguardàre [da *guardare*; sec. XVII] **tr.** **1.** guardare facendo passare il raggio visivo tra due mire di uno strumento ottico **2.** *fig. non com.* guardar di sfuggita, di sottecchi: *il sol traguarda basso ne la pergola* (Carducci); *traguarda e dice: uomini, dove siete?* (Pascoli).

traguàrdo [da *traguardare*; 1578 nel senso 2] **sm.** **1.** *T.sport.* linea in corrispondenza della quale il giudice di gara controlla, propriamente traguardando, l'ordine d'arrivo dei concorrenti: *il cavallo giunse primo al traguardo* ‖ *fig.* obiettivo a cui tende uno sforzo: *il traguardo della fine degli studi* **2.** dispositivo, generalmente parte di uno strumento ottico o di un'arma, consistente sostanzialmente in un regolo con due mire, attraverso le quali si traguarda allo scopo di aggiustare la direzione dei detti strumenti.

tràgula [dal lat. *tragula*; sec. XVII] **sf.** *T.stor.* grosso dardo usato dall'esercito romano.

tràgulo V. TRAGOLO.

traiettàre (pres. *-étto*) [lat. *trajectare*; a. 1566 *traiettar*] **tr.** *arc.* traghettare.

traiettòria [dal fr. *trajectoire*; 1853] **sf.** linea ideale tracciata su un piano e nello spazio da un punto in movimento: *il proiettile segue una traiettoria parabolica* ‖ **N.** corso, parabola, percorso, ramo ascendente, ramo discendente, tragitto.

trailer (ingl., pr. ['treɪlə]) [da to *trail*, trascinare; 1961] **sm. inv.** **1.** roulotte **2.** carrello da agganciare a un autoveicolo per il trasporto di barche **3.** breve annuncio pubblicitario di film di imminente programmazione, di cui sono anticipate alcune sequenze.

tràina [da *trainare*; 1769 nel senso 2] **sf.** **1.** andatura irregolare del cavallo quando galoppa con le gambe anteriori e trotta con le posteriori **2.** corda, cavo per trainare; in part. *T.cacc.* fune cui si assicura un uccello da usare come richiamo ‖ *T.mar.* nella loc. *alla traina*: *pesca alla traina*, V. PESCARE; *imbarcazione alla traina*, si dice quando è attaccata a una corda che la trascina.

trainànte (*ppr.* di *trainare*) [1340] **agg.** **1.** che traina **2.** *fig.* che costituisce una guida o un punto di riferimento ‖ *T.econ. settore trainante*, settore economico forte che può portare benefici effetti anche su altri settori in via di sviluppo.

trainàre (pres. *tràino*) [lat. volg. **traginăre*, attr. il fr. *trainer*; sec. XIII-XIV] **tr.** trascinare dietro di sé, rimorchiare: *il carro attrezzi trainava l'auto sinistrata* ‖ *fig.* determinare uno sviluppo, un processo complessivo grazie alla propria dinamica: *settori che trainano l'economia.*

trainer (ingl., pr. ['treɪnə]; pr. it. ['trainer] o ['treiner]) [letter. esercitatore; 1895] **sm. inv.** allenatore, istruttore. **Q.T.** *sport.*

training (ingl., pr. ['treɪnɪŋ]; pr. it. ['treiniŋ(g)]) [da to *train*, allenare; 1970] **sm. inv.** **1.** periodo di preparazione o di tirocinio prima dello svolgimento di un'attività professionale ‖ periodo di allenamento sportivo **2.** *training autogeno*, complesso di pratiche psicoterapeutiche basate sull'induzione da parte del soggetto stesso di una condizione di rilassamento capace di decongestionare il sistema neurovegetativo.

tràino [da *trainare*; a. 1400 nel senso 2] **sm.** **1.** atto del trainare: *cavalli da traino* **2.** *per estens.* carico trainato: *un traino di legname* ‖ *lett. ant.* treno, l'insieme dei carri e carrozzoni trascinati dalla locomotiva: *va l'empio mostro con traino orribile* (Carducci) **3.** elemento trainante; *in part. T.aut.* dispositivo per il trascinamento di un rimorchio (roulotte, carrello per barca, moto o biciclette ecc.) ‖ nello skilift, dispositivo di collegamento tra la fune portante e quella cui si attacca lo sciatore ‖ specie di treggia o carro senza ruote per trasportare carichi per luoghi scoscesi: *traini tirati da buoi* ‖ *com. fig.* nel modo di dire *far da traino*, costituire l'elemento trainante: *un settore che fa da traino dell'economia nazionale, è lui che fa da traino per gli altri giocatori della squadra* **4.** *tosc.* parte inferiore della carrozza, cui è appoggiata la cassa **5.** traina (nel senso 1).

trait d'union (fr., pr. [trɛ d y'njɔ̃]) [letter. tratto di unione; 1881 nel senso 2] **loc. m. inv.** **1.** come segno ortografico, lineetta, trattino **2.** *fig.* vincolo, legame, anello di congiunzione, intermediario e sim.

tralasciaménto [da *tralasciare*; sec. XIII] **sm.** atto del tralasciare.

tralasciàre (pres. *-àscio*) [da *lasciare*; a. 1565] **tr.** omettere: *ho tralasciato una circostanza importante* ‖ interrompere: *tralasciare gli studi* ‖ **N.** abbandonare, astenersi, cessare, desistere, dismettere, fermarsi, interrompere, lasciare, smettere, sospendere, sostare.

tralatàre (pres. *-àlato*) [dal lat. *translatus*, pps. di *transferre*; a. 1580] **tr.** *ant.* trasportare.

tralatìzio o **tralatìcio** (pl. *-zi* o *-ci*) [dal lat. *tra*(*ns*)*latīcius*; a. 1580] **agg.** tramandato oralmente, tradizionale ‖ *formule tralatizie*, in leggi, atti notarili e sim., formule rimaste invariate.

tràlcio (pl. *-ci*) [lat. **tralux, -ūcis*; a. 1320] **sm.** ramo giovane di vite; *per estens.* anche di altre piante rampicanti: *un tralcio di edera* ‖ *dim.* tralcétto, tralciòlo, tralcettìno, tralcerèllo ‖ **N.** palmite, pampano, sarmento | intralciare, stralciare. **TAV.** *enologia* 2.2.

tralìccio (pl. *-ci*) [lat. volg. **trilīcium*; 1385

nel senso 2] ***sm.*** **1.** nome generico di strutture formate da elementi intrecciati tra loro in modo da costituire un sistema reticolare **2.** tessuto grossolano in canapa, iuta, lino o sim. per sacchi, materassi ecc.

tralice [lat. *trilix, -īcis*; a. 1704] solo nella ***loc. avv.*** *in* o *di tralice*, obliquamente, di sbieco: *tagliare in tralice, guardare in tralice.*

tralignaménto [da *tralignare*; a. 1595] ***sm.*** *non com.* atto ed effetto del tralignare.

tralignàre [comp. parasint. di *linea*; 1319 nel senso 2] ***intr.*** (aus. *essere* e *avere*) **1.** allontanarsi dalla retta via, corrompersi: *ha tralignato dalla correttezza che lo contraddistingueva*; *per estens. fig.* da: **2.** *propr. non com.*, allontanarsi, degenerando fisicamente, dalle caratteristiche della propria stirpe o specie: *la pianta ha tralignato*, si è inselvatichita o sim. ‖ **N.** *Sin.* degenerare.

trallallà [voce onom.; 1970] onom. usata per canticchiare una canzone di cui non si conosce il testo ‖ si usa per esprimere allegria, soddisfazione o indifferenza: *trallallero trallallà.*

trallallèra o **trallallèro** [voce onom.; 1891] onom. che viene usata, gen. in unione con *trallallà*, per canticchiare una canzone di cui non si conosce il testo: *trallallero trallallà.*

tralleralla [voce onom.; 1970] onom. trallallà.

trallerallèra o **trallerallèro** [voce onom.; 1891] **I** onom. trallallera **II** ***sm.*** *inv.* cantilena, tiritera.

tralucènte (*ppr.* di *tralucere*) [sec. XIII] ***agg.*** *lett. non com.* **1.** trasparente, diafano: *alabastro tralucente* **2.** *per estens.* risplendente: *stelle, occhi tralucenti.*

tralùcere (pres. *-lùce, -lùcono*; imp. *-lucéva, -lucévano*; cong. pres. *-lùca, -lùcano*; imp. *-lucésse, -lucéssero*; ppr. *-lucènte*; ger. *lucèndo*; manca il pps. ed i tempi composti) [dal lat. *translucēre*; a. 1320] ***intr.*** *dif. lett. non com.* **1.** lasciar trasparire la luce, essere trasparente: *l'alabastro traluce* **2.** mandar luce attraverso un corpo diafano o da uno spiraglio e sim.: *pei balconi rara traluce la notturna lampa* (Leopardi) ‖ *per estens.* splendere, brillare: *la gioia gli traluceva dagli occhi.*

tram [abbr. dell'ingl. *tramway car*; 1878] ***sm.*** *inv.* veicolo su rotaie adibito a mezzo di trasporto pubblico, spec. urbano: *gli antichi tram a cavalli*; *perdere, prendere il tram*; *la fermata del tram.* **TAV. *ferrovie...* p. 669** 4.

tràma [lat. *trama*; 1279] ***sf.*** **1.** il complesso dei fili che, attraversando trasversalmente l'ordito, costituiscono con questo il tessuto **2.** *fig.* intrigo, macchinazione: *scoprire una trama* ‖ intreccio di un racconto, di un'opera teatrale ecc. ‖ **N.** **2.** ordire, scoprire, svelare, sventare; tramare. **Q.T.** *tessitura* **TAV.** *tessitura* 2.8.

tramàglio (pl. *-gli*) [lat. tardo *tremaculum*; sec. XIII-XIV] ***sm.*** **1.** *T.pesc.* rete composta da tre teli sovrapposti con maglie di larghezza diversa **2.** *T.cacc.* rete tripla per la cattura di uccelli ‖ *dim.* tramagliètto, tramaglìno. **Q.T.** *pesca.*

tramagnìno [dal n. proprio *Tramagnini*, cognome di una famiglia di mimi emiliani; 1905] ***sm.*** *T.teatr.* nome che si dà, nel linguaggio teatrale a mimi, giocolieri e quanti altri sostengono da soli una parte dello spettacolo.

tramandaménto [da *tramandare*; a. 1704] ***sm.*** *non com.* atto ed effetto del tramandare.

tramandàre [da *mandare*; 1598] ***tr.*** trasmettere di età in età, di generazione in generazione: *tramandare ai posteri* ‖ ***intr. pron.*** venire trasmesso: *un patrimonio di pensieri che si tramanda di generazione in generazione.*

tramàre [da *trama*; sec. XV] ***tr.*** **1.** *fig.* ordire trame, macchinare **2.** *propr. non com. T.tess.* intrecciare i fili della trama di un tessuto ‖ **N.** **1.** *Sin.* complottare, concertare, lavorare sotto sotto, ordire, tessere | gatta ci cova.

trambascïàre (pres. *-àscio*) [comp. parasint. di *ambascia*; a. 1306] ***intr.*** (aus. *essere*) *raro* essere oppresso da grande ambascia ‖ **N.** SOFFRIRE.

trambasciàto (*pps.* di *trambasciare*) [a. 1400] ***agg.*** oppresso da grande ambascia.

trambustàre [da *trambusto*; a. 1597] ***tr.*** *arc.* far trambusto ‖ ***intr. pron.*** *arc.* agitarsi, affannarsi.

trambustìo (pl. *-ii*) [da *trambusto*; 1840] ***sm.*** *raro* un trambusto continuo o frequente e insistente.

trambùsto [dal provenz. ant. *tabust*, con intromissione di *tramestare*; a. 1565] ***sm.*** gran confusione rumorosa di persone o di cose: *la città era in trambusto* ‖ **N.** *Sin.* agitazione, tumulto.

tramenàre (pres. *-éno*) [da *menare*; 1525] ***tr.*** *fam. tosc. disus.* maneggiare le cose spostandole qua e là in modo disordinato e facendo rumore: *tramenar seggiole* ‖ ***intr.*** *fam. tosc. disus. ass.* darsi da fare, affaccendarsi, metter sossopra: *è un'ora che va tramenando nel suo studio* ‖ **N.** ***tr.*** rimescolare, rimestare | ***intr.*** frugare, rovistare.

tramendùe [da *amendue*; 1532] ***agg.*** e ***pron.*** *num. inv. arc.* ambedue.

tramenìo (pl. *-ìi*) [da *tramenare*; 1763] ***sm.*** *fam. tosc. disus.* un tramenare continuo o frequente ‖ *per estens.* il rumore prodotto da questo movimento.

tramescolaménto [da *tramescolare*; a. 1673] ***sm.*** *raro* atto ed effetto del tramescolare.

tramescolàre (pres. *-éscolo*) [da *mescolare*; prima metà sec. XIV] ***tr.*** *raro* rimescolare; confondere mescolando ‖ **N.** *Sin.* frammischiare.

tramésso [da *tramettere*; a. 1375] ***sm.*** *ant.* vivanda portata tra due piatti forti.

tramestàre (pres. *-ésto*) [da *mestare*; 1340 ca.] ***tr.*** e ***intr.*** (aus. *avere*) *tosc.* metter sottosopra rovistando ‖ **N.** *Sin.* rimestare, rovistare.

tramestìo (pl. *-ìi*) [da *tramestare*; a. 1400] ***sm.*** un tramestare continuo o frequente.

tramèttere (pres. *tramétto* ecc., come METTERE) [da *mettere*; a. 1565] ***tr.*** *raro* interporre, intromettere.

tramèzza [da *tramezzare*; 1879 nel senso 2] ***sf.*** **1.** ognuno dei tavoloni posti verticalmente nelle pile delle cartiere e muniti di feritoie che trattengono e guidano le stanghe **2.** *T.calz.* striscia di cuoio che si cuce tra la suola e la tomaia della scarpa per conferirle maggior robustezza.

tramezzàbile [da *tramezzare*; a. 1673] ***agg.*** *raro* che si può tramezzare ‖ **N.** *Sin.* divisibile.

tramezzaménto [da *tramezzare*; sec. XIII] ***sm.*** *raro* atto ed effetto del tramezzare.

tramezzàre (pres. *-èzzo*) [da *tramezzo*; sec. XIV] ***tr.*** **1.** mettere in mezzo, frapporre **2.** separare con un tramezzo ‖ **N.** **1.** *Sin.* inframmezzare, inserire, interporre, intramezzare **2.** *Sin.* dividere, frazionare.

tramezzatùra [da *tramezzare*; 1961] ***sf.*** operazione del suddividere un ambiente mediante uno o più tramezzi.

tramezzìno (*dim.* di *tramezzo*) [1935] ***sm.*** **1.** panino imbottito, variamente farcito, per il quale si usano due fette di pane in cassetta con i bordi tagliati, divise diagonalmente in due **2.** *per estens.*, meno com., uomo-*sandwich* ‖ **N.** **1.** *sandwich.*

tramèzzo [lat. *intermedium*, con influsso di *tra-*; a. 1320] **I** ***sm.*** elemento frapposto tra due parti di qualcosa per separarle; *in part. T.edil.* sottile parete in muratura, non portante, usata per suddividere un locale ‖ striscia di pizzo inserita tra due lembi di stoffa a scopo ornamentale **II** ***avv.*** *non com.* frammezzo ‖ *dim.* tramezzìno ‖ **N.** assito, diaframma, divisione, paratia, paravento, parete. **TAV.** *abitazione* 1.18.

traminer [da *Tramin*, n. ted. di Termeno, paese in provincia di Bolzano; 1894] ***sm.*** vino bianco paglierino prodotto nel Trentino Alto Adige, in Friuli e nel goriziano, di sapore vellutato e morbido, con retrogusto di mandorla.

tramischiàre V. FRAMMISCHIARE.

tràmite [dal lat. *trames, -itis*; a. 1320 nel senso 2] **I** ***sm.*** **1.** *fig.* via, elemento di comunicazione; *in part.*, rif. a persone, intermediario; usato spec. in alcune loc.: *per il tramite di*, per mezzo di, attraverso: *l'ho saputo per il tramite della segretaria*; *fare da tramite*, da intermediario **2.** *propr., ant.*, sentiero, via di comunicazione; anche passaggio, corso: *degli anni il tramite teco fia dolce forse ritessere* (Carducci) **II** ***prep.*** per mezzo di, attraverso: *fammelo sapere tramite tuo padre.*

tramòggia (pl. *-ge*) [lat. *trimodia*; a. 1400] ***sf.*** **1.** apparecchiatura impiegata per caricare materiale vario in diversi tipi di impianti (per es. forni, mulini, frantoi ecc.), costituita da un corpo a forma di imbuto in corrispondenza della cui estremità inferiore possono trovarsi valvole per la regolazione della portata dell'alimentazione **2.** *finestra a tramoggia*, usata spec. in conventi e penitenziari, ha fissato all'esterno una struttura di forma simile a una tramoggia, per cui risulta impedita la vista verso l'esterno. **TAV.** *agricoltura* 5.1; ***edilizia* p. 666** 7.4.

tramoggiàio (pl. *-ài*) [da *tramoggia*; a. 1722] ***sm.*** *non com.* addetto alla tramoggia.

tramontaménto [da *tramontare*; a. 1406] ***sm.*** *raro* atto del tramontare.

tramontàna [lat. *transmontanus*; 1353] ***sf.*** **1.** *T.meteor.* vento freddo e asciutto che spira prevalentemente dal Nord, portatore di bel tempo **2.** *per estens.* settentrione: *finestra che guarda a tramontana* ‖ nel modo di dire *perdere la tramontana*, perder la bussola, essere disorientato, non sapere più che dire o che fare ‖ *dim.* tramontanìna; *pegg.* tramontanàccia ‖ **N.** **1.** *Sin.* aquilone, rovaio **2.** nord.

tramontanàta [da *tramontana*; 1840] ***sf.*** *raro* soffio, spec. violento, di tramontana.

tramontàno [lat. *transmontānus*; 1303] **I** ***agg.*** *non com.* oltremontano **II** ***sm.*** *raro* tramontana, il vento di settentrione.

tramontàre (pres. *-ónto*) [comp. parasint. di *monte*; 1308 nel senso 2] **I** ***intr.*** (aus. *essere*) **1.** di astro (e, in part., del Sole o della Luna), sparire al di sotto della linea dell'orizzonte: *la luna tramonta* **2.** *fig.* declinare, volgere alla fine: *una bellezza che tramonta* **II** ***sm.*** (solo *sing.*) tramonto: *al tramontare del sole erano al rifugio* ‖ **N.** I **1.** calare, coricarsi, declinare | *Contr.* levarsi, sorgere **2.** *Sin.* terminare, venir meno.

tramónto [da *tramontare*; sec. XV] ***sm.*** **1.** il tramontare di un astro, in part. del Sole: *il tramonto della luna* ‖ *per estens.* il fenomeno luminoso che accompagna il tramonto del Sole: *un tramonto stupendo* ‖ *per estens.* il momento in cui il Sole tramonta: *incontriamoci al tramonto*; nel modo di dire *dall'alba al tramonto*, tutto il giorno **2.** *per estens. fig.* declino: *il tramonto di una civiltà* ‖ **N.** **1.** *Sin.* crepuscolo, occaso | *Contr.* alba.

tramortiménto [da *tramortire*; a. 1320] ***sm.*** atto ed effetto del tramortire.

tramortìre (pres. *-isco, -isci*) [comp. parasint. di *morto*; 1294] ***tr.*** far perdere i sensi, spec. in modo traumatico: *lo tramortirono con un colpo alla nuca* ‖ ***intr.*** (aus. *essere*) *non com.* perdere i sensi: *ricevuto il colpo, tramortì e cadde* ‖ **N.** ***tr.*** *Sin.* stordire | ***intr.*** *Sin.* svenire, venire meno.

trampolàre (pres. *tràmpolo*) [da *trampolo*; a. 1571] ***intr.*** (aus. *avere*) *ant. raro* camminare sui trampoli.

trampolière [da *trampolo*; 1891] ***sm.*** *disus.* denominazione comune degli uccelli palustri con zampe particolarmente lunghe e sottili ‖

N. airone, beccaccia, beccaccino, chiurlo, cicogna, fenicottero, folaga, gru, otarda, piviere, struzzo.

trampolìno [da *trampolo*; 1891] **sm.** **1.** *T.sport.* asse elastica a piano inclinato, da cui i ginnasti prendono lo slancio per il salto || asse simile, ma non inclinata, da cui i nuotatori prendono lo slancio per fare il tuffo || nello sci, pista artificiale per gare di salto costruita lungo il pendio di una montagna **2.** *fig.* condizione od occasione favorevole che apre la via al successo: *un incarico considerato un buon trampolino di lancio per far carriera*; *servire da trampolino a qualcuno*, aiutarlo a salire nella carriera e sim.

tràmpolo [dal medio alto ted. *trampeln*, camminare a passi pesanti; a. 1449] **sm.** ciascuno dei due lunghi bastoni di legno, con una piccola mensola a una determinata altezza per poggiarvi il piede, coi quali si può camminare notevolmente sollevati da terra: *i pagliacci, per sembrare altissimi, camminano sui trampoli*; *reggersi sui trampoli*, anche *fig.* reggersi a stento, in modo precario || *per estens. fig. scherz.* gambe molto lunghe: *con quei trampoli che ti ritrovi ci credo che salti alto!*.

tramùta [da *tramutare*; a. 1606] **sf.** *raro* tramutamento.

tramutaménto [da *tramutare*; sec. XIV] **sm.** *non com.* atto del tramutare || *T.fin.* *tramutamento dei titoli*, operazione per cui un titolo pubblico nominativo consolidato viene mutato in titolo al portatore o misto, e viceversa.

tramutàre (pres. *-ùto*) [lat. *transmutāre*; 1294] **tr.** **1.** trasformare, convertire, mutare: *tramutare l'amore in odio, il principe fu tramutato in ranocchio* **2.** *non com.* mutare di posto, trasferire: *tramutare un impiegato* || *in part.* di liquido, travasare: *tramutare il vino* || *in part.* di pianta, trapiantare: *tramutare le viti* || **N.** **1.** *Sin.* trasmutare.

tramutazióne [da *tramutare*; a. 1348 *tramutagione*] **sf.** *raro* atto ed effetto del tramutare.

tramutìo (pl. *-ìi*) [da *tramutare*; 1879] **sm.** *raro* un tramutare continuo o frequente.

tramvài e der. forme meno com. di TRANVAI e der. (v.).

tranàre [lat. volg. **traginare*; a. 1313] **tr.** *arc.* trainare || *fig.* condurre: *or se tu l'occhio della mente trani di luce in luce* (Dante).

trance (ingl., pr. [trɑ:ns]) [letter. letargo; 1908] **sf.** *inv.* in parapsicologia, condizione indotta o spontanea, simile allo stato ipnotico, nella quale il soggetto risulta sensorialmente isolato dalla realtà circostante e acquista capacità medianiche.

trancerìa [da *tranciare*; 1983] **sf.** officina in cui si compiono operazioni di tranciatura.

tranche (fr., pr. [trɑ̃:ʃ]) [letter. parte di un tutto; 1939] **sf.** *inv.* fetta, taglio; *in part.* fetta di un preparato gastronomico: *ordinare una tranche di tonno, di gelato* || *T.banc.* quota || *fig.* nel linguaggio della critica letteraria, cinematografica ecc., *tranche de vie* (letter. "fetta di vita"), opera, brano o sequenza dal carattere fortemente realistico.

trancheur (fr., pr. [trɑ̃'ʃœ:r]) [da *trancher*, tranciare; 1983] **agg.** *inv.* *chef trancheur*, capocuoco che ha il compito di tagliare a pezzi una vivanda.

trància (pl. *-ce*) [dal fr. *trauche*; 1905] **sf.** **1.** macchina utensile usata per tagliare o rifilare a freddo lamiere, profilati, legname, risme di carta o altri materiali, mediante l'azione di lame circolari o a ghigliottina **2.** fetta di preparazione gastronomica, *tranche*: *una trancia di torta* || **N.** **1.** *Sin.* cesoia, taglierina. **TAV. utensili p. 1340** 3.

tranciàre (pres. *tràncio, trànci*) [dal fr. *trancher*, 1942] **tr.** tagliare con la trancia un pezzo metallico || *per estens.* tagliare in modo netto e deciso.

tranciatóre [da *tranciare*; 1961] **sm.** (f. *-trìce*) addetto alle operazioni di tranciatura.

tranciatrìce [da *tranciare*; 1942] **sf.** trancia, macchina per tranciare.

tranciatùra [da *tranciare*; 1961] **sf.** azione di tagliare o rifilare per mezzo di una trancia.

tràncio (pl. *-ci*) [da *tranciare*; 1942] **sm.** fetta, trancia: *un trancio di dolce*; *pizza al trancio*: pizza che viene venduta a peso, in pezzi.

trancìsta [da *tranciare*; 1965] **s.** tranciatore.

tranèllo [da *tranare*; sec. XIII-XIV] **sm.** insidia ordita con sottile malizia: *cadde in un tranello* || *per estens.* difficoltà, insidia non grave, ma che può trarre in errore: *in questa domanda c'è un tranello* || **N.** preparare, tendere.

tranghiottìre (pres. *-ìsco, -ìsci*) [dal lat. tardo *transglutīre*; a. 1320] **tr.** *ant.* *raro* trangugiare, inghiottire avidamente.

trangosciàre (pres. *-òscio*) [da *angosciare*; a. 1306] **intr.** (aus. *essere*) *ant.* *raro* soffrire molto, riempirsi di angoscia.

trangoscióso [da *trangosciare*; prima metà sec. XIV] **agg.** *ant.* *raro* angoscioso.

trangugiaménto [da *trangugiare*; 1865] **sm.** *non com.* atto ed effetto del trangugiare.

trangugiàre (pres. *-ùgio*) [comp. parasint. del lucch. *gogio*, gozzo; 1313] **tr.** **1.** inghiottire: *trangugiò il pranzo* **2.** *fig.* subire, accettare un fastidio: *trangugiare la presenza di quell'antipatico* || **N.** **1.** *Sin.* deglutire, ingollare, ingurgitare, mandar giù, tracannare.

trangugiatóre [da *trangugiare*; a. 1375] **sm.** (f. *-trìce*) *non com.* chi o che trangugia.

trànne [comp. dell'imper. di *trarre* e *ne*; 1313 *tra'ne*] **I** **prep.** fuorché, eccetto, salvo: *tutti tranne lei* || nella *loc. prep.* *tranne che*, ad eccezione di, meno che: *puoi uscire con tutti tranne che con lui* **II** nella **loc. cong.** *tranne che*, a meno che (seguita dal cong.): *tranne che (non) lo desideriate, vi verremo a trovare.*

tranquillaménto [da *tranquillare*; a. 1667] **sm.** *ant.* *raro* atto del tranquillare.

tranquillànte (*pps.* di *tranquillare*) [1728] **I** **agg.** *non com.* tranquillizzante **II** **sm.** *com.* farmaco neurosedativo || **N.** II *Sin.* neurolettico, psicolettico.

tranquillàre [lat. *tranquillāre*; 1319] **tr.** *raro* tranquillizzare.

tranquillità [lat. *tranquillitas, -ātis*; a. 1306 *tranquillitate*] **sf.** condizione di chi è tranquillo, o di cosa che rende tranquilli: *la tranquillità dello spirito, dei boschi* || **N.** *Sin.* calma, flemma, imperturbabilità, pacatezza, pace, placidità, posatezza, quiete, riposo, serenità | *Contr.* agitazione, ansia, inquietezza, inquietudine, turbamento.

tranquillizzàre [dal fr. *tranquilliser*, 1769] **tr.** rendere traquillo, calmo: *ha tranquillizzato il bimbo raccontandogli una fiaba*; *in part.* rassicurare una persona, liberarla da uno stato ansioso: *i referti radiografici lo hanno tranquillizzato completamente* || **N.** *Sin.* acquietare, calmare, chetare, pacare, quietare | *Contr.* agitare, angustiare, preoccupare, turbare.

tranquìllo [lat. *tranquillus*; 1319] **agg.** che è in stato di quiete, calmo; *in part.* rif. a persona, pacifico, non turbolento o, anche, sereno, disteso, non in apprensione: *un ragazzino tranquillo, se so che stai bene, sono tranquilla* || rif. a luogo, non disturbato da rumori: *cerchiamo un angolino tranquillo* || rif. a cosa, situazione ecc., calmo, privo di qualsiasi tipo di movimento, di turbamento fisico o morale e sim.: *oggi il mare è tranquillo*; *avere la coscienza tranquilla*, non avere rimorsi; *sono tranquillo*, non agitato; *star tranquillo*, non agitarsi, non preoccuparsi; anche, *fam.*, che non presenta difficoltà o rischi: *è un affare tranquillo* || **tranquillaménte** **avv.** || **N.** bonaccione, flemmatico, freddo, impassibile, imperturbabile, mansueto, pacioso, placido, posato; quieto, silenzioso | *Contr.* agitato, ansioso, inquieto, irrequieto, turbato, turbolento.

trans (lat., pr. it. [trans]) [letter. oltre] **prep.** usata in chimica con funzione attributiva per designare l'isomero geometrico dei composti organici olefinici, nel quale due sostituenti uguali fissati sui due atomi di carbonio di un doppio legame etilenico occupano posizioni opposte rispetto al piano contenente il doppio legame stesso || **N.** *Contr.* *cis.*

trans- [dal lat. *trans*, attraverso, oltre] **pref.** forma parole in cui ha il valore di *al di là, oltre* o anche *attraverso*, e indica passaggio da un luogo a un altro o, *fig.*, da una condizione a un'altra: *transalpino, transazione.*

transahariàno [comp. di *tran(s)-* e *sahariano*; 1961] **agg.** che attraversa il Sahara.

transalpìno [dal lat. *transalpīnus*; a. 1375] **I** **agg.** **1.** che è al di là delle Alpi: *regioni transalpine* || *per anton.* francese **2.** *meno com.* che attraversa le Alpi **II** **sm.** (f. *-a*) gen. al pl. *i transalpini, per anton.* i francesi || **N.** **1.** *Sin.* oltremontano | *Contr.* cisalpino.

transaminàṣi o **transamminàṣi** [comp. di *trans-, amina* e *-asi*; 1961] **sf.** *T.biol.* gruppo di enzimi in grado di sintetizzare gli amminoacidi.

transaminàṣico o **transamminàṣico** (pl. *-ci*) [da *transaminasi*; 1961] **agg.** *T.biol.* relativo alla transaminasi, proprio della transaminasi.

transandìno [comp. di *trans-* e *andino*; 1929] **agg.** posto al di là delle Ande || che attraversa le Ande: *ferrovia transandina.*

transappennìnico (pl. *-ci*) [comp. di *trans-* e *appenninico*; 1961] **agg.** **1.** che si trova al di là degli Appennini **2.** che attraversa gli Appennini.

transaràbico (pl. *-ci*) [comp. di *trans-* e *arabico*; 1961] **agg.** che attraversa l'Arabia: *oleodotto transarabico.*

transatlàntico (pl. *-ci*) [comp. di *trans-* e *atlantico*; 1819] **I** **agg.** **1.** che è al di là dell'oceano Atlantico: *paesi transatlantici* **2.** che attraversa l'Atlantico: *rotte transatlantiche* **II** **sm.** **1.** grossa nave passeggeri adibita a traversate oceaniche **2.** *per estens. fig.* il grande corridoio di Montecitorio antistante alla camera dei deputati.

transàtto (*pps.* di *transigere*) [a. 1580 come sm.] **I** **agg.** *non com.* aggiustato, composto: *lite transatta* **II** **sm.** transazione.

transazionalìṣmo [comp. di *transazione* e *-ismo*; 1976] **sm.** *T.psic.* teoria psicologica sviluppatasi negli Stati Uniti dopo la seconda guerra mondiale; alla sua base vi è il concetto di transazione dell'ultimo Dewey, in base al quale la natura e l'esistenza di ogni parte di un evento psicologico derivano dall'attiva partecipazione di ogni parte all'evento stesso; in pratica il transazionalismo si è occupato spec. di percezione, sottolineando, in polemica con la psicologia della *Gestalt*, l'importanza dell'esperienza passata nel percepire.

transazióne [dal lat. *transactio, -ōnis*; 1667] **sf.** **1.** *T.giur.* atto ed effetto del transigere: *si pervenne a una transazione, la transazione è favorevole per lui* || *fig.* *venire a transazione con la propria coscienza*, venire a patti, a compromesso **2.** operazione commerciale di compra-vendita: *merci oggetto di transazione* || **N.** **1.** *Sin.* accomodamento, accordo, aggiustamento, componimento, compromesso, conciliazione, concordato, *modus vivendi*, temperamento.

transcaucàṣico (pl. *-ci*) [comp. di *trans-* e *caucasico*; 1931] **agg.** posto al di là del Caucaso || che attraversa il Caucaso: *ferrovia transcaucasica*, ferrovia che si snoda tra il Mar Nero e il Mar Caspio || *febbre transcaucasica*, piroplasmosi tipica di alcune regioni tropicali o subtropicali.

transcèndere v. TRASCENDERE.

transcodìfica [comp. di *trans-* e *codifica*;

1983] **sf.** transcodificazione.

transcodificàre (pres. *transcodìfico* ecc., come CODIFICARE) [comp. di *trans-* e *codificare*; 1983] **tr.** *T.inform.* effettuare una transcodificazione.

transcodificatóre [da *transcodificare*; 1983] **sm.** *T.inform.* dispositivo che consente di effettuare una transcodificazione ‖ **N.** *Sin.* convertitore di codice.

transcodificazióne [comp. di *trans-* e *codificazione*; 1983] **sf.** *T.elettron.* conversione di un segnale da un codice a un altro ‖ *T.inform.* traduzione di dati da un sistema di codificazione in un altro.

transcontinentàle [comp. di *trans-* e *continentale*, sul modello del fr. *transcontinental*; 1955] **agg.** che attraversa un continente.

transcórrere **tr.** e **intr.** *raro* v. TRASCORRERE.

transculturazióne [comp. di *trans-* e *(ac)culturazione*; 1983] **sf.** passaggio, spesso brusco e violento, da una cultura a un'altra, riferito spec. alle imposizioni da parte dei paesi sviluppati ai paesi sottosviluppati.

transcutàneo [comp. di *trans-* e *cutaneo*; 1970] **agg.** che si realizza attraverso la cute.

transdanubiàno [comp. di *trans-* e *danubiano*; 1879] **agg.** che è al di là del fiume Danubio.

transeat (lat., pr. it. ['transeat] o ['tranzeat]) [letter. passi] **escl.** con valore concessivo di *lasciamo correre!*, *soprassediamo!*, *concediamo pure!* e sim.: *per una volta tanto, transeat, ma che non diventi un'abitudine.*

transégna [dal provenz. *entresenha*, insegna; fine sec. XIII] **sf.** *arc.* sopravveste.

transelevatóre [comp. di *trans-* e *elevatore*; 1983] **sm.** **1.** linea aerea di una catena di montaggio **2.** impianto automatico per il trasporto di merci all'interno di un magazzino.

transènna [dal lat. *transenna*; 1905] **sf.** **1.** *T.arch.* parapetto divisorio costituito generalmente da lastre in pietra o metallo decorate a traforo che, spec. nelle chiese cristiane pre-rinascimentali, delimitava il presbiterio **2.** graticcio mobile utilizzato per bloccare o incanalare provvisoriamente il traffico automobilistico o la circolazione dei pedoni.

transennàre (pres. *-ènno*) [da *transenna*; 1963] **tr.** sbarrare con transenne.

transessuàle [comp. di *tran(s)-* e *sessuale*, sul modello dell'ingl. *transsexual*; 1972] **agg.** e **s.** di persona che prova un forte impulso ad appartenere al sesso opposto, anche fino al punto di cambiare sesso con un'operazione chirurgica.

transessualìsmo [da *transessuale*, sul modello del fr. *transsexualisme*; 1974] **sm.** transessualità.

transessualità [da *transessuale*; 1979] **sf.** condizione di una persona transessuale.

transètto o **transétto** [dall'ingl. *transeptum*; 1927] **sm.** *T.arch.* in una chiesa a croce latina, la navata che costituisce il braccio più corto, e che nei primi tempi del cristianesimo era riservata al clero. **TAV.** *chiesa* 3.9.

transeùnte [dal lat. *transiens, -eŭntis*; 1805] **agg.** passeggero, fugace.

transfer (ingl., pr. ['trænsfə]; pr. it. ['transfer]) [da to *transfer*, trasferire; 1967] **sm.** *inv.* **1.** trasferimento, in part. di turisti dalla stazione o aeroporto all'albergo e viceversa **2.** *T.tecn.* usato in posizione attributiva, *macchina (a) transfer*, unità operativa complessa costituita da un insieme di macchine utensili che provvedono contemporaneamente al trasporto e alle successive lavorazioni dei pezzi **3.** *T.psic.* in psicopedagogia, effetto di un contenuto appreso su un altro contenuto (appreso precedentemente o successivamente) ‖ *T.banc.* trasferimento di un titolo di credito nominativo.

trànsfert [dal fr. *transfert*; 1927] **sm.** *inv.* **1.** *T.psican.* processo col quale il paziente indirizza nei confronti dell'analista desideri e pulsioni affettive (positive o negative) originariamente rivolti a persone importanti nella propria esperienza precedente l'analisi **2.** *T.banc.* *transfer.* **Q.T.** *psicanalisi.*

transfluènza [da *transfluire*; 1961] **sf.** *T.geogr.* il transfluire di un ghiacciaio ‖ luogo dove avviene tale fenomeno.

transfluìre (pres. *-ìsco, -ìsci*) [dal lat. *transfluere*, scorrere attraverso; 1961] **intr.** (aus. *essere*) diramarsi di una lingua glaciale in valli contigue attraverso depressioni o avvallamenti.

transformer (ingl., pr. [træns'fɔ:mə]; pr. it. [trans'former]) [1988] **sm.** *inv.* giocattolo le cui diverse parti possono essere scomposte e ricomposte dando origine ad oggetti diversi per forma e funzione.

transfràstico (pl. *-ci*) [comp. di *trans-* e *frastico*; 1973] **agg.** *T.ling.* detto di fenomeno e di relazione che supera il confine della frase e coinvolge più frasi o il testo nella sua interezza.

trànsfuga (pl. *-ghi*) [dal lat. *transfuga*; 1555] **s.** *lett.* chi passa al nemico; disertore ‖ *com. fig.* chi passa da un partito politico a un altro avverso ‖ **N.** apostata.

transiberiàno [comp. di *trans-* e *siberiano*; 1905] **agg.** che attraversa la Siberia: *ferrovia trasiberiana* (o, anche *sf. la Transiberiana*), quella che unisce l'Europa con l'Estremo Oriente attraverso la Siberia.

transigènte (*ppr.* di *transigere*) [1745] **agg.** accomodante, disposto a venire a compromessi ‖ **N.** *Contr.* intransigente.

transigènza [da *transigente*; 1965] **sf.** *non com.* qualità di chi è transigente.

transìgere (pres. *transìgo, transìgi*; p.rem. *transigéi* o *transigètti*; pps. *transàtto*) [dal lat. *transigere*; 1781] **tr.** **1.** *T.giur.* metter fine a una lite con un accordo nel quale le parti si fanno reciproche concessioni **2.** *ass.*, *per estens.* fare concessioni, raggiungere un compromesso: *in fatto di onestà non transigo* ‖ **N.** **1.** transazione **2.** patteggiare, scendere a patti, venire a compromesso.

transilvànico (pl. *-ci*) [dal n. geogr. *Transilvania*; 1931] **agg.** proprio della Transilvania, relativo alla Transilvania.

transìre (pres. *-ìsco, -ìsci*) [dal lat. *transīre*; 1306] **tr.** *arc.* passare ‖ *eufem.* morire.

transistor (ingl., pr. [træn'zɪstə]; pr. it. [tran'zistor]) [comp. di *trans(it)*, transito e *(res)istor*, resistore; 1905] **sm.** *inv.* dispositivo costituito da un cristallo semiconduttore, che amplifica o rettifica correnti e tensioni elettriche sostituendo vantaggiosamente i tubi elettronici ‖ *per estens. fam. disus.* indica anche la radiolina, tascabile o portatile, funzionante a *transistor.* **Q.T.** *elettricità.*

transistóre (pl. *-i*) [da *transistor*; 1950] **sm.** adattamento it. di *transistor.*

transistorizzàre [da *transistor*; 1961] **tr.** *T.tecn.* impiegare transistori nella realizzazione di apparecchi e dispositivi elettronici: *transistorizzare un radioricevitore, macchina calcolatrice transistorizzata.*

transistorizzazióne [da *transistorizzare*; 1961] **sf.** *T.tecn.* applicazione di transistori in apparecchi e dispositivi elettronici.

transitàbile [da *transitare*; 1942] **agg.** attraverso cui o da cui si può transitare: *il valico, a causa della neve, non è più transitabile.*

transitabilità [da *transito*; 1935] **sf.** condizione di ciò che è transitabile.

transitàre (pres. *trànsito*) [da *transito*, attr. il fr. *transiter*; 1805] **intr.** (aus. *essere*) spec. di veicoli, passare attraverso una località, lungo una via di comunicazione e sim.: *per ore è stato impossibile transitare per la stazione di Bologna, attraverso la galleria del Monte Bianco, sulla strada del valico.*

transitàrio (pl. *-ri*) [da *transito*; 1961] **sm.** (f. *-a*) che svolge o esercita attività di transito.

transitività [da *transitivo*; 1961] **sf.** proprietà di ciò che è transitivo.

transitìvo [dal lat. tardo *transitīvus*; 1655] **agg.** **1.** *T.gram.* di verbo, che ammette un complemento oggetto **2.** *T.mat.* *proprietà transitiva*, proprietà di una relazione R per cui, se aRb e bRc, allora aRc ‖ **transitivaménte** **avv.** in modo transitivo: *un verbo intransitivo usato transitivamente* ‖ **N.** **1.** *Contr.* intransitivo.

trànsito [dal lat. *transitus*; sec. XIV nel senso 3] **sm.** **1.** rif. a veicoli, persone o merci, passaggio (per una determinata località o via di comunicazione o sim.): *su quel ponte il transito è consentito ai mezzi di peso inferiore a 50 q, un crollo ha bloccato il transito in galleria, divieto di transito*; *treno in transito*, che passa ma non si ferma in una data stazione; *stazione, porto di transito*; *merci in transito*, che transitano in un certo territorio ma sono dirette ad altra destinazione: *le merci in transito nel territorio italiano non pagano i diritti doganali* **2.** *T.astr.* passaggio di un pianeta (Mercurio o Venere) davanti al disco del Sole **3.** *T.rel.* o *lett.* morte, trapasso alla vita eterna.

transitorietà [da *transitorio*; 1879] **sf.** qualità di ciò che è transitorio ‖ **N.** *Sin.* precarietà, provvisorietà, temporaneità.

transitòrio (pl. *-ri*) [dal lat. *transitōrius*; a. 1294] **agg.** destinato a durare per un tempo relativamente breve; provvisorio, temporaneo: *un malore, un incarico transitorio* ‖ *T.giur.* *diritto transitorio*, complesso di norme, disposizioni, provvedimenti e sim. emanati dal legislatore per regolare il passaggio da vecchie a nuove normative ‖ **transitoriaménte** **avv.** provvisoriamente ‖ **N.** *Sin.* effimero, fugace, momentaneo, passeggero, precario.

transizióne [dal lat. *transitio, -ōnis*; 1572] **sf.** passaggio da una condizione di cose a un'altra: *governo di transizione*, provvisorio; *epoca, periodo di transizione*, che segna il passaggio da uno stato di civiltà a un altro, da una scuola artistica o letteraria a un'altra e sim. ‖ *T.fis.* passaggio da uno stato a un altro; nella meccanica quantistica, passaggio di un sistema da uno stato quantistico a un altro: *transizione di un atomo a uno stato eccitato per assorbimento di un fotone* ‖ *T.geol.* *zona di transizione*, quella che separa la zona più esterna del mantello da quella più interna.

translagunàre [comp. di *trans-* e *lagunare*; 1983] **agg.** che attraversa la laguna: *il ponte translagunare che collega Venezia alla terraferma.*

translazióne v. TRASLAZIONE.

transliterare e der. v. TRASLITTERARE e der.

translùcido [dal lat. *translucidus*; 1961] **agg.** **1.** *T.fis.* di corpo, che si lascia attraversare dalla luce ma che manca di diafanità, per cui non permette di scorgere distintamente i contorni degli oggetti che sono al di là di esso (per es. il vetro smerigliato) **2.** *lett.* trasparente ‖ **N.** pellucido.

translunàre [comp. di *trans-* e *lunare*; 1970] **agg.** che si trova oltre la luna.

transoceànico (pl. *-ci*) [comp. di *trans-* e *oceanico*; 1858] **agg.** che attraversa un oceano: *rotta transoceanica.*

transònico (pl. *-ci*) [dall'ingl. *transonic*; 1961] **agg.** di aereo, che vola a numeri di Mach solo di poco minori o superiori all'unità ‖ **N.** ipersonico, supersonico, ultrasonico.

transpadàno [dal lat. *transpadānus*; 1478] **agg.** che è al di là del Po (rispetto a Roma), e cioè sulla sua riva sinistra ‖ **N.** *Contr.* cispadano.

transtiberino [dal lat. *transtiberinus*; 1961] **agg.** *lett.* che è al di là del Tevere; trasteverino.

transubstanziàrsi e der. v. TRANSUSTANZIARSI e der.
transumanàre v. TRASUMANARE.
transumànza [da *transumare*; 1900 ca.] ***sf.*** trasferimento del bestiame dal monte al piano o viceversa (a seconda della stagione), alla ricerca dei pascoli.
transumàre [dal fr. *transhumer*; 1909] ***intr.*** (aus. *essere* e *avere*) di gregge, spostarsi in cerca di nuovi pascoli nelle diverse stagioni.
transurànico (pl. *-ci*) [comp. di *trans-* e *uranico*, sul modello dell'ingl. *transuranic*; 1950] ***agg.*** *T.chim.* di elementi chimici di numero atomico superiore a quello dell'uranio.
transuretràle [comp. di *trans-* e *uretrale*; 1983] ***agg.*** *T.anat.* che attraversa l'uretra.
transustanziàrsi o **transubstanziàrsi** [dal lat. mediev. *transubstantiāre*; sec. XIV] ***intr. pron.*** *T.teol.* diventare un'altra sostanza, riferito al pane e al vino nell'Eucaristia.
transustanziazióne o **transubstanziazióne** [dal lat. mediev. *transubstantiatio, -ōnis*; 1666] ***sf.*** *T.teol.* nella teologia cattolica, trasformazione, all'atto della consacrazione eucaristica, della sostanza del pane e del vino in quella del Corpo e del Sangue di Cristo, pur rimanendo immutate le loro sembianze esterne.
transvolàre v. TRASVOLARE.
trantràn o **tran tran** (pr. [tran'tran]) [voce onom.; 1905] ***sm.*** o ***loc. m.*** *fam.* ritmo, andamento monotono, uniforme e consueto della vita di tutti i giorni o di una particolare attività: *si torna in ufficio e si ricomincia il solito trantran.*
tranvài [dall'ingl. *tramway car*; 1856 *tramway*] ***sm. inv.*** *pop.* tram.
tranvìa [dall'ingl. *tramway* con influsso di *ferrovia*; 1880 *tramvia*] ***sf.*** sistema di trasporto pubblico su vetture ad alimentazione elettrica aerea, circolanti su rotaie a livello della strada.
tranviàrio (pl. *-ri*) [da *tranvia*; 1901 *tramviario*] ***agg.*** di tram, che concerne la tranvia o il tranvai: *servizio tranviario, sede tranviaria.*
tranvière [da *tranvia*; 1902] ***sm.*** (f. *-a*) addetto al servizio tranviario ‖ **N.** bigliettaio, conduttore, controllore | tram.
tràpa [da (*calci*)*trapa*, var. di *calcatreppola*; 1840] ***sf.*** pianta delle Enoteracee vivente in zone paludose, che produce un frutto commestibile coperto di aculei ‖ **N.** *Sin.* castagna d'acqua.
trapanaménto [da *trapanare*; a. 1504] ***sm.*** *non com.* atto del trapanare.
trapanàre (pres. *tràpano*) [da *trapano*; 1598] ***tr.*** forare o, anche, incavare, ridurre con un trapano: *gli hanno trapanato un dente* ‖ *fig. iperb.* *trapanare le orecchie, il cervello, le ossa*, di rumore o dolore estremamente acuto e penetrante ‖ **N.** perforare.
trapanatóre [da *trapanare*; 1865] ***agg.*** e ***sm.*** (f. *-trìce*, e *-tóra*) *non com.* che o chi trapana.
trapanatrice [da *trapanare*; 1961] ***sf.*** *non com.* trapano.
trapanatùra [da *trapanare*; 1692] ***sf.*** atto ed effetto del trapanare.
trapanazióne [da *trapanare*; a. 1575] ***sf.*** atto del trapanare ‖ *T.chir.* intervento chirurgico consistente nel praticare uno o più fori in un osso (e spec. nella teca cranica) per mezzo di un trapano chirurgico.
tràpano [dal gr. *trýpanon*; sec. XIV] ***sm.*** ciascuno di vari tipi di macchine utensili, manuali o a motore, portatili o fisse, costituite essenzialmente da una punta elicoidale in acciaio (*saetta*) fatta ruotare velocemente intorno al proprio asse; vengono usate per praticare fori circolari in metallo, legno, pietra, osso ecc.: *trapano elettrico, da dentista* ‖ **N.** TIPI: a colonna, a percussione, a petto, a vite, menarola, multi-mandrino | PARTI: mandrino, saetta. **TAV.** *macchine utensili* 10; ***medicina...*** **p. 1320** 16; ***utensili*** **p. 1341** 29.
trapassàbile [da *trapassare*; prima metà sec. XIV] ***agg.*** che si può trapassare.
trapassaménto [da *trapassare*; a. 1294 nel senso 2] ***sm.*** *raro* **1.** atto e modo del trapassare **2.** *fig. arc.* trasgressione **3.** *fig. ant.* morte.
trapassàre [da *passare*; a. 1294 nel senso 3] ***tr.*** **1.** passare da parte a parte: *trapassò il muro, il fegato* ‖ *fig.* *trapassare il cuore*, affliggere profondamente **2.** *raro* o *lett.* attraversare, passare oltre, al di là di qualcosa: *trapassare il valico, il confine* **3.** *poet.* rif. al tempo, trascorrere, impiegare: *canti, e così trapassi / dell'anno e di tua vita il più bel fiore* (Leopardi) ‖ ***intr.*** (aus. *essere*) **1.** passare attraverso un luogo: *la luce trapassa dagli spiragli della finestra* **2.** *lett.* morire, finire: *tutto trapassa su questa terra, trapassò placidamente* **3.** *raro* passare da uno a un altro: *l'eredità trapassa di padre in figlio* **4.** *raro* omettere, tralasciare ‖ **N.** ***tr.*** **1.** *Sin.* trafiggere **2.** *Sin.* oltrepassare.
trapassàto (*pps.* di *trapassare*) [1353 come sm.] **I** ***agg.*** passato da parte a parte: *col cuore trapassato da una spada* **II** ***sm.*** **1.** (f. *-a*) defunto: *ricordarono i cari trapassati* **2.** *T.gram.* tempo del verbo che indica un'azione anteriore a un'altra azione passata: *trapassato prossimo, trapassato remoto.*
trapàsso[1] [da *trapassare*; 1321] ***sm.*** **1.** atto del trapassare, passaggio; *in part.* *trapasso di proprietà*, passaggio di proprietà da una persona a un'altra ‖ *com. fig.* *epoca di trapasso*, di transizione; *la fase di trapasso dall'infanzia all'adolescenza*; *lett.* morte **2.** *concr., raro*, il luogo dove si trapassa; valico, passo: *qui c'è un trapasso più sicuro.*
trapàsso[2] [da *trapassare*; a. 1535] ***sm.*** andatura irregolare del cavallo trottatore.
trapelàre (pres. *-élo*) [comp. parasint. di *pelo*; 1319] ***intr.*** (aus. *essere*) **1.** di liquido, luce e sim. passare attraverso una sottile fenditura: *il vino trapela dalla botte tra doga e doga* **2.** *fig.* manifestarsi da un lieve indizio: *dalla sua esitazione trapelava l'imbarazzo*; *da uno sguardo trapelò la verità* ‖ ***tr.*** *raro* *trapelare un segreto*, arrivare a conoscerlo da qualche lieve indizio ‖ **N.** ***intr.*** **1.** filtrare.
trapélo [lat. *protēlum*, tiro continuo in avanti con influenza del pref. *tra-* sulla variante con metatesi **tropelo*; a. 1708] ***sm.*** animale da tiro che si attacca di rinforzo nei tratti di percorso particolarmente disagevoli, spec. nelle salite ‖ **N.** bilancino, pertichino.
trapestìo (pl. *-ìi*) [da *trepestio*, con influsso di *tra-*; 1974] ***sm.*** *pop.* trepestio.
trapéto v. TRAPPETO.
trapèzio (pl. *-zi*) [dal lat. tardo *trapezium*, gr. *trapézion*; sec. XIV] ***sm.*** **1.** *T.geom.* figura piana a quattro lati, due dei quali (chiamati *basi*) sono tra loro paralleli e di lunghezza diversa: *trapezio isoscele*, avente i due lati non paralleli di uguale lunghezza **2.** attrezzo ginnico e circense costituito da una sbarra appesa alle estremità a due funi di uguale lunghezza: *acrobazie al trapezio* **3.** *T.anat.* muscolo superficiale del dorso, largo e triangolare, che, inserendosi sulla colonna vertebrale, sulla clavicola e sulla scapola, consente l'elevazione della spalla ‖ una delle ossa del carpo **4.** *T.mar.* cavo metallico provvisto di cintura cui il prodiere si assicura per sporgersi dall'imbarcazione ‖ **N.** **1.** rettangolo, scaleno. **TAV.** *geometria* 8; ***anatomia*** **p. 641** 1.5 e **p. 642** 9.5.
trapezista [da *trapezio*, attr. il fr. *trapéziste*; 1950] ***s.*** acrobata del circo che lavora al trapezio.
trapezoèdro [comp. di *trapez*(*i*)*o* ed *-edro*; 1961] ***sm.*** solido geometrico che ha tutte le facce trapezoidali.
trapezoidàle [da *trapezoide*; 1934] ***agg.*** che ha forma di trapezio.
trapezòide [dal gr. *trapezoeidḗs*; 1681] **I** ***agg.*** *T.geom.* a forma di trapezio **II** ***sm.*** **1.** *T.geom.* quadrilatero simile al trapezio ma con un lato curvilineo **2.** *T.anat.* una delle ossa del carpo. **TAV.** ***anatomia*** **p. 642** 9.6.
trapiantaménto [da *trapiantare*; 1803] ***sm.*** *non com.* atto del trapiantare; trapianto.
trapiantàre [dal lat. tardo *transplantāre*; a. 1320] ***tr.*** **1.** *T.giard.* estrarre una pianta con le radici da un luogo per piantarla in un altro: *trapiantare rose* ‖ *fig.* trasferire: *un ramo della famiglia si trapiantò in Francia* **2.** *T.chir.* eseguire il trapianto di un organo o di un tessuto: *gli hanno trapiantato il rene* ‖ **N.** **1.** travasare.
trapiantatóio (pl. *-ói*) [da *trapiantare*; 1891] ***sm.*** attrezzo manuale per trapiantare piccole piante ‖ **N.** trapiantatrice.
trapiantatrice [da *trapiantare*; 1929] ***sf.*** macchina agricola, usata spec. nella coltivazione del tabacco, del riso e di alcuni ortaggi, che esegue il trapianto delle piantine.
trapiantazióne [da *trapiantare*; a. 1563] ***sf.*** *raro* atto del trapiantare.
trapiantìsta [da *trapianto*; 1983] ***s.*** e ***agg.*** medico chirurgo specializzato in trapianti.
trapiànto [da *trapiantare*; 1902] ***sm.*** atto ed effetto del trapiantare; *in part.* *T.giard.* trasferimento di una piantina, con tutte le radici, da un luogo a un altro ‖ *T.chir.* trasporto di un tessuto da una parte ad un'altra di uno stesso organismo: *trapianto di pelle* ‖ trasporto di un organo o di un tessuto da un corpo a un altro: *un trapianto del rene.* **Q.T.** *chirurgia.*
trapiantologìa [comp. di *trapianto* e *-logia*; 1983] ***sf.*** settore della biologia o della medicina che si occupa del trapianto di organi o tessuti del corpo umano.
trapórre (pres. *trapóngo* ecc., come PORRE) [da *porre*; a. 1547] ***tr.*** *arc.* **1.** interporre, frapporre **2.** trasporre.
traportàre (pres. *-òrto*) [da *portare*; prima metà sec. XIV] ***tr.*** *arc.* trasportare.
tràppa [dal fr. *trappe*; 1891] ***sf.*** **1.** convento di trappisti **2.** *per estens.*, anche *fig.*, qualunque luogo di penitenza molto austera.
trapper (ingl., pr. ['træpə]) [letter. chi tende trappole; 1979] ***s. inv.*** escursionista che, servendosi di un equipaggiamento rudimentale ed essenziale, cerca di vivere a contatto diretto con l'ambiente naturale.
trappéto o **trapéto** [lat. *trapētum*; 1840] ***sm.*** *region.* torchio, frantoio per olive, uva ecc.
trappìsta [dal fr. *trappiste*; 1859 *trappita*] ***s.*** **1.** membro dell'omonimo ordine monastico (originariamente ramo riformato dei cistercensi e successivamente ordine autonomo) caratterizzato dall'estremo rigore **2.** *fig.* persona che per misantropia o altra causa vive ritirata e molto austeramente: *fa una vita da trappista.*
tràppola [dal francone **trappa*; a. 1320] ***sf.*** **1.** dispositivo di vario tipo per la cattura di animali selvatici: *piazzò una trappola per gli uccelli, per i topi* **2.** *fig.* insidia tesa contro qualcuno: *cadde nella trappola preparata dai suoi nemici* **3.** *fig. fam. non com.* frottola, fandonia, bugia: *tu vuoi darmi ad intendere certe trappole che non ingannerebbero un bambino* **4.** *per estens. fam.* marchingegno, arnese che non funziona o che funziona male: *questo accendisigari è una trappola* ‖ **N.** **1.** calappio, cappio, laccio, rete, tagliola, trabocchetto | esca, specchietto per le allodole **2.** preparare, predisporre, tendere. **Q.T.** *caccia.*
trappolàre (pres. *tràppolo*) [da *trappola*; a. 1470] ***tr.*** *raro* intrappolare.
trappolatóre [da *trappolare*; a. 1472] ***agg.*** e ***sm.*** (f. *-trìce*) *raro* truffatore ‖ che o chi racconta fandonie.
trappolerìa [da *trappola*; a. 1565] ***sf.*** *raro* frode, inganno, raggiro, truffa.
trappolóne (*accr.* di *trappola*) [1865 nel sen-

so 2] *sm.* **1.** grossa trappola **2.** *fig. raro* truffatore, imbroglione.

trapùngere (pres. *trapùngo* ecc., come PUNGERE) [dal lat. tardo *transpungere*; a. 1543] *tr. lett.* trapassare pungendo, trapuntare || ricamare.

trapùnta [da *trapunto*; 1310 *traponta*] *sf.* **1.** coperta imbottita e impuntita **2.** *T.stor.* sottoveste imbottita che si portava sotto la corazza.

trapuntàre [da *trapunto*; 1516] *tr.* lavorare di trapunto, ricamare || impuntire, impunturare.

trapuntatùra [da *trapuntare*; 1983] *sf.* atto o effetto del trapuntare.

trapùnto (*pps.* di *trapungere*) [1319] **I** *agg.* **1.** cucito in modo da trapassare a ogni punto due strati di stoffa sovrapposti e l'imbottitura che vi è frapposta; impunturato || ricamato a trapunto **2.** *fig.* punteggiato, come dai punti di una trapunta: *un cielo trapunto di stelle* **II** *sm.* impuntura || ricamo in bianco, su stoffa resistente, i cui contorni sono definiti da un cordoncino nel quale gli ornati sono coperti da diversi punti di riempimento.

traripàre [comp. parasint. di *ripa*; 1364] *intr.* (aus. *essere* e *avere*) *raro* straripare || *ant.* passare da una ripa o da una riva all'altra.

trarómpere (pres. *-rómpo* ecc., come ROMPERE) [da *rompere*; sec. XIII] *tr. raro* interrompere.

tràrre (pres. *tràggo, trài, tràe, traiàmo, traéte, tràggono*; imp. *traévo*; p.rem. *tràssi, traésti, tràsse, traémmo, traéste, tràssero*; fut. *trarrò, trarrài*; imper. *trài*; cong. pres. *tràgga, traiàmo, traiàte, tràggano*; cond. pres. *trarrèi*; ppr. *traènte*; pps. *tràtto*; tutte le altre voci derivano da un supposto infinito *traere*) [lat. *trahere*; 1313] *tr.* variante *ant.* o *lett.* di *tirare* (in tutti i sensi tr.), col quale però concorre nell'uso comune in alcune accezioni e in part. in alcuni modi di dire e loc.: **1.** tirare, trascinare a forza in un dato luogo: *trarre a riva*; *trarre a sé*, avvicinare a sé e, *fig.*, attrarre, attirare: *la trasse a sé e la baciò, l'amor che qui mi trasse* || *fig.* condurre, far pervenire in una data condizione: *trarre in salvo*; *trarre in inganno*, ingannare: *non lasciarti trarre in inganno dalle apparenze!* **2.** *lett.* seguito da un compl. di moto da luogo, togliere, portare via: *io sarò la tua guida / e trarrotti di qui per luogo etterno* (Dante) || *fig.* togliere, liberare da una certa condizione; *com.* nel modo di dire *trarre d'impaccio*, togliere dai guai, da una situazione difficile e sim. || *in part. com.* tirar fuori, estrarre: *trasse fuori dalla tasca una pistola*; nella loc. *a spada tratta*, con la spada sguainata e, *fig.*, battendosi con impegno: *lo difese a spada tratta* || *fig.* ricavare, desumere, derivare: *da questo fatto storico è stato tratto un lavoro teatrale, trasse le conclusioni del discorso*; *trarre un qualche vantaggio, utile, profitto dalla situazione* **3.** *raro* detrarre, eccettuare: *tratte le spese resta ben poco* **4.** lanciare, com. solo nel modo di dire *il dado è tratto*, è ormai stato lanciato e, *fig.*, la decisione è presa || *rifl.* **1.** *non com.* spostarsi, muoversi verso una data posizione: *si trasse di* (o *a*) *lato per far passare gli altri* **2.** togliersi, tirarsi fuori da qualcosa, anche *fig.*: *trarsi fuori dai guai* || *intr.* (aus. *avere*) *ant.* o *lett.* **1.** di vento, spirare, tirare: *trae vento* **2.** accorrere: *trarre a un luogo.*

tras- [dal lat. *trans-*, attraverso, oltre] *pref.* in formazioni deverbali o raramente parasintetiche indica passaggio, movimento oltre, al di là di qualcosa (*trasparire*), movimento, spostamento da un punto all'altro (*traslocare, trasferire, trasportare*) o anche, *fig.*, passaggio, cambiamento da una condizione a un'altra (*trasfigurare, trasformare*).

trasaliménto [da *trasalire*; 1954] *sm.* atto del trasalire.

trasalìre (pres. *-isco, -isci*) [dal lat. *transilīre*; 1848] *intr.* (aus. *avere* ed *essere*) sobbalzare per un'emozione improvvisa causata da forti rumori, parole o spettacoli inattesi e sim.: *al vedermi trasalì* || **N.** *Sin.* sussultare.

trasaltàre [da *saltare*; 1723] *intr.* (aus. *avere*) *raro* **1.** muoversi a grandi salti: *trasaltava come in una danza incomposta* (D'Annunzio) **2.** sobbalzare.

trașandaménto [da *trasandare*; 1840] *sm. raro* condizione di chi è trasandato.

trașandàre (coniugato al tr. come verbo regolare e all'intr. come il verbo ANDARE) [da *andare*; a. 1597] *tr. raro* trascurare, lasciar andare: *trasanda la pulizia, gli affari* || *intr. arc.* andar molto oltre e, *fig.*, oltrepassare i limiti || **N.** *tr. Sin.* negligere.

trașandàto (*pps.* di *trasandare*) [1865] *agg.* trascurato, negligente: *è molto trasandato nella persona, nelle vesti*; *essere trasandato nello scrivere*, sciatto.

trașbordàre (pres. *-órdo*) [dal fr. *transborder*; 1908] *tr.* trasferire persone o merci da un mezzo di trasporto a un altro: *trasbordare i passeggeri dal diretto al rapido* || *intr.* (aus. *essere* e *avere*) passare, trasferirsi da un mezzo di trasporto a un altro.

trașbordatóre [da *trasbordare*; 1889] *sm.* natante o imbarcazione adoperato per trasbordare, da una riva all'altra, o da una nave all'altra, persone o merci || *sm.* (f. *-trìce*) addetto al trasbordo di merci o passeggeri.

trașbórdo [da *trasbordare*; 1889] *sm.* l'azione del trasbordare.

trascégliere (pres. *trascélgo* ecc., come SCEGLIERE) [da *scegliere*; a. 1294] *tr.* scegliere con cura tra più cose o persone: *trascelse gli oggetti più belli, più costosi e più caratteristici* || **N.** *Sin.* selezionare.

trascegliménto [da *trascegliere*; a. 1729] *sm. raro* atto e modo del trascegliere.

trascélta [da *trascegliere*; a. 1698] *sf. raro* atto e modo del trascegliere.

trascendentàle [da *trascendere*; a. 1729] *agg.* **1.** *T.fil.* nella scolastica, delle nozioni che trascendono in generalità le categorie aristoteliche essendo quelle che qualificano la nozione di ente || in Kant, della riflessione filosofica sugli elementi a priori della conoscenza umana: *estetica trascendentale, logica trascendentale*; anche l'a priori in quanto condizione di conoscenza (questo senso prevalse a partire dall'idealismo: *Io trascendentale*, quello assoluto, in contrapposizione agli io empirici): *principi trascendentali* **2.** *per estens.* eccezionale, che oltrepassa i limiti abituali, spec. nei modi di dire *fam. non è* o *non ha nulla di trascendentale*, non presenta particolari difficoltà.

trascendentalișmo [da *trascendentale*; 1908] *sm.* **1.** *T.fil.* punto di vista filosofico che, come quello kantiano, considera l'oggetto non reale e conoscibile in sé, ma solo in quanto è sottoposto a condizioni formali a priori che sono proprie del soggetto conoscente **2.** movimento filosofico-letterario statunitense, affermatosi tra il 1830 e il 1850, che si configura come un idealismo panteistico e romantico ispirato spec. a Schelling e a Hegel.

trascendentalìstico (pl. *-ci*) [da *trascendentale*; 1974] *agg.* relativo al trascendentalismo.

trascendentalità [da *trascendentale*; 1970] *sf.* carattere di ciò che è trascendentale || trascendenza.

trascendènte (*ppr.* di *trascendere*) [a. 1406] *agg.* **1.** che si riferisce a un ordine di realtà superiore: *il carattere trascendente delle idee platoniche* **2.** *T.mat. numero trascendente*, che non è radice di un'equazione algebrica a coefficienti razionali; *curva trascendente*, non algebrica; *funzione trascendente*, che non si presenta in forma di funzione positiva, negativa o frazionaria (per es. le funzioni logaritmiche, esponenziali, circolari) || **N.** **1.** *Contr.* immanente.

trascendentișmo [da *trascendente*; 1961] *sm. T.fil.* ogni dottrina che ammette l'esistenza di un'entità divina trascendente.

trascendentìstico (pl. *-ci*) [da *trascendentismo*; 1961] *agg. T.fil.* relativo al trascendentismo, proprio del trascendentismo.

trascendènza [da *trascendente*; a. 1712] *sf.* qualità di ciò che è trascendente || **N.** *Contr.* immanenza.

trascéndere (pres. *trascéndo*; p.rem. *trascési, trascése, trascésero*; pps. *trascéso*) [dal lat. *transcendere*; a. 1294] *tr.* **1.** oltrepassare, superare: *colui che col saper tutto trascende* (Dante), *concetti che trascendono la capacità umana* **2.** *T.fil.* esistere al di fuori, al di sopra di un'altra realtà: *un ente supremo che trascende il mondo* || *intr.* (aus. *avere*, se usato ass., e anche *essere* se è espresso il compl. indir.) eccedere: *quell'uomo ha trasceso*; *è trasceso a ingiurie volgari* || **N.** *tr.* **1.** eccedere, esorbitare | *intr. Sin.* perdere le staffe, uscire dai gangheri, trasmodare.

trascendiménto [da *trascendere*; a. 1375] *sm. raro* atto del trascendere, dell'eccedere.

trascinaménto [da *trascinare*; 1879] *sm.* atto, modo ed effetto del trascinare.

trascinànte (*ppr.* di *trascinare*) [1840] *agg.* che trascina || *fig.* avvincente, entusiasmante, esaltante: *un ritmo trascinante.*

trascinàre (pres. *-ìno*) [lat. volg. **traxināre*; 1325 ca.] *tr.* **1.** tirare qualcosa o qualcuno dietro di sé, perlopiù facendolo strisciare per terra (anche *fig.*): *trascinava a stento la sedia, trascinare la gamba ferita, cadendo trascinò con sé i compagni di cordata, trascinò il paese sull'orlo della guerra civile* || *fig. trascinare con sé*, avere come diretta conseguenza: *la gelosia trascina con sé l'odio* **2.** *in part.* rif. a esseri animati, condurli dietro di sé vincendone la resistenza, la riluttanza e sim., anche *fig.*: *trascinò il figlio a scuola, il cane lontano dai gattini*; *abbiamo prove tali da trascinarti in tribunale* **3.** *fig.* attirare, sedurre, guadagnare alla propria causa e sim.: *trascinare le folle*, guadagnarsi la loro entusiastica adesione; *trascinarsi dietro qualcuno*, ottenerne l'appoggio: *nella sua polemica col direttore si è trascinato dietro la collega*; anche *ass.* coinvolgere: *una musica che trascina, ha quel modo di fare che trascina* || *rifl.* muoversi strisciando, perlopiù faticosamente, per terra: *trascinarsi nel fango delle trincee*; anche *fig.*: *trascinarsi in una vita di stenti* || *intr. pron. fig.* protrarsi: *una diatriba che si trascinò per anni* || **N.** *tr.* **1.** strisciare, trainare, trarre **3.** ammaliare, avvincere, coinvolgere, conquistare, convincere | *intr. pron. Sin.* prolungarsi.

trascinatóre [da *trascinare*; 1955] *agg.* e *sm.* (f. *-trìce*) che o chi trascina, specie in senso *fig.*: *un trascinatore di folle.*

trascinìo (pl. *-ìi*) [da *trascinare*; 1879] *sm. non com.* **1.** il trascinare continuo e frequente **2.** il rumore prodotto || **N.** *Sin.* strascichio.

trascoloraménto [da *trascolorare*; 1879] *sm. raro* atto ed effetto del trascolorare.

trascoloràre (pres. *-óro*) [comp. parasint. di *colore*; a. 1231] *intr.* (aus. *essere*) e *intr. pron.* mutar colore: *vedrai trascolorar tutti costoro* (Dante) || **N.** arrossire, impallidire.

trascórrere (pres. *trascórro*; p.rem. *trascórsi, trascórse, trascórsero*; pps. *trascórso*) [lat. *transcurrere*; 1319 nel senso 2] *tr.* **1.** rif. a un periodo di tempo, passarlo: *ha trascorso due mesi, le vacanze, la giovinezza in città* **2.** *lett. non com.* rif. a uno spazio, a un luogo, attraversarlo, passarvi velocemente: *molti di loro, in breve tempo, trascorrono volando diversi climi* (Leopardi) || *più com.* rif. a uno scritto, percorrerlo velocemente con lo sguardo || *intr.* (aus. *essere*) **1.** di un periodo di tempo, passare, giungere al termine: *sono trascorse due ore e non si è ancora visto nessuno, la vita è trascorsa veloce*

2. *lett. non com.* passare velocemente da un punto all'altro di uno spazio: *le nubi trascorrevano veloci nel cielo* ‖ *gen. fig.* passare da un argomento o da un pensiero all'altro: *l'immaginazione trascorre da una visione all'altra*; anche sorvolare, passare sopra, lasciar correre: *talora conviene trascorrere su certe cose* **3.** (anche aus. *avere*) trascendere, oltrepassare i limiti del giusto o del conveniente: *non l'animo, soltanto la lingua ha trascorso.*

trascorrévole [da *trascorrere*; 1325 ca.] **agg.** *raro* che trascorre facilmente, che passa velocemente.

trascorriménto [da *trascorrere*; a. 1292] **sm.** *raro* atto e modo del trascorrere: *il trascorrimento dei secoli.*

trascórso (*pps.* di *trascorrere*) [sec. XIV come sm.] **I agg.** passato: *gli anni trascorsi* **II sm.** piccolo errore, sbaglio compiuto per disattenzione: *sono trascorsi di gioventù, trascorso di penna* ‖ **N. II** *Sin.* fallo.

trascrittóre [da *trascrivere*; 1707] **agg.** e **sm.** (f. *-trìce*) che o chi trascrive, ricopia ecc.

trascrìvere (pres. *trascrivo* ecc., come SCRIVERE) [dal lat. *transcrībere*; 1478] **tr.** **1.** rif. a un testo, riprodurlo per iscritto: *trascrivere in bella copia, trascrivere la registrazione della conferenza* ‖ *T.giur.* provvedere alla trascrizione di atti su registri pubblici **2.** rif. a un testo scritto, scriverlo in un sistema linguistico o grafico diverso da quello originale: *trascrivere il russo in alfabeto latino, trascritto, in alfabeto fonetico, in stampatello* ‖ *T.mus.* effettuare la trasposizione di un brano da un sistema di notazione antico a quello moderno e, *per estens.*, adattarlo a un organico vocale o strumentale diverso da quello per il quale originariamente era stato composto ‖ **N. 1.** *Sin.* ricopiare, riscrivere; registrare **2.** *Sin.* riscrivere, traslitterare.

trascrizióne [dal lat. *transcriptio, -ōnis*; 1554] **sf.** **1.** atto ed effetto del trascrivere, del duplicare; *in part.*: di uno scritto: *errore di trascrizione*; *trascrizione diplomatica*, quella che riproduce un testo con tutte le sue caratteristiche grafiche, fedele fin nei minimi particolari ‖ *T.giur.* registrazione di un atto ‖ *T.biol.* sintesi di una copia di RNA complementare **2.** scrittura in un diverso sistema linguistico o grafico; *in part.*: *T.fon.* rappresentazione grafica dei suoni di una lingua mediante un sistema grafico convenzionale: *trascrizione fonetica*, che rappresenta tutte le sfumature dei suoni; *trascrizione fonematica*, che rappresenta solo quelle sfumature dei suoni che hanno rilevanza distintiva ‖ *T.mus.* atto ed effetto del trascrivere un brano. **Q.T.** *linguistica.*

trascuràbile [da *trascurare*; 1879] **agg.** che si può o si deve trascurare ‖ **N.** *Sin.* irrisorio.

trascurabilità [da *trascurabile*; 1970] **sf.** l'essere trascurabile.

trascuràggine [da *trascurare*; 1353] **sf.** *raro* trascuratezza.

trascurànza [da *trascurare*; sec. XIV] **sf.** *lett.* trascuratezza.

trascuràre (pres. *-ùro*) [comp. parasint. di *cura*; sec. XIV] **tr.** **1.** non curare come si dovrebbe, non dedicarsi a qualcosa con il necessario impegno: *trascura la famiglia, gli affari, la pulizia* **2.** omettere, tralasciare, spec. per dimenticanza, disattenzione e sim.: *hanno trascurato di avvertirlo* ‖ *più com.* non tenere conto: *si possono trascurare i centesimi in questo resto* ‖ **rifl.** non curare a sufficienza il proprio aspetto fisico o la propria salute ‖ **N. 1.** infischiarsi, negligere.

trascuratàggine [da *trascurare*; 1574] **sf.** *raro* trascuratezza.

trascuratézza [da *trascurare*; 1865] **sf.** qualità di chi è trascurato ‖ *concr.* dimenticanza, omissione o, anche, azione compiuta con scarso impegno.

trascuràto (*pps.* di *trascurare*) [a. 1342] **agg.** **1.** non sufficientemente curato: *un raffreddore trascurato, un abbigliamento trascurato* **2.** di persona, negligente, che abitualmente non presta la dovuta cura nel fare qualcosa: *è trascurato nel vestire* ‖ **trascurataménte** **avv.** ‖ **N. 1.** *Sin.* neglетto, sciatto, trasandato **2.** *Sin.* negligente, noncurante.

trascuratóre [da *trascurare*; 1694] **agg.** e **sm.** *raro* (f. *-trìce*) che o chi trascura, non cura.

trascutàggine [da *trascutato*; 1353] **sf.** *raro* trascuratezza.

trascutànza [da *trascutato*; a. 1446] **sf.** *arc.* trascuratezza.

trascutàto [da *trascurato*, con influsso di *tracotato*; 1353] **agg.** *arc.* trascurato.

traṣdùrre (pres. *traṣdùco* ecc., come CONDURRE) [comp. di *tras-* e (*con*)*durre*; 1961] **tr.** *T.fis.* trasformare una forma di energia in un'altra.

traṣduttóre [da *trasdurre*; 1949] **sm.** *T.fis.* ogni dispositivo capace di convertire una forma di energia in un'altra.

traṣduzióne [da *trasdurre*; 1961] **sf.** *T.fis.* atto ed effetto del trasdurre.

trasecolaménto [da *trasecolare*; a. 1604] **sm.** *non com.* atto ed effetto del trasecolare.

trasecolàre (pres. *-ècolo*) [comp. parasint. di *secolo*; a. 1449] **intr.** (aus. *essere* e *avere*) restare profondamente meravigliato, stupito: *a quella vista trasecolò* ‖ **N.** *Sin.* cascare dalle nuvole, meravigliarsi, restare di sasso, restare di stucco.

traseminàre (pres. *trasémino*, come SEMINARE) [comp. di *tra-* e *seminare*; 1970] **tr.** seminare una coltura in mezzo ad altre già nate.

trasentìre (pres. *-ènto*) [da *sentire*; 1690 nel senso 2] **tr.** *raro* **1.** sentir vagamente, di sfuggita: *mi par d'aver trasentito che tu parti* **2.** capire male ‖ **N. 1.** subodorare **2.** *Sin.* fraintendere.

trasferèllo [da *trasferibile*; 1983] **sm.** nome commerciale di un disegno applicato su un supporto di plastica flessibile; una volta staccato, esercitando una piccola pressione, il disegno può essere trasferito su un'altra superficie, a scopo decorativo o come gioco.

trasferìbile [da *trasferire*; a. 1712] **I agg.** che si può o si deve trasferire; trasportabile: *un macchinario non trasferibile*; *assegno trasferibile, non trasferibile*, che si può pagare a chiunque venga girato o solo alla persona a favore della quale è stato emesso; *carattere, disegno* ecc. *trasferibile*, che può essere trasferito, mediante pressione, dal suo supporto su un altro al quale aderisce **II sm.** carattere, disegno e sim. trasferibile. **TAV.** *disegno* 15.

trasferibilità [da *trasferibile*; 1961] **sf.** la condizione di ciò che o di chi è trasferibile.

trasferiménto [da *trasferire*; a. 1557] **sm.** atto ed effetto del trasferire e del trasferirsi.

trasferìre (pres. *-ìsco, -ìsci*) [lat. *transferre*; 1342] **tr.** **1.** collocare o mandare altrove: *la sede papale fu trasferita ad Avignone, l'impiegato è stato trasferito a un altro reparto* **2.** *fig.* far passare da un soggetto a un altro spec. in usi giur., bur. ecc.: *trasferire la proprietà, trasferire un potere da un organo statale a un altro* ‖ **rifl.** andare ad abitare in un luogo diverso: *si è trasferito da Milano a Torino* ‖ **intr. pron.** cambiare sede: *l'ufficio si è trasferito nello stabile attiguo* ‖ **N. tr. 1.** *Sin.* traslocare, trasportare.

trasfèrta [da *trasferire*; 1812] **sf.** temporaneo trasferimento di un dipendente pubblico o privato in una località diversa dalla sede di lavoro abituale, per ragioni di servizio: *il giudice è andato in trasferta*; *indennità di trasferta* (o, *ass.*, *trasferta*), compenso che spetta in tal caso: *gli pagarono la trasferta* ‖ *T.sport.* nel corso di un campionato, trasferimento di una squadra sul terreno di gioco della squadra avversaria: *giocare in trasferta, vincere la trasferta.* **Q.T.** *sport.*

trasfiguraménto [da *trasfigurare*; 1294] **sm.** *non com.* trasfigurazione.

trasfiguràre [dal lat. *transfigurāre*; 1353] **tr.** far cambiare figura o aspetto; anche *fig.*: *la malattia lo ha trasfigurato, ha trasfigurato la verità* ‖ **intr. pron.** cambiare figura o aspetto.

trasfigurazióne [dal lat. *transfigurātio, -ōnis*; 1294] **sf.** atto ed effetto del trasfigurare e del trasfigurarsi, anche *fig.*: *la trasfigurazione artistica della realtà*; *in part. la Trasfigurazione di Cristo*, l'apparizione in divina bellezza e splendore di Gesù sul monte Tabor; anche la festa che la commemora e la raffigurazione pittorica che la rappresenta.

trasfigurìre (pres. *-ìsco, -ìsci*) [comp. parasint. di *figura*; 1879] **tr.** *raro* trasfigurare.

trasfocatóre [comp. parasint. di *f*(*u*)*oco*; 1965] **agg.** *T.fot.* di obbiettivo con lunghezza focale variabile, grazie al quale si può ingrandire o ridurre il campo di ripresa ‖ **N.** *Sin. zoom.*

trasfóndere (pres. *trasfóndo*, p.rem. *trasfùṣi, trasfùṣe, trasfùṣero*; pps. *trasfùṣo*) [lat. *transfundere*; sec. XIV] **tr.** *fig.* infondere i propri sentimenti, le proprie idee in altri: *gli trasfuse la sua scienza, il suo amore per la vita* ‖ *propr. meno com.*, far passare da un liquido da un contenitore a un altro ‖ **N.** *Sin.* comunicare, inculcare, trasmettere; immettere, trasferire, travasare.

trasfondìbile [da *trasfondere*; 1716] **agg.** che si può trasfondere; trasferibile, trasmissibile.

trasformàbile [da *trasformare*; a. 1704] **agg.** che si può trasformare ‖ **N.** *Sin.* convertibile.

trasformabilità [da *trasformabile*; 1879] **sf.** qualità di ciò che è trasformabile: *trasformabilità del moto.*

trasformàre (pres. *-órmo*) [lat. *transformāre*; a. 1306 come intr. pron.] **tr.** **1.** far cambiare forma, aspetto o, anche, carattere, struttura e sim.: *trasformare l'acqua in ghiaccio, l'indole di una persona* **2.** *T.sport.* nel calcio, nel *rugby* e nel *football* americano, segnare con un calcio piazzato: *trasformare una meta* ‖ **intr. pron.** e **rifl.** cambiare forma, aspetto ecc.: *il bruco si trasformò in farfalla, col trucco si trasforma in un'altra* ‖ **N. tr. 1.** cambiare, convertire, mutare, rinnovare, ripristinare, sformare, tramutare, trasfigurare, travestire.

trasformativo [da *trasformare*; a. 1642] **agg.** che è atto a trasformare.

trasformàto (*pps.* di *trasformare*) [a. 1306] **agg.** che ha cambiato forma: *neve trasformata*, quella primaverile, compattata dai fenomeni di fusione e ricongelamento provocati dagli sbalzi termici tra giorno e notte ‖ *T.sport. meta trasformata*, nel rugby, tiro di trasformazione riuscito.

trasformatóre [da *trasformare*; a. 1704] **I agg.** che trasforma **II sm.** **1.** (f. *-trìce*) chi trasforma **2.** *T.elettr.* apparecchio che serve a variare la tensione di energia a corrente alternata: *trasformatore a mantello*, v. MANTELLO. **Q.T.** *elettricità* **TAV.** *elettrotecnica* 3, 8.5.

trasformazionàle [dall'ingl. *transformational*; 1966] **agg.** *T.ling.* di grammatica, fondata sul presupposto che da un numero limitato di strutture profonde si possano derivare, tramite precise regole di trasformazione, tutte le strutture superficiali, cioè le infinite frasi di una lingua ‖ di regola, che realizza una trasformazione.

trasformazionaliṣmo [comp. di *trasformazion*(*e*) e *-ismo*; 1975] **sm.** *T.ling.* la corrente della linguistica che fa capo alla teoria generativo-trasformazionale di Chomsky.

trasformazionalista [da *trasformazionale*; 1970 come sost.] **I s.** *T.ling.* studioso, esperto o sostenitore della linguistica trasformazionale **II agg.** del trasformazionalismo o dei trasformazionalisti.

trasformazióne [lat. *transformātio, -ōnis*; a. 1306] **sf.** atto del trasformare e il trasformarsi: *in pochi mesi ha subito una grande trasformazione* || *T.mecc.* passaggio da un sistema di coordinate a un altro: *trasformazioni di Galileo, di Lorentz* || *T.fis.* in termodinamica, variazione delle coordinate termodinamiche (pressione, temperatura, volume, energia interna, entropia, entalpia) di un sistema || *T.mat.* procedimento che associa a ogni elemento di un dato insieme uno o più elementi di un altro insieme: *trasformazione di Fourier, di Laplace* || *T.gram.* nella grammatica generativa, ogni operazione che converte una struttura di frase in un'altra || *T.sport.* nel gioco del *rugby*, calcio che si effettua dopo aver segnato una meta || **N.** cambiamento, metamorfosi, mutamento, palingenesi, rinnovamento, trasfigurazione.

trasfórme [dall'ingl. americano *transform*, risultato di trasformazione; 1983] ***agg.*** *T.geol.* *faglia trasforme*, faglia sviluppatasi sui fondali oceanici instabili, che delimita i lati dello scorrimento delle placche in cui è suddivisa la crosta terrestre.

trasformismo [da *trasformare*; 1874] ***sm.*** **1.** nella saggistica storica e politica, prassi di governo adottata dal ministro A. Depretis (ma non esauritasi nel suo periodo), consistente nel cercare di formare maggioranze parlamentari con esponenti di partiti diversi, superando gli schieramenti tradizionali **2.** *T.biol.* *non com.* evoluzionismo. **Q.T.** *politica.*

trasformista [da *trasformare*; 1884] ***s.*** **1.** chi attua una politica trasformistica || *per estens.*, spec. *spreg.*, persona che adatta la sua politica alle circostanze, cambiando spesso le proprie idee e opinioni; opportunista **2.** attore che dà spettacolo trasformandosi rapidamente negli abiti e nell'aspetto.

trasformistico (pl. *-ci*) [da *trasformista*; 1961] ***agg.*** del trasformismo o dei trasformisti.

trasfòsso [dal lat. *transfossus*, pps. di *transfondere*, scavare attraverso; 1961] ***agg.*** *T.med.* che passa da una parte all'altra, detto spec. di ferita da arma da fuoco.

tràsfuga V. TRANSFUGA.

trasfusionàle [da *trasfusione*; 1950] ***agg.*** della trasfusione di sangue: *terapia trasfusionale.*

trasfusióne [dal lat. *transfusio, -ōnis*; a. 1685 nel senso 2] ***sf.*** **1.** *T.med.* *trasfusione di sangue*, introduzione, a scopo terapeutico, di sangue arterioso o venoso estratto da un individuo (donatore) nel sistema circolatorio di un altro individuo (ricevente) **2.** *propr.* *non com.* atto ed effetto del trasfondere.

trasfusionista [da *trasfusione*; 1986] ***s.*** *T.med.* medico o sanitario esperto in trasfusioni.

trasgrediménto [da *trasgredire*; a. 1533] ***sm.*** *raro* trasgressione.

trasgredire (pres. *-ìsco, -ìsci*) [dal lat. *transgrĕdi*; sec. XIV] ***tr.***, freq. *ass.*, eccedere i limiti di ciò che è consentito; violare, non rispettare: *trasgredire una legge, un ordine* || **N.** *Sin.* contravvenire, disobbedire, eludere, infrangere, prevaricare.

trasgreditóre [da *trasgredire*; 1673] ***sm.*** (f. *-trìce*) *raro* trasgressore.

trasgressióne [dal lat. *transgressio, -ōnis*; 1308 *transgressione*] ***sf.*** **1.** atto del trasgredire, violazione di una norma, un ordine e sim.: *ogni trasgressione verrà severamente punita* **2.** *T.geol.* progressivo avanzamento del mare su terre precedentemente emerse || **N. 1.** *Sin.* contravvenzione, disobbedienza, elusione, infrazione, inosservanza, strappo, violazione.

trasgressivo [da *trasgressione*; 1961] ***agg.*** **1.** che costituisce una trasgressione o è incline a trasgredire: *azione, mentalità trasgressiva* **2.** *T.geol.* relativo a una trasgressione: *sedimento trasgressivo.*

trasgressóre [dal lat. *transgressor, -ōris*; a. 1342] ***sm.*** (f. *trasgreditrìce*) chi o che trasgredisce || **N.** *Sin.* contravventore, disobbediente, inosservante, refrattario, violatore.

traslàtàre (pres. *-àto*) [dal lat. *translātus*, pps. di *transferre*; 1865] ***tr.*** *ant.* o *lett.* **1.** trasportare da un luogo a un altro **2.** tradurre.

traslativo [da *traslato*; 1865] ***agg.*** di traslazione || *T.giur.* che è atto a trasferire: *stipulare un contratto traslativo di proprietà.*

traslàto [dal lat. *translātus*, pps. di *transferre*; 1321 *translato* nel senso 2] **I** ***agg.*** **1.** estensivo: *uso traslato, in senso traslato* **2.** *propr.* trasferito, trasportato **II** ***sm.*** figura semantica consistente nell'uso di una parola o di una espressione in un significato diverso da quello proprio: *parlare per traslati* || **N.** II *Sin.* tropo | antonomasia, iperbole, ironia, litote, metafora, metonimia, perifrasi, similitudine, sineddoche. **Q.T.** *linguistica.*

traslatóre [dal lat. *translātor, -ōris*, der. di *translātus*, traslato; 1308] ***agg.*** e ***sm.*** (f. *-trìce*) **1.** *non com.* chi o che opera una traslazione || *com.* *T.telecom.* apparato elettronico o elettromeccanico che consente l'accoppiamento di diversi mezzi di trasmissione **2.** *ant.* traduttore.

traslatòrio (pl. *-ri*) [da *traslato*; 1931] ***agg.*** atto a traslare, a trasferire || di traslazione.

traslazióne o **translazióne** [dal lat. *translātio, -ōnis*; a. 1348] ***sf.*** **1.** il trasferire, lo spostare o lo spostarsi da un luogo a un altro || *in part.* *T.eccl.* *traslazione delle reliquie*, il loro trasporto al luogo di culto cui sono destinate; nel diritto canonico, trasferimento di un diritto da una sede a un'altra: *traslazione della sede episcopale; traslazione della Santa Casa*, il trasporto, secondo la leggenda, fatto dagli angeli in volo, della casa della Vergine da Nazareth prima a Tersatto in Dalmazia e poi a Loreto || *T.geom.* movimento di un corpo rigido tale per cui le traiettorie descritte da ciascuno dei suoi punti risultano parallele e uguali **2.** *per estens.* *fig.* passaggio, trasferimento da un soggetto all'altro; *in part.* *T.econ.* processo mediante il quale il contribuente di diritto (o *percosso*) trasferisce l'onere d'imposta su altri (contribuente di fatto o *inciso*) || *T.giur.* passaggio di proprietà da uno a un altro || *T.psican.* transfert **3.** *arc.* traduzione. **Q.T.** *matematica...*

traslitteràre o **translitteràre** (pres. *traslìttero*) [da *traslitterazione*; 1961] ***tr.*** trascrivere una parola o un testo servendosi di un alfabeto diverso da quello del testo originale: *traslitterare una frase dal greco in alfabeto latino.*

traslitterazióne o **translitterazióne** [dall'ingl. *transliteration*; 1891] ***sf.*** atto ed effetto del traslitterare.

traslocaménto [da *traslocare*; 1812] ***sm.*** *non com.* trasloco.

traslocàre (pres. *-òco, -òchi*) [comp. parasint. di *loco*, luogo; 1812] ***tr.*** trasferire || ***intr.*** (aus. *avere*) trasferire altrove la propria sede, e spec. il proprio domicilio: *abbiamo traslocato in un alloggio più grande* || **N.** sgomberare, sloggiare.

traslocazióne [da *traslocare*; 1961] ***sf.*** **1.** in ginnastica, lo spostarsi con il corpo da un'estremità all'altra dell'attrezzo **2.** *T.biol.* mutazione cromosomica che avviene in seguito allo spostamento di un segmento di cromosoma dalla sua posizione originaria in un'altra posizione all'interno dello stesso cromosoma o in un altro non omologo || **N. 1.** *Sin.* traslazione.

traslòco (pl. *-chi*) [da *traslocare*; 1865] ***sm.*** atto del traslocare: *i vicini di casa hanno fatto trasloco* || **N.** sgombero.

traslucidità [da *traslucido*; 1940] ***sf.*** proprietà di ciò che è traslucido.

traslucido V. TRANSLUCIDO.

trasmarino [comp. di *tras-* e *marino*; 1340 ca.] ***agg.*** *raro* *lett.* oltremarino.

trasméttere (pres. *trasmétto* ecc., come METTERE) [lat. *transmittere*; a. 1320] ***tr.*** **1.** far passare a un'altra cosa o persona: *trasmettere un diritto agli eredi, una malattia, l'albero motore trasmette il movimento alle ruote* **2.** inviare a distanza, spedire, mandare, spec. con appositi mezzi di comunicazione: *trasmettere un telegramma, una notizia per televisione, un appello via radio* || ***intr. pron.*** passare da un elemento o da un individuo a un altro: *un'infezione che si trasmette attraverso le zanzare* || **N.** ***tr.*** **1.** comunicare, infondere, tramandare, trasfondere **2.** *Sin.* diffondere, inoltrare.

trasmettitóre [da *trasmettere*; a. 1729] ***sm.*** (f. *-trìce*) **1.** anche *agg.*, chi o che trasmette: *ufficio trasmettitore* **2.** *T.telecom.* apparato elettronico atto a produrre segnali ad alta frequenza che, opportunamente modulati e irradiati nello spazio per mezzo di un'antenna, consentono la comunicazione a distanza di informazioni (suoni o immagini) || **N. 2.** *Sin.* radiotrasmettitore | a modulazione d'ampiezza, a modulazione di frequenza.

trasmigraménto [da *trasmigrare*; a. 1742] ***sm.*** *non com.* trasmigrazione.

trasmigràre [dal lat. *transmigrāre*; 1598] ***intr.*** (aus. *essere* e *avere*; nel significato 2 solo *essere*) **1.** emigrare, detto spec. d'interi popoli, di uccelli e sim. **2.** trasmettersi, passare: *le virtù paterne sono trasmigrate in lui* **3.** rif. all'anima, secondo la dottrina della metempsicosi, reincarnarsi passando in un altro corpo || **N. 1.** *Sin.* emigrare, sciamare, trapiantarsi.

trasmigrazióne [dal lat. *transmigrātio, -ōnis*; a. 1294] ***sf.*** atto del trasmigrare: *la trasmigrazione dei popoli; trasmigrazione delle anime*, dottrina secondo cui avverrebbe una reincarnazione successiva delle anime in più corpi; metempsicosi.

trasmissibile [dal fr. *transmissible*; 1768] ***agg.*** che si può trasmettere; trasferibile.

trasmissibilità [da *trasmissibile*; 1879] ***sf.*** qualità di ciò che è trasmissibile: *trasmissibilità dei diritti.*

trasmissióne [dal lat. *transmissio, -ōnis*; 1673] ***sf.*** **1.** atto del trasmettere, del trasmettersi o del venir trasmesso; *in part.* passaggio da un elemento o da un individuo a un altro: *trasmissione di beni patrimoniali, di infezioni* || *trasmissione dei caratteri ereditari*, in genetica, il loro passaggio ai discendenti || *T.filol.* *trasmissione verticale di un manoscritto*, ricopiatura da un unico esemplare; *trasmissione orizzontale*, contaminazione, il trarre lezioni da più codici || *T.mecc.* complesso delle operazioni mediante le quali si trasmettono moto e potenza da un organo conduttore a uno condotto; anche, *concr.* l'organo o il complesso di organi che attuano la trasmissione || *T.fis.* passaggio di energia da un sistema a un altro **2.** invio, inoltro, diffusione, spec. attraverso appositi mezzi di comunicazione: *trasmissione di una domanda all'autorità competente; trasmissione telegrafica, telefonica, radiofonica, via cavo; fine della trasmissione*; anche *concr.*, quanto viene diffuso con i mezzi di telecomunicazione: *le trasmissioni telefoniche serali, del terzo canale; un'interessante trasmissione televisiva* || *pl.* *T.mil.* l'insieme dei vari tipi di comunicazioni tra i comandi e i vari reparti dell'esercito o, anche, denominazione dell'arma del genio preposta alle comunicazioni || **N. 1.** *T.mecc.* PARTI: albero motore, cambio, differenziale, frizione, giunto cardanico, semiasse. **Q.T.** *audiovisivi, filologia..., forze armate, informatica, motocicletta* **TAV.** ***armi*** **p. 649** 27.11; ***automobile*** **p. 658** 3.29.

trasmissivo [dal lat. *tra(n)smissus*; 1599] ***agg.*** *raro* che trasmette, atto a trasmettere.

trasmissóre [dal lat. *tra(n)smissus*; 1891] ***agg.*** e ***sm.*** (f. *trasmettitrìce*) *raro* che o chi trasmette.

trasmittènte (*ppr.* di *trasmettere*) [1940] **I** ***agg.*** che trasmette, detto di qualsiasi apparecchio in grado di trasmettere segnali ad apparecchi riceventi: *apparecchio, radiostazione trasmittente* **II** ***sf.*** apparecchio trasmittente: *una (radio-)trasmittente.*

trașmodaménto [da *trasmodare*; a. 1642] ***sm.*** *non com.* atto ed effetto del trasmodare.

trașmodàre (pres. *-mòdo*) [comp. parasint. di *modo*; 1321] ***intr.*** (aus. *avere*) oltrepassare la misura, eccedere: *trasmoda nel bere* || **N.** *Sin.* eccedere, trascendere.

trașmodàto (*pps.* di *trasmodare*) [a. 1729] ***agg.*** *non com.* che trasmoda: *ragazzo trasmodato nel bere* || **trasmodatamènte** ***avv.*** *raro* || **N.** eccessivo, esagerato, incontinente, ingordo, intemperante, smodato.

trașmutàbile [da *trasmutare*; a. 1320] ***agg.*** *lett.* che si può trasmutare.

trașmutabilità [da *trasmutabile*; 1967] ***sf.*** *raro* l'essere trasmutabile.

trașmutaménto [da *trasmutare*; 1257 ca.] ***sm.*** *ant.* atto ed effetto del trasmutare.

trașmutànza [da *trasmutare*; 1308] ***sf.*** *ant.* trasformazione.

trașmutàre [dal lat. *transmutāre*; 1308 nel senso 3] ***tr.*** *ant.* **1.** *lett.* trasformare **2.** *raro* trasferire **3.** *raro* tradurre || ***rifl.*** e ***intr. pron.*** *ant. lett.* trasformarsi || **N.** ***tr.*** **1.** *Sin.* cambiare, mutare.

trașmutatóre [da *trasmutare*; a. 1595] ***agg.*** e ***sm.*** (f. *-trìce*) *raro* che o chi trasmuta; trasformatore.

trașmutazióne [da *trasmutare*; 1308] ***sf.*** *ant.* **1.** *lett.* atto ed effetto del trasmutare **2.** *raro* traduzione || **N.** **1.** *Sin.* trasformazione.

trașmutévole [da *trasmutare*; sec. XIV] ***agg.*** *ant.* che può trasmutarsi; mutevole.

trașnaturàre (pres. *-ùro*) [comp. parasint. di *natura*; a. 1348] ***intr.*** (aus. *avere*) *ant.* mutar natura in peggio, degenerare.

trasognaménto [da *trasognare*; a. 1294] ***sm.*** *lett.* *raro* atto ed effetto del trasognare.

trasognàre (pres. *-ógno*) [da *sognare*; 1344 ca.] ***intr.*** (aus. *avere*) *raro* **1.** sognare a occhi aperti; fantasticare **2.** rimanere dubbioso riguardo alla realtà di qualcosa a causa della meraviglia o del turbamento che suscita.

trasognàto (*pps.* di *trasognato*) [1353] ***agg.*** sbalordito, stordito e sim., detto di chi pare estraneo alla realtà che lo circonda: *con occhi trasognati.*

traspadàno ***agg.*** *non com.* V. TRANSPADANO.

trasparènte (*ppr.* di *trasparire*) [1308] **I** ***agg.*** **1.** di corpo o di mezzo, che si lascia attraversare da una percentuale molto alta di radiazioni: *coefficiente di trasparenza*; riferendosi in part. alle radiazioni luminose, che lascia vedere con chiarezza ciò che è posto al di là di esso: *vetro, camicetta trasparente* || *cielo trasparente*, terso, limpido || *fam. scherz. guarda che non sei trasparente!*, modo di dire usato come invito a spostarsi perché si impedisce la visuale a qualcuno || *fam. iperb.* di cosa sottilissima: *una fetta di salame trasparente* **2.** *fig.* spec. di azione o frase di cui è esplicita l'intenzione: *il riferimento del discorso era trasparente* **II** ***sm.*** **1.** schermo in tela o carta, recante immagini pubblicitarie, illuminato dal di dietro **2.** *T.teatr.* elemento di scena in garza o rete che illuminato dal davanti appare pieno e consistente, illuminato dal dietro scompare **3.** foglio di materiale plastico trasparente, stampato, scritto o disegnato, usato per proiettare testi o immagini mediante una lavagna luminosa, per tracopiare, per ricavarne eliografie ecc.; lucido **4.** stoffa colorata che si mette sotto un ricamo o merletto perché di questo risalti maggiormente il disegno a traforo: *cuscino di merletto col trasparente* || **N.** **I** **1.** cristallino, diafano, ialino, limpido, pellucido, traslucido, traslucido | *Contr.* opaco **2.** evidente, palese, patente, perspicuo | *Contr.* impenetrabile, incomprensibile, oscuro.

trasparènza [da *trasparente*; a. 1320] ***sf.*** qualità di ciò che è trasparente: *la trasparenza di un diamante*; *guardare qualcosa in trasparenza*, contro luce.

trasparire (pres. *traspàio* e *trasparisco* ecc., come APPARIRE) [da *trasparente*; 1313] ***intr.*** (aus. *essere*) **1.** apparire attraverso un corpo diafano o assai rado o traforato: *la luna traspariva tra le nuvole* || *fig.* risultare evidente: *dai suoi occhi traspariva la bontà* **2.** *raro* di corpo trasparente, lasciar vedere attraverso: *il velo traspare* || **N.** *Sin.* tralucere.

traspiràbile [da *traspirare*; 1745] ***agg.*** *raro* che può venire fuori per traspirazione.

traspiràre (pres. *-iro*) [dal lat. mediev. *transpirāre*; 1623] ***intr.*** **1.** lasciar fuoriuscire (attraverso i pori, gli stomi ecc.) goccioline di sudore o altro liquido: *le piante traspirano, la pelle traspira* **2.** di umori, fuoriuscire: *il sudore traspira* **3.** *fig.* trapelare: *delle sue intenzioni non è traspirato nulla* || ***tr.*** **1.** lasciar fuoriuscire, emettere: *traspirare sudore* **2.** *fig.* palesare, rivelare: *traspirare un'intesa segreta* || **N.** ***intr.*** **1.** *Sin.* trasudare.

traspiràto (*pps.* di *traspirare*) [1940] ***agg.*** *raro* che è in traspirazione: *quando il corpo è traspirato bisogna guardarsi bene dalle correnti fredde* || **N.** trasudato.

traspiratòrio (pl. *-ri*) [da *traspirare*; a. 1704] ***agg.*** relativo alla traspirazione.

traspirazióne [da *traspirare*; a. 1704] ***sf.*** atto ed effetto del traspirare: *traspirazione cutanea*, sudorazione.

trasponiménto [da *trasporre*; a. 1396] ***sm.*** *raro* trasposizione.

traspórre (pres. *traspóngo* ecc., come PORRE) [lat. *traspōnere*; a. 1320] ***tr.*** **1.** rif. a elementi di una successione ordinata, spostarli: *trasporre un pezzo in un programma musicale, una parola nel periodo* **2.** *per estens.* cambiare il posto, trasportare in un altro posto || *T.mus.* eseguire un trasporto.

trasportàbile [da *trasportare*; a. 1729] ***agg.*** che si può trasportare || **N.** *Contr.* intrasportabile.

trasportaménto [da *trasportare*; 1554] ***sm.*** *raro* trasporto.

trasportàre (pres. *-òrto*) [dal lat. *transportāre*; sec. XIV] ***tr.*** **1.** portare da un luogo a un altro (spec. rif. a oggetti voluminosi o pesanti): *trasportare un baule, un malato*; *trasportare a braccia, in barella* || *fig.* cambiare di sede: *trasportarono la banca a Roma* **2.** *fig.* portare altrove con l'immaginazione: *quello spettacolo ci trasporta in un mondo primitivo e affascinante* || *ass.* far perdere la coscienza di sé, mettere fuori di sé: *una melodia che trasporta*; nel modo di dire *lasciarsi trasportare*, perdere il controllo di sé per effetto di impulsi o passioni: *si è lasciato trasportare dall'ira* **3.** nel restauro di antichi codici o dipinti, trasferire su di un supporto più resistente di quello originale **4.** *per estens.* copiare, riprodurre: *trasportare un disegno su carta da lucido* **5.** *T.mus.* riprodurre in una tonalità diversa da quella originale **6.** *ant.* tradurre || **N.** **1.** portare **4.** riportare, riversare, trascrivere.

trasportàto (*pps.* di *trasportare*) [1300 ca.] ***agg.*** portato da un luogo ad un altro: *malato trasportato in lettiga* || influenzato da un sentimento incontrollato: *trasportato dall'ira* || *T.mus. tono trasportato*, riprodotto in una tonalità diversa da quella originale.

trasportatóre [da *trasportare*; a. 1704] ***agg.*** e ***sm.*** **1.** (f. *-trice*) che, chi effettua trasporti: *i trasportatori sono in sciopero* **2.** *T.tecn.* apparecchiatura destinata al trasporto continuo di pezzi o materiali solidi su piano orizzontale, inclinato o verticale: *trasportatore a nastro (o nastro trasportatore), a catena, a coclea, pneumatico* || congegno dentellato della macchina per cucire che con movimento vibratorio regolare spinge avanti il tessuto sotto l'ago || *T.cin.* negli apparecchi da proiezione, rotella dentata che ha il compito di far svolgere la pellicola || **N.** **2.** elevatore, scivolo, teleferica. **TAV.** *cinematografia...* 10.2; *zootecnia* 20.3.

trasportazióne [da *trasportare*; prima metà sec. XIV] ***sf.*** *raro* trasporto.

traspòrto [da *trasportare*; a. 1320] ***sm.*** **1.** atto e modo del trasportare: *il trasporto del baule, del malato*; *il trasporto* (sott., il suo costo) *è a carico del destinatario*; *trasporto funebre*, accompagnamento di una salma al cimitero, funerale; *mezzo di trasporto*, qualunque veicolo adibito al trasporto di persone o cose; *Ministero dei Trasporti*, preposto ai mezzi di trasporto pubblici **2.** *fig.* slancio, accesso incontrollabile, impeto: *un trasporto d'ira*; *l'abbracciò con trasporto*, con grande slancio; *studia con trasporto*, con viva passione **3.** *T.sport.* nella scherma, azione che costringe la spada avversaria a passare da una posizione a un'altra **4.** rif. a testi, disegni, dipinti ecc., atto e modo del trasportarli su un supporto diverso da quello originale **5.** *T.mus.* riproduzione di una musica in una tonalità diversa da quella originaria || **N.** **1.** *Sin.* trasferimento; spostamento, traslazione | MEZZI DI TRASPORTO: aereo, ascensore, autoarticolato, autobotte, autobus, autocisterna, automobile, autotreno, bestia da soma, bicicletta, camion, carro, carrozza, funivia, montacarichi, motocicletta, nave, ovovia, pullman, teleferica, traghetto, tram, skilift | carico, imballaggio, scarico, spedizione, trasbordo | autotrasportatore, corriere, destinatario, mittente, vettore.

traspoșitóre [da *trasporre*; 1961] ***sm.*** (f. *-trìce*) chi effettua trasposizioni, spec. di brani musicali.

traspoșizióne [da *trasporre*; a. 1565] ***sf.*** atto ed effetto del trasporre.

traspósto (*pps.* di *trasporre*) [1865] ***agg.*** nei significati del verbo; in part. *T.mat. matrice trasposta*, quella che si ottiene trasformando le righe della matrice originaria in colonne, e viceversa; anche *sf.*: *la trasposta di una matrice simmetrica è la matrice stessa.*

trassàto [da *trassi*, pass. rem. di *trarre*; 1931] ***agg.*** e ***sm.*** (f. *-a*) *T.banc.* trattario.

trassinàre (pres. *-ìno*) [lat. volg. **traxināre*; a. 1311] ***tr.*** *tosc.* trattar male, malmenare, strapazzare.

trasteverìno [lat. *transtiberīnus*; 1840] **I** ***agg.*** di Trastevere, cioè del quartiere di Roma immediatamente al di là del Tevere rispetto al centro **II** ***sm.*** (f. *-a*) chi abita a Trastevere: *i Trasteverini.*

tràsto [lat. *transtrum*; 1561 nel senso 2] ***sm.*** **1.** *non com.* ciascuna delle assi con cui si forma il piano inclinato per caricare su veicoli cose voluminose e pesanti **2.** *T.mar.* sulle gondole o su altre imbarcazioni (spec. antiche), struttura di sostegno del banco dei rematori e, *per estens.*, il banco stesso.

trastùlla [da *trastulla(re)*; 1618] ***agg.*** *ant.*, solo nelle loc. *dare a qualcuno erba trastulla*, *pascere qualcuno d'erba trastulla*, fargli promesse vane, illuderlo con fandonie o lusinghe.

trastullaménto [da *trastullare*; sec. XV] ***sm.*** *raro* atto del trastullare.

trastullàre [da *trastullo*; sec. XIV] ***tr.*** **1.** divertire con qualche spasso, spec. riferito ai bambini: *la zia trastullava la nipotina* **2.** *raro fig.* ingannare, lusingare, illudere qualcuno || ***rifl.*** **1.** divertirsi con qualche spasso: *il bambino si trastulla con poco* || *raro trastullarsi di qualcuno*, farsene beffa, burlarsene **2.** *per estens.* perdere il tempo inutilmente: *sta tutto il giorno in camera a trastullarsi* || **N.** ***tr.*** **1.** *Sin.* divertire, sollazzare, spassare.

trastullatóre [da *trastullare*; a. 1356] ***agg.*** e ***sm.*** (f. *-trìce*) *raro* che o chi trastulla, diverte ecc.

trastullévole [da *trastullo*; sec. XIV] **agg.** *raro* che può servire da trastullo.

trastullino (*dim.* di *trastullo*) [a. 1786] **sm.** **1.** giocattolino **2.** *tosc.* ragazzo che si trastulla troppo **3.** *dial. tosc.* seme di zucca salato e abbrustolito.

trastùllo [etim. discussa: dal lat. volg. **transtrullum* o dal lat. mediev. *se transtollere*, trastullarsi; 1319] **sm.** **1.** atto e modo del trastullare e del trastullarsi: *ci vuole un po' di trastullo* ‖ *per estens. ant.* distrazione: *un sì gran dolore non riceve conforto né trastullo* (Ariosto); anche, diletto spirituale **2.** *concr.* ciò che serve a trastullare ‖ *dim.* trastullino ‖ **N.** **1.** diversivo, divertimento, gioco, passatempo, sollazzo **2.** balocco, giocattolo.

trastullóne [da *trastullare*; 1940] **agg.** e **sm.** (f. *-a*) *raro fam.* che, chi perde tempo in cose inutili ‖ persona adulta che si trastulla come un bambino; zuzzurullone, baloccone.

trasudaménto [da *trasudare*; 1659] **sm.** *non com.* l'atto del trasudare.

trasudàre [da *sudare*; sec. XIV] **intr.** **1.** (aus. *avere*) mandar fuori sudore o, *per estens.*, umidità o altro: *il muro della cantina ha trasudato* **2.** (aus. *essere*) di sudore, umidità, liquidi, umori e sim., trapelare, filtrare attraverso pori o fessure di un corpo: *il sudore gli trasudava dalla fronte, il vino è trasudato dalla botte* ‖ **tr.** rif. a umori, mandar fuori: *il muro trasuda l'umidità*; *fig.* meno *com.* far trapelare: *ogni suo sguardo trasuda odio* ‖ **N.** *Sin.* traspirare.

trasudatìvo [da *trasudare*; 1961] **agg.** trasudatizio.

trasudatìzio (pl. *-zi*) [da *trasudare*; 1961] **agg.** *T.med.* si dice di liquido che filtra attraverso le pareti dei vasi capillari e si raccoglie nelle cavità sierose.

trasudàto (*pps.* di *trasudare*) [1697] **I agg.** di liquido che dal plasma sanguigno filtra attraverso i vasi capillari e forma edemi **II sm.** tale liquido ‖ **N.** II *Sin.* essudato.

trasudazióne [da *trasudare*; 1733] **sf.** *non com.* atto del trasudare.

trașumanàre [comp. parasint. di *umano*; 1321] **intr.** (aus. *essere*) *lett.* trascendere, superare la natura umana.

trașumanazióne [da *trasumanare*; a. 1565] **sf.** *non com.* atto ed effetto del trasumanare.

trașversàle [dal lat. mediev. *transversālis*; a. 1320] **agg.** **1.** che è messo di traverso, che attraversa obliquamente o perpendicolarmente un elemento di riferimento: *una via trasversale rispetto al corso, tirare un frego trasversale sull'esercizio sbagliato* ‖ *fig. vendetta trasversale*, che non colpisce direttamente l'avversario, ma indirettamente, attraverso chi gli è caro ‖ *fig. T.pol.* che attraversa e coinvolge componenti diverse di uno schieramento politico: *alleanza, partito trasversale* **2.** *T.mat.* di un ente che ne attraversa un altro: *retta, piano trasversale*, non paralleli (e, in gen., nemmeno perpendicolari) a due o più rette o piani tra loro paralleli **3.** *T.tecn.* perpendicolare a un elemento di riferimento; *in part.* nella costruzione navale, *sezioni, paratie trasversali*, giacenti su piani verticali perpendicolari all'asse di simmetria ‖ *T.fis. onda trasversale*, il cui moto oscillatorio avviene in direzione perpendicolare a quello di propagazione del moto ondoso ‖ **trasversalménte** **avv.** di traverso, di sghembo, obliquamente; anche nella *loc. prep. trasversalmente a* ‖ **N.** **1.** obliquo, sghembo.

trașversalișmo [da *trasversale*; 1987] **sm.** *T.pol.* tendenza a formare schieramenti politici o d'opinione non coincidenti con le divisioni partitiche e ideologiche esistenti.

trașversalità [da *trasversale*; 1937] **sf.** **1.** l'essere trasversale ‖ *T.mat. condizione di trasversalità*, condizione differenziale che deve essere soddisfatta da una curva estremale con un estremo fisso e l'altro variabile sopra un'altra curva prefissata **2.** *trasversalità della lingua*, termine con cui in didattica si sottolinea l'importanza della lingua e della sua comprensione anche nell'apprendimento delle discipline non linguistico-letterarie.

trașversàrio (pl. *-ri*) [dal lat. *transversārius*, trasversale; 1935] **agg.** *T.anat. foro trasversario*, nelle vertebre cervicali, foro delle apofisi trasverse che permette il passaggio dei vasi sanguigni cervicali.

trașvèrso [lat. tardo *transversus*; sec. XIV] **I agg.** trasversale: *vie trasverse*; *colon, muscolo trasverso* **II sm.** in solai, impalcature e sim., travetto che collega le travi principali.

trașviàre (pres. *trașvìo*) [comp. parasint. di *via*; 1353] **tr.** *raro* traviare, far deviare.

trașvolàre o **tranșvolàre** (pres. *-ólo*) [dal lat. *transvolāre*; 1308] **tr.** traversare a volo: *le rondini trasvolano i mari e i continenti, l'aeroplano trasvolò l'Atlantico* ‖ **intr.** (aus. *essere* e *avere*) volare da un estremo all'altro: *trasvolare sulla Manica* ‖ *fig.* accennare fugacemente: *trasvolò sull'argomento.*

trașvolàta o **tranșvolàta** [da *trasvolare*; 1931 *transvolata*] **sf.** lungo volo senza scali: *trasvolata del Pacifico.*

trașvolatóre o **tranșvolatóre** [da *trasvolare*; 1931 *transvolatore*] **sm.** (f. *-trice*) chi compie una trasvolata.

tràtta [da *trarre*; a. 1406 nel senso 3] **sf.** **1.** traffico illecito di persone e spec. di negri portati via dai loro paesi per essere venduti come schiavi o di donne da avviare alla prostituzione: *la tratta degli schiavi, di donne e minori* **2.** *T.comm.* e *T.banc.* ordine incondizionato di pagamento di una somma di denaro a una persona determinata, a una certa scadenza; cambiale tratta **3.** *propr. ant.* atto del trarre, del tirare con forza: *con una tratta di fune lo portò a riva* **4.** *per estens. ant.* spazio percorso da un oggetto lanciato; tratto ‖ *com.* parte del percorso di un mezzo pubblico: *qui inizia la tratta urbana della linea degli autobus* ‖ *arc.* seguito, folla: *e dietro le venia sì lunga tratta di gente* (Dante) ‖ *per estens. fig. ant.* spazio di tempo: *lo rivide dopo lunga tratta* ‖ ‖ **N.** **3.** *Sin.* strappata, strattone, tirata, tiro.

trattàbile [lat. *tractabilis*; a. 1320] **agg.** che si può trattare: *materiali trattabili*; *prezzo trattabile*, non fisso, su cui si possono ottenere sconti ‖ **N.** *Contr.* intrattabile. **Q.T.** *banca.*

trattabilità [da *trattabile*; sec. XIV] **sf.** qualità di ciò che è trattabile ‖ **N.** *Contr.* intrattabilità.

trattaménto [da *trattare*; 1353 nel senso 2] **sm.** **1.** atto e modo del sottoporre qualcosa a particolari procedimenti o elaborazioni: *un trattamento per l'impermeabilizzazione di tessuti, trattamento cosmetico per pelli secche*; *in part.*: *T.med.* modo di curare, cura: *il trattamento delle fratture, trattamento postoperatorio* ‖ *T.inform. trattamento dei dati*, l'insieme delle operazioni svolte automaticamente su di essi (elaborazione, conversione, trasferimento ecc.): *programma di trattamento (di) testi, word processing* ‖ *T.cin.* fase intermedia della stesura di un copione cinematografico in cui gli avvenimenti vengono raggruppati in unità narrative **2.** rif. a persone, atto e modo del trattare e dell'essere trattati; *in part.*: rif. al modo in cui ci si comporta con qualcuno: *ha ricevuto il trattamento* (sott.: punitivo o comunque duro) *che si merita* ‖ modo di accogliere e di servire i clienti: *una pensione a trattamento familiare* ‖ entità della retribuzione dei dipendenti: *il trattamento (economico) è ottimo* ‖ **N.** **2.** accoglienza, maniera, modo, tratto | brutale, cafone, cinico, civile, educato, gentile, signorile, villano.

trattàre [lat. *tractāre*; a. 1292 nel senso 4] **tr.** **1.** fare oggetto di determinate maniere di comportamento, di certi modi di agire: *trattare qualcuno con gentilezza, duramente*; *trattare bene una cosa, un animale*, averne la dovuta cura ‖ rif. in part. a persone, anche in molti modi di dire: *trattare con i guanti*, con molto riguardo; *trattare da* (o *come*, sott. *se si avesse a che fare con un*) *gran signore, fratello, estraneo, idiota*; *trattare qualcuno dall'alto in basso*, con alterigia o disprezzo; *iperb. trattare come un cane, a pesci in faccia*, malissimo; *trattare qualcuno come si merita*, spec. alludendo al caso in cui costui si sia a sua volta comportato male; *ti sembra questo il modo di trattare le persone, la gente?*, detto in tono di rimprovero a chi ha trattato male qualcuno; rif. più in part. a clienti: *un negozio in cui ti trattano bene, in quell'albergo si viene trattati malissimo*, con allusione ai modi del personale ma anche alla qualità e al costo del servizio o della merce **2.** fare oggetto di particolari procedimenti o lavorazioni: *trattare il cuoio con un particolare conciante, la pelle secca con un prodotto cosmetico idratante* **3.** fare oggetto della propria attività professionale o commerciale: *un avvocato che tratta solo cause penali*; *trattare una certa merce*, offrirla in vendita come produttore, rappresentante o negoziante **4.** prendere in esame, analizzare, assumere come argomento di un discorso, di un testo e sim.: *trattare un argomento molto complesso, in quel film viene trattato un aspetto della guerra in Vietnam* **5.** fare oggetto di trattativa, perseguire come obiettivo di un accordo: *trattare la pace, un armistizio, un affare*; *trattare il prezzo di qualcosa*, cercare di accordarsi sul suo prezzo, contrattare; anche *ass.*, addivenire a trattativa: *i terroristi costrinsero lo Stato a trattare* ‖ **intr.** (aus. *avere*) **1.** avere a che fare, intrattenere rapporti: *gli addetti alla vendita devono saper trattare coi clienti*; *è una persona con cui non si può trattare*, a causa del suo carattere scontroso, difficile e sim. **2.** svolgere una trattativa, discutere in vista di un accordo: *trattare col nemico, coi creditori* **3.** avere per argomento: *nella conferenza trattò di vari problemi, un testo che tratta di storia dell'arte romana* ‖ *impers.* introduce ed evidenzia l'oggetto del discorso, il punto principale: *ora si tratta di decidere che vogliamo fare, secondo me si tratta di omicidio, non di suicidio* ‖ **N.** **tr.** **1.** alla buona, amabilmente, amorevolmente, arrogantemente, barbaramente, benevolmente, brutalmente, confidenzialmente, cortesemente / scortesemente, garbatamente / sgarbatamente, in modo disumano, malamente | bistrattare, maltrattare **4.** *Sin.* affrontare, discorrere, discutere, dissertare, menzionare, parlare, ragionare, scrivere, toccare il tasto | approfonditamente / superficialmente, dettagliatamente, estesamente, in generale **5.** *Sin.* negoziare.

trattàrio (pl. *-ri*) [da *tratta*; 1918] **agg.** e **sm.** (f. *-a*) *T.giur.* e *T.banc.* il debitore che riceve l'ordine di pagare per mezzo di una tratta ‖ **N.** *Sin.* trassato.

trattatista [da *trattato*; 1776] **s.** scrittore di trattati.

trattatistica [da *trattato*; 1974] **sf.** la produzione di trattati di un'epoca, di una civiltà o riguardante un certo oggetto: *la trattatistica architettonica del Seicento.*

trattatistico (pl. *-ci*) [da *trattato*; 1974] **agg.** riferito ai trattati, alla trattatistica.

trattativa [da *trattare*; 1799] **sf.** l'insieme degli incontri, delle discussioni in cui vengono esaminate proposte e controproposte delle parti interessate a pervenire a un accordo, a concludere un affare e sim.: *siamo in trattativa per l'acquisto del negozio, le trattative sono fallite* ‖ **N.** *Sin.* negoziato, preliminari | concludere, condurre a termine, iniziare, intavolare.

trattàto [dal lat. *tractātum*; 1294] **sm.** **1.** testo di notevole estensione che espone metodicamente e approfonditamente i principi di una disciplina o un particolare tema: *un trattato di filosofia medievale, di diritto aziendale*; *il Trattato sul Sublime dello Pseudo Longino* **2.**

T.giur. nel diritto internazionale, atto comprovante l'avvenuto accordo tra due o più stati riguardo a questioni di interesse comune: *trattato di pace, di alleanza, commerciale* || *dim.* trattatèllo || **N.** **2.** capitolato, concordato, convenzione, patto | firmare, ratificare, rispettare, rompere, stipulare | clausola.

trattatóre [da *trattare*; a. 1348] **sm.** (f. *-trìce*) *raro* **1.** chi tratta un affare; negoziatore **2.** trattatista.

trattazióne [da *trattare*; a. 1644] **sf.** atto e modo del trattare un argomento: *è una trattazione molto succinta, ma chiara* || **N.** dissertazione, esposizione, illustrazione, svolgimento.

tratteggiaménto [da *tratteggiare*; 1599] **sm.** atto ed effetto del tratteggiare, anche *fig.*

tratteggiàre (pres. *-éggio*) [da *tratto*; 1550] **tr.** **1.** rappresentare, disegnare con tratti di matita, penna e sim.: *tratteggiare una linea*, segnarla solo a tratti; *tratteggiare le zone in ombra*, rappresentarle con un tratteggio **2.** *per estens.* disegnare schematicamente, abbozzare || *fig.* descrivere (a voce o per iscritto) sommariamente ma efficacemente: *tratteggiò la figura poetica di Dante* **3.** *arc.* motteggiare, punzecchiare || **N.** **2.** *Sin.* delineare, schizzare.

tratteggiàta [da *tratteggiare*; 1965] **sf.** linea tratteggiata.

tratteggiàto (*pps.* di *tratteggiare*) [1550] **agg.** **1.** disegnato per tratti **2.** delineato, schizzato; anche *fig.*: *personaggio ben tratteggiato.*

tratteggiatùra [da *tratteggiare*; a. 1775] **sf.** atto, modo ed effetto del tratteggiare.

trattéggio (pl. *-gi*) [da *tratteggiare*; 1598] **sm.** **1.** tratteggiatura **2.** successione di brevi tratti a matita, penna ecc., variamente orientati e più o meno ravvicinati tra loro, usati spec. per definire le zone in ombra di ciò che si rappresenta: *un tratteggio rado, fitto*; *il tratteggio è essenziale nel disegno a chiaroscuro.*

trattenére (pres. *trattèngo* ecc., come TENERE) [da *tenere*; 1531 nel senso 2] **tr.** **1.** stringere a sé o tra le proprie mani qualcosa in modo da non lasciarlo sfuggire; scappare o sim.: *trattenere il pallone*; *trattienilo, altrimenti ti vola via*; *trattenetelo, mi ha appena rubato la borsa!* || seguito dalla prep. *per*, quando è indicata la parte della cosa o della persona per la quale la si trattiene: *mi tratteneva per i vestiti*; seguito dalle prep. *tra* o *con* quando è indicata la cosa, lo strumento con cui si trattiene: *trattenevo la farfalla fra* (o *con*) *due dita* **2.** più in gen., fare in modo che qualcuno o qualcosa permanga in una certa posizione, in una data condizione, in un dato posto e sim., anche *fig.*: *la malattia l'ha trattenuta a letto per tre mesi*, l'ha costretta a stare a letto per tre mesi || rif. solo a persona, impedirle di fare o dire qualcosa, distoglierla: *non so cosa* (o *chi*) *mi trattenga dal dirle tutto quello che so di lui* || *in part.* tenere, conservare presso di sé, talora solo per un certo tempo o, anche, tenere per sé, come proprio possesso: *lo trattennero in ostaggio dieci mesi*; *ho comprato due libri: uno l'ho trattenuto e l'altro l'ho regalato*; rif. in part. a parte di una somma o di altra cosa, sottrarla e tenerla per sé: *l'agenzia ha trattenuto una percentuale sul ricavato dalla vendita* **3.** *in part.* tenere dentro di sé qualcosa, non lasciarla venir fuori: *trattenere il fiato, il respiro*, sospendere momentaneamente l'espirazione; *trattenere il pianto, le lacrime, la rabbia*; *trattenere l'impulso di fare qualcosa*, frenarsi, controllarsi **4.** *in part.* rif. a persona, fare restare con sé, non lasciar andare via: *mi hanno trattenuto a pranzo (da loro)*, *non ti trattengo*, come formula di commiato || **intr. pron.** fermarsi, restare in un luogo per qualche tempo: *ci tratterremo poco in paese*; anche *fig.*, soffermarsi su un certo argomento: *il professore si è trattenuto a lungo su quel tema* || **rifl.** frenarsi, astenersi: *si trattenne a fatica dal mollargli un ceffone* || **N.** **tr.** **1.** bloccare, fermare, frenare **2.** costringere, mantenere, custodire, sequestrare, serbare.

tratteniménto [da *trattenere*; a. 1566] **sm.** **1.** riunione di più persone organizzata in modo da intrattenerle piacevolmente: *c'è stato un bel trattenimento a casa dei nostri cugini* **2.** *raro* indugio || **N.** **1.** ricevimento, festicciola, veglia.

trattenùta [da *trattenere*; 1922] **sf.** ritenuta.

trattìno (*dim.* di *tratto*) [1961] **sm.** **1.** piccolo tratto **2.** segno ortografico che serve a unire parole composte (per es.: *fine-settimana*), per evidenziare il prefisso o il suffisso in una parola composta (per es.: *pre-elettorale*), come separatore di una parola nell'andare a capo in fin di riga o per unire due parole (per es.: *la linea ferroviaria Torino-Venezia, la guerra del '15-'18*).

tràtto¹ (*pps.* di *trarre*) [1319] **agg.** tirato, trascinato, estratto con forza; anche *fig.*: *tratto a riva, in inganno*; *seta tratta*, ridotta in filo, riunendo più bave dal bozzolo || *cambiale tratta*, V. TRATTA || nella loc. *a spada tratta*, con la spada snudata, sguainata; e *fig.* energicamente, in modo deciso e battagliero.

tràtto² [lat. *tractus*; 1319 nel senso 2] **sm.** **1.** settore, parte di qualcosa che si estende prevalentemente nel senso della lunghezza: *un tratto di strada*, o anche *ass.*, *un tratto in salita*, *il primo tratto della ferrovia è su un solo binario*, *una rivista riporta lunghi tratti del libro*; *un buon tratto*, un tratto abbastanza lungo; *tratto vocale*, parte del condotto vocale compreso tra la glottide e le labbra, che, nella fonazione, funge da risonatore || nella *loc. avv. a tratti*, a intervalli, a zone: *a tratti il sentiero si perde* || *per estens.* settore, parte di una superficie: *il monte è ricoperto, per ampio tratto, dal bosco* || *per estens. meno com.*, spazio, periodo di tempo: *non lo vedo da lungo tratto*; *com.* nelle *loc. avv. a un tratto*, a un certo punto, a un certo momento; *tutt'a un tratto*, all'improvviso; inaspettatamente; *a tratti*, a momenti: *a tratti piangeva, a tratti rideva*; *arc. tratto tratto*, di momento in momento **2.** segno tracciato con un unico movimento della mano: *cancellare una parola con un tratto di penna, un disegnatore dal tratto forte ed essenziale*; *disegno al tratto*, eseguito, a matita, carboncino o altro, con tratti netti, non sfumati; *dipingere a grandi tratti*, per linee essenziali **3.** spec. al pl., lineamenti, insieme dei segni di contorno caratteristici di un volto: *un profilo dai tratti regolari* || *per estens.*, anche *fig.*, segno distintivo, elemento caratteristico: *i tratti distintivi del suo carattere, del suo stile pittorico*; *descrivere a grandi tratti*, per caratteri essenziali; *in part.*: *T.fil. tratti concettuali*, gli elementi della definizione di un concetto; *T.ling. tratti semantici*, le unità semantiche minime in cui si può scomporre il significato di una parola; *T.fon. tratti distintivi di un fonema*, quelli che lo distinguono dagli altri (sonorità, sordità, nasalità ecc.) **4.** *fig.* stile di comportamento: *ha un tratto gentile, spigliato*; *si vede dal tratto che è un villano* **5.** *ant.* atto del tirare; tirata, strappo, strattone: *tratto di corda*, metodo di tortura consistente nel dare ripetuti strappi alla corda cui si legava il prigioniero; *dare gli ultimi tratti*, gli ultimi moti convulsi del moribondo; *dare il tratto alla bilancia*, fare in modo che tracolli, che pieghi da un lato **6.** *fig. disus.* scherzo, battuta. **Q.T.** *linguistica.*

trattóre¹ [da *trarre*, attr. il fr. *tracteur*; 1926] **sm.** veicolo di grande potenza atto al traino di altri veicoli, macchine agricole, e di rimorchi di peso o dimensioni eccezionali: *trattore stradale, agricolo, militare* || **N.** trattrice. **TAV.** *agricoltura* 2.

trattóre² [dal fr. *traiteur*; 1361] **sm.** (f. *-trìce*) chi gestisce una trattoria.

trattóre³ [da *tratto*; a. 1712] **sm.** (f. *-trìce*) *T.tess.* addetto alla trattura della seta.

trattorìa¹ [da *trattore²*; 1840] **sf.** ristorante di modeste pretese, di stile familiare || **N.** locanda, osteria.

trattorìa² [da *trattore³*; 1865] **sf.** filanda in cui si fa la trattura della seta.

trattorìsta [da *trattore¹*; 1950] **s.** chi conduce un trattore.

trattrìce¹ [da *trattore¹*; 1918] **sf.** trattore, nel senso di veicolo da traino.

trattrìce² [da *trarre*; 1961] **sf.** *T.mat.* curva piana tale per cui il segmento di tangente compreso tra il punto di tangenza e una retta fissa è costante.

trattùra [lat. tardo *tractūra*; a. 1774] **sf.** *T.tess.* la tecnica e l'operazione del trarre la seta dai bozzoli || **N.** filanda, setificio, trattoria | trattore | filatura, seta.

trattùro [da *trarre*; fine sec. XVII] **sm.** striscia di terreno destinata al passaggio delle greggi in occasione delle migrazioni stagionali: *i miei pastori vanno pel tratturo antico al piano* (D'Annunzio) || **N.** calle, pista, sentiero, viottolo.

traudìre (pres. *traòdo* ecc., come UDIRE) [da *udire*; 1573] **tr.** e **intr.** (aus. *avere*) *lett. raro* **1.** udire solo a tratti, incompiutamente **2.** udire una cosa per un'altra, ingannarsi nell'udire: *traudirono parole interrotte*; *Isolabella aveva traudito* (D'Annunzio) || **N.** **2.** *Sin.* fraintendere.

tràuma [dal gr. *trâuma*, ferita; 1833] **sm.** *T.med.* **1.** lesione dell'organismo prodotta da cause esterne che agiscono in maniera violenta e rapida: *trauma fisico, cranico* **2.** *per estens. trauma psichico*, violenta alterazione dello stato o della struttura psichica, dovuta a cause esterne. **Q.T.** *psicanalisi.*

traumàtico (pl. *-ci*) [dal gr. *traumatikós*; 1805] **agg.** *T.med.* che è prodotto da trauma, che concerne il trauma: *lesioni traumatiche*, ferite, contusioni, fratture, lussazioni ecc.

traumatìsmo [comp. di *traumato-* e *-ismo*; 1942] **sm.** *T.med.* effetto provocato da un trauma.

traumatizzàre [dal gr. *traumatízein*; 1961] **tr.** provocare un trauma: *lo scontro lo ha gravemente traumatizzato* || *per estens. iperb.* sconvolgere, turbare profondamente.

traumatizzàto (*pps.* di *traumatizzare*) [1937] **agg.** e **sm.** (f. *-a*) che, chi sia stato colpito da un trauma, sia fisico che psichico.

traumatologìa [comp. del gr. *trâuma, -atos* e *-logia*; 1850] **sf.** *T.med.* branca della medicina che si occupa delle lesioni derivanti da traumi e ne studia i metodi di cura.

traumatològico (pl. *-ci*) [comp. del gr. *trâuma, -atos* e *-logico*; 1937] **agg.** di traumatologia, che si riferisce alla traumatologia: *istituto traumatologico.*

traumatòlogo (pl. *-gi*) [comp. del gr. *trâuma, -atos* e *-logo*; 1937] **sm.** (f. *-a*) *T.med.* specialista in traumatologia.

travagliaménto [da *travagliare*; prima metà sec. XIV] **sm.** *raro* travaglio.

travagliàre (pres. *-àglio*) [dal lat. **tripaliāre*, attr. il fr. *travailler*; 1319] **tr.** far soffrire, tormentare in senso fisico o morale: *il mal di denti lo travaglia*; *se quest'è amor, com'ei travaglia!* (Leopardi) || **intr.** (aus. *avere*) *ant.* patire travaglio, lavorare con fatica: *tempo da travagliare* (Petrarca); *bisogna travagliare sino alla morte* (Segneri) || **intr. pron.** *ant.* affliggersi, tormentarsi, darsi pena per qualcosa o per qualcuno: *non si travaglia certo per la carriera* || **N.** *Sin.* addolorare, affannare, affaticarsi, affliggere.

travagliàto (*pps.* di *travagliare*) [1313] **agg.** sofferente: *ha un aspetto travagliato*; *vita travagliata*, affannata, tribolata; *un momento storico travagliato*, agitato || **travagliataménte** **avv.** *non com.*

travagliatóre [da *travagliare*; sec. XIII] **agg.** e **sm.** (f. *-trìce*, o *-tóra*) *raro* che o chi travaglia.

travàglio (pl. *-gli*) [lat. *tripalium*; fine sec. XIII] **sm.** **1.** sofferenza, tormento fisico o morale: *travaglio di stomaco*, disturbo di stomaco che si manifesta con un senso di nausea e talora produce il vomito; *travaglio del parto*, e *per anton. travaglio*, insieme di fenomeni dolorosi e di contrazioni uterine che precedono e accompagnano il parto: *è entrata in travaglio* **2.** *lett. non com.* lavoro faticoso, penoso: *al travaglio usato ciascuno in suo pensier farà ritorno* (Leopardi) || **N.** **1.** *Sin.* affanno, afflizione, angoscia, dolore, patimento, pena, tormento, tribolazione.

travaglióso [da *travaglio*; 1553] **agg.** *raro lett.* che dà travaglio; pieno di travaglio || **N.** *Sin.* travagliato.

travalicaménto [da *travalicare*; a. 1363] **sm.** *non com.* atto e modo del travalicare.

travalicàre (pres. *-àlico, -àlichi*) [lat. tardo *transvaricāre*; sec. XIII] **tr.** oltrepassare valicando: *travalicare i monti, i secoli* || **intr.** (aus. *avere*) *fig.* oltrepassare i limiti fissati: *attento a non travalicare!*.

travalicatóre [da *travalicare*; 1336 ca.] **agg.** e **sm.** (f. *-trìce*) *non com.* che o chi travalica.

travaménto [da *trave*; 1340 *travamenta* f. pl.] **sm.** *raro* travatura.

travaṣàbile [da *travasare*; 1970] **agg.** che può essere travasato: *vino, olio travasabile*.

travaṣaménto [da *travasare*; 1600] **sm.** *non com.* atto del travasare.

travaṣàre (pres. *-àṣo*) [comp. parasint. di *vaso*; a. 1320] **tr.** **1.** rif. a liquidi, versare da un contenitore in un altro: *travasare il vino, l'acqua*; anche *fig. ha travasato nei suoi allievi tutto quello che sapeva* **2.** cambiare di vaso: *travasare le azalee* || **intr.** (aus. *essere* e *avere*) *non com.* versarsi fuori da un recipiente || **intr. pron.** **1.** debordare **2.** passare da un luogo a un altro || **N.** **intr.** *Sin.* debordare, fuoriuscire.

travaṣatóre [da *travasare*; 1840] **sm.** (f. *-trìce*) e **agg.** chi, che travasa.

travaṣatrice [da *travasare*; 1840] **sf.** pompa per travasare, spec. il vino.

travàṣo [da *travasare*; 1875] **sm.** atto del travasare || *T.med.* fuoriuscita di un umore organico dai propri vasi: *un travaso di bile*.

travàta [da *trave*; 1550] **sf.** *T.edil.* struttura reticolare portante, in legno, acciaio, cemento armato e sim., prevalentemente rettilinea e orizzontale: *le travate del ponte*.

travàto [da *trave*; 1865 nel senso 2] **agg.** **1.** fatto o sostenuto con travi **2.** *T.ipp.* di cavallo, balzano nei due piedi che sono dallo stesso lato.

travatùra [da *trave*; 1550 nel senso 2] **sf.** *T.edil.* **1.** il complesso di tutte le travi che fanno parte di un'opera: *travatura lignea, metallica* **2.** operazione del sistemare le travi di sostegno di una struttura: *fare la travatura*. **Q.T.** *architettura*.

tràve [lat. *trabs, trabis*; a. 1320] **sf.** o, meno com. *region.*, **sm.** **1.** *T.edil.* elemento a sviluppo prevalentemente lineare, fondamentale nella statica delle costruzioni, usato sia isolato, sia come componente di una struttura più complessa (travature, travi reticolari ecc.); nella sua forma più semplice consiste in un fusto d'albero squadrato, a sezione prismatica o, *per estens.*, di un elemento di forma simile ma in metallo o in cemento armato: *trave armata*, rinforzata in vari modi; *trave composta*, risultante dall'unione di due o più travi; *trave maestra* (o bordonale, o cantorio), quella principale di una travatura; *la portata di una trave*, la massima resistenza proporzionata alla lunghezza; *le travi del tetto, di un ponteggio*; *usare delle travi per puntellare un muro pericolante, questa trave sotto un simile carico si flette, quel ponte è sostenuto da travi metalliche con sezione a T* || in modi di dire fig.: *vedere la pagliuzza nell'occhio del vicino e non vedere la trave nel proprio occhio*, essere molto critico nei confronti degli altri ma non vedere i propri difetti; *far d'ogni fuscello una trave*, ingigantire le cose **2.** attrezzo ginnico simile, quanto alla forma e all'uso, all'asse d'equilibrio || *dim.* travétta, travétto (*sm.*), travettìna, travettìno (*sm.*), travicèlla, travicèllo (*sm.*); *accr.* travóne (*sm.*); *pegg.* travàccia || **N.** **1.** arcareccio, assero, corrente, mezzone, panconcello, terzera, travicello | antenna, chiglia, puntello, testata, traversina.

travedére (pres. *travédo* ecc., come VEDERE) [var. di *intravedere*; a. 1543] **intr.** (aus. *avere*) *raro* vedere una cosa per un'altra, ingannarsi nel vedere: *mi pareva lui, ma forse ho traveduto* || *fig.* ingannarsi nel giudizio o nel ragionamento: *travedere per ira, per amore* || **tr.** *raro* intravedere.

travéggole [da *travedere*, secondo la forma ant. della prima pers. sing. dell'ind. pres. *traveggo*; 1354] **sf. pl.** solo nel modo di dire *aver le traveggole*, vedere una cosa per un'altra.

travellers' cheque (ingl. pr. [ˌtrævələz ˈtʃɛk]) [letter. assegno del viaggiatore; 1935] **loc. m.** *inv.* assegno bancario per un importo determinato, in valuta estera, emesso a favore di una persona e incassabile solo da essa; assegno turistico.

travelling matte (ingl., pr. [ˈtrævəlɪŋ ˌmæt]) [letter. pellicola viaggiante; 1961] **loc. m.** *inv. T.cin.* tecnica cinematografica che utilizza una pellicola composta di due negativi distinti con riprese diverse, delle quali una riproduce i soggetti in movimento in primo piano e l'altra le immagini di sfondo.

travèrsa [lat. *transversa*; a. 1348] **sf.** **1.** elemento di collegamento, di rinforzo e sim. posto trasversalmente rispetto a due o più elementi della stessa struttura; *in part.* ciascuna delle assi che collegano gli elementi di sostegno di tavoli, sedie ecc. || nelle strade ferrate, traversina || nel calcio, sbarra trasversale della porta || *T.mar.* elemento disposto perpendicolarmente rispetto alla struttura che deve rinforzare: *traversa delle coffe, delle crocette* **2.** telo che si mette sul lenzuolo di sotto del letto di bambini o di malati, perpendicolarmente rispetto al corpo, perché non macchino il materasso e il lenzuolo **3.** via trasversale: *abito in una traversa di Corso Marconi* **4.** *T.arald.* sbarra diminuita di un terzo della sua lunghezza **5.** opera di sbarramento fluviale usata per la derivazione idraulica; diga di derivazione.

traversàgno [da *traversa*; 1961] **sm.** uno dei due pezzi di legno forato che costituisce l'armatura dell'ingegno per la pesca del corallo.

traversàle [da *traverso*; a. 1320] **agg.** *raro* trasversale.

traversàre (pres. *-èrso*) [lat. tardo *transversāre*; 1319] **tr.** **1.** passare attraverso, anche da un lato all'altro, da parte a parte: *traversare una fitta nebbia, una strada, una trave traversa il soffitto, il proiettile traversò la lamiera* || *T.alp.* percorrere di traverso una parete, qualora sia impossibile procedere in alto || *traversare la strada a qualcuno*, ostacolargli il cammino, anche *fig.* **2.** mandare, disporre di traverso; *in part. T.mar. traversare un'imbarcazione*, disporla perpendicolarmente alla direzione del vento || *T.sport., ass.*, nel calcio, effettuare un tiro trasversale rispetto alla lunghezza del campo || **N.** **1.** *Sin.* attraversare.

traversàta [dal fr. *traversée*; 1813] **sf.** atto del traversare, detto spec. di mari, fiumi, ghiacciai e sim.: *la traversata a nuoto della Manica, la traversata del Monte Bianco*.

traversìa [forse adattamento dello sp. *traversía*; a. 1492] **sf.** **1.** *fig.* spec. *pl.*, grave contrarietà, vicenda dolorosa: *dopo tante traversie ci vorrebbe un po' di pace* **2.** *propr. T.mar. disus. settore di traversia di un porto, una rada, un tratto di costa* ecc., l'angolo delle direzioni del vento e del moto ondoso più pericolosi per le imbarcazioni e per le attrezzature di terra || **N.** **1.** *Sin.* disgrazia, peripezia, sventura.

traversìna (*dim.* di *traversa*) [1846] **sf.** **1.** piccola traversa **2.** *T.ferr.* barra posata sulla massicciata, perpendicolarmente rispetto alla linea ferrata, su cui poggiano i binari **3.** *T.mus.* listello fissato trasversalmente sul manico di alcuni strumenti a corde pizzicate (chitarra, mandolino, banjo ecc.), che indica il punto in cui si deve premere una corda per ottenere una certa nota. **TAV.** ***ferrovie...*** **p. 669** 5.6.

traversìno [da *traverso*; 1853] **sm.** *T.mar.* cima di ormeggio posta in senso trasversale alla chiglia di una nave || *traversino di maglia*, nelle catene, il pezzo di metallo inserito in ogni maglia secondo il diametro minore per aumentarne la resistenza.

travèrso [lat. *transversus*; 1313 come loc. avv.] **I agg.** disposto perpendicolarmente od obliquamente rispetto a un elemento; trasversale, che va da parte a parte nel senso della larghezza: *via traversa* (o *ass. sf., traversa*), via che ne interseca un'altra (spec. principale rispetto ad essa) o, *fig.*, espediente (spec. poco corretto) atto a raggiungere, non nel modo più diretto, un certo scopo: *ci è arrivato per vie traverse*; *flauto traverso*, V. FLAUTO **II sm.** l'estensione di un corpo considerato nella sua larghezza || *T.mar.* la direzione perpendicolare a quella della chiglia della nave da un lato o dall'altro: *presentare il traverso*, il fianco; *andatura di traverso*, con il vento perpendicolare all'imbarcazione || nella *loc. avv. sul traverso*, sulla parte larga; *di traverso, per traverso*, trasversalmente, obliquamente e, *fig.*, biecamente: *lo guardò di traverso*; *andare di traverso*, di cibi o bevande che, andando nella laringe, provocano la tosse, anche *fig.* andar male: *è andato tutto di traverso*; contrariare: *la tua proposta gli è andata di traverso* || **N.** I *Sin.* obliquo, perpendicolare, trasversale | diagonalmente, di sbieco, di sguincio, in tralice, obliquamente, trasversalmente | *Contr.* dritto. **TAV.** ***vela*** **p. 1342** 4.6.

traversóne (*accr.* di *traversa*) [1598; 1908 nel senso calcistico] **sm.** **1.** grossa traversa **2.** colpo tirato di traverso; *in part.*: nella scherma, fendente tirato di traverso || nel calcio, lungo lancio dai bordi del campo verso il centro dell'area avversaria.

travertino [lat. (lapis) *Tiburtinus*; 1460] **sm.** pietra calcarea leggera e porosa, usata per rivestimenti esterni.

travesti (fr., pr. [travesˈti]) [letter. travestito; 1962] **sm.** *inv.* in una rappresentazione teatrale, ruolo interpretato da un attore di sesso diverso da quello del personaggio.

travestiménto [da *travestire*; a. 1758] **sm.** atto ed effetto del travestire e del travestirsi || *concr.* ciò con cui ci si traveste.

travestìre (pres. *-èsto*) [da *vestire*; a. 1527] **tr.** **1.** vestire qualcuno con abiti diversi da quelli soliti perché non sia riconosciuto: *lo travestirono da frate, da donna* **2.** *fig.* trasformare: *travestire la propria prosa con elementi formali estranei*; *e l'uomo e le sue tombe e l'estreme sembianze e le reliquie della terra e del ciel traveste il tempo* (Foscolo) || **rifl.** cammuffarsi: *si travestì da frate, da donna, da mendicante* || **N.** mascherare, camuffare.

travestitiṣmo [da *travestito*; 1935] **sm.** tendenza morbosa ad indossare abiti dell'altro sesso. **Q.T.** *psicologia*.

travestito (*pps.* di *travestire*) [1353] **I agg.** che si veste con abiti diversi da quelli soliti per non essere riconosciuto: *un poliziotto travestito* **II sm.** chi indossa abiti caratteristici dell'altro sesso, e ne assume gli atteggiamenti stereotipati: *uno spettacolo di travestiti*; *per restr.* uomo che si traveste da donna per comportamento deviante o a scopo di prostituzione || **N.** I camuffato, mascherato.

travestitùra [da *travestire*; 1879] **sf.** *raro* travestimento.

travèt [dal n. proprio *Travet*, protagonista della commedia piemontese *Le miserie d'Monsù Travet*; 1905] **sm.** *inv. scherz.* impiegatuccio mal retribuito, pateticamente scrupoloso nell'esecuzione dei suoi monotoni compiti.

travétto (*dim.* di *trave*) [1562] **sm.** **1.** piccola trave **2.** *T.edil.* nella costruzione dei solai, elemento in cemento armato o in cemento armato e laterizio precompresso.

traviaménto [da *traviare*; 1686] **sm.** atto ed effetto del traviare e del traviarsi || **N.** aberrazione, pervertimento, colpa.

traviàre (pres. *travìo, travìi*) [comp. parasint. di *via*; 1319] **tr.** **1.** *fig.* allontanare dalla retta via: *fu traviata dai cattivi compagni* **2.** *propr. raro* far uscire dalla via: *qual forza o qual ventura ti traviò sì fuor di Campaldino?* (Dante) || **intr.** (aus. *avere*) *raro* deviare: *traviò dall'argomento* || **intr. pron.** *fig. si è traviato frequentandolo* || **N.** **tr.** **1.** *Sin.* corrompere, pervertire, sviare.

traviàto (*pps.* di *traviare*) [1374] **agg.** corrotto: *è un ragazzo traviato.*

traviatóre [da *traviare*; 1618] **agg.** e **sm.** (f. *-trìce*) *raro* che o chi travia in senso morale: *lettura traviatrice.*

travicèllo (*dim.* di *trave*) [da *trave*; 1353] **sm.** piccola trave secondaria || *ant.* in *loc. fig.*: *star a letto a contare i travicelli*, stare a letto per poltroneria; *re travicello*, re di nome, ma senza né autorità, né stima: *oh comodo, oh bello un re travicello!* (Giusti).

travisaménto [da *travisare*; 1584] **sm.** atto ed effetto del travisare.

travisàre (pres. *-ìso*) [comp. parasint. di *viso*; fine sec. XIII] **tr.** **1.** *fig.* interpretare in modo contrario o diverso da quello giusto o, anche, alterare intenzionalmente la natura di un fatto, far apparire in modo diverso dal vero: *travisare le parole altrui, i fatti, la storia* **2.** *propr. raro* far cambiare viso, aspetto || **N.** **1.** distorcere, falsare, falsificare, fraintendere, mistificare, stravolgere, svisare.

travolgènte (*ppr.* di *travolgere*) [sec. XIV] **agg.** che travolge: *con impeto travolgente, un successo travolgente.*

travòlgere (pres. *travòlgo* ecc., come VOLGERE) [da *volgere*; 1313 nel senso 2] **tr.** **1.** far crollare, abbattere, trascinare via con furia: *il vento tutto travolse, la piena travolge ogni cosa, travolsero le difese nemiche, l'auto travolse un pedone* **2.** *raro* volgere in direzione opposta; stravolgere || **N.** **1.** investire, rovesciare.

travolgiménto [da *travolgere*; 1745] **sm.** *raro* atto del travolgere || **N.** rivolgimento, rovesciamento.

travoltàre (pres. *travòlto*) [da *voltare*; a. 1597] **tr.** *arc.* travolgere.

travòlto (*pps.* di *travolgere*) [1319] **agg.** abbattuto, trascinato via con violenza: *alberi travolti dalla piena* || stravolto: *occhi travolti* || trascinato: *travolto nel fallimento.*

trawler (ingl., pr. ['trɔ:lə]) [da *trawl*, strascico; 1935] **sm.** *inv.* peschereccio usato nei mari settentrionali d'Europa e d'America per la pesca a strascico, spec. delle aringhe.

trawler-yacht (ingl., pr. ['trɔ:lə ,jɒt]) [comp. di *trawler* e *yacht*; 1983] **sm.** *inv.* peschereccio da diporto.

trazióne [da *trarre*; 1853] **sf.** **1.** tipo di sollecitazione semplice applicata a un corpo in modo da provocarne l'allungamento: *sforzo, prova di trazione* || *T.chir.* metodo di cura usato nelle fratture degli arti, secondo il quale i monconi ossei vengono contenuti mediante l'applicazione di pesi alle estremità dell'arto fratturato: *mettere in trazione* **2.** *T.mecc.* insieme delle forze e delle azioni sviluppate per imprimere il moto a un veicolo lungo un piano orizzontale o inclinato: *trazione animale, meccanica, elettrica*, a seconda che utilizzi l'energia fornita da animali, da motori termici o da motori elettrici; nei veicoli a ruote, *trazione anteriore, posteriore, integrale*, a seconda che le ruote motrici siano quelle anteriori, quelle posteriori o tutte quelle del veicolo.

trazzèra [etim. inc.; 1929] **sf.** in Sicilia e Calabria, viottolo che attraversa i campi e consente il passaggio al bestiame.

tre (pr. [tre]) [lat. *tres*; 1211] **agg.** e **sm.** *num. card.*, ar. 3, rom. III; non si accenta, ma vuole sempre l'accento acuto nei numeri composti che terminano con esso: *trentatré, centotré* || *regola del tre semplice, del tre composto*, regole aritmetiche con cui si trovano valori di grandezza proporzionale ad altri già noti || *T.sport.* una delle figure del pattinaggio, nella quale si deve tracciare sul ghiaccio un ghirigoro simile a un tre || *per estens.* con valore indet., pochi (*ci saranno sì e no tre persone*) o anche, al contrario, molti (*un'altra volta, prima di fare una cosa del genere, pensaci su tre volte*) || *prov. non c'è il due senza (il) tre*, se una cosa è capitata due volte, è probabile che capiti una terza; *chi fa da sé, fa per tre*, conviene contare solo sulle proprie forze || **N.** terzetto, terzina, terzo, treccia, triade, triangolo, triarchia, tricuspide, tridente, triduo, triedro, triennio, trifase, trifido, trifora, trigemino, triglifo, trilobato, trilogia, trilustre, trimestre, trimetro, trimurti, trinità, trino, trinomio, trio, triodo, tripartito, triplice, triplo, trireme, triregno, trisagio, trisavolo, trisulco, trittico, triumviro, trivio.

treàlberi [comp. di *tre* e *alberi*; 1889] **sm.** *inv.* *T.mar.* imbarcazione a vela con tre alberi.

treatment (ingl., pr. ['tri:tmənt]) [letter. trattamento; 1942] **sm.** *inv.* *T.cin.* fase di elaborazione di un soggetto cinematografico consistente nella sua esposizione in forma narrativa accompagnata da una prima divisione nelle scene fondamentali.

trébbia[1] [da *trebbiare*; sec. XIV nel senso 3] **sf.** **1.** trebbiatrice **2.** trebbiatura: *quivi io farò la mia trebbia* (D'Annunzio) **3.** *T.stor.* strumento di tortura con punte di ferro.

trébbia[2] [forse dal ted. *Treber*, vinacce; 1961] **sf.** spec. *pl.*, residuo della lavorazione del malto, spesso usato come mangime.

trebbiàno [forse dal n. geogr. *Trebbio*; 1301] **sm.** **1.** vitigno da vino ad acini sferici e verdastri molto succosi e dolci, coltivato nell'Italia centro-settentrionale **2.** il vino bianco da pasto che se ne ricava.

trebbiàre (pres. *-ébbio*) [lat. *trebulāre*; 1353] **tr.** *T.agr.* separare i chicchi dei cereali dalle cariossidi e dalle altre parti della pianta.

trebbiatóio (pl. *-ói*) [da *trebbiare*; 1891] **sm.** ogni strumento per trebbiare; trebbia, correggiato.

trebbiatóre [da *trebbiare*; 1879] **agg.** e **sm.** (f. *-trìce*) chi o che trebbia: *la dea Cerere trebbiatrice.*

trebbiatrice [da *trebbiare*; 1873] **sf.** macchina agricola per trebbiare.

trebbiatùra [da *trebbiare*; a. 1580] **sf.** operazione del trebbiare || periodo in cui si trebbia.

trébbio (pl. *-bi*) [lat. *trivium*; fine sec. XIV] **sm.** *ant.* incrocio di tre strade; trivio || nelle loc. *far trebbio, stare a trebbio*, far crocchio, fermarsi per strada a chiacchierare in crocchio.

trébbo [dal lat. *trivium*, trivio, attr. il romagn. *trébb*; 1961] **sm.** **1.** *region.* in Romagna, riunione, incontro serale di amici: *andare a un trebbo* **2.** *trebbo poetico*, incontro organizzato da un gruppo di persone accomunate dall'interesse per la poesia, che declamano e commentano assieme i versi prescelti.

trebelliàna [dal lat. *trebelliānus*, di Trebello (console romano); 1543] **sf.** *T.giur.* la quarta parte dell'eredità che il fidecommissario poteva ritenere per sé.

trebisónda [dal n. geogr. *Trebisonda*, città della Turchia, con passaggio semantico non chiaro; 1967] **sf.** solo nella loc. *perdere la trebisonda*, perdere il dominio di sé, perdere l'autocontrollo; perdere la tramontana.

trécca [da *treccare*; a. 1348] **sf.** *tosc. ant. spreg.* fruttivendola || *accr.* treccóna || **N.** ciana, donnacchera, mercatina, rivendugliola | treccare, treccone.

treccàre (pres. *trécco, trécchi*) [lat. tardo *tricāre*; a. 1294 nel senso 2] **intr.** *ant. tosc.* **1.** fare il rivendugliolo **2.** *fig.* ingannare.

tréccia (pl. *-ce*) [etim. inc.; sec. XIII] **sf.** **1.** complesso di tre o più fili, corde, strisce ecc. di materiali vari, passati alternativamente gli uni sugli altri in modo da formare un solo elemento; *in part.* acconciatura consistente nell'intrecciare tra loro tre ciocche di capelli: *porta una lunga treccia bionda, farsi le trecce* || *T.alim.* formato di pane o di mozzarella a forma di treccia || *T.tess. treccia (di filato), di cotone, di lana*, formata da gruppi di fili di colore diverso, della lunghezza di una gugliata, che vengono sfilati all'occorrenza || filza, resta: *una treccia d'aglio* **2.** *per estens.* *T.arch.* motivo ornamentale, dipinto o scolpito, simulante una treccia || *dim.* treccettìna, treccìna, trecciolìna.

trecciaiòlo [da *treccia*; 1865] **sm.** (f. *-a*) *disus.* chi fa trecce di paglia per confezionare cappelli.

trecciatùra [da *trecciare*; 1961] **sf.** **1.** *T.tess.* lavorazione dei filati per produrre passamani a treccia **2.** lavorazione delle trecce in paglia per i cappelli.

treccièra [da *treccia*; a. 1348] **sf.** *ant.* ornamento femminile per la treccia || **N.** raggiera.

treccóne [lat. *trico, -ōnis*; a. 1348] **sm.** (f. *-a*) *tosc. ant.* **1.** rivenditore di frutta, verdura e sim. **2.** *spreg.* negoziante disonesto, imbroglione || *per estens.* persona disonesta.

trecentésco (pl. *-schi*) [da *trecento*; 1961] **agg.** del Trecento (sec. XIV).

trecentìsta [da *trecento*; 1752] **s.** **1.** scrittore, artista del Trecento (secolo XIV) **2.** studioso del Trecento.

trecentìstico (pl. *-ci*) [da *trecento*; 1879] **agg.** del Trecento e dei trecentisti.

trecènto [lat. *trecenti*; fine sec. XIII] **agg.** e **sm.** *num. card.*, ar. 300, rom. CCC || il secolo decimoquarto; in questo senso richiede sempre l'iniziale maiuscola: *gli scrittori del Trecento.*

tredicènne [comp. di *tredici* e *-enne*; 1879] **agg.** e **s.** che o chi è nell'età di tredici anni.

tredicèsimo [da *tredici*; 1716] **I** **agg.** *num. ord.* di 13: *Luigi tredicesimo*; *il tredicesimo secolo*, il periodo dal 1201 al 1300 (d.C.) o dal 1300 al 1201 (a.C.); *la tredicesima mensilità* o, *ass.*, *la tredicesima*, quella corrisposta ai dipendenti in aggiunta a quella del mese di dicembre || uno su tredici, quasi solo nell'espr. *la tredicesima parte*; *la tredicesima copia* o, *ass.*, *la tredicesima*, la copia omaggio concessa dall'editore al libraio, ogni dodici copie acquistate **II** *num. fraz. sette tredicesimi* || **N.** decimoterzo, terzodecimo.

trédici [lat. *tredecim*; 1308] **agg.** e **sm.** *num. card.*, ar. 13, rom. XIII || *fare tredici*, nel gioco del Totocalcio, prevedere gli esiti di tutte e tredici le partite di calcio indicate sulla schedina, realizzando così la massima vincita; anche, *per estens. fig.*, avere un colpo di fortuna.

tredicìna [da *tredici*; 1879] **sf.** insieme di tredici unità.

tredicìsta [da *tredici*; 1955] **s.** chi realizza un tredici nel gioco del Totocalcio.

tréfolo [lat. volg. **trifilum*; sec. XIV] **sm.** **1.** l'insieme dei fili ritorti costituenti il legnolo di un cavo || elemento fondamentale dei cavi in acciaio **2.** filo di cotone, refe ecc. arruffato || **N.** **1.** filaccia | accordellare.

tregènda [dal lat. **transienda*; 1354] **sf. 1.** conciliabolo notturno di diavoli e streghe || nel modo di dire fig. *notte di tregenda*, cupa, tempestosa **2.** *fig. non com.* pandemonio, confusione || **N. 1.** sabba.

treggèa [lat. *tragēma*, gr. *trághēma*, ultima parte del pasto, frutta secca; a. 1444] **sf.** *ant.* confetteria minuta.

tréggia (pl. *-ge*) [lat. *trahea*, forse con influsso di *veggia*; a. 1324] **sf.** sorta di rudimentale slitta per il trasporto di legna e foraggio || *per estens.* carro rustico senza ruote, tirato da buoi || *dim.* treggiòlo (*sm.*); *accr.* treggióne (*sm.*).

treggiàta [da *treggia*; 1840] **sf.** *raro* quantità di roba che può essere trasportata in una volta su una treggia.

treggiatóre [da *treggia*; 1618] **sm.** (f. *-trice*) *raro* chi conduce la treggia.

trégua o **trègua** [dal long. **trewwa*; sec. XI *treva*] **sf. 1.** sospensione temporanea delle ostilità, pattuita tra le parti in conflitto: *una tregua di due mesi, non rispettare la tregua, oggi spira la tregua* || *T.stor.* *tregua di Dio*, istituto, creato nel sec. X dal diritto canonico, che consisteva in una sospensione della ostilità durante il periodo della quaresima e dell'avvento e prevedeva sanzioni molto gravi (fino alla scomunica) per i violatori || *per estens.* sospensione di lotte, scontri, rivalità: *una tregua tra i partiti*; *tregua salariale*, periodo in cui i lavoratori si impegnano a non richiedere aumenti salariali || come *escl.*, in giochi infantili, per chiedere una sospensione **2.** *fig.* riposo, sospensione di lotta, di affanni, di dolore e sim.: *il dolore non gli dà tregua, lavora senza tregua* || **N. 1.** armistizio **2.** pace, requie.

trekking (ingl., pr. ['trekɪŋ]; pr. it. ['trɛkkiŋ(g)]) [da to *trek*, viaggiare su un carro tirato da buoi, poi migrare; 1979] **sm.** *inv.* spedizione escursionistica in regioni impervie e difficilmente accessibili, caratterizzata da lunghe marce, pernottamenti e bivacchi allestiti al momento.

tremàcchio v. TRAMAGLIO.

tremacuòre [comp. di *trema(re)* e *cuore*; a. 1708] **sm.** *raro* batticuore.

tremàglio v. TRAMAGLIO.

tremàre (pres. *trèmo*) [lat. *tremere*; a. 1306 nel senso 2] **intr.** (aus. *avere*) **1.** essere scosso da tremiti continui: *qui si trema di freddo, è vecchio e gli trema continuamente il braccio*; nel modo di dire *tremare come una foglia*, essere scosso da violenti tremiti per freddo o per paura **2.** aver paura, esser preoccupato, temere: *tremo per la sua sorte, sono cose che fanno tremare al solo pensiero* **3.** *per estens.* di cose, oscillare: *sentii tremare la terra sotto i piedi, la sua voce fa tremare i vetri, le canne tremano al vento* || *in part.* di vista o voce, vacillare: *mi trema un po' la vista* || **N. 1.** battere i denti, fremere, rabbrividire **2.** *Sin.* trepidare.

tremarèlla [da *tremare*; a. 1735 *tremerella*] **sf.** *fam.* il tremare, ma sempre per paura: *con quegli urli gli farete venire la tremarella* || **N.** batticuore, tremito, tremore.

Trematòdi (sing. *-e*) [dal gr. *trēmatṓdēs*, provvisto di fori; 1840] **sm. pl.** *T.zool.* classe di Platelminti, parassiti degli animali e dell'uomo.

tremebóndo [dal lat. *tremebundus*; a. 1311] **agg.** *lett.* tremante, spec. per paura.

tremefàtto [dal lat. *tremefactus*; a. 1342] **agg.** *ant.* tremante per la paura; atterrito, spaventato.

tremendìṣmo [da *tremendo*; 1942] **sm.** *T.lett.* tendenza letteraria tipica del naturalismo spagnolo, che descrive gli avvenimenti della guerra civile (1936-1939) con realismo crudo, violento e talvolta cinico.

tremèndo [dal lat. *tremendus*; 1598] **agg. 1.** terribile, spaventoso, disastroso: *viviamo momenti tremendi; un incidente tremendo* || *per estens.* da: *propr.* che fa tremare per la paura: *un pericolo tremendo* **2.** *iperb.* eccezionale, grandissimo: *ho una sete tremenda, c'è un caldo, un rumore tremendo*, tanto intensi da essere insopportabili **3.** che possiede una qualità in grado molto (o troppo) alto: *un giudice tremendo*, molto severo; *è un avaro tremendo* || *ass.* rif. a ragazzi e sim., molto vivace: *tuo figlio è tremendo, non sta fermo un attimo, tocca tutto* ||

tremendaménte **avv. 1.** orribilmente, spaventosamente: *è rimasto tremendamente sfigurato* **2.** *iperb.* eccezionalmente: *è tremendamente accattivante* || **N. 1.** *Sin.* orrendo.

trementìna [dal lat. *terebinthĭnus*; a. 1320] **sf.** resina fluida, balsamica, che si estrae da varie conifere, spec. dal larice e dal pino marittimo, usata in medicina, nelle industrie dei colori, ecc.: *essenza di trementina*, acquaragia || **N.** *Sin.* terebentina | colofonia.

tremitìo (pl. *-ii*) [da *tremito*; 1891] **sm.** *raro* tremito continuo.

trèmito [da *tremare*; 1354] **sm.** ciascuno dei rapidi moti convulsi delle membra, involontari, che sono provocati da freddo, paura, malattia, profonda commozione ecc.: *fu scosso da un tremito di paura, d'ira* || anche serie di tremiti: *il tremito della mano non gli permise, in vecchiaia, di continuare a dipingere* || **N.** brivido, fremito, scossa, tremore.

trèmo [da *tremare*; 1364 ca.] **sm.** *arc.* tremore.

trèmola [da *tremolare*; 1671] **sf. 1.** *dial. sett.* torpedine **2.** tremula.

tremolaménto [da *tremolare*; a. 1577] **sm.** *raro* tremolio.

tremolàre (pres. *trèmolo*) [lat. tardo *tremulāre*; 1319] **intr.** (aus. *avere*) tremare leggermente ma frequentemente: *la fiamma, la luce delle stelle tremola*; *conobbi il tremolar della marina* (Dante).

tremolìo (pl. *-ii*) [da *tremolare*; 1726] **sm.** il tremolare intenso, continuo o frequente; tremitìo, tremito.

trèmolo [dal lat. *tremulus*; 1525] **I agg.** *non com.* tremulo || *pioppo tremolo*, varietà di pioppo dalle foglie particolarmente leggere, che tremano al minimo soffio di vento **II sm.** *T.mus.* effetto vocale e strumentale ottenuto con la rapida ripetizione di uno o più suoni || nell'organo, registro appartenente agli effetti speciali e consistente nel rapido fluttuare della pressione dell'aria nella canna, con la conseguente produzione di un effetto simile a quello del vibrato nel violino.

tremóre [dal lat. *tremor, -ōris*; a. 1320] **sm.** movimento di chi o di ciò che trema: *esser colto da tremore in tutto il corpo*; *si percepiva il tremore della sua voce*, dovuto all'emozione || *T.med.* contrazione ritmica involontaria dei muscoli che determina uno stato oscillatorio di tutto o di una parte del corpo; può essere sintomo di alcolismo, saturnismo, morbo di Parkinson, sclerosi a placche o altro.

tremotìo (pl. *-ii*) [da *tremoto*; 1879] **sm.** *tosc. non com.* forte rumore accompagnato da scosse come di terremoto || **N.** tremestìo.

tremòto [da *terremoto*, con influsso di *tremare*; 1294] **sm.** *pop. region.* terremoto; anche *fig.*

trèmula [dal lat. *tremula*, che trema; 1826] **sf.** pioppo tremulo.

trèmulo [dal lat. *tremulus*; 1485 ca.] **I agg.** tremolante, che tremola: *egli parlò con voce tremula* **II sm.** *T.mus.* tremolo.

trenàggio (pl. *-gi*) [dal fr. *traînage*; 1961] **sm.** nelle miniere, sistema di trasporto su rotaie dei vari materiali.

trench (ingl., pr. [trentʃ]) [da *trench-coat*, letter. abito da trincea; 1933] **sm.** *inv.* soprabito impermeabile, di taglio sportivo, con cintura.

trend (ingl., pr. [trend]) [letter. inclinazione, tendenza; 1961] **sm.** *inv.* *T.econ.* andamento generale di un fenomeno o di un settore economico || *per estens.* tendenza.

trenétta [da genov. *trena*, cordoncino; 1942] **sf.** spec. *pl.* tipo di tagliatella schiacciata e sottile usata nella cucina ligure: *trenette al pesto.*

trenìno (*dim.* di *treno*[1]) [1922] **sm. 1.** piccolo treno; spec. in ferrovie secondarie, treno composto da pochi vagoni **2.** modellino di treno usato come giocattolo per bambini: *un trenino elettrico.*

trèno[1] [dal fr. *train*; 1766 nel senso 5] **sm. 1.** *T.ferr.* convoglio composto da una locomotiva trainante uno o più vagoni: *prendere, perdere il treno; treno passeggeri, merci, misto*, a seconda del servizio cui è destinato; *treno locale, diretto, espresso, rapido*, a seconda della frequenza delle fermate effettuate durante il percorso; *treni armati, corazzati, blindati*, di uso bellico; *treno militare*, tradotta; *treni straordinari*, istituiti in periodi di grande traffico || *per estens. meno com.*, serie di veicoli il primo dei quali ha funzione trainante: *treno stradale*, autotreno **2.** *per estens.* parte anteriore o posteriore di un veicolo a ruote o di un animale da traino: *treno anteriore* (o, solo nei veicoli, *avantreno*), *posteriore* **3.** serie completa di cose o elementi: *un treno di pneumatici*, tutti quelli di un veicolo a ruote; *treno di valigie* || *T.fis.* *treno d'onde*, emissione di onde elettromagnetiche o di altro tipo che occupano un intervallo di tempo e di spazio definito || *T.mecc.* *treno d'ingranaggi*, complesso di ingranaggi cilindrici utilizzato per trasmettere il moto tra due alberi ad assi paralleli **4.** *ant.* corteggio di carrozze e servi al seguito di grandi personaggi || *per estens.* accompagnamento, scorta: *il podestà con gran treno di notai e di birri* (Manzoni) **5.** *fig. disus.* maniera di vivere: *il treno di vita, vivere in gran treno.* **Q.T.** *ferrovia.*

trèno[2] [dal lat. tardo *thrēnus*; a. 1649 *threno*] **sm.** *T.lett.* nell'antica Grecia, lamento funebre; lamentazione: *i treni di Geremia.*

trenodìa [dal gr. *thrēnōidía*; 1821] **sf.** *T.lett.* treno, canto funebre.

trénta [lat. *triginta*; 1260] **agg.** e **sm.** *num. card.*, ar. 30, rom. XXX || il voto massimo (espresso in trentesimi) assegnato agli esami universitari: *ha preso trenta e lode* || *T.stor.* *i Trenta tiranni* (o, per anton., *i Trenta*), appellativo dei trenta membri di una commissione formata nel 404 a.C. per codificare una nuova costituzione || *T.gioc.* *trenta e quaranta*, nome di un gioco d'azzardo che si fa con le carte || nel modo di dire *chi ha fatto trenta può far trentuno*, chi ha fatto già molto può fare ancora qualcosa in più e terminare l'opera || **N.** trigesimo.

trentaduèṣimo [da *trentadue*; 1586] **I agg.** *num. ord.* di 32 **II** *num. fraz.* **1.** la trentaduesima parte **2.** *T.tip.* formato di stampa ottenuto piegando cinque volte il foglio di stampa, in modo da formare trentadue pagine.

trentatré [comp. di *trenta* e *tre*; 1466 ca.] **agg.** e **sm.** *num. card.*, ar. 33, rom. XXXIII || parola che, per le sue caratteristiche fonetiche, si usa far pronunciare al paziente durante l'auscultazione del torace, al fine di evidenziare eventuali fenomeni vibratori interni: *dica trentatré* || nella massoneria di rito scozzese, il grado massimo della gerarchia, e anche la persona che lo porta.

trente et quarante (fr., pr. [trɑ̃t e ka'rɑ̃t]) [letter. trenta e quaranta; 1988] **sm.** *inv.* gioco di carte francesi in cui si usano da 2 a 4 mazzi da 52 carte (6 mazzi nei casinò) e un tavoliere; conduce il gioco un "banchiere" contro un numero illimitato di avversari.

trentennàle [da *trentennio*; 1855] **I agg.** che dura un trentennio || che ricorre ogni trenta anni: *faremo un'esposizione trentennale* **II sm.** la ricorrenza del trentesimo anniversario di una data memorabile e la cerimonia che la celebra: *il trentennale della Liberazione*.

trentènne [comp. di *trenta* e *-enne*; 1855] **agg.** e **s.** che o chi ha trent'anni.

trentènnio (pl. *-ni*) [comp. di *trenta* e *-ennio*; 1855] **sm.** periodo di trenta anni: *ci conosciamo da un trentennio*.

trentèṣimo [da *trenta*; 1308] **I agg.** *num. ord.* di 30 || uno su trenta, quasi solo nell'espr. *la trentesima parte* **II** *num. fraz.* **1.** la trentesima parte **2.** ciascuna delle unità in cui vengono espressi i voti agli esami universitari: *ho preso ventotto trentesimi*.

trentìna [da *trenta*; 1598] **sf.** insieme di trenta o di circa trenta unità: *saranno una trentina di persone* || *in part.* nell'età dell'uomo, trent'anni: *è un uomo sulla trentina*, che ha circa trent'anni di età.

trentino [lat. *tridentīnus*; 1313] **I agg.** di Trento o della Venezia Tridentina **II sm.** **1.** (f. *-a*) abitante di Trento o della Venezia Tridentina **2.** (solo *sing.*) dialetto trentino.

trentùno [comp. di *trent(a)* e *uno*; 1520] **agg.** e **sm.** *num. card.*, ar. 31, rom. XXXI || in alcuni modi di dire: *chi ha fatto trenta può far trentuno*, v. TRENTA; *meno com. prendere* o *battere il trentuno*, andarsene via; partire, fuggire.

trèpang [da una voce malese, attr. il fr. *trépang*; 1929] **sm.** *inv.* alimento diffuso in Estremo Oriente, costituito da oloturie cotte in acqua ed essiccate al sole o affumicate.

trepestìo (pl. *-ìi*) [dal disus. *treppare*, saltare, con influsso di *calpestio*; 1842] **sm.** *tosc. non com.* calpestìo confuso.

trepidànte (*ppr.* di *trepidare*) [1525] **agg.** che trepida, che è in ansia: *se ne sta lì tutto trepidante* || **N.** TREPIDO.

trepidànza [da *trepidante*; 1879] **sf.** *lett.* trepidazione.

trepidàre (pres. *trèpido*) [da *trepido*; sec. XIV] **intr.** (aus. *avere*) provare ansia e timore insieme: *trepidare per la salute di una persona cara* || **N.** *Sin.* temere, tremare.

trepidazióne [lat. *trepidātio*, *-ōnis*; a. 1540] **sf.** stato d'animo di chi è trepidante: *aspettavamo notizie con trepidazione* || **N.** *Sin.* agitazione, ansia, inquietudine, preoccupazione, timore.

trepidézza [da *trepido*; a. 1667] **sf.** *raro* trepidazione.

trepidità [da *trepido*; a. 1380] **sf.** *raro* trepidazione.

trèpido [lat. *trepidus*; a. 1342] **agg.** *lett.* **1.** che è in trepidazione per qualcuno o qualcosa **2.** *fig. poet.* vibrante, palpitante: *trepida gioia, speranza* || **trepidaménte** **avv.** || **N.** **1.** *Sin.* ansioso, inquieto, timoroso, trepidante | *Contr.* intrepido.

treponèma [comp. del gr. *trépein*, volgere e *nêma*, filo; 1919] **sm.** *T.biol.* batterio dal corpo lungo e sottile che si muove con andamento serpeggiante: *treponema pallido*, agente batterico della sifilide || **N.** spirocheta pallida.

treponemòṣi [comp. di *treponema* e *-osi*; 1961] **sf.** *T.med.* malattia provocata dai treponemi.

trepónti o **tre pónti** v. TREPPONTI.

treppicàre (pres. *tréppico*, *tréppichi*) [dal germ. *trippōn*, saltare; 1865] **intr.** (aus. *avere*) *pop. tosc.* scalpicciare con i piedi || *per estens. lett.* fare un rumore simile allo scalpiccio: *voli lo staccio e treppichi giocando* (Pascoli).

treppiède [comp. di *tre* e *piede*; 1353] **sm.** qualsiasi struttura di sostegno mobile poggiante su tre piedi; *in part.* arnese da cucina che serve per sostenere recipienti da mettere sul fuoco || cavalletto a tre piedi (per cineprese, strumenti topografici, mitragliatrici ecc.) || **N.** cavalletto, treppiedi, trespolo, tripode.

treppièdi [comp. di *tre* e *piede*; a. 1647] **sm.** *inv.* treppiede.

treppónti [comp. di *tre* e *ponte*; 1889] **sm.** *inv.* *T.mar.* grande vascello dotato di tre batterie di cannoni disposte su tre ponti sovrapposti.

trequàrti [comp. di *tre* e *quarto*; 1905] **sm.** *inv.* **1.** *T.abb.* giaccone o soprabito femminile che è lungo i 3/4 della lunghezza di un abito, per cui arriva sin quasi al ginocchio: *si fece un trequarti di pelliccia* **2.** *T.chir.* ferro chirurgico, formato da un cannello da cui esce una punta triangolare, usato per toracentesi, paracentesi e altre operazioni simili (v. IDROPISIA) **3.** *T.sport.* nel *rugby* e nel *football* americano, ciascuno dei quattro giocatori che compongono l'attacco.

treruòte [comp. di *tre* e *ruota*; 1983] **sm.** *inv.* motoveicolo dotato di due ruote posteriori e di una anteriore, adatto spec. per terreni accidentati.

trésca [dal germ. **thriskan*, trebbiare (pestando); 1243 nel senso 2] **sf.** **1.** intrigo amoroso: *aveva una tresca con la vicina di casa* || *per estens.* rapporto di complicità clandestina: *una tresca con la parte avversa*; *per estens. fig.* da: **2.** antico ballo paesano italiano molto movimentato **3.** *fig. poet.* movimento rapido: *senza riposo mai era la tresca delle misere mani* (Dante).

trescàre (pres. *trésco*, *tréschi*) [da *tresca*; sec. XII nel senso 2] **intr.** (aus. *avere*) **1.** intrigare, spec. illecitamente: *quell'avvocato tresca con i suoi avversari*; anche, avere una relazione amorosa illecita; *per estens. fig.* da: **2.** ballare la tresca.

trescóne (*accr.* di *tresca*) [a. 1665] **sm.** ballo paesano a ritmo vivace che si fa saltando e battendo le mani.

tresètte v. TRESSETTE.

trespino v. CRESPINO.

tréspolo [lat. mediev. *trespes*, *-idis*; 1284] **sm.** **1.** supporto di forma e usi vari che si regge su tre o quattro gambe divaricate: *il pappagallo stava appoggiato sul suo trespolo, un busto di gesso appoggiato su un trespolo* **2.** *fig. fam.* veicolo mezzo sconquassato || *dim.* trespolìno, trespolétto || **N.** cavalletto, treppiede.

tressètte o **tresètte** [comp. di *tre* e *sette*; a. 1735 *tresette*] **sm.** *inv.* *T.gioc.* gioco di carte che si fa, di solito, tra quattro giocatori, a ciascuno dei quali si danno dieci carte; quando uno di essi gioca una carta, tutti gli altri debbono giocare una carta dello stesso seme, e fa la presa colui che ha la carta maggiore: il valore delle carte segue in quest'ordine: la maggiore di tutte è il tre, poi viene il due e poi l'asso, il re, la donna, il fante, ecc.; si può giocare anche in due, e allora si chiama *pizzichino*, o in tre, *terziglio* o in cinque, *quintilio*.

trèto [dal gr. *trētós*, perforato; 1932] **sm.** *T.bot.* frutto secco a forma di capsula che, una volta maturo, fa uscire i semi mediante pori o fori laterali.

tretticàre (pres. *tréttico*, *tréttichi*) [da un ant. *tretta*, batticuore; 1891] **intr.** *arc.* (aus. *avere*) non reggersi in piedi; vacillare.

trevière [da *trevo*; 1840] **sm.** *T.mar.* il marinaio addetto ai trevi.

trevigiàno v. TREVISANO.

trevìra ® [dal fr. *trévire*, da *trevirer*, far girare; 1983] **sf.** o **sm.** altro nome commerciale del terilene.

treviṣàno o **trevigiàno** [dal n. geogr. *Treviso*; 1860] **I agg.** della città di Treviso || *T.gioc. mazzo trevisano*, mazzo di 40 carte a semi italiani, diffuso nel Veneto e in buona parte del Friuli-Venezia Giulia, caratterizzato da motti stampati sugli assi di coppe e di spade **II sm.** (f. *-a*) abitante, nativo di Treviso.

trèvo [forse dal fr. *tref*; 1590 *treo*] **sm.** *T.mar.* nei velieri a vele quadre, la vela più bassa di ciascun albero (l'albero di mezzana generalmente non ha trevo) sono dette anche *basse vele* || **N.** treviere. **TAV.** ***vela*** **p. 1343** 6.26.

trézza [etim. inc.; a. 1294] **sf.** *ant.* treccia.

tri- [dal gr. e lat. *tri-*] ***primo elem.*** che, in parole composte dotte e della terminologia scientifica, vale "tre", "composto di tre" (per es. *triangolo*, *trifora*) || in chimica è utilizzato nelle denominazioni di composti caratterizzati dalla presenza di tre atomi o di tre radicali uguali (per es. *tricloruro*).

trìa [dal lat. *tria*; 1942] **sf.** *T.gioc.* filetto.

trìaca [dal lat. *theriăca*; a. 1294] **sf.** sostanza farmaceutica usata nel Medioevo come antidoto contro le morsicature degli animali velenosi.

triacànto [comp. di *tri-* e un der. del gr. *ákantha*, spino; 1840] **sm.** albero delle leguminose con spine trifide di color bruno, coltivato per fare siepi || **N.** *Sin.* gledissia, spino di Giuda.

triaciṣottaèdro [comp. del gr. *triákis*, tre volte, *otta-* e *-edro*; 1931] **sm.** in cristallografia, una delle forme semplici del sistema monometrico, consistente in un poliedro convesso avente 24 facce costituite da triangoli isosceli.

trìade [dal lat. *trias*, *triadis*, gr. *triás*, *triádos*; 1598] **sf.** complesso di tre cose o di tre persone || *T.fil. triade dialettica*, tesi, antitesi e sintesi || *T.chim.* gruppo di tre elementi chimici con proprietà analoghe || *T.mus.* accordo di tre note.

triàdico (pl. *-ci*) [da *triade*; 1821 come sm.] **I agg.** relativo a una triade, che costituisce una triade || *T.mat.* che ha tre argomenti: *relazione triadica* **II sm.** *T.rel.* antico inno della Chiesa greca in onore della divinità.

trial (ingl., pr. ['traɪəl]; pr. it. ['trial]) [letter. prova, saggio; 1978] **sm.** *inv.* **1.** *T.sport.* specialità del fuoristrada motociclistico consistente nel superare a bassa velocità ostacoli quali pendenze al limite del ribaltamento e curve a raggio ridottissimo, senza mettere i piedi a terra **2.** *per meton.* la motocicletta usata in tale specialità, part. leggera, con motore a basso regime, gomme artigliate e cambio a rapporti corti.

trialista [da *trial*; 1983] **s.** motociclista che pratica il *trial*.

triandrìa [comp. di *tri-* e del gr. *anḗr*, *andrós*, uomo; 1970] **sf.** *T.bot.* caratteristica del fiore che presenta tre stami liberi.

triangolàre¹ [lat. *triangulāris*; a. 1543] **agg.** **1.** *T.geom.* che ha tre angoli: *figura triangolare* **2.** *per estens.*, *com.*, dalla forma di triangolo o simile a un triangolo: *vela, viso triangolare* **3.** *per estens. fig.* che riguarda tre elementi: *intesa politica triangolare*, tra i membri di tre partiti o sim.; *T.sport. incontro triangolare* o, *sm.*, *triangolare*, incontro sportivo tra squadre di tre nazioni o di tre società diverse.

triangolàre² (pres. *triàngolo*) [da *triangolo*; 1955 nel senso 2] **tr.** *T.top.* rilevare per mezzo di triangolazioni || **intr.** (aus. *avere*) *T.sport.* nel calcio, scambiare la palla tra compagni di squadra in modo da formare una triangolazione.

triangolarità [da *triangolare*; a. 1578] **sf.** qualità di ciò che è triangolare.

triangolazióne [lat. tardo *triangulātio*, *-ōnis*; 1841] **sf.** **1.** *T.top.* sistema di localizzazione di uno o più punti basato sul calcolo trigonometrico **2.** *T.sport.* nel calcio, serie di passaggi del pallone tra giocatori della medesima squadra **3.** *per estens.* scambio commerciale internazionale con l'intervento di un finanziatore di nazionalità diversa da quella dell'esportatore e dell'importatore al fine di eludere divieti, situazioni di embargo ecc.

triàngolo [lat. *triangulum*; 1308 *triangulo*] **sm.** **1.** *T.geom.* figura piana, circoscritta da tre lati che formano tre angoli; è il più semplice dei poligoni **2.** *per estens.* oggetto, superficie, disposizione, tracciato e sim. a forma di triangolo: *i triangoli di spugna del neonato, un triangolo di terreno*; *in part.* segnale di pericolo fosforescente a forma di triangolo che l'automobilista ha l'obbligo di mettere ad una certa distanza dal suo veicolo per segnalarne la sosta forzata || *T.mus.* strumento a percussione, formato da una verga piegata a triangolo; dà suono squillante || *triangolo industriale*, quello che ha per vertici le più industrializzate delle città italiane (Torino, Milano e Genova) || **N. 1.** acutangolo, ottusangolo, rettangolo; equilatero, isoscele, scaleno; baricentro, incentro, ortocentro; cateto, ipotenusa; trigonometria; triangolare. **Q.T.** *matematica*... **TAV.** *geometria* 9, 10; ***musica* p. 1325** 13.

triarchìa [dal gr. *triarchía*; 1950] ***sf.*** *non com.* governo formato da tre persone || **N.** triumvirato.

triàrio (pl. *-ri*) [dal lat. *triārius*; a. 1527] ***sm.*** *T.stor.* soldato romano di terza linea, che veniva cioè dopo gli *astati* e i *principi*; apparteneva di solito alle classi più anziane.

Trias [dal gr. *triás*, triade; 1905] ***sm.*** *T.geol.* il primo periodo dell'era secondaria o mesozoica.

triàssico (pl. *-ci*) [da *Trias*; 1891] **I *agg.*** che si riferisce al Trias **II *sm.*** (con l'iniziale maiuscola) Trias.

trìathlon o **trìatlon** [comp. di *tri-* e del gr. *áthlon*, lotta; 1961] ***sm.*** *inv.* gara sportiva composta da tre prove, equitazione, scherma e corsa campestre.

triatòmico (pl. *-ci*) [comp. di *tri-* e *atomico*; 1949] ***agg.*** *T.chim.* detto di molecola o gruppo atomico costituito da tre atomi.

trìbade [dal lat. *tribas, -adis*, gr. *tribás, tribádos*; 1840] ***sf.*** lesbica.

tribadiṣmo [da *tribade*; 1891] ***sm.*** omosessualità femminile.

tribàle [dall'ingl. *tribal*; 1950] ***agg.*** relativo a tribù: *contrasti tribali* || caratteristico di un'organizzazione sociale basata su tribù; arcaico, primitivo: *usanze tribali*.

tribàṣico (pl. *-ci*) [comp. di *tri-* e *basico*; 1940] ***agg.*** *T.chim.* acido che contiene tre atomi d'idrogeno sostituibili da equivalenti metallici.

trìbbia [da *tribbiare*; 1865] ***sf.*** *tosc.* *raro* trebbiatura.

tribbiàre (pres. *trìbbio*) [lat. *trebulāre*; a. 1577] ***tr.*** *tosc.* *raro* **1.** trebbiare **2.** rompere, stroncare, spezzare.

triboelettricità [comp. del gr. *tríbein*, strofinare e *elettricità*; 1961] ***sf.*** *T.fis.* elettrizzazione per strofinio.

triboelèttrico (pl. *-ci*) [comp. del gr. *tríbein*, strofinare e *elettrico*; 1961] ***agg.*** *T.fis.* relativo a triboelettricità.

tribolaménto [da *tribolare*; 1879] ***sm.*** *raro* il tribolare.

tribolàre (pres. *trìbolo*) [dal lat. *tribulāre*; a. 1294 *tribulare*] ***intr.*** (aus. *avere*) far vita grama, tra stenti e sofferenze: *ha sempre tribolato, ha fatto tribolare molto sua madre* || *fam. eufem. ha finito di tribolare*, è morto || ***tr.*** *ant.* tormentare, far soffrire molto, spec. moralmente.

tribolàto (*pps.* di *tribolare*) [1342] **I *agg.*** che conduce un'esistenza grama: *un uomo tribolato dai guai*; nella loc. disus. *mangiare un pane tribolato*, che costa molte fatiche **II *sm.*** (f. *-a*) persona tribolata || **N.** afflitto, infelice, misero, tormentato, travagliato.

tribolatóre [da *tribolare*; metà sec. XIV] ***agg.*** e ***sm.*** (f. *-trice*) *non com.* che o chi tribola || anche, chi fa tribolare altri.

tribolazióne [dal lat. *tribulātio, -ōnis*; 1224 ca. *tribulatione*] ***sf.*** atto del tribolare, del patire continue sofferenze e disagi: *è duramente provato dalle lunghe tribolazioni* || *concr.* ciò che è causa di tribolazione: *la vita gli ha dato solo tribolazioni* || **N.** *Sin.* disgrazia, patimento, sofferenza, tormento.

trìbolo [dal lat. *tribulus*; a. 1294 *tribulo*] ***sm.*** **1.** pianta delle Zigofiliacee con frutti elissoidali muniti di spine, diffusa lungo i litorali sabbiosi delle zone temperate || *per estens. lett.* rovo, pruno **2.** arnese a più punte che, in passato, si disseminava sul terreno per ostacolare l'avanzata della cavalleria || arnese analogo, sorta di chiodo a tre o più punte che, disseminato su un tratto di strada, impedisce il passaggio dei veicoli gommati **3.** *fig.* tribolazione, afflizione: *la vita è seminata di triboli* || **N. 3.** *Sin.* tormento, DOLORE.

tribologìa [comp. di un der. del gr. *tríbein*, sfregare e *-logia*; 1970] ***sf.*** *T.tecn.* studio dei fenomeni che riguardano il moto relativo di due superfici a contatto, spec. l'attrito e l'usura.

triboluminescènza [comp. del gr. *tríbein*, strofinare e *luminiscenza*; 1957] ***sf.*** *T.fis.* luminescenza provocata da sfregamento.

tribòmetro [comp. di un der. del gr. *tríbein*, sfregare e *-metro*; 1821] ***sm.*** *T.fis. disus.* strumento per misurare l'attrito.

tribórdo [dal fr. *tribord*; 1813] ***sm.*** *T.mar.* il bordo destro della nave, guardando da poppa a prua; ma la Marina italiana non usa tale voce e dice invece *dritta* || **N.** *Contr.* babordo.

trìbraco (pl. *chi*) [dal lat. tardo *tribrachus*, gr. *tríbrachys*; a. 1729] ***sm.*** *T.metr.* piede della prosodia greca e latina composto di tre sillabe brevi.

tribù [lat. *tribus*; sec. XIV] ***sf.*** **1.** unità sociale, relativamente omogenea culturalmente e linguisticamente, la cui coesione è determinata dalla credenza, da parte dei suoi membri, in un comune antenato fondatore; tipicamente comprende diversi sottogruppi (clan, lignaggi, fratrie ecc.), è retta politicamente da un capo elettivo o da un consiglio di anziani e ha un'economia fondamentalmente di sussistenza: *le tribù aborigene australiane* || *T.stor.* nel mondo greco e romano delle origini, raggruppamento gentilizio e, in seguito, organismo territoriale con fini amministrativi; nell'antico popolo di Israele, ciascuno dei gruppi fatti risalire, secondo la tradizione, ai figli di Giacobbe **2.** *fam. scherz.* gruppo familiare molto numeroso: *è arrivato con tutta la sua tribù* || *per estens.* meno com., gran moltitudine di persone: *è sempre circondata da una tribù di bambini* **3.** *T.bot.* e *T.zool.* raggruppamento tassonomico che si colloca, in alcuni casi, tra la sottofamiglia e i generi.

tribuìre (pres. *-ìsco, -ìsci*) [dal lat. *tribuere*; a. 1332] ***tr.*** *arc.* **1.** retribuire **2.** attribuire.

tribùna [lat. *tribunal, -ālis*, (palco) del tribuno; a. 1535 *tribunale*] ***sf.*** **1.** struttura, permanente o provvisoria, destinata a specifici usi in occasione di manifestazioni pubbliche; *in part.* in stadi, ippodromi ecc., settore di posti a sedere coperto e situato nella zona da cui si gode della migliore visuale: *posti in tribuna* || in aule o sale in cui si svolgono riunioni o assemblee di organi collegiali, galleria, palco o sim. destinata alle persone cui è concesso assistervi: *la tribuna stampa* || nelle basiliche cristiane, il presbiterio (quando è rialzato sulla cripta) e, in gen., le logge, le gallerie, i matronei e sim., situati in posizione rialzata per offrire una migliore visuale **2.** podio, palco o, comunque, luogo rialzato da cui parlano gli oratori: *avvicendarsi alla tribuna* || *fig.* strumento od occasione di diffusione pubblica di opinioni: *gli offrì una tribuna per le sue idee consentendogli di parlare alla radio*; *per meton.* discorso o discussione a cui viene data diffusione pubblica: *tribuna politica*.

tribunàle [dal lat. *tribunal, -ālis*; 1353 nel senso 2] ***sm.*** **1.** *T.giur.* organo giurisdizionale collegiale con competenze specifiche in campo civile e, in campo penale, preposto a giudicare tutti i reati che non sono di competenza né del pretore né della corte d'assise; suoi membri sono un presidente e due giudici; il suo ambito territoriale, spesso inferiore alla provincia, è detto *circondario*; *tribunale per i minorenni*, composto da un magistrato di appello, da uno di tribunale e da due cittadini scelti tra biologi, psichiatri, antropologi criminali, pedagoghi, psicologi; ha giurisdizione sul territorio della corte d'appello sulla quale è istituito; *tribunali amministrativi regionali* (anche *com.* *TAR*), competenti a giudicare sui ricorsi nei confronti di atti amministrativi da parte di privati che si ritengono lesi in un proprio interesse legittimo; *tribunale della libertà*, v. LIBERTÀ || *tribunale militare*, con competenze, composizione e poteri diversi a seconda che si sia in tempo di pace o di guerra: *nei luoghi in stato di guerra i tribunali militari possono applicare la pena di morte* || *tribunale ecclesiastico*, l'insieme degli organi giudiziari della curia romana (Sacra Romana Rota, Segnatura Apostolica ecc.) **2.** *per estens. com.* in senso generico, l'istituzione, l'ente che amministra la giustizia a qualsiasi livello e, anche, il complesso dei suoi uffici, del suo personale e le sue sedi: *un usciere del tribunale, trascinare qualcuno in tribunale* || *fig.* autorità cui si deve render conto del proprio operato: *il tribunale di Dio, della ragione*. **Q.T.** *diritto*.

tribunalésco (pl. *-schi*) [da *tribunale*; a. 1749] ***agg.*** *spreg.* di o da tribunale: *procedure tribunalesche, linguaggio tribunalesco*.

tribunàto [dal lat. *tribunātus*; a. 1365] ***sm.*** *T.stor.* l'ufficio, la dignità o il titolo di tribuno.

tribunésco (pl. *-schi*) [da *tribuno*; sec. XIV] ***agg.*** *spreg.* di o da tribuno, di comportamento che fa leva sulla demagogia, declamatorio: *gesti tribuneschi*.

tribunìzio (pl. *-zi*) [da *tribuno*; a. 1527] ***agg.*** di o da tribuno: *potestà tribunizia, veto tribunizio*.

tribùno [dal lat. *tribunus*; a. 1527] ***sm.*** **1.** *T.stor.* nella Roma delle origini, capo della tribù, poi titolo e grado di varie magistrature: *tribuno della plebe*, magistrato nominato dai comizi tributi, il cui ufficio era quello di difendere la plebe contro i patrizi mediante il *veto*, col quale poteva far sospendere ogni esecuzione di legge o di sentenza; *tribuno militare*, nell'esercito romano, comandante di uno dei reparti formanti la legione; *tribuno dell'erario*, funzionario adibito alla riscossione dei tributi || titolo dei membri di varie magistrature medievali **2.** *per estens. fig. iron.* o *spreg.* politicante che si atteggia a difensore del popolo.

tributàre (pres. *-ùto*) [da *tributo*[1]; 1500 ca.] ***tr.*** **1.** dare come qualcosa di dovuto, come se si trattasse di un tributo: *tributare lodi, onori* **2.** *propr.* pagare come tributo.

tributària [da *tributario*; 1967] ***sf.*** polizia tributaria: *accertamenti eseguiti dalla tributaria*.

tributàrio (pl. *-ri*) [dal lat. *tributārius*; a. 1348] ***agg.*** **1.** che è soggetto al pagamento di un tributo: *i popoli tributari di Roma* **2.** che riguarda i tributi o le imposte: *il nuovo ordinamento tributario, riforma tributaria*; *polizia tributaria* (anche *sf.*, *la tributaria*), che ha il compito di controllare che vengano rispettate le leggi fiscali **3.** *T.geogr.* di corso d'acqua secondario che si riversa in un altro o in un lago || **N. 1.** contribuente **3.** *Sin.* immissario, subaffluente.

tributarista [da *tributario*; 1961] ***s.*** studioso di diritto tributario; chi si occupa di problemi tributari.

tribùto[1] [dal lat. *tributum*; fine sec. XIII] ***sm.*** **1.** *T.giur.* qualsiasi prestazione patrimoniale (imposta, tassa, tributo, canone) con cui un privato contribuisce alle spese dello stato e degli enti pubblici: *chiedere l'esenzione da un tributo* || *T.stor.* nell'antica Roma, imposizione pagata allo stato e riscossa per tribù; in seguito, qualsiasi versamento in denaro o in natura dovuto dai sudditi al signore, di uno stato all'altro ecc. **2.** *fig.* ciò che si dà o si compie per assolvere a un dovere: *tributo di riconoscenza, pagare il proprio tributo di sangue alla patria* **3.** *poet.* il contributo in acqua di un corso d'acqua tributario || **N. 1.** contributo, contribuzione, imposta, tassa.

tribùto[2] [dal lat. *tributus*; a. 1580] ***agg.*** *T.stor.* nell'antica Roma, di tribù: *comizi tributi*, assemblee generali che si svolgevano in un certo periodo della repubblica romana, in cui il popolo interveniva e votava le decisioni non singolarmente, ma collegialmente, per tribù.

tricalcite [comp. di *tri-*, gr. *chalkós*, rame e *-ite*[2]; 1940] ***sf.*** *T.min.* arseniato idrato di rame; è un minerale verde.

tricàmere [comp. di *tri-* e *camera*; 1970] ***agg.*** e ***sm.*** *inv.* nella piccola pubblicità, si dice di appartamento o abitazione formato da tre camere.

tricarbossilico (pl. *-ci*) [comp. di *tri-* e *carbossilico*; 1961] ***agg.*** *T.chim.* che presenta tre gruppi carbossilici || *acido tricarbossilico*, acido che agisce sul metabolismo indifferenziato.

tricche tràcche V. TRIC TRAC.

-trice [dal lat. *-trīce(m)*, forma f. del suff. *-tōre(m)*] ***suff.*** **1.** forma f. di *-tore* (nel senso 1; v.): *distributrice, fornitrice, guidatrice, lettrice, tessitrice* **2.** forma sostantivi f. deverbali che indicano apparecchi, strumenti, congegni, sostanze e sim. che svolgono una certa funzione: *friggitrice, incubatrice, lavatrice, mitragliatrice* || **N.** -ora, -tora.

tricefalia [comp. di *tri-* e *cefalia*; 1961] ***sf.*** l'essere tricefalo.

tricèfalo [comp. di *tri-* e *-cefalo*; 1840] ***agg.*** che ha tre teste: *Cerbero è un personaggio tricefalo.*

trichèco (pl. *-chi*) [comp. del gr. *thríx, trichós*, pelo e un der. del gr. *échein*, avere; 1839] ***sm.*** grosso mammifero carnivoro dei Pinnipedi, con lunghi canini superiori sporgenti, agile in acqua, lento sul ghiaccio, che vive nell'Oceano Glaciale Artico.

trichìaṣi [dal lat. tardo e gr. *trichíasis*; 1821] ***sf.*** *inv.* **1.** *T.med.* anormale crescita di peli nella superficie interna delle palpebre **2.** rovesciamento di un ciglio in modo che penetri tra le palpebre e il bulbo dell'occhio.

trichina [dal gr. *tríchinos*, peloso; 1861] ***sf.*** piccolissimo verme dei Nematelminti, che, passando con le carni crude di maiale nell'organismo umano, s'insinua nei muscoli ed è causa di grave malattia.

trichinòṣi [comp. di *trichina* e *-osi*; 1866] ***sf.*** *inv.* *T.med.* la malattia prodotta dalla trichina.

tricìclico (pl. *-ci*) [comp. di *tri-* e *ciclico*; 1961] ***agg.*** *T.chim.* detto di composto che presenta tre anelli o tre strutture cicliche.

triciclo [forse dall'ingl. *tricycle*, attr. il fr. *tricycle*; 1886] ***sm.*** **1.** velocipede a pedali con una grossa ruota anteriore e due piccole posteriori, usato prima della bicicletta || piccola bicicletta a tre ruote per bambini **2.** veicolo a tre ruote per trasporti leggeri, consistente in un telaio da bicicletta cui è collegato un motorino e dotato anteriormente d'un piano d'appoggio per il carico.

tricìpite [dal lat. *triceps, -cipitis*; a. 1652 nel senso 2] ***agg.*** **1.** anche *sm.*, di qualsiasi muscolo che alla sua inserzione di origine abbia tre corpi muscolari dotati ciascuno di un tendine: *tricipite branchiale, femorale* **2.** *lett.* che ha tre teste. **TAV. *anatomia* p. 641** 3.1.

tricliniàre [dal lat. *tricliniāris*; 1961] ***agg.*** relativo al triclinio, proprio del triclinio.

triclìnio (pl. *-ni*) [dal lat. *triclīnium*; a. 1320] ***sm.*** **1.** serie di tre letti o divani disposti in modo da occupare tre lati intorno a una mensa: i commensali romani vi mangiavano sdraiati, e il quarto lato restava libero per il servizio **2.** *per meton.* sala da pranzo della casa signorile degli antichi romani.

triclìno [comp. di *tri-* e gr. *klínein*, inclinare; 1922] ***agg.*** *T.min.* di sistema cristallino caratterizzato dall'assenza di assi e di piani di simmetria || **N.** monoclino. **Q.T.** *mineralogia.*

triclorofenòlo [comp. di *tri-*, *cloro* e *fenolo*; 1961] ***sm.*** *T.chim.* composto a base di fenolo e cloro, dotato di proprietà fungicide, antisettiche e disinfettanti.

triclorometàno [comp. di *tri-*, *cloro* e *metano*; 1961] ***sm.*** *T.chim.* cloroformio.

triclorùro [comp. di *tri-* e *cloruro*; 1961] ***sm.*** *T.chim.* composto che contiene tre atomi di cloro.

trìco- [dal gr. *thríx, thrichós*, pelo] ***primo elem.*** che, in parole composte della terminologia scientifica, vale "pelo", "capello" (per es. *tricofitiasi, tricologia*).

-trico [dal gr. *thríx, thrichós*, pelo] ***elem. term.*** che, in parole composte della terminologia scientifica, vale "pelo", "capello" (per es. *cimotrico, ulotrico*).

tricobattèrio (pl. *-ri*) [comp. di *trico-* e *batterio*; 1961] ***sm.*** *T.biol.* batterio munito di appendici filamentose con cui si unisce ad altri per formare colonie lineari.

tricocèfalo [comp. di *trico-* e *-cefalo*; 1821] ***sm.*** verme dei Nematelminti, con corpo sottilissimo che s'ingrossa nella parte posteriore; vive nell'intestino dell'uomo e di altri animali causando disturbi.

tricòfita V. TRICOFITO.

tricofìtico (pl. *-ci*) [da *tricofito*; 1961] ***agg.*** *T.biol.* e *T.med.* relativo ai tricofiti, proprio dei tricofiti: *erpete tricofitico.*

tricòfito o **tricòfita** [comp. di *trico-* e *-fito*; 1961] ***sm.*** *T.biol.* genere di funghi parassiti dei Deuteromiceti che si sviluppano sul cuoio capelluto o sui peli della barba.

tricofìzia o **tricofitìaṣi** [da *tricofito*; 1937] ***sf.*** *inv.* *T.med.* nome generico di varie malattie cutanee contagiose determinate da un genere di funghi, caratterizzate da chiazze desquamanti.

tricofobìa [comp. di *trico-* e *fobia*; 1961] ***sf.*** *T.med.* paura morbosa o repulsione per peli, pellicce e altri tipi di lanugine anche vegetale.

tricoglòsso [comp. di *trico-* e *-glosso*; 1891] ***sm.*** pappagallo dai colori vivaci, caratterizzato da una lingua con spicole sull'apice per mezzo della quale asporta il nettare dei fiori.

tricologìa [comp. di *trico-* e *-logia*; 1900 ca.] ***sf.*** studio della struttura, della funzione e delle affezioni di peli, capelli e del cuoio capelluto.

tricològico (pl. *-ci*) [da *tricologia*; 1983] ***agg.*** relativo alla tricologia, proprio della tricologia: *prodotto tricologico*, prodotto cosmetico o medico per la bellezza o la salute dei capelli.

tricòlogo (pl. *-gi*) [comp. di *trico-* e *-logo*; 1973] ***sm.*** (f. *-a*) esperto di tricologia.

tricolóre [dal fr. *tricolore*; 1796] **I *agg.*** di tre colori || *per anton.* dei tre colori che formano la bandiera italiana: *maglia, scudetto tricolore*, quelli che indossano o portano i ciclisti o i calciatori che hanno vinto il campionato italiano ed anche gli atleti che rappresentano l'Italia in competizioni internazionali **II *sm.*** la bandiera italiana.

tricòma [dal gr. *trichōma*; 1821] ***sm.*** **1.** *T.med.* inestricabile arruffamento dei capelli, conseguenza di mancanza di pulizia congiunta ad alterazioni cutanee di varia natura **2.** *T.biol.* pelo; *in part.* *T.anat.* e *T.zool.* produzione epidermica filiforme flessibile || *T.bot.* estroflessione di cellule epidermiche in alcuni vegetali (sono compresi, oltre ai peli, anche aculei, spini ecc.).

tricomanìa [comp. di *trico-* e *-mania*; 1940] ***sf.*** forma di tic nervoso, che consiste nello strapparsi i capelli e i peli della barba.

triconsonàntico (pl. *-ci*) [comp. di *tri-* e *consonantico*; 1961] ***agg.*** *T.ling.* formato da tre consonanti || nelle lingue semitiche, detto di sistema linguistico in cui un gruppo formato da tre consonanti reca un significato generico che viene specificato dall'aggiunta delle vocali e delle suffissazioni.

triconsonantìṣmo [da *triconsonantico*; 1961] ***sm.*** *T.ling.* caratteristica di una lingua o di un sistema linguistico triconsonantico.

tricoptilòṣi [comp. di *trico-* e del gr. *ptilōsis*, malattia provocata da un insetto; 1940] ***sf.*** *T.med.* scissura morbosa dell'estremità dei peli o dei capelli quando sono troppo aridi, com. detta *doppie punte.*

tricòrdo o **tricòrde** [dal gr. *tríchordon*; 1321] ***agg.*** spec. di strumento musicale, che ha tre corde.

tricòrne [dal lat. *tricornis*; seconda metà sec. XV] ***agg.*** *raro lett.* che ha tre corni.

tricòrno [dal fr. *tricorne*; 1891] ***sm.*** **1.** cappello a tre punte, di moda nel Sei-Settecento **2.** *non com.* berretta da prete a tre spicchi, con pompon al centro || **N. 2.** *Sin.* nicchio.

trìcoro [dal gr. *tríchōros*; 1840] ***agg.*** *T.arch.* di ambiente quadrangolare in cui tre lati si aprono in un'abside: *cella tricora*, nelle chiese paleocristiane e in quelle bizantine, luogo di culto.

tricòṣi [comp. di *tric(o)-* e *-osi*; 1821] ***sf.*** *T.med.* malattia dei peli o dei capelli dovuta a cause endocrine, microbiche o di altra natura.

tricot (fr., pr. [tri'ko]) [da *tricoter*, lavorare a maglia; 1905] ***sm.*** *inv.* tessuto a maglia e, *per estens.*, lavoro a maglia, in genere fatto a mano.

tricotomìa[1] [comp. di *trico-* e *-tomia*; 1957] ***sf.*** *T.med.* taglio o rasatura dei peli o dei capelli nella parte del corpo che deve subire un intervento chirurgico o nel caso di particolari malattie cutanee.

tricotomìa[2] [comp. del gr. *trícha*, in tre parti e gr. *tomḗ*, taglio; 1829] ***sf.*** divisione in tre parti || **N.** *Sin.* tripartizione | dicotomia.

Tricòtteri [comp. di *trico-* e *-ttero*; 1940] ***sm.*** *pl.* *T.zool.* ordine di insetti simili a piccole farfalle, dalle ali coperte di peli, le cui larve vivono in acqua dentro un astuccio cilindrico che si fabbricano per proteggersi.

tricroìṣmo [dal gr. *tríchroos*, di tre colori; 1940] ***sm.*** *T.scient.* fenomeno prodotto da un corpo che offre tre colori distribuiti diversamente secondo il punto da cui si guarda || **N.** pleocroismo; dicroismo.

tricromìa [comp. di *tri-* e *-cromia*; 1932] ***sf.*** stampa a colori effettuata per mezzo di tre matrici — una per ciascun colore fondamentale, giallo, rosso e azzurro — dalla cui sovrapposizione risultano i diversi colori da riprodurre || *concr.* riproduzione a colori ottenuta con tale sistema: *ho una bellissima tricromia.*

tricròmico (pl. *-ci*) [da *tricromia*; 1970] ***agg.*** relativo alla tricromia, proprio della tricromia: *sistema tricromico*, tricromia.

trìc tràc o **trìcche tràcche** [voce onom.; a. 1578 come sm.] **I** voce onom. che riproduce una successione ravvicinata di due rumori secchi **II *sm.*** **1.** il rumore stesso, spec. quello di zoccoli che battono sull'acciottolato **2.** tavola reale.

trictràc [voce onom.; 1517] ***sm.*** *inv.* *T.gioc.* tavola reale.

tricuspidàle [da *tricuspide*; 1805] ***agg.*** tricuspide.

tricuspidàto [da *tricuspide*; 1840] ***agg.*** fatto a tre cuspidi: *basilica tricuspidata.*

tricùspide [dal lat. *tricuspis, -idis*; 1684] ***agg.*** che ha tre punte o cuspidi || *T.anat.* *valvola tricuspide* o *tricuspidale*, valvola con tre cuspidi che separa il ventricolo dall'atrio del lato destro del cuore; anche *sm.*: *il tricuspide.*

trìdace [dal lat. tardo *thridax, -acis*, gr. *thrídax, -akos*; 1879] ***sm.*** preparato a base di succo di lattuga, usato in passato come sedativo.

tridàcna [dal lat. *tridacna*, neutro pl., gr. *trí-*

daknos; 1829] ***sf.*** *T.zool.* genere di Molluschi Bivalvi dei mari tropicali, caratterizzati da un'enorme conchiglia (larga anche più di 1 m) solcata da profonde coste.

tridàttilo [dal gr. *tridàktylos*; 1821] ***agg.*** *T.zool.* di animale che ha tre dita.

tridentàto¹ [da *tridente*; 1561] ***agg.*** *raro* armato di tridente: *il nume tridentato,* Nettuno.

tridentàto² [comp. di *tri-* e *dentato*; 1840] ***agg.*** **1.** che ha tre denti o rebbi **2.** *T.bot.* di organo che presenta tre denti.

tridènte [dal lat. *tridens, entis*; a. 1484] ***sm.*** forcone con tre rebbi. **TAV. *giardinaggio* p. 1314** 7.

tridentìno [dal lat. *Tridentīnus*; a. 1566] ***agg.*** trentino, solo in alcune loc.: *Concilio Tridentino,* di Trento; *Venezia Tridentina,* la regione del Trentino-Alto Adige.

tridimensionàle [comp. di *tri-* e un der. di *dimensione*; 1950] ***agg.*** che ha tre dimensioni, e cioè lunghezza, larghezza e spessore || *T.cin.* di proiezione cinematografica, che rende l'impressione del rilievo.

tridimensionalità [da *tridimensionale*; 1955] ***sf.*** la proprietà di ciò che è a tre dimensioni.

triduàno [dal lat. tardo *triduanus*; a. 1698] ***agg.*** *raro lett.* di tre giorni.

triduàrio (pl. *-ri*) [da *triduo*; 1965] ***agg.*** relativo al triduo, proprio del triduo.

trìduo [dal lat. *triduum*; 1694] ***sm.*** lo spazio di tre giorni, com. solo come *T.rel.* per indicare una celebrazione religiosa che si protrae per tre giorni consecutivi: *celebrare un triduo in onore di un santo.*

trièdrico (pl. *-ci*) [da *triedro*; 1826] ***agg.*** *T.geom.* relativo al triedro, proprio del triedro || a forma di triedro.

trièdro [comp. di *tri-* e *-edro*; 1779] ***agg.*** e ***sm.*** *T.geom.* figura formata da tre semirette non complanari aventi la stessa origine; *angolo* (o *angoloide*) *triedro,* porzione di spazio delimitata da tre piani identificati dalle semirette.

trielìna [comp. di *tri*(*cloro*) *e*(*ti*)*l*(*ene*) e *-ina*; 1935] ***sf.*** *T.chim.* tricloruro di etilene incolore e non infiammabile usato spec. come solvente di grassi, come smacchiatore e come liquido per estintori.

triennàle [dal lat. *triennālis*; a. 1566] **I *agg.*** che dura un triennio || che ricorre ogni tre anni: *esposizione triennale* **II *sf.*** manifestazione che ricorre ogni tre anni: *la triennale di Milano.*

triènne [dal lat. *triennis*; 1598] ***agg.*** e ***s.*** *non com.* che o chi ha tre anni di età.

triènnio (pl. *-ni*) [dal lat. *triennium*; a. 1566] ***sm.*** periodo di tre anni.

triènte [dal lat. *triens, -entis*; 1840] ***sm.*** *T.num.* antica moneta romana di rame, pari a un terzo di asse.

trieràrca o **trieràrco** (pl. *-chi*) [dal lat. *trierarchus*, gr. *triērarchos*; a. 1580] ***sm.*** *T.stor.* comandante di una trireme che, ad Atene e in altre città dell'antica Grecia, aveva anche l'obbligo di armare e mantenere a sue spese la nave.

trierarchìa [dal gr. *triērarchía*; 1940] ***sf.*** *T.stor.* ufficio del trierarca.

trière (più raro *trièra*) [dal lat. tardo *triēris*, gr. *triḗrēs*, sec. XIV *triero*] ***sf.*** *raro lett.* trireme: *né so dove guidi le ignote triere* (Pascoli).

trietèrico (pl. *-ci*) [dal lat. *trietericus*, gr. *trietērikós*, che ricorre ogni tre anni; 1631] ***agg.*** detto di ricorrenza o festa che cade ogni terzo anno; rif. spec. alle feste in onore di Dioniso nell'antica Grecia.

trièva [dal long. *trewwa*; a. 1388] ***sf.*** *arc.* tregua, patto.

trifàlco (pl. *-chi*) [etim. inc.; seconda metà sec. XVI] ***sm.*** *T.stor.* pezzo di artiglieria molto usato dagli eserciti nel Cinquecento.

trifàse [comp. di *tri-* e *-fase*; 1905] ***agg.*** e ***sm.*** *T.elettr.* di sistema di tre correnti elettriche alternate, di uguale frequenza, sfasate una rispetto all'altra di 120°.

trifàsico (pl. *-ci*) [da *trifase*; 1905] ***agg.*** che concerne il sistema trifase.

trifàuce [dal lat. *trifaux, -faucis*; 1532] ***agg.*** *lett.* che ha tre fauci o tre gole: *Cerbero, il cane trifauce.*

trìfido [dal lat. *trifidus*; 1681] ***agg.*** che si divide in tre parti.

trifogliàio (pl. *-ài*) [da *trifoglio*; 1940] ***sm.*** *non com.* prato o parte di un campo coltivato a trifoglio.

trifogliàto [da *trifoglio*; 1684] ***agg.*** **1.** *T.bot.* di foglia composta da tre foglioline semplici **2.** *T.arald.* della croce che termina a trifoglio **3.** mescolato a trifoglio; *in part.* di mangime al quale sia stato aggiunto trifoglio.

trifoglìna [da *trifoglio*; 1970] ***sf.*** piccola pianta erbacea delle leguminose con foglie imparipennate e fiori gialli col petalo superiore rosso || **N.** *Sin.* ginestrino, loto sottile.

trifòglio (pl. *-gli*) [lat. *trifolium*; a. 1320] ***sm.*** *T.bot.* genere di piante erbacee spontanee delle Leguminose, spesso coltivate come foraggio; hanno foglie trifogliate e fiori di vari colori riuniti in infiorescenze a capolino.

trìfola [etim. inc.; 1908] ***sf.*** *dial. piem.* e *lomb.* tartufo.

trifolàre (pres. *trìfolo*) [da *trifola*; 1908] ***tr.*** *T.cuc.* **1.** cuocere una vivanda, spec. carne o funghi, tagliandola a fettine sottili e condendola con un pesto di aglio, olio e prezzemolo **2.** condire una vivanda con il tartufo.

trifolàto [da *trifola*; 1908] ***agg.*** condito con tartufi || *per estens.* tagliato, cucinato e condito con aglio, olio e prezzemolo: *zucchini trifolati.*

trìfora [comp. di *tri-* e lat. *foris*, porta; 1891] ***sf.*** *T.arch.* finestra divisa da colonnini in tre distinte aperture || **N.** bifora, quadrifora.

triforcàre (pres. *-órco, -órchi*) [comp. di *tri-* e (*bi*)*forcare*; 1940] ***intr. pron.*** *non com.* dividersi in tre parti: *la via in quel punto si triforca* || ***tr.*** *raro* dividere in tre parti, rami, punte ecc.

triforcazióne [da *triforcare*; 1961] ***sf.*** atto ed effetto del triforcare, o del suddividersi in tre rami o punti.

triforcùto [comp. di *tri-* e (*bi*)*forcuto*; 1340 ca.] ***agg.*** che ha tre punte, tre rebbi || **N.** trifido, triforcato.

trifòrio (pl. *-ri*) [da *trifora*; 1940] ***sm.*** *T.arch.* galleria, generalmente a trifore, che corre lungo le pareti delle chiese romaniche e gotiche al disopra degli archi, aperta verso la navata centrale || **N.** matroneo.

trifórme [dal lat. *triformis*; 1319] ***agg.*** che ha o può avere tre forme o tre aspetti diversi.

trìga [dal lat. *triga*; a. 1375] ***sf.*** *ant.* cocchio tirato da tre cavalli || **N.** biga, quadriga.

trigamìa [dal lat. tardo *trigamia*; 1821] ***sf.*** la condizione del trigamo.

trìgamo [dal lat. tardo *trigamus*; 1840] ***sm.*** chi ha contemporaneamente tre mogli || chi ha preso moglie per la terza volta.

trigeminàle [da *trigemino*; 1961] ***agg.*** *T.anat.* e *T.med.* del trigemino: *nevralgia trigeminale.*

trigèmino [dal lat. *trigĕminus*; 1829] ***agg.*** **1.** di gravidanza o di parto che si conclude con la nascita di tre figli || *per estens.* di ciascuno dei tre figli: *gemello trigemino* **2.** *T.anat.* del quinto paio dei nervi cranici che presiede alla sensibilità della faccia e della metà anteriore della testa nonché all'innervazione dei muscoli masticatori; si divide in tre branche, oftalmica, mascellare superiore e mascellare inferiore; anche *sm.*

trigèsima [da *trigesimo*; 1879] ***sf.*** esequie che si ripetono, in suffragio di un defunto, trenta giorni dopo la sua morte.

trigèsimo [dal lat. *trigēsimus*; sec. XIV] ***agg.*** *num. ord. lett.* trentesimo, com. solo come *T.rel.*, rif. al trentesimo giorno dopo la morte di qualcuno: *messa di trigesima,* celebrata in suffragio di qualcuno il trentesimo giorno dalla sua morte.

trìglia (pl. *-glie*) [dal gr. *trîglia*; a. 1484] ***sf.*** nome comune di alcune specie di pesci marini dei Teleostei, di un bel color rosso sul dorso, argentino nel ventre, pregiati per la loro carne || *fig. scherz. far l'occhio di triglia,* guardare con occhio languido, da innamorato || *dim.* trigliétta, triglìna, trigliettìna.

triglicèride (pr. [trigli'tʃɛride]) [comp. di *tri-* e *gliceride*; 1961] ***sm.*** *T.chim.* estere della glicerina in cui tutti e tre i gruppi alcolici hanno subito l'esterificazione.

trìglifo (pr. ['triglifo]) [dal gr. *tríglyphos*; 1450 ca. *trigliffo*] ***sm.*** *T.arch.* gruppo di tre solchi o canaletti verticali che si ripete a distanze uguali, alternandosi con le metope, nel fregio dorico; le scanalature si dicono *glifi*; il tratto piano tra l'una scanalatura e l'altra si chiama *femore*; e i piccoli tronchi di cono sotto ogni glifo si dicono *gocce, gocciole, campanelli* o *chiodi.* **TAV. *architettura* p. 646** 1.15.

trigonàle [dal lat. *trigonālis*; 1940] ***agg.*** **1.** che ha forma di trigono **2.** *T.min.* di uno dei sette sistemi cristallini di simmetria, caratterizzato dalla presenza di un asse ternario verticale || *per estens.* di cristallo appartenente a tale sistema || **N. 2.** romboedrico. **Q.T.** *mineralogia.*

trigonèlla [dal gr. *trigōnos*, trigono; 1891] ***sf.*** *T.bot.* pianta erbacea delle leguminose con foglie triangolari || **N.** *Sin.* fieno greco. **TAV.** *erboristeria* 2.

trìgono [dal gr. *trígonis*; 1595 nel senso 2; a. 1647 nel senso 3] **I *agg.*** che ha tre angoli, triangolare **II *sm.*** **1.** *T.anat.* denominazione di varie aree di forma triangolare: *trigono cerebrale, vescicale* **2.** *T.astrol.* posizione di due pianeti distanti tra loro 120° **3.** *T.mus.* sorta di piccola arpa usata dai Greci, Egizi e Persiani, di forma triangolare. **TAV.** *astrologia* 3.3.

trigonometrìa [comp. del gr. *trígōnon*, che ha tre angoli e *-metria*; 1640] ***sf.*** parte della geometria che studia le relazioni tra lati e angoli dei triangoli e, sulla base di queste, la determinazione delle misure degli elementi incogniti di un triangolo, noti alcuni di essi; si distingue in *trigonometria piana* e *trigonometria sferica.* **Q.T.** *matematica...*

trigonomètrico (pl. *-ci*) [da *trigonometria*; 1684] ***agg.*** che concerne la trigonometria: *operazione trigonometrica* || **trigonometricaménte** ***avv.*** secondo le regole trigonometriche. **TAV.** *geometria* 26.

trigràmma [da *tri-*, sul modello di *digramma*; 1931] ***sm.*** *T.ling.* successione di tre lettere che indicano un unico suono (per es. l'it. *sci* in *rovescio,* che corrisponde al suono [ʃ]).

trilateràle [comp. di *tri-* e di un der. del lat. *latus, -ĕris*, lato; 1879] ***agg.*** che ha o riguarda tre elementi: *patto trilaterale* || anche, *per anton., sf., la Trilaterale,* comitato di grandi imprenditori e tecnici americani, europei e giapponesi, attivo politicamente negli anni '70.

trilàtero [dal lat. tardo *trilaterus*; 1561] **I *agg.*** che ha tre lati **II *sm.*** *T.geom.* poligono di tre lati, triangolo.

trilèttere [comp. di *tri-* e *lettera*; 1961] ***agg.*** *raro* trilittero.

trilineàre [comp. di *tri-* e *lineare*; 1692] ***agg.*** formato da tre linee.

trilingàggio (pl. *-gi*) [dal fr. *trélingage*; 1814] ***sm.*** *T.mar.* forte legatura per stringere insieme le cime.

trilìngue [dal lat. *trilinguis*; 1598 nel senso 2] ***agg.*** **1.** che è scritto in tre lingue: *iscrizione trilingue* **2.** di persona, che parla tre lingue: *un interprete trilingue* **3.** di luogo, dove si parlano tre lingue: *la Svizzera è un paese trilingue.*

trilinguìsmo [da *trilingue*; 1961] ***sm.*** uso

abituale di tre lingue: *il trilinguismo di un territorio.*

trilióne [comp. di *tri-* e (*bi*)*lione*; 1805 *trillione*] **sm.** unità della numerazione decimale cui, in alcuni stati corrisponde a un milione di bilioni, cioè 10^{18}; in Francia e Stati Uniti gli è assegnato convenzionalmente il valore di un miliardo di miliardi, cioè 10^{12}.

trilite [comp. di *tri-* e gr. *líthos*, pietra; 1961] **sm.** *T.arch.* sistema architettonico costituito da tre elementi di cui due verticali, portanti, ed un architrave.

trilittero [dal fr. *trilittère*; 1961] **I agg.** *T.ling.* formato da tre lettere **II sm.** *T.ling.* nelle lingue semitiche, serie di tre consonanti recanti un significato generico ‖ **N.** **II** triconsonantismo.

trillàre [da *trillo*; 1612] **intr.** (aus. *avere*) emettere, eseguire uno o più trilli: *trilla come un usignolo* ‖ **tr.** *arc. raro* far vibrare.

trilleggiàre (pres. *-éggio*) [da *trillare*; a. 1647] **intr.** (aus. *avere*) *raro* frequentativo di *trillare*.

trillo [voce onom.; 1601] **sm.** **1.** *T.mus.* abbellimento consistente nell'alternanza, più o meno rapida, di una nota (detta "principale") e di un'altra (detta "ausiliaria") superiore alla prima di un semitono o di un tono **2.** *per estens.* suono che produce un effetto simile: *il trillo del telefono, delle allodole* ‖ *dim.* trillétto, trillettino, trillino. **TAV. *musica* p. 1324** 1.13.

trilobàto [comp. di *tri-* e *lobato*; 1829] **agg.** che ha tre lobi: *calice trilobato* ‖ **N.** trilobo. **TAV. *architettura* p. 646** 6.7.

Trilobìti (sing. *-e*) [dal gr. *trílobos*, che ha tre lobi; 1840] **sf. pl.** *T.zool.* classe di Artropodi marini fossili, con il corpo diviso longitudinalmente in tre lobi.

trìlobo [dal gr. *trílobos*, che ha tre lobi; 1805] **agg.** trilobato.

triloculàre [comp. di *tri-* e di un der. di *loculo*; 1961] **agg.** *T.bot.* di organo, diviso in tre cavità: *frutto triloculare.*

trilogìa (pl. *-gìe*) [dal fr. *trilogía*; 1821] **sf.** **1.** le tre tragedie, di solito di argomento affine, che negli spettacoli greci si rappresentavano insieme; unite al dramma satiresco finale, formavano la tetralogia **2.** *per estens.* complesso di tre opere drammatiche, letterarie, musicali o liriche idealmente legate insieme.

trilùstre [dal lat. tardo *trilustrium*, spazio di tre lustri; 1374] **agg.** *lett. raro* chi o che ha tre lustri di età ‖ che dura da tre lustri.

trim (ingl., pr. [trɪm]) [da to *trim*, rinsaldare, rinforzare; 1937] **sm. inv.** *T.mar.* in una nave e spec. in un sommergibile, cassa di zavorra o di assetto.

trimalciònico (pl. *-ci*) [dal n. proprio *Trimalcione*, che organizzava banchetti grandiosi e spettacolari; 1961] **agg.** di pranzi e banchetti, sontuoso fino alla volgarità.

trimaràno [etim. inc.; 1967] **sm.** *T.mar.* imbarcazione a vela o a motore in cui lo scafo principale è reso più stabile da due scafi laterali minori ‖ **N.** catamarano. **Q.T. *vela.***

trimegisto v. TRISMEGISTO.

trimèmbre [dal lat. tardo *trimembris*; 1550] **agg.** composto di tre membra.

trìmero [comp. di *tri-* e *-mero*; 1961] **sm.** *T.chim.* molecola formata dalla unione di tre molecole di un monomero.

trimestràle [dal fr. *trimestriel*; 1804] **agg.** che dura tre mesi: *corso trimestrale* ‖ che si fa ogni tre mesi: *assemblea, pagamento, rivista trimestrale* ‖ **trimestralménte** **avv.** di tre in tre mesi, ogni trimestre.

trimestralizzàre [da *trimestrale*; 1983] **tr.** rendere trimestrale una scadenza.

trimestralizzazióne [da *trimestralizzare*; 1979] **sf.** atto o effetto del trimestralizzare.

trimèstre [dal lat. *trimestris*; 1673] **sm.** **1.** periodo di tempo di tre mesi; *in part.* fino agli anni '70, ciascuna delle tre suddivisioni dell'anno scolastico italiano: *la pagella del primo trimestre* **2.** la quota che si paga o si riscuote ogni tre mesi: *ho pagato il trimestre dell'automobile*, il bollo trimestrale, la cambiale trimestrale o sim.

trimètrico (pl. *-ci*) [comp. di *tri-* e *metrico*; 1940 nel senso 2] **agg.** **1.** di trimetro **2.** *T.min.* *gruppo trimetrico*, insieme dei sistemi cristallini di simmetria nei quali i tre assi non sono tra loro equivalenti; comprende i sistemi rombico, monoclino e triclino.

trìmetro [dal lat. *trimetrus*; a. 1565] **sm.** *T.metr.* verso che si compone di tre metri, ciascuno dei quali può essere costituito da uno o da più piedi: *trimetro dattilico*, di tre dattili; *trimetro giambico*, di sei giambi; *trimetro trocaico*, formato da sei trochei.

trimorfismo [comp. di *tri-* e *-morfismo*; 1865] **sm.** **1.** *T.min.* cristallizzazione in tre diverse forme **2.** *T.bot.* qualità propria di un fiore trimorfo.

trimòrfo [dal gr. *trímorphos*; 1961] **agg.** *T.bot.* di pianta, che reca fiori con steli lunghi, medi e brevi.

trimotóre [comp. di *tri-* e *motore*; 1929 come sm.] **I agg.** a tre motori **II sm.** *in part.* aereo a tre motori.

trimpellàre (pres. *-èllo*) [voce onom.; 1618] **intr.** (aus. *avere*) **1.** *raro* strimpellare **2.** *pop. tosc.* vacillare camminando, reggersi male sulle gambe ‖ *fig.* esitare, indugiare.

trimpellìo (pl. *-ìi*) [da *trimpellare*; a. 1708] **sm.** *raro* il trimpellare continuo o frequente.

trimùrti [dal sanscrito *trimūrtih*; 1895] **sf.** *inv.* nell'induismo, triade divina costituita dalle supreme divinità Brahma, Visnù e Siva.

trìna [lat. *trina*; 1525] **sf.** **1.** merletto, pizzo **2.** nelle pietre preziose tagliate a rosetta, l'insieme delle facce triangolari comprese tra la cintura e la stella.

trinàcrio (pl. *-cri*) [dal lat. *trinăcrius*; 1891] **agg.** *lett. poet.* della Trinacria, ovvero dell'attuale Sicilia: *le messi, le greggi trinacrie.*

trinàia [da *trina*; 1865] **sf.** *raro* merlettaia.

trinàre [da *trina*; 1865] **tr.** *raro* ornare con trine.

trinàto (*pps.* di *trinare*) [a. 1620] **agg.** ornato, guarnito di trine.

trìnca [etim. inc.; 1614] **sf.** **1.** *T.mar.* fortissima legatura, a molte passate di corda o di catena fitte e parallele, con cui sulle imbarcazioni si fissa qualcosa di mobile a ciò che è stabile; *in part.* la legatura di catenella di ferro che fissa il bompresso al tagliamare: *trinca del bompresso* ‖ anche le legature che trattengono in terra i vasi dell'invasatura della nave pronta al varo ‖ nella loc. *navigare alla trinca*, alla cappa **2.** nella *loc. fam. region.* *nuovo di trinca*, nuovo di zecca.

trincàre¹ (pres. *trinco, trinchi*) [da *trinca*; 1877] **tr.** fermare, stringere con una trinca.

trincàre² (pres. *trìnco, trìnchi*) [dal ted. *trinken*; sec. XV] **tr.** *pop.* bere molto e avidamente: *si è trincato da solo un fiasco di vino, un boccale di birra.*

trincarìno [da *trinca*; 1607] **sm.** *T.mar.* ordine di solide tavole nelle navi in legno, o corso di lamiere nelle navi in ferro, che è posto all'altezza di ciascun ponte e collega i bagli del ponte stesso ai fianchi della nave d'imbarcazione; nel modo di dire *mettere il trincarino in acqua*, trovarsi con l'imbarcazione in forte sbandamento. **TAV. *vela* p. 1342** 2.3.

trincàta¹ [da *trincare¹*; 1889] **sf.** forte legatura, trinca.

trincàta² [da *trincare²*; 1879] **sf.** *fam. region.* bevuta abbondante e fatta di gusto: *bevve tutto il bicchiere di vino in una sola trincata.*

trincàto (*pps.* di *trincare²*) [a. 1527] **agg.** *fig.* *ant.* *furbo trincato*, furbo matricolato, molto furbo; anche *ass.*

trincatóre [da *trincare²*; a. 1735] **agg.** e **sm.** (f. *-trìce*) *raro* beone, grande bevitore.

trincatùra [da *trincare¹*; 1847] **sf.** *T.mar.* trinca, legatura a trinca.

trincèa [dal fr. *tranchée*; a. 1540] **sf.** **1.** *T.mil.* opera di fortificazione scavata nel terreno e difesa da un parapetto creato con il materiale di scavo: *guerra di trincea*, statica, di posizione; *trincee d'approccio*, quelle che, negli assedi, gli assedianti costruiscono stringendo la piazzaforte sempre più da vicino **2.** *per estens.* *T.edil.* scavo nel terreno praticato perlopiù perché vi abbia sede un percorso stradale o ferroviario, qualora si vogliano evitare dislivelli: *la ferrovia percorre un tratto in trincea* ‖ *accr.* trinceróne (*sm.*) ‖ **N.** **1.** approccio, argine, camminamento, contrapproccio, cortina, linea trincerata, parallele, serraglio, traversone, trincerone, vallo. **Q.T. *fortificazioni.***

trincèra [dal fr. *tranchée*; 1567] **sf.** *ant.* o *lett.* trincea.

trinceraménto [da *trincerare*; 1617] **sm.** atto del trincerare o del trincerarsi ‖ *concr.* luogo fortificato con trincee.

trinceràre (pres. *-èro*) [da *trincera*; 1598] **tr.** riparare con una o più trincee ‖ **intr. pron.** porsi al riparo dietro trincee ‖ anche *fig.*, farsi scudo o riparo di alcunché: *si trincerò dietro il segreto d'ufficio.*

trinceràto (*pps.* di *trincerare*) [1583] **agg.** riparato in trincee: *esercito trincerato* ‖ *campo trincerato*, vasto spazio di terreno fortificato con trincee; anche *sm. ant.*

trincerista [da *trincera*; 1923] **sm.** soldato che combatte in trincea.

trincettàta [da *trincetto*; 1879] **sf.** colpo di trincetto.

trincétto [da *trinciare*; a. 1722] **sm.** lama di acciaio un po' curva, senza manico, affilatissima e aguzza, a un sol taglio, di cui si serve il calzolaio per tagliare il cuoio delle scarpe. **TAV. *utensili* p. 1341** 31.2.

trinchétta [da *trinchetto*; 1769] **sf.** *T.mar.* trinchettina di fortuna (v. TRINCHETTINA).

trinchettìna [da *trinchetto*; 1840] **sf.** *T.mar.* la più bassa e interna delle vele di taglio triangolari di prua (fiocchi) ‖ *trinchettina di fortuna* (detta anche *trinchetta* o *tormentina* o *mangiavento*), di minore dimensione e di costruzione particolarmente robusta, da usare con tempo molto cattivo. **TAV. *vela* p. 1343** 6.21.

trinchétto [forse lat. volg. **trinicus*, di tre; a. 1484] **sm.** *T.mar.* l'albero della nave che è più vicino alla prua (però, in certi velieri a due alberi, l'albero prodiero, essendo collocato quasi al centro dell'imbarcazione, prende il nome di *albero di maestra*). **TAV. *vela* p. 1343** 6.

trinciafòglia [comp. di *trincia*(*re*) e *foglia*; 1961] **sf.** *inv.* macchina per sminuzzare le foglie del gelso con cui nutrire i bachi da seta.

trinciaforàggi [comp. di *trincia*(*re*) e *foraggio*; 1901] **sm.** *inv.* macchina agricola usata per triturare foraggi.

trinciaménto [da *trinciare*; 1879] **sm.** *non com.* trinciatura.

trinciànte (*ppr.* di *trinciare*) [a. 1294 come agg.] **I sm.** **1.** grosso coltello per scalcare o trinciare le vivande **2.** *arc.* scalco (nel senso 1) **II agg.** *ant.* tagliente.

trinciapàglia [comp. di *trincia*(*re*) e *paglia*; 1905] **sm.** *inv.* organo delle trebbiatrici e delle mietitrebbiatrici che consente di sminuzzare la paglia. **TAV. *agricoltura* 7.3.**

trinciapóllo o **trinciapólli** [comp. di *trincia*(*re*) e *pollo*; 1961] **sm.** robuste forbici a molla per trinciare polli, selvaggina e sim.

trinciàre (pres. *trìncio*) [dal fr. ant. *trencher*, a. 1535] **tr.** **1.** tagliare in pezzi o strisce più o meno minuti: *trinciare il pollo, la paglia, il tabacco* ‖ di carta, stoffa e sim., tagliuzzare: *le lavasciugatrici a lungo andare trinciano la biancheria* **2.** *fig.* in vari modi di dire: *trinciare l'a-*

ria con ampi, rapidi gesti, fenderla; *trinciare riverenze,* profondersi in riverenze; *trinciare i panni addosso a qualcuno,* sparlare di lui; *trinciare giudizi,* sentenziare avventatamente || **intr. pron.** tagliuzzarsi, lacerarsi: *la stoffa nell'acido si trincia* || **N. 1.** *Sin.* scalcare, sminuzzare, tritare.

trinciàta [da *trinciare*; a. 1742] **sf.** il trinciare una volta o un poco || *dim.* trinciatina.

trinciàto (*pps.* di *trinciare*) [1663] **I agg. 1.** tagliuzzato: *foraggio trinciato* **2.** *T.arald.* di scudo, diviso diagonalmente da una linea che va dall'angolo superiore destro a quello inferiore sinistro **II sm.** tabacco da pipa e sim., che si vende tagliato in sottilissime strisce: *trinciato forte.* **TAV. *araldica* p. 645** 3.3.

trinciatóre [da *trinciare*; 1765] **agg.** e **sm.** (f. *-trìce*) *non com.* che o chi trincia || **N.** scalco.

trinciatrìce [da *trinciare*; 1940] **sf.** macchina per trinciare foraggi, paglia e simili.

trinciatùberi [comp. di *trincia(re)* e *tubero*; 1957] **sm.** o **sf.** *inv.* macchinario per la riduzione in pezzi, strisce o pasta di tuberi o radici destinati all'alimentazione animale.

trinciatùra [da *trinciare*; a. 1644] **sf.** atto, effetto e anche il modo del trinciare || *concr.* i pezzi, le strisce o i frammenti ottenuti dalla cosa che si è trinciata.

trìncio (pl. *-ci*) [da *trinciare*; a. 1566] **sm.** *non com.* taglio, fenditura, spec. dovuto all'usura di stoffe e sim.

trincóne [da *trincare*²; a. 1665] **sm.** (f. *-a*) *pop.* chi beve molto, gagliardo bevitore || **N.** beone, trincatore, ubriacone.

trinèlla [da *trina*; 1607] **sf.** *T.mar.* funicella formata di filo di canapi vecchi, intrecciati per vari usi.

trinellàre (pres. *-èllo*) [da *trina*; 1961] **tr.** ornare con delle trine; trinare.

trinellatóre [da *trinellare*; 1940] **sm.** accessorio della macchina per cucire che serve per fissare una spighetta o una fettuccia o una trina su una stoffa, seguendo un dato disegno.

trinità [da *trino*; 1308] **sf. 1.** qualità di ciò che è trino: *l'unità e la trinità di Dio* **2.** nel cattolicesimo, le tre persone divine (Padre, Figlio e Spirito Santo) considerate nella loro unità: *la festa della SS. Trinità* || *per estens.* raffigurazione artistica della Trinità || **N.** trimurti. **Q.T.** *religione.*

trinitàrio (pl. *-ri*) [da *trinità*; 1891] **agg. 1.** che si riferisce alla SS. Trinità: *dogma trinitario* **2.** che appartiene all'ordine religioso della Trinità: *padre trinitario*; anche *sm.*

trinitarìsmo [da *trinitario*; 1961] **sm. 1.** *T.teol.* la dottrina trinitaria ortodossa delle chiese cristiane **2.** *T.teol.* triteismo.

trinitrìna [comp. di *trinitr(o)* e *(glicer)ina*; 1961] **sf.** nitroglicerina.

trinitrofenòlo [comp. di *tri-*, *nitro-* e *fenolo*; 1927] **sm.** *T.chim.* composto dotato di alto potere esplosivo.

trinitroglicerìna [comp. di *tri-*, *nitro-* e *glicerina*; 1934] **sf.** *T.chim.* nitroglicerina.

trinitrotoluène [comp. di *tri-*, *nitro-* e *toluene*; 1940] **sm.** *T.chim.* idrocarburo aromatico; è usato come esplosivo con il nome di *tritolo.*

trinitrotoluòlo [comp. di *tri*, *nitro-* e *toluolo*; 1915] **sm.** *T.chim.* trinitrotoluene.

trìno [dal lat. *trinus*; 1321] **agg.** che risulta composto di tre elementi; *com.* solo come *T.teol.*: *Dio uno e trino,* nel cristianesimo, Dio considerato come unica sostanza in tre persone.

trinomiàle [da *trinomio*; 1546] **agg.** *T.mat.* di trinomio: *quantità trinomiale.*

trinòmio (pl. *-mi*) [dal lat. tardo *trinomius*; 1543] **sm. 1.** *T.mat.* somma algebrica di tre monomi; anche *agg. equazione trinomia,* riducibile alla forma $x^{2m} + px^m + q = 0$ **2.** *fig.* unione di tre persone o cose tra loro idealmente o logicamente connesse: *il trinomio della Rivoluzione Francese: libertà, uguaglianza, fraternità* || **N. 1.** binomio, polinomio.

trinundìno [dal lat. *trinundĭnus*; 1840] **sm.** *T.stor.* nell'antica Roma il periodo prescritto di tre nundine (24 giorni) che doveva intercorrere tra la presentazione di un candidato alle elezioni e le votazioni, tra la convocazione di un comizio e la sua riunione, tra la promulgazione di una disposizione di legge e la sua esecutività ecc.

trinùzia [comp. di *tri-* e lat. *nuptia,* sposa; 1826] **sf.** *arc.* tre volte sposa.

trìo [da *duo,* con cambio di pref.; a. 1647 nel senso 2] **sm. 1.** terzetto di esecutori di musica strumentale o vocale || *per estens.* terzetto di attori che lavorano abitualmente insieme; anche, più in gen., terzetto di persone che agiscono in stretta collaborazione **2.** *T.mus.* composizione da camera per tre esecutori || sezione centrale nel minuetto, nello scherzo e nella marcia.

triòbolo [dal gr. *triṓbolon*; 1930] **sm.** *T.num.* antica moneta greca del valore di tre oboli.

trìodo [comp. di *tri-* e *(elettr)odo*; 1949] **sm.** *T.elettr.* valvola termoionica a tre elettrodi: il filamento, la placca e la griglia || **N.** diodo. **Q.T.** *elettricità.*

trionfàle [dal lat. *triumphālis*; 1319 *triunfale*] **agg. 1.** che serve a celebrare un trionfo: *entrata, marcia, arco, inno trionfale* **2.** *per estens.* maestoso, grandioso, entusiastico: *gli riservarono un'accoglienza trionfale* || **trionfalménte avv.**

trionfalìsmo [dal fr. *triomphalisme*; 1974] **sm.** atteggiamento di chi esagera l'importanza dei propri successi e valuta con eccessivo ottimismo le proprie iniziative.

trionfalìsta [da *trionfalismo*; 1977] **s.** chi assume un atteggiamento trionfalistico.

trionfalìstico (pl. *-ci*) [da *trionfalista*; 1970] **agg.** relativo al trionfalismo; gonfio di trionfalismo: *discorso trionfalistico.*

trionfànte (*ppr.* di *trionfare*) [1321 *triunfante*] **agg.** esultante per un successo conseguito: *ci comunicò trionfante la sua vittoria* || *T.rel.* in riferimento a vittorie spirituali: *Cristo trionfante,* vittorioso, con la resurrezione, sulla morte; *Chiesa trionfante,* il complesso dei beati in cielo.

trionfàre (pres. *-ónfo*) [dal lat. *triumphare*; 1313] **intr.** (aus. *avere*) **1.** riportare un trionfo, riuscendo a imporsi nettamente su altri o altro e ottenendo un eccezionale successo: *ha trionfato nei 200 m a stile libero, Cristo trionfò sulla morte, una moda che sta trionfando in tutti gli Stati Uniti* **2.** *T.stor.* nell'antica Roma, ricevere gli onori del trionfo || **N. 1.** debellare, imperare, prevalere, signoreggiare, soggiogare, stravincere, vincere.

trionfatóre [dal lat. *triumphātor, -ōris*; sec. XIV] **agg.** e **sm.** (f. *-trìce*) che o chi trionfa || **N.** vittorioso.

triónfo [dal lat. *triumphus*; 1321 *triunfo* nel senso 2] **sm. 1.** vittoria schiacciante e, in gen., netta affermazione ottenuta su qualcuno o qualcosa, anche *fig.*: *il trionfo sui nemici, degli azzurri ai mondiali, del bene sul male* || in gen., successo eccezionale: *l'iniziativa ha ottenuto un trionfo, ogni suo film è un trionfo*; *il trionfo del consumismo, del jeans,* la sua larghissima diffusione dovuta al successo ottenuto **2.** *T.stor.* onore supremo che i Romani concedevano, in particolari circostanze, al generale vittorioso; consisteva nell'ingresso solenne in città, dalla porta trionfale, del generale trionfatore, vestito di porpora e col capo coronato d'alloro, su un carro dorato, tirato da quattro cavalli bianchi, che lo trasportava in Campidoglio in mezzo alle acclamazioni della folla: *celebrare il trionfo* || *per estens.* riconoscimento pubblico tributato, con manifestazioni entusiastiche, a chi si sia distinto per imprese eccezionali: *portare qualcuno in trionfo,* sollevarlo da terra perché la folla esultante possa applaudirlo **3.** rappresentazione artistica eseguita per onorare e glorificare qualcuno **4.** spettacolo rinascimentale che prendeva a modello la cerimonia del trionfo degli antichi Romani **5.** *T.gioc.* nei tarocchi, ciascuna delle carte figurate **6.** centrotavola imponente e riccamente decorato || *per estens.* costruzione ornamentale di cibi, solitamente di forma conica o piramidale: *una torta sovrastata da un trionfo di panna, vassoi con trionfi di frutta* || **N. 1.** acclamazione, onori, ovazione, tripudio | conferire, decretare, tributare.

trióni [dal lat. *trio, -ōnis*; a. 1566] **sm.** *pl. lett.* **1.** le due costellazioni delle Orse, considerate complessivamente **2.** le stelle dell'Orsa Minore || *per estens.* settentrione.

triònice [dal gr. *triṓnychos,* che ha tre unghie; 1891] **sf.** *T.zool.* piccola tartaruga d'acqua dolce con muso allungato e zampe palmate con tre sole dita munite di unghie.

triòssido [comp. di *trio-* e *ossido*; 1949] **sm.** *T.chim.* composto che presenta tre atomi di ossigeno.

triòtto [etim. inc.; 1933] **sm.** piccolo pesce d'acqua dolce dei Ciprinidi di colore verde-giallastro, dalle carni commestibili ma scadenti || **N.** *Sin.* leucisco.

trip (ingl., pr. [trɪp]) [letter. viaggio; 1966] **sm.** *inv.* nel linguaggio dei drogati, effetto causato dall'assunzione di una dose di LSD || *per estens.* effetto causato dall'assunzione di droghe.

tripàla [comp. di *tri-* e *pala*; 1961] **agg.** e **sf.** di elica a tre pale.

tripanosòma [comp. del gr. *trýpanon,* trapano e gr. *sôma,* corpo; 1909] **sm.** *T.zool.* genere di Protozoi flagellati, parassiti del sangue e dei liquidi organici dei Vertebrati, nei quali sono inoculati attraverso la puntura di alcuni artropodi || **N.** tripanosomìasi.

tripanosomìasi [da *Tripanosomi*; 1907] **sf.** *T.med.* nome generico di varie malattie infettive trasmesse all'uomo e agli animali dai tripanosomi (malattia del sonno, nagana).

tripartìre (pres. *-ìsco, -ìsci*) [comp. di *tri-* e *partire*; 1598] **tr.** dividere in tre.

tripartìtico (pl. *-ci*) [comp. di *tri-* e *partitico*; 1961] **agg.** formato da tre partiti politici: *governo tripartitico*; promosso da tre partiti politici: *progetto tripartitico.*

tripartitìsmo [da *tripartito*; 1965] **sm.** *raro* *T.pol.* sistema politico tripartitico.

tripartìto¹ (*pps.* di *tripartire*) [1319] **agg. 1.** che è diviso in tre parti: *guadagno tripartito* **2.** *per estens.* concordato, stipulato e sottoscritto da tre parti: *patto tripartito*; anche *sm.*, *per anton.* il patto sottoscritto da Italia, Germania e Giappone negli anni '30 || **N. 1.** sterzato, tricuspidale, tridentato, triforcato, trisulco. **TAV. *fiori...* p. 671** 4.9.

tripartìto² [comp. di *tri-* e *partito*; 1942] **agg.** e **sm.** di governo formato dalla coalizione di tre partiti politici.

tripartizióne [dal lat. *tripartitio, -ōnis*; 1749] **sf.** atto, modo ed effetto del tripartire.

tripètalo [comp. di *tri-* e *petalo*; a. 1729] **agg.** *T.bot.* che ha tre petali: *fiore tripetalo.*

trìpla [dal lat. *triplus*; 1970] **sf.** *T.gioc.* nei giochi a pronostici combinazione che contempla tutte e tre le possibilità (1-X-2): *giocare una schedina da dieci doppie e tre triple.*

triplàno [comp. di *tri-* e *-plano*; 1918] **agg.** e **sm.** di aeroplano che ha tre piani alari sovrapposti.

triple-sec (fr., pr. [triplə'sɛk]) [letter. triplo secco; 1931] **sm.** *inv.* liquore simile al curaçao.

triplétta [da *triplo*; 1940 nel senso 4] **sf. 1.** *T.gioc.* spec. nel calcio o nel tiro a segno, serie di tre colpi messi a segno: *una tripletta del cen-*

travanti **2.** fucile da caccia a tre canne, una delle quali è più piccola delle altre e posta al di sotto di esse **3.** *T.mat.* terna **4.** *T.biol.* codone; *tripletta nonsenso*, che non codifica alcun amminoacido ma funge da segnale per terminare la sintesi di una catena polipeptidica **5.** bicicletta a tre posti.

triplicàre (pres. *trìplico, trìplichi*) [dal lat. *triplicare*; a. 1543] **tr.** rendere tre volte maggiore || *iperb.* rendere molto maggiore: *triplicare gli sforzi.*

triplicatóre [da *triplicare*; a. 1803] **agg.** e **sm.** (f. *-trìce*) che o chi triplica || **N.** moltiplicatore.

triplicazióne [da *triplicare*; 1840] **sf.** atto del triplicare.

trìplice [dal lat. *triplex, -icis*; a. 1320] **agg.** **1.** che si compone di tre parti: *un filo triplice, mi propongo un triplice scopo* **2.** che avviene fra tre parti; *T.stor. la Triplice Alleanza*, quella tra Italia, Austria e Germania (1882).

triplicìsta [da *triplice*; 1915] **agg.** e **s.** *T.stor.* chi era fautore della Triplice Alleanza.

triplicità [da *triplice*; a. 1348] **sf.** *non com.* qualità di ciò che è triplice.

triplìsta [da *triplo*; 1963] **sm.** *T.sport.* atleta specialista nel salto triplo.

trìplo [dal lat. *triplus*; 1598] **I agg.** **1.** che ha misura, estensione, dimensioni, peso ecc. tre volte più grandi del consueto o di una misura data: *tripla razione, ho pagato un prezzo triplo di quello dell'anno scorso* **2.** che consta di tre oggetti o parti identiche o della stessa natura: *triplo salto mortale*; *stella tripla*, complesso di tre stelle orbitanti intorno a un centro comune **II sm.** quantità che è tre volte tanto: *nove è il triplo di tre, in quel negozio tutto costa il triplo* **III avv.** tre volte: *veder triplo*, non riuscire a mettere a fuoco e vedere i contorni degli oggetti triplicati || **N.** I **1.** triplicato | *Contr.* sterzato **II** terno, terzetto, trio, tris | TRE.

triplòmetro [comp. di *triplo* e *metro*; 1961] **sm.** nelle rilevazioni topografiche, strumento per la misurazione delle distanze formato da un'asta rigida lunga tre metri, suddivisa in vari sottomultipli con tacche e colorazioni diverse.

trìpode [dal lat. *tripus, -podis*, gr. *trípous, trípodos*; a. 1566] **sm.** **1.** sostegno a tre piedi usato per svariati oggetti || *per estens.* sedile o tavolino a tre gambe; *in part. T.stor.* sgabello di bronzo, a tre piedi, su cui sedeva la Pizia, quando dava responsi nel santuario di Delfo || *fig. sedere sul tripode, sentenziare dal tripode*, dar giudizi come un oracolo, con boria indisponente **2.** *T.anat. tripode celiaco*, tronco arterioso che nasce dall'aorta e si divide in tre rami || **N.** **1.** treppiede.

tripodìa [dal gr. *tripodía*; 1891] **sf.** *T.metr.* nella metrica classica, complesso di tre piedi.

tripolàre [comp. di *tri-* e *polare*; 1961] **agg.** **1.** *T.elettr.* che presenta tre poli o morsetti **2.** di politica, determinata da tre poli d'influenza.

tripolarìṣmo [da *tripolare*; 1983] **sm.** **1.** *T.pol.* sistema politico determinato da tre soli partiti **2.** *T.pol.* in politica internazionale, sistema di equilibri che fa capo a tre nazioni o gruppi di nazioni.

trìpoli [dal n. geogr. *Tripoli*, città della Libia; a. 1571 *tripolo*] **sm.** *T.min.* roccia silicea friabile giallognola, formata spec. da scheletri silicei di diatomee, che si adopera tra l'altro come abrasivo, come filtrante ecc.

tripòndio (pl. *-di*) [comp. di *tri-* e *pondo*; 1929] **sm.** *T.num.* moneta fusa del valore di tre assi emessa, alla fine del sec. IV o nel sec. III a.C., nella serie romana dell'*aes grave* semilibrale e in quella latina cosiddetta "della ruota".

tripósto [comp. di *tri-* e *posto*; 1961] **agg.** *inv.* a tre posti: *sedile triposto, aereo triposto.*

trippa [etim. inc.; a. 1484 nel senso 2] **sf.** **1.** lo stomaco dei ruminanti, e spec. dei bovini, che, tagliato in listarelle, viene cucinato in vari modi: *ho mangiato la trippa col sugo* **2.** *scherz. fam.* pancia, grasso localizzato sull'addome: *ha messo su trippa*, è ingrassato || *dim.* trippétta, trippettìna; *accr.* trippóne (*sm.*), trippóna; *pegg.* trippàccia || **N.** strippare.

trippàio (pl. *-ài*) [da *trippa*; 1865] **sm.** (f. *-a*) *raro* venditore di trippa.

trippaiòlo [da *trippa*; 1736 *trippajuolo*] **sm.** (f. *-a*) *raro* trippaio.

trippàre [da *trippa*; 1891] **tr.** *raro* cuocere una pietanza come si cuoce la trippa.

trippàto [da *trippa*; 1879] **agg.** *T.cuc.* detto di vivanda cucinata e condita come la trippa: *frittata trippata.*

tripperìa [da *trippa*. 1891] **sf.** *raro* bottega di trippaio.

trippóne [da *trippa*; 1598] **sm.** (f. *-a*) *spreg.* panzone, e in gen. grassone || *pegg.* tripponàccio.

tripsìna [dal ted. *Trypsin*; 1903] **sf.** *T.anat.* enzima proteolitico secreto dal pancreas, che inizia la digestione delle proteine.

triptofàno [comp. di *tript(ico)* e del tema del gr. *pháinein*, mostrare, perché si mostra tra i prodotti della digestione triptica; 1929] **sm.** *T.biol.* amminoacido aromatico presente in quasi tutte le proteine e tra gli enzimi secreti dal pancreas.

triptòto [dal lat. tardo *triptōtus*, gr. *tríptotos*, che ha tre casi; 1970] **sm.** *T.ling.* sostantivo che presenta tre soli casi nella declinazione.

tripudiàre (pres. *-ùdio*) [dal lat. *tripudiāre*; a. 1406] **intr.** (aus. *avere*) esternare rumorosamente e festosamente la propria gioia: *la folla tripudiava per la fine della guerra* || **N.** esultare, festeggiare.

tripùdio (pl. *-di*) [dal lat. *tripudium*; 1321] **sm.** **1.** vivace e rumorosa manifestazione di gioia: *il campione tagliò il traguardo tra il tripudio dei sostenitori* || *fig.* spettacolare manifestazione di gioia e vitalità: *un tripudio di luci e colori*; *per estens.* da: **2.** *T.stor.* danza ritmica dei sacerdoti Salii, nella quale si batteva tre volte il piede in terra || **N.** **1.** baldoria, esultanza, festa.

triquetra [dal lat. *triquetra*, triangolare; 1936] **sf.** figura costituita da un volto femminile da cui si dipartono tre gambe rincorrentisi; nell'antichità, simbolo della Sicilia.

trireattóre [comp. di *tri-* e *reattore*; 1966] **agg.** e **sm.** *T.aer.* di aviogetto, con tre propulsori a reazione diretta.

trirégno [comp. di *tri-* e *regno*; 1673] **sm.** tiara pontificia, formata da tre corone regali d'oro sovrapposte (simboli delle tre Chiese militante, purgante e trionfante) che culminano con una croce. TAV. *chiesa* 2.18.

trirème [dal lat. *triremis*; a. 1292] **sf.** antica nave a tre ordini di remi || **N.** triere.

trirettàngolo [comp. di *tri-* e *rettangolo*; 1961] **agg.** *T.geom.* che presenta o che forma tre angoli retti.

tris [da *tri-*, sul modello di *bis*; 1942] **sm.** *inv.* *T.gioc.* combinazione di tre carte da gioco dello stesso valore: *un tris d'assi, di fanti.*

triṣàgio (pl. *-gi*) [dal gr. *triságios*; a. 1667] **sm.** *raro T.rel.* nella liturgia cristiana orientale e occidentale, lode che si rivolge al Signore come tre volte santo; *sanctus.*

triṣàvo [comp. di *tri-* e *avo*; 1983] **sm.** (f. *-a*) trisavolo.

triṣàvolo [comp. di *tri-* e *avolo*; a. 1348] **sm.** (f. *-a*) il padre, o la madre, del bisavolo.

triṣdrùcciolo [comp. di *tri-* e *sdrucciolo*; 1891] **agg.** di parola che presenta l'accento tonico sulla quintultima sillaba (ad es. *órdinamene*, e altre forme verbali con particelle enclitiche).

trisecàre (pres. *èco*) [comp. di *tri-* e *secare*; 1961] **tr.** *T.geom.* dividere in tre parti uguali.

trisètto [comp. di *tri-* e *setto*; 1961] **agg.** *T.bot. foglia trisetta*, foglia divisa in più lobi da tre incisioni che si dipartono dalla nervatura mediana nelle foglie pennate e dal picciolo nelle foglie palmate.

trisezióne [comp. di *tri-* e *sezione*; 1733] **sf.** *T.geom.* il dividere in tre parti uguali.

trisillàbico (pl. *-ci*) [da *trisillabo*; a. 1565] **agg.** *T.ling.* di tre sillabe: *radice, parola trisillabica.*

trisillabìṣmo [comp. di *tri-* e un der. di *sillaba*; 1929] **sm.** *T.ling. legge del trisillabismo*, nella lingua greca e in quella latina, regola di accentazione secondo cui l'accento non può mai ricadere oltre la terzultima sillaba.

trisìllabo [dal lat. *trisyllabus*; 1598 *trisilabo*] **I agg.** *T.ling.* di tre sillabe: *parola trisillaba* **II sm.** **1.** *T.ling.* parola composta di tre sillabe **2.** verso di tre sillabe.

trìṣma o **trìṣmo** [dal gr. *trismós*, stridore; 1819 *trismo*] **sm.** *T.med.* lunga contrazione spasmodica dei muscoli della mandibola, per cui questa resta fortemente serrata contro le mascelle.

triṣmegìsto o **trimegìsto** [dal lat. *trismegīstus*, gr. *trisméģistos*, tre volte grandissimo; 1840] **agg.** in epoca ellenistica, appellativo del dio Ermete.

trìṣmo V. TRISMA.

trisomìa [comp. da *tri-* e *(cromo)soma*; 1969] **sf.** *T.biol.* anomalia cromosomica consistente nella presenza, nelle cellule di un individuo, di tre cromosomi dello stesso tipo anziché di due: *trisomia 21*, presenza di tre cromosomi 21, causa della sindrome di Down.

tristanzuòlo [da *triste*; 1353 nel senso 2] **agg.** *raro* **1.** cattivello **2.** *ant.* sparuto, smunto.

trìste [dal lat. *tristis*; a. 1547 nel senso 2] **agg.** **1.** che è in uno stato psichico di abbattimento, di depressione provocato da dispiaceri, dolori e sim.: *perché sei così triste?* || che esprime tristezza: *i suoi occhi si fecero all'improvviso tristi* **2.** che è di per sé spiacevole, increscioso, doloroso e provoca quindi tristezza: *la triste realtà dello sfruttamento infantile, è triste riconoscerlo, ma non ha alcuna speranza di farcela* || **tristeménte** **avv.** || **N.** **1.** *Sin.* afflitto, dolente, mesto, sconfortato; infelice, lacrimoso, malinconico, sconsolato | *Contr.* allegro, contento, felice, gaio, lieto, sereno | intristirsi, rannuvolarsi, rattristarsi **2.** *Sin.* doloroso, infausto, lugubre, squallido, tetro | *Contr.* allegro, gaio, festoso | intristire, rattristare, turbare.

tristézza [dal lat. *tristitia*; sec. XIII *tristeza*] **sf.** **1.** condizione psicologica di chi è triste: *alla notizia lo assalì una profonda tristezza* || anche la qualità di ciò che esprime tristezza: *la tristezza del suo sguardo* **2.** qualità di ciò che rende tristi: *la tristezza della situazione* **3.** *ant.* malvagità || **N.** **1.** *Sin.* abbattimento, afflizione; dolore, malinconia, sconforto, scoraggiamento, scoramento, tetraggine, umor nero | *Contr.* allegria, contentezza, felicità, gaiezza, serenità **2.** *Sin.* squallore.

trìstico (pl. *-ci*) [dal gr. *trístichos*, a triplice verso; 1932 nel senso 2] **agg.** **1.** *T.metr.* di strofa, formata da tre versi **2.** *T.bot.* di foglia o altro organo vegetale, che si dispone in tre linee verticali attorno al suo asse.

tristìzia [dal lat. *tristitia*; 1306] **sf.** *lett. ant.* **1.** tristezza **2.** cattiveria, malvagità: *sono note a tutti le sue tante tristizie.*

trìsto [lat. volg. *tristus*; a. 1311] **agg.** **1.** d'animo cattivo, malvagio: *un tristo individuo* || che esprime malvagità d'animo: *sguardo tristo* **2.** che è fatto con intenzioni malvage: *una trista menzogna* **3.** *raro* misero, meschino: *ha fatto una trista figura* **4.** *raro* malcapitato, sventurato: *tristo a chi capita!*, guai a chi capita! **5.** *ant.* triste || **tristaménte** **avv.** perfidamente, con malvagità || **N.** **1.** *Sin.* bieco, cattivo,

maligno, perfido.
trisùlco (pl. *-chi*) [dal lat. *trisulcus*; 1342 ca.] **agg.** che ha tre solchi, tre punte: *lingua trisulca*, quella dei serpenti; *fig.* maldicente || *folgori trisulche*, le folgori di Giove || **N.** trifido.
trìta [da *trito*; 1535 ca.] **sf.** *raro dial.* sorta di trebbiatura che consiste nel far passare i cavalli su una distesa di covoni di grano.
tritàbile [da *tritare*; a. 1642] **agg.** che si può tritare.
tritacàrne [comp. di *trita(re)* e *carne*; 1918] **sm.** *inv.* apparecchio azionato a manovella o elettricamente, che trita la carne || **N.** tritatutto, tritare.
tritaghiàccio [comp. di *trita(re)* e *ghiaccio*; 1961] **sm.** *inv.* apparecchio elettrico o a manovella per tritare il ghiaccio.
tritagonista [dal gr. *tritagōnistḗs*, terzo attore; 1930] **sm.** nell'antico teatro greco, terzo attore, prob. introdotto per la prima volta da Sofocle || **N.** protagonista, deuteragonista.
tritaimballàggi [comp. di *trita(re)* e *imballaggio*; 1983] **sm.** *inv.* *T.tecn.* macchina che sminuzza gli imballaggi delle merci, in modo da formare trucciolі riutilizzabili come materiale di riempimento per altri imballaggi.
tritàme [da *trito*; a. 1597] **sm.** *ant.* tritume.
tritaménto [da *tritare*; a. 1320] **sm.** *raro* atto e modo del tritare.
tritàre [lat. tardo *tritāre*; sec. XIV] **tr.** **1.** tagliare in minutissime particelle: *tritare la carne, il prezzemolo* **2.** *ant. region.* trebbiare || **N.** **1.** frangere, frantumare, macinare, polverizzare, sbriciolare, sminuzzare, stritolare, tagliuzzare, trinciare, triturare.
tritarifiùti [comp. di *trita(re)* e *rifiuto*; 1983] **sm.** *inv.* piccolo elettrodomestico che trita i rifiuti solidi e ne consente lo smaltimento attraverso il tubo di scarico del lavello della cucina.
tritàto (*pps.* di *tritare*) [1354] **agg.** finemente sminuzzato: *carne tritata, pane tritato* || **N.** *Sin.* trito.
tritatùra [da *tritare*; 1865] **sf.** atto del tritare.
tritatùtto [comp. di *trita(re)* e *tutto*; 1940] **sm.** *inv.* piccolo elettrodomestico da cucina che serve a tritare carne, pane, verdure, erbe aromatiche ecc.
triteìṣmo [comp. di *tri-* e *teismo*; 1821] **sm.** *T.teol.* dottrina teologica che fa corrispondere alla distinzione tra le tre persone divine una distinzione di sostanze; usato spec. come termine polemico.
triteista [da *triteismo*; 1821] **s.** sostenitore del triteismo.
tritèllo [da *trito*; 1691] **sm.** parte più sottile della crusca: *pane di tritello* || **N.** *Sin.* cruschello.
tritemìmera [comp. del gr. *trítos*, terzo, *hēmi-*, mezzo e *méros*, parte; 1961] **agg. f.** *T.metr.* nella metrica classica, la cesura dopo la lunga del secondo piede, ossia dopo tre tempi lunghi: si chiama anche *semiternaria* || **N.** pentemimera o semiquinaria, eftemimera o semisettenaria.
tritio V. TRIZIO.
tritiònico (pl. *-ci*) [da *tritio*; 1879] **agg.** *T.chim.* *acido tritionico*, acido tionico con tre atomi di zolfo.
trìto [lat. *tritus*; 1321] **agg.** **1.** logoro, consunto dall'uso: *abito trito* || *fig.* più com., abusato, risaputo: *frasi trite*; anche raff. nella loc. *trito e ritrito*: *argomento trito e ritrito* **2.** tritato: *carne trita* **3.** *ant.* di via, battutissima: *lascia la via trita.*
tritolàre (pres. *trìtolo*) [da *trìtolo*; a. 1503] **tr.** *tosc. raro* ridurre in tritoli.
trìtolo [da *trito*; 1547] **sm.** *fam. tosc.* frammento, pezzo minutissimo: *ridurre uno specchio in tritoli.*
tritòlo [da *tri(nitro)to(luo)lo*; 1942] **sm.** *T.chim.* trinitrotoluene esplosivo di grande potenza. **TAV.** ***armi*** **p. 649** 19.3, 19.4.
tritóne[1] [dal lat. *trītōn, -ōnis*, gr. *trítōn*; 1561] **sm.** **1.** *T.mit.* divinità marina, che aveva doppia natura, di uomo e di pesce, e faceva parte del corteggio di Nettuno **2.** *T.zool.* genere di Anfibi urodeli dei Salamandridi, sia acquatici che terrestri || genere di Molluschi Gasteropodi con conchiglia ovale allungata, carnivori e predatori, diffusi in mari caldi e temperati; buccina.
tritóne[2] [dall'ingl. *triton*; 1956] **sm.** *T.fis.* il nucleo dell'atomo di trizio.
trìtono [dal gr. *trítonos*; 1561] **sm.** *T.mus.* intervallo di tre toni.
trìttico (pl. *-ci*) [dal gr. *tríptychos*, piegato in tre; 1879] **sm.** **1.** *T.art.* tipo di ancona a tre scomparti, due dei quali — quelli laterali — incernierati a quello centrale (più grande) in modo da richiudersi sopra di esso; diffuso spec. in epoca gotica, poteva essere dipinto o anche scolpito in legno o avorio, sbalzato in metallo ecc. || *per estens.* opera letteraria o teatrale divisa in tre parti o, anche, trilogia **2.** *T.stor.* tre tavolette cerate per scrivere, riunite insieme e connesse in modo che si potessero ripiegare l'una sull'altra; gli antichi se ne servivano come di un taccuino **3.** *T.filat.* francobollo composto da tre parti unite tra loro **4.** *T.aut.* documento doganale in tre parti per l'esportazione temporanea di un'automobile.
trittòngo (pl. *-ghi*) [dal gr. *tríphthongos*; a. 1729] **sm.** *T.ling.* complesso di una vocale e due semivocali pronunziate con una sola emissione di fiato; come per es. *miei, figliuolo* || **N.** dittongo.
tritùme [da *trito*; sec. XIV] **sm.** minuzzoli di roba trita || *fig.* quantità eccessiva di particolari minuti insignificanti || **N.** *Sin.* brindelli, calia, detriti, sbriciolatura.
tritùra [dal lat. *tritūra*; sec. XIV] **sf.** *ant.* **1.** atto del tritare || la roba tritata **2.** *fig.* afflizione, tristezza.
trituràbile [da *triturare*; 1865] **agg.** che si può triturare.
trituraménto [da *triturare*; 1750] **sm.** *non com.* triturazione.
trituràre (pres. *tritùro*) [dal lat. tardo *triturāre*; a. 1537] **tr.** *intensivo* di *tritare*, tritare in pezzi piccolissimi; *in part.* di cibi, masticare a lungo.
trituratóre [da *triturare*; 1961] **I agg.** che tritura o serve a triturare: *denti trituratori*, molari **II sm.** **1.** *T.agr.* macchina per la triturazione di rami o sterpaglie **2.** tritaimballaggi.
triturazióne [da *triturare*; 1713] **sf.** atto ed effetto del triturare.
triumviràle o **triunviràle** [dal lat. *triumvirālis*; a. 1580] **agg.** di triumviro o dei triumviri.
triumviràto o **triunviràto** [dal lat. *triumvirātus*; 1354] **sm.** *T.stor.* dignità e ufficio di triumviro || nell'antica Roma, magistratura di tipo collegiale || *per estens.* gruppo di tre persone preposto alla direzione di un'organizzazione || **N.** triarchìa.
triùmviro o **triùnviro** [dal lat. *triumvir*; a. 1375] **sm.** *T.stor.* ciascuno di coloro che appartenevano a una magistratura composta di tre persone, nell'antica Roma || nome che fu più volte rinnovato poi, nella storia; per es.: *i triumviri che ressero la Repubblica Romana nel 1849.*
trivalènte [comp. di *tri-* e *valente*; 1875] **agg.** **1.** *T.chim.* di elemento chimico, di cui ciascun atomo ha la capacità di unirsi a tre atomi di idrogeno **2.** *T.fil.* *logica trivalente*, a tre valori di verità (per es., vero, falso, né vero né falso) || **N.** polivalente.
trivalènza [comp. di *tri-* e *valenza*; 1940] **sf.** qualità di ciò che è trivalente || **N.** monovalenza, valenza.
trivèlla [lat. volg. **terebella*; a. 1597] **sf.** apparecchiatura utilizzata per la perforazione del terreno, funzionante a percussione o a rotazione || **N.** trivello.
trivellaménto [da *trivellare*; a. 1519] **sm.** *non com.* trivellazione.
trivellàre (pres. *-èllo*) [da *trivella*; a. 1537] **tr.** **1.** perforare con la trivella o col trivello || perforare come con una trivella: *i tarli trivellano il legno* **2.** *fig.* assillare: *un pensiero mi trivella il cervello* || **N.** **1.** bucare, succhiellare, trapanare.
trivellatóre [da *trivellare*; a. 1729] **agg.** e **sm.** (f. *-trìce*) **1.** che o chi trivella, spec. terreni **2.** trivella.
trivellatùra [da *trivellare*; 1540 nel senso 2] **sf.** **1.** trivellazione **2.** i piccoli pezzi di materia che, nell'azione del trivellare, si staccano dalla cosa trivellata.
trivellazióne [da *trivellare*; 1879] **sf.** *T.min.* operazione consistente nel praticare nella roccia un foro da mine o per ricerche o estrazioni minerarie: *torre di trivellazione*, torre per il sondaggio del terreno a grande profondità || **N.** *Sin.* perforazione.
trivèllo [lat. tardo *terebellum*; a. 1537] **sm.** strumento simile alla trivella, ma più piccolo; succhiello.
trivèneto [comp. di *tri-* e *veneto*; 1939] **I agg.** delle Tre Venezie: *campionato triveneto di pugilato* **II sm.** *il Triveneto*, le Tre Venezie.
trìvia [dal lat. *trivia*; 1321 come sf.] **I agg.** *lett.* nella mitologia greco-romana, epiteto di Diana, cui erano dedicate edicole ai trivi **II sf.** *lett. poet.* la luna (in quanto identificata con Diana).
triviàle [lat. *triviālis*; sec. XVI] **agg.** **1.** da trivio, volgare, scurrile: *discorsi, battute triviali* **2.** *per estens.* banale, ovvio: *risposta, soluzione triviale* || **trivialménte** **avv.** || *dim.* trivialùccio; *accr.* trivialóne; *pegg.* trivialàccio || **N.** **1.** *Sin.* sguaiato; cafone, grossolano, zotico **2.** *Sin.* dozzinale; scontato.
trivialità [da *triviale*; 1598] **sf.** qualità di chi o di ciò che è volgare: *la trivialità di quelle immagini, un uomo di una trivialità stomachevole* || *concr.* atto o detto da persona volgare: *mai sentita una simile trivialità* || *meno com.* banalità.
trivializzazióne [da *triviale*; 1974] **sf.** banalizzazione || nella critica testuale, sostituzione da parte del copista di una parola non comune con una ovvia.
trìvio (pl. *-vi*) [lat. *trivium*; 1485] **sm.** **1.** incrocio di tre vie || *com. fig.* punto di ritrovo malfamato, di gente che vive nelle strade ed è quindi volgare: *gente, espressioni da trivio* **2.** *T.stor.* nel Medioevo, le tre arti liberali (grammatica, retorica e dialettica) || **N.** **1.** bivio, quadrivio.
trivoltìno [comp. di *tri-* e *voltin(ismo)*; 1961] **agg.** *T.zool.* di baco da seta o altro insetto che ha tre generazioni in un anno.
trivòmere [comp. di *tri-* e *vomere*; 1961] **agg.** fornito di tre vomeri: *aratro trivomere.*
trìzio (meno com. *trìtio*) [dall'ingl. *tritium*; 1956] **sm.** *T.chim.* isotopo radioattivo dell'idrogeno che, per la sua scarsa pericolosità, viene impiegato come tracciante radioattivo in chimica, biologia e medicina.
trobadòrico o **trovadòrico** (pl. *-ci*) [dal provenz. ant. *trobador*, trovatore; 1891 *trovadorico*] **agg.** relativo ai trovatori e alla loro poesia.
trocàico (pl. *-ci*) [dal lat. *trochaicus*, gr. *trochaikós*; a. 1729] **agg.** del trocheo; di verso, composto da trochei.
trocantère [dal gr. *trochantḗr, -os*; a. 1673] **sm.** **1.** *T.anat.* ciascuno dei due rilievi dell'estremità prossimale del femore (*il grande trocantere e il piccolo trocantere*), a cui si attaccano i muscoli della natica e della coscia **2.** *T.zool.* articolo che contribuisce alla formazione degli arti toracici degli Insetti; è corto, robusto e si attacca in senso prossimale all'anca e distale al femore. **TAV.** *zootecnia* 5.2.

trocantèrico (pl. *-ci*) [da *trocantere*; 1840] ***agg.*** *T.anat.* proprio del trocantere, relativo al trocantere: *rilievo trocanterico.*

trocheifórme [comp. del gr. *trochós*, ruota, trottola e *-forme*; 1826 *trochiforme*] ***agg.*** *T.zool.* a forma di chiocciola.

trochèo [dal lat. *trochāeus*, gr. *trochâios*; a. 1565] ***sm.*** *T.metr.* nella prosodia greca e latina, piede di ritmo discendente, formato da due sillabe, una lunga e una breve.

trochilia [dal lat. *trochilus*, specie di uccello; 1965] ***sf.*** *T.zool.* farfalla simile a un'ape o a una vespa, con corpo giallo e nero e ali trasparenti ‖ **N.** *Sin.* sesia.

Trochilidi (sing. *-e*) [comp. di *trochil(ia)* e *-idi*; 1931] ***sm. pl.*** *T.zool.* famiglia di piccoli uccelli, tra cui i colibrì, dal piumaggio variopinto, lungo becco tubolare e lingua protrattile ‖ **N.** colibrì, uccello mosca.

tròchilo [dal lat. *trochilus*, gr. *trochílos*; 1821] ***sm.*** *T.arch.* modanatura concava; scozia.

tròclea [dal lat. *trochlea*, gr. *trochalía*; a. 1292 nel senso 2] ***sf.*** **1.** *T.anat.* denominazione delle parti ossee articolari a forma di puleggia: *troclea astragalica, femorale, omerale* **2.** *T.stor.* sorta di antica macchina con tre girelle o carrucole per alzare pesi; taglia.

trocleàre [da *troclea*; 1821] ***agg.*** *T.anat.* della troclea.

tròco (pl. *-chi*) [dal lat. *trochus*, gr. *trochós*, ruota, trottola; a. 1698] ***sm.*** *T.zool.* mollusco dei Gasteropodi, munito di una conchiglia di forma conica, diffuso nel Mediterraneo.

trofealménte [da *trofeo*; sec. XVI] ***avv.*** a mo' di trofeo.

trofèo [dal lat. tardo *trophāeum*; a. 1484] ***sm.*** **1.** anticamente, le spoglie e le armi del nemico vinto, disposte in vario modo dai vincitori a scopo di ornamento celebrativo **2.** *per estens.* monumento eretto a ricordo di una vittoria, perlopiù recante scolpite le armi vinte o scene della battaglia ‖ *per estens.* gruppo di armi, insegne guerresche o sim., o loro rappresentazione pittorica o scultorea, posto quale ornamento alle pareti di saloni e sim.: *bandiere messe a trofeo*, incrociate ‖ *T.mil.* il distintivo di metallo che i soldati portano sul berretto o sull'elmo e che consiste in fucili, cannoni, trombe ecc. incrociati dietro un tondo che porta il numero del reggimento o qualche altra indicazione **3.** oggetto o gruppo di oggetti (spec. targhe, coppe, medaglie) conservato ed esposto a ricordo di vittorie o successi (spec. sportivi): *i mobili della sala erano coperti dai trofei della sua carriera ciclistica; trofeo di caccia*, resti dell'animale ucciso (spec. la testa, la pelle o le corna) **4.** *fig.* segno che testistimonia azioni, avvenimenti o condizioni passate degne di ricordo: *le sue cicatrici sono i trofei delle sue azioni in guerra.*

-trofia [dal gr. *-trophía*, da *trophḗ*, nutrimento] ***elem. term.*** che, in parole composte della terminologia scientifica, vale "nutrizione", "stato di nutrizione" (per es. *atrofia, distrofia, eutrofia*).

tròfico (pl. *-ci*) [dal gr. *trophḗ*, alimentazione; 1937] ***agg.*** relativo al trofismo.

-tròfico [da *-trofia*] ***elem. term.*** che, in parole composte della terminologia scientifica e di quella medica, forma gli agg. corrispondenti ai sostantivi in *-trofia* (per es. *atrofico, distrofico, eutrofico*).

trofiṣmo [da *trofico*; 1937] ***sm.*** *T.med.* stato di nutrizione di un organismo o di una sua parte ‖ **N.** ipertrofia, atrofia.

tròfo- [dal gr. *tropho-*, affine a *tréphein*, nutrire] ***primo elem.*** che, in parole composte della terminologia biologica e di quella medica, vale "che nutre", "relativo alle funzioni nutritive" (per es. *trofoblasto, trofoterapia*).

-trofo [dal gr. *-trophos*, affine a *tréphein*, nutrire] ***elem. term.*** che, in parole composte della terminologia biologica, vale "che si nutre" (per es. *monotrofo, politrofo*) o "che nutre" (per es. *oligotrofo*); in questo secondo valore si alterna con le varianti, più com., in *-trofico.*

trofoblàsto [comp. di *trofo-* e del gr. *blastós*, germe; 1929] ***sm.*** *T.biol.* nell'embrione dei Mammiferi placentati, strato epiteliale che riveste l'uovo fecondato e che, essendo collegato con la mucosa uterina, permette la nutrizione dell'embrione.

trofologia [comp. di *trofo-* e *-logia*; 1821] ***sf.*** *non com.* scienza dell'alimentazione ‖ **N.** bromatologia.

trofoneuròṣi [comp. di *trofo-* e *neurosi*; 1964] ***sf.*** *T.med.* alterazione dello sviluppo di organi o tessuti corporei dovuta a disfunzione del sistema nervoso.

trofoneuròtico (pl. *-ci*) [da *trofoneurosi*; 1934] ***agg.*** *T.med.* relativo a trofoneurosi, proprio di trofoneurosi.

trofoterapia [comp. di *trofo-* e *terapia*; 1961] ***sf.*** *T.med.* terapia dietetica.

trofotropiṣmo [comp. di *trofo-* e *tropismo*; 1940] ***sm.*** effetto della nutrizione sulla direzione di accrescimento dei tessuti organici.

trogliàre (pres. *tròglio*) [da *troglio*; a. 1565] ***tr.*** e ***intr.*** (aus. *avere*) *ant.* **1.** di uccelli, cinguettare **2.** *tosc.* balbettare.

tròglio (pl. *-gli*) [dal gr. *traulós*; a. 1400] ***agg.*** *ant. tosc.* balbuziente.

troglodita [dal gr. *trōglodýtai*; a. 1367 *trogodita*] ***s.*** abitatore delle caverne, uomo dell'età della pietra ‖ *fig.* uomo rozzo, incivile, primitivo: *è un troglodita.*

trogloditico (pl. *-ci*) [da *troglodita*; sec. XVI-XVII] ***agg.*** di o da troglodita: *armi trogloditiche.*

trogloditiṣmo [da *troglodita*; 1929] ***sm.*** condizione del vivere da troglodita; anche *fig.*

trògolo o **truògolo** [dal germ. *trog*; sec. XIV] ***sm.*** **1.** vasca rettangolare in muratura usata all'aperto per lavarvi il bucato o altro **2.** conca, tronco d'albero scavato o struttura analoga in muratura in cui si mette il cibo per i maiali **3.** cassetta, vasca o sim., adibita a particolari usi: *trogolo da piscicoltura*, in cui si tengono in incubazione le uova dei pesci; *trogolo da muratore*, in cui si spegne la calce viva ‖ *dim.* trogolétto; *accr.* trogolóne.

trogolóne [da *trogolo*; 1879] ***sm.*** (f. *-a*) persona che si sbrodola, che s'insudicia ‖ **N.** *Sin.* sudicione, sbrodolone, porcaccione.

trogóne [dal gr. *trṓgōn*, letter. rosicchiante; 1961] ***sm.*** nome corrente dei Trogoniformi ‖ *trogone di Cuba*, uccello americano dei Trogoniformi dal piumaggio molto colorato e dalla lunga coda.

Trogonifórmi (sing. *-e*) [comp. di *trogone* e *-forme*; 1965] ***sm. pl.*** *T.zool.* ordine di uccelli tropicali che si nutrono di insetti e di frutta, caratterizzati da un piumaggio variamente colorato.

tròia [lat. mediev. *troia*; a. 1320] ***sf.*** **1.** la femmina del maiale, spec. quella destinata alla riproduzione **2.** *fig. spreg. volg.* puttana ‖ *dim.* troiétta; *accr.* troióna, troióne (*sm.*); *pegg.* troiàccia ‖ **N. 1.** *Sin.* scrofa.

troiàio (pl. *-ài*) [da *troia*; 1891 nel senso 2] ***sm.*** **1.** luogo dove si allevano scrofe **2.** *fig. spreg. volg.* luogo frequentato da prostitute ‖ *per estens.* luogo malfamato ‖ *per estens. spreg. volg.* luogo sudicio e disordinatissimo; porcaio; anche, *per meton.*, mucchio di sudiciume.

troiàta [da *troia*; 1353] ***sf.*** *volg.* **1.** azione sudicia, ripugnante, turpe (spec. moralmente): *tradirli in quel modo è stata una vera troiata* **2.** lavoro mal fatto; porcheria.

tròica o **tròika** [dal russo *trójka*; 1905] ***sf.*** **1.** carrozza russa, a forma di slitta, che è tirata da tre cavalli ‖ tiro a tre **2.** *fig.* triumvirato.

tròll [dal ted. *Troll*; 1934] ***sm. inv.*** nella mitologia nordica, gnomo dei boschi dai poteri magici maligni.

trolley (ingl., pr. ['trɒlı]) [letter. ciò che gira; 1894] ***sm. inv.*** presa di corrente ad asta, avente lo scopo di addurre la corrente di una linea elettrica aerea a un locomotore ferroviario, tranviario o filoviario ‖ **N.** pantografo. **Q.T.** *ferrovia* **TAV.** ***ferrovie...*** **p. 669** 4.3.

trolleybus (ingl., pr. ['trɒlıbʌs]) [comp. di *trolley* e di (*auto*) *bus*; 1935] ***sm. inv.*** *disus.* filobus.

trómba[1] [dall'alto ted. ant. *trumba*; 1313] ***sf.*** **1.** nome generico di vari modelli di strumenti musicali a fiato in ottone, a bocchino, a forma di tubo conico che gradatamente s'ingrossa e termina in ampia campana, detta *padiglione*, da cui esce un suono chiaro e squillante; rif. in part. a quelli di media grandezza, con un tubo che si ripiega due volte su se stesso per aumentare la lunghezza, e con pistoni mossi da tasti, per ottenere i semitoni: *un assolo, uno squillo di tromba* ‖ *le trombe del giudizio*, quelle che, secondo l'Apocalisse, gli angeli suoneranno per annunciare il giudizio universale ‖ *fig. dar fiato alle trombe*, dare un annuncio importante o, anche, celebrare un successo ‖ *fig. partire in tromba*, con grande entusiasmo, slancio **2.** *per meton.* suonatore di tromba: *è una tromba eccezionale* ‖ *fig. disus.* di chi divulga notizie che dovrebbero restare segrete **3.** per analogia, in accezioni tecniche: in acustica, tubo sonoro di sezione crescente in direzione dell'asse, usato accoppiato a un altoparlante ‖ *T.aut. disus.* segnalatore acustico, clacson **4.** *per estens.* oggetto o struttura che ricordi, nella forma, lo strumento musicale: negli elefanti, proboscide; negli insetti, organo succhiatore ‖ *T.anat. tromba uditiva* (o *d'Eustachio*), condotto di comunicazione tra l'orecchio medio e la faringe; *tromba uterina* (o *di Falloppio*), v. TUBA ‖ *T.meteor.* moto vorticoso d'aria che si diparte dalla base di nubi temporalesche verso il suolo ‖ *T.arch.* vano intorno al quale si svolge la scala di un edificio: *la tromba delle scale* ‖ *T.calz.* parte dello stivale, leggermente svasata, che veste la gamba ‖ *T.idr. ant.* strumento di forma cilindrica col quale, facendo il vuoto, si fa salire l'acqua anche a grande altezza; pompa ‖ *disus.* canna fumaria: *la tromba del camino* ‖ *dim.* trombétta, trombettìna; *accr.* trombóne (*sm.*); *pegg.* trombàccia ‖ **N. 1.** bombardino, buccina, cornetta, flicorno, oricalco, trombone, tuba | bocchino, padiglione, pistoni, ritorte, tasti | squillare, strombazzare, strombettare. **TAV.** *abitazione* 1.33; ***anatomia*** **p. 642** 18.10; ***musica*** **p. 1324** 2.16 e **p. 1325** 8.

trómba[2] [da *tromba*[1]; 1791] ***sm. inv.*** *ant.* banditore, nelle aste pubbliche.

trombàio (pl. *-ài*) [da *tromba*[1]; 1865 *trombajo* nel senso 2] ***sm.*** **1.** *raro* chi fa e vende trombe **2.** *tosc.* chi fa docce e grondaie o esegue riparazioni agli acquedotti, alle tubazioni e sim. ‖ **N. 2.** *Sin.* idraulico.

trombàre (pres. *trómbo*) [da *tromba*[1]; a. 1712 nel senso 2] ***tr.*** **1.** *pop. volg.* possedere carnalmente ‖ *fig. pop. scherz.* respingere un candidato nelle elezioni, bocciare uno studente agli esami ecc. **2.** *tosc. ant.* travasare un liquido con la tromba ‖ estrarre acqua con la tromba idraulica.

trombàta [da *trombare*; 1965] ***sf.*** *pop. scherz.* bocciatura, scacco.

trombatóre [da *trombare*; 1308] ***sm.*** **1.** *arc.* trombettiere **2.** *arc. fig.* cerretano, giocoliere.

trombatùra [da *trombare*; 1879] ***sf.*** **1.** atto ed effetto del travasare vino dai fiaschi **2.** insuccesso, bocciatura.

trombeggiàre (pres. *-éggio*) [da *tromba*; seconda metà sec. XVI] ***intr.*** (aus. *avere*) *arc. raro* risuonare a guisa di tromba.

trombétta (*dim.* di *tromba*) [1313] ***sf.*** **1.** piccola tromba giocattolo **2.** *trombetta da* *morto,* nome comune di un piccolo fungo commestibile a forma d'imbuto, di colore nero-violaceo, che cresce a grandi gruppi specie in autunno inoltrato ‖ **sm.** *inv. non com.* trombettiere.

trombettière [da *trombetta*; 1865] **sm. 1.** chi suona la tromba, detto spec. di soldato che suona la tromba per dare i segnali militari **2.** passeriforme della fam. Fringillidi, che deve il suo nome al canto squillante ‖ **N. 2.** *Sin.* agami.

trombettìsta [da *trombetta*; 1961] **s.** chi suona la tromba spec. in un complesso jazz.

trombìna [comp. di *trombo* e *-ina*; 1940] **sf.** enzima che provoca la coagulazione del sangue.

trombìno [da *tromba*[1]; 1889] **sm.** *T.mar.* sulle navi a vapore, il sottile tubo verticale sistemato accanto al fumaiuolo, attraverso cui si scarica il vapore delle valvole di sicurezza nelle caldaie.

trómbo [dal gr. *thrómbos,* coagulo; 1754] **sm.** *T.med.* coagulo entro un vaso sanguigno; embolo ‖ **N.** trombina.

trombocìta o **trombocìto** [comp. di *trombo* e *-cita*; 1961] **sm.** *T.biol.* piastrina.

tromboflebìte [comp. di *trombo* e *flebite*; 1935] **sf.** *T.med.* infiammazione di una vena accompagnata da trombosi.

trombonàta [da *trombone*; 1865 nel senso 1] **sf.** *non com.* **1.** sparo di trombone **2.** *fig.* scritto o discorso da fanfarone, da smargiasso.

tromboncìno (*dim.* di *trombone*) [1940 nel senso 2] **sm. 1.** nome comune di un tipo di narciso a grosso fiore giallo inclinato da un lato, coltivato nelle forme doppie **2.** *T.arm.* tubo lanciabombe applicato alla canna del fucile. **TAV. *armi* p. 648** 18.6.

trombóne [da *tromba*; a. 1435 nel senso 2; a. 1649 nel senso 1] **sm. 1.** *T.mus.* strumento aerofono in ottone, con bocchino, a canna ricurva (per due terzi di sezione cilindrica e conica nell'ultima parte), dal suono maestoso: *trombone tenore, basso, contrabbasso; trombone a coulisse* **2.** *per meton.* suonatore di trombone ‖ *fig.* oratore o scrittore che usa espressioni altisonanti ma povere di contenuto: *non stare ad ascoltare quel vecchio trombone* **3.** stivale molto svasato **4.** schioppo con canna grossa e corta, che termina a padiglione ‖ *dim.* tromboncìno. **TAV. *musica* p. 1324** 2.17.

trombonìsta [da *trombone*; 1961] **s.** *T.mus.* chi suona il trombone, spec. in un gruppo jazz.

trombòṣi [dal gr. *thrómbōsis,* coagulazione, attr. il ted. *Thrombose*; 1859] **sf.** *inv. T.med.* occlusione totale o parziale di un vaso sanguigno in seguito alla formazione di trombi.

trombòtico (pl. *-ci*) [da *trombosi*; 1961] **agg.** *T.med.* proprio del trombo: *formazione trombotica* ‖ che causa una trombosi, che si manifesta sotto forma di trombosi: *episodio trombotico.*

trompe-l'oeil (fr., pr. [trɔ̃p 'lœj]) [comp. di *trompe*, inganna e *oeil,* occhio; 1905] **sm.** *inv. T.art.* genere pittorico che mira a riprodurre oggetti o ambienti in modo tale da creare, a distanza, l'illusione della realtà ‖ ciascuna opera appartenente a tale genere.

tronàre (pres. *tròno*) [da *tuonare,* con influsso del lat. *tonitus,* tuono; a. 1292] **intr.** (aus. *essere* o *avere*) *ant.* o *dial.* tuonare.

troncàbile [da *troncare*; 1586] **agg.** che si può troncare.

troncaménto [da *troncare*; a. 1320] **sm.** atto, modo ed effetto del troncare, anche *fig.* ‖ *com. T.gram.* caduta della parte finale (singola vocale o sillaba) di una parola singolare; solo in alcuni casi viene segnalata graficamente con l'apostrofo (per es.: *po', mo', di'* ecc.); in gen. perché si possa verificare occorre che la vocale finale sia atona e preceduta da *r, l, n* e, raramente, *m* (per es.: *a caval donato, suor Maria*) e che la parola che segue non inizi con *s* seguita da consonante, *z, gn, x, p* ‖ *T.inform.* nella rappresentazione di un numero, eliminazione delle cifre meno significative (ad es. 5,7831401 anziché 5,783140129) ‖ **N.** *Sin.* apocope.

troncàre (pres. *trónco, trónchi*) [lat. *truncāre*; a. 1294] **tr. 1.** recidere agendo con forza e con un colpo secco, mozzare di netto: *troncare i rami troppo lunghi, con una sciabolata gli troncò la testa* ‖ *fig.* stroncare, stancare al punto di spezzare: *una salita che tronca le gambe* **2.** *fig.* interromper bruscamente: *troncare un discorso a metà, ho deciso di troncare la nostra relazione* (sott. *amorosa*) ‖ *T.gram. troncare una parola,* farne il troncamento ‖ **N. 1.** *Sin.* mozzare, mutilare, recidere, resecare, spezzare, stroncare, tagliare **2.** rompere.

troncàto (*pps.* di *troncare*) [a. 1406] **agg. 1.** che ha subito un troncamento, anche *fig.*: *un progetto troncato sul nascere, una parola troncata* **2.** *T.arald.* di scudo, diviso orizzontalmente a metà anche *sm.* **TAV. *araldica* p. 645** 3.2, 3.22.

troncatrìce [da *troncare*; 1973] **sf.** *T.fal.* macchina dotata di una lama o di un disco abrasivo, con cui taglia i trafilati.

troncatùra [da *troncare*; a. 1729] **sf.** *non com.* troncamento.

tronchése [dal fr. *tricoises*; 1937] **sm.** utensile simile a una tenaglia ma con i bordi delle ganasce affilati, che serve a troncare fili metallici ‖ *dim.* tronchesìna (*sf.*), tronchesìno.

tronchétto (*dim.* di *tronco*[2]) [1891 nei sensi 2 e 3] **sm. 1.** piccolo tronco **2.** spec. *pl.*, stivaletto basso **3.** tronchesino.

trónco[1] (pl. *-chi*) [lat. *truncus*; 1313] **agg. 1.** che è stato troncato ed è quindi privo di una parte; mozzo, monco: *piramide tronca,* tronco di piramide ‖ *in part. T.ling. parola tronca,* che ha subito un troncamento o, anche, che ha l'accento sull'ultima sillaba; *verso tronco,* che termina con una parola tronca **2.** *fig.* interrotto, incompiuto: *un ragionamento tronco* ‖ nella *loc. avv.*: *in tronco,* bruscamente, all'improvviso: *se ne andò interrompendo in tronco il discorso; essere licenziato in tronco,* lì per lì, senza preavviso.

trónco[2] (pl. *-chi*) [lat. *truncus,* letter. ceppo di un albero; a. 1320 nel senso 1; 1516 nel senso 2] **sm. 1.** *T.bot.* il fusto legnoso degli alberi, compreso tra il punto di emergenza delle radici e quello di origine dei rami: *un tronco di pino* ‖ *fig. non com.* stirpe, ceppo **2.** *T.anat.* parte centrale del corpo dei vertebrati e, in part., nel corpo umano, quella da cui si dipartono la testa e gli arti **3.** parte residua di qualcosa che è stato troncato: *un tronco di colonna* ‖ *T.geom.* la parte di un cono, di una piramide ecc. compresa tra la base e il piano secante parallelo alla base **4.** tratto lineare, nettamente delimitato alle estremità: *è stato completato il tronco di autostrada tra Milano e il Brennero* ‖ *T.anat.* segmento di una formazione anatomica: *tronco dell'aorta, cerebrale; tronco anonimo,* tratto arterioso brachiocefalico ‖ *T.mar. tronco maggiore,* la parte inferiore e più grossa di un albero di imbarcazione; fuso maggiore ‖ **N. 2.** PARTI: addome, bacino, torace. **Q.T. *anatomia.***

troncóne (*accr.* di *tronco*[2]) [1865 nel senso 2] **sm. 1.** grosso tronco **2.** la parte che resta di una cosa dopo averne troncato un grosso pezzo: *il troncone di una gamba, del salice* ‖ **N. 2.** *Sin.* moncone, moncherino.

troneggiàre (pres. *-éggio*) [da *trono*; 1961] **intr.** (aus. *avere*) **1.** sovrastare per statura o, *fig.*, per dignità: *la vecchia quercia troneggiava sugli altri alberi* **2.** di cosa, spiccare fra tutte: *il diadema troneggiava in mezzo alla teca* ‖ *più propr.* di persona, spiccare tra tutte le altre per l'atteggiamento maestoso, sussiegoso, da sovrano in trono (spesso *scherz.* o *iron.*): *la contessa troneggiava nel salotto.*

tronfiàre (pres. *trónfio*) [forse da *gonfiare* con influsso di *trionfare*; 1536] **intr.** (aus. *avere*) *non com.* **1.** incedere tronfi e pettoruti; anche di animali: *il tacchino tronfia facendo la ruota* **2.** sbuffare, ansimare.

tronfiézza [da *tronfio*; 1585] **sf.** *non com.* qualità di chi è tronfio.

trónfio (pl. *-fi*) [da *tronfiare*; 1598] **agg. 1.** pieno di sé, gonfio di superbia: *avanzava tronfio e pettoruto* **2.** di stile, esageratamente gonfio ‖ **N. 1.** altero, altezzoso, superbo **2.** *Sin.* ampolloso, ridondante, verboso.

tronfióne (*accr.* di *tronfio*) [a. 1742] **agg.** e **sm.** (f. *-a*) *raro spreg.* che o chi se ne va tronfio ‖ *pegg.* tronfionàccio.

tronièra [dallo sp. *tronera*; 1570] **sf.** *T.stor.* nelle mura medievali, feritoia.

trònito [dal lat. *tonitrus*; sec. XIV] **sm.** *arc.* tuono.

tròno [lat. *thronus,* gr. *thrónos*; sec. XIII] **sm. 1.** seggio proprio dei sovrani, elevato di alcuni gradini sul suolo, perlopiù sormontato da un baldacchino o padiglione: *il trono pontificio, reale; la sala del trono* **2.** *fig.* autorità e dignità di monarca: *salire al trono, rinunciare la trono, essere l'erede al trono* **3.** *pl. T.teol.* nella teologia cattolica, uno degli ordini angelici, il primo dopo gli arcangeli ‖ **N. 1.** soglio **2.** abdicare, aspirare, detronizzare, usurpare.

tropèa [lat. *tropāea,* gr. *tropáia,* (venti) che si voltano (dal mare verso la terra); 1908] **sf.** *merid.* temporale di brevissima durata.

Tropeolàcee [comp. di *tropeolo* e *-acee*; 1935] **sf. pl.** *T.bot.* famiglia di piante erbacee dai fiori di colore vivace con calici a cinque sepali e corona a cinque petali.

tropèolo [comp. del lat. *tropaeum,* trofeo e *-olo*[1]; 1840] **sm.** *T.bot.* cappuccina, nasturzio indiano.

-tropìa [dal gr. *tropía,* affine a *trépein,* volgere, rivoltare] ***elem. term.*** che, in parole composte della terminologia scientifica, vale "movimento", "tendenza a muoversi in determinate direzioni" (per es. *eliotropia, esotropia, isotropia*) ‖ vale anche "trasformazione" (per es. *entropia*) ‖ **N.** *Sin.* -tropismo.

tropicàle [da *tropico*; 1875] **agg. 1.** dei tropici e della zona tra essi compresa: *clima, vegetazione tropicale* **2.** *per estens.* di clima, tempo e sim., molto caldo e umido; anche *iperb.*: *in quella stanza c'era un clima tropicale.*

tròpico (pl. *-ci*) [dal lat. (*circulus*) *tropicus,* gr. *tropikòs* (*kýklos*), letter; circolo del rivolgimento; a. 1406] **sm.** ciascuno dei due circoli paralleli all'equatore, uno dei quali (quello a nord dell'equatore) segna il solstizio boreale (*tropico del Cancro*) e l'altro (quello a sud) quello australe (*tropico del Capricorno*) ‖ zone della Terra prossime ai tropici: *vivere ai tropici.* **Q.T. *geografia* TAV. *geografia*** 1.5.

tropìṣmo [dal gr. *trópos,* direzione; 1905] **sm.** *T.biol.* fenomeno per cui un organismo si accresce in una direzione piuttosto che in un'altra, per effetto di stimoli meccanici, fisici o chimici ‖ **N.** chemiotropismo, eliotropismo, geotropismo, reotropismo. **Q.T. *zoologia.***

-tropìṣmo [dal gr. *trópos,* direzione] ***elem. term.*** che, in parole composte della terminologia scientifica, vale "movimento", "tendenza a muoversi in determinate direzioni" (per es. *eliotropismo, fototropismo, geotropismo*) ‖ **N.** *Sin.* -tropia.

tròpo [dal lat. *tropus*; a. 1375] **sm. 1.** *T.ret.* figura retorica, traslato **2.** *T.mus.* nella liturgia medievale, interpolazione o aggiunta nella lettura o nel canto regolare della messa o del breviario, mai accolte nella liturgia ufficiale ‖ **N. 1.** metafora, metonimia, sineddoche.

tròpo- [dal gr. *tropo-,* affine a *trépein,* volgere, rivoltare] ***primo elem.*** che, in parole composte della terminologia scientifica, vale "variazione, cambiamento" (spec. di temperatura) (per es. *tropopausa, troposfera*).

-tropo [dal gr. *-tropos*, affine a *trépein*, volgere, rivoltare] ***elem. term.*** che, in parole composte della terminologia scientifica, vale "che tende ad assumere determinate direzioni o caratteristiche" (per es. *allotropo, isotropo*) ‖ in medicina e in biochimica, rif. a sostanze medicinali o ad agenti morbosi, vale "che si localizza su un determinato organo o tessuto", "che agisce su un determinato organo o tessuto": **ligòtropo, neuròtropo**.

tropologìa [dal lat. tardo *tropologia*, gr. *tropología*, linguaggio figurato; 1343 ca.] ***sf.*** discorso figurato, allegorico.

tropològico (pl. *-ci*) [dal lat. tardo *tropologicus*; sec. XIV] ***agg.*** allegorico, figurato: *senso tropologico*, il senso allegorico (rif. spec. al testo biblico) ‖ **tropologicaménte** ***avv.*** allegoricamente.

tropopàusa [comp. di *tropo(sfera)* e *pausa*, sul modello del fr. *tropopause*; 1934] ***sf.*** *T.meteor.* la zona dell'atmosfera terrestre che divide la troposfera dalla stratosfera. **TAV.** ***meteorologia* p. 1321** 1.9.

troposfèra [comp. di *tropo-* e *sfera*, sul modello del fr. *troposphère*; 1923] ***sf.*** *T.meteor.* la fascia aerea più prossima alla Terra, nella quale si formano e sviluppano tutti i fenomeni meteorologici che determinano lo stato del tempo; si estende in altezza dai 7 ai 18 km, a seconda della latitudine. **Q.T.** *geologia* **TAV.** ***meteorologia* p. 1321** 1.10.

troposfèrico (pl. *-ci*) [da *troposfera*; 1961] ***agg.*** proprio della troposfera, relativo alla troposfera.

tròppo [dal fr. ant. *trop*, molto, eccessivo; 1240] **I** ***agg. indef.*** **1.** che è in misura o in qualità eccessiva, superiore a ciò che è opportuno o conveniente: *c'è troppo vento per uscire, hai messo troppo sale nella minestra*; al pl., con nomi numerabili, un numero eccessivo di: *ho troppe cose da leggere, troppi ostacoli da superare* ‖ in espr. ellittiche: *ieri ho speso troppo* (*denaro*), *non lo potevo riconoscere perché era troppo* (*tempo*) *che non lo vedevo* ‖ in loc. fam.: *troppa grazia (Sant'Antonio)!*, quando un desiderio è stato soddisfatto in misura eccessiva **2.** *poet.* e *region.* molto, senza idea di eccesso **II** ***pron. indef.*** una quantità o un numero eccessivo di cose o persone: *la torta era ottima ma ne ho mangiata troppa, l'anno ucciso perché sapeva troppo, troppi nel mondo muoiono ancor oggi di fame* **III** ***avv.*** **1.** in quantità o in misura eccessiva; eccessivamente: *ho bevuto troppo e mi sento stordito, ti stanchi troppo* ‖ *troppo gentile!, troppo buono!*, formule di cortesia, usate per ringraziare; spesso esplicitando il termine di riferimento rispetto al quale qualcosa è ritenuto eccessivo: *è una misura troppo grossa per me* ‖ in correlazione con *per* o *perché* (seguito da congiuntivo) introduce una proposizione consecutiva: *è troppo tardi per chiedere scusa*; *troppo bello perché sia vero* ‖ *raff.*, preceduto da *fin* o da *anche*: *sono stata fin* (o *sin*) *troppo paziente con te!, ti conosco anche troppo bene* ‖ *di troppo*, in più, in eccesso: *dire qualche parola di troppo*, rivelare cose che sarebbe stato opportuno tacere; *uno di noi è di troppo* **2.** con agg., avv. o loc. che esprimono qualità o stati che non ammettono eccesso, forma una sorta di superlativo assoluto e sta per "molto", "assai": *è troppo giusto quello che dici, non mi sento troppo in forma* **IV** ***sm.*** ciò che è in eccesso, il superfluo; *com.* nel prov. *il troppo stroppia*, v. STROPPIARE ‖ **N. I** eccessivo, fuor di misura, soverchio **II** oltremisura, oltremodo, soverchiamente.

tròscia (pl. *-sce*) [etim. inc.; fine sec. XIII nel senso 2] ***sf.*** **1.** *T.pell. ant.* buca quadra, scavata in terra, nella quale si mettono a bagno le pelli da conciare **2.** *ant. region.* rigagnolo o pozzanghera formati dal continuo scorrere di un liquido.

tròta [lat. tardo *tructa*; a. 1320] ***sf.*** nome comune di varie specie di Pesci Teleostei di mare, lago, fiume o torrente, della fam. dei Salmonidi, che si riproducono nelle acque fredde dei torrenti montani; hanno carne molto pregiata; *trota salmonata*, con le carni rosate (dovute a una dieta di piccoli crostacei).

troticoltóre [comp. di *trota*, e *-coltore*; 1961] ***sm.*** (f. *-trice*) persona che si dedica alla troticoltura.

troticoltùra [comp. di *trota* e *-coltura*; 1961] ***sf.*** allevamento artificiale di trote.

trotinatùra [da *trotino*; 1961] ***sf.*** macchiettatura di colore rosso sul manto trotino.

trotino [da *trota*, per la sua livrea maculata; 1879] ***agg.*** di mantello equino che presenta macchie rosse sparse.

trotskìsmo e der. v. TROTZKISMO e der.

trottàbile [da *trottare*; 1879] ***agg.*** *raro* di strada che un cavallo può percorrere al trotto.

trottapiàno [comp. di *trotta(re)* e *piano*; 1891] ***s. inv.*** *scherz.* persona placida e lenta; posapiano.

trottàre (pres. *tròtto*) [dal francone **trottōn*, correre; 1319] ***intr.*** (aus. *avere*) **1.** di cavallo e di cavaliere, andare al trotto **2.** *fig.* di persona, camminare con passo molto svelto: *andando a passeggio con lui, bisogna trottare.*

trottàta [da *trottare*; 1838] ***sf.*** corsa fatta a cavallo, trottando ‖ *dim.* trottatìna.

trottatóia [da *trottare*; 1942] ***sf.*** ciascuna delle due liste di pietra poste, come due guide o rotaie, in mezzo a una via acciottolata, come se ne vedevano spec. nell'Italia settentrionale, affinché su di esse potessero procedere più facilmente le ruote dei veicoli.

trottatóio (pl. *-ói*) [da *trottare*; 1942] ***sm.*** **1.** *T.ipp.* pista di allenamento per le corse al trotto **2.** trottatoia.

trottatóre [da *trottare*; 1691] ***agg.*** (f. *-trice*) **1.** di cavallo, addestrato per le corse al trotto, particolarmente adatto al trotto; anche *sm.*: *un giovane (cavallo) trottatore* **2.** *fig. non com.* di persona, che ha un buon passo.

trotter (ingl., pr. ['trɒtə]; pr. it. ['trɔtter]) [letter. (cavallo) trottatore; 1895] ***sm. inv.*** *T.ipp.* negli ippodromi, pista per le corse al trotto.

trotterellàre (pres. *-èllo*) [da *trottare*; 1891] ***intr.*** (aus. *avere*) **1.** di cavallo, andare al piccolo trotto **2.** *fig.* di persona, camminare con passi piccoli e svelti, quasi saltellando: *il bimbo trotterellava di fianco alla madre.*

trottìstico (pl. *-ci*) [da *trotto*; 1942] ***agg.*** relativo alle corse del trotto: *concorso trottistico.*

tròtto [da *trottare*; 1353] ***sm.*** **1.** *T.ipp.* andatura naturale del cavallo, tra il passo ordinario e il galoppo, caratterizzata dalla sincronizzazione diagonale del movimento delle zampe: *mise i cavalli al trotto, corse al trotto, gara di trotto*; *rompere il trotto* (o, *ass.*, *rompere*), passare dal trotto al galoppo; *piccolo trotto*, trotto leggero, con passi meno lunghi e meno rapidi **2.** *fig. non com.* di persona, passo svelto: *partì di buon trotto*; nella loc. *trotto dell'asino*, rif. a chi si stanca molto presto nel fare qualcosa: *lavorava di lena, ma è stato il trotto dell'asino* ‖ *dim.* trotterèllo, trotterellìno ‖ **N. 1.** mezzo trotto | abbandonato, allungato, chiuso, corto, disteso, moderato, risoluto, rotto, sciolto, serrato, spiccato, unito. **Q.T.** *cavallo.*

tròttola [prob. da *trottolare*; sec. XIV] ***sf.*** **1.** giocattolo di forma pressoché conica dotato, in corrispondenza del proprio asse, di un perno sul quale viene fatto ruotare rapidamente ‖ *fam. fig. girare come una trottola*, di chi s'affaccenda molto **2.** nome comune di Molluschi Gasteropodi, comuni nel Mediterraneo, dotati di conchiglia a forma conica ‖ *dim.* trottolina, trottolìno (*sm.*); *accr.* trottolóne (*sm.*) ‖ **N. 1.** paleo.

trottolàre (pres. *tròttolo*) [prob. da *trottare*; a. 1704] ***intr.*** (aus. *avere*) *fam.* girare su se stessi, muovendosi come una trottola.

trottolino (*dim.* di *trottola*) [1830] ***sm.*** (f. *-ina*) bambino molto vivace, che non sta mai fermo.

trotzkìsmo o **trotskìsmo** o **trozkìsmo** (pr. [trots'kizmo]) [dal n. proprio L.D. *Trotskij*, uomo politico russo; 1950] ***sm.*** la posizione ideologica di L. Trotskji ed il movimento che si ispira ad essa.

trotzkista o **trotskista** o **trozkista** (pr. [trots'kista]) [dal n. proprio L.D. *Trotskij*, uomo politico russo; 1933] ***agg.*** e ***s.*** di seguace o sostenitore del trotzkismo.

troupe (fr., pr. [trup]) [letter. trupp; 1902] ***sf. inv.*** compagnia drammatica o lirica o di attori cinematografici o televisivi, tecnici ecc. che cooperano alla realizzazione di una determinata opera. **Q.T.** *cinematografia.*

trousse (fr., pr. [trus]) [letter. valigia; 1905] ***sf. inv.*** **1.** custodia, astuccio, borsetta per contenervi accessori per il trucco e sim.: *la trousse della manicure, una trousse da viaggio* **2.** borsetta da sera rigida a forma di astuccio: *una trousse in tartaruga, in argento.*

trovàbile [da *trovare*[1]; a. 1729] ***agg.*** *raro* che si può trovare ‖ **N.** *Sin.* reperibile | *Contr.* introvabile, irreperibile.

trovadóre v. TROVATORE[1].

trovadòrico v. TROBADORICO.

trovaménto [da *trovare*[1]; a. 1294 nel senso 2] ***sm.*** *raro* **1.** atto ed effetto del trovare **2.** scoperta, ritrovato, invenzione.

trovànte [dal friul. *trovant*; 1891] ***agg.*** e ***sm.*** *T.geogr.* di masso erratico posto in una zona lontana rispetto a quella di provenienza.

trovàre[1] (pres. *tròvo*) [prob. lat. **tropāre*, esprimersi per mezzo di tropi; 1294] ***tr.*** **1.** avere successo in una ricerca, imbattersi in chi o in ciò che si cerca: *ho trovato l'alloggio, l'uomo che fa per me, una farmacia aperta* ‖ *in part.* rintracciare, individuare qualcuno o qualcosa che si era perso di vista: *l'auto dei rapinatori è stata trovata abbandonata in un parcheggio, ha trovato il compagno di cordata in fondo a un crepaccio*; recuperare qualcosa che si era smarrito: *ho cercato tanto i miei occhiali e poi li ho trovati in una tasca del cappotto*; riuscire ad avere, a ottenere: *devo trovare un po' di soldi, non ho trovato nemmeno il tempo di telefonargli; ha trovato lavoro, il successo, aiuto e comprensione*; scoprire, riuscire a individuare qualcosa o qualcuno, spec. in seguito a studi, calcoli, analisi e ricerche particolari: *ho trovato la soluzione del problema, il modo di sintetizzare quella proteina*; *hanno trovato l'autore della burla*, hanno capito chi è o, anche, hanno individuato il luogo in cui si trova; escogitare, inventare: *trovò un nuovo sistema propulsivo*; *una scusa per non andarci* ‖ *trovò da sedere in fondo alla vettura, da dormire presso parenti*, trovare un posto per sedersi, per dormire ‖ ass. chi cerca trova **2.** senza alcuna correlazione con *cercare*, incontrare, vedere, imbattersi in qualcuno o qualcosa: *ho trovato tua moglie al mercato, una banconota per terra, un cartello che avvisava del pericolo*; *trovò parecchi ostacoli man mano che procedeva, ma dove l'ho trovato un tipo simile!*; nei modi di dire fig.: *lascia il tempo che trova*, v. TEMPO; *trovar pane per i propri denti*; v. PANE; nei prov.: *paese che vai, usanze che trovi, chi trova un amico, trova un tesoro*; anche raff. con il pron. *ti* pleonastico: *entro e chi ti trovo? lui in persona!* ‖ *in part.* solo rif. a persona, sorprendere, cogliere: *l'ho trovato che piangeva, è entrata e ci ha trovato insieme, all'ultima interrogazione l'ho trovato impreparato* ‖ *per estens.* valutare, stimare in seguito a un esame, o anche, più in gen., ritenere: *il medico l'ha trovata mi-*

gliorata, ti trovo bene, trovo questo sugo insipido, la trova bellissima; mi sembra un po' caro, non trovi?, non ti sembra? || **rec.** incontrarsi: *si sono trovati in gran segreto, ci troviamo nel tuo studio dopo cena* || *fig.* essere d'accordo: *non hanno concluso l'affare perché non si sono trovati sul prezzo*; com. l'espr. *trovarsi d'accordo*: *si sono trovati d'accordo su tutti i punti, con tutti gli altri* || **intr. pron.** di cosa, essere, trovarsi, essere situata, collocata in un particolare luogo: *il paese si trova in cima a una collina, il salone si trova in fondo al corridoio*; di esseri animati, essere, stare: *trovati sotto casa alle otto, ieri mi trovavo a Parigi*; capitare: *si trovò all'improvviso in mezzo a una gran folla, mi trovavo a passare di là* || *fig.* essere, trovarsi in una data condizione: *mi trovo senza un soldo, si trova bene con lui, l'edificio si trova in uno stato di totale abbandono* || **N. 1.** *Sin.* ritrovare, rinvenire, scovare **2.** incontrare, scorgere.

trovàre² (pres. *tròvo*) [dal provenz. *trobar*; fine sec. XIII] **tr.** *poet. arc.* comporre in versi; anche *ass.*, comporre versi, poetare.

trovarobàto [da *trovarobe*; 1962] **sm.** *T.teatr.* insieme degli oggetti che vengono usati per l'azione scenica.

trovaròbe [comp. di *trova(re)* e *rob(a)*; 1775 *trovarobbe*] **s. inv.** *T.teatr.* chi in un teatro, è addetto a provvedere quanto occorre per l'allestimento scenico di una rappresentazione.

trovàta [da *trovare*¹; 1865] **sf.** espediente escogitato per tirarsi fuori da situazioni intricate, imbarazzanti e sim.: *se la cavò con una bella trovata* || *per estens.* idea felice; spesso *iron.* con valore *antifr.*: *ma che trovata!* || *dim.* trovatìna; *pegg.* trovatàccia.

trovatèllo [da *trovato*; 1598 *trovadello*] **sm.** bambino abbandonato ed accolto in istituti di beneficenza o di assistenza pubblica || **N.** *Sin.* esposto | brefotrofio, ruota.

trovàto (*pps.* di *trovare*) [a. 1348 come sm.] **I agg.**: *roba trovata* || *com.* nella formula di saluto, rivolta a chi si incontra, *ben trovato!* **II sm.** *ant.* ritrovato, invenzione, scoperta: *un nuovo trovato.*

trovatóre¹ o **trobadóre** [dal provenz. *trobador*; a. 1294] **sm.** *T.stor.* e *T.lett.* poeta lirico in lingua provenzale antica, attivo, tra i sec. XI e XIII, negli ambienti cortesi della Francia meridionale.

trovatóre² [da *trovare*; 1353] **sm.** (f. *-trice*) e **agg.** *ant.* chi o che trova || **N.** *Sin.* inventore, scopritore.

trovièro [dal fr. *trouvère*; 1869 *troviere*] **sm.** *T.stor.* e *T.lett.* poeta lirico di lingua francese antica, autore di componimenti di genere e contenuto simili a quelli dei trovatori.

trozkìsmo e der. v. TROTZKISMO e der.

tròzza [dal fr. ant. *troche*, var. di *torche*, cosa attorta; 1607] **sf.** *T.mar.* cavo o catena o collare di ferro che tiene fermo il centro di un pennone o l'estremità prodiera di un picco a un albero.

trùca o **trùka** [dall'ingl. *truck*, carro, carrello; 1966 *truka*] **sf.** *T.cin.* stampatrice ottica per pellicole cinematografiche con cui un film può essere riprodotto su un'altra pellicola e può venire proiettato in forma rallentata, accelerata, ingrandita o rimpicciolita.

truccàbile [da *truccare*; 1970] **agg.** che può essere truccato.

truccàre¹ (pres. *trùcco, trùcchi*) [dal fr. *truquer*; 1905 come rifl.] **tr. 1.** modificare l'aspetto (e spec. il volto) di una persona in modo da renderla irriconoscibile: *riuscì ad evadere truccato da carabiniere* || modificare l'aspetto di un attore in modo da fargli assumere le sembianze attribuite al personaggio che interpreta: *truccare da cinese, da Otello* || *per estens.* applicare cosmetici a scopo estetico (spec. al viso): *truccare le concorrenti al concorso di bellezza* **2.** rif. a cose, manipolare, modificare in maniera non superficialmente avvertibile, in modo da ottenere prestazioni diverse da quelle normali o prevedibili: *motore truccato*, potenziato; *carte truccate*, rese riconoscibili (anche coperte) per uno o più giocatori; *dadi truccati*, modificati in modo da cadere nel modo voluto, se opportunamente lanciati; *partita, incontro truccato*, il cui esito è predeterminato da accordi illeciti tra o con i contendenti || **rifl.** e **rifl. indir.** camuffarsi per rendersi irriconoscibili o per esigenze di scena || farsi il trucco, applicarsi cosmetici al viso: *sono in ritardo, devo ancora truccarmi*; *truccarsi il viso, gli occhi.*

truccàre² (pres. *trùcco, trùcchi*) [dal provenz. *trucar*, urtare; 1865] **intr.** (aus. *avere*) *T.gioc.* spec. nelle bocce, nel biliardo e nella pallamaglio, spostare una palla avversaria con una delle proprie o con un maglio.

truccàto (*pps.* di *truccare*) [a. 1742 nel senso 2] **agg. 1.** sottoposto a trucco (nel senso **2**): *viso, attore truccato* **2.** contraffatto, falsificato: *merce truccata, dadi truccati.*

truccatóre [da *truccare*; 1955] **sm.** (f. *-trice*) chi esegue il trucco sul viso degli attori teatrali, cinematografici o televisivi o, in gen., estetista specializzato nel trucco.

truccatùra [da *truccare*; 1905] **sf.** atto ed effetto del truccare e del truccarsi || *concr.* ciò che si mette sul volto o nella persona per truccarsi (ma più com. *trucco*): *ora mi tolgo la truccatura.*

trùcco¹ (pl. *-chi*) [da *truccare*, sul modello del fr. *truc*; 1905 nel senso 1; 1961 nel senso 2] **sm. 1.** artificio usato per simulare l'esistenza di qualcosa che in realtà non esiste o per creare effetti illusori in genere: *i trucchi dei prestigiatori, degli illusionisti*; *il trucco c'è ma non si vede, ho scoperto il trucco*; *in part.* *T.cin.* qualsiasi procedimento per la realizzazione di un filmato che in qualche modo si distacca dalla normale fotografia; effetto speciale || *per estens.* imbroglio ben dissimulato, raggiro: *la cosa non mi convince: dev'esserci sotto qualche trucco*; *non c'è trucco e non c'è inganno*, invito scherz. a fidarsi **2.** l'insieme delle operazioni e il modo di truccare o di truccarsi a fini estetici o di scena: *rifarsi il trucco* || *concr.* i cosmetici usati: *togliersi il trucco* || *dim.* trucchétto, trucchettìno || **N. 2.** *Sin.* *maquillage* | cerone, cipria, fard, fondotinta, matita da contorno, ombretto, rimmel, rossetto, smalto. **Q.T.** *cinematografia.*

trùcco² (pl. *-chi*) [da *truccare*²; a. 1698] **sm.** *T.gioc.* antico gioco, in voga nel Rinascimento, simile alle bocce; pallamaglio.

truccóne [da *treccone*, con influsso di *truccare*¹; 1879] **sm.** (f. *-a*) *raro* imbroglione.

trùce [dal lat. *trux, trucis*, crudele; sec. XIV] **agg.** dall'aspetto bieco e minaccioso; si dice anche di maniere ecc.: *uomo truce*; *sguardo, occhio truce* || **truceménte avv.** || **N.** *Sin.* bieco, crudele, feroce, fiero, losco, sinistro, tristo, truculento.

trùcia (pl. *-cie*) [etim. inc.; 1879] **sf.** *pop. tosc.* grande miseria, che si coglie spec. dagli abiti logori e rattoppati.

trucidàre (pres. *trùcido*) [dal lat. *trucidāre*; 1598] **tr.** uccidere ferocemente, barbaramente || **N.** UCCIDERE.

trucidatóre [da *trucidare*; a. 1698] **agg.** e **sm.** (f. *-trice*) *raro* barbaro e feroce.

trùcido [da *truce*; 1987] **agg.** *region.* truce.

trùcio (pl. *-ci*) [da *trucia*; 1891] **agg.** *tosc.* logoro, misero.

truciolàre (pres. *trùciolo*) [etim. inc.; 1405 ca. *trugiolare*] **tr.** *raro* ridurre in trucioli.

truciolàto (*pps.* di *truciolare*) [1983] **sm.** materiale costituito da un conglomerato di trucioli di legno tenuti insieme da un collante sintetico || ciascun pannello di tale materiale.

truciolatóre [da *truciolare*; 1983] **sm.** *T.tecn.* macchina per la produzione delle particelle legnose con le quali si fabbricano i truciolati.

truciolatrìce [da *truciolare*; 1957] **sf.** piallatrice che riduce in trucioli materiali teneri.

truciolatùra [da *truciolare*; 1983] **sf.** atto o effetto del truciolare.

trùciolo [da *truciolare*; a. 1597] **sm.** sottilissima falda di legno o di metallo che si ottiene come scarto in alcune lavorazioni: *i trucioli prodotti dalla piallatura* || *per estens.* frammenti o striscioline di carta, paglia, plastica ecc. usati come materiale da imballaggio || *dim.* truciolétto, truciolìno || **N.** riccio, sciavero.

truculènto [dal lat. *truculentus*; a. 1484 *truculente*] **agg.** di persona, atteggiato a violenza e minaccia; spesso *iperb.* o *scherz.* || rif. a spettacoli, discorsi e sim., che mira a suscitare terrore esibendo grande ferocia, ma in modo eccessivo, caricaturale || **N.** *Sin.* feroce.

truculènza [dal lat. *truculentia*; 1978] **sf.** l'essere truculento.

trudgen (ingl., pr. ['trʌdʒen]) [dal n. proprio J. *Trudgen*, capitano ingl. che lo divulgò; 1935] **sm. inv.** *T.sport.* stile di nuoto con movimento delle braccia press'a poco come nel *crawl* e battuta delle gambe a forbice o a rana.

trùffa [forse dal provenz. *trufa*, tartufo, poi presa in giro, attr. il fr. ant. *truffe*; a. 1342] **sf.** *T.giur.* il reato di chi, con artifici o raggiri atti a trarre in errore una persona o ente, procura a sé o ad altri un ingiusto profitto con danno altrui || nel linguaggio comune, inganno, frode, imbroglio, raggiro.

truffaldìno [dal n. proprio *Truf(f)aldino*, personaggio della commedia dell'arte; 1961] **I agg.** da truffatore: *manovre truffaldine* **II sm.** *meno com.* truffatore, imbroglione.

truffàre [dal fr. ant. *truffer*, provenz. ant. *trufar*; sec. XIII-XIV] **tr. 1.** ingannare con una truffa **2.** rif. a denaro, sottrarre con una truffa: *ha truffato cento milioni allo Stato* || **N. 1.** *Sin.* frodare, raggirare.

truffatóre [da *truffare*; a. 1342] **sm.** (f. *-trìce*) chi truffa || **N.** baro, furfante, imbroglione, lestofante, raggiratore, truffaldino.

truffé (fr., pr. [try'fe]) [letter. tartufato; 1905] **agg. inv. 1.** condito con tartufi, tartufato: *risotto truffé* **2.** di un esemplare di libro, unico per la presenza di annotazioni, incisioni, note di possesso e sim.

trufferìa [da *truffare*; a. 1565] **sf.** *raro* truffa.

trufolàre (pres. *trùfolo*) [da *grufolare*, prob. con influsso del lat. dial. **tūfer*, tubero; 1879] **intr.** (aus. *avere*) e *raro* **intr. pron.** frugare, rimestare: *trufolare* o *trufolarsi nella mota*, sguazzarci dentro.

trùglio [da *(in)truglio*, imbroglio; a. 1388] **sm.** *T.stor.* procedimento sommario, in uso anticamente nel napoletano, per cui, nel momento in cui il numero dei detenuti in attesa di giudizio era molto elevato, si usava giungere a un accordo con l'imputato circa l'entità della pena da infliggergli, basandosi unicamente sugli indizi.

truìsmo [dall'ingl. *truism*; 1918 *truism*] **sm.** verità scontata, lapalissiana.

trùka v. TRUCA.

trullàggine [da *trullo*¹; a. 1850] **sf.** *tosc. pop.* qualità di chi è citrullo.

trullàre [da *trullo*³; 1313] **intr.** (aus. *avere*) *arc.* far peti: *dal mento infin dove si trulla* (Dante).

trullerìa [da *trullo*¹; 1865] **sf.** *pop. tosc.* trullaggine; spec. *concr.* atto o detto da trullo.

trùllo¹ [da *(ci)trullo*; 1865] **agg.** *pop. tosc.* citrullo.

trùllo² [dal gr. biz. *trôullos*, cupola; 1922] **sm.** abitazione, di derivazione protostorica, composta da un basamento cilindrico con ricopertura conica di lastre di pietra poste orizzontalmente le une sopra le altre, propria della penisola salentina.

trùllo³ [voce onom.; a. 1400] **sm.** *arc.* peto.

trumeau (fr., pr. [try'mo]) [in orig. parte inferiore (di una gamba o del corpo), poi spazio di muro tra due finestre occupato da un mobile o da altro; 1934] **sm. inv.** **1.** mobile con cassettone nella parte inferiore e ribalta nella parte superiore **2.** *T.arch.* il pilastro al centro del portale d'ingresso nelle cattedrali gotiche.

truògo [dal long. *trog*; 1483] **sm.** *poet. arc.* trogolo.

truògolo v. TROGOLO.

trùppa [dal fr. *troupe*; 1568 *tropa*] **sf.** **1.** *T.mil.* insieme organico di forze militari: *truppe mercenarie, la truppa fece fuoco, arrivarono le truppe di rincalzo* || insieme dei soldati a esclusione di sottufficiali e ufficiali: *la mensa per la truppa e quella per gli ufficiali* **2.** *fig. scherz.* raggruppamento relativamente ordinato di molte persone: *i gitanti venivano in truppa dietro alla guida* || **N.** intruppare. **Q.T.** *forze armate.*

truppèllo [dal provenz. ant. *tropel*; prima metà sec. XIV] **sm.** *arc.* drappello.

truschìno [dal fiammingo *kruisken*, piccola croce, attr. il fr. *trusquin*; 1942] **sm.** *T.tecn.* attrezzo impiegato per la tracciatura nello spazio, costituito da una base piana munita di asta orientabile, lungo la quale scorre un graffietto. **TAV. *utensili* p. 1341** 28.

trust (ingl., pr. [trʌst]) [letter. credito concesso a un consorzio di associati; 1902] **sm.** *inv.* **1.** *T.econ.* forma di concentrazione industriale che comporta la coalizione di diverse imprese sotto un'unica direzione strategica, senza peraltro (come accade invece nei cartelli) comportare l'integrazione e l'unità di direzione **2.** *per estens.* nel linguaggio comune, monopolio: *provvedimenti anti-trust* || anche gruppo di persone che controlla in modo esclusivo o preponderante lo svolgimento di un'attività: *il trust della prostituzione, della droga*; *trust di cervelli*, gruppo di esperti costituito, spec. nell'ambito di un'azienda, per risolvere particolari problemi. **Q.T.** *economia...*

trutìna [dal lat. *trutina*, (ago della) bilancia, gr. *trytánē*; a. 1539] **sf.** *ant.* staffa che sostiene la bilancia o il braccio della stadera.

tsar e der. v. ZAR e der.

tse-tse o **tze-tze** (pr. [tsɛtˈtsɛ] o [tseˈttse]) [da una voce indigena dell'Africa nera, attr. il fr. *tsétsé*; 1905] **sf.** e **agg.** *inv.* mosca dell'Africa meridionale che ospita i tripanosomi e li inocula, con la sua puntura, nel sangue di un organismo umano, producendo la malattia del sonno || **N.** tripanosoma.

t-shirt v. TEE-SHIRT.

tsunami (giap., pr. [tsiˈnami]; pr. it. [tsuˈnami]) [letter. onda sul porto; 1961] **sm.** *inv.* onda di maremoto frequente sulle coste dell'Oceano Pacifico, in part. in quelle del Giappone.

-ttero o **-ptero** [dal gr. *pterón*, ala] **elem. term.** che, in parole composte dotte o scientifiche, vale "ala", di uccelli o insetti (per es. *coleottero, lepidottero*) o di aeromobili (per es. *elicottero*).

tu [lat. *tu*; 1295] **I pron. pers. m.** e **f.** di seconda persona sing. **1.** denota la persona a cui si sta parlando, quando si sia in grande confidenza o in relazioni di parentela con essa; si usa sempre e solamente come soggetto (nei casi obliqui si usano le forme *te, ti*; v.) || generalmente, quando la persona è chiaramente indicata dal verbo, si omette; viene invece sempre espresso in presenza di forme verbali ambigue (*voglio che tu sia felice*), quando vi è più di un soggetto (*tu e lei siete d'accordo*), in correlazione con *stesso, medesimo, anche, solo, nemmeno* ecc. (*tu stesso l'hai visto, anche tu mi hai imbrogliata* ecc.), quando si vuole esprimere una contrapposizione (*io ingrasso, tu dimagrisci*) o un paragone (dopo *come* e *quanto*, e quando il verbo è ripetuto: *non ne ho quanta ne hai tu*; se invece il verbo non è ripetuto si usa *te*: *ne ho quanto te*) o, in generale, in tutti i casi in cui si voglia dare enfasi alla persona denotata (*pensaci tu, stupido sarai tu, tu devi dirglielo, sei tu che l'hai fatto, contento tu, contenti tutti*) || è usato come predicato dopo i verbi come *essere, sembrare* e sim., quando il soggetto sia lo stesso: *da un po' di tempo non sembri più tu* (se invece il soggetto è diverso si usa *te*: *lui sembra te*) **2.** con valore impers. (più spesso omesso) "uno": *sai come vanno queste cose! (tu) ti immagini di avercela fatta e invece...* **II sm.** **1.** la forma allocutiva della seconda persona: *passare al tu*; *dare del tu a qualcuno*, usare, nel rivolgersi a lui, la forma allocutiva della seconda persona e *per estens.* essere con lui in grande confidenza: *è solo da poco tempo che ci diamo del tu* **2.** nelle espr. *essere, trovarsi a tu per tu con qualcuno* o *con qualcosa*, averlo direttamente di fronte, anche *fig.*, doverlo affrontare (perlopiù quando si tratti di un nemico o di una difficoltà): *essere a tu per tu con l'assassino, con l'angoscia.*

tuàreg o **tuàregh** [pl. dell'ar. *targi* (spregiativo); 1931 come sm.] **I agg.** *inv.* dei Tuareg, popolazione semi-nomade che abita nel Sahara centrale **II s.** **1.** *inv.* membro del popolo dei Tuareg **2.** *sm.* (solo *sing.*) la lingua dei Tuareg.

tùba [dal lat. *tuba*, tromba; 1319 nel senso 1; 1863 nel senso 2] **sf.** **1.** *T.mus.* strumento musicale a fiato, della famiglia dei flicorni, a pistoni, dal suono grave: *tuba bassa, bassa grave, doppia contrabbassa* || antico strumento a fiato dei Romani, simile alla tromba, ma col tubo diritto || *per estens. poet.* tromba **2.** cappello alto, duro, cilindrico, detto anche *cilindro* o *cappello a staio* **3.** *T.anat.* tromba, salpinge: *tuba uditiva* (o *di Eustachio*), condotto che mette in comunicazione la cassa del timpano con la porzione superiore della faringe; *tuba uterina* (o *di Falloppio*), condotto che unisce le ovaie all'utero. **TAV. *musica* p. 1324** 2.18.

tubàre [voce onom.; 1717] **intr.** (aus. *avere*) **1.** di colombi e tortore, emettere, spec. nel periodo dell'accoppiamento, quel loro caratteristico verso grave e gutturale **2.** *fig.* di due innamorati, sussurrarsi dolci parole.

tubàrico (pl. *-ci*) [da *tuba*; 1934] **agg.** *T.anat.* proprio della tuba, relativo alla tuba: *catarro tubarico.*

tubatùra [da *tubo*; 1901] **sf.** il complesso dei tubi che formano una conduttura d'acqua, di gas e sim. || **N.** tubazione.

tubazióne [da *tubo*; 1929] **sf.** complesso di tubi collegati in serie mediante giunzioni a tenuta, costituente un impianto di convogliamento di liquidi o gas.

tubeless (ingl., pr. [ˈtju:bləs]) [letter. senza camera d'aria; 1966] **agg.** e **sm.** *inv.* detto di particolare categoria di pneumatici per autoveicoli, caratterizzata dall'assenza di camera d'aria. **TAV. *motocicletta...* p. 1323** 6.19.

Tuberàcee [comp. di *tubero* e *-acee*; 1937] **sf. pl.** *T.bot.* famiglia di funghi degli Ascomiceti con corpo fruttifero sotterraneo, come ad es. il tartufo.

tubercolàre [da *tubercolo*; 1865] **agg.** **1.** di tubercolo **2.** della tubercolosi.

tubercolàto [da *tubercolo*; 1840] **agg.** *T.bot.* di organo vegetale, che presenta tubercoli.

tubercolina [comp. di *tubercolo* e *-ina*; 1895] **sf.** *T.med.* nome generico degli estratti dei microbatteri della tubercolosi, usati a scopo diagnostico per evidenziare infezioni tubercolari latenti.

tubèrcolo [dal lat. *tuberculum*, letter. piccolo bernoccolo; 1544] **sm.** **1.** *T.med.* piccola sporgenza patologica ben delimitata rispetto ai tessuti circostanti; *in part.* lesione elementare provocata dalla tubercolosi **2.** *T.bot.* protuberanza tondeggiante sulle radici delle leguminose, provocata dall'infiltrazione di un genere di batteri **3.** *T.anat.* sporgenza scarsamente prominente che appare sulla superficie di una formazione || *dim.* tubercolétto, tubercolìno || **N.** **1.** ascesso, bitorzolo, pustola, tumore. **TAV. *anatomia* p. 642** 7.6.

tubercolòma [comp. di *tubercolo* e *-oma*; 1967] **sm.** *T.med.* granuloma di natura tubercolare.

tubercoloṣàrio (pl. *-ri*) [da *tubercolosi*; 1927] **sm.** sanatorio per malati di tubercolosi.

tubercolòṣi [comp. di *tubercolo* e *-osi*; 1894] **sf.** *inv.* *T.med.* malattia contagiosa anatomicamente caratterizzata dallo sviluppo di tubercoli in vari organi e tessuti del corpo, ma spec. nel polmone, dovuta a un particolare bacillo, detto *bacillo di Koch* || **N.** consunzione, etisia, mal sottile, tisi | intestinale, ossea, polmonare | pneumotorace, toracoplastica; vaccinazione antitubercolare; sanatorio, tubercolosario.

tubercolóso [da *tubercolosi*; 1865] **agg.** e **sm.** (f. *-a*) malato di tubercolosi.

tubercolòtico (pl. *-ci*) [da *tubercolosi*; 1922 nel senso 2] **agg.** **1.** che appartiene alla tubercolosi o ai tubercolosi **2.** affetto da tubercolosi; *sm.* (f. *-a*) tubercoloso.

tubercolùto [da *tubercolo*; 1745] **agg.** *raro* sparso o pieno di tubercoli: *un rizoma tubercoluto.*

tuberìa [da *tubo*; 1961] **sf.** insieme delle tubazioni di un motore, di una caldaia e sim.

tùbero [dal lat. *tūber, -beris*, letter. protuberanza; 1340 ca.] **sm.** *T.bot.* fusto di certe piante (per es. la patata), sotterraneo, ingrossato e carnoso, con funzione di organo di riserva; sulla sua superficie si differenziano le gemme che daranno poi origine ai rami aerei.

tuberósa [dal lat. *tuberōsus*, letter. pieno di protuberanze; 1803] **sf.** pianta perenne delle Amarillidacee, originaria del Messico, con fiori bianchi, dal profumo intenso, riuniti in spighe; è intensamente coltivata per l'industria del fiore reciso.

tuberosità [da *tuberoso*; a. 1320] **sf.** **1.** *T.anat.* protuberanza di un osso o dilatazione globosa di un organo cavo: *tuberosità costale, dello stomaco* **2.** qualità di ciò che è tuberoso.

tuberóso [dal lat. *tuberōsus*, letter. pieno di protuberanze; 1865] **agg.** *T.bot.* che ha tuberi || che ha aspetto simile a tubero.

tubettificio (pl. *-ci*) [comp. di *tubetto* e *-ficio*; 1950] **sm.** fabbrica di tubetti.

tubétto (*dim.* di *tubo*) [1879 nel senso 1; 1922 nel senso 2] **sm.** **1.** piccolo tubo **2.** piccolo recipiente cilindrico, rigido o deformabile, provvisto di tappo, usato per conservare prodotti di varia natura: *il tubetto delle pastiglie di sonnifero, spremere il tubetto del dentifricio.*

tubièra [da *tubo*; 1940] **sf.** l'insieme dei tubi attraverso i quali si insuffla aria calda in un forno.

tubièro [da *tubo*; 1961] **agg.** relativo a tubi || *fascio tubiero*, fascio di tubi attraversati da acqua, da vapore o da fumi || *piastra tubiera*, negli scambiatori di calore, piastra cui sono assicurati i tubi.

tubing (ingl., pr. [ˈtju:bɪŋ]) [letter. tubazione; 1983] **sm.** *inv.* *T.min.* in un pozzo petrolifero, tubo posto dentro la colonna di rivestimento, che porta il fluido in superficie.

tubìno[1] (*dim.* di *tubo*) [1891] **sm.** cappello rigido da uomo, simile alla tuba ma meno alto.

tubìno[2] (*dim.* di *tubo*) [1935] **sm.** **1.** piccolo tubo **2.** *T.abb.* abito femminile aderente, di linea diritta.

tubìsta [da *tubo*; 1942] **s.** operaio specializzato addetto alla fabbricazione o riparazione di tubi.

tùbo [dal lat. *tubus*; 1521] **sm.** **1.** elemento cavo perlopiù cilindrico, sviluppato maggiormente nella lunghezza rispetto alla sezione; costruito in materiali diversi, rigido o flessibile, viene utilizzato spec. come elemento di condutture di fluidi o di strutture di sostegno: *tubi in gomma, metallo, calcestruzzo; si è rotto il tubo di scarico del lavandino, della stufa; si è piegato un tubo del telaio della bicicletta* **2.** dispositivo o singolo elemento che, per forma o impiego, ricorda un tubo; in part.: *tubo di lancio,* lanciasiluri || *T.elettron. tubo elettronico,* valvola termoionica (v. VALVOLA); *tubo fluorescente, al neon,* tubi elettronici impiegati come sistemi di illuminazione; *tubo a raggi catodici,* in oscilloscopi, impianti radar, ricevitori televisivi ecc., tubo elettronico impiegato per operare la trasformazione di un segnale elettrico in immagine || *T.anat. tubo digerente,* il canale alimentare, che si origina con la bocca e termina con l'ano || *T.bot.* denominazione di vari elementi di forma tubolare: *tubo pollinico, della corolla* ecc. **3.** *fig. fam. enf.* in alcune loc., niente, nulla: *non capire, non sapere, non valere, non fare* ecc. *un tubo* || *dim.* tubétto, tubettìno, tubìno; *accr.* tubóne || **N. 1.** acquedotto, canale, canna, cannello, doccione, provetta, serpentina, sifone, ugello | ascendente / discendente, conduttore, d'entrata / d'uscita | flangia. **TAV. *automobile* p. 658** 3.37; ***giardinaggio* p. 1315** 30.2; ***meteorologia* p. 1321** 8.1.

tubolàre [da *tubulo*; 1599 *tubulare* come agg.; 1942 come sm.] **I *agg.*** a forma di tubo: *struttura tubolare* || composto di tubi: *impalcatura tubolare* **II *sm.*** pneumatico molto leggero per bicicletta da corsa. **TAV. *motocicletta...* p. 1322** 1.17.

tùbolo v. TUBULO.

tubolóso o **tubulóso** [da *tubo*; a. 1725] ***agg.*** *T.bot.* di organo vegetale, a forma di tubo. **TAV. *fiori...* p. 671** 3.8.

tubulàre ***agg.*** e ***sm.*** *non com.* v. TUBOLARE.

tubulàto o **tubolàto** [da *tubulo*; 1726] ***agg.*** *raro* che è formato da piccoli tubi: *caldaie tubolate.*

tubulatùra o **tubolatùra** [da *tubulato*; 1853] ***sf.*** *T.mar.* tubatura: *tubulatura d'acqua dolce, d'allagamento, d'incendio, di sentina, di vapore.*

Tubulidentàti [comp. del lat. *tubulus,* piccolo tubo e un der. di *dente*; 1957] ***sm. pl.*** *T.zool.* ordine di Mammiferi caratterizzati da una dentatura ridotta, con denti a crescenza continua simili a piccoli tubi, a cui appartiene l'oritteropo. **TAV. *mammiferi* p. 1319.**

tùbulo [dal lat. *tubulus,* piccolo tubo; a. 1502 *tubolo*] ***sm.*** **1.** piccolo tubo **2.** *T.anat.* denominazione di alcune formazioni cilindriche: *tubuli renali, seminiferi* **3.** *T.bot.* ciascuna formazione tubolare della parte inferiore del cappello di alcuni funghi.

tubulóso v. TUBOLOSO.

tucàno [dal tupì *tucano,* attr. il port.; 1865] ***sm.*** nome comune degli Uccelli Piciformi della famiglia dei Ranfastidi, tipici delle foreste dell'America tropicale, dal caratteristico becco giallo di notevoli proporzioni.

tucùl [voce indigena; 1912] ***sm.*** *inv.* capanna cilindrica a tetto conico, in paglia e terra pressata, tipica dell'Africa orientale.

tuèllo [lat. *tubellum,* piccola protuberanza; a. 1320] ***sm.*** *T.zool.* la parte interna, molto sensibile, dello zoccolo del cavallo.

tufàceo [dal lat. *tofāceus*; 1745] ***agg.*** di tufo; che è simile a tufo: *roccia tufacea, suolo tufaceo.*

tufàre [da *tufo,* caldo soffocante (nei dialetti); 1879] ***intr.*** (aus. *essere*) e ***intr. pron.*** *fam. ant.* stare rannicchiato e coperto, senza muoversi, per sentire più caldo: *si tufa col capo sotto le lenzuola.*

tùff o **tùffete** [voce onom.; a. 1698] voce onom. che imita il rumore di un tuffo in un liquido.

tuffaménto [da *tuffare*; 1726] ***sm.*** *raro* tuffo.

tuffàre [dal long. **tauff(j)an,* immergere; 1342 come rifl. nel senso 2] ***tr.*** immergere interamente e rapidamente in un liquido: *tuffare il capo nell'acqua, la penna nel calamaio* || ***rifl.*** **1.** lasciarsi cadere, lanciarsi in acqua: *si tuffò nel lago, dal trampolino* **2.** *per estens.* immergersi rapidamente in qualcosa: *l'auto si tuffò nella nebbia* || *fig. tuffarsi nello studio, nel lavoro, nell'attività politica* ecc., dedicarvisi con grande passione, impegno **3.** *per estens.* lanciarsi verso il basso: *il paracadutista si tuffò dall'aereo, il portiere si tuffò sul pallone* || *per estens.* gettarsi di slancio, a tuffo su qualcosa: *si tuffò sul cibo con avidità.*

tuffàta [da *tuffare*; 1879] ***sf.*** **1.** l'azione del tuffare o del tuffarsi una volta **2.** *T.mus.* spec. *pl.,* nota del corno ottenuta introducendo una mano nel padiglione dello strumento, con un effetto di sonorità velata.

tuffatóre [da *tuffare*; 1942 nel senso 2] ***agg.*** e ***sm.*** (f. *-trìce*) **1.** *T.sport.* atleta specialista in tuffi dal trampolino; tuffista **2.** *T.aer.* aviatore addestrato a lanciar bombe da un apparecchio in picchiata || aereo con caratteristiche particolarmente adatte per eseguire il bombardamento in picchiata.

tuffatùra [da *tuffare*; 1879] ***sf.*** *raro* tuffo.

tùffete v. TUFF.

tuffétto [da *tuffo*; 1857] ***sm.*** uccello dei Columbidi, simile allo svasso, abile nuotatore e tuffatore, che frequenta le acque dolci stagnanti e costruisce un nido galleggiante sull'acqua.

tuffìsta [da *tuffo*; 1955] ***s.*** *T.sport.* atleta specialista in tuffi.

tuffìstica [da *tuffo*; 1961] ***sf.*** *T.sport.* attività sportiva che comprende le diverse specialità di tuffi.

tùffo [da *tuffare*; a. 1367] ***sm.*** **1.** atto ed effetto del tuffare e del tuffarsi in un liquido, spec. nell'acqua: *fece un tuffo nel lago* || *T.sport.* specialità sportiva nella quale si eseguono tuffi, dal bordo della piscina, da un trampolino o da una piattaforma rigida, secondo particolari modalità e tecniche esecutive: *tuffo in avanti, all'indietro, rovesciato, carpiato, con avvitamento* ecc. || *per estens.* breve bagno (in piscina, in mare, in laghi e sim.) **2.** *per estens.* rapida caduta a piombo verso il basso, perlopiù a testa in giù: *il tuffo dell'aquila sulla preda, del paracadutista attraverso le nuvole*; *in part.* di aerei, picchiata || balzo, sempre con l'idea di un movimento verso il basso: *il tuffo del portiere sul pallone* || nelle loc. *a tuffo, in tuffo,* di slancio, con un balzo: *si gettò a tuffo sul ladro* || *fig. buttarsi, gettarsi a tuffo su* (o *in*) *qualcosa,* iniziare a farla, a viverla con grande slancio: *si gettò a tuffo nella nuova avventura* || *per estens. fig.* balzo, sobbalzo, nell'espr. *un tuffo al cuore*: *nel rivederlo ebbe un tuffo al cuore,* trasalì || **N. 1.** a capofitto, ad angelo, in piedi; slancio, stacco, volo, immersione; schizzo, spruzzo, tonfo; tuffatore. **Q.T.** *nuoto.*

tùffolo [da *tuffare*; a. 1698] ***sm.*** *region.* svasso.

tùfo [lat. tardo *tūfus,* class. *tōfus*; a. 1320] ***sm.*** roccia piroclastica formatasi per sedimentazione di materiali vulcanici; alcuni tipi di tufi sono utilizzati per la preparazione di malte e cementi || **N.** piperno, pozzolana, travertino.

tufóso [dal lat. tardo *tufōsus*; a. 1597] ***agg.*** *ant.* tufaceo.

tùga [dal fr. *tugue*; 1805] ***sf.*** *T.mar.* ogni leggera soprastruttura che sui ponti superiori forma dei passaggi coperti o delle garitte. **TAV. *nave* p. 1327** 5.10; ***vela* p. 1343** 6.30, 6.33.

tugùrio (pl. *-ri*) [dal lat. *tugurium*; a. 1342 *tigurio*] ***sm.*** abitazione misera, squallida.

tùia [dal gr. *thyía,* attr. il fr. *thuya*; 1542 *thya*] ***sf.*** *T.bot.* genere di piante sempreverdi della fam. delle Cupressacee, con foglie squamiformi, coltivate come piante ornamentali.

tularemia [comp. del n. geogr. *Tulare,* n. del distretto dove fu studiata e *-emia*; 1950] ***sf.*** *T.med.* malattia infettiva di origine batterica, che colpisce la lepre, il coniglio e altri roditori e può essere trasmessa all'uomo.

tùlio [dal lat. *Thūle,* n. proprio di un'isola non ben definita collocata dagli antichi nell'estremo Nord dell'Europa; 1930] ***sm.*** *T.chim.* elemento chimico metallico dei lantanidi.

tulipàno [dal turco *tülbent,* turbante, attr. il fr. *tulipan*; 1643 *tullipano*] ***sm.*** **1.** genere di piante erbacee bulbose delle Liliacee, con grandi fiori a forma di calice, isolati su lunghi gambi; ve ne sono molte varietà, di diversi colori **2.** leggero svasamento della superficie esterna della bocca in alcuni cannoni di vecchio modello.

tulipìfera [comp. di *tulipa,* var. di *tulipano* e *-fero*; 1970] ***sf.*** *T.bot.* liriodendro.

tùlle [dal n. geogr. *Tulle,* città fr. da cui ebbe origine; 1841] ***sm.*** tessuto finissimo, velato, di seta, lino o cotone, per vesti da donna: *e l'abito di tulle per la lor dolce madre* (Pascoli).

tulliàno [dal lat. *tulliānus,* proprio di M. Tullio Cicerone; sec. XIV] **I *agg.*** proprio di M. Tullio Cicerone, delle sue opere o del suo stile: *eloquenza tulliana* **II *sm.*** imitatore o seguace di M. Tullio Cicerone.

tumbler (ingl., pr. ['tʌmblə]) [da to *tumble,* ruzzolare; 1983] ***sm.*** *inv.* bicchiere largo senza piede.

tumefàre (pres. *tumefàccio* o *tumefò, tumefài, tumefà*; nelle altre forme, come FARE) [dal lat. *tumefacere,* rendere gonfio, con influsso di *fare*; a. 1575] ***tr.*** provocare una tumefazione, gonfiare: *il colpo gli ha tumefatto lo zigomo* || ***intr. pron.*** sviluppare una tumefazione.

tumefàtto (*pps.* di *tumefare*) [1342] ***agg.*** gonfio: *faccia tumefatta.*

tumefazióne [da *tumefare*; 1674] ***sf.*** aumento patologico del volume di un organo o di una sua parte || **N.** edema, gonfiezza, gonfiore, tumidezza, turgidezza, turgore.

tumescènte [dal lat. *tumēscens, -entis,* ppr. di *tumēscere,* cominciare a gonfiarsi; 1961] ***agg.*** *non com.* tumefatto, gonfio, turgido.

tumescènza [da *tumescente*; 1961] ***sf.*** *non com.* tumefazione, gonfiore.

tumidézza [da *tumido*; a. 1698] ***sf.*** stato di ciò che è tumido.

tumidità [dal lat. *tumiditas, -ātis*; a. 1758] ***sf.*** tumidezza, gonfiezza.

tùmido [dal lat. *tumidus*; 1478] ***agg.*** turgido, carnoso: *labbra tumide*; anche, *meno com.,* gonfio: *ventre tumido* || *fig. stile tumido,* gonfio, ampolloso.

tummistùfi o **tumistùfi** [da *tu mi stufi*; 1891] ***s. inv.*** *T.scherz.* persona noiosa, seccante: *arriva un altro tummistufi!.*

tùmolo e der. v. TUMULO e der.

tumoràle [da *tumore*; 1931] ***agg.*** proprio di tumore.

tumóre [dal lat. *tumor, -ōris,* gonfiore; 1319 nel senso 2; a. 1575 nel senso 1] ***sm.*** **1.** *T.med.* nome generico delle formazioni patologiche costituite da tessuto neoformato derivante dalla proliferazione delle cellule di un tessuto normale preesistente: *tumore maligno di origine epiteliale,* cancro, carcinoma; *tumore benigno,* che si sviluppa senza invadere i tessuti vicini, non genera metastasi e non tende a recidivare dopo l'asportazione **2.** *ant.* gonfiore || *fig.* superbia || *dim.* tumorétto, tumorìno || **N. 1.** *Sin.* neoplasia, neoplasma; epitelioma, fibroma, polipo, sarcoma, scirro, verruca.

tumorosità [da *tumoroso*; 1336 ca.] ***sf.*** *ant.* gonfiezza, turgidezza.

tumoróso [dal lat. tardo *tumorōsus*; 1342] ***agg.*** *ant.* che ha tumore || **N.** *Sin.* gonfio, tumido, turgido.

tumulàre[1] [da *tumolo*; 1879] ***agg.*** *raro* di tumulo.

tumulàre[2] (pres. *tùmulo*) [dal lat. *tumulāre*; a. 1306] ***tr.*** mettere nel tumulo, seppellire: *lo tumularono in chiesa.*

tumulazióne [da *tumulare*; 1773] ***sf.*** atto del tumulare.

tùmulo [dal lat. *tumulus*, letter. collinetta; a. 1472 nel senso 2] ***sm.*** **1.** accumulo di materiale terroso, pietre, detriti ecc. **2.** *T.archeol.* presso popolazioni antiche, collinetta di terra formata sopra una tomba ‖ *per estens. com.*, sepolcro, tomba. **Q.T.** *archeologia.*

tumùlto [dal lat. *tumultus*; 1308] ***sm.*** **1.** gran movimento disordinato e rumoroso, spec. di persone: *in quella sala c'era un gran tumulto* ‖ *fig.* grave agitazione morale: *ho l'animo in tumulto, un tumulto di affetti*, di diverse passioni contrastanti **2.** complesso disordinato di manifestazioni violente di masse di persone; sommossa: *il tumulto dei Ciompi, tumulti sporadici precedettero la vera e propria insurrezione armata* ‖ **N. 1.** baraonda, baruffa, parapiglia, subbuglio **2.** disordini, ribellione, rivolta, rivoluzione, sollevamento.

tumultuànte (*ppr.* di *tumultuare*) [1342] **I** ***agg.*** in subbuglio: *la folla tumultuante* **II** ***s.*** chi prende parte ad una sommossa popolare: *i tumultuanti.*

tumultuàre (pres. *-ùltuo*) [dal lat. *tumultuāri*; a. 1555] ***intr.*** (aus. *avere*) far tumulto: *la folla tumultuava.*

tumultuàrio (pl. *-ri*) [dal lat. *tumultuārius*; sec. XIV] ***agg.*** *raro* che è fatto in fretta e disordinatamente ‖ **tumultuariaménte** ***avv.*** *raro.*

tumultuóso [dal lat. *tumultuōsus*; a. 1400] ***agg.*** caratterizzato da tumulto, in tumulto; anche *fig.*: *sedute tumultuose, una tumultuosa assemblea, un torrente tumultuoso*; *un sentimento tumultuoso*, intenso, incontenibile, affannoso ‖ **tumultuosaménte** ***avv.***

tùndra [dal russo *tundra*; 1895] ***sf.*** formazione vegetale tipica delle regioni subpolari dell'Eurasia e dell'America settentrionale, costituita da arbusti, muschi e licheni.

tuner (ingl., pr. ['tju:nə]) [da to *tune*, accordare; 1983] ***sm.*** *inv.* sintonizzatore.

tùnfete v. TONFETE.

tungstèno (raro *tunstèno*) [dallo svedese *tungsten*, pietra pesante; 1795 *tungisteno*] ***sm.*** *T.chim.* elemento chimico, metallo, raro; usato per la preparazione di acciai speciali e di altre leghe, oltre che per i filamenti delle lampade elettriche a incandescenza ‖ **N.** *Sin.* wolframio.

tùnica [dal lat. *tunica*; 1308 nel senso 2; 1598 nel senso 1] ***sf.*** **1.** *T.abb.* veste o sottoveste maschile e femminile, di uso comune presso molti popoli antichi, lunga fino al ginocchio, completamente diritta e perlopiù senza maniche e trattenuta in vita da una cintura **2.** *T.biol.* in botanica, strato esterno della porzione apicale del fusto ‖ *T.anat.* formazione a strati concentrici che può costituire in tutto o in parte la parete di organi cavi o un rivestimento di altre formazioni ‖ *dim.* tunichétta, tunichìna.

Tunicàti [dal lat. *tunicātus*, tunicato; 1940] ***sm. pl.*** *T.zool.* sottotipo di Cordati (cui appartengono Ascidie e Salpe) la cui parete esterna del corpo, sottile e delicata, è avvolta da un mantello di consistenza cartilaginosa detto *tunica* ‖ **N.** *Sin.* Urocordati.

tunicàto [dal lat. *tunicātus*; 1723 nel senso 2] ***agg.*** **1.** *T.bot.* dotato di tunica **2.** *propr. lett. non com.* vestito con una tunica.

tuniṣino [dal n. geogr. *Tunisi*; 1840] **I** ***agg.*** **1.** di Tunisi e della Tunisia **2.** *T.magl. uncinetto tunisino*, uncinetto speciale, lungo come un ferro da calza; *maglia tunisina*, lavorazione eseguita con l'uncinetto tunisino, nella quale ogni giro si esegue in due tempi (uno di andata e uno di ritorno), tenendo il lavoro sempre sul diritto **II** ***sm.*** (f. *-a*) abitante o nativo di Tunisi o della Tunisia.

tunnel (ingl., pr. ['tʌnəl]; pr. it. ['tunnel]) [dal fr. ant. *tonel*, bótte (per la forma); 1839] ***sm.*** *inv.* *T.edil.* traforo, galleria sotterranea ‖ *per estens. tunnel aerodinamico*, galleria del vento (v. GALLERIA) ‖ nelle stazioni di servizio, apparecchiatura per il lavaggio automatico dell'esterno di auto, furgoni e sim. ‖ *T.sport.* nel calcio, manovra consistente nel far passare il pallone tra le gambe dell'avversario ‖ in funzione di ***agg. inv.*** (sempre posposto) *effetto tunnel*, in fisica atomica e nucleare, passaggio di una particella attraverso una barriera di potenziale di energia superiore a quello della particella stessa ‖ *fig. nel linguaggio giornalistico*, situazione pericolosa e spesso senza via d'uscita, in part. nella *loc. il tunnel della droga*, la tossicodipendenza.

Tùnnidi (sing. *-e*) [comp. del lat. *thunnus*, tonno e *-idi*; 1967] ***sm. pl.*** *T.zool.* famiglia di grossi pesci ossei dal corpo fusiforme, muso a punta e coda falcata, tra cui il tonno.

tunstèno v. TUNGSTENO.

tùo (pl. m. *tuòi*, f. sing. *tùa* e pl. *tùe*) [lat. *tuus*; fine sec. XIII] ***agg.*** e ***pron. poss.*** (normalmente preposto al nome; posposto solo nell'uso enfatico) di te; esprime in genere una relazione fisica o spirituale: *i tuoi libri, la tua bocca, il tuo profumo, l'hai fatto di tua iniziativa* ‖ *in part.* che ti appartiene (*la tua barca, la tua barba*); che ti è abituale, che ti è proprio (*il tuo modo di reagire, le tue opinioni in merito alla questione*); che ha con te un rapporto di amicizia, effettivo, di clientela, di dipendenza e sim. (*è la tua confidente, il tuo medico, i tuoi superiori*); in rif. a relazioni di parentela (coi nomi di parentela al singolare si omette di solito l'articolo; questo deve sempre essere messo quando siano al plurale o accompagnati da un altro aggettivo o alterati, e anche coi nomi *babbo* e *mamma*: *tuo fratello, tua zia, tuo padre, tua madre*; ma: *i tuoi fratelli, la tua cara mogliettina, il tuo babbo*) ‖ in espr. ellittiche: *hai detto la tua* (sott. *opinione*) *finalmente!, ne hai di nuovo combinata una delle tue* (sott. *bricconate, prodezze* e sim.), *hai un santo dalla tua* (sott. *parte*) *che ti protegge* ‖ usato come *pron.* vuole sempre l'articolo: *le mie esigenze e le tue* ‖ *i tuoi*, i tuoi genitori o gen. la tua parentela, la tua cerchia di amici.

tuonàre o **tonàre** (pres. *tuòno*; quando è tonica, la *o* dittonga sempre in *uo*) [lat. *tonāre*; a. 1294] ***intr.*** (aus. *avere* e, nella forma impers., anche *essere*) in forma impersonale, rimbombare del tuono: *ha* (o *è*) *tuonato tutta la mattina*; nel modo di dire *tanto tuonò che piovve*, di evento (spec. nefasto) lungamente annunciato ‖ in forma personale rimbombare producendo grande fragore, come di tuono: *i cannoni tuonavano in lontananza* ‖ *in part. iperb.* di voce, risuonare forte: *la sua voce tuonava nell'aula*; spesso, col soggetto della persona, parlare a gran voce, spec. inveendo contro qualcuno o qualcosa: *il predicatore tuonava contro i peccatori* ‖ *poet. non com.* provocare il tuono: *Giove tuonò.*

tuòno [da *tuonare*; fine sec. XIII] ***sm.*** il cupo rimbombo, più o meno fragoroso, prodotto dalla violenta espansione dell'aria conseguente al riscaldamento causato dalla scarica di un fulmine: *lampi e tuoni* ‖ *fig.* il rimbombo delle artiglierie o di qualsiasi cosa che produca un fragore simile a quello del tuono: *una voce di tuono* ‖ **N.** boato, brontolio, fragore, rombo | intronare, rintronare.

tuòrlo o **tórlo** [lat. *torulus*, letter. piccolo oggetto tondo; a. 1294] ***sm.*** la parte centrale dell'uovo, costituente la massa delle sue sostanze di riserva ‖ **N.** *Sin.* vitello.

tupàia [dal malese *tupai*, scoiattolo; 1937] ***sf.*** piccolo animale dei Lemuridi, simile a uno scoiattolo, munito di artigli nelle dita degli arti posteriori.

tupamaro (sp., pr. [tupa'maro]) [dal n. proprio *Tupac Amaru*, capo indigeno peruviano accanito oppositore degli Spagnoli; 1971] ***sm.*** (anche pl. *tupamaros*, pr. [tupa'marɔs]) **1.** guerrigliero uruguaiano che compie azioni terroristiche nelle città **2.** *per estens.* chi pratica la guerriglia urbana.

tupè v. TUPPÈ.

tupì o **tùpi** [da *tapuya*, n. della lingua parlata dai Tapuya, indigeni del Brasile; 1955] **I** ***agg.*** **1.** relativo a una popolazione amazzonica precolombiana: *cultura tupì* **2.** relativo alla lingua di origine precolombiana ora parlata da molte tribù del Brasile meridionale **II** ***s.*** **1.** appartenente all'omonima popolazione del Brasile e dell'Amazzonia **2.** ***sm.*** (solo *sing.*) lingua indigena dell'Amazzonia meridionale.

tùppe o **tùppete** [voce onom.; 1840 *tuppete*] voce onom. che riproduce il rumore di qualcosa o qualcuno che cade, o il rumore che si fa bussando ad una porta.

tuppè [dal fr. *toupet*; 1879] ***sm.*** adattamento del fr. *toupet* (v.).

tuppertù [da *tu per tu*; 1942 *tu per tu*] solo nella ***loc. avv.*** *fam. a tuppertù* a faccia a faccia, uno di fronte all'altro, direttamente: *questo problema lo risolviamo a tuppertù.*

tùppete v. TUPPÈ.

tùra [da *turare*; a. 1774] ***sf.*** *T.mar.* macchina per riparare i fondi della nave senza tirarla a secco ‖ *dial. tosc.* chiusura con sassi, terra, fascine e altro per arrestare un corso d'acqua; diga.

-tùra [dal lat. *-ūra*, suff. di sostantivi tratti da pps.] ***suff.*** **1.** forma sostantivi f. deverbali, costruiti sulla base del pps., che indicano l'azione espressa dal verbo e, soprattutto, il suo risultato: *cucitura, tiratura* **2.** forma sostantivi f. denominali in *-atura*, per analogia con i deverbali derivati dai verbi in *-are*: *cubatura, dentatura, scaffalatura.*

turabottiglie [comp. di *tura(re)* e *bottiglia*; 1961] ***sm.*** *inv.* macchinario per l'applicazione del tappo o del turacciolo alle bottiglie.

turabùchi [comp. di *tura(re)* e *buco*; 1682] ***sm.*** *inv.* tappabuchi.

turacciolàio (pl. *-ài*) [da *turacciolo*; 1961] ***sm.*** chi fabbrica turaccioli.

turàcciolo [da *turare*; sec. XIV] ***sm.*** tutto ciò con cui si tura un recipiente a bocca stretta: *turacciolo di sughero, di stoppa, per fiaschi, per bottiglie* ‖ *dim.* turacciolétto, turacciolino ‖ **N.** tappo | apribottiglie, cavatappi, cavaturaccioli | stappare.

turafàlle [comp. di *tura(re)* e *falla*; 1937] ***sm.*** *inv.* *T.mar.* nome generico dei dispositivi che sulle navi si tengono pronti per otturare provvisoriamente le eventuali falle o vie d'acqua.

turaménto [da *turare*; a. 1320] ***sm.*** *raro* atto ed effetto del turare; otturazione.

turàre [lat. volg. **turāre*; 1313] ***tr.*** chiuder bene un foro, una fessura, la bocca di un recipiente: *turare una bottiglia*; *turare un buco*, anche *fig.*, pagare un debito; *turar la bocca a uno*, impedirgli di parlare, ridurlo al silenzio ‖ ***rifl. indir.*** *turarsi il naso, gli orecchi*, per non sentire un odore, un discorso e sim. ‖ ***intr. pron.*** otturarsi: *si è turato lo scarico del lavabo* ‖ **N.** ***tr.*** calafatare, chiudere, intasare, inzaffare, occludere, ostruire, otturare, sigillare, stoppare, suggellare, tamponare, tappare, zaffare | *Contr.* stappare, stasare, sturare.

turàto (*pps.* di *turare*) [1340 ca.] ***agg.*** chiuso, ostruito: *avere il naso turato per il raffreddore* ‖ **N.** *Sin.* occluso, otturato, tappato.

tùrba[1] [dal lat. *turba*, letter. disordine rumoroso di una moltitudine; 1313] ***sf.*** moltitudine, accozzaglia di gente, spec. *spreg.*: *una turba di monelli* ‖ *pl.*, in gen., folla: *Gesù parlava alle turbe.*

tùrba[2] [dal fr. *trouble*; 1918] ***sf.*** alterazione di una funzione fisico-psichica dovuta a vari fattori: *pativa di turbe nervose.* **Q.T.** *psicologia.*

turbàbile [da *turbare*; sec. XIV] **agg.** *non com.* che si turba facilmente || **N.** *Contr.* imperturbabile.

turbabilità [da *turbabile*; 1961] **sf.** *raro* l'essere turbabile.

turbaménto [dal lat. *turbamentum*; a. 1294] **sm.** atto ed effetto del turbare e del turbarsi: *fu accusato di turbamento della quiete pubblica, non poté nascondere il proprio turbamento* || **N.** *Sin.* agitazione, alterazione, commozione, concitazione, conturbamento, eccitazione, esaltazione, fermento, inquietudine, orgasmo, perturbamento, perturbazione, preoccupazione, sbalordimento, scombussolamento, scompiglio, sconcerto, sconvolgimento, smarrimento, sovreccitazione, trambusto, turba.

turbànte [dal turco *tübbent*; sec. XV] **sm.** **1.** copricapo musulmano e, in gen. orientale, formato da una fascia di tela o di seta arrotolata più volte sul capo intorno a una calotta || *per estens.* copricapo femminile di forma simile **2.** *turbante di turco,* martagone.

turbànza [da *turbare*; a. 1306] **sf.** *arc.* turbamento.

turbàre [dal lat. *turbāre,* letter. agitare, mettere in disordine; 1295 come intr.] **tr.** **1.** *fig.* mettere in stato di agitazione, rendere inquieto, preoccupare: *l'evento turbò profondamente il suo equilibrio psichico, turbare l'animo di qualcuno, quel suo sguardo mi turbò* || in gen., alterare o interrompere lo svolgimento regolare di alcunché: *turbare l'ordine, il sonno, il normale svolgimento di una attività*; *T.giur.* *turbare il possesso,* recar danno o molestia al possessore di una cosa, in modo da impedirgliene il godimento **2.** *propr. lett.* agitare intorbidando: *turbare le acque chiare del lago* || **intr. pron.** di persona, perdere la serenità dell'animo; preoccuparsi, irritarsi, entrare in ansia: *non mi sembra il caso di turbarsi per così poco* || **N.** **tr.** **1.** *Sin.* agitare, confondere, conturbare, disturbare, eccitare, esagitare, perturbare, scombussolare, sconcertare, sconvolgere, stravolgere; disturbare, perturbare, scompigliare | **intr. pron.** *Sin.* agitarsi, crucciarsi, rabbuiarsi, rannuvolarsi, sconvolgersi.

turbatìva [da *turbare*; 1728] **sf.** *T.giur.* atto di chi turba il possesso di una cosa o il suo legittimo godimento || *in gen.* impedimento allo svolgimento di un'attività, al funzionamento di un servizio.

turbatìvo [da *turbare*; 1666] **agg.** atto a turbare.

turbàto (*pps.* di *turbare*) [1313] **agg.** di persona, che si trova in uno stato di turbamento psichico: *ti vedo turbato*; *per estens.* che manifesta il turbamento della persona: *sguardo, volto turbato* || **N.** *Sin.* agitato, confuso, sconvolto, stravolto.

turbatóre [dal lat. *turbātor, -ōris*; sec. XIV] **agg.** e **sm.** (f. *-trice*) *non com.* chi o che turba; perturbatore.

turbazióne [dal lat. *turbātio, -ōnis*; 1305] **sf.** *raro* turbamento || *dim.* turbazioncèlla.

Turbellàri (sing. *-io*) [dal lat. *turbella,* movimenti disordinati; 1935] **sm. pl.** *T.zool.* classe di piccoli vermi Platelminti dal corpo lungo e piatto munito di ciglia, con cui si muovono in acqua determinando dei vortici.

turbidimetrìa o **torbidimetrìa** [comp. del lat. *turbidus,* torbido e *-metria*; 1948] **sf.** sistema di misurazione dell'intensità di un fascio luminoso che emerge attraverso una sospensione.

turbidimètrico o **torbidimètrico** (pl. *-ci*) [da *turbidimetria*; 1983] **agg.** relativo alla turbidimetria, proprio della turbidimetria: *misurazione turbidimetrica* || *analisi turbidimetrica,* turbidimetria.

turbìna [dal fr. *turbine*; 1891] **sf.** *T.mecc.* macchina motrice, a flusso continuo, che trasforma in lavoro meccanico l'energia cinetica o potenziale posseduta da una corrente fluida: *turbina idraulica, a vapore, a gas.*

turbinàre (pres. *tùrbino*) [da *turbine*; 1687] **intr.** (aus. *avere*) girare vorticosamente mosso da un turbine o, *per estens.,* come mosso da un turbine: *la neve turbinava*; anche *fig.*: *tristi pensieri mi turbinavano nella mente.*

turbinàto [dal lat. *turbinātus,* a forma di trottola; 1840 come sm.] **I agg.** *T.bot.* di organo vegetale, a forma di trottola **II sm.** *T.anat.* osso della cavità nasale, posto sulla parete laterale || **N.** II *Sin.* cornetto.

tùrbine [dal lat. *turbo, -binis*; sec. XIV] **sm.** **1.** colonna d'aria in rapido movimento rotatorio, di piccolo diametro e con asse perlopiù perpendicolare alla superficie terrestre: *piante divelte da un turbine di vento*; *turbine di neve, di polvere,* colonna di neve, di polvere sollevata da un turbine **2.** *per estens.* movimento vorticoso: *il turbine della danza* **3.** *per estens.* insieme di cose o di persone che si susseguono rapidamente e confusamente: *un turbine d'insetti*; anche *fig.* *un turbine d'idee, di passioni.*

turbinìo (pl. *-ii*) [da *turbine*; 1300 ca.] **sm.** un turbinare continuo o frequente || *fig.* *un turbinìo di gente.*

turbinìsta [da *turbina*; 1983] **s.** operaio addetto al funzionamento di una turbina.

turbinóso [da *turbine*; sec. XIV] **agg.** **1.** che forma un turbine: *vento turbinoso* **2.** *per estens.* vorticoso come un turbine, anche *fig.*: *movimento turbinoso, un turbinoso agitarsi di passioni* || **turbinosaménte** **avv.**

turbìtto [dall'ar. *túrbid,* n. di una pianta con proprietà purgative; a. 1577] **sm.** pianta delle Ombrellifere dalla cui radice si estrae un'essenza dalle proprietà purgative || **N.** *Sin.* tapsia.

tùrbo[1] [dal lat. *turbo*; 1313] **sm.** *ant. lett.* turbine.

tùrbo[2] [dal lat. tardo *turbus,* torbido; sec. XIV] **I sm.** *arc.* **1.** torbidezza **2.** turbamento **II agg.** *arc.* torbido, torbo.

tùrbo[3] [da *turbo(compressore)*; 1983] **I agg.** *inv.* di motore, alimentato da un turbocompressore; di autoveicolo, provvisto di tale motore **II sm.** *inv.* turbocompressore || motore alimentato da un turbocompressore || **sf.** autoveicolo turbo. **Q.T.** *automobile.*

tùrbo- [da *turbina*] **primo elem.** che, in parole composte della terminologia tecnica, vale "azionato da turbine": **turbodìnamo**, **turboèlica**, **turbolocomotìva**, **turbomòto**, **turbomotrìce**, **turbomulìno**, **turboperforatrìce**, **turbopómpa**, **turbopropulsóre**, **turbopulitóre**, **turbosónda**, **turbotràpano**, **turbotrèno**, **turboventilatóre**.

turboalternatóre [comp. di *turbo-* e *alternatore*; 1905] **sm.** *T.elettr.* alternatore collegato all'albero di una turbina.

turbocistèrna [comp. di *turbo-* e *cisterna*; 1955] **sf.** *T.mar.* nave cisterna azionata da motori a turbina.

turbocompressóre [comp. di *turbo-* e *compressore*; 1949] **sm.** compressore a turbina.

turbodiesel (pr. [turbo'dizel]) [comp. di *turbo-* e *diesel*; 1985] **I agg.** *inv.* di motore diesel cui è affiancato un turbocompressore || di veicolo su cui tale motore è montato **II sm.** *inv.* autovettura con motore turbodiesel.

turboelèttrico (pl. *-ci*) [comp. di *turbo-* e *elettrico*; 1957] **agg.** azionato da turbine collegate con motori elettrici.

turboèlica [comp. di *turbo-* e *elica*; 1949] **sf.** *T.aer.* gruppo propulsore di aerei subsonici, costituito da una o più eliche azionate da una turbina a gas || *per estens.* **sm.** aereo dotato di tale gruppo propulsore.

turbogètto [comp. di *turbo-* e *getto,* sul modello dell'ingl. *turbojet*; 1949] **sm.** *T.aer.* turboreattore.

turbolènto [dal lat. *turbulentus,* agitato; sec. XIV nel senso 2] **I agg.** **1.** tendente a provocare agitazioni, disordini, tumulti e sim.: *un individuo turbolento e facinoroso, un ramo turbolento del movimento studentesco* || indisciplinato, irrequieto: *una scolaresca turbolenta* **2.** caratterizzato da disordini, perturbamenti e sim.: *riunione turbolenta*; *tempi turbolenti,* burrascosi, in cui accadono frequenti sommosse e sim. || *T.fis.* di fluido, il cui moto presenta turbolenza **II sm.** (f. *-a*) persona turbolenta.

turbolènza [dal lat. *turbulentia,* turbamento; a. 1406] **sf.** qualità di chi o di ciò che è turbolento || *T.fis.* fenomeno che si verifica nel moto di un fluido, consistente nel moto irregolare delle sue particelle elementari || *T.meteor.* *turbolenza atmosferica,* fenomeno dovuto a scambi tra masse d'aria di diversa velocità, in seguito al quale si producono bruschi salti di pressione, piccoli vortici ecc.

turbomotóre [comp. di *turbo-* e *motore*; 1905] **sm.** (anche **sf.** *turbomotrice*) *T.mecc.* motore a turbina.

turbonàve [comp. di *turbo-* e *nave*; 1942] **sf.** nave mossa da turbine a vapore.

turboràzzo [comp. di *turbo-* e *razzo*; 1983] **sm.** *T.aer.* motore impiegato per la propulsione di veicoli spaziali o di missili intercettori.

turboreattóre [comp. di *turbo-* e *reattore*; 1949] **sm.** *T.aer.* motore a reazione con compressore, azionato direttamente da una turbina a gas, usato per la propulsione di aerei trans- e supersonici || *per estens.* aereo azionato da tale motore.

turbovèntola [comp. di *turbo-* e *ventola*; 1976] **sm.** *T.aer.* propulsore derivato dal turboreattore del tipo a doppio flusso; è caratterizzato da una cospicua portata d'aria, elaborata da una ventola mossa dalla turbina; adatto su aerei non troppo veloci, offre consumi ridotti e limitata rumorosità.

tùrca [da *turco*; a. 1502] **sf.** *ant.* veste alla turca.

turcàsso [dal gr. biz. *tarkásion,* con influsso di *turco*; a. 1348] **sm.** custodia per frecce, faretra.

turcheggiàre (pres. *-éggio*) [da *turco*; 1879] **intr.** (aus. *avere*) *raro* imitare i costumi turchi.

turchésco (pl. *-schi*) [da *turco*; 1400 ca.] **agg.** *raro* spec. *spreg.* dei Turchi || *alla turchesca,* secondo l'uso dei Turchi || **turchescaménte** **avv.** *raro.*

turchése [dal fr. ant. *turqueise,* letter. pietra turca; sec. XIV] **I sf.** pietra preziosa di color azzurro tendente al verde, composta di fosfato e idrato di alluminio e rame; turchina || *sm.* il colore tipico di tale pietra: *il turchese dei suoi occhi* **II agg.** che ha il colore della turchese: *le gemelle indossavano abiti turchesi.*

turchétto (*dim.* di *turco*) [1826] **sm.** **1.** varietà di piccione **2.** *centr.* dolce a base di farina e cioccolata, da intingere nel vino.

turchìna [da *turco*; a. 1535] **sf.** *raro* turchese.

turchineggiàre (pres. *-éggio*) [da *turchino*; 1879] **intr.** (aus. *avere*) *raro* di colore, tendente al turchino.

turchinétto (*dim.* di *turchino*) [1846 come sm.] **I agg.** di color turchino pallido o tendente al turchino **II sm.** sostanza colorante che si usava aggiungere all'acqua del bucato in modo da conferire alla biancheria un leggero velo di turchino.

turchinìccio (pl. m. *-ci,* pl. f. *-ce*) [da *turchino*; a. 1698] **agg.** che tende al turchino.

turchìno [da *turco*; a. 1580 come sm.] **I agg.** di colore, azzurro tendente al verde **II sm.** il colore turchino.

turchìsmo [da *turco*; 1983] **sm.** *T.ling.* parola della lingua turca passata in un'altra lingua.

turcimànno [dall'ar. *turğumān,* interprete, con influsso di *turco*; sec. XIV] **sm.** **1.** dragomanno **2.** *per estens. scherz. raro* interprete.

tùrco (pl. *-chi*) [dal turco *türk*, letter. forza, attr. l'ar. *turk* pl., le genti turche; 1313] **I** ***agg.*** della Turchia, dei Turchi: *coste turche, costumi turchi*; *bagno turco*, di vapore caldo, che provoca abbondante sudorazione; *il Gran Turco*, antica denominazione del sultano; *gran turco*, V. GRANTURCO || nella loc. avv. *alla turca*, alla maniera dei Turchi: *caffè alla turca*, preparato con polvere di caffè macinata finissima che rimane in parte in sospensione nella bevanda; *sedersi alla turca*, a gambe incrociate e sui talloni; *divano alla turca*, ottomana; *gabinetto, latrina alla turca*, a livello del pavimento, con pedane leggermente rialzate e orifizio di scarico al centro **II** ***sm.*** **1.** (f. *-a*) abitante o nativo della Turchia || in alcune loc.: *fumare, bere, bestemmiare come un turco*, moltissimo; *testa di turco*, V. TESTA **2.** (solo *sing.*) lingua appartenente alla famiglia altaica || *fig. parlare turco*, con parole o frasi incomprensibili, in una lingua sconosciuta.

turcologìa [comp. di *turco* e *-logia*; 1957] ***sf.*** sezione dell'orientalistica che si occupa della lingua, della storia, della cultura e della religione dei Turchi.

turcòlogo (pl. *-gi*) [comp. di *turco* e *-logo*; 1957] ***sm.*** (f. *-a*) studioso di turcologia.

Tùrdidi (sing. *-e*) [comp. del lat. *turdus*, tordo e *-idi*; 1961] ***sm. pl.*** *T.zool.* famiglia di Uccelli Passeriformi dal canto melodioso e sonoro, comprendente tra l'altro tordi, merli, usignoli e pettirossi.

turf (ingl., pr. [tə:f]) [letter. zolla erbosa, prato; 1887] ***sm. inv.*** *T.ipp.* terreno erboso, pista su cui si disputano le gare ippiche || *per estens.* tutto ciò che concerne le corse ippiche; ippica.

tùrgere [dal lat. *turgēre*; 1321] ***intr.*** (dif. del pass. rem., del pps. e dei tempi composti) *ant.* inturgidire.

turgescènte [dal lat. *turgescens, -entis*; 1961] ***agg.*** che è o diventa turgido, gonfio.

turgescènza [da *turgescente*; 1935] ***sf.*** rigonfiamento di un organo per l'influsso di sangue o di umori || **N.** *Sin.* turgore.

turgidézza [da *turgido*; 1865] ***sf.*** qualità di ciò che è turgido.

turgidità [da *turgido*; 1875] ***sf.*** turgidezza, tumidità.

tùrgido [dal lat. *turgidus*; 1319] ***agg.*** **1.** rigonfio: *occhi turgidi di lacrime* || *T.biol.* di un organo o di una sua parte, che è in stato di turgore: *mammelle turgide* **2.** *fig. stile turgido*, ampolloso || *dim.* turgidétto || **N.** *Sin.* GONFIO, tumido.

turgóre [dal lat. *turgor, -ōris*; 1875] ***sm.*** condizione di ciò che è turgido || *T.biol.* rigonfiamento fisiologico o patologico di un organo o di una sua parte per l'aumento dei liquidi interni || **N.** *Sin.* turgidezza.

turìbolo (tosc. *turrìbolo*) [dal lat. *turibulum*; sec. XIII *turribulu*] ***sm.*** vaso di metallo, pendente da tre catenelle, in cui si brucia l'incenso nelle funzioni sacre || **N.** incensiere. **Q.T.** *chiesa...* **TAV.** *chiesa* 2.4.

turiferàrio (pl. *-ri*) [dal lat. *turifer*, che porta incenso; 1771] ***sm.*** chierico che porta l'incensiere nelle funzioni sacre.

turificàto [dal lat. eccl. *turificātus*, pps. di *turificare*, offrire incenso; 1840] ***agg.*** *T.stor.* di cristiani che, nel corso delle persecuzioni, offrivano incenso alle divinità pagane, per dissimulare la loro fede.

turióne [dal lat. *turio, -ōnis*; 1879] ***sm.*** *T.bot.* gemma di forma cilindrica che si sviluppa dalle radici di piante erbacee perenni, o da rizomi o da tuberi: *turione dell'asparago*, parte edule dell'asparago.

turismo [dall'ingl. *tourism*, attr. il fr. *tourisme*; 1905] ***sm.*** il viaggiare e il soggiornare in luoghi diversi da quelli abitualmente frequentati, a scopo di ricreazione, di istruzione e sim.: *favorire il turismo di massa* || *per estens.* l'insieme delle attività collegate al turismo: *l'industria e il turismo fanno la ricchezza di quella regione.*

turista [dall'ingl. *tourist*, attr. il fr. *touriste*; 1837 *torista*] ***s.*** chi fa del turismo.

turisticizzàre [da *turistico*; 1983] ***tr.*** dotare una zona dei servizi e delle infrastrutture adatte al soggiorno dei turisti.

turisticizzazióne [da *turisticizzare*; 1983] ***sf.*** atto o effetto del turisticizzare.

turìstico (pl. *-ci*) [da *turista*; 1904] ***agg.*** del turismo, dei turisti: *gita turistica organizzata*; *guida turistica*, pubblicazione a uso del turista o, anche, persona che accompagna i turisti e illustra loro le caratteristiche dei luoghi che si visitano; *località, zone turistiche*, particolarmente frequentate dai turisti; *classe turistica*, su alcuni mezzi di trasporto (aerei, treni, navi ecc.), la più economica; *menu turistico*, fisso e a prezzo contenuto; *assegno turistico*, V. TRAVELLERS' CHEQUE.

turlupinàre [dal fr. *turlupiner*, fare burle di cattivo gusto; 1816] ***tr.*** raggirare, imbrogliare.

turlupinatóre [da *turlupinare*; 1922] ***sm.*** (f. *-trice*) chi turlupina qualcuno || **N.** *Sin.* imbroglione, raggiratore.

turlupinatùra [da *turlupinare*; 1922] ***sf.*** atto ed effetto del turlupinare || **N.** *Sin.* fregatura, imbroglio, inganno, raggiro.

turnista [da *turno*; 1963] ***s.*** lavoratore che fa i turni.

tùrno [dal fr. *tourner*, letter. girare (al tornio), poi alternare; 1853] ***sm.*** **1.** avvicendamento periodico di persone in una data attività, prestazione e sim.: *per questa settimana sono di turno alle spedizioni* || nella loc. *a turno*, alternandosi con altri: *andiamo a mangiare a turno* **2.** *per estens.* ciascun periodo in cui viene suddiviso il tempo di lavoro: *osservare i turni di lavoro*; *il turno pomeridiano, di notte, dalle 11 alle 20* || nelle loc. *essere di turno*, essere impegnato nel proprio turno; *fare i turni*, di lavoratore (spec. operaio), alternare periodi di lavoro in fasce orarie diverse; *farmacia di turno*, aperta nei giorni festivi o in orari al di fuori del normale orario di apertura, per garantire la vendita dei medicinali || *per estens.* momento in cui a qualcuno spetta fare qualcosa: *aspetta il tuo turno per parlare*; nelle loc. *essere il turno*, toccare, essere la volta: *oggi è il mio turno di pagare.*

turn over o ***turnover*** (ingl., pr. [ˈtəːn-ˌoʊvə]; pr. it. [turˈnɔver]) [letter. avvicendamento, comp. di *turn*, rotazione e *over*, in eccesso; 1971] ***sm. inv.*** **1.** ricambio, mediante nuove assunzioni, del personale che ha cessato il rapporto di lavoro **2.** avvicendamento della manodopera addetta a un ciclo produttivo **3.** nel linguaggio commerciale, giro di affari di un'azienda.

tùro [da *turare*; 1879] ***sm.*** *raro tosc.* ciò che serve a turare: *il turo della bottiglia* || **N.** coperchio, tappo, turacciolo.

tùrpe [dal lat. *turpis*, letter. brutto, deforme; 1321 *turpo*] ***agg.*** **1.** che offende profondamente la morale e spec. il senso del pudore e la dignità della persona umana: *azioni turpi, un turpe sfruttatore di minorenni* **2.** *raro* fisicamente deforme || **turpeménte** ***avv.*** || **N.** *Sin.* ignobile, immondo, infame, laido, lordo, nefando, osceno, schifoso, sconcio, sozzo, sporco, vergognoso, vile.

turpilòquio (pl. *-qui*) [dal lat. tardo *turpiloquium*; a. 1342] ***sm.*** linguaggio scurrile.

turpità [da *turpe*; sec. XIV *turpitade*] ***sf.*** *raro* turpitudine.

turpitùdine [dal lat. *turpitūdo, -inis*; 1353] ***sf.*** **1.** qualità di chi o di ciò che è turpe **2.** *concr.* atto o detto da persona turpe: *codesta tua temeraria accusa è una vera e propria turpitudine.*

turrìbolo V. TURIBOLO.

turricolàto [dal lat. *turricula*, piccola torre; 1961] ***agg.*** a forma di piccola torre.

turrito [dal lat. *turrītus*; 1614] ***agg.*** *lett.* cinto o munito di una o più torri: *sorge nel chiaro inverno la fosca turrita Bologna* (Carducci).

tuscànico V. TOSCANICO.

tussah (ingl., pr. [ˈtʌsə]) [var. ingl. di *tussor*; 1961] ***sf.*** o ***sm. inv.*** e ***agg. inv.*** seta orientale ricavata da bozzoli di bachi selvatici: *seta tussah.*

tùssor [dal fr. *tussor(e)*, da un ant. voce indiana; 1961] ***sm. inv.*** tessuto fresco e leggero fatto con filati di seta tussah || tessuto di fibre artificiali o sintetiche.

tùta [forse dalla forma dell'indumento, che è simile a una *T* sovrapposta a una *U* ad angoli retti e ad una *A* rappresentata dal taglio divaricante dei calzoni; 1920] ***sf.*** indumento costituito da casacca e pantaloni, ampio e spesso in un solo pezzo, in materiali e di fogge vari a seconda dell'uso: *tuta da lavoro*, indossata, come indumento di lavoro, per non sporcarsi gli abiti: *i meccanici della Ferrari hanno la tuta rossa*; *tuta da pilota, da astronauta, da paracadutista, mimetica, sportiva, da ginnastica, subacquea.* **Q.T.** *astronautica.*

tutèla [dal lat. *tutēla*, protezione; a. 1348] ***sf.*** **1.** *T.giur.* istituto giuridico in base al quale un giudice (*giudice tutelare*) affida a un soggetto (*tutore*) la cura di un interdetto o di un minore, che il tutore rappresenta civilmente e di cui amministra i beni, quando per qualunque causa venga a cessare per esso la patria potestà dei genitori: *uscir di tutela, essere sotto la tutela di qualcuno* || *fig.* condizione di subordinazione, dipendenza: *un paese del Terzo Mondo sotto la tutela di una grande potenza* **2.** *per estens.* protezione, difesa: *la tutela dell'onore, dell'ordine pubblico, dell'ambiente* || nella loc. *a tutela*, a difesa || *T.giur. tutela del nome, dell'immagine*, difesa del nome, dell'immagine dal loro uso indiscriminato e lesivo da parte di terzi: *tutela amministrativa*, controllo esercitato dalla pubblica amministrazione su enti pubblici.

tutelàre[1] [dal lat. tardo *tutelāris*; 1566 nel senso 2] ***agg.*** **1.** di tutela: *provvedimento tutelare*; *giudice tutelare*, che sovrintende alle tutele **2.** che tutela; protettore: *divinità, nume tutelare.*

tutelàre[2] (pres. *tutèlo*) [da *tutela*; 1598 come tr. nel senso 2] ***tr.*** **1.** *T.giur.* esercitare la tutela: *tutelare un interdetto* **2.** *per estens.* proteggere, salvaguardare: *devo tutelare i miei interessi, la tutela dei beni artistici, la legge tutela i cittadini* || ***rifl.*** cautelarsi, salvaguardarsi: *non c'è modo di tutelarsi contro le truffe.*

tutina (*dim.* di *tuta*) [1978] ***sf.*** **1.** piccola tuta **2.** guaina femminile elastica molto aderente e sgambata, usata per ballare o fare ginnastica **3.** indumento per neonati, in tessuto spugnoso o elastico, che riveste tutto il corpo e facilita il movimento.

tùto [dal lat. *tūtus*; 1319] ***agg.*** *lett. arc.* difeso, sicuro: *dall'odio proprio son le cose tute* (Dante).

tùtolo [dal lat. *tutulus*, ornamento della testa di forma conica; 1846] ***sm.*** il torsolo della pannocchia del granturco.

tutóre [dal lat. *tutor, -ōris*; 1308] ***sm.*** (f. *-trìce*) **1.** *T.giur.* chi è incaricato della tutela di una persona giuridicamente ritenuta incapace || *per estens.* difensore, protettore: *sarà il tutore del mio buon nome*; *i tutori dell'ordine pubblico*, gli agenti di polizia **2.** *per estens.* sostegno; *in part.*: *T.agr.* sostegno (vivo o morto) dei rampicanti || *T.med. tutore ortopedico*, apparecchiatura meccanica di sostegno || **N.** **1.** interdetto, minore.

tutòrio (pl. *-ri*) [dal lat. tardo *tutōrius*; 1812] ***agg.*** *T.giur.* che è proprio del tutore e della tutela giuridica; *autorità tutoria*, autorità superiore ad altra, che vigila e sorveglia quest'ulti-

ma e spec. la Prefettura rispetto al Comune.
tuttafiàta [comp. di *tutto* e *fiata*; 1353] ***avv.*** *arc.* tuttavia.
tuttàla [comp. di *tutto* e *ala*; 1961] ***sm.*** *inv. T.aer.* aeromobile sperimentale che presenta tutti gli organi di controllo e i congegni di pilotaggio nell'ala.
tutt'al più [comp. di *tutto, al, più*; 1877] ***avv.*** nel peggiore dei casi, al massimo: *tutt'al più, se non lo trovi tornerai a casa.*
tuttavìa [comp. di *tutto* e *via*; sec. XIII] **I** ***cong.*** con valore avversativo, eppure, non di meno, con tutto ciò: *non si sentiva bene, tuttavia volle partire* || raff. da *pur*: *non aveva speranze, pur tuttavia non si arrese* || prec. da *e*: *piove, e tuttavia fa caldo* **II** ***avv.*** *ant. lett.* sempre, continuamente: *oggi e tuttavia.*
tuttavòlta [comp. di *tutto* e *volta*; a. 1320] **I** ***avv.*** *arc.* continuamente, senza interruzione || ogni volta **II** ***cong.*** *arc.* tuttavia.
tùtto [lat. volg. **tūctus*, class. *tōtus*; 1080] **I** ***pron. indef.*** **1.** al m. sing., con valore neutro, ogni cosa: *ho visto tutto, è tutto pronto?* || in molti modi di dire: *o tutto o niente*, per esprimere il rifiuto di compromessi; *quando c'è la salute c'è tutto* (sott. *ciò che conta*); *ecco tutto, questo è tutto*, non c'è altro; *(questo) non è tutto*, c'è dell'altro; *tutto qui?, tutto lì?*, c'è solo questo?: *è tutto lì quello che avevi da dirmi?, solo mille lire! tutto qui?* || preceduto da *di*, qualsiasi cosa: *mangiare, fare di tutto* || *con tutto che*, nonostante che, benché: *con tutto che era stato male, venne a trovarmi*; *tutto sta a* (seguito da verbo all'infinito), si tratta solo di, l'importante è: *tutto sta a saperlo fare* || in alcune *loc. avv.*: *del tutto*, assolutamente: *è del tutto inutile cercare di convincerla*; *in tutto*, in totale, complessivamente: *quanto fa in tutto?, in tutto c'erano centomila lire, c'erano in tutto seicento studenti*; *in tutto e per tutto*, completamente, assolutamente: *l'ho sempre accontentato in tutto e per tutto, è in tutto e per tutto un delinquente*; *oltre tutto*, per giunta, come se non bastasse: *viaggiava oltre il limite di velocità e oltre tutto contromano*; *innanzi tutto, prima di tutto*, in primo luogo, prima di ogni altra cosa **2.** al m. pl., tutte le persone (uomini e donne): *sono venuti tutti, tutti sapevano che era lui il colpevole*; *contento tu, contenti tutti*; *siamo tutti nella stessa barca*, nella stessa situazione (più o meno sfavorevole); *tutti per uno, uno per tutti*, come invito o impegno alla solidarietà **II** ***sm.*** *inv.* intero, oggetto considerato nella sua interezza: *le varie parti formano un tutto unico* || con rif. a elementi specificati: *mescolare gli ingredienti della torta e mettere il tutto in forno caldo* || spesso con iniziale maiuscola, l'Universo, l'essere: *l'infinita vanità del Tutto* || nelle espr. *giocare, rischiare, tentare il tutto per tutto*, mettere in gioco tutte le risorse disponibili nella speranza di cogliere il successo **III** ***agg. indef.*** **1.** rif. a un s. sing., intero, completo; in posizione predicativa: *la questione è tutta qui, la rissa era tutto uno scherzo*; o in posizione attributiva (e in tal caso è seguito dall'art. o dal pron. dimostr., tranne che con alcuni nomi propri e in alcune espr.): *ho mangiato tutto il dolce, hai letto tutto questo libro?, davanti a lui tremava tutta Roma*; *tutto Dante in edizione economica*, tutte le sue opere || *essere tutt'uno*, fare lo stesso: *vederlo o non vederlo per me è tutt'uno*; meno com., *essere tutt'uno con*, essere lo stesso di || spesso con valore intens.: *per tutta risposta mi ha dato uno schiaffo*, come unica risposta; *una cifra di tutto rispetto*, di assoluto rispetto, ragguardevole; *in tutta franchezza*, con piena franchezza; *a tutto spiano*, senza sosta, a più non posso; *viaggiare a tutta velocità, a tutto andare*; *vestito di tutto punto*, completamente, perfettamente || con un agg. qualificativo, gli conferisce valore di superl.: *tutto sporco, tutto allegro* || seguito da *quanto* o da *intero* risulta rafforzato: *l'Italia tutta intera era con lui, vorrei vedere tutto quanto il mondo* || prec. da *con* può avere il senso di *nonostante*: *con tutta la sua arroganza non è riuscito a spuntarla* || prec. da *a* può avere il senso di *fino a, incluso*: *a tutt'oggi non ho ancora ricevuto la vostra lettera*, fino a oggi compreso || *con tutto ciò*, ciononostante (spec. dopo un'enumerazione): *è pigro e noioso*; *con tutto ciò è un buon amico* || in *loc. fig. part.* *essere tutta casa e chiesa*, completamente dedita alla famiglia e alla religione (spesso usato in tono iron.): *essere tutto d'un pezzo*, avere un carattere rigido, inflessibile; *essere tutt'occhi, tutt'orecchi*, stare a vedere, ad ascoltare attentamente **2.** rif. a un s. pl. o a un nome collettivo, nella loro (o nella sua) totalità: *i libri sono tutti negli scaffali, la gente è tutta impazzita*; *tutti gli amici sanno cosa le è capitato, tutta la legna è stata bruciata* || è rafforzato se è seguito da *quanto*: *tutti quanti gli uomini perirebbero* || seguito da un dimostrativo, può avere il senso di "così tanti": *tutti quegli uomini da dove sono sbucati fuori?, tutte queste storie sono fuori luogo* || se determina una loc. sost. contenente un num. card., è seguito da *e* e il numerale: *tutti e cinque i fratelli* (non *tutti i cinque fratelli*), *siamo nati tutti e due nello stesso giorno* || davanti a pron. pers. non vuole l'articolo ed è spesso posposto: *tutti noi, noi tutti* (ma sempre *tutti loro*) || in espr. ellittiche: *te lo dico una volta per tutte, le inventa tutte* (sott. *le scuse* e sim.) *per non studiare* **3.** rif. a un s. pl., qualsiasi, ogni: *telefona a tutte le ore, ci riuscirò a tutti i costi, tutte le occasioni sono buone per te per recriminare*; *in tutti i modi*, ad ogni modo, con ogni mezzo; *in tutti i casi*, comunque **IV** ***avv.*** interamente, completamente, assolutamente: *è tutto l'opposto di ciò che pensi*; *tutto ad un tratto* (o *tutt'a un tratto*), all'improvviso: *tutt'a un tratto è apparsa lei*; *tutt'altro*, al contrario: *se lo odio? tutt'altro!*; *tutt'altro che*, per formare una litote: *tutt'altro che bello*, decisamente brutto; *tutt'intorno*, lungo tutto il contorno: *il parco tutt'intorno è circondato da una cancellata*; *tutt'al più*, al massimo: *non posso regalartelo, tutt'al più te lo presto* || **N. I 1.** *Contr.* niente, nulla **2.** *Contr.* nessuno **II** *Contr.* niente, nulla **III 3.** *Contr.* nessuno.
tuttoché [comp. di *tutto* e *che*; 1313] ***cong.*** *ant. lett.* benché, quantunque.
tuttodì [comp. di *tutto* e *dì*; 1305] ***avv.*** *ant.* continuamente.
tuttofàre o **tùtto fàre** [comp. di *tutto* e *fare*; 1961] **I** ***agg.*** *inv.* di persona di servizio che svolge i lavori domestici senza essere specializzato in nessuno di essi || *per estens.* di persona che, in un'azienda o sim., fa o è disposta a fare lavori di qualsiasi tipo: *segretario tuttofare* **II** ***s.*** *inv.* persona tutto fare: *cercasi urgentemente tuttofare per lavori d'ufficio.*
tuttologìa [comp. di *tutto* e *-logia*; 1983] ***sf.*** *iron.* atteggiamento di chi crede di sapere tutto o di poter discutere di qualsiasi argomento.
tuttòlogo (pl. *-gi*, pop. *-ghi*) [comp. di *tutto* e *-logo*; 1976] ***sm.*** (f. *-a*) *iron.* persona che si presenta come un esperto in ogni campo del sapere.
tuttopónte [comp. di *tutto* e *ponte*; 1983] ***agg.*** *inv. T.mar.* di nave da guerra fornita di un ponte di volo continuo, cioè non interrotto da sovrastrutture.
tuttóra [comp. di *tutto* e *ora*; sec. XIII-XIV] ***avv.*** **1.** ancora, ancora adesso: *un vecchio motore tuttora funzionante* **2.** *arc.* continuamente.
tuttotóndo o **tùtto tóndo** [comp. di *tutto* e *tondo*; 1961] ***sm.*** *inv. T.scult.* scultura scolpita da tutte le parti e quindi ammirabile da ogni lato: *scultura a tuttotondo* || *effetto di tuttotondo*, effetto di un bassorilievo in cui le immagini emergono con pienezza di volumi.
tutù [dal fr. *tutu*, voce infantile per sederino; 1942] ***sm.*** *inv.* costume delle ballerine di danza classica, costituito da un corpetto in raso molto attillato e scollato e da un gonnellino a più strati di tulle.
tùzia [dall'ar. *tūtiya*, solfato di rame; prima metà sec. XIV] ***sf.*** polvere bianca presente nei forni in cui si fonde lo zinco.
tuziorịsmo [dal lat. *tūtior*, letter. più sicuro; 1745] ***sm.*** *T.teol.* nella morale cattolica, teoria secondo la quale, nell'incertezza circa la deliberazione da prendere, si deve scegliere quella più rigorosa, ossia quella che secondo la legge appare più sicura.
tuziorìsta [da *tuziorismo*; 1937] **I** ***s.*** seguace del tuziorismo **II** ***agg.*** tuzioristico.
tuziorìstico (pl. *-ci*) [da *tuziorista*; 1961] ***agg.*** relativo al tuziorismo e ai tuzioristi, proprio del tuziorismo e dei tuzioristi.
tweed (ingl., pr. [twi:d]) [dallo scozzese *twill*, letto erroneamente *tweel* e accostato al n. geogr. *Tweed*, fiume scozzese; 1878] ***sm.*** *inv. T.tess.* tipo di tessuto, originario della Scozia, prodotto con filato cardato irregolare, solitamente a due colori, usato spec. per la confezione di capi sportivi.
tweeter (ingl., pr. [ˈtwi:tə]; pr. it. [ˈtwiter]) [letter. che emette suoni acuti; 1983] ***sm.*** *inv.* altoparlante per riprodurre le frequenze più elevate || **N.** *woofer, midrange.*
twill (ingl., pr. [twɪl]) [in orig., a due licci; 1935] ***sm.*** *inv. T.tess.* tipo di tessuto morbido e delicato, generalmente di seta, a sottili righe diagonali in rilievo.
twin-set (ingl., pr. [ˈtwɪn,set]) [comp. di *twin*, gemello e *set*, insieme, completo; 1965] ***sm.*** *inv.* capo di abbigliamento femminile costituito da due golf, uno chiuso e a maniche corte e l'altro aperto con maniche lunghe.
twist (ingl., pr. [twɪst]) [letter. *torsione*; 1961] ***sm.*** *inv.* ballo di origine statunitense, particolarmente diffuso negli anni Sessanta, consistente spec. in movimenti di torsione del bacino rispetto al tronco, a ginocchia più o meno piegate.
two-step (ingl., pr. [ˈtu:step]) [letter. due passi; 1942] ***sm.*** *inv.* danza di origine americana, simile alla polca.
tycoon (ingl., pr. [taɪˈku:n]) [dal giap. *taikun*, grande principe; 1975] ***sm.*** *inv.* grande industriale o finanziere: *un tycoon del petrolio.*
tze-tze v. TSE-TSE.
tzigàno v. ZIGANO.

U

u lettera dell'alfabeto italiano, di genere maschile o, più spesso, femminile: *una u maiuscola*, ma anche *un u maiuscolo*; *u come Udine*, nella compitazione delle parole ‖ *a U*, si dice di qualunque oggetto o movimento a forma di u maiuscola: *tubo a U, valle a U, curva a U*; *inversione a U*, manovra che un veicolo compie per invertire il senso di marcia ‖ rappresenta i suoni della vocale posteriore arrotondata di minima apertura [u] (*zuavo, mutare*) e, quando è seguita da vocale diversa da *u*, della approssimante labiovelare sonora [w] (detta anche semiconsonante) (*uomo, sguardo*). La vocale *u* può essere tonica o atona (*fiùme, òvulo*); in finale di parola (quando si tratti di parole dell'italiano) non è mai atona e, nel caso di alcuni monosillabi e di tutti i polisillabi, richiede obbligatoriamente la notazione grafica dell'accento (*giù, virtù*) ‖ per le sigle e le abbreviazioni in cui compare, v. la lista relativa.

u' [riduzione del lat. *ubi*; a. 1312] **avv.** *arc. lett.* dove: *u' siede il successor del maggior Pietro* (Dante) ‖ dovunque: *u' che s'aggira* (Dante).

uàdi [dall'ar. *wādī*, fiume; 1908] **sm.** *inv.* *T.geogr.* corso d'acqua temporaneo, asciutto nei periodi di siccità, tipico di regioni desertiche.

-uàle variante di *-àle*[1] (v.).

ubbìa [etim. inc.; a. 1400] **sf.** pregiudizio, opinione superstiziosa o infondata che è causa di paura o di avversione ingiustificata: *levati queste ubbie dalla testa* ‖ **N.** *Sin.* fisima.

ubbidiènte o **obbediènte** (*ppr.* di *ubbidire*) [sec. XIII *ubidente*] **agg.** che ubbidisce, e spec. che ha l'abitudine di ubbidire: *è un ragazzo ubbidiente* ‖ **N.** *Sin.* ligio, ossequente, osservante; deferente, disciplinato, docile, remissivo, rispettoso, soggetto, subordinato | *Contr.* disubbidiente.

ubbidiènza o **obbediènza** [dal lat. *oboedientia*; a. 1303] **sf.** **1.** qualità di chi è abitualmente ubbidiente: *l'ubbidienza è una delle virtù più difficili e necessarie* **2.** atto dell'ubbidire: *è tenuto all'ubbidienza*; *ubbidienza cieca* o *passiva*, quella di chi ubbidisce senza discutere gli ordini, astenendosi da ogni osservazione ‖ nel diritto canonico, rapporto di sottomissione tra i religiosi e i loro superiori; *per estens.* dipendenza assoluta da un'autorità (spec. con un'intonazione spreg.): *un partito di obbedienza sovietica* ‖ **N.** *Sin.* deferenza, disciplina, ossequio, sottomissione, subordinazione | assoluta.

ubbidìre o **obbedìre** (pres. *-ìsco, -ìsci*) [dal lat. *oboedīre*; a. 1250 *ubidire*] **intr.** (aus. *avere*) **1.** (anche *raro tr.*) comportarsi conformemente a ciò che qualcuno ci ha comandato o a ordini, regole: *ubbidire alla* (o, *ant.*, *la*) *mamma, ubbidire alle leggi*; *ubbidire ciecamente, prontamente, di malavoglia*; anche rif. ad animali addomesticati: *ubbidisce solo al padrone* ‖ *lett.* esser suddito: *i popoli che ubbidivano Roma* **2.** *per estens. fig.* di dispositivi, organi ecc., rispondere in modo corretto a sollecitazioni, comandi ecc.: *i freni non ubbidivano più, la mano non sempre ubbidisce all'artista* ‖ **N.** **1.** *Sin.* acconsentire, adempiere, assoggettarsi, cedere, chinare il capo, conformarsi, dar retta, inchinarsi, osservare, ottemperare, piegarsi, rimettersi, secondare, sottomettersi, sottostare | comando, ordine; docilità, rassegnazione, sottomissione | *Contr.* disubbidire.

ubbióso [da *ubbìa*; a. 1363] **agg.** *raro* **1.** che è pieno di ubbie **2.** che costituisce un'ubbia: *pensiero ubbioso.*

ubbligàre, **ubbrigàre** e der. forme arc. di OBBLIGARE e der. (v.).

ubbriàco e der. forme rare di UBRIACO e der. (v.).

ùbere [dal lat. *ūber, -is*; 1890] **agg.** *poet.* ubertoso, fertile: *l'ubere convalle* (Carducci) ‖ *superl.* ubèrrimo.

ubèro e **ubièro** [dall'ar. *hubārā*, ottarda, attr. lo sp. ant. *hobero*; 1550] **agg.** di mantello di cavallo che è un misto di peli bianchi e rossi.

ubertà [dal lat. *ubertas, -ātis*; 1321] **sf.** *lett.* fertilità del terreno: *ride alle valli d'ubertà floride* (Carducci) ‖ *per estens.* abbondanza, prosperità derivante dalla fertilità del terreno ‖ **N.** *Sin.* fecondità, produttività.

ubertosità [da *ubertoso*; 1875] **sf.** *lett.* qualità di ciò che è ubertoso.

ubertóso [da *ubertà*; a. 1348] **agg.** *lett.* **1.** fertile, produttivo: *terre ubertose* **2.** *raro* abbondante, copioso: *frutti ubertosi* ‖ *superl.* ubertosìssimo e ubèrrimo ‖ **N.** **1.** *Sin.* fecondo, florido | *Contr.* sterile **2.** *Sin.* ricco.

ubi (lat. pr. it. ['ubi]) [letter. dove] **I** **avv.** *arc.* dove **II** in funzione di **sm.** *inv. poet. raro* dove, luogo: *io l'ho visto / Là 've s'appunta ogne ubi e ogne quando* (Dante).

ubicàre (pres. *ùbico, ùbichi*) [dal lat. *ubi*; 1957] **tr.** *T.bur.* porre, situare, mettere.

ubicàto (*pps.* di *ubicare*) [1848] **agg.** *T.bur.* sito, collocato: *il complesso residenziale è ubicato alla periferia del centro urbano.*

ubicazióne [dal lat. *ūbi*, dove; 1812] **sf.** *T.bur.* posizione topografica di un terreno, un edificio, un complesso edilizio ecc.: *l'esatta ubicazione del fondo* ‖ **N.** *Sin.* luogo, posto, sito.

ubi consistam (lat., pr. it. ['ubi kon'sistam]) [letter. dove trovi appoggio] **loc. m.** *inv.* fondamento, punto di appoggio: *dammi l'ubi consistam e ti farò vedere di che cosa sono capace.*

ubidìre e der. forme arc. di UBBIDIRE e der. (v.).

ubiquìsta [dal lat. *ubīque*, in ogni luogo; 1961] **I** **s.** *T.rel.* ubiquitario **II** **agg.** detto di specie animale o vegetale diffusa in regioni e ambienti diversi.

ubiquità [dal lat. medievale *ubiquitas, -ātis*; 1749] **sf.** *lett.* rif. a Dio, l'essere presente dappertutto nel medesimo tempo ‖ *per estens.* l'essere presente nel medesimo tempo in più luoghi; anche *fam.*: *mi chiamate tutti insieme, ma non ho mica il dono dell'ubiquità!*

ubiquitàrio (pl. *-ri*) [da *ubiquità*; 1840] **I** **sm.** (f. *-a*) *T.rel.* appartenente a un'antica setta luterana che giustificava la presenza del Cristo nell'Eucarestia con il dono dell'ubiquità **II** **agg.** **1.** *T.rel.* relativo agli ubiquitari, proprio degli ubiquitari: *setta ubiquitaria* **2.** *T.rel.* proprio dell'ubiquità, relativo all'ubiquità ‖ *fig. scherz.* che è presente dappertutto.

ubriacaménto [da *ubriaco*; 1552] **sm.** *non com.* ubriacatura.

ubriacàre (pres. *-àco, -àchi*) [da *ubriaco*; 1879] **tr.** **1.** rendere ubriaco: *la birra ubriaca, lo ubriacarono per farlo parlare* **2.** *fig.* ottundere i sensi o la ragione; stordire, frastornare: *lo ubriacarono di lodi, l'amore l'ha ubriacato* ‖ **intr. pron.** divenire ubriaco: *bevve tanto che si ubriacò* ‖ **N.** **tr.** **1.** *Sin.* dare alla testa, inebriare, rendere ebbro | **intr. pron.** *Sin.* alzare il gomito, prendere una sbornia, prendere una scuffia.

ubriacatùra [da *ubriacare*; 1879] **sf.** l'effetto dell'ubriacare e dell'ubriacarsi; anche *fig.*: *ha preso un'ubriacatura per quella donna* ‖ **N.** *Sin.* ciucca, sbornia, sbronza, scuffia | allegra/triste, chiacchierina, solenne.

ubriachézza [da *ubriaco*; 1598] **sf.** lo stato di chi è ubriaco ‖ **N.** *Sin.* ebbrezza.

ubriàco (pl. *-chi*) [dal lat. *ebriācus*; 1353 *ubbriaco*] **I** **agg.** che, avendo ecceduto nel bere bevande alcoliche, è in stato di ebbrezza: *tornò a casa ubriaco*; *ubriaco fradicio*, molto ubriaco ‖ *fig.* esaltato da un qualche sentimento: *ubriaco d'amore, di lodi, d'ambizione, di sonno* **II** **sm.** (f. *-a*) persona ubriaca: *l'ubriaco rincasava traballando* ‖ **N.** **I** *Sin.* alticcio, avvinazzato, brillo, ebbro | *Contr.* sobrio.

ubriacóne [da *ubriaco*; 1686] **sm.** (f. *-a*) chi ha il vizio di ubriacarsi, beone ‖ **N.** *Contr.* astemio.

uccellàbile [da *uccellare*; a. 1565] **agg.** *raro* che si può più o meno facilmente uccellare.

uccellagióne [da *uccellare*; a. 1444] **sf.** **1.** *concr.* i volatili catturati cacciando **2.** *propr.*, meno com., caccia agli uccelli effettuata con qualsiasi mezzo (rete, lacci ecc.) per catturarli vivi || *per estens. raro* periodo dell'anno in cui è permessa l'uccellagione || **N. 1.** *Sin.* uccellame; cacciagione, selvaggina **2.** *Sin.* aucupio.

uccellàia [da *uccello*; a. 1470 nel senso 2] ***sf.*** **1.** gran numero di uccelli **2.** *T.cacc.* luogo in cui ci si apposta per catturare uccelli vivi **3.** *fig. arc.* raggiro, inganno || **N. 2.** *Sin.* uccellanda.

uccellàio (pl. *-ai*) [da *uccello*; 1950] ***sm.*** (f. *-a*) allevatore e venditore di uccelli.

uccellàme [da *uccello*; a. 1565] ***sm.*** i volatili catturati e uccisi a caccia || **N.** *Sin.* uccellagione.

uccellaménto [da *uccellare*; sec. XIV nel senso 1; a. 1543 nel senso 2] ***sm.*** **1.** *non com.* atto dell'uccellare **2.** *fig. ant.* beffa.

uccellànda [da *uccellare*; 1884] ***sf.*** *T.cacc.* postazione fissa attrezzata per la cattura di uccelli || **N.** *Sin.* uccellaia.

uccellàre (pres. *-èllo*) [da *uccello*; sec. XIII] ***intr.*** (aus. *avere*) **1.** andare a caccia di uccelli, spec. con reti, pania, laccioli e sim., ma senza armi da fuoco: *uccellare ai tordi* || *fig. disus. uccellare a pispole*, si dice di chi perde il suo tempo dietro lavori che rendono guadagni meschini **2.** *fig. ant.* andare a caccia di qualcosa, cercare di ottenerla con ogni mezzo: *uccellare agli onori, alle alte cariche* || ***tr.*** *fig. ant.* ingannare con lusinghe || **N. *intr.* 1.** *Sin.* cacciare | ***tr.*** *Sin.* allettare, beffare, burlare.

uccellatóio (pl. *-ôi*) [da *uccellare*; a. 1584] ***sm.*** uccellanda.

uccellatóre [da *uccellare*; a. 1294] ***sm.*** (f. *-trìce*) **1.** chi pratica l'uccellagione **2.** *fig. ant.* chi va a caccia di benefici, rendite e sim. **3.** *fig. ant.* chi beffa, tende inganni e sim. || **N. 1.** *Sin.* cacciatore.

uccellatùra [da *uccellare*; 1666] ***sf.*** **1.** *raro* uccellagione (nel senso 2) **2.** *fig. arc.* beffa, inganno.

uccellétto (*dim.* di *uccello*) [a. 1294] ***sm.*** **1.** piccolo uccello **2.** *tosc. fagioli all'uccelletto*, lessati, soffritti in olio, pepe, salvia e sugo di pomodoro.

uccellièra [da *uccello*; 1598] ***sf.*** grande gabbia o apposito luogo chiuso in cui si tengono vivi gli uccelli || **N.** *Sin.* aviario, voliera; muda.

uccellìna [da *uccello*; 1889] ***sf.*** *T.mar.* vela di bel tempo, spec. quella di strallo, montata tra la maestra e il trinchetto.

uccellinàre (pres. *-ìno*) [da *uccellino*; 1961] ***tr.*** e ***intr.*** (aus. *avere*) catturare vivi piccoli uccelli.

uccellìno (*dim.* di *uccello*) [1319] ***sm.*** **1.** uccello di piccola mole **2.** piccolo di uccello: *gli uccellini nel nido* **3.** spec. *pl.* uccello come oggetto di cacciagione, uccelletto: *uccellini allo spiedo.*

uccèllo [lat. tardo *aucellus*; 1294] ***sm.*** **1.** animale vertebrato, oviparo, omeotermo, dotato di becco e di due paia di arti (quelli anteriori trasformati in ali e quelli posteriori adatti alla deambulazione), con il corpo ricoperto da piumino, piume e penne: *uccelli migratori, rapaci, notturni, da richiamo* || *pl. T.zool.* la superclasse che comprende tali animali || nella denominazione di particolari specie e generi di Uccelli: *uccello mosca*, colibrì; *uccello del paradiso*, paradisea, uccello tropicale con bellissimo piumaggio; *uccello delle tempeste*, procellaria || specialità culinaria: *polenta e uccelli* || in vari modi di dire anche *fig.*: *a volo d'uccello*, dall'alto e molto rapidamente, senza soffermarsi: *dare uno sguardo a volo d'uccello*; *a becco d'uccello*, a forma di becco d'uccello; *uccello del malaugurio*, detto di chi predice sempre disgrazie; *uccel di bosco*, fuggitivo, latitante, detto di chi si rende irreperibile; *essere libero come un uccello*: non avere impedimenti di nessun genere, non essere soggetto a nessuno || *prov. meglio uccel di bosco che uccel di gabbia*, meglio liberi e nei guai che prigionieri e servi **2.** *pop. volg.* pene || *dim.* uccellìno, uccellétto, uccellùccio; *accr.* uccellóne; *pegg.* uccellàccio || **N. 1.** *Sin.* pennuto, volatile | acquatici, avventizi, canterini, corridori, di passo, di primo volo, diurni, implumi, migratori, notturni, rapaci, sedentari, selvatici, stazionari, terragnoli | ali, artigli, becco, calugine, caruncola, catriosso, ciuffo, coda, codrione, cresta, gozzo, lanugine, palma, penne remiganti, piume, rostro, sprone, ventriglio | beccare, bezzicare, cantare, cinguettare, covare, fischiare, frullare, gracchiare, mudare, nidificare, pigolare, raspare, razzolare, schiamazzare, spincionare, stendere le ali, stridere, tronfiare, tubare, zirlare | canto, ciangottio, cinguettio, chioccolo, chiurlo, fischio, garrito, gemito, gorgheggio, gracchiamento, grido, passerio, pigolio, trillo, zirlo; calcinaccio, frullo, stormo; caccia, richiamo, uccellagione, zimbello; gabbia, gruccia, nido, posatoio, uccelliera, voliera; ornitologia, ornitomanzia. **TAV. *uccelli* p. 1338 sg.**

-ucchiàre [comp. del suff. nominale lat. *-uculus*, -ucchio e di *-are*] ***suff.*** verbale che modifica il senso del verbo di base attribuendogli un valore insieme diminutivo o attenuativo e frequentativo (*mangiucchiare*) o peggiorativo (*baciucchiare*) || **N.** -acchiare.

uccìdere (p.rem. *uccìsi, uccidésti, uccìse, uccìsero*; pps. *uccìso*) [lat. *occīdere*; 1308] ***tr.*** **1.** togliere la vita: *lo uccise con una revolverata, Caino uccise il fratello, l'ha uccisa un'overdose* || anche rif. a vegetali, a esseri viventi non umani: *uccise il serpente schiacciandogli la testa, il gelo uccide le piante* **2.** *fig.* rif. a beni non materiali, soffocare, distruggere: *regimi politici che uccidono ogni forma di libertà, le gravi imposte uccidono i commerci* || ***rifl.*** togliersi la vita, suicidarsi || ***rec.*** togliersi la vita a vicenda: *si sono uccisi in duello* || **N. *tr.* 1.** *Sin.* abbattere, accoltellare, accoppare, affogare, ammazzare, annegare, assassinare, avvelenare, dar la morte, decapitare, fare la festa, fare la pelle, fare una carneficina, fare un'ecatombe, fare un eccidio, fare un macello, fare uno sterminio, finire, freddare, fucilare, impiccare, massacrare, sbudellare, scannare, sgozzare, soffocare, sopprimere, stecchire, stendere, sterminare, strangolare, trucidare **2.** *Sin.* abolire, annullare, eliminare, estinguere, sopprimere. **Q.T.** *zoologia.*

uccidiménto [da *uccidere*; sec. XIV] ***sm.*** *ant.* uccisione.

ucciditóre [da *uccidere*; 1336 ca.] ***sm.*** (f. *-trìce*) *ant.* uccisore.

ùccio (pl. m. *-ci*, pl. f. *-ce*) [da *-uccio*; 1879] ***agg.*** *fam. disus.* per sottolineare il carattere misero, meschino, scadente di ciò di cui si parla: *questo vino è proprio uccio, tuo figlio ha fatto un esamuccio, ma uccio uccio.*

-ùccio (pl. m. *-ci*, pl. f. *-ce*) o **-ùzzo** [lat. *-ūceus*] ***suff.*** (f. *-a*) di aggettivi e sostantivi, usato per formare i vezzeggiativi (*pietruzza, fredduccio*) che però assai spesso assumono valore spregiativo: *gentuccia meschina, indossava un vestituccio grigio e consunto.*

uccisióne [lat. *occīsio, -ōnis*; sec. XIV] ***sf.*** atto dell'uccidere: *vendicò l'uccisione del figlio* || **N.** *Sin.* ammazzamento, assassinio, carneficina, ecatombe, eccidio, fratricidio, infanticidio, macello, massacro, matricidio, omicidio, parricidio, regicidio, sororicidio, sterminio, strage, suicidio, tirannicidio, uxoricidio | colposa, delittuosa, involontaria, premeditata, preterintenzionale, proditoria.

uccìso (*pps.* di *uccidere*) [1374] **I *agg.*** che è stato ucciso **II *sm.*** (f. *-a*) chi è stato ucciso: *il cadavere dell'ucciso* || **N. II** *Sin.* vittima.

uccisóre [lat. *occīsor, -ōris*; 1581] ***sm.*** (f. *uccidìtrice*) chi uccide o ha ucciso || **N.** *Sin.* assassino, omicida.

-ùcolo [dal lat. *-uculus*] ***suff.*** (f. *-a*) altera in senso diminutivo-spregiativo il nome di base: *paesucolo, pittorucolo.*

ucràino o **ucraìno** [dal russo *ukrájnej*; 1860 *ucranio*] **I *agg.*** dell'Ucraina, regione storica dell'Europa Orientale **II *sm.*** **1.** (f. *-a*) nativo o abitante dell'Ucraina **2.** (solo *sing.*) lingua slava del gruppo orientale parlata in Ucraina.

udìbile [dal lat. tardo *audībilis*; a. 1406] ***agg.*** che si può udire.

udibilità [da *udibile*; 1961] ***sf.*** qualità di ciò che è udibile: *l'udibilità di un suono*; *soglia di udibilità*, il più basso livello di intensità a cui un suono può essere percepito dall'orecchio umano.

udiènza [dal lat. *audientia*; 1321 *audienza*] ***sf.*** **1.** il prestare ascolto a qualcuno, com. solo in alcune espr.: *dare udienza; chiedere, concedere (un') udienza*, il permesso di essere ammesso alla presenza di un'autorità e di poterle parlare: *il ministro gli concesse (un') udienza*; *avere udienza presso qualcuno*, essere in grado di parlargli quando lo si desidera e, *per estens.*, avere autorità su qualcuno, esserne ascoltato **2.** *T.giur.* periodo di tempo — nell'arco della giornata — in cui si svolge l'attività giudiziaria diretta alla celebrazione dei dibattimenti relativi ai processi civili e penali: *udienza pubblica, a porte chiuse*, a seconda che il pubblico sia ammesso ad assistervi o meno; *sospendere l'udienza, sala delle udienze, oggi c'è udienza in pretura* || *T.giur. udienza preliminare*, udienza tenuta da un giudice singolo per decidere se rinviare a giudizio, proseguendo il processo, o prosciogliere l'imputato **3.** *raro* uditorio: *l'udienza radiofonica* || **N. 1.** *Sin.* adunanza, colloquio, convegno, seduta | accordare, aprire, chiedere, chiudere, concedere, dare, negare, sollecitare | parlatorio, pretorio. **Q.T.** *diritto.*

udìre (pres. *òdo, òdi, òde, udiàmo, udìte, òdono*; fut. *udirò* o *udrò, udirài* o *udrài*; cong. pres. *òda, udiàmo, udiàte, òdano*; cond. pres. *udirèi* o *udrèi*; ppr. *udènte* o *raro udiènte*; pps. *udìto*) [dal lat. *audīre*; 1294 nel senso 2] ***tr.*** **1.** percepire un suono, un rumore e sim. per mezzo dell'organo di senso dell'udito: *ho udito un tonfo, una parola, qualcuno chiedere aiuto* **2.** *per estens.* venire a sapere: *ho udito della tua promozione* **3.** *per estens. fig.* prestare ascolto, esaudire: *Dio udì le sue preghiere* || **N. 1.** *Sin.* avvertire, intendere, percepire, sentire | duro d'orecchio, sordo | intronare, stordire | audizione | inaudito | ORECCHIO.

udìta [da *udire*; 1306] ***sf.*** il fatto dell'udire, solo in alcune espr.: *testimonio d'udita*, chi attesta di aver sentito raccontare il fatto, senza però avere assistito; *per udita*, per sentito dire.

uditìvo [da *udito*; a. 1565] ***agg.*** che concerne l'udito: *organo uditivo, potenza uditiva.*

udìto [dal lat. *audītus*; 1300 ca.] ***sm.*** la facoltà e la funzione sensoriale di percepire suoni e rumori, specifiche degli uomini e di alcune specie animali: *il senso dell'udito, perder l'udito, aver l'udito fine, esser duro d'udito* || **N.** ORECCHIO | udire | acumetria, iperacusia, sordità. **Q.T.** *anatomia* **TAV. *anatomia* p. 642** 18.

uditòfono [da *udito*, su modello di *microfono*; 1961] ***sm.*** apparecchio acustico che funziona mediante un piccolo amplificatore elettrico e un minuscolo altoparlante adattabile all'orecchio di chi è debole d'udito.

uditoràto [da *uditore*; 1666] ***sm.*** *T.giur. non com.* grado e ufficio di uditore.

uditóre [dal lat. *audītor, -ōris*; 1308] ***sm.*** (f. *-trìce*) **1.** chi ode, chi ascolta: *deliziò gli uditori* **2.** chi è ammesso a frequentare le lezioni di una scuola, senza per altro potersi presentare agli esami e conseguire il titolo di studio relativo **3.** *T.giur.* qualifica di alcuni magistrati; *in part. uditore della Sacra Rota*, magistrato del Tribunale ecclesiastico della Sacra Rota || il primo grado della carriera di magistrato in Italia: *concorso per cento posti di uditore giudiziario* || **N.** **1.** *Sin.* ascoltatore | uditorio **3.** udienza.

uditòrio (pl. *-ri*) [dal lat. *auditōrium*; 1653] **I** *sm.* l'insieme di coloro che, raccolti in un luogo, stanno a udire un concerto, una conferenza, un discorso e sim. **II** *agg.* *raro* dell'udito; uditivo.

udizióne [lat. *audītio, -ōnis*; a. 1558] *sf.* *raro* audizione.

udometrìa [comp. del lat. *ūdum*, umidità e *-metria*; 1961] *sf.* pluviometria.

udomètrico (pl. *-ci*) [comp. del lat. *ūdum*, umidità e *-metrico*; 1930] *agg.* pluviometrico.

udòmetro [comp. del lat. *ūdum*, umidità e *-metro*; 1840] *sm.* pluviometro.

uè [voce onom.; 1961] voce onom., usata perlopiù ripetuta, imitante il vagito.

uff o **ùffa** [voce onom.; 1891] *escl.* usata per esprimere noia, impazienza: *uffa! che barba!*

ufficiàle[1] [dal lat. *officiālis*; 1812] *agg.* **1.** emanante dall'autorità competente e, perciò, di autenticità garantita: *notizia ufficiale, atti ufficiali, Gazzetta Ufficiale* **2.** che è fatto seguendo un determinato protocollo, spec. da parte di enti pubblici o di loro rappresentanti: *visita, discorso ufficiale; ho ricevuto l'invito ufficiale al ricevimento dell'ambasciatore* || *per estens.* che è detto o fatto pubblicamente e seguendo determinate formalità: *fidanzamento ufficiale, ingresso ufficiale in società; classifica, graduatoria ufficiale,* comunicata ufficialmente dagli organizzatori di tornei, campionati sportivi ecc.; *incontro, gara ufficiale,* validi ai fini di un torneo, un campionato e sim. || **ufficialménte** *avv.* **1.** in modo ufficiale **2.** da un punto di vista ufficiale: *ufficialmente è morto* || **N.** **2.** *Sin.* autorevole, solenne | *Contr.* amichevole, confidenziale, privato, ufficioso.

ufficiàle[2] [lat. tardo *officiālis*; 1308] *sm.* **1.** chi esercita un pubblico ufficio: *ufficiale postale, ufficiale di Stato Civile* || *T.giur.* *pubblico ufficiale,* chi è rivestito di pubbliche funzioni, anche temporanee, a servizio della Pubblica Amministrazione o di enti pubblici; *ufficiale giudiziario,* addetto a una magistratura con funzioni ausiliarie (assistenza al giudice in udienza, notifica degli atti ecc.) **2.** *T.mil.* nome generico di tutti quei militari che vanno dal grado di aspirante sottotenente (nell'Esercito) o di aspirante guardiamarina (nella Marina) in su: *ufficiali inferiori, superiori, generali; la mensa degli ufficiali* || *Cavaliere Ufficiale,* negli ordini cavallereschi, grado superiore a quello di cavaliere; *Grande Ufficiale,* grado superiore a commendatore || *dim.* ufficialétto, ufficialino. **Q.T.** *forze armate.*

ufficialéssa [da *ufficiale*²; 1940] *sf.* **1.** *raro* donna che riveste una funzione di pubblico ufficiale **2.** *raro scherz.* moglie di un ufficiale.

ufficialità[1] [da *ufficiale*¹; 1851] *sf.* qualità di ciò che è ufficiale: *l'ufficialità della notizia.*

ufficialità[2] [da *ufficiale*²; 1875] *sf.* gli ufficiali nel loro complesso.

ufficializzàre [da *ufficiale*¹; 1968] *tr.* rendere pubblico, ufficiale qualcosa.

ufficiànte v. OFFICIANTE.

ufficiàre (pres. *-ìcio*) [da *ufficio*; sec. XIV nel senso 1; 1824 nel senso 2] *tr.* **1.** *non com.* *T.eccl.* officiare **2.** *T.bur.* sollecitare cortesemente, invitare, raccomandare, pregare: *fu ufficiato il Prefetto perché intervenisse alla cerimonia* || *intr.* (aus. *avere*) *T.eccl.* officiare.

ufficiàto (*pps.* di *ufficiare*) [a. 1396] *agg.* *T.eccl.* *chiesa ufficiata,* dove si celebrano le sacre funzioni.

ufficiatóre [da *ufficiare*; sec. XIV] *agg.* e *sm.* (f. *-trice*) *raro* chi o che ufficia.

ufficiatùra [da *ufficiare*; a. 1600 *uficiatura*] *sf.* *T.eccl.* *ant.* celebrazione un ufficio divino.

ufficio (pl. *-ci*) [dal lat. *officium*; 1306 *officio* nel senso 5; a. 1729 *uffizio* nel senso 1] *sm.* **1.** locale o gruppo di locali in cui si svolgono attività di tipo impiegatizio e, *per estens.*, lavori di tipo intellettuale: *arrivò tardi in ufficio; l'ufficio postale, del direttore* || il complesso del personale e dei servizi relativi a uno specifico settore di questo tipo di attività: *l'ufficio tecnico del Comune, l'organico dell'ufficio vendite dell'azienda, l'ufficio stampa di un'azienda, l'ufficio del Genio Civile; per estens.* da: **2.** incarico, ruolo, spec. nell'ambito di un'organizzazione: *sospendere qualcuno dall'ufficio; conferire, accettare un ufficio; doveri d'ufficio; provvedere d'ufficio,* nelle forme e nei modi che l'ufficio richiede, valendosi dell'autorità che l'ufficio consente; *avvocato d'ufficio,* scelto dal magistrato per la difesa di un imputato che non può o non vuole provvedervi **3.** *disus.* dovere o complesso di doveri connessi alla propria posizione sociale o professionale: *l'ufficio di un buon padre, del legislatore, del giudice* **4.** interessamento, intervento, ormai solo nella loc. *buoni uffici*: *è riuscito a uscirne solo grazie ai buoni uffici di un amico; interporre i propri buoni uffici,* adoperarsi in favore di qualcuno presso qualcun'altro **5.** *T.eccl.* *ufficio* (*divino*), l'insieme delle preghiere contenute nel breviario che il clero e i religiosi hanno l'obbligo di recitare durante la giornata alle ore canoniche || rito propiziatorio per i defunti: *ufficio funebre* || **N.** **1.** centrale, locale, periferico, principale, privato, pubblico | sede principale, succursale; orario; collega, principale, sottoposto, subordinato, superiore **2.** *Sin.* funzione, impiego, incarico, incombenza, magistratura, missione, occupazione, posto, segreteria, servigio, sinecura | assumere, attribuire, conferire, delegare, deporre, destituire, dispensare, eleggere, esentare, incaricare, investire, nominare, revocare, rimuovere, sospendere | attribuzioni, dimissioni, doveri, facoltà, prerogative; concussione, corruzione, peculato.

ufficiosità [da *ufficioso*; 1942] *sf.* carattere di ciò che è ufficioso: *l'ufficiosità di un'informazione.*

ufficióso [dal lat. *officiōsus*; sec. XIV nel senso 2; 1831 *officioso* nel senso 1] *agg.* **1.** di notizia, comunicazione e sim., che, pur non provenendo direttamente dall'autorità competente, proviene da fonti a essa vicine e perciò, pur non essendo indubbiamente sicura, ha molte probabilità di esser vera: *comunicazione ufficiosa; venir a sapere una notizia in via ufficiosa* **2.** *raro* servizievole, che si presta di buon grado, estremamente cortese || *bugia ufficiosa,* che viene detta a fin di bene, pietosa || **ufficiosaménte** *avv.* in forma o per via ufficiosa || **N.** **1.** *Sin.* confidenziale **2.** *Sin.* officioso, premuroso.

uffìzio e der. forme lett. di UFFICIO e der. (v.).

ùfo[1] [voce onom.; a. 1676] solo nella *loc. avv.* *a ufo,* a spese altrui, a sbafo: *mangiare a ufo.*

ùfo[2] o **UFO** [acronimo dell'ingl. *U*(*nidentified*) *F*(*lying*) *O*(*bject*), oggetto volante non identificato; 1963] *sm. inv.* **1.** ogni oggetto volante osservato in cielo e non identificato **2.** oggetto volante o essere vivente extraterrestre.

ufologìa [comp. di *ufo*² e *-logia*; 1968] *sf.* **1.** studio degli ufo, delle loro apparizioni sulla Terra e dei fenomeni ad essi legati **2.** letteratura o pubblicistica relativa agli ufo.

ufològico (pl. *-ci*) [da *ufologia*; 1972] *agg.* relativo agli ufo e all'ufologia.

ufòlogo (pl. *-gi*) [da *ufologia*; 1967] *sm.* (f. *-a*) studioso, esperto o appassionato di ufo e di ufologia.

ufonàuta [comp. di *ufo*² e del lat. *nauta*, navigante; 1983] *s.* ipotetico astronauta che viaggia sugli ufo.

ugandése [dal n. geogr. *Uganda*; 1965] **I** *agg.* dell'Uganda, repubblica dell'Africa orientale **II** *s.* nativo o abitante dell'Uganda.

ugèllo [etim. sconosciuta; 1798] *sm.* *T.mecc.* condotto opportunamente sagomato in modo da favorire la fuoriuscita di un fluido da un recipiente, una conduttura ecc.: *gli ugelli degli iniettori del motore diesel.* **TAV.** *agricoltura* 6.1; *elettrodomestici* 4.7; ***astronautica*** **p. 655** 12.12, 12.13.

ùggia (pl. *-ge*) [lat. volg. **udia*, frescura; a. 1320 nel senso 2] *sf.* **1.** *fig.* noia, fastidio: *il brutto tempo mette l'uggia addosso, leggo per far passare l'uggia* || *prendere, avere in uggia,* rif. a cosa o persona, non poterla sopportare **2.** *propr.* *raro* ombra, mancanza di luce nociva alla vegetazione: *tutti questi alberi danno uggia ai fiori* || *dim.* uggerèlla || **N.** **1.** *Sin.* antipatia, avversione, fastidio, odio, tristezza.

uggiàre (pres. *-ùggio*) [da *uggia*; 1879] *tr.* *ant.* aduggiare.

uggiolaménto [da *uggiolare*; 1879] *sm.* *raro* atto dell'uggiolare.

uggiolàre (pres. *ùggiolo*) [dal lat. *eiulāre*; 1612] *intr.* (aus. *avere*) del cane, mugolare, guaire in modo lamentoso.

uggiolìo (pl. *-ìi*) [da *uggiolare*; 1863] *sm.* *non com.* un uggiolare continuo o perlomeno frequente.

uggiosità [da *uggioso*; 1879] *sf.* *non com.* qualità di ciò che è uggioso.

uggióso [da *uggia*; a. 1850] *agg.* che dà uggia, quasi solo in senso *fig.*: *tempo uggioso* || **uggiosaménte** *avv.* || *dim.* uggiosétto, uggiosino; *pegg.* uggiosàccio || **N.** *Sin.* malinconico, noioso, pesante, tedioso.

uggìre (pres. *-ìsco, -ìsci*) [da *uggia*; 1842] *tr.* *raro* dare uggia: *i tuoi discorsi mi uggiscono* || **N.** *Sin.* aduggiare; annoiare, infastidire, intristire, irritare, tediare.

ùgna *sf.* *pop.* o *poet.* v. UNGHIA.

ugnàre [da *ugna*; 1840] *tr.* *ant.* augnare.

ugnatùra [da *ugna*; 1568] *sf.* **1.** augnatura **2.** unghiatura.

ugnèlla o **unghièlla** [da *ugna*; a. 1696 nel senso 2] *sf.* **1.** *T.oref.* scalpello degli orefici per intagliare l'acciaio **2.** sorta di escrescenza cornea nelle gambe dei cavalli e sim.

ugnèllo (*dim. raro* di *ugna*) [a. 1735] *sm.* unghiello.

ùgnere *tr.* *ant.* v. UNGERE.

ugnétto o **unghiétto** [da *ugna*; 1681] *sm.* scalpello schiacciato in punta per fare scanalature.

ugnòlo [da *ugna*; 1879] *sm.* *raro* unghiello, spec. di uccelli: *ugnoli d'arpie* (Carducci).

ùgola [dal lat. tardo *ūvula*; sec. XIV] *sf.* *T.anat.* appendice del velo palatino, di forma conica, molle, carnosa, che separa la bocca dalla faringe: *ingrossamento dell'ugola* || nel linguaggio comune, *per meton.*, gola: *rinfrescare l'ugola, bagnare l'ugola,* bere; *ugola d'oro,* di cantante dalla voce particolarmente bella || **N.** epiglottide. **TAV.** *fonetica...* 1.4; ***anatomia*** **p. 642** 21.10.

ugonòtto [dal fr. *huguenot*; a. 1566] *sm.* (f. *-a*) *T.stor.* nome dato in Francia ai protestanti calvinisti || anche *agg.* relativo agli ugnotti.

ùgrico (pl. *-ci*) [dall'etnico *Ugri*, ant. popolo ucraino; 1937] *agg.* *T.ling.* che fa parte di un sottogruppo della famiglia linguistica ugrofinnica.

ugrofìnnico o **ùgro-fìnnico** (pl. *-ci*) [comp. dell'etnico *ugro*, ant. popolo ucraino e *finnico*; 1929] **I** *agg.* relativo a un gruppo di popoli anticamente stanziati tra l'Europa nord-orientale e la Russia, poi dispersi in Europa settentrionale e orientale (fra questi Ungheresi, Finlandesi, Estoni e Lapponi): *migrazioni, lingue ugrofinniche* **II** *sm.* **1.** (f. *-a*) chi appartiene alle popolazioni ugro-finniche **2.** (solo *sing.*) gruppo di lingue della famiglia uralica, comprendente il finnico, l'estone, l'ungherese e il lappone.

uguagliaménto o **eguagliaménto** [da *uguagliare*; 1840] **sm.** *non com.* l'atto e l'effetto dell'uguagliare.

uguagliànza o **eguagliànza** [da *uguagliare*; sec. XIV] **sf.** **1.** relazione tra cose (o persone ecc.) uguali: *la perfetta uguaglianza delle nostre vedute, dei loro compiti in classe* ‖ in senso politico-sociale, assenza, nell'ambito di un gruppo sociale, di differenze tra i suoi componenti che inducano a ritenere legittimi trattamenti politici, sociali o giuridici differenziati: *l'uguaglianza di tutti i cittadini di fronte alla legge* ‖ *T.mat.* tipo di relazione di equivalenza, definita diversamente in ciascuna teoria matematica e anche, *concr.*, espressione i cui membri sono collegati dal segno *uguale* (detto anche, appunto, *segno d'uguaglianza*, denotato con il simbolo "="); per es., in geometria piana, la relazione sussistente tra due figure quando sono perfettamente sovrapponibili l'una all'altra **2.** *per estens. raro* assenza di dislivelli, asperità e sim.: *l'uguaglianza del terreno* ‖ **N.** **1.** *Sin.* coincidenza, conformità, congruenza, corrispondenza, identità, parità, uniformità | *Contr.* disuguaglianza, ineguaglianza.

uguagliàre o **eguagliàre** (pres. *-àglio*) [lat. volg. **aequaliāre*; sec. XIII *ugualliare*] **tr.** **1.** raggiungere un livello uguale a quello già raggiunto da altri: *ben presto uguaglierà e magari supererà il suo maestro, non si riuscirà mai a uguagliare un simile risultato; uguagliare un record, un primato*, in prove sportive, raggiungere lo stesso risultato **2.** rendere due o più elementi uguali tra loro: *uguagliare le dimensioni di due oggetti* **3.** considerare uguale, paragonare, assimilare (a un termine di riferimento): *nessun filosofo può essere uguagliato a Hegel* **4.** rendere uniforme, eliminare asperità, dislivelli e sim.: *uguagliare la frangia, uguagliare un po' la pista di discesa* ‖ **N.** **2.** *Sin.* far coincidere, far collimare, far concordare, far corrispondere, rendere equivalente | *Contr.* diversificare **3.** *Sin.* assimilare, paragonare **4.** *Sin.* livellare, pareggiare, ragguagliare, spianare.

uguagliatóre [da *uguagliare*; 1865] **agg.** e **sm.** (f. *-trìce*) *non com.* chi o che uguaglia: *legge uguagliatrice.*

uguàle o **eguàle** [dal lat. *aequālis*; 1282] **I** **agg.** **1.** indistinguibile da un altro (per gli aspetti che vengono presi in considerazione, implicitamente o esplicitamente): *ho un'auto uguale alla tua; oggetti di forma, colore, materiale uguale* (o, anche, *uguali per forma, colore, materiale*); *quei gemelli sono quasi uguali*, sono molto simili l'uno all'altro; nei modi di dire: *uguali come due gocce d'acqua*, assolutamente identici; *per me* (*te* ecc.) *è uguale*, è la stessa cosa, fa lo stesso, è indifferente ‖ *T.mat.* che sta, rispetto a un altro elemento, in una relazione di uguaglianza: *triangoli uguali* ‖ *per estens.* che non presenta differenze significative dal particolare punto di vista che si ha in mente: *gli uomini sono tutti uguali, ogni metropoli è uguale a tutte le altre* **2.** che è nella stessa relazione con tutti, che si mantiene identico a se stesso: *la legge è uguale per tutti; sei sempre uguale*, non sei affatto cambiato (riferito sia al carattere che all'aspetto esteriore) ‖ **ugualménte** o **egualménte** **avv.** **1.** in modo uguale **2.** nonostante ciò, lo stesso: *non è esattamente ciò di cui avevo bisogno ma vi ringrazio ugualmente, riuscirò ugualmente a farcela anche senza di te* **II** **sm.** *T.mat.* il simbolo dell'uguaglianza (=) ‖ **s.** spec. *pl.* **1.** chi è, rispetto a un altro o rispetto a molti altri, sullo stesso livello, nelle stesse condizioni: *matrimoni tra uguali*, tra persone dello stesso rango, dello stesso ceto sociale; *l'ideale di una società di uguali; non ha uguali*, nessun altro è al suo livello **2.** *per anton. gli Uguali*, i Giacobini seguaci di G. Babeuf, in quanto fautori di un'assoluta uguaglianza politica ed economica **III** **avv.** *fam.* non diversamente: *su questo fatto la penso uguale a te* ‖ **N.** **I** **1.** *Sin.* identico, tale e quale; coincidente | *Contr.* DIVERSO **2.** il medesimo, lo stesso.

ugualità [da *uguale*; 1525] **sf.** *raro* uguaglianza.

ugualitàrio V. EGUALITARIO.

ugualitarìsmo V. EGUALITARISMO.

ugualiẓẓànte (*ppr.* di *ugualizzare*) [1985] **sm.** nell'industria tessile, prodotto con cui si conferisce tono uniforme di colore ai tessuti.

ugualiẓẓàre [da *uguale*; 1985] **tr.** nell'industria tessile, trattare i tessuti con ugualizzanti.

uguànno o **unguànno** [lat. *hoc anno*; 1283] **sm.** *arc.* quest'anno.

uh [voce onom.; a. 1492] **escl.** di sorpresa, stupore: *uh, chi si vede!*

uhm [voce onom.; 1879] **escl.** esprimente dubbio, sospetto, indecisione: *uhm, non mi convince!*

uistitì [da una voce indigena brasiliana, attr. il fr. *ouistiti*; 1839] **sm.** *inv.* scimmia platirrina amazzonica di piccola o media taglia, di colore grigio o bruno.

ukaz (russo, pr. [u'kas]) o **ukàṣe** [dal russo *ukazát*, disporre, ordinare; 1785] **sm.** *inv.* **1.** editto dello zar **2.** *per estens.* disposizione autoritaria, ultimatum.

ukulèle [dall'hawaiano *ukulele*, propr. pulce; 1931] **sm.** o **sf.** *inv.* chitarra hawaiana a quattro corde.

ùlama V. ULEMA.

ulàno [dal turco *oğlan*, ragazzo; a. 1764] **sm.** *T.mil.* soldato di cavalleria di origine tartara, particolarmente abile nell'uso della lancia, arruolato nell'esercito polacco e poi, fino alla prima Guerra Mondiale, anche in quelli austriaco, tedesco e russo.

ùlcera (pl. *ùlcere*, raro *ùlceri*) [dal lat. *ulcus, -eris*; 1474] **sf.** *T.med.* piaga, tipica di mucose o tessuti interni, con scarsa tendenza a cicatrizzarsi: *un'ulcera allo stomaco* ‖ *com.* l'ulcera duodenale o gastrica: *avere l'ulcera* ‖ *dim.* ulcerétta, ulcerìna ‖ **N.** fistola | cancrenosa, cronica, molle, perforante | cauterio, stuello.

ulceraménto [da *ulcerare*; a. 1698] **sm.** *raro* ulcerazione.

ulceràre (pres. *ùlcero*) [dal lat. *ulcerāre*; 1568] **tr.** ledere producendo un'ulcera ‖ **intr.** (aus. *essere*) degenerare in ulcera ‖ **intr. pron.** esser leso da un'ulcera, subire un'ulcerazione ‖ **N.** *Sin.* esulcerare, incancrenire, marcire, piagare.

ulceratìvo [da *ulcerare*; 1842 nel senso 2] **agg.** **1.** *T.med.* che provoca ulcere: *sostanza ulcerativa* **2.** *T.med.* che si riferisce a ulcera: *processo ulcerativo.*

ulceràto (*pps.* di *ulcerare*) [a. 1320] **agg.** **1.** *T.med.* che è leso da ulcere: *bocca ulcerata* **2.** *non com. lett. fig.* straziato: *te lo dico col cuore ulcerato* ‖ **N.** **2.** *Sin.* esulcerato, piagato.

ulcerazióne [dal lat. *ulcerātio, -ōnis*; a. 1320] **sf.** il processo di formazione di un'ulcera ‖ *concr.* ulcera.

ulceróso [dal lat. *ulcerōsus*; a. 1320 nel senso 2] **agg.** **1.** *T.med.* che è leso da ulcera; ulcerato **2.** *T.med.* affetto da ulcera gastrica o duodenale (anche *sm.*).

ulèma o **ùlema** o **ùlama** [dall'ar. *'lama*, i saggi; 1840] **sm.** *inv.* nel mondo islamico, giudice e dottore di teologia e di giurisprudenza.

ulìgine [dal lat. *ulīgo, -inis*; a. 1320] **sf.** *lett. non com.* umidità naturale della terra.

uliginóso [da *uligine*; 1598] **agg.** *lett.* di terreno, umido ‖ *pianta uliginosa*, che cresce in terreni umidi.

uliménto [da *aulire*; 1300 ca.] **sm.** *arc.* odore.

ulimìre [da *ulimento*; a. 1406] **intr.** (aus. *avere*) *arc.* essere odoroso, olezzare.

ulimóso [da *ulimire*; 1305] **agg.** *arc.* odoroso.

ulìre V. AULIRE.

ulìsside (lett. *ulisside*) [dal n. proprio *Ulisse*, protagonista dell'Odissea di Omero; 1942] **s.** **1.** discendente di Ulisse **2.** persona che, per sete di conoscenza, impronta la propria vita alla ricerca di nuove esperienze, all'avventura, ad imprese rischiose.

ulìte [dal gr. *oûlon*, gengiva; 1829 *ulitide*] **sf.** *T.med.* infiammazione delle gengive.

ulìva e der. forma meno com. di OLIVA e der. (v.).

ùllo [dal lat. *ullus*; sec. XIV] **agg.** *arc.* o *lett.* nessuno; alcuno.

Ulmàcee [comp. del lat. *ulmus* e *-acee*; 1891] **sf.** *pl.* *T.bot.* famiglia di piante dicotiledoni dell'emisfero boreale, a fiori unisessuali raccolti in ombrelle, la cui specie più diffusa è l'olmo.

ulmària [dal lat. *ulmus*, olmo; 1970] **sf.** erba perenne della famiglia delle Rosacee, con foglie opposte costituite da cinque o sette foglioline, fiori piccoli e biancastri, molto frequente nei luoghi erbosi e boschivi umidi; le foglie contengono una sostanza colorante gialla e un'essenza ad azione diuretica.

ùlmico V. UMICO.

ùlna [dal lat. *ulna*; 1598] **sf.** *T.anat.* il lungo osso che, con il radio, forma l'impalcatura scheletrica dell'avambraccio, e cioè quello la cui estremità superiore forma la sporgenza del gomito ‖ **N.** *Sin.* cubito. **TAV. *anatomia* p. 641** 2.13.

ulnàre [da *ulna*; 1922] **agg.** *T.anat.* relativo all'ulna, proprio dell'ulna: *arteria ulnare.*

ulorragìa (pl. *-gìe*) [comp. del gr. *oûlon*, gengiva e *-rragia*; 1840] **sf.** *T.med.* emorragia della gengiva.

ulòtrico (pl. *-chi*) [dal gr. *óulothrix*, dai capelli ricci; 1961] **agg.** di tipo di capello crespo molto corto e fino, tipico di alcune razze negroidi dell'Africa e dell'Oceania: *capello ulotrico, razze ulotriche.*

ùlster [dal n. geogr. *Ulster*, regione irlandese dove veniva prodotta la stoffa; 1879] **sm.** *inv.* cappotto maschile a doppio petto usato alla fine dell'800, lungo e a sacco, con mantellina e grandi tasche.

ulterióre [dal lat. *ulterior, -ōris*; 1554 nel senso 2] **agg.** **1.** che viene dopo un'altra cosa simile; nuovo, aggiuntivo, in più: *attendiamo ulteriori informazioni* **2.** spec. nella terminologia geografica, che è oltre, al di là rispetto a un termine di riferimento: *Gallia ulteriore* ‖ **ulteriorménte** **avv.** ancora, oltre: *proseguire ulteriormente* ‖ **N.** **2.** *Contr.* citeriore.

ultima ratio (lat., pr. it. ['ultima 'rattsjo]) [letter. ultimo argomento] **loc. f.** *inv.* in situazioni particolarmente difficili, l'ultima risorsa o soluzione possibile.

ultimàre (pres. *ùltimo*) [dal lat. *ultimāre*; sec. XIV] **tr.** portare a termine, a compimento: *ultimare la stesura di una relazione* ‖ **N.** *Sin.* concludere, finire, terminare.

ultimatìvo [da *ultimatum*; 1938] **agg.** che ha valore di ultimatum, di scadenza perentoria e finale: *entro il termine ultimativo di trenta giorni.*

ultimàtum [dal lat. *ultimāre*; 1674] **sm.** *inv.* nel diritto internazionale, atto giuridico unilaterale consistente in una dichiarazione di guerra condizionata, nella quale si ingiunge a uno stato di tenere una determinata condotta, pena — appunto — la guerra ‖ *per estens.* ultima e irrevocabile proposta e condizione d'accordo, da accettare così come è o da rifiutare, ma che non consente controproposte o discussioni.

ultimazióne [da *ultimare*; a. 1642] **sf.** *raro* l'atto dell'ultimare ‖ **N.** *Sin.* compimento.

ultimìssima (*sup.* di *ultima*, f. di *ultimo*) [1955] **sf.** **1.** ultima edizione giornaliera di un quotidiano **2.** *pl.* le notizie più recenti:

ultimissime dall'Italia.

ùltimo [dal lat. *ultimus*; 1308 nel senso 2] **I** ***agg.*** **1.** in una successione numerica, spaziale o temporale, che viene dopo tutti gli altri: *l'ultima persona della fila, l'ultimo giorno del mese, è arrivato all'ultimo momento*; in molti modi di dire: *le ultime volontà*, quelle testamentarie; *la prima e l'ultima volta*, l'unica: *è la prima e l'ultima volta che te lo dico*; *l'ultima parola*, quella decisiva: *vuol sempre avere l'ultima parola, non è ancora detta l'ultima parola*; *dal primo all'ultimo*, tutti; *in ultima analisi*, in conclusione, in definitiva || anche *pl.*: *gli ultimi istanti di vita, gli ultimi giorni dell'anno, ho perso le ultime speranze di riuscirci* || *fig.* in una gerarchia di valore, il meno importante, quello che non è tenuto in alcuna considerazione: *per uno come lui la salute è proprio l'ultima preoccupazione, anche l'ultimo idiota lo capirebbe, causa non ultima della tragedia è stata l'imprudenza*; nel modo di dire *essere l'ultima ruota del carro*, di chi conta meno di tutti || *fig.* in una concatenazione logica, di cause, di fini e sim., l'elemento che la conclude: *il fine ultimo dell'uomo*; *per estens. fig.* fondamentale, basilare: *l'essenza ultima delle cose, la ragione ultima del suo comportamento* || *prov. ride bene chi ride ultimo*, chi è il vero vincitore si vede solo alla fine **2.** *in part.* solo in senso temporale, il più vicino a chi parla, il più recente: *l'ultimo disco della popstar, l'ultima volta che l'ho visto, ultime notizie, durante l'ultima guerra*; *vestirsi all'ultima moda*, seguendo i dettami delle più recenti tendenze della moda; *disus. l'ultimo grido*, l'ultima moda **3.** spec. *pl.*, che è, rispetto a chi parla, estremamente lontano nel futuro: *la memoria di lui si tramanderà fino alle ultime generazioni* || **ultimaménte** ***avv.*** **1.** recentemente, negli ultimi tempi: *l'ho visto ultimamente* **2.** *arc.* alla fine: *ultimamente ci si grida: Crasso, dilci, che 'l sai, di che sapore è l'oro* (Dante) **II** ***sm.*** **1.** (f. *-a*) chi o ciò che, in una successione numerica, spaziale o temporale, viene dopo tutti gli altri: *sono sempre l'ultima a sapere le cose*; *l'ultimo dell'anno*, l'ultimo giorno dell'anno; *l'ultimo venuto, arrivato*, che è venuto, o arrivato, per ultimo e quindi (come si usa sottintendere) colui che ha meno diritti degli altri; *vi racconto l'ultima, la sapete l'ultima?*, sott. *notizia, cosa accaduta, storiella, barzelletta* e sim. || *fig.* in una gerarchia di valore, il meno importante: *beati gli ultimi perché saranno i primi* (Vangelo); *anche l'ultimo dei mascalzoni mi avrebbe trattata meglio*; *l'ultimo della classe*, l'allievo che ha il rendimento più scarso **2.** perlopiù in senso temporale, momento finale, in molte loc.: *da ultimo, per ultimo, in ultimo*, alla fine, in fondo, al momento della conclusione; *T.bur. ultimo scorso*, di giorno o mese, il più vicino nel passato: *il nostro incontro del 9 ultimo scorso* || *superl.* ultimìssimo || **N.** I **1.** *Contr.* iniziale, primo | penultimo, quartultimo, terzultimo; ulteriore **2.** *Sin.* nuovo.

ultimogènito [comp. di *ultimo* e *genito*; a. 1667] ***agg.*** e ***sm.*** (f. *-a*) l'ultimo figlio, quello che è nato per ultimo || **N.** primogenito, secondogenito.

ùlto [dal lat. *ultus*; 1516] ***agg.*** *poet. raro* vendicato: *fin che non sia di Francia ulto il delitto* (Monti) || **N.** punito | *Contr.* inulto.

ultóre [dal lat. *ultor, -ōris*; a. 1508] ***agg.*** e ***sm.*** (f. *-trìce*) *poet. raro* vendicatore.

ultra [1] (lat., pr. it. ['ultra]) [letter. oltre, più in là] ***avv.*** oltre, più in là, usato nella loc. *non plus ultra* (v.); *et ultra*, e più: *per tutta la vita et ultra.*

ultra [2] (fr., pr. [yl'tra]; pr. it. [ul'tra]) [riduzione del fr. *ultra-revolutionnaire*; 1818] ***s.*** *inv.* (anche pl. *ultras*, pr. [yl'tra]; pr. it. ['ultras] nel sign. 3) **1.** *T.stor.* nella Francia della Restaurazione, appartenente al gruppo dei monarchici reazionari e, successivamente, estremista di destra **2.** *per estens.* nella pubblicistica politica, estremista, appartenente a gruppi estremistici **3.** *per estens.* appartenente a gruppi, clan, associazioni (spec. sportive) che manifestano fanaticamente il proprio tifo: *gli ultras del Toro* || **N.** **2.** *Sin.* oltranzista.

ultrà [dal fr. *ultra*; 1963] ***s.*** *inv.* adattamento it. del fr. *ultra.*

ùltra- [dal lat. *ultra*, oltre] ***pref.*** in parole dotte e della terminologia scientifica, vale "oltre", "al di là" e indica il superamento di un determinato limite (per es. *ultracentenario, ultrasuono, ultravioletto*) || *in part.* forma le denominazioni di strumenti di elevata potenza o capacità: **ultracentrìfuga**, **ultracentrifugàre**, **ultrafiltrànte**, **ultrafiltraziόne**, **ultramicrofotografìa**, **ultramicroscopìa**.

ultracellulàre [comp. di *ultra-* e *cellulare*; 1948] ***agg.*** *T.biol.* detto di struttura, di dimensioni submicroscopiche, costituente la cellula; relativo a tale struttura.

ultracentenàrio (pl. *-ri*) [comp. di *ultra-* e *centenario*; 1961] ***agg.*** e ***sm.*** (f. *-a*) che, chi ha un'età superiore ai cento anni.

ultracentrifugazióne [comp. di *ultra-* e *centrifugazione*; 1957] ***sf.*** *T.tecn.* centrifugazione ad altissima velocità, particolarmente impiegata in biologia.

ultracondensatóre [comp. di *ultra-* e *condensatore*; 1940] ***sm.*** *T.tecn.* dispositivo illuminante che si adatta al microscopio.

ultracórto [comp. di *ultra-* e *corto*; 1950] ***agg.*** *T.rad.* detto di onde herziane di lunghezza compresa tra 1 m e i 10 m.

ultracùstica [comp. di *ultra-* e *acustica*; 1961] ***sf.*** *T.fis.* settore dell'acustica che studia gli ultrasuoni.

ultrafiltro [comp. di *ultra-* e *filtro*; 1957] ***sm.*** *T.chim.* e *T.fis.* filtro che ha la capacità di trattenere le sostanze colloidali.

ultraleggèro [comp. di *ultra-* e *leggero*; 1981] ***sm.*** *T.aer.* categoria di aerodine di peso inferiore ai 150 kg.

ultramarìno [comp. di *ultra-* e *marino*; 1940] ***agg.*** oltremarino.

ultramicròmetro [comp. di *ultra-* e *micrometro*; 1961] ***sm.*** *T.fis.* micrometro atto a percepire spostamenti anche di 10^{-7} m.

ultramicroscòpico (pl. *-ci*) [comp. di *ultra-* e *microscopico*; 1955] ***agg.*** **1.** *T.ott.* relativo all'ultramicroscopio **2.** *T.ott.* osservabile solo all'ultramicroscopio.

ultramicroscòpio (pl. *-pi*) [comp. di *ultra-* e *microscopio*; 1923] ***sm.*** *T.ott.* microscopio ottico per la misurazione di corpuscoli minutissimi, nel quale il campione viene illuminato trasversalmente anziché per trasparenza.

ultramodèrno [comp. di *ultra-* e *moderno*; 1955] ***agg.*** modernissimo.

ultramondàno v. OLTREMONDANO.

ultramontanìsmo [comp. di *ultra-* e di un der. di *montano*, sul modello del fr. *ultramontanisme*; 1861] ***sm.*** *T.stor.* nella Francia post-napoleonica, movimento che, opponendosi al gallicanesimo, sosteneva la dipendenza dei cattolici francesi dalla Chiesa romana || *per estens.* qualsiasi movimento contrario alle autonomie delle chiese locali e proclamante la propria assoluta fedeltà al pontefice || **N.** *Contr.* gallicanesimo, giurisdizionalismo, giuseppinismo.

ultramontàno [comp. di *ultra-* e *montano*; sec. XIV] ***agg.*** **1.** che è al di là dei monti **2.** fautore dell'ultramontanismo.

ultrapastorizzazióne [comp. di *ultra-* e *pastorizzazione*; 1974] ***sf.*** procedimento di sterilizzazione del latte per garantirne una lunga conservazione, consistente nel portarlo a 150 °C. mantenendolo a tale temperatura per meno di un secondo || **N.** *Sin.* uperizzazione.

ultrapiàtto [comp. di *ultra-* e *piatto*; 1983] ***agg.*** di forma molto piatta e schiacciata: *orologio ultrapiatto*, orologio da polso o da tasca con la cassa di spessore ridottissimo.

ultrapotènte [comp. di *ultra-* e *potente*; 1957] ***agg.*** potentissimo.

ultraràpido [comp. di *ultra-* e *rapido*; 1940] ***agg.*** rapidissimo || *in part.* di materiale fotografico, sensibilissimo alla luce.

ultraregionàle [comp. di *ultra-* e *regionale*; 1985] ***agg.*** di ente o struttura pubblica il cui campo d'azione si estende su più regioni.

ultrarósso [comp. di *ultra-* e *rosso*; 1935] ***agg.*** e ***sm.*** infrarosso.

ultrasensìbile [comp. di *ultra-* e *sensibile*; 1955] ***agg.*** sensibilissimo || **N.** *Sin.* ipersensibile.

ultrasinistra [comp. di *ultra-* e *sinistra*; 1973] ***sf.*** l'insieme dei movimenti extraparlamentari di sinistra || l'ala più radicale della sinistra parlamentare.

ultrasònico (pl. *-ci*) [da *ultrasuono*; 1950] ***agg.*** **1.** di ultrasuono, attinente a ultrasuono, che utilizza ultrasuoni: *scandaglio ultrasonico* **2.** che ha velocità superiore a quella del suono || **N.** **2.** *Sin.* supersonico.

ultrasonòro [comp. di *ultra-* e *sonoro*; 1937] ***agg.*** ultrasonico.

ultrasuòno [comp. di *ultra-* e *suono*; 1931] ***sm.*** *T.fis.* suono di frequenza superiore al limite di sensibilità dell'orecchio umano.

ultrasuonoterapìa [comp. di *ultrasuono* e *terapia*; 1961] ***sf.*** *T.med.* applicazione terapeutica di ultrasuoni.

ultraterréno [comp. di *ultra-* e *terreno*; 1955] ***agg.*** che si trova al di là delle cose della terra: *vita ultraterrena*, la vita dopo la morte.

ultraviolétto [comp. di *ultra-* e *violetto*; 1936] ***agg.*** e ***sm.*** *T.fis.* di radiazione elettromagnetica che ha lunghezza d'onda minore dei raggi violetti e che perciò non è visibile dall'occhio umano, benché si possa rivelare facilmente essendo capace d'impressionare una lastra fotografica; i raggi ultravioletti sono anche adoperati in medicina || **N.** infrarosso.

ultravirus [comp. di *ultra-* e *virus*; 1937] ***sm.*** *inv.* *T.biol.* virus che si sviluppa all'interno di cellule viventi e passa attraverso i filtri che trattengono i batteri || **N.** *Sin.* virus filtrabile.

ultròneo [dal lat. tardo *ultrōneus*; a. 1729] ***agg.*** *lett. raro* volontario, spontaneo || **ultroneaménte** ***avv.*** *raro.*

ùlula [dal lat. *ulula*; sec. XIV] ***sf.*** uccello rapace degli Strigidi, simile a un piccolo gufo.

ululàre (pres. *ùlulo*) [dal lat. *ululare*; sec. XIV] ***intr.*** (aus. *avere*) **1.** del lupo (e anche del cane), emettere ululati: *ululare alla luna* **2.** *fig.* produrre suoni simili a ululati: *il vento ululava nel camino.*

ululàto [da *ululare*; sec. XIV] ***sm.*** **1.** urlo cupo, prolungato e lamentoso, tipico dei lupi e dei cani **2.** *fig.* rumore simile all'ululato dei lupi e dei cani: *l'ululato del vento, della sirena.*

ùlulo [da *ululare*; 1516] ***sm.*** l'ululare e, *concr.*, l'ululato: *l'ululo del lupo, della bufera.*

ululóne [da *ululare*, per l'insistente grido notturno del maschio; 1875] ***sm.*** anfibio anuro simile a un piccolo rospo con pelle gialla a macchie scure, liscia sul ventre e porosa sul dorso.

ùlva [dal lat. *ulva*; a. 1375] ***sf.*** alga marina, della famiglia delle Ulvacee, con tallo simile a una foglia di lattuga (per cui è detta anche *lattuga di mare*).

Ulvàcee [comp. di *ulva* e *-acee*; 1879] ***sf. pl.*** *T.bot.* famiglia di alghe verdi || **N.** ulva.

umanàre [dal lat. eccl. *humanāre*; sec. XIV] ***rifl.*** farsi uomo, com. solo in riferimento all'incarnazione di Cristo || ***tr.*** *raro* rendere umano || **N.** *Sin.* trasumanare | *Contr.* disumanarsi.

umanazióne [dal lat. *humanātio, -ōnis*; a. 1375] ***sf.*** *raro* atto ed effetto dell'umanarsi.

umanésimo [da *umanista*; 1891] ***sm.*** **1.** movimento intellettuale tre-quattrocentesco, sorto in Italia, tendente a rivalutare lo studio degli antichi testi classici e, attraverso di essi, l'uomo nella sua natura (di contro al predominio dei valori ascetici e trascendenti medievali) ‖ *per estens.* qualsiasi concezione o teoria fondata sull'esaltazione dei valori umani: *l'umanesimo marxista, esistenzialistico* **2.** *per estens.* gli studi filologici classici ‖ **N. 1.** classicismo, rinascimento | umanista.

umanista [dal lat. tardo-mediev. *humanista*, insegnante di lettere classiche; a. 1484 *humanista* nel senso 2] ***s.*** **1.** seguace del movimento intellettuale dell'umanesimo: *gli umanisti fiorentini* **2.** *per estens.* cultore di studi classici ‖ cultore di discipline umanistiche.

umanistica [da *umanistico*; 1932] ***sf.*** tipo di scrittura rotonda piuttosto piccola, chiara ed elegante, adottata dagli umanisti del '400 su imitazione della minuscola carolina.

umanistico (pl. *-ci*) [da *umanista*; 1930] ***agg.*** **1.** che si riferisce al movimento intellettuale dell'umanesimo o agli umanisti: *filologia umanistica* **2.** *per estens.* che si riferisce alle lingue e letterature classiche: *studi umanistici*; *discipline umanistiche*, quelle letterarie, filosofiche, giuridiche ecc.; *indirizzo umanistico, facoltà umanistiche*, in contrapposizione a *tecnico* e a *scientifico*.

umanità [dal lat. *humanitas, -ātis*; a. 1306 *umanetate* nel senso 2] ***sf.*** **1.** il genere umano: *il futuro dell'umanità è nelle mani di gente senza scrupoli* ‖ *per restr.* insieme di uomini, di esseri umani: *i campi di concentramento offrirono lo spettacolo di un'umanità abbrutita* **2.** condizione dell'essere uomini: *l'umanità e la divinità di Cristo* **3.** *com.* qualità di chi dimostra quei sentimenti di fratellanza, comprensione e solidarietà nei confronti dei propri simili che sono (o dovrebbero essere) distintivi dell'uomo rispetto agli altri esseri viventi: *tratta i suoi dipendenti con grande umanità*, è molto umano con loro **4.** *ant.* studi letterari ‖ **N. 1.** *Sin.* consorzio umano, seme di Adamo, specie umana **3.** *Sin.* amorevolezza, benevolenza, benignità, filantropia, fraternità, pietà.

umanitàrio (pl. *-ri*) [dal fr. *humanitaire*; 1838] ***agg.*** ispirato da sentimenti di fratellanza e solidarietà e inteso a migliorare le condizioni della vita umana: *iniziative umanitarie, istituzione con fini umanitari* ‖ **N.** *Sin.* filantropico.

umanitarismo [dal fr. *humanitarisme*; 1861] ***sm.*** **1.** spirito umanitario: *l'umanitarismo illuministico* **2.** *raro* cosmopolitismo.

umanitaristico (pl. *-ci*) [da *umanitarismo*; 1955] ***agg.*** relativo all'umanitarismo, proprio dell'umanitarismo.

umanizzàre [dal fr. *humaniser*, 1877] ***tr.*** *non com.* **1.** rendere civile e umano: *umanizzare tribù di cannibali, usanze primitive* **2.** *umanizzare il latte*, rif. al latte vaccino, renderlo simile a quello umano ‖ ***intr. pron.*** civilizzarsi, incivilirsi ‖ ***rifl.*** *raro* umanarsi ‖ **N.** ***tr.*** **1.** *Sin.* civilizzare, dirozzare, incivilire.

umanizzazióne [dal fr. *humanisation*; 1983] ***sf.*** **1.** *T.teol.* assunzione della natura e della condizione di uomo: *l'umanizzazione di Gesù Cristo* **2.** trasformazione di un ambiente in un luogo più accogliente e confortevole **3.** insieme dei trattamenti specifici usati per rendere il latte di mucca simile a quello di donna.

umàno [dal lat. *humanus*; sec. XIII-XIV] **I** ***agg.*** **1.** dell'uomo, relativo all'uomo: *il corpo umano, la storia umana, stanziamenti umani* ‖ che è proprio, specifico dell'uomo: *errare è umano, le debolezze umane* **2.** *in part.* che dimostra quei sentimenti (fratellanza, comprensione e solidarietà nei confronti dei propri simili) che sono ritenuti distintivi dell'uomo: *è molto umano con i prigionieri* ‖ **umanaménte** ***avv.*** **1.** dal punto di vista dell'uomo, per l'uomo: *umanamente impossibile, inconcepibile* **2.** con umanità: *mi trattò umanamente* **II** ***sm.*** **1.** solo *sing.*, la natura umana, ciò che costituisce l'essenza dell'uomo: *ha ormai perso tutto ciò che aveva di umano, in lui si fusero l'umano e il divino* **2.** *poet.* o *com.* nella letteratura fantascientifica, uomo, essere umano, appartenente al genere umano: *celeste dote è negli umani* (Foscolo); *l'orma di un umano* ‖ **N. I 2.** *Sin.* benevolo, benigno, compassionevole, comprensivo, pietoso, solidale | *Contr.* disumano, inumano, sovrumano **II 1.** *Sin.* umanità.

umanòide [comp. di *umano* e *-oide*; 1964] ***agg.*** e ***s.*** che, chi ha caratteristiche simili a quelle dell'uomo: *scimmie umanoidi* ‖ *in part.* ipotetico extraterrestre simile all'uomo.

umazióne [dal lat. *humātio, -ōnis*; 1375] ***sf.*** *arc. raro* inumazione, sepoltura.

umbellàto [dal lat. *umbella*, parasole; 1840] ***agg.*** *T.bot.* di fiore con petali disposti a ombrello.

Umbellìfere V. OMBRELLIFERE.

umbèrta [da *Umberto* I di Savoia che portava i capelli tagliati così; 1950] solo nella ***loc. agg.*** e ***avv.*** *all'umberta*, detto di acconciatura maschile nella quale i capelli vengono tagliati corti, tutti alla stessa altezza e tirati all'indietro.

umbertìno [da *Umberto* I di Savoia; 1931] ***agg.*** relativo a Umberto I di Savoia e alla società italiana della sua epoca: *cultura umbertina*; *stile umbertino*, stile artistico caratterizzato dalla ripresa e dall'adattamento di una varietà di stili diversi, esotici o risalenti a epoche precedenti.

umbilico e der. forme rare di OMBELICO e der. (v.).

ùmbo [dal lat. *umbo*, umbone] ***sm.*** piccola apertura al fondo di una depressione conica della conchiglia spiralata di alcuni Gasteropodi.

umbonàto [da *umbone*; 1891] ***agg.*** munito di umbone.

umbóne [dal lat. *umbo, -ōnis*; 1840] ***sm.*** **1.** la parte di forma rotonda e convessa, o conica, che sporge nel mezzo degli antichi scudi militari e che nella mischia serviva come arma contundente **2.** *per estens.* in organismi animali o vegetali, elemento a forma di umbone: *l'umbone della conchiglia dei Bivalvi, del cappello di alcuni funghi.*

umbràtico (pl. *-ci*) [dal lat. *umbraticus*; 1961] ***agg.*** *T.bot.* e *T.zool.* di specie vegetale o animale, che vive in ambienti costantemente ombreggiati.

umbràtile (meno com. *ombràtile*) [dal lat. *umbrātilis*; sec. XIV nel senso 2] ***agg.*** **1.** *lett.* che è all'ombra: *per il grande atrio umbratile* (Pascoli) **2.** *fig.* di persona, solitario, chiuso nella propria interiorità, schivo ‖ anche, *raro*, pieno di ombre, dubbioso.

umbrèlla V. OMBRELLA.

Umbrèllidi (sing. *-e*) [dal lat. scient. *Umbrellidae*, dal lat. tardo *umbrella*, ombrella; 1932] ***sm. pl.*** *T.zool.* molluschi marini degli Opistobranchi.

Umbrellìfere V. OMBRELLIFERE.

ùmbro [dal lat. *umbrus*; 1516 come sm.] **I** ***agg.*** relativo all'antica o all'attuale Umbria; degli antichi o degli attuali abitanti dell'Umbria: *città umbre* **II** ***sm.*** **1.** (f. *-a*) appartenente all'antica popolazione preromana vivente in Italia centrale: *gli Umbri e i Sabini giunsero assieme in Italia* ‖ abitante o nativo dell'attuale regione dell'Umbria **2.** (solo *sing.*) antica lingua parlata dagli Umbri ‖ dialetto parlato attualmente nella regione dell'Umbria.

umbròfilo [comp. del lat. *umbra*, ombra e *-filo*; 1932] ***agg.*** *T.zool.* e *T.bot.* di specie animale o vegetale che vive preferibilmente in luoghi ombrosi.

umbròfobo [comp. del lat. *umbra*, ombra e *-fobo*; 1961] ***agg.*** *T.bot.* di pianta che non vive all'ombra ‖ **N.** *Sin.* eliofilo.

umbrùfero V. OMBRIFERO.

-ùme [dal lat. *-ūme(n)*, suff. di sost. di valore collettivo] ***suff.*** forma sostantivi m. denominali (*polverume*) o, più freq., deaggettivali (*lerciume*); in entrambi i casi i derivati hanno sempre valore collettivo, cui si aggiunge perlopiù una connotazione spregiativa: *bastardume; luridume, marciume, sfasciume, sudiciume, untume, vecchiume* ‖ in alcune voci la connotazione spregiativa è assente: *cerume, dolciume* ‖ **N.** -aglia, -ame.

umeràle V. OMERALE.

umettàbile [da *umettare*; 1726] ***agg.*** *raro* che si può umettare, inumidire.

umettaménto [da *umettare*; 1639] ***sm.*** *non com.* atto ed effetto dell'umettare.

umettàre (pres. *-étto*) [dal lat. *humectāre*; a. 1320] ***tr.*** bagnare leggermente, inumidire: *umettare le labbra riarse.*

umettativo [da *umettare*; a. 1320] ***agg.*** *raro* atto a umettare.

umettazióne [da *umettare*; a. 1698] ***sf.*** *non com.* atto ed effetto dell'umettare.

ùmico o **ùlmico** (pl. *-ci*) [da *humus*, terreno; 1879] ***agg.*** **1.** relativo all'humus: *sostanze umiche presenti nel terreno* **2.** *T.chim. acidi umici*, acidi organici derivati dai processi di carbonificazione dei vegetali, diffusi nell'humus e nella torba.

umìcolo [comp. di *humus* e *-colo*; 1961] ***agg.*** *T.bot.* e *T.zool.* di organismo animale o vegetale che preferisce vivere nell'humus ‖ di pianta fanerogama che ha le radici o il rizoma in un terreno fortemente umifero.

umidézza [da *umido*; a. 1311] ***sf.*** qualità di ciò che è umido.

umidìccio (pl. m. *-ci*, pl. f. *-ce*) [da *umido*; a. 1584] ***agg.*** un po' umido: *terreno umidiccio, stanze umidicce.*

umidificàre (pres. *-ìfico, -ìfichi*) [da *umido*; 1961] ***tr.*** rendere umido sviluppando vapore acqueo.

umidificatóre [da *umidificare*; 1961] ***sm.*** apparecchio che irrora un ambiente di piccolissime gocce per umidificare l'aria.

umidificazióne [da *umidificare*; 1961] ***sf.*** l'atto e l'effetto dell'umidificare: *l'umidificazione di un ambiente.*

umidìre (pres. *-ìsco, -ìsci*) [da *umido*; a. 1294] ***tr.*** *raro* inumidire.

umidità [lat. tardo *humiditas, -ātis*; sec. XIV nel senso 2] ***sf.*** **1.** qualità di ciò che è umido: *l'umidità dei seminterrati* **2.** contenuto di liquido (spec. acqua) o di vapor acqueo di un corpo, di un ambiente, dell'atmosfera ecc.: *in questa cantina c'è troppa umidità*; *umidità atmosferica*, quantità di vapor acqueo contenuto nell'atmosfera ‖ **N.** *Sin.* madore, umidezza | *Contr.* asciuttezza, secchezza | brina, pioggia, rugiada | inumidire, umettare; asciugare, bagnare, prosciugare | muffa, salnitro; igrometro, igroscopio. **Q.T.** *meteorologia.*

ùmido [lat. *humidus*; 1308] **I** ***agg.*** **1.** leggermente bagnato: *panni, piedi umidi; occhi umidi*, bagnati di lacrime **2.** contenente vapor acqueo, spec. in quantità superiore alla norma: *aria umida; ambiente, clima umido; tosse umida*, accompagnata da espettorato molto fluido; *timbro a umido*, che utilizza inchiostro; *analisi per via umida*, analisi chimica quantitativa eseguita sulla base di reazioni che avvengono prevalentemente in soluzioni acquose **II** ***sm.*** **1.** umidità (nel senso 2): *riguardarsi dall'umido della notte* **2.** *T.cuc.* sugo aromatizzato in cui si cuociono a fuoco lento vari tipi di vivande: *baccalà in umido* ‖ *per estens.* la vivanda così cucinata: *i fritti, gli arrosti e gli umidi* ‖ *dim.* umidétto, umidino, umidùccio; *pegg.* umidàccio ‖ **N. 1.** *Sin.* madido, mucido, rorido, uliginoso | *Contr.* asciutto, secco.

umidóre [da *umido*; a. 1294] ***sm.*** *lett.* *non*

com. umidità.

umìfero [comp. di *humus* e *-fero*; 1908] ***agg.*** di terreno, ricco di humus, grasso.

umificazióne [comp. del lat. *humus*, terreno e *-ficazione*; 1929] ***sf.*** trasformazione in humus delle sostanze organiche presenti nel terreno, per azione di microorganismi.

ùmile [lat. *humilis*; prima metà sec. XIII *umel* nel senso 2] **I *agg.*** **1.** consapevole dei propri limiti, della propria pochezza; incline ad abbassarsi piuttosto che a esaltarsi: *nonostante il suo ingegno, è umile e affabile* ‖ di atteggiamento e sim., che esprime umiltà: *uno sguardo umile* ‖ sottomesso, estremamente rispettoso: *è umile con i superiori* **2.** modesto, dimesso, povero: *condizione, abitazione umile; umili natali, origini* **3.** *propr.*, *lett. disus.* poco elevato da terra: *umile collina, umili piante* ‖ **umilménte** ***avv.*** con umiltà, usato anche in espr. stereotipate di ossequio (oggi perlopiù *iron.* o *scherz.*): *chiedo umilmente scusa, umilmente vostro...* **II *sm.*** spec. *pl.*, persona umile; *in part.* persona di bassa condizione sociale: *gli umili nei «Promessi Sposi»* ‖ *superl.* umilissimo ‖ **N. I 1.** *Sin.* modesto, ossequioso, remissivo, servile; avvilito, contrito, depresso, mogio, mortificato | *Contr.* superbo **2.** *Sin.* meschino, misero.

umiliaménto [da *umiliare*; sec. XIV] ***sm.*** *raro* umiliazione.

umiliàre (pres. *-ìlio*) [da *umile*; a. 1237] ***tr.*** **1.** far deporre ogni sentimento di superbia, far sentire l'altrui nullità; avvilire: *lo umiliò insultandolo di fronte a tutti, Dio umilia i superbi* **2.** *ant.* chinare, abbassare in segno di rispetto: *umiliare la fronte* **3.** *ant. raro* sottoporre, presentare umilmente, solo nelle espr. *umiliare una supplica, una preghiera* ‖ ***rifl.*** **1.** riconoscere i propri limiti e le proprie mancanze: *si umiliò dinanzi a lui* ‖ *per estens.* sottovalutarsi: *perché ti umili così?* **2.** sottomettersi, fare atto di sottomissione: *si umiliò nel chiedere perdono* ‖ **N. *tr.* 1.** *Sin.* confondere, mortificare, sbaldanzire, scornare, sgonfiare | *Contr.* esaltare | ***rifl.*** **1.** *Sin.* avvilirsi, mortificarsi **2.** *Sin.* abbassar la cresta, farsi piccino, genuflettersi, inchinarsi, inginocchiarsi, prosternarsi, prostrarsi.

umiliatìvo [da *umiliare*; 1639] ***agg.*** *raro* atto a umiliare.

umiliàto (*pps.* di *umiliare*) [1639] **I *agg.*** che ha subìto umiliazione: *se ne stava lì tutta umiliata* **II *sm.*** *pl.* *T.stor.* e *T.rel.* ordine religioso, sorto nel sec. XII in Lombardia come confraternita laica di tipo penitenziale-pauperistico, soppresso nel 1571 ‖ *sing.* (f. *-a*) appartenente all'ordine omonimo.

umiliatóre [da *umiliare*; 1891] ***agg.*** e ***sm.*** (f. *-trìce*) *non com.* che o chi umilia.

umiliazióne [da *umiliare*; 1354] ***sf.*** l'atto e l'effetto dell'umiliare e dell'umiliarsi: *fece atto di umiliazione* ‖ *concr.* cosa che umilia: *ci tocca sopportare tante umiliazioni* ‖ **N.** *Sin.* avvilimento, mortificazione.

umìllimo [da *umile*; 1342] ***agg.*** *poet. raro* umilissimo.

umiltà [dal lat. *humilitas*, *-ātis*; 1294] ***sf.*** qualità di chi o di ciò che è umile (in tutti i sensi): *la sua umiltà mi ha commosso, l'umiltà del suo comportamento, delle sue mansioni, dei suoi natali* ‖ *in part.* atteggiamento di consapevolezza dei propri limiti: *l'umiltà, dai cristiani, è considerata una virtù, l'umiltà dello studioso nel trattare un argomento così complesso* ‖ **N.** *Sin.* modestia; ossequio, reverenza, rispetto, soggezione, sottomissione | *Contr.* superbia.

umlaut (ted., pr. ['ʔʊmlaʊt]) [letter. cambiamento di suono; 1934] ***sm. inv.*** **1.** *T.ling.* metafonesi della vocale tedesca **2.** segno grafico costituito da due puntini sovrapposti alla vocale, usato in tedesco per indicare la palatalizzazione delle vocali *a, o, u* (che vengono scritte: *ä, ö, ü*) ‖ **N.** dieresi.

ùmo [dal lat. *humus*; 1879] ***sm.*** *raro* terriccio, humus.

umoràle [da *umore*; a. 1698] ***agg.*** **1.** attinente agli umori **2.** rif. a persona, incline a cambiare umore facilmente, balzano.

umóre [dal lat. *humor*, *ōris*; a. 1306] ***sm.*** **1.** sostanza liquida in genere: *l'umore che trasuda dalle pareti della grotta* ‖ *com.* liquido organico: *l'umore vitale delle piante è la linfa, gli umori del corpo*; *i quattro umori*, per Ippocrate, i liquidi biologici (flemma, sangue, bile gialla e bile nera) che regolavano le funzioni dell'organismo; *umor acqueo*, liquido contenuto nella camera anteriore dell'occhio, tra la cornea e l'iride; *umor vitreo*, corpo trasparente, gelatinoso, chiuso dentro una camera limitata dalla membrana ialoidea e che si trova tra il cristallino e la retina **2.** *fig.* indole, natura: *umore bisbetico, bilioso* ‖ *com.* stato d'animo: *essere di buon o di cattivo umore*; *d'umor nero*, di pessimo umore; *umore faceto*, inclinazione a scherzare; anche rif. collettivamente a molti individui: *indagare gli umori del pubblico dopo l'annuncio* ‖ *dim.* umorétto, umorìno; *pegg.* umoràccio ‖ **N. 1.** *Sin.* essudato, secrezione; lacrima, linfa, saliva, sangue, sinovia, sudore | ghiandola | afflusso, circolazione, clorosi, congestione, deflusso, deposito, discrasia, ecchimosi, infiltrazione, pletora, stasi, travaso, versamento **2.** *Sin.* inclinazione, temperamento | buonumore, malumore. **TAV. *anatomia* p. 642** 16.4, 16.12.

umorésco (pl. *-schi*) [da *umore*; 1942] ***agg.*** *non com.* che ha spirito umoristico, che ha o esprime il senso del comico e del bizzarro.

umorìsmo [dal fr. *humorisme*; 1879] ***sm.*** **1.** la capacità e, anche, il fatto stesso di cogliere e sottolineare quegli aspetti della realtà che suscitano il riso, in un modo che si distingue dalla comune comicità per un grado maggiore di finezza e di intellettualità, e dalla satira e dall'ironia per la mancanza di acredine: *manca di senso dell'umorismo* **2.** *raro* l'antica dottrina medica umorale ‖ **N. 1.** *Sin.* spirito; arguzia, comicità, ironia, lepidezza, vena comica.

umorìsta [dal fr. *humoriste*; 1857] ***s.*** **1.** autore le cui opere sono improntate a umorismo: *gli umoristi inglesi* ‖ *meno com.* persona dotata di umorismo **2.** *raro* seguace dell'antica dottrina medica umorale.

umorìstico (pl. *-ci*) [dal fr. *humoristique*; 1830 ca.] ***agg.*** dell'umorismo, dell'umorista: *la tradizione umoristica anglosassone* ‖ ricco di umorismo: *giornale, spettacolo umoristico* ‖ **umoristicaménte** ***avv.***

umorosità [da *umoroso*; a. 1320] ***sf.*** *ant. raro* qualità di chi o di ciò che è umoroso.

umoróso [dal lat. *umorōsus*; a. 1320] ***agg.*** **1.** *raro* malaticcio e disposto a malattie per effetto degli umori **2.** *ant. raro* ricco di umore.

un forma tronca di uno (v. UNO).

ùna f. di *uno* (v.).

unànime [dal lat. *unanimis*; 1598 *unanimo*] ***agg.*** **1.** di una pluralità di persone, che manifestano tutte lo stesso parere, lo stesso sentimento e sim.: *furono unanimi nell'approvare il mio contegno, l'assemblea unanime lo acclamò presidente* **2.** *per estens.* di ciò che è espresso da una collettività di persone, senza dissensi né eccezioni: *decisione, cordoglio, voto unanime* ‖ **unanimeménte** ***avv.*** all'unanimità ‖ **N. 1.** *Sin.* concorde, consenziente.

unanimìsmo[1] [da *unanime*; 1927] ***sm.*** tendenza a raggiungere posizioni di unanimità formale, rinunciando a chiarire sostanziali diversità o divergenze.

unanimìsmo[2] [dal fr. *unanimisme*; 1940] ***sm.*** *T.fil.* dottrina filosofica che considera l'anima individuale fusa con l'anima collettiva ‖ *in part.* dottrina filosofico-poetica per la quale la poesia non deve esprimere emozioni individuali, ma il senso della vita collettiva.

unanimìstico (pl. *-ci*) [da *unanimismo*[1]; 1983] ***agg.*** di consenso o decisione unanime nella forma ma non nella sostanza.

unanimità [dal lat. *unanimitas*, *-ātis*; 1598] ***sf.*** l'essere unanime: *le dittature perseguono l'unanimità* ‖ *concr.* l'insieme unanime di un consesso: *l'unanimità dei votanti espresse parere favorevole*; *all'unanimità*, con l'approvazione di tutti: *approvato all'unanimità*.

una tantum (lat., pr. it. ['una 'tantum]) [letter. per una volta soltanto] **I *loc. avv.*** per una volta soltanto, rif. a tasse e sim.: *è una somma che si versa una tantum* **II *sf. inv.*** tassa, compenso ecc. straordinari, non di carattere continuativo: *pagare l'una tantum*.

unciàle v. ONCIALE.

uncinàre (pres. *-ìno*) [da *uncino*; 1313] ***tr.*** **1.** afferrare con un uncino ‖ *fig.* nel linguaggio del calcio, arrestare con il piede il pallone che giunge al volo ‖ *fig. raro* rubare, carpire con la frode e sim. **2.** foggiare a uncino.

uncinàto (*pps.* di *uncinare*) [sec. XIV] ***agg.*** a forma di uncino: *croce uncinata*, svastica; *osso uncinato*, osso del carpo della mano; *parentesi uncinate*, (<>) ‖ **N.** *Sin.* adunco. **TAV. *anatomia* p. 642** 9.14.

uncinèllo (*dim.* di *uncino*) [a. 1492] ***sm.*** **1.** piccolo uncino **2.** gancetto metallico usato per allacciare vari indumenti, spec. femminili (busti, reggiseni, gonne ecc.).

uncinétto (*dim.* di *uncino*) [1589] ***sm.*** **1.** piccolo uncino **2.** ferretto uncinato a un'estremità, con cui si confezionano indumenti, centrini, pizzi ecc. concatenando tra loro maglie ottenute intrecciando un filato: *lavorare all'uncinetto, un copriletto fatto all'uncinetto* ‖ **N. 2.** catenella, punto altissimo, punto alto, punto basso. **Q.T. *maglia...*** **TAV. *maglia...* p. 1316** 4.

uncìno [dal lat. *uncīnus*; 1313] ***sm.*** **1.** arnese, perlopiù metallico, appuntito e incurvato su se stesso a un'estremità, usato per afferrare o per tener sospeso qualcosa: *lo ripescarono con un uncino, attaccare il prosciutto all'uncino*; *becco a uncino*, a forma di uncino ‖ *fig. disus.* *attaccarsi a tutti gli uncini*, cercar tutti i cavilli **2.** *T.sport. disus.* nel pugilato, gancio ‖ *dim.* uncinèllo, uncinétto ‖ **N. 1.** *Sin.* arpagone, arpione, gancio, graffio, grappino, raffio, rampino, rampone, ronciglio | afferrare, agganciare, uncinare.

uncinùto [da *uncino*; a. 1292] ***agg.*** *raro* uncinato.

-ùncolo [dal lat. *-unculus*] ***suff.*** (f. *-a*) altera in senso diminutivo (e talora spregiativo) il nome di base: *ladruncolo, omuncolo*.

ùnde [lat. *unde*; a. 1294] ***avv.*** *arc.* onde.

undecennàle [da *undici*, sul modello di *decennale*; 1961] **I *agg.*** **1.** che dura undici anni: *ciclo undecennale* **2.** che si ripete ogni undici anni **II *sm.*** *raro* undicesimo anniversario.

undècimo [dal lat. *undecimus*; 1308] ***agg.*** e ***sm.*** *num. ordin.*, *lett.*, undicesimo.

under (ingl., pr. ['ʌndə]; pr. it. ['ander] o ['under]) [letter. sotto; 1959] **I *agg.*** e ***sf.*** *T.sport.* di squadra composta di atleti che non superano una determinata età: *la nazionale under ventuno, successo della nuova under ventuno* **II *agg.*** e ***sm.*** *inv.* *T.sport.* di giocatore che fa parte di una squadra così composta: *sconfitta degli under 21*.

undercut (ingl., pr. ['ʌndəkʌt]; pr. it. ['anderkat]) [letter. colpo di sotto; 1935] ***sm. inv.*** *T.sport.* nel pugilato, colpo dato (generalmente in serie) ai fianchi o alle coste dell'avversario nel corpo a corpo.

underground (ingl., pr. ['ʌndəgraʊnd]; pr. it. [ander'graund]) [letter. sotterraneo; 1970] **I *agg. inv.*** **1.** di cultura e movimento artistico semiclandestino, che si diffonde attraverso canali di trasmissione alternativi: *giornale underground, proposte underground* **2.** rivoluzionario, innovativo rispetto alla tradizione: *teatro underground*, locale in cui si sperimentano nuove tecniche artistiche **II sm.** *inv.* cultura alternativa e sperimentale.

undicènne [comp. di *undici* e *-enne*; 1879] **agg.** e **s.** che o chi ha undici anni.

ùndici [lat. *undecim*; 1211] **agg.** e **sm.** *num. card.*, ar. 11, rom. XI || *T.sport. disus.* squadra di calcio (in quanto costituita da undici giocatori): *un undici strepitoso* || *T.stor. gli Undici*, la polizia dei Trenta Tiranni ad Atene.

ungàrico (pl. *-ci*) [da *ungaro*; 1828] **agg.** dell'Ungheria: *impero austro-ungarico, pianura ungarica.*

ùngaro (arc. *óngaro*) [dal lat. tardo *Hungari*, pl.; 1561 *ongaro*] **I agg.** deli nomadi — detti anche *Magiari* — che invasero e occuparono l'attuale Ungheria nel sec. IX d.C. **II sm. 1.** (f. *-a*) appartenente a tale popolazione: *le invasioni degli Ungari* **2.** *T.num.* nome dato in Italia al ducato d'oro o fiorino ungherese emesso nel XIV sec.

ùngere (pres. *ùngo, ùngi*; p.rem. *ùnsi, ungésti, ùnse, ùnsero*; pps. *ùnto*) [lat. *ungere*; a. 1320 *ugnere*] **tr. 1.** cospargere di materia grassa: *ungere il mozzo delle ruote, i cardini della porta, un ingranaggio*, per ridurre l'attrito tra le parti in movimento; *ungere la parte contusa, scottata*, per lenire il dolore || *fig. fam. ungere le ruote* (o, *ass.*, *ungere*), adulare qualcuno o fargli regali per ottenerne il favore: *ungendo le ruote giuste ha fatto carriera* || *per estens.* macchiare d'unto: *hai unto tutta la tovaglia* **2.** *T.rel.* in vari tipi di cerimonie, segnare con l'olio benedetto la fronte di qualcuno per somministrargli un sacramento o per ordinarlo re e sim. || **rifl.** e **rifl. indir.** cospargersi o sporcarsi di sostanze grasse: *ti sei unto tutto, tutte le mani* || **N. tr. 1.** *Sin.* ingrassare, lubrificare, oliare; corrompere | lubrificante, olio, unguento | unto.

ungherése [dal n. geogr. *Ungheria*; 1771] **I agg.** dell'Ungheria **II s. 1.** abitante o nativo dell'Ungheria **2.** *sm.* (solo *sing.*) la lingua degli Ungheresi.

ùnghero [dal lat. tardo *Hungari*, pl.; a. 1555] **agg.** *disus.* ungaro.

ùnghia [lat. *ungula*; 1313] **sf. 1.** *T.anat.* formazione cornea che si origina in corrispondenza dell'ultima falange e riveste l'estremità dorsale delle dita di alcuni anfibi, dei rettili, degli uccelli e di tutti i mammiferi tranne i cetacei: *non mangiarti le unghie!*, *le unghie retrattili dei gatti*; *unghia falcata*, artiglio; *le unghie del cavallo*, gli zoccoli; *unghia incarnita*, cresciuta in modo anomalo, tanto da penetrare nella carne || in molte espr. anche fig.: *tirar fuori le unghie*, farsi minaccioso, aggressivo; *con le unghie e con i denti*, con accanimento, con ogni mezzo; anche, *per meton.*, mani, grinfie: *capitare sotto le unghie di qualcuno*, capitargli sotto tiro; *avere le unghie lunghe*, essere propenso al furto **2.** *per estens.* elemento a forma di unghia; *in part. T.bot.* parte inferiore del petalo || *T.arch.* spicchio sferico (come, per es., quelli che costituiscono le volte a crociera) || sulla lama dei coltelli a serramanico, incavo predisposto per infilarvi l'unghia ed estrarre la lama || *T.mar. unghie dell'ancora*, le estremità foggiate a dardo delle due marre **3.** *fig.* quantità, distanza o dimensione minima: *sarà grosso quanto un'unghia, c'è un'unghia di spessore, tra l'uno e l'altro corre un'unghia* || *dim.* unghiétta, unghìna, unghièllo (*sm.*), unghiòlo (*sm.*); *accr.* unghióna, unghióne (*sm.*); *pegg.* unghiàccia || **N. 1.** artiglio, unghiello, ungula, zoccolo | PARTI: corpo, lunula, radice; letto dell'unghia, matrice dell'unghia, polpastrello, solco sottungueale | manicure; forbici, limetta, smalto | artigliare, graffiare; scarnire, spezzare, tagliare | onicofagia, paronichia. **Q.T.** *anatomia* **TAV.** *edilizia* **p. 666** 3.3; *vela* **p. 1342** 3.4.

unghiàta [da *unghia*; 1863 *ugnata* nel senso 2] **sf. 1.** colpo dato con l'unghia || ferita fatta con l'unghia; graffio **2.** intaccatura nella lama di coltelli e temperini per metterci l'unghia ed aprirli || *dim.* unghiatìna.

unghiàto [da *unghia*; 1313] **agg.** *non com.* che è armato di unghie lunghe: *il ventre largo e unghiate le mani* (Dante).

unghiatùra [da *unghia*; 1940] **sf.** *T.libr.* la sporgenza dei cartoni che proteggono il taglio in un libro rilegato || **N.** *Sin.* ugnatura.

unghièlla V. UGNELLA.

unghièllo (*dim.* di *unghia*) [a. 1735 *ugnello*] **sm. 1.** unghia stretta, forte, appuntita, come gli artigli del gatto **2.** escrescenza cornea sulla faccia posteriore del nodello dei Ruminanti || **N.** *Sin.* unghiolo.

unghiétto V. UGNETTO.

unghiòlo (*dim.* di *unghia*) [1879] **sm.** unghiello.

unghióne (*accr.* di *unghia*) [a. 1320] **sm. 1.** unghia lunga, artiglio: *gli unghioni del falco* **2.** zoccolo. **TAV.** *mammiferi* **p. 1318** 1.1.

unghiùto [da *unghia*; 1342] **agg.** munito di unghie.

ungiménto [da *ungere*; a. 1320 *ugnimento*] **sm.** *raro* atto dell'ungere.

ungitóre [da *ungere*; 1865] **agg.** e **sm.** (f. *-trìce*) *raro* che o chi unge || **N.** *Sin.* untore.

ungitùra [da *ungere*; 1879] **sf.** *raro* atto ed effetto dell'ungere; unzione.

unguànno V. UGUANNO.

ungueàle [da *unghia*; 1839] **agg.** *T.anat.* che riguarda l'unghia.

unguentàio (pl. *-ài*) [dal lat. *unguentārius*; a. 1729] **sm.** (f. *-a*) *ant.* unguentario.

unguentàre (pres. *-ènto*) [dal lat. tardo *unguentāre*; a. 1604] **tr.** e **rifl.** *raro* spalmare e spalmarsi di unguento; ungere.

unguentàrio (pl. *-ri*) [dal lat. *unguentārius*; 1353] **I agg.** *ant.* di o da unguento: *sostanza unguentaria*, da cui si produce un unguento; *vaso unguentario*, contenitore per unguenti **II sm.** (f. *-a*) *ant.* chi fa o vende unguenti || **N. II** *Sin.* aromatario.

unguentière [da *unguento*; sec. XIV] **sm.** *ant. raro* unguentaio.

unguentìfero [comp. di *unguento* e *-fero*; a. 1729] **agg.** *ant. raro* che contiene o che produce unguento.

unguènto [dal lat. *unguentum*; a. 1320] **sm. 1.** sostanza medicinale preparata con eccipienti grassi, per uso esterno: *spalmare unguento sulla piaga, sulla caviglia distorta* **2.** preparato cosmetico di analoga costituzione, ampiamente usato nel mondo antico: *spalmarsi il corpo di unguenti profumati* || **N. 1.** *Sin.* balsamo, linimento, manteca, pomata | glicerina, vaselina **2.** mirra, nardo.

unguìcola [dal lat. *unguis*, unghia; 1961] **sf.** *T.zool.* unghia sottile e piatta con incurvatura trasversale e un'estremità libera e sporgente, tipica dei Lemuroidei, delle scimmie antropomorfe e dell'uomo.

Unguicolàti [dal lat. scient. *unguicolata*; 1937] **sm. pl.** *T.zool.* gruppo di mammiferi forniti di unghie o artigli e non di zoccoli.

unguicolàto [da *unguicola*; 1961] **agg. 1.** *T.bot. petalo unguicolato*, petalo che presenta alla base un prolungamento simile a un'unghia **2.** *T.zool. becco unguicolato*, becco di alcuni uccelli (per es. le anatre) che presenta sull'apice una specie di unghia rivolta verso il basso.

ùngula [dal lat. *ungula*, dim. di *unguis*, unghia; 1961] **sf.** *T.zool.* zoccolo.

Ungulàti [dal lat. *ungulātus*; 1839] **sm. pl.** *T.zool.* raggruppamento (senza valore sistematico) di mammiferi erbivori dotati di zoccoli || **N.** Artiodattili, Perissodattili, Proboscidati; Iracoidei. **Q.T.** *zoologia.*

unguligrado [comp. del lat. *ungula*, unghia e *-grado*; 1839 *ungulogradi*] **agg.** e **sm.** *T.zool.* si dice di mammiferi che appoggiano nella deambulazione solo le ultime falangi delle dita.

ùni- [dal lat. *ūni-*, da *ūnus*, uno] **pref.** in parole dotte e della terminologia scientifica, vale "uno", "uno solo", "costituito di uno solo" (per es. *unicellulare, unidimensionale, unifamiliare*) || **N.** *Sin.* mono- | bi-, multi-.

unïàsse [comp. di *uni-* e *asse*; 1961] **agg. 1.** *T.bot.* di pianta con un solo fusto terminante con un fiore **2.** *T.ott.* di sostanza birifrangente con un solo asse ottico || **N. 2.** *Sin.* monoasse.

unïàssico (pl. *-ci*) [comp. di *uni-*, *asse* e suff. agg.; 1930] **agg.** *T.ott.* uniasse.

uniàte [dal russo *unijat*, da *unija*, unione (delle Chiese); 1935] **agg.** e **s.** detto di appartenenti a chiese orientali che in età moderna hanno ristabilito la comunione con la chiesa cattolica di Roma, mantenendo però il proprio rituale e la propria organizzazione autonoma: *uniati armeni.*

uniatișmo [da *uniate*; 1930] **sm.** il rapporto di unione tra alcune chiese orientali e la chiesa cattolica di Roma.

unìbile [da *unire*; a. 1729] **agg.** *non com.* che si può unire.

unibilità [da *unibile*; 1745] **sf.** *raro* proprietà di ciò che è unibile.

unicameràle [comp. di *uni-* e *camerale*, sul modello dell'ingl. *unicameral*; 1950] **agg.** *T.pol.* di sistema politico fondato sull'unicameralismo.

unicameralișmo [da *unicamerale*; 1950] **sm.** *T.pol.* sistema parlamentare che si basa su di una sola assemblea legislativa.

unicellulàre [comp. di *uni-* e *cellulare*; 1932] **agg.** *T.biol.* di organismo inferiore formato da una sola cellula. **TAV.** *botanica* **p. 661** 2.

unicellulàto [comp. di *uni-* e *cellulato*; 1983] **agg.** e **sm.** *T.biol.* unicellulare.

unicità [da *unico*; a. 1565] **sf.** proprietà di ciò che è unico.

ùnico (pl. *-ci*) [dal lat. *ūnicus*; a. 1306] **I agg. 1.** che non ha eguali, che è il solo nel suo genere: *figlio unico, l'unico concorrente, l'unico amico, l'unica notte che lo vidi, sei la mia unica speranza*; *numero unico*, giornale o rivista che esce una sola volta; *T.giur. testo unico*, legge che riunisce le varie disposizioni di più leggi sullo stesso argomento: *il testo unico della legge provinciale e comunale* || *a senso unico*, di via o strada, in cui il transito è ammesso in un solo senso di marcia; anche, *fig.*, unilaterale: *informazione, critica a senso unico* **2.** *enf.* che non ha eguali; ineguagliabile, impareggiabile: *un'attrice, una ragazza unica* || **unicaménte avv.** esclusivamente, solamente: *te lo dico unicamente per agevolarti* **II sm.** (f. *-a*) chi o ciò che è il solo: *è stato l'unico a telefonare, questa è l'unica rimasta*; nell'espr. *è l'unica*, la sola cosa da fare: *torniamo indietro, è l'unica!* || **N. I 2.** *Sin.* eccezionale, raro, singolare, straordinario.

unicolóre [dal lat. *unicolor*, *-ōris*; 1963] **agg.** monocromo.

unicòrno [dal lat. *unicornis*; sec. XIII come sm.] **I agg.** che ha un solo corno: *rinoceronte unicorno* **II sm. 1.** animale mitologico simile al cavallo ma con un corno in fronte **2.** pesce dell'Oceano Pacifico e Indiano, dotato di un caratteristico corno sul muso || **N. II 1.** *Sin.* liocorno.

unicum (lat., pr. it. ['unikum]) [letter. unico, solo] **sm. inv.** (anche pl., *unica*), in bibliografia, filatelia, numismatica ecc., esemplare unico.

unidimensionàle [comp. di *uni-* e un der. di *dimensione*; 1961] **agg. 1.** che ha una sola dimensione **2.** *T.geom.* che si sviluppa in una sola dimensione **3.** *T.fis.* detto di problema che può essere risolto con un'equazione a una sola variabile.

unidirezionàle [comp. di *uni-* e *direzionale*; 1961] **agg.** **1.** che procede in una sola direzione **2.** *T.elettr.* *corrente unidirezionale*, corrente che scorre sempre nello stesso senso || di dispositivo che consente il passaggio di un fluido o della corrente elettrica in una sola direzione || *microfono unidirezionale*, sensibile in una sola direzione **3.** *fig.* che tratta un solo aspetto o che si muove da un unico punto di vista, che procede in un'unica direzione: *indagine unidirezionale*.

unidòse [comp. di *uni-* e *dose*; 1983] **agg.** *T.farm.* di confezione che contiene una sola dose di farmaco || **N.** *Sin.* monodose.

unifamiliàre [comp. di *uni-* e *familiare*; 1942] **agg.** a uso di una sola famiglia: *villa unifamiliare*.

unificabile [da *unificare*; 1879] **agg.** che si può unificare.

unificabilità [da *unificabile*; 1965] **sf.** l'essere unificabile.

unificàre (pres. *-ìfico, -ìfichi*) [dal lat. tardo *unificare*; a. 1729] **tr.** **1.** riunire più parti in un'unità, in un tutto unitario: *unificare l'Europa, i codici* **2.** in campo industriale, ridurre a un tipo unico || **rifl. rec.** riunirsi, convergere insieme: *le due correnti del partito si sono riunificate* || **N.** **2.** *Sin.* normalizzare, standardizzare, uniformare.

unificativo [da *unificare*; 1879] **agg.** atto a unificare.

unificàto (*pps.* di *unificare*) [a. 1729] **agg.** **1.** ridotto a un'unità **2.** di merce, fabbricata in tipo unico, standardizzato.

unificatóre [da *unificare*; 1879] **agg.** e **sm.** (f. *-trìce*) che o chi unifica: *una legge unificatrice*.

unificazióne [da *unificare*; 1855] **sf.** atto ed effetto dell'unificare: *l'unificazione d'Italia, di un pezzo meccanico* || **N.** *Sin.* normalizzazione, standardizzazione, uniformazione.

uniflòro [comp. di *uni-* e lat. *flōs, flōris*, fiore; 1826] **agg.** *T.bot.* che porta un unico fiore: *pianta uniflora, peduncolo unifloro*.

uniformàre (pres. *-órmo*) [da *uniforme*; 1810 come rifl.] **tr.** **1.** rendere uniforme: *uniformare una superficie* **2.** rendere conforme: *uniformare la propria condotta alle leggi* || **intr. pron.** diventare uniforme: *in seguito all'azione del vento, quella parete di roccia si è uniformata* || **rifl.** conformarsi: *uniformarsi alla volontà di Dio* || **N.** **tr.** **1.** *Sin.* pareggiare **2.** *Sin.* adattare, adeguare, conformare.

uniformazióne [da *uniformare*; 1879] **sf.** l'atto dell'uniformare e dell'uniformarsi: *la progressiva uniformazione dei gusti del pubblico*.

unifórme[1] [dal lat. *uniformis*; 1321] **agg.** di una sola e omogenea forma: *terreno, passo uniforme; un'esistenza uniforme*, monotona, priva di variazioni || *T.fis.* *moto uniforme*, la cui velocità è costante nel tempo || **uniformeménte** **avv.** in modo uniforme: *moto uniformemente accelerato* || **N.** *Sin.* uguale | *Contr.* difforme, discontinuo, variato.

unifórme[2] [dal lat. *uniformis*; 1732] **sf.** divisa prescritta agli appartenenti a corpi militari e, in gen., a un determinato istituto, servizio e sim.: *l'uniforme dei vigili urbani, dei postini, delle collegiali, l'uniforme della Marina*; *alta uniforme*, prescritta per i militari nelle occasioni solenni || **N.** *Sin.* montura, tenuta | alamari, bracciali, controspallina, cordone, distintivo di grado, dragona, fregio, galloni, grillotti, pennacchio, scudetto, spalline, stelletta. **Q.T.** *forze armate*.

uniformità [dal lat. *uniformitas, -ātis*; a. 1375] **sf.** caratteristica di ciò che è uniforme || conformità, accordo: *uniformità di opinioni* || *Contr.* difformità, discordanza, varietà.

unigènere [comp. di *uni-* e *genere*; 1891] **agg.** *non com.* di un solo genere.

unigènito [dal lat. *unigenitus*; a. 1348] **I** **agg.** che è l'unico generato, che è figlio unico, com. rif. a Cristo: *unigenito figlio del Padre* **II** anche in funzione di **sm.**: *l'Unigenito*, Gesù Cristo.

unìgeno [dal lat. *unigena*, di un medesimo parto; a. 1588] **agg.** *ant.* unigenito.

unilabiàta [comp. di *uni-* e *labiato*; 1840 *unilabbiata*] **agg.** (solo *f.*) *T.bot.* di corolla, che ha un solo lobo principale.

unilateràle [dal fr. *unilatéral*; 1806] **agg.** **1.** che concerne un solo lato: *paresi unilaterale* || *T.giur.* che concerne una sola delle parti, che è fatto da una sola di esse (opposto a *bilaterale*) || *T.geom.* di ente geometrico a una sola faccia, la cui superficie (come, per es., nel nastro di Moebius) si può interamente percorrere senza interruzioni **2.** *fig.* che considera un lato solo di una questione e sim.; fazioso, di parte: *visione unilaterale* || **unilateralménte** **avv.** || **N.** **2.** *Sin.* parziale | *Contr.* generale, totale.

unilateralità [da *unilaterale*; 1961] **sf.** l'essere unilaterale.

uniloculàre [comp. di *uni-* e un der. di *loculo*; 1809] **agg.** *T.bot.* di ovario delle piante, con un'unica cavità.

unimandatàrio (pl. *-ri*) [comp. di *uni-* e *mandatario*; 1983] **sm.** e **agg.** detto di agente di vendita che opera per conto di una sola azienda: *agente unimandatario* || **N.** *Sin.* monomandatario.

uniménto [da *unire*; 1308] **sm.** *raro* unione.

uninèrvia [comp. di *uni-* e di un der. del lat. *nervus*, nervo; 1940] **agg.** (solo *f.*) *T.bot.* di foglia, che ha una sola nervatura.

uninominàle [comp. di *uni-* e *nominale*; 1886] **agg.** *T.pol.* di sistema elettorale o di collegio elettorale in cui l'elettore può votare un solo candidato e in ciascun collegio si ha un solo eletto || **N.** *Contr.* plurinominale.

unióne [dal lat. *unio, -ōnis*; a. 1306] **sf.** **1.** l'unire o l'unirsi con altro o con altri, tanto in senso concreto quanto astratto: *unione di due pezzi di stoffa mediante cucitura, di due proposizioni mediante la congiunzione; l'unione di due o più stati in confederazione; unione matrimoniale*, matrimonio || *T.mat.* nella teoria degli insiemi, l'operazione (detta anche *somma*) che da due insiemi A e B forma l'insieme composto da tutti e soli gli elementi di A e di B || *prov.* *l'unione fa la forza* **2.** *concr.* ciò che risulta da tali azioni, rif. spec. a organizzazioni in cui sono riuniti più individui o enti, finalizzate al raggiungimento di obiettivi comuni o alla regolamentazione di particolari settori: *un'unione dei lavoratori, di imprenditori*; *unione doganale*, che si realizza quando due o più paesi optano per la libera circolazione dei prodotti all'interno dell'unione e adottano una tariffa doganale comune nei confronti dei paesi terzi; *unione monetaria*, quando due o più paesi adottano un'unica moneta comunitaria o prevedono per le monete dei paesi membri la piena convertibilità reciproca || anche in denominazioni specifiche: *"Unione delle Repubbliche Socialiste Sovietiche"*, *"Unione Donne Italiane"* **3.** relazione, legame sussistente tra ciò che risulta dall'unire e dall'unirsi: *l'unione del divino e dell'umano nel Cristo, saldando i due pezzi si ottiene un'unione saldissima* || anche *fig.*: *una famiglia in cui non vi è unione*, concordia, unità d'intenti e di sentimenti ecc. || **N.** **1.** *Sin.* aggregazione, associazione, collegamento, concatenamento, confluenza, congiungimento, congiunzione, connessione, giunzione, somma, unificazione **2.** *Sin.* accozzaglia, adunanza, aggregato, alleanza, associazione, coalizione, compagine, complesso, composto, confederazione, congrega, gruppo, insieme, lega, raggruppamento, riunione, società, unità **3.** *Sin.* aderenza, adesione, coesione, connessione, continuità, nesso, nodo, raccordo, vincolo; accordo, armonia, comunione, unità | debole, forte, fragile, precaria, salda.

unionìsmo [da *unione*; 1929] **sm.** **1.** movimento che propugna l'unità interna o l'unificazione di organismi politici, sindacali, culturali **2.** *T.econ.* il sistema sindacale proprio dei paesi anglosassoni; tradunionismo.

unionista [da *unione*, su modello dell'ingl. *unionist*; 1864] **agg.** e **s.** che o chi è fautore dell'integrazione di due o più organismi politici, religiosi o sim. || **N.** *Contr.* scissionista, separatista.

uniovulàre [comp. di *uni-* e *ovulare*; 1932] **agg.** *T.biol.* originato da un unico uovo fecondato: *gravidanza uniovulare, gemelli uniovulari*.

unìparo [comp. di *uni-* e *-paro*; a. 1565] **agg.** *T.zool.* di animale, che partorisce un solo figlio a ogni parto.

unipètalo [comp. di *uni-* e *petalo*; 1840] **agg.** *T.bot.* monopetalo.

unipolàre [comp. di *uni-* e *polare*; 1891] **agg.** *T.elettr.* che ha un solo polo: *cavo unipolare*, a un solo conduttore; *interruttore unipolare*, che agisce su un solo conduttore.

unipolarità [da *unipolare*; 1891] **sf.** caratteristica di ciò che è unipolare.

unìre (pres. *-ìsco, -ìsci*) [dal lat. *unīre*; a. 1306] **tr.** **1.** accostare o collegare due o più elementi tra loro, in modo da formare un tutto unico relativamente solidale: *unire due fogli pinzandoli, due tavole inchiodandole, due mezzi meccanici saldandoli, unire i pezzi del puzzle*, accostarli in modo da ricostruire l'immagine || anche *fig.*, rif. spec. a vincoli morali o affettivi che rendono solidali tra loro due o più persone: *li unisce una profonda amicizia* **2.** mescolare, fondere insieme due o più elementi tra loro, in modo da formare un tutto unico: *unire le uova e il burro alla farina* || anche *fig.*: *uniamo i nostri sforzi e lavoriamo insieme*; nel modo di dire *unire l'utile al dilettevole*, fare qualcosa che è contemporaneamente utile e piacevole **3.** mettere in comunicazione due elementi lontani senza spostarli: *unire le due sponde con un ponte, tutti i centri maggiori per mezzo della linea ferroviaria* || **rifl.** mettersi insieme, mescolarsi ad altri: *si unì al gruppo dei ribelli* || **rifl. rec.** associarsi: *si sono uniti in matrimonio, per combattere il nemico comune* || **N.** **1.** *Sin.* abbinare, accomunare, accoppiare, accostare, accozzare, accumulare, adunare, affiancare, aggiungere, aggregare, ammucchiare, annettere, appaiare, appiccicare, associare, attaccare, avvicinare, collegare, congiungere, incorporare, legare, mettere insieme, raccogliere, raccordare, radunare, raggruppare, sommare, vincolare || *Contr.* disgregare, disunire, dividere, sciogliere, sconnettere, separare **2.** *Sin.* amalgamare, combinare, conglobare, incorporare, mischiare || *Contr.* separare.

unisessuàle [comp. di *uni-* e *sessuale*; 1804] **agg.** *T.biol.* di organismo animale o vegetale, dotato di organi sessuali di un solo sesso.

unisessualità [comp. di *uni-* e *sessualità*; 1983] **sf.** *T.biol.* l'essere unisessuale.

unisèx [comp. di *uni-* e dell'ingl. *sex*, sesso; 1969] **agg.** *inv.* di abbigliamento indifferentemente adatto ai due sessi.

unisillàbico (pl. *-ci*) [da *unisillabo*; 1639] **agg.** monosillabico.

unisìllabo [dal lat. tardo *unisyllabus*; 1639] **agg.** e **sm.** monosillabo.

unisonànza [da *unisono*; a. 1647] **sf.** *raro* consonanza prodotta da due suoni unisoni.

unìsono [dal lat. tardo *unisonus*; 1561] **I** **agg.** *T.mus.* di suoni, di identica altezza, anche se di timbro diverso: *voci unisone* || *fig.* *raro* concorde, conforme: *sono di opinioni unisone* **II** **sm.** *T.mus.*, spec. nelle espr. *essere, procedere all'unisono*, usate quando due o più suoni (oppure sequenze di suoni, melodie) sono tra loro unisoni || *fig.* nella loc. *all'unisono*, in modo perfettamente armonico, concorde e simultaneo: *l'opinione pubblica ha criticato all'unisono l'iniziativa del governo.*

unita [da *unione*; a. 1306] **sf.** *arc.* unione.

unità [dal lat. *unitas, -ātis*; sec. XIV *unitate*] **sf.** **1.** caratteristica di ciò che è uno e indivisibile: *il mistero dell'unità e della trinità di Dio* **2.** *per estens.*, più com., l'essere unito da vincoli, uniformità o solidarietà di vario genere: *l'unità di una famiglia, di un partito, del movimento operaio; l'unità culturale, sociale, religiosa di una nazione; le lotte che portarono all'unità d'Italia; l'unità stilistica, formale di un testo letterario*, data dall'organicità e dall'armonia delle sue parti tra loro || *fig.* convergenza, concordanza: *unità d'intenti, di vedute; T.giur. unità della giurisdizione*, principio informatore dell'ordinamento giuridico, volto a evitare contraddittorietà di giudicati; *unità di tempo, luogo e azione*, le regole aristoteliche per la tragedia classica **3.** ogni singolo elemento costitutivo, insieme ad altri analoghi, di serie, insiemi, complessi omogenei: *unità didattica*, ciclo programmato di lezioni che consente, con l'ausilio di strumenti didattici diversi, di sviluppare un argomento in modo adeguato agli obiettivi fissati; *in part. unità di misura*, grandezza appartenente a una certa classe (per es. a quella delle lunghezze, dei pesi ecc.), rigorosamente definita, cui viene attribuito il valore *uno* e rispetto alla quale viene misurata qualsiasi grandezza appartenente a quella classe: *il Sistema Internazionale delle unità di misura, l'unità di misura delle distanze planetarie è l'Unità Astronomica, una delle unità di misura della temperatura è il grado centigrado* || *T.mat.* il numero *uno*, assunto come fondamento della numerazione: *nella dozzina ci sono dodici unità*; anche, nella numerazione decimale, i numeri dallo 0 al 9, rappresentati, in un numero intero, dall'ultima cifra a destra (in contrapp. a *decine, centinaia* ecc.) || *T.econ. unità monetaria*, base di un sistema monetario; *unità di conto*, unità monetaria convenzionale immateriale espressa in termini di monete reali o di oro, o di altre merci, o di lavoro: *dal 1971 l'unità di conto europea è l'ECU* || *T.stat. unità di rilevazione* o *statistica*, ente sul quale viene effettuata la rilevazione statistica; *unità tipo*, unità statistica che, per le sue caratteristiche, può essere considerata rappresentativa del suo gruppo || *T.geol. unità cronologiche*, suddivisioni rappresentanti intervalli di tempo (in ordine gerarchico, sono: *era, periodo, epoca, età, fase, orizzonte, livello*) || in urbanistica, *unità d'abitazione*, la più piccola unità di misura urbanistica, costituita da un gruppo di alloggi dotato di servizi comuni (scuole, negozi ecc.) || ogni singolo elemento costitutivo di un insieme, di un sistema organico, ma considerato nella sua autonomia funzionale: *il comune, la provincia, la regione e la circoscrizione sono le unità del sistema amministrativo italiano; in part.* nel linguaggio militare, denominazione generica di ciascun reparto o complesso organico di reparti (della stessa arma o di armi diverse) o, anche, un singolo mezzo navale o aereo: *unità terrestri, navali, aeree; unità minori*, plotone, compagnia e battaglione; *grandi unità*, divisione, corpo d'armata, armata; *un'unità* (*aerea*) *da ricognizione* || *T.inform.* ciascuno dei diversi componenti di un elaboratore elettronico: *unità centrale di calcolo*, CPU; *unità periferica* (*d'ingresso, d'uscita*); *unità di elaborazione, di memoria, di calcolo; unità di controllo*, dispositivo che gestisce il collegamento tra due o più unità periferiche collegate a grappolo, tra due o più terminali collegati alla stessa linea, o tra due o più linee collegate allo stesso elaboratore || *T.med. unità coronarica*, reparto ospedaliero riservato al ricovero urgente di infartuati || *Unità Sanitaria locale*, complesso di servizi per l'assistenza sanitaria in un dato territorio || **N. 1.** *Contr.* molteplicità, pluralità | monismo, uno **2.** *Contr.* differenza, divergenza, divisione, molteplicità, pluralità, varietà **3.** decine, centinaia, migliaia, decine di migliaia ecc.; frazione. **Q.T.** *unità di misura.*

unitarianismo [da *unitariano*; 1957] **sm.** *T.rel.* dottrina teologica, sostenuta nel sec. XVI dallo spagnolo M. Serveto e diffusasi in Italia e in Svizzera, che afferma l'unità assoluta di Dio, negando i dogmi della Trinità e dell'Incarnazione e, conseguentemente, la divinità di Cristo || la confessione cristiana che sostiene tale dottrina.

unitariano [dall'ingl. *unitarian*; 1957] **I** **agg. 1.** *T.rel.* dell'unitarianismo **2.** *T.rel.* che sostiene la dottrina dell'unitarianismo **II** **sm.** (f. *-a*) *T.rel.* sostenitore dell'unitarianismo.

unitarietà [da *unitario*; 1942] **sf.** caratteristica di ciò che è unitario.

unitario (pl. *-ri*) [da *unità*; 1855 come sm.] **I** **agg. 1.** costituente un'unità: *insieme, complesso unitario* || *fig.* organico, coerente, non frammentario: *una trattazione, una soluzione unitaria del problema* **2.** relativo a un'unità: *prezzo, costo unitario*, di ciascuna unità (ovvero di ciascun oggetto o anche di una quantità di esso corrispondente all'unità di misura): *il prezzo unitario di una stoffa*, dell'intera pezza o di un metro di essa **3.** che tende all'unità o ha l'unità come suo presupposto: *ideali unitari, la posizione unitaria assunta dalle sinistre* || **unitariaménte** **avv.** **II** **sm.** (f. *-a*) *raro* **1.** sostenitore dell'unità in campo politico, religioso ecc. **2.** *in part.* unitariano.

unitarismo [da *unitario*; 1905] **sm.** **1.** tendenza a raggiungere soluzioni unitarie **2.** unitarianismo.

unitarista [da *unitario*; 1965] **s.** *T.lett.* critico o filologo di età alessandrina che riteneva Iliade e Odissea opere di un unico autore, Omero.

unitézza [da *unità*; 1875] **sf.** *raro* qualità di ciò che è unito, compatto: *l'unitezza del tessuto* || uniformità: *l'unitezza di tinta, di stile* || **N.** *Sin.* compattezza, omogeneità.

unitivo [da *unito*; a. 1342] **agg.** *raro* atto a unire.

unito (*pps.* di *unire*) [1321] **agg.** che si è o è stato unito: *lottare uniti contro il nemico comune; in part.* in denominazioni di unioni o confederazioni di stati, di organismi internazionali ecc.: *Stati Uniti d'America, Organizzazione delle Nazioni Unite* (O.N.U.) || *per estens.*, meno com., fitto, compatto, non rado: *un tessuto molto unito* || *per estens.* solidale: *una coppia, una classe molto unita* || uniforme: *in tinta unita*, di

UNITÀ DI MISURA

UNITÀ DI MISURA NEL SISTEMA INTERNAZIONALE (o "S.I.") E GRANDEZZE CORRISPONDENTI.

UNITÀ FONDAMENTALI: ampere (intensità di corrente elettrica), candela (intensità luminosa), chilogrammo (massa), grado Celsius (temperatura), kelvin (temperatura termodinamica), metro (lunghezza), mole (quantità di materia o di sostanza), secondo (tempo).

UNITÀ SUPPLEMENTARI: radiante (angolo piano), steradiante (angolo solido).

UNITÀ DERIVATE (aventi un nome proprio): *meccaniche*: hertz (frequenza), joule (energia, lavoro), newton (forza, peso), pascal (pressione), watt (potenza); *elettriche*: coulomb (carica elettrica), farad (capacità elettrica), henry (induttanza elettrica), ohm (impedenza elettrica, reattanza elettrica, resistenza elettrica), siemens (ammettenza elettrica, conduttanza elettrica, suscettanza elettrica), volt (differenza di potenziale elettrico, forza elettromotrice, potenziale elettrico, tensione elettrica), voltampere (potenza elettrica apparente); *magnetiche*: tesla (induzione magnetica), weber (flusso di induzione magnetica); *ottiche*: lumen (flusso luminoso), lux (illuminamento), nit (luminanza); *speciali*: becquerel (attività di una sorgente radioattiva), rem (dose assorbita equivalente).

PREFISSI PER LA FORMAZIONE DI MULTIPLI E SOTTOMULTIPLI (e loro fattori di moltiplicazione): exa- (10^{18}), peta- (10^{15}), tera- (10^{12}), giga- (10^{9}), mega- (10^{6}), chilo- (10^{3}), etto- (10^{2}), deca- (10), deci- (10^{-1}), centi- (10^{-2}), milli- (10^{-3}), micro- (10^{-6}), nano- (10^{-9}), pico- (10^{-12}), femto- (10^{-15}), atto- (10^{-18}).

ALTRE UNITÀ DI MISURA.

DEL SISTEMA C.G.S.: baria, caloria, centimetro, dina, erg, gal o galileo, grammo, lambert, fiot, poise, secondo, stilb, stokes. Inoltre: *nel sistema C.G.S. elettrostatico*: statampere, statamperespira, statcoulomb o franklin, statfarad, stathenry, statohm, statvolt, statweber; *nel sistema C.G.S. elettromagnetico*: abampere, abcoulomb, abfarad, abhenry, abohm, abvolt, biot, gauss, gilbert, maxwell, oersted.

DEL SISTEMA METRICO DECIMALE: *di capacità*: ettolitro, decalitro, litro, decilitro, centilitro, millilitro; *di massa*: tonnellata, quintale, miriagrammo, chilogrammo, ettogrammo, decagrammo, grammo, decigrammo, centigrammo, milligrammo; *di lunghezza*: miriametro, chilometro, ettometro, decametro, metro, decimetro, centimetro, millimetro, micron, millimicron o bimicron, ångström, trimicron, unità X, quadrimicron, quintimicron.

DI ALTRI SISTEMI O FUORI DA OGNI SISTEMA: acro (*acre*), amperora, angolo giro, anno luce, anno sidereo, apostilb, ara, atmosfera fisica o normale, atmosfera tecnica, bar, barile (*barrel*), barn, baud, bel, bit, braccio (*fathom*), byte, carato metrico, cavallo vapore, cavallo-ora, chilogrammetro, chilogrammo-forza, chilometro all'ora, chilowattora, curie, decibel, diottria, erlang, frigoria, gallone (*gallon*), giorno sidereo, giorno solare medio, giri al minuto, gon o grado centesimale, grado sessagesimale, grado Fahrenheit, iarda (*yard*), lega (*league*), libbra (*pound*), miglio (*mile*), miglio marino (*nautical mile*), millimetro d'acqua, millimetro circolare, millimetro di mercurio, minuto d'angolo, nat o nepit o nit, neper, nodo (*knot*), oncia (*ounce*), ora siderea, ora solare media, ottava, passo (*pace*), parsec, fon, piede (*foot*), pinta (*pint*), pollice (*inch*), rad, röntgen, rutherford, secondo d'angolo, secondo sidereo, secondo solare medio, son, staio (*bushel*), stero, termia, ton, unità astronomica, unità di massa atomica o amu internazionale, var, wattora.

(Per i simboli delle unità di misura elencate, v. l'appendice "Sigle e abbreviazioni").

un solo colore || **unitaménte** *avv.* **1.** insieme, spec. nella *loc. prep. unitamente a*, insieme con: *la bolla di spedizione deve viaggiare unitamente alla merce* **2.** *non com.* in modo uniforme, omogeneo: *stendere il colore unitamente.*
unitóre [da *unire*; a. 1446] *agg.* e *sm.* (f. *-trìce*) *raro* che o chi unisce || **N.** *Sin.* unificatore.
univalènte [comp. di *uni-* e *valente*; 1983] *agg. T.chim.* monovalente.
univàlve [comp. di *uni-* e di un der. di *valva*; 1561] *agg. raro* **1.** di mollusco, a una sola valva **2.** di frutto, che si apre da un solo lato || **N.** bivalve.
univerbazióne o **univerbizzazióne** [comp. di *uni-* e del tema del lat. *verbum*, parola; 1961 *univerbizzazione*] *sf. T.ling.* nell'evoluzione di una lingua, processo di fusione delle parole di un sintagma per dare origine ad un'unica voce (per es. da *pomo d'oro* a *pomodoro*).
universàle [dal lat. *universālis*; 1308 nel senso 2] **I** *agg.* **1.** *T.astr.* relativo all'universo: *gravitazione universale* **2.** *per estens.* che vale, che si applica a tutti gli esseri, a tutte le cose, a tutti i fenomeni: *legge, principio, valore universale* **3.** *per restr.* di tutti gli elementi di un determinato insieme: *la sua proposta ottenne l'approvazione universale*; *erede universale*, v. EREDE; *suffragio universale*, v. SUFFRAGIO; *chiave universale*, che apre tutte le serrature; *in part.* relativo all'intera umanità: *il progetto di una lingua universale, la storia universale*; *diluvio, giudizio universale* || *T.fil.* che si applica a tutti i membri di un insieme omogeneo: *termine, concetto universale*; *proposizione universale* (*affermativa*, "Tutti gli A sono B"; *negativa*, "Nessun A è B") || *T.tecn.* di apparecchio elettrico che può essere alimentato con tensioni differenti || *T.biol. donatore, recettore universale*, individuo che, appartenendo a particolari gruppi sanguigni, può donare sangue agli individui di tutti i gruppi o, viceversa, riceverne da tutti || **universalménte** *avv.* per tutti quanti senza eccezione; comunemente, generalmente: *un fatto universalmente noto* **II** *sm.* **1.** *T.fil.* concetto generale che si può predicare di tutti gli individui di una stessa classe: *la disputa sugli universali* **2.** *T.ling. universali linguistici*, proprietà e meccanismi comuni a tutte le lingue naturali umane: *universali fonologici, sintattici, semantici*; *universali semiotici* **3.** *T.tecn.* strumento usato in geodesia e in astronomia per misurare angoli orizzontali e verticali **4.** *raro* la totalità: *l'universale dei viventi*; nella loc. *in universale*, in generale || **N.** **I** **2.** *Sin.* generale; totale | *Contr.* particolare, singolare; parziale, solo, speciale, unico **II** **1.** concettualismo, nominalismo, realismo. **Q.T.** *linguistica.*
universalìsmo [da *universale*; 1885] *sm.* tendenza a pretendere validità universale o a diffondersi universalmente: *l'universalismo cattolico.*
universalìsta [da *universale*; 1885] *s.* sostenitore di una forma di universalismo.
universalìstico (pl. *-ci*) [da *universalismo*; 1944] *agg.* che tende o ha come presupposto l'universalismo.
universalità [dal lat. *universālitas, -ātis*; a. 1320 nel senso 2] *sf.* **1.** qualità di ciò che è universale: *l'universalità dell'arte* **2.** *concr.* complesso, totalità: *l'universalità dei credenti* || *T.giur. universalità di fatto* (o *di mobili*), pluralità di cose, non fisicamente congiunte, appartenenti a un unico proprietario e aventi una destinazione comune (per es., un gregge, una biblioteca o una qualunque collezione); *universalità di diritto*, complesso di rapporti giuridici la cui riduzione a unità è operata dalla legge (per es., un'eredità).
universalizzàre [da *universale*; a. 1729] *tr.* rendere universale: *universalizzare un sistema di misura, il sapere* || *intr. pron.* diventare universale: *un sistema di vita che si sta universalizzando* || **N.** *Sin.* estendere, generalizzare.
universalizzazióne [da *universalizzare*; 1831] *sf.* l'atto e l'effetto dell'universalizzare.
universìade [comp. di *univers(ità)* e (*olimp*)*iade*; 1959] *sf.* spec. *pl. T.sport.* campionato mondiale degli studenti universitari.
università [dal lat. *universitas, -ātis*; a. 1320] *sf.* **1.** istituto di istruzione superiore e ricerca scientifica, solitamente articolato in scuole (in Italia, facoltà) corrispondenti a rami del sapere o a specializzazioni professionali: *l'università è la sede principale della ricerca*; *andare all'università*, frequentarne i corsi || la sede fisica delle attività universitarie: *problemi di parcheggio intorno all'università* || *università popolare*, istituto che mira a diffondere la cultura tra la popolazione organizzando corsi, conferenze, convegni e sim. **2.** *T.stor.* denominazione generica di varie corporazioni o associazioni medievali **3.** *arc.* universalità || **N.** **1.** *Sin.* ateneo, istituto universitario, policlinico, politecnico, SCUOLA | PERSONE: assistente, borsista, direttore di dipartimento, lettore, preside, professore associato, professore ordinario, rettore, ricercatore; laureato, matricola, studente | aula magna, cattedra, corso, corso di laurea, dignità di stampa, diploma, dottorato di ricerca, esame, esercitazione, frequenza, iscrizione, laurea, letterato, libretto universitario, piano di studi, seminario, sessantesimi, studente fuori corso, tesi di laurea, toga, votazione; goliardia.
universitàrio (pl. *-ri*) [da *università*; 1859] **I** *agg.* dell'università: *collegio universitario, corsi universitari, riforma universitaria* **II** *sm.* (f. *-a*) studente o, *meno com.*, docente universitario.
univèrso [dal lat. *universus*; 1308 come agg.] **I** *sm.* **1.** *T.astr.* insieme dei corpi esistenti in natura e dello spazio che li contiene e nel quale si manifestano tutti i fenomeni naturali: *lo studio dell'universo, modelli di universo* **2.** *per estens.* tutto ciò che esiste, il mondo: *il Creatore dell'universo*; anche in loc. fam. iperb.: *si crede il padrone dell'universo* || anche, *per meton.*, *iperb.*, la totalità degli uomini: *ormai lo sa tutto l'universo* **3.** *fig.* ambiente, piccolo mondo reale o ideale: *l'universo della provincia, della poesia dantesca, dell'arte*; *vive chiuso nel suo piccolo universo*, riferendosi sia all'ambiente fisico che a quello mentale **4.** *T.stat.* insieme di tutti gli individui ai quali si estende una legge statistica **5.** *T.fil.* in logica, *universo del discorso*, l'insieme degli oggetti cui si riferiscono le espressioni di un linguaggio **II** *agg. lett.* tutto intero: *il mondo universo, l'universo popolo romano* || **N.** **I** **1.** *Sin.* cosmo | galattico, metagalattico, sidereo **2.** *Sin.* creato **3.** *Sin.* mondo, spazio **5.** *Sin.* dominio. **Q.T.** *astronomia.*
univocità [da *univoco*; 1954] *sf.* caratteristica di ciò che è univoco.
unìvoco (pl. *-ci*) [dal lat. tardo *univocus*; a. 1565] *agg.* **1.** di segno o espressione linguistica, che ha un unico significato ben determinato: *un'indicazione tutt'altro che univoca*, equivoca, ambigua **2.** *T.mat. corrispondenza univoca*, che assegna a ciascun punto dell'insieme S un solo punto dell'insieme S' (ma non necessariamente viceversa) **3.** di ciò che può essere definito da un unico nome o da un'unica espressione || **univocaménte** *avv.* || **N.** **1.** *Contr.* equivoco; ambiguo, polivalente.
univoltinìsmo [da *univoltino*; 1961] *sm.* *T.biol.* l'essere univoltino.
univoltìno [comp. di *uni-* e un der. di *volta*; 1929] *agg. T.biol.* di insetti e di alcune varietà di bachi da seta, che hanno una sola generazione all'anno.
ùnnico (pl. *-ci*) [da *unno*; a. 1764] *agg.* da unno, degli Unni || *per estens. lett.* barbaro, barbarico: *posta giù l'unnica asprezza* (Carducci).
ùnno [dal lat. *Hunni*; 1840] *sm.* (f. *-a*) membro di una delle popolazioni barbariche di origine asiatica che si stanziarono nella regione danubiana verso il IV e il V sec. d.C.
ùno [dal lat. *ūnus*; fine sec. XII] **I** *agg.* e *sm.* *num. card.* (f. *ùna*) ar. 1, rom. I (la forma m. *uno* si usa davanti a parole che iniziano con *gn, pn, ps, sc, x, z* e *s* seguita da consonante e, insieme alla forma tronca *un*, davanti a parole che iniziano con *i* semiconsonante, *y* e *j*: *uno gnomo, uno* (o *un*) *iettatore*; la forma tronca m. *un* si usa inoltre davanti a parole che cominciano con vocali o con consonanti o gruppi di consonanti ad esclusione di *gn, pn* ecc.: *un aiuto, un cane*; la forma f. *una* si usa sempre davanti a parole che iniziano con una consonante, con *i* semiconsonante, *y* e *j*, e si elide sempre davanti a parole che iniziano con *a* o con altra vocale, purché tonica, mentre negli altri casi si può elidere o meno: *una casa, una iena, un'altra, un'isola, una* o *un'idea*) || *in part.*, in funzione di *agg.*: per indicare una quantità minima: *faccio in un minuto, ci metto un attimo*, pochissimo tempo || anche con il senso di "un unico", "un solo" (spec. in espr. negative): *non ho capito una parola*, neanche una; nella loc. *a un tempo*, contemporaneamente; nelle espr.: *gridare, parlare a una voce*, contemporaneamente, tutti insieme; *fare tutt'uno, essere* (*un*) *tutt'uno con qualcuno, con qualcosa*, una sola cosa || con valore anche *fig.*, nella loc. *numero uno*, v. NUMERO || nel linguaggio commerciale o burocratico si usa anche posticipato, spec. in elenchi e sim.: *... casse due, vetture una, ...* || *in part.*, in funzione di *sm.*, il numero uno; *in part.* nella marcia, nell'espr. *un, due*, per indicare il momento in cui il piede sinistro tocca terra || *T.sport. uno-due*, nella boxe, rapida successione di due colpi, uno di destro e l'altro di sinistro || *T.teol. l'Uno*, Dio, l'essere supremo || *T.fil. l'Uno*, l'unica realtà assoluta, il fondamento unico e indifferenziato della realtà stessa **II** *agg. indef.* solo nelle loc. *l'uno e l'altro, l'uno o l'altro*: *l'una e l'altra collaboratrice* **III** *art. indet. m. sing.* (f. *ùna*) (si tronca secondo le stesse norme che regolano l'uso dell'agg. num. card.) rende indeterminato il nome che segue, indicando una persona o cosa generica o, anche, una qualsiasi tra le tante della stessa specie: *quando una persona ti parla..., c'è un gattino in cortile* || con valore enf., in espr. esclamative: *ho una* (*tale*) *paura!, sei un tale vigliacco!* || seguito da un numerale cardinale, gli attribuisce valore indeterminato: *ci vorranno un tre ore* **IV** *pron. indef.* (m. pl. *uni*; f. sing. *una* e pl. *une*; la forma tronca è com. solo nella loc. *l'un l'altro*) un tale, una persona: *ho visto uno che ti assomigliava, è una che conta*; *uno dei tanti*, uno come molti altri, una persona qualunque; *pop. una di quelle*, una prostituta; con valore impers., qualcuno: *se uno ti chiede qualcosa devi rispondergli*; con valore rec., nella loc. *l'un l'altro*: *amatevi l'un l'altro* || *in gen.* una cosa (generica o, quando è chiaro dal contesto, di un certo tipo): *ne prendo una a caso, l'uno o l'altro per me fa lo stesso, ne ha mangiato uno appena* (o *appena uno*), *te ne racconto una bella!, di queste occasioni ne capita una sola nella vita*; *avanzavano cautamente, a uno a uno, uno per* (o *alla*) *volta*; anche in molti modi di dire: *non ne fa* (o *dice*) *mai una giusta, una ne fa e cento ne pensa, l'uno vale l'altro* || *pl.*, solo in correlazione con il pron. *altro* (e preceduto dall'art. det.): *procedevano gli uni dietro agli altri, le preziose porcellane si riversarono le une sulle altre.*
ùnqua o **ùnque** [lat. *unquam*; a. 1294 *unque*] *avv. poet. arc.* mai, giammai.
unquànco [comp. di *unqu(a)* e *anco*; a. 1294 *unquanche*] *avv. poet. arc.* giammai.

ùnque V. UNQUA.

untàre [da *unto*; a. 1519] ***tr.*** *pop.* e *dial.* ungere.

untàta [da *untare*; 1696] ***sf.*** *pop.* e *dial.* atto dell'untare una volta e approssimativamente: *dare un'untata alle scarpe, alle ruote* ‖ *dim.* untatìna; *pegg.* untatàccia.

untatùra [da *untare*; a. 1712] ***sf.*** *pop.* e *dial.* atto dell'untare.

untìccio (pl. m. *-ci*, pl. f. *-ce*) [da *unto*; a. 1571] **I *agg.*** alquanto unto **II *sm.*** untume.

ùnto (*pps.* di *ungere*) [sec. XIII-XIV come sm.] **I *agg.*** spalmato o sporco di materia untuosa: *mani unte*; raff. nella loc. *unto e bisunto* **II *sm.* 1.** sostanza grassa, untuosa: *macchie d'unto* ‖ *in part.* sostanza grassa per cuocere e condire le vivande: *togliere l'unto di cucina dai fornelli* **2.** *T.rel. l'Unto del Signore*, chi, nella tradizione biblica, veniva con un'unzione consacrato re o sacerdote ‖ **N. I 1.** *Sin.* ingrassato, lubrificato **II 1.** grasso, lubrificante, olio, pomata, unguento; burro, grasso, lardo, olio, strutto, sugna.

untóre [dal lat. *unctor, -ōris*; 1823] ***sm.*** (f. *ungitrìce*) *non com.* chi unge ‖ *com.*, *per anton.* chi, durante la peste di Milano del XVII sec., era incolpato di propagare il contagio ungendo le case con sostanze infette: *dagli all'untore!* (Manzoni), usato oggi con valore iron. per riferirsi ad attacchi contro persone sospettate, senza alcun fondamento, di chissà quali trame antisociali ‖ *dim.* untorèllo.

untuàrio (pl. *-ri*) [da *unto*; 1865] ***sm.*** *T.archeol.* luogo nelle antiche terme greche e romane in cui ci si faceva ungere il corpo.

untùme [da *unto*; 1353] ***sm.*** quantità di materia grassa che insudicia ‖ **N.** UNTO.

untuosità [da *untuoso*; sec. XIV] ***sf.* 1.** caratteristica di ciò che è untuoso **2.** *fig.* modo di fare untuoso ‖ **N. 2.** *Sin.* servilismo, viscidezza.

untuóso [da *unto*; a. 1320] ***agg.* 1.** cosparso o impregnato di unto ‖ che unge **2.** *fig.* di persona o di modi, affettatamente servizievoli, ipocritamente sottomessi, fino a rasentare il servilismo: *ha un modo di fare untuoso* ‖ **untuosaménte** ***avv.*** solo in senso *fig.*: *si rivolse untuosamente al suo superiore* ‖ **N. 1.** *Sin.* grasso, oleoso, unto **2.** *Sin.* ipocrita, servile, viscido.

unzióne [dal lat. *unctio, -ōnis*; 1353] ***sf.* 1.** *raro* azione dell'ungere ‖ *com.* come *T.rel.*, *Estrema Unzione*, sacramento somministrato ungendo con l'olio consacrato i moribondi; *sacra unzione*, somministrata nei sacramenti della cresima e dell'ordine: *unzione dei cresimandi, unzione sacerdotale* ‖ *disus.* come *T.med.*, in riferimento a sostanze medicamentose: *l'unzione della parte malata*; anche *concr.*, *raro*, unguento **2.** *fig. non com.* untuosità: *è un uomo pieno di unzione* ‖ *dim.* unzioncèlla, unzioncìna.

-uòlo V. -OLO[1].

uòmo (pl. *uòmini*) [lat. *homo, -inis*; 1313] ***sm.* 1.** ciascun individuo appartenente alla specie umana: *gli uomini sono tutti uguali, la storia è fatta dagli uomini, il mestiere di uomo*; *a passo d'uomo*, alla velocità con cui cammina un uomo adulto; *come un sol uomo*, tutti insieme, con perfetta coordinazione di intenti, di sforzi **2.** (come non numerabile) l'umanità, la specie umana: *l'uomo è un animale ragionevole, la storia dell'uomo*; *a misura d'uomo*, adatto alle sue esigenze fisiologiche, sociali e spirituali; *a memoria d'uomo*, indietro nel tempo fino all'inizio della storia (o, anche, fin dove arriva la memoria degli uomini attualmente viventi): *l'inverno più caldo a memoria d'uomo* ‖ con varie specificazioni: *l'uomo del Duemila*; *l'uomo della strada*, la persona qualsiasi, statisticamente normale (anche numerabile: *sono solo un uomo della strada*) ‖ *l'uomo propone e Dio dispone*, per ricordare l'intervento di fattori imponderabili nell'attuazione dei progetti umani **3.** individuo maschio adulto della specie umana; *in part.* contrapposto a *donna*: *la disuguaglianza tra uomo e donna, una società dominata dall'uomo*, dagli uomini; *è un vero uomo*, riferendosi alle sue qualità, spec. caratteriali, prettamente virili; *rivista, spettacolo per soli uomini*, pornografico, e ritenuto perciò non adatto a un pubblico femminile; *in part.* compagno, partner maschile o marito: *è il suo uomo da molti anni, cerco l'uomo della mia vita* ‖ contrapposto a *bambino*, *ragazzo* ecc.: *non piagnucolare, sei un uomo ormai!*; *quando si diventa uomini*, grandi, adulti; *taglie da uomo e da bambino* ‖ contrapposto tanto a *donna* quanto a *ragazzo*, *bambino*: *sii uomo!, comportati da uomo!*; *abiti da uomo*; *da uomo a uomo*, espr. usata per introdurre qualcosa che si dice con assoluta franchezza e serietà ‖ considerato relativamente a una sua particolare determinazione: *un uomo sensibile, duro di cuore, ricco, indigente, di nobile stirpe, di umili origini, all'antica, al passo con i tempi, navigato, privo d'esperienza*; *un grand'uomo, un sant'uomo*; *un uomo d'affari, di lettere, di teatro, di scienza, di chiesa, di mare*; *uomo d'arme*, in passato, cavaliere, soldato; *un uomo di mondo*, V. MONDO; *l'uomo del giorno, del momento*, di cui tutti parlano; *un uomo d'onore*, anche *eufem.*, nel senso di "mafioso"; *uomo di paglia*, prestanome, chi non ha alcuna autorità autonoma, ma rappresenta (in un consesso, una gerarchia e sim.) un potente che preferisce non figurare personalmente; *uomo di fiducia*, a cui si affidano incarichi particolarmente delicati; *un uomo di parola*, che mantiene sempre la parola data; *un uomo d'azione*, che usa passare subito ai fatti; *un uomo di poche parole*, che non si perde in chiacchiere inutili; *un uomo di spirito*, che ha il senso dell'umorismo ‖ anche determinato con un s. posposto (che indica, perlopiù figuratamente, l'attività e sim.): *uomo(-)rana*, sommozzatore; *uomo(-)sandwich*, V. SANDWICH; *uomo(-)radar*, controllore di volo; *uomo(-)gol*, nel calcio, giocatore particolarmente abile nel segnare; *uomo(-)partita*, quello di una squadra sportiva su cui si fa particolare affidamento ai fini della vittoria ‖ talora con lo specifico senso di "operaio, addetto, incaricato" o sim.: *l'uomo del gas, delle pulizie, di fatica* ‖ non seguito da alcuna determinazione, ma con il senso specifico di "appartenente a un gruppo, una squadra e sim.": *gli uomini del Quarto Cavalleria, l'allenatore diede gli ultimi consigli ai suoi uomini* **4.** *in part.* con valore generico, tale, tizio: *c'è un uomo che ci segue, uomo in mare!* ‖ anche, sempre con valore generico, nel senso di "uno, qualcuno": *quando un uomo è matto non bisogna dargli retta* ‖ *prov. uomo avvisato, mezzo salvato*, chi è stato messo in guardia da un pericolo può prevenirlo **5.** *in part.* con valore specifico, individuo particolare, del quale si parla; quel determinato uomo: *furbo l'uomo, lascia che siano gli altri a pagare!, lo conosco bene il mio uomo!*; *il nostro uomo*, quello di cui abbiamo bisogno ‖ nel linguaggio della critica letteraria, *l'uomo Dante, Manzoni*, considerati non solo come scrittori ma, globalmente, come individui **6.** *fig.* in alcune loc.: *T.gioc. uomo nero*, il fante di picche, nell'omonimo gioco di carte (in cui perde il giocatore al quale alla fine del gioco rimane in mano quella carta) ‖ *uomo morto*, sui tram, dispositivo di frenata di emergenza ‖ *dim.* ométto, omìno, omarìno; *accr.* omaccióne, omóne; *spreg.* omiciàttolo; *pegg.* omàccio ‖ **N. 1.** *Sin.* essere umano; creatura, figlio d'Adamo, mortale | antropomorfismo; superuomo | umano, sovrumano, subumano | anatomia, antropologia, psicologia **3.** *Sin.* maschio, sesso forte | adulto, giovane, vecchio | virilità. **Q.T.** *antropologia, filosofia, sociologia.*

uòpo [lat. *ŏpus*; 1319] ***sm.*** *lett.* bisogno, necessità; *essere, fare uopo* o *d'uopo*, essere necessario; *all'uopo*, al bisogno, quando se ne presenterà il bisogno, in certe circostanze, all'occasione.

uòsa [dal germ. *hosa*; 1353] ***sf.*** spec. *pl.* **1.** nel Medioevo, stivale alto maschile **2.** ghetta.

uòvo (pl. *uòva*, f.) (pop. dial. *òvo*; pl. *òva*, f.) [lat. volg. **ovum*; 1308 nel senso 2] ***sm.* 1.** cellula (o gamete) femminile, matura e pronta alla fecondazione, prodotta dall'ovario, che contiene materiali nutritizi destinati all'embrione che si svilupperà se essa sarà fecondata ‖ *com.* l'uovo degli ovipari, che viene espulso prima che l'embrione si sviluppi: *uovo di struzzo, di gallina, di storione, del baco da seta* ‖ *ass.* quello di gallina, usato come cibo: *una frittata di dieci uova, uova fresche di giornata*; *il bianco, la chiara d'uovo*, l'albume; *il rosso d'uovo*, il tuorlo; *pelle d'uovo*, il sottilissimo strato, quasi un velo, che riveste internamente il guscio e, *fig.*, tipo di tela molto delicata e sottile per camicie, lenzuola e sim.; *uova da bere*, fatte cuocere appena un poco nell'acqua bollente col guscio; *uova à la coque* o *alla coque*, cotte tre minuti nell'acqua bollente; *uova sode*, cotte più a lungo (sei minuti circa), in modo che albume e tuorlo si consolidino; *uova bazzotte* o *barzotte*, quasi sode; *uova affogate* o *in camicia*, lasciate cadere senza il guscio in acqua bollente; *uovo sbattuto*, rimescolato energicamente e velocemente insieme a zucchero, fino a farlo montare; *uovo strapazzato*, sbattuto leggermente mentre frigge nel tegame; *uovo all'ostrica*, il solo tuorlo crudo, condito con una presa di sale e pepe, e qualche goccia di limone; in alcune espr. fig.: *cercare il pelo nell'uovo*, cercare imperfezioni e difetti ovunque; *è come bere un uovo*, si dice di cosa estremamente facile da fare; *rompere le uova nel paniere a qualcuno*, rovinargli ciò che si era predisposto a suo proprio vantaggio; *pieno come un uovo*, completamente pieno, sazio; *l'uovo di Colombo*, soluzione semplicissima di una questione a prima vista irrisolvibile; *testa d'uovo*, intellettuale (con rif. al cranio pelato, popolarmente ritenuto tipico di chi pensa molto); *la questione se sia venuto prima l'uovo o la gallina*, espr. usata nel riferirsi a questioni che, come questa, non possono trovare risposta; *la gallina dalle uova d'oro*, fonte di facili e ripetuti guadagni **2.** *per estens.* oggetto a forma di uovo di gallina: *un uovo di marmo da usare come fermacarte, un uovo di legno per rammendare le calze*; *uovo di Pasqua*, uovo di cioccolato, solitamente cavo e contenente un oggettino a sorpresa, che si mangia in occasione delle feste pasquali ‖ *dim.* ovétto, ovìno; *accr.* ovóne; *spreg.* ovàccio, ovùccio ‖ **N. 1.** PARTI: albume, calaza, camera d'aria, cicatricola, guscio, protoplasma, tunica vitellina, tuorlo o deutoplasma o vitello o lecite | ovidotto | oviparo | covare, incubare; schiudersi | al burro, al tegamino, fritto, occhio di bue **2.** ovale, ovato, oviforme, ovoide, ovulo. **Q.T.** *alimentazione.*

uòvolo V. OVOLO.

ùpas [dal malese (*pohon*) *upas*, (albero del) veleno; 1936] ***sm. inv.* 1.** albero delle Moracee che cresce nell'isola di Sonda e contiene un lattice molto tossico **2.** lattice estratto dalla pianta omonima, usato per avvelenare le frecce.

uperizzàre [da *uperizzazione*; 1970] ***tr.*** sottoporre a uperizzazione.

uperizzatóre [da *uperizzare*; 1983] ***agg.*** relativo a uperizzazione: *impianto uperizzatore.*

uperizzazióne [dall'ingl. *u*(*ltra*)*p*(*ast*)*e*(*u*)*rization*, ultrapastorizzazione; 1970] ***sf.*** procedimento di sterilizzazione del latte per garantirne una più lunga conservazione, consistente nel portarlo a 150 °C per una durata inferiore al secondo ‖ **N.** *Sin.* ultrapastorizzazione.

uppercut (ingl., pr. [ˈʌpəkʌt]) [letter. colpo di sopra; 1910] **sm.** *inv. T.sport.* nella boxe, colpo che viene dato al mento o allo stomaco, dal basso in alto; colpo montante, montante.

up to date (ingl., pr. [ˌʌp tə ˈdeɪt]) [letter. fino alla data; 1927] **loc. agg.** *inv.* al passo coi tempi e coi dettami della moda, sempre al corrente, aggiornato: *un architetto up to date* ‖ **N.** *dernier cri.*

ùpupa [dal lat. *upupa*; a. 1294] **sf.** uccello passeriforme insettivoro degli Upupidi con becco lungo e curvo e penne erettili sul capo; diffusa in Europa e in Asia, in Italia staziona nei mesi estivi: *upupa, ilare uccello calunniato / dai poeti* (Montale).

Upùpidi (sing. *-e*) [comp. di *upupa* e *-idi*; 1940] **sm.** *pl. T.zool.* famiglia di Uccelli Passeracei il cui appartenente principale è l'upupa.

-ùra [variante di *-tura*] **suff.** variante di *-tura* (v.) indotta dal pps. irregolare di alcuni verbi: *arsura, chiusura, rottura, scrittura, stesura.*

uràcile [comp. di *uro-*², *ac(ido)* e *-ile*²; 1929] **sm.** *T.chim.* composto costituente gli acidi nucleici, che si presenta in forma di cristalli incolori.

ùraco (pl. *-chi*) [dal gr. *óurachos*, uretere del feto; 1745] **sm.** *T.biol.* canale dell'embrione che congiunge l'abbozzo vescicale all'ombelico.

uragàno [dallo sp. *huracán*; 1687] **sm. 1.** *T.meteor.* vento del dodicesimo grado (il più alto) della scala dei venti di Beaufort ‖ *per estens.* ciclone tropicale che ha origine nella regione delle Isole di Capo Verde e raggiunge le coste del Golfo del Messico; anche ciclone tropicale del Pacifico meridionale ‖ *per estens. com.* violentissima tempesta di vento **2.** *fig.* scroscio violento e rumoroso: *un uragano di applausi e di fischi*, applausi e fischi rumorosissimi.

uraganóso [da *uragano*; 1879] **agg.** *raro* che si riferisce a uragano: *nuvolaglia uraganosa.*

uràlico (pl. *-ci*) [dal n. geogr. *Urali*; 1957] **agg.** dei monti Urali ‖ *T.ling. lingue uraliche*, ugro-finniche e samoiede. **Q.T.** *lingue...*

uralìde [dal n. geogr. *Urali*; 1961] **agg.** appartenente alla razza uralica.

uralo-altàico (pl. *-ci*) [dai n. geogr. *Urali* e *Altai*, catene montuose asiatiche; 1932] **agg.** relativo alla famiglia di lingue dei gruppi uralico e altaico e ai popoli che le parlano; proprio di tale famiglia e di tale popolo.

uranàto [comp. di *uran(io)* e *-ato*; 1891] **sm.** *T.chim.* ciascun componente di una classe di minerali da cui si estraggono i sali di uranio.

uràngo v. ORANGO.

urània [dal lat. *Urania*, gr. *Ouranía*; 1840] **sf.** nome comune di farfalle tropicali, notturne, di notevoli dimensioni e dai colori talmente vistosi e lucenti da poter essere scambiate per diurne.

uraniàno [da *Urano*, n. del settimo pianeta del sistema solare; 1961] **I agg.** del pianeta Urano **II sm.** (f. *-a*) ipotetico abitatore di Urano.

urànico (pl. *-ci*) [dal gr. *ouranós*, cielo; 1961] **agg.** *lett.* del cielo.

uranìfero [comp. di *urani(o)* e *-fero*; 1963] **agg.** *T.chim.* e *T.min.* che contiene, che produce uranio: *giacimenti uraniferi.*

uraninite [da *uranio*; 1942] **sf.** *T.min.* ossido di uranio contenente torio e terre rare; una sua varietà — la pechblenda — si presenta in masse nere, opache, di peso specifico e durezza elevati.

urànio [dal ted. *Uran*; 1821] **sm.** *T.chim.* elemento metallico radioattivo, bianco-argenteo, impiegato come combustibile nucleare.

uranìsmo [dal ted. *Uranismus*; 1905] **sm.** *non com.* omosessualità maschile passiva.

uranìsta [da *uranismo*; 1905] **sm.** *non com.* maschio omosessuale passivo.

uranìte [comp. di *uranio* e *-ite*²; 1840] **sf.** *T.min.* mica d'uranio.

Uràno [dal lat. *Uranus*, gr. *Uranós*, n. di una divinità greca] **sm.** *T.astrol.* il settimo pianeta del sistema solare. **TAV.** *astrologia* 2.4.

uràno- [dal gr. *ouranós*, cielo] **primo elem.** che, in parole composte della terminologia scientifica, vale "cielo" (per es. *uranolito, uranometria, uranoscopia*).

uranografìa [dal gr. *ouranographía*; 1815] **sf.** *T.scient.* descrizione astronomica del cielo.

uranogràfico (pl. *-ci*) [da *uranografia*; 1812] **agg.** di uranografia: *carte uranografiche.*

uranògrafo [comp. di *urano-* e *-grafo*; 1840] **sm.** (f. *-a*) studioso di uranografia.

uranolìto [comp. di *urano-* e *-lito*¹; 1865] **sm.** *T.astr.* meteorite, bolide.

uranometrìa [comp. di *urano-* e *-metria*; 1840] **sf.** *T.astr.* misurazione delle distanze celesti.

uranomètrico (pl. *-ci*) [da *uranometria*; 1961] **agg.** relativo all'uranometria, proprio dell'uranometria.

uranoplàstica [comp. di *urano-* e *plastica*; 1891] **sf.** *T.chir.* operazione chirurgica consistente nell'otturare fessure o perforazioni della volta del palato.

uranoscopìa [comp. di *urano-* e *-scopia*; 1840] **sf.** *T.astr.* osservazione astronomica del cielo.

uranòscopo [comp. di *urano-* e *-scopo*; a. 1698] **sm.** pesce dei Perciformi, di colore grigio brunastro con occhi situati nella parte superiore del capo; è detto com. *pesce lucerna.*

uràto [comp. di *ur(ico)* e *-ato*; 1840] **sm.** *T.chim.* sale dell'acido urico.

uratolìtico (pl. *-ci*) [comp. di *urato* e *-litico*²; 1940] **agg.** *T.chim.* e *T.farm.* di sostanza in grado di sciogliere gli urati.

urbanésimo [da *urbano*; 1910] **sm.** tendenza delle popolazioni ad agglomerarsi in grossi centri urbani ‖ tendenza delle popolazioni rurali a stabilirsi nelle città, stimolate da fattori economici ma anche socio-psicologici. **Q.T.** *città, sociologia.*

urbanìsmo [dal fr. *urbanisme*; 1902] **sm.** urbanesimo.

urbanìsta [dal fr. *urbaniste*; 1931] **s.** studioso o professionista che si occupa di urbanistica.

urbanìstica [da *urbano*; 1930] **sf.** disciplina che studia la formazione, la trasformazione e le esigenze di sviluppo sia della città che del territorio in generale, con lo scopo di orientare le scelte amministrative e legislative; viene intesa sia come studio di eventi del passato, sia come attività pratica di progettazione, di pianificazione e di proposta di modelli di insediamento e di norme adeguate alla loro realizzazione. **Q.T.** *architettura, città.*

urbanìstico (pl. *-ci*) [da *urbanista*; 1929] **agg.** che concerne l'urbanistica.

urbanità [dal lat. *urbanitas, -ātis*; sec. XIV *urbanitade*] **sf.** qualità di chi o di ciò che è urbano: *l'urbanità dei suoi modi, trattare con urbanità* ‖ **N.** *Sin.* buone maniere, civiltà, correttezza, cortesia, costumatezza, educazione, garbo.

urbanizzàre [da *urbano*; 1942] **tr. 1.** *T.arch.* in urbanistica, attrezzare una porzione di territorio con una serie di infrastrutture (strade, acquedotti, fognature, scuole, servizi pubblici ecc.) **2.** svolgere un'azione correttiva in direzione dell'acquisto di un più elevato grado di urbanità: *urbanizzare i propri modi* ‖ **N. 2.** *Sin.* educare, incivilire.

urbanizzazióne [da *urbanizzare*; 1955] **sf.** l'atto e l'effetto dell'urbanizzare.

urbàno [dal lat. *urbānus*; sec. XIV] **agg. 1.** della città, cittadino: *trasporti urbani, nettezza urbana*; *rete urbana*, rete telefonica di una città **2.** *fig.* cortese, educato: *modi urbani* ‖ **urbanaménte** **avv.** in modo civile, cortese ‖ **N. 2.** *Sin.* beneducato, civile, corretto, costumato, garbato, gentile | *Contr.* incivile, inurbano, maleducato, scorretto, screanzato, villanzone, zotico. **Q.T.** *città.*

urbàrio (pl. *-ri*) [dal ted. *Urbarbuch*, libro delle terre coltivabili; 1861] **sm.** nei paesi italiani sottoposti per lungo tempo a dominazione tedesca, registro dei beni di una chiesa, dei beni pubblici, delle terre coltivabili o sim.

ùrbe [dal lat. *urbs, -is*; 1420] **sf.** solo *sing. lett.* città; *per anton.*, Roma: *Aeroporto dell'Urbe.*

ùrbico (pl. *-ci*) [dal lat. *urbicus*; 1961] **agg.** *lett. non com.* urbano: *mura, porte urbiche.*

urbi et orbi (lat., pr. it. [ˈurbi et ˈɔrbi]) [letter. alla città e al mondo] **loc. avv.** o **agg.** *inv.* letter. *a Roma e al mondo*, usata propr. dai pontefici nelle loro benedizioni e nei loro decreti rivolti a Roma e al mondo intero: *benedizione urbi et orbi* ‖ *scherz.* a tutti, universalmente: *è ormai noto urbi et orbi.*

urbinàte [dal lat. *urbinātis*; 1840] **I agg.** di Urbino: *dialetto urbinate* **II s.** abitante, nativo di Urbino ‖ *per anton. l'Urbinate*, Raffaello Sanzio.

ùrca [prob. deformazione eufem. di *(p)orca (miseria)*; 1967] **escl.** esprime stupore, meraviglia, sorpresa.

urceolàto [dal lat. *urceolus*, piccolo orcio; 1840] **agg.** *T.bot.* detto di calici o corolle con la parte centrale più gonfia rispetto all'imboccatura.

ùrdu o **urdù** [dall'indostano *urdū (-zabān)*, (la lingua del) campo militare; 1933] **sm.** e **agg.** *inv.* lingua ufficiale del Pakistan, che presenta una base hindi con sovrapposizioni arabo-persiane.

urèa [dal gr. *ôuron*, urina; 1829] **sf.** *T.chim.* composto organico azotato solido, bianco, inodoro, presente nelle urine dei mammiferi, prodotto dalla demolizione delle sostanze proteiche ‖ **N.** *Sin.* carbammide | azotemia.

Uredinàli (sing. *-e*) [da *uredine*, bruciatura, per la ruggine che provocano; 1930] **sf.** *pl. T.bot.* ordine di funghi Basidiomiceti parassiti di felci, conifere e altre piante; le specie che vi appartengono sono note come *funghi della ruggine* o *ruggini.*

urèdine [dal lat. *urēdo, -inis*; a. 1597] **sf.** fungo dell'ordine delle Uredinali.

urediospòra v. UREDOSPORA.

urèdo [dal lat. *urēdo*, bruciore; 1961] **sm.** *T.bot.* genere di funghi Uredinali.

uredosòro [comp. di *uredo* e *soro*; 1961] **sm.** *T.bot.* insieme delle ife che generano uredospore.

uredospòra o **urediospòra** [comp. di *uredo* e *spora*; 1931] **sf.** *T.bot.* spora delle Uredinali di color ruggine, che compare sulle foglie delle piante attaccate da tale parassita.

urèico (pl. *-ci*) [da *urea*; 1942] **agg.** *T.chim.* dell'urea.

uremìa [comp. di *uro-*¹ ed *-emia*; 1862] **sf.** *T.med. impropr.* intossicazione del sangue dovuta a insufficienza o ad assenza delle funzioni renali.

urèmico (pl. *-ci*) [da *uremia*; 1889] **agg. 1.** *T.med.* di uremia **2.** (f. *-a*) *T.med.* di persona, affetta da uremia.

urènte [dal lat. *urens, -ēntis*; a. 1342] **agg.** *lett. raro* bruciante, spec. rif. a dolori simili a quelli causati da ustioni.

urèo [dal gr. *ourâios*; 1957] **sm.** serpente sacro agli antichi egizi e simbolo del potere supremo.

uretàno [comp. di *uro-*², *et(ere)* e *-ano*²; 1949] **sm.** *T.chim.* carbammato.

ureteràle [da *uretere*; 1961] **agg.** *T.anat.* e *T.med.* proprio dell'uretere, relativo all'uretere: *anomalia ureterale, cateterismo ureterale*; *meato ureterale*, orifizio con cui l'uretere sbocca nella vescica || **N.** *Sin.* ureterico.

uretère [dal gr. *ourētḗr*; a. 1698] **sm.** *T.anat.* ciascuno dei due canaletti muscolo-membranosi che conducono l'orina dai bacinetti renali alla vescica. **TAV. *anatomia* p. 642** 14.9.

uretèrico (pl. *-ci*) [da *uretere*; 1937] **agg.** *T.anat.* e *T.med.* ureterale.

ureterìte [comp. di *uretere* e *-ite*¹; 1840] **sf.** *T.med.* infiammazione, acuta o cronica, di un uretere.

urètra [dal lat. tardo *urēthra*; a. 1735] **sf.** *T.anat.* condotto che collega la vescica urinaria all'esterno.

uretràle [da *uretra*; a. 1758] **agg.** *T.anat.* dell'uretra: *canale uretrale.*

uretrìte [comp. di *uretra* e *-ite*¹; 1865] **sf.** *T.med.* infiammazione, acuta o cronica, dell'uretra.

uretroscopìa [comp. di *uretra* e *-scopia*; 1957] **sf.** *T.med.* osservazione del canale uretrale mediante uretroscopio.

uretroscòpio (pl. *-pi*) [comp. di *uretra* e *-scopio*; 1957] **sm.** strumento, costituito essenzialmente da un tubetto metallico munito di un apparato ottico e di uno illuminante usato per ispezionare il canale uretrale.

urgènte (*ppr.* di *urgere*) [a. 1540] **agg.** che urge, che deve essere fatto, risolto o soddisfatto nel più breve tempo possibile: *affari urgenti, ho urgente bisogno di parlargli*; *in part.* di corrispondenza (lettere, telegrammi ecc.), che deve essere recapitata al più presto || **urgenteménte** **avv.** con urgenza, al più presto || **N.** *Sin.* impellente, incalzante, indilazionabile, pressante | *Contr.* dilazionabile, procrastinabile, rinviabile.

urgènza [da *urgente*; a. 1565 nel senso 2] **sf.** **1.** qualità di ciò che è urgente: *ho urgenza di andarmene, l'urgenza della situazione* **2.** situazione urgente, che richiede un intervento immediato: *in caso d'urgenza chiamatemi in ufficio* **3.** *per estens.* estrema rapidità: *bisogna intervenire con urgenza* || **N.** **1.** *Sin.* fretta, premura | essere o trovarsi alle strette, essere o trovarsi con l'acqua alla gola, sollecitare.

urgenzàre (pres. *-ènzo*) [da *urgenza*; 1935] **intr.** (aus. *avere*) *T.banc.* e *T.bur.* *non com.* sollecitare con urgenza.

ùrgere (dif.; pres. *ùrge, ùrgono*; imperf. *urgéva, urgévano*; fut. *urgerà, urgerànno*; cong. imperf. *urgésse, urgéssero*; ppr. *urgènte*; ger. *urgèndo*; manca delle altre voci) [dal lat. *urgēre*; 1321] **intr.** essere necessario al più presto: *urgevano aiuti, urge la sua presenza* || **tr.** *lett.* *non com.* incalzare, spingere, premere; anche *fig.* pressare, incitare: *lo urgeva da presso* || **N.** **intr.** *Sin.* necessitare | **tr.** *Sin.* incalzare, sollecitare.

-urgìa (pl. *-gìe*) [dal gr. *-ourghía*, da *érgon*, opera, lavoro] **elem. term.** che, in parole composte dotte, vale "opera", "lavorazione" (per es. *chirurgia, metallurgia, siderurgia*).

-ùrgico (pl. *-ci*) [da *-urgia*] **elem. term.** che forma gli agg. relativi ai sostantivi in *-urgia* (per es. *chirurgico, metallurgico, siderurgico*).

-ùrgo (pl. *-ghi*) [da *-urgia*] **elem. term.** che forma i nomi di persona relativi ai sostantivi in *-urgia* (per es. *chirurgo*).

urì o **ùri** [dall'ar. *hur*, dagli occhi neri; 1840] **sf.** secondo il Corano, bellissima vergine compagna dei beati nel paradiso dei musulmani.

ùria [dal gr. *ouría*; 1839] **sf.** uccello marino, simile alla gazza marina, nero o bruno scuro sul dorso e bianco nelle parti inferiori.

-ùria o **-urìa** [dal gr. *-ouría*, da *ôuron*, urina] **elem. term.** che, nella terminologia medica, concorre alla formazione di denominazioni di stati patologici dell'urina o della minzione (per es. *albuminuria, ematuria, poliuria*).

uricemìa [comp. di (acido) *uric(o)* e *-emia*; 1901] **sf.** **1.** *T.med.* tasso di acido urico nel sangue **2.** *T.med.* gruppo di malattie, talune delle quali non ben definite, aventi in comune il ristagno nell'organismo di acido urico || **N.** iperuricemia, ipouricemia.

uricèmico (pl. *-ci*) [da *uricemia*; 1912 nel senso 2] **agg.** **1.** dell'uricemia **2.** di persona, affetta da uricemia.

ùrico (pl. *-ci*) [da *urea*; 1829] **agg.** *T.chim.* *acido urico*, composto organico azotato, residuo della combustione di alcune proteine, e che viene eliminato con le orine || *diatesi urica*, predisposizione alle malattie reumatiche causate da eccesso patologico di acido urico.

urìna e der. v. ORINA e der.

urinàrio (pl. *-ri*) [da *urina*; a. 1673] **agg.** dell'orina || *apparato urinario*, composto dagli organi che provvedono all'elaborazione dell'orina e al suo convogliamento all'esterno || **N.** ghiandola surrenale, pelvi, rene, uretere, vescica.

urlàre [dal lat. *ululāre*; 1313] **intr.** (aus. *avere*) **1.** emettere urla, grida: *urlare per il terrore, a perdifiato, come un disperato* || anche, parlare a voce molto alta, gridando: *non c'è bisogno di urlare così, ti sento benissimo!*; *per estens.* da: **2.** di animali (spec. cani e lupi), emettere forti ululati e sim. || **tr.** dire ad alta voce, gridare: *urlò il suo nome, di tornare indietro* || **N.** **intr.** **1.** *Sin.* berciare, sbraitare, strillare, vociare | come un dannato, come un ossesso, come un pazzo **2.** *Sin.* ululare.

urlàta [da *urlare*; 1879] **sf.** l'urlare di più persone, perlopiù per disapprovazione.

urlatóre [da *urlare*; sec. XIV] **agg.** e **sm.** (f. *-trice*) **1.** che o chi urla: scimmia del Brasile che emette forti urla **2.** di cantante di musica leggera che, spec. negli anni '60, si basava su di uno stile urlato, contrapposto al tradizionale melodico.

urlìo (pl. *-ìi*) [da *urlare*; 1875] **sm.** un urlare di molti, o un urlare continuo e frequente: *l'urlìo del vento.*

ùrlo (pl. *ùrli* o, se sono umani, *ùrla*, f.) [da *urlare*; 1313] **sm.** **1.** grido forte e prolungato di persone o animali: *le urla di terrore mentre l'aereo precipitava; l'urlo di rabbia, di gioia della folla; gli urli degli sciacalli, della belva ferita* || anche, parole o frasi gridate, pronunciate a voce altissima: *le urla del predicatore*; *in part.* *fam.* (anche pl. *ùrli*) urla di rimprovero, sgridata: *sentirai gli urli di tuo padre quando torna!* **2.** *fig.* suono forte, acuto e prolungato: *l'urlo della sirena, del mare, del vento* || *dim.* urlétto, urlìno; *pegg.* urlàccio || **N.** **1.** *Sin.* grido, strido, strillo | acuto, assordante, belluino, bestiale, ferino, feroce, indemoniato, rabbioso, spaventoso, straziante.

urlóne [da *urlo*; 1865] **sm.** (f. *-a*) *pop.* chi è solito urlare.

ùrna [dal lat. *urna*; 1374] **sf.** contenitore, vaso e sim., dotato di coperchio, in materiale e di forma vari, adibito a molteplici usi; *in part.* vaso diffusissimo nell'antichità, generalmente in terracotta: *un'urna etrusca, per granaglie, per liquidi* || *urna cineraria*, usata, fin dall'antichità, per conservarvi le ceneri dei defunti; *per estens.* *poet.* tomba: *a egregie cose il forte animo accendono / l'urne dei forti* (Foscolo) || *urna elettorale*, cassetta dotata di un'apertura attraverso la quale si fanno passare le schede dei votanti; *andare alle urne*, votare; *il responso delle urne*, l'esito della votazione || contenitore da cui si estraggono i numeri o i nominativi in lotterie, estrazioni a sorte e sim. || *dim.* urnétta, urnettìna || **N.** bussolotto. **Q.T.** *politica.*

ùro [dal lat. *ūrus*; 1598] **sm.** mammifero della fam. dei Bovidi, estinto nel Seicento, di dimensioni maggiori del bue domestico e ritenuto suo progenitore.

ùro-¹ [dal gr. *ôuron*, urina] **primo elem.** che, in parole composte della terminologia medica e di quella scientifica, vale "urina", "minzione", "relativo all'apparato urinario" (per es. *urogenitale, urologia, urotropina*).

ùro-² [dal gr. *ourá*, coda] **primo elem.** che, in parole composte della terminologia zoologica, vale "coda" (per es. *Urocordati, Urodeli, uropigio*).

-ùro¹ [dal fr. *-ure*, di etim. inc.] **suff.** che, nella terminologia chimica, forma le denominazioni di composti binari fra un metallo e un metalloide o idrogeno (per es. *bromuro, idruro, solfuro*).

-ùro² [dal gr. *ourá*, coda] **elem. term.** che, in parole composte della terminologia zoologica, vale "coda" (per es. *Anuri, Brachiuri, ossiuro*).

urobilìna [comp. di *uro-*¹ e di un der. di *bile*; 1940] **sf.** *T.biol.* uno dei pigmenti dell'orina, derivante dalla bilirubina.

urocèle [comp. di *uro-*¹ e *-cele*; 1934] **sm.** *T.zool.* nei molluschi, cavità a forma di sacco facente parte dell'apparato escretore.

urocistìte [comp. di *uro-*¹ e *cistite*; 1840 *urocistide*] **sf.** *T.med.* infiammazione della vescica urinaria.

Urocordàti [comp. di *uro-*² e *cordati*; 1957] **sm. pl.** *T.zool.* altra denominazione dei Tunicati. **Q.T.** *zoologia.*

urocròmo [comp. di *uro-*¹ e *cromo*; 1937] **sm.** sostanza pigmentata che dà il caratteristico colore giallastro all'urina.

Urodèli (sing. *-o*) [comp. di *uro-*² e del gr. *délos*, apparente; 1840] **sm. pl.** *T.zool.* ordine di anfibi comprendente specie che — come le salamandre e i tritoni — presentano una lunga coda (sia allo stato larvale che a quello adulto) || **N.** *Sin.* Caudati | anuro. **Q.T.** *zoologia.*

urogàllo [comp. di *uro-*² e *gallo*; 1805] **sm.** gallo cedrone. **TAV. *uccelli* p. 1339** 11.

urogènesi [comp. di *uro-*¹ e *genesi*; 1983] **sf.** *T.fisiol.* uropoiesi.

urogenitàle [comp. di *uro-*¹ e *genitale*; 1961] **agg.** *T.anat.* che riguarda l'apparato urinario e quello genitale.

urografìa [comp. di *uro-*¹ e *-grafia*; 1937] **sf.** *T.med.* radiografia degli organi dell'apparato urinario effettuata mediante somministrazione diretta o endovenosa di sostanze radiopache.

urogràmma [comp. di *uro-*¹ e *-gramma*; 1961] **sm.** *T.med.* lastra ottenuta con un'urografia.

urolitìasi [da *urolito*; 1840] **sf.** *T.med.* presenza di calcoli nelle vie urinarie || **N.** *Sin.* calcolosi renale.

urolìto [comp. di *uro-*¹ e *-lito*; 1829] **sm.** *T.med.* calcolo urinario || **N.** urolitiasi.

urologìa [comp. di *uro-*¹ e *-logia*; 1887] **sf.** *T.med.* branca della medicina che studia l'apparato urinario e le sue patologie.

urològico (pl. *-ci*) [da *urologia*; 1940] **agg.** di urologia: *gabinetto, studio urologico.*

uròlogo (pl. *-gi*) [comp. di *uro-*¹ e *-logo*; 1927] **sm.** (f. *-a*) *T.med.* specialista in urologia.

uromàstice [comp. di *uro-*² e del gr. *mástix*, frusta; 1961] **sm.** *T.zool.* genere di rettili viventi nel deserto che presenta la testa dilatata posteriormente, zampe corte e robuste, una grossa coda corta ricoperta di squame spinose.

uroniàno [dall'ingl. *huronian*; 1940] **agg.** huroniano.

uropìgio (pl. *-gi*) [comp. di *uro-*² e del gr. *pygḗ*, deretano; a. 1704] **sm.** ciascuna delle due ghiandole, situate nella zona caudale degli uccelli e collegate a un unico orifizio, secernenti una sostanza oleosa che, spalmata sulle penne, le impermeabilizza || **N.** codrione.

uropoièsi [comp. di *uro-*¹ e *-poiesi*; 1961] **sf.** *T.fisiol.* produzione di urina da parte dei reni || **N.** *Sin.* urogenesi.

uropoiètico (pl. *-ci*) [comp. di *uro-*² e *poietico*; 1929] **agg.** *T.fisiol.* relativo all'uropoiesi, proprio dell'uropoiesi: *processo uropoietico*; *organi uropoietici*, i reni.

uroscopìa [comp. di *uro-*[1] e *-scopia*; 1821] **sf.** *T.med.* osservazione delle orine, a scopi diagnostici.

urosèpsi [comp. di *uro-*[1] e *sepsi*; 1961] **sf.** *T.med.* infezione nata nelle vie urinarie.

urotropìna [comp. di *uro-*[1] e *tropina*; 1900] **sf.** nome commerciale di un composto di ammoniaca e formaldeide, usato in farmacia spec. come diuretico e come potente antisettico dell'apparato urinario.

urrà o **hurrà** [etim. inc.; 1822] **I** **escl.** di plauso o di gioia; evviva: *urrà, abbiamo vinto!* || nella loc. escl. *hip, hip, hip, urrà!*, gridata gen. da più persone insieme per festeggiare qualcuno: *per la nostra squadra: hip, hip, hip, urrà!* **II** **sm.** *inv.* grido di gioia: *l'ultimo urrà.*

Ùrsidi (sing. *-e*) [comp. del lat. *ursus*, orso e *-idi*; 1970] **sm.** *pl.* *T.zool.* famiglia di mammiferi carnivori a cui appartengono gli orsi.

ursigràmma [comp. di *U(nione) R(adiofonica) S(cientifica) I(nternazionale)* e *-gramma*; 1961] **sm.** bollettino radio, emesso dagli istituti di ricerca aderenti all'Unione Radiofonica Scientifica Internazionale (U.R.S.I.), che informa sui dati relativi all'attività solare.

ursino V. ORSINO.

ursóne [dal fr. *ourson*, piccolo orso; 1930] **sm.** roditore diffuso in America del Nord, vivente sugli alberi, che presenta arti corti, muso tronco e mantello misto di peli e aculei erettili || **N.** *Sin.* porcospino americano.

ùrta [da *urtare*; 1532] **sf.** solo nelle loc. disus. *essere in urta con qualcuno, avere* (o *prendere*) *in urta qualcuno*, nutrire nei suoi confronti antipatia, avversione.

urtacchiàre (pres. *-àcchio*) [da *urtare*; 1891] **tr.** *raro* urtare debolmente e ripetutamente.

urtaménto [da *urtare*; a. 1698] **sm.** *raro* l'urtare.

urtànte (*ppr.* di *urtare*) [1853 nel senso 2] **I** **agg.** spec. *fig.* irritante, indisponente: *ha modi urtanti* **II** **sm.** **1.** *T.mar.* nell'invasatura di una nave pronta al varo, ciascuna di quelle travi disposte tra la chiglia e la faccia laterale interna dei vasi, per impedire a questi di piegarsi in dentro **2.** *T.mar.* sporgenza cilindrica del corpo di una mina o sim. esposta all'urto di una nave in movimento || **N.** I *Sin.* antipatico, offensivo.

urtàre [dal provenz. ant. *urtar*; a. 1348] **tr.** e **intr.** (aus. *avere*) **1.** sbattere, perlopiù involontariamente e non molto forte, contro qualcuno o qualcosa con una parte del proprio corpo, del veicolo di cui si è alla guida ecc.: *la barca ha urtato (contro) uno scoglio, ho urtato la fronte contro uno spigolo, l'ho urtato appena ma lui è caduto steso a terra* **2.** (solo *tr.*) *fig.* indisporre, irritare: *mi urta quel suo modo di fare*; *urtare la suscettibilità altrui*, indispettire; *urtare i nervi*, innervosire; anche *ass.*: *tutto ciò urta enormemente* **3.** (solo *intr.*) *fig.* trovare opposizione, resistenza: *il progetto urtò contro un muro d'indifferenza, in innumerevoli difficoltà* || **rec.** **1.** scontrarsi: *si sono urtati perché il passaggio era troppo stretto* **2.** *fig.* entrare in contrasto: *si sono urtati per il solito motivo* || **intr. pron.** *non com.* *fig.* indispettirsi, irritarsi: *quel ragazzo si urta per un nonnulla* || **N.** **1.** *Sin.* andare addosso, cozzare, dar di cozzo, entrare in collisione, incocciare, intoppare, sbattere, toccare | accidentalmente, apposta, casualmente, inavvertitamente, intenzionalmente; di striscio, in pieno; leggermente, violentemente | URTO **2.** *Sin.* indispettire, infastidire, offendere, scocciare, seccare **3.** *Sin.* divergere, opporsi | **rec.** **1.** *Sin.* investirsi **2.** *Sin.* scontrarsi.

urtàta [da *urtare*; sec. XIV] **sf.** singolo urto, spinta: *gli ha dato un'urtata* || *dim.* urtatìna; *accr.* urtatóna, urtatóne; *pegg.* urtatàccia.

urtatóre [da *urtare*; 1723] **agg.** e **sm.** (f. *-trìce*) *raro* che o chi urta.

urtatùra [da *urtare*; 1619] **sf.** *raro* urto.

urtìca V. ORTICA.

Urticàcee (raro *Orticàcee*) [comp. del lat. *urtīca*, ortica e *-acee*; 1891] **sf.** *pl.* *T.bot.* famiglia di piante erbacee, comuni nei luoghi incolti e tra le macerie, a cui appartengono l'ortica e la canapa.

urticànte (raro *orticànte*) [dal lat. *urtīca*, ortica; 1905] **agg.** detto di organi protettivi di animali o piante che, a contatto con corpi estranei, vi iniettano sostanze irritanti || **N.** medusa, ortica.

urticària V. ORTICARIA.

urticchiàre (pres. *-ìcchi*) [da *urtare*; 1879] **tr.** *raro* urtare leggermente.

ùrto [da *urtare*; a. 1484] **sm.** **1.** atto ed effetto dell'urtare e dell'urtarsi: *un urto frontale tremendo, in seguito all'urto l'auto si accartocciò, la forza d'urto del suo sinistro*; *prova all'urto*, prova di resistenza agli urti effettuata su materiali o strutture particolari || *in part.* *T.fis.* fenomeno istantaneo nel quale due corpi dotati di moto relativo vengono a contatto e mutano sensibilmente la loro velocità e cambiano la direzione del loro moto: *urto elastico, anelastico* || *per estens.* assalto, attacco violento e massiccio; in part. *T.mil.* *resistere all'urto delle forze nemiche*; *massa d'urto*, il complesso delle forze impiegate in azioni di rottura del fronte nemico; *T.med.* *dose d'urto*, dose di farmaco molto superiore a quella normale, atta a provocare una reazione immediata dell'organismo **2.** *fig.* contrasto, opposizione: *l'urto tra le generazioni*; *mettersi, essere in urto con qualcuno*, essere in aperto contrasto con lui || *accr.* urtóne || **N.** **1.** *Sin.* collisione, colpo, cozzo, impatto, investimento, scontro | contraccolpo, ripercussione.

urtóne (*accr.* di *urto*) [1618] **sm.** forte urto, scossone || **N.** *Sin.* cozzo, spintone.

urtoterapìa [comp. di (*dose d'*) *urto* e *terapia*; 1950] **sf.** *T.med.* terapia effettuata con una dose massiccia di medicinali.

urubù [da una voce tupi, attr. lo sp. *urubú*; 1931] **sm.** piccolo avvoltoio americano di colore nero con capo nudo grigiastro e zampe e becco bruni || **N.** *Sin.* avvoltoio americano.

uruguaiàno [dal n. geogr. *Uruguay*; 1937] **I** **agg.** dell'Uruguay **II** **sm.** (f. *-a*) abitante dell'Uruguay.

uṣàbile [da *usare*; a. 1729] **agg.** che si può usare || **N.** *Sin.* adoperabile, disponibile, utilizzabile.

uṣànza [da *usare*; 1294] **sf.** **1.** comportamento, cerimonia e sim. tradizionale presso un gruppo sociale: *sanguinarie usanze barbariche, un'usanza tipica delle popolazioni del nord Europa, a Capodanno c'è l'usanza di farsi gli auguri* **2.** *per estens.* *raro* abitudine: *ha l'usanza di cenare fuori* || **N.** **1.** *Sin.* consuetudine, costume, prassi; andazzo, moda, regola, tradizione, uso, voga | attecchire, decadere, invalere; abbandonare, accettare, adottare, praticare **2.** *Sin.* andazzo, vezzo | abituarsi, disabituarsi, perdere, prendere.

uṣàre [dal lat. tardo *usāre*; 1308] **tr.** **1.** trattare qualcosa o qualcuno come un mezzo per un proprio scopo: *posso usare il telefono?, usa il trapano, è più comodo!, ha usato il socio come prestanome*; *ti usano perché lo sanno che sei scemo!* (P. Avati); *usò tutto il suo potere, la frode e l'inganno per spuntarla* || mettere in opera, praticare (senza riferimenti a uno scopo preciso): *usa un linguaggio difficile*; *usa già il triciclo*, è già in grado di servirsene; *iperb.* *usa la spada come nessun altro*, molto abilmente; *usa la testa!*, ragiona || mettere in atto, riferendosi ad atteggiamenti, tipi di rapporto ecc.: *usa comprensione nei confronti dei tuoi simili*; *usare violenza a qualcuno* (spec. a una donna), violentarlo; *usare la cortesia*, fare il piacere: *usami la cortesia di dirglielo tu* **2.** seguito da un verbo all'inf., essere solito, avere l'usanza o l'abitudine: *in quel paese usano fare così, usa alzarsi molto presto al mattino* || **intr.** (aus. *avere*) essere conforme alla moda, agli usi e costumi di un gruppo sociale e sim.: *quest'anno le gonne usano corte, è una cosa che da noi non usa più* || **N.** **tr.** **1.** *Sin.* adoperare, esercitare, giovarsi, impiegare, servirsi, utilizzare | **intr.** *Sin.* essere di moda.

uṣàto (*pps.* di *usare*) [1294 nel senso 3] **I** **agg.** **1.** già adoperato, non più nuovo: *vende roba usata, abbiamo comperato un'auto usata* **2.** *ant.* abituato, uso a: *è usata alle fatiche* **3.** *ant.* abituale: *l'usato orgoglio*; *torna al lavoro usato* (Leopardi) **II** **sm.** **1.** con valore collettivo, ciò che non è più nuovo, che è perlomeno di seconda mano: *il mercato dell'usato* **2.** *ant.* il solito, l'ordinario, il consueto: *sono cose fuori dell'usato* || **N.** I **1.** consunto, liso, logoro, smesso, trito, vecchio; di seconda mano **3.** *Contr.* desueto, disusato, inusitato.

uṣàtto [da *u(o)sa*; a. 1348] **sm.** calzatura alta, in uso nel Medioevo || **N.** uosa.

uṣbèco (meno com. *uzbèco*) (pl. *-chi*) [dal turco *'özbäk*, popolo turco-tartaro; a. 1652 *usbego*] **I** **agg.** degli Usbechi, popolazione dell'Asia centrale; dell'Usbechistan, regione da loro abitata **II** **sm.** **1.** (f. *-a*) abitante dell'Usbechistan **2.** (solo *sing.*) lingua altaica parlata dagli Usbechi.

uṣbèrgo (pl. *-ghi*) [dal francone **halsberg*; 1313] **sm.** **1.** *fig.* *lett.* protezione, difesa: *tutti siamo sotto l'usbergo della legge* **2.** *propr.* *T.stor.* cotta in maglia indossata nelle grandi occasioni dai cavalieri medievali || *per estens.* armatura.

uscènte (*ppr.* di *uscire*) [a. 1320] **agg.** che esce; *in part.* di persona o gruppo, che sta per lasciare una carica, un ufficio e sim.: *il sindaco, il consiglio uscente* || *meno com.*, di periodo di tempo, che sta per terminare: *l'anno uscente* || *meno com.*, di parola, che ha una data terminazione: *i verbi uscenti in "are" appartengono alla prima coniugazione.*

uscère V. USCIERE[1].

uscìale [da *uscio*; 1619] **sm.** **1.** *raro* porta a vetri; vetrata **2.** apertura della fornace, opposta alla bocca, usata per introdurre ed estrarre il materiale.

usciàta [da *uscio*; 1865] **sf.** *raro* colpo d'uscio chiuso con forza: *dare un'usciata in faccia a qualcuno*, chiudere l'uscio sbattendolo, in segno di dispetto o di offesa.

uscière[1] (raro *uscère*) [da *uscio*; fine sec. XIII nel senso 3] **sm.** (f. *-a*) **1.** impiegato d'ordine che, dai corridoi o dall'anticamera di uffici pubblici o privati, indirizza il pubblico ai vari uffici, svolgendo eventualmente anche piccole commissioni per conto dei funzionari **2.** *ant.* *pop.* ufficiale giudiziario **3.** *arc.* *raro* portinaio, custode || **N.** **1.** inserviente **2.** messo.

uscière[2] [da *uscio*, sul modello del fr. *huissier*; a. 1348] **sm.** veliero usato, spec. ai tempi delle Crociate, per il trasporto dei cavalli.

usciménto [da *uscire*; a. 1320] **sm.** *ant.* l'uscire: *impedì l'uscimento dei pesci dal lago.*

ùscio (pl. *-sci*) [dal lat. tardo *ustium*; sec. XIII-XIV] **sm.** porta (nel senso 1), spec. di piccole dimensioni: *l'attese sull'uscio di casa, sbatté l'uscio della bottega*; *farsi sull'uscio*, affacciarsi alla porta || in modi di dire *pop.* *disus.*: *prendere l'uscio*, andarsene; *essere a uscio e bottega*, aver l'uscio di casa prossimo a quello della bottega, dell'ufficio e sim. e, *per estens.*, abitare vicino a un'altra persona: *io e lui siamo a uscio e bottega*; *non si trova a ogni uscio*, è raro; *essere tra l'uscio e il muro*, trovarsi alle strette; *avere il male, il malanno e l'uscio addosso*, avere molti guai ed essere anche scornato, beffato || *prov.* *il peggior passo è quello dell'uscio*, il difficile, in ogni cosa, sta nel cominciare || *per estens.* uscita: *infilare l'uscio* || *dim.* uscétto, uscìno, usciòlo, usciolino; *pegg.* usciàccio || **N.** PORTA.

usciolàre (pres. *-òlo*) [da *usciolo*; 1940] ***intr.*** (aus. *avere*) *raro* stare ad ascoltare di soppiatto i discorsi altrui dietro l'uscio; origliare.

usciòlo (*dim.* di *uscio*) [a. 1320] ***sm.*** **1.** piccolo uscio **2.** sportellino, spec. delle gabbie per uccelli.

uscire (pres. *èsco, èsci, èsce, usciàmo, uscìte, èscono*; imper. *èsci, uscìte*; cong. pres. *èsca, èscano*) [lat. *exīre*; 1313] ***intr.*** (aus. *essere*) **1.** andare o venire fuori da un'area chiusa o comunque delimitata: *uscire di casa, dal confine dello stato, dall'acqua, dal campo visuale della cinepresa*; *uscire con la macchina dal posteggio*; *uscire in tuffo, di pugno* ecc., nel calcio, del portiere che supera la linea della porta per intercettare una palla pericolosa; *in part. uscire dall'ospedale*, essere dimesso; *uscir di prigione*, essere liberato; *fig.*, distaccarsi, allontanarsi da un gruppo o da una categoria di persone o sim.: *uscire dal partito, dal corpo diplomatico, dal proprio giro*, cessare di farne parte || raff. seguito da *fuori*: *esci fuori se ne hai il coraggio!* || spesso omettendo l'indicazione del luogo da cui si esce (che perlopiù si intende sia l'abitazione o, anche, l'ufficio, il negozio e sim.): *uscire all'aperto, in strada, sul balcone*; *è uscito in fretta, di corsa, preoccupato, senza dare nell'occhio*; *il titolare è uscito un attimo, il nonno è malato e non può uscire*; spec. rif. all'orario in cui termina il turno di lavoro: *al pomeriggio esco alle cinque*; in alcuni contesti, sottintendendo che si esce di casa per motivi di svago e sim.: *se potesse, uscirebbe tutte le sere* || *in part.* andare o venire fuori da uno spazio in cui si dovrebbe rimanere (anche *fig.*): *uscire dai ranghi*, V. RANGO; *uscire dal seminato*, allontanarsi dall'argomento che si sta trattando || in loc. e modi di dire anche fig.: *uscir di scena*, di attore, abbandonare il palcoscenico e, in gen., *fig.*, scomparire, o perdere la posizione di rilievo prima occupata: *un grande avvocato uscito di scena a causa di uno scandalo*; *uscir di sé*, impazzire; *uscire in mare aperto*, andare al largo **2.** *per estens.* di cose o sostanze che in qualche modo si muovono (scorrono, aleggiano ecc.), venir fuori da qualcosa (anche *fig.*): *il fumo esce dal camino, mi esce il sangue dal naso, dalla sua bocca uscirono insulti irripetibili* || *in part.* andare o venire fuori da uno spazio in cui dovrebbero rimanere (anche *fig.*): *l'acqua sta uscendo dal lavandino, il torrente è uscito dal suo letto, il convoglio è uscito dai binari, l'auto è uscita di carreggiata* (o *di strada*); *uscire dai gangheri*, sgangherarsi o, *fig.*, perdere la pazienza; *fig. uscire dalle orecchie, dagli occhi*, detto di ciò che si è udito o visto fino alla noia; *uscir di bocca*, sfuggire, detto di qualcosa che sarebbe stato meglio tacere; *uscir di mente*, esser dimenticato: *mi è uscito di mente quel che dovevo dirgli*; *entra da una parte ed esce dall'altra* (sott. *dalla testa, dalla memoria* e sim.), di cosa cui non si presta attenzione o di cui non si tiene conto || *per estens.* sporgere: *il letto è troppo corto e gli escono i piedi, il chiodo esce dall'altra parte* **3.** *per estens. fig.* di persone o di cose, cessare di essere in una data condizione: *uscire da una brutta malattia*, superarla; *uscire illeso da una brutta avventura*; *uscire dal riserbo*, decidersi a parlare di qualcosa su cui fino a quel momento si era taciuto; *uscire di senno*, impazzire; nel modo di dire *uscirne per il rotto della cuffia*, cavarsela per un pelo; *uscire dall'ordinario*, di persona, fatto o cosa, essere fuori dal comune; *uscire dalla legalità*, andare oltre il suo ambito; *uscire di moda*, non essere più di moda || anche, cessare di essere in un dato periodo di tempo, in una data stagione e sim.: *quando si esce da un brutto periodo, dall'infanzia, dall'estate* **4.** *per estens.* di persone o di cose, saltar fuori, manifestarsi, intervenire in modo brusco e inaspettato (anche *fig.*): *da dove sei uscito!?, da dove ti escono certe pensate proprio non lo so!, il campione è uscito sul finire della gara*; *com.* spec. nella forma *uscirsene*: *se ne è uscito con* (o *in*) *un'affermazione alquanto dubbia* **5.** essere estratto a sorte: *sulla ruota di Napoli è finalmente uscito il 22* **6.** *fig.* di persone o di cose, provenire, derivare, avere origine, nascere e sim.: *è uscito da un'ottima scuola, parole che gli sono proprio uscite dal cuore* || risultare, essere ricavato, essere prodotto: *da una simile situazione non ne può uscire nulla di buono, da questa pezza escono tre camicie, un lavoro uscito dalle mani di un abile cesellatore, da questo stabilimento escono mille pezzi finiti al giorno*; *per estens.* essere messo in commercio, apparire sul mercato: *escono continuamente nuovi prodotti di pulizia*; *sta per uscire il suo nuovo disco, il suo ultimo romanzo*, stanno per essere pubblicati **7.** *non com.* sfociare, sboccare: *un fiume che esce nell'Adriatico, la via che esce nella piazza* || *com. T.ling.* avere come terminazione, come desinenza: *i verbi che escono in -are* || **N. 1.** *Sin.* andarsene, fuggire, partire, scappare, sgattaiolare, sgusciare, sloggiare, squagliarsela **2.** *Sin.* emanare, esalare, fluire, fuoriuscire, scaturire, zampillare; debordare, deragliare, strabordare, traboccare **4.** *Sin.* balzare fuori, emergere, erompere, prorompere, sbucare, venir fuori **7.** *Sin.* finire, terminare.

uscita [da *uscire*; 1308] ***sf.*** **1.** atto ed effetto dell'uscire (nel senso 1): *l'uscita degli scolari, l'uscita in tuffo del portiere*; *all'uscita*, al momento di uscire: *ne riparliamo all'uscita*; *libera uscita*, la facoltà di uscire liberamente e, anche, lo spazio di tempo in cui si ha questa facoltà: *a quest'ora, la domenica i soldati* (o *i collegiali, i domestici* ecc.) *hanno la libera uscita* || nel linguaggio teatrale, l'entrare in scena o il venirne via: *l'uscita dell'attore protagonista fu accolta da fischi* || *concr.* apertura, varco o passaggio attraverso cui si esce (in senso propr.): *uscita principale, secondaria* (o *di servizio*), spec. in abitazioni signorili, locali pubblici ecc.; *uscita di sicurezza* (o *d'emergenza*), in locali pubblici, apertura attraverso la quale, in caso di pericolo, può defluire il pubblico; *strada senza uscita*, senza sbocco, vicolo cieco; *all'uscita*, in prossimità dell'uscita: *quando hai finito aspettami all'uscita*; *strada senza uscita*, che non permette il collegamento con altre o, *fig.*, situazione senza sbocco; *via d'uscita*, via di salvezza, di scampo, scappatoia anche *fig.*: *per questa situazione non vedo alcuna via d'uscita*, alcuno sbocco, alcuna soluzione; anche in loc.: *tubo, foro, bocchettone d'uscita* **2.** *per estens.* di cose o sostanze in qualche modo in movimento: *l'uscita della nave dal porto, del fumo dalla ciminiera*; *T.elettron.* e *T.elettrot.* il punto in cui un apparecchio emette l'impulso elettrico e il valore di questo impulso: *la potenza d'uscita di un amplificatore*; *T.fin.* e *T.comm.* (in contrapposizione a *entrata*), movimento che comporta una diminuzione di numerario e, *concr.*, spesa, somma erogata: *bisogna cercare di limitare le uscite*; *buona uscita*, V. BUONUSCITA; *T.inform.* emissione dei risultati dell'elaborazione: *unità di uscita*, componente di un elaboratore destinato alla trasmissione dei risultati dell'elaborazione **3.** *per estens. fig.* di persone e di cose, superamento di una certa condizione o di un certo periodo di tempo: *l'Illuminismo è l'uscita dell'uomo dallo stato di minorità che egli deve imputare a se stesso*; *l'uscita dall'infanzia* **4.** *per estens. fig.* brusca e imprevista manifestazione, spec. verbale (frase, battuta, proposta, risposta e sim. in qualche modo anomale, bizzarre e sim.): *che razza di uscite sono queste!?*; *in part.* battuta, commento scherzoso: *la sua uscita produsse l'ilarità generale* **5.** *per estens. fig.* di prodotti commerciali, distribuzione sul mercato e, in part., pubblicazione: *l'uscita di prodotti sempre più efficaci, all'uscita dell'edizione della sera scoppiò lo scandalo* **6.** *T.ling.* terminazione, desinenza: *uscita in consonante* || **N.** *Contr.* ingresso, ENTRATA. **TAV.** ***automobile*** **p. 658** 4.11.

uscito (*pps.* di *uscire*) [1313] **I** ***agg.*** venuto fuori (anche *fig.*) **II** ***sm.*** *arc.* fuoruscito, esule.

uscòcco (pl. *-chi*) [dal serbo-croato *uskok*, fuggiasco, disertore; 1547] ***sm.*** spec. *pl.* guerriglieri balcanici che nei sec. XVI e XVII combattevano contro i Turchi con attacchi pirateschi o di brigantaggio.

usignòlo [lat. volg. **lusciniolus*; a. 1294] ***sm.*** uccello dei Passeriformi, col becco conico sottile, che si nutre d'insetti; è diffuso in tutta Europa, e nei mesi freddi migra in Africa e nell'Asia meridionale; il maschio è noto per la dolcezza e varietà del canto || **N.** *Sin.* rosignolo.

usitàto [dal lat. *usitātus*; sec. XIV] ***agg.*** *lett. ant.* usato frequentemente: *locuzioni usitate* || solito: *all'ora usitata* || **N.** *Contr.* inusitato.

ùso[1] [dal lat. *ūsus*; a. 1342] ***sm.*** **1.** atto e modo dell'usare qualcosa (anche in molte loc. e in espr. part.): *durante il compito in classe è consentito l'uso del vocabolario, le lingue si apprendono con l'uso*; *fare uso di*, servirsi di: *fare uso di un veicolo, della violenza, di stupefacenti*; *uso legittimo, illegittimo di qualcosa*, conforme o meno alle norme di legge; *per uso interno, esterno*, di farmaco e sim., riferendosi alle modalità della sua somministrazione; *oggetti d'uso personale, di uso pubblico, ad uso delle scuole*; *a uso e consumo di*, a completa disposizione di; *fotografia* (*per*) *uso tessera, carta per uso legale* (o *uso bollo*), ovvero che ha le stesse caratteristiche della carta bollata; *perfezionarsi nell'uso di un attrezzo, istruzioni per l'uso*; *la destinazione d'uso di un bene*, il tipo di uso per cui è progettato; *fare* (*un*) *buon* (o (*un*) *ottimo*, (*un*) *cattivo*, (*un*) *pessimo* ecc.) *uso di qualcosa*, riferendosi a ciò per cui viene impiegato: *fa' buon uso di ciò che hai appreso*; *di largo uso, d'uso corrente*, usato correntemente: *un tipo di farmaco d'uso corrente*; *in uso*, usato nel periodo di cui si sta trattando: *lo sportello attualmente in uso*; *fuori uso*, non più funzionale: *mettere qualcosa fuori uso*, danneggiarla al punto da renderla inutilizzabile || *T.ling.* modo particolare di impiego di una lingua o, anche, *per estens.*, di un vocabolo, un'espressione ecc. in un determinato tempo, luogo, ambiente sociale o culturale, settore professionale ecc.: *l'uso contemporaneo, moderno, antico, parlato, scritto, popolare, tecnico dell'italiano*; *l'uso proprio, estensivo, figurato, popolare, regionale di un termine*, con riferimento ai suoi vari sensi **2.** usanza: *usi e costumi di popoli primitivi, vestirsi secondo l'uso francese*; *raro* abitudine: *ha l'uso di interrompere mentre qualcuno parla* || *T.giur.* prassi giuridica, consuetudine; anche, più in gen., norma valida localmente in seguito a una lunga e ininterrotta tradizione: *usi contrattuali, marittimi* **3.** capacità o diritto di usare qualcosa: *ha perso l'uso della ragione, di un arto*; *affitto una camera con l'uso della cucina* || *T.giur.* diritto reale minore che si distingue dall'usufrutto in quanto dà al titolare poteri più limitati (per cui, per es., costui non può dare in locazione la cosa o cederne il diritto all'uso stesso) || **N. 1.** *Sin.* esercizio, impiego, pratica, utilizzazione, utilizzo | abuso, disuso | desuetudine, usualità **2.** *Sin.* consuetudine, costumanza, moda.

ùso[2] [dal lat. *ūsus*; a. 1306] ***agg.*** *lett. ant.* abituato, solito, avvezzo: *non sono uso a farmi attendere, essere uso alle fatiche.*

usofrùtto V. USUFRUTTO.

usolàre (pres. *-òlo*) [lat. volg. **ausulāre*; a. 1698] ***intr.*** (aus. *avere*) *arc.* usciolare.

usòmetro [comp. di *uso* e *-metro*; 1961] ***sm.*** *T.tess.* apparecchiatura con cui si valuta la resistenza di un tessuto all'usura.

ùssaro o **ùssero** [dall'ungherese *huszár*,

1559] ***sm.*** soldato di cavalleria leggera dell'esercito ungherese, e poi anche di molti altri eserciti europei.

ussita o **hussita** [dal n. proprio J. *Hus*; 1840] **I** ***agg.*** di J. Hus, promotore (nel XV sec.) di una riforma evangelica della chiesa cattolica **II** ***s.*** seguace del movimento promosso da J. Hus. **Q.T.** *religione.*

ussitismo o **hussitismo** [da *ussita*; 1935] ***sm.*** movimento cristiano fondato sulle teorie del teologo boemo Jan Hus, che proponeva la riforma della Chiesa secondo i precetti evangelici || **N.** utraquismo.

ussoricida V. UXORICIDA.

ussoricidio V. UXORICIDIO.

ùsta [etim. inc.; 1805] ***sf.*** la scia odorosa lasciata dall'animale selvatico al proprio passaggio; si dice specialmente della lepre.

ùstascia [dal serbo-croato *ustaša*, insorto; 1948] ***s.*** e ***agg.*** *inv.* **1.** combattente contro i Turchi negli stati slavi balcanici **2.** membro del movimento nazionalista croato che lottò per l'indipendenza della Croazia dalla Jugoslavia nel periodo compreso tra il 1928 e il 1945, collaborando con i nazifascisti, e fu promotore anche in seguito di atti terroristici antijugoslavi.

Ustilaginàli (sing. *-e*) [comp. di *ustilagine* e *-ali*; 1930] ***sf. pl.*** *T.bot.* ordine di funghi Basidiomiceti parassiti delle piante, spec. delle Graminacee, su cui producono ammassi pulverulenti scuri detti *carbonai* o *carie.*

ustilàgine [dal lat. tardo *ustilāginis*, cardo selvatico; 1891] ***sf.*** fungo delle Ustilaginali che attacca spec. le Graminacee provocando il carbonchio.

ustionàre (pres. *-óno*) [da *ustione*; 1905] ***tr.*** produrre ustioni || ***rifl.*** e ***rifl. indir.*** prodursi ustioni: *si è ustionato gravemente il viso.*

ustionàto (*pps.* di *ustionare*) [1937] **I** ***agg.*** che ha riportato una o più ustioni: *mostrò la mano ustionata* **II** ***sm.*** (f. *-a*) chi ha riportato una o più ustioni: *centro ustionati*, reparto ospedaliero attrezzato per la cura delle ustioni; *grande ustionato*, chi ha ustioni perlomeno di III grado su più della metà della superficie del corpo.

ustióne [dal lat. *ustio, -ōnis*; 1865] ***sf.*** lesione dei tessuti prodotta dall'azione di agenti fisici (calore, elettricità ecc.) o chimici (acidi ecc.): *ustioni di I, II, III grado*, distinte a seconda dell'entità || **N.** bruciatura, scottatura | arrossamento, carbonizzazione, eritema, escara, vescica sierosa.

ùsto[1] [dal lat. *ūstus*, pps. di *urere*, bruciare; a. 1367] ***agg.*** **1.** *lett. ant.* bruciato **2.** calcinato: *magnesia usta.*

ùsto[2] [etim. inc.; 1459] ***sm.*** *T.mar.* gomena dell'ancora nelle antiche navi e nei galeoni di alto bordo: *consumo come l'usto dell'àncora* (D'Annunzio).

ustolàre (pres. *ùstolo*) [dal lat. *ustulāre*, bruciare leggermente; 1612 nel senso 2] ***intr.*** (aus. *avere*) *non com.* **1.** guaire, mugolare detto di un animale **2.** di animale o di persona, guardare avidamente il cibo, quasi chiederlo con gli occhi || *per estens.* bramare il cibo **3.** *per estens. fig.* bramare, desiderare ardentemente.

ustòrio (pl. *-ri*) [da *usto*[1]; a. 1729] ***agg.*** che serve a bruciare: *specchio ustorio*, specchio concavo che concentra i raggi calorifici in un punto o su un oggetto, incendiandolo.

ustrìna [dal lat. tardo *ustrīnum*; 1840] ***sf.*** *T.stor.* nell'antica Roma, luogo in cui si bruciavano i cadaveri, le cui ceneri poi venivano portate nel sepolcro della famiglia.

ustrìno [dal lat. tardo *ustrīnum*, collegato a *urere*, bruciare; 1934] ***sm.*** *T.stor.* ustrina.

usuàle [dal lat. tardo *usuālis*; 1696] ***agg.*** **1.** che si usa comunemente: *frasi usuali* **2.** *per estens.* che avviene comunemente, solito: *fatti, notizie usuali* || **usualménte** ***avv.*** (anche *fras.*) comunemente, di solito: *usualmente rincasa tardi, un ristorante usualmente ottimo* || **N.** *Sin.* comune, consueto, ordinario | *Contr.* insolito, inusitato, straordinario.

usualità [da *usuale*; a. 1704] ***sf.*** *raro* caratteristica di ciò che è usuale.

usuàrio (pl. *-ri*) [dal lat. tardo *usuārius*; 1619] ***agg.*** e ***sm.*** (f. *-a*) *T.giur.* colui che gode del diritto d'uso su qualcosa.

usucapióne [dal lat. *usucapio, -ōnis*; 1666] ***sf.*** *T.giur.* modo d'acquisto di una proprietà o di un diritto reale mediante il suo possesso continuato protratto per tutto il periodo di tempo prescritto dalla legge || **N.** *Sin.* prescrizione acquisitiva.

usucapìre (pres. *-ìsco, -ìsci*) [dal lat. *usucapere*; a. 1565] ***tr.*** *T.giur.* acquisire in proprietà per usucapione.

usucàtto *pps. ant.* di *usucapire* (v.).

usufruìbile [da *usufruire*; 1978] ***agg.*** di cui si può usufruire.

usufruìre (pres. *-ìsco, -ìsci*) [dal lat. *ūsu frui*, godere dell'uso; 1922 nel senso 2] ***intr.*** (aus. *avere*) **1.** *T.giur.* avere qualcosa in usufrutto: *usufruire di un capitale* **2.** *per estens.* usare qualcosa a proprio vantaggio, avvalersene: *usufruire di un vantaggio, di una disposizione di legge* ecc. || **N. 2.** *Sin.* godere, servirsi, usare, valersi.

usufruttàre V. USUFRUTTUARE.

usufrùtto (raro *usofrùtto*) [comp. del lat. *ūsus*, uso e *frūctus*, frutto; a. 1348] ***sm.*** *T.giur.* diritto reale (costituito per un atto di volontà — contratto, testamento ecc. —, per legge o per usucapione) consistente nell'uso della cosa altrui e nel potere di trarne i frutti, con l'obbligo, però, della non mutabilità della destinazione economica della cosa stessa, del suo uso diligente e dell'astenersi dal consumarla o dal distruggerla.

usufruttuàre o **usufruttàre** [da *usufrutto*; a. 1444] ***tr.*** *ant.* godere l'usufrutto: *usufruttuare i beni di qualcuno.*

usufruttuàrio (pl. *-ri*) [dal lat. *usufructuarius*; 1598] ***agg.*** e ***sm.*** (f. *-a*) *T.giur.* la persona che gode l'usufrutto.

usùra[1] [dal lat. *usūra*; 1240] ***sf.*** **1.** interesse esorbitante su un prestito di denaro || anche, l'attività di chi, per mestiere, presta denaro a interessi siffatti: *praticare l'usura*; *per estens.* da: **2.** *propr.* tutto ciò che il prestatore riceve in più, rispetto al capitale prestato, dal debitore || *fig.* nella loc. *a usura*, in misura sovrabbondante: *le offese ricevute le restituì a usura.*

usùra[2] [dal fr. *usure*; 1908] ***sf.*** **1.** logoramento delle superfici di strumenti od oggetti in genere dovuto al loro uso prolungato: *l'usura della frizione, delle suole, del tappeto* **2.** *fig.* logorio: *il loro rapporto ha subìto l'usura degli anni* || **N.** degradazione.

usuràbile [da *usura*[2]; 1983] ***agg.*** che si può usurare; che si usura con facilità.

usurabilità [da *usurabile*; 1983] ***sf.*** **1.** l'essere usurabile **2.** il grado di logoramento per usura di un materiale.

usuràio (pl. *-ài*) [da *usura*[1]; 1306] ***sm.*** (f. *-a*) chi presta denaro a usura || *per estens.* persona molto avara || **N.** *Sin.* sanguisuga, strozzino.

usuràre (pres. *-ùro*) [da *usura*[2]; 1942] ***tr.*** sottoporre un corpo o un congegno a usura, a deterioramento || ***intr. pron.*** deteriorarsi.

usuràrio (pl. *-ri*) [da *usura*[1]; a. 1342 *usuraio*] ***agg.*** *non com.* di usura: *contratto usurario* || **N.** *Sin.* feneratizio.

usureggiàre (pres. *-éggio*) [da *usura*[1]; sec. XIV] ***intr.*** (aus. *avere*) *ant.* praticare l'usura, dare a usura.

usurière [dal fr. ant. *usurier*; 1319] ***sm.*** (f. *-a*) *arc.* usuraio.

usurpaménto [da *usurpare*; a. 1470] ***sm.*** *non com.* usurpazione.

usurpàre [dal lat. *usurpāre*; 1306] ***tr.*** **1.** appropriarsi con la violenza o con la frode di un bene o diritto altrui: *usurpare il trono, un titolo, un patrimonio* **2.** *per estens. iperb.* rif. a titoli, ruoli e sim., goderne senza merito: *fama usurpata*, non meritata.

usurpatìvo [da *usurpare*; a. 1626] ***agg.*** *non com.* che tende a usurpare; che vale, è atto ad usurpare || **usurpativaménte** ***avv.*** *raro.*

usurpatóre [dal lat. *usurpātor, -ōris*; 1336 ca.] ***agg.*** e ***sm.*** (f. *-trice*) che o chi usurpa || *ass.* chi usurpa il trono o il potere politico di un altro: *morte all'usurpatore!*

usurpazióne [dal lat. *usurpātio, -ōnis*; sec. XIV] ***sf.*** l'atto dell'usurpare: *un'usurpazione violenta, dolosa.*

usus scribendi (lat., pr. it. ['uzus skri'bendi]) [letter. modo di scrivere] ***loc. m.*** *inv. T.filol.* caratteristiche lessicali e stilistiche proprie del modo di scrivere di uno scrittore.

ut [prima sillaba del primo emistichio dell'inno a S. Giovanni, *ut* (queant laxis), scelto da Guido d'Arezzo per memorizzare le altezze relative di ciascun suono dell'esacordo; a. 1527] ***sm.*** *inv. T.mus.* sin. di *do*, usato in Italia nei sec. XI-XVI e, ancora attualmente, in alcuni paesi dell'Europa centro-occidentale.

-ùta [dal lat. *-ūta*, terminazione del pps. f. dei verbi della seconda e terza coniugazione] ***suff.*** V. -ATA[2].

utèllo [etim. inc.; 1353] ***sm.*** *arc.* vasetto di terracotta smaltata per l'olio e simili: *l'olio è sparso e rotto l'utello* (D'Annunzio).

utensìle (o, spec. nel senso 2 o quando ha funzione di agg., *utènsile*) [dal lat. *utēnsilis*; 1598] ***sm.*** **1.** denominazione generica di qualsiasi attrezzo usato per lavori manuali: *utensili da cucina, i primi utensili in acciaio* **2.** *T.tecn.* qualsiasi attrezzo (usato manualmente o applicato ad apposite macchine) impiegato per lavorare materiali solidi mediante l'asportazione di truciolo || in funzione di *agg. inv.* (sempre posposto), *macchina utensile*, V. MACCHINA. **Q.T.** *fabbro, falegnameria, scultura, stampa...* **TAV.** *macchine utensili* **TAV.** ***edilizia* p. 666** 12; ***utensili* p. 1340** sg.

utensilerìa [da *utensile*; 1955 nel senso 3] ***sf.*** **1.** reparto di officina in cui si preparano e si riparano gli utensili occorrenti per le varie lavorazioni **2.** negozio di utensili **3.** insieme degli utensili necessari per una determinata lavorazione: *utensileria di precisione, meccanica.*

utensilìsta [da *utensile*; 1961] ***s.*** nell'industria meccanica, addetto alla preparazione di utensili.

utènte [dal lat. *utens, -ēntis*, ppr. di *ūti*, usare; 1811] ***s.*** chi fa uso di qualcosa e, in part., di un servizio pubblico: *gli utenti della strada, del gas, del telefono* || anche rif. a ciò che è patrimonio culturale collettivo: *gli utenti della lingua* || **N.** *Sin.* fruitore.

utènza [da *utente*; 1891] ***sf.*** **1.** l'uso di un servizio, spec. pubblico: *il canone dell'utenza televisiva, contratto d'utenza* **2.** *concr.* l'insieme degli utenti.

uterìno [lat. tardo *uterīnus*; a. 1368] ***agg.*** **1.** dell'utero: *arteria uterina*; *fratelli uterini*, nati dalla stessa madre, ma da padri diversi **2.** *fig.* di atteggiamento, presa di posizione e sim., non meditato, dettato solo dall'emotività: *una scelta uterina* || **N. 1.** fratellastro, patrigno, sorellastra.

ùtero [dal lat. *ūterus*; 1516] ***sm.*** *T.anat.* organo cavo dell'apparato genitale femminile dei mammiferi, che accoglie l'uovo fecondato e lo espelle quando è giunto alla piena maturazione || **N.** PARTI: collo, corpo, muso di tinca.

ùtile [dal lat. *ūtilis*; 1294] **I** ***agg.*** che funge o può fungere da mezzo per uno scopo (non necessariamente specificato): *fare regali utili, un piccolo attrezzo utilissimo* (*in cucina, per la-*

vorare il legno ecc.), *la segretaria mi è veramente utile, il tuo consiglio si è rivelato molto utile* || *T.bur.* utilizzabile: *tempo utile*, entro il quale qualcosa va fatto perché sia valido: *presentare i documenti in tempo utile*; *restano solo cinque giorni utili* || in senso più generico, che aiuta, che reca benefici e vantaggi più o meno determinati: *tradurre è un utile esercizio intellettuale, può essere* (o *tornare*) *utile avere una stanza in più*; *rendersi utile*, aiutare; *posso esserle utile?*, formula di cortesia usata per offrire il proprio aiuto || **utilménte** ***avv.*** vantaggiosamente, proficuamente: *impiegare utilmente il tempo libero* **II** ***sm.*** **1.** ciò che è o può essere utile, che arreca vantaggi (materiali e non): *l'utile sociale va anteposto a quello personale*; *unire l'utile al dilettevole*, fare qualcosa che è contemporaneamente utile e piacevole **2.** *concr.* profitto: *quest'anno gli utili* (o *l'utile*) *sono stati molto limitati* || **N.** I *Sin.* buono, conveniente, efficace, fruttuoso, giovevole, proficuo, utilizzabile, vantaggioso | *Contr.* dannoso, inutile, inutilizzabile, scomodo, vano **II** **2.** *Sin.* comodo, convenienza, frutto, interesse, provento, rendimento, rendita, tornaconto.

utilità [dal lat. *utilitas*, *-ātis*; 1260] ***sf.*** **1.** caratteristica di chi o di ciò che è utile: *l'utilità dell'indice analitico, di un addetto alle relazioni pubbliche è indubbia*; *non vedo l'utilità di tutto ciò*; *una scoperta di nessuna utilità pratica*, non utilizzabile praticamente || *T.econ.* attitudine di un bene o di un servizio a soddisfare un bisogno umano **2.** *concr.* effetto utile; profitto, vantaggio (materiale e non): *non ne ho tratto alcuna utilità* || *ant.* *T.fin.* e *T.comm.* utile **3.** *T.inform.* *programma di utilità*, ciascuno di quelli facenti parte del *software* di un calcolatore elettronico || **N.** **1.** *Sin.* comodità, convenienza, efficacia, fruttuosità, proficuità, utilizzabilità, vantaggiosità **2.** *Sin.* comodità, convenienza, frutto, rendimento, tornaconto.

utilitària [da *utilitario*; 1938] ***sf.*** piccola autovettura di basso costo d'acquisto e d'esercizio.

utilitàrio (pl. *-ri*) [dall'ingl. *utilitarian*; 1857] **I** ***agg.*** **1.** orientato all'utilità, che ha come scopo l'interesse materiale: *morale utilitaria, principi utilitari* **2.** *vettura, automobile utilitaria*, v. UTILITARIA **II** ***sm.*** (f. *-a*) chi si prefigge l'utile materiale come fine esclusivo o principale.

utilitarìsmo [da *utilitario*; 1877] ***sm.*** *T.fil.* dottrina morale che identifica il bene con l'utile del maggior numero degli uomini.

utilitarìsta [da *utilitarismo*; 1877] ***s.*** **1.** *T.fil.* sostenitore dell'utilitarismo **2.** *per estens.* *fam.* chi persegue solo il proprio interesse personale.

utilitarìstico (pl. *-ci*) [da *utilitarista*; 1935] ***agg.*** **1.** da utilitarista **2.** *T.fil.* proprio dell'utilitarismo, degli utilitaristi || **utilitaristicaménte** ***avv.***

utilizzàbile [da *utilizzare*; 1866] ***agg.*** che si può utilizzare: *avanzi ancora utilizzabili* || **N.** *Contr.* inutilizzabile.

utilizzabilità [da *utilizzabile*; 1961] ***sf.*** caratteristica di ciò che è utilizzabile.

utilizzàre [dal fr. *utiliser*; 1802] ***tr.*** far diventare utile per uno scopo qualcosa (o qualcuno) che in sé non lo è, o non lo è per quello scopo: *utilizzare i ritagli di tempo, i cascami*; *utilizzare l'energia solare per produrre elettricità* || **N.** *Sin.* sfruttare.

utilizzazióne [da *utilizzare*; 1830] ***sf.*** atto ed effetto dell'utilizzare.

utilizzo [da *utilizzare*; 1939] ***sm.*** *T.bur.* utilizzazione: *utilizzo delle nuove entrate fiscali.*

-ùto [dal lat. *-ūtus*, terminazione del pps. dei verbi della seconda e terza coniugazione] ***suff.*** forma aggettivi denominali, gen. col valore di "dotato di": *baffuto, barbuto, fronzuto, occhialuto, pennuto, puntuto, ossuto, riccioluto.*

utopìa [dal n. fittizio di un paese ideale, coniato da T. Moro sulla base del gr. *ou*, non e gr. *tópos*, luogo; 1821 nel senso 2] ***sf.*** **1.** idea, progetto e sim. che, pur prefiggendosi nobili e giusti fini, è praticamente irrealizzabile: *è un'utopia pensare di farcela in simili condizioni!, l'utopia della pace universale* **2.** *propr.* *T.fil.* e *T.pol.* descrizione dell'organizzazione socio-politica perfetta, come modello esemplare e al tempo stesso come denuncia dell'esistente: *l'utopia platonica*; *utopie negative*, descrizioni di cattivi sistemi sociali presentati come possibili esiti di tendenze già in atto || **N.** **1.** *Sin.* castello in aria, chimera, fantasia, sogno.

utòpico (pl. *-ci*) [da *utopia*; 1961] ***agg.*** che presenta i caratteri dell'utopia: *un'idea utopica.*

utopìsta [da *utopia*; 1847] ***s.*** **1.** chi crede in ideali irrealizzabili e si impegna per la loro attuazione: *è un inguaribile utopista* **2.** *T.fil.* e *T.pol.* autore o sostenitore di un'utopia: *T. Campanella fu uno dei grandi utopisti moderni* || in funzione appositiva: *i socialisti utopisti dell'Ottocento* || **N.** **1.** *Sin.* sognatore, visionario.

utopìstico (pl. *-ci*) [da *utopia*; 1838] ***agg.*** da utopista, che costituisce un'utopia: *progetto utopistico* || **N.** *Sin.* chimerico, fantastico, impossibile, irrealizzabile.

utraquìsmo [dal lat. eccl. (*sub*) *utrāque specie*, (sotto) entrambe le specie; 1961] ***sm.*** *T.rel.* corrente moderata dell'ussitismo che rivendicava per i laici il diritto di comunicarsi con le due specie del pane e del vino.

utraquista [da *utraquismo*; 1930] ***s.*** seguace, sostenitore della dottrina dell'utraquismo.

utrìcolo v. OTRICOLO.

ùva [lat. *ūva*; a. 1306] ***sf.*** **1.** il frutto della vite, costituito da un'infruttescenza a grappolo formata dal raspo e dagli acini; questi, di forma e colore diversi, costituiscono la parte commestibile: *uva da tavola, da vino*; *uve bianche, nere, rosse*; *pigiare l'uva, un acino* (o, fam., *chicco*) *d'uva*; *uva passa* (o *passita*), seccata, da consumarsi al naturale (come altri tipi di frutta secca) o nell'impasto di vari dolci (panettone, *strudel* ecc.) **2.** per analogia con il frutto della vite, nella denominazione di vari tipi di pianta: *uva di mare*, nome comune di alcune specie di sargassi ricche di vescicole atte al galleggiamento || *uva marina*, pianta arbustiva a bacche rosse, comune in Sicilia || *uva spina*, fruttice spinoso affine al ribes || *uva orsina* (o *ursina*), pianta sempreverde delle Ericacee, diffusa nei boschi montani, i cui frutti sono drupe rosse || *uva turca*, fitolacca || *dim.* uvétta, uvìna; *pegg.* uvàccia || **N.** **1.** agostina, albana, aleatica, americana, barbarossa, barbera, fragola, galletta, Italia, lambrusca, malaga, malvasia, mammola, moscadella, moscato, paradisa, pizzutella, regina, salamanna, sancolombano, sangiovese, sultanina, trebbiano, verdea, vernaccia, zibibbo | PARTI: acino o chicco, buccia, grappolo, penzolo, picciolo, racemolo, raspo o graspo, raspollo, seme o fiocine o vinacciolo | tralcio, vigna, vite, vigneto; agresto, mosto, vinacce; fillossera, peronospora; ciocca, vendemmia | piluccare, spippolare; ammostare, pigiare, racimolare, vendemmiare. **Q.T.** *enologia.*

uvàceo [da *uva*; 1681 *uveaceo*] ***agg.*** che si riferisce all'uva || che è simile all'uva: *aspetto uvaceo.*

uvàggio (pl. *-gi*) [da *uva*; 1905] ***sm.*** mescolanza di uve varie per ottenere vino da pasto.

ùvala [etim. inc.; 1961] ***sm.*** *T.geogr.* vasta zona depressa causata dalla fusione di più doline contigue.

ùvea [da *uva*, per l'aspetto; sec. XIV] ***sf.*** *T.anat.* una delle tre tuniche del globo oculare, costituita dall'iride, dal corpo ciliare e dalla coroide.

uveàle [da *uvea*; 1931] ***agg.*** *T.anat.* relativo all'uvea, proprio dell'uvea: *infiammazione uveale* || che forma l'uvea: *membrana uveale.*

uveìte [comp. di *uvea* e *-ite*[1]; 1961] ***sf.*** *T.med.* infiammazione dell'uvea.

ùveo [da *uva*; 1840] ***agg.*** *lett.* uvaceo.

uvétta (*dim.* di *uva*) [1865] ***sf.*** uva passa con acini senza semi: *un dolce con l'uvetta.*

uvìfero [comp. di *uva* e *-fero*; 1598] ***agg.*** *lett.* che produce uva: *terra uvifera.*

ùvola o **ùvula** [dal lat. tardo *uvula*; sec. XIV] ***sf.*** *ant.* ugola.

uvóso [da *uva*; 1633] ***agg.*** *ant.* *raro* ricco di uva.

ùvula v. UVOLA.

uvulàre [da *uvula*; 1957] ***agg.*** dell'ugola || *T.fon.* di suono articolato a livello dell'ugola: *vibrante, fricativa uvulare.*

uxoricìda (raro *ussoricìda*) [dal lat. mediev. **uxoricida*; a. 1620 *ussoricida*] **I** ***agg.*** di uxoricidio, da uxoricida: *raptus, follia uxoricida* **II** ***s.*** chi uccide il proprio coniuge.

uxoricìdio (raro *ussoricìdio*) (pl. *-di*) [dal lat. mediev. *uxoricidium*; 1874] ***sm.*** il delitto di chi uccide la propria moglie o il proprio marito.

uxorilocàle [comp. del lat. *uxor*, *uxōris*, moglie e *locale*; 1983] ***agg.*** *T.etn.* relativo a uxorilocalità, proprio di uxorilocalità || **N.** *Sin.* matrilocale.

uxorilocalità [da *uxorilocale*; 1983] ***sf.*** *T.etn.* norma sociale che prevede che la coppia sposata vada a vivere con il gruppo della sposa || **N.** *Sin.* matrilocalità.

uxòrio (pl. *-ri*) [dal lat. *uxōrius*; 1942] ***agg.*** della moglie; come parola latina, nella loc. *more uxorio*, come con una moglie: *convivere more uxorio*, con una donna che non è la propria moglie.

uzbèco (pr. [uzˈbɛko]) v. USBECO.

ùzza [var. tosc. di *uggia*; 1863] ***sf.*** *pop.* *tosc.* aria pungente con venticello leggero; sizza, brezza, brezzolina: *l'uzza mattutina* (D'Annunzio) || *dim.* ùzzolo.

uzzàto [da *uzzo*; 1840] ***agg.*** *pop.* *tosc.* di botte, panciuta, a doghe molto incurvate.

ùzzo [etim. inc.; 1840] ***sm.*** *pop.* *tosc.* il punto in cui la botte è più panciuta.

-ùzzo v. -UCCIO.

uzzolìre (pres. *-ìsco*, *-ìsci*) [da *uzzolo*; 1891] ***tr.*** e ***intr.*** (aus. *essere*) *pop.* *tosc.* *raro* invogliare || **N.** *Sin.* inuzzolire.

ùzzolo [etim. inc.; 1612] ***sm.*** *pop.* *tosc.* voglia capricciosa: *gli è venuto l'uzzolo di cantare* || **N.** *Sin.* capriccio, desiderio.

V

v lettera dell'alfabeto italiano. Nome per esteso *vi* o anche *vu*, di genere maschile o, più spesso, femminile: *una v maiuscola*, ma anche *un v maiuscolo*; *v come Venezia*, nella compitazione delle parole ‖ *a v*, si dice di qualunque oggetto o movimento a forma di v: *valle a v, scollatura a v* ‖ rappresenta il suono della consonante fricativa labiodentale sonora [v]; questa, se preceduta da una vocale e seguita da un'altra vocale o da una semiconsonante, può essere semplice (*ovale, bivio*) o geminata (*davvero, ovvio*) ‖ nella numerazione romana, V = 5 ‖ per le sigle e le abbreviazioni in cui compare, v. la lista relativa.

va' e **vah** [dal sett. *varda*, guarda; 1891] **escl.** *fam.* guarda: *va' chi si vede!* ‖ *ma va'!*, come escl. di incredulità: *ma va'! non è possibile!*

vacàbile [da *vacare*; a. 1686] **agg.** *non com.* che può diventare o rimanere vacante: *ufficio vacabile.*

vacànte (*ppr.* di *vacare*) [1313] **agg.** di carica, beneficio, ufficio e sim., privo del titolare e, quindi, disponibile per essere coperto da qualcuno: *posti rimasti vacanti, la cattedra di biologia è vacante*; *sede vacante*, quella papale o vescovile nel periodo di tempo che intercede dalla morte del Papa o del vescovo alla nomina del successore ‖ **N.** libero, vuoto.

vacànza [da *vacante*; 1525 *vacanzie* pl. nel senso 2; 1598 nel senso 1] **sf.** **1.** periodo di sospensione delle attività di studio o di lavoro: *in occasione delle principali festività civili e religiose si fa vacanza, a novembre ci sono due giorni di vacanza, domani è vacanza* ‖ in part., *pl.*, ciascuno dei lunghi periodi dell'anno in cui le scuole restano chiuse: *le vacanze natalizie, pasquali, estive*; *durante le vacanze* (normalmente sott. *estive*) *sono stato al mare* ‖ *per estens.* periodo di riposo: *mi prendo una bella vacanza*; *far vacanza*, non andare a scuola o al lavoro ‖ *fig. mandare il cervello in vacanza*, non pensare, non concentrarsi **2.** condizione di ciò che è vacante, privo del titolare: *la vacanza della sede pontificia* ‖ anche il periodo in cui qualcosa resta vacante: *alla prima vacanza è stato assunto lui* **3.** *T.fis. vacanze reticolari*, in cristallografia, difetti puntiformi dei cristalli ionici che si verificano quando uno ione abbandona la sua posizione reticolare normale ‖ **N. 1.** ferie, permesso, riposo.

vacanzière [dal fr. *vacancier*, 1978] **sm.** (f. *-a*) chi va in vacanza (spec. in rif. alle vacanze di massa): *ancora ingorghi ai caselli per i vacanzieri dei fine settimana* ‖ *scherz.* chi va spesso in vacanza.

vacanzièro [dal fr. *vacancier*, 1983] **agg.** che è, che va in vacanza: *le partenze degli italiani vacanzieri* ‖ tipico delle vacanze, spensierato, allegro: *un clima vacanziero.*

vacàre (pres. *vàco, vàchi*) [dal lat. *vacāre*, letter. essere vuoto, poi essere libero; 1321] **intr.** (aus. *essere*) **1.** *raro* di ufficio e sim., essere privo del titolare **2.** *per estens. raro* essere privo, mancare ‖ *ass.* essere privo di impegni, essere libero (anche con la prep. *da*; aus. *avere*): *vacare da un ufficio* ‖ *arc.* essere superfluo **3.** *arc.* attendere (con la prep. *a* e aus. *avere*): *vacare agli studi.*

vacazióne [dal lat. *vacātio, -ōnis*, esonero, dispensa; 1942 nel senso 2] **sf.** **1.** *T.giur. vacazione della legge* (o, com. *vacatio legis*), periodo intercorrente tra la pubblicazione di una legge e la sua entrata in vigore **2.** periodo di lavoro, (comunemente di due ore) di un professionista o di un funzionario pubblico, usato come unità di misura per il calcolo della sua retribuzione: *il perito ha fatto tre vacazioni* **3.** *arc.* condizione di ciò che è vacante **4.** *arc.* vacanza ‖ riposo.

vàcca (pl. *-che*) [lat. *vacca*; sec. IX-X *vaca*] **sf.** **1.** la femmina adulta del toro che ha già figliato: *mungere la vacca, vacca da latte* ‖ *fig. vacche grasse, magre*, raffiguranti, rispettivamente, l'abbondanza e la carestia (con rif. all'episodio biblico del sogno del Faraone): *siamo in tempo di vacche grasse* ‖ *per estens.* pelle di vacca, vacchetta **2.** *fig. spreg. volg.* donna di facili costumi ‖ *per estens.* come spreg. generico **3.** *pl.*, bachi da setá che, ammalati di giallume, si gonfiano e non fanno il bozzolo ‖ nelle loc. pop.: *andare in vacca*, dei bachi, gonfiarsi e, *per estens. fig.*, del tempo, peggiorare e, di persona, impigrirsi, infiacchirsi, non concludere nulla; *andare, finire in vacca*, risolversi negativamente, finire malamente: *nell'azienda, dopo la morte del vecchio, è andato tutto in vacca* ‖ *dim.* vaccherèlla, vacchétta, vacchìna; *accr.* vaccóna; *pegg.* vaccàccia ‖ **N. 1.** giovenca, manza, mucca, vitella | vacchetta, vaccino.

vaccàio o **vaccàro** (pl. *-i* e *-ri*) [da *vacca*; 1485 ca.] **sm.** guardiano di vacche ‖ **N.** *Sin.* bovaro.

vaccàta [da *vacca*; 1905] **sf.** **1.** *volg.* grossa sciocchezza ‖ porcheria, in tutti i sensi **2.** *non com.* l'area di terreno da pascolo che durante una stagione d'alpeggio basta, in media, a mantenere una vacca.

vaccherìa [da *vacca*; 1905] **sf.** stalla con vacche, con annessa rivendita di latte.

vacchétta (*dim.* di *vacca*) [1356 nel senso 3] **sf.** **1.** vacca piccola o giovane **2.** pellame ottenuto conciando con estratti vegetali pelle di vacca, usato per scarponi, valigie, rilegature di libri ecc. **3.** *per meton. ant. region.* libretto usato dai negozianti per i conti (solitamente rilegato in pelle di vacca, da cui il nome).

vacchìno [da *vacca*; 1932] **I sm.** formaggio di latte di vacca **II agg.** *raro* di vacca, vaccino.

vaccìna [da *vaccino*; sec. XIV nel senso 3;] **sf.** **1.** *non com.* vacca **2.** carne di vacca o di manzo macellata **3.** sterco di vacca **4.** *arc.* vaccino.

vaccinàbile [da *vaccinare*; 1879] **agg.** che si può vaccinare.

vaccinàre (pres. *-ìno*) [da *vaccino*, sul modello del fr. *vacciner*, 1801] **tr.** *T.med.* somministrare o inoculare un vaccino ‖ *per estens. fig.* rendere immune.

vaccinàto (*pps.* di *vaccinare*) [1840] **agg.** sottoposto a vaccinazione: *soggetti vaccinati* ‖ *com. fig.* immune: *sono da lungo tempo vaccinata contro la gelosia* ‖ nel modo di dire fam. *maggiorenne e vaccinato*, adulto, maturo.

vaccinatóre [da *vaccinare*, sul modello del fr. *vaccinateur*, 1809] **agg.** e **sm.** (f. *-trìce*) *raro* che o chi vaccina.

vaccinazióne [da *vaccinare*, sul modello del fr. *vaccination*; 1801 *vacinazione*] **sf.** atto ed effetto del vaccinare: *vaccinazione antivaiolosa.*

vaccìnico (pl. *-ci*) [da *vaccino*; 1872] **agg.** *T.med.* di o da vaccino: *pustole vacciniche.*

vaccìno [dal lat. *vaccīnus*; 1563 come agg.; 1803 come sm.] **I agg.** di vacca o, anche, di bovino in genere: *latte vaccino*; *vaiolo vaccino* (anche *ant.*, *sm. vaccino* o *sf. vaccina*) **II sm.** *T.med. com.* preparato derivante dalla sospensione di batteri o virus e che induce nell'organismo l'insorgere di anticorpi in grado di neutralizzare, al suo insorgere, l'infezione corrispondente: *il vaccino contro la poliomelite* ‖ *propr.* in origine, il contenuto delle pustole di bovini affetti da vaiolo, iniettato nell'uomo al fine di immunizzarlo da tale malattia.

vaccinoprofilàssi [comp. di *vaccino* e *profilassi*; 1961] **sf.** *inv.* *T.med.* profilassi attuata mediante vaccini.

vaccinoterapìa [comp. di *vaccino* e *terapia*; 1937] **sf.** *T.med.* vaccinazione terapeutica, mirata alla cura di malattie infettive in atto.

vacillaménto [da *vacillare*; a. 1459] **sm.** *lett.* atto ed effetto del vacillare; anche *fig.* ‖ **N.** *Sin.* barcollamento, ondeggiamento; incertezza, tentennamento.

vacillànte (*ppr.* di *vacillare*) [a. 1363 *vagillante*] **agg.** anche *fig.*: *passo vacillante, fama vacillante.*

vacillàre (pres. *-ìllo*) [dal lat. *vacillāre*; a. 1348] **intr.** (aus. *avere*) **1.** oscillare pericolosamente minacciando di cadere: *un masso vacillante sulla cima del colle, il suo pugno lo fece vacillare* ‖ essere malfermo, rischiare di perdere la presa o l'equilibrio: *su questo terreno il piede vacilla; la fiamma vacilla,* tremola minacciando di spegnersi **2.** *fig.* dare segni di debolezza che fanno temere esiti catastrofici: *salute vacillante, l'impero vacillava sotto i colpi dei barbari, la sua mente ormai vacilla* || *iperb. la mente vacilla,* si dice a commento di eventi o situazioni estreme e quasi inconcepibili || **N.** *Sin.* barcollare; ciondolare, tentennare, tremolare.

vacillazióne [dal lat. *vacillātio, -ōnis;* sec. XIV] ***sf.*** *raro* vacillamento.

vacuàre [dal lat. *vacuāre;* a. 1527] ***tr.*** e ***intr.*** (aus. *avere*) *arc.* vuotare; evacuare, sgombrare.

vacuazióne [da *evacuazione;* sec. XIV] ***sf.*** *arc.* svuotamento.

vacuìsta [dal fr. *vacuiste;* 1745] ***s.*** chi nelle dispute scientifiche del XVII e XVIII sec. sosteneva l'esistenza del vuoto.

vacuità [dal lat. *vacuitas, -ātis;* sec. XIV *vacuitade*] ***sf.*** qualità di ciò che è vacuo, spec. in senso fig.; futilità.

vàcuo [dal lat. *vacuus,* vuoto; 1353 come agg. nel senso 2; a. 1540 come agg. nel senso 1] **I *agg.*** **1.** *fig.* vuoto, privo di contenuto (spec. intellettuale o morale): *un'asserzione, un'esistenza vacua* **2.** *propr. lett. non com.* vuoto **II *sm.*** *raro* spazio vuoto, il vuoto || **N. I 1.** futile, inconsistente, vano.

vacuolàre [da *vacuolo;* 1961] ***agg.*** *T.biol.* che concerne i vacuoli, che presenta vacuoli.

vacùolo [dal lat. *vacuus,* con suff. dim. latinizzante; 1895] ***sm.*** *T.biol.* ciascuna delle piccole cavità presenti nel citoplasma di vari tipi di cellule animali o vegetali, generalmente contenenti un liquido acquoso (detto *succo cellulare* o *vacuolare*).

vacuòmetro [comp. di *vacuo* e *-metro;* 1961] ***sm.*** *T.fis.* manometro atto a misurare pressioni inferiori a un'atmosfera.

vacuoscòpio [comp. di *vacuo* e *-scopio;* 1961] ***sm.*** *T.fis.* indicatore dell'ordine di grandezza della pressione in ambienti rarefatti.

vacuòstato [comp. di *vacuo* e *-stato;* 1961] ***sm.*** *T.fis.* dispositivo applicato a una pompa a vuoto per mantenere ad un valore prefissato la pressione dell'ambiente cui la pompa è collegata.

vademècum [comp. del lat. *vade,* vieni e *mecum,* con me, sul modello del fr. *vademecum;* 1828] **I *sm. inv.*** manuale tascabile con le notizie di più frequente necessità **II *agg. inv.*** (sempre posposto) *T.banc.* nella loc. *assegno vademecum,* a copertura garantita || **N. 1.** formulario, prontuario.

vade retro, Satana! (lat., pr. it. ['vade 'retro 'satana]) [letter. va' indietro Satana] comando che si rivolge con tono scherzoso a chi ci tenta in qualche modo.

vadimònio [dal lat. *vadimōnium;* sec. XVI] ***sm.*** *T.stor.* nel diritto Romano, promessa solenne.

vàdo [dal lat. *vadum;* a. 1306] ***sm.*** *arc.* o *poet.* guado: *stava nel vado limoso la carena immota* (D'Annunzio).

vadóso [dal lat. *vadōsus,* pieno di guadi; sec. XIV] ***agg.*** *T.geol.* di acque meteoriche che vengono assorbite dal terreno.

vae victis! (lat., pr. it. [vɛ 'viktis]) [letter. guai ai vinti] ***loc. escl.*** che si usa per sottolineare (spec. con riprovazione) come il vinto sia sempre alla mercé del vincitore.

vàfer v. WÀFER.

vagabondàggine [da *vagabondaggio;* 1891] ***sf.*** *non com.* qualità di chi è vagabondo || modo di vita da vagabondo.

vagabondàggio (pl. *-gi*) [da *vagabondo,* sul modello del fr. *vagabondage;* 1810] ***sm.*** **1.** il vivere da vagabondo: *darsi al vagabondaggio* **2.** *per estens.* l'esistenza di vagabondi, considerata come piaga sociale: *estirpare il vagabondaggio* **3.** *per estens.* il viaggiare in continuazione ma senza itinerari né scopi precisi: *i suoi frequenti vagabondaggi all'estero;* anche *fig.*: *i vagabondaggi dell'immaginazione.*

vagabondàre (pres. *-óndo*) [da *vagabondo;* 1879] ***intr.*** (aus. *avere*) **1.** vivere da vagabondo **2.** *per estens.* spostarsi frequentemente da un luogo a un altro o da un paese all'altro, senza itinerari né scopi precisi: *ha vagabondato per un paio d'anni per l'Europa senza concludere nulla* || *fig.* passare da un argomento o da un interesse all'altro, senza un ordine preciso: *vagabondare con la fantasia* || **N. 2.** errare, gironzolare, girovagare.

vagabóndo [dal lat. tardo *vagabundus;* 1321 *vagabundo*] **I *agg.*** **1.** che fa vita da vagabondo: *gente vagabonda, un animale vagabondo* **2.** da vagabondo: *vita vagabonda* **3.** *fig.* che è in continuo movimento; incostante e sim.: *nuvole vagabonde, pensieri vagabondi* **II *sm.*** (f. *-a*) **1.** chi, privo di lavoro e di residenza fissi, si sposta continuamente da un luogo all'altro, vivendo di espedienti o di accattonaggio **2.** *fig.* persona che viaggia con molta frequenza, restando spesso per lungo tempo lontana da casa **3.** *per estens.* persona che non ha voglia di lavorare; fannullone, scioperato || balordo || *pegg.* vagabondàccio || **N. I 1.** errabondo, errante, girovago, randagio **3.** *Sin.* errante, vagante **II 1.** nomade, zingaro **2.** *Sin.* giramondo.

vagàle [da *vago;* 1961] ***agg.*** *T.anat.* relativo al nervo vago: *sistema vagale.*

vagaménto [da *vagare;* sec. XIV] ***sm.*** *raro* l'atto del vagare.

vagànte (*ppr.* di *vagare*) [1319] ***agg.*** che vaga, anche in senso *fig.*: *animali, pensieri vaganti; dolore vagante,* che non è sempre fisso in una stessa parte del corpo.

vagàre (pres. *vàgo, vàghi*) [dal lat. *vagāri;* 1342] ***intr.*** (aus. *avere*) **1.** spostarsi, andare pressoché ininterrottamente e senza un itinerario e uno scopo precisi: *vagava disperato nella città sconosciuta, un popolo costretto a vagare per il mondo* **2.** *fig.* passare da un argomento, da un interesse a un altro, senza ordine: *vagare di pensiero in pensiero* || **N.** *Sin.* errare, spaziare, vagabondare.

vagellaménto [da *vagellare;* 1879] ***sm.*** *tosc. raro* vaneggiamento.

vagellàre (pres. *-èllo*) [lat. *vacillāre;* vacillare; seconda metà sec. XIV] ***intr.*** (aus. *avere*) *tosc. raro* vaneggiare || **N.** *Sin.* delirare, farneticare, sragionare.

vagèllo [lat. *vascellum,* vasetto; 1300 ca. nel senso 3] ***sm.*** *ant.* **1.** grossa caldaia a forma di tino usata dai tintori **2.** tinta composta d'indaco e guado **3.** *raro* vaso.

vagheggiaménto [da *vagheggiare;* a. 1342] ***sm.*** atto del vagheggiare.

vagheggiàre (pres. *-éggio, -éggi*) [da *vago;* 1319] ***tr.*** **1.** *fig.* rappresentarsi con l'immaginazione qualcosa che si desidera ardentemente; sognare: *vagheggiò un avvenire di pace per il suo popolo, il giorno del ritorno* **2.** *propr. meno com.* guardare, contemplare con amore, con vivo desiderio o con ammirazione: *vagheggiare la donna amata* || ***rifl.*** *non com.* compiacersi di sé, ammirarsi: *affinché le nostre donne... ne gli specchi dei Lucchesi le si possan vagheggiare* (Carducci) || **N. 1.** accarezzare, sospirare **2.** mirare.

vagheggiàto (*ppr.* di *vagheggiare*) [1583] ***agg.*** sognato, sospirato: *la pace lungamente vagheggiata.*

vagheggiatóre [da *vagheggiare;* 1353] ***sm.*** (f. *-trice*) *lett. non com.* chi o che vagheggia || corteggiatore, vagheggino.

vagheggìno [da *vagheggiare;* a. 1543] ***sm.*** *raro* individuo fatuo e vanitoso, perlopiù giovane, che fa il galante con le donne || corteggiatore || **N.** amoroso, bellimbusto, cascamorto, cicisbeo, corteggiatore, damerino, ganimede, spasimante.

vaghézza [da *vago;* 1308] ***sf.*** **1.** caratteristica di ciò che è vago, indeterminato: *si espresse con molta vaghezza, la vaghezza del contorno* **2.** *lett. non com.* bellezza, leggiadria: *la vaghezza dei suoi lineamenti* **3.** *lett. non com.* diletto: *prender vaghezza* **4.** *lett. non com.* desiderio, voglia: *gli venne* (o *punse*) *vaghezza di conoscerla* || **N. 1.** *Sin.* approssimazione, imprecisione, indefinitezza, indeterminatezza | ambiguità **2.** *Sin.* attrattiva, grazia; abbellimento, ornamento **3.** *Sin.* piacere **4.** capriccio, curiosità, uzzolo.

vàgile [da *vago,* sul modello di *sessile;* 1974] ***agg.*** *T.biol.* di organismo vivente che può muoversi liberamente, non essendo fissato a nessun substrato: *animali marini vagili* || **N.** *Contr.* sessile.

vagìna [dal lat. *vagīna,* guaina, fodero; 1321 nel senso 2; 1775 nel senso 1] ***sf.*** **1.** *T.anat.* canale muscolo-membranoso dell'apparato genitale femminile dei Mammiferi, posto tra l'utero e la vulva **2.** *ant.* fodero di cuoio della spada; guaina.

vaginàle [da *vagina;* a. 1758] **I *agg.*** *T.anat.* della vagina: *ernia vaginale* **II *sf.*** *T.anat.* membrana sierosa che riveste il testicolo.

vaginalìte [comp. di *vaginale* e *-ite*[1]; 1961] ***sf.*** *T.med.* infiammazione della vaginale del testicolo.

vaginìsmo [da *vagina;* 1961] ***sm.*** *T.med.* contrattilità spasmodica e dolorosa del muscolo costrittore della vagina.

vaginìte [comp. di *vagina* e *-ite*[1]; 1911] ***sf.*** *T.med.* infiammazione della vagina || **N.** *Sin.* colpite.

vagìre (pres. *-ìsco, -ìsci*) [dal lat. *vagīre;* 1598] ***intr.*** (aus. *avere*) **1.** di neonati e lattanti, emettere vagiti **2.** *per estens. fig.* dare le prime manifestazioni della propria esistenza: *la civiltà vagiva nella culla* || **N. 1.** PIANGERE.

vagìto [da *vagire;* a. 1566] ***sm.*** **1.** il pianto tipico del neonato e del lattante **2.** *per estens. fig.* prima incerta espressione di un'arte e sim.: *i primi vagiti della nostra letteratura.*

vàglia[1] [dall'ant. *vaglia,* forma ant. della terza pers. del cong. pres. di *valere;* 1796] ***sm. inv.*** denominazione di alcuni titoli di credito; *in part.*: *vaglia cambiario,* pagherò cambiario || *vaglia bancario,* vaglia cambiario emesso dalla banca d'Italia per il trasferimento di fondi precedentemente versati in forma liquida presso una sua sede o da essa liquidati a un creditore dello stato || *vaglia postale,* emesso dall'amministrazione delle poste, comunemente usato per il trasferimento privato di fondi, spec. in o da località sprovviste di sedi bancarie: *vaglia ordinario, telegrafico, di servizio, internazionale* || *vaglia del tesoro,* usato per trasferimenti di fondi tra una tesoreria che effettua la liquidazione e un'altra presso la quale viene effettuato l'incasso.

vàglia[2] [da *valere,* secondo la forma ant. della prima pers. dell'ind. pres. *io vaglio;* a. 1306] ***sf.*** *ant.* valore: *uomo di vaglia, pittore di gran vaglia* || **N.** *Sin.* pregio.

vagliàre (pres. *vàglio, vàgli*) [lat. volg. **valliāre;* a. 1446 nel senso 2] ***tr.*** **1.** *fig.* esaminare al fine di distinguere: *vagliare gli argomenti pro e contro* || esaminare con attenzione, analiticamente: *vagliare una proposta* **2.** *propr.* far passare una massa incoerente attraverso un vaglio per separarne la parte utile dalle scorie o per dividere gli elementi di taglia diversa || **N. 1.** considerare, ponderare, soppesare, studiare.

vagliàta [da *vagliare;* 1879] ***sf.*** il vagliare una volta e sommariamente: *dategli voi una vagliata.*

vagliatóre [da *vagliare;* a. 1400] ***sm.*** (f. *-trice*) e ***agg.*** chi o che vaglia, anche *fig.*: *operaio* *vagliatore, macchina vagliatrice, un attento vagliatore.*

vagliatùra [da *vagliare*; a. 1400] ***sf.*** **1.** operazione del vagliare || *per estens.* lo scarto, la mondiglia che resta sul vaglio dopo l'operazione **2.** *fig. raro* vaglio || **N. 1.** lolla, mondiglia, mondatura, pula.

vàglio (pl. *-gli*) [da *vagliare*; 1364] ***sm.*** **1.** *fig.* esame minuzioso: *passare al vaglio,* esaminare e scegliere molto attentamente; *fare un vaglio,* una scelta accurata **2.** ciascuno di vari dispositivi o apparecchiature usati per effettuare la vagliatura; l'elemento principale consiste generalmente in una serie di setacci o griglie o piatti metallici forati, attraverso i quali vengono selezionati gli elementi di materiale più fini rispetto a quelli più grossolani: *vaglio a scosse, a rotazione, oscillante, vibrante, a ventilazione* || *dim.* vagliétto, vagliettìno || **N. 1.** analisi, scelta, selezione, studio **2.** crivello, griglia, rete, setaccio, staccio | tramoggia | ventilabro.

vàgo (pl. *-ghi*) [dal lat. *vagus,* letter. che vaga; 1308 nel senso 3] **I** ***agg.*** **1.** non ben determinato, incerto, non chiaro: *un vago sospetto, propositi troppo vaghi; un'espressione vaga,* nel senso non ben determinato **2.** *poet.* che vaga, mobile, errante **3.** *lett.* desideroso: *vago già di cercar dentro e dintorno la divina foresta* (Dante) **4.** *per estens. lett.* che suscita desiderio, rimpianto e sim.: *la vaga giovinezza* **5.** *T.anat. nervo vago,* vago || **vagaménte** ***avv.*** in modo indeterminato, approssimativamente: *ho capito solo vagamente quello che vuole* **II** ***sm.*** **1.** l'indeterminato, l'impreciso: *restare nel vago,* non precisare le proprie intenzioni, idee ecc. **2.** *lett.* la leggiadria, la grazia, la bellezza: *ciò accresce il vago di quel luogo* **3.** *T.anat.* decimo paio di nervi cranici, che si estende dal bulbo all'addome.

vagolànte (*ppr.* di *vagolare*) [1840] ***agg.*** *lett.* che va vagolando qua e là.

vagolàre (pres. *vàgolo*) [da *vagare*; a. 1566] ***intr.*** (aus. *avere*) *lett. non com.* vagare più volte qua e là; vagare lentamente.

vagoncìno (*dim.* di *vagone*) [1922] ***sm.*** **1.** piccolo vagone **2.** carrello su rotaie (in genere a scartamento ridotto) usato in cantieri, miniere e sim. per il trasporto di materiali incoerenti **3.** veicolo di funivia o teleferica.

vagóne [dall'ingl. *wag(g)on,* carro coperto, attr. il fr. *wagon*; 1838] ***sm.*** ciascuna delle unità con motrici costituenti un convoglio ferroviario: *vagone merci,* carro merci; *vagone letto,* vettura ferroviaria con scompartimenti dotati di cuccette; *vagone ristorante,* in cui vengono serviti i pasti; *vagone frigorifero,* per il trasporto di materiali deperibili || *dim.* vangoncìno. **Q.T.** *ferrovia.*

vagonìsta [da *vagone*; 1961] ***s.*** chi, nelle miniere, nelle cave o nei cantieri edilizi, si occupa del carico e dello scarico dei vagoncini.

vagotonìa [comp. di (*nervo*) *vago* e *-tonia*; 1961] ***sf.*** *T.med.* prevalenza funzionale del sistema vagale.

vagotònico (pl. *-ci*) [da *vagotonia*; 1935] ***agg.*** *T.med.* che presenta vagotonia.

vàgulo [dal lat. *vagulus*; 1961] ***agg.*** *lett. raro* vagante, errante.

vaiàio (pl. *-ài*) [da *vaio*; a. 1388] ***sm.*** (f. *-a*) *arc.* conciatore o anche venditore di pelli di vaio.

vaiàre (pres. *vàio, vài*) [da *vaio*; 1840] ***intr.*** (aus. *essere* e *avere*) *raro* spec. dell'uva, diventare nerastra con la maturazione || **N.** *Sin.* invaiare, invaiolare.

vaiàto[1] [da *vaio*; 1340 ca.] ***agg.*** di colore vaio o tendente a esso.

vaiàto[2] [da *vaio*; 1940 come agg.] **I** ***sm.*** *T.arald.* varietà del vaio in cui, al posto dell'argento e dell'azzurro, compaiono colori diversi **II** ***agg.*** *T.arald.* di scudo la cui superficie è costituita da un vaio.

vainìglia V. VANIGLIA.

vainiglìna V. VANILLINA.

vàio (pl. *vài*) [lat. *varius,* vario; a. 1320] **I** ***agg.*** di alcuni frutti (come uva, susine, olive ecc.) in via di maturazione, di colore tendente al nero || di colore grigio tendente al nero || di colore chiaro con chiazze scure **II** ***sm.*** **1.** pelliccia grigia dello scoiattolo, molto diffusa nel Medioevo per le bordure dei manti dei re e degli alti dignitari **2.** *T.arald.* pelliccia costituita da file di pezze a forma di campana, alternativamente argentee e azzurre, disposte l'una diritta e l'altra capovolta || **N. II 1.** *Sin. petit-gris.*

vaiolàre (pres. *-òlo*) [da *vaiolo*; 1840] ***intr.*** (aus. *essere* e *avere*) *raro* vaiare, invaiolare.

vaiolàto (*pps.* di *vaiolare*) [1879] ***agg.*** segnato con macchie o protuberanze di colore diverso: *foglie vaiolate.*

vaiolatùra [da *vaiolare*; 1961] ***sf.*** **1.** *T.tecn.* e *T.chim.* corrosione elettrochimica degli acciai che crea sulla loro superficie piccoli crateri **2.** in fitopatologia, vaiolo dell'olivo (o *occhio di pavone*), malattia crittogamica dell'olivo, che provoca la formazione di macchie rotonde sulle foglie e la loro caduta.

vaiòlo [lat. tardo *variolus,* chiazzato; a. 1348 *vajuolo*] ***sm.*** **1.** *T.med.* grave malattia infettiva contagiosa, di origine virale, che si manifesta con febbre, brividi e talora vomito e con l'eruzione di pustole nerastre, le quali, guarendo, lasciano profonde cicatrici deturpanti **2.** nome generico di diverse malattie delle piante || **N. 1.** butteri.

vaiolòide [comp. di *vaiolo* e *-oide*; 1879] ***sf.*** *T.med.* eruzione cutanea simile al vaiolo, ma molto più leggera.

vaiolóso [da *vaiolo*; 1770 *vaiuoloso*] ***agg.*** **1.** di vaiolo **2.** malato di vaiolo; anche *sm.*

vairóne [lat. **vario, -ōnis,* da *varius,* variegato; 1934] ***sm.*** piccolo pesce d'acqua dolce dei Ciprinidi, di colore verdastro || **N.** *Sin.* leucisco.

vaivòda V. VOIVODA.

valàlla ***sf.*** adattamento del ted. *walhalla* (v.).

valànga [prob. dal lat. volg. **labinca,* attr. il fr. *valange*; 1803] ***sf.*** **1.** massa nevosa che, per effetto di accumulo di neve in condizioni di equilibrio instabile, per effetto del disgelo o per altre cause tende a scivolare verso il basso, con effetti talora disastrosi: *la valanga ha trascinato con sé masse di ghiaccio e rocce e si è abbattuta sul villaggio* **2.** *per estens. fig. iperb.* gran massa di cose: *fu travolto da una valanga di lettere; una valanga di carte, di applausi.* **Q.T.** *alpinismo.*

valchìria (non com. *valkìria*) [dal nord. ant. *walkyrja,* colei che sceglie i morti sul campo di battaglia; 1842] ***sf.*** **1.** *T.mit.* nella mitologia scandinava, ciascuna delle mitiche fanciulle, al servizio di Odino, che andavano correndo a cavallo sui campi di battaglia per trasportare nel Walhalla, luogo di delizie, gli eroi morti **2.** *per estens. scherz.* ragazza nordica alta e bionda.

vàlco (pl. *-chi*) [da *valicare*; 1319] ***sm.*** *lett. arc.* valico, varco.

valdése [dal n. proprio P. *Valdo,* mercante lionese fondatore del movimento; 1849] ***agg.*** e ***sm.*** *T.rel.* appartenente al movimento di riforma religiosa iniziato nel Medioevo da P. Valdo, e successivamente trasformatosi in chiesa evangelica di orientamento calvinista. **Q.T.** *religione.*

valdìsmo [dal n. proprio P. *Valdo,* mercante lionese fondatore del movimento; 1961] ***sm.*** movimento religioso, dottrina e struttura ecclesiastica dei valdesi.

valdostàno [da *Val d'Aosta*; 1860] **I** ***agg.*** della Val d'Aosta: *monti valdostani, cucina valdostana* || *cotoletta alla valdostana* o *valdostana,* cotoletta impanata costituita da due fette di carne farcite con fontina e prosciutto **II** ***sm.*** **1.** (f. *-a*) abitante, nativo della Val d'Aosta **2.** (solo *sing.*) dialetto franco-provenzale parlato nella Val d'Aosta.

vale (lat., pr. it. ['vale]) [letter. stammi bene] **I** *inv. non com.* e *scherz.* forma di saluto augurale o di commiato **II** ***sm.*** *non com.* addio, saluto: *l'estremo vale,* l'ultimo addio che si dà a chi muore.

valenciennes (fr., pr. [valɑ̃'sjɛn]) [dal n. geogr. *Valenciennes,* città delle Fiandre, rinomata per i suoi ricami; 1839 *valencienne*] ***sm.*** *inv.* pizzo a fuselli su sfondo a rete, di gran moda nel Settecento; anche *agg. inv.*: *pizzo valenciennes.*

valènte (*ppr.* di *valere*) [1295] ***agg.*** **1.** esperto, molto abile nella sua arte, professione e sim.: *un valente pittore, insegnante; era molto valente nella sua specialità* **2.** *ant.* che vale molto, che ha molte doti; *bravo, di valore: una persona valente; or va' su tu, che se' valente* (Dante) || **valenteménte** ***avv.*** *raro* con valentia || **N. 1.** abile, bravo, dotto, eccellente, pratico, provetto, ESPERTO.

-valènte [da *valenza*] ***elem. term.*** che, in aggettivi composti della terminologia chimica, significa "che ha valenza": *bivalente, trivalente.*

valentìa [da *valente*; a. 1348] ***sf.*** *ant.* qualità di chi è valente.

valentuòmo (pl. *-ini*) [comp. di *valente* e *uomo*; 1353] ***sm.*** *disus.* uomo di valore, di merito.

valènza [dal lat. *valentia,* forza; 1875] ***sf.*** **1.** *T.chim.* capacità di un elemento di combinarsi con altri per formare composti, espressa numericamente mediante il numero di elettroni che esso è in grado di cedere, acquistare o mettere in compartecipazione con altri elementi || *per estens.* genericamente, proprietà relazionale di qualcosa all'interno di un sistema: *le valenze nascoste di un fenomeno* **2.** *T.biol. valenza ecologica,* grado di adattabilità di una specie ai diversi fattori ambientali **3.** *ant.* valentia, valore || valore materiale, pregio, prezzo || **N. 1.** monovalente, bivalente, trivalente, polivalente. **Q.T.** *chimica.*

valére (pres. *vàlgo, vàli, vàle, valiàmo, valéte, vàlgono*; imp. *valévo*; p.rem. *vàlsi, valésti, vàlse, valémmo, valéste, vàlsero*; fut. *varrò, varrài*; pps. *vàlso,* arc. *valùto*) [lat. *valēre,* letter. essere forte; 1308] ***intr.*** (aus. *essere* e raro *avere*) **1.** avere autorità, peso, rilevanza; contare: *qui dentro è lui che vale più di tutti; far valere i propri diritti, le proprie ragioni,* sostenerli con impegno; *farsi valere,* imporsi, far rispettare la propria autorità, le proprie decisioni e sim. **2.** essere valido, avere efficacia: *questo invito vale per due persone; questo biglietto, questo tesserino è scaduto, non vale più; questa regola vale per tutti, te compreso*; anche rif. alla validità logica: *il tuo ragionamento in questo caso non vale*; anche rif. a ciò che è valido nell'ambito di giochi, concorsi e sim.: *questo gol non vale perché il calciatore era in fuorigioco; non vale!,* non è valido, detto di mossa o azione di gioco scorretta; anche *fig.,* detto di azione sleale || *prov. a Carnevale ogni scherzo vale* **3.** servire, giovare, essere utile: *a nulla valsero le sue preghiere, ormai il danno è fatto, a che vale piangere?* || nella loc. *tanto vale,* ha lo stesso valore (e, quindi, la stessa utilità): *dopo mille insistenze non si era ancora convinto: tanto valeva tacere, a teatro mi sono annoiato a morte: tanto valeva starsene a casa a far nulla* || ***intr.*** (aus. *essere*) e ***tr.*** **1.** avere valore; *in part.*: avere come prezzo, costare: *il tuo anello vale più della mia collana, una villa che vale centinaia di milioni, sarà bello, ma non vale certo quello che l'hai pagato* (o *quanto l'hai pagato*) || *T.gioc.*: *nella briscola, l'asso vale più di tutte le altre carte* || rif. al pregio intrinseco di qualcosa più che al suo valore economico: *questo coltello non vale nulla, la lama è già piena di tacche,* *questo dipinto vale molto poco, non sai quanto vale per me questa sua lettera!* || rif. a capacità o doti di persone: *un pianista che non vale niente, come diagnostico è molto in gamba, ma come terapeuta non vale nulla* || *in part.* avere lo stesso valore di: *ciò che guadagna a farlo non vale il tempo che ci perde*; anche in modi di dire: *valere, non valere la pena* (o *la fatica, la spesa, la posta* e sim.), di qualcosa, essere o meno adeguato all'impegno (o alla cifra) che si impiega per ottenerlo; *il gioco non vale la candela*, l'impegno è sproporzionato (in eccesso) rispetto a ciò che se ne otterrà; *Parigi val bene una messa*, il raggiungimento di uno scopo importante giustifica il venire a compromessi con le proprie idee || *per estens. fig.* avere importanza: *nulla vale tanto quanto la salute, per quell'incosciente pare che la vita non valga nulla* || in modi di dire fig. fam. iperb.: *valere un Perù, una fortuna, un occhio della testa, un patrimonio*, moltissimo; *non valere un fico secco, un tubo, una cicca, un soldo, un accidente*, pochissimo o nulla; *vale tanto oro quanto pesa*, di persona o di cosa reputata di gran pregio; *dare qualcosa per quello che vale*, com. *fig.*, rif. a informazioni, senza impegnarsi sulla loro verità; *prendere per quello che vale*, con qualche riserva quanto ad attendibilità: *così mi è stato riferito, prendilo per quello che vale*; anche in formule di cortesia: *il mio parere, per quel che vale, è il seguente* || *prov. vale più un asino vivo che un dottore morto* **2.** equivalere, corrispondere: *una sillaba lunga vale due brevi, il miglio vale circa 1600 metri*; nella loc. *l'uno vale l'altro*, usata, spec. con tono d'indifferenza o leggermente spregiativo, per indicare due persone o cose che si ritengono equivalenti || *in part.* corrispondere, essere equivalente quanto al senso: *in questo contesto "entrare" vale "intervenire", la locuzione inglese "week-end" vale in italiano "fine settimana"* || nell'espr. *vale a dire*, cioè, ovvero: *accadde nel 900 d.C., vale a dire in pieno Alto Medioevo* **3.** procurare, fruttare: *l'interpretazione di quel film gli valse l'Oscar* || **intr. pron.** servirsi, giovarsi: *si valse di un noto architetto, dell'aiuto di un esperto* || **N. intr. pron.** *Sin.* avvalersi | adoperare, fare uso, utilizzare.

valeriàna [dal n. geogr. *Valeria*, ant. provincia della Pannonia inferiore; 1563] **sf.** pianta erbacea delle Valerianacee, diffusa nei luoghi umidi delle regioni temperate, la cui porzione basale (dotata di rizoma e radici) costituisce la droga omonima, nota per la sua azione sedativa.

Valerianàcee [comp. di *valeriana* e *-acee*; 1875] **sf. pl.** *T.bot.* famiglia di piante dicotiledoni, fra cui la valeriana e la valerianella.

valerianèlla [da *valeriana*; 1726 ca.] **sf.** pianta erbacea delle Valerianacee, con foglie disposte a rosetta.

valeriànico (pl. *-ci*) [da *valeriana*; 1879] **agg.** *T.chim. acido valerianico*, ciascuno dei vari composti chimici (alcuni dei quali presenti nella valeriana) liquidi, incolori, di odore sgradevole, utilizzati in medicina per la loro blanda azione sedativa.

valetudinàrio (pl. *-ri*) [dal lat. *valetudinārius*; 1550] **agg.** e **sm.** (f. *-a*) *lett. non com.* che, chi è cagionevole di salute, malaticcio.

valetùdine [dal lat. *valetūdo, -inis*; 1308] **sf.** *lett. ant.* salute.

valévole [da *valere*; 1818] **agg.** valido per determinati scopi: *è un rimedio valevole contro le malattie nervose, incontro valevole per il titolo dei pesi massimi* || **valevolménte avv.** *raro* || **N.** efficace, utile, utilizzabile.

valgìsmo [da *valgo*; 1961] **sm.** *T.med.* deviazione verso l'esterno di un arto rispetto alla linea mediana del corpo || **N.** *Contr.* varismo.

vàlgo (pl. *-ghi*) [dal lat. *valgus*, letter. storto; 1929] **agg.** *T.med.* affetto da valgismo: *piede, ginocchio valgo* || **N.** *Contr.* varo.

valì [dall'ar. *wālī*, governatore, attr. il fr. *vali*; 1905] **sm. inv.** *T.stor.* governatore di una provincia ottomana || nella Turchia attuale, prefetto.

valicàbile [da *valicare*; sec. XIV] **agg.** che si può valicare.

valicabilità [da *valicabile*; 1961] **sf.** l'essere valicabile.

valicàre[1] (pres. *vàlico, vàlichi*) [lat. *varicāre*; sec. XIV] **tr.** rif. spec. a rilievi montuosi, ma anche a fiumi e sim., passare da una parte all'altra: *valicare una catena montuosa* || **N.** *Sin.* attraversare, oltrepassare, passare, scavalcare, sorpassare, superare.

valicàre[2] (pres. *vàlico, vàlichi*) [da *valico*[2]; 1891] **tr.** *T.tess.* filare e torcere la seta al valico.

valicatóio [da *valicare*[1]; 1879] **sm.** *tosc. raro* palancola per passare un torrente e sim.; passatoio.

valicatóre [da *valicare*[1]; sec. XIV] **agg.** e **sm.** (f. *-trìce*) *non com.* che o chi valica; scavalcatore.

vàlico[1] (pl. *-chi*) [da *valicare*; a. 1348] **sm.** *T.geogr.* depressione di forma concava in una catena montuosa, di ampiezza intermedia tra il passo (più stretto) e la sella (più ampia) || **N.** colle; passaggio, varco.

vàlico[2] (pl. *-chi*) [forse da *valico*[1]; 1840] **sm.** *T.tess.* arcolaio per filare e torcere la seta || **N.** filatoio.

validàre (pres. *vàlido*) [dal fr. *valider*; 1826] **tr.** convalidare || *T.psic. validare un test*, verificare il coefficiente di validità dei risultati spec. per mezzo di altri criteri di giudizio.

validazióne [dal fr. *validation*; 1965] **sf.** procedimento di verifica della validità, prova, dimostrazione.

validità [dal lat. *validitas, -ātis*; a. 1742] **sf.** condizione di ciò che è valido: *la validità di un atto, di una mossa a scacchi, di un'affermazione* || *per estens.* la durata di tale condizione: *un documento di*(o *a*) *validità annuale* || **N.** efficacia.

vàlido [dal lat. *validus*; 1364 nel senso 2] **agg.** **1.** che ha valore in quanto è conforme a una norma o a un sistema di norme: *biglietto valido* (*per due persone*), *gol valido, mossa valida, matrimonio valido, documento scaduto e perciò non più valido* || vigente, che ha valore di legge: *questa norma non è più valida; principio universalmente valido*, che vale per tutti i casi || *T.fil.* in logica, *argomentazione valida*, le cui premesse implicano logicamente la conclusione; *formula valida*, vera in ogni interpretazione, cioè logicamente vera **2.** di valore, pregevole, efficace: *un valido contributo all'avanzamento della scienza, un collaboratore veramente valido* || in condizioni di efficienza: *la sua mente è ancora valida nonostante l'età, tutti gli uomini validi*, in condizione di portare le armi || **validaménte avv.** **1.** in modo valido: *contrarre matrimonio validamente* **2.** con impegno efficace: *lavorare validamente per la causa comune* || **N. 1.** *Contr.* nullo; scaduto **2.** efficiente, forte, gagliardo, in forma | *Contr.* inetto; inefficace, scadente.

valigerìa [da *valigia*; 1879] **sf.** **1.** fabbrica o negozio di valigie e sim. **2.** nome collettivo di valigie, borse, bauli, sacche ecc.

valìgia (pl. *-gie* o *-ge*) [etim. inc.; 1353] **sf.** **1.** contenitore in pelle, stoffa o materiale plastico, più o meno rigido, chiuso in vario modo e dotato di una o più maniglie, in cui si ripongono abiti e quant'altro si porta con sé in viaggio: *caricare le valigie in macchina; valigia ventiquattr'ore, quarantott'ore*, in grado di contenere gli oggetti personali indispensabili per uno o per due giorni di permanenza fuori casa || *pl.* bagagli: *facciamo portare le valigie al facchino; fare le valigie*, preparare i bagagli e, *per estens.*, andarsene, partire **2.** *valigia diplomatica*, involucro contenente la corrispondenza di servizio tra agenti diplomatici e i loro governi, esente da controlli doganali e ispezioni || *valigia postale*, sacca della posta ai tempi in cui il servizio postale era effettuato da diligenze || *T.stor. valigia delle Indie*, il servizio postale e passeggeri tra l'Inghilterra e le Indie Orientali || *dim.* valigétta, valigiòtta; *accr.* valigióna, valigióne (*sm.*); *pegg.* valigiàccia || **N. 1.** baule, *beauty-case*, borsa da viaggio, cappelliera; *nécessaire*, sacca da viaggio | invaligiare, svaligiare.

valigiàio (pl. *-ài*) [da *valigia*; a. 1625] **sm.** (f. *-a*) chi fa o vende valigie, bauli, borse ecc.

valkìria V. VALCHIRIA.

vallànte [da *valle*; 1961] **s.** chi lavora nelle valli da pesca e, in part., chi si occupa della semina e della raccolta del pesce.

vallàre[1] [dal lat. *vallāris*; sec. XIV] **agg.** *lett.* attinente a vallo || *T.stor. corona vallare*, corona che i Romani davano a chi penetrava per primo nel vallo nemico.

vallàre[2] [dal lat. *vallāre*; 1313] **tr.** *raro* circondare con vallo, trincee o altri ripari.

vallàta [da *valle*; a. 1535] **sf.** valle ampia e aperta.

vàlle [lat. *vallis*; 1308] **sf.** **1.** *T.geogr.* depressione allungata a profilo trasversale concavo che si apre in corrispondenza del percorso di un fiume o di un ghiacciaio: *valle fluviale, glaciale*, con profilo rispettivamente a V e a U; *valle sospesa*, originata da un ghiacciaio; *le pareti, i fianchi, i versanti della valle*, i due pendii opposti che la delimitano lateralmente; *scendere a fondo valle* (o, più com., *fondovalle*); *valle longitudinale, trasversale*, che si sviluppa parallelamente o trasversalmente al rilievo || nella toponomastica delle valli è frequente la forma tronca e il termine è generalmente seguito dal nome del corso d'acqua che la percorre o della località principale: *Val d'Adige, Valle* (o *Val*) *d'Aosta* || nella loc. *per monti e per valli*, dappertutto **2.** *fig.* in varie loc.: *a valle di*, rif. a località poste tra la località di riferimento e lo sbocco della valle (in contrapposizione a *a monte di*): *il Po è a valle di Piacenza; a valle*, in basso, giù e, *fig.*, successivo, posteriore, secondario rispetto a qualcosa: *scendere nel punto più a valle, una questione a valle del problema principale* **3.** *per estens. T.geogr.* area depressa e paludosa nei pressi di un delta fluviale o di lagune: *le valli di Comacchio* || *valli da pesca*, bacini di acqua salmastra, poco profondi, la cui comunicazione col mare è regolabile a seconda delle necessità della semina, dell'accrescimento e della cattura del materiale ittico **4.** *per estens.* nel linguaggio biblico, il mondo terreno in contrapposizione a quello celeste: *in questa valle di lacrime*, nel mondo in cui l'uomo soffre || *dim.* vallétta, vallettìna, valloncèllo; *accr.* vallóne || **N. 1.** alluvionale, ampia, angusta, aperta, d'erosione, fertile, stretta | avvallamento, conca, gola, vallata, vallea; monte; fondo, imbocco, sbocco **3.** vallante, vallicoltura. **Q.T.** *alpinismo.*

vallèa [dal fr. *vallée*, valle; 1313] **sf.** *poet.* valle, vallata: *vede lucciole giù per la vallea* (Dante).

vallétta [da *valletto*; 1961] **sf.** ragazza che aiuta il presentatore di uno spettacolo televisivo.

vallétto[1] [dal fr. ant. *vaslet*, letter. piccolo vassallo, poi cameriere; sec. XIII-XIV nel senso 1; 1957 nel senso 3] **sm.** **1.** nel Medioevo, paggio, cameriere, staffiere || *valletto d'arme*, scudiero **2.** usciere municipale in divisa da cerimonia **3.** giovane aiutante del presentatore in uno spettacolo televisivo.

vallétto[2] (*dim.* di *vallo*[2]) [a. 1912] **sm.** *lett. raro* cestello: *tessi valletti e cesti* (Pascoli).

vallicoltùra [comp. di *vall*(*e*) e *-coltura*; 1937] **sf.** allevamento artificiale dei pesci nelle valli da pesca.

valligiàno [da *valle*; a. 1527] **agg.** e **sm.** (f. *-a*) che o chi è nato o abita in una valle.

vallìvo [da *valle*; 1767] **agg.** di valle: *fauna valliva*; *terreno vallivo*, quello paludoso al limite inferiore di una valle; *pesca valliva*, propria delle valli da pesca.

vàllo[1] [dal lat. *vallum*; sec. XIII] **sm.** **1.** *T.stor.* opera di difesa consistente in uno steccato che girava tutt'intorno all'accampamento romano ‖ *per estens.* trincea, argine **2.** *T.geol.* *vallo morenico*, fossato tra la morena laterale di un ghiacciaio e il versante della valle su cui il ghiacciaio si trova **3.** *T.mar.* la cavità tra la cresta di un'onda e quella successiva **4.** *T.anat.* incavo, solco: *valli ciliari*, *valli ungueali*. **Q.T.** *fortificazioni*.

vàllo[2] [lat. *vallus*, dim. di *vannus*, vaglio; 1909] **sm.** *lett.* *raro* cesto usato dagli agricoltori, valletto: *portò trent'anni l'armi, il vallo e il vitto* (Pascoli).

vallombrosàno [dal n. geogr. *Vallombrosa*, località toscana in cui l'ordine fu istituito; 1840] **sm.** e **agg.** che si riferisce alla congregazione benedettina fondata nel sec. XI da S. Giovanni Gualberto; chi, che appartiene a tale congregazione.

vallóne[1] (*accr.* di *valle*) [1313] **sm.** **1.** *T.geogr.* stadio finale della valle, caratterizzato da versanti quasi appiattiti e dal fondo molto ampio **2.** profonda insenatura costiera, comune in Dalmazia e nell'Istria, originata dalla parziale sommersione di preesistenti valli sinclinali, carsificata e implicata in strutture a pieghe.

vallóne[2] [dal fr. *wallon*; 1630 come s. nel senso 2] **I agg.** della Vallonia (la zona sud orientale del Belgio) o dei suoi abitanti **II s.** **1.** abitante della Vallonia **2.** *T.stor.* *pl.*, soldati del Brabante che militavano in Spagna ‖ **N.** **1.** fiammingo.

vallonèa [dal gr. *bálanos*, ghianda] **sf.** albero delle Fagacee la cui ghianda ha cupola sviluppatissima e ricca di tannino ‖ **N.** *Sin.* gallonea.

valóre [dal lat. tardo *valor*, *-ōris*; 1295] **sm.** **1.** ciò per cui qualcosa o qualcuno è apprezzabile, degno di stima o di lode: *l'incommensurabile valore dell'esistenza umana, una scoperta di eccezionale valore scientifico, quest'oggetto ha per me un immenso valore affettivo, è ancora troppo giovane per comprendere il valore della cosa, una persona di valore*; *in part.*: riferendosi alle capacità professionali di qualcuno: *uno statista di valore, un artista di scarso* (o *di poco, di nessun, di molto, di eccezionale*) *valore, un professionista che ha coscienza del proprio valore* ‖ *T.fil.* *giudizio di valore*, valutativo ‖ *in part.* virtù: ... *a divenir del mondo esperto* | *e de li vizi umani e del valore* (Dante) ‖ *in part.* insieme delle qualità del buon soldato: *per il suo atto ottenne la medaglia al valor militare, si difesero fino all'ultimo con valore* ‖ pregio di un bene economico; *in part.*: *valore d'uso*, il pregio intrinseco di un bene determinato dalla sua utilità oggettiva; *valore di scambio*, determinato dal mercato; *valore assoluto*, nelle teorie degli economisti classici, quello determinato dal lavoro richiesto per la sua produzione; *teoria del valore* (o *del valore-lavoro*), nella teoria di Marx, quella in base alla quale il valore di scambio di un bene si determina sulla base del suo valore assoluto; *valore aggiunto*, di un bene, incremento del suo valore per effetto di un processo produttivo operato su di esso; di un'impresa, differenza tra il valore dei beni o dei servizi prodotti e quello dei suoi acquisti di beni e servizi da terzi; *il valore di una moneta*, la sua quotazione sul mercato degli scambi monetari internazionali; *il valore dei terreni edificabili, dell'oro, del dollaro è in rialzo, in ribasso*; *un'opera d'arte di scarso valore, di valore inestimabile, il cui valore è stimato sui trenta milioni di lire*; *valore nominale* (o *facciale*), rif. a un titolo, quello riportato sul titolo stesso, ovvero quello che l'emittente si impegna a rimborsare alla sua scadenza (in contrapposizione a *valore effettivo* o *corrente*, quello desunto dai contratti di compravendita che si svolgono sul mercato); rif. a una moneta, quello riportato sulla moneta stessa (in contrapposizione a *valore intrinseco*, quello che essa possiede in base al valore del metallo pregiato in essa contenuto); *in part.* di oggetti di corrispondenza: *valore dichiarato*, *campione senza valore* **2.** funzione di un elemento in un sistema, e, in generale, ciò per cui qualcosa fa una differenza; in part., in contesti tecnici, qualsiasi misura o determinazione (fra tutte quelle possibili) associata a una grandezza o a una variabile: *il valore di un vocabolo, di una locuzione linguistica*, il suo senso; *in questo contesto l'espressione è da interpretare tenendo conto del suo valore figurato, estensivo, concreto, astratto*; anche nel senso generico di funzione, valenza e sim.: *non ho capito il valore del suo intervento*; anche nella loc. *con valore di*, in funzione di: *un verbo all'infinito con valore di sostantivo* ‖ in logica, *valore di verità di un enunciato*, uno dei due attributi, vero (indicato con V o con 1) e falso (indicato con F o con 0) ‖ *T.mat.* *valore di una funzione*, ciò che essa fa corrispondere a un argomento; *valore medio*, di due numeri dati, la metà della loro somma algebrica; *valore assoluto*, di un numero relativo, il numero stesso considerato a meno del segno ‖ *T.mus.* durata relativa delle figure musicali (suoni e pause): *una semiminima ha il valore di due crome* **3.** *concr.* (e anche come *T.fil.*) ciò che è positivamente valutato, che costituisce un bene: *i supremi valori umani, religiosi, spirituali* ecc.; *la bellezza è un valore estetico, la fede è un valore religioso*; *scala di valori*, gerarchia in cui a ciascun valore è attribuita importanza diversa; *il rovesciamento nietzschiano dei valori tradizionali*; *la filosofia dei valori*, insieme di dottrine filosofiche sviluppate alla fine dell'Ottocento, tendenti a salvaguardare l'oggettività del valore contro ogni sua interpretazione psicologistica ‖ *pl.*, tutto quanto può essere fatto oggetto di compravendita in borsa (monete estere, azioni, obbligazioni ecc.) e, anche, gioielli e oggetti preziosi in genere: *custodire i valori nella cassetta di sicurezza*; *valori bollati*, carte bollate, marche da bollo, francobolli; *carte valori*, la cartamoneta e i valori bollati; *valori mobiliari*, titoli emessi da enti privati o pubblici e quotati in borsa (in contrapposizione a *proprietà fondiarie*) ‖ **N.** **1.** *Sin.* abilità, merito, pregevolezza, pregio, qualità; ardire, eroismo, prodezza; costo, prezzo | *Contr.* pavidità, pusillanimità, vigliaccheria | apprezzare, calcolare, misconoscere, riconoscere, stimare | plusvalore **2.** valenza **3.** assiologia, assiologico | *Contr.* disvalore | eccezionale, grande, incalcolabile, inestimabile, straordinario. **Q.T.** *economia...*

valorizzàre [da *valore*; 1922] **tr.** far acquistare valore, far aumentare di valore: *interventi di restauro volti a valorizzare il centro, strutture turistiche che valorizzano la costa* ‖ mettere in risalto, far apparire nel suo aspetto migliore: *il nero valorizza la sua figura*; rif. a persone, mettere in condizione di esprimere al meglio le proprie capacità: *in quel ruolo si sente valorizzato* ‖ **N.** *Contr.* deprezzare, svalutare; penalizzare, umiliare.

valorizzatóre [da *valorizzare*; 1983] **sm.** (f. *-trice*) e **agg.** chi, che valorizza ‖ anche *fig.*: *è un abile valorizzatore di nuovi talenti*.

valorizzazióne [da *valorizzare*; 1935] **sf.** atto ed effetto del valorizzare.

valorosità [da *valoroso*; a. 1431] **sf.** *ant.* valore.

valoróso [da *valore*; 1353 come agg. nel senso 2] **I agg.** **1.** di persona, che ha valore, coraggio, ardimento: *un valoroso combattente* ‖ di azione, che dimostra il valore, il coraggio di chi l'ha compiuta: *impresa valorosa* **2.** *non com.* valente, abile: *un medico valoroso* **3.** *lett. ant.* dotato di alte qualità morali **4.** *arc.* di rimedio e sim., efficace ‖ **valorosaménte** **avv.** **II sm.** (f. *-a*) persona valorosa (*com.* nel senso 1) ‖ **N.** **1.** *Sin.* ardito, coraggioso, eroico, prode | *Contr.* pauroso, pavido, timoroso, vigliacco.

valpolicèlla [dal n. geogr. *Valpolicella*; 1865] **sm.** vino rosso da pasto del veronese, asciutto, vellutato e frizzante, molto pregiato.

valse (fr., pr. [vals]) [var. di *valzer*, 1920] **sf.** *inv.* **1.** valzer destinato esclusivamente all'esecuzione concertistica, da solo o come parte di una composizione **2.** danza ispirata a un balletto di Nijinsky, astratta glorificazione del valzer viennese.

valsènte [da *valso*; a. 1294] **sm.** **1.** *raro* importo in denaro corrispondente al valore commerciale **2.** *arc.* o *scherz.* ricchezza, capitale ‖ **N.** **1.** equivalente, prezzo, valore.

valùta [da *valuto*, ant. pps. di *valere*; 1306 nel senso 3; 1816 nel senso 1; 1950 nel senso 2] **sf.** **1.** *T.econ.* la moneta circolante e i titoli fiduciari che la rappresentano: *valuta nazionale, estera* ‖ *in part.* l'insieme delle banconote estere e dei titoli di credito a vista in moneta estera **2.** *T.banc.* *giorno di valuta*, nelle operazioni bancarie, quello a partire dal quale vengono calcolati gli interessi su un determinato capitale; da cui loc. del tipo di *valuta del 13 maggio*, con accreditamento degli interessi a partire dal 13 maggio; *perdita di valuta*, perdita di interessi dovuta alla postdatazione del giorno di decorrenza degli interessi rispetto a quello in cui l'operazione bancaria è effettuata **3.** *ant.* valore commerciale: *gemma di gran valuta*.

valutàbile [da *valutare*; a. 1731] **agg.** che si può valutare.

valutàre (pres. *vàluto* e *valùto*) [da *valuta*; a. 1600] **tr.** **1.** attribuire a un bene il suo valore economico, esprimendolo in termini monetari ‖ *per estens.* *fig.* rif. a persone, stimare, giudicare criticamente: *tu lo valuti troppo, valutò rapidamente il candidato* **2.** *per estens.* calcolare, determinare, perlopiù approssimativamente, l'entità di qualcosa: *valutarono che per finire quel lavoro ci sarebbero voluti due anni*; *valutare a occhio una distanza, un prezzo* **3.** *fig.* considerare attentamente: *valutare il pro e il contro, i vantaggi e gli svantaggi*; *valuta tu se alla fin fine ti conviene farlo* ‖ **N.** **1.** *Sin.* stimare | sopravvalutare, sottovalutare **2.** *Sin.* stimare **3.** *Sin.* prendere in considerazione, vagliare.

valutàrio [da *valuta*; 1942] **agg.** di valuta, che concerne la valuta: *norme valutarie* ‖ **N.** monetario.

valutatìvo [da *valutare*; 1942] **agg.** **1.** che esprime una valutazione: *giudizio valutativo* **2.** che serve a valutare: *criteri valutativi* ‖ **N.** **1.** *Contr.* avalutativo; descrittivo.

valutazióne [da *valutare*; 1635] **sf.** atto ed effetto del valutare; stima.

vàlva [dal lat. *valvae*, battenti di una porta; a. 1625] **sf.** **1.** *T.zool.* ciascuna delle due parti della conchiglia dei Bivalvi ‖ *per estens.* la conchiglia di Molluschi e Brachiopodi **2.** *T.bot.* ciascuna delle parti in cui si dividono i frutti maturi a capsula, a baccello e a siliqua **3.** *arc.* battente di porta ‖ **N.** **1.** univalvi, bivalvi, polivalvi.

valvàre [da *valva*; 1961] **agg.** *T.zool.* e *T.bot.* della valva, delle valve.

valvassìno [da *valvassore*; 1916] **sm.** *T.stor.* il vassallo del valvassore, l'ultimo gradino della scala gerarchica.

valvassóre [dal lat. mediev. *vassus vassōrum*, vassallo dei vassalli; fine sec. XIII *varvassore*]

sm. *T.stor.* originariamente, chi, nella costituzione feudale, aveva in feudo dal vassallo del re una parte del suo dominio ‖ in seguito, chiunque si fosse emancipato, per qualche privilegio, dalla giurisdizione del vassallo ‖ **N.** valvassino.

vàlvola [dal lat. *valvolae*, pl., guscio, baccello; 1637] **sf.** **1.** *T.tecn.* dispositivo atto a intercettare il flusso di un fluido attraverso un'apertura, permettendo di regolarne l'intensità e la direzione: *valvola a cerniera, a farfalla, a fungo, a saracinesca, a sfera, a spillo*; *valvola di ritegno* (o *di non ritorno*), che consente il passaggio del fluido in una sola direzione; *valvola di sicurezza*, valvola che, quando all'interno di un recipiente (per es. caldaie, serbatoi ecc.) la pressione supera il valore massimo ammesso, si apre scaricando all'esterno l'eccesso di pressione; in senso *fig.*, attività o sim. che consente lo sfogo di tensioni, istinti e sim. che, se continuamente repressi, potrebbero determinare situazioni pericolose per l'individuo o per la collettività: *il tifo sportivo, la discoteca funzionano per molti come valvola di sfogo* ‖ *T.anat.* formazione destinata a impedire il riflusso di aria, liquidi o altri materiali organici: *valvola aortica* **2.** *T.elettron.* componente elettronico nel quale si verifica l'emissione termoionica di un flusso di corrente elettronica da parte del catodo verso l'anodo e nel quale è stato ottenuto il vuoto spinto; tubo elettronico a vuoto **3.** *T.elettrot.* fusibile ‖ *dim.* valvolétta, valvolìna. **TAV.** *motori* 8; ***automobile* p. 658** 5.6, 5.7.

valvolàre [da *valvola*; 1903] **agg.** di o della valvola.

vàlzer [dal ted. *Walzer*; 1826] **sm.** *T.mus.* danza di ritmo ternario (e anche la musica che l'accompagna) diffusasi alla fine del Settecento in Austria e in Germania ed elaborata nell'Ottocento nella tipica forma viennese, veloce e briosa e, successivamente, nei primi del Novecento, nelle forme moderate del *valzer lento* (o *inglese*) e del *valzer boston*.

vamp (ingl., pr. [væmp], pr. it. [vamp]) [abbr. di *vampire*, vampiro; 1931] **sf.** *inv.* donna (e spec. attrice) dal fascino vistoso e aggressivo.

vàmpa [da *vampo*; 1321] **sf.** **1.** fiammata improvvisa e intensa: *le vampe dell'incendio illuminavano la città* ‖ *in part.* la fiammata che un proiettile provoca nell'attimo in cui esce dalla bocca da fuoco ‖ *per estens.* flusso rovente che si sprigiona da un'intensa fonte di calore: *le vampe della fornace*; *iperb. le vampe del sole d'agosto* ‖ *fig. poet.* impeto, desiderio passionale: *le vampe della passione* **2.** improvviso senso di calore al viso, dovuto a un eccezionale afflusso di sangue ‖ *per estens.* il rossore che l'accompagna ‖ **N.** **1.** *Sin.* vampata; ardore | avvampare, divampare, svampare, vampeggiare.

vampàta [da *vampa*; 1879] **sf.** impeto della vampa: *l'incendio mandava grandi vampate.*

vampeggiàre (pres. *-éggio*) [da *vampa*; 1640] **intr.** (aus. *avere*) mandare vampe.

vampirésco (pl. *-schi*) [da *vampiro*; 1975] **agg.** proprio dei vampiri, relativo ai vampiri, gen. *fig.*: *presta denaro con tassi vampireschi* ‖ che tratta di vampiri: *un racconto vampiresco.*

vampirìsmo [da *vampire*, come il fr. *vampirisme*; 1756] **sm.** **1.** in credenze popolari del passato, l'assumere forma e comportamenti del vampiro **2.** *T.med.* forma morbosa di necrofilia, che induce all'uccisione e alla successiva violazione del cadavere.

vampìro [dal serbocroato *vàmpīr*; 1749] **sm.** **1.** nome comune di Chirotteri dell'America meridionale, notturni, dal volo basso e veloce, che si nutrono del sangue di vertebrati superiori o di uccelli; hanno labbra fungenti da ventose e incisivi superiori notevolmente sviluppati **2.** in credenze popolari diffuse fin dall'antichità, persona morta di morte violenta che le riacquista la notte una parvenza di vita che le consente di uscire dalla tomba e aggredire persone viventi per succhiarne il sangue di cui ha bisogno per continuare a esistere: *superstizioni popolate di streghe e vampiri* ‖ *per estens. scherz. donna vampiro, vamp* **3.** *fig.* usuraio, ingordo speculatore.

vàmpo [da un ant. *vampore*, incrocio di *vapore* con *lampo*; a. 1388] **sm.** *lett. raro* vampa: *calde del vampo canicolare* (D'Annunzio).

van (ingl., pr. [væn]) [letter. furgone; 1983] **sm.** *inv.* **1.** furgone attrezzato per il trasporto di cavalli da corsa **2.** furgone rimorchiabile da autoveicoli, per il trasporto di merci e bestiame.

vanàdio [dal nord. ant. *Vanadīs*, n. di una divinità scandinava; 1879] **sm.** *T.chim.* metallo che, allo stato puro, è bianco, duro e fragile; viene usato in lega col ferro negli acciai al vanadio (che risultano particolarmente resistenti e duri) e funge inoltre da disossidante.

vanaglòria [dalla loc. lat. *vāna glōria*; 1308] **sf.** eccessivo autocompiacimento per doti o meriti in realtà inesistenti o per nulla eccezionali ‖ **N.** albagia, alterigia, boria, megalomania, presunzione, spocchia, superbia, vanità, vanto.

vanagloriàrsi (pres. *-òrio, -òri*) [da *vanagloria*; fine sec. XIII] **intr. pron.** *raro* autocompiacersi per doti o meriti insussistenti o di poco conto.

vanaglorióso [da *vanagloria*; sec. XIV] **agg.** e **sm.** (f. *-a*) pieno di vanagloria ‖ **N.** borioso, spocchioso, superbo, tronfio, vanesio, vanitoso.

vandàlico (pl. *-ci*) [da *vandalo*; a. 1555 nel senso 1; 1779 nel senso 2] **agg.** **1.** *T.stor.* dei Vandali **2.** *fig.* da vandalo: *atti vandalici* ‖ **vandalicaménte** **avv.** ‖ **N.** **2.** barbarico, barbaro.

vandalìsmo [da *vandalo*, sul modello del fr. *vandalisme*; 1797] **sm.** distruzione di beni motivata dal puro gusto della violenza, o (meno freq.) a scopo di lotta politica: *atti di vandalismo* ‖ **N.** luddismo.

vàndalo [lat. tardo *Vandali*, pl.; 1519 *vandallo* come sm. nel senso 1; 1763 come sm. nel senso 2] **I sm.** (f. *-a*) **1.** *T.stor.* appartenente al gruppo di popolazioni germaniche dei Vandali **2.** chi compie atti di vandalismo: *solo un vandalo avrebbe potuto rovinare una simile opera d'arte* **II agg.** *meno com.* vandalico.

vaneggiaménto [da *vaneggiare*; 1640] **sm.** atto del vaneggiare ‖ **N.** *Sin.* delirio, vaniloquio.

vaneggiàre (pres. *-éggio*) [da *vano*; 1374] **intr.** (aus. *avere*) **1.** dire o pensare cose prive di logica e coerenza e lontane dal senso comune in seguito ad alterazioni psichiche: *vaneggiare per la febbre* ‖ *per estens.* pensare ed esprimersi in modo sconclusionato **2.** *ant.* di un vuoto, aprirsi: *vaneggia un pozzo assai largo* **3.** *ant.* riuscir vano: *potea far vaneggiar la fedel cura* (Ariosto) ‖ **intr. pron.** *arc.* vanagloriarsi: *uomo che si vaneggia* ‖ **N.** **1.** *Sin.* delirare, farneticare, sragionare, straparlare.

vaneggiatóre [da *vaneggiare*; 1619] **agg.** e **sm.** (f. *-trìce*) *raro* che o chi vaneggia.

vanerèllo (*dim.* di *vano*) [a. 1698] **agg.** scioccamente vanitoso, frivolo.

vanescènte V. EVANESCENTE.

vaneṣiàta [da *vanesio*; 1891] **sf.** *raro* atto o discorso da vanesio: *una delle solite vanesiate.*

vanèṣio (pl. *-ṣi*) [dal n. proprio *Vanesio*, protagonista di una commedia di G.B. Fagiuoli; 1835] **agg.** e **sm.** (f. *-a*) che, chi ostenta in modo frivolo autocompiacimento, rivelando così la propria vuotezza interiore ‖ **N.** *Sin.* fatuo, vanitoso.

vanéssa [dal n. proprio *Vanessa*, protagonista di un'opera di J. Swift; 1839] **sf.** nome di varie farfalle diurne delle Ninfalidi, vivacemente colorate.

vanézza [da *vano*; a. 1306] **sf.** *ant. raro* vanità.

vànga [lat. tardo *vanga*; a. 1320] **sf.** attrezzo agricolo formato da un'asta di legno terminante in una specie di pala appuntita e tagliente che si spinge nella terra per mezzo del piede, calcando su una stecca orizzontale di ferro detta *vangile*; si adopera per dissodare la terra ‖ nella loc. ant. *andare a vanga*, trovare terreno facile da lavorare e, *fig.* trovare facilità nel fare qualunque cosa ‖ *dim.* vanghétta, vanghettìna. **TAV.** *agricoltura* 10.16; ***giardinaggio* p. 1315** 15.

vangaiòla [etim. inc.; 1353 *vangajuola*] **sf.** *T.pesc.* piccola rete quadrata che si regge con una mano, mentre con l'altra mano si manovra il frugatoio per smuovere i pesci dai loro nascondigli.

vangàre (pres. *vàngo, vànghi*) [da *vanga*; a. 1320] **tr.** lavorare la terra con la vanga; anche *ass.* ‖ **N.** dissodare, rinvangare, rivangare. **Q.T.** *agricoltura.*

vangàta [da *vangare*; 1875; a. 1597 nel senso 3] **sf.** **1.** atto del piantare la vanga nel terreno e poi risollevarla con la terra **2.** colpo dato con la vanga: *gli diede una forte vangata sul capo* **3.** vangatura rapida.

vangatóre [da *vangare*; 1612] **sm.** (f. *-trìce*) *non com.* chi vanga.

vangatrìce [da *vangare*; 1985] **sf.** *T.agr.* macchina agricola collegata ad un trattore, per la vangatura meccanica del terreno.

vangatùra [da *vangare*; 1300] **sf.** atto del vangare.

vangelìsta **sm.** *raro* V. EVANGELISTA.

vangelizzàre **tr.** *raro* V. EVANGELIZZARE.

vangèlo [dal lat. *evangelium*, gr. *euangélion*, letter. che porta una buona notizia; a. 1294] **sm.** **1.** (come nome proprio, perlopiù con iniz. maiuscola) il testo delle quattro narrazioni evangeliche canoniche: *il Vangelo racconta la vita di Gesù* ‖ ciascuna delle narrazioni canoniche: *il vangelo di* (o *secondo*) *Matteo*; *vangeli sinottici*, quelli degli apostoli Matteo, Marco e Luca, la cui esposizione, a differenza di quella di Giovanni, procede sostanzialmente in parallelo; *vangeli canonici* (in contrapposizione ad *apocrifi*), i soli ufficialmente riconosciuti dalla Chiesa (ovvero quelli degli apostoli Matteo, Marco, Luca e Giovanni) ‖ *per restr.* brano di uno dei vangeli canonici letto durante la Messa: *l'omelia segue la lettura del vangelo* ‖ libro contenente il testo del Vangelo: *giurare posando la mano sul vangelo* ‖ *corno del Vangelo*, V. ALTARE **2.** *propr.* nella comunità cristiana primitiva, l'annuncio della venuta di Gesù Cristo e del compimento, che ciò implicava, delle attese messianiche di Israele: *il vangelo iniziò a essere tramandato oralmente nelle prime comunità cristiane* **3.** *per estens.* testo contenente i principi, i fondamenti di una dottrina o di una teoria (spec. politica, filosofica, artistica o religiosa): *il libretto rosso di Mao è stato il vangelo di un'intera generazione* ‖ parola certa, inconfutabile, indubitabile: *quel che dice sua madre, il suo professore, il partito per lui è vangelo* ‖ **N.** **1.** buona novella, scritture.

vanghéggia (pl. *-ge*) [da *vanga*; 1879] **sf.** tipo di vanga munita di pala a due o più denti, usata per la lavorazione di terreni pietrosi o scabrosi.

vangheggiàre (pres. *-éggio*) [da *vangheggia*; 1983] **tr.** vangare il terreno con la vangheggia.

vanghétta (*dim.* di *vanga*) [1967] **sf.** **1.** piccola vanga **2.** attrezzo portatile in uso presso i militari per lavori di sterro o per lo scavo di trincee.

vanghettàre (pres. *-étto*) [da *vanghetto*;

1788] **tr.** vangare la terra superficialmente col vanghetto.

vanghétto (*dim.* di *vanga*) [a. 1762] **sm.** piccola vanga per vanghettare superficialmente.

vangile [da *vanga*; a. 1597 *vanghile*] **sm.** sbarra metallica infissa trasversalmente nel manico della vanga, per appoggiarvi il piede e così premere la vanga stessa; staffale.

vanguàrdia [da *avanguardia*; 1542] **sf.** *raro* avanguardia.

vaniàre [da *vano*[1]; 1300 ca.] **intr.** (aus. *avere*) *arc.* vaneggiare.

vanificàre (pres. *-ìfico, -ìfichi*) [comp. di *vano*[1] e *-ficare*; 1939] **tr.** rendere inutile, vano: *i suoi sforzi furono vanificati dalla fretta.*

vanìglia (meno com. *vainìglia*) [dallo sp. *vainilla*; 1698 *vainiglia*] **sf.** **1.** genere di piante delle Orchidacee comprendente specie tropicali perenni e rampicanti, i cui frutti a forma di baccelli sono molto aromatici; se ne ricava una polvere usata nell'industria dolciaria, in profumeria e nella fabbricazione di liquori || pianta delle Borraginee coltivata nei giardini per il soave odore dei fiori, che ricorda la vera vaniglia **2.** essenza ricavata dal frutto della vaniglia: *gelato, budino alla vaniglia* || **N.** vanillina.

vanigliàto [da *vaniglia*; 1940] **agg.** aromatizzato alla vaniglia: *zucchero vanigliato.*

vanillìna (o *vainiglìna*) [da *vaniglia*; 1952] **sf.** composto chimico organico — ricavato dalla vaniglia naturale o prodotto artificialmente — dall'aroma di vaniglia.

vanilòquio (pl. *-qui*) [dal lat. *vaniloquium*; sec. XIV] **sm.** il discorrere sconclusionatamente e in modo privo di senso || *concr.* ciascun discorso sconclusionato e senza senso || **N.** *Sin.* sproloquio, vaneggiamento.

vanìre [da *vano*[1]; 1321] **intr.** (aus. *essere*) *poet. ant.* svanire, dileguarsi: *e cantando vanìo come per acqua cupa cosa grave* (Dante).

vanità [dal lat. *vānitas, -ātis*; 1313 nel senso 2] **sf.** **1.** atteggiamento di frivolo compiacimento per le proprie reali o presunte qualità: *adulatori che ben sanno come soddisfare l'altrui vanità, la vanità di quella ragazza che si crede la più bella di tutte* **2.** *fig.* caducità, inconsistenza: *la vanità delle cose terrene, della gloria umana* || *propr. lett.* inconsistenza materiale **3.** *fig.* inefficacia, inutilità: *la vanità di tutti i suoi sforzi* || **N.** **1.** *Sin.* millanteria, vanagloria | *Contr.* modestia, umiltà **2.** apparenza, parvenza, vacuità.

vanitóso [da *vanità*; sec. XIV] **agg.** pieno di vanità || **N.** *Sin.* borioso, presuntuoso, pretenzioso, superbo, vanaglorioso, vanesio.

vannìno [lat. *hoc anno*, (nato) in quest'anno] **sm.** *rom.* puledro giovane.

vànno [lat. *vānnus*, crivello; 1313] **sm.** *lett. ant.* solo al *pl.*: *i vanni*, le penne delle ali || *per meton.* le ali stesse.

vàno[1] [lat. *vanus*, letter. vuoto; 1295] **agg.** **1.** *fig.* privo di efficacia, di effetto; inutile, inconcludente: *dopo innumerevoli vani tentativi si arrese* **2.** *fig.* inconsistente, privo di fondamento: *vane speranze, minacce; vani timori, pretesti* || *in part.* di ciò che è terreno e, perciò, caduco, illusorio: *vane glorie, ricchezze terrene* || *propr. lett.* materialmente inconsistente **3.** *fig. non com.* vacuo, frivolo, vanitoso: *un uomo vano* || *propr. ant.* vuoto internamente || **vanaménte** **avv.** **1.** inutilmente, invano: *sperare vanamente* **2.** non com. senza fondamento, senza ragione: *parlare vanamente* || **N.** **1.** *Sin.* futile, inefficace, infruttuoso | fare un buco nell'acqua, predicare nel deserto **2.** *Sin.* inane; immateriale, incorporeo **3.** *Sin.* cavo.

vàno[2] [lat. *vanus*, letter. vuoto; 1313 nel senso 1; 1550 nel senso 2] **sm.** **1.** spazio vuoto: *il vano delle scale,* (*del*) *portabagagli, della porta* **2.** ambiente, locale, stanza: *un appartamento di quattro vani più servizi.*

vantaggiàre (pres. *-àggio*) [da *vantaggio*; a. 1294] **tr.** *raro* superare, sopravanzare || **rifl.** *raro* avvantaggiarsi.

vantaggìno (*dim.* di *vantaggio*) [a. 1698] **sm.** *T.calz.* piccolo pezzo di pelle che si mette di rinforzo alle scarpe || giunta, contentino, soprassello.

vantàggio [dal fr. *avantage*; sec. XIII *vantagio*] **sm.** **1.** motivo o elemento di superiorità nei confronti di altri: *l'uomo ha il vantaggio della ragione sul resto dei viventi, ti concedo il vantaggio della prima mossa, abitando in collina si ha il vantaggio dell'aria salubre, è un gran vantaggio avere la stazione vicina, poter usufruire della consulenza di un esperto* || *T.fis. vantaggio statico*, caratteristica di alcune macchine semplici (per es. della leva di secondo genere) per cui l'applicazione ad esse di una piccola potenza permette di equilibrare una grossa resistenza || beneficio, utile, profitto, guadagno: *non ho ricavato alcun vantaggio dal trasferimento, da quel farmaco; ha venduto senza* (*ricavare*) *alcun vantaggio*; nella loc. disus. *a vantaggio di*, a favore di: *lascio tutto ciò a vantaggio dei posteri* || condizione di favore o di superiorità: *chi gareggia tra i primi, date le condizioni della pista, è in vantaggio* || *T.sport.* nel calcio, *regola del vantaggio*, in base alla quale l'arbitro ha la facoltà di non fischiare il fallo se la palla resta in possesso della squadra del giocatore che l'ha subito **2.** in graduatorie, competizioni e sim., distacco (anche in senso *fig.*) che intercorre tra un concorrente e quello (o quelli) che lo seguono: *il vantaggio della nostra squadra sull'ultimo in classifica è salito a trenta punti; un vantaggio di tre minuti, di trecento metri* **3.** *T.tip.* tavola in legno o lastra metallica, con listelli disposti a squadra su due o tre lati, usata nella composizione manuale o meccanica per riunirvi le righe man mano che vengono composte e controllarne l'esatta disposizione in colonne e, gen., l'impaginazione || **N.** **1.** *Sin.* privilegio | *Contr.* perdita, svantaggio.

vantaggióso [da *vantaggio*; 1640] **agg.** che procura un vantaggio: *condizioni vantaggiose* || **N.** *Sin.* conveniente, proficuo, utile.

vantaménto [da *vantare*; a. 1294] **sm.** *ant. raro* il vantare e il vantarsi; vanto || **N.** vanteria.

vantàre [lat. tardo *vanitāre*, essere vano; a. 1294] **rifl.** **1.** attribuirsi con compiacimento ed enfasi meriti reali o presunti: *si vanta delle proprie imprese, delle sue ricchezze, di sapere fare tutto; non faccio per vantarmi, ma...*, espr. (spec. *scherz.*) di falsa modestia, con cui si introduce il racconto delle proprie imprese **2.** *arc.* nel Medioevo, fare il vanto || **tr.** **1.** esaltare, descrivere elogiativamente qualcosa di cui si va fieri: *vantare i propri meriti, le straordinarie qualità di un prodotto* **2.** possedere caratteristiche o meriti che costituiscono motivo di orgoglio: *vantare nobili origini, una città che vanta numerosi cittadini illustri* **3.** avanzare fondata pretesa di qualcosa: *vantare un credito* || **N.** **rifl.** **1.** *Sin.* gloriarsi; compiacersi, pavoneggiarsi | **tr.** **1.** *Sin.* decantare, elogiare, lodare, magnificare, portare alle stelle **2.** andar fiero di, andar superbo di, attribuirsi il merito di, attribuirsi la gloria di, essere orgoglioso di.

vantatóre [da *vantare*; a. 1294] **sm.** (f. *-trìce*) *raro* chi vanta o si vanta.

vantazióne [da *vantare*; a. 1698] **sf.** *raro* atto del vantarsi: *non lo dico per vantazione* || **N.** *Sin.* vanteria, vanto.

vanterìa [da *vantare*; a. 1729] **sf.** discorso con cui ci si vanta di qualcosa: *che noia ascoltare le sue vanterie!, una vanteria assurda* || **N.** *Sin.* vanto; spacconata.

vànto [da *vantare*; 1313] **sm.** **1.** atto del vantarsi: *far* (o *farsi*) *vanto di qualcosa*, vantarsene **2.** ciò che costituisce motivo di orgoglio, di gloria e sim.: *avere il vanto di essere stato il solo a riuscirci, della vittoria; sulla fiumana ove 'l mar non ha vanto* (Dante); anche *iron.*: *bel vanto!*, riferendosi a qualcosa di cui non c'è affatto da essere orgogliosi **3.** *arc.* gara fra cavalieri in onore di qualcuno: *fare il vanto* || **N.** **1.** *Sin.* vanteria; esaltazione, millanteria | darsi arie **2.** *Sin.* gloria, merito, pregio.

vanùme [da *vano*[1]; 1838] **sm.** **1.** *T.agr. raro* la parte dei cereali che secca senza maturare **2.** *arc.* complesso di cose vane, frivole e sim.

vànvera [dall'ant. *fànfera*, v. onom.; a. 1565] solo nella **loc. avv.** *a vanvera*, a casaccio, come viene: *egli parla sempre a vanvera.*

vàpiti (meno com. *vapìti*) [dall'ingl. *wapiti*, di orig. algonchina; 1931] **sm.** *wapiti* (v.).

vapofórno [comp. di *vapo*(*re*) e *forno*; 1942] **sm.** forno a vapore destinato alla cottura del pane || *per estens.* negozio di panetteria.

vaporàbile [da *vaporare*; 1308] **agg.** *raro* che può vaporare.

vaporàre (pres. *-óro*) [dal lat. *vaporāre*; 1308] **intr.** (aus. *avere* ed *essere*) *lett. non com.* diffondersi sotto forma di vapore; evaporare, svaporare: *questo liquido ha vaporato* || **tr.** *arc.* esalare, spandere vapore.

vaporatìvo [da *vaporare*; sec. XIV] **agg.** *raro* atto a vaporare.

vaporazióne [dal lat. *vaporātio, -ōnis*; sec. XIV] **sf.** **1.** *raro* evaporazione **2.** *raro* suffumigio.

vapóre [dal lat. *vapor, -ōris*; 1308] **sm.** **1.** *T.fis.* stato aeriforme della materia, derivante da quello liquido per ebollizione o evaporazione, o da quello solido per sublimazione: *vapore saturo*, condizione che si verifica quando — in condizione di equilibrio stabile — il vapore è compresente con il suo liquido **2.** *per estens.* sostanza allo stato di vapore, e, *per anton.*, la sostanza ottenuta per ebollizione o evaporazione dell'acqua, il *vapor acqueo*: *bagno di vapore*, bagno turco; *cavallo vapore*, v. CAVALLO; *cottura a vapore*, effettuata esponendo i cibi al calore del vapor acqueo; *turbina a vapore*, utilizzante il vapore come fluido motore; *disus.* usato ellitt. nel senso di *piroscafo*: *è arrivato col vapore* || nella loc. fig. *a tutto vapore*, a tutta velocità **3.** *per estens.*, meno com., spec. *pl.*, fumo, nebbia, massa gassosa e sim.: *vapori mefitici si levavano dalla palude, i vapori dell'incenso* || *fig. i vapori* (ma, più com. *fumi*) *dell'alcol*, v. FUMO || *dim.* vaporétto, vaporìno || **N.** **1.** densità, dilatazione, elasticità, pressione, tensione, volatilità **3.** miasma. **Q.T.** *ferrovia* **TAV.** *ferrovie...* **p. 669** 1.

vaporétto (*dim.* di *vapore*) [1879] **sm.** battello a vapore che effettua servizio di linea su laghi, lagune, fiumi o canali || motonave di piccole dimensioni usata per brevi percorsi.

vaporièra [da *vapore*; 1937] **sf.** *disus.* locomotiva a vapore. **TAV.** *ferrovie...* **p. 669** 1.

vaporìmetro [comp. di *vapore* e *-metro*; 1965] **sm.** *T.fis.* strumento atto a misurare la tensione di vapore di un liquido.

vaporizzàbile [da *vaporizzare*; 1970] **agg.** che può essere ridotto in vapore.

vaporizzàre (pres. *-ìzzo*) [da *vapore*, sul modello del fr. *vaporiser*; 1853] **tr.** **1.** far passare una sostanza dallo stato di liquido a quello di vapore **2.** sottoporre all'azione del vapore; *in part. T.tess.* esporre al vapore i filati per fissarne la torsione e migliorarne sotto vari aspetti le caratteristiche || in cosmetica, esporre al vapore la cute, allo scopo di dilatarne i pori per detergerla in profondità || **intr.** (aus. *avere*) evaporare, trasformarsi in vapore.

vaporizzatóre [da *vaporizzare*, sul modello del fr. *vaporisateur*; 1916] **sm.** (f. *-trìce*) **1.** nebulizzatore **2.** evaporatore.

vaporizzatùra [da *vaporizzare*; 1933] **sf.** *T.tess.* nella filatura della lana, operazione mediante la quale la torsione del filo viene fissata con vapore a caldo, per evitare l'arricciatura al dipanamento e nell'orditura.

vaporizzazióne [da *vaporizzare*, sul modello del fr. *vaporisation*; 1840] **sf.** l'azione del vaporizzare; evaporazione.

vaporosità [da *vaporoso*; a. 1320 *vaporositade*] **sf.** caratteristica di ciò che è vaporoso.

vaporóso [dal lat. *vaporōsus*; a. 1320 nel senso 3; 1821 nel senso 1] **agg.** **1.** *fig.* voluminoso ma leggero, soffice e talora trasparente: *gonna vaporosa, una vaporosa acconciatura* **2.** *fig. meno com.* vago, indeterminato: *frasi vaporose* **3.** *raro* pieno di vapori: *ambiente vaporoso* || **N.** **3.** caliginoso, fumoso, nebbioso; foschìa.

vàppa [dal lat. *vappa*; 1879] **sf.** *arc.* cosa insulsa.

vaquero (sp., pr. [ba'kero]; pr. it. [va'kero]) [letter. vaccaio; 1940] **sm.** (pl. *vaqueros*, pr. [ba'kerɔs]; pr. it. [va'keros]) **1.** mandriano **2.** custode dei tori pronti per le corride.

var o **VAR** [acronimo di *v(olt) a(mpere) r(eattivo)*; 1938] **sm.** *inv.* *T.fis.* unità di misura della potenza elettrica reattiva, del valore di un voltampere.

varaménto [da *varare*; 1813 nel senso 2] **sm.** **1.** *T.edil.* messa in opera di una struttura prefabbricata (spec. di un ponte) **2.** *raro* varo.

Varànidi (sing. *-e*) [comp. di *varano* e *-idi*; 1932] **sm.** *pl.* *T.zool.* famiglia di grandi rettili sauri carnivori viventi in Africa, Asia meridionale e Australia.

varàno [dall'ar. *waran*; 1875] **sm.** *T.zool.* genere di Rettili dell'ordine degli Squamati, comprendente specie di aspetto simile a quello della lucertola ma molto più grandi (fino a 1 m di lunghezza), carnivore e aggressive, adatte ad ambienti diversissimi (dalle zone desertiche a quelle fluviali), ricercate per le uova e la pelle.

varàre [lat. *varāre*, attraversare (un fiume), passare da un luogo ad un altro; a. 1406] **tr.** **1.** rif. a imbarcazione, effettuarne il varo **2.** *per estens. fig.* rendere operante, o presentare in pubblico qualcosa che è stato appena compiuto: *varare un progetto di legge, il nuovo piano di ricostruzione*; *varare una commedia*, rappresentarla per la prima volta in pubblico **3.** *T.edil.* effettuare il varamento di strutture prefabbricate. **Q.T.** *nautica...*

varàta [da *varare*; 1915] **sf.** *T.min.* **1.** nelle cave di marmo, il distacco e la discesa di una falda **2.** distacco istantaneo di grandi masse di roccia per effetto di esplosivi introdotti profondamente nel terreno.

varatóio (pl. *-ói*) [da *varare*; 1744] **sm.** nei cantieri navali, il complesso di congegni usati per imprimere la prima spinta alla nave per il varo.

varcàbile [da *varcare*; 1879] **agg.** che si può varcare.

varcàre (pres. *vàrco, vàrchi*) [lat. *varicāre*, allargare le gambe; 1313] **tr.** valicare, oltrepassare: *varcare i confini, la soglia di casa* || *fig.* superare: *varcare la cinquantina, varcare i limiti della decenza* || *arc.* o *lett. non com.*, *ass.*, procedere oltre: *dietro al mio legno che cantando varca* (Dante) || **N.** *Sin.* eccedere, sorpassare, superare.

vàrco (pl. *-chi*) [da *varcare*; sec. XIII] **sm.** **1.** apertura attraverso cui si passa con difficoltà: *ci aprimmo un varco nella boscaglia* || *raro* valico, colle **2.** azione del varcare, usato spec. nelle loc. *attendere, cogliere qualcuno al varco*, aspettarlo o sorprenderlo nel momento in cui esce allo scoperto e, *fig.*, in una situazione in cui è facile metterlo alla prova o rivalersi su di lui || **N.** passaggio.

varèa [etim. inc.; 1826] **sf.** *T.mar.* estremità di un'asta di veliero: *la varea del picco*.

varècchi [dal fr. *varech*, relitto, dall'ant. ingl. *wraec*; 1970] **sm.** *pl.* ceneri di alcune alghe marine.

varechina (o *varecchina*, o *varichina*) [comp. del fr. *varec(h)*, letter. relitto, cosa gettata dal mare e *-ina*; 1923] **sf.** soluzione diluita di ipoclorito usata nel lavare per il suo potere sbiancante e antisettico || **N.** *Sin.* candeggina.

varesòtto [da *Varese*; 1860] **I agg.** della provincia di Varese **II sm.** **1.** (solo *sing.*) nella provincia di Varese, territorio compreso tra il lago Maggiore, la zona di Como e il confine svizzero **2.** (f. *-a*) abitante, nativo della provincia di Varese.

varia (lat., pr. it. ['varja]) [letter. cose varie] **sf.** *pl.* usato spec. come titolo di libri o intestazione di rubriche dedicate ad argomenti vari.

variàbile [dal lat. *variābilis*; sec. XIV come agg.; 1838 come sf.] **I agg.** che è soggetto a variare: *i prezzi della frutta, degli alberghi sono variabili a seconda della stagione*; *tempo variabile, un uomo variabile nei suoi propositi*, incostante e, quindi, imprevedibile; *in part.* *T.astr.* *stella variabile*, la cui luminosità varia nel tempo || *T.gram.* *parti variabili del discorso*, quelle che hanno la flessione (sostantivo, aggettivo, pronome, articolo, verbo) || *T.mat.* non costante **II sf.** **1.** entità variabile; *in part.* *T.mat.* grandezza che può assumere tutti i valori appartenenti a un insieme numerico (detto *campo di variabilità della variabile*); *variabile indipendente, dipendente*, a seconda che i valori a essa assegnati siano scelti arbitrariamente o derivino dal calcolo di una particolare espressione (per cui, per es., nella funzione $y = f(x)$ x è considerata indipendente e y dipendente) || in logica matematica, simbolo al posto del quale si può sostituire il nome di un ente appartenente a un dominio prefissato; *variabile vincolata, libera*, a seconda che sia compresa o meno nell'ambito di un quantificatore || *T.stat.* qualsiasi fenomeno o carattere che presenta modalità quantitative (statura, età, reddito ecc.) **2.** *per estens. fig.* ciascuno dei fattori che determinano un processo, un evento ecc.: *il suo umore è una variabile di cui non abbiamo tenuto conto* || **N.** I **1.** *Sin.* instabile, mutabile, mutevole, vario, volubile | *Contr.* costante, immutabile, invariabile.

variabilità [da *variabile*; 1640] **sf.** caratteristica di ciò che è variabile.

variagìri [comp. di *varia(re)* e *giro*; 1985] **sm.** *inv.* dispositivo applicato alle macchine rotanti per variare la velocità di rotazione.

variaménto [da *variare*; sec. XIV] **sm.** *non com.* variazione.

variànte (*ppr.* di *variare*) [1339 ca. come agg.] **I sf.** modificazione rispetto a un tipo base o a un originale: *un'auto prodotta in più varianti, al progetto originario sono state apposte numerose varianti, nel tracciare la pista di discesa è stata prevista una variante semplificata che passa a lato del bosco*; *varianti d'autore*, quelle eseguite dall'autore stesso: *nelle stampe successive alla decima è presente una variante d'autore*; *in part.* *T.filol.* lezione diversa di un codice o di una stampa da altro codice o altra stampa della stessa opera || *T.ling.* ognuna delle diverse forme in cui un elemento linguistico (fonema, morfema o lessema) può essere realizzato: *varianti espressive, stilistiche, dialettali, sociali*; *la variante toscana di "spegnere" è "spengere"* **II agg.** che varia || **N.** **II** *Contr.* invariante. **Q.T.** *filologia...*

variantìstica [da *variante*; 1983] **sf.** *T.filol.* esame, studio e raffronto delle varianti.

variànza [dal lat. *variantia*; a. 1729 nel senso 3] **sf.** **1.** *T.stat.* il quadrato dello scarto quadratico medio; *analisi della varianza*, analisi che consente di valutare se il campione è rappresentativo dell'intero universo e l'importanza di ciascuna componente di un fenomeno complesso **2.** *T.fis.* in termodinamica, grado di libertà di un sistema, ovvero il numero delle variabili (temperatura, pressione ecc.) che si possono alterare lasciando invariati il numero e il tipo delle fasi presenti, in condizioni di equilibrio, in quel dato sistema **3.** *arc.* variazione. **Q.T.** *statistica...*

variàre (pres. *vàrio, vàri*) [dal lat. *variāre*; 1308] **tr.** **1.** rif. ad aspetti di un oggetto o fenomeno, modificare, mutare: *variare la disposizione dei posti a tavola, l'ordine dei numeri da eseguire, il tempo del tema principale* **2.** rendere vario, spec. con l'intento di evitare ripetizioni: *è bene variare costantemente cibi, il modo di intrattenere gli ospiti*; anche *ass.*: *ieri, per variare, siamo andati al ristorante coreano* || **intr.** (aus. *essere*) **1.** cambiare: *le mode variano con ritmo impressionante* **2.** essere diverso, assumere valori diversi: *gli usi variano da popolo a popolo, l'importo della multa varia tra le 40.000 e le 120.000 lire* || **N.** **tr.** **1.** *Sin.* cambiare, modificare, mutare **2.** *Sin.* cambiare, diversificare.

variàto (*pps.* di *variare*) [a. 1348] **agg.** vario, multiforme, diversificato: *colori variati, discorsi variati* || *terreno variato*, terreno accidentato, scabroso.

variatóre [da *variare*; 1937] **sm.** (f. *-trìce*) *T.tecn.* dispositivo che consente di variare una grandezza; *in part.* *T.mecc.* *variatore di velocità*, dispositivo che consente di variare la velocità dell'albero in uscita dal variatore rispetto a quella dell'albero in entrata || *T.elettr.* *variatore di fase*, macchina elettrica polifase, nella quale la fase delle tensioni secondarie può essere variata a piacere rispetto a quella delle tensioni primarie; *variatore di tensione*, regolatore di tensione.

variazionàle [da *variazione*; 1961] **agg.** attinente al calcolo delle variazioni || *T.fis.* *principi variazionali*, quelli contenenti le condizioni che devono essere soddisfatte perché una grandezza vari in un determinato modo al variare dei suoi parametri; *in part.* in meccanica razionale, quelli ricavati dalla legge secondo cui i moti naturali avvengono in modo tale da rendere minime, o stazionarie, le relative equazioni.

variazióne [dal lat. *variātio, -ōnis*; 1308] **sf.** atto ed effetto del variare: *un'improvvisa variazione di programma, stupende variazioni cromatiche*; *in part.* *T.mus.* trasformazione, con vari artifici, di un elemento tematico di base: *variazione melodica, timbrica, armonica* ecc. || in genetica, il presentarsi di una o più differenze: *variazione cellulare, individuale, di gruppo*; *variazioni fenotipiche, ambientali, genetiche* || *T.mat.* nella regola di Cartesio per le equazioni, cambiamento di segno da un termine a quello successivo; *calcolo delle variazioni*, metodo di calcolo per la ricerca di una o più funzioni in grado di rendere massimo o minimo un integrale || *T.mar.* *variazione della bussola*, la correzione complessiva da apportare a una direzione indicata dalla bussola magnetica per ottenere la corrispondente direzione vera o geografica (cfr. DECLINAZIONE, DEVIAZIONE) || **N.** *Sin.* cambiamento, diversificazione, diversità, mutamento, mutazione, oscillazione. **Q.T.** *genetica..., statistica...*

varice [dal lat. *varix, -icis*; sec. XIV] **sf.** *T.med.* dilatazione permanente di una vena o di un vaso linfatico dovuta alla diminuita resistenza delle pareti vasali o all'aumento della pressione endovenosa.

varicèlla [dal fr. *varicelle*, basato sul lat. tardo *variola*, pustola; 1829] **sf.** *T.med.* malattia epidemica contagiosa ma benigna, di origine virale, che colpisce perlopiù i bambini; è caratterizzata da vescicole simili alle pustole del vaiolo.

varichìna V. VARECHINA.

varicocèle [comp. di *varice* e *-cele*; 1806] **sm.**

T.med. dilatazione varicosa delle vene testicolari lungo il funicolo spermatico.

varicóso [dal lat. *varicōsus*; 1562] **agg.** che presenta varici.

variegàto [dal lat. *variegātus*; 1697] **agg.** di colore vario, e perlopiù a righe, a strie: *corolle variegate* || **N.** policromo, screziato, variopinto.

variegatùra [da *variegato*; 1961] **sf.** aspetto di ciò che è variegato: *la variegatura di un tessuto, di una pelliccia* || **N.** screziatura, striatura.

varietà¹ [dal lat. *varietas, -ātis*, letter. varietà di colori; sec. XIV nel senso 3; 1564 nel senso 1] **sf.** **1.** *concr.* singolo elemento o gruppo di elementi, che si distingue, nell'ambito di una specie, per caratteristiche particolari; tipo: *una varietà di terracotta molto pregiata, varietà di piante molto comuni* || *T.bot.* sottospecie || *T.mat.* qualsiasi totalità di enti ciascuno dei quali sia individuabile da *n* numeri (detti *coordinate*) **2.** *concr.* con valore collettivo, assortimento, molteplicità di tipi: *abbiamo un'enorme varietà di prodotti, di piatti* **3.** *propr.* qualità di ciò che è vario; *in part.* qualità di ciò che è costituito da un complesso di elementi (o presenta un insieme di aspetti) tra loro difformi: *la varietà della danza, dei paesaggi campestri* || *non com.* mutevolezza, variabilità: *la varietà del clima* **4.** diversità, difformità: *la varietà delle opinioni umane.* **Q.T.** *filatelia, linguistica.*

varietà² [da *varietà¹*, sul modello del fr. *variété*; 1935] **sm.** **1.** spettacolo leggero costituito da numeri e attrazioni susseguentisi senza alcun filo conduttore: *i balletti del varietà* **2.** *per meton.* teatro in cui si davano spettacoli di varietà || **N.** **1.** avanspettacolo, *café-chantant*, rivista.

variété (fr., pr. [varje'te]) [letter. varietà¹; 1931] **sm.** *inv.* varietà².

varifocàle [comp. di *vario* e un der. di *fuoco*; 1965] **agg.** *T.fot.* di obiettivo la cui lunghezza focale può essere variata.

vàrio [dal lat. *varius*, letter. di vario colore, screziato; 1321] **I agg.** **1.** che è costituito da elementi (o presenta aspetti) differenziati, senza che ne risulti compromessa la sostanziale unità: *una conversazione varia e piacevole, uno sfondo cromatico vario, paesaggio vario* || *prov. il mondo è bello perché è vario* **2.** *pl.*, con valore indef., parecchi, numerosi: *lo conosco da vari anni, varie persone ci hanno visti; autori vari* (com. abbreviato *AA.VV.*) || talora con associata l'idea della diversità (nel caso in cui quest'ultima prevalga, l'agg. viene solitamente posposto): *ho varie cose da fare, l'ho detto per vari motivi, ho udito opinioni varie in proposito, negozio di generi vari* || **variaménte** **avv.** in modo vario: *un tessuto variamente colorato* || in vari modi: *un passo variamente interpretato* **II sm.** (solo *sing.*) con valore neutro, ciò che è vario: *preferisco l'uniforme al vario* || **sf.** *la varia*, l'insieme delle produzioni librarie di carattere non scolastico || *sf. pl.* cose svariate; *in part.*: come titolo di rubriche, raccolte, miscellanee e sim., per indicare la varietà degli argomenti trattati; nella formula *varie ed eventuali*, usata per raccogliere alla fine di un ordine del giorno le varie questioni accessorie non comprese nei punti principali **III pron.** *indef. pl. m.* svariate persone: *vari dicono che è colpa mia* || **N.** **1.** *Sin.* multiforme | *Contr.* monotono, omogeneo, piatto, uniforme **2.** *Sin.* alquanti, molteplici, molti, svariati.

variògrafo [comp. di *vario* e *-grafo*; 1961] **sm.** *T.elettrot.* variometro che esegue anche la registrazione dei dati.

variolàto [dal lat. tardo *variolātus*; 1879] **agg.** chiazzato di piccole macchie tonde, simili a quelle del vaiolo.

variòmetro [comp. di *vario* e *-metro*, come l'ingl. *variometer*; 1934] **sm.** **1.** *T.elettrot.* dispositivo che consente di variare l'accoppiamento tra due circuiti elettrici **2.** *T.aer.* strumento che indica la velocità di salita e di discesa di un aereo.

variopìnto [comp. di *vario* e *pinto*, come l'ingl. *varicoloured*; 1815] **agg.** di vari colori || **N.** *Sin.* multicolore, policromo | screziato, variegato | *Contr.* monocolore, monocromo.

varịsmo [da *varo²*; 1929] **sm.** *T.med.* deviazione verso l'interno, cioè verso la linea mediana del corpo, dell'asse di un arto o di un suo segmento || **N.** *Contr.* valgismo.

vàrmetro [comp. di *var* e *metro*; 1957] **sm.** *T.elettr.* strumento atto a misurare la potenza reattiva di un circuito elettrico a corrente alternata.

vàro¹ [da *varare*; 1879] **sm.** **1.** *T.mar.* operazione del far scendere in acqua una nave a costruzione ultimata, facendola scorrere sul piano inclinato dello scalo || *per estens.* anche il complesso delle cerimonie che accompagnano l'operazione del varo: *il tradizionale lancio della bottiglia durante il varo* **2.** *per estens. fig.* inaugurazione, avvio, messa in atto: *il varo del progetto* **3.** *T.edil.* varamento || **N.** **1.** avantiscalo, invasatura, suola, vaso **2.** battesimo.

vàro² [dal lat. *varus*, con le gambe rivolte all'interno; 1905] **agg.** *T.med.* di arto o segmento di arto girato verso l'interno.

vàro³ [dal lat. *varius*; 1313] **agg.** *arc.* vario: *fanno i sepolcri tutto il loro varo* (Dante).

varròcchio (pl. *-chi*) [etim. inc.; sec. XIV] **sm.** macchina militare, in uso nel Medioevo, che serviva per abbattere muraglie e gallerie.

vàrva [dallo sved. *varv*, giro, deposito; 1965] **sf.** *T.geol.* sedimento costituito da due strati o livelli (l'uno sabbioso, l'altro argilloso) che si deposita nei bacini lacustri periglaciali, il cui studio ha consentito di stabilire una cronologia assoluta per il Quaternario.

vas [sigla di *vedetta anti-sommergibile*; 1961] **sm.** *inv.* grosso motoscafo militare che durante la seconda guerra mondiale veniva utilizzato come vedetta antisommergibile.

vaṣàio (pl. *-ài*) (o *vaṣàro*) [da *vaso*; sec. XIV] **sm.** produttore; venditore di vasi.

vaṣàle [da *vaso*; 1936] **agg.** *T.anat.* relativo ai vasi.

vaṣàme [da *vaso*; 1612] **sm.** *raro* vasellame.

vaṣàro V. VASAIO.

vàsca [da *vascolo*; a. 1556] **sf.** recipiente, perlopiù fisso, o costruzione (incassata o sporgente dal livello del terreno) destinata a contenere notevoli quantità di liquido, di dimensioni, forma e materiali vari a seconda dell'uso cui è adibita: *gettare una moneta nella vasca della fontana*; *in part.* *vasca da bagno*, nella quale ci si può immergere totalmente o quasi per lavarsi; *vasca di raccolta*, in cui vengono convogliati liquidi o materiali incoerenti; *vasca di sedimentazione, di decantazione*, adibita a far depositare le sostanze trasportate dal liquido che vi viene immesso; *vasca navale*, bacino opportunamente attrezzato per vari tipi di prove sperimentali su modelli di imbarcazioni o di loro parti; nella lavatrice, il recipiente che contiene l'acqua e in cui gira il cestello || *T.sport.* nel nuoto, piscina: *fare una vasca*, percorrere la piscina nel senso della lunghezza e, *fig. pop.*, percorrere passeggiando la via principale di un centro abitato (spec. di provincia) || *dim.* vaschétta, vaschettìna; *accr.* vascóna; *pegg.* vascàccia || **N.** cisterna, tinozza, trogolo. **Q.T.** *nuoto* **TAV. *arredamento* p. 650** 1.13b.

vascèllo [lat. tardo *vascellum*, vasetto; 1813] **sm.** *T.mar.* la più grande e potente delle unità veliche da battaglia, in uso tra il XVII e il XIX sec., con scafo solido e potenti artiglierie, a tre ponti, attrezzata a vele quadre su tre alberi con bompresso || nella denominazione di gradi della marina militare: *ufficiale di vascello*, di grado compreso tra quello di guardiamarina e quello di ammiraglio: *tenente, capitano di vascello* || **N.** NAVE. **Q.T.** *nautica...*

vaschétta (*dim.* di *vasca*) [1531] **sf.** **1.** piccola vasca **2.** contenitore in materiale plastico usato per la vendita di prodotti alimentari: *una vaschetta di gelato.*

vascolàre [dal lat. *vasculum*, vasetto; 1750 nel senso 1; 1961 nel senso 2] **agg.** **1.** *T.anat.* e *T.bot.* di vasi: *sistema, fascio vascolare; piante vascolari*, denominazione comune delle Cormofite più evolute, dal sistema vascolare composto di vasi legnosi e di vasi fibrosi **2.** *T.archeol.* riguardante vasi in terracotta e sim. delle civiltà antiche: *iconografia vascolare* || **N.** **1.** vasale.

vascolarịẓẓàto [da *vascolare*; 1891] **agg.** *T.anat.* in cui sono presenti vasi sanguigni: *un tessuto abbondantemente vascolarizzato.*

vascolarịẓẓazióne [da *vascolare*; 1875] **sf.** **1.** sviluppo o presenza di vasi sanguigni in un tessuto o in un organo: *la vascolarizzazione in un tessuto neoformato* **2.** *per estens.* irrorazione sanguigna di un tessuto o di un organo: *ricca vascolarizzazione.*

vàscolo [dal lat. *vāsculum*, piccolo vaso; 1940] **sm.** *raro* scatola di latta che il botanico porta con sé nella raccolta di erbe.

vascolopatìa [comp. del lat. *vāsculum*, dim. di *vas*, vaso e *-patia*; 1961] **sf.** *T.med.* ogni malattia dei vasi sanguigni.

vascolóso [dal lat. *vasculum*, dim. di *vas*, vaso; 1826] **agg.** *T.anat.* provvisto di vasi.

vascóne (*accr.* di *vasca*) [1840] **sm.** **1.** grossa vasca **2.** piscina in cui si disputano le partite di pallanuoto.

vaṣectomìa [comp. di *vaso* e *-ectomia*; 1977] **sf.** *T.chir.* intervento chirurgico con cui si tagliano o si legano i dotti deferenti per rendere sterile un uomo || **N.** *Sin.* vasoresezione.

vaṣectomiẓẓàre [da *vasectomia*; 1983] **tr.** *T.chir.* sottoporre a vasectomia.

vaṣelìna (pop. *vaṣellìna*) [dall'ingl. *vaseline*, n. brevettato; 1891] **sf.** sostanza biancastra, traslucida, untuosa, semisolida, ricavata da petroli ricchi di idrocarburi paraffinici, comunemente usata come lubrificante e come eccipiente nella preparazione di pomate e unguenti.

vaṣellàio (pl. *-ài*) [da *vasello*, vasetto; sec. XIV] **sm.** *ant.* vasaio.

vaṣellàme [da *vasello*, vasetto; 1354] **sm.** con valore collettivo, insieme, assortimento di vasi, e spec. di quelli che servono per la mensa (piatti, scodelle ecc.) || **N.** argenteria, maioliche, rami, stoviglie, terraglie. **Q.T.** *arredamento.*

vasèllo (*dim.* di *vaso*) [sec. XIII *vaselo*] **sm.** *arc.* **1.** piccolo vaso || *in part.* vasetto in cui il celebrante si lava le mani prima della consacrazione del pane e del vino **2.** vascello, barca, barchetta: *sen venne a riva con un vasello snelleto e leggiero* (Dante).

vaṣerìa [da *vaso*; 1865] **sf.** *raro* assortimento di vasi da giardino || **N.** vasame, vasellame.

vasistas (fr., pr. [vazis'tas]) [dal ted. *was ist das?*, letter. cos'è?; 1931] **sm.** *inv.* sportello vetrato, generalmente rettangolare o a lunotto, incernierato lungo il lato inferiore e collocato nella parte superiore di porte e finestre, apribile parzialmente e solo dall'interno dell'ambiente.

vàṣo [lat. volg. *vasum*, class. *vas, vāsis*; a. 1294 *vasa* pl. nel senso 1; 1306 nel senso 6] **sm.** **1.** contenitore aperto per liquidi o materiali incoerenti, in terracotta, vetro, plastica e sim., più alto che largo, variamente sagomato (generalmente a tronco di cono capovolto); *un prezioso vaso cinese in porcellana, trapiantare l'alberello dal vaso alla terra* || *T.fis. principio dei vasi comunicanti*, relativo al fenomeno per cui, se si versa del liquido in uno di due o più vasi di forma qualsiasi e intercomunicanti tra loro alla base, il livello del liquido (a equilibrio raggiunto) risulta essere lo stesso in tutti || *T.mit.* *vaso di Pandora*, mitico contenitore che Pandora ebbe in dono da Zeus e, *fig.*, ricettacolo di guai, mali e sim. || nei modi di dire: *il vaso è colmo*, anche *fig.* con il senso di "la sopportazione è al limite" || *fig. portare vasi a Samo*, far cosa inutile (in quanto Samo era famosa per la produzione di vasi) || in loc. in cui è specificato l'uso cui è adibito: *vaso da fiori*, per contenervi (immersi nell'acqua) fiori recisi o (interrate) piante di dimensioni ridotte; *vaso da conserva*, vasetto in vetro dotato di coperchio a chiusura ermetica; *vaso da notte*, pitale; *vaso alla turca, a sedile* (o *tazza*) ecc. (o, *ass.*, *vaso*), vari tipi di apparecchi sanitari destinati alla raccolta e allo smaltimento di rifiuti organici **2.** *per meton.* contenuto di un vaso: *s'è mangiato da solo un intero vaso* (ma, più com., *vasetto*) *di marmellata* **3.** *per estens. fig. lett.* ricettacolo, sede di raccolta, contenitore di qualità spirituali: *Colui che fu de tutti i vizii il vaso* (Ariosto); in part., *vaso d'elezione*, epiteto di San Paolo, che Dio, in considerazione delle sue alte qualità spirituali, scelse per la propagazione del verbo cristiano **4.** *per estens. fig. lett. raro* capienza, capacità di un ambiente **5.** *vaso di espansione*, serbatoio inserito in un circuito idraulico, avente la funzione di assorbire le portate in eccesso rispetto a quelle richieste dall'impianto utilizzatore o, anche, quella di compensare le variazioni di volume del fluido circolante dovute a variazioni termiche **6.** *T.anat.* e *T.bot.* condotto in cui circolano liquidi organici: *vasi sanguigni, linfatici*; *vaso aperto, chiuso*, nelle piante Cormofite, rispettivamente, trachea e tracheide **7.** *T.mar.* nella costruzione navale, ciascuna delle travi longitudinali disposte sullo scalo e sull'avantiscalo, la cui parte superiore forma il piano di varo **8.** *T.arch. disus. vaso di capitello*, parte del capitello corinzio e composito foggiata a vaso || *dim.* vasétto, vasettìno, vasùccio; *accr.* vasóne; *pegg.* vasàccio || **N. 1.** albarello, ampolla, anfora, barattolo, bigoncio, boccetta, borbottino, bottiglia, bricco, brocca, bucchero, caraffa, cantaro, cratere, doglio, giara, matraccio, nappo, olla, orcio, pisside, profumiera, secchio, zirlo | PARTI: ansa, bocca, collo, beccuccio, fondo, labbro o orlo, manico, piede | capace, capiente, pieno / vuoto, semipieno / semivuoto, svasato | invasare, rinvasare, svasare, travasare; colmare, incrinare, riempire, rimboccare, rovesciare, sbreccare, svuotare, vuotare | vasellame, terraglie. **Q.T.** *anatomia*.

vaṣocostrittóre [comp. di *vaso* e *costrittore*; 1936] **I agg.** *T.fisiol.* e *T.farm.* che provoca vasocostrizione: *farmaco, riflesso vasocostrittore* **II sm.** *T.fisiol.* e *T.farm.* sostanza che provoca vasocostrizione || **N.** *Contr.* vasodilatatore.

vaṣocostrizióne [comp. di *vaso* e *costrizione*; 1961] **sf.** *T.fisiol.* diminuzione del lume dei vasi sanguigni, provocante la riduzione dell'irrorazione sanguigna del corpo o di una sua parte.

vaṣodilatatóre [comp. di *vaso* e *dilatatore*; 1936] **I agg.** *T.fisiol.* e *T.farm.* che provoca vasodilatazione: *farmaco vasodilatatore* **II sm.** *T.fisiol.* e *T.farm.* sostanza che provoca vasodilatazione || **N.** *Contr.* vasocostrittore.

vaṣodilatazióne [comp. di *vaso* e *dilatazione*; 1955] **sf.** *T.fisiol.* aumento del lume dei vasi sanguigni, provocante l'aumento dell'irrorazione sanguigna del corpo o di una sua parte.

vaṣolabilità [comp. di *vaso* e *labilità*; 1974] **sf.** *T.med.* instabilità del tono della parete vasale.

vaṣomotilità [comp. di *vaso* e *motilità*; 1961] **sf.** *T.fisiol.* proprietà dei vasi sanguigni di modificare, contraendosi o dilatandosi, il proprio calibro.

vaṣomotóre [comp. di *vaso* e *motore*; 1875 *vaso-motore*] **agg.** che presiede alla contrazione e alla dilatazione dei vasi sanguigni: *centro, nervo vasomotore*.

vaṣomotòrio [comp. di *vaso* e *motorio*; 1905] **agg.** che provoca una vasomotilità: *farmaco vasomotorio*.

vaṣomotricità [comp. *di vaso* e *motricità*; 1965] **sf.** *raro* vasomotilità.

vaṣopressìna [comp. di *vaso*(*costrizione*), *press*(*ione sanguigna*) e *-ina*; 1961] **sf.** *T.anat.* ormone del lobo posteriore dell'ipofisi la cui azione vasocostrittrice determina l'aumento della pressione arteriosa.

vaṣoresezióne [comp. di *vaso* e *resezione*; 1983] **sf.** vasectomia.

vaṣotonìna [comp. di *vaso*, *tono* e *-ina*; 1965] **sf.** sostanza che aumenta il tono dei vasi sanguigni.

vassallàggio (pl. *-gi*) [da *vassallo*; 1321] **sm. 1.** *T.stor.* antico istituto giuridico feudale in base al quale un libero si assoggettava a un signore giurandogli fedeltà e ne aveva come corrispettivo la prestazione di un feudo e protezione || nel diritto internazionale, istituto in base al quale un ente statale è assoggettato a un altro a esso superiore: *il vassallaggio nell'Impero Turco* **2.** *per estens.* condizione di sudditanza del vassallo rispetto al signore || *fig.* condizione di sudditanza, soggezione servile ai voleri altrui || **N. 1.** feudalesimo, feudo, vassallo.

vassallàtico (pl. *-ci*) [da *vassallo*; 1387 *vassalatico*] **I agg.** del vassallo, del vassallaggio: *tributi vassallatici* **II sm.** vassallaggio (nel senso 1).

vassallésco (pl. *-schi*) [da *vassallo*; 1891] **agg. 1.** di vassallo, che è attinente a vassallo **2.** *fig. spreg.* servile.

vassàllo [dal lat. mediev. *vassallus*; 1303 *vasallo*] **I sm.** *T.stor.* chi era investito di un feudo con dipendenza dal signore feudale || *per estens.* suddito; anche *spreg.* servo **II agg.** (sempre posposto) dipendente, asservito: *nazione vassalla* || **N.** valvassino, valvassore | fellonia, feudo, investitura, omaggio.

vassoiàta [da *vassoio*; 1879] **sf. 1.** la quantità di cose contenuta in un vassoio **2.** colpo dato con un vassoio.

vassóio (pl. *-ói*) [forse lat. mediev. *missōrium*, conca, con influsso di *vasum*, vaso; a. 1400] **sm. 1.** grosso piatto di portata in cui si dispongono (direttamente o nei loro contenitori) cibi e bevande o anche oggetti vari: *un vassoio d'argento, di legno pieno di cioccolatini, di panini; il vassoio con i cocktails, del tè, per la torta; il maggiordomo porse il vassoio con la lettera* || *fig. servire su un vassoio* (o, anche, *piatto*) *d'argento*, riferendosi a un'offerta molto vantaggiosa fatta in modo da invogliare ad accettarla **2.** *per meton.* contenuto di un vassoio: *si è mangiato da solo un vassoio di bignè* **3.** *T.mur.* arnese di legno quadrangolare su cui i manovali portano la calcina ai muratori || *dim.* vassoiétto, vassoìno || **N. 1.** sottobicchiere, sottobottiglia.

vastaṣàta [dal sic. *vastaso*, facchino; 1950] **sf.** dramma farsesco popolare diffuso in Sicilia alla fine del Settecento.

vastézza [da *vasto*; sec. XVIII] **sf.** *raro* vastità.

vastità [dal lat. *vastitas, -ātis*, letter. spazio vuoto, deserto; 1598] **sf.** caratteristica di ciò che è vasto; anche *fig.* || l'estensione di ciò che è vasto || **N.** ampiezza, dimensione, grandezza, immensità.

vàsto [dal lat. *vastus*, vuoto, spopolato; a. 1320] **I agg.** che occupa grande spazio || *fig.* ampio, profondo: *possiede una vasta cultura*; *un avvenimento di vaste proporzioni*, di grande importanza || nella *loc. avv. su vasta scala*, in grandi proporzioni: *un intervento su vasta scala* || **vastaménte** **avv.** ampiamente **II sm.** *T.anat.* denominazione di alcune voluminose fasce muscolari degli arti || **N. I** ampio, capace, disteso, esteso, grande, grandioso, immenso, spazioso, sterminato.

vàte [dal lat. *vates*, letter. profeta, poi poeta; 1342 nel senso 2; a. 1525 nel senso 1] **sm.** *poet.* **1.** profeta, indovino **2.** *per estens.* poeta, quando la sua poesia ha toni elevati, sacrali, quasi profetici: *la sublime ispirazione del vate*.

vaticanìsta [da *vaticano*; 1920] **agg.** e **s. 1.** che, chi è studioso del Vaticano e di quanto lo riguarda **2.** che, chi è sostenitore della posizione, della politica del Vaticano.

vaticàno [dal lat. *Vaticānus* (*mons*), n. di uno dei sette colli di Roma; 1905] **I agg.** della città del Vaticano: *musei vaticani, biblioteca vaticana* || *per meton.* del governo pontificio che vi ha sede: *decreti vaticani* **II sm.** *il Vaticano*, lo Stato pontificio.

vaticinàre (pres. *-ino*) [dal lat. *vaticinārī*; 1342] **tr.** predire, fare profezie; anche *ass.* || **N.** *Sin.* divinare, indovinare, profetare.

vaticinatóre [dal lat. *vaticinātor, -ōris*; 1840] **sm.** (f. *-trìce*) *lett. non com.* chi vaticina || **N.** *Sin.* indovino, profeta, vate.

vaticinazióne [dal lat. *vaticinātio, -ōnis*; 1690] **sf.** *raro* vaticinio.

vaticìnio (pl. *-ni*) [dal lat. *vaticinium*; a. 1566] **sm.** predizione di cose future || *concr.* ciò che viene predetto || **N.** *Sin.* divinazione, predizione, profezia.

vattelappésca (impropr. *vattelapésca*; raro *vattel a pésca* e *vattel'a pésca*) [letter. *vattela e pesca*(*la*); a. 1850] **avv.** *fam.* usato, anche come *escl.*, con il senso di "chissà", "vai a saperlo", "va' a indovinarlo", per indicare completa ignoranza di qualcosa: *ma dove vattelappesca si è andato a cacciare?!*

vauchèria (pr. [voʃ'ʃɛrja] o [vau'kɛrja]) [dal n. proprio J.P. *Vaucher*, botanico ginevrino; 1957] **sf.** *T.bot.* genere di alghe gialle con tallo tubolare filamentoso, diffuse in acque dolci e salate e in terreni umidi, che si raccolgono in fitti ammassi verdastri.

vàuda [dal long. *wald*, bosco; 1957] **sf.** *sett.* baraggia.

vaudeville (fr., pr. [vod'vil]) [dal n. geogr. *Vau de Vire*, regione della Normandia da cui si diffusero canzoni di successo; 1758] **sm.** *inv.* nome con cui nell'Ottocento venne ribattezzata la *comédie à couplets*, un genere teatrale dal piglio agile e scanzonato, che ebbe enorme fortuna in Francia || *per estens.* nel Novecento, denominazione di vari generi di spettacolo leggero || il teatro di varietà statunitense tra l'Ottocento e il Novecento || tipo di poesia arguta e maliziosa, intonata su motivi popolari e popolareggianti, in voga nel Settecento in Francia, ma di origine più antica.

ve¹ (pr. [ve]) [da *vi*¹; 1353] **pron.** di seconda pers. pl., di forma atona; in essa si cambia la particella pronominale *vi* (voi, a voi) nei raggruppamenti di particelle pronominali (insieme a *la, le, li, lo, ne*), sia in posizione enclitica (e in tal caso si unisce al verbo: *scordatevene, portatevelo*), sia in posizione proclitica (*ve lo dico, ve ne prego, ve la mando*).

ve² [forma atona di *vi*²; sec. XIV] **avv.** atono (si usa al posto di *vi* davanti a *la, le, li, lo, ne*) lì, là, nel luogo di cui si parla: *ve lo misero, ve ne sono*.

ve' (pr. [ve]) o **veh** [da *ve*(*di*), imper.; 1319] **escl.** usata, col senso di "bada", in funzione di avvertimento, di minaccia o per rafforzare un'affermazione: *attento, ve', che brucia!, non ci credo, veh!*

've [a. 1363] *poet.* aferesi di *ove*.

vècchia [da *vecchio*; 1918] **sf.** *region.* gibigiana.

vecchiàia [lat. volg. (*aetas*) **vetulāria*; a. 1535] **sf.** periodo terminale della vita naturale, caratterizzato dal deterioramento dell'organismo e dal rallentamento delle funzioni fisiologiche: *i problemi della vecchiaia*; *pensare alla vecchiaia*, provvedere per tempo ai mezzi di sostentamento che saranno necessari da anziani; *fig. il bastone della vecchiaia*, di persone che sono il sostegno materiale e morale di persone anziane || **N.** *Sin.* anzianità, senilità | decrepitezza, longevità | *Concr.* gioventù, giovinezza | acciacchi, calvizie, canizie.

vecchiàrdo (*pegg.* di *vecchio*) [1323] ***sm.*** (f. *-a*) persona vecchia, detto con una punta di scherno o di spregio || **N.** vegliardo.

vecchiàta [da *vecchio*; 1879] ***sf.*** *raro* **1.** scappata, bravata fatta da vecchio **2.** *arc.* vecchia usanza.

vecchiccio (pl. *-ci*, f. *-ce*) [da *vecchio*; sec. XV] ***agg.*** *raro* che ha del vecchio.

vecchiétto (*dim.* di *vecchio*) [a. 1400] ***sm.*** (f. *-a*) vecchio allegro, vivace e simpatico: *un arzillo vecchietto.*

vecchiézza [da *vecchio*; 1300 ca.] ***sf.*** qualità di chi o di ciò che è vecchio: *la vecchiezza di quei pini, dei mobili della casa*; *i problemi della vecchiezza* (ma, più com., se rif. a persone, *vecchiaia*).

vècchio (pl. *-chi*) [lat. volg. *veclus*; a. 1294] **I *agg.*** **1.** di organismo vivente, che è in età molto avanzata: *alberi vecchissimi, un povero randagio vecchio e malandato, un vecchio santone*; *diventare, sentirsi vecchi*; talora con valore spreg.: *vecchia strega!, vecchio pazzo!* || anche con valore relativo e comparativo: *è vecchio per tentare la carriera di ballerino, è di nove anni più vecchio di suo fratello* || *per restr.* con riferimento non tanto all'età quanto al lungo tempo da cui si svolge una determinata attività e sim.: *esser vecchio del mestiere, un vecchio lupo di mare*; *fig. una vecchia volpe*, uno che la sa lunga: *è una vecchia volpe* (*della politica, dell'alta finanza*) || nella *loc. avv. da vecchio*, durante la vecchiaia: *da vecchia mi trasferirò in campagna* || *prov. gallina vecchia fa buon brodo* **2.** che risale a molto tempo fa; *in part.* che è stato fatto o è accaduto molto tempo fa: *una vecchia incisione su disco, il segno di una vecchia ferita*; *vecchie questioni*, discusse in passato || entrato in uso, acquistato molto tempo fa (spesso usato per sottolineare uno stato di deterioramento): *la mia auto è ormai vecchia, ferri vecchi*; *roba vecchia*, usata o addirittura fuori uso || che dura da molto tempo: *una vecchia amicizia, vecchie usanze ormai consolidate*; *una vecchia questione, storia* e sim., che è in ballo, della quale si parla da tempo || che non è la prima volta che si vede, si sente e sim.: *vecchie glorie del cinema, un vecchio motivo, appena mi ha visto ha riattaccato con la vecchia solfa* || che è nella sua fase finale o è appena terminato: *abbiamo salutato l'anno vecchio brindando*; *Luna vecchia*, nell'ultimo quarto || nei modi di dire *vecchio come il cucco, come Matusalemme*, vecchissimo **3.** rispetto a qualcosa di nuovo, di più recente, precedente: *riandare con la memoria ai vecchi tempi*; *tornare ai vecchi sistemi, il modello vecchio, un signore vecchio stile*; *il vecchio mondo*, l'Europa, l'Asia e l'Africa (rispetto ad America e Oceania); *il Vecchio Testamento*, nella Bibbia, l'insieme dei testi precedenti al Vangelo, narranti le vicende del popolo ebraico prima della nascita di Cristo || che ha preceduto quello attuale nella carica o nella funzione: *il vecchio direttore, la mia vecchia casa, le vecchie mura della città* || anteriore alla produzione più recente: *vino vecchio, l'autore riprende le tematiche dei suoi vecchi saggi* || nell'epiteto *il Vecchio*, attribuito a personaggi vissuti precedentemente a loro omonimi: *Plinio il Vecchio* **II *sm.*** (f. *-a*) **1.** persona vecchia: *una vecchia ancora lucida, ospizi per vecchi, i vecchi la sanno lunga* || in espr. *fam.*: *i miei* (*tuoi* ecc.) *vecchi*, i miei (tuoi ecc.) genitori: *il mio vecchio me lo diceva sempre*; con tono leggermente spreg., *il vecchio, la vecchia*, usati per riferirsi a chi abbia un potere, un'autorità diretta su chi parla (talora proprio in virtù della propria anzianità): *ho chiesto al vecchio un aumento, ma quello non ne vuol sapere*; nell'espr. scherz. *vecchio mio*, usata nel rivolgersi benevolmente a chi si conosce da lungo tempo o col quale si è comunque in grande familiarità **2.** con valore neutro, solo *sing.* ciò che è vecchio: *soppiantare il vecchio per il nuovo* || gusto o odore di stantio: *questi biscotti sanno di vecchio* || *dim.* vecchiettino, vecchiétto, vecchierèllo, vecchìno; *accr.* vecchióne; *pegg.* vecchiàccio || **N.** **I** **1.** *Sin.* anziano, attempato | cadente, cascante, decrepito | anzianità, senilità | *Contr.* giovane **2.** *Sin.* annoso, antico, antiquato, arcaico, d'altri tempi, d'antica data, desueto, disusato, di un tempo, obsoleto, passato, senescente, superato, vetusto; frusto, logoro, sciupato, trito, usato, vieto | *Contr.* attuale, nuovo, odierno, recente **II** **1.** *Sin.* anziano, vegliardo | bavoso, brontolone, scorbutico | *Contr.* giovane **2.** antico | *Contr.* innovazione, novità, nuovo.

vécchio (pl. *-chi*) [lat. *vitulus* (*marinus*), vitello (marino); a. 1484] ***sm.*** *ant.* vitello marino, foca.

vecchióne (*accr.* di *vecchio*) [1525] ***sm.*** (f. *-a*) **1.** persona molto vecchia di aspetto imponente **2.** spec. *pl. fig. region.* marroni lasciati seccare col guscio.

vecchiòtto [da *vecchio*; 1619] ***agg.*** di cosa, alquanto, piuttosto vecchia (in part. nel senso di "antiquata" o di "ormai inefficiente" e sim.): *un dizionario vecchiotto, la sua auto è un po' vecchiotta*; meno com. come *sm.*: *un arzillo vecchiotto.*

vecchiùme [da *vecchio*; sec. XV] ***sm.*** *spreg.* **1.** quantità di cose vecchie: *tra questo vecchiume non c'è niente di buono* **2.** *fig.* idea, consuetudine, usanza da vecchio o dei tempi passati || **N.** rancidume.

véccia (pl. *-ce*) [lat. *vicia*; a. 1320] ***sf.*** *T.bot.* genere di piante erbacee delle Papilionacee comprendente specie tipiche delle zone temperate, annue o perenni, il cui frutto è un legume con pochi semi; tra le specie coltivate per l'alimentazione umana e animale, la più importante è la fava || *dim.* veccìola, vecciolìna.

vecciarino [da *veccia*; 1891] ***sm.*** pianta erbacea delle Leguminose che cresce spontanea nei luoghi erbosi e nei boschi || **N.** *Sin.* erba ginestrina.

vecciàto [da *veccia*; sec. XIV] ***agg.*** contenente veccia, mescolato con veccia: *grano, pane vecciato.*

veccìola [da *veccia*; 1891] ***sf.*** veccia selvatica.

veccióne [da *veccia*; 1813] ***sm.*** **1.** latiro **2.** *T.cacc.* pallino da caccia di qualità molto più grossa della comune.

vecciòso [da *veccia*; 1588] ***agg.*** vecciato.

vecciùle [da *veccia*, sul modello di *favule*; a. 1597] ***sm.*** il gambo della veccia quand'è segata: *levano il loglio, scerbano i vecciuli* (Pascoli).

véce [lat. *vicis* (genitivo), letter. cambiamento; 1313 *in vece di*] ***sf.*** **1.** *pl.* ufficio, incombenza che si sostiene in luogo di un'altra persona: *fa le veci mie, di padre* || *sing.*, solo nella loc. *in vece di*, al posto di (*decise in vece del padre*) e nelle espr. *in mia* (o *tua, sua* ecc.) *vece*, al mio (o tuo, suo ecc.) posto: *seguili tu in mia vece* **2.** *arc. poet.* vicenda, mutazione: *l'alterna vece delle umane sorti* || **N.** **1.** sostituto, vice.

vèda [dal sanscrito *veda*; 1891] ***sm. inv.***, gen. maiuscolo, *T.stor.* denominazione di ognuno dei quattro testi sacri della più antica civiltà aria dell'India.

vedènte (*ppr.* di *vedere*) [a. 1321] **I *agg.*** che vede **II *s.*** chi vede, chi possiede il senso della vista || *eufem. non vedente*, cieco: *insegnante di sostegno per non vedenti.*

vedére (pres. *védo* o, poet., *véggo* o *véggio*, *védi*, *vediàmo* o, poet., *veggiàmo*, *vedéte*, *védono* o, poet., *véggono* o *véggiono*; imp. *vedévo*; p.rem. *vìdi*, *vedésti*, *vìde*, *vedémmo*, *vedéste*, *vìdero*; fut. *vedrò*; pps. *vedùto* o *vìsto*) [lat. *vidēre*; 1295] **I *tr.*** **1.** percepire stimoli esterni con il senso della vista: *ha visto un abito bellissimo, l'ho urtato perché non l'avevo visto, ho visto benissimo come sono andate le cose, in un cielo nuvoloso si riescono a vedere le forme più strane* || essere spettatore di, partecipare a, spec. in modi di dire: *ne ha viste di tutti i colori*, detto di chi ha avuto molte esperienze e ha passato dure prove; *ha visto tempi migliori*, di cosa (o persona) un po' mal ridotta: *questo cappotto ha visto tempi migliori*; *gli faccio* (o *gli farò, gli ho fatto* ecc.) *vedere io!*, espr. minacciose alludenti a punizioni, rimproveri e sim. || *in part.* rif. a persone, incontrare (casualmente o meno): *non lo vedo da stamattina, appena lo vedo gliene dico quattro* || *fig.*, in molti modi di dire: *vedere di buon occhio*, considerare con approvazione, benevolenza; *farsi vedere*, mostrarsi o, anche, mettersi in mostra: *lo fa solo per farsi vedere*; *stare a vedere*, aspettare l'esito di qualcosa, spesso con una sfumatura di minaccia: *pensi di imbrogliarmi? staremo a vedere!*; in questo senso si usano anche *vedremo!* o *è da vedere*; *sta a vedere che...* (o, anche, *vuoi vedere che...?*), introduce l'annuncio di un evento sorprendente: *sta a vedere che, per una volta, è puntuale*; *vedere la luce*, nascere; *iperb. non poter vedere qualcuno*, averlo talmente in antipatia da non sopportarne la vista || *ass.* con rif. alla facoltà visiva o alla sua estensione o, anche, alla possibilità di vedere come dipendente dalle condizioni oggettive ambientali (freq. nella forma raff. *vederci*): *non* (*ci*) *vede da un occhio*; nel modo di dire proverbiale *quattro occhi vedono meglio di due*; *vederci bene, male, solo da vicino, da lontano*; *i falchi vedono lontanissimo*; *vederci doppio*, in caso di strabismo, disturbi visivi ecc.; *accendi la luce, che non vedo*; in espr. *fam. iperb.*: *non vederci dalla fame* (essere affamatissimo), *dalla rabbia* (usato anche *ass.*, essere arrabbiatissimo e perdere il controllo, il lume della ragione: *a quel punto non ci vide più e gli sbatté tutto sul muso*); *fig. non vedere al di là del proprio naso*, essere di corte vedute, non riuscire a spingersi oltre la propria esperienza **2.** *per estens. fig.* vedere con l'immaginazione, con la fantasia, rappresentarsi mentalmente: *addesso che ne parli, me lo vedo a cercare di convincerla!, non ti vedo nella parte del perdente* || *fig. vedere tutto rosa, nero*, essere ottimisti, pessimisti **3.** guardare, osservare; assistere a: *presto andremo a vedere la mostra di Gauguin, ieri sera abbiamo visto un bel film* || *in part.* guardare (anche in senso *fig.*) per considerare, controllare, sperimentare e sim.: *non ho avuto il tempo di vedere i vostri compiti, questo problema lo vedremo più tardi*; *farsi vedere* (*da un medico*), farsi visitare; *sarebbe da far vedere a un esperto, l'ho fatto solo per vedere se mi stavi ascoltando, vediamo se le lamine tengono ancora sul ghiaccio, vedi un po' che cosa sta combinando la bambina*; *questo è ancora* (*tutto*) *da vedere!*, da verificare, da decidere || *T.gioc. vedo!*, nel poker, per invitare un avversario a mostrare le carte **4.** *per estens.* constatare, notare: *non hai visto che aria stravolta aveva?, hai visto?*, per invitare a prendere atto di qualcosa che si era previsto e si è effettivamente verificato || trovare, giudicare in base a come la cosa (o la persona) appare: *questo grigio lo vedo un po' freddo*; *ti vedo bene* || anche, più in gen., intendere, capire o intuire: *vedrai che le cose stanno come dico io*; *non vedo cosa ci sia da sbraitare, come si possa risolvere questo pasticcio, chi possa aiutarti*; in alcuni modi di dire: *dare a vedere*, far capire, lasciar intendere: *è imbarazzatissimo ma cerca di non darlo a vedere*; *a mio modo di vedere* (sott.: *la cosa*), secondo il mio giudizio; *si vede che*, è evidente che: *se ne è andato: si vede che la cosa non gli interessava*;

vederci chiaro in qualcosa, averne un'idea chiara: *in questo affare non ci vedo chiaro*; *visto che*, dato, considerato che: *visto che non ne puoi più, lascia stare*; *ass.*, *vedo!* (anche iter.), usato come formula di assenso col valore di "capisco" **5.** *per estens.* fare in modo di, procurare: *vedi di essere puntuale la prossima volta* **6.** *per estens. fig.* in senso molto generico, spec. in modi di dire, avere un qualche rapporto con qualcosa o qualcuno: *non aver nulla a che vedere con*, nulla da spartire, niente in comune: *la sua qualità non ha nulla a che vedere con quella dei prodotti della concorrenza, non ho nulla a che vedere con quella gentaglia*; *fam. non vedere (nemmeno) qualcuno, qualcosa*, essere o sentirsi così superiori a esso da non considerarlo minimamente: *le sue rivali non le vede neppure* || **rifl. 1.** vedere la propria immagine riflessa su una superficie: *vedersi allo specchio*; *vedersi riflesso sulla superficie del lago, nei suoi occhi* **2.** *per estens. fig.* riconoscersi in un altro: *in mio figlio mi vedo da ragazzo* || anche, vedere se stessi nel ricordo, nell'immaginazione e sim.: *ancora mi vedo bambina quando abitavo in città, non mi (ci) vedo nel ruolo dell'aguzzino* **3.** *fig.* sentirsi, ritenersi: *vedersi perduto, costretto a reagire* || **rec.** incontrarsi: *nonostante tutto continuano a vedersi*; *fatti sentire, così combiniamo di vederci una sera, ci vediamo spesso sul tram*; *fam. chi s'è visto s'è visto*, per commentare un comportamento incurante delle conseguenze che possono derivarne: *mi ha mollato in ospedale e chi s'è visto s'è visto* **II sm. 1.** atto del vedere: *al vedere una scena simile rimasi di sasso* **2.** *fig.* giudizio, opinione, parere: *a mio (o tuo, suo* ecc.) *vedere*, secondo la mia (o tua ecc.) opinione **3.** *non com.* apparenza, aspetto esteriore, nelle loc. *fare un bel, un brutto vedere* **4.** *raro* facoltà della vista: *perdere il vedere* || **N.** I **tr. 1.** discernere, distinguere, intravvedere, rivedere, sbirciare, scorgere, spiare, travedere, stravedere | occhio, visione, vista; occhiata, sguardo; binocolo, occhiali, occhialino, microscopio, monocolo, telescopio; video **2.** allucinazione, miraggio, traveggole, visione; chiaroveggente, veggente, visionario **3.** *Sin.* adocchiare, scrutare; analizzare, considerare, esaminare, provare, saggiare, valutare **4.** avvertire, avvistare, cogliere, percepire, ravvisare, riconoscere, rilevare, scoprire | **rifl. 3.** considerarsi, credersi, reputarsi **II sm. 1.** *Sin.* vista **2.** *Sin.* veduta **4.** *Sin.* vista.

vedétta [da *veletta*², con influsso di *vedere*; 1516 nel senso 2] **sf. 1.** luogo alto o comunque in posizione idonea per osservare in lontananza (spec. per scopi di vigilanza): *mettere qualcuno in* (ma, più com., *di*) *vedetta* || *fig. ant.* nella loc. *stare alle vedette*, stare attenti, all'erta **2.** *per meton.* persona addetta alla vigilanza da un punto di vedetta: *la vedetta notò del fumo all'orizzonte*; *in part.* soldato o marinaio con incarico di vedetta: *la vedetta lo avvistò e diede l'allarme* || anche, piccola e velocissima imbarcazione con compiti di pattugliamento: *la vedetta della finanza* **3.** piccola finestra per controllare lo stato di cottura degli oggetti nelle fornaci || **N. 2.** *Sin.* scolta | guardia, osservatore, sentinella. **Q.T.** *nautica*...

vedette (fr., pr. [vəˈdɛt]; pr. it. [veˈdɛt]) [letter. vedetta; 1923] **sf. inv.** (anche pl. *vedettes*, pr. [vəˈdɛt]) attrice o attore di rivista o di varietà che, per la sua notorietà, costituisce l'attrazione dello spettacolo || **N.** divo, *star*, stella.

vedìbile [da *vedere*; 1588] **agg.** *non com.* visibile.

vèdico (pl. *-ci*) [da *veda*; 1891] **I agg.** dei veda **II sm.** (solo *sing.*) il sanscrito in cui sono scritti i veda.

vedìsmo [da *veda*; 1937] **sm.** l'insieme delle dottrine religiose e filosofiche facenti capo ai Veda.

védova [lat. *vidua*, letter. priva; 1308] **sf. 1.** donna cui è morto il marito: *una vedova di guerra, vedove inconsolabili* **2.** *vedova nera*, aracnide diffuso dagli Stati Uniti a tutta l'America Meridionale, molto velenoso, la cui femmina divora il maschio dopo l'accoppiamento **3.** denominazione comune di vari passeriformi i cui maschi hanno piumaggio di tonalità nero-dorate e durante il periodo riproduttivo acquistano una lunghissima coda || *dim.* vedovèlla, vedovétta, vedovòtta; *accr.* vedovóna; *pegg.* vedovàccia.

vedovàggio (pl. *-gi*) [da *vedovo*; 1308] **sm.** *arc.* vedovanza.

vedovànza [da *vedovo*; sec. XIV] **sf.** stato vedovile.

vedovàre (pres. *védovo*) [da *vedovo*; sec. XIV] **tr.** *raro* **1.** rendere vedovo **2.** *fig.* privare, spogliare.

vedovèlla (*dim.* di *vedova*) [a. 1532] **sf. 1.** vedova giovane, spec. *iron.*: *una bella e allegra vedovella* **2.** pianta erbacea ornamentale delle Dipsacacee **3.** scimmietta dei Cebidi di colore bruno e muso bianco, vivente in Brasile || **N. 2.** *Sin.* scabiosa, vedovina.

vedovìle [da *vedovo*; sec. XIV] **I agg.** da o di vedovo o vedova: *abito, stato vedovile* **II sm.** quota ereditaria spettante al vedovo o alla vedova.

vedovìna (*dim.* di *vedova*) [a. 1742] **sf. 1.** giovane vedova, vedovella **2.** scabiosa.

védovo [lat. *viduus*, letter. privo; 1295 come agg. nel senso 2] **I agg. 1.** di persona vivente cui è morto il coniuge: *figlio unico di madre vedova* **2.** *fig. lett.* che non ha più la persona o la cosa necessaria o utile: *o settentrional vedovo sito* (Dante) **II sm.** uomo cui è morta la moglie || *dim.* vedovèllo, vedovìno, vedovétto; *accr.* vedovóne; *pegg.* vedovàccio || **N.** I **2.** orbato, privo, spoglio.

vedrétta [voce di area alpina, prob. lat. volg. **vitrictum*, luogo pieno di ghiaccio; 1869] **sf.** *T.geogr.* ghiacciaio minore di tipo pirenaico o di circo, solitamente privo di lingue glaciali, disteso su un pendio o rinserrato in canaloni o valloni.

vedùta [da *veduto*; a. 1294 nel senso 4; a. 1444 nel senso 1] **sf. 1.** campo visivo, spazio che si può abbracciare con lo sguardo (o anche, in part., con uno strumento ottico) da un certo punto di osservazione; panorama: *da qui si gode di un'ottima veduta*, sia riferendosi alla bellezza del paesaggio che alla vastità dello spazio osservabile; *un appartamentino con veduta sul Monte Rosa* **2.** *concr.* rappresentazione pittorica, grafica o fotografica di un paesaggio: *vedute di Roma*; *veduta prospettica*, rappresentazione in prospettiva (spec. di elementi architettonici): *una veduta prospettica delle tre piramidi di El Gîza* **3.** *fig.*, spec. *pl.*, complesso delle idee e dei modi di pensare, di ragionare e di giudicare: *un uomo di larghe, ampie vedute* (o, al contr., *di vedute ristrette, grette, meschine*), di mentalità aperta, privo di pregiudizi **4.** *non com.* atto del vedere, visione, vista: *costruendo ci hanno impedito la veduta sul mare* || *T.giur. testimone di veduta*, oculare **5.** *fig. non com.* capacità di comprendere, intelligenza, intuito: *una persona di scarse vedute* **6.** *T.giur.* tipo di finestra (detto anche *prospetto*) che consente la veduta frontale, obliqua e laterale nonché la possibilità di affacciarsi sul fondo vicino || *dim.* vedutìna || **N. 1.** *Sin.* paesaggio, scenario, spettacolo, visione, vista; PANORAMA **3.** convinzioni, idee, opinioni, principi, teorie | antiquate, conservatrici.

vedutìsmo [da *veduta*; 1961] **sm.** genere di pittura, diffuso spec. in Italia nel '700, che riproduceva vedute di paesaggi e di edifici.

vedutìsta [da *vedutismo*; 1942] **s.** pittore che rappresenta vedute: *un vedutista del '700.*

vedùto (*pps.* di *vedere*) [sec. XIV] **agg.** sin. meno com. di *visto*: *tra le tante cose vedute, preferisco questa* || nella loc. *a ragion veduta*, considerati i fatti.

veemènte [dal lat. *vehemens, -entis*; a. 1535] **agg.** *fig.* che si manifesta con violenza, impeto, grande intensità: *passioni, discorsi, attacchi veementi* || *propr. lett.* forte, impetuoso: *veementi raffiche di vento* || **veementeménte avv.** || **N.** *Sin.* impetuoso, travolgente, violento | *Contr.* calmo, pacato.

veemènza [dal lat. *vehementia*; a. 1535] **sf.** qualità di chi o di ciò che è veemente; impetuosità, impeto travolgente: *la veemenza di quell'avvocato, del suo discorso*; *la veemenza con cui ha sferrato il suo attacco* || **N.** *Sin.* ardore, forza, violenza | *Contr.* calma, pacatezza.

vegetàbile [dal lat. *vegetābilis*, vivificante; a. 1320] **agg. 1.** *raro* che può vegetare **2.** *arc.* vegetale; anche **sm**: *ombra mai fu / di vegetabile / cara ed amabile / soave più.*

vegetabilità [dal lat. *vegetabile*; a. 1673] **sf.** *raro* possibilità di vegetare, qualità di ciò che è vegetabile.

vegetàle [da *vegetare*; a. 1625] **I agg. 1.** dei vegetali: *vita vegetale, cellule vegetali*; *regno vegetale*, uno dei tre regni (insieme a quello animale e a quello minerale) in cui si divide comunemente il mondo fisico **2.** ottenuto, ricavato da organismi vegetali: *olio, brodo vegetale, fibre vegetali*; *carbone vegetale*, di legna **II sm.** *T.biol.* ciascuno degli organismi naturali, generalmente incapaci di motilità e dotati di una sensibilità molto ridotta agli stimoli esterni, i cui esemplari autotrofi (che sono la maggior parte) costituiscono il primo anello della catena alimentare; gli esemplari superiori sono comunemente chiamati "piante": *numerose materie prime sono ricavate dai vegetali.* **Q.T.** *botanica.*

vegetàre (pres. *vègeto*) [dal lat. *vegetāre*, ravvivare; 1308 nel senso 1; 1875 nel senso 2] **intr.** (aus. *avere*) **1.** *T.biol.* di vegetali, svolgere le funzioni vitali loro proprie **2.** *per estens. T.biol.* e anche com., di persone e di animali, vivere, ma solo riferendosi a quelle funzioni che gli animali hanno in comune con i vegetali: *migliaia di animali che vegetano chiusi in gabbia, preferirei morire piuttosto che esser ridotta a vegetare* || *iperb.* di persone, vivere una vita ripetitiva e priva di stimoli: sono *stufo di vegetare in questo ambiente provinciale* || **N. 1.** attecchire, fiorire, germogliare, sfiorire, spuntare, tallire; lussureggiare, verdeggiare **2.** vivacchiare.

vegetarianìsmo (raro *vegetarìsmo*) [da *vegetariano*, sul modello dell'ingl. *vegetarianism*; 1902] **sm.** regime alimentare basato sull'esclusione di tutte le carni e, in alcuni casi, di tutti i prodotti animali (latte, uova, formaggi ecc.), adottato per fini dietetici, terapeutici o anche etici o religiosi.

vegetariàno [da *vegetare*, sul modello dell'ingl. *vegetarian*; 1860 come sm.] **I agg. 1.** ispirato ai principi del vegetarianismo: *regime dietetico vegetariano, dieta vegetariana* **2.** che segue, nell'alimentarsi, i principi del vegetarianismo: *essere vegetariano* || *per estens.* di vegetariani, riservato ai vegetariani: *circolo, ristorante vegetariano* **II sm.** (f. *-a*) chi segue il regime alimentare vegetariano: *un gruppo di vegetariani* || **N.** erbivoro.

vegetarìsmo v. VEGETARIANISMO.

vegetatìvo [da *vegetare*; 1308] **agg. 1.** *T.biol.* proprio dei vegetali: *riproduzione vegetativa*, tra i tipi di riproduzione dei vegetali, quella che avviene senza l'intervento dei gameti (detta anche "agamica" o "asessuata") **2.** *per estens.*, *T.biol.* e anche com., rif. ad animali, concernente le funzioni vitali esclusivamente organiche (respirazione, digestione, circolazione ecc.): *il paziente è ormai ridotto alla vita vegetativa; sistema nervoso vegetativo* (o *autonomo*), quella parte del sistema nervoso che presiede al controllo delle funzioni vegetative || *T.fil. anima vegetativa*, nell'antropologia aristotelica, quella che presiede alla generazione, alla nutrizione e alla crescita, propria dei vegetali e costituente una parte di quella animale e di quella umana.

vegetazionàle [da *vegetazione*; 1961] **agg.** relativo alla vegetazione di un certo ambiente: *sondaggi vegetazionali.*

vegetazióne [dal lat. *vegetātio, -ōnis*, movimento che scuote; a. 1320 nel senso 2; 1795 nel senso 1] **sf.** **1.** *concr.* il complesso delle piante di specie diverse che convivono in una determinata zona: *vegetazione tropicale, palustre, desertica; la vegetazione aveva invaso la terrazza* **2.** *propr.* il vegetare delle piante: *l'influenza del clima e della luce sulla vegetazione* **3.** *acqua di vegetazione*, nell'industria olearia, l'acqua di lavorazione che, lasciata depositare e fermentare, è riutilizzata per estrarvi l'olio d'inferno e la morchia **4.** *T.med.* formazione patologica sporgente e ramificata || **N.** **1.** flora **3.** inferno. **Q.T.** *geografia.*

vègeto [dal lat. *vegetus*, vivo, animato; 1694] **agg.** **1.** di persona, in buone condizioni di salute; *in part.* nella loc. *vivo e vegeto*, detto di chi, a dispetto di voci allarmistiche, previsioni pessimistiche e sim., si constata essere in perfette condizioni di salute e pieno di vitalità: *altro che moribondo! è vivo e vegeto!* **2.** di pianta, rigogliosa, vigorosa || **N.** **1.** arzillo, esuberante, florido, gagliardo, prosperoso, vitale.

vegetomineràle [comp. di *veget(ale)* e *minerale*; 1828] **agg.** di una soluzione di acetato basico di piombo, usata in medicina come astringente locale: *acqua vegetominerale.*

veggènte [*ppr.* di *vedere*, secondo la forma ant. della prima pers. dell'ind. pres., io *veggio*; 1815] **s.** **1.** persona che si crede dotata di capacità divinatorie; indovino || profeta **2.** *ant.* vedente: *i ciechi e i veggenti* || **N.** **1.** *Sin.* chiaroveggente | profezia, visione.

veggènza [da *veggente*; 1879] **sf.** *raro* preveggenza, chiaroveggenza.

vegghiàre e der. forme antiquate di VEGLIARE e der. (v.).

véggio (pl. *-gi*) [da *laveggio*; 1840] **sm.** *tosc. non com.* recipiente in terracotta con manico, dove si tiene la brace accesa per scaldarsi le mani || **N.** *Sin.* scaldino.

véglia (pl. *véglie*) [da *vegliare*; sec. XIV] **sf.** **1.** condizione di chi è sveglio: *essere tra il sonno e la veglia*, nel dormiveglia **2.** il tempo durante il quale si è svegli (spec. quando ciò accade in ore normalmente destinate al sonno): *lunghe veglie passate ad angosciarsi* **3.** rif. alle attività svolte durante periodi di veglia (quando questi siano normalmente destinati al sonno): *una veglia sui libri, veglia di preghiera* || nei modi di dire *fare la veglia a un malato, a un morto*, assisterlo || *veglia pasquale*, durante la quale, la notte del Sabato Santo, si svolgono i riti preparatori alla Pasqua || *veglia d'armi*, nel Medioevo, quella, la notte precedente il giorno dell'investitura, che il cavaliere passava in preghiera || *pop. tosc. stare, andare a veglia*, ritrovarsi la sera a conversare, ballare, giocare ecc.: *andare a veglia da amici* || *una veglia danzante*, ballo che si prolunga nella notte || *accr.* veglióne || **N.** **1.** *Contr.* sonno **3.** veglione.

vegliàrdo [da *veglio*, sul modello del fr. ant. *vieillart*; sec. XIV] **sm.** (f. *-a*) *lett.* uomo di avanzata età e dall'aspetto venerando || **N.** VECCHIO.

vegliàre (pres. *véglio, végli*) [lat. *vigilāre*, attr. il provenz. ant. *velhar*, 1308] **intr.** (aus. *avere*) **1.** stare sveglio, spec. in ore normalmente destinate al sonno e perlopiù deliberatamente: *abbiamo vegliato in piacevole compagnia per attendere il nuovo anno, ha vegliato per due notti al capezzale della figlia* **2.** *fig. non com.* o *lett.* vigilare su cose o persone prendendosene cura; fare attenzione: *i genitori vegliano sui loro figli, vegliate, affinché tutto proceda come deve* || **tr.** assistere qualcuno restando svegli in ore notturne: *vegliare un infermo, un morto* || **N.** *intr.* **1.** far nottata **2.** stare attento, stare vigile, sorvegliare.

vegliatóre [da *vegliare*; sec. XIV *vegghiatore*] **agg.** e **sm.** (f. *-trice*) *lett. non com.* che o chi veglia || **N.** nottante.

vèglio (pl. *vègli*) [dal fr. ant. *vieil*, vecchio; 1313] **sm.** *arc.* o *poet.* vecchio.

veglióne [da *veglia*; 1839] **sm.** festa, spesso in maschera, organizzata in locali pubblici, che incomincia la sera e si prolunga nel corso della notte: *il veglione di S. Silvestro, di carnevale* || *dim.* veglioncìno; *superl.* veglionìssimo || **N.** danze, giochi, intrattenimenti.

veglionìssimo (*superl.* di *veglione*) [1908] **sm.** *non com.* grande veglione || *per anton.* veglione di S. Silvestro.

vegnènte (*ppr. arc.* di *venire*) [sec. XIV] **agg.** *lett.* o *arc.* che viene dopo, prossimo: *la settimana vegnente, il giorno vegnente.*

veh (pr. [ve]) V. VE'.

veicolàre¹ [da *veicolo*, come l'ingl. *vehicular*; 1942] **agg.** **1.** di veicoli: *traffico veicolare* || da veicoli: *telefono veicolare* || *T.med.* che concerne un veicolo d'infezioni **2.** che funge da veicolo: *lingua veicolare.* **TAV.** ***telefono*** **p. 1334** 2.

veicolàre² (pres. *veìcolo*) [da *veicolo*; 1963] **tr.** trasportare, essere veicolo di agenti patogeni: *i topi veicolano numerosi virus, malattie veicolate dalle acque, dagli alimenti* || *per estens. fig.* mettere in circolazione, diffondere: *veicolare nuove teorie attraverso la stampa specializzata.*

veicolìsta [da *veicolo*; 1984] **s.** chi si muove su un mezzo motorizzato.

veìcolo [dal lat. *vehiculum*, mezzo di trasporto; 1319 *veiculo*] **sm.** **1.** qualsiasi mezzo meccanico di trasporto di cose o persone, dotato di un sistema di propulsione proprio o anche propulso per mezzo di sistemi esterni, viaggiante su superfici compatte o nello spazio (solo raramente riferito a mezzi di trasporto marittimo); *veicolo stradale, da fuoristrada, ferroviario, su rotaia, a cuscino d'aria, a ruote*; com., *ass.*, i veicoli su strada la cui circolazione è regolamentata dal codice stradale: *generalmente ha la precedenza il veicolo che giunge da destra* || in base alla destinazione d'uso: *veicolo civile, militare; veicolo merci, passeggeri, promiscuo; veicolo da traino* || in base al sistema propulsivo: *veicolo a motore, a trazione animale, a trazione meccanica, a reazione* || in base all'ambiente nel quale è adatto a muoversi: *veicolo terrestre, aereo, orbitale, spaziale, lunare; veicolo anfibio* (o, *ass.*, *anfibio*), che può muoversi in ambienti diversi (tipicamente, sia sulla terraferma che in acqua) **2.** *per estens.* mezzo attraverso cui qualcosa si trasporta, si trasmette, si comunica e sim. || *fig.*: *i mass media sono potenti veicoli d'idee e di costumi* || *in part. T.med.* detto di qualsiasi animale o sostanza che può essere portatore di agenti patogeni: *le zanzare sono veicolo di molte malattie infettive* || *T.chim.* sostanza inattiva che è usata per presentare nel modo più opportuno una sostanza attiva cui è miscelata || *T.farm.* eccipiente || **N.** **1.** autoveicolo, motoveicolo, velivolo; aeroplano, aliante, astronave, autoambulanza, autoarticolato, autoblindo, autobus, autocarro, autolettiga, automobile, autosnodato, autotreno, bicicletta, cabinovia, camion, capsula spaziale, carro, carro armato, carrozza, ciclomotore, deltaplano, dirigibile, elicottero, filobus, filovia, funicolare, funivia, furgone, missile, mongolfiera, motocarrozzetta, motocicletta, motoslitta, navetta spaziale, ovovia, portantina, pullman, razzo, satellite, seggiovia, slitta, sonda spaziale, stazione orbitale, teleferica, tram, trattore, treno, triciclo | armato, blindato, comodo / scomodo, corazzato, veloce / lento | autopropulsione, spinta, telecomando, traino; guida, locomozione, trasporto; capienza, ingombro, portata | autista, astronauta, camionista, ciclista, conducente, elicotterista, guidatore, manovratore, pilota, tranviere, trattorista; passeggero. **Q.T.** *aeronautica, astronautica.*

veilleuse (fr., pr. [vɛ'jø:z]) [da *veiller*, vegliare; 1905] **sf.** *inv.* **1.** divano con due braccioli di altezza diversa, tipico dello stile impero **2.** piccolo lume o lampada a luce tenue che viene tenuta accesa durante la notte **3.** bricco in ceramica contenente un lumino a olio, su cui un tempo si poggiavano le bevande per mantenerle calde per tutta la notte **4.** pendola con suoneria.

véla [lat. *vela*, neutro pl. di *velum*, vela; 1308] **sf.** **1.** superficie generalmente in tessuto, sostenuta per almeno tre punti, che, esposta al vento, assume forme capaci di trasformarne l'energia in spinta propulsiva, in sostentamento o comunque in forma utile a compiere un lavoro: *una vela della nave, del mulino a vento, del deltaplano, del paracadute; navigazione a vela* || *in part. T.mar.* nella denominazione di alcuni tipi di vela: *vela a tarchia*, V. TARCHIA; *vela aurica*, V. AURICA; *vela Marconi*, vela a forma di triangolo rettangolo, risultante dall'unione di una randa con la sua controranda; *vela quadra*, V. QUADRA || in modi di dire fig.: *far vela per*, partire per: *fecero vela per nuovi lidi; andare a gonfie vele*, procedere ottimamente; *alzare le vele*, andarsene || *per estens.* lo sport della navigazione a vela **2.** *T.arch.* ciascuno spicchio di una cupola gotica o di una volta a crociera || *volta a vela*, tipo di volta che copre ambienti a pianta quadrata, la cui forma è assimilabile a una semisfera sezionata dai piani degli archi d'imposta || *muro a vela*, muro sporgente in altezza rispetto alla costruzione cui appartiene || *coperture con vele*, coperture realizzate con tessuti tesati e sostenuti mediante pali, puntelli o parti di edifici e tenuti in tensione con l'ausilio di cavi in acciaio || *edificio a vela*, costruzione a guscio, generalmente realizzata con cemento armato a sezione ridotta e avente forme assimilabili a quelle di una vela in tessuto **3.** *T.aer. volo a vela*, volo realizzato senza l'ausilio di propulsori (come quello di alianti e deltaplani) || **N.** **1.** ala. **Q.T.** *vela* **TAV.** *chiesa* 3.4; ***vela*** **p. 1342** sg.

velàbile [da *velare*³; 1690] **agg.** che si può velare (solo riferendosi a colori).

velàccia (pl. *-ce*) [da *vela*; 1847] **sf.** *T.mar.* sulle navi a vele quadre, la penultima vela dal basso dell'albero maestro (*gran velaccia*). **Q.T.** *vela.*

velaccière [da *velacci*; 1889] **sm.** *T.mar.* bastimento a vela con tre alberi verticali e il bompresso || **N.** nave, veliero.

velaccìno [da *velacci*; 1891] **sm.** *T.mar.* sui velieri a vele quadre, la penultima in altezza delle vele dell'albero di trinchetto; un tempo era detto *pappafico.* **Q.T.** *vela* **TAV.** ***vela*** **p. 1343** 6.15, 6.16.

velàccio (pl. *-ci*) [dallo sp. *velacho*; 1700] **sm.** *T.mar.* sui velieri, ciascuna delle vele quadre poste nella parte alta dell'alberatura e anche i rispettivi pennoni || **N.** NAVE.

velàda [dal n. proprio Antonio Sánchez, marchese di *Velada*, governatore di Milano; 1685 *velata*] **sf.** *dial. ven.* giacca maschile da cerimonia, a falde lunghe e aderente in vita, in voga a Venezia nel sec. XVIII, poi soppiantata dal *tight.*

velàio (pl. *-ài*) [da *vela*; 1813] **sm.** chi si occupa della fabbricazione delle vele.

velàme¹ [dal lat. *velāmen*; 1313] **sm.** ciò che vela o copre, spec. *fig.*: *la dottrina che s'asconde / sotto 'l velame de li versi strani* (Dante).

velàme² [da *vela*; 1598] **sm.** **1.** assortimento di vele **2.** complesso delle vele di un'imbarcazione. **Q.T.** *vela.*

velàre[1] [da *velo*; 1897] **agg.** *T.anat.* del velo palatino || *T.fon.* *consonante velare*, articolata tra il dorso della lingua e il velo palatino (come la [k] di *cane* e la [g] di *gatto*). **TAV.** *fonetica*... 2.6.

velàre[2] [da *vela*; 1889] **agg.** *T.mar.* *non com.* che si riferisce alle vele; velico.

velàre[3] (pres. *vélo*) [lat. *velāre*; 1308 nel senso 3] **tr.** **1.** coprire con un velo: *velare una fonte luminosa troppo intensa, un dipinto* **2.** *per estens.* coprire con qualcosa di sottile come un velo: *il pianto gli velò gli occhi di lacrime* || *in part.* *T.pitt.* passare un sottilissimo strato di colore su uno preesistente per correggerlo **3.** *fig.* offuscare, rendere meno avvertibile: *le nubi velarono il cielo, l'emozione gli velò la voce* || in part., con l'intento di nascondere: *velare i propri difetti* **4.** *T.mar.* *non com.* fornire di vela || **rifl.** e **rifl. indir.** coprirsi con un velo: *velarsi per non essere riconosciuti, velarsi il capo, il viso* || *in part.* prendere il velo, monacarsi || **intr. pron.** coprirsi di uno strato sottile come un velo, offuscarsi, anche *fig.*: *il cielo si è velato, la vista gli si sta velando* || **N.** *Contr.* svelare.

velàrio (pl. *-ri*) [dal lat. *velārium*; 1827] **sm.** **1.** tendone che si stendeva sugli antichi teatri e anfiteatri romani per riparare gli spettatori dal sole o dalla pioggia **2.** *per estens.* tendaggio e *in part.* sipario teatrale.

velarizzàto [da *velare*[1]; 1957] **agg.** *T.fon.* di suono, che ha subito velarizzazione.

velarizzazióne [da *velare*[1]; 1957] **sf.** *T.fon.* articolazione di un suono prodotta contemporaneamente a un innalzamento del dorso della lingua verso il velo palatino.

velatìno [da *velare*[3]; 1961] **sm.** **1.** tela piuttosto rada, rigida e gommata, usata in sartoria per creare modelli **2.** *T.cin.* schermo di garza che nelle riprese cinematografiche viene posto presso la sorgente luminosa per dare un'uniforme diffusione di luce.

velàto (*pps.* di *velare*[3]) [sec. XIV] **agg.** **1.** coperto da un velo: *donna velata* **2.** trasparente come un velo: *calze velate* **3.** *fig.* offuscato, opaco: *occhi velati di pianto* **4.** non esplicito: *un velato rimprovero* || **velataménte** **avv.**

velatùra[1] [da *velare*[3]; a. 1625] **sf.** atto ed effetto del velare e anche, *concr.*, sottile strato che ricopre qualcosa (anche *fig.*): *una velatura di grigio, una velatura di zucchero vanigliato*; *in part.* *T.pitt.* il velare una superficie colorata, e anche il suo effetto || *T.fot.* leggero offuscamento di un negativo dovuto a varie cause (esposizione difettosa, difetto di bagno ecc.).

velatùra[2] [da *vela*; 1813] **sf.** **1.** *T.mar.* insieme delle vele di un'imbarcazione **2.** *per estens.* insieme delle superfici portanti di un velivolo. **Q.T.** *aeronautica, vela* **TAV.** *vela* **p. 1343** 5.

vèlcro ® [n. commerciale; 1983] **sm.** *inv.* sistema di chiusura per vestiti, scarpe, borse ecc. consistente in due strisce di tessuto sintetico, che aderiscono per semplice pressione.

veleggiaménto [da *veleggiare*; 1738] **sm.** atto del veleggiare.

veleggiàre (pres. *-éggio*) [da *vela*; a. 1566] **intr.** (aus. *avere*) **1.** *T.mar.* navigare a vela: *veleggiare verso nuovi lidi*, spec. *scherz.*, andare, viaggiare; anche *fig.* **2.** *T.aer.* *per estens.* volare a vela || **tr.** *raro* **1.** *arc.* dotare di vele **2.** *lett.* percorrere, solcare con imbarcazioni a vela: *veleggiò quel mar* (Foscolo).

veleggiàta [da *veleggiare*; 1586] **sf.** *ant.* gita di piacere compiuta con un'imbarcazione.

veleggiàto (*pps.* di *veleggiare*) [1970] **agg.** *volo veleggiato*, volo effettuato con un aliante.

veleggiatóre [da *veleggiare*; 1935] **agg.** e **sm.** (f. *-trice*) che o chi veleggia || *T.aer.* aliante a basso carico alare.

velèggio (pl. *-gi*) [da *veleggiare*; 1340] **sm.** **1.** *T.mar.* veleggiamento **2.** *T.aer.* veleggiamento, volo con alianti || *per estens.* il volo degli uccelli con le ali aperte.

velenìfero [dal lat. *venenifer*; 1353 *venenifero*] **agg.** che produce o contiene veleno: *ghiandole velenifere, canale velenifero* || **N.** velenoso. **TAV.** *rettili* 1.9.

veléno [lat. *venēnum*; 1321 nel senso 1] **sm.** **1.** qualsiasi sostanza che, introdotta o formatasi in un organismo, può, anche in piccole dosi, provocarne la morte o gravi lesioni organiche o funzionali: *il veleno della vipera, si è suicidata con il veleno* || *iperb.* sostanza molto dannosa per la salute: *l'alcol è veleno, per i diabetici lo zucchero è veleno* || *fig.* *nella coda sta il veleno* (*in cauda venenum*), l'attacco, la malignità e sim. si manifesta alla fine (per es., di un discorso) **2.** *fig.* ostilità nascosta, sentimento d'odio verso tutto e tutti: *un uomo pieno di veleno*; *sputare* (o, meno com., *schizzare*) *veleno*, esprimere odio || **N.** **1.** *Sin.* tossico | acqua tofana, arsenico, cianuro, cicuta, curaro, stricnina | avvelenare; inoculare, propinare, somministrare | letale, mortale; istantaneo, lento, rapido | avvelenamento, intossicazione, mitridatismo; antidoto **2.** astio, livore, malevolenza. **TAV.** *rettili* 1.2, 1.10.

velenosità [da *velenoso*; 1563] **sf.** qualità di ciò che è velenoso.

velenóso [dal lat. tardo *venenōsus*; 1308 *venenoso*] **agg.** **1.** che ha l'effetto di un veleno: *composto chimico velenoso* || *fig.* dannoso per

VELA

CLASSIFICAZIONE DEI VARI TIPI DI IMBARCAZIONE A VELA.

IN BASE ALL'USO: da diporto (da crociera, da regata; panfilo, *yacht*), da pesca (gozzo), da trasporto (caracca, caravella, *clipper*), militare (corvetta, fregata, galeone).

IN BASE ALL'ATTREZZATURA: brigantino, *cutter*, goletta o *schooner*, *ketch*, *sloop*, *yawl*.

IN BASE AL TIPO DI STABILITÀ: monoscafo (a deriva, con zavorra), multiscafo o poliscafo (catamarano, trimarano, proa).

PARTI DELL'IMBARCAZIONE A VELA.

ELEMENTI PROPULSORI: alberatura, vele.

ELEMENTO PORTANTE: scafo.

ELEMENTI DI GOVERNO: piano di deriva, *skeg*, timone (barra, pala, agugliotti, femminelle).

ALBERATURA. Albero: ad ala o alare, di bompresso, di mezzana, di trinchetto, maestro. Pennoni. Antenne: di maestra, di mezzana, di palo, di trinchetto. Picchi. Boma. Senali. Buttafuori: di briglia, di crocetta. Bozzello, trozza.

ATTREZZATURE DI MANOVRA (o MANOVRE) DORMIENTI O FISSE (o SARTIAME): amantiglio, bigotta, briglia (del bompresso, delle aste di fiocco), corridoio, crocetta, draglia, landa, incappellaggio, paterazzo o sartia volante, riggia, sartia, sartietta, sartiola, straglietto, strallo o straglio, tendicavo o arridatoio o tornichetto.

VELE: velaccia, velaccino, velame, velatura; al terzo, a tarchia, aurica, bermudiana o Marconi, di straglio, di taglio, gheronata, latina, maestra, mezzana, murata, portoghese, quadra; balumina, controranda, *drifter*, fiocco genova, fiocco volante o uccellina, randa, *spinnaker*, tormentina.

PARTI DELLE VELE: allunamento, base, bordame, brancarella, bugna, ferzo, gratile, grembo, guaina, guida, inferitura, invergatura, mura, penna, tasca della stecca, terzarolo.

ATTREZZATURE DI MANOVRA (o MANOVRE) VOLANTI: alabasso, amantiglio, borosa, caricabbasso, controscotta, drizza, matafione, scotta.

SCAFO: bagnasciuga, linea di galleggiamento, opera morta, opera viva o carenatura.

PARTI STRUTTURALI: baglio, banco, battagliola, biscia, boccaporto, bottazzo, bracciolo, calcagnolo, chiglia, comenti, costole, dormiente, dritto di poppa, falchetta, fasciame (accostato, a *clinker*), impavesata, madiere, manica a vento, oblò, ombrinale, osteriggi, pagliolo, paramezzale, pozzetto, puntello, ruota di prora, sentina, serretta, sottochiglia, specchio di poppa, suola o trincarino, torello, tuga, zavorra.

ATTREZZATURE E SOVRASTRUTTURE: ancora (a due, a quattro marre; di rispetto, di salvezza, di tonneggio; afforco, ancorotto, grappino, guardiano, rampicone; amo o unghia, asta, catena, ceppo, cicala, diamante, fuso, fusto, marra, occhio, orecchio, raffio, ranca), barra, bigotta, bozzello (semplice, doppio, triplo; cassa, perno, puleggia), canestrello, capone, carrucola, catena, cavo, cazzascotta o strozzascotta, cima d'ormeggio, deriva, fasciatura, galloccia o castagnola, garroccio, gomena, grillo, grippia, grippiale, impiombatura, landra, legatura, maniglia, moschettone, nodo (bocca di lupo, d'anguilla, di filaccia, di gomena, di grippia, doppio parlato, piano, savoia ecc.), parabordo, paranco, puleggia, sassola, staffa di richiamo, tangone, tonneggio, trapezio, trilingaggio, verricello.

ANDATURE: di bolina (larga, stretta o ardente), al traverso, di lasco, di granlasco, di poppa o in fil di ruota.

MANOVRE: abbattere, alare, ammainare, bordare o cazzare, bordeggiare, dar volta, imbrogliare, inalberare, inferire, issare le vele, mettere in panna, mettersi alla cappa, murare, navigare (di bolina, di poppa, di traverso), orzare, poggiare, portare a riva, sghindare, spiegare le vele, stallare, stazzare, stringere il vento, terzarolare, tesare, virare. V. inoltre, per le manovre comuni alle imbarcazioni in generale, il paragrafo NAVIGAZIONE nel quadro terminologico NAUTICA E NAVI.

TERMINI TECNICI VARI: bolzone, cavallino (normale, rovescio), correnti, fileggiare, imbando, miglio, nodo, raffica, scuffia, sopravento / sottovento, vento (tramontana, grecale, levante, scirocco, ostro o vento del mezzogiorno, libeccio, ponente, maestrale).

PERSONE: armatore; prodiere, *skipper*, tattico, timoniere.

VOCI ATTINENTI ALLO SPORT VELICO: regatante, stazzatore; *briefing*, club velico, regata, regatare.

lo spirito: *dottrine velenose* **2.** che contiene veleno: *erba velenosa* || *fig.* pieno di rancore, di odio: *scritto, discorso velenoso* || *dim.* velenosétto || **N. 1.** *Sin.* tossico **2.** avvelenato.

velerìa [da *vela*; 1769] **sf.** *T.mar.* officina in cui si allestiscono e si riparano le vele.

velétta[1] (*dim.* di *velo*) [1752] **sf.** piccolo drappo di velo trasparente e rado che, nell'Ottocento e nel primo Novecento, si fissava ai cappelli femminili per ricoprire la parte superiore del viso.

velétta[2] [dal port. *veleta*, dim. di *vela*, sentinella; 1521] **sf.** *arc. raro* vedetta.

vèlia [da un ant. *avelia*, averla; 1640] **sf.** averla.

vèlico (pl. *-ci*) [da *vela*; 1889] **agg.** *T.mar.* delle vele: *superficie velica* || *numero velico*, numero di riconoscimento di un'imbarcazione da regata, applicato alla vela. **Q.T.** *vela.*

velièro [da *vela*; 1912] **I agg.** *non com.* provvisto di vele **II sm.** *T.mar.* imbarcazione progettata e costruita per la navigazione a vela (dotata o meno di motore ausiliario).

velifìcio [comp. di *vela* e *-ficio*; 1877] **sm.** *raro* fabbrica di vele.

velìna [da (*carta*) *velina*; 1950] **sf.** copia di un dattiloscritto su carta velina: *conserva una velina della lettera* || nel gergo giornalistico, comunicazione inviata da una fonte governativa alla stampa perché serva da orientamento nei commenti a particolari notizie.

velinàre (pres. *velìno*) [da *velina*; 1983] **tr.** nel linguaggio giornalistico, portare in redazione o diffondere notizie conformi alla versione fornita dalla velina ufficiale.

velinàro [da *velina*; 1983] **sm.** (f. *-a*) *spreg.* giornalista che diffonde notizie riproducendo esclusivamente la versione diramata da fonti ufficiali.

velìno [dal fr. *vélin*, letter. di vitello; 1806] **I agg.** *carta velina*, carta sottilissima, usata per copie di dattiloscritti, da pacco, per modelli di sartoria ecc.; anche, carta a mano, liscia, bianca e molto resistente, usata in legatoria per edizioni librarie di lusso **II sm.** pergamena più fine di quella comune, fabbricata con pelle di vitellino da latte.

velişmo [da *vela*; 1950] **sm.** sport della vela.

velìsta [da *velismo*; 1963] **s.** chi pratica il velismo.

vèlite [dal lat. *vēles, -lĭtis*; sec. XIV] **sm.** *T.stor.* e *T.mil.* soldato romano armato in modo leggero; i veliti erano fatti combattere per primi e in ordine sparso.

velìvolo [dal lat. *velivolus*, che avanza velocemente con le vele; a. 1764 come agg.; 1909 come sm.] **I sm.** denominazione generica di qualsiasi aerodina a velatura fissa (anche con angolo variabile, ma con esclusione delle ali rotanti) **II agg.** *arc. lett.* di imbarcazione a vela che naviga veloce. **Q.T.** *aeronautica.*

vèlle [dal lat. *velle*; 1321] **sm.** *poet. raro* il volere.

velleità [dal lat. mediev. *velleitas, -ātis*, volontà incompleta, attr. il fr. *velléité*, desiderio debole; 1640] **sf.** desiderio, intento ambizioso ma irrealizzabile per l'inadeguatezza delle capacità di chi vuole: *velleità adolescenziali, ha velleità letterarie* || **N.** ambizione, aspirazione, pretesa.

velleitàrio [da *velleità*, sul modello del fr. *velléitaire*; 1934] **I agg. 1.** che ha carattere di velleità: *progetto velleitario* **2.** di persona, che ha delle velleità: *un individuo ambizioso e velleitario* || **velleitariaménte avv. II sm.** (f. *-a*) persona velleitaria.

velleitarişmo [da *velleitario*; 1961] **sm.** caratteristica di chi o di ciò che è velleitario: *il velleitarismo di certi politici, di una proposta.*

vèllere [lat. *vellere*; sec. XIV] **tr.** *lett. arc.* svellere.

vellicaménto [da *vellicare*; a. 1698] **sm.** atto ed effetto del vellicare || **N.** *Sin.* solleticamento, titillamento, vellicazione.

vellicàre (pres. *vèllico, vèllichi*) [dal lat. *vellicāre*; a. 1698] **tr.** titillare, fare il solletico || *fig.* stimolare: *vellicare la fantasia, suoni che vellicano l'orecchio.*

vellicazióne [dal lat. *vellicātio, -ōnis*; 1745] **sf.** vellicamento.

vèllo [dal lat. *vellus*, letter. pelle della pecora; 1313] **sm. 1.** il mantello degli ovini che, tosato, costituisce la lana || *per estens.* il pelo degli animali da pelliccia e, *per meton.*, la pelle e il pelo **2.** *fig. lett. disus.* la massa dei peli che ricoprono il corpo degli animali o anche dell'uomo || *poet. arc.* chioma umana || **N. 1.** *Sin.* tosone. **Q.T.** *pellicciaio...*

vellóso [dal lat. *villōsus*, con influsso di *vello*; 1342] **agg. 1.** *raro* ricoperto di folto vello: *pecore vellose* **2.** *lett. ant.* villoso.

vellutàre (pres. *-ùto*) [da *velluto*, sul modello del fr. *velouter*; 1965] **tr.** *T.tess.* trattare un tessuto in modo da conferirgli l'aspetto vellutato.

vellutàto (*pps.* di *vellutare*) [1444] **I agg. 1.** *T.tess.* che ha l'apparenza del velluto **2.** *fig.* che ha la morbidezza del velluto: *pelle vellutata, pesca vellutata* || *per estens.* che dà sensazioni (non tattili) associabili a quella (tattile) della morbidezza: *voce, tinta vellutata* **II sf.** *T.cuc.* *minestra, salsa vellutata*, molto cremosa.

vellutatrìce [da *vellutare*; 1965] **sf.** *T.tess.* macchina per vellutare.

vellutatùra [da *velluto*; 1865] **sf. 1.** *T.tess.* operazione del vellutare tessuti o carta **2.** aspetto vellutato di una superficie.

vellutière [da *velluto*; 1940] **sm.** (f. *-a*) *T.tess. raro* chi tesse velluti.

vellutìno (*dim.* di *velluto*) [1640 *velutino*] **sm. 1.** qualità di velluto leggero **2.** nastrino in velluto per guarnizioni.

vellùto[1] [da *velluto*[2]; a. 1348] **sm. 1.** *T.tess.* tessuto che sulla faccia esterna è coperto di pelo fitto, corto e morbidissimo: *pantaloni di velluto; velluto liscio, riccio; velluto a coste*, con lavorazione a costure in rilievo || nell'espr. *fig.* *pugno di ferro in guanto di velluto*, di chi nasconde sotto un'apparenza mite la capacità di imporre in modo ferreo la propria volontà **2.** *fig.* di cosa che, al tatto, è liscia e morbida come velluto: *guance di velluto* || *per estens.* di ciò che dà l'impressione (non tattile né visiva) di non presentare alcun ostacolo, alcun intoppo: *andare, camminare sul velluto*, senza rischi; *giocare sul velluto*, col denaro precedentemente vinto e, quindi, non proprio || **N. 1.** felpa, *pelouche.*

vellùto[2] [lat. tardo *villūtus*, peloso; 1313] **agg. 1.** *lett.* villoso, peloso: *coste vellute* (Dante) **2.** *per estens. ant.* coperto di peluria: *foglie vellute* || *in part.* di tessuto, dal pelo morbido e sollevato.

vèlma [da *melma*, per dissimilazione; a. 1567] **sf.** *dial. ven.* margine friabile dei bassi fondi paludosi, nelle lagune: *non fondare il mulino su la velma* (D'Annunzio).

vélo [lat. *velum*; 1295] **sm. 1.** tessuto finissimo a trama larga, spesso trasparente: *un velo di tulle, di pizzo, di seta, di lana; una gonna a balze di velo sovrapposte, un coprivivande di velo* || *per estens.* drappo di velo, avente gen. funzione di copertura, di schermatura e sim.: *le donne musulmane usano coprirsi il viso con un velo, stendere un velo sulle vivande per proteggerle dagli insetti* || *velo della tenda* (o *del santo* o *dell'Arca nel Tempio*), la cortina che, nel tempio ebraico antico, separava l'Arca dal settore in cui era consentito l'accesso ai fedeli || *in part.*, drappo che spesso le donne cattoliche portano sul capo, per modestia, quando assistono a funzioni religiose, e che le monache portano permanentemente (da cui i modi di dire *prendere il velo*, farsi monaca, *e deporre, abbandonare, lasciare il velo*, smonacarsi); *velo da sposa* (o *nuziale*), bianco e generalmente molto lungo, portato dalla sposa durante la celebrazione del matrimonio religioso; *velo da lutto*, nero e trasparente, portato in passato in modo da coprire anche il volto **2.** *per estens.* sottilissimo strato: *interporre tra gli strati di pandispagna un velo di marmellata*; *T.anat.* *velo pendulo* (o *palatino*), v. VELOPENDULO; *lett.* *velo virginale*, imene || *in part.* sottilissimo strato che si stende su qualcosa, come copertura o rivestimento: *un velo di lacrime apparve nei suoi occhi, stendere sul volto un velo di cipria, ungere la padella con un velo d'olio*; *zucchero a velo*, in polvere finissima e perciò adatto a formare un velo su ciò su cui lo si spolverizza || *T.bot.* involucro membranoso che ricopre il corpo fruttifero di alcuni funghi nei primi stadi di vita || *poet.* il corpo, in quanto racchiude l'anima: *il velo mortale* **3.** *in part.*, anche *fig.*, ciò che copre o nasconde qualcosa o ne dissimula le caratteristiche: *il paesaggio era offuscato da un velo di nebbia*; *squarciare il velo della menzogna, dell'ignoranza, della superstizione*; *dire la verità senza veli*, senza reticenze; *stendere un velo pietoso su qualcosa*, alludendo a qualcosa di doloroso o scabroso, evitare di parlarne || *T.fil.* *velo di Maia*, i fenomeni naturali considerati come apparenze che mascherano l'essenza del mondo || *T.cin.* colorazione o annerimento, generalmente indesiderato, che si osserva sulle parti chiare delle immagini cinematografiche e ne riduce la trasparenza e la brillantezza || *dim.* velétta (*sf.*), velìno || **N. 1.** garza, organza, tarlatana, tulle; benda, conopeo, fascia, garza, veletta, zanzariera, zendado | arabescato, damascato, fitto / rado, liscio / increspato, ricamato **3.** apparenza, filtro, illusione, schermo.

velóce [lat. *vēlox, -lōcis*; 1308] **I agg. 1.** (posposto) che ha una certa velocità: *la mia tartaruga è più veloce della tua, un gesto veloce come il lampo* **2.** *com.* che ha una velocità molto alta; *in part.*: rif. a persona o cosa in movimento, che copre grandi distanze in poco tempo: *la corsia riservata al traffico veloce, velocissimi mezzi di trasporto, un fondista veloce e resistente* || rif. al movimento, che si svolge con grande rapidità: *una veloce rincorsa, con mossa veloce e improvvisa* || rif. a un agente, che opera con grande rapidità: *una stampante, uno stenografo molto veloce* || rif. al tempo, che trascorre in fretta, rapido: *le ore passate insieme sono trascorse veloci* || rif. a un'operazione, che richiede poco tempo per essere effettuata, per essere portata a termine: *un esercizietto veloce, partirono dopo una veloce visita ai parenti*; *in part.* *T.mus.* didascalia che prescrive l'esecuzione rapida di un pezzo || nei modi di dire iperb. *veloce come il vento, come un fulmine, come un lampo*, velocissimo **II avv.** con grande velocità: *parlare veloce* || **veloceménte avv.** || **N. I 2.** *Sin.* celere, fulmineo, lesto, rapido, spedito, svelto | pronto, sollecito | *Contr.* LENTO **II** *Sin.* a spron battuto, celermente, fulmineamente, rapidamente, speditamente | *Contr.* adagio, lemme lemme, pian piano.

velocìfero [comp. di *veloce* e *-fero*, sul modello del fr. *vélocifère*; 1885] **sm.** nell'Ottocento, diligenza che effettuava corse più veloci e frequenti rispetto a quelle regolari.

velocipedàstro (*pegg.* di *velocipede* nel senso arc.) [1927] **sm.** *non com.* cattivo ciclista; ciclista inesperto o irresponsabile.

velocìpede [dal fr. *vélocipède*, basato sul lat. *vēlox, -lōcis*, veloce e lat. *pēs, pedis*, piede; 1818] **I sm.** specie di bicicletta, non più in uso, con la ruota davanti molto grande e quella posteriore piccola || *per estens. ant.* bicicletta, triciclo **II agg.** *arc. raro* corridore. **TAV.** ***motociclet-ta... p. 1322*** 3.

velocipedişmo [da *velocipede*; 1885] **sm.** *ant.* ciclismo.

velocipedìsta [da *velocipede*; 1875] **s.** *ant.* o

scherz. ciclista.

velocipedìstico (pl. *-ci*) [da *velocipedista*; 1884] **agg.** *raro* di velocipede; anche ciclistico.

velocìsta [da *veloce*, come l'ingl. *sprinter*; 1939] **s.** **1.** *T.sport.* atleta, e in part. ciclista, specializzato nelle gare di velocità || *per estens.* scattista **2.** *T.aer.* aviatore appartenente ai reparti di alta velocità.

velocità [dal lat. *velōcitas, -ātis*; 1308 *velocitade*] **sf.** **1.** grandezza fisica che esprime il rapporto tra lo spazio percorso da un corpo e il tempo che esso impiega a percorrerlo: *il limite di velocità nei centri urbani è di 50 km/h; viaggiare alla velocità del suono, a velocità supersonica, a una velocità eccessiva; perdere* (*acquistare*) *velocità; cambio di velocità*, V. CAMBIO; *velocità di crociera*, quella alla quale un qualsiasi veicolo a motore (ma in part. una nave) avanza con il minimo consumo di carburante; *velocità media*, rapporto tra lo spazio percorso da un corpo animato di moto vario e il tempo impiegato a percorrerla; *velocità istantanea*, limite del rapporto tra lo spazio percorso e il tempo impiegato, al tendere del tempo a zero; *velocità relativa*, calcolata rispetto a un sistema di coordinate a sua volta in movimento; *velocità di fuga*, la velocità minima che un corpo deve possedere per sfuggire al campo gravitazionale in cui si trova || *per estens.* grandezza che misura la variazione rispetto al tempo di un parametro non spaziale: *velocità di una reazione chimica*, variazione della concentrazione di reagenti e prodotti nell'unità di tempo; *velocità angolare*, numero di giri di un sistema rotante nell'unità di tempo || anche com.: *gli anni della giovinezza passano con una velocità incredibile*; *velocità di parola, di ragionamento* **2.** *ass.* alta velocità, caratteristica di ciò che è veloce (nel senso 2): *un sorpasso in velocità, la velocità è la sua dote migliore*; *gare di velocità*, in varie specialità sportive, quelle effettuate perlopiù su brevi distanze e nelle quali vale più lo scatto che la resistenza degli atleti || **N.** **2.** aumentare, contenere, decrescere, diminuire, incrementare, limitare, mantenere, moderare | costante, eccessiva, massima, media, minima | eccesso, limite, variazione. **Q.T.** *astronautica.*

velocitàre (pres. *-òcito, -òciti*) [da *velocità*; a. 1642] **tr.** *ant.* dare, accrescere la velocità || **intr. pron.** acquistare velocità || **N.** velocizzare.

velocitazióne [da *velocitare*; 1840] **sf.** *ant.* atto ed effetto del velocitare e del velocitarsi || **N.** velocizzazione.

velocizzàre [da *veloce*; 1942] **tr.** rendere più veloce, sveltire || **intr. pron.** diventare più veloce, sveltirsi || **N.** *Sin.* accelerare.

velocizzazióne [da *velocizzare*; 1966] **sf.** atto ed effetto del velocizzare e del velocizzarsi.

velocréspo [comp. di *velo* e *crespo*; 1942] **sm.** *chiffon.*

velocròss [comp. di *velo*(*cipede*) e *cross*; 1961] **sm.** corsa ciclocampestre || **N.** *Sin.* ciclocross.

velòdromo [comp. di *velo*(*cipede*) e *-dromo*[1], sul modello del fr. *vélodrome*; 1900] **sm.** pista riservata alle corse ciclistiche.

velopèndulo o **vélo pèndulo** [comp. di *velo* e *pendulo*; 1930] **sm.** *T.anat.* palato molle, velo palatino. **TAV.** *fonetica...* 1.3.

velours (fr., pr. [və'lu:r]) [letter. villoso; 1936] **sm.** *inv.* stoffa a pelo lungo, simile al velluto.

véltro o **vèltro** [dal fr. ant. *veltre*, cane usato soprattutto nella caccia dell'orso e del cinghiale; 1308] **sm.** *lett.* denominazione generica usata in passato per riferirsi a cani da caccia simili agli attuali levrieri || **N.** segugio.

véna[1] [da *avena* per aferesi di *a*, sentito parte dell'art. *la*; sec. XIV] **sf.** *raro* avena (nel senso 1); *la vena selvaggia* (D'Annunzio). **TAV.** ***anatomia*** **p. 642** 8, 14.7, 15.

véna[2] [lat. *vēna*, letter. condotto, vena di liquido o di metallo; 1313] **sf.** **1.** *T.anat.* ciascuno dei vasi sanguigni in cui il sangue scorre dalla periferia al cuore: *solo la vena polmonare contiene sangue arterioso*; *vena varicosa*, varice || *per estens.* nel linguaggio comune, vaso sanguigno in genere: *tagliarsi le vene*, generalmente quelle dei polsi, per suicidarsi; in modi di dire fig.: *sentirsi gelare il sangue nelle vene*, per il terrore e sim.; *sentir ribollire il sangue nelle vene*, per l'ira, la rabbia, lo sdegno; *non avere sangue nelle vene*, essere uno smidollato, non avere coraggio e sim.; *essere, sentirsi in vena*, con riferimento alla funzione vitale della circolazione sanguigna, sentirsi favorevolmente disposto a fare qualcosa: *non mi sento in vena di scherzare*; *ass.*, sentirsi bene, in forma: *si vede che oggi non è in vena* **2.** *fig.* striatura del legno o della pietra; venatura || *fig.* tono, carattere non prevalente ma presente in continuità: *una vena di malinconia percorreva l'intero film* **3.** *per estens. fig.* meato, canale sotterraneo in cui scorre un piccolo corso d'acqua sorgiva: *una vena d'acqua* **4.** *T.geol.* riempimento mineralizzato di fessure o sottili spaccature della roccia; piccolo filone sotterraneo: *vena aurifera* || *fig.* vocazione per una attività: *scoprì in se stesso una vena poetica, la sua vena è esaurita* || *T.mecc.* nella meccanica dei fluidi, *vena liquida* (o *fluida*), insieme di molecole di un fluido che si muovono prevalentemente in una direzione; è costituita da un insieme di filetti fluidi (successioni di molecole che compiono lo stesso percorso) e il suo moto è *viscoso* o *turbolento* a seconda che i filetti si muovano parallelamente o vorticosamente gli uni rispetto agli altri || *dim.* venétta, venettina, venìna, venùzza || **N.** **1.** PARTI: tunica interna o intima, tunica esterna, valvola | ascellare, basilica, branchiale, cardiaca, cava, cefalica, facciale, femorale, frontale, giugulare, iliaca, polmonare, poplitea, porta, radiale, safena, succlavia, temporale, tibiale, ulnare | arteria. **Q.T.** *anatomia.*

venagióne [dal lat. *venātio, ōnis*; 1308] **sf.** *ant.* caccia.

venàle [dal lat. *venālis*, in vendita; a. 1363 nel senso 3; a. 1542 nel senso 1] **agg.** **1.** *com. fig.* di persona, avida al punto di agire solo se pagata **2.** *spreg.* di cosa, attività e sim., che viene fatta per ricavarne un profitto economico, nonostante per sua natura escluda il fine del lucro: *una venale manifestazione d'affetto, arte venale* **3.** *propr.* che è o può essere oggetto di compravendita: *beni, prestazioni venali*; *non venale*, fuori commercio || *per estens.* relativo alla vendita, commerciale: *prezzo, valore venale* ||

venalménte **avv.** per lucro || **N.** **1.** mercenario.

venalità [da *venale*; 1745] **sf.** caratteristica di chi o di ciò che è venale.

venaménto [da *venare*; 1667] **sm.** *ant. raro* venatura.

venàre (pres. *véno*) [da *vena*[2]; 1922] **tr.** e **intr. pron.** coprire o coprirsi di venature.

venàto (*pps.* di *venare*) [1550] **agg.** di superficie, coperta di venature: *marmo venato* || **N.** marmorizzato, screziato, striato.

venatòrio (pl. *-ri*) [dal lat. *venatōrius*; a. 1642] **agg.** attinente alla caccia: *arte venatoria.*

venatùra [da *venato*; 1754] **sf.** **1.** presenza di sottili segni screziati, serpeggianti e ramificati, su una superficie o all'interno di un corpo trasparente; *propr.* rif. alla trama delle vene: *il dettaglio pittorico della venatura delle tempie*; *per estens.* riferito ad oggetti e materiali opachi: *la venatura del marmo, del legno* **2.** *concr.* screziatura: *una venatura di colore contrastante rispetto a quella del fondo* || *per estens. fig.* sfumatura, vena: *c'era una venatura di sarcasmo in ciò che diceva* || **N.** screziatura.

vendémmia [lat. *vindēmia*; a. 1320] **sf.** *T.agr.* **1.** la raccolta dell'uva matura **2.** *per estens.* il tempo in cui si fa tale raccolta: *si avvicina la vendemmia* **3.** *concr.* la quantità di uva raccolta in una stagione: *quella di quest'anno è stata una vendemmia abbondante.* **Q.T.** *enologia.*

vendemmiàbile [da *vendemmiare*; 1723] **agg.** che si può vendemmiare: *uva vendemmiabile.*

vendemmiàio (pl. *-ài*) [da *vendemmia*, sul modello del fr. *vendémiaire*; 1891] **sm.** *T.stor.* il primo mese dell'anno repubblicano francese durante la rivoluzione, andava dal 22 o 23 settembre al 21 ottobre.

vendemmiàle [dal lat. tardo *vindemiālis*; 1388 *vendemiale*] **agg.** *raro* relativo alla vendemmia, al tempo della vendemmia; settembrino: *una libera gioia vendemmiale* (D'Annunzio).

vendemmiàre (pres. *-émmio*) [lat. *vindemiāre*; 1313 come intr.] **tr.** raccogliere l'uva matura || **intr.** (aus. *avere*) fare la vendemmia.

vendemmiatóre [lat. *vindemiātor, -tōris*; a. 1320] **agg.** e **sm.** (f. *-trice*) *non com.* che o chi vendemmia.

vendemmiatrìce [da *vendemmiare*; 1983] **sf.** *T.agr.* macchina agricola per la vendemmia, munita di due percussori che fanno cadere i grappoli d'uva su un nastro di raccolta; anche *agg. macchina vendemmiatrice.*

véndere (pres. *véndo, véndi, vénde, vendiàmo, vendéte, vèndono*; p.rem. *vendéi* o *vendètti, vendésti, vendé* o *vendètte, vendémmo, vendéste, vendérono* o *vendèttero*; fut. *venderò*; pps. *vendùto*) [lat. *vēndere*; 1279] **tr.** **1.** *T.comm.* cedere ad altri, dietro pagamento di un prezzo, la proprietà di qualcosa o il diritto su qualcosa (anche *ass.*): *mi hanno venduto merce avariata, vendere il diritto di pubblicazione a un altro editore*; *vendere a peso, a misura, in blocco*; *vendere a rate, in contanti, all'asta, all'incanto*; *solitamente vende a buon prezzo* (o *a buon mercato*), *a caro prezzo* (o *caro, salato* e sim.), *a prezzo fisso, a prezzo di costo, sottocosto* || fornire un servizio per un certo compenso: *vendere la propria prestazione d'opera, informazioni, la propria consulenza* || in modi di dire spec. fig. *vendere bene qualcosa*, con un buon margine di guadagno: *sono riuscito a vendere bene il mio vecchio catorcio*; *saper vendere bene la propria merce*, essere abili a valorizzare ciò che si vende e, *fig.*, saper valorizzare le proprie qualità; *vendersi anche la camicia*, tutto ciò che si possiede; *vendere la pelle dell'orso prima di averlo preso*, fare assegnamento su qualcosa di cui ancora non si dispone; *venderla come la si è comprata*, riferire qualcosa esattamente come la si è sentita dire, ma senza impegnarsi quanto alla sua attendibilità; *vendere cara la pelle*, V. PELLE || anche nel senso deteriore di "spacciare": *vendere fumo*, dare a intendere cose mirabolanti che in realtà sono prive di fondamento; *questa non me la vendi*, non me la dai a intendere **2.** *per estens.* mettere in vendita (anche *ass.*): *avevano deciso di vendere, i beni pignorati saranno venduti all'asta*; com., negli avvisi commerciali, nella forma con il *si* passivante *vendesi* (o, al pl., *vendonsi*), è in vendita: *vendesi attico zona precollinare* || come attività abituale, fare commercio di un certo genere di cose (anche *ass.*): *un'agenzia che vende immobili, l'omino all'angolo vende libri usati*; *vendere all'ingrosso, al minuto* || nel modo di dire, spec. fig., *averne da vendere*, in eccesso, in sovrappiù: *di coraggio ne ha da vendere!* || *T.sport. vendere un calciatore, un atleta*, nel calcio e in altri giochi di squadra svolti a livello professionistico, cedere ad altra squadra **3.** *per estens. spreg.* rif. a cose (materiali o non) che è riprovevole commerciare o cedere per motivi di interesse: *vendere favori, indulgenze, il proprio voto*; *vendere il proprio corpo*, prostituirsi; *vendere la propria penna, il proprio ingegno, la propria arte,* metterli a disposizione per denaro o altri vantaggi materiali ‖ tradire: *per aver salva la vita ha venduto i suoi compagni partigiani, vendere la patria al nemico*; di persona particolarmente avida: *per due lire* (*per mille lire* ecc.) *venderebbe sua madre*; nel modo di dire *vendere l'anima al diavolo,* essere disposto a tutto pur di ottenere ciò che si vuole: *pur di ottenere quel posto venderebbe l'anima al diavolo* ‖ **rifl.** più o meno *spreg.*, offrire la propria disponibilità in cambio di un corrispettivo materiale, spec. quando ciò implichi tradimento nei confronti di altri o comunque un avvilimento della propria dignità: *vendersi al miglior offerente, alla concorrenza, al nemico*; *è uno che sa vendersi* (*bene*), che sa mettere in luce le proprie qualità al momento di offrire i propri servigi; anche *ass.*, prostituirsi ‖ **N. 1.** *Sin.* alienare | affibbiare, liquidare, svendere, tirar dietro | *Contr.* acquistare, comprare | commercio, compravendita, contrattazione, contratto | compratore, mediatore, rivenditore, venditore **2.** mercanteggiare, trafficare. **Q.T.** *commercio...*

venderéccio (pl. *-ci*, f. *-ce*) [da *vendere*; sec. XIV] **agg. 1.** fatto per essere venduto **2.** *per estens. fig. raro* di persona, che si vende per denaro, corruttibile, venale.

vendétta [lat. *vindicta*, letter. bacchetta con cui si toccava lo schiavo per dichiararne l'affrancamento, poi liberazione; 1300 ca.] **sf. 1.** offesa o danno che si arreca deliberatamente, per rivalsa, a coloro dai quali si è stati offesi o danneggiati: *è stato vittima di una vendetta mafiosa, pregustare la gioia della vendetta*; *far vendetta di*, vendicare; in part., se rif. a persona, vendicarne la morte: *far vendetta del fratello sul tradizionale nemico*; *giurare vendetta*, di vendicarsi; nella massima di ispirazione cristiana *la miglior vendetta è il perdono* **2.** castigo, giusta punizione (spec. divina): *gridar vendetta*, *fig.* di delitto che, per la sua efferatezza, esige la punizione divina; anche *iperb. scherz.*, rif. a cosa estremamente mal fatta: *questa traduzione grida vendetta!*; *il giorno della vendetta*, nel linguaggio biblico, quello del giudizio universale ‖ **N.** atroce, crudele, giusta, sanguinosa, spietata, tremenda | faida, taglione | legarsela al dito, rendere pan per focaccia.

vendeuse (fr., pr. [vɑ̃'døːz]) [letter. venditrice; 1939] **sf.** *inv.* commessa di sartorie o *boutiques* eleganti.

vendévole [lat. *vendibilis*; sec. XIV] **agg.** *ant. raro* vendibile.

vendìbile [dal lat. *vendibilis*; a. 1547] **agg.** che si può vendere ‖ **N.** *Sin.* alienabile, venale.

vendicàbile [da *vendicare*; 1865] **agg.** che può essere vendicato: *ingiuria vendicabile.*

vendicàre (pres. *véndico, véndichi*) [lat. *vindicāre*, letter. rivendicare giuridicamente; 1300 ca.] **tr. 1.** riscattare con la vendetta un'offerta o un danno; *in part.* con ciò che si vendica come oggetto: *vendicare la morte del figlio, un torto, un'ingiustizia*; con la persona (a cui è stato fatto il torto) come oggetto: *vendicare la madre dell'affronto subito, il fratello* **2.** *ant.* o *lett.* castigare, punire ‖ **rifl.** compiere la propria vendetta: *si è vendicato dell'onta subita* ‖ **N. tr. 1.** lavare col sangue | *Contr.* perdonare | inulto **2.** *Sin.* far giustizia | impunito | **rifl.** *Sin.* farsi giustizia, rivalersi.

vendicatìvo [da *vendicare*; a. 1363] **agg.** e **sm.** che o chi è disposto per natura a vendicarsi.

vendicatóre [lat. tardo *vindicātor, -ōris*; sec. XIII] **agg.** e **sm.** (f. *-trìce*) che o chi vendica ‖ **N.** ultore, vindice.

vendicchiàre (pres. *-icchio, -icchi*) (o *venducchiàre*) [da *vendere*; 1891] **tr.** vendere poco, vendere a stento.

vendifròttole [comp. di *vend*(*ere*) e *frottola*; 1761] **s.** *inv. fam. non com.* chi spaccia frottole, contaballe.

vendifùmo [comp. di *vende*(*re*) e *fumo*; a. 1635] **s.** *inv.* chi si vanta di meriti che non ha, o fa promesse che non può mantenere.

véndita [dal lat. *vēnditus*, pps. di *vēndere*, vendere; sec. XIV] **sf. 1.** atto ed effetto del vendere; *in part. T.comm.* cessione ad altri, contro pagamento di un prezzo, della proprietà di qualcosa o del diritto su qualcosa: *contratto di vendita, il calo delle vendite nel settore dell'auto* ‖ *T.giur. vendita giudiziaria* (o *forzata*), quella, disposta dall'autorità giudiziaria nel corso di un processo esecutivo, per mezzo della quale si trasformano i beni pignorati in denaro; *vendita fallimentare*, che ha per oggetto i beni del fallimento (e, *per estens.*, vendita a prezzi molto bassi) ‖ *mettere in vendita*, offrire all'acquisto; *essere in vendita*, poter essere comprato: *la salute non è in vendita* ‖ *in part.* attività di chi vende: *permesso di vendita, costi di vendita*; *vendita all'ingrosso, al dettaglio, porta a porta, su catalogo, per corrispondenza* ‖ *per estens. spreg.* cessione di beni o prestazioni dietro illecito pagamento di somme di denaro: *la vendita delle cariche pubbliche, dei benefici ecclesiastici* **2.** *per estens. raro* rivendita ‖ *T.stor.* luogo in cui i Carbonari tenevano le loro riunioni ‖ singola sezione di affiliati alla Carboneria ‖ **N. 1.** *Sin.* alienazione, compravendita, liquidazione | *Contr.* acquisto | concludere, trattare **2.** bottega, negozio, punto di vendita. **Q.T.** *commercio..., economia...*

venditóre [lat. *venditor, -tōris*; 1272] **agg.** e **sm.** (f. *-trìce*) che o chi vende: *ditta venditrice, un venditore d'auto*; *venditore ambulante*, che non ha sede fissa ‖ *fig. venditore di fumo*, imbroglione, ciarlatano ‖ **N.** commerciante, bottegaio, negoziante, rivenditore, rigattiere, spacciatore, trecca | commesso, compratore.

venducchiàre v. VENDICCHIARE.

vendùto (*pps.* di *vendere*) [1319] **I agg. 1.** che è stato venduto: *la merce venduta viene messa da parte* **2.** *fig. spreg.* di persona, che si è venduta, corrotta: *arbitro venduto!* **II sm.** (f. *-a*) *spreg.* chi si è lasciato corrompere: *sei un venduto.*

venefìcio (pl. *-ci*) [dal lat. *veneficium*; sec. XIV] **sm.** *disus.* avvelenamento delittuoso.

venèfico (pl. *-ci*) [dal lat. *veneficus*; 1598] **I agg.** velenoso, anche (ma meno com.) *per estens.* e *fig.*: *sostanze venefiche, un fungo venefico, dottrine venefiche* **II sm.** *arc.* avvelenatore.

veneràbile [dal lat. *venerābilis*; 1321] **I agg. 1.** degno di venerazione: *una persona venerabile, è giunto alla venerabile età di ottant'anni* **2.** *T.eccl.* di persona, morta in concetto di santità, della quale si è cominciata la causa di canonizzazione **3.** di congregazioni e sim., come titolo onorifico: *la venerabile confraternita* ‖ **venerabilménte avv. II sm. 1.** (anche *sf.*) *T.eccl.* persona venerabile **2.** capo di una loggia massonica ‖ **N. I 1.** rispettabile, venerando.

venerabilità [dal lat. *venerabilitas, -ātis*; 1694] **sf.** qualità di chi o di ciò che è venerabile.

venerando [dal lat. *venerandus*; 1353] **agg.** degno di venerazione; che suscita venerazione spec. per l'età avanzata: *madre, canizie veneranda* ‖ *età veneranda*, assai avanzata.

veneràre (pres. *vènero*) [dal lat. *venerāri*, letter. implorare gli dei; a. 1294] **tr.** *T.rel.* rif. a tutto ciò che è sacro (o ne è una rappresentazione), a esclusione di Dio (per il quale si usa *adorare*), fare oggetto di profonda devozione e reverenza: *venerare i santi, un'immagine della Vergine* ‖ *per estens.*, spesso *iperb.*, in gen., onorare con grande ossequio o devozione: *venera il suo maestro, non la ama, la venera!* ‖ **N.** adorare, onorare, ossequiare, riverire, stimare | genuflettersi, inchinarsi, prosternarsi.

veneratóre [dal lat. *venerātor, -ōris*; seconda metà sec. XIV] **agg.** e **sm.** (f. *-trìce*) *non com.* che o chi venera.

venerazióne [dal lat. *venerātio, -ōnis*; sec. XIV] **sf.** *T.rel.* sentimento di profonda reverenza e devozione: *ha una profonda venerazione per quel santo*; *per estens.* spesso *iperb.*: *per quell'uomo ha una vera e propria venerazione* ‖ **N.** adorazione, devozione, ossequio, rispetto. **Q.T.** *religione.*

venerdì [lat. *Veneris dies*, giorno del pianeta Venere; a. 1348] **sm.** *inv.* nome del quinto giorno della settimana: *ci vediamo tutti i venerdì*; *venerdì santo*, il venerdì della settimana santa ‖ nel modo di dire scherz. *gli manca un venerdì*, è un po' matto.

vènere [lat. *Venus, -eris*, nome della dea dell'amore e della bellezza; 1319 nel senso 3] **sf. 1.** (perlopiù con iniziale maiuscola) rappresentazione artistica della dea Venere: *una Venere di Tiziano* **2.** *per anton.* donna di eccezionale bellezza ‖ per litote, donna bruttina: *non è una venere ma è simpatica* **3.** *per estens. fig.* la donna, in quanto fonte di sensualità, oggetto di piacere sensuale: *venere vagante* (o *pandemia*), prostituta ‖ *per estens.* passione amorosa, piacere sensuale: *essere vittima di Venere*; *bacco, tabacco e venere*, v. BACCO; *venere solitaria*, la masturbazione ‖ *T.anat. monte di venere*, v. MONTE **4.** *pl.*, *fig. lett. non com.* grazia, pregi: *le veneri dello stile* **5.** *pop. ant.* venerdì, solo nel prov. *né di venere né di marte non si sposa né si parte* **6.** *T.astr.* (sempre maiuscolo) secondo pianeta in ordine di distanza dal Sole ‖ *cielo di Venere*, nella concezione tolemaica, il terzo cielo ‖ *T.astrol.* pianeta che domina i segni zodiacali del Toro e della Bilancia. **TAV.** *astrologia* 2.8.

venèreo [dal lat. *venerius*, di Venere; 1308 nel senso 2] **agg. 1.** *lett.* di Venere, relativo a Venere: *forme veneree* **2.** relativo all'amore fisico; sensuale, lascivo: *piaceri venerei* **3.** *T.med.* di malattia che si trasmette attraverso i rapporti sessuali (ad es. la sifilide).

venètico (pl. *-ci*) [dal lat. *veneticus*; 1957] **I agg.** degli antichi Veneti **II sm.** (solo *sing.*) la lingua parlata dagli antichi Veneti.

vèneto [lat. *Venetus*; 1680] **I agg.** del Veneto o delle Tre Venezie ‖ dei veneti **II sm. 1.** (f. *-a*) abitante del Veneto o delle Tre Venezie **2.** (solo *sing.*) denominazione collettiva dei vari dialetti del Veneto.

veneziàna [da *veneziano*; 1810 nel senso 2; 1961 nel senso 1] **sf. 1.** *tenda dalla veneziana* (o, ass., *veneziana*), serramento per finestre costituito da asticelle di legno o di plastica, variamente orientabili per modificare a piacere la quantità di luce in un ambiente **2.** donna di Venezia **3.** pasta dolce a forma di pagnottella, ricoperta di granelli di zucchero.

veneziàno [lat. tardo *Venetiānus*; 1263] **I agg.** di Venezia: *tradizioni veneziane*; *ricamo veneziano*, che imita il disegno del merletto veneziano ‖ nell'espr. *ellitt. alla veneziana*, alla maniera dei veneziani: *lampioncini alla veneziana*, di carta a colori diversi; *vogare alla veneziana*, vogare restando in piedi nella barca **II sm. 1.** (f. *-a*) abitante o nativo di Venezia **2.** (solo *sing.*) dialetto di Venezia.

vengiàre (pres. *véngio*) [dal lat. *vindicāre*, attr. il fr. *venger*; a. 1294] **tr.** e **rifl.** *ant.* vendicare, vendicarsi.

vènia [dal lat. *venia*, favore, indulgenza; sec. XIV] **sf.** *lett.* perdono concesso per colpe non gravi: *chiedo venia* ‖ **N.** grazia, scusa.

veniàle [dal lat. tardo *veniālis*; a. 1306] **agg. 1.** *T.teol.* di peccato non grave, che non fa perdere la grazia divina **2.** *per estens.* meritevole d'indulgenza: *una bugia veniale* ‖ **venialménte avv.** ‖ **N. 1.** *Contr.* mortale **2.** *Contr.* imperdonabile, inammissibile.

venialità [da *veniale*; 1879] ***sf.*** qualità di ciò che è veniale || *raro concr.* i peccati, le colpe veniali.

venìre (pres. *vèngo, vièni, viène, veniàmo, venìte, vèngono*; imp. *venìvo*; p.rem. *vénni, venìsti, vénne, venìmmo, venìste, vénnero*; fut. *verrò*; cong. pres. *vènga, veniàmo, veniàte, vèngano*; cong. imp. *venìssi*; cond. *verrèi, verrésti*; imp. *vièni, venìte*; pps. *venùto*; ppr. *veniènte*) [lat. *venīre*; a. 1294] **I *intr.*** (aus. *essere*) **1.** con soggetto di persone, animali o anche cose capaci, in un qualche senso, di movimento, recarsi nel luogo in cui si trova la persona che parla (se il sogg. è di 2ª o di 3ª pers.), o quella di cui si parla: *vieni qui, a casa mia, quei cervi stanno venendo verso di noi; verremo da te domani* || *ass.*, in espr. in cui è in contrapposizione esplicita con *andare*, per esprimere il ripetuto o continuo trasferimento da luogo a luogo nei due sensi: *gente che va e che viene* || *ass. fam. pop.* giungere all'orgasmo || *com.* seguito da un avv. o da un compl. (anche, in modi di dire, in sensi *estens.* e *fig.*): *è venuto in Italia quest'estate, verrò in macchina con lui, indovina chi viene a cena!*; *in part.* quando è seguito da *a* o da *per* e un verbo all'infinito, serve a specificare lo scopo o il motivo per cui ci si è mossi: *sono venuto a prenderti, per* (*risolvere, discutere* o sim.) *quella faccenda*; seguito dalla specificazione del punto di partenza, arrivare, derivare: *da' la precedenza a chi viene da destra, questo viene dalla Giamaica, quel ragazzo viene da un'ottima famiglia, molte parole italiane vengono dal latino*; seguito dalla specificazione del punto di arrivo, giungere, pervenire a: *vieni subito a casa, la verità viene sempre a galla*; *venire a sapere qualcosa, venire a conoscenza di qualcosa*, esserne informato; *venire alle mani*, azzuffarsi; *venire a patti*, accettare un accordo, accondiscendere a un accordo: *alla fine vennero a patti con l'avversario*; *venire al dunque, al nocciolo della questione*, iniziare a discutere la parte centrale di un argomento; *venire a capo di qualcosa*, pervenire a una conclusione o a una soluzione: *è così complicato che non riesco a venirne a capo*; *venir meno*, di persona, svenire, mancare; di cosa, mancare || seguito da alcuni avv. di luogo, assume sensi più specifici: *venire su*, salire, risalire: *vieni su un attimo che devo parlarti, i sub non devono venire su troppo in fretta*; *fig.* di organismi, crescere, svilupparsi: *tua figlia sta venendo su bene*; *venire giù*, scendere: *vieni giù da quell'albero*; *venire dentro*, entrare: *vieni dentro che fa freddo!*; *venire fuori*, uscire: *venite fuori con le mani alzate!*; *fig.*, essere estratto: *è venuto fuori il cinquantadue*, risultare: *è venuto fuori che costava troppo*; *venire avanti*, avanzare in direzione di chi parla: *veniva avanti barcollando*; *venire indietro*, indietreggiare in direzione di chi parla: *venga indietro, dottore!*; *venire vicino, accanto*, accostarsi: *mi è venuto vicino e ha cominciato a fare le fusa*; *venire via*, cedere a una trazione, uscire, staccarsi: *era incollato male ed è venuto via, questo chiodo non viene via* **2.** *per estens.* di un momento, di un periodo di tempo, arrivare, sopraggiungere: *venne il momento di partire, l'inverno*; *verrà il giorno*, espr. usata per annunciare in tono profetico, e talvolta minaccioso, eventi futuri: *verrà il giorno in cui* (o *che*) *potrò smettere di fare questa vita!* || di eventi o fenomeni, accadere, manifestarsi: *venne la pioggia*; *mi è venuto mal di gola, un dubbio* || *ti venisse* (o *ti venga*) *un accidente!, un colpo!* (o, anche, *ti venisse...!, ti venga...!*), espr. fam. di malaugurio; nel modo di dire *venire al mondo, alla luce*, di animali o persone, nascere || nelle loc. *venire in mente*, ricordare: *quel nome non mi viene* (*in mente*); *venire a noia*, annoiare; *venire prima, dopo*, precedere (o seguire) nel tempo e nello spazio; *che viene, che ha da venire*, prossimo, seguente: *si deciderà il mese che ha da venire*; *a venire*, futuro: *negli anni a venire*; *di là da venire*, molto lontano nel futuro: *le generazioni di là da venire*; *far venire*, far sorgere, produrre: *mi fa venire una rabbia vederti così...!, questo film fa venir sonno*; *venir da*, seguito da un verbo all'infinito, provare l'impulso di: *mi viene da sbadigliare, da ridere* **3.** risultare, riuscire: *il disegno mi sta venendo bene, vieni sempre bene in foto*; nel modo di dire *come viene viene* || *in part.* di operazioni matematiche, risultare: *la somma viene ventisette, ho fatto i conti e viene una cifra spaventosa*; in forma *ellitt. colloq.*: *ho cercato di risolvere quell'espressione ma non mi viene* (sott. *il risultato giusto*) || ***intr. pron.*** nella forma raff. fam. *venirsene*, procedere tranquillamente: *se ne veniva piano piano lungo il viale* || nella loc. *venirsene fuori*, dire: *bada a non venirtene fuori con delle stupidaggini* || ***rec.*** *venirsi incontro*, di due o più persone, procedere, partendo ciascuna da punti diversi, in direzione dell'altro (o degli altri) o, *fig.*, sforzarsi di adattarsi alle esigenze di colui (o di coloro) con cui si ha interesse a giungere a un accordo o sim. **II** con valore di aus. **1.** seguito da un participio passato, in sostituzione di *essere* nella coniugazione passiva dei verbi (limitatamente ai tempi semplici): *viene, veniva, venne, verrà deriso da tutti* || nei modi di dire *venir fatto, venir detto*, capitare casualmente o istintivamente di fare, di dire: *mi venne fatto di telefonargli proprio mentre lui suonava alla porta, a tutta prima mi venne detto di sì* **2.** seguito da un gerundio, per dar l'idea del graduale e progressivo svolgimento dell'azione espressa dal verbo: *si è venuto sempre più convincendo dell'utilità del provvedimento* **III *sm.*** *un continuo andare e venire di turisti e di merci*, andirivieni, viavai || **N.** I **1.** *Contr.* andare **2.** capitare, comparire, giungere, manifestarsi.

venosino [dal lat. *Venusīnus*; 1840] ***agg.*** di Venosa, città al confine tra Puglia e Lucania || *per anton.* il poeta Orazio.

venóso [dal lat. *venōsus*, pieno di vene; a. 1673] ***agg.*** che riguarda le vene: *circolazione, stasi venosa*; *sangue venoso*, che scorre dalla periferia al cuore, a differenza di quello *arterioso*, che va dal cuore alla periferia.

ventàglia [dal fr. ant. *ventaille*; fine sec. XIII] ***sf.*** *T.stor.* la parte inferiore della visiera delle armature medievali, atta a proteggere il mento e la bocca e attraverso cui passava l'aria.

ventaglièio [da *ventaglio*; a. 1696 *ventagliaro*] ***sm.*** (f. *-a*) chi fa, vende o ripara ventagli e sim.

ventagliàre (pres. *-àglio, -àgli*) [da *ventaglio*; 1640] ***tr.*** e ***rifl.*** *raro* sventagliare e sventagliarsi.

ventàglio (pl. *-gli*) [dal provenz. ant. *ventailh*; 1506] ***sm.*** **1.** arnese costituito da un certo numero di stecche di legno, avorio o plastica, riunite insieme all'estremità inferiore, cui è fissato un pezzo di tela, carta, seta ecc.; quando si apre ha forma di ala e, agitato rapidamente, serve a farsi aria || nella loc. *a ventaglio*, di un insieme di elementi la cui disposizione ricorda quella delle stecche del ventaglio; a raggiera: *le strade si dipartono a ventaglio dal piazzale, aprirsi a ventaglio* **2.** *fig.* serie, gamma di alternative: *un ventaglio di ipotesi, di possibili interpretazioni* || *dim.* ventagliétto, ventaglìno; *vezz.* ventagliùccio; *accr.* ventaglióne; *pegg.* ventagliàccio || **N. 1.** flabello, rosta; ventilatore, ventola | farsi vento, sventagliarsi, sventolarsi.

ventàre (pres. *vènta*) [da *vento*; 1310] ***intr.*** (aus. *avere*) *impers. poet.* del vento, soffiare, tirare: *turbine di furor torbido venta* (Carducci) || ***intr.*** (aus. *avere*) *poet.* **1.** tirar vento **2.** far vento: *senti 'mi presso quasi un muover d'ala e ventarmi nel volto* (Dante).

ventaruòla [da *vento*; 1684 nel senso 2] ***sf.*** *pop. ant.* **1.** banderuola **2.** ventola.

ventàta [da *vento*; 1879 nel senso 2] ***sf.*** **1.** *fig.* moto improvviso e violento ma passeggero: *una ventata di novità, di ottimismo* **2.** *propr.* meno com., colpo di vento.

ventennàle [da *ventennio*; 1940] **I *agg.*** che dura un ventennio: *governo ventennale* || che ricorre ogni vent'anni: *celebrazione ventennale* **II *sm.*** la ricorrenza del ventesimo anniversario di una data memorabile e la cerimonia che la celebra: *il ventennale della repubblica*.

ventènne [comp. di *venti* e *-enne*; 1879] ***agg.*** e ***s.*** che o chi ha vent'anni.

ventènnio (pl. *-ni*) [comp. di *venti* e *-ennio*; 1879] ***sm.*** lo spazio di vent'anni || *per anton.* il periodo del regime fascista in Italia: *cronache del Ventennio*.

vénti [lat. *viginti*; sec. XIII-XIV] ***agg.*** e ***sm.*** *num. card.*, ar. 20, rom. XX.

venticinquènne (pl. *-ni*) [comp. di *venticinque* e *-enne*; 1891] ***agg.*** e ***s.*** che o chi ha venticinque anni.

venticinquènnio (pl. *-ni*) [comp. di *venticinque* e *-ennio*; 1891] ***sm.*** lasso di tempo di venticinque anni.

ventiduènne [comp. di *ventidue* e *-enne*; 1965] ***agg.*** e ***s.*** che o chi ha ventidue anni.

ventièra [dal fr. *ventier*; sec. XIV] ***sf.*** **1.** torretta che anticamente si ergeva sul tetto delle case orientali per garantirne la ventilazione **2.** *T.mil.* imposta mobile che in passato si imperniava in corrispondenza del vano di una cannoniera o tra due merli, a scopo di occultamento e di protezione.

ventilàbro [dal lat. *ventilābrum*; sec. XIV] ***sm.*** **1.** attrezzo agricolo con cui si spargono al vento le biade per separarne le parti più leggere e inutili **2.** *T.mus.* valvola dell'organo che lascia passare il vento nelle canne || **N.** vaglio.

ventilaménto [da *ventilare*; 1673] ***sm.*** *non com.* atto del ventilare.

ventilàre (pres. *vèntilo*) [dal lat. *ventilāre*, letter. agitare al vento; 1319 nel senso 5] ***tr.*** **1.** rif. ad ambienti chiusi, fare in modo che l'aria vi circoli e venga periodicamente ricambiata: *ventilare una sala teatrale* **2.** *fig.* proporre, mettere in tavola, avanzare: *fu ventilata anche questa idea, ma la lasciammo cadere*; *per estens.* da: **3.** *T.agr.* spargere al vento le biade per separarne la parte leggera e inutile **4.** *poet.* spiegare, esporre al vento **5.** *poet.* far vento su qualcosa: *te ventilando co 'l lor bianco velo* (Carducci) || **N. 3.** ventilabro.

ventilàto (*pps.* di *ventilare*) [1319] ***agg.*** arieggiato: *ambiente ben ventilato*.

ventilatóre [dal lat. *ventilātor, -ōris*, letter. vagliatore del grano; attr. l'inglese *ventilator*; 1780 come sm. nel senso 1] **I *agg.*** che produce ventilazione: *apparecchio ventilatore* **II *sm.*** **1.** apparecchio atto a mettere in movimento masse d'aria (o di altro gas): *ventilatore elicoidale, centrifugo*; *ventilatori fissi, oscillanti, orientabili* **2.** apertura praticata nella muratura di un locale per consentire il ricambio d'aria al suo interno || **N. 1.** termoventilatore | PARTI: albero motore, girante o ventola, mozzo, pala, voluta | circuito di ventilazione; ventilazione. **TAV. *ferrovie...* p. 669** 2.1.

ventilatorìsta [da *ventilatore*; 1961] ***s.*** tecnico addetto a un impianto di ventilazione, spec. nelle gallerie di miniere.

ventilazióne [dal lat. *ventilātio, -ōnis*, letter. vagliatura del grano; 1804] ***sf.*** atto ed effetto del ventilare; *in part.* apporto o ricambio di aria in un ambiente chiuso: *assicurare la ventilazione della galleria, della miniera*; *in questo locale la ventilazione è insufficiente* || *ventilazione polmonare*, rinnovamento dell'aria nei polmoni mediante il movimento di inspirazione ed espirazione || *T.med. ventilazione assistita, controllata*, insufflazione di aria nell'apparato respiratorio di un paziente per amplificarne gli atti respiratori spontanei o sostituirli se assenti

|| *T.tecn.* in vari procedimenti produttivi, essiccamento, asciugatura, levigamento ecc. di un materiale mediante l'azione di una corrente di aria || **N.** artificiale o forzata / naturale, per compressione / per espulsione | condotto di immissione, condotto di sfogo, ventilatore, ventola. **TAV.** ***automobile*** **p. 658** 1.6.

ventìna [da *venti*; 1444] ***sf.*** insieme di venti o di circa venti unità: *ci saranno stati una ventina di invitati* || *in part.* nell'età dell'uomo, vent'anni: *una ragazza sulla ventina*, di circa vent'anni.

ventìno [da *venti*; 1863] ***sm.*** moneta, oggi non più in uso, da venti centesimi || *per estens.* moneta di scarso valore.

ventinovènne [comp. di *ventinove* e *-enne*; 1965] ***agg.*** e ***s.*** che o chi ha ventinove anni.

ventiquattrènne [comp. di *ventiquattro* e *-enne*; 1965] ***agg.*** e ***s.*** che o chi ha ventiquattro anni.

ventiquàttro [comp. di *venti* e *quattro*; 1308] ***agg.*** e ***sm.*** *num. card.*, ar. 24, rom. XXIV || nella loc. *ventiquattro ore* (o *ventiquattr'ore*), lo spazio di un giorno completo: *abbiamo ventiquattr'ore per consegnare la relazione, per decidere.*

ventiquattróre (o meno com. *ventiquattr'óre*) [comp. di *ventiquattr(o)* e pl. di *ora*; 1961 nel senso 1; 1965 nel senso 2] ***sf.*** *inv.* **1.** *T.sport.* gara automobilistica che dura ventiquattro ore: *la ventiquattrore di Le Mans* **2.** valigetta rigida, poco capiente, per portare con sé l'occorrente per un pernottamento o un giorno fuori casa || *com.* portadocumenti a forma di valigetta.

ventiseiènne o **ventiseènne** [comp. di *ventisei* e *-enne*; 1965] ***agg.*** e ***s.*** che o chi ha ventisei anni.

ventisettàna [da (*milleottocento*) *ventisette*, anno di stampa; 1963] ***sf.*** la redazione dei Promessi Sposi edita nel 1825-27.

ventisettènne [comp. di *ventisette* e *-enne*; 1965] ***agg.*** e ***s.*** che o chi ha ventisette anni.

ventitré [comp. di *venti* e *tre*; 1308] ***agg.*** e ***sm.*** *num. card.*, ar. 23, rom. XXIII || *fig. portare il cappello sulle ventitré*, alludendo alla posizione del numero 11 sul quadrante dell'orologio (corrispondenti, la sera, alle ventitré), portarlo leggermente reclinato.

ventitreènne [comp. di *ventitré* e *-enne*; 1965] ***agg.*** e ***s.*** che o chi ha ventitré anni.

vènto [lat. *ventus*; a. 1294] ***sm.*** **1.** corrente d'aria d'intensità e velocità variabile, che si genera in seguito all'instaurarsi di differenze termiche e di pressione nell'atmosfera: *vento secco, umido, freddo, caldo, debole, moderato, intenso*; *si è alzato, spira, tira un forte vento*; *il vento sta calando, si è calmato*; *rosa dei venti*, circolo con trentadue raggi equidistanti, alle cui estremità sono indicati i punti cardinali e il nome dei venti; *scala del vento*, V. SCALA; anche in molte espr. del gergo marinaresco, nelle quali il vento è considerato in funzione della navigazione o di ciò che vi attiene: *vento dominante*, quello che, in un determinato luogo, soffia più frequentemente e con intensità notevole; *vento di traversia*, spirante dal settore di traversia (V. TRAVERSIA); *vento maneggevole*, che permette a un'imbarcazione a vela di tenere issate tutte le vele; *vento fresco*, di intensità tale da richiedere una prima riduzione della velatura; *vento teso*, maneggevole, di lunga durata e di velocità costante; *vento di prua, di poppa, di traverso* (o *al traverso*, o *a mezzanave*), a seconda della parte dell'imbarcazione direttamente colpita dal vento; *andare contro vento* (V. CONTROVENTO), *sopra vento* (V. SOPRAVVENTO), *sotto vento* (V. SOTTOVENTO); *guadagnare al vento*, risultare in una posizione più favorevole rispetto alla direzione da cui spira il vento; *vento che scarseggia* (o *rifiuta*), *che ridonda*, quando, rispettivamente, diminuisce o aumenta l'angolo esistente tra rotta e direzione del vento; *navigare, viaggiare con il vento in poppa*, col vento favorevole e, *per estens.*, nel linguaggio comune, procedere nel miglior modo possibile || in alcune espr., nella loc. *a vento*: *mulino a vento*, mosso dal vento; *giacca a vento*, giaccone da montagna, da moto, da barca ecc. in tessuto impermeabile al vento, all'aria; *torcia a vento*, che non si spegne anche in presenza di correnti d'aria || in vari modi di dire, spec. fig.: *veloce come il vento*, velocissimo; *qual buon vento* (*ti porta*)?, per quale fortunata combinazione sei giunto qui?; *gridare, spargere una notizia ai quattro venti*, diffonderla facendola sapere a tutti; *gettare, buttare al vento*, sprecare: *ricchezze, fatiche buttate al vento*; *parlare al vento*, senza essere ascoltati || *in part.*, in espr. fig., nel senso di cosa vana, inconsistente: *trovarsi con le mani piene di vento*, con le mani vuote; *pascersi di vento*, di chiacchiere vane || *in part.* nelle espr. fig. *dove tira il vento, a seconda del vento che tira* e sim., per sottolineare la volubilità di qualcuno: *parteggia per gli uni o per gli altri a seconda del vento che tira* || *prov. chi semina vento raccoglie tempesta*, V. TEMPESTA **2.** *per estens.* corrente d'aria provocata artificialmente: *questo ventilatore non fa abbastanza vento*; *farsi vento*, farsi aria, spec. sventagliandosi; *galleria del vento*, per prove aerodinamiche **3.** *per estens. T.astr. vento solare*, flusso di particelle emesse dal Sole nello spazio **4.** *per estens. T.fis. vento elettrico*, flusso di ioni respinti da una punta metallica elettrizzata **5.** *eufem.* emissione di gas intestinali || *dim.* venticèllo; *pegg.* ventàccio || **N. 1.** alito, bava, filo, refolo, sbuffo, soffio | alzarsi, cambiare, cessare, levarsi, mulinare, piegare, scatenarsi, soffiare, spirare, tirare **2.** ventaglio, ventola, ventilatore; ventilazione **5.** *Sin.* peto. **Q.T.** ***meteorologia*** **TAV.** ***meteorologia*** **p. 1321**; ***sci*** **p. 1333** 20.2.

vèntola [da *ventolare*; 1805 nel senso 5; 1961 nel senso 1] ***sf.*** **1.** elemento di base di ventilatori, turbine e sim., costituito da un'elica a più pale o da una ruota alettata rotante attorno a un mozzo **2.** *T.edil. muro a ventola*, muro divisorio, tramezzo **3.** *T.idr.* elemento di chiusura di dighe mobili **4.** arnese approssimativamente a forma di ventaglio, con cui si fa aria quando si deve accendere un fuoco || anche, arnese simile usato per riparare il viso dal fuoco e sim. o gli occhi da una luce troppo viva || *fig. orecchie a ventola*, V. SVENTOLA **5.** sostegno per candele, generalmente in legno verniciato d'oro, che si appende alle pareti delle chiese. **TAV.** *elettrotecnica* 10.1; ***automobile*** **p. 658** 3.4, 5.21.

ventolàna [forse lat. volg. **ventilāgo*; 1834] ***sf.*** pianta erbacea appartenente alla famiglia delle Graminacee, frequente nei boschi umidi, con infiorescenza costituita da tante spighette formanti una pannocchia.

ventolàre (pres. *vèntolo*) [dal lat. *ventilāre*, con influsso di *vento*; a. 1348] ***tr.*** *arc.* ventilare || ***intr.*** (aus. *avere*) *arc.* sventolare.

ventósa [lat. tardo *ventōsa*, piena di vento; sec. XIV nel senso 2; 1961 nel senso 1; 1931 nel senso 3] ***sf.*** **1.** piccola coppa gen. di gomma che, premuta su di una superficie piana e liscia, resta attaccata a causa della depressione che si crea tra ventosa e superficie **2.** *T.med.* coppetta **3.** *T.zool.* organo di alcuni animali (per es. polipi, sanguisughe ecc.) che consente loro di aderire a un substrato (e in part. agli animali di cui sono parassiti).

ventosità [da *ventoso*; a. 1320 nel senso 2] ***sf.*** **1.** caratteristica di un luogo che è ventoso **2.** l'accumularsi di gas nello stomaco e nell'intestino || **N. 2.** *Sin.* flatulenza | aerofagia, meteorismo, timpanismo.

ventóso[1] [dal lat. *ventōsus*; a. 1311] ***agg.*** **1.** di luogo, esposto al vento: *monte ventoso* **2.** che genera ventosità, flatulenza.

ventóso[2] [dal fr. *ventose*; 1802] ***sm.*** *T.stor.* nel calendario repubblicano francese della rivoluzione, il sesto mese dell'anno, che andava dal giorno diciannove febbraio al giorno venti marzo.

ventottènne [comp. di *ventotto* e *-enne*; 1965] ***agg.*** e ***s.*** che, chi ha ventotto anni.

ventràia [da *ventre*; 1313] ***sf.*** **1.** *ant.* o *lett.* stomaco di ruminante || *per estens.* interiora di bestia macellata **2.** *raro spreg.* grosso ventre.

ventràle [dal lat. tardo *ventrālis*; 1839] ***agg.*** **1.** *T.anat.* del ventre: *pinne ventrali* **2.** *per estens. fig.* inferiore, rivolto verso terra: *la parte ventrale della lingua, di un aereo*; *pagina ventrale*, la parte inferiore della foglia || *salto ventrale*, effettuato superando l'asticella con il ventre verso terra || **ventralménte** ***avv.*** nella parte o in posizione ventrale || **N. 1.** addominale **1.** e **2.** *Contr.* dorsale. **TAV.** ***pesci*** **p. 1330** 1.10.

ventralìsta [da *ventrale*; 1983] ***s.*** atleta che usa la tecnica del salto ventrale.

ventràta [da *ventre*; sec. XIV] ***sf.*** *raro* **1.** spanciata, scorpacciata **2.** colpo dato nel ventre.

vèntre [lat. *venter, ventris*; a. 1292 nel senso 2] ***sm.*** **1.** negli uomini e negli animali, cavità addominale contenente i visceri: *squarciò il ventre della bestia, avere dolori al ventre*; in espr. fam. che fanno riferimento al mangiare: *riempirsi il ventre*, mangiare a sazietà; *essere dedito ai piaceri del ventre*, amare molto mangiare; *danza del ventre*, danza sensuale di antica origine, eseguita facendo roteare la parte inferiore del tronco; *basso ventre*, la regione inferiore del ventre o, *eufem.*, la zona dei genitali: *colpire al basso ventre*; *ventre molle*, anche *fig.*, la parte più debole e più vulnerabile di un'organismo o di un'area: *il sud est asiatico è il ventre molle dell'Asia* || *per estens.* parte esterna del corpo corrispondente al settore anteriore di tale cavità: *smagliature del ventre e delle cosce*; *ventre gonfio, piatto*, molto o per nulla prominente; nel modo di dire *fig. correre ventre a terra*, detto originariamente di cani o cavalli, col ventre che quasi tocca terra per lo slancio delle zampe nel galoppo, e quindi molto velocemente **2.** *per estens. lett.* grembo materno, utero: *il feto nel ventre della madre* **3.** *per estens. fig.* cavità interna: *il ventre della botte, della caverna*; *il ventre della nave*, la stiva **4.** *per estens. fig.* la parte più rigonfia, più prominente di qualcosa; *in part. T.mar. il ventre della vela*, la parte maggiormente gonfiata dal vento || *T.arch. il ventre della colonna*, l'entasi || *T.fis.* punto nel quale l'ampiezza di oscillazione nelle onde stazionarie è massima **5.** *per estens. fig.* la parte inferiore, rivolta verso il basso di qualcosa: *il ventre dell'elicottero* || *T.bot.* parte di un organo rivolta verso terra: *il ventre del petalo* || *pegg.* ventràccio || **N. 1.** *Sin.* addome, alveo o alvo, buzzo, epa, pancia, trippa | duro, gonfio, meteorico, molle, grinzoso, teso | panciera, ventriera; aerofagia, borborigmo, gorgoglio, timpanismo; bacino, lombi, ombelico, pelvi, peritoneo; epigastrio, ipogastrio, mesogastrio | sbuzzare, sventrare.

ventrésca [da *ventre*; 1923 nel senso 2] ***sf.*** **1.** taglio ricavato dal ventre del tonno, il più pregiato: *ventresca sott'olio* **2.** *region.* pancetta di maiale || *per estens.* salume preparato in passato con pancetta di maiale, ripiena di carne, uova e cacio.

ventricolàre [da *ventricolo*; 1750] ***agg.*** *T.anat.* del ventricolo: *la cavità ventricolare.*

ventrìcolo [dal lat. *ventriculus*; sec. XIV nel senso 2] ***sm.*** **1.** *T.anat.* denominazione generica di cavità di un organismo o di un organo; *in part. ventricoli cardiaci*, cavità poste al di sotto degli atri; *ventricoli cerebrali*, le quattro cavità encefaliche contenenti liquido cefalo-rachidiano **2.** *raro* stomaco. **Q.T.** ***anatomia*** **TAV.** ***anatomia*** **p. 642** 15.5, 15.8.

ventrièra [da *ventre*, sul modello del fr. *ventrière*; 1839] **sf.** **1.** panciera **2.** borsa di pelle o di fustagno che si portava cinta alla vita.
ventriglio (pl. *-gli*) [dal provenz. ant. *ventrehl*; 1340 ca.] **sm.** **1.** *T.zool.* parte dello stomaco degli uccelli, nella quale il cibo ingerito viene triturato; è anche detta *stomaco trituratore* || negli Anellidi, tratto anteriore dell'intestino, con funzione identica a quella del ventriglio degli Uccelli || *fig.* nel modo di dire ant. *avere l'asso nel ventriglio*, essere un giocatore accanito **2.** *ant.* ventricolo.
ventriloquia [da *ventriloquo*; 1937] **sf.** ventriloquio.
ventrilòquio (pl. *-qui*) [da *ventriloquo*; 1875] **sm.** capacità di parlare senza muovere le labbra, in modo che la voce sembri venire dal ventre o da un'altra persona.
ventrìloquo (pl. *-qui*) [dal fr. *ventriloque*; 1749] **agg.** e **sm.** (f. *-a*) che o chi pratica il ventriloquio: *il numero del ventriloquo, un attore ventriloquo.*
ventrino [da *ventre*; 1879] **sm.** *T.mar.* in ogni vela quadra, il dispositivo (triangolo di tela o incrocio di trecce e sim.) che serve a sostenere e a stringere contro il pennone la vela serrata.
ventróso [da *ventre*; 1592] **agg.** *raro* panciuto.
ventunènne [da *ventuno*; 1965] **agg.** e **s.** che o chi ha ventun anni.
ventùno [comp. di *venti* e *uno*; 1374] **agg.** e **sm.** *num. card.*, ar. 21, rom. XXI || *T.gioc.* gioco di carte analogo al sette e mezzo, con la differenza che l'asso vale undici punti, le figure dieci, e le altre mantengono il loro valore nominale.
ventùra [lat. *ventūra*, le cose che verranno; 1313] **sf.** **1.** sorte, fortuna, *com.* solo nelle loc. *andare, partire alla ventura*, in cerca di fortuna o, anche, alla cieca, confidando nella fortuna || in gen., *ant.*, sorte, fortuna, destino: *augurare la buona, la mala ventura*; *dare* (o *dire*) *la ventura*, predire il futuro **2.** *T.stor.* *compagnia di ventura*, banda di soldati mercenari; *capitano di ventura*, comandante di soldati mercenari || **N.** **1.** *Contr.* sfortuna, sventura.
venturière o **venturièro** [dal fr. *avventurier*; 1502 come sm.] **I agg.** **1.** *lett.* da avventuriero **2.** *arc.* di chi non ha occupazione o impiego fisso ed esercita la sua arte dove gli capita **II sm.** *arc.* **1.** soldato di ventura **2.** avventuriero.
venturìmetro [comp. del n. proprio Battista *Venturi*, inventore del dispositivo e *-metro*; 1920] **sm.** strumento atto a misurare la portata di fluidi che scorrono in tubi chiusi a pressione; tubo di Venturi.
venturìna [dal fr. *aventurine*; 1705] **sf.** avventurina.
ventùro [dal lat. *venturum*; 1321 nel senso 2] **agg.** **1.** che è il prossimo a venire: *il mese venturo, la settimana ventura* **2.** *lett.* che deve venire, che verrà: *l'attesa del venturo messia.*
venturóne [etim. inc.; 1886] **sm.** uccellino di montagna appartenente all'ordine dei Passeriformi e della fam. dei Fringillidi, provvisto di piumaggio verdastro nel maschio, grigio-bruno a strisce nere nella femmina.
venturóso [da *venturo*; a. 1320] **agg.** *poet. ant.* fortunato, felice: *o venturose e care e benedette le antiche età* (Leopardi).
vènula [dal lat. *venula*; 1963] **sf.** **1.** *T.anat.* piccola vena **2.** *T.med.* strumento usato per prelevare il sangue dalle vene, formato da un tubo di vetro e da un ago cavo.
venusiàno [dal fr. *vénusien*; 1959] **I agg.** proprio del pianeta Venere; relativo a esso **II sm.** (f. *-a*) ipotetico abitante dal pianeta Venere.
venustà [dal lat. *venustas, -ātis*; a. 1508] **sf.** *lett.* bellezza (spec. femminile) || **N.** BELLEZZA.
venùsto [dal lat. *venustus*; 1321] **agg.** *lett.* di donna, di una bellezza ideale: *l'aspetto venusto della dea* || *per estens.* di stile, elegante e armonioso.
venùta [da *venire*; 1313] **sf.** atto ed effetto del venire: *attendiamo la vostra venuta*; *la venuta di Cristo*, la sua incarnazione || **N.** apparizione, arrivo, comparsa.
venùto (*pps.* di *venire*) [1342] **I agg.** che è arrivato, giunto: *una grazia venuta dal cielo*; *un uomo venuto su dal nulla*, che si è fatto da sé || *ben venuto!*, formula di saluto che si rivolge a chi arriva **II sm.** (f. *-a*): *i primi venuti*, quelli che sono arrivati per primi; *il primo venuto*, anche *fig.* uno qualsiasi: *non fidatevi del primo venuto!*; *gli ultimi venuti*, anche *fig.* i meno importanti.
vepràio (pl. *-ài*) [da *vepre*; 1694] **sm.** *lett. ant.* luogo pieno di vepri || **N.** sterpaio, pruneto.
vèpre e **vèpro** [dal lat. *vepres*; 1342] **sm.** *lett.* **1.** pianta spinosa **2.** *T.arald.* cespuglio selvatico sradicato stilizzato || **N.** **1.** *Sin.* dumo, pruno, spino, sterpo. **TAV.** ***araldica* p. 645** 4.10.
vèr [da *verso*; a. 1294] **prep.** *poet. arc.* verso (in tutti i sensi): *sen venne ver me, andò in ver lui.*
véra [lat. *viria*, braccialetto; 1814] **sf.** **1.** *sett.* anello matrimoniale, fede **2.** parapetto circolare del pozzo || **N.** **2.** *Sin.* ghiera, puteale.
veràce [dal lat. *verax, -ācis*; fine sec. XIII] **agg.** **1.** che dice il vero, non menzognero: *testimone, racconto verace* **2.** autentico: *Dio verace* || *region. napoletano verace*, che possiede tutte le caratteristiche comunemente attribuite ai napoletani || *per estens.* anche *fig.*, non illusorio, reale: *l'angel... dinanzi a noi pareva sì verace* (Dante); *i beni veraci sono quelli dello spirito* || **veraceménte** **avv.** || **N.** **1.** *Sin.* veridico, veritiero | *Contr.* mendace **2.** *Sin.* vero | *Contr.* falso.
veracità [da *varace*; a. 1542] **sf.** caratteristica di ciò che è verace || **N.** *Contr.* mendacità.
verànda [dal port. *varanda*; 1891] **sf.** galleria o terrazzo coperto superiormente e aggettante da uno o più muri perimetrali di un edificio; il lato verso l'esterno può essere aperto o chiuso da vetrate || **N.** verone, terrazza. **TAV.** *abitazione* 2.12.
veratrìna [da *veratro*; 1825] **sf.** alcaloide velenosissimo estratto dal veratro e usato in terapia in farmaci ipotensivi.
veràtro [dal lat. *veratrum*; sec. XIV] **sm.** *T.bot.* genere di piante erbacee delle Liliacee dotate di un grosso rizoma contenente alcaloidi velenosi e di fiori raccolti in pannocchie terminali; comune nei boschi e nei pascoli montani, è variamente utilizzata in farmacia.
verbàle [dal lat. tardo *verbālis*; a. 1556 nel senso 2] **I agg.** **1.** costituito da parole: *linguaggio verbale* (contrapposto per es. a *gestuale*) **2.** fatto, dato e sim. a voce: *ordine, impegno verbale* **3.** *T.gram.* del verbo: *forme verbali*, le varie forme coniugate di un verbo; *flessione verbale*, coniugazione di un verbo; *predicato verbale*, V. PREDICATO || **verbalménte** **avv.** a voce: *me l'hanno comunicato verbalmente* **II sm.** documento, atto scritto in cui sono sinteticamente registrate tutte le operazioni effettuate durante un procedimento (spec. giuridico o amministrativo): *il verbale dell'assemblea*; *firmare, redigere, stendere il verbale*; *mettere a verbale le dichiarazioni dei testimoni* || **N.** **2.** *Sin.* orale | *Contr.* scritto.
verbalìsmo [da *verbale*; 1950] **sm.** tendenza a dare eccessiva importanza alle parole a scapito dei concetti, dei contenuti: *vuoti verbalismi pseudofilosofici, il verbalismo del suo discorso.*
verbalìstico (pl. *-ci*) [da *verbalismo*; 1961] **agg.** proprio del verbalismo, relativo al verbalismo: *tendenza verbalistica.*
verbalizzàre [dal fr. *verbaliser*; 1877] **tr.** mettere a verbale: *ha verbalizzato le sue risposte, la seduta.*
verbalizzazióne [da *verbalizzare*; 1970] **sf.** atto o effetto del verbalizzare.
verbàsco (pl. *-schi*) [dal lat. *verbascum*; 1561] **sm.** tassobarbasso. **TAV.** *erboristeria* 6.
verba volant et scripta manent (lat., pr. it. [ˈvɛrba ˈvɔlant et ˈskripta ˈmanent]) [letter. le parole volano, le cose scritte rimangono] **loc.** detta da chi ritiene opportuno mettere qualcosa per iscritto, piuttosto che dover fare assegnamento su ciò che è stato detto: *al posto tuo mi farei firmare una ricevuta*; *sai... verba volant...!*
verbèna [dal lat. *verbena*; sec. XIV] **sf.** pianta erbacea perenne, che fa fiori dei più svariati colori || *verbena odorosa*, cedrina.
Verbenàcee [comp. di *verbena* e *-acee*; 1937] **sf.** *pl.* *T.bot.* famiglia di piante dicotiledoni comprendente piante erbacee, arbusti e alberi a foglie opposte.
verberàre (pres. *vèrbero*) [dal lat. *verberāre*; sec. XIV] **tr.** *arc.* percuotere.
verbigerazióne [dall'ingl. *verbigeration*; 1937] **sf.** *T.med.* loquacità veloce e incoerente, con tendenza alla ripetizione delle stesse frasi o parole, caratteristica di alcune malattie mentali.
verbigratia (lat., pr. it. [verbiˈgrattsja]) o, italianizzato, **verbigràzia** [letter. in grazia di una parola] **avv.** *inv.* *raro* per esempio (usato solo *scherz.*): *come faresti tu, verbigrazia?*
vèrbo [dal lat. *verbum*; a. 1306 *verba* pl. nel senso 3] **sm.** **1.** *T.gram.* parte variabile del discorso che esprime un'azione, uno stato o un divenire: *'vado' è una voce del verbo 'andare'*; *verbi denominali*, derivanti da un nome (per es. *troneggiare*, che deriva da *trono*); *verbi deponenti*, di forma passiva o media, ma con significato attivo **2.** *T.rel.* (con iniz. maiuscola) nella teologia cristiana, la parola di Dio, seconda persona della Trinità: *il Verbo incarnato*, Gesù Cristo || *per estens.* messaggio (anche *scherz.*): *diffondere il verbo socialista* **3.** *arc.* o *lett.* o *enf. scherz.* parola, singolo elemento lessicale: *non proferì verbo* || **N.** **1.** ausiliare, copulativo / predicativo, difettivo / sovrabbondante, fraseologico, personale / impersonale, pronominale, regolare / irregolare, servile | aspetto (frequentativo, imperfettivo, incoativo, iterativo, perfettivo, progressivo), forma o diatesi (attiva, media, passiva), genere (intransitivo / transitivo), modo (finito: condizionale, congiuntivo, imperativo, indicativo; indefinito: gerundio, infinito, participio), numero (singolare / plurale), persona (prima, seconda, terza), tempo (semplice: presente, imperfetto, futuro semplice, passato remoto; composto: futuro anteriore, passato prossimo, trapassato prossimo) | coniugazione, flessione, voce; desinenza, radice, tema, vocale tematica; suffisso, prefisso **2.** *Sin.* logos. **Q.T.** *linguistica.*
verbosità [da *verboso*; sec. XIV] **sf.** l'essere verboso || **N.** *Sin.* prolissità.
verbóso [dal lat. *verbosus*; sec. XIV] **agg.** di persona, che usa troppe parole: *oratore verboso*; di testo e discorso, prolisso ed enfatico: *un saggio verboso e inconcludente, stile verboso* || **verbosaménte** **avv.** || **N.** *Sin.* prolisso.
verdàcchio (pl. *-chi*) [da *verde*; 1536] **agg.** *ant.* che tende al verde || *in part.* di una qualità di susino, che ha i frutti verdastri.
verdàccio (*pegg.* di *verde*) [1826] **sm.** colore composto di ocra, nero, cinabro e un tipo speciale di bianco, o di ocra, nero e terra verde.
verdàstro [da *verde*; 1805] **agg.** che tende al verde, ma contiene tracce di altri colori.
vérde [lat. *viridis*; 1313] **I agg.** **1.** del colore dell'erba fresca: *foglie verdi e gialle*; *tappeto verde*, il panno verde che ricopre i tavoli da gioco e, *per meton.*, il gioco d'azzardo || anche seguito da agg. o s. che ne specificano la tona-

lità e l'intensità: *verde brillante, chiaro, cupo, scuro, acqua, bandiera, bottiglia, oliva, smeraldo* **2.** ricco di vegetazione: *la verde Irlanda, aree verdi; zona verde,* porzione di territorio, spec. urbano, destinata a parchi o giardini; *polmone verde,* v. POLMONE || *per restr.* che ha attinenza con l'agricoltura: *Europa verde* || *per estens. fig.* attinente a movimenti socio-politici ecologisti: *la presentazione di liste verdi alle elezioni amministrative, l'elettorato verde* **3.** *per estens.* di frutto, non ancora maturo: *l'uva e le mele sono ancora verdi* || di legna, fieno e sim., ancora vegetante, non stagionato: *la legna verde non brucia bene* || *per estens. fig.* giovane, giovanile, non ancora maturo: *verde età,* la giovinezza **4.** *per estens.* del volto umano, di un pallore livido: *era verde dalla rabbia, dall'invidia* || in funzione di *avv.*, nel modo di dire fig. *ridere verde,* in modo forzato, mentre dentro ci si rode dalla rabbia **II** *sm.* **1.** il colore verde: *un prato di un bel verde; il verde ti sta molto bene* || *prov. chi di verde si veste, troppo di sua beltà si fida* **2.** materiale o sostanza colorante, pigmento che conferisce colore verde: *verde di cromo, di Parigi* || *in part.* in gastronomia, nella loc. *al verde,* di preparazione condita con prezzemolo o altre erbe che le conferiscono una colorazione verde: *frittata, tomini al verde* **3.** materiale roccioso di colore verde, impiegato in costruzioni e decorazioni: *verde antico, di Susa* **4.** parte verde di qualcosa: *il verde della bandiera italiana, dell'anguria* || *ass.* la luce di colore verde del semaforo: *passare col verde* || nei modi di dire fig. *essere, ridursi al verde,* in miseria, senza un soldo **5.** *per estens.* vegetazione e, anche, area ricca di vegetazione (spec. in quanto non edificata): *aree urbane povere di verde; la tutela del verde pubblico,* delle zone urbane occupate da parchi, giardini e sim. || *s. per estens. fig.* membro di un movimento ecologista: *la protesta dei verdi, le liste dei verdi* || *dim.* verdìno, verdolìno; *accr.* verdóne; *pegg.* verdàccio || **N.** I **1.** verdacchio, verdastro, verdiccio, verdognolo, verdolino **2.** *Sin.* acerbo, immaturo | *Contr.* adulto, vecchio.

verdèa [da *verde;* a. 1320] *sf.* vitigno a uva bianca verdastra da vino e da tavola || la qualità d'uva prodotta dal vitigno omonimo || vino bianco verdastro prodotto con l'uva omonima.

verdeazzùrro [comp. di *verde* e *azzurro;* 1696 *verdazzurro*] **I** *agg.* di colore verde tendente all'azzurro **II** *sm.* il colore verdeazzurro.

verdeggiaménto [da *verdeggiare;* sec. XIV] *sm. raro* il verdeggiare.

verdeggiàre (pres. *-éggio*) [da *verde;* 1353 nel senso 2] *intr.* (aus. *avere*) **1.** essere e apparire verde: *da lassù si vede la pianura verdeggiare* **2.** diventare verde, coprendosi sempre più di vegetazione: *il bosco inizia a verdeggiare* **3.** *raro* tendere al verde: *un giallo che verdeggia* || **N.** **2.** *Sin.* verzicare.

verdegiàllo (pl. *verdegiàlli*) [comp. di *verde* e *giallo;* 1355] **I** *agg. non com.* di colore verde che tende al giallo o con screziature gialle **II** *sm. non com.* il colore verdegiallo.

verdegrigio (pl. m. *-gi,* pl. f. *-gie*) [comp. di *verde* e *grigio;* 1965] **I** *agg. non com.* di colore verde tendente al grigio o misto a grigio **II** *sm. non com.* il colore verdegrigio.

verdèllo [da *verde;* 1831] *sm.* **1.** verdone (nel senso 2) **2.** frutto del limone che giunge a maturazione dal maggio all'agosto; è di un color verde pallido.

verdemàre o **vérde màre** [comp. di *verde* e *mare;* 1811] **I** *agg.* di colore verde simile a quello dell'acqua marina **II** *sm.* il colore verdemare.

verdeméżżo [comp. di *verde* e *mezzo;* a. 1484] *agg. arc.* **1.** di carne, tra il crudo e il cotto **2.** di frutto, grano, formaggio e sim., tra verde e secco.

verderàme [comp. di *verde* e *rame;* a. 1320 nel senso 2] *sm. inv.* **1.** solfato di rame usato come anticrittogamico: *spruzzare il verderame sulle viti* **2.** la patina verde, costituita da carbonati basici di rame, che si forma su tale metallo in seguito alla lunga esposizione all'aria.

verderògnolo o **verderógnolo** [da *verde;* 1696] *agg. raro* verdognolo.

verdésca [da *verde;* 1957] *sf.* squalo, lungo fino a 6 m, dal dorso verde-blu, diffuso in tutti i mari, noto per essere un vorace predatore.

verdétto¹ [dall'ingl. *verdict;* 1667] *sm. T.giur.* il responso dato dai giurati in risposta a un quesito posto dal giudice: *verdetto d'assoluzione, il verdetto della giuria* || *per estens.* qualsiasi decisione presa da una giuria o da un arbitro || *fig., enf.* o *scherz.*, responso, giudizio: *attendere il verdetto dei posteri.*

verdétto² [da *verde;* 1584] *sm.* materia di color verde adoperata dai pittori.

verdézza [da *verde;* a. 1375] *sf. raro* caratteristica di ciò che è verde.

verdicàre (pres. *vérdico, vérdichi*) [da *verde;* sec. XIV] *intr.* (aus. *avere*) *arc.* verdeggiare.

verdicchio [da *verde;* 1896] *sm.* **1.** vitigno a uva bianca da vino, verde o giallastra, tipico delle Marche || la qualità d'uva prodotta dal vitigno omonimo **2.** vino bianco, giallo paglierino, secco e amarognolo, prodotto con l'uva omonima.

verdìccio (pl. m. *-ci,* pl. f. *-ce*) [da *verde;* 1551 come sm.] **I** *agg.* di colore pallido e sgradevole, che tende al verde **II** *sm.* il colore verdiccio.

verdìgno [da *verde;* a. 1400] *agg. non com.* verdognolo.

verdìno (*dim.* di *verde*) [da *verde;* a. 1729] **I** *agg.* **1.** verde chiaro **2.** *fico verdino,* piccolo fico tardivo a buccia verde **II** *sm.* **1.** il colore verdino **2.** fico verdino || **N.** I **1.** verdolino.

verdìre (pres. *-ìsco, -ìsci*) [da *verde;* sec. XIV] *intr.* (aus. *avere*) *arc.* verdeggiare.

verdògnolo o **verdógnolo** [da *verde;* a. 1571] *agg.* di colore, che tende ad un verde livido.

verdolìno [da *verde;* a. 1400] *agg.* di colore, che tende leggermente al verde || verde pallino, verdino.

verdóne (*accr.* di *verde*) [a. 1712] **I** *agg.* di colore verde scuro e carico **II** *sm.* **1.** il colore verdone **2.** uccello passeriforme dei Fringillidi con piumaggio verde tendente al giallo, diffuso in campagna, sovente tenuto in cattività per il suo canto melodico **3.** verdesca.

verdóre [dal provenz. *verdor;* sec. XIV] *sm. arc.* verdezza.

verdùco (pl. *-chi*) [dallo sp. *verdugo,* pollone, stocco; a. 1535] *sm.* spada dalla stretta lama quadrangolare, alla quale serviva da fodero un bastone cavo di legno o di ferro detto *bastone animato.*

verdugàle [dal fr. *verdugale;* 1736] *sm. T.abb.* sottana montata su stecche, usata in passato per tenere ben gonfia la veste || *dim.* verdugalino.

verdùme [da *verde;* a. 1320] *sm.* **1.** *spreg.* eccesso di color verde, di cose verdi **2.** *raro* la parte verde di un vegetale.

verdunizzazióne [dal n. geogr. *Verdun,* città fr.; 1961] *sf.* tecnica di potabilizzazione delle acque a mezzo di cloro attivo.

verdùra [da *verde;* 1313 nel senso 2] *sf.* **1.** denominazione collettiva degli ortaggi: *passato, minestrone di verdura, reparto di frutta e verdura* || ciascun tipo di ortaggi: *coltiva molte verdure nel suo orto, una verdura poco nutriente* **2.** *ant.* o *lett.* il verde delle piante e della vegetazione in genere **3.** *ant. raro* l'essere verde della vegetazione || **N.** **2.** *Sin.* verzura. Q.T. *alimentazione.*

verduràio (pl. *-ài*) [da *verdura;* 1963] *sm.* (f. *-a*) *region.* venditore di verdure; erbivendolo.

verdùzzo [da *verde;* 1961] *sm.* **1.** vitigno a uva bianca da vino, tipico del Friuli || la qualità d'uva prodotta dal vitigno omonimo **2.** vino bianco secco, prodotto con l'uva omonima.

verecóndia [dal lat. *verecundia;* 1306] *sf.* pudore || **N.** *Sin.* modestia, riservatezza, pudicizia.

verecóndo [dal lat. *verecundus;* a. 1406] *agg. disus.* di persona, che ha modestia e vivo pudore e rifugge da ciò che è moralmente sconveniente || *per estens.* che esprime, è segno di verecondia: *sguardo, atteggiamento verecondo* || **verecondaménte** *avv. disus.* || **N.** *Sin.* pudico.

vérga [lat. *virga;* 1308 nel senso 2] *sf.* **1.** bastoncello, bacchetta in legno o metallo, lunga, sottile e perlopiù flessibile: *fustigare con una verga, colpi di verga; la verga del pendolo,* l'asta; *la verga dei maghi, degli indovini; la verga del rabdomante,* la bacchetta flessibile biforcuta di cui si serve nel cercare l'acqua || anche, meno *com.*, ramoscello, fuscello || nel modo di dire *disus. tremare come una verga* (o *a verga a verga*), avere un tremito convulso e irrefrenabile (spec. dovuto a freddo, febbre, paura e sim.) **2.** *per estens. ant.* o *lett.* bastone del pastore || pastorale del vescovo || scettro, come insegna dell'autorità politica o, più spesso, del dominio tirannico: *stare sotto le verghe del tiranno* **3.** *per estens. non com.* elemento metallico di forma allungata e di sezione anche non circolare: *verghe d'oro; le verghe del tram,* le rotaie **4.** pene **5.** *verga d'oro,* pianta della fam. delle Asteracee, dal portamento eretto, frequente nei boschi freschi dell'Eurasia || *dim.* verghétta, verghettina, vergùccia; *accr.* vergóna; *pegg.* vergàccia || **N.** **1.** scudiscio, virgulto **3.** asta, barra, lingotto.

vergàio (pl. *-ài*) (meno com. *vergàro*) [da *verga;* sec. XV] *sm. region.* in Maremma e nella campagna laziale, capo del personale di custodia di un gregge.

vergàre (pres. *vérgo, vérghi*) [da *verga;* 1319] *tr.* **1.** *non com.* percuotere con una verga || *per estens. tosc.* percuotere **2.** *lett.* scrivere a mano su carta: *vergare due righe di ringraziamento; per estens.* da: **3.** *ant.* tracciare una serie di sottili righe parallele su carta, drappi e sim. || **N.** **3.** rigare.

vergàro v. VERGAIO.

vergàta [da *verga;* 1879] *sf.* colpo di verga.

vergatìno [da *vergato;* 1879 nel senso 2] **I** *agg.* **1.** di carta usata per copie dattiloscritte, sottile come la velina, che in trasparenza rivela una sottile rigatura **2.** di tela, a righe sottili **II** *sm.* tela vergatina || **N.** **2.** *Sin.* rigatino.

vergàto (*pps.* di *vergare*) [sec. XIII] **I** *agg.* **1.** *lett.* scritto a mano su carta **2.** rigato || *in part.* di carta, filettata per impressione contro fili metallici disposti nel telaio **II** *sm.* rigatino.

vergatùra [da *vergare;* 1961] *sf.* **1.** atto ed effetto del vergare una stoffa o una carta **2.** *concr.* il complesso di linee che si scorgono guardando controluce alcuni tipi di carta.

vergèlla (*dim.* di *verga*) [sec. XIV] *sf.* **1.** *arc.* piccola verga **2.** ciascuno dei fili d'ottone sottili e paralleli che corrono da un lato all'altro di un telaio per la fabbricazione della carta, e sono a loro volta attraversati dai filoni || *carta vergella,* carta vergata **3.** *T.metal.* tondino metallico costituente il semilavorato di partenza per la costruzione di chiodi.

vergèllo o **vergillo** [da *verga;* sec. XV] *sm. T.cacc.* asticciola con intaccature usata dagli uccellatori per infilare le panie.

vergènza [da *vergare;* 1970 nel senso 2] *sf.* **1.** *T.ott.* rapporto tra l'indice di rifrazione del primo mezzo di un sistema ottico e la sua distanza focale anteriore; si misura in diottrie **2.** *T.geol.* *vergenza di piega*, direzione verso la quale una piega tende a rovesciarsi.

vèrgere (pres. *vèrgo, vèrgi*; dif. del pps. e dei tempi composti) [dal lat. *vergere*; a. 1799] ***intr.*** **1.** *lett. non com.* volgere, piegare verso un lato **2.** *raro* convergere || **N. 1.** *Sin.* tendere **2.** *Contr.* divergere.

vergheggiàre (pres. *-éggio*) [da *verga*; sec. XIV] ***tr.*** *raro* percuotere con una verga; vergare.

verghettàto [da *verghetta*, dim. di *verga*; 1840] ***agg.*** *T.arald.* di scudo, coperto di righe o liste.

vergillo V. VERGELLO.

verginàle o **virginàle**[1] [lat. *virginalis*; sec. XIV] ***agg.*** **1.** di o da vergine: *stato verginale, pudore verginale* **2.** *fig. lett.* candido, puro: *chiarore verginale* || **N. 1.** casto, ingenuo.

vérgine [lat. *virgo, virginis*; sec. XIV] **I *agg.*** **1.** di donna, che è in stato di verginità, che non ha subito la lacerazione dell'imene || *com.* di persona (spec. donna) che non ha mai avuto rapporti sessuali completi **2.** *per estens.*, anche *fig.*, di ciò che è rimasto allo stato naturale, che non ha subito manomissioni, lavorazioni o interventi esterni: *foresta vergine*, mai tagliata o disboscata; *miele, cera vergine*, non depurati, grezzi; *olio vergine di oliva*, di prima spremitura e non sottoposto ad alcuna manipolazione; *lana vergine*, lana pura; *nastro magnetico, dischetto vergine*, non inciso; *campo, terreno vergine*, mai lavorato e, *fig.*, ambito, settore e sim. ancora da sfruttare **3.** *fig.* spiritualmente puro, casto, innocente: *animo vergine* || anche, *lett.* libero, esente, immune, non contaminato: *vergin di servo encomio* (Manzoni) **II *sf.*** **1.** donna vergine || *per anton.* la Madonna: *pregare la Santa Vergine* (o *la Vergine*, o *la Vergine Maria*) || raro *sm.* uomo che non ha mai avuto rapporti sessuali **2.** *per estens. lett.* giovinetta, fanciulla, ragazza non sposata: *un corteo di vergini* || spec. *pl.* epiteto delle Muse, delle Vestali; anche le monache, in quanto hanno pronunciato voto di castità **3.** *T.mar.* paranco costituito da due bozzelli uniti tra loro a una delle basi **4.** *vergine di Norimberga*, strumento di tortura, usato in Germania e Spagna fino al sec. XVI, costituito da una statua muliebre, internamente cava e munita di punte acuminate, nella quale si chiudeva il prigioniero **5.** (perlopiù con iniziale maiuscola) *T.astr.* costellazione zodiacale tra la Bilancia e il Leone || *T.astrol.* segno dello zodiaco, dal 23 agosto al 23 settembre || *per meton.* persona nata sotto il segno della Vergine || *dim.* verginèlla, verginèllo, verginétta || **N.** I **2.** *Sin.* incontaminato, intatto **3.** *Sin.* candido, immacolato, ingenuo; alieno, scevro. **TAV.** *astrologia* 1.6.

verginèlla (*dim.* di *vergine*) [1525] ***sf.*** *iron.* ragazza che finge di essere ingenua e pura.

vergineo [lat. *virginens*; a. 1406 *virgineo*] ***agg.*** *lett.* verginale.

verginità [lat. *virginitas, -ātis*; a. 1306 *verginitate*] ***sf.*** **1.** condizione di persona (spec. donna) vergine: *conservare, perdere la verginità; far voto di verginità, il dogma cattolico della verginità della Madonna* **2.** *fig.*, spec. *scherz.*, integrità morale: *rifarsi una verginità*, riconquistarsi la stima, la buona reputazione precedentemente perduta o compromessa || **N. 1.** *Sin.* castità | candore, immacolatezza, ingenuità, purezza **2.** *Sin.* buon nome, credibilità, fiducia.

verglas (fr., pr. [vɛr'glɑ]) [comp. di *verre*, vetro e *glas*, variante di *glace*, ghiaccio; 1942] ***sm.*** patina di ghiaccio sulle rocce o sulla strada.

vergógna [lat. *verecundia*; a. 1294] ***sf.*** **1.** turbamento suscitato dalla mortificante consapevolezza di aver compiuto (o di star compiendo, o di stare per compiere) qualcosa di riprovevole: *avere, provare vergogna*, vergognarsi; *chi non ha vergogna a dire, a fare cose simili è uno spudorato!* || anche, senza alcuna connotazione negativa, senso di imbarazzo dovuto a timidezza e sim.: *prova vergogna a cantare in pubblico, a chiedere favori* || *per meton.* manifestzione esteriore della vergogna che si prova (tipicamente il rossore del volto): *avvampò di vergogna; e di trista vergogna si dipinse* (Dante) **2.** onta, disonore, infamia: *si sottrasse col suicidio alla vergogna della sconfitta, con quel gesto si è coperto di vergogna* || com. nelle escl. *(che) vergogna!*: *(che) vergogna, approfittarsi così di un bambino!* **3.** *concr.* fatto, cosa o persona che costituisce motivo di vergogna (in tutti i sensi): *è una vergogna tradire la patria, il servizio in questo albergo è una vergogna, è la vergogna della sua famiglia* || *pl. disus.* le parti genitali di entrambi i sessi: *coprirsi le vergogne* || **N. 1.** imbarazzo, modestia, pudore, soggezione, timore | svergognare; confondere, imbarazzare **2.** *Sin.* disdoro, macchia, scorno, smacco **3.** *Sin.* abominio, disonore, ignominia, indecenza, infamia, obbrobrio, turpitudine.

vergognàre (pres. *-ógno*) [da *vergogna*; a. 1294] ***intr. pron.*** provar vergogna per quanto di riprovevole si è compiuto (o si sta compiendo, o si sta per compiere): *mi vergogno della mia ignoranza, ma non si vergogna a rivolgersi a lui con quel tono?!; mi vergogno per lui a vedere come si comporta*, provo vergogna al posto suo; *vergognati!, ma non ti vergogni!*, espr. usate come rimprovero || anche, provar soggezione, timore, imbarazzo a fare o dire qualcosa: *io non mi vergogno a chiedere i prezzi e uscire senza aver comprato nulla* || ***tr.*** *arc.* svergognare || **N. *intr. pron.*** abbassare gli occhi, arrossire.

vergognóso [da *vergogna*; 1294 nel senso 2] **I *agg.*** **1.** che costituisce motivo di vergogna, in quanto riprovevole, infame e sim.: *ha fatto una figura vergognosa, un vergognoso atto di terrorismo* **2.** che prova e manifesta vergogna: *vistosi scoperto si allontanò vergognoso a testa bassa* || anche, più com., che prova e manifesta soggezione, imbarazzo: *porse la sua domanda tutta vergognosa* || **vergognosaménte** ***avv.*** **II *sm.*** (f. *-a*) chi mostra soggezione, imbarazzo e sim.: *non fare il vergognoso e fatti avanti!* || *dim.* vergognosétto || **N. 1.** *Sin.* disonorevole, ignominioso, turpe **2.** riservato, timido, timoroso, verecondo.

vérgola [lat. *virgula*; 1556 nel senso 2] ***sf.*** **1.** filo di seta raddoppiato e ritorto, per occhielli **2.** filo o lista di seta, d'oro e sim., intessuto in drappi di stoffa a scopo ornamentale.

vergolàre (pres. *vérgolo*) [da *vergola*; 1879] ***tr.*** *raro* ornare con vergola d'oro o di seta.

vergolàto (*pps.* di *vergolare*) [1879] ***agg.*** ornato con vergola.

vergóne (*accr.* di *verga*) [1879] ***agg.*** **1.** grossa verga **2.** grossa pania per la caccia.

veridicità [da *veridico*; 1585] ***sf.*** l'essere veridico.

veridico (pl. *-ci*) [dal lat. *veridicus*; sec. XIV] ***agg.*** che dice il vero, che risponde al vero: *testimone, racconto veridico* || **veridicaménte** ***avv.*** || **N.** *Sin.* verace, veritiero | attendibile, credibile, fedele, schietto, sincero | *Contr.* mendace, menzognero.

verìfica [da *verificare*; 1812] ***sm.*** atto ed effetto del verificare: *compiere, effettuare, predisporre la verifica di qualcosa; la verifica del funzionamento di un impianto, compito in classe di verifica* || **N.** *Sin.* accertamento, controllo, ispezione, riscontro.

verificàbile [da *verificare*; 1673] ***agg.*** che si può verificare.

verificabilità [da *verificabile*; 1950] ***sf.*** l'essere verificabile; controllabilità || *T.fil. principio di verificabilità*, principio di verificazione.

verificàre (pres. *-ìfico, -ìfichi*) [dal lat. *verificare*; 1354 come intr. pron.] ***tr.*** **1.** appurare, mediante prove o comunque sistemi specifici diretti, l'esistenza, l'autenticità, l'efficienza, l'esattezza, la validità, la verità e sim. di qualcosa: *verificare la sussistenza degli estremi per una denuncia, l'autenticità di un diamante, l'affidabilità di un motore, i conti, la validità di un ragionamento, la verità di un'affermazione* **2.** comprovare, convalidare, confermare: *dati, elementi, scoperte che verificano una teoria, un'ipotesi scientifica* || ***intr. pron.*** **1.** *com.* succedere, accadere: *si è verificato un caso clamoroso; per estens.* da: **2.** avverarsi, risultare vero: *la previsione si è verificata* || **N. *tr.*** *Sin.* accertare, controllare, riscontrare.

verificatóre [da *verificare*; 1780] ***sm.*** (f. *-trìce*) chi è addetto a determinati controlli: *verificatore dei conti, postale.*

verificatrìce [da *verificare*; 1970] ***sf.*** negli elaboratori elettronici, macchina per il controllo delle operazioni eseguite dalla perforatrice sulle schede meccanografiche.

verificazióne [da *verificare*; a. 1565] ***sf.*** verifica; *com.* solo come *T.giur.*: *verificazione dei registri, di una scrittura privata*; e *T.fil. principio di verificazione*, principio in base al quale un enunciato non analitico ha significato solo se è verificabile nell'esperienza.

verina [forse da *vera*; 1889] ***sf.*** *T.mar.* cavo con gancio, usato spec. per manovrare la catena dell'ancora.

verisìmile e der. V. VEROSIMILE e der.

verìsmo [dal fr. *verisme*; 1874] ***sm.*** **1.** movimento artistico-letterario, diffuso in Italia alla fine dell'Ottocento e nel primo Novecento, caratterizzato dall'impegno a una rappresentazione obiettiva della realtà quotidiana, spec. di ambienti popolari o borghesi: *il verismo di Verga, di Fattori; il rapporto tra verismo italiano e naturalismo francese* **2.** *per estens.* nel linguaggio comune, realismo: *descrivere una scena con crudo verismo.*

verista [dal fr. *veriste*; 1880] **I *s.*** seguace del verismo **II *agg.*** di verista: *quadro, novella verista.*

verìstico (pl. *-ci*) [da *verista*; 1938] ***agg.*** del verismo, dei veristi.

verità [lat. *veritas, -ātis*; a. 1294 *veritate* nel senso 2] ***sf.*** **1.** caratteristica di ciò che è vero: *mettere in dubbio, appurare la verità di qualcosa* || *T.fil. valori di verità*, V. VALORE; *tavola di verità*, schema grafico in base al quale è possibile calcolare il valore di verità di un enunciato complesso essendo noti i valori di verità dei suoi enunciati atomici **2.** ciò che è vero: *ricerca, amore della verità; alterare, nascondere, rivelare, dire la verità* || *macchina della verità*, apparecchio che, analizzando le reazioni fisiche di una persona sottoposta a interrogatorio, dovrebbe permettere di accertare se è sincera o mente || *fig. essere la bocca della verità*, essere assolutamente sincero || in varie loc.: *a* (o *per*) *dir la verità, per la verità*, in realtà, a dire il vero, spec. per rettificare quanto è stato appena detto: *a dir la verità non l'ha trovato, l'ha rubato* || *in verità*, veramente, effettivamente, sia con funzione rafforzativa: *in verità vi dico che ve ne pentirete!*, sia con funzione attenuativa: *in verità non ne so molto* || *prov. la verità viene sempre a galla*, finisce sempre per essere scoperta **3.** (come numerabile) singola proporzione vera: *le verità della scienza, della fede; hai detto una grande verità; una mezza verità*, un'asserzione non del tutto vera; *T.fil. verità di ragione*, proposizione la cui verità non dipende dall'esperienza; *verità di fatto*, che ne dipende || **N. 1.** *Contr.* falsità **2.** *Sin.* vero | *Contr.* falso | assoluta, cruda, inconfessabile, indiscutibile, irrefutabile, lampante, nuda e cruda, pura e semplice, schietta | accettare, accertare, affermare, alterare, ammettere, asserire, cercare, confermare, confessare, dedurre, deformare, dimostrare, negare, occultare, ricavare, rivelare, scoprire, spiattellare, stabilire, svisare, tradire, travisare, trovare | conferma, dimostrazione, prova, smentita; sincerità **3.** *Contr.* falsità.

veritièro [da *verità*; a. 1294] ***agg.*** conforme alla verità; che dice il vero: *racconto, testimone veritiero* || **N.** *Sin.* VERIDICO.

vèrla [da *averla*; 1892] ***sf.*** averla.

vèrme [lat. *vermis*; fine sec. XIII] ***sm.*** **1.** denominazione generica di vari tipi di piccoli animali invertebrati, con corpo piatto o cilindrico allungato e molle, privi di appendici articolate, appartenenti ai Platelminti, ai Nematelminti e agli Anellidi: *strisciare come un verme*, anche *fig.*, umiliarsi per scopi venali; *nudo come un verme*, completamente nudo; *verme di terra*, lombrico; *verme solitario*, tenia; *il verme nella mela*, anche *fig.*, l'elemento che può rovinare un che di altrimenti positivo || *pop. fam. pl.* denominazione di qualsiasi parassita intestinale: *avere i vermi* || *per estens. pop. fam.* bruco, larva: *la farina ha fatto i vermi* **2.** *fig. spreg.* essere vile, spregevole, abietto: *quel verme è capace di questo e altro!* **3.** *per estens.* cosa che ricorda, per forma, un verme; *in part.* filettatura della vite || *T.tip.* specie di sentiero che si forma in una composizione tipografica per effetto di spazi bianchi tra parola e parola che s'incolonnano (almeno parzialmente) per più righe di seguito; canaletto || *T.anat.* parte mediana e allungata del cervelletto || *dim.* vermicèllo, vermiciàttolo, vermìno.

vermeil (fr., pr. [verˈmɛj]) [letter. vermiglio; 1905] ***sm. inv.*** argento dorato || **N.** *doublé.*

vermèna [lat. *verbena*; 1313] ***sf.*** *lett.* sottile e giovane ramoscello di pianta.

vermentino [dal genov. *vermentin*; 1907] ***sm.*** **1.** vitigno diffuso in Liguria, Toscana e Sardegna, che produce uva bianca **2.** il vino bianco, asciutto e frizzante prodotto con l'omonimo vitigno.

vermèto [da *verme*; 1965] ***sm.*** mollusco marino dei Gasteropodi provvisto di una conchiglia a tubo da cui fa uscire quattro tentacoli.

vermicàio (pl. *-ài*) [da *verme*, su modello di *formicaio*; 1891] ***sm.*** *raro* insieme, brulichio di vermi || oggetto o luogo pieno di vermi.

vermicèllo (*dim.* di *verme*) [a. 1320 nel senso 1; 1516 nel senso 2] ***sm.*** **1.** piccolo verme **2.** spec. *pl.* pasta lunga e sottile, simile agli spaghetti.

vermicolàre [dal lat. *vermiculus*; 1563] ***agg.*** **1.** simile, per la forma, a un verme: *appendice vermicolare*; *solchi vermicolari*, scanalature nella roccia prodotte dalle sabbie desertiche **2.** *T.med. contrazioni vermicolari*, contrazioni degli intestini || *T.med. polso vermicolare*, frequente che dà l'impressione di un brulichìo di vermi.

vermicolazióne [da *vermicolare*; 1961] ***sf.*** *T.geol. vermicolazione desertica*, formazione di solchi vermicolari per l'azione abrasiva della sabbia mossa dal vento.

vermiculìte [dall'ingl. *vermiculite*; 1950] ***sf.*** *T.min.* denominazione di varietà di clorite che, sottoposte a brusco riscaldamento, si sfaldano e formano un aggregato voluminoso, soffice e refrattario, usato nella preparazione di materiali edili isolanti.

vermifórme [comp. di *verme* e *-forme*; 1749] ***agg.*** *T.scient.* a forma di verme || *T.anat. appendice vermiforme*, appendice.

vermìfugo (pl. *-ghi*) [comp. di *verme* e *-fugo*; 1805] ***agg.*** e ***sm.*** di preparato medicinale che espelle i vermi dal corpo di cui sono parassiti || **N.** antielmintico.

vermìglio (pl. *-gli*) [dal lat. *vermiculus*, attr. il fr. *vermeil*; fine sec. XIII] **I *agg.*** di colore rosso acceso: *fiore vermiglio* **II *sm.*** il colore vermiglio || **N.** carminio, porpora.

vermiglióne [da *vermiglio*; a. 1320] ***sm.*** pigmento rosso, originariamente ottenuto per macinazione del cinabro naturale e oggi anche sinteticamente.

verminazióne [dal lat. *verminātio*, *-ōnis*; 1839] ***sf.*** *ant.* o *pop.* verminosi.

verminòsi [comp. del lat. *vermen*, *-inis* e *-osi*; 1957] ***sf.*** nome generico dato in veterinaria alle affezioni parassitarie.

verminóso [lat. *verminōsus*; a. 1320] ***agg.*** pieno di vermi || *febbre verminosa*, provocata da vermi parassiti.

vermocàne [comp. di *vermo*, var. di *verme* e *cane*; a. 1409] ***sm.*** *ant.* nome di una malattia degli animali non ben determinata (probabilmente il capostorno) || *disus.* nell'imprecazione *che ti venga il vermocane.*

vermouth V. VERMUT.

vèrmut [dal ted. *Wermut*, attr. il fr. *vermouth*; 1773 *Vermouth*] ***sm. inv.*** vino liquoroso bianco o rosso, aromatizzato con erbe varie, servito come aperitivo.

vèrna [dal lat. *verna*; sec. XIV] ***sm.*** *T.stor.* nella società romana antica, figlio della schiava, quando sia nato e allevato nella casa del padrone.

vernacchiàia [dal lat. *hibernaculum*, appartamento d'inverno; 1879] ***sf.*** vivaio di piante da pali.

vernàccia (pl. *-ce*) [dal n. geogr. *Vernaccia*, località delle Cinque Terre; 1319] ***sf.*** **1.** nome di vari vitigni, perlopiù a uve bianche da vino **2.** nome di vari tipi di vini secchi, amari e molto alcolici, i più noti dei quali sono quello sardo e quello toscano.

vernacolàre [da *vernacolo*; 1961] ***agg.*** del vernacolo, fatto in vernacolo: *poesia vernacolare.*

vernàcolo [dal lat. *vernaculus*; 1508 *vernaculo*] **I *agg.*** rif. spec. a ciò che è attinente al linguaggio proprio del luogo in cui si è nati o si vive: *parlata vernacola, accento vernacolo* **II *sm.*** parlata popolare locale, intesa in senso più circoscritto rispetto a *dialetto* (in quanto pressoché limitata all'uso orale o popolare) || **N. I** locale, nativo, paesano.

vernàle¹ [dal lat. *vernālis*; 1961] ***agg.*** *T.astr. punto vernale*, nodo ascendente dell'ellittica sull'equatore celeste, quello in cui si trova il Sole nell'equinozio di primavera; poiché ai tempi di Ipparco cadeva nella costellazione dell'Ariete, è detto anche *punto d'Ariete* o *punto gamma* || *arc.* primaverile.

vernàle² [aferesi di *invernale*; a. 1348] ***agg.*** *arc. poet.* invernale: *l'aura vernal* (Carducci).

vernalizzàre [da *vernalizzazione*; 1961] ***tr.*** *T.agr.* sottoporre a vernalizzazione.

vernalizzazióne [da *vernale¹*, sul modello del fr. *vernalisation*; 1961] ***sf.*** *T.agr.* trattamento consistente nel sottoporre i semi, prima della loro messa a dimora, all'azione di basse temperature, con l'effetto di ridurre il ciclo vegetativo della pianta.

vernàre¹ (pres. *vèrno*) [dal lat. *vernāre*; 1321] ***intr.*** (aus. *avere*) *arc.* **1.** far primavera **2.** di uccelli, cantare in primavera.

vernàre² (pres. *vèrno*) [dal lat. *hibernare*; a. 1296 nel senso 2] ***intr.*** (aus. *avere*) **1.** *lett.* svernare **2.** *lett. arc.* patire il freddo, stare al freddo come d'inverno: *E forse pare ancor lo corpo suso / De l'ombra che di qua dietro mi verna* (Dante) || *impers.* essere inverno, farsi inverno: *ne face di state un ghiaccio, un fuoco quando verna* (Petrarca).

vernàta [da *vernare²*; a. 1348] ***sf.*** *arc. pop. tosc.* invernata.

vernazióne [dall'ingl. *vernation*; 1931] ***sf.*** *T.bot.* prefogliazione.

vernerèccio (pl. m. *-ci*, pl. f. *-ce*) [da *verno*; a. 1320] ***agg.*** *arc.* invernale || **N.** vernino.

vernìce¹ [prob. dal gr. *bereníkē*, albero resinoso; a. 1294] ***sf.*** **1.** sostanza (composta essenzialmente da una resina e dal suo solvente) che, applicata in vari modi su una superficie, solidifica e forma una pellicola protettiva e ornamentale: *stendere, tirare la vernice*; *ricoprire con uno o più strati di vernice nera, passare una o più mani di vernice trasparente*; *diluire la vernice con un diluente* || *per meton.* pellame lucidissimo verniciato: *scarpe, borse di vernice* **2.** *per estens.* patina, strato sottile; *in part. T.biol. vernice caseosa*, sostanza untuosa che ricopre la pelle del feto || *fig. spreg. non com.* ricopertura esteriore priva di consistenza, apparenza esteriore: *sotto una vernice di rispettabilità spesso si nasconde la corruzione* || *dim.* vernicétta || **N. 1.** lacca, pittura, smalto, tintura | TIPI: anticorrosiva, antiruggine, lucida / satinata, per esterni / per interni, opaca (o coprente) / trasparente. **Q.T.** *falegnameria, pittura.*

vernìce² [da *vernice¹*; 1931] ***sf.*** corrispondente italiano del fr. *vernissage.*

verniceria [da *vernice*; 1970] ***sf.*** in fabbrica, reparto dove si esegue la verniciatura.

verniciàre (pres. *-ìcio, -ìci*) [da *vernice*; 1584] ***tr.*** coprire di vernice: *verniciare i mobili* || **N.** colorare, dipingere, pitturare, tingere.

verniciàta [da *verniciare*; 1961] ***sf.*** frettolosa passata di vernice.

verniciatóre [da *verniciare*; 1875] ***sm.*** (f. *-trìce*) addetto alla verniciatura || attrezzo per verniciare: *verniciatore a spruzzo*, aerografo.

verniciatùra [da *verniciare*; 1865 nel senso 2] ***sf.*** **1.** atto ed effetto del verniciare **2.** *concr. meno com.* lo strato di vernice || *fig.* apparenza, patina **3.** *per meton.* in un'officina meccanica, il reparto in cui si eseguono le operazioni di verniciatura.

vernièro [dal n. proprio P. *Vernier*, inventore fr.; 1879 *verniere*] ***sm.*** *T.tecn.* tipo perfezionato di nonio, che permette misurazioni di intervalli molto precise.

vernìno [da *verno*; 1313] ***agg.*** invernale; *com.* solo di piante che si coltivano e crescono nell'inverno, o di qualità di frutta che si conservano bene per l'inverno.

vernissage (fr., pr. [verniˈsaːʒ]) [1895] ***sm. inv.*** inaugurazione di una mostra (spec. d'arte), effettuata prima dell'apertura al pubblico, cui sono invitati solo professionisti del settore, autorità, giornalisti, amici.

vèrno [da *inverno*; 1313] ***sm.*** *poet. non com.* inverno || *per estens.* freddo, gelo.

véro [dal lat. *verus*; 1313] **I *agg.*** **1.** conforme ai fatti: *una storia, un'asserzione vera, non è vero quello che tu insinui*; com. raff. da *proprio*: *è proprio vero quello che si dice di voi?* || in alcune espr.: *fosse vero!*, escl. di speranza: *vincere un miliardo! fosse vero!*; *non sembrar* (o *parer*) *vero*, escl. d'incredulità: *laureata!, non mi sembra vero!*; *è* (*ben*) *vero che...*, riconosco che, ammetto che, usate per introdurre un elemento limitativo, attenuativo e sim.: *è vero che è costato molto, ma è stata un'ottima scelta*; *tant'è vero che...*, per avvalorare ciò che si è precedentemente detto: *avevo intenzione di andarci, tant'è vero che avevo comprato apposta un vestito adatto*; *vero?, è vero?, non è vero?*, come richiesta retorica di conferma, per puntualizzare ciò che si sta dicendo o come mero intercalare; nevvero: *sappiamo tutti, è vero, che è fatta così*; con funzione di risposta affermativa (spesso nella forma del superl., *verissimo!*): *vero!*, giusto!, proprio così!, ben detto! **2.** autentico, genuino: *è oro vero?, il suo non è vero amore, borsa di vero cuoio*; *un vero uomo*, un uomo nel senso pieno del termine || raff. *vero e proprio*: *questo è un furto vero e proprio!, si è comportato come un vero e proprio delinquente* **3.** reale, veramente esistente: *sembra vero*, di un'imitazione particolarmente riuscita: *quelle nuvole dipinte sembrano vere!* || nel modo di dire *vero com'è vero Dio*, assolutamente reale **4.** effettivo, che possiede effettivamente le proprietà espresse dal sostantivo che accompagna: *la vera padrona di casa non è lei, ma la suocera, il vero colpevole non è ancora stato scoperto* || **veraménte** *avv.* **1.** conformemente alla realtà; realmente, effettivamente, davvero: *se ne è veramente andato?* || *in part.* con funzione rafforzativa, davvero molto: *sei veramente stupido!* **2.** con valore frasale, in funzione attenuativa, in realtà, però: *veramente le cose non stanno proprio così, io veramente non intendevo far così* **II** *sm.*, com. solo *sing.* **1.** ciò che è vero (e, in questo senso, concorre con *verità* nel senso 2, ma è di tono più elevato): *la ricerca del vero in ambito scientifico, filosofico, religioso; non distinguere il vero dal falso; che dettando nel vico degli strami / sillogizzò gl'invidiosi veri* (Dante) || nelle loc. avv. *a* (o *per*) *dire il vero, a onor del vero*, per la verità **2.** la realtà, spec. in quanto è contrapposta a ciò che ne è una rappresentazione: *dipingere dal vero, un ritratto dal vero* || **N.** **I** **1.** *Sin.* verace, veritiero, veridico | attendibile, fondato, verosimile **2.** *Contr.* falso; imitato, simulato **3.** *Contr.* finto, fittizio **4.** *Contr.* apparente **II** **1.** *Sin.* verità | *Contr.* falsità, falso, menzogna.

veronàl ® [forse dal n. geogr. *Verona*; 1904 *veronale*] *sm.* nome depositato di un famoso barbiturico usato come analgesico e sedativo.

veróne [etim. inc.; 1353] *sm. lett.* terrazzino, loggia, balcone || *dim.* veronìno || **N.** veranda.

verònica¹ [etim. inc.; 1563] *sf. T.bot.* genere di piante delle Scrofulariacee, frequenti in prati e boschi euro-asiatici, con frutto a capsula e fiore di vari colori; una varietà con foglie amare (*Veronica officinalis*) viene usata per preparare un tè aromatico e digestivo (*tè svizzero*).

verònica² [etim. inc.; 1321] *sf.* l'immagine di Cristo di cui, secondo la tradizione cristiana, sarebbe rimasta traccia sul sudario usato dalla Veronica || il sudario in questione.

veronica (sp., pr. [be'ronika]) [dal n. di *Veronica*, donna tradizionalmente raffigurata nell'atto di esporre, reggendolo a due mani, il sudario su cui è impresso il volto del Cristo; 1950] *sf. inv.* nella corrida, figura in cui il torero, ritto di fronte al toro, ne attende la carica, tenendo con entrambe le mani la cappa aperta e protesa in avanti.

verosimigliànte [da *somigliante*, sul modello di *verosimile*; a. 1294 *verisimigliante*] *agg. non com.* verosimile.

verosimigliànza [da *verosimigliante*; a. 1580 *verisimiglianza*] *sf.* l'essere verosimile.

verosìmile [dal lat. *verisimilis*; sec. XIV] **I** *agg.* che ha tutta l'apparenza di essere vero, che può essere vero: *il suo racconto è verosimile* || anche con valore neutro: *non è verosimile che ci sia voluto tutto quel tempo* || **verosimilménte** *avv.* **II** *sm.* ciò che è verosimile: *il vero e il verosimile* || **N.** **I** credibile, plausibile, probabile; VERO; verisimiglianza | *Contr.* inverosimile.

verrétta [dal lat. *veru*, spiedo; 1342] *sf.* arma, usata nel Medioevo, consistente in una sorta di giavellotto da scagliare a mano o con la balestra || **N.** verrettone.

verrettóne [da *verretta*; a. 1348] *sm.* grosso dardo lanciato, nel Medioevo, a mano o con la balestra.

verricellista [da *verricello*; 1961] *s.* arganista.

verricèllo [dal lat. *verres*, verro; 1619] *sm.* piccolo argano orizzontale, formato da un cilindro girevole, a cui è fermata la fune o la catena, all'altro capo della quale è attaccato il corpo che si vuole sollevare o trascinare; facendo girare il cilindro con apposita manovella, la fune o la catena si attorciglia intorno al cilindro || **N.** ARGANO. **TAV.** ***armi*** **p. 648** 15.3.

verrìna [da *verro*; sec. XVI] *sf.* grosso succhiello usato in falegnameria per praticare fori || **N.** trivella.

verrinàre [da *verrina*; 1684] *tr.* forare con la verrina.

vèrro [lat. *verrus*; a. 1320] *sm.* suino maschio atto alla riproduzione della razza.

verrou (fr., pr. [ve'ru]) [letter. chiavistello; 1954] *sm. inv. T.sport. disus.* nel calcio, catenaccio.

verrùca [lat. *verruca*; a. 1320] *sf. T.med.* tumore benigno caratterizzato da un accrescimento abnorme del derma; si presenta come una formazione tondeggiante rilevata e tende a proliferare: *verruca volgare*, porro; *verruca senile, verruca piana giovanile.*

verrucàno [dal n. geogr. *Verruca*, cima secondaria del monte Pisano; 1832] *sm. T.geol.* conglomerato quarzoso con colori che variano dal rosso vinato al verde, diffuso nelle Prealpi lombarde e venete e in Toscana.

verrucària [dal lat. (*herba*) *verrucāria*, così detta perché serviva a curare le verrucche; 1826] *sf.* genere di licheni che crescono sulle pietre.

verrucóso [lat. *verrucōsus*; 1640] *agg.* pieno di verruche || che ha l'aspetto di una verruca: *neo verrucoso.*

versàccio (*pegg.* di *verso¹*) [sec. XV] *sm.* brutto verso (spec. nel senso 2) || *com. pl.* espressioni vocali sguaiate, spesso accompagnate da smorfie o gestacci, usate tipicamente dai bambini come sfoghi di risentimento contro qualcuno o anche immotivatamente.

versaiòlo [da *verso¹*; 1883] *sm. spreg. raro* poetastro.

versaménto [da *versare*; a. 1712] *sm.* **1.** *T.banc.* operazione commerciale o bancaria consistente nel pagamento o nel deposito di una somma: *effettuare un versamento tramite conto corrente postale, distinta di versamento* **2.** *T.med.* presenza patologica di liquidi in cavità, organi o tessuti che normalmente non ne contengono **3.** *propr.* poco com., atto ed effetto del versare || **N.** **1.** *Sin.* consegna, deposito | *Contr.* prelievo, riscossione **2.** riversamento, travaso | bile, sangue siero; essudati, trasudati **3.** *Sin.* deflusso, flusso, scorrimento, spargimento.

versànte¹ [da *versare*; 1839] *sm.* **1.** *T.geogr.* declivio di un rilievo, compreso tra lo spartiacque e il bacino di raccolta del deflusso: *il versante meridionale, sud, italiano del Monte Bianco* **2.** *fig.* lato, parte: *sul versante delle trattative non c'è alcuna novità, questo versante della questione è stato trascurato* || **N.** **1.** *Sin.* fianco, pendice, pendio, spiovente.

versànte² (*ppr.* di *versare*) [1961] *s.* e *agg.* *T.bur.* chi o che effettua un versamento.

versàre (pres. *vèrso*) [lat. *versare* e *versari*, trovarsi; fine sec. XIII] *tr.* **1.** rif. a un liquido o a un materiale incoerente, farlo uscire in tutto o in parte dal recipiente che lo contiene; *in part.* facendo passare la sostanza in un altro recipiente: *versare il vino dalla bottiglia nei calici, la minestra dalla zuppiera nelle fondine; versare da bere*, mescere || gettando, spandendo intenzionalmente la sostanza su qualcosa: *versare l'olio bollente sugli assalitori, la ghiaia al centro del cortile*; nell'espr. fig. enf. *versare fiumi d'inchiostro*, scrivere moltissimo || facendo traboccare la sostanza dal contenitore: *versare il sale sulla tovaglia, la vernice per terra* || di corsi d'acqua, riversare: *il Po versa le sue acque nell'Adriatico* **2.** *per estens. fig.* rif. a una somma di denaro, effettuarne il pagamento: *versare la quota d'iscrizione presso la segreteria, versare l'importo tramite assegno* **3.** lasciar fuoriuscire ciò che è al proprio interno; di persone o animali o loro parti: *versare lacrime amare, i suoi occhi versano torrenti di lacrime; fig. enf. versare il proprio sangue per la causa, per la libertà*, farsi uccidere per essa || di contenitori, recipienti, condutture e sim., far confluire, perdere: *lo scarico dello stabilimento versa le scorie di lavorazione in mare, la nave versa petrolio attraverso una falla* || *ass.*: *il dotto fognario versa nel torrente, il rubinetto non versa più* || *intr. pron.* **1.** di sostanza, fuoriuscire e spandersi all'esterno: *ho urtato la tazzina e il caffè mi si è versato sui pantaloni* **2.** *non com.* di corso d'acqua, sfociare: *i torrenti che si versano nel lago sono inquinati* || *per estens. fig.* detto della folla: *la folla inferocita si versò nella piazza* || *intr.* (aus. *avere*) **1.** *ant.* di sostanza, fuoriuscire dal recipiente che la contiene: *il sangue versava copioso dalla ferita* **2.** essere, trovarsi in una determinata situazione (perlopiù negativa): *il paziente versava in gravissime condizioni, da anni versa nella più squallida miseria* **3.** *ant. non com.* vertere, avere per argomento || **N.** *tr.* **1.** buttare, far debordare, far trapelare, far uscire, gettare, rovesciare, scaricare, scodellare, spandere, spargere, travasare **2.** *Sin.* depositare, pagare | *Contr.* incassare, prelevare, riscuotere, ritirare **3.** *Sin.* buttare, colare, gocciolare, perdere, stillare || *intr. pron.* **1.** *Sin.* spandersi, spargersi, traboccare **2.** *Sin.* riversarsi, scaricarsi, sfogarsi || *intr.* **1.** scaturire, sgorgare, traboccare, trapelare.

versàtile [dal lat. *versatilis*; sec. XIV] *agg.* **1.** *fig.* capace di dedicarsi con successo ad attività diverse: *un ragazzo, una mente versatile* **2.** *propr., lett. raro* che può girarsi in varie direzioni; girevole.

versatilità [da *versatile*; a. 1729] *sf.* qualità di chi o di ciò che è versatile: *un ingegno, un uomo d'una versatilità straordinaria.*

versàto (*pps.* di *versare*) [a. 1344 nel senso 1; 1631 nel senso 2] *agg.* **1.** che è stato o si è versato: *capitale versato*, apportato alla società da parte dei soci; *fig. piangere sul latte versato*, disperarsi quando ormai il danno è fatto **2.** che ha una particolare attitudine per un determinato campo di studio o professionale: *è particolarmente versato per le scienze umane negli studi economici, in matematica* || **N.** **2.** *Sin.* portato | competente, dotto, esperto, perito, pratico, sapiente.

versatóre [da *versato*; 1826] **I** *agg. raro* che versa **II** *sm.* **1.** (f. *-trice*) *raro* chi versa **2.** brocca piena d'acqua usata, spec. a tavola, per lavarsi le mani.

verseggiàbile [da *verseggiare*; 1871] *agg. raro* che può essere messo in versi, in poesia || **N.** poetabile.

verseggiaménto [da *verseggiare*; 1764] *sm.* *raro* verseggiatura.

verseggiàre (pres. *-éggio*) [da *verso*; a. 1547] *intr.* (aus. *avere*) comporre versi || *tr. meno com.* mettere in versi: *verseggiare una tragedia* || **N.** *intr.* poetare, rimare, versificare.

verseggiatóre [da *verseggiare*; 1639] *sm.* (f. *-trice*) chi compone versi || usato spesso per sminuire chi ha una mera capacità tecnica di comporre versi ma non ha ispirazione poetica: *non è un poeta, ma solo un ottimo verseggiatore* || **N.** versaiolo.

verseggiatùra [da *verseggiare*; a. 1704] *sf.* l'atto del verseggiare.

versétto (*dim.* di *verso¹*) [a. 1342] *sm.* **1.** breve verso poetico **2.** *com.* ciascuno dei brevi brani in cui, per comodità di citazione, si sono suddivisi i capitoli della Bibbia || *per estens.* analoga suddivisione di altri testi sacri: *i versetti del Corano.*

versìcolo (*dim. ant.* di *verso¹*) [sec. XIV] *sm.* versetto.

versicolóre [dal lat. *versicolor, -is*; sec. XIV] *agg. lett. ant.* di colore vario || di color cangiante.

versièra¹ [da *avversiera*, parallelo f. di *avversario*, diavolo; a. 1484] *sf.* **1.** la moglie del diavolo e, più in gen., spirito infernale femminile **2.** *fig.* donna molto brutta e malvagia;

strega, megera.

versièra² [da (*seno*) *verso*; a. 1742] **sf.** *T.geom.* curva piana di equazione $(a^2 + x^2)y = a^3$ (con *a* costante).

versificàre (pres. *-ìfico, -ìfichi*) [dal lat. *versificare*; a. 1348] **tr.** e **intr.** (aus. *avere*) verseggiare.

versificatóre [dal lat. *versificātor, -ōris*; fine sec. XIII] **sm.** (f. *-trìce*) verseggiatore.

versificatòrio (pl. *-ri*) [da *versificare*; a. 1642] **agg.** del versificare, che riguarda il versificare, la versificazione.

versificazióne [dal lat. *versificātio, -ōnis*; 1745] **sf.** atto del versificare: *tecniche di versificazione.* **Q.T.** *metrica.*

versiliberista [dal fr. *vers- libriste*; 1918] **s.** *non com.* chi compone poesie in versi liberi.

versióne [dal fr. *version*; a. 1729] **sm.** **1.** traduzione da una lingua in un'altra: *una versione letterale dall'inglese al* (o *in*) *tedesco*; *in part.* come esercitazione scolastica: *ho preso un bel voto nella versione dall'italiano* **2.** *per estens. fig.* modo personale di descrivere o narrare: *l'accusato ha esposto la sua versione dei fatti* **3.** *T.cin.* adattamento di un film per una lingua diversa da quella in cui è stato girato || ciascuna delle varianti in cui un film viene realizzato (in ciascuna delle quali può variare la sceneggiatura, la colonna sonora, la lunghezza complessiva, il *cast* di attori ecc.) **4.** variazione del modello-base di un prodotto industriale di serie: *un'auto in versione diesel* **5.** *T.inform. versione aggiornata*, V. AGGIORNATO || **N.** **1.** TRADUZIONE.

versipèlle [dal lat. *versipellis*; 1726] **agg.** e **s.** **1.** *fig. lett.* che o chi è abile nel simulare e nel dissimulare **2.** *propr. lett. raro* capace di cambiar pelle.

versisciòltàio (pl. *-ài*) [da *verso sciolto*; a. 1764] **sm.** (f. *-a*) *spreg. raro* compositore di versi sciolti.

vèrso¹ [dal lat. *versus*; 1313 nel senso 3] **sm.** **1.** senso in cui qualcosa si muove: *il verso in cui scorre il fiume, ha imboccato la strada nel verso opposto* || *T.geom.* modo di descrivere con andamento positivo una curva, una retta, un angolo ecc.: *fissare il verso di percorrenza di una retta, descrivere una circonferenza con verso di percorrenza antiorario* || *T.fis.* di un vettore, orientamento; *forze di verso opposto* || orientamento secondo cui è qualcosa disposto: *spazzolare una pelliccia secondo il verso del pelo, scheggiare una roccia nel verso delle sue falde*; anche *fig.* spec. in espr. part.: *tutto procede per il giusto verso,* come è bene che vada; *prendere una persona, una cosa per il suo verso,* assecondarla, per ottenerne il più possibile || *per estens. fig.* modo, maniera, spec. in modi di dire: *non esserci verso,* non esserci modo, possibilità alcuna: *ci hanno provato tutti, ma non c'è stato verso di convincerlo*; *per un verso..., per l'altro* (o *per un altro*)..., da un lato..., dall'altro...: *per un verso hai ragione, per l'altro no*; *chi per un verso, chi per un altro, nessuno è stato convincente*; *per ogni verso,* in qualsiasi modo si consideri la cosa, da tutti i punti di vista **2.** ciascuno dei suoni o gridi che un animale emette abitualmente, caratteristico della sua specie: *il verso della pecora è il belato, il verso monotono del colombo, dei gatti in amore* || *per estens.* rif. a persona, cadenza caratteristica della sua parlata o, anche, atteggiamento o espressione del suo volto; *com.* solo nelle espr.: *fare* (o *rifare*) *il verso a qualcuno,* imitarne, con intento beffardo, la cadenza, le espressioni verbali caratteristiche o, anche, gli atteggiamenti, i gesti e sim. che gli sono abituali || *per estens. pl.* suoni o grida sguaiati, spec. accompagnati da smorfie o gesti scomposti (tipici dei bambini): *quel ragazzino fa un sacco di versi, cerca di farmi arrabbiare facendomi i versi* (ma più com. nella forma pegg. *versacci* (v.)) **3.** *T.metr.* ciascuna delle unità fondamentali di un testo poetico, costituita da un insieme di parole (scritto su un'unica riga) caratterizzato, secondo la metrica classica, dal numero totale delle sillabe e da un certo ritmo: *scrive in versi,* in contrapposizione a *in prosa*; *mettere in versi,* verseggiare; *una poesia di un solo verso*; *verso doppio,* composto da due versi tradizionali semplici; *verso libero,* che non si conforma a nessuno dei tipi della metrica tradizionale; *verso sciolto,* in una composizione poetica, che non rima con nessun altro || *per estens. pl.* composizione poetica: *scrive versi, una raccolta di versi di poeti latini* || *dim.* versétto, versicciòlo, versìcolo, versolìno, versùcolo, versùccio; *pegg.* versàccio || **N.** **1.** *Sin.* direzione, orientamento, senso **2.** smorfia | armonioso, dolce, soave, sonoro **3.** TIPI: imparisillabo / parisillabo; bisillabo, trisillabo o ternario, quadrisillabo o quaternario, quinario, senario, settenario, ottonario, novenario, decasillabo, endecasillabo senario doppio o dodecasillabo, settenario doppio o martelliano; anapesto, catalettico, coriambo, dattilo, giambo, leonino, molosso, pirrichio, tribrachio, trocheo | apocope, arsi, cesura, dialefe, dialisi, dieresi, elisione, iato, sinalefe, sineresi, tesi | accento ritmico, metro, misura, rima, ritmo, sillaba, strofa; METRICA, POESIA. **Q.T.** *metrica.*

vèrso² [lat. *versus*; 1353] **prep.** **1.** con verbi di moto, per introdurre un compl. di moto a luogo, indicando l'approssimarsi in senso spaziale a un dato termine; in direzione di, alla volta di: *ci mettemmo in viaggio verso est, verso la montagna, verso Milano*; *volò dritto verso il mare, verso la Luna*; davanti a un pron. pers. è preferibilmente seguita dalla prep. *di*: *volse gli occhi verso di lui, la frana precipitava verso di noi* || *fig.* sempre con verbi di moto, per introdurre l'approssimarsi in senso temporale a un dato termine: *ormai si va verso il Duemila, va verso la quarantina* || *per estens. fig.* per introdurre il termine di azioni, comportamenti, sentimenti ecc., nei riguardi, nei confronti di: *ti sei comportato male verso di loro, verso di lui non ho alcun risentimento* **2.** meno com. con verbi di stato, per introdurre compl. di stato in luogo, per indicare prossimità spaziale; nei pressi di, nei paraggi di: *abitano verso l'università, dovremmo trovarci ormai verso la località segnata sulla mappa* || *fig.* per indicare prossimità temporale: *verso l'alba l'aria è più pura, saremo più o meno verso il mezzogiorno.*

verso (lat., pr. it. ['vɛrso]) [dal lat. (*folio*) *verso*; 1905] **sm.** *inv.* faccia posteriore di un foglio, un francobollo, una moneta, una medaglia e sim. || **N.** *Sin.* retro, rovescio | *Contr.* dritto, *recto*, retto. **TAV.** *numismatica* 2.2.

versóio (pl. *-ói*) [dal lat. volg. **versorium*; sec. VIII-IX] **sm.** *T.agr.* l'orecchio dell'aratro, la parte con cui si rovescia la zolla. **TAV.** *agricoltura* 1.7.

versóre [dal lat. *versus*; 1932] **sm.** *T.mat.* vettore geometrico a lunghezza unitaria, che ha lo scopo di indicare una direzione e precisare su di essa un verso.

vèrsta [dal russo *verstá*, disposizione in linea retta; a. 1557 *verst*] **sf.** antica misura itineraria russa, pari a 1066,78 m.

versùra [lat. *versura*, svolta; 1942] **sf.** antica misura agraria di superficie, usata, con valori diversi, in diverse zone dell'Italia meridionale.

versus (ingl., pr. ['vəːsəs]; pr. it. ['vɛrsus]) [dal lat. *versus*, verso; 1973] **prep.** nel linguaggio scientifico, spec. in linguistica, in contrapposizione, in opposizione; anche abbr. *vs*: *singolare versus* (o *vs*) *plurale, lingua versus* (o *vs*) *stile.*

versùto [dal lat. *versūtus*; sec. XIV] **agg.** *ant.* astuto.

vèrta [lat. tardo *averta*; 1840] **sf.** *T.pesc.* parte inferiore di alcune reti, come per es. il bertovello o il giacchio, nella quale rimangono presi i pesci.

vèrtebra [dal lat. *vertebra*; 1668] **sf.** *T.anat.* ciascuna delle ossa che compongono la spina dorsale dei vertebrati || **N.** cervicali, dorsali, lombari, sacrali, coccigee | PARTI: apofisi, arco, foro | atlante; coccige. **Q.T.** *anatomia.*

vertebràle [da *vertebra*; 1745] **agg.** *T.anat.* di vertebra, attinente alle vertebre || composto di vertebre: *colonna vertebrale.* **TAV.** ***anatomia* p. 641** 2.7.

Vertebràti [dal lat. *vertebrātus*; 1854] **sm.** *pl.* *T.zool.* sottotipo di animali del tipo dei Cordati, caratterizzati dalla presenza di una struttura scheletrica assiale (ossea nei Vertebrati superiori, cartilaginea in quelli inferiori) || **N.** *Contr.* Invertebrati. **Q.T.** *zoologia* **TAV.** ***zoologia* p. 1344.**

vertènte (*ppr.* di *vertere*) [a. 1294] **agg.** che verte || *in part. T.bur.* di lite, ancora pendente, che non è stata ancora giudicata.

vertènza [da *vertere*; 1797] **sf.** controversia, questione aperta, ancora in discussione: *vertenza sindacale, giudiziaria* || **N.** lite.

vertenziàle [da *vertenza*; 1985] **agg.** nel linguaggio sindacale, proprio di una vertenza, relativo a una vertenza: *polemiche vertenziali.*

vèrtere (usato solo alla 3ª pers. sing. dei tempi semplici: *vèrte, vertéva, verté, verterà* e nel ppr. *vertènte*; non è usato il pps.) [dal lat. *vertere*; a. 1566] **intr.** **1.** di questione, discussione e sim., avere come oggetto, come argomento: *la lite verte sul possesso del terreno, sulle spettanze dei dipendenti* **2.** *T.bur.* essere in corso, in discussione.

verticàle [dal lat. *verticālis*; a. 1642 come sf.] **I agg.** **1.** disposto più o meno perpendicolarmente alla linea dell'orizzonte: *prevalenza di strutture verticali, la statua è stata rimessa in posizione verticale*; *salita, discesa verticale*; *pianoforte verticale,* che ha le corde disposte verticalmente || *T.geom.* di linea che ha esattamente la direzione del filo a piombo || *T.astr. cerchio verticale,* quello passante per lo zenit, il nadir e l'astro del quale si deve calcolare l'altezza **2.** *fig.* rispetto a una gerarchia, una classificazione e sim., organizzato in base alla direzione alto-basso della gerarchia: *le strutture verticali del sindacato,* le organizzazioni di categoria in contrapposizione a quelle a base territoriale || **verticalménte** **avv.** **II sf.** **1.** *T.geom.* retta verticale **2.** posizione a testa in giù e corpo verticale rispetto al suolo || **N.** **I** **1.** a piombo. **TAV.** ***nuoto* p. 1328** 5.5.

verticalismo [da *verticale*; 1942] **sm.** in architettura, la prevalenza di linee, di strutture verticali: *la tendenza a un verticalismo dinamico delle strutture gotiche.*

verticalità [da *verticale*; 1745] **sf.** *non com.* l'essere verticale.

verticalizzàre [da *verticale*; 1963] **tr.** organizzare secondo un sistema verticale.

verticalizzazióne [da *verticalizzare*; 1963] **sf.** l'atto e l'effetto del verticalizzare.

vèrtice [dal lat. *vertex, -icis*; 1485 ca.] **sm.** **1.** *T.geom.* punto d'incontro di due lati o di più spigoli **2.** *fig.* punto sommo, massimo; apice, colmo, culmine: *è giunto al vertice della gloria, della carriera*; *incontro, riunione al vertice,* tra i massimi esponenti di un'organizzazione o di un insieme di organizzazioni (spec. in politica) || *propr. raro* cima, sommità: *il vertice del monte.* **TAV.** *geometria.*

verticillàto [da *verticillo*; 1805] **agg.** *T.bot.* disposto a verticillo.

verticìllo [dal lat. *verticillus*, fusaiolo; 1805] **sm.** *T.bot.* l'insieme di organi vegetali (petali, foglie e sim.) che crescono, in numero superiore a due, sullo stesso asse alla medesima altezza. **TAV.** ***fiori...* p. 671** 2.9, 7.3.

verticismo [da *vertice*; 1968] **sm.** in un'organizzazione sindacale o politica, tendenza del gruppo dirigente a elaborare tutte le decisioni

al suo interno, senza coinvolgere la base.
verticìsta [da *verticismo*; 1972] **s.** e **agg.** chi, che tende al verticismo.
verticìstico (pl. *-ci*) [da *verticismo*; 1968] **agg.** caratterizzato da verticismo: *pratiche verticistiche.*
vertìgine [dal lat. *vertīgo, -inis*; a. 1320] **sf.** sgradevole sensazione di rotazione o di oscillazione dell'ambiente circostante o del proprio corpo rispetto all'ambiente, connessa a perturbazioni del senso dell'equilibrio; *com. pl.*: *avere le vertigini, essere colto da vertigini* || *fig. dare le vertigini, far venire le vertigini,* frastornare: *cifre che fanno venire le vertigini solo a pensarci* || **N.** *Sin.* capogiro.
vertiginóso [dal lat. *vertiginōsus*; 1664] **sm. 1.** che provoca le vertigini: *altezze, vedute vertiginose* || *in part.* che dà le vertigini per il suo ritmo rotatorio velocissimo: *danza vertiginosa* || *fig.* che frastorna per la sua rapidità: *la vita moderna ha ritmi vertiginosi, una carriera vertiginosa* **2.** *propr.* di vertigine: *crisi vertiginosa* || **vertiginosaménte** **avv.** || **N. 1.** *Sin.* vorticoso.
vertiplàno [comp. di *verti(cale)* e *-plano*; 1988] **sm.** *T.aer.* tipo di aerodina a decollo e atterraggio verticale || **N.** convertiplano.
vertudióso [dall'ant. *vertude*, virtù; 1354] **agg.** *arc.* dotato di virtù.
verùcolo [dal lat. *veruculum.* 1940] **sm.** *T.pitt.* sorta di stilo adoperato nella pittura all'encausto.
verùno [dal lat. *vēre unus*, in verità uno solo; 1313] **agg.** e **pron.** *indef.* **1.** *lett. ant.* alcuno (in senso negativo), nessuno (spec. preceduto da un'altra negazione): *senza fare a noi pro veruno* (Boccaccio) **2.** *arc.* alcuno (in senso positivo), qualche.
verve (fr., pr. [vɛrv]) [1862] **sf.** *inv.* brio, spigliatezza, vivacità: *un artista con molta verve.*
vèrza[1] [dal lat. volg. **virdia*, robe verdi; 1487] **sf.** varietà di cavolo tondeggiante e a foglie rugose e ampie, ingrediente di varie ricette tipiche || **N.** verzotto.
vèrza[2] [var. di *sverza*; 1551] **sf.** *arc.* sverza.
verzellìno [dal lat. volg. **virdia*; 1831] **sm.** piccolo uccello dei Passeriformi col piumaggio prevalentemente verde e giallo.
verzicàre (pres. *vérzico, vérzichi*) [da *verde*, con influsso di *verzura*; a. 1320] **intr.** (aus. *avere*) *poet. ant.* incominciare a verdeggiare, verdeggiare.
verzìcola [etim. inc.; a. 1665] **sf.** *tosc. T.gioc.* gruppo di tre o più carte (uguali, in scala o altrimenti combinate).
verzière [dal lat. *viridarium*, attr. il fr. ant. *vergier*, a. 1320] **sm.** *lett. raro* giardino, orto.
verzìno [dall'ar. *wars*; a. 1484] **sm.** denominazione di varie piante sudamericane (spec. brasiliane) il cui legno rosso è adoperato per far mobili || la materia colorante che se ne ricava.
verzòtto [da *verza*; 1738] **agg.** di cavolo tondeggiante e a foglie grandi come la verza.
verzùra [lat. volg. **virdia*, le cose verdi; sec. XIV] **sf.** *lett.* insieme di erbe e piante verdeggianti.
VES (pr. [vɛs]) [acronimo di *v(elocità di) e(ritro) s(edimentazione)*; 1987] **sf.** *inv. T.med.* velocità di sedimentazione degli eritrociti.
vesània [dal lat. *vesānia*; 1840] **sf.** *lett.* follia; pazzia.
véscia (pl. *-sce*) [dal lat. tardo *vissīre*, petezzare; 1536 nel senso 2] **sf. 1.** fungo commestibile, dall'aspetto ovoide biancastro, che quando giunge a maturazione si apre ed emette la polvere sporale **2.** *fam. raro* loffa **3.** *tosc. ant. fam.* chiacchiera, pettegolezzo.
vescìca [dal lat. tardo *vessīca*; a. 1305 *vessica*] **sf.** sacca, cavità organica in cui si raccolgono liquidi o gas; *in part. T.anat.* serbatoio muscolo-membranoso situato nella parte inferiore del ventre, dentro cui si raccoglie l'orina; in passato, la vescica del maiale, pulita e seccata, era usata per insaccarvi lo strutto || bolla colma di siero che si forma sulla cute come conseguenza di ustioni, sfregamenti prolungati o di alcune malattie || *T.zool. vescica natatoria,* organo idrostatico proprio dei pesci, ripieno di gas || *fig. ant. vescica piena di vento,* uomo vano e superbo || *dim.* vescichétta, vescìcola, *accr.* vescicóna || **N.** uretere, uretra; cistite, stranguria; cistografia, cistoscopia; catetere | bolla, bollicina, vescicola. **TAV.** ***anatomia* p. 642** 14.10.
vescicàle [da *vescica*; 1961] **agg.** *T.anat.* e *T.med.* relativo alla vescica urinaria.
vescicànte [dal lat. tardo *vesicāre*, fare delle vesciche; 1937] **I agg.** che provoca vesciche: *sostanze chimiche vescicanti* **II sm. 1.** farmaco ad azione revulsiva **2.** *fig. raro* persona noiosa, impiastro || **N. II 1.** revulsivo.
vescicària [dal lat. *vesicaria*; 1908] **sf.** pianta arbustiva delle Papilionacee i cui frutti sono legumi voluminosi con pericarpo costituito da una sottile membrana, come quella di una vescica || **N.** *Sin.* colutea | maggerena.
vescicatòrio (pl. *-ri*) [dal lat. *vesicāre*, fare delle vesciche; 1696] **agg.** e **sm.** vescicante.
vescicazióne [dal lat. tardo *vesicāre*, fare delle vesciche; 1940] **sf.** il formarsi di vesciche cutanee.
vescichétta (*dim.* di *vescica*) [1664] **sf.** piccola vescica cutanea || *T.anat. vescichetta biliare,* cistifellea.
vescìcola [dal lat. tardo *vesīcula*; 1750] **sf.** piccola vescica cutanea || *T.anat. vescicola seminale,* in cui si accumula lo sperma; *vescicola germinale,* il nucleo della cellula uovo || **N.** *Sin.* vescichetta.
vescicolàre [da *vescicola*; 1750] **agg.** proprio delle vescicole o delle vesciche || pieno di vescicole o di vesciche || simile a vescica || **N.** cistico.
vescicolìte [comp. di *vescicola (seminale)* e *-ite*; 1961] **sf.** *T.med.* infiammazione delle vescicole seminali dell'apparato genitale maschile.
vescicóne (*accr.* di *vescica*) [1826] **sm.** *T.vet.* eccesso di liquido sieroso che si raccoglie nelle sinovie articolari o tendinee del cavallo.
vescicóso [da *vescica*; 1696] **agg.** pieno di vesciche || simile a vescica.
vescovàdo [dal lat. tardo *episcopatus*; 1312 nel senso 2] **sm. 1.** dignità, ufficio di vescovo || il periodo in cui un vescovo esercita il suo ufficio || *meno com.* il territorio su cui si estende la giurisdizione del vescovo **2.** palazzo vescovile || **N. 1.** *Sin.* vescovato | arcivescovado, curia vescovile, diocesi, episcopato **2.** *Sin.* episcopio.
vescovàto [dal lat. tardo *episcopatus*; 1150] **sm.** vescovado, spec. nel senso 1.
vescovìle [da *vescovo*; sec. XIV] **agg.** di vescovo, che si riferisce al vescovo || **vescovilménte** **avv.** *raro* || **N.** episcopale.
véscovo [dal lat. tardo *episcopus*, gr. *epískopos*; 1150] **sm. 1.** *T.eccl.* nella gerarchia d'ordine, il grado più alto, rappresentante la pienezza del sacerdozio (sicché può amministrare tutti i sacramenti); nominato dal papa, il vescovo ha il governo spirituale di una diocesi: *essere nominato, ordinato, consacrato vescovo; vescovo residenziale, titolare,* a seconda che la carica gli sia stata conferita unitamente alla giurisdizione effettiva o meno su una diocesi; *vescovo castrense,* ordinario militare, il vescovo che è posto a capo di tutti i cappellani militari || *T.stor.* nel Medioevo, *vescovo conte, principe* (o, in funzione attributiva, *conte, principe vescovo*), ecclesiastico titolare di un feudo **2.** *T.stor.* e *T.rel.* nel Cristianesimo primitivo, capo di una comunità cristiana **3.** *per estens. T.rel.* capo di una comunità appartenente a una chiesa riformata ortodossa || in funzione di *agg.* nella loc.: *rosso vescovo,* il rosso tipico dell'abito del vescovo, che tende al viola || **N.** episcopo, monsignore, pastore, prelato, presule, primate, vescovo metropolitano; arcivescovo, metropolita | anello piscatorio, faldistorio, infula, mitra, mozzetta, pallio, pastorale, sandali, zona | cattedra, cattedrale, caudatario, concilio, episcopale, episcopio, mensa vescovile, pontificale, sinodo | intronizzare **3.** archimandrita, patriarca.
vèspa [lat. *vespa*; 1313] **sf. 1.** nome comune e genere di insetti sociali degli Imenotteri, dal corpo snello, di colore giallo e nero, armati di un pungiglione acutissimo: *avere un vitino di vespa,* molto sottile **2.** (perlopiù con l'iniz. maiuscola) nome commerciale di un motoscooter con ruote di piccolo diametro: *andare in Vespa* || *dim.* vespétta, vespìna; *accr.* vespóna; *pegg.* vespàccia || **N. 1.** calabrone | pungere, ronzare | vespaio.
vespàio (pl. *-ài*) [da *vespa*; a. 1565] **sm. 1.** nido di vespe || *fig.* nei modi di dire: *suscitare un vespaio,* un coro di proteste; *stuzzicare un vespaio,* suscitare la reazione di persone irritabili, ambienti turbolenti e sim. **2.** *T.med.* foruncolosi multipla; favo, antrace **3.** *T.edil.* strato di pietrame a pezzatura grossa a secco, solcato da canaletti di aerazione, che si mette in opera tra il pavimento e il terreno allo scopo di isolare la costruzione da infiltrazioni d'acqua e dall'umidità.
vespașiàno [dal fr. *vespasienne*; 1891] **sm.** orinatoio pubblico a edicola || **N.** *Sin.* pisciatoio.
vesperàle [dal lat. *vesperalis*; 1894] **agg.** *lett. non com.* vespertino: *ancor durava l'ora vesperale* (D'Annunzio).
vèspero [lat. *vesperus*; 1306] **sm.** *poet.* vespro.
vespertìlio o **vespertillo** [dal lat. *vespertilio*; 1517] **sm.** nome comune di un genere di pipistrelli.
vespertilióne [dal lat. *vespertilio, -ōnis*; pipistrello; 1961] **sm.** *T.zool.* pipistrello insettivoro di piccole dimensioni, diffuso in Asia e in Europa centro-settentrionale || **N.** *Sin.* vespertilio.
Vespertiliònidi (sing. *-e*) [dal lat. *vespertilio, -ōnis*, pipistrello; 1937] **sm.** *pl. T.zool.* famiglia di mammiferi Chirotteri insettivori con ali membranose, che comprende la maggior parte dei pipistrelli italiani.
vespertìno [dal lat. *vespertinus*; a. 1642] **agg.** *lett.* di vespro, della sera: *passeggiare nelle ore vespertine* || **N.** *Sin.* serale, serotino.
vespéto [da *vespa*; a. 1698] **sm.** *raro* vespaio.
Vèspidi [comp. di *vespa* e *-idi*; 1933] **sm.** *pl. T.zool.* famiglia di insetti Imenotteri muniti di aculeo, tra i quali la vespa.
vespière [da *vespa*, che costituisce il suo nutrimento; 1945] **sm.** *pop.* uccello dei Passeriformi dal becco lungo e sottile e piumaggio variopinto || **N.** *Sin.* gruccione.
vespigno [da *vespa*; 1961] **agg.** *lett.* pungente come una vespa.
vespillóne [dal lat. *vespillo, -ōnis*; 1923] **sm.** *rom.* becchino, beccamorto.
vespista [da *vespa*; 1950] **s.** chi possiede e usa una Vespa.
vespóne (*accr.* di *vespa*) [1983] **sm.** *pop.* tipo di motoscooter Vespa di cilindrata 200 cc.
vèspro [lat. *vesperus*; 1340 ca.] **sm.** *lett. ant.* l'ora del tramonto || *T.eccl.* la penultima ora canonica, tra la nona e la compieta; anche, la preghiera di ringraziamento prevista in quell'ora (spec. *pl.*, se cantata in forma solenne) || **N.** vespero; SERA | vespertino.
vessàre (pres. *vèsso*) [dal lat. *vexāre*; a. 1542] **tr.** tormentare, opprimere moralmente o materialmente: *popoli vessati dalla tirannide* || **N.**

Sin. angariare, tartassare.

vessatóre [dal lat. *vexātor, -ōris*; 1761] **agg.** e **sm.** (f. *-trìce*) che o chi vessa: *leggi vessatrici.*

vessatòrio (pl. *-ri*) [da *vessatore*; a. 1831] **agg.** che vale a vessare: *sistemi, ordini vessatori.*

vessazióne [dal lat. *vexātio, -ōnis*; a; 1306] **sf.** atto ed effetto del vessare.

vessillàrio (pl. *-ri*) [dal lat. *vexillareus*; a. 1580] **sm.** *T.stor.* e *T.mil.* **1.** alfiere dell'esercito romano **2.** legionario romano che combatteva in una formazione dotata di un suo proprio vessillo **3.** veterano dell'esercito romano trattenuto oltre il periodo di ferma in formazioni speciali.

vessillìfero [dal lat. *vexillifer*; 1521] **sm.** *T.stor. non com.* chi, nell'esercito romano, portava il vessillo || *fig.* chi sostiene una posizione (spec. politica) identificandovisi senza riserve: *vessilliferi del libero mercato* || **N.** alfiere, gonfaloniere, portabandiera, portainsegna.

vessìllo [dal lat. *vexillum*; 1321] **sm.** **1.** *T.stor.* stendardo della cavalleria romana; o stendardo rosso che il comandante in capo dell'esercito romano alzava sulla sua tenda || *per estens.* stendardo, gonfalone || *fig.* insegna, simbolo: *tener alto il vessillo della propria squadra, il vessillo della libertà* **2.** *T.bot.* petalo della corolla delle Papilionacee più sviluppato degli altri **3.** *T.zool.* l'insieme delle barbe disposte, nella penna degli uccelli, a lato della rachide || **N.** **1.** BANDIERA **2.** *Sin.* stendardo. **TAV. *uccelli* p. 1339** 2.7.

vessillologìa [comp. di *vessillo* e *-logia*, sul modello del fr. *vexillologie*; 1971] **sm.** studio e catalogazione delle bandiere.

vessillòlogo (pl. *-gi*) [comp. di *vessillo* e *-logo*, sul modello del fr. *vexillologue*; 1971] **sm.** (f. *-a*) studioso, esperto di vessillologia.

vèsta [lat. *vestis*; 1319] **sf.** *ant.* o *poet.* o *pop.* veste.

vestàglia [da *veste*; 1891] **sf.** veste da camera ampia, lunga o corta, a manica lunga, aperta sul davanti e trattenuta chiusa da una cintura in vita || *dim.* vestagliétta, vestaglìna; *pegg.* vestagliàccia.

vestagliétta (*dim.* di *vestaglia*) [1961] **sf.** **1.** piccola vestaglia **2.** abito femminile leggero, da casa o da mare, spec. senza maniche o a manica corta.

vestàle [dal lat. *vestālis*; sec. XIV] **sf.** *T.stor.* nella religione romana, vergine sacerdotessa di Vesta, custode del fuoco sacro della città e del popolo || *fig. scherz.* custode intransigente di un principio, di un'istituzione.

vèste [lat. *vestis*; a. 1356] **sf.** **1.** *disus.* o *lett.* vestito: *indossava una veste vaporosa*; *veste da camera*, vestaglia; *veste* (o *abito*) *talare*, tonaca sacerdotale || più com. al pl., per indicare l'insieme degli indumenti indossati: *povere vesti, togliersi le vesti di dosso* **2.** *per estens.*, anche *fig.*, rivestimento esterno, aspetto esteriore, *com.* in alcune espr.: *veste editoriale, tipografica*, con rif. al modo in cui viene pubblicata un'opera a stampa (per quanto riguarda il tipo di carta, di rilegatura ecc.); nella loc. *in veste di*, in qualità di: *si presentò in veste di amico, di esperto* || *raro* o *poet.* rivestimento esteriore in generale: *la veste verde degli alberi, la veste del fiasco*; *la veste dell'anima*, il corpo || *dim.* vestìna. **Q.T. *abbigliamento.***

vestiàrio (pl. *-ri*) [dal lat. *vestiārium*; 1720] **sm.** il complesso dei vestiti che costituiscono il guardaroba di una persona: *rinnovare il proprio vestiario invernale*; *accessori di vestiario*, borse, cinture, cappelli ecc.; *capo di vestiario*, ciascun pezzo dell'abbigliamento || *in part.* l'insieme dei costumi che gli attori indossano sulla scena: *il vestiario per la Francesca da Rimini.* **Q.T. *abbigliamento.***

vestiarìsta [da *vestiario*; 1863] **s.** addetto al vestiario degli attori.

vestibilità [da un der. di *vestire*; 1971] **sf.** *T.abb.* caratteristica di ciò che veste bene.

vestibolàre [da *vestibolo*] **agg.** *T.anat.* che riguarda un vestibolo: *apparato vestibolare*, parte non acustica dell'orecchio interno, in cui risiede la sensibilità spaziale e l'equilibrio: *riflessi, nervi vestibolari.*

vestìbolo [dal lat. *vestibulum*; 1532 *vestibulo*] **sm.** **1.** *T.arch.* ambiente di ingresso e di disimpegno; *in part.* nella casa signorile romana, locale che, dall'esterno, immetteva, tramite un corridoio, nell'atrio; ebbe poi grande sviluppo nel tardo impero, nel Medioevo e nell'edilizia pubblica ottocentesca: *il vestibolo di un teatro* **2.** *T.anat.* cavità su cui si apre un'altra cavità: *vestibolo della bocca*, spazio compreso tra la faccia esterna dei denti e delle gengive e quella interna delle guance e delle labbra; *vestibolo dell'orecchio*, la cavità centrale del labirinto || **N.** **1.** adito, androne, anticamera, atrio, entrata, ingresso, loggiato, portale, portico, pronao, propileo. **TAV. *anatomia* p. 642** 17.5.

vestìgio (pl. m. *-gi*, più com. pl. f. *-gia*) [dal lat. *vestīgium*, pianta del piede; a. 1306 *vestigia*] **sm.** *lett.* **1.** segno, traccia (anche *fig.*), spec. di persona o cosa scomparsa: *vestigia di civiltà del passato*; *cotal vestigio in terra di sé lascia* (Dante); *seguire le vestigia di qualcuno*, seguirne l'esempio; *per estens.* da: **2.** *propr. disus.* orma, impronta di zampa o di piede || **N.** *Sin.* impronta, orma, traccia.

vestiménto (pl. m. *-ti*, e f., arc. e lett., *-ta*) [dal lat. *vestimentum*; 1308] **sm.** **1.** *lett. ant.* veste || il complesso delle vesti || il modo di vestirsi **2.** *arc.* vestizione.

vestìna (*dim.* di *veste*) [1879] **sf.** **1.** piccola veste **2.** vestito da bambina: *una vestina a fiori.*

vestìre[1] (pres. *vèsto, vèsti, vèste, vestiàmo, vestìte, vèstono*; imp. *vestìvo*; p.rem. *vestìi, vestìsti, vestì, vestìmmo, vestìste, vestìrono*; fut. *vestirò*; pps. *vestìto*) [lat. *vestīre*; 1313 nel senso 2] **tr.** **1.** mettere i vestiti addosso a qualcuno: *vesti il bambino, ha vestito la bambola solo per metà e poi l'ha lasciata lì* || *per estens.* provvedere al vestiario di qualcuno, fornirgli di che vestirsi: *un'opera pia che veste tutti i poveri del circondario* || *per estens.* fornire vestiti ai propri clienti: *una grande sartoria che veste le persone che contano* **2.** indossare: *veste lo smoking con estrema naturalezza*; *veste sempre abiti provocanti, degli stracci* || *per estens. fig.* indicando, attraverso la veste che si indossa, lo stato che si riveste: *vestire il saio*, entrare o appartenere a un ordine monastico; *vestire la tonaca*, entrare o appartenere a un ordine religioso; *vestire la toga*, diventare o essere magistrato; *vestire la divisa*, entrare in o appartenere a un corpo militare **3.** di vestito, adattarsi al corpo o a una sua parte: *quella giacca non ti veste bene, un collant che veste meravigliosamente la gamba* **4.** *raro* o *lett.*, *per estens.*, rivestire: *vestire di paglia i fiaschi*; *vestirono l'altare, le colonne con drappeggi* || *fig.* avvolgere, ammantare, circondare e sim.: *la foschia vestiva morbida le colline all'alba, veste le sue argomentazioni di grande eloquenza* || **rifl.** **1.** mettersi indosso vestiti: *vestiti in fretta: è tardi!* || *per estens.* fornirsi di abiti: *si veste ai grandi magazzini, da un grande sarto* **2.** *in part.* mettersi indosso vestiti di un certo tipo: *si veste sempre di scuro*; *per l'occasione si è vestito da pagliaccio, tutto elegante*; *vestirsi da lutto* in nero, *da sera* con abiti eleganti; *vestirsi in lungo, alla moda, in modo ricercato*; *si veste bene, sa vestirsi*, ha buon gusto nello scegliere l'abbigliamento adatto alla propria persona || **intr. pron.** *raro* o *lett.* (anche *fig.*) rivestirsi: *la campagna si veste di verde* || **intr.** (aus. *avere*) **1.** con rif. a uno stile o maniera abituale, vestirsi: *veste sempre con eleganza*, (*in modo*) *sportivo*; *abitualmente veste in blu* **2.** con il vestito come soggetto: *quei pantaloni vestono bene, stretto* || **N.** *Contr.* spogliare, svestire. **Q.T. *abbigliamento.***

vestìre[2] [lat. *vestīre*; sec. XIV] **sm.** (solo *sing.*) **1.** abbigliamento, vestiario: *spende molto per il vestire* **2.** modo di vestirsi: *è estremamente curato, raffinato, sciatto nel vestire.*

vestìto[1] [lat. *vestītus*; a. 1348] **sm.** **1.** abito, in un pezzo unico (solo da donna) o anche in più pezzi (giacca e pantaloni, giacca, o casacca, e gonna), che si indossa sopra la biancheria intima e sotto cappotti, impermeabili ecc.: *un vestito spezzato blu e grigio, da sposa, da cerimonia*; *vestiti da mezza stagione, estivi* || *fam. disus. il vestito buono*, quello più bello del proprio guardaroba, che si indossa solo nei giorni di festa e sim. || *pl.* spesso col valore di "capi di vestiario in genere": *afferrò il ladro per i vestiti, hai un sacco di vestiti* **2.** *non com.* vestiario: *pagare il vitto e il vestito di qualcuno* || *dim.* vestitìno, vestitùccio; *pegg.* vestitàccio.

vestìto[2] (*pps.* di *vestire*) [a. 1306] **agg.** **1.** che ha indosso dei vestiti: *stai bene vestito così!, è sempre ben vestita, si tuffò vestito in acqua* || nel modo di dire *fig. fam. un somaro calzato e vestito*, cioè un somaro in veste umana; da cui, per un fraintendimento, *calzato e vestito* nel senso di "completo", "per intero" **2.** *per estens. fig.* rivestito, avvolto, spec. di organo vegetale ricoperto di un involucro: *seme, riso vestito.*

vestitùra [dal lat. tardo *vestitūra*; sec. XIV] **sf.** **1.** *ant.* *raro* atto del vestire e del vestirsi || il modo, la maniera di vestirsi **2.** rivestimento del fiasco.

vestizióne [da *vestito*; 1805] **sf.** *T.stor.* e *T.rel.* atto del vestire, come atto simbolico di investitura religiosa o cavalleresca || anche la cerimonia relativa.

vesuviàna [dal n. geogr. *Vesuvio*; 1817] **sf.** *T.min.* silicato di vari metalli che si presenta in tozzi cristalli prismatici di vari colori, dalla lucentezza vitrea e privi di sfaldature; è dovuto al metamorfismo di contatto di rocce dolomitiche o calcaree e masse magmatiche || **N.** *Sin.* idocrasio, vesuvianite.

vesuvianìte [comp. del n. geogr. *Vesuvio*, nei cui proietti eruttivi si rinviene e *-ite*[2]; 1930] **sf.** *T.min.* vesuviana.

vesuviàno [dal n. geogr. *Vesuvio*; 1817] **agg.** proprio del Vesuvio, relativo al Vesuvio: *eruzione vesuviana, ferrovia vesuviana.*

vesuviatùra [dal n. geogr. dal *Vesuvio*, perché emette un getto simile a quello di un'eruzione vulcanica; 1963] **sf.** operazione di manutenzione delle balestre di un veicolo, consistente nello spruzzare su di esse un forte getto di olio lubrificante che raggiunge anche le parti più riposte.

veteràno [dal lat. *veteranus*; sec. XIV] **agg.** e **sm.** **1.** *T.stor.* soldato dell'esercito romano che, da molti anni in servizio, era congedato con onore ma tenuto a disposizione in caso di guerra **2.** *per estens.* soldato con molti anni di servizio **3.** (f. *-a*) *fig.*, anche *scherz.*, anziano di un ordine di persone: *i veterani della nostra associazione*, i suoi membri di più antica data || *in part.* chi da lungo tempo esercita una professione, uno sport e sim.: *un veterano del ciclismo* || **N.** **3.** *Sin.* anziano.

veterinària [dal lat. tardo (*ars*) *veterinăria*; 1585] **sf.** scienza e attività professionale che ha per oggetto la cura e la prevenzione delle malattie degli animali e più in gen. il loro allevamento.

veterinàrio [dal lat. *veterinārius*; 1585 come sm.] **I** **agg.** concernente la veterinaria **II** **sm.** (f. *-a*) professionista che esercita la veterinaria.

vètero- [dal lat. *vetus, veteris*, vecchio] **primo elem.** che, in parole composte del linguaggio religioso, vale "vecchio" (per es. *veterotestamentario*) || nel linguaggio politico forma parole composte, anche di vita effimera, che indicano forme o aspetti superati di una ideologia o di una teoria politica: **veterocattòlico, veterocomunista, veteroleninista, veterostalinista**.

veterotestamentàrio (pl. *-ri*) [comp. di *vetero-* e *testamentario*; 1961] ***agg.*** relativo al Vecchio Testamento, proprio del Vecchio Testamento: *esegesi veterotestamentaria*.

vetivèr [voce di orig. tamil; 1929] ***sm.*** *inv. olio di vetiver*, essenza tratta dalle radici della vetiveria, usata in profumeria.

vetivèria [dal tamil *vetiver*; 1957] ***sf.*** pianta erbacea delle Graminacee, che per le sue radici aromatiche viene usata nella preparazione di profumi.

vèto [dal lat. *veto*, io proibisco; 1831] ***sm.*** facoltà di bloccare o annullare una decisione, un provvedimento ecc.: *porre il veto a una legge*, impedire che diventi esecutiva; *in part. T.stor.* opposizione all'esecuzione di una legge o di una sentenza, consentita dal diritto romano al magistrato di pari grado e ai tribuni della plebe || nella Costituzione Italiana, facoltà del capo dello Stato di opporsi alla sanzione di una legge || facoltà di ciascun membro permanente del Consiglio di Sicurezza dell'ONU di bloccare le decisioni prese dagli altri membri || *per estens. fam. scherz.* divieto: *il padre ha messo il veto e stasera non si va a teatro* || **N.** esercitare, opporre, mettere, togliere.

vetràio (pl. *-ài*) [lat. *vitrarius*; sec. XIV] ***sm.*** (f. *-a*) operaio di una vetreria || artigiano che rifinisce e mette in opera vetri e cristalli. **Q.T.** *vetro.*

vetràme [da *vetro*; 1780] ***sm.*** *non com.* assortimento di lastre di vetro od oggetti in vetro.

vetràrio (pl. *-ri*) [lat. *vitrārius*; 1612] ***agg.*** del vetro: *arte vetraria, commercio vetrario*.

vetràta [da *vetro*; 1761] ***sf.*** lastra o insieme di lastre in vetro o cristallo, sorrette da un'apposita intelaiatura; serve come elemento di chiusura o divisorio: *la vetrata della serra, le vetrate del duomo* || **N.** invetriata | piombi.

vetràto [da *vetro*; 1908 come sm.] **I *agg.*** dotato di vetri: *porta vetrata* || contenente o cosparso di vetro: *pasta, carta vetrata* **II *sm.*** *T.alp.* sottilissima velatura di ghiaccio che si forma sopra le rocce.

vetreria [dal fr. *vitrerie*; 1844] ***sf.*** **1.** stabilimento industriale o artigianale per la fabbricazione e la lavorazione di vetri e cristalli o di oggetti in vetro e cristallo **2.** *pl.* assortimento di oggetti in vetro. **Q.T.** *vetro.*

vetriàta [da *vetro*; 1612] ***sf.*** *raro* vetrata, invetriata.

vetriàto [da *vetro*; 1940] ***agg.*** **1.** vetrato **2.** invetriato.

vètrice [lat. *vitex, -icis*; sec. XIV] ***sm.*** salice da vimini.

vetriciàia [da *vetrice*; 1879] ***sf.*** vetriciaio.

vetriciàio (pl. *-ài*) [da *vetrice*; 1370] ***sm.*** luogo in cui crescono vetrici.

vetrièra [da *vetro*; sec. XIV] ***sf.*** *region.* **1.** vetrata **2.** vetrina; mobile a vetri; cristalliera.

vetrificàbile [da *vetrificare*; 1840] ***agg.*** che si può vetrificare.

vetrificànte (*ppr.* di *vetrificare*) [1970] **I *agg.*** che vetrifica: *sostanza vetrificante* **II *sm.*** ogni sostanza che, per effetto di alte temperature, passa dallo stato cristallino a quello amorfo, mantenendosi così fino alla solidificazione.

vetrificàre (pres. *-ìfico, -ìfichi*) [dal fr. *vitrifier*; 1612] ***tr.*** trasformare in vetro o rendere simile al vetro || ***intr.*** (aus. *essere*) e ***intr. pron.*** diventare vetro.

vetrificazióne [dal fr. *vitrification*; 1612] ***sf.*** atto ed effetto del vetrificare e del vetrificarsi. **Q.T.** *vetro.*

vetrigno [da *vetro*; a. 1597] ***agg.*** che ha qualcosa della natura o dell'aspetto del vetro || di mattone, che presenta tracce di vetrificazione perché cotto a temperatura altissima (anche *sm.*).

vetrìna[1] [dal fr. *vitrine*; 1836] ***sf.*** vano delimitato frontalmente (e talora anche sugli altri lati) da lastre in vetro o cristallo che consentono di osservare ciò che vi è esposto: *le vetrine illuminate dei negozi*; nel modo di dire fig. *mettersi in vetrina*, esibirsi, ostentare ciò che di sé si ritiene possa attrarre || mobile a vetri per oggetti preziosi || credenza a vetri, cristalliera || *dim.* vetrinétta. **TAV.** *abitazione* 3.1.

vetrìna[2] [dal fr. *vitrine*; 1754] ***sf.*** prodotto che, con la cottura, assume aspetto vetroso, e viene applicato su superfici (spec. di oggetti in ceramica) delle quali si vuole migliorare l'impermeabilità e la resistenza, o anche l'aspetto estetico || **N.** invetriare, invetriatura.

vetrinàre (pres. *-ìno*) [da *vetrina*[2]; 1983] ***tr.*** nell'industria ceramica, sottoporre a vetrinatura.

vetrinatùra [da *vetrinare*; 1983] ***sf.*** nell'industria ceramica, il rivestire di vetrina.

vetrinista [da *vetrina*[1]; 1939] ***s.*** chi prepara le vetrine dei negozi.

vetrìno[1] (*dim.* di *vetro*) [1934] ***sm.*** piccolo vetro || *in part. vetrino porta-oggetti, copri-oggetti* (o, ass., *vetrino*), piccole lastre di vetro fra le quali si colloca il materiale da osservare al microscopio. **TAV. *ottica* p. 1329** 7.4.

vetrìno[2] [da *vetro*; 1805] ***agg.*** *raro* simile al vetro (spec. per la sua consistenza fragile).

vetriòla [dal lat. volg. *vitriŏla*, f. sost. di *vitreolus*, vitreo, perché serviva a pulire oggetti di vetro; sec. XIV] **I *sf.*** muraiola, parietaria **II *agg.*** *erba vetriola*, vetriola.

vetrioleggiàre (pres. *-éggio*) [da *vetriolo*; 1905] ***tr.*** deturpare il viso col vetriolo.

vetriòlo [lat. tardo *vitreolus*; sec. XIV *vitriuolo*] **I *sm.*** **1.** *T.chim. disus.* nome di vari solfati metallici dalla lucentezza vitrea: *vetriolo azzurro*, solfato di rame; *vetriolo bianco*, solfato di zinco; *vetriolo verde*, solfato di ferro **2.** *ant.* o *pop. vetriolo fumante, olio di vetriolo* (o, ass., *vetriolo*), acido solforico: *deturpare col vetriolo* **II *agg.*** *ant. raro* vitreo.

vétro [lat. *vitrum*; sec. XIII] ***sm.*** **1.** nome generico di vari tipi di materiali amorfi, perfettamente omogenei e compatti e, allo stesso tempo, fragili, di più o meno elevata trasparenza, costituiti essenzialmente da silice, utilizzati per la fabbricazione (mediante fusione e raffreddamento) di svariati oggetti d'uso: *vetro comune* (o *bianco*), *smerigliato* (reso traslucido con la smerigliatura), *colorato, di sicurezza* (costituito da due strati di vetro cui è interposta, come collante, una materia plastica che, in caso di rottura dei vetri, ne impedisce la dispersione dei frammenti); *lana di vetro, fibra di vetro*, ottenute per filatura del vetro, sono, rispettivamente, a fibra corta e a fibra lunga; *soffiare il vetro*, con un cannello, per conferirgli una forma concava || *fig. tenere sotto una campana di vetro*, trattare con estrema cura e riguardo; *iron. esser fatto di vetro*, essere molto fragile **2.** *per meton.* oggetto in vetro (spec. se pregiato): *i vetri di Murano* || *in part.* lastra in vetro: *i vetri della finestra, porta a vetri* || anche, pezzo, frammento, scheggia di vetro: *attento, ci sono dei vetri per terra!, s'è tagliato con un vetro* || *dim.* vetrìno; *pegg.* vetràccio. **Q.T.** *vetro.*

vetroasfàlto [comp. di *vetro* e *asfalto*; 1961] ***sm.*** materiale fatto di vetro impregnato di asfalto, utilizzato come isolante termico e acustico.

vetrocàmera [comp. di *vetro* e *camera*; 1987] ***sf.*** *T.edil.* struttura usata per formare finestre ad alto isolamento acustico e termico, costituita da due lastre di vetro parallele sigillate e di-

VETRO

CLASSIFICAZIONE DEI PIÙ COMUNI TIPI DI VETRO.

IN BASE AI SISTEMI DI LAVORAZIONE: cilindrato, colato, filato, laminato, molato, plasmato, pressato, smerigliato, soffiato, stampato, stirato, temperato.

IN BASE ALLA COMPOSIZIONE CHIMICA: al piombo, allumosilicato, allumosilicofosfatico, baroallumosilicato, barosilicato, borato, di feldspato, di quarzo, di silice o silicato, fluoridrico, fosfatico.

IN BASE ALL'IMPIEGO: antiproiettile, antiriflesso, da bottiglia, da specchio, di sicurezza o *securit* ® (armato, retinato ecc.), d'ottica, infrangibile, solubile.

TIPI SPECIALI VARI: a cammeo, a cassetta o *Norman Glass*, a disco o girato, a rombi, cattedrale, cellulare, colorato, di Boemia, di Jena, di Wood, *Favrile*, filigrana, incamiciato (*doublé*, ricoperto, placcato), neutro, opaco, opalino o latte; cristallo, *crown, dalle* (*de verre*), fibra di vetro o *fiberglass, flint*, lana di vetro, pasta di vetro, smalto, vernice per ceramica.

OPERAZIONI NEL CICLO DI PRODUZIONE E LAVORAZIONE DEL VETRO: affinaggio, argentatura, armatura, arrotatura, cilindratura, colatura, colorazione, decolorazione, doratura, finitura, formatura, fusione, granitura, incisione (alla ruota, con acido fluoridrico, con getto di sabbia), lucidatura, miscelatura, pittura, pulitura, raffinazione, raffreddamento, ramatura, retinatura, ricottura, riscaldamento, sabbiatura, sagomatura, sinterizzazione o frittaggio, smerigliatura, soffiatura, specchiatura, spianatura, stampaggio, stiramento, tempera, tiratura.

UTENSILI, MACCHINARI E IMPIANTI DELL'INDUSTRIA VETRARIA: becco, bruciatore, cilindratoio, controstampo, crogiolo, filiera, forma, forno (di fusione, di raffreddamento, di tempera; a bacino, a camera, a canale, a crogiolo, a nastro continuo, a vaso), grisatoio, laminatoio, mola, padella, pinza, pressa, pulitrice, riavolo, rullo o cilindro, sabbiatrice, soffiatrice, stampo, tagliavetro (a punta di diamante, a rotella), tavolo di colata, tubo o canna da vetro, vasca di fusione.

TERMINI TECNICI: devetrificazione, ialografia, ialurgia, punto (di aggregazione, di coagulamento, di coesione, di cristallizzazione, di fusione, di solidificazione, di trasformazione), soprafusione, stato vetroso, vetrificazione; carta vetrata, specchio, vetroasfalto, vetrocemento, vetroceramica, *vetroflex*, vetroresina; lastra, scheggia, vetraio, vetrata, vetreria, vetro di scarto.

COMPONENTI DEL VETRO: affinanti, coloranti, decoloranti, fondenti, opacizzanti, stabilizzanti, vetrificanti.

DIFETTI: bolla, colorazione indesiderata, graffiatura, incrinatura, pulica, scalfittura, screpolatura.

VOCI ATTINENTI: vetrocromia, vetrofania.

MATERIALI ALTERNATIVI: celluloide, cristallo di rocca, *plexiglas*, polistirene, vetro sintetico od organico.

stanziate tra di loro, in modo da creare una camera d'aria disidratata.

vetrocementista [da *vetrocemento*; 1961] **s.** addetto alla realizzazione di vetrocementi.

vetrocemènto [comp. di *vetro* e *cemento*; 1950] **sm.** *T.edil.* struttura mista costituita da mattonelle in vetro inserite in un getto di cemento armato, utilizzata per consentire l'illuminazione naturale di un ambiente: *la copertura dello scantinato è in vetrocemento.*

vetroceràmica [comp. di *vetro* e *ceramica*; 1974] **sf.** materiale che, sommando le proprietà del vetro e della ceramica, resiste ottimamente alla fiamma e alle alte temperature ed è per questo utilizzato per fabbricare stoviglie e tegami da forno.

vetrocromìa [comp. di *vetro* e *-cromia*; 1905] **sf.** pittura su vetro.

vetrofanìa [dal fr. *vitrauphanie*; 1908] **sf.** foglio di materia trasparente, con disegni e figure a colori, che si usava attaccare sui vetri, per farli sembrare dipinti.

vetroflèx [da *vetro*; 1938] **sm.** *inv.* nome commerciale di un isolante termico costituito da fili di vetro ottenuti da scorie di coke e silicati.

vetrometàllo [comp. di *vetro* e *metallo*; 1988] **sm.** *T.chim.* stato vetroso ottenuto in particolari leghe metalliche, che dà origine a un materiale con elevata resistenza termica e meccanica.

vetróne (*accr.* di *vetro*) [1961] **sm.** *T.alp.* vetrato.

vetrorèṣina o **vetroréṣina** [comp. di *vetro* e *resina*; 1983] **sf.** materia plastica costituita da resine poliestere e fenoliche, rinforzate da fibre di vetro, che, per la sua leggerezza e resistenza, viene impiegata nella costruzione di imbarcazioni, autoveicoli ecc.

vetróso [da *vetro*; fine sec. XVIII] **agg.** **1.** proprio del vetro: *stato vetroso*, stato di aggregazione della materia tipico del vetro || *per estens.* dalle qualità o dall'aspetto del vetro: *materiale vetroso, consistenza vetrosa* **2.** *non com.* che contiene vetro || **N.** **1.** cristallino, vetrigno, vetrino, vitreo. **Q.T.** *vetro.*

vétta [dal lat. *vitta*; 1319] **sf.** **1.** cima, sommità: *la vetta dell'albero, di un monte, del campanile* **2.** rametto sottile e flessibile **3.** il bastone più corto del correggiato, col quale si battono il grano e le biade; manfano **4.** *T.mar.* in un paranco, l'estremità della corda che esce dall'ultima puleggia per essere tirata || **N.** **1.** *Sin.* sommo, vertice | cimare, svettare. **Q.T.** *alpinismo.*

vettaiòlo [da *vetta*; 1625 *vettaiuolo*] **agg.** di frutto, che nasce in vetta alle piante: *fico vettaiolo.*

vettìna [etim. inc.; 1537] **sf.** *arc. region.* vaso da olio.

vettònica v. BETTONICA.

vettóre [dal lat. *vector, -ōris*; 1900 nel senso 2] **I** **sm.** (f. *-trice*) **1.** *T.mat.* e *T.fis.* ente geometrico rappresentato con un segmento orientato e individuato da una direzione, un verso (indicato da una freccia) e un modulo (indicato dalla lunghezza del segmento), usato per rappresentare grandezze fisiche vettoriali: *vettori applicati*, ulteriormente individuati da un punto d'applicazione; *vettore unitario*, versore || *per estens.* elemento di uno spazio vettoriale (v. VETTORIALE) || *T.inform.* variabile definita da più valori indicizzati **2.** ente o elemento che svolge una funzione di trasporto: *vettore aereo* || *T.biol.* e *T.chim.* sostanza che ha una funzione intermediaria nell'attivazione di reazioni biochimiche: *vettore colloidale* || *T.comm.* e *T.giur.* chi esegue, per conto di terzi, trasporti di merci o passeggeri **II** **agg.** che trasporta, *in part. razzo vettore* (o, ass., *vettore*), usato per portare veicoli spaziali su traiettorie prestabilite || *T.med.* animale (spec. insetto) che trasmette infezioni: *zanzare vettrici della malaria* || *T.elettrot.* portante: *onda vettrice.* **Q.T.** *matematica...* **TAV.** ***astronautica*** **p. 654** 1.

vettoriàle [da *vettore*; 1912] **agg.** *T.mat.* e *T.fis.* relativo a vettore: *grandezza vettoriale* (in contrapposizione a *scalare*), individuata non solo da una misura, ma anche da una direzione e da un verso (per es., velocità, accelerazione); *calcolo vettoriale*, algoritmo matematico che opera sui vettori; *spazio vettoriale*, insieme di elementi sui quali è definita un'operazione di composizione interna, detta *addizione*, e un'operazione di moltiplicazione per uno scalare (tipicamente un numero reale o complesso).

vettovàglia (pl. *-glie*) [lat. *victuālia*, viveri, alimenti; sec. XIV] **sf.** spec. *pl.*, tutto quanto è necessario al vitto e alla sopravvivenza di comunità, spec. militari || **N.** annona, cibarie, grasce, provenda, provianda, provvigione, provvista, scorta, vitto, viveri.

vettovagliamènto [da *vettovagliare*; 1879] **sm.** il vettovagliare || **N.** *Sin.* approvvigionamento, foraggiamento, rifornimento.

vettovagliàre (pres. *-àglio*) [da *vettovaglia*; a. 1542] **tr.** provvedere di vettovaglie.

vettùra [lat. *vectura*; a. 1320] **sf.** **1.** *concr.* carrozza di mezzi di trasporto pubblici su binari o anche, in passato, carrozza a cavalli di servizio pubblico: *signori, in vettura! si parte!*; *vetture di prima, seconda classe*; *vettura ferroviaria, tranviaria* || *disus. vettura di* (o *da*) *piazza*, carrozza, o anche autovettura, in servizio pubblico || oggi, più com., autovettura: *una vettura sportiva* **2.** *propr. ant.* trasporto di persone o cose effettuato con bestie da soma o da sella o veicoli trainati da bestie da soma: *andare a vettura*, effettuare trasporti per conto terzi con le proprie bestie || *com. T.giur. lettera di vettura*, documento attestante l'esistenza e le modalità di un contratto di trasporto || *dim.* vetturétta, vetturìna; *accr.* vetturóna; *pegg.* vetturàccia || **N.** **2.** mancia, stallatico, tariffa, tassametro, vetturale, vetturino. **Q.T.** *carri...*, *ferrovia* **TAV.** ***ferrovie...*** **p. 669** 4, 9.6.

vetturàle [da *vettura*; 1264] **sm.** chi dietro compenso trasporta roba e merci da luogo a luogo con bestie da soma o con carri || **N.** carrettiere.

vetturalésco (pl. *-schi*) [da *vetturale*; a. 1722] **agg.** *raro* e *spreg.* da vetturale.

vettureggiàre (pres. *-éggio*) [da vettura; a. 1320] **tr.** e **intr.** (aus. *avere*) *raro* trasportare persone o merci a vettura.

vetturétta (*dim.* di *vettura*) [1923] **sf.** **1.** piccola vettura **2.** automobile utilitaria.

vetturìna [etim. inc.; 1879] **I** **sf.** tribolo **II** **agg.** *erba vetturina*, vetturina.

vetturìno [da *vettura*; 1585] **sm.** **1.** cocchiere di piazza **2.** *ant.* chi dava bestie da soma o da traino a vettura || *più com.* vetturale. **Q.T.** *carri...*

vetustà [dal lat. *vetustas, -ātis*; sec. XIV] **sf.** *lett.* estrema vecchiezza; antichità.

vetùsto [dal lat. *vetustus*; 1321] **agg.** *lett.* antico || *meno com.* di persona, molto vecchio.

vezzeggiamènto [da *vezzeggiare*; a. 1712] **sm.** atto ed effetto del vezzeggiare.

vezzeggiàre (pres. *-éggio*) [da *vezzo*; sec. XVI] **tr.** usare, nei confronti di qualcuno, modi estremamente affettuosi e teneri || **intr.** (aus. *avere*) *raro* fare il vezzoso, il lezioso || **rifl.** *raro* avere molta cura di sé, usarsi molti riguardi.

vezzeggiatìvo [da *vezzeggiare*; 1612] **agg.** che si usa per vezzeggiare || *T.gram. suffisso vezzeggiativo*, che, unito alla radice di un aggettivo o di un sostantivo, fa sì che questo designi qualcosa con affetto, simpatia, benevolenza e sim.: *-ello, -ella, -etto, -etta, -uccio, -uccia sono suffissi vezzeggiativi*; *termini vezzeggiativi* (anche come *sm.*), costituiti unendo alla loro radice un suffisso vezzeggiativo: *rivolgendosi alla figlia usa sempre dei vezzeggiativi*; talvolta il vezzeggiativo può assumere valore *spreg.*: *medicuccio, vestituccio*, misero, da poco.

vézzo [lat. *vitium*; 1353 nel senso 2] **sm.** **1.** abitudine sconveniente: *ha il brutto vezzo di succhiarsi il pollice* || anche, abitudine peculiare di una persona (sempre con un'idea di affettazione): *quell'intercalare è un suo vezzo* **2.** *meno com.* atto amorevole, tenero: *far vezzi a un bambino* || *pl.* gesti o atteggiamenti pieni di fascino, grazia, leggiadria: *non resiste ai vezzi delle donne* || *pl. spreg.* smancerie, leziosità **3.** *disus.* monile costituito da un filo di perle o da pietre preziose, da portare al collo: *un vezzo di coralli* || *dim.* vezzìno, vezzùccio || **N.** **1.** avvezzare, divezzare, svezzare **2.** svezzeggiare.

vezzosità [da *vezzoso*; 1961] **sf.** l'essere vezzoso.

vezzóso [da *vezzo*; sec. XIV] **agg.** e **sm.** (f. *-a*) **1.** che, chi ha grazia e piacevolezza; grazioso: *un ricamo vezzoso, gesti vezzosi, bimba vezzosa* || *spreg.* lezioso, di chi affetta modi leziosi **2.** *ant.* viziato **3.** *ant.* trattato con troppa cura e delicatezza || **N.** **1.** *Sin.* carino, leggiadro | *Contr.* brutale, grossolano, rozzo.

vi[1] [da *voi*; 1294] **pron.** *pers.* atono di seconda persona plurale, usato come compl. oggetto o come compl. di termine: *vi amo, sono qui per dirvi* || si pospone e si unisce all'interiezione *ecco* e ai verbi di modo imperativo, infinito e gerundio: *eccovi, portatevi, darvi, dandovi* || nei raggruppamenti di particelle pronominali si prepone e si tramuta in *ve* (v.) || *pop. pleon.*: *ma chi vi credete di essere?!, vi credevate forse di poterlo imbrogliare?!*

vi[2] [dal lat. (*i*)*bi*; a. 1321] **I** **pron.** *dimostr.* in ciò o a ciò; ci (ma di uso più elevato): *non vi trovo niente di sbagliato* **II** **avv.** con valore locativo, in questo (o in quel, o per quel) luogo; ci (ma di uso più elevato): *vi abito da un anno.*

vi[3] [lettura della lettera *v*; 1918] **sf.** (meno com. *sm.*) nome della lettera *v* (v.) || *vi doppia* (meno com. *vi doppio*), nome della lettera *w* (v.) || **N.** *Sin.* vu.

vìa[1] [lat. *via*; 1313] **sf.** **1.** strada, ma solo nell'ambito di un centro urbano (freq. anche nella toponomastica, spesso con iniz. maiuscola): *abita in una via tortuosa del centro storico, in Via Roma*; *imbocca la prima via a sinistra, la via principale del paese* || nella toponomastica delle strade consolari Romane: *Via Aurelia, Salaria* ecc. **2.** *per estens.* itinerario, percorso; meno com. di *strada*, ma prevalente in alcuni contesti ed espr. part.: *essere, fermarsi* ecc. *per via, a mezza via*, per strada, a metà strada; *la via del cotone, del tabacco, della seta, della droga*, gli itinerari seguiti usualmente da commercianti e trafficanti per rifornire gli acquirenti di tali merci; *vie armentarie*, piste montane e premontane percorse da greggi e mandrie negli spostamenti stagionali; *un volo che va da Roma a Londra via Berlino*, passando per Berlino || *T.alp.* percorso di una scalata: *scoprire, aprire, tentare una nuova via sulla parete nord*; *via direttissima*, la più breve; *via attrezzata*, itinerario permanentemente attrezzato con corde, chiodi e sim., per facilitare la scalata; *via ferrata*, itinerario attrezzato con scale, catene, funi metalliche e sim. **3.** *per estens.* passaggio, varco, accesso (ma spesso è più com. *strada*): *aprirsi una via tra la folla, in mezzo al bosco*; *via d'accesso, d'uscita, di fuga*; *essere sulla via di*, star percorrendo un itinerario che porta a: *essere sulla via di casa*; *via libera!*, espr. usata per segnalare che il passaggio è privo di ostacoli; *vie di comunicazione*, strade, ferrovie, canali, fiumi ecc.; *spedire una merce via terra* (o *via mare, per via aerea* ecc.), *trasmissioni via radio* (o *via satellite* ecc.), *comunicare il messaggio via telefono* (o *via telegrafo* ecc.) || *T.anat.* dotto, canale (o rete di canali): *vie respiratorie*, *urinarie, biliari* ‖ *T.med.* canale utilizzato per la somministrazione dei farmaci: *assumere un farmaco per via orale, anale, intramuscolare* **4.** *per estens.* sistema, mezzo: *hanno ormai tentato ogni via per curarlo; via di scampo, d'uscita, di salvezza,* sistema per togliersi dai guai; *le vie del Signore sono infinite, giungere alla soluzione di un problema per la via più semplice* ‖ *via di mezzo,* sistema, soluzione intermedia, di compromesso: *optarono per una via di mezzo e furono entrambi soddisfatti, si tratta solo di decidere se vuoi farlo o no: non ci sono vie di mezzo* ‖ *vie traverse,* sistemi, perlopiù ai limiti della legalità o decisamente illegali, adottati per raggiungere un certo scopo: *è arrivato per vie traverse a occupare quella poltrona* ‖ *eufem. ricorrere, passare alle vie di fatto,* picchiare, malmenare ‖ *inoltrare la richiesta per via gerarchica,* seguendo l'iter burocratico ‖ *adire le vie legali,* portare una questione in tribunale ‖ più in gen., linea di comportamento, condotta, modalità seguita nell'agire: *mettersi sulla retta via* ‖ nelle loc. *per via di,* per mezzo di, e spec., a causa di: *per via di quel lavoro finirono col conoscersi meglio, entrarono in contrasto per via di una donna; sulla via di, in via di,* prossimo a, destinato a: *è ormai in via di guarigione, sulla via della pazzia, del fallimento; in via* (seguito da agg.), in modo: *te lo dico in via confidenziale, in via del tutto eccezionale potrei farle un po' di sconto* ‖ prov. *chi lascia la via vecchia per la nuova, sa quel che lascia e non sa quel che trova,* usato per consigliare di essere cauti nei cambiamenti ‖ *dim.* viétta, viùzza ‖ **N.** *Sin.* **1.** STRADA | deviare, inviare, sviare, traviare | bivio, trivio, quadrivio **2.** *Sin.* tragitto, traiettoria **4.** *Sin.* maniera, metodo, modo. **Q.T.** *alpinismo, anatomia, città.*

via² [da *via*¹; 1313] **I avv.** **1.** unito a verbi di moto, per esprimere l'idea di allontanamento: *se ne è andato via di casa, è fuggito via dal carcere, l'hanno cacciato via dalla ditta in cui lavorava;* in part., nella loc. *andar via,* che è usata anche in alcune accezioni fig. fam.: *andar via,* di macchia e sim., scomparire: *questo sporco non va via;* di merci, esser vendute: *di questi tempi i computer vanno via come il pane* ‖ spesso con valore rafforzativo, per esprimere la rapidità dell'allontanamento: *vattene via, non ti voglio più vedere!, corse via come un fulmine* **2.** unito a verbi non di moto, per esprimere l'idea di lontananza (spec. rispetto alla residenza abituale): *è stato via per un anno, la mamma è via* ‖ nell'espr. fig. fam. *dare via qualcosa,* disfarsene vendendola o regalandola **3.** in elencazioni, enumerazioni e sim., eccetera, così di seguito, spec. in vari modi di dire (*e via dicendo, e così via, e via di seguito, e via di questo passo*): *si parlò di stanziamenti, retribuzioni e via dicendo, metti la prima cifra nella prima casella, la seconda nella successiva e così via* (o *e via così*) **4.** iterato, con valore distributivo, a mano a mano, man mano, di volta in volta: *via via che gli invitati arrivano li mando in sala, esamineremo ciascuna questione via via che se ne presenta l'opportunità* **5.** *ant.* per, volte (nella moltiplicazione): *tre via tre,* (*fa*) *nove* ‖ nel modo di dire *fig. zero via zero fa zero,* col niente non si fa niente **II** in funzione di **sm. inv.**, segnale, (o, *non com.* luogo) di partenza di gare e sim.: *partire, scattare al via; dare il via,* far partire, dare inizio (anche *per estens. fig.* di iniziative, progetti e sim.): *lo starter diede il via* (*ai concorrenti, alla gara*), *oggi è stato dato il via alla costruzione del primo tronco della metropolitana* **III escl.** **1.** suvvia, per esprimere impazienza, esortazione, incoraggiamento: *oh via, smettila!, deciditi, via!, via!, via, non perderti d'animo!* **2.** con ellissi di un verbo di moto, usata per intimare a qualcuno di allontanarsi: *via!, via di qui!* **3.** comando di partenza nelle gare o alla fine di un conteggio preparatorio: *pronti... via!, uno, due, tre: via!*

viàbile [dal lat. tardo *viābilis,* attr. il fr. *viable;* 1876] **agg.** *non com.* relativo alle vie, spec. dal punto di vista tecnico e organizzativo: *piano viabile.*

viabilista [da *viabile;* 1961] **agg.** e **s.** che, chi si occupa di problemi di viabilità: *ingegnere viabilista.*

viabilistico (pl. *-ci*) [da *viabile;* 1953] **agg.** *raro* che concerne la viabilità.

viabilità [dal fr. *viabilité;* 1858] **sf.** **1.** rif. a strada o a rete stradale, percorribilità da parte del traffico veicolare: *a causa della neve la viabilità è stata interrotta in corrispondenza dei valichi* **2.** *non com.* il complesso delle vie che formano la rete stradale di un territorio: *una regione dotata di una pessima viabilità* ‖ norme e attività relative a vie e strade: *l'assessorato che si occupa del traffico e della viabilità.*

viadótto [comp. di *via* e *-dotto,* sul modello dell'ingl. *via-duct;* 1837 *viedotto*] **sm.** *T.edil.* costruzione, consistente sostanzialmente in un ponte a più campate, destinata a sostenere una strada a una certa altezza rispetto al terreno quando se ne debba superare un avvallamento: *il fiume scorre trasversalmente rispetto al viadotto della ferrovia.*

viaggiànte (*ppr.* di *viaggiare*) [1891] **agg.** nell'espr. *personale viaggiante,* denominazione di dipendenti di aziende o compagnie di trasporto (ferrovie, compagnie aeree, poste ecc.) che svolgono le loro mansioni su mezzi di trasporto in viaggio.

viaggiàre (pres. *viàggio, viàggi*) [da *viaggio;* 1679] **intr.** (aus. *avere*) **1.** spostarsi da una località a un'altra; fare viaggi: *viaggiare per turismo, per studio, per lavoro; viaggiare in macchina, in treno, per mare, per terra; viaggiare in incognito, sotto falso nome* ‖ *ass.* dei commessi viaggiatori, lavorare: *viaggiare per la tal ditta* **2.** di mezzi di trasporto, spostarsi: *il rapido viaggia con dieci minuti di ritardo* **3.** di cose, essere trasportato: *la merce viaggia a rischio del mittente* ‖ **N.** **1.** esplorare, pellegrinare, vagabondare, visitare **2.** avanzare, muoversi, procedere. **Q.T.** *ferrovia.*

viaggiatóre [da *viaggiare;* 1619] **agg.** e **sm.** (f. *-trìce*) **1.** che o chi sta compiendo un viaggio (spec. su mezzi pubblici): *si avvisano i signori viaggiatori..., i viaggiatori furono fatti scendere dall'autobus guasto* **2.** che o chi è frequentemente in viaggio: *viaggiatore di commercio, commesso viaggiatore,* chi viaggia in cerca di commissioni per conto d'una casa di commercio; *colombo viaggiatore,* addestrato a recapitare messaggi (fissati a una zampa o a una penna) e a far poi ritorno al punto di partenza ‖ **N.** **1.** corriere, emigrante, escursionista, esploratore, *globe-trotter,* nomade, passeggero, pellegrino, turista, vagabondo, viandante | bagaglio, passaporto.

viàggio (pl. *-gi*) [dal lat. *viāticum,* provvista necessaria per il viaggio, attr. il provenz. *viatge;* 1221 *viagio*] **sm.** **1.** il recarsi da una località a un'altra, quando ciò richieda un certo tempo: *mi fermai dopo tre ore di viaggio, a quest'ora è già in viaggio; fare il viaggio chiedendo passaggi agli automobilisti; viaggio in treno, viaggio di andata, di ritorno; abito, borsa da viaggio* ‖ *buon viaggio!,* augurio che si fa a chi parte ‖ *fig. l'ultimo viaggio,* la morte ‖ più in gen., giro compiuto in luoghi relativamente distanti da quello in cui si risiede abitualmente, comprensivo di spostamenti e soste: *viaggio di lavoro, di affari, di esplorazione, di istruzione, di studio, di piacere, di nozze; diario di viaggio* ‖ *fig.* itinerario immaginario in un tempo lontano da quello presente o mitico: *viaggio nel futuro* **2.** *fam.* breve tragitto percorso per effettuare un trasporto: *non ci state tutti in macchina: farò due viaggi* ‖ nei modi di dire: *fare un viaggio a vuoto,* senza carico e, *fig.,* senza concludere nulla; *ant. raro fare un viaggio e due servizi,* prendere due piccioni con una fava, portare a termine più affari con uno sforzo solo **3.** *gerg.* nel linguaggio dei tossicodipendenti, serie di allucinazioni in rapida successione prodotte dall'uso di stupefacenti **4.** *arc. poet.* corso, via: *a te convien tener altro viaggio* (Dante) ‖ *dim.* viaggétto; *pegg.* viaggiàccio ‖ **N.** **1.** cammino, percorso, tragitto, trasvolata, traversata; capatina, crociera, escursione, esplorazione, gita, pellegrinaggio, scappata, spedizione | agiato / disagiato, breve / lungo | compiere, intraprendere, preparare; fare fagotto, fare le valigie, partire | andata / ritorno, arrivo / partenza, itinerario, meta, sosta, tappa. **Q.T.** *ferrovia.*

viàle [da *via;* 1598] **sm.** **1.** strada extraurbana alberata, spec. se pensata come via d'accesso (a un paese, una villa ecc.) **2.** in un centro urbano, strada larga e alberata ‖ *dim.* vialétto ‖ **N.** controviale.

viandànte [comp. di *via* e *andante,* ppr. di *andare;* fine sec. XIII] **s.** *lett.* chi va per via ‖ *in part.* chi percorre a piedi lunghi tratti di strada, perché privo di mezzi o per pellegrinaggio.

viària [da *via,* sul modello di *diaria;* 1936] **sf.** *disus.* indennità per spese di viaggio.

viàrio (pl. *-ri*) [dal lat. *viārius;* 1950] **agg.** relativo alle vie: *rete viaria* ‖ **N.** *Sin.* stradale.

viàtico (pl. *-ci*) [dal lat. *viāticum,* provvista necessaria per il viaggio; a. 1306 nel senso 2] **sm.** **1.** *T.eccl.* l'Eucaristia che si amministra ai moribondi **2.** *fig. lett.* tutto ciò che può servire da conforto, consolazione, sostegno **3.** *propr. T.stor.* nell'antica Roma, provvista per il viaggio.

viatóre [dal lat. *viator, -ōris;* sec. XIV] **sm.** (f. *-trìce*) *poet. arc.* viaggiatore, viandante.

viatòrio (pl. *-ri*) [dal lat. *viatōrius;* 1840] **agg.** *raro* che concerne il viaggiatore, la via o il viaggio.

viavài [prob. comp. di *via*¹ e *vai,* seconda pers. sing. dell'imperativo pres. di *andare;* 1863] **sm. inv.** **1.** movimento continuo e confuso di molte persone o veicoli che vanno e vengono: *un ininterrotto viavai di impiegati* **2.** *per estens.* movimento alternato continuo di un organo meccanico: *il viavai dei pistoni nei cilindri* ‖ **N.** **1.** *Sin.* andirivieni.

vibìce o **vìbice** [dal lat. *vibix, -īcis;* 1840] **sf.** *T.med.* emorragia sottocutanea a forma di striscia.

vibrafonista [da *vibrafono;* 1965] **s.** suonatore di vibrafono.

vibràfono [comp. di *vibra*(*re*) e *-fono;* 1940] **sm.** *T.mus.* strumento a percussione, simile allo xilofono, dotato di risonatori elettrici.

vìbram ® [dal n. dello scalatore e inventore *Vi*(*tale*) *Bram*(*ani*); 1940] **sm. inv.** tipo di suole di gomma scolpita usate per scarponi da montagna; *in part.* il disegno di tali suole, con profonde scanalature fra prominenze a forma di losanghe e triangoli, studiato per garantire una maggior aderenza: *mi si sono infilati vari sassolini nel vibram.*

vibraménto [da *vibrare;* 1879] **sm.** *raro* vibrazione.

vibrànte (*ppr.* di *vibrare*) [1805] **agg.** **1.** che vibra: *le corde vibranti del violino* ‖ *T.fon.* detto di consonante, continua, articolata con un rapido susseguirsi di aperture e occlusioni del canale vocale, in modo da produrre la vibrazione della punta della lingua (/r/ italiana) o dell'ugola (una delle possibili realizzazioni di /r/ in francese); anche come *sf.* **2.** *fig.* fremente per l'intensità dello stato emotivo in cui ci si trova: *parole vibranti di entusiasmo, animo vibrante di passione* ‖ *per meton.* che esprime energia e intensa emozione: *parlò con parole vibranti.*

vibràre [dal lat. *vibrāre,* agitare, scuotere; 1336 ca. come tr. nel senso 2] **intr.** (aus. *ave-*

re) essere in vibrazione: *la scossa di terremoto fece vibrare i vetri* || *fig.* fremere, palpitare per la passione di cui si è animati: *la sua arringa vibrava di sdegno* || **tr. 1.** rif. a colpo, darlo con forza: *gli vibrò una coltellata* **2.** *raro lett.* scagliare con veemenza; anche *fig.*: *vibrò la lancia, una terribile maledizione contro di loro* **3.** *T.edil.* sottoporre a vibrazione: *vibrare il calcestruzzo* || **N. intr.** agitare, muovere, oscillare | **tr. 1.** *Sin.* assestare, affibbiare, appioppare **2.** *Sin.* lanciare, tirare **3.** assestare, scuotere.

vibratézza [da *vibrare*; a. 1764] **sf.** *lett. fig. raro* caratteristica di ciò che è vibrato.

vibràtile [da *vibrare*, sul modello del fr. *vibratile*; 1940] **agg.** *T.scient.* che si muove con vibrazioni, che è capace di vibrare: *ciglia vibratili*, quelle di cui sono dotati alcuni organismi unicellulari, atte alla locomozione.

vibràto (*pps.* di *vibrare*) [1657 come agg. nel senso 2] **I agg. 1.** inferto con veemenza: *un terribile colpo vibrato con una mazza* **2.** sottoposto a vibrazione: *calcestruzzo vibrato*; *palla vibrata*, pallone pesante in cuoio, dotato di manico, che viene fatto ruotare prima di essere lanciato; anche il gioco effettuato con tale palla || *fig.* energico e appassionato: *una vibrata protesta* **II sm.** *T.mus.* effetto vocale e strumentale consistente in una leggera e ripetuta oscillazione del suono intorno alla sua frequenza di base.

vibratóre [da *vibrare*; 1932] **sm.** (f. *-trice*) **1.** apparecchio o dispositivo che imprime vibrazioni || *in part. T.edil.* apparecchio usato per la vibratura del calcestruzzo; può essere a immersione o a piastra da applicarsi alle casseforme **2.** *lett. raro* chi vibra (nel senso *tr.* 2).

vibratòrio (pl. *-ri*) [da *vibrare*; 1879] **agg.** di vibrazione: *un movimento vibratorio.*

vibratùra [da *vibrare*; 1976] **sf.** *T.edil.* sistema di costipamento del calcestruzzo nelle casseforme, consistente nell'imprimere alla massa allo stato plastico, mediante vibratori, vibrazioni di alta frequenza.

vibrazionàle [da *vibrazione*; 1983] **agg.** *T.fis.* relativo a uno strato di vibrazione o di oscillazione: *banda, riga vibrazionale*, il complesso dei livelli energetici di una molecola in stato di vibrazione; *numero quantico vibrazionale*, numero che dà la quantizzazione dell'energia in un oscillatore.

vibrazióne [dal lat. *vibrātio, -ōnis*; a. 1642] **sf.** oscillazione di piccola ampiezza e grande frequenza: *eliminare le fastidiose vibrazioni del volante* || *T.edil.* sistema di costipazione del calcestruzzo nelle casseforme || *fig.* fremito dovuto a passioni, emozioni e sim.: *le vibrazioni dell'animo* || **N.** ondulazione, tremore.

vibrióne [da *vibrare*; 1892] **sm.** *T.zool.* genere di Batteri (tra cui l'agente del colera) delle Spirillacee, dotati di uno o più flagelli polari locomotori, cui appartengono molte specie saprofite.

vibrissa [dal lat. *vibrissa*; 1598] **sf.** *T.anat.* pelo o setola sensoria presente nella maggior parte dei Mammiferi (nell'uomo sono vibrisse i peli che crescono all'interno del vestibolo delle fosse nasali): *le vibrisse dei gatti.*

vìbro- [da *vibrare*] **primo elem.** che in parole composte della terminologia tecnica indica strumenti o operazioni che hanno relazioni di vario tipo con le vibrazioni.

vibrocoltivatóre [comp. di *vibro-* e *coltivatore*; 1984] **sm.** *T.agr.* tipo di erpice provvisto di lame elastiche rettangolari di acciaio che vibrano quando l'attrezzo è trainato ad alta velocità, sminuzzando così le zolle.

vibrocostipatóre [comp. di *vibro-* e *costipatore*; 1987] **sm.** *T.edil.* attrezzo munito di una piastra che vibra in direzione verticale, usato nella costruzione di strade per costipare il manto stradale.

vibrofinitrice [comp. di *vibro-* e *finitrice*; 1983] **sf.** *T.edil.* macchina per pavimentazioni stradali, munita di una lama vibrante con cui viene reso liscio e uniforme il manto bituminoso o in cemento.

vibroformatrice [comp. di *vibro-* e *formatrice*; 1983] **sf.** macchina per fabbricare manufatti in calcestruzzo vibrato.

vibrògrafo [comp. di *vibro-* e *-grafo*; 1936] **sm.** strumento atto a registrare vibrazioni.

vibrogràmma (pl. *-i*) [comp. di *vibro-* e *-gramma*; 1961] **sm.** diagramma ottenuto con un vibrografo.

vibromassaggiatóre [comp. di *vibro-* e *massaggiatore*; 1973] **sm.** apparecchio vibratore per massaggi terapeutici.

vibromassàggio (pl. *-gi*) [comp. di *vibro-* e *massaggio*; 1983] **sm.** massaggio eseguito con un vibromassaggiatore.

vibrometrìa [comp. di *vibro-* e *-metria*; 1983] **sf.** rilevazione, misurazione e registrazione delle vibrazioni meccaniche di strutture solide.

vibròmetro [comp. di *vibro-* e *-metro*; 1983] **sm.** apparecchio con cui si misurano le vibrazioni meccaniche di strutture solide.

vibroscòpio (pl. *-pi*) [comp. di *vibro-* e *-scopio*; 1957] **sm.** strumento atto a visualizzare le vibrazioni.

vibroterapìa [comp. di *vibro-* e *terapia*; 1983] **sf.** terapia basata sui vibromassaggi.

vibùrno [dal lat. *viburnum*; 1668] **sm.** *T.bot.* genere di piante arbustive delle Caprifogliacee cui appartengono la lantana, il lauro tino e la palla di neve || **N.** *Sin.* lentaggine.

vicarìa [da *vicario*; sec. XIV] **sf. 1.** ufficio di un vicario (spec. ecclesiastico) **2.** *T.stor.* nel Medioevo, giurisdizione soggetta a un vicario || *per meton.* truppa di stanza in una vicaria.

vicariàle [da *vicario*; 1879] **agg.** di o del vicario.

vicariànte (*ppr.* di *vicariare*) [1942] **agg.** *T.scient.* che ha funzione di sostituto, di supplente e sim.; in part., *T.biol.* e *T.med.*, di organo che sopperisce all'assenza o alla scarsa attività di un altro: *rene vicariante.*

vicariàre (pres. *vicàrio*) [da *vicario*; 1957] **tr.** *T.scient.* fare le veci, sostituire, surrogare.

vicariàto [da *vicario*; 1444] **sm.** *T.eccl.* ufficio del vicario || durata del suo incarico || il territorio sottoposto alla sua giurisdizione.

vicàrio (pl. *-ri*) [dal lat. *vicārius*, che fa le veci; a. 1294] **I agg. 1.** che fa le veci di un'altra persona, rispetto alla quale è di grado inferiore (spec. nella gerarchia ecclesiastica): *cardinale vicario*, che fa le veci del papa come vescovo di Roma; *padre vicario, madre vicaria*, che fanno le veci del padre o della madre superiore del convento **2.** *T.scient.* vicariante **II sm.** in alcuni titoli di ecclesiastici: *vicario apostolico*, ecclesiastico che regge, in nome del pontefice, una circoscrizione territoriale istituita in un luogo di missione; *fig. vicario di Dio*, il papa || **N. I** sostituto, succedaneo, supplente, vice.

vice[1] [dal lat. *vice*, in luogo di; 1321] **sf.** *lett. arc.* vece (spec. nel senso di *funzione*).

vice[2] [da *vice-*; 1963] **s. inv.** chi è autorizzato a sostituire qualcuno in sua assenza: *parla col mio vice.*

vice- [dal lat. *vice*, in luogo di] **pref.** che, in parole composte dotte, concorre a formare le denominazioni di chi sostituisce o può sostituire un'autorità nelle sue funzioni: **vicedirettóre**, **vicegovernatóre**, **vicelegàto**, **viceparroco**, **vicepreside**, **vicepresidènte**, **vicesindaco** || può anche indicare chi nella scala gerarchica occupa il grado immediatamente inferiore a quello espresso dal secondo elem.: **viceammiràglio**, **vicebibliotecàrio**, **vicebrigadière**, **vicecancellière**, **vicecònsole**, **viceispettóre**, **vicequestóre** || **N.** *Sin.* pro-, vicario.

vicecomitàle [dal lat. mediev. *vicecomitālis*, da *vicecŏmes, -comitis*, visconte; 1961] **agg.** *non com.* proprio del visconte, relativo al visconte: *carica vicecomitale.*

vicedòmino [dal lat. tardo *vicedominus*; a. 1547] **sm.** *T.stor.* visdomino.

vicemàdre [comp. di *vice-* e *madre*; a. 1566] **sf.** donna che fa le veci di madre: *la zia gli era vicemadre.*

vicènda [lat. volg. **vicenda*, l'insieme delle cose che si susseguono; a. 1348] **sf. 1.** successione di eventi, storia: *mi narrò una triste vicenda, le vicende della sua vita, del suo popolo* **2.** *propr. disus.* successione alternata di cose, eventi, situazioni ecc.: *la vicenda delle stagioni, la vita è una vicenda di gioie e dolori* || *T.agr.* l'avvicendarsi delle coltivazioni || *com.* nella *loc. avv. a vicenda*, reciprocamente, l'un l'altro, scambievolmente: *si accusavano a vicenda di avere la colpa maggiore* **3.** *arc.* quanto, di volta in volta, spetta a qualcuno: *Sì spesso vien chi vicenda consegue* (Dante) || contraccambio: *rendere la vicenda* || **N. 1.** caso, vicissitudine **2.** *Sin.* alternanza, avvicendamento, rotazione.

vicendévole [da *vicenda*; 1342] **agg.** mutuo, reciproco, scambievole || **vicendevolménte avv.**

vicendevolézza [da *vicendevole*; a. 1673] **sf.** *raro* reciprocità.

vicennàle [dal lat. tardo *vicennālis*; 1745] **agg.** e **sm.** *lett. ant.* ventennale.

vicènnio (pl. *-ni*) [dal lat. *vicennium*; 1891] **sm.** *lett. ant.* ventennio.

vicentìno [dal lat. mediev. *Vicentia*, Vicenza; 1840] **I agg.** proprio di Vicenza, relativo a Vicenza: *le ville vicentine* || *alla vicentina*, alla maniera dei vicentini, detto spec. di specialità gastronomiche: *baccalà alla vicentina* **II sm.** (f. *-a*) **1.** abitante, nativo di Vicenza **2.** (solo *sing.*) dialetto veneto centrale, parlato a Vicenza.

vicepàdre [comp. di *vice-* e *padre*; a. 1685] **sm.** chi fa le veci del padre || **N.** vicemadre.

viceprefètto [comp. di *vice-* e *prefetto*; 1802] **sm.** funzionario di grado immediatamente inferiore a prefetto.

vicepresidènza [comp. di *vice-* e *presidenza*; 1970] **sf.** ufficio di vicepresidente; durata di tale carica.

vicepretóre [comp. di *vice-* e *pretore*; 1865] **sm.** uditore giudiziario che, prima del compimento del normale periodo di tirocinio, viene destinato con giurisdizione piena alle preture.

vicepretùra [da *vicepretore*; 1965] **sf.** ufficio del vicepretore.

viceré [comp. di *vice-* e *re*; a. 1527] **sm. inv.** chi governa con potere regio in qualche parte del regno: *il viceré di Napoli*; o chi governa in nome del re una colonia importante || **N.** viceregina | vicereame | vicereale.

vicereàle [da *viceré*; 1653] **agg.** di viceré.

vicereàme [da *viceré*; 1961] **sm. 1.** giurisdizione territoriale governata da un viceré **2.** *raro* titolo e ufficio di viceré.

viceregina [comp. di *vice-* e *regina*; 1829] **sf.** *non com.* titolo che spetta alla moglie del viceré.

vicevèrsa [dalla loc. lat. *vice versa*, letter. mutata la vicenda; a. 1673] **I avv.** all'inverso, nell'ordine inverso (esprime in gen. la conversa di una relazione specificata): *devi chiedere permesso e poi entrare, non viceversa* **II cong.** *fam.* in inizio di frase, con funzione avversativa, invece: *aveva detto che telefonava, viceversa non l'ha fatto.*

vichìngo (pl. *-ghi*) [dall'ant. nordico *víkingr*, ladrone di mare; 1895] **I agg.** *T.stor.* dei Vichinghi **II sm.** (f. *-a*) *T.stor.* chi apparteneva a una delle popolazioni dei Vichinghi || *scherz.* uomo o, spec., donna che ha i caratteri stereotipici delle popolazioni del Nord Europa (alta statura, capelli biondi ecc.).

vicinàle [dal lat. *vicinālis*; 1855] **agg. 1.** di

breve via di comunicazione che unisce un grande centro con località (spec. rurali) poste nelle vicinanze: *strada, ferrovia vicinale* **2.** *ant.* di una vicinia.

vicinàme [da *vicino*; 1846] ***sm.*** *spreg. raro* gente del vicinato; l'insieme dei vicini: *pettegolezzi del viciname.*

vicinànte (*ppr.* di *vicinare*) [1840] ***agg.*** e ***s.*** *arc. raro* che o chi abita vicino a un altro.

vicinànza [dal lat. mediev. *vicinantia*; a. 1292] ***sf.*** **1.** il fatto, la condizione di essere vicino, vicini: *la vicinanza del mare mitiga il clima, data la vicinanza ci si incontra spesso, la vicinanza delle feste rende tutti nevrotici* || nella *loc. prep. in vicinanza di*, vicino a **2.** *pl. concr.* luoghi vicini a quello nominato: *sta nelle vicinanze di Milano* || nella *loc. avv. nelle vicinanze*, in un luogo vicino || **N. 1.** *Sin.* prossimità | aderenza, attiguità, contatto, contiguità, unione **2.** *Sin.* adiacenze.

vicinàre (pres. *-ìno*) [dal lat. tardo *vicinārī*; a. 1294] ***intr.*** (aus. *avere*) *ant.* essere vicino, confinare: *vicina con noi.*

vicinàto [da *vicino*; sec. XV] ***sm.*** **1.** *concr.* gruppo di case tra loro vicine e, anche, la gente che vi abita: *se urli così ti si sente in tutto il vicinato, a quella notizia accorse tutto il vicinato* **2.** il fatto, la condizione di essere vicini di casa (e i rapporti che essa implica): *mantenere rapporti di buon vicinato.*

vicìnia [da *vicino*; 1572] ***sf.*** *T.stor.* nel Medioevo, l'insieme dei vicini, di coloro che abitavano una stessa località (urbana o rurale), uniti da uguali rapporti di diritti e doveri (stabiliti da un'amministrazione autonoma) || attualmente, comunità agricola montana che amministra, tramite una propria assemblea, i beni a essa assegnati.

viciniòre o **viciniόre** [dal lat. *vicīnior, -ōris*, compar. di *vicīnus*, vicino; 1812] ***agg.*** *bur.* che è più vicino: *accorse subito sul luogo il pretore viciniore.*

vicinità [dal lat. *vicinitas, -ātis*; sec. XIV] ***sf.*** *raro* vicinanza.

vicìno [dal lat. *vicīnus*; 1313] **I *agg.*** **1.** che si trova a poca distanza da un luogo precisato o dal luogo in cui è il parlante: *sei troppo vicino al fuoco, da casa mia l'ufficio è vicino, forza, il traguardo è ormai vicino!; paesi fra loro vicini*, confinanti **2.** *fig.* di persona, che si trova idealmente a poca distanza da un'altra; *in part.* idealmente partecipe, interessato: *vi siamo vicini nel dolore per la perdita del caro figliolo, durante la malattia mi è stato molto vicino* || *un mio vicino parente*, stretto **3.** che è a poca distanza rispetto al presente o a un tempo dato nel passato o nel futuro: *l'estate è ormai vicina, con l'intervento degli Americani si capì che la vittoria degli Alleati era vicina, più si va avanti, più le crisi saranno vicine le une alle altre* || nel modo di dire *essere vicino a*, stare per: *sono vicina a perdere la pazienza; è ormai vicino ai quaranta*, sta per compiere quarant'anni **4.** *fig.* simile, somigliante: *ciò che dice è molto vicino al vero, una tinta abbastanza vicina al verde marcio* **II *sm.*** (f. *-a*) chi si trova vicino e, in part., chi abita vicino: *il mio vicino di destra ha riso per tutto il film, è un mio vicino di casa, è sempre in baruffa coi vicini* **III *avv.*** a poca distanza, non lontano, accanto: *vieni un po' più vicino, abitiamo vicino; farsi vicino*, avvicinarsi; ripetuto, con valore di superlativo: *stammi vicino vicino* || nella *loc. avv. da vicino*, da presso e, *fig.*, attentamente, minuziosamente: *se continui a guardarlo da vicino non potrai mai accorgerti di quanto è inclinato, è una faccenda da esaminare da vicino* || nella *loc. prep. vicino a*: *sta vicino a me* || **N. I 1.** *Sin.* adiacente | *Contr.* distante, lontano, remoto **3.** *Sin.* imminente, prossimo | *Contr.* lontano, remoto.

vicissitùdine [dal lat. *vicissitūdo, -īnis*; sec. XIV nel senso 2; 1805 nel senso 1] ***sf.*** **1.** spec. *pl.*, esperienze spec. dolorose o comunque intricate: *le vicissitudini della vita* **2.** *propr. ant.* vicenda (nel senso 2) || **N. 1.** *Sin.* traversia.

vicitàre (pres. *vìcito*) [dal lat. *visitāre*; sec. XIII-XIV] ***tr.*** *arc.* visitare.

vìco (pl. *-chi*) [dal lat. *vīcus*; 1321 nel senso 3; a. 1547 nel senso 1] ***sm.*** **1.** *T.stor.* ciascuno dei 265 quartieri in cui Augusto suddivise l'Urbe **2.** *lett.* contrada, villaggio, borgo **3.** *ant.* o *region.* vicolo.

vìcolo [dal lat. *vīculus*; 1619] ***sm.*** strada stretta di città; *vicolo cieco*, senza uscita e, *fig.*, impresa o ragionamento da cui non si sa come uscire: *ci siamo cacciati in un vicolo cieco* || *dim.* vicolétto; *pegg.* vicolàccio || **N.** *Sin.* angiporto, chiassetto, viuzza.

victòria [dal fr. *victoria*, in onore della regina Vittoria d'Inghilterra; 1878] ***sf.*** elegante carrozza di rappresentanza trainata da due cavalli, scoperta e a due posti. **TAV. *carri...* p. 664** 3.

victoria regia (lat., pr. it. [vik'tɔrja 'rɛdʒa]) [letter. vittoria regia, in onore della regina Vittoria d'Inghilterra; 1929] ***loc. f.*** enorme pianta acquatica delle Ninfeacee propria dell'America tropicale; ha foglie che raggiungono i 2 m di diametro e fiori che si aprono di sera e che, dapprima bianchi, assumono via via una colorazione rosa e poi rossa.

videàta [da *video*; 1987] ***sf.*** insieme delle linee di testo e delle immagini che compaiono su un video terminale in un determinato momento.

video [dall'ingl. *video*, basato sul lat. *video*, vedo; 1953] **I *sm. inv.*** **1.** schermo su cui si riconvertono in immagini i segnali elettrici inviati da un opportuno rivelatore, demodulatore o decodificatore; *T.inform. video grafico*, schermo su cui vengono presentati dati sotto forma di figure e linee || *per meton.* televisore: *passa ore davanti al video* || *per estens.* tutto quanto concerne la ripresa, la trasmissione e la ricezione televisiva di immagini (in contrapposizione ad *audio*): *regolare il video, disturbi al video* **2.** filmato, videoclip di un brano di musica leggera: *insieme all'album è uscito un video del brano omonimo, una stazione televisiva che trasmette video ventiquattr'ore su ventiquattro* **3.** videoterminale **II *agg. inv.*** (sempre posposto) *T.telecom.* relativo alla trasmissione di immagini (in contrapposizione ad *audio*): *segnale video*, utilizzato per la trasmissione di immagini televisive.

video- [dal lat. *video*, io vedo, prob. attr. l'ingl.] ***primo elem.*** che, in parole composte della terminologia tecnica, indica strumenti, accessori, grandezze che hanno relazione con la trasmissione di immagini per mezzo della televisione (per es. *videocamera, videofrequenza, videosegnale*) || entra anche nelle denominazioni di apparecchi che comprendano uno schermo televisivo (per es. *videocitofono, videogioco, videoterminale*) || in parole composte della terminologia medica, indica relazione con la vista (per es. *videoleso*) || **N.** audio-. **Q.T. *audiovisivi.***

videoamplificatóre [comp. di *video-* e *amplificatore*; 1961] ***sm.*** *T.telecom.* amplificatore destinato ad amplificare i videosegnali.

video art (ingl., pr. ['vɪdɪoʊ ˌɑ:t]) [1981] ***loc. f. inv.*** espressione artistica che si avvale del mezzo televisivo per produrre opere astratte o figurative.

videocàmera [comp. di *video-* e *camera*²; 1983] ***sf.*** **1.** telecamera **2.** apparecchiatura televisiva composta di una telecamera e di un videoregistratore portatili.

videocassétta [comp. di *video-* e *cassetta*; 1970] ***sf.*** caricatore di forma e dimensioni standard contenente un nastro magnetico per videoregistrazione: *videocassetta pirata*, che contiene una registrazione fatta contravvenendo le leggi che vietano la riproduzione di opere coperte da diritti di autore.

videocitòfono [comp. di *video-* e *citofono*; 1971] ***sm.*** citofono collegato a un impianto televisivo a circuito chiuso.

videoclìp [comp. di *video-* e dall'ingl. *clip*, ritaglio; 1987] ***sm. inv.*** breve filmato o videoregistrazione che accompagna un brano musicale.

videodipendènte [comp. di *video-* e *-dipendente*; 1982] ***agg.*** e ***s.*** che, chi guarda tanto assiduamente la televisione, da non poterne quasi fare a meno.

videodipendènza [comp. di *video-* e *dipendenza*; 1983] ***sf.*** l'essere videodipendente.

videodìsco (pl. *-schi*) [comp. di *video-* e *disco*; 1970] ***sm.*** disco di materia plastica sul quale vengono registrati suoni e immagini riproducibili su un normale televisore dotato di apposito dispositivo per la lettura del disco.

videofòno [comp. di *video-* e *-fono*; 1964] ***sm.*** *raro* **1.** videotelefono **2.** videocitofono.

videofrequènza [comp. di *video-* e *frequenza*; 1961] ***sf.*** *T.telecom.* frequenza delle onde elettromagnetiche applicate nella trasmissione a distanza di immagini.

videogame (ingl., pr. ['vɪdɪoʊ ˌgeɪm]; pr. it. [video 'geim]) [comp. di *video-*, video- e *game*, gioco; 1982] ***sm. inv.*** (o pl. *videogames*; pr. ['vɪdɪoʊ ˌgeɪmz]) videogioco.

videogiòco (pl. *-chi*) [comp. di *video-* e *gioco*; 1980] ***sm.*** **1.** gioco di destrezza in cui il giocatore ha il controllo dei movimenti e delle azioni del protagonista di varie situazioni simulate sullo schermo di un televisore o di un computer **2.** apparecchio elettronico delle sale giochi, perlopiù funzionante a pagamento, per l'esecuzione di un particolare videogioco || elemento di *software* per eseguire un videogioco su un *personal computer* o sim. || **N.** *Sin. videogame.*

videoimpaginatóre [comp. di *video-* e *impaginatore*; 1983] ***sm.*** *T.tip.* nell'industria grafica, spec. nell'industria giornalistica, videoterminale per l'impaginazione computerizzata, secondo moduli prestabiliti, di testi fotocomposti.

videoinformazióne [comp. di *video-* e *informazione*; 1983] ***sf.*** sistema telematico per la trasmissione e la ricezione di informazioni di forma diversa (scritti, disegni, grafici e sim.) su schermo televisivo.

videolènto [comp. di *video-* e *lento*; 1982] ***sm.*** nome commerciale di un sistema di trasmissione di immagini attraverso la rete telefonica.

videoléso [comp. di *video-* e *-leso*; 1983] ***agg.*** e ***sm.*** (f. *-a*) che, chi ha una menomazione dell'organo della vista.

videomagnètico (pl. *-ci*) [comp. di *video-* e *magnetico*; 1970] ***agg.*** relativo a registrazione su nastro magnetico di videosegnali.

videomusic (ingl., pr. [ˌvɪdɪoʊ 'mju:zɪk]; pr. it. [video'mjuzik]) [comp. di *video-*, video e *music*, musica; 1984] ***sf.*** musica accompagnata da videoclip: *le trasmissioni di videomusic hanno un alto indice di ascolto.*

videomùsica [comp. di *video-* e *musica*, sul modello dell'ingl. *videomusic*; 1983] ***sf.*** *videomusic.*

videomusicàle [da *videomusica*; 1987] ***agg.*** relativo alla videomusic, proprio della videomusic: *linguaggio videomusicale.*

videonàstro [comp. di *video-* e *nastro*; 1971] ***sm.*** nastro magnetico in bobine o cassette per la registrazione e la riproduzione di videosegnali || **N.** *Sin. videotape.*

videoproiettóre [comp. di *video-* e *proiettore*; 1983] ***sm.*** speciale televisore a colori che consente la proiezione di immagini su uno schermo gigante esterno al televisore stesso.

videoregistratóre [comp. di *video-* e *registratore*; 1970] **sm.** apparecchio che registra programmi televisivi su videodischi o videonastri riproducibili su uno schermo televisivo. **Q.T.** *audiovisivi* **TAV.** *audiovisivi* 2; ***arredamento*** **p. 650** 2.5.

videoregistrazióne [comp. di *video-* e *registrazione*; 1970] **sf. 1.** registrazione di programmi televisivi col videoregistratore e il programma così registrato **2.** processo di riproduzione su videonastri o videodischi di filmati.

videoscrittùra [comp. di *video-* e *scrittura*; 1983] **sf.** sistema di scrittura mediante elaboratore elettronico, che consente di scrivere un testo visualizzandolo prima su uno schermo, in modo da poterlo modificare e rielaborare, anche in momenti diversi, prima di stamparlo || **N.** *Sin. word processing.*

videosegnàle [comp. di *video-* e *segnale*; 1961] **sm.** *T.elettron.* in un sistema televisivo, segnale elettrico in cui un apparecchio di ripresa (telecamera, videoregistratore) traduce le immagini e che il televisore riproduce sotto forma di immagini.

videosistèma [comp. di *video-* e *sistema*; 1983] **sm. 1.** sistema di ripresa, registrazione e riproduzione di immagini **2.** *T.inform.* sistema di *word processing* che utilizza un video.

videotape (ingl., pr. [ˈvɪdɪoʊteɪp]; pr. it. [videoˈteip]) [comp. di *video-*, video- e *tape*, nastro; 1972] **sm. 1.** nastro magnetico per la registrazione e la riproduzione di videosegnali **2.** *per estens.* videoregistrazione || **N. 1.** *Sin.* videonastro.

videotèca [comp. di *video-* e *-teca*; 1966] **sf. 1.** raccolta di videocassette **2.** luogo in cui si conserva una raccolta di videocassette.

videotèl [comp. di *video-* e *tel(efono)*; 1982] **sm. inv.** nome commerciale del sistema di videotex usato in Italia.

videotelefonìa [comp. di *video-* e *telefonia*; 1974] **sf.** sistema di comunicazione televisiva attraverso cavi telefonici.

videotelefònico (pl. *-ci*) [la *videotelefonia*; 1972] **agg.** della, relativo alla videotelefonia.

videotelèfono [comp. di *video-* e *telefono*; 1963] **sm.** apparecchio telefonico dotato di schermo televisivo su cui compare l'immagine dell'interlocutore.

videoterminàle [comp. di *video-* e *terminale*; 1981] **sm.** terminale di un elaboratore elettronico dotato di schermo su cui compaiono le informazioni uscenti dall'elaboratore.

videotèx [comp. di *video-* e dell'ingl. *t(elephone) ex(change)* centralino telefonico; 1982] **sm. inv.** servizio telematico che consente, su richiesta dell'utente, la visualizzazione di pagine di informazioni memorizzate e trasmesse tramite la rete telefonica.

videotèxt [comp. di *video-* e dell'ingl. *text*, testo; 1987] **sm. inv.** servizio telematico per la trasmissione via etere, su appositi canali televisivi, di pagine di informazione che, su richiesta dell'utente, possono essere visualizzate sullo schermo televisivo.

vìdicon [dall'ingl. *vidicon*, comp. di *vid(eo)*, video e *icon(oscope)*, n. di un tubo elettronico; 1961] **sm. inv.** *T.telecom.* tubo per ripresa televisiva, a placca fotosensibile polarizzata, caratterizzato da alta sensibilità e piccole dimensioni.

vidimàre (pres. *vìdimo*) [dal fr. *vidimer*; 1768] **tr.** *T.bur.* convalidare con un timbro, una firma e sim.; mettere il visto || **N.** *Sin.* vistare.

vidimazióne [da *vidimare*; 1802] **sf.** *T.bur.* atto ed effetto del vidimare || **N.** *Sin.* autenticare, convalidare, vistare.

vidrigildo V. GUIDRIGILDO.

vie [da *via*[2]; a. 1292] **avv.** *arc.* preposto ai comparativi, con funzione rafforzativa, ancora, molto, sempre: *vie meglio, vie più* o *viepiù.*

vièlla [dal fr. *vielle*; 1933] **sf.** *T.mus.* antichissimo strumento ad arco a fondo piatto, usato nel Medio Evo dai trovatori.

viemèglio (o *vie mèglio* o *viemmèglio*) [comp. di *vie* e *meglio*; 1961] **avv.** *lett. ant.* ancora più, ancora meglio, a maggior ragione.

viennése [dal n. geogr. *Vienna*; 1818] **I agg.** di Vienna: *valzer viennese* **II s. 1.** abitante di Vienna **2.** **sm.** (solo *sing.*) il dialetto che si parla a Vienna.

viepiù (meno com. *vie più*; lett. *vieppiù*) [comp. di *vie* e *più*; fine sec. XIII *via più*] **avv.** *lett. ant.* ancora, di più, sempre più.

vièra [lat. *viria*, braccialetto; 1541] **sf.** *ant.* ghiera.

vièro [lat. *vi(v)arium*, vivaio; 1961] **sm.** cesto in vimini immerso nell'acqua, in cui si pone il pesce pescato perché resti vivo.

vietàbile [da *vietare*; a. 1729] **agg.** che si può vietare.

vietaménto [da *vietare*; a. 1347] **sm.** *raro* atto del vietare; divieto.

vietàre (pres. *-èto*) [lat. *vetāre*; 1313] **tr.** ordinare o, anche, impedire che si faccia qualcosa: *mi ha vietato di entrare, vietare l'ingresso agli estranei* || con litote, nelle espr. *nulla vieta che, di*, si può benissimo fare: *nulla vieta che ti raggiungiamo più tardi* || **N.** *Sin.* proibire.

vietativo [da *vietare*; 1300 ca.] **agg.** *raro* che vale a vietare.

vietàto (*pps.* di *vietare*) [a. 1294] **agg.** proibito: *sosta vietata, senso vietato*; spesso in funzione di predicato nominale, preceduto da *essere*: *è vietato fumare, il transito.*

vietatóre [da *vietare*; 1840] **agg.** e **sm.** (f. *-trìce*) *raro* che o chi vieta: *legge vietratrice.*

vietnamìta [dal n. geogr. *Vietnam*; 1957] **I agg.** del Vietnam **II s.** abitante del Vietnam.

vièto [lat. *vetus*; 1313] **agg. 1.** *lett. spreg.* desueto, antiquato, inattuale, ormai privo di interesse: *viete argomentazioni* **2.** *tosc.* rancido, stantio: *carne vieta* || **N. 1.** *Sin.* superato, trito | *Contr.* attuale, recente.

vietùme [da *vieto*; 1618] **sm.** *spreg. raro* vecchiume.

view data (ingl., pr. [vjuːˈdeɪtə]) [comp. di *view*, vista e *data*, dati; 1984] **loc. m. inv.** videotex.

vigènza [da *vigente*; 1965] **sf.** l'essere vigente: *la vigenza della legge.*

vìgere (pres. *vìge, vìgono*; imperf. *vigéva, vigévano*; fut. *vigerò, vigerànno*; ppr. *vigènte*; manca il pps.) [dal lat. *vigēre*, aver vigore, aver forza; 1798] **intr.** *dif.* **1.** (solo nella terza persona sing. e pl. del presente imperfetto e futuro) di legge, usanza e sim., essere in vigore: *norme vigenti* **2.** *lett. ant.* prendere vigore.

vigèṣima [dal lat. *vigēsima (pars)*, ventesima (parte); 1460 *vicexima*] **sf.** *T.stor.* nella Roma imperiale e nella Roma papale, imposta gravante su eredità e legati, riscossa dall'erario militare.

vigeṣimàle [da *vigesimo*; 1957] **agg.** sistema di numerazione che ha per base il numero venti.

vigèṣimo [dal lat. *vigēsimus*; 1304] **agg.** *num. ord. non com.* ventesimo.

vigeṣimoprimo, vigeṣimosecóndo ecc. [comp. di *vigesimo* e *primo, secondo* ecc.; prima metà sec. XIV] **agg.** *num. ord. non com.* ventunesimo, ventiduesimo ecc., usati spec. in rif. a sovrani, papi e sim., e sempre posposti al nome: *Papa Giovanni vigesimoterzo.*

vigilànte (*ppr.* di *vigilare*) [sec. XIV] **I agg.** attento, guardingo: *sii più vigilante* **II s.** chi è addetto a mansioni di vigilanza.

vigilante (sp., pr. [biçiˈlante]; pr. it. [vidʒiˈlante]) [letter. guardia, guardiano; 1978] **sm.** (pl. *vigilantes*; sp., pr. [biçiˈlantes]; pr. it. [vidʒiˈlantes]) **1.** ciascun appartenente a una squadra di polizia privata, illegale e perlopiù clandestina (spec. nel Sud degli Stati Uniti) **2.** *per estens.* appartenente a un corpo di polizia privato, che presta servizio di guardia o sorveglianza presso banche, istituti privati, a bordo di furgoni blindati ecc.

vigilànza [dal lat. *vigilantia*; sec. XIV] **sf.** atto ed effetto del vigilare: *esercitare un'attenta vigilanza* || *T.giur. vigilanza speciale*, supplemento di pena, per cui persone giudicate particolarmente pericolose sono sottoposte a una speciale sorveglianza della Pubblica Sicurezza anche dopo la scarcerazione || *diploma di vigilanza scolastica*, diploma che si consegue presso la facoltà di magistero; permette la partecipazione ai concorsi per direttori didattici || **N.** *Sin.* attenzione, controllo, cura, sorveglianza | attenta, oculata, scrupolosa | eludere, sfuggire, sottrarsi.

vigilàre (pres. *vìgilo*) [dal lat. *vigilāre*; a. 1527] **tr.** sorvegliare con molta attenzione: *vigilare gli alunni, i pregiudicati* || **intr.** (aus. *avere*) fare molta attenzione: *vigilare affinché tutto proceda bene, per evitare sorprese* || **N. tr.** non perdere d'occhio, osservare, piantonare | *Contr.* trascurare | **intr.** *Sin.* badare, fare buona guardia, stare all'erta, stare attento, stare con gli occhi aperti.

vigilàto (*pps.* di *vigilare*) [a. 1405] **I agg.** sottoposto a vigilanza: *libertà vigilata*, V. LIBERTÀ **II sm.** (f. *-a*) chi è sottoposto a vigilanza: *vigilato speciale*, sottoposto a vigilanza speciale da parte delle forze dell'ordine.

vigilatóre [da *vigilare*; 1879] **agg.** e **sm.** (f. *-trice*) che, chi è addetto alla sorveglianza (spec. sanitaria) dei carcerati, dei bambini di scuole o colonie ecc.

vìgile [dal lat. *vigilis*, sveglio; sec. XIV] **I agg.** che vigila, vigilante: *occhio, guida vigile* **II s.** (f. *scherz. -éssa*) appartenente a un determinato corpo di guardia: *vigile urbano*, dipendente comunale incaricato di far rispettare il regolamento di polizia urbana: *un vigile urbano* (o, ass. *vigile*) *addetto alla circolazione*; *vigile del fuoco*, appartenente al corpo, organizzato militarmente, cui spettano la prevenzione e l'estinzione degli incendi nonché i soccorsi tecnici in caso di disastri pubblici; pompiere || **N.** I *Sin.* accorto, attento, guardingo, solerte | *Contr.* disattento, distratto, noncurante, sbadato **II** guardia | ascia, barella, elmo, estintore, idrante, maschera, pompa, telo di salvataggio, tuta.

vigìlia [dal lat. *vigilia*, veglia; 1319 nel senso 4] **sf. 1.** *T.eccl.* giorno che precede quello in cui ricorre una festività, da considerarsi come giorno di preparazione spirituale e liturgica e, secondo la liturgia precedente al Concilio Vaticano II, come giorno di digiuno e di astinenza: *la vigilia di Pasqua* || *per estens. pop.* digiuno, astinenza: *far vigilia*; *rispettare, rompere la vigilia*, rispettare o infrangere l'obbligo del digiuno o dell'astinenza **2.** *per estens.* giorno o momento o periodo di tempo che precede immediatamente un determinato evento: *alla vigilia della resa, del giorno delle nozze* **3.** *T.stor.* nell'antica Roma, ciascuno dei turni di guardia notturni delle sentinelle **4.** *arc.* veglia: *vigilia d'armi*, veglia d'armi || *in part.* veglia funebre || **N. 1.** antivigilia; magro.

vigliaccàta [da *vigliacco*; 1967] **sf.** *spreg.* azione, comportamento, gesto da vigliacco: *questa vigliaccata non gliela perdonerò mai.*

vigliaccherìa [da *vigliacco*; 1542] **sf. 1.** qualità di chi è vigliacco **2.** *concr.* atto da persona vigliacca || **N. 1.** *Sin.* codardia, viltà.

vigliàccio (meno com. *vigliòlo*) [da *vigliare*; 1840] **sm.** spiga, o sua parte, che sfugge alla trebbiatura o alla battitura.

vigliàcco (pl. *-chi*) [dallo sp. *bellaco*, malvagio; 1546] **I agg. 1.** *spreg.* che non ha coraggio, forza d'animo, che fugge di fronte ai pericoli e subisce senza ribellarsi i soprusi altrui: *quel vigliacco invece di aiutarmi è fuggito*

2. *spreg.* che compie prepotenze e sopraffazioni nei confronti di chi è più debole o non è comunque in grado di difendersi: *gente vigliacca che approfitta dell'impunità di cui gode* || **vigliaccaménte** *avv.* da vigliacco **II** *sm.* (f. *-a*) persona vigliacca (in entrambi i sensi): *si è comportato da vigliacco, solo un vigliacco come lui poteva picchiare quel vecchio* || *dim.* vigliacchétto; *accr.* vigliaccóne || **N.** I **1.** *Sin.* codardo, coniglio, pauroso, pavido, pusillanime, timoroso, vile | *Contr.* ardimentoso, coraggioso, impavido, intrepido, prode, temerario **2.** *Sin.* abietto, ignobile, meschino.

vigliàre (pres. *vìglio, vìgli*) [dal lat. *vilia*, cose vili, senza valore; 1573] *tr. raro* separare il grano dai vigliacci.

vigliatùra [da *vigliare*; 1573] *sf.* l'atto del vigliare.

vigliétto e der. v. BIGLIETTO e der.

vigliòlo v. VIGLIACCIO.

vìgna [lat. *vīnea*; 1313] *sf.* **1.** vigneto || in modi di dire fig.: *la vigna del Signore*, la Chiesa; *pop. non è terreno da piantarci vigna*, di cosa o persona su cui non si può fare assegnamento per trarne guadagni || *pop.* fonte di grossi guadagni; cuccagna **2.** *per meton.* meno com., l'insieme delle viti di un vigneto **3.** *T.stor.* vinca. **Q.T.** *enologia.*

vignàio (pl. *-ài*) [da *vigna*; a. 1320 nel senso 2] *sm. arc.* **1.** vignaiolo: *la vigna che tosto imbianca se 'l vignaio è reo* (Dante) **2.** vigneto.

vignaiòlo [da *vigna*; a. 1536 *vignaruolo*] *sm.* (f. *-a*) chi lavora la vigna.

vignéto [lat. *vinētum*, con influsso di *vigna*; sec. XIV] *sm.* ampia estensione di terreno coltivato a vite || **N.** *Sin.* vigna.

vignétta [dal fr. *vignette*; 1598 nel senso 2] *sf.* **1.** disegno, spesso accompagnato da una didascalia, riprodotto su opere a stampa, perlopiù di contenuto umoristico o satirico: *foto e vignette illustrano i dialoghi del libro di lettura, le vignette dell'inserto satirico del giornale* **2.** *propr.* in passato, decorazione o fregio di manoscritti, perlopiù riproducente pampini, grappoli o foglie di vite **3.** *T.filat.* riquadro stampato del francobollo || *dim.* vignettìna; *pegg.* vignettàccia || **N. 2.** figura, illustrazione, incisione | iconografia. **TAV.** *filatelia* 1.4.

vignettatùra [da *vignetta*; 1961] *sf. T.fot.* procedimento di stampa che consente di isolare il soggetto rendendo evanescente tutto il resto.

vignettìsta [da *vignetta*; 1950] *s.* disegnatore di vignette.

vignòla (*dim. ant.* di *vigna*) [1544 *vignuola*] *sf.* piccola vigna.

vignuòlo [da *vigna*; 1308] *sm. ant.* viticcio.

vigógna [dallo sp. *vicuña*; 1671 nel senso 1; 1839 nel senso 2] *sf.* **1.** ruminante dei Camelidi, dell'America meridionale, simile al lama, pregiato per la lana finissima che se ne ottiene **2.** lana di vigogna || *per estens.* tessuto o feltro di lana di vigogna || **N.** alpaca, lama.

vigóre [dal lat. *vigor, -ōris*; 1308] *sm.* **1.** la forza vitale di un organismo animale o vegetale sano e robusto, spec. in quanto si manifesta e opera: *un ragazzo pieno di vigore* || *fig.* energia, efficacia: *discorsi pieni di vigore, il vigore della sua poesia* **2.** rif. a leggi e sim., validità: *essere, entrare in vigore* || **N. 1.** calore, efficacia, energia, foga, forza, gagliardia, rigoglio, robustezza, slancio, veemenza, vigoria | invigorire, rinforzare, rinvigorire, svigorire.

vigoreggiàre (pres. *-éggio*) [da *vigore*; prima metà sec. XIV] *intr.* (aus. *avere*) *lett.* prendere vigore, aver vigore (nel senso 1) || **N.** *Sin.* invigorire, rinvigorire | *Contr.* svigorire.

vigorìa [da *vigore*; sec. XIV] *sf.* vigore; spec. in senso *fig.*: *vigoria d'animo, di stile.*

vigorìre [da *vigore*; 1300 ca. *vigorirsi*] *tr. ant.* dare vigore || *intr.* prendere vigore || *intr. pron. ant.* rinvigorire.

vigorosità [da *vigoroso*; a. 1406] *sf.* qualità di chi o di ciò che è vigoroso.

vigoróso [da *vigore*; a. 1306] *agg.* che ha vigore (anche *fig.*): *membra vigorose, arringa vigorosa* || **N.** *Sin.* forte, gagliardo, rigoglioso, robusto, veemente | *Contr.* fiacco.

vile (tosc. *vìlio*) [lat. *vīlis*, di scarso valore; 1308 nel senso 3] **I** *agg.* **1.** *spreg.* privo di coraggio, di forza d'animo; vigliacco: *un soldato, un popolo vile* || che è indice di viltà, da vile: *una scusa vile, è vile per un soldato fuggire così* **2.** *spreg.* abietto, spregevole: *un vile calunniatore, un vile tradimento*; *per estens.* da **3.** *propr. lett.* privo di valore, meschino; anche *fig.*: *oggetti vili, si è venduto per vile denaro*; *metalli vili* (in contrapposizione a *nobili*) quelli meno pregiati (ferro, stagno ecc.); *vile metallo*, l'oro, in quanto non costituisce un valore assoluto || *in part.* di prezzo, molto basso, misero: *l'ha ceduto per una vile cifra* || *per estens.* di estrazione sociale, umile: *genti di vile stirpe* || **vilménte** *avv.* **II** *sm.* persona vile (nei sensi 1 e 2): *un vile come lui non avrà mai il coraggio di dirle la verità, è da vili fare telefonate anonime* || **N. 1.** *Sin.* VIGLIACCO.

vilificàre (pres. *-ìfico, -ìfichi*) [dal lat. tardo *vilificāre*; a. 1342] *tr. lett. non com.* vilipendere, svalutare || **N.** avvilire, disonorare, svilire, umiliare.

vìlio v. VILE.

vilipèndere (pres. *-èndo*; p.rem. *-ési, -endésti*; pps. *-éso*) [dal lat. *vilipendere*, forse errore per *nīli pendere*, non valutare per niente; a. 1406] *tr.* esprimere apertamente, e perlopiù in modo offensivo, il proprio disprezzo: *vilipendere l'autorità dello stato.*

vilipèndio (pl. *-di*) [da *vilipendere*; a. 1470] *sm.* atto ed effetto del vilipendere; *com.* solo come *T.giur.*: *fu accusato di vilipendio delle istituzioni* || **N.** insulto, offesa.

vilipensióne [da *vilipendere*; 1308] *sf. ant.* vilipendio.

vilipensóre [da *vilipendere*; a. 1375] *agg.* e *sm. ant. raro* (f. *-penditrìce*) che o chi vilipende.

vilipéso *pps.* di *vilipendere* (v.).

villa [lat. *vīlla*, podere; 1310 nel senso 3; 1879 nel senso 1] *sf.* **1.** *T.arch.* tipo di edificio residenziale extraurbano isolato, diffuso in Italia fin dall'antichità classica; *in part.* originariamente, nella Roma repubblicana, residenza campestre del proprietario di un'azienda agricola, costituente la parte principale di quest'ultima || nella Roma imperiale e, poi, a partire dal Rinascimento, abitazione signorile di pregio artistico, usata come luogo di residenza distensivo in alternativa a quello urbano || oggi, edificio residenziale per una o due famiglie, con parco o giardino annesso, situato in un quartiere residenziale urbano (spec. periferico) o anche lontano dai grandi centri urbani (e in tal caso usata perlopiù per la villeggiatura): *abita in una sontuosa villa sulla collina torinese, s'è fatto la villa al mare per l'estate*; *villette a schiera*, tutte uguali e accostate le une alle altre **2.** *per estens. merid.* giardino e, *in part.*, parco pubblico: *villa Borghese* **3.** *T.stor.* nel Medioevo, piccolo centro rurale comprendente varie aziende agricole || *per estens. lett. ant.* città: *I' fui nato e cresciuto sovra 'l bel fiume d'Arno, a la gran villa* (Dante); *vidi la villa mia diserta da Carlo di Valese* (Carducci) || *dim.* villétta, villettìna, villino (*sm.*), villòtta, villùccia.

villàggio (pl. *-gi*) [dal fr. *village*; a. 1348 nel senso 1; 1942 nel senso 2] *sm.* **1.** piccolo centro abitato, spec. rurale: *la piazza del villaggio* || *T.etn.* la forma più elementare di insediamento umano: *gli anziani del villaggio* **2.** *per estens.* quartiere o complesso di edifici creati per una determinata funzione o per una particolare categoria di persone: *villaggio universitario, olimpico, turistico* || **N. 1.** *Sin.* borgo, casale, contrada, paesello, vico, villa. **Q.T.** *città.*

villanàta [da *villano*; 1879] *sf.* atto o detto da villano || **N.** sgarberia, villania.

villancico (sp., pr. [biʎan'θiko]) [dallo sp. *villano*; 1940] *sm.* (pl. *villancicos*, pr. [biʎan'θikɔs]) antico componimento poetico spagnolo di origine popolare, gen. incentrato su temi natalizi, suscettibile dal XVI sec. anche di adattamenti corali ed orchestrali.

villaneggiàre (pres. *-éggio*) [da *villano*; a. 1342] *intr.* (aus. *avere*) *raro* comportarsi da villano || *tr. arc.* svergognare, svillaneggiare.

villanèlla [da *villano*; sec. XIII nel senso 1; 1598 nel senso 2] *sf.* **1.** *lett. ant. vezz.* contadinella **2.** *T.mus.* composizione vocale polifonica popolareggiante (di origine napoletana), molto in voga nel Cinquecento, che nella sua forma più evoluta divenne un elegante divertimento compositivo, una sorta di madrigale.

villanèllo (*dim.* di *villano*) [1313 ca.] *sm. lett.* contadinello.

villanésca (pl. *-sche*) [da *villanesco*; 1961] *sf. T.lett.* e *T.mus.* villanella.

villanésco (pl. *-schi*) [da *villano*; a. 1294] *agg.* di o da villano: *modi villaneschi* || **villanescaménte** *avv.*

villanìa [da *villano*; 1308] *sf.* **1.** comportamento di chi è villano, sgarbato: *è di un'incredibile villania* **2.** *concr.* atto o detto da villano: *dire villanie* || **N. 1.** *Sin.* impertinenza, insolenza, inurbanità, maleducazione, rozzezza **2.** ingiuria, sgarberia.

villàno [lat. tardo *villānus*, abitante della villa; 1313] **I** *agg. spreg.* sgarbato, scortese in modo volgare: *gente villana e volgare, modi villani, una risposta villana* || **villanaménte** *avv.* **II** *sm.* (f. *-a*) **1.** *fig. spreg.* persona di modi rozzi e sgarbati: *è un gran villano* || nei modi di dire: *villano calzato e vestito, scherzi di mano, scherzi di villano* || *spreg. disus. villan rifatto, rivestito, rincivilito*, di chi rivela l'origine contadina nonostante abbia raggiunto condizioni sociali considerate più elevate **2.** *propr. ant.* contadino, persona che vive in campagna || *accr.* villanzóne || **N.** I *Sin.* bifolco, incivile, insolente, maleducato, rozzo, screanzato, sgarbato, tanghero, zotico.

villanoviàno [dal n. geogr. *Villanova*, località presso Bologna dove fu scoperta una necropoli; 1931] **I** *agg. T.archeol.* e *T.stor.* che si riferisce a un grande complesso culturale del I millenio a.C. diffuso in Emilia, nell'Etruria e nel Lazio: *culture, necropoli villanoviane* **II** *sm.* il periodo della civiltà villanoviana.

villanzóne (*accr.* di *villano*) [1500] *sm.* (f. *-a*) *fig.* gran villano.

villàta [da *villa*; a. 1348] *sf. ant.* villaggio.

villeggiànte (*ppr.* di *villeggiare*) [a. 1712] *s.* chi è in villeggiatura: *la partenza dei villeggianti.*

villeggiàre (pres. *-éggio*) [da *villa*; a. 1566] *intr.* (aus. *avere*) trascorrere un periodo di riposo e di svago in località salubri, lontane dai grossi centri urbani.

villeggiatùra [da *villeggiare*; a. 1729] *sf.* il fatto di villeggiare: *andare in villeggiatura* || anche, meno com., il tempo in cui si villeggia o il luogo dove si villeggia: *è finita la mia villeggiatura, tornare dalla villeggiatura* || **N.** ferie, vacanze.

villeréccio (pl. m. *-ci*, pl. f. *-ce*) [da *villa*; a. 1320] *agg. lett.* contadinesco, campestre, rurale.

villésco (pl. *-schi*) [da *villa*; 1342] *agg. lett. ant.* di campagna, rustico: *la schiera villesca alzava per insegna un fascio d'erba* (Pascoli).

villétta (*dim.* di *villa*) [1353] *sf.* piccola villa (nel senso 1, spec. nel senso attuale): *villette bifamiliari.* **TAV.** *abitazione* 2.

villico (pl. *-ci*) [dal lat. *villicus*; sec. XIV] *sm.*

1. *lett. disus.* o, oggi, *scherz.* abitante di villaggio; campagnolo, contadino **2.** *ant.* castaldo.
villìno (*dim.* di *villa*) [1871] **sm.** piccola villa (nel senso 1, spec. nel senso attuale) ‖ *per estens.* palazzina in città, circondata da un piccolo giardino.
villo [dal lat. *villus*; seconda metà sec. XV] **sm.** *T.anat.* denominazione generica di piccole formazioni vascolarizzate allungate e rivestite di epitelio: *villi coriali* (o *placentari*), *intestinali.*
villosità [da *villoso*; 1879] **sf.** qualità e stato di ciò che è villoso: *la villosità del suo petto, di alcune foglie* ‖ **N.** *Sin.* peloso.
villóso [dal lat. *villōsus*; a. 1566] **agg. 1.** che è coperto da un fitto vello o da peli: *braccia, foglie villose* **2.** *T.anat.* che è dotato di villi ‖ **N. 1.** *Sin.* peloso, velloso | *Contr.* glabro, pelato; spelacchiato.
villòtta (meno com. *villòta*) [da *villa*; 1514 *vilota*] **sf.** *T.mus.* componimento vocale polifonico popolareggiante diffuso nell'area veneta tra il Quattro e il Cinquecento, soppiantato poi dalla villanella e dalla canzonetta, più eleganti e raffinate.
viltà (ant. *viltàde*) [lat. *vilitas, -ātis*; fine sec. XIII *viltade*] **sf. 1.** caratteristica chi è vile **2.** *concr.* atto, detto o comportamento da persona vile ‖ **N.** abiezione, bassezza, codardia, ignavia, pusillanimità, vigliaccheria | *Contr.* coraggio.
vilùcchio (pl. *-chi*) [lat. volg. **voluculum*; a. 1492] **sm.** pianta erbacea strisciante delle Convolvulacee, con fiori bianchi a forma di campane, che si avvolge attorno allo stelo delle altre piante; è detta anche *convolvolo dei campi.*
vilucchióne (*accr.* di *vilucchio*) [1979] **sm.** pianta delle Convolvulacee simile al vilucchio, i cui fiori grandi e bianchi si chiudono al tramonto ‖ **N.** *Sin.* vilucchio delle siepi.
vilùme [da *vile*; a. 1665] **sm. 1.** *raro* farragine di cose da poco **2.** plebaglia, insieme di gente vile: *il primo lezzo del vilume agglomerato* (D'Annunzio) ‖ **N. 2.** *Sin.* marmaglia.
vilùppo [lat. tardo *faluppa*, scarti di paglia, con influsso di un der. di *volvere*, avviluppare; 1342] **sm.** ammasso confuso e intricato di elementi filiformi: *un viluppo di capelli, di fibre* ‖ *per estens.* groviglio di elementi vari: *un viluppo di membra* ‖ *fig.* intrico, confusione: *un viluppo d'idee* ‖ **N.** confusione, imbroglio, intreccio | avviluppare, districare, sviluppare.
viminàta [da *vimine*; 1840] **sf.** *raro* lavoro o barriera fatti di vimini intrecciati insieme.
vìmine [lat. *vīmen, -minis*; a. 1320] **sm.**, spec. *pl.*, ramoscello flessibile dei salici e d'altre piante simili, adoperato per lavori d'intreccio: *cesto di vimini* ‖ **N.** giunco, ritortola, salcio, scirpo, vermena, vetrice, vinciglio, vinco.
vimìneo [da *vimine*; 1728] **agg.** *ant. lett.* fatto di vimini.
vìna [dal sanscrito *vīnāh*; 1933] **sf.** *T.mus.* antico strumento indiano a corde formato da una canna di bambù che fa da supporto a sette corde, e da due zucche vuote che fanno da camera di risonanza.
vinàccia (pl. *-ce*) [lat. *vinācia*; a. 1320] **I sf.** sottoprodotto della pigiatura dell'uva, costituito dalle parti solide (graspi, bucce, vinaccioli), variamente riutilizzato **II agg.** *inv.* (sempre posposto) di colore viola simile a quello delle vinacce: *una giacca vinaccia* ‖ **N. I** torchiare, spremere, strizzare. **TAV.** *enologia* 4.1.
vinaccièra [da *vino*; 1961] **agg.** e **sf.** di nave da carico adibita al trasporto del vino.
vinacciòlo [dal lat. *vinăceus*, con suff. dim.; 1600 *vinacciuolo*] **sm.** ciascuno dei semi contenuti nell'acino d'uva ‖ **N.** *Sin.* fiocine.
vinàio (pl. *-ài*) [lat. *vinārius*; 1551] **sm.** (f. *-a*) venditore di vino ‖ *non com.* oste ‖ **N.** bettoliere, taverniere, vinattiere.
vinàrio (pl. *-ri*) [dal lat. *vinārius*; fine sec. XIII] **agg. 1.** da vino: *vasi vinari* **2.** *raro* vinicolo.
vinàto [da *vino*; 1684] **agg.** *non com.* del colore del vino rosso.
vinattière [da *vino*; a. 1348] **sm.** (f. *-a*) *non com.* vinaio: *il vinattiere ti versava un poco / d'Inferno* (Montale).
vinatùra [da *vino*; 1986] **sf.** nella produzione del vino, travasamento nei tini o nelle botti del vino o del mosto già in parte fermentato.
vinavil ® [da *polivinile*; 1961] **sm.** nome commerciale di una colla sintetica da carta ad alto potere adesivo, costituita da una sospensione acquosa di acetato di polivinile.
vin brulé (fr., pr. [vɛ̃ bry'le]; pr. it. [vim bry'le], [vim bru'le]) [letter. vino bruciato; 1940] **loc. m.** *inv.* vino caldo aromatizzato.
vìnca [dal lat. *vinca*; 1879] **sf.** pervinca.
vincàia [da *vinco*; 1612] **sf.** *ant.* vincheto, salceto.
vincapervìnca [dal lat. *vinca pervinca*; 1684] **sf.** pianta simile alla pervinca, ma con fiori più grandi.
vincàstro [da *vinco*; 1313] **sm.** *lett.* bacchetta di vimine, spec. quella che usano i pastori guidando a pascolare il gregge.
vincènte (*ppr.* di *vincere*) [1308] **I agg. 1.** che vince: *il numero vincente* **2.** *T.sport.* che ottiene il punto della vittoria: *ace vincente* **II s.** vincitore, chi vince: *i vincenti.*
vincenzina [da S. *Vincenzo* de' Paoli; 1961] **sf.** religiosa che fa parte della congregazione delle Figlie di Carità, fondata da S. Vincenzo de' Paoli.
vìncere (pres. *vìnco, vìnci, vìncono*; imp. *vincévo*; p.rem. *vìnsi, vincésti, vìnse, vincémmo, vincéste, vìnsero*; fut. *vincerò*; pps. *vìnto*) [lat. *vincere*; fine sec. XIII] **tr. 1.** risultare superiori all'avversario in un confronto (spec. sportivo, bellico, elettorale e sim.): *ha vinto il suo diretto avversario con un allungo eccezionale nel finale, vincere il nemico in battaglia, la squadra di casa ha vinto quella dei campioni in carica* ‖ *ass.*: *a carte vince sempre, l'importante non è vincere, ma partecipare* ‖ *fig.* di cosa, risultare migliore: *quel detersivo vince tutti gli altri in forza sbiancante* **2.** *per estens. fig.* dominare, aver ragione di: *non vi fate vincere dall'ira, vinse la repulsione, vincere le passioni; vincere le resistenze, le titubanze di qualcuno,* convincerlo a fare qualcosa **3.** rif. alla contesa o a ciò che si ottiene vincendo: *hanno vinto la guerra, le elezioni, la gara, ha vinto una cattedra all'Università di Torino, quel film vinse tre Oscar nel '78, ho vinto tre miliardi al totocalcio; vincere un terno al lotto,* anche *fig.*, avere un colpo di fortuna rarissimo e insperato ‖ **rifl.** *fig.* dominare le proprie passioni: *non fu capace di vincersi e proruppe in un pianto angoscioso* ‖ **intr.** conseguire la vittoria: *con me vince sempre lui, vincere su tutti* ‖ *fig. vincere sulla carta,* avere buone probabilità di vittoria: *con quell'avversario sulla carta vince lui, ma bisogna vedere sul ring* ‖ **N. tr. 1.** *Sin.* affermarsi, annientare, battere, sbaragliare, sconfiggere, sgominare, sopraffare, spuntarla, trionfare; distinguersi, eccellere, emergere, prevalere, superare | *Contr.* perdere **2.** *Sin.* domare, piegare, prevalere, soggiogare **3.** *Sin.* aggiudicarsi, conseguire, guadagnare, meritare | *Contr.* perdere | **rifl.** *Sin.* controllarsi, dominarsi, frenarsi.
vincetòssico (pl. *-ci*) [comp. di *vince(re)* e *tossico*; 1826] **sm.** pianta erbacea perenne delle Asclepiadacee con fiori in corimbi di colore bianco-giallognolo, il cui rizoma dall'odore gradevole ha proprietà medicinali.
vinchéto [da *vinco*; a. 1320] **sm.** terreno dove crescono i vinchi ‖ **N.** vincaia.
vìnchio v. VINCO.
vìnci [dall'ingl. *winch*; 1937] **sm.** *T.mar.* verricello.
vinciàno [dal n. geogr. *Vinci*; 1961] **I agg. 1.** di Vinci, cittadina della provincia di Firenze **2.** che si riferisce a Leonardo da Vinci **II sm.** (f. *-a*) che abita a Vinci.
vincìbile [dal lat. *vincibilis*; sec. XIV] **agg.** che si può vincere ‖ **N.** *Sin.* debellabile, domabile, superabile | *Contr.* indomabile, invincibile.
vincibòsco [comp. del lat. *vincīre*, legare e *bosco*; 1826] **sm.** *inv.* (pl. raro *vinciboschi*) caprifoglio.
vìncido [lat. volg. **vincidus*, da *vincīre*, legare; a. 1320] **agg.** *lett. non com.* di quelle cose, come il pane, le castagne e sim., che per l'umidità perdono sodezza e consistenza ‖ **N.** *Sin.* floscio, mencio.
vincìglio (pl. *-gli*) [lat. volg. **vincilia*, da *vincīre*, legare; a. 1375] **sm. 1.** legatura di vinco o di vinchi **2.** vincastro ‖ **N.** legaccio, legame.
vincipèrdi [comp. di *vinc(ere)* e *perd(ere)*; 1840] **sm.** *inv.* gioco in cui vince chi, secondo le regole ordinarie del gioco, dovrebbe invece essere perdente ‖ **N.** rovescino.
vincìre [dal lat. *vincīre*; 1313] **tr.** *arc.* **1.** circondare: *ch'emisperio di tenebre vincìa* (Dante) **2.** legare, stringere, vincolare.
vincisgràssi [etim. inc.; 1961] **sm.** *pl.* specialità gastronomica marchigiana, consistente in un pasticcio di lasagne con sugo di animelle, fegatini di pollo, tartufi ecc., cotto al forno.
vìncita [da *vincere*; sec. XIV] **sf. 1.** il fatto di vincere al gioco o in scommesse, gare a premio e sim. (trattandosi di guerre, liti e sim., si dice piuttosto *vittoria*): *realizzò una successione di vincite puntando sul rosso* **2.** *concr.* il denaro o altro che si vince ‖ **N. 2.** *Contr.* perdita.
vincitóre [da *vincere*; sec. XIII-XIV] **agg.** e **sm.** (f. *-trice*) che o chi vince ‖ **N.** trionfatore.
vìnco (dial. *vìnchio*) (pl. *-chi*) [lat. *vinculum*; a. 1320] **sm. 1.** specie di salice **2.** *per meton.* spec. *pl.*, ramoscello flessibile di salice o sim., usato per lavori d'intreccio: *paniere di vinchi* ‖ *dim.* vinchiétto ‖ **N.** vermena, vetrice, VIMINE.
vincolànte (*ppr.* di *vincolare*[1]) [1769] **agg.** che vincola; che impegna: *una promessa vincolante.*
vincolàre[1] (pres. *vìncolo*) [dal lat. tardo *vinculāre*; 1805 nel senso 2] **tr. 1.** limitare nella libertà di movimento; in part. *T.mecc.*: *un piano inclinato vincola un corpo a scorrere su di esso anziché cadere verticalmente* **2.** *fig.* assoggettare a vincoli giuridici o morali: *questo contratto ci vincola fino al compimento dell'opera, il confessore è vincolato al silenzio* ‖ **N. 1.** *Sin.* costringere, legare, obbligare | *Contr.* svincolare.
vincolàre[2] [da *vincolo*; 1931] **agg.** *T.mecc.* dovuto a un vincolo meccanico: *forze vincolari* ‖ costituente un vincolo meccanico: *dispositivo vincolare.*
vincolatività [da *vincolativo*; 1950] **sf.** caratteristica di ciò che è vincolativo.
vincolatìvo [da *vincolare*; 1950] **agg.** atto a vincolare.
vincolàto (*pps.* di *vincolare*) [1738] **agg.** legato, obbligato (anche *fig.*): *il movimento vincolato di un sistema meccanico, essere vincolato da una promessa* ‖ *T.banc. deposito vincolato,* che ci si impegna a non ritirare prima di una scadenza prestabilita ‖ **N.** condizionato, impedito, limitato, obbligato | *Contr.* libero.
vincolìstico (pl. *-ci*) [da *vincolo*; 1929] **agg.** *T.giur.* di disciplina giuridica che pone limiti in un campo di attività che in precedenza veniva lasciato alla libera scelta dei soggetti: *legislazione vincolistica.*
vìncolo [dal lat. *vinculum*; 1313 nel senso 2] **sm. 1.** *T.mecc.* qualsiasi limitazione alla libertà di movimento di un sistema meccanico ‖ *concr. lett.* legame, catena e sim.: *S. Pietro in vincoli* **2.** *fig.* obbligo giuridico o morale, affettivo ecc.: *vincolo coniugale, rompere il vincolo*

della promessa, un profondo vincolo di amicizia li legava || **N.** *Sin.* LEGAME **2.** *Sin.* impegno, patto, soggezione.

vìndice [dal lat. *vindex, -icis*; 1532] ***agg.*** *lett.* che vendica, vendicatore.

vìnea [dal lat. *vīnea*, propr. vigna; 1520] ***sf.*** *T.stor.* macchina militare romana che consisteva in una tettoia mobile, per riparo dei soldati durante l'assalto.

vinèllo (*dim.* di *vino*) [a. 1587 nel senso 2] ***sm.*** **1.** vino di leggera gradazione **2.** sottoprodotto enologico ottenuto dalla macerazione delle vinacce in acqua || **N. 2.** *Sin.* acquerello.

vinerìa [da *vino*; 1988] ***sf.*** stabilimento industriale dove il mosto viene trasformato in vino || **N.** *brasserie.*

vinìcolo [comp. di *vino* e *-colo*; 1842] ***agg.*** che riguarda la produzione del vino: *industria, esposizione vinicola* || **N.** *Sin.* enologico.

vinìfero [comp. di *vino* e *-fero*; 1561] ***agg.*** *lett. non com.* che produce vino: *paese vinifero.*

vinificàre (pres. *-ìfico, -ìfichi*) [comp. di *vino* e *-ficare*; 1930] ***intr.*** (aus. *avere*) produrre vino || ***tr.*** trasformare in vino.

vinificatóre [da *vinificazione*; 1828] ***sm.*** (f. *-trìce*) addetto alla vinificazione.

vinificazióne [comp. di *vino* e *-ficazione*; 1821] ***sf.*** *T.enol.* fase del ciclo di produzione del vino consistente nella fermentazione alcolica controllata del mosto di uva: *vinificazione in bianco, in rosso, in rosato.* **Q.T.** *enologia.*

vinìle [comp. del lat. *vīnum*, vino e *-ile*; 1938] ***sm.*** *T.chim.* radicale organico insaturo, costituente di molte resine sintetiche.

vinìlico (pl. *-ci*) [da *vinile*; 1938] ***agg.*** *T.chim.* di vinile; che contiene il radicale vinile: *resina vinilica,* materia plastica artificiale che trova largo impiego nell'industria.

vinilìte ® [comp. di *vinil(e)* e *-ite*²; 1957] ***sf.*** nome commerciale di una resina sintetica ottenuta per polimerizzazione di sostanze viniliche.

vinilpèlle ® [comp. di *vinil(e)* e *pelle*; 1961] ***sf.*** nome commerciale di un tessuto trattato con resina sintetica a base di polivinilcloruro.

vinìsmo [da *vino*; 1931] ***sm.*** intossicazione cronica alcolica da vino || **N.** alcolismo.

vìno [lat. *vīnum*; 1158] ***sm.*** **1.** bevanda alcolica prodotta dalla fermentazione del mosto e delle vinacce dell'uva: *pasteggiare a vino*; *mescere, versare il vino*; *la carta dei vini*, lista dalla quale, in ristoranti e sim., si scelgono i vini che si desiderano consumare; *vino bianco, rosso, rosato*; *vino secco, dolce*; *vino nuovo, vecchio*, rispettivamente, dell'anno in corso o di almeno due anni; *vino d'annata*, prodotto in un anno in cui la vinificazione è stata particolarmente pregiata; *vino santo*, V. VINSANTO; *scherz. vino battezzato*, allungato con acqua; *mezzo vino*, vinello || nei modi di dire fig.: *i fumi del vino*, gli effetti inebrianti dovuti a un'ubriacatura da vino; *dire pane al pane e vino al vino*, parlare esplicitamente, senza usare mezzi termini **2.** *per estens.* bevanda prodotta dalla fermentazione di frutta diversa dall'uva: *vino di mele*, sidro || *dim.* vinèllo, vinùccio; *pegg.* vinàccio. **Q.T.** *alimentazione, enologia.*

vinolènto [dal lat. *vinolentus*; sec. XIV] ***agg.*** *lett. disus.* dedito al vino, ubriacone || che ha bevuto troppo e puzza di vino || **N.** *Sin.* beone.

vinolènza [da lat. *vinolentia*; sec. XIV] ***sf.*** *lett. disus.* l'esser vinolento.

vinomèle [da *vino*, sul modello di *idromele*; 1826] ***sm.*** bevanda a base di vino e miele disciolto, molto in uso nel mondo greco e romano.

vinosità [da *vinoso*; a. 1642] ***sf.*** qualità di ciò che è vinoso.

vinóso [dal lat. tardo *vinōsus*; a. 1320] ***agg.*** **1.** di, del vino: *fermentazione vinosa* || simile a quello del vino: *sapore vinoso* **2.** *raro* che contiene vino: *uva, coppa vinosa.*

vinsànto [comp. di *vino* e *santo*; 1773] ***sm.*** vino bianco da dessert, molto dolce e aromatico, prodotto spec. in Toscana e in Umbria con uve leggermente appassite: *cantuccini e vinsanto.*

vìnto (*pps.* di *vincere*) [1294] **I** ***agg.*** **1.** battuto, sconfitto: *il nemico vinto* || nei modi di dire: *darla vinta* (o *dar partita vinta*) *a qualcuno*, cedere alle sue pretese; *darsi per vinto*, arrendersi, rinunciare a un'impresa **2.** conquistato, ottenuto: *incassare la somma vinta* **II** ***sm.*** (f. *-a*) chi è stato vinto: *i vinti e i vincitori* || **N.** **I** **1.** *Sin.* domato, prostrato, sconfitto, sopraffatto, sottomesso **II** *Sin.* perdente | *Contr.* vincitore.

vinzàglio [dal medio alto ted. *wintseil*, fune per legare un levriero; 1879] ***sm.*** *arc.* guinzaglio.

vìola¹ [dal lat. *viola*; 1319] **I** ***sf.*** *T.bot.* genere di piante erbacee delle Violacee, di modeste dimensioni, con fiori a cinque petali di cui uno speronato, comune in boschi, prati, ripe ecc.: *viola mammola*, a breve rizoma, con foglie coriformi a ciuffi e fiori violetti odorosi, retti da lungo peduncolo; *viola del pensiero*, pianta erbacea con foglie coriformi, lungo peduncolo, e fiori ascellari a vari colori, grandi e decorativi; *viola a ciocca*, V. VIOLACCIOCCA || ***sm. inv.*** il colore della viola mammola: *vestirsi di viola* || ***s. inv.*** giocatore o tifoso della squadra di calcio della Fiorentina **II** ***agg. inv.*** (sempre posposto) del colore della viola mammola: *i calciatori in maglia viola* || *dim.* violétta, violettìna.

viola² [dal provenz. *viola*, prob. di origine onom.; sec. XIV] ***sf.*** **1.** *T.mus.* strumento musicale della famiglia degli archi (e di taglia intermedia tra il violino e il violoncello), che si suona come il violino ed è intonato una quinta sotto di esso **2.** denominazione di un'ampia serie di strumenti cordofoni ad arco, particolarmente diffusi nel Rinascimento, fondamentalmente suddivisi in *viole da braccio* (imbracciate come il violino) e *viole da gamba* (tenute tra le ginocchia o appoggiate a terra o a uno sgabello); *viola d'amore*, viola da braccio provvista di corde metalliche che risuonano per simpatia con quelle normali (in budello) **3.** *per estens.* suonatore di viola: *è la prima viola della Scala.* **Q.T.** *musica* **TAV.** ***musica*** **p. 1324** 2.5.

violàbile [dal lat. *violābilis*; a. 1588] ***agg.*** *non com.* che si può violare: *promessa violabile* || **N.** *Contr.* inviolabile.

violacciòcca o **violaciòcca** [comp. di *viola*¹, *a* e *ciocca*; 1804] ***sf.*** nome di alcune piante erbacee delle Crocifere, alte 50-80 cm, largamente coltivate e anche spontanee, con fiori vistosi, profumati e di vari colori.

Violàcee [comp. di *viola*¹ e *-acee*; 1891] ***sf. pl.*** *T.bot.* famiglia di piante dicotiledoni erbacee o legnose, comprendente, tra gli altri, il genere *viola.*

violàceo [dal lat. *violāceus*; 1598] ***agg.*** di colore tendente al viola.

violàre (pres. *vìolo*) [dal lat. *violāre*; 1353] ***tr.*** **1.** rif. a norma, non rispettare, trasgredire: *ha violato il regolamento, la prima norma del codice, il segreto d'ufficio* **2.** penetrare illegalmente, forzare, invadere: *violare i confini della nazione confinante, la porta avversaria*; *violare il domicilio*, penetrarvi illegalmente o comunque contro la volontà del padrone di casa **3.** *fig.* contaminare, alterare l'integrità di qualcosa o qualcuno intervenendo con un atto di forza o comunque irrispettoso: *violare una tomba, una chiesa, profanarla*; *violare una donna*, violentarla || **N. 1.** *Sin.* conculcare, contravvenire, infrangere; eludere, ignorare | *Contr.* obbedire, osservare, rispettare **3.** *Sin.* offendere, oltraggiare | *Contr.* rispettare; venerare.

violàto [da *viola*¹; 1336 ca.] ***agg.*** *arc. raro* di colore tendente al violetto: *indossa vesti violate* || profumato all'essenza di viola: *una mistura violata.*

violatóre [dal lat. *violātor, -ōris*; sec. XIV] ***agg.*** e ***sm.*** (f. *-trìce*) *non com.* che o chi viola || **N.** *Sin.* contravventore, trasgressore.

violazióne [dal lat. *violātio, -ōnis*; sec. XIV] ***sf.*** atto ed effetto del violare; *in part.* contravvenzione, inosservanza di norme o patti: *la violazione della tregua, dei diritti dei prigionieri di guerra, si riscontrano varie violazioni dell'accordo* || indebito superamento di limiti e sim.: *la violazione delle acque territoriali, violazione di domicilio* || profanazione, manomissione e sim.: *la violazione del sepolcro* || **N.** *Sin.* disobbedienza, infrazione, trasgressione; contaminazione, offesa, oltraggio | *Contr.* osservanza, rispetto; venerazione. **Q.T.** *diritto.*

violentaménto [da *violentare*; sec. XV] ***sm.*** *raro* atto del violentare.

violentàre (pres. *-ènto*) [da *violento*; sec. XIV] ***tr.*** costringere o indurre qualcuno con la violenza o comunque con mezzi coercitivi (fisici o morali) a comportamenti o atti contrari alla sua volontà: *cercò di persuaderlo senza violentarne la coscienza*; *violentare una donna*, farle subire atti di violenza carnale || **N.** *Sin.* forzare, obbligare.

violentatóre [da *violentare*; sec. XIV] ***agg.*** e ***sm.*** (f. *-trìce*) chi o che violenta; stupratore.

violentazióne [da *violentare*; 1961] ***sf.*** *raro* l'atto e l'effetto del violentare.

violènto [dal lat. *violentus*; 1313] **I** ***agg.*** **1.** di persona, che ricorre abitualmente alla violenza: *ragazzi prepotenti e violenti* **2.** di atto, comportamento e sim., che comporta l'uso della violenza: *modi violenti, usare mezzi non violenti*; *morte violenta*, provocata da atti di violenza **3.** *per estens.* che si manifesta in modo violento, con una notevole forza, intensità e sim. (anche *fig.*): *un violento temporale, un violento attacco da parte dei critici, fu travolto da una violenta passione, un pittore che ama i contrasti violenti* || **violenteménte** ***avv.*** **II** ***sm.*** (f. *-a*) persona violenta: *suo padre è un violento* || **N.** **I** **1.** **2.** aggressivo, brutale, prepotente | *Contr.* mite; bonario, calmo, dolce, garbato, gentile, pacato, pacifico, tranquillo **3.** *Sin.* energico, forte, furioso, impetuoso, irruento, tempestoso, travolgente, turbinoso, veemente, virulento | *Contr.* dolce.

violènza [dal lat. *violentia*; 1313] ***sf.*** **1.** l'uso della forza fisica o di qualsiasi altro mezzo di offesa, di coercizione o di intimidazione al fine di imporsi su altri o, anche, come sfogo dell'aggressività: *la costrinse a cedere con la violenza, non ci fu altra soluzione che ricorrere alla violenza*; *fare violenza a qualcuno*, violentarlo; *violenza carnale*, atto sessuale cui una persona viene costretta contro la propria volontà || atto di violenza: *le violenze dei tifosi* **2.** forza impetuosa, travolgente con cui si manifesta qualcosa: *la violenza del maremoto uccise migliaia di persone, si scagliò contro di lui con parole di una violenza inaudita* || **N. 1.** angheria, coercizione, costrizione, prepotenza, soperchieria, sopraffazione, sopruso, vessazione; stupro **2.** furia, furore, impeto, impetuosità, veemenza, virulenza | *Contr.* calma, dolcezza, mitezza.

violétta¹ (*dim.* di *viola*¹) [1805] ***sf.*** **1.** viola mammola **2.** *violetta africana* (o *del Brasile*), piantina ornamentale delle Gesneriacee, comunemente coltivata, con foglie basali tondeggianti, carnose e vellutate e fiori a cinque petali. **TAV.** ***fiori...*** **p. 671** 3.5.

violétta² (*dim.* di *viola*²) [1879] ***sf.*** *T.mus.* antica denominazione della viola, e spec. di quella da braccio || *violetta marina*, viola d'amore || *violetta piccola*, viola da gamba di registro acuto.

violétto [da *viola*¹; sec. XV come agg.] **I** ***sm.*** l'ultimo dei sette colori dell'iride, caratteristico del fiore della viola mammola **II** ***agg.*** (sempre posposto) di colore violetto: *luci violette* || **N.** I viola, violaceo | ultravioletto.

violinàio (pl. *-ài*) [da *violino*; 1879] ***sm.*** (f. *-a*) chi costruisce o ripara violini e sim. || **N.** *Sin.* liutaio.

violinista [da *violino*; a. 1712] ***s.*** chi suona il violino.

violinìstico (pl. *-ci*) [da *violino*; 1796] ***agg.*** di violinista, di violino: *concerto violinistico.*

violino [da *viola*²; a. 1565] ***sm.*** **1.** *T.mus.* il più piccolo e acuto della famiglia dei moderni strumenti a corda suonati con l'arco; è dotato di quattro corde tese su un manico terminante a riccio; le corde, sfregate con l'arco (o *archetto*), trasmettono le loro vibrazioni alla cassa armonica, dalla quale l'aria vibrante viene poi restituita all'esterno, attraverso apposite aperture dette *effe* || *chiave di violino,* chiave di sol **2.** *per estens.* suonatore di violino: *i primi e i secondi violini dell'orchestra*; *violino di spalla,* il suonatore di violino che, nell'orchestra, è la personalità più importante dopo il direttore; *fig.* collaboratore fidato e valente || *spreg.* scolaro che cerca di guadagnarsi il favore degli insegnanti compiacendoli e studiando molto || **N. 1.** giga | PARTI: anima, bischeri, bottone, cassa armonica, cantino, capotasto, catena, cavigliere, cordiera, effe, manico, mentoniera, ponticello, riccio, staffa, tastiera, tavola armonica | archetto: bietta, crini, nasello, testa | colofonia, pece, sordina | arcata (corta, legata, lunga, picchiettata, sciolta), archeggio, cavata, tremolo | stradivario. **TAV. *musica* p. 1324** 2.3, 2.6 **e p. 1325** 14.

violista [da *viola*²; 1879] ***s.*** suonatore di viola.

violle (fr., pr. [vjɔl]) [dal n. proprio J. *Violle,* fisico fr.; 1905] ***sf. inv.*** unità di misura fotometrica definita come la quantità emessa dalla superficie di un centimetro quadrato di platino puro alla temperatura di solidificazione.

viòlo [da *viola*¹; a. 1712] ***sm.*** *tosc.* pianta di viole.

violoncellista [da *violoncello*; 1840] ***s.*** suonatore di violoncello.

violoncèllo [da *violone*; a. 1400] ***sm.*** **1.** *T.mus.* strumento musicale della famiglia degli archi (di taglia intermedia tra la viola e il contrabbasso), accordato un'ottava sotto la viola, che si suona tenendolo appoggiato a terra per mezzo di un puntale applicato nella sua parte inferiore **2.** *per estens.* suonatore di violoncello. **TAV. *musica* p. 1324** 2.4.

violóne [da *viola*²; a. 1565] ***sm.*** *T.mus.* lo strumento musicale della famiglia delle viole da gamba dall'estensione più bassa, in uso fino all'epoca barocca e oggi sostituito dal contrabbasso.

viòrna [dal lat. *viburna,* attr. il fr. *viorne*; 1904] ***sf.*** vitalba, pianta delle Ranuncolacee: *i frutti piumosi della viorna* (D'Annunzio).

viòttola [da *via*¹; sec. XIV] ***sf.*** *non com.* viottolo || *dim.* viottolìna; *accr.* viottolóna.

viòttolo [da *via*¹; a. 1311] ***sm.*** piccolo sentiero di campagna o montagna || *dim.* viottolìno; *accr.* viottolóne; *pegg.* viottolàccio.

vip [dall'ingl. *v*(*ery*) *i*(*mportant*) *p*(*erson*), persona molto importante; 1965] ***s. inv.*** persona molto nota e molto in vista, spec. nel campo economico, politico, sportivo, artistico, dello spettacolo.

vìpera [dal lat. *vīpera*; sec. XIV] ***sf.*** **1.** *T.zool.* genere di Rettili Squamati della fam. dei Viperidi caratterizzati da testa triangolare, lingua bifida e pupilla ellittica verticale, ovovivipari e dal morso velenosissimo, mortale anche per l'uomo: *vipera comune,* aspide; *vipera cornuta,* ammodite; *vipera palustre,* marasso **2.** *fig.* persona (spec. donna) infida e malvagia, che non perde occasione per mostrarsi aggressiva: *quella vipera di sua suocera*; *un nido di vipere,* un ambiente di malvagi || *dim.* viperétta, viperìna || **N.** serpe.

viperàio (pl. *-ài*) [da *vipera*; 1664 nel senso 2] ***sm.*** **1.** covo di vipere **2.** *non com.* cacciatore di vipere.

vipèreo [dal lat. *vipereus*; 1342 ca.] ***agg.*** *lett.* di vipera, viperino || *fig.* perfido, velenoso.

Vipèridi (sing. *-e*) [comp. di *vipera* e *-idi*; 1961] ***sm. pl.*** *T.zool.* famiglia di Ofidi, il cui prototipo è la vipera.

viperina [da *viperino*; 1840] ***sf.*** pianta erbacea delle Borraginacee dalle foglie lanceolate e dai fiori in pannocchie azzurre o violacee, usata anticamente come rimedio per i morsi di vipera.

viperino [dal lat. *viperīnus*; 1598] **I** ***agg.*** **1.** di vipera **2.** *fig.* da vipera, infido, maligno: *pettegolezzi viperini* **II** ***sm.*** il piccolo della vipera.

vipistrèllo [lat. *vespertilio*; 1688] ***sm.*** *arc.* o *lett.* pipistrello.

viradóre o **viratóre** [dallo sp. *virador*; 1814] ***sm.*** **1.** *T.mar.* cavo che, quando non si usavano ancora le catene, serviva ad alare la gomena delle ancore **2.** meccanismo usato per muovere lentamente il volano di un grosso motore a combustione interna e controllare il funzionamento degli organi di distribuzione.

viràggio (pl. *-gi*) [dal fr. *virage*; 1892 nel senso 2] ***sm.*** **1.** *T.mar.* e *T.aer.* virata **2.** *T.chim.* repentino mutamento di colore di una soluzione || *T.fot.* trattamento mediante il quale, impiegando opportune soluzioni, si conferisce una certa colorazione ai grigi di un'immagine in bianco e nero.

viràgo (pl. *-gini*) [dal lat. *virāgo*; a. 1566] ***sf.*** *lett.* donna di aspetto e di animo virile || *scherz.* donna aggressiva e mascolina.

viràle [da *virus*; 1961] ***agg.*** di virus || causato da virus: *epatite virale.*

viràre [dal fr. *virer*; 1813] ***intr.*** (aus. *avere*) **1.** *T.mar.* e *T.aer.* di navi e aerei, percorrere una curva **2.** *T.chim.* spec. di soluzione, passare da un colore a un altro per effetto di reazioni chimiche || *T.fot.* trasformazione chimica dell'argento risultante nel passaggio della gamma dei grigi ad altro colore: *virare al seppia* || ***tr.*** *ant.* girare: *virare l'argano.*

viràta [da *virare*; 1889] ***sm.*** **1.** *T.mar.* e *T.aer.* atto ed effetto del virare: *virata in prora, in poppa,* sui velieri, a seconda che la virata si effettui verso la direzione da cui spira il vento o dalla parte opposta; *virata piatta,* effettuata mantenendo l'aereo orizzontale || *T.sport.* nel nuoto, inversione di direzione effettuata dal nuotatore dopo aver toccato il bordo della piscina **2.** *fig.* cambiamento o inversione di tendenza. **Q.T.** *nuoto* **TAV. *vela* p. 1342** 4.1.

viratóre V. VIRADORE.

virelai (fr., pr. [virəˈlɛ]) [letter. aria di danza; 1930] ***sm.*** *inv.* componimento poetico musicato della tradizione medievale trobadorica.

viremìa [comp. di *vir*(*us*) e *-emia*; 1961] ***sf.*** *T.med.* presenza di virus nel sangue.

virènte [lat. *virens, -entis*; a. 1315] ***agg.*** *poet.* verdeggiante: *non corre un fremito per le virenti cime* (Carducci).

virescènte [dal lat. *virescens, -entis,* verdeggiante; 1961] ***agg.*** di fiore o di infiorescenza colpiti da virescenza.

virescènza [dal lat. *virēscere,* incoativo di *virēre*; 1940] ***sf.*** *T.bot.* trasformazione teratologica delle parti fiorali colorate, che diventano verdi come foglie.

virga [dal lat. *virga,* verga; 1961] ***sf.*** *T.mus.* neuma gregoriano semplice derivato dall'accento acuto.

virginàle¹ V. VERGINALE.

virginàle² [dall'ingl. *virginal,* forse perché usato dalle giovinette di buona famiglia; 1910] ***sm.*** *T.mus.* strumento simile alla spinetta, suonato in Inghilterra nel XVI sec.

virgìneo [dal lat. *virgineus*; a. 1406] ***agg.*** *lett.* di, da vergine.

virgìnia [dal n. geogr. *Virginia*; stato degli USA; 1788] ***sm.*** **1.** tipo di tabacco proveniente dalla Virginia **2.** sigaro con una pagliuzza estraibile, originariamente confezionato con il tabacco omonimo || ***sf.*** sigaretta confezionata con il tabacco omonimo.

vìrgo [dal lat. *virgo*; a. 1294] ***sf.*** *poet.* vergine.

vìrgola [dal lat. *virgula,* piccola verga; 1598] ***sf.*** **1.** segno d'interpunzione, a forma di trattino verticale ricurvo da destra a sinistra (,), corrispondente alla pausa più breve all'interno del periodo; ha usi vari e complessi; in part. si usa: — dopo ogni termine di un'enumerazione (quando esso non sia unito agli altri da una congiunzione): *venne, vide, vinse*; *Tizio, Caio e Sempronio*; — per circoscrivere quegli elementi della proposizione (incisi, complementi circostanziali ecc.) che si possono staccare dal resto senza che con ciò questa diventi incomprensibile: *si tratta, come tutti sanno, di una malattia gravissima, lo stavo guardando e vidi che, tutt'a un tratto, perse l'equilibrio*; — tra la principale e le varie subordinate: *lei, che lo amava, restò con lui*; — nelle proposizioni correlative: *ho letto sia Dante, sia Petrarca*; — dopo *sì, no, bene* e sim., quando hanno il valore di un'intera frase: *sì, ho buone speranze*; — prima di ogni proposizione in cui non si ripeta il verbo già espresso in una proposizione precedente: *le fortezze furono smantellate, le città distrutte, le campagne devastate* || nei modi di dire fig. *non togliere, non toccare, non spostare nemmeno una virgola,* non apportare alcuna modifica (spec. riferendosi a scritti, discorsi e sim.) || *punto e virgola,* segno di punteggiatura, formato da una virgola cui è sovrapposto un puntino (;), corrispondente alla pausa di durata intermedia tra quella della virgola e quella del punto; si usa, per esempio, per dividere due o più frasi strettamente collegate tra loro ma troppo lunghe e complesse per poter essere delimitate da semplici virgole **2.** *T.mat.* segno grafico, identico per forma e posizione a quello d'interpunzione, usato per separare la parte intera da quella decimale di un numero || *T.inform. aritmetica a virgola fissa,* metodo di calcolo in base al quale il computer opera indipendentemente dalla virgola, gen. impiegato coi numeri interi; *aritmetica a virgola mobile,* metodo in base al quale il computer opera con numeri espressi nella forma $a \times b^e$, dove a è uguale a 1 o fra 1 ed r, b è la base ed e, l'esponente, è un numero intero (per es. nel sistema decimale 325 diventa $3{,}25 \times 10^2$) **3.** *disus.* ciocca di capelli acconciata a virgola || in funzione di ***agg. inv.***, posposto al s.: *T.med. bacillo virgola,* vibrione agente del colera, simile, per forma, a una virgola || *dim.* virgolétta, virgolìna.

virgolàre (pres. *vìrgolo*) [da *virgola*; 1879] ***tr.*** **1.** *raro* in un testo scritto, sistemare le virgole dove occorrono **2.** *raro* virgolettare.

virgolatùra [da *virgolare*; 1891] ***sf.*** *raro* **1.** atto del virgolare o, meno com., del virgolettare **2.** parola o brano chiuso tra virgolette.

virgoleggiàre (pres. *-éggio*) [da *virgola*; 1879] ***tr.*** *raro* virgolare.

virgolétta (*dim.* di *virgola*) [1879] ***sf.***, gen. *pl.*, segno ortografico a forma di doppio apice, collocato nella metà superiore del rigo di scrittura; si usa per riferirsi a parole o altre espressioni linguistiche (*"Torino" ha sei lettere, "anche se" è una congiunzione*), per circoscrivere un discorso diretto (*"Vengo anch'io", disse*), una citazione (*quello che tu dici "pericoloso delinquente" non è altro che un ladruncolo*), la definizione di parole o espressioni (*desueto significa "disusato"*) o, anche, parole o espressioni che si intendono evidenziare in quanto straniere, dialettali, tecniche o usate in un'accezione particolare: *aprire, chiudere le virgolette, citare i titoli mettendoli tra virgolette*; *virgolette semplici, inglesi*, costituite da un solo segno a forma di apice; *virgolette a sergente, a caporale* (« »), angolari, per cui risultano di forma simile a quella dei gradi da sergente o da caporale || nella loc. *tra virgolette*, usata per sottolineare, soprattutto nel linguaggio parlato o familiare, il distanziarsi di chi parla da una qualche espressione: *e quella sarebbe la sua, tra virgolette, fidanzata?*

virgolettàre (pres. *-étto*) [da *virgoletta*; 1879] **tr.** racchiudere tra virgolette.

virgolettatùra [da *virgolettare*; 1942] **sf.** *non com.* atto ed effetto del virgolettare.

virgùlto [dal lat. *virgultum*; a. 1320] **sm.** **1.** *lett.* arbusto dotato di numerosi sottilissimi rami || pollone **2.** *fig. scherz.* o *iron.* giovane discendente di una famiglia o, anche, nuovo membro di un'organizzazione e sim. || **N. 1.** cespo, germoglio.

viridiàrio (pl. *-ri*) [dal lat. *viridārium*; 1745] **sm.** *T.stor.* giardino interno della casa signorile romana.

virìle [dal lat. *virīlis*; 1308] **agg.** **1.** di, da uomo, inteso come individuo umano di sesso maschile: *attributi virili*, la villosità, la muscolosità ecc.; *membro virile*, pene **2.** *per restr.* di, da uomo adulto, nella pienezza dello sviluppo del fisico e dei caratteri morali che si ritengono suoi propri (coraggio, sicurezza di sé, senso di responsabilità, capacità di imporsi ecc.): *voce, forza virile*; *sopportare il dolore con animo virile* || **virilménte** **avv.** || **N. 1.** *Sin.* maschile; maschio, mascolino | *Contr.* femminile, femmineo **2.** *Contr.* giovanile, puerile.

viriliṣmo [da *virile*; 1935] **sm.** *T.med.* presenza in soggetti di sesso femminile di caratteristiche psicofisiche maschili, dovuta a disfunzioni ghiandolari.

virilità [dal lat. *virilitas, -ātis*; 1548] **sf.** **1.** età virile: *giungere alla virilità* **2.** coraggio, prestanza, qualità dell'uomo virile: *diede prova di grande virilità nel dominare la situazione*; *un uomo di eccezionale virilità*, spec. riferendosi alla prestanza sessuale || **N. 1.** maturità | *Contr.* giovinezza, immaturità **2.** *Sin.* mascolinità | coraggio, fermezza, forza, gagliardia, responsabilità, vigore | *Contr.* debolezza, fragilità; impotenza.

virilizzàre [da *virile*, sul modello del fr. *viriliser*; 1961] **tr.** rendere virile (spec. riferendosi all'acquisto dei caratteri morali virili): *virilizzare l'animo dei giovani* || **intr. pron.** assumere i caratteri psicofisici propri del maschio umano adulto.

virilizzazióne [da *virilizzare*; 1961] **sf.** *non com.* atto ed effetto del virilizzare e del virilizzarsi.

virilocàle [da *virilocalità*; 1961] **agg.** *T.etn.* relativo a virilocalità || **N.** *Sin.* patrilocale.

virilocalità [comp. del lat. *vir*, uomo e *località*; 1961] **sf.** *T.etn.* consuetudine secondo cui una nuova famiglia pone la sua residenza nell'abitazione dello sposo || **N.** *Sin.* patrilocalità.

virilòide [comp. di *virile* e *-oide*; 1961] **agg.** *T.med.* si dice di donna affetta da virilismo.

virióne [comp. di *vir(us)* e *-one*; 1983] **sm.** *T.biol.* particella virale di entità minima, in grado di infettare una cellula.

viro [dal lat. *vir*; 1313] **sm.** *poet. arc.* uomo: *di femmine e di viri* (Dante).

virogèneṣi [comp. di *vir(us)* e *genesi*; 1961] **sf.** *T.biol.* processo di riproduzione dei virus.

viròla [dal fr. *virole*; 1840] **sf.** **1.** elemento maschile dell'attacco a vite o a baionetta **2.** ogni pezzo che serve di sostegno ad altri negli orologi.

virologìa [comp. di *vir(us)* e *-logia*; 1961] **sf.** parte della biologia e della medicina che si occupa dei virus e delle malattie virali.

virològico (pl. *-ci*) [da *virologia*; 1963] **agg.** relativo alla virologia.

viròlogo (pl. *-gi*) [comp. di *vir(us)* e *-logo*; 1961] **sm.** (f. *-a*) studioso di virologia.

viroṣbandòmetro [comp. di *vir(are)*, *sband(are)* e *-metro*; 1961] **sm.** strumento che fornisce l'indicazione sia della velocità angolare con cui un aeromobile, durante il volo in virata, ruota attorno al proprio asse sia dell'angolo che l'accelerazione normale risultante (somma vettoriale di quella centrifuga e di quella gravitazionale) forma con il piano di simmetria dell'aeromobile stesso.

viròsi [comp. di *vir(us)* e *-osi*; 1950] **sf.** malattia dovuta a virus.

virtù [dal lat. *virtus, -ūtis*; fine sec. XIII] **sf.** **1.** disposizione morale ad agire in vista del bene: *la concezione religiosa, filosofica della virtù*; *praticare, esercitare la virtù*; *seguire la via della virtù*; *essere un modello di virtù*, essere molto virtuoso; anche in usi *eufem. iron.*: *non è certo un modello di virtù*, è tutt'altro che virtuoso; nel modo di dire *far di necessità virtù*, adattarsi alle circostanze, fare buon viso a cattivo gioco || *per restr.* particolare disposizione morale buona: *la modestia non è certo una sua virtù*, detto di persona per nulla modesta || *T.rel.* nella teologia cattolica, *virtù teologali*, soprannaturali, infuse da Dio nell'uomo (fede, speranza e carità); *virtù naturali*, fondate sulla natura dell'uomo, che si perfezionano con l'esercizio; le principali sono le *virtù cardinali* (prudenza, giustizia, fortezza e temperanza) **2.** *per estens.* qualità personale positiva, pregio, dote: *ha la virtù della chiarezza, della puntualità, una persona piena di virtù*, senza vizi || *pl.* il complesso delle qualità positive che si ritiene debbano essere proprie di chi ricopre un certo ruolo, esercita una certa professione e sim.: *le virtù del buon padre, del soldato* **3.** *ant.* (oggi un po' affettato *iron.*) castità, fedeltà sessuale della donna: *attentò alla virtù della fanciulla, la specchiata virtù della moglie* **4.** potere, efficacia che si manifesta negli effetti: *le virtù terapeutiche delle piante, le virtù magiche di un filtro* || nelle *loc. prep. in virtù di, per virtù di*, in forza di, grazie a: *il suo diritto gli fu riconosciuto in virtù della legge, in virtù di quanto sancito dal contratto* **5.** *ass. lett.* o *arc.* nel Rinascimento, capacità di dominare le circostanze in funzione dei propri scopi (in contrapposizione a "fortuna") **6.** spec. *pl.* e con l'iniziale maiuscola, *T.rel.* nella teologia cattolica, il quinto coro degli angeli || **N. 1.** *Contr.* vizio **3.** *Sin.* verginità; pudicizia, pudore, verecondia | *Contr.* impudicizia, inverecondia, spudoratezza. **Q.T.** *religione.*

virtuàle [da *virtù*; a. 1406] **agg.** **1.** potenziale, possibile ma destinato a realizzarsi: *è lui il virtuale vincitore* || ipotetico, teorico, nominale: *il suo potere, come direttore, è solo virtuale* || *T.mecc. spostamento virtuale*, spostamento infinitesimale di un sistema compatibile con i suoi vincoli; *lavoro virtuale*, compiuto su uno spostamento virtuale || *T.ott. immagine virtuale*, non corrispondente all'effettiva concentrazione del flusso luminoso, fittizia || *T.inform. memoria virtuale*, v. MEMORIA **2.** *pagamento virtuale di una tassa, un bollo* ecc., effettuato direttamente presso l'ufficio competente, senza l'acquisto o l'applicazione delle marche corrispondenti || **virtualménte** **avv.** || **N. 1.** *Sin.* eventuale, possibile, potenziale | *Contr.* effettivo, reale.

virtualità [da *virtuale*; 1640] **sf.** qualità di ciò che è virtuale; potenzialità.

virtuoṣiṣmo [da *virtuoso*; 1955] **sm.** **1.** possesso di eccezionali capacità tecniche in un determinato campo (spec. musicale): *dar prova di virtuosismo* **2.** esibizione di tali capacità: *il pubblico rispondeva con gli applausi ai virtuosismi del pianista* || spesso, con valore limitativo, mera abilità tecnica: *questa non è più arte, è virtuosismo.*

virtuoṣìstico (pl. *-ci*) [da *virtuosismo*; 1955] **agg.** che è frutto di virtuosismo: *passaggi virtuosistici.*

virtuoṣità [da *virtuoso*; 1905] **sf.** **1.** *non com.* virtuosismo **2.** *raro* qualità di chi o di ciò che è virtuoso.

virtuóso [dal lat. tardo *virtuōsus*; 1308 nel senso 2] **I agg.** **1.** di persona, dotata di virtù (nel senso **1**): *una fanciulla virtuosa* **2.** di comportamento, azione, massima ecc., improntato alla virtù: *costumi virtuosi, vita virtuosa; parole virtuose*, che incitano ad agire virtuosamente || **virtuoṣaménte** **avv.** in modo virtuoso, da persona virtuosa: *agì virtuosamente* **II sm.** (f. *-a*) **1.** persona virtuosa: *per i virtuosi la virtù è premio a sé stessa* **2.** persona che possiede eccezionale abilità tecnica musicale e, *per estens.*, anche in altri ambiti: *un virtuoso del violino, della lirica, della ginnastica* || **N. I 1.** *Sin.* buono, giusto, leale, morigerato, onesto, probo | *Contr.* VIZIOSO **II 2.** *Sin.* esperto.

virulènto [dal lat. tardo *virulentus*, velenoso; 1831 nel senso 3] **agg.** **1.** *T.biol.* che presenta virulenza: *microrganismo virulento* **2.** *T.med.* di stato morboso, provocato, sostenuto da microrganismi patogeni virulenti: *infezione virulenta* **3.** *fig.* pieno di virulenza: *satira virulenta* || **N. 3.** *Sin.* aggressivo, aspro, violento.

virulènza [dal lat. tardo *virulentia*; 1875 nel senso 2] **sf.** **1.** *T.biol.* attitudine dei microrganismi a produrre malattie infettive: *l'alto grado di virulenza di quel microbo* **2.** *fig.* violenza, asprezza: *virulenza di linguaggio.*

vìrus [dal lat. *vīrus*, veleno; 1853] **sm. inv.** *T.biol.* microrganismo parassita di cellule viventi, osservabile solo al microscopio elettronico, potenziale agente infettivo per tutti gli esseri viventi: *il virus dell'influenza, virus batteriofago* || *virus filtrabili*, capaci di attraversare i filtri che trattengono i batteri || *per estens. virus del computer*, programmi che bloccano o alterano il funzionamento dei computer || *fig.* mania, malattia: *il virus del gioco d'azzardo.* **Q.T.** *genetica...*

viṣàggio [dal fr. *visage*; 1310] **sm.** *arc.* viso, volto.

viṣagìṣmo [dal fr. *visagisme*; 1950] **sm.** *raro* l'arte di valorizzare il viso col trucco e la pettinatura.

viṣagìsta [dal fr. *visagiste*; 1950] **s.** specialista di visagismo.

vis-à-vis (fr., pr. [viz a 'vi]) [letter. viso a viso; 1799] **I loc. avv.** di fronte, faccia a faccia, dirimpetto: *trovarsi vis-à-vis* **II sm. inv.** **1.** anche *f. raro* persona che sta o siede dirimpetto a un'altra **2.** specie di canapè, amorino **3.** carrozza a due posti, l'uno di fronte all'altro || **N. II 1.** *Sin.* dirimpettaio.

viscàccia (pl. *-ce*) [dal quechua *wiskáča*, attr. lo sp. *vizcacha*; 1931] **sf.** grosso roditore diffuso in Argentina, dal folto mantello grigio e bianco.

visceràle [dal lat. tardo *viscerālis*; 1745] **agg.** **1.** *T.anat.* relativo ai visceri o, più in gen., agli organi interni del corpo: *organi viscerali, scheletro viscerale* **2.** *fig.* profondamente radicato: *passione, odio viscerale.*

visceràre v. SVISCERARE.

vìscere (pl. m. *visceri*, usato solo in senso proprio, e pl. f. *viscere*, usato anche in senso fig.) [dal lat. *vīscera*, neutro pl.; a. 1565] **sm.** **1.** denominazione generica degli organi posti nelle grandi cavità del corpo (cranio, torace e addome): *i visceri addominali*; *com. pl.* intestino || solo *pl. m.*, interiora (di animali): *tolsero i visceri alla bestia macellata* || solo *pl. f., lett. disus.*, grembo materno: *il frutto delle proprie viscere*, i figli **2.** *fig.* la parte più interna di qualcosa: *le viscere della terra* || *fig. avere nelle* *viscere*, connaturato ‖ **N.** **1.** *Sin.* frattaglie, rigaglie | eviscerare o sviscerare / inviscerare **2.** *Sin.* interno, intimo, profondo.

vìschio (pl. *-schi*) [lat. volg. **visculum*, dim. di *viscum*; sec. XIV] **sm.** **1.** arbusto sempreverde delle Lorantacee, parassita di molte piante, con foglie opposte carnose e oblunghe e frutto consistente in una bacca sferica perlacea contenente polpa gelatinosa e appiccicaticcia e un grosso seme: *a capodanno ci si bacia sotto il vischio*, perché è considerata pianta augurale ‖ *vischio quercino*, varietà di vischio parassita spec. della quercia; la polpa delle bacche è usata per la preparazione di panie **2.** pania ricavata dalle bacche di vischio quercino o prodotta artificialmente, usata per catturare vivi gli uccelli ‖ *fig. poet.* elemento che lega, trattiene (spec. riferendosi a legami affettivi o passionali) ‖ *per estens. fig. poet. raro* inganno, insidia, esca ‖ **N.** **2.** impaniare, invischiare.

vischiosità [da *vischioso*; 1841] **sf.** **1.** caratteristica di ciò che è vischioso, appiccicoso ‖ *T.psican. vischiosità della libido*, proprietà della libido, variabile da individuo a individuo, di fissarsi a un oggetto o a una fase **2.** *fig.* viscosità, inerzia **3.** *T.fis. non com.* viscosità ‖ **N.** **1.** *Sin.* appiccicosità, collosità, tenacia.

vischióso [da *vischio*, sul modello di *viscoso*; a. 1294] **sm.** **1.** appiccicaticcio, colloso come il vischio (nel senso 2): *sostanza vischiosa* **2.** *fig.* viscoso, che stenta a cambiare **3.** *T.fis. non com.* viscoso ‖ **N.** **1.** *Sin.* appiccicoso, tenace.

viscidità [da *viscido*; a. 1698] **sf.** qualità di chi o di ciò che è viscido (anche *fig.*): *la viscidità dell'asfalto bagnato, un individuo di una viscidità ripugnante* ‖ **N.** *Sin.* scivolosità | *Contr.* ruvidezza, scabrosità.

vìscido [dal lat. tardo *viscidus*; 1598] **agg.** **1.** di cosa, scivoloso, molle e umido al tatto: *la pelle delle anguille è viscida, non riuscii a stringergli la mano, tanto era viscida* **2.** *fig.* di persona, subdola e sfuggente: *quell'individuo è più viscido di un serpente* ‖ **viscidaménte** **avv.** subdolamente ‖ **N.** **1.** *Contr.* scabro, ruvido **2.** *Contr.* aperto.

viscidùme [da *viscido*; a. 1730] **sm.** *spreg.* massa di roba viscida.

vìsciola [prob. dal gr. *býssinos*, del colore del bisso; 1600] **sf.** il frutto del visciolo.

visciolàta [da *visciola*; 1940] **sf.** conserva, sciroppo o succo a base di visciole.

visciolàto [da *visciola*; a. 1597] **sm.** liquore fatto con le visciole.

vìsciolo [prob. dal gr. *býssinos*, del colore del bisso; 1597] **agg.** di una varietà di ciliegio del gruppo delle marasche; anche *sm.*

vìsco [lat. *viscum*; metà sec. XIII] **sm.** *lett.* o *region.* vischio.

vis comica (lat., pr. it. [vis 'kɔmika]) [letter. forza comica] **loc. f.** comicità, capacità di far ridere.

viscontàdo [da *visconte*; a. 1348 nel senso 2] **sm.** **1.** *T.stor.* titolo, grado e dignità del visconte **2.** giurisdizione del visconte ‖ **N.** **2.** *Sin.* viscontea.

viscónte [dal provenz. *visconte*, fr. ant. *visconte*; a. 1348 nel senso 2] **sm.** (f. *-éssa*) **1.** *T.stor.* in epoca feudale, chi faceva le veci del conte **2.** in seguito, persona insignita di tale titolo ‖ **N.** viscontessa.

viscontèa [da *visconte*; a. 1540] **sf.** giurisdizione del visconte ‖ **N.** *Sin.* viscontado.

viscontèo[1] [da *visconte*; 1961] **agg.** *raro* di, da visconte.

viscontèo[2] [dal n. proprio *Visconti*, famiglia mil.; 1828] **agg.** dei Visconti, signori di Milano nel XIV e XV sec.

viscontéssa [da *visconte*; 1805] **sf.** **1.** la moglie del visconte **2.** signora di una viscontea.

viscontino (*dim.* di *visconte*) [1961] **sm.** (f. *-a*) titolo del figlio del visconte.

viscósa [da *viscoso*; 1927] **sf.** soluzione ottenuta trattando con soda caustica la cellulosa; costituisce la materia prima per la fabbricazione del rayon.

viscosìmetro [comp. di *viscoso* e *-metro*; 1911] **sm.** *T.tecn.* strumento atto a misurare la viscosità di un liquido.

viscosità [da *viscoso*; a. 1320 nel senso 4; 1904 nel senso 1] **sf.** **1.** *T.fis.* l'attrito interno di un fluido, ovvero la tendenza di uno dei suoi strati interni a trascinare con sé, nel muoversi, gli strati a esso adiacenti: *indice di viscosità*, misura della variazione della viscosità di un olio lubrificante al variare della temperatura **2.** *fig.* tendenza di una situazione, un fenomeno e sim. a resistere al cambiamento; inerzia: *la viscosità degli scambi economici, delle trattative*; *in part.* nel linguaggio della pubblicistica politica o economica, caratteristica di ciò che è viscoso: *la viscosità della domanda e dell'offerta*; *la viscosità dei prezzi*, resistenza dei prezzi al minuto a variare, nonostante la variazione di quelli all'ingrosso **3.** *fig.*, *T.psic.* stato caratterizzato da rallentamento dei meccanismi che regolano i processi psichici e intellettuali e da fissità comportamentale **4.** *raro* vischiosità, collosità ‖ **N.** **1.** *Sin.* compattezza, densità, pastosità | *Contr.* fluidità, scorrevolezza.

viscóso [dal lat. tardo *viscōsum*; a. 1294 nel senso 3; 1833 nel senso 1] **sm.** **1.** *T.fis.* dotato di notevole viscosità: *fluido viscoso* **2.** *fig.* nel linguaggio della pubblicistica politica o economica, caratterizzato da forti resistenze interne che impediscono, limitano o ritardano evoluzioni e sbocchi: *una situazione internazionale viscosa* ‖ *in part.* di fenomeno o sistema economico che, nella sua globalità, stenta a modificarsi: *un mercato viscoso, prezzi viscosi* **3.** *raro* vischioso, colloso ‖ **N.** **1.** *Sin.* compatto, denso | *Contr.* fluido, scorrevole.

viṣdòmino o **viṣdòmine** [dal lat. tardo *vicedominus*; a. 1580] **sm.** *T.stor.* **1.** funzionario che fa le veci del signore **2.** titolo di varie magistrature medievali ‖ **N.** *Sin.* vicedòmino.

viṣìbile [dal lat. *visibilis*; a. 1294] **I agg.** **1.** che può essere visto: *i corpi celesti visibili a occhio nudo* ‖ che è possibile vedere in quanto è a disposizione del pubblico: *la mostra, il direttore è visibile solo al mattino* ‖ la cui immagine è largamente diffusa attraverso i media: *un prodotto molto visibile* **2.** *per estens.* manifesto, palese: *era in uno stato di visibile abbattimento* **3.** *non com.* che è lecito vedere: *film visibili solo agli adulti* ‖ ‖ **viṣibilménte** **avv.** **II sm.** ciò che può essere visto: *il dominio del visibile* ‖ **N.** *Sin.* vedibile | *Contr.* invisibile.

viṣìbilio (pl. *-li*) [deformazione da *visibilium omnium et invisibilium*, delle cose visibili ed invisibili, versetto del Credo; 1863] **sm.** **1.** nell'espr. *andare in visibilio*, entusiasmarsi, provare un'ammirazione gioiosa **2.** *fam.* grande quantità di persone o cose: *ce n'era un visibilio.*

viṣibilità [dal lat. tardo *visibilitas, -ātis*; sec. XIV] **sf.** possibilità di essere visto, caratteristica di qualcosa di poter essere visto, di essere visibile: *coprire l'ostacolo con vernice fosforescente in modo da migliorarne la visibilità*; *la visibilità di un astro a occhio nudo, di una particella al microscopio* ‖ *T.fis.* in fotometria, *coefficiente di visibilità*, per una radiazione monocromatica, il rapporto tra il flusso luminoso percepito dall'occhio e il corrispondente flusso di energia elettromagnetica; *curva di visibilità*, curva che rappresenta la sensibilità dell'occhio convenzionale in funzione della lunghezza d'onda della radiazione in esame ‖ *in part.* distanza massima alla quale un osservatore può identificare a occhio nudo un oggetto di caratteristiche definite: *a causa della nebbia, la visibilità era ridotta a due metri.*

viṣièra [dal fr. *visière*; a. 1295 *visera*] **sf.** **1.** *T.stor.* la parte dell'elmo che copriva il viso **2.** cappuccio delle confraternite; buffa **3.** maschera da scherma **4.** tesa a forma di mezzaluna che sporge dai berretti militari e sim., sul davanti **5.** *T.aut. visiera termica*, dispositivo atto a riscaldare il vetro del parabrezza per impedirne l'appannamento ‖ *dim.* visierìna. **TAV.** ***armi* p. 648** 6.5.

viṣigòtico (pl. *-ci*) [da *visigoto*; 1930] **agg.** relativo ai Visigoti, proprio dei Visigoti: *dominio visigotico* ‖ *scrittura visigotica* (o *visigotica*, sf.) tipo di scrittura in uso nella penisola Iberica dal VI al XII sec., caratterizzata da tratti molto secchi, con aste alte gen. inclinate a sinistra.

viṣigòto [dal lat. tardo *Visigothae*, letter. Goti dell'Ovest; 1961] **I sm.** (f. *-a*) appartenente alla popolazione dei Goti stanziatisi nel VI sec. nella penisola Iberica **II agg.** proprio di tale popolazione: *invasione visigota.*

viṣionàre (pres. *-óno*) [da *visione*; 1923] **tr.** **1.** vedere un film o uno spettacolo in anteprima e in forma privata, per un fine particolare **2.** *per estens.* passare in esame con attenzione: *visionare gli aspiranti attori, visionare la merce.*

viṣionàrio (pl. *-ri*) [da *visione*, sul modello del fr. *visionnaire*; a. 1729] **agg.** e **sm.** (f. *-a*) **1.** *fig.* che o chi prende per vere cose irreali: *questo è il progetto di un visionario!, oltranzisti religiosi pazzi e visionari* ‖ da visionario: *utopie visionarie* **2.** propr. *T.psic.* che o chi soffre di allucinazioni ‖ anche, che o chi, nell'esperienza religiosa, ha visioni ‖ **N.** **1.** *Sin.* idealista, illuso, sognatore, utopista | *Contr.* realista **2.** allucinato, vaneggiante.

viṣionatùra [da *visionare*; 1988] **sf.** visione di un film da parte di persone specializzate, per scopi tecnici o di censura.

viṣióne [dal lat. *vīsio, -ōnis*; sec. XIV nel senso 2] **sm.** **1.** *T.fisiol.* funzione del vedere, vista: *l'occhio è l'organo della visione*; *avere una visione chiara, distinta, confusa, sfocata, diretta, indiretta di qualcosa*; *visione binoculare o stereoscopica, indipendente*, rispettivamente, quella propria dell'uomo e degli animali superiori e quella propria degli animali inferiori; *visione foveale, periferica* **2.** atto del vedere qualcosa, dell'osservarla per esaminarla, farsene un'idea e sim.: *prendere visione di qualcosa*, esaminarla: *il giudice ha preso visione degli atti*; *dare* (o *prendere, ricevere* ecc.) *qualcosa in visione*, perché sia esaminata, controllata e sim.: *gli ho dato il mio scritto in visione perché mi desse il suo parere, ho richiesto un campione della merce in visione* ‖ riferendosi in part. a film, l'assistere alla sua proiezione: *la visione di alcuni film è vietata ai minori di quattordici anni*; *film di prima, seconda visione*, rispettivamente, proiettato per la prima o per la seconda volta al pubblico di una città; *cinema di prima, seconda visione*, che programma film di prima, seconda visione; *visione preventiva per la censura, per i critici, per la stampa* **3.** modo di vedere, di considerare qualcosa o le cose in generale: *cerca di avere una visione meno soggettiva dei problemi* **4.** *concr.* ciò che si vede, che appare alla vista, rif. a immagine o spettacolo insoliti, eccezionali (altrimenti si usa *vista*): *ci colpì la visione maestosa del ghiacciaio, la visione raccapricciante dei corpi dilaniati dalla bomba* **5.** *concr.* immagine o scena irreale o soprannaturale percepita come reale ma in effetti frutto di allucinazioni, sogni e sim. o dovuta a presunte capacità paranormali o a supposti interventi miracolosi: *ha continue visioni notturne, una visione profetica, visioni miracolose della Madonna* **6.** *T.lett.* nel Medioevo, componimento letterario devozionale avente come oggetto la descrizione dell'aldilà o il racconto di apparizioni miracolose: *la visione dantesca* ‖ **N.** **4.** *Sin.* spettacolo **5.** *Sin.* apparizione | allucinazione, sogno, fantasia.

visìr (raro *visìrre*) [dal turco *vezir*; 1538] ***sm.*** *T.stor.* nell'impero ottomano, titolo di un alto funzionario e, in seguito (tra il sec. XIV e il 1922, data dell'avvento della Repubblica), equivalente del termine politico *ministro*.

visiràto [da *visir*; 1745] ***sm.*** grado e ufficio di visir e durata della carica.

visìrre v. VISIR.

visita [da *visitare*; a. 1535 nel senso 3] ***sf.*** **1.** il recarsi presso qualcuno e intrattenersi in suo compagnia per amicizia, cortesia, dovere ecc.: *far visita a lontani parenti, ricevere una visita, restituire la visita, visita di cortesia, di condoglianze, di lavoro*; *visita ufficiale, privata*, quella compiuta da rappresentanti governativi (in veste ufficiale o meno) in paesi esteri; *visita pastorale* (o *canonica* o *ecclesiastica*), quella compiuta periodicamente dal vescovo o da un suo vicario nella sua diocesi; *biglietto da visita*, v. BIGLIETTO || *per meton.* la persona che visita: *ci sono visite, c'è una visita per te* || *essere in visita*, intrattenersi presso qualcuno (anche per accennare alla brevità della permanenza: *sono solo in visita*) **2.** *visita medica* (o, ass., *visita*), il sottoporre qualcuno a esame medico, a scopo diagnostico o per l'accertamento delle sue condizioni fisiche: *sottoporsi a visite periodiche*; *visita a domicilio, ambulatoriale*; *passare la visita militare* (o *di leva*); *marcare visita*, nel gergo militare, richiedere di essere sottoposto a visita medica, darsi malato **3.** il recarsi in un certo luogo per osservare ciò che vi si trova o vi si svolge, per scopi vari (istruzione, svago, preghiera ecc.): *fare una visita in un grande stabilimento, a Firenze, al santuario della Madonna*; *visita guidata*, nella quale un accompagnatore fa da cicerone ai visitatori || *in part.* il recarsi in un certo luogo a scopo di ispezione, controllo e sim.; *visita doganale*, volta ad accertare l'eventuale presenza di beni soggetti a imposta doganale || *dim.* visitìna, visitùccia; *accr.* visitóna || **N. 1.** visitazione | abboccamento, conversazione **2.** generale / specialistica, preventiva / di controllo **3.** controllo, esame, ispezione, perquisizione.

visitandìna [dal fr. *visitandine*; 1879] ***sf.*** suora che fa capo all'ordine della Visitazione.

visitàre (pres. *vìsito*) [dal lat. *visitāre*; 1313 nel senso 3] ***tr.*** **1.** recarsi in visita presso qualcuno: *visitare un amico indisposto* **2.** (anche *ass.*) sottoporre qualcuno a visita medica: *farsi visitare da uno specialista, il dottore visita dalle nove alle undici, solo in ambulatorio* **3.** recarsi in visita in un certo luogo per turismo, istruzione ecc.: *visitò il centro storico della città, i musei principali* || *in part. raro* recarsi in visita in un certo luogo per ispezione, controllo e sim. || **N. 1.** *Sin.* andare a trovare **2.** *Sin.* controllare, esaminare, vedere **3.** *Sin.* vedere.

visitatóre [dal lat. tardo *visitātore, -ōris*; sec. XIV] ***sm.*** (f. *-trice*) **1.** chi fa visita a qualcuno: *ricevere i visitatori* || *in part.* chi si reca abitualmente in visita da infermi, bisognosi, carcerati e sim., spec. per conto di enti assistenziali **2.** chi si reca a visitare luoghi particolari: *i visitatori del museo sono pregati di non introdurre nelle sale macchine fotografiche o da ripresa* **3.** *T.eccl. visitatore apostolico*, ecclesiastico che visita comunità religiose per conto della Santa Sede.

visitazióne [dal lat. tardo *visitātio, -ōnis*; 1353 nel senso 2; 1838 nel senso 1] ***sf.*** **1.** *T.eccl.* festa celebrata dalla Chiesa in memoria della visita di Maria Vergine a Santa Elisabetta **2.** *ant.* l'atto del visitare.

visìvo [dal lat. tardo *visīvus*; 1294] ***agg.*** che concerne la vista: *facoltà, acuità visiva*; *campo visivo*, lo spazio che l'osservatore riesce ad abbracciare con lo sguardo || *poesia visiva*, fenomeno culturale, sorto negli anni Sessanta, comprendente varie tendenze artistiche che cercano di fondere l'espressione poetica e le arti spazio-visive.

visnuìsmo [dal n. *Visnù*; 1957] ***sm.*** formazione religiosa dell'India che, insieme al sivaismo, costituisce la sostanza dell'induismo; si polarizza intorno a tre nomi divini: Visnù (che collega e unifica ogni cosa), Krishna (che personifica la salvazione) e Narayana (che personifica l'etica).

visnuìta [dal n. *Visnù*; 1961] ***agg.*** e ***sm.*** seguace del visnuismo.

vìso¹ [lat. *vīsus*, vista, aspetto; 1294] ***sm.*** **1.** volto, faccia (ma di uso più limitato e elevato): *guardarsi in viso, lavarsi il viso*; *viso pallido*, nel linguaggio dei pellirosse divulgato dalla cultura cinematografica e fumettistica, uomo bianco || nel modo di dire *fare buon viso a cattivo gioco*, mostrarsi compiacente nell'adeguarsi a una necessità spiacevole || nella *loc. avv. a viso aperto*, apertamente, in modo franco e coraggioso **2.** *ant.* vista || *dim.* visétto, visettìno, visìno, visùccio; *accr.* visóne; *pegg.* visàccio.

vìso² *pps. ant.* di *vedere*.

visóne [dal ted. *Wiesel*, donnola, attr. il fr. *vison*; 1781] ***sm.*** **1.** mammifero carnivoro dei Mustelidi, ricercato per la sua pregiata pelliccia bruna e lucente **2.** *per meton.* la pelliccia del visone: *un giaccone di visone* || *per estens.* mantello di visone: *questo visone costa un occhio della testa* || *dim.* visoncìno.

visonétto [da *visone*; 1965] ***sm.*** pelliccia simile al visone, ma di minor pregio.

visóre [dal lat. *vīsus*, visto; 1963] ***sm.*** apparecchio ingranditore usato per guardare in trasparenza diapositive fotografiche, microfilm ecc.

vispézza [da *vispo*; 1668] ***sf.*** *raro* qualità di chi o di ciò che è vispo || **N.** *Sin.* brio, vivacità.

vìspo [prob. voce onom.; 1612] ***agg.*** pronto e vivace || **N.** *Sin.* arzillo, brioso, vitale.

vissàno [dal n. geogr. *Visso*, paese delle Marche; 1961] ***agg.*** di Visso: *razza vissana*, razza ovina originaria di Visso con pecore di dimensioni medio-piccole; *lana vissana*, lana prodotta dalle pecore di razza vissana, di colore bianco-giallastro, usata spec. per cardati e pettinati.

vissùto (*pps.* di *vivere*) [a. 1400] **I *agg.*** *pagine di vita vissuta*, che narrano ciò di cui si è avuta esperienza || di persona, che ha notevole esperienza della vita: *uomo vissuto* **II *sm.*** in gergo pseudo-psicologico, l'esperienza della vita (o di questo o quel suo aspetto) nei suoi lati soggettivi, e spec. nella sua qualità emotiva: *un vissuto di angoscia, il mio vissuto familiare*.

vìsta [da *visto*; 1294 nel senso 2] ***sf.*** **1.** la facoltà di percepire la forma, la posizione e il colore degli oggetti, specifica degli uomini e di alcuni animali: *il senso della vista, perdere la vista*; *avere la vista acuta, debole*; *occhiali da vista*, atti a correggere difetti di vista **2.** atto del vedere: *impedire, togliere la vista a qualcuno*, frapponendosi tra lui e ciò che potrebbe vedere; *sottrarsi alla vista di qualcuno*, uscire dal suo campo visivo o fare in modo che non possa vederci; *punto di vista*, quello in cui è collocato, materialmente o, *fig.*, idealmente, chi guarda, giudica ecc.: *osservare un oggetto da un punto di vista laterale*; *i punti di vista delle persone spesso si scontrano* || in molte loc. avv. e modi di dire: *a prima vista*, a un primo esame: *a prima vista sembrava bello, ma poi si notavano i suoi difetti, traduce a prima vista, il loro è stato un amore a prima vista* || *alla vista di*, non appena qualcosa è stato percepito con lo sguardo: *alla vista di quello sfacelo svenne* || *T.banc. titoli pagabili a vista*, alla presentazione; *T.edil. faccia a vista*, superficie di struttura muraria non rivestita (e perciò visibile); *sparare a vista*, non appena si vede il bersaglio; *sorvegliare a vista*, senza perdere d'occhio || *a vista d'occhio*, per tutto lo spazio, in misura percepibile dall'occhio umano (spec. *iperb.*): *il livello dell'acqua saliva a vista d'occhio, la prateria si estendeva a vista d'occhio* || *conoscere qualcuno* (*solo*) *di vista*, solo per averlo visto; *perdere di vista qualcuno*, non vederlo più (anche nel senso estens. di "non mantenersi in contatto"): *l'ho perso di vista in mezzo a quella gran folla, sono ormai dieci anni che ho perso di vista i miei ex colleghi* || *in vista*, visibile: *terra in vista!*; *fig.* imminente: *sono in vista cambiamenti al vertice dell'azienda*; *per estens. fig.* di chi è socialmente eminente: *è un personaggio molto in vista*; *mettere, porre in vista*, in modo che sia ben visibile; *in bella vista*, ben in vista || *in vista di*, in prossimità di: *quando furono in vista delle mura si accamparono*, e, *fig.*, in funzione di, per: *in vista del centenario della nascita dell'autore organizzarono una serie di conferenze* **3.** visuale: *di qui si gode di un'ottima vista, una camera con vista sul lago* || visione: *una vista raccapricciante* **4.** *concr. non com.* apertura attraverso la quale si può vedere; luce, finestra || fessura praticata nella celata delle antiche armature che consentiva di vedere **5.** *lett. ant.* apparenza esteriore; aspetto, sembianza: *far bella vista*, apparire bene, risultare piacevole allo sguardo || nei modi di dire *lett. ant. far vista di, far le viste di*, far finta di **6.** *arc.* segno visibile: *rimane ancor di lui alcuna vista* (Dante) || **N. 1.** acuta, buona, corta, debole, sottile | anacromatismo, astigmatismo, brachimetropia, daltonismo, ipermetropia, miopia, presbiopia, strabismo; lenti, monocolo, occhiali; occhio | VEDERE **3.** *Sin.* panorama, scena, spettacolo. **Q.T.** ***anatomia***.

vistàre [da *visto*; 1848] ***tr.*** *T.bur.* apporre il visto a un documento || **N.** approvare, autenticare, firmare, licenziare, vidimare.

vistavìsion ® [n. commerciale comp. di *vista*, prospettiva, scorcio e *vision*, visione; 1972] ***sm.*** sistema di ripresa e proiezione cinematografica su grande schermo, ormai abbandonato, che utilizzava, in ripresa, pellicole a scorrimento orizzontale e con negativi di dimensioni doppie di quelli normali (e quindi di miglior qualità).

vìsto (*pps.* di *vedere*) [a. 1363 come agg.; 1814 come sm.] **I *agg.*** **1.** guardato: *visto da dietro, di profilo*; *mai visto uno così cafone!* **2.** *per estens. fig.* considerato: *ben visto* (o *benvisto*), *mal visto* (o *malvisto*), considerato con stima e rispetto o, al contrario, disprezzato || nella *loc. cong. visto che*, considerato, appurato che: *visto che non ti piace me lo riprendo* **II *sm.*** **1.** firma, sigla o timbro indicante la presa visione o, anche, la formale approvazione e convalida: *apporre il visto sulla domanda*; *visto si stampi*, formula con cui un autore licenzia le bozze, autorizzandone la stampa definitiva **2.** permesso di ingresso o di transito che uno Stato rilascia a stranieri: *ha spedito il passaporto perché ci mettessero il visto* || **N. II** approvazione, autenticazione, firma, vidimazione.

vistosità [da *vistoso*; 1690] ***sf.*** qualità di ciò che è vistoso.

vistóso [da *visto*; sec. XIV] ***agg.*** **1.** che dà nell'occhio; che attira gli sguardi: *vestito vistoso* **2.** *per estens.* di considerevole entità, notevole: *ha ereditato un vistoso patrimonio* || **vistosaménte** ***avv.*** || *dim.* vistosétto || **N. 1.** *Sin.* appariscente, chiassoso, sgargiante, spettacolare, spettacoloso, *voyant*.

visuàle [dal lat. tardo *visuālis*; sec. XIV come agg.; a. 1764 come sf.] **I *agg.*** della vista: *raggio visuale* **II *sf.*** prospettiva, possibilità di visione; anche *fig.*: *una visuale angusta*, un modo gretto di considerare le cose.

visualizer (ingl., pr. [ˈvɪʒʊəlaɪzə]) [da to *visualize*, visualizzare; 1983] ***s. inv.*** grafico pubblicitario che prepara l'abbozzo figurativo del contenuto del cartellone o del manifesto o dell'inserto pubblicitario.

vișualizzàre [da *visuale*, sul modello dell'ingl. to *visualize*; 1942] ***tr.*** rappresentare mediante immagini visive ‖ immaginare; anche *rifl. intens.*: *visualizzarsi la situazione.*

vișualizzatóre [da *visualizzare*; 1983] ***sm.*** *T.inform.* negli elaboratori elettronici, dispositivo che consente di vedere su uno schermo video i dati: *visualizzatore alfabetico*, visualizzatore che presenta solo caratteri alfabetici e segni speciali; *visualizzatore grafico*, visualizzatore in grado di offrire anche l'immagine di diagrammi o figure; *visualizzatore ottico interattivo*, visualizzatore grafico con penna luminosa che permette l'interazione diretta tra l'uomo e l'elaboratore.

vișualizzazióne [da *visualizzare*, sul modello dell'ingl. *visualization*; 1942] ***sf.*** atto ed effetto del visualizzare.

vișùra [dal lat. *visus*, visto; 1839] ***sf.*** *T.bur.* ispezione, spec. di un immobile ipotecato per verificarne il valore.

visus (lat., pr. it. ['vizus]) [letter. vista] ***sm.*** *inv.* acuità visiva.

vita¹ [lat. *vīta*; a. 1294 nel senso 2] ***sf.*** **1.** il complesso delle funzioni naturali degli organismi viventi (conservazione, sviluppo, riproduzione, interazione ambientale ecc.): *aver vita, essere in vita, vivere*; *la vita vegetale, animale* ‖ nei modi di dire: *dare la vita*, far nascere; *perdere la vita*, morire; *togliere la vita*, far morire; *togliersi la vita*, suicidarsi; *salvare la vita a qualcuno*, aiutarlo facendolo scampare alla morte; *dovere la vita a qualcuno*, essergli debitore per esser scampato alla morte per merito suo; *aver salva la vita*, scampare alla morte; *una questione di vita o di morte*, nella quale è in gioco la vita o, *iperb.*, di estrema importanza; *essere tra la vita e la morte, in fin di vita*, in gravissime condizioni fisiche; *dare la vita per qualcuno o per qualcosa*, sacrificarsi totalmente per qualcuno o per qualcosa; *o la borsa o la vita!*, espr. intimidatoria usata dai rapinatori; *se ti è cara la vita*, se non vuoi morire: *scappate, se vi è cara la vita!* ‖ con rif. alla supposta sopravvivenza dell'anima: *la vita dopo la morte*, *la vita eterna*; *eufem. passare a miglior vita*, morire ‖ *per estens. fig.* il complesso delle funzioni connesse all'esistenza di un ente, un'istituzione e sim.: *la vita di un'azienda, della società, dell'universo*; nell'espr. *dar vita*, creare, istituire: *diede vita a una nuova associazione, a un'importante corrente pittorica* ‖ *prov. finché c'è vita c'è speranza* **2.** *per meton.* ciò che rende possibile e mantiene la vita; *in part.* ciò che dà la vita, forza vitale: *il sole è (la) vita per le piante* ‖ anche *fig.*: *il lavoro, quella donna per lui è la vita* ‖ *guadagnarsi la vita*, mantenersi: *si guadagna la vita cantando* ‖ *costo della vita*, le spese che si debbono affrontare per mangiare, vestirsi, avere un'abitazione ‖ vitalità, salute: *una ragazza piena di vita* ‖ *per estens. fig.* vivacità, animazione: *una città piena di vita, una composizione scultorea priva di vita, dare un po' di vita alla festa* **3.** *per meton.* insieme degli esseri viventi: *l'origine della vita sulla Terra, su Marte non si è trovata traccia di vita* ‖ *per restr.* essere umano: *la guerra ha stroncato molte vite* **4.** il ciclo di vita di un essere vivente: *le fasi della vita dell'uomo, della farfalla* ‖ nei modi di dire per *(tutta) la vita, vita natural durante*, per tutta la durata della vita ‖ *T.stat. vita media*, durata media della vita di un certo gruppo di individui; *speranza* (o *aspettativa*) *media di vita*, il numero di anni che restano statisticamente da vivere a una persona di una data età o in certe condizioni di salute ‖ *per estens. fig.* durata di un ente, un organismo, un fenomeno e sim.: *una moda, un partito che ha avuto vita breve* ‖ *T.fis. vita media*, tempo necessario affinché il numero degli atomi di una sostanza radioattiva si riduca a 1/e (con e = 2, 7) del numero iniziale ‖ *iperb.* moltissimo tempo: *è una vita che non ci vediamo!* **5.** svolgimento della vita di un individuo come successione degli eventi che la caratterizzano: *ripercorrere la propria vita con la memoria, predire la vita a qualcuno* ‖ *per estens.* narrazione della vita di personaggi celebri, biografia : *le «Vite parallele» di Plutarco* **6.** modo, forma, condizione di esistenza, spec. umana: *cambiar vita*; *condurre una vita sana, attiva, stressante, monotona*; *la vita sociale* (o *associata* o *di relazione*) *dell'uomo, di alcune specie animali*; *vita pubblica*, spec. riferita a persone che svolgono attività politiche o amministrative ad alto livello, in contrapposizione a *vita privata*, quella condotta nell'ambito della famiglia o delle amicizie; *vita contemplativa, attiva*; *in part.* modo di vivere di una data categoria di persone: *la vita militare* ‖ le circostanze in cui si svolge la vita degli uomini: *conoscere la vita, avere esperienza della vita* ‖ nei modi di dire: *rendere la vita difficile a qualcuno*, crearagli di continuo problemi; *avere una doppia vita*, condurre un'esistenza apparentemente irreprensibile che però maschera attività illegali o comunque riprovevoli; *fare una vita grama, da cani*, vivere stentatamente, in modo travagliato; *darsi alla bella vita*, ai piaceri, ai divertimenti e sim.; *fare la vita*, prostituirsi; *donna di vita*, prostituta ‖ con specificazione di un particolare ambito della vita: *una vita affettiva gratificante* ‖ *pegg.* vitàccia ‖ **N. 1.** *Sin.* esistenza | *Contr.* morte | agiata, avventurosa, beata, breve / lunga, comoda, dissoluta, faticosa, felice / infelice, indipendente, insensata, metodica, misera, noiosa, pacifica, regolata, ritirata, semplice, scellerata, sregolata, solitaria, spensierata, tempestosa, virtuosa, viziosa, vuota | accorciare / allungare, amare / odiare, consacrare, disprezzare, mettere a repentaglio, rischiare, sciupare, trascinare, vender cara **2.** *Sin.* vitto; energia, esuberanza, vigore; fermento, movimento | *Contr.* fiacchezza, indolenza, inerzia; calma, quiete **4.** *Sin.* esistenza | *Contr.* fine | longevità **5.** autobiografia, memorie.

vita² [da *vita*¹; a. 1712] ***sf.*** **1.** la parte più stretta del tronco umano, compresa tra il torace e il bacino: *questa gonna mi stringe in vita*; *ha una vita* (ma, più com., *vitina* o, *sm.*, *vitino*) *di vespa*, molto stretta; *punto vita alto, basso*, sproporzionatamente posto o troppo in alto, o troppo in basso ‖ *per estens.* la parte di un indumento corrispondente alla vita: *la vita di questi pantaloni mi è troppo stretta*; *un abito a vita alta* **2.** *raro* busto, torace ‖ *dim.* vitina, vitino ‖ **N. 1.** *Sin.* cintola, cintura.

vitàccia (*pegg.* di *vita*) (pl. *-ce*) [1826] ***sf.*** *fam.* vita dura, piena di difficoltà o di problemi, vita grama: *quella del minatore è una vitaccia!*

Vitàcee [comp. di *vite* e *-acee*; 1937] ***sf. pl.*** *T.bot.* famiglia di piante cui appartiene la vite; generalmente arbustacee e rampicanti, sono caratterizzate dalla presenza di organi aggrappanti (viticci) inseriti ai nodi ‖ **N.** *Sin.* Ampelidacee.

vitaiòlo [da *vita*; 1918] ***sm.*** *non com.* *viveur.*

vitàlba [lat. *vītis alba*; fine sec. XIII] ***sf.*** arbusto delle Ranuncolacee, con fusto rampicante e fiori bianchi raccolti in pannocchie.

vitàle [dal lat. *vitālis*; a. 1294 nel senso 2] ***agg.*** **1.** concernente la vita, che serve, che è essenziale alla vita: *ferire in un punto vitale, forza vitale* ‖ *fig.* di essenziale importanza: *è una questione vitale* **2.** *T.med.* che ha tutte le condizioni per poter vivere: *il bimbo è nato vivo e vitale*; anche *fig.* pieno di vita, di energia e spirito d'iniziativa.

vitalișmo [da *vitale*; 1908] ***sm.*** **1.** *T.biol.* e *T.fil.* dottrina secondo la quale la vita non è riducibile a combinazioni fisico-chimiche, ma è una forza originaria e primordiale **2.** manifestazione di vitalità, spec. se esagerata e fuori luogo.

vitalista [da *vitalismo*; 1935] ***s.*** *T.biol.* e *T.fil.* sostenitore del vitalismo.

vitalìstico (pl. *-ci*) [da *vitalismo*; 1961] ***agg.*** **1.** *T.biol.* e *T.fil.* proprio del vitalismo e dei vitalisti; relativo al vitalismo e ai vitalisti: *tesi vitalistiche* **2.** caratterizzato da vitalismo eccessivo, ostentato.

vitalità [dal lat. *vitālitas, -ātis*; 1598] ***sf.*** qualità di chi o di ciò che è vitale: *uomo pieno di vitalità*, energico ed esuberante.

vitaliàre (pres. *vitalizio*) [da *vitalizio*; 1879] ***tr.*** **1.** costituire in vitalizio: *vitaliziare una rendita* **2.** rendere beneficiario di un vitalizio.

vitalìzio (pl. *-zi*) [da *vitale*; 1692 come sm.] **I** ***agg.*** che dura vita natural durante: *rendita vitalizia*; *camera vitalizia*, il Senato, nei paesi dove i Senatori sono nominati a vita **II** ***sm.*** contratto aleatorio in cui una parte cede all'altra un bene o un capitale in cambio dell'obbligo da parte dell'altra a corrisponderle una rendita per tutto il tempo in cui permarrà in vita.

vitalizzàre [da *vitale*; 1974] ***tr.*** *non com.* rendere più attivo, vitale.

vitàme [da *vite*¹; 1738] ***sm.*** *raro* quantità di viti.

vitamìna [comp. di *vita*¹ e *a(m)mina*, sul modello dell'ingl. *vitamin(e)*; 1915] ***sf.*** ciascuno di vari composti organici contenuti nei cibi naturali, essenziali per la salute e il normale sviluppo dell'organismo: *vitamina A, B* ecc. ‖ **N.** acido ascorbico, acido folico, acido pantotenico, axeroftolo, biotina, calciferolo, cianocobalammina, colecalciferolo, farnochinone, fillochinone, menadione, nicotinammide, piridossina, riboflavina, tiamina, tocoferolo | avitaminosi.

vitamìnico (pl. *-ci*) [da *vitamina*; 1937] ***agg.*** di vitamina: *apporto vitaminico* ‖ che contiene vitamine: *alimento vitaminico.*

vitaminizzàre [da *vitamina*; 1942] ***tr.*** aggiungere vitamine ad un prodotto alimentare per renderlo più nutriente.

vitaminizzazióne [da *vitaminizzare*; 1983] ***sf.*** l'aggiungere vitamine a un prodotto alimentare o farmaceutico.

vitaminologìa [comp. di *vitamina* e *-logia*; 1942] ***sf.*** parte della biologia che studia le vitamine.

vitàndo [dal lat. *vitandus*, ger. di *vitare*, evitare; 1936] ***agg.*** nel diritto canonico, da evitare, detto spec. di persona che è stata scomunicata.

vitàto [da *vite*¹; 1723] ***agg.*** **1.** di terreno, piantato a vite **2.** *raro* di albero, che fa da sostegno a una vite.

vìte¹ [lat. *vītis*; a. 1320] ***sf.*** **1.** pianta arbustiva legnosa delle Vitacee, dicotiledone, rampicante per mezzo di viticci, che si coltiva, in numerosissime varietà, per la produzione dell'uva: *potare le viti, i filari di viti*; *vite ad alberello, a cordone, a gruccia, a margotta, a muro, a pergola, a spalliera, a tendone, alberata* (o, com., *maritata* con l'acero, l'olmo, il gelso o altri tutori vivi), a seconda della forma in cui la si coltiva, mediante opportuna potatura ‖ *vite vergine* o *vite del Canada*, dalle foglie rosse, usata come pianta ornamentale per ricoprire muri e cancellate ‖ nel modo di dire *piangere come una vite tagliata*, profusamente **2.** *vite bianca*, pianta erbacea annua delle Cucurbitacee, nota come *brionia* o *zucca selvatica* ‖ **N.** PARTI: barbatella, grappolo, pampino, raspo o graspo, raspollo, sarmento, talea, tralcio, uva, vinacciolo, viticcio | cocciniglia, filossera, tignola | antracnosi, muffa grigia, oidio, peronospora | vigna, vigneto; vendemmia, vino. **Q.T.** *enologia.*

vite² [da *vite*¹; 1308] ***sf.*** **1.** *T.mecc.* organo metallico di collegamento costituito da un corpo cilindrico o tronco-conico (*gambo*) recante una filettatura elicoidale in rilievo (*verme*) che, quando la vite viene avvitata, va a inserirsi in un solco elicoidale, di identico passo, inciso all'interno di un corpo (*madrevite*); generalmente la vite ha un'estremità ingrossata (*testa*), variamente sagomata, che ne consente l'avvitamento mediante chiave o cacciavite: *viti da legno* (o *mordenti*), *da metallo*, dal gambo, rispettivamente, appuntito o cilindrico; *vite autofilettante*, che, avvitandola, genera essa stessa il solco nel foro liscio in cui viene introdotta; *vite passante*, senza testa, adatta per collegamenti interni; *vite prigioniera*, dal corpo cilindrico filettato alle due estremità || organo di manovra di forma analoga, ma filettato su tutta la lunghezza e con filettatura generalmente a sezione trapezoidale, atto a trasformare il movimento rotatorio ad esso impresso in un movimento traslatorio (parallelo al suo asse) della madrevite: *la vite di manovra nelle morse da banco*; *vite senza fine* (o *perpetua*), vite di manovra accoppiata a una ruota dentata ad essa ortogonale || nel modo di dire *dare un giro di vite*, inasprire la repressione, anche *scherz.*: *in questa classe bisogna dare un giro di vite* **2.** *per estens.* andamento o movimento elicoidale, spiroidale; avvitamento; *in part.* *T.sport.* nei tuffi, giro completo compiuto dal tuffatore su se stesso (lungo l'asse verticale) prima di toccare l'acqua || *T.aer.* caduta libera di un velivolo in autorotazione; *vite orizzontale*, *tonneau* || nella loc. *a vite*, ad andamento elicoidale: *chiusura*, *tappo a vite* || *dim.* vitìna; *accr.* vitóna, vitóne (*sm.*) || **N. 1.** allentare / stringere, avvitare / svitare, impanare / spanare. **TAV.** *enologia* 2; **utensili p. 1340** 10, 11, 12.

vitèlla [da *vitello*[1]; 1478] ***sf.*** **1.** vitello femmina **2.** *per meton.* carne di vitella || *dim.* vitellìna || **N. 1.** *Sin.* giovenca.

vitellàio [da *vitello*[1]; 1803] ***sm.*** (f. *-a*) **1.** chi lavora pelli di vitello **2.** commerciante di vitelli.

vitellìna [da *vitello*[2]; 1957] ***sf.*** *T.biol.* insieme delle proteine dell'uovo.

vitellìno[1] [da *vitello*[2]; 1961] ***agg.*** *T.biol.* in embriologia, relativo al vitello (o tuorlo): *sacco vitellino.*

vitellìno[2] [da *vitello*[1]; sec. XV] ***agg.*** *raro* di vitello: *pelle vitellina.*

vitèllo[1] [lat. *vitellus*; 1340] ***sm.*** **1.** il nato della vacca, finché ha la dentizione da latte || nei modi di dire: *piangere come un vitello*, in modo straziante; *adorare il vitello d'oro*, adorare la ricchezza, essere schiavi del denaro (con allusione all'idolo, consistente appunto in un vitello d'oro, costruito dagli Ebrei nel deserto in attesa di Mosè) **2.** *per meton.* la carne del vitello macellato **3.** *per meton.* cuoio di vitello conciato **4.** *vitello marino*, foca || *dim.* vitellìno; *accr.* vitellóne || **N. 1.** giovenca, lattonzolo, manzo, vitella.

vitèllo[2] [dal lat. *vitellus*; fine sec. XV] ***sm.*** *T.biol.* in embriologia, tuorlo.

vitellóne (*accr.* di *vitello*) [1931 nel senso 1; 1959 nel senso 2] ***sm.*** **1.** vitello che ha superato l'anno di età **2.** *fig. scherz.* giovanotto provinciale ozioso che vive a spese della famiglia.

viterìa [da *vite*; 1961] ***sf.*** grande quantità di viti di vario tipo.

vitìcchio (pl. *-chi*) [lat. volg. **viticulum*; a. 1406] ***sm.*** *dial. centr.* e *merid.* vilucchio.

vitìccio (pl. *-ci*) [da *vite*[1]; a. 1320 nel senso 1; 1550 nel senso 2] ***sm.*** **1.** *T.bot.* appendice in forma di filamento, con cui la vite e altre piante rampicanti s'attaccano ai loro sostegni **2.** *per estens.* motivo ornamentale nelle arti decorative, ispirato dal movimento dei viticci naturali **3.** candelabro o portalampade, da tavolo o da parete, a più bracci ritorti || **N. 1.** *Sin.* cirro. **TAV.** *enologia* 2.5.

vitìcolo [comp. di *vite* e *-colo*; 1862] ***agg.*** relativo alla vite o alla viticoltura.

viticoltóre o **viticultóre** [comp. di *vite* e *-coltore*; 1879 *viticultore*] ***agg.*** e ***sm.*** (f. *-trìce*) che o chi si occupa della coltivazione della vite.

viticoltùra o **viticultùra** [comp. di *vite* e *-coltura*; 1865] ***sf.*** **1.** coltivazione della vite **2.** scienza che studia le tecniche agronomiche per la coltivazione della vite.

vitìfero [dal lat. *vitifer*; a. 1320] ***agg.*** *lett. non com.* di terreno, adatto alla coltivazione della vite.

vitìgno [lat. tardo *vitineus*, relativo alla vite; a. 1400] ***sm.*** vite considerata rispetto alla varietà cui appartiene: *il viticoltore bada ai vitigni che sceglie.*

vitilìgine [dal lat. *vitīlīgo, -inis*; 1598] ***sf.*** *T.med.* affezione cutanea che si presenta sotto forma di chiazze biancastre, prive di pigmento.

vitìna (*dim.* di *vita*[2]) [a. 1620] ***sf.*** **1.** vitino **2.** copribusto.

vitìneo [dal lat. tardo *vitineus*, relativo alla vite; 1961] ***agg.*** *T.arch.* di colonna con tralci di vite intrecciati.

vitìno (*dim.* di *vita*[2]) [1879] ***sm.*** vita molto sottile: *ha un vitino che pare una silfide.*

vitivinìcolo [comp. di *viti(colo)* e *vinicolo*; 1942] ***agg.*** che si riferisce alla coltivazione della vite e alla produzione del vino.

vitivinicoltùra [da *vitivinicolo*, sul modello di *viticoltura*; 1955] ***sf.*** l'insieme delle attività legate alla coltivazione della vite e alla produzione del vino.

vìtreo [dal lat. *vitreus*; sec. XIV] ***agg.*** **1.** di vetro: *pasta vitrea* **2.** simile al vetro: *il ghiaccio formava uno strato vitreo*; *occhi vitrei*, fissi e privi di espressione || *T.anat.* *corpo vitreo*, mezzo rifrangente dell'occhio, costituito da una massa trasparente gelatinosa posta tra il cristallino e la retina || **N. 1.** *Sin.* vetroso. **TAV.** ***anatomia* p. 642** 16.12.

vitriòlo [dal lat. tardo *vitreolum*; 1671 *vitriuolo*] ***sm.*** *raro* vetriolo.

vitrite [comp. del lat. *vitrum*, vetro e *-ite*[2]; 1929] ***sf.*** *T.min.* componente del carbon fossile di aspetto brillante.

vitta [dal lat. *vitta*; a. 1698] ***sf.*** **1.** fascia, benda usata nell'antica Roma dalle donne libere come ornamento dell'acconciatura o dai sacerdoti come parte dell'abbigliamento o per cingere oggetti di culto **2.** *T.bot.* ciascuno dei canali escretori nella parete del frutto delle Ombrellifere.

vìttima [dal lat. *victima*; 1319 nel senso 2] ***sf.*** **1.** in molte religioni, animale consacrato e ucciso in sacrificio: *immolare, sacrificare vittime umane, vittima sacrificale* **2.** *per estens.* chi viene ucciso o danneggiato in catastrofi, incidenti e sim.: *le vittime dell'alluvione, uno scontro grave ma senza vittime, l'uragano fece molte vittime* || in gen. chi è oggetto di aggressioni o costrizioni: *le vittime del maniaco, del racket* || *fare la vittima*, atteggiarsi a perseguitato dagli altri o dalla sorte **3.** spec. in posizione predicativa, chi è soggetto a danni o inconvenienti di varia natura: *essere, cadere vittima di pregiudizi, fu vittima di un malinteso* || **N. 1.** *Sin.* ostia, sacrificando; capro espiatorio | olocausto.

vittimàrio (pl. *-ri*) [dal lat. *victimārius*; 1803] ***sm.*** nell'antica Roma, addetto all'immolazione della vittima.

vittimìsmo [da *vittima*; 1942] ***sm.*** tendenza ad atteggiarsi continuamente a vittima delle circostanze o del malvolere altrui.

vittimìsta [da *vittimismo*; 1942] ***s.*** chi tende ad atteggiarsi a vittima.

vittimìstico (pl. *-ci*) [da *vittimismo*; 1942] ***agg.*** di, da vittimista; relativo al vittimismo.

vittimizzàre [da *vittima*; 1938] ***tr.*** rendere vittima, far sentire vittima.

vittimizzazióne [da *vittimizzare*; 1983] ***sf.*** il vittimizzare.

vìtto [dal lat. *victus*; 1532] ***sm.*** cibo quotidiano: *fornire vitto e alloggio* || *disus.* *mezzo vitto*, vitto ridotto, destinato a malati || **N.** *Sin.* alimenti, cibarie.

vittóre [dal lat. *victor, -ōris*; 1826] ***agg.*** e ***sm.*** (f. *-trìce*) *raro lett.* vincitore.

vittòria [dal lat. *victōria*; 1354] ***sf.*** **1.** il fatto di vincere, di risultare superiore in una battaglia e, *per estens.*, in una gara, una contesa e sim.: *riportare, ottenere una netta vittoria sull'esercito nemico, una vittoria stentata sul diretto avversario, la vittoria in giudizio della difesa* || nei modi di dire: *avere la vittoria in pugno*, essere ormai sicuri di vincere; *cantar vittoria*, proclamarsi vittorioso (spec. prima di esserlo davvero); *vittoria di Pirro*, che lascia il vincitore, per le perdite subite, in condizioni peggiori del vinto; *vittoria morale*, quella di chi, pur essendo stato materialmente sconfitto, può, per motivi di ordine morale o psicologico, essere ritenuto il vero vincitore **2.** *per estens. fig.* il fatto di riuscire a superare difficoltà, ostacoli e sim.: *la vittoria della scienza su gravi malattie epidemiche, la vittoria sulle proprie passioni* **3.** raffigurazione artistica della dea romana Vittoria (corrispondente alla Nike greca): *la Vittoria di Brescia, una Vittoria in marmo pario* || **N. 1.** **2.** *Sin.* affermazione, conquista, successo, trionfo | *Contr.* scacco, sconfitta | effimera / reale, gloriosa / ingloriosa, grande, memorabile, meritata / immeritata, nobile / ignobile, sanguinosa, strepitosa | palma.

vittoriàle [dal lat. tardo *victoriālis*; 1631] **I** ***agg.*** *ant. lett.* della vittoria **II** ***sm.*** *il Vittoriale*, la villa di D'Annunzio a Gardone.

vittoriàno [dal n. proprio *Vittoria*, regina d'Inghilterra; 1942] ***agg.*** **1.** che si riferisce alla regina Vittoria d'Inghilterra e alla sua epoca: *stile vittoriano* **2.** puritano, con rif. al rigore morale ufficialmente prevalente nell'Inghilterra della regina Vittoria: *moralismo vittoriano, hai una mentalità vittoriana.*

vittoriàto [dal lat. *victoriātus* (*nummus*), (moneta) con l'immagine della vittoria; 1952] ***sm.*** e ***agg.*** *T.num.* moneta d'argento romana dell'età della repubblica, con la testa di Giove da un lato e una Vittoria incoronante un trofeo dall'altro.

vittorióso [dal lat. *victoriōsus*; a. 1321 nel senso 2] ***agg.*** **1.** di vittoria: *grido vittorioso* || *per estens.* che denota soddisfazione: *sorriso vittorioso* **2.** che ha vinto: *esercito vittorioso* || **vittoriosaménte** ***avv.*** || **N.** trionfale, trionfatore, vincitore.

vittrìce [dal lat. *victrix, -icis*; 1548] ***agg.*** e ***sf.*** *poet. arc.* vincitrice: *la santa vittrice bandiera* (Manzoni).

vettuàglia [lat. *victuālia*, neutro pl., viveri, alimenti; a. 1348] ***sf.*** *arc.* vettovaglia.

vitulìno [dal lat. *vitulus*, vitello; 1961] ***agg.*** *raro* proprio del vitello, da vitello || *foca vitulina*, foca comune.

vituperàbile [dal lat. *vituperābilis*; a. 1348] ***agg.*** *non com.* che si può vituperare.

vituperàndo [dal lat. *vituperāndus*, gerundivo di *vituperāre*; a. 1475] ***agg.*** *lett. non com.* degno di vituperio.

vituperàre (pres. *-ùpero*) [dal lat. *vituperāre*; fine sec. XIII] ***tr.*** **1.** *lett.* o *scherz.* coprire di vituperi: *l'ha ingiustamente vituperata* **2.** *ant.* coprire di infamia con le proprie azioni: *egli ha vituperato la propria famiglia* || **N. 1.** *Sin.* ingiuriare, insultare **2.** *Sin.* disonorare, infamare.

vituperatìvo [dal lat. tardo *vituperatīvus*; a. 1406] ***agg.*** *raro* che vale a vituperare; che vitupera.

vituperatóre [dal lat. *vituperātor, -ōris*; sec. XIV] ***agg.*** e ***sm.*** (f. *-trìce*) *raro* che o chi vitupera; infamatore.

vituperazióne [dal lat. *vituperātio, -ōnis*; 1300 ca.] **sf.** *raro* l'atto del vituperare; vituperio.

vituperévole [dal lat. *vituperābilis*; a. 1294] **agg.** *lett. non com.* degno di vituperio ‖ **N.** *Sin.* biasimevole, ignominioso, infame, obbrobrioso, riprovevole, scandaloso, vergognoso, vituperabile.

vitupèrio (pl. *-ri*) [dal lat. tardo *vitupĕrium*; 1306 nel senso 2] **sm.** **1.** *lett.* o *scherz.* grave insulto, ingiuria, improperio che reca offesa: *lo coprì di vituperi* **2.** *raro* disonore, infamia, ignominia **3.** *per estens. raro* persona o cosa che è causa di disonore ecc.: *è il vituperio della sua famiglia, Ahi Pisa, vituperio delle genti* (Dante) ‖ **N.** **1.** *Sin.* offesa **2.** *Sin.* obbrobrio, onta, scandalo, vergogna.

vituperóso [da *vitupero*, var. di *vituperio*; a. 1294] **agg.** *raro* **1.** che costituisce un vituperio: *espressione vituperosa* **2.** che arreca vituperio ‖ **vituperosaménte** **avv.** *raro* ‖ **N.** **1.** *Sin.* ingiurioso, insultante, offensivo **2.** *Sin.* disonorevole, infamante, scandaloso, spregevole, vergognoso.

viùzza (*dim.* di *via*) [a. 1566] **sf.** via corta e stretta, angusta: *perdersi nelle viuzze del centro.*

vìva [terza pers. sing. del pres. cong. di *vivere*; a. 1348] **escl.** di plauso, di approvazione entusiastica, rivolta a qualcuno o a qualcosa (si può abbreviare in *W*): *viva la sincerità!, W l'Italia!* ‖ nella loc. *viva Dio!*, v. VIVADDIO ‖ **N.** *Sin.* evviva.

vivacchiàre (pres. *-àcchio, -àcchi*) (o meno com. *vivucchiàre*) [da *vivere*; 1542] **intr.** (aus. *avere*) vivere tirando avanti alla meno peggio: *come va? si vivacchia* ‖ **N.** vegetare.

vivàce [da lat. *vīvax, -ācis*; 1319] **agg.** **1.** pieno di vitalità, dinamico, brioso: *un ragazzino, una serata vivace*; *ingegno vivace*, attivo, ricco d'idee ‖ animato: *stile letterario vivace*; *una discussione vivace*, animata e tesa ‖ anche per indicare benevolmente irrequietezza, indisciplina: *una classe un po' vivace* **2.** *T.mus.* didascalia che richiede un'esecuzione di movimento intermedio tra l'*allegro* e il *presto* o, anche, l'accentuazione di un'altra didascalia: *allegro vivace* **3.** di colore, vivido, brillante: *tinte vivaci* **4.** *T.bot.* di pianta, che vive a lungo e fiorisce ogni anno **5.** *lett.* o *ant.* pieno di vigore, rigoglio **6.** *arc. fig.* duraturo: *Se' di speranza fontana vivace* (Dante) ‖ **vivaceménte** **avv.** ‖ **N.** **1.** *Sin.* arzillo, brillante, dinamico, esuberante, pronto, spigliato, svelto, vispo, vitale | *Contr.* fiacco, lento **3.** *Sin.* rutilante, splendente, vistoso | *Contr.* smorto **4.** *Sin.* perenne **5.** *Sin.* rigoglioso, vigoroso **6.** durevole, perenne.

vivacità [dal lat. *vivācitas, -ātis*; a. 1406] **sf.** qualità di chi o di ciò che è vivace.

vivacizzàre [da *vivace*; 1960] **tr.** rendere vivace, dare vivacità: *è abilissimo a vivacizzare le feste* ‖ nel giornalismo, rendere vivace un articolo o una pagina, mediante una particolare composizione tipografica.

vivaddìo (meno com. *viva Dio*) [comp. di *viva* e *Dio*; a. 1704] **escl.** asseverativa, quanto è vero Dio, davvero: *questa, vivaddio, me la pagherà!*

vivàgno [da (*orlo*) *vivo*; 1313] **sm.** **1.** *T.tess.* ciascuno dei due margini estremi laterali di un tessuto che sono orditi più fitti perché abbiano maggiore resistenza **2.** *per estens. lett. ant.* riva, sponda, ripa: *perché ci appar pure a questo vivagno* (Dante) ‖ **N.** **1.** *Sin.* cimosa. **Q.T.** *tessitura.*

vivàio (pl. *-ài*) [lat. *vivārium*; a. 1580] **sm.** **1.** *T.agr.* appezzamento di terreno nel quale si coltivano pianticelle per poi trapiantarle **2.** in piscicoltura, grossa vasca in cui si allevano i pesci fino all'ingrossamento **3.** *fig.* ambiente in cui si formano persone destinate ad affermarsi in un determinato campo: *questa nostra scuola è un vivaio di futuri scienziati, il vivaio di una squadra di calcio* ‖ **N.** **1.** piantatoio, semenzaio. **Q.T.** *pesca.*

vivaìsmo [da *vivaio*; 1950] **sm.** **1.** produzione di piante da trapiantare **2.** allevamento di pesci in vivaio.

vivaìsta [da *vivaio*; 1942] **s.** chi è addetto ai vivai. **Q.T.** *giardinaggio...*

vivaìstico (pl. *-ci*) [da *vivaio*; 1961] **agg.** che si riferisce ai vivai, spec. di piante.

vivànda [dal lat. volg. **vivanda*, neutro pl., mezzi per vivere, nutrimento, attr. il fr. *viande*; a. 1294] **sf.** ogni cibo preparato per esser mangiato: *una vivanda prelibata, servire le vivande* ‖ *dim.* vivandétta, vivandìna; *pegg.* vivandàccia ‖ **N.** portavivande, scaldavivande. **Q.T.** *alimentazione.*

vivandière [dal fr. *vivandier*; a. 1565] **sm.** (f. *-a*) chi, nelle caserme o al seguito degli eserciti del passato (spec. in epoca napoleonica e nel primo Ottocento), vendeva ai soldati vivande e sim.

vìve [terza pers. sing. del pres. ind. di *vivere*; 1927] *T.tip.* voce usata come indicazione che la correzione eseguita sulle bozze deve considerarsi come annullata.

vivènte (*ppr.* di *vivere*) [a. 1294] **I agg.** che vive **II s.** chi vive (ma detto quasi solo della specie umana): *il Dio dei viventi* ‖ **N.** *Sin.* VIVO.

vivènza [da *vivente*; 1942] **sf.** *T.bur.* condizione di chi vive ‖ *vivenza a carico*, l'essere, quanto al sostentamento, a carico di qualcuno (gen. un familiare).

vìvere (pres. *vìvo, vìvi*; imp. *vivévo*; p.rem. *vìssi, vivésti, vìsse, vivémmo, vivéste, vìssero*; fut. *vivrò, vivrài*; pps. *vissùto*) [lat. *vīvere*; a. 1294] **I intr.** (aus. *essere* e talvolta *avere*) **1.** di organismo, essere in vita, svolgere le funzioni vitali: *tutto ciò che vive è destinato a morire, è vissuto più di novant'anni*; *cessare di vivere*, morire ‖ con rif. alle condizioni materiali della vita: *avere di che vivere*, cibo, alloggio ecc.; *vivere del proprio lavoro, di accattonaggio, di espedienti, di rendita*; *vivere bene*, nell'agiatezza; *vivere male*, nelle ristrettezze o, anche, in condizioni di sofferenza (spec. psichica); *vivere d'aria*, aver bisogno di pochissimo (in part. cibo) per sopravvivere ‖ con rif. a tempi, modi, luoghi ecc. in cui si svolge la vita: *specie animali vissute nell'Oligocene, vivere tranquilli*; *fatti non foste a viver come bruti / ma per seguir virtute e conoscenza* (Dante); *in part.* avere come habitat: *piante che vivono in zone temperate*; abitare: *vive a Milano da due anni* ‖ *prov. chi muore giace e chi vive si dà pace* **2.** *ass.* di persona, condurre la propria esistenza conformemente a valori più o meno condivisi: *impara a vivere!, è uno che non sa vivere* ‖ condurre un'esistenza piena, intensa, ricca: *una persona che ha vissuto, vivi oggi, non rimandare sempre al domani!* **3.** *fig.* sopravvivere, perdurare: *vive in noi il ricordo di lei, usanze che ancora vivono presso alcune popolazioni* ‖ **tr.** **1.** trascorrere, passare: *ha vissuto un brutto periodo, ore di gioia* ‖ *in part.* con complemento oggetto interno (ovvero *vita* o, anche, *esistenza*): *ciascuno ha il diritto di vivere la sua vita come vuole, ha vissuto un'esistenza travagliata* **2.** *fig.* sperimentare, provare: *ha vissuto gli orrori della prigionia, nuove esperienze* **3.** *fig.* partecipare a qualcosa: *visse fino in fondo l'agonia della figlia, quell'attrice non è riuscita a vivere appieno il personaggio, la parte* **II sm.** (solo sing.) **1.** il fatto di vivere; vita: *il vivere o il morire erano per lui egualmente dolorosi* **2.** il modo di vivere: *è un gran bel vivere il tuo!* ‖ **N.** **I intr.** **1.** esistere, vegetare | *Contr.* morire **3.** *Sin.* conservarsi, resistere, prolungarsi | *Contr.* annullarsi, cessare, finire | **tr.** **1.** *Sin.* condurre, fare **3.** *Sin.* sentire.

vìveri [da *vivere* in funzione di sm.; a. 1600] **sm. pl.** l'insieme degli alimenti e di quant'altro occorre al sostentamento delle persone; derrate alimentari, vettovaglie: *mancano i viveri.*

Vivèrridi (sing. *-e*) [dal lat. scient. *Viverridae*, basato sul lat. *viverra*, furetto; 1961] **sm. pl.** *T.zool.* famiglia di carnivori comprendente specie di piccola o media mole, dalle forme snelle e flessuose, arti brevi, coda lunga, muso appuntito, secernenti sostanze molto odorose da ghiandole anali o inguinali, diffuse in Asia meridionale e in Africa ‖ **N.** mangusta, ribetto.

viveur (fr., pr. [vi'vœ:r]) [da *vivre*; 1897] **sm. inv.** uomo dedito alla bella vita, *playboy.*

vivézza [da *vivo*; 1541] **sf.** vivacità, spec. in senso fig.: *la vivezza di un ritratto, di un colore.*

vivìbile [da *vivere*; 1983] **agg.** **1.** che può essere vissuto; che è gradevole da vivere **2.** *per estens.* in cui è piacevole vivere: *città vivibile.*

vìvido [dal lat. *vīvidus*; a. 1547] **agg.** **1.** intensamente luminoso: *vivido bagliore, vivide immagini* ‖ *fig.* di facoltà intellettuali, vivace, acuto: *vivido ingegno, vivida fantasia* **2.** *lett.* rigoglioso ‖ *per estens. poet.* che dà vita, che vivifica.

vivificaménto [da *vivificare*; a. 1694] **sf.** *raro* vivificazione.

vivificàre (pres. *-ìfico, -ìfichi*) [dal lat. tardo *vivificāre*; a. 1294 nel senso 2] **tr.** **1.** dare nuovo vigore, energia vitale: *il sole vivifica la vegetazione* ‖ *fig.* infondere un nuovo impulso, rendere più vivo e interessante: *vivificare un genere letterario quasi abbandonato, un'arida materia tecnica* **2.** *propr. raro* infondere la vita: *vivificare la materia inanimata.*

vivificativo [da *vivificare*; sec. XIV] **agg.** *lett. raro* atto a vivificare.

vivificatóre [dal lat. tardo *vivificātor, -ōris*; a. 1342] **agg.** e **sm.** (f. *-trìce*) *non com.* che o chi vivifica.

vivificazióne [dal lat. tardo *vivificātio, -ōnis*; sec. XIV] **sf.** *raro* atto del vivificare.

vivìfico (pl. *-ci*) [dal lat. tardo *vivificus*; a. 1320] **agg.** *lett.* che dà vita: *spirito vivifico, raggi vivifici* ‖ **N.** *Sin.* vivificatore.

vivinatalità [comp. di *vivo* e *nato*, sul modello di *natalità*; 1942] **sf.** *T.stat.* rapporto tra i nati vivi e il totale della nascite.

viviparità [da *viviparo*; 1957] **sf.** *T.biol.* caratteristica di specie animali o vegetali vivipare.

vivìparo [dal lat. tardo *viviparus*; 1582] **agg.** e **sm.** **1.** *T.zool.* di animale, che partorisce la prole viva dopo aver trattenuto l'embrione nel corpo materno e averlo nutrito attraverso la placenta **2.** *T.bot.* di pianta i cui semi germinano all'interno del frutto mentre questo è ancora unito alla pianta madre.

vivisettòrio (pl. *-ri*) [da *vivisezione*; 1937] **agg.** relativo alla vivisezione.

vivisezionàre (pres. *-óno*) [da *vivisezione*; 1955] **tr.** sottoporre a vivisezione ‖ *fig.* esaminare con estrema accuratezza.

vivisezióne [comp. di *vivo* e (*dis*)*sezione*; 1839] **sf.** dissezione anatomica di organismi vivi ‖ *per estens.* intervento cruento effettuato su animali vivi, a scopo scientifico sperimentale ‖ *fig.* indagine severa e fin troppo analitica.

vìvo [lat. *vīvus*; 1294] **I agg.** **1.** di organismo animale o vegetale, che è in vita: *fare esperimenti su cavie vive, questa pianta è ancora viva* ‖ in modi di dire: *vivo e vegeto*, sano e vitale; *essere più morto che vivo*, usato spec. *iperb.*, riferendosi a chi appare molto stordito, malconcio e sim.; *farsi vivo* (*con qualcuno*), dar notizie di sé; *non esserci anima viva*, non esserci nessuno **2.** *per estens. fig.* che è tuttora in vita, che sopravvive: *una tradizione ancora viva*; *l'uso vivo della lingua*, quello attuale, parlato **3.** pieno di vitalità, vivace: *è dotato di vivo ingegno*; *le forze vive del paese*, quelle che danno maggior stimolo alle varie attività **4.** *fig.* forte, intenso: *velare una fonte luminosa troppo viva, colore rosso vivo, la notizia suscitò vivo scalpore; cuocere a fuoco vivo,* a fiamma alta **5.** *fig.* che sussiste o si manifesta nelle sue peculiarità tipiche: *spigolo vivo,* non arrotondato; *roccia viva,* dura e compatta, non frammista a terriccio; *calce viva,* non ancora spenta; *viva voce,* quella di chi parla direttamente in nostra presenza (e, quindi, non attraverso uno scritto, né attraverso la mediazione di altri): *voglio sentirlo dalla sua viva voce, glielo dirò a viva voce; carne viva,* non necrotizzata e non coperta da tegumenti (e, quindi, molto sensibile): *spesa viva* (o *costo vivo*), quella sostenuta per produrre un bene o un servizio, calcolata escludendo il proprio lavoro e il capitale impiegato; *opera viva,* la parte immersa dello scafo di un'imbarcazione; *forza viva,* energia cinetica || nella loc. avv. *a viva forza,* con la forza: *lo trascinarono via a viva forza* || **vivaménte** ***avv.*** intensamente: *mi complimento vivamente con te* **II** ***sm.*** **1.** spec. *pl.*, chi è vivo: *pregare per i vivi e per i morti* **2.** parte viva (e perciò più sensibile) di qualcosa: *l'ascia penetrò nel vivo del tronco* || *per estens. fig.* la parte centrale ed essenziale di qualcosa: *entrare nel vivo della questione; pungere sul vivo,* urtare la suscettibilità di qualcuno colpendolo nell'amor proprio **3.** *per estens. fig.* nella loc. avv. e agg. *dal vivo,* direttamente: *dipingere dal* (o, meno com., *al*) *vivo,* avendo come modello ciò che si dipinge (e non una sua immagine); *trasmettere dal vivo,* in diretta **4.** *T.bal.* l'apertura della bocca da fuoco: *vivo di volata, di culatta* **5.** *T.edil.* parte non ricoperta, con gli elementi costruttivi in vista; *T.arch. vivo della colonna,* fusto **6.** *T.mus.* vivace || **N.** **I** **1.** *Sin.* vivente | *Contr.* morto **2.** *Sin.* attuale | *Contr.* morto **3.** animato, attivo, esuberante, operoso, pronto, versatile, vigoroso | *Contr.* morto **4.** *Contr.* debole, fiacco, smorto, tenue **II** **1.** *Sin.* vivente | *Contr.* morto | semprevivo **2.** *Sin.* centro, cuore, essenza, intimo, profondo.

vivucchiàre v. VIVACCHIARE.

vivuòla [var. di *viola*; a. 1320 *vivola*] ***sf.*** *arc.* viola (tanto il fiore, quanto lo strumento musicale).

viziàre (pres. *vìzio, vìzi*) [dal lat. *vitiāre*; 1321 nel senso 2] ***tr.*** **1.** indurre, con forme sbagliate di educazione, a contrarre cattive abitudini, spec. la propensione all'autoindulgenza e la convinzione di poter ottenere qualsiasi cosa senza sforzo: *viziare i figli concedendo sempre tutto* **2.** *fig.* deteriorare, produrre un difetto in qualcosa: *a forza di fumare si vizia l'aria, un difetto di taglio ha viziato la pietra* || *T.giur.* rendere nullo, non valido: *questa omissione vizia il contratto* || ***intr. pron.*** contrarre vizi, cattive abitudini e sim.: *si è viziato a forza di averle sempre vinte, con cattivi istruttori gli animali si viziano* || **N.** ***tr.*** **1.** corrompere, depravare, sviare, traviare **2.** guastare.

viziàto (*pps.* di *viziare*) [a. 1306 nel senso 2] ***agg.*** **1.** che ha acquisito cattive abitudini in seguito a cattiva educazione; *in part.* abituato ad avere tutto senza fatica: *una bambina viziata* **2.** *fig.* deteriorato, difettoso: *un passo viziato per errori del traduttore; aria viziata,* inquinata, spec. dall'affollamento, o comunque impoverita di ossigeno al punto da risultare quasi irrespirabile || *T.giur.* infirmato, reso nullo, non valido: *un contratto viziato* || **viziataménte** ***avv.*** *raro.*

viziatùra [da *viziare*; 1879] ***sf.*** **1.** *T.med.* alterazione, acquisita o congenita, della forma e/o delle dimensioni di una formazione anatomica: *viziatura pelvica* **2.** *propr. raro* atto ed effetto del viziare.

vìzio (pl. *-zi*) [dal lat. *vitium*; 1313 nel senso 2] ***sm.*** **1.** disposizione al male: *mettersi sulla strada del vizio, perseverare nel vizio* || disposizione ad una particolare forma di male: *ha il vizio di mentire, molti vizi vengono dalla cattiva educazione* || *prov. il lupo perde il pelo ma non il vizio,* i malvagi cambiano difficilmente, nonostante le apparenze; *l'ozio è il padre dei vizi* **2.** *per estens.* in senso attenuato, abitudine riprovevole, sconveniente: *ha il vizio di succhiarsi il pollice, di parlare troppo*; anche di animali: *quel cane ha il vizio di mordere* || *pl.* tendenza, propria di bambini educati male, a voler essere accontentati in tutto e per tutto: *i figli unici spesso sono pieni di vizi, ha dato un sacco di vizi alla figlia* **3.** difetto, anomalia, imperfezione: *pezzi meccanici con un vizio di lavorazione* || *T.giur.* non conformità o mancanza di un elemento necessario a dare valore giuridico a un atto: *il contratto è stato annullato per un vizio di forma* || *T.med.* anomalia, difetto e sim. congenito o acquisito: *vizio cardiaco, respiratorio* || *dim.* viziettìno, viziétto, viziùccio; *accr.* viziàccio || **N.** **1.** *Sin.* depravazione, dissolutezza, malcostume, perversione, pervertimento, scostumatezza | *Contr.* virtù **2.** *Sin.* cattiva abitudine, malvezzo **3.** *Sin.* alterazione, imperfezione, irregolarità, magagna, malformazione, tara. **Q.T.** *diritto, religione.*

viziosità [dal lat. *vitiōsitas, -ātis*; sec. XIV] ***sf.*** *non com.* caratteristica di ciò che è vizioso: *la viziosità di una persona, di un'argomentazione.*

viziόso [dal lat. *vitiōsus*; 1308] **I** ***agg.*** **1.** di persona, dissoluto (nel senso 1): *un vecchio vizioso* **2.** di comportamento, azione, massima ecc., improntata al vizio: *vita viziosa* **3.** che presenta un difetto, un'anomalia e sim.: *pronuncia viziosa, circolazione sanguigna viziosa; circolo vizioso,* v. CIRCOLO || **viziosaménte** ***avv.*** in modo dissoluto, da persona viziosa: *trascorse viziosamente gli ultimi anni di vita* **II** ***sm.*** (f. *-a*) persona viziosa; corrotto, depravato: *non frequentate quei viziosi* || **N.** **I** **1.** *Sin.* corrotto, degenerato, depravato, dissoluto | *Contr.* VIRTUOSO **3.** *Sin.* difettoso, errato, scorretto.

vizzàto [dal lat. *vītis*, vite; a. 1604] ***sm.*** *arc.* vitigno, magliolo: *parlando de' vizzati buoni* (Pascoli).

vìzzo [lat. *viētius*, troppo maturo; 1319] ***agg.*** secco e grinzoso, avvizzito: *la pelle vizza dei vecchi, queste mele hanno la buccia vizza* || **N.** *Sin.* appassito, avvizzito, floscio | avvizzire.

vladika (serbocroato, pr. ['vladika]) [dal paleoslavo *vladyka*, da *vlatĕdi*, dominare; 1934] ***sm.*** ***inv.*** *T.rel.* all'interno dell'ordinamento della chiesa ortodossa, vescovo.

vocabolariésco (pl. *-schi*) [da *vocabolario*; 1983] ***agg.*** proprio dei vocabolari; *spreg.* tipico della lingua formale e letteraria usata e descritta, spec. un tempo, nei vocabolari: *una definizione prettamente vocabolariesca.*

vocabolàrio (pl. *-ri*) [dal lat. mediev. *vocabolārium*; 1536 *vocabulario*] ***sm.*** **1.** dizionario: *consultare il vocabolario; il Vocabolario della Crusca,* compilato dall'Accademia della Crusca **2.** lessico, patrimonio lessicale: *il vocabolario del latino, dei futuristi, della «Divina Commedia»; ha un vocabolario povero, ricco, antiquato* || *dim.* vocabolariétto; *accr.* vocabolarióne; *pegg.* vocabolariàccio || **N.** **1.** *Sin.* DIZIONARIO | monolingue o unilingue, bilingue, multilingue o plurilingue; alfabetico, dei sinonimi, descrittivo, etimologico, metodico, normativo, storico; tesauro.

vocabolarìsta [da *vocabolario*; 1745] ***s.*** compilatore di vocabolari; lessicografo.

vocabolarizzàre [da *vocabolario*; 1983] ***tr.*** inserire tra le voci di un vocabolario: *vocabolarizzare tutti i termini nuovi* || **N.** lemmatizzare.

vocabolarizzazióne [da *vocabolarizzare*; 1983] ***sf.*** il vocabolarizzare.

vocabolìsta [da *vocabolo*; a. 1565] ***sm.*** *arc.* vocabolario || ***s.*** vocabolarista, lessicografo.

vocàbolo [dal lat. *vocābulum*; 1308] ***sm.*** **1.** ciascun elemento del lessico di una lingua o dialetto, dotato di uno o più sensi determinati e cui corrisponde una particolare forma grafica: *cercare un vocabolo sul vocabolario; usare vocaboli arcaici, stranieri, letterari* **2.** *ant. lett. raro* nome proprio: *il vocabolo di una località* || appellativo: *tenerci al vocabolo di "egregio"* **3.** *dial. centr.* unità minima toponomastica, inferiore alla frazione || contrada || **N.** **1.** lemma, lessema, parola, voce.

vocàle[1] [dal lat. *vocālis*; 1319] ***agg.*** **1.** della voce, che è in relazione alla voce: *corde vocali,* le quattro lamine membranose che delimitano, nel segmento medio della laringe, la fenditura della glottide; le due inferiori sono gli organi fondamentali della fonazione || *in part.* della voce in quanto si esprime nel canto (in opposizione a "strumentale"): *musica vocale* **2.** *poet. arc.* musicale, armonioso: *la vocal sua cetra* (Pascoli). **TAV.** *fonetica...* 1.8, 1.10.

vocàle[2] [dal lat. *vocālis*; 1308] ***sf.*** *T.ling.* **1.** suono prodotto senza che nella cavità orale si creino occlusioni o restringimenti del canale tali da ostacolare il passaggio dell'aria; può essere pronunciato anche senza l'appoggio di una consonante e costituire perciò da solo una sillaba || *vocali aperte, medie, chiuse,* a seconda del grado di apertura della cavità orale; *vocali arrotondate* (o *procheile*) o *non arrotondate* (o *aprocheile*), a seconda che vengano pronunciate con le labbra arrotondate e protruse oppure no; *vocali anteriori, centrali, posteriori,* a seconda del punto di articolazione || *vocale nasale,* pronunciata tenendo abbassato il velo palatino in modo che l'aria esca anche dalle vie nasali || nell'italiano i fonemi vocalici sono sette: /a/, /e/, /ɛ/, /i/, /o/, /ɔ/, /u/, ma i grafemi che li rappresentano sono cinque **2.** ciascuno dei segni grafici che rappresentano i suoni vocalici || **N.** **1.** accento, dialisi, dieresi, dittongo, iato, semivocale, sillaba. **Q.T.** *linguistica* **TAV.** *fonetica...* 2.1, 2.2, 2.3.

vocàlico (pl. *-ci*) [da *vocale*[2]; 1957] ***agg.*** concernente le vocali; che ha natura di vocale.

vocalìsmo [da *vocale*[2]; 1885] ***sm.*** *T.ling.* il sistema di vocali di una determinata lingua. **Q.T.** *linguistica.*

vocalist (ingl., pr. ['voʊkəlɪst]) [da *vocalism*, arte vocale; 1965] ***s.*** ***inv.*** *T.mus.* esecutore delle parti vocali di sfondo di un brano musicale; corista.

vocalità [da *vocale*[1]; 1961] ***sf.*** *T.mus.* qualità del canto e maniera di trattare la voce umana sia nella composizione sia nell'esecuzione.

vocalizzàre (pres. *-ìzzo*) [da *vocale*[2]; 1816 come intr., 1873 come tr.] ***tr.*** *T.ling.* **1.** trasformare in vocale **2.** aggiungere i segni vocalici a testi redatti in lingue che di regola rappresentano solo le consonanti (per es. l'ebraico) || ***intr.*** (aus. *avere*) *T.mus.* eseguire vocalizzi || ***intr. pron.*** *T.ling.* trasformarsi in vocale. **Q.T.** *musica.*

vocalizzazióne [da *vocale*[2]; 1839 nel senso 3; 1877 nel senso 1] ***sf.*** **1.** atto ed effetto del vocalizzare || *T.ling.* trasformazione di un suono consonantico in uno vocalico || *T.ling.* distribuzione delle vocali in uno schema consonantico spec. con riferimento alle lingue semitiche **2.** *T.mus.* vocalizzo.

vocalìzzo [da *vocalizzare*; 1826] ***sf.*** *T.mus.* canto o frammento melodico cantato su una o più vocali, spec. per esercizio o riscaldamento della voce: *fare due vocalizzi prima del concerto.* **Q.T.** *musica.*

vocàre (pres. *vòco, vòchi*) [dal lat. *vocāre*; sec. XIII] ***tr.*** *arc.* **1.** chiamare **2.** invocare.

vocativo [dal lat. tardo *vocatīvus*; 1586] ***agg.*** *T.gram. caso vocativo* (o, come *sm.*, *vocativo*), caso di molte lingue flessive antiche e moderne (tra cui il greco e il latino) che indica la persona o la cosa personificata cui ci si rivolge nel discorso diretto.

vocazionàle [da *vocazione*; 1965] ***agg.*** *non*

com. di, della vocazione.

vocazióne [dal lat. *vocātio, -ōnis,* invito, poi chiamata divina; a. 1342] **sf. 1.** appello interiore con cui la divinità induce un uomo ad assumersi un compito nell'ambito del suo piano provvidenziale: *la vocazione di Abramo, di Maometto* || *per estens.* la chiamata interiore alla vita religiosa: *vocazione al sacerdozio, alla vita monastica; avere, sentire la vocazione* **2.** *per estens. fig.* predisposizione naturale, profonda inclinazione per qualcosa: *ha vocazione per la musica, per il matrimonio; non ha alcuna vocazione; fa il medico per vocazione, senza vocazione* **3.** *propr. raro* chiamata, invocazione || *T.gram. complemento di vocazione,* indicante l'oggetto cui ci si rivolge nel discorso diretto || *T.giur. vocazione ereditaria,* chiamata alla successione || **N. 1.** elezione, ispirazione, unzione **2.** *Sin.* attitudine, disposizione, propensione, tendenza.

vóce [lat. *vōx, vōcis*; a. 1294] **sf. 1.** fenomeno sonoro dovuto all'emissione di un flusso espiratorio articolato e modulato dagli organi della fonazione: *voce stridula, tonante, irosa; parlare, cantare, urlare con voce roca; essere senza voce, giù di voce; alzare, abbassare la voce,* aumentarne o diminuirne il volume; *ti ho riconosciuto dalla voce;* considerata in part. rispetto al canto: *mottetto a tre voci; voci maschili* (distinte, secondo l'estensione, in *voce di basso, di baritono, di tenore*), *femminili* (*di contralto, di mezzo soprano, di soprano*); *voci bianche,* V. BIANCO; *voci di falsetto,* V. FALSETTO; *voce di petto,* V. PETTO; *voce di testa,* V. TESTA || in modi di dire e in loc.: *un filo di voce,* vocina esile, fievole; *fare la voce grossa,* parlare forte per imporsi e, *fig.*, farsi valere, anche con prepotenza; *a (viva) voce,* oralmente: *glielo comunicherò a voce; a bassa voce* (o *a voce bassa*), *ad alta voce* (o *a voce alta*), rif. al volume della voce nel parlare; *sotto voce,* V. SOTTOVOCE; *a mezza voce,* quasi sottovoce; *a gran voce,* gridando (spec. quando si tratti di più voci che gridano all'unisono); *a una voce,* parlando tutti contemporaneamente e, *fig.*, concordemente, unanimemente || *meno com.* di animali, verso: *la voce lugubre della civetta* || *per estens.* il complesso dei suoni prodotti da qualcosa (spec. strumento musicale, apparecchio di riproduzione sonora o, anche, elemento naturale): *la voce argentina della campanella, la voce del tuono* **2.** *per meton.* la persona che parla: *nessuna voce si è levata in sua difesa* || *in part. T.mus.* persona che canta: *le voci nuove della lirica* **3.** *per meton.* ciò che viene detto, comunicato a voce: *la sua voce è rimasta inascoltata;* anche *fig.*: *ascoltare, dar retta alla voce della coscienza, del sangue, della ragione,* il loro monito, ciò che suggeriscono || *dar voce a,* esprimere: *diede voce all'insoddisfazione popolare* || *aver voce in capitolo,* di religiosi, aver diritto di voto nel capitolo e, *fig.*, godere di una certa autorità in un certo ambiente || *in part.* notizia non confermata, opinione: *circolano voci allarmistiche, s'è sparsa la voce di un ulteriore rincaro della vita; corre voce che,* si sente dire che; *voci di corridoio,* pettegolezzi, indiscrezioni (spec. in ambienti politici o amministrativi); nei modi di dire *darsi, passarsi una voce,* trasmettersi una parola d'intesa, di avvertimento e sim. || *prov. voce di popolo, voce di Dio,* V. *vox populi, vox Dei* **4.** *per meton.* parola, vocabolo, termine: *voci dell'uso popolare; voci straniere,* forestierismi; *voci nuove,* neologismi || *in part. T.gram.* ciascuna forma della flessione di un verbo: *"sono" è una voce del verbo "essere"* || articolo di vocabolario o enciclopedia, consistente di un lemma e della relativa glossa **5.** *per estens.* ciascun elemento di un elenco: *controllare le voci del bilancio, aggiornare le voci del catalogo* || *dim.* vocétta, vocìna, vocìno (*sm.*); *accr.* vocióna, vocióne (*sm.*); *pegg.* vociàccia || **N. 1.** alta, bassa, debole, esile, fievole, fioca, flebile, forte, potente, roboante, sommessa, sottile, tenue, tonante; acuta, bassa, cupa, profonda; armoniosa, cavernosa, chiara, chioccia, cristallina, gutturale, limpida, melodiosa, nasale, rauca, soffocata, squillante, stridula, strozzata, velata, vibrante; accorata, carezzevole, commossa, concitata, dolce, esultante, ferma, gioconda, imperiosa, implorante, languida, minacciosa, rabbiosa, risentita, sdegnata, secca, sensuale, soave, stizzita, suadente, supplicante, sussurrante | altezza, ampiezza, estensione, inflessione, intensità, intonazione, registro, sonorità, timbro, tono, volume | abbassare, alzare, appoggiare, articolare, contraffare, falsare, imitare, modulare, smorzare, spiegare, strascicare; cantare, gridare, parlare, sbraitare, strillare, urlare | fremito, tremito; afonia, mutismo **3.** chiacchiera, diceria, pettegolezzo. **Q.T.** *musica.*

vócero [voce corsa, dal lat. *vōx, vōcis,* voce; 1931] **sm.** lamento funebre intonato durante un funerale da donne appositamente pagate.

vocianésimo [da *vociano*; 1942] **sm.** movimento culturale dell'inizio del Novecento che si sviluppò intorno alla rivista «La Voce».

vociàno [dal n. della rivista «La Voce»; 1942] **I agg.** che riguarda la rivista politico-culturale fiorentina «La Voce» **II sm.** (f. *-a*) collaboratore di tale rivista.

vociàre (pres. *vócio, vóci*) [da *voce*; fine sec. XIII] **I intr.** (aus. *avere*) parlare a voce troppo alta; gridare: *smettetela di vociare* **II sm.** rumore prodotto da più persone che parlano a voce troppo alta: *si sentiva un gran vociare* || **N. I** *Sin.* berciare, sbraitare, schiamazzare, strepitare.

vociatóre [da *vociare*; a. 1294] **agg.** e **sm.** (f. *-trìce*) *raro* che o chi vocia: *canaglia vociatrice.*

vociferàre (pres. *-ìfero*) [dal lat. *vociferāri*; sec. XIV] **intr.** (aus. *avere*) parlare ad alta voce || **tr.** (usato spec. in forma impers., seguito da un'oggettiva) dire, insinuare: *si vocifera che stia per fallire.*

vociferatóre [dal lat. tardo *vociferātor, -ōris*; 1875] **agg.** e **sm.** (f. *-trìce*) *non com.* che o chi vocifera.

vociferazióne [dal lat. *vociferātio, -ōnis*; a. 1540] **sf.** atto ed effetto del vociferare; voce, pettegolezzo.

vocìo (pl. *-ìi*) [da *vociare*; 1879] **sm.** rumore continuato di voci || **N.** bisbiglio, mormorio, parlottio, sussurro; chiasso, clamore, strepito.

vocòide [comp. di *voc(ale)* e *-oide*; 1979] **sm.** *T.ling.* in alcune teorie fonetiche, termine che comprende vocali e semivocali considerate esclusivamente dal punto di vista fonetico e non da quello fonologico.

vodka (russo, pr. [ˈvɔtkə]) [dim. di *vodá,* acqua; 1908] **sf. inv.** acquavite ottenuta dalla fermentazione di cereali o di patate, ad alta gradazione alcolica, tipica della Russia.

vodù e der. V. VUDU e der.

vóga [da *vogare*; 1598] **sf. 1.** *T.mar.* atto del vogare: *voga alla veneziana,* quando il rematore è in piedi col viso rivolto alla prora e con un solo remo; *voga corta* o *mezza voga,* a palate brevi; *voga lunga,* a palate lunghe, accompagnandosi col peso del busto; *voga reale,* quando i vogatori, tirando sulle impugnature, si sollevano dai banchi per agire sui remi con tutto il peso del corpo; *voga di punta,* quando su ogni banco siede un solo vogatore con un solo remo, e, cominciando dalla poppa, i vogatori dei remi di dritta siedono sui banchi impari e quelli di sinistra sui banchi pari; *voga di coppia,* quando ogni rematore impegna due remi || nella loc. *a voga,* per forza di remi **2.** *fig.* slancio, lena: *mettersi a studiare con voga* **3.** *fig.* grande diffusione di qualcosa che incontra il favore del pubblico; moda: *essere, non essere in voga; venire, mettere in voga: questi sistemi non sono più in voga tra noi, la voga dei capelli lunghi; persona in voga,* che gode di grande popolarità || **N. 1.** remata, vogata **2.** *Sin.* ardore, entusiasmo, foga. **TAV.** *canottaggio* 1.3.

vogànte (*ppr.* di *vogare*) [1723 come s.] **I agg.** che voga **II s.** *raro* vogatore: *i voganti.*

vogàre (pres. *vógo, vóghi*) [etim. inc.; fine sec. XIII] **intr.** (aus. *avere*) *T.mar.* remare, e propr. il lavoro che si compie coi remi per far muovere una imbarcazione con la prua in avanti (quando invece si fa muovere l'imbarcazione con la poppa in avanti si dice *sciare*) || **N.** arrancare.

vogàta [da *vogare*; sec. XIV nel senso 2] **sf. 1.** azione del vogare, spec. in rapporto al tempo o alla distanza: *una vogata di tre ore, di tre miglia* **2.** ciascuna spinta data all'imbarcazione coi remi. **Q.T.** *canottaggio.*

vogatóre [da *vogare*; 1323] **sm. 1.** (f. *-trìce*) chi voga; rematore **2.** attrezzo ginnico da camera che permette di esercitarsi nel movimento della voga. **TAV.** *canottaggio* 1.

vogatùra [da *vogare*; 1614] **sf.** *non com.* il modo di vogare.

vogavànti [comp. di *voga(re)* e *avanti*; 1607 *vogavante*] **sm. inv.** *T.mar.* nelle antiche galere, dove più rematori stavano allo stesso remo, quelli che si trovavano primi al banco presso la corsia e maneggiavano il girone del remo: *i vogavanti sciolsero i frenelli* (D'Annunzio).

vòglia [da *volere,* secondo la forma della prima pers. dell'ind. pres.; 1313] **sf. 1.** desiderio, perlopiù intenso, di breve durata e relativamente poco controllabile: *mi viene voglia di piangere, ho voglia di (un) gelato; togliersi, cavarsi, levarsi la voglia di qualcosa,* soddisfarne il desiderio; *morire dalla voglia di,* avere un desiderio intensissimo di || *pl. spreg.* desiderio sessuale: *dovette cedere alle sue voglie;* anche, meno com., capriccio, pretesa eccessiva: *ha sempre nuove voglie* || *pop. fam.* desiderio impellente e improvviso di cibi o bevande particolari, tipico delle gestanti **2.** *per meton.* macchia cutanea (solitamente angioma cutaneo) che, secondo la tradizione popolare, è dovuta a una voglia insoddisfatta (durante la gravidanza) della madre di chi la presenta: *una voglia di fragola, di vino, di caffelatte,* a seconda del suo colore (rosa, rosso scuro o bruno) **3.** volontà, disposizione, propensione a fare qualcosa: *non ha nessuna voglia di studiare* || nelle loc. *di buona voglia,* volentieri; *di mala voglia* (o, più com., *di malavoglia*), *contro voglia* (o, più com., *controvoglia*), malvolentieri || *dim.* vogliétta, voglierèlla, vogliettìna, vogliùccia || **N. 1.** *Sin.* appetito, brama, fregola, prurito, smania, tentazione, velleità; bramosia, concupiscenza, foia, libidine | *Contr.* avversione, ripugnanza **3.** *Sin.* intenzione | *Contr.* avversione.

vogliolóso [da un dim. di *voglia*; 1551] **agg.** *raro* che è pieno di capricci, di piccole voglie.

vogliosità [da *voglioso*; 1879] **sf.** *raro* **1.** qualità di chi è voglioso **2.** *concr.* atto o detto di persona vogliosa: *vogliosità infantili.*

voglióso [da *voglia*; 1319 nel senso 2] **agg. 1.** pieno di voglia: *sguardo voglioso* **2.** *meno com.* incline a desiderare ciò che non si può possedere: *giovani vogliosi* || **vogliosaménte avv.** con voglia || **N. 1.** *Sin.* bramoso, desideroso **2.** ingordo.

vói [lat. *vōs*; fine sec. XIII] **I pron. pers. pl.** di seconda persona, di entrambi i generi: *voi donne, voi bambini;* è usato come soggetto: *voi partite;* come compl. oggetto quando si voglia dargli un particolare rilievo: *guarda proprio voi;* come compl. indiretto dopo una preposizione: *crede a voi, chiede di voi;* nelle esclamazioni: *poveri voi!;* come predicato dopo i verbi *essere, sembrare, parere* e simili: *non siete più voi!;* in tutti gli altri casi si adopera la forma atona *vi* || rafforzato con *altri* o *altre*: *voi altri* (o *voialtri*) *uomini siete tutti uguali* || *disus.* come pron. di cortesia, come compl. e come soggetto, con persone di sesso maschile o femminile con cui non si è in confidenza, amicizia o parentela; in tal caso, tutti i verbi di cui il *voi* sia soggetto vanno al plurale, ma il participio e gli attributi restano tuttavia al singolare maschile (se ci si rivolge a persona di sesso maschile) o femminile (se ci si rivolge a persona di sesso femminile): *voi, signora, siete stata veramente gentile* **II** ***sm.*** forma allocutiva della seconda persona plurale: *dare del voi a qualcuno,* usare, nel rivolgersi a lui, la forma allocutiva della seconda persona plurale, in segno di rispetto o di distacco: *in passato i figli davano del voi ai genitori.*

voiàltri (meno com. *vói àltri*) [comp. di *voi* e *altro*; 1321] ***pron. pers. m. pl.*** (f. *voiàltre*): forma più enf. del solo *voi*: *voialtri non lo sapete.*

voilà (fr., pr. [vwa'la]) [comp. di *voi(s)*, vedi e *là*, la; 1942] ***escl.*** ecco fatto, ecco qua: *e voilà, ecco pronta la cena.*

voile (fr., pr. [vwal]) [letter. velo; 1905 *voil*] ***sm. inv.*** tessuto leggerissimo di seta, di cotone o di fibre sintetiche, usato spec. per tende e indumenti femminili.

voivòda o **vaivòda** [dal serbocroato *vojvoda*; 1463] ***sm.*** (f. *-ina*) fin dal Medioevo, capo politico-militare di territori dell'Europa centro-orientale.

voivodàto [da *voivoda*; 1961] ***sm.*** **1.** dignità, ufficio di voivoda **2.** territorio governato da un voivoda.

volàn V. VOLANT.

volànda [da *volare*[1]; a. 1642 nel senso 2] ***sf.*** *tosc.* **1.** friscello, spolverino di farina **2.** parte girevole della ruota del mulino o di altri macchinari.

volandièro [prob. dallo sp. *volandero*, volteggiante, poi casuale, passeggero; 1965] ***agg.*** di trasporto che viene espressamente predisposto per il mittente: *traffico volandiero.*

volàno [dal fr. *volant*; 1802 nel senso 2] ***sm.*** **1.** *T.mecc.* organo rotante di macchine motrici e operatrici, a forma di ruota a razze o di disco pieno, usato al fine di regolarizzarne il moto (accumulando energia nei momenti in cui la velocità angolare tende ad aumentare e restituendola quando questa tende a diminuire) ‖ *fig.* ogni meccanismo (spec. economico) capace di accumulare e restituire in tempi diversi una risorsa: *il risparmio è il volano dello sviluppo* **2.** *T.gioc.* semisfera in gomma o sim. sul bordo della quale sono infisse quattordici o sedici piume ‖ *per estens.* gioco, simile al tennis, consistente nel rilanciare un volano nel campo avversario, per mezzo di una racchetta o di un tamburello ‖ **N. 2.** *Sin. badminton.* **TAV.** *macchine utensili* 9.2; ***automobile*** **p. 658** 5.18.

volant (fr., pr. [vɔ'lɑ̃]) (raro *volàn*) [letter. volante; 1839] ***sm. inv.*** striscia di stoffa arricciata e fissata solo ad un'estremità a indumenti femminili o infantili o a pezzi di biancheria; ha funzione ornamentale ‖ **N.** balza, falpalà, gala, volante.

volànte[1] (*ppr.* di *volare*[1]) [1321] **I** ***agg.*** **1.** che vola: *pallone volante,* aerostato; *disco volante,* supposta astronave aliena a forma discoidale; *cervo volante,* aquilone o, anche, denominazione comune di un grosso coleottero; *pesce volante,* V. PESCE **2.** *fig.* atto a velocissimi spostamenti: *squadra volante,* gruppo di pronto intervento; *in part.* reparto di polizia celere **3.** *per estens.* non fisso, totalmente o parzialmente mobile: *foglio volante,* a sé stante, non rilegato insieme ad altri; *maglia volante,* nei lavori all'uncinetto, catenella libera; *guarnizione volante,* V. VOLANT; *traguardo volante,* posto lungo il percorso di una gara ciclistica, che i corridori superano senza fermarvisi; *indossatore, indossatrice volante,* che non presta servizio fisso presso un'unica ditta ‖ *T.mar. manovre volanti* (o *correnti*), contrapposte a quelle dette *fisse* o *dormienti* **II** ***sf.*** squadra di polizia di pronto intervento; auto di tale tipo di polizia: *sul posto giunsero due volanti* ‖ *sm. raro* adattamento del fr. *volant.* **Q.T.** *aeronautica, vela.*

volànte[2] [dal fr. *volant*; 1609] ***sm.*** **1.** *T.mecc.* elemento dello sterzo di un autoveicolo, costituito da un anello collegato al piantone da una o più razze: *far ruotare il volante, tenere saldamente il volante*; nei modi di dire: *sedere, stare al volante,* guidare un autoveicolo; *essere un asso del volante,* un campione di automobilismo **2.** *ant.* volano. **TAV.** *agricoltura* 2.2; ***automobile*** **p. 658** 1.12, 3.25.

volantinàggio (pl. *-gi*) [da *volantino*; 1972] ***sm.*** distribuzione di volantini in un luogo pubblico: *fare volantinaggio davanti a una scuola.*

volantinàre (pres. *-ino*) [da *volantino*; 1977] ***intr.*** (aus. *avere*) distribuire volantini a scopo di propaganda.

volantìno[1] (*dim.* di *volante*[1]) [1879 nel senso 2; 1923 nel senso 1] ***sm.*** **1.** foglietto volante stampato distribuito al pubblico spec. a scopo pubblicitario o propagandistico; manifestino: *lanciarono volantini dall'aereo* **2.** *T.cacc.* piccione da richiamo che viene lanciato verso i colombacci per attirarli nella rete tesa.

volantìno[2] (*dim.* di *volante*[2]) [1908] ***sm.*** *T.mecc.* organo di manovra di apparecchiature e congegni (valvole, chiusure di porte blindate ecc.), a forma di piccolo volante: *il volantino del tornio.*

volapié (sp., pr. [bola'pje]) [comp. di *volar*, volare e *pie*, piede; 1961] ***sm. inv.*** nella corrida, mossa del torero che colpisce rapidamente con la spada il toro che sta di fronte.

volapük (pr. [vola'pyk]) [letter. lingua del mondo, essendo comp. delle parole in volapük *vol*, mondo e *pük*, lingua; 1905] ***sm. inv.*** lingua universale artificiale creata alla fine dell'Ottocento da J. Schleyer, il cui lessico è derivato da quello inglese e, in minor misura, da quello latino-romano, mentre la struttura grammaticale deriva essenzialmente da quella del tedesco: *era... un volapük, un guarani, un pungente / charabia che nessuno poteva intendere* (Montale) ‖ **N.** esperanto.

volàre[1] (pres. *vólo*) [lat. *volāre*; 1294] ***intr.*** (aus. *essere* e *avere*; V. CORRERE) **1.** sostenersi e muoversi nell'aria; *in part.* di animali dotati di organi di volo: *molti insetti volano a sciami* ‖ spiccare il volo: *il gatto ha fatto volar via i piccioni* ‖ di aeromobili e veicoli spaziali: *l'elicottero volava sul crepaccio, l'astronave sta volando verso la Luna*; *per meton.* di chi o ciò che viaggia su tali veicoli: *non ho mai volato prima* **2.** *per estens.* compiere una traiettoria in aria non con mezzi propri: *il vento ha fatto volar via i fogli dalla scrivania, il pallone volò oltre la linea di fondo del campo, nella zuffa si videro volare bottiglie, è volato dal primo piano e non s'è fatto nulla* ‖ *fig.* scambiarsi: *tra quei due volano sovente pugni e schiaffi, insulti pesanti* **3.** muoversi con grande rapidità: *è volato alla stazione ed è saltato sul primo treno* ‖ *in part.* scagliarsi, proiettarsi: *è volato sul ladro e gli ha strappato la pistola di mano, il portiere è volato sul pallone* ‖ *fig.* spostarsi velocemente, nello spazio o nel tempo, con la fantasia, il pensiero e sim.: *il mio ricordo è volato fino agli anni dell'infanzia, volare sulle ali del sogno* ‖ *fig.* del tempo, trascorrere molto velocemente: *questi giorni di vacanza sono volati*; *il tempo vola,* espr. usata come monito a non sprecarlo o per osservare che si è fatto tardi ‖ ***tr.*** **1.** *T.cacc.* lanciare un richiamo vivo per far sì che i volatili selvatici si dirigano verso la tesa ‖ del falcone da caccia, ghermire in volo la preda **2.** *T.gioc. volare una carta,* nel tressette, farla cadere in tavola dall'alto, per indicare al compagno che di quel seme non se ne hanno più ‖ **N.** ***intr.*** **1.** aleggiare, alzarsi in volo, levarsi in volo, librarsi nell'aria, solcare l'aria, spaziare nell'aria, svolazzare, volteggiare; planare, sorvolare, trasvolare **2.** cadere, innalzarsi, precipitare, precipitarsi, sollevarsi **3.** precipitarsi. **Q.T.** *aeronautica.*

volàre[2] [dal lat. *vola*, cavità della pianta del piede; 1961] ***agg.*** *T.anat.* plantare ‖ palmare.

volàta [da *volare*; sec. XIV-XV nel senso 2] ***agg.*** **1.** tratto di corsa: *se vuoi arrivare in tempo devi fare una volata* ‖ *T.sport.* fase conclusiva di una corsa, spec. ciclistica, in cui due o più corridori si disputano la vittoria in velocità: *battere gli avversari in volata*; *tirare la volata a qualcuno,* nel ciclismo, azione dei compagni di squadra per mettere il velocista nelle migliori condizioni per piazzare lo spunto finale e, *fig.,* lavorare per il successo di qualcuno **2.** *meno com.* tratto percorso volando (sia con mezzi propri, sia spinti da forze esterne); volo: *l'aquila fece una lunga volata fin sulla vetta del monte, una breve volata in deltaplano* **3.** *concr.* stormo di uccelli in volo: *una volata di gabbiani* **4.** *T.sport.* in alcuni giochi con la palla o il pallone, il colpire al volo la palla prima che questa tocchi terra; *volée: tiro di volata* **5.** *T.min.* scoppio simultaneo o a brevi intervalli di una serie di mine **6.** *T.arm.* parte terminale della canna di un'arma da fuoco, opposta alla culatta ‖ *dim.* volatìna ‖ **N. 3.** *Sin.* volo.

volàtica [dal lat. *volătĭcus*, che vola; 1612] ***sf.*** *pop.* eritema cutaneo a decorso rapido.

volàtile [dal lat. *volātilis*; a. 1320 nel senso 2] **I** ***agg.*** **1.** *T.fis.* di sostanza, che evapora rapidamente: *l'etere e il cloroformio sono volatili* **2.** *raro* che vola, atto a volare: *animali volatili* **II** ***sm.*** animale capace di volare; uccello: *gabbie per volatili.* **Q.T.** *animali.*

volatilità [da *volatile*; 1685] ***sf.*** proprietà di ciò che è volatile, che tende a passare allo stato di vapore: *la volatilità del cloroformio.*

volatilizzàre [da *volatile*, sul modello del fr. *volatiliser*; 1679] ***tr.*** *T.fis.* far passare una sostanza volatile allo stato aeriforme ‖ ***intr.*** (aus. *essere*) e ***intr. pron.*** **1.** *T.fis.* di sostanza volatile, passare allo stato aeriforme **2.** (solo *intr. pron.*) *fig. scherz.* scomparire, dileguarsi: *quando si ha bisogno di lui riesce sempre a volatilizzarsi.*

volatilizzazióne [da *volatilizzare*, sul modello del fr. *volatilisation*; 1684] ***sf.*** *T.fis.* rapido passaggio allo stato aeriforme.

volatìna (*dim.* di *volata*) [1826] ***sf.*** **1.** piccola o breve volata **2.** *T.mus.* passaggio rapido e sciolto.

volatìvo [da *volare*; 1931] ***agg.*** *T.aer.* di tempo, in cui si può volare con gli aeroplani.

volatóna (*accr.* di *volata*) [1965] ***sf.*** **1.** lunga volata **2.** *T.sport.* nel ciclismo, volata finale cui partecipa un folto gruppo di corridori.

volatóne (*accr.* di *volata*) [1970] ***sm.*** volatona.

volatóre [da *volare*; 1516] ***agg.*** e ***sm.*** (f. *-trice*) *raro* che o chi vola.

vol-au-vent (fr., pr. [vɔl o 'vɑ̃]) [letter. vola al vento; 1855] ***sm. inv.*** *T.cuc.* piccolo contenitore di leggera pasta sfoglia salata, destinato a essere riempito di preparazioni varie (fonduta, finanziera ecc.).

volàzzo [da *volare*; 1623] ***sm.*** *arc.* svolazzo.

voleé (fr., pr. [vɔ'le]) [letter. *volata*; 1953] ***sf. inv.*** *T.sport.* nel tennis, colpo dato al volo; volata. **Q.T.** *tennis.*

volènte (*ppr.* di *volere*) [sec. XIV] ***agg.*** che vuole; *com.* solo nella loc. *volente o nolente,* voglia o non voglia, di buona o di malavoglia.

volenteróso o **volonteróso** [da *volontà*; a. 1698 *volentieroso*] ***agg.*** **1.** che è frutto di buona volontà **2.** pieno di buona volontà, che dimostra buona volontà ‖ **N. 2.** *Sin.* diligente, pronto, sollecito, solerte, zelante.

volentièri (ant. *volontièri*) [dal lat. tardo *voluntārie*, attr. il fr. ant. *volentier*; a. 1250 *volen-*

teri] **avv.** di buon grado, di buona voglia, con piacere: *lo vedo sempre volentieri, si prodiga volentieri per gli altri*; spesso come risposta decisamente affermativa a un invito: *pranzi con me? volentieri!* || nel modo di dire *spesso e volentieri*, molto spesso || **N.** *Contr.* malvolentieri.

volére[1] (pres. *vòglio, vuòi, vuòle, vogliàmo, voléte, vògliono*; p.rem. *vòlli* (arc. *vòlsi*), *volésti, vòlle, volémmo, voléste, vòllero*; fut. *vorrò*; cong. pres. *vòglia*; cond. pres. *vorrèi*; imp. (raro) *vògli, vogliàte*; ger. *volèndo* (arc. *voglièndo*); pps. *volùto*) [lat. volg. **volēre*, class. *velle*; a. 1294 nel senso 1] **I** *tr.* **1.** essere fermamente intenzionato, risoluto a fare o a conseguire qualcosa: *vuole solo il successo, ha voluto fortemente quel posto* || in vari usi *ass.*, essere dotato, dar prova di volontà; *T.giur. capacità d'intendere e di volere*, pieno possesso delle facoltà mentali || *prov. chi troppo vuole nulla stringe*, chi ha troppe pretese rischia di non ottenere nulla; *l'erba voglio non cresce neanche nel giardino del re*, non tutto ciò che si vuole si può ottenere || *senza volerlo, non volendo*, senza farlo apposta: *l'ha urtato senza volerlo*; *neanche volendo, neanche a volerlo*, neanche a farlo apposta: *è talmente facile che non puoi sbagliare, neanche a volerlo* || *colloq. te la sei voluta*, quel che t'è capitato te lo sei proprio meritato **2.** in senso attenuato, desiderare: *non sa nemmeno lui quello che vuole, tienilo e fanne ciò che vuoi*; spesso al condizionale, spec. in richieste cortesi: *vorrei un bicchier d'acqua, per favore*; con valore affine, si trova anche all'imperfetto: *volevo due pagnotte e un litro di latte* || *volere piuttosto*, preferire **3.** pretendere, esigere che altri facciano qualcosa: *voglio una relazione dettagliata dei fatti, voglio ciò che mi spetta, ma che cos'altro vuoi da me?*; freq. con una prop. ogg. (al cong.) retta da che: *voglio che lo vedano tutti, come vuoi che ti creda se i fatti ti danno torto?* || con compl. ogg. animato, richiedere la presenza di qualcuno o sim.: *il capo ti vuole domani alle nove nel suo ufficio; dottore, la vogliono al telefono*; con complemento predicativo, proporsi qualcosa per qualcuno: *suo padre lo voleva ingegnere* || *ass. come vuoi, come volete*, per accettare (spesso di malavoglia) la richiesta di un altro; *che vuoi?, che diavolo vuoi?* che cosa pretendi ancora?; *che vuoi, che volete*, modo per scusarsi di qualcosa, invocando come attenuante uno stato di necessità, l'ineluttabilità degli eventi e sim.: *che vuoi, ero disperato e ho accettato quella proposta; che volete, tutti si può sbagliare!* || *in part.* esigere un determinato prezzo: *quanto vuole per quella giacca?* || *per estens.* senza un rif. esplicito alla volontà umana, stabilire, decidere, prescrivere: *il destino volle farli incontrare, il galateo vuole che non si parli a bocca piena* || con sogg. inanimato, richiedere, aver bisogno di: *piante che vogliono un ambiente umido; un verbo che vuole l'ausiliare "essere"; anche l'occhio vuole la sua parte*, bisogna badare anche al lato estetico delle cose **4.** spec. *ass.* acconsentire, permettere, essere d'accordo: *se la mamma vuole, organizzo una festa*; nei modi di dire *se Dio vuole, volesse Iddio* (o *il Cielo*), usati come formule di preghiera o di scongiuro **5.** nelle espr. *voler bene, male a qualcuno*, desiderare il suo bene, il suo male; *ass. volerne a qualcuno*, volergli male, avercela con lui: *non volermene, ma non ho proprio potuto avvisarti in tempo* **6.** *lett.* credere, ritenere (spec. con proposizioni ogg. al cong.): *alcuni vogliono che si sia trattato di un complotto; c'è chi lo vuole innocente* || asserire, narrare, tramandare: *una vecchia leggenda vuole che quel ponte sia opera del diavolo* || **intr.** (aus. *essere*) *volerci*, essere necessario, occorrere: *ci vuole troppo tempo per farlo, ci vogliono due milioni solo per il viaggio; con te ci vuole un sacco di pazienza* || nei modi di dire: *quando ci vuole, ci vuole*, quando una cosa è necessaria, anche se è spiacevole, deve essere fatta; *che ci vuole!?*, per indicare la facilità di un'operazione e sim.; *ci vuol altro che*, c'è bisogno di ben altro che: *ci vuol altro che un novellino come lui per metterla in difficoltà* || **rec.** *volersi bene*, essere legati da un vincolo di reciproco affetto, amore: *si vogliono un bene dell'anima* **II** come verbo modale, seguito da un infinito (se coniugato nei tempi composti, prende gen. l'ausiliare del verbo a cui è unito: *non sono voluta venire* (ma anche *non ho voluto venire*), *non ho voluto insistere*) **1.** tendere con l'animo a, essere determinato a: *vuole diventare famoso, volle combattere da solo contro tutti* || con valore attenuato, desiderare: *vuole venire anche Mario a sciare* || aver l'intenzione: *dove vuoi arrivare con questo discorso?* || in frasi di cortesia, avere la compiacenza di: *voglia gradire i miei saluti* || preceduto da una negazione, indica perlopiù la volontà di fare il contrario, e non soltanto la non volontà di fare: *non voleva più andarsene, nessuno vorrebbe invecchiare*; *per estens.* in frasi negative, anche con soggetti inanimati, per denotare un evento che si svolge in modo contrario al volere o alle speranze dell'uomo: *il motore non vuole avviarsi, questo caldo non vuole andarsene* || *qui ti voglio!* (sott. *vedere, mettere alla prova* e sim.), ora dovrai dimostrare quello che vali || *voler dire*, intendere: *vorreste forse dire che non avete alcuna colpa?!*; spesso per correggere o precisare ciò che si è appena detto: *non mi interessa la tua opinione, voglio dire, non in questo momento; volevo ben dire!*, avete visto che avevo ragione, è andata come avevo previsto **2.** *voler dire*, significare: *cosa vuol dire quest'espressione?* || *per estens.* dimostrare: *la tua reazione vuol dire che non hai capito cosa intendevo dirti* || *fig.* avere peso, valere, contare, importare: *voler dire molto, poco; non vuol dire*, non ha importanza, non importa: *è un po' lento?! non vuol dire, si sveltirà con la pratica!* **3.** con valore di necessità, affine a *dovere* (spec. con frasi passive a sogg. inanimato): *l'argomento vuole essere trattato con la massima cautela*; *lett.* nella costruzione impersonale *si vuole*, bisogna, è necessario: *a costoro si vuole esser cortese* (Dante) **4.** in frasi interrogative con valore di imperativo: *volete smetterla di far chiasso?!, volete decidervi una buona volta?!* || in costruzioni analoghe, spec. al condizionale, per introdurre richieste cortesi (è meno freq., in quest'uso, di *potere*, e ha spesso una sfumatura di maggiore distanza o freddezza): *vorrebbe farsi un po' più in là, per piacere?* || unito a certi verbi, compare in espr. interrogative con valore idiomatico: *vuoi vedere che*, accennando a una supposizione che, se si rivelasse fondata, avrebbe del sensazionale: *vuoi vedere che è stata proprio la madre a denunciarlo?!; vuoi sapere una cosa?*, sai che ti dico? **5.** con valore di futuro imminente: *sembra proprio che voglia piovere* **III** in funzione di **cong.** correlativa *vuoi..., vuoi...*, sia..., sia: *vuoi per un motivo, vuoi per un altro, non si riesce mai a concludere l'affare* || **N. I** *tr.* **1.** *Sin.* agognare a, aspirare a, bramare, determinarsi a, proporsi di, puntare a **2.** *Sin.* aver piacere di, desiderare **3.** *Sin.* comandare, esigere, ordinare, pretendere, richiedere **4.** *Sin.* accordare, acconsentire, ammettere, concedere, consentire, permettere **6.** *Sin.* affermare, credere, ritenere | **intr.** abbisognare, esserci bisogno di, necessitare, occorrere.

volére[2] [uso sost. di *volere*[1]; a. 1321] **sm.** **1.** volontà: *ha rispettato il volere della maggioranza* || *buon volere*, buona volontà **2.** *pl. non com.* intenti: *concordia di voleri*.

volfràmio e der. v. WOLFRAMIO e der.

volgàre (ant. *vulgàre*) [dal lat. *vulgāris*, comune a tutti, ordinario; sec. XIII come sm.; 1313 come agg.] **I agg.** **1.** (gen. posposto) del volgo, delle classi popolari: *pregiudizi, tradizioni volgari* || *com.* di lingua o forme linguistiche tipiche delle classi popolari (in contrapposizione alla lingua letteraria, delle classi colte): *dialetti volgari; latino volgare*, quello parlato nel periodo della formazione delle lingue romanze || *com.* di denominazioni di uso comune di ciò che, nella sistematica zoologica o botanica, ha un nome latino **2.** *fig.* con valore limitativo, ordinario, di nessun valore: *una bellezza volgare, una volgare imitazione, non è un volgare ladro, ma un raffinato truffatore, non è un rubino, ma un volgare fondo di bottiglia* **3.** *spreg.* rozzo, grossolano, privo di finezza: *una donna vistosa ma volgare* || con valore spreg. ancora più accentuato, triviale, sconcio: *parole, gesti volgari* || **volgarménte avv.** **II sm.** lingua, parlata volgare e, *in part.*, quella usata nelle classi popolari nel periodo della formazione delle lingue neolatine: *scritti in volgare, il volgare toscano* || *dim.* volgarétto, volgarùccio; *accr.* volgaróne; *pegg.* volgaràccio || **N. I** **1.** *Sin.* plebeo, popolare, popolaresco | *Contr.* aristocratico, nobile, signorile; colto, dotto, letterario; scientifico **2.** *Sin.* comune, consueto, corrente, dozzinale, pedestre, prosaico, qualsiasi, qualunque, solito | *Contr.* eccellente, nobile **3.** *Sin.* cafone(sco), osceno, scurrile, sguaiato, villano, zotico | *Contr.* fine, squisito **II** dialetto, idioma, vernacolo.

volgarìṣmo [da *volgare*; 1957] **sm.** *T.ling.* parola, espressione o costrutto tipico di un volgare.

volgarità [dal lat. tardo *vulgāritas, -ātis*, l'essere comune; a. 1565 nel senso 2] **sf.** **1.** caratteristica di chi o di ciò che è volgare: *è di un'incredibile volgarità* **2.** *concr.* atto o detto volgare: *certe volgarità non possiamo proprio tollerarle* || **N.** **1.** *Sin.* sconcezza, scurrilità, trivialità.

volgariẓẓaménto [da *volgarizzare*; 1584 nel senso 2] **sm.** **1.** atto del volgarizzare (nel senso 1) **2.** *concr.* opera tradotta in volgare || **N.** **1.** *Sin.* volgarizzazione.

volgariẓẓàre [da *volgare*; sec. XIII] **tr.** **1.** tradurre in italiano volgare || tradurre dal greco o dal latino in una delle lingue neolatine **2.** *per estens.* esporre in forma semplificata nozioni complesse o specialistiche, in modo da renderle accessibili a tutti || **N.** **2.** *Sin.* divulgare.

volgariẓẓatóre [da *volgarizzare*; 1354 nel senso 1; 1879 nel senso 2] **agg.** e **sm.** (f. *-trice*) **1.** traduttore in volgare **2.** divulgatore di temi complessi o specialistici (spesso con valore limitativo): *non può dirsi uno scienziato, ma solo un volgarizzatore*.

volgariẓẓazióne [da *volgarizzare*; a. 1694] **sf.** **1.** traduzione in volgare **2.** divulgazione in forma semplificata di nozioni complesse o specialistiche (spesso alludendo, con intento limitativo, al carattere superficiale e improprio dei prodotti di tale operazione): *la volgarizzazione della filosofia*.

volgàta v. VULGATA.

volgàto v. VULGATO.

volgènte (*ppr.* di *volgere*) [1879] **agg.** *non com.*: *anno, mese, settimana volgente*, che è in corso, corrente.

vòlgere (arc. e poet. *vòlvere*) (pres. *vòlgo, vòlgi, vòlge, volgiàmo, volgéte, vòlgono*; imp. *volgévo*; p.rem. *vòlsi, volgésti, vòlse, volgémmo, volgéste, vòlsero*; fut. *volgerò*, pps. *vòlto*) [lat. *volvere*; 1319] **tr.** **1.** dirigere, spostare verso un punto o in una direzione diversa da quella di partenza: *volsero lo sguardo al sole, volsero le armi contro gli alleati di un tempo*; anche *fig.*: *volse la sua attenzione a un problema nuovo* **2.** *fig.* trasformare: *volgere il tragico in ironico* || *ant.* tradurre: *volgere un testo in italiano* || **intr.** (aus. *essere* e *avere*) **1.** piegare, orientarsi in una direzione diversa: *il sentiero volge a destra* || *fig.* evolvere: *il tempo volge al bello, la situazione volge al peggio, la trasmissione volgeva al termine* **2.** *fig. lett. ant.* trascorrere, essere in corso: *or volge, Signor mio, l'undicesimo anno* (Petrarca) || ***rifl.*** e ***intr. pron.*** orientarsi, dirigersi verso un punto o in una direzione nuova: *si volse contro il nemico, la sua rabbia si volse contro di lui* || **N.** ***tr.*** **1.** *Sin.* rivolgere; orientare, puntare, voltare | *Contr.* distogliere, stornare **2.** *Sin.* cambiare, mutare | ***intr.*** **1.** *Sin.* andare, girare, rivolgersi | ***rifl.*** *Sin.* rivolgersi.

volgìbile [da *volgere*; a. 1321] ***agg.*** *raro* che si può volgere.

volgiménto [da *volgere*; 1342 ca.] ***sm.*** *raro* atto ed effetto del volgere.

vólgo (pl. *-ghi*) [dal lat. *vulgus*; 1308 *vulgo*] ***sm.*** **1.** popolo (in contrapposizione alle classi socialmente elevate), in senso *spreg.*: *le superstizioni del volgo, spettacoli di infima qualità destinati al volgo* **2.** *per estens. lett. spreg. disus.* in rif. a una collettività, moltitudine, massa anonima: *il volgo dei letterati* || moltitudine disomogenea e disorganizzata: *un volgo disperso che nome non ha* (Manzoni) || **N.** **1.** *Sin.* massa | plebe, popolino, turba.

vòlgolo [da *volgere*; 1691] ***sm.*** *tosc.* involto, rotolo.

volicchiàre (pres. *-icchio, -icchi*) [da *volare*; 1879] ***intr.*** (aus. *avere*) volare stentatamente o a piccole volate; svolazzare.

volièra [dal fr. *volière*; 1623] ***sf.*** gabbia per uccelli piuttosto grande, in cui gli uccelli possono volare: *le voliere dello zoo* || **N.** *Sin.* uccelliera.

volitàre (pres. *vòlito*) [dal lat. *volitāre*; 1321] ***intr.*** (aus. *avere*) **1.** svolazzare, detto spec. di pipistrelli e farfalle **2.** *lett. ant.* svolazzare continuamente e in varie direzioni: *dentro ai lumi sante creature / volitando cantavano* (Dante).

volitività [da *volitivo*; 1963] ***sf.*** *non com.* caratteristica di chi o di ciò che è volitivo.

volitìvo [da *volere*; sec. XIV nel senso 2; 1879 nel senso 1] **I** ***agg.*** **1.** che ha grande forza di volontà: *uomo, carattere volitivo* || *per estens.* che è indice del possesso di tale qualità: *sguardo volitivo* **2.** *T.fil.* di volontà, dipendente dalla volontà: *facoltà volitiva, atti volitivi* **II** ***sm.*** (f. *-a*) persona volitiva.

volizióne [da *volere*; a. 1712] ***sf.*** *T.fil.* singolo atto di volontà || il volere come facoltà. **Q.T.** ***psicologia.***

volley (ingl., pr. ['vɒlɪ]; pr. it. ['vɔllei]) [letter. volata; 1940] ***sm. inv.*** *T.sport.* **1.** nel tennis, *volée* **2.** pallavolo (propr. *volley-ball*).

volley-ball (ingl., pr. ['vɒlɪbɔːl]) [comp. di *volley*, volata e *ball*, palla; 1964] ***sm. inv.*** *T.sport.* pallavolo.

vollista [da *volley*[2]; 1979] ***s.*** *T.sport.* giocatore di pallavolo.

vólo [lat. volg. **volum*; 1313] ***sm.*** **1.** il volare: *seguire il volo di un moscone*; *tiro al volo*, specialità sportiva consistente nello sparare a un uccello o a un piattello in volo; *l'aereo è in volo da due ore*; *volo radente*, a bassissima quota, quasi rasoterra; *volo a vela*, quello degli alianti, effettuato sfruttando le correnti ascensionali; *volo libero*, volo con deltaplano o parapendio; *volo a vista, cieco* (o *strumentale*), rispettivamente, effettuato in condizioni di sufficiente visibilità o basandosi esclusivamente sulle indicazioni della strumentazione di bordo || *in part.* viaggio aereo: *il volo Parigi-Londra è stato cancellato, i voli spaziali* || in modi di dire: *fig. a volo d'uccello*, senza soffermarsi sui particolari: *esaminare una questione a volo d'uccello*; *prendere il volo*, alzarsi in volo e, *fig.*, sparire || *per meton.* stormo di uccelli in volo: *un volo di gabbiani* **2.** *per estens.* il compiere una traiettoria in aria, per effetto di una spinta, una caduta, un lancio e sim.: *il volo del piattello, del pallone in rete, il volo del trapezista nella rete* || *al volo*, durante il volo: *ribattere la palla al volo* **3.** *fig.* rapido spostamento, corsa veloce: *faccio un volo in ufficio* || *al volo*, immediatamente, prontamente: *capire a(l) volo, cogliere al volo un'occasione* **4.** *fig.* moto dell'immaginazione: *i voli della fantasia*; *voli pindarici*, V. PINDARICO **5.** capacità, facoltà di volare: *arti atti al volo, il volo è caratteristico degli uccelli* || *dim.* volétto || **N.** **1.** PARTI: atterraggio, decollo, discesa, navigazione, planata, salita **4.** *Sin.* fantasticheria, intuizione. **Q.T.** ***aeronautica, astronautica*** **TAV. *astronautica* p. 654** 2, 3.

volontà [lat. *voluntas, -ātis*; 1294 *volontade* nei sensi 2 e 3] ***sf.*** **1.** facoltà di perseguire fini con determinazione: *esser privo di volontà, esser dotato di grande forza di volontà*; *la volontà divina, umana*; *volontà generale* (o *collettiva*), secondo Rousseau, quella del corpo sociale, intesa a perseguire il bene comune; *agire di propria spontanea volontà*, non costretti || nella loc. *a volontà*, a piacere, quanto si vuole || disposizione, propensione a fare qualcosa, voglia: *la volontà di studiare non gli manca ma non è molto intelligente*; *buona volontà*, disponibilità, atteggiamento positivo verso qualcosa; *cattiva volontà*, indisponibilità, riluttanza **2.** ciò che si vuole: *lo fece contro la volontà dei superiori, imporre la propria volontà, sia fatta la volontà di Dio*; *ultime volontà*, disposizioni testamentarie **3.** *arc.* passione, concupiscenza: *mentre egli da troppa volontà trasportato* (Boccaccio) || **N.** **1.** *Sin.* arbitrio, volere; determinazione, impulso, inclinazione, intenzione, proposito, risolutezza, velleità, vocazione, voglia | *Contr.* abulia, accidia, ignavia, inerzia, svogliatezza, volenterosità; avversione, idiosincrasia, malavoglia, repulsione, riluttanza, ripugnanza, svogliatezza | ardente, costante, debole, ferma, ferrea, fervida, fiacca, incerta, indomabile, indomita, inflessibile, ostinata, risoluta, tenace, titubante, vacillante | accondiscendere, accordarsi, adeguarsi, arrendersi, compiacere, conformarsi, imporre, manifestare, opporsi, ribellarsi, rispettare, subire, vincere | accordo, autonomia, concordia, conformità, contrasto, disaccordo, esercizio, opposizione, ribellione, rispetto **2.** *Sin.* volere | decisione, desiderio, giudizio, intenzione, opinione, parere, pensiero, pretesa, proponimento.

volontarìato [da *volontario*, sul modello del fr. *volontariat*; 1858 nel senso 2; 1934 nel senso 1] ***sm.*** **1.** prestazione volontaria di lavoro, parzialmente o totalmente gratuita: *ha fatto due anni di volontariato in un centro sociale, nel reparto di cardiologia* **2.** *T.mil.* prestazione volontaria del servizio militare, precedente alla chiamata di leva.

volontarietà [da *volontario*; 1950] ***sf.*** qualità di ciò che è volontario.

volontàrio (pl. *-ri*) [dal lat. *voluntārius*; 1308] **I** ***agg.*** **1.** che è determinato dalla volontà: *atto volontario*; *muscoli volontari*, che si contraggono in seguito a stimoli dipendenti dalla volontà del soggetto **2.** che si fa di propria volontà, non obbligatorio: *una rinuncia volontaria, offrire un contributo volontario* **3.** di persona, che svolge una mansione o si assume un compito per libera scelta (*soldato volontario*) o al di fuori di un rapporto formale (*infermiere, assistente volontario*) || **volontariaménte** ***avv.*** di propria spontanea volontà **II** ***sm.*** (f. *-a*) chi offre liberamente e spontaneamente la propria collaborazione: *volontari del sangue*, donatori di sangue || *in part.* soldato che si è arruolato spontaneamente: *eserciti formati da volontari* || **N.** **1.** *Sin.* deliberato, intenzionale, voluto | *Contr.* accidentale, casuale, involontario **2.** *Sin.* libero, spontaneo | *Contr.* coatto, forzato, imposto, obbligato, obbligatorio.

volontarìsmo [da *volontario*; 1905] ***sm.*** **1.** *T.fil.* dottrina che afferma il primato della volontà sull'intelletto: *il volontarismo di Duns Scoto* || dottrina metafisica che identifica nella volontà la sostanza del mondo: *il volontarismo di Schopenhauer* **2.** *com.* atteggiamento di chi persegue comunque i propri scopi, indipendentemente dalla loro realizzabilità: *un atto di volontarismo.*

volontarìstico (pl. *-ci*) [da *volontarismo*; 1931] ***agg.*** proprio del volontarismo, relativo al volontarismo, che esprime volontarismo: *atteggiamento volontaristico.*

volonteróso V. VOLENTEROSO.

volontièri V. VOLENTIERI.

volovelìsmo [da *volo a vela*; 1955] ***sm.*** la pratica del volo a vela.

volovelista [da *volo a vela*; 1942] ***s.*** chi pratica il volo a vela.

volovelistico (pl. *-ci*) [da *volovelista*; 1961] ***agg.*** proprio del volo a vela, relativo al volo a vela: *competizione volovelistica, raduno volovelistico.*

volpacchiòtto (*dim.* di *volpe*) [1879 nel senso 1; 1961 nel senso 2] ***sm.*** (f. *-a*) **1.** il piccolo della volpe **2.** persona astuta, sagace, sorniona.

volpàia [da *volpe*; 1558] ***sf.*** *raro* **1.** tana di volpe **2.** *fig.* luogo molto squallido e selvaggio.

volpàra [etim. inc.; 1889] ***sf.*** opera in terra di cui ci si serve per tappare le falle formatesi negli argini dei fiumi.

volpàre (pres. *vólpo*) [da *volpe*; 1961] ***intr.*** (aus. *essere* e *avere*) *T.agr.* detto del grano, prendere la malattia della volpe o della golpe.

volpàto (*pps.* di *volpare*) [a. 1758] ***agg.*** golpato: *spiga volpata.*

vólpe [lat. *vulpes*; fine sec. XIII] ***sf.*** **1.** Carnivoro selvatico dei Canidi, con muso appuntito, occhi obliqui, orecchie dritte e appuntite, corpo snello, lunga coda e pelo lungo e folto di vari colori; è dotata di notevole fiuto e astuzia: *volpe rossa, bianca, argentata* **2.** *per meton.* la pelliccia della volpe || *per estens.* mantello di volpe: *indossava una pregiatissima volpe argentata* **3.** *fig.* persona molto scaltra: *quella vecchia volpe!* **4.** *per estens.* alopecia (in quanto è una malattia molto diffusa tra le volpi) **5.** *volpe del deserto*, fennec **6.** *volpe volante*, nome comune dei Chirotteri della fam. Pteropodi **7.** variante di *golpe*, malattia del frumento **8.** *T.mar.* ciascuno dei tre o quattro pali inclinati che formano la struttura degli alberi a tripode o a quadripode || *dim.* volpacchiòtta, volpacchiòtto (*sm.*), volpétta, volpìna; *accr.* volpóna, volpóne (*sm.*); *pegg.* volpàccia || **N.** **1.** gagnolare, gannire **2.** volpeggiare | ASTUZIA.

volpeggiàre (pres. *-éggio*) [da *volpe*, 1853] ***intr.*** (aus. *avere*) *raro* agire d'astuzia, come fa la volpe.

volpicìno (*dim.* di *volpe*) [sec. XIV] ***sm.*** (f. *-a*) **1.** piccola volpe **2.** cucciolo di volpe.

volpìgno [da *volpe*; a. 1405] ***agg.*** *raro* volpino.

volpinite [comp. del n. geogr. *Volpino* e *-ite*[2]; 1940] ***sf.*** roccia sedimentaria a struttura saccaroide, di colore bianco-grigio, utilizzata in edilizia per rivestimenti pregiati di interni; cavata presso Volpino (in Valcamonica), è chiamata anche *bardiglio di Bergamo.*

volpino [dal lat. *volpinus*; sec. XIV] **I** ***agg.*** di o da volpe: *astuzia volpina* || **volpinaménte** ***avv.*** *non com.* astutamente **II** ***sm.*** nome comune di alcune razze di cani di piccola taglia con muso allungato, simile a quello della volpe. **TAV. *cani* p. 663.**

volpòca [comp. di *volpe* e *oca*; 1805] ***sf.*** grosso uccello anseriforme della fam. degli Anatidi, con conformazione corporea simile all'anatra, che vive presso le coste marine, nutrendosi di molluschi, pesciolini e sostanze vegetali.

volpóne (*accr.* di *volpe*) [a. 1405] ***sm.*** (f. *-a*) *fig.* persona molto astuta.

vòlsco (pl. *-sci*) [dal lat. *Volscus*; 1961] ***agg.*** e ***sm.*** (f. *-a*) appartenente all'antico popolo dei Volsci, di origine tosco-umbra.

vòlt [dal n. proprio A. *Volta*, fisico it.; 1895] **sm.** *inv.* unità di misura della differenza di potenziale elettrico.

vòlta[1] [lat. volg. **volvita*, da *volvere*, volgere; 1308] **sf.** **1.** occasione in cui un evento si verifica, si è verificato o si potrà verificare: *per questa volta ti aiuto io, ma la prossima volta ti arrangi, non dimenticherò mai quella volta che se n'è andato* || in varie loc. avv. di tempo: *una volta*, un tempo (sia nel senso generico di "in passato", sia in quello più particolare di "in una data circostanza passata"): *una volta non c'era tanto permissivismo*; *c'era una volta*, espressione con cui tipicamente si inizia a raccontare una fiaba; *una volta o l'altra*, prima o poi: *una volta o l'altra riuscirò a vincere anch'io*; *un'altra volta*, in un'altra circostanza: *ne riparleremo un'altra volta*; *una volta (che)*, dal momento che (con valore temporale o causale): *una volta laureati non è detto che si trovi subito lavoro, una volta che si è preso un impegno bisogna rispettarlo* **2.** preceduto da un numerale o da altra determinazione di quantità, indica la frequenza di un evento: *l'ho visto una sola volta* (o *soltanto una volta*), *la prima volta che l'ho visto, mi è capitato tre o quattro volte, te l'ho già ripetuto un sacco di volte* || nei modi di dire: *una volta per tutte*, solo una volta, quella definitiva: *te lo dico una volta per tutte: fai attenzione a come mi parli!*; *la prima e l'ultima volta*, l'unica volta (detto in espr. di ammonimento): *sia questa la prima e l'ultima volta che ti scopro a spiare*; *una volta tanto*, ogni tanto; *a volte, alle volte, certe volte, qualche volta*, talvolta: *certe volte mi viene da strozzarlo* || *in part.* preceduto e seguito da un numerale cardinale, moltiplicato, per: *quattro volte due è uguale a otto* **3.** con valore distributivo, turno: *l'imputato a sua volta rispose, passare due alla volta*; *te li restituirò tutti in una volta, un po' per volta* **4.** *propr. arc.* atto ed effetto del voltare e del voltarsi, del cambiare direzione (anche *fig.*): *la strada fa una brusca volta*; *mettere in volta*, mettere in fuga || *com.* solo in alcuni modi di dire o in contesti particolari: *a volta di corriere*, a stretto giro di posta; *fam. dar di volta il cervello*, perdere la ragione, impazzire: *ma che cosa dici! ti ha dato di volta il cervello?* || *T.aer.* (*gran*) *volta* (o *cerchio della morte*), manovra acrobatica consistente nel percorrere con l'aereo una traiettoria circolare sul piano verticale || in ginnastica, rotazione completa intorno alla sbarra, alla quale si è aggrappati con le mani || *T.danz.* danza rapida in voga agli inizi del '700, considerata precorritrice del valzer || *T.ipp. volta quadra*, esercizio consistente nel far descrivere al cavallo un quadrato di lato pari a quattro volte la lunghezza del cavallo || nel pattinaggio, figura nella quale vengono descritti tre cerchi vicini || *T.mar.* giro di un cavo o di una catena intorno a un elemento fisso; collo: *dar volta a un cavo* || *T.tip.* la faccia del foglio che viene stampata per seconda: *stampare in bianca e volta* || *T.metr.* ciascuno dei due periodi ritmici in cui si può dividere la sirima della canzone; nella ballata, il terzo periodo della stanza, conforme alla ripresa **5.** nella loc. *alla volta di*, in direzione di, verso: *partimmo alla volta di Milano* || **N.** **1.** *Sin.* momento, tempo **3.** *Sin.* alternanza, avvicendamento, vece **4.** *Sin.* giro, rivolgimento, svolta, torsione. **Q.T.** *astronomia.*

vòlta[2] [da *volta*[1]; a. 1348] **sf.** *T.edil.* e *T.arch.* elemento di copertura curvo: *soffitto a volta, tomba a volta*; *volta a botte, a padiglione, a crociera, a schifo, a vela*; *in part.* la superficie interna (concava) di tale elemento: *la volta affrescata del duomo* || *per estens.* qualsiasi elemento che funga da copertura: *la volta della grotta*; *la volta stellata, celeste*, il cielo || *per estens. T.anat.* formazione conformata ad arco: *volta palatina*, palato || *T.mus. nota di volta*, nota su tempo debole, che collega per grado congiunto due note reali uguali fra loro || **N.** PARTI: chiave o cervello, estradosso, intradosso, piano d'imposta | soffitto, tetto. **Q.T.** *architettura* **TAV.** *chiesa* 1.3; ***architettura* p. 646** 7, 8.3.

voltàbile [da *voltare*; 1336 ca.] **agg.** **1.** che si può voltare **2.** *fig. arc.* volubile: *natura voltabile.*

voltafàccia [comp. di *volta(re)* e *faccia*; 1598 nel senso 2] **sm.** *inv.* **1.** *fig.* mutamento improvviso di opinione || il venir meno a una promessa o a un impegno precedentemente assunto **2.** *propr. meno com.*, il voltarsi in modo brusco e repentino.

voltafièno [comp. di *volta(re)* e *fieno*; 1929] **sm.** *inv. T.agr.* denominazione di macchine agricole di vario tipo con cui si rivolta il fieno sparso sul terreno per affrettarne l'essiccamento.

voltagabbàna [comp. di *volta(re)* e *gabbana*; 1918] **s.** *inv.* chi è solito mutare opportunisticamente opinione, posizione ideologica, fazione ecc.

voltàggio (pl. *-gi*) [dal fr. *voltage*; 1905] **sm.** *com.*, ma *impropr.*, valore di una tensione elettrica.

voltàico (pl. *-ci*) [dal n. proprio A. *Volta*, fisico it.; 1839] **agg.** di A. Volta: *pila voltaica*; *corrente voltaica*, corrente elettrica che si ottiene secondo il principio su cui è fondata la pila del Volta; *arco voltaico*, V. ARCO.

voltaire (fr., pr. [vɔl'tɛ:r]) [dal n. proprio *Voltaire*, filosofo fr., perché si trovava in una statua che lo raffigurava; a. 1828] **sf.** *inv.* poltrona bassa dotata di un'alta spalliera || **sm.** *inv.* trina o sim. con cui si usava coprire la spalliera delle poltrone || **N.** **sm.** appoggiacapo, capezziera, capiera.

voltaìsmo [dal n. proprio A. *Volta*, fisico it.; 1816] **sm.** *T.fis.* elettricità generata dall'azione chimica di un liquido a contatto con metalli diversi.

voltaménto [da *voltare*; seconda metà sec. XIV] **sm.** *raro* il voltare.

voltàmetro [comp. di *volt* e *metro*; 1875] **sm.** apparecchio, consistente in una cella elettrolitica, che consente di misurare la quantità di elettricità passata per un conduttore in un certo tempo. **TAV.** *elettrotecnica* 15.

voltampère (pr. [voltam'pɛr]) [comp. di *volt* e *ampere*; 1957] **sm.** *inv.* unità di misura della potenza erogata o consumata da un circuito a corrente continua e della potenza apparente di un circuito a corrente alternata.

voltamperòmetro [comp. di *voltampere* e *-metro*; 1957] **sm.** strumento che serve a misurare direttamente la potenza apparente di un circuito a corrente alternata.

voltamperóra [comp. di *voltampere* e *ora*; 1983] **sm.** *inv.* unità di misura dell'energia elettrica, data dalla quantità di corrente di un voltampere che attraversa un circuito per un'ora.

voltamperoràmetro [comp. di *voltamperora* e *-metro*; 1965] **sm.** strumento che serve a misurare l'energia assorbita da un circuito elettrico in voltamperora.

voltapiètre [comp. di *volta(re)* e *pietra*; 1929] **sm.** *inv.* uccello costiero appartenente all'ordine dei Caradriformi; ha piumaggio variopinto e becco con punta all'in su, col quale rivolta pietre nella ricerca del nutrimento.

voltàre (pres. *vòlto*) [lat. volg. **voltāre*; 1313 come intr.] **tr.** **1.** rivolgere in una direzione diversa da quella di partenza: *voltare le spalle al nemico, voltare il manubrio a destra* **2.** girare qualcosa su se stesso, in modo che presenti la faccia opposta; rivoltare: *voltare la frittata, voltar pagina* **3.** girare (in corrispondenza di una diramazione e sim.): *voltare l'angolo* || **intr.** (aus. *avere*) **1.** orientarsi verso un punto o in una determinata direzione diversi da quelli di partenza: *quando arrivi all'incrocio volta a destra* **2.** *ant.* volgere, volgersi: *il tempo volta al brutto* || **rifl.** ruotare, e spec. ruotare lo sguardo, di 180°: *si voltò e lo vide, voltati, che devo prendere le misure*; *non sapere da che parte voltarsi*, anche *fig.*, non saper che fare, spec. perché si avrebbero da fare troppe cose contemporaneamente; *voltarsi indietro*, anche *fig.*, riconsiderare il passato || **N.** **tr.** **1.** *Sin.* dirigere, indirizzare, orientare, piegare, puntare, volgere | **intr.** **1.** *Sin.* piegare, volgere **2.** *Sin.* VOLGERE.

voltarìso [comp. di *volta(re)* e *riso*; 1940] **sm.** *inv. T.agr.* attrezzo che serve per rivoltare il riso sulle aie per favorirne l'essiccazione.

voltastòmaco (pl. *-chi* o *-ci*) [comp. di *volta(re)* e *stomaco*; 1891] **sm.** **1.** senso di nausea, voglia di vomitare: *quest'odore mi fa venire il voltastomaco* || *fig.* ribrezzo, disgusto: *mi viene il voltastomaco a parlare con quell'ipocrita* **2.** *concr. meno com.* cosa stomachevole, che rivolta lo stomaco.

voltàta [da *voltare*; a. 1642] **sf.** *disus.* **1.** singolo atto del voltare; girata: *dai una voltata alla bistecca* **2.** curva di una strada; svolta || *dim.* voltatìna.

voltàto (*pps.* di *voltare*) [a. 1555] **agg.** *T.arch. ant.* arcuato, fatto a volta: *una stanza voltata.*

volteggiaménto [da *volteggiare*; a. 1557] **sm.** *raro* atto ed effetto del volteggiare.

volteggiàre (pres. *-éggio*) [da *volta*[1]; a. 1484] **intr.** (aus. *avere*) **1.** di uccelli o, *per estens. meno com.*, di aeromobili, descrivere ampi giri rimanendo sempre nella stessa zona: *un falco volteggiava sopra la torre* **2.** *T.ipp.* eseguire volteggi || *T.sport.* eseguire volteggi al cavallo o alle parallele || **tr.** far compiere volteggi a un cavallo: *volteggiare il cavallo.*

volteggiatóre [da *volteggiare*; 1853] **agg.** e **sm.** (f. *-trìce*) **1.** che, chi esegue volteggi: *quella cavallerizza è un'abile volteggiatrice* **2.** *T.stor.* soldato di fanteria leggera nell'esercito napoleonico.

voltéggio (pl. *-gi*) [da *volteggiare*; 1891] **sm.** *T.ipp.* il far cambiare continuamente posizione a un cavallo in movimento || *T.sport.* in ginnastica, il complesso delle evoluzioni compiute in sospensione sul cavallo o sulle parallele; *in part.* salto eseguito poggiando le mani sull'ostacolo da superare (per es. il cavallo) || *T.aer.* qualsiasi evoluzione di un velivolo che comporti il passaggio alla posizione in cui il dorso dell'ala è rivolto verso il basso. **TAV.** ***atletica* p. 657** 2.6.

voltelettróne V. ELETTRONVOLT.

volteriàno V. VOLTERRIANO.

volterràna [dal n. geogr. *Volterra*, città tosc.; 1789 nel senso 2; 1933 nel senso 1] **sf.** **1.** *T.edil.* elemento in laterizio forato per solai misti (laterizio e acciaio), la cui faccia superiore può essere sia piana sia ricurva **2.** *T.arch.* volta con mattoni messi per piano, all'uso di Volterra.

volterràno [dal n. geogr. *Volterra*; sec. XII] **I** **agg.** di Volterra || *ragno volterrano*, malmignatta **II** **sm.** (f. *-a*) abitante, nativo di Volterra || **sf.** **1.** *T.arch.* volta lavorata a gesso, con mattoni messi per piano **2.** *T.edil.* laterizio forato, leggero, usato per solai || **N.** **II** **2.** *Sin.* pignatta.

volterriàno o **volteriàno** [dal n. proprio *Voltaire*, filosofo fr.; 1891] **I** **agg.** di Voltaire o del suo pensiero || *per estens.* che si ispira allo stile, al pensiero di Voltaire: *spirito volterriano*, scettico, irrilegioso **II** **sm.** (f. *-a*) sostenitore del pensiero di Voltaire.

vòltmetro [comp. di *volt* e *-metro*; 1905] **sm.** strumento elettrico che consente di misurare il valore di una tensione (gen. in volt).

vólto [dal lat. *vultus*; 1313] **sm.** **1.** viso:

guardare fisso in volto || *per meton.* l'intera persona: *i nuovi volti del cinema* **2.** *per estens. fig.* aspetto: *i mille volti della realtà* || natura, carattere: *si è tradito e si è scoperto il suo vero volto di egoista.*

vòlto (*pps.* di *volgere*) [1313] **I** ***agg.*** voltato **II** ***sm.*** *ant.* o *dial.* **1.** volta **2.** arco || archivolto.

voltóio (pl. *-ói*) [da *vòlto*; 1891] ***sm.*** *T.carr. non com.* parte della briglia alla quale si attaccano le campanelle e si affibbiano le redini.

voltolaménto [da *voltolare*; a. 1400] ***sm.*** *raro* atto ed effetto del voltolare e del voltolarsi.

voltolàre (pres. *vòltolo*) [lat. volg. **volutulāre*; sec. XIV] ***tr.*** far girare più volte su se stesso: *voltolare un sacco pesante* || ***rifl.*** rotolarsi, rivoltarsi più volte: *continua a voltolarsi nel letto* || **N.** *Sin.* rivoltare, VOLTARE.

voltolìno [da *voltolare*, per l'abitudine di voltare i sassi col becco per cercare insetti; 1935] ***sm.*** uccello di palude dei Rallidi, dal piumaggio bruno-olivastro macchiato di bianco sui fianchi.

voltolóni [da *voltolare*; 1473] ***avv.*** *raro* rivoltandosi più volte su se stesso.

voltòmetro [comp. di *volt* e *-metro*; 1905] ***sm.*** voltmetro.

voltùra [da *voltare*; 1694] ***sf.*** **1.** *T.giur. voltura catastale* (o, ass., *voltura*) trascrizione, nei registri del catasto, del trasferimento di proprietà di un immobile da un soggetto a un altro **2.** cambiamento d'intestazione dell'utente di un contratto per la fornitura di beni o servizi pubblici: *la voltura del telefono, del gas* **3.** in contabilità trasferimento, nei registri contabili, di un debito o di un credito da una persona ad un'altra.

volturàre (pres. *-ùro*) [da *voltura*; 1855] ***tr.*** sottoporre a voltura.

volùbile [dal lat. *volūbilis*; 1308 nel senso 2] ***agg.*** **1.** che muta, che cambia facilmente; incostante; *in part.*: rif. all'indole di una persona: *una ragazza volubile, carattere volubile* || meno com., rif. al tempo meteorologico: *condizione atmosferica volubile* **2.** *propr.*, *poet. ant.* che gira: *la volubile ruota della Fortuna*; *un'asta [...] volubile sopra un perno* (Galileo) || che si arrotola, si avvolge di continuo: *onda volubile*; *com. T.bot.* che si avvolge intorno a un altro corpo: *pianta volubile* || che continuamente scorre, fluisce; anche *fig.*, nel senso di "fluente", "sciolto": *correan volubili e veloci / dalla sua bocca le canore voci* (Tasso), rif. al tempo, inarrestabile: *Apolline, re del volubil anno* (Carducci) || **volubilménte** ***avv.*** || **N.** **1.** *Sin.* capriccioso, incostante, instabile, mobile, mutevole, vario | *Contr.* costante, fermo, saldo, tenace | banderuola, farfallone, foglia al vento, fraschetta.

volubilità [dal lat. *volubilitas, -ātis*; 1336 ca.] ***sf.*** qualità di chi o di ciò che è volubile || **N.** *Sin.* incostanza, instabilità, leggerezza, mutevolezza.

volùme [dal lat. *volūmen*; 1308 nel senso 4] ***sm.*** **1.** la porzione di spazio occupata da un corpo e, *per estens.*, la sua misura: *colli di grosso volume*; *calcolare il volume di una sfera*; *volume molare*, quello occupato da una grammomolecola di una sostanza chimica; *volume specifico*, rapporto tra volume e massa || *in part.* ingombro, mole: *un bagaglio di poco volume, le piume fanno molto volume* || genericamente, quantità: *il volume dell'aria inspirata* || capienza: *il volume degli spazi chiusi di un'imbarcazione* **2.** *fig.* entità, quantità complessiva: *il volume degli affari, degli investimenti*; *volume di traffico*, il numero dei veicoli che mediamente transitano in un certo periodo in un certo punto; *volume di fuoco*, quantità di colpi sparabili per unità di tempo; *volume sonoro* (o, *ass.*, *volume*), intensità di un suono; *per estens.* comando di regolazione dell'intensità del suono prodotto da un apparecchio: *alza il volume, regolare il volume della radio* **3.** corpo o parte di un corpo o di una sostanza, considerata per il suo volume, per la capienza ecc.: *auto a due, a tre volumi*; *acqua ossigenata a tre volumi*, capace di sviluppare un volume di ossigeno pari a tre volte il proprio volume; nel linguaggio della critica d'arte, il modo in cui è reso il rapporto tra i pieni e i vuoti in una struttura architettonica o in una scultura, o, anche, in una pittura (mediante un gioco prospettico di chiaroscuro): *un sapiente gioco di forme e di volumi* **4.** libro, anche come parte di un'opera: *un volume in brossura, un'enciclopedia in venti volumi, ha una biblioteca di tremila volumi*; *per estens.* da: **5.** *propr. T.stor.* nell'antichità, papiro, scritto su una delle due facce, normalmente tenuto arrotolato attorno a un'asta e srotolato soltanto per la lettura **6.** *lett. ant.* spira, voluta || *in part. arc.* la sfera celeste considerata nel suo moto apparente; rivoluzione di un astro || *dim.* volumétto, volumettìno; *accr.* volumóne; *pegg.* volumàccio. **Q.T.** *matematica*...

volumenòmetro [comp. del lat. *volūmen, -inis* e *-metro*; 1940] ***sm.*** *T.fis.* apparecchio che, basandosi sulla legge di Boyle, permette di misurare il volume di un solido che non possa essere immerso in liquidi.

volumetrìa [comp. di *volu(me)* e *-metria*; 1957] ***sf.*** *T.chim.* **1.** misurazione del volume: *volumetria di un edificio* || *T.chim.* metodo di analisi che permette di valutare la quantità di sostanza contenuta in un determinato volume di soluzione, misurando la quantità di reattivo che vi si immette **2.** *T.arch.* distribuzione dei volumi parziali di un complesso architettonico.

volumètrico (pl. *-ci*) [comp. di *volu(me)* e *-metrico*; 1949] ***agg.*** **1.** che riguarda la misurazione del volume: *analisi volumetrica*, in chimica, volumetria **2.** che riguarda il volume o i volumi e la loro distribuzione: *le proporzioni volumetriche di una scultura.*

volùmetro [comp. di *volu(me)* e *-metro*; 1891] ***sm.*** *T.fis.* densimetro a peso costante, che misura il rapporto che hanno tra loro i volumi di peso uguale di liquidi differenti.

voluminosità [da *voluminoso*; 1527] ***sf.*** qualità di ciò che è voluminoso: *voluminosità di un corpo.*

voluminóso [dal lat. tardo *voluminōsus*; a. 1704] ***agg.*** di grosso volume: *un involto voluminoso* || **N.** *Sin.* ingombrante.

voluntàde [dal lat. *voluntas, -ātis*; sec. XIV] ***sf.*** *arc.* volontà.

volùta [dal lat. *volūta*; a. 1452 nel senso 2] ***sf.*** **1.** avvolgimento a spirale, spira: *le volute del fumo della sigaretta, del guscio delle chiocciole* **2.** *T.arch.* elemento decorativo o costruttivo a forma di spirale che si diparte da un circoletto posto al centro (detto *occhio della voluta*), tipico del capitello ionico e composito || in molte chiese rinascimentali e barocche, elemento (detto anche *aletta*) che collega lateralmente la parte inferiore a quella superiore della facciata. **TAV.** ***architettura* p. 646** 3.8, 4.2.

volutàbro (meno com. *voluttàbro*) [dal lat. *volutābrum*; fine sec. XIII *voluttabro*] ***sm.*** *lett. raro* brago, fango, pozzanghera in cui si rotolano i porci: *voltandosi nella sua miseria come in voluttabro* (D'Annunzio).

volùto (*pps.* di *volere*) [a. 1566] ***agg.*** corrispondente a una precisa volontà o intenzione: *ottenere l'effetto voluto.*

voluttà [dal lat. *volŭptas, -ātis*; 1308 *voluptade*] ***sf.*** intenso godimento, fisico ma anche spirituale, ai limiti della morbosità: *aspirare con voluttà il fumo del sigaro, assaporare con voluttà la vendetta* || *in part.* piacere sessuale: *abbandonarsi alla voluttà* || **N.** *Sin.* PIACERE.

voluttàbro V. VOLUTABRO.

voluttuàrio (pl. *-ri*) [dal lat. tardo *voluptuārius*; 1550 nel senso 2] ***agg.*** **1.** di lusso, non necessario, superfluo: *spese voluttuarie* **2.** *ant.* diretto a soddisfare la voluttà: *vita voluttuaria.*

voluttuosità [da *voluttuoso*; 1740] ***sf.*** qualità di chi o di ciò che è voluttuoso.

voluttuóso [dal lat. *voluptuōsus*; a. 1446 nel senso 2] ***agg.*** **1.** che dà, richiama, ispira voluttà, che è caratterizzato dal piacere e dalla sua ricerca: *carezze voluttuose, vita voluttuosa* || che rivela o promette voluttà: *occhio, sguardo voluttuoso* **2.** di persona, incline alla soddisfazione del piacere || **voluttuosaménte** ***avv.*** con voluttà: *fumare voluttuosamente* || anche, ispirando voluttà: *muoversi voluttuosamente.*

vòlva [dal lat. *volva*, vulva; 1805] ***sf.*** *T.bot.* nei funghi delle Agaricacee, residuo del velo totale che sta alla base del gambo.

volvària [dal lat. *volva*, guaina; 1961] ***sf.*** *T.zool.* genere di funghi basidiomiceti con gambo dotato inferiormente di volva a sacco.

volvènte (*ppr.* di *volvere*) [1940] ***agg.*** *T.mecc. attrito volvente*, quello che si manifesta quando un corpo rotola senza strisciare sopra un altro.

vòlvere e der. V. VOLGERE e der.

Volvocàli (sing. *-e*) [da *volvoce*; 1932] ***sf. pl.*** *T.bot.* ordine di alghe verdi delle Cloroficee, diffuse soprattutto in acque dolci, che si muovono mediante flagelli.

volvòce [dal lat. *volvere*, volgere, rivolgere; 1965] ***sm.*** *T.bot.* alga verde unicellulare delle Volvocali, a forma di sfera cava ciliata.

vòlvolo [dal lat. tardo *volvulus*, convolvolo; a. 1712 *volvulo*] ***sm.*** *T.med.* torsione di un'ansa intestinale che provoca occlusione intestinale.

vombàto [da una voce indigena australiana, attr. l'ingl. *wombat*; 1875] ***sm.*** mammifero dei Marsupiali simile a un orsacchiotto, originario della Tasmania.

vomeràia [da *vomere*; 1891] ***sf.*** *non com.* vomerale.

vomeràle [da *vomere*; 1726] ***sm.*** la parte estrema dell'aratro che finisce a punta e alla quale si adatta il vomere || **N.** *Sin.* dentale.

vòmere (lett. o region. *vòmero*) [lat. *vōmer, -eris*; a. 1320] ***sm.*** **1.** *T.agr.* lama triangolare costituente la parte principale dell'aratro, con cui si fende orizzontalmente la zolla di terreno **2.** *T.anat.* piccolo osso impari mediano che forma la parte posteriore del setto nasale **3.** *T.mar.* attrezzo che si usa per dragare mine o torpedini e viene trascinato dalla poppa delle navi dragamine **4.** appendice della coda dell'affusto delle artiglierie, che, piantandosi nel terreno, impedisce il movimento di rinculo dell'arma. **TAV.** *agricoltura* 1.6; ***armi* p. 649** 23.7.

vòmero V. VOMERE.

vòmica [dal lat. *vomica*; 1839] ***sf.*** improvvisa emissione per via orale di materiale purulento formatosi nei polmoni.

vomicàre [lat. volg. **vomicare*; 1300 ca.] ***tr.*** *ant.* vomitare.

vomichévole [da *vomicare*; a. 1320] ***agg.*** *ant.* che provoca il vomito.

vòmico (pl. *-ci*) [dal lat. *vomicus*, di ascesso; 1347] ***agg.*** che provoca il vomito || *noce vomica*, seme di una pianta orientale delle Loganiacee, che contiene stricnina ed eccita il vomito.

vomìre (pres. *-isco, -isci*) [lat. *vomere*; 1313] ***tr.*** *ant.* vomitare.

vomitaménto [da *vomitare*; 1673] ***sm.*** *raro* atto ed effetto del vomitare.

vomitàre (pres. *vòmito*) [dal lat. *vomitāre*; a. 1320] ***tr.*** **1.** espellere dalla bocca ciò che era contenuto nello stomaco: *ha vomitato l'intero pranzo*; *com. ass.*: *aver voglia di vomitare, durante la traversata dello stretto non ha fatto altro che vomitare* || *fig. iperb. far vomitare*, provocare forte disgusto, ribrezzo, repulsione: *un modo di parlare così volgare da far vomitare* || *fig.* mandar fuori da un'apertura: *il vulcano vomita lava* **2.** rif. a parole o espressioni volgari, insultanti e sim., proferirle in grande abbondanza e violentemente: *vomitare bestemmie, imprecazioni, accuse insensate* || **N. 1.** *Sin.* dar di stomaco, recere, rigettare, rivoltar lo stomaco, vomire | noce vomica, voltastomaco.

vomitaticcio (pl. *-ci*) [da *vomitare*; 1961] ***sm.*** sostanza vomitata || *per estens.* materia semiliquida disgustosa, simile al vomito.

vomitativo [da *vomitare*; a. 1698] **I** ***agg.*** che provoca il vomito **II** ***sm.*** sostanza o preparato vomitativo || **N.** *Sin.* emetico, vomico, vomitivo.

vomitatóre [da *vomitare*; 1745] ***agg.*** e ***sm.*** (f. *-trice*) *raro* che o chi vomita.

vomitatòrio (pl. *-ri*) [da *vomitare*; a. 1698] ***agg.*** e ***sm.*** *raro* vomitativo.

vomitévole [da *vomitare*; 1983] ***agg.*** che provoca vomito || *per estens. fig.* disgustoso, repellente, sgradevole: *è stata un'esperienza vomitevole.*

vomiticcio (pl. *-ci*) [da *vomito*; 1971] ***sm.*** *non com.* vomitaticcio: *isole e laghi / di vomiticcio e di materie plastiche* (Montale).

vomitivo [da *vomito*; a. 1320] ***agg.*** *raro* vomitativo.

vòmito [dal lat. *vomitus*; a. 1320] ***sm.*** **1.** atto del vomitare: *conati di vomito, provocarsi il vomito* || *fig. iperb. far venire il vomito,* la voglia di vomitare, per il disgusto, il ribrezzo provato: *mi fa venire il vomito il solo sentirlo parlare* **2.** *concr.* la materia vomitata: *sporcare di vomito* || **N. 1.** rigurgito, stimolo | antiemetico, emetico.

vomitòrio (pl. *-ri*) [dal lat. tardo *vomitōria*, neutro pl.; 1891] ***sm.*** *T.archeol.* la porta di entrata che immetteva nei corridoi che davano ai gradini dell'anfiteatro o del teatro antico.

vomizióne [dal lat. *vomĭtio, -ōnis*; a. 1729] ***sf.*** atto ed effetto del vomitare.

vóngola o **vòngola** [dal lat. *conchula*, piccola conchiglia, attr. il nap. *vònghĕlĕ*; 1878] ***sf.*** nome comune di vari molluschi bivalvi commestibili: *spaghetti con le vongole.*

voràce [dal lat. *vorax, -ācis*; a. 1320] ***agg.*** **1.** che divora molto cibo: *un insetto vorace* || *per estens.* che mangia con ingordigia e avidità **2.** *fig. lett.* che distrugge e consuma molto rapidamente: *fiamme voraci* || **voraceménte** ***avv.*** || **N. 1.** *Sin.* avido, ingordo, insaziabile, mangione.

voracità [dal lat. *vorācitas, -ātis*; sec. XIV] ***sf.*** qualità di chi o di ciò che è vorace (anche *fig.*): *la voracità degli squali, dell'incendio* || *in part. fig.* avidità insaziabile: *la voracità degli strozzini* || **N.** *Sin.* ingordigia, insaziabilità.

voràgine [dal lat. *vorāgo, -ĭnis*; 1673] ***sf.*** **1.** profonda e scoscesa fenditura del terreno: *sotto i loro piedi si aprì una voragine* || profonda depressione marina || ampia caverna a pareti scoscese, in cui s'inabissano acque torrentizie di superficie **2.** *fig. raro* di ciò che assorbe di continuo ingenti somme di denaro: *la sua azienda era diventata una voragine* || **N. 1.** abisso, baratro, precipizio. **TAV. *geologia* p. 1313** 4.2.

voraginóso [dal lat. *voraginōsus*; 1598] ***agg.*** *lett.* che presenta voragini: *terreno voraginoso* || che forma una voragine: *gorgo voraginoso.*

voràgo [dal lat. *vorāgo*; a. 1566] ***sf.*** *poet.* voragine.

voràre (pres. *vóro*) [dal lat. *vorāre*; a. 1306] ***tr.*** *ant. raro* divorare.

voratóre [dal lat. tardo *vorātor, -ōris*; a. 1704] ***agg.*** e ***sm.*** (f. *-trice*) *arc.* o *poet. raro* divoratore: *il vorator morbo* (Carducci).

-voro [dal lat. *-vorus*, da *vorāre*, divorare] ***elem. term.*** che, in parole composte della terminologia scientifica e tecnica, vale "che si nutre di", "che consuma" (per es. *carnivoro, erbivoro, onnivoro*) o "che assorbe", "che asporta" (per es. *idrovoro*).

verticàle [da *vortice*, sul modello dell'ingl. *vortical*; 1957 come sm.] **I** ***agg.*** che si muove in vortice: *moto vorticale* **II** ***sm.*** ogni linea di flusso del campo vettoriale chiamato *vortice.*

vorticàre (pres. *vòrtico, vòrtichi*) [da *vortice*; 1942] ***intr.*** (aus. *avere*) girare come in un vortice.

vòrtice [dal lat. *vortex, -icis*; 1640] ***sm.*** **1.** movimento turbinoso di una porzione di un fluido intorno a un asse: *si alzò un vortice di polvere e sabbia, la barca fu ingoiata da un vortice* **2.** *per estens.* movimento turbinoso: *il vortice della danza* **3.** *fig.* movimento veloce e travolgente, inarrestabile: *il vortice della vita moderna* **4.** *T.fis.* vettore che rappresenta la velocità angolare di una particella di fluido in un certo istante || il campo vettoriale di tale vettore || **N.** gorgo, mulinello, turbine | mulinare, roteare.

vorticèlla [da *vortice*; 1839] ***sf.*** genere di Protozoi ciliati con corpo a forma di calice e lungo peduncolo.

vorticìsmo [dall'ingl. *vorticism*; 1961] ***sm.*** movimento artistico e letterario sorto nel 1913-14, basato sulla poetica del vortice (inteso come punto di massima energia, come ritmo immobile).

vorticóso [dal lat. *vorticōsus*; a. 1547 nel senso 2] ***agg.*** **1.** relativo al moto di un fluido in cui si sono creati vortici **2.** *per estens.*, com., che si muove come un vortice: *danza vorticosa* || che contiene vortici: *attraversare il fiume in un punto vorticoso* **3.** *fig.* caratterizzato da una rapida e inarrestabile successione di eventi, problemi e sim.: *un vorticoso giro di corrispondenza, di cambiali* || **vorticosaménte** ***avv.***

voscènza [dallo sp. *vuecencia*, forma contratta di *vuestra excelencia*, vostra eccellenza; 1961] ***sf.*** *reg.* in Sicilia, titolo con cui ci si rivolge a una persona in segno di rispetto.

vòsco [lat. volg. **vōbiscum*; 1319] ***pron. pers.*** *poet. ant.* con voi.

vossignorìa [da *vostra signoria*, con influsso dello sp. *vueseñoría*; 1612] ***sf.*** *ant.* usato con valore di pron. di cortesia di seconda persona pl. o terza singolare, *merid.* o *iron.*, la signoria vostra: *vossignoria, scusate, mi voglia scusare!*

vòstro (pl. *vòstri*, f. sing. *vòstra* e pl. *vòstre*) [lat. *voster*, class. *vester*; 1186 *vostru*] ***agg.*** e ***pron. poss.*** (normalmente preposto al nome; posposto è più enfatico) di voi; esprime in genere una relazione fisica o spirituale: *i vostri dischi, il vostro carattere, era vostra intenzione andarvene* || *in part.* che vi appartiene (*la casa*); che vi è abituale, che vi è proprio (*il vostro stile*); che ha con voi un rapporto di amicizia, effettivo, di clientela, di dipendenza e sim. (*è la vostra amica, un vostro socio*); in rif. a relazioni di parentela (coi nomi di parentela al singolare si omette di solito l'articolo; questo deve sempre essere messo quando siano al plurale o accompagnati da un altro aggettivo o alterati, e anche coi nomi *babbo* e *mamma*): *vostro fratello, vostra zia, vostro padre, vostra madre*; ma: *i vostri fratelli, la vostra cara figliola, il vostro babbo* || in espr. ellitt.: *avete detto la vostra* (sott. *opinione*) *finalmente!, ne avete di nuovo combinata una delle vostre* (sott. *bricconate, prodezze* e sim.), *avete un santo dalla vostra* (sott. *parte*, che vi protegge), *i vostri* (sott. *genitori* o, *per estens., familiari*) || quando "voi" sia da intendersi come pron. di cortesia, precede o segue il titolo (e in quest'ultimo caso il titolo è preceduto dall'articolo) e si usa solitamente con l'iniziale maiuscola: *Vostra Maestà, la Maestà Vostra*; *Vostro Onore*, spec. rif. a un presidente di tribunale; *era intenzione di Vostra Eminenza* || usato come pron. vuole sempre l'articolo: *le mie esigenze e le vostre.*

votabórse V. VUOTABORSE.

votacèssi V. VUOTACESSI.

votàggine V. VUOTAGGINE.

votaméle V. VUOTAMELE.

votànte (*ppr.* di *votare*) [sec. XIV] **I** ***agg.*** che vota **II** ***s.*** chi partecipa a una votazione.

votapózzi V. VUOTAPOZZI.

votàre[1] V. VUOTARE.

votàre[2] (pres. *vóto*) [lat. volg. *votāre*, sec. XIV come tr. nel senso 3; a. 1547 come intr.] ***intr.*** (aus. *avere*) esprimere il proprio parere col voto, partecipando a una votazione: *votare per un partito*; *votare a favore di, contro qualcuno, qualcosa*; anche *ass.*: *votare a favore, votare contro*, approvare o disapprovare col voto || ***tr.*** **1.** sottoporre a votazione: *votare una proposta di legge* **2.** approvare, decidere col voto: *votarono all'unanimità la sospensione del servizio, la maggioranza votò la fiducia al governo* || meno com., rif. a persone, scegliere col voto, eleggere: *votarono lui, i socialisti, la destra* || in espr. ellitt.: *votare socialista*, per il partito socialista; *votare scheda bianca*, lasciando la scheda bianca **3.** offrire un voto e, *per estens. fig.* dedicare: *votare la propria esistenza a Dio, all'assistenza dei malati* || ***rifl.*** consacrarsi, dedicarsi completamente: *votarsi anima e corpo allo studio* || **N.** ***tr.*** **2.** *Sin.* eleggere, suffragare | ***rifl.*** *Sin.* darsi, offrirsi.

votàto (*pps.* di *votare*) [1965] ***agg.*** che si dedica, si consacra a qualcosa: *votato alla causa della libertà.*

votatóre [da *votare*; sec. XIV nel senso 2] ***sm.*** (f. *-trice*) *raro* **1.** chi vota, votante **2.** chi fa un voto || **N. 1.** *Sin.* elettore.

votazióne [da *votare*; 1802] ***sf.*** **1.** procedura di elezione o di deliberazione effettuata mediante il voto di un corpo elettorale: *prendere parte alla votazione, la votazione per l'elezione del consiglio di amministrazione, votazione segreta* **2.** insieme dei voti conseguiti al termine di un ciclo scolastico, a un esame, a un concorso e sim.: *allo scrutinio del primo trimestre ha riportato una pessima votazione* || **N. 1.** elezione, plebiscito, referendum, suffragio, voto | ballottaggio, proclamazione, scrutinio | a scrutinio segreto, per acclamazione, per alzata di mano, per alzata e seduta, per appello nominale, per voto palese | astensione, maggioranza, minoranza; candidato, scheda **2.** *Sin.* punteggio. **Q.T.** ***politica.***

votàzza [da *gottazza*, con influsso di *v(u)otare*; 1798] ***sf.*** **1.** sassola usata per prelevare piccole quantità di granaglie, legumi, riso e sim. **2.** *non com.* secchio di legno con corto manico, che serve a togliere l'acqua entrata nel fondo di un'imbarcazione; gottazza **3.** mescola dei conciatori, usata per svuotare e ripulire le trosce.

votìvo [dal lat. *votīvus*; 1321] ***agg.*** attinente a voto; *in part.* che ha carattere di voto: *offerta votiva* || che spiega l'intenzione di un voto: *iscrizione votiva* || che testimonia di un voto: *immagini votive, altare votivo.*

vòto V. VUOTO.

vóto [lat. *vōtum*; sec. XIII nel senso 3] ***sm.*** **1.** espressione numerica della valutazione del rendimento di un candidato a un esame, a un concorso, nel corso di un ciclo scolastico e sim.: *ha preso un brutto voto a scuola*; *fu promosso col massimo dei voti, col voto minimo* **2.** manifestazione della propria volontà o della propria scelta in una consultazione deliberativa o elettiva: *avere diritto di voto*; *esprimere voto favorevole, contrario*; *dare il (proprio) voto a*, votare per; *avere voto deliberativo, consultivo*, a seconda che concorra a determinare una decisione finale o esprima un parere non vincolante; *voto di preferenza*, dato a uno o più candidati della lista scelta || *per estens.* votazione: *il voto del 7 giugno, l'esito del voto, dopo il dibattito si pro-*

cederà al voto; mettere una questione, una proposta ai voti, farla oggetto di votazione || *per meton.* diritto di voto: *negare il voto alle donne, dare il voto ai diciottenni* **3.** *T.rel.* solenne promessa con cui il credente si impegna a fare o non fare qualcosa, spec. come segno di riconoscenza per una grazia ricevuta o per acquistar meriti agli occhi di colui al quale si chiede una grazia: *far voto a San Gennaro di andare tutti i giorni a messa, di restare vergine, di smettere di fumare; rispettare, infrangere un voto; prendere, pronunciare i voti,* entrare a far parte di un ordine o una congregazione religiosa cattolica (con allusione ai voti di povertà, di castità e di obbedienza); *voti semplici, solenni,* rispettivamente, solo temporanei o perpetui **4.** *fig. lett. disus.* spec. *pl.*, manifestazione di un proprio vivo desiderio, preghiera: *a Giove mandò il voto supremo* (Foscolo) || augurio, auspicio: *riceva i miei voti più sinceri* || *concr. ex voto: un altare ricoperto di voti* || *dim.* votino; *pegg.* votàccio || **N. 1.** *Sin.* votazione | giudizio **2.** *Sin.* votazione; scheda. **Q.T.** *diritto, politica.*

voucher (ingl., pr. ['vautʃə]) [letter. buono, tagliando; 1978] **sm. *inv.*** buono rilasciato a titolo di prenotazione o di ricevuta di pagamento da un'agenzia di viaggio, con il quale il turista può ottenere una serie di servizi || **N.** *Sin. coupon.*

vox clamantis in deserto (lat., pr. it. ['vɔks kla'mantis in de'zɛrto]) [letter. voce di chi predica nel deserto, frase evangelica rif. a Giovanni Battista] ***loc.*** usata per significare l'inutilità di prodigare buoni consigli, di raccomandare la virtù e sim. a chi non intende o non vuole intendere ragione; avvertimento inascoltato.

vox populi vox dei (lat., pr. it. ['vɔks 'pɔpuli 'vɔks 'dɛi]) [letter. voce di popolo voce di Dio] ***loc.*** usata per significare che quando tutti ripetono una cosa, ci deve essere del vero.

voyant (fr., pr. [vwa'jɑ̃]) [1939] ***agg.*** *inv.* sgargiante, vistoso.

voyeur (fr., pr. [vwa'jœ:r]) [letter. colui che guarda; 1946] ***sm.*** *inv.* (anche pl. *voyeurs,* pr. [vwa'jœ:r]) chi prova piacere nello spiare le nudità e gli atti erotici di altri.

voyeurismo (pr. [vwaje'rizmo]) [da *voyeur;* 1966] ***sm.*** perversione del *voyeur.* **Q.T.** *psicologia.*

vroom (ingl., pr. [vru:m]) [voce onom.; 1983] voce onom. che riproduce il rombo di un motore in fase di accelerazione.

vu [lettura della lettera *v;* 1918] ***sf.*** (meno com. *sm.*) nome della lettera *v* (v.) || *vu doppia* (meno com. *vu doppio*), nome della lettera *w* (v.) || **N.** *Sin.* vi.

vucumprà o **vu cumprà** [dalla tipica richiesta *vu cumprà?,* forma storpiata di "vuoi comprare?", rivolta da queste persone ai possibili acquirenti; 1987] ***s.*** venditore ambulante, spec. nordafricano, che offre prodotti di scarso valore per la via, sulle spiagge ecc.

vudù o **vodù** [voce dell'Africa occidentale, attr. l'ingl. *voodoo* e il fr. *voudou;* 1965 *vudu* nel senso 2] **I *sm. inv.*** **1.** culto animista dei negri delle isole Antille e di Haiti, caratterizzato dalla fusione di pratiche magiche africane ed elementi rituali cristiani **2.** ogni divinità adorata all'interno di tale culto **II *agg.*** *inv.* (sempre posposto) proprio di tale culto, relativo a tale culto: *riti vudù.*

vuduismo [da *vudu,* come l'ingl. *voodooism;* 1965] ***sm.*** culto afro-cristiano sorto tra gli schiavi negri di Haiti.

vuduista o **voduista** [da *vuduismo;* 1970] ***s.*** seguace, fedele del vudù || *non com.* anche *agg.*

vuelta (sp., pr. ['bwɛlta]; pr. it. ['vwɛlta]) [letter. giro; 1962] ***sf.*** *inv. T.sport. per anton.* giro ciclistico di Spagna.

vùi [lat. *vōs;* 1294] ***pron. pers.*** *arc.* voi.

vulcanàle [dal lat. *vulcanālis,* di Vulcano; a. 1638] ***agg.*** *poet. ant. raro* da vulcano, infuocato: *caldo vulcanale.*

vulcanèsimo v. VULCANISMO.

vulcànico (pl. *-ci*) [da *vulcano;* 1754] ***agg.*** **1.** di vulcano e dei vulcani: *fenomeni vulcanici, terreni vulcanici; lago vulcanico,* che ha avuto formazione nel cratere di un vulcano inattivo **2.** *fig.* dotato di esuberante vitalità intellettuale: *una mente vulcanica.*

vulcànio (pl. *-ni*) [dal lat. *vulcānius;* a. 1704] ***agg.*** *lett.* del dio Vulcano: *armi vulcanie.*

vulcanismo o **vulcanèsimo** [da *vulcano;* 1885] ***sm.*** *T.scient.* l'insieme dei fenomeni di attività endogena della Terra || **N.** vulcanologia.

vulcanite [comp. di *vulcano* e *-ite*[2]; 1929] ***sf.*** roccia effusiva.

vulcanizzàbile [da *vulcanizzare;* 1970] ***agg.*** che si può vulcanizzare.

vulcanizzànte (*ppr.* di *vulcanizzare*) [1933] ***agg.*** e ***sm.*** di sostanza atta a produrre la vulcanizzazione.

vulcanizzàre [dall'ingl. to *vulcanize;* 1875] ***tr.*** **1.** trattare determinate sostanze, tra cui il caucciù, con zolfo o altre sostanze per aumentarne l'elasticità **2.** riparare mediante saldatura a caldo pneumatici o camere d'aria forati.

vulcanizzatóre [da *vulcanizzare;* 1961] ***sm.*** (f. *-trìce*) operaio specializzato in trattamenti di vulcanizzazione.

vulcanizzazióne [dall'ingl. *vulcanization;* 1875] ***sf.*** atto ed effetto del vulcanizzare.

vulcàno [dal lat. *Vulcanus,* dio del fuoco e poi n. di un'isola delle Lipari, attr. lo sp. *volcan;* 1555] ***sm.*** *T.geol.* apertura della crosta terrestre, da cui vengono eruttati materiali ad altissima temperatura, una parte dei quali solidificandosi si accumula intorno all'apertura stessa formandovi un rilievo conico: *l'eruzione del vulcano* || *com.* anche il rilievo conico formatosi intorno al cratere del vulcano: *le pendici del vulcano* || in modi di dire fig.: *essere, dormire sopra un vulcano,* essere in una situazione che, pur apparendo tranquilla, può all'improvviso rivelarsi drammatica; *essere un vulcano d'idee, avere la testa come un vulcano,* possedere una fervida immaginazione, essere intellettualmente molto dinamico || **N.** attivo, intermittente, quiescente, spento; continentale o terrestre / sottomarino. **Q.T.** *geografia, geologia* **TAV. *geologia* p. 1313** 3.

vulcanologìa [comp. di *vulcano* e *-logia,* sul modello dell'ingl. *vulcanology;* 1868] ***sf.*** scienza che studia i fenomeni vulcanici. **Q.T.** *geologia.*

vulcanològico (pl. *-ci*) [da *vulcanologia;* 1957] ***agg.*** che riguarda la vulcanologia.

vulcanòlogo (pl. *-gi*) [da *vulcanologia;* 1923] ***sm.*** (f. *-a*) studioso di vulcanologia.

vulgàre v. VOLGARE.

vulgàta (meno com. *volgàta*) [dal lat. tardo (*editio*) *vulgāta,* (edizione) divulgata, comune; 1657] ***sf.*** la traduzione latina della Bibbia riconosciuta dalla Chiesa e attribuita a San Girolamo || *per estens. T.filol. vulgata di un testo,* la prima edizione a stampa, che fonda la forma del testo nelle epoche successive || *per estens.* insieme di testi, ispirati a una scuola di pensiero ma di livello intellettuale più basso, attraverso i quali il pensiero di quella scuola si diffonde capillarmente: *vulgata marxista, cartesiana.*

vulgàto (o meno com. *volgàto*) [dal lat. *vulgātus;* a. 1657] ***agg.*** divulgato, conosciuto; *T.filol.* di testo che ha trovato diffusione mediante manoscritti o stampe.

vulgo (lat., pr. it. ['vulgo]) [letter. per il volgo] ***avv.*** comunemente, comunemente detto: *la "Pieris brassicae", vulgo "cavolaia";* anche *scherz.*, nel senso di "per intenderci".

vulneràbile [dal lat. *vulnerābilis;* 1831] ***agg.*** **1.** che può essere ferito o danneggiato: *il punto più vulnerabile di quel pugile è il mento* || anche *fig.*: *ha un carattere molto vulnerabile* **2.** *per estens.* che può essere facilmente attaccato e distrutto: *rinforzare i punti vulnerabili della linea difensiva* || *fig.* criticabile, smentibile e sim.: *il punto più vulnerabile della sua argomentazione* || **N. 1.** *Contr.* invulnerabile **2.** *Contr.* inattaccabile.

vulnerabilità [da *vulnerabile;* 1922] ***sf.*** l'essere vulnerabile || **N.** *Contr.* invulnerabilità.

vulnerànte (*ppr.* di *vulnerare*) [1965] ***agg.*** *T.zool.* detto degli organi offensivi degli animali velenosi.

vulneràre (pres. *vùlnero*) [dal lat. *vulnerāre;* sec. XIV] ***tr.*** *lett.* ferire || *fig. raro* violare, offendere: *vulnerare un principio, un diritto.*

vulnerària [dal lat. *vulnerārius,* vulnerario; 1805] ***sf.*** pianta erbacea delle Papilionacee che cresce spontanea nei pascoli ed è anche coltivata come foraggio; un tempo era ritenuta utile come rimedio alle ferite.

vulneràrio (pl. *-ri*) [dal lat. *vulnerārius;* 1697] ***agg.*** e ***sm.*** di medicamento, che è atto a curare ferite, a cicatrizzare le piaghe: *balsamo vulnerario.*

vùlture [dal lat. *vultur, -uris;* sec. XIV] ***sm.*** *ant.* avvoltoio.

vùlva [dal lat. *vulva;* a. 1320] ***sf.*** *T.anat.* l'apparato genitale esterno femminile.

vulvàre [da *vulva;* 1957] ***agg.*** *T.anat.* della vulva.

vulvària [da *vulva,* perché un tempo usata come medicinale nell'isterismo; a. 1704] ***sf.*** pianta erbacea delle Chenopodiacee dalle foglie ovali e dai fiori emananti un odore sgradevole.

vulvìte [comp. di *vulva* e *-ite*[1]; 1957] ***sf.*** *T.med.* infiammazione della vulva.

vulvovaginàle [comp. di *vulva* e *vagina,* con suff. agg.; 1961] ***agg.*** relativo alla vulva e alla vagina.

vulvovaginìte [comp. di *vulva, vagina* e *-ite*[1]; 1961] ***sf.*** *T.med.* infiammazione della vulva e della vagina.

vuotabórse (tosc. *votabórse*) [comp. di *vuota*(*re*) e *borsa;* 1585 *votaborse*] ***agg.*** e ***s. inv.*** *ant.* che o chi comporta molte spese o esige molto denaro per sé || **N.** esoso, spendaccione.

vuotacèssi (tosc. *votacèssi*) [comp. di *vuota*(*re*) e *cesso;* a. 1449 *votacessi*] ***agg.*** e ***s. inv.*** *spreg.* addetto allo svuotamento dei pozzi neri || **N.** bottinaio.

vuotàggine (raro *votàggine*) [da *vuoto;* 1945 nel senso 1] ***sf.*** **1.** scempiaggine **2.** *raro* vuotezza.

vuotaméle (raro *votaméle*) [comp. di *vuota*(*re*) e *mela;* 1961] ***sm. inv.*** utensile da cucina munito di un tubetto metallico che toglie il torsolo di mele, pere e sim.

vuotaménto (raro *votaménto*) [da *vuotare;* 1926 *votamento*] ***sm.*** il vuotare.

vuotapózzi (raro *votapózzi*) [comp. di *vuota*(*re*) e *pozzo;* 1826 *votapózzo*] ***s. inv.*** operaio che svuota i pozzi per ripulirli.

vuotàre (disus. *votàre*[1]) (pres. *vuòto, vuòti, vuòta, vuotiàmo, vuotàte, vuòtano;* imp. *vuotàvo;* p.rem. *vuotài, vuotàsti, vuotò, vuotàmmo, vuotàste, vuotàrono;* fut. *vuoterò;* pps. *vuotàto*) [da *vuoto;* 1353 *votare*] ***tr.*** rendere vuoto qualcosa togliendo tutto ciò che contiene: *vuotare una scatola* || in modi di dire: *vuotare il bicchiere, una bottiglia,* berne l'intero contenuto; *vuotare le tasche a qualcuno,* anche, *fig.*, fargli spendere tutto quanto possiede; *vuotare una casa,* svaligiarla; *vuotare il sacco,* anche, *fig.*, rivelare, spec. in seguito a pressioni, tutto ciò che si sa || ***intr. pron.*** rimanere vuoto: *il vassoio dei dolci si è vuotato in un baleno* || **N.** *Sin.* cavare, evacuare, sbarazzare, sgombrare, svuotare | *Contr.* colmare, empire, riempire.

vuotàta [da *vuotare*; 1961] ***sf.*** il vuotare una volta e alla meglio: *dare una vuotata.*

vuotatóre [da *vuotare*; 1826] ***agg.*** e ***sm.*** (f. *-trìce*) che, chi vuota.

vuotatùra [da *vuotare*; 1879 *votatura*] ***sf.*** l'azione del vuotare.

vuotazucchìne [comp. di *vuota(re)* e *zucchina*; 1961 *vuotazucchini*] ***sm.*** *inv.* utensile da cucina, provvisto di una lama angolata, atta a svuotare le zucchine della parte interna.

vuotézza [da *vuoto*; a. 1907] ***sf.*** condizione di essere o sentirsi vuoto, spec. *fig.*, riferendosi al vuoto di contenuti intellettuali e sim.: *vuotezza d'idee*; *cavernosa vuotezza* (Carducci).

vuòto (pop. *vòto*) [lat. volg. **vocitus*, var. di **vacitus*, pps. di **vacēre*, var. di *vacāre*, essere vuoto; a. 1294 *voto*] **I *agg.*** **1.** che potrebbe contenere cose o persone ma non le contiene: *un bicchiere vuoto, puoi sederti in quel posto vuoto, una stanza vuota sembra sempre più piccola di quel che è in realtà, scegliamo uno scompartimento vuoto*; *T.mat. insieme vuoto*, privo di elementi || in modi di dire fig.: *sentirsi la testa vuota*, sentirsi incapaci di concentrarsi, privi di idee; *fig. testa vuota*, individuo sciocco; *aver la pancia vuota*, essere a digiuno da troppo tempo; *restare a mani vuote*, non ottenere nulla; *presentarsi a mani vuote*, senza recare nulla in dono, senza offrire nulla || *iperb.* disabitato: *in agosto le grandi città sono vuote*; *l'alloggio è rimasto vuoto* **2.** *fig.* privo di significato, di valore, di sostanza e sim.: *parole vuote, discorsi vuoti*; *giornata, vita vuota*, priva di scopi e di senso **II *sm.*** **1.** *T.fis.* regione di spazio in cui non esiste materia: *il vuoto assoluto non esiste in natura* || *com.* regione di spazio occupata da aeriformi di pressione notevolmente inferiore a quella atmosferica: *confezioni sotto vuoto (spinto)*; *vuoto torricelliano*, V. TORRICELLIANO || *per estens.* regione di spazio non occupata da corpi solidi o liquidi: *cadere nel vuoto, battendo il muro si sentono dei vuoti*; *avere gli occhi fissi nel vuoto*, guardare fisso verso un punto in cui non vi è nulla; *vuoto d'aria*, espressione impropria designante una corrente d'aria verticale, diretta verso il basso, che trascina l'aereo dando l'impressione a chi è a bordo che sia venuto a mancare il sostentamento **2.** *fig.* carenza, mancanza di qualcosa: *la sua morte ha lasciato in noi un vuoto incolmabile*; *fare il vuoto intorno a sé*, rimanere solo, per aver fatto allontanare tutti gli altri o, anche, per essersi allontanati da tutti gli altri; *vuoto di potere*, mancanza di direzione politica o amministrativa; *vuoto di cassa*, ammanco || nella loc. avv. *a vuoto*, invano, inutilmente, senza produrre alcun effetto: *parlare, discutere a vuoto*, senza dimostrare nulla, senza convincere nessuno e sim.; *girare a vuoto*, di ingranaggio o meccanismo che gira liberamente, in folle o, *fig.*, agire senza concludere nulla; *T.banc. assegno a vuoto*, non coperto **3.** *concr.* contenitore vuoto: *vuoto a rendere, a perdere*, diciture indicanti, rispettivamente, che è prevista o meno la restituzione del contenitore vuoto || **vuotaménte** ***avv.*** || *dim.* vuotino || **N. I 1.** *Sin.* sgombro, vacuo; semivuoto | deserto, disabitato, libero, vacante | *Contr.* PIENO **2.** *Sin.* vacuo, vano.

vuotòmetro [comp. di *vuoto* e *-metro*; 1961] ***sm.*** vacuometro.

W

w lettera di alcuni alfabeti stranieri moderni; nell'italiano si incontra esclusivamente in forestierismi; nelle parole straniere italianizzate si può tramutare in *v* (*Walzer* e *valzer*). Il suo nome per esteso è femminile (*vi* o *vu doppia*, ma anche *doppia vi* o *doppia vu*) o anche, più raramente, maschile; *vu doppia come Washington*, nella compitazione delle parole; equivale, nella forma maiuscola, all'esclamazione *viva!*: *W l'Italia!* ‖ rappresenta il suono della approssimante labiovelare sonora [w] ‖ per le sigle e le abbreviazioni in cui compare, v. la lista relativa.

wad (ingl., pr. [wɒd]) [etim. inc.; 1961] ***sm.*** *inv.* materiale naturale, terroso e leggero, di composizione chimica variabile, il cui componente principale è il biossido di manganese.

wafer (pr. it. ['vafer]) [letter. cialda; 1905] ***sm.*** *inv.* tipo di biscotto formato da due o più cialde che racchiudono crema, cioccolato e sim. ‖ **N.** *gaufrette*.

wagonette (ingl., pr. ['wægənet]) [voce ingl.] ***sf.*** *inv. T.carr.* carrozza coperta leggera, per sei o più persone, con due panche collocate nel senso della lunghezza, disposte in modo tale per cui i passeggeri siedono gli uni di fronte agli altri.

wagon-lit (fr., pr. [vagɔ̃'li]) [letter. vagone-letto; 1942] ***sm.*** *inv.* vagone letto.

wagon-restaurant (fr., pr. [va'gɔ̃ rɛstɔ'rɑ̃]) [calco dell'ingl. *restaurant-car*; 1942] ***sm.*** *inv.* carrozza ferroviaria attrezzata a sala ristorante.

wahabìsmo (pr. [waa'bizmo]) [da *wahabita*; 1983] ***sm.*** movimento rigorista musulmano, sorto nel sec. XVIII allo scopo di purificare la religione da tutte le credenze e le pratiche introdotte successivamente ai primi insegnamenti dell'islamismo.

wahabita (pr. [waa'bita]) [dal n. proprio Muhammad ibn 'Abd al-*Wahhāb*; 1961] **I** ***agg.*** che si riferisce al wahabismo **II** ***s.*** seguace del wahabismo.

walchìria v. VALCHIRIA.

Walhalla (ted., pr. [val'hala]) o ***Walhall*** (ted., pr. ['valhal]) [dall'ant. nord. *Valhöll*, letter. sala dei caduti in battaglia; 1961] ***sm.*** *inv.* nell'antica mitologia germanica, il paradiso degli eroi morti in battaglia, cui giungono condotti dalle Valchirie e nel quale la notte banchettano e il giorno duellano, preparandosi a combattere a fianco di Odino.

walkie-cup (ingl., pr. ['wɔ:kɪ kʌp]) [letter. coppa da passeggio; 1987] ***sf.*** *inv.* bicchiere di cartone cerato con coperchio e cannuccia, usato per contenere bevande da bere passeggiando.

walkie-talkie (ingl., pr. [ˌwɔ:kɪ'tɔ:kɪ]) [letter. (apparecchio) parlatore da passeggio; 1946] ***sm.*** *inv.* apparato di comunicazione radio formato da due piccole ricetrasmittenti portatili e funzionanti anche in cammino.

walkìria v. VALCHIRIA.

walkman (ingl., pr. ['wɔ:kmən]) [forse comp. di *walk*, passeggio e *man*, uomo; 1984] ***sm.*** *inv.* nome commerciale di un apparecchio stereofonico portatile per l'ascolto, mediante cuffia, di cassette o della radio.

walk-over (ingl., pr. ['wɔ:kˌoʊvə]) [letter. passeggiata sopra; 1905] ***sm.*** *inv. T.ipp.* corsa in cui un cavallo è rimasto solo per il ritiro degli altri concorrenti ‖ *per estens. T.sport.* competizione in cui un concorrente si afferma con facilità per l'evidente inferiorità degli altri.

wallaby (ingl., pr. ['wɒləbɪ]) [da una voce indigena australiana; 1930] ***sm.*** (pl. *wallabies*, pr. ['wɒləbɪz]) nome comune di diverse specie di mammiferi marsupiali della famiglia Macropodidi, diffusi in Australia, Tasmania e Nuova Guinea; gli appartenenti alla specie più nota, quella detta anche *canguro minore*, sono di taglia molto inferiore rispetto ai canguri, hanno corpo rivestito di pelo folto e morbido, grandissime orecchie e coda molto pelosa che si assottiglia all'estremità.

walser (ted., pr. ['walzɐ]) [dal ted. *Walliser*, vallese; 1961] **I** ***s.*** *inv.* abitante del Vallese svizzero e della Valle di Gressoney in Val d'Aosta, parlante un dialetto alemanno **II** ***agg.*** *inv.* (sempre posposto) che si riferisce alle popolazioni germanofone del Vallese e della valle di Gressoney, o al loro dialetto: *parlate walser, la comunità walser.*

walzer (ted., pr. ['valtsɐ]; pr. it. ['valtser]) [letter. (ballo) che si fa strisciando con i piedi; 1843] ***sm.*** *inv.* valzer.

wampum (ingl., pr. ['wɒmpəm]) [abbr. dell'algonchino *wampumpeag*, letter. striscia bianca; 1934] ***sm.*** *inv.* collana di conchiglie in uso presso molte tribù pellerossa per ornamento, come mezzo di scambio e come pegno a garanzia di un accordo.

wapiti (ingl., pr. ['wɒpɪtɪ]; pr. it. ['vapiti]) o **vàpiti** [da una voce algonchina; 1875] ***sm.*** Mammifero della fam. dei Cervidi, dal mantello bruno scuro, bianco sulle cosce, con corna lunghissime, del quale restano alcuni esemplari nel Nord America.

war game o ***wargame*** (ingl., pr. ['wɔ:geɪm]; pr. it. [wɔr'geim]) [letter. gioco di guerra; 1979] ***loc. m.*** o ***sm.*** *inv.* (anche pl. *war games*, pr. ['wɔ: geɪmz]) **1.** *T.mil.* battaglia simulata eseguita per addestramento nelle accademie militari o nelle scuole di guerra **2.** gioco elettronico o da tavolo consistente nel simulare o ricostruire scontri bellici.

warrant (ingl., pr. ['wɒrənt]) [letter. garante, garanzia; 1862] ***sm.*** *inv. T.com.* nota di pegno.

wash-and-wear (ingl., pr. ['wɒʃ ənd 'weə]) [letter. lavare e indossare; 1966] ***agg.*** *inv.* di tessuto di fibre sintetiche che, dopo essere stato lavato e asciugato, non richiede di essere stirato: *camicia wash-and-wear.*

wash-board (ingl., pr. ['wɒʃbɔ:d]) [letter. asse per lavare; 1964] ***sm.*** *inv.* strumento a percussione usato nelle prime forme di musica jazz.

Wassermann (ted., pr. ['vasɐman]; pr. it. ['vasserman]) [dal n. proprio A. v. *Wassermann*, medico tedesco; 1961] **I** ***agg.*** *inv. T.med. reazione Wassermann*, esame per la diagnosi della sifilide che si effettua sul siero del sangue **II** ***sf.*** *inv. T.med.* reazione Wassermann.

water (ingl., pr. ['wɔ:tə]; pr. it. ['vater]) [abbr. di *water-closet*; 1965] ***sm.*** *inv. water-closet* ‖ *in part.* il solo vaso di maiolica del gabinetto all'inglese.

water-closet (ingl., pr. ['wɔ:tə ˌklɒzɪt]) [letter. stanzino ad acqua; 1905] ***sm.*** *inv.* gabinetto all'inglese, con tazza di maiolica e sciacquone.

waterloo (ol., pr. ['ʋa:tərlo:]; pr. fr. e it. [vater'lo]) [dal n. geogr. *Waterloo*, località belga in cui Napoleone subì la sconfitta decisiva; 1970] ***sf.*** *inv.* sconfitta disastrosa, disfatta: *il crollo in borsa fu per la sua impresa una waterloo.*

waterpolista (pr. [vaterpo'lista] o [woterpo'lista]) [da *waterpolo*; 1953] ***s.*** *raro* pallanuotista.

water-polo (ingl., pr. ['wɔ:tə ˌpoʊloʊ]) [letter. polo d'acqua; 1915] ***sm.*** *inv. raro* pallanuoto.

water-proof (ingl., pr. ['wɔ:təpru:f]) [letter. a prova d'acqua, impermeabile; 1868] ***agg.*** *inv.* a prova d'acqua.

watt (pr. [vat]) [dal n. proprio J. *Watt*, ingegnere scozzese; 1895] ***sm.*** *inv.* unità di misura della potenza nel Sistema Internazionale, corrispondente al lavoro di un joule al secondo.

wattòmetro (pr. [vat'tɔmetro]) o **wattmetro** (pr. ['vatmetro]) [comp. di *watt* e *-metro*; 1961] ***sm.*** strumento usato per misurare la potenza attiva assorbita da un circuito.

wattóra (pr. [vat'tora]) [comp. di *watt* e *ora*; 1940] ***sf.*** *inv.* unità di misura pratica di energia elettrica, corrispondente al lavoro fornito da un dispositivo della potenza di un watt in un'ora.

wattoràmetro (pr. [vatto'rametro]) [comp. di *wattora* e *-metro*; 1961] **sm.** apparecchio che misura l'energia elettrica assorbita in un dato tempo da un circuito.

wattsecóndo (pr. [vattse'kondo]) [comp. di *watt* e *secondo*; 1970] **sm.** joule.

watùsso (pr. [va'tusso]) [dallo swahili *watutsi*, pl. di *mtutsi*, nome del popolo; 1970] **I sm.** (f. *-a*) chi appartiene a una popolazione di origine etiopica stanziata a sud e a ovest del lago Vittoria, caratterizzata da altissima statura **II agg. 1.** dei watussi **2.** *per estens. fig.* molto alto e slanciato.

wavellite (pr. [wevel'lite]) [comp. del n. proprio W. *Wavell*, fisico ingl. e *-ite*²; 1817] **sf.** *T.min.* fosfato basico idrato d'alluminio.

wa-wa (ingl., pr. ['wɔːwɔː]; pr. it. ['wawa]) [voce onom.; 1961] **sf.** *inv.* sordina per tromba usata nel jazz.

wéber (pr. ['veber]) [dal n. proprio W.E. *Weber*, fisico ted.; 1934] **sm.** *inv.* unità di misura del flusso magnetico.

week-end (ingl., pr. ['wiːk end]; pr. it. [wi'kɛnd]) [letter. fine della settimana; 1905] **sm.** *inv.* fine settimana (comprendente il sabato e la domenica) || *per estens.* vacanza di fine settimana: *partire per il week-end*.

welfare state (ingl., pr. [ˌwelfeə 'steɪt]) [letter. stato di benessere; 1951] **loc. m.** *inv.* *T.econ.* sistema sociale che garantisce a tutti i cittadini un reddito minimo e l'assistenza per i servizi considerati indispensabili.

wellerìṣmo (pr. [velle'rizmo]) [dal n. proprio S. *Weller*, personaggio di Ch. Dickens, come l'ingl. *wellerism*; 1935] **sm.** frase di carattere sentenzioso che si attribuisce, spec. *scherz.*, a un personaggio reale o immaginario.

wellingtònia (pr. [welliŋg'tɔnja]) [dal n. proprio A. Wellelsley, duca di *Wellington*; 1970] **sf.** *T.bot.* sequoia.

Weltanschauung (ted., pr. ['veltʔanʃaʊʊŋ]; pr. it. [veltan'ʃauŋ(g)]) [letter. visione del mondo; 1931] **sf.** *inv.* concezione della vita e del mondo propria di un individuo, di un popolo o di un momento storico.

welter (ingl., pr. ['weltə]; pr. it. ['velter]) [etim. inc.; 1935] **agg.** e **sm.** *inv.* *T.sport.* nella boxe e nella lotta, categoria intermedia tra i pesi leggeri e i medi; peso medio-leggero: *il titolo dei pesi welter, è un welter*.

wertheriṣmo (pr. [verte'rizmo]) [dal n. proprio *Werther*, protagonista del romanzo di Goethe «I dolori del giovane Werther»; 1970] **sm.** sensibilità segnata da dolorosa inquietudine, caratteristica del sentimentalismo romantico.

wesleyàno (pr. [wezle'jano]) [dall'ingl. *Wesleyan*, letter. di John Wesley, fondatore del metodismo; 1961] **sm.** (f. *-a*) metodista.

west (ingl., pr. [west]) [letter. ovest; 1844] **sm.** *inv.* le regioni occidentali degli Stati Uniti e del Canada.

western (ingl., pr. ['westən]; pr. it. ['wɛstern]) [letter. occidentale; 1942] **agg.** e **sm.** *inv.* *T.cin.* genere di film (e, concr., ciascun film appartenente a questo genere) che narra le avventure di *cow-boy*, sceriffi, banditi e pellirosse, ambientate nelle praterie della zona occidentale degli Stati Uniti: *stasera trasmettono un bel (film) western, non amo il (genere) western* || *western all'italiana*, ripresa in chiave ironica e spettacolare del *western* tradizionale (V. SPAGHETTI WESTERN).

whig (ingl., pr. [wɪg]) [abbr. di *Whiggamore*, n. di un gruppo di rivoltosi scozzesi; 1718] **agg.** e **s.** *inv.* appartenente al partito politico inglese che, nella seconda metà del sec. XVIII, fu fautore delle libertà parlamentari, della tolleranza religiosa e degli interessi della borghesia; a volte usato nel senso di "liberale progressista".

whisky (ingl., pr. ['wɪskɪ]) [abbr. di *whiskybae*, gaelico *visgebeatha*, letter. acqua di vita; 1823 *whiskey*] **sm.** *inv.* acquavite di malto, grano e avena, tipica della Scozia.

whist (ingl., pr. [wɪst]) [letter. zitto, ma è deformazione di un precedente *whisk*, scopino; 1771] **sm.** *inv.* *T.gioc.* gioco di carte d'origine inglese, simile al *bridge*.

wicket (ingl., pr. ['wɪkɪt]) [letter. cancelletto; 1940] **sm.** *inv.* *T.sport.* nel gioco del cricket, porta.

wìdia (pr. ['vidja]) [dal ted. *Widia*, abbr. di *wie Diamant*, (dura) come diamante; 1937] **sm.** *inv.* materiale metallo-ceramico di particolare durezza, usato per utensili da taglio dei materiali più duri.

wigwam (ingl., pr. ['wɪgwæm]) [da una voce algonchina, letter. la loro casa; 1829] **sm.** *inv.* tenda a cupola degli Algonchini e degli Athabasca, edificata piantando nel terreno ramaglie ricurve ricoperte poi di pelli, stuoie o scorze d'albero.

willemite (pr. [ville'mite]) [comp. dell'ol. *Willem*, Guglielmo (I, re d'Orlanda) e *-ite*²; 1961] **sf.** *T.min.* silicato di zinco in cristalli vitrei, usato per l'estrazione dello zinco.

winch (ingl., pr. [wɪntʃ]) [letter. argano; 1961] **sm.** *inv.* *T.mar.* verricello.

winchester (ingl., pr. ['wɪntʃɪstə]; pr. it. [win'tʃester]) [dal n. proprio O.F. *Winchester*, fabbricante d'armi statunitense; 1942] **sm.** *inv.* tipo di carabina a ripetizione potente e precisa.

windsurf (ingl., pr. ['wɪndsəːf]; pr. it. [wind'sœrf]) [letter. surf a vento; 1981 nel senso 2] **sm.** *inv.* **1.** *T.sport.* tavola galleggiante in vetroresina, munita di una deriva mobile, una pinna direzionale fissa e una vela manovrabile per mezzo di un boma arcuato, così da permettere al navigatore di dirigere la tavola stando in piedi su di essa **2.** *T.sport.* windsurfing || **N. 1.** *Sin.* surf, tavola a vela.

windsurfer (ingl., pr. ['wɪndsəːfə]) [da *windsurf*; 1987] **sm.** *inv.* *T.sport.* windsurfista.

windsurfing (ingl., pr. ['wɪndsəːfɪŋ]) [da *windsurf*; 1977] **sm.** *inv.* *T.sport.* sport praticato col windsurf.

windsurfista (pr. [windsør'fista] o [windsur'fista]) [da *windsurf*; 1987] **s.** *T.sport.* chi pratica il windsurf.

wolfràmio (pr. [vol'framjo]) [dal ted. *Wolfram*; 1771 *wolfram*] **sm.** *T.chim.* tungsteno.

wolframite (pr. [volfra'mite]) [comp. di *wolfram(io)* e *-ite*²; 1923] **sm.** *T.chim.* minerale da cui si estrae il wolframio.

won (coreano, pr. [wʌn]) [etim. inc.; 1961] **sm.** *inv.* unità monetaria della Corea del Nord e della Corea del Sud.

woofer (ingl., pr. ['wuːfə]) [da *woof*, suono basso; 1966] **sm.** *inv.* negli impianti stereofonici, altoparlante per riprodurre fedelmente basse frequenze sonore || **N.** *tweeter*.

word processing (ingl., pr. [ˌwəːd 'proʊsesɪŋ]) [comp. di *word*, parola e *processing*, elaborazione; 1979] **loc. m.** *inv.* *T.inform.* insieme delle operazioni che consentono di registrare, memorizzare, elaborare e stampare un testo scritto visualizzato sullo schermo di un computer || **N.** *Sin.* videoscrittura.

word processor (ingl., pr. [ˌwəːd 'proʊsesə]) [comp. di *word*, parola e *processor*, elaboratore; 1984] **loc. m.** *inv.* *T.inform.* l'hardware e il software necessari per l'elaborazione elettronica di un testo scritto.

work in progress (ingl., pr. ['wəːk in 'proʊgres]) [letter. lavoro in progressione; 1952] **loc. m.** *inv.* lavoro ancora in corso di perfezionamento, suscettibile di revisioni.

workshop (ingl., pr. ['wəːkʃɒp]) [letter. laboratorio, officina] **sm.** *inv.* gruppo di lavoro; seminario di studi.

workstation o ***work station*** (ingl., pr. ['wəːkˌsteɪʃən]) [letter. postazione di lavoro; 1986] **sf.** o **loc. f.** *inv.* postazione di lavoro dotata delle apparecchiature elettroniche per l'automazione del lavoro d'ufficio.

wow ¹ (ingl., pr. [waʊ]) [voce onom.; 1987] **sm.** *inv.* *T.tecn.* fluttuazione del suono registrato su un supporto mobile (disco o nastro magnetico) dovuta a fluttuazione lenta della velocità di rotazione o di scorrimento del supporto stesso.

wow ² (ingl., pr. [waʊ]) [voce espressiva; 1959] **escl.** esprime soddisfazione o divertito stupore.

wrestling (ingl., pr. ['reslɪŋ]; pr. it. ['vrestliŋ(g)]) [letter. combattimento; 1988] **sm.** *inv.* lotta libera combattuta a fini spettacolari.

wu (cin., pr. [wu]) [voce cinese; 1973] **sm.** (solo *sing.*) gruppo di dialetti cinesi parlati nella parte inferiore della vallata dello Yangtze.

würstel (ted., pr. ['vʏrstəl]) [letter. salsicciotto; 1905] **sm.** *inv.* salsiccia lunga e sottile, di carne bovina e suina, tipica della Germania e dell'Austria. **TAV.** *alimentazione* 7.6.

X

x lettera dell'alfabeto greco e latino, nonché di alcuni alfabeti stranieri moderni; nell'italiano si incontra esclusivamente in latinismi (*uxoricida*), grecismi (*xenofobo*) o forestierismi d'altra origine (*texano*); in questo dizionario si è collocata la glossa di tali parole sotto la forma non italianizzata. Il suo nome per esteso è *ics* e, usata come sostantivo, è di genere maschile o, più spesso, femminile: *una x maiuscola*, ma anche *un x maiuscolo*; *x come xeres*, nella compitazione delle parole ‖ *a X*, a forma di x maiuscola: *gambe a x*, storte ‖ *T.sport.* per convenzione, equivale a *risultato pari* nei concorsi a pronostici ‖ *T.mat.* nella forma minuscola indica uno dei tre assi di una terna cartesiana, l'asse delle ascisse nel piano cartesiano, una variabile o anche un'incognita; da quest'ultimo significato in particolare deriva, *per estens.*, il suo uso in forma sostantivale, indicante persona o entità indeterminata o ignota: *il signor X, il pensiero di quell'uomo è per me una grossa X*; usata anche per indicare un momento cruciale: *è giunta l'ora X* ‖ rappresenta il suono del gruppo consonantico [ks] (o talvolta [gz]) ‖ quando è in principio di parola, la x si comporta come la *s* seguita da consonante (v.) ‖ nella numerazione romana, X = 10 ‖ per le sigle e le abbreviazioni in cui compare, v. la lista relativa.

xantàto [comp. di *xant(ico)* e *-ato*; 1961] **sm.** *T.chim.* sale o estere dell'acido xantico ‖ **N.** *Sin.* xantogenato.

xantelàṣma [comp. di *xant(o)-* e gr. *élasma*, lamina; 1961] **sm.** *T.med.* xantoma della palpebra.

xantène [comp. di *xanto-* e *-ene*; 1961] **sf.** *T.chim.* composto organico complesso, costituente fondamentale di una classe di coloranti.

xantènico (pl. *-ci*) [comp. di *xantene* e *-ico*; 1961] **agg.** *T.chim.* derivato dallo xantene, contenente xantene: *colorante xantenico*.

xàntico (pl. *-ci*) [comp. di *xant(o)-* e *-ico*; 1961] **agg.** *T.chim.* *acido xantico*, acido instabile derivato dall'acido carbonico per sostituzione di due atomi di ossigeno con zolfo e di un atomo di idrogeno con un radicale ‖ **N.** *Sin.* xantogenico.

xantìna [comp. di *xant(o)-* e *-ina*; 1961] **sf.** *T.chim.* alcaloide naturale con struttura derivante dalla purina, diffuso nel regno animale e vegetale.

xànto- [dal gr. *xanthós*, giallo] **primo elem.** che, in parole composte della terminologia scientifica, vale "di colore giallo" (per es. *Xantoficee*, *xantofilla*).

Xantofìcee [comp. di *xanto-* e *-ficee*; 1961] **sf. pl.** *T.bot.* classe delle Crisofite, alghe verdi-giallastre (in quanto contenenti cromoplasti ricchi di xantofilla e carotina).

xantofìlla (raro *santofilla*) [comp. di *xanto-* e *-fillo*; 1940] **sf.** pigmento giallo contenuto nei cromoplasti delle piante verdi, cui conferisce il colore giallo che esse presentano in autunno, quando scompare il più intenso colore verde della clorofilla.

xantogenàto [comp. di *xantogen(ico)* e *-ato*; 1961] **sm.** *T.chim.* xantato.

xantogènico [comp. di *xanto-* e *-genico*; 1961] **agg.** *T.chim.* *acido xantogenico*, acido xantico.

xantòma [comp. di *xanto-* e *-oma*; 1918] **sm.** *T.med.* manifestazione cutanea a placche giallastre rilevate, dovuta ad accumuli di colesterina.

xantomatóso [da *xantoma*; 1961] **agg.** *T.med.* relativo a xantoma, peculiare dello xantoma.

xantóne [comp. di *xant(ene)* e *-one²*; 1987] **sm.** *T.chim.* composto organico eterociclico, usato come insetticida o come componente di coloranti sintetici.

xantopsìa o **santopsìa** [comp. di *xanto* e *-opsia*; 1940] **sf.** *T.med.* perturbamento nella percezione dei colori (per cui il bianco appare giallo e i colori scuri appaiono violetti), che accompagna l'itterizia e l'intossicazione da santonina e da digitale.

Xenàrtri [comp. di *xeno-* e *-artro*; 1957] **sm. pl.** *T.zool.* sottordine dei Mammiferi Maldentati ‖ anche l'intero ordine, a cui appartengono il formichiere, l'armadillo, il bradipo.

xenìa [dal gr. *xenía*, ospitalità; 1906] **sf.** *T.bot.* fenomeno per il quale l'ibridazione fra due varietà di una specie vegetale si manifesta già nel seme della pianta madre.

xèno [dal gr. *xénos*, strano, straniero; 1961] **sm.** *T.chim.* il più pesante tra i gas nobili dell'aria.

xèno- (raro *sèno-*) [dal gr. *xénos*, straniero] **primo elem.** che, in parole composte dotte e della terminologia scientifica, vale "straniero", "estraneo" (per es. *xenofobia*, *xenoglossia*).

xenòbio (pl. *-bi*) [comp. di *xeno-* e *-bio*; 1961] **sm.** in ecologia, organismo che si trova eccezionalmente, per cause accidentali o per migrazione, in un ambiente o in un organismo a cui è normalmente estraneo.

xenobiónte [comp. di *xeno-* e gr. *biôn*, *bióntos*, vivente; 1961] **sm.** xenobio.

xenobióṣi [comp. di *xeno-* e gr. *bíōsis*, tenore di vita; 1961] **sf.** *T.biol.* rapporto di convivenza fra animali di specie diversa.

xenobiòtico (pl. *-ci*) [comp. di *xeno-* e *biotico*; 1987] **agg.** detto di sostanza priva di valore nutritivo.

xenodòchio (pl. *-chi*) [dal gr. *xenodókos*, luogo per accogliere gli ospiti; 1961] **sm.** *T.stor.* nel Medioevo, ospizio gratuito per pellegrini e forestieri in genere.

xenodòllaro [comp. di *xeno-* e *dollaro*; 1987] **sm.** *T.econ.* dollaro statunitense depositato presso banche operanti all'estero ‖ **N.** eurodollaro, petrodollaro.

xenoecologìa [comp. di *xeno-* e *ecologia*; 1974] **sf.** ramo dell'ecologia che studia il comportamento di organismi terrestri nello spazio e le probabili condizioni ambientali di altri astri ‖ **N.** ecologia spaziale.

xenofilìa [comp. di *xeno-* e *-filia*; 1961 nel senso 2] **sf.** **1.** tendenza a preferire prodotti e abitudini straniere **2.** *T.biol.* tendenza di alcune specie animali a cercare rifugio presso specie diverse e più grandi ‖ **N.** **1.** *Sin.* esterofilia.

xenòfilo [comp. di *xeno-* e *-filo*; 1967] **agg.** e **sm.** (f. *-a*) caratterizzato da xenofilia.

xenofobìa (raro *senofobia*) [comp. di *xeno-* e *-fobia*; 1926] **sf.** odio fanatico per tutto ciò che è straniero.

xenofòbico (pl. *-ci*) [da *xenofobia*; 1987] **agg.** relativo a xenofobia, ispirato a xenofobia.

xenòfobo (raro *senòfobo*) [comp. di *xeno-* e *fobo*; 1908] **agg.** e **sm.** (f. *-a*) che, chi odia tutto ciò che è straniero ‖ che è ispirato a xenofobia: *provvedimento xenofobo*.

xenogamìa [comp. di *xeno-* e *-gamia*; 1961] **sf.** *T.bot.* impollinazione tra fiori di due individui diversi di una stessa specie.

xenoglossìa [comp. di *xeno-* e *-glossia*; 1950] **sf.** presunto fenomeno medianico che consiste nell'esprimersi in particolari circostanze (tipicamente in stato di *trance*) in una o più lingue che normalmente non si conoscono.

xenòpo [dal lat. scient. *xenopus*, basato sul gr. *xénos*, strano e gr. *póus*, piede; 1983] **sm.** *T.zool.* genere di anfibi anuri africani ‖ *xenopo liscio*, xenopo usato nei test di gravidanza.

xères [dal n. geogr. *Xeres*, grafia antica di *Jerez* (de la Frontera), città andalusa; 1852] **sm.** *inv.* vino bianco spagnolo, simile al marsala, di gradazione elevata ‖ **N.** *Sin.* *sherry*.

xèro- (raro *sèro-*) [dal gr. *xerós*, secco] **primo elem.** che, in parole composte della terminologia scientifica e di quella tecnica, vale "secco, asciutto, arido" (per es. *xerobio*, *xerografia*, *xerosfera*).

xeròbio (pl. *-bi*) [comp. di *xero-* e *-bio*; 1865] **agg.** *T.biol.* che vive, che può vivere in ambiente arido.

xerocòpia [comp. di *xero-* e *copia*; 1970] **sf.**

copia di documenti ottenuta per mezzo della xerografia.

xerocopiàre (pres. *xerocòpio*) [da *xerocopia*; 1970] ***tr.*** riprodurre un documento per mezzo della xerografia.

xerocopiatrice [da *xerocopiare*; 1987] ***sf.*** macchina per fotocopie.

xerodèrma [comp. di *xero-* e *derma*; 1961] ***sm.*** *T.med.* affezione cutanea congenita, caratterizzata da abnorme secchezza della pelle.

xerodermìa [comp. di *xero-* e *-dermia*; 1970] ***sf.*** *T.med.* alterazione della cute, che diventa dura e secca, per insufficienza di vitamina A.

xeròfilo [comp. di *xero-* e *-filo*; 1961] **I** ***agg.*** detto di organismo animale o vegetale che predilige i luoghi aridi **II** ***sm.*** organismo animale o vegetale xerofilo.

xeròfita [comp. di *xero-* e *-fita*; 1906] ***sf.*** *T.bot.* pianta che presenta gli adattamenti necessari per attecchire e prosperare in regioni aride ed esposte a forte insolazione (com'è, per es. il cactus).

xerofòrmio [comp. di *xero-* e (*cloro*)*formio*; 1940] ***sm.*** *T.farm.* polvere gialla insolubile, che contiene una forte dose di ossido di bismuto.

xeroftalmìa [comp. di *xero-* e un der. del gr. *ophtalmós*, occhio; 1937] ***sf.*** *T.med.* affezione della cornea e della congiuntiva consistente in uno stato di particolare secchezza, dovuto a insufficienza di vitamina A;

xeroftàlmico (pl. *-ci*) [da *xeroftalmia*; 1961] ***agg.*** *T.med.* di xeroftalmia.

xeroftàlmo [da *xeroftalmia*; 1961] ***sm.*** *T.med.* xeroftalmia.

xerografìa [comp. di *xero-* e *-grafia*; 1950] ***sf.*** procedimento di riproduzione foto-elettrografico.

xerogràfico (pl. *-ci*) [da *xerografia*; 1970] ***agg.*** che si riferisce alla xerografia: *riproduttore xerografico* || ottenuto per mezzo di xerografia: *copia xerografica.*

xeroradiografìa [comp. di *xero-* e *radiografia*; 1983] ***sf.*** *T.med.* tecnica radiografica, impiegata spec. nella diagnosi precoce di tumori alla mammella, nel quale il radiogramma è ottenuto con procedimento xerografico su carta speciale.

xeroradiogràfico (pl. *-ci*) [da *xeroradiografia*; 1967] ***agg.*** relativo a xeroradiografia.

xeroradiogràmma [comp. di *xero-*, *radio-*[1] e *-gramma*; 1983] ***sm.*** *T.med.* radiogramma ottenuto mediante la xeroradiografia.

xerosfèra [comp. di *xero-* e *-sfera*; 1942] ***sf.*** *T.geogr.* l'ambiente climatico del deserto.

xeròsi [comp. di *xero-* e *-osi*; 1961] ***sf.*** *T.med.* stato degenerativo della congiuntiva, che assume aspetto secco e presenta la cheratinizzazione degli strati più superficiali.

xerotèrmo [comp. di *xero-* e *-termo*; 1937] ***agg.*** *T.bot.* detto di organismo vegetale, spec. pianta, capace di adattarsi ad un clima povero di precipitazioni e con forti escursioni termiche.

xerotipìa [comp. di *xero-* e *-tipia*; 1980] ***sf.*** xerografia.

xerotìpico (pl. *-ci*) [da *xerotipia*; 1985] ***agg.*** xerografico.

xìfo- [dal gr. *xíphos*, spada] ***primo elem.*** che, in parole composte della terminologia biologica, vale "a forma di spada" (per es. *xifoide*, *xifosuri*).

xifòforo [comp. del gr. *xíphos*, spada e *-foro*; 1983] ***sm.*** genere di pesci ossei dei Pecilidi, diffusi nelle acque dolci americane, frequentemente allevato per la bellezza dei colori.

xifòide [dal gr. *xiphoeidḗs*, a forma di spada; 1905] ***sf.*** *T.anat.* porzione inferiore dello sterno, detta anche *appendice ensiforme* o *appendice xifoidea.*

xifoidèo [da *xifoide*; 1940] ***agg.*** *T.anat.* della xifoide.

Xifosùri [comp. del gr. *xíphos*, spada e *-uro*; 1961] ***sm. pl.*** *T.zool.* ordine di Artropodi marini a forma di disco, appiattiti, con corazza dura e appendice appuntita.

xilèma [dal ted. *Xylem*, basato sul gr. *xýlon*, legno; 1931] ***sm.*** *T.bot.* l'insieme delle cellule che costituiscono il legno di una pianta.

xilemàtico o **silemàtico** (pl. *-ci*) [da *xilema*; 1961] ***agg.*** *T.bot.* relativo allo xilema.

xilène [dal gr. *xylon*, legno e *-ene*; 1961] ***sm.*** idrocarburo aromatico ottenuto dal catrame di carbon fossile o dalle nafte; usato come solvente e antidetonante.

xìlo- (raro *silo-*) [dal gr. *xýlon*, legno] ***primo elem.*** che, in parole dotte composte, vale "legno" (per es. *xilofono*, *xilografia*).

xilòfago (pl. *-gi*) [comp. di *xilo-* e *-fago*; 1927 *xilofagio*] ***agg.*** e ***sm.*** detto di insetto divoratore del legno.

xilofonìsta [da *xilofono*; 1940] ***s.*** suonatore di xilofono.

xilòfono [comp. di *xilo-* e *-fono*, sul modello del fr. *xylophone*; 1895] ***sm.*** strumento musicale a percussione, costituito da una serie di lamine in legno duro, intonate secondo la scala cromatica, che si percuotono con bacchette di legno. **TAV. *musica* p. 1324** 2.21.

xilografìa [comp. di *xilo-* e *-grafia*; 1905] ***sf.*** tecnica d'incisione mediante matrici in legno || *concr.* ciascuna riproduzione effettuata con tale tecnica.

xilogràfico (pl. *-ci*) [da *xilografia*; 1940] ***agg.*** relativo alla xilografia.

xilògrafo [comp. di *xilo-* e *-grafo*; 1940] ***sm.*** incisore in legno.

xilòide [dal gr. *xyloeidḗs*; 1923] ***agg.*** *non com.* simile a legno; ligneo.

xilolìte [comp. di *xilo-* e *-lite*; 1940] ***sf.*** sorta di legno artificiale preparato con segatura di legno, polvere di sughero, alcune sostanze agglutinanti, resine ecc.

xilòlo [comp. di *xilo-* e *-olo*[3]; 1961] ***sm.*** *impropr.* xilene.

xilologìa o **silologìa** [comp. di *xilo-* e *-logia*; 1829 *silologia*] ***sf.*** *T.scient.* studio dei legnami considerati nella loro struttura e nelle loro applicazioni.

xilològico o **silològico** (pl. *-ci*) [da *xilologia*; 1891 *silologico*] ***agg.*** relativo alla xilologia.

xilòlogo o **silòlogo** (pl. *-gi*) [da *xilologia*; 1961] ***sm.*** esperto di xilologia.

xilòsio [comp. di *xilo-* e *-osio*; 1961] ***sm.*** zucchero destrogiro a 5 atomi di carbonio, estratto dal legno per idrolisi, impiegato nella concia delle pelli e nell'alimentazione per diabetici || **N.** *Sin.* zucchero di legno.

xilotèca v. SILOTECA.

xoanon (gr., pr. it. ['ksɔanon]) [letter. immagine ricavata dal legno; 1841 *xoano*] ***sm.*** *inv.* nell'antica Grecia statuetta, originariamente lignea e poi anche di altro materiale, rappresentante una divinità.

xografìa [comp. di un der. del gr. *xêin*, scolpire e *-grafia*; 1985] ***sf.*** metodo di stampa fotografica a effetto tridimensionale, ottenuto da due fotografie stereoscopiche dello stesso oggetto.

Y

y lettera dell'alfabeto greco e latino, nonché di alcuni alfabeti stranieri moderni; nell'italiano si incontra esclusivamente in parole di origine straniera. Nelle parole straniere italianizzate esiste spesso una grafia equivalente con *i* (*yole, iole*). Il suo nome per esteso è *ipsilon* o anche *i greca*, di genere maschile o, più spesso, femminile: *una y maiuscola*, ma anche: *un y maiuscolo*; *y come yacht*, nella compitazione delle parole || *a Y*, a forma di y maiuscola || *T.mat.* nella forma minuscola indica uno dei tre assi di una terna cartesiana, l'asse delle ordinate nel piano cartesiano, una variabile o anche un'incognita || rappresenta in italiano gli stessi suoni della *i* (sia [i], come in *brandy*, sia [j], come in *yogurt*) || per le sigle e le abbreviazioni in cui compare, v. la lista relativa.

yacht (ingl., pr. [jɒt]) [dall'olandese *jaght(schip)*, battello da caccia; 1802] ***sm.*** *inv. T.mar.* panfilo, a vela o a motore, da diporto.

yachting (ingl., pr. [ˈjɒtɪŋ]) [da *yacht*; 1905] ***sm.*** *inv.* pratica della navigazione da diporto (spec. a vela).

yachtsman (ingl., pr. [ˈjɒtsmən]) [letter. uomo dello yacht; 1905] ***sm.*** *inv.* chi pratica lo yachting.

yak o ***yack*** (ingl., pr. [jæk]; pr. it. [jak]) [di orig. nepalese; 1891] ***sm.*** *inv. T.mar.* Mammifero ruminante della famiglia dei Bovidi, di corporatura imponente, proprio dell'altopiano tibetano, dove è allevato e addomesticato; ha un caratteristico mantello scuro di peli molto lunghi e ondulati.

yakusa o ***yakuza*** (giap., pr. [ˈjakiza]; pr. it. [ˈjakuza]) [voce giapponese; 1985] ***sf.*** *inv.* la mafia giapponese.

yamatologìa V. IAMATOLOGIA.

yang (cin., pr. [jaŋ]) [voce cinese; 1899] ***sm.*** *inv.* nella tradizione religiosa cinese, una delle due categorie primarie che polarizzano l'intera realtà; rappresenta il principio maschile e positivo (in contrapposizione a *yin*).

yankee (ingl., pr. [ˈjæŋkɪ]) [etim. inc. 1825] ***sm.*** *inv.* originariamente, nome dato dagli Inglesi agli abitanti del New England || in seguito, durante la guerra di secessione, appellativo con cui i sudisti indicavano i nordisti || oggi, *spreg.* o *scherz.*, statunitense (anche in funzione di *agg. inv.*, sempre posposto): *denaro yankee.*

yard (ingl., pr. [jɑːd]) [in orig. misura, pertica; 1765] ***sf.*** *inv.* iarda.

yataghan (turco, pr. [jataːˈɑn]; pr. it. [jataˈgan]) [etim. inc.; 1905] ***sf.*** *inv.* sciabola corta ricurva turca.

yawl (ingl., pr. [jɔːɫ]) [dall'olandese *jolle*; 1905] ***sm.*** *inv. T.mar.* imbarcazione da diporto a due alberi, di cui il minore, molto piccolo, è a poppa dell'asse del timone || **N.** *Sin.* iolla. **Q.T.** *vela* **TAV.** ***vela*** **p. 1343** 5.7.

yearling (ingl., pr. [ˈjəːlɪŋ]) [letter. di un anno; 1927] ***sm.*** *inv. T.ipp.* puledro inglese o americano da corsa di un anno.

yemenìta [dal n. geogr. *Yemen*; 1937] **I** ***agg.*** dello Yemen **II** ***s.*** abitante, nativo dello Yemen.

yen (giap., pr. [ɛn]; pr. it. [jɛn]) [dal cin. *yüan*, letter. cosa rotonda; 1905] ***sm.*** *inv.* unità monetaria giapponese.

yes-man (ingl., pr. [ˈjes mæn]; pr. it. [jesˈmɛn]) [comp. di *yes*, sì e *man*, uomo; 1971] ***sm.*** *inv.* (anche pl. *yes-men*, pr. [ˈjes men]) persona servile e accomodante, sempre pronto a dir di sì ai suoi superiori.

yèti [voce di orig. tibetana; 1963] ***sm.*** *inv.* essere gigantesco simile a un uomo, che, secondo una leggenda tibetana, vivrebbe fra le nevi dell'Himalaya.

yé-yé (fr., pr. [je ˈje]) [raddoppiamento dell'ingl. d'America *yeah*, deformazione pop. di *yes*, sì; 1971] **I** ***sm.*** *inv.* genere di musica leggera, di moda nella prima metà degli anni Sessanta, così chiamato per il tipico intercalare usato dai cantanti **II** ***agg.*** *inv.* (sempre posposto) della moda, degli atteggiamenti e dello stile di vita caratteristici degli appassionati di quel tipo di musica: *vestito yé-yé, ragazza yé-yé.*

yiddish (ingl., pr. [ˈjɪdɪʃ]) o ***jiddisch*** (ted., pr. [ˈjɪdɪʃ]) [dall'yiddish *yidish* (daytsh), (tedesco) ebraico; 1932] **I** ***sm.*** (solo *sing.*) lingua parlata dalle comunità degli ebrei ashkenaziti, formata all'origine su un dialetto alto tedesco medio, arricchito successivamente di parole di origine ebraica, aramaica e slava; viene gen. scritta in caratteri ebraici **II** ***agg.*** *inv.* (sempre posposto) relativo a tale lingua, scritto in tale lingua: *letteratura yiddish, teatro yiddish.*

yin (cin., pr. [in]) [voce cinese; 1899 *yn*] ***sm.*** *inv.* nella tradizione religiosa cinese, una delle due categorie primarie che polarizzano l'intera realtà; rappresenta il principio femminile e negativo (in contrapposizione a *yang*).

yoga (sanscrito, pr. [ˈjoːga]) [letter. unione (dell'uomo con la divinità); 1918] ***sm.*** *inv.* pratica ascetica della tradizione religiosa indiana tendente a raggiungere il dominio della realtà attraverso il dominio di sé (ovvero l'arresto delle funzioni rivolte al mondo e la disciplina delle funzioni interne, psichiche e fisiologiche) || *per estens. com.* insieme di esercizi ginnici e respiratori ispirati alle tecniche dello yoga: *fare yoga* || anche in funzione di ***agg.*** (posposto al s.): *esercizi yoga.*

yoghin V. YOGIN.

yògico (pl. *-ci*) [da *yoga*; 1970] ***agg.*** relativo allo yoga.

yogin o ***yoghin*** (sanscrito, pr. [ˈjoːgin]) [da *yoga*; 1942] ***s.*** *inv.* chi pratica lo yoga.

yògurt (meno com. *yòghurt*) (pr. [ˈjɔgurt]) [dal turco *yoğurt*, latte cagliato; 1918] ***sm.*** *inv.* prodotto alimentare costituito da latte acidulo coagulato per effetto di bacilli lattici, confezionato anche zuccherato e unito a frutta, caffè o altro.

yogurtièra o **iogurtièra** [da *yogurt*; 1983] ***sf.*** elettrodomestico per la preparazione dello yogurt.

yòle V. IOLE.

yorkshire (ingl., pr. [ˈjɔːkʃə]) [dal n. geogr. *Yorkshire*, regione dell'Inghilterra; 1930] ***sm.*** *inv.* **1.** razza di suini assai pregiata **2.** *yorkshire terrier.* **TAV.** ***cani*** **p. 663.**

yorkshire terrier (ingl., pr. [ˌjɔːkʃə ˈterɪə]) [comp. del n. geogr. *Yorkshire*, regione dell'Inghilterra e *terrier*; 1930] ***loc. m.*** *inv.* piccolo cane inglese di lusso, dal carattersitico pelo fluente, di colore blu con focature dorate.

yòruba [etim. inc.; 1929] **I** ***agg.*** *inv.* dei Yoruba, relativo alla popolazione o alla lingua yoruba **II** ***s.*** **1.** appartenente alla popolazione negra della costa della Guinea fra il Dahomey e il basso Niger **2.** *sm.* (solo *sing.*) la lingua parlata da tale popolazione.

yo yo (pr. [jɔˈjɔ]) [prob. da una lingua delle Filippine; 1942] ***sm.*** *inv.* giocattolo che consiste in due dischi ravvicinati, tenuti insieme al centro da un elemento rigido su cui si avvolge e si svolge alternativamente un filo che permette al disco di allontanarsi e riavvicinarsi alla mano che lo aziona tenendo l'altro capo della cordicella.

yprìte V. IPRITE.

ỳpsilon V. IPSILON.

ỳttrio V. ITTRIO.

yuan (cin., pr. [ɥæn]) [letter. rotondo, circolare; 1942] ***sm.*** *inv.* unità monetaria della Repubblica Popolare Cinese.

yùcca o **iùcca** [etim. inc.; 1805] ***sf.*** genere delle Liliacee, diffuso nelle regioni tropicali americane, con fusto rivestito da foglie coriacee, fiori bianchi penduli in pannocchie.

yuppịsmo [da *yuppy*; 1986] ***sm.*** atteggiamento degli yuppy.

yuppy o ***yuppie*** (ingl., pr. ['jʌpɪ]; pr. it. ['juppi]) [da *Y*(oung) *U*(rban) *P*(rofessional), giovane professionista di città; 1984] ***s. inv.*** (anche pl. *yuppies*, pr. ['jʌpɪz]) giovane professionista, che cura con attenzione il proprio aspetto e la propria forma fisica, intraprende una frenetica vita di relazione, mira a raggiungere rapidamente un'elevata posizione professionale.

yùrta [dal russo ant. *jurt'*, di orig. turco-tartara; 1970] ***sf.*** tenda di feltro con pareti cilindriche e copertura a cupola, tipica delle popolazioni nomadi mongole.

yuyù [voce di orig. orientale; 1970] ***sm. inv.*** piccola barca con un remo a poppa, usata nei porti e lungo le coste della Cina.

Z

z lettera dell'alfabeto italiano. Nome per esteso *zeta*, di genere maschile o, più spesso, femminile: *una z maiuscola*, ma anche *un z maiuscolo*; *z come Zara*, nella compitazione delle parole; *dall'a alla z*, dall'inizio alla fine ‖ *T.mat.* nella forma minuscola rappresenta uno degli assi di una terna cartesiana, una variabile o anche un'incognita ‖ rappresenta i suoni delle consonanti affricate dentali sorda [ts] e sonora [dz]: si danno casi di pronuncia sorda e casi di pronuncia sonora in tutte le posizioni in cui la *z* si può trovare; tale distinzione non è notata dalla grafia. In questo dizionario si sono sempre distinti graficamente nei lemmi i due suoni, indicando con *ẓ* il suono sonoro. In italiano, ma non in tutte le sue varianti regionali, la *z* intervocalica, sia sorda che sonora, si pronuncia sempre geminata, anche quando la grafia ne presenta una sola (ovvero in *azoto* come in *azzerare*) ‖ per l'uso dell'articolo, la *z* iniziale di parola si comporta come la *s* davanti a consonante (v. s) ‖ per le sigle e le abbreviazioni in cui compare, v. la lista relativa.

ẓabaióne o **ẓabaglióne** [prob. dal lat. *sabāia*, sorta di birra; sec. XV *zebaion*] **sm.** crema semiliquida, altamente energetica, preparata con rossi d'uovo sbattuti con zucchero, diluiti con marsala o altro vino liquoroso e cotti a bagnomaria.

ẓàbro [dal gr. *zabrós*, vorace; 1891] **sm.** coleottero dei Carabidi di forma allungata e colore nero, la cui specie più nota, lo *zabro del frumento*, divora i germogli delle piante di frumento.

ẓac o **ẓàcchete** [voce onom.; 1961] voce onom. che riproduce il rumore di un colpo secco o di un taglio netto: *prese una forbice e, zac! tagliò il nastro* ‖ anche come *escl.* per esprimere sorpresa: *stavo per sedermi, ma un tizio, zacchete!, m'ha soffiato il posto.*

zàccaro [prob. dal long. *zahhar*, lacrima; a. 1530] **sm.** *ant.* zacchera: *zaccaro caprino* (D'Annunzio).

zàcchera [prob. dal long. *zahhar*, lacrima; 1564] **sf. 1.** schizzo di fango che resta attaccato ai vestiti ‖ caccola che talora rimane attaccata alle lane nelle parti posteriori delle capre e delle pecore **2.** *fig.* bazzeccola, piccolezza, bagatella ‖ **N. 1.** *Sin.* pillacchera, zeccola | inzaccherare.

zaccheróne [da *zacchera*; 1891] **sm.** (f. *-a*) chi s'inzacchera sovente ‖ *per estens.* persona sudicia.

zaccheróso [da *zacchera*; 1353] **agg.** pieno di zacchere.

ẓàcchete V. ZAC.

ẓaf o **ẓaff** o **ẓàffete** [voce onom.; 1891 *zaffe*] voce onom. usata per riprodurre il rumore prodotto da un colpo, uno strappo o un taglio secco, deciso: *e, zaff!, gli mozzò la testa* ‖ come *escl. fig.* per indicare l'atto di chi germisce qualcosa all'improvviso: *il gatto balzò sulla tavola e, zaffete!, si portò via l'arrosto.*

zafardàre V. INZAFARDARE.

zafardàta [etim. inc.; a. 1712] **sf.** *ant. raro* colpo dato con cosa intrisa e imbrattata di qualcosa.

ẓaff V. ZAF.

ẓàffara V. ZAFFERA.

zaffàre¹ [da *zaffo*¹; a. 1698] **tr.** tamponare, turare provvisoriamente con uno zaffo: *zaffare una ferita, una botte* ‖ *T.mar.* turare l'alleggio con il tappo.

zaffàre² [dal venez. ant. *zafar*, acciuffare; a. 1589] **tr.** *ant.* afferrare, ghermire con violenza.

zaffàta¹ [da *zaffare*¹; a. 1400] **sf.** ondata di cattivo odore ‖ *raro* getto, spruzzo di liquido o di fumo, gas, vapore e sim.: *una zaffata di fumo* ‖ *dim.* zaffatina; *pegg.* zaffatàccia.

zaffàta² [da *zaffare*²; a. 1400] **sf.** *raro* rimprovero, rampogna.

zaffatùra [da *zaffare*¹; a. 1698] **sf.** *non com.* atto ed effetto dello zaffare¹.

ẓàffera o **ẓàffara** [dal gr. *sáppheiros*, zaffiro; 1612] **sf.** impasto vitreo di colore azzurro, turchino, o violetto, impiegato come vernice nell'industria delle maioliche.

ẓafferanàto [da *zafferano*; 1879] **agg. 1.** che contiene zafferano **2.** che ha il colore dello zafferano.

ẓafferàno [dall'ar. *za'farān*, croco; sec. XIV] **I sm. 1.** pianta erbacea delle Iridacee **2.** materia giallo-rossastra che si estrae dagli stimmi della pianta omonima ed è usata come colorante e come spezia nella culinaria: *risotto allo zafferano* **II agg.** *inv.* (sempre posposto) giallo, del colore dello zafferano ‖ **N.** croco.

ẓafferanóne (*accr.* di *zafferano*) [1840] **sm.** erba delle Composite recante fiori gialli in capolini ‖ **N.** *Sin.* cartamo.

ẓàffete V. ZAF.

ẓaffètica [var. di *assa fetida*; a. 1648] **sf.** *ant.* assa fetida.

ẓaffirino [dal lat. *sapphirīnus*; sec. XVI] **agg.** *raro* **1.** di zaffiro **2.** di colore simile a quello dello zaffiro: *colore zaffirino.*

ẓaffiro (impropr. *ẓàffiro*) [dal lat. *sapphīrus*, gr. *sáppheiros*, lapislazzulo; prima metà sec. XIII *zafiro*] **sm.** pietra preziosa, varietà di corindone, di colore azzurro trasparente: *dolce colore d'oriental zaffiro* (Dante) ‖ **N.** inzaffirare.

zàffo¹ [dal long. *zapfo*; a. 1470] **sm. 1.** *T.enol.* tappo di legno avvolto in stoppa per chiudere il foro circolare della botte **2.** *T.med.* batuffolo di filacce o di cotone con cui si tampona una ferita **3.** *T.mar.* tappo dell'alleggio ‖ **N.** stoppaccio, stuello, tampone, tappo, turacciolo. **TAV.** *enologia* 5.1.

zàffo² [da *zaffare*²; sec. XIV] **sm.** *ant.* sbirro.

ẓagàglia (pl. *-glie*) [dal berbero *zagāja*, giavellotto, attr. l'ar.; 1358] **sf.** arma da lancio costituita da un'asta appuntita, spesso a margine dentato, infissa in un corto e pesante manico, usata fin dal Paleolitico per la caccia o la pesca; oggi è ancora usata in Australia.

ẓagagliàta [da *zagaglia*; a. 1565] **sf.** colpo di zagaglia.

ẓàgara [dall'ar. *zahr(a)*, fiore d'arancio; 1682] **sf.** fiore di limone o d'arancio: *le zagare le cadevano sul capo* (D'Annunzio).

ẓagarèlla [*var.* di *zaganella*, grossa fune; 1961] **sf.** negli equini, spec. gli asini, striscia di colore nero posta sul dorso.

ẓaidita [dal n. proprio *Zaid (ibn 'Alī)*, fondatore della setta; 1933] **s.** seguace di una setta musulmana sciita, attualmente diffusa nello Yemen, caratterizzata da una linea religiosa e politica moderata.

ẓainétto (*dim.* di *zaino*) [1826] **sm. 1.** piccolo zaino ‖ in part. zaino da escursioni brevi o passeggiate in montagna **2.** borsa a forma di piccolo zaino usata da bambini e ragazzi per portare a scuola libri e quaderni.

ẓàino [dal long. *zaina*; 1516 nel senso 2; 1833 nel senso 1] **sm. 1.** sacco in tela, cuoio o sim., trasportabile a spalle per mezzo di cinghie, usato spec. da soldati ed escursionisti per contenervi il corredo personale e quant'altro possa essere necessario: *zaino in spalla!*; *legare gli sci, il sacco a pelo allo zaino*; *zaino affardellato*, riempito; *fare lo zaino*, disporvi ciò che si vuole trasportare **2.** *ant.* borsa o sacco di pelle di capra o sim., con la parte vellosa all'esterno, usata dai pastori ‖ *dim.* zainétto ‖ **N.** sacca, sacco.

ẓairése [da *Zaire*; 1983] **I agg.** dello Zaire, stato dell'Africa equatoriale **II s.** abitante dello Zaire.

ẓàma [comp. di *z(inco)*, *a(lluminio)*, *ma(gnesio)*; 1939] **sm.** *inv.* nome commerciale di leghe di zinco contenenti alluminio, rame e magnesio, resistenti alla corrosione atmosferica.

ẓamberlùcco (pl. *-chi*) [dal turco *yaghmurluk*, cappotto da pioggia; a. 1698] **sm.** ampia e lunga veste con cappuccio, usata in passato da popoli orientali ‖ *scherz. disus.* veste molto ampia e lunga.

ẓàmbra [dal fr. ant. *chambre*; a. 1306] **sf.** *arc.* camera.

ẓambràcca [comp. di *zambra* e *(baldr)acca*;

a. 1492] *sf. arc.* **1.** serva d'infimo ordine, sudicia e sciatta **2.** baldracca.

zàmpa [forse da *zanca*, con influsso di *gamba*; a. 1698] *sf.* **1.** ciascuno degli arti degli animali (ma negli uccelli solo quelli inferiori) ‖ *per estens.* in loc. indicanti elementi la cui forma ricorda quella di zampe di animali: *zampe di gallina*, le rughe che si dipartono a ventaglio dall'angolo esterno dell'occhio ‖ *T.mar. zampa d'oca*, complesso formato da due o tre brevi pezzi di corda i quali, partendo da punti diversi, si uniscono poi in una sola corda ‖ *T.ferr. zampa di ragno*, tirante o puntone avente lo scopo di mantenere in posizione, rispetto al binario, la linea aerea di contatto ‖ *T.ferr. zampa di lepre*, rotaie di risvolta, costituenti parte del crociamento del deviatoio in corrispondenza dell'intersezione di due rotaie **2.** *per estens. scherz.* arto umano (superiore o inferiore): *giù le zampe!*, tira via le mani!: *giù le zampe dal bottino!*; *camminare a quattro zampe*, carponi **3.** *per estens. non com.* gamba di mobile: *le zampe della sedia* ‖ *dim.* zampétta, zampìna, zampìno; *accr.* zampóna, zampóne; *pegg.* zampàccia ‖ **N. 1.** artiglio, unghia, zoccolo. **TAV.** *zootecnia* 5; *ferrovie...* **p. 669** 5.22; *mammiferi* **p. 1318** 1.3.

zampàre (pres. *zàmpo*) [da *zampa*; 1696] *intr.* (aus. *avere*) detto di cavalli e sim., batter la zampa in terra, per impazienza o nervosismo ‖ *fig. scherz. raro* di persona, battere rumorosamente i piedi per terra ‖ **N.** *Sin.* scalpitare.

zampàta [da *zampa*; a. 1535] *sf.* **1.** colpo di zampa **2.** *per estens. scherz. raro* calcio dato da una persona ‖ *fig.* atto villano e scortese: *a ogni gentilezza risponde con una zampata* **3.** *raro* orma lasciata dalla zampa di un animale; traccia, pesta.

zampeggiàre (pres. *-éggio*) [da *zampa*; 1879] *intr.* (aus. *avere*) *raro* scalpitare, agitare le zampe.

zampettàre (pres. *-étto*) [da *zampetta*, *dim.* di *zampa*; 1598] *intr.* (aus. *avere*) **1.** muoversi trotterellando sulle zampette: *i pulcini zampettavano sull'aia* **2.** *per estens. scherz.* rif. a bambini: *zampetta tutto il giorno e non si stanca mai.*

zampétto (*dim.* di *zampa*) [a. 1698] *sm.* **1.** piccola zampa **2.** *T.cuc.* zampa lessata di animale da macello.

zampicàre (pres. *zàmpico*, *zàmpichi*) [da *zampa*; a. 1645] *intr. raro* inciampare.

zampillaménto [da *zampillare*; 1745] *sm. raro* atto ed effetto dello zampillare.

zampillàre [voce onom.; a. 1400] *intr.* (aus. *essere* e *avere*) uscir fuori con impeto formando uno zampillo: *l'acqua zampillava dalla roccia* ‖ **N.** *Sin.* sprizzare | schizzare, spruzzare.

zampillìo (pl. *-ìi*) [da *zampillare*; sec. XIV] *sm.* **1.** uno zampillare persistente **2.** *raro* insieme di zampilli.

zampìllo [da *zampillare*; a. 1348] *sm.* sottile getto di liquido che sgorga con forza da una stretta apertura: *lo zampillo nel mezzo della fontana, uno zampillo di sangue uscì dalla ferita* ‖ *dim.* zampillétto, zampillìno ‖ **N.** *Sin.* sprizzo.

zampìno (*dim.* di *zampa*) [a. 1566] *sm.* **1.** piccola zampa ‖ nel modo di dire fig. *mettere lo zampino in una faccenda*, intromettersi per lo più occultamente: *questa volta ci ha messo lo zampino il diavolo* ‖ *prov. tanto va la gatta al lardo che ci lascia lo zampino*, l'ultima malefatta le paga tutte **2.** *T.cuc.* zampetto.

ẓampiróne [dal n. proprio *Zampironi*, che ne fu l'inventore e produttore; 1927] *sm.* **1.** spirale di sostanze che, bruciando lentamente, emanano odori e fumi che tengono lontane zanzare e altri insetti: *spire di zampironi tentano di salvarmi* | *dalle zanzare che pinzano* (Montale) **2.** *scherz.* sigaretta scadente.

zampógna [dal lat. *symphōnia*, strumento a fiato, gr. *symphonía*, sinfonia; a. 1320] *sf.* strumento musicale rusticano composto di un'imboccatura di canna che immette in un otre di pelle, dal quale escono poi due pifferi con vari buchi che, otturati alternativamente, consentono di ottenere le varie note musicali ‖ **N.** avena, cennamella, cornamusa, piva, siringa, zufolo. **TAV.** *musica* **p. 1325** 5.

zampognàre (pres. *-ógno*) [da *zampogna*; a. 1311] *intr.* (aus. *avere*) *raro* suonare la zampogna.

zampognàro [da *zampogna*; 1598] *sm.* (f. *-a*) suonatore di zampogna.

zampóne (*accr.* di *zampa*) [1742] *sm.* **1.** grossa zampa **2.** *T.cuc.* specialità emiliana consistente in carne di zampa di maiale tritutata insieme a grasso, cotenna, orecchie, musetto e nervetti, insaccata nella cotenna delle zampe del maiale; prima di servirla viene bollita a lungo. **TAV.** *alimentazione* 7.7.

zàna o **ẓàna** [dal long. *zaina*, cesta, culla; 1507] *sf.* **1.** cesta ovale, fatta di stecche di legno intrecciate **2.** culla rustica fatta con una cesta ovale che posa su due legni convessi, in modo che possa dondolare **3.** avvallamento del suolo dove si forma una pozzanghera **4.** *T.arch. ant.* cavità a forma di nicchia **5.** *fig. arc.* inganno ‖ *appiccare zane*, ingannare.

zanàio (pl. *-ài*) [da *zana*; 1891] *sm. raro* chi fa le zane.

zanaiòlo o **ẓanaiòlo** [da *zana*; 1560 *zanaiuolo*] *sm. ant.* chi per mestiere portava vivande a domicilio con la zana.

zànca [forse dal lat. tardo *zanca*, sorta di calzatura; 1313] *sf.* **1.** parte ripiegata di un'asta, una leva e sim. **2.** *ant.* o *region.* gamba, cianca ‖ *pl.* trampoli.

zanèlla o **ẓanèlla**[1] (*dim.* di *zana*) [a. 1645] *sf.* **1.** piccola zana **2.** piccolo fossato ai margini della strada, in cui si raccoglie l'acqua piovana ‖ piccolo fossato in cui si convogliano i rifiuti liquidi nelle stalle.

ẓanèlla[2] [etim. inc.; 1961] *sf. raro* stoffa leggera in cotone, spec. per fodere di abiti.

zàngola o **ẓàngola** [etim. inc.; a. 1548] *sf.* **1.** macchina usata per lo sbattimento e il lavaggio della crema di latte durante il ciclo di produzione del burro, consistente solitamente in un contenitore cilindrico posto orizzontalmente e fatto ruotare lungo l'asse maggiore **2.** *per estens.* recipiente di forma analoga destinato a vari usi ‖ *in part.* catino nel quale si tiene a mollo il baccalà.

zangolatóre o **ẓangolatóre** [da *zangola*; 1961] *sm.* (f. *-trice*) nei burrifici, operaio addetto alla zangolatura.

zangolatùra o **ẓangolatùra** [da *zangola*; 1970] *sf.* operazione di sbattimento della crema del latte per ottenerne burro.

ẓangóne [accr. del venez. *zanca*, (cosa) storta; 1814] *sm. T.mar.* ciascuno dei madieri di prora a forma di V; forcaccio.

zànna [dal long. *zann*, dente; 1478] *sf.* **1.** ciascuno dei denti lunghi e curvi che sporgono dalla bocca di alcuni animali (elefanti, cinghiali, trichechi ecc.): *zanna velenifera*, il dente dei serpenti che contiene il veleno **2.** *per estens.* i denti e, spec., i grossi canini dei grandi carnivori: *le zanne del lupo* **3.** *per estens. scherz.* o *spreg.* di persona, lunghi denti ‖ *fig. mostrar le zanne*, mostrare i denti (ma più energico) ‖ **N. 1.** azzannare.

zannàre [da *zanna*; 1676] *tr. raro* **1.** in oreficeria, lisciare, brunire l'oro e l'argento con una zanna d'animale **2.** azzannare.

zannàta [da *zanna*; 1879] *sf.* **1.** colpo di zanna **2.** *per estens.* segno lasciato da una zannata.

ẓannàta [da *zanni*; a. 1646] *sf. non com.* azione, comportamento da zanni ‖ **N.** *Sin.* buffonata, pagliacciata.

ẓannésco (pl. *-schi*) [da *zanni*; 1600] *agg. raro* da zanni, buffonesco: *aveva modi zanneschi.*

ẓànni [dal n. proprio *Zan(n)i*, Giovanni, n. dei servi bergamaschi nel teatro rinascimentale; 1559] *sm. inv.* nella commedia popolare cinquecentesca e poi in quella dell'Arte, servo sciocco e buffone ‖ *far lo zanni*, far il buffone ‖ **N.** MASCHERE.

ẓannichèllia [dal n. proprio G.G. *Zannichelli*, naturalista it.; 1840] *sf.* pianta d'acqua dolce delle Potamogetonacee ‖ **N.** *Sin.* alga di fiume.

zannùto [da *zanna*; a. 1470] *agg.* fornito di zanne.

ẓanẓàra [lat. tardo *zinzāla*; 1313] *sf.* nome comune di Ditteri le cui larve vivono nell'acqua (spec. stagnante); le femmine spesso si nutrono succhiando il sangue di vari animali e anche dell'uomo, al quale possono trasmettere germi di varie malattie (febbre gialla, elefantiasi, malaria ecc.) ‖ *noioso come una zanzara*, di persona, particolarmente fastidiosa ‖ *dim.* zanzarétta, zanzarìna, zanzarìno (*sm.*); *accr.* zanzaróne (*sm.*) ‖ **N.** anofele.

ẓanẓaricìda [comp. di *zanzara* e *-cida*; 1985] *agg.* e *sm.* di insetticida specifico per le zanzare.

ẓanẓarièra [da *zanzara*; 1839] *sf.* cortinaggio di velo o pannello di rete metallica disposto spec. intorno al letto o in corrispondenza di porte e finestre per impedire l'ingresso alle zanzare.

ẓanẓarière [da *zanzara*; a. 1484] *sm. raro* zanzariera.

ẓanẓarìfugo (pl. *-ghi*) [comp. di *zanzara* e *-fugo*; 1985] *agg.* e *sm.* di prodotto liquido o solido o cremoso che va applicato sulla pelle per tenere lontane le zanzare.

ẓanẓaróne (*accr.* di *zanzara*) [1961] *sm.* insetto dei Ditteri dal corpo esile con zampe lunghe, le cui larve vivono in zone umide e si cibano di radici e di piante varie ‖ **N.** *Sin.* tipula.

ẓanẓeràre (pres. *ẓànẓero*) [da *zanzara*; 1879] *intr.* (aus. *avere*) *raro* di zanzare, sibilare, ronzare.

ẓànẓero [etim. inc.; 1353] *sm. arc.* compagno di bagordi: *si vuole alquanto sollazzar con suoi zanzeri* (Boccaccio).

ẓànẓi [etim. inc.; 1988] *sm. inv. T.gioc.* gioco molto simile al quattrocentoventuno; le combinazioni valide nello zanzi sono le sei più ricercate del quattrocentoventuno.

zapateado (sp., pr. [θapate'aðo]) [da *zapatear*, battere coi piedi, 1937] *sm. inv.* danza popolare spagnola il cui ritmo ternario è scandito dal battere dei piedi.

zàppa [dal lat. tardo *sappa*; 1308] *sf.* **1.** attrezzo agricolo formato da una robusta lama metallica di forma varia (ma spesso trapezoidale), fissata a un lungo manico di legno, che serve per rompere le zolle, smuovere la terra, rincalzare piante ‖ *fig. darsi la zappa sui piedi*, fare o dire cose che tornano a proprio danno **2.** *T.mil.* fossato, più stretto della trincea, scavato durante un assedio in prossimità delle fortificazioni nemiche **3.** *T.mar. region.* rete per la pesca delle lamprede ‖ *dim.* zappétta, zappettìna, zappìno (*sm.*); *accr.* zappóna, zappóne (*sm.*) ‖ **N. 1.** beccastrino, bidente, gravina, marra, piccone, tridente, zappone | PARTI: manico, occhio, taglio | dirompere, sarchiare. **TAV.** *agricoltura* 10.10; *giardinaggio* **p. 1315** 23.

zappacavàllo (pl. *zappecavàllo*) [comp. di *zappa(trice)* e *cavallo*; 1961] *sf.* macchina zappatrice a trazione animale usata per lavori interfilari.

zappaménto [da *zappare*; 1879] *sm. raro* zappatura.

zappàre [da *zappa*; 1308] *tr.* **1.** lavorare la terra con la zappa: *zappare l'orto*; *zappare la terra*, anche *fig.* fare il contadino ‖ nel modo di dire *star coi frati e zappare l'orto*, rimettersi, quando si è in una compagnia, alle decisioni degli altri **2.** *T.mil. ant.* scavare con la zappa opere di fortificazione: *zappar trincee* **3.** *fig.* *zappare uno strumento,* suonarlo male **4.** *fig.* del cavallo, scalpitare || **N. 1.** zappettare. **Q.T.** *agricoltura.*

zappàta [da *zappare*; 1592 nel senso 2] **sf. 1.** colpo di zappa: *si è dato una zappata sul piede* **2.** lavoro fatto con la zappa: *dai una zappata all'orto.*

zappatèrra [comp. di *zappa(re)* e *terra*; a. 1629] **s.** *inv. spreg.* **1.** chi lavora la terra con la zappa || *per estens.* contadino **2.** *fig.* persona rozza e ignorante.

zappatóre [da *zappare*; 1374] **sm. 1.** (f. *-trice*) chi lavora la terra con la zappa || *per estens.* contadino **2.** *T.mil. ant.* soldato addetto ai lavori di sterro, di costruzione di trincee e sim.: *il Genio zappatori.*

zappatrìce [da *zappare*; 1961] **sf.** macchina agricola per la lavorazione del terreno, dotata di zappette fissate a un asse rotante perpendicolarmente alla direzione d'avanzamento || sarchiatrice.

zappétta (*dim.* di *zappa*) [sec. XIV] **sf. 1.** piccola zappa **2.** tipo di chiodo con testa a forma di lama di zappa. **TAV.** ***giardinaggio* p. 1314** 7 e **p. 1315** 21.

zappettàre (pres. *-étto*) [da *zappetta*; a. 1320] **tr. 1.** lavorare con la zappetta **2.** lavorare solo superficialmente il terreno con la zappa.

zappettatùra [da *zappettare*; 1891] **sf.** *non com.* atto ed effetto dello zappettare.

zapponàre (pres. *-óno*) [da *zappone*; a. 1742] **tr.** lavorare a fondo il terreno con lo zappone.

zapponatùra [da *zapponare*; 1940] **sf.** *non com.* atto ed effetto dello zapponare.

zappóne (*accr.* di *zappa*) [a. 1786] **sm. 1.** grossa zappa **2.** zappa con lama lunga e stretta e di notevole spessore.

ẓaptiè [dal turco *zaptiye*, gendarmeria; 1905] **sm.** *inv.* gendarme indigeno, nel periodo della dominazione italiana in Libia.

zar [dal russo *tsar'*; 1657] **sm.** *inv.* titolo imperiale usato in passato in Russia e in Bulgaria || **N.** zarevic, zarina.

ẓàra [dall'ar. *zahr*, dado; 1319] **sf. 1.** antico gioco d'azzardo che si faceva con tre dadi **2.** *per estens.* punti realizzati in tale gioco, e spec. quelli negativi || *disus. zara a chi tocca!*, chi ha il danno se lo tenga!

zarèvic (pr. [dza'rɛvitʃ]) [dal russo *tsarévič*, figlio dello zar; 1895] **sm.** *inv.* principe ereditario di Russia.

zarìna [dal russo *tsarina*; 1891] **sf. 1.** imperatrice di Russia **2.** moglie dello zar di Russia.

zarìsta [da *zar*; 1965] **agg. 1.** dello zar, dell'epoca degli zar: *politica zarista, la Russia zarista* **2.** (anche **s.**) sostenitore dello zar.

zarzuela (sp., pr. [θar'θwela]; pr. it. [dzardzu'ɛla]) [dal nome della piazza *Real Sitio de la Zarzuela* a Madrid; 1905] **sf.** *inv.* *T.teatr.* operetta spagnola in cui si alternano parti cantate ed episodi musicali.

zàtta¹ [etim. inc.; 1625] **sf.** *raro* sorta di grosso melone bernoccoluto, detto anche *cantalupo.*

zàtta² o **ẓàtta** [etim. inc.; 1271] **sf.** *arc.* zattera.

zàttera o **ẓàttera** [da *zatta²*; a. 1449] **sf. 1.** imbarcazione primitiva o di fortuna consistente in una piattaforma rettangolare costituita, nella sua forma più elementare, accostando e legando tra loro pali, fasci di canne e sim., e provvista eventualmente di galleggianti laterali e di un palo centrale supportante una rudimentale vela: *zattera di salvataggio* **2.** gruppo di tronchi legati insieme nella fluitazione del legname **3.** *T.edil.* reticolato di travi o soletta di calcestruzzo che, nelle strutture di fondazione in legno, collega rigidamente le teste dei pali || *dim.* zatterìna; *accr.* zatteróna, zatteróne (*sm.*).

zatterànte o **ẓatterànte** [da *zattera*; 1961] **s.** chi, da una zattera, compie nelle valli da pesca lavori di scavo del fondo.

zatterière o **ẓatterière** [da *zattera*; 1961] **sm.** (f. *-a*) chi manovra la zattera, nella fluitazione del legname.

zatterìno o **ẓatterìno** (*dim.* di *zattera*) [1892] **sm.** piccola zattera || *in part.* piccolo battello a fondo piatto, a forma di zattera, che si usa per lavori di manutenzione dello scafo di una nave.

zatteróne o **ẓatteróne** (*accr.* di *zattera*) [1879 nel senso 1; 1973 nel senso 3] **sm. 1.** grossa zattera || *in part.* grosso galleggiante in metallo, a forma di zattera, usato fino alla Prima Guerra Mondiale per lo sbarco delle truppe **2.** *T.edil.* zattera **3.** calzatura femminile a sandalo, dotata di suola in sughero molto spessa.

ẓavòrra [lat. *saburra*; 1313 nel senso 2] **sf. 1.** massa pesante imbarcata a bordo di un'imbarcazione e collocata in posizione tale da garantirne la stabilità e il giusto assetto: *distribuire la zavorra, usare acqua di mare come zavorra* || sugli aerostati, massa pesante (normalmente sacchetti di sabbia) usata per bilanciarne il volo **2.** *fig. spreg.* persona o cosa ingombrante e di nessun valore: *in quella classe, tolti pochi, c'è solo zavorra, in quel libro c'è molta zavorra.* **TAV.** *aeronautica* 2.5; ***edilizia* p. 666** 2.8.

ẓavorraménto [da *zavorrare*; 1937] **sm.** lo zavorrare una nave o un aerostato.

ẓavorràre (pres. *-òrro*) [da *zavorra*; 1598] **tr.** disporre la zavorra in una nave o in un aerostato. **Q.T.** *nautica...*

ẓavorratóre [da *zavorrare*; 1961] **sm.** (f. *-trìce*) *T.mar.* addetto al trasporto e alla distribuzione della zavorra a bordo di imbarcazioni.

ẓavorratùra [da *zavorrare*; 1970] **sf.** zavorramento.

zazzeàre (pres. *zàzzeo*) [voce espressiva; 1716] **intr.** *arc.* andare a zonzo.

zàzzera [dal long. *zazza*, ciocca di capelli; a. 1348] **sf.** *spreg.* o *scherz.* capigliatura troppo lunga e non curata: *vatti a far tagliare quella zazzera!* || *propr.* capigliatura maschile lasciata crescere dietro fin quasi sulle spalle || *dim.* zazzerétta, zazzerìna; *accr.* zazzeróne (*sm.*); *pegg.* zazzeràccia.

zazzerìna (*dim.* di *zazzera*) [1353] **sf. 1.** piccola zazzera **2.** acconciatura da donna o da bambino con capelli tagliati corti e volutamente scompigliati.

zazzerìno (*dim.* di *zazzera*) [a. 1566] **sm. 1.** piccola zazzera **2.** (f. *-a*) chi porta la zazzera || *fig.* bellimbusto.

zazzeróne (*accr.* di *zazzera*) [1555 nel senso 2] **sm. 1.** lunga e folta zazzera **2.** *spreg.* o *scherz.* (f. *-a*) chi porta i capelli a zazzera.

zazzerùto [da *zazzera*; 1598] **agg.** *scherz.* o *spreg.* che porta i capelli a zazzera.

ẓdanovìṣmo (pr. [zdano'vizmo]) [dal n. proprio A. *Ždanov*, uomo politico sovietico che negli anni trenta instaurò una censura intransigente in campo culturale; 1983] **sm.** *T.pol.* indirizzo di politica culturale, instaurato in Unione Sovietica e diffuso poi negli altri paesi comunisti, caratterizzato da uno stretto controllo del governo o del partito sull'attività di scrittori e intellettuali, al fine di renderla conforme ai canoni estetici e ai principi ideologici imposti dal potere politico.

ẓdanovìsta (pr. [zdano'vista]) [da *zdanovismo*; 1986] **I agg.** *T.pol.* proprio dello zdanovismo **II s.** *T.pol.* sostenitore della linea dello zdanovismo || *per estens.* censore severo e intransigente, obbediente alle direttive che provengono dall'alto.

ẓèba [etim. inc.; 1313] **sf.** *arc.* capra: *me' foste state qui pecore e zebe* (Dante).

ẓebedèi [dal n. biblico *Zebedeo*, padre degli apostoli Giacomo e Giovanni; 1879] **sm.** *pl. pop. eufem.* testicoli || *rompere gli zebedei*, importunare, seccare.

ẓèbra [dal lat. volg. **ecifera*, class. *equifera*, cavalla selvaggia, attr. lo sp. *zebra*; 1591 nel senso 1; 1959 nel senso 2] **sf. 1.** nome comune di un gruppo di Perissodattili Equidi, dal mantello a bande trasversali scure su fondo chiaro, che vivono nell'Africa equatoriale e australe **2.** *fig. pl.* strisce pedonali. **TAV.** ***mammiferi* p. 1318** 13.

ẓebràto [da *zebra*; 1879] **agg.** striato come il mantello della zebra: *attraversamento zebrato*, passaggio pedonale || **N.** tigrato.

ẓebratùra [da *zebrato*; 1955] **sf.** il disegno a strisce bianche e nere del mantello delle zebre || *per estens.* disegno in cui si alternano strisce chiare e scure; *zebrature stradali*, indicanti passaggi pedonali o la presenza di ostacoli.

ẓebù [dal fr. *zébu*; 1773 *zebu*] **sm.** *inv.* Bovino domestico dei paesi tropicali, con caratteristica gibbosità nella zona del garrese e giogaia molto sviluppata.

zécca¹ [dall'ar. *sikka*, moneta, conio; a. 1348] **sf.** stabilimento nel quale si fabbricano le monete, le medaglie, i sigilli e i timbri ufficiali di uno stato || *nuovo di zecca*, di moneta e sim., appena uscita dalla zecca, nuova fiammante; *per estens. fig.*, di altro oggetto, nuovissimo. **Q.T.** *numismatica.*

zécca² [dal long. *zëkka*; sec. XV] **sf.** nome comune di varie specie di Acari parassiti che si nutrono esclusivamente di sangue.

zeccàre (pres. *zécco, zécchi*) [da *zecca¹*; 1550] **tr.** *raro* coniare monete alla zecca.

zecchière [da *zecca¹*; a. 1566] **sm.** (f. *-a*) *raro* chi soprintende alla zecca || chi lavora alla zecca. **Q.T.** *numismatica.*

zecchinétta [deformazione da (*Lan*)*zichenecchi*, che lo giocavano; 1891] **sf.** gioco a carte, d'azzardo, simile alla toppa, molto diffuso nel Cinquecento.

zecchinétto [da una deformazione di (*lan*)-*zichenecchi*, che lo giocavano; 1945] **sm.** zecchinetta.

zecchìno [da *zecca*; 1536] **sm. 1.** denominazione usata, a partire dal Cinquecento, per indicare il ducato veneto e altre monete d'oro di Genova, Lucca e del Lombardo-Veneto **2.** *per estens.* qualsiasi moneta d'oro puro: *oro (di) zecchino*, oro purissimo.

zéccola [da *zecca²*; 1879] **sf.** *non com.* **1.** lappola che s'attacca al pelame degli animali **2.** *fig.* inezia.

ẓefir o **ẓephir** [dal fr. *zéphyr*; 1895] **sm.** *inv.* tessuto rigato o quadrettato, leggero e resistente, usato per camicie e abiti femminili estivi.

ẓèfiro o **ẓèffiro** [dal lat. *zephirus*, gr. *zéphyros*; a. 1292 *zeffiro*] **sm.** *lett.* vento mite che spira da ponente in primavera || *per estens.* venticello soave || *dim.* zeffirétto || **N.** *Sin.* favonio.

Ẓeifórmi (sing. *-e*) [comp. del lat. *zāeus*, gr. *záios*, n. di un pesce e *-forme*; 1961] **sm.** *pl.* *T.zool.* ordine di pesci Teleostei con corpo schiacciato lateralmente, grossa testa, bocca protrattile, che vivono di solito a notevoli profondità.

ẓelànte (*ppr.* di *zelare*) [a. 1342] **agg.** che ha o mostra zelo: *è un professore molto zelante* || **ẓelanteménte** **avv.** || **N.** *Sin.* attivo, coscienzioso, diligente, premuroso, sollecito.

ẓelanterìa [da *zelante*; 1905] **sf.** *raro* eccesso di zelo.

ẓelàre (pres. *ẓèlo*) [dal lat. tardo *zelāre*, essere geloso; sec. XIV] **intr.** (aus. *avere*) *raro* avere zelo || **tr.** *raro* propugnare, diffondere con zelo: *zelò la causa dell'emancipazione femminile.*

ẓelatóre [dal lat. tardo *zelātor, -ōris*, geloso, invidioso; sec. XIV] **sm.** (f. *-trìce*) *lett.* convinto sostenitore di una causa: *è uno zelatore della de-*

mocrazia || *in part. disus.* chi raccoglie offerte per chiese, opere religiose o di beneficenza.

zèlo [dal lat. *zēlus*, gr. *zêlos*, invidia, gelosia; a. 1306] **sm.** **1.** impegno puntiglioso e costante nello svolgimento dei propri compiti: *studia con zelo, gareggia in zelo con i colleghi; eccesso di zelo,* impegno sproporzionato e controproducente **2.** più in gen., fervore: *difese con zelo la causa dei lavoratori, è animato da zelo religioso* || **N.** **1.** *Sin.* diligenza, puntigliosità, scrupolosità, sollecitudine | *Contr.* negligenza, svogliatezza **2.** *Sin.* entusiasmo, passione; fanatismo.

zelóso [dal lat. eccl. *zelosus*; a. 1348] **agg.** *arc.* zelante.

zelòta [dal gr. *zēlōtḗs*; 1961] **s.** *T.stor.* seguace dello zelotismo.

zelotismo [da *zelota*; 1970] **sm.** *T.stor.* movimento religioso ebraico attivo nel I sec. d.C., che sosteneva la rigorosa osservanza della legge, il nazionalismo ebraico, l'opposizione, anche armata, alla dominazione romana.

zémbro V. CEMBRO.

zen (giap., pr. [dzen]) [di lontana orig. indiana; 1929] **I sm.** *inv.* scuola buddista nata in Cina nel sec. VII e diffusasi in Giappone a partire dal sec. XIII, che persegue l'illuminazione attraverso la contemplazione di ciascun aspetto della realtà **II** in funzione di **agg.** *inv.* (sempre posposto): *filosofia zen.*

zènd V. ZENDO.

zendàdo (meno com. *zendàle*) [etim. inc.; 1245 ca.] **sm.** *ant.* o *poet.* sottile drappo, per lo più di seta.

zendàle V. ZENDADO.

zèndo o **zènd** [dal persiano *Zand*, commento esegetico dell'Avesta; 1961] **sm.** (solo *sing.*) *disus.* lingua avestica.

zenismo [da *zen*; 1961] **sm.** qualsiasi movimento religioso, culturale o artistico ispirato allo zen.

zenista [da *zenismo*; 1961] **agg.** *non com.* proprio dello zen, relativo allo zen: *filosofia zenista* || che sostiene le dottrine zen; che appartiene allo zenismo; anche *s.*

zènit [da *sanit-ar-rā's*, lettura erronea dell'ar. *samt-ar-rā's*, cammino sopra la testa; 1321 *cenìt*] **sm.** *inv.* **1.** *T.astr.* il punto in cui la verticale passante per il luogo d'osservazione (posto sulla superficie terrestre) incontra la sfera celeste **2.** *per estens. fig.* grado più elevato di qualcosa: *è allo zenit del suo successo* || **N.** **1.** *Contr.* nadir **2.** *Sin.* sommità, vertice.

zenitàle [da *zenit*; 1930] **agg.** che si riferisce allo zenit: *distanza zenitale,* distanza angolare di un astro dallo zenit; *telescopio zenitale,* adoperato per la determinazione della latitudine del luogo d'osservazione mediante il calcolo delle distanze zenitali di due astri (l'uno a nord e l'altro a sud dello zenit). **TAV.** *geografia* 2.6.

zènzero [dal lat. *zingiber*, gr. *zingíberis*; a. 1698] **sm.** pianta tropicale delle Zingiberacee con rizoma rugoso, carnoso e di sapore piccante, largamente usato nella cucina orientale e anche in quella anglosassone || **N.** *Sin. ginger.*

zenzeveràta o **zenzoveràta** [da *zenzevero*; 1605] **sf.** *ant.* composto di medicinali con zenzero || *fig.* miscuglio.

zenzèvero o **zenzòvero** [dal lat. *zingiber*, gr. *zingíberis*; 1840] **sm.** *ant.* zenzero.

zenzìglio (pl. *-gli*) [etim. inc.; 1961] **sm.** tipo di tabacco italiano da fiuto.

zenzoveràta V. ZENZEVERATA.

zenzòvero V. ZENZEVERO.

zeolìti (sing. *-e*) [comp. del gr. *zêin*, ribollire e *-lite*, perché, se riscaldata, rigonfia e spumeggia; 1785 *zeolito* m. sing.] **sf.** *pl. T.min.* gruppo di minerali (silicati alluminiferi idrati di sodio) di struttura complessa, in grado di perdere e riassorbire gradualmente acqua senza che l'edificio cristallino subisca sensibili modificazioni strutturali, impiegati per l'addolcimento delle acque dure.

zeolìtico (pl. *-ci*) [da *zeolite*; 1961] **agg.** contenente zeoliti: *roccia zeolitica.*

zephìr V. ZEFIR.

zéppa [dal long. *zeppa*, bietta, cuneo; 1354] **sf.** **1.** pezzetto di legno usato per otturare fessure, rincalzare mobili zoppicanti, sostituire parti mancanti ecc. || *fig.* rimedio provvisorio: *mettere una zeppa,* rimediare alla meglio **2.** *per estens.* rialzo di calzatura, spec. in sughero o legno **3.** *per estens.* parola o gruppo di parole aggiunte a un verso per farlo tornare **4.** *T.gioc.* gioco enigmistico che consiste nell'aggiungere una lettera nel corpo di una parola, formandone così un'altra di significato diverso || *dim.* zeppétta, zeppettìna, zeppolìna || **N.** **1.** *Sin.* bietta, calzatoia | riempitivo.

zeppàre (pres. *zéppo*) [da *zeppa*; 1840] **tr.** *raro* inzeppare, ficcare qualcosa a forza dentro qualcos'altro.

zèppelin [dal n. proprio F. von *Zeppelin*, suo costruttore; 1918] **sm.** *inv.* dirigibile rigido a forma di fuso.

zéppo[1] [da *zepp(at)o*, pps. di *zeppare*; a. 1598] **agg.** pieno, gremito, stipato: *un libro zeppo di errori* || anche come raff. di *pieno*: *il tuo compito è pieno zeppo di spropositi* || **N.** *Sin.* PIENO.

zéppo[2] [da *zeppa*; 1942] **sm.** *centr.* pezzetto di legno corto e sottile.

zéppola[1] [da *zeppa*; a. 1912] **sf.** *non com.* cuneo di legno o di metallo usato come zeppa.

zéppola[2] [lat. tardo *zippula*; 1923] **sf.** *merid.* spec. *pl.*, frittella dolce che si prepara per Carnevale.

zerbinerìa [da *zerbino*[2]; 1760] **sf.** *raro* **1.** atto, contegno, da zerbino **2.** tutti gli zerbinotti di un luogo.

zerbinésco (pl. *-schi*) [da *zerbino*[2]; 1940] **agg.** *raro* di o da zerbino: *usando modi zerbineschi* || **zerbinescaménte** **avv.** *raro* alla maniera di uno zerbino.

zerbìno[1] [dall'ar. *zirbîy*, tappeto, cuscino; 1891] **sm.** tappetino che si mette davanti alla porta d'ingresso, per pulirvisi i piedi || **N.** *Sin.* stuoino.

zerbìno[2] [dal n. proprio *Zerbino*, personaggio dell'*Orlando Furioso*; 1612] **sm.** zerbinotto.

zerbinòtto (*dim.* di *zerbino*[2]) [1675] **sm.** *disus. iron.* o *spreg.* giovanotto galante e dall'eleganza ostentata || **N.** *Sin.* damerino, moscardino.

zerìba [dall'ar. *zarība*; 1891] **sf.** recinto formato da rami spinosi, pali e canne intrecciati e usato, spec. nell'Africa orientale, per rinchiudervi il bestiame o a protezione di un villaggio.

zèro [dall'ar. *ṣifr*, vuoto, attr. il lat. mediev. *zephyrum*; 1491] **agg.** e **sm.** *num. card.*, ar. 0 || *in part.* in funzione di *agg.*: *le vendite sono ormai al livello zero; sviluppo, crescita zero,* nulli; *l'ora zero,* fissata per l'inizio di un'impresa || *T.ling. grado zero,* grado apofonico caratterizzato dalla scomparsa della vocale || *in part.* in funzione di *sm.*, il numero zero (spec. per ellissi di un sostantivo): *nel corso della partita sono andato a zero* (sott.: *punti*) *due volte* || *zero assoluto,* in fisica, la temperatura più bassa teoricamente raggiungibile da un corpo; *essere sopra, sotto zero,* di temperatura, essere superiore o inferiore agli zero gradi; *sparare a zero, con alzo a zero,* tenendo l'arma orizzontale o, *fig.*, attaccare, contestare violentemente || *T.mat. zeri di una funzione,* argomenti per cui il valore della funzione è zero || considerato come punto iniziale di una successione, una scala graduata e sim. (com. in espr. *fig.*): *la mia preparazione è a zero; ripartire da zero,* dall'inizio || *per estens.* (anche *fig.*) condizione di assoluta assenza, mancanza; niente, nulla: *il mio conto in banca è ormai a zero; tagliare, radere i capelli a zero,* fino alla radice; *valere* (*uno*) *zero; zero via zero,* niente del tutto || *fig.*, nullità: *come uomo sei proprio uno zero.*

zerovòltmetro [comp. di *zero* e *voltmetro*; 1965] **sm.** *T.fis.* voltmetro con scala a zero centrale, in grado di misurare differenze di potenziale negative e positive, con collegamento fisso.

zervanismo V. ZURVANISMO.

zèta [lettura della lettera *z*, sia di quella dell'alfabeto italiano che di quella dell'alfabeto greco (ζ)] **sf.** (raro *sm.*) *inv.* **1.** nome della lettera z (v.) **2.** nome della sesta lettera dell'alfabeto greco.

zetacismo [da *zeta*, sul modello di *iotacismo*; 1934] **sm.** **1.** *T.ling.* passaggio di una consonante o di un gruppo di consonanti all'affricata sorda o sonora **2.** *T.med.* pronuncia difettosa dal suono zeta.

zetètica [dal gr. *zētētikḗ* (*agōgḗ*), metodo di ricerca; 1891] **sf.** *T.fil.* ricerca continua del vero, improntata al dubbio continuo, tipica della filosofia scettica.

zetètico (pl. *-ci*) [dal gr. *zētētikós*; 1821] **agg.** *T.fil.* inerente alla zetetica.

zettatùra [etim. inc.; 1961] **sf.** *T.tess.* disposizione a linee ondulate del filo su una matassa, bobina o sim.

zeugìti [dal gr. *zeugîtoi*, possessori di una coppia di buoi al giogo; 1769] **sm.** *pl. T.stor.* coloro che appartenevano alla terza delle classi sociali in cui Solone divise la popolazione ateniese.

zèugma [dal gr. *zêugma*, aggiogamento; a. 1406 *zeuma*] **sm.** *T.ret.* figura grammaticale che consiste nel far dipendere da un solo verbo più costrutti: per es.: *parlare e lagrimar vedrai insieme* (Dante) || **N.** *Sin.* sillepsi.

zeugmàtico (pl. *-ci*) [da *zeugma*; 1961] **agg.** di zeugma.

zi forma tronca di ZIO, ZIA (v.).

zìa [dal gr. *thêia*; a. 1348] **sf.** sorella del padre (*zia paterna*) o della madre (*zia materna*) || *per estens.* la moglie dello zio || *dim.* ziétta, ziùccia; *pegg.* ziàccia || **N.** prozia.

zibaldóne [etim. inc.; a. 1742] **sm.** *ant.* **1.** quaderno in cui sono notate alla rinfusa molte cose diverse, appunti, pensieri, notizie ecc. **2.** *per estens. spreg.* opera letteraria o artistica in cui compaiono temi, idee, immagini di diversa provenienza e tra loro incoerenti **3.** *per estens. spreg.* mescolanza confusa di cose tra loro diverse **4.** vivanda costituita dagli ingredienti più disparati.

zibellina [da *zibellino*, per la morbidezza; 1965] **sf.** tessuto pregiato di lana cardata.

zibellìno [dal fr. *zibeline*; a. 1484] **sm.** **1.** piccolo carnivoro dei Mustelidi, diffuso in tutta l'Asia settentrionale, molto simile alla martora, pregiato per la sua pelliccia serica, finissima, di color bruno rossiccio **2.** *per meton.* la pelliccia dello zibellino || *per estens.* stoffa a bioccoli che imita la pelliccia di zibellino.

zibettàto [da *zibetto*; 1562] **agg.** *raro* profumato di zibetto: *il conte andava tutto zibettato.*

zibétto [dall'ar. *zabād*, schiuma; a. 1484] **sm.** **1.** nome comune di alcuni carnivori dei Viverridi, dal pelo grigio maculato di scuro e dalla lunga criniera erettile che va dal capo all'intera coda; secerne da particolari ghiandole perineali una sostanza odorosa muschiata, con la quale delimita il proprio territorio **2.** la sostanza odorosa secreta dallo zibetto, molto usata in medicina e in profumeria.

zibìbbo [dall'ar. *zabīb*, uva passa; sec. XIV *zabibo*] **sm.** varietà di uva da tavola e da vino diffusa in tutto il Mediterraneo, dagli acini grossi, allungati e dolcissimi, che vengono consumati anche appassiti || il vino prodotto con tale uva.

ziésco (pl. *-schi*) [da *zio*; 1940] **agg.** *raro scherz.* di o dello zio, che si riferisce allo zio.

ziff o **zif** o **ziffe** o **ziffete** [voce onom.; a. 1735 *ziffe*] voce onom. che riproduce il suono di un taglio o di uno strappo decisi e netti, spec. di carta, stoffa e sim.

zifra o **zifera** [dall'ar. *ṣifr*, vuoto; a. 1306] ***sf.*** *arc.* cifra.

zigàno [dall'ungh. *cigany*, zingari, attr. e il fr. *tzigane*; 1940] **I *agg.*** zingaresco: *musica, orchestrina zigana* **II *sm.*** (f. *-a*) zingaro.

zigàre (pres. *zigo, zighi*) [voce onom.; 1891] ***intr.*** (aus. *avere*) *raro* **1.** di coniglio, emettere il proprio verso caratteristico: *sembra proprio un coniglio che zighi* **2.** *region.* di persona, piangere, gridare.

zigèna o **zighèna** [dal gr. *zýgaina*, pesce martello; 1961] ***sf.*** piccola farfalla diurna di prato dai colori molto vivaci.

ziggurat o **ziqqurat** [dall'assiro *zik(k)urr-atu*, dalla radice *zkr*, innalzare; 1930] ***s. inv.*** *T.archeol.* nella civiltà mesopotamica, enorme edificio di culto costituito da una serie di terrazze sovrapposte, di dimensioni decrescenti procedendo verso l'alto, in cima al quale si trovava il tempio vero e proprio.

zighèna v. ZIGENA.

zigo- [dal gr. *zygón*, giogo] ***primo elem.*** che, in parole composte della terminologia biologica, vale "coppia", "accoppiato", "unione" (per es. *Zigofillacee, zigomorfo*).

zigodàttilo [comp. di *zigo-* e *-dattilo*; 1839] ***agg.*** *T.zool.* di uccello, il cui piede presenta due dita rivolte in avanti e due rivolte indietro.

Zigofillàcee [comp. di *zigo-*, *fillo-* e *-acee*; 1957] ***sf. pl.*** *T.bot.* famiglia di piante dicotiledoni diffuse nelle zone temperate-calde del globo.

zigolo [voce onom.; a. 1484] ***sm.*** nome comune di numerose specie di uccelli passeriformi dei Fringillidi.

zìgoma v. ZIGOMO.

zigomàtico (pl. *-ci*) [da *zigomo*; 1681] ***agg.*** che si riferisce allo zigomo. **TAV. *anatomia* p. 641** 1.3 e **p. 642** 6.8.

Zigomicèti (sing. *-e*) [comp. di *zigo-* e *-micete*; 1932] ***sm. pl.*** *T.bot.* sottoclasse di funghi Ficomiceti bianchi a micelio molto ramificato, tra cui le più comuni muffe.

zìgomo (meno com. *zìgoma*) [dal gr. *zýgōma*, barra per traverso; 1583] ***sm.*** *T.anat.* regione della faccia situata al di sotto delle orbite, più o meno rilevata a seconda delle razze: *zigomi alti, sporgenti.*

zigomòrfo [comp. di *zigo-* e *-morfo*; 1957] ***agg.*** *T.bot.* di involucro fiorale o corolla che, come nelle Labiate, può essere diviso in parti simmetriche da un solo piano di simmetria.

zigonèma v. ZIGOTENE.

zigòte [dal gr. *zygōtós*, aggiogato; 1931] ***sm.*** *T.biol.* cellula risultante dalla fusione di due gameti.

zigotène o **zigonèma** [comp. di *zigo-* e *-tene*; 1948] ***sm.*** in citologia, stadio della profase meiotica che segue il leptotene e precede il pachitene, durante la quale avviene l'accoppiamento dei cromosomi omologhi.

zigrinàre (pres. *-ìno*) [da *zigrino*; 1942 nel senso 2] ***tr.*** **1.** conciare una pelle o lavorare un tessuto in modo da far loro assumere l'aspetto ruvido e granuloso dello zigrino **2.** *per estens.* imprimere su qualcosa (per es. sull'orlo delle monete) delle righe piccolissime, fitte e parallele || stampare un fittissimo tratteggio.

zigrinàto (*pps.* di *zigrinàre*) [1922] ***agg.*** che ha l'aspetto dello zigrino || detto di oggetto la cui superficie presenta piccole righe parallele molto fitte: *contorno zigrinato di una moneta.*

zigrinatóre [da *zigrinare*; 1988] ***sm.*** *T.oref.* tipo di cesello a punta piatta con cui si lavora con zigrinature un oggetto di metallo.

zigrinatùra [da *zigrinare*; 1950] ***sf.*** atto ed effetto dello zigrinare.

zigrìno [dal turco *sağri*, (pelle della) groppa di animale; 1685] ***sm.*** **1.** la pelle di alcuni Selaci, che per la sua ruvidezza e resistenza, era usata in passato per levigare materie dure (ebano, avorio ecc.) || *per estens.* la pelle di altri animali (spec. asini, muli e cammelli) conciata in modo da assumere l'aspetto dello zigrino **2.** rotella in acciaio, usata per zigrinare i metalli || **N. 1.** *Sin.* sagrì.

zigzàg o **zig-zag** o **zig zag** [voce onom.; 1805] ***sm. inv.*** **1.** linea spezzata: *la strada fa uno zigzag; a zigzag*, a forma di linea spezzata, secondo una linea spezzata: *camminare a zigzag, decorazione a zigzag* **2.** movimento a zigzag: *gli zigzag del fulmine* || **N.** serpeggiamento, svolte, tortuosità. **TAV. *maglia...* p. 1316** 1.13 e **p. 1317** 14.

zigzagaménto o **zizzagaménto** [da *zigzag*; 1942] ***sm.*** andamento a zig zag, movimento a zig zag.

zigzagàre o **zizzagàre** (pres. *-àgo, -àghi*) [da *zigzag*; 1931] ***intr.*** (aus. *avere*) procedere a zigzag: *andare zigzagando.*

zillàre [da *zillo*; a. 1912] ***intr.*** (aus. *avere*) *raro* di alcuni insetti, emettere zilli.

zìllo [voce onom.; 1827] ***sm.*** *raro* verso sottile e pungente, caratteristico di alcuni insetti, per es. delle cavallette.

zimàrra [prob. dallo sp. *zamarra*, veste da pastori; a. 1584] ***sf.*** lunga e ampia sopravveste maschile in velluto o broccato, senza maniche, usata nel Medioevo || nel sec. XVIII, veste da camera maschile || nel sec. XIX, cappotto lungo e informe || *dim.* zimarrìna, zimarrìno (*sm.*).

zimàsi [comp. del gr. *zýmē*, fermento e *-asi*; 1929] ***sf. inv.*** *T.biol.* enzima della fermentazione alcolica.

zìmbalon [dal lat. *cymbalum*, attr. l'ungh. *cimbalon*; 1940] ***sm. inv.*** *T.mus.* strumento tipico ungherese (ma di origine orientale), a cassa armonica trapezoidale, suonato battendo le corde con un martelletto in legno.

zimbellàre (pres. *-èllo*) [dal provenz. *cembelar*, a. 1276] ***tr.*** *raro* **1.** attirare gli uccelli con lo zimbello **2.** *fig.* allettare, lusingare con moine: *sa zimbellare gli sciocchi* || **N. 2.** *Sin.* adescare, corbellare.

zimbellatóre [da *zimbellare*; a. 1698] ***sm.*** (f. *-trice*) *raro* **1.** chi manovra lo zimbello **2.** *fig.* chi zimbella qualcuno con moine e lusinghe.

zimbellatùra [da *zimbellare*; a. 1698] ***sf.*** atto ed effetto dello zimbellare.

zimbellièra [da *zimbello*; 1891] ***sf.*** il bastoncino a leva a cui è legato lo zimbello.

zimbèllo [dal provenz. *cembel*, fischio, poi richiamo per uccelli e quindi uccello catturato; 1340 nel senso 3; a. 1587 nel senso 1] ***sm.*** **1.** *fig.* persona che è oggetto di scherno: *è diventato lo zimbello di tutto il paese* **2.** *propr.* richiamo per uccelli e, in part., richiamo costituito da un uccello vivo tenuto legato in modo da poter svolazzare e attirare così gli altri uccelli **3.** *fig.* espediente per allettare. **Q.T. *caccia.***

zimìno [dall'ar. *samīn*, grasso; 1891] ***sm.*** *T.cuc.* *in zimino*, cottura con aglio, cipolla, prezzemolo, erbette e altri ingredienti, adatta a piatti di pesce: *seppie in zimino* || *per meton.* vivanda cotta in zimino.

zimo- [dal gr. *zýmē*, fermento] ***primo elem.*** che, in parole composte della terminologia scientifica, vale "fermento", "fermentazione" (per es. *zimologia, zimoterapia*).

zimologìa [comp. di *zimo-* e *-logia*; 1821] ***sf.*** *T.scient.* parte della biologia che studia gli enzimi.

zimoterapìa [comp. di *zimo-* e *terapia*; 1940] ***sf.*** *T.med.* terapia basata sulla somministrazione di fermenti.

zinàle [da *seno*, con influsso di *zinna*; a. 1646] ***sm.*** **1.** *region.* lungo e ampio grembiule **2.** *T.teatr.* elemento dello scenario consistente in una striscia di tela dipinta utilizzata per nascondere spazi vuoti.

zincàre o **zincàre** (pres. *zinco, zinchi*) [da *zinco*; 1879] ***tr.*** rivestire un metallo con un sottile strato di zinco, a scopo protettivo.

zincàto o **zincàto** (pps. di *zincare*) [1879] ***agg.*** rivestito di zinco: *rame, ferro zincato.*

zincatóre o **zincatóre** [da *zincare*; 1961] ***sm.*** addetto alla zincatura.

zincatùra o **zincatùra** [da *zincare*; 1879] ***sf.*** **1.** operazione dello zincare **2.** *concr.* strato di zinco che riveste un oggetto zincato: *nel fondo è andata via la zincatura.*

zincherìa o **zincherìa** [da *zinco*; 1983] ***sf.*** fabbrica di zinco.

zinco o **zinco** [dal ted. *Zink*; 1795] ***sm.*** *T.chim.* elemento metallico grigio-azzurrognolo presente in natura solo nei suoi minerali (blenda, calamina ecc.), molto resistente alla corrosione atmosferica, impiegato per la zincatura e nella lega dell'ottone e di alcuni bronzi.

zincografìa o **zincografìa** [comp. di *zinco* e *-grafia*; 1875] ***sf.*** procedimento di stampa litografica effettuata con lastre di zinco.

zincogràfico o **zincogràfico** (pl. *-ci*) [da *zincografia*; 1940] ***agg.*** proprio della zincografia: *processo zincografico.*

zincògrafo o **zincògrafo** [comp. di *zinco* e *-grafo*; 1940] ***sm.*** (f. *-a*) chi esegue lavori di zincografia.

zincóne o **zincóne** o **zingóne** [dal long. *zinca*, punta; 1881 *zingone*] ***sm.*** *tosc.* mozzicone che rimane attaccato all'albero quando il ramo viene tagliato.

zincotipìa o **zincotipìa** [comp. di *zinco* e *-tipia*; 1884] ***sf.*** procedimento d'incisione fotomeccanica, per mezzo del quale una fotografia o un disegno viene riprodotto su lastra di zinco intaccata da un acido; può essere al *tratto*, se il disegno da riprodurre è al tratto, o *a mezzatinta*, se l'immagine a chiaroscuro è riprodotta attraverso un retino.

zincotipìsta o **zincotipìsta** [da *zincotipia*; 1940] ***s.*** chi esegue lavori di zincotipia.

zìngana o **zìngana** [da *zingano*; 1965] ***sf.*** componimento poetico o drammatico popolare fiorito in Toscana nel XVII sec., che aveva come protagonista una zingara; zingaresca nel senso 2.

zìngano e der. forme pop. di ZINGARO e der. (v.).

zingarésca [da *zingaresco*; 1690 nel senso 2] ***sf.*** **1.** *T.mus.* composizione ispirata allo stile gitano spagnolo o ungherese **2.** poesia lirica o di contrasto, sorta nel sec. XVII in Toscana e tuttora viva in forme popolari, avente come protagonista una zingara || **N.** ciarda, sarabanda, seguidilla.

zingarésco (pl. *-schi*) [da *zingaro*; 1612] ***agg.*** proprio degli zingari: *costumi zingareschi*, da zingari || **N.** *Sin.* tzigano, zigano.

zìngaro [dal gr. *Atsíganoi*, n. di una tribù dell'Asia Minore; a. 1484] ***sm.*** (f. *-a*) **1.** appartenente a uno dei gruppi di nomadi, originari dell'India nord-occidentale, che fin dal sec. X penetrarono in Europa, dove continuano a vivere da girovaghi, sostentandosi con l'accattonaggio, la chiromanzia e piccoli lavori artigianali: *un accampamento di zingari, una zingara mi predisse il futuro; far vita da zingaro*, girovagare, non avere una residenza e un lavoro fisso **2.** *fig. spreg.* persona dall'aspetto sciatto e trasandato || *dim.* zingarèllo || **N. 1.** boemo, gitano, zigano.

Zingiberàcee [comp. del lat. *zingiber*, zenzero e *-acee*; 1891] ***sf. pl.*** *T.bot.* famiglia di piante monocotiledoni tropicali tra cui lo zenzero.

zingóne v. ZINCONE.

zìnia v. ZINNIA.

zìnna [dal long. *zinna*, sporgenza; a. 1470] ***sf.*** *dial. roman.* mammella.

zinnàre [da *zinna*; a. 1543] ***tr.*** e ***intr.*** (aus.

avere) *raro dial. rom.* poppare.

ẓinnia [dal n. proprio J.G. *Zinn*, botanico ted.; 1840] **sf.** genere di piante erbacee le cui specie più ornamentali, con fiori dei colori più vari, sono molto diffuse nei giardini.

zinzinàre o **ẓinẓinàre** (pres. *-ìno*) [da *zinzino*; a. 1646] **intr.** (aus. *avere*) *arc.* bere centellinando.

zinzìno o **ẓinẓìno** [voce onom.; 1863] **sm.** *fam. region.* piccolissima quantità (anche *fig.*): *uno zinzino di vino, di prudenza* ‖ **N.** *Sin.* pochino | briciola, minuzzolo, nonnulla, sorso.

zinzolìno o **ẓinẓolìno** [da *zinzino*; 1879] **sm.** *tosc.* zinzino: *uno zinzolino di carne.*

zìo (pl. *zìi*) [dal gr. thêios; fine sec. XIII] **sm.** fratello del padre (*zio paterno*) o della madre (*zio materno*) ‖ *per estens.* marito della zia ‖ nelle loc. fig.: *lo zio d'America*, ipotetico parente emigrato in America, là diventato ricchissimo, dal quale si spera di ricevere una sostanziosa eredità; *zio Sam*, *fam.* o *scherz.* gli Stati Uniti (interpretando la *U* di *U.S.A.* come iniziale di *uncle*, zio, mentre *m* sta per *military*) ‖ *dim.* ziétto, ziùccio ‖ **N.** prozio.

-zióne [dal lat. *-tiōne(m)*] **suff.** forma sostantivi f. deverbali indicanti un'azione e l'effetto che ne consegue: *collocazione, vestizione, volizione* ‖ compare anche in molte formazioni a partire da pps. irregolari (*elezione, iscrizione, protezione, rifrazione*) o da basi dotte (*distribuzione, inserzione, opzione, promozione, sanzione*); v. anche *-ione* ‖ **N.** -aggio, -mento, -tura.

ẓip [voce onom.; 1935] **sm.** *inv.* chiusura lampo.

zipolàre (pres. *zìpolo*) [da *zipolo*; sec. XIV-XVI] **tr.** *raro* turare con lo zipolo.

zìpolo [dal long. *zippil*, punta, estremità; a. 1449] **sm.** legnetto appuntito con cui si tura la spina delle botti o il foro in esse praticato per spillarne il vino ‖ *per estens.* cavicchio usato per turare una cannella o altra conduttura simile ‖ *prov. fare di una lancia uno zipolo*, ridurre il molto a pochissimo.

ziqqurat v. ZIGGURAT.

ẓìrbo [dall'ar. *ṭarb*, intestini; 1664] **sm.** *ant.* o *raro* omento.

ẓirconàto [comp. di *zircone* e *-ato*; 1940] **sm.** *T.chim.* composto di zirconio con un alcale.

ẓircóne [dal fr. *zircon*; 1828] **sm.** minerale cristallino, silicato di zirconio, i cui cristalli, limpidi e di svariati colori, vengono usati come gemme.

ẓircònico (pl. *-ci*) [da *zirconio*; 1891] **agg.** proprio dello zirconio, relativo allo zirconio; contenente lo zirconio.

ẓircònio [da *zircone*; 1817] **sm.** *T.chim.* elemento metallico grigio, lucente, duro ma duttile, inalterabile dagli agenti atmosferici e resistente a molti acidi, impiegato per la costruzione di apparecchi e in astronautica.

zirlàre o **ẓirlàre** [voce onom.; a. 1566] **intr.** (aus. *avere*) emettere zirli.

zìrlo o **ẓìrlo** [voce onom.; a. 1566] **sm.** breve e acuto grido che emettono il tordo e, *per estens.*, altri animali (il topo, il pulcino ecc.).

ẓìro [dall'ar. *zīr*, grande orcio; 1554] **sm.** *tosc.* orcio panciuto per la conservazione di olio, vino e granaglie.

zita[1] v. ZITO[1].

zita[2] [dall'ant. e tosc. *cita*, fanciulla; a. 1306] **sf.** *arc.* zitella.

zitèlla o **ẓitèlla** (*dim.* di *zita*[2]) [1612 *zittella*] **sf.** donna nubile, un po' attempata ‖ *accr.* zitellóna.

zitellàggio o **ẓitellàggio** (pl. *-gi*) [da *zitella*; 1983] **sm.** condizione della zitella.

zitèllo o **ẓitèllo** (*dim.* di *zito*[2]) [1879; a. 1306 nel senso 2] **sm.** **1.** *raro* scapolo **2.** *arc.* ragazzo ‖ *accr.* zitellóne.

zitellóne o **ẓitellóne** (*accr.* di *zitello*) [1879] **sm.** *scherz.* uomo anziano che non s'è ancora ammogliato.

zither (ted., pr. ['tsɪtɐ]) [dal lat. *cithara*, cetra; 1961] **sm.** *inv.* *T.mus.* cetra da tavolo.

zito[1] (meno com. *zìta*, sf.) [etim. inc.; 1918 *zita*] **sm.** spec. *pl.*, tipo di pasta alimentare di grano duro, di grande diametro e cava: *ziti al sugo.*

zito[2] [dal tosc. *cito*, fanciullo; a. 1306] **sm.** *arc.* ragazzo.

zittàre [da *zitto*; 1879] **tr.** e **intr.** (aus. *avere*) *dial.* zittire.

zittèlla e der. forme ant. di ZITELLA e der. (v.).

zittìo (pl. *-ìi*) [da *zittire*; 1942] **sm.** *raro* atto ed effetto dello zittire.

zittìre (pres. *-ìsco, -ìsci*) [da *zitto*; 1670 come intr. nel senso 2] **tr.** indurre qualcuno a far silenzio: *lo zittirono con un cenno, perché disturbava* ‖ *fig.* mettere qualcuno nell'impossibilità di ribattere: *lo zittirono definitivamente con un argomento inconfutabile* ‖ **intr.** (aus. *avere*) **1.** ammutolire, tacere: *vedendoli zitti* **2.** *raro* emettere dalle labbra un breve sibilo per imporre silenzio o in segno di disapprovazione: *il pubblico cominciò a zittire* ‖ **intr. pron.** rimanere zitto; fare silenzio dopo aver parlato.

zitto [voce onom.; a. 1565] **I agg.** che tace: *mi fissava, zitto e immobile*; *stare zitto*, tacere; *far stare zitto qualcuno*, imporgli il silenzio ‖ usato in modo imperativo, per intimare il silenzio: *zitta!, zitti!* ‖ *disus. zitto come l'olio*, zittissimo ‖ reiterato, nel senso di "in assoluto silenzio", "senza farsi sentire": *se ne stava zitto zitto in un angolo, zitto zitto s'è preso tutto il malloppo* **II sm.** *raro* sibilo intimante il silenzio o esprimente disapprovazione: *non si sentiva uno zitto*, tutti tacevano ‖ *dim.* zittìno ‖ **N.** I silenzioso.

zìzza [dal long. *zizza*; sec. XIV] **sf.** *dial.* mammella.

ẓiẓẓagàre v. ZIGZAGARE.

ẓiẓẓània [dal lat. e gr. *zizánia*, neutro pl.; a. 1320] **sf.** **1.** nome volgare del loglio o altra graminacea nociva che nasce tra il grano **2.** *fig.* discordia, malcontento: *spargere, seminar zizzania tra due persone.*

ẓìẓẓola [da *zizzolo*; 1760] **sf.** *non com.* giuggiola (anche *fig.*).

ẓìẓẓolo [dal lat. *zīzyphum*, gr. *zízyphon*; 1803] **sm.** *tosc.* giuggolo.

zloty (polacco, pr. ['zwɔti]; pr. it. ['zlɔti]) [letter. d'oro; 1931] **sm.** *inv.* unità monetaria della Polonia.

zòcco [lat. *soccus*, specie di pantofola in uso sulla scena; a. 1571] **sm.** *arc.* zoccolo.

zòccola [prob. dal lat. *sōrex, -icis*, topo, con influsso di *zoccolo*; 1957] **sf.** *centr.* **1.** *spreg. volg.* donna di strada, puttana **2.** *meno com.* topo di fogna.

zoccolàio (pl. *-ài*) [da *zoccolo*; a. 1348] **sm.** (f. *-a*) *disus.* chi fa o vende zoccoli.

zoccolànte (*ppr.* di *zoccolare*) [1598] **agg.** e **sm.** frate minore osservante, che porta zoccoli ai piedi.

zoccolàre (pres. *zòccolo*) [da *zoccolo*; a. 1749] **intr.** (aus. *avere*) far rumore camminando con gli zoccoli.

zoccolàta [da *zoccolo*; a. 1646] **sf.** colpo di zoccolo.

zoccolatùra [da *zoccolo*; 1961] **sf.** *T.arch.* il motivo che corre lungo la base delle pareti.

zoccolìo (pl. *-ìi*) [da *zoccolare*; 1950] **sm.** continuo rumor di zoccoli.

zòccolo [lat. *socculus*; 1353] **sm.** **1.** calzatura completamente in legno o, anche, con suola in legno e tomaia in cuoio o tela ‖ *per estens.* strato di terra, fango o neve che resta attaccato sotto la suola delle scarpe, o massa nevosa che resta attaccata sotto gli sci **2.** la robusta unghia degli Ungulati: *ferrare gli zoccoli del cavallo* **3.** basamento e, in gen., parte bassa di una struttura: *lo zoccolo in pietra di un edificio, di un monumento*; *zoccolo di una colonna*, plinto; *lo zoccolo delle mura*, il piede ‖ fascia inferiore delle pareti interne di un edificio, solitamente tinta di scuro o rivestita a scopo protettivo ‖ *T.tip.* la base cui è inchiodata la lastra zincografica ‖ *T.orol.* la base che sorregge l'orologio a campana ‖ *T.geol.* massa rocciosa costituente la parte principale, profonda, dei continenti ‖ *fig.* in una stratificazione, lo strato più basso e più stabile: *uno zoccolo di consensi del 5%, lo zoccolo duro del sindacato* ‖ *dim.* zoccolétto, zoccolìno; *accr.* zoccolóne; *pegg.* zoccolàccio. **TAV.** ***abitazione*** 2.3; ***mammiferi*** **p. 1318** 1.2.

ẓodiacàle [da *zodiaco*; 1745] **agg.** dello zodiaco.

ẓodìaco (pl. *-ci*) [dal lat. *zodiacus*, gr. *zōidiakós*, proprio (del cerchio) di figure di animali; 1319] **sm.** la successione delle dodici costellazioni disposte lungo l'eclittica: *i segni dello zodiaco*, i simboli delle costellazioni (Ariete, Toro, Gemelli, Cancro, Leone, Vergine, Bilancia, Scorpione, Sagittario, Capricorno, Aquario e Pesci) ‖ **N.** oroscopo. **TAV.** *astrologia* 1.

ẓoèpica [comp. di *zoo-* e *epica*; 1942] **sf.** *lett.* genere letterario epico dove i protagonisti dei poemi sono animali.

-ẓòico (pl. *-ci*) [dal gr. *zōikós*, di animale] **elem. term.** utilizzato nelle denominazioni delle ere geologiche, ad indicare l'apparizione delle diverse forme di esseri viventi (per es. *archeozoico, cenozoico, mesozoico*) ‖ in agg. della terminologia zoologica vale "di animale" (per es. *polizoico*).

ẓoidiofilìa [comp. del gr. *zōídion*, dim. di *zôion*, animale e *-filia*; 1961] **sf.** *T.bot.* impollinazione operata da animali ‖ **N.** *Sin.* zoofilia, zoogamia.

ẓoidiòfilo [comp. del gr. *zōídion*, dim. di *zôion*, animale e *-filo*; 1906] **agg.** *T.bot.* di pianta la cui impollinazione avviene per opera di animali ‖ **N.** *Sin.* zoofilo, zoogamo.

ẓòilo [dal n. proprio *Zôilos*, aspro critico di Omero; a. 1642] **sm.** *lett. raro* critico severo e mordace, perlopiù ingiusto.

zòlfa v. SOLFA.

zolfàio (pl. *-ài*) [da *zolfo*; 1840] **sm.** *raro* chi estrae lo zolfo e lo lavora.

zolfanèllo (meno com. *solfanèllo*) [da *zolfo*; a. 1484] **sm.** fiammifero in legno con capocchia in zolfo o fosforo ‖ *fig. accendersi come uno zolfanello*, essere molto irascibile ‖ **N.** *Sin.* cerino.

zolfàra v. SOLFARA.

zolfàre v. SOLFARE.

zolfatàra v. SOLFATARA.

zolfìfero [comp. di *zolfo* e *-fero*; 1983] **agg.** contenente zolfo.

zolfigno [da *zolfo*; 1940] **agg.** *raro* zolfino.

zolfìno (meno com. *solfino*) [da *zolfo*; 1779] **I agg.** *non com.* simile a zolfo: *colore zolfino* **II sm.** zolfanello.

zólfo o **sòlfo** [lat. *sulphur*; a. 1484] **sm.** *T.chim.* elemento metalloide, giallo allo stato nativo, diffusissimo nella crosta terrestre, sia puro che combinato, impiegato nella preparazione della polvere pirica, nella vulcanizzazione della gomma, nell'agricoltura e in medicina ‖ **N.** solfara, solfatara, solfato, solfuro | solforico, sulfureo | suffimigi | zolfare.

zòlla o **ẓòlla** [dal long. **zolla*; a. 1320] **sf.** **1.** ciascuno dei pezzi di terra unita e compatta sollevati dalla vanga o dall'aratro nel lavorare un terreno sodo: *zolle erbose* ‖ *fig. possedere poche zolle di terra*, un piccolissimo podere ‖ *per estens. poet. raro* la terra: *a chi la zolla avita ara* (Parini) **2.** *per estens.* massa compatta d'altro materiale: *zolla continentale*, zoccolo; *zolla* (ma, più com. *zolletta*) *di zucchero* ‖ *dim.* zollétta, zollettìna, zollìna.

zollàre o **ẓollàre** (pres. *zòllo* o *ẓòllo*) [da *zolla*; 1935] **tr.** *raro* ricoprire di zolle erbose.

zollétta o **ẓollétta** (*dim.* di *zolla*) [1698] **sf.** piccola zolla ‖ *in part.* cubetto di zucchero: *zucchero in zollette.*

zollosità o **ẓollosità** [da *zolloso*; 1961] ***sf.*** *raro* l'essere coperto di zolle.

zollóso o **ẓollóso** [da *zolla*; 1525] ***agg.*** *non com.* coperto di zolle.

ẓombàre (pres. *ẓómbo*) [voce onom.; 1525] ***tr.*** e ***intr.*** (aus. *avere*) *pop. tosc.* picchiare con forza.

ẓombàta [da *zombare*; 1879] ***sf.*** *pop. tosc.* atto ed effetto dello zombare, percossa || *dim.* zombatìna.

zombi o ***zombie*** (ingl., pr. ['zɒmbɪ]; pr. it. ['dzɔmbi]) [voce creola di orig. sconosciuta; 1978] ***sm.*** *inv.* **1.** *T.rel.* in culti tradizionali delle Antille, spirito evocato tramite riti magici che ridà vita a un cadavere || il cadavere rianimato da tale spirito **2.** *per estens. fig.* persona abulica, apatica, priva di interessi e di volontà.

zompàre (pres. *zómpo*) [voce onom.; 1905] ***intr.*** (aus. *avere*) *dial. rom.* saltare, saltellare: *gli zompò addosso.*

zómpo [da *zompare*; 1866] ***sm.*** *dial. rom.* salto.

ẓòna [dal lat. *zōna*, gr. *zṓnē*, cintura, poi cintura di terra o di cielo; a. 1306] ***sf.*** **1.** porzione di una superficie: *in quella zona il giardino è un po' spoglio, le zone più chiare di una radiografia, tratteggiare le zone d'ombra*; *in part.*: area territoriale uniforme dal punto di vista delle condizioni geografiche, sociali, giuridiche ecc.: *zona (climatica) glaciale, temperata, torrida*; *zone montane, collinari, pianeggianti*; *zone industrializzate, depresse*; *zona di guerra, franca*; *zona denuclearizzata*; *le zone residenziali, verdi, pedonali dei centri urbani*; *zona blu,* nei centri storici di grandi centri urbani, zona in cui il traffico dei veicoli è vietato o limitato a determinate fasce orarie; *zona disco,* zona in cui il parcheggio è consentito, nelle ore diurne, solo per un intervallo determinato, da documentarsi mediante l'esposizione del disco orario || nelle loc.: *in zona, fuori zona,* rispettivamente, nelle vicinanze o lontano rispetto a un dato luogo || *T.sport.* in alcuni giochi di squadra come il calcio, la pallacanestro, il rugby, parte del campo di gioco; *difesa, marcatura, gioco a zona,* tattica difensiva che non prevede una marcatura a uomo, ma il controllo di una certa zona del campo || *T.geom. zona sferica,* porzione di superficie sferica compresa tra due piani paralleli secanti la sfera || *T.min.* in cristallografia, insieme di più facce parallele a uno stesso spigolo **2.** *T.stor.* larga fascia che, nell'antica Grecia, le giovani portavano intorno alla vita fino al giorno del matrimonio **3.** zoster, *herpes zoster* || **N. 1.** area, fascia, parte, settore, striscia. **Q.T.** *geografia* **TAV.** *geografia* 1.8.

ẓonàle [da *zona*; 1940] ***agg.*** attinente a una zona.

ẓonàre (pres. *ẓòno*) [da *zona*; a. 1306] ***tr.*** *ant.* fasciare.

ẓonàto [da *zona*; 1940] ***agg.*** *non com.* costituito da diverse zone, spec. di colori diversi.

ẓonatùra [da *zona*; 1961] ***sf.*** divisione in zone || *zonatura di un minerale,* alternarsi di fasce di composizione o colore diversi.

ẓonazióne [da *zona,* sul modello dell'ingl. *zoning*; 1961] ***sf.*** **1.** zonizzazione || *T.geol. carte di zonazione sismica,* carte geografiche che evidenziano le zone a rischio sismico **2.** *T.ecol.* distribuzione di organismi animali o vegetali in diverse zone geografiche: *zonazione orizzontale, verticale.*

zoning (ingl., pr. ['zounɪŋ]) [da to *zone,* dividere in zone; 1931] ***sm.*** *inv.* zonizzazione.

ẓonizẓàre [da *zona,* sul modello dell'ingl. to *zone*; 1983] ***tr.*** **1.** in urbanistica, suddividere una città in varie zone, con destinazione e funzioni diverse **2.** *per estens.* suddividere in zone.

ẓonizẓazióne [da *zonizzare*; 1935] ***sf.*** lo zonizzare || **N.** *Sin.* azzonamento.

ẓónẓo [voce onom.; a. 1449] ***avv.*** soltanto nella *loc. avv. andare a zonzo,* andar in giro senza meta fissa, per svago.

ẓòo [abbr. di (*giardino*) *zoo*(*logico*); 1931] ***sm.*** *inv.* giardino zoologico.

ẓòo- [dal gr. *zôion,* animale, essere vivente] ***primo elem.*** che, in parole composte di varie scienze, vale "animale", "degli animali", "in relazione con la vita degli animali" (per es. *zoofilo, zoologia*).

-ẓòo [dal gr. *zôion,* animale, essere vivente] ***elem. term.*** che vale "animale", "in relazione con la vita animale" (per es. *idrozoo, protozoo*).

ẓoochìmica [comp. di *zoo-* e *chimica*; 1940] ***sf.*** *T.chim.* lo studio chimico dei principi che si trovano negli organismi degli animali.

ẓoocìda [comp. di *zoo-* e *-cida*; 1961] ***agg.*** e ***sm.*** di sostanza velenosa impiegata nella lotta contro i parassiti delle piante.

ẓoocoltùra [comp. di *zoo-* e *coltura*; 1942] ***sf.***

ZOOLOGIA

VARIE SPECIE: agraria, applicata, fisiologica, generale, speciale o sistematica; acarologia, anatomia comparata, citologia, ecologia, embriologia, entomologia, erpetologia, etologia, faunistica, fisiologia, genetica, istologia, ittiologia, malacologia, nematologia, ornitologia, paleozoologia, parassitologia, protozoologia, zoogeografia, zootecnica.

ORGANI SPECIALI E TERMINI VARI: abomaso, aculeo, ala, albume, allantoide, amnio, antenna, arto, artiglio, barbiglio, bargiglio, becco, branchia, carapace, carena, chela, cilia, cloaca, coda, collare, conchiglia, corazza, corna, cresta, crisalide, diastema, elitra, fanoni, flagello, frogia, garrese, garretto, gozzo, grifo, groppa, grugno o muso, larva, mammella, marsupio, membrana, metamero, nicchio, ninfa, notocorda, omaso, ommatidio, opercolo, otocisti, otolite, palpo, pedipalpo, pelliccia, pelo, penna, pinna, (caudale, dorsale, pettorale, ventrale), piuma, polmone, proboscide, proglottide, pungiglione, rumine, reticolo, squama, statocisti, stigma, tarso, tentacolo, tuorlo, uovo, uropigio, vello, ventriglio, vescica natatoria, zampa, zanna.

FUNZIONI, FATTORI BIOLOGICI, ADATTAMENTO ecc.: anabolismo, atavismo, catabolismo, inquilinismo, istinto, letargo, migrazione, mimetismo, neotenia, nutrizione, parassitismo, respirazione, selezione (artificiale, naturale), simbiosi, stenoalinità / eurialinità, stenotermia / euritermia, tropismo (chemiotropismo, fototropismo, termotropismo).

VARIE QUALITÀ DEGLI ANIMALI: abissale, acefalo, acquatico, anfibio, antropomorfo, apodo, arboricolo, a sangue caldo, a sangue freddo, attero, bentonico, bipede, bisulco, branchiato, carnivoro, caudato, digitigrado, erbivoro, erratico, frugivoro, gregario, ibernante, insettivoro, ittiofago, migratore, notturno, onnivoro, oviparo, ovoviviparo, palmato, parassita, planctonico, plantigrado, quadrumane, quadrupede, rapace, ruminante, sedentario, sociale, solitario, solipede, territoriale, testaceo, uniparo, viviparo, volatile.

CLASSIFICAZIONE: sottoregni, tipi, classi, ordini, famiglie, generi, specie, sottospecie, varietà; invertebrati / vertebrati o cordati (cefalocordati, urocordati).

PROTOZOI: ameba, foraminifero, paramecio, plasmodio della malaria, stentor, tripanosoma, vorticella.

PORIFERI: arancia di mare, spugna.

CELENTERATI: attinia, corallo, idra, madrepora, medusa.

PLATELMINTI: fasciola epatica, planaria, schistosoma, tenia.

NEMATELMINTI: anchilostoma, anguillula, filaria, ossiuro, rotiferi, trichina, verme dei bambini.

ANELLIDI: lombrico, nereide, sanguisuga.

MOLLUSCHI.

CEFALOPODI: argonauta, calamaro, nautilo, polipo, seppia.

LAMELLIBRANCHI: dattero di mare, mitilo, ostrica, tellina, teredine.

GASTEROPODI: aplisia, chiocciola, limaccia, lumaca, murice, patella.

ARTROPODI.

CROSTACEI: aragosta, dafnia, gambero, granchio, paguro.

MIRIAPODI: litobio, millepiedi, millepiedi gigante, scolopendra, scutigera.

INSETTI: Apterigoti (collemboli, dipluri, proturi, tisanuri), Blattoidei (blatta, mantide, periplaneta, termite), Coleotteri (cervo volante, cetonia, coccinella, ditisco, maggiolino, scarabeo sacro), Ditteri (mosca, pulce, tafano, zanzara), Emitteri (afidi, cicala, cimice, cocciniglia), Imenotteri (ape, bombo, calabrone, formica, vespa), Lepidotteri (cavolaia, saturnia, testa di morto, tignola, vanessa), Neurotteri (crisopa, formicaleone), Odonati (libellula), Ortotteri (cavalletta, grillo, grillotalpa, locusta), Psocotteri (pidocchio dei libri, pidocchio dell'uomo).

ARACNIDI: acaro, chelifero comune, ragno, scorpione.

ECHINODERMI: oloturia, ofiura, riccio di mare, stella di mare.

PESCI.

CONDROSTEI: storione.

OLOSTEI: amia calva, lepidosteo.

POLIPTERI: poliptero.

DIPNOI: lepidosirena, neoceratodo.

SELACI: gattuccio marino, pescecane, pesce martello, razza, smeriglio, spinarolo, torpedine.

CICLOSTOMI: lampreda comune, lampreda glutinosa, lampreda marina.

segue

parte della zootecnia che si occupa dell'allevamento e dell'utilizzazione degli animali di piccole dimensioni (polli, pesci, api e sim.) utili all'uomo.

zooconìdio (pl. *-di*) [comp. di *zoo-* e *conidio*; 1961] **sm.** *T.bot.* conidio provvisto di organi di moto || **N.** *Sin.* planoconidio.

zoocorìa [comp. di *zoo-* e *-coria*; 1961] **sf.** *T.bot.* disseminazione delle piante operata dagli animali || **N.** anemocoria, idrocoria.

segue ZOOLOGIA

ANFIBI.

ANURI: pipa americana, raganella, rana, rana unghiata, rospo, rospo marino.

APODI: cecilia.

URODELI (O CAUDATI): proteo, salamandra nera o alpina, salamandra pezzata, tritone alpino, tritone comune.

RETTILI.

CHELONI: testuggine lacustre, testuggine marina.

LORICATI: alligatore, caimano, coccodrillo (americano, del Nilo), gaviale.

OFIDI: aspide, biscia d'acqua, boa, cobra, colubro, pitone, serpente a sonagli.

RINCOCEFALI: sfenodonte.

SAURI: drago volante, camaleonte, geco, geco volante, iguana, lucertola, varano.

UCCELLI.

ANSERIFORMI: anatra, cigno, oca, smergo.

APODIFORMI: colibrì, rondone, salangana.

CARADRIFORMI: avocetta, beccaccia, cavaliere d'Italia, chiurlo, combattente, corriere, gabbiano, occhione, pavoncella, pulcinella di mare, stercorario.

CASUARIFORMI: casuario.

CICONIFORMI: airone, cicogna, garzetta, ibis sacro, nitticora.

COLOMBIFORMI: colombaccio, colombella, dodo, piccione domestico, piccione terraiolo, tortora.

CORACIFORMI: gruccione, martin pescatore, upupa.

CUCULIFORMI: cuculo.

FALCONIFORMI: aquila, avvoltoio, condor, gheppio, poiana, sparviero.

FENICOTTERIFORMI: fenicottero.

GALLIFORMI: fagiano, gallo cedrone, pavone, pernice, pernice bianca, quaglia, tacchino.

GRUIFORMI: folaga, gallinella d'acqua, gru, otarda, porciglione.

PASSERIFORMI: allodola, averla, ballerina, cannaiolo, capinera, cardellino, cinciallegra, codirosso, cornacchia, corvo, fringuello, gazza, ghiandaia, luì, merlo, passero, pettirosso, rigogolo, scricciolo, storno, tordo, usignolo.

PELECANIFORMI: aninga, cormorano, pellicano, sula.

PICIFORMI: picchio rosso, picchio verde, torcicollo, tucano.

PROCELLARIFORMI: albatro, berta, fulmaro, procellaria o uccello delle tempeste.

PSITTACIFORMI: ara, cacatoa, crisotide, pappagallino di Australia, pappagallo delle Amazzoni.

SFENISCIFORMI: pinguino.

STRIGIFORMI: allocco, assiolo, barbagianni, civetta, gufo.

STRUZIONIFORMI: emù, kiwi, nandù, struzzo.

MAMMIFERI.

CARNIVORI FISSIPEDI: cane, ermellino, faina, gatto, ghepardo, giaguaro, iena, leone, lontra, lupo, martora, orso, panda minore, puma, sciacallo, tigre, volpe.

CARNIVORI PINNIPEDI: elefante marino, foca, otaria o leone marino, tricheco.

CETACEI: balena, capodoglio, delfino, narvalo, orca.

CHIROTTERI: ferro di cavallo, orecchione, pipistrello, vampiro.

INSETTIVORI: crocidura, riccio, talpa, toporagno.

LAGOMORFI: coniglio, lepre.

MARSUPIALI: canguro, koala, opossum, tilacino, vombato, wallaby.

MONOTREMI: echidna, ornitorinco.

PROSCIMMIE: lemure, lori gracile, tarsio, tupaia.

RODITORI: arvicola, castoro, ghiro, istrice, scoiattolo, topo.

SDENTATI: armadillo, bradipo, formichiere, pangolino, tamandua.

SCIMMIE: babbuino, bertuccia, cebo, cercopiteco, gibbone, gorilla, macaco, mandrillo, orango, scimmia urlatrice, scimpanzè.

UNGULATI: antilope, asino, cammello, capra, cavallo, cervo, cinghiale, elefante, gazzella, giraffa, ippopotamo, maiale, pecora, rinoceronte, tapiro.

(V. tavole ANFIBI, RETTILI, UCCELLI, PESCI, MAMMIFERI).

zoocòro [comp. di *zoo-* e *-coro*; 1957] **agg.** *T.bot.* si dice di pianta alla cui disseminazione provvedono gli animali || **N.** anemocoro, idrocoro.

zooerastìa [comp. di *zoo-* e un der. del gr. *erastḗs*, amatore, amante; 1988] **sf.** rapporto sessuale con animali || **N.** sodomia.

zoofagìa [comp. di *zoo-* e *-fagia*; 1961] **sf.** l'essere zoofago.

zoòfago (pl. *-gi*) [comp. di *zoo-* e *-fago*; 1961] **agg.** di pianta o animale, che si nutre di animali.

zoofilìa [comp. di *zoo-* e *-filia*; 1961] **sf.** amore per gli animali.

zoòfilo [comp. di *zoo-* e *-filo*; 1839] **agg.** e **sm.** (f. *-a*) che o chi ama gli animali e li protegge: *società zoofila, un convegno di zoofili.*

zoofobìa [comp. di *zoo-* e *-fobia*; 1905] **sf.** *T.psic.* timore morboso degli animali, o di alcuni di essi.

zoòfobo [comp. di *zoo-* e *-fobo*; 1961] **agg.** e **sm.** (f. *-a*) *non com.* che soffre di zoofobia.

zoòforo [dal gr. *zōophóros*; 1521] **agg.** e **sm.** *T.arch.* fregio continuo, scolpito con figure di animali, che correva sopra l'architrave dei templi ionici.

zoogamète [comp. di *zoo-* e *gamete*; 1961] **sm.** *T.biol.* gamete che si muove con ciglia, flagelli e sim. || **N.** *Sin.* planogamete.

zoogamìa [comp. di *zoo-* e *-gamia*; 1961] **sf.** *T.bot.* zoidiofilia.

zoògamo [comp. di *zoo-* e *-gamo*; 1961] **agg.** *T.bot.* zoidiofilo.

zoogènico (pl. *-ci*) [comp. di *zoo-* e *-genico*; 1957] **agg.** *T.geol.* zoogeno.

zoògeno [comp. di *zoo-* e *-geno*; 1965] **agg.** *T.geol.* detto di deposito o roccia sedimentaria costituiti prevalentemente da resti di animali fossili accumulati.

zoogeografìa [comp. di *zoo-* e *geografia*; 1952] **sf.** lo studio della distribuzione geografica dei diversi animali sulla superficie terrestre; geografia zoologica. **Q.T.** *zoologia.*

zooglèa [comp. di *zoo-* e gr. *glóia*, materia collosa; 1930] **sf.** *T.biol.* massa di batteri agglutinati da una sostanza gelatinosa di vario aspetto da essi stessi prodotta: *zooglea globulare, zooglea racemosa.*

zoognòstica [comp. di *zoo-* e (*dia*)*gnostica*; 1965] **sf.** studio della conformazione esteriore degli animali domestici per determinarne il valore funzionale e commerciale.

zoografìa [comp. di *zoo-* e *-grafia*; 1771] **sf.** descrizione delle specie animali || **N.** fitografia.

zooiàtra [comp. di *zoo-* e *-iatra*; 1819] **s.** *raro* veterinario.

zooiatrìa [comp. di *zoo-* e *-iatria*; 1819] **sf.** *raro* veterinaria.

zooiàtrico (pl. *-ci*) [comp. di *zoo-* e *-iatrico*; 1827] **agg.** *raro* attinente alla zooiatria.

zoolatrìa [comp. di *zoo-* e *-latria*; 1771] **sf.** culto degli animali, proprio di alcune religioni primitive || **N.** totemismo.

zoolito [comp. di *zoo-* e *-lito*; 1771] **sm.** *raro* animale pietrificato, o sua parte.

zoologìa [comp. di *zoo-* e *-logia*; a. 1698] **sf.** la scienza che studia gli animali. **Q.T.** *zoologia* **TAV.** ***zoologia*** **p. 1344.**

zoològico (pl. *-ci*) [da *zoologia*; 1816] **agg.** della zoologia: *sistematica zoologica*; *museo zoologico*, che contiene raccolte di animali imbalsamati; *giardino zoologico*, dove sono raccolti ed esposti animali vivi.

zoologìsta [da (*giardino*) *zoologico*; 1938] **s.** chi commercia o caccia animali esotici per i giardini zoologici. **Q.T.** *zoologia.*

zoòlogo (pl. *-gi*) [comp. di *zoo-* e *-logo*; 1816] **sm.** (f. *-a*) studioso di zoologia.

zoom (ingl., pr. [zu:m]; pr. it. [dzum]) [da to *zoom*, ronzare, poi impennarsi in volo; 1963] **sm.** *inv.* *T.cin.* tipo di obiettivo che permette di variare la lunghezza focale (e, quindi, il campo inquadrato) senza variare la messa a fuoco; obiettivo transfocatore || **N.** zumare. **TAV.** *cinematografia...* 3.3.

zoomàre e der. v. ZUMARE e der.

zoometrìa [comp. di *zoo-* e *-metria*; 1912] **sf.** studio delle dimensioni degli animali.

zoomorfìsmo [comp. di *zoo-* e *-morfismo*; 1905] **sm.** **1.** metamorfosi in animale **2.** stile figurativo basato sulla rappresentazione di figure di forma animale.

zoomòrfo [comp. di *zoo-* e *-morfo*; 1976] **agg.** a forma di animale: *idolo zoomorfo* || *T.med.* *allucinazioni zoomorfe*, zoopsia.

zoomorfòsi [comp. di *zoo-* e *morfosi*; 1930] **sf.** *T.biol.* formazione di strutture anomale su una pianta ad opera di parassiti.

zoònimo [comp. di *zoo-* e *-onimo*; 1950] **sm.** *T.ling.* nome proprio di animale.

zoonòsi [comp. di *zoo-* e gr. *nósos*, malattia; 1890] **sf.** termine generico indicante qualsiasi malattia infettiva degli animali che può essere trasmessa all'uomo.

zooplàncton [comp. di *zoo-* e *plancton*; 1933] **sm.** *inv.* *T.biol.* la parte del plancton costituita da organismi animali.

zooplanctònico (pl. *-ci*) [da *zooplancton*; 1983] **agg.** *T.biol.* relativo allo zooplancton, proprio dello zooplancton.

zooprofilàttico (pl. *-ci*) [comp. di *zoo-* e *profilattico*; 1961] **agg.** relativo alla profilassi delle malattie del bestiame: *centro zooprofilattico*.

zoopsìa [comp. di *zoo-* e *-opsia*; 1961] **sf.** *T.med.* allucinazione consistente nella visione di animali che suscitano terrore o ribrezzo.

zoosafàri [comp. di *zoo-* e *safari*; 1972] **sm.** *inv.* comprensorio di ambiente naturale, dove vivono in stato di semilibertà varie specie di animali, perlopiù esotici, che si possono osservare seguendo un percorso obbligato a bordo di un automezzo.

zoospermìa [comp. di *zoo-* e *-spermia*; 1978] **sf.** *T.biol.* presenza di spermatozoi nel liquido spermatico.

zoospèrmio (pl. *-mi*) [comp. di *zoo-* e *-spermio*; 1961] **sm.** *T.biol.* spermatozoo.

zoospòra [comp. di *zoo-* e *spora*; 1891] **sf.** spora che si muove in sostanze liquide grazie a ciglia o flagelli.

zootecnìa [comp. di *zoo-* e *-tecnia*, basato sul gr. *téchnē*, tecnica; 1862] **sf.** scienza che studia le tecniche di riproduzione, di allevamento e di utilizzazione degli animali domestici. **Q.T.** *zoologia* **TAV.** *zootecnia.*

zootècnico (pl. *-ci*) [da *zootecnia*; 1863] **I agg.** relativo alla zootecnia **II sm.** (f. *-a*) studioso di zootecnia || chi si occupa delle applicazioni pratiche della zootecnia.

zootomìa [comp. di *zoo-* e *-tomia*; 1684] **sf.** *raro* anatomia animale.

zootòmico (pl. *-ci*) [da *zootomia*; 1780] **agg.** *raro* relativo alla zootomia.

zootomìsta [da *zootomia*; 1891] **s.** *raro* studioso di zootomia.

zootossìna [comp. di *zoo-* e *tossina*; 1930] **sf.** *T.biol.* tossina di origine animale.

zoppàggine [da *zoppo*; a. 1574] **sf.** *raro* zoppia, claudicazione.

zoppàre (pres. *zòppo*) [da *zoppo*; 1745] **intr.** (aus. *essere*) *tosc.* diventare zoppo.

zoppeggiàre (pres. *-éggio*) [da *zoppo*; prima metà sec. XIV] **intr.** (aus. *avere*) *raro* zoppicare.

zoppìa [da *zoppo*; 1963] **sf.** condizione di animale zoppo || andamento di persona zoppa.

zoppicaménto [da *zoppicare*; 1598] **sm.** *raro* atto ed effetto dello zoppicare.

zoppicàre (pres. *zòppico, zòppichi*) [da *zoppo*; sec. XIV] **intr.** (aus. *avere*) **1.** camminare in modo disarmonico, poggiando il peso del corpo più su un piede che sull'altro (per difetto fisico, per malattia o per altre ragioni): *la ferita al piede lo fa zoppicare* || *per estens.* di mobili, non poggiare bene a terra con tutte le gambe: *la sedia zoppica* **2.** *fig.* procedere con difficoltà, presentare lacune o disarmonie: *un verso, un ragionamento che zoppica; zoppica un po' in matematica* || **N. 1.** *Sin.* claudicare.

zoppicatùra [da *zoppicare*; 1788] **sf.** *raro* atto dello zoppicare.

zoppicóne o **zoppicóni** [da *zoppicare*; sec. XIV] **avv.** zoppicando: *andava zoppicone* (o *zoppiconi*).

zoppìna [da *zoppo*; 1840] **sf.** malattia contagiosa dei bovini che provoca tumefazioni o ferite nella zona dello zoccolo e conseguente zoppia.

zòppo [dal lat. tardo *cloppus*, claudicante, attr. il sett. *cioppo*; 1354] **I agg.** **1.** che cammina zoppicando: *l'operazione lo ha lasciato zoppo* || *per estens.* di mobile, che ha una gamba più corta delle altre **2.** *fig.* carente, lacunoso, che non procede in modo lineare e senza intoppi: *argomentazione zoppa* **II sm.** (f. *-a*) chi zoppica per infermità permanente: *è passato ora uno zoppo* || *prov.* *chi va con lo zoppo impara a zoppicare*, si è influenzati dalle cattive compagnie || *dim.* zoppétto, zoppìno, zoppettìno; *pegg.* zoppàccio || || **N.** *Sin.* cionco, claudicante, sciancato.

Zoràtteri (sing. *-o*) [comp. del gr. *zōrós*, puro e *-ttero*; 1957] **sm.** *pl.* *T.zool.* ordine di piccolissimi Insetti che vivono nel terriccio o sotto le cortecce nelle regioni calde.

zorìlla [dallo sp. *zorilla*, letter. piccola volpe, attr. l'ingl. *zoril*; 1891] **sm.** nome comune di piccoli carnivori dei Mustelidi, simili alla moffetta, diffusi in quasi tutta l'Africa.

zoroastriàno [dal n. proprio *Zoroastro*, forma occidentale di *Zaratustra*, fondatore del mazdeismo; 1961] **agg.** che si riferisce a Zoroastro.

zoroastrìsmo [dal n. proprio *Zoroastro*, forma occidentale di *Zaratustra*, fondatore del mazdeismo; 1961] **sm.** mazdeismo. **Q.T.** *religione.*

zòster [dal lat. scient. *zoster*, gr. *zōstḗr*, zona, fascia (di eruzione intorno al corpo); 1908] **agg.** *inv.* *T.med.* *herpes zoster*, tipo di herpes caratterizzato dalla presenza di vescichette che provocano bruciore cutaneo lungo il decorso dei nervi || **N.** *Sin.* fuoco di S. Antonio.

zostèra [dal lat. *zōster*, *-eris*, gr. *zōstḗr*, cintura, per l'aspetto nastriforme; 1821] **sf.** genere di piante acquatiche marine, sommerse, dalle foglie lunghissime e nastriformi, i cui resti vengono raccolti lungo le spiagge e impiegati come fertilizzanti o come materiale da imballaggio.

zoticàggine [da *zotico*, a. 1698] **sf.** *spreg.* *non com.* l'essere zotico.

zotichézza [da *zotico*; a. 1676] **sf.** l'essere zotico.

zòtico (pl. *-ci*) [etim. inc.; 1353] **I agg.** ignorante, incolto e, quindi, dai modi rozzi, grossolani: *maniere zotiche* || **zoticaménte** **avv.** *raro* **II sm.** (f. *-a*) persona zotica: *comportarsi da zotico* || *dim.* zotichétto, zotichìno; *accr.* zoticóne; *pegg.* zoticàccio, zoticonàccio || **N.** *Sin.* becero, grossolano, ineducato, intrattabile, inurbano, maleducato, rozzo, screanzato, tanghero, villano, volgare | inzotichire.

zòzza [forse abbr. di *zuzzacchera*, bevanda medicinale con aceto e zucchero; 1863] **sf.** *pop.* *tosc.* miscuglio di liquori alcolici di cattiva qualità.

zózzo e der. v. SOZZO e der.

zuàvo [dall'arabo-berbero *zwāwa*, n. di una tribù africana che diede i primi uomini di questo corpo, attr. il fr. *zouave*; 1891] **I sm.** *T.mil.* soldato appartenente a uno speciale corpo di fanteria dell'armata francese d'Africa e, successivamente, soldato di altri eserciti equipaggiato allo stesso modo **II** nella **loc. agg.** *inv.* *alla zuava*, di foggia ispirata a quella della divisa degli zuavi: *pantaloni alla zuava*, corti e stretti al ginocchio, amplissimi e gonfi sopra il ginocchio; *giacca alla zuava*, giacchetto da donna corto e ornato di passamaneria.

zùcca [forse lat. tardo *cucutia*; a. 1320] **sf.** **1.** nome di parecchie piante rampicanti o striscianti delle Cucurbitacee, coltivate per i frutti e i semi commestibili || il frutto polposo della zucca **2.** *fig.* testa: *non ha sale in zucca, è una zucca vuota, ha la zucca pelata* || *dim.* zucchétta, zucchìna, zucchettìna; *accr.* zuccóne (*sm.*); *pegg.* zuccàccia || **N. 1.** zucca comune, zucca da zucchini, zucca popone | zucca barucca, zuccata.

zùcca barùcca [comp. di *zucca* e *barucca*, dal lat. *verrūca*, verruca, per i bitorzoli; 1942] **loc. f.** zucca gialla dall'aspetto bitorzoluto che viene cotta al forno nel Veneto e nel Ferrarese e venduta a fette.

zuccàia [da *zucca*; 1940] **sf.** terreno coltivato a zucche.

zuccaiòla [da *zucca*, perché ne guasta le radici; 1684 *zuccaiuola*] **sf.** *tosc.* altro nome del grillotalpa.

zuccàta [da *zucca*; 1875] **sf.** **1.** testata, colpo battuto col capo: *ha dato una zuccata* **2.** *merid.* candito di zucca.

zuccheràggio (pl. *-gi*) [da *zucchero*; 1891] **sm.** in enologia, aggiunta di zucchero al mosto povero di glucosio, in modo da alzarne la gradazione alcolica.

zuccheràre (pres. *zùcchero*) [da *zucchero*; 1598] **tr.** addolcire con lo zucchero.

zuccherièra [da *zucchero*; 1789] **sf.** recipiente in cui si tiene lo zucchero: *la zuccheriera d'argento.*

zuccherière [da *zucchero*; 1918] **sm.** industriale che lavora e produce lo zucchero.

zuccherièro [da *zucchero*; 1942] **agg.** relativo allo zucchero e alla sua produzione industriale.

zuccherìfero [comp. di *zucchero* e *-fero*; 1879] **agg.** che contiene zucchero, da cui si può ricavare lo zucchero.

zuccherifìcio (pl. *-ci*) [comp. di *zucchero* e *-ficio*; 1901] **sm.** stabilimento dove si fabbrica e raffina lo zucchero, perlopiù ricavandolo dalle barbabietole || **N.** raffineria; lavatura, estrazione del sugo (macerazione, diffusione, torchiatura), depurazione, concentrazione, cottura, turbinaggio, riscaldamento, saturazione, evaporazione, cristallizzazione.

zuccherìno [da *zucchero*; sec. XV] **I agg.** **1.** che contiene zucchero: *sostanze zuccherine* **2.** dal sapore dolce, come di zucchero: *uva zuccherina* **II sm.** **1.** zolletta o sim. di zucchero **2.** *fig.* piccolo favore con cui si cerca di ripagare qualcuno per un sacrificio o un compito sgradito che gli si impone; contentino.

zùcchero [dall'ar. *sukkar*, a. 1320] **sm.** **1.** il prodotto della canna detta appunto "da zucchero", della barbabietola o anche di altri vegetali, che, dopo vari processi di raffinazione, cristallizza in prismi bianchi; serve per rendere dolci cibi e bevande || *zucchero in zollette, in polvere*; *zucchero filato, vanigliato, caramellato*, caramello; *pan di zucchero*, massa di zucchero rappreso, a forma di cono, un tempo molto diffusa; da cui *a pan di zucchero*, a forma di cono con il vertice smussato; *carta da zucchero*, quella di color azzurro cupo, in cui un tempo veniva impacchettato lo zucchero: *color carta da zucchero*, azzurro cupo **2.** *per estens.* cosa dolcissima: *queste pere sono uno zucchero* || *fig.* persona dolcissima o, più com., persona che, per opportunismo o sim., si mostra tale: *per convincerlo è diventata uno zucchero* **3.** nome generico dei composti organici della classe dei carboidrati: *zuccheri semplici*, monosaccaridi || **N. 1.** fruttosio, glucosio, lattosio, maltosio, saccarosio | candito, caramella, confetto | diabete **2.** mellifluo, sdolcinato, stucchevole.

zuccheróso [da *zucchero*; a. 1566] **agg.** che abbonda di zucchero || *fig.* stucchevole, mellifluo, sdolcinato: *un omino tutto zuccheroso.*

zucchétta (*dim.* di *zucca*) [1684] **sf.** **1.** piccola zucca **2.** zucchina.

zucchétto [da *zucca*; 1839] **sm.** copricapo a calotta semisferica, adottato spec. dal clero: *lo zucchetto rosso dei cardinali* || **N.** camauro, galero. **TAV.** *chiesa* 2.19.

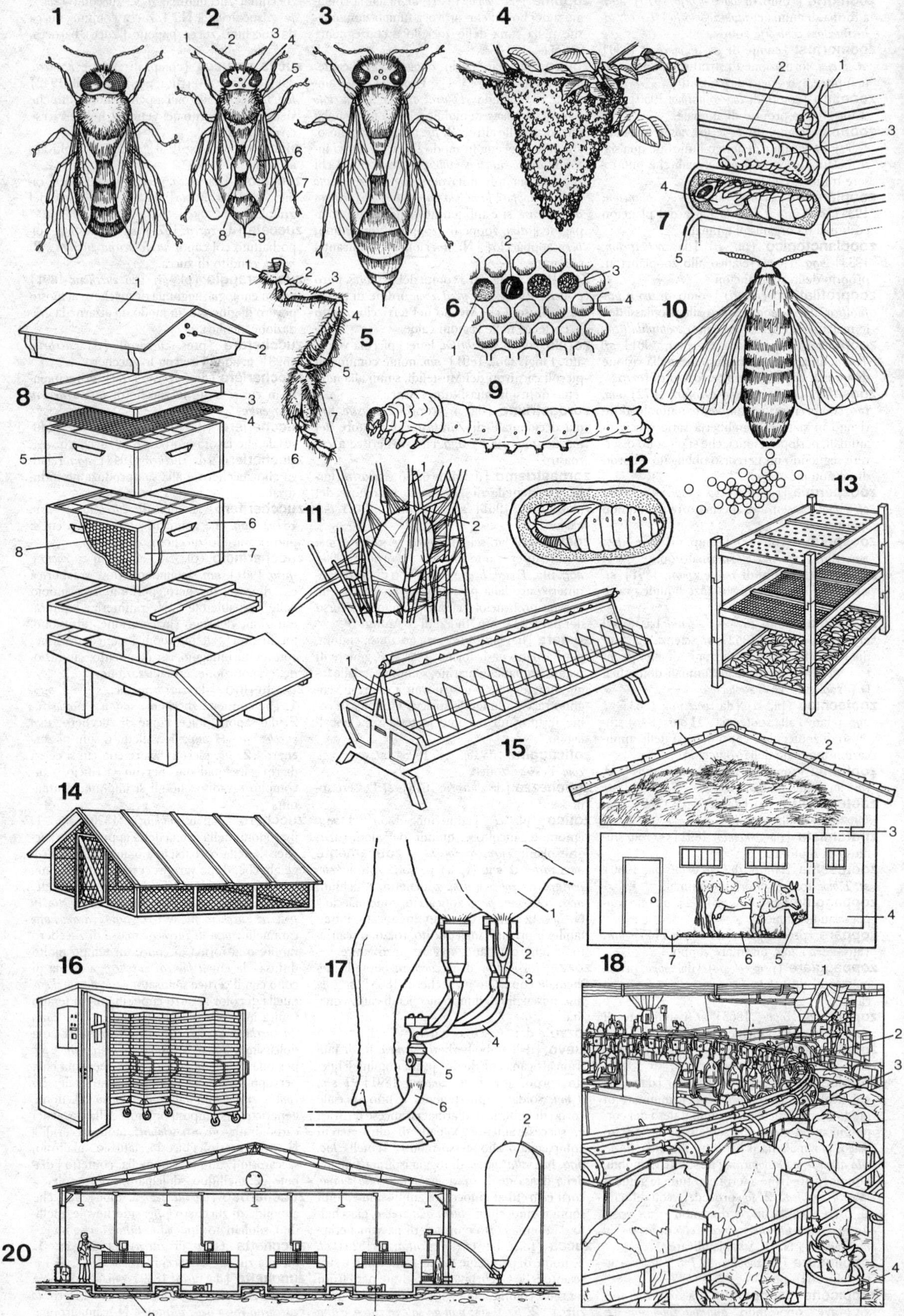

APICOLTURA
1. fuco

2. ape operaia
2.1. testa - 2.2. antenna - 2.3. ocello - 2.4. occhio - 2.5. torace - 2.6. ali - 2.7. zampa - 2.8. addome - 2.9. pungiglione

3. ape regina

4. sciame d'api

5. zampa posteriore di ape operaia
5.1. coscia - 5.2. trocantere - 5.3. femore - 5.4. tibia - 5.5. cestella - 5.6. primo articolo del tarso - 5.7. tarso

6. favo (esterno)
6.1. polline - 6.2. miele - 6.3. celletta sigillata con miele - 6.4. celletta opercolata con larva

7. favo (sezione)
7.1. baco - 7.2. cera - 7.3. larva - 7.4. pupa - 7.5. opercolo

8. arnia
8.1. coperchio - 8.2. ricambio dell'aria - 8.3. coprifavo - 8.4. telaino del melario - 8.5. melario - 8.6. nido - 8.7. telaino del nido - 8.8. foglio cereo

BACHICOLTURA
9. larva

10. farfalla

11. bozzolo
11.1. bosco - 11.2. seta

12. crisalide

13. castello

POLLICOLTURA
14. pollaio

15. mangiatoia
15.1. doppia griglia

16. incubatrice

ALLEVAMENTO BOVINI
17. mungitura
17.1. mammella - 17.2. capezzolo - 17.3. tettarella - 17.4. cannello - 17.5. pulsatore - 17.6. tubo del latte

18. stalla tradizionale
18.1. fienile - 18.2. fieno - 18.3. botola di rifornimento - 18.4. corsia di alimentazione - 18.5. mangiatoia - 18.6. paglia - 18.7. canale di scolo

19. impianto di mungitura
19.1 giostra scorrevole- 19.2. recipiente graduato per il latte - 19.3. posta mobile a spina di pesce - 19.4. mangiatoia

CONIGLICOLTURA
20. impianto per allevamento di conigli
20.1. gabbia - 20.2. silo - 20.3. nastro trasportatore di deiezioni

zucchìna (o *zucchìno*, sm.) (*dim.* di *zucca*) [1879] ***sf.*** frutto commestibile di un tipo di zucca, che si coglie a non completa maturazione e si prepara come contorno.

zucconàggine [da *zuccone*; 1879] ***sf.*** *non com.* l'essere zuccone || **N.** *Sin.* testardaggine.

zucconàre (pres. *-óno*) [da *zuccone*; a. 1565] ***tr.*** **1.** capitozzare **2.** *non com.* tagliare i capelli rasente al cuoio capelluto; rapare a zero.

zuccóne (*accr.* di *zucca*) [a. 1584] ***sm.*** (f. *-a*) **1.** *fig. spreg.* (anche come *agg.*, sempre posposto) persona ottusa, dura di comprendonio o, *per estens.*, testarda: *quello zuccone non capisce nulla, è il più zuccone di tutti, che bambino zuccone!* **2.** *pop.* testa grossa **3.** *propr.* meno *com.*, grossa zucca (nel senso 1).

zuccòtto [prob. da *zucca*, testa, per la forma; 1960] ***sm.*** **1.** dolce semifreddo costituito da una cupola di pandispagna riempita di panna, cioccolata e canditi **2.** zucchetto.

zùffa [prob. da un ant. *zuffo*, ciuffo; 1312] ***sf.*** scontro molto accanito, solitamente corpo a corpo, tra due o più persone; mischia, rissa: *partecipò alla zuffa*; anche tra animali: *la zuffa tra il cane e i gatti* || *fig.* polemica molto accanita su argomenti culturali || **N.** *Sin.* baruffa, COMBATTIMENTO, RISSA.

zùffolo V. ZUFOLO.

zufolaménto [da *zufolare*; 1551] ***sm.*** atto dello zufolare.

zufolàre (pres. *zùfolo*) [lat. volg. **sufolāre*, class. *sibilāre*; a. 1342] ***intr.*** (aus. *avere*) **1.** suonare lo zufolo || *per estens.* emettere suoni simili a quelli dello zufolo, fischiettando **2.** *raro* detto delle orecchie, ronzare || ***tr.*** fischiettare: *zufolare un motivetto* || *fig.* sussurrare qualcosa all'orecchio di qualcuno (spec. maldicenze e sim.).

zufolàta [da *zufolare*; 1961] ***sf.*** breve fischio o suono prodotto con lo zufolo.

zufolatóre [da *zufolare*; 1646] ***sm.*** (f. *-trìce*) *raro* chi abitualmente zufola (spec. nel senso fig.).

zufolìo (pl. *-ìi*) [da *zufolare*; 1940] ***sm.*** uno zufolare lungo e insistente || ronzio nelle orecchie.

zùfolo (meno com. *zùffolo*) [da *zufolare*; a. 1470] ***sm.*** **1.** rudimentale strumento a fiato simile al flauto, costruito con un pezzo di canna o di legno **2.** *per estens. ant.* sibilo, fischio non molto acuto **3.** *fig. ant.* spia || *dim.* zufolétto, zufolìno || **N.** FISCHIO.

ẓùgo (pl. *-ghi*) [etim. inc.; a. 1587] ***sm.*** *tosc. ant.* **1.** frittella avvolta su un fuscello **2.** *fig. raro* sciocco, sempliciotto.

ẓuinglianẹ́simo V. ZWINGLIANESIMO.

ẓulù [dal fr. *zulu*, n. di una popolazione banta dell'Africa merid.; 1895 *zulu*] **I *s. inv.*** **1.** appartenente al gruppo tribale africano degli Zulù **2.** *fig. spreg.* persona dai modi incivili **II *agg. inv.*** degli Zulù: *lingua, villaggi zulù.*

ẓum [voce onom.; 1891] voce onom. che riproduce il suono di vari strumenti, spec. a percussione.

ẓumàre o **ẓoomàre** (pr. [dzu'mare]) [da *zoom*; 1963] ***tr.*** e ***intr.*** (aus. *avere*) *T.cin.* riprendere mediante obiettivo transfocatore in modo da realizzare un progressivo avvicinamento al soggetto, variando durante la ripresa il rapporto di ingrandimento dell'immagine || **N.** *zoom.*

ẓumàta o **ẓoomàta** (pr. [dzu'mata]) [da *zumare*; 1963] ***sf.*** *T.cin.* atto ed effetto dello zumare.

ẓummàre e der. V. ZUMARE e der.

zùppa [dal germ. **suppa*, fetta di pane inzuppata; a. 1587] ***sf.*** **1.** *T.cuc.* minestra in brodo, in gen. arricchita da crostini di pane: *zuppa di pesce*, brodetto, caciucco e sim.; *zuppa santé*, con verdure in brodo e crostini; *zuppa (alla) pavese*, con uova intere appoggiate su crostoni di pane || *per estens. zuppa di latte*, latte caldo in cui si inzuppa il pane; *far la zuppa nel vino*, inzuppare pane, biscotti o altro nel vino || *se non è zuppa è pan bagnato*, in fondo le due cose sono la stessa **2.** *T.cuc. zuppa inglese*, dolce di crema e biscotti savoiardi inzuppati di liquori **3.** *per estens. spreg.* miscuglio di elementi eterogenei mal assortiti (anche *fig.*): *questa non è una tesi, ma una zuppa di idee scopiazzate* || *dim.* zuppétta, zuppìna, zuppettìna.

zuppàre [da *zuppa*; 1879] ***tr.*** non com. inzuppare.

zuppàta [da *zuppare*; 1891] ***sf.*** raro l'inzuppare un poco.

zuppétta (*dim.* di *zuppa*) [a. 1730 nel senso 2] ***sf.*** **1.** piccola zuppa **2.** *fare la zuppetta* intingere pezzi di pane o biscotti nel vino, nel latte, nel brodo, nel sugo.

zuppièra [da *zuppa*, nel modello del fr. *soupière*; 1829] ***sf.*** recipiente con coperchio per portare in tavola minestre.

zùppo [da *zupp(at)o*, pps. di *zuppare*; sec. XIV] ***agg.*** intriso, inzuppato, fradicio.

ẓurvanịsmo o **ẓervanịsmo** [dal medio persiano *zurvān*, tempo, momento; 1932 *zervanismo*] ***sm.*** *T.fil.* dottrina religiosa iranica fondata sulla conciliazione del dualismo tra il bene e il male, che vengono considerati figli gemelli ed antagonisti di un unico dio, Zurvan.

ẓuẓẓerellóne o **ẓuẓẓurullóne** [voce onom.; 1879] ***sm.*** (f. *-a*) *fam. tosc.* persona adulta che, come i bambini, è sempre incline al gioco e allo scherzo.

zwinglianẹ́simo (pr. [tsviŋglja'nezimo] o [dzwiŋglja'nezimo]) [dal n. proprio H. *Zwingli*, riformatore svizzero; 1983] ***sm.*** *T.rel.* zwinglismo.

zwingliàno (pr. [tsviŋ'gljano] o [dzwiŋ'gljano]) [dal n. proprio H. *Zwingli*, riformatore svizzero; 1970] **I *agg.*** *T.rel.* relativo a H. Zwingli e allo zwinglismo; proprio di H. Zwingli e dello zwinglismo **II *sm.*** (f. *-a*) *T.rel.* seguace dello zwinglismo. **Q.T.** *religione.*

zwinglịsmo (pr. [tsviŋ'glizmo] o [dzwiŋ'glizmo]) [dal n. proprio H. *Zwingli*, riformatore svizzero; 1970] ***sm.*** *T.rel.* dottrina riformata predicata in Svizzera nel sec. XVI dal teologo e umanista H. Zwingli, che accentuava i contenuti più estremi del pensiero luterano.

zwinglista (pr. [tsviŋ'glista] o [dzwiŋ'glista]) [dal n. proprio H. *Zwingli*, riformatore svizzero; 1970] ***agg.*** e ***s.*** zwingliano.

ẓẓẓ [voce onom.; 1970] voce onom. che riproduce il ronzio di una mosca, di una zanzara o sim. || talvolta riproduce il sibilo di chi dorme russando leggermente; raramente riproduce il rumore di una sega in azione.

COMPENDIO DI GRAMMATICA

INDICE DEL COMPENDIO DI GRAMMATICA

I rinvii si intendono ai capitoli e ai paragrafi

I. LA FRASE

Per **frase** intendiamo qui un'espressione linguistica dotata di una relativa autonomia semantica e sintattica anche al di fuori della situazione in cui viene pronunciata o scritta. L'idea intuitiva di frase è spesso associata alla presenza di un verbo; tuttavia anche in italiano accanto a **frasi verbali**, come *Maria non mangia carne*, non è raro incontrare frasi prive di verbo, dette **frasi nominali**: *oggi niente scuola*; *formidabili quegli anni*; *a domani*.

1. Principali tipi di frasi

Dal punto di vista della loro funzione, le frasi si possono classificare in quattro gruppi fondamentali: le frasi dichiarative o enunciative, interrogative, iussive/esortative ed esclamative. Con una frase **dichiarativa**, il parlante descrive un evento o uno stato di cose, o enuncia una sua opinione: *sta piovendo*; *non mi sembra una buona idea*. Per una descrizione di tali frasi, rimandiamo al paragrafo **2**.

Le frasi **interrogative** servono in primo luogo per chiedere informazioni all'interlocutore: *hai visto Mario?*. In italiano, si differenziano da quelle dichiarative per l'intonazione, che presenta generalmente un tono ascendente alla fine; nello scritto, sono contrassegnate dal punto interrogativo. Esistono due tipi fondamentali di interrogative: le interrogative **totali** e quelle **parziali**. Le prime mettono in questione l'intero enunciato: *vieni al cinema?*; *hai telefonato a Gianni?*. La risposta tipica è data da *sì* o *no* (per i quali vedi anche oltre, **XIII**, **7**). Le seconde vertono su un particolare costituente della frase, che nella domanda è segnalato da un pronome, aggettivo o avverbio interrogativo: ***con chi** hai parlato?*; ***che musica** preferisci?*; ***dove** vai?*. La risposta è data di solito fornendo il solo costituente in questione: *Con Mario*, *Quella jazz*, *A casa* ecc.

Le interrogative possono essere anche usate per formulare in modo più indiretto e cortese una richiesta: *puoi passarmi il sale, per favore?*. Un tipo particolare di interrogativa è poi l'**interrogativa retorica**, in cui il parlante non richiede realmente un'informazione, perché già la possiede: *ma non l'hai assunto proprio tu, quel tipo?*; *ti sei forse dimenticato di quella famosa sera?*. Si noti che la domanda retorica formulata negativamente presuppone in genere una risposta positiva, e viceversa.

Le frasi **iussive** ed **esortative** (il confine non è netto) servono a formulare ordini, permessi, richieste, consigli, inviti, preghiere. Hanno anch'esse spesso un'intonazione caratteristica (contrassegnata nello scritto dal punto esclamativo), e utilizzano di solito un modo apposito del verbo, l'imperativo (per gli esempi, si veda **XIV**, **8**). Tuttavia, si possono trovare anche frasi iussive o esortative in modi diversi (per esempio al futuro dell'indicativo, vedi **XIV**, **7**), e naturalmente, anche frasi nominali con la stessa funzione (*qui, subito!*; *aiuto!*; *zitti!*; *attenti a... sinist'*, ecc.).

Le frasi **esclamative** esprimono stupore, disappunto, ammirazione, ecc. Sono pronunciate con un'intonazione diversa da quella delle corrispondenti frasi dichiarative o interrogative, che nella lingua scritta è indicata con il punto esclamativo. Spesso sono introdotte dagli stessi elementi che fungono da aggettivi, pronomi o avverbi interrogativi: *come sei bella stasera!*; *che razza di gente si incontra!*. Frequenti anche le frasi esclamative nominali: *che sicurezza!*; *ottima idea!*; *maledizione!*.

2. La frase verbale dichiarativa semplice

Nelle quattro frasi dichiarative seguenti: *Maria dorme*; *Maria è italiana*; *Maria è una scrittrice*; *simpatica, Maria*, possiamo distinguere due componenti: il soggetto, *Maria*, ed il predicato, *dorme*, *è italiana*, *è una scrittrice*, *simpatica* rispettivamente. Se il predicato contiene un verbo, questo concorda in persona, numero ed eventualmente in genere (nelle forme con participio passato e ausiliare *essere* o *venire*) con il soggetto. Normalmente, la funzione del predicato è quella di descrivere una proprietà del soggetto, ma esistono costruzioni in cui ciò non vale: per esempio, le frasi *Mario adora i gelati* e *a Mario piacciono i gelati* esprimono entrambe una proprietà di Mario (piuttosto che dei gelati), ma solo nel primo caso *Mario* è soggetto, in quanto determina l'accordo verbale.

Le frasi sopra citate contengono un solo predicato e sono perciò dette **frasi semplici**. Esistono naturalmente frasi che contengono più di un predicato: *hai letto il libro che ti ho regalato?*; *interessante l'argomento di cui abbiamo discusso oggi*. Di queste frasi, dette **frasi complesse**, ci occuperemo nella sezione **XV**. Qui di seguito si analizza più in dettaglio la struttura della frase verbale dichiarativa semplice.

In una frase verbale, il predicato è costituito da un verbo con i suoi complementi. Tra i complementi del verbo si può fare una importante distinzione: alcuni, detti **argomenti**, sono determinati dalle proprietà lessicali del verbo, e sono indispensabili alla compiutezza della frase; altri sono legati meno strettamente al verbo, e possono essere rimossi senza che la frase perda completamente di senso. Per esempio, nella frase *Dieci minuti fa, per strada, Maria ha dato all'improvviso due schiaffi a Gianni senza nessun motivo*, il verbo *dare*, oltre al soggetto, ha due argomenti: il complemento oggetto *due schiaffi* e il complemento di oggetto indiretto *a Gianni*; gli altri complementi di luogo, tempo, maniera non sono argomenti del verbo. Il numero degli argomenti di un verbo (oltre al soggetto) è sempre limitato (zero, uno o due, molto raramente tre), ed è specifico di ogni verbo; il numero degli altri complementi è invece libero, e sostanzialmente indipendente dal particolare verbo.

Da un punto di vista sintattico, possiamo distinguere tra il complemento oggetto, i complementi predicativi e i complementi indiretti, quasi sempre introdotti da preposizioni.

Il complemento oggetto è sempre un argomento. Le frasi in cui compare possono essere volte al passivo; in tal caso, il soggetto della costruzione passiva corrisponde al complemento oggetto della frase attiva: *Gianni ha mangiato **la mela*** → ***La mela** è stata mangiata da Gianni*. Può essere espresso mediante un pronome clitico accusativo (**XII**, **2**): *Gianni mangia **la mela*** → *Gianni **la** mangia*.

Distinguiamo due tipi di complementi predicativi. I complementi predicativi del soggetto sono aggettivi o nomi che si riferiscono al soggetto della frase, retti da una particolare classe di verbi, detti **copulativi** (per esempio *essere*, *diventare*, *sembrare*, *risultare*): *Gianni sembra **contento***; *Maria diventerà **un'attrice famosa***. I secondi si riferiscono invece all'oggetto e sono retti da verbi come: *credere*, *considerare*, *eleggere*: *Gianni considera Paolo **degno del premio***; *hanno eletto Rossi **presidente***.

Tra i moltissimi complementi indiretti (che possono avere o no funzione di argomento), menzioniamo: il complemento di oggetto indiretto: *ho dato un libro **a Gianni***; quello di vantaggio: *l'ho fatto **per Gianni***; i complementi di luogo: *Gianni è arrivato **da Milano**, sta partendo **per Roma**, ma vive **a Torino***; i complementi di tempo: *l'ho aspettata **(per) due ore***; *sono qui **da cinque minuti***; *tornerà **tra sei mesi***; quello d'agente, che si trova nella costruzione passiva: *Gianni è stato invitato **da Maria***; quello di compagnia: *Mario va in vacanza **con Luisa***; quello di strumento: *lo ha colpito **con un martello***; quello di maniera: *lo ha colpito **con violenza***.

Di natura diversa sono i complementi retti da un nome: i più frequenti sono quelli retti dalla preposizione *di*, che nella grammatica tradizionale vengono distinti in vari sottotipi a seconda della funzione semantica che svolgono (possesso, specificazione, denominazione, prezzo, qualità, materia ecc.): *il quaderno **di Gianni***, *il quaderno **di musica***, *la città **di Roma***, *una statua **di gran pregio***, *una statua **di marmo***, ecc.

3. L'ordine degli elementi nella frase

L'ordine degli elementi nella frase in italiano è relativamente libero. Per quanto riguarda i costituenti principali, l'ordine più frequente è:

soggetto + verbo + complemento oggetto + complementi preposizionali

Tale ordine viene però molto spesso alterato per esprimere particolari significati, e specialmente per mettere in rilievo certi elementi della frase.

Con i verbi intransitivi o con i verbi transitivi usati intransitivamente, il soggetto segue non di rado il verbo: *è arrivato Gianni*; *è caduto un vaso*; *ha suonato il postino*; *ha telefonato Maria*. Questo tipo di costruzione (senza pausa tra predicato e soggetto) viene usato quando il soggetto non fa parte dell'informazione data precedentemente nel discorso; il predicato può essere sia dato che nuovo. Una frase come *ha telefonato Maria* è perciò appropriata come risposta ad una delle seguenti domande: *chi ha telefonato?* oppure: *cosa è successo?*.

Con i verbi transitivi il soggetto può occupare la posizione postverbale specialmente se l'oggetto è espresso da un pronome atono: *l'ha scritta mio figlio*; *l'ha mangiata Gianni*. Si trova comunque anche, più raramente, il soggetto posposto al complesso verbo + complemento oggetto, usuale ad esempio nelle telecronache sportive: *riceve la palla il centravanti, scatta sulla sinistra e crossa al centro*.

La posposizione del soggetto è poi molto frequente (in vari casi praticamente obbligatoria) con le interrogative dirette o con le esclamative introdotte da un pronome o aggettivo interrogativo: *Cosa ha visto Mario? Con quali ragazzi ha parlato Gianni? Quanti libri ha letto quel ragazzo!*. Inoltre, nelle proposizioni introdotte da un ausiliare all'infinito, al gerundio o al congiuntivo (in quest'ultimo caso solo se non introdotte da una congiunzione), il soggetto deve sempre seguire l'ausiliare o l'intero verbo: *essendo Gianni partito alle tre*; *essendo venuto Gianni*; *avesse Gianni capito un po' prima la situazione!*.

D'altra parte, molto spesso un complemento oggetto o un complemento indiretto vengono anteposti al verbo; in questo caso essi possono avere almeno due funzioni distinte nel discorso.

In un primo caso, il complemento anteposto rappresenta l'elemento dato, noto all'interlocutore dal contesto linguistico precedente o da sue conoscenze preesistenti. In questa funzione, l'elemento dislocato può essere ripreso da un pronome atono (che è obbligatorio nel caso del complemento oggetto): *la torta **l'**ha fatta la mamma*; *di questa storia* (***ne***) *parleremo più tardi*; *a Roma Maria* (***ci***) *vive da tre anni*. Con una funzione discorsiva analoga, un complemento può anche trovarsi all'estremità destra della frase: anche in questo caso c'è la possibilità di anticipare il complemento con un pronome atono; inoltre il complemento "dislocato a destra" è separato dal resto della frase da una pausa, che nello scritto è spesso espressa dalla virgola: *l' ho regalato a Maria, il libro*; (*gli*) *ho regalato un libro, a Gianni*; (*ci*) *andrò domani, a Milano*.

In un secondo tipo di costruzione, l'elemento anteposto rappresenta l'elemento della frase che si vuole porre maggiormente in rilievo, e viene per questo spesso chiamato il *focus* della frase. Al contrario del caso precedente, si tratta per lo più di un elemento nuovo, non introdotto precedentemente nel discorso. La costruzione è solo superficialmente analoga a quella vista in precedenza: infatti in questo caso la ripresa con il pronome atono è di norma impossibile, e inoltre l'elemento che funge da *focus* è solitamente marcato con enfasi, cioè con aumento di intensità e un innalzamento del tono (qui indicati con le maiuscole): *UN BEL PASTICCIO hai combinato*; *A CASA voglio andare*. La stessa costruzione può essere utilizzata con funzione contrastiva, per negare una assunzione implicita o esplicita nel discorso: *DI GIANNI ti parlavo, non di Piero*.

In generale, l'enfasi su di un costituente può bastare da sola a metterlo in rilievo e quindi a presentarlo come *focus*, indipendentemente dalla posizione che occupa nella frase: *ho regalato un GATTO a Gianni e non un cane*.

II. IL NOME

I nomi possono essere classificati in base al genere (maschile/femminile) e al numero (singolare/plurale). Per quanto riguarda gli esseri animati, esiste, in generale, una certa corrispondenza tra il genere grammaticale e quello naturale (sesso maschile o femminile del referente). Vi sono tuttavia casi in cui tale corrispondenza non si verifica: *la guardia, la spia, il soprano*. In generale, le desinenze **-o**, **-i** indicano il maschile singolare e plurale, rispettivamente; **-a**, **-e** indicano il femminile singolare e plurale rispettivamente. I nomi uscenti in **-e** (pl. **-i**), invece, possono essere sia maschili che femminili: *il latte, la notte*.

1. Formazione del femminile nei nomi animati

Molti nomi di esseri animati hanno due forme, a seconda che il sesso del referente sia maschile o femminile. La forma femminile deriva da quella del maschile mediante il cambiamento della desinenza o l'aggiunta di un suffisso.

maschile	femminile
(1) poet-**a**	poet-**essa**
(2) gatt-**o**	gatt-**a**
(3) camerier-**e**	camerier-**a**
(4) impera-**tore**	impera-**trice**

Anche alcuni nomi terminanti in **-e** prendono il suffisso **-essa**: *studente → studentessa*; *leone → leonessa*.

Nei nomi dei tipi (1)-(4), la forma del femminile singolare è indicata nel dizionario sotto il lemma maschile corrispondente.

I nomi che al singolare hanno un'unica forma per il maschile e il femminile (*nipote, cantante*; *suicida, flautista*) sono invece indicati nel dizionario con *s.* (= sostantivo). Si noti che i nomi di questo tipo uscenti in **-a**, come *flautista*, hanno in realtà due diverse desinenze al plurale maschile e femminile: *i flautisti, le flautiste*.

Molti nomi di animali hanno una sola forma per indicare sia il maschio che la femmina della specie: *il leopardo, la quaglia*. Se si vuol distinguere il genere naturale, tali nomi devono essere accompagnati dalla specificazione *maschio* o *femmina*: *il leopardo femmina, la quaglia maschio*.

2. Numero

Il plurale dei nomi si forma secondo lo schema seguente:

Singolare	Plurale maschile	Plurale femminile
(1) -a	-i	-e
(2) -ca, -ga	-chi, -ghi	-che, -ghe
(3) -cìa, -gìa		-cìe, -gìe
(4) -cia, -gia		-cie, -gie/ce, ge
(5) -glia		-glie
(6) -o	-i	-i
(7) -co, -go	-chi, -ghi/-ci, -gi	
(8) -io	-ii / -i	
(9) -e	-i	-i

(1) I nomi in **-a** formano il plurale in **-i** se maschili: *il poeta, i poeti* ed in **-e** se femminili: *la casa, le case*.

(2) I nomi in **-ca** e **-ga** formano il plurale in **-chi** e **-ghi** se maschili: *il monarca, i monarchi* ed in **-che** e **-ghe** se femminili: *la barca, le barche*.

(3) I nomi in **-cìa** e **-gìa**, aventi **i** tonica, formano il plurale in **-cìe** e **-gìe**: *la bugìa, le bugìe*.

(4) Di preferenza i nomi in **-cia** e **-gia** fanno **-cie** e **-gie** al plurale se **c** e **g** sono preceduti da vocale: *la valigia, le valigie*; mentre fanno **-ce**, **-ge** se **c** e **g** sono precedute da consonante: *la spiaggia, le spiagge*.

(5) Esempi: *tovaglia → tovaglie*; *maglia → maglie*.

(6) I nomi in **-o** formano il plurale in **-i** sia al maschile: *il libro, i libri* che al femminile (esiste solo *la mano, le mani*).

(7) In generale, non è prevedibile se un nome in **-co** abbia il plurale in **-chi** o in **-ci** (e lo stesso vale per i nomi in **-go**); occorre ricorrere al dizionario. Come tendenza generale, con numerose eccezioni, si può dire che i nomi piani hanno più di frequente il plurale in **-chi**, **-ghi**, e quelli sdruccioli in **-ci**, **-gi**.

(8) I nomi in **-ìo** formano il plurale in **-ìi** se **-i** è accentata: *il ronzìo, i ronzìi*; se **-i** non è accentata, il plurale esce generalmente in **-i**: *lo studio, gli studi*. Tuttavia, vi sono casi in cui, per evitare ambiguità con parole omografe, si può usare la prima forma: *il principio, i principii*, ma *il principe, i principi*.

Esistono infine nomi, detti **invariabili**, che hanno la stessa forma al singolare ed al plurale: *il/i cinema*; *la/le radio*; *la/le specie*. Sono solitamente invariabili i nomi di origine straniera: *il/i film*; *lo/gli sport*. Sono sempre invariabili: (a) i nomi che terminano con vocale accentata: *la/le città*; *il/i caffè*; (b) i nomi terminanti in **-i**: *la/le crisi*; (c) i nomi monosillabici: *il/i re*; *la/le gru*.

Alcuni nomi maschili hanno solamente un plurale femminile terminante in **-a**: *l'uovo, le uova*; *il miglio, le miglia*. Altri, invece, hanno due forme plurali, ciascuna delle quali ha un significato diverso, specificato nella voce del dizionario: *il muro, le mura, i muri*.

3. Nomi numerabili e non numerabili

I nomi numerabili denotano entità che si possono in via di principio contare: *ragazzo, libro.* I nomi non numerabili si riferiscono a entità che non possono essere contate, ma che possono essere misurate: *pane, acqua, sabbia, ferro.* Le due categorie si distinguono tra loro per le seguenti caratteristiche (vedi **III**, **3** per l'articolo partitivo):

Nomi non numerabili	**Nomi numerabili**
prendono l'articolo partitivo **del**: *del pane*	non prendono l'articolo partitivo **del**
prendono al singolare gli aggettivi indefiniti **poco**, **tanto**, **parecchio** ecc. *poco pane, tanto latte*	prendono solo al plurale gli aggettivi indefiniti **poco**, **tanto**, **parecchio** ecc. *pochi ragazzi*
non prendono l'articolo indeterminativo **un**	prendono l'articolo indeterminativo **un**: *un ragazzo*

In generale, i nomi non numerabili sono usati al singolare. Quando sono usati al plurale, acquistano di solito un significato diverso, diventando numerabili. Per esempio, dicendo *i vini del Piemonte* si intende dire "i tipi di vino del Piemonte", che sono appunto entità numerabili. Lo stesso avviene se al singolare sono preceduti dall'articolo *un*: *un miele eccellente* (= un tipo di miele); *una birra media* (= un boccale di birra), ecc. Tuttavia, alcuni nomi non numerabili possono essere effettivamente usati come tali al plurale: *le fredde acque del Tamigi.*

III. L'ARTICOLO

	determinativo		**indeterminativo**	
	maschile	femminile	maschile	femminile
sing.	il lo	la	un uno	una
pl.	i gli	le	dei degli	delle

Gli articoli **il**, **i**, **un**, **dei** si usano davanti alle consonanti ad eccezione di *s* + consonante, *z, x, pn, ps, gn*: *il gatto, i gatti.* Fa eccezione il plurale del nome *dio*: *il dio, gli dei.* **Un** si usa anche davanti a vocale e non si apostrofa mai: *un albero.*

Gli articoli **lo**, **gli**, **uno**, **degli** si usano con le parole che iniziano con *s* + consonante, con la semiconsonante *i* ([j]), con *z, x, pn, ps, gn*: *lo gnomo, gli zaini, lo psicologo, uno iugoslavo, lo iodio.*

Gli articoli **la**, **le**, **una** si usano davanti alle consonanti e alla semiconsonante *i* ([j]): *la casa, le scuole, una iena.*

Davanti a vocale gli articoli **lo**, **la**, **una** si elidono: *l'asino, l'ora, un'amica.*

Invece gli articoli **gli**, **le**, **degli**, **delle** nell'uso moderno non si elidono: (*de*)*gli istanti,* (*del*)*le emozioni.*

1. Proprietà semantiche dell'articolo

L'articolo **determinativo** o **definito** può avere un **uso specifico**, indicando un oggetto o persona come identificabile sia dal parlante che dall'ascoltatore: *hai scritto la lettera?.* Può anche avere un **uso generico**, e indicare una specie o una categoria: *il dinosauro scomparve dalla terra migliaia di anni fa.* Si usa anche davanti ai nomi astratti di azione, di qualità ecc.: *la sincerità è una dote rara.*

Molto spesso il referente del nome che segue l'articolo determinativo è già stato introdotto nel contesto linguistico; si parla allora di **uso anaforico** dell'articolo: *hanno eletto un nuovo ministro. Purtroppo, dopo tre giorni, **il** ministro ha rassegnato le dimissioni.*

L'articolo **indeterminativo** o **indefinito** è usato invece soprattutto per introdurre nel discorso un'entità non precedentemente menzionata, e perciò nuova per l'interlocutore. Anche l'articolo indeterminativo può avere un uso specifico, in cui designa un'entità identificabile dal parlante, oppure può indicare un'entità non specifica, cioè non identificabile con precisione nemmeno dal parlante. Si noti come il diverso modo del verbo discrimini i due usi nell'esempio seguente: *Mario vuole sposare una donna che fa l'attrice* (uso specifico: una particolare donna che Mario già conosce); *Mario vuole sposare una donna che faccia l'attrice* (uso non specifico: una qualunque donna, purché faccia l'attrice).

L'articolo indeterminativo può anche essere usato per riferirsi alla classe, al tipo, alla specie: *una tartaruga può vivere cent'anni.* In questo caso, è molto difficile distinguerne la funzione dagli usi generici dell'articolo determinativo visti sopra. L'uso generico dell'articolo indeterminativo è comunque più limitato.

Al plurale, l'articolo indeterminativo è spesso omesso, soprattutto nell'uso non specifico: *da tutte le strade arrivavano persone impaurite; ci sono uova?.*

2. Usi particolari dell'articolo determinativo

Si deve usare l'articolo determinativo nei seguenti casi:
(a) Nomi di monti, fiumi, laghi, grandi isole: *il Tamigi, il Bianco, il Garda, la Corsica.*
(b) Cognomi riferentisi a donne: *la Morante.* Si va, comunque, estendendo anche l'uso del cognome senza articolo.
(c) Infinito sostantivato: *il leggere libri mi appassiona.*
(d) Espressioni temporali: *il 1992, il 3 di marzo.* Si noti tuttavia: *lunedì arriva alle nove* (questo lunedì) e *il lunedì arriva alle nove* (abitualmente).

L'articolo viene omesso nei seguenti casi:
(a) Espressioni indicanti luoghi, come *via, piazza, ponte* seguiti da un nome: *abita in via Einstein.*
(b) Nomi di città: *Roma, Milano.* L'articolo è parte del nome in: *L'Aquila, Il Cairo, Il Pireo, La Spezia.*
(c) Nomi propri di persona. In varie regioni dell'Italia settentrionale è però consueto, almeno nel parlato, l'uso dell'articolo con nomi femminili: *la Maria.* Molto meno diffuso (tipicamente milanese) e meno accettabile è lo stesso uso con nomi maschili: *il Gianni.*

Nei cognomi riferentisi a uomini, l'uso è molto variabile. Come tendenza, si può dire che con cognomi di persone non celebri, prevale l'assenza dell' articolo (non così però in Toscana), mentre con nomi di personalità illustri l'uso è ancora più oscillante: *Verga, Musil, il Manzoni* (o *Manzoni*) *viveva a Milano.* I cognomi al plurale richiedono invece senz'altro l'articolo: *gli Sforza, i Rossi.*

3. L'articolo partitivo

L'articolo partitivo è **del**/**dello**, femm. **della**, e viene usato davanti ai nomi non numerabili (vedi **II**, **3**): *del vino; dello zucchero.* È frequente la sua omissione se ci si vuole riferire all'oggetto in modo generico, ed in particolare nelle frasi negative: *Luca non mangia pesce, Luca preferisce bere vino.*

IV. PREPOSIZIONI SEMPLICI E ARTICOLATE

Preposizioni semplici: *di, a, da, in, con, su, per, tra, fra.*

Preposizioni articolate

	ARTICOLI					
PREPOSIZIONI	il	lo	la	i	gli	le
di	del	dello	della	dei	degli	delle
a	al	allo	alla	ai	agli	alle
da	dal	dallo	dalla	dai	dagli	dalle
in	nel	nello	nella	nei	negli	nelle
su	sul	sullo	sulla	sui	sugli	sulle
con	col	(collo)	(colla)	coi	(cogli)	(colle)
per	(pel)	(pello)	(pella)	(pei)	(pegli)	(pelle)

Le preposizioni articolate composte da **per** più l'articolo sono cadute in disuso; al loro posto si usa la preposizione seguita dall'articolo: **per il**, **per le** ecc. Lo stesso avviene in minore misura per le preposizioni composte da **con**, soprattutto per **collo**, **colla**, **cogli**, **colle**. **Col** e **coi** sono invece ancora frequenti, sia nello scritto che nel parlato.

Preposizioni improprie: *circa, durante, entro, malgrado, mediante, nonostante, senza, tranne,* ecc.: *entro la fine del mese, senza difficoltà, nonostante la stanchezza.*

Locuzioni preposizionali: *dietro a, dopo di, prima di, sotto a, vicino a, lontano da, in mezzo a* ecc.: *dopo di te; in mezzo al fiume.*

V. L'AGGETTIVO

Gli aggettivi possono essere suddivisi in base al genere ed al numero in tre classi:

	(1) variabili in genere e numero		(2) variabili in numero	(3) invariabili
	masch.	femm.	masch. e femm.	
sing.	-o	-a	-e	
pl.	-i	-e	-i	

(1) Esempio: *alto, alta, alte, alti.* Esiste inoltre un gruppo di aggettivi uscenti in **-a** al singolare maschile e femminile, che al plurale sono invece variabili in genere: sing. *egoista*, pl. m. *egoisti*, pl. f. *egoiste.* Così anche *socialista, suicida, idiota* ecc.
(2) Esempio: *felice, felici.*
(3) Sono invariabili: (a) gli aggettivi *dabbene, perbene, dispari, impari, pari*; (b) alcuni aggettivi che denotano colori, come *rosa, viola, carminio*, ecc.; (c) alcuni aggettivi composti (o locuzioni aggettivali) che denotano di solito anch'essi colori: *grigio chiaro, giallo oro, rosso fuoco, verde bottiglia*, ecc.; (d) gli aggettivi di origine straniera: *chic, kaki, snob*, ecc.; (e) i nomi usati in funzione aggettivale: *progetti pilota, tessuti fantasia* ecc.

1. Posizione degli aggettivi

Gli aggettivi possono seguire o precedere il nome. Gli aggettivi che seguono il nome hanno solitamente una funzione **restrittiva**: *gli studenti pigri* denota un sottoinsieme dell'insieme denotato da *gli studenti*: solo quelli tra gli studenti che sono pigri. Gli aggettivi che precedono il nome, invece, hanno una funzione **descrittiva**: *i pigri studenti* attribuisce la qualità di essere pigri all'intero insieme degli studenti presi in considerazione. Analogamente, al singolare l'aggettivo postnominale (*la valigia pesante*) tende ad identificare un particolare referente, mentre quello prenominale (*la pesante valigia*) connota un referente già identificato. Per questo motivo, l'aggettivo prenominale non può trovarsi in una frase con valore contrastivo: non si può dire *prendi la pesante valigia, non la leggera.*

In accordo con i criteri sopraesposti, esiste una ampia categoria di aggettivi che possono trovarsi solo in posizione postnominale, in quanto la funzione restrittiva è loro connaturata. È il caso, in particolare, di quasi tutti gli aggettivi detti **relazionali**: aggettivi derivati da un nome X, che si possono parafrasare con espressioni del tipo "di X, relativo a X": *un conflitto **generazionale*** (= di generazioni), *l'aria **marina*** (= del mare), *impiegato **statale*** (= dello stato) ecc. Tali aggettivi non possono essere usati nelle costruzioni comparative e mancano della forma superlativa.

Esistono aggettivi il cui significato varia a seconda della posizione pre- o post-nominale in cui si trovano: *un vecchio amico* è un amico di vecchia data; *un amico vecchio*, invece, è un amico anziano; *una povera donna* è una donna sventurata, mentre *una donna povera* è una donna con pochi soldi. A questa categoria appartiene anche un piccolo gruppo di aggettivi, come *bello, buono, alto, grande*, che, preposti al nome, possono assumere un valore generico di intensificazione: *un gran colpo di testa, una buona parte del cammino, una bella quantità di complicazioni.*

Infine, l'aggettivo segue quasi sempre il nome se viene modificato da avverbi o prende dei complementi: *delle ragazze molto simpatiche, un uomo degno di fiducia, un ragazzo simile a tuo fratello.*

2. Coordinazione e ordinamento gerarchico degli aggettivi

Un nome può essere seguito (o più raramente preceduto) da due o più aggettivi coordinati fra di loro: *una persona onesta e sincera, una cara e simpatica ragazza, un'auto bella e potente ma costosa.* Gli aggettivi possono essere anche coordinati per asindeto (in questo caso vengono normalmente separati da virgole nello scritto): *uno spettacolo interessante, originale, spiritoso.* Quando più aggettivi si trovano di seguito, senza interposizione di virgole, si istituisce invece normalmente un rapporto gerarchico di restrizioni progressive, per cui l'ordine in cui compaiono non è arbitrario: quanto più l'aggettivo è vicino al nome, tanto più indica una proprietà essenziale o rilevante del nome a cui si riferisce: *in viaggio ho incontrato un ingegnere elettronico svizzero noiosissimo.* Normalmente, in queste costruzioni gli aggettivi relazionali tendono a comparire prima di quelli qualificativi. I medesimi aggettivi possono trovarsi in un diverso ordine a seconda del loro maggiore o minore rilievo nel particolare contesto in cui si trovano: si confrontino le frasi *vorrei un vestito scollato rosso* e *vorrei un vestito rosso scollato.*

3. Accordo degli aggettivi

Gli aggettivi, se variabili, concordano sempre in genere ed in numero con il nome a cui si riferiscono, sia in posizione attributiva (*delle ragazze alte*) che predicativa (*quelle ragazze sono alte*). Quando l'aggettivo si riferisce a più nomi di ugual genere, l'aggettivo prende la forma plurale ed il genere comune ai nomi: *il libro e il quaderno rossi*; *la camicia e la cravatta gialle.* Se il genere dei nomi non è omogeneo, l'aggettivo viene di solito messo al maschile plurale: *il ragazzo e la ragazza biondi.* Esistono tuttavia casi in cui la concordanza è determinata dalla vicinanza: *i giornali e le riviste straniere*; *delle buone caramelle e cioccolatini.*

4. Gradi dell'aggettivo

Comparativo

Il comparativo permette di esprimere, attraverso un confronto, la misura o il grado in cui la proprietà espressa dall'aggettivo è posseduta. Tale confronto si stabilisce tra due termini (persone, animali, cose, azioni) rispetto a una data proprietà denotata da un aggettivo, o tra due proprietà relative a uno stesso termine. Occorre distinguere tra i comparativi di uguaglianza, di maggioranza e di minoranza, che si costruiscono rispettivamente nel modo seguente:

Uguaglianza	(**così**) + Agg + **come**
	(**tanto**) + Agg + **quanto**
Maggioranza	**più** + Agg + **di/che**
Minoranza	**meno** + Agg + **di/che**

Esempi di comparativo di uguaglianza: *Gianni è coraggioso quanto Michele*; *Gianni è tanto gentile quanto premuroso.* Nei comparativi di maggioranza e di minoranza, il secondo termine del confronto è introdotto da **di** nel caso si tratti di un nome, di un pronome o di un avverbio: *Gianni è più vecchio di te, Luca è più giovane di Renato*; *è stato più veloce di ieri.* Si usa **che** davanti ai complementi introdotti da preposizione, e quando si confrontano due aggettivi riferiti allo stesso termine: *questo vestito è più adatto a te che a me*; *un ragionamento più brillante che convincente.*

Superlativo

	relativo	**assoluto**
Maggioranza	**il più** + Agg + (**di/tra/fra**)	**-issimo**
Minoranza	**il meno** + Agg + (**di/tra/fra**)	

Il superlativo esprime il possesso di una data qualità nel grado più alto. Può essere di due tipi: relativo e assoluto. Il superlativo relativo confronta il termine considerato con tutti i possibili termini in grado di possedere quella data qualità; si forma premettendo l'articolo determinativo all'aggettivo al grado comparativo corrispondente, o al nome a cui questo si riferisce: *Maria è la più brava e la meno presuntuosa delle studentesse*; *la ragazza più affascinante* (*tra quelle*) *che ho conosciuto*. Come si vede dagli esempi, il secondo termine è introdotto dalle preposizioni **di** o **tra**/**fra**, o può essere costituito da una proposizione relativa.

Il superlativo assoluto non istituisce confronti con altri termini. Può essere formato nei seguenti modi: (a): mediante il suffisso **-issimo**: *Maria è piccolissima*; (b) premettendo all'aggettivo gli avverbi **molto**, **assai**, **oltremodo** e sim.: *Gianni è molto/assai/oltremodo gentile*; (c) talvolta con prefissi: ***stra**maledetto lavoro!*; *sono **arci**stufo*; (d) infine, con il raddoppiamento dell'aggettivo, che ha però spesso connotazioni affettive diverse, non solo di intensità: *le sue manine piccole piccole*.

Casi particolari

	Comparativo	Superlativo relativo	Superlativo assoluto
buono	migliore	il migliore	ottimo
cattivo	peggiore	il peggiore	pessimo
grande	maggiore	il maggiore	massimo
piccolo	minore	il minore	minimo
(alto)	superiore		supremo
(basso)	inferiore		infimo

Accanto a questi comparativi e superlativi irregolari, esistono per gli stessi aggettivi anche quelli regolari; le due forme non sono però interscambiabili in tutti gli usi.

VI. I NUMERALI

1. Cardinali

0 zero	21 ventuno	200 duecento
1 uno	22 ventidue	300 trecento
2 due	30 trenta	1000 mille
3 tre	31 trentuno	1001 mille e uno
4 quattro	40 quaranta	1101 mille e centouno
5 cinque	50 cinquanta	2000 duemila
6 sei	60 sessanta	2100 duemilacento
7 sette	70 settanta	3000 tremila
8 otto	80 ottanta	10000 diecimila
9 nove	90 novanta	100000 centomila
10 dieci	100 cento	101000 centounmila
11 undici	101 centouno	1000000 un milione
12 dodici	108 centootto	1000001 un milione e uno
20 venti	180 centottanta	2000000 due milioni
		1000000000 un miliardo

I numerali cardinali sono invariabili, ad eccezione di **uno**, il cui femminile è **una**, e di **mille**, che al plurale, nei composti, prende la forma **-mila**: *diecimila*.

Quando i cardinali vengono usati per indicare le date e le ore, sono preceduti dall'articolo: *il 4 gennaio 1990, nel 1992, le tre del pomeriggio*. Va segnalato l'uso dei cardinali senza le migliaia (spesso preceduti dall'apostrofo) per riferirsi ai secoli a partire dal XIII: *il '200, il '900*. Si noti che *il 1900* è invece l'anno, non il secolo.

2. Ordinali

I primo	VI sesto
II secondo	VII settimo
III terzo	VIII ottavo
IV quarto	IX nono
V quinto	X decimo

Gli ordinali dall'undici in poi sono formati aggiungendo il suffisso **-esimo**: *undicesimo, dodicesimo, novantesimo*. Si notino le forme di derivazione latina: *decimoprimo, decimosecondo* (ecc.), *undecimo, vigesimo, trigesimo* utilizzate, accanto a quelle normali, soprattutto con i nomi di papi o di re, o per designare i secoli: *Giovanni vigesimoterzo, il secolo decimonono*.

3. Altri

Frazionari: le frazioni si esprimono con il cardinale al numeratore e l'ordinale al denominatore: 2/3 *due terzi*, 4/15 *quattro quindicesimi*. Fa eccezione *due*, per il quale al denominatore si usa *mezzo*: 5/2 *cinque mezzi*. Con denominatori grandi all'ordinale si preferisce spesso il cardinale preceduto da *su*: 135/1300 *centotrentacinque su milletrecento*.
Moltiplicativi: si formano solo dai primi numeri: *doppio, triplo, quintuplo, decuplo* e *duplice, triplice, quintuplice*. Per le eventuali differenze tra le due serie, vedi il dizionario.

VII. AGGETTIVI E PRONOMI POSSESSIVI

1. Aggettivi possessivi

		Singolare		Plurale	
Persona		maschile	femminile	maschile	femminile
sing.	1	mio	mia	miei	mie
	2	tuo	tua	tuoi	tue
	3	suo	sua	suoi	sue
pl.	1	nostro	nostra	nostri	nostre
	2	vostro	vostra	vostri	vostre
	3	loro	loro	loro	loro

Esistono due altri aggettivi possessivi non inclusi nella tabella: **proprio** e **altrui**. **Proprio** si riferisce normalmente al soggetto della frase e può venir usato in sostituzione del possessivo di terza persona, **suo** e **sua**, per evitare ambiguità circa il possessore: *Maria ha parlato a Gianni del proprio lavoro* (= del lavoro di Maria). **Proprio** serve inoltre a rafforzare il possessivo: *si è rovinato con le sue proprie mani*. Infine, **proprio** e **altrui** possono indicare un possessore generico: *bisogna fare il proprio dovere*; *tutti devono rispettare la volontà altrui*.

L'aggettivo possessivo di solito precede il nome: *il suo libro*. Precede, inoltre, anche un aggettivo qualificativo prenominale: *la sua bella libreria*. Può precedere o seguire il numerale: *i miei tre figli*; *queste due mie amiche*, e segue sempre il dimostrativo: *queste tue parole*. Se enfatizzato (o in varie espressioni fisse), può però seguire il nome: *Questo è il paese mio!*; *sono problemi suoi*; *a casa nostra non si fa così*. Questa costruzione è particolarmente frequente con i vocativi (*Signori miei!*, *amore mio!*) ed è normale, anche senza enfasi, nell'italiano meridionale.

2. Pronomi possessivi

I pronomi possessivi hanno le stesse forme degli aggettivi, precedute dall'articolo determinativo: *prendiamo la tua macchina o **la mia**?* I pronomi non rinviano ad un antecedente in espressioni quali: *i miei* (= i miei familiari); *ha rubato del tuo, non del mio* (= cose che appartengono a te, non a me).

VIII. AGGETTIVI E PRONOMI DIMOSTRATIVI

Singolare		Plurale	
maschile	femminile	maschile	femminile
	Aggettivi e Pronomi		
questo	questa	questi	queste
(codesto)	(codesta)	(codesti)	(codeste)
quel/quello (*agg.*)	quella (*agg.* e *pron.*)	quei/quegli (*agg.*)	quelle (*agg.* e *pron.*)
quello (*pron.*)		quelli (*pron.*)	
stesso	stessa	stessi	stesse
medesimo	medesima	medesimi	medesime
tale	tale	tali	tali

Pronomi

costui (questi/quegli)	costei	costoro	costoro
colui	colei	coloro	coloro
ciò			

Il dimostrativo si riferisce a una persona o una cosa, localizzandola nello spazio e nel tempo rispetto al parlante e all'ascoltatore.

Questo indica un oggetto vicino al parlante; **quello** si riferisce ad un oggetto che è lontano sia dal parlante che dall'ascoltatore. **Codesto** (o **cotesto**) designa un oggetto vicino all'ascoltatore. Questa forma è raramente usata nell'italiano contemporaneo al di fuori della Toscana, ed è sostituita perlopiù da **quello**.

Questo, **-a** di preferenza si elidono davanti a vocale: *quest'anno, quest'aiuola.* **Quello** e **quel**, usati come aggettivi, si comportano come gli articoli determinativi **lo** e **il** rispettivamente (vedi **III**): *quello zaino*; *quel ragazzo.* Lo stesso vale per il plurale **quegli** (come **gli**) e **quei** (come **i**): *quegli zaini*; *quei ragazzi.* **Quello**, **-a**, usati come aggettivi, si elidono davanti a vocale: *quell'orto, quell'oca.* Si noti invece che la forma del pronome m. sing. è sempre **quello**, e al plurale **quelli**: *dammi quello/quelli blu.* Inoltre, quando sono usati come pronomi, **quello** e **quella** (e anche **questo** e **questa**) non si elidono mai: *preferisco quello azzurro, quella azzurra.*

Il dimostrativo può essere usato **anaforicamente**, cioè avere lo stesso riferimento di un termine introdotto precedentemente nel discorso: *Luca stava parlando di Marta quando questa entrò*, dove con *questa* si intende Marta. In questo caso, il rapporto di vicinanza/lontananza espresso da **questo** e **quello** può anche riferirsi alla vicinanza o lontananza dell'antecedente nel discorso: *Per lui provò invidia e amore. Col tempo questo sparì, ma quella rimase purtroppo ben viva.*

Tale ha principalmente valore anaforico. Quando è usato in funzione di aggettivo (un uso in genere limitato allo scritto o ai registri formali del parlato) significa "di questo genere": *tali comportamenti lo innervosiscono.* In funzione di pronome, preceduto dall'articolo o da un altro dimostrativo, indica una persona ben precisa di cui non è noto il nome: *ho incontrato di nuovo quel tale che mi ha bucato la ruota.*

Ciò (anch'esso di uso sostanzialmente limitato alla lingua scritta o formale) ha esclusivamente valore anaforico. È usato quasi solo per riferirsi a fatti, eventi o situazioni: *ciò lo colpì*; *ciò che ti ha detto non era vero*; *mi parlò di ciò.*

I pronomi maschili singolari **questi** e **quegli** appartengono all'uso letterario. Il pronome **costui** ha spesso un valore dispregiativo; il pronome **colui**, nell'italiano d'oggi, è limitato all'uso come antecedente del pronome relativo: *colui/colei/coloro che.*

I pronomi dimostrativi possono essere rafforzati dalle forme avverbiali **qui** o **qua** per **questo** (*voglio questo qui*) e **lì**, **là** per **quello** (*dammi quello là*). Si tratta di un uso particolarmente diffuso nella lingua parlata e informale.

Gli aggettivi dimostrativi precedono sia gli aggettivi qualificativi prenominali, che gli aggettivi possessivi e i numerali: *quella bella ragazza, quel tuo libro, quei due ragazzi.*

IX. AGGETTIVI E PRONOMI INDEFINITI

Alcune forme degli indefiniti sono sia aggettivi che pronomi: **alcuno**, **certo**, **ciascuno**, **tale**, **poco**, **parecchio**, **molto**, **tanto**, **troppo**, **tutto**, **altro**, **vario**, **diverso**, **nessuno**. Esempi: *ho invitato molti ragazzi*; *alcuni ragazzi sono arrivati tardi, altri non sono neppure venuti.*

Alcuno, **-a** al singolare viene usato (non di frequente) solo nelle frasi negative: *non ho parlato con alcuna ragazza.*

Altri indefiniti sono solo aggettivi: **ogni**, **qualsivoglia**, **qualche**, **qualunque**. Esempi: *qualche pianta è già fiorita*; *qualunque ragazza avrebbe indovinato.*

Infine un terzo gruppo sono solo pronomi: **uno**, **chiunque**, **ognuno**, **qualcuno**, **qualcosa**, **un po'**, **niente**, **nulla**. Esempi: *può partecipare chiunque, qualcuno ha chiamato, non è successo nulla.*

Per il comportamento degli indefiniti negativi con la negazione **non**, vedi **XIII**, **6**.

X. AGGETTIVI E PRONOMI INTERROGATIVI ED ESCLAMATIVI

Che (invariabile), **quale**/**-i**, **quanto**/**-a**/**-i**/**-e** sono sia pronomi che aggettivi, e si trovano sia nelle frasi interrogative che nelle esclamative: *che ore sono? quali libri hai comprato? quanta pazienza!.* Possono inoltre introdurre le interrogative indirette (**XV**, **3**): *mi domando che libro tu abbia comprato*; *non so a quale film stesse pensando.*

Chi può essere usato solo come pronome interrogativo e si riferisce solo a persone ed esseri animati: *chi parlerà domani?*; *chi preferisci, il cane o il gatto?*; *non so chi sia venuto.*

XI. PRONOMI RELATIVI

Distinguiamo due gruppi di pronomi relativi: quelli variabili e quelli invariabili.

Variabili: **il quale**, **la quale**, **i quali**, **le quali**.

Invariabili: **che** (sogg. e compl. ogg.), **cui** (dativo e complementi preposizionali)

Il pronome variabile concorda in genere e numero con il nome a cui si riferisce. È usato come soggetto, e molto raramente come oggetto; quando ha funzione di complemento preposizionale, il pronome è preceduto da una preposizione articolata: *la persona **alla quale** ho parlato*; *il ragazzo **col quale** Maria ha pranzato.* Si usano però più frequentemente le forme invariabili: *la ragazza **che** ha chiamato ieri*; *la persona **a cui** ho parlato.* La forma variabile tende ad essere usata nei casi di ambiguità: *ho parlato con la figlia del professore, **la quale** abita a Roma.* **Cui** può essere usato (in un registro più elevato) senza preposizione **a**, con valore di complemento di oggetto indiretto: *la ragazza **cui** ho prestato il libro.* Inoltre, per la relazione possessiva, accanto alla forma **di cui**, si preferisce **cui** preceduto dall'articolo determinativo: *la signora **la cui figlia** abita di fronte a me* meglio che *la signora **di cui la figlia** abita di fronte a me.*

Anche **chi**, **quanto**, **chiunque**, **qualunque** possono introdurre una proposizione relativa: ***Chi** studia, sarà promosso*; *non posso credere a **quanto** mi dici*; *non accettare **qualunque** cosa lui dica.* Si noti però che essi riuniscono le due funzioni del pronome relativo e del suo antecedente: *chi = colui che*; *quanto = ciò che*; *chiunque = tutti quelli che*; *qualunque = ogni ... che.* **Chiunque** e **qualunque** sono detti pronomi relativi indefiniti, perché inglobano un antecedente indefinito.

XII. PRONOMI PERSONALI

1. Pronomi personali soggetto

Persona			
sing.	1		io
	2		tu
	3	masch.	egli, lui, esso
		femm.	(ella), lei, essa
pl.	1		noi
	2		voi
	3	másch.	essi, loro
		femm.	esse, loro

L'uso dei pronomi personali soggetto è limitato a particolari contesti. Per esempio, vengono usati se si vuol porre in rilievo o in contrasto il soggetto: *l'ha rubato lui*; *noi meritavamo il premio, non voi.* Ad eccezione di questi casi, i pronomi personali soggetto vengono omessi: *partiremo domani, non hai mai fatto il tuo dovere, Mario ha promesso che sarebbe venuto alle tre.* Le forme **egli**, **ella**, **essi**, **esse** sono estremamente rare nella lingua parlata (**ella** è decisamente antiquato anche in quella scritta). Lo stesso vale per i pronomi **esso**, **essa**, che sono usati prevalentemente per riferirsi ad animali o cose, ma possono trovarsi anche riferiti a persona (specialmente **essa**).

I pronomi personali usati per rivolgersi ad una persona con cui non si ha confidenza sono: **lei** per il singolare (maschile e femminile), **loro** per il plurale: *lei mi è sembrato un po' troppo severo, signor Rossi*; *se loro credono, signori, possiamo continuare la discussione nel pomeriggio.* Dall'esempio si vede che il pronome di cortesia **lei**, quando è riferito a un uomo, esige la concordanza al maschile di aggettivi e verbi. Va detto, inoltre, che la forma di cortesia del plurale **loro** è molto più formale del corrispondente singolare **lei**: rivolgendosi ad un gruppo di persone, si usa il pronome **voi** in moltissime situazioni in cui al singolare si farebbe invece ricorso al **lei**.

2. Pronomi personali complemento

persona		forme toniche		forme atone	
		Ogg. dir. (accusativo)	Compl. prep.	Ogg. dir. (accusativo)	Ogg. ind. (dativo)
sing. 1		me	me	mi	mi
2		te	te	ti	ti
3	masch.	lui	lui	lo	gli
	femm.	lei	lei (essa)	la	le
	rifl.	sé	sé	si	si
	inan.		(esso/essa)		
pl. 1		noi	noi	ci	ci
2		voi	voi	vi	vi
3	masch.	loro	loro (essi)	li	(loro), gli
	femm.	loro	loro (esse)	le	(loro), gli
	rifl.	sé	sé	si	si

Le forme toniche complemento vengono usate in contesti contrastivi, seguono sempre il verbo e possono essere precedute da una preposizione: *cercano me*; *parlano di te*. Si osservi il comportamento del pronome di II persona singolare soggetto nelle coordinazioni. Quando il pronome di II persona precede l'altro elemento della coordinazione, prende la forma nominativa: *tu ed io*; *tu e Gianni*. Se segue, prende la forma accusativa: *io e te*; *Gianni e te*. **Me** e **te** sono anche usati come predicati nominali (*se io fossi te, e tu fossi me*). Le forme toniche complemento **esso**, **essa**, **essi**, **esse** si incontrano solo dopo preposizioni (*per esso, con essi*), mai come complemento oggetto.

I pronomi atoni o **clitici** non hanno accento proprio. Precedono il verbo (**proclitici**) se quest'ultimo è di modo finito (tranne l'imperativo): *lo scriverò domani*; *ti ho già restituito il libro*. Seguono il verbo (**enclitici**) se questo è all'imperativo affermativo (*mangialo*), o di modo non finito: *vederlo*; *parlandogli*; *accompagnatala a casa*; *riferentesi*. Nell'imperativo negativo, il clitico può sia seguire che precedere il verbo: *non mangiarlo, non lo mangiare*. Come si vede dagli esempi, le forme proclitiche si scrivono separate dal verbo, mentre quelle enclitiche si scrivono unite al verbo.

Nel caso della forma non finita composta (ausiliare + participio passato), il clitico segue l'ausiliare: *avendolo visto, averlo detto* (vedi anche **8**, **9**).

Il pronome dativo di III persona plurale **loro** è stato messo tra parentesi nello schema poiché non si tratta di un vero clitico, in quanto ha accento proprio. Analogamente ai veri clitici, è strettamente legato al verbo, da cui non può essere separato; ma a differenza di questi, segue sempre il verbo, anche nei modi finiti: *ho parlato loro*; *per parlar loro di ciò* (può però precedere il participio: *i compiti loro assegnati*, e trovarsi interposto tra ausiliare e participio nelle forme composte: *ho loro riferito le vostre proposte*). Inoltre, **loro** è praticamente limitato alla lingua scritta o al parlato formale; nel parlato quotidiano è quasi sempre sostituito dal vero clitico **gli** (sia al maschile che al femminile), che si trova del resto non di rado anche nello scritto.

I pronomi clitici **lo** e **ci** (v. oltre al par. **6**) possono riferirsi ad un'intera frase precedente: *Luca ha promesso di venire domani. – **Lo** so; Anna invece **ci** ha rinunciato.* Inoltre, **lo** può sostituire il complemento predicativo del soggetto: *Gianni è intelligente; Paolo invece **lo** sembra, ma non **lo** è.*

Le forme toniche complemento dei pronomi di cortesia sono: sing. **lei**, pl. **loro**; quelle atone sono: sing. **la**, **le**, pl. **li**/**le**, **loro**: *cercavo proprio **lei**, signor Mario, per ringraziar**la**.*

3. I pronomi riflessivi

Solo la terza persona ha una forma speciale per il pronome riflessivo: **si** per la serie atona e **sé** per quella tonica (spesso rafforzato nella forma **sé stesso**, scritta anche senza accento). Il pronome riflessivo non ha forma nominativa, ed è di solito coreferenziale col soggetto della frase, sia quando ha funzione di accusativo che di dativo: *Gianni si lava*; *Gianni si è regalato un libro.* Sia la forma tonica che quella atona possono riferirsi al soggetto non espresso di una frase implicita: *a Maria piace guardarsi* (*guardare se stessa*) *allo specchio.* La forma tonica, inoltre, può anche in qualche caso riferirsi ad altri complementi: *le cure immediate lo hanno riportato in sé*; *a Giorgio manca la coscienza di sé.*

Il clitico riflessivo **si** è usato per esprimere varie altre funzioni oltre a quella propriamente riflessiva. Occorre distinguere:

(a) l'uso reciproco (possibile solo con soggetti plurali): *Gianni e Maria **si** amano molto.*

(b) l'uso cosiddetto intensivo: *Mario **si** è mangiato tutta la torta da solo.*

(c) i casi in cui **si** non indica un'azione compiuta dal soggetto su sé stesso, ma si limita a trasformare un verbo da transitivo in intransitivo: *la porta **si** aprì.* Tali verbi vengono chiamati *intransitivi pronominali.*

(d) i casi in cui **si** non ha alcuna autonomia dal verbo, che non possiede altra forma se non quella col **si**: *accorger**si**, pentir**si**, arrabbiar**si**.* Anche tali verbi sono detti intransitivi pronominali.

È importante notare che in tutti questi usi non riflessivi, il clitico **si** non può essere sostituito dalle forme toniche **sé** o **sé stesso**.

L'uso riflessivo e tutti gli altri usi sopra citati sono naturalmente possibili anche con i pronomi di I e II persona, ma in questo caso le forme impiegate non differiscono da quelle dei pronomi non riflessivi: *io mi lavo*; *voi vi amate molto, non ti arrabbiare* ecc.

4. Il *si* impersonale e passivante

Il clitico **si** può anche essere usato: (a) come soggetto generico in frasi impersonali (anche derivate da un verbo al passivo): *si studia volentieri in questa università*; *non sempre si può essere felici*; *si viene spesso interrogati*; (b) con valore passivante, con verbi transitivi: *gli spaghetti si mangiano sempre volentieri*; (c) nella costruzione *noi si fa* per *noi facciamo*, tipica ma non esclusiva della Toscana. In alcune varietà dell'italiano, specie in Toscana, la costruzione impersonale (a) può essere usata anche con l'oggetto espresso, dando luogo a frasi del tipo: *oggi si mangia gli spaghetti*, in cui il ruolo di complemento oggetto di *gli spaghetti* è evidenziato dalla mancata concordanza del verbo. La costruzione impersonale (a) con verbi transitivi è normale nel caso in cui l'oggetto sia un pronome clitico: *si mangiano gli spaghetti → li si mangia.*

5. Il clitico *ne*

Il pronome clitico **ne** può svolgere le seguenti funzioni: (a) sostituisce vari complementi espressi tramite la preposizione **di** + nome o **di** + frase: *ho comprato un libro e ne ho letto l'introduzione*; *sono fiero della tua decisione → ne sono fiero*; *Luca si è dimenticato di chiudere il gas → Luca se ne è dimenticato*; (b) in particolare, esprime il complemento partitivo, accompagnato o meno da un numero cardinale o da un indefinito: *ne ho comprati tre*; *ne ho viste alcune*; *qui vendevano libri in inglese, ma ora non ne vendono più*; (c) sostituisce un complemento di moto da luogo, provenienza o sim. introdotto dalla preposizione **da**: *sono tornato ora da Roma → ne sono tornato ora*; *ne ho ricavato utili insegnamenti*; (d) sostituisce un complemento di agente o causa efficiente: *ne fu molto influenzato*; *ne fu colpito.*

6. I clitici locativi *ci* e *vi*

I clitici **ci** e **vi**, oltre ad essere pronomi di I e II persona plurale, possono anche avere valore locativo: *sono già andato a Roma → **ci**, **vi** sono già andato*; *abito a Milano da molti anni → **ci**, **vi** abito da molti anni*; *conto molto sulla tua venuta → **ci** conto molto.* Il clitico **vi** è usato quasi esclusivamente nella lingua scritta.

Il clitico **ci** è anche usato per sostituire vari complementi non locativi introdotti dalla preposizione **a**: *penso spesso a Mario → **ci** penso spesso*; *non rinuncio a quel progetto → non **ci** rinuncio.*

7. I nessi clitici

I clitici possono combinarsi tra loro in nessi di due o (raramente) tre pronomi. Non tutte le combinazioni sono però possibili. Quelle realmente in uso appartengono a tre gruppi:

(1) due pronomi clitici, uno corrispondente all'oggetto diretto di terza persona (o al partitivo **ne**) e l'altro a quello indiretto, secondo la tabella:

me lo	me la	me li	me le	mi si	me ne
te lo	te la	te li	te le	ti si	te ne
se lo	se la	se li	se le		se ne
ce lo	ce la	ce li	ce le	ci si	ce ne
ve lo	ve la	ve li	ve le	vi si	ve ne
glielo	gliela	glieli	gliele	gli si	gliene

Esempi: *me li prendo, mi si presentò davanti, te ne do un paio, se li è mangiati tutti, raccontacela, glielo auguro, gli si gettò addosso, gliene mancano tre.* Come si vede, l'ordine è: clitico dativo + clitico accusativo (o **ne**), ossia i clitici hanno un ordine inverso rispetto a quello dei complementi. Ciò vale sia quando i clitici precedono che quando seguono il verbo: *me lo ha portato Gianni*; *Gianni è venuto a portarmelo.*

Molto più rare, e spesso impossibili, le combinazioni con oggetti diretti di prima o seconda persona: *mi ti ha presentato, gli ti sei offerto come interprete.*

Si sarà notato che i pronomi clitici subiscono delle modificazioni fonetiche quando si combinano tra di loro. La vocale *i* del primo clitico diventa *e* davanti ad un clitico che inizia con *l-, n-*: per esempio da **mi** e **lo** si ottiene **me lo**, da **ci** e **ne** si ottiene **ce ne**. Inoltre **gli**, **le** + **lo**, **ne** = **glielo**, **gliene** (scritti in un'unica parola anche in proclisi).

(2) le combinazioni di un clitico personale con i locativi **ci** e **vi**, o con **ne** con valore locativo (tra parentesi alcune decisamente rare):

mi ci	(mi vi)	me ne
ti ci	(vi ti)	te ne
ce lo/la	ve lo/la	(ne lo/la) gliene
ci si	vi si (vi ci)	se ne ce ne
vi ci		ve ne
ce li/le	ve li/le	(ne li/le)

Esempi: *mi ci porti, ce lo porti, egli vi si diresse, vi ci mando* (= vi mando là), *me ne allontanai, se ne fuggirà.*

(3) le combinazioni dei clitici personali o locativi con il **si** impersonale. Esempi: *mi si dice, gli si suggerisce, ti si considera, lo si considera, se ne terrà conto, ci si dovrà arrivare.* Molte di queste combinazioni sono a prima vista identiche a quelle viste in (1). Si noti però che: (a) i pronomi **mi**, **ti**, **ci**, **vi** in questo caso, a differenza che in (1), possono avere anche la funzione di oggetto diretto (*mi si considera* ecc.); (b) il clitico accusativo di terza persona precede il **si** impersonale (*non **lo si** può permettere a nessuno*), mentre segue il **si** riflessivo (*Mario non **se lo** può permettere*).

Quando ci si aspetterebbe una combinazione **si** riflessivo + **si** impersonale, si trova al suo posto **ci si**: *uno si pente → ci si pente.*

Poche le combinazioni di tre clitici che si possono incontrare con una certa frequenza: *mi ce lo porti, te lo si dice* (probabilmente il tipo più frequente), *mi ci si manda.* Spesso accettabile è anche la combinazione di tre clitici a cui dà luogo la forma impersonale di verbi pronominali come *accorgersene, farcela*: *ci se ne accorge, ce la si fa.*

8. Posizione dei clitici con i verbi modali, aspettuali, di movimento

In vari tipi di costruzioni perifrastiche con la struttura verbo finito + infinito o gerundio, un pronome o un nesso clitico che si riferisce al verbo di modo non finito può "risalire" e legarsi al verbo di modo finito: *Maria vuole vedere **il film** → Maria vuole vederl**o** o Maria **lo** vuole vedere.*

Tale opzione si manifesta con frequenza diversa e con un gruppo di verbi più o meno esteso a seconda dei livelli di lingua e anche delle preferenze individuali. Tuttavia, si può dire che il verbo della frase principale deve appartenere ad una delle classi seguenti: (a) verbi modali (detti anche servili): *Gianni deve/ vuole/ può/ sa dirmelo* o *me lo deve/ vuole/ può/ sa dire*; (b) verbi che formano perifrasi aspettuali col gerundio, o con l'infinito introdotto da varie preposizioni: *lo sto/ vado dicendo* o *sto/ vado dicendolo*; *lo sto per fare* o *sto per farlo*; *comincio/ continuo/ riesco a parlargli* o *gli comincio/ continuo/ riesco a parlare*; *lo cerco/ finisco di leggere* o *cerco/ finisco di leggerlo*; (c) alcuni verbi di movimento costruiti con **a** + infinito: *Anna andrà/ tornerà a vederlo domani* o *Anna lo andrà/ tornerà a vedere domani.*

9. Posizione dei clitici con i verbi causativi e di percezione

Il fenomeno sintattico visto al punto **8.** è invece obbligatorio nelle costruzioni causative **fare**, **lasciare** + infinito: *ho fatto vincere un premio a Gianni* → ***l'ho** fatto vincere a Gianni*; ***gli** ho fatto vincere un premio*; ***glielo** ho fatto vincere.* Si noti inoltre che i verbi coniugati con il clitico **si** lo perdono obbligatoriamente quando dipendono da **fare** (anche nel caso in cui il verbo senza **si** normalmente non esiste): *ho fatto lavare le mani a Gianni*; *ho fatto pentire Maria.*

Con i verbi di percezione (*vedere, sentire, guardare* ecc.) esistono varie possibilità. Partendo da *ho visto Anna scrivere la lettera* si può avere: (a) una costruzione parallela a quella causativa, con il soggetto della subordinata al dativo e l'oggetto all'accusativo: *gliela ho vista scrivere*; (b) una costruzione in cui solo il clitico riferito al soggetto della subordinata si sposta nella frase principale: *l'ho vista scriverla.* Quando invece la frase subordinata non ha soggetto espresso, il clitico che si riferisce al complemento della frase subordinata si può spostare nella frase principale: *ho sentito cantare una canzone → l'ho sentita cantare* o *ho sentito cantarla.*

XIII. AVVERBI

Sotto l'etichetta di avverbio la grammatica tradizionale ha da sempre raggruppato elementi dalle funzioni molto eterogenee. Dal punto di vista sintattico gli avverbi possono modificare aggettivi, altri avverbi, verbi, predicati o interi enunciati. È opportuno distinguere almeno tre categorie sintattiche principali di avverbi, oltre ad alcune categorie speciali cui accenneremo nei successivi paragrafi.

1. Avverbi modificatori di aggettivi o di altri avverbi

Si tratta essenzialmente degli avverbi di grado e quantità: *poco/ abbastanza/ piuttosto/ assai/ molto/ troppo lungo*; *meno/ altrettanto/ più costoso.* Gli stessi possono modificare, oltre che aggettivi, anche altri avverbi o locuzioni avverbiali: *piuttosto violentemente, troppo lentamente, più in fretta* ecc. Anche numerosi avverbi in **-mente** possono avere questa funzione: *sufficientemente alto, altamente improbabile, straordinariamente bello*; *decisamente male* ecc.

2. Avverbi modificatori di verbi e predicati

Si tratta probabilmente della classe più ampia di avverbi. Distinguiamo le seguenti funzioni semantiche principali:

(1) **avverbi di maniera**. Comprendono: (a) la maggior parte degli avverbi in **-mente**: *agire stupidamente, parlare dolcemente*; (b) gli usi avverbiali dell'aggettivo maschile singolare, trattato come invariabile: *corrono forte, parlate piano, vestire giovane*; (c) alcune formazioni in **-oni**: *camminare carponi, tenere le braccia penzoloni*; (d): alcuni avverbi non derivati: *bene, male, volentieri*; (d) moltissime locuzioni avverbiali: *alla buona, alla peggio, alla rinfusa*; *testa a testa*; *a fatica, per le lunghe, di corsa* ecc.

(2) **avverbi di luogo**: *sopra, sotto, fuori, dentro, vicino, lontano, davanti, dietro, dappertutto, ovunque, altrove* ecc. Per i clitici *ci, vi, ne*, vedi **XII**, **5** e **6**. Locuzioni avverbiali: *in alto, in basso, in cima, all'estero, in giro* ecc. Una importante categoria di avverbi di luogo è quella degli *avverbi deittici*, o dimostrativi, che denotano la regione di spazio in funzione della posizione del parlante o dell'ascoltatore (analogamente

agli aggettivi e pronomi dimostrativi *questo* e *quello*): *qui, qua, lì, là, quaggiù, quassù, laggiù, lassù.* Solo toscani (come il corrispondente aggettivo *codesto*) sono *costì* e *costà.*

(3) **avverbi di tempo**: *sempre, spesso, talvolta, raramente, mai; ancora, già, ormai; subito, presto, tardi; prima, frattanto, poi, allora.* Locuzioni avverbiali: *d'un tratto, di rado, alle volte, di buon'ora* ecc. Avverbi deittici di tempo (riferiti al momento in cui viene pronunciata la frase) sono: *ora, adesso; oggi, domani, ieri, l'altroieri, dopodomani.*

(4) **avverbi di quantità**: gli stessi visti in **1.**, molti dei quali possono modificare anche verbi e predicati: *non lavora abbastanza, parli troppo* ecc.

Per ciascuna di queste categorie semantiche esistono inoltre **avverbi interrogativi**: *come, perché, dove, quando, quanto.*

3. Avverbi frasali

Gli avverbi frasali modificano non il solo verbo o predicato, bensì l'intera frase in cui si trovano. Alcuni avverbi possono esser usati sia come modificatori della frase che del verbo, con differenze di significato talvolta molto nette. Si confrontino ad esempio: *intelligentemente, non ha risposto* e *non ha risposto intelligentemente.* La prima frase significa "è stato intelligente a non rispondere"; la seconda "ha risposto, ma in modo poco intelligente". Nel primo caso, l'avverbio modifica l'intera frase, nel secondo, invece, modifica solo il verbo.

Oltre al frequente uso frasale di avverbi di maniera come *intelligentemente,* esistono alcune classi di avverbi che per il loro valore semantico debbono necessariamente riferirsi all'intera frase. Distinguiamo:

(1) avverbi che attribuiscono un valore più o meno alto di verità alla proposizione espressa dalla frase: *certamente, indubitabilmente, sicuramente; presumibilmente, verosimilmente; probabilmente; forse; difficilmente.* Esempi: *forse Mario è ancora qui; difficilmente sarò a casa per cena.* La negazione (v. **6**) può essere considerata un caso estremo di avverbio modale, che assegna valore di verità zero.

(2) avverbi che esprimono il giudizio o il commento del parlante sull'evento denotato dalla frase: *fortunatamente, sfortunatamente, purtroppo; stranamente.* Esempi: *purtroppo è arrivato tardi; stranamente, non ha reagito.*

(3) avverbi con cui il parlante non commenta l'evento denotato dall'enunciato, ma piuttosto il suo proprio atteggiamento nel produrre l'enunciato stesso. Esempi: *francamente, è un tipo odioso; personalmente, mi rifiuto di accettarlo.*

La collocazione sintattica più tipica degli avverbi frasali è all'inizio della frase o, parenteticamente, tra virgole. In questo si differenziano dagli avverbi che modificano il verbo, che sono di norma posti subito dopo di esso. Cfr. *francamente, ne abbiamo parlato* (modificatore della frase) con *ne abbiamo parlato francamente* (modificatore del verbo). Tuttavia, avverbi come *probabilmente,* che hanno unicamente l'interpretazione frasale, si trovano spesso anche dopo il verbo: *a quest'ora sarà probabilmente già a casa.*

4. Connettivi testuali

Un'altra classe di elementi che si possono considerare avverbi è data da quei termini che svolgono una funzione di raccordo tra le diverse frasi di un testo, contribuendo a garantirne la coesione e la coerenza. È il caso di *pertanto, infatti, ciononostante, del resto, d'altra parte, comunque, inoltre, infine* ecc. Spesso la loro funzione si avvicina a quella delle congiunzioni, ma, a differenza di queste, di solito connettono periodi o anche paragrafi diversi: sono perciò detti *connettivi testuali.*

5. Focalizzatori

Tra gli avverbi viene tradizionalmente collocato anche un piccolo gruppo di elementi che, contrariamente al consueto, modificano essenzialmente nomi o sintagmi nominali o preposizionali, con la funzione di metterli in rilievo all'interno della frase; sono perciò anche detti *focalizzatori.* Citiamo: *proprio; anche, addirittura, perfino; soprattutto; solo, soltanto, unicamente; almeno; neanche, nemmeno.* Esempi: *proprio tu dovevi farmi questo scherzo!; se ne è accorto perfino Giovanni; solo a quell'incosciente poteva andar bene; almeno un complimento potevi farglielo.*

6. La negazione

Infine, un caso particolare di avverbio è la negazione **non**. Occorre distinguere **negazione di frase**, quando l'elemento negativo ha la funzione di negare quanto è affermato dalla frase (ad es. *Mario **non** ha scritto quella lettera*); e **negazione di costituente**, quando la negazione riguarda un particolare elemento della frase e di norma sottolinea un contrasto: *ho regalato un libro **non a Gianni**, ma a Luca; ho letto **non uno**, ma due libri.*

L'uso di **non** è obbligatorio quando nella frase sono presenti dei pronomi, avverbi, focalizzatori o congiunzioni negativi (uno o più d'uno) che si trovano in posizione postverbale: *Mario **non** ha visto **nessuno**; Paolo **non** è **mai** stato a Parigi; **non** l'ha letto **neanche** lui; Luca **non** è uscito **né** con Gianni **né** con Maria; Maria **non** ha dato **niente** a **nessuno**.*

Se invece l'elemento negativo si trova in posizione preverbale, il **non** deve essere omesso: ***non** ha parlato **nessuno**,* ma ***nessuno** ha parlato.*

Pronomi e altri elementi negativi possono naturalmente anche trovarsi nella stessa frase in posizione sia preverbale che postverbale. Anche in tal caso il **non** va omesso: ***nessuno** ha detto **niente**.*

Si noti che due negazioni di frase, una nella frase principale ed una nella frase subordinata non necessariamente si neutralizzano: per esempio, *non posso non farlo* significa *debbo farlo,* e non invece *posso farlo.*

7. *Sì* e *no* come proforme

Sì e **no** possono essere usati per sostituire un'intera frase, per esempio quando sono usati in risposta ad una domanda: *è venuto Gianni? **No**. Ha telefonato Maria? **Sì**.* Le forme **sì** e **no** possono anche sostituire un sintagma verbale, sia in una frase principale che in una subordinata: *Mario non va in vacanza, ma Roberto **sì**; in questo paese non si capisce mai quando bisogna prendere l'ombrello e quando **no**.*

XIV. VERBI

Diamo in primo luogo le forme della coniugazione dei verbi ausiliari e di quelli regolari, distinti in tre coniugazioni.

Ausiliare ESSERE

Indicativo

Presente	Pass. prossimo	Imperfetto	Trap. pross.
sono	sono stato, -a	ero	ero stato, -a
sei	sei stato, -a	eri	eri stato, -a
è	è stato, -a	era	era stato, -a
siamo	siamo stati, -e	eravamo	eravamo stati, -e
siete	siete stati, -e	eravate	eravate stati, -e
sono	sono stati, -e	erano	erano stati, -e

Pass. rem.	Trap. remoto	Futuro	Futuro ant.
fui	fui stato, -a	sarò	sarò stato, -a
fosti	fosti stato, -a	sarai	sarai stato, -a
fu	fu stato, -a	sarà	sarà stato, -a
fummo	fummo stati -e	saremo	saremo stati, -e
foste	foste stati, -e	sarete	sarete stati, -e
furono	furono stati, -e	saranno	saranno stati, -e

Congiuntivo

Presente	Passato	Imperfetto	Trapassato
sia	sia stato, -a	fossi	fossi stato, -a
sia	sia stato, -a	fossi	fossi stato, -a
sia	sia stato, -a	fosse	fosse stato, -a
siamo	siamo stati, -e	fossimo	fossimo stati, -e
siate	siate stati, -e	foste	foste stati, -e
siano	siano stati, -e	fossimo	fossimo stati, -e

Condizionale		Imperativo	Infinito	
Presente	Passato	Presente	Presente	Passato
sarei	sarei stato, -a		essere	essere stato
saresti	saresti stato, -a	sii		
sarebbe	sarebbe stato, -a	sia		
saremmo	saremmo stati, -e	siamo		
sareste	sareste stati, -e	siate		
sarebbero	sarebbero stati, -e	siano		

Participio		Gerundio	
Presente	Passato	Presente	Passato
—	stato,-a,-i,-e	essendo	essendo stato, -a,-i,-e

Ausiliare AVERE

Indicativo

Presente	Pass. prossimo	Imperfetto	Trap. pross.
ho	ho avuto	avevo	avevo avuto
hai	hai avuto	avevi	avevi avuto
ha	ha avuto	aveva	aveva avuto
abbiamo	abbiamo avuto	avevamo	avevamo avuto
avete	avete avuto	avevate	avevate avuto
hanno	hanno avuto	avevano	avevano avuto

Pass. rem.	Trap. remoto	Futuro	Futuro ant.
ebbi	ebbi avuto	avrò	avrò avuto
avesti	avesti avuto	avrai	avrai avuto
ebbe	ebbe avuto	avrà	avrà avuto
avemmo	avemmo avuto	avremo	avremo avuto
aveste	aveste avuto	avrete	avrete avuto
ebbero	ebbero avuto	avranno	avranno avuto

Congiuntivo

Presente	Passato	Imperfetto	Trapassato
abbia	abbia avuto	avessi	avessi avuto
abbia	abbia avuto	avessi	avessi avuto
abbia	abbia avuto	avesse	avesse avuto
abbiamo	abbiamo avuto	avemmo	avemmo avuto
abbiate	abbiate avuto	aveste	aveste avuto
abbiano	abbiano avuto	avessero	avessero avuto

Condizionale		Imperativo	Infinito	
Presente	Passato	Presente	Presente	Passato
avrei	avrei avuto			
avresti	avresti avuto	abbi	avere	aver(e) avuto
avrebbe	avrebbe avuto	abbia		
avremmo	avremmo avuto	abbiamo		
avreste	avreste avuto	abbiate		
avrebbero	avrebbero avuto	abbiano		

Participio		Gerundio	
Presente	Passato	Presente	Passato
avente	avuto,-a,-i,-e	avendo	avendo avuto, -a,-i,-e

Coniugazione dei verbi regolari

1ª coniugaz.	2ª coniugaz.	3ª coniugaz.	
parl**are**	tem**ere**	segu**ire**	cap**ire**

Indicativo

Presente

parl-o	cred-o	segu-o	cap-**isc**-o
parl-i	cred-i	segu-i	cap-**isc**-i
parl-a	cred-e	segu-e	cap-**isc**-e
parl-iamo	cred-iamo	segu-iamo	cap-iamo
parl-ate	cred-ete	segu-ite	cap-ite
parl-ano	cred-ono	segu-ono	cap-**isc**-ono

Passato prossimo

ho parlato	ho creduto	ho seguito	ho capito
ecc.	ecc.	ecc.	ecc.

Imperfetto

parl-avo	cred-evo	segu-ivo
parl-avi	cred-evi	segu-ivi
parl-ava	cred-eva	segu-iva
parl-avamo	cred-evamo	segu-ivamo
parl-avate	cred-evate	segu-ivate
parl-avano	cred-evano	segu-ivano

Trapassato prossimo

avevo parlato	avevo creduto	avevo seguito
ecc.	ecc.	ecc.

Futuro

parl-erò	cred-erò	segu-irò
parl-erai	cred-erai	segu-irai
parl-erà	cred-erà	segu-irà
parl-eremo	cred-eremo	segu-iremo
parl-erete	cred-erete	segu-irete
parl-eranno	cred-eranno	segu-iranno

Futuro anteriore

avrò parlato	avrò creduto	avrò seguito
ecc.	ecc.	ecc.

Passato remoto

parl-ai	cred-etti	segu-ii
parl-asti	cred-esti	segu-isti
parl-ò	cred-ette	segu-ì
parl-ammo	cred-emmo	segu-immo
parl-aste	cred-este	segu-iste
parl-arono	cred-ettero	segu-irono

Trapassato remoto

ebbi parlato	ebbi creduto	ebbi seguito
ecc.	ecc.	ecc.

Congiuntivo

Presente

parl-i	cred-a	segu-a	cap-**isc**-a
parl-i	cred-a	segu-a	cap-**isc**-a
parl-i	cred-a	segu-a	cap-**isc**-a
parl-iamo	cred-iamo	segu-iamo	cap-iamo
parl-iate	cred-iate	segu-iate	cap-iate
parl-ino	cred-ano	segu-ano	cap-**isc**-ano

Passato

abbia parlato	abbia creduto	abbia seguito
ecc.	ecc.	ecc.

Imperfetto

parl-assi	cred-essi	segu-issi
parl-assi	cred-essi	segu-issi
parl-asse	cred-esse	segu-isse
parl-assimo	cred-essimo	segu-issimo
parl-aste	cred-este	segu-iste
parl-assero	cred-essero	segu-issero

Trapassato

avessi parlato	avessi creduto	avessi seguito
ecc.	ecc.	ecc.

Condizionale
Presente

parl-erei	cred-erei	segu-irei
parl-eresti	cred-eresti	segu-iresti
parl-erebbe	cred-erebbe	segu-irebbe
parl-eremmo	cred-eremmo	segu-iremmo
parl-ereste	cred-ereste	segu-ireste
parl-erebbero	cred-erebbero	segu-irebbero

Passato

avrei parlato	avrei creduto	avrei seguito
ecc.	ecc.	ecc.

Imperativo
Presente

parl-a	cred-i	segu-i	cap-**isc**-i
parl-i	cred-a	segu-a	cap-**isc**-a
parl-iamo	cred-iamo	segu-iamo	cap-iamo
parl-ate	cred-ete	segu-ite	cap-ite
parl-ino	cred-ano	segu-ano	cap-**isc**-ano

Infinito
Presente

parl-are	cred-ere	segu-ire

Passato

aver(e) parlato	aver(e) creduto	aver(e) seguito

Participio
Presente

(parl-ante,-i)	(cred-ente,-i)	(segu-ente,-i)

Passato

parl-ato	cred-uto	segu-ito

Gerundio
Presente

parl-ando	cred-endo	segu-endo

Passato

avendo parlato	avendo creduto	avendo seguito

1. Note sulle coniugazioni

(1) I verbi in **-care** e **-gare** mantengono la velare (/k/ e /g/) in tutta la coniugazione, inserendo una *h* davanti alle desinenze che cominciano per *-e* ed *-i*: *toccare* → *tocchi, tocca*; *pregare* → *preghi, prega.*

(2) I verbi in **-ciare** e **-giare** perdono la *i*, che ha solo la funzione di segnalare la pronuncia palatale, davanti ad *e*: *mangerò, comincerei.*

(3) I verbi in **-cere**, **-gere**, **-scere** modificano il suono palatale in velare davanti alle vocali *a* ed *o*: *sorgere* → *sorgo, che io sorga*; *vincere* → *vinco, che io vinca*; *crescere* → *cresco, che io cresca.* Mantengono invece il suono palatale, inserendo una *i* solo grafica, davanti ad un eventuale participio passato in *-uto*: *cresciuto, conosciuto.*

(4) I verbi in **-gnare**, **-gnere** mantengono nella scrittura la *i* delle desinenze *-iamo* (1ª pers. pl. dell'ind. e cong.) e *-iate* (2ª pers. pl. del cong.), che pure non si pronuncia: *sogniamo, che voi spegniate.*

(5) I verbi in **-iare** con *i* accentata alla prima persona dell'indicativo (*rinvìo, scìo*) la mantengono sempre anche davanti ad una *i* della desinenza: *tu rinvii, che essi sciino.* Quelli con *i* atona (*stùdio, còpio*), invece, normalmente la perdono: *tu copi, che essi studino*; possono però facoltativamente conservarla, specie in casi di ambiguità (*tu conii* da *coniare*).

(6) Molti verbi regolari della seconda coniugazione, accanto al passato remoto in *-ètti*, (3ª sing. *-ètte*, 3ª pl. *-èttero*) hanno anche un passato remoto in *-éi* (3ª sing. *-é*, 3ª pl. *-érono*), di solito meno comune. Tale forma può anche essere l'unica per alcuni verbi con la radice che termina in *t-*: *batté, rifletté* (vedi i singoli lemmi del dizionario).

(7) Tra i verbi della terza coniugazione che si comportano come *seguire* vi sono ad esempio i seguenti: *dormire, aprire, bollire, coprire, divertire, fuggire, nutrire, offrire, partire, sentire, vestire.* Molti altri verbi di questa coniugazione si comportano invece come *capire* e usano il suffisso **-isc-** tra la radice e la desinenza al presente indicativo e congiuntivo (I, II, III pers. sing., III pers. pl.), e all'imperativo (II, III pers. sg., III pers. pl.). Esempi: *agire, colpire, digerire, fallire, finire, marcire, pulire, punire, sparire, tradire, unire.* La coniugazione con **-isc-** è inoltre tipica di tutti i verbi cosiddetti parasintetici, derivati da nomi e aggettivi per mezzo dei prefissi **a-**, **in-**, **s-**: *abbellire, intristire, smagrire* ecc.

(8) Le principali modificazioni del radicale nelle forme del presente indicativo (congiuntivo e imperativo) sono le seguenti:

(a) i dittonghi *-iè-*, *-uò-* in sillaba tonica alternano con *e* ed *o* in sillaba atona: *siedo, sediamo*; *muore, morite, puoi, potete.* Questa alternanza era in origine propria di una ampia classe di verbi che presentavano la vocale *e/o* nel tema. Nel tempo, molti paradigmi si sono regolarizzati, generalizzando talvolta la vocale semplice (*nego, trovo,* anticamente *niego, truovo*) e talvolta il dittongo (*muovete,* anticamente *movete*). L'uso letterario tende a conservare l'alternanza più dell'uso comune.

(b) alternanza di *-r-* ed *-i-* alla fine del radicale (a causa della riduzione di *-ri* a *-i-* tra vocali): *morire,* ind. pres. *muoio, muori, moriamo, morite, muoiono*; cong. *muoia, moriamo, moriate, muoiano.*

(c) introduzione della velare /g/ alla fine del radicale davanti alle vocali a, o della desinenza: *dolere,* ind. pres. *dolgo, duoli, ..., dolgono*; *rimanere,* ind. pres. *rimango, ..., rimangono.*

2. Verbi irregolari e difettivi

Le forme irregolari dei verbi, e le forme effettivamente usate dei verbi difettivi, sono riportate sotto ciascuna voce del dizionario, e ad esse si rimanda.

3. Classi verbali

Chiamiamo verbi **transitivi** quelli che possono avere un complemento oggetto: *leggere, scrivere, mangiare.* Gli altri vengono detti **intransitivi**. I verbi intransitivi possono essere distinti in due classi: quelli che nei tempi composti si coniugano con l'ausiliare *avere* (per es. *camminare, dormire, piangere, riposare, telefonare, viaggiare*), e quelli che si coniugano con l'ausiliare *essere* (per es. *arrivare, cadere, costare, diventare, nascere, piacere, sembrare*). Le due classi manifestano anche un comportamento sintattico diverso. Si considerino infatti le due frasi seguenti: *in questa stanza hanno dormito tre persone*; *quest'anno arriveranno molti stranieri.* Solo nel secondo caso è possibile usare il clitico *ne* per riferirsi al soggetto postverbale: *quest'anno ne arriveranno molti.* Non si può infatti dire: *in questa stanza ne hanno dormito tre.*

Molti verbi transitivi possono essere usati anche intransitivamente, secondo due diversi meccanismi. Il primo caso è esemplificato da frasi come: *ha mangiato con appetito*; *scrive male*; *ho letto tutto il giorno.* Il complemento oggetto non è più espresso, ma si può parzialmente ricavare come uno dei possibili oggetti tipici del verbo in questione: *ho letto* (*libri, giornali* e sim.) *tutto il giorno.* Il verbo mantiene lo stesso soggetto dell'uso transitivo corrispondente, e mantiene anche l'ausiliare *avere.* Si parla allora di uso **assoluto** di un verbo transitivo. Il secondo caso si trova in esempi come: *il sole ha fuso la neve* → *la neve è fusa*; *il governo ha cambiato la legge* → *la legge è cambiata*; *le sue decisioni hanno migliorato la situazione* → *la situazione è migliorata.* Qui l'elemento che funge da complemento oggetto nella frase transitiva diventa il soggetto quando il verbo è usato come intransitivo; cambia anche l'ausiliare, che diventa *essere.* Va notato che lo stesso passaggio all'intransitivo in altri verbi viene segnalato esplicitamente per mezzo del clitico *si.* Si confrontino le frasi precedenti con *Mario ha rotto il bicchiere* → *il bicchiere **si** è rotto.*

I verbi **impersonali** non hanno un soggetto determinato e si usano solo alla terza persona singolare. Comprendono in particolare i verbi che si riferiscono a eventi meteorologici: *piove, è nevicato, sta grandinando.* Si ricorda che qualunque verbo può essere usato impersonalmente (anche al passivo) premettendo il pronome clitico *si*: *si dice, si dorme, si viene amati* ecc.

I verbi **riflessivi**, come *lavarsi, vestirsi,* sono usati in unione con i pronomi riflessivi clitici *mi, ti, si, ci, vi*: *mi lavo, ti vesti.* Questi ultimi sono coreferenziali con il soggetto della frase e hanno la funzione di complemento oggetto. Chiamiamo invece **riflessivi indiretti** quei verbi in cui il clitico riflessivo, coreferenziale col soggetto, rappresenta un complemento indiretto del verbo: *lavatevi le mani.* Diversa è la funzione del clitico nei verbi **reciproci**, come *frequentarsi, salutarsi,* che richiedono un soggetto plurale: la frase *Luca e Marta si salutano* non significa infatti "Luca e Marta salutano se stessi", bensì "Luca saluta Marta e Marta saluta Luca". Esistono anche verbi **riflessivi reciproci**, come *separarsi,* in cui uno stesso clitico esprime a un tempo la riflessività e la reciprocità: *Gianni e Maria si separano* significa infatti "Gianni **si** separa da Maria e Maria **si** separa da Gianni". Infine, vanno menzionati i verbi **intransitivi pronominali**, come *sbrigarsi, vergognarsi, pentirsi.* Il clitico, in questo caso, non corrisponde ad un complemento, ma fa intrinsecamente parte della forma verbale: *Gianni si vergogna* non può significare "Gianni vergogna se stesso", perché il verbo *vergognare,* senza il *si,* semplicemente non esiste.

Occorre citare ancora un gruppo di verbi con funzioni parzialmente affini a quelle degli ausiliari. Si tratta in primo luogo dei **verbi modali** (o *servili*) *potere, dovere, sapere, volere,* che non descrivono un'azione in sé, ma indicano una particolare modalità dell'azione denotata dal verbo all'infinito che reggono. Questi verbi hanno un comportamento particolare nella scelta degli ausiliari (vedi sotto, par. **4**) e nella sintassi dei pronomi clitici (vedi **XII**, **8**). Caratteristiche in parte analoghe hanno anche i **verbi aspettuali** (o *fraseologici*), che entrano in varie perifrasi verbali (vedi sotto, par. **7**).

4. Scelta dell'ausiliare

Si è visto che i verbi transitivi richiedono sempre l'ausiliare *avere,* e che i verbi intransitivi richiedono a volte *essere,* a volte *avere*: la scelta dell'ausiliare in questo caso viene pertanto indicata nel dizionario. Richiedono invece sempre *essere* i verbi riflessivi, reciproci, riflessivi reciproci, e pronominali: *Maria si è lavata le mani, Maria e Gianni si sono divisi, i ragazzi si sono picchiati, Luisa si è pentita.* Parimenti *essere* è richiesto dai verbi usati con il *si* impersonale o passivante: *se ne è parlato a lungo*; *si sono letti molti libri,* e così pure dalla costruzione passiva: *la data sarà stabilita entro oggi.*

Con i verbi impersonali meteorologici si usa di norma l'ausiliare *essere*: *quest'anno non è nevicato molto.* Tuttavia al Nord è diffuso anche l'uso dell'ausiliare *avere*: *quest'anno ha nevicato a lungo.*

Più complicata la selezione dell'ausiliare con i verbi modali (o servili) *potere, dovere, volere.* In generale, la scelta dell'ausiliare è determinata dal verbo all'infinito: *non ha potuto telefonare*; *è dovuta partire.* Tuttavia, è anche molto diffuso (specialmente al Nord) l'uso dell'ausiliare *avere* in ogni caso, in particolare con *volere*: *non ha voluto venire.* Con un pronome clitico che precede, però, si ha quasi sempre *essere* (se il verbo all'infinito lo richiede): *non ci è voluta venire.* Un'altra eccezione che riguarda i verbi modali si ha quando reggono i riflessivi, reciproci e sim.: se il pronome clitico precede il complesso verbale, si ha *essere* come di norma; se invece lo segue, si ha obbligatoriamente *avere*: ***mi sono dovuta*** *vestire in fretta,* ma **ho dovuto** *vesti**mi** in fretta.*

5. L'accordo del participio passato

Il participio passato, quando è accompagnato dall'ausiliare *essere,* si accorda di norma in genere e numero col soggetto: *Maria è stata colpit**a** da un sasso*; *i ragazzi si sono picchiati.* Una parziale eccezione è data dai riflessivi indiretti, in cui è possibile (ma più raro) anche l'accordo con il complemento oggetto: *Maria si è tint**a** i capelli* o anche *Maria si è tint**i** i capelli.* Nelle frasi impersonali introdotte da *si* e derivate da verbi transitivi usati assolutamente, o intransitivi coniugati con *avere,* il participio ha sempre la forma del maschile singolare: *si è mangiat**o**, si è dormit**o** bene.* Se il verbo, invece, è intransitivo coniugato con *essere,* il participio va al maschile plurale: *si è arrivat**i** a questo punto.* Lo stesso vale quando la frase impersonale contiene un predicato nominale: *si è content**i**; si è alpinist**i**.*

Con l'ausiliare *avere* il participio passato si accorda obbligatoriamente con l'oggetto se questo è espresso da un clitico di terza persona: (*Maria*) ***l'****ho vist**a** ieri*; (*i ragazzi*) ***li*** *ho appena incontrati.* Se il pronome clitico è di I o II persona singolare o plurale, l'accordo è facoltativo: *Anna, ti ho visto* o *Anna, ti ho vist**a** ieri*; *ci hai visto* o *ci hai visti ieri.* È anche possibile (ma ormai infrequente e un po' antiquato) l'accordo con il pronome relativo oggetto: *la storia che ho raccontat**a**.*

Quando il clitico *ne* precede il verbo composto, si ha accordo: (a) se esso corrisponde ad un complemento partitivo del verbo: *di libri, ne ho lett**i***; *di birra, ne ho bevut**a***; (b) se il verbo è seguito da un numerale o un indefinito che fornisca informazioni di genere e numero: *ne ho visti tre*; *ne ho mangiat**a** tanta.* Nei casi in cui l'indefinito non fornisce indicazioni di numero o genere l'accordo è facoltativo: (*di torta*) *ne ho mangiat**a*** o *mangiat**o** metà.* Quando il clitico *ne* corrisponde a un complemento diverso da quello partitivo, l'accordo non è possibile: (*delle vacanze*) *Luca non ne ha approfittat**o**.*

6. Il passivo

La costruzione passiva è caratterizzata dall'avere come soggetto l'elemento che nella forma attiva del verbo corrisponde al complemento oggetto. Il soggetto della forma attiva può essere espresso tramite il complemento d'agente, introdotto dalla preposizione *da* o dalla locuzione *da parte di.* La forma verbale passiva è composta dal tempo corrispondente dell'ausiliare *essere* seguito dal participio passato del verbo che compare nella frase attiva. La frase *Gianni ha rotto i bicchieri* diventa al passivo: *i bicchieri sono stati rotti da Gianni.* Si noti che il verbo ed il participio concordano in numero ed in genere con il soggetto.

Oltre all'ausiliare *essere,* la forma passiva può essere formata con gli ausiliari *venire* e *andare.*

L'ausiliare *essere* può venir usato con tutti i tempi dei verbi, ad eccezione del trapassato remoto dell'indicativo (in altre parole non si può dire: *il bicchiere fu stato rotto*). *Venire* può essere usato solo con i tempi semplici: *i negozi vengono aperti alle nove. Venire,* a differenza di *essere,* non ha mai significato stativo, cioè non indica mai uno stato. La frase *la porta è chiusa* è ambigua; essa può riferirsi all'azione di chiudere la porta oppure può descrivere lo stato in cui la porta si trova. Con *la porta viene chiusa,* invece, ci si può solo riferire all'azione di chiudere la porta.

Il passivo formato con *andare* può avere due interpretazioni. In un caso assume un significato aspettuale, e serve a sottolineare lo svolgimento del processo: *molte energie sono andate sprecate inutilmente*; *durante i bombardamenti andarono distrutte molte abitazioni.* Questa costruzione è possibile con tutti i tempi e modi, ad eccezione del trapassato remoto dell'indicativo, ma è limitata ad un ristretto gruppo di verbi: *distruggere, disperdere, perdere, smarrire, spendere, sprecare, versare.* Nell'altra costruzione, *andare* assume un significato modale di obbligatorietà: *la casa va pulita* (= deve venire pulita); *i compiti prima o poi andranno fatti* (= dovranno essere fatti). È possibile avere questa costruzione con qualsiasi verbo, ma solo con i tempi semplici (meno il passato remoto). Infine, è possibile esprimere una funzione analoga al passivo mediante il pronome clitico *si* (vedi **XII**, **4**).

7. L'aspetto e l'uso dei tempi dell'indicativo

La categoria dell'aspetto riguarda la durata, la compiutezza e l'articolazione in differenti fasi dell'evento descritto dal verbo. In italiano, elementi di carattere aspettuale si riflettono nell'uso di alcune perifrasi verbali. Passiamo brevemente in rassegna le più importanti.

Per sottolineare l'aspetto durativo di un evento, si usano le perifrasi verbali **stare**, **venire**, **andare** + **gerundio**: *Gianni sta lavorando*; *le condizioni di salute di Marta vanno migliorando*; *nuove prospettive vengono sviluppandosi*. Tali perifrasi non sono esattamente sinonime. Quella con **stare**, che è di gran lunga la più frequente, è particolamente adatta a descrivere un evento all'interno del quale si situa un altro evento puntuale. In una frase come *ieri stavo scrivendo una lettera, quando all'improvviso è arrivato Gianni*, *stare* non potrebbe essere sostituito da *andare* o *venire*. D'altra parte, la perifrasi con *stare*, a differenza di quelle con *andare* e *venire*, non è compatibile con i tempi composti: non si può dire *è stato crescendo*, mentre si può dire *è andato/ venuto crescendo*.

Altre perifrasi aspettuali sottolineano le diverse fasi di un evento: imminenza (*Gianni* ***sta per*** *partire*), fase iniziale (*Luca* ***comincia a / si mette a*** *studiare*), proseguimento (*Mario* ***continua a*** *seccarmi*), fase terminale (*Maria* ***ha finito / smesso di*** *leggere*). Per il comportamento dei pronomi clitici con molte di queste perifrasi, vedi **XII**, **8**.

Informazioni ulteriori circa l'aspetto possono essere fornite da alcuni tempi del verbo, specialmente all'indicativo: il presente, l'imperfetto, il passato prossimo, il passato remoto.

Il **presente** è usato per descrivere qualcosa che sta accadendo mentre si parla: *piove*. In questo uso, tuttavia, non è poi così frequente, ed è inoltre in concorrenza con la perifrasi progressiva con *stare* + gerundio (*sta piovendo*). Più spesso, il presente descrive eventi abituali: *tutte le mattine mi alzo alle sette*; o atemporali, per esempio nei proverbi e nelle massime (*presente gnomico*), o nelle affermazioni logiche e scientifiche: *buon sangue non mente*; *tutti i numeri primi diversi da 2 sono dispari*. È inoltre possibile usare il presente con valore di futuro; anzi in quest'uso è molto più frequente del futuro quando la distanza temporale dell'evento dal momento di enunciazione non è molto grande: *arrivo fra cinque minuti*; *quando ci vediamo?*; *martedì vengo a Firenze*. In un testo narrativo o storico, infine, è possibile usare il presente con riferimento ad eventi passati (*presente storico*) per conferire drammaticità ai fatti che si stanno narrando: *Nerone ordina di incendiare Roma*.

I due usi principali dell'**imperfetto** sono: (1) descrivere un evento o processo singolo nel passato con riferimento alla sua articolazione interna, al suo svolgersi nel tempo: *mentre camminava, pensava alle vacanze*; (2) descrivere un evento che si è ripetuto regolarmente nel passato: *quand'ero piccola la nonna mi leggeva le favole*. L'imperfetto ha inoltre alcuni importanti usi (diffusi specialmente nella lingua parlata) di carattere modale, dove entra in concorrenza specialmente con il condizionale presente o passato: può esprimere una richiesta cortese (*volevo chiederti ancora un favore*), e soprattutto descrivere un evento non reale, che sarebbe potuto accadere (*ancora un attimo, e andavo a sbattere contro l'albero*; lo stesso uso si ritrova nei periodi ipotetici, v. **XV**, **6**).

Il **passato prossimo** (per lo meno nelle varietà di italiano che lo oppongono al passato remoto) serve a descrivere un evento che si è svolto e concluso nel passato, ma che ha dei legami reali o affettivi col presente: *ha subito un trauma da cui difficilmente si libererà*.

Il **passato remoto**, invece, permette di descrivere un evento svoltosi e conclusosi nel passato senza considerare le eventuali relazioni col presente: *quando Luca apprese la notizia, fece salti di gioia*. Nell'Italia del nord, il passato remoto è confinato ai testi scritti a carattere storico o narrativo, e nella conversazione è sostituito dal passato prossimo.

Il **trapassato prossimo** e il **trapassato remoto** servono a descrivere un fatto accaduto nel passato, in un'epoca anteriore ad un altro fatto accaduto sempre nel passato: *ero arrivato in casa da cinque minuti, quando sentii squillare il telefono*; *dato che quel giorno non avevo comprato il giornale, la sera non sapevo ancora nulla della tragedia*; *non appena ebbi finito di leggere, andai a letto*. L'uso del trapassato remoto è limitato alle frasi temporali ed è alquanto raro; si noti però che, in un esempio come quello dato, non potrebbe essere sostituito dal trapassato prossimo.

Il **futuro semplice** descrive un evento riferito a un tempo successivo al momento di enunciazione: *Gianni vincerà sicuramente il concorso*. Spesso è in concorrenza con il presente; non però quando si ha a che fare con un futuro remoto o vago: *cosa farai da grande?*; *nel Duemila saremo tutti più ricchi*. Da segnalare l'uso iussivo del futuro, per esprimere ordini: *lei si presenterà al comando domani alle otto in punto*.

Il **futuro anteriore** denota un evento nel futuro, anteriore ad un altro pure nel futuro: *quando avrò finito ti telefonerò*.

Sia il futuro semplice che quello anteriore sono usati di frequente con valore non temporale, ma modale, per esprimere una supposizione più o meno fondata (collocata nel presente e nel passato rispettivamente): *ormai saranno le nove*; *sarà stato l'inizio di marzo, quando Gianni è partito*.

8. Uso degli altri modi finiti del verbo nelle proposizioni principali

Il **congiuntivo** è in primo luogo il modo caratteristico di vari tipi di proposizioni subordinate (talvolta obbligatorio, talvolta in opposizione all'indicativo), per le quali si veda **XV**, **3-7**. Nelle proposizioni principali, il congiuntivo viene usato:

(a) al presente, per esprimere desiderio, speranza: *possiate essere felici*; *Dio vi benedica*;

(b) in alcune interrogative con valore dubitativo (introdotto da *che*): *Come mai non c'è? Che abbia perso il treno?*;

(c) in alcune esclamative, specie all'imperfetto e trapassato (spesso introdotto da *se*), per esprimere rammarico e sim.: (*se*) *stesse un attimo zitto!*, *fosse arrivato una volta in orario!*

Una variante del caso (a) è l'impiego del congiuntivo con funzione di imperativo alla terza persona (e alla seconda di cortesia): *venga avanti il prossimo!*, *lei è un insolente; se ne vada!*

Il **condizionale** è in primo luogo il modo della possibilità (condizionale presente) o della irrealtà (condizionale passato). In questo senso compare nelle proposizioni principali della frase ipotetica (v. **XV**, **6**), ma ha molti altri usi riconducibili in parte alla stessa nozione: (1) serve ad esprimere la revocabilità di un'intenzione, e quindi è largamente impiegato per formulare con cortesia un desiderio o una richiesta: *te ne parlerei volentieri*; *mi faresti un favore?*; può anche attenuare un'affermazione: *veramente, io avrei invitato anche lui, ma se non ti va, posso inventare una scusa*; (2) compare in interrogative con valore dubitativo: *e questo sarebbe un lavoro ben fatto?*, *vorresti sostenere di non conoscerla?*; (3) può essere usato per riferire un fatto che il parlante riferisce senza impegnarsi sulla sua veridicità (si tratta di un impiego tipico della prosa giornalistica): *stando ad alcune indiscrezioni, la manovra fiscale comporterebbe l'aumento del bollo di circolazione*.

Il condizionale passato, infine, serve ad esprimere il futuro nel passato: *mi ha promesso un mese fa che sarebbe tornato presto a trovarmi, e non si è più fatto vivo*.

L'**imperativo** è usato per dare ordini (*fermatevi!*), permessi (*entra pure!*) o consigli (*fate attenzione che si scivola*), per rivolgere inviti (*dài, vieni con noi alla festa*) o preghiere (*abbi pietà di me*). Ha solo due persone: la seconda singolare e plurale. Per la terza persona e la prima plurale si ricorre al congiuntivo. Nella forma negativa, per la seconda persona singolare, si usa l'infinito preceduto da *non*: *non cantare*, mentre per quella plurale si usa la forma propria dell'imperativo: *non cantate*. Da segnalare l'uso dell'imperativo coordinato con una frase all'indicativo, con una funzione analoga a quella della protasi di un periodo ipotetico: *continua così e vedrai quel che ti succede*.

9. Uso dei modi non finiti del verbo

L'**infinito** (presente e passato) si usa soprattutto in proposizioni subordinate (vedi **XV**). Si incontra comunque anche in alcuni tipi di frasi semplici, con valore imperativo (*su, correre, sbrigarsi!*; cfr. anche l'imperativo negativo), desiderativo (*ah! svegliarsi una mattina in un'isola deserta!*), interrogativo dubitativo (*io comportarmi in questo modo?*); preceduto da *ecco*, denota un evento improvviso: *ed ecco arrivare un aiuto inatteso*.

Può, inoltre, preceduto dall'articolo determinativo, svolgere la funzione di sostantivo: *il discutere con gli altri aiuta a chiarire i problemi*.

Il **participio presente** è usato raramente (e non con tutti i verbi) con valore verbale; in questo caso ha un funzione analoga a una proposizione relativa: *i cittadini aventi diritto al voto sono chiamati alle urne*. Molti participi presenti sono ormai cristallizzati in impieghi nominali (*studente, insegnante*, ecc.) o aggettivali (*convincente, seducente* ecc.).

Il **participio passato** è, in generale, usato con gli ausiliari *essere* e *avere* nella formazione dei tempi composti. Può essere usato da solo in due costruzioni, entrambe impossibili per i verbi intransitivi coniugati con *avere*: (1) con funzione analoga a una relativa: *i candidati esaminati dalla commissione, i documenti giunti fino a noi.* Si noti che il participio passato ha valore passivo con i verbi transitivi e attivo con i verbi intransitivi coniugati con *essere*; (2) con funzione di tipo circostanziale, esprimendo un rapporto temporale di anteriorità rispetto al tempo della proposizione principale: *sentita la predica, tutti se ne andarono di corsa*; *caduto il governo, cominciò un'interminabile crisi.* Si noti che il participio concorda con l'oggetto se il verbo è transitivo, e con il soggetto se il verbo è intransitivo coniugato con *essere.*

Il **gerundio presente** è usato in proposizioni subordinate implicite circostanziali (**XV**, **4**), con diversi valori (temporale, causale, concessivo, ecc.): *uscendo di casa, incontrai Gianni*; *essendo stanco, non volevo uscire*; *pur avendo fretta, mi sono fermato una mezz'oretta*); il **gerundio passato** ha ormai solo valore causale (o concessivo se preceduto da *pur*): *avendo studiato, Marta è stata promossa.*

XV. LA FRASE COMPLESSA

Chiamiamo **frase complessa** ogni frase costituita da più predicati. A ciascun predicato (con il suo soggetto, eventuali complementi, avverbi ecc.) corrisponde una **proposizione**. Le proposizioni sono connesse tra loro secondo vari rapporti di **coordinazione** o di **subordinazione**.

1. Le proposizioni coordinate

La coordinazione collega in un'unica frase complessa due proposizioni che mantengono ciascuna una propria autonomia sintattica. Possiamo distinguere diversi tipi di proposizioni coordinate in base al tipo di congiunzione che lega i termini della coordinazione stessa:

copulative: *e, né*
disgiuntive: *o, oppure*
avversative: *ma, eppure, però, tuttavia, bensì*
esplicative: *cioè, ovvero, ossia*
correlative: *sia... sia, non solo... ma anche, né...né, o...o.*

Si noti la differenza tra *oppure*, che introduce una disgiunzione tra referenti diversi (*puoi andarci in treno oppure in macchina*) e *ossia, ovvero*, che introducono quasi sempre una disgiunzione tra denominazioni diverse di uno stesso referente: *le sette sorelle, ovvero le multinazionali del petrolio.* La congiunzione *o* è utilizzabile in entrambi i sensi.

Occorre anche distinguere l'uso oppositivo di *ma* (*è forte, ma non credo che ce la farà*) da quello sostitutivo, di correzione (*non voglio quello bianco, ma quello blu*). *Ma* è l'unica congiunzione che possa avere entrambe le funzioni: *però, eppure, tuttavia* hanno solo la prima, *bensì* solo la seconda.

Hanno inoltre una funzione intermedia tra congiunzioni coordinanti e avverbi gli elementi che abbiamo chiamato connettivi testuali (v. **XIII**, **4**), in particolare quelli con valore conclusivo (*dunque, quindi, perciò, pertanto*) o avversativo (*nondimeno, ciononostante* ecc.).

2. Proposizioni subordinate implicite ed esplicite

La subordinazione consiste in un rapporto gerarchico tra due proposizioni: una, detta **proposizione principale**, mantiene la sua autonomia sintattica, l'altra, detta **proposizione subordinata**, non è in grado di costituire da sola una frase semplice. Una proposizione subordinata può avere a sua volta altre proposizioni ad essa subordinate; viene detta allora **proposizione reggente** di queste ultime.

Le proposizioni subordinate si dicono **implicite** se il loro verbo è di modo non finito (infinito, gerundio, participio): *crede di non poter venire.* Si dicono **esplicite** se il loro verbo è di modo finito (indicativo, congiuntivo, condizionale): *crede che non potrà venire.*

In base alla loro funzione, le proposizioni subordinate possono essere distinte in tre categorie fondamentali: (a) **completive**, che svolgono essenzialmente la funzione di soggetto o complemento oggetto, ma possono in qualche caso anche essere rette da nomi (*il fatto che non potremo venire*); (b) **circostanziali**, che hanno la funzione di complementi temporali, causali, strumentali, modali ecc.; (c) **relative**, che modificano non il predicato, bensì un nome o sintagma nominale, con un valore di attributo o di apposizione.

3. Proposizioni completive e interrogative indirette

Tra le proposizioni completive, definiamo **soggettive** quelle che svolgono la funzione di soggetto della proposizione principale. Possono essere implicite o esplicite. Le prime si costruiscono con l'infinito, da solo o preceduto da **di**, a seconda del verbo della proposizione principale: *mi sembra di conoscerti*; *conviene finire il lavoro al più presto.* Le seconde si costruiscono con la congiunzione **che**, seguita da indicativo, congiuntivo o condizionale.

La scelta tra l'indicativo e il congiuntivo dipende dal verbo reggente. Non si possono dare regole rigide: comunque, quando il verbo reggente indica apparenza, probabilità, sentimenti, doveri, o è un predicato nominale, si trova per lo più il congiuntivo: *sembra che si ritiri*; *bisogna che tu ci vada*; *mi secca che lui non sia venuto*; *è una buona idea che tu ti faccia vivo.* Con verbi che indicano situazioni certe, dati di fatto, si trova di solito l'indicativo: *ci risulta che lei si è assentato dal lavoro per lunghi periodi*; *è noto che in questa stagione piove spesso.* Il condizionale, infine, si trova là dove lo si incontrerebbe in una corrispondente frase principale (*è certo che sarebbe un bel gesto da parte tua*) e nella funzione di futuro nel passato (*era evidente che sarebbe arrivato l'indomani*).

Le proposizioni **oggettive** svolgono la funzione di complemento oggetto del verbo della proposizione principale. Le costruzioni sono grosso modo le stesse viste per la proposizione soggettiva. Nel caso delle proposizioni implicite, il soggetto dell'infinito può coincidere col soggetto della reggente (*Mario mi ha detto di non avere tempo*), con il complemento oggetto (*Mario mi ha pregato di andare da lui*) o con l'oggetto indiretto (*Mario mi ha detto di andare da lui*). Per quanto riguarda le completive esplicite introdotte da **che**, si costruiscono di solito con l'indicativo i verbi di percezione e di affermazione (*vedere, sentire, accorgersi, rispondere, sostenere*); con il congiuntivo quelli che indicano ordini, permessi, desideri, timori, opinioni (*ordinare, concedere, pregare, augurarsi, temere, ritenere*). Molti verbi ammettono entrambi i modi, con o senza rilevanti variazioni di significato. *Dire* e *scrivere*, ad esempio, richiedono normalmente l'indicativo, ma vogliono il congiuntivo se la frase riportata ha un senso imperativo o esortativo: *mi ha detto/ scritto che tu vada a trovarlo appena possibile.* Spesso, inoltre, un verbo che normalmente richiede l'indicativo (*ricordo che ne ha parlato*) ammette o esige il congiuntivo se è nella forma negativa (*non ricordo che ne abbia/ avesse parlato*) o se l'oggettiva è preposta (*che ne abbia parlato, lo ricordo benissimo*).

Le proposizioni completive possono anche svolgere la funzione di complemento di un nome: *la speranza che tutto si risolva*; *il desiderio di vivere in un paese caldo*; o di un aggettivo: *Maria è contenta che Luca abbia deciso di partire*; *Marta è felice di aver visto il film.*

Oltre a quelle introdotte da **che**, esistono anche proposizioni completive introdotte da **come** + congiuntivo (*mi spiegò come non ci fossero altre soluzioni*), o senza congiunzione, con il verbo al congiuntivo o al condizionale: *credi ci siano speranze?*; *penso sarebbe meglio non farlo.*

Affini alle completive sono le proposizioni **interrogative indirette**, rette da predicati come *domandare, chiedere, non sapere, essere incerto.* Possono essere esplicite o implicite. Sono introdotte:

(a) dalla congiunzione **se** quando corrispondono alle interrogative dirette totali (v. **I**, **1**): *mi domando se Gianni abbia finito il suo libro, mi domando se andarci o no*;

(b) dagli stessi pronomi e avverbi usati nelle interrogative dirette parziali: *dove va?* → *non so dove vada*; *dove vado?* → *non so dove andare*; *che cosa hai comprato?* → *ti ho chiesto che cosa hai comprato.*

La scelta dei diversi modi finiti (indicativo, congiuntivo o condizionale) è analoga a quella vista per le completive.

4. Proposizioni circostanziali

Le proposizioni subordinate circostanziali possono essere distinte a seconda delle loro diverse funzioni. Diamo un elenco delle più importanti, limitandoci a fornire per ciascuna un esempio di proposizione esplicita e uno di proposizione implicita.

(a) **Temporali**: *dopo che ti ho incontrato sono rientrato*; *prima di uscire ho telefonato a Luca.*

(b) **Causali**: *non viene perché è stanco*; *ha ricevuto un premio per aver risolto correttamente il problema.*

(c) **Modali**: *camminava come se fosse zoppo*; *è entrato facendo un gran rumore.*

(d) **Finali**: *sono intervenuto perché la questione si risolvesse*; *ho scritto quella lettera per aver maggiori garanzie.*

(e) **Consecutive**: *quel programma era talmente noioso che ho spento la televisione*; *c'era talmente tanta nebbia da non vederci a 10 metri di distanza.*

(f) **Condizionali**: *qualora andassi al mare, ti telefonerò*; *potendo, lo farebbe.* (Vedi anche oltre al par. **6.**).

(g) **Concessive**: *lo comprerò, sebbene non mi piaccia*; *pur non amandolo, lo sposai ugualmente.*

(h) **Comparative**: *Gianni è più furbo di quanto (non) sembri*; *più che discutere, litigavano.*

(i) **Limitative**: *Per quanto ne so, non ci sono difficoltà*; *a vederlo, sembrava in gran forma.*

Come per le completive, anche per le proposizioni circostanziali esplicite esiste la possibilità di impiegare i diversi modi finiti del verbo. Non potendo esaminare ogni caso in dettaglio, ci limitiamo ad indicare le principali congiunzioni e locuzioni congiuntive che richiedono il verbo al modo congiuntivo:
a meno che, affinché, benché, comunque, dovunque, in modo che, malgrado che, nel caso che, nel caso in cui, nonostante che, per quanto poco, per quanto, prima che, purché, quand'anche, quantunque, salvo che, sebbene, senza che, tranne che.

5. Proposizioni relative

Le proposizioni relative modificano un nome o sintagma nominale contenuto nella reggente (e detto *antecedente*), con una funzione parallela a quella dell'aggettivo. Le relative esplicite sono introdotte da un pronome relativo (vedi **XI**) seguito dal verbo all'indicativo, congiuntivo o condizionale. Occorre distinguere le relative **restrittive** da quelle **appositive**. La distinzione è parallela a quella tra funzione restrittiva e descrittiva degli aggettivi (vedi **V**, **1**): le relative restrittive contribuiscono a identificare il riferimento dell'antecedente (*mi ridaresti il libro che ti ho prestato un mese fa?*), le relative appositive qualificano un antecedente già identificato (*ieri ho incontrato Mario, che non vedevo da tempo*). Le relative appositive sono di solito pronunciate con una pausa tra l'antecedente e il pronome, che nello scritto viene segnata dalla virgola. Inoltre, il pronome **il quale** nella funzione di soggetto e (raramente) di oggetto è possibile solo con le relative appositive.

La relativa con il congiuntivo (che è sempre restrittiva) ha spesso un valore di tipo finale, consecutivo o condizionale: *vorrei una macchina che* (= tale che) *duri qualche anno*; *chi si sentisse* (= se uno si sentisse) *insoddisfatto può presentare reclamo entro tre giorni.* La relativa con il condizionale (che può essere sia restrittiva che appositiva) esprime gli usi consueti di questo modo, visti in **XIV**, **8**: *una partita che non dovrebbe presentare grossi problemi.*

Esistono anche **relative implicite**, costruite con il relativo più l'infinito. Sono solo restrittive e hanno un valore potenziale: *cerco un divano e due poltrone con cui arredare il salotto.* Possono anche essere considerati relative implicite gli usi relativi del participio passato (e presente) visti in **XIV**, **9**.

6. La frase ipotetica

1) condizione reale o probabile:

	proposizione subordinata (protasi)		proposizione principale (apodosi)
	se + indicativo		**indicativo**

1a) contemporaneità tra protasi e apodosi:

pres.	*se piove*	pres.	*non esco*
fut.	*se pioverà*	fut.	*non uscirò*
p. pross.	*se ha vinto*	p. pross.	*ha fatto un bel passo avanti*

con valore iterativo (azione ripetuta):

imp.	*se arrivava tardi*	imp.	*chiedeva sempre scusa*

1b) posteriorità dell'apodosi:

pres.	*se piove ancora*	fut.	*partirò domani*
p. pross.	*se ha vinto oggi*	pres.	*lo scudetto è suo*
		fut.	*ci sarà confusione*

con valore iterativo:

trap. pross.	*se aveva bevuto*	imp.	*diventava insopportabile*

2) condizione poco probabile oppure irreale:

se + congiuntivo		**condizionale**

2a) contemporaneità tra protasi e apodosi:

possibile:	imp.	*se domani vincesse*	pres.	*lo scudetto sarebbe suo*
irreale:	imp.	*se fosse ancora vivo*	pres.	*avrebbe novant'anni*
	trap.	*se fossimo andati al mare*	pass.	*ci saremmo divertiti*

2b) posteriorità dell'apodosi:

possibile:	trap.	*se avesse vinto*	pres.	*sarebbe magnifico*
irreale:	trap.	*se avessimo vinto*	pres.	*potremmo festeggiare*

In entrambi i tipi **1)** e **2)**, nell'apodosi si può trovare anche l'imperativo: *se ti serve aiuto, telefonami*; *se ti servisse aiuto, telefonami.*

Per esprimere l'irrealtà, accanto alle costruzioni in **2)** è frequente, e non solo nel parlato, l'uso dell'imperfetto indicativo sia nella protasi che nell'apodosi: *se me lo dicevi, potevo aiutarti.* Non sono rare, inoltre, le costruzioni miste, con l'indicativo nella protasi e il condizionale nell'apodosi, per es. *se è così preoccupato, dovrebbe ammetterlo.*

7. Concordanza dei tempi

La dipendenza del tempo della subordinata dal tempo della principale non ha in italiano un carattere veramente rigoroso. Le possibilità che qui esemplifichiamo sono senz'altro le più comuni, ma non si esclude affatto che, in particolari contesti o con particolari verbi reggenti, altri tempi qui non contemplati siano possibili.

1) proposizione principale al presente o futuro dell'indicativo:

anteriorità della subordinata:

ind. p. pross.:	*so che sei andato a Roma*
ind. imp.:	*so che andavi spesso a Roma*
ind. trap. pross.:	*so che eri andato a Roma*
ind. p. rem.:	*non sai che Cesare conquistò la Gallia?*
ind. fut. ant.:	*al tuo ritorno, mi racconterai quel che avrai* (ma anche *hai*) *combinato*
cong. pass.:	*non so se Maria sia partita*
cong. imp.:	*credo che trent'anni fa la vita non fosse così facile*
cong. trap.:	*non so se già allora ci avesse pensato*
cond. pass.:	*so che ci saresti andato già allora se te l'avessero chiesto*

contemporaneità:

ind. pres.:	*so che Luca è molto stanco*
cong. pres.:	*credo che Luca sia molto stanco*
cond. pres.:	*penso che Luca vorrebbe riposarsi*

posteriorità:

ind. fut.:	*so che Luca partirà per Roma domani*
ind. fut. ant.:	*so che domani sera Luca sarà già partito per Roma*
ind. pres.:	*so che Luca parte per Roma stasera*
cong. pres.:	*non credo che Luca parta per Roma domani*
cond. pres.:	*credo che Luca partirebbe domani, se sei d'accordo*

2) proposizione principale al passato dell'indicativo:

anteriorità:

ind. trap. pross.:	*mi disse/ diceva/ ha detto che aveva lavorato molto*
cong. trap.:	*pensai/ pensavo/ ho pensato che avesse già finito*

contemporaneità:

ind. imp.:	*mi disse/ diceva/ ha detto che era molto stanco*
cong. imp.:	*credetti/ credevo/ ho creduto che fosse stufo*

posteriorità:

cong. imp.:	*temetti/ temevo/ ho temuto che tu arrivassi solo domani*
cond. pass.:	*mi disse/ diceva/ ha detto che saresti arrivato domani*
ind. imp.:	*mi disse/ ha detto che veniva subito*

3) proposizione principale al condizionale e subordinata al congiuntivo:

anteriorità:

cong. pass.:	*non sarei così sicuro che abbia fatto bene*
cong. imp.:	*non sarei così sicuro che si stesse meglio vent'anni fa*
cong. trap.:	*vorrei/ avrei voluto che fosse già arrivato*

contemporaneità:

cong. pres.:	*non direi che sia il caso*
cong. imp.	*vorrei/ avrei voluto che tu fossi qui*

posteriorità:

cong. pres.:	*non giurerei che vinca domani*
cong. imp:	*mi piacerebbe/ sarebbe piaciuto che venisse con noi domani*

8. Dal discorso diretto al discorso indiretto

Non c'è in generale cambiamento di tempo nel passaggio dal discorso diretto a quello indiretto esplicito se il tempo della principale è al presente o al futuro. Si noti soltanto che per rendere nel discorso indiretto un imperativo occorre ricorrere al congiuntivo, o, con più naturalezza, alla proposizione implicita con l'infinito.

discorso diretto	discorso indiretto	
	esplicito	implicito
Luca dice: "sono contento"	*Luca dice che è contento*	*Luca dice di essere contento*
Luca dice: "ho studiato"	*Luca dice che ha studiato*	*Luca dice di avere studiato*
Luca dice: "studierò"	*Luca dice che studierà*	
Mario dice: "Luca, studia!"	*Mario dice a Luca che studi*	*Mario dice a Luca di studiare*
Luca dirà: "sono contento"	*Luca dirà che è contento*	*Luca dirà di essere contento*
Luca dirà: "ho studiato"	*Luca dirà che ha studiato*	*Luca dirà di avere studiato*
Luca dirà: "studierò"	*Luca dirà che studierà*	
Mario dirà: "Luca, studia!"	*Mario dirà a Luca che studi*	*Mario dirà a Luca di studiare*

Si noti che in questo contesto non si usa il futuro anteriore (*Luca dirà che avrà studiato*), che pure in altri contesti può esprimere l'anteriorità nel futuro.

Quando nel discorso diretto il tempo della principale è al passato, nel passaggio al discorso indiretto il verbo della proposizione subordinata esplicita subisce invece dei cambiamenti. Non riportiamo nello schema le frasi implicite, perché sono identiche al caso precedente.

discorso diretto	discorso indiretto
presente *Disse/ ha detto/ diceva: "sono contento"*	ind. imp. *Disse/ ha detto/ diceva che era contento*
passato *Disse/ ha detto/ diceva: "Partii"* *Disse/ ha detto/ diceva: "Sono partito"*	trap. pross. *Disse/ ha detto/ diceva che era partito*
futuro *Disse/ ha detto/ diceva: "Partirò"*	cond. passato *Disse/ ha detto/ diceva che sarebbe partito*
imperativo *Disse/ ha detto/ diceva: "Vattene"*	cong. imp. *Disse/ ha detto/ diceva che se ne andasse*

Lo schema vale per i casi in cui i tempi del discorso indiretto siano effettivamente riferiti al tempo della reggente. In certi casi è anche possibile usare nel discorso indiretto dei tempi che in realtà fanno riferimento al momento in cui viene pronunciata la frase: si può benissimo anche dire *Mario ha detto che partirà* invece che *Mario ha detto che sarebbe partito*, ma, si noti, solo nel caso in cui Mario non è ancora partito al momento in cui la frase viene pronunciata.

XVI. FORMAZIONE DELLE PAROLE

La formazione della parole comprende tutti i procedimenti di arricchimento del lessico con mezzi interni ad una lingua (cioè escludendo i prestiti da altre lingue).

Esistono due processi fondamentali di formazione delle parole. Con la **derivazione** si ottengono altre parole mediante l'aggiunta di un affisso, cioè di un elemento non lessicalmente autonomo, alla parola base: tale elemento può precedere la parola base (prefisso) o seguirla (suffisso). Col secondo processo, detto **composizione**, si combinano due parole autonome per dar luogo a una terza. Nel seguito, passeremo brevemente in rassegna alcuni dei processi di derivazione e composizione più diffusi nell'italiano moderno. Non tutti quelli indicati sono tuttora produttivi (cioè possono liberamente dar luogo a parole nuove), ma si tratta comunque di derivazioni ben attestate nel lessico. Alla semantica dei suffissi e prefissi si accennerà solo in qualche caso, poiché informazioni più ampie si potranno trovare alle rispettive voci del dizionario.

1. Derivazione mediante suffissi

I procedimenti di derivazione mediante suffissi possono essere in primo luogo caratterizzati per mezzo delle categorie lessicali della parola base e di quella derivata. Riferendosi alla parola base, si parlerà di suffissi *denominali, deverbali* ecc.; riferendosi alla parola derivata, si avranno suffissi *nominali, verbali* ecc. Si ordineranno quindi i suffissi esaminati secondo tale criterio. Le categorie interessate ai processi di derivazione sono principalmente nome, aggettivo, verbo, meno di frequente avverbio.

(1) Verbo → Nome (nomi deverbali)

1a) nomi d'azione:

-zione: *punizione, esportazione, operazione.* La variante -(**s**)**ione** si applica generalmente al tema del participio passato, con varie irregolarità: *invasione, oppressione*

-mento:	*cambiamento, avvicinamento, nutrimento*
-tura:	*coloratura, rifinitura.* La variante **-ura** si applica al tema del participio passato, con varie irregolarità: *cottura, tintura*
-aggio:	*lavaggio, allunaggio*
-ìo:	*squittio, mormorio*
-ata/-ita/-uta:	*andata, salita, venuta*

Occorre qui aggiungere anche la cosiddetta *derivazione zero* o senza suffisso, in cui da un tema verbale viene derivato un nome, senza altro segnale esplicito se non l'attribuzione della vocale tematica **-o** oppure **-a**. Esempi: *approdo, ricavo, conquista, rinuncia.*

1b) nomi d'agente, mestiere e sim.:

-tore/-trice:	*lavoratore/trice, traditore/trice.* La variante **-(s)ore** (femm. **-sora** o spesso mancante) si applica generalmente al tema del participio passato, con varie irregolarità: *invasore, oppressore*
-ante, -ente:	*cantante, presidente, insegnante*
-ino/-ina:	*spazzino/a, imbianchino/a*
-one/a:	*chiacchierone/a, mangione/a*

Il suffisso **-ino**, con lo stesso significato, è anche denominale (v. al punto (**7a**)). Gli stessi suffissi **-tore/-trice** e **-ino/-ina** sono frequenti e produttivi per designare strumenti: *spruzzatore, lavatrice, frullino, candeggina.*

1c) nomi di luogo:

-toio/toia:	*lavatoio, mangiatoia*
-torio:	*dormitorio*

1d) nomi di qualità, proprietà e sim.:

-anza/-enza:	*abbondanza, compiacenza*

(2) Verbo → Aggettivo (aggettivi deverbali)

-bile:	*apprezzabile, condannabile, corrompibile.* Talvolta la formazione parte dal participio passato: *fusibile, distruttibile*
-evole:	*ammirevole, deplorevole*
-ante/-ente:	*nauseante, sconvolgente*

(3) Aggettivo → Nome (nomi deaggettivali)

-ezza:	*grandezza, altezza, bellezza*
-erìa/èria:	*tirchieria; cattiveria*
-ìa:	*allegria, follia*
-izia:	*amicizia, avarizia*
-ità/-età/-tà:	*felicità, assiduità, pietà, fedeltà, nobiltà*
-itudine:	*solitudine, attitudine*
-ismo:	*totalitarismo, bilinguismo*
-esimo:	*cristianesimo*

Il suffisso **-ismo** è frequentissimo anche come denominale (vedi al punto (**7d**)).

(4) Nome → Aggettivo (aggettivi denominali)

-ario:	*ferroviario, ipotecario*
-ino (diverso dal precedente suffisso nominale che forma nomi di mestieri):	*bovino, marino*
-ale:	*generazionale, mortale*
-are:	*lunare, fogliare*
-ico:	*igienico, diabetico*
-istico:	*divistico, calcistico*
-ivo:	*vallivo, abortivo*
-izio:	*creditizio, impiegatizio*
-oso:	*noioso, peloso*
-uto:	*ricciuto, occhiuto*
-ato:	*alato*
-esco:	*guerresco*

I suffissi **-oso** e **-ico** sono anche di largo impiego, con un significato specifico, nelle nomenclature della chimica: *ossido ferroso, ferrico.*

Esiste poi un gruppo di suffissi aggettivali, detti *etnici*, particolarmente produttivi per formare aggettivi da nomi propri di paesi, città e sim.:

-ese:	*torinese, cinese*
-ano:	*romano, americano*
-ino (già citato sopra):	*triestino, levantino*

Meno diffusi **-ita** (*vietnamita*), **-itano** (*cagliaritano*), **-igiano** (*astigiano*), **-asco** (*bergamasco*) e vari altri. **-ino** può essere usato anche per derivati da nomi propri di persona (*umbertino*), come anche **-esco** (*petrarchesco*); ma il suffisso produttivo in questo ambito è **-iano** (*kantiano, craxiano*).

(5) Nome → Verbo (verbi denominali)

-izzare:	*canalizzare, demonizzare*
-ificare:	*pietrificare, massificare*
-eggiare:	*furoreggiare, padroneggiare*

A questi va aggiunta la derivazione zero (nella direzione inversa a quella vista al punto (**1**)) con vocale tematica **-a-** e, non più produttivamente, **-i-**: *fucilare, pavimentare, cestinare; fiorire.*

(6) Aggettivo → Verbo (verbi deaggettivali)

Si tratta degli stessi suffissi visti al punto (**5**): **-izzare** (*sterilizzare, generalizzare*), **-ificare** (*fluidificare, purificare*), **-eggiare** (*grandeggiare*), e la derivazione zero (*calmare, zittire*).

(7) Nome → Nome (nomi denominali)

7a) nomi di mestiere e sim.:

-aio/a:	*bottegaio/a, orologiaio/a*
-ario/a:	*bibliotecario/a, proprietario/a*
-iere/a:	*barelliere/a, giardiniere/a*
-ista:	*dentista, flautista*
-ino/a:	*postino/a, bagnino/a*

7b) nomi di azione:

-ata:	*zuccata, ditata, buffonata.* Questo suffisso (da non confondere con il deverbale presente in *mangiata*, che è più corretto considerare un suffisso zero applicato al participio passato) ha in realtà uno spettro di significati molto più ampio di quello qui indicato, per il quale si rimanda al dizionario.

7c) nomi di oggetti, luoghi ecc.:

-iera:	*zuccheriera, cappelliera*
-eto/(eta):	*frutteto, pineta*
-aio/(aia):	*pollaio, letamaio, topaia*
-ile:	*canile, porcile*
-erìa:	*tabaccheria, salumeria*

7d) nomi astratti di varia natura:

-ismo:	*interventismo, marxismo, comportamentismo, avventurismo*

Si è visto che **-ismo** è diffusissimo anche come suffisso deaggettivale; in qualche raro caso (come **-ista**, del resto) può applicarsi anche a basi verbali: *trasformismo, attendismo.*

7e) suffissi propri di nomenclature scientifiche (chimica, mineralogia, medicina, linguistica, scienze naturali) tra cui ad esempio:

-ite:	*bauxite, polmonite*
-oma:	*epitelioma*
-ema:	*grafema, fonema*
-uro:	*cloruro, fluoruro*
-ato:	*solfato, carbonato*
-ito:	*solfito*
-ale:	*propanale*
-acea:	*rosacea*
-ide:	*canide*

(8) Aggettivo → Avverbio (avverbi deaggettivali)

L'unico suffisso avverbiale importante in italiano è **-mente**, che forma avverbi per lo più di maniera ed è estremamente produttivo: *avidamente, dolcemente*; *probabilmente*; *settimanalmente*.

(9) Altre derivazioni

In casi abbastanza rari, un avverbio può essere la base di una derivazione: *indietreggiare, pressapochismo, soprano*. Hanno carattere relativamente eccezionale, infine, le derivazioni da altre parti del discorso: *duale, qualunquista, qualità*, o da locuzioni: *saccopelista, permaloso, guerrafondaio, menefreghismo*.

2. Alterazione

Si tratta di un particolare meccanismo di derivazione suffissale, frequente soprattutto con i nomi, ma possibile anche con verbi e aggettivi. I suffissi alterativi non mutano la categoria della base e hanno un duplice valore: alla funzione denotativa (di diminutivo, accrescitivo ecc.) si affiancano varie connotazioni: segnali di cortesia, di informalità della situazione, di familiarità tra gli interlocutori, che spesso prevalgono sulla pura denotazione: è stato osservato, ad esempio, come le *mammine* possano pesare cento chili e i *minutini* siano di solito più lunghi dei minuti.

L'italiano presenta una grande varietà di suffissi alterativi ed è normalmente imprevedibile quali e quanti di essi siano utilizzabili con ciascun nome o aggettivo. Per questo le possibilità più comuni sono indicate nel dizionario. I principali suffissi alterativi sono:

(1) Suffissi diminutivi, usati con nomi e aggettivi:

-ino:	*pensierino, gattino*; *facilino, piccolino*
-etto:	*bambinetto, libretto*; *furbetto, piccoletto*
-ello:	*asinello, paesello*; *cattivello, poverello*
-uccio:	*lettuccio, casuccia*; *deboluccio, calduccio*

Meno frequenti: **-erello** (*fatterello*; *pazzerello*), **-otto** (*ragazzotto*; *anzianotto*), **-acchiotto** (*orsacchiotto*; *fessacchiotto*), **-olino** (*cagnolino*; *verdolino*). Alcuni suffissi non comuni sembrano possibili solo con nomi: **-icello** (*venticello, fraticello*), **-uzzo** (*pietruzza*); o solo con aggettivi: **-occio** (*grassoccio*), **-iccio** (*malaticcio, rossiccio*). Molti suffissi diminutivi possono avere, a seconda della base, una componente dispregiativa (ad esempio *femminetta, borghesuccio, avvocatuzzo*). Per alcuni suffissi, questa componente dispregiativa appare però stabile. Esempi: **-ucolo** (*paesucolo, poetucolo*), **-uncolo** (*ladruncolo, omuncolo*), **-iciattolo** (*mostriciattolo, febbriciattola*), **-onzolo** (*pretonzolo, mediconzolo*), **-icchio** (*avvocaticchio, governicchio*), **-ognolo** (limitato ad aggettivi: *azzurrognolo, amarognolo*).

(2) Suffisso accrescitivo, usato con nomi e aggettivi:

-one:	*librone, donnone, casona*; *pigrone, riccone*

Si noti che il suffisso **-one**, pur avendo la forma femminile **-ona**, si applica di frequente nella forma maschile a basi femminili (*donnone*). Lo stesso avviene con il suffisso **-ino**. Forme di entrambi i generi applicate alla stessa base (*casone, casona*) non sono rare. Si noti inoltre che gli aggettivi modificati con **-one** non possono essere usati attributivamente, ma solo predicativamente o sostantivati.

(3) Suffissi peggiorativi, usati con nomi e aggettivi:

-accio:	*tipaccio, donnaccia*; *avaraccio*
-astro:	*poetastro*; *verdastro*

Ad una stessa parola è possibile, in certi casi, applicare l'alterazione più volte: *libro → libretto → librettino*; *tavolo → tavolino → tavolinetto*.

(4) Suffissi usati con verbi:

-acchiare:	*ridacchiare, rubacchiare*
-icchiare:	*canticchiare, dormicchiare*
-ucchiare:	*bevucchiare, (s)baciucchiare*
-erellare:	*canterellare, picchierellare*
-ettare:	*fischiettare, picchiettare*

Si tratta di suffissi molto meno comuni di quelli nominali; il più produttivo è forse **-icchiare**. Ancora più rari sono: **-ottare** (*parlottare*), **-ucolare** (*piagnucolare*), **-uzzare** (*tagliuzzare*).

3. Derivazione mediante prefissi

In italiano, la derivazione prefissale è nel complesso meno ricca di quella suffissale. I prefissi, inoltre, non comportano in generale un cambiamento nella categoria della parola derivata; tra le eccezioni, i prefissi **anti-**, **multi-** e **in-**, che in qualche caso derivano aggettivi partendo da nomi: *antinebbia, multiuso, incolore*.

Esistono prefissi che si aggiungono indifferentemente a nomi, aggettivi e verbi: ad esempio **dis-** (*disonore, disutile, dispiacere*), **super-** (*superuomo, superfluido, supervalutare*), **s-** (*scontento, sfortuna, slegare*), **inter-** (*interdipendenza, internazionale, interporre*). Altri si applicano solo a nomi e aggettivi, altri ancora solo a verbi. Tra quelli tipicamente (ma non esclusivamente) aggettivali, si possono citare:

- i prefissi negativi **a(n)-** e **in-** (in cui la **n** si assimila davanti a **l-**, **m-**, **r-**): *acritico, inaccessibile, illogico, irrazionale*;
- alcuni prefissi con valore affine al superlativo: **arci-**, **stra-**, **ultra-**, **extra-**, **iper**: *arcinoto, straricco, ultrapotente, extralucido, ipercritico*.

Sono poi molto numerosi i prefissi che stabiliscono una qualche determinazione spaziale o temporale. Sono per lo più sia nominali che aggettivali, e abbastanza spesso si possono applicare anche a verbi. In molti casi coesistono, con significato affine, una forma di tradizione popolare e formazioni dotte di origine greca o latina (si pensi alle triadi **sotto-**, **sub-**, **ipo-**; **fuori-**, **extra-**, **eso-**; **entro-**, **intra-**, **endo-** ecc.). Tra i prefissi con significato prevalentemente spaziale, citiamo ancora: **con-/co-**, **retro-**, **sopra-/sovra-** (*coproduzione, retrobottega, soprabito*); tra quelli soprattutto temporali, **pre-**, **ante-**, **post-**, **neo-** (*precondizione, anteguerra, postmoderno, neoliberismo*).

I prefissi che si applicano specificamente ai verbi possono aggiungere una determinazione di tipo locativo: *porre → apporre, mettere → immettere, portare → esportare*; in altri casi, modificano le reggenze del verbo (*ridere di qualcuno → deridere qualcuno*). Molto spesso, però, non è possibile attribuire al prefisso un significato preciso (*convincere, promettere*). La maggioranza delle derivazioni con prefissi verbali non ha carattere produttivo. Molto produttivi sono invece il prefisso **ri-/re-**, che indica azione ripetuta (*rifare*) o inversa (*ridare*), e il prefisso **de-**, quando ha valore negativo e sottrattivo (*decolorare, destabilizzare*).

Un altro importante procedimento di derivazione che concerne i prefissi è dato dai cosiddetti **verbi parasintetici**, che si ottengono a partire da basi nominali e aggettivali con l'aggiunta simultanea di un prefisso (soprattutto **s-**, **ad-** e **in-**, talvolta **de-**, **tras-**, **per-** e altri) e della vocale tematica **-a-** o **-i-** della prima o terza coniugazione. Esempi di verbi denominali: *addentare, incenerire, schiodare, decaffeinare, trasbordare*; di verbi deaggettivali: *abbellire, intorbidare, svecchiare*. In casi eccezionali, si trovano verbi parasintetici applicati a basi avverbiali: *inoltrare, addentrarsi*. Una categoria di aggettivi presenta lo stesso tipo di derivazione, con prefisso **s-** e suffisso **-ato**: *sfrontato, spietato*.

4. Primi e secondi elementi di composizione

Esiste un ampio gruppo di elementi, normalmente di origine dotta greco-latina, la cui funzione è intermedia tra derivazione e composizione. Tali elementi possono combinarsi con parole dando luogo a nuove parole composte. A seconda che precedano o seguano la parola, vengono chiamati in questo dizionario primi o secondi elementi di composizione. Esempi di primi elementi possono essere: *foto-*, *fono-*, *auto-*, *crono-*, *filo-*, *emo-* in parole come *fotocellula, autocoscienza, cronotappa, filocomunista, emodialisi.* Esempi di secondi elementi: *-grafo*, *-logo*, *-filìa*, *-cidio*, *-teca* in parole come *commediografo, astrologo, esterofilia, liberticidio, paninoteca.*

Questi elementi di composizione hanno in comune con i prefissi e i suffissi il fatto di non poter comparire isolati, ma hanno in comune con le parole vere e proprie la possibilità di dar luogo a composti combinandosi tra di loro, senza intervento di una parola autonoma (ad esempio in *fonografo, demoscopia, emofilia* ecc.).

5. Composizione

Una parola **composta** è una parola formata a partire da due parole autonome. Le due parole componenti possono appartenere alla stessa categoria (due nomi, due aggettivi) o a categorie diverse (verbo-nome, aggettivo-nome ecc.). Molto spesso uno dei due componenti ha il ruolo principale, determinando la categoria e le caratteristiche semantiche fondamentali del composto, mentre l'altro si limita a specificare dei tratti aggiuntivi: il primo viene allora detto **testa** e il secondo **modificatore** del composto. Diamo ora un breve elenco con esempi dei principali tipi di composti presenti in italiano. Si noti che l'italiano non possiede verbi composti: le poche apparenti eccezioni sono in realtà verbi derivati da composti nominali: ad es. *fotocopiare* da *fotocopia.*

(1) Nomi composti

Nome + Nome

testa + modificatore:	*il capostazione, la cartamoneta, il fondovalle*
modificatore + testa:	*la ferrovia, il capogiro*

In alcuni casi non si può identificare una testa, perché i due elementi sono sullo stesso piano: *il caffelatte.*

Il tipo testa + modificatore è di gran lunga il più produttivo; si noti però che i nuovi composti formati secondo questo schema sono quasi sempre scritti con due parole separate: *busta paga, vagone letto, monte ore* ecc.

Nome + Aggettivo

testa + modificatore:	*il camposanto, la pastasciutta*

Aggettivo + Nome

modificatore + testa:	*il bassorilievo, l'altopiano*

Esistono altri tipi di composti in cui non si può identificare una testa, perché i tratti semantici fondamentali del composto non sono condivisi da nessuno dei due elementi componenti. Tali composti sono detti **esocentrici**: per esempio, *il pellerossa* è un composto esocentrico, perché *pelle* non può definirsi testa: il pellerossa, infatti, non è un tipo di pelle; si noti anche il genere maschile del composto rispetto al nome femminile da cui è formato.

Tra i composti esocentrici, la categoria di gran lunga più importante è quella dei composti verbo-nome:

Verbo + Nome:	*il portapacchi, il tergicristallo, l'aspirapolvere, la lavastoviglie*

Altri tipi:

Nome + Aggettivo:	*il pellerossa*
Aggettivo + Nome:	*il purosangue*
Verbo + Verbo:	*il dormiveglia, il saliscendi*
Verbo + Avverbio:	*il tiratardi*

La formazione del plurale nei nomi composti ha molte particolarità imprevedibili, per le quali si rimanda alle singole voci del dizionario.

(2) Aggettivi composti

Sono molto meno comuni dei nomi. Anche qui possiamo distinguere diversi tipi a seconda delle categorie degli elementi componenti:

Aggettivo + Aggettivo:	*agrodolce, sordomuto, bianconero*
Avverbio + Aggettivo:	*sempreverde*
Aggettivo + Nome:	*giallo oro, verde bottiglia*
Nome + Aggetttivo:	*videodipendente*

Al plurale, solo il secondo elemento dei composti con due aggettivi è variabile: *i tifosi bianconeri, tre ragazze sordomute.* Gli aggettivi del tipo Aggettivo + Nome si scrivono con due parole distinte, e sono invariabili: *due vestiti rosso sangue.*

SIGLE E ABBREVIAZIONI

A. **1.** *T.mat.* Area | Altezza **2.** Autore **3.** *T.post.* Assicurata.

A **1.** *T.fis.* Ampere **2.** Amplificazione **3.** *T.chim.* Adenina **4.** *T.teatr.* Atto **5.** Asso (nelle carte francesi) **6.** Austria (sigla automobilistica) **7.** Autostrada, sempre seguito da un numero che indica il tratto di percorrenza: *A1 Milano-Roma, A25 Roma Pescara* **8.** Altezza **9.** Australe **10.** (lettera) Assicurata **11.** Atomica, detto di bomba **12.** *T.alp.* indicazione della scala di difficoltà artificiale; sempre seguita da un numero che indica il grado di tale scala.

Å ångström.

a **1.** anno **2.** ara **3.** *T.fis.* accelerazione **4.** atto- (prefisso di unità di misura).

AA **1.** Alto Adige **2.** Accademia Aeronautica.

aa *T.farm.* ana (nelle ricette).

AAI Associazione Artistica Internazionale.

AAL Associazione Armatori Liberi.

A.A.M.S. Amministrazione Autonoma dei Monopoli di Stato.

AAPI Associazione Aziende Pubblicitarie Italiane.

A.A.R.N. *T.mil.* Arma Aerea, Ruolo Naviganti.

A.A.R.S. *T.mil.* Arma Aerea, Ruolo Servizi.

A.A.R.Spec. *T.mil.* Arma Aerea, Ruolo Speciale.

AAS Azienda Autonoma di Soggiorno.

AAST Azienda Autonoma di Soggiorno e Turismo.

AA.VV. Autori Vari.

ABC ingl. *American Broadcasting Company* (compagnia americana di radiodiffusione), una delle maggiori reti radiotelevisive statunitensi.

ABI Associazione Bancaria Italiana.

ABM ingl. *Anti Ballistic Missile* (missile antimissile balistico).

abr. abrogato.

ABS **1.** Acrilonitrile Butadiene Stirene **2.** ted. *Anti Blockier System* (sistema frenante) antibloccaggio.

A.C. **1.** Azione Cattolica **2.** Camera Apostolica **3.** *T.banc.* Assegno Circolare.

Ac *T. chim.* Attinio.

a.C. avanti Cristo.

a.c. **1.** ingl. *alternating current* (corrente alternata) **2.** anno corrente.

ac ingl. *acre* (acro).

A.C.C. Alta Corte Costituzionale.

acc. *T.mus.* accelerando.

A.C.di G. Alta Corte di Giustizia.

ACI **1.** Automobile Club d'Italia **2.** Azione Cattolica Italiana **3.** Associazione Cartografica Internazionale **4.** Associazione Culturale Italiana **5.** Aviazione Civile Italiana.

ACIS Alto Commissariato per l'Igiene e la Sanità.

ACLI Associazioni Cristiane dei Lavoratori Italiani.

ACRI Associazione tra le Casse di RIsparmio.

ACS **1.** fr. *Automobile Club de Suisse* (Automobile Club della Svizzera) **2.** *T.mil.* Allievi Comandanti di Squadra.

ACTH ingl. *T.med. Adreno Cortico Tropic Hormone* (ormone adrenocorticotropo).

ACV ingl. *Air Cushion Vehicle* (veicolo a cuscino d'aria).

A.D. lat. *Anno Domini* (nell'anno del Signore), dopo Cristo.

ad. *T.mus.* adagio.

ADAC ted. *Allgemeiner Deutscher Automobil Club* (Automobile Club della Germania).

ADESSPI Associazione Difesa E Sviluppo Scuola Pubblica Italiana.

ad fin. lat. *ad finem* (fino alla fine).

ADH ingl. *AntiDiuretic Hormone* (ormone antidiuretico, vasopressina).

ADI **1.** Associazione Detectives Italiani **2.** Associazione per il Disegno Industriale.

ADICOR Associazione DIfesa COnsumatori e Risparmiatori.

ad lib. lat. *T.mus. ad libitum* (a piacere).

ADN Yemen del Sud (sigla automobilistica).

ADP ingl. **1.** *Adenosine DiPhosphate* (adenosindifosfato) **2.** *T.inform. Automatic Data Processing* (elaborazione automatica dei dati).

a.d.r. a domanda risponde.

ADVS Associazione Donatori Volontari del Sangue.

AEC ingl. *Atomic Energy Commission* (commissione per l'energia atomica).

AeCL Aero CLub italiano.

AEDA Autori EDitori Associati.

AEG ted. *Allegemeine Elektrizitäts Gesellschaft* (società generale di elettricità).

AEI Associazione Elettrotecnica ed Elettronica Italiana.

AEM Azienda Energetica Municipale.

AEP Agenzia Europea per la Produttività.

AER LINGUS Linee Aeree Irlandesi.

AEROFLOT Linee Aeree Sovietiche.

AF **1.** Alta Frequenza (v. HF) **2.** Agricoltura e Foreste **3.** Assegni Familiari **4.** fr. *Air France*, linee aeree francesi.

aff. **1.** *T.mus.* affrettando **2.** affezionatissimo.

Aff.Est. Affari Esteri (ministero).

aff.mo affezionatissimo.

AFG Afghanistan (sigla automobilistica).

AFI **1.** Alfabeto Fonetico Internazionale **2.** Associazione Filatelica Italiana.

AFL-CIO ingl. *American Federation of Labor - Congress of Industrial Organisation* (Confederazione sindacale americana).

a f.m. *T.banc.* a fine mese.

AFP fr. *Agence France Presse* (agenzia di stampa francese).

AFRODITE ingl. *T.meteor. Automated Forecasting Refined Outputs for Decision Inputs and Technical Evaluations* (previsioni meteorologiche oggettive per finalità decisionali e valutazioni tecniche), sistema computerizzato per la formulazione di previsioni meteorologiche.

AG Agrigento (targa automobilistica).

A.G. Autorità Giudiziaria.

Ag *T.chim.* argento.

AGA Agenzia Giornali Associati.

AGCI Associazione Generale delle Cooperative Italiane.

A.G.D.G.A.D.U. Alla Gloria Del Grande Architetto Dell'Universo (intestazione dei documenti della massoneria).

AGE Associazione Giornalisti Europei.

A.Ge Associazione Genitori.

AGESC Associazione GEnitori Scuole Cattoliche.

AGESCI Associazione Guide E Scouts Cattolici Italiani.

agg. aggettivo.

AGI **1.** Associazione Guide Italiane **2.** Associazione Golfistica Italiana **3.** Agenzia Giornalistica Italia **4.** Associazione Goliardi Indipendenti.

AGIP Azienda Generale Italiana Petroli.

AGIS Associazione Generale Italiana dello Spettacolo.

agit. *T.mus.* agitato.
agr. agricoltura.
AH fr. *Air Algerie* (linee aeree algerine).
Ah amperora.
AHF ingl. *AntiHemophilic Factor* (fattore antiemofilico).
AI ingl. **1.** *Artificial Intelligence* (intelligenza artificiale) **2.** *Air India* (linee aeree indiane).
A.I. Aeronautica Italiana.
AIA **1.** Associazione Italiana Arbitri **2.** Associazione Italiana Anglistica.
AIAC **1.** Associazione Italiana Agenti di Cambio **2.** Associazione Italiana Autoveicoli Classici.
AIACE Associazione Italiana Amici del Cinema d'Essai.
AIAF Associazione Italiana Analisti Finanziari.
AIAS Associazione Italiana per l'Assistenza agli Spastici.
AIC Associazione Italiana Cineoperatori.
a.i.c. *T.mil.* addestramento individuale al combattimento.
AICA **1.** Alleanza Italiana delle Cooperative Agricole **2.** Associazione Italiana Calcolo Automatico.
AICC Alleanza Italiana Cooperative di Consumo.
AICS Associazione Italiana di Cultura e Sport.
AIDA **1.** Associazione Italiana Di Aerotecnica **2.** Associazione Internazionale di Diritto delle Assicurazioni.
AIDI Associazione Industrie Dolciarie Italiane.
AIDO Associazione Italiana Donatori di Organi.
AIDS ingl. *Acquired Immuno Deficiency Syndrome* (sindrome da immunodeficienza acquisita).
AIE **1.** Associazione Italiana degli Editori **2.** Agenzia Internazionale per l'Economia **3.** Associazione Internazionale degli Economisti.
AIEA Agenzia Internazionale per l'Energia Atomica (v. IAEA).
AIEC Associazione Italiana per l'Educazione Contraccettiva.
AIED Associazione Italiana per l'Educazione Demografica.
AIG Associazione Italiana (ostelli) per la Gioventù.
AIIA Associazione Italiana per l'Intelligenza Artificiale.
AIIG Associazione Italiana Insegnanti di Geografia.
AILA Associazione Italiana di Logica e sue Applicazioni.
AIMA Azienda (statale) per gli Interventi sul Mercato Agricolo.
AIPI Associazione Italiana Protezione Infanzia.
AIRC Associazione Italiana per la Ricerca sul Cancro.
AIRE Anagrafe degli Italiani Residenti all'Estero.
AIR FRANCE Linee Aeree Francesi.
AIS **1.** Associazione Internazionale per lo Sviluppo **2.** Associazione Internazionale di Sociologia **3.** Assistenza Infortunati Stradali.
AISP Associazione Internazionale di Scienze Politiche.
AIT Alleanza Internazionale del Turismo.
AIV Associazione Internazionale di Vulcanologia.
Ak. Alaska.
AL **1.** Alessandria (targa automobilistica) **2.** Albania (sigla automobilistica).
Al *T.chim.* Alluminio.
al *T.tip.* alinea.
a.l. anno luce.
Ala. Alabama
A.L.A.L.C. sp. *Asociacion Latino Americana de Libre Comercio* (Associazione latinoamericana di libero scambio).
alb. albergo.
ALENIA fusione di Aeritalia e seLENIA
ALFA (ROMEO) Anonima Lombarda Fabbrica Automobili (ROMEO).
ALGOL ingl. *T.inform. ALGOrithmic Language* (linguaggio algoritmico (di programmazione)).
ALI **1.** Associazione Librai Italiani **2.** Atlante Linguistico Italiano.
ALIA Linee Aeree Giordane.
ALISARDA Linee Aeree della Sardegna.
ALITALIA Linee Aeree Italiane.
all. **1.** allegato **2.** *T.mus.* allegro.
all.to *T.mus.* allegretto.
ALPRO sp. *ALianza para el PROgreso* (Alleanza per il progresso).
ALS ingl. *AntiLymphocytic Serum* (siero antilinfocitario).
alt. altezza, altitudine.
ALTAI Analisi Livellamento e Tempificazione Automatici Integrati.
AM **1.** ingl. *Amplitude Modulation* (modulazione di ampiezza) **2.** Aeronautica Militare (targa automobilistica).
A.M. **1.** Aeronautica Militare **2.** Accademia Militare **3.** Autorità Militare.
Am *T.chim.* americio.
a.m. lat. *ante meridiem* (nell'uso anglosassone di indicazione dell'ora).
AMAC Aeronautica Militare Aviazione Civile.
A.M.D.G. lat. *Ad Maiorem Dei Gloriam* (a maggior gloria di Dio).
AMDI Associazione Medici Dentisti Italiani.
AME Accordo Monetario Europeo (v. EMA).
A 1/2 F A Mezzo Ferrovia.
AMG ingl. *T.stor. Allied Military Government* (governo militare alleato (nel dopoguerra)).
AMIG Associazione Mutilati e Invalidi di Guerra.
Amm. ammiraglio.
AMMA Associazione (imprese) Metallurgiche Metalmeccaniche e Affini.
Amm.ne Amministrazione.
Amm.re Amministratore.
AMP ingl. *T.chim. Adenosine MonoPhosphate* (adenosin monofosfato).
amu ingl. *atomic mass unity* (unità di massa atomica).
AMZ fr. *Association Mondiale de Zootecnie* (associazione mondiale di zootecnia).
AN Ancona (targa automobilistica).
ANA Associazione Nazionale Alpini.
ana *T.farm.* parità di dosaggio (nelle ricette).
ANAA Associazione Nazionale Arma Aeronautica.
ANAAO Associazione Nazionale Aiuti ed Assistenti Ospedalieri.
ANAC **1.** Associazione Nazionale Autori Cinematografici **2.** Associazione Nazionale Autoservizi in Concessione.
ANAI **1.** Associazione Nazionale Artiglieri d'Italia **2.** Associazione Nazionale Autieri d'Italia.
ANAS Azienda Nazionale Autonoma delle Strade.
ANASIN Associazione NAzionale Società di INformatica (e telematica).
ANB **1.** Associazione Nazionale Bersaglieri **2.** Associazione Nazionale Bieticultori.
ANC **1.** Alleanza Nazionale Contadini **2.** Associazione Nazionale Carabinieri **3.** Associazione Nazionale Combattenti.
ANCA Associazione Nazionale Cooperative Agricole.
ANCAB Associazione Nazionale delle Cooperative di ABitazione.
ANCC **1.** Associazione Nazionale Cooperative di Consumo **2.** Associazione Nazionale per il Controllo della Combustione.
ANCE **1.** Associazione Nazionale Costruttori Edili **2.** Associazione Nazionale del Commercio con l'Estero.
ANCI Associazione Nazionale dei Comuni Italiani.
ANCOL Associazione Nazionale delle COmunità di Lavoro.
ANCPA Associazione Nazionale fra Cooperative Pescatori ed Affini.
ANCPL Associazione Nazionale Cooperative di Produzione e Lavoro.
ANCR Associazione Nazionale Combattenti e Reduci.
ANCU Associazione Nazionale Clinici Universitari.
AND Andorra (sigla automobilistica).
and. *T.mus.* andante.
ANDS Associazione Nazionale Docenti Subalterni.
ANDU Associazione Nazionale Docenti Universitari.
ANEA Associazione Nazionale Enti di Assistenza.
ANEC Associazione Nazionale Esercenti Cinema.
ANEI Associazione Nazionale Ex Internati.
ANELS Associazione Nazionale Enti Lirici e Sinfonici.
ANET Associazione Nazionale Esercenti Teatrali.
ANFFaS Associazione Nazionale Famiglie di Fanciulli Subnormali.
ANFI Associazione Nazionale Finanzieri Italiani.
ANFIA Associazione Nazionale Fra Industrie Automobilistiche.
ang. *T.mat.* angolo.
ANIA Associazione Nazionale Imprese Assicuratrici.
ANIACAP Associazione Nazionale Istituti Autonomi delle CAse Popolari.
ANIAD Associazione Nazionale Industriali Alimentazione Dolciaria.
ANIAI Associazione Nazionale Ingegneri ed Architetti Italiani.
ANIC **1.** Associazione Nazionale dell'Industria Chimica **2.** Azienda Nazionale Idrogenazione Combustibili.
ANICA **1.** Associazione Nazionale Industrie Cinematografiche ed Affini **2.** Associazione Nazionale fra gli Istituti di Credito Agrario.
ANIDEL Associazione Nazionale Imprese (produttrici) Di Energia ELettrica.
ANIE Associazione Nazionale Industrie Elettrotecniche ed Elettriche.
ANIEP Associazione Nazionale Invalidi per Esiti di Poliomielite.

ANILS Associazione Nazionale Insegnanti Lingue Straniere.
anim. *T.mus.* animato.
ANIPLA Associazione Nazionale Italiana Per L'Automazione.
ANITA **1.** Associazione Nazionale per l'Industria dei Trasporti Automobilistici **2.** Associazione Naturista ITAliana.
ANITP Associazione Nazionale Insegnanti Tecnico Pratici.
ANL Accademia Nazionale dei Lincei.
ANLA Associazione Nazionale Lavoratori Anziani (di azienda).
ANM Associazione Nazionale Magistrati.
ANMI Associazione Nazionale Marinai d'Italia.
ANMIC Associazione Nazionale Mutilati ed Invalidi Civili.
ANMIG Associazione Nazionale Mutilati ed Invalidi di Guerra.
ANMIL Associazione Nazionale Mutilati ed Invalidi del Lavoro.
ANPAC **1.** Associazione Nazionale Piloti Aviazione Civile **2.** Associazione Nazionale Procuratori Agenti di Cambio.
ANPDI Associazione Nazionale Paracadutisti D'Italia.
ANPI Associazione Nazionale Partigiani d'Italia.
ANPO Associazione Nazionale Primari Ospedalieri.
ANPPIA Associazione Nazionale Perseguitati Politici Italiani Antifascisti.
ANRIS Associazione Italiana Ricercatori Italiani Subalterni.
ANS Associazione Nazionale Sociologi.
ANSA Agenzia Nazionale Stampa Associata.
ANSEA Associazione delle Nazioni del Sud-Est Asiatico (v. ASEAN).
ant. antifona.
ANUA Associazione Nazionale Ufficiali dell'Aeronautica.
ANVG Associazione Nazionale Volontari di Guerra.
ANZAC ingl. *Australian and New Zealand Army Corps* (corpo d'armata australiano e neozelandese).
ANZUS ingl. *Australia, New Zealand, United States* (Australia Nuova Zelanda Stati Uniti) patto di difesa del Pacifico sud orientale.
AO Aosta (targa automobilistica).
A.O. Avanguardia Operaia.
A.O.C. fr. *Appellation d'Origine Contrôlée* (denominazione d'origine controllata (equiv. fr. di D.O.C.)).
A.O.I. *T.stor.* Africa Orientale Italiana.
AOPEC ingl. *Arabian Organisation of Petroleum Exporting Countries* (Organizzazione dei paesi arabi esportatori di petrolio).
AP **1.** Ascoli Piceno (targa automobilistica) **2.** ingl. *Associated Press* (Stampa associata), agenzia di stampa americana **3.** ingl. *Air Portugal* (linee aeree portoghesi) **4.** Albo Professionale **5.** Alto Patronato.
APA ted. *Austria Press Agentour* (agenzia austriaca per la stampa).
a p.c. *T.banc.* a pronta cassa.
API **1.** Anonima Petroli Italiana **2.** Associazione Piccole (e medie) Imprese **3.** fr. *Association Phonétique Internationale* (associazione fonetica internazionale (v. IPA)).
APL ingl. *T.inform. A Programming Language* (un linguaggio di programmazione).
APO ingl. *Asian Productivity Organization* (Organizzazione asiatica per la produttività).
app. appendice.
approv. approvato.
A.P.R.M. lat. *Ad Perpetuam Rei Memoriam* (ad eterno ricordo), nelle lapidi.
APSA Amministrazione del Patrimonio della Sede Apostolica.
APT Azienda di Promozione Turistica.
AQ L'Aquila (targa automobilistica).
AR **1.** Arezzo (targa automobilistica) **2.** sp. *Aerolineas Argentinas* (linee aeree argentine).
A.R. **1.** Altezza Reale **2.** Andata e Ritorno **3.** lat. *Anno Regni* (anno del regno) **4.** *T.post.* Avviso di Ricevimento.
Ar *T.chim.* Argo.
A.R.A. AutoRespiratori ad Aria.
ARC ingl. *AIDS Related Complex* (complesso di sintomi correlati all'AIDS).
Arc. Arcivescovo.
arc *T.mat.* arco.
ARCE Associazione per le Relazioni Culturali con l'Estero.
arch. architetto.
ARCI Associazione Ricreativa Culturale Italiana.
Arcip. Arcipelago.
Arg *T.chim.* arginina.
arg. *T.mat.* argomento.
ARI **1.** Associazione Radiotecnici Italiani **2.** Associazione Radioamatori Italiani.
Ariz. Arizona.
Ark. Arkansas.
ARMIR *T.stor.* ARMata Italiana in Russia.
A.R.O. AutoRespiratore ad Ossigeno.
arp. *T.mus.* arpeggio.
ARSI Associazione per la Ricerca Scientifica Italiana.
art. *T.giur.* articolo.
A.S. **1.** *T.mil.* Allievo Sottufficiale **2.** Altezza Serenissima.
As *T.chim.* Arsenico.
ASA **1.** Associazione (italiana) per le Scienze Astronautiche **2.** Assistenza Servizi Aerei **3.** ingl. *American Standards Association* (Associazione americana per lo standard).
ASAP Associazione Sindacale per le Aziende Petrolchimiche (e collegate a partecipazione statale).
ASCA Agenzia Stampa Cattolica Associata.
ASCHIMICI Associazione Nazionale Industrie Chimiche.
ASCI Associazione Scautistica Cattolica Italiana.
ASCII ingl. *American Standard Code for Information Interchange* (codifica standard americana per lo scambio di informazioni).
AS.COM. ASsociazione COMmercianti.
ASCOT Associazione delle Società COncessionarie Telefoniche.
ASDIC ingl. *Allied Submarine Detection Investigation Committee* (comitato alleato di ricerca per l'individuazione dei sommergibili).
ASE Associazione Stampa Europea.
ASEAN ingl. *Association of South-East Asian Nations* (Associazione delle nazioni del sud-est asiatico).
ASIECO ASsociazione Italiana Imprese ElettroCOmmerciali.
Asp *T.fis.* Amperspira.
as.pe.i. associazione pedagogica italiana.
ASS ingl. *T.inform. Automated Storage System* (sistema di automazione dell'immagazzinamento).
Ass. **1.** Assicurazione **2.** Assicurata **3.** Assegno.
ASSAP ASSociazione Agenzie di Pubblicità.
ASSCO Associazione Studi e Società (di organizzazione e) COnsulenza (aziendale).
ASSICREDITO ASsociazione SIndacale per le aziende di CREDITO.
ASSIDER ASsociazione industrie SIDERurgiche italiane.
ASSIREVI ASSociazione Italiana REVIsori (contabili).
ASSITALIA ASSIcurazioni d'ITALIA.
ASSOBANCARIA ASSOciazione BANCARIA (italiana).
ASSOLOMBARDA ASSOciazione (industriale) LOMBARDA.
ASSONIME ASSociazione fra le Società anONIME (italiane per azioni).
ASST Azienda di Stato per i Servizi Telefonici.
Ast. *T.med.* astigmatismo.
AT **1.** Asti (targa automobilistica) **2.** Alta Tensione.
A.T. Antico Testamento.
At *T.chim.* Astato.
a T. *T.mus.* a Tempo.
at *T.fis.* atmosfera tecnica.
ATA **1.** Associazione Trasporto Aereo **2.** Associazione Turistica Albergatori **3.** Azienda Telegrafica Albanese.
ata *T.fis.* atmosfera assoluta.
ATAF ingl. *Allied Tactic Air Force* (forza aerea tattica alleata).
ATC ingl. *Air Traffic Control* (controllo traffico aereo).
ATEFI Associazione TEcnica (società) FInanziaria (di leasing e factoring).
ATI **1.** Aereo Trasporti Italiani **2.** Azienda Tabacchi Italiani.
ATM Azienda Tranviaria Municipale.
atm *T.fis.* atmosfera normale.
ATP ingl. *Adenosine TriPhosphate* (adenosin trifosfato).
atr *T.fis.* atmosfera relativa.
AT&T ingl. *American Telephone and Telegraph (company)* ((Società) americana di telefoni e telegrafi).
A.U. *T.mil.* Allievo Ufficiale.
Au *T.chim.* oro.
A.U.C. *T.mil.* Allievo Ufficiale di Complemento.
a.u.c. lat. *ab urbe condita* (dalla fondazione di Roma).
Auditel Audience televisiva.
AURT Associazione Utenti Radiofonici e Televisivi.
AUS Australia (sigla automobilistica).
AV Avellino (targa automobilistica).
av a vista.
a.v. lat. *ad vocem* (alla voce), nei rimandi in enciclopedie o dizionari.
AVIS Associazione Volontari Italiani del Sangue.
avv. avvocato.
AZ Alitalia.
Az. Arizona.
az. *T.econ.* azione.

B 1. Belgio (sigla automobilistica) 2. *T.chim.* boro 3. *T.fis.* Bel | Baud 4. Baia (nelle carte geografiche) 5. Banda di frequenze 6. fr. *Bougie* (candela), unità fotometrica 7. Boreale 8. Barone 9. Beato 10. *T.mus.* Basso.

b 1. beato, beata 2. *T.fis.* barn | bes | bar.

B° grado Baume.

Ba *T.chim.* bario.

BA 1. Bari (targa automobilistica) 2. Birmania (sigla automobilistica) 3. ingl. *British Airways* (linee aeree inglesi).

B.A. 1. Belle Arti 2. Brigata Aerea 3. ingl. *Bachelor of Arts* (laureato in lettere), primo livello di laurea nelle università anglosassoni, in particolare nelle discipline umanistiche.

B.A.B.S. ingl. *Beam Approach Beacon System* (sistema di avvicinamento con Radar faro).

BAL ingl. *British Anti-Lewisite* (anti-lewisite inglese), antidoto antinervino.

BAR *T.mil.* Battaglione Addestramento Reclute.

barr. barriera (nelle carte nautiche).

BAS 1. ted. *Befreiungs Auschuss Sudtirol* (comitato di liberazione per il Sud-Tirolo) 2. Banca Africana di Sviluppo.

BASIC ingl. *T.inform. Beginner's All-purpose Symbolic Instruction Code* (codifica di istruzioni simbolica universale per principianti), linguaggio di programmazione di uso generale.

BBC ingl. *British Broadcasting Corporation* (ente britannico di radiodiffusione).

bbl ingl. *T.fis. barrel* (barile).

b.c. *T.mus.* basso continuo.

BCD ingl. *Binary Code Decimal* (notazione decimale codificata in binario).

BCI *disus.* Banca Commerciale Italiana (v. COMIT).

bd *T.fis. Bougie* (candela) decimale.

BDI ted. *Bundesverband der Deutschen Industries* (Confederazione dell'industria tedesca).

BDS Barbados (sigla automobilistica).

Be *T.chim.* berillio.

BEA ingl. *British European Airways* (linee aeree inglesi per l'Europa).

B.E.I. Banca Europea per gli Investimenti.

BENELUX *BElgique - NEderland - LUXemburg* (Belgio, Paesi Bassi, Lussemburgo), alleanza economica e doganale.

BeV *T.fis.* BeVaelettronvolt (unità di misura di energia di particelle, pari a un miliardo di eV (v. GeV)).

BF Bassa Frequenza (v. LF).

BG 1. Bergamo (targa automobilistica) 2. Bulgaria (sigla automobilistica).

BGB ted. *Bürgerliches GesetzBuch* (codice civile (tedesco del 1900)).

BH Belize, ex Honduras Britannico (sigla automobilistica).

Bi 1. *T.chim.* bismuto 2. *T.fis.* biot.

B.I. Banca d'Italia.

bibl. bibliografia, biblioteca.

B.I.C.E. Banca Internazionale per la Cooperazione Europea.

BID sp. *Banco Interamericano de Desarrollo* (banca interamericana di sviluppo).

BIE fr. *Bureau International d'Education* (ufficio internazionale di educazione).

BIF ingl. *British Industries Fair* (Fiera industriale britannica).

B.I.G.E. fr. *Billet Individuel Groupe Etudiant* (biglietto individuale gruppo studenti).

BIN Banca di Interesse Nazionale.

BIPM fr. *Bureau International des Poids et Mesures* (Ufficio internazionale dei pesi e delle misure).

BIRD fr. *Banque Internationale pour la Reconstruction et le Développement* (Banca internazionale per la ricostruzione e lo sviluppo, v. BIRS, IBRD, WB).

BIRS Banca Internazionale per la Ricostruzione e lo Sviluppo.

BIT fr. *Bureau International du Travail* (ufficio internazionale del lavoro).

bit ingl. *T.inform. binary digit* (cifra binaria).

Bk *T.chim.* berkelio.

BL Belluno (targa automobilistica).

BL ingl. *Bill of Landing* (polizza di carico).

B.Lit. ingl. *Bachelor of Literature* (titolo accademico britannico).

BLP Busta Lettere Postali (in filatelia).

B.Phil. ingl. *Bachelor of Philosophy* (titolo accademico britannico).

B.M. Banca Mondiale.

BMC ingl. *British Motor Corporation* (Società inglese motori), fabbrica automobilistica.

B.M.E.W.S. ingl. *Ballistic Missile Early Warning System* (sistema di avvistamento lontano di missile balistico).

BMT Bollettino Meteo Telefonico.

BMW ted. *Bayerische Motoren Werke* (fabbrica bavarese motori).

BN Benevento (targa automobilistica).

BNA Banca Nazionale dell'Agricoltura.

BNL Banca Nazionale del Lavoro.

BO Bologna (targa automobilistica).

BOAC ingl. *British Overseas Airways Corporation* (Società delle linee aeree inglesi transoceaniche).

BOD ingl. *Biological Oxygen Demand* (domanda di ossigeno biologico).

BOT Buono Ordinario del Tesoro.

bot. botanica.

BP 1. Botswana (sigla automobilistica) 2. ingl. *British Petroleum* ((Compagnia) britannica del petrolio) 3. Basilica Pontificia.

bpi ingl. *bit per inch* (bit per pollice).

B.P.L. *T.banc.* Buono Per Lire.

bps ingl. *bit per second* (bit al secondo).

B.Q. lat. *Bene Quiescat* (riposi in pace), nelle lapidi.

Bq *T.fis.* becquerel.

BR 1. Brindisi (targa automobilistica) 2. Brasile (sigla automobilistica) 3. Brigate Rosse (anche B.R.) 4. Banco di Roma.

B.R. ingl. *British Railways* (ferrovie britanniche).

Br *T.chim.* bromo.

brev. brevetto.

BRI Banca dei Regolamenti Internazionali.

B.R.M. ingl. *British Racing Motors* (motori da corsa britannici), fabbrica di automobili.

BRN Bahrein (sigla automobilistica).

bross. *T.tip.* in brossura.

BRU Brunei (sigla automobilistica).

BS 1. Brescia (targa automobilistica) 2. Bahamas (sigla automobilistica).

BST ingl. *British Standard Time* (ora ufficiale inglese), ora solare di Greenwich.

BT 1. Buono del Tesoro 2. *T.fis.* Bassa Tensione.

btg *T.mil.* battaglione.

BTN 1. ingl. *Brussels Tariff Nomenclature* (nomenclatura tariffaria di Bruxelles) 2. Buono del Tesoro Novennale.

BTO Buono del Tesoro Ordinario.

BTP Buono del Tesoro Poliennale.

BTQ Buono del Tesoro Quadriennale.

btr *T.mil* batteria.

bu ingl. *T.fis. bushel* (staio).

B.U. Bollettino Ufficiale.

BUP ingl. *British United Press* (stampa associata britannica).

BUR 1. Birmania (sigla automobilistica) 2. Biblioteca Universale Rizzoli.

bus autobus (nelle segnalazioni stradali).

BUSARL Bollettino Ufficiale delle Società per Azioni e a Responsabilità Limitata.

BUSC Bollettino Ufficiale delle Società Cooperative.

B.V. 1. Beata Vergine 2. lat. *Bene Vixit* (visse onestamente), nelle lapidi.

B.V.M. Beata Vergine Maria.

BWR ingl. *Boiling Water Reactor* (reattore (nucleare) ad acqua bollente).

BZ Bolzano (targa automobilistica).

C 1. Cuba (sigla automobilistica) 2. *T.chim.* carbonio 3. *T.fis.* coulomb 4. *T.banc.* conto indicizzato (nelle cedole di titoli di stato o obbligazioni) 5. *T.inform.* linguaggio di programmazione 6. 100 (nella numerazione romana) 7. centrale 8. codice 9. capo (nelle carte geografiche) 10. Conte 11. *T.mus.* battuta ordinaria di 4/4.

°C grado Celsius.

c 1. comma 2. circa 3. centesimo 4. *T.fis.* velocità della luce e delle onde elettromagnetiche nel vuoto 5. *T.banc.* (azione, obbligazione) convertibile 6. *T.filol.* carta (nei codici) 7. capitale (nelle carte geografiche) 8. corso 9. *T.banc.* conto 10. centi- (prefisso unità di misura).

CA Cagliari (targa automobilistica).

C.A. 1. *T.giur.* Corte d'Appello 2. Consorzio Agrario 3. Contr'Ammiraglio.

Ca *T.chim.* calcio.

Ca. California.

c.a. 1. *T.fis.* corrente alternata 2. corrente anno 3. (alla) cortese attenzione 4. cemento armato.

C.A.A. Centro Aeronautico Atomico.

C.A.A.I. Club Alpino Accademico Italiano.

cab. cablogramma.

CACM ingl. *Central American Common Market* (Mercato comune centroamericano).

CAD 1. fr. *Comité d'Aide au Développement* (comitato per gli aiuti allo sviluppo) 2. ingl. *T.inform. Computer Aided Design* (progettazione assistita dall'elaboratore).

cad. cadauno.

CAE ingl. *T. inform. Computer Aided Engineering* (tecnologia assistita dall'elaboratore).

CAF 1. Centro Aiuto Famiglie 2. *T.chim.* cloramfenicolo 3. fr. *Club Alpin Français* (club alpino francese).

C.A.F. 1. Commissione d'Appello Federale 2. fr. *Coût, Assurance, Frais* (costo, assicurazione, spesa).

Caf ingl. *Cost And Freight* (costo e nolo).

CAI 1. Club Alpino Italiano 2. ingl. *T.inform. Computer Aided Instruction* (istruzione assistita dall'elaboratore).

Cal grande caloria.

Cal. California.

cal caloria.

cal. *T.mus.* calando.

CAM ingl. *T. inform. Computer Aided Manufacturing* (produzione assistita dall'elaboratore).

CAMBITAL Ufficio Italiano dei Cambi (v. U.I.C.).

CAMEN Centro Applicazioni Militari Energia Nucleare.

CAN **1.** Commissione Arbitri Nazionali **2.** Costo, Assicurazione e Nolo.

Can. Canada.

can canone.

can. canale (nelle carte geografiche).

C.A.P. **1.** Codice di Avviamento Postale **2.** Consorzio Autonomo del Porto **3.** Centro di Addestramento Professionale.

Cap. Capitano.

cap. **1.** capitolo **2.** caporale.

C.A.R. **1.** *T.mil.* Centro Addestramento Reclute **2.** ingl. *Central African Republic* (Repubblica Centrafricana).

Card. Cardinale.

CARICOM ingl. *Caribbean Community* (Comunità dei Caraibi).

CARIPLO CAssa di RIsparmio delle Province LOmbarde.

carr. *T.mil.* carrista.

CAS Comitato di Assistenza allo Sviluppo.

CASA Confederazione Artigiana Sindacati Autonomi.

casc. cascata (nelle carte geografiche).

CASM *T.mil.* Centro Alti Studi Militari.

cast. castello (nelle carte geografiche).

Cass. *T.giur.* (Corte di) Cassazione.

cat. catalogo.

CATV ingl. *CAble TV* (televisione via cavo).

Cav. cavaliere.

CB **1.** Campobasso (targa automobilistica) **2.** ingl. *Citizen Band* (banda cittadina (nelle radiotrasmissioni)) **3.** *disus.* Congo Belga (sigla automobilistica).

CBC ingl. *Canadian Broadcasting Corporation* (ente radiotelevisivo canadese).

CBD ingl. *Cash Before Delivery* (pagamento prima della consegna).

CBS ingl. *Columbia Broadcasting System* (rete televisiva nazionale americana).

CC **1.** Carabinieri **2.** Corpo Consolare (targa automobilistica).

C.C. **1.** Corpo Consolare **2.** Comitato centrale **3.** *T.giur.* Corte Costituzionale **4.** *T.giur.* Corte di Cassazione **5.** *T.giur.* Corte dei Conti **6.** *T.giur.* Codice Civile **7.** *T.giur.* Codice di Commercio **8.** Commissione Centrale.

cc **1.** conto corrente **2.** ingl. *Clean Credit Cash-Credit* (credito netto, credito di cassa).

cc. **1.** centimetro cubo **2.** commi.

c.c. *T.fis.* corrente continua.

CCC Centro Cinematografico Cattolico.

CCCE fr. *Caisse Centrale de Cooperation Economique* (cassa centrale di cooperazione economica).

CCI **1.** Camera di Commercio Internazionale **2.** Confederazione Cooperativa Italiana **3.** Casellario Centrale Infortuni.

CCIAA Camera di Commercio, Industria, Artigianato e Agricoltura.

CCIR fr. *Comité Consultatif International des Radiocommunications* (Comitato consultivo internazionale delle radiocomunicazioni).

CCITT fr. *Comité Consultatif International de Télégraphie et Téléphonie* (Comitato consultivo internazionale di telegrafia e telefonia).

C.C.L. Contratto Collettivo di Lavoro.

C.C.N.L. Contratto Collettivo Nazionale di Lavoro.

C.Co. Codice di Commercio.

CC.OO.PP. Consorzio di Credito per le Opere Pubbliche.

CcP Commissione centrale Prezzi.

CC.RR. *disus.* Carabinieri Reali.

C.C.S. Comunità Carbo-Siderurgica (v. CECA).

CCT Certificato di Credito del Tesoro.

CCTV ingl. *Closed Circuit TeleVision* (televisione a circuito chiuso).

CD **1.** Compact Disc **2.** Corpo Diplomatico (targa automobilistica).

C.D. **1.** Corpo Diplomatico **2.** Commissione Disciplinare **3.** Consigliere Delegato **4.** Comitato Direttivo.

Cd *T.chim.* cadmio.

cd *T.fis.* candela.

c.d. **1.** cosiddetto **2.** *T.giur.* combinato disposto.

C.d'A. **1.** *T.giur.* Corte d'Assise **2.** *T.giur.* Corte d'Appello **3.** *T.mil.* Corpo d'Armata **4.** Consiglio di Amministrazione **5.** Consiglio d'Azienda.

CDC **1.** Cooperativa Doppiatori Cinematografici **2.** Consiglio di Circolo (nelle scuole elementari).

C.d.C. Codice di Commercio.

C.d.D. Consiglio dei Delegati.

c.d.d. come dovevasi dimostrare.

CDDPP Cassa Depositi e Prestiti.

C.d.F. Consiglio di Fabbrica.

C.d.G. **1.** Compagnia di Gesù (v. S.J.) **2.** Comitato di Gestione.

C.d.I. Consiglio di Istituto (nelle scuole medie).

C.d.L. Camera del Lavoro.

C.d.L.T. Camera del Lavoro Territoriale.

C.d.M. Cassa del Mezzogiorno.

CDN Canada (sigla automobilistica).

CDP Cassa Depositi e Prestiti.

C.d.R. Cassa di Risparmio.

CD-RAM ingl. *CD-Random Access Memory* (compact disk a memoria ad accesso casuale).

CD-ROM ingl. *CD-Read-Only-Memory* (compact disk a memoria di sola lettura).

CDS Confederazione Democratica Studentesca.

C.d.S. **1.** Codice della Strada **2.** Consiglio di Sicurezza **3.** Consiglio di Stato **4.** Circolo della Stampa.

CDU **1.** Classificazione Decimale Universale **2.** ted. *Christliche- Demokratische Union* (unione cristiano-democratica), partito dell'ex RFT **3.** Comitato Docenti Universitari.

C.d.Z. Consiglio di Zona.

CE Caserta (targa automobilistica).

C.E. **1.** Consiglio d'Europa **2.** Comitato Esecutivo.

Ce *T.chim.* cerio.

C.E.A. Casa Editrice Ambrosiana.

CEAT Cavi Elettrici e Affini Torino.

CECA Comunità Europea del Carbone e dell'Acciaio.

CECAL Comitato Europeo per la Collaborazione con l'America Latina.

ced. cedola.

CED **1.** Comunità Europea di Difesa **2.** Centro Elaborazione Dati.

CEE **1.** Comunità Economica Europea **2.** Comitato Elettrotecnico Europeo.

CEEA Comunità Europea dell'Energia Atomica (v. EURATOM).

CEI **1.** Conferenza Episcopale Italiana **2.** Comitato Elettrotecnico Italiano.

CEKA russo *Crezvyciajnaja Komissija* (commissione straordinaria), polizia segreta di Stato russa durante la rivoluzione.

C.E.M.M. *T.mil.* Corpo Equipaggi Militari Marittimi.

CEMT fr. *Conférence Européenne des Ministres des Transports* (unione europea dei ministri dei trasporti).

CENSIS CENtro Studi Investimenti Sociali.

cent. centesimo.

CENTO ingl. *CENtral Treaty Organisation* (organizzazione del trattato centrale).

CEO ingl. *Chief Executive Officer* (direttore generale, amministratore delegato).

CEPAS Centro di Educazione Professionale per Assistenti Sociali.

CEPES Comitato Europeo per il Progresso Economico e Sociale.

CER Comitato per l'Edilizia Residenziale.

CERES CEntro Ricerche Economiche e Sociali.

CERN Consiglio Europeo per le Ricerche Nucleari.

CERP Centro Europeo di Relazioni Pubbliche.

CES **1.** ingl. *T.econ. Constant Elasticity of Substitution* (elasticità costante di sostituzione), funzione di produzione **2.** Confederazione Europea dei Sindacati.

CESDI CEntro di Studi e di Documentazione sull'Informazione.

CESES CEntro Studi e ricerche sui problemi Economici e Sociali.

CESI Centro Elettrotecnico Sperimentale Italiano.

CESIS Comitato Esecutivo per i Servizi di Informazione e Sicurezza.

CESPE CEntro Studi di Politica Economica.

CF ingl. *Cost and Freight* (costo e nolo (compresi nel prezzo)).

C.F. Codice Fiscale.

Cf *T.chim.* californio.

cf. confronta.

CFA Comunità Finanziaria Africana.

CFF/SBB fr. *Chemins de Fer Fédéraux* ted. *Schweizerische BundesBahnen* (ferrovie federali svizzere).

CFP Centro di Formazione Professionale.

cfr. lat. *confer* (confronta).

C.F.S. Corpo Forestale dello Stato (anche targa automobilistica).

C.G. Console Generale.

cg centigrammo.

CGD Compagnia Generale del Disco.

CGE Compagnia Generale di Elettricità.

CGIL Confederazione Generale Italiana del Lavoro.

CGIP Confederazione Generale Italiana di Pubblicità.

CGO Congo (sigla automobilistica).

CGS, cgs centimetro-grammo-secondo (sistema di unità di misura).

CGT fr. *Confédération Générale du Travail* (Confederazione generale del lavoro).

CH **1.** Chieti (targa automobilistica) **2.** fr. *Confédération Helvétique* (Confederazione elvetica) **3.** Svizzera (sigla automobilistica).

CI *Côte d'Ivoire* (Costa d'Avorio, sigla automobilistica).

C.I. **1.** Commissione Interna **2.** *T.giur.* Consigliere Istruttore **3.** *T.ling.* costituenti immediati

Ci *T.fis.* curie.

CIA ingl. *Central Intelligence Agency* (ufficio centrale d'informazione), servizi segreti USA.

CIAP Comitato Interamericano dell'Alleanza per il Progresso.

CIAS Comitato Italiano Addetti alla Sicurezza (degli impianti).

CIC **1.** ingl. *T.cin.* Cinema International Corporation (casa di distribuzione cinematografica) **2.** fr. *Confédération Internationale Cadres* (Confederazione internazionale dirigenti).

CICA **1.** Comitato Interassociativo Circoli Aziendali **2.** Commerciale Italiana Cooperative Agricole.

CICCE Comitato delle Industrie Cinematografiche della Comunità Europea.

CICR **1.** Comitato Interministeriale per il Credito e il Risparmio **2.** Comitato Internazionale della Croce Rossa.

CID **1.** Cooperativa Italiana Doppiatori **2.** Convenzione di Indennizzo Diretto (nelle assicurazioni automobilistiche).

CIDA Confederazione Italiana Dirigenti d'Azienda.

CIDI Centro d'Iniziativa Democratica degli Insegnanti.

CIE **1.** Compagnia Italiana Elicotteri **2.** Compagnia Elettrotecnica d'Italia **3.** fr. *Confédération Internationale des Etudiants* (Confederazione internazionale degli studenti).

CIF **1.** ingl. *Cost Insurance Freight* (Costo, assicurazione e trasporto) **2.** Centro Italiano Femminile **3.** Consorzio Industrie Fiammiferi.

CIG **1.** Comitato Internazionale di Geofisica **2.** Cassa Integrazione Guadagni.

CIGA Compagnia Italiana dei Grandi Alberghi.

CIGS Cassa Integrazione Guadagni Straordinaria.

CIIS Comitato Interparlamentare per l'Informazione e la Sicurezza.

C.I.L. Corpo Italiano di Liberazione.

CILEA Consorzio Interuniversitario Lombardo per l'Elaborazione Automatica.

CIM **1.** Centro di Igiene Mentale **2.** Centro Italiano della Moda **3.** Commissione Italiana di Metrologia.

CIMO Confederazione Italiana Medici Ospedalieri.

CIO **1.** Comitato Internazionale Olimpico **2.** ingl. *Congress of Industrial Organization* (Congresso dell'organizzazione industriale), sindacato americano.

CIP Comitato Interministeriale Prezzi.

CIPA Confederazione (Generale) Italiana Professionisti e Artisti.

CIPAA Comitato Interministeriale per la Politica Agricola e Alimentare.

CIPE **1.** Comitato Interministeriale per la Programmazione Economica **2.** Confederazione Italiana della Proprietà Edilizia (v. CONFEDILIZIA).

CIPEA Comitato Interministeriale per la Politica Economica Agricola.

CIPEEs Comitato Interministeriale per la Politica Economica Estera.

CIPI Comitato Interministeriale (di coordinamento) per la Politica Industriale.

CIR **1.** Comitato Internazionale per la Ricostruzione **2.** Confederazione Italiana della Ricerca **3.** Compagnie Industriali Riunite.

circ. circolare.

CIRM Centro Internazionale Radio Medico.

CIS **1.** Comitato Internazionale degli Scambi **2.** Credito Industriale Sardo.

CISA **1.** Centro Italiano Sterilizzazione e Aborto **2.** Centro Italiano di Studi Aziendali.

CISAC fr. *Confédération Internationale Sociétés d'Auteurs et Compositeurs* (Confederazione internazionale delle società di autori e compositori).

CISAL Confederazione Italiana Sindacati Autonomi dei Lavoratori.

CISAM Confederazione Italiana dei Sindacati degli Artisti e dei Musicisti.

CISC Confederazione Internazionale dei Sindacati Cristiani.

CISE Centro Informazioni Studi Esperienze.

CISERS Centro Italiano Studi Economici e Ricerche Sociali.

CISES Centro Italiano di Sviluppo Economico e Sociale.

CISL **1.** Confederazione Italiana Sindacati Lavoratori **2.** Confederazione Internazionale Sindacati Liberi.

CISNaL Confederazione Italiana Sindacati Nazionali Lavoratori.

CISO Centro Italiano Studi Ornitologici.

CISPEL Confederazione Italiana dei Servizi Pubblici degli Enti Locali.

CIT Compagnia Italiana Turismo.

cit. citato.

CITI fr. *Classification Internationale Type Industrie* (Classificazione internazionale di tipi di industria).

CIV Convenzione Internazionale (per il trasporto dei) Viaggiatori.

CIWL Compagnia Internazionale dei Wagon Lits.

CL **1.** Caltanissetta (targa automobilistica) **2.** Sri Lanka (Ceylon, sigla automobilistica) **3.** Comunione e Liberazione.

C.L. **1.** *T.cin.* campo lungo **2.** *T.mil.* carro leggero **3.** Commissione Legislativa.

Cl *T.chim.* cloro.

cl centilitro.

CLN Comitato di Liberazione Nazionale.

CLNAI Comitato di Liberazione Nazionale dell'Alta Italia.

C.M. **1.** Circolare Ministeriale **2.** *T.cin.* campo medio **3.** *T.mil.* carro medio.

Cm *T.chim.* curio.

cm centimetro.

c.m. corrente mese.

CMOS ingl. *Complementary Metal Oxide Semiconductor* ((circuito) metallo-ossido-semiconduttore complementare).

CN **1.** Cuneo (targa automobilistica) **2.** Controllo Numerico **3.** Codice della Navigazione.

C.N. Capitale Netto.

cn *T.banc.* conto nuovo.

CNA Confederazione Nazionale dell'Artigianato.

CNAM Cassa Nazionale di Assistenza ai Musicisti.

CNAPSI Cassa Nazionale di Assistenza e Previdenza tra gli Scrittori Italiani.

CNB Consorzio Nazionale Bieticultori.

CNEL Consiglio Nazionale dell'Economia e del Lavoro.

CNEN Comitato Nazionale per l'Energia Nucleare (v. ENEA).

CNGEI Corpo Nazionale Giovani Esploratori ed Esploratrici Italiani.

CNI **1.** Consiglio Nazionale degli Ingegneri **2.** lat. *Corpus Nummorum Italicorum* (Raccolta delle monete italiche).

CNIOP Centro Nazionale per l'Istruzione e l'Orientamento Professionale.

CNITE Centro Nazionale Italiano Tecnologia Educativa.

CNMCA Centro Nazionale Meteorologia e Climatologia Aeronautica.

CNN *Cable News Network* (rete televisiva via cavo americana).

CNR **1.** Consiglio Nazionale delle Ricerche **2.** Cantieri Navali Riuniti.

CNRN Comitato Nazionale per le Ricerche Nucleari.

CNUCE Centro Nazionale Universitario di Calcolo Elettronico.

CO **1.** Colombia (sigla automobilistica) **2.** Como (targa automobilistica).

Co *T.chim.* cobalto.

Co. **1.** ingl. *Company* (compagnia commerciale) **2.** Colorado.

co, c/o ingl. *care off* (presso).

COBAR *T.mil.* COnsiglio di BAse di Rappresentanza.

COBAS COmitati di BASe.

COBOL ingl. *T.inform.* *COmmon Business Oriented Language* (Linguaggio (di programmazione) orientato alle procedure amministrative correnti).

COBRA COpenhagen, BRuxelles, Amsterdam (movimento artistico).

COCER *T.mil.* COnsiglio CEntrale di Rappresentanza.

COD **1.** ingl. *Chemical Oxygen Demand* (domanda chimica di ossigeno) **2.** ingl. *Cash On Delivery* (pagamento alla consegna).

cod. cart. codice cartaceo.

Cod. Civ. *T.giur.* Codice Civile.

Cod. Comm. *T.giur.* Codice di Commercio.

Cod. Dir. Can. *T.giur.* Codice di Diritto Canonico.

Cod. Pen. *T.giur.* Codice Penale.

cod. perg. Codice pergamenaceo.

Cod. Proc. Civ. *T.giur.* Codice di Procedura Civile.

Cod. Proc. Pen. *T.giur.* Codice di Procedura Penale.

COGIDAS Centro Operativo Genitori di Iniziativa Democratica e Antifascista nella Scuola.

COI **1.** Commissione Oceanografica Internazionale **2.** Centro Orientamento Immigrati.

COIR *T.mil.* COnsiglio Intermedio di Rappresentanza.

Col. *T.mil.* colonnello.

COLDIRETTI (Confederazione nazionale) COLtivatori DIRETTI.
Colf Collaboratrice familiare.
Colo. Colorado.
com. **1.** comunale **2.** commissione.
COMECON ingl. *COuncil for Mutual ECONomic Aid* (Consiglio di Mutua Assistenza Economica (fra i paesi dell'Europa Orientale)).
COMES COMunità Europea degli Scrittori.
COMILITER COmando MILItare TERritoriale.
COMINFORM (ufficio) d'Informazione (dei partiti) Comunisti (europei) (anche KOMINFORM).
COMINTERN Internazionale Comunista (Terza Internazionale, anche KOMINTERN).
COMISCO ingl. *COMmittee for International Socialist COnference* (Comitato per la Conferenza Internazionale Socialista).
COMIT (Banca) COMmerciale ITaliana.
Comm. Commendatore.
COMSAT ingl. *COMmunications SATellite (Corporation)* ((Società) per le comunicazioni via satellite).
CONAD COnsorzio NAzionale Dettaglianti.
CONFAGRICOLTURA Confederazione (Generale) dell'Agricoltura (Italiana).
CONFAPI Confederazione (Nazionale) delle (Associazioni della) Piccola (e Media) Industria.
CONFARTIGIANATO Confederazione (Generale) dell'Artigianato (Italiano).
CONFCOMMERCIO Confederazione (Generale) del Commercio.
CONFEDERTERRA Confederazione (Nazionale dei Lavoratori della) Terra.
CONFEDILIZIA Confederazione (Italiana della Proprietà) Edilizia (v. CIPE).
CONFESERCENTI Confederazione degli Esercenti (Attività Commerciali e Turistiche).
CONFETRA Confederazione (Generale) del Traffico e dei Trasporti.
CONFINDUSTRIA Confederazione (Generale) dell'Industria (Italiana).
CONFITARMA Confederazione Italiana degli Armatori Liberi.
CONI Comitato Olimpico Nazionale Italiano.
Conn. Connecticut.
cons. **1.** consiglio **2.** consigliere.
CONSOB COmmissione Nazionale per le SOcietà e la Borsa.
COOP. Cooperativa.
Co.Re.Co. Comitato Regionale di Controllo.
corp. ingl. *corporation* (società).
cos *T.mat.* coseno.
cosec *T.mat.* cosecante.
Cosh *T.mat.* coseno iperbolico.
cos f *T.fis.* fattore di potenza.
COSPAR ingl. *COmmittee on SPAce Research* (Comitato per le ricerche spaziali).
COSPIM Cassa per le Opere Straordinarie di Pubblico Interesse (nell'Italia) Meridionale.
Cost. Costituzione.
cot *T.mat.* cotangente.
CP Cattolici Popolari.
C.P. **1.** Casella Postale **2.** *T.giur.* Codice Penale **3.** Consiglio Provinciale **4.** Capitaneria di Porto **5.** Cartolina Postale.
Cp *T.fis.* calore specifico, a pressione costante.
C.P.C. *T.giur.* Codice di Procedura Civile.
CPDEL Cassa Pensioni Dipendenti Enti Locali.
cpi ingl. *characters per inch* (caratteri per pollice).
CPM ingl. *T.inform. Control Program for Microprocessor* (programma di controllo per microprocessori).
C.P.M. **1.** Codice Penale Militare **2.** Codice di Procedura Militare **3.** *T.inform.* Confronto Per Maggiore.
C.P.P. **1.** *T.giur.* Codice di Procedura Penale **2.** Comitato Provinciale Prezzi.
C.P.R. *T.mil.* Camera di Punizione di Rigore.
C.p.r. Con preghiera di restituzione.
C.P.S. **1.** *T.mil.* Camera di Punizione Semplice **2.** Cassa di Previdenza dei Sanitari (ospedalieri degli enti locali) **3.** Centro Psico-Sociale.
cps ingl. *characters per second (caratteri al secondo).*
CPU ingl. *T.inform. Central Processing Unit* (unità centrale di elaborazione).
c.p.v. capoverso.
CR **1.** Cremona (targa automobilistica) **2.** Costa Rica (sigla automobilistica).
Cr *T.chim.* cromo.
CRACIS Corsi Richiamo e Aggiornamento Culturale d'Istruzione Secondaria.
CRAL Circolo Ricreativo Assistenziale Lavoratori.
CRD Centro Ricerche e Documentazione.
CREDIOP (Consorzio di) CREDIto per le Opere Pubbliche.
CREDIT CREDito ITaliano.
cresc. *T.mus.* crescendo.
CRI Croce Rossa Italiana.
CRIMINALPOL Polizia Criminale.
CRPE Comitato Regionale per la Programmazione Economica.
CRT **1.** ingl. *Cathode Ray Tube* (tubo a raggi catodici) **2.** Cassa di Risparmio di Torino.
CRUEI Centro Italiano per le Relazioni Universitarie con l'Estero.
CS **1.** Cosenza (targa automobilistica) **2.** Cecoslovacchia (sigla automobilistica) **3.** Controllo Statistico (di qualità).
C.S. **1.** Codice della Strada **2.** *T.mil.* Comando Supremo **3.** Consiglio di Sicurezza **4.** Collegio Sindacale **5.** Consiglio Superiore.
Cs *T.chim.* cesio.
c.s. come sopra.
cs **1.** con spese **2.** *T.fis.* cicli al secondo.
CSA *CeskoSlovenske Aerolinie* (linee aeree cecoslovacche).
CSAI Commissione Sportiva Automobilistica Italiana.
CSATA Centro Studi e Applicazioni nelle Tecnologie Avanzate.
CSC **1.** Centro Sperimentale di Cinematografia **2.** Centro Studi Cinematografici.
CSD *T.mil.* Commissione Suprema di Difesa.
CSEA Consorzio per lo Sviluppo dell'Elettronica e l'Automazione.
CSELT Centro Studi E Laboratori Telecomunicazioni.
CSI Comunità Stati Indipendenti.
CSM **1.** Consiglio Superiore della Magistratura **2.** Centro Sperimentale Metallurgico.
CSN Consiglio Sanitario Nazionale.
C.so corso.
CSS Consiglio Superiore di Sanità.
CST Centro Socio-Terapeutico.
CSU ted. *Christlich-Soziale Union* (Unione cristiano-sociale), partito dell'ex RFT.
C.S.Z. Consiglio Sanitario di Zona.
CT Catania (targa automobilistica).
C.T. **1.** Consulente Tecnico **2.** Consulenza Tecnica **3.** *T.sport.* Commissario Tecnico.
Ct. Connecticut.
CTE Certificati del Tesoro in ECU.
ctg *T.mat.* cotangente.
CTK agenzia cecoslovacca di stampa.
CTI **1.** Compagnia Turistica Italiana **2.** Consociazione Turistica Italiana (denominazione del TCI in epoca fascista, 1937-45).
CTR **1.** Certificati del Tesoro Reali **2.** Centro Territoriale di Riabilitazione.
CTS **1.** Certificati del Tesoro a Sconto **2.** Comitato Tecnico Scientifico (della programmazione economica).
CTU **1.** Consulente Tecnico di Ufficio **2.** Consulenza Tecnica di Ufficio.
CU Curaçao (sigla automobilistica).
C.U. Commissario Unico.
Cu *T.chim.* rame.
CUB Comitato Unitario di Base.
CUN **1.** Consiglio Universitario Nazionale **2.** Centro Ufologico Nazionale.
CUNA Commissione (Tecnica) di UNificazione dell'Automobile.
CUS Centro Universitario Sportivo.
CUSI Centro Universitario Sportivo Italiano.
CUT Centro Universitario Teatrale.
CUZ Consiglio Unitario di Zona (sindacale).
CV cavallo vapore.
Cv *T.fis.* calore specifico, a volume costante.
c.v.d. come volevasi dimostrare.
CVh cavallo-ora.
CVL Corpo Volontari della Libertà.
c.vo corsivo.
CVS Centro Volontari della Sofferenza.
Cx *T.fis.* Coefficiente di penetrazione aerodinamica.
Cy Cipro (sigla automobilistica).
Cys *T.chim.* cistina.
CySH *T.chim.* cisteina.
CZ Catanzaro (targa automobilistica).

D **1.** Germania ovest (sigla automobilistica) **2.** (treno) Diretto **3.** Decreto **4.** *T.fis.* induzione elettrica **5.** *T.chim.* deuterio **6.** 500, nella numerazione romana **7.** *T.mus.* dominante **8.** *T.mat.* Divisore fisso **9.** *T.farm.* dose **10.** donna (negli scacchi) **11.** Domenica.
d **1.** lat. *dies* (giorno solare medio) **2.** (derrate) deperibili **3.** deci- (prefisso unità di misura).
DA Documenti contro Accettazione.
da deca- (prefisso unità di misura).
DAC ingl. *Development Assistance Committee* (Comitato per l'assistenza economica).
Dad. Direzione (centrale) antidroga.
DAF ol. *(Van) Doornés Automobiel Fabrieken* (fabbrica automobilistica olandese).
dag. decagrammo.
Dak. Dakota.
dal. decalitro.
dam. decametro.

DAMS Discipline delle Arti, della Musica, dello Spettacolo (corso di laurea della facoltà di Lettere di Bologna).
DAN AIR Linee Aeree Danesi.
DAT ingl. *Digital Audio Tape* (videonastro digitale).
DB **1.** ingl. *T.inform Data Base* (base di dati) **2.** ted. *Deutsche Bundesbahn* (Ferrovie federali tedesche).
dB *T.fis.* decibel.
DBA ingl. *T.inform Data Base Administration* (Banca Dati Amministrativi).
DBMS *T.inform. Data Base Management System* (sistema di gestione di basi dati).
DBS ingl. *Direct Broadcasting by Satellite* (diffusione diretta da satellite).
D.C. **1.** Democrazia Cristiana **2.** ingl. *District of Columbia* (distretto federale di Columbia).
d.C. dopo Cristo.
d.c. **1.** *T.mus.* daccapo **2.** ingl. *T.fis. direct current* (corrente continua).
D.C.F. ingl. *Discounted Cash Flow* (flusso di fondi con tasso di sconto già calcolato).
D.C.G. Decreto del Capo del Governo.
D.C.P.S. Decreto del Capo Provvisorio dello Stato.
D.cr. *T.mil.* divisione corazzata.
DCS Dipartimento per la Cooperazione e lo Sviluppo.
D.C.S. Decreto del Capo dello Stato.
DD (treno) Direttissimo.
dd. lat. *Dies* (giorni).
D.D.L., **d.d.l.** disegno di legge.
d.d.p. *T.fis.* differenza di potenziale.
DDR ted. *Deutsche Demokratische Republik* (Repubblica Democratica Tedesca).
DDT DicloroDifenilTricloretano (insetticida).
Del. Delaware.
Decl. declinazione (nelle carte topografiche).
decr. *T.mus.* decrescendo.
D.E.I. Dizionario Enciclopedico Italiano.
D.E.L.I. Dizionario Etimologico della Lingua Italiana.
D.F. *T.giur.* Diritto Finanziario.
Df. radiogoniometro.
D.F.F. ted. *Deutscher FernsehFunk* (televisione tedesca).
D.G. Direzione Generale.
dg decigrammo.
DGV Direzione Generale Valute.
D.I. Decreto Interministeriale.
DIA Direzione Investigativa Antimafia.
DIGOS Divisione Investigazioni Generali e Operazioni Speciali (di polizia).
dim. *T.mus.* diminuendo.
DIN ted. *Deutsche Industrie Norme* (Norma industriale tedesca (per misure, strumenti ecc.)).
dipl. diploma.
DIRSTAT Associazione nazionale Funzionari DIRettivi dell'Amministrazione dello STATo.
dis. **1.** Disposizione **2.** disegno.
Distr. *T.mil.* distretto.
div. **1.** *T.banc.* dividendo **2.** *T.fis.* divergenza.
D.J. Disk Jockey.
DK Danimarca (sigla automobilistica).
DL *T.chim.* Dose Letale.
D.L. **1.** Decreto Legge **2.** Direttore dei Lavori.
dl decilitro.
D.L.C.P. Decreto Legislativo del Capo Provvisorio dello Stato.
D.lg. Decreto Legislativo.
D.lgt. Decreto luogotenenziale.
D.L.L. Decreto Legislativo Luogotenenziale.
D.M. Decreto Ministeriale.
dm decimetro.
DNA ingl. *T.chim. DeoxyriboNucleic Acid* (acido desossiribonucleico).
D.O.C. Denominazione di Origine Controllata.
doc. documento.
D.O.C.G. Denominazione di Origine Controllata e Garantita.
DOM Repubblica Dominicana (sigla automobilistica).
D.O.M. lat. *Deo Optimo Maximo* (a Dio, Ottimo Massimo).
DOS ingl. *T.inform. Disk Operating System* (sistema operativo su disco).
dott. dottore (v. Dr.).
dott.sa dottoressa.
DP **1.** Decreto Presidenziale **2.** Decreto Penale **3.** ingl. *Displaced Persons* (perseguitati politici) **4.** Democrazia Proletaria.
D.P. documenti contro pagamento.
DPA ted. *Deutsche Presse Agentur* (agenzia di stampa tedesca).
D.P.C. Decreto del Presidente del Consiglio.
DPN ingl. *DiphosphoPyridine Nucleotide* (difosfopiridin nucleotide).
D.P.R. Decreto del Presidente della Repubblica.
Dr. ingl. *Doctor* (dottore).
dr ingl. *T.fis.* dram (dramma).
DS dan. *Danik Standardiseringsrad* (Associazione danese di Standardizzazione).
d.s. dal segno.
DSB ingl. *Double-Side Band* (doppia banda laterale).
DSc ingl. *Doctor of Science* (Dottore in Scienze), terzo livello di laurea nelle università anglosassoni corrispondente alla libera docenza.
DSE Dipartimento Scuola Educazione.
DSNA ingl. *Dictionary Society of North America* (società lessicografica nord americana).
D.S.P. Diritti Speciali di Prelievo.
D.T. Direttore Tecnico.
D.V. lat. *Deo Volente* (a Dio piacendo).
DY Benin (sigla automobilistica).
Dy *T.chim.* disprosio.
Dyn *T.fis.* dina.
DZ Algeria (sigla automobilistica).

E **1.** Spagna (sigla automobilistica) **2.** Est **3.** *T.fis.* Campo elettrico | costante dielettrica **4.** *T.chim.* Additivo alimentare (E 124 rosso coccinìglia, E 251 sodio nitrato, E 230 difenile, E 300 acido ascorbico, E 322 lecitina ecc.) **5.** Itinerario Europeo (nella segnaletica stradale) **6.** edile **7.** Eka- (prefisso unità di misura).
e **1.** *T.fis.* carica elettrica dell'elettrone **2.** *T.mat.* numero irrazionale approssimato a 2,7182818 **3.** Marchio della CEE a garanzia del peso netto di un prodotto preconfezionato.
E.A. Ente Autonomo.
E.A.A. ingl. *East Africa Airways* (Linee Aeree dell'Africa Orientale).
E.A.D. *T.inform.* Elaborazione Automatica dei Dati (v. ADP).
EAGAT Ente Autonomo Gestione Aziende Termali.
EAK Kenia (sigla automobilistica).
EAM Ente Autotrasporti Merci.
EAN ingl. *European Article Numbering* (numerazione d'articolo europea), sistema di codifica a barre di prodotti confezionati di largo consumo.
EAT Tanzania (sigla automobilistica).
E.A.T. Extra Alta Tensione.
EAU Uganda (sigla automobilistica).
EAZ Tanzania (sigla automobilistica, v. EAT).
EB *T.mar.* EntroBordo.
E.B.C.D.I.C. ingl. *T.inform. Extended Binary Coded Decimal Interchange Code* (codifica per scambio di informazione decimale estesa codificata in binario).
EBR Efficacia Biologica Relativa.
EBU **1.** ingl. *European Boxing Club* (Unione pugilistica europea) **2.** ingl. *European Broadcasting Union* (Unione europea di radiodiffusione).
EC **1.** Ecuador (sigla automobilistica) **2.** Eurocity.
EC Estratto Conto.
e.c. lat. *exempli causa* (per esempio).
ECA **1.** Ente Comunale Assistenza **2.** ingl. *Economic Commission for Africa* (Commissione economica per l'Africa).
ECAFE ingl. *Economic Commission for Asia and Far East* (Commissione economica per l'Asia e l'Estremo Oriente).
ECAP Ente Confederale Addestramento Professionale.
Ecc. Eccellenza.
ecc. eccetera.
ECE ingl. *Economic Commission for Europe* (Commissione economica per l'Europa).
ECG ElettroCardioGramma.
ECLA ingl. *Economic Commission for Latin America* (Commissione economica per l'America latina).
eccl. ecclesiastico.
ECM ingl. *T.aer. Electronic Counter-Measures* (Contromisure elettroniche).
ECOSOC ingl. *ECOnomic and SOcial Council* (Consiglio economico e sociale (dell'ONU)).
ECU ingl. *European Currency Unit* (unità monetaria europea).
Ed. **1.** Editore **2.** ingl. *Editor* (curatore).
ed. **1.** edizione **2.** ingl. *edited by* (curato da).
EDAGRICOLE EDizioni AGRICOLE.
EDI EDitrice Industriale.
EDP ingl. *T.inform. Electronic Data Processing* (elaborazione elettronica dei dati).
EDTA Acido etilendiamminotetracetico.
EE Escursionisti Esteri (targa automobilistica).
E.E.D. *T.inform.* Elaborazione Elettronica dei Dati.
EEG ElettroEncefaloGramma.
EFB *T.mar.* EntroFuoriBordo.
eff. effettivo.
EFI Ente Finanziamenti Industriali.
EFIBANCA Ente FInanziario InterBANCArio.
EFIM Ente (partecipazioni) e Finanziamenti Industrie Manufatturiere.

EFTA ingl. *European Free Trade Association* (Associazione europea di libero scambio).
e.g. lat. *exempli gratia* (a titolo di esempio).
EGAM Ente (autonomo) di Gestione per le Aziende Minerarie.
Egr. Egregio.
EHF ingl. *Extremely High Frequency* (frequenza estremamente elevata).
E.I. Esercito Italiano (targa automobilistica).
E.I.A.R. Ente Italiano Audizioni Radiofoniche (oggi RAI).
E.I.M.A. Esposizione Internazionale delle Industrie di Macchine per l'Agricoltura.
EIR Irlanda (sigla automobilistica).
EIST Ente Italiano Scambi Teatrali.
EL AL ingl. *Israel Airlines* (Linee aeree israeliane).
ELAS gr. *Ellenikòn Laikós Apeleuterotikós Stratòs* (corpo popolare greco di liberazione).
ELDO ingl. *European (Space) Launcher Development Organization* (Organizzazione europea per lo sviluppo di vettori (spaziali)).
ELISA ingl. *Enzime Linked Immuno Sorbent Assay* (Prova di immunoassorbimento legata all'enzima), per la diagnosi dei portatori di virus dell'AIDS.
Elivie Società Italiana Esercizio Elicotteri.
Em *T.chim.* emazio.
Em. Eminenza.
EMA ingl. *European Monetary Agreement* (Accordo monetario europeo).
EMC ingl. *ElectroMagnetic Compatibility* (compatibilità elettromagnetica).
E.M.E.S. Edizioni Mediche e Scientifiche.
EMI ingl. *ElectroMagnetic Interference*
E.M.I. ingl. *Electric and Music Industries* (Industrie elettriche e musicali).
EMIT Ente Morale Istruzione Tecnica.
EN Enna (targa automobilistica).
ENA fr. *Ecole Nationale d'Administration* (Scuola nazionale di amministrazione).
ENAIP Ente Nazionale ACLI per l'Istruzione Professionale.
ENAL **1.** Ente Nazionale Assistenza Lavoratori **2.** Ente NAzionale Lotterie.
ENALC Ente Nazionale Addestramento Lavoratori del Commercio.
ENALOTTO concorso pronostici abbinato alle estrazioni del lotto e organizzato dall'ENAL.
ENAM **1.** Ente Nazionale Assistenza (alla gente del) Mare **2.** Ente Nazionale Assistenza Magistrale.
ENAOLI Ente Nazionale per l'Assistenza agli Orfani dei Lavoratori Italiani.
ENAPI Ente Nazionale dell'Artigianato e delle Piccole Industrie.
ENARS Ente NAzionale per la Ricreazione Sociale.
ENASARCO Ente Nazionale di ASsistenza per gli Agenti e Rappresentanti di COmmercio.
ENBPS Ente Nazionale di Biblioteche Popolari e Scolastiche.
ENCAT Ente Nazionale Corse Al Trotto.
ENCC Ente Nazionale Cellulosa e Carta.
ENCI **1.** Ente Nazionale Cinofilo Italiano **2.** Ente Nazionale per il Cavallo Italiano.
ENCIP Ente Nazionale Centro Istruzione Professionale.
ENCRA Ente Nazionale delle Casse Rurali Agrarie (ed Enti Ausiliari).
ENDAS Ente Nazionale Democratico Azione Sociale.
ENE Est-Nord-Est.
ENEA **1.** (Comitato nazionale per la ricerca e lo sviluppo) dell'Energia Nucleare e delle Energie Alternative (ex CNEN) **2.** ingl. *European Nuclear Energy Agency* (agenzia europea per l'energia nucleare).
ENEL Ente Nazionale per l'Energia Elettrica.
ENFAP Ente Nazionale Formazione Addestramento Professionale.
ENI Ente Nazionale Idrocarburi.
ENIAC ingl. *T.inform. Electronic Numerical Integrator And Computer* (integratore ed elaboratore numerico elettronico).
ENIC Ente Nazionale Industrie Cinematografiche.
ENIT Ente Nazionale Italiano per il Turismo.
ENM Ente Nazionale della Moda.
ENPA Ente Nazionale Protezione Animali.
ENPAS *disus.* Ente Nazionale di Previdenza e Assistenza (per i dipendenti) Statali.
ENPI Ente Nazionale Prevenzione Infortuni.
ENS Ente Nazionale Sordomuti.
E.O. Estremo Oriente.
E.& O.E. ingl. *Errors and Omissions Excepted* (salvo errori ed omissioni).
EOKA gr. *Ethniké Organósis Kyprion Agoniston* (Organizzazione nazionale combattenti ciprioti).
EP ingl. *Extended Playing* (esecuzione estesa), nei microsolchi a 45 giri.
EPACA Ente di Patronato e Assistenza per i Coltivatori Agricoli.
EPASA Ente di Patronato e Assistenza Sociale per gli Artigiani.
EPROM *T.inform. Erasable and Programmable Read Only Memory* (memoria a sola lettura cancellabile e programmabile).
E.P.T. Ente Provinciale per il Turismo.
EPTA ingl. *Expanded Program for Technical Assistance* (Programma ampliato di assistenza tecnica (dell'ONU)).
EPU ingl. *European Payments Union* (Unione europea dei pagamenti).
EQ Ecuador (sigla automobilistica).
eq. *T.mat.* equazione.
Er *T.chim.* erbio.
ERA ingl. *Evoked Response Audiometry* (audiometria per potenziali evocati).
E.R.A.S. Ente Riforma Agraria della Sicilia.
ERDA ingl. *Energy Research and Development Administration* (Ente per la ricerca e lo sviluppo energetico (in USA)).
E.R.I. Edizioni R.A.I. Radiotelevisione Italiana.
ERIT Ente Riscossione Imposte e Tasse.
Erl *T.fis.* erlang.
ERP ingl. *European Recovery Program* (piano di ricostruzione europea), noto anche come Piano Marshall.
ERW ingl. *Enhanced Radiation Weapon* (ordigno (nucleare) a radiazione intensificata (bomba al neutrone)).
ES El Salvador (sigla automobilistica).
E.S. *T.med.* Elettroshock.
Es *T.chim.* einstenio.
es. esempio.
ESA **1.** ingl. *European Space Agency* (Ente spaziale europeo) **2.** Ente di Sviluppo Agricolo.
ESCOPOST Esclusiva Postale.
ESCP ingl. *Earth Science Curriculum Project* (progetto per un programma di Scienze della Terra).
ESDAC ingl. *European Space DAta Centre* (Centro europeo dei dati spaziali).
ESE Est-Sud-Est.
ESIT Ente Sardo Industrie Turistiche.
ESLAB ingl. *European Space (Research) LABoratory* (Laboratorio europeo di ricerche spaziali).
ESO ingl. *European Southern Observatory* (osservatorio astronomico europeo dell'emisfero meridionale).
ESP ingl. *Extra Sensory Perception* (Percezione extra sensoriale).
ESPI Ente Siciliano Per l'Industrializzazione.
ESPRIT ingl. *European Strategic Program for Research (and Development) in Information Technology* (Programma strategico europeo per la ricerca (e lo sviluppo) nella tecnologia dell'informazione).
ESR *T.fis.* risonanza di spin elettronico (v. NMR).
ESRIN ingl. *European Space Research INstitute* (Istituto europeo di ricerche spaziali).
ESRO ingl. *European Space Research Organisation* (Organizzazione europea di ricerche spaziali).
ESRTC ingl. *European Space Research and Technology Centre* (Centro europeo di ricerche e tecnologie spaziali).
ET **1.** Egitto (sigla automobilistica) **2.** ingl. *Ethiopian Airlines* (linee aeree etiopiche) **3.** Extra Terrestre.
ETA *Euzkadi Ta Arkatasuna* (Patria basca e libertà), organizzazione clandestina per l'indipendenza dei paesi baschi.
etc. lat. *et cetera* (eccetera).
ETH Etiopia (sigla automobilistica).
ETI Ente Teatrale Italiano.
EU Europa (sigla automobilistica).
Eu *T.chim.* europio.
euf. eufemismo.
EUR Esposizione Universale di Roma.
EURALEX ingl. *EURopean Association for LEXicography* (associazione lessicografica europea).
EURATOM Comunità Europea dell'Energia Atomica.
Eurocity (treno) intercity europeo.
EUROCONTROL fr. *Organisation européenne pour la securité du trafic aérien* (Organizzazione europea per la sicurezza del traffico aereo).
Eurotransplant ingl. *European Transplant* ((Organizzazione) europea per i trapianti (d'organo)).
EV Elivie.
E.V. **1.** Eccellenza Vostra **2.** Era Volgare.
eV *T.fis.* elettronvolt.
EVN Eurovisione.
E.W.R. ingl. *Early Warning Radar* (radar d'avvistamento a distanza).
EXIMBANK ingl. *EXport IMport BANK* (banca per l'esportazione e l'importazione).
EXP (treno) espresso.
exp. ingl. *exponential* (esponenziale).

F **1.** *T.chim.* fluoro **2.** *T.fis.* farad | faraday **3.** *T.fis.* frequenza **4.** Francia (sigla automobilistica) **5.** falso **6.** fiume (nelle carte geografiche).
°F *T.fis.* grado Fahrenheit.
f **1.** *T.mus.* forte **2.** *T.fot.* apertura relativa

di un obbiettivo fotografico **3.** *T.filol.* foglio (nei codici) **4.** femto- (prefisso unità di misura).

FA fosfatasi alcalina.

F.A.C. fr. *Fonds d'Aide et de Coopération* (Fondi di aiuto e cooperazione).

FAD ingl. *Flavin-Adenine Dinucleotide* (flavin-adenin-dinucleotide).

FAI **1.** Fondo Ambiente Italiano **2.** Federazione Anarchica Italiana.

FAIAT Federazione delle Associazioni Italiane Alberghi e Turismo.

F.A.L. Foglio degli Annunzi Legali.

FANS Farmaci Antiinfiammatori Non Steroidei.

FAO ingl. *Food and Agriculture Organisation* (Organizzazione (ONU) per l'alimentazione e l'agricoltura).

FAP Fondo Adeguamento Pensioni.

F.A.P.A.M.P. Fondo Adeguamento Pensioni e Assistenza Malattie Pensionati.

fasc. fascicolo.

FASDAI Fondo per l'Assistenza Sanitaria ai Dirigenti Aziende Industriali.

FASI Fondo Assistenza Sanitaria Integrativa.

FAST Federazione delle Associazioni Scientifiche e Tecniche.

FATSE Forze Alleate Terrestri del Sud Europeo (NATO).

fatt. fattura.

FB *T.mar.* FuoriBordo.

F.B.I. ingl. *Federal Bureau of Investigation* (Ufficio federale investigativo).

F.C. Fuori Corso (di studenti universitari).

FCI **1.** Federazione Ciclistica Italiana **2.** fr. *Fédération Cynologique Internationale* (Federazione internazionale di cinofilia).

f.co franco.

FD **1.** Filodiffusione **2.** ingl. *Flying Dutchman* (olandese volante), tipo di barca a vela.

FDA ingl. *Food and Drug Administration* ((Ente USA) per il controllo degli alimenti e dei farmaci).

FDC ingl. *T.filat. First Day Cover* (busta primo giorno di emissione).

F.d.L. Fiera del Levante.

FDM ingl. *T.elettr. Frequency Division Multiplexing* (multiplex a divisione di frequenza).

F.D.P. ted. *Freie Demokratische Partei* (Partito Liberaldemocratico (tedesco)).

FE Ferrara (targa automobilistica).

Fe *T.chim.* ferro.

FECOM Fondo Europeo di COoperazione Monetaria (ex FEDCOM).

F.E.D. fr. *Fonds Européens de Développement* (Fondi europei di sviluppo).

Fed. ingl. *Federal (reserve)* ((Riserva) federale), la banca centrale USA.

FEDCOM Fondo Europeo Di COoperazione Monetaria.

FEDERCACCIA Federazione (italiana) della Caccia (v. F.I.D.C.).

FEDERCALCIO Federazione (italiana gioco) Calcio (v. F.I.G.C.).

FEDERCONSORZI Federazione (italiana) dei Consorzi (agrari).

FEDERMECCANICA Federazione (sindacale dell'industria) Meccanica.

FEDERPRO Federazione Professionale della Pubblicità.

FEDERSTAMPA Federazione (nazionale della) Stampa (italiana).

FEDERTERRA Federazione (dei lavoratori della) Terra.

FEI Federazione Equestre Internazionale.

fem forza elettromotrice.

FEMEPA FEderazione Medici Enti di Previdenza e Assistenza.

FENDAC FEderazione Nazionale Dirigenti Aziende Commerciali.

FENDEP FEderazione Nazionale Dirigenti Enti Pubblici.

FENEAL FEderazione Nazionale Edili Affini e Legno.

FENIT FEderazione Nazionale Imprese Trasporti.

FEOGA Fondo Europeo di Orientamento e Garanzia Agricola.

FEPA Federazione Europea per la Protezione delle Acque.

FERPI FEderazione Relazioni Pubbliche Italiana.

Ferr. ferrovia.

FERROTRANVIERI Federazione Nazionale Autoferrotranvieri e Internavigatori.

FERT lat. *Fortitudo Eius Rhodum Tenuit* (il suo coraggio difese Rodi), motto di casa Savoia.

FES Fondo Europeo di Sviluppo.

FET **1.** ingl. *Field-Effect-Transistor* (transistor a effetto campo) **2.** sp. *Falange Española Tradicionalista* (Falange tradizionalista spagnola).

ff **1.** *T.mus.* fortissimo **2.** facente funzioni.

FF.AA. Forze Armate.

FFSS Ferrovie dello Stato (oggi FS).

FG Foggia (targa automobilistica).

fg *T.fis.* frigoria.

FGCI Federazione Giovanile Comunista Italiana.

F.G.I. Federazione Ginnastica Italiana.

FGR Federazione Giovanile Repubblicana.

FGSI Federazione Giovanile Socialista Italiana.

FI Firenze (targa automobilistica).

F.I. *T.fis.* frequenza intermedia.

FIA **1.** Federazione Internazionale dell'Automobile **2.** Federazione Internazionale dell'Artigianato **3.** fr. *Fédération Internationale des Acteurs* (Federazione internazionale degli attori) **4.** *T.fis.* Frequenza Intermedia Audio **5.** fr. *Fédération Internationale d'Astronautique* (Federazione internazionale di astronautica).

F.I.A.D.E.L. Federazione Italiana Autonoma Dipendenti Enti Locali.

FIAP **1.** Federazione Italiana delle Associazioni Partigiane **2.** Federazione Italiana Atletica Pesante.

FIARO Federazione Italiana Associazioni Regionali Ospedalieri.

FIAS Federazione Italiana Attività Subacquee.

FIAT Fabbrica Italiana Automobili Torino.

FIB **1.** Federazione Italiana Bridge **2.** Federazione Italiana Bancari **3.** Federazione Italiana Bocce **4.** Federazione Italiana di Baseball dilettanti.

FIBA fr. *Fédération Internationale de Basketball Amateur* (Federazione internazionale del basket).

F.I.B.M.A.A. Federazione Italiana Barbieri Misti Acconciatori Affini.

FIBS Federazione Italiana Baseball Softball.

FIC **1.** Federazione Italiana Canottaggio **2.** Federazione Italiana Cronometristi **3.** ingl. *Flight Information Center* (centro di informazioni per il volo).

FID fr. *Fédération Internationale de Documentation* (Federazione internazionale di documentazione).

FIDA Federazione Italiana Dettaglianti dell'Alimentazione.

FIDAC Federazione Italiana Dipendenti da Aziende di Credito.

F.I.D.A.E. **1.** Federazione degli Istituti Dipendenti dalle Autorità Ecclesiastiche **2.** Federazione degli Istituti Di Attività Educativa.

FIDAL Federazione Italiana Di Atletica Leggera.

FIDAPA Federazione Italiana Donne Arti Professioni Affari.

F.I.d.C. Federazione Italiana della Caccia.

FIDE fr. *Fédération Internationale Des Echecs* (Federazione internazionale degli scacchi).

FIDEP Federazione Italiana Dipendenti da Enti Parastatali.

FIDES fr. *Fonds d'Investissement pour le Développement Economique et Social* (Fondi di investimento per lo sviluppo economico e sociale).

FIE fr. *Fédération Industrielles Européennes* (Federazione industriali d'Europa).

FIEG Federazione Italiana Editori Giornali.

FIEI fr. *Fédération Internationale des Editeurs des Journaux et Publications* (Federazione internazionale degli editori di giornali e pubblicazioni).

FIEL Federazione Italiana delle Emittenti Locali.

FIFA fr. *Fédération Internationale Football Association* (Federazione internazionale calcio).

FIFO ingl. *First In First Out* (primo entrato, primo a uscire), criterio di valutazione delle scorte.

FIG Federazione Italiana del Golf.

fig. figura.

FIGB Federazione Italiana Gioco Bocce.

FIGC Federazione Italiana Gioco Calcio.

FIGE Federazione Italiana Guide Esploratrici.

FIGISC Federazione Italiana Gestori Impianti Stradali Carburanti.

FIH **1.** Federazione Internazionale di Hockey **2.** fr. *Fédération Internationale de Handball* (Federazione internazionale di palla a mano).

FIHP Federazione Italiana Hockey e Pattinaggio.

FILC Federazione Italiana Lavoratori Chimici.

FILCA Federazione Italiana Lavoratori Costruzioni e Affini.

F.I.L.D.I.R. Federazione Internazionale Libera dei Deportati e Internati della Resistenza.

FILE Federazione Italiana Lavoratori Esattoriali.

FILM Federazione Italiana Lavoratori Marittimi.

FIM **1.** Federazione Italiana Metalmeccanici (CISL) **2.** Federazione Italiana Motonautica **3.** Federazione Italiana Motociclistica.

FIMA Federazione Italiana Mercanti d'Arte.

FIME Società FInanaziaria MEridionale.

F.I.M.S. Federazione Internazionale Medici Sportivi.

FIN Federazione Italiana Nuoto.

FINA fr. *Fédération Internationale de Natation*

Amateur (Federazione internazionale nuoto).
FINAM (società) FINanziaria Agricola Meridionale.
FINMARE (società) Finanziaria Marittima.
FINMECCANICA (società) FINanziaria MECCANICA.
FINNAIR Linee Aeree Finlandesi.
FINSIDER (società) FINanziaria SIDERurgica.
FIODS Federazione Internazionale Organizzazioni dei Donatori di Sangue.
FIOM **1.** Federazione Italiana Operai Metallurgici (CGIL) **2.** fr. *Fédération Internationale des Ouvriers des Métaux* (Federazione internazionale dei lavoratori metallurgici).
FIOT Federazione Italiana Operai Tessili.
FIP **1.** Federazione Italiana Pallacanestro **2.** Federazione Italiana Pallavolo **3.** Federazione Italiana della Pubblicità **4.** Federazione Italiana Postelegrafonici **5.** fr. *Fédération Internationale Pharmaceutique* (Federazione internazionale farmaceutica) **6.** fr. *Fédération Internationale de Philatelie* (Federazione internazionale filatelica).
FIPA **1.** Federazione Internazionale dei Produttori Agricoli **2.** Federazione Italiana Periti Agrari.
FIPAV Federazione Italiana PAllaVolo.
FIPB Federazione Italiana Palla Base.
FIPDI Fondo Integrativo Previdenza Dirigenti Industriali.
FIPE Federazione Italiana Pubblici Esercizi.
F.I.P.P. fr. *Fédération Internationale de la Presse Périodique* (Federazione internazionale della stampa periodica).
FIPS Federazione Italiana della Pesca Sportiva.
F.I.R. **1.** Federazione Italiana Rugby **2.** Federazione Italiana Ricetrasmissioni **3.** Federazione Internazionale della Resistenza.
FIRE ingl. *Fully Integrated Robotized Engine* (motore fatto con i robot totalmente integrato).
FIS **1.** Federazione Italiana Scherma **2.** Federazione Italiana della Scuola.
fis. fisica.
FISAC Fabbriche Italiane Seterie e Affini Como.
FISAF Federazione Italiana Sindacati Autonomi Finanziari.
FISAFS Federazione Italiana Sindacati Autonomi delle Ferrovie dello Stato.
FISAP Federazione Italiana Sindacati Artisti Professionisti.
FISASCAT Federazione Italiana Sindacati Addetti Servizi Commerciali Affini e del Turismo.
FISE Federazione Italiana Sport Equestri.
FISG Federazione Italiana Sport Ghiaccio.
FISI Federazione Italiana Sport Invernali.
FISN Federazione Italiana Sci Nautico.
FISU Federazione Internazionale dello Sport Universitario.
FIT **1.** Federazione Italiana Tennis **2.** Federazione Italiana Tabaccai.
FITARCO Federazione Italiana di Tiro con l'ARCO.
FITAV Federazione Italiana Tiro A Volo.
FITeT Federazione Italiana Tennis Tavolo.
FIV **1.** Federazione Italiana Vela **2.** *T.fis.* Frequenza Intermedia Video.
FIVL Federazione Italiana Volontari della Libertà.
Fj. fiordo (nelle carte geografiche).
FJI Figi (sigla automobilistica).
FL Liechtenstein (sigla automobilistica).
Fl *T.chim.* fluoro.
Fla. Florida.
f.l.a. lat. *Fiat Lege Artis* (sia fatto a regola d'arte), nelle ricette mediche.
F.L.E.L. Federazione Lavoratori dipendenti Enti Locali.
F.lli fratelli.
Fl.oz ingl. *Fluid ounce* (oncia fluida).
FLM Federazione Lavoratori Metalmeccanici (CGIL, CISL, UIL).
FLN Fronte di Liberazione Nazionale.
FLSI Federazione Lavoratori dello Spettacolo e dell'Informazione (CGIL, CISL, UIL).
F.M. ingl. *Frequency Modulation* (modulazione di frequenza).
Fm *T.chim.* fermio.
fm *T.fis.* fermi | fathom.
f.m. fine mese.
FMAC fr. *Fédération Mondial des Anciens Combattants* (Federazione mondiale degli ex combattenti).
FMI **1.** Fondo Monetario Internazionale (v. IMF) **2.** Federazione Motociclistica Italiana **3.** Federazione Medico-sportiva Italiana.
fmm forza magnetomotrice.
FMN **1.** Federazione Mondiale di Neurologia **2.** *T.chim.* flavinmononucleotide.
FMPA Federazione Mondiale per la Protezione degli Animali.
F.M.R. Franco Maria Ricci (casa Editrice).
FMSI Federazione Medico-Sportiva Italiana.
FNA Federazione Nazionale Assicuratori.
F.N.A.E.M. Federazione Nazionale Aziende Elettriche Municipalizzate.
F.N.A.M.G.A.V. Federazione Nazionale Aziende Municipalizzate Gas Acqua e Varie.
FNB ingl. *Federal Narcotics Bureau* (Ufficio federale (USA) per i narcotici).
FNCA Federazione Nazionale della Cooperazione Agricola.
FNCV Federazione Nazionale del Commercio Vinicolo.
FNDAI Federazione Nazionale Dirigenti Aziende Industriali.
FNISM Federazione Nazionale Insegnanti Scuole Medie.
FNM Ferrovie Nord Milano.
FNOM Federazione Nazionale degli Ordini dei Medici.
FNSA Federazione Nazionale Stampa Associata.
FNSI Federazione Nazionale della Stampa Italiana.
FO Forlì (targa automobilistica).
FOA ingl. *Foreign Operations Administration* (Amministrazione per le operazioni all'estero).
FOB ingl. *Free On Board* (franco bordo), in USA franco vagone partenza.
FOBS ingl. *Fractional Orbital Bombardment System* (Sistema di bombardamento orbitale frazionario).
FOCA ingl. *Formula One Constructors Association* (Associazione costruttori formula uno).
FOFI Federazione (nazionale) degli Ordini dei Farmacisti Italiani.
FOIST FOndazione (per lo sviluppo della) ISTruzione (scientifica).
FORMEZ (centro di) FORmazione (e studi del) MEZzogiorno.
FORTRAN ingl. *T.inform. FORmula TRANslating (System)* (sistema traduttore di formule), linguaggio di programmazione.
F.P. fr. *France Presse* (Agenzia di stampa francese).
fp *T.mus.* forte-piano.
FPI **1.** Federazione Pugilistica Italiana **2.** Federazione Pensionati Italiani (CGIL, CISL, UIL).
FPL Fronte Popolare di Liberazione.
F.Q. *T.mil.* fuori quadro.
FR Frosinone (targa automobilistica).
Fr **1.** *T.chim.* francio **2.** *T.fis.* franklin.
fr. franco.
Fr.f., **Frf** franco francese.
Fr.s., **Frs** franco svizzero.
FS Ferrovie dello Stato.
FSC Fratelli Scuole Cristiane.
FSH ingl. *Follicle-Stimulating Hormone* (ormone follicolostimolante).
FSI **1.** Federazione Scacchistica Italiana **2.** Federazione Spiritista Internazionale.
FSM Federazione Sindacale Mondiale.
ft ingl. *foot* (piede).
f.t. fuori testo.
ft cd ingl. *T.fis. foot-candle* (piede-candela).
F.te forte (nelle carte geografiche).
f.to firmato.
FTT ingl. *Free Territory of Trieste* (nell'immediato dopoguerra, zona franca di Trieste).
F.U. Farmacopea Ufficiale.
FUAN Fronte Universitario di Azione Nazionale.
FUCI Federazione Universitaria Cattolica Italiana.
FULAT Federazione Unitaria dei Lavoratori degli AeroTrasporti (CGIL, CISL, UIL).
FULC Federazione Unitaria Lavoratori Chimici (CGIL, CISL, UIL).
FULS Federazione Unitaria Lavoratori dello Spettacolo.
FULTA Federazione Unitaria Lavoratori Tessili e dell'Abbigliamento (CGIL, CISL, UIL).
FUORI Fronte Unitario Omosessuale Rivoluzionario Italiano.

G **1.** *T.chim.* guanina **2.** *T.fis.* gauss **3.** Gabon (sigla automobilistica) **4.** Guatemala (sigla automobilistica) **5.** grado centesimale **6.** golfo (nelle carte geografiche) **7.** *T.fot.* Gamma (misura del contrasto riprodotto in una negativa) **8.** giga- (prefisso unità di misura).
g **1.** giorno **2.** *T.fis.* accelerazione di gravità | grammo.
g. grani (nelle ricette mediche).
G.A. **1.** *T.giur.* Giunta Amministrativa **2.** *T.mil.* Genio Aeronautico.
Ga *T.chim.* gallio.
Ga. Georgia.
gA grammo atomo.
GABA ingl. *Gamma AmminoButyric Acid* (acido gamma amminobutirrico).
GAD Gruppo di Arte Drammatica.

gal *T.fis.* gallone.

GALS Gruppi Aziendali dei Lavoratori Socialisti.

G.A.M. Gruppi Ardenti Mariani.

Gamma G *T.fis.* Gamma Glutamil Transpeptidasi.

GAP **1.** Gruppo di Azione Patriottica **2.** Gruppo di Azione Partigiana.

GATT ingl. *General Agreement on Tariffs and Trade* (Accordo generale sulle tariffe e sul commercio).

Gazz. Uff. Gazzetta Ufficiale.

GB Regno Unito di Gran Bretagna e Irlanda del Nord (sigla automobilistica).

Gb *T.fis.* gilbert.

GBA Isola Alderney (Gran Bretagna, sigla automobilistica).

GBG Isola Guernsey (Gran Bretagna, sigla automobilistica).

GBJ Isola di Jersey (Gran Bretagna, sigla automobilistica).

GBM Isola di Man (Gran Bretagna, sigla automobilistica).

GBZ Gibilterra (sigla automobilistica).

G.C. **1.** Gesù Cristo **2.** Genio Civile **3.** Gran Croce (decorazione).

GCA Guatemala (sigla automobilistica).

G.C.A. ingl. *T.aer. Ground Controlled Approach* (Avvicinamento controllato da terra).

G.C.I. ingl. *T.aer. Ground Controlled Interception* (intercettazione controllata da terra).

Gd *T.chim.* gadolinio.

G. di F. Guardia di Finanza.

GE **1.** Genova (targa automobilistica) **2.** ingl. *General Electric* (Società elettrica generale).

G.E. **1.** *T.giur.* Giudice dell'Esecuzione **2.** Giovani Esploratori.

Ge *T.chim.* germanio.

G.E.C. (Mostra Internazionale) Grafica, Editoriale e Cartaria.

GEI Giovani Esploratori Italiani.

GEISI ingl. *General Electric Information System Italia* (Società generale elettrica per i sistemi di informazione Italia).

gen. *T.mil.* generale.

geogr. geografia.

geol. geologia.

geom. geometria, geometra.

GEPI **1.** Gestione Editoriale Periodici Italiani **2.** Gestione Esercizio Partecipazioni Industriali.

GESCAL GEStione CAse per Lavoratori.

GESTAPO ted. *GEheime STAats POlizei* (Polizia segreta di stato), nella Germania nazista.

GeV *T.fis.* GigaelettronVolt.

GG.FF. Guardie Forestali.

GG.NN. Guardie Nobili.

GH **1.** Ghana (sigla automobilistica) **2.** ingl. *Growth Hormone* (ormone della crescita).

Ghe.Pe.U russo *Gosudarstvennoe Politiceskoe Upravlenie* (Amministrazione politica dello stato), polizia politica in URSS.

G.I. **1.** Giudice Istruttore **2.** ingl. *Government Issue* (ogni appartenente alle forze armate USA, in quanto oggetto di equipaggiamento fornito dal governo ai militari).

GIAC Gioventù Italiana di Azione Cattolica.

GICA ingl. *Gastro Intestinal Cancer Associated Antigen* (antigene associato del tumore gastro-intestinale).

GIDAM Gruppo Italiano Drappieri Alta Moda.

G.I.L. Gioventù Italiana del Littorio (nell'Italia fascista).

G.I.M. Generale Industrie Metallurgiche.

GIP *T.giur.* Giudice Istruttoria Preliminare.

GISCEL Gruppo di Intervento e Studio nel Campo dell'Educazione Linguistica.

giur. giurisprudenza, giurista.

G.L. Giustizia e Libertà (movimento antifascista).

Gl *T.chim.* glucinio.

GLI Gioventù Liberale Italiana.

Glu *T.chim.* acido glutammico.

Gly *T.chim.* glicina.

G.M. **1.** Gran Maestro (di ordini cavallereschi) **2.** ingl. *General Motors* ((Società) generale di motori) **3.** *T.mil.* Genio Militare **4.** Guardia Medica **5.** guardiamarina.

G-man ingl. *Government man* (uomo del governo (in USA, appartenente all'FBI)).

GMT ingl. *Greenwich Mean Time* (tempo medio di Greenwich).

GN Gratifica Natalizia.

G.N. **1.** *T.mil* Genio Navale **2.** Gas Naturale.

G.N.L. Gas Naturale Liquefatto.

G.N.R. Guardia Nazionale Repubblicana (nella Repubblica Sociale italiana).

GO Gorizia (targa automobilistica).

G.O.I. Grande Oriente d'Italia (loggia massonica italiana).

GOP ingl. *Great Old Party* (il gran vecchio partito), negli USA il partito repubblicano.

G.P. **1.** Giunta Provinciale **2.** Gran Premio **3.** gratuito patrocinio **4.** ingl. *General Purpose* (per scopi generici).

G.P.A. Giunta Provinciale Amministrativa.

G.P.I. ingl. *T.aer. Ground Position Indicator* (indicatore di posizione rispetto a terra).

GPL **1.** Gas di Petrolio Liquefatti **2.** Gas Propano Liquido.

G.P.U. v. Ghe.Pe.U.

G.Q.G. *T.mil.* Gran Quartier Generale.

GR **1.** Grosseto (targa automobilistica) **2.** Grecia (sigla automobilistica) **3.** Giornale Radio.

gr **1.** grado centesimale **2.** ingl. *grain* (grano), unità di misura di peso.

G.R.A. **1.** Grande Raccordo Anulare **2.** fr. *Grande Randonnée des Alpes* (grande attraversata delle Alpi).

grad *T.fis.* gradiente.

G.R.U. russo *Glavnoe Razvedyvatelnoye Upravlenie* (Servizio Centrale di Informazione), servizi segreti sovietici.

Gr.Uff. Grand'Ufficiale.

G.S. Gruppo Sportivo.

Gs *T.fis.* gauss.

G.T. **1.** Gran Turismo **2.** Giudice Tutelare.

GTA Grande Traversata delle Alpi.

G.T.I. Gran Turismo Internazionale.

G.U. **1.** Gazzetta Ufficiale **2.** *T.mil.* grande unità.

GUF Gruppi Universitari Fascisti.

GULAG russo *Glavnoe Upravlenie (Isprovitel'notrudovych) LAGerei* (Amministrazione generale dei campi di lavoro correzionali).

GUS (Gruppo Nazionale) Giornalisti Uffici Stampa.

GU Guyana (sigla automobilistica).

G.V. grande velocità.

GW *T.fis.* gigawatt.

GWh *T.fis.* gigawattora.

Gy *T.fis.* gray.

H **1.** Ungheria (sigla automobilistica) **2.** ingl. *Hospital* (ospedale) **3.** *T.chim.* idrogeno | all'idrogeno, detto di bomba **4.** *T.fis.* campo magnetico | henry.

h **1.** altezza **2.** ora **3.** etto- (prefisso unità di misura).

Ha *T.chim.* hahnio.

ha ettaro.

HAV ingl. *Hepatitis A Virus* (virus A dell'epatite).

HB *T.fis.* durezza Brinell.

H.B. ingl. *Hard Black* (durezza media (di matite)).

Hb emoglobina.

HBcAG ingl. *Hepatitis B core Antigen* (antigene centrale dell'epatite B).

HbCO carbossiemoglobina.

HBe, **HBeAG** ingl. *Hepatitis B "e" AntiGen* (antigene "e" dell'epatite B).

HbO2 ossiemoglobina.

HBsAG ingl. *Hepatitis B surface AntiGen* (antigene di superficie dell'epatite B).

HCG ingl. *Human Chorionic Gonadotropin* (gonadotropina corionica umana).

HCS ingl. *Human Chorionic Somatotropic (Hormone)* ((ormone) somatotropico corionico).

HcT ematocrito.

HDTV ingl. *High Definition TV* (televisione ad alta definizione).

He *T.chim.* elio.

h.e. lat. *hoc est* (cioè).

HF ingl. *High Frequency* (alta frequenza).

Hf *T.chim.* afnio.

Hg *T.chim.* mercurio.

hg *T.fis.* ettogrammo.

H.H. ingl. *Double Hard* (durezza doppia (di matite)).

H.H.H. ingl. *Triple Hard* (durezza tripla (di matite)).

Hi Hawaii.

HIFI ingl. *HIgh FIdelity* (alta fedeltà).

His *T.chim.* istidina.

HIV ingl. *Human Immunodeficiency Virus* (virus dell'immuno deficienza umana), virus dell'AIDS.

hl ettolitro.

HLA ingl. *Human Limphocytic Antigens* (antigeni dei linfociti umani), antigeni di istocompatibilità.

HK Hong Kong (sigla automobilistica).

HKJ Giordania (sigla automobilistica).

H.M. ingl. *His, Her Majesty* (Sua Maestà).

hm ettometro.

Ho *T.chim.* olmio.

HP ingl. *Horse Power* (cavallo vapore).

HPL ingl. *Human Placental Lactogen* ((ormone) umano della placenta).

HR *T.fis.* durezza Rockwell.

H.R. ingl. *Human Relations* (relazioni umane).

H.R.M. ingl. *His, Her Royal Majesty* (Sua

Maestà Reale).

H.T. ingl. *High Temperature* (alta temperatura).

HTLV ingl. *Human T-cell Lymphotropic Virus* (virus linfotropo delle cellule umane T).

HV *T.fis.* durezza Vickers.

Hz *T.fis.* hertz.

I **1.** Italia (sigla automobilistica) **2.** *T.chim.* iodio **3.** *T.fis.* intensità di corrente elettrica **4.** 1 (nella numerazione romana).

I. isola (nelle carte geografiche).

i **1.** *T.mat.* unità immaginaria (radice quadrata di –1) **2.** (servizio) informazioni.

IA Intelligenza Artificiale.

Ia. Iowa.

IACP Istituto Autonomo per le Case Popolari.

IAD Istituto Accertamento Diffusione.

IAEA ingl. *International Atomic Energy Agency* (agenzia internazionale per l'energia atomica).

IAF ingl. *International Astronautical Federation* (Federazione astronautica internazionale).

I.A.L. Istituto Addestramento Lavoratori.

IARD Identificazione e Assistenza Ragazzi Dotati.

IARU fr. *International Amateur Radio Union* (Organizzazione internazionale radioamatori).

IASM Istituto di Assistenza allo Sviluppo del Mezzogiorno.

IATA ingl. *International Air Transport Association* (Associazione internazionale del trasporto aereo).

IAU ingl. *International Astronomical Union* (Unione astronomica internazionale).

IB Iberia (linee aeree spagnole).

IBA ingl. *Independent Broadcasting Authority* (Autorità indipendente di radiodiffusione).

IBI Istituto Bancario Italiano.

ibid. lat. *ibidem* (nello stesso luogo).

IBM ingl. *International Business Machines* ((Società) internazionale macchine per uffici).

I.B.P. Industrie Buitoni Perugina.

IBRD ingl. *International Bank of Reconstruction and Development* (Banca internazionale per la ricostruzione e lo sviluppo).

IC ingl. *Intercity* (treno rapido città-città).

I.C. **1.** Imposta Complementare **2.** ingl. *T.elettron. Integrated Circuit* (circuito integrato).

ICA ingl. *International Cooperative Alliance* (Alleanza cooperativa internazionale).

ICAO ingl. *International Civil Aviation Organisation* (Organizzazione internazionale dell'aviazione civile).

ICBM ingl. *InterContinental Ballistic Missile* (missile balistico intercontinentale).

ICC ingl. *International Chamber of Commerce* (Camera di commercio internazionale).

ICCREA Istituto di Credito delle Casse Rurali E Artigiane.

ICCRI Istituto di Credito delle Casse di Risparmio Italiane.

I.C.D.P. ingl. *International Confederation for Disarmament and Peace* (Confederazione internazionale per il disarmo e la pace).

ICE Istituto Nazionale per il Commercio Estero.

ICEPS Istituto per la Cooperazione Economica con i Paesi in via di Sviluppo.

ICIAP Imposta Comunale per l'esercizio di Imprese, Arti e Professioni.

ICIPU Istituto di Credito per le Imprese di Pubblica Utilità.

I.C.S. **1.** Istituto Centrale di Statistica **2.** Italia Che Scrive (periodico italiano di bibliografia).

ICLE Istituto di Credito per il Lavoro italiano all'Estero.

ICSC ingl. *International Committee for Satellite Communications* (Comitato internazionale per le comunicazioni via satellite).

ICSU ingl. *International Council of Scientific Unions* (Consiglio internazionale delle unioni scientifiche).

Id. Idaho.

id. idem.

IDA ingl. *International Development Association* (Associazione internazionale per lo sviluppo).

I.D.I. **1.** Istituto del Dramma Italiano **2.** Istituto Dirigenti Italiani.

I.d.L. Ispettorato del Lavoro.

IDP ingl. *Integrated Data Processing* (elaborazione integrata dei dati).

i.e. lat. *id est* (cioè).

IEA ingl. *International Energy Agency* (Agenzia internazionale per l'energia).

IEC ingl. *International Electrotechnical Commission* (Commissione internazionale (per gli standard) elettrotecnici).

IEE ingl. *International Electronic Engeneering* ((associazione) Internazionale di Ingegneria Elettronica).

IEMN Impulso ElettroMagnetico Nucleare.

IENGF Istituto Elettrotecnico Nazionale Galileo Ferraris.

I.F. ingl. *T.fis. Intermediate Frequency* (frequenza intermedia).

IF ingl. *infrared* (infrarosso).

IFALPA ingl. *International Federation of Air Line Pilots Associations* (Federazione internazionale delle associazioni di piloti di linee aeree).

IFAP **1.** ingl. *International Federation Agricultural Producers* (Federazione internazionale dei produttori agricoli) **2.** Istituto Formazione dell'Addestramento Professionale.

IFC ingl. *International Finance Corporation* (Società finanziaria internazionale).

IFF ingl. *Identification of Friend or Foe* (identificazione di amico o nemico), comunicazioni radar.

IFI Istituto Finanziario Italiano.

IFN interferone.

IG Sigla internazionale dell'ALISARDA.

Ig immunoglobulina.

IGC ingl. *International Geophysical Committee* (Comitato internazionale di geofisica).

IGE Imposta Generale sull'Entrata.

IGFA ingl. *International Game Fish Association* (Associazione internazionale pesca sportiva).

IGM **1.** Istituto Geografico Militare **2.** Ispettorato Generale della Motorizzazione.

IGU ingl. *International Geographical Union* (Unione geografica internazionale).

IH Sigla internazionale dell'ITAVIA.

I.H.S. lat. *Jesus Hominum Salvator* (Gesù redentore dell'umanità).

IIA Istituto Internazionale di Agricoltura.

IIB Istituto Internazionale dei Brevetti.

I.I.C.E. fr. *Institut International des Caisses d'Epargne* (Istituto internazionale delle Casse di Risparmio).

IIGB Istituto Internazionale di Genetica e Biofisica.

IILA Istituto Italo-Latino Americano.

I.I.P. fr. *Institut International de la Presse* (Istituto internazionale della stampa).

I.I.S.A. Istituto Internazionale delle Scienze Amministrative.

IL Israele (sigla automobilistica).

Ill. Illinois.

Ileu *T.chim.* isoleucina.

Ill.mo Illustrissimo.

I.L.O. ingl. *International Labour Organisation* (Organizzazione internazionale del lavoro).

ILSSE Insegnamento Lingue Straniere nella Scuola Elementare (nome di un progetto didattico).

ILOR Imposta LOcale sui Redditi.

ILRES Istituto Ligure di Ricerche Economiche e Sociali.

ILS ingl. *Instrumental Landing Systems* (sistemi di atterraggio strumentale).

ILSES Istituto Lombardo per gli Studi Economici e Sociali.

ILTE Industria Libraria Tipografica Editrice.

ILTF ingl. *International Lawn Tennis Federation* (Federazione internazionale del tennis su prato).

IM Imperia (targa automobilistica).

Im *T.mat.* parte immaginaria.

IMAO Inibitore della MonoAmminOssidasi.

IMCO ingl. *Intergovernmental Maritime Consultative Organisation* (Organizzazione intergovernativa consultiva marittima).

IMCTC Ispettorato (Generale) della Motorizzazione Civile e dei Trasporti in Concessione.

IMF ingl. *International Monetary Fund* (fondo monetario internazionale).

IMI **1.** Istituto Militare Italiano **2.** Istituto Mobiliare Italiano.

IMQ Istituto del Marchio di Qualità.

IMU ingl. *International Mathematical Union* (Unione matematica internazionale).

In *T.chim.* indio.

in ingl. *inch* (pollice).

INA Istituto Nazionale delle Assicurazioni.

INADEL Istituto Nazionale per l'Assistenza ai Dipendenti degli Enti Locali.

INAIL Istituto Nazionale per l'Assicurazione contro gli Infortuni sul Lavoro.

INAM Istituto Nazionale per l'Assistenza contro le Malattie (ente ora soppresso).

INAPLI Istituto Nazionale per l'Addestramento e il Perfezionamento dei Lavoratori dell'Industria.

INAS Istituto Nazionale Assistenza Sociale (patronato CISL).

INBS Istituto Nazionale di Biologia della Selvaggina.

inc. ingl. *incorporated* (registrato), negli Stati Uniti forma giuridica simile alla società per azioni.

INCA Istituto Nazionale Confederale di Assistenza (patronato CGIL).

INCE Istituto Nazionale per i Cambi con l'Estero.

INCIS Istituto Nazionale per le Case degli Impiegati dello Stato.

INCOM INdustria COrtoMetraggi.

IND India (sigla automobilistica).

I.N.D. lat. *In Nomine Domini* (nel nome del

Signore).

Ind. Indiana.

ind. indennità.

INDA Istituto Nazionale del Dramma Antico.

INDICOD Istituto Nazionale per la DIffusione della CODifica dei prodotti.

INEA Istituto Nazionale Economia Agraria.

ines. ineseguito.

infol. *T.tip.* in folio.

INFN Istituto Nazionale di Fisica Nucleare.

ing. ingegnere.

INGIC Istituto Nazionale per la Gestione delle Imposte di Consumo.

INIASA Istituto Nazionale per l'Istruzione e l'Addestramento nel Settore Artigiano.

INICA Istituto Nazionale Insegnamento Complementare Artigiano.

INPS Istituto Nazionale Previdenza Sociale.

INRCA Istituto Nazionale Ricovero e Cura Anziani.

INRI lat. *Jesus Nazarenus Rex Judaeorum* (Gesù Nazareno Re dei Giudei).

INT Istituto Nazionale Trasporti.

int. interessi.

INTELSAT ingl. *INternational TELecommunications SATellite (Consortium)* ((Consorzio) internazionale per le telecomunicazioni via satellite).

INTERPOL ingl. *INTERnational POLice* (polizia internazionale).

INTERSIND Sindacato delle Aziende a Partecipazione Statale.

INU Istituto Nazionale di Urbanistica.

INVEST (Sviluppo e Gestione) INVESTimenti (Mobiliari).

INVIM (Imposta comunale) sull'INcremento di Valore degli IMmobili.

IO ingl. *Input-Output* (entrata-uscita).

IOCS ingl. *Input-Output Control System* (sistema di controllo di entrata e uscita dei dati).

I.O.M. lat. *Jovi Optimo Maximo* (a Giove ottimo massimo).

IOR Istituto Opere di Religione (istituto bancario del Vaticano).

IPA **1.** ingl. *International Pediatric Association* (Associazione internazionale di pediatria) **2.** ingl. *International Phonetic Association* (Associazione fonetica internazionale) **3.** Istituto di Previdenza e Assistenza.

IPAB Istituzioni Pubbliche di Assistenza e Beneficienza.

IPAL Istituto Professionale ALberghiero.

IPAS Istituto Professionale di Stato per l'Agricoltura.

IPC Istituto Professionale per il Commercio.

IPET Istituto per la Pianificazione Economica Territoriale.

IPI **1.** ingl. *International Press Institute* (Istituto internazionale della stampa) **2.** Istituto Propaganda Internazionale.

IPS Istituto Poligrafico dello Stato.

IPSIA Istituto Professionale di Stato per l'Industria e l'Artigianato.

IPSOA Istituto Postuniversitario per lo Studio dell'Organizzazione Aziendale.

IPU ingl. *InterParliamentary Union* (Unione interparlamentare).

IR **1.** Iran (sigla automobilistica) **2.** infrarosso.

Ir *T.chim.* iridio.

IRA ingl. *Irish Republican Army* (esercito repubblicano irlandese), organizzazione armata clandestina.

IRBM ingl. *Intermediate Range Ballistic Missile* (missile balistico di media portata).

IRCE Istituto per le Relazioni Culturali con l'Estero.

IRFIS Istituto Regionale per il Finanziamento alle Industrie in Sicilia.

IRI Istituto per la Ricostruzione Industriale.

IRL Irlanda (sigla automobilistica).

IRO ingl. *International Refugee Organization* (Organizzazione internazionale per i rifugiati).

IRPEF Imposta sul Reddito delle PErsone Fisiche.

IRPEG Imposta sul Reddito delle PErsone Giuridiche.

IRQ Iraq (sigla automobilistica).

IRRSAE Istituto Regionale per la Ricerca, la Sperimentazione e l'Aggiornamento Educativo.

IRSEV Istituto Regionale per lo Sviluppo Economico del Veneto.

IRVAM Isituto per le Ricerche di Mercato e la Valorizzazione (della produzione) Agricola.

IS **1.** Isernia (targa automobilistica) **2.** Islanda (sigla automobilistica).

Is. Isola (nelle carte geografiche).

ISA ingl. *International (Federation of the national) Standardizing Associations* (Federazione internazionale delle Associazioni nazionali di unificazione).

ISAC ingl. *International Security Affairs Committee* (Comitato americano per la sicurezza internazionale).

ISBN ingl. *International Standard Book Number* (codice numerico internazionale per l'identificazione dei libri).

I.S.C.O. Istituto (Nazionale) per lo Studio della COngiuntura.

ISDN ingl. *Integrated Services Digital Network* (Rete numerica integrata nei servizi).

ISE Istituto per gli Studi di Economia.

ISEDI IStituto EDitoriale Internazionale.

ISEF Istituto Superiore di Educazione Fisica.

ISEO Istituto di Studi Economici e Organizzativi.

ISES Istituto per lo Sviluppo dell'Edilizia Sociale.

ISF ingl. *International Shipping Federation Ltd* (Federazione internazionale degli armatori).

ISFOL IStituto per la FOrmazione (professionale) dei Lavoratori.

ISMEO Istituto per gli Studi sul Medio e l'Estremo Oriente.

ISMETRAF IStituto di MEdicina del TRAFfico.

ISO ingl. *International Standards Organization* (Organizzazione internazionale di standardizzazione).

ISPESL Istituto Superiore per la Prevenzione E la Sicurezza sul Lavoro.

ISPI Istituto per gli Studi di Politica Internazionale.

ISPT Istituto Superiore delle Poste e Telecomunicazioni.

ISRU ingl. *International Scientific Radio Union* (Unione Radio Scientifica internazionale).

ISS Istituto Superiore di Sanità.

ISSEM Istituto di Studi per lo Sviluppo Economico delle Marche.

ISTAT Istituto (centrale) di STATistica.

ISTEL Indagine Sull'ascolto delle TELevisioni (in Italia).

ISTH fr. *Institut des Sciences et Techniques Humaines* (Istituto di scienze e tecniche umane).

ISTIM Istituto Superiore di Tecnologia Industriale e Meccanica.

ISVAP IStituto Vigilanza Assicurazioni Private (e di interesse collettivo).

ISVE Istituto di studi per lo SViluppo Economico.

ISVEIMER Istituto per lo SViluppo Economico dell'Italia MERidionale.

ISVET Istituto di studi per lo SViluppo Economico e per il Progresso Tecnico.

I.T. ingl. *Inclusive Tour* (viaggio tutto compreso).

i.t. indice trimestrale.

ITAL Istituto di Tutela e Assistenza Lavoratori (patronato UIL).

ITALCABLE (Servizi) Cablografici (Radiotelegrafici e Radioelettrici) Italiani.

ITALCASSE v. ICCRI.

ITALCEMENTI (Fabbriche) ITALiane (riunite) CEMENTI.

ITALGAS (Società) ITALiana per il GAS.

ITALPI ITALiana Partecipazioni Industriali (S.p.A.).

ITAPAC (Rete pubblica) ITAliana (per la trasmissione di dati a commutazione di) PACchetto.

ITAS Istituto Tecnico Agrario di Stato.

ITAV Ispettorato delle Telecomunicazioni e dell'Assistenza al Volo.

ITAVIA Linee Aeree Interne Italiane.

ITC Istituto Tecnico Commerciale.

ITCPA Istituto Tecnico Commerciale Periti Aziendali.

ITE Istituto Tipografico Editoriale.

ITES Istituto TEcnica Sindacale.

ITF Istituto Tecnico Femminile.

ITG Istituto Tecnico per Geometri.

ITIS Istituto Tecnico Industriale Statale.

ITO ingl. *International Trade Organization* (Organizzazione internazionale per il commercio).

ITP Insegnante Tecnico Pratico (nelle scuole medie superiori).

ITSOS Istituto Tecnico Statale a Ordinamento Speciale.

ITST Istituto Tecnico di Stato per il Turismo.

ITT ingl. *International Telephone and Telegraph* ((Società) internazionale dei telefoni e dei telegrafi).

ITU ingl. *International Telecommunication Union* (Unione internazionale delle telecomunicazioni).

IUB ingl. *International Union of Biochemistry* (Unione internazionale di biochimica).

IUBS ingl. *International Union of Biological Sciences* (Unione internazionale delle scienze biologiche).

IUC **1.** ingl. *International Union of Chemistry* (Unione internazionale di chimica) **2.** ingl. *International Union of Cristallography* (Unione internazionale di cristallografia).

IUD ingl. *IntraUterine Device* (dispositivo intrauterino), anticoncezionale.

IUGG ingl. *International Union of Geodesy and Geophysics* (Unione internazionale di geodesia e geofisica).

IUGS ingl. *International Union of Geological Sciences* (Unione internazionale delle scienze geologiche).

IUHPS ingl. *International Union of the History and Philosophy of Sciences* (Unione internazionale di storia e filosofia delle scienze).

IULM Istituto Universitario di Lingue Moderne.

IUPAC ingl. *International Union of Pure and Applied Chemistry* (Unione internazionale di chimica pura e applicata).

IUPAP ingl. *International Union of Pure and Applied Physics* (Unione internazionale di fisica pura e applicata).

IUPS ingl. *International Union of Physiological Sciences* (Unione internazionale delle scienze fisiologiche).

IUTAM ingl. *International Union of Theoretical and Applied Mechanics* (Unione internazionale di meccanica teorica e applicata).

IVA Imposta sul Valore Aggiunto.

I.V.D. lat. *Juris utriusque Doctor* (dottore dell'uno e dell'altro diritto (civile e canonico)).

IVECO ingl. *Industrial VEhicles COmpany* (Società di veicoli industriali).

IWG ingl. *International Working Group* (gruppo internazionale di lavoro).

IWS ingl. *International Wool Secretariat* (Segretariato internazionale della lana).

IWW ingl. *Industrial Workers of the World* (Lavoratori industriali del mondo).

IYHF ingl. *International Youth Hostels Federation* (Federazione internazionale degli ostelli per la gioventù).

IYRU ingl. *International Yacht Racing Union* (Unione internazionale delle gare di Yacht).

J **1.** Giappone (sigla automobilistica) **2.** *T.fis.* joule **3.** ingl. *Jack* (fante, nelle carte francesi).

j *T.mat.* unità immaginaria.

JA Giamaica (sigla automobilistica).

JAL ingl. *Japan Air Lines* (linee aeree giapponesi).

J.E.L. fr. *Jeunesse Européenne Libérale* (Gioventù liberale europea).

J.O.C. fr. *Jeunesse Ouvrière Chrétienne* (Gioventù operaia cristiana).

JR, **jr.** lat. *junior* (il più giovane).

K **1.** Cambogia (sigla automobilistica) **2.** Kochel (L. von Kochel, musicologo che catalogò le opere di Mozart) **3.** *T.fis.* kelvin **4.** *T.fis.* campo elettrico **5.** *T.chim.* potassio **6.** ingl. *King* (re, nelle carte francesi) **7.** *T.mar.* pericolo.

k chilo- (prefisso unità di misura).

kA *T.fis.* kiloAmpere, chiloampere.

Kal. lat. *kalendae* (calende, nelle iscrizioni latine).

kc *T.fis.* kilociclo, chilociclo.

kcal. *T.fis.* kilocaloria, grande caloria.

kcs *T.fis.* cicli al secondo.

K.D. ingl. *T.sport.* Knock-Down (colpo che manda al tappeto).

keV *T.fis.* kiloelettronVolt.

kg chilogrammo.

KGB russo *Komitet Gosudarstvennoj Bezopasnosti* (Comitato di sicurezza dello stato), servizi segreti dell'URSS.

kgf *T.fis.* kilogrammo-forza.

kgm *T.fis.* kilogrammetro.

kgp *T.fis.* kilogrammo-peso.

kHz *T.fis.* kiloHertz, chilohertz.

K.K. ted. *Kaiserlich-Königlich* (Imperial-Regio).

KKK Ku Klux Klan.

KLM oland. *Koninkliijke Luchtvaart Maatschappij* (Reale compagnia olandese di navigazione aerea).

km kilometro, chilometro.

kmh chilometro all'ora.

kmq chilometro quadrato.

kn ingl. *Knot* (nodo internazionale), unità di misura di velocità.

K.O. ingl. *T.sport. Knock-Out* (fuori combattimento).

KOMINFORM v. COMINFORM.

KOMINTERN v. COMINTERN.

KOMSOMOL russo *KOMmunisticeskij SOvieticeskij MOLodiesh* (gioventù comunista sovietica).

Kr *T.chim.* cripto.

Ks. Kansas.

kT *T.fis.* kiloTon.

Ku *T.chim.* kurciatovio.

kV *T.fis.* kiloVolt.

kVA *T.fis.* kiloVoltAmpere.

kW *T.fis.* kiloWatt.

kWh *T.fis.* kiloWattora.

KWT Kuwait (sigla automobilistica).

Ky. Kentucky.

Kz candela Hefner.

L **1.** Lussemburgo (sigla automobilistica) **2.** lira **3.** legge **4.** *T.fis.* lambert **5.** 50, nella numerazione romana **6.** ingl. *Large grande* (nelle taglie dei capi di abbigliamento).

L. lago (nelle carte geografiche).

l **1.** litro **2.** lunghezza **3.** lira **4.** legge.

l(ambda) **1.** *T.fis.* lunghezza d'onda **2.** *T.fis.* milionesima parte del litro.

L.A. Legge sull'Assegno.

La *T.chim.* lantanio.

La. Louisiana.

L.A.C. **1.** Libere Attività Complementari (nella scuola media dell'obbligo) **2.** Lega Abolizione Caccia.

LAFTA ingl. *Latin American Free Trade Association* (Associazione latino-americana di libero scambio).

Lag. laguna (nelle carte geografiche).

LAIA ingl. *Latin American Integration Association* (Associazione per l'integrazione latino-americana).

LAN Lega ANtivivisezionista (italiana).

LANISM Libera Associazione Nazionale Insegnanti Scuola Media.

LANMIC Libera Associazione Nazionale Mutilati e Invalidi Civili.

LAO Laos (sigla automobilistica).

LAR Libia (sigla automobilistica).

LAS **1.** ingl. *Lympho Adenopathy Syndrome* (sindrome di linfoadenopatia) **2.** ingl. *T.chim. Linear Alkylbenzene Sulphonate* (solfoachilbenzene lineare).

LASER ingl. *Light Amplification by Stimulated Emission of Radiation* (Amplificazione di luce per mezzo di emissione simulata di radiazione).

lat. latitudine.

LAV ingl. *Lympho Adenopathy Virus* (virus della linfoadenopatia).

LB Liberia (sigla automobilistica).

lb ingl. *pound* (libbra), unità di misura inglese.

lb.a.d.p. *libra avoirdupois* (unità di misura angl.).

LC ingl. *Letter of Credit* (lettera di credito).

L-C *T.fis.* induttanza e capacità.

L.C. Lotta Continua.

l.c. luogo citato.

L.C.B. *T.mil.* Lavori sul Campo di Battaglia.

LCC ingl. *Letter Commercial Credit* (lettera commerciale di credito).

LCD ingl. *T.elettron. Liquid Crystal Display* (visore a cristalli liquidi).

L.Cost. *T.giur.* Legge Costituzionale.

l.c.s. letto, confermato e sottoscritto.

LD *T.chim.* Linz-Donawitz (processo di produzione dell'acciaio).

Ld. ingl. *Limited* (società anonima).

LDH *T.chim.* latticodeidrogenasi.

L-DOPA *T.chim.* Levo-DOPAmina.

LE Lecce (targa automobilistica).

LED ingl. *Light-Emitting Diode* (diodo emettitore di luce).

leg. *T.mus.* legato.

legg. *T.mus.* leggero.

LEICA ted. *LEItz CAmera* (macchina fotografica Leitz).

LEM ingl. *Lunar Excursion Module* (modulo per l'escursione lunare).

LENAD LEga Nazionale AntiDroga.

LEND Lingua E Nuova Didattica.

LeS Lingua e Stile (rivista).

lett. **1.** lettera, letterale **2.** letteratura.

lev. levante.

Lew *T.chim.* leucina.

LF ingl. *Low Frequency* (bassa frequenza).

L.F. *T.giur.* Legge sul Fallimento.

Lg fr. *Ligue* (lega).

lg **1.** Lira sterlina **2.** *T.mat.* logaritmo decimale.

LH **1.** Lufthansa (linee aeree tedesche) **2.** ingl. *Luteinizing Hormone* (ormone luteinizzante).

LI Livorno (targa automobilistica).

Li *T.chim.* litio.

L.I.A. ingl. *Lebanese International Airways* (linee aeree internazionali libanesi).

LIBOR ingl. *London InterBank Offered Rate* (Saggio di interesse offerto (a breve termine) sul mercato di Londra).

LID Lega Italiana per il Divorzio.

LIFO ingl. *Last In First Out* (ultimo entrato, ultimo a uscire), criterio di valutazione delle scorte.

LIN Lega Italiana Naturisti.

LIPU Lega Italiana per la Protezione degli Uccelli.

L.I.R. Librerie Italiane Riunite.

LISP ingl. *T.inform. LISt Processor* (elaboratore di elenchi), linguaggio di programmazione.

Lit. Lire italiane.

LL. Leggi.

LL.AA. Loro Altezze.

LL.MM. Loro Maestà.

LL.PP. Lavori Pubblici.

lm *T.fis.* lumen (unità di misura del flusso luminoso).

LN Luna Nuova.

ln *T.mat.* logaritmo naturale.

LNCM Lega Nazionale delle Cooperative e Mutue.

LNG ingl. *Liquefied Natural Gas* (Gas naturale liquefatto) v. GNL.

LNI Lega Navale Italiana.

LNN Lega Nazionale Naturisti.

LOC Lega Obiettori di Coscienza.

loc.cit. loco citato.

log *T. mat.* logaritmo decimale.

L.O.I. Libro Origini Italiano.

long. longitudine.

LORAN ingl. *LOng-RAnge Navigation* (navigazione di lungo raggio), sistema di radioassistenza alla navigazione.

LP **1.** ingl. *Long Playing* (lunga esecuzione (nei microsolchi)) **2.** Luna Piena.

LPG ingl. *Liquefied Petroleum Gas* (gas di petrolio liquefatto) v. GPL.

Lr *T.chim.* laurencio.

LRBA Laboratorio di Ricerche Balistiche e Aerodinamiche.

L.Reg. Legge Regionale.

LS Lesotho (sigla automobilistica).

L.S.C. Legge sullo Stato Civile.

LSD ingl. **1.** *Lysergic Acid Diethylamide* (dietilammide dell'acido lisergico) **2.** *League for Spiritual Discovery* (Lega per la scoperta spirituale).

LSI ingl. *Large Scale Integration* (integrazione su larga scala), miniaturizzazione dei circuiti elettronici.

L.st. lire sterline.

LT Latina (targa automobilistica).

Ltd ingl. *Limited* (società a responsabilità limitata).

LTH ingl. *LuteoTrophic Hormone* (ormone luteotropico), prolattina.

LTM ingl. *Long Term Memory* (memoria a lungo termine).

LU Lucca (targa automobilistica).

L.U. leggi usuali.

Lu *T.chim.* lutezio.

LUCE L'Unione Cinematografica Educativa.

Lufthansa Linee Aeree Tedesche.

LUI Lessico Universale Italiano.

LUISS Libreria Universitaria Internazionale degli Studi Sociali.

LUXAIR Linee Aeree del Lussemburgo.

LV Lettera di Vettura (nei trasporti ferroviari).

Lw *T.chim.* laurenzio.

lx *T.fis.* lux (unità di misura dell'illuminamento).

Lys *T.chim.* lisina.

M **1.** Malta (sigla automobilistica) **2.** 1000, nella numerazione romana **3.** ingl. *Medium* (media), nelle taglie dei capi di abbigliamento **4.** coefficiente di mutua induzione **5.** miglio (nelle carte nautiche) **6.** mega- (prefisso unità di misura).

M. mare (nelle carte geografiche).

M1 aggregato monetario costituito da circolante e depositi bancari e postali in conto corrente.

M2 aggregato monetario costituito da M1 più i depositi a risparmio.

M3 aggregato monetario costituito da M2 più i BOT.

m **1.** metro **2.** *T.fis.* massa **3.** milli- (prefisso unità di misura).

m. **1.** mese **2.** miglio, monte (nelle carte geografiche).

µ **1.** *T.mat.* micron **2.** *T.fis.* permeabilità magnetica.

m^2 metro quadrato.

m^3 metro cubo.

MA Marocco (sigla automobilistica).

M.A. ingl. *Master of Arts* (laureato in lettere), secondo livello di laurea nelle università anglosassoni.

Ma *T.chim.* masurio.

Ma. Massachusetts.

mA *T.fis.* milliAmpere.

MAB *T.mil.* Moschetto Automatico Beretta.

MAC **1.** Movimento per l'Arte Concreta **2.** ingl. *T.fis. Maximum Allowable Concentration* (massima concentrazione ammessa).

MAE Ministero degli Affari Esteri.

M.A.F.F.S. ingl. *Modular Airborne Fire Fighting System* (sistema antiincendio modulare aviotrasportato).

Magg. *T.mil.* maggiore.

MAL Malaysia (sigla automobilistica).

Man. Manitoba.

MAO Mono-Ammino-Ossidasi (enzimi).

MAOI ingl. *MonoAmine Oxidase Inhibitor* (inibitore della monoamminossidasi).

MAPAN Movimento Anticaccia Protezione Animali e Natura.

MAS **1.** Motobarca Armata SVAN | Motoscafo Antisommergibili SVAN **2.** lat. *Memento Audere Semper* (ricordati di osare sempre), motto degli equipaggi degli omonimi mezzi.

MASER ingl. *Microwave Amplification by Stimulated Emission of Radiation* (amplificazione di microonde mediante emissione stimolata di radiazione).

mat. matematica.

Mass. Massachusetts.

max. massimo.

Mb mioglobina.

mb *T.fis.* millibar.

MBA ingl. *Master in Business Administration* (laureato in amministrazione aziendale).

MC **1.** Macerata (targa automobilistica) **2.** Principato di Monaco (sigla automobilistica).

M.C. **1.** Minore Conventuale (famiglia dell'Ordine francescano) **2.** *T.stor.* Maggior Consiglio.

MC motocannoniera.

Mc *T.fis.* megaciclo.

Mc motocisterna.

mc mio conto.

MCC sp. *Mercado Comun Centroamericano* (Mercato comune centroamericano).

M.C.D. *T.mat.* Massimo Comun Divisore.

MCE Movimento di Cooperazione Educativa.

M.C.L. Movimento Cristiano dei Lavoratori.

mCi *T.fis.* milliCurie.

MCM Manifatture Cotoniere Meridionali.

m.c.m. *T.mat.* minimo comune multiplo.

MCV **1.** ingl. *Mean Corpuscolar Volume* (volume corpuscolare medio) **2.** ingl. *Mean Clinic Value* (valore clinico medio) **3.** Malattia Cardio-Vascolare.

M.D. **1.** Magistratura Democratica **2.** Medicina Democratica **3.** ingl. *Medical Doctor* (medico, dal lat. *Medicinae Doctor*).

Md *T.chim.* mendelevio.

Md. Maryland.

M.D.A. Ministero della Difesa, Aeronautica.

M.D.E. Ministero della Difesa, Esercito.

M.D.M. Ministero della Difesa, Marina.

MDT Milizia Difesa Territoriale.

ME Messina (targa automobilistica).

M.E. **1.** Movimento Europeo **2.** Medio Evo **3.** Membro Effettivo.

Me. Maine.

MEA ingl. *Middle East Airlines-Airliban* (linee del medio oriente, aerolinee libanesi).

M.E.C. Mercato Comune Europeo.

MEDIOBANCA Banca di Credito Finanziario.

MELIORCONSORZIO Consorzio Nazionale per il Credito Agrario di Miglioramento.

MESS.ITA. MESSaggerie ITAliane (società di diffusione libraria).

Met *T.chim.* metionina.

METEOSAT ingl. *METEOrological SATellite* (satellite meteorologico).

metr. metrica.

MeV *T.fis.* MegaelettronVolt.

MEX Messico (sigla automobilistica).

MF **1.** ingl. *Medium Frequency* (Media frequenza) **2.** Modulazione di Frequenza **3.** *T.fis.* microfarad.

mF *T.fis.* milliFarad.

mf. *T.mus.* mezzo forte.

M.F.E. Movimento Federalista Europeo.

MG ingl. *Morris Garage* (ditta automobilistica).

Mg *T.chim.* magnesio.

mg milligrammo.

MGM Metro Goldwin Mayer.

MI Milano (targa automobilistica).

M.I. Magistratura Indipendente.

Mi. Michigan.

mi miglio.

MIA Mostra Internazionale dell'Arredamento.

MIAD Mostra Internazionale dell'Alimentazione Dolciaria.

MIAS Mostra Internazionale dell'Articolo Sportivo (e del campeggio).

MIB Milano Indice Borsa.

MIC Mostra Internazionale di Coniglicoltura.

Mich. Michigan.

MIDO Mostra Internazionale Di Ottica, Optometria e Oftalmologia.

MIFED Mercato Internazionale del Film E del Documentario.

Min. Ministro, ministero.

min. **1.** minuto **2.** minimo.

MINCOMES MINistero del COMmercio con l'EStero.

MINCULPOP MINistero della CULtura POPolare (nell'Italia fascista).

Minn. Minnesota.

MIPEL Mercato Italiano della PELletteria.

mips ingl. *Millions Instructions Per Second* (milioni di istruzioni al secondo).

MIRV ingl. *Multiple Independently-targeted Reentry Vehicles* (veicoli di rientro multipli a obiettivi indipendenti).

Miss. Mississippi.

MIT **1.** ingl. *Massachusetts Institute of Technology* (Istituto di tecnologia del Massachusetts) **2.** Movimento Italiano Transessuali.

MITAM Mercato Internazionale Tessile per l'Abbigliamento e l'Arredamento.

MITI ingl. *Ministry of International Trade Industry* (Ministero del commercio estero e

dell'industria del Giappone).
MKS, **mks** *T.fis.* sistema metro-kilogrammo-secondo (di unità di misura).
ml **1.** millilitro **2.** ingl. *mile* (miglio).
MLD Movimento per la Liberazione della Donna.
mlHg millilitro di mercurio.
M.lle fr. *Mademoiselle* (signorina).
MLS Movimento dei Lavoratori per il Socialismo.
MM Marina Militare (targa automobilistica).
M.M. **1.** Marina Militare **2.** Metropolitana Milanese.
mm millimetro.
M.me fr. *Madame* (Signora).
MMGG Magazzini Generali.
MMI Movimento Monarchico Italiano.
M.M.M. Ministero della Marina Mercantile.
M.M.R.B.M. ingl. *Mobile Medium Range Ballistic Missile* (missile balistico mobile a media gittata).
MN Mantova (targa automobilistica).
MN motonave.
Mn *T.chim.* manganese.
MO Modena (targa automobilistica).
M.O. **1.** Medio Oriente **2.** Massima Occupazione **3.** Minore Osservante (famiglia dell'ordine francescano).
Mo *T.chim.* molibdeno.
Mo. Missouri.
mo mio ordine.
MOC Mozambico (sigla automobilistica).
MOCLI MOvimento Cristiano dei Lavoratori Italiani.
mod *T.mat.* modulo.
mod. *T.mus.* moderato.
MODEM MOdulatore DEModulatore.
modif. modificato.
MODIT MODa ITaliana (presentazione internazionale di collezioni donna e accessori).
MOL **1.** Margine Operativo Lordo **2.** *T.inform.* moltiplicazione.
mol *T.fis.* mole.
Mons. Monsignore.
Mont. Montana.
MONTEDISON Montecatini Edison.
MOP Movimento Opinione Pubblica.
mor. *T.mus.* morendo.
MOS ingl. *T.chim. Metal Oxide Semiconductor* (metallo-ossido-semiconduttore).
MOSFET ingl. *Metal Oxide Semiconductor Field Effect Transistor* (transistor a effetto campo (costruito con) metallo-ossido-semiconduttore).
M.P. **1.** ingl. *Military Police* (Polizia militare) **2.** lat. *Manu Propria* (di proprio pugno).
mp *T.mus.* mezzo piano.
mq metro quadrato.
M.R. Molto Reverendo.
Mr. ingl. *Mister* (signore).
M.R.B.M. ingl. *Medium Range Ballistic Missile* (missile balistico a media gittata).
MRCA ingl. *Multi-Role Combat Aircraft* (aereo da combattimento a impiego plurimo).
mRNA RNA messaggero.
MRP fr. *Mouvement Républicain Populaire* (Movimento repubblicano popolare).
Mrs. ingl. *Mistress* (signora).
MS **1.** Massa Carrara (targa automobilistica) **2.** Isole Mauritius (sigla automobilistica).
M.S. **1.** Movimento Studentesco **2.** Mutuo Soccorso.
MS **1.** Motosilurante **2.** ingl. *Motor Ship* (nave a motore).
ms millisecondo.
ms. **1.** manoscritto **2.** fr. *monsieur* (signore).
MSA Movimento dei Socialisti Autonomi.
MSBS fr. *Mer-Sol Balistique Strategique* ((missile) strategico balistico mare-terra).
MSH ingl. *Melanocyte Stimulating Hormone* (ormone stimolante dei melanociti), ormone melanoforo.
MSI-DN Movimento Sociale Italiana - Destra Nazionale.
mss. manoscritti.
MT **1.** Matera (targa automobilistica) **2.** *T.fis.* Media Tensione.
MT ingl. *Mail Transfer* (bonifico per posta).
Mt *T.fis.* megaton.
Mt. Montana.
MTBF ingl. *Mean Time Between Failures* (Tempo medio fra due guasti successivi).
MTI ungh. *Magyar Tavirati Iroda* (agenzia telegrafica ungherese).
MTM ingl. *Methods Time Measurement* (misura tempi e metodi).
Mton *T.fis.* megaton.
MUP Movimento di Unità Proletaria per la Repubblica Socialista.
MURST Ministero dell'Università e della Ricerca Scientifico-Tecnologica.
M.V. **1.** Meccanica Verghera **2.** Maria Vergine.
Mv Motoveliero.
mV *T.fis.* milliVolt.
m.v. *T.mus.* mezza voce.
MVD russo *Ministerstuo Vnutryennik Dyel* (ministero sovietico degli interni).
MVSN Milizia Volontaria per la Sicurezza Nazionale.
MW **1.** *T.fis.* megawatt **2.** Malawi (sigla automobilistica).
mW *T.fis.* milliWatt.
MWh *T.fis.* MegaWattora.
Mx *T.fis.* maxwell.
Mypro *T.chim.* idrossiprolina.
mz. motozattera.

N **1.** Nord **2.** Norvegia (sigla automobilistica) **3.** *T.fis.* newton **4.** *T.fis.* neper **5.** *T.chim.* azoto **6.** nero (nel gioco degli scacchi).
n **1.** numero **2.** nano- (prefisso unità di misura).
(n.) nota di richiami.
N1 *T.farm.* soluzione normale.
N2 *T.farm.* soluzione normale mezza.
N10 *T.farm.* soluzione decinormale.
n *T.fis.* frequenza.
NA **1.** Napoli (targa automobilistica) **2.** Antille Olandesi (sigla automobilistica).
N.A. Nastro Azzurro (associazione dei decorati al valor militare).
Na *T.chim.* sodio.
nA *T.fis.* nanoAmpere.
NACECLIO Nomenclatura (generale) delle Attività (economiche) della Comunità Europea CLassificazione Input Output.
NAD **1.** Nucleo Anti-Droga (dei Carabinieri) **2.** Nicotinammide Adenin Nucleotide.
NADAS Nuclei Aziendali D'Azione Sindacale (nell'Italia fascista).
NADGE ingl. *Nato Air Defense Ground Environment* (difesa aerea dei territori NATO).
N.A.F.T.A. ingl. *New Zealand-Australia Free Trade Agreement* (Accordo di libero scambio fra Nuova Zelanda ed Australia).
NAI Navigazione Alta Italia.
NAP Nuclei Armati Proletari.
NAR Nuclei Armati Rivoluzionari.
NAS Nuclei Anti-Sofisticazioni.
NASA ingl. *National Aeronautic and Space Administration* (Ente nazionale aeronautico e spaziale (USA)).
NATO ingl. *North Atlantic Treaty Organization* (Organizzazione del trattato nord atlantico) (v. OTAN).
naut. nautica, nautico.
nav. navale.
naz. nazionale.
N.B. Nota Bene.
Nb *T.chim.* niobio.
Nb. Nebraska.
n.b. nave da battaglia.
NBA **1.** Nuovo Banco Ambrosiano **2.** ingl. *National Basketball Association* (Associazione nazionale di basket (USA)).
NBC **1.** ingl. *National Broadcasting Company* (Compagnia nazionale di radiodiffusione (USA)) **2.** *T.mil.* (istruzione) Nucleare, Batteriologica, Chimica.
N.C. ingl. **1.** *North Carolina* (Carolina del Nord) **2.** *News Service* (Servizio Notizie (USA)).
NCEU Nuovo Catasto Edilizio Urbano.
nCi *T.fis.* nanoCurie.
NCT Nuovo Catasto Territoriale.
N.D. **1.** lat. *Nobilis Domina* (nobildonna) **2.** ingl. *North Dakota* (Dakota del Nord).
Nd *T.chim.* neodimio.
N.d.A. Nota dell'Autore.
N.DaK *North DaKota* (Dakota del nord).
N.d.D. Nota della Direzione.
N.d.E. Nota dell'Editore.
N.d.R. Nota della Redazione.
N.d.T. Nota del Traduttore.
NE Nord-Est.
Ne *T.chim.* neon.
Neb. Nebraska.
neol. neologismo.
NEP russo *Nowaja Ekonomiceskaja Politika* (Nuova Politica Economica (URSS, 1921-29)).
Nev. Nevada.
nF *T.fis.* nanoFarad.
NGF ingl. *T.chim. Nerve Growth Factor* (fattore di crescita delle cellule nervose).
N.G.I. Navigazione Generale Italiana.
N.H. New Hampshire.
NH lat. *Nobilis Homo* (nobiluomo).
Ni *T.chim.* nichel.
NIC **1.** Nicaragua (sigla automobilistica) **2.** fr. *Nouvel Instrument Communautaire* (nuovo strumento comunitario (per la concessione di fondi destinati a investimenti produttivi)).
NIMEXE Nomenclatura Importazioni ed Esportazioni Europee.

N.J. New Jersey.

N.K.V.D. russo *Narodnyi Komissariat Vnutrennich Del* (Commissariato Nazionale degli Affari Interni).

NL Paesi Bassi (sigla automobilistica).

NM nave a motore.

N.M. New Mexico.

Nm numero metrico (titolo metrico dei filati).

nm *T.fis.* nanometro.

N.Mex. New Mexico.

NMR ingl. *Nuclear Magnetic Resonance* (Risonanza magnetica nucleare (v. RMN)).

NN lat. **1.** *Nescio Nomen* (non conosco il nome), di paternità ignota **2.** *Nihil Novi* (niente di nuovo).

NNE Nord-Nord-Est.

NNO Nord-Nord-Ovest.

NNW ingl. *North-North-West* (Nord-Nord-Ovest).

NO **1.** Novara (targa automobilistica) **2.** Nord-Ovest.

No *T.chim.* nobelio.

NOCS Nucleo Operativo Corpi Speciali (della Polizia di Stato).

Np **1.** *T.fis.* neper **2.** *T.chim.* nettunio.

N.P.A. Nave PortAerei.

NPD ted. *Nationaldemokratische Partei Deutschlands* (Partito Nazionaldemocratico della Germania).

NRF fr. *Nouvelle Revue Française* (Nuova rivista francese).

N.S. Nostro Signore.

ns *T.fis.* nanosecondo.

ns. nostro.

N.S.G.C. Nostro Signore Gesù Cristo.

NSU ted. *NeckarSUlm* (fabbrica automobilistica, dal nome della città in cui ha sede).

N.T. **1.** Nuovo Testamento **2.** Non Trasferibile (di assegno).

nt *T.fis.* nit.

n.t. note tipografiche.

NTSC ingl. *National Television System Committee* (Comitato nazionale del sistema televisivo), sistema di televisione a colori statunitense.

NU **1.** Nuoro (targa automobilistica) **2.** Nazioni Unite (v. ONU) **3.** Nettezza Urbana.

num. numero, numerabile.

NW ingl. *North-West* (Nord-Ovest).

N.Y. New York.

NYC New York City.

NYSE ingl. *New York Stock Exchange* (Borsa valori di New York).

NZ Nuova Zelanda (sigla automobilistica).

O. Ohio.

O **1.** *T.chim.* ossigeno **2.** Ovest **3.** ingl. *T.mar. Outboard* (fuoribordo).

Ω *T.fis.* Ohm.

ω *T.fis.* velocità angolare, pulsazione.

OACI Organizzazione per l'Aviazione Civile Internazionale.

OAEC ingl. *Organization for Asian Economic Co-operation* (Organizzazione per la cooperazione economica asiatica).

O.A.I.O. *T.mil.* (ufficio) Operativo Addestramento Istruzione Ordinamento.

OAMTC ted. *Österreichische Automobil Motorrad und Touring Club* (Automobile Club austriaco).

OAPEC ingl. *Organization of Arab Petroleum Exporting Countries* (Organizzazione dei paesi arabi esportatori di petrolio).

OAS **1.** fr. *Organisation Armée Secrète* (Organizzazione armata segreta in Francia, negli anni '60, contro l'indipendenza dell'Algeria) **2.** ingl. *Organization of the American States* (Organizzazione degli stati americani).

O.A.S.I. Opera per l'Assistenza agli Scarcerati Italiani.

O.A.T.I.O. *T.mil.* (ufficio) Operativo Addestramento Tiro Istruzione Ordinamento.

OAU ingl. *Organization of African Unity* (Organizzazione dell'unità africana).

OBB ted. *Österreichische BundesBahnen* (Ferrovie Federali Austriache).

obbl. obbligazione.

obb.mo obbligatissimo.

OC Onde Corte.

OCAM fr. *Organisation Commune Africaine Mauritienne* (Organizzazione Comune Africana Mauriziana).

OCC Organizzazione per la Cooperazione Commerciale.

Occ. e **occ.** occidente, occidentale.

OCDE fr. *Organisation de Coopération et de Développement Economiques* (Organizzazione per la cooperazione e lo sviluppo economici).

OCIC fr. *Office Catholique International du Cinéma* (Ufficio cattolico internazionale del cinema).

OCR ingl. *Optical Character Reader* (lettore ottico di caratteri).

OCRA Organizzazione Clandestina della Rivoluzione Algerina.

OCSE Organizzazione per la Cooperazione e lo Sviluppo Economico.

O.D. ingl. *Organization Development* (Sviluppo organizzativo).

O.D.A. Opera Diocesana di Assistenza.

ODECA sp. *Organización De los Estados Centro-Americanos* (Organizzazione degli stati dell'America Centrale).

O.d.G. Ordine del Giorno.

Oe *T.fis.* oersted.

OECE Organizzazione Europea per la Cooperazione Economica.

OEM ingl. *Original Equipment Manufacturer* (produttore originale di dispositivi (elettronici)).

O.E.S.S.G. Ordine Equestre del Santo Sepolcro di Gerusalemme.

O.F.M. Ordine dei Frati Minori (famiglia dell'ordine francescano).

O.F.M.Cap. Ordine dei Frati Minori Cappuccini.

O.F.M.Conv. Ordine dei Frati Minori Conventuali.

OICE (Associazione delle) Organizzazioni di Ingegneria e Consulenza (tecnico) Economica.

OIE fr. *Organisation Internationale des Employeurs* (Organizzazione Internazionale degli Imprenditori).

OIJ fr. *Organisation Internationale des Journalistes* (Organizzazione internazionale dei giornalisti).

OIL Organizzazione Internazionale del Lavoro (v. ILO).

OIPC Organizzazione Internazionale della Polizia Criminale.

OIR Organizzazione Internazionale per i Rifugiati (v. IRO).

OIRT fr. *Organisation Internationale de Radiodiffusion et Télévision* (Organizzazione Internazionale di radiodiffusione e televisione).

OK ingl. *Oll Korrect* (alterazione di *All Correct*, tutto giusto), sigla anglosassone di autorizzazione e assenso.

Okla. Oklahoma.

O.K.W. ted. *Ober Kommando Wermacht* (Comando supremo della Wermacht).

OL Onde Lunghe.

OLAS Organizzazione per la Solidarietà Latino Americana.

OLP Organizzazione per la Liberazione della Palestina.

OM **1.** Onde medie **2.** Organizzazione e Metodi **3.** Officine Meccaniche.

O.M. **1.** Ordinanza Ministeriale **2.** Ospedale Militare.

Ωm *T.fis.* ohmmetro.

OMI Organizzazione Marittima Internazionale.

OMM Organizzazione Meteorologica Mondiale.

OMPI Organizzazione Mondiale della Proprietà Intellettuale.

O.M.R. Ordine al Merito della Repubblica.

OMS Organizzazione Mondiale della Sanità.

On. Onorevole.

ONAOMAC Opera Nazionale Assistenza per gli Orfani dei Militari dell'Arma dei Carabinieri.

ONARMO Opera Nazionale Assistenza Religiosa Morale Operai.

ONAS Ordine Nazionale Autori e Scrittori.

O.N.B. Opera Nazionale Balilla (organizzazione giovanile fascista).

ONC Opera Nazionale Combattenti.

O.N.D. Organizzazione Nazionale Dopolavoro (nell'Italia fascista).

ONDA Organizzazione Nazionale Difesa Animali e Ambiente.

ONIG Opera Nazionale per gli Invalidi di Guerra.

ONIL Opera Nazionale per gli Inabili al Lavoro.

ONMI Opera Nazionale Maternità e Infanzia.

ONMIC Opera Nazionale Mutilati e Invalidi Civili.

ONO Ovest-Nord-Ovest.

ONPI Opera Nazionale per i Pensionati d'Italia.

Ont. Ontario.

ONU Organizzazione delle Nazioni Unite (v. UNO).

OO.MM. Opere Marittime.

OO.PP. Opere Pubbliche.

OO.RR. Ospedali Riuniti.

O.P. Ordine dei Predicatori (domenicani).

Op. **1.** opera (in bibliografia) **2.** *T.mus.* opera (con riferimento al catalogo delle composizioni).

OPA Offerta Pubblica di Acquisto (di azioni di società).

op. cit. opera citata.

OPEC ingl. *Organization of Petroleum Exporting Countries* (Organizzazione dei paesi esportatori di petrolio).

OPPI Organizzazione per la Preparazione Professionale degli Insegnanti.

OR **1.** Oristano (targa automobilistica)

2. ingl. *Operational Research* (ricerca operativa).

Or. Oregon.

ORL Oto-Rino-Laringoiatria.

ORTF fr. *Organisation Radio Télévision Française* (Organizzazione della radio-televisione francese).

ORU Organismo Rappresentativo Universitario.

OS ingl. *T.inform. Operating System* (sistema operativo).

Os *T.chim.* osmio.

OSA Organizzazione degli Stati Americani.

O.S.B. lat. *Ordo Sancti Benedicti* (Ordine dei Benedettini).

O.S.C.A. Officine Specializzate Costruzioni Automobili.

OSO Ovest-Sud-Ovest.

O.S.SS.A. Ordine Supremo della Santissima Annunziata.

O.SS.M.L. Ordine dei Santi Maurizio e Lazzaro.

OTA Organizzazione (mondiale) del Turismo e dell'Automobile.

OTAN fr. *Organisation du Traité de l'Atlantique Nord* (Organizzazione del trattato del Nord Atlantico) (v. NATO).

OTC ingl. *Organization for Trade Cooperation* (Organizzazione per la cooperazione commerciale).

Ott. *T.mus.* ottava.

OUA fr. *Organisation de l'Unité Africaine* (Organizzazione dell'unità africana).

OVNI Oggetti Volanti Non Identificati (v. UFO).

OVRA Opera di Vigilanza e Repressione Antifascista (polizia politica nell'Italia fascista).

oz ingl. *ounce* (oncia).

OZNA sl. *Odelenje Zastite NAroda* (Sezione per la difesa del popolo), polizia segreta iugoslava.

ozt ingl. *ounce troy* (oncia, nel sistema troy).

P **1.** Portogallo (sigla automobilistica) **2.** Parcheggio **3.** *T.fis.* potenza | piano | permanenza | poise | peso **4.** *T.chim.* fosforo **5.** indicizzato (sulle cedole e sui prezzi di rimborso di titoli di stato e obbligazioni) **6.** Pretore, Pretura **7.** Papa **8.** peta- (prefisso unità di misura).

P. punta (nelle carte geografiche).

p **1.** *T.fis.* quantità di moto **2.** *T.mus.* piano **3.** pico- (prefisso unità di misura).

p. **1.** pagina **2.** *T.fin.* privilegiata.

3P Produrre, Progredire, Provare (associazione di imprenditori agricoli).

P2 Propaganda 2 (loggia massonica segreta).

P38 ted. *Pistole 1938* (Pistola 1938).

PA **1.** Palermo (targa automobilistica) **2.** Panama (sigla automobilistica).

P.A. **1.** Pubblica Amministrazione **2.** Patto Atlantico **3.** *T.cin.* Piano americano **4.** *T.mil.* Posizione Ausiliaria **5.** portaerei **6.** Posta Aerea.

PA polizza aerea.

Pa **1.** *T.chim.* protoattinio **2.** *T.fis.* pascal.

Pa. Pennsylvania.

pA *T.fis.* peso atomico.

p.a. per auguri.

PAA ingl. *Pan American Airways* (linee aeree nordamericane).

PAB acido Para-AmminoBenzoico.

PABX ingl. *Private Automatic Branch (E)Xchange* (Centralina privata automatica di commutazione (telefonica)).

P.A.C. Politica Agricola Comune.

pag. pagina.

PAI **1.** fr. *Parti Africain de l'Indépendance* (Partito africano d'Indipendenza) **2.** Polizia Africa Italia.

PAK Pakistan (sigla automobilistica).

PAL ingl. *Phase Alternating Line* (Linea a fase alternata), sistema di televisione a colori.

Pal. palude (nelle carte geografiche).

PAM Più A Meno.

P.A.M. Programma di Aiuti Militari (per i membri NATO).

P.A.N. Pattuglia Acrobatica Nazionale.

PAN AM ingl. *Pan American* (Linee aeree panamericane).

PAP pol. *Polska Agencja Prasowa* (Agenzia di stampa polacca).

par. paragrafo.

PAS acido Para-AmminoSalicilico.

pass. lat. *passim* (in diversi luoghi), nelle citazioni.

p/ass. porto assegnato.

PAU **1.** ingl. *Pan American Union* (Unione panamericana) **2.** Angola (sigla automobilistica).

Pb *T.chim.* piombo.

PBX ingl. *Private Branch (E)Xchange* (Centralina privata di commutazione (telefonica)).

PC Piacenza (targa automobilistica).

P.C. polizza di carico.

pc *T.fis.* parsec.

p.c. **1.** per condoglianze **2.** per conoscenza **3.** per congedo.

pc per conto.

PCB *T.chim.* PoliCloroBifenile.

p.c.c. per copia conforme.

PCF fr. *Parti Communiste Français* (Partito Comunista Francese).

PCI Partito Comunista Italiano.

PCM ingl. *Pulse Code Modulation* (modulazione a impulsi codificati).

pCO_2 pressione parziale dell'anidride carbonica.

PCP ingl. *T.chim. PentaChloroPhenol* (pentaclorofenolo).

PCUS Partito Comunista dell'Unione Sovietica.

PD Padova (targa automobilistica).

P.D. partita doppia.

Pd *T.chim.* palladio.

P.d'A. Partito d'Azione.

PDIUM Partito Democratico Italiano di Unità Monarchica.

PDS Partito Democratico della Sinistra.

PdUP Partito di Unità Proletaria per il Comunismo.

PE **1.** Pescara (targa automobilistica) **2.** Perù (sigla automobilistica).

PEEP Piano Edilizia Economica Popolare.

PEN Piano Energetico Nazionale.

P.E.N. ingl. *Poets, Playwrights, Editors, Essayists and Novelists* ((Associazione internazionale di) poeti, commediografi, editori, saggisti e romanzieri.

Pen. penisola (nelle carte geografiche).

pen. penale.

per o e c per ordine e conto.

pers. personale.

PERT ingl. *Program Evaluation and Review Technique* (tecnica di valutazione e revisione dei programmi).

p. es. per esempio.

p. est. per estensione.

PET ingl. *Positron Emission Tomography* (Tomografia a emissione di positroni (v. TEP)).

P.F. **1.** punti franchi **2.** prossimo futuro.

pF *T.fis.* picoFarad.

p.f. per favore.

PFR Partito Fascista Repubblicano.

PG Perugia (targa automobilistica).

P.G. Procura Generale, Procuratore Generale.

p.g.r. per grazia ricevuta.

pH lat. *potentia Hydrogenii* (potenziale idrogeno), misura del grado di acidità delle soluzioni.

ph phot.

PhD ingl. *Philosophy Doctor* (Dottore in filosofia), terzo livello di laurea nelle università anglosassoni.

pk peck (misura inglese di capacità).

PI **1.** Pisa (targa automobilistica) **2.** Filippine (sigla automobilistica).

P.I. **1.** Pubblica Istruzione **2.** Pubblico Impiego.

p.i. perito industriale.

P.I.A. ingl. *Pakistan International Airlines* (linee aeree internazionali pakistane).

PIL Prodotto Interno Lordo.

PIME Pontificio Istituto delle Missioni Estere.

PIN **1.** Prodotto Interno Netto **2.** (Linee di navigazione di) Preminente Interesse Nazionale.

pixel ingl. *picture element* (elemento di immagine).

PL **1.** Prodotto Lordo **2.** Prima Linea **3.** Polonia (sigla automobilistica) **4.** plenilunio.

pl ingl. *pole* (pertica), misura di lunghezza.

PL1 ingl. *T.inform. Programming Language One* (linguaggio di programmazione 1).

PLI Partito Liberale Italiano.

PLL Prodotto Locale Lordo.

PLV Produzione Lorda Vendibile.

PM ingl. *T.fis. Pulse Modulation* (modulazione ad impulsi).

P.M. **1.** Pubblico Ministero **2.** Polizia Militare **3.** Posta Militare **4.** Pontefice Massimo **5.** *T.cin.* Piano Medio **6.** ingl. *T.fis. Phase Modulation* (modulazione di fase).

Pm *T.chim.* promezio o prometeo.

p.m. lat. *post meridiem* (pomeridiano).

pM *T.fis.* peso Molecolare.

PML Prodotto Materiale Lordo.

PMN Prodotto Materiale Netto.

PMP Partito Monarchico Popolare.

PN Pordenone (targa automobilistica).

Pn punta (nelle carte geografiche).

PNF Partito Nazionale Fascista.

PNG Papua Nuova Guinea (sigla automobilistica).

PNL Prodotto Nazionale Lordo.

PNM Partito Nazionale Monarchico.

PNN Prodotto Nazionale Netto.

P.O. **1.** Posta Ordinaria **2.** Potere Operaio (v. POTOP) **3.** ingl. *Post Office* (ufficio postale) **4.** ingl. *Postal Order* (vaglia postale) **5.** *T.sport.* pre-olimpionici.

Po *T.chim.* polonio.

pO_2 pressione parziale dell'ossigeno.

P.O.Box ingl. *Post Office Box* (Casella postale).

POA Pontificia Opera di Assistenza.

POLFEM POLizia FEMminile.

POLFER POLizia FERroviaria.

POLSTRADA POLizia STRADAle.

POTOP POTere OPeraio (v. P.O.).

PP. lat. *posuerunt* (posero), nelle iscrizioni latine.

P.P. **1.** *T.cin.* primo piano **2.** ingl. *T.fis.* *push-pull* (controfase) **3.** Profitti e Perdite **4.** Porto Pagato.

pp. **1.** pagine **2.** pacco postale **3.** per procura.

pp., ppp. *T.mus.* pianissimo.

ppb ingl. *T.chim. parts per billion* (parti per miliardo).

PPBS ingl. *Planning Programming Budgeting System* (sistema di bilancio per la pianificazione e la programmazione).

PPC ingl. *Project Physics Course* (Corso del progetto di fisica).

PPI ingl. *Plan Position Indicator* (Indicatore panoramico), sistema radar.

PPLO ingl. *T.chim. Pleuro Pneumonia-Like Organism* (organismo simile (all'agente della) pleuropolmonite).

ppm ingl. *T.chim. parts per million* (parti per milione).

pp.nn. pagine non numerate.

PPP *T.cin.* primissimo piano.

PP.SS. Partecipazioni Statali.

PP.TT. Poste e Telegrafi.

PQ Primo Quarto (di luna).

p.q.m. *T.giur.* per questi motivi (sigla che precede il dispositivo delle sentenze).

PR Parma (targa automobilistica).

P.R. **1.** Partito Radicale **2.** Procuratore della Repubblica **3.** Piano Regolatore **4.** ingl. *Public Relations* (pubbliche relazioni) **5.** Per Ringraziamento.

Pr **1.** *T.chim.* praseodimio **2.** *T.fis.* priestley.

pr. *T.fin.* privilegiato.

p.r. per ringraziamento.

PRA Pubblico Registro Automobilistico.

pref. **1.** *T.fin.* preferenziale **2.** prefetto.

Preg. **1.** pregiatissimo **2.** pregiata.

PRFV Plastica Rinforzata con Fibre di Vetro (vetroresina).

PRG Piano Regolatore Generale.

PRI Partito Repubblicano Italiano.

priv. *T.fin.* (azione) privilegiata.

PRM ingl. *Public Relations Man* (addetto alle pubbliche relazioni).

Pro *T.chim.* prolina.

Proc. Gen. Procuratore Generale.

prof. professore.

PROLOG ingl. *T.inform. PROgramming in LOGic* (linguaggio logico di programmazione).

PROM ingl. *T.inform. Programmable Read Only Memory* (Memoria Programmabile di Sola Lettura).

Prov. Provincia (nelle carte geografiche).

PS Pesaro (targa automobilistica).

P.S. **1.** Pubblica Sicurezza (Polizia di Stato) **2.** partita semplice **3.** lat. *Post Scriptum* (poscritto) **4.** Prodotto Sociale.

ps *T.fis.* periodo al secondo.

P.S.d'A. Partito Sardo d'Azione.

PSDI Partito Socialista Democratico Italiano.

PSI Partito Socialista Italiano.

PSIUP Partito Socialista Italiano di Unità Proletaria.

PSL Prodotto Sociale Lordo.

PSN Prodotto Sociale Netto.

PSSC ingl. *Physical Science Study Committee* (Comitato per lo studio della scienza fisica).

PSU **1.** Partito Socialista Unificato **2.** Partito Socialista Unitario.

PT Pistoia (targa automobilistica).

P.T. **1.** Poste e Telecomunicazioni **2.** Polizia Tributaria **3.** Polizia del Traffico **4.** Piccolo Teatro.

Pt *T.chim.* platino.

pt ingl. *pint* (pinta).

Pta punta (nelle carte geografiche).

PTFE PoliTetraFluoruroEtilene.

p.t.m. *T.giur.* per tali motivi (sigla che precede il dispositivo nelle sentenze).

PTN Malaysia (sigla automobilistica).

P.T.P. Posto Telefonico Pubblico.

P.T.T. Poste, Telegrafi e Telefoni.

P.U. **1.** Polizia Urbana **2.** Pubblico Ufficiale.

Pu *T.chim.* plutonio.

PUF fr. *Presse Universitaire de France* (Stampa universitaria francese).

pulsar ingl. *PULsating StAr* (stella pulsante).

PV Pavia (targa automobilistica).

P.V. piccola velocità.

p.v., pv prossimo venturo.

PVAc PoliVinilAcetato.

PVAL PoliVinilALcole.

PVC ingl. *Poly-Vinyl-Chloride* (polivinilcloruro), cloruro di polivinile.

PWR ingl. *Pressure Water Reactor* (reattore a pressione idrica).

PY Paraguay (sigla automobilistica).

PZ Potenza (targa automobilistica).

Pzo pizzo (nelle carte geografiche).

Q **1.** *T.fis.* fattore di merito | quantità di calore | quantità di elettricità **2.** ingl. *Queen* (regina (nelle carte francesi)).

q **1.** quintale **2.** *T.fis.* quantità di elettricità **3.** quota.

QANTAS ingl. *Queensland And Northern Territory Aerial Services* (Servizi aerei del Queensland e dei territori settentrionali), linee aeree internazionali australiane.

Q.B. quanto basta.

QBFFFS lat. *Quod Bonum Faustum Felix Fortunatumque Sit* (perché sia buono, fausto, felice e fortunato), nelle iscrizioni latine.

QED ingl. *T.fis. Quantum ElectroDynamics* (elettrodinamica quantistica).

qed lat. *quod erat demonstrandum* (ciò che era da dimostrare).

Q.G. Quartier Generale.

Q.I. Quoziente di Intelligenza.

Q.M.P. Questa Memoria Pose (nelle iscrizioni).

QR Quoziente Respiratorio.

qr ingl. *T.fis. quarter* (quarto).

Q.R.P. Questo Ricordo Pose (nelle iscrizioni).

Q.S. lat. *Quantum Satis* (quanto basta), nelle ricette.

qt *T.fis.* quart.

quad. quaderno.

QUANTAS Linee Aeree Australiane.

quasar ingl. *QUAsi StAr* (simile a stella).

quest. questionario.

quot. quotazione.

QWERTY prime lettere della seconda riga nella tastiera standard inglese.

QZERTY prime lettere della seconda riga nella tastiera standard italiana.

R **1.** Romania (sigla automobilistica) **2.** Rontgen | resistenza elettrica **3.** ingl. *Racer* (entrobordo corsa).

R. **1.** Regio **2.** Raccomandata **3.** Rapido (treno) **4.** Re (nel gioco degli scacchi).

°R grado Rankine.

r **1.** *T.fin.* (azione) a risparmio **2.** *T.mat.* raggio.

°r grado Reaumur.

ρ *T.fis.* resistività elettrica.

RA **1.** Ravenna (targa automobilistica) **2.** Argentina (sigla automobilistica).

R.A. Ritenuta d'Acconto.

Ra *T.chim.* radio.

racc. raccomandata.

rad. *T.mat.* radiante.

RADAR ingl. *RAdio Detecting And Ranging* (radio rivelatore e localizzatore).

rad. mess. radiomessaggio.

R.A.F. **1.** ingl. *Royal Air Force* (Reale forza aerea), aviazione militare inglese **2.** ted. *Rote Armee Fraktion* (Frazione dell'Armata Rossa), organizzazione terroristica tedesca.

rag. ragioniere.

RAI **1.** Radio Audizioni Italiane **2.** Registro Aeronautico Italiano.

RAI TV Radio Audizioni Italiane TeleVisione.

rall. *T.mus.* rallentando.

RAM ingl. *T.inform. Random Access Memory* (memoria ad accesso casuale).

R.A.M. Ridotte Attitudini Militari.

RAS **1.** Riunione Adriatica di Sicurtà **2.** Rappresentanze Aziendali Sindacali.

R.A.U. Repubblica Araba Unita.

R.A.V. Rimessa Assegni e Vaglia.

Rb *T.chim.* rubidio.

RC **1.** Reggio Calabria (targa automobilistica) **2.** Repubblica nazionale Cinese (sigla automobilistica).

R.C. **1.** Responsabilità Civile **2.** Rotary Club **3.** *T.mil.* Ruolo Comando.

Rc *T.mat.* radice cubica.

RCA **1.** Repubblica Centrafricana (sigla automobilistica) **2.** ingl. *Radio Corporation of America* (Società americana per la radiodiffusione).

R.C.A. **1.** Responsabilità Civile Autoveicoli **2.** Reverenda Camera Apostolica.

RCB Congo, Repubblica Popolare (sigla automobilistica).

RCH Cile (sigla automobilistica).

R.D. Regio Decreto.

Rd *T.fis.* rutherford.

rd *T.fis.* rad.

R.&D. ingl. *Research & Development* (Ricerca e sviluppo).

R.D.L. Regio Decreto Legge.

RDT Repubblica Democratica Tedesca.

RE Reggio Emilia (targa automobilistica).
RE Ricavo Effetti.
Re **1.** *T.chim.* renio **2.** *T.mat.* parte reale.
Reg., **Regol.** Regolamento.
rel. relativo.
REM ingl. *Rapid Eye Movements* (Movimenti rapidi dell'occhio), stadio di sonno profondo.
rem ingl. *röntgen equivalent man* (rontgen equivalente uomo), unità di misura delle radiazioni ionizzanti.
Rep. Repubblica.
rep ingl. *röntgen equivalent physical* (rontgen equivalente fisico), unità di misura delle radiazioni ionizzanti.
Rev. Reverendo.
RF Radio Frequenza.
rf. *T.mus.* rinforzando.
RFT Repubblica Federale Tedesca.
RG Ragusa (targa automobilistica).
RH Haiti (sigla automobilistica).
Rh **1.** *T.chim.* rodio **2.** lat. *(Macacus) Rhesus* ((macaco) Rhesus), antigene dei globuli rossi.
RI **1.** Rieti (targa automobilistica) **2.** Indonesia (sigla automobilistica) **3.** Rendita Italiana (titolo del debito pubblico) **4.** *T.mar.* Registro Italiano.
R.I. **1.** Repubblica Italiana **2.** Rhode Island.
RIM Mauritania (sigla automobilistica).
R.I.N.A. Registro Italiano Navale e Aeronautico.
R.I.Na. Registro Italiano Navale.
R.I.P. lat. *Requiescat* o *Requiescant In Pace* (riposi o riposino in pace).
rip. *T.mus.* ripresa.
risp. *T.fin.* (azione) a risparmio.
rist. ristampa.
Rit. ingl. *Rail inclusive tours* (itinerari ferroviari "tutto compreso").
R.I.V. Regolamento Internazionale Veicoli.
RIV-SKF Roberto Incerti Villar (Perosa) - *Svenska Kullager Fabriken.*
r.j. lat. *res judicata* (cosa giudicata).
RKO ingl. *Radio Keith Orpheum* (*Corporation*) (società cinematografica USA).
RL Libano (sigla automobilistica).
R-L *T.fis.* resistenza e induttanza.
R-L-C *T.fis.* resistenza, induttanza e capacità.
RM Madagascar (sigla automobilistica).
R.M. Ricchezza Mobile.
rm giri al minuto.
RMI ingl. *T.fis. Radio Magnetic Indicator* (indicatore radiomagnetico).
RMM Mali (sigla automobilistica).
RMN Risonanza Magnetica Nucleare (v. NMR).
RN **1.** Romania (sigla automobilistica) **2.** Niger (sigla automobilistica).
R.N. Riserva Navale.
Rn *T.chim.* radon, rado.
r.n. *T.mar.* ruolo navigante.
RNA ingl. *RiboNucleic Acid* (acido ribonucleico).
r.n.c. *T.fin.* (azione) a risparmio non convertibile.
RNR Zambia (sigla automobilistica).
RO **1.** Rovigo (targa automobilistica) **2.** Ricerca Operativa (v. OR).
ROE ingl. *T.fin. Return On Equity* (redditività delle azioni ordinarie), indice della redditività del capitale proprio.
rog. *T.giur.* rogito.
ROI ingl. *T.fin. Return On Investment* (redditività del capitale investito).
ROK Corea del Sud (sigla automobilistica).
ROM ingl. *T.inform. Read Only Memory* (memoria a sola lettura).
ROS ingl. *T.fin. Return On Sales* (redditività delle vendite).
rot *T.fis.* rotore.
RP **1.** Relazioni Pubbliche **2.** Riservata personale **3.** Filippine (sigla automobilistica) **4.** *T.chim.* reagente puro.
R.P. Reverendo Padre.
RPG ingl. *T.inform. Report Program Generator* (generatore di tabulati).
RPN ingl. *T.mat. Reverse Polish Notation* (notazione polacca inversa).
RPV ingl. *T.aer. Remotely Piloted Vehicle* (veicolo pilotato a distanza).
Rq. *T.mat.* Radice quadrata.
R.R. Ricevuta di Ritorno.
Rrr Raccomandata con ricevuta di ritorno.
R.&S. Ricerca e Sviluppo.
RSA Rappresentanza Sindacale Aziendale.
R.S.I. Repubblica Sociale Italiana (Repubblica di Salò).
RSM Repubblica di San Marino.
RSR Zimbabwe (sigla automobilistica).
RSVP fr. *Répondez S'il Vous Plaît* (si prega di rispondere).
R.T. o **RT** Radio-Telegrafia.
RU Burundi (sigla automobilistica).
R.U. **1.** Rete Urbana **2.** Relazioni Umane.
Ru *T.chim.* rutenio.
rur. rurale.
RVM Registrazione Video Magnetica.
Ry *T.fis.* rydberg.
RWA Ruanda (sigla automobilistica).
RX Raggi X.

S **1.** *T.chim.* zolfo **2.** *T.mus.* solo **3.** *T.fis.* siemens | entropia **4.** Sud **5.** Svezia (sigla automobilistica) **6.** ingl. *small* (piccola), nelle taglie dei capi di abbigliamento **7.** *T.mat.* superficie **8.** Santo.
S. sierra (nelle carte geografiche).
s *T.fis.* secondo.
s. seguente.
SA Salerno (targa automobilistica).
S.A. **1.** Società Anonima **2.** Sua Altezza **3.** ted. *SturmAbteilungen* (formazioni d'assalto), formazioni paramilitari nella Germania nazista **4.** ingl. *Salvation Army* (Esercito della salvezza) **5.** Servizio Attivo.
s.a. senza anno.
SAA ingl. *South African Airways* (linee aeree sudafricane).
SAAB sved. *Svenska Aeroplan Aktie-Bolaget* (Società svedese per la costruzione di aeroplani e automobili).
SABENA fr. *Société Anonyme Belge d'Exploitation de la Navigation Aérienne* (Società anonima belga per l'esercizio della navigazione aerea).
SABMIS ingl. *Sea-based AntiBallistic Missile Intercept System* (sistema di intercettazione di missili balistici da postazioni in mare).
S.A.C. ingl. *Strategic Air Command* (Comando strategico aereo).
S.acc. Società in accomandita.
SACE Sezione (speciale) per l'Assicurazione del Credito all'Esportazione.
S.acc.p.a. Società in accomandita per azioni.
SADE Società Adriatica Di Elettricità.
SAE ingl. *Society of Automotive Engineers* (Società americana per l'unificazione nell'autoveicolo).
SAF ingl. *Strategic Air Force* (Forza aerea strategica).
S.A.F. Servizi Accessori Ferroviari.
SAFFA Società Anonima Fabbriche Fiammiferi e Affini.
S.a.g.l. Società a garanzia limitata.
SAI Società Assicuratrice Industriale.
SAIE SAlone Internazionale dell'Industrializzazione Edilizia.
SAIT Salone Abbigliamento ITaliano.
SALE ingl. *T.inform. Simple Alphabetic Language for Engineers* (Linguaggio alfabetico semplice per tecnici).
SALT **1.** ingl. *Strategic Arms Limitation Talks* (trattative per la limitazione delle armi strategiche), negoziati USA-URSS **2.** Società Autostrada Ligure Toscana.
SAM **1.** Società Aerea Mediterranea **2.** Squadre d'Azione Mussolini **3.** ingl. *Surface-to-Air-Missile* (Missile Aria-Superficie) **4.** *T.chim.* adenosilmetionina.
SAMA Sistema Antincendio Modulare Aviotrasportato.
SAMIA SAlone Mercato Internazionale dell'Abbigliamento.
SA.MO.TER. SAlone MOvimento TERra.
SAP Squadra d'Azione Patriottica (durante la Resistenza).
SAPA Società in Accomandita Per Azioni.
S.A.R. Sua Altezza Reale.
SARI Sistema Automatico Riconoscimento Indirizzi.
S.A.R.I. Sua Altezza Reale Imperiale.
SAROM Società Azionaria Raffinazione Oli Minerali.
SAS Società in Accomandita Semplice.
S.A.S. **1.** Servizio Assistenza Stradale **2.** Sua Altezza Serenissima **3.** ingl. *Scandinavian Airlines System* (compagnia aerea scandinava).
SASMI Sindacato Autonomo Scuola Media Italiana.
S.A.T. Società Alpinisti Tridentini.
SAUB *disus.* Struttura Amministrativa Unificata di Base (del servizio sanitario nazionale).
SAUFI Sindacato Autonomo Unificato Ferrovieri Italiani.
SAUI Struttura Amministrativa Unificata Intermedia (del servizio sanitario nazionale).
SAUR Struttura Amministrativa Unificata Regionale (del servizio sanitario nazionale).
Sb *T.chim.* antimonio.
sb *T.fis.* stilb.
SBB ted. *Schweizerische BundesBahnen* (Ferrovie federali svizzere).
s.b.f. salvo buon fine.
S.B.G. ted. *Schweizerische BankGesellschaft* (Unione delle banche svizzere).
SBI Società Botanica Italiana.
S.C. **1.** *T.giur.* Suprema Corte (di Cassazione) **2.** Stato Civile **3.** Sacro Cuore | Sacro Collegio | Sacra Congregazione **4.** ingl. *South Carolina* (Carolina del Sud).
Sc **1.** *T.chim.* scandio **2.** Sconto commerciale.

sc. scena.
s.c. **1.** secondo consumo **2.** salvo complicazioni **3.** sopra citato.
SCAU Servizio per i Contributi Agricoli Unificati.
sched. schedario, schedato.
SCI Servizio Civile Internazionale.
scol. scolastico.
SCR ingl. *Silicon Controlled Rectifier* (Raddrizzatore controllato al silicio).
SCS **1.** ingl. *Silicon Controlled Switch* (Interruttore controllato al silicio) **2.** ingl. *Stop Control System* (Sistema di controllo dell'arresto).
S.C.V. Stato della Città del Vaticano.
SD **1.** Swaziland (sigla automobilistica) **2.** ingl. *Sudan Airways* (linee aeree sudanesi).
S.D. **1.** ingl. *South Dakota* (Dakota del Sud) **2.** ted. *Sicherheits Dienst* (Servizio di sicurezza (nella Germania nazista)).
s.d. senza data.
SDA ted. *Schweizer Depeschen Agentur* (Agenzia telegrafica svizzera).
S.Dak. South Dakota.
SDECE fr. *Service de Documentation Extérieure et de Contre-Espionnage* (Servizio (francese) di documentazione estera e di controspionaggio).
SDI ingl. *T.mil. Strategic Defence Initiative* (iniziativa di difesa strategica).
SDN Società Delle Nazioni.
S.D.P. ted. *Sozial Demokratische Partei* (partito socialdemocratico (Germania Federale)).
SDR ingl. *Special Drawing Rights* (Diritti speciali di prelievo).
S.d.S. Segretario di Stato.
SDV Stato Del Vaticano (sigla automobilistica).
SE Sud-Est.
S.E. Sua Eccellenza.
Se *T.chim.* selenio.
s.e. senza editore.
SEA Società Esercizi Aeroportuali.
SEAT Società Elenchi (ufficiali) degli Abbonati al Telefono.
SEATO ingl. *South East Asia Treaty Organization* (Organizzazione del trattato per l'Asia sudorientale).
SEC ingl. *Security and Exchange Commission* (Organismo di controllo borse (in USA)).
sec *T.mat.* secante.
sec. secolo.
SECAM fr. *SÉquentiel Couleur À Memoire* (Sequenziale colore a memoria), sistema di televisione a colori.
S.E.e O. Salvo Errori e Omissioni (nelle fatture).
SED ted. *Sozialistische Einheitspartei Deutschland* (partito socialista unificato di Germania).
SEDI Società Editrice Documentari Italiani.
seg. seguente.
segr. segretario.
SEI **1.** Società Editrice Internazionale **2.** Società Entomologica Italiana.
SELA Sistema Economico Latino Americano.
S.Em. Sua Eminenza.
sen *T.mat.* seno.
sen. senatore.
senh *T.mat.* seno iperbolico.
seq. sequenza.
Ser *T.chim.* serina.
serg. *T.mil.* sergente.
serg. magg. *T.mil.* sergente maggiore.
SET Società Esercizi Telefonici.
SETAF ingl. *Southern European Task American Force* (Unità operativa americana del Sud Europa).
Sez. *T.mat.* sezione.
sez. *T.bibliog.* sezione.
SF Finlandia (sigla automobilistica).
sf *T.mus.* sforzando.
SFES Scuola di Formazione Educatori Specializzati.
SFEP Scuola di Formazione Educatori Professionali.
SFIO fr. *Section Française de l'Internationale Ouvrière* (Sezione francese dell'Internazionale operaia), antico nome del partito socialista francese.
S.G. Sua Grazia.
sg. seguente.
s.g. secondo grandezza.
SGES Società Generale Esercizi Siciliani.
S.G.M. Sue Gentili (o Graziose) Mani.
SGP Singapore (sigla automobilistica).
sh ingl. *shilling* (scellino).
SHAPE ingl. *Supreme Head-quarters Allied Powers in Europe* (Supremo quartier generale delle potenze alleate in Europa).
SHF ingl. *Super High Frequency* (frequenza superelevata).
SI **1.** Siena (targa automobilistica) **2.** Sistema Internazionale (di unità di misura).
S.I. Stazza Internazionale.
Si *T.chim.* silicio.
SIA **1.** Società Interbancaria per l'Automazione **2.** Sindacato Italiano Artisti **3.** Salone Internazionale dell'Alimentazione.
SIAD **1.** Salone Internazionale delle Arti Domestiche **2.** Società Italiana Autori Drammatici.
SIAE Società Italiana Autori ed Editori.
SIAS Sindacato Italiano Autori e Scrittori.
SICET Sindacato Italiano Casa E Territorio.
SICOF Salone Internazionale Cine Ottica Foto (e Audiovisivi).
SID Servizio Informazione e Difesa.
SIDA **1.** Sindacato Italiano (lavoratori) Dell'Automobile **2.** Sindacato Italiano Dottori Agrari **3.** fr. *Syndrome Immuno Déficitaire Acquis* (Sindrome da Immunodeficienza Acquisita) (v. AIDS).
SIDARMA Società Italiana Di ARMAmento.
SIDM Società Italiana Di Musicologia.
SIECA Sindacato Italiano Editori Compositori Autori.
SIF **1.** Società Italiana di Fisica **2.** Società Italiana di Fitosociologia **3.** Società Internazionale di Finanziamento **4.** Stabilimento Italiano Farmaceutico.
SIFAR Servizio Informazioni Forze ARmate.
Sig. signor.
SIGE Società Italiana Gestione Elicotteri.
sigg. signori.
sig.na signorina.
sig.ra signora.
SILP Sindacato Italiano Lavoratori Postelegrafonici.
SILULAP Sindacato Italiano Lavoratori Uffici Locali e Agenzie Postelegrafoniche.
SIM **1.** Servizio Informazioni Militari **2.** Società Internazionale di Musicologia **3.** Società Italiana di Malacologia **4.** Società di Intermediazione Mobiliare.
sim. simile, similmente.
SIMA Salone Internazionale delle Macchine e Attrezzature per l'Abbigliamento.
SIMAP Servizio di Igiene Mentale e Assistenza Psichiatrica.
SIMCA fr. *Société Industrielle de Mécanique et Carrosserie Automobile* (Società industriale di meccanica e carrozzeria automobilistica).
SIMEE Servizio di Igiene Mentale dell'Età Evolutiva.
sin *T.mat.* seno.
SINAGI SIndacato NAzionale Giornalai Italiani.
SINASCEL SIndacato NAzionale SCuola ELementare.
SINDIFER SINdacato DIrigenti FERrovie dello Stato.
sinh *T.mat.* seno iperbolico.
SIOA Salone dell'Informatica, della Telematica e dell'Organizzazione Aziendale.
SIOD Sindacato Italiano Odontotecnici Diplomati.
SIOS Servizio Informazioni e Operazioni Segrete.
SIOSSIGENO Società per l'Industria dell'OSSIGENO e altri gas.
SIP Società Italiana Per l'esercizio delle telecomunicazioni.
S.I.P. **1.** Sindacato Italiano Periti **2.** Società Italiana di Parapsicologia.
SIPAC Sindacato Italiano Piloti Aviazione Civile.
SIPE Società Italiana Prodotti Esplosivi.
SIPRA Società Italiana Pubblicità per Azioni (già Società Italiana Pubblicità RAdiofonica).
SIPRI ingl. *Stockholm International Peace Research Institute* (Istituto internazionale di ricerca per la pace di Stoccolma).
SIPSI Sindacato Italiano Pittori Scultori Incisori.
SIR **1.** Società Italiana Resine **2.** Salone Internazionale del Regalo.
SIRE Società Italiana Incremento Razze Equine.
SIREMAR SIcilia REgionale MARittima.
SIRME Società Italiana per le Ricerche di MErcato.
SIRTI Società Italiana Reti Telefoniche Interurbane.
SISAL Società Italiana Sistemi A Lotto.
S.I.S. Servizio Informazioni Sicurezza.
SISDE Servizio per l'Informazione e la Sicurezza DEmocratica.
SISMI Servizio per l'Informazione e la Sicurezza MIlitare.
sist. sistema.
SITAM Società Italiana Trasporti Aerei Merci.
SIULP Sindacato Italiano Unitario dei Lavoratori di Polizia.
S.J. lat. *Societas Jesus* (Compagnia di Gesù) ordine dei Gesuiti.
sk *T.fis.* stoke.
s.l. **1.** *T.bibliog.* senza luogo **2.** *T.sport.* stile libero.
S.L.I. Società di Linguistica Italiana.
s.l.m. sul livello del mare.
s.l.n.d. senza luogo né data.
SLO Slovenia.
SLR ingl. *Single-Lens Reflex* ((macchina fotografica) reflex monoculare).

SLT ingl. *T.inform. Solid Logic Technology* (Tecnologia dello Stato Solido).
SM Siam (sigla automobilistica).
S.M. **1.** Sua Maestà **2.** Stato Maggiore **3.** Sue Mani.
Sm *T.chim.* samario.
S.M.A. Scuola Militare Alpina.
SMAC Sindacato Macchinisti Aiuto-macchinisti e Capi-deposito.
SMAL Servizio Medicina Ambiente Lavoro.
SMAU Salone (internazionale sistemi per l'informatica) Macchine, Arredamento Ufficio.
S.M.C. Servizio Militare Compiuto.
SME **1.** Sistema Monetario Europeo **2.** Società MEridionale (Finanziaria) **3.** Suriname (sigla automobilistica).
S.M.E. Stato Maggiore dell'Esercito.
S.M.G. Stato Maggiore Generale.
SMI Società Metallurgica Italiana.
S.M.I. Sua Maestà Imperiale.
SMIG fr. *Salaire Minimum Interprofessionnel Garanti* (salario minimo interprofessionale garantito).
S.M.O.M. Sovrano Militare Ordine di Malta.
SN Senegal (sigla automobilistica).
SN ingl. *Signal (to) Noise (Ratio)* ((rapporto) segnale-rumore).
Sn *T.chim.* stagno.
s.n. *T.bibliog.* senza numero.
SNAAO Sindacato Nazionale Aiuti e Assistenti Ospedalieri.
SNABA Sindacato Nazionale Antichità e Belle Arti.
SNAD Sindacato Nazionale degli Autori Drammatici.
SNADAS Sindacato Nazionale Autonomo Dipendenti Amministrazione Scolastica.
SNALD Sindacato Nazionale Autonomo Lavoratori Domestici.
SNAM Società NAzionale Metanodotti.
SNAOMS Sindacato Nazionale Autonomo Operai Monopoli di Stato.
SNASE Sindacato Nazionale Autonomo Scuole Elementari.
SNATER Sindacato Nazionale Autonomo TEcnici Rai.
SNC Sistema Nervoso Centrale.
s.n.c. società in nome collettivo.
SNCF fr. *Société Nationale des Chemins de Fer Français* (Società nazionale delle ferrovie francesi).
SNDA Società Nazionale Dante Alighieri.
SNIA Società Nazionale Industria Applicazioni (Viscosa).
S.N.I.A. Società di Navigazione Italo-Americana.
SNIP Società Nazionale Iraniana dei Petroli.
SNPPR Sindacato Nazionale Presidi e Professori di Ruolo.
SNR ingl. *Signal to Noise Ratio* (rapporto tra segnale e rumore).
SNS Sindacato Nazionale Scrittori.
SNSM Sindacato Nazionale Scuola Media.
s.n.t. senza note tipografiche.
SO **1.** Sondrio (targa automobilistica) **2.** Sud Ovest.
S.O.A.P. ingl. *T.inform. Serial Ologram Assemble Project* (assemblaggio di una serie di ologrammi).
Soc. società.
SOCOF SOvrimposta COmunale (sul reddito dei) Fabbricati.
SOGEME SOcietà GEstione MEnse.
SOI Società Oleodotti Italiani.
SOM *T.inform.* Somma.
S.O.M.M. Sovrano Ordine Militare di Malta.
somm. **1.** sommario **2.** sommergibile.
SONAR ingl. *SOund Navigation and Ranging* (navigazione e localizzazione per mezzo del suono).
SOS ingl. *Save Our Souls* (Salvate le nostre anime), richiesta internazionale di soccorso.
sopr. soprastampa.
soprast. soprastampato.
S.O.SS.A. Supremo Ordine della Santissima Annunziata.
sost. *T.mus.* sostenuto.
SP **1.** Santo Padre **2.** Strada Provinciale **3.** La Spezia (targa automobilistica) **4.** Somalia (sigla automobilistica).
S.P. *T.mil.* Servizio Permanente.
SPA Società Protettrice degli Animali.
S.p.A. Società per Azioni.
SPACELAB ingl. *SPACE LABoratory* (laboratorio spaziale (europeo)).
SPC ingl. *South Pacific Commission* (Commissione del Sud Pacifico).
SPD ted. *Sozialdemokratische Partei Deutschlands* (Partito Socialdemocratico della Germania Federale).
S.P.E. **1.** *T.mil.* Servizio Permanente Effettivo **2.** Società Pubblica Editoriale.
SPES Servizio Propaganda E Stampa (della Democrazia Cristiana).
Spett. spettabile.
S.P.G. Sostituto Procuratore Generale.
S.P.G.M. Sue Proprie Gentili Mani.
SPI **1.** Società Paleontologica Italiana **2.** Società per la Pubblicità in Italia.
S.P.M. Sue Proprie Mani.
SPOT fr. *Système Probatoire d'Observation de la Terre* (sistema di precisione per l'osservazione della terra).
SPPR Sindacato Presidi e Professori di Ruolo.
S.P.Q.R. lat. *Senatus PopulusQue Romanus* (il senato e il popolo romano).
SPS ingl. *Solar Power Satellite* (Satellite solare di potenza).
sq ingl. *square* (quadrato).
s.q. secondo quantità (nei menu).
SR **1.** Siracusa (targa automobilistica) **2.** Rhodesia (sigla automobilistica).
S.R. Sacra Rota.
Sr *T.chim.* stronzio.
sr *T.mat.* steradiante.
SRAM ingl. *Short Range Attack Missile* (Missile d'attacco a gittata corta).
S.R.C. Santa Romana Chiesa.
SRF ingl. *Somatotrophic Releasing Factor* (fattore di rilascio somatotropo).
S.R.I. Sacro Romano Impero.
S.r.l. Società a responsabilità limitata.
S.R.M. Sue Riverite Mani.
SS **1.** Sassari (targa automobilistica) **2.** Isole Wellesley (targa automobilistica) **3.** Santi **4.** Santissimo.
S.S. **1.** Sua Santità **2.** Santa Sede **3.** Strada Statale **4.** ted. *Schutz Staffeln* (squadre di sicurezza (nella Germania nazista)).
SS, **ss** ingl. *Steamship* (nave a vapore).
ss. **1.** seguenti **2.** società semplice.
SSB ingl. *Single-Side Band* (banda laterale unica).
SSBS fr. *Sol-Sol Balistique Stratégique* (missile terra-terra balistico strategico).
SSE Sud-Sud-Est.
S.S.I. Servizio Sociale Internazionale.
SSK ingl. *Submarine Submarine Killer* (sommergibile distruttore di sommergibili).
SSLP fr. *Sol-Sol Longue Portée* (missile terra-terra di lunga distanza).
SS.MM. Santissimi Martiri.
SSN Servizio Sanitario Nazionale.
SSO Sud-Sud-Ovest.
SS.PP. Santi Padri.
SS.RR. *T.giur.* Sezioni Riunite (della Corte di Cassazione).
SSSR v. URSS.
SST ingl. *Super Sonic Transport* ((aereo) supersonico da trasporto).
St *T.fis.* stokes.
st. storico.
stacc. *T.mus.* staccato.
STANDA Società Tutti Articoli Nazionali Dell'Arredamento (Abbigliamento).
stat. statistica.
st.civ. stato civile.
STET Società Torinese per l'Esercizio Telefonico (oggi Società finanziaria telefonica).
STH ingl. *SomatoTrophic Hormone* (ormone somatotropo), ormone della crescita.
Stim. stimato.
STIPEL Società Telefonica Interregionale Piemontese E Lombarda.
STOL ingl. *Short Take Off and Landing* (decollo e atterraggio corti).
str **1.** *T.mat.* sterangolo, steradiante **2.** stretto (nelle carte geografiche).
SU **1.** Unione Sovietica (sigla automobilistica) **2.** Stati Uniti.
SUA Stati Uniti d'America (v. USA).
S.U.C.A.I. Sezione Universitaria del Club Alpino Italiano.
SUNIA Sindacato Unitario Nazionale Inquilini e Assegnatari.
sup. superiore.
supp. supplente.
suppl. supplemento.
SV Savona (targa automobilistica).
S.V. Signoria Vostra.
Sv *T.fis.* sievert.
sv **1.** *T.mus.* sottovoce **2.** lat. *sub vocem* (sotto la voce).
SVAN Società Veneziana Automobili Nautiche.
S.V.I. Signoria Vostra Illustrissima.
SVIMEZ (Associazione per lo) SViluppo dell'Industria nel MEZzogiorno.
SVP ted. *Sudtiroler VolksPartei* (partito popolare sudtirolese).
S.V.P. fr. *S'il Vous Plaît* (formula di cortesia).
SW ingl. *South-West* (Sud-Ovest).
SWA Africa del Sud Ovest (Namibia, sigla automobilistica).
SWISSAIR Linee Aeree Svizzere.
SY Seychelles (sigla automobilistica).
SYR Siria (sigla automobilistica).

T **1.** Tabacchi (rivendita) **2.** Thailandia (sigla automobilistica) **3.** Traforo stradale **4.** Tribunale **5.** *T.chim.* trizio | trimina

6. *T.fis.* tesla | periodo | energia cinetica | temperatura termodinamica **7.** *T.mus.* tutti **8.** terra (nella carte geografiche).
t **1.** *T.fis.* tempo **2.** tonnellata **3.** termine **4.** tara **5.** tomo **6.** torrente (nelle carte geografiche).
T1 Traforo del Monte Bianco.
T2 Traforo del Gran San Bernardo.
T3 triiodotironina.
T4 **1.** *T.chim.* tiroxina **2.** Traforo del Frejus.
TA Taranto (targa automobilistica).
T.A. Traffico Aereo.
Ta *T.chim.* tantalio.
TAB ingl. *Technical Assistance Board* (Ufficio di assistenza tecnica (dell'ONU)).
tab. tabella.
TAC Tomografia Assiale Computerizzata.
tan *T.mat.* tangente.
tanh *T.mat.* tangente iperbolica.
TANJUG iug. *Telegrafska Agencija Nova JUGoslavija* (Agenzia telegrafica della Nuova Iugoslavia), agenzia di stampa iugoslava.
TAR Tribunale Amministrativo Regionale.
TASCO TAssa per i Servizi COmunali.
TASS russo *Telegrafnoje Agenstvo Sovietskovo Sojusa* (agenzia telegrafica dell'Unione Sovietica), agenzia di stampa sovietica.
TAT *T.psic.* Test di Appercezione Tematica.
Tb *T.chim.* terbio.
TBC tubercolosi.
TC Camerun (sigla automobilistica).
T.C. *T.aer.* Torre di Controllo.
Tc *T.chim.* tecnezio.
tc turbocisterna.
TCDD Tetra Cloro-Dibenzo-para Diossina (diossina).
TCI Touring Club Italiano.
T.D.W. ingl. *T.mar. Ton Dead Weight* (tonnellata portata lorda).
TE **1.** Teramo (targa automobilistica) **2.** Trazione elettrica.
Te *T.chim.* tellurio.
tec *T.fis.* tonnellata equivalente di carbone (misura di energia).
TEE ingl. *Trans Europe Express* (Treno espresso transeuropeo).
TEEM ingl. *Trans Europe Express Merchandises* (treno espresso transeuropeo per trasporto merci).
TELEX ingl. *TELegraph EXchange* (Trasmissione per telescrivente).
TELVE Società TELefonica delle VEnezie.
temp. temperatura.
TEN Trans Euro Notte (vetture letto in treni transeuropei).
Ten. *T.mil.* Tenente.
ten. *T.mus.* tenuto.
Ten. Col. *T.mil.* Tenente Colonnello.
Tenn. Tennessee.
TEP Tomografia a Emissione di Positroni.
tep *T.fis.* tonnellata equivalente di petrolio (misura di energia).
term. **1.** termico **2.** termometro.
TETI TElefonica TIrrena.
TeV *T.fis.* TeraelettronVolt.
Tex. Texas.
T.F. ingl. *Task Force* (unità militare per missioni speciali).
t.f.r. trattamento di fine rapporto.
TG **1.** Telegiornale **2.** Togo (sigla automobilistica).
tg *T.mat.* tangente.
TGV fr. *Train Grande Vitesse* (treno a grande velocità).
Th *T.chim.* torio.
th *T.fis.* termia.
Thr *T.chim.* treonina.
THY turco *Turk Hava Yollari* (Compagnia aerea turca).
TI Turismo Internazionale.
Ti *T.chim.* titanio.
TIF fr. *Transports Internationaux Ferroviaires* (trasporti internazionali ferroviari).
TIMO Telefoni Italia Medio-Oriente.
tip. tipografia, tipografico.
TIR fr. *Transports Internationaux Routiers* (trasporti internazionali su strada).
tit. **1.** *T.bibliog.* titolo **2.** titolare.
Tl *T.chim.* tallio.
TLC Telecomunicazioni.
TLR ingl. *Twin-Lens Reflex* ((macchina fotografica) reflex biottica).
Tm *T.chim.* tulio.
t.m. tempi e metodi (nell'organizzazione aziendale).
TMA ingl. *Trans Mediterranean Airways* (linee aeree transmediterranee).
TMEC Tempo Medio dell'Europa Centrale.
TMG Tempo Medio di Greenwich.
TMP Tassa Monopolio Postale.
TMV ingl. *Tobacco Mosaic Virus* (Virus del mosaico del tabacco).
TN **1.** Trento (targa automobilistica) **2.** Tunisia (sigla automobilistica).
TN, tn turbonave.
Tn. Tennessee.
tn tonnellata USA.
TNP fr. *Théâtre National Populaire* (Teatro nazionale popolare).
TNT *T.chim.* trinitrotoluene o trinitrotoluolo (tritolo).
TO Torino (targa automobilistica).
TOD ingl. *T.chim. Total Oxygen Demand* (domanda totale di ossigeno).
ton *T.fis.* tonnellata britannica.
top. topografia.
TOREMAR TOscana REgionale MARittima.
Torr., torr. *T.fis.* millimetro di mercurio.
TOTIP TOTalizzatore IPpico.
TOTOCALCIO Totalizzatore Calcistico.
TP **1.** Trapani (targa automobilistica) **2.** *T.inform.* Teleprocessing.
TPHA ingl. *Treponema Pallidum Hemagglutination Assay* (prova di emoagglutinazione per il treponema pallido), diagnosi della sifilide.
TPN ingl. *T.chim. TriphosphoPyridine Nucleotide* (trifosfopiridin nucleotide).
T.pr. *T.mus.* tempo primo.
T.Q. Teatro Quartiere.
TR **1.** Terni (targa automobilistica) **2.** Turchia (sigla automobilistica).
Tr **1.** lat. *Tribunus* (tribuno (nelle iscrizioni latine)) **2.** *T.comm.* tratta.
tr. *T.mus.* trillo.
trad. traduzione.
trans. **1.** transatlantico **2.** *T.giur.* transazione **3.** transito.
trib. tribunale.
trim. trimestre; trimestrale.
tRNA RNA trasportatore.
Try *T.chim.* triptofano.
TS Trieste (targa automobilistica).
TSF Telegrafo Senza Fili.
TSH ingl. *Thyroid Stimulating Hormone* (ormone tireotropo), tirotropina.
TSL *T.mar.* tonnellata stazza lorda.
TSN *T.mar.* tonnellata stazza netta.
TT **1.** Trinidad e Tobago (sigla automobilistica) **2.** ingl. *Telegraph Transfert* (Trasferimento o bonifico telegrafico).
TTL **1.** ingl. *Transistor-Transistor Logic* (logica transistor- transistor) **2.** ingl. *T.fot. Through The Lens* (attraverso le lenti), sistema di esposizione in base alla luce che attraversa l'obbiettivo.
TU **1.** Tempo Universale **2.** ingl. *Trade Unions* (sindacati anglosassoni) **3.** ingl. *Tunisia Air* (linee aeree tunisine).
T.U. *T.giur.* Testo Unico.
Tu *T.chim.* tullio.
TUC ingl. *Trade Union Congress* (Confederazione sindacale ingl.).
TUS Tasso Ufficiale di Sconto.
TUT Tariffa Urbana a Tempo (del telefono).
TV **1.** Treviso (targa automobilistica) **2.** Televisione **3.** Turismo Veloce **4.** Tasso Variabile.
TVC Televisione a Colori.
Tx. Texas.
TWA ingl. *Trans World Airlines* (Linee aeree intercontinentali), compagnia aerea USA.
TWh *T.fis.* TetraWattora.
Tyr *T.chim.* tirosina.

U **1.** *T.chim.* uranio | uracile **2.** Uruguay (sigla automobilistica) **3.** *T.fis.* energia potenziale.
u **1.** *T.fis.* unità di massa atomica **2.** lat. *T.numism.* unicum ((pezzo) unico).
u.a. **1.** unità astronomica **2.** unità antigene.
UAA ingl. *United Arab Airlines* (linee aeree egiziane).
UAI Unione Astronomica Internazionale.
UAMCE fr. *Union Africaine et Malgache de Co-operation Economique* (Unione africana e malgascia di cooperazione economica).
UBI Unione Bocciofila Italiana.
UBS **1.** ingl. *United Bible Societies* (Alleanza Biblica Universale) **2.** Unione delle Banche Svizzere.
UBV Ultravioletto Blu Visuale (sistema fotometrico).
U.C. **1.** Ufficiale di Complemento **2.** Unione Calcistica **3.** *T.giur.* Ultimo Comma **4.** lat. *Urbis conditae* (dalla fondazione di Roma).
UCAI Unione Cattolica Artisti Italiani.
UCD Ufficio Catechistico Diocesano.
UCE Unità di Conto Europea.
UCEI Ufficio Centrale per l'Emigrazione Italiana.
UCI Unione Ciclistica Internazionale.
UCID Unione Cristiana Imprenditori Dirigenti.
UCIGOS Ufficio Centrale per le Investigazioni Generali e le Operazioni Speciali (della Polizia di Stato).
UCII Unione delle Comunità Israelitiche Italiane.
UCIIM Unione Cattolica InsegnantI Medi.
UCIMU Unione Costruttori Italiani Macchine

Utensili.
UCIP fr. *Union Catholique Internationale de la Presse* (Unione cattolica internazionale della stampa).
UCLA ingl. *University of California Los Angeles* (Università di California Los Angeles).
UCSC Università Cattolica del Sacro Cuore.
UCSI Unione Cattolica della Stampa Italiana.
UD Udine (targa automobilistica).
UDAC Unione Donne di Azione Cattolica.
UDC ingl. *Universal Decimal Classification* (Classificazione decimale universale (v. CDU)).
UDDA Unione Democratica Dirigenti d'Azienda.
UDI Unione Donne Italiane.
UDP ingl. *T.chim. Uridindiphosphate* (uridindifosfato).
U.E. Uso Esterno.
UEF Unione Europea dei Federalisti.
UEFA ingl. *Union of European Football Associations* (Unione delle federazioni di calcio europee).
UEO Unione dell'Europa Occidentale.
UEP Unione Europea dei Pagamenti.
UER Unione Europea di Radiodiffusione.
UFA ted. *Universum Film Aktiengesellschaft* (Società per Azioni Universum Film).
uff. ufficiale.
UFISAS Unione Femminile Internazionale di Studi e Azione Sociale.
UFO ingl. *Unidentified Flying Object* (oggetto volante non identificato) (v. O.V.N.I.).
UGF ingl. *Unknown Growth Factors* (fattori sconosciuti di crescita).
UGI Unione Goliardica Italiana.
UGIS Unione Italiana Giornalisti Scientifici.
UHF ingl. *Ultra High Frequency* (frequenza ultra alta).
UHT ingl. *Ultra High Temperature* (temperatura ultra alta).
U.I. **1.** Unità Internazionali **2.** Uso Interno **3.** Unione Industriali **4.** Unità Immunizzanti.
UIA Unione Italiana Autotrasportatori.
UIAA Unione Internazionale Associazioni Alpinistiche.
UIAI Unione Italiana di Assistenza all'Infanzia.
UIC **1.** Ufficio Italiano dei Cambi **2.** Ufficio Internazionale dei Cambi **3.** Unione Italiana Ciechi **4.** fr. *Union Internationale des Chemins de fer* (Unione internazionale delle ferrovie).
UICC **1.** Unione Italiana (per la Lotta) Contro il Cancro **2.** Unione Italiana Circoli del Cinema.
UICPA Unione Internazionale di Chimica Pura e Applicata.
UIE fr. *Union Internationale des Etudiants* (Unione internazionale degli studenti).
UIL Unione Italiana del Lavoro.
UILAMT Unione Italiana Lavoratori Albergo Mensa e Termali.
UILIA Unione Italiana Lavoratori Industrie Alimentari.
UILM Unione Italiana Lavoratori Metallurgici (UIL).
UIP Unione Internazionale di Pattinaggio.
UISB Unione Internazionale delle Scienze Biologiche.
UISN Unione Italiana Sci Nautico.
UISP Unione Italiana Sport Popolare.
UIT Unione Internazionale per le Telecomunicazioni.
UITP Unione Internazionale dei Trasporti Pubblici.
UITAS Unione Italiana Tiro A Segno.
U.K. ingl. *United Kingdom* (Regno Unito di Gran Bretagna e Irlanda del Nord).
ult. ultimo.
ULU Unità di Lavoro Umano.
U.M. Unione Militare.
UMA Utenti Motori Agricoli.
UMI **1.** Unione Magistrati Italiani **2.** Unione Monarchica Italiana **3.** Unione Matematica Italiana.
UMOFC fr. *Union Mondiale des Organisations Féminines Catholiques* (Unione mondiale delle organizzazioni femminili cattoliche).
UN ingl. *United Nations* (Nazioni Unite (v. ONU, UNO)).
un. unità, unico.
UNAI Unione Nazionale Associazioni Indipendenti.
UNAPACE Unione Nazionale Aziende Produttrici AutoConsumatrici di Energia Elettrica.
UNAT Unione Nazionale Attività Teatrali.
UNAU Unione Nazionale Assistenti Universitari.
UNCA ingl. *United Nations Correspondents' Association* (Associazione dei corrispondenti alle Nazioni Unite).
UNCI **1.** Unione Nazionale Cronisti Italiani **2.** Unione Nazionale Capocomici Italiani **3.** Unione Nazionale Collezionisti d'Italia **4.** Unione Nazionale dei Contribuenti d'Italia.
UNCITRAL ingl. *United Nations Commission on International TRade Law* (Commissione delle Nazioni Unite per l'unificazione del diritto internazionale).
UNCTAD ingl. *United Nations Conference on Trade And Development* (Conferenza delle Nazioni Unite sul commercio e lo sviluppo).
UNDF Unione Italiana Distributori Film.
UNDP ingl. *United Nations Development Program* (programma delle Nazioni Unite per lo sviluppo).
UNEF ingl. *United Nations Emergency Forces* (Forze di emergenza delle Nazioni Unite).
UNEMI Unione Nazionale Editori di Musica Italiana.
UNEPTA ingl. *United Nations Expanded Program of Technical Assistance (for economic development of underdeveloped countries)* (Programma ampliato delle Nazioni Unite di assistenza tecnica (per lo sviluppo economico dei paesi sottosviluppati)).
UNESCO ingl. *United Nations Educational, Scientific and Cultural Organization* (Organizzazione delle Nazioni Unite per l'educazione, la scienza e la cultura).
UNI **1.** Unione Naturalisti Italiani **2.** (Ente) Nazionale per l'Unificazione nell'Industria (di misure, pezzi, formati ecc.) **3.** Unione Naturisti Italiani.
UNIA Unione Nazionale Inquilini e Assegnatari.
UNICE UNione delle Industrie della Comunità Europea.
UNICEF ingl. *United Nations International Children's Emergency Fund* (Fondo internazionale di emergenza delle Nazioni Unite per l'infanzia).
UNICOST UNItà per la COSTituzione (corrente dell'Associazione Nazionale Magistrati).
UNIDAL UNione Industrie Dolciarie e ALimentari.
UNIDO ingl. *United Nations Industrial Development Organization* (Organizzazione delle Nazioni Unite per lo sviluppo industriale).
UNIGES Unione Nazionale Italiana Genitori E Studenti.
UNIONCAMERE UNIONe Italiana delle CAMERE di Commercio.
UNIRE Unione Nazionale Italiana Incremento Razze Equine.
UNITALSI Unione Nazionale Italiana Trasporto Ammalati a Lourdes e Santuari d'Italia.
UNITAR ingl. *United Nations Institute for Training And Research* (Istituti di formazione e ricerca delle Nazioni Unite).
UNI.TEL. Telecomunicazioni Unificate (rete televisiva mondiale).
UNIVAC ingl. *UNIVersal Automatic Computer (Company)* ((Società produttrice) del calcolatore universale automatico).
Un.Manif. Unione Manifatturiera.
UNMS Unione Nazionale Mutilati per Servizio.
UNO ingl. *United Nations Organization* (Organizzazione delle Nazioni Unite (v. ONU)).
UNPF Unione Nazionale Produttori Film.
UNRRA ingl. *United Nations Relief Rehabilitation Administration* (Ente delle Nazioni Unite per il soccorso e la ricostruzione dei paesi liberati).
UNSA Unione Nazionale Sindacati Autonomi.
UNUCI Unione Nazionale Ufficiali in Congedo d'Italia.
UNURI Unione Nazionale Universitaria Rappresentativa Italiana.
UP ingl. **1.** *United Press* (Stampa unita), agenzia di stampa USA **2.** *University Press* (Stampa Universitaria (in indicazioni bibliografiche)).
U.P. Unità di Penicillina.
UPA **1.** Utenti Pubblicità Associati **2.** Unione PanAmericana.
UPI ingl. *United Press International* (Stampa internazionale unita).
UPIM Unico Prezzo Italiano di Milano.
UPLMO Ufficio Provinciale del Lavoro e della Massima Occupazione.
UPT Ufficio Provinciale del Tesoro.
UPU Unione Postale Universale.
U.Q. Ultimo Quarto (lunare).
URAR Ufficio Registro Abbonamenti Radio (e televisione).
URF ingl. *Uterus Releasing Factor* (fattore di rilascio dell'utero), relascina.
URSI Unione Radiofonica Scientifica Internazionale.
URSS Unione delle Repubbliche Sovietiche Socialiste.
US **1.** Unione Sportiva **2.** Ufficio Stampa **3.** Uscita di Sicurezza.
u.s. ultimo scorso.
USA♠ ingl. *United States of America* (Stati Uniti d'America).
USAF ingl. *United States Air Force* (aviazione militare USA).
USAREUR ingl. *United States Army in EURope* (Esercito degli Stati Uniti in Europa).

USD Unione Socialista Democratica.
USES Utet Sansoni Edizioni Scientifiche.
USI **1.** Unione Socialista Indipendente **2.** Ufficio Serico Italiano.
USILD Unione Sindacale Italiana Lavoratori Domestici.
USIS ingl. *United States Information Service* (Servizio informazione degli Stati Uniti).
USL Unità Sanitaria Locale.
USPI Unione della Stampa Periodica Italiana.
USPUR Unione Sindacale Professori Universitari di Ruolo.
USSI Unione Stampa Sportiva Italiana.
USSL Unità Socio-Sanitaria Locale.
USTI Unione Stampa Turistica Italiana.
USVI Unione Società Veliche Italiane.
Ut. Utah.
UTET Unione Tipografico-Editrice Torinese.
UTI Unione Tassisti Italiani.
UTIF Ufficio Tecnico delle Imposte di Fabbricazione.
UTIS Unione Totalizzatori Italiani Sportivi.
UV **1.** Ultravioletto **2.** *T.fot.* filtro per assorbire l'eccesso delle radiazioni ultraviolette.
UVA Ultravioletto prossimo (3000-4000 A).
UVB Ultravioletto lontano (2000-3000 A).
UVC Ultravioletto estremo (40-2000 A).
UVI Unione Velocipedistica Italiana.
UX *T.fis.* unità (di misura della lunghezza d'onda dei raggi) X.
UZI Unione Zoologica Italiana.

V **1.** Città del Vaticano **2.** *T.fis.* volt | potenziale elettrico **3.** *T.chim.* vanadio **4.** vero **5.** 5 (nella numerazione romana) **6.** Vergine **7.** Volume **8.** vulcano (nelle carte geografiche) **9.** lat. *visus* (acuità visiva).
v **1.** verso **2.** vedi **3.** *T.fis.* velocità **4.** valle (nelle carte geografiche).
v. **1.** vostro **2.** via.
VA **1.** Varese (targa automobilistica) **2.** *T.fis.* VoltAmpere.
V.A. **1.** Vostra Altezza **2.** Velocità Accelerata.
Va. Virginia.
v.a. **1.** valore attuale **2.** valore aggiunto.
VAB Volontari Antincendi Boschivi.
Val *T.chim.* valina.
val. *T.fin.* valuta.
V.A.M. Vigilanza Aerea Militare.
VAR *T.fis.* VoltAmpere Reattivo.
var. **1.** variante **2.** varietà (in biologia).
VARIG Linee Aeree Brasiliane.
VAT ingl. *Value Added Tax* (imposta sul valore aggiunto).
VC Vercelli (targa automobilistica).
V.C. **1.** Vice Console **2.** Valor Civile.
Vc. valore capitale.
VCL *T.chim.* vinilcloruro.
VCR ingl. *Video Cassette Recorder* (Videoregistratore a cassette).
V.D.Q.S. Vino Delimitato di Qualità Superiore.
VDRL ingl. *Venereal Disease Research Laboratory* (Prova di laboratorio per l'individuazione delle malattie veneree).
VDU ingl. *T.elettron. Visual Display Unit* (unità di presentazione visiva).
VDT ViDeoTerminale.
VE Venezia (targa automobilistica).
V.E. Vostra Eccellenza.
V.Em. Vostra Eminenza.
ven. venerabile.
ver. versamento.
vers. **1.** lat. *T.filol. versiculus* (versetto) **2.** *T.mat.* versore.
VES Velocità di EritroSedimentazione.
Vesc. Vescovo.
VF **1.** Vigili del Fuoco **2.** Videofrequenza.
VFG Velocità di Filtrazione Glomerulare.
VFR ingl. *Visual Flight Rules* (regola del volo a vista).
V.G. Vostra Grazia.
v.g. lat. *verbi gratia* (verbigrazia).
VHF ingl. *Very High Frequency* (altissima frequenza).
VHS ingl. *Video Home System* (sistema televisivo (per la registrazione) domestica).
VI Vicenza (targa automobilistica).
VIASA sp. *Venezolana Internacional de Aviación S.A.* (Compagnia internazionale di volo venezuelana).
vig. vigente.
VIP ingl. *Very Important Person* (persona molto importante).
viv. *T.mus.* vivace.
v.l. lat. *T.filol. varia lectio* (varia lezione).
v.le viale.
VLF ingl. *Very Low Frequency* (bassissima frequenza).
VLSI ingl. *Very Large Scale Integration* (integrazione su larghissima scala).
V.M. **1.** Vostra Maestà **2.** Valor Militare.
VN Vietnam (sigla automobilistica).
v.n. valore nominale.
V.O. **1.** ingl. *Very Old* (molto vecchio), di cognac o brandy fino a 12 anni di invecchiamento **2.** velocità ordinaria.
Vocoder ingl. *Voice coder* (codificatore della voce).
vol. volume.
V.O.R. ingl. *Very-high-frequency Omnidirectional (Radio) Range* (apparecchiatura che capta le emissioni del radiofaro dell'aeroporto).
V.P. Vice presidente.
V.Q.P.R.D. Vino di Qualità Prodotto in Regioni Delimitate.
VR Verona (targa automobilistica).
v.r. vedi retro.
VS. vostro.
V.S. **1.** Vostra Signoria **2.** Vostra Santità.
v.s. vedi sopra.
V.S.Ill. Vostra Signoria Illustrissima.
V.S.O. ingl. *Very Superior Old* (stravecchio superiore), cognac o brandy dai 12 ai 17 anni di invecchiamento.
V.S.O.P. ingl. *Very Superior Old Pale* (stravecchio superiore paglierino), cognac o brandy dai 18 ai 25 anni di invecchiamento.
V.S.Q.P.R.D. Vino Spumante di Qualità Prodotto in Regioni Delimitate.
VT Viterbo (targa automobilistica).
V.T. Vecchio Testamento.
Vt. Vermont.
VTO ingl. *Vertical Take Off* (decollo verticale).
VTOL ingl. *Vertical Take Off and Landing* (Decollo e atterraggio verticali).
VTR ingl. *Video Tape Recorder* (Videoregistratore a nastro).
V.U. Vigile Urbano.
Vu vulcano (nelle carte geografiche).
V.V.S.O.P. ingl. *Very Very Superior Old Pale* (Super stravecchio superiore paglierino), cognac o brandy dai 25 ai 40 anni di invecchiamento.

W **1.** ingl. *West* (Ovest) **2.** *T.fis.* watt | lavoro, energia **3.** *T.chim.* wolframio (tungsteno) **4.** Evviva.
w ingl. *T.fin. warrant* (certificato), opzione d'acquisto di azioni.
W.A. ingl. *With Average* (a tutte le condizioni di polizza, compresa avaria).
Wa. Washington.
WAF ingl. *Women's Auxiliary Force* (corpo militare femminile delle ausiliarie, in USA).
WAG Gambia (sigla automobilistica).
WAL Sierra Leone (sigla automobilistica).
WAN Nigeria (sigla automobilistica).
WASP ingl. *White Anglo-Saxon Protestant* (bianco anglo-sassone protestante).
WB ingl. *World Bank* (Banca mondiale).
Wb *T.fis.* weber.
WBA ingl. *World Boxing Association* (Associazione pugilistica mondiale).
WBC ingl. *World Boxing Council* (Consiglio mondiale pugilistico).
w.c. ingl. *water closet* (gabinetto con acqua).
WCC ingl. *World Council of Churches* (Consiglio ecumenico delle Chiese).
WD Dominica (sigla automobilistica).
W.D. ingl. *War Department* (Ministero della Guerra, in USA).
WEU ingl. *Western European Union* (Unione europea occidentale).
WFTU ingl. *World Federation of Trade Unions* (Federazione mondiale dei sindacati).
WFUNA ingl. *World Federation of United Nations Associations* (Federazione mondiale delle associazioni delle Nazioni Unite).
WG Grenada (sigla automobilistica).
Wh *T.fis.* Wattora.
WHO ingl. *World Health Organization* (Organizzazione mondiale della sanità, v. OMS).
Wi. Wisconsin.
WIPO ingl. *World Intellectual Property Organization* (Organizzazione mondiale per la proprietà intellettuale).
WJC ingl. *World Jewish Congress* (Congresso israelitico mondiale).
WL **1.** fr. *Wagons-Lit* (carrozze letto) **2.** Santa Lucia (sigla automobilistica).
WMA ingl. *World Medical Association* (Associazione medica mondiale).
WMO ingl. *World Meteorological Organization* (Organizzazione meteorologica mondiale).
WP ingl. *T.inform. Word Processing* (trattamento della parola), elaborazione elettronica di testi.
WS ingl. *T.inform. Working Storage* (memoria di lavoro).
Ws **1.** *T.fis.* Wattsecondo **2.** Samoa Occidentali (sigla automobilistica).
WV San Vincenzo (sigla automobilistica).
W.Va. West Virginia.
WWF ingl. *World Wildlife Found* (Fondo mondiale per la natura).
Wyo. Wyoming.
wysiwyg ingl. *what you see is what you get* (ciò che vedi è ciò che ottieni).

WZO ingl. *World Zionist Organization* (Organizzazione sionista mondiale).

X **1.** *T.fis.* reattanza **2.** 10, nella numerazione romana.

x *T.mat.* incognita o variabile.

Xe *T.chim.* xeno.

XL ingl. *eXtra Large* (extra grande), nelle taglie dei capi di abbigliamento.

Xmas ingl. *Christmas* (Natale).

XP monogramma di Cristo.

XS ingl. *eXtra Small* (extra piccolo), nelle taglie dei capi di abbigliamento.

Y **1.** *T.chim.* ittrio **2.** *T.fis.* ammettenza.

y *T.mat.* incognita o variabile.

Yb *T.chim.* itterbio.

YCI Yacht Club d'Italia.

yd ingl. *yard* (iarda).

YIG ingl. *T.chim. Yttrium Iron Garner* (granato a ferro e ittrio), nei laser.

YMCA ingl. *Young Men's Christian Association* (Associazione cristiana dei giovani).

YMN Yemen (sigla automobilistica).

YU Iugoslavia (sigla automobilistica).

YV Venezuela (sigla automobilistica).

YWCA ingl. *Young Women's Christian Association* (Associazione cristiana delle giovani).

Z **1.** Zambia (sigla automobilistica) **2.** *T.fis.* numero atomico | impedenza.

z *T.mat.* variabile, incognita.

ZA Sudafrica (sigla automobilistica).

Z.A.T. *T.mil.* Zona Aerea Territoriale.

Z.d.G. *T.mil.* Zona di Guerra.

Zn *T.chim.* zinco.

ZP Zona Portuale.

Zr *T.chim.* zirconio.

ZR Zaire (sigla automobilistica).

INDICE DEI QUADRI TERMINOLOGICI, DELLE TAVOLE A COLORI E DELLE TAVOLE IN BIANCO E NERO

QUADRI TERMINOLOGICI

TAVOLE A COLORI

TAVOLE IN BIANCO E NERO

Finito di stampare nel marzo 1992
dalla OFSA di Casarile, Milano
per conto della Loescher Editore S.r.l. - Torino

TAVOLA DI SEGNI E ABBREVIAZIONI

a. (prima della data) = ante
abbr. / abbr. = abbreviato, abbreviativo
a.C. = avanti Cristo
accr. / accr. = accrescitivo
afer. = aferesi
agg. = aggettivo
amer. = americano
angl. = anglosassone
ant. / ant. = antiquato / antico
antifr. = antifrastico
anton. = antonomasia
ar. = arabo
arc. = arcaico
art. / art. = articolo, articolato
ass. = assoluto, assolutamente
attr. = attraverso
attrib. = attributo, attributivo
aul. = aulico
aus. = ausiliare
avv. = avverbio

biz. = bizantino
bras. = brasiliano
bur. = burocratico

ca. (dopo la data) = circa
card. = cardinale
cat. = catalano
celt. = celtico
centr. / centr. = centrale
cfr. = confronta
cin. = cinese
class. = classico
colloq. = colloquiale
com. / com. = comune, comunemente
comp. = composto
comp. parasint. = composto parasintetico
compar. = comparativo
compl. = complemento
concr. = concreto, concretamente
cond. = condizionale
cong. = congiunzione
cong. (nei verbi) = congiuntivo
contrapp. = contrapposizione
Contr. (nelle Nomenclature) = contrario
costruz. = costruzione, i

dan. = danese
d.C. = dopo Cristo
denom. = denominale
der. = derivato, derivati
det. = determinato
deverb. = deverbale
dial. / dial. = dialettale
dif. = difettivo
dim. = diminutivo
dimostr. = dimostrativo
disfem. = disfemismo
disus. = disusato

ebr. = ebraico
ecc. = eccetera
elem. = elemento
ellitt. = ellittico, ellitticamente
emil. / emil. = emiliano
enf. = enfatico
escl. = esclamazione, esclamativo
espr. = espressione, espressivo, -a
estens. = estensivo, estensivamente
etim. = etimologia, etimologico
eufem. = eufemismo, eufemistico

f. / f. = femminile
fam. = familiare
fig. = figurato, figuratamente
fr. = francese
fras. = frasale
fraz. = frazionario
freq. / freq. = frequentemente
friul. / friul. = friulano
fut. = futuro

gall. = gallico
gen. / gen. = generalmente
genov. / genov. = genovese
geogr. = geografico
ger. = gerundio
gerg. = gergale
germ. = germanico
giap. = giapponese
got. = gotico
gr. = greco

ign. = ignoto
imp. = imperfetto
imper. = imperativo
impers. / impers. = impersonale
impropr. / impropr. = impropriamente
inan. = inanimato
inc. = incerto
ind. = indicativo
indef. = indefinito
indet. = indeterminato
inf. = infinito
in gen. / in gen. = in generale
ingl. = inglese
iniz. = iniziale
in part. / in part. = in particolare
intens. = intensivo
inter. = interrogativo
intr. = intransitivo
intr. pron. = intransitivo pronominale
inv. = invariabile
iperb. = iperbolico
iron. = ironico, ironicamente
irr. = irregolare
island. = islandese
it. = italiano
iter. = iterativo

lat. = latino, latinismo
lat. class. = latino classico
lat. eccl. = latino ecclesiastico
lat. mediev. = latino medievale
lat. scient. = latino scientifico
lat. tardo = latino tardo
lat. volg. = latino volgare
lett. = letterario
letter. = letteralmente
lig. / lig. = ligure
loc. / loc. = locuzione
loc. agg. / loc. agg. = locuzione aggettivale
loc. avv. / loc. avv. = locuzione avverbiale
loc. cong. / loc. cong. = locuzione congiuntiva
loc. f. = locuzione femminile
loc. m. = locuzione maschile
loc. prep. / loc. prep. = locuzione preposizionale
loc. s. / loc. s. = locuzione sostantivale
loc. verb. / loc. verb. = locuzione verbale
lomb. / lomb. = lombardo
long. = longobardo

m. / m. = maschile
merid. = meridionale
metaf. = metafora, metaforico
metat. = metatesi
meton. = metonimia, metonimico
milan. / milan. = milanese
mod. = moderno

N. = nomenclatura (sinonimi, contrari, voci attinenti, analogie, epiteti, ecc.)
n. = nome
nap. / nap. = napoletano
neg. / neg. = negazione, negativo
nord. = nordico
norv. = norvegese
num. = numerale

ol. = olandese
ogg. = oggetto
onom. = onomatopeico
oppos. = opposizione, opposto
ord. = ordinale
orig. = origine, originariamente
osc. = oscuro

parasint. = parasintetico
part. / part. = particolare, particolarmente
pass. = passato
pedant. = pedantesco
pegg. = peggiorativo
per anton. = per antonomasia
per es. = per esempio
per estens. = per estensione
per meton. = per metonimia
per restr. = per restrizione
per simil. = per similitudine
pers. / pers. = personale, persona
piem. / piem. = piemontese
pl. / pl. = plurale
pleon. / pleon. = pleonastico
poet. / poet. = poetico
pop. = popolare
port. = portoghese
pos. = posizione
prec. = precedente
ppr. / ppr. = participio presente
pps. / pps. = participio passato
pr. = pronuncia
pref. = prefisso
p.pross. = passato prossimo
p.rem. = passato remoto
prep. = preposizione
pres. = presente
priv. = privativo
prob. / prob. = probabile, probabilmente
pron. = pronome, pronominale
propr. = propriamente
pross. = prossimo
prov. = proverbio, proverbiale
provenz. = provenzale
pseudofr. = pseudofrancese, pseudofrancesismo
pseudoingl. = pseudoinglese
pseudolat. = pseudolatino, pseudolatinismo
pseudosp. = pseudospagnolo

Q.T. = quadro terminologico

® = marchio registrato
rad. = radice, radicale
raff. = rafforzativo
rec. = recente